Dr. S. Fritz Forkel
د. سليمان فريتس فوركل
ד״ר שלמה פריץ פורקל
Skén=nen Rón=nis

A BIBLIA

A traducción que presentamos foi feita partindo das linguas orixinais:
hebreo, arameo e grego.

Primeira edición coa aprobación da Conferencia Episcopal Española segundo certificación do Secretario Xeral da mesma do 10 de marzo de 1989.
Segunda edición coa aprobación da Conferencia Espiscopal Española.

Esta obra recibiu unha subvención da Consellería
de Cultura, Comunicación Social e Turismo - Dirección Xeral
de Promoción Cultural.

1ª. edición, 25 xullo, 1989.
2ª. edición, 25 decembro, 1992, revisada por Xosé Fernández Lago.
3ª. edición, 30 novembro, 2001.

Edita:
SOCIEDADE DE ESTUDOS, PUBLICACIÓNS E TRABALLOS
(SEPT) Departamento Comercial. Apartado 888. 36200 VIGO

Imprime:
OBRADOIRO GRÁFICO, S.L.
Polígono Industrial do Rebullón, 52-D. MOS

© Dereitos reservados: SEPT.

I.S.B.N.: 84-7337-040-6

Dep. Legal: VG-1.029-2001

A BIBLIA

Traducción ó galego das linguas orixinais

AS EDICIÓNS DO ADRO

SOCIEDADE DE ESTUDOS, PUBLICACIÓNS E TRABALLOS
SEPT

NOTA Á TERCEIRA EDICIÓN

É sumamente grato dar noticia da aparición da terceira edición da Biblia traducida á lingua galega desde as linguas orixinais. Botando unha ollada cara atrás xorde o camiño percorrido desde o ano 1973 no que un grupo de laicos - signo dos tempos- integrantes da Sociedade de Estudos Publicacións e Traballos (SEPT) decide abordar esta singular publicación a pesar da súa complexidade e dificultades de todo tipo. Mais para aqueles laicos era preciso asumir a responsabilidade da publicación en galego dos textos sagrados, dando expresión á mensaxe cristiá na propia lingua, á que tamén había que prestixiar e defender, pois o seu valor e a súa vixencia é, ás veces, descoñecida e, outras veces, rexeitada, o que supón unha grave desconsideración coa virtude cristiá da dignidade da persoa e dun pobo. Ademais non se pode esquecer a importancia que esta publicación ten para a cultura de Galicia

SEPT espera, como xa ten manifestou nas anteriores edicións, que se chegue á plena normalización da liturxia na nosa lingua, onde se están dando, certamente, pasos importantes coa edición dos textos necesarios para súa realización, sendo preciso estimular os sacerdotes e os laicos ó cumprimento do promulgado no último Concilio Pastoral de Galicia e tamén de acordo ca constante doutrina pontificia que subliña a necesidade da encarnación do Evanxeo nas culturas autóctonas.

De novo, o agradecemento de SEPT a todos os que colaboraron nas edicións 1ª e 2ª, sendo esta 3ª igual á anterior, e que dedicaron xenerosamente tempo e esforzos para facer posible esta obra.

Temos que salientar a especial sensibilidade do Excmo. Sr. D. Manuel Fraga Iribarne como Presidente da Xunta de Galicia e a cooperación da Consellería de Cultura Comunicación Social e Turismo, polo seu titular Excmo. Sr. D. Jesús Pérez Varela, para facer posible esta edición.

Vigo, novembro de 2001

Alfonso Zulueta de Haz
Presidente da Sociedade de Estudos
Publicacións e Traballos (SEPT)

NOTA PRÓLOGO Á TERCEIRA EDICIÓN

Xesús encarnouse nun lugar moi concreto, nun tempo tamén moi concreto, que S. Paulo chama "a plenitude dos Tempos" (cf Gal 4, 4), e viviu condicionado pola problemática de Israel no século I da nosa era. Naqueles tempos falaban arameo, desde que o imperio babilónico impuxera a súa lingua. As conquistas de Alexandre o Magno foron levando ós pobos onde el dominaba a cultura grega, o que incluía a lingua; pero en Israel atopou co rexeitamento da poboación. E, no que atingue ós romanos, o latín tardaría moito en imporse. En Palestina, nos tempos de Xesús, mesmo se desde o ano 63 a.C. dominaban os romanos, non hai trazas de que se falara o latín. Na celebración sinagogal proclamábanse os textos litúrxicos en hebreo, pero de seguido facíase o Targum, que era unha traducción aramea. Mesmo se tiña despois o Midrax, que era un comentario, feito tamén en arameo. Xesús falaba o arameo galileo, pero en calquera caso, dun tipo de arameo a outro, non había unha distancia insalvable.

O Antigo Testamento escribiuse na súa meirande parte en hebreo. Pero o xudaísmo helenista, afincado en Alexandría (Exipto) e noutros lugares da Diáspora, admitiu a condición sagrada de certos libros, como os de Tobías ou Xudit, mesmo se estaban escritos en grego. Así, os católicos admitimos eses libros e tamén, por citar algún outro, os dos Macabeos, o da Sabedoría de Sírac (ou Eclesiástico) e o da Sabedoría, que non consideran sagrados os xudeus de Palestina. Vese que, para seren aceptados por estes, debían, en primeiro lugar, ser escritos en hebreo. Mesmo así, hai algo mais dun capítulo no libro de Esdras e outro no de Daniel que están en arameo. Desde o punto de vista lingüístico non se diferenciaban gran cousa, pero os xudeus non eran dados a admitir outras linguas nos libros da Biblia.

O problema máis grande de hoxe e de sempre é o da interpretación, que, para a xente que non entende a lingua orixinal, non se resolve se non media antes unha boa traducción. Feita esta, ademais de emprear outros métodos, históricos e sincrónicos, entre as "aproximacións ó texto da Biblia" que se teñen hoxe máis en conta, está a aproximación sociolóxica. Os datos sociolóxicos contribúen a facer comprender o funcionamento económico, cultural e relixioso do mundo bíblico. Tamén cómpre sinalar o achegamento antropolóxico-cultural, que se interesa por "outros aspectos que se reflicten na linguaxe, a arte, e mailla relixión, pero tamén nos vestidos, os ornamentos, as festas, as danzas, os mitos, as lendas e todo o que concirne á etnografía"[1]. Moitos esexetas do Antigo Testamento buscan no xudaísmo medieval luz para comprender pasaxes escuras ou palabras raras ou únicas. Todos estes procedementos axudan a comprender o sentido dun escrito antigo, afastado da mentalidade actual. No tocante ó texto bíblico, debemos apoiarnos no sentido literal, un sentido que está aberto a desenvolvementos ulteriores, que se producen gracias a 'relecturas' en novos contextos"[2]. Sobre o sentido literal constrúese o sentido espiritual, que fai que o propio Antigo Testamento amose un anticipo do que será o Novo. Ademais, cando se atopa nos textos un sentido mais fondo, hai que sacalo á luz, de xeito que se reciba toda a riqueza da revelación que Deus quere ofrecer ó home. Velaí por que a Biblia, que naceu na comunidade eclesial, atopa o seu medio de lectura máis indicado na propia Igrexa.

Se a versión Grega dos LXX naceu porque os xudeus de Alexandría do século 11 a.C. non eran moi doctos no Hebreo, tamén pode suceder que os galegos non poidan atinar co sentido profundo de todo o que está escrito na Biblia hebrea e grega. Cómpre traducir o que Deus foi revelando por medio de homes que falaban e escribían noutras linguas. Así, o galego que quere saber das cousas de Deus, poderá achegarse a este prodixio de cultu-

---

1. PONTIFICIA COMISIÓN BÍBLICA, La Interpretación de la Biblia en la Iglesia, Librería Editrice Vaticana, Città del Vaticano 1993, p. 54.
2. PONTIFICIA COMISIÓN BÍBLICA, La Interpretación de la Biblia..., p. 74.

ra literaria e de ciencia divina, con familiaridade e agarimo. O Señor segue a falar hoxe, e quere facelo na lingua de cadaquén.

Desexo afervoadamente que esta terceira edición dos libros sagrados á nosa lingua, continúe sendo unha ocasión providencial para redescubrir a Palabra de Deus como unha realidade viva, dinámica, eficaz, capaz de alimenta-la fe, de inspira-la nosa vida e de xulgar a nosa actitude diante da historia e do momento no que nos toca vivir, pois a Sagrada Escritura é unha mensaxe dirixida a todo home, para que coñeza persoalmente a Deus, promova o encontro cordial con Cristo e viva para *El*. Neste sentido traio á memoria o encargo de san Paulo a Timoteo: "Ti mantente no que aprendiches e no que criches, e que non che esqueza quen cho aprendeu. Porque xa desde neno coñecer as letras santas, que son podentes para che facer sabe-lo camiño da salvación pola fe en Cristo Xesús. Toda a Escritura está inspirada por Deus e é útil para ensinar, para corrixir, para emendar, para educar na xustiza. Dese xeito, o home de Deus tórnase perfecto e competente para toda obra boa" (2Tim 3, 14-17). A Palabra de Deus edifícanos na fe e fainos partícipes da herdanza reservada ós santificados (Cf Feit 20, 32).

Antes de rematar, quero deixar constancia do meu agradecemento a tódolos que interviñeron dalgún xeito na tradución, un "arte" que resulta sempre abondo difícil; á Editorial SEPT pola súa agarimosa dedicación ; e á Xunta de Galicia, pola súa sensibilidade e pola colaboración económica.

Santiago de Compostela, na festa de Santo Andrés do ano 2001.

†Julián Barrio Barrio
Arcebispo de Santiago de Compostela

NOTA DA EDITORIAL Á SEGUNDA EDICIÓN

Esgotada en pouco máis de tres meses a primeira edición desta Biblia —que obtivo o Premio Nacional de Traducción outorgado polo Ministerio de Cultura no ano 1990—, cumpría preparar unha segunda edición para a que fose revisado todo o texto, realizando as correccións tipográficas oportunas.

O éxito da primeira edición supón unha esperanza para o futuro relixioso e cultural do pobo galego e obríganos ós cristiáns a seguir traballando arreo e comprometidamente para unha máis fonda concienciación dos valores da Fe e de Galicia.

SEPT quere renova-lo seu agradecemento a tódolos que fixeron posible esta singular edición da Biblia en lingua galega, traducida desde as linguas orixinais, compartindo con eles o éxito da publicación.

SEPT ten que agradecer moi especialmente a Xosé Fernández Lago e a Andrés García Vilariño a revisión e preparación dos textos para esta segunda edición, que é posible gracias ó seu labor difícil e fatigoso, realizado con contrastada calidade científica e grande responsabilidade; agradecemento que temos que estender ás Monxas Bieitas do Mosteiro de San Paio de Santiago. Tamén a Xosé M.ª Pin Millares, Silvestre Gómez Xurxo, Benxamín de Jorge Gómez e Xosé Valtierra Branera, pola revisión lingüística para esta segunda edición. A revisores e colaboradores tamén o noso recoñecemento pola súa permanente xenerosidade.

SEPT, así mesmo, agradece á Xunta de Galicia, e singularmente ó seu Presidente Excmo. Sr. D. Manuel Fraga Iribarne e ó Conselleiro da Presidencia Iltmo. Sr. D. Dositeo Rodríguez o financiamento para esta edición.

NOTA DA EDITORIAL Á PRIMEIRA EDICIÓN

A "SOCIEDADE DE ESTUDOS, PUBLICACIÓNS E TRABALLOS, S.A.", Editorial SEPT, nace no ano 1966 coa finalidade de incorporar ás actividades editoriais o espírito renovador da Igrexa, manifestado nidiamente no Concilio Vaticano II, e coa aspiración de ser canle fecunda ó servicio do renacemento relixioso e cultural de Galicia, partindo da nosa realidade específica e singular.

SEPT, integrada por laicos comprometidos co seu tempo, despois de facer análise das graves consecuencias que ten a inexistencia dos textos bíblicos en galego para a relixiosidade do noso pobo e tamén noutros campos culturais, acordou, na xuntanza do seu Consello de Administración de 23 de Novembro de 1973, face-la edición da Biblia traducida á lingua galega desde as linguas orixinais. Nunha primeira etapa abórdase a publicación do Novo Testamento que ve a luz no ano 1980, hoxe practicamente esgotado, o que permitiu obter unha importante experiencia cara á publicación da Biblia completa que agora presentamos. Cobizosa tarefa, polo delicado do texto, polas dificultades de atopar traductores con coñecementos axeitados e dominio das linguas bíblicas e do galego, e tamén pola necesidade de conseguir un financiamento suficiente para facer unha edición digna e a un prezo que permitise a maior difusión.

Mais as dificultades previstas fóronse resolvendo: conseguiuse artellar un equipo de persoas que pola súa formación, coñecementos bíblicos e das linguas precisas, ofrecían a garantía necesaria para confiar no bo resultado do seu traballo e que asumiron xenerosamente a responsabilidade da traducción; logrouse tamén, que outro grupo de persoas prodigase axudas e colaboracións, imprescindibles nunha empresa desta complexidade, desde as económicas ata as de revisión e corrección de textos e das probas do prelo, así como a de unificación do idioma; e, por último, a financiación acordada coa Xunta de Galicia vai permiti-la difusión desta edición a un prezo que doutro xeito non sería posible.

Importantes razóns xustifican e fan necesaria hoxe en día a publicación da Biblia en galego. É preciso cooperar co movemento de implantación da liturxia na nosa lingua que coa publicación do Misal e doutros textos tenta restablece-la normalidade lingüística na expresión litúrxica e devocional dos católicos galegos. É decisivo para a fondura e rixeza da fe dos crentes te-los libros da Revelación, da palabra de Deus, na lingua propia, o que permitirá afondar, a través da súa lectura cotiá na presencia salvadora de Deus, enfortecendo as crenzas para actuar no mundo en harmonía coa fe. E ademais, desde unha perspectiva estrictamente cultural, e polo tanto con decisivas repercusións no desenvolvemento e no enriquecemento da singularidade dun pobo, non se pode descoñecer que hai libros na Biblia que figuran entre os mellores e máis fermosos da literatura universal, formando parte do acervo cultural da humanidade; a madureza e fondura dunha lingua e o seu prestixio social —alicerces da súa estensión e permanencia no tempo—, acadarase, en boa parte, pola versión e difusión que na lingua propia se teña das máis importantes obras da literatura e do pensamento universais.

SEPT confía que esta traducción da Biblia sirva moi especialmente para a edición definitiva dos Leccionarios da Misa, no camiño de acada-la plena normalización da liturxia en galego, conclusión que xa aprobou o Concilio Pastoral de Galicia e que foi refrendada polos Bispos Galegos no comunicado de 24 de Agosto de 1976, no que sinalaron ademais como obxectivo prioritario "a confección dos materiais que se precisen para a introducción do galego na celebración litúrxica e devocional". Sen embargo e malia o tempo transcorrido, a liturxia na lingua galega non acadou a plenitude desexable e agardada. Os católicos —cadaquén desde o seu posto— temos que asumi-las correspondentes responsabilidades neste delicado, importante e decisivo tema para a fe dun pobo. Non esquezamos que "a evanxelización perde moito da súa forza e da súa eficacia se non se toma en consideración o pobo concreto ó que se dirixe, se non utiliza a súa lingua, os seus signos e símbolos..." (Paulo VI, Exhortación Apostólica "Evangelii Nuntiandi", n° 63, de 8-XII-1975).

A língua é expresión da personalidade colectiva e forza impulsora da nosa singular e orixinal cultura. Cómpre subliña-la importancia da relación e recíproco influxo entre fe e cultura —principio programático de SEPT— que aparece en múltiples documentos do Maxisterio Eclesiástico, principalmente desde o Concilio Vaticano II, incorporando en toda a súa fondura o concepto de "inculturación" que aplica universalmente, non só ós chamados países de misión, senón tamén ás Igrexas tradicionais. Xoán Paulo II insiste repetidamente nesta idea: "O termo aculturación ou inculturación pode ser moi ben un neoloxismo, pero expresa perfectamente un dos elementos da Encarnación" (Alocución á Comisión Bíblica, 26-IV-1979). "A síntese entre cultura e fe non é só unha esixencia da cultura, senón tamén da fe... Unha fe que non se fai cultura é unha fe non plenamente acollida, non totalmente pensada, non fielmente vivida" (Discurso ós representantes da Universidade, Reais Academias, investigadores e universitarios, na Universidade Complutense de Madrid, o 3-XI-1982, recollendo o xa dito ó Pontificio Consello para a Cultura o 16-I-1982); "... un modelo do que hoxe leva o nome de inculturación: encarnación do Evanxeo nas culturas autóctonas, e, ó mesmo tempo, a introducción destas na vida da Igrexa" (Carta Encíclica "Slavorum Apostolorum", n° 21, de 2-VI-1985).

SEPT quere expresa-lo seu sincero agradecemento a tódolos que fixeron posible esta edición que marca un fito importante na historia da relixiosidade e cultura galegas.

Ó que foi Arcebispo de Santiago, hoxe Cardeal Arcebispo de Madrid, Emmo. D. Anxo Suquía, e ó seu sucesor na arquidiócese de Santiago, Excmo. Sr. Don Antonio María Rouco, polos importantes apoios e colaboracións prestados, e ós demais bispos de Galicia pola súa acollida.

Á Xunta de Galicia, especialmente ó Presidente Excmo. Sr. Don Fernando González Laxe e ós Vicepresidentes Iltmos. Sres. Don Xosé Lois Barreiro Rivas e Don Xabier Suárez Vence, pola axuda no financiamento que permite un prezo de venda que vai supoñer unha maior difusión.

Ós traductores, coordenadores e revisores de probas, polo seu traballo, xenerosidade e azos exemplares.

Ó Padre Seixas, por ser vello impulsor da idea, a Andrés e Carmen Carril Pardo pola súa hospitalidade, a Xermán Alonso Fernández polas súas xestións e a Silvestre Gómez Xurxo pola súa colaboración nas correccións.

Ós que co seu apoio económico permitiron soste-los gastos no longo período da preparación da edición: Compañía de María, Ernesto Baltar Feijóo, Xosé Francisco Domínguez Martínez, Eugenio Fadrique del Río, Xosé Luis Fontenla Méndez, Xaime Isla Couto, Luis Meijide González, Manuel Meijide González, Pedro Merino Gómez, Dositeo Otero Saco, Gonzalo Rey Lama, Demetrio Sáez de Viteri, Agustín Sixto Seco e Alfonso Zulueta de Haz.

Tódolos que traballaron nesta edición fixérono guiados por unha esperanza que foi o pulo necesario para resolve-los abondosos problemas que xurdiron no camiño percorrido: ofrecer a Galicia, por primeira vez, a totalidade da Biblia na lingua galega traducida das linguas orixinais.

SEPT

CARTA DO ARCEBISPO DE SANTIAGO DE COMPOSTELA

Benqueridos irmáns:
Éncheme de ledicia poder presentar a tódolos católicos de fala galega, dentro e fóra de Galicia, e a toda a opinión pública da nosa terra a primeira versión completa da Biblia en galego, feita dende os textos orixinais.

A Biblia, o libro máis vendido e máis traducido en toda a historia cultural da humanidade, sae na nosa lingua nuns momentos de especial sensibilidade respecto do tema galego, uns tempos nos que se tenta busca-las raíces do noso sentir, do noso vivir e do noso crer.

Esa lingua tan agarimosa que é a nosa lingua galega, faise así instrumento axeitado para transmitirlle á nosa xente a Palabra de Deus, a que revela ó home os designios salvadores de Deus para con el, que culminaron no Nacemento, Morte e Resurrección do Noso Señor Xesucristo, e que lle ensinan o que precisa o ser humano para acada-la grandeza que Deus lle ofrece: ser partícipe da súa gloria.

Os Bispos das dióceses de Galicia contamos con que a Biblia que agora se publica non só sirva para enriquece-la literatura galega —o que sen dúbida conquerirá— senón especialmente para o uso litúrxico e tamén para a formación cristiá e a oración persoal. A presente edición da Biblia posibilitará a pronta preparación dos leccionarios litúrxicos, complemento necesario do Misal Galego publicado hai pouco e condición indispensable para unhas dignas e fructuosas celebracións eucarísticas. Pero, ademais, debe servir tamén, como instrumento inspirado da Palabra de Deus que é, para que moitos poidan afondar na súa Fe cristiá, para busca-lo camiño que leva ó Señor, e, dese xeito, chegar ata El.

A devandita publicación da Biblia en lingua galega é o resultado do traballo dun equipo de estudiosos galegos, coordenados por Profesores do Instituto Teolóxico Compostelán, o noso Centro Superior de Estudios Teolóxicos, que actualiza así as mellores páxinas da súa brillante historia científica e eclesial.

Gracias ó seu traballo extraordinariamente xeneroso, calado, paciente e, por suposto, fondamente científico, fíxose posible a presente traducción, que partindo dos textos orixinais, nos ofrece o seu equivalente na lingua galega.

Non podemos esquecer tampouco a excelente disposición e mailos desvelos, verdadeiramente exemplares, da Editorial SEPT e dos seus colaboradores na elaboración técnica da edición, despois de que a súa fina sensibilidade, cultural e relixiosa, movera ós seus responsables a prepara-la publicación dunha obra tan delicada e complexa.

Quixera, finalmente, agradecer dende estas liñas á Xunta de Galicia a súa colaboración tan importante para que este libro vexa a luz.

Os actuais Bispos das Dióceses da Provincia Eclesiástica Compostelá non queremos tampouco esquece-lo pulo que lle deron á publicación da Biblia en galego os nosos antecesores, dende fai quince anos ata agora, a quen se lles debe por iso tamén gratitude e recoñecemento.

O Concilio Vaticano II ensinou na Constitución "Dei Verbum" o íntimo nexo existente entre a Sagrada Escritura e a Igrexa. Á Igrexa foille confiado polo Señor o depósito sagrado da Palabra de Deus, que constitúen a Tradición e a Sagrada

Escritura; ó seu Maxisterio compételle a interpretación auténtica da Palabra de Deus oral ou escrita (V.II, DV. 10). Só "in Ecclesia" é fructuosa a lectura da Sagrada Escritura. Por iso os autores e editores da presente edición galega da Biblia buscaron e obtiveron a preceptiva aprobación canónica, da traducción e das notas aclaratorias que a acompañan.

Para tódolos homes que queiran atopa-lo verdadeiro senso da súa existencia, e para os que desexen volver unha e outra vez ás fontes máis limpas da súa fe cristiá, velaí unha edición dos Libros Sagrados, que, por responder ós orixinais e por ser aprobada pola Igrexa, se presenta como instrumento axeitado para un encontro auténtico coa Palabra de Deus.

Santiago de Compostela, 3 de abril de 1989

Antonio Mª. Rouco Varela
Arcebispo de Santiago

TRADUCTORES DOS TEXTOS BÍBLICOS
ANTIGO TESTAMENTO

PENTATEUCO
Xénese, Éxodo .... *Anxo González Núñez*
Levítico, Números .... *Emilio Losada Castiñeiras*
Deuteronomio .... *Francisco Pérez Santalices*

LIBROS HISTÓRICOS
Xosué, Xuíces, Rut .... *Xosé Fernández Lago*
Samuel, Reis .... *Anxo González Núñez*
Crónicas .... *Xosé Rodríguez Carballo*
Esdras e Nehemías, Tobías, Xudit .... *P. Martín María Díaz*
Ester .... *Emilio Losada Castiñeiras*
Macabeos .... *Manuel Regal Ledo*

LIBROS POÉTICOS E SAPIENCIAIS
Xob .... *Xoán C. Rodríguez Herranz*
Salmos .... *Anxo González Núñez*
Proverbios, Eclesiastés, Cantar dos
Cantares, Sabedoría, Eclesiástico .... *Xoán C. Rodríguez Herranz*

LIBROS PROFÉTICOS
Isaías, Xeremías, Lamentacións, Baruc,
Carta de Xeremías, Ezequiel .... *Francisco Pérez Santalices*
Daniel .... *Xosé A. Salgado Agromartín*
Oseas, Xoel .... *Francisco Pérez Santalices*
Amós .... *Xoán C. Rodríguez Herranz*
Abdías, Xonás, Miqueas, Nahúm, Habacuc,
Sofonías, Axeo, Zacarías, Malaquías .... *Francisco Pérez Santalices*

NOVO TESTAMENTO

EVANXEOS
Mateo, Marcos, Lucas .... *Xosé M. Rodríguez Pampín e*
Andrés Torres Queiruga
Xoán .... *Xosé Fernández Lago*

OS FEITOS DOS APÓSTOLOS .... *Xosé Antón Miguélez Díaz*

CARTAS DE SAN PAULO
Romanos .... *Emilio Losada Castiñeiras*
Andrés Torres Queiruga
I Corintios .... *Andrés Torres Queiruga*
II Corintios .... *Xosé Fernández Lago*
Gálatas .... *Xesús Ferro Ruibal*

Efesios	Xosé Fernández Lago
Filipenses	Xesús Ferro Ruibal
Colosenses	Manuel Regal Ledo
I e II Tesalonicenses	Xosé Fernández Lago
I e II Timoteo, Tito	Emilio Losada Castiñeiras
Filemón	Xesús Ferro Ruibal
Hebreos	Francisco Pérez Santalices

CARTAS CATÓLICAS

Santiago	Manuel Regal Ledo
I e II Pedro; I, II, e III Xoán	Francisco Pérez Santalices
Xudas	Manuel Regal Ledo

A APOCALIPSE	Francisco Pérez Santalices

REVISIÓN LINGÜÍSTICA

Andrés García Vilariño

e

Xosé Chao Rego	Rosa García Vilariño
Xesús Ferro Ruibal	Eduardo González Montes
Alfonso García Sanmartín	Andrés Torres Queiruga

COORDENACIÓN

Xosé Fernández Lago	Andrés Torres Queiruga

XESTIÓN E SECRETARÍA DA EDICIÓN

Alfonso Zulueta de Haz	Xosé Francisco Domínguez Martínez

INTRODUCCIÓN Á BIBLIA

1.- A salvación na historia

Ó longo dos séculos, os homes esperaban sempre dos deuses nos que crían algúns sinais benéficos, que os sacasen dos apuros cotiáns. Pero os deuses ficaban lonxe, e os homes sentían a súa acción en feitos chamativos, que traían as máis das veces a desgracia.

Un bo día, un home chamado Abram (que despois se chamará Abraham), sentiu que un deus distinto lle falaba, animándoo a saír de onde vivía, para dirixirse a outra terra que El lle ía mostrar. Aquel home déixase conducir por ese deus, e fanse os dous amigos. Deus bendí a aquel home e á súa descendencia, e o home xura ser leal a aquel deus. Algúns séculos máis adiante, uns descendentes do devandito patriarca pola rama de Xacob (coñecido tamén por Israel), sufrían, lonxe da súa terra, escravizados por unha xente que adoraba a outros deuses. Os descendentes de Abraham clamaron polo seu deus, quen fixo xurdir de entre eles un libertador —Moisés—, que os sacou de alí a forza de prodixios. Vendo a man de Deus neses feitos, aquela xente considera a Deus como o seu salvador; e, en chegando a un monte alto, no deserto do Sinaí, fai unha Alianza co seu Señor. Este convértese no deus daquel pobo, e o pobo comprométese a ser fiel a ese deus, cumprindo os acordos da Alianza. Daquela, o deus dálle azos ó seu pobo, guíao polo deserto, e condúceo cara a unha terra abondosa, na que xa estivera o seu devanceiro Abraham; aquel deus, xa lle prometera regalarlle o país para os seus descendentes.

Nesa terra prometida, o pobo é ás veces fiel e ás veces infiel, segundo os diversos momentos da historia. Despois de Xosué —o xefe que introduciu ó pobo na terra de Canaán—, suscitou Deus xuíces, reis, profetas e sabios, que encamiñaran ó pobo querido por bos vieiros; pero a xente era infiel a unha Alianza que marcaba a obriga, pero que non outorgaba a forza necesaria para a cumprir. O pobo de Deus, dividido en dous desde a morte de Salomón, cae víctima da arremetida dos asirios (fin do Reino do Norte, no ano 722) e da invasión babilónica (caída do Reino do Sur, no ano 587). O profeta Xeremías, que tan a miúdo ameazara ó pobo co desterro, por mor da súa infidelidade, anuncia unha Nova Alianza, moito máis fonda, gravada nos propios corazóns, de xeito que o home crente acolla os mandamentos de Deus como cousa súa (Xer **31**, 31-34), unha Alianza que había de abranguer a tódolos pobos da terra.

Séculos máis tarde nace un neno ó que lle poñen Xesús, "Salvador", porque viña salvar ó home. Ó longo da súa vida, ademais de anunciar á xente a chegada do Reino de Deus, xuntou a carón del un grupo de discípulos; e, nunha cea que tivo con eles pouco antes de morrer, fixo de mediador desa Nova Alianza con Deus que anunciara Xeremías. El mesmo era o Fillo de Deus, e viñérelle ofrecer ó Pai o seu corazón de home entregado a Deus (cf Heb **10**, 7). Sendo xusto, cargou cos pecados da humanidade, para que os humanos, cheos de maldade, acadasemos por El o perdón e maila paz (cf Is **53**, 5-6.11-12).

A partir de Xesús, non se entra na descendencia de Abraham por razón do nacemento nin por outro xeito de condición humana. Os que teñen fe en Xesús, o Fillo de Deus, eses son a verdadeira descendencia de Abraham (Gál **3**, 26-29), e os herdeiros da promesa. Ós membros do pobo crente, pídeselles fidelidade á Alianza feita por Xesús, e prométeselles unha terra moito máis fructífera e duradeira: a Nova Xerusalén, onde todo será ledicia e conforto (cf Ap **21**, 1-4).

Ese Xesús, confianza dos humanos que cremos nel, virá ó remate dos tempos, cheo de gloria, para recoller ós que agardan a súa volta con esperanza, e entregarlle así todo a seu Pai, o Deus de Abraham. Deste xeito, o Señor da creación será louvado por tódalas criaturas (cf 1 Cor **15**, 22-28).

2.- A revelación, na historia

O home relixioso procura coñece-la vontade de Deus, e por iso interpreta os feitos que acontecen para albisca-lo que Deus lle quere dicir.

O pobo escolleito, aínda que era bastantes veces infiel, era, ó mesmo tempo, "temeroso de Deus": tiña en conta o parecer do Señor, antes de toma-las decisións. O pobo pretendía agradar a Deus, e Deus agarimaba ó seu pobo enviándolle profetas. Estes falaban no nome de Deus: interpretaban os feitos que acontecían, e manifestaban o seu significado á xente, tal como Deus llelo comunicaba, por medio do seu espírito.

Para os pouco crentes, a revelación de Deus é unha carga, pois pídelle ó home unha decisión en favor de Deus, que leva consigo a renuncia a un xeito de vida "mundano". Pero para os crentes de verdade, a revelación divina ten máis ben o senso dunha comunicación amigable que Deus fai (cf Xn **15**,15).

As marabillas que Deus fixo ó longo da historia, os comportamentos do pobo escolleito, as chamadas de atención de Deus, e a Alianza entre Deus e o pobo de Israel, non podían ficar no esquecemento, ignoradas polas novas xeracións. O mesmo Deus fai que certos homes se poñan a escribir algunhas tradicións do pobo. Deste xeito, ofreceranlles ós máis uns exemplos que imitar ou que rexeitar, de modo que sintonicen mellor co Deus no que cren.

Ó comezo, serán máis ben pequenos ditos, referidos á liberación do asoballamento de Exipto, ou á afirmación de que o Señor é o Deus no que eles cren. Despois, será unha cántiga de victoria ou outras pezas literarias que recordan o agradecemento pola axuda de Deus. Van xurdindo, pouco a pouco, a partir do ano mil antes de Cristo, uns libros que se teñen por sagrados, xa que recollen a revelación divina. Son obra, as máis das veces de autores descoñecidos. Entre estes cómpre destaca-lo chamado "Cronista", os sabios e os apocalípticos. Os libros anteriores a Xesús forman un bloque que se deu en chamar Antigo Testamento, ou mellor, Antiga Alianza.

Con Xesús chega ó seu cume a historia humana. Por medio del fala o Pai (Heb 1, 1-2): e quen o ve a El, ve ó Pai (Xn 14, 9). El é a luz que alumea para todo home que vén a este mundo (Xn 1, 9). Descóbrenos todo o que viu e oíu onda o Pai (Xn 15, 15). O que estaba anunciado na Lei, nos Profetas e nos outros Escritos, cúmprese agora e atopa en Xesús a súa plenitude.

Xesús funda unha comunidade de discípulos, e ensínalles moitas cousas sobre o Reino de Deus que veu establecer. El dá todo o que ten: a súa doutrina, os seus signos, e a súa mesma vida, para que os homes cheguemos a acadar unha vida que non remate endexamais.

Os discípulos de Xesús van ensinando a outros admiradores os ditos e feitos do mestre, e vai callando a tradición acerca de Xesús. Máis adiante, o mesmo Deus moverá a algúns homes para que se poñan a escribir parte do acontecido, de xeito que, ó longo dos séculos, sexa posible coñecer a Xesús e maila súa doutrina. Daquela, vaise formando, pouco a pouco, o Novo Testamento ou Nova Alianza.

3.- A Biblia

Esta palabra grega significa "libros". Contén os escritos que son sagrados por ofreceren a revelación divina.

Anque Deus moveu ós homes para que escribisen o que El fora revelando, e esta revelación chegou a formar libros, non tódalas comunidades consideraron sagrados os mesmos libros. Aínda hoxe hai desacordo entre xudeus, católicos (e ortodoxos) e protestantes na designación dos libros que se teñen por Escrituras Sagradas.

Os xudeus consideraron sagrados, no canon que estableceron ó remate do século I d. C., 22 libros, que equivalen —por estaren algúns unidos entre si— ós 39 que teñen por canónicos os protestantes. Veñen sendo os 46 do canon católico do Antigo Testamento, fóra dos libros de Tobías, Xudit, 1° e 2° dos Macabeos, Baruc, Sabedoría e Eclesiástico. Por outra banda, xudeus e protestantes non admiten como canónicas algunhas partes dos libros de Ester e de Daniel, escritas en grego. Os sete libros mencionados designanse deuterocanónicos, pois foron acollidos no canon nun "segundo" momento. Outro tanto podemos dicir das pasaxes gregas de Ester e de Daniel. En troques, ós outros libros do A. T. chámanselles protocanónicos, por seren aceptados como sagrados desde os albores da cristiandade.

No tocante ó Novo Testamento (rexeitado, loxicamente, polos xudeus), acéptase comunmente hoxe como formado por 27 libros. Algunhas confesións protestantes borraron hai tempo das súas listas as cartas de Santiago e Xudas, a Epístola ós Hebreos, e mailo libro da Apocalipse; pero desde o século XVII volveron ás listas tradicionais. Dos 27 libros do N. T. sete foron acollidos no canon nun segundo momento, polo que se chaman deuterocanónicos. Son: A Epístola ós Hebreos, a Carta de Santiago, a 2ª de Pedro, a 2ª e 3ª de Xoán, a de Xudas e o Libro da Apocalipse. Ós libros que a Igrexa Católica chama deuterocanónicos do A. T. os protestantes chámanlles apócrifos (=encubertos, secretos). E, como a Igrexa Católica nomea "Apócrifos" ós que non son libros sagrados, os protestantes dánlle-lo nome de pseudoepigráficos, pois non foron escritos polos personaxes que lles dan o título (exemplo: 1 Henoc; 4° Esdras...).

O canon católico estableceuse por primeira vez no Sínodo Romano do ano 382, e confirmouse definitivamente no século XVI, no Concilio Tridentino. Este Concilio, deixándose conducir pola tradición cristiá máis firme, declara sagrados os 73 libros que admitía como tales o Concilio de Florencia, no século XV.

Os escritores eclesiásticos dos primeiros séculos, nos que se fixa o Concilio Tridentino, tiñan certa familiaridade cos libros deuterocanónicos (incluídos na versión dos LXX), especialmente os Padres Apostólicos, que citan a Biblia pola devandita versión. Imitan así ós escritores do N. T., que, das 350 veces que aluden á Escritura do A. T., 300 fano empregando a versión dos LXX.

No tocante ós libros do N. T., a Igrexa considerou sagrados aqueles nos que vía a expresión da súa fe, fixándose ademais na súa orixe apostólica e na acollida que tiveron nas diversas comunidades cristiás, así como no feito de serviren para a edificación do pobo de Deus.

4.- Distribución dos libros da Biblia

4.1.- Os xudeus *fan unha clasificación tripartita: Lei ("Torah"), Profetas ("Nebiim") e Escritos ("Ketubim"). A Lei comprende os cinco libros atribuídos a Moisés, que forman o Pentateuco.* Os Profetas, *divídenos en "Anteriores" (Xosué, Xuíces, 1° e 2° Sam, e 1° e 2° Re) e "Posteriores" (Is, Xer, Ez, e mailos 12 profetas menores da Biblia cristiá). Finalmente, no apartado* Escritos *inclúen o resto.*

O criterio seguido polos xudeus na distribución dos libros sagrados foi de tipo histórico: segundo os consideraban sagrados, ían formando un conxunto.

4.2.- Os protestantes *seguen a distribución xudía, pero engaden ó remate, como apéndice, os libros que os católicos chamamos deuterocanónicos, facendo constar que foron excluídos do canon hebreo.*

4.3.- Os católicos *e mailos* ortodoxos, *clasificámo-los libros do A.T., seguindo a versión dos LXX, en:*
—Pentateuco;
—Libros históricos;
—Libros sapienciais;
—Libros proféticos.

En vez de segui-lo criterio histórico —como fixeron os xudeus—, tense en conta o xénero literario do libro en cuestión.

Como no A.T., tamén no N.T. facemos católicos e ortodoxos unha cuádruple distribución:
—Evanxeos
—Feitos dos Apóstolos
—Cartas
—Apocalipse

O criterio é o mesmo que se empregou para o A.T.. No tocante ó N.T., os protestantes fan a mesma distribución cós católicos e os ortodoxos.

No século XIII, Estevo Langton, Arcebispo de Canterbury, divide a Biblia en capítulos; *e tres séculos máis tarde (século XVI), o dominico Santes Paganini divide en* versículos *o A.T., facendo o propio co N.T. o tipógrafo parisiense Roberto Estéfana.*

5.- As linguas da Biblia

5.1.- *Case tódolos libros do* Antigo Testamento *foron escritos en lingua* hebrea. *Redactáronse en* arameo *algúns capítulos do libro de Esdras e mais do de Daniel, e un versículo do libro de Xeremías. Outros dous libros —o 2° dos* Macabeos *e o da* Sabedoría—, *foron escritos orixinariamente en* grego.

A pesar de ser unha traducción, cómpre mentar, pola súa relevancia, a versión grega dos LXX, *feita en Exipto entre os séc. III e II a.C., que inclúe tódolos libros do canon católico; o mesmo cómpre facer coa* Vulgata latina, *traducida por S. Xerome, e considerada polos Concilios Tridentino e Vaticano I como normativa para a Igrexa Católica.*

5.2.- *O* Novo Testamento *foi escrito en* grego. *Pola tradición cristiá temos noticia de que Mateo escribiu na lingua dos hebreos (o* arameo*), dato que atopa confirmación no estudio interno do texto. Desgraciadamente, non temos na actualidade ningún manuscrito do devandito evanxeo arameo de Mateo.*

6.- O texto da Biblia

Os manuscritos autógrafos da Biblia perdéronse todos, cousa moi normal se temos en conta a febleza dos papiros. De todos xeitos, ó revés do que acontece cos escritos profanos de entón, hai milleiros de manuscritos da Biblia. Certo tamén que, ó facerse tantas copias, inzan os erros, aínda que a crítica textual *de hoxe, con métodos científicos depurados, está en condicións de reconstruí-lo texto na súa forma máis primitiva. No século XIX aparecen as grandes* edicións críticas, *que ofrecen ó lector as variantes textuais, ademais do texto considerado como orixinal.*

6.1.- *Polo que respecta ó* Antigo Testamento, *coñécense desde hai tempo testemuños do* texto hebreo e arameo *pertencentes ós séc. IX e X d.C. Sobrancean entre eles o* Manuscrito do Cairo, *o* Manuscrito de Leningrado *e mailo* Códice de Alepo. *Os dous últimos, utilizáronse como base das edicións críticas; o primeiro foi, ó longo de moitos anos, o códice máis antigo da Biblia hebrea.*

O descubrimento de manuscritos na Guenizah —*especie de depósito dos libros sagrados xa gastados—* dunha sinagoga do Cairo, *ó remate do século XIX, proporcionaba entón uns testemuños que atinxían o século VI d.C. Finalmente, os descubrimentos de* Qumrân, *no ano 1947, aportan copias da Biblia hebrea, feitas entre os séculos III a.C. e o I d.C.*

Ademais dos manuscritos hebreos da Biblia, hai que menciona-los targums, *versións arameas, a miúdo parafraseadas, empregadas nas sinagogas para facer accesible o texto bíblico ós que non coñecían o hebreo*. Algúns deles son anteriores á era cristiá, pois o arameo comeza a impoñerse entre os séculos VI e V a.C., e dese xeito vaise perdendo o hebreo. En Qumrân apareceron anacos de Targums.

No tocante ó A.T. en grego, *coñécense desde hai tempo papiros anteriores á era cristiá. O máis antigo é o "John Rylands 458"*. Por outra banda, os descubrimentos de Qumrân enriqueceron, con manuscritos da Biblia grega, os descubrimentos anteriores. Existen ademais moitos pergamiños, entre os que sobrancean o Vaticano, o Sinaítico e mailo Alexandrino (cf máis adiante, 6.2.).

Entre as versións, merecen destacarse as de Áquila, Sínmaco e Teodoción (séc. II a.C.), que, xunto co texto hebreo, o texto hebreo con caracteres gregos, e maila versión dos LXX, formarán a Biblia en seis columnas ("Héxapla") de Oríxenes (nos anos 230 a 240 d.C.).

6.2.- Do Novo Testamento *téñense morea de* manuscritos, *algúns deles enteiros, e outros en anacos. O máis antigo é o "Papiro Rylands" (p^{52}) que data de arredor do ano 120. Hai outros papiros do mesmo século, e outros do séc. III*. Existen ademais moitos códices, *sendo os máis ricos o Vaticano, o Sinaítico e o Alexandrino. Os dous primeiros, do século IV, teñen practicamente enteiros o A.T. e mailo N.T.; e o terceiro, do século V, contén a maior parte do N.T. Están escritos en letras maiúsculas*. Hai tamén códices de letra minúscula, escritura que comeza a impoñerse a partir do séc. IX. Finalmente, existen leccionarios, *que recollen as lecturas litúrxicas, e que conteñen practicamente todo o N.T. Os máis antigos son uns anacos do séc. V*.

Ademais das copias gregas en papiros e pergamiños, existen versións a outras linguas, que chegan ó séc. III; e testemuños de escritores cristiáns do séc. II en adiante. Entre as versións sobresaen a *"Vetus Latina"*, a *"Vulgata"*, a *"Siríaca Antiga"* e maila *"Peschitta"*.

A tradición textual do N.T., en especial a dos Evanxeos, ten bastantes puntos de apoio, e de moito valor (cf Introd. ó N.T. 5.).

7.- A Biblia é palabra de Deus

Considerábase así o A.T. no pobo de Israel, e dese xeito pensaban Moisés, Xesús, os Apóstolos, S. Paulo e mais Timoteo.

Ademais dos datos que coñecemos por outras fontes, sabemos pola mesma Biblia o que segue:

Moisés *anunciáballe ó pobo, e despois escribíaas, tódalas palabras que Deus lle ía comunicando* (cf Ex **24,** 3-4). Séculos máis tarde, os profetas *reciben a palabra do Señor* (cf Xer **1,** 1-2), *que proclaman, e, ás veces, escriben* (cf Xer **36,** 6-8.11). *Xesús aprovéitase da autoridade da Escritura. Coa expresión "está escrito" resolve calquera dificultade* (cf Mt **4,** 4-10), *pois a Escritura non pode eslluírse* (Xn **10,** 35), *non ficará sen cumprir nada do escrito* (Mt **5,** 18). Os apóstolos *interpretan os feitos da vida de Xesús como acontecidos para que se cumpra a Escritura* (Xn **19,** 28; Feit **17,** 2ss). As Cartas de Paulo *veñen colocadas a carón dos libros do A.T., e aprezadas tamén elas coma Escrituras* (cf 2 Pe **3,** 14-16), *pasando así a formar parte daqueles Escritos sagrados que o Apóstolo e mais Timoteo recoñecen desde nenos como recibidos de Deus* (cf 2 Tim **3,** 14-17). O autor do Libro da Apocalipse *dálle ó seu escrito a mesma autoridade có Deuteronomio (recoñecido por todos como Escritura), pois afirma o mesmo có autor do Deuteronomio: non se lle pode aumentar nin quitar nada* (Ap **22,** 18-19; cf Dt **4,** 2; **13,**1).

Non é que a palabra de Deus viñese directamente do ceo para "dictar" uns libros, senón que algúns membros do pobo de Deus, conducidos polo Espírito, despois de interpreta-los feitos que acontecían, puxéronse a escribilos, de xeito que os homes de tódolos tempos poidan tamén percibir na súa historia, á luz desa palabra, o que Deus lles quere dicir mediante os feitos que acontecen.

8.- A Biblia foi inspirada por Deus

8.1.- Espírito de Deus e Revelación Bíblica

É fácil decatarse da relación tan estreita que se dá na Biblia entre o Espírito de Deus e a revelación divina. No Antigo Testamento a *actividade profética é froito do Espírito* (cf Zac **7,** 12), *pois é El quen baixa sobre os profetas, para que pregoen a palabra de Deus* (cf Is **59,** 21; Ez **11,** 5).

O Espírito move tamén ós "homes de Deus" do Novo Testamento (Feit **8,** 29-39; **10,** 19), *ensina o que hai que dicir para defenderse diante dos tribunais* (Lc **12,** 11-12), *e forma a comunidade cristiá cos carismas que reparte* (1 Cor **12,** 4-11).

8.2.- Palabra de Deus e libro sagrado.

No Antigo Testamento *albíscase xa unha relación íntima entre o Espírito do Señor e a palabra de Deus escrita. O profeta Isaías, fa-*

lando dos escritos que conteñen os anuncios proféticos, di que proveñen da boca e mais do espírito de Iavé (Is **34**, 16); e Nehemías di que os escritos sagrados son ensinanzas que Deus fai ó pobo por medio do seu Espírito (Neh **9**, 20.30).

No Novo Testamento afírmase que o anunciado no libro dos Salmos (libro atribuído ó rei David) o dixera o E.S. por boca de David (Mc **12**, 36; Feit **1**, 16). Na *2ª Carta de S. Pedro* fálase da chegada gloriosa do Mesías, como de algo que ten que acontecer, pois a anunciaron os profetas, movidos polo E.S. (2 Pe **1**, 16-21). Na *2ª Carta de S. Paulo a Timoteo* aludindo a tódalas Escrituras, que Timoteo coñece ben desde neno, dise abertamente que foron inspiradas por Deus (2 Tim **3**, 14-17).

8.3.- ¿Que é a inspiración bíblica?
É moito máis ca un rogo de Deus a un home para que este escriba; é máis ca unha axuda do E.S. ó escritor para que non erre; tampouco non é unha acción tan forte do E.S. que chegue a anula-la personalidade do autor humano; nin consiste a inspiración en que a Igrexa considere sagrado un libro concreto.

A inspiración bíblica vén sendo un influxo tal do E.S. nas facultades dalgúns homes, que permite afirmar que Deus sexa "autor" dun libro humano e que o home sexa "autor" dun libro divino. Así fala Deus cos homes, na linguaxe deles.

9.- A verdade da Biblia

9.1- *A Biblia ofrécenos unha* ensinanza de cara á salvación: *unha ensinanza que chega ata nós con palabras humanas, con xeitos de expresión propios dos tempos en que se compuxeron os libros, facendo uso da súa mesma cultura e linguaxe, e empregando uns xéneros literarios a miúdo distintos dos de hoxe.*

9.2.- *A mensaxe da Biblia ten* garantía de verdade, *por gozar da inspiración divina.* Certo que o que Deus quere ofrecernos non é unha *información científica*, senón unha mensaxe encamiñada á salvación. Como dixo hai tempo S. Agostiño de Hipona, Deus non quere dicirnos como é o ceo, senón como chegar a el: non intentou ensinarnos cosmoloxía nin ciencias naturais, senón o camiño da salvación.

9.3.- *O obxecto de ensinanza da Biblia: todo o que os autores sagrados querían dicir, e o que Deus quería comunicarnos polas palabras deles.* O demais será revestimento literario ou outras axudas das que se vale o autor sagrado nun momento concreto da historia, para se facer comprender; desde o punto de vista reli-xioso estas cousas nin son nin deixan de ser verdade, pois non as ensina *a Biblia, senón que a Biblia* usa delas *para mostra-lo único que ela quere ensinar: as verdades que interesan ó home para acada-la vida eterna.*

10.- Interpretación da Biblia

Para que os homes nos entendamos, temos que interpreta-lo que os outros nos din. Certo que cando o que fala ou escribe conta cousas da vida de tódolos días e na lingua que falamos decote, a probabilidade de comprensión é moito maior ca cando fala de cousas remotas e nunha lingua allea.

A interpretación da Biblia resulta problemática por dobre motivo: por ser unha obra oriental, con tres mil anos de historia, escrita en linguas pouco coñecidas; e por ser unha colección sagrada, inspirada por Deus, coas consecuencias que ese feito reporta. Por estas razóns, para interpretar atinadamente a Biblia, haberá que estar atentos non só ós aspectos de tipo literario, senón tamén a outros, de tipo teolóxico.

10.1.- *Por ser unha* obra feita por homes, hai que aplicarlle uns criterios de tipo literario. É preciso estudia-lo texto dentro dun contexto próximo, no contexto das obras do mesmo autor, e no contexto xeral de toda a Biblia. Tamén haberá que pescuda-lo xénero ou xéneros literarios do libro que se analiza. Ademais, será necesario estar atentos ós xeitos de expresión propios da época e do lugar, pois, se os traducimos á nosa lingua palabra por palabra, non collen senso. As mesmas palabras hai que as considerar segundo o senso que tiñan entón e alí, máis ben có que teñen hoxe e aquí. Precísase tamén distingui-los moldes (a casca, os medios de transmisión) dos contidos. Así, dándolle a cada cousa o seu valor, non se cometerán erros semellantes ós que se deron ó longo da historia, por toma-los coñecementos da época como se fosen ensinanzas do autor sagrado.

10.2.- *Por ser unha* obra que ten a Deus como autor, *deberemos aplicarlle uns criterios teolóxicos.* Xa que a Biblia se escribiu por influxo do Espírito Santo, hai que a ler e interpretar coa axuda do mesmo Espírito que incitou a escribila *(D.V., nº 12).* A persoa que se move tan só por criterios humanos non pode comprender fondamente as realidades do Espírito; cousa que, en troques, é posible ó "home espiritual" (cf 1 Cor **2**, 14-15), *pois ten o Espírito de guía.*

Como explicitación do principio establecido *(D.V. nº 12),* pódense aducir outros tres máis *concretos:* atender ó contido e unidade de toda a Escritura, á tradición viva da Igrexa, e á analoxía da fe *(ibíd.).*

10.2.1.- Contido e unidade de toda a Escritura. Foi o mesmo Espírito o que inspirou cada un dos libros, dándolle así a toda a Escritura unha estreita unidade. Xa no A.T. os autores máis serodios escriben sabedores de que non fan nada absolutamente novo, senón que explicitan o dos devanceiros. Escriben como membros dunha comunidade ou pobo de Deus, que manifesta a súa fe e que camiña cara a un momento de plenitude, o da chegada de Xesús ó mundo. En Xesús chega a cumprimento a Antiga Alianza, e El ofrece os materiais para a elaboración dos escritos do N.T. As dúas Alianzas forman, pois, unha unidade en Cristo, de xeito que, como dicía S. Agostiño, no A.T. se contén o Novo, e no Novo se mostra o Antigo. O primeiro anunciaba a Cristo, e Cristo leva o A.T. á plenitude.

10.2.2.- A tradición viva de toda a Igrexa

Para interpreta-la Biblia hai que ter en conta a tradición da Igrexa, co seu Maxisterio ó servicio da palabra de Deus (cf *D.V., n° 10*). Iso vén requerido polo feito de que os libros sagrados naceron na Igrexa e para a Igrexa, sendo a mesma Igrexa quen nolos presenta como tales; e tamén porque é un só e mesmo Espírito o que anima á Igrexa, o que move a escribi-lo libro sagrado, e o que ilumina a quen o le.

Certo que, precisamente por mor do E.S., esa tradición non é estática, senón dinámica. A Igrexa afonda na palabra de Deus para alumar novas situacións, guiada sempre polo Espírito. Este leva ós crentes que acoden á Escritura a unha comprensión fonda e experimental, vivida. Deste xeito, asistindo a uns e outros segundo o propio carisma, o Espírito dálle un dinamismo enriquecedor á tradición da Igrexa.

10.2.3.- A analoxía da fe.

Cando, na interpretación dunha obra literaria calquera, nos atopamos cun anaco difícil, intentamos ver outros máis claros da mesma obra ou do mesmo autor, que nos conduzan á comprensión do primeiro.

Algo semellante acontece no mundo relixioso: as verdades de fe, están de tal xeito relacionadas entre elas, que unhas aclaran as outras. Conseguintemente, se tencionamos interpretar un texto difícil, cómpre ter en conta as aportacións dos outros datos revelados, xa coñecidos.

11.- A Escritura, na vida da Igrexa

A Igrexa ve na Sagrada Escritura a expresión da súa fe, e ofrécenola como palabra de Deus que dá vida ó crente. Os cristiáns terán nela o pan da palabra e mailo manantío que salta ata a vida eterna. E non han de acudir a ela buscando só o coñecemento doutrinal, pois a Biblia é tamén fonte de vida e de acción. Deixándonos levar polos criterios de Deus que atopamos nela, sentiremos fondamente de acordo con Deus, e Deus moveranos a actuar en consecuencia. A Biblia ten tal importancia para a Igrexa, que ningún resume da doutrina cristiá nin outro libro humano nos poden dispensar de acudir a ela como luz para os nosos pasos e forza no noso camiñar.

Aínda que a palabra de Deus sexa sempre fonte de vida para quen a le, con todo, atinxe uns cumes moito máis altos cando é proclamada na asemblea litúrxica, tornándose así dobremente viva.

Xosé Fernández Lago

CRITERIOS SEGUIDOS NA TRANSCRICIÓN DOS NOMES DA BIBLIA

1) *No posible, tendemos a conserva-lo nome tal como se atopa no texto hebreo. Cando este non existe, os nomes dos personaxes hebreos que aparecen nos libros da biblia grega, recollémolos dalgunhas versións que manteñen a forma hebrea.*

2) *Os nomes dos libros da Biblia, xa coñecidos pola xente nunha determinada forma, tendemos a non cambialos. Seguindo este criterio, non dicimos "Iehoxúa", senón Xosué; nin "Iihzequiel", senón Ezequiel.*

3) *Por mor da sinxeleza, reducimos algúns nomes (Ioaquim, en vez de Iehoiaquim; Ioaquín, en vez de Iehoiakín; Ioxafat, en lugar de Iehoxafat).*

4) *Outros nomes son adaptacións dun vocábulo hebreo demasiado complicado (Iefté, por Iiftah; Menaxés, por Menaxxeh; Isacar, por I's'sakar).*

5) *Outras veces mantémo-lo nome xa consagrado noutras linguas occidentais (Eva, en vez de Havah; Sansón, en vez de Ximxón; Salomón, en vez de Xelomoh; Sem, por Xem).*

6) *Por mor da asequibilidade, e porque aparece moitas veces (co que se tería a miúdo dificultade), traducímo-lo vocábulo "Iahveh" por "o Señor", ou, en todo caso, transcribímolo por "Iavé".*

7) *Aproveitando as posibilidades do galego, tencionamos mante-lo "x" cando se emprega no hebreo unha "xin", en vez do "s" que aparece, por exemplo en castelán (Axer, Xaúl... en vez de Aser, Saúl...). Pola mesma razón, os nomes técnicos que noutras linguas levan un "s" ou "sh", transcribímolos cun "x" (Midrax, Mixnah, Maxal, Xemá...).*

8) *Tratamos de mante-lo "I" consonántico orixinal (Iericó, en vez de Xericó; Iexé, e non Xesé), salvo o costume de respecta-los nomes moi coñecidos (Xacob, en vez de Iaacob; Xosé, e non Iosef). Outro tanto facemos co "m", a pesar da tendencia bastante común a convertelo en "n", (Eliaquim, Abiram, Xalum...).*

9) *As reduplicacións das consoantes, eliminámolas ("amonita", en vez de "ammonita"; "Xalum" en vez de "Xallum"). Non obstante, conservámolas en palabras moi coñecidas, nas que doutro xeito parecería faltar algo (Acco, Ben-Hinnom...), e nalgunhas outras, por mante-lo senso ("Emmanuel" = Deus connosco; "Succot" = tendas).*

10) *Asimesmo, cando aparecen dúas vocais seguidas (ó ser practicamente muda a consoante intercalada), se a primeira é só media vocal, suprimímola (Ximí, Elazar..., en vez de Ximeí, Eleazar...). Mantemos, en troques, toda a estensión do vocábulo, cando hai un senso que conservar con claridade (Beerxeba = sete pozos; Baal = señor).*

11) *O "h" final, nos nomes máis frecuentes, sustituímolo por "s", por ser máis fácil de pronunciar na nosa lingua, e ir máis en consonancia coa biblia grega, co latín, e coas linguas latinas máis achegadas á nosa (Ioxías, Elías..., en lugar de Ioxiah, Eliah...).*

12) *Normalmente transcribímo-lo "kaf" por "c" (diante de a-o-u), ou por "q" (diante de e-i), máis ben que por "k", de xeito que non resulte estraño na nosa lingua. Soamente mantémo-lo "k" nalgúns nomes pouco frecuentes e noutros de xente allea á terra de Israel (Kemox, Nekó, Kárkemix...)*

13) *Contando coa dificultade que supoñería para un bo número de lectores a presencia na Biblia de puntos diacríticos, optamos por suprimilos do texto, deixándoos só nas notas de tipo técnico.*

Xosé Fernández Lago

ABREVIATURAS DOS LIBROS BÍBLICOS

Abd	Abdías	**Na**	Nahúm
Am	Amós	**Neh**	Nehemías
Ap	Apocalipse	**Núm**	Números
Ax	Axeo	**Os**	Oseas
Bar	Baruc	**1 Pe**	1ª Pedro
Cant	Cantar dos Cantares	**2 Pe**	2ª Pedro
Col	Colosenses	**Pr**	Proverbios
1 Cor	1ª Corintios	**1 Re**	1° Reis
2 Cor	2ª Corintios	**2 Re**	2° Reis
1 Cro	1° Crónicas	**Rm**	Romanos
2 Cro	2° Crónicas	**Rut**	Rut
Dn	Daniel	**Sab**	Sabedoría
Dt	Deuteronomio	**Sal**	Salmos
Ecl	Eclesiastés	**1 Sam**	1° Samuel
	(tamén: Chl = Cohélet)	**2 Sam**	2° Samuel
Eclo	Eclesiástico	**Sant**	Santiago
	(tamén: Sir = Ben Sírah)	**Sof**	Sofonías
Ef	Efesios	**1 Tes**	1ª Tesalonicenses
Esd	Esdras	**2 Tes**	2ª Tesalonicenses
Est	Ester	**1 Tim**	1ª Timoteo
Ex	Éxodo	**2 Tim**	2ª Timoteo
Ez	Ezequiel	**Tit**	Tito
Feit	Feitos dos Apóstolos	**Tob**	Tobías
Flm	Filemón	**Xén**	Xénese
Flp	Filipenses	**Xer**	Xeremías
Gál	Gálatas	**Xl**	Xoel
Hab	Habacuc	**Xn**	Xoán
Heb	Hebreos	**1 Xn**	1ª Xoán
Is	Isaías	**2 Xn**	2ª Xoán
Lam	Lamentacións	**3 Xn**	3ª Xoán
Lc	Lucas	**Xob**	Xob
Lev	Levítico	**Xon**	Xonás
1 Mac	1° Macabeos	**Xos**	Xosué
2 Mac	2° Macabeos	**Xds**	Xudas
Mal	Malaquías	**Xdt**	Xudit
Mc	Marcos	**Xuí**	Xuíces
Miq	Miqueas	**Zac**	Zacarías
Mt	Mateo		

ANTIGO TESTAMENTO

INTRODUCCIÓN Ó ANTIGO TESTAMENTO

1.- O país e as nacións lindantes

1.1.- *Referímonos ó País de Canaán, ou dos cananeos, chamado tamén Palestina, por mor dos filisteos (heb. pelixtim), e tamén "Terra de Israel", por ser Israel ou Xacob o pai dos doce homes, cabezas de tribo do pobo destinado a herdar esa "terra prometida".*
O país ten case 25.000 Km^2 de superficie. Os lindeiros tradicionais son: Dan, polo Norte, Beerxeba, polo Sur; o deserto arábigo, polo Leste; e o Mar Mediterráneo, polo Oeste.
O río Xordán, que nace ó pé do Monte Hermón, percorre case que todo o país, formando un abaixamento progresivo ata a súa foz, no Mar Morto. Así, no lugar do seu nacemento está a 200 m. sobre o nivel do mar, no Lago de Tiberíades está a 212 m. por debaixo do nivel do mar; e chega ó Mar Morto a 392 m. por debaixo dese nivel.
Fóra do Xordán, non hai outros ríos importantes no país. Son dignos de mentar algúns torrentes, polos feitos que aconteceron a carón deles. Tales, na marxe dereita do Xordán, o Iarmuc, o Iaboc e o Arnón, e na esquerda, o Quixón, que, saíndo dos montes de Guilboé, vai dar, pola terra cha de Israel, ó pé do Monte Carmelo.
Son tamén merecentes de mención por motivos xeográficos e históricos as terras chas de Israel ou Esdrelón e a do Xarón: e tamén os desertos de Xudá e do Néguebe.
A división xeográfica máis común da Palestina é a de catro rexións: Galilea, Xudea, Samaría e Perea. Outros, con todo, prefiren distinguir: A Montaña, a "Xefelah" (os Outeiros), A Costa, O Val do Xordán e a Transxordania.

1.2.- *O pobo de Israel vén configurado pola súa situación xeográfica. Lindaban con el, ó Norte, os fenicios e Siria; ó Leste e ó Sur, Galaad, Amón, Moab, Edom, Madián e os nabateos; ó S.O., Amalec; e ó Oeste, na costa, os filisteos.*
Ademais destes pobos, había outros —un pouco máis distantes—, que deixaban senti-la súa influencia na Palestina, pois loitaban pola hexemonía no Oriente. Eran estes especialmente Exipto, Asiria, Babilonia, Media e Persia. Denantes tivera a hexemonía o Imperio Hitita; e despois deles dominarán alí os gregos e os romanos.

2.- Historia de Israel do Antigo Testamento

A historia de Israel do A.T. comeza moito antes de se escribiren os libros da Antiga Alianza. Estes libros recollen os acontecementos fundamentais e a vida do pobo de Deus ó longo de mil anos, os que van desde os tempos da monarquía, ata a aparición do último libro, o da Sabedoría. Sen embargo, nalgúns escritos faise referencia, máis ou menos explícita, a unha etapa anterior, coas súas tradicións, e cunha reflexión sobre a historia e sobre a fe, que había de influír nos escritos posteriores.

2.1.- Desde Abraham ata o Éxodo

Abraham non era hebreo, pero pasou ó País de Canaán escoitando unha suxerencia divina, e converteuse así en pai dunha grande descendencia hebrea. Deus fai alianza con el, protéxeo e promételle a terra de Canaán en herdanza para el e mailos seus descendentes.
Con Isaac e con Xacob, renova Deus a alianza feita con Abraham; a Xacob, cámbialle o seu nome polo de Israel; e ós doce fillos de Israel (de Xacob) faínos cabezas de tribo daquel pobo. Un dos fillos de Xacob —Xosé— vai dar a Exipto. Máis adiante tamén virán alá os seus familiares. O clan de Xosé e de Benxamín permanecerá en Exipto, nunha situación vantaxosa nun primeiro momento, e dificultosa —incluso escravizante— despois. Daquela, os hebreos claman polo seu Deus, para que os libere e poidan así voltar á terra de Israel.

2.2.- Desde o Éxodo ata o paso do Xordán

Os descendentes de Xacob conseguen saír de Exipto, dirixidos por Moisés, un israelita a quen Deus lle revelara o seu nome. Na saída de Exipto e no camiño cara á terra prometida acontecen unha serie de feitos nos que a xente ve a man de Deus, do Señor que lle ía dando consistencia de pobo. Unha vez que chegan ó Monte Sinaí, celébrase unha Alianza entre Deus e os liberados da escravitude. Moisés actúa de mediador. En adiante, como froito da Alianza do Sinaí, ese pobo terá ó Señor coma o seu Deus, e Deus mirará por ese pobo "como polas meniñas dos seus ollos". Morre Moisés, e a súa morte, acontecida antes de chegar á terra de bendición, interprétase coma un castigo de Deus polos erros que tivera ó longo da súa vida. Xosué toma o relevo de Moisés, e conduce a aquela xente ó país que Deus lle prometera a Abraham para el e para os seus herdeiros.

INTRODUCCIÓN Ó ANTIGO TESTAMENTO

2.3.- Desde o paso do Xordán, ata a Monarquía

Xosué consegue entrar co pobo na terra abondosa e farturenta que Deus prometera poñerlle nas mans. Pronto viven xa dos froitos daquela terra, que van ocupando pouco a pouco, conforme poden situarse entre os veciños daquel país, ou en ocasións conquistando algúns territorios pola forza. Morto Xosué, xorde de vez en cando do medio do pobo un xefe —"xuíz"— que leva os guerreiros a gañar lugares insospeitados, vencendo inimigos que semellaban moito máis fortes. Na actuación deses xuíces ven a man de Deus, que prometera aquela terra ó seu pobo.

Máis adiante, xorde un novo inimigo: os filisteos. Botáranos da súa terra os exipcios, ó redor do ano 1.200, e instaláranse entón na zona costeira de Israel. A preparación guerreira e cultural deste pobo, distinguido entre os "pobos do mar", era moito maior cá dos israelitas, ciscados en diversas tribos, sen relación entre elas.

2.4.- A Monarquía unida

Ó establecerse a Monarquía, a situación é axeitada para facer fronte ós inimigos de Israel. Xaúl dá os primeiros pasos, pero xa no seu reinado sobrancea na loita contra os filisteos un mozo chamado David. Á morte de Xaúl, David consegue reinar sobre as tribos do Sur da Palestina, e despois tamén sobre as do Norte. O seu reinado tórnase arrequecedor para Israel. Certo que entón podía David face-lo que fixo, porque xa se desfixera o Imperio Hitita, porque Exipto e Asiria levaban algún tempo durmiñados, e porque Babilonia aínda non mostrara a súa forza.

Salomón leva adiante a política unificadora e expansionista de seu pai, organizando ademais a corte e o resto do país á semellanza do que se facía en Exipto, e fortalecendo lugares estratéxicos, como Meguido e Hazor. No tocante ó aspecto histórico-relixioso, no seu tempo comezan a recollerse e poñerse por escrito algunhas tradicións existentes naquel pobo.

Esta etapa da Monarquía unida vén caracterizada pola existencia dunha terra, un rei, un templo (feito por Salomón), e un pobo no que se fai presente o Señor. Pero ó mesmo tempo, Salomón cargou demasiado a man sobre os seus súbditos, provocando así a división do Reino.

2.5.- Os reinos separados

2.5.1.- En morrendo Salomón, as tribos do Norte négalle a obediencia a seu fillo Roboam, para serviren a Ieroboam. Forman así o Reino de Israel, que ten a súa capital sucesivamente en Tirsah e na cidade de Samaría.

2.5.2.- Os do Sur, fieis a Roboam, son os das tribos de Xudá e Benxamín, que forman o Reino de Xudá, e teñen a Xerusalén por capital. A pesar de seren soamente dúas tribos, dunha delas agárdase que saia o Mesías, descendente de David, e de espírito semellante ó do santo profeta e rei de todo Israel.

Nos tempos de prosperidade, a xente esquécese axiña de Deus; e os que teñen bens a miúdo asoballan ós máis pobres. Tal é o que acontece con eses reinos nalgúns momentos da súa historia. Por iso envía Deus a un primeiro grupo de profetas, —Amós, Oseas, Miqueas e Isaías—, para que chamen ó pobo á conversión. Cando a xente non os escoita, eles chegan a ameazar cun castigo do Señor, intentando así que dean oídos á palabra de Deus e leven unha vida máis conforme coa Alianza que fixeran. Pero o pobo non quererá escoita-los profetas, e daquela, caerán víctimas dos seus males.

En efecto, o ano 722, Samaría, a capital do Reino do Norte, cae nas mans de Asiria, repetíndose así o mesmo panorama de once anos antes en Damasco. Os veciños de Samaría son deportados, e os asirios repoboan o país con colonos. Senaquerib quere face-lo mesmo con Xudá, nos tempos de Ezequías (o ano 701), aínda que non o chega a conseguir.

Sería máis adiante, no ano 598, cando moitos xudeus habían ir deportados a Babilonia, abatidos por Nabucodonosor. Once anos despois —no 587—, Xerusalén caerá de cheo nas mans do rei de Babilonia. A predicación de Xeremías non atopará oídos ben dispostos, polo que a invasión por el presentida e anunciada se fai realidade. Capitulan os defensores e os babilonios deportan ós vencidos. É o final do Reino de Xudá.

2.6.- O exilio babilónico

Coa caída do Reino de Xudá, morre tamén aquela confianza temeraria que tiña o pobo antes da invasión babilónica. A partir daquel instante tanto os deportados coma os que continuaban no país ficaron anguriados, fendidos, sen templo nin sacerdotes. Naquela situación, o profeta Ezequiel comeza a dar azos ós exiliados, animándoos a confiar en Deus. Máis tarde, outro profeta do desterro, o chamado Déutero-Isaías, fará fincapé no poder, e máis no amor de Deus ó seu pobo. Pola forza salvadora de Iavé, os exiliados tornarán á súa terra e louvarán a Deus.

INTRODUCCIÓN Ó ANTIGO TESTAMENTO

No medio século de exilio a producción literaria é abondosa, pois se vai facendo en dúas frontes, no desterro e mais no país de Israel. Os deuteronomistas fan na súa terra unha relectura da propia historia, á luz da teoloxía, de xeito que poidan afronta-lo futuro aprendendo do pasado. A liña espiritualista do profeta Ezequiel desenvólvese con forza no exilio e agárdase que o Deus de Israel "santifique o seu Nome", salvando (Tradición Sacerdotal), aproveitando os esquemas literarios e culturais da civilización babilónica.

2.7.- O período persa

Cando Ciro, rei dos medos e persas, ocupa Babilonia, permite axiña que os deportados volten para a súa terra, e anímaos a reconstruí-lo templo (cf Esd **1**, 2-4; 2 Cro **36**, 23). Daquela unha parte dos xudeus resolven volver ó seu país, mentres que outros prefiren vivir na nova situación babilónica. Na terra de Israel, os profetas Axeo, Zacarías e o chamado Trito-Isaías axudan a reorganiza-las cousas. Atínxese a reconstrución do Templo e o escriba Esdras promulga solemnemente a Lei, poñendo así as bases do xudaísmo. Máis adiante o Señor suscitará novos profetas —Abdías, Malaquías, Xoel, o Déutero-Zacarías e mailo autor da Apocalipse de Isaías (Is **24-27** e **34-35**)—, para guia-lo pobo polos camiños da xustiza, e alenta-la esperanza da xente co anuncio dun Mesías semellante a David.

2.8.- O período helenista

O macedonio Alexandro, nomeado O Magno, chega ata a India, conquistando pobos e nacións, e espallando por todas partes a cultura grega. Pero morre de contado, e os seus xenerais partillan os reinos conquistados. Palestina fica entón sometida ós Tolomeos ou Láxidas, dinastía moi respectuosa coas tradicións de Israel; pero máis adiante queda vinculada ós Seléucidas, descendentes doutro xeneral de Alexandro Magno. Estes son moi pouco considerados cos costumes do pobo santo. A falta de consideración chega ó cume cando, no ano 167, Antíoco IV Epífanes coloca no mesmo templo de Xerusalén un altar a Zeus, e obriga ós xudeus a apostataren do seu Deus e ofreceren sacrificios a Zeus. Prodúcese daquela a rebelión dos Macabeos, que rematará coa liberación de Xerusalén, o ano 164. Paralelamente á rebelión xorden movementos espirituais, que promoven a oración como medio máis axeitado para creba-lo xugo dos seléucidas. Algúns dos asideos (= piadosos), descontentos, entre outras cousas, por ser nomeado Sumo Sacerdote un que non era da estirpe sadoquita, prescinden do templo e vanse ó deserto de Xudá. Son os esenios.

2.9.- O período romano

O ano 37 proclámase rei, por concesión dos romanos, o idumeo Herodes. Este rei, que será chamado o Grande, vai eliminando, con dureza e tacto político, a tódolos seus inimigos, ata consegui-la paz externa en Palestina e amplia-los seus territorios. Goza da confianza do emperador, e sabe aparentar diante dos xudeus, presentándose como celoso das súas tradicións. Isto último lévao a edificar en Xerusalén un templo moito máis grande có de Salomón.

Pouco antes da súa morte —no ano 4 a.C.—, nace Xesús. O período de dominio romano prosegue, pero estamos xa nos tempos do Novo Testamento (pódese ve-la "Introducción ó Novo Testamento", pp. 1.377 ss.).

Xosé Fernández Lago

INTRODUCCIÓN Á XÉNESE

A Xénese é o libro das orixes. O seu nome cadra ben co seu contido. A Xénese pregúntase polos principios e polos fundamentos do mundo, da humanidade e do pobo da Biblia. Mostra iso todo no movemento do xurdir dun caos das tebras e da auga, dunha masa confusa onde non había nada, porque nada tiña forma, e no punto de adquirir cada realidade a súa figura, de atopa-lo seu sitio, de ser bautizado co seu nome. Nese movemento orixinante di a Xénese que está Deus, empuxando tódalas cousas para que cheguen a ser boas. Ben seguro que ese propósito non se acabou aínda de facer realidade en todo o tempo que vai de historia cósmica e de historia humana. A imaxe dun mundo bo, no que tódalas cousas sexan boas, vive na esperanza dos homes e conta con que Deus siga animando o mundo co seu alento de vida.

Para observar de máis cerca o seu contido, convén dividi-lo libro en dúas partes. A primeira, máis curta, fala do mundo e da humanidade en xeral (cc. **1-11**). Moitos seguen caendo na tentación de crer que a Xénese responde a preguntas sobre da orixe do xeito que o fan as ciencias, combinando datos e hipóteses das ciencias. A Xénese non é un libro de ciencia nin de historia. É reflexión e anuncio, á luz da fe no Creador, de como son as cousas, de cal é o seu sitio, da súa condición, do seu destino. A Xénese di que tódalas cousas levan dentro a esixencia de chegaren a ser boas; pero sabe que o caos de onde veñen está sempre ameazando. O caos adquire carácter particular cando provén da desorde e do mal feitos pola humanidade. Entón o mal revélase á conciencia dos homes coma pecado e perdición. A Xénese fai pasar diante dos ollos algúns modelos de homes (Adam e Eva, Caín e Abel, cainitas e xetitas, humanidade antediluviana e Noé, os fillos de Noé, a humanidade babélica), para dicirlles a tódolos homes cal é a súa condición (envolvemento no mal e no pecado) e cal a súa esperanza (promesa e sinais de salvación). Remata a primeira parte cunha alianza do Creador co mundo e coa humanidade en xeral, un pacto no que Deus se compromete a defende-la orde e a vida na súa creación, ó tempo que a humanidade deixa ve-lo barullo babélico no que se atopa envolta.

A segunda parte mostra ó pobo de Israel nos seus primeiros pasos (cc. **12-50**). A relación desta parte coa anterior obsérvase no feito da procedencia de Abraham da humanidade dispersa en Babel, criatura que sae do caos, co propósito de que nel abunde o ben, a bendición, para que tódolos pobos da terra se chamen benditos no seu nome (**12,** 3). O camiño ía se-la formación dun pobo, que na Xénese é presentado coma promesa e coma esperanza. Pola alianza particular con Abraham confírmase o porvir do pobo, e por este o ben da humanidade. Catro nomes arrecadan ó seu arredor os recordos dos devanceiros de Israel: Abraham (cc. **12-25**), Isaac (c. **26**), Xacob (cc. **25-36**), Xosé (cc. **37-50**). O primeiro é o home crente, que confía e que acolle a bendición; o segundo recibe e transmite; o terceiro é o titán que rouba a bendición; o cuarto é o que compón a familia desfeita. Á parte do que cada unha das persoas fose na súa historia, os seus nomes chegaron ata nós porque foron significativos para os fillos. Estes, polo seu lado, non deixaron de pór o día os seus recordos, primeiro na tradición oral e logo na escrita, para que falasen sempre deles. Os descendentes dos patriarcas retratáronse nestes. En cada un puxeron unha nota, branca ou moura, das que vían que eles tiñan. Os recordos dos patriarcas falan todos, á fin, do mesmo tema, da promesa patriarcal: Dunha presa de homes fará Deus un pobo, levarao a unha terra boa, e daralles bens e bendicións, que chegarán a tódolos pobos. Na Xénese recorda Israel a súa orixe e profesa a súa fe en Deus, o seu creador.

En canto obra literaria a Xénese é un libro moi completo. A historia da súa formación ten que ser lida á luz da do Pentateuco. Tanto a parte coma o todo son froito da fusión de versións diferentes da tradición común de Israel (iavista, elohista e sacerdotal). Nos relatos da Xénese atopámo-las probas desa orixe, que un día foi hipótese e hoxe é tese, á altura de tódolos lectores. Máis alá das versións ditas da tradición común, na Xénese descóbrense os carreiros de moitas tradicións, que se gardaron nunha rexión determinada, no seo dun clan, nun santuario. A Xénese ofrece ó lector un paraíso de xéneros literarios, poético-populares os máis (mitos, contos, fábulas, lendas, sagas, bendicións), pero tamén informativos (táboas de pobos, listas de xefes, xenealoxías de familias). A historia de Xosé atinxe a categoría de mostra exemplar de xénero historiográfico, independentemente do valor histórico que teña a súa re-

INTRODUCCIÓN Á XÉNESE

construcción do cadro exipcio e a trama que pon en acción ós personaxes.

O valor histórico da Xénese, cos seus relatos de acontecementos e de feitos —primeiro dunha representación da humanidade en xeral e despois dos devanceiros de Israel—, é en moitos momentos nulo e noutros ben pequeno. Iso mesmo queda xa dito con pór nomes ós seus xéneros literarios. Sería un erro, xa moitas veces cometido, pescudar ciencia ou historia de orixes na súa primeira parte. Eses capítulos queren dicir como é o mundo e maila humanidade, en canto criaturas que aínda non son o que teñen que ser ou o que o seu Creador quere que sexan. Na segunda parte encontrámonos dentro do tempo histórico, no segundo milenio a.C. As tradicións que aquí atopamos son en boa parte lendas, que teñen na súa base algúns recordos históricos. Non hai dúbida de que os patriarcas existiron. Podemos dar creto ós seus nomes, ós seus movementos entre Mesopotamia e Canaán, e entre estes e Exipto, ós seus usos e costumes. Pero os recordos son episódicos e lexendarizados e non permiten recompoñe-las súas biografías. Nin sequera a historia de Xosé, tan adiantada na súa forma, ten en conxunto valor para a historia.

O verdadeiro valor da Xénese encóntrase no campo relixioso e no nivel teolóxico. Viñémolo xa observando desde as primeiras liñas. A Xénese fala máis de iniciativas de Deus ca de obras dos homes. Destas fala tamén, pero sempre para as observar á vista das primeiras. O mundo, a humanidade, os devanceiros de Israel, non son coñecidos pola Xénese senón coma obra de Deus, criaturas que han chegar á condición de seren boas para estar creadas de todo. A Xénese é o prólogo da historia humana enteira, do xeito en que a entende a Biblia, coma historia de salvación. No tempo que corre, o mundo está ameazado polo caos, a humanidade pola morte, o pecado, a confusión. A Xénese fai anuncios salvadores, proclamando, no mesmo intre en que descobre o pecado, unha primeira boa nova (**3**, 15) e prometendo a esperanza a un pobo que quere ser bendición para tódolos pobos. A historia revélase aí mesmo como tensión entre o que é e o que ten que ser, entre a realidade e a esperanza, entre a palabra creadora e o seu cumprimento.

A XÉNESE

O MUNDO E A HUMANIDADE

A creación

1 ¹No principio creou Deus o ceo e a terra. ²A terra era unha masa disforme e baldeira, as tebras cubrían o abismo e un vento poderoso axitaba as augas. ³Mandou Deus que houbese luz, e houbo luz. ⁴Viu Deus que a luz era cousa boa e arredouna das tebras. ⁵Á luz chamouna día e ás tebras chamounas noite. E con iso completouse o primeiro día da semana. ⁶Quixo Deus que houbese un espacio para arreda-las augas das augas. ⁷E fixo un espacio, que arredaba as augas de enriba das de embaixo. ⁸Ó espacio rematado Deus chamouno ceo. E completouse o segundo día. ⁹Mandou Deus que se xuntasen as augas de embaixo nun lugar e que aparecese o chan enxoito. E así foi. ¹⁰Ó chan enxoito chamouno terra e ás augas xuntas, mares. E viu que estaba ben. ¹¹Mandou Deus que a terra xermolase herba verde, plantas coa súa semente e árbores que desen froitos, cada unha coa súa semente, conforme á súa especie. E así foi. ¹²A terra xermolou herba verde, plantas coa súa semente, árbores que daban froito, cada unha coa súa semente. E viu Deus que estaba ben. ¹³E completouse o terceiro día. ¹⁴Mandou Deus que houbese luces no espacio para distingui-lo día da noite, para dar sinal das festas, das estacións e dos anos, ¹⁵e para que, brillando no espacio, alumasen a terra. E así foi. ¹⁶Deus fixo dúas luminarias, a grande que rexe o día, a pequena que rexe a noite, e tamén as estrelas. ¹⁷Púxoas no espacio, para aluma-la terra, ¹⁸para rexe-lo día e a noite e para distingui-la luz das tebras. E viu que estaba ben. ¹⁹E completouse o cuarto día. ²⁰Quixo Deus que as augas fosen un fervedeiro de peixes e o espacio entre o ceo e a terra un voar de paxaros. ²¹E creou os monstros mariños, os moitos xéneros de peixes que referven nas augas e tódalas sortes de paxaros. E parecéronlle ben. ²²E bendiciunos deste xeito: Reproducídevos, crecede, enchede as augas do mar e que os paxaros medren na terra. ²³E completouse o quinto día. ²⁴Mandou Deus que a terra producise as varias especies de animais, os domésticos, os reptís e as feras salvaxes. E así foi. ²⁵Deus fixo as varias especies de feras salvaxes, animais domésticos, reptís, e parecéronlle ben. ²⁶Despois dixo Deus: —"Fagámo-lo home á nosa imaxe e á nosa semellanza, e que mande nos peixes do mar, nos paxaros do

1, 1-2, 4 a Imaxe da creación, debida á tradición sacerdotal. No espacio convencional dunha semana e nunha linguaxe seca e de fórmulas fixas, vese aparece-lo mundo enteiro, cos seus diversos elementos, e estes enchérense de cousas e de vida, ata rematar co home, verdadeiro cume da pirámide, feito a imaxe de Deus. Non hai que ler este capítulo como se fose historia, senón como definición de todo canto existe: todo é criatura, e Deus o Creador. A criatura non é divina, pero ten unha dignidade. A "semana" é o tempo de Deus; abrangue o tempo todo do cosmos e da historia. No tempo que nós podemos coñecer, a creación de Deus está levando a termo as cousas que se crean. A creación é cantada e lembrada moitas veces (Xob **38**s; Sal **8**, 19a; **104**; Pr **8**, 22-31).
1, 1 *Crear*, co verbo "bará", refírese á acción propia de Deus. Neste contexto significa facer saír do caos os elementos, as cousas que os enchen e, máis ca nada, a vida. No Segundo Isaías é sinónimo de salvar, acción de Deus na historia pasada e futura.
1, 2 Tres xeitos de representa-lo caos, no que as cousas non teñen forma, nin existen: as tebras, o abismo das augas, o vento poderoso. No lugar de "vento" poderíase tamén lerse "espírito de Deus". Entón non se falaría xa do caos, senón da forza de Deus que o somete; pero o poder creador de Deus exprésase pola palabra en todo o capítulo.
1, 3 *Mandou*: pon en forma de relato o que no texto é unha orde: "Dixo Deus: Haxa luz...". Sempre que no capítulo lemos "mandou" ou "quixo Deus", corresponde á mesma orde. Enténdese que o Deus trascendente crea pola palabra; tamén pola acción (vv **6**.16.25s). A luz destrúe un dos elementos do caos: as tebras; a luz mostra as cousas na súa forma, e ten que ver coa vida.
1, 5 *Completouse*, ó pé da letra: "foi tarde e foi mañá"; os hebreos miden o día comezando ó anoitecer.
1, 6 *Espacio*, máis literalmente: "firmamento", entendido coma unha bóveda firme, que sostén as augas de enriba.
1, 14ss Tamén os astros que teñen importancia para a vida, porque dan lugar ás estacións e ó ritmo do calendario, son criaturas de Deus; non son deuses, como nas relixións veciñas; obedecen as ordes de Deus (Sal **135**, 7-9; Is **40**, 26; Xer **31**, 35; Bar **3**, 33-35).
1, 20ss Os sabios verán as cousas á inversa: os animais na súa condición de criaturas, apuntan cara ó Creador (Xob **12**,7-12).
1, 26 *Fagámo-lo home*. Tamén poderiamos traducir "Imos face-lo home", pois o plural "Imos facer" leva a imaxinar unha deliberación de Deus coa súa corte (**3**, 22; 1 Re **22**, 19ss; Xob **1**, 6ss); reviste a creación do home dunha solemnidade especial. "Imaxe e semellanza" son dous termos sinónimos; o primeiro suliña o aspecto físico e o segundo adonda ese acento. Deus revélase como persoa. Deus persoa é a orixe da persoa humana. No ser persoa consciente, libre, con soberanía sobre o mundo, o home atinxe o punto da semellanza con Deus (**5**, 1; **9**, 6; Sal **8**, 6ss; Sab **2**, 23; Eclo **17**, 3-6; 1 Cor **11**, 7).

ceo, nos animais domésticos e nos reptís todos da terra".
²⁷E creou Deus o home á súa imaxe, creouno á imaxe de Deus, creouno varón e femia. ²⁸E bendiciunos así: —"Reproducídevos, crecede, enchede a terra e sometédea. Mandade nos peixes do mar, nos paxaros do ceo e nos reptís todos da terra". ²⁹E díxolles aínda:—"Aí vos dou as herbas todas que hai na terra, coa súa propia semente, e tódalas árbores que dan froito coa súa propia semente: serviranvos para a mantenza". ³⁰Ás feras todas do monte, ós paxaros do ceo e ós reptís que viven na terra dóulle-la herba para a mantenza". E fíxose así. ³¹Viu Deus canto fixera e era de verdade moi bo. E completouse o sexto día.

2 ¹Quedaron así rematados o ceo e a terra e tódolos elementos. ²Deus concluíu no día sexto a obra que emprendera, e o sétimo día repousou de todo o seu traballo. ³Deus bendiciu o sétimo día e consagrouno: nese día repousou de todo o traballo de crear.
⁴Esta é a historia da creación do ceo e da terra.

O home no xardín

Cando o Señor Deus fixo a terra e o ceo, ⁵na terra non había aínda ramallada nin xermolaba herba no campo, porque o Señor Deus non fixera chover sobre a terra nin existía o home que traballase o agro.
⁶Da terra xurdía un manantío que regaba o campo, ⁷e o Señor Deus formou un home do po da terra, soproulle no nariz o alento da vida e tornouse o home persoa viva.
⁸O Señor Deus plantou un xardín en Edén, cara a oriente, e puxo nel ó home que formara. ⁹Fixo xermolar da terra árbores fermosas para a vista e boas para comer, e entre elas a árbore da vida e a árbore do coñecemento do ben e do mal.
¹⁰En Edén nacía un río que regaba o xardín e de alí ía partirse en catro brazos. ¹¹O primeiro chamábase Pisón: percorre o país de Havilá, onde se acha ouro; ¹²o ouro deste país é de calidade, e alí hai tamén ámbar e ónice. ¹³O segundo chamábase Guihón e percorre o país de Cux. ¹⁴O terceiro é o Tigris, que corre ó oriente de Asiria, e o cuarto é o Éufrates.
¹⁵O Señor Deus estableceu o home no xardín de Edén, para que o traballase e o coidase. ¹⁶E deulle esta orde: —"Podes comer do froito das árbores todas do xardín ¹⁷pero da árbore do coñecemento do ben e do mal non comerás, pois en canto comas dela de certo morrerás".

A parella home-muller

¹⁸O Señor Deus pensou: —"Non está ben o home só. Vou facer para el unha axuda ó

1, 27s *Varón e femia,* co principio da fecundidade en si mesmos, como as outras formas de vida; a bendición de Deus déixase ver na fecundidade e no dominio (**9,** 1; Sal **8,** 6ss; Sab **9,** 2s; **10,** 2; Mt **19,** 4).
1, 29s Deus prové na mesma terra con que soste-la vida (Sal **104,** 14).
2, 2s O nome do sábado derívase aquí do verbo que significa cesar do traballo, repousar. O repouso de Deus é visto como razón do repouso dos homes (Ex **20,** 8-11; **31,** 12-17). Pola garda do sábado élles dado ós homes entrar no tempo de Deus, a semana da creación, que representa o tempo enteiro no que as cousas todas atinxan o seu termo e cheguen a ser boas.
2, 4 b-25 Aquí comeza a versión iavista da creación do home. Agora este non é visto como cume da pirámide do universo, no que non pensa o iavista, senón como obxecto primeiro e case que único da creación de Deus. As outras realidades son para o iavista complemento do home: a terra fértil, o xardín, os animais. Pero nada completa ó home senón quen é coma el: a muller. O capítulo non fala tanto da orixe do home, canto da súa condición.
2, 4 *O Señor Deus* ou "Iavé Deus". O nome divino de Iavé non foi coñecido dos hebreos antes de Moisés (Ex **3,** 13ss; **6,** 2s). Pero o iavista, que viviu nos días de Salomón, non deu tino a ese dato e chámalle a Deus Iavé desde o comezo da súa historia. Esa é a razón do nome do "iavista".
2, 5 O iavista non pinta o caos, o oposto da creación, coma tebras, auga ou vento, senón coma deserto, por falta da auga que é a vida.
2, 7 O home ("adam") é referido á terra ("adamah") e mais ó sopro de Deus. Eses son os datos básicos da antropoloxía bíblica. Esta ignora o dualismo do espírito encarna-
do, e coñece a unidade do corpo animado ou con vida. Nin o corpo sen sopro nin o sopro sen corpo son o home (Xob **34,** 14s; Sal **15,** 8.11; Sal **104,** 29s; Ecl **3,** 20s; **12,** 7). Adam é nome propio en **4,** 25 e **5,** 3s; no resto destes capítulos é sustantivo común: o home.
2, 8 *Un xardín en Edén,* un horto cultivado na estepa. Xardín non ten aquí aínda toda a carga de significación que terá máis tarde "paraíso"; pero é xa un sitio diferente, un lugar de teofanía. Edén deixa de ser "estepa" para se converter en nome propio, situado alá polo oriente, onde o autor do capítulo supón que naceu a humanidade.
2, 9 No xardín, fóra das árbores froiteiras correntes, hai dúas de carácter mítico. En moitas mitoloxías é ben coñecida a árbore da vida, a planta que rexuvenece (epopeia de Guilgamex), e tamén a árbore do coñecemento. Coñecer "o ben e o mal" é coñecelo todo; e, quen coñece domina. As dúas árbores son símbolo das dúas propiedades que distinguen a Deus dos homes: a vida sen fronteira ou inmortalidade, e o coñecemento de tódalas cousas ou o señorío universal.
2, 10-14 O tema dos ríos é aquí coma unha paréntese. Nela quérese dicir que a vida toda que hai no mundo (pois a reducción a un xardín e a unha parella é convencional), procede da mesma fonte cá do xardín en Edén. Non paga a pena esforzarse por saber cales son os catro ríos. Son os sitios de vida na terra.
2, 17 "Comer da árbore" é tratar de se apoderar do que a árbore significa: a propiedade divina do dominio de todo. A prohibición de come-lo froito indica o límite da condición humana, ó tempo que supón que nas normas de dignidade dos homes está Deus. "Morrer" non se refire á morte física; os que coman a froito prohibido sentirán a morte no erro, no fracaso, na vergoña, no vérense ameazados e teren medo, como mostra o capítulo seguinte.

seu xeito". ¹⁹O Señor Deus formou de terra as feras do monte e os paxaros do ceo, e presentoullos ó home, para ver que nomes lles puña. Cada ser vivo levaría o nome que o home lle puxese. ²⁰O home púxolles nomes ós animais domésticos, ós paxaros do ceo e ás feras do monte. Pero entre eles non había unha axuda ó seu xeito. ²¹Entón infundiu o Señor Deus un sono profundo no home, e este adormeceu. Tiroulle unha costela e cerrou con carne o sitio. ²²Da costela do home formou unha muller e presentoulla ó home.
²³O home exclamou: —"Agora esta é coma min, o mesmo óso, a mesma carne. Chamarase muller, porque foi tirada do home". ²⁴Por iso deixa o home seu pai e súa nai para xuntarse coa súa muller e faceren un mesmo corpo. ²⁵Estaban os dous espidos, o home e a muller, pero non sentían vergoña.

A condición humana e a promesa

3 ¹A serpe era o máis arteiro de tódolos animais que o Señor Deus fixera. Díxolle á muller: —"¿Conque Deus vos prohibiu comer do froito das árbores do xardín?"
²A muller respondeulle: —"Podemos comer do froito das árbores todas do xardín. ³Soamente da árbore de alá no fondo nos mandou Deus: Non comades dela nin a toquedes, non sexa que morrades".
⁴A serpe insistiu: —"De ningunha maneira morreredes. ⁵É que Deus sabe ben que o día en que comades dela, se vos abrirán os ollos e seredes coma Deus, sabedores do ben e do mal".
⁶A muller reparou que o froito da árbore era saboroso, atraente, e bo para adquirir entendemento. E coa mesma colleu do froito e comeu; logo deulle ó seu home, e tamén el comeu.
⁷Entón abríronselle-los ollos ós dous e decatáronse de que estaban espidos. Entrelazaron follas de figueira e cinguíronse con elas. ⁸Oíron ó Señor Deus camiñar polo xardín ó aire do día, e acochárose os dous entre as árbores. ⁹Mais El chamou polo home, preguntándolle: —"¿Onde estás?" ¹⁰Respondeu o home: —"Óinte no xardín, e tiven medo. Ó verme espido, agacheime".
¹¹Preguntoulle o Señor Deus: —"¿Quen che dixo que estabas espido? ¿É que comiches da árbore da que che prohibira comer?"
¹²Respondeulle o home: —"A muller que me deches por compañeira ofreceume do froito, e comín".
¹³O Señor Deus díxolle á muller: —"¿Qué é o que fixeches?" E a muller respondeu: —"A serpe enganoume, e comín". ¹⁴Entón o Señor Deus díxolle á serpe: —"Porque fixeches isto, maldita sexas entre os animais e as feras todas do monte. Andarás arrastrada e comerás po toda a túa vida. ¹⁵Poño hostilidade entre ti e a muller, entre a túa liñaxe e a dela. Ti tentarás de atanguerlle o calcañar, pero ela esmagarache a cabeza".
¹⁶Á muller díxolle:
—"Terás moitos afáns na túa preñez,
parirás con dor os fillos.
Deveceras polo teu home,
e el dominarate".
¹⁷Ó home díxolle: —"Porque lle fixeches caso á túa muller, comendo do froito da árbore que che prohibira comer, por culpa túa será maldita a terra: con traballos tirarás dela a túa mantenza mentres vivas. ¹⁸Producirache

---

2, 20 "Pór nomes" é someter a un ordenamento. Supón dominio do home sobre os animais. Pero no dominio non é onde se atopa a axuda axeitada. Os animais danlle ó home sustento, vestido e compaña; mais non a compaña que lle cómpre para facerse home.
2, 21s Á costela coñécenselle diversos simbolismos. Aquí a razón primeira de pintar dese xeito a orixe da muller é afirma-la identidade entre ela e o home.
2, 23 A identidade confirmase outra vez pola dos termos "home" e "muller", un mesmo sustantivo con dúas formas.
2, 24 A atracción entre os dous sexos, un dos principios do matrimonio e da familia (Mt **19**, 5s; Ef **5**,31).
3, 1 A serpe, animal divino en moitas relixións, non é aquí aínda personificación do mal; é un animal arteiro e aborrecido. A súa figura serve ó ïavista para pór fóra, en palabras que se lle dirixen, ambicións que todo home leva dentro.
3, 5 Iso desmente o que dixo Deus (**2**, 17). Comer do froito non será razón de morte, senón de coñecemento do ben e do mal, dominio de tódalas cousas; igualarse a Deus, que entón perde o dereito de dar normas.
3, 7 Este é un dato novo. En **2**, 25 non era coñecido, porque non se falara aínda de obra ningunha do home. Verse espidos é sentir a fondo toda a pobreza da condición humana.
3, 8 Deus non pode ser esquivado polo home: volve aparecer no rumor de calquera cousa, metendo medo e facendo tomar conciencia do pecado.
3, 14 A maldición é coma un mal que chega ó fondo, ás raíces das cousas. Non vén de fóra delas; é a súa mesma imperfección que se descobre, ó miralas diante de Deus. Aquí vese na serpe, despois na terra pobre (**3**, 17), e por fin no home mesmo (**4,** 11; **9,** 25).
3, 15 Á liñaxe da muller, á humanidade, agóiraselle unha vida de loita (Ap **12**, 17); pero tamén se lle asegura a victoria sobre o mal, representado na serpe. Este anuncio soteriolóxico é a mensaxe central deste capítulo. A esta boa nova chámaselle "primeiro evanxeo". Da promesa de victoria sobre o mal pola liñaxe da muller, nacerá logo a esperanza no Mesías.
3, 16 As penas impostas á muller, e mesmo as da serpe e as do home, son penalidades apegadas á súa propia condición. Convértense en pena, cando se revelan emparelladas co pecado. O ollo que mira fai cambia-la cor das cousas.

silvas e abrollos, e terás que comer herbas silvestres. ¹⁹Comera-lo pan coa túa suor, ata que volvas á terra da que fuches tirado. De feito, ti es po e ó po tes que volver".

²⁰O home chamou Eva á súa muller, pois vén se-la nai de tódolos que viven. ²¹O Señor Deus fíxolles túnicas de pel ó home e á muller, para se vestiren.

²²Logo o Señor pensou: —"Agora que o home veu ser coma un de nós, en canto a coñece-lo ben e o mal, non vaia ser que tenda a man, colla tamén da árbore da vida, coma do froito, e viva sempre".

²³E botou ó home do xardín de Edén, para que cultivase a terra da que fora tirado. ²⁴E despois de botalo do xardín, puxo no oriente querubíns con espadas flamexantes, para cortarlle o paso cara á árbore da vida.

Caín e Abel

4 ¹O home achegouse a Eva, súa muller, e esta quedou embarazada. Deu a luz a Caín, e exclamou: —"Pola gracia do Señor adquirín un home". ²Logo deulle un irmán a Caín, parindo a Abel. Abel era pastor e Caín labrador.

³O tempo pasaba e Caín presentáballe ó Señor ofrendas dos froitos da terra. Tamén Abel sacrificaba as primicias dos seus rabaños e ofrecía as partes mellores. ⁴O Señor miraba con bos ollos para Abel e para a súa ofrenda, ⁵pero non para Caín e para a súa. Caín anoxouse moito, e andaba coa cara carraxenta.

⁶O Señor díxolle a Caín: —"¿Por que te alporizas e andas coa testa baixa? ⁷Se fa-lo ben, poderás levala ergueita. Se non o fas, xa o pecado ronda á túa porta, estate axexando. Pero ti pódelo dominar".

⁸Caín falou con seu irmán. E cando saíron fóra, botouse contra el e matouno.

⁹O Señor preguntoulle a Caín: —"¿Onde está Abel, teu irmán?"

Repondeu el: —"Non o sei. ¿Ou son eu o garda de meu irmán?"

¹⁰O Señor dixo: —"¿Que fixeches? O sangue de teu irmán chama por min desde a terra. ¹¹Agora maldícete esa terra, que abriu a súa boca para recibir da túa man o sangue de teu irmán. ¹²Aínda que a traballes, non che volverá dar froitos con xenerosidade. Irás polo mundo errante e fuxitivo". ¹³Caín dixolle ó Señor: —"O castigo é grande de máis para o poder aturar. ¹⁴Agora bótasme desta terra, e quedarei fóra da túa vista. Errante e fuxitivo polo mundo, matarame o primeiro que me atope".

¹⁵Respondeulle o Señor: —"Se alguén mata a Caín, pagarao sete veces". E púxolle un sinal, para que ninguén que o atopase o matase. ¹⁶Caín saíu da presencia do Señor e estableceuse en Nod, ó oriente de Edén.

Cainitas e xetitas

¹⁷Caín achegouse á súa muller e esta quedou embarazada e deu a luz a Henoc. Caín construíu unha cidade e púxolle o nome de seu fillo. ¹⁸Henoc foi pai de Irad, este de Mehuiael, este de Metuxael e este de Lámec.

¹⁹Lámec casou con dúas mulleres, unha de nome Adah e outra Silah. ²⁰Adah pariu a Iabal, pai dos que habitan en tendas e teñen gandos. ²¹Seu irmán chamábase Iubal, pai dos que tocan a cítola e a frauta. ²²Silah, pola súa parte, pariu a Túbal-Caín, inventor das ferramentas de bronce e de ferro. Tiña unha irmá que respondía por Naamah.

3, 19 A condición mortal está escrita no ser do home de terra (**2,** 7; Xob **34,**14s; Sal **104,** 29; Ecl **3,** 20; Eclo **17,** 1).
3, 20 O nome Eva derívase do verbo vivir; na forma intensiva, da-la vida.
3, 22 Facer saí-lo home de onda a árbore da vida, é tiralo dun perigo, que o levaría a outro erro.
3, 24 A imaxe dos querubíns está inspirada na dos xenios gardiáns das grandes mansións, pazos ou templos. A carón da arca da alianza terán outra función: a de trono de Deus (Ex **25,** 18; l Sam **4,** 4).
4, 2 O nome de Caín faise saír do verbo que significa "adquirir". Co xogo etimolóxico, a nai dá as gracias a Deus polo fillo que lle naceu. Con el confirmase o seu propio nome coma nai dos viventes (**3,** 20). O relato de Caín e Abel é parello do precedente. Mostra outro xeito de pecado, outra nota da condición humana; ó tempo profesa a esperanza na salvación, polo sinal de Caín. Segue sendo do iavista.
4, 4s A preferencia de Deus revélase en sinais: Abel ten boa sorte e Caín non. O iavista é moi amigo de facer ver que Deus é libre nas súas preferencias; ou é misterioso para o home: elixe ó máis novo e desbota ó primoxénito.

4, 7 O texto hebreo é escuro.
4, 8 No lugar de "falou", as versións len: "Caín díxolle a seu irmán Abel: Vaiamos fóra".
4, 9 O pecado de Caín comeza en non sentirse "garda" de seu irmán.
4, 11s O sangue vertido clama desde a terra cara a Deus; esa terra bota fóra dela o criminal. Niso estará a pena de Caín.
4, 16 O sinal de Caín é a marca do clan a onde pertence. Calquera que o encontre, pode saber polo sinal que ten vingador do sangue; por iso mesmo gardarase de lle facer ningún mal. Nese sinal e nesa lei está Deus defendendo a Caín. O nome do país de Nod fai xogo coa condición de Caín de "fuxitivo" ("nad").
4, 17 A muller de Caín proviña do seu propio clan. Aquí non ten consistencia a ficción do iavista de reduci-la humanidade a dúas parellas, cunha única muller que era a nai.
4, 20ss A xenealoxía dos descendentes de Caín mostra unha humanidade xa crecida e moi diversificada nos seus xeitos de vida. Neste cadro parece se-lo progreso o que tenta os homes ó mal.

²³Lámec avisou ás súas mulleres Adah e Silah:
—"Escoitádeme, mulleres de Lámec, atendede ás miñas palabras. Por unha ferida matarei un home, por un golpe un rapaz. ²⁴Se Caín é vingado sete veces, Lámec serao setenta e sete".
²⁵O home Adam achegouse outra vez á súa muller, que deu a luz un fillo. Púxolle o nome de Xet, agradecendo: —"Deus concedeume un fillo no posto de Abel, a quen matara Caín".
²⁶Tamén Xet tivo un fillo, a quen puxo o nome de Enox. Daquela empezaron os homes a invoca-lo nome do Señor.

Patriarcas antediluvianos

5 ¹Xenealoxía da humanidade. Cando Deus creou o home, fíxoo á súa imaxe. ²Creounos home e muller, e bendiciunos. Ó crealos, chamounos homes.
³Adam tiña cento trinta anos cando xerou un fillo, imaxe súa e semellante a el. Púxolle o nome de Xet. ⁴Adam viviu aínda oitocentos anos, e tivo outros fillos e fillas. ⁵Por xunto viviu Adam novecentos trinta anos, e logo morreu.
⁶Xet tiña cento cinco anos cando lle naceu Enox. ⁷Despois viviu oitocentos sete anos e tivo outros fillos e fillas. ⁸Por xunto viviu Xet novecentos doce anos, e logo morreu.
⁹Enox tiña noventa anos cando lle naceu Quenán. ¹⁰Viviu aínda oitocentos quince anos, e tivo outros fillos e fillas. ¹¹Por xunto viviu novecentos cinco anos, e logo morreu.
¹²Quenán tiña setenta anos cando lle naceu Mahalalel. ¹³Despois viviu oitocentos corenta anos, e tivo outros fillos e fillas. ¹⁴Por xunto viviu novecentos dez anos, e logo morreu.
¹⁵Mahalalel tiña sesenta e cinco anos cando lle naceu Iared. ¹⁶Viviu aínda oitocentos trinta anos, e tivo outros fillos e fillas. ¹⁷Por xunto viviu oitocentos noventa e cinco anos, e logo morreu.

¹⁸Iared tiña cento sesenta e dous anos cando lle naceu Henoc. ¹⁹Despois viviu oitocentos anos, e tivo outros fillos e fillas. ²⁰Por xunto viviu novecentos sesenta e dous anos, e logo morreu
²¹Henoc tiña sesenta e cinco anos cando lle naceu Metuxalén. ²²Andou o camiño con Deus. Despois de lle nacer Metuxalén viviu aínda trescentos anos, e tivo outros fillos e fillas. ²³Por xunto viviu trescentos sesenta e cinco anos. ²⁴Andou o camiño con Deus, e logo desapareceu, porque Deus o levou.
²⁵Metuxalén tiña cento oitenta e sete anos cando lle naceu Lámec. ²⁶Despois viviu setecentos oitenta e tres anos, e tivo outros fillos e fillas. ²⁷Por xunto viviu novecentos sesenta e nove anos, e logo morreu.
²⁸Lámec tiña cento oitenta e dous anos cando lle naceu un fillo. ²⁹Púxolle o nome de Noé, esperando: Este hanos aliviar dos traballos e angueiras que por culpa da maldición do Señor nos causa a terra. ³⁰Despois viviu cincocentos noventa e cinco anos, e tivo outros fillos e fillas. ³¹Por xunto viviu Lámec setecentos setenta e sete anos, e logo morreu. ³²Noé tiña cincocentos cando lle naceron Sem, Cam e Iafet.

A corrupción xeral

6 ¹A humanidade creceu, estendeuse pola terra e nacéronlle fillas. ²En vendo os fillos de Deus que as fillas dos homes eran belas, tomaron de entre elas mulleres, como ben lles parecía.
³Entón dixo o Señor: —"O meu alento de vida non permanecerá cos homes para sempre, pois non son máis ca carne. A súa vida non durará máis de cento vinte anos".
⁴Cando os fillos de Deus se achegaban ás fillas dos homes e tiñan fillos delas, e aínda despois, existían na terra os xigantes. Son os nomeados heroes doutros tempos.
⁵Ó ve-lo Señor que a maldade dos homes medraba na terra e que tódolos seus pensamentos eran só para o mal, ⁶arrepentiuse de

---

4, 23s Sen contar con outro normador, Lámec establece ó seu antollo a medida da xustiza ou da vinganza. Pódese ver que esa medida logo acabará coa humanidade.
4, 25 O nome de *Xet* é entendido á luz do verbo "pór" ou "conceder"; Deus é recoñecido tamén no nacemento deste fillo.
4, 26 O nome divino Iavé é aquí un anacronismo do iavista (2, 4b). Ese nome foille revelado a Moisés (Ex 3, 13ss). Os xetitas, esperanza da humanidade corrompida dos cainitas.
5, 1ss Esta lista de patriarcas antediluvianos sérvelle á tradición sacerdotal para mostra-la continuidade da vida desde a súa fonte, Deus, ata o diluvio. As grandes lonxevidades serven para encher un espacio longo de historia e para proclamar que a vida é máis forte canto está máis

preto de Deus.
5, 23s *Henoc* viviu menos tempo; pero non se di que morre, senón que Deus o "levou", como se dirá tamén de Elías (2 Re 2,11s). De aí naceu a idea de que vive e de que, coma ningún outro home, puido coñece-los lados escuros e o futuro da historia, razón para atribuírlle libros apocalípticos.
6, 1ss O iavista sérvese agora neste anaco dun mito, para mostrar outra aberración do home no mundo: a mestura de seres divinos e humanos. Quizais a súa idea sexa a de condena-la ambición de produci-lo superhome. A imaxe deste veulle da tradición cananea dos xigantes (Núm 13, 33; Dt 1, 28; 2, 10.20s). En castigo do erro, a vida humana perde vigor, acúrtase en anos.
6, 5ss O relato do diluvio é unha mostra de xustiza e de

os ter posto sobre a terra, pesoulle no corazón. ⁷E decidiu: —"Vou borrar da terra o home que creei, e con el tamén o gando, as feras e os paxaros, pois mesmo sinto telos feito". ⁸Pero Noé achou o favor do Señor.

Noé

⁹Esta é a historia de Noé. Noé era un home xusto, enteiro, entre as xentes do seu tempo. Seguía os camiños de Deus. ¹⁰Tiña tres fillos, Sem, Cam e Iafet. ¹¹Ora que a terra estaba toda enviciada ós ollos de Deus, chea de violencia. ¹²Deus ollou para a corrupción na que toda a terra caera, pola conducta dos homes, ¹³e díxolle a Noé: —"Para min chegou a fin de tódolos seres vivos, pois por culpa deles está a terra chea de crimes. Vounos exterminar todos con ela.

¹⁴Ti construe unha arca de madeira resinosa. Fai nela celas e calafatéaa con betume por dentro e por fóra. ¹⁵Farala deste xeito: o longo de trescentos cóbados, o ancho de cincuenta, a altura de trinta. ¹⁶Poraslle unha cuberta; un cóbado debaixo dela deixaraslle unha bufarra e por un lado unha porta; levará tres pisos superpostos: o baixo, o medio e o alto.

¹⁷Eu vou mandar un diluvio —as augas— sobre a terra, para acabar coa vida toda de debaixo do ceo: perecerá canto hai na terra. ¹⁸Pero contigo establezo unha alianza. Ti entra na arca cos teus fillos, coa túa muller e coas mulleres de teus fillos. ¹⁹Meterás tamén nela, para que salven a vida, unha parella de animais, macho e femia, de tódalas especies, ²⁰paxaros, animais domésticos, reptís, conforme as súas especies respectivas. ²¹Terás que te prover de alimentos e os atullar contigo, para que vos sirvan de manternza a ti e mais a eles". ²²Noé fixo todo conforme Deus lle mandara.

O diluvio

7 ¹O Señor díxolle a Noé: —"Entra na arca con toda a túa familia, pois teño visto que ti e-lo home xusto desta xeración. ²De todo animal puro colle sete parellas, macho e femia; dos non puros, unha parella, macho e femia; ³dos paxaros, tamén sete parellas, macho e femia, para que se garde viva a especie na terra. ⁴Dentro de sete días farei chover sobre a terra corenta días seguidos, coas súas noites, e varrerei da face da terra os seres todos que creei".

⁵Noé fixo todo conforme lle mandara o Señor. ⁶Tiña seiscentos anos cando veu o diluvio sobre a terra. ⁷Para se salvar del, entrou na arca cos seus fillos, coa súa muller e coas súas noras. ⁸Con Noé entraron na arca animais puros e impuros, paxaros e tódalas especies de reptís que hai na terra, por ⁹parellas, macho e femia, conforme Deus lle mandara.

¹⁰Ó cabo de sete días as augas do diluvio alagaban a terra. ¹¹Noé tiña seiscentos anos, e era o día dezasete do segundo mes, cando se espalancaron as fontes do abismo, en riba do firmamento, e se abriron as comportas do ceo. ¹²Choveu sobre a terra corenta días coas súas noites.

¹³Nese mesmo día entrou Noé na arca cos seus fillos, Sem, Cam e Iafet, coa súa muller e coas tres noras. ¹⁴Ademais deles entraron animais de tódalas especies, gandos, reptís, aves, paxaros. ¹⁵Con Noé entraron na arca parellas de tódolos seres con vida, ¹⁶macho e femia de cada especie, conforme Deus lle mandara. Despois o Señor pechou por fóra.

¹⁷Durante corenta días caeu un diluvio sobre a terra. As augas, ó encheren, erguían a arca sobre o chan. ¹⁸Chegaron a medrar tanto, que a arca aboiaba por riba delas. ¹⁹Subiron máis e máis sobre a terra, ata cubri-las máis altas montañas que hai debaixo do ceo. ²⁰Cubríanas a feito, sobranceando por riba delas quince cóbados.

²¹Tódalas creaturas vivas que se moven na terra pereceron: paxaros, gandos, feras, reptís e os mesmos homes. ²²Morreu canto tiña aliento de vida polo nariz, todo o que hai na terra. ²³Foron exterminados tódolos seres vivos, desde os homes ós gandos, desde os reptís ós paxaros; todo foi borrado da terra.

---

gracia, coma os cadros que vimos atopando desde o capítulo tres. A orixe da lenda haina que buscar na tradición mesopotámica, que ten máis dunha versión do mito do diluvio; de aí veu a Canaán. A falta de axilidade no relato da Biblia débese a que se formou de dúas versións un pouco diferentes, unha iavista (**6**, 5-8; **7**, 1-5.7-10.12.16.17. 22-23; **8**, 2-3.6-12.13.20.22) e outra sacerdotal (**6**, 9-22; **7**, 6.11.13-16.18-21.24;**8**,1-2.3-5.14-19;**9**,1-17).

6, 11s Aquí a tradición sacerdotal presenta de súpeto o pecado no mundo, cousa que o iavista vén facendo en cadros sucesivos desde o capítulo tres.

6, 16 Os pormenores non son claros, cando se trata de imaxinar como sería a arca.

6, 18 Esta alianza con Noé vén ser coma unha gracia, unha mostra de favor, pola que Deus o salva do diluvio. Despois do diluvio estenderase ó mundo enteiro e a toda a humanidade que nacerá de Noé (Xén **9**).

7, 4 Na versión iavista o diluvio prodúcese por chuvia (**7**, 12); na sacerdotal, por rotura de comportas (**8**, 2).

7, 11 O romperse das comportas que separan as augas é un acontecemento oposto ás separacións da creación (**1**); a volta ó caos primeiro, cando todo estaba cuberto polas augas(**8**,2).

Quedaron soamente Noé e os que estaban con el na arca. ²⁴A auga dominou sobre a terra por cento cincuenta días.

Fin do diluvio

8 ¹Deus pensou en Noé e nos animais e gandos que estaban con el na arca. Fixo pasar un vento pola terra, e as augas comezaron a minguar. ²Cerráronse as fontes do abismo e as comportas do ceo, e parou de chover.

³Pouco e pouco as augas foron deixando libre a terra, diminuíndo sen parar, despois de cento cincuenta días. ⁴O día dezasete do mes sétimo a arca pousou en riba dos montes de Ararat. ⁵As augas seguiron baixando ata o décimo mes. No día primeiro dese mes víronse os cumes das montañas.

⁶Ó cabo de corenta días, Noé abriu a bufarra que deixara na arca, ⁷e soltou un corvo, que saíu e foi voando dun lado para outro, ata secaren as augas que cubrían a terra. ⁸Despois soltou unha pomba, para ver se as augas se deran retirado. ⁹Mais a pomba non atopou sitio enxoito onde pousar, porque a auga cubría a terra, e voltou para a arca. Daquela, alongou Noé a man, colleuna e meteuna na arca.

¹⁰Noé agardou sete días, e soltou de novo a pomba fóra da arca. ¹¹Ó serán volveu entrar cunha folla verde de oliveira no peteiro. Noé decatouse de que a auga baixara un pouco máis. ¹²Agardou outros sete días e soltou novamente a pomba. Esta xa non volveu.

¹³O día un do primeiro mes do ano seiscentos un da vida de Noé secaron as augas que cubrían a terra. Noé retirou a cuberta da arca e viu que a terra estaba enxoita. ¹⁴O día dezasete do segundo mes a terra acabara de secar.

Sacrificio de Noé

¹⁵Deus dixolle a Noé: ¹⁶—"Sae da arca cos teus fillos, a túa muller e as túas noras, ¹⁷e fai saír tamén os animais que están contigo, os seres vivos de tódalas especies, paxaros, gandos, reptís que se arrastran polo chan, para que se reproduzan e crezan".

¹⁸Saíu, pois, Noé da arca, e con el os seus fillos, súa muller e súas noras. ¹⁹E sairon tamén tódalas feras, tódolos gandos, tódolos paxaros, tódolos reptís, segundo as súas especies.

²⁰Noé construíulle un altar ó Señor, colleu gandos puros e aves puras e ofreceunos en sacrificio no altar. ²¹Agradoulle ó Señor o recendo e decidiu: —"Non maldicirei a terra outra vez por mor dos homes, por máis que a súa inclinación tenda cara ó mal desde a súa mocidade. Non ferirei outra vez a tódolos seres vivos, como acabo de facer.

²²Namentres a terra dure;
sementeira e colleita,
frío e calor,
verán e inverno,
día e noite
endexamais non faltarán".

Alianza de Deus con Noé

9 ¹Deus bendiciu a Noé e ós seus fillos: —"Crecede, reproducídevos e enchede a terra. ²Que vos teñan respecto e medo os animais todos da terra e os paxaros do ceo. No voso poder están os reptís todos da terra e os peixes do mar. ³Todo o que vive e se move serviravos para mantenza. Dóuvolo todo, como vos dei os vexetais. ⁴Mais non comeredes carne coa súa vida, quere dicir, co seu sangue. ⁵Tamén da vosa vida —do voso sangue— pedirei eu as contas. Pedireillas a todo home da vida do seu irmán. ⁶Quen mate un home, pola man de home morrerá, pois Deus fixo os homes conforme á súa imaxe. ⁷Reproducídevos, crecede, espalládevos pola terra e sometédea". ⁸Deus díxolle aínda a Noé e mais a seus fillos: ⁹—"Vou establece-la miña alianza convosco e cos vosos descendentes, ¹⁰con tódolos animais que están convosco, os paxaros, os gandos e as feras todas do monte, cantos saíron da arca e agora viven na terra. ¹¹Fago convosco esta alianza: Endexamais será outra vez destruída vida ningunha polas augas do diluvio; non haberá outro diluvio que estrague a terra".

8, 4 O Ararat é un monte de Armenia. Ó pousar na terra, a arca queda fóra do dominio das augas.

8, 13 *Da vida de Noé,* nas versións; non se encontra no texto hebreo.

8, 21 O recendo que lle agrada ó Señor (Ex **29,** 18.25; Núm **28,** 1). En Xén **6,** 5s a maldade dos homes trae consigo o diluvio; agora a mesma maldade obtén o perdón de Deus.

8, 22 Poema popular sobre o ritmo das estacións, no que se asenta a vida da terra. Deus revélase nese ritmo.

9, 1ss Alianza de Deus con Noé, da tradición sacerdotal. A bendición dálle ó home o poder de poboa-la terra e sometela (v 7), coma no comezo (**1,** 28).

9, 3 Segundo o teólogo sacerdotal, o home primeiro foi vexetariano (**1,** 29); desde Noé dánselle tamén os animais por sustento.

9, 4-6 O precepto importante desta nova orde de alianza é para defende-la vida. A vida está no sangue. Por iso o home non pode comer carne con sangue, que pertence a Deus (Lev **1,** 5; **17,** 11.14; Dt **12,** 16); moito menos verter sangue humano. Quedaría ameazado polo vingador do morto (Núm **35,** 19); pagaría co seu sangue ou coa súa vida (Xén **4,** 10; **37,** 22s.26; Ex **20,** 13; Ez **24,** 7).

9, 9-11 A alianza é, no caso, promesa de non destruír, de garda-la vida no mundo. A primeira alianza da teoloxía sacerdotal é co mundo e coa humanidade (Eclo **44,** 18; Is **54,** 9s); a seguinte será con Abraham (Xén **17**) e a terceira con Moisés e co pobo de Israel no Sinaí (Ex **24,** 7s).

¹²E Deus engadiu: —"Este será o sinal da alianza que eu fago convosco e con tódolos seres vivos que vos fan compaña, para tódolos tempos: ¹³Poño o meu arco nas nubes, sinal da miña alianza entre min e a terra. ¹⁴Cando amoree nubes sobre a terra e apareza o arco nelas, ¹⁵lembrarei a miña alianza convosco e con tódolos seres vivos, e non haberá máis augas de diluvio que destrúan a vida. ¹⁶Aparecerá o arco nas nubes e, ó velo, lembrarei a alianza perpetua entre Deus e tódolos seres vivos". ¹⁷Deus aclaroulle a Noé: —"Este é o sinal da alianza que establezo entre min e canto ten vida na terra".

Os fillos de Noé

¹⁸Os fillos de Noé que saíron da arca eran Sem, Cam e Iafet. Cam era pai de Canaán. ¹⁹Eses tres eran os fillos de Noé, e con eles repoboouse a terra toda. ²⁰Noé fíxose labrador e plantou unha viña. ²¹Bebeu viño, embebedouse e botouse espido na súa tenda. ²²En vendo Cam, pai de Canaán, a seu pai espido, saíu a contárllelo ós outros dous irmáns. ²³Sem e Iafet colleron un mantelo, puxérono ós ombreiros e, camiñando de costas, cubriron as partes de seu pai. Como miraban cara a atrás, non o viron espido. ²⁴Cando espertou Noé da bebedela e soubo o que lle fixera o fillo máis novo, dixo:

²⁵—"¡Maldito Canaán!
Sexa para seus irmáns o derradeiro dos escravos". ²⁶E engadiu:
—"Bendito o Señor, Deus de Sem, e que Canaán sexa o seu escravo. ²⁷Estenda Deus a Iafet para que more nas tendas de Sem, e que Canaán sexa o seu escravo".

²⁸Noé viviu, despois do diluvio, trescentos cincuenta anos. ²⁹Por xunto viviu Noé novecentos cincuenta anos, e logo morreu.

Táboa dos pobos

10 ¹Estes son os descendentes dos fillos de Noé, nacidos despois do diluvio. ²Descendentes de Iafet: Gomer, Magog, Madai, Iaván, Tubal, Méxec e Tirás. ³Descendentes de Gomer: Axcanaz, Rifat e Togarma. ⁴Descendentes de Iaván: Eliseo, Tarxix, os Quitim e os Dodanim. ⁵Deles descenden os pobos marítimos, cada un na súa terra e coa súa lingua, por familias e por nacións.
⁶Descendentes de Cam: Cux, Exipto, Put e Canaán. ⁷Descendentes de Cux: Sebá, Havilah, Sabtah, Ramah e Sabtecá. Descendentes de Ramah: Xebá e Dedán. ⁸Cux tivo a Nimrod, que empezou a facer valentías na terra. ⁹Foi un cazador valente á vista do Señor, segundo o dito que corre: —"Cazador valente á vista do Señor, coma Nimrod". ¹⁰Empezou sendo rei de Babel, Érec, Acad e Calneh, no país de Xinar. ¹¹De alí emigrou para Asur e construíu Nínive, Rehobot-Ir, Calah ¹²e Resen, a grande cidade entre Nínive e Calah. ¹³Exipto xerou os lidios, os anamitas, os lehabitas, os naftuhitas, ¹⁴os patrusitas, os casluhitas e os caftoritas, dos que veñen os filisteos. ¹⁵Canaán xerou a Sidón, seu primoxénito, a Het, ¹⁶ós iebuseos, ós amorreos, ós guirgaxitas, ¹⁷ós hivitas, ós arquitas, ós sinitas, ¹⁸ós arvaditas, ós semaritas e ós hamatitas. Despois os clans dos cananeos estendéronse e ¹⁹as súas fronteiras abranguían desde Sidón, cara a Guerar, ata Gaza, incluíndo tamén Sodoma, Gomorra, Ademah Seboim preto de Laxa. ²⁰Estes foron os descendentes de Cam por clans e linguas, nas súas respectivas terras e nacións.
²¹Tamén Sem tivo descendentes; o irmán máis vello de Iafet foi o pai de tódolos heberitas. ²²Descendentes de Sem: Elam, Asur, Arfaxad, Lud e Aram. ²³Descendentes de Aram: Us, Hul, Guéter e Max. ²⁴Arfaxad ti-

---

9, 12 O sinal desta alianza universal é o fenómeno natural do arco iris, o arco da vella; o da alianza con Abraham será a circuncisión; e o da sinaítica, o sangue do sacrificio.
9, 18 Desde aquí segue o iavista falando dos fillos de Noé e das súas sortes. A razón de facer ve-los cananeos como fillos de Cam, cando en realidade eran semitas, é a de xulgar e condena-la súa liberdade sexual e o culto á fertilidade, que escandalizou e que tentou ós hebreos. A maldición de Cam recae sobre eles.
9, 20s Na forza do viño revélase o novo vigor que ten a terra que saíu do diluvio, coma se non a debilitase a maldición(3,17s).
9, 25-27 As bendicións e maldicións volven a dividi-los homes, sinal para o iavista da pobre condición humana e do pecado. Bendicións e maldicións revelan sortes de persoas e de pobos (27, 49). Aquí adiantan a victoria dos hebreos (fillos de Sem) sobre os cananeos (fillos de Cam). Os fillos de Iafet son aquí os filisteos que no século XIII a.C. asentaron na costa sur de Canaán, por abaixo dos fenicios.
9, 27 *Estenda* fai xogo co nome de Iafet, que significa dilatar ou estender.
9, 28s Baixo a forma dunha xenealoxía dos fillos de Noé atopamos aquí unha lista dos pobos que coñecía Israel na época da monarquía. A lista débese en parte ó iavista (vv 1, 8-19.21.24-30) e en parte ó sacerdotal (o resto). Os dous contan cunha unidade do xénero humano, como nos revelaran xa ó comezo. O iavista convoca con esta lista a humanidade enteira, para a poñer en acción no capítulo seguinte (en Babel); o sacerdotal quere facer ver que Deus levou a termo a promesa feita a Noé e como este se reproduciu. Os fillos de Noé permiten dividi-la humanidade en tres grandes razas ou, mellor, grupos de pobos, entre os que hai proximidade xeográfica e relacións históricas.
10, 5 Desde "cada un..." completado, conforme v 20 e 31.

vo a Xálah e este a Héber. ²⁵Héber tivo dous fillos: o primeiro chamábase Péleg, por razón de que nos seus días se dividiu a xente da terra; seu irmán chamábase Ioctán. ²⁶Ioctán xerou a Almodad, a Xelef, a Haarmot, a ²⁷Iárah, a Hadoram, a Uzal, a Diolah, ²⁸a Obal, a Abimael, a Xebá, ²⁹a Ofir, a Havilah e a Iobab. Todos estes eran fillos de Ioctán. ³⁰Habitaban na montaña oriental, desde Mexá ata Sefar. ³¹Estes foron os fillos de Sem, segundo as súas familias, linguas, países e nacións.
³²Estes foron os clans dos fillos de Noé, segundo as súas liñaxes nas propias nacións; e desde elas espalláronse os pobos pola terra, despois do diluvio.

Babel

11 ¹Toda a terra falaba unha soa lingua e usaba as mesmas palabras. ²Ó emigraren os homes desde o oriente, encontráronse nunha chaira, no país de Xinar, e establecéronse alí. ³Dixéronse uns ós outros: —"Imos facer ladrillos e cocelos no lume". O ladrillo facíalles de pedra e o betume de cemento. ⁴E nisto propuxeron: —"Imos construír unha cidade e unha torre, que chegue co cimo ata o ceo, e fagámonos un nome sonado, para non nos perder pola ancha face da terra".
⁵Baixou o Señor para ve-la cidade e a torre que os homes construían, e pensou: ⁶—"Aquí hai un pobo unido que fala a mesma lingua. Se empeza facendo isto, ninguén podería privalos desde agora de faceren o que se lles veña á cabeza. ⁷Baixemos e embarullemos alí mesmo a súa lingua, de xeito que non se entendan uns cos outros". ⁸O Señor espallounos de alí por toda a terra, e deixaron de construí-la cidade. ⁹A esta chamóuselle Babel, porque alí embarullou o Señor a lingua de todo o mundo. Desde alí espallounos por toda a face da terra.

Descendentes de Sem

¹⁰Táboa dos descendentes de Sem. Sem tiña cen anos cando xerou a Arfaxad, dous anos despois do diluvio. ¹¹Despois diso viviu cincocentos anos, e tivo outros fillos e fillas.
¹²Arfaxad tiña trinta e cinco anos cando xerou a Xélah. ¹³Despois viviu catrocentos anos máis, e tivo outros fillos e fillas.
¹⁴Xélah tiña trinta anos cando xerou a Héber. ¹⁵Despois viviu catrocentos anos máis, e tivo outros fillos e fillas.
¹⁶Héber tiña trinta e catro anos cando xerou a Péleg. ¹⁷Despois viviu aínda catrocentos trinta anos, e tivo outros fillos e fillas.
¹⁸Péleg tiña trinta anos cando xerou a Reú. ¹⁹Despois viviu douscentos nove anos, e tivo outros fillos e fillas.
²⁰Reú tiña trinta e dous anos cando xerou a Serug. ²¹Despois viviu douscentos sete anos, e tivo outros fillos e fillas.
²²Serug tiña trinta anos cando xerou a Nahor. ²³Despois viviu douscentos anos máis, e tivo outros fillos e fillas.
²⁴Nahor tiña vintenove anos cando xerou a Térah. ²⁵Despois viviu cento dezanove anos máis, e tivo outros fillos e fillas.
²⁶Térah tiña setenta anos cando xerou a Abram, a Nahor e a Harán. ²⁷Descendentes de Térah: Térah xerou a Abram, a Nahor e a Harán. Harán xerou a Lot. ²⁸Harán morreu en vida de seu pai, na súa terra de nacemento, en Ur dos caldeos.
²⁹Abram e Nahor casaron. A muller de Abram chamábase Sarai e a de Nahor, Milcah, filla de Harán, o pai de Milcah e de Iscah. ³⁰Sarai era estéril e non tiña fillos.
³¹Térah colleu a seu fillo Abram, ó seu ne-

---

11 Este é o derradeiro dos cadros nos que o iavista vén pintando a condición humana, desde Xén 3. Aquí trátase dun feito de titanismo humano coma no caso adamita; os pobos todos son protagonistas. O relato construése sobre o dato da diversidade de linguas, da imaxe dun zigurat e da etimoloxía de Babel. Dá unha explicación negativa da presencia humana por todo o mundo. Deberíase á confusión e á dispersión dos que quixeron facerse un nome, conquistando o ceo. Quedaron moi lonxe de conseguilo, cando Deus tivo que baixar para se informar do que estaban facendo os homes. En Feit **2**, 5-11 enténdese Pentecostés como réplica de Babel.
11, 1 Unha imaxe ideal: os homes falaban unha lingua e nela entendíanse. A humanidade está aflixida pola realidade oposta.
11, 2 *Xinar* é Babilonia (**10**, 10), onde os hebreos imaxinan que empezou a vivi-lo home; de alí viñeron seus pais.
11, 3s Coma no caso dos cainitas (**4**, 17ss), o autor do relato non esconde a súa admiración pola cultura, ó tempo que pon en claro a ambigüidade desta. A torre está pensada conforme a un zigurat, templos de Mesopotamia que había xa en ruínas nos días do autor. Isto torce o sentido do templo, para facelo falar da ambición humana de conquista-lo ceo (Xer **51**, 53).
11, 7 Entende a diversidade de linguas como expresión de desharmonía e como pena do titanismo: na dispersión a humanidade perde a forza.
11, 9 *Babel*, de Bab-ilu, porta de Deus, faise proceder aquí da raíz "balal", embarullar.
11, 10ss Xenealoxía dos Semitas, conforme á versión sacerdotal; enlaza coa lista dos patriarcas antediluvianos de Xén **5**, e explica, ó seu xeito, a multiplicación da humanidade, sen a imaxe negativa de Babel. O río da vida vai crecendo, ata chegar a Abraham; a súa muller era estéril (v 30). Aí comeza Deus a crea-lo pobo de Abraham.
11, 28-30 Da versión iavista.
11, 31 O movemento desde Ur, na baixa Mesopotamia, non se proba polas migracións dos Arameos; pero si o movemento de Harán para Canaán.
A atención concéntrase agora outra vez nunha persoa, para falar mediante ela dun pobo, coma antes no home do xardín, para falar da humanidade. Abraham non sae do seo da humanidade dispersa para se facer alleo a ela,

to Lot, fillo de Harán, e a súa nora Sarai, muller de seu fillo Abram, e saíu con eles de Ur dos Caldeos, para dirixirse ó país de Canaán. Chegados a Harán, establecéronse alí. ³²Térah viviu douscentos cinco anos e morreu en Harán.

ABRAHAM

Vocación de Abraham

12 ¹O Señor díxolle a Abram: —"Vaite da túa terra, da túa patria, do teu clan, á terra que eu che mostrarei.
²Eu farei de ti un pobo grande, bendicireite e dareiche un nome sonado, que será exemplo de bendición.
³Bendicirei a quen te bendiga, maldicirei a quen te maldiga.
Os pobos todos da terra chamaranse benditos no teu nome".
⁴Abram púxose ó camiño, conforme lle dixera o Señor; e con el foi Lot. Abram tiña setenta e cinco anos cando saíu de Harán. ⁵Levaba consigo a Sarai, súa muller, ó seu sobriño Lot e tódalas posesións e mailos criados que adquirira en Harán. Saíron na dirección do país de Canaán, e chegaron alá.
⁶Abram percorreu o país ata o lugar santo de Xequem e a aciñeira de Moré. Daquela habitaban no país os cananeos. ⁷O Señor aparecéuselle a Abram para dicirlle: —"Ós teus descendentes dareilles esta terra". Abram erixiu alí mesmo un altar ó Señor que se lle aparecera. ⁸Logo seguiu pola montaña, ó oriente de Betel, e plantou a súa tenda entre Betel ó poñente e Ai ó nacente. Alí construíu un altar ó Señor e invocouno polo nome. ⁹Despois seguiu por xornadas o camiño cara ó sur.

Abraham en Exipto

¹⁰Houbo fame no país, e Abram baixou a Exipto, coa idea de quedar alí, mentres a fame seguise apretando. ¹¹Cando xa estaban chegando a Exipto, Abram díxolle a Sarai, súa muller: —"Estou pensando na túa fermosura. ¹²Os exipcios, en véndote, dirán: —É a súa muller. Entón a min mataranme e a ti gardarante viva. ¹³Dilles que es miña irmá, para que por mor de ti me traten a min ben e gracias a ti salve a vida".
¹⁴Cando Abram chegou a Exipto, os exipcios repararon en que a súa muller era moi bela. ¹⁵Vírona tamén os cortesáns e gabáronlla ó faraón, de xeito que a muller foi levada ó pazo.
¹⁶A Abram foille ben por conta dela. Adquiriu rabaños, gandos, xumentos, servos, servas, asnas e camelos. ¹⁷Mais o Señor inflixiulles ó faraón e á súa corte grandes pragas, por causa de Sarai, muller de Abram.
¹⁸Entón chamou o faraón a Abram para lle dicir: —"¿Que fixeches comigo? ¿Por que non me aclaraches que era a túa muller? ¹⁹¿Por que me dixeches que era túa irmá, deixándome que a tomase por muller? Agora aí te-la túa muller. Cóllea e vaite". ²⁰E o faraón deu ordes ós seus homes para que despedisen a Abram coa muller e con todo o que tiña.

Abraham e Lot

13 ¹Abram subiu de Exipto cara ó Négueb, coa muller e coas súas posesións, e levando consigo a Lot. ²Abram era moi rico en gandos, en prata e en ouro. ³Desde o Négueb seguiu por treitos camiño

---

senón para voltar a ela traendo consigo a bendición. A elección do pobo de Abraham encontra niso a súa razón. A teoloxía do pobo de Deus no iavista ten aquí a súa clave. A humanidade maldita adquirirá de novo a bendición, pola mediación dun pobo.
12, 1 O que Abraham ten que deixar díselle pouco a pouco. Deixa as súas seguridades, pola seguridade de que Deus lle mostrará cousa mellor.
12, 1-2 Na promesa de Deus a Abraham hai tres capítulos: terra, familia numerosa e bendición. Deus ofrécelle a Abraham un nome, unha grandeza, que o home adamita e o home babélico teimaban adquirir pola súa propia forza.
12, 3 O termo "bendición" empézase a repetir, como para dete-la maldición que ía vencendo. Os pobos terán bendición ou maldición, conforme ó seu comportamento e actitude diante de Abraham, sinal do home que Deus bendí. Iso mesmo é o que di Simeón de Xesús (Lc 2, 34). "Chamarse bendito", felicitarse de ser coma el (Xén **18,** 18; **22,** 18; **26,** 4; **28,** 14) ou ter en Abraham bendición para un mesmo (Eclo **44,** 21).

12, 6-9 Comézase a desenvolve-la promesa da terra (**13,** 14-18; **15,** 18; **17,** 8). Os camiños de Abraham desde Xequem (**33,** 18-20) ata o Négueb son toma de posesión adiantada e simbólica. Polo momento os cananeos aférranse ó país. Pero Deus queda gardando a terra por onde pasa o patriarca, no altar que este lle levanta.
12, 10ss Nesta viaxe Abraham adiántase ó seu pobo. Un e outro veranse alí en perigo, mais Deus axudaraos. O narrador quere afirma-la beleza de Sara, a sabedoría de Abraham e a providencia de Deus cos pais do pobo. O episodio repítese dúas veces noutra xeografía, en Guerar, unha vez cos mesmos protagonistas (**20**) e outra con Isaac e súa muller (**26,** 1-11).
12, 13 *Irmá* é collido máis en serio polo elohista, que quere arredar de Abraham calquera sospeita de mentira (**20,**12).
O capítulo da promesa que se refire á terra adiántase nesta imaxe de enriquecemento. Abraham e Lot repártese a terra, como se fose xa a súa posesión. Abraham percórrea cos ollos, en posesión simbólica.

de Betel, onde fixera en tempos a súa tenda, entre Betel e Ai. ⁴Era o mesmo lugar onde construíra anteriormente un altar e invocara o nome do Señor.

⁵Lot ía con Abram e era tamén rico en rabaños, en gandos e en tendas. ⁶A terra onde estaban non chegaba para habitaren xuntos. A moita facenda xa non llelo consentía, ⁷de xeito que xurdían agarradas entre os pastores de Abram e os de Lot. Daquela habitaban no país os cananeos e os perizitas.

⁸Abram díxolle entón a Lot: —"Que non haxa liortas entre nós e entre os nosos pastores, pois nós somos irmáns. ⁹Tes diante de ti o país enteiro; sepárate de min. Se ti colles á esquerda, eu collerei á dereita; se ti á dereita, eu á esquerda".

¹⁰Lot levantou os ollos e reparou na veiga do Xordán, toda ela regada. (Isto era antes de que Deus destruíra Sodoma e Gomorra). Ata chegar a Soar era o mesmo ca un xardín do Señor, coma a terra de Exipto. ¹¹Lot escolleu para si a veiga do Xordán e dirixiuse cara ó oriente, separándose de Abram. ¹²Abram asentou en Canaán e Lot nas cidades da veiga do Xordán, chegando coa tenda a Sodoma. ¹³As xentes de Sodoma eran ruíns e moi pecadoras á vista do Señor.

A terra prometida

¹⁴Despois de que Lot se separou del, o Señor díxolle a Abram: —"Desde o lugar onde estás ergue os ollos e mira cara ó norte e cara ó sur, cara ó nacente e cara ó poñente. ¹⁵A terra toda que ves, dareicha a ti e ós teus descendentes para sempre. ¹⁶Multiplicarei os teus descendentes coma o po. Se alguén contase o po, poderíaos contar a eles. ¹⁷Anda, percorre a terra ó longo e ó ancho, pois voucha dar para ti". ¹⁸Abram levantou a tenda e foise establecer na carballeira de Mambré, onda Hebrón. Alí construíu un altar ó Señor.

Invasión dos reis de oriente

14 ¹Amrafel rei de Xinar, Arioc rei de Elasar, Codorlaomer rei de Elam e Tidal rei de Goim ²emprenderon guerra contra Bera rei de Sodoma, Birxá rei de Gomorra, Xinab rei de Ademah, Xeméber rei de Seboim e o rei de Bela que é Soar. ³Os últimos xuntáronse no val de Sidim que é o mar Morto. ⁴Levaban doce anos pagando tributo a Codorlaomer, pero no décimo terceiro revoltáronse.

⁵O ano décimo cuarto veu Codorlaomer cos reis aliados seus e derrotaron ós refaítas en Axterot Carnaim, ós zuritas en Ham, ós emitas no val de Quiriataim ⁶e ós hurritas nos montes de Seir, ata El-Parán, á beira do deserto. ⁷Logo deron volta e chegaron a Ein-Mixpat que é Cadex, e arrasaron ós amalecitas en todo o seu territorio e ós amorreos que habitaban en Hasesón-Tamar.

⁸Entón saíron os reis de Sodoma, de Gomorra, de Ademah, de Seboim e de Bela que é Soar, e presentaron batalla no val de Sidim ⁹contra Codorlaomer rei de Elam, Tidal rei de Goim, Amrafel rei de Xinar e Arioc rei de Elasar. Catro reis contra cinco.

¹⁰O val está pragado de pozos de betume. Os reis de Sodoma e de Gomorra caeron neles e os outros fuxiron á montaña. ¹¹Os inimigos arrepañaron os bens e as provisións todas de Sodoma e de Gomorra, e fóronse con elas. ¹²Ó marcharen, levaron tamén consigo a Lot, sobriño de Abram, que habitaba en Sodoma, e as súas posesións.

Abraham envolto na loita

¹³Chegou un fuxitivo e contoulle todo a Abram o hebreo, que habitaba na carballeira de Mambré o amorreo, parente de Excol e de Aner, aliados de Abram. ¹⁴Cando este oíu que o seu sobriño estaba preso, mobilizou trescentos dezaoito dos seus criados

---

13, 6s De liortas entre pastores sabe moito este libro, que trata de xentes seminómadas (Xén 21, 25; 26, 30). Neste caso dan razón de por que o pobo de Abraham e os pobos parentes, que veñen tamén da súa familia polo seu sobriño Lot, viven separados uns dos outros.
13, 10 A veiga do Xordán é pintada aquí coma un paraiso. Faise notar que é o home Lot quen a elixe, e non Deus. O dato da maldade prepara o que contará Xén 18-19.
13, 14 Agora advírtese que é Deus quen elixe para Abraham a terra que ha ser súa. Toma posesión dela coa vista, como máis tarde Moisés (Dt 34, 2-4).
13, 18 Mambré, onda Hebrón, é o verdadeiro centro do clan de Abraham (Xén 14, 13; 18, 1; 23, 17).
14 Este capítulo, independente das tres tradicións do Pentateuco, parece que quixese situar a Abraham na historia xeral do seu tempo, presentándoo envolto nunha guerra entre unha coalición de reis dos pobos do arredor contra outra de reis de Canaán. Os nomes dos reis non son estraños na onomástica do tempo; pero esa guerra non se comproba por ningunha outra fonte verdadeira nin case que verosímil. Pode que garde algún recordo das migracións dos arameos de Mesopotamia a Canaán. Abraham ten ocasión de se mostrar valente e xeneroso, e tamén de se pór en relación con Salem/Xerusalén (Sal 76, 3).
14, 2 Os cinco reis cananeos reinan en cinco cidades ó sur do que hoxe é o mar Morto. Non se produciría aínda a catástrofe de Sodoma (Xén 19, 1ss). O relato non dá de si para rexistralo coma histórico.
14, 5-7 Os nomes dos vencidos non teñen agora que ver cos cinco reis rebeldes; son nomes de pobos primitivos do país (Dt 2, 10-12).
14, 12 O dato de que Lot caera preso, xustifica a intervención de Abraham.

adestrados, nacidos na súa casa, e perseguiu os inimigos ata Dan. ¹⁵Dispuxo contra eles os seus homes, e de noite botouse enriba deles e mallounos. Logo perseguiunos ata Hoba, ó norte de Damasco ¹⁶e recobrou tódolos bens, e tamén a Lot seu sobriño, coas súas posesións, as súas mulleres e toda a súa xente.

Abraham e Melquisédec

¹⁷Cando Abram tornaba de derrotar a Codorlaomer e ós seus aliados, saíu ó seu encontro o rei de Sodoma, no val de Xaveh, que é o val do rei. ¹⁸Melquisédec, rei de Salem, sacerdote do Deus Altísimo, sacou pan e viño ¹⁹e bendiciu a Abram con estas palabras:

—"Bendito sexa Abram polo Deus Altísimo, que fixo ceo e terra.
²⁰Bendito sexa o Deus Altísimo, que puxo os teus inimigos na túa man".

Abram deulle a Melquisédec o décimo de toda a súa presa.
²¹O rei de Sodoma díxolle a Abram: —"Dáme os homes, e garda para ti as posesións". ²²Pero Abram respondeulle: —"Xuro polo Señor, o Deus Altísimo, que fixo ceo e terra, ²³que non collerei nada teu, nin un fío nin o amalló dunha sandalia, para que non poidas dicir: Enriquecín a Abram. ²⁴Poñéndome a min fóra da conta, soamente acepto o que comeron os meus servos e o que lles corresponde ós que me acompañaron, Aner, Excol e Mambré. Eles, que collan o que é seu".

Alianza de Abraham

15 ¹Despois disto Abram oíu en visión palabra do Señor: —"Non teñas medo, Abram. Eu son para ti un escudo. O teu pago será moi grande".

²Abram preguntou: —"Señor e dono meu, ¿que me darás, se vou morrer sen fillos, e o damasceno Eliézer será o meu herdeiro?" ³E insistiu: —"Mira que non me deches descendencia e que un criado da casa será o meu herdeiro".
⁴O Señor respondeulle: —"Non será ese o teu herdeiro. Será un fillo teu". ⁵Logo levouno fóra e prometeulle: —"Olla cara ó ceo e conta as estrelas, se é que podes. Así terás de descendentes". ⁶Abram creu ó Señor, que llo tivo en conta para a xustificación.
⁷Despois díxolle o Señor: —"Eu son o Señor, que te sacou de Ur dos Caldeos, para che dar en herdo esta terra".
⁸Abram preguntou: —"Señor e dono meu, ¿como saberei que será miña?"
⁹O Señor respondeu: —"Tráeme unha becerra, unha cabra e un carneiro, todos eles de tres anos, e mais unha rula e unha pomba".
¹⁰Abram trouxo todo, partiu os animais polo medio e puxo unha metade fronte á outra; pero as aves non as partiu. ¹¹Os voitres descendían á carnada, e Abram espantábaos. ¹²Cando o sol estaba para se pór, apoderouse de Abram un sono profundo e invadiuno unha escura ansiedade.
¹³Entón díxolle o Señor: —"Saberás que os teus descendentes terán que estar coma forasteiros nunha terra allea, e que os escravizarán e os oprimirán por catrocentos anos. ¹⁴Pero has de saber tamén que eu castigarei ó pobo que os escravice, e despois eles sairán con moitos bens. ¹⁵Ti irás xuntarte en paz con teus pais; serás enterrado ó cabo dunha boa vellez. ¹⁶Despois de catro xeracións volverán eles aquí, pois aínda non chegou ó seu cúmulo a maldade dos amorreos".
¹⁷Cando se puxo o sol e se fixo noite pecha, Abram viu pasar entre os membros dos

---

14, 18-20 O inciso de Melquisédec rompe o relato do encontro de Abraham co rei de Sodoma (vv 17, 21). O nome de Melquisédec cadra ben co dos reis de Xerusalén (Xos 10, 1). Era rei e sacerdote de Elión, o Deus Altísimo, título aquí xa entendido coma epíteto de Iavé. Ofrecer pan e viño é agasallo de hospitalidade para o que chega da guerra. A persoa e maila acción do sacerdote adquiren unha importancia que non tiñan, cando o autor de Heb 7 o considera coma figura de Cristo, pasando por unha mención que fai do Sal 110, 4.
15 Aquí comeza a asoma-la tradición elohista; pero a iavista sobrepónselle. O tema do capítulo é a promesa de Deus a Abraham, agora confirmada por un rito, que vale por xuramento e que se chama aquí mesmo alianza.
15,2 Desde "e o damasceno...", reconstrucción aproximada.
15, 5 A imaxe das estrelas e a das areas do mar son moitas veces chamadas a falar do pobo grande, prometido a Abraham.

15, 6 Crer, confiar, é a actitude de Abraham, desde que saíu da súa terra. "Ter en conta", contar no seu favor, considerar coma principio de xustiza (Dt 24, 13). Paulo comenta a expresión para falar da xustificación pola fe (Rm 4, 3; Gál 3, 6). O texto non mostra intención de contrapo-la fe coas obras (Sant 2, 23) como pasou na polémica entre os protestantes e os católicos.
15, 12 O sono profundo arreda todo da atención de Abraham, para, dese xeito, decatarse do sentido do que pasa, como en 2, 21ss.
15, 13-16 Paréntese engadida, para falar da sorte dos descendentes de Abraham no longo tempo que separa a promesa da posesión da terra.
15, 16 O rito de parti-los animais polo medio é un rito imprecatorio, un xuramento (Xer 34, 18). O home é o sinal de Deus para o iavista (Ex 3, 2; 13, 21; 19, 18); o paso do home revélalle ó patriarca que Deus se compromete co que dixo.

animais tallados un fume coma de forno e un facho de lume. ¹⁸Aquel día fixo o Señor con Abram esta alianza: —"Ós teus descendentes dareilles esta terra, desde o torrente de Exipto ata o gran río Éufrates, ¹⁹as terras dos Quenitas, dos Quenizitas, dos Cadmoneos, ²⁰dos Hititas, dos Perizitas, dos Refaítas, ²¹dos Amorreos, dos Cananeos, dos Guigarxitas e dos Iebuseos".

Hagar e Ismael

16 ¹Sarai, muller de Abram, non podía ter fillos. Pero tiña unha serva exipcia, Hagar de nome, ²e díxolle a Abram: —"Xa ves que o Señor non me deixa ter fillos. Achégate á miña serva, a ver se por ela teño un fillo". Abram fixo caso da proposta de Sarai.

³Ós dez anos de habitaren en Canaán, Sarai, muller de Abram, colleu a súa serva exipcia Hagar e deulla como muller ó seu home Abram. ⁴Abram achegouse a Hagar, e esta quedou embarazada. Ó ver que concebira, perdeulle o respecto á súa ama. ⁵Entón díxolle Sarai a Abram: —"Esta inxuria recae sobre ti. Puxen a serva nos teus brazos e, embarazada, pérdeme o respecto. Que xulgue o Señor entre nós os dous".

⁶Abram respondeulle a Sarai: —"Te-la túa serva nas túas mans. Fai con ela o que che pareza". Entón Sarai maltratábaa, e ela escapou da casa.

⁷Encontrouna o anxo do Señor onda unha fonte no deserto, a que está no camiño do Sur, ⁸e díxolle: —"Hagar, serva de Sarai, ¿de onde vés e para onde vas?"

E ela respondeu: —"Estou fuxindo de Sarai, a miña ama".

⁹O anxo mandoulle entón: —"Volve onda a túa señora e sométete á súa autoridade". ¹⁰E engadiu: —"Dareiche tantos descendentes, que non se poderán contar". ¹¹E díxolle aínda: —"Ves que estás embarazada. Terás un fillo e chamaraslle Ismael, xa que o Señor escoitou a túa aflicción. ¹²Será un onagro entre os homes. A súa man erguerase contra todos e a man de todos contra el; habitará á parte, fronte a tódolos irmáns".

¹³Hagar púxolle un nome ó Señor que lle falara: —"Ti e-lo Deus da miña visión". Pois razoaba para si: —"¿Non vin eu tamén aquí a quen me ve?" ¹⁴Por iso chámase aquel pozo pozo de Lahai-Roí. Está entre Cadex e Bered.

¹⁵Hagar deulle a Abram o fillo que concebira, e este púxolle o nome de Ismael. ¹⁶Abram tiña oitenta e seis anos cando Hagar lle deu a Ismael.

Alianza de Deus con Abraham

17 ¹Abram tiña noventa e nove anos, cando se lle apareceu o Señor para lle dicir: —"Eu son o Deus Xadai. Camiña de acordo comigo e se perfecto. ²Eu establezo entre nós os dous unha alianza. Fareite crecer moito".

³Abram postrouse por terra, e Deus díxolle: ⁴—"Esta é a alianza que eu fago contigo:

15, 18 A alianza refírese aquí á promesa da terra; ó comezo do capítulo falábase do fillo de Abraham.
16, 1 O iavista volve agora sobre o tema do descendente; algúns dos datos pertencen á tradición sacerdotal. O episodio de Hagar ten un duplicado en **21**, 8-21, con variantes que o xustifican. O fillo da serva non adianta o cumprimento da promesa do fillo; soamente produce un suspense. Conforme ás leis mesopotamias, que rexen tamén en Canaán, unha muller estéril podíalle dar ó home a súa escrava por muller; dese xeito tiña fillos por medio da escrava; iso farán Raquel e Lea no seu día (**30**, 1-13). Pero Hagar garda o seu fillo para si e non llo dá á súa señora. O drama rómpese cando se aclara que o fillo prometido a Abraham será un fillo de Sara. Con iso queda aberta outra vez a pregunta polo descendente. A solución legal non serve. Paulo contrapón as dúas mulleres e as dúas maternidades (Gál **4**, 22).
16, 2 A esterilidade das mulleres dos patriarcas é un dato convencional, para afirmar que Deus é o creador do pobo de Abraham: El é quen dá a fecundidade (Xén **11**, 30; **25**,21;**29**,31).
16, 7 *O anxo do Señor* é o Señor mesmo, un sinal seu. Dándolle a volta, todo sinal do Deus que se revela é un anxo de Deus (**21**, 17; **22**, 11; Ex **3**, 2; **14**, 19; **23**, 20).
16, 11 O nome *Ismael* significa "Deus escoita".

16, 12 Ó tempo que da persoa, fálase aquí dos descendentes de Ismael, os árabes do deserto, coma xumentos salvaxes (Xob **39**, 5-8). Esta persoa co seu pobo quédase á beira da historia do pobo de Abraham, pero non lonxe da man de Deus.
16, 13s Lenda etiolóxica do nome dun pozo, que pertenceu ó clan de Isaac (**24**, 62; **25**, 11). Lahai-Roí, "o que vive e me ve".
Versión sacerdotal da alianza de Deus con Abraham. Como na versión iavista (c. **15**), Deus aseguralle ó patriarca descendencia e terra onde habitar. Agora atopamos unha linguaxe máis teolóxica e menos humanista. Como sinal da alianza, Deus esixe de Abraham e de seus fillos o rito da circuncisión. Esta será, co tempo, un principio de identificación do pobo escollido, ou un rito de entrada nel.
17, 1 *Deus Xadai.* "Deus Xaddai" ou "El-Xaddai" é nome divino corrente na era patriarcal (**28**, 3; **35**, 11); a versión sacerdotal mantenno en uso ata a revelación do nome Iavé a Moisés (Ex **6**, 3). A súa significación non é segura; quizais "Deus podente", "Deus da montaña" ou "Deus do campo".
17, 3 Se na versión iavista (c. **15**) Abraham toma a dianteira para falar con Deus, suplica e fai outras acción, aquí soamente "adora". Deus é o suxeito de toda a iniciativa e de tódalas acción.

Serás pai de moitos pobos. ⁵Non te seguirás chamando Abram; o teu nome será Abraham, porque te fago pai de moitos pobos. ⁶Dareiche fecundidade, sacarei de ti nacións, de ti sairán reis. ⁷Establezo a miña alianza, alianza perpetua, contigo e cos teus descendentes, polas xeracións vindeiras. Eu serei o teu Deus e o dos teus descendentes. ⁸Dareiche a ti e a eles, en posesión perpetua, a terra onde habitas, o país de Canaán. Eu serei o teu Deus".

A circuncisión

⁹Deus díxolle a Abraham: —"Gardara-la miña alianza, ti e mailos teus descendentes, polas xeracións vindeiras. ¹⁰Esta é a alianza que eu fago contigo e cos teus descendentes, e que habedes de gardar: ¹¹Circuncidade a pel do prepucio, en sinal de alianza entre nós.

¹²Ós oito días de nacer, circuncidade tódolos varóns, unha xeración tras outra, o mesmo os nacidos na casa, coma os forasteiros adquiridos por diñeiro, que non son descendentes teus. ¹³Circuncidade os nacidos na casa e os adquiridos por diñeiro, e a miña alianza estará no voso corpo como alianza perpetua. ¹⁴O varón non circuncidado, coa pel do prepucio sen cortar, será el cortado do seu pobo, pois viola a miña alianza".

Un fillo de Sara

¹⁵O Señor díxolle a Abraham: —"A túa muller non seguirá chamándose Sarai. O seu nome é Sara. ¹⁶Bendicireina e dareiche un fillo dela; bendicireina e será nai de nacións, nacerán dela reis de pobos".

¹⁷Abraham postrouse por terra e sorriu, pensando para si: —"¡Un home de cen anos terá un fillo, e Sara ós seus noventa parirá!" ¹⁸E suplicoulle a Deus: —"¡Oxalá deixes vivir a Ismael!"

¹⁹Deus respondeulle: —"Non; Sara, a túa muller, darache un fillo, e poraslle o nome de Isaac. Con el e cos seus descendentes vindeiros establezo unha alianza, alianza perpetua. ²⁰En canto a Ismael, tamén te escoitarei. Bendicireino, dareille fecundidade e fareino crecer moito. Xerará doce príncipes e convertereino nun gran pobo. ²¹Pero a miña alianza establecereina con Isaac, o fillo que che dará Sara de hoxe nun ano".

²²En acabando de falar, Deus foise de onda Abraham. ²³Abraham colleu o seu fillo Ismael, os servos todos nacidos na súa casa e os adquiridos por diñeiro, todo varón da súa casa, e circuncidou ese mesmo día a pel dos seus prepucios, conforme Deus lle mandara.

²⁴Abraham tiña noventa e nove anos cando circuncidou a pel do seu prepucio, ²⁵e Ismael tiña trece. ²⁶No mesmo día circuncidouse Abraham e seu fillo Ismael. ²⁷Con eles circuncidáronse tamén tódolos varóns da súa casa, o mesmo os nacidos nela coma os adquiridos por diñeiro.

Teofanía en Mambré

18 ¹O Señor apareceuse na carballeira de Mambré a Abraham, estando este sentado á entrada da súa tenda, nas horas da calor. ²Abraham ergueu os ollos e viu tres homes de pé diante del. En véndoos, correu ó seu encontro, desde a entrada da tenda, e postrouse, ³dicindo: —"Meu Señor, se merezo o teu favor, non pases sen te deteres onda o teu servo. ⁴Farei traer unha pouca auga, bañaréde-los pés e descansaredes baixo a árbore. ⁵Coa mesma e xa que pasades por onda o voso servo, traerei un anaco de pan. Repararedes con el as forzas, para logo seguiredes camiño".

Responderon eles: —"Está ben. Fai como dis".

⁶Abraham correu á tenda onda Sara, para lle dicir: —"Trae tres cuncas de flor de fariña, axiña: amásaa, e prepara unha bica". ⁷E el foi correndo ó cortello, colleu o vitelo

---

17,5 As dúas formas do nome do patriarca recollen diferencias dialectais do mesmo nome, que significa, "de pai grande, de liñaxe nobre". O sacerdotal fúndase na asonancia entre a forma máis longa e "ab-hamón", "pai de multitude", para meter no mesmo nome do patriarca a promesa e pór dese xeito o patriarca en función dos descendentes (Rm **4**, 17).

17, 10s A circuncisión é un rito antigo, practicado tamén por outros pobos como rito de pubertade (**34**, 14s; Ex **4**, 24ss). Para Israel adquire no desterro o significado de sinal de ou non ser do pobo, de estar ou non na alianza (1 Mac **1,** 6s).

17,15 Tamén o nome de Sarai se cambia en Sara, outra vez dúas variantes dun nome. O cambio leva consigo outro sinal: de estéril que era, virá ser nai de reis. Tamén ela é vista aquí en función do seu pobo.

17, 17 O riso de Abraham, como logo de Sara (**18,** 12) e despois o de Ismael (**21,** 9), expresa varios sentimentos, coma ledicia, sorpresa, e mesmo incredulidade, sentimentos que acompañan o nacemento de Isaac e que lle dan o nome: "Deus sorrí, móstrase benévolo".

17, 20 Ismael é o pai doutro pobo de Deus (**16,** 11s; **21,** 18; **25,**13-16).

18, 1ss Aquí trata o ìavista o tema do nacemento de Isaac, que xa atopamos na tradición sacerdotal (**17,** 15ss). Un neno, que será acollido coma un don de Deus, é prometido por tres "homes", que se confunden con tres anxos e mesmo con Iavé. Abraham "hospedou anxos, sen sabelo" (Heb **13,** 2)

máis tenro e mellor, e deullo a un criado, para que o guisase ó momento. ⁸Despois, co vitelo guisado, colleu manteiga e leite, e servíullelos. Mentres eles comían, el estaba ó seu lado baixo a árbore.

⁹Nisto eles preguntáronlle: —"¿Onde está Sara, túa muller?"

El respondeu: —"Aí dentro, na tenda".

¹⁰E un deles engadiu: —"Volverei verte para o ano, e entón Sara a túa muller, terá un fillo". Sara oíu o que dicía, detrás da entrada da tenda. ¹¹Abraham e Sara eran vellos, moi entrados en anos, e ela xa deixara de te-la regra das mulleres. ¹²Sara riu ás escondidas, de pensar: —"Despois que estou acabada e o meu home vello, ¿coñecerei aínda o pracer?"

¹³Mais o Señor díxolle a Abraham: —"¿Por que ri Sara, dicindo: Será certo que vou ter un fillo ós meus anos? ¹⁴¿Hai cousa que non poida o Señor? De hoxe nun ano, cando eu volva, Sara terá un fillo".

¹⁵A Sara estáballe entrando medo, e negou: —"Non rin". Pero el insistiu: —"Non o negues: ti riches".

Intercesión por Sodoma

¹⁶Os homes erguéronse de alí e ollaron cara a Sodoma. Abraham acompañábaos para lles da-la despedida. ¹⁷O Señor dixo para si: —"¿Voulle esconder a Abraham o que penso facer? ¹⁸Abraham converterase nun pobo grande e podente e nel veranse benditas tódalas nacións da terra. ¹⁹Escollino para que lles mande a seus fillos, a toda a súa casa e ós seus descendentes manteréns nos camiños do Señor, obrando con rectitude e con xustiza, de xeito que o Señor lle outorgue a Abraham o que lle prometeu".

²⁰O Señor seguiu dicindo: —"O clamor contra Sodoma e Gomorra é moi grande; o seu pecado é grave. ²¹Vou baixar e ver se este clamor que chega onda min corresponde cos feitos; e se non, sabereino". ²²Os homes dirixíronse desde alí cara a Sodoma, pero Abraham quedou diante do Señor. ²³Abraham adiantouse cara ó Señor e preguntoulle: —"¿Por caso aniquilaría-los inocentes cos culpables? ²⁴Se houbese cincuenta xustos na cidade, ¿aniquilaríalos tamén, e non perdoaría-lo lugar por mor dos cincuenta xustos que houber nel? ²⁵¡Lonxe de ti facer tal cousa! Mata-lo inocente co culpado, e que teñan os dous a mesma sorte. ¡Lonxe de ti! O que xulga a terra enteira, ¿non vai facer xustiza?"

²⁶O Señor respondeu: —"Se houbese cincuenta xustos en Sodoma, perdoaría a toda a cidade por mor deles".

²⁷Abraham insistiu: —"Perdoa o atrevemento de lle falar ó meu Señor, sendo eu po e cinsa. ²⁸Se para cincuenta xustos faltan cinco, ¿aniquilarías por culpa dos cinco toda a cidade?"

Respondeu o Señor: —"Non a destruirei, se atopo corenta e cinco".

²⁹Abraham insinuou: —"Se cadra, hai corenta".

El respondeu: —"Non o farei, en vista dos corenta".

³⁰Abraham dixo: —"Que non se enfade o meu Señor, se volvo falar aínda. ¿E se houbese trinta?"

El respondeu: —"Non o farei, se atopo trinta".

³¹Abraham teimou aínda: —"Voume atrever a lle falar outra vez ó meu Señor. Podería ser que houbese vinte".

Respondeu o Señor: —"Non a destruirei en gracia ós vinte".

³²Abraham dixo: —"Que non se alporice o meu Señor, e falarei aínda unha vez. ¿E se houbese dez?"

El respondeu: —"Non a destruirei por mor dos dez".

³³Desque acabou de falar con Abraham, o Señor retirouse, e Abraham volveu ó seu lugar.

Corrupción de Sodoma

19 ¹Os dous anxos chegaron pola tarde a Sodoma. Estaba Lot sentado á

18, 12 O riso de Sara confesa a imposibilidade de ter fillos pola súa propia forza: Abraham e Sara eran vellos (**17,** 17; **21,** 6) e, por parte, ela estéril (**11,** 30).

18, 16 Neste punto vincúlase o tema do nacemento de Isaac coa lenda de Sodoma: os mesmos mensaxeiros despídense de Abraham e van ve-las cidades onde habita Lot.

18, 22 Desdobramento dos mensaxeiros en homes que van cara a Sodoma (**19,** 1 di que son anxos), e Iavé, que queda onda Abraham.

18, 23 Abraham intercede por Sodoma ameazada, como Moisés ou os profetas polo seu propio pobo. Deus avense a un diálogo, que ten a forma dun trato. Abraham razoa que Deus non sería xusto, se aniquilase algúns homes rectos que puidese haber en Sodoma, xunto cos pecadores. Aqueles deberían decidir-la sorte destes, e non do outro xeito. A xustiza de Deus faría xustos ós que non o son. Pero Abraham non regatea ata máis abaixo de dez xustos, e non había dez. Noutros casos dirán os profetas que a solidariedade dun xusto chegaría para salvar todo un pobo (Is **53;** Xer **5,** 1; Ez **22,** 30).

19 Sodoma representa o Canaán pecador e o xuízo de Deus contra el. As xentes todas de Sodoma violan a hospitalidade que os forasteiros recibiran onda Lot, o único xusto de Sodoma (coma en **19,** 22-25). Ese é o pecado de Sodoma; despois a tradición fixouse sobre todo na ho-

porta da cidade e, en véndoos, ergueuse para ir ó seu encontro, e saudounos, postrándose por terra. ²Díxolles Lot: —″Pídovos, meus señores, que veñades á casa do voso servidor, para pasa-la noite nela. Lavaréde-los pés e, de mañá, seguiredes camiño″. Responderon eles: —″Non. Durmiremos na praza″. ³Pero Lot porfioulles tanto, que o seguiron, e entraron na súa casa. El preparoulles comida, coceu pan, e eles cearon. ⁴Aínda non se deitaran, cando os homes de Sodoma, desde os rapaces ós vellos, toda a cidade a feito, rodearon a casa, ⁵e chamaban por Lot, preguntando: —″¿Onde están os homes que entraron na túa casa esta noite? Sácanolos fóra. Queremos achegarnos a eles″. ⁶Pechando a porta tras de si, Lot saíu fóra, e faloulles: ⁷—″Pídovos, irmáns, que non fagades este mal. ⁸Mirade, teño dúas fillas, que non se xuntaron aínda con ningún home. Daréivolas, e facede con elas o que vos pareza ben. Pero non lles fagades nada a estes homes, que se acolleron á sombra do meu teito″. ⁹Responderon eles: —″¡Arreda de aí! Este que veu de fóra, pretende se-lo noso xuíz. Agora tratarémoste a ti peor ca a eles″. Arrempuxaron contra Lot, e por pouco non botaron abaixo a porta da casa. ¹⁰Niso os dous visitantes alongaron as mans, tiraron de Lot para adentro e pecharon a porta da casa. ¹¹E ós que estaban á entrada, desde os pequenos ós grandes, feríronos de cegueira, e non puideron dar coa porta.

Lot salvado da morte

¹²Os dous homes dixéronlle a Lot: —″¿Que xente da túa tes aquí? Cantos parentes teñas na cidade, xenros, fillos, fillas, sácaos do lugar, ¹³pois imos aniquilalo. O clamor contra El chegou onda o Señor, e mandounos destruílo″.

¹⁴Lot saíu para lles dicir ós xenros, que desposaran a súas fillas: —″Dispódevos para abandonar este lugar, pois o Señor destrúe a cidade″. Pero eles collérono a riso.

¹⁵Os anxos, ó amañecer, espabilaron a Lot: —″Érguete, e leva de aquí a túa muller e as dúas fillas, non sexa que perezades coa cidade″. ¹⁶Como el se demorase, agarrárono da man, a el, á súa muller e as dúas fillas. Pola compaixón de Deus con el, sacáronos e deixáronos fóra da cidade. ¹⁷Alí fóra dixéronlle: —″Fuxe, salva a túa vida. Non olles para atrás. Non te deteñas nesta veiga. Corre á montaña, se non queres perecer″. ¹⁸Lot respondeulle: —″Non, Señor meu, por favor. ¹⁹Xa que mostráche-lo teu favor a este teu servo e me trataches con amor, salvándome a vida, mira que non vou poder chegar ata a montaña, antes de que me acade a desgracia e morra. ²⁰Aí preto está esa pequena vila, para fuxir alá e salva-la vida nela. ¿Non é cousa ben pequena? E alí salvarei a vida″.

²¹El respondeulle: —″Tamén che concederei este favor de non destruí-la vila da que falas. ²²Corre de présa e ponte a salvo nela, pois non podo facer nada ata que ti chegues alá″. Por iso puxéronlle a esa vila o nome de Soar. ²³O sol saía polo horizonte cando Lot chegou a Soar.

Aniquilamento de Sodoma

²⁴O Señor fixo chover sobre Sodoma e Gomorra xofre e lume desde o ceo. ²⁵Destruíu as cidades e a veiga ó arredor, cos seus moradores todos e coa súa vexetación. ²⁶A muller de Lot mirou para atrás, e trocouse en estatua de sal. ²⁷Abraham ergueuse cedo, para ir de contado ó lugar onde estivera co Señor. ²⁸Ollou cara a Sodoma, Gomorra e toda a veiga, e viu que do chan subía fume, coma fume dun forno. ²⁹Ó destruí-las cidades da veiga, Deus pensou en Abraham, e librou a Lot do aniquilamento das cidades onde estaba.

As fillas de Lot

³⁰Lot subiu de Soar e asentou coas súas dúas fillas na montaña, pois tivo medo de

---

mosexualidade (sodomía). O pecado de Sodoma deixou longo recordo (Dt **29**, 22; Is **1**, 9; **13**, 19; Xer **23**, 14; **50**, 40; Ez **16**, 49s; Os **11**, 8s; Am **4**, 11; Mt **11**, 23s). Sen que o diga directamente, a intención do relato é a de lexitima-la expulsión dos Cananeos da súa terra, para facer espacio ós descendentes de Abraham. O relato é unha lenda etiolóxica, sen valor para a historia.
19, 1 Aquí e no v 15 os personaxes son anxos; no resto, sempre homes.
19, 12 Con Lot que se salva queda a salvo a xustiza de Deus que Abraham invocara na súa intercesión. A intercesión de Abraham salva polo menos ó sobriño.
19, 22 A imaxinación quere ver Soar nun pequeno oasis que hai ó sur do Mar Morto (Xén **13**, 10; Dt **34**, 3; Xer **48**,

34). Hai un xogo etimolóxico entre o nome Soar e a ″pequena cousa″ que Lot pide (v 20).
19, 26 Lenda etiolóxica local, para dar razón de penedos salinos, de formas caprichosas, da bisbarra de Sodoma.
19, 28s Abraham non pode dicir que Deus non fixo xustiza, pois salvou ó xusto Lot. Pero esa non é xustiza que fai xustos.
19, 30ss Relato etiolóxico da orixe de dous pobos, parentes de Abraham: os moabitas e os amonitas. As etimoloxías dos nomes están feitas para recorda-lo xeito estraño da orixe. O autor non o xulga indignidoso polo incesto. Máis ben parece que pensa no atrevemento das nais, na súa paixón por teren fillos que na pureza do sangue destes.

quedar en Soar. Vivía nunha cova coas dúas fillas. ³¹A máis vella díxolle á máis nova: —"O noso pai é vello e por aquí non hai un home que se achegue a nós, como se fai en tódolos lados. ³²Imos emborrachar ó noso pai, e logo deitarémonos con el, e teremos fillos del". ³³Aquela mesma noite emborracharon a seu pai, e a máis vella deitouse con el. Pero el non se decatou de cando ela se deitou nin de cando se ergueu. ³⁴Ó seguinte día díxolle a máis vella á máis nova: —"Onte deiteime eu con meu pai. Emborracharémolo tamén esta noite, e déitaste ti con el. Deste xeito teremos fillos da súa mesma semente". ³⁵Emborrachárono tamén aquela noite, e a máis nova deitouse onda el, sen que el se decatase de cando se deitou nin de cando se ergueu.

³⁶As dúas fillas de Lot quedaron embarazadas de seu pai. ³⁷A máis vella pariu un fillo, e puxéronlle o nome de Moab. Este é o devanceiro dos moabitas de hoxe. ³⁸Tamén a máis nova tivo un fillo, e puxéronlle Benamí. Este é o devanceiro dos amonitas de hoxe.

Abraham e Abimélec

20 ¹Abraham colleu o camiño cara ó Négueb e asentou entre Cadex e Xur. Residiu tamén por un tempo en Guerar. ²Abraham dicía que Sara a súa muller, era súa irmá, e Abimélec, rei de Guerar, mandou que lla trouxesen.

³Pero Deus aparecéuselle de noite nun soño a Abimélec e ameazouno: —"Vas morrer por causa da muller que tomaches, pois ten home".

⁴Abimélec non a tocara aínda, e respondeu: —"Señor, ¿matarías tamén un inocente? ⁵¿Non me dixo el que ela era súa irmá, e ela que el era seu irmán? Con intención sincera e mans limpas fixen isto".

⁶Deus díxolle en soños: —"Sei que o fixeches con recta intención. Por iso eu gardeite de que pecases, non deixei que a tocases. ⁷Agora vólvelle a muller a seu home que é profeta, e el pregará por ti para que vivas. Pero se non lla volves, ten por certo que morrerás, ti e tódolos teus".

⁸Abimélec ergueuse cedo, chamou a toda a súa xente e contóulle-lo que pasaba. Todos colleron moito medo. ⁹Despois Abimélec chamou a Abraham para dicirlle: —"¿Que fixeches connosco? ¿En que che faltei eu, para botares enriba de min e do meu reino este pecado tan grande? Fixéchesme o que non se fai. ¹⁰¿Que buscabas ó faceres isto?"

¹¹Abraham respondeulle: —"Pensei para min: Quizais neste país non teñen temor de Deus, e mataranme por causa da miña muller. ¹²Polo demais tamén é certo que ela é miña irmá, filla do mesmo pai, anque non da mesma nai, e eu tomeina por muller. ¹³Cando Deus me levou lonxe da casa de meus pais, díxenlle así: Vasme facer este favor: en calquera lugar a onde cheguemos, di que eu son teu irmán".

¹⁴Abimélec colleu ovellas, vacas, servos e servas, e deullos a Abraham. E volveulle a Sara, súa muller. ¹⁵E díxolle: —"Aí tes diante de ti a miña terra. Asenta onde che pareza". ¹⁶E a Sara díxolle: —"Ves que lle dei mil moedas de prata a teu irmán. Será o veo dos teus ollos diante de tódolos teus. Quedas xustificada".

¹⁷Abraham intercedeu, e Deus sandou a Abimélec, á súa muller e ás súas concubinas, e puideron ter fillos outra vez, ¹⁸pois Deus pechara todo útero na familia de Abimélec, por causa de Sara, muller de Abraham.

Nacemento de Isaac

21 ¹O Señor fixouse en Sara, como o tiña dito, e cumpriu con ela a súa promesa. ²Ela concebiu e deulle un fillo a Abraham na súa vellez, no tempo que Deus fixara. ³Abraham púxolle a ese fillo que lle naceu de Sara o nome de Isaac. ⁴Cando cumpriu oito días, Abraham circuncidou a Isaac, conforme Deus lle mandara. ⁵Abraham tiña cen anos cando lle naceu Isaac.

⁶Sara dixo daquela: —"Deus fíxome rir de contenta, e tódolos que o oian, rirán coma min". ⁷E engadiu: —"¡Quen lle ía dicir a Abraham que Sara criaría un fillo! E agora deullo na vellez". ⁸Medrou o neno, e destetárono. O día que destetaron a Isaac, Abraham deu un xantar.

---

20 Esta é a versión elohista de Xén **12**, 10-20 (de novo en Xén **26**, 1-11), con algunhas variacións. Non estamos en Exipto, senón en Guerar e con outros personaxes. O maior refinamento moral desta versión fai aparecer a Abraham enteiramente libre da mentira. Deus fala agora en soños; Abraham intercede coa forza dun profeta (Sal **105**, 15); Sara non chega a entrar no harén de Abimélec. Deus defende ós pais do pobo.

20, 14 Abraham sae con bens, coma de Exipto (Xén **12**, 16), e coma máis tarde os fillos de Xacob (Ex **11**, 2s; **12**, 35s).
21 As tres versións da tradición refiren o nacemento de Isaac, anunciado na tradición sacerdotal (Xén **17**) e na iavista (Xén **18**).
21, 6 O riso de Sara ecoa no nome de Isaac (Xén **17**, 17; **18**, 12).

Hagar e Ismael

⁹Viu Sara o fillo que a exipcia Hagar lle dera a Abraham xogando con Isaac, ¹⁰e díxolle a Abraham: —"Bota fóra esa escrava con seu fillo, pois o fillo desa escrava non herdará con meu fillo Isaac".

¹¹A cousa doeulle a Abraham, pois tratábase de seu fillo. ¹²Pero Deus díxolle: —"Non teñas dó do neno nin da escrava. Fai o que Sara che di, pois por Isaac pasará o teu nome á tua descendencia. ¹³Tamén do fillo da escrava farei unha gran nación, por ser semente túa".

¹⁴Abraham ergueuse cedo, colleu pan e un fol de auga, púxollos ás costas a Hagar, xunto co fillo, e despediuna. Ela marchou e andou errante polo deserto de Beerxeba. ¹⁵Cando se lle acabou a auga do fol, botou o neno ó pé dun mato, ¹⁶e foise sentar soa máis alá, como á distancia dun tiro de arco, pensando para si: —"Non quero ver morre-lo neno". E alí laiouse e chorou.

¹⁷Oíu Deus os berros do neno, e o anxo chamou desde o ceo a Hagar para dicirlle: —"¿Que che pasa, Hagar? Non teñas medo, pois Deus escoitou os berros do neno alí onde está. ¹⁸Érguete, colle o neno, agárrao forte da man. Del farei unha gran nación". ¹⁹Deus abriulle os ollos, e ela viu un pozo de auga. Foi alá, encheu o fol e deulle ó neno de beber.

²⁰Deus estaba co rapaz, e este medraba. Asentou no deserto e chegou a ser un bo arqueiro. ²¹Vivía no deserto de Parán, e súa nai buscou unha muller exipcia para el.

Pacto entre Abraham e Abimélec

²²Daquela Abimélec e Picol, xefe da súa xente, dixéronlle a Abraham: —"Deus está contigo en todo o que fas. ²³Xúrame, pois, por Deus aquí mesmo que non nos enganarás, nin a min, nin ós meus fillos, nin ós meus descendentes, senón que coa consideración con que eu te tratei a ti, hasme tratar ti a min e a esta terra á que viñeches".

²⁴Abraham respondeu: —"Así o xuro".

²⁵Pero, coa mesma, reprendeu a Abimélec por causa do pozo que os servos deste lle usurparon.

²⁶Abimélec retrucou: —"Non sei quen o puido facer. Nin ti me dixeches nada, nin eu oín falar diso ata hoxe".

²⁷Abraham colleu ovellas e vacas, e deullas a Abimélec. E concordaron un pacto entre os dous. ²⁸Abraham separou sete cordeiras do fato, ²⁹e Abimélec preguntoulle: —"¿Que queren dicir esas sete cordeiras que apartas?"

³⁰El respondeulle: —"Ti recibes da miña man sete cordeiras: que me sirvan de proba de que eu cavei este pozo". ³¹Por iso púxolle a aquel lugar o nome de Beerxeba, porque alí xuraron os dous.

³²Cando concluíron o pacto en Beerxeba, Abimélec e Picol, xefe da súa xente, voltaron para o país dos Filisteos. ³³Abraham plantou un tamarisco en Beerxeba e invocou o nome do Señor, o Deus eterno. ³⁴Abraham residiu no país dos Filisteos moitos anos.

O sacrificio de Isaac

22 ¹Despois destes feitos, Deus puxo á proba a Abraham, chamándoo: —"¡Abraham!"

El respondeu: —"Aquí estou".

²Deus mandoulle: —"Colle o teu fillo, o único que tes e que tanto queres, Isaac, e vaite ó país de Moriah. Alí ofrecerasmo en sacrificio, no cimo dunha das montañas que eu che mostrarei".

21, 9 Agora é Ismael o que xoga (ri) con Isaac. A Sara chégalle iso para bota-la nai e o fillo da casa. O iavista xa referira este feito en Xén **16**.
21, 13 Aquí son os ismaelitas os que, pola súa relación con Abraham, teñen parte na bendición (**12**, 3).
21, 17 *Oíu...:* xogo de palabras co nome de Ismael, "Deus escoita".
21, 22ss A tradición pinta as relacións de Abraham co clan de Abimélec, de xeito que se vexa saír daquel a bendición para outros pobos. O pozo de Beerxeba dá orixe a este relato etiolóxico, que o fai significar "pozo dos sete", ou tamén "pozo do xuramento", da alianza, coma no duplicado que se refire a Isaac (c. **26**).
21, 33 *Deus eterno,* El-Olam, nome co que se invoca a Deus en Beerxeba, segundo o elohista, que non fai uso de Iavé ata Ex **3**, 13ss.
21, 34 A mención dos Filisteos na época patriarcal é anacrónica, pois os Filisteos entraron nesa terra no século XIII a.C. Pero esta historia escribiuse despois diso, cando xa levaban alí tempo.
22 Versión elohista, con elementos iavistas. O tema do capítulo é a promesa de descendencia. Abraham ten un fillo; pero este fillo vai ser punto de "proba" para o pai. A proba quere defini-lo pobo que nace de Abraham como fillo da súa fe. Se vai ser un pobo de Deus, ten que nacer coma regalo de Deus á fidelidade e á confianza de Abraham. Envoltos co tema principal, están os secundarios de sacrificio humano, que o pobo da Biblia refuga (Lev **18**, 21; **20**, 2-5; Dt **12**, 31), o rescate dos primoxénitos (Ex **13** 11-13), a orixe dun santuario na montaña do Moriah.
22, 1 A superación da proba recordarase de aquí en adiante (Sab **10**, 5; Eclo **44**, 20; Heb **11**, 17s).
22, 2 O obxecto do sacrificio defínese con catro termos; seméllase á orde de saída da casa dos seus pais (c. **12**, 1). Abraham atopoulle xeito a aquela orde, e seguiuna; agora o seu comportamento segue a mesma lóxica.

³Abraham ergueuse cedo, aparellou o burro e tomou consigo dous criados e mailo seu fillo Isaac. Coa leña cortada para o sacrificio, púxose ó camiño en dirección do lugar que Deus lle indicara. ⁴Ó terceiro día Abraham ergueu os ollos e viu o sitio desde lonxe.

⁵Abraham díxolles ós criados: —"Esperade aquí co burro. Eu e mailo rapaz chegarémonos ata alá. Adoraremos e de seguida voltaremos onda vós". ⁶Abraham colleu a leña do sacrificio e púxolla a Isaac, seu fillo, ás costas. Tomou na man o lume e o coitelo, e camiñaban os dous xuntos.

⁷Isaac díxolle a seu pai: —"¡Meu pai!" El respondeu: —"¿Que queres, fillo?" O rapaz dixo: —"Levamos lume e leña. Pero ¿onde está o año para o sacrificio?" ⁸Abraham respondeulle: —"Meu fillo, o año Deus o proverá". E camiñaban os dous xuntos.

⁹Chegados ó lugar que Deus dixera, Abraham construíu un altar, puxo enriba del a leña, atou o seu fillo Isaac e deitouno no altar, por enriba da leña. ¹⁰Despois tendeu a man e agarrou o coitelo para sacrifica-lo seu fillo. ¹¹Mais o anxo do Señor chamou desde o ceo: —"¡Abraham! ¡Abraham!" El respondeu: —"Aquí estou". ¹²O anxo dixo: —"Non póña-la man no rapaz nin lle fagas mal ningún. Agora dei comprobado que tes temor de Deus, pois non me negáche-lo teu fillo, o único que tes". ¹³Abraham ergueu os ollos e viu un carneiro atrapado nunha silveira polos cornos. Botou man del e ofreceuno en sacrificio, no posto do seu fillo. ¹⁴Abraham púxolle ó lugar o nome de Moriah. Por iso aínda hoxe se di: —"Na montaña o Señor proverá".

Renovación da promesa

¹⁵O anxo do Señor chamou a Abraham outra vez desde o ceo: ¹⁶—"Xúroche por min mesmo —palabra do Señor— que por faceres isto e non me negáre-lo teu fillo, o único que tes, ¹⁷bendicireite e farei crece-los teus descendentes coma as estrelas do ceo e as areas do mar. Os teus descendentes herdarán as cidades dos inimigos. ¹⁸Tódolos pobos da terra terán bendición na túa descendencia, por me teres ti obedecido".

¹⁹Abraham volveu onda os criados, e todos xuntos colleron o camiño de Beerxeba. Abraham asentou alí.

A familia de Nahor

²⁰Pasado algún tempo, dixéronlle a Abraham: —"Tamén Milcah lle deu fillos a Nahor, teu irmán. ²¹Deulle a Us, o primoxénito, despois a Buz, seu irmán, e a Quemuel, pai de Aram; ²²os outros logo foron Quésed, Hazó, Pildax, Idlaf e Betuel". ²³Betuel foi pai de Rebeca. Estes son os oito fillos que Milcah lle deu a Nahor, irmán de Abraham. ²⁴Unha concubina chamada Reumah deulle, ademais, a Tebah, a Gaham, a Tahax e a Maacah.

O sepulcro dos patriarcas

23 ¹Sara viviu cento vintesete anos. Eses foron por xunto os anos da súa vida. ²Morreu en Quiriat-Arbah, hoxe Hebrón, no país de Canaán. Abraham fixo o velorio e chorou pola súa muller.

³Logo ergueuse de onda a defunta e foi falar cos fillos de Het: ⁴—"Eu son un forasteiro, que reside entre vós. Dádeme aquí un sepulcro en propiedade, para enterrar nel á miña finada".

⁵Os fillos de Het respondéronlle: ⁶—"Escóitanos, señor: ti es para nós un príncipe de Deus. Enterra a túa finada no mellor dos nosos sepulcros. Ninguén de entre nós che negaría o seu sepulcro para que a enterres nel".

⁷Pero Abraham foi e postrouse diante dos fillos de Het, os paisanos daquela terra, ⁸e

---

22, 5 Para Abraham o sacrificio é un rito sacro, un xesto de adoración. Fala de que "volverán", seguro de que non quedará de maneira ningunha sen o fillo, aínda que non saiba o xeito en que Deus proverá. Deus di a palabra derradeira por medio do mensaxeiro (vv 11, 15).

22, 6 *Camiñaban os dous xuntos*, pero o fillo non sabe nada do que significa o camiño para o pai. O sacrificado no Moriah é Abraham, non Isaac.

22, 13 O rescate dos primoxénitos por un animal que os sustitúa é unha lei para Israel (Ex 13, 11-13).

22, 15-18 Renovación e confirmación da promesa patriarcal (**12,** 2s; **15,** 5).

22, 20ss Xenealoxía iavista de Nahor, irmán de Abraham, feita con vistas ó casamento de Isaac coa súa curmá Rebeca (c. **24**). O número de doce clans de arameos recorda o das doce tribos de Israel e o das doce de Ismael (**25,** 13).

23 A tradición sacerdotal remata con este c. o tema da promesa da terra. Co pretexto dun sepulcro para Sara, súa muller, Abraham adquire en propiedade un pedazo de terra, que o fai pasar da condición de estranxeiro residente á de habitante do país. O documento de transferencia faise como o esixe a lei. Tamén na tradición de Xacob hai unha compra parecida en Xequem (**33,** 19). O c. ofrece a etioloxía da orixe da tumba dos patriarcas.

23, 3 Os fillos de Het puideron se-los hititas que asentaron en Canaán, despois da desfeita do seu reino. Atopámolos máis dunha vez nas listas da poboación de Canaán (Ex **34,** 11; Dt **7,** 1).

faloulles así: "Se estades de acordo en que eu enterre a miña defunta, escoitádeme e valede por min diante de Efrón, fillo de Soar, ⁹para que me venda a cova de Macpelah, que está na beira do seu eido. Que polo seu debido prezo ma dea, diante de vós, para sepulcro en propiedade".

¹⁰Efrón o hitita atopábase entre os fillos de Het, e respondeulle a Abraham, de xeito que o oísen os fillos de Het e tódolos que entraban polas portas da cidade: ¹¹—"Non, meu señor. Escoita: douche para ti o eido, coa cova que hai nel. Douchos á vista do meu pobo. Enterra nel a túa morta".

¹²Abraham postrouse outra vez diante da xente do país, ¹³e díxolle a Efrón, de xeito que todos o oísen: —"Se che parece, escóitame agora ti a min. Eu págoche o prezo do eido. Acéptamo, e enterrarei nel a miña morta".

¹⁴Efrón respondeulle a Abraham: ¹⁵—"Escóiteme, señor meu: o valor do terreo é de catrocentos siclos de prata. ¿Que é iso entre nós? Enterra a túa morta".

¹⁶Abraham colleu a Efrón pola palabra e, á vista dos fillos de Het, pesou os catrocentos siclos de prata de que falara Efrón, en moeda corrente, e pagoullos. ¹⁷Desa maneira o eido de Efrón, en Macpelah enfronte de Mambré, o agro coa cova e coas árbores de dentro dos lindeiros que o rodean, ¹⁸pasaron a ser propiedade Abraham, á vista dos fillos de Het e de tódolos que entraban polas portas da cidade.

¹⁹Abraham enterrou a Sara, súa muller, na cova de Macpelah, enfronte de Mambré, hoxe Hebrón, no país de Canaán. ²⁰Os fillos de Het traspasáranlle o eido de Macpelah coa súa cova a Abraham para sepulcro en propiedade.

Casamento de Isaac

24 ¹Abraham era xa vello, entrado en anos. O Señor tíñao bendito sempre en todo. ²Díxolle ó criado maior, o que administraba os bens da casa: —"Pon a man baixo a miña coxa ³e xúrame polo Señor, Deus de ceo e terra, que non tomarás muller para meu fillo de entre as fillas dos Cananeos cos que habito, ⁴senón que irás á miña terra, onda os meus parentes, e procurarás alí muller para meu fillo Isaac".

⁵O criado preguntoulle: —"E se a muller non quixese vir comigo a este país, ¿levarei a teu fillo á terra de onde ti saíches?"

⁶Abraham respondeulle: —"Gárdate de levar alá a meu fillo. ⁷O Señor, Deus do ceo, que me tirou da casa de meus pais e do meu clan, e que me prometeu con xuramento: Ós teus descendentes dareilles este país, mandará diante de ti o seu anxo, e encontrarás alí a muller para o meu fillo. ⁸Se a muller non quixese vir contigo, quedas libre do xuramento. Pero de ningún xeito levarás alá a meu fillo". ⁹Coa man baixo da coxa do seu amo, o criado xurou conforme o que falaran.

¹⁰O criado colleu logo dez camelos do seu amo e moitas outras cousas de valor, e púxose en camiño de Aram-Naharaim, cara á cidade de Nahor. ¹¹Ás aforas da cidade, á beira dunha fonte, fixo axeonlla-los seus camelos. Era á tardiña, cando saen as rapazas para colleren auga.

¹²El pregou entón deste xeito: —"Señor, Deus do meu amo Abraham, ven hoxe ó meu encontro e trátao a el con amor. ¹³Eu voume poñer ó pé da fonte, cando as rapazas da cidade veñan sacar auga. ¹⁴A rapaza a que eu lle diga: Baixa o cántaro, por favor, e dame de beber, e que ela me responda: Bebe ti e abeberarei tamén os teus camelos, sexa a que ti determinas para o teu servo Isaac. Niso saberei eu que tratas ó meu amo con amor".

¹⁵Non acabara aínda de falar, cando saíu Rebeca, filla de Betuel, fillo de Milcah, a muller de Nahor, irmán de Abraham, co seu cántaro ó ombreiro. ¹⁶A rapaza era moi bela e aínda unha doncela, non tocada por home. Baixou á fonte, encheu o cántaro e subiu.

¹⁷O criado de Abraham correu onda ela e díxolle: —"Déixame beber unha pouca auga do teu cántaro".

¹⁸Ela dixo: —"Bebe, señor". E baixou de seguida o cántaro ó brazo para lle dar de beber. ¹⁹Cando el acabou de beber, díxolle ela: —"Collerei tamén auga para os teus ca-

---

24 Aquí remata o iavista o tema da descendencia de Abraham. O matrimonio do fillo Isaac é referido como cousa do pai. Este aveciñase á morte. Pero antes puido ver que se lle cumpría a promesa. O relato é vagaroso, humano, coma tantos outros nos que o iavista parece non ter présa.

24, 3 Ese rito de xuramento fúndase na sacralidade dos órganos da xeración (**47,** 29).

24, 6s Levar a Isaac á terra de orixe sería coma desanda-los camiños que xa fixera Abraham cara ó seu pobo, cara á súa terra.

24, 10 *Aram-Naharaim*, na alta Mesopotamia, é a terra de orixe dos patriarcas (**11,** 31).

24, 15 Betuel é aquí e máis adiante (vv 24, 47, 50) fillo de Nahor e pai de Rebeca. Pero o papel de xefe da familia parece xogalo Labán, fillo de Nahor e irmán de Rebeca.

melos. Que beban canto queiran". ²⁰Baleirou o cántaro na pía e foi de contado ó pozo sacar máis, ata abebera-los camelos todos.
²¹O home mirábaa calado, querendo saber se o Señor facía ou non de proveito a súa viaxe. ²²Cando os camelos acabaron de beber, colleu o home un anel de ouro, de medio siclo de peso, e púxollo á rapaza no nariz, e para os brazos dous torques de ouro de dez siclos. ²³E coa mesma preguntoulle: —"¿Ti de quen es filla? ¿Hai na casa de teu pai lugar para pousada?"
²⁴Ela respondeulle: —"Eu son filla de Betuel, o fillo de Milcah e de Nahor". ²⁵E engadiu: —"Na casa temos de abondo palla e feno, e tamén lugar para pousada".
²⁶O home postrouse por terra e adorou ó Señor: ²⁷—"Bendito sexa o Señor, Deus do meu amo Abraham, que non lle negou ó meu amo o seu amor e a súa fidelidade. El foi quen me guiou no meu camiño, ata a casa dos seus parentes".
²⁸A rapaza correu á casa a contarlle a súa nai o acontecido. ²⁹Rebeca tiña un irmán que se chamaba Labán. ³⁰Cando este viu o anel e os torques da irmá e oíu o que contaba Rebeca que aquel home lle dixera, marchou buscalo e atopouno onda a fonte, cos camelos.
³¹Labán díxolle: —"Ven, bendito do Señor. ¿Por que ficas aquí fóra? Téñoche preparado apousento e tamén lugar para os camelos". ³²E Labán levouno para a casa, desaparellou os camelos, deulles palla e feno e puxo auga para que o home e os seus acompañantes puidesen lava-los pés.
³³Cando lle servían de comer, o home dixo: —"Non probarei bocado, mentres non explique a razón que me trouxo".
Dixéronlle eles: —"Fala".
³⁴Entón el dixo: —"Son criado de Abraham. ³⁵O Señor ten bendicido tanto ó meu amo, que hoxe está rico. Deulle ovellas e vacas, prata e ouro, servos e servas, camelos e asnas. ³⁶Sara, a muller do meu señor, na súa vellez deulle un fillo; este fillo herda todo.
³⁷O meu amo fíxome xurar: Non tomarás muller para meu fillo de entre as fillas dos Cananeos cos que habito, ³⁸senón que irás á casa de meus pais, á miña parentela, e tomarás de alí muller para meu fillo. ³⁹Eu advertinlle: ¿E se a muller non quere vir comigo?
⁴⁰E el respondeume: O Señor, con quen andei sempre, mandará contigo o seu anxo. El dará boa fin á túa viaxe, e atoparás muller para o meu fillo na miña parentela, na familia de meus pais; ⁴¹entón quedarás libre do xuramento que me fixeches. Mais se chegas á miña parentela e non che queren da-la rapaza, tamén quedas libre deste xuramento.
⁴²Ó chegar hoxe onda a fonte, recei esta oración: Señor, Deus do meu amo Abraham, se tes de dar boa fin a esta viaxe que teño emprendida, ⁴³verás, eu voume poñer ó pé da fonte. A rapaza que veña sacar auga e eu lle diga: Dáme unha pouca auga do teu cántaro. ⁴⁴Se ela me responde: Bebe ti, e sacarei tamén para os teus camelos, sexa esa a muller que elixe o Señor para o fillo do meu amo.
⁴⁵Estaba eu pensando isto, cando saíu Rebeca co cántaro ó ombreiro e baixou á fonte sacar auga. Eu díxenlle: Dáme de beber. ⁴⁶E ela baixou o cántaro e díxome: Bebe ti e abeberarei tamén os teus camelos. ⁴⁷Eu pregunteille entón: ¿De quen es filla? E ela díxome: De Betuel, fillo de Nahor e Milcah. Niso púxenlle o anel no nariz e os torques nos brazos. ⁴⁸Despois axeonlleime, adorei ó Señor e bendicín o Deus do meu amo Abraham, que me guiou polo bo camiño, ata atopar para muller de seu fillo a filla de seu irmán. ⁴⁹Agora, se pensades comportarvos co meu amo con amor e lealdade, dicídemo; e se non, dicídemo tamén, para que eu saiba o que hei facer".
⁵⁰Labán e Betuel responderon: —"A cousa vén de Deus. Nós nada podemos xa dicirche, nin se está ben nin se está mal. ⁵¹Aí tes a Rebeca diante túa. Tómaa e vaite, e sexa a muller do fillo do teu amo, conforme dispuxo o Señor".
⁵²En oíndo isto, o servo de Abraham postrouse polo chan para adora-lo Señor. ⁵³Logo sacou obxectos de prata e ouro e vestidos, e deullos a Rebeca. Fíxolles tamén regalos a seu irmán e a súa nai. ⁵⁴O home e os seus compañeiros comeron e beberon e pasaron alí a noite. Ó erguerse pola mañá, dixo o criado de Abraham: —"Deixádeme que volva onda o meu amo".
⁵⁵O irmán e a nai de Rebeca propuxeron: —"Que a rapaza quede connosco uns dez días e despois irá contigo".
⁵⁶Pero el dixo: —"Non me deteñades máis, cando o Señor deu tan boa fin á miña viaxe. Deixádeme que volva onda o meu amo".
⁵⁷Respondéronlle eles: —"Imos chama-la rapaza e pedirlle o seu parecer". ⁵⁸Chamaron, pois, a Rebeca e preguntáronlle: —"¿Queres ir con este home?"
E ela dixo: —"Quero".

⁵⁹Entón despediron a Rebeca coa súa ama de leite e ó criado de Abraham cos seus compañeiros. ⁶⁰A Rebeca botáronlle esta bendición:
—"Ti, nosa irmá,
que crezas por milleiros,
que os teus descendentes se adonen
das cidades dos teus inimigos".
⁶¹Rebeca e as súas servas montaron nos camelos e seguiron ó home. Este fíxose cargo de Rebeca e púxose ó camiño.
⁶²Isaac acababa de vir de onda o pozo de Lahai-Roí e de se asentar no Négueb. ⁶³Á caída da tarde saíu á campía caviloso. Erguendo os ollos, viu vir unha caravana de camelos.
⁶⁴Tamén Rebeca ergueu a vista e reparou en Isaac. Baixou do camelo ⁶⁵e preguntoulle ó criado: —"¿Quen é aquel que vén pola campía cara a nós?"
O criado respondeulle: —"É o meu amo".
Ela entón colleu o veo e cubriuse. ⁶⁶O criado deu conta a Isaac de todo o que lle acontecera. ⁶⁷Isaac introduciu a Rebeca na tenda de Sara, súa nai, tomouna por súa muller e amouna, ata consolarse da morte de súa nai.

Morte de Abraham

25 ¹Abraham tomou outra muller que se chamaba Queturah. ²Esta deulle por fillos a Zimrán, Iocxán, Medán, Madián, Ixbac e Xúah. ³Iocxán xerou a Xebá e Dedán. Os fillos de Dedán foron os asirios, os latuxios e os leumios. ⁴Os fillos de Madián foron Efah, Éfer, Hanoc, Abidá e Eldaáh. Todos eles son descendentes de Queturah.
⁵Abraham fixo a Isaac herdeiro de todo o que tiña. ⁶Ós fillos das concubinas fixolles mandas e afastounos en vida de seu fillo Isaac cara ós países do oriente. ⁷Os anos que Abraham viviu foron cento setenta e cinco. ⁸Ó cabo deles expirou e morreu en boa vellez, satisfeito da vida, e foi xuntarse co seu pobo.
⁹Seus fillos Isaac e Ismael enterrárono na cova de Macpelah, no eido de Efrón, fillo de Soar o hitita, de fronte a Mambré. ¹⁰É o campo que lles mercara Abraham ós fillos de Het. Nel foron enterrados Abraham e Sara, súa muller. ¹¹Despois da morte de Abraham, Deus seguiu bendicindo a seu fillo Isaac. Este asentou onde estaba o pozo de Lahai-Roí.

Descendentes de Ismael

¹²Esta é a historia de Ismael, o fillo que lle deu a Abraham a serva exipcia Hagar. ¹³Os fillos de Ismael, por orde de nacemento, son os seguintes: Nebaiot o primoxénito, Quedar, Abdeel, Mibsam, ¹⁴Mixmá, Dumah, Masá, ¹⁵Hadad, Temá, Ietur, Nafix e Quédmah. ¹⁶Eses son os fillos de Ismael polos seus nomes, segundo os seus poboados e os seus campamentos. Doce xefes de doce tribus.
¹⁷Os anos que Ismael viviu foron cento trinta e sete. Ó cabo deles expirou, morreu e foi xuntarse co seu pobo. ¹⁸Os seus descendentes asentaron desde Havilah ata Xur, que mira cara a Exipto, vindo de Asur. Cadraron irmáns en fronte de irmáns.

ISAAC E XACOB

Os fillos de Isaac: Esaú e Xacob

¹⁹Esta é a historia de Isaac, fillo de Abraham. Abraham xerou a Isaac. ²⁰Cando Isaac tiña corenta anos, tomou por muller a Rebeca, filla de Betuel, arameo de Padán Aram, e irmá de Labán o Arameo.
²¹Isaac pregou ó Señor pola súa muller que era estéril. O Señor escoitouno e Rebeca, súa muller, quedou embarazada. ²²Pero os nenos loitaban no seu ventre e ela queixouse: —"Se é así, ¿para que vivo?" E foi consultar ó Señor.
²³A resposta foi esta:
—"Hai dúas nacións no teu ventre,
dous pobos que se dividen xa nas túas
entrañas.

24,62 O relato lévanos outra vez ó territorio do Négueb, onda o pozo de Lahai-Roí (**16**, 13s), sitio de morada de Isaac.
25, 1-6 En vistas ó capítulo da promesa que se refire á bendición, o iavista recoñece relacións de familia entre Abraham e seis grupos de poboadores do país. Pero non se esquece do posto central do herdeiro.
25, 7ss Os datos da morte de Abraham, coas fórmulas coñecidas de vida cumprida e feliz, gardáronse na linguaxe da tradición sacerdotal.
25, 12ss Doce clans de poboadores de Arabia, coñecidos por referencia a Ismael. Tamén estes levan sangue de Abraham e tamén eles quedan nas beiras da historia de Abraham e do seu pobo.
25, 19ss Fóra dos vv 19s, temos aquí en versión iavista o nacemento de Esaú e Xacob. Polos rasgos cos que o relato caracteriza ós dous nenos, está falando dos dous pobos que co tempo sairán deles, e das súas terras respectivas. A esterilidade da nai quere facer ver que é o Señor quen crea o pobo desde o primeiro pai. O narrador decide a sorte dos dous irmáns e dos dous pobos e as súas relacións desde o momento de nacer. Volve o feito da elección do irmán menor, tema do gusto do iavista, coma no caso de Abel e de Isaac. Non é a natureza a que elixe, senón a vontade de Deus.
25, 22 Ó senti-la pelexa no seo, a nai ten medo polo froito: non sexa que se repita o caso de Caín (**4**, 5).
25, 23 O oráculo anuncia a sorte das dúas nacións, Edom e Israel, é historia lida ó principio (coma a creación), no nacemento dos protagonistas.

Un pobo poderá co outro,
o máis vello servirá ó máis novo". ²⁴Chegada a hora do parto, viuse que tiña dous xémeos no seu ventre. ²⁵Saíu primeiro un, todo loiro, peludo coma unha pelica. Puxéronlle por nome Esaú. ²⁶Despois, agarrado do calcañar de Esaú, saíu seu irmán. E chamáronlle Xacob. Isaac tiña sesenta anos, cando lle naceron os dous fillos.

²⁷Os nenos fixéronse grandes. Esaú era bo cazador e home do campo. Xacob, en troques, era amigo de quedar na tenda. ²⁸Isaac amaba a Esaú, porque gustaba da súa caza. Pero Rebeca prefería a Xacob.

Venda da primoxenitura

²⁹Nunha ocasión tiña Xacob disposto un guiso e nisto chegou Esaú canso do monte. ³⁰Esaú pediulle a Xacob: —"Dáme a comer esa cousa vermella, pois estou esgotado". (Por iso lle puxeron o nome de Edom). ³¹Respondeulle Xacob: —"Coa condición de que me vendas agora mesmo os dereitos de primoxénito". ³²Esaú pensou: —"Estou que morro. ¿De que me serve a primoxenitura?" ³³Xacob dixo: —"Xúramo agora mesmo". El xuroullo, e vendeulle a Xacob a súa primoxenitura. ³⁴Entón Xacob deulle a Esaú un anaco de pan e mailo guiso de lentellas. El comeu e bebeu, e despois foise. En tan pouco tiña Esaú os dereitos da primoxenitura.

Isaac e Abimélec

26 ¹Houbo fame no país, como outrora en tempos de Abraham, e Isaac foi a Guerar, preto de Abimélec, rei dos filisteos. ²O Señor aparecéuselle e díxolle: —"Non baixes a Exipto. Asenta na terra que eu che mostrarei. ³Fai nesta terra a túa morada. Eu estarei contigo e bendicireite. A ti e ós teus descendentes dareivos esta terra, para mante-lo xuramento que fixen a teu pai Abraham. ⁴Farei crece-los teus descendentes como as estrelas do ceo, dareilles toda esta terra e por eles chamaranse benditas as nacións todas do mundo; ⁵todo porque Abraham me obedeceu, gardou a miña lei, os meus preceptos e as miñas instruccións".

⁶Isaac asentou en Guerar. ⁷A xente do lugar preguntáballe pola súa muller, e el respondía: —"É miña irmá". Tiña medo de confesar que era súa muller, pensando: —"Esta xente vaime matar por culpa de Rebeca". Porque era moi bela.

⁸Cando levaban xa ben tempo no lugar, Abimélec, rei dos filisteos, ollou pola fiestra e viu a Isaac acariñando a Rebeca súa muller. ⁹Entón fixoo chamar para dicirlle: —"Conque é túa muller. ¿Por que me dixeches que era túa irmá?"

Isaac respondeulle: —"Porque pensei: Vanme matar por culpa dela".

¹⁰Abimélec replicou: —"¿Por que nos fixeches isto? Se chega a deitarse alguén coa túa muller, faríasnos reos dun delito". ¹¹Abimélec advertiu a toda a súa xente: —"Se alguén lle toca a este home ou á súa muller, será reo de morte".

Prosperidade de Isaac

¹²Isaac sementou o agro e recolleu naquela anada o cento por un. O Señor bendiciuno, ¹³e o home foi medrando, ata se facer moi podente. ¹⁴Tiña fatos de ovellas e de vacas e moitísimos criados. Os filisteos tíñanlle envexa, ¹⁵e encheron de terra e cegaron os pozos que abriran os criados de seu pai Abraham.

¹⁶Abimélec díxolle a Isaac: —"Marcha de onda nós, pois ti es moito máis forte".

25, 25 *Loiro* e *peludo,* propiedades de Esaú, resoan nos nomes do seu pobo: Edom, de "adom", vermello, rubio; e Seir, de "sear", pelo.

25, 26 O nome de Xacob derívase aquí de "égeb", calcañar, aludindo ó xesto do que sae loitando desde o seo polo dereito da primoxenitura. Outras veces o nome vese referido a "agab", enganar (27, 36; Os 12, 4). O nome de seu é coñecido como parte do teofórico Iaacob-El, Deus protexe.

25, 30 O nome de Esaú atópase aquí referido á cor rubia do guiso.

25, 31 O primoxénito herda o dobre do que herdan os irmáns (Dt 21, 17); aquí enténdese que herda a bendición e con ela a promesa patriarcal.

25, 34 O narrador recolle como nota negativa de Esaú o seu desprezo pola primoxenitura (Heb **12,** 16).

26 Este é o único capítulo que se refire directamente a Isaac. Fóra disto a tradición fala del como fillo de Abraham (**21; 22; 24**) ou como pai de Xacob (**25,** 19ss; **27; 28,**1-9). Fillo de moito pai e pai de moito fillo, quedou ensombrecido, coma ponte entre os dous. Polo demais, o que este capítulo di del atópase recollido na tradición de Abraham: **26,** 1-6, en **12,** 10-20 e **20,** 1ss; o tema da loita polos pozos en **21,** 22-33.

26, 2 Nisto distingüese de Abraham, que baixou a Exipto (**12,** 10); tamén Xacob baixará un día con seus fillos (**46,**3).

26, 8 Acariñar dise co mesmo verbo que rir; resoa no nome de Isaac (**17,** 17; **21,** 6.9).

¹⁷Isaac marchou de alí, parou no val de Guerar e alí asentou. ¹⁸Abriu de novo os pozos que foran xa cavados en vida de seu pai Abraham e que despois da súa morte cegaran os filisteos, e púxolle-los mesmos nomes que lles puxera seu pai. ¹⁹Os criados de Isaac cavaron tamén no torrente e deron cun manantío. ²⁰Os pastores de Guerar rifaron cos de Isaac dicindo: —"A auga é nosa". Por culpa desa discusión puxéronlle ó pozo o nome de Contenda. ²¹Despois cavaron outro pozo e rifaron tamén por el. Chamáronlle, por iso, Inimizade. ²²Isaac foise de alí e fixo abrir outro pozo. Por este non houbo discusión, e púxolle Rehobot, pensando: —"Agora dános largueza o Señor para que prosperemos nesta terra".
²³De alí subiu Isaac ata Beerxeba. ²⁴Aquela mesma noite aparecéuselle o Señor e díxolle: —"Eu son o Deus de teu pai Abraham. Non teñas medo, pois eu estou contigo. Bendicireite e acrecerei a túa descendencia, por mor do meu servo Abraham". ²⁵Isaac construíu alí un altar e invocou o nome do Señor. Montou a súa tenda, e os seus criados abriron un pozo alí mesmo.

Pacto de Isaac con Abimélec

²⁶Abimélec chegouse onda Isaac desde Guerar, con Ahuzat o seu amigo e con Picol xefe da súa xente. ²⁷Isaac preguntoulles: —"¿A que vindes onda min, vós que me aborrecestes e me botastes da vosa compaña?" ²⁸Respondéronlle eles: —"Acabamos por ver que o Señor está contigo. Queremos que haxa entre nós un compromiso, que establezamos un pacto. ²⁹Ti non nos farás mal, como non te tocamos tampouco nós a ti. Tratámoste sempre ben e démosche unha boa despedida. E agora ti e-lo bendito do Señor". ³⁰Isaac preparoulles un xantar, e comeron e beberon. ³¹Erguéronse de mañá e intercambiaron xuramentos. Despois Isaac despediunos, e eles fóronse en paz.
³²O mesmo día chegaron os criados de Isaac para o informaren do pozo que estaban abrindo; dixéronlle: —"Atopamos auga".

³³El púxolle o nome de Xeba. De aí o nome da cidade de Beerxeba ata hoxe.

As mulleres de Esaú

³⁴Cando Esaú tiña corenta anos, tomou por mulleres a Xudit, filla de Beerí o hitita, e a Basmat, filla de Elón, tamén hitita. ³⁵Foron razón de tristura para Isaac e para Rebeca.

Isaac bendí a Xacob

27 ¹Isaac fíxose vello e anubróuselle a vista. Entón chamou ó seu primoxénito Esaú: —"¡Fillo!" — "Aquí estou". ²E o pai seguiu: —"Ti ves que xa vou vello e non sei cando morrerei. ³Colle as túas armas, o arco e a alxaba, sae ó monte e cázame unha peza. ⁴Guísaa como sabes que me gusta, e tráesma que a coma, pois quero darche a miña bendición antes de morrer". ⁵Namentres Isaac dicía isto a seu fillo, Rebeca estábao escoitando. Esaú saíu ó monte, pola peza que lle cumpría.
⁶Entón díxolle Rebeca a seu fillo Xacob: —"Oín que teu pai falaba con teu irmán Esaú e que lle dicía: ⁷—"Trae caza e preparame un bo guiso. Comerei e bendicireite na presencia de Deus, antes de morrer". ⁸Agora, fillo, atende ben ó que che mando. ⁹Vas ó rabaño, tráesme dous bos cabuxos, e guisareillos a teu pai, do xeito que a el lle saben. ¹⁰Ti levarasllos a teu pai, para que coma e che dea a súa bendición, antes de morrer".
¹¹Xacob díxolle a súa nai: —"Repara que meu irmán Esaú é peludo e que eu, en troques, son lampo. ¹²Se meu pai me apalpase, descubriríame trampulleiro, e no lugar da bendición atraería sobre min a maldición".
¹³Súa nai respondeulle: —"Que esa maldición, meu fillo, caia sobre min. Ti escóitame, vai e tráeme os cabuxos".
¹⁴El foi, colleu os cabuxos e tróuxollos á nai. Ela preparou o guiso, do xeito que lle gustaba a seu pai. ¹⁵Rebeca botou man da roupa do fillo maior, Esaú, a mellor que tiña na casa, e vestiulla a Xacob, o fillo máis novo. ¹⁶Coas peles dos cabuxos cubriulle as

---

26, 22 *Rehobot* significa "largueza", contrastando cos outros; *Ésec*, contenda; e *Sitnah*, inimizade. Nos nomes dos pozos cóntase a historia das relacións.

26, 33 Temos de novo a explicación do nome de *Beerxeba* como "pozo do xuramento" (Xén **21**, 30s).

26, 34 Máis sobre as mulleres de Esaú en Xén **28**, 6-9 e **36**, 1ss.

27 O iavista refire aquí como Xacob rouba a Esaú a bendición paterna, que o fai herdeiro dos seus bens e, sobre todo, da promesa feita por Deus a Abraham. Xacob retrátase aquí coma o home adamita e o home babélico, que tratan de conseguir por eles mesmos os bens e a bendición que farán o pobo de Deus. O relato está composto de varios cadros, sempre con dous personaxes cada un. O papel da nai é o de afondar no carácter do que será Xacob. O autor do relato retrata no pai do pobo os rasgos escuros deste.

mans e a parte lampa do pescozo. ¹⁷E puxo nas mans de Xacob, seu fillo, o guiso que preparara e mais un anaco de pan.
¹⁸Xacob entrou onda seu pai e saudou: —"Meu pai".
El respondeu: —"Aquí estou. ¿E ti, meu fillo, quen es?"
¹⁹Xacob díxolle a seu pai: —"Eu son Esaú, o teu primoxénito. Fixen conforme me mandaches. Érguete, séntate e come da miña caza, para que me deas logo a túa bendición".
²⁰Isaac preguntoulle a seu fillo: —"¿Como a atopaches tan axiña, meu fillo?"
El respondeulle: —"O Señor Deus púxoma diante".
²¹Isaac díxolle a Xacob: —"Achégate, fillo, que te apalpe, para ver se es ou non meu fillo Esaú". ²²Xacob chegouse a Isaac. Este apalpouno, e dixo: —"A voz é a de Xacob, pero as mans son as de Esaú". ²³E non o recoñeceu, porque as súas mans eran peludas coma as de seu irmán. E bendiciuno. ²⁴Despois volveulle a preguntar: —"¿Es ti de verdade meu fillo Esaú?"
El respondeulle: —"Son".
²⁵Isaac dixo: —"Sírveme, meu fillo, a comida, e logo dareiche a miña bendición". Xacob serviuno, e el comeu; tróuxolle viño e bebeu. ²⁶Despois díxolle Isaac: —"Achégate aquí e bícame, meu fillo". ²⁷E Xacob achegouse e bicouno. Ó sentir Isaac o recendo da roupa, deulle esta bendición:
—"Sentide o recendo do meu fillo,
coma recendo dun agro
bendito polo Señor.
²⁸ Deus che dea o orballo do ceo,
a fartura da terra,
abundancia de trigo e de viño.
²⁹ Que te sirvan os pobos
e te respecten as nacións.
Se señor de teus irmáns
e que te respecten os fillos de túa nai.
Maldito o que te maldiga,
bendito o que te bendiga".
³⁰En acabando Isaac de bendicir a Xacob, e este de saír de onda seu pai, chegou Esaú coa súa caza. ³¹Preparou el tamén un guiso saboroso, levoullo a seu pai e díxolle: —"Érguete, meu pai, e come da caza do teu fillo, para que me deas logo a túa bendición".

³²O pai Isaac preguntoulle: —"¿Ti quen es?"
El respondeulle: —"Son o teu primoxénito Esaú".
³³Isaac tremeu desde os pés á cabeza, e preguntou: —"Entón ¿quen foi o que cazou a caza e ma trouxo? Eu comín xa a fartar, antes que ti chegases, bendicino e bendito quedará".
³⁴En oíndo Esaú as palabras de seu pai, bradou con asaño e acedume e díxolle a seu pai: —"Bendíceme, meu pai, tamén a min".
³⁵Díxolle el: —"Veu teu irmán con engano e marchou coa túa bendición".
³⁶Dixo Esaú: —"Por algo lle puxeron Xacob, pois xa me suplantou por dúas veces. Levoume a primoxenitura e agora arrampla coa miña bendición". E preguntou: —"¿Non che queda unha bendición tamén para min?"
³⁷Respondeulle Isaac: —"Fíxeno señor teu, deille por servos os irmáns, concedinlle trigo e viño, ¿que podo facer por ti agora, meu fillo?"
³⁸Esaú díxolle a seu pai: —"¿É que non tes, meu pai, máis ca unha bendición? Bendíceme, meu pai, tamén a min". E rompeu a chorar a berros.
³⁹Isaac atendeuno e dixo:
—"A túa morada estará lonxe
da fartura da terra
e do orballo do ceo.
⁴⁰ Vivirás da túa espada
e servirás a teu irmán.
Pero virá un tempo e serás libre:
botará-lo seu xugo
de enriba do teu pescozo".
⁴¹Esaú quedou aborrecendo a Xacob por causa da bendición que lle dera seu pai. E pensaba: —"O tempo do loito por meu pai xa se aveciña. Entón matarei a meu irmán". ⁴²Faláronlle a Rebeca das intencións de Esaú, seu fillo maior, e mandou chamar ó fillo máis novo, a Xacob, para dicirlle: —"Mira que teu irmán pensa vingarse e matarte. ⁴³Faime, pois, caso, meu fillo. Ponte ó camiño e fuxe a Harán, onda meu irmán Labán. ⁴⁴Queda onda el por algún tempo, deica lle pase a teu irmán a carraxe, ⁴⁵deica se apague a súa ira contra ti e se esquenza do que lle fixeches. Xa mandarei eu buscarte. ¿Por que tería que perder a un tempo os dous fillos?" ⁴⁶Rebeca díxolle a Isaac: —"Dóeme a alma, por culpa destas hititas. Se tamén

---

27,27-29 A bendición apunta á terra fértil e ó dominio. Ben seguro que por aí ía a ambición dos patriarcas; pero o autor da fórmula ten o pensamento, máis ca neles, nos numerosos descendentes, que están xa na terra das promesas e que someteron outros pobos (**22,** 17s; **25,** 23).
27, 35s Notas certeiras do carácter de Xacob, escritas no seu nome (**25,** 29-34; Os **27,** 4).

27, 41ss Xacob non creou pobo co que fixo; máis ben espertou o aborrecemento do irmán, que fixo a idea de matalo. O movemento da fuxida separa o ciclo da tradición de Xacob en Canaán do seguinte en Mesopotamia.
27, 46 O redactor sacerdotal dá por razón da viaxe a Mesopotamia a busca de muller na parentela.

Xacob toma muller de entre elas, de entre as fillas deste país, ¿de que me serve aínda vivir?"

Xacob foxe a Mesopotamia

28 ¹Isaac chamou a Xacob e bendiciuno. Coa mesma, deulle esta orde: —"Non tomes unha cananea por muller. ²Vaite a Padán-Aram, coa familia de Betuel, o teu avó paterno, e toma muller de entre as fillas de teu tío Labán. ³O Deus todopoderoso bendicirate, darache fecundidade e farate crecer; veraste convertido en moitas tribos. ⁴Deus darache a bendición de Abraham, a ti e ós teus descendentes, herdara-la terra onde vives, a que Deus lle prometeu a Abraham". ⁵Isaac despediu a Xacob, e este foise a Padán-Aram, á casa de Labán, fillo de Betuel o arameo e irmán de Rebeca, a nai de Xacob e de Esaú.

⁶Soubo Esaú que Isaac bendicira a Xacob e que o mandara a Padán-Aram para que buscase alí muller e que ó bendicilo lle dixera que non casase cunha cananea; ⁷e que Xacob obedecera a seu pai e súa nai, e fora a Padán-Aram. ⁸Entón decatouse Esaú de que as cananeas lle desagradaban a seu pai Isaac. ⁹E, coa mesma dirixiuse a Ismael e tomou por muller a Mahalat, filla de Ismael, fillo de Abraham, e irmá de Nebaiot.

Soño de Xacob en Betel

¹⁰Xacob saíu de Beerxeba, camiño de Harán. ¹¹Chegado a certo lugar, parou para pasar alí a noite, pois xa se puxera o sol. Colleu alí mesmo unha pedra, púxoa de cabezal e deitouse a durmir.

¹²No soño que tivo viu unha esqueira afincada na terra e co cimo tocando o ceo; por ela subían e baixaban os anxos de Deus. ¹³Diante del viu o Señor en pé, que lle dicía: —"Eu son o Señor, Deus de teu pai Abraham e Deus de Isaac. A terra onde estás deitado dareicha para ti e para os teus descendentes. ¹⁴Os teus descendentes serán tantos coma o po. Estenderanse cara ó occidente e cara ó oriente, cara ó norte e cara ó sur. En ti e nos teus descendentes veranse benditos os pobos todos da terra. ¹⁵Eu estarei contigo, gardareite onde queira que te atopes e traereite outra vez a este país. Non te abandonarei, namentres non cumpra o que che teño prometido".

¹⁶Ó espertar do soño dixo Xacob: —"Abofé que está o Señor neste lugar, e eu non o sabía". ¹⁷E, tremendo, engadiu: —"¡Que estarrecedor este lugar! Non é senón unha casa de Deus e unha porta do ceo".

¹⁸Xacob ergueuse cedo, colleu a pedra que puxera de cabezal, erixiuna como estela e verteu aceite enriba dela. ¹⁹Ó lugar púxolle o nome de Betel, anque o seu antigo nome era Luz. ²⁰Xacob fixo este voto: —"Se Deus está comigo, se me garda nesta viaxe que emprendín, se me dá pan para comer e roupa para vestir ²¹e me volve san e salvo á casa de meu pai, o Señor será o meu Deus, ²²e esta pedra que chantei de pé será unha casa de Deus. De tódolos bens que me deas, pagareiche o décimo".

Xacob na casa de Labán

29 ¹Xacob púxose en camiño cara á terra dos orientais. ²Nun campío viu un pozo e tres fatos de ovellas, deitadas ó pé del, pois no pozo abrevaban os rabaños. O pozo estaba cuberto por unha grande pedra. ³Cando se xuntaban alí tódolos rabaños, corrían a pedra que tapaba o pozo, abrevaban os rabaños e logo volvían a pedra ó sitio.

⁴Xacob preguntoulles ós pastores: —"Irmáns, ¿de onde sodes?"
Respondéronlle eles: —"Somos de Harán".
⁵E el seguiu: —"¿Coñecedes quizais a Labán, o fillo de Nahor?"
Eles dixeron: —"Coñecemos".
⁶El preguntoulles: —"¿Está ben de saúde?"
Eles dixeron: —"Está ben. Alí chega a súa filla Raquel co seu rabaño".
⁷Xacob dixo: —"Queda moito día por diante, e non son horas de recolle-lo gando aínda. Abrevádeo e levádeo a pacer".

28, 6 O tema da mestura de Esaú con mulleres cananeas vén da tradición sacerdotal (**26,** 34s).
28, 10ss A tradición elohista gardou esta imaxe dun momento moi denso na historia de Xacob. A xeografía onde ten lugar esta revelación é a propia de Xacob, no centro de Canaán. Deus sorprende ó titán nun intre de febleza e entra na conciencia de Xacob, que ata agora parecía o único protagonista da súa historia. A esqueira da visión parece ter en conta a imaxe dun zigurat, coma a torre de Babel (**12,** 2s; **15,** 5s; **26,** 4). Encontramos tamén neste relato o iavista a etioloxía do santuario de Betel, "porta do ceo", "casa de Deus".

28, 17ss Unha vez que Deus entra na vida de Xacob, este acólleo e ponse debaixo da súa protección. Xacob ponlle nome ó lugar, fai un voto e pide volver alí coma ó seu centro (**35,** 6s; **48,** 7). O lugar xa se recorda na tradición de Abraham (**12,** 8; **13,** 4s); pero verdadeiramente é a terra de Xacob.
29 A tradición iavista pintou a chegada de Xacob a Mesopotamia, terra dos seus antepasados, con cores parecidas á chegada de Moisés onda os madianitas (Ex **2,** 15-21) e á do criado de Abraham á mesma bisbarra de Harán (Xén **24,** 10ss). Xacob fuxía de Esaú, ó tempo que buscaba algo.

⁸Respondéronlle eles: —"Non podemos, ata que non se xunten tódolos rabaños. Entón corrémo-la pedra que tapa a boca do pozo e tirámoslle-la auga ás ovellas". ⁹Estaba Xacob falando con eles, cando chegou Raquel coas ovellas de seu pai. Ela era a pastora. ¹⁰En vendo Xacob a Raquel, filla de Labán seu parente, coas ovellas deste, botou a man á pedra que tapaba a boca do pozo e correuna ¹¹e abeberou as ovellas de Labán. Despois deulle un bico a Raquel e rompeu a chorar. ¹²Xacob díxolle a Raquel que el era parente de seu pai e fillo de Rebeca. E ela foi correndo dicirllo a seu pai. ¹³Cando Labán oíu as novas de Xacob, fillo de súa irmá, correu ó seu encontro, abrazouno, bicouno e levouno á casa. Xacob contoulle a Labán todo o que lle acontecera. ¹⁴E Labán díxolle: —"Somos da mesma carne e do mesmo sangue". Xacob quedou con el por un mes.

Casamento de Xacob

¹⁵Labán faloulle a Xacob: —"¿Vasme servir de balde, por seres meu parente? Dime cal é o teu xornal". ¹⁶Labán tiña dúas fillas, a máis vella chamábase Lea e a máis nova Raquel. ¹⁷Lea era de ollos apagados, pero Raquel era fermosa e aposta.

¹⁸Xacob quería a Raquel, e díxolle a Labán: —"Servireite sete anos por Raquel, a túa filla máis nova".

¹⁹Respondeulle Labán: —"Mellor darcha a ti que non a un calquera. Fica, pois, comigo".

²⁰Xacob serviu sete anos por Raquel, e pareceronlle uns poucos días, de tanto que a quería. ²¹Ó cabo deles díxolle a Labán: —"Dáme a miña muller, pois xa se cumpriu o tempo, e quero xuntarme con ela".

²²Labán reuniu os homes do lugar e ofreceu un xantar. ²³Chegada a noite, colleu a súa filla Lea, meteuna na tenda de Xacob, e este durmiu con ela. ²⁴Labán deulle a serva Zilpah á súa filla Lea.

²⁵Pola mañá decatouse Xacob de que era Lea, e díxolle a Labán: —"¿Que é isto que me fixeches? ¿Non te servira por Raquel? ¿Por que me enganaches?"

²⁶Respondeulle Labán: —"Onda nós non hai costume de da-la filla máis nova antes cá máis vella. ²⁷Deixa pasar outra semana e darémosche tamén a outra rapaza, polo servicio de sete anos máis". ²⁸Xacob deuno por bo e, ó cabo dunha semana, Labán entregoulle por muller a súa filla Raquel. ²⁹A Raquel deulle por criada a súa serva Bilhah. ³⁰Xacob levou tamén consigo a Raquel, e queríaa máis ca a Lea. E serviu a Labán por outros sete anos.

Os fillos de Xacob

³¹Visto que Lea era aborrecida, o Señor fixo fecundo o seu ventre, mentres Raquel era estéril. ³²Lea quedou embarazada e deu a luz un fillo, ó que puxo por nome Rubén, porque dicía: —"O Señor ollou para a miña aflicción, e agora quererame o meu home". ³³Quedou de novo embarazada, deu a luz outro fillo e exclamou: —"O Señor oíu que era aborrecida e deume estoutro". E púxolle de nome Simeón. ³⁴Quedou aínda embarazada, pariu outro fillo e dixo: —"Agora o meu home apegarase a min, pois xa lle dei tres fillos". Por iso lle puxo o nome de Leví. ³⁵Quedou outra vez embarazada e deu a luz un cuarto fillo, e dixo: —"Arestora doulle as gracias ó Señor". Por iso lle puxo o nome de Xudá. E deixou de ter fillos.

30 ¹Vendo Raquel que non lle podía dar fillos a Xacob e, celosa da súa irmá, díxolle ó seu home Xacob: —"Dáme fillos, ou morro".

²Xacob enfadouse con Raquel e díxolle: —"¿Estou eu no lugar de Deus, que che nega o froito do ventre?"

³Ela propúxolle: —"Aí tes a Bilhah, a miña serva. Achégate a ela, que dea a luz nos meus xeonllos, e así terei eu tamén fillos por

---

29, 15ss Empeza a carreira de Xacob para conseguir pola súa forza o que conforme á promesa lle daría o Deus de Abraham: fillos e bens. O astuto Xacob atópase agora con Labán, outro que desde a legalidade se aproveita dos demais. Xacob gañarate ó seu sogro en enganos.

29, 27s As festas do casamento duraban unha semana (Xuí **14,** 12.17). Ó cabo dela Xacob podería casar con Raquel, irmá de Lea, feito que máis tarde a lei condenaría, para evitar xenreiras entre irmáns (Lev **18,** 18).

29, 31-30, 24 Os fillos de Xacob —doce, con Dinah— aparecen nacendo da loita das dúas irmás, Lea e Raquel, pola preferencia do seu home e pola maternidade. A muller preferida por Xacob era estéril (coma as outras nais do pobo, Sara e Rebeca), mentres a non preferida era a que lle daba fillos. Cada unha fixo o posible para alonga-la súa maternidade, dándolle a Xacob por muller a súa serva respectiva, como tamén fixera Sara (**16,** 1s). A loita acéndese máis, cada vez que nace un neno, e déixase escrita nas etimoloxías populares que fixo o narrador de tódolos fillos de Xacob: *Rubén,* "ollar para a aflicción"; *Simeón,* "escoitar"; *Leví,* "apegarse"; *Xudá,* "dar gracias"; *Dan,* "facer xustiza";"; *Naftali,* "loitar"; *Gad,* "boa sorte"; *Axer,* "felicidade"; *Isacar,* "pagar un xornal"; *Zebulón,* "respectar"; *Xosé,* "engadir". No fondo de todo está Xacob loitando por crear o mesmo o seu pobo.

medio dela". ⁴E deulle a súa serva Bilhah por muller, e el achegouse a ela.
⁵Bilhah quedou embarazada e deulle un fillo a Xacob. ⁶Raquel agradeceu: —"Deus fíxome xustiza, escoitoume e deume un fillo". E púxolle o nome de Dan. ⁷Bilhah, a serva de Raquel, quedou de novo embarazada e deulle un segundo fillo a Xacob. ⁸Raquel dixo: —"Moito tiven que loitar coa miña irmá, pero puiden con ela". E chamou ó fillo Naftalí.
⁹Vendo Lea que deixara de ter fillos, colleu e deulle á Xacob a súa serva Zilpah por muller. ¹⁰Quedou embarazada e deulle un fillo a Xacob. ¹¹Lea dixo: —"¡Que boa sorte!" E chamou ó fillo Gad. ¹²Zilpah, a serva de Lea, deulle outro fillo a Xacob. ¹³E Lea dixo: —"¡Para a miña felicidade! Agora felicitaranme as mulleres". E chamou ó neno Axer.
¹⁴Na época da sega do trigo saíu Rubén ó agro. Atopou unhas mandrágoras e levoullas a Lea, súa nai. Raquel díxolle a Lea: —"Dáme desas mandrágoras que trouxo o teu fillo".
¹⁵Respondeulle Lea: —"¿Quizais che parece pouco quitarme o meu home, que queres tamén as mandrágoras de meu fillo?"
Díxolle Raquel: —"Ben: que durma contigo esta noite, en troque das mandrágoras".
¹⁶Á tardiña, ó volver Xacob do campo, saíulle Lea ó encontro e díxolle: —"Achégate a min, pois adquirín o dereito a ti polas mandrágoras de meu fillo". E Xacob deitouse con ela aquela noite. ¹⁷Deus escoitou a Lea, e esta quedou embarazada e deulle un quinto fillo a Xacob. ¹⁸Daquela dixo Lea: —"Deus deume este pago, por terlle dado a miña serva ó meu home". E púxolle ó neno o nome de Isacar. ¹⁹Lea quedou outra vez embarazada e deulle un sexto fillo a Xacob. ²⁰Esta vez dixo: —"Deus fíxome un bo regalo. Agora terame respecto o meu home, pois xa lle dei seis fillos". E chamou ó neno Zebulón. ²¹Despois deu a luz unha filla e púxolle de nome Dinah.
²²Deus acordouse de Raquel, escoitouna e abriulle o seo. ²³Quedou embarazada, deu a luz un fillo e dixo: —"Deus quitou a miña aldraxe". ²⁴E púxolle o nome de Xosé, pregando: —"Engada o Señor outro fillo a este".

Enriquecemento de Xacob

²⁵Cando Raquel deu a luz a Xosé, díxolle Xacob a Labán: —"Permíteme marchar para a miña patria, á miña terra. ²⁶Dáme as mulleres polas que te servín e os n eus fillos; quero irme. Ti sabes o ben que te servín".
²⁷Respondeulle Labán: —"Gustaría de merece-lo teu favor. Adiviño que o Señor me bendiciu por causa túa". ²⁸E engadiu: —"Marca ti mesmo a soldada, e pagareicha".
²⁹Dixo Xacob: —"Ti sabes como te servín e como lle foi comigo á túa facenda. ³⁰O pouco que tiñas primeiro de vir eu, converteuse en abundancia. O Señor bendiciute ó meu paso. Agora terei que facer algo pola miña familia".
Preguntoulle Labán: ³¹—"¿Que che teño que dar?"
Xacob respondeu: —"Non me deas nada. Fai o que che vou dicir, e seguirei gardando o teu rabaño. ³²Imos repasar agora mesmo o teu rabaño. Arredaremos del as ovellas riscadas, as pintas e as mouras, e as cabras pintas e riscadas. Iso será a miña soldada. ³³O día de mañá, cando chegue a hora de me pagares, falará por min a miña honestidade. Se houbese cabras non riscadas e pintas ou ovellas non escuras entre o meu, iso sería roubado".
³⁴Labán respondeu: —"Está ben como ti dis".
³⁵Aquel mesmo día apartou Labán os castróns e as cabras riscadas, pintas ou brancas, e tódalas ovellas mouras, e encomendóullelas ós seus fillos. ³⁶Mandounos afastar unha distancia de tres días de camiño de onde estaba Xacob gardando o resto do rabaño de Labán.
³⁷Xacob colleu entón varas verdes de bidueiro, de abeleira e de pradairo, e pelounas á tiras, de xeito que o branco das varas quedase ó descuberto. ³⁸Puxo as varas peladas nas canles por onde corría a auga dos abebedoiros, para que cando viñese o rabaño beber e se emparellase alí mesmo, as tivese diante. ³⁹O rabaño que se emparellaba coas varas á vista, paría crías riscadas e pintas.

30, 14 Á mandrágora recoñécenselle propiedades afrodisíacas e de fecundidade. En hebreo díse coa mesma palabra ca amor ("dudaim").
30, 25ss O enriquecemento fai parte da promesa patriarcal: enténdese coma mostra da bendición de Deus. Xacob enriquécese por si mesmo, roubándolle os rabaños a Labán.
30, 37ss O texto está embarullado, pero a idea é clara. Xacob pide por soldada o que nace moi poucas veces: ovellas negras e cabras brancas. Polo xeral as ovellas son brancas e as cabras negras. Labán acepta, pensando que está facendo un bo trato. Pero Xacob converte a regra en excepción e a excepción en regra. Cando castróns e cabras se xuntan, ponlles á vista varetas peladas; cando o fan os carneiros e as ovellas, ponlles diante varas negras. Dese xeito cambia a cor dos animais que van nacer, no momento da fecundación.

⁴⁰Xacob apartaba os cordeiros, despois de que puxese as reses de cara para o que era pinto ou mouro no rabaño. Con iso fixo un fato á parte, que non deixaba xuntar co de Labán. ⁴¹Cando se emparellaban as reses vigorosas, Xacob puña as varas nos abeberadoiros á súa vista, e emparellábanse diante delas. ⁴²Cos animais febles non as puña. Dese xeito, as crías febles eran para Labán e as fortes para Xacob. ⁴³Xacob fíxose moi rico. Chegou a ter moita facenda, servos, servas, camelos e xumentos.

Xacob foxe de Labán

31 ¹Xacob oíu que os fillos de Labán ían dicindo: —"Xacob apoderouse da facenda de noso pai e fixo co que era noso unha fortuna". ²Xacob tivo medo de Labán, pois vía que xa non o trataba coma antes. ³O Señor díxolle a Xacob: —"Volve á terra de teus pais, á túa patria. Eu estarei contigo". ⁴Xacob mandou chamar a Raquel e a Lea ó monte onde estaba co gando. ⁵E díxolles: —"Observo que o voso pai non me trata coma antes. Pero o Deus de meu pai estivo da miña parte. ⁶Vós sabedes que eu teño servido ó voso pai con tódalas miñas forzas. ⁷Voso pai tratou de me enganar, mudándome dez veces a soldada. Pero Deus non lle permitiu facerme dano. ⁸Se dicía: As crías riscadas serán a túa soldada, todo o rabaño traía crías riscadas. Se dicía: as crías pintas serán a túa soldada, todo o fato paría crías pintas. ⁹Deus quitoulle o gando a voso pai e deumo a min. ¹⁰Unha vez, no tempo en que se emparellan os fatos, tiven en soños esta visión: Os carneiros que montaban nas ovellas eran riscados e pintos. ¹¹No soño o anxo de Deus chamou por min: ¡Xacob! E eu respondín: Aquí estou. ¹²E el seguiu: Ergue os ollos e fíxate: Tódolos carneiros que montan nas ovellas son riscados e pintos, porque eu teño visto o que Labán che leva feito. ¹³Eu son o Deus de Betel, onde ti unxiches unha pedra e fixeches un voto. Agora disponte para saíres deste país e volver á terra onde naciches".
¹⁴Raquel e Lea respondéronlle: —"¿Temos nós aínda algo que herdar na casa de noso pai? ¹⁵¿Non nos tratou coma alleas, vendéndonos e comendo despois o noso prezo? ¹⁶A riqueza que Deus lle tolleu a noso pai era nosa e de nosos fillos. E, con iso, agora fai o que Deus che mandou".
¹⁷Xacob púxose en movemento. Fixo montar en camelos ós fillos e ás mulleres, ¹⁸recolleu toda a facenda e os bens que adquirira en Padán-Aram, e botouse ó camiño, para voltar á casa de seu pai Isaac no país de Canaán.
¹⁹Labán fora á rapa do gando, e Raquel rouboulle a seu pai os ídolos domésticos. ²⁰Xacob enganou a Labán o arameo, ó non deixarlle sospeitar que fuxiría. ²¹Fuxiu, pois, Xacob con todo o que tiña, atravesou o río e camiñou na dirección da montaña de Galaad.

Labán persegue a Xacob

²²Pasados tres días, dixéronlle a Labán que Xacob escapara. ²³Levando consigo algúns parentes, Labán púxose a perseguilo. Os sete días de camiño colleuno na montaña de Galaad. ²⁴Aquela noite Deus aparecéraselle en soños a Labán para dicirlle: —"Ten coidado co que lle fas a Xacob". ²⁵Cando Labán o alcanzou, Xacob plantara as súas tendas na montaña, e el plantou tamén as súas na montaña de Galaad.
²⁶Labán díxolle a Xacob: —"¿Por que me enganches? ¿Por que me leváche-las fillas, o mesmo que se fosen prisioneiras de guerra? ²⁷¿Por que fuxiches ás agachadas, finxindo, sen diciresmo? Despediríate con festa e con cantos, con pandeiros e cítaras. ²⁸Non me deixaches sequera dar un bico ós meus fillos e ás miñas fillas: portácheste coma un parvo. ²⁹Teño poder de sobra para che facer mal. Pero o Deus de teu pai díxome onte á noite: Ten coidado co que lle fas a Xacob. ³⁰Pero se te vas porque tes morriña pola casa de teus pai, ¿por que me roubáche-los meus deuses?"
³¹Respondeulle Xacob: —"Tiña medo, pensando que me quitáse-las túas fillas. ³²Mais aquel onda quen atópe-los teus deuses será reo de morte. Busca ti mesmo, á vista da túa xente, e se atopas onda min algunha cousa túa, cóllea". Xacob non sabía que Raquel roubara os deuses.
³³Labán entrou na tenda de Xacob, na de Lea e na das dúas servas; pero non atopou nada. Da tenda de Lea pasou á de Raquel. ³⁴Raquel collera os amuletos, puxéraos na

---

31 O elohista refire como Xacob fuxiu de onda Labán e como se xustifica.
31, 3 Unha palabra de Deus fai de tanto en tanto ve-la providencia nesta historia titánica (**26**, 3; **28**, 3; 15).
31, 13 Refírese á visión da escada en Betel (**28**, 18-22).
31,19 Non se sabe ben que eran eses "amuletos" (Xuí **17**, 5; 1 Sam **19**, 13) e cal era o seu valor. Quizais eran ídolos domésticos e asegurábanlle ó que os tiña a herencia.
31, 21 O río é o Éufrates.

albarda do camelo e sentárase enriba. Así, Labán remexeu a tenda toda, mais non atopou cousa.

³⁵Raquel díxolle a seu pai: —"Non che pareza mal, señor, que non poida erguerme diante túa, pois veume a regra que témo-las mulleres". Labán rebuscou, pero non atopou os ídolos.

³⁶Anoxado xa con Labán, Xacob recriminouno deste xeito: —"¿Cal é a miña culpa e cal o meu delito, para que con tanto asaño me persigas? ³⁷Despois que rexistraches toda a miña equipaxe, ¿atopaches algo teu? Pono aquí, á vista da miña familia e da túa, e que eles xulguen entre nós.

³⁸Levo vinte anos contigo. As túas ovellas e as túas cabras non perderon as crías, nin eu che comín os cordeiros do rabaño. ³⁹Non che fun cunha res esnaquizada polas feras; iso foi sempre á miña conta. O roubado de día ou de noite esixíchesmo. ⁴⁰Polo día comeume o sol, pola noite a xeada, e o sono fuxiu dos meus ollos.

⁴¹Dos vinte anos que levo na túa casa, catorce servinte polas túas dúas fillas e seis polos teus fatos, e ti cambiáchesme dez veces a soldada. ⁴²Se non estivese comigo o Deus de meu pai, o Deus de Abraham e Padriño de Isaac, despediríasme en baldeiro. Pero onte á noite Deus fixouse na miña aflicción e no esforzo das miñas mans, e fíxome xustiza".

⁴³Labán respondeulle a Xacob: —"As rapazas son miñas fillas, os seus fillos son meus, e meu é tamén o gando e todo o que ves. ¿Que poderei facer eu agora por estas miñas fillas e polos fillos que elas deron a luz? ⁴⁴Pero agora fagamos un pacto ti e mais eu, e que sirva de testemuño entre os dous". Xacob colleu unha pedra e erixiuna como estela. ⁴⁵E díxolle á súa xente: —"Collede aquí pedras". ⁴⁶Eles xuntáronas, amoreáronas nunha mámoa e comeron onda ela. ⁴⁷Labán púxolle o nome de Iegar-Sahadutá e Xacob chamoulle Galaad. ⁴⁸Labán dixo: —"Esta mámoa é hoxe testemuña entre min e ti". Por iso nomeouna Galaad: ⁴⁹Tamén a chamou Torre de Garda, pois dixo: —"Que o Señor nos vixíe ós dous, cando nos vexamos afastados un do outro. ⁵⁰Se maltráta-las miñas fillas e se tomas outras mulleres fóra delas, aínda que ninguén o vexa, Deus será testemuña entre nós".

⁵¹E dixo tamén Labán: —"Velaí esta mámoa e esta estela que erixín entre min e ti. ⁵²Sexa testemuña esta mámoa e testemuña esta estela de que nin eu as traspasarei cara ó teu lado, nin ti cara ó meu, para nos facermos mal. ⁵³O Deus de Abraham e o Deus de Nahor, Deus de nosos pais, xulgue entre nós". E Xacob xurou polo Padriño de Isaac seu pai. ⁵⁴Xacob ofreceu un sacrificio e pasaron a noite na montaña.

32 ¹Labán ergueuse cedo, bicou as súas fillas e os seus netos, bendiciunos e deu volta para á casa. ²Xacob seguiu o seu camiño, atopouse cos anxos de Deus ³e, en véndoos, exclamou: —"Campamento de Deus é éste".E púxolle a aquel lugar o nome de Mahanaim.

Xacob ten medo de Esaú

⁴Xacob mandou por diante mensaxeiros a seu irmán Esaú, no país de Seir nos campos de Edom. ⁵Encargoulles que lle dixesen a Esaú: —"Meu señor, isto di Xacob o teu servidor: Estiven vivindo con Labán e demoreime ata agora. ⁶Teño bois, ovellas, servos e servas; e mándollo dicir ó meu señor para pedirlle o seu favor".

⁷Volveron os mensaxeiros e dixéronlle a Xacob: —"Chegamos e atopámonos con teu irmán Esaú. El vén tamén ó teu encontro con catrocentos homes".

⁸A Xacob entroulle moito medo e, estarrecido, dividiu en dous campamentos a súa xente, as ovellas, os bois e os camelos. ⁹Pensaba desta maneira: —"Se Esaú se mete nun campamento e o ataca, salvarase o outro".

¹⁰E Xacob fixo esta oración: —"Deus de meu pai Abraham, Deus de meu pai Isaac,

---

31, 42 *Padriño,* parente, ou quizais "Terror de Isaac" (v 53).
31, 44 As versións iavistas e elohista mestúranse para referir este pacto, que abrangue dous motivos: que Xacob trate ben ás fillas de Labán e que ningún dos dous pase as fronteiras para agredir ó outro. É un pacto de fronteiras entre arameos e hebreos.
31, 47 Mámoa do testemuño, iso é o que significa no arameo de Labán *Iegar sahadutá,* e no hebreo de Xacob, *Galaad.*
31, 49 *Torre de garda:* "Mispah" é outro nome do lugar.
31, 53s O rito do pacto require a invocación dos deuses das dúas partes, como testemuñas e garantes. Logo complétase o rito coa comida de comuñón.

32, 3 En xogo con este nome do lugar, *Mahanaim,* "campamentos", dise logo que a familia e os bens de Xacob formaban dous campamentos (vv 8. 11).
32, 4 Libre ó fin de Labán, Xacob vólvese atopar na esfera inimiga de Esaú, o irmán forte ofendido. A tradición iavista (vv 4-13) e a elohista (vv 14-22) contan como Xacob prepara o tan temido encontro. A forza bruta ofendida cede diante as boas formas e os dons.
32, 10ss Outra vez é na hora do medo e da experiencia da propia debilidade, cando Deus entra ás vistas na historia de Xacob, ou cando este se volve a Deus en oración; nesta invoca a promesa no seu favor **(28,** 10ss).

Señor que me dixeches: Volta á patria onde naciches: eu farei que che vaia ben. ¹¹Son indigno de tantos favores e da grande lealdade con que ti tratáche-lo teu servo. Con só o meu caxato pasei este Xordán, e agora traio dous campamentos. ¹²Líbrame do poder de meu irmán, das mans de Esaú, pois teño moito medo de que chegue e nos mate a min e ás nais, xunto cos fillos. ¹³Mais ti tesme prometido: Farei que che vaia moi ben e acrecerei os teus descendentes coma a area do mar, que non se pode contar de tanta que é".

Agasallos para o irmán

¹⁴Xacob pasou alí aquela noite. Do que tiña á man colleu regalos, para agasallar a Esaú, seu irmán: ¹⁵duascentas cabras, vinte castróns, duascentas ovellas, vinte carneiros, ¹⁶trinta camelas paridas coas súas crías, corenta vacas, dez touros, vinte asnas e dez xumentos. ¹⁷Repartiunos en fatos, cada un ó cargo dun criado, e mandoulles: —"Pasade diante de min e deixade un espacio entre fato e fato". ¹⁸Ó primeiro mandoulle: —"Cando te encontres con meu irmán Esaú e el che pregunte: ¿De quen es ti, a onde vas, para quen é iso que levas?, ti dirasle: ¹⁹É un agasallo que o teu servo Xacob manda ó meu señor Esaú. El vén tamén detrás de nós". ²⁰Iso mesmo ordenoullo ó segundo e a tódolos que ían guiando os outros fatos: —"Dirédesle todos iso a Esaú, cando o encontredes. ²¹E dirédeslle tamén: —O teu servo Xacob vén tras de nós". Pensaba deste xeito: —"Acalmareino cos agasallos que lle mando por diante. Logo, cando eu chegue onda el, quizais me acolla ben". ²²Os regalos foron diante, e el durmiu no campamento aquela noite.

Xacob loita co anxo

²³Xacob ergueuse de noite, colleu as dúas mulleres, as dúas servas e os once fillos, e atravesou o vado do Iaboc. ²⁴Despois que os pasou a eles, fixo pasar toda a facenda.
²⁵Xacob quedou só. Un home loitou con el ata o amañecer. ²⁶En vendo o home que non podía nel, feriuno, no medio da loita, na articulación da coxa e escordoulla. ²⁷Logo díxolle: —"Déixame marchar, que xa rompe o día".
Respondeulle Xacob: —"Non te deixarei, namentres non me bendigas".
²⁸Preguntoulle el: —"¿Como te chamas?"
Respondeulle: —"Xacob".
²⁹Díxolle el: —"Desde hoxe non te chamarás Xacob, senón Israel, porque loitaches con Deus e cos homes, e puidécheslles".
³⁰Preguntoulle Xacob: —"Dime agora o teu nome".
El dixo: —"¿Por que preguntas polo meu nome?" E deulle alí mesmo a bendición.
³¹Xacob púxolle a aquel lugar o nome de Penuel, porque dicía: —"Vin a Deus cara a cara e puiden seguir vivindo". ³²Cando atravesaba Penuel saía o sol, e el ía coxo dunha perna. ³³Por iso os israelitas non comen o tendón da articulación da coxa ata o día de hoxe, por ser Xacob ferido nel.

Encontro de Xacob con Esaú

33 ¹Xacob ergueu os ollos e viu vir a Esaú con catrocento homes. El repartiu os nenos entre Lea, Raquel e as dúas servas. ²Puxo diante as dúas servas cos seus fillos, logo a Lea cos seus e detrás de todos a Raquel con Xosé. ³El pasou diante de todos, e foise postrando por terra sete veces. Ata que chegou onda o seu irmán.
⁴Esaú correu ó seu encontro, apretouno, abrazóuselle ó pescozo e bicáronse chorando. ⁵Logo Esaú ergueu os ollos e vendo as mulleres e os nenos, preguntou: —"¿Quen che son eses?"
Xacob respondeulle: —"Son os fillos que Deus lle concedeu ó teu servo".
⁶Adiantáronse cara a eles as servas cos seus fillos, e postráronse no chan. ⁷Despois

---

32, 25ss Este relato iavista da loita de Xacob esconde debaixo un costume de culto ó nume sagrado do río. Quen se atreva a pasalo sen o seu consentimento e o seu favor, expónse a un tropezo cargado de perigo. Xacob loita con el coma cun home; pero, cando se decata da súa numinosidade, require o seu nome e pide a súa bendición. Para o narrador iavista o nume non é outro que Iavé, que cambia o nome de Xacob polo de Israel e que o bendí.
32, 29 O nome *Israel*, que significa "Deus é forte", é lido aquí coma "o que é forte fronte a Deus", referíndose a Xacob, que loitou con el e case o venceu. Aquí está a resposta de Deus á oración de Xacob: o que é forte fronte a Deus, non ten que ter medo dos homes (léase Esaú). Isto é tamén a etioloxía do nome do pobo de "Israel". Neste episodio xúntanse quizais tradicións que se referían a dúas persoas diferentes, unha Xacob e outra Israel.
32, 31 O nome do lugar Penuel ou Peniel, "cara de Deus", ten nesa loita de Xacob á súa lenda etiolóxica. Foi un santuario importante na bisbarra de Galaad. Ver a Deus e non morrer, ou ver a Deus na condición de mortal é unha grande mostra de favor (Ex 33, 20).
33 Relato iavista do encontro dos irmáns. O bo remate do encontro viña xa agoirado pola bendición de Deus e polo cambio de nome de Xacob. Xacob é o de sempre, agasallador, arteiro, como servidor de seu irmán, como pedíndolle perdón, pero tomando tódalas medidas para o caso peor.

achegouse Lea cos seus fillos, e postrouse tamén. Ó cabo viñeron Xosé e Raquel, e tamén se postraron.

⁸Preguntou Esaú: —"¿Que pretendes con esa caravana que vin encontrando?"
Respondeu el: —"Merece-lo favor do meu señor".
⁹Dixo Esaú: —"Teño abondo, irmán. Queda co que é teu".
¹⁰Xacob insistiu: —"Non, meu señor. Se merezo o teu favor, acepta o meu regalo, pois o verte foi para min coma se vise o rostro de Deus. Acollíchesme con afecto. ¹¹Acepta eses bens que trouxen para ti, pois Deus favoreceume e teño abundancia de todo". Xacob insistiu tanto, que Esaú aceptou.
¹²Logo dixo Esaú: —"Agora emprendámo-la viaxe. Eu irei ó teu lado".
Respondeulle Xacob: ¹³—"O meu señor dáse conta de que os nenos son febles e que comigo van ovellas e vacas de cría. Se os obrigo de máis, morrerame nun só día o gando todo. ¹⁴Que o meu señor pase diante do seu servo. Eu seguireino pouco a pouco. Ó paso da caravana que camiña en cabeza e ó paso dos nenos, ata que cheguemos a Seir, onda o meu señor".
Esaú dixo: ¹⁵—"Polo menos deixarei contigo uns poucos dos meus homes".
Respondeulle Xacob: —"¿Para que? Chégame con saber que conto co favor do meu señor".
¹⁶Esaú emprendeu a viaxe de volta para Seir, ¹⁷e Xacob colleu o camiño de Succot. Alí fixo morada para si e cabanas para o gando. Por iso púxolle ó lugar o nome de Succot.
¹⁸Desde Padán-Aram, Xacob chegou san e salvo a Xequem, no país de Canaán. Acampou fronte á cidade. ¹⁹O sitio onde montou as súas tendas comprouillelo por cen moedas ós fillos de Hamor, pai de Xequem. ²⁰Alí construíu un altar e invocou ó Deus de Israel.

Aldraxe a Dinah

34 ¹Dinah, a filla que Lea lle dera a Xacob, saíu visita-las rapazas do lugar. ²En véndoa Xequem, fillo do hivita Hamor, xefe daquel país, agarrouna, deitouse con ela e violouna. ³Namorado da filla de Xacob, tolo de amor por ela, faloulle ó corazón. ⁴Logo díxolle a seu pai Hamor: —"Adquíreme para muller esa rapaza".
⁵Xacob recibiu a nova da aldraxe de Dinah, súa filla. Pero como os seus fillos estaban no monte co gando, calou ata que viñesen.
⁶Hamor, o pai de Xequem, foi ver a Xacob para falarlle. ⁷Os fillos de Xacob voltaban entón do monte e oíron o feito. Doéronse e alporizáronse moitísimo de que unha infamia así se cometese contra Israel. Hai cousas que non se fan, como a de viola-la filla de Xacob.
⁸Hamor faloulles deste xeito: —"Meu fillo Xequem namorouse da vosa filla. Dádella, se podedes, por muller. ⁹Emparentade connosco, dádenos das vosas fillas e vós tomade das nosas. ¹⁰Podedes facer morada onda nós. A terra está aí, á vosa disposición. Habitade nela, sacádelle proveito, adquiride posesións".
¹¹Xequem, pola súa parte, díxolles ó pai e ós irmáns de Dinah: —"Que eu mereza o voso favor, e daréivo-lo que queirades. ¹²Fixade un dote alto, reclamade regalos. Daréivo-lo que pidades, con tal de que me deáde-la rapaza por muller".
¹³Os fillos de Xacob, á vista da aldraxe á irmá, responderon con retranca a Xequem e a seu pai Hamor. ¹⁴—"Non podemos facer iso de da-la nosa irmá a un home non circuncidado. Sería para nós unha baixeza, cousa deshonrosa. ¹⁵Poderemos só consentir, coa condición de que vós fagades coma nós, circuncidando tódolos varóns. ¹⁶Entón daremovo-las nosas fillas, e nós tomarémo-las vosas. Habitaremos convosco e faremos un mesmo pobo. ¹⁷Pero se non vos avindes á circuncisión, collerémo-la rapaza e irémonos".
¹⁸A proposta pareceulles ben a Hamor e a seu fillo Xequem. ¹⁹O mozo Xequem non esperou para cumpri-la condición, de namora-

---

33, 10 Xacob quedou con vida diante do irmán, como quedara tamén diante de Deus; xogo co nome de Penuel (32,32).
33, 14 Xacob non lle perdeu aínda o medo a Esaú e prefire que se separe o camiño; ó perdelo de vista, el collerá outra dirección: non cara a Seir, senón cara a Canaán.
33, 19 Con esa compra adquire Xacob propiedade na terra, coma un día Abraham (c. 23); nesa propiedade enterrarase o seu fillo Xosé (Xos 24, 32).
34 O relato refire a violación de Dinah, filla de Xacob, polo fillo do rei de Xequem, e a conseguinte vinganza dos irmáns de Dinah, Simeón e Leví. A esta historia persoal sobreponse unha historia de tribos seminómadas que por un feito de violencia contra os habitantes sedentarios do país se ven obrigados a emigrar. Neste segundo nivel o relato ten un valor de carácter histórico, para reconstruí-lo pasado das tribos de Simeón e de Leví, que quedaron sen terra e tiveron que desprazarse cara ó sur. Na boca de Xacob puxo o historiador unha maldición para estes fillos, que pola súa violencia o indispuxeron cos habitantes do país (49, 5-7).

do que estaba da filla de Xacob. El era o máis respectado da familia de seu pai.

[20]Hamor e seu fillo Xequem foron logo á porta da cidade e faláronlles ós xequemitas: [21]—"Estes homes son xente de paz. Que habiten na nosa terra, que lle saquen proveito, pois vedes que a terra é abondosa. Nós tomaremos mulleres das súas fillas e darémoslles a eles das nosas. [22]Pero esa xente avirase só a habitar connosco e a facer un mesmo pobo, se circuncidamos tódolos varóns, como tamén eles o fan. [23]As súas facendas, as súas posesións, os seus gandos, serán nosos. Soamente temos que avirnos á súa condición. Entón morarán connosco".

[24]Tódolos que pasaban polas portas da cidade acollían a proposta de Hamor e do seu fillo Xequem. E circuncidáronse tódolos varóns.

Vinganza de Simeón e de Leví

[25]Tres días despois de se circuncidaren os xequemitas, doentes aínda da operación, dous dos fillos de Xacob, Simeón e Leví, irmáns de Dinah, colleron as súas espadas, entraron na cidade que se cría segura, e mataron a tódolos homes. [26]Mataron tamén a fio de espada a Hamor e ó seu fillo Xequem. Tiraron do pazo a Dinah súa irmá e saíron con ela. [27]Os demais fillos de Xacob botáronse sobre os despoxos e roubaron a cidade onde fora aldraxada súa irmá. [28]Levaron consigo ovellas, vacas, xumentos e todo o que había na cidade e nos campos. [29]Colleron como presa os bens, os nenos, as mulleres, roubaron todo o que había nas casas.

[30]Xacob díxolles a Simeón e a Leví:

—"Botástesme a perder, facéndome noxento para os habitantes desta terra, cananeos e perizitas. Eu teño pouca xente. Se eles se xuntan contra min e me atacan, acabarán comigo e coa miña familia".

[31]Dixeron eles: —"¿Habían trata-la nosa irmá coma unha calquera?"

Xacob en Betel

35 [1]Deus díxolle a Xacob: —"Vai, sube a Betel, asenta alí e fai un altar ó Deus que se che apareceu, cando ías fuxindo de teu irmán Esaú".

[2]Xacob mandoulles á súa familia e á toda a súa xente: —"Retirade os deuses alleos que teñades, purificádevos e mudádevos de roupa. [3]Imos subir a Betel, para levantar alí un altar ó Deus que me gardou cando eu andaba apurado, e que estivo comigo na viaxe que fixen".

[4]A xente entregou a Xacob os deuses alleos que tiñan e os brincos que levaban nas orellas, e Xacob enterrounos debaixo do carballo que está onda Xequem.

[5]En canto se puxeron de camiño, un medo de Deus invadiu tódalas vilas do arredor, de xeito que ninguén perseguiu ós fillos de Xacob. [6]Xacob chegou a Luz, hoxe Betel, en terra de Canaán, e con el a súa xente. [7]Construíu alí un altar, e púxolle ó lugar o nome de Betel, porque se lle apareceu Deus alí, cando fuxía de seu irmán. [8]Daquela morreu Déborah, a ama de leite de Rebeca, e enterrárona por baixo de Betel, ó pé do carballo coñecido por carballo do pranto.

A promesa patriarcal

[9]Deus aparecéuselle a Xacob, à volta de Padán-Aram, bendiciuno [10]e díxolle: —"O teu nome é Xacob. Pero non seguirás levando o nome de Xacob, senón o nome de Israel". E chamouno Israel.

[11]Deus engadiu: —"Eu son o Deus todopoderoso. Ti reprodúcete e medra. De ti sairá un pobo, ou unha chea de pobos, e reis nacerán das túas entrañas. [12]A terra que eu lle dei a Abraham e a Isaac, doucha tamén a ti e daréillela ós teus descendentes".

[13]Deus retirouse do lugar onde falara con Xacob. [14]Xacob erixiu unha estela de pedra no lugar onde Deus lle falara, verteu enriba dela unha libación e unxiuna con óleo. [15]E púxolle a aquel lugar onde Deus lle falou o nome de Betel.

Morte de Raquel

[16]Xacob saíu coa súa xente de Betel, e cando lles faltaba un treito curto para chegaren a Efrátah, Raquel sentiu que ía dar a luz. O parto resultou moi traballoso. [17]Nos apuros do parto díxolle a parteira: —"Non

---

34, 22s Se non fallara ó final, sería unha asimilación completa, con mestura de bens e mesmo de sangue.
35, 1 Xacob volve a Betel, onde Deus lle falara e a onde lle prometera traelo outra vez con ben (**28**, 10-22). Vese cumprida a promesa. Xacob, pola súa parte, ten tamén un voto que cumprir.
35, 2 As ordes de Xacob significan unha renuncia ós deuses alleos (Xos **24**, 23) e unha purificación coma para unha peregrinaxe (Ex **19**, 10.14).
35, 5 O medo ó pobo que pasa, adianta o tema da conquista e da guerra santa (Xos **10**, 10; Xuí **4**, 15).
35, 9ss Versión sacerdotal da promesa para Xacob, nos termos da **Abraham** (c. **17**).

teñas medo. Tes un neno". [18]E ela, saíndoselle a alma, pois estaba morrendo, púxolle ó neno o nome de Fillo da miña dor. Pero seu pai chamoulle Benxamín. [19]Raquel morreu, e enterrárona no camiño de Efrátah, que é Belén. [20]Enriba do seu sepulcro erixiu Xacob unha estela. É o monumento funerario de Raquel, que existe aínda hoxe. [21]Israel marchou de alí e montou as tendas máis alá de Migdal-Éder.

Os fillos de Xacob

[22]Estando Israel naquela terra, achegouse Rubén a Bilhah, concubina de seu pai. A cousa chegou a oídos de Israel.

Os fillos de Xacob foron doce. [23]De Lea tivo a Rubén o primoxénito, Simeón, Leví, Xudá, Isacar e Zebulón. [24]De Raquel tivo a Xosé e Benxamín. [25]De Bilhah, serva de Raquel, a Dan e Naftalí; [26]e de Zilpah, serva de Lea, a Gad e Axer. Estes son os fillos que tivo Xacob en Padán-Aram.

Morte de Isaac

[27]Xacob chegou á casa de seu pai Isaac, en Mambré, en Quiriat-Arbá, hoxe Hebrón, onde viviran Abraham e Isaac. [28]Isaac viviu cento oitenta anos. [29]A esa idade expirou. Morreu e foise xuntar cos seus, vello e satisfeito de vivir. Enterráronos os seus fillos Esaú e Xacob.

Os descendentes de Esaú e de Seir

36 [1]Esta é a historia dos descendentes de Esaú, que é Edom. [2]Esaú tomou mulleres de entre as cananeas: Adah, filla de Elón o hitita; Oholibamah, filla de Anah, fillo de Sibón o hurrita; [3]e Basemat, filla de Ismael e irmá de Nebaiot.

[4]Adah deulle a Esaú a Elifaz; Basemat, a Reuel; [5]e Oholibamah, a Ieux, Ialam e Córah. Estes son os fillos que lle naceron a Esaú en Canaán.

[6]Esaú colleu as súas mulleres, os seus fillos e fillas, a xente toda da súa casa, os fatos, os gandos e tódolos bens que adquirira en Canaán, e foi a outro país, por mor de Xacob seu irmán. [7]As posesións dos dous eran tantas, que non podían vivir xuntos. A terra onde habitaban non podía sostelos, pola grandeza dos seus fatos.

[8]Esaú asentou na montaña de Seir. Esaú é Edom. [9]Esta é a historia de Esaú, pai de Edom, na montaña de Seir. [10]Estes son os nomes de seus fillos: Elifaz, fillo de Adah, muller de Esaú; Reuel, fillo de Basemat, outra muller de Esaú.

[11]Os fillos de Elifaz foron: Temán, Omar, Sefó, Gatam e Quenaz. [12]Elifaz, fillo de Esaú, tivo por concubina a Timná, que lle deu a Amalec. Todos estes viñan de Adah, muller de Esaú.

[13]E estes agora son os fillos de Reuel: Nahat, Zérah, Xamah e Mizah. Estes viñan de Basemat, muller de Esaú. [14]Os fillos de Oholibamah, filla de Anah, fillo de Sibón, os que lle deu a Esaú foron: Ieúx, Ialam e Córah.

[15]Estes agora son os xefes dos descendentes de Esaú: Fillos de Elifaz, o primoxénito de Esaú, estes xefes: Temán, Omar, Sefó, Quenaz, [16]Córah, Gatam e Amalec. Os ditos son os xefes, fillos de Elifaz, no país de Edom, fillos de Adah.

[17]Fillos de Reuel, fillo de Esaú, estes xefes: Nahat, Zérah, Xamah e Mizah. Os ditos son os xefes, fillos de Reuel, no país de Edom, os que lle deu Basemat a Esaú.

[18]Fillos de Oholibamah, muller de Esaú, estes xefes: Ieúx, Ialam e Córah. Os ditos son os xefes, fillos de Oholibamah, filla de Anah, muller de Esaú. [19]Todos estes son os fillos de Esaú, que é Edom, e os seus xefes.

[20]Os fillos de Seir o hurrita, que habitaban de antes no país, son: Lotán, Xobal, Sibón, Anah, [21]Dixón, Éser e Dixán. Os ditos foron os xefes hurritas, fillos de Seir, na terra de Edom.

35, 18 *Fillo da miña dor,* "Ben-oní", sería un nome de mal agoiro, sen que se faga eco xusto do trance que pasa a nai; de aí o cambio do nome en Benxamín, "fillo da miña destra".

35, 20 Etioloxía do monumento funerario que se atopa preto de Belén e que garda o nome de Raquel (Xer **31,** 15; Miq **5,** 1).

35, 21 *Migdal-Éder,* "Torre do rabaño", preto da colina de Sión, onde máis tarde foi edificado o templo.

35, 22 Un dato negativo do primoxénito dos fillos de Xacob; este recordarallo, á hora de dicirlle a palabra derradeira (**49,** 3s).

35, 27ss Aquí cérrase o circo dos camiños de Xacob; saíra da casa de seu pai e volve a ela. A tradición sacerdotal retarda a morte de Isaac ata esta hora. E refírea coas fórmulas coas que describe a de Abraham (**25,** 8s).

36, 1 Listas de clans e de tribos edomitas, descendentes de Esaú; na mesma terra hai outros clans e outras tribos, que descenden de Seir, da poboación primitiva do país (1 Cro **1,** 35.43-54).

36, 2 O feito de tomar mulleres cananeas referiuse xa outras veces como dato negativo de Esaú (**26,** 34s; **28,** 8s). *Fillo de Sibón,* en vez de "filla"; tamén no v 14.

36, 6s A versión sacerdotal non fala da inimizade entre os dous irmáns; atribúe a separación ó feito de teren os dous moitos rabaños, razón tamén da separación entre Abraham e Lot (**13,** 5-9).

36, 20 A poboación primitiva de Edom-Seir eran os hurritas; os edomitas botáronos fóra do país (Dt **2,** 12.22).

²²Os fillos de Lotán foron: Horí e Hemam; e a súa irmá foi Timná. ²³Os fillos de Xobal foron: Alván, Maháhat, Ebal, Xefó e Onam. ²⁴Os fillos de Sibón foron: Aiah e Anah. Este Anah é o que atopou auga no deserto, cando gardaba os xumentos de seu pai Sibón. ²⁵Os fillos de Anah foron: Dixón e a filla Oholibamah. ²⁶Os fillos de Dixón foron: Hemdán, Exbán, Itrán e Querán. ²⁷Os fillos de Éser foron: Bilhán, Zaaván e Acán. ²⁸Os fillos de Dixán foron: Us e Arán. ²⁹Estes foron os xefes dos hurritas: Lotán, Xobal, Sibón, Anah, ³⁰Dixón, Éser e Dixán. Estes foron os xefes de clans no país de Seir.

³¹Agora os reis que reinaron na terra de Edom, antes que os israelitas tivesen o seu rei: ³²En Edom reinou Bela, fillo de Beor; a súa cidade chamábase Dinhabah. ³³Morto Bela, reinou Iobab, fillo de Zérah, de Bosrah. ³⁴Morto Iobab, reinou Huxam, do país dos temanitas. ³⁵Morto Husam, reinou Hadad, fillo de Bildad, que venceu a Madián nos campos de Moab; a súa cidade chamábase Avit. ³⁶Morto Hadad, reinou Samlah, de Masrecah. ³⁷Morto Samlah, reinou Xaúl, de Rebobot do Río. ³⁸Morto Xaúl, reinou Baal-Hanán, fillo de Acbor. ³⁹Morto Baal-Hanán, fillo de Acbor, reinou Hadar; a súa cidade era Pau e a súa muller chamábase Mehetabel, filla de Matred, filla de Mezahab.

⁴⁰Estes son os nomes dos xefes dos descendentes de Esaú, segundo as súas familias, os seus lugares e os seus nomes: Timná, Alvah, Ietet, ⁴¹Oholibamah, Elah, Pinón, ⁴²Quenaz, Temán, Mibsar, ⁴³Magdiel e Iram. Estes foron os xefes de Edom, segundo os seus lugares de morada, na terra da súa posesión. Este foi Esaú, pai de Edom.

XOSÉ E SEUS IRMÁNS

Os soños de Xosé

37 ¹Xacob estableceuse na terra de Canaán, a onde seu pai peregrinara. ²E esta é agora a historia da familia de Xacob.

Cando Xosé era un rapaz de dezasete anos e gardaba o gando cos irmáns, fillos de Bilhah e de Zilpah, mulleres de seu pai, chegou un día e acusounos diante deste dun mal feito.

³Israel quería a Xosé máis ca a ningún dos fillos, porque lle nacera na vellez. E encargou para el unha túnica de mangas. ⁴Seus irmáns, ó dárense conta de que seu pai o prefería, colléronlle xenreira e non podían falar de boas con el.

⁵Xosé tivo un soño e contóullelo ós irmáns, polo que estes o aborreceron aínda máis. ⁶Díxolles el: —"Escoitade o que soñei. ⁷Parecíame que estabamos na eira atando monllos. Nisto o meu monllo levantouse e tíñase ergueito; os vosos, en troques, rodeábano e postrábanse diante del".

⁸Dixéronlle os irmáns: —"¿Seica queres se-lo noso rei e fas conta de dominarnos?" E aborrecérono aínda máis, por culpa dos soños e da súa interpretación.

⁹Tivo Xosé outro soño e contóullelo tamén ós irmáns. Tiven estoutro soño: —"O sol, a lúa e once estrelas postrábanse diante de min". ¹⁰Cando llelo contou a seu pai e a seus irmáns, o pai reprendeuno: —"¿Que clase de soño é ese? ¿Teremos que vir e postrarnos diante túa eu, túa nai e teus irmáns?" ¹¹Os irmáns tíñanlle envexa, pero seu pai gardaba a cousa nos adentros.

36, 24 *Auga,* pode tratarse de augas termais.

36, 31 *Antes que os israelitas...,* tamén se pode entender: "Antes que reinase un rei israelita sobre Edom".

37 A tradición sacerdotal chámalle "historia de Xacob" á historia da súa familia. Para ben dicir, non se trata, de feito, da historia da familia, por estar concentrada a historiografía nun dos fillos, Xosé; dos outros irmáns temos soamente algúns episodios illados (Xén 38, 49). Fóra diso vémolos xirar ó redor de Xosé; tamén o pai Xacob aparece agora enteiramente en función dos fillos e en maior medida de Xosé. Con esta historia pasamos das coroas de sagas e de lendas, que falan dos tres grandes patriarcas, á verdadeira arte narrativa de grandes tramos de historia. Para o encadramento xeográfico e cultural da acción do drama, os autores dispuñan dun discreto coñecemento de Exipto. Non acoden para todo á acción de Deus, senón que mostran en xogo as paixóns humanas, os sentimentos e outras motivacións intrahistóricas. Iso non quere dicir que esta non sexa historia teolóxica; pero a acción de Deus sinálase acochada nas causas naturais e nas históricas. Atopamos aquí as grandes liñas da promesa patriarcal: a formación do pobo, o tema da terra e o da bendición. Uns poucos lugares no texto desta historia fan ve-los acontecementos de toda ela alumada pola luz da providencia (Xén **45,** 5-8; **50,** 20).

37, 3ss*Túnica de mangas:* de ricos e nobres; as de traballo non tiñan mangas. A preferencia do menor é un dato que lle gusta ó iavista sinalar. Os soños non son visións de Deus, senón aviso de acontecementos e de feitos. A superioridade de Xosé non se reduce ó campo da riqueza ou do dominio; máis ca niso, está na función que cumprirá no proxecto de Deus de axudar a saír adiante ó seu pobo. Mais iso non lle quita de ser motivo de envexa e de xenreira entre irmáns.

A vinganza dos irmáns

¹²Os irmáns de Xosé foran para Xequem apacenta-los fatos de seu pai. ¹³Israel díxolle a Xosé: —"Teus irmáns estarán co gando en Xequem. Ven, que te vou mandar onda eles". Xosé respondeulle: —"Aquí me tes". ¹⁴Israel díxolle: —"Vai ver se están ben os teus irmáns e o gando, e logo tráesme as novas". Despediuno no val de Hebrón, e el marchou para Xequem. ¹⁵Cando andaba dando voltas, perdido polo monte, encontrouno un home e preguntoulle: —"¿Ti que buscas?" ¹⁶Respondeu el: —"Busco a meus irmáns. Dime, se podes, onde andan co gando". ¹⁷O home díxolle: —"Fóronse de aquí. Oínlles dicir: Vaiámonos a Dotán". Xosé foi tras eles, e encontrounos en Dotán. ¹⁸Vírono eles desde lonxe e, antes de que chegase, matinaron matalo. ¹⁹Dicíanse uns ós outros: —"Aí vén ese soñador. ²⁰Ímolo matar agora mesmo. Botarémolo nun pozo e diremos que unha fera salvaxe o devorou. Veremos en que paran os seus soños". ²¹En oíndo isto Rubén, tratou de o librar das súas mans, e propuxo: —"Non lle quitémo-la vida". ²²E engadiu, coa intención de o salvar e de llo volver a seu pai: —"Non vertáde-lo seu sangue. Botádeo nunha cisterna do deserto, pero non poñáde-las mans nel". ²³En chegando Xosé onda os irmáns, estes quitáronlle a túnica, aquela túnica de mangas que levaba posta, ²⁴e despois guindárono na cisterna. Pero esta non tiña auga.

Xosé vendido para Exipto

²⁵Sentados para comer, ergueron os ollos e viron unha caravana de ismaelitas que viña de Galaad, cos camelos cargados de especias, de bálsamo e resina, camiño de Exipto. ²⁶Nisto díxolles Xudá a seus irmáns: —"¿Que proveito tiraremos con mata-lo noso irmán e tapa-lo seu sangue? ²⁷Vaiamos, vendámoslleo ós ismaelitas. Non poñámo--las mans nel, pois é noso irmán, do noso sangue". Os irmáns asentiron. ²⁸Pasaron uns caravaneiros madianitas, e os irmáns tiraron a Xosé do fondo do pozo. Por vinte moedas de prata vendérono ós ismaelitas, que o levaron a Exipto.

²⁹Cando voltou Rubén ó pozo e non atopou a Xosé, rachou os seus vestidos, ³⁰e foi onda os irmáns para lles dicir: —"O rapaz non está. ¿A onde vou eu agora?"

³¹Eles colleron a túnica de Xosé, mataron un cabuxo, tinxírona co sangue ³²e mandárona levar a seu pai, con este recado: —"Atopamos isto. Mira se é ou non a túnica de teu fillo".

³³Xacob recoñeceu a túnica, e dixo: —"É a túnica de meu fillo. Devorouno unha fera salvaxe. Xosé foi espedazado". ³⁴Xacob rachou os seus vestidos, cubriuse de saco e fixo por moito tempo loito polo fillo. ³⁵Tódolos fillos e fillas viñeron consolalo, pero el rexeitaba o consolo, dicindo: —"Baixarei coa dor ó sepulcro co meu fillo". E choraba por el.

³⁶Os madianitas, pola súa banda, venderon a Xosé en Exipto a Potifar, alto funcionario do faraón, xefe da súa garda.

Xudá e Tamar

38 ¹Por aquel mesmo tempo afastouse Xudá de seus irmáns e foi á casa dun home de Adulam chamado Hirah. ²Alí coñeceu unha muller cananea que se chamaba Xúa; tomouna e achegouse a ela. ³Xúa quedou embarazada e deulle a Xudá un fillo, a quen puxo o nome de Er. ⁴Quedou de novo embarazada e deulle outro fillo, ó que chamou Onán. ⁵Volveu aínda ter un fillo e chamoulle Xelah. A nai atopábase en Quezib cando deu a luz.

⁶Xudá tomou, co tempo, unha muller para Er, seu primoxénito; chamábase Tamar. ⁷Er, o primoxénito de Xudá, era un mal home á vista do Señor, e o Señor fíxoo morrer. ⁸Entón Xudá díxolle a Onán: —"Achégate á muller de teu irmán; cumpre co teu deber de cuñado e dálle descendencia a teu irmán".

37, 12ss As tradicións mestúranse. Segundo o iavista os fillos de Israel queren matar a Xosé; Xudá sae na súa defensa e acaban por vendelo ós ismaelitas. Segundo o elohista os fillos de Xacob queren matar a seu irmán; Rubén deféndeo e os madianitas lévano a Exipto.

37, 22 A idea de verte-lo sangue do irmán recorda o pecado de Caín (**4,** 10). Os dous irmáns que defenden a Xosé non queren deixar verte-lo sangue (v 26), sabendo que o sangue vertido inxustamente non hai logo terra que o tape (Xob **16,** 18; Is **26,** 21).

38 Este capítulo rompe a secuencia da historia de Xosé, para recoller un feito solto da vida de Xudá. Presenta a persoa, e a tribo que a persoa representa, mesturadas cos cananeos, afastadas dos irmáns (Xuí **1,** 8). Unha muller cananea, Tamar, conta entre os devanceiros de David (Rut **4,** 18-22). O interese mostrado aquí pola tribo do sur revela a man do iavista.

38, 8 A lei do levirato mandaba que o parente máis próximo dun finado sen descendencia tomase a súa viúva por muller e lle dese ó morto un fillo dela (Dt **25,** 5-10; Mt **22,** 24).

⁹Pero Onán, sabendo que non sería súa a descendencia, vertía o seme polo chan cando se achegaba á muller de seu irmán, para non lle dar descendencia. ¹⁰Pareceulle mal ó Señor o que Onán facía e fixoo morrer a el tamén.
¹¹Xudá díxolle entón á súa nora Tamar: —"Consérvate viúva na casa de teu pai, deica creza o meu fillo Xelah". Pensaba nos seus adentros: —"Non sexa que morra tamén el, coma seus irmáns". E Tamar foi vivir á casa de seu pai.
¹²Moito tempo despois morreu Xúa, muller de Xudá. En acabando o loito por ela, Xudá subiu a Timnah, en compaña de Hirah de Adulam, para a rapa das ovellas. ¹³Dixéronlle a Tamar: —"Mira que o teu sogro sobe a Timnah, á rapa das ovellas". ¹⁴Ela quitou a roupa de viúva, cubriu a cara cun veo e, disfrazada, púxose na encrucillada que hai no camiño de Timnah, en Enaim. Pois vía que Xelah medraba, e Xudá non a casaba con el.
¹⁵Ó ver Xudá a Tamar, tomouna por unha prostituta, pois tiña a cara cuberta. ¹⁶Dirixiuse a ela no camiño e propúxolle, sen darse conta de que era a súa nora: —"Ven, deixa que me achegue a ti".
Díxolle ela: —"¿Que me vas dar por achegarte a min?"
¹⁷El respondeulle: —"Mandareiche un cabuxo do fato".
Ela dixo: —"Ben, se me dás un peñor ata que o mandes".
¹⁸Preguntoulle el: —"¿Que peñor queres que che dea?"
Respondeulle ela: —"O teu anel coa cadea e o caxato que levas na man". El deullos, achegouse a ela, e ela quedou embarazada. ¹⁹Tamar marchou, quitou o veo da cara e volveu poñe-la roupa de viúva.
²⁰Xudá mandoulle o cabuxo polo seu amigo de Adulam, coa intención de recolle-lo peñor que tiña a muller; pero aquel non a atopou. ²¹Preguntou á xente do lugar: —"¿Onde está a prostituta que se pon en Enaim, à beira do camiño?"
Dixéronlle: —"Aí non se pon prostituta ningunha".
²²O home voltou onda Xudá e díxolle: —"Non a encontrei. Por parte, a xente do lugar di que alí non hai ningunha prostituta".
²³Repuxo Xudá: —"Pois que se quede co peñor; que non se rían de nós. Eu mandeille o cabuxo e ti non a encontraches".
²⁴Ó cabo de tres meses dixéronlle a Xudá: —"A túa nora Tamar prostituíuse e quedou embarazada".
Dixo Xudá: —"Sacádea fóra e queimádea".
²⁵Cando a sacaban fóra, mandou ela dicir ó seu sogro: —"O dono destas cousas é quen me deixou embarazada". E engadiu: —"Comproba de quen é este anel coa súa cadea e esta vara".
²⁶Xudá recoñeceunos e dixo: —"Ten máis razón ca min, pois non lle dei o meu fillo Xelah". Pero non se achegou a ela nunca máis.
²⁷Chegada a hora do parto, viuse que tiña xémeos. ²⁸Ó dalos á luz, un deles sacou a man para fóra, e a parteira atoulle nela un fío vermello, dicindo: —"Este é o primoxénito". ²⁹Pero a man volveuse atrás, e saíu primeiro seu irmán. Entón dixo a parteira: —"¡Que saída te forzaches!" E púxolle o nome de Peres. ³⁰Despois saíu seu irmán co fío atado na man, e chamárono Zérah.

Xosé na casa de Potifar

39 ¹Os ismaelitas levaron a Xosé para Exipto e vendéronllo ó exipcio Potifar, alto funcionario do faraón, xefe da súa garda. ²O Señor favoreceu a Xosé e deulle boa sorte en todo o que facía na casa do amo exipcio. ³O seu amo decatouse de que o Señor estaba con el, facendo prosperar todo nas súas mans; ⁴colleulle afecto a Xosé e gardouno ó seu servicio. Encargoulle o goberno da casa e encomendoulle toda a facenda.

38, 9 O pecado de Onán está en defrauda-la muller de seu irmán e en non darlle a este descendencia. En cambio o termo onanismo sinala como pecado o coitus interruptus, un dos xeitos máis vellos de impedi-la concepción.
38, 15 Tamar faise pasar por prostituta, que é a vinganza de Xudá que non a casa con Xelah, en cumprimento da lei do levirato (v 21).
38, 24 O feito de Tamar é xulgado como adulterio, penado coa morte; tiñase que gardar para Xelah (Lev 20, 10). Pero, no caso, tamén Xudá era culpado como el mesmo recoñece (v 26).
38, 29s Os nomes dos nenos queren reflecti-las circunstancias do nacemento. *Peres* significa "fenda"; *Zérah,* "o que aparece e logo se queda", ou tamén "de cor vermella". O que está por medio nese xogo é a primoxenitura (25, 26).
39 Imaxe iavista das venturas e desventuras de Xosé en Exipto.
39, 2s Unhas poucas proclamacións teolóxicas coma esta chegan para daren a toda a historia de Xosé o carácter de historia sagrada. O dato de que por Xosé lles vaia ben a cantos teñen relación con el corresponde á promesa patriarcal no seu capítulo de bendición para tódolos pobos (v 5).

⁵Desde que lle encomendou a Xosé a súa casa e toda a súa facenda, o Señor bendiciu por causa del a Potifar e acrecentou todo o que tiña, o mesmo na casa coma fóra. ⁶O exipcio deixouno todo nas súas mans, sen preocuparse persoalmente máis ca da comida. Xosé era fermoso e ben plantado.

Xosé tentado e no cárcere

⁷Despois de certo tempo, a muller de Potifar pousou os ollos en Xosé e propúxolle: —"Déitate comigo".

⁸El refugou a proposta, dicindo: —"Ves que o meu amo non se ocupa de cousa ningunha na súa casa, senón que deixou nas miñas mans todo o que ten. ⁹Ninguén está nesta casa por enriba de min, e o meu amo non se reservou cousa ningunha, fóra de ti mesma, súa muller. ¿Como podería eu cometer un crime semellante, e pecar contra Deus?"

¹⁰Ela teimaba un día tras outro, mais el non lle facía caso e non se deitou con ela. ¹¹Un día que entraba el na casa para face-lo seu traballo, cando non había alí ningún da casa, ¹²agarrouse ela ó seu manto, esixíndolle: —"Déitate comigo". El deixou o manto nas mans dela e fuxiu para fóra.

¹³Ó verse ela co manto nas súas mans e que el se botara fóra, ¹⁴chamou ós criados e díxolles: —"Vede, trouxéronos aquí este hebreo para que se aproveitase de nós. Veu onda min coa intención de se deitar comigo; pero eu chamei a berros. ¹⁵Cando viu que eu chamaba a berros, deixou o manto onda min e fuxiu para fóra".

¹⁶Ela gardou consigo o manto para, cando viñese á casa o seu home, ¹⁷volver contarlle todo: —"O servo hebreo que trouxeches, veu onda min e quería aproveitarse de min. ¹⁸Cando viu que eu chamaba a berros, deixou o manto onda min e fuxiu para fóra".

¹⁹Ó que Potifar oíu o que lle dicía a súa muller: —"Isto e isto fíxome o teu servo", enrabexouse moitísimo, ²⁰e meteu a Xosé no cárcere, onde estaban os presos do rei. Xosé quedou alí encarcerado.

²¹Mais o Señor estivo con Xosé, mostroulle compaixón, facendo que lle caese ben ó xefe do cárcere. ²²Este encomendoulle os presos que alí había, e facíase todo o que el mandaba. ²³O xefe do cárcere non controlaba cousa ningunha do que Xosé facía. O Señor estaba con el, e todo o que el facía saía ben.

Soños do copeiro e do panadeiro do faraón

40 ¹Nunha ocasión o copeiro e mailo panadeiro do rei de Exipto ofenderon ó seu señor. ²O faraón anoxouse contra eles, contra o copeiro maior e o panadeiro maior, ³e meteunos en prisión, na casa do xefe da garda, onde estaba Xosé detido. ⁴O xefe da garda confioullos a Xosé, quen os servía.

⁵O copeiro e o panadeiro do rei de Exipto que estaban presos no cárcere, levaban xa tempo detidos, cando unha noite cada un deles tivo seu soño, cada soño co seu sentido. ⁶Pola mañá entrou Xosé onda eles e atopounos deprimidos. ⁷E preguntoulles ós dous ministros, compañeiros do cárcere: —"¿Por que tedes hoxe mal semblante?"

⁸Respondéronlle eles: —"Tivemos un soño, e non hai quen nolo interprete".

Díxolles Xosé: —"¿Non lle corresponde a Deus a interpretación? Contádeme o soño".

⁹O copeiro maior contoulle o seu soño a Xosé: —"Soñei que tiña diante unha vide. ¹⁰A vide tiña tres bacelos. Agromou, floreceu e as uvas madureceron nos acios. ¹¹Eu sostiña nunha man a copa do faraón, collía as uvas e esprémíaas na copa, e puña a copa na man do faraón".

¹²Xosé díxolle: —"Este é o seu significado. Os tres bacelos da vide son tres días. ¹³No termo de tres días erguerá o faraón a túa cabeza, repoñéndote no teu posto, e ti pora-la copa na súa man, coma cando éra-lo seu copeiro. ¹⁴Cando che vaia ben, acórdate de min. Faime o favor de falarlle de min ó faraón, para que me leve desta casa. ¹⁵Trouxéronme secuestrado do país dos hebreos, e aquí non fixen ningún mal, para que me botasen neste alxube".

39, 6 Por razóns rituais, un estranxeiro non se podía ocupar da comida dos exipcios.
39, 7ss Xosé móstrase aquí xusto e sabio. A orixe deste episodio parece estar na lenda exipcia de "Os dous irmáns, Bata e Anubis".
39, 21 Repítese a proclamación da providencia na historia. De seguida vai vi-la ocasión para Xosé de volver para arriba.
40 A corrente elohista é a que refire agora os novos acontecementos. A interpretación dos soños dos dous ministros, que están presos con el, prepara o acercamento de Xosé ó faraón no capítulo seguinte.
40, 8 Os soños son entendidos coma agoiro das sortes. Os ministros presos non teñen quen llelos interprete. Xosé confesa que ten ese poder, un poder que Deus lle deu (**41, 16**). Agora e sortes están na súa man.
40, 13 "Ergue-la cabeza" refírese aquí a outorgar dignidade; pero no v19 é pendurar dunha forca. Dous soños tan semellantes agoiran sortes tan dispares. Ámbolos dous se cumpriron.

¹⁶Cando o panadeiro maior oíu que o significado do soño do copeiro era bo, díxolle a Xosé: —"Tamén eu soñei que levaba na cabeza tres cestas de pan. ¹⁷Na cesta de riba levaba toda sorte de repostería para o faraón, pero os paxaros peteiraban na cesta que eu levaba na cabeza".
¹⁸Xosé díxolle: —"Este é o seu significado. As tres cestas son tres días. ¹⁹Ó cabo de tres días erguerá o faraón a túa cabeza, pendurarate dunha árbore e os paxaros comerante".
²⁰Ó cabo de tres días, cumpreanos do faraón, deu este un banquete a tódolos seus ministros, e de entre todos tivo por ben ergue-la cabeza do copeiro maior e do panadeiro maior. ²¹Ó copeiro maior repúxoo no seu posto de copeiro, para que puxese a copa na man do faraón. ²²Pero ó panadeiro maior pendurouno dunha forca, como Xosé interpretara. ²³O copeiro maior non se lembrou máis de Xosé, esqueceuse del.

Os soños do faraón

41 ¹Á volta de dous anos, o faraón tivo un soño. Soñou que se atopaba na ribeira do Nilo. ²Da beira do río subían sete vacas ben feitas e cebadas, e púñanse a pacer xuncos. ³Detrás delas subían outras sete, feas e ensumidas e parábanse onda as primeiras, á beira do río. ⁴As vacas feas e ensumidas devoraban as sete ben feitas e cebadas.
⁵Volveu durmir e tivo outro soño: sete espigas saían dun só pé, todas graúdas e boas. ⁶Despois delas agromaban outras sete, miúdas e queimadas. ⁷As espigas miúdas devoraban as sete graúdas e cheas. E o faraón espertou. Fora todo un soño.
⁸Pola mañá, inquedo polo soño, mandou o faraón convoca-los adiviños e os sabios de Exipto, e contóulle-lo seu soño. Mais ninguén sabía interpretarllo.
⁹Nisto díxolle o copeiro maior ó faraón: —"Agora recordo a miña culpa. ¹⁰Alporizado connosco, o faraón fixéranos deter a min e máis ó panadeiro maior, na casa do xefe da garda. ¹¹Unha noite tivemos un soño cada un, cada soño co seu significado. ¹²Estaba alí connosco un mozo hebreo, servo do xefe da garda, contámoslle os soños, e el interpretounos, cada un conforme o seu significado. ¹³E xustamente como el interpretou, así aconteceu: eu volvín ó meu oficio; ó outro, en troques, colgárono".
¹⁴O faraón mandou chamar a Xosé. Sacárono do alxube, afeitouse, cambiou a roupa e presentouse ó faraón. ¹⁵O faraón díxolle: —"Tiven un soño, e non hai quen o interprete. Oín dicir que ti interpretas un soño en oíndo contalo".
¹⁶Xosé respondeulle ó faraón: —"Eu non; mais Deus ten a resposta, para ben do faraón".
¹⁷O faraón contoulle a Xosé: —"Soñei que me atopaba na ribeira do río. ¹⁸Del subían sete vacas cebadas e ben feitas, e pacían nos xuncos. ¹⁹Despois delas subían outras sete vacas ensumidas, moi feas e tan secas coma endexamais se viran en todo o Exipto. ²⁰As vacas fracas e ensumidas devoraban as sete cebadas. ²¹Mais despois de comelas, non daban mostras de máis fartas; tiñan tan mal aspecto coma antes. E espertei.
²²Volvín soñar, e vin sete espigas saíndo dun so pé, graúdas e boas. ²³Despois delas agromaban outras sete, febles, miúdas e agostadas. ²⁴As espigas miúdas devoraban as espigas boas. Contéillelo ós meus magos, e ninguén me deu explicación".
²⁵Xosé díxolle ó faraón: —"Os soños do faraón son todos un. Deus revélalle ó faraón o que está para facer. ²⁶As sete vacas boas e as sete espigas boas son sete anos. As dúas cousas son un só soño. ²⁷As sete vacas esgotadas e feas que soben detrás delas, e as sete espigas miúdas e murchas son sete anos de fame. ²⁸Como acabo de dicir ó faraón, Deus revélalle con iso o que está para facer. ²⁹Van vir sete anos de moita fartura en todo o país de Exipto. ³⁰Pero tras deles virán sete anos de fame, que farán esquecer toda a fartura que houbo antes, e aflixirán todo o país. ³¹A fame que virá será tan pesada, que non deixará sinal da fartura. ³²O feito de que o soño do faraón se repetise proba que Deus confirma esta cousa e que se dará présa en cumprila. ³³Agora, que o faraón busque un home intelixente e asisado e que o poña á fronte de Exipto; ³⁴que nomee gobernadores no país e que faga recadar un quinto dos productos da terra nos sete anos de fartura. ³⁵Que se recollan víveres nos anos bos que veñen, e

---

41 Os soños do faraón, en número de dous coma os de Xosé (**37**, 5-11) e os dos ministros (**40**, 5-8), refírense tamén ás sortes de persoas e de pobos. É a tradición iavista a que os conta.

41, 8 Os sabios e adiviños de Exipto vense aquí encarados co poder sobre o futuro, que Deus revela por Xosé, como outra vez por Moisés (Ex **7-8**).
41, 16 No anuncio revela Deus o seu señorío sobre os acontecementos anunciados (**40**, 8).
41, 33 Xosé interprétalle o soño ó faraón e, por parte, aconséllalle o que debería facer.

que, baixo a autoridade do faraón, entullen trigo para comer e o garden nas cidades. ³⁶Os víveres serán reserva para o país nos sete anos de fame que virán, para que Exipto non pereza de fame".

Xosé vicerrei de Exipto

³⁷A proposta de Xosé pareceulle ben ó faraón e a tódolos seus ministros. Aquel preguntoulles a estes: ³⁸—"¿Atopariamos un home tan cheo do espírito de Deus como o está este home?" ³⁹E díxolle a Xosé: —"Polo feito de que Deus che revelase todo isto, non hai outro home tan intelixente e asisado coma ti. ⁴⁰Estarás á fronte da miña casa. O pobo todo obedecerá as túas ordes; soamente polo trono estarei por riba de ti." ⁴¹E engadiu: —"Olla que che dou o mando de toda a terra de Exipto".

⁴²O faraón tirou o anel do selo do seu dedo e púxoo no de Xosé. Fíxoo vestir de roupa de liño e púxolle un colar de ouro no pescozo. ⁴³Mandouno montar no carro do vicerrei e que pregoasen ó seu paso: —"Axeonlládevos". Con iso púñao á cabeza de todo o país de Exipto.

⁴⁴Díxolle o faraón: —"Eu son o faraón. Ninguén en todo o Exipto moverá a man nin o pé, sen contar contigo". ⁴⁵O faraón púxolle a Xosé o nome de Safenat Panéah e deulle por muller a Asenat, filla de Potifera, sacerdote de On. Xosé saíu para percorre-la terra de Exipto.

⁴⁶Tiña Xosé trinta anos cando se presentou ó faraón, e saíu da súa presencia para percorre-las terras todas de Exipto. ⁴⁷Nos sete anos de fartura a terra deu froitos a manchea. ⁴⁸Xosé axuntou os víveres dos sete anos de fartura e entullounos nas cidades, en cada unha os productos das terras do arredor. ⁴⁹Recolleu tanto trigo coma as areas do mar ata deixar de medilo, pois xa non o daba medido.

Os fillos de Xosé

⁵⁰Antes que chegase o primeiro ano da fame, nacéronlle dous fillos a Xosé. Deullos Asenat, filla de Potifera, sacerdote de On. ⁵¹Ó primoxénito chamouno Menaxés pensando: "Deus fíxome esquece-los meus traballos e a casa de meu pai". ⁵²Ó segundo chamouno Efraím: "Deus fíxome fructificar na terra da miña afliccion".

Os anos da fame

⁵³Acabáronse os sete anos de fartura en Exipto e ⁵⁴empezaron a chegar os sete anos de fame, que Xosé agoirara. En tódolos países houbo fame, e só en Exipto había pan.

⁵⁵Ó estenderse a fame polo Exipto, o pobo clamaba por pan ó faraón, e el dicíalles a tódolos exipcios: —"Ide onda Xosé, e facede o que el vos diga". ⁵⁶A fame estendeuse por toda a terra adiante. Xosé abriu os celeiros e repartía ós exipcios, cando a fame apretaba en Exipto. ⁵⁷Pero de tódolos países viñan xentes a Exipto, para mercaren gran onda Xosé, pois a fame apretaba en toda a terra.

Primeiro encontro de Xosé con seus irmáns

42 ¹Soubo Xacob que había á venda trigo en Exipto, e díxolles ós fillos: —"¿Que facedes aí mirando? ²Oín que hai trigo á venda en Exipto. Ide alá, mercade para vivirmos e non morrermos de fame".

³Baixaron, pois, a Exipto dez dos irmáns de Xosé, para mercaren alí trigo, ⁴Xacob non deixou ir con seus irmáns a Benxamín, o irmán de Xosé, por medo de que lle puidese pasar unha desgracia. ⁵Os fillos de Israel ían mercar trigo entre outros moitos, pois había fame en todo o país de Canaán.

⁶Xosé era quen mandaba en Exipto e quen vendía o trigo a todo o mundo. Chegados onda el, os irmáns postráronse por terra. ⁷En canto Xosé os viu, recoñeceunos; pero el non se lles deu a coñecer, senón que lles falou con dureza. Preguntoulles: —"¿Vós de onde vindes?"

Eles responderon: —"Vimos do país de Canaán para mercar víveres".

41, 43 *Axeonlládevos* traduce a hebraización do termo exipcio que significa "Atención". Trátase dos ritos da investidura do vicerrei de Exipto.
41, 45 O nome exipcio de Xosé corresponde á súa nova función. O nome significa "Deus di que el viva"; o nome da muller é tamén teofórico, e así o do sogro Potifera, "don de Ra", o deus solar de Heliópolis (On).
41, 51s Os fillos de Xosé levan nomes hebreos, Menaxés e Efraím, lidos respectivamente coma Deus "fíxome esquecer", Deus "fíxome fructificar", referíndose con iso á promesa patriarcal que Xosé ve cumprir nos fillos que lle nacen.

41, 55 Como dicía a promesa noutro dos seus capítulos, da familia e do pobo de Abraham ha saír bendición para tódolos pobos. Agora esa bendición de Deus vén por Xosé.
42 Cando Xosé chega ó cume da súa carreira en Exipto, volve o tema da familia. Este é o tema máis importante da historia de Xosé. Ata agora a familia —o pobo prometido a Abraham— viuse á beira da destrucción; desde aquí ten que se empezar a construír, ata chegar a atopar xunta e en paz. O ocultamento longo de Xosé quere dar tempo á conversión dos irmáns. Primeiro de volver a eles en persoa como irmán, Xosé volve como recordo acusador, que esperta o arrepentimento do pecado.

⁸Xosé recoñecía a seus irmáns, pero eles non recoñecían a Xosé. ⁹Xosé acordouse dos soños que tivera acerca deles, e díxolles: —"Vós sodes espías. Viñestes pescuda-los lados febles do país".

¹⁰Respondéronlle eles: —"Non é así, señor. Os teus servos viñeron para adquirir víveres. ¹¹Somos fillos dun mesmo pai, xente de ben. Os teus servos non son espías".

¹²El insistiu: —"Non é certo. Viñestes pescuda-los lados febles do país".

¹³Responderon: —"Nós, os teus servos, eramos doce irmáns, fillos dun mesmo pai, na terra de Canaán. O máis pequeno quedou co noso pai, e o outro xa faltou".

¹⁴Díxolles Xosé: —"A verdade é o que vos dixen, que vós sodes espías. ¹⁵Pero vouvos pór á proba. Pola vida do faraón, que non sairedes de aquí, namentres non veña convosco o voso irmán máis pequeno. ¹⁶Mandade un de vós para que o traia. Os demais quedades presos. Comprobarase se dixéste-la verdade. E se non, pola vida do faraón, que sodes espías". ¹⁷E tívoos detidos tres días.

¹⁸Ó terceiro día díxolles: —"Eu son un home que cre en Deus. Facede como vos digo, e salvaréde-la vida. ¹⁹Se sodes xente de ben, un de vos quedará preso no cárcere onde estades, e os demais iredes leva-lo trigo que mercastes, ás vosas xentes famentas. ²⁰Despois diso traerédesme a voso irmán máis novo, para que se comprobe o que dixestes e non teñades que morrer". Eles fixérono así. ²¹Niso dicíanse uns ós outros: —"Abofé somos culpados polo que lle fixemos ó noso irmán. Vímolo no apuro, suplicándonos, e non lle fixemos caso. Por iso nós vémonos agora no apuro". ²²Entón dixo Rubén: —"¿Non vos dicía eu: Non lle fagades mal ó rapaz, e vós non fixestes caso? Por iso esíxennos agora o seu sangue".

²³Eles non sabían que Xosé os entendía, pois falaran por intérprete. ²⁴Xosé retirouse da súa vista e botou a chorar. Logo volveu para falarlles. Colleu de entre eles a Simeón e fíxoo prender á súa vista. ²⁵Xosé ordenou logo que lles enchesen as sacas de trigo, que metesen o diñeiro de cada un na súa saca e que lles desen provisións para á viaxe. E fixérono así con eles.

O diñeiro nas sacas do trigo

²⁶Eles cargaron o trigo nos xumentos e fóronse de alí. ²⁷Á noite, na pousada, un deles abriu a saca para lle dar penso ó seu burro, e atopou na boca da saca o seu diñeiro. ²⁸Díxolles ós irmáns: —"Devolvéronme o diñeiro. Védeo aquí na saca".

Sobrecollidos e tremendo, dicíanse uns ós outros: —"¿Que está facendo Deus connosco?"

²⁹Chegados onda seu pai Xacob, en Canaán, contáronlle o que lles pasara: ³⁰—"O señor de Exipto tomounos por espías da súa terra e tratounos con dureza. ³¹Nós dixémoslle que eramos xente de ben, e non espías. ³²Que eramos doce irmáns, fillos do mesmo pai: que un deles xa faltara e que o máis novo quedara con noso pai en Canaán.

³³O señor de Exipto díxonos: Deste xeito probarei se sodes xente de ben: un de vós ficará comigo; os demais collede os víveres para a mantenza das vosas familias, e marchade. ³⁴Pero para outra vez traédeme convosco o irmán máis pequeno; así comprobarei que non sodes espías, que sodes xente de ben. Entón devolvereivos eu o irmán e vós poderedes mercar neste país".

³⁵Cando baldeiraron as sacas, atoparon cadansúa bolsa do diñeiro. En vendo as bolsas, tremían eles e seu pai.

³⁶Xacob díxolles entón: —"¡Ídesme deixar sen fillos! Xosé xa non está e Simeón tampouco. E agora queredes levar tamén a Benxamín. Todo cae riba de min".

³⁷Respondeulle Rubén: —"Se non che traio de volta a Benxamín, podes mata-los meus dous fillos. Déixao nas miñas mans, que eu cho volverei".

³⁸Xacob dixo: —"Non baixará convosco o meu fillo. Seu irmán morreu, e quédame el só. Se na viaxe que fagades pasa calquera desgracia, farédesme baixar ó sepulcro cargado de dor".

42, 9 Os soños dicían como eles se postraban diante del (37,5-11).
42, 13 Empeza Xosé a volver á conciencia dos irmáns; cada vez se fará neles máis vivo o seu recordo.
42, 21s A imaxe de Xosé vén agora á sua conciencia, para acusalos da súa culpa e esperta-lo arrepentimento. Os contratempos orixinan nos irmáns de Xosé unha nova actitude.
42, 28 Dun lado a hospitalidade e doutro estes feitos desconcertan ós irmáns de Xosé e danlles medo, coma se agoirasen algo que non se pode adiviñar. ¿Será que chega a hora do castigo das súas culpas?

Benxamín baixa a Exipto cos irmáns

43 ¹A fame apretaba en Canaán. ²Cando se lles acabaron as provisións que trouxeran de Exipto, Xacob díxolles a seus fillos: —"Volvede alá, e mercade qué comer". ³Respondeulle Xudá: —"O home aquel xurounos: Non vos quero ver diante de min, se non está convosco voso irmán. ⁴Se consentes, pois, que veña connosco noso irmán, iremos alá e poderemos mercar víveres. ⁵Pero se non consentes, non iremos, pois aquel home díxonos: Non vos quero ver diante, se non está convosco o voso irmán". ⁶Díxolles Israel: —"¿Por que me fixestes este mal de lle dicir a aquel home que tiñades outro irmán?" ⁷Respondéronlle: —"O home aquel non paraba de preguntarnos acerca de nós e das nosas familias: ¿Vive aínda voso pai? ¿Tedes algún outro irmán? Nós respondiamos a todo o que el nos preguntaba. ¿Como podiamos sospeitar que nos diría: Traédeme a voso irmán".

⁸Xudá díxolle entón a Israel seu pai: —"Deixa vir comigo o rapaz, e vaiamos xa, para salva-la vida. Doutro xeito morreremos, ti, nós e nosos fillos. ⁹Eu respondo polo rapaz. Ti poderasme pedir contas. Se non cho traio de volta e non cho poño diante, quedarei en culpa contigo para sempre. ¹⁰Se non fose por estas dúbidas, agora estariamos xa de volta dúas veces".

¹¹Díxolles seu pai Xacob: —"Se ten, pois, que ser, facede como vos digo: collede uns cestos cos mellores froitos do país e levádelle un regalo a aquel home: un pouco de resina, un pouco de mel, goma, mirra, láudano, pistachos e améndoas. ¹²Levade tamén convosco o dobre do diñeiro e volvédelle o que puxeron na boca das vosas sacas, pois se cadra foi un erro. ¹³Collede a voso irmán e ide ver a aquel home. ¹⁴Que o Deus todopoderoso faga que teña dó de vós e deixe vir convosco a voso irmán e a Benxamín. Canto a min, se teño que quedar só, quedarei".

Benxamín con Xosé

¹⁵Os homes colleron consigo os regalos, o dobre do diñeiro e a Benxamín, encamiñáronse para Exipto e presentáronse a Xosé. ¹⁶Cando Xosé viu a Benxamín cos irmáns, díxolle ó seu maiordomo: —"Leva estes homes para a casa, mata un animal e prepárao, pois xantarán comigo". ¹⁷O criado cumpriu o que o amo lle mandara: levou os homes á casa de Xosé.

¹⁸Ó vérense conducidos á casa de Xosé, os homes colleron medo, pois pensaban: —"Tráennos aquí por culpa do diñeiro que a primeira vez puxeron nas nosas sacas, para botarse en nós, baternos, converternos en escravos e quedaren cos nosos xumentos". ¹⁹Entón acaroáronse ó maiordomo de Xosé e dixéronlle, á porta da casa: ²⁰—"Escóitanos, señor. Nós xa viñemos outra vez para mercarmos víveres. ²¹Mais, en chegando, de volta, á pousada, abrímo-las nosas sacas e na boca de cada saca atopámo-lo diñeiro que antes pagaramos. Agora aquí o traemos. ²²Para mercarmos novos víveres, trouxemos outros cartos. Non sabemos quen puido meter nas nosas sacas o diñeiro". ²³Díxolles el: —"Estádevos tranquilos e non teñades medo. O voso Deus e Deus dos vosos pais púxovos nas sacas o tesouro. O voso diñeiro eu recibino". E tróuxolles a Simeón. ²⁴Logo fíxoos entrar na casa de Xosé, deulles auga para lavaren os pés, e ós xumentos botoulles penso. ²⁵Eles dispuxeron os regalos para cando chegase Xosé, ó mediodía, pois oíran que xantarían alí con el. ²⁶Cando Xosé entrou na casa, presentáronlle os regalos que trouxeran, e postráronse no chan.

²⁷Xosé preguntoulles: —"¿Como estades? ¿O voso vello pai, de quen me falastes, está ben? ¿Vive aínda?" ²⁸Eles dixeron: —"Os teus servos están ben, noso pai vive aínda". E postráronse por terra outra vez.

²⁹Nisto puxo Xosé os ollos en Benxamín, seu irmán, fillo da mesma nai, e preguntou: —"¿É este voso irmán máis pequeno, do que me falastes?" E coa mesma díxolle a el: —"Deus te garde, meu fillo". ³⁰E retirouse axiña, pois, conmovido á vista do irmán, tiña ganas de chorar. Entrou na súa cámara e chorou. ³¹Logo lavou a cara e saíu. E mandou servi-lo xantar. ³²Servíronlle a el por un lado, ós seus irmáns por outro, e á parte ós exipcios que o acompañaban, pois ós exipcios estalles pro-

---

43 O segundo encontro dos irmáns débese case todo á tradición iavista (no primeiro había máis sinais da elohista). Segue a proba dos irmáns por parte de Xosé, e dáse un paso máis cara ó encontro da familia.
43, 8 Na tradición iavista é Xudá quen responde por Benxamín; na versión elohista é Rubén (Xén 42, 37).

43,21 Segundo o iavista, todos atopan o seu diñeiro na boca dos sacos, na pousada; o elohista di que un dos irmáns atopou o diñeiro na pousada e os outros de volta na casa, no fondo de cadanseu saco (Xén 42, 27s.35).
43, 30 Os sentimentos humanos reclaman toda a atención do narrador (Xén 42, 24; **45**, 2).

hibido comer onda os hebreos; téñeno por cousa mala. ³³Sentados fronte a Xosé, comezando o primoxénito e rematando o máis novo, ollábanse admirados uns ós outros. ³⁴Xosé mandáballes talladas da súa mesa. A tallada de Benxamín era cinco veces máis grande. Eles beberon e alegráronse na compaña de Xosé.

A copa de Xosé

44 ¹Xosé deulle ó seu maiordomo esta orde: —"Ateiga de víveres as sacas, canto poidan levar, e pon o diñeiro de cada un na boca da súa saca. ²E a miña copa, a de prata, métea na saca do máis novo, xunto co seu diñeiro". E el fixo o que Xosé lle ordenou. ³Ó amañecer, os homes foron despedidos e marcharon cos seus xumentos. ⁴Saíron da cidade e, cando non ían aínda lonxe, mandou Xosé ó xefe da súa casa: —"Vai detrás deses homes e, cando os atrapes, dilles: ¿Por que pagastes mal por ben? ⁵¿Non levades aquí a copa onde bebe o meu señor e da que se serve para adiviñar? O que fixestes está mal". ⁶O home atrapounos e repetíulle-las palabras. ⁷Respondéronlle eles: —"Señor, ¿por que nos falas dese xeito? Lonxe dos teus servos faceren semellante cousa. ⁸Viches que o diñeiro que encontramos na boca das nosas sacas, trouxémoscho desde Canaán. ¿Cómo iamos roubar prata nin ouro da casa do teu señor? ⁹Aquel dos teus servos a quen se lle atope a copa, será reo de morte, e tódolos demais quedaremos como escravos do noso señor". ¹⁰Díxolles el: —"Que sexa deste xeito: Aquel a quen se lle atope a copa será escravo meu; os demais quedaredes libres". ¹¹Cada un baixou de seguida ó chan a súa saca, e abriuna. ¹²El comezou a cachear polo maior e acabou polo máis pequeno. E atopou a copa na saca de Benxamín. ¹³Eles esgazaron as vestiduras, cargaron os seus xumentos e voltaron para a cidade. ¹⁴Xudá e seus irmáns entraron na casa de Xosé que estaba aínda alí, e postráronse por terra diante del.

¹⁵Xosé díxolles: —"Que feito é ese que fixestes? ¿Non sabiades que un home coma min ten o poder de adiviñar?"
¹⁶Respondeulle Xudá: —"¿Que poderiamos responder ó noso señor? ¿Con que palabras mostra-la nosa inocencia? Deus mostrou culpables ós teus servos. Recoñecémonos escravos de meu señor, o mesmo nós coma o que tiña a copa no seu poder".
¹⁷Dixo Xosé: —"Lonxe de min facer tal cousa. Aquel que tiña a copa no seu poder quedará por escravo meu. E vós marchade en paz para onda voso pai".

Xudá defende a Benxamín

¹⁸Dirixíndose a Xosé, dixo Xudá:
—"Rógoche, meu señor, que lle consintas ó teu servo dicir unha palabra, sen que o meu señor se anoxe. Ti es coma o faraón. ¹⁹O meu señor preguntoulles ós seus servos: ¿Tedes pai ou algún outro irmán? ²⁰E nós respondémoslle ó meu señor: Temos un pai xa vello e un irmán pequeno, que lle naceu na súa vellez. Un irmán seu, da mesma nai, está xa morto. Agora quedoulle só el, e o pai quéreo moito. ²¹Ti dixécheslles entón ós teus servos: Traédemo aquí, para que o vexa cos meus ollos. ²²Nós dixemos ó meu señor: O rapaz non pode deixar só a seu pai, pois se o deixase, morrería. ²³E ti dixécheslles ós teus servos: Se non vén convosco o irmán máis novo, non volveredes ve-la miña cara. ²⁴Nós voltamos para onda teu servo, noso pai, e referímoslle o que nos dixera o meu señor. ²⁵Cando noso pai nos mandou: Voltade alá e mercade algo que comer, ²⁶nós respondémoslle: Non podemos ir alá. Iremos, se noso irmán máis pequeno vai connosco; onda non, non poderemos presentarnos diante daquel home. ²⁷Entón díxono-lo teu servo, noso pai: Sabedes que a miña muller me deu dous fillos. ²⁸Un deles foise de onda min, e penso que foi esnaquizado; ata hoxe non o vin máis. ²⁹Se agora me levades estoutro e lle pasa unha desgracia, enterraredes un vello, que morre cheo de dor. ³⁰Se eu volvo agora onda teu servo, meu pai, e non vai connosco o rapaz, téndolle o apego que lle ten, ³¹en vendo que el falta, morrerá,

---

44 Segue o iavista coa proba da solidariedade dos irmáns con Benxamín.
44, 2 A copa é un obxecto persoal, precioso e sagrado; servía para a adiviñación (v 5).
44, 16 Anque non foron eles os que colleron a copa, confésanse culpables. Deus trae á súa memoria o pecado que cometeran con Xosé. Ó xuntárense todos na conciencia da culpa, comeza a reconstruírse a familia.
44, 18ss Xudá fala polos irmáns en defensa de Benxamín, mantendo o xuramento que fixera a seu pai, de se responsabilizar do rapaz. Fala con moito respecto e querendo conmove-las entrañas de Xosé en favor do vello pai, que morrería de tristura. O lector sabe que o vello é tamén pai de Xosé.

e nós enterraremos ó teu servo, noso vello pai, colmado de pesar. ³²Este teu servo respondeu ante seu pai polo rapaz, xurando: Se non che volvo o rapaz, quedarei en culpa diante de meu pai por toda a vida. ³³Agora pídoche que poida este teu servo quedar de escravo do meu señor no posto do rapaz, e que poida el subir con seus irmáns. ³⁴¿Como podería eu voltar onda meu pai, sen leva-lo rapaz comigo? ¡Que eu non vexa a meu pai en tan grande aflicción!"

Xosé descóbrese ós irmáns

45 ¹Xosé non puido xa conterse máis diante da súa corte e mandou que saísen todos. Non quedou ninguén con el, cando se deu a coñecer a seus irmáns. ²Entón Xosé botouse a chorar, de xeito que o oían os expicios ata o pazo do faraón. ³Díxolles a seus irmáns: —"Eu son Xosé. ¿Vive aínda meu pai?" Pero os irmáns non lle podían responder, por quedaren estarrecidos diante del.
⁴Xosé díxolles: —"Achegádevos aquí". Eles achegáronse. E el repetiu: —"Eu son Xosé, voso irmán, o que vendestes para Exipto. ⁵Agora non vos aflixades nin vos pese de me vender, pois para manter vidas mandoume Deus aquí diante de vós. ⁶Van dous anos de fame na terra; pero quedan aínda cinco sen sementeira nin colleita. ⁷Deus mandoume diante de vós, para asegurárvo-la escapada da morte no país e para facervos sobrevivir, con vistas á gran liberación. ⁸Polo mesmo non fostes vós os que me mandastes aquí. Foi Deus que fixo de min ser coma un pai para o faraón, dono da súa casa, gobernador da terra toda de Exipto. ⁹Volvede onda meu pai e dicídelle que o seu fillo Xosé lle manda dicir isto: Deus fíxome señor de todo o Exipto. Ven sen deterte ó meu lado. ¹⁰Asentarás na terra de Goxén e alí estaredes cerca de min, ti e mailos teus fillos, os teus netos, os teus fatos, os teus gandos e tódalas túas posesións. ¹¹Eu manteréite alí, pois quedan aínda por diante cinco anos de fame, de xeito que non pases miseria ti, nin a túa familia, nin os teus servos. ¹²Os vosos ollos e os de meu irmán Benxamín están vendo que son eu mesmo quen vos fala. ¹³Contádelle a meu pai do meu poder en Exipto e de todo o que vistes. E traédemo aquí axiña".
¹⁴Abrazando a seu irmán Benxamín, botouse a chorar; Benxamín choraba tamén, abrazado a el. ¹⁵Bicou a tódolos irmáns e chorou con eles. E seguiron falando uns cos outros.

O faraón abre a Xacob as portas de Exipto

¹⁶Ata o pazo do faraón correu a voz: —"Viñeron os irmáns de Xosé". E pareceulles ben ó faraón e ós seus ministros.
¹⁷O faraón díxolle a Xosé: —"Manda a teus irmáns que carguen os xumentos e vaian a Canaán, ¹⁸que collan a seu pai e as súas familias e que se veñan onda min. Dareilles do mellor que hai en Exipto, e poderán comer do máis prezado da terra. ¹⁹Dilles tamén que leven de aquí carros, para traeren neles os nenos, as mulleres e a seu pai. E que se veñan. ²⁰Que non lles doia deixar alá cousas, pois o mellor de Exipto é para eles".
²¹Os fillos de Israel cumpriron o mandado. Seguindo a orde do faraón, Xosé proveunos de carros e de provisións para a viaxe. ²²A cada un deulle tamén un vestido para se mudar. A Benxamín deulle trescentas moedas de prata e cinco mudas. ²³Para seu pai mandou Xosé dez xumentos cargados coas cousas mellores de Exipto, e dez xumentos con pan e provisións para a viaxe. ²⁴Ó despedilos, díxolles Xosé ós seus irmáns: —"Non rifedes polo camiño".
²⁵Eles saíron de Exipto e chegaron a Canaán, onda Xacob seu pai. ²⁶E contáronlle a nova: —"Xosé vive aínda, e goberna o Exipto enteiro". Xacob quedou desconcertado, porque non o podía crer. ²⁷Eles referíronlle todo o que Xosé lles dixera. Ó ver Xacob os carros que mandaba Xosé para levalo, reviveceulle o espírito. ²⁸E dixo Israel: —"Chégame con que o meu fillo Xosé viva. Irei velo, antes de morrer".

A familia de Xacob en Exipto

46 ¹Israel emprendeu a viaxe, con toda a súa xente e as súas posesións. En chegando a Beerxeba, ofreceu un sacrificio ó Deus de seu pai, Isaac.

---

45 O encontro completo dos irmáns chegounos nunha mestura das tradicións iavista e elohista.
45, 2 O narrador suliña as fortes emocións dos personaxes (Xén **43**, 30; **45**, 14s; **46**, 29).
45, 3 O terror dos irmáns non é soamente medo de que Xosé se poida vingar, senón un sentimento case sagrado, numinoso, coma se Deus mesmo ("Eu son") aparecese diante deles na grandeza de Xosé (v 13).
45, 5-7 Esta pasaxe, xunto con Xén **50**, 20 (cf Sal **105**, 17), proclama a man de Deus tirando bens dos feitos malos e das paixóns humanas. Esta historia tan humana é lida, á luz destas pasaxes, en clave teolóxica ou de historia de salvación.
46 Seguen as tradicións iavista e elohista mesturadas.

²Nunha visión, de noite, Deus chamou a Israel:—"¡Xacob! ¡Xacob!"
El respondeu: —"Aquí estou".
³Díxolle Deus: —"Eu son o Deus de teu pai. Non teñas medo de ires a Exipto, pois alí converterete nun grande pobo. ⁴Eu baixarei alá contigo e farei que volvas aquí. Xosé pecharache os ollos".
⁵Xacob dispúxose logo a saír de Beerxeba. Os fillos montaron a seu pai, os nenos e as mulleres nos carros que lles mandara o faraón para levalos. ⁶Colleron tamén os gandos e as posesións que adquiriran no país de Canaán, e chegaron a Exipto. Xacob levaba consigo para alá tódolos seus descendentes: ⁷os fillos e os netos, as fillas e as netas, tódolos descendentes.
⁸Estes son os nomes dos fillos de Israel que foron para Exipto: Xacob e mailos seus fillos Rubén, primoxénito de Xacob, ⁹e os seus fillos: Hanoc, Palú, Hesrón e Carmí. ¹⁰Simeón e seus fillos: Iemuel, Iamín, Ohad, Iapín, Sohar e Xaúl, fillo da cananea. ¹¹Leví e seus fillos: Guerxón, Quehat e Merarí. ¹²Xudá e seus fillos: Er, Onán, Xela, Peres e Zérah; Er e Onán morreron en Canaán, e Peres tiña dous fillos: Hesrón e Hamul. ¹³Isacar e seus fillos: Tolá, Puvah, Iob e Ximrón. ¹⁴Zebulón e seus fillos: Séred, Elón e Iahleel. ¹⁵Estes son os fillos que Lea lle deu a Xacob en Padán-Aram, ademais da filla Dinah. Por xunto eran trinta e tres fillos e fillas.
¹⁶Gad e seus fillos: Sifión, Haguí, Xuní, Esbón, Erí, Arodí e Arelí. ¹⁷Axer e seus fillos: Iimnah, Ixvah, Ixví, Beriah e Sérah súa irmá; fillos de Beriah: Héber e Malquiel. ¹⁸Estes son os fillos que lle deu a Xacob Zilpah, a criada que Labán lle dera a Lea súa filla; dezaseis persoas por xunto.
¹⁹Fillos de Raquel, muller de Xacob: Xosé e Benxamín. ²⁰A Xosé deulle en Exipto dous fillos Asenat, filla de Potifera, sacerdote de On: Menaxés e Efraím. ²¹Benxamín e seus fillos: Bela, Béquer, Axbel, Guerá, Naamán, Ehí, Rox, Mupim, Hupim e Ared. ²²Estes son os fillos que Raquel lle deu a Xacob; catorce persoas por xunto.
²³Dan e seu fillo Huxim. ²⁴Naftalí e seus fillos: Iahseel, Guní, Iéser e Xilem. ²⁵Estes son os fillos que lle deu a Xacob Bilhah, a criada que Labán lle dera á súa filla Raquel: sete persoas por xunto.
²⁶O total das persoas que foron a Exipto con Xacob, tódolos seus descendentes, fóra das súas noras, era de sesenta e seis. ²⁷Cos dous fillos que lle naceron en Exipto a Xosé, a familia de Xacob compúñase alí de setenta persoas.

Encontro de Xacob e Xosé

²⁸Xacob mandou diante a Xudá para lle dar novas a Xosé de que estaban chegando a Goxén. ²⁹Xosé mandou enganchalo carro, e saíu para Goxén, ó encontro de Israel seu pai. En véndoo, correu abrazalo, e chorou abrazado a el.
³⁰Israel díxolle a Xosé: —"Agora podo morrer, despois de que te vin vivo aínda".
³¹Xosé díxolles a seus irmáns e á familia de seu pai: —"Voulle leva-la nova ó faraón: Viñeron onda min meus irmáns e a familia de meu pai, que estaba en Canaán. ³²Son pastores de rabaños, criadores de gando. Trouxeron os seus fatos, os seus gandos, e todo o que tiñan. ³³Cando vos chame o faraón e vos pregunte: ¿Cál é a vosa profesión?, ³⁴diredeslle: Os teus servos son criadores de gando, desde rapaces ata agora; e, coma nós, fórono xa os nosos pais. Dese xeito poderedes asentar na terra de Goxén, pois os exipcios aborrecen os pastores de rabaños".

Xacob diante do faraón

47 ¹Xosé foille da-la nova ó faraón: —"Chegaron de Canaán meu pai e meus irmáns, cos seus fatos, os seus gandos e tódalas súas posesións, e están na terra de Goxén". ²Levaba consigo cinco dos irmáns e presentoullos ó faraón.
³O faraón preguntoulles: —"¿Cál é a vosa ocupación?"
Respondéronlle eles: —"Os teus servos son pastores de rabaños, o mesmo ca nosos pais". ⁴E engadiron: —"Viñemos buscar asento nesta terra, pois en Canaán faltan pastos para os rabaños dos teus servos, e a fame pesa por alá. Deixa ós teus servos asentarse na bisbarra de Goxén".

46, 2ss A teofanía quere lexitima-lo feito de que Xacob abandone o país onde botara xa raíces. A seu pai mandáralle Deus que non saíse (Xén **26,** 2s). Xacob baixa a Exipto en función dos fillos e tendo á vista xa o Éxodo (v 4).
46, 8ss O relato interrómpese por unha xenealoxía da tradición sacerdotal, que presenta os setenta membros da familia de Xacob que baixan a Exipto (Dt **10,** 22).
46, 21 Outra lectura posible é: ...Axbel. Fillos de Bela: Guerá, Naamán...
46, 28ss *A bisbarra de Goxén*, no Delta oriental do Nilo, ó norte do país e preto da fronteira cananea, é a terra de pastores á que se refire a tradición da morada dos hebreos en Exipto (Xén **45,** 10; **47,** 1ss; Ex **8,** 18).

[5] O faraón díxolle a Xosé: —"Agora que teu pai e teus irmáns chegaron onda ti, [6] aí te-la terra de Exipto. Acomódaos onde mellor che pareza de todo o país; que habiten na terra de Goxén. E se pensas que entre eles hai homes dispostos, ponos á fronte da garda dos meus gandos".

[7] Xosé levou a seu pai Xacob e presentoullo ó faraón. Xacob bendiciu ó faraón. [8] Este preguntoulle a Xacob: —"¿Cantos anos tes?"

[9] El respondeulle: —"Cento trinta son os anos da miña peregrinaxe. A miña vida é curta e chea de traballos, e non alcanza a onde chegou a vida de meus pais na súa peregrinaxe". [10] Xacob bendiciu ó faraón e logo saíu da súa presencia.

[11] Xosé acomodou a seu pai e a seus irráns, dándolles propiedades en Exipto, en terra boa, na bisbarra de Ramsés, conforme dispuxera o faraón.

[12] Xosé mantiña a seu pai, a seus irmáns e a toda a súa casa, conforme o seu número.

Goberno agrario de Xosé

[13] O pan faltaba xa na terra toda, e a fame era tan dura, que Exipto e Canaán desfalecían. [14] Xosé recolleu a prata toda de Exipto e Canaán, pola venda do trigo, e amoreou o diñeiro no pazo do faraón. [15] Acabouse o diñeiro en Exipto e en Canaán, e todos seguían acudindo a Xosé: —"Dános pan, ou morreremos aquí mesmo. O diñeiro acabouse".

[16] Xosé respondeulles: —"Se se acabou o diñeiro, traédeme os vosos gandos; daréivo-lo gran por eles". [17] Eles trouxeron os gandos, e Xosé dáballes pan polos cabalos, as ovellas, as vacas, os xumentos. Aquel ano proveunos de pan, a cambio dos seus gandos.

[18] Pasado ese ano, viñan onda el no seguinte: —"Ó noso señor non se lle esconde que non nos quedan cartos nin facendas para o noso señor. O noso señor pode ver que nos quedan soamente os nosos corpos e as terras. [19] ¿Teremos que perecer á túa vista? Mércanos por pan a nós e os nosos eidos, e seremos nós con eles escravos do faraón. Dános con que face-la sementeira, para que poidamos vivir e non morramos, e os nosos eidos non se convertan en deserto".

[20] Xosé adquiriu para o faraón as terras todas de Exipto. A fame apretaba tanto, que cada exipcio vendía os seus eidos; estes pasaban a ser propiedade do faraón. [21] O pobo enteiro quedou en servidume, desde unha punta á outra do país. [22] Soamente non mercou Xosé as terras dos sacerdotes, pois había en favor deles un decreto do faraón, que mandaba mantelos. Por iso os sacerdotes non venderon as súas terras.

[23] Xosé díxolle ó pobo: —"Vedes que agora vos adquirín a vós e as vosas terras para o faraón. Aquí tedes semente para sementa-la terra. [24] Cando fagáde-la colleita, darédeslle unha quinta parte ó faraón; as outras catro partes seranvos para semente e para manter-vos vós, coas vosas familias e os vosos fillos".

[25] Dixéronlle eles: —"Ti déchesno-la vida. Que o noso señor nos mire con bos ollos; nós serviremos ó faraón".

[26] Xosé dispuxo por lei, que dura aínda hoxe, que tódalas terras de Exipto paguen un quinto ó faraón. Soamente as terras dos sacerdotes non pasaron ó faraón.

Derradeira vontade de Xacob

[27] Israel asentou en Exipto, na bisbarra de Goxén. Adquiriu propiedades nela, reproduciuse e medrou moito. [28] Xacob viviu dezasete anos en Exipto. A súa vida enteira foi de cento corenta e sete anos.

[29] Cando se lle aproximaba a Israel o día da morte, chamou a seu fillo Xosé e díxolle: —"Se merezo o teu favor, pon debaixo da miña coxa a túa man e xúrame que me mostrara-lo amor e a lealdade de non enterráresme en Exipto. [30] Cando durma con meus pais, léva-me de Exipto e entérrame no seu sepulcro".

Respondeulle Xosé: —"Farei como me dis".

[31] Dixo Xacob: —"Xúramo". El xuroullo. E Israel debruzouse na cabeceira do seu leito.

---

47 Insístese na compracencia que ten o faraón coa familia de Xosé, para mostra-lo que este era en Exipto e foi para a súa familia.

47, 5ss Versión sacerdotal.

47, 13ss O iavista trata un tema do que xa falara 41, 37ss. Xosé resolve a situación de fame que lle fora revelada ó faraón nos soños. O relato garda as ideas que tiñan os hebreos de Exipto, da terra case toda propiedade do faraón, dos impostos que a xente pagaba, do poder dos sacerdotes. Mentres os exipcios pagan o pan con todo o que teñen, e mesmo coa súa liberdade, os hebreos adquiren propiedades (v 27). Pero os exipcios e outros pobos debíanlle a Xosé a sobrevivencia nos sete anos de fame.

47, 29ss O testamento de Xacob, da tradición iavista, é roto polas bendicións para os fillos; volve en 49, 29-32.

47, 29 Rito de xuramento, coma o do criado de Abraham en 24, 2.

47, 30 O tema da promesa da terra queda mentado nesta esixencia de ir repousar nela, mesmo se é despois da morte; o mesmo no testamento de Xosé (50, 25). Eses dous testamentos deixan ós fillos de Xacob en tensión cara á terra prometida.

Xacob bendí ós fillos de Xosé

48 ¹Pasado algún tempo, dixéronlle a Xosé: —"Teu pai está mal". Entón Xosé tomou consigo a seus dous fillos, Menaxés e Efraím. ²Déronlle a Xacob a nova: —"Teu fillo Xosé vénte ver". Israel fixo un esforzo e sentouse no leito. ³E díxolle a Xosé: —"O Deus todopoderoso aparecéuseme en Luz, na terra de Canaán, e bendiciume. ⁴Díxome: Eu fareite fecundo, multiplicareite, trocareite nunha asemblea de pobos. Ós teus descendentes dareilles esta terra en posesión duradeira. ⁵Os dous fillos que che naceron en Exipto, antes de chegar eu onda ti, serán agora meus fillos. Efraím e Menaxés son para min coma Rubén e Simeón. ⁶Os fillos que che nazan despois deles serán teus; mais a súa herdade levará o nome dos irmáns. ⁷Cando eu viña de Padán, morreume Raquel, en Canaán, no camiño onde está a tumba cerca de Efrátah. E enterreina alí mesmo, no camiño de Efrátah, que é Belén".

⁸Reparando Israel nos fillos de Xosé, preguntou: —"¿E estes quen son?" ⁹Xosé respondeulle a seu pai: —"Son meus fillos, os que Deus me deu aquí".

Dixo el: —"Tráemos aquí, que os bendiga". ¹⁰Os ollos de Israel, cargados pola vellez, non distinguían. Xosé acercoulle os fillos, e el bicounos e abrazounos. ¹¹Israel díxolle a Xosé: —"Non contaba con verte, e Deus permitiume verte a ti e ós teus descendentes".

¹²Xosé retirou os nenos de entre os xeonllos de seu pai e postrouse por terra. ¹³Despois colleunos ós dous, a Efraím coa súa dereita, á esquerda de Israel, e a Menaxés coa súa esquerda, á dereita de Israel, e achegounos a seu pai.

¹⁴Israel, cruzando os brazos, estendeu a dereita, e púxoa na cabeza de Efraím, o máis novo dos irmáns, e a esquerda na cabeza de Menaxés o primoxénito. ¹⁵E bendiciu a familia de Xosé:

—"O Deus ante quen camiñaron meus pais, Abraham e Isaac,
o Deus que foi o meu pastor, desde que existo ata hoxe,
¹⁶ o anxo que me librou de todo mal,
bendiga estes nenos.
Que resoe neles o meu nome e o de meus pais, Abraham e Isaac,
e que se convertan nun xentío sobre a terra".

¹⁷Percatouse Xosé de que seu pai puña a dereita na cabeza de Efraím, e pareceulle mal. E colleu a man de seu pai para tirala da cabeza de Efraím e levala á de Menaxés, ¹⁸dicindo: —"Así non, meu pai; o primoxénito é este. Pon na súa cabeza a túa dereita".

¹⁹Pero o pai negouse a facelo: —"Xa o sei, meu fillo, xa o sei. Tamén este chegará a ser un pobo; tamén el medrará moito. Pero seu irmán máis novo será máis ca el e os seus descendentes farán moitas nacións". ²⁰E coa mesma bendiciunos:

—"No voso nome felicitarase Israel e dirá:
Fágate Deus coma a Efraím e a Menaxés".

E puxo a Efraím por diante de Menaxés.
²¹Israel díxolle a Xosé: —"Ves que me atopo xa á morte. Deus estará convosco, e levaravos outra vez á terra de vosos pais. ²²A maiores do que lles deixo a teus irmáns, a ti douche unha parte que lles arrebatei ós amorreos coa miña espada e co meu arco".

Testamento de Xacob

49 ¹Xacob convocou con estas palabras a seus fillos:
—"Xuntádevos, e diréivo-lo
que vos vai pasar nos tempos que han vir.
²Reuníndevos, e escoitade, fillos de Xacob,
escoitade a Israel, voso pai.
³Rubén, ti e-lo meu primoxénito,
a miña forza, a primicia do meu vigor,
primeiro en dignidade, primeiro en poder.
⁴Arrogante coma as augas, xa non medras,

---

48 As tradicións iavista e elohista, e un pouco da sacerdotal, mestúranse para contaren cómo Xacob bendiciu e adoptou os fillos de Xosé, Efraím e Menaxés. O feito de que fosen dúas tribos das máis importantes requería unha lexitimación na súa orixe: eran coma dous fillos de Xacob.
48, 7 Refírese ós feitos de **35,** 16-20.
48, 12 Poñe-los nenos entre os xeonllos pertencía ó rito da adopción (**30,** 3).
48, 19 Anque estaba cego, Xacob distingue os rapaces. O feito quere dar razón de por que a tribo de Efraím era maior cá de Menaxés. Tamén está o tema da elección do menor.

48, 20 Termos da bendición de Deus a Abraham (**12,** 3).
48, 22 *Unha parte* pódese referir a Xequem, onde Xacob adquirira unha propiedade (**33,** 19) e onde sería enterrado Xosé (Xos **24,** 32).
49 Oráculos, agoiros, historia e fisonomía dos fillos de Xacob e das súas tribos homónimas. Ponse na boca de Xacob, a piques de morrer, como o seu testamento e o herdo que deixa a cada fillo. O que o fixo atopou xa diante del pequenos poemas sobre as tribos e as súas sortes, antes da monarquía e nos comezos da mesma.
49, 4 Recórdase o incesto de Rubén (**35,** 22), razón da súa merma coma tribo (Dt **35,** 6).

porque subiches ó leito de teu pai
e, ó subires, profanáche-lo meu tálamo.
⁵Simeón e Leví son irmáns
que trafican con instrumentos de violencia.
⁶Non quero entrar no seu concello,
nin ser socio da súa asemblea,
pois con asañamento mataron homes,
por capricho esgazaron touros.
⁷Maldita, por fera, a súa carraxe,
a súa cólera, por dura.
Dividireinos en Xacob,
ciscareinos por Israel.
⁸Xudá, a ti louvarante teus irmáns,
pora-la túa man na cerviz dos teus inimigos,
postraránseche teus irmáns.
⁹Xudá é león agachado;
sobes de facer presa, meu fillo.
Coma león, repousa deitado,
coma leona, ¿quen o fará erguer?
¹⁰Non se afastará o cetro de Xudá
nin de entre os seus pés o báculo,
ata que chegue o seu dominador
e os pobos o obedezan.
¹¹Amarra o seu burro na vide,
o seu burriño no bacelo.
Lava en viño o seu manto,
no sangue das uvas a súa túnica.
¹²Ten os ollos rubios de viño,
os dentes brancos de leite.
¹³Zebulón asentará na beiramar,
está onde fondean os barcos,
chega coas ás a Sidón.
¹⁴Isacar é burro rexo,
deitado nas súas cortes.
¹⁵Atopou bo o lugar do seu acougo,
gasalleira a súa terra,
puxo a carga ó lombo,
e someteuse ó traballo de escravos.
¹⁶Dan gobernará o seu pobo
coma unha das tribos de Israel.
¹⁷Coma cobra no camiño,
coma víbora no carreiro,
morde o cabalo nas unllas
e o cabaleiro cae para atrás.

¹⁸¡Eu espero, Señor, a túa salvación!
¹⁹Gad é atacado por ladróns,
pero el ataca por detrás.
²⁰Axer ten pan moi sustancioso,
produce manxares de reis.
²¹Naftalí é corzo ceibe,
que dá corzos fermosos.
²²Xosé é árbore fructífera onda a fonte,
gromo que puxa polo muro.
²³Os arqueiros provócano,
combáteno e téntano.
²⁴O arco del resiste,
mentres a eles lles tremen os brazos e as mans,
diante do Deus poderoso de Xacob,
do pastor e da pedra de Israel.
²⁵O Deus de teu pai é a túa axuda,
o Deus todopoderoso bendí o teu ser
con bendicións de arriba, do ceo,
con bendicións de abaixo, do abismo,
con bendicións de peitos e seo.
²⁶As bendicións de teu pai son máis ricaces
cás das montañas antigas
e cás delicias dos outeiros eternos.
Veñan sobre a cabeza de Xosé,
sobre a testa do elixido dos irmáns.
²⁷Benxamín é lobo rapineiro:
Pola mañá engole a presa,
pola tarde reparte os despoxos".
²⁸Estas son as doce tribos de Israel e isto o que lles dixo seu pai, cando bendiciu a cada unha coa súa propia bendición.
²⁹Despois deulles estas ordes: —"Eu estou para ir xuntarme co meu pobo. Enterráde-me cos meus pais, na cova que está no eido de Efrón o hitita. ³⁰É a cova de Macpelah, enfronte de Mambré, en Canaán, a mesma que Abraham lle comprara a Efrón o hitita, para sepultura en propiedade. ³¹Alí enterraron a Abraham e a Sara, súa muller; alí enterraron a Isaac e a Rebeca, súa muller; e alí enterrei eu a Lea. ³²O eido e maila cova que hai nel foron comprados ós hititas".
³³En acabando de da-las súas ordes, Xacob encolleu os pés na cama, expirou e foi xuntarse cos seus.

49, 5 A violencia deses dous fillos indispuxo a Xacob cos cananeos de Xequem e deixounos a eles sen terra para asentaren (**34**, 25-31).
49, 8s Xudá ocupa o primeiro posto entre as tribos. Débello á monarquía de David, que este poema ten á vista.
49, 10 Oráculo dinástico para o rei de Xudá (familia de David), lido en clave mesiánica (Núm **24**, 17; Is **11**, 1s; Ez **21**, 32; Miq **5**, 1-3). *Dominador* lendo "moxeloh", pero tamén se pode entender "aquel a quen lle pertence".
49, 15 *Someteuse...*, en xogo coa etimoloxía do seu nome, "asalariado" dos cananeos.
49, 16 "Gobernar" ou tamén xulgar, da etimoloxía do mesmo nome.
49, 18 Exclamación litúrxica engadida; rompe o texto.
49, 22 Despois do de Xudá, o oráculo máis xeneroso é o de Xosé; recorda a fertilidade e o dominio da casa de Xosé (Efraim e Menaxés, Dt **33**, 13-17).
49, 27 Sulíñase o carácter guerreiro da tribo de Benxamín.
49, 29ss Versión sacerdotal da morte de Xacob. Insiste no seu enterramento na tumba de Abraham (c. **23**).

Enterro de Xacob

50 ¹Xosé botouse enriba da cama de seu pai e, chorando, bicouno. ²Despois mandou ós médicos seus, servidores que embalsamasen a seu pai, e os médicos embalsamaron a Israel. ³Ó cumprírense os corenta días que leva o embalsamento, os exipcios fixeron loito por Xacob setenta días.

⁴Pasados os días do pranto, Xosé falou así ós servidores do faraón: —"Se merezo o voso favor, facede chegar a oídos do faraón ⁵que meu pai me fixo xurar que, cando morrese, o enterraría na sepultura que se fixo en Canaán: Agora déixame ir, enterrarei a meu pai e volverei".

⁶O faraón respondeulle: —"Vai enterrar a teu pai, conforme lle xuraches".

⁷Xosé subiu de alí para enterrar a seu pai. Acompañábano os ministros do faraón, os anciáns da súa corte, os nobres do país, ⁸a familia toda de Xosé, seus irmáns, a servidume de seu pai. Soamente deixaron en Goxén os nenos, os rabaños e os gandos. ⁹Ian tamén con eles carros e cabaleiros, de xeito que o acompañamento era moi grande.

¹⁰Chegados á eira de Atad, do outro lado do Xordán, fixeron un pranto grande e solemne. Xosé fixo por seu pai un funeral de sete días. ¹¹Ó veren os cananeos o funeral na eira de Atad, dicían: —"Grande loito é este para os exipcios". Por iso chamóuselle a aquel sitio Pranto de Exipto. Está do outro lado do Xordán.

¹²Os fillos de Xacob fixeron conforme el lles mandara. ¹³Leváronno a Canaán e enterrárono na cova de Macpelah, no eido que Abraham comprara a Efrón o hitita, de fronte a Mambré, para propiedade sepulcral. ¹⁴Despois que enterraron a seu pai, Xosé volveu para Exipto, xunto con seus irmáns e todo o acompañamento fúnebre.

Comportamento de Xosé con seus irmáns

¹⁵Despois da morte de seu pai, os irmáns de Xosé pensaron: —"A ver se Xosé nos garda rancor, e nos paga agora o moito mal que lle fixemos". ¹⁶E mandaron dicirlle: —"O teu pai ordenounos, antes de morrer: ¹⁷Dicídelle isto a Xosé: Perdóalles a teus irmáns o seu crime e o seu pecado, cando te trataron mal. Perdoa agora a culpa dos servos do Deus de teu pai".

Cando oíu o que falaban, Xosé botou a chorar.

¹⁸Os irmáns fóronse postrar diante del para lle dicir: —"Somos escravos teus".

¹⁹Xosé díxolles: —"Non teñades medo. ¿Estou eu no lugar de Deus? ²⁰Vós pensastes facerme mal, pero Deus trocouno en ben, para consegui-lo que hoxe vemos: facer vivir un grande pobo. ²¹Agora non teñades medo. Eu mantereivos a vós e a vosos fillos". Xosé consolou a seus irmáns e faloulles ó corazón.

Morte de Xosé

²²Xosé viviu en Exipto con toda a familia de seu pai. Cumpriu cento dez anos. ²³Chegou a ve-los fillos de Efraím ata a terceira xeración. Tamén a Maquir, fillo de Menaxés, lle naceron fillos nos xeonllos de Xosé.

²⁴Xosé díxolles a seus irmáns: —"Eu estou para morrer. Deus coidará de vós e sacaravos desta terra, para a terra que prometeu con xuramento a Abraham, a Isaac e a Xacob". ²⁵Xosé fixo xurar ós fillos de Israel: —"Cando veña Deus vervos, levaredes convosco os meus ósos". ²⁶Xosé morreu ós cento dez anos. Embalsamárono en Exipto e metérono nun sarcófago.

---

50 Do iavista chegóuno-la versión dos funerais de Xacob; do elohista, a imaxe dos derradeiros días de Xosé; os vv 12-13 son do sacerdotal. O enterramento de Xacob preséntase con grande solemnidade, con participación mesmo dos exipcios. Ese camiño cara á terra escenifica o agoiro da volta da familia enteira de Xacob a Canaán (46, 4).

50, 10s Etioloxías de dous nomes de lugares: "Gorén ha-Atad", eira de *Atad ou do espiño*, e "Ébel-Misraim", *Pranto de Exipto*.

50, 20 Xunto con 45, 5, esta pasaxe é unha clave teolóxica para ler como é debido a historia de Xosé. É unha historia sacra. Deus tira dos feitos destructivos da familia forzas para reconstruíla. O que era perdición, convértese en salvación. Olla cara a diante.

50, 24s Repítese a promesa da terra posta ós irmáns que quedan en Exipto; tamén Xosé quere ir a ela, mesmo despois de morto (Ex **13**, 19; Xos **24**, 32).

INTRODUCCIÓN Ó ÉXODO

O Éxodo é o libro da saída. Na súa primeira parte mostra ós fillos dos patriarcas oprimidos en Exipto, Moisés á fronte deles, loitando pola liberación, e o pobo todo cos seus bens atravesando a fronteira dos inimigos e póndose a salvo (**1**, 15). Pero con iso non se esgota o contido do libro. O seu nome non o di todo. No segundo momento o pobo liberado de Exipto atópase loitando co deserto, camiñando cara a un país que o atrae coma un paraíso (**15**, 18). No seu traballoso camiñar atinxe un punto, no que se vai deter. É o monte de Deus, o Sinaí, a onde dixeran de ir para ofrecer culto a Iavé. Aquí —terceiro momento— o pobo toma parte nun acontecemento singular e recibe estatutos que lle aclararán quen é, cando alguén de fóra ou seus fillos llo pregunten. O acontecemento é a alianza (**19**, 24; **32-34**), que Israel actualizará despois na súa celebración. Os estatutos son a Lei, que pertence á alianza. O Éxodo non contén a Lei enteira; pero si tres dos seus códigos e parte dun cuarto, segundo as divisións e os nomes polos que nós os coñecemos: o decálogo de Moisés (**20**, 1-17), o libro da alianza (**20**, 22 - **23**,19), o decálogo cúltico (**34**, 14-26) e longos capítulos do código sacerdotal, que se refiren á instalación do santuario e á institución do sacerdocio (**25-31; 35-40**).

O Éxodo no seu contido *non é un libro independente.* Os tres momentos que o compoñen son aneis dunha cadea, que ten unha punta cara atrás, no libro da Xénese, e outra cara adiante, no que segue do Pentateuco. O pobo que, por un dicir, impón medo ós exipcios de tanto que creceu, é a familia de Xacob, que se compuña de setenta persoas cando descendera alí, sendo Xosé vicerrei de Exipto. O home que dirixe o movemento da escapada é un novo patriarca, Moisés. O protagonista transcendente, que no Éxodo leva o nome de Iavé, non é outro senón o Deus dos pais, que forza a saída dos oprimidos, que os leva cara á súa terra e que lles dá o que lles cómpre, conforme á súa promesa ós patriarcas. Pero nada disto remata no mesmo libro do Éxodo, senón que segue para adiante e abrangue os outros libros.

No seu aspecto literario *o Éxodo fai parte, igualmente, da obra maior que é o Pentateuco.* As tres grandes versións da tradición común de Israel (iavista, elohísta e sacerdotal) que encontramos na Xénese, seguen agora aquí.

A xeografía *do Éxodo ten tamén a súa correspondencia coa do resto do Pentateuco.* Na Xénese hai un movemento da terra de Canaán cara a Exipto; no Éxodo o movemento é inverso. Pero a volta completa non se ve no libro do Éxodo, senón nos que lle seguen, incluíndo Xosué. A acción do Éxodo desenvólvese en dous sitios e no camiño que os une: Exipto e o Sinaí, atravesando o Mar Rubio e un deserto. A familia de Xacob asentara, segundo a Xénese, na bisbarra de Goxén, que está no Delta oriental, ó norte de Exipto. Entre ese punto e Canaán interponse unha fronteira natural de mar e de lagoas, a fronteira política que separa os países, e un deserto. O pobo que sae con Moisés chega, no libro do Éxodo, ó deserto do Sinaí. A súa ubicación non é tan fácil coma a do punto de partida. Hoxe hai moitos que buscan o lugar da alianza no N.O. de Arabia, ó oriente de Áqaba, porque alí se pensa que era o país dos madianitas e porque é terra volcánica, cousa que axustaría ben con certos rasgos da teofanía sinaítica (**19**, 18). Para outros, emporiso, a mellor ubicación é a bisbarra montañosa do sur da península que hoxe se chama Sinaí, como veñen dicindo os cristiáns desde os primeiros séculos. Do camiño que seguiron os hebreos de Exipto ó Sinaí non quedou rastro certo.

O valor histórico *do libro non é o máis sobresaliente.* Pero dos acontecementos e dos feitos que se refiren nel non existe outra fonte directa. A saída dos hebreos de Exipto é un feito seguro da historia. Nos documentos exipcios non hai probas, pero hai de sobra razóns para facela verosímil no derradeiro cuarto do século XIII a.C. Ramsés II, constructor de obras no Delta oriental, sería o opresor; Mernéftah, o seu sucesor, o faraón do éxodo. Á luz deses e doutros feitos o relato do Éxodo adquire valor, aínda que non queira ser xénero histórico. Os hebreos que saen de Exipto non son o pobo de Israel; son clans que máis adiante comporán algunhas das súas tribos, coma as da familia de Xosé (Efraím e Menaxés) e a tribo de Leví. A maneira como saíron non se pode recompoñer. O relato do Éxodo permite imaxina-los momentos e os feitos máis relevantes. Do acontecemento no Sinaí non hai moito que dicir que sirva para a historia: unha experiencia teofánica nun lugar onde había un santuario, coa ocasión dunha tempestade, dun terremoto ou dun volcán.

O valor que ninguén lle regatea ó libro do Éxodo está na súa teoloxía. Máis ca historia, ou lei ou outra cousa, o libro é proclamación, catequese, documento relixioso. Certo, o que proclama e o que ensina ten que ver con acontecementos da historia. A primeira parte do Éxodo é unha longa catequese, feita doutras máis vellas, na que se expón o artigo máis primitivo e central da fe do pobo bíblico: Deus librou da escravitude ó seu pobo. A liberación de Exipto voltouse paradigma de tódalas liberacións. A festa da Pascua recorda e celebra a liberación primeira e as que teñen lugar a cada paso na historia, ata a liberación definitiva que se espera. As tradicións do deserto mostran ó pobo en camiño, loitando coas pexas que arredan a liberdade e, coa mesma, dando pasos cara adiante, seguindo os sinais de Deus. A alianza do Sinaí, acontecemento ben remoto, seguiu tendo o sentido dun verdadeiro sacramento. O pobo entendeuno coma a súa constitución. Nacido coma pobo da alianza con Deus, foi nela onde atopou lugar e termos para manter sempre viva a súa autocomprensión. A alianza coa súa lei deulle unha guía na que podía aprender pouco a pouco a facerse pobo de Deus.

ÉXODO
A LIBERACIÓN

Os fillos de Xacob

1 ¹Estes son os nomes dos israelitas que foron a Exipto con Xacob, cada un coa súa familia: ²Rubén, Simeón, Leví, Xudá, ³Isacar, Zebulón, Benxamín, ⁴Dan, Naftalí, Gad e Axer.

⁵As persoas que descendían directamente do sangue de Xacob eran setenta. Xosé xa estaba en Exipto. ⁶Morto Xosé e seus irmáns e toda aquela xeración, ⁷os israelitas medraron, propagáronse, creceron, fixéronse moi fortes, enchían o país.

Opresión dos hebreos en Exipto

⁸Subiu ó trono de Exipto un rei novo, que non coñecera a Xosé, ⁹e díxolle ó seu pobo: —"Mirade que o pobo dos israelitas é máis forte ca nós. ¹⁰Imos tratalo con astucia, non sexa que, se se declara unha guerra, se axunte cos nosos inimigos, pelexe contra nós e logo saia do país".

¹¹Asignáronlles, pois, capataces, co fin de oprimilos con traballos, cando construían as cidades-graneiros de Pitom e de Ramsés. ¹²Pero, canto máis os oprimían, máis se multiplicaban eles e máis se propagaban.

¹³Os exipcios asobálláronos con fera opresión, ¹⁴amarguexáronlle-la vida co duro labor do barro, dos ladrillos, coa labranza da terra, e con toda sorte de traballos, impostos con brutalidade.

¹⁵Por parte, o rei de Exipto deu esta orde ás parteiras das hebreas, chamadas unha Xéfora e outra Púah: ¹⁶—"Cando asistades ós partos das hebreas, fixádevos no sexo: se nace varón, matádeo; se nace femia, que viva".

¹⁷Mais as parteiras mostráronse temerosas de Deus, e non fixeron caso do que lles mandara o rei de Exipto. Deixaban os nenos con vida. ¹⁸El fíxoas chamar, para dicirlles: —"¿Por que facedes iso de deixar nenos con vida?"

¹⁹Respondéronlle elas: —"As mulleres hebreas non son coma as exipcias. Son fortes e paren primeiro de que chegue onda elas a parteira".

²⁰Deus premiou ás parteiras. O pobo medraba e facíase moi forte. ²¹Por temeren a Deus, tamén as parteiras viron crece-la casa delas.

²²Entón ordenou o faraón ó seu pobo: —"Todo neno que naza, botarédelo ó río; ás nenas deixádeas que vivan".

Nacemento e crianza de Moisés

2 ¹Un home da tribo de Leví casou cunha muller da mesma tribo. ²A muller quedou embarazada e deu a luz un neno. Atopábao moi fermoso e tívoo encuberto por tres meses. ³Cando xa non podía encubrilo por máis tempo, colleu unha cesta de xuncos, embreouna de betume e de pez, meteu o neno nela e deixouna nunha xunqueira, á beira do río. ⁴Unha irmá do neno axexaba desde lonxe, para ver que ía ser del.

⁵Baixou a filla do faraón para se bañar no río e, mentres as súas doncelas paseaban polas beiras, viu a cesta na xunqueira e mandou á súa serva que a trouxese. ⁶Abriuna e viu nela un neno que choraba. Condoída del, dixo: —"É un neno dos hebreos".

⁷A irmá do neno díxolle á filla do faraón: —"¿Queres que vaia buscar unha muller hebrea que o críe?"

⁸Respondeulle ela: —"Vai". E a rapaza foi chama-la nai do neno.

1, 1 Para prepara-lo éxodo, tema que enche a primeira parte deste libro, este capítulo presenta ós hebreos oprimidos, lonxe da prosperidade que tiveran cando en Exipto mandaba Xosé.
1,1-5 Seguindo a tradición sacerdotal, recórdanse as persoas coas que acababa a Xénese. As mesmas setenta persoas, compoñentes das doce tribos dos fillos de Xacob, son agora os protagonistas (Xén **46**, 1-27).
1, 6 Sobre a morte de Xosé, Xén **50**, 22-26.
1, 7 O dato do crecemento do pobo mostra que se cumpre a promesa (Sal **105**, 24); pero agora xurdirán forzas que teimarán por interrompe-lo crecemento.
1, 11 A servidume dos hebreos preséntase aquí coma traballo forzado. Parece que este traballo ten que ver con construccións fronteirizas, do tempo de Ramsés II, no Delta oriental. Para pastores seminómadas esa sorte de traballo ten sempre significado opresor. Máis sobre o mesmo, en **5**, 6-23.
1, 15 Estoutra modalidade da opresión sería aínda máis grave. A supresión de tódolos nenos ó naceren acabaría logo co pobo. O tema prepara o da infancia de Moisés, que vén despois. Pero quizais é o relato da infancia a orixe dese xeito de opresión, mais inverosímil coma historia.
1, 16 *Sexo*, literalmente "pedras", que, en vez de sexo, tamén poderían referirse ós dous lados do asento onde se puña a muller para dar a luz.
2 A infancia de Moisés, das tradicións iavista e elohista, é máis teoloxía ca historia. Ten a mesma estructura doutras historias de infancia, que mostran na raíz da existencia dun pobo o que esta iá ser e significar para un pobo. Moisés é o primeiro liberado dun destino de morte que agardaba a tódolos hebreos. Irá diante do seu pobo ó encontro de Deus, para ensinarlle o camiño.
2, 1 Moisés aparece vencellado coa tribo de Leví (**6**, 20).

⁹Díxolle a filla do faraón: —"Leva este neno e críamo; pagareiche o debido". Ela colleu o neno e criouno.

¹⁰Cando o neno era xa grande, levoullo á filla do faraón, que o adoptou coma seu fillo. Púxolle por nome Moisés, dicindo: —"Das augas o saquei".

Moisés mata un exipcio e foxe a Madián

¹¹Cando Moisés era xa grande, foi un día visitar a seus irmáns, e atopounos coas súas cargas. Viu tamén que un home exipcio batía nun hebreo de entre seus irmáns. ¹²Mirou para un lado e para o outro, e certificando que non había ninguén, matou ó exipcio e enterrouno na area. ¹³Saíu ó día seguinte e viu dous hebreos pelexando. Díxolle ó agresor: —"¿Por que bates no teu compañeiro?" ¹⁴Respondeulle el: —"¿Quen te puxo de xefe ou de xuíz entre nós? ¿Ou pensas matarme, como matáche-lo exipcio?" Moisés colleu medo, pensando: —"A cousa xa se soubo". ¹⁵A nova chegou ó faraón, que mandou buscar a Moisés para matalo. Pero Moisés fuxiu do faraón e foise refuxiar en Madián.

Sentado á beira dun pozo, ¹⁶chegaron sete fillas que tiña o sacerdote de Madián, para sacaren auga e con ela enche-los píos e abreva-lo rabaño de seu pai. ¹⁷Viñeron os pastores e botáronas de alí. Pero Moisés saíu na defensa delas e abeberóulle-los rabaños.

¹⁸En volvendo elas onda seu pai Reuel, este preguntoulles: —"¿Como é que vides tan cedo hoxe?"

¹⁹Respondéronlle elas: —"Un home exipcio librounos dos pastores, sacóuno-la auga do pozo e abeberou o noso rabaño".

²⁰El preguntoulles: —"¿E onde está? ¿Como deixastes que se fose? Chamádeo para comer".

²¹Moisés aceptou habitar con Reuel, e este deulle por muller a súa filla Séfora. ²²Esta deulle a luz un fillo, ó que lle puxo o nome de Guerxom, pensando: —"Son forasteiro en terra allea".

²³Pasado moito tempo, morreu o rei de Exipto. Os israelitas queixábanse e berraban na súa servidume, e os seus xemidos subiron onda Deus. ²⁴Deus escoitou o seu pranto, lembrou o seu pacto con Abraham, con Isaac e con Xacob, ²⁵fixouse nos israelitas, recoñeceu os seus sufrimentos.

A vocación de Moisés

3 ¹Moisés pastaba os rabaños de seu sogro Ietró, sacerdote de Madián. Levaba polo deserto os rabaños, e unha vez chegou ata a montaña de Deus, o Horeb. ²Nunha labarada, no medio dunha silveira, apareceulle o anxo do Señor. Moisés reparou na silveira que ardía e que non se consumía. ³E dixo para si: "Voume chegar alá, para observar este fenómeno e saber por que non se consome a silveira". ⁴En vendo o Señor que Moisés se achegaba para ver, chamouno desde a silveira: —"¡Moisés! ¡Moisés!"

El respondeu: —"Aquí estou".

⁵Díxolle Deus: —"Non te achegues aquí. Tira as sandalias dos pés, pois o sitio onde estás é terra sagrada. ⁶E engadiu: —"Eu son o Deus de teu pai, o Deus de Abraham, de Isaac e de Xacob".

Moisés tapou a cara, polo medo de ver a Deus.

⁷O Señor díxolle: —"Teño visto as miserias do meu pobo en Exipto, oín as súas queixas contra os seus opresores, coñezo os seus sufrimentos. ⁸Vou baixar e liberalos do poder dos exipcios, e levalos desta terra a unha terra boa e largacía, terra que deita leite e mel, ós lugares dos cananeos, dos hititas,

---

2, 10 Derívase o nome do neno do verbo que significa "sacar", referíndose ás circunstancias nas que foi encontrado. A etimoloxía máis convincente, en razón do contexto, sería a que ve no nome de Moisés parte dun nome teofórico exipcio, coma Ahmosis, Tutmoses, Rameses, "fillo" dos deuses respectivos. Moisés foi adoptado por Exipto, de onde terá que saír para ser do seu pobo.

2,11 Polo relato iavista sabemos que Moisés se vai axiña para onda a súa xente, métese na súa condición e forza o seu éxodo.

2, 18 O sogro de Moisés, chamado agora Reuel, é tamén coñecido polos nomes de Ietró (**3,** 1) e de Hobab (Núm **10,** 29), conforme as varias correntes da súa tradición. En Madián estaba o monte santo, o lugar da teofanía de Iavé a Moisés e logo ó seu pobo (c, **19**). A relación de Moisés cos madianitas, expresada polo matrimonio coa filla de Ietró, debeu ser importante na orixe da relixión iavista (c.**18**).

2, 22 O primeiro elemento do nome, "estranxeiro", vén dicir que Moisés non ten a patria alí, senón cos seus.

2, 23-25 Conforme á teoloxía sacerdotal, o berro desde a opresión encontra acollida onda o Deus dos pais. A liberación da servidume preséntase ligada coa alianza patriarcal.

3 Vocación e misión de Moisés, da tradición iavista, con elementos da elohísta (vv 9-15).

3, 1 *A montaña de Deus*, que na tradición elohista e no Dt se chama Horeb, é a montaña do Sinaí (**19,** 1).

3, 2 O anxo que se mostra no lume é Deus mesmo (Xén **16,** 7). O lume é o sinal da teofanía na tradición iavista (Xén **15,** 17; Ex **19,** 18).

3, 5 Respecto ó lugar sacro (Xén **28,** 16s; Ex **19,** 12).

3, 6 A condición do home non ten capacidade para ve-lo Deus infinito (**33,** 20; Lev **16,** 2).

3, 8 Para falar da terra prometida cuñouse a expresión *terra que deita leite e mel* (v 17).

dos amorreos, dos perizitas, dos hivitas e dos iebuseos. ⁹O pranto dos israelitas chega xa onda min, e tamén teño visto como os oprimen os exipcios. ¹⁰Agora anda. Mándote onda o faraón, para que saques de Exipto ó meu pobo, os fillos de Israel".

¹¹Moisés díxolle a Deus: —"¿Quen son eu para ir onda o faraón e para saca-los israelitas de Exipto?"

¹²Respondeulle Deus: —"Eu estarei contigo. E este será o sinal de que eu te mando: Cando sáque-lo pobo de Exipto, adoraredes a Deus nesta montaña".

¹³Moisés replicou: —"Xa me estou vendo chegar onda os israelitas e dicíndolles: O Deus de vosos pais mándame onda vós. Mais eles preguntaranme: ¿E cal é o seu nome? ¿Que lles direi eu entón?"

¹⁴Deus respondeulle a Moisés: —"EU SON O QUE SON". E engadiu: —"Diraslles así ós israelitas: EU SON mándame onda vós". ¹⁵E mandoulle aínda: —"Diraslles tamén ós israelitas: Iavé, o Deus de vosos pais, o Deus de Abraham, de Isaac e de Xacob mándame onda vós. Ese será o meu nome para sempre. Por el invocaranme tódalas xeracións. ¹⁶Agora vai, xunta os anciáns de Israel e dilles: Iavé, o Deus de vosos pais, o Deus de Abraham, de Isaac e de Xacob, aparecéuseme e díxome: Veño visitarvos, pois xa vin como vos tratan en Exipto. ¹⁷Teño decidido sacarvos da miseria de Exipto e levarvos ó país dos cananeos, dos hititas, dos amorreos, dos perizitas, dos hivitas e dos iebuseos, unha terra que deita leite e mel. ¹⁸Eles faranche caso, e ti e mailos anciáns de Israel iredes onda o rei de Exipto e diredeslle: Iavé, o Deus dos hebreos, veu ó noso encontro e agora temos que facer polo deserto unha viaxe de tres días, para ofrecermos sacrificios a Iavé, o noso Deus. ¹⁹Eu sei que o rei de Exipto non vos deixará saír, se non é forzado por man rexa. ²⁰Pero eu alongarei a miña man e ferirei a Exipto. Obrarei alí moitos prodixios, e deixaranvos saír. ²¹Farei tamén que este pobo encontre o favor dos exipcios. Dese xeito, cando saian, non sairán coas mans baldeiras. ²²As mulleres pediranlles ás súas veciñas e ás súas hospedeiras obxectos de prata e de ouro e roupas para vesti-los vosos fillos e fillas, e así levaredes botín de onda os exipcios".

Deus confirma con sinais a misión

4 ¹Moisés díxolle ó Señor: —"Os israelitas non me crerán nin farán caso de min. Dirán: O Señor non se che apareceu".

²O Señor preguntoulle: —"¿Que é iso que tes na man?"

El respondeu: —"Unha vara".

³O Señor díxolle: —"Tíraa no chan". El tirouna. A vara converteuse nunha cobra, e Moisés fuxía dela.

⁴O Señor mandou a Moisés: —"Bótalle a man e cóllea polo rabo". El botoulle a man e agarrouna. E a cobra trocouse de novo en vara na súa man. ⁵—"Isto é para que crean que se che apareceu o Señor, o Deus de teus pais, Deus de Abraham, de Isaac e de Xacob".

⁶O Señor díxolle aínda: —"Mete a túa man no peito". El meteuna e, ó sacala, viu que estaba coa lepra, branca coma a neve.

⁷Díxolle o Señor: —"Mete outra vez a man no seo". El meteuna e, ó sacala, viu que estaba coma o resto do seu corpo. ⁸—"Se non cren nin che fan caso ó primeiro sinal, crerán e farancho ó segundo. ⁹Pero se non cresen nin te escoitasen por ningún destes sinais, collerás auga do Nilo, verterala no chan e volverase alí mesmo en sangue".

3,10 O "mandado" comporta vocación e misión, coa forza de Deus para cumpri-lo cometido de "sacar" a Israel da servidume.

3, 14 A tradición elohísta conta aquí a revelación do nome divino de Iavé a Moisés (a sacerdotal en Ex **6,** 2). O iavista non conta esa revelación e usa o nome desde o comezo (Xén **2,** 4; **4,** 26). O nome Iavé ten outras formas máis curtas (Iah, Iahu...), e pode ser anterior ós hebreos. ¿Atopouno Moisés onda os madianitas? A explicación filolóxica que o texto quere dar do nome, tirado do verbo ser ("haiah"), non parece moi convincente, porque o nome é anterior a esa explicación. Nesta é onde está o interese do texto, porque di o que o nome vai significar para Israel. "Eu son o que son" non parece que deba entenderse coma afirmación óntica ("eu son o ser" ou "o que produce o ser"), senón existencial: "eu son o que vén veredes que son", ou tamén "eu son o que estou convosco". Deus pon así o seu nome na súa presencia percibida, nas obras que o revelan. O relato todo do éxodo sería un comentario do seu nome. Nos seus feitos verán os israelitas e verán os exipcios que é El o que está, o que actúa. Conforme iso, Deus revela o seu nome sempre que deixa senti-la súa presencia. Parece que os relatos teñen todos moito empeño en facer ver que non é un Deus novo, senón o Deus dos pais.

3, 21s A idea de levar cousas, de expoliar, de saír co botín da victoria ou de recibir compensación pola servidume padecida, revén moitas veces (Ex **11,** 2s; **12,** 35s; Sab **10,** 17).

4 Segue a tradición iavista coa súa versión da misión de Moisés e coa corroboración da mesma, cando el, coma moitos profetas, pon excusas (Xer **1,** 6). Terá poder de facer milagres e encontrará en Aharón un profeta do profeta: un que fale no seu nome, que diga o que El poña na súa boca.

4, 2 Esta *vara* (vv 17. 20) parécese ás dos magos; pero con ela fará os sinais, que mostrarán que é Deus quen loita para salvar a Israel (Ex **7,** 20; **9,** 22s; **10,** 13).

[10] Moisés desculpouse: —"Ai, Señor; eu non son home de labia: non o era antes de hoxe, nin o son desde que ti falas co teu servo. Son torpe de palabra e de lingua". [11] Respondeulle o Señor: —"¿Quen lles dá ós homes a boca? ¿Quen os fai mudos ou xordos, tortos ou cegos? ¿Non son eu, o Señor? [12] Agora, ti vai. Eu estarei na túa boca e ensinareiche o que has dicir".
[13] Moisés dixo: —"Ai, Señor; manda outro, o que a ti che pareza".
[14] O Señor enfadouse con Moisés e díxolle: —"¿Non está aí teu irmán Aharón, o levita? Eu sei que el é un home de palabra fácil. El sairá ó teu encontro e alegrarase de verte. [15] Ti falaraslle a el e pora-las miñas palabras na súa boca. Eu estarei na túa boca e na del e ensinaréivo-lo que habedes facer. [16] El falará por ti ó pobo. Será o teu voceiro e ti serás para el coma Deus. [17] Leva na man esa vara, coa que fara-los sinais".

Moisés volve a Exipto

[18] Moisés voltou para a casa de seu sogro Ietró e díxolle: —"Quero volver a Exipto, onde están meus irmáns, para ver se aínda viven".
Respondeulle Ietró: —"Vai en paz".
[19] O Señor dixéralle en Madián a Moisés: —"Corre, volve a Exipto, pois os que querían matarte xa morreron".
[20] Moisés colleu a súa muller e os seus fillos, montounos nun xumento e voltou para Exipto. Na man levaba Moisés a vara de Deus.
[21] O Señor díxolle a Moisés: —"En volvendo a Exipto, farás diante do faraón os moitos milagres para os que eu che darei poder. Eu endurecerei o seu corazón, e non deixará saí-lo pobo. [22] Ti dirasle: Así di o Señor: Israel é meu fillo primoxénito. [23] E eu dígoche: Deixa saír a meu fillo, para que veña darme culto. Se te negas a deixalo, eu matarei o teu fillo primoxénito".
[24] Nunha pousada, ó longo da viaxe, o Señor saíulle ó paso a Moisés e tratou de matalo. [25] Séfora colleu de seguido unha lasca de pedra, cortoulle o prepucio a seu fillo e acercoullo ás partes de Moisés, dicindo: —"Ti es esposo de sangue para min". [26] O Señor deixouno, en canto ela dixo esposo de sangue, referíndose á circuncisión.
[27] O Señor díxolle a Aharón: —"Diríxete ó deserto, ó encontro de Moisés". El foi, encontrouse con el na montaña de Deus e bicouno. [28] Moisés referiulle a Aharón o que o Señor lle dixera, como o enviara e os sinais que lle mandara facer.
[29] Moisés e Aharón chegaron, e reuniron a tódolos anciáns de Israel. [30] Aharón referíulle-lo que o Señor lle dixera a Moisés, e este fixo á vista do pobo os sinais. [31] O pobo creu. E en oíndo que o Señor visitaba ós israelitas e coidaba deles na opresión, axeonlláronse e adoráronno.

Primeiro encontro co faraón

5 [1] Moisés e Aharón presentáronse ó faraón para lle dicir: —"Isto di Iavé, o Deus de Israel: Deixa saí-lo meu pobo, para que celebre a miña festa no deserto".
[2] Respondéulle-lo faraón: —"¿E quen é Iavé, para que eu o obedeza e deixe saír a Israel? Non coñezo a Iavé, e non deixarei saír a Israel". [3] Eles dixeron: —"O Deus dos hebreos chámanos. Déixanos facer polo deserto unha viaxe de tres días, para ofrecermos un sacrificio a Iavé o noso Deus, e que non nos fira coa peste ou coa espada".
[4] O rei de Exipto respondeulles: —"Moisés e Aharón, ¿por que molestáde-lo pobo no traballo? Ide cumprir co voso labor". [5] E engadiu: —"Eles son un pobo xa numeroso no país, e agora queredes que deixen o traballo".

Os traballos forzados dos hebreos

[6] Aquel día ordenoulles o faraón ós capataces e ós gardas: [7] —"Non sigades dándolle palla a esa xente que prepara os adobes, como faciades ata agora. Que a busquen eles mesmos. [8] Pero esixirédeslle-la mesma canti-

---

4, 14 Aharón cumpre aquí a función de portavoz de Moisés, o seu "profeta"; dese xeito enténdese o profeta con respecto a Deus.
4, 20Outras veces fálase soamente dun fillo, Guerxom (**2,** 22; **4,** 25); en **18,** 4 méntase un segundo fillo, Eliézer. Segundo esta pasaxe, os fillos de Moisés non foron con el a Exipto, nin tampouco a súa muller.
4, 23 A resistencia do faraón a deixar saí-los hebreos vese xa ameazada coa morte do seu primoxénito; iso converterase logo na morte de tódolos primoxénitos de Exipto (**11,** 12, 29-34). Israel é para Deus, o seu salvador, o "meu fillo" (Dt **1,** 31).
4, 24-26 Esta é unha pasaxe enigmática. Dalgún xeito recorda a loita de Xacob onda o Iaboc (Xén **32,** 26-33). Parece falar da circuncisión de Moisés, ameazado por estar incircunciso. A súa muller circuncida o fillo e toca co prepucio as partes de Moisés; sería un rito simbólico da súa circuncisión.
5 Comeza a loita pola liberación, na versión do iavista. A situación dos hebreos oprimidos empeora. Aclárase en que consisten os traballos forzados, a construcción das obras de Pitom e Ramsés (**1,** 11-14).
5, 1 A razón da saída é dar culto a Iavé ou celebra-la súa festa no deserto (**3,** 18; **7,** 16.26; **8,** 4.16.23; **9,** 1.13; **10,** 3.24). A liberación concorda con iso.

dade de adobes que facían ata hoxe, sen rebaixarlles nada, pois son uns lacazáns. Por iso berran, dicindo: Queremos ir ofrecer un sacrificio ó noso Deus. ⁹Póndelle a esa xente un traballo máis duro. Que se entreteñan con el e que non lles dean creto a contos mentireiros".

¹⁰Foron os capataces e os gardas e faláronlle ó pobo: —"Isto di o faraón: Non seguirei provéndovos de palla. ¹¹Ide vós mesmos buscala onde queira que a haxa. Pero a vosa tarefa non ha minguar en nada".

¹²A xente espallouse por toda a bisbarra, á pescuda de restrollo para a palla dos adobes. ¹³Os capataces apremiábanos, dicíndolles: —"Acabade a xeira do día, como cando tiñades palla". ¹⁴Os capataces do faraón batían nos inspectores israelitas que eles mesmos puxeran á cabeza da xente, e dicíanlles: —"¿Por que non completades agora a cantidade asignada, coma nos días pasados?"

¹⁵Os inspectores israelitas fóronse queixar ó faraón: —"¿Por que tráta-los teus servos deste xeito? ¹⁶Sen nos daren a palla, esíxennos que fagámo-los adobes. Os teus servos levan os paus, cando a culpa é do teu pobo".

¹⁷O faraón respondeulles: —"Lacazáns é o que vós sodes, lacazáns. Por iso andades dicindo: Queremos ir ofrecer un sacrificio a Iavé. ¹⁸Ide traballar agora mesmo. Non se vos dará a palla; pero vós entregaréde-los adobes que vos tocan".

¹⁹Os inspectores israelitas víronse nun apreto, cando lles dixeron: —"Non minguará en nada a cantidade de adobes asignada". ²⁰E, ó que saíron de ve-lo faraón, foron falar con Moisés e Aharón, que os estaban agardando. ²¹Dixéronlles: —"Que o Señor olle o voso feito e que xulgue. Fixéstesnos aborrecer polo faraón e polos seus servidores, e puxésteslles na man a espada para que nos maten".

²²Moisés volveuse cara ó Señor e rogou: —"Señor, ¿por que aflixes a este pobo? ¿Para que me mandaches? ²³Desde que entrei onda o faraón para falarlle no teu nome, el trata peor ó teu pobo, e ti non fas nada por libralo".

Iavé, o Deus dos pais

6 ¹O Señor díxolle a Moisés: —"Agora vera-lo que vou facer co faraón. Forzado por man rexa, deixaravos saír e mesmo vos botará da súa terra".

²Deus seguiu dicindo: —"Eu son Iavé. ³Aparecinme a Abraham, a Isaac e a Xacob co nome de Deus todopoderoso; pero non lles dei a coñece-lo meu nome Iavé. ⁴Eu fixen con eles un pacto: dárlle-lo país de Canaán, terra na que viviron coma forasteiros. ⁵Estou escoitando as queixas dos israelitas que os exipcios asoballan; teño en conta o meu pacto. ⁶Dilles, pois, ós israelitas: Eu, Iavé, tirareivos de debaixo da carga que vos impoñen os exipcios, sacareivos da súa servidume, librareivos con brazo estendido e con grandes escarmentos. ⁷Tomareivos coma meu pobo e eu serei o voso Deus. Saberedes que eu son Iavé, o voso Deus, o que vos tirou de debaixo da carga dos exipcios. ⁸Levareivos á terra que xurei darlles a Abraham, a Isaac e a Xacob, e daréivola a vós en posesión. Eu, Iavé".

⁹Moisés díxolles ós israelitas todo iso. Pero non lle fixeron caso, polo desfalecemento do espírito baixo a dureza do traballo.

¹⁰O Señor díxolle a Moisés: ¹¹—"Vai onda o faraón, rei de Exipto, e dille que deixe saí-los israelitas da súa terra".

¹²Moisés respondeulle: —"Se non me fan caso os israelitas, ¿como mo vai facer o faraón, sendo eu tan torpe de palabras?"

¹³Pero o Señor seguiu falando con Moisés e Aharón e dándolle-las súas ordes para os israelitas e para o faraón, rei de Exipto, co fin de sacar de alí ós israelitas.

Xenealoxía de Moisés e Aharón

¹⁴Estes foron os xefes dalgunhas familias patriarcais. Fillos de Rubén, primoxénito de Israel: Hanoc, Palú, Hesrón e Carmí. Estes son os clans de Rubén. ¹⁵Fillos de Simeón: Iemuel, Iamín, Ohad, Iaquín, Sohar e Xaúl, o fillo da cananea. Estes son os clans de Simeón.

¹⁶Estes son os nomes dos fillos de Leví, conforme as súas xeracións: Guerxón, Quehat e Merarí. Leví viviu cento trinta e sete anos.

¹⁷Fillos de Guerxón: Libní e Ximí, coas súas familias. ¹⁸Fillos de Quehat: Amram, Ishar, Hebrón e Uziel. Quehat viviu cento

---

5, 21 O pobo rebélase contra o liberador, que lle acarrexa inconvenientes.
6, 2 ss Esta é a versión sacerdotal da vocación de Moisés, coa revelación do nome de Iavé (**3**, 13-15).
6, 3s A alianza patriarcal dáse coma razón de que Deus escoite agora ós descendentes e os salve; baixo o seu novo nome, Deus revélase salvador.
6, 7 Esta é a fórmula da alianza, coa afirmación das dúas pertenzas (Lev **26**, 12; Dt **26**, 17-19).
6, 8 A promesa patriarcal, no capítulo da terra (Xén **13**, 14-17; **15**, 18).
6, 14ss A xenealoxía de Moisés e de Aharón, da tradición sacerdotal, quere facer ve-la ascendencia levítica de Moisés e dar nomes ós descendentes de Aharón.

trinta e tres anos. ¹⁹Fillos de Merarí: Mahlí e Muxí. Estes son os clans de Leví, conforme as súas xeracións.

²⁰Amram tomou por muller á súa parente Ioquébed, que lle deu a Aharón e a Moisés. Amram viviu cento trinta e sete anos. ²¹Fillos de Ishar: Córah, Néfeg e Zicrí. ²²Fillos de Uziel: Mixael, Elsafán e Sitrí. ²³Aharón tomou por muller a Elixeba, filla de Aminadab e irmá de Nahxón; ela deulle por fillos a Nadab, Abihú, Elazar e Itamar. ²⁴Fillos de Córah: Asir, Elcanah e Abiasaf. Estes son os clans de Córah. ²⁵Elazar tomou por muller unha das fillas de Futiel, que lle deu a Pinhás. Estes son os xefes das familias dos levitas, conforme os seus clans.

²⁶Foi a Aharón e a Moisés ós que lles dixo o Señor: —"Sacade as multitudes dos israelitas de Exipto"; ²⁷os que falaron ó faraón, rei de Exipto, de deixalos saír de alí. Eses foron Moisés e Aharón. ²⁸Cando o Señor falou con Moisés en Exipto, ²⁹díxolle: —"Eu son Iavé. Repítelle ó faraón, rei de Exipto, todo o que eu che digo".

³⁰Respondeulle Moisés: —"¿Como me fará caso o faraón, sendo eu tan torpe de palabra?"

Aviso das pragas

7 ¹O Señor díxolle a Moisés: —"Voute pór no lugar de Deus para o faraón, e teu irmán Aharón será o teu profeta. ²Ti dirás todo o que eu che mando, e teu irmán Aharón diralle ó faraón que deixe saí-los israelitas da súa terra. ³Eu endurecerei o corazón do faraón, e farei moitos sinais e moitos milagres en Exipto. ⁴Ó non darvos creto o faraón, eu porei sobre Exipto a miña man e sacarei as multitudes do pobo de Israel daquela terra con fortes escarmentos. ⁵Os exipcios aprenderán que eu son Iavé, cando alongue a miña man contra o Exipto e saque de alí os israelitas".

⁶Moisés e Aharón fixeron exactamente o que lles mandaba o Señor. ⁷Moisés tiña oitenta anos e Aharón oitenta e tres, cando falaron co faraón.

A vara vólvese cobra

⁸O Señor díxolles a Moisés e a Aharón: ⁹—"Cando o faraón vos diga: Facédeme algún milagre, ti mandarás a Aharón: Colle a vara e bótaa diante do faraón. E converterase en serpe".

¹⁰Moisés e Aharón entraron onda o faraón e fixeron o que o Señor lles tiña ordenado. Aharón botou a vara diante do faraón, e converteuse en serpe.

¹¹O faraón mandou chamar ós seus sabios e feiticeiros, e os magos exipcios fixeron iso mesmo cos seus encantamentos. ¹²Cada un botou polo chan a súa vara e converténronse en cobras. Pero a vara de Aharón engoliu as dos magos. ¹³O faraón teimou na súa e non lles fixo caso, conforme dixera o Señor.

A auga convértese en sangue

¹⁴O Señor díxolle a Moisés: —"O faraón ponse duro e non deixa saí-lo pobo. ¹⁵Vai onda il mañá cedo, cando sae para o río. Agárdao á beira do Nilo e leva na man a vara que se trocou en serpe. ¹⁶Diraslle así: Iavé, o Deus dos hebreos, mandoume dicirche isto: Deixa saí-lo meu pobo, para que me ofreza culto no deserto. Ata agora non fixeches caso aínda. ¹⁷Iavé di: Nisto poderás recoñecer que eu son Iavé. Coa vara que levo na man baterei na auga do Nilo e trocarase en sangue. ¹⁸Os peixes morrerán, as augas federán e os exipcios terán noxo de beber auga do río".

¹⁹O Señor mandou a Moisés que lle dixese a Aharón: —"Colle a túa vara e alonga a man sobre as augas de Exipto: os ríos, os canais, as lagoas e depósitos, e que se troquen todos en sangue. Haberá sangue en todo o

---

7, 1ss Deus responde ás excusas que ten Moisés para negarse á súa misión (Ex **6**, 12.30) coa xa prometida axuda de Aharón (Ex **4**, 10ss) e co anuncio das pragas. As pragas chámanse no relato milagres e sinais (Ex **4**, 9.28; **7**, 3.9; **10**, 1; **11**, 10). Son calamidades naturais, moitas delas propias de Exipto e do Nilo, pero vistas e contadas como sinais de que Deus está facendo forza para libra-lo seu pobo da opresión. Están todas referidas conforme a unha estructura literaria e cunhas circunstancias de tempo e de lugar, que, en vez de facer pensar nas leis que as causan, levan a atención cara ó Deus que as trae e que as retira pola man de Moisés. O seu valor non está no que elas mesmas son, senón no que significan: no feito de sinalar a Deus presente, castigando e salvando. O Deus que mandou a Moisés saca-lo pobo, mostra ser Iavé, o que está con el. As pragas representan a loita do Deus liberador coas forzas da opresión; Moisés e o faraón personifican esa loita.
Hai outras versións das pragas (Sal **78**, 43-51; **105**, 27-36; Sab **11**, 14-20; **16-18**). Algunhas delas coñecen menos pragas; nas dez que se refiren nestes capítulos do Éxodo algunhas parecen ser case a mesma cousa. A máis importante é a décima, que quizais na súa orixe se refería únicamente á morte do fillo do faraón (Ex **4**, 22). As outras pragas engadíronse, andando o tempo, á liturxia da festa da Pascua. O relato das pragas mestura varias versións, coas propiedades xa coñecidas das fontes do Pentateuco.

7, 9 A *vara* vai se-lo instrumento dos milagres, coma a vara dun mago (Ex **4**, 2s); os magos do faraón farán as mesmas cousas (Ex **7**, 22; **8**, 3).

7, 17 A auga da cor do sangue é o Nilo rubio.

Exipto, mesmamente nos recipientes de madeira e de pedra".
²⁰Moisés e Aharón fixeron o que o Señor lles mandara. Aharón ergueu a vara, bateu nas augas do río, á vista do faraón e dos seus servidores, e as augas do río trocáronse en sangue. ²¹Os peixes morreron, as augas fedían e os exipcios non podían beber auga do Nilo. Por todo o país de Exipto había sangue. ²²Pero os magos de Exipto fixeron tamén iso cos seus encantamentos. O faraón endureceuse e non lles fixo caso, conforme dixera o Señor. ²³Voltou para o seu pazo e non pensou máis naquilo. ²⁴Os exipcios cavaban pozos nas ribeiras do río, buscando auga que beber, pois a auga do río non servía.

A praga das ras

²⁵Pasados sete días desde que o Señor batera o Nilo, ²⁶díxolle o Señor a Moisés: —"Vai onda o faraón e comunícalle que isto di Iavé: Deixa saí-lo meu pobo, para que me ofreza culto. ²⁷Se non o deixas saír, infestarei de ras todo o país. ²⁸O Nilo ferverá con elas, subirán ó teu pazo, á cámara do teu leito, enriba da túa cama, ás casas dos teus ministros e de todo o teu pobo, ós teus fornos e artesas. ²⁹Ti, os teus servidores e todo o teu pobo quedaredes cubertos de ras".

8 ¹O Señor mandou a Moisés que lle dixese a Aharón: —"Tende a túa man coa vara sobre os ríos, os canais e as pozas, e que a terra de Exipto quede cuberta de ras".
²Aharón tendeu a man sobre as augas de Exipto, e xurdiron tantas ras, que cubrían a terra. ³Pero os magos fixeron iso mesmo cos seus encantamentos: fixeron saír ras ata cubri-la terra.
⁴O faraón mandou chamar a Moisés e Aharón, para dicirlles: —"Rogade a Iavé que arrede as ras de min e do meu pobo, e deixarei saí-lo voso pobo, para que ofreza sacrificios a Iavé".
⁵Moisés preguntoulle: —"Fai o favor e dime cando hei rogar por ti, polos teus ministros e o teu pobo, para que as ras se arreden de ti e do teu pazo, dos teus ministros e do pobo, e se reduzan ó Nilo".
⁶El respondeu: —"Mañá".
Díxolle Moisés: —"Será como ti dis, para que saibas que non hai outro coma Iavé, o noso Deus. ⁷As ras arredaranse de onda ti, do teu pazo, de onda os teus ministros e o teu pobo, e reduciranse ó Nilo".

⁸Moisés e Aharón saíron do pazo real. Moisés rogou a Iavé pola cousa das ras que mandara contra o faraón. ⁹O Señor fixo que fose como Moisés lle pedía. E morreron as ras das casas, dos cercados e dos campos. ¹⁰Axuntábanas en moreas, e todo o país fedía. ¹¹En vendo o faraón que podía folguexar, endureceu o corazón e non lles fixo caso, conforme lles dixera o Señor.

A praga dos mosquitos

¹²O Señor mandou a Moisés que dixese a Aharón: —"Tende a vara e bate o po do chan, para que se troque en mosquitos por toda a terra de Exipto".
¹³E fixérono así. Aharón tendeu a man, bateu coa vara na terra, e esta trocouse en moscas, que picaban homes e gando. O po todo do chan converteuse en mosquitos en todo o Exipto. ¹⁴Os magos quixeron face-la mesma cousa, sacar mosquitos cos seus encantamentos, pero non o conseguiron. Os mosquitos picaban nos homes e no gando. ¹⁵Os magos dixéronlle entón ó faraón: —"O dedo de Deus anda aquí". Pero o corazón do faraón endureceu e non lles fixo caso, conforme dixera o Señor.

A praga dos tabáns

¹⁶O Señor díxolle a Moisés: —"Mañá érguete cedo, preséntate ó faraón cando sae cara ó río, e dille que Iavé ordena isto: Deixa saí-lo meu pobo, para que me ofreza culto. ¹⁷Se non o deixas saír, botarei tabáns enriba de ti, dos teus ministros, do teu pobo, da túa xente. Encheranse deles as casas e a mesma terra onde pisan. ¹⁸Ese día farei unha excepción coa terra de Goxén, onde está o meu pobo. Non haberá tabáns nela, para que saibas que estou nesta terra eu, Iavé. ¹⁹Distinguirei entre o meu pobo e o teu. Mañá verás este sinal".
²⁰O Señor cumpriuno así. Entraron enxames de tabáns no pazo do faraón e nas casas dos seus servos. Toda a terra de Exipto estaba infestada de tabáns.
²¹O faraón fixo chamar a Moisés a Aharón, para dicirlles: —"Ide, ofrecede sacrificios ó voso Deus nesta terra".
²²Moisés respondeulle: —"Iso non pode ser, pois o que nós ofrecemos en sacrificio a Iavé, o noso Deus, é abominable para os exipcios. Se sacrificámo-lo que para eles é abominable, ¿non nos acantazarían?

8, 15 Aquí acábase o xogo entre Moisés e os magos. O "dedo de Deus" é a vara coa que Moisés fai os milagres.

Neste caso o home responde á iniciativa de Deus; no caso da maxia é ó revés.

²³Faremos tres días de camiño no deserto e ofreceremos alí os sacrificios, conforme Deus nos mandou".
²⁴Dixo o faraón: —"Deixareivos saír e ofreceréde-los sacrificios no deserto a Iavé, o voso Deus, coa condición de que non vos alonguedes. E rezade por min".
²⁵Respondeu Moisés: —"En canto saia de onda ti, rogarei a Iavé e, nese intre, arredaranse os tabáns do faraón, da súa corte, do seu pobo. Pero que o faraón non volva enganarnos, non deixando saí-lo pobo, para que ofreza sacrificios a Iavé". ²⁶Moisés saíu de onda o faraón, e púxose a orar cara ó Señor.
²⁷O Señor fixo que fose como Moisés lle pedía. Os tabáns arredáronse de onda o faraón, da súa corte, do seu pobo, sen quedar sequera un. ²⁸Pero o faraón endureceuse tamén por esta vez, e non deixou saí-lo pobo.

A peste no gando

9 ¹O Señor díxolle a Moisés: —"Vai onda o faraón e faille saber que isto di Iavé, o Deus dos hebreos: Deixa saí-lo meu pobo, para que me ofreza culto. ²Se non os deixas saír e os segues detendo pola forza, ³a man de Iavé caerá con peso sobre o gando dos campos. Os cabalos, os xumentos, os camelos, as vacas e as ovellas sufrirán unha peste maligna. ⁴Iavé distinguirá entre o gando dos israelitas e o gando dos exipcios. Aquel non perderá sequera unha cabeza". ⁵O Señor fixou un prazo: —"Mañá cumprirá o Señor a súa palabra no país". ⁶E o Señor cumpriu a súa palabra ó día seguinte. Morreu o gando todo dos exipcios; pero dos israelitas non morreu sequera unha cabeza. ⁷O faraón mandou pescudar sobre o feito, e do gando dos israelitas non morrera sequera unha cabeza. Pero o faraón endureceuse e non deixou saí-lo pobo.

Chagas na xente e no gando

⁸O Señor díxolles a Moisés e a Aharón: —"Collede do forno un puño de cinsa, e que Moisés a cisque polo aire, á vista do faraón. ⁹Trocarase en po, que caerá en todo o Exipto enriba da xente e do gando, producindo chagas purulentas en todo o país".
¹⁰Eles colleron cinsa dun forno e presentáronse onda o faraón. Moisés ciscouna polo aire, e produciu chagas purulentas na xente e no gando. ¹¹Os magos non podían resistir diante do faraón, polas chagas que lles saíran, a eles como a tódolos exipcios. ¹²O Señor endureceu o corazón do faraón, e non lles fixo caso, conforme dixera o Señor a Moisés.

O pedrazo

¹³O Señor díxolle a Moisés: —"Mañá érguete cedo, preséntate ó faraón e comunícalle que Iavé, o Deus dos hebreos, manda isto: Deixa saí-lo meu pobo, para que me ofreza culto. ¹⁴Pois desta botarei tódalas pragas enriba de ti, dos teus ministros, do teu pobo, para que saibas que non hai ninguén coma min en toda a terra. ¹⁵Se alongase agora mesmo a miña man e te batese coa peste a ti e ó teu pobo, esvaeceríaste da terra. ¹⁶Se te manteño vivo, é para facerche vela miña forza e para que se fale do meu nome en todo o mundo. ¹⁷Ti detés aínda o meu pobo e non o deixas saír. ¹⁸Pero mira: Mañá destas horas farei caer unha chuvia de pedrazo, tan rexo como non se viu aínda en Exipto, desde o día en que foi fundado ata hoxe. ¹⁹Manda poñer ó seguro a túa facenda e canto tes nos eidos. A xente e o gando que se atopen fóra, por non os dares recollido, sufrirán a chuvia do pedrazo, e morrerán".
²⁰Os ministros do faraón que temían ó Señor, meteron ó seguro a súa xente e as súas facendas. ²¹Os que non deron creto ás palabras de Iavé deixaron fóra os servos e as facendas. ²²Despois díxolle o Señor a Moisés: —"Estende a túa man cara ó ceo: que caia pedrazo en toda a terra de Exipto, sobre os homes, os animais e sobre toda a vexetación do campo".
²³Moisés tendeu a vara cara ó ceo, e o Señor mandou trebón e pedrazo; caeron lóstregos na terra; e Señor fixo chover pedrazo sobre Exipto. ²⁴Caía o pedrazo e os lóstregos mesturábanse coa pedra. O pedrazo era tan groso e tan rexo, como non se vira en Exipto desde que era pobo.
²⁵O pedrazo feriu todo o que había no campo en Exipto, o mesmo xente que gando; machicou a herba, tronzou tódalas árbores. ²⁶Soamente non caeu na bisbarra de Goxén, onde estaban os israelitas.
²⁷O faraón mandou chamar a Moisés e a Aharón, para dicirlles: —"Esta vez fixen mal. Iavé é xusto. Eu e mailo meu pobo recoñecémonos culpados. ²⁸Rogádelle a Iavé, pois temos xa abondo de trebón e pedrazo. Deixareivos saír, e non seguirei deténdovos máis tempo".
²⁹Díxolle Moisés: —"En saíndo da cidade, tenderei as mans cara a Iavé, e entón parará o trebón e deixará de caer pedrazo, para que saibas que a terra é de Iavé. ³⁰Eu sei que ti e

os teus servos non temedes aínda a Iavé Deus". ³¹O liño e a cebada arruináronse, porque esta tiña xa espigas e aquel estaba na flor. ³²Pero non se perderon o trigo e o centeo, por seren máis serodios.

³³En saíndo de onda o faraón e da cidade, Moisés tendeu as mans cara ó Señor. Os trebóns e o pedrazo remitiron, e parou de chover.

³⁴Cando viu o faraón que rematara a choiva, o pedrazo e os trebóns, volveu pecar, el e os seus ministros, teimando na mesma outra vez. ³⁵O corazón do faraón endureceuse e non deixou saí-los israelitas, conforme dixera o Señor por Moisés.

A praga da lagosta

10 ¹O Señor díxolle a Moisés: —"Vai onda o faraón. Eu endurecino a el e á súa corte, para facer diante deles os meus sinais, ²e para que así poidas contarlles a teus fillos e a teus netos como tratei eu ós exipcios e os sinais que fixen con eles. Dese xeito saberedes que eu son o Señor".

³Moisés e Aharón presentáronse ó faraón, para dicirlle: —"Así fala Iavé: ¿Por canto tempo te negarás a abaixarte diante de min? Deixa saí-lo meu pobo, para que me ofreza culto. ⁴Se non o deixas saír, mañá traerei a lagosta ó teu país. ⁵Cubrirá a superficie da terra, de xeito que non se poderá nin ve-lo chan; comerá o resto salvado do pedrazo; rillará as plantas todas que crecen nos campos. ⁶Enchérá a túa casa, as dos teus ministros e as de tódolos exipcios, cousa que nunca viron teus pais nin teus avós, desde o día en que viñeron á terra ata hoxe". Moisés deu a volta e saíu de onda o faraón. ⁷Os ministros dixéronlle ó faraón: —"¿Ata cando nos seguirá poñendo trapelas este home? Deixa marchar esa xente, e que ofrezan culto ó seu Deus Iavé. ¿Ou non te dás conta aínda de que Exipto se está botando a perder?"

⁸Fixeron volver a Moisés e a Aharón onda o faraón, e este díxolles: —"Ide e dade culto a Iavé, o voso Deus. Pero ¿cales son os que irán?"

⁹Respondeulle Moisés: —"Iremos nós cos nenos e cos vellos, cos fillos e coas fillas. Levaremos tamén as ovellas e as vacas, pois celebrámo-la festa de Iavé".

¹⁰Díxolle o faraón: —"¡Así vaia Iavé convosco, coma eu vos deixarei saír a vós e a vosos fillos! Pero ¿vedes como son cativas as vosas intencións? ¹¹Non. Ide soamente os homes e dade culto a Iavé, pois iso é o que pedistes". E con iso o faraón botounos da súa presencia.

¹²O Señor díxolle a Moisés: —"Estende a túa man sobre Exipto, e que entre a lagosta por todo o país, que coma a herba dos campos e o que quedou do pedrazo".

¹³Moisés tendeu a vara sobre Exipto, e o Señor empuxou cara ó país un vento do leste, todo o día e toda a noite. Pola mañá o vento siroco trouxera a lagosta. ¹⁴A lagosta entrou por todo o país e pousouse en toda a terra de Exipto. Tan grande cantidade de lagosta non a houbera antes nin a volvería haber despois. ¹⁵Cubría a superficie da terra, ata escurecela. Comeu a herba dos eidos e os froitos das árbores que quedaran do pedrazo. En todo o Exipto non quedou chisca de verde, nin nas árbores nin nos campos.

¹⁶O faraón fixo chamar a toda présa a Moisés e a Aharón, para dicirlles: —"Pequei contra Iavé, o voso Deus, e tamén contra vós. ¹⁷Agora perdoade o meu pecado, tamén por esta vez, e rogade a Iavé, o voso Deus, para que arrede de min este mortífero castigo".

¹⁸Moisés saíu de onda o faraón e rogou ó Señor. ¹⁹O Señor trocou aquel vento por un vento forte do mar, que levou a lagosta e a guindou no Mar Rubio. Non quedou unha lagosta nos lindeiros de Exipto. ²⁰Pero o Señor endureceu o corazón do faraón, e este non deixou saí-los israelitas.

As tebras

²¹O Señor díxolle a Moisés: —"Ergue a túa man cara ó ceo, e virán sobre Exipto unhas tebras tan pechas, que se poderán apalpar".

²²Moisés estendeu a súa man cara ó ceo e viñeron tres días de néboa escura sobre Exipto. ²³Nos tres días non se vían uns ós outros nin se podían mover do seu sitio. Pero nas moradas dos israelitas había luz.

²⁴O faraón mandou chamar a Moisés, para dicirlle: —"Ide e dade culto a Iavé. Podedes levar convosco os vosos fillos; deixade só as ovellas e as vacas".

²⁵Respondeulle Moisés: —"Permitirasnos levar tamén víctimas para os sacrificios que habemos ofrecer a Iavé, o noso Deus. ²⁶O gando terá que vir connosco, sen que quede aquí nin unha uña, pois del temos que ofre-

---

10, 2 Na tradición sagrada do pobo é onde atoparon a súa forma as varias versións das pragas (**12,** 26s; **13,** 8; Dt 4,9; **6,** 20-25).

cer culto a Iavé, o noso Deus. Nós non sabemos aínda o que lle habemos ofrecer; só o saberemos alí".
²⁷Pero o Señor endureceu o corazón do faraón, que non quixo deixalos saír. ²⁸Díxolle a Moisés: —"Arrédateme de aquí, e non te me poñas máis diante. Se un día volves verme, morrerás".
²⁹Respondeulle Moisés: —"Como ti digas. Non che volverei ve-la cara".

Ameaza ós primoxénitos

11 ¹O Señor díxolle a Moisés: —"Vou mandar aínda unha praga sobre o faraón e o seu pobo. Despois vaivos deixar saír de aquí. Mellor dito, botaravos el mesmo de Exipto. ²Aconséllalle ó pobo que cada home pida ó seu veciño e cada muller á súa veciña obxectos de prata e ouro". ³O Señor fixo que o pobo lles caese ben ós exipcios; e o mesmo Moisés era estimado pola corte do faraón e polo pobo de Exipto.
⁴Moisés deu este anuncio: —"Isto di o Señor: á medianoite pasarei por todo o Exipto, ⁵e morrerán os primoxénitos todos do país, desde o primoxénito do faraón que senta no trono, ata o da serva que move a pedra do muíño, e mesmo os primoxénitos do gando. ⁶Haberá no Exipto enteiro un lamento tan grande, como non o houbo antes nin o volverá haber. ⁷Pero onde están os israelitas non oubeará can ningún nin por homes nin por gando, para que saibades que o Señor distingue entre Exipto e Israel. ⁸Entón estes teus ministros acudirán onda min e, postrándose, pediranme: Sae de onda nós ti e todo este pobo que te segue. E entón eu sairei". E Moisés foise anoxado de onda o faraón.

⁹O Señor dixéralle a Moisés: —"O faraón non vos dará creto, e eu farei moitos milagres en Exipto".
¹⁰Moisés e Aharón fixeron estes milagres diante do faraón. Pero o Señor endureceu ó faraón, que non deixou saí-los israelitas da súa terra.

A Pascua

12 ¹O Señor díxolles en Exipto a Moisés e a Aharón: ²—"Teredes este mes polo primeiro dos meses, o mes principal de todo o ano. ³Dicídelle a toda a comunidade de Israel: No día dez deste mes que cada un busque un año por familia e por casa. ⁴Se a familia é moi pequena para come-lo año enteiro, que se xunte co veciño máis próximo á súa casa, botando conta das persoas. O año será estimado conforme ó que cada un poida comer. ⁵O año será sen defecto, macho e dun ano. Pode se-lo mesmo un año coma un cabrito. ⁶Gardarédelo ata o catorce deste mes e, entre lusco e fusco dese día, inmolarao a comunidade toda de Israel en asemblea. ⁷Colleréde-lo sangue e mollaredes con el as xambas e o lintel das casas nas que se vai comer. ⁸Comeréde-la carne esa noite, asada no lume, con pan sen levedar e con verduras amargas. ⁹Non comeredes nada del cru, nin cocido en auga, senón asado no lume, con cabeza, patas e entrañas. ¹⁰Non deixaredes nada del para a mañá; se vos sobra algo, queimádeo. ¹¹Comerédelo deste xeito: a cintura cinguida, as sandalias nos pés, o caxato na man. Comerédelo ás presas, pois é a Pascua do Señor.
¹²Esa noite pasarei eu por todo o Exipto e ferirei de morte tódolos primoxénitos, desde

---

11 A morte dos primoxénitos, unha peste que collía só os nenos, ou quizais na súa orixe só ó fillo do faraón (4, 22), refírese con maior solemnidade: inclúe anuncio (11) e cumprimento (12, 29-42), e remata coa expulsión dos hebreos de Exipto (6, 1; 11 1).
11, 2s Sobre o tema da expoliación, 3, 21; 12, 35s.
12-13 Unha paréntese longa sobre a Pascua, que rompe o fío da narración. Nela mestúrase o relato dun acontecemento que orixinou unha celebración, coas leis e co ritual desa celebración. Tanto unha cousa coma a outra veñen de diversas fontes. Para máis complexidade, trátase de dúas festas e de dous rituais diferentes. Por un lado está a *festa da Pascua*, festa de pastores seminómadas, que, primeiro de emprenderen a transhumancia da primavera, sacrificaban un cordeiro dos que naceron no ano; esta festa é anterior, independente do Éxodo. Por outro lado está a *festa dos Ázimos*, de labradores sedentarios, que na primavera ofrecen as primicias dos froitos da súa terra. Israel, que foi nómada e despois sedentario, coñeceu e festexou esas dúas festas, que se correspondían en tempo e en sentido. De aí que dalgunha maneira se fundisen ou fose suplantada unha pola outra, e que as dúas recibisen, cando Israel lles deu ás súas festas o contido da súa historia, o cometido de celebra-la liberación da servidume.
Á tradición sacerdotal debémoslle o encadro e as leis sobre as dúas festas (12, 1-20); á tradición iavista o relato da Pascua, a morte dos primoxénitos e a saída dos israelitas (12, 21-39); outras partes preséntanse en redacción deuteronómica (12, 24-27; 13, 3-16). A Pascua é a festa que os israelitas queren celebrar fóra de Exipto, libres da opresión (5,1;7,16.26;8,4.16.23;9,1;10,3.24).
Outros rituais destas festas en Lev 23, 5-8; Núm 28, 16-25; Dt 16, 1-8. O relato todo do éxodo é a lenda da festa.
12, 2 O primeiro mes do ano é o mes de "abib", na primavera (marzo-abril); no calendario postexílico chámase "nisán".
12, 8 O *pan sen levedar* é o que dá o nome á festa dos Ázimos (v 15ss).
12, 11 Xúntanse os ritos da Pascua, festa de pastores, e da Pascua, festa da liberación. O nome da festa, Pascua (Pésah), enténdese aquí en función do acontecemento da liberación (vv 13. 23. 27), coma se procedese do verbo "pasah", saltar, pasar por alto.

os dos homes ata os do gando. Farei cumprida xustiza con tódolos deuses de Exipto. Eu, o Señor. [13]O sangue será o sinal das casas onde vós habitades. En vendo o sangue, pasarei sen me deter, e así, cando eu fira a Exipto, non vos tocará a vós a praga exterminadora. [14]Este día quedaravos na memoria e faredes nel festa ó Señor. Será festa de precepto por tódalas xeracións.

Os Ázimos

[15]Sete días seguidos comeredes pans ázimos. Desde o primeiro día botaréde-lo lévedo das casas, pois o que coma pan fermentado entre o primeiro día e o sétimo será excluído de Israel. [16]O día primeiro é día de asemblea, e tamén o día sétimo. Neses días non deberedes traballar, fóra de preparar cada un o que ha comer. [17]Gardaréde-la festa dos Ázimos, pois nese mesmo día saquei eu as vosas multitudes de Exipto. Gardarédela coma festa de precepto por tódalas xeracións. [18]No mes primeiro, desde a tarde do día catorce ata a do vinteún, comeredes pan ázimo. [19]Neses sete días non gardaredes pan lévedo na casa. Quen coma algo fermentado será excluído da asemblea de Israel, o mesmo o forasteiro coma o indíxena. [20]Non comeredes pan fermentado; onde queira que habitedes, comeredes pan ázimo".

Disposicións sobre a Pascua

[21]Moisés convocou ós anciáns todos de Israel e díxolles: —"Buscade e facédevos cunha res por familia e inmolade a víctima da Pascua. [22]Collede un ramallo de hisopo, molládeo no sangue que recollades nun recipiente, e unxide con el o lintel e as xambas da porta. E que ninguén saia da porta da casa para fóra, namentres non amañeza. [23]O Señor vai pasar ferindo os exipcios. Pero, en vendo o sangue no lintel e nas xambas, pasará diante da porta sen se deter. Non deixará entrar nas vosas casas ó exterminador para ferir. [24]Cumpriredes estas ordes coma lei a perpetuidade para vós e para os vosos fillos. [25]Cando un día entredes na terra que o Señor vos dará, conforme a súa promesa, observaredes este rito. [26]Entón preguntaranche os teus fillos: ¿Que significa este rito que facedes? [27]Vosoutros dirédeslles: É o sacrificio da Pascua, cando o Señor pasou sen deterse diante das casas dos israelitas en Exipto, ferindo os exipcios e deixando a salvo as nosas casas".

Nisto o pobo postrouse e adorou. [28]Os israelitas foron e fixeron como lles mandara o Señor por Moisés e Aharón.

Morte dos primoxénitos

[29]Á medianoite o Señor feriu de morte a tódolos primoxénitos de Exipto, desde o primoxénito do faraón que senta no trono, ata o do prisioneiro que está no calabozo, e mesmo os primoxénitos do gando. [30]O faraón ergueuse de noite e, coma el, os seus ministros e todo o Exipto, e sentiuse un gran pranto en todo o país, pois non había casa onde non houbese algún morto.

[31]Na mesma noite mandou o faraón chamar a Moisés e a Aharón, para dicirlles: —"Erguédevos e saíde do medio do meu pobo con tódolos israelitas. Ide e dade culto a Iavé, como dixestes. [32]Levade convosco, como queriades, os rabaños e o gando. Ídevos e bendicídeme a min tamén". [33]Os exipcios facían forza sobre o pobo, para que saíse axiña do país, pois dicían: —"Imos morrer todos".

[34]A xente sacaba das artesas a masa sen levedar, envolvíaa en mantas e cargábaas ás costas. [35]Os israelitas fixeron como lles dixera Moisés. [36]Pedíanlles ós exipcios obxectos de prata e ouro e mais roupas. O Señor fixo que o pobo lles caese ben ós exipcios, que lles deixaban canto lles pedían. Así despoxaron ós exipcios.

Saída dos hebreos de Exipto

[37]Os israelitas saíron de Ramsés cara a Succot. Sen levar conta dos nenos, eran coma seiscentos mil homes. [38]Con eles ía tamén unha multitude de xente mesturada, e rabaños de ovellas e de vacas e gando en grande cantidade.

[39]Coceron a masa que sacaran de Exipto e fixeron bolas de pan asmo, pois non lle deran tempo a levedar. Como saíran de Exipto empuxados, non puideron deterse a preparar merenda para a viaxe.

12, 14 Esa celebración primeira aparece constituínte da celebración que se fará ano tras ano. A mesma cousa cós Ázimos (v 17).
12, 21ss Esta versión iavista da celebración da Pascua vese máis primitiva e máis independente das circunstancias do éxodo. Na festa independente do éxodo ó esconxuro do exterminador correspondía o dos malos espíritos.
12, 31 Aquí a saída dos hebreos é vista coma expulsión (en lugar de fuxida), debida á morte dos primoxénitos (v 29).
12, 37 Un número tan grande de xente non se podería mover polo deserto. Trátase dunha cantidade hiperbólica. O número real tiña que ser pequeno.

⁴⁰A estadía dos israelitas en Exipto foi de catrocentos trinta anos. ⁴¹No mesmo día en que se cumprían os catrocentos trinta anos, saíron de Exipto as multitudes do Señor. ⁴²Esa noite velou o Señor para sacalos. Esa noite velan os israelitas por tódalas xeracións.

A lei da Pascua

⁴³O Señor díxolles a Moisés e a Aharón: —"Esta será a lei da Pascua: ningún estranxeiro comerá dela. ⁴⁴Pero poderán comer dela os escravos mercados por diñeiro, se están circuncidados. ⁴⁵Non comerán dela nin os forasteiros nin os mercenarios. ⁴⁶Comeredes dentro da casa; non sacaredes fóra carne ningunha; non romperedes ningún óso. ⁴⁷A comunidade enteira de Israel celebrará esta festa. ⁴⁸Se vive convosco un estranxeiro e quere celebra-la Pascua do Señor, deberá facer circuncidar a tódolos varóns da súa casa, e entón poderá celebrala; será coma un do país. Pero non comerá dela ningún incirciso. ⁴⁹A mesma lei rexerá para os que son do país coma para os estranxeiros que habiten convosco".

⁵⁰Os israelitas todos cumpriron o que o Señor lles mandara a Moisés e a Aharón. ⁵¹Naquel mesmo día sacou o Señor as multitudes israelitas de Exipto.

A lei dos Ázimos e a lei dos Primoxénitos

13 ¹O Señor díxolle a Moisés: ²—"Conságrame todo primoxénito. Todo primeiro nacido que bote o ventre, tanto se é dos homes coma dos animais, perténceme a min".

³Moisés díxolle ó pobo: —"Lembrade este día en que saístes de Exipto, da casa da servidume, cando con man rexa vos sacou de alí o Señor. Non comades pan lévedo nese día. ⁴Saídes hoxe, no mes de abib. ⁵Cando o Señor vos introduza na terra dos cananeos, dos hititas, dos amorreos, dos hivitas e dos iebuseos, conforme o xuramento que fixo a vosos pais, unha terra que deita leite e mel, no mes de abib celebraredes esta festa. ⁶Sete días seguidos comeredes pans ázimos; o día sétimo será a festa do Señor. ⁷Comeredes pans ázimos durante os sete días, e que na túa casa non se vexa pan fermentado nin no teu territorio pan lévedo ningún. ⁸Nese día explicaraslle ó teu fillo: Isto é polo que o Señor fixo por min, cando saín de Exipto. ⁹Será coma un sinal que pos no teu brazo e coma unha lembranza diante dos teus ollos; levarás nos teus labios a lei do Señor, que te sacou de Exipto con man forte. ¹⁰Observa este rito de ano en ano, no seu día.

¹¹Cando o Señor te dea introducido na terra dos cananeos, conforme vos xurou a ti e a teus pais, e cha dea en posesión, ¹²consagrarás ó Señor tódolos primoxénitos. As primeiras crías dos teus gandos, se son machos, perténcenlle ó Señor. ¹³A primeira cría dun xumento poderala rescatar cunha ovella; se non a rescatas, tela que esnucar. Os teus fillos primoxénitos telos que rescatar. ¹⁴Cando mañá o teu fillo che pregunte: ¿Que significa isto?, ti diraslle: O Señor sacounos con man forte de Exipto, da casa da servidume. ¹⁵O faraón teimaba en non deixarnos saír, e entón o Señor matou a tódolos primoxénitos de Exipto, os dos homes e os do gando. Por iso nós sacrificamos para o Señor as primeiras crías do gando que son machos, e rescatámo-los fillos primoxénitos. ¹⁶Será coma un sinal que pos no teu brazo e coma unha lembranza diante dos teus ollos: o Señor sacoute de Exipto con man forte".

A primeira xeira do camiño

¹⁷Unha vez que o faraón deixou saí-lo pobo, Deus non o conduciu polo camiño que leva a Filistea, que é máis curto, pois preveu: "—Non sexa que, ó vérense en guerra, se arrepintan e dean volta para Exipto". ¹⁸Deus fíxolles dar polo deserto un rodeo, na dirección do Mar Rubio. Os israelitas saíran de Exipto ben armados.

¹⁹Moisés levaba consigo os ósos de Xosé, pois este fixéralles xurar ós israelitas: —"Deus visitaravos certamente, e entón levaredes de aquí os meus ósos convosco".

²⁰Saíron de Succot e acamparon en Etam, á beira do deserto. ²¹O Señor camiñaba diante deles, polo día nunha columna de nube para os guiar, pola noite nunha columna

---

12, 43ss A tradición sacerdotal dá as súas leis para a participación de estranxeiros na festa da liberación.

13, 2 O tema dos primoxénitos non ten que ver coa Pascua, senón coa décima praga. Á parte diso, as primicias de todo considéranse de Deus, en recoñecemento a que El é o dono de todo. Os primoxénitos humanos deben ser rescatados (vv 11-16).

13, 3-10 Máis leis sobre os Ázimos, correspondentes con Ex **12**, 15-20. A festa é vista aquí coma recordo; o ton da pasaxe é como de predicación.

13, 17s Os datos non permiten reconstituí-lo itinerario que os hebreos seguiron. O país dos filisteos (hai un anacronismo) é á costa mediterránea. O rodeo polo Mar Rubio indica coma é o sueste.

13, 19 Referencia ó testamento de Xosé (Xén **50**, 25; Xos **24**, 32).

13, 21s Sinais da presencia de Deus. A nube e mailo lume son propios da versión iavista.

de lume para os alumear. Dese xeito camiñaban de día e de noite. ²²Nin a columna de nube se afastaba do pobo polo día nin a de lume pola noite.

O paso do Mar Rubio

14 ¹O Señor díxolle a Moisés: ²—"Dilles ós israelitas que fagan un rodeo e que acampen diante de Pi-hahirot, entre Migdal e o mar, enfronte de Baalsefón, e que poñan as tendas cara ó mar. ³O faraón pensará: Os israelitas andan perdidos no país; o deserto péchalle-lo paso. ⁴Eu endurecerei o corazón do faraón, de xeito que se botará a perseguirvos, e eu mostrarei a miña gloria á conta súa e dos seus exércitos. Entón saberán os exipcios que eu son Iavé". Os israelitas fixeron o mandado.

⁵Dixéronlle ó rei de Exipto que o pobo fuxira. O corazón do faraón e o dos seus ministros volvéronse contra el, e dicían: —"¿Que fixemos, deixando saír do noso servicio a Israel?" ⁶O faraón mandou que enganchasen o seu carro, e mobilizou o seu exército. ⁷Tomou seiscentos carros escolleitos e logo os outros carros de Exipto con tódolos xefes do exército. ⁸O Señor endureceu o corazón do faraón, rei de Exipto, para que perseguise ós israelitas, que saían co brazo ergueito. ⁹Os exipcios perseguíronos e atrapáronos, acampados onda o mar. A cabalería, os carros, os cabaleiros e o exército enteiro do faraón chegaron a Pi-hahirot, diante de Baalsefón.

¹⁰Cando o faraón se aproximaba, ergueron os israelitas a súa vista e viron ós exipcios que corrían tras deles. E, cheos de medo, clamaron cara ó Señor. ¹¹Dixéronlle a Moisés: —"¿Seica non había sepulturas en Exipto, para que nos fixeses vir morrer no deserto? ¿Que ben nos fixeches con sacáresnos de Exipto? ¹²¿Non che diciamos xa alí: Déixanos, que nós serviremos ós exipcios? Mellor nos era servilos que vir morrer no deserto".

¹³Moisés respondeulles: —"Non teñades medo. Mantédevos enteiros e veréde-la salvación que vos concederá hoxe o Señor. Os exipcios que hoxe vedes, non os veredes nunca máis. ¹⁴O Señor loitará por vós. Vós agardade calados".

¹⁵O Señor díxolle a Moisés: —"¿Que queixas son esas cara a min? Manda ós israelitas que se poñan en marcha. ¹⁶Ti ergue a vara, alonga a man sobre o mar e párteo en dous, de xeito que os israelitas pasen polo medio a pé enxoito. ¹⁷Eu endurecerei o corazón dos exipcios, que seguirán perseguíndovos. E mostrareime glorioso á conta do faraón, á dos seus carros e á dos seus cabaleiros. ¹⁸Ó mostra-la miña gloria á conta deles, aprenderán os exipcios que eu son Iavé".

¹⁹O anxo de Deus, que ía diante das hostes de Israel, cambiouse e púxose detrás. Tamén se moveu de diante para detrás a columna de nube. ²⁰Púxose entre os exércitos de Exipto e os Israel. A nube por unha banda era de tebra e pola outra alumaba a noite, de xeito que en toda a noite non puideron aproximarse os uns ós outros.

²¹Moisés alongou a man sobre o mar, e o Señor removeuno cun vento forte do leste, que soprou toda a noite, ata seca-lo mar, coas augas partidas. ²²Os israelitas entraron polo medio do mar a pé enxoito. As augas facían muros á súa dereita e á súa esquerda. ²³Os exipcios que os perseguían, a cabalería do faraón, os carros e os cabaleiros, entraron no mar tras deles.

²⁴Cerca da madrugada, ollou o Señor desde a columna de nube e de lume para o campamento exipcio e cubriuno de confusión. ²⁵Pexou as rodas dos carros, de xeito que non podían case que andar. Os exipcios entón dixeron: —"Fuxamos dos israelitas, pois Iavé loita por eles contra nós".

²⁶O Señor díxolle a Moisés: —"Estende a man cara ó mar, e as augas volveranse sobre os exipcios, os seus carros e os seus cabaleiros". ²⁷Moisés alongou a man cara ó mar e, contra a mañá, este volveu ó seu si-

---

14 O paso do Mar Rubio é o cume do éxodo, o salto sobre a fronteira da opresión. Fálase dunha fronteira natural, con mar e con lagoas; dunha fronteira política, con gardas ou con exércitos; dunha fronteira que representa separación de condicións opostas: servidume e liberdade. O capítulo non dá a imaxe verdadeira nin da xeografía nin da historia. Recorda unhas poucas circunstancias e amáñaas de xeito que sirvan para a proclamación de que Deus salvou da escravitude ó seu pobo. Mestúranse aquí polo menos dúas versións. Na máis primitiva, a iavista, os exipcios perseguen ós israelitas; estes arranxan esca-par, namentres Deus alaga ós primeiros nas augas levantadas polo vento. Na versión sacerdotal Deus manda a Moisés parti-las augas en dous corpos; os israelitas pasan polo medio, pero os exipcios quedan debaixo das augas que se volven xuntar. Elementos elohístas, nos vv 19s.

14, 11 Os israelitas rebélanse axiña contra os liberadores, á vista das carencias e da braveza do camiño. Este é o preludio de moitas outras rebeliónns, que se recordan na historia do deserto (Ex **16**, 2s; **17**, 3; Núm **11**, 1.4; **14**, 2; **21**, 4s).

tio. ²⁸Os exipcios, fuxindo, deron con el, e o Señor alagounos nas súas augas. As augas, ó xuntárense, cubriron os carros, os cabaleiros e todo o exército do faraón, que entrara no mar tras de Israel. Non quedou nin sequera un. ²⁹Os israelitas pasaron a pé enxoito polo medio do mar, mentres as augas facían muro á súa dereita e á súa esquerda. ³⁰Aquel día salvou o Señor a Israel do poder dos exipcios. Israel puido ver na beira do mar os exipcios mortos. ³¹Israel recoñeceu con que man poderosa o Señor tratara ós exipcios. O pobo temeu ó Señor e creu nel e no seu servo Moisés.

Canto de gracias dos salvados

15 ¹Entón Moisés e os israelitas cantaron este canto ó Señor:
—"Cantarei ó Señor, que se cubriu de gloria,
cabalo e cabaleiro alagou no mar.
²O Señor é a miña forza, a razón do meu canto,
El é a miña salvación.
El é o meu Deus, e louvareino,
o Deus de meu pai, e enxalzareino.
³O Señor é un guerreiro.
O seu nome é Iavé.
⁴Alagou no mar ó faraón cos seus exércitos,
a flor dos seus capitáns afogou no Mar Rubio.
⁵Os abismos cubríronos,
baixaron ó fondo coma pedras.
⁶A túa destra, Señor, distínguese pola forza,
a túa destra, Señor, tronza ós inimigos.
⁷Coa túa aterradora maxestade créba-los teus contrarios,
cando sólta-lo teu noxo, consómeos coma palla.
⁸Co soprido do teu furor amoréanse as augas,
érguense en diques as correntes,
callan as augas do mar.
⁹Os inimigos dicían: Perseguirei, atraparei,
repartirei botín, ata farta-la cobiza;
sacarei a miña espada, despoxarei coa miña man.
¹⁰Pero botaches ti un sopro, e cubriunos o mar,
afundíronse coma chumbo nas augas embravecidas.
¹¹¿Quen hai coma ti, Señor, entre os deuses,
quen coma ti, excelso en santidade,
terrible polas túas obras, facedor de milagres?
¹²Soamente tendíche-la destra, e enguliunos a terra.
¹³Ti guiaches con amor o pobo rescatado,
coa túa forza leváchelo onda a túa sagrada morada.
¹⁴Oírono os pobos e tremeron,
un terror coma de parto agarrou nos filisteos.
¹⁵Arrepiaban os grandes de Edom,
tremían os xefes de Moab,
derretíase toda a poboación de Canaán.
¹⁶Caeu enriba deles un medo tremecedor,
o poder do teu brazo deixounos coma de pedra,
namentres pasaba o teu pobo, Señor,
namentres pasaba o pobo que adquiriches.
¹⁷Ti leváchelo e plantáchelo na túa propiedade,
no lugar onde fixeches, Señor, a túa morada,
no santuario que ti fundaches coas túas mans.
¹⁸O Señor reinará por sempre.
¹⁹A cabalería do faraón, os seus carros e os seus cabaleiros, entraron polo mar, e entón botou o Señor as augas do mar por riba deles. ²⁰Pero os israelitas pasaron polo medio do mar a pé enxoito".
²¹A profetisa Miriam, irmá de Aharón, botou man do pandeiro, e tódalas mulleres saíron con pandeiros detrás dela, bailando. Miriam cantaba diante:
—"Cantade ó Señor, que se cubriu de gloria,
cabalo e cabaleiro alagou no mar".

15, 1ss O chamado "canto de Moisés", despois do paso do Mar Rubio, fúndase no primitivo canto de victoria que cantaban as mulleres (v 21). Na estructura da historia do éxodo este canto corresponde á resposta agradecida do pobo ó Deus que o salvou. Certamente este salmo non naceu nese intre, pois na parte final celebra a conquista da terra e refírese a Xerusalén e ó seu templo. Aínda así non está mal posto nese sitio, pois o seu tema principal é o paso do Mar Rubio. Poderíaselle chamar versión lírica de Ex 14.

NO CAMIÑO DO DESERTO

Onda a fonte de Marah

²²Moisés fixo marchar ós israelitas de onda o mar Rubio, e colleron a dirección do deserto do Sur. Camiñaron tres días polo deserto, sen atoparen auga. ²³Chegaron a Marah. Pero non puideron beber daquela auga, pola súa amargueza. Por iso lle puxeron a aquel lugar o nome de Marah. ²⁴O pobo murmuraba contra Moisés e preguntaba: —"¿Que imos beber?" ²⁵Moisés clamou cara ó Señor, e o Señor mostroulle un madeiro que había botar na auga. A auga volveuse doce.

Alí deulles leis e normas, e púxoos á proba. ²⁶Díxolles: —"Se obedecedes ó Señor, o voso Deus, se facéde-lo que é debido, se cumpríde-los seus mandamentos e gardáde-las súas leis, non botarei sobre vós as pragas que botei sobre os exipcios, pois eu son o Señor que cura".

²⁷Chegaron a Elim, onde había doce fontes e setenta palmeiras. E acamparon alí, preto da auga.

Os paspallás e o maná

16 ¹A asemblea dos israelitas saíu de Elim e chegou ó deserto de Sin, entre Elim e o Sinaí, o día quince do mes seguinte á saída de Exipto. ²Toda a comunidade murmuraba no deserto contra Moisés e Aharón. ³Dicían: —"¡Sequera morresemos pola man do Señor na terra de Exipto, sentados ó redor dos potes de carne e con pan a fartar! Trouxéstesnos a este deserto, para matar de fame a toda esta comunidade".

⁴O Señor díxolle a Moisés: —"Vou facer chover un pan do ceo para vós. O pobo sairá e collerá o que lle cumpra para o día. Quero poñelo á proba, para ver se anda ou non coa miña lei. ⁵O día sexto prepararán todo o que collan, que será o dobre do recollido os outros días".

⁶Moisés e Aharón dixéronlles ós israelitas: —"Esta noite saberedes que quen vos sacou de Exipto é o Señor. ⁷Pola mañá veréde-la gloria do Señor, que escoitou as vosas murmuracións contra El. Porque ¿que somos nós, para que murmuredes contra nós?"

⁸E Moisés díxolles aínda: —"Esta noite darávo-lo Señor carne que comer e pola mañá pan a fartar, pois escoitou as vosas murmuracións contra El. Porque ¿que somos nós? Non murmurastes contra nós, senón contra o Señor". ⁹Moisés mandou a Aharón que lle dixese á asemblea dos israelitas: —"Achegádevos ó Señor, que escoitou as vosas murmuracións". ¹⁰Mentres Aharón falaba coa asemblea dos israelitas, voltaron os ollos cara ó deserto, e viron a gloria do Señor mostrarse na nube.

¹¹O Señor díxolle a Moisés: ¹²—"Oín as murmuracións dos israelitas. Dilles isto: Ó anoitecer teredes carne que comer e pola mañá pan a fartar. E saberedes que eu son o Señor, o voso Deus".

¹³Ó serán viñeron paspallás e cubriron o campamento. Pola mañá había nos arredores unha capa de orballo. ¹⁴Cando esvaeu o orballo, apareceu no deserto unha capa miúda, coma escamas miúdas, que semellaban xeada sobre o chan. ¹⁵Os israelitas, ó que o viron, preguntábanse uns ós outros: —"¿Que é isto?" Pois non sabían o que era aquilo. ¹⁶Respondeulles Moisés: —"Este é o pan que o Señor vos dá para comer. A orde do Señor é a seguinte: que cada un colla o que ha comer: un *ómer* por cabeza, conforme o número de persoas; que cada un recolla para tódolos que hai na súa tenda".

¹⁷Os israelitas fixérono así. Uns colleron máis e outros menos. ¹⁸Ó medi-lo maná co

---

15, 23ss Este é o primeiro cadro, na versión do iavista, da historia do deserto. Nela atoparemos moitas veces carencia de auga e de comida, perigos de animais e doutros grupos nómadas, e as correspondentes queixas do pobo (**17,** 3; Núm **11,** 4s; **20,** 2s). O nome do primeiro lugar, Marah, faise vir da condición das súas augas amargas (mar).

15, 26 Estilo deuteronómico.

15, 27 Para a versión sacerdotal, Elim é a primeira estación do deserto.

16 Este relato mostra elementos heteroxéneos e varias repeticións. A tradición sacerdotal, unha vez que o pobo sae de Elim, resolve de seguido, con este episodio, o problema do sustento no deserto, pois o tempo que insiste na observancia do sábado. No que se refire ó sustento atopamos mesturados dous fenómenos, de seu independentes: os paspallás e o maná. Con este sustento prodixioso Deus responde ás queixas acedas do pobo, que prefire a escravitude e a mesma morte nela, primeiro que facer algún esforzo pola súa liberdade (**14,** 11).

16, 13s O fenómeno dos paspallás fai pensar na migración desas aves no outono cara a África. O chegaren en grandes bandadas ó norte do Sinaí, son boas de coller (Núm **11,** 4s). O maná, descrito aquí (vv 14-31) e en Núm **11,** 7s, parece se-lo producto do "tamarisco do maná". O pousárense nas súas follas certos insectos, caen delas unhas pingas coma resina, comestibles, aproveitadas ata hoxe polos nómadas. Pero con isto non se dá razón do que di o texto. Neste profésase, partindo do feito do maná, que Deus sustentou o seu pobo no deserto.

16, 15 Da pregunta que fan os israelitas "¿Que é isto?" fai proceder o autor deste relato o nome do maná (*man-hu*).

16, 16 Ómer, medida duns 4,5 litros.

ómer, nin ó que collera máis lle sobraba, nin ó que collera menos lle faltaba, porque cada un collera o preciso para comer. [19]Díxolles Moisés: —"Que ninguén garde maná para mañá". [20]Algúns non fixeron caso de Moisés e gardaron para o día seguinte. Pero encheuse de vermes e podreceu. Moisés enfadouse con eles. [21]Cada un collía o que lle cumpría pola mañá, pois cando o sol quentaba, derretía. [22]O día sexto recollían ración dobre, dous *ómer* por persoa. Os anciáns da asemblea viñéronllo dicir a Moisés. [23]Moisés respondeulles: —"Iso é o que tiña dito o Señor. Mañá é día de lecer, adicado ó Señor. Cocede hoxe o que teñades que cocer, guisade o que teñades para guisar, e todo o que vos sobre, gardádeo para mañá". [24]Eles gardárono para o día seguinte, conforme dispuxera Moisés, e non podreceu nin colleu vermes. [25]Díxolles Moisés: —"Comédeo hoxe, que é sábado, adicado ó Señor. Hoxe non o atoparedes fóra. [26]Poderédelo coller seis días na semana; pero o día sétimo, sábado, non o atoparedes". [27]Algúns saíron a recoller no día sétimo, pero non encontraron nada.

[28]O Señor díxolle a Moisés: —"¿Ata cando vos negaredes a garda-los meus preceptos e as miñas leis? [29]Vedes que o Señor vos deu o sábado. Por iso vos manda o pan de dous días no día sexto. Que cada un quede na súa casa e que ninguén saia do seu sitio o día sétimo". [30]E o pobo descansou o día sétimo. [31]Os israelitas chamáronlle maná a aquel pan. Era branco, coma semente de coriandro, e sabía a pan con mel. [32]Díxolles Moisés: —"Isto manda o Señor: enchede un *ómer* de maná e conservádeo, para que as xeracións vindeiras poidan ve-lo pan que eu vos dei no deserto para comer, cando vos saquei de Exipto". [33]E Moisés díxolle a Aharón: —"Colle unha tina, mete nela un *ómer* de maná e pona diante do Señor, como mostra que se garda para as vindeiras xeracións". [34]Aharón, seguindo o mandado do Señor a Moisés, puxo a tina de maná diante do Testemuño.

[35]Os israelitas comeron o maná por corenta anos, ata chegaren a terra de cultivo. Mantivéronse con el, ata entraren na fronteira do país de Canaán. [36]O *ómer* é a décima parte dun *efah*.

A auga do penedo

17 [1]A asemblea dos israelitas, seguindo as ordes do Señor, saíu do deserto de Sin e, por xeiras, chegou a Refidim, onde acampou. O pobo non atopou alí auga que beber, [2]e rifaba con Moisés, esixindo: —"Dános auga para beber". El respondíalles: —"¿Por que rifades comigo e tentáde-lo Señor?" [3]Pero o pobo, sedento, seguía queixándose por auga a Moisés: —"¿Por que nos sacaches de Exipto, para facernos morrer de sede, a nós, ós nosos fillos e á nosa habenza?"

[4]Moisés clamou entón cara ó Señor: —"¿Que podo facer con esta xente? Acabarán por acantazarme".

[5]O Señor respondeulle: —"Pasa diante do pobo, toma contigo algúns dos anciáns de Israel, leva na man a vara coa que batéche-lo Nilo, e camiña. [6]Eu presentareime diante túa alá no Horeb, onda o penedo. Ti batera-lo penedo, e sairá auga del para que o pobo beba". Moisés fíxoo así, á vista dos anciáns de Israel. [7]Chamáronlle a aquel lugar Masah e Meribah, porque os israelitas contenderon co Señor e puxérono á proba, preguntando: —"¿Está o Señor connosco ou non?".

Guerra cos amalecitas

[8]Viñeron os amalecitas e atacaron a Israel en Refidim. [9]Moisés díxolle a Xosué: —"Escolle uns poucos homes e sae a loitar con Amalec. De mañá eu estarei no cume do outeiro, coa vara de Deus na man".

[10]Xosué fixo o que lle mandaba Moisés, e foi loitar con Amalec mentres Moisés, Aharón e Hur subían ó cume do outeiro. [11]Cando Moisés erguía as mans, vencía Israel; cando as baixaba, vencía Amalec. [12]As mans de Moisés estaban cansas, e eles colleron unha pedra e puxéronlla de asento, ó tempo que Aharón e Hur, un por cada lado, lle sostiñan as mans erguietas. As mans de Moisés estiveron erguietas ata a posta do sol.

[13]Xosué venceu a Amalec e á súa xente, a fio de espada. [14]O Señor díxolle a Moisés: —"Escribe isto nun libro de memorias, e di-

---

16, 34 O *Testemuño* son as táboas da alianza.
17, 1ss Este mesmo episodio da auga en Refidim pono o autor de Núm **20,** 1-13 en Cadex.
17, 3 A queixa pola auga no deserto repítese unha e outra vez (**15,** 23s).
17, 7 *Masah e Meribah,* respectivamente "proba" e "contenda", reflexan as actitudes dos israelitas diante do seu guieiro e diante de Deus. Os nomes repítense moitas veces (Núm **20,** 25; Dt **6,** 19; **9,** 22; Sal **95,** 8; **106,** 32).
17, 8ss Relato iavista sobre outra sorte de perigos do deserto: enfrontamentos con outros nómadas e liortas pola posesión dos mesmos sitios. Os amalecitas eran nómadas da montaña de Seir (Xén **14,** 6; **33,** 14.16), inimigos vellos de Israel (Núm **24,** 20; Dt **25,** 17-19; 1 Sam **15,** 2-3).

lle a Xosué que eu borrarei o recordo de Amalec de debaixo do sol". ¹⁵Moisés construíu un altar ó Señor, e chamoulle Señor, miña-bandeira, ¹⁶neste sentido: —"Xa que a súa man se levantou contra o trono do Señor, o Señor está en guerra con Amalec de xeración en xeración".

Moisés co seu sogro Ietró

18 ¹Ietró, sacerdote de Madián, sogro de Moisés, soubo o que Deus fixera con Moisés e co seu pobo Israel, ó sacalos de Exipto. ²Ietró recollera a Séfora, muller de Moisés, cando este se despedira, ³e tamén ós seus dous fillos, un chamado Guerxom, por aquilo de que "Forasteiro fun en terra allea", ⁴e outro de nome Eliézer, que quere dicir: "O Deus de meu pai é quen me axuda e quen me librou da espada do faraón".

⁵Ietró, sogro de Moisés, foi cos fillos e coa muller ó encontro do seu xenro, no deserto, onde acampaba Moisés na montaña de Deus. ⁶Mandoulle dicir a Moisés: —"Eu son o teu sogro Ietró, que te veño ver coa túa muller e cos teus fillos". ⁷Moisés saíu ó encontro do seu sogro; inclinouse e bicouno; saudáronse e entraron na tenda. ⁸Moisés contoulle ó seu sogro o que Deus fixera co faraón e cos exipcios por mor de Israel, e as coitas que tiveran na viaxe e como o Señor os librara delas.

⁹Ietró alegrouse de todo o ben que o Señor fixera a Israel, librándoo da man dos exipcios. ¹⁰E dixo:

—"Bendito sexa o Señor que vos librou do poder dos exipcios e da man do faraón e que salvou o pobo do xugo de Exipto.

¹¹Agora sei que o Señor é máis ca tódolos deuses, pois así o mostrou cando eles se erguían contra vós".

¹²Despois Ietró, sogro de Moisés, ofreceu a Deus sacrificios e holocaustos. Aharón e tódolos anciáns de Israel viñeron e comeron con el na presencia de Deus.

Institución dos xuíces

¹³Ó día seguinte sentouse Moisés para xulga-las contendas do pobo. A xente acudía onda Moisés desde a mañá á noite. ¹⁴Ó ver Ietró o que o seu xenro facía polo pobo, preguntoulle: —"¿Por que fas así coa xente? ¿Por que te sentas ti só a xulgar, coa xente toda ó redor, da mañá á noite?"

¹⁵Moisés respondeulle a seu sogro: —"A xente vén onda min para consultar a Deus. ¹⁶Cando teñen un pleito, acoden onda min, para que eu decida e lles ensine os mandamentos e as leis de Deus".

¹⁷O sogro aconselloulle: —"Non está ben o que fas. ¹⁸Dese xeito esgotarédesvos, ti e mailo pobo que vai contigo. A tarefa reborda das túas forzas, e non poderás cumprila só. ¹⁹Agora faime caso. Eu dareiche un consello, e que Deus estea contigo. Ti representarás ó pobo diante Deus, levando á súa presencia os seus pleitos. ²⁰E ó pobo recoméndalle os mandamentos e as leis, ensínalle o camiño que han seguir e as cousas que han facer. ²¹Procura no medio do pobo homes de valer e que teñan temor de Deus, homes firmes, inimigos da cobiza, e ponos á fronte do pobo, como xefes de mil, de cen, de cincuenta e de dez. ²²Eles xulgarán ó pobo a calquera hora. Que che leven a ti os pleitos graves, e que resolvan eles os pequenos. A tarefa será máis leviá para ti, se eles levan contigo o peso. ²³Se fas como che digo, poderás aturar ese traballo que Deus che ordenou, e todo este pobo chegará con ben ó seu destino".

²⁴Moisés escoitou as palabras do seu sogro, e fixo o que lle aconsellaba. ²⁵Elixiu de entre todo Israel homes de valer e púxoos á cabeza do pobo, coma xefes de mil, de cen, de cincuenta e de dez. ²⁶Administraban xustiza a calquera hora. Os pleitos graves levábanllos a Moisés e os pequenos xulgábanos eles. ²⁷Moisés despediuse do seu sogro, e este voltou para a súa terra.

17, 15 *Señor-miña-bandeira,* "Iavé Nissí".
18 Este capítulo elohísta conta con que Moisés estivo xa antes en Madián (**2**, 11-4, 31). Agora temos datos novos sobre a importante relación de Moisés cos madianitas. O sogro de Moisés venera a Iavé, ofrece el mesmo sacrificios diante dos hebreos e aconséllalle a Moisés a institución dos xuíces. Hai certas razóns para pensar que o nome de *Iavé* procede de onda os madianitas. Iso non quere dicir que estea aí a orixe do Iavismo. O Iavismo orixinouse do que veu a significar Iavé para Israel. O capítulo recorda o pasado e di como se exise e se cumpre a xustiza no pobo liberado por Iavé da opresión.
18, 2-6 Aquí dáse por feito que Séfora quedara cos fillos na casa de seu pai, mentres Moisés volveu a Exipto; de **4**, 19s.24-26 parece que se desprendería que foi con el. Do fillo Guerxom xa sabiamos (**2**, 22); agora hai outro fillo, Eliézer, "o meu Deus acorre".
18, 16ss Esta descentralización da práctica xudicial parece nese momento anacrónica. Teriamos aquí, máis ben, a etioloxía da institución dos xuíces na época monárquica. Unha cousa parecida acontece co desdobramento da función profética de Moisés en favor dos setenta anciáns, en Núm **11**, 14ss.
18, 21s Tamén tería xeito a hipótese de que esta institución dos xuíces se corresponda cos chamados "pequenos xuíces" no libro do seu nome (Xuí **10**, 1ss; **12**, 8ss).

A ALIANZA NO SINAÍ

Ofrecemento da alianza

19 ¹O día en que se cumprían os tres meses da saída dos israelitas de Exipto, chegaron ó deserto do Sinaí. ²Procedentes de Refidim, chegaron ó deserto do Sinaí e acamparon alí, ó pé do monte. ³Moisés subiu ó encontro de Deus, e o Señor chamouno desde a montaña, para mandarlle dicir ós descendentes de Xacob, comunicarlles ós israelitas: ⁴—"Vistes como tratei ós exipcios, como vos levantei a vós sobre ás de aguia e vos acheguei a min. ⁵Se agora me obedecedes e gardáde-la miña alianza, seréde-la miña propiedade escolleita entre tódolos pobos, pois a terra é toda miña. ⁶Vós seredes para min un reino de sacerdotes, un pobo consagrado. Isto é o que lles has dicir ós israelitas".

⁷Moisés foi chama-los anciáns de Israel, para expórlle-las palabras que lle mandara o Señor. ⁸O pobo todo a unha respondeu: —"Faremos todo o que dixo o Señor". Moisés volveu onda o Señor coas palabras do pobo. ⁹O Señor díxolle a Moisés: —"Voume acercar a ti na mesta nube, para que o pobo oia como falo contigo e para que en diante crea en ti". Moisés levoulle ó Señor a resposta do pobo.

A teofanía

¹⁰O Señor díxolle a Moisés: —"Volve onda o pobo. Purificádevos hoxe e mañá, que laven a roupa ¹¹e que estean preparados para de aquí a tres días, pois no terceiro día baixará o Señor sobre o monte Sinaí, á vista de todo o pobo. ¹²Ti fixaraslle ó pobo un lindeiro ó arredor da montaña e diraslle: Gardádevos de subir pola montaña, e mesmo de aproximarvos ás súas abas. O que se aproxime á montaña, morrerá. ¹³A ese tal non o tocaredes coa man, senón que o mataredes a cantazos ou con frechas. O mesmo se é un animal coma se é un home, non quedará con vida. Só cando soe o corno, poderán subir á montaña".

¹⁴Moisés baixou da montaña onda ó pobo. Purificouno e fíxolle lava-la roupa. ¹⁵Despois díxolles: —"Estade preparados para o terceiro día, e que ningún home se achegue á súa muller".

¹⁶Ó amañecer do terceiro día houbo trebóns e lóstregos, e unha nube mesta cubría a montaña. A trompeta soou moi forte e o pobo no campamento arrepiaba co medo.

¹⁷Moisés fixo saí-lo pobo do campamento, e levouno ó encontro de Deus. Quedaron todos en pé na aba da montaña. ¹⁸O monte Sinaí fumegaba todo, porque o Señor baixara

---

19ss O terceiro gran tema do libro do Éxodo é a alianza. Esta sitúase no medio do camiño do deserto, nun punto no que nunhas tradicións se chama Sinaí e noutras Horeb. A alianza é a constitución de Israel coma pobo de Deus. O que se quere expresar con ese termo foi un acontecemento, un compromiso que se renovou e que se celebrou periodicamente nunha festa. Xustamente os capítulos que tratan da alianza teñen linguaxe cúltica, pois foi na liturxia onde viviu o recordo do acontecemento orixinal. Quere dicir que o acontecemento dunha vez se converteu en institución. Nela quixo o pobo de Israel defini-la súa identidade. Estes capítulos presentan a alianza en dous momentos. O primeiro é unha teofanía: Deus vén ó encontro do pobo para ofrecerlle a alianza (Ex **19**); o segundo é a conclusión da alianza, por medio duns ritos, co pobo que a acepta (Ex **24; 34**).

19 O encontro ó que dá lugar a teofanía parece a razón do éxodo, se un o mira desde Exipto. Mais agora non se presenta coma termo, senón coma comezo: está en función da alianza.

19, 1s A tradición sacerdotal interésase pola cronoloxía e polo sitio. A localización do Sinaí é incerta e discutida. Segundo o parecer máis estendido e máis "tradicional", estaría no sur da península que hoxe leva ese nome. Pero agora hai moitos que pensan no noroeste de Arabia, terra dos madianitas e terreo volcánico, como parece supo--la descrición da teofanía (Ex **19**, 18).

19, 4 O que Deus fixo primeiro polo pobo, ó salvalo da servidume, é o que fundamenta a alianza. Esta ten por obxecto manter unha relación que comezou cando o pobo se viu salvado.

19, 6 Os que queiran responder e conducirse coma salvados, constituirán un pobo "consagrado" ó Señor, vivindo nun ámbito de santidade que fai santos (Dt **7**, 6; **26**, 19; Xer **2**, 3; 1Pe **2**, 5.9).

19, 8 A palabra libre do pobo é indispensable para que se faga a alianza. Esta non se pode concebir coma unha relación natural do home con Deus, coma nas relixións naturistas, senón coma relación persoal, libre, responsable, que cada un ten que decidir ó face-la gran opción, e despois moitas veces.

19, 9 A nube mesta e pecha recorre xeralmente na tradición elohísta; é un dos sinais que Deus usa para facerse sentir presente no camiño do deserto.

19, 10s As purificacións rituais preparan para o culto; o acontecemento sinaítico debúxase aquí á luz da praxe cúltica do templo.

19, 12 Trátase do espacio sagrado, cos lindeiros que ten sempre un lugar de teofanía, un santuario ou o templo (Xén **28**, 16s; Ex **3**, 5; Lev **16**, 2; 2 Sam **6**, 7).

19, 16ss A teofanía sinaítica é un acontecemento que se deu unha vez. Pero despois representouse no culto dos santuarios e do templo. No relato mestúranse os elementos naturais outros que son litúrxicos, coma as trompetas que imitan o ruído do trebón. A representación debía actualiza-lo que pasara unha vez, co mesmo efecto no pobo. A linguaxe que quere reproduci-lo que pasou, faría pensar nunha tempestade ou nun volcán como lugares de teofanía. A tradición elohísta coa súa nube mesta, os trebóns e os lóstregos, preferiu o primeiro; a tradición iavista co lume, o fume e o tremer da montaña, garda a imaxe do segundo. Fóra desas versións, temos tamén a propia da tradición deuteronomista (Dt **4**, 11s) e a da tradición sacerdotal (Ex **24**, 15-17).

sobre el en medio de lume. Subía fume coma dun forno e toda a montaña tremecía. ¹⁹O son da trompeta facíase máis forte, mentres Moisés falaba e Deus respondíalle polo trebón. ²⁰O Señor baixou sobre o monte Sinaí, ó seu cume, e chamou por Moisés, para que subise onda El. E Moisés subiu. ²¹O Señor díxolle a Moisés: —"Baixa e advírtelle ó pobo que non traspasen os lindeiros para veren o Señor, pois morrerían moitos deles. ²²Tamén os sacerdotes que se aproximen ó Señor terán que se purificar, para que non rompa contra eles o Señor". ²³Moisés díxolle ó Señor: —"O pobo non poderá subir ó monte Sinaí, pois ti mesmo nos advertiches: Facede un lindeiro ó redor da montaña e declarádea sagrada". ²⁴O Señor respondeulle: —"Anda, baixa, e sube despois con Aharón. E que nin os sacerdotes nin o pobo traspasen os lindeiros para subir onda o Señor, non sexa que rompa contra eles". ²⁵Moisés baixou e advertiulle iso ó pobo.

Os dez mandamentos

20 ¹O Señor pronunciou estas palabras: ²—"Eu son o Señor, o teu Deus, que te saquei da terra de Exipto, da condición de escravitude.

³Non terás xunto comigo outros deuses.

⁴Non farás para ti imaxes nin figura ningunha do que hai enriba no ceo, nin abaixo na terra, nin nas augas de debaixo da terra. ⁵Non te postrarás diante delas nin as adorarás, pois eu, o Señor teu Deus, son un Deus celoso. No caso dos que me aborrecen, eu castigo os pecados dos pais nos fillos, nos netos e nos bisnetos. ⁶Pero no caso dos que me aman e gardan os meus preceptos, eu mostro misericordia por tódalas xeracións.

⁷Non pronunciarás en van o nome do Señor o teu Deus, pois o Señor non deixa sen castigo ó que pronuncia en van o seu nome.

⁸Pensa no día do sábado, para o faceres día santo. ⁹Traballarás seis días na semana, e neles fara-la túa tarefa. ¹⁰Pero o día sétimo é sábado, adicado ó Señor o teu Deus. Nel non farás traballo ningún, nin ti, nin o teu fillo, nin a túa filla, nin o teu servo, nin a túa serva, nin o teu gando, nin o forasteiro que habite nas túas cidades. ¹¹Porque o Señor fixo en seis días o ceo, a terra, o mar e todo o que hai neles, e no sétimo día descansou. Por iso mesmo bendiciu o Señor o día do sábado e declarouno día santo.

¹²Honra a teu pai e a túa nai, para que a túa vida sexa longa na terra que o Señor teu Deus che dá.

¹³Non matarás.

¹⁴Non cometerás adulterio.

¹⁵Non roubarás.

¹⁶Non darás un testemuño falso contra o teu próximo.

¹⁷Non cobizara-la casa do teu próximo: nin a súa muller, nin o seu escravo, nin a súa escrava, nin o seu boi, nin o seu xumento, nin nada de canto é seu".

¹⁸O pobo enteiro percibía os tronos, os lóstregos, o soar da trompeta e o fumegar do monte. Á vista diso tremía e mantíñase lonxe. ¹⁹Dicíanlle a Moisés: —"Fálanos ti, e escoitaremos; pero que non nos fale Deus, non sexa que morramos".

²⁰Moisés respondeulles: —"Non teñades medo. Deus vén para probarvos e para que teñades á vista o seu temor e non pequedes". ²¹O pobo quedou lonxe, e Moisés aproximouse á nube mesta, onde estaba Deus.

20ss Estes versos repiten o que xa estaba dito. As varias versións mestúranse. A versión iavista do v 18 aparece de novo en **20**, 18.

20, 1-17 Este pequeno código de leis chámase Decálogo mosaico (dez palabras, dadas por Deus a Moisés). Revela a vontade de Deus ó pobo que se quere manter na súa alianza. Non hai razón que negue a súa orixe nos días de Moisés, anque a forma que hoxe ten a adquirise máis tarde. Outra versión das mesmas dez palabras, con algunhas variantes, atopámola en Dt **5**, 6-21. Na forma primitiva tódolos preceptos debían ser máis curtos. Case tódolos preceptos teñen forma negativa e todos apodíctica. A primeira metade mira a mante-la relación recta con Deus, e a segunda, cos homes. O xusto comportamento nesas dúas direccións, que á fin son unha mesma, pois unha pasa pola outra, é o que constitúe o pobo da alianza. O Decálogo vén dicir que para ser home cabal hai que contar con Deus e cos homes.

20, 2 O feito de que Deus salvou e salva, é o que dá orixe á alianza e o que xustifica a súa lei.

20, 3 A fórmula non di que non haxa outros deuses: dille ó home concreto que non teña por deus aquilo que non se revelou ser salvador seu.

20, 4 Prohibición de facer imaxes de Iavé, pois non hai cousa no mundo que o poida representar; a representación exporía a facer un ídolo da imaxe.

20, 7 *Pronunciar en van*, coa blasfemia, co xuramento en falso, coa invocación ociosa e baldeira de sentido.

20, 8 O *sábado* é unha institución moi vella no antigo Oriente. Para os israelitas adquiriu moita importancia durante o desterro, como sinal da súa identidade; de aí a súa relevancia na tradición sacerdotal, que é do exilio. O obxecto do sábado non é o culto, senón o repouso e a reflexión do que ese día significa. Fundaméntase na actitude de repouso de Deus ante a creación (Xén **2**, 2s), e ten por razón humanitaria o repouso dos servos e dos animais que traballan (Ex **23**, 12; Dt **5**,14).

20, 12 Sobre o respecto ós pais, tamén Lev **19**, 3; Eclo **3**, 1-16.

20, 18 Agora seguiría o fío roto en Ex **19**, 18. O pobo prefire que lle fale o mediador, e non Deus mesmo, por medo de morrer (Ex **19**, 21; **33**, 20; Dt **5**, 24-26).

Código da alianza: O altar

²²O Señor díxolle a Moisés: —"Fálalles ós israelitas: Vós mesmos puidestes ver como vos dirixín a palabra desde o ceo. ²³Non faredes deuses de prata para poñelos ó meu lado, nin vos fabricaredes deuses de ouro. ²⁴Faime un altar de terra e ofréceme sobre el os holocaustos e os sacrificios de comunión, as túas ovellas e as túas vacas. En calquera sitio onde eu faga o meu nome memorable, virei onda ti e bendicireite. ²⁵Se me fas un altar de pedra, non o fagas de pedra labrada, pois ó pica-la pedra co punteiro, lixaríala. ²⁶Non subas ó meu altar por escaleiras, para non mostrares desde elas as túas partes.

Os servos

21 ¹Ensinalles tamén estas decisións: ²Se mercas un servo hebreo, servirate por seis anos; pero no sétimo quedará libre, sen rescate. ³Se entrou solteiro, solteiro sairá; se estaba casado, a muller sairá con el. ⁴Se o amo lle deu muller e esta lle deu a luz fillos e fillas, a muller e mailos seus nenos serán para o amo, e el sairá só. ⁵Se o servo di: Quérolle ó meu amo, á miña muller e ós meus fillos e non quero saír libre, ⁶entón o amo levarao á presencia de Deus, porao contra a porta ou contra os linteis, furaralle a orella cunha subela, e el quedará coma servo seu para sempre.
⁷Se alguén vende a súa filla por escrava, esta non sairá libre como saen os escravos. ⁸Cando non lle guste ó amo que a destinara para si, este tena que deixar rescatar. Non a poderá vender a estranxeiros, cometendo traición con ela. ⁹Se o amo a tiña destinada para o seu fillo, trataraa coma filla. ¹⁰Se el toma para si outra muller, non lle negará á serva a mantenza, o vestido e os dereitos maritais. ¹¹Se non lle dese estas tres cousas, ela sairía libre sen rescate.

Leis sobre crimes e feridas

¹²O que fira de morte a un home, será reo de morte. ¹³Para o que non estaba ó axexo, senón que Deus llo puxo nas mans, sinalareiche un sitio, onde poida atopar asilo. ¹⁴Pero se alguén se ergue alevosamente contra o próximo e o mata a traición, sacarédelo mesmo de onda o altar para que morra.
¹⁵O que fire a seu pai ou súa nai é reo de morte. ¹⁶O que rapte un home, o mesmo se logo o vende coma se o retén no seu poder, é reo de morte. ¹⁷O que maldiga a seu pai ou á súa nai é reo de morte.
¹⁸Se estala unha rifa e un home fire a outro cun cantazo ou co puño e o ferido non morre, pero ten que gardar cama, ¹⁹no caso de que poida erguerse e andar por fóra cun caxato, o que o feriu será absolto, pero terá que pagarlle o tempo que bote na cama e as medicinas.
²⁰Se un home malla a paus ó seu servo ou á súa serva, de xeito que chegue a matalo, será reo de crime. ²¹Pero se o servo dura con vida un día ou dous, o amo non será suxeito de vinganza, pois era a súa propiedade.
²²Se nunha pelexa entre homes algún bate a unha muller embarazada e lle provoca un malparto, pero sen que aconteza outra desgracia, o culpado pagará a cantidade que sinale o home da muller e que estimen os xuíces. ²³Se chega a resultar un dano grave, a compensación será vida por vida, ²⁴ollo por ollo, dente por dente, man por man, pé por pé, ²⁵queimadura por queimadura, ferida por ferida, mancadela por mancadela.
²⁶Se alguén fire nun ollo ó seu servo ou á súa serva e os deixa tortos, deberá dárlle-la liberdade polo ollo. ²⁷Se lles rompe un dente, deberá dárlle-la liberdade polo dente.
²⁸Se un boi cornea a un home ou a unha muller, causándolle-la morte, o boi será acantazado, e ninguén comerá a súa carne; o dono será declarado inocente. ²⁹Pero se o boi era turrón xa de atrás e, advertido o seu dono, este non o gardou, o boi morrerá acantazado e o seu dono será reo de morte. ³⁰Se lle impoñen un rescate pola vida, terá que paga-la cantidade que lle impoñan. ³¹Se

---

20,22ss Aquí comeza o Código da alianza, que se alonga deica Ex **23**, 33. O nome vénlle de Ex **24**, 7. As súas leis, ou algunhas delas, non se dirixen a un pobo que vive no deserto, senón en terra de cultivo. Non pode ser de Moisés, senón da época da sedentarización de Israel. Inspirouse, na súa forma condicional e no seu contido, nas leis de Canaán, que xa teñen os seus precedentes nas leis de Hammurabi e noutros códigos orientais máis antigos. Neste código desenvólvese moito máis o dobre contido do Decálogo mosaico. Está posto no contexto da conclusión da alianza, pois é nesta onde ten sentido e razón toda a lei.
20, 24 Queda lonxe aínda a idea da centralización do culto no templo de Xerusalén (Dt **12**, 5). Deus é quen sinala os sitios do seu culto. Alí onde El vén ó encontro dos homes, ábresellle ó ceo unha porta e xorde unha casa de Deus (Xén **28**, 17).
21, 2 Liberación correspondente ó ano sabático (Ex **23**, 10s; Lev **21**, 1-7; Xer **34**, 8-16).
21, 13 O lugar de asilo é o santuario (1 Re **1**, 50; **2**, 28-34) e mailas cidades de refuxio (Núm **35**, 9ss; Dt **19**; Xos **20**, 1).
21, 23s A lei do talión entende a xustiza ó pé da letra. O lado positivo desta lei, que xa rexía en Mesopotamia e que se segue en Israel (Lev 24, 19-20; Dt **19**, 21), está en que pon lindeiros á vinganza, sempre disposta a supera-lo mal da ofensa (Xén **4**, 23s). Pero mellor cá vinganza e cá mesma lei do talión é o perdón (Lev **19**, 18).

o boi cornea un rapaz ou unha rapaza, seguirase a mesma regra. ³²Se o boi turra contra un servo ou unha serva, o dono terá que pagar ó dono destes trinta siclos de prata, e o boi morrerá acantazado.

³³Cando alguén cave un pozo ou abra unha foxa, se non a tapa e cae nel un boi ou un xumento, ³⁴o dono do pozo terá que paga-lo que lle valía o animal ó seu dono, pero aquel quedarase co animal morto. ³⁵Se o boi de alguén manca o boi doutro e o mata, venderán o boi vivo e repartirán os cartos, e o boi morto irá tamén a medias. ³⁶Pero se era sabido de atrás que o boi era escornón, e o seu dono non o gardou, terá que pagar un boi por outro e o boi morto será seu.

Roubo e outros danos

³⁷Se alguén rouba un boi ou unha ovella e os mata ou os vende, pagará cinco bois por un e catro ovellas por unha.

22 ¹Se un ladrón é sorprendido furando unha parede e niso o firen e morre, non terá vinganza do sangue. ²Se o sol xa saíra, o ladrón será vingado, pero pagará polo furto; se non ten con que pagar, será vendido. ³Se o boi, o xumento ou a ovella que roubou se atopan no seu poder aínda vivos, terá que paga-lo dobre.

⁴Cando alguén asoballe un eido ou unha viña, deixando pacer no eido alleo o seu rabaño, pagará o dano co mellor do seu eido e da súa viña. ⁵Se se escapa o lume e pega nas silveiras e queima as medas do trigo, os palleiros ou as leiras, o que acendeu o lume pagará o queimado.

⁶Cando alguén poña en depósito diñeiro ou alfaias onda outro e rouben os bens da casa deste, se aparece o ladrón, este pagará o dobre. ⁷Se o ladrón non aparece, o dono da casa comparecerá na presencia de Deus, para xurar que non tocou os bens do próximo.

⁸En caso de prexuízo na propiedade dun boi, dun xumento, dunha ovella, de roupa e de calquera cousa que falte e da que un poida dicir: é esta, levarase o caso dos dous á presencia de Deus, e aquel que Deus declare culpado pagará o dobre ó seu próximo.

⁹Cando alguén lle encargue ó seu veciño a garda dun xumento, dun boi, dunha ovella ou de calquera outro animal e ese animal morre, creba un óso ou é roubado, sen que ninguén o vexa, ¹⁰o segundo xurará polo Señor ó primeiro que non tocou os seus bens. Este terá que conformarse, pois non haberá compensación. ¹¹Pero se lle roubaron o animal á súa vista, terá que restituírllo ó seu dono. ¹²Se o animal foi despedazado, presentará unha proba e non terá que pagalo.

¹³Cando alguén lle pida a un veciño un animal prestado, se o animal morre ou rompe un óso, estando ausente o seu dono, aquel terá que pagarllo. ¹⁴Se o dono estaba presente, non terá que pagarllo. Se o animal era alugado, entra no aluguer.

Leis morais e relixiosas

¹⁵Se un home engaiola unha rapaza solteira e se deita con ela, deberá paga-lo seu dote e tomala por muller.¹⁶Se o pai dela se nega a darlla, o home pagará unha cantidade de diñeiro igual ó dote polas doncelas.

¹⁷Non deixarás con vida ás feiticeiras.

¹⁸O que se axunte cun animal será reo de morte.

¹⁹O que ofreza sacrificios a outros deuses, fóra do Señor, será condenado.

²⁰Non aflixirás nin asoballara-los forasteiros, pois forasteiros fostes vós en terras de Exipto.

²¹Non oprimira-las viúvas nin os orfos. ²²Se de feito os oprimes, e eles se queixan a min, eu escoitarei certamente a súa queixa. ²³O meu noxo acenderase e fareivos morrer a espada. As vosas mulleres quedarán viúvas e os vosos fillos orfos.

²⁴Se lle emprestas diñeiro a un do meu pobo, ó pobre que vive onda ti, non te portarás coma un usureiro, cobrándolle intereses. ²⁵Se tomas en peñor o manto do teu próximo, antes de poñerse o sol devolveraslllo, ²⁶pois é o vestido que ten para cubri-lo seu corpo. ¿Con que, se non, se taparía ó deitarse? Se se queixa a min, escoitareino, porque eu son misericordioso.

²⁷Non blasfemes de Deus nin maldíga-lo xefe do teu pobo.

²⁸Non te descoides na oferta da colleita e da vendima.

Dáme os teus fillos primoxénitos. ²⁹E o mesmo farás cos dos teus gandos e cos dos teus rabaños. Deixarás sete días a cría coa súa nai e no oitavo entregarasma.

22, 7s Deus declara culpado ou inocente, cando se acode á súa decisión, polo xuízo do xuíz ou polo xuramento imprecatorio que fai o acusado.
22, 16 Un dote coma o que se paga ó casar (Dt **22,** 28s).
22, 20-26 Leis sociais, que defenden ós que non se poden defender por eles mesmos (Ex **23,** 6-9; Dt **10,** 18s; **24,** 17s).
22, 28 Os primoxénitos son de Deus (Ex **13,** 11), e o mesmo os primeiros froitos da terra e as crías dos animais (Dt **15,** 19-23; **26,** 1s).

ÉXODO

[30]Seredes persoas santas para min. Non comeredes carne de animais espedazados: botarédesllela ós cans.

Xustiza

23 [1]Non propagarás rumores mentireiros. Non te xuntarás cun malvado para dar testemuño en favor da inxustiza. [2]Non te deixes ir coa maioría para face-lo mal, nin te poñas do lado dela nun xuízo, violando o dereito. [3]Non favorecerás ó poderoso na súa causa. [4]Se atópa-lo boi ou o xumento que perdeu o teu inimigo, levaralos onda el. [5]Se ve-lo xumento do adversario caído baixo a súa carga, non o deixes abandonado; axúdalle a erguelo. [6]Non tórza-lo dereito no xuízo do pobre. [7]Fuxe da causa mentireira. Non fagas condenar ós inocentes nin ós xustos, pois eu non declaro inocente ó malvado. [8]Non admitas regalos, pois os regalos cegan mesmo ós asisados e torcen o dereito dos xustos. [9]Non opríma-lo estranxeiro. Vós coñecédela da súa condición, pois fostes estranxeiros en Exipto.

O sábado e as festas

[10]Seis anos sementara-la túa terra e recollera-los seus froitos. [11]Pero o sétimo deixarala en barbeito, para que poidan come-los pobres do teu pobo e pazan do que lles sobre os animais do monte. Fara-lo mesmo coa túa viña e coas túas oliveiras. [12]Seis días traballarás, e o sétimo descansarás, para que descanse o teu boi e o teu xumento, e para que teñan un respiro o teu servo e o forasteiro. [13]Observade todo o que vos digo. Non invoquéde-lo nome doutros deuses; que nin sequera se sinta nos teus labios.

[14]Celebrarás tres festas no ano. [15]Garda a festa dos Ázimos. Sete días comerás pan sen levedar, conforme che mandei, no tempo fixado do mes de abib, pois nel saístes de Exipto. E non viredes onda min coas mans baldeiras. [16]E a festa da Seitura, dos primeiros froitos dos teus traballos, do que sementaches nos teus eidos. E a festa da Colleita, á fin do ano, cando recolles nos teus eidos o froito do teu traballo. [17]Tres veces no ano compareceran os varóns todos do pobo diante do Señor. [18]Non me ofrecera-lo sangue dos sacrificios con pan lévedo. Non deixara-la graxa da festa ata a mañá. [19]Traerás á casa do Señor o teu Deus as primicias dos froitos da terra.

Non cocera-lo cabrito no leite da súa nai.

O anxo de Deus

[20]Eu vou manda-lo meu anxo diante túa, para que te garde na viaxe e te leve ó lugar que che teño disposto. [21]Respéctao e faille caso. Non te rebeles contra el. Non perdoará as vosas rebeldías, pois leva con el o meu nome. [22]Se de verdade o obedeces e fa-lo que eu che mande, eu serei inimigo dos teus inimigos, adversario dos teus adversarios.

Na terra dos cananeos

[23]O meu anxo irá diante de ti e levarate á terra dos amorreos, dos hititas, dos perizitas, dos cananeos, dos hivitas e dos iebuseos, que eu destruirei. [24]Non te postrarás diante dos seus deuses nin os adorarás. Non fara-lo que fan eles, senón que os destruirás e rompera-las súas imaxes. [25]Vós servides ó Señor o voso Deus, e el bendicirá o voso pan e a vosa auga. Eu afastarei de ti tódalas doenzas. [26]Non haberá na túa terra muller estéril nin que aborte. E ateigareite de vida.

---

23 4s Sobre cousas perdidas do inimigo, tamén Dt **22**, 1-4.
23, 6-9 Leis en defensa dos pobres (Ex **22,** 20ss).
23, 10ss A institución do ano sabático, tirada do sábado, revela boa sensibilidade perante os problemas sociais (Lev **25,** 1; Dt **24,** 19).
23, 14ss As tres grandes festas do ano correspóndense co ritmo do ano agrícola: a sega da cebada na primavera, a do trigo no verán e a colleita do viño e das olivas no outono. Os israelitas tomaron estas festas da relixión cananea, pero déronlles outro contido. Iavé revelaráselles xa na súa historia nomádica, e non agardaron a coñecelo nos froitos da terra de cultivo. De aí que lles dean ás festas o contido dos grandes momentos da historia que viviran. Nos Ázimos (xunto coa Pascua) celebraron a liberación da servidume; na Seitura (Semanas ou Pentecostés), a revelación da lei; na Colleita (Tendas), a morada no deserto. Temos tantos calendarios das festas coma versións da tradición ten o Pentateuco. Este que agora comentamos é da versión elohista; o da iavista atópase en Ex **34,** 14-17; o do Deuteronomio, en Dt **16,** 1-16; e o da versión sacerdotal, en Lev **23.**
23, 19 Prohibición dunha práctica que existe no culto cananeo (Ex **34,** 26; Dt **24** , 21).
23, 20ss De leis propiamente ditas pasamos aquí a normas e consellos, de estilo deuteronómico, en vistas ó xusto comportamento na terra dos cananeos. Está en xogo a bendición ou a maldición, a felicidade ou a desgracia. O anxo de Deus é un dos moitos sinais da súa presencia no camiño do deserto. Calquera acontecemento, cousa ou persoa, pode ser un anxo de Deus, un mensaxeiro seu.
23, 24 *Imaxes,* ou fitas, representacións das forzas da fertilidade na relixión cananea (Ex **34,** 13; Dt **7**, 5; **12,** 3; Os **3,** 4). O Deus que veu do deserto ten na man o dominio da fertilidade (v 25).

²⁷Eu mandarei o meu terror diante de ti, espantarei os pobos ós que chegues, e tódolos teus inimigos viraranse de costas ante ti. ²⁸Mandarei diante de ti vésporas, que farán fuxir da túa presencia ós hivitas, ós cananeos, ós hititas. ²⁹Non os botarei todos á vez, para que non quede a terra deserta e que non se multipliquen as feras salvaxes contra ti. ³⁰Botareinos ós poucos, namentres ti vas crecendo e tomando posesión do país.

³¹Fixarei os lindeiros da túa terra desde o mar Rubio ó mar dos filisteos e desde o deserto ata o Éufrates. Porei nas túas mans os habitantes do país, botareinos da túa presencia. ³²Ti non farás con eles nin cos seus deuses ningún pacto. ³³Tampouco non os deixarás quedar na túa terra, para que non te fagan pecar contra min servindo ós seus deuses, que serán para ti unha trapela".

Conclusión e rito da alianza

24 ¹O Señor díxolle a Moisés: —"Subide onda min, ti, Aharón, Nadab, Abihú e setenta anciáns de Israel, e postrádevos desde lonxe. ²Soamente Moisés se aproximará ó Señor, pero non os outros. E o pobo que non suba".

³Moisés veu e expúxolle ó pobo as palabras do Señor e as súas decisións, e o pobo a unha respondeu: —"Faremos todo o que dixo o Señor". ⁴Moisés puxo por escrito tódalas palabras do Señor.

Ó día seguinte Moisés ergueuse cedo, construíu un altar na aba da montaña e chantou doce estelas, polas doce tribos de Israel. ⁵Despois mandou a algúns mozos israelitas que ofrecesen holocaustos e sacrificios de comunión ó Señor. ⁶Moisés colleu a metade do sangue e botouna en recipientes, e a outra metade asperxeuna no altar. ⁷Despois colleu o libro da alianza e leullo en voz alta ó pobo. Este respondeu: —"Faremos todo o que dixo o Señor, e obedeceremos". ⁸Entón colleu Moisés o sangue e asperxiu ó pobo con el, dicindo: —"Este é o sangue da alianza que o Señor fai convosco, conforme as palabras lidas".

⁹Moisés, Aharón, Nadab, Abihú e setenta anciáns de Israel subiron á montaña ¹⁰e viron ó Deus de Israel. Debaixo dos seus pés había coma un pavimento de zafiro, limpo coma o mesmo ceo. ¹¹Deus non alongou a man contra os escolleitos de Israel, que puideron ver a Deus. Despois comeron e beberon.

¹²O Señor díxolle a Moisés: —"Sube á montaña e queda onda min. Dareiche as táboas de pedra coa lei e cos mandamentos que escribín, para que llos ensines ó pobo".

¹³Moisés foi, co seu axudante Xosué, e subiu ó monte de Deus. ¹⁴Ós xefes do pobo deixáralles encomendado: —"Agardade aquí, ata que volvamos onda vós. Aharón e Hur quedan convosco. Se alguén tiver un pleito, que llelo expoña a eles".

¹⁵Moisés subiu á montaña, que estaba cuberta pola nube. ¹⁶A gloria do Señor fixera morada sobre o monte Sinaí. A nube tapou o monte por seis días. O sétimo día chamou o Señor a Moisés desde o medio da nube. ¹⁷Ós israelitas a gloria do Señor aparecíalles coma un lume abourante no cume da montaña. ¹⁸Moisés entrou na nube, subiu á montaña e quedou alí corenta días coas súas noites.

23, 29s A longa duración da conquista da terra debeu producir desconcerto teolóxico. Aquí búscaselle unha razón (Dt **7,** 22).
23, 31 Fronteiras do reino de David e Salomón (1 Re **5,** 1).
24 O segundo momento do acontecemento sinaítico, despois da teofanía (c. **19**), é a conclusión da Alianza. Sepáraos o Decálogo e o Código da Alianza. Esta imaxe da alianza é a da versión elohista (vv 3-8.12-15.18), con algúns rasgos do iavista (vv 1-2.9-11) e mesmo da sacerdotal. A versión iavista máis completa atópase no c. **34**.
24, 1 Os sacerdotes nomeados e os anciáns representan o pobo enteiro.
24, 3-8 A conclusión da alianza ten dous eixos: acordo libre de pobo, que acolle coma norma da súa vida as "palabras" (leis, mandamentos) do Deus que o salvou, e o rito do sangue. En **19,** 8 e agora as palabras de Deus son anunciadas ó pobo e logo aínda lidas, para que o pobo diga a súa palabra. O rito faise vertendo o sangue do sacrificio enriba do altar e de doce pedras; o altar representa a Deus e as doce pedras ó pobo; o mesmo sangue xunta os dous nunha familia. Por outro lado está o sacrificio de comunión, que sela tamén a alianza. Na imaxe da "nova alianza" manteñense os termos dese rito (Mt **26,** 28).

24, 9-11 Co rito do sangue xúntase o dunha comida de comunión que fan con Deus os representantes do pobo. O dato de que "viron a Deus" quere indicar que estiveron cerca del, todo o máis que é doado a un mortal (**33,** 20). O suxeito de "comeron e beberon" inclúe tamén a Deus, ben que directamente non se diga, pola rudeza do antropomorfismo.
24, 12 O dato das táboas leva a imaxinar que os dez mandamentos foron escritos en pedra, quizais nos días de Moisés. Outros pobos escribiron moito antes as súas leis. Pero o que aquí se quere suliñar é que foi Deus mesmo quen as escribiu, recoñecendo a súa autoridade no Decálogo e, ó mesmo tempo, a mostra escrita da súa alianza (**31,** 18; **32,** 15s; **34,** 1-4).
24, 16 *A gloria* é a designación sacerdotal da presencia de Deus, como o son noutras versións o anxo, a nube, o lume, o espírito. Quizais a gloria é a nube, que á vez sinala e cobre (**40,** 30s). Coma se tivese corpo, esa forma da presencia dise que está no templo e que se pode ir e volver (**9,** 3; **43,** 1s; 1 Re **8,** 10s).
24, 18 A tradición sacerdotal remata con este dato á súa crónica do acontecemento sinaítico. No feito de quedar Moisés por tanto tempo tan lonxe do pobo basearase, máis adiante, o episodio do becerro de ouro (c. **32**).

SANTUARIO E SACERDOCIO

Construcción do santuario

25 ¹O Señor faloulle a Moisés: ²—"Dilles ós israelitas que me presenten unha ofrenda. Aceptarédela de todos aqueles que de corazón ma queiran ofrecer. ³As cousas que podedes aceptar como ofrenda serán: ouro, prata e bronce, ⁴púrpura violácea, escarlata e carmesí, liño e pelo de cabra, ⁵peles de carneiro curtidas, peles de teixugo e madeira de acacia, ⁶aceite para as lámpadas, aromas para o óleo de unción e para o incenso, ⁷pedras de ónice e pedras de engaste para o *efod* e para o peitoral. ⁸Que me fagan un santuario, onde eu habite no medio deles. ⁹Faréde-lo tabernáculo e os utensilios para o culto conforme o modelo que eu che indicarei.

A arca

¹⁰Construirás unha arca de madeira de acacia de dous cóbados e medio de longa, un e medio de ancha e un e medio de alta. ¹¹Revestirala de ouro puro por dentro e por fóra; por enriba, ó arredor, poraslle unha cinta tamén de ouro. ¹²De ouro fundido farás catro argolas e porasllas nos catro cantos, dúas para un flanco e dúas para o outro. ¹³Despois farás largueiros de madeira de acacia, revestiralos de ouro ¹⁴e meteralos polas argolas dos dous lados da arca, para podela transportar. ¹⁵Os largueiros quedarán metidos nas argolas e non se sacarán delas. ¹⁶Na arca metera-lo testemuño que eu che darei.

¹⁷Fara-lo propiciatorio de ouro puro, de dous cóbados e medio de longo e un e medio de ancho. ¹⁸Despois cicelarás dous querubíns de ouro para os seus dous extremos. ¹⁹Porás un querubín en cada extremo, formando un corpo co propiciatorio. ²⁰Os querubíns despregarán as ás cara arriba, cubrindo o propiciatorio; mirarán cara ó centro deste, un enfronte do outro. ²¹Pora-lo propiciatorio encima da arca, e nesta depositara-lo testemuño que eu che darei. ²²Desde enriba do propiciatorio, entre os dous querubíns que están encima da arca do testemuño, virei ó teu encontro e direiche todo o que teña que mandarche para os israelitas.

A mesa dos pans sagrados

²³Farás unha mesa de madeira de acacia, de dous cóbados de longa, un de ancha e un e medio de alta. ²⁴Revestirala de ouro puro e poraslle ó redor unha cinta de ouro. ²⁵Ó redor faraslle un reborde dun palmo, no que porás tamén unha cinta de ouro. ²⁶Farás catro argolas de ouro e poralas nos catro cantos da mesa, unha por cada pé. ²⁷As argolas estarán agarradas no reborde. Por elas meteranse os largueiros para transporta-la mesa. ²⁸Os largueiros faralos de madeira de acacia, revestidos de ouro. Con eles poderase ergue-la mesa. ²⁹Farás tamén pratos, cuncas, xerras e vasos para as libacións, todo de ouro puro. ³⁰Encima da mesa pora-los pans presentados, que estarán sempre diante de min.

O candelabro

³¹Farás un candelabro de ouro puro, traballado a martelo, coa súa base e co seu fuste. Formarán unha peza con el as súas copas, os seus cálices e as súas corolas. ³²Dos seus lados sairán seis brazos, tres dun lado e tres do outro. ³³Cada brazo terá tres copas, coma a flor da améndoa, co seu cáliz e a súa corola. Serán o mesmo os seis brazos que sairán do candelabro. ³⁴O candelabro terá

25-31 Corpo de leis sacerdotais sobre o santuario e sobre o sacerdocio. Nel atopamos moitos elementos antigos, coma o santuario portátil do deserto, mesturados con outros que pertencen ó culto postexílico. Todo se di que vén de Deus pola boca de Moisés. A escola sacerdotal, no desterro e despois, levou a imaxe do culto dos seus días ás orixes do pobo, recoñecendo con isto que os fundamentos deste están xa aló. A comunidade postexílica atopará aquí a mellor definición da súa identidade. E por onde Deus veu á comunidade —a lei da alianza—, a comunidade poderá chegar preto de Deus.

25, 8 O *santuario* é concebido na tradición sacerdotal coma lugar de morada de Deus no medio do seu pobo. Namentres o pobo é nómada, o santuario móvese con el, coma unha das súas tendas (Ex **40,** 34; Núm **10,** 35s).

25, 10 A *Arca* tiña forma rectangular e levábase dun lado para outro, valéndose de largueiros. Dentro dela gardábase o Testemuño ou as táboas da alianza (Ex **31,** 18; **34,** 19). Fixo o camiño co pobo, estivo nas súas loitas, e despois de todo perdeuse no templo salomónico (Xos **3,** 3; 1 Sam **4**-**6;** 2 Sam **6;** 1 Re **8,** 3-9).

25, 17 O *propiciatorio* é coma a cuberta da Arca, pero ó mesmo tempo independente dela. No templo postexílico parece que a sustituía. Deus estaba alí ou viña o encontro do pobo, e este ía alí en busca de Deus, para face-la expiación (Lev **16,**12-15).

25, 18 Os *querubíns,* xenios gardiáns das grandes mansións do Oriente antigo, eran seres híbridos de home e animal. Aquí vense como complemento da Arca e do propiciatorio. Desde o tempo do santuario de Xiloh, Iavé leva o título de "o que se senta sobre os querubíns" (1 Sam **4,** 4; 2 Sam **6,** 2). Quere decir que tiñan a función de asento ou de trono.

25, 30 Os *pans presentados* ou que se poñen na presencia de Deus considéranse sagrados, ofrenda a Iavé (Lev **24** , 5-9; 1 Sam **21,** 5).

no fuste catro copas, coma as flores da améndoa, cada unha co seu cáliz e coa súa corola. ³⁵Debaixo de cada parella de brazos que saen do candelabro, levará un cáliz. Así será cos seis brazos. ³⁶Os cálices e mailos brazos serán dunha mesma peza, cicelados en ouro puro. ³⁷Despois farás sete lámpadas e poralas no candelabro, para que alumen cara adiante. ³⁸As pinzas para avivecelas e os seus cinseiros serán de ouro puro. ³⁹Cun talento de ouro puro fara-lo candelabro e tódolos seus trebellos. ⁴⁰Coida de facelo todo conforme o modelo que che mostrei na montaña.

O tabernáculo

26 ¹O tabernáculo faralo con dez lenzos de liño fino torcido, de púrpura violácea, escarlata e carmesí, con querubíns bordados. ²Cada lenzo terá vinteoito cóbados de longo por catro de ancho. O mesmo medirán tódolos lenzos. ³Os lenzos empalmarán uns cos outros, en dúas series de cinco cada unha. ⁴Farás unhas presillas de púrpura violácea, na beira do lenzo extremo de cada unha das dúas series. ⁵Cincuenta presillas irán na beira dunha serie e cincuenta na da outra, postas de xeito que caian enfronte unhas das outras. ⁶Farás tamén cincuenta broches de ouro e axuntara-los lenzos con eles, de xeito que o tabernáculo figure un conxunto. ⁷Tecerás despois once lenzos de pelo de cabra, para que lle fagan de Tenda ó tabernáculo. ⁸A lonxitude do lenzo será de trinta cóbados e o ancho de catro. Esta será a medida para tódolos lenzos. ⁹Empalmarás cinco lenzos nunha serie e seis noutra, de xeito que o sexto lenzo caia fronte á porta. ¹⁰Porás cincuenta presillas nas beiras de cada unha das dúas series de lenzos empalmados. ¹¹Fundirás cincuenta broches de bronce, meteralos nas presillas, e así quedará composta a Tenda nunha peza. ¹²En canto ó que sobrare dos lenzos da Tenda, a metade dun deles colgará por detrás do tabernáculo, ¹³e o cóbado sobrante polos lados colgará polos dous lados do tabernáculo e taparao.

¹⁴Farás aínda para o tabernáculo unha cuberta de peles curtidas de carneiro, e por enriba dela outra cuberta de peles de teixugo.

¹⁵As táboas do tabernáculo faralas de madeira de acacia. ¹⁶A longura dunha táboa será de dez cóbados e o ancho de un e medio. ¹⁷Cada táboa rematará en dous cantís, para machear unhas nas outras. E o mesmo tódalas táboas. ¹⁸Unha vez feitas as táboas para o tabernáculo, porás vinte do lado que mira cara ó sur. ¹⁹Farás corenta basas de prata e poralas, dúas a dúas, debaixo das vinte táboas, unha por cada cantil. ²⁰Polo outro lado do tabernáculo, ó norte, porás outras vinte táboas, ²¹coas correspondentes corenta basas de prata, dúas debaixo de cada táboa. ²²Polo lado posterior do tabernáculo, ó ocaso, colocarás seis táboas, ²³con dúas máis para os dous cantos. ²⁴Estas encaixarán de abaixo para arriba; as dúas táboas farán os dous cantos. ²⁵Serán, pois, oito táboas, con dezaseis basas de prata, dúas por cada táboa. ²⁶Farás tamén traveseiros de madeira de acacia, cinco para cruza-las táboas dun lado do tabernáculo, ²⁷cinco para as do outro e cinco para as do ocaso. ²⁸O traveseiro que pasará polo medio das táboas irá dun cabo ó outro. ²⁹Recubrirás de ouro as táboas e os traveseiros, e de ouro serán tamén as argolas, polas que pasarán os traveseiros. ³⁰Construira-lo tabernáculo conforme o modelo que eu che mostrei na montaña.

O veo e a cortina

³¹Farás un veo de púrpura violácea, escarlata e carmesí, de liño fino torcido, con querubíns bordados. ³²Penduraralo de catro columnas de madeira de acacia, recubertas de ouro, con ganchos de ouro e catro basas de prata. ³³Pendurara-lo veo de cravos. Dentro pora-la arca da alianza. O veo separará o lugar santo do santísimo. ³⁴Pora-lo propiciatorio encima da arca da alianza, no santísimo. ³⁵Por fóra do veo, do lado norte, colocara-la mesa; e enfronte da mesa, do lado sur do santuario, o candelabro. ³⁶Para a entrada da tenda farás unha cortina, de púrpura violácea, escarlata e carmesí, de liño fino torcido e bordada. ³⁷Para a cortina farás cinco columnas de madeira de acacia, recubertas de ouro, con cinco ganchos de ouro; para as columnas fundirás cinco basas de bronce.

O altar dos holocaustos

27 ¹Fara-lo altar de madeira de acacia, cadrado, de cinco cóbados de longo,

---

26 *O tabernáculo* ou morada é unha transposición imaxinaria do templo de Salomón ás condicións e ó tempo do deserto. Tiña, coma o templo, dúas partes e mailo adro, e podíase desarmar (Ex **26**, 33; **27**, 9). O seu correspondente nas versións iavista e elohista era a Tenda do Encontro (Ex **33**, 7-11).

cinco de ancho e tres de alto. ²Nos catro ángulos faraslle saíntes coma cornos, que revestirás de bronce. ³Para o altar farás, sempre de bronce, caldeiros para a cinsa, paletas, aspersorios, tenaces e braseiros. ⁴Dotara-lo altar dun enreixado, feito de bronce e en forma de rede. Nos catro cantos levará catro argolas de bronce. ⁵Pora-lo enreixado debaixo do reborde saínte do altar, desde a media altura ata o chan. ⁶Farás aínda para o altar largueiros de madeira de acacia, recubertos de bronce; ⁷meterasllos polas argolas dos costados, para podelo transportar. ⁸O altar faralo oco e de táboas, conforme o modelo que che mostrei na montaña.

O adro

⁹Co tabernáculo farás tamén o adro. Polo lado sur poraslle cortinas de liño fino torcido, cunha lonxitude de cen cóbados por lado. ¹⁰As súas vinte columnas estarán asentadas en vinte basas de bronce. Os ganchos e as argolas das columnas serán feitos de prata. ¹¹Do mesmo xeito, polo norte, o adro levará unha cortina de cen cóbados de longa, vinte columnas asentadas en vinte basas de bronce, con alcaiatas e argolas de prata. ¹²Ó ancho, polo ocaso, o adro levará unha cortina de cincuenta cóbados de longa, e dez columnas con outras tantas basas. ¹³Ó ancho, polo nacente, a cortina terá tamén cincuenta cóbados. ¹⁴A un lado da porta irán quince cóbados de cortina, con tres columnas e as súas basas. ¹⁵Do lado oposto, a mesma cousa. ¹⁶Para a porta do adro farás unha cortina de vinte cóbados, de púrpura violácea, escarlata e carmesí, de liño fino torcido e bordada; levará catro columnas coas súas basas. ¹⁷Tódalas columnas ó redor do adro levarán aneis de prata, con ganchos de prata e con basas de bronce. ¹⁸O adro terá cen cóbados de longo, cincuenta de ancho e cinco de alto. Será de liño fino torcido, coas basas de bronce. ¹⁹Tódolos utensilios para calquera dos servicios do tabernáculo, as súas estacas e as do adro, serán todos de bronce.

O aceite da lámpada

²⁰Ordénalles ós israelitas que che traian aceite puro de oliva, para mante-la lámpada acesa. ²¹Aharón e os seus fillos colocarana na Tenda do Encontro, por fóra do veo que tapa o testemuño, para que brille diante do Señor, desde a noite á mañá. Esta é lei perpetua para tódalas xeracións de Israel.

As roupas dos sacerdotes

28 ¹Manda vir onda ti a teu irmán Aharón e a seus fillos Nadab, Abihú, Elazar e Itamar. De entre tódolos israelitas serán eles os meus sacerdotes. ²A teu irmán Aharón faraslle unhas vestes sacras, que lle dean honor e maxestade. ³Ordena a artesáns destros, dotados de espírito de sabedoría, que preparen as roupas coas que Aharón será consagrado sacerdote. ⁴Deberanlle facer estes ornamentos: o peitoral, o *efod*, o manto, a túnica bordada, a mitra e a faixa. Para faceren as vestes sacras para o sacerdocio do teu irmán Aharón e dos seus fillos ⁵serviranse de ouro, de púrpura violácea, escarlata e carmesí, e de liño fino.

O *efod*

⁶O *efod* faralo de ouro, de púrpura violácea, escarlata e carmesí, e de liño fino torcido e bordado. ⁷Levará dúas ombreiras, unha por cada lado, que servirán para atalo. ⁸Terá para cinguilo un cíngulo, que será da súa mesma feitura: de ouro, de púrpura violácea, escarlata e carmesí, e de liño fino torcido. ⁹Collerás dúas pedras de ónice e gravarás nelas os nomes das tribos de Israel, ¹⁰seis nomes nunha pedra e seis na outra, por orde de nacemento. ¹¹Farás grava-los nomes das tribos de Israel nas dúas pedras, engastadas en ouro, como fan os ourives gravadores de selos. ¹²Despois pora-las dúas pedras nas ombreiras do *efod*, para lembranza das tribos de Israel. Aharón levará sobre os ombreiros os nomes dos israelitas, para lembranza diante do Señor. ¹³Faraslle engastes de ouro ¹⁴e dúas cadeíñas de ouro puro, trenzadas coma un cordón, e poralas trenzadas nos engastes.

O peitoral

¹⁵Fara-lo peitoral das sortes, traballado con arte, da mesma feitura do *efod*, de ouro, de púrpura violácea, escarlata e carmesí, e de liño fino torcido. ¹⁶Será cadrado, dobre,

---

27, 2 Os *saíntes* ou cornos do altar eran parte moi sagrada do mesmo (**29**, 12). O perseguido buscaba asilo neles (1 Re **1**, 50; **2**, 28).

27, 9 *O adro* é concebido coma o adro do templo, onde se xuntaba o pobo (1 Re **6**, 36; Ez **40**, 17ss; Feit **21**, 27-30).

28 O capítulo fala sobre todo das vestes do sumo sacerdote; moitas destas miudezas non nos din nada hoxe, nin é doado reconstruír todo exactamente; non sabemos, poño por caso, como era o *efod* (Lev **8-10**).

un palmo de longo e un de ancho. ¹⁷Levará engastadas catro ringleiras de pedras. Na primeira unha sardónice, un topacio e unha esmeralda; ¹⁸na segunda un rubí, un zafiro e un xaspe; ¹⁹na terceira un ópalo, unha ágata e unha amatista; ²⁰e na cuarta un crisólito, un ónice e un berilo. Estarán todas nas súas ringleiras, engastadas en ouro. ²¹As pedras corresponden ós nomes das tribos de Israel, doce pedras por doce nomes. Cada unha levará gravado un nome, coma un selo; e así as doce tribos cos seus nomes.

²²Farás para o peitoral cadeíñas de ouro puro, trenzadas coma un cordón, ²³e dous aneis de ouro, que lle porás ó peitoral nos seus dous cabos. ²⁴Pasara-las dúas cadeíñas de ouro polos aneis dos dous cabos do peitoral, ²⁵e as puntas das cadeíñas fixaralas nos engastes, collidos no lado dianteiro das ombreiras do *efod*. ²⁶Farás outros dous aneis de ouro e poralos nos dous cabos da parte baixa do peitoral, polo lado de dentro, de cara ó *efod*. ²⁷E dous aneis máis que farás aínda, fixaralos nas dúas ombreiras do *efod*, na súa parte baixa dianteira, onda a xuntura, por enriba do cíngulo do *efod*. ²⁸Os aneis do peitoral ligaranse cos do *efod* cun cordón de púrpura violácea, de xeito que o peitoral quede por riba do cíngulo do *efod* e non se solte del.

²⁹Dese xeito Aharón levará os nomes das tribos de Israel no peitoral das sortes, sempre que entre no santuario, para lembranza perpetua diante do Señor. ³⁰No peitoral das sortes pora-los *urim* e os *tummim*, e así irán sobre o corazón de Aharón, sempre que este entre onda o Señor, Aharón levará sempre sobre o corazón, na presencia do Señor, as sortes de Israel.

O manto

³¹Farás tamén tece-lo manto do *efod*, todo de púrpura violácea. ³²No medio, por enriba, levará unha abertura, cunha orla de reforzo ó arredor, coma unha cota, para que non esgace. ³³No borde baixo, ó arredor, poraslle granadas de púrpura violácea, escarlata e carmesí, e, mesturadas con elas, campaíñas de ouro. ³⁴As granadas e as campaíñas alternaranse por todo o arredor. ³⁵Aharón vestirá este manto cando faga o servicio, de xeito que se sinta o tintín cando entre no santuario, na presencia de Deus, e tamén cando saia. Así non morrerá.

A diadema

³⁶Farás unha flor de ouro puro e gravarás nela, como se grava un selo: Consagrado ó Señor. ³⁷Cun cordón de púrpura violácea suxeitara-la flor na cara dianteira da tiara. ³⁸Porala na testa de Aharón, que cargará coas culpas dos israelitas, cando estes ofrezan as súas ofrendas sacras. Aharón levará a flor sempre na fronte, para reconcilialos co Señor.

Outros vestidos

³⁹O manto do *efod* faralo de liño; e o mesmo a tiara e mailo cíngulo; será todo bordado. ⁴⁰Ós fillos de Aharón faraslles tamén túnicas, cíngulos e tiaras, que lles dean honor e maxestade. ⁴¹Así é como vestirás a teu irmán Aharón e a seus fillos. Unxiralos e consagraralos, para que me sirvan como sacerdotes. ⁴²Faraslles calzóns de liño, que lles cubran cadrís e coxas, que lles tapen as partes. ⁴³Aharón e os seus fillos levaranos cando entren na Tenda do Encontro e cando se acerquen ó altar para o servicio do santuario, para que non cometan falta, e morran. Esta será lei perpetua para Aharón e para seus fillos.

Consagración dos sacerdotes

29 ¹Este é o rito da consagración dos sacerdotes. Colle do gando un xuvenco e dous carneiros sen defecto. ²Colle tamén pan ázimo, bicas ázimas amasadas con aceite, fillocas tamén ázimas untadas con aceite, todo feito de flor de trigo. ³Porás todo nunha cesta e ofreceasmo nela, co xuvenco e cos dous carneiros.

⁴Mandarás a Aharón e a seus fillos acercarse á porta da Tenda do Encontro e bañarse con auga. ⁵Despois collera-las roupas e vestiraslle a Aharón o manto, o manto do *efod*, o *efod* e o peitoral, e cinguiralo co cíngulo do *efod*. ⁶Poraslle na cabeza a tiara, e por riba a sagrada diadema. ⁷Despois collera-lo óleo da unción, verteraslle na cabeza, e quedará unxido. ⁸Logo farás que se acerquen os seus fillos, vestiráslle-las túnicas, ⁹cinguiráslle-lo cíngulo. O mesmo a Aharón coma a eles poralle-las súas mitras. O sacerdocio será a súa propiedade para sempre. Así é como investirás a Aharón e a seus fillos.

Ofrenda

¹⁰Farás trae-lo xuvenco diante da Tenda do Encontro, e Aharón e os seus fillos po-

---

29 Normas para o rito da consagración dos sacerdotes (Lev **8**). Percorre tódolos pasos que se han dar: purificacións, ofrendas, investidura, comida sagrada.

ranlle as mans na cabeza. ¹¹Logo degolaralo diante do Señor, á entrada da Tenda do Encontro. ¹²Collerás un pouco do seu sangue e mollarás cos dedos os cornos do altar. O resto do sangue verteralo ó pé do altar. ¹³Sacaraslle o sebo que envolve as entrañas, o que cobre o fígado, os dous riles co sebo que os envolve, e queimaralo todo no altar. ¹⁴A carne do xuvenco, a súa pel e as súas tripas, queimaralas no lume, fóra do campamento, coma sacrificio polo pecado.

¹⁵Despois collerás un dos carneiros, e Aharón e os seus fillos imporán as mans na súa cabeza. ¹⁶De seguido, degolaralo, tomara-lo seu sangue e rociarás con el o altar ó redor. ¹⁷Pora-lo carneiro en anacos, lava-ra-las súas entrañas e as súas patas, poralas cos anacos de carne e coa cabeza ¹⁸e queima-ra-lo carneiro todo encima do altar. É un holocausto para o Señor, un sacrificio recendente que lle prace.

¹⁹Collerás despois o outro carneiro, e Aharón e os seus fillos imporanlle as mans na cabeza. ²⁰Degolara-lo carneiro, collerás do seu sangue e mollarás con el o lóbulo da orella dereita de Aharón e os das orellas dos seus fillos, e tamén os polgares das súas mans e as dedas dos seus pés dereitos, e despois vertera-lo sangue ó redor do altar.

²¹Tomarás do sangue que hai enriba do altar e do óleo da unción, e rociarás a Aharón e os seus vestidos, e ós fillos de Aharón e os seus vestidos. Dese xeito, tanto eles coma os seus vestidos quedarán consagrados. ²²Do carneiro collerás logo o sebo, o rabo, o sebo que cobre as entrañas, o lóbulo do fígado, os dous riles co sebo que os envolve e a perna dereita, porque este é o carneiro da investidura.

²³Da cesta dos ázimos presentados ó Señor collerás unha bola, unha bica amasada con aceite e unha filloa. ²⁴Porás todo nas mans de Aharón e dos seus fillos e abalara-los ritualmente diante do Señor. ²⁵Collerás todo outra vez das súas mans e queimaralo no altar coma holocausto, coma recendo que prace ó Señor. É un sacrificio no seu honor.

²⁶Despois collera-lo peito do carneiro da investidura de Aharón e abalaralo ritualmente diante do Señor. Esa será a túa ración. ²⁷Do carneiro da investidura de Aharón e dos seus fillos consagrara-lo peito que foi abalado e maila perna ofrecida. ²⁸Esta será, por lei perpetua, a ración de Aharón e dos seus fillos, de parte dos israelitas. É a ofrenda que os israelitas ofreceron ó Señor en sacrificio de comunión.

²⁹As vestes sacras de Aharón herdaranas seus fillos, para cando eles sexan unxidos e reciban a investidura. ³⁰O fillo que lle suceda no sacerdocio vestiraas sete días, cando entre na Tenda do Encontro para servir no santuario.

Banquete sagrado

³¹Collera-lo carneiro da investidura, cocera-la súa carne no lugar santo, ³²e Aharón e os seus fillos comerano, co pan que hai na cesta, á entrada da Tenda do Encontro. ³³Comerán a parte coa que se fixo a expiación na súa investidura e na súa consagración. Non comerá dela un alleo, porque é ración sagrada. ³⁴Se da carne da investidura ou do pan quedase algo para o día seguinte, queimarase no lume. Ninguén comerá ese sobrante, porque é cousa santa.

Expiación polo altar

³⁵Isto é o que farás con Aharón e con seus fillos, conforme che teño mandado. A investidura require sete días. ³⁶Cada día ofrecerás en sacrificio un xuvenco para expiación polo pecado. Ofrecelo encima do altar para expiar por el, e despois unxiralo para a súa consagración. ³⁷Durante sete días expiarás polo altar e despois consagraralo. O altar será santísimo; calquera cousa que o toque quedará consagrada.

O sacrificio perpetuo

³⁸Isto é o que ofrecerás sobre o altar tódolos días: dous cordeiros dun ano, ³⁹un á mañá e outro á tarde. ⁴⁰Co primeiro ofrecerás un décimo de flor de fariña, amasada coa cuarta parte dun *hin* de aceite de oliva, e unha libación de viño. ⁴¹Co segundo cordeiro, o da tarde, farás, coma á mañá, unha ofrenda e unha libación: ofrenda recendente que prace ó Señor. ⁴²Este será o holocausto perpetuo ó Señor, polas xeracións, á entrada da Tenda do Encontro, onde me encontrarei convosco e onde vos falarei. ⁴³Alí virei eu ó encontro de Israel, e o lugar quedará consagrado pola miña presencia gloriosa. ⁴⁴Consagrarei a Tenda do Encontro e mailo altar, consagrarei a Aharón e a seus fillos coma os meus sacerdotes.

29, 40*Un décimo* (de *efah*), é dicir uns 4,5 litros. *Hin*, medida de líquidos duns 7,5 litros.

⁴⁵Habitarei no medio de Israel e serei o seu Deus. ⁴⁶E eles recoñecerán que eu son o Señor, o seu Deus, que os saquei de Exipto e que habito no medio deles. Eu o Señor, o seu Deus.

O altar do incenso

30 ¹Farás un altar de madeira de acacia, para queimar nel o incenso. ²Faralo cadrado, dun cóbado de longo, un de ancho e dous de alto, con cornos saíntes nos ángulos. ³Revestiralo de ouro puro, por enriba, polos lados e nos cornos; poraslle unha cinta de ouro ó redor. ⁴Debaixo da cinta, nos dous flancos, poraslle dúas argolas de ouro, para mete-los dous largueiros con que podelo transportar. ⁵Os largueiros serán de madeira de acacia, revestidos de ouro. ⁶Colocara-lo altar diante do veo que tapa a arca da alianza, diante do propiciatoiro que cobre o testemuño, onde eu virei ó teu encontro. ⁷Aharón queimará nel incenso recendente, ó tempo de axeitar cada mañá as lámpadas, ⁸e cando as encenda pola tarde. Será incenso perpetuo diante do Señor, polas xeracións. ⁹Non ofreceredes nel incenso prohibido, nin holocaustos, nin ofrendas, nin verteredes libacións. ¹⁰Aharón fará por el a expiación, unxindo unha vez no ano ós seus cornos co sangue do sacrificio polo pecado; así polas xeracións. O altar está consagrado ó Señor".

Prezo do rescate

¹¹O Señor díxolle a Moisés: ¹²—"Cando cónte-los israelitas para face-lo seu censo, cada persoa pagará ó Señor un rescate pola súa vida; así non sufrirán praga ningunha, ó seren rexistrados. ¹³Cada persoa rexistrada pagará medio siclo, segundo o peso do siclo do santuario que é de vinte óbolos; medio siclo será o voso tributo para o Señor. ¹⁴Cada persoa rexistrada, de vinte anos para arriba, pagará este tributo ó Señor. ¹⁵Nin o rico dará máis nin o pobre dará menos da metade dun siclo, como tributo ó Señor polo rescate das súas vidas. ¹⁶Recollera-lo diñeiro do rescate dos israelitas e adicaralo ó servicio da Tenda do Encontro. Servirá como memorial diante do Señor de que os israelitas rescataron as súas vidas".

A pía de bronce

¹⁷O Señor díxolle a Moisés: ¹⁸—"Farás unha pía de bronce, coa base tamén de bronce, para as ablucións. Porala entre a Tenda do Encontro e o altar e botarás auga nela. ¹⁹Aharón e seus fillos lavarán nela as mans e mailos pés. ²⁰Cando entren na Tenda do Encontro, lavaranse con auga, e así non morrerán. E o mesmo cando se acerquen ó altar para oficiar ou para queimar unha ofrenda ó Señor. ²¹Lavarán as mans e os pés, e así non morrerán. Esta é lei perpetua para eles e para os seus descendentes, polas xeracións".

O óleo da unción

²²O Señor díxolle a Moisés: ²³—"Procúrate aromas da mellor calidade: cincocentos siclos de mirra virxe, douscentos cincuenta de cinamomo recendente e douscentos cincuenta de canela, ²⁴cincocentos siclos de casia, en peso do santuario, e sete litros de aceite de oliveira. ²⁵Con todo iso fara-lo óleo da unción santa, un perfume recendente, coma o que fan os perfumistas. Será o óleo da unción santa. ²⁶Con el unxira-la Tenda do Encontro e a arca da alianza, ²⁷a mesa cos seus recipientes, o candelabro cos seus trebellos, o altar do incenso, ²⁸o altar dos holocaustos con tódolos seus utensilios, e a pía coa súa base. ²⁹Consagrarás estas cousas todas, para que sexan santísimas: calquera que as toque quedará tamén santificado. ³⁰Unxirás a Aharón e a seus fillos, para que me queden consagrados na función de sacerdotes. ³¹Diraslles ós israelitas: Este será o meu óleo santo da unción polas xeracións. ³²Non poderedes unxir con el ningunha outra persoa. Nin faredes un preparado coma este. Foi consagrado, e será santo para vós. ³³Calquera que prepare outro óleo coma este e unxa con el un profano, será excluído do pobo".

O incenso

³⁴O Señor díxolle a Moisés: —"Procúrate estes aromas: ámbar, uña recendente, gálbano e incenso puro, todo nas mesmas cantidades. ³⁵Con todo iso prepara o incenso, conforme á arte dos perfumistas, mesturado con sal, puro e santo. ³⁶Despois moerás un pouco, ata convertelo en po, e porás unha parte del diante da arca, na Tenda do Encontro, na que eu virei onda ti. Terédelo por cousa santa. ³⁷Para os vosos usos non faredes incenso composto conforme a esa receita. Ese terédelo por cousa consagrada ó Señor. ³⁸O que faga para o seu uso un aroma coma ese, será excluído do pobo".

30-31 Normas complementarias das disposicións xa referidas nos capítulos 25-27.

30, 13 *Siclo:* "Xéquel", medida que pesaba uns 11,4 gramos. Parece que o do Templo pesaba o dobre.

Os artífices do santuario

31 ¹O Señor díxolle a Moisés: ²—"Ves que chamei polo seu nome a Besalel, fillo de Urí, fillo de Hur, da tribo de Xudá, ³e que o enchín do espírito de Deus, de sabedoría, de intelixencia e de habilidade para calquera labor: ⁴para concebir proxectos, para labra-lo ouro, a prata e o bronce, ⁵para tallar pedras e engastalas, para tallar madeiras e facer calquera obra. ⁶Ves tamén que lle dei por axudante a Oholiab, fillo de Ahisamac, da tribo de Dan. A tódolos homes capaces deilles habilidade, para que poidan facer todo canto che mandei: ⁷a Tenda do Encontro, a arca da alianza co propiciatorio que está por riba dela, e os utensilios todos da tenda, ⁸a mesa cos seus accesorios, o candelabro de ouro cos seus trebellos, o altar do incenso, ⁹o altar dos holocaustos con tódolos seus utensilios e a pía coa súa base, ¹⁰as vestes sacras do sacerdote Aharón e de seus fillos, cando serven no santuario, ¹¹o óleo da unción, o incenso recendente para o santuario. Farán todas esas cousas conforme eu che mandei".

O descanso do sábado

¹²O Señor díxolle a Moisés: ¹³—"Dilles ós israelitas: Gardaréde-lo meu sábado, porque o sábado é o sinal entre min e vós, dunhas a outras xeracións, polo que coñeceredes que eu son o Señor que vos consagro. ¹⁴Gardaréde-lo sábado, que será día santo para vós. O que o profane será reo de morte; o que traballe nese día será excluído do pobo. ¹⁵Seis días traballarás, pero o sétimo, sábado, é día de lecer, consagrado ó Se-

ñor. O que traballe en día de sábado será reo de morte. ¹⁶Os israelitas gardarán o día do sábado, celebrarano polas xeracións, cumprindo un pacto perpetuo. ¹⁷Será sinal duradeiro entre min e os israelitas, pois en seis días fixo o Señor o ceo e a terra, e o sétimo descansou".

¹⁸Cando o Señor rematou de falar con Moisés no monte Sinaí, entregoulle as dúas táboas da alianza, táboas de pedra escritas polo dedo de Deus.

O becerro de ouro

32 ¹Vendo o pobo que Moisés se demoraba en baixar da montaña, xuntouse ó redor de Aharón e díxolle: —"Anda, fainos un deus que vaia diante de nós, pois ese Moisés, o home que nos sacou de Exipto, non sabemos que foi del".

²Respondeulles Aharón: —"Collede das vosas mulleres e dos vosos fillos e fillas os pendentes de ouro que levan nas orellas e traédemos". ³Todo o mundo quitou os pendentes de ouro das orellas e tróuxollos a Aharón. ⁴El recibiunos das súas mans, e fixo do metal fundido un becerro, modelado a cicel. O pobo exclamaba diante del: —"Este é o teu Deus, Israel, que te sacou de Exipto".

⁵En vendo isto Aharón, construíu un altar diante do becerro. E proclamou: —"Mañá será festa en honor do Señor". ⁶Á mañá seguinte o pobo ergueuse cedo; ofreceron holocaustos e sacrificios de comunión, sentaron todos a comer e a beber, e logo puxéronse a danzar.

⁷O Señor díxolle a Moisés: —"Anda, baixa da montaña, porque o teu pobo, o que saca-

---

31, 12ss Esta recomendación urxente sobre a garda do sábado (Ex **20,** 8-11) non ten relación co anterior.
31, 18 Este encadramento narrativo cerra todo o conxunto de leis sacerdotais e remite ó final de Ex **24**. A ausencia de Moisés pon ó pobo no perigo de caer na apostasía, que refiren os capítulos que seguen.
32-34 No medio dunha longa secuencia de leis sacerdotais sobre o santuario e o sacerdocio atópase este relato das tradicións iavista e elohista sobre o renovamento da alianza. O capítulo **32** presenta ó pobo que concluíu a alianza primeira ofrecendo a Deus un culto indebido, que a historia xulga idolátrico. O feito supón unha ruptura da alianza, significado polo xesto de Moisés de rompe-las táboas da lei. Todo iso conduce ó renovamento da alianza, que constitúe o cume do relato, no capítulo **34**. Este era a versión iavista da primitiva alianza sinaítica. Ó atoparse neste contexto, deixa de ser un duplicado da versión elohísta, en Ex **24**. Este artificio literario e histórico xustifícase polo feito de que a alianza non foi só un acontecemento dunha vez, senón un acto litúrxico, que se renovaba cada pouco.
32 O episodio recolle unha forma de culto a Iavé, ben coñecida en Israel desde a súa separación do reino da casa de David, con Ieroboam I (1 Re **12,** 26-30). Segundo a versión do capítulo, este sería o pecado "orixinal" de Israel, que con iso rompería a alianza do Sinaí: deu culto a Iavé representado por un touro, o símbolo cananeo da fertilidade e da forza. É certo que ese símbolo podía crear confusión, dando pé para igualar a Iavé ós deuses cananeos. Pero de feito o touro non tencionaba ser unha imaxe de Iavé, senón un trono ou un asento, coma os querubíns enriba da Arca, ou cando máis un símbolo dalgunhas das súas propiedades.
32, 1 O pobo non atura moito tempo o silencio de Deus ou a carencia da súa imaxe. A demora de Moisés no cume da montaña deixouno só, sen sinal carismático (Ex **24,** 12-18), e entón o pobo acudiu a Aharón, para que lles fixese unha imaxe que se vise.
32, 4 O relato é polémico contra unha forma de culto, que se acabou por ver coma idolátrica. Pero o Deus que Israel tenciona venerar desa maneira é o mesmo Iavé que o salvou da servidume (1 Re **12,** 28; Sal **106,** 19s).
32, 7 O autor do relato pon ironía nas palabras de Iavé a Moisés: ese pobo non sería o pobo de Deus, senón o pobo de Moisés, o que Moisés sacou de Exipto.

ches de Exipto, perverteuse. ⁸Desviáronse axiña do camiño que eu lles indicara. Fixéronse un becerro de metal, póstranse diante del, ofrécenlle sacrificios e pregoan: Este é o teu Deus, Israel, o que te sacou de Exipto". ⁹E díxolle o Señor aínda a Moisés: —"Vexo que este pobo ten a cerviz dura. ¹⁰Deixa, pois, que agora se acenda a miña ira contra eles e os consuma. Pero a ti convertereite nun gran pobo".

Intercesión de Moisés

¹¹Entón rogou Moisés ante o Señor, o seu Deus: —"¿Por que, Señor, se ten que acende-la túa ira contra o teu pobo, que con moito poder e con man rexa sacaches de Exipto? ¹²¿Por que haberían dici-los exipcios: Sacounos arteiramente, para matalos nas montañas e varrelos da face da terra? Vólvete atrás do teu noxo e renuncia ó castigo que pensaches contra o teu pobo. ¹³Lembra ós teus servos Abraham, Isaac e Israel, ós que con xuramento prometiches: Multiplicarei os vosos descendentes coma as estrelas do ceo, e dareilles este país de que vos teño falado, para que o herden a perpetuidade". ¹⁴E o Señor renunciou ó castigo co que ameazara ó seu pobo.

As táboas da lei rotas

¹⁵Moisés baixou do monte coas dúas táboas da alianza na súa man. Estaban escritas polos dous lados, ¹⁶e eran obra de Deus: o gravado nas táboas era escritura de Deus. ¹⁷En oíndo Xosué a algueirada do pobo, díxolle a Moisés: —"Óense berros de loita no campamento". ¹⁸Moisés respondeulle: —"Non son aturuxos de victoria, nin salaios de desfeita, senón que son cantos o que oio". ¹⁹Cando chegou ó campamento e viu o becerro e a danza, Moisés anoxouse moito, tirou as táboas da man e crebounas na aba da montaña. ²⁰Logo agarrou o becerro que fixeran, queimouno e moeuno, ata convertelo en po, e fíxollelo beber ós israelitas.

²¹Moisés díxolle a Aharón: —"¿Que che fixo este pobo, para que deixases caer enriba del un pecado tan grave?" ²²Respondeulle Aharón: —"Que non se anoxe o meu señor. Ti sabes que este pobo é inclinado ó mal. ²³Dixéronme: Fainos un deus que nos conduza, pois ese Moisés, o home que nos sacou de Exipto, non sabemos que foi del. ²⁴Eu díxenlles: ¿Quen de entre vós ten ouro? Eles recolleron ouro e trouxéronmo. E eu fundino, e saíu este becerro".

²⁵Vendo Moisés que o pobo estaba desbocado, pois deixárao desbocarse Aharón, expoñéndoo ó riso dos inimigos, ²⁶púxose á entrada do campamento e berrou: —"¡Comigo os que están polo Señor!" E fóronse con el tódolos levitas. ²⁷El díxolles: —"Isto manda o Señor, o Deus de Israel: Cinguide cada un a súa espada, ide e vide de porta en porta polo campamento e que cada un mate ó seu irmán, ó seu amigo, ó seu parente". ²⁸Os levitas cumpriron o mandado de Moisés, e aquel día caeron cerca de tres mil homes do pobo. ²⁹Díxolles Moisés: —"Recibide hoxe a investidura do Señor. Cada un, a costa do fillo ou do irmán, hoxe merecéste-la súa bendición". ³⁰Ó día seguinte Moisés díxolle ó pobo: —"Cometestes un grave pecado. Agora subirei onda o Señor, para ver se vos obteño o perdón".

³¹Volveu, pois, Moisés onda o Señor e dixo: —"Recoñezo que este pobo cometeu un grave pecado, ó facerse un deus de ouro. ³²Pero rógoche que agora lle perdóe-lo pecado. E se non, táchame a min tamén do libro onde rexistras". ³³O Señor respondeulle a Moisés: —"Do meu rexistro tacharei ó que pecou. ³⁴Pero agora vai e leva o pobo a onde che mandei. O meu anxo irá diante de ti. O día da conta pedireille as contas do pecado". ³⁵O Señor castigou ó pobo, por veneraren o becerro que lles fixo Aharón.

32, 9 *Ten a cerviz dura* é unha expresión feita para denuncia-la infidelidade repetida de Israel (**33,** 3; **34,** 9; Dt **9,** 6.13; **31,** 27; 2 Re **17,**14; Xer **7,** 26).
32, 11 Moisés teima en manter que ese pobo non é seu, senón de Deus. Nas tradicións do deserto Moisés é máis ca nada intercesor (**5,** 22s; **32,** 30-32; Núm **11,** 2; **14,** 13-19).
32,20 Bebe-la propia culpa e maila conseguinte maldición (Núm **5,** 11ss). Versión semellante en Dt **9,** 21.
32, 23 Para disculparse el, Aharón bótalle ó pobo as culpas. Ben outra é a postura de Moisés, que non admite ser separado dos culpados (v 32).
32, 25-29 Este feito dos levitas recórdaselle para ben en Dt **33,** 8-11; cf Núm **25,** 7-13. Dun xesto de fidelidade coma este, aínda que non saibamos como foi, parece que naceu a preferencia que a posteriade mostrou polos levitas para o sacerdocio. Aquí témo-la lenda etiolóxica da orixe do sacerdocio dos levitas.
32, 32s Trátase do libro dos vivos; del son borrados os que deben morrer (Sal **69,** 29; **139,** 16).

O anxo de Deus co pobo

33 ¹O Señor díxolle a Moisés: —"Anda, ti e o pobo que trouxeches de Exipto e sube de aquí cara á terra, da que eu xurei a Abraham, a Isaac e a Xacob: Daréillela ós vosos descendentes. ²Eu mandarei diante o meu anxo, desbotarei da terra ós cananeos, ós amorreos, ós hititas, ós perizitas, ós hivitas e ós iebuseos, ³e vós entraredes nesa terra que zumega leite e mel. Eu non irei entre vós, cun pobo que ten a cerviz dura, non sexa que vos destrúa no camiño". ⁴Cando o pobo escoitou estas tan duras palabras, fixo loito, e ninguén puxo as súas galas.

⁵O Señor díxolle a Moisés: —"Dilles ós israelitas: Sodes un pobo de cerviz dura. Se por un momento subise entre vós, acabaría convosco. Agora tirade de enriba os atavíos que levades, e verei que fago convosco". ⁶Os israelitas desprendéronse das galas que levaban, desde o monte Horeb.

A Tenda do Encontro

⁷Moisés levantou a Tenda e plantouna lonxe, fóra do campamento; e chamouna Tenda do Encontro. O que quería visita-lo Señor, saía do campamento e ía fóra del, á Tenda do Encontro.

⁸Cando Moisés saía cara á Tenda, a xente agardaba de pé, á entrada das súas tendas, ollando como Moisés entraba na Tenda do Encontro. ⁹Cando Moisés entraba na Tenda, baixaba a columna de nube e pousábase na entrada, mentres Deus se comunicaba a Moisés. ¹⁰O pobo todo podía ve-la columna de nube pousarse na entrada da Tenda, e todos se erguían e se postraban, cada un á porta da súa tenda. ¹¹O Señor falaba con Moisés cara a cara, coma un home co seu amigo. Despois Moisés volvía para o campamento; pero o seu servidor Xosué, fillo de Nun, non se ía da Tenda.

Moisés pide a Deus que os acompañe

¹²Moisés díxolle ó Señor: —"Ti mándasme conducir este pobo, pero non me indicaches aínda a quen mandas comigo, por máis que me teñas dito: Coñézote polo nome e concédoche o meu favor. ¹³Agora, pois, se merezo o teu favor, ensíname o teu camiño, para que eu te coñeza e faga por merece-lo teu favor. Mira por esta xente que é o teu pobo".

¹⁴O Señor respondeulle: —"Irei eu mesmo contigo e dareiche o repouso".

¹⁵Moisés insistiu: —"Se non vés ti mesmo connosco, non nos fagas rubir de aquí, ¹⁶pois ¿como poderiamos saber, eu e mais este teu pobo, que contamos co teu favor, se non no feito de que veñas ti connosco? Entón avantaxariamos, eu e mais este teu pobo, a tódolos pobos que hai sobre a terra".

¹⁷O Señor respondeulle a Moisés:

—"Concedereiche isto tamén, pois contas co meu favor e coñézote polo nome".

¹⁸Entón Moisés pediu: —"Móstrame a túa gloria".

¹⁹O Señor respondeulle: —"Farei pasar diante de ti todo o meu ben e pronunciarei diante de ti o nome do Señor, pois fago favores a quen quero e mostro misericordia con quen quero". ²⁰E engadiu: —"Pero non poderás ve-la miña cara, porque non pode verme un home e despois seguir vivindo".

²¹E dixo aínda o Señor: —"Aí tes un lugar cerca de min. Ponte de pé naquel penedo. ²²Cando a miña gloria pase, metereite nunha greta e tapareite coa man, ata que eu teña pasado. ²³Cando retire a miña man, poderás verme polas costas, pero non poderás ve-la miña cara".

Renovamento da alianza

34 ¹O Señor díxolle a Moisés: —"Labra dúas táboas de pedra, o mesmo cás primeiras. Eu escribirei nelas as palabras que había nas que rompiches. ²Disponte pa-

---

33 Os temas heteroxéneos e independentes entre si deste capítulo concorren en debuxar e en poñer nomes a diversas maneiras da presencia de Deus no medio do seu pobo: o anxo, a tenda, a nube, a persoa do carismático, Deus mesmo. Ó de diversas tradicións.

33, 2 *O anxo* é presencia divina escondida; Deus aniquilaría ese pobo que ten cerviz dura (Ex 32, 9), se fose El mesmo con el. Pero o anxo abriralle ó pobo o camiño, cando os camiñantes o emprendan (Núm 10, 11s).

33, 7 *A Tenda* retrátase aquí, na versión das fontes antigas, coma lugar de encontro, a onde Deus vén (no tabernáculo da tradición sacerdotal Deus está, Ex 25-26); non hai levitas ó seu servicio, senón o leigo Xosué; máis ca lugar de culto, é lugar de oráculo.

33, 14 *O repouso* é un dos temas preferidos da teoloxía deuteronómica (Dt 12, 10; 25, 19; Xer 1, 13). Se Deus acompaña ou non, verase no pobo mesmo: será o que o distinga de tódolos outros pobos (v 16).

33, 18 *A gloria* é Deus mesmo, na linguaxe da tradición sacerdotal (Ex 13, 22; 24, 16).

33,20 O home mortal non ten capacidade para recibi-la visión de Deus na súa condición; non podería aturala; morrería (Xén 32, 30; Ex 19, 21; Lev 16, 2; Núm 4, 20; Dt 4, 33). Pero revela-lo nome é xa deixarse ver, facer senti-la súa presencia (Ex 3, 14; 33, 19).

33, 21s Do mesmo xeito cando Elías foi ó Horeb (1 Re 19, 9-13).

34 Relato iavista da alianza, entendido como renovación da mesma, despois que fora rota (vv 1-5.9-28). Refírese ó dito en Ex 32, 15-19 e ten o mellor paralelo en Ex 19-20 e 24.

ra mañá. Sube cedo ó monte Sinaí e agárdame allí, no cume da montaña. ³Que ninguén suba contigo; que non se vexa unha persoa en todo o monte; que non pazan preto del nin ovellas nin vacas".
⁴Moisés labrou dúas táboas de pedra, o mesmo cás primeiras. Ergueuse cedo e rubiu ó monte Sinaí, conforme lle mandara o Señor, levando consigo as dúas táboas de pedra. ⁵O Señor baixou na nube e parou allí con el. Moisés pronunciou o nome do Señor.
⁶O Señor pasou diante del proclamando: —"O Señor, o Señor, Deus compasivo e benfeitor, tardo á ira, rico en amor e lealdade, ⁷que garda o seu amor ata a milésima xeración, que perdoa as culpas, os pecados e os erros, pero non declara inocente ó culpado, e castiga as culpas dos pais ata a terceira e a cuarta xeración".
⁸Moisés, ó tempo que se postraba polo chan e adoraba, ⁹dixo: —"Se merezo, Señor, o teu favor, pídoche que veñas ti connosco. Este pobo ten cerviz dura, pero ti perdoara-las nosas culpas e pecados e farás de nós a túa herdade".
¹⁰O Señor respondeulle: —"Eu vou facer convosco unha alianza. Á vista de todo o teu pobo farei marabillas que nunca se fixeron en ningún país nin nación. Todo o pobo que te rodea poderá ve-los feitos do Señor, pois farei por medio de ti cousas marabillosas. ¹¹Observa o que hoxe che mando. Eu botarei de diante de ti ós amorreos, ós cananeos, ós hititas, ós perizitas, ós hivitas e ós iebuseos. ¹²Gárdate de facer pactos cos moradores da terra na que entras, para que logo non teñas contigo unha trapela. ¹³Polo contrario, derrubara-los seus altares, crebara-las súas estelas, tronzara-las súas árbores sagradas.

O decálogo cúltico

¹⁴Non adorarás deuses alleos, porque o Señor, que leva nome de celoso, éo de verdade. ¹⁵Non concluirás pactos cos moradores do país, non sexa que, despois de se prostituíren cos seus deuses e de lles ofreceren culto, te conviden a comer dos seus sacrificios e ti aceptes. ¹⁶Non tomes de entre as súas fillas mulleres para os teus fillos, non sexa que ó prostituírense elas cos seus deuses, leven á prostitución tamén ós teus fillos. ¹⁷Non te fagas imaxes de deuses.
¹⁸Garda a festa dos Ázimos. Sete días comerás pan sen levedar, como che mandei, pola festa do mes de abib, pois no mes de abib saíches de Exipto. ¹⁹Tódolos primoxénitos son meus; e meus son tamén os primoxénitos machos do teu gando, das ovellas e das vacas. ²⁰As primeiras crías da xumenta poderalas rescatar por unha ovella; pero, se non as rescatas, deberalas esnucar. Rescatara-los teus fillos primoxénitos. E non viredes onda min coas mans baldeiras.
²¹Seis días traballarás e o sétimo descansarás. Descansarás o mesmo na sementeira coma na recolleita. ²²Celebrara-la festa das Semanas, ó comezo da sega do trigo, e a festa da Colleita, á fin do ano.
²³Tres veces no ano presentaranse tódolos varóns diante do Señor, Deus de Israel. ²⁴Cando eu bote as nacións de diante ti e anchee as túas fronteiras, ninguén cobizará a túa terra, namentres sobes visita-lo Señor o teu Deus, as tres veces no ano.
²⁵Non ofrecerás pan lévedo co sangue do sacrificio. Do sacrificio da festa da Pascua non deixarás quedar nada para o día seguinte. ²⁶Levarás á casa do Señor o teu Deus os primeiros froitos da túa terra. Non cocera-lo cabrito no leite de súa nai".

O mediador da alianza

²⁷O Señor díxolle a Moisés: —"Pon por escrito estas palabras, pois conforme a elas fago contigo e con Israel esta alianza". ²⁸Moisés estivo allí co Señor corenta días e corenta noites. Nelas non comeu pan nin bebeu auga. E escribiu nas táboas as palabras da alianza, os dez mandamentos.
²⁹Cando Moisés baixou do monte Sinaí, traendo consigo as dúas táboas da alianza,

---

34, 6-8 Isto é un engadido, que emparenta con **33**, 19. Deus pronuncia o seu nome diante de Moisés (**3**, 14; **33**, 19).
34, 10ss Esta alianza non se fundamenta, coma a de **19-20**, en feitos que Deus fixo no pasado polo pobo, senón na promesa das obras que ha facer en adiante: abrir camiño ó seu pobo entre os pobos. Ó tempo Deus esixe obediencia e fidelidade, como Deus único que é.
34, 14ss O lugar do Decálogo mosaico e do Código da Alianza da primeira alianza sinaítica, atopamos aquí o "Decálogo cúltico". O seu contido é todo de carácter relixioso. O número de dez mandamentos non é claro. Estes preceptos relixiosos teñen sentido no tempo da sedentarización de Israel, cando as crenzas e as prácticas cananeas supuñan para el verdadeira tentación. O rigor destes mandados, a garda dunhas festas, a peregrinaxe ó santuario central da confederación, tiñan que axudar a Israel a profesa-la súa fe e a mante-la súa identidade.
34, 28 Aquí é Moisés quen puxo por escrito os mandamentos; outras veces atribúeselle esa obra a Iavé (**34**, 1).
34, 29ss Moisés recibe o resplandor da gloria de Deus, cando está con El na montaña e cando Deus vén á Tenda do Encontro (**33**, 7-11). Con iso convértese en sinal da súa presencia (cf 2 Cor **3**, 7-4, 6).

non sabía que lle brillaba a pel da cara, por conversar co Señor. ³⁰Ó veren que a pel da cara lle brillaba, Aharón e os israelitas tiñan medo de aproximarse a Moisés. ³¹Moisés chamou por eles e entón viñeron onda el Aharón e os xefes da comunidade. E Moisés conversou con eles. ³²Despois acercáronse a el tódolos israelitas, e Moisés déulle-las ordes que recibira do Señor no monte Sinaí. ³³Cando acabou de falarlles, tapou a cara cun veo. ³⁴Sempre que Moisés entraba onda o Señor para falar con El, quitaba o veo, ata que volvía a saír. Cando saía, dáballes ós israelitas as ordes do Señor. ³⁵Os israelitas podían ver como lle brillaba a pel da cara. Pero Moisés tapábaa co veo, ata que volvía outra vez a falar con Deus.

O sábado

35 ¹Moisés reuniu a asemblea, para dicir ós israelitas: —"Estas son as ordes do Señor: ²Seis días traballaredes, pero o sétimo será día santo, sábado de repouso, adicado ó Señor. O que traballe nese día será reo de morte. ³No sábado non acenderedes lume en ningunha das vosas casas".

Doazóns para o santuario

⁴Moisés comunicoulle á asemblea dos israelitas: —"Estas son as ordes do Señor: ⁵Separade dos vosos bens unha ofrenda para o Señor. Cada un traerá xenerosamente en ofrenda para o Señor ouro, prata ou bronce; ⁶púrpura violácea, escarlata e carmesí, liño ou pelo de cabra; ⁷peles de carneiro curtidas, peles de teixugo ou madeira de acacia; ⁸aceite para o candelabro, aromas para o óleo de unción e para o incenso; ⁹pedras de ónice ou pedras de engaste para o *efod* e para o peitoral.

As obras que hai que facer

¹⁰Cantos de entre vós teñan habilidade, que veñan para face-lo que ordenou o Señor: ¹¹o tabernáculo coa súa Tenda, e coa súa cuberta, os broches, as táboas, os largueiros, as columnas e as basas; ¹²a arca cos seus largueiros, o propiciatoiro e o veo que o tapa; ¹³a mesa cos seus largueiros e cos seus accesorios, e os pans presentados; ¹⁴o candelabro para alumar, cos seus trebellos, coas lámpadas e co aceite do alumado; ¹⁵o altar do incenso cos seus traveseiros, o óleo de unción, o incenso recendente, o veo da entrada do tabernáculo; ¹⁶o altar dos holocaustos, coa súa reixa de bronce, cos seus largueiros e con tódolos seus trebellos, e a pía coa súa base; ¹⁷as cortinas do adro, coas súas columnas e as súas basas, e o veo da entrada do adro; ¹⁸as estacas do tabernáculo e do adro, coas súas cordas; ¹⁹as vestes tecidas para o servicio do santuario e as vestes sacras de oficiar do sacerdote Aharón e as dos seus fillos".

As doazóns

²⁰A comunidade dos israelitas retirouse de onda Moisés, ²¹e tódolos que con espírito xeneroso así o decidiron trouxéronlle ó Señor a súa ofrenda para as obras da Tenda do Encontro, para o culto e para as súas sagradas vestes. ²²Chegaban homes e mulleres, tódolos que eran xenerosos, e traían broches, colares, aneis, torques e outros moitos obxectos de ouro; cada un facía a súa ofrenda de ouro ó Señor. ²³Os que tiñan púrpura violácea, escarlata e carmesí, liño, pelo de cabra, peles curtidas de carneiro ou peles de teixugo, traían diso que tiñan. ²⁴Os que preferían ofrecer prata ou bronce, facían diso a súa ofrenda ó Señor. Os que tiñan madeira de acacia, traían a madeira para as variadas obras do culto.

²⁵As mulleres expertas na arte de fiar, viñan cos seus fiados de púrpura violácea, escarlata e carmesí, ou de liño fino. ²⁶As que tiñan habilidade para isto e a vontade de facelo, traían pelos de cabra. ²⁷Os xefes ofrecían pedras de ónice e pedras de engaste, para o *efod* e para o peitoral; ²⁸e, por parte, os aromas, o aceite para alumar, o óleo da unción, o incenso recendente. ²⁹Todo home e muller de espírito xeneroso para poñe-la súa parte na obra que o Señor ordenara facer por medio de Moisés, traía a súa ofrenda ó Señor.

Os artífices das obras

³⁰Moisés díxolles ós israelitas: —"Vedes que o Señor escolleu a Besalel, fillo de Urí, fillo de Hur, da tribo de Xudá, ³¹e que o encheu do espírito de Deus, de sabedoría, de intelixencia e de habilidade para toda sorte

---

34-40 Este bloque de capítulos, da tradición sacerdotal, dá conta de como se leva a cabo o mandado nos capítulos Ex **25-31** sobre o santuario e o sacerdocio. É case a repetición de todo aquilo. Pequenas seccións novas son a dos gastos das obras (Ex **38**, 28-31), a da presentación da obra feita a Moisés para que a aprobe (Ex **39**, 33-43) e pouco máis.

de labores: ³²para concebir proxectos, para labra-lo ouro, a prata e o bronce, ³³para tallar pedras e engastalas, para tallar madeira e acabar calquera obra de arte. ³⁴Deulle tamén capacidade para dirixir, a el e a Oholiab, fillo de Ahisamac, da tribo de Dan. ³⁵Deus deulles moita habilidade para levaren a termo calquera sorte de traballo de arte, recamado de púrpura violácea, escarlata e carmesí, para proxectar e para realizar calquera obra".

36 ¹Besalel, Oholiab e tódolos homes destros, ós que o Señor dera sabedoría e intelixencia para saberen face-la obras destinadas ó culto sagrado, puxéronse ó traballo conforme o mandara o Señor. ²Moisés chamou a Besalel, a Oholiab e a tódolos homes destros, ós que o Señor dera habilidade e a cantos estaban dispostos a pó-la súa parte na realización das obras, ³e entregóulle-los materiais que os israelitas lle trouxeran coma ofrenda para a obra do santuario que se había facer.

Os israelitas seguían traendo máis ofrendas, unha mañá tras doutra. ⁴Deixando o seu traballo respectivo na construcción do santuario, viñeron os sabios artesáns ⁵e dixéronlle a Moisés: —"O pobo está traendo xa máis do que cómpre para face-las obras que mandou o Señor". ⁶Entón deu Moisés a orde de pregoar no campamento: —"Que ningún home nin muller se esforce en traer máis ofrendas para as obras do santuario". E o pobo deixou de traer. ⁷O que trouxeran xa chegaba e sobraba para facer tódalas obras.

O tabernáculo

⁸Os máis destros dos artífices puxéronse a face-lo tabernáculo, de dez lenzos de liño fino torcido, de púrpura violácea, escarlata e carmesí, con querubíns bordados. ⁹Cada lenzo medía vinteoito cóbados de longo por catro de ancho; eran todos da mesma medida. ¹⁰Os lenzos empalmaban uns cos outros, en dúas series de cinco.

¹¹Fixeron logo presillas de púrpura violácea e puxéronos na orla do lenzo extremo dunha serie, e despois no da outra. ¹²Cincuenta presillas ían na orla dun lenzo e cincuenta na do outro, de xeito que se correspondían entre elas. ¹³Fixeron tamén cincuenta broches de ouro e uniron con eles os lenzos entre si. Dese xeito o santuario formaba un conxunto.

¹⁴Teceron despois once lenzos de pelo de cabra, que servían de Tenda ó tabernáculo. ¹⁵Cada lenzo medía trinta cóbados de longo e catro de ancho, todos da mesma medida. ¹⁶Empalmaron nunha serie cinco lenzos e seis noutra, ¹⁷e puxeron cincuenta presillas na orla de cada unha das dúas series de lenzos empalmados.

¹⁸Fundiron cincuenta broches de bronce para xunta-los lenzos da Tenda e que constituísen unha unidade. ¹⁹Fixeron para o tabernáculo unha cuberta de peles curtidas de carneiro, con outra cuberta por enriba de peles de teixugo.

²⁰Despois fixeron as táboas do tabernáculo de madeira de acacia, e puxéronas en pé. ²¹Cada unha medía dez cóbados de longo e un e medio de ancho. ²²Cada táboa remataba en dous cantís, para machear unhas nas outras; as táboas eran iguais. ²³Logo distribuíron deste xeito as táboas do tabernáculo: vinte táboas polo lado sur, ó mediodía, ²⁴ás que puxeron debaixo corenta basas de prata, dúas por cada táboa ou unha por cada cantil. ²⁵No outro lado do tabernáculo, o que mira cara ó norte, puxeron outras vinte táboas, ²⁶coas súas corenta basas de prata, dúas debaixo de cada táboa. ²⁷Polo flanco do tabernáculo que mira cara ó mar puxeron seis táboas, ²⁸con dúas máis para que formasen os dous cantos. ²⁹Estas eran parellas por abaixo e encaixaban para arriba, ata a primeira argola. Dese xeito fixeron os dous cantos. ³⁰Eran, por xunto, oito táboas, con dezaseis basas de prata, dúas para cada táboa.

³¹Fixeron tamén os traveseiros, de madeira de acacia, cinco para as táboas dun flanco do tabernáculo, ³²cinco para as do outro e cinco para as do ocaso. ³³Fixeron tamén o traveseiro que pasa polo medio das táboas, desde unha punta á outra. ³⁴As táboas revestíronas de ouro, e o mesmo os traveseiros. Tamén eran de ouro as argolas polas que pasaban os traveseiros.

O veo e a cortina

³⁵Fixeron despois o veo, de púrpura violácea, escarlata e carmesí e de liño fino torcido, con querubíns bordados. ³⁶Para penduralo fixeron catro columnas de madeira de acacia, revestidas de ouro, con ganchos tamén de ouro; para as columnas fundiron catro basas de prata.

³⁷Para a entrada da Tenda fixeron unha cortina, de púrpura violácea, escarlata e carmesí, de liño fino torcido, e bordada. ³⁸Levaba cinco columnas que a sostiñan, provistas de ganchos. Os seus capiteis e as súas molduras revestíronos de ouro e as súas basas de bronce.

A arca

37 ¹Besalel construíu a arca de madeira de acacia, de dous cóbados e medio de longo, un e medio de ancho e un e medio de alto. ²Revestiuna de ouro puro por dentro e por fóra, e ó arredor púxolle unha cinta de ouro. ³Fundiu catro argolas de ouro para os seus catro ángulos, dúas para un flanco e dúas para o outro. ⁴Fixo largueiros de madeira de acacia e revestiunos de ouro. ⁵Meteu os largueiros nas argolas, polos dous flancos da arca, para podela transportar.

⁶Fixo despois o propiciatorio, de ouro puro, de dous cóbados e medio de longo e un e medio de ancho. ⁷Cicelou dous querubíns de ouro e púxoos nos dous extremos do propiciatorio, ⁸un en cada extremo, formando co propiciatorio un mesmo corpo. ⁹Os querubíns despregaban as ás cara arriba, cubrindo o propiciatorio; miraban cara ó centro deste, un enfronte do outro.

A mesa dos pans sagrados

¹⁰Fixo tamén unha mesa de madeira de acacia, de dous cóbados de longo, un de ancho e un e medio de alto. ¹¹Revestiuna de ouro puro e púxolle ó redor unha cinta de ouro. ¹²Ó redor fíxolle un reborde dun palmo e púxolle tamén unha cinta de ouro. ¹³Fundiu catro argolas de ouro e púxollas nos catro ángulos, unha por cada pé. ¹⁴As argolas quedaban agarradas no reborde. Por elas meteu os largueiros para transporta-la mesa. ¹⁵Os largueiros fixoos de madeira de acacia e revestiunos de ouro. ¹⁶Fixo tamén de ouro puro os instrumentos da mesa: pratos, cuncas, xerras e vasos para as libacións.

O candelabro

¹⁷Fixo despois un candelabro de ouro puro. Traballouno a martelo, coa súa base e co seu fuste. Facían unha peza con el dende as copas, cálices e corolas. ¹⁸Dos seus lados saían seis brazos, tres dun lado e tres doutro. ¹⁹Cada brazo tiña tres copas, coma flores de améndoa, co seu cáliz e a súa corola; eran iguais os seis brazos que saían do candelabro. ²⁰No fuste do candelabro había catro copas, coma flores de améndoa, cada unha co seu cáliz e coa súa corola. ²¹Debaixo de cada parella de brazos que saían do candelabro levaba un cáliz; era a mesma cousa cos seus brazos. ²²Os cálices e mailas corolas facían unha mesma peza e estaban cicelados en ouro puro.

²³Fixo tamén sete lámpadas, coas súas pinzas e cos seus cinseiros, todo de ouro puro. ²⁴Cun talento de ouro puro fixo o candelabro e tódolos seus utensilios.

O altar do incenso

²⁵Fixo despois o altar do incenso de madeira de acacia. Era cadrado, dun cóbado de longo, un de ancho e dous de alto; dos seus ángulos saían cornos. ²⁶Revestiuno de ouro puro por enriba, polos lados e nos cornos; púxolle ó redor unha cinta de ouro. ²⁷Nos dous lados, por baixo da cinta, púxolle dúas argolas de ouro, para meter nelas os largueiros e podelo transportar. ²⁸Os largueiros fíxoos de madeira de acacia e revestiunos de ouro. ²⁹Despois preparou o óleo da unción santa e o incenso puro de aromas, coma o que fan os perfumistas.

O altar dos holocaustos

38 ¹Fixo tamén o altar dos holocaustos de madeira de acacia, cadrado, de cinco cóbados de longo, cinco de ancho e tres de alto. ²Nos catro ángulos fíxolle saíntes coma cornos e revestiunos de bronce. ³Fixo logo os trebellos do altar, todos de bronce: caldeiros, paletas, aspersorios, tenaces e braseiros.

⁴Ó altar fíxolle, de bronce, un enreixado da forma dunha rede, e púxollo por debaixo do reborde, desde a media altura ata o chan. ⁵Para os catro ángulos do enreixado de bronce fundiu catro argolas, para meter por elas os largueiros. ⁶Logo fixo os largueiros de madeira de acacia e recubriunos de bronce. ⁷Meteunos polas argolas dos dous lados do altar, para transportalo con elas. O altar fíxoo oco e de táboas.

A pía de bronce

⁸Fixo a pía de bronce, coa base tamén de bronce, cos espellos das mulleres que servían á entrada da Tenda do Encontro.

O adro

⁹Despois fixo o adro. Púxolle polo lado sur cortinas de liño fino torcido, dun longo de cen cóbados. ¹⁰As súas vinte columnas coas súas vinte basas eran de bronce; os ganchos das columnas e as argolas eran de prata. ¹¹Polo lado norte púxolle cen cóbados de cortinas; as súas vinte columnas coas súas vinte basas eran de bronce; os ganchos das columnas e as argolas eran de prata. ¹²Polo

---

38, 8 Os espellos eran de bronce.

lado do ocaso o adro levaba cincuenta cóbados de cortinas, con dez columnas e dez basas e con ganchos e argolas de prata. ¹³Na parte dianteira, de cara ó nacente, levantou cincuenta cóbados de cortina. ¹⁴Nun lado da porta ían quince cóbados de cortina, con tres columnas e tres basas. ¹⁵Do lado oposto, a mesma cousa. ¹⁶As cortinas arredor do adro eran todas de liño fino torcido. ¹⁷As basas das columnas eran de bronce, os ganchos e as argolas de prata, e revestidos tamén de prata os capiteis. As columnas do adro levaban todas aneis de prata. ¹⁸A cortina da entrada do adro era bordada, de púrpura violácea, escarlata e carmesí, e de liño fino torcido; tiña vinte cóbados de longo por cinco de alto, correspondía coa altura das cortinas do adro. ¹⁹As catro columnas das que colgaba a cortina, coas súas basas, eran de bronce, os ganchos de prata, os capiteis e as molduras recubertas tamén de prata. ²⁰As estacas arredor do tabernáculo e do adro eran todas de bronce.

Os gastos das obras

²¹Estas son as contas da construcción do tabernáculo da alianza, segundo as fixeron os levitas, por orde de Moisés, baixo a dirección de Itamar, fillo do sacerdote Aharón. ²²Besalel, fillo de Urí, fillo de Hur, da tribo de Xudá, fixo todo o que o Señor lle mandara a Moisés. ²³Axudoulle Oholiab, fillo de Ahisamac, da tribo de Dan, artesán, escultor e bordador de púrpura violácea, escarlata e carmesí, e de liño fino.

²⁴A suma do ouro empregado na construcción do santuario, todo levado en ofrenda, foi de vintenove talentos, con setecentos trinta siclos, segundo o siclo do templo. ²⁵A prata dos rexistrados no censo da comunidade sumaba cen talentos, con mil setecentos setenta e cinco siclos, segundo o siclo do templo. ²⁶Correspondía a cada un dos censados, de vinte anos para arriba, a cantidade de medio siclo, segundo o siclo do templo. O total de homes era de seiscentos tres mil cincocentos cincuenta.

²⁷Os cen talentos de prata empregáronse en fundi-las cen basas do santuario e do veo, a talento por basa. ²⁸Cos mil setecentos setenta e cinco siclos fixéronse os ganchos para as columnas, dotáronse as molduras e revestíronse os capiteis. ²⁹O bronce ofrecido foi de setenta talentos, con dous mil catrocentos siclos. ³⁰Con el fixéronse as basas da entrada da Tenda do Encontro, o altar de bronce coa súa reixa e os obxectos todos do altar, ³¹as basas arredor do adro e as da súa porta, e tódalas estacas do tabernáculo e do adro.

As vestes dos sacerdotes

39 ¹Con púrpura violácea, escarlata e carmesí, e con liño fino fixeron as vestes sagradas para o servicio do santuario, e os ornamentos sacros de Aharón, como ordenara o Señor a Moisés.

O efod

²O *efod* fixérono de ouro, de púrpura violácea, escarlata e carmesí, e de liño fino torcido. ³Puxeron o ouro en láminas, delas tiraron fíos e con estes bordaron a púrpura violácea, escarlata e carmesí, e o liño fino torcido. ⁴Fixéronlle dúas ombreiras, unidas polos cabos. ⁵O cíngulo saía do *efod*, e era da feitura deste: de ouro, de púrpura violácea, escarlata e carmesí, e de liño fino torcido, como mandara o Señor a Moisés.

⁶Prepararon pedras de ónice, engastadas en ouro, e gravaron nelas, o mesmo ca nun selo, os nomes das tribos de Israel. ⁷Colocáronas nas ombreiras do *efod*, pois eran as pedras da lembranza das tribos de Israel, como lle mandara o Señor a Moisés.

O peitoral

⁸Fixeron o peitoral, traballado con arte, da mesma feitura do *efod,* de ouro, púrpura violácea, escarlata e carmesí, e de liño fino torcido. ⁹Era cadrado, dobre, un palmo de longo e un de ancho. ¹⁰Engastaron nel catro ringleiras de pedras. Na primeira unha sardónice, un topacio e unha esmeralda; ¹¹na segunda un rubí, un zafiro e un xaspe; ¹²na terceira un ópalo, unha ágata e unha amatista; ¹³e na cuarta un crisólito, un ónice e un berilo. As pedras estaban todas engastadas en ouro. ¹⁴Correspondíanse cos nomes das tribos de Israel, doce pedras para doce nomes. Cada pedra levaba gravado coma un selo o nome dunha das doce tribos.

¹⁵Para o peitoral fixeron cadeíñas de ouro puro, trenzadas coma un cordón. ¹⁶Por parte prepararon dous engastes de ouro e dous aneis tamén de ouro. Os aneis fixáronos nos dous cabos do peitoral. ¹⁷Pasaron logo por eles as dúas cadeíñas de ouro ¹⁸e as dúas puntas das cadeíñas fixáronas nos engastes que ían collidos na dianteira das ombreiras do *efod*.

¹⁹Outros dous aneis que fixeron puxéronos nos cabos da parte baixa do peitoral,

polo lado de dentro, de cara para o *efod*. ²⁰E outros dous aneis máis fixáronos nas dúas ombreiras do *efod*, na parte inferior dianteira, onda a xuntura e por enriba do cíngulo do *efod*. ²¹Cun cordón de púrpura violácea suxeitaron os aneis do peitoral cos do *efod*, de xeito que o peitoral quedase por enriba do cíngulo do *efod* e non se soltase del, como mandara o Señor a Moisés.

O manto

²²Teceron despois o manto do *efod*, todo de púrpura violácea. ²³No medio, por enriba, levaba unha abertura, cunha orla arredor, coma unha cota, para que non se esgazase. ²⁴No borde baixo, ó redor, puxéronlle granadas de púrpura violácea, escarlata e carmesí, e de liño fino torcido. ²⁵Fixeron logo campaíñas de ouro puro e puxéronllas por entre as granadas, ó redor, ²⁶alternándose unhas coas outras. O manto era para oficiar, como ordenara o Señor a Moisés.

Outras vestes

²⁷Para Aharón e para os seus fillos fixeron túnicas, ²⁸tiaras e mitras de liño fino con enfeites, e calzóns de liño fino torcido; ²⁹e, por parte, cíngulos de liño fino torcido, bordados, de púrpura violácea, escarlata e carmesí, como o Señor lle ordenara a Moisés.

A diadema

³⁰Fixeron tamén de ouro puro a flor da sagrada diadema e gravaron nela, como se fai nun selo: *Consagrado ó Señor*. ³¹Cun cordón de púrpura violácea suxeitárona na dianteira da tiara, como o Señor mandara a Moisés.

Moisés aproba as obras

³²Quedaron así acabados os traballos do tabernáculo e da Tenda do Encontro. Os israelitas fixeron todo como lles mandara Moisés.

³³Entón presentáronlle a Moisés o tabernáculo e a Tenda, con tódolos seus utensilios, os broches, as táboas, os largueiros, as columnas e as basas; ³⁴a cuberta de pel curtida de carneiro, a cuberta de pel de teixugo, o veo de tapa-la arca; ³⁵a arca da alianza, os seus traveseiros e mailo propiciatorio; ³⁶a mesa cos seus accesorios e mailos pans presentados; ³⁷o candelabro de ouro puro coas súas lámpadas, cos seus trebellos e co aceite do alumado; ³⁸o altar de ouro, o óleo da unción, o incenso cos aromas, a cortina da entrada da Tenda; ³⁹o altar de bronce coa súa reixa de bronce, cos seus largueiros e outros trebellos, a pía co seu fuste; ⁴⁰a cortina do adro coas súas columnas e as súas basas, a cortina da entrada do adro coas súas cordas e as súas estacas, e tódalas demais cousas para o servicio do tabernáculo e da Tenda do Encontro; ⁴¹as vestes para o servicio do santuario e os sagrados ornamentos para oficia-lo sacerdote Aharón e seus fillos.

⁴²Os israelitas fixeron o traballo como o Señor lle ordenara a Moisés. ⁴³Moisés examinou tódalas obras, e viu que estaban feitas conforme lle mandara o Señor. E déulle-la súa bendición.

Orde de instalar e de consagra-lo santuario

40 ¹O Señor díxolle a Moisés: ²—"O día un do mes primeiro montara-lo tabernáculo da Tenda do Encontro. ³Dentro del pora-la arca da alianza, que taparás co veo. ⁴Meterás tamén a mesa e dispora-lo que hai que pór enriba dela. Colocara-lo candelabro e acendera-las súas lámpadas. ⁵Pora-lo altar de ouro do incenso diante da arca da alianza e colgara-la cortina da entrada do tabernáculo. ⁶Na entrada do tabernáculo da Tenda do Encontro pora-lo altar dos holocaustos. ⁷Entre a Tenda do Encontro e o altar colocara-la pía e botara-lle auga nela. ⁸Porás ó redor do adro as cortinas e a cortina da entrada do adro.

⁹Collerás logo o óleo da unción e unxira-lo tabernáculo con todo o que hai nel; consagraralo cos seus accesorios, e quedará consagrado. ¹⁰Unxirás tamén o altar dos holocaustos con tódolos seus utensilios; consagraralo e será sacrosanto. ¹¹Unxirás e consagrarás tamén a pía coa súa base.

¹²Despois farás que se aproximen Aharón e seus fillos á entrada da Tenda do Encontro e que alí se laven. ¹³Vestiraslle as vestiduras sacras a Aharón, unxiralo e consagraralo para o meu servicio. ¹⁴Logo mandarás que veñan seus fillos e vestiráslle-las súas túnicas. ¹⁵Unxiralos, como fixeras con seu pai, para o meu sacerdocio, e a unción conferiralles un sacerdocio perpetuo polas xeracións".

Cumprimento da orde

¹⁶Moisés fixo todo como lle mandara o Señor. ¹⁷O día un do mes primeiro do ano segundo levantouse o santuario.

¹⁸Moisés fíxoo montar desta maneira: puxo as basas, colocou as táboas, meteu os traveseiros, levantou as columnas, ¹⁹despregou a Tenda encol do tabernáculo, púxolle por

riba a cuberta, como o Señor mandara a Moisés. ²⁰Despois colleu Moisés as táboas da alianza e meteunas na arca. Púxolle á arca os largueiros e colocou o propiciatorio encol dela. ²¹Meteu a arca no tabernáculo e puxo o veo que tapaba a arca da alianza, conforme o Señor ordenara a Moisés.
²²Logo meteu a mesa na Tenda do Encontro, ó norte do tabernáculo e por fóra do veo. ²³Dispuxo enriba dela os pans presentados ó Señor, como o Señor lle mandara a Moisés. ²⁴Colocou o candelabro na Tenda do Encontro, polo lado sur, enfronte da mesa. ²⁵Acendeu as lámpadas diante do Señor, como o Señor lle mandara a Moisés.
²⁶Puxo tamén na Tenda do Encontro, por diante do veo, o altar de ouro ²⁷e queimou nel incenso recendente, como o Señor mandara a Moisés. ²⁸Á entrada do tabernáculo colocou a cortina. ²⁹Á entrada da Tenda do Encontro puxo o altar dos holocaustos e enriba del ofreceu holocaustos e ofrendas, como o Señor lle mandara a Moisés.
³⁰Entre a Tenda do Encontro e o altar puxo a pía e botou nela auga para as ablucións. ³¹Alí lavaban as mans e os pés Moisés, Aharón e seus fillos, ³²cando entraban na Tenda do Encontro e cando se aproximaban ó altar, como o Señor mandara a Moisés. ³³Montou tamén o adro ó redor do tabernáculo e do altar e pendurou a cortina da entrada do adro. E así rematou Moisés a obra toda.

A gloria do Señor no tabernáculo

³⁴Entón a nube cubriu a Tenda do Encontro e a gloria do Señor encheu o tabernáculo. ³⁵Moisés non podía entrar na Tenda, por pousarse a nube enriba dela e porque a gloria do Señor enchía o tabernáculo.
³⁶Nas xeiras do camiño que deberon face-los israelitas, cando a nube se erguía de enriba do tabernáculo, eles púñanse en marcha. ³⁷Pero se a nube non se erguía, eles non se movían ata vela moverse. ³⁸En tódalas súas xeiras os israelitas puideron observar como a nube do Señor pousaba polo día encol do tabernáculo e como pola noite se convertía en lume.

40, 34-38 Na teoloxía sacerdotal a nube é sinal da gloria de Deus ou da súa presencia. A Tenda serve de guía para o pobo; por ela, sinala Deus as xeiras do camiño, que vai comezar de novo, saíndo do Sinaí (Núm **9,** 15ss).

INTRODUCCIÓN Ó LEVÍTICO

Este libro chámase "vaiiqrá" no canon hebreo. Os autores da versión grega dos LXX denomináronto Levítico, por tratar na súa case totalidade das leis e normas que regulan as funcións dos sacerdotes, fillos de Aharón, da tribo de Leví, no culto oficial do pobo de Israel.

División

Pódese dividir facilmente en cinco partes:

1.- Dos sacrificios (clasificación, condicións das víctimas, dereitos dos sacerdotes) **(1-7)**.

2.- Rito de consagración dos sacerdotes e normas para o desempeño das súas funcións **(8-10)**.

3.- Pureza Legal **(11-16)** *(alimentos; a muller que deu a luz; a lepra das persoas; da roupa; da casa; a gonorrea* **(15)** *e o día de expiación* **(16)**.

4.- Lei da santidade **(17-23)** *do pobo; dos sacerdotes; dos días festivos.*

5.- Leis diversas sobre o candelabro e os pans da proposición; castigo do blasfemo; sobre o ano sabático e o xubileo, e finalmente sobre os décimos e os votos.

Importancia do sacrificio

O acto máis importante do culto dos israelitas, coma o de case tódolos pobos coñecidos, é o sacrificio, que consiste en destruír para honra da divindade unha víctima animal ou vexetal. A revelación bíblica rexeitou sempre a inmolación dos seres humanos, caso frecuente noutras relixións. Con este xesto o home quere expresa-lo seu agradecemento pola fecundidade do gando ou pola abundancia das colleitas do campo e asegura-la bendición da divindade para o futuro, e tamén aplaca-la xusta ira de Deus por causa das ofensas cometidas co fin de afasta-las desgracias, que se consideraban coma castigo: a peste, a fame e a guerra.

A maior parte dos sacrificios dos que nos fala a Biblia son moi antigos, anteriores a Moisés (inclusive). O mérito dos hebreos estivo en depuralos dos aspectos supersticiosos e pagáns. Foi moi importante a intervención dos profetas ó longo do A. Testamento, no senso de suliña-lo valor espiritual e moral dos sacrificios e a cada vez maior importancia da vida ética e social no culto de Israel. Este proceso de clarificación posibilitou a comprensión do sacrificio persoal de Cristo, e do seu culto espiritual e vital, que se leva a cabo na Igrexa.

O Levítico, coma os outros libros do Pentateuco, *non foi redactado definitivamente ata despois do exilio* (538), pero contén material moi antigo, por exemplo o referente ós alimentos puros e impuros **(11)**, así como as normas de pureza legal **(13-15)**. Tal vez a parte que primeiro se codificou foi a chamada *"Lei de santidade"* **(17-26)**, que non sería posterior ós tempos da monarquía. Os responsables da redacción final foron sen dúbida os sacerdotes da escola de Isaías, continuada por Ezequiel e os seus discípulos, e levada a cabo no tempo de Esdras.

LEVÍTICO
PARTE PRIMEIRA

Ritual do holocausto

1 ¹Chamou o Señor a Moisés desde a Tenda do Encontro e díxolle: ²—"Fálalles ós fillos de Israel e dilles: Cando un de vós queira ofrecer ó Señor unha oblación de animais, poderá ser de gando maior ou menor. ³Se a súa oblación fose holocausto de boi, deberá ser macho sen chata. Presentarao á porta da Tenda do Encontro e ofrecerao para que sexa aceptable na presencia do Señor, ⁴impondo a súa man sobre a cabeza da víctima, para que sexa do agrado do Señor e lle sirva de expiación. ⁵Sacrificará o xato diante do Señor e os sacerdotes, fillos de Aharón, ofrecerán o sangue, verténdoo arredor enriba do altar, que está á porta da Tenda do Encontro. ⁶Despelexarán a víctima e, despois de a cortaren en anacos, ⁷os sacerdotes, fillos de Aharón, acenderán o lume sobre o altar e axeitarán a leña enriba do lume. ⁸Os mesmos sacerdotes, fillos de Aharón, disporán os anacos, a cabeza e a graxa enriba da leña, que axeitarán no lume do altar; ⁹despois de lava-las entrañas e as patas con auga, o sacerdote fará queimar todo xunto sobre o altar, como holocausto de recendo para o Señor.

¹⁰Se a súa oblación fose de gando miúdo, isto é, de ovella ou de cabra, para holocausto, só poderá presentar un macho sen chata. ¹¹Sacrificarao no lado norte do altar diante do Señor, e os sacerdotes, fillos de Aharón, verterán o sangue arredor enriba do altar. ¹²Cortarase logo nos anacos de costume, e xunto coa cabeza e a graxa da víctima o sacerdote disporá todo enriba da leña colocada sobre o lume. ¹³Lavaranse co a auga os intestinos e as patas e o sacerdote presentará e queimará todo xunto sobre o altar, como holocausto de recendo para o Señor.

¹⁴Se a súa oblación fose de ave, para ofrecer en holocausto ó Señor, terán que ser rulas ou pichóns de pomba, como ofrenda súa. ¹⁵O sacerdote presentará sobre o altar a víctima, arrincaralle a cabeza e queimaraa enriba do altar; despois espremeralle o sangue contra a parede do altar, ¹⁶arrincaralle o papo e as plumas e tirará con elas no lado leste do altar para o sitio da cinsa; ¹⁷quebraralle logo as ás, pero sen llas arrincar, e o sacerdote queimará a víctima no altar en riba da leña colocada sobre o lume. Será un holocausto de recendo para o Señor.

Ofrendas

2 ¹Se alguén quere facer unha oblación á honra do Señor, terá que ser de flor de fariña, engadíndolle aceite e botándolle incenso enriba. ²Deberálla presentar ós sacerdotes, fillos de Aharón. O sacerdote collerá dela unha presa da súa flor de fariña, parte do seu aceite e todo o incenso, e queimarao sobre o altar aceso, como lembranza de recendo para Iavé. ³O resto da oblación será para Aharón e para seus fillos, como porción máis santa do holocausto á honra do Señor.

⁴Cando ofrezas unha oblación cocida no forno, ha de ser un molete de flor de fariña sen fermento adobada con aceite, e boliños

---

1,1 *A Tenda do Encontro.* Non atopamos outra verba máis axeitada para designa-lo "tabernáculo". No tempo do deserto no que se vai desenvolve-la vida de Israel e teñen orixe as leis do seu culto e do resto da vida social, o templo era unha tenda de campaña coma as outras nas que moraban os israelitas, peregrinos de cara á terra de promisión.
1, 1 A verba con que o texto hebreo describe o holocausto alude ó feito de algo que sobe, algo que se ergue de cara ó ceo, sé da Divindade. Mentres que "holocausto" significa cremación total da víctima, que se queima en acción de gracias polos beneficios recibidos. No Levítico xeralmente ten o valor dun sacrificio expiatorio.
1, 4 O xesto da imposición das mans enriba da víctima ten significados diversos. O máis importante tal vez sexa o de expresa-la solidariedade do oferente coa víctima.
1, 5 En tempos posteriores soamente podían sacrificar e ofrecer estas víctimas os levitas (cf Ez **44**, 11). O valor sacrificial do sangue derívase da idea de que a vida estaba nel (Lev **17**, 11; Dt **12**, 23). Para que este sangue non se

profane, toda matanza de animais débese facer enriba dun altar (1 Sam **14**, 32-35). Está prohibido comer carne co sangue (Xén **9**, 4; Lev **3**, 17; **7**, 26; **17**, 12) e endexamais se pode verter sangue humano (Xén **4**, 10; Lev **26**, 21). Débese nota-lo protagonismo destes sacerdotes, fillos de Aharón, nas cerimonias consideradas coma máis importantes do sacrificio.
1, 9 O texto hebreo describe o holocausto coma un "alimento queimado" para Iavé. O senso parece ser que a ofrenda queda espiritualizada totalmente, e polo mesmo toda ela, e converterse nun recendo, coma o do incenso, que sobe cara ó ceo.
2, 1 A oblación dos froitos da terra supón a vida sedentaria, e equipárase ó holocausto. Por iso tamén se queima unha presa da flor de fariña e os demais elementos como "oblación queimado" (**1**, 9; **2**, 9).
2, 3 *A porción máis santa* era a que se consideraba máis sagrada e que só polos sacerdotes podía ser utilizada e manexada, coma o altar (Ex **29**, 18), que converte en sagradas tódalas cousas que toquen nel.

sen fermento amasados con aceite. ⁵Se a oblación fose fritida na tixola, ha de ser de flor de fariña sen fermento mesturada con aceite; ⁶cortarala en rebandas e botaraslle enriba aceite: é unha oblación. ⁷Se a túa oblación fose cocida, terá que ser de flor de fariña con aceite. ⁸Levarás, pois, ó Señor a ofrenda preparada destas diferentes maneiras e presentaraslla ó sacerdote, que a porá sobre o altar. ⁹O sacerdote quitará da oblación a *lembranza* e queimaraa no altar como holocausto de recendo para o Señor. ¹⁰O resto da oblación será para Aharón e para seus fillos, como porción máis santa do holocausto para o Señor.

¹¹Toda oblación que lle fagades ó Señor ha de ser preparada sen fermento, porque non se debe queimar en holocausto ó Señor ningunha ofrenda con fermento ou mel. ¹²Poderédelas ofrecer como oblación de primicias ó Señor, pero non as queimaredes no altar como recendo para o Señor. ¹³Ademais disto, sazonarás con sal toda oblación, endexamais faltará o sal da alianza do teu Deus en ningunha das túas ofrendas. Porás sal por riba de toda oblación túa. ¹⁴Se ofreces oblación de primicias ó Señor, presentarás espigas sen madurar, torradas no lume, debullando os seus grans tenros, como oblación das túas primicias; ¹⁵botaraslles aceite enriba e poraslles incenso, pois é unha oblación. ¹⁶O sacerdote queimará *a lembranza*, parte dos grans debullados e parte do aceite e todo o incenso, como holocausto para o Señor.

Sacrificios de comunión

3 ¹Cando alguén queira ofrecer un sacrificio de comunión, e o fai de gando maior, presentará diante do Señor unha res sen chata, macho ou femia. ²Imporá a súa man sobre a cabeza da súa víctima e sacrificaraa no limiar da Tenda do Encontro. Os sacerdotes, fillos de Aharón, asperxerán co sangue por enriba do altar e arredor. ³Da víctima do sacrificio de comunión ofrecerá en holocausto para o Señor o unto que envolve as entrañas e tódalas graxas que envurullan o intestino, ⁴os dous riles coa graxa que os envolve, a graxa que hai nas illargas e a que foi separada do fígado, ademais da dos riles. ⁵Os fillos de Aharón queimarán todo isto enriba do altar, xunto coa oblación que se pon enriba da leña, colocada sobre o lume, como holocausto de recendo para o Señor.

⁶Se a ofrenda fose de gando miúdo, como sacrificio de comunión ó Señor, terase que ofrecer unha res sen chata, macho ou femia. ⁷Se a súa ofrenda é un año, presentarao diante do Señor, ⁸imporá a súa man sobre a cabeza da víctima e sacrificaraa diante da porta da Tenda do Encontro. Os fillos de Aharón asperxerán co sangue o altar por riba e arredor. ⁹Da víctima do sacrificio de comunión quitará para ser queimada en honor do Señor o lardo todo, o rabo enteiro, cortado a rentes da espiña, as graxas que envolven as entrañas e todo o unto dos intestinos, ¹⁰os dous riles coa graxa que os envurulla, a graxa das illargas e a membrana que envolve o fígado, ademais dos riles. ¹¹O sacerdote queimará todo no altar, como holocausto de recendo para o Señor.

¹²Se a súa ofrenda fose unha cabra, presentaraa diante do Señor, ¹³imporá a súa man sobre a cabeza da víctima, sacrificaraa diante da Tenda do Encontro, e os fillos de Aharón asperxerán co sangue da víctima por riba do altar e arredor. ¹⁴Da súa víctima, para ofrecer como holocausto ó Señor, sacará o lardo que envurulla as entrañas, o unto todo dos intestinos, ¹⁵os dous riles coa graxa que os envolve, o lardo que cobre o fígado, ademais do dos riles. ¹⁶O sacerdote queimará todo enriba do altar como holocausto de tódalas graxas, recendo para o Señor. ¹⁷Estatuto perpetuo por tódalas xeracións vosas onde queira que habitedes: endexamais probaredes bocado de graxa, nin sangue".

2, 11 Non sabemos por que ten que ser *sen fermento, nin mel*. Quizais sexa en lembranza da festa da Pascua e dos Ázimos.
2, 13 En todo o Próximo Oriente, coma xa entre os asirios, ó sal atribuíaselle un poder purificador, e usábase tanto nos sacrificios cultuais coma nos convites de amizade ou nos que se selaba unha alianza (Núm 18, 19; 2 Cro 13,5).
2, 16 *A lembranza*, *"azkarah"*, é un termo ambiguo: pódese traducir tamén coma "memorial", "peñor", "recendo", coma no v 2.
3, 1 *Sacrificio de comunión* ("zébah xelamím") ou tamén "sacrificio pacífico" ou "das paces". Trátase dun sacrificio moi antigo de Canaán e dos pobos veciños, nos que parte da víctima, a graxa e o sangue, se lle daban á divindade; outra parte era para os sacerdotes e a terceira era para o oferente. Parece que se quería simboliza-la amizade e comunión entre o home e Deus.
3,6 Á diferencia do holocausto, no que só se pode ofrecer un macho, neste sacrificio tamén pode ser femia.
3, 11 O texto grego suprime a verba "alimento", que ten resonancias a "ganas". O mesmo sucede no v 16.

Sacrificios de expiación

4 ¹O Señor díxolle a Moisés: ²—"Fálalles ós fillos de Israel e dilles: Calquera que peque, sen o saber, contra un mandamento de Iavé, facendo algo que El privou de facer, entón: ³Se o que peca é o Sumo Sacerdote, o unxido —que, como tal, fai culpable ó pobo—, ofrecerá polo pecado cometido en prexuízo do pobo un xato de boi sen chata á honra do Señor. ⁴Levará o xato diante do Señor á porta da Tenda do Encontro, imporá a súa man sobre a cabeza do becerro, e sacrificarao alí diante do Señor. ⁵O sacerdote, o unxido, collerá do sangue da víctima e entrará na Tenda do Encontro. ⁶Mollará o sacerdote os seus dedos no sangue e asperxerá con el sete veces de cara ó veo do santuario. ⁷Tinguirá despois o sacerdote co sangue as esquinas do altar do incenso recendente, que está diante do Señor na Tenda do Encontro, e todo o resto do sangue da víctima verterao ó pé do altar dos holocaustos, situado no limiar da Tenda do Encontro. ⁸Collerá logo toda a graxa do xato do sacrificio expiatorio, tanto a que envolve as entrañas, coma o unto dos intestinos, ⁹os dous riles coa graxa que os envurulla, a que ten nas illargas e a membrana que envolve o fígado e os riles, ¹⁰e dun xeito semellante a como se fai co becerro do sacrificio de comunión, o sacerdote queimarao no altar dos holocaustos. ¹¹Emporiso a pelica do xato, toda a súa carne, a cabeza, as patas, as entrañas e excrementos, ¹²todo o resto do becerro será levado fóra do campamento a un lugar puro, onde se botan as cinsas: alí será queimado enriba do leña. O becerro será queimado no mesmo lugar onde se botan as cinsas.

¹³Se quen peca é toda a comunidade de Israel, pero non se decata a comunidade de que fai algo que o Señor privou de facer, ¹⁴cando a comunidade se decate do pecado cometido, ofrecerá polo pecado un xato. Presentarao diante da Tenda do Encontro. ¹⁵Os petrucios da comunidade imporán as súas mans sobre a cabeza do xato diante do Señor, e sacrificarano diante do Señor. ¹⁶O sacerdote, o unxido, levará do sangue da víctima para a Tenda do Encontro, ¹⁷mollará os seus dedos no sangue e hisopará con el sete veces de cara ó veo, ¹⁸tinguirá con sangue as esquinas do altar, que está na Tenda do Encontro diante do Señor, e verterá todo o resto do sangue ó pé do altar dos holocaustos, que está no limiar da Tenda do Encontro. ¹⁹Recollerá toda a súa graxa e queimaraa no altar, ²⁰facendo con esta víctima como fixera co xato do sacrificio expiatorio. O sacerdote fará con el a expiación pola comunidade e serán perdoados. ²¹Levará o xato fóra do campamento e queimarao, como queimaran o xato anterior, como sacrificio de expiación polo pecado da comunidade.

²²Se o que peca é un xefe, facendo algo sen se decatar de que Iavé, o seu Deus, o privou de facer, ²³cando se decate de que cometeu un pecado, ofrecerá como sacrificio un chibo, macho sen chata. ²⁴Imporá a súa man sobre a cabeza do chibo, e sacrificarao no lugar adoitado para mata-las víctimas do holocausto diante do Señor, pois é un sacrificio expiatorio. ²⁵O sacerdote collerá do sangue do animal e cos seus dedos tinguirá as esquinas do altar dos holocaustos. O resto do sangue verterao ó pé do mesmo. ²⁶Despois queimará tódalas graxas no altar, como fixera co unto do sacrificio de comunión. Desta maneira expiará o sacerdote polo seu pecado, e seralle perdoado.

²⁷Se o que peca é un calquera do pobo, facendo, sen decatarse, algo que o Señor privou de facer, ²⁸cando se decate de que cometeu pecado, ofrecerá como sacrificio, unha cabra, femia sen chata, para expiar polo pecado cometido. ²⁹Imporá a súa man sobre a cabeza da víctima e sacrificará a cabra no lugar dos holocaustos. ³⁰O sacerdote collerá do sangue da cabra e cos seus dedos tinguirá as esquinas do altar dos holocaustos e o resto do sangue verterao ó pé do altar. ³¹Separará toda a súa graxa, como fora separada a graxa do sacrificio de comunión, e queimaraa o sacerdote no altar como recendo para o Señor. O sacerdote expiará por el, e seralle perdoado. ³²Se ofrece un año como sacrificio polo seu pecado, presentará unha femia sen chata. ³³Imporá a súa man sobre a cabeza da víctima e sacrificaraa en expiación

---

4, 2 Un novo sacrificio, o de "expiación" polo pecado a causa da ignorancia. Non se debe confundir co de "recuperación", no que se trata de pecados contra a xustiza, sexa para con Deus, defraudando das víctimas dos sacrificios, sexa para cos homes. O de expiación alude ós pecados máis ben rituais.

4, 3 O pecado do Sumo Sacerdote implica a todo o pobo. Por iso o seu sacrificio será igual ó de toda a comunidade (v 15).

4, 12 O campamento no que habita Iavé é sagrado, e, polo tanto, o resto da víctima polo pecado ten que ser queimado fóra.

no lugar no que se adoita mata-las víctimas do holocausto. ³⁴O sacerdote collerá do sangue, e cos seus dedos tinguirá con el as esquinas do altar do holocausto, e todo o sangue restante verterao ó pé do altar. ³⁵Recollerá toda a graxa, como fixera coa graxa do año do sacrificio de comunión, e queimaraa no altar, xunto coas víctimas queimadas ó Señor. O sacerdote expiará así pola tal persoa, por causa do seu pecado, e seralle perdoado.

Expiación dos pecados de impureza ritual

5 ¹Se unha persoa peca porque, citado con xuramento como testemuña de vista ou de oído, non declarou, cargará coa súa culpa. ²Se alguén, sen se decatar, toca algo impuro, coma o cadáver dunha fera impura, ou o dun animal impuro, ou o dun reptil impuro, cando se decate diso, faise impuro e culpable. ³Igualmente se, sen se decatar, toca algunha impureza humana de calquera caste das impurezas que manchan, cando se decate, faise culpable. ⁴Se alguén, sen se decatar, fai un xuramento cos seus labios, sexa para mal ou para ben, dicindo as verbas coas que a xente adoita xurar, cando se decate, faise culpable. ⁵Se de calquera maneira alguén se fixo culpable, declare o pecado cometido ⁶e, como expiación por tal pecado, presentará diante do Señor unha víctima de gando miúdo, femia de ovella ou cabra, e o sacerdote fará con ela a expiación polo delito. ⁷Se non tivese nin sequera unha res de gando miúdo, ofrecerá a Iavé polo pecado cometido dúas rulas ou dous pichóns de pomba, un como expiación polo pecado e o outro como holocausto. ⁸Presentarallos ó sacerdote e ofrecerá primeiro o da expiación polo pecado, retorcéndolle polo pescozo a cabeza sen lla arrincar. ⁹Co sangue da víctima asperxerá as paredes do altar, e verterá o resto do sangue ó pé do altar. É unha expiación polo pecado. ¹⁰Despois ofrecerá a do holocausto, seguindo o rito acostumado, e o sacerdote fará con el a expiación polo pecado, e seralle perdoado. ¹¹Pero se nin sequera ten dúas rulas nin dous pombiños, ofrecerá, como oblación súa polo seu pecado, a décima parte dun *efah* de flor de fariña, sen lle botar aceite, nin lle pór incenso, por ser ofrenda polo pecado. ¹²Levaralla ó sacerdote, quen collerá unha presa da fariña, como *lembranza,* e queimaraa no lume do altar do Señor. É un sacrificio polo pecado. ¹³Con isto o sacerdote expiará o pecado cometido dalgunha destas maneiras e quedaralle perdoado. O resto da ofrenda pertence ó sacerdote, como na oblación normal".

Sacrificios de reparación

¹⁴O Señor díxolle a Moisés: ¹⁵—"Se alguén comete, sen se decatar, un pecado de fraude, diminuíndo algo das ofrendas consagradas ó Señor, presentará do seu gando miúdo, como reparación ó Señor, un carneiro sen chata; avaliarao en siclos de prata, conforme se adoita no santuario, como sacrificio de expiación. ¹⁶Polo prexuízo causado ó santuario, sacando do consagrado, devolverá todo engadíndolle un quinto máis. Entregarallo ó sacerdote, quen coa ofrenda do carneiro, expiará polo pecado, e seralle perdoado. ¹⁷Calquera que teña pecado, facendo, sen se decatar, algo que o Señor privou de facer, faise culpable ó coñecelo, e queda obrigado a expia-la súa culpa. ¹⁸Presentará ó sacerdote un carneiro do seu gando miúdo sen chata, avaliado en proporción ó delito, e con el expiará o sacerdote polo pecado cometido sen decatarse do que facía, e quedaralle perdoado. ¹⁹É unha reparación, unha verdadeira reparación diante do Señor".

Fraude nos bens do próximo

²⁰O Señor díxolle a Moisés: ²¹—"Se alguén peca, facendo un fraude contra o Señor por negarlle ó seu próximo algún empréstimo, ou algún diñeiro que lle deran a gardar ou non devolve a cousa peñorada, ou lle rouba algo pola forza ó seu próximo, ²²ou se non quere entrega-lo obxecto alleo atopado, ou xura en falso nalgún dos casos nos que adoitan facelo os homes, pecando con iso: ²³se alguén peca dalgunha destas maneiras, terá que devolver todo canto negou, ou roubou, ou usurpou pola forza; ou se quedou co diñeiro que lle deran a gardar, ou non entregou a cousa perdida que atopou, ²⁴e por calquera das cousas polas que xurou en falso, devolverao todo e engadirá un quinto máis, e entregarao el mesmo en persoa ó seu dono

---

5, 1 Parece que se refire a algunha "fórmula imprecatoria" coa que o xuíz interroga a un suposto pecador; o que oe "as verbas do xuramento" e non descobre o que sabe, faise culpable.
5, 11 O *efah* equivale a 39,38 quilogramos, polo tanto a décima parte sería á beira de catro quilogramos.
5, 15 *Un pecado de fraude* roubando das cousas ofrecidas en sacrificio "avaliado en siclos de prata" era un patrón fixo que non se podía cambiar.
5, 17 Fala dun pecado cometido, por exemplo, rompendo algún obxecto do culto ou o deterioro dalgún utensilio do santuario.

no mesmo día en que faga a reparación do seu delito. ²⁵Como reparación ó Señor ofrecerá por medio do sacerdote un carneiro do seu gando, sen chata, de conformidade coa súa taxación. ²⁶O sacerdote expiará con el diante do Señor, e seralle perdoado o seu pecado, calquera que fose a cousa que fixo".

Os sacrificios. Holocausto cotián

6 ¹O Señor díxolle a Moisés: ²—"Manda a Aharón e a seus fillos: Este é o regulamento do holocausto: a víctima arderá no lume do altar toda a noite, ata a mañá, mentres o lume do altar se mantén aceso. ³O sacerdote, tendo todo o seu corpo vestido con túnica e calzóns de liño, recollerá do altar as cinsas da víctima consumida polo lume e botaraas á beira do altar. ⁴Espirá a roupa que leva, e vestirá outra; despois levará as cinsas fóra do campamento a un lugar puro. ⁵O lume manterase aceso decote no altar, sen que se apague nunca. Cada mañá o sacerdote poralle leña, colocará enriba o holocausto e queimará a graxa das víctimas do sacrificio de comunión. ⁶O lume do altar arderá decote, sen apagarse nunca.

A oblación

⁷Este é o regulamento da oblación: Os fillos de Aharón presentarana no altar diante do Señor. ⁸O sacerdote collerá dela unha presa de flor de fariña ofrecida, parte do seu aceite e todo o incenso que lle bota enriba, e queimarao no altar como recendo e como lembranza para o Señor. ⁹Aharón e seus fillos comerán o resto da oblación, sen fermento, no lugar santo, no limiar da Tenda do Encontro. ¹⁰Non lle porás fermento, pois é a porción que eu lles dou do holocausto das ofrendas que se me fan a min; é cousa moi santa, coma a expiación polo pecado e a reparación polo delito. ¹¹Poderana comer soamente tódolos fillos varóns de Aharón. É un estatuto perpetuo para a vosa posteridade, acerca das oblacións que se lle deben queimar ó Señor. Calquera que as toque quedará consagrado".

Consagración dos sacerdotes

¹²O Señor díxolle a Moisés: ¹³—"A ofrenda que teñen que presentar ó Señor Aharón e seus fillos no día da súa consagración será: unha décima dun *efah* de flor de fariña, como oblación cotiá, a metade pola mañá, e a outra metade á tarde. ¹⁴Será adobada con aceite e fritida na tixola; será presentada en rebandas, despois de cociñada, como recendo para o Señor. ¹⁵O Sumo Sacerdote que lle suceda no cargo de entre seus fillos, fará do mesmo xeito. É un estatuto perpetuo. Deberá ser todo queimado á honra do Señor. ¹⁶A oblación do sacerdote será toda queimada, non se comerá ren dela".

Sacrificio polo pecado

¹⁷Faloulle o Señor a Moisés: ¹⁸—"Dilles a Aharón e a seus fillos: Esta é a lei da oblación polo pecado: No mesmo lugar no que se sacrifica a víctima do holocausto, terá que ser sacrificada a víctima polo pecado diante do Señor: é unha cousa sacrosanta. ¹⁹O sacerdote oferente será o que a coma no lugar sagrado, no limiar da Tenda do Encontro. ²⁰Calquera que toque a carne da víctima quedará consagrado, e toda a roupa de calquera que sexa manchada co seu sangue, terá que ser lavada no lugar sagrado. ²¹A ola de barro na que foi cociñada terá que ser escachada, e se fose de bronce, terá que ser ben fregada e enxugada. ²²Poderán comela soamente os varóns, sacerdotes, pois é unha cousa sacrosanta. ²³A víctima do sacrificio expiatorio, da que se leva o sangue á Tenda do Encontro para face-la expiación no santuario, non se comerá, terá que ser queimada toda no lume.

Sacrificio de reparación

7 ¹Este é o regulamento do sacrificio de reparación polo delito. É unha cousa sacrosanta. ²No mesmo lugar no que se sacrifica a víctima do holocausto, terá que ser

---

6, 2 Como parece por Ez **46**, 13-15, tódolos días había que ofrecer un holocausto pola mañá. Esta práctica vémola confirmada no tempo dos Reis (1 Re **18**, 29; 2 Re **16**, 15), no que se fala da oblación da tarde. En Ex **29**, 38-42 e Núm **28**, 3-8, prescríbese face-lo holocausto da mañá e outro entre dúas luces, á noitiña de cada día. Son sacrificios cotiáns, que se fan no nome de todo o pobo; débense diferenciar dos que ofrendaban os particulares e dos que se falou nos capítulos anteriores.
6, 11Só a poden comer os varóns, e dentro do lugar santo. Acaso obedece esta lei a evita-los costumes cananeos de celebra-lo culto con grandes orxías nas que non faltaban os desafogos sexuais, despois de comer e beber de máis.
6, 12-16 Interrompen o tratamento lóxico dos sacrificios, que segue no v 17. Estes versos faltan no manuscrito grego A. Acaso fosen interpolados, por algunha razón descoñecida.
6,14 *Cociñada,* outros traducen "escaldada", "ben quente", "desfeita en aceite".
7,1 Fálase dun triple sacrificio: a) de reparación (vv 1-6), b) de expiación (v 7) e c) de comunión (v 11). Non sabemos definir que relación gardan entre si nin en que se diferencian.

sacrificada a víctima polo delito, e o seu sangue será vertido arredor enriba do altar. ³Despois ofrecerase toda a súa graxa, o rabo, o unto que envolve as entrañas, ⁴os dous riles e a graxa que os rodea, ademais da que hai nas illargas, o unto e a graxa que envurulla o fígado e os riles. ⁵O sacerdote queimará todo iso no altar. É un holocausto para o Señor, un sacrificio de reparación polo delito. ⁶Poderana comer soamente os varóns, sacerdotes, no lugar sagrado. É unha cousa sacrosanta.
⁷A mesma lei para o sacrificio de expiación será para o da reparación. A víctima pertencerá ó sacerdote que fai a expiación. ⁸O coiro da víctima será soamente para o sacerdote que ofrece o holocausto. ⁹Calquera oblación asada no forno, fritida na tixola ou cocida na tarteira será só para o sacerdote oferente. ¹⁰Toda ofrenda mesturada con aceite ou seca será para tódolos fillos de Aharón: para cada un ou para toda a súa comunidade.

Sacrificio de comunión

¹¹Este é o regulamento do sacrificio de comunión, que se lle ofrece ó Señor. ¹²Quen queira presentar unha oblación para dar gracias, ademais da víctima da ofrenda, ofrecerá bolos sen fermento adobados con aceite e bolas sen fermento sazonadas con aceite e tortas de flor de fariña mesturada con aceite. ¹³A máis da súa oblación presentará bolos de pan con fermento e a maiores a víctima para o sacrificio de acción de gracias. ¹⁴Unha porción de cada un de tódolos sacrificios ofrecidos ó Señor será para o sacerdote, quen asperxeu con sangue da víctima de comunión. ¹⁵A carne da víctima do sacrificio de comunión terá que ser comida no mesmo día, non se deixará nada dela para o día seguinte.

Sacrificios votivos

¹⁶Se a víctima se ofrece para cumprir un voto ou unha promesa voluntaria, comerase no mesmo día en que se sacrifica, pero o sobrante poderase comer no día seguinte. ¹⁷O resto da carne da víctima queimarase no lume ó terceiro día. ¹⁸Se alguén quixese comer carne da víctima do sacrificio de comunión no terceiro día, non lle será aceptable a súa oblación, non se terá por válida: será rexeitada e quen coma dela cargará coa súa culpa. ¹⁹Se algunha parte desta carne tocou algo impuro, non se poderá comer, terá que ser queimada no lume; pero a outra carne poderá comela o que estea puro. ²⁰Calquera que coma carne do sacrificio de comunión sendo culpable dalgunha impureza, será exterminado do medio do seu pobo. ²¹Quen toque algo impuro, ben de home, ben de animal, ben dalgún outro obxecto impuro, e coma da carne do sacrificio de comunión ofrecido ó Señor, será exterminado do medio do seu pobo".

²²O Señor díxolle a Moisés: ²³—"Fálalles ós fillos de Israel e dilles: Ninguén comerá nada da graxa do boi, nin da ovella nin da cabra. ²⁴A graxa dun animal morto ou esnaquizado por fera poderase empregar para calquera uso, pero en ningún caso se comerá. ²⁵Calquera que coma da graxa das víctimas que se poden ofrecer en holocausto ó Señor, será exterminado do medio do seu pobo. ²⁶Onde queira que residades, endexamais comeredes sangue nin de cuadrúpedes, nin de aves. ²⁷Calquera que coma dalgunha caste de sangue, será exterminado do medio do seu pobo".

²⁸Díxolle o Señor a Moisés: ²⁹—"Fálalles ós fillos de Israel e dilles: O que ofreza un sacrificio de comunión ó Señor, presentará unha parte da víctima, ³⁰levando nas propias mans o que ten que ser queimado á honra do Señor: a graxa e o peito. O peito para abalalo diante do Señor. ³¹O sacerdote queimará no altar a graxa. O peito será para Aharón e seus fillos. ³²Como tributo, darédeslle ó sacerdote a perna dereita dos vosos sacrificios de comunión. ³³O pernil dereito de diante perténcelle ó sacerdote que ofrece o sangue e a graxa do sacrificio de comunión. ³⁴Porque o peito abalado ritualmente e o pernil dereito, que eu reservo dos sacrificios de comunión dos fillos de Israel, dóulleslos ó sacerdote Aharón e a seus fillos como dereito perpetuo, obrigatorio para os fillos de Israel. ³⁵Esa é a parte dos sacrificios queimados para o Señor, que lles corresponde a Aharón e a seus fillos, desde o día en que foron consagrados sacerdotes para o Señor.

7, 16 *Manda come-la carne no mesmo día en que se sacrifica a res ou no día seguinte, nunca no terceiro día.* Razóns de saúde, de seguro.
7, 20 *Este castigo equivale á pena de morte, pois fóra da comunidade o nómada non pode vivir.* Ademais quedaba privado de participar na promesa feita a Abraham.
7, 34 *O peito abalado:* o xesto de ofrecelo erguéndoo de cara arriba viña a significar que se consideraba coma un regalo que Deus lle facía do que lle pertencía a El e con esa mentalidade debía ser comido.

³⁶Isto é o que mandou o Señor que lles dean os fillos de Israel ós sacerdotes no día da súa consagración, dereito perpetuo para tódalas xeracións. ³⁷Este é o regulamento do holocausto, da oblación, do sacrificio de expiación, da consagración e do sacrificio de comunión, ³⁸que lle mandou o Señor a Moisés no monte Sinaí, no día en que lles ordenou ós fillos de Israel que presentasen as súas ofrendas ó Señor no deserto do Sinaí".

PARTE SEGUNDA

Consagración dos sacerdotes

8 ¹Díxolle o Señor a Moisés: ²—"Chama a Aharón e a seus fillos con el e colle as roupas, o aceite da unción, o xato do sacrificio, os dous carneiros e o cesto dos pans sen fermento, ³e xunta a toda a comunidade diante da Tenda do Encontro". ⁴Fixo Moisés como lle mandara o Señor e convocou a comunidade diante da Tenda do Encontro, na entrada. ⁵E Moisés díxolle á comunidade: —"Isto é o que o Señor manda facer". ⁶E Moisés fixo que se lle aproximasen Aharón e seus fillos, e lavounos con auga. ⁷Vestiulle a túnica a Aharón, cinguíndolla co cíngulo, cubriuno co manto, púxolle enriba o *efod* apretándollo coa faixa e deixándollo ben cinguido. ⁸Colocoulle o peitoral e enriba del os *urim* e os *tummim;* ⁹púxolle na cabeza a tiara e na cima da tiara por diante púxolle a flor de ouro, a coroa sagrada, conforme lle mandara o Señor a Moisés. ¹⁰Colleu logo Moisés o aceite da unción e unxiu con el a Tenda e todo o que había nela, e consagrounos. ¹¹Asperxeu con el sete veces o altar e unxiuno xunto con tódolos demais utensilios, e tamén a pía e mailo seu pé para consagralos. ¹²Despois verteu aceite da unción sobre a cabeza de Aharón e unxiuno para consagralo. ¹³Mandou logo que se lle aproximasen os fillos de Aharón e vestiulle-las túnicas, apretándollelas cos cíngulos e cubriunos coas mitras, como lle mandara o Señor. ¹⁴Fixo trae-lo xuvenco para o sacrificio de expiación, e Aharón e mailos seus fillos impuxéronlle as súas mans sobre a cabeza. ¹⁵Moisés degolouno e, mollando os seus dedos no sangue, hisopou con el as esquinas do altar arredor para purificalo; verteu o resto do sangue ó pé do altar para consagralo, facendo o rito da expiación por el. ¹⁶Recolleu toda a graxa que envolve as entrañas e o fígado, os dous riles coa súa graxa e fixo queimar todo no altar. ¹⁷Queimou o xuvenco enteiro: coiro, carne, e excrementos, fóra do campamento, como o Señor llo mandara facer a Moisés. ¹⁸Mandou trae-lo carneiro do holocausto, e Aharón e mailos seus fillos impuxéronlle as súas mans sobre a cabeza. ¹⁹Moisés degolouno, e verteu o sangue por riba do altar arredor. ²⁰Descuartizou o carneiro en anacos e fixoos queimar xunto coa cabeza e a graxa. ²¹Lavou con auga as entrañas e as patas, e fixo queimar todo o carneiro no altar do holocausto. Foi un holocausto de recendo para o Señor, como lle mandara o Señor a Moisés.

²²Mandou trae-lo segundo carneiro, o do sacrificio da consagración, e Aharón e mailos seus fillos impuxéronlle as súas mans sobre a cabeza. ²³Moisés degolouno e, collendo sangue, untou o lóbulo da orella dereita de Aharón, o dedo polgar da man dereita e a deda do pé dereito de Aharón. ²⁴Fixo que se lle achegasen despois os fillos de Aharón e untoulles tamén os lóbulos da súa orella dereita, os dedos polgares da man dereita e as dedas do pé dereito. O resto do sangue verteuno Moisés por riba do altar arredor.

²⁵Recolleu logo as partes gordas, isto é, o rabo, o unto, que envolve as entrañas, a graxa que envurulla o intestino e o fígado, os dous riles coa súa graxa e o pernil dereito de diante. ²⁶Do cesto dos pans sen fermento, que están diante do Señor, colleu un pan sen fermento, un bolo de pan adobado con aceite e unha bola e pousounos encima da graxa e do pernil dereito. ²⁷Puxo todo nas mans de Aharón e nas dos seus fillos, facendo o xesto de ofrecemento diante do Señor. ²⁸De seguida colleu Moisés todo das mans deles e queimouno no altar sobre a víctima. Foi un sacrificio de consagración, holocausto de recendo para o Señor. ²⁹Despois Moisés colleu o peito do carneiro e fixo o xesto de ofrecemento ó Señor, por ser esta a porción

---

8, 1 A cerimonia de consagración de Aharón e de seus fillos vén se-lo cumprimento en forma narrativa do mandado en Ex **29** no que se regulamentan por miúdo os pasos que se teñen que dar para que sexa conforme coa vontade divina.

do carneiro que lle pertencía a Moisés, como lle mandara o Señor no sacrificio da consagración. ³⁰Moisés colleu do aceite da unción e do sangue pousado enriba do altar e hisopou con el a Aharón e as súas roupas, ós seus fillos e as súas roupas, e consagrou a Aharón e os seus vestidos, xunto cos seus fillos e as súas roupas. ³¹Moisés díxolles a Aharón e ós seus fillos: —"Cocede a carne na entrada da Tenda do Encontro e comédea alí mesmo co pan do cesto da consagración, de acordo coa orde que se me deu, dicindo: Soamente a poderán comer Aharón e os seus fillos. ³²O sobrante da carne e do pan queimarédelo no lume. ³³Non vos afastaredes da porta da Tenda do Encontro durante sete días, ata que chegue o día derradeiro da vosa consagración, que durará sete días completos. ³⁴Tal como se fixo no día de hoxe, mandou o Señor que se faga sempre para a vosa expiación. ³⁵Manterédesvos á porta da Tenda do Encontro día e noite durante sete días, cumprindo as ordes do Señor para que non morrades, pois así me foi mandado". ³⁶Aharón e os seus fillos fixeron todo como lles ordenara o Señor por medio de Moisés.

Primeira actuación dos sacerdotes

9 ¹No día oitavo Moisés chamou a Aharón e a seus fillos e a tódolos petrucios de Israel. ²Díxolle a Aharón: —"Colle un xato para o sacrificio de expiación e un carneiro para o holocausto, ambos sen chata, e ofréceos diante do Señor. ³Fálalles ós fillos de Israel e dilles: Escollede un chibo para o sacrificio de expiación e un xuvenco e un año dun ano, ambos sen chata para o holocausto. ⁴Un boi e un carneiro para o sacrificio de comunión, que sacrificaredes diante do Señor, a máis dunha oblación adobada con aceite. Hoxe de seguro hásevos aparecer o Señor". ⁵Levaron todo o que lles dixera Moisés diante da Tenda do Encontro, e toda a comunidade, aproximándose, mantívose alí de pé diante do Señor. ⁶Entón Moisés dixo: —"Eilo que o Señor vos mandou facer para que se vos apareza a súa gloria". ⁷Despois díxolle Moisés a Aharón: —"Achégate ó altar e ofrece o teu sacrificio de expiación e o teu holocausto, e fai a expiación por ti e pola túa familia; presenta tamén a ofrenda do pobo, para expiar por el, como o mandou o Señor". ⁸Achegouse ó altar Aharón, e sacrificou o xuvenco, como expiación polo seu propio pecado. ⁹Os fillos de Aharón presentáronlle o sangue, e el, mollando os dedos nel, hisopou os lados do altar e verteu o resto do sangue ó pé do altar. ¹⁰Queimou no altar a graxa, os riles, o unto que envurulla o fígado, sacados da víctima, como o Señor lle tiña mandado a Moisés. ¹¹A carne e o coiro queimounos no lume fóra do campamento. ¹²Sacrificou tamén a víctima para o holocausto e os fillos de Aharón presentáronlle o sangue, e el verteuno arredor por riba do altar. ¹³Trouxéronlle despois a víctima do holocausto, cortada en anacos xunto coa cabeza, e queimouna no altar. ¹⁴Lavou as entrañas e as patas, e queimounas por riba do holocausto no altar. ¹⁵Ofreceu tamén o sacrificio do pobo, collendo un cabrito para expiar polo pobo, e sacrificouno facendo o rito da expiación, coma o primeiro. ¹⁶Logo ofreceu o holocausto, facendo todo conforme o rito. ¹⁷Presentou a oblación, colleu dela unha presa e queimouna no altar, amais do holocausto da mañá. ¹⁸Sacrificou tamén o boi e mailo carneiro para o sacrificio de comunión do pobo, e os fillos de Aharón presentáronlle o sangue, que el verteu arredor encima do altar. ¹⁹A graxa do boi e do carneiro, o rabo, o unto que envurulla as entrañas, os riles e a graxa do fígado ²⁰puxéronos xunto coa graxa dos peitos e Aharón fixo queimar todo no altar. ²¹Aharón, facendo o xesto de ofrecemento, abalou os peitos e o pernil dereito de diante, como lle mandara facer Moisés. ²²Ergueu Aharón a súa man de cara ó pobo e bendiciuno, e despois de ofrece-lo sacrificio de expiación e o sacrificio de comunión, baixou. ²³De seguida entraron Moisés e Aharón na Tenda do Encontro. Ó saíren, bendiciron o pobo, e a gloria do Señor aparecéuselle a todo o pobo. ²⁴Xurdiu lume da presencia do Señor e devorou sobre o altar as graxas e o holocausto, á vista de todo o pobo; entón reloucaron e prosternáronse rostro en terra.

8, 35 O descoido de calquera das ordes prescritas era moi grave, e castigábase coa pena de morte.

9 Este capítulo é moi probable que sexa máis antigo cós anteriores. Despois da consagración sacerdotal de Aharón e de seus fillos, descríbese como exerceron o seu ministerio non se afastaren das normas preceptuadas. Sublíñase a superioridade de Aharón sobre seus fillos, reservando para el algunhas funcións, coa intención de acentua-la primacía do Sumo Sacerdote no futuro.

Castigo do primeiro pecado dos sacerdotes

10 ¹Nadab e Abihú, fillos de Aharón, colleron cadanseu incensario, puxéronlle brasas, botáronlles incenso enriba, e presentaron diante do Señor un lume profano, que non lles fora mandado. ²Xurdiu da presencia do Señor unha labarada e devorounos, e morreron alí na presencia do Señor. ³Díxolle Moisés a Aharón: —"Isto tíñavolo ben advertido o Señor con estas verbas: Mostrarei a miña santidade nos que me están máis próximos, manifestarei a miña gloria diante dos ollos de todo o pobo". Aharón calou.

⁴Moisés chamou a Mixael e a Elsafán, fillos de Uziel, tío de Aharón, e díxolles: —"Achegádevos, e sacade a vosos irmáns de diante do santuario para fóra do campamento". ⁵Eles achegáronse, e leváronos coas súas túnicas postas fóra do campamento, como lles ordenara Moisés. ⁶Díxolles Moisés a Aharón, a Elazar e a Itamar, seus fillos: —"Non despenteéde-los vosos cabelos nin rachéde-los vosos vestidos, pois non morreredes nin se acenderá a ira do Señor contra a comunidade. Os vosos irmáns e toda a casa de Israel chorarán por causa do incendio que xurdiu diante do Señor. ⁷Non vos afastedes da entrada da Tenda do Encontro, e non morreredes, porque estades unxidos co óleo santo do Señor". E fixeron como lles mandara Moisés.

Normas de comportamento dos sacerdotes

⁸O Señor díxolle a Aharón: ⁹—"Non beberás viño nin ningunha outra cousa que poida embebedar, nin ti, nin teus fillos, cando teñades que entrar na Tenda do Encontro, e non morreredes. Estatuto perpetuo para as vosas xeracións, ¹⁰para que saibades diferenciar entre o sagrado e o profano, entre o impuro e o puro, ¹¹e para lles ensinardes ós fillos de Israel tódalas leis, que o Señor lles deu por medio de Moisés". ¹²Moisés díxolles a Aharón e a Elazar e Itamar, seus fillos superviventes: —"Collede o que resta das oblacións do Señor, que non se queimou, e comédeo sen levedar ó pé do altar, porque é unha cousa sacrosanta. ¹³Tedes que a comer no lugar sagrado, pois é a porción que che toca a ti e a teus fillos, dos holocaustos do Señor, porque esa foi a miña orde. ¹⁴Tamén o peito e o pernil dianteiro ofrecidos terédelos que comer no lugar puro ti, os teus fillos e as túas fillas contigo, por se-la parte que che toca a ti e a teus fillos dos sacrificios de comunión, que doaron os fillos de Israel. ¹⁵O pernil dianteiro e o peito ofrendados serán pasados por enriba do lume no que arden as graxas, abalándoos ritualmente na presencia de Iavé, e pertencerán a ti e ós teus fillos. Lei perpetua, como mandou o Señor".

¹⁶Moisés preguntou a fondo acerca do chibo expiatorio, e enteirouse de que fora queimado. Alporizouse moitísimo Moisés contra Elazar e Itamar, fillos superviventes de Aharón, e dixo: ¹⁷—"¿Por que non coméste-la oblación expiatoria no lugar sagrado, pois é cousa sacrosanta, que vos dei eu para que arrincasédes-la culpa da comunidade, expiando por ela diante do Señor? ¹⁸Xa que o sangue non foi levado dentro do santuario, era a vosa obriga comela no lugar sagrado, como volo tiña mandado". ¹⁹Aharón explicoulle a Moisés: —"Hoxe ofreceron a súa oblación expiatoria e o seu holocausto diante do Señor, e aconteceume todo isto. Se eu comese neste día a oblación expiatoria, ¿sería isto agradable ós ollos do Señor?" ²⁰Escoitou Moisés a explicación e pareceulle ben.

PARTE TERCEIRA
Regras da pureza legal (cc. 11-16)

Animais puros e impuros

11 ¹Faloulles o Señor a Moisés e a Aharón: ²—"Faládelles ós fillos de Israel e dicídelles: Estes son os animais que poderedes comer de entre tódolos cuadrúpedes da terra: ³todo o que ten o pé rachado e maila uña fendida e que remoe, podédelo comer. ⁴Pero de entre os que remoen ou teme-la carne do chibo expiatorio. As carnes sacrificadas polo pecado do pobo tiñan que ser totalmente destruídas, xa que dalgunha maneira asumían o pecado, no que participaban tamén os sacerdotes.

11, 2 Estas leis referentes ós animais puros ou impuros son moi antigas, e teñen a finalidade de educa-la xente, tamén por razóns de hixiene. Eran impuros os animais consagrados polos pagáns ós seus deuses, e tamén os que lles eran noxentos ós xudeus; por iso coidaban tamén lle repugnaban a Iavé.

10, 3 *A santidade* de Deus, é dicir, o seu poder infinito e a súa pureza total, que non se pode profanar con nada que vaia contra a súa vontade.

10, 5 O lume matounos pero non os queimou, pois conservan os vestidos que tiñan postos.

10, 14 Estas partes do sacrificio tamén as poden comer as fillas dos sacerdotes, en contra do que se mandaba no 6, 11 acerca da oblación, que só se podían comer os varóns.

10, 16ss Parece que había dúbida se se podía ou non co-

ñen as uñas fendidas, non poderedes come-lo camelo, que, anque remoe, non ten a uña fendida: será impuro para vós. ⁵O coello, que remoe, pero non ten o pé fendido, é impuro para vós. ⁶A lebre, que remoe, pero non ten o pé fendido, é impura para vós. ⁷O porco, que ten o pé rachado e a uña fendida, pero non remoe, é impuro para vós. ⁸Non comeredes da súa carne nin tocaréde-lo seu cadáver: son impuros para vós. ⁹De entre os que viven na auga podedes comer aqueles que teñen aletas e escamas, tanto que sexan de mar coma de río. ¹⁰Pero os que non teñen escamas, tanto de mar coma de río, todo reptil acuático e todo ser que vive na auga, serán abominación para vós. ¹¹Serán abominables para vós, non probaréde-la súa carne e teredes noxo dos seus cadáveres. ¹²Todo o que non ten aletas nin escamas, será abominación para vós.

¹³Teredes noxo, e non comeredes de ningunha das seguintes castes de aves: a aguia, o quebranta-ósos, aguia de mar, ¹⁴o voitre, o falcón de calquera caste, ¹⁵tódalas castes de corvos, ¹⁶a avestruz, a curuxa, a gaivota e tódalas castes de gavián, ¹⁷o moucho, o mergullón e o ibis; ¹⁸o cisne, o pelícano e a grúa, ¹⁹a cigoña, e toda caste de garza, a bubela e o morcego.

²⁰Todo insecto con ás, que anda en catro patas, será abominable para vós. ²¹Con todo, de entre os que voan, poderedes comer soamente aqueles que amais dos catro pés teñen patas para choutar polo chan. ²²Os que poderedes comer son: toda caste de langostas, de saltóns, cabaliños e grilos. ²³Calquera outro insecto con ás e de catro patas será abominable para vós.

²⁴Os seguintes animais contaminan: calquera que toque o cadáver dalgún destes bechos quedará impuro ata a tarde. ²⁵Aquel que leve ó lombo o cadáver dalgún deles, terá que lava-lo seu vestido, e quedará impuro ata a tarde. ²⁶Todo vivente de pata con uña non fendida na punta do seu pé, e que non remoe, será impuro para vós. Quen o toque, quedará impuro. ²⁷De entre os cuadrúpedes serán impuros para vós tódolos plantígrados. Quen toque o cadáver dalgún deles, quedará impuro ata a tarde. ²⁸O que leve ó lombo o cadáver deles, terá que lava-lo seu vestido e quedará impuro ata a tarde.

²⁹De entre os reptís serán impuros para vós os que se arrastran polo chan: a donicela, o rato e toda caste de lagartas. ³⁰O ourizo, o camaleón, o lagarto, a tartaruga e a toupa. ³¹Estes serán impuros para vós. Quen toque o cadáver dalgún deles, quedará impuro ata a tarde. ³²E todo aquilo no que caia o cadáver dalgún deles, será impuro. O mesmo que sexa un obxecto de pau coma de tecido, de coiro ou de esparto. En resume, calquera obxecto que sirva para algo, terá que ser metido na auga e quedará impuro ata a tarde. Despois será puro. ³³Se cae dentro dun cacharro de barro, todo canto teña nel faise impuro, e o cacharro terá que ser escachado. ³⁴Calquera alimento cociñado con auga no cacharro será impuro, e todo líquido potable que haxa dentro do cacharro será impuro. ³⁵Todo aquilo no que caia o cadáver dalgún destes, farase impuro. Tanto o forno, coma o trespés terán que ser destruídos. Son impuros e como tales os habedes de ter. ³⁶Con todo, as fontes e as cisternas, é dicir, os depósitos de auga, serán puras, a non ser que as toque algún cadáver destes, que as fará impuras. ³⁷Se algún destes cadáveres cae enriba dunha semente para sementar, a semente quedará pura. ³⁸Pero se o gran está mollado e cae enriba del un cadáver destes, quedará impuro para vós. ³⁹Se morre un animal do que se pode come-la carne, e alguén toca o seu cadáver, quedará impuro ata a tarde. ⁴⁰O que coma dese cadáver, terá que lava-lo seu vestido e quedará impuro ata a tarde; o que leve ó lombo o cadáver, terá que lava-lo seu vestido, e quedará impuro ata a tarde.

⁴¹Todo reptil que anda a rastro polo chan, será abominable: non se pode comer, ⁴²quen ande a rastro polo chan, quen ande en catro ou máis patas, de cantos se arrastran polo chan en ningún caso comeredes, por ser unha abominación. ⁴³Non vos contaminedes con ningún reptil, que se arrastra, non vos fagades impuros con el. ⁴⁴Pois eu son o Señor, o voso Deus: santificádevos para serdes santos, porque eu son santo. Non vos contaminedes con ningún reptil que se arrastra polo chan. ⁴⁵Eu son o Señor que vos fixen

---

11, 5 *O coello* mastica movendo o fuciño, e semella remoer, por iso se ten por "animal que remoe".
11, 13ss Algúns animais, que se mencionan, non hai seguridade de que sexan nomeados correctamente. Para o coñecedor do hebreo, sería doado te-los nomes da Biblia hebrea; pero iso sería peor para o lector común

11, 22 Enumera catro castes de saltóns, máis grandes, que adoitaba comer a xente pobre, coma S. Xoán Bautista (Mt 3, 4; Mc 1, 6).
11, 25ss Non só estaba vedado comelos, senón que nin sequera se podían tocar sen contaminarse e facerse impuro.

subir do país de Exipto, para se-lo voso Deus: tendes que ser santos, pois eu son santo. ⁴⁶Esta é a lei referente ós cuadrúpedes, ás aves, a toda caste de bechos que viven na auga ou andan a rastro polo chan. ⁴⁷Saberedes diferenciar entre o puro e o impuro, e entre os animais que se poden comer e os que non se poden".

Purificación da que deu a luz

12 ¹Faloulle o Señor a Moisés: ²—"Fálalles ós fillos de Israel e dilles: A muller que enxendrou e deu a luz un fillo varón, quedará impura por sete días. Neste tempo manterase separada, coma nos días da menstruación: será impura. ³No oitavo día será circuncidado o meniño, ⁴e durante trinta e tres días ela seguirase purificando do sangue. Non tocará cousa sagrada, nin entrará no lugar santo, ata que pasen tódolos días da súa purificación. ⁵Se deu a luz unha filla, quedará impura durante dúas semanas, coma na súa menstruación, e seguirase purificando do sangue durante outros sesenta e seis días. ⁶Pasados os días da súa purificación polo fillo ou pola filla, presentará á porta da Tenda do Encontro, como holocausto, un año dun ano e un pombiño ou unha rula, como oblación polo pecado. Darallos ó sacerdote, ⁷que os ofrecerá diante do Señor e expiará por ela e quedará purificada. Esta é a lei para a muller, que deu a luz un fillo ou unha filla. ⁸Se a muller, porén, non tivese ovellas abondo, ofrecerá dúas rulas ou dous pombiños: un como holocausto e outro como víctima expiatoria. O sacerdote expiará por ela, e quedará purificada".

Diferentes castes de lepra humana

1) *Inflamación, furuncho e mancha*

13 ¹O Señor faloulles a Moisés e a Aharón: ²—"Cando a un lle apareza na pel do seu corpo unha inflamación, un furuncho ou unha mancha branquiza brillante, que se converte nunha chaga de lepra, será levado a Aharón, o sacerdote, ou a un dos seus fillos sacerdotes. ³O sacerdote examinará a chaga que aparece na pel do corpo. Se ve que afonda na carne e que o pelo do sitio da chaga branquexou, de seguro que é lepra. Os sacerdotes testemuñarán e declararano impuro. ⁴Mais se a mancha da pel fose branquiza, pero non aparece máis fonda có resto da pel, e o pelo non branquexou, o sacerdote fará ailla-lo enfermo durante sete días. ⁵E examiñarao o sacerdote no día sétimo; e se, ó seu parecer, remite a infección sen se estender pola pel adiante, hao recluír por outros sete días. ⁶Volverao mirar de novo o sacerdote no día sétimo, e se comproba que a chaga parou e non se estendeu na pel, o sacerdote declararao puro do mal da lepra. Faralle lava-los seus vestidos, e quedará puro. ⁷Pero se, despois de o mirar o sacerdote e de o declarar puro, a chaga medrou na pel, terá que ser examinada outra vez polo sacerdote. ⁸Se ó miralo ben o sacerdote, ve que a chaga se estendeu na pel, declararao impuro: é un caso de lepra nalgunha das súas castes.

2) *Lepra enraizada*

⁹Cando a alguén se lle vexa unha chaga coma de lepra, será levado ó sacerdote. ¹⁰O sacerdote examinaraa: se observa un tumor branquizo na pel, e se a cor do pelo se torna brancuxa, e aparece a chaga en carne viva, ¹¹de seguro que é lepra xa vella na pel e na carne. O sacerdote declararao impuro e non o fará encerrar, pois é impuro. ¹²Pero se a lepra se estendeu por toda a pel e cubriu todo o corpo do enfermo, da cabeza ós pes, naquelas partes que están á vista do sacerdote, ¹³este examinarao: se ve que a lepra cobre todo o corpo, declararao puro da chaga, tornouse todo branco, é puro. ¹⁴Pero cando apareza nel unha chaga en carne viva, quedará impuro. ¹⁵Tan axiña como o sacerdote vexa a ferida en carne viva, declararao impuro, pois a carne viva é impura, de seguro que é lepra. ¹⁶Pero se a chaga en carne viva desaparece e se torna branca, o infectado irá ó sacerdote. ¹⁷O sacerdote examinarao e ó ver que a chaga se tornou branca, declararao puro da chaga, o home é puro.

---

12 Estas normas obedecen a concepcións antigas, que arredaban do culto a calquera que tivese contacto con mulleres que por unha ou outra causa padecían fluxo de sangue. A lei de purificación despois do parto dun meniño ou dunha meniña é a mesma, pero o tempo que ten que durar é dobre no caso da meniña. Tal vez se deba a que se pensaba que foi por Eva por onde entrou o pecado conforme o relato da Xén 3, ou tamén pola suposta maior debleza da femia. A categoría social da muller naquel tempo era mínima, e a diferencia coa do home era moito máis grande do que hoxe en día.

13 A lepra foi considerada como unha enfermidade da pel, que non tiña cura e demais era contaxiosa. Por iso estas normas de aillamento e identificación han de ser respectadas por todos, e soamente os sacerdotes poden declara-la súa verdadeira natureza. A identificación da clase de lepra ten menos importancia médica ca relixiosa, pois considerábase como castigo por algún pecado. O desaparecer, era sinal de que se perdoara o pecado, e podíase purificar por medio dos ritos e sacrificios prescritos.

3) Furuncho

¹⁸Cando alguén tivo na pel un furuncho e sanou, ¹⁹se no sitio do furuncho aparece un tumor branquizo ou unha mancha branquiza avermellada, presentarase ó sacerdote. ²⁰O sacerdote mirarao. Se a mancha aparece máis fonda na pel e o seu pelo se tornou branco, o sacerdote declararao impuro: é chaga de lepra, que se fixo no furuncho. ²¹Pero se ó examinala, o sacerdote ve que non hai nela pelo branco nin é máis fonda cá pel, e pola contra, a chaga aparece máis escura, o sacerdote farao encerrar durante sete días. ²²Se, ó cabo deles, a chaga segue medrando na pel sen deterse, o sacerdote declararao impuro, pois é lepra. ²³Pero se a chaga segue no seu sitio e deixa de medrar, e a brancura non se estende, é un furuncho curado, o sacerdote declararao puro.

4) Queimadura

²⁴Se no corpo de alguén houbo unha queimadura de lume, e aparece a carne viva no pelado, tornándose branco avermellado, ou soamente branco, ²⁵examinarao o sacerdote. Se o pelo torna branco e a chaga aparece máis fonda cá pel, seguro que é lepra, que se formou na queimadura. O sacerdote declararao impuro: é chaga de lepra. ²⁶Pero se ó examinala, o sacerdote ve que non naceu pelo branco na mancha nin é máis fonda cá pel e soamente perdeu un pouco a cor, o sacerdote farao encerrar durante sete días. ²⁷No día sétimo examinarao o sacerdote. Se ve que se espallou pola pel, declararao impuro: de seguro que é lepra. ²⁸En troques se a mancha deixou de medrar, non se estendendo pola pel, e a súa cor se tornou pálida, é a bostela da queimadura. O sacerdote declararao puro: é soamente a cicatriz da queimadura.

5) Chagas no coiro cabeludo

²⁹Cando un home ou unha muller teña unha chaga na cabeza ou na barba, ³⁰examinará ben a ferida o sacerdote. Se aparece máis fonda cá pel e ten o pelo amarelo e máis raro, será declarado impuro polo sacerdote. Ten a tiña, é lepra da cabeza ou da barba. ³¹Pero se o sacerdote ó examina-la chaga da tiña, esta non aparece máis fonda cá pel, nin hai nela pelo renegrido, o sacerdote fará encerrar durante sete días ó que ten a chaga. ³²No sétimo día o sacerdote volverá examina-la chaga. Se non se estendeu nin aparece pelo amarelo, e a chaga non aparece máis fonda cá pel, ³³o enfermo farase rapar todo, agás o sitio da tiña, e o sacerdote farao encerrar durante outros sete días. ³⁴No día sétimo o sacerdote examinará de novo a chaga. Se non se estendeu nin aparece máis fonda cá pel, o sacerdote declararao puro, e despois de lava-lo seu vestido, quedará puro. ³⁵Se a chaga se estende na pel, despois de ser declarado puro, ³⁶o sacerdote examinarao de novo. Se aparece na pel a chaga, non precisa o sacerdote examinar se o pelo é amarelo: é impuro. ³⁷Pero se, ó seu xuízo, a chaga non se estendeu e no sitio nace pelo negro, entón a chaga curou: é puro. O sacerdote declararao puro.

³⁸Cando a un home ou a unha muller lles aparezan na pel manchas albeiras, ³⁹que lles examine o sacerdote. Se na pel del ou dela aparecen manchas entre escuras e albacentas, trátase dunha afección lixeira, que xurdiu na pel: é puro. ⁴⁰Cando a un home lle cae o pelo da súa cabeza, queda calvo, pero é puro. ⁴¹Se lle cae o pelo da parte dianteira da súa cabeza, é calvo na fronte, pero é puro. ⁴²Pero se na parte calva, ben de toda a cabeza, ben da parte de diante, aparece unha mancha albeira e avermellada, é unha lepra que lle naceu nos sitios pelados. ⁴³O sacerdote examinarao, e se o sitio da chaga aparece de cor albeira avermellada, sexa na parte calva da cabeza, sexa na parte de diante, semellante á cor da chaga da lepra da pel do corpo, ⁴⁴trátase dun home contaxiado de lepra: é impuro, e así o deberá declarar o sacerdote. Ten a lepra na cabeza.

Comportamento do leproso

⁴⁵O enfermo de lepra andará coa roupa esgazada e a cabeza descuberta. En troques tapará cun veo a súa barba, e irá gritando: *impuro, impuro.* ⁴⁶Todo o tempo que lle dure a chaga será considerado impuro, porque o é, e vivirá arredado, fóra do campamento da súa moradía.

Lepra nos vestidos

⁴⁷O vestido no que apareza unha mancha de lepra, tanto se o vestido é de lá coma de liño, ⁴⁸sexa na urdime, ou no tecido do liño ou da lá, ou nunha pelica, ou en calquera peza de coiro para vestirse, ⁴⁹e se a mancha no vestido ou na pelica ou na urdime ou no

---

13,31 *Pelo renegrido.* O texto hebreo pon negro, no v 32 fala de pelo amarelo, por iso quizais a palabra "renegrido" podía se-la máis axeitada.

tecido ou en calquera peza de coiro é verduxa ou avermellada, trátase de mancha de lepra. Terá que ser examinado polo sacerdote. ⁵⁰O sacerdote examinará a mancha e fará pecha-lo obxecto contaxiado durante sete días. ⁵¹No día sétimo volverao mirar o sacerdote. Se ve que a mancha se estendeu no vestido ou na urdime ou no tecido ou na pelica ou en calquera peza de coiro para se vestir, a mancha é lepra maligna: o obxecto é impuro. ⁵²Queimarase o vestido ou a urdime ou o tecido de lá ou de liño ou calquera peza de coiro no que estea a mancha, pois é lepra corrosiva: será queimado no lume. ⁵³Pero se, ó examinala o sacerdote, non se estendeu a mancha no vestido, ou na urdime, ou no tecido ou na peza de coiro, ⁵⁴o sacerdote ordenará que se lave o obxecto contaminado, e volverao encerrar durante outros sete días. ⁵⁵Tornará a examina-la mancha o sacerdote, despois desta lavadura. Se, ó seu xuízo, a mancha non cambiou de cor nin se espallou, será impuro, o obxecto terá que ser queimado no lume, porque está corroído polo dereito e polo revés. ⁵⁶Pero se, ó mirala o sacerdote, a mancha, despois da lavadura, aparece descorida, esgazaraa do vestido ou da pelica ou da urdime ou do tecido. ⁵⁷Se aínda despois da lavadura se ve que no vestido ou na urdime ou no tecido ou na peza de coiro a mancha se estendeu, terá que ser queimado no lume o obxecto manchado. ⁵⁸O vestido, ou a urdime ou o tecido ou a peza de coiro que, ó lavalo, lle desaparece a mancha, lavarase outra vez, e será puro. ⁵⁹Esta é a lei acerca da mancha de lepra no vestido de lá ou de liño ou na urdime ou no tecido ou en calquera peza de coiro, cando teña que ser declarada pura ou impura".

Purificación do leproso

14 ¹Faloulle o Señor a Moisés: ²—"Esta é a lei que rexerá para purifica-lo leproso. Será presentado ó sacerdote. ³O sacerdote sairá fóra do campamento a esperalo, e examinarao. Se a mancha da lepra desapareceu do enfermo, ⁴mandará o sacerdote que o que se quere purificar presente dúas aves vivas puras, pau de cedro, lá escarlata e hisopo. ⁵O sacerdote fará matar unha das aves, recollendo o sangue nun vaso de barro con auga corrente; ⁶collerá logo a ave viva, o pau de cedro, a lá escarlata e o hisopo, xunto coa ave e mergullaraos co sangue da ave sangrada sobre a auga corrente. ⁷Hisopará sete veces ó que se quere purificar da lepra, e despois de o purificar, deixará voar ceibe o paxaro vivo polo aire do campo. ⁸O que se purificou, lavará a súa roupa, rapará todo o seu pelo e lavarase na auga, quedando puro de novo. Poderá entrar logo no campamento, pero terá que morar fóra da súa tenda durante sete días. ⁹Ó cabo do día sétimo rapará outra vez todo o seu pelo, da cabeza, da barba, das sobrecellas; en resume rapará tódolos pelos, lavará os seus vestidos, bañará todo o seu corpo en auga, e quedará puro. ¹⁰No día oitavo collerá dous años sen chata e unha ovelliña dun ano sen chata, e tres décimos de flor de fariña, mesturada con aceite, coma oblación, e un cuarterón de aceite. ¹¹O sacerdote, que fai a purificación, presentará todo isto, xunto co que se vai purificar, diante do Señor na entrada da Tenda do Encontro. ¹²De seguida o sacerdote collerá un dos años, e ofrecerao como expiación xunto co cuarterón de aceite, e, abalándoos ritualmente, presentaraos diante do Señor. ¹³Sacrificará o año no lugar en que se adoita face-la expiación e mailo holocausto, isto é, no lugar sagrado, porque tanto o sacrificio de purificación coma o de expiación, son cousas santísimas, e pertencen ó sacerdote. ¹⁴Despois o sacerdote collerá do sangue da víctima de reparación, e untará o lóbulo da orella dereita do que se vai purificar, o dedo polgar da man dereita e a deda do pé dereito. ¹⁵Collerá logo o sacerdote do cuartillo de aceite e verterao na palma da súa propia man esquerda. ¹⁶Mollará os dedos da súa man dereita no aceite que vertera na palma da súa man esquerda, e asperxerá sete veces diante do Señor co aceite dos dedos. ¹⁷Do resto do aceite que sobrou na palma da súa man, porá unha parte no lóbulo da orella dereita do que se vai purificar, no dedo polgar da man dereita do mesmo e na deda do pé dereito, enriba do sangue da víctima. ¹⁸O resto do aceite que lle quede na palma da man, verterao o sacerdote sobre a cabeza do que se vai purificar. Deste xeito fará a expiación por el diante do Señor. ¹⁹De seguida o sacerdote fará o sacrificio de expiación, para lle quita-

---

14, 4ss Recolle un rito de purificación arcaico, no que o paxaro que se deixa voar ceibe (v 7) leva simbolicamente a enfermidade do leproso curado, que quedaba autorizado para a convivencia e para a participación no culto.
14, 10-32 É un ritual moito máis recente.

-la impureza ó que se vai purificar, e no cabo ofrecerá o holocausto. ²⁰Ofrecido polo sacerdote o holocausto e feita a oblación no altar, o sacerdote fará a expiación por el, e quedará purificado.

²¹Se o leproso fose pobre e non tivese posibles para ofrecer todo isto, presentará un só año para o sacrificio de reparación, para abalar ritualmente, a fin de facer reparación por si, amais dunha décima de flor de fariña, mesturada con aceite, coma oblación, e un cuartillo de aceite máis; ²²dúas rulas ou dous pombiños, conforme o que dispoña: un como sacrificio expiatorio e o outro como holocausto. ²³No día oitavo levarallos ó sacerdote á entrada da Tenda do Encontro, para se purificar diante do Señor. ²⁴O sacerdote collerá o año para o sacrificio de expiación e o cuartillo de aceite, e fará con eles o xesto de ofrecemento diante do Señor. ²⁵Despois de sacrifica-lo año do sacrificio de expiación, o sacerdote collerá do sangue da víctima, e untará o lóbulo da orella dereita do que se vai purificar e os dedos polgares da man e do pé dereitos. ²⁶Logo verterá parte do aceite na palma da súa man esquerda, ²⁷e cos dedos da man dereita mollados no aceite vertido na palma da man esquerda, asperxerá sete veces diante do Señor. ²⁸Despois o sacerdote untará co aceite que lle queda na palma da súa man o lóbulo da orella dereita do que se vai purificar, o dedo polgar da man dereita e a deda do pé dereito, no mesmo sitio que untara co sangue da víctima de reparación. ²⁹O resto do aceite que aínda lle quede na palma da súa man, verterao o sacerdote sobre a cabeza do que se vai purificar, para expiar por el diante do Señor. ³⁰Con cada unha das rulas ou dos pombiños, conforme o que dispoña, ³¹ofrecerá un como expiación polo pecado, e o outro como holocausto, amais da oblación. Deste xeito o sacerdote expiará diante do Señor polo que se vai purificar. ³²Esta é a lei para quen teña lepra e non tivese posibles precisos para a súa purificación normal".

A lepra das casas

³³Faloulles o Señor a Moisés e a Aharón: ³⁴—"Cando teñades entrado na terra de Canaán, que vos vou dar eu para posesión vosa, e cando castigue eu cunha infección de lepra algunha casa desa terra da vosa posesión, ³⁵o dono da casa irallo notificar ó sacerdote, dicindo: *Coido que na miña casa apareceu unha infección coma de lepra*. ³⁶O sacerdote, antes de entrar para examina-la infección, fará baldeira-la casa, para que nada do que hai dentro se faga impuro, e entrará logo para face-lo exame da casa. ³⁷Se albisca a infección vendo negrea-las paredes da casa, ou aparecen manchas verdecentes ou avermelladas e pequenos buraquiños nelas, ³⁸sairá o sacerdote ata a entrada da casa, e mandaraa pechar durante sete días. ³⁹No día sétimo o sacerdote volverá a examinala. Se olla que a infección se estendeu polas paredes da casa, ⁴⁰mandará arrinca-las pedras contaminadas, e faraas tirar fóra da cidade nun lugar impuro. ⁴¹Fará raspa-la casa toda arredor, e bota-lo po raspado fóra da cidade nun lugar impuro. ⁴²Collerán outras pedras e meteranas no sitio das arrincadas, e botaranlles outro barro ás paredes. ⁴³Se a infección se estendeu de novo pola casa, malia arrinca-las pedras e alisa-las paredes con outro barro, ⁴⁴o sacerdote entrará para examinala. Se a infección se propagou pola casa, trátase de infección de lepra corrosiva na casa. Será impura. ⁴⁵Mandará derruba-la casa e fará arredar para un lugar impuro, fóra da cidade, as pedras, as madeiras, e o barro todo das paredes. ⁴⁶Cantos entraran na casa, durante os días que estivo pechada, fixéronse impuros ata á noite. ⁴⁷Os que durmiron na casa, terán que lava-la súa roupa, e os que comeron nela, tamén terán que lava-la súa roupa.

⁴⁸Con todo, se o sacerdote ó entrar olla que a infección non se estendeu na casa, despois que foron alisadas as paredes, declárea pura, porque desapareceu a súa infección. ⁴⁹Para purifica-la casa da infección, colla dúas aves, un pau de cedro, lá escarlata e hisopo. ⁵⁰Matará unha das aves desangrándoa nun vaso de barro con auga corrente; ⁵¹collerá o pau de cedro, o hisopo, a lá escarlata e a ave viva, e mergullaraos no sangue da ave sangrada na auga corrente, e hisopará a casa sete veces. ⁵²Purificará a casa da súa infección co sangue da ave coa auga corrente, a ave viva, o pau de cedro, o hisopo e a lá escarlata. ⁵³Deixará en liberdade ó paxaro vivo, voando polo campo, fóra da cidade. Así fará a expiación da casa, e quedará pura.

⁵⁴Esta é a lei de toda infección de lepra ou de tiña, ⁵⁵da lepra dos vestidos, ou da casa, ⁵⁶de furunchos, de inflamacións e de manchas, ⁵⁷para saber cando unha persoa ou

---

14, 49 cf a nota ós vv 4ss.

unha cousa é pura ou impura. Esta é a lei acerca da lepra".

Pureza sexual

15 ¹Faloulles o Señor a Moisés e Aharón: ²—"Faládelles ós fillos de Israel e dicídelles: Calquera que padeza gonorrea, será impuro pola súa secreción. ³Esta será a súa impureza por mor da súa secreción, tanto se fose exterior como se quedase retida: será impuro. ⁴Todo leito no que se deite o enfermo de gonorrea, será impuro; e todo banco no que se sente, será impuro. ⁵Calquera que toque o seu leito, terá que lava-la súa roupa, e bañarase, quedando impuro ata a tarde. ⁶Quen se sente no banco no que se sentou o que padece a enfermidade, lavará a súa roupa e bañarase en auga: quedará impuro ata a tarde. ⁷O que toque o corpo do que padece o fluxo, lavará a súa roupa e bañarase: quedará impuro ata a tarde. ⁸Cando o que padece fluxo cospe contra unha persoa pura, esta terá que lava-la súa roupa e bañarse en auga, e quedará impura ata a tarde. ⁹Calquera que monte no cabalo no que montara o contaxiado de gonorrea, será impuro. ¹⁰Calquera que toque algunha cousa que estivo debaixo del, será impuro ata a tarde; e, o que as leve ó lombo, lavará a súa roupa e bañarase en auga, quedando impuro ata a tarde. ¹¹Todo aquel a quen toque o enfermo sen lavar ben as súas mans, lavará a súa roupa, bañarase en auga, quedando impuro ata a tarde. ¹²O vaso de barro que teña tocado o infectado será esnaquizado, e todo obxecto de pau deberá ser lavado con auga. ¹³Cando o enfermo de gonorrea sexa purificado da súa impureza, contará para si sete días desde a súa purificación: lavará a súa roupa, bañará o seu corpo en auga corrente, e quedará puro. ¹⁴No día oitavo collerá dúas rulas ou dous pombiños, irá diante do Señor á entrada da Tenda do Encontro, e entregarallos ó sacerdote. ¹⁵O sacerdote fará con un deles o sacrificio expiatorio e co outro un holocausto, expiando por el ante o Señor, por causa da súa gonorrea.

¹⁶O home que teña unha polución, lave con auga todo o seu corpo, e quedará impuro ata a tarde. ¹⁷Calquera tecido ou pelica na que caia seme, será lavada con auga, e quedará impura ata a tarde.

¹⁸Cando un home e unha muller teñen relacións sexuais, lavaranse con auga, e quedarán impuros ata a tarde. ¹⁹A muller que teña a menstruación, será aillada durante sete días. Calquera que a toque, quedará impuro ata a tarde. ²⁰Calquera que se deite onde estivo ela durante o seu aillamento, será impuro, e quen se sente no mesmo sitio, quedará impuro. ²¹Calquera que toque no leito dela, lavará a súa roupa, bañarase en auga, e quedará impuro ata a tarde. ²²Quen toque nas cousas nas que se sentou ela, lavará a súa roupa, bañarase en auga, e quedará impuro ata a tarde. ²³E quen se sente sobre o leito ou enriba de algo no que ela se sentou, con tal que o toque quedará impuro ata o serán. ²⁴Pero, se un home se deita con ela, mentres está ela no tempo do seu fluxo, quedará impuro durante sete días, e todo o leito no que se deitaron quedará impuro. ²⁵A muller que padeza fluxo de sangue moitos días fóra dos que acostuma, ou que ten fluxo ademais do da menstruación, tódolos días do fluxo será impura, coma nos días da menstruación. ²⁶O leito no que se deita tódolos días do seu fluxo, será para ela coma o leito da súa menstruación, e toda cousa na que se sente será impura coma na impureza do tempo do seu aillamento. ²⁷Calquera que a toque, será impuro, terá que lava-la súa roupa, bañarse en auga e quedará impuro ata a tarde. ²⁸Se se purifica do seu fluxo, contará para si sete días, e despois quedará pura. ²⁹No día oitavo collerá dúas rulas ou dous pombiños, e levarallos ó sacerdote á entrada da Tenda do Encontro. ³⁰O sacerdote fará con un deles o sacrificio expiatorio e co outro o holocausto. Fará a expiación por ela diante do Señor, por causa da impureza do seu fluxo. ³¹Arredaréde-los fillos de Israel da súa impureza, para non morredes por culpa dela, nin profanárde-lo meu tabernáculo, que está no medio voso. ³²Esta é a lei acerca do que padece gonorrea ou ten polución que o fagan impuro, ³³acerca da que está coa menstruación; é dicir, de todo aquel que padece fluxo, sexa home ou muller, e de todo home que se deite cunha muller impura".

15, 2 Tódolos pobos antigos manifestan un fondo respecto por todo o que se relaciona co sexo, coa orixe da vida, e coa conservación da mesma. A iso se encamiñan estas normas de pureza ou impureza sexual. Non se afirma que o sexo coma tal sexa impuro, mais ben se considera como un gran don de Deus, que é preciso gardar e defender daqueles usos que non teñen en conta a súa dignidade e o subordinan a intereses económicos ou de mero pracer.
15, 31 A importancia que se lle recoñece a todo isto queda reflexada na pena de morte coa que se castiga ó infractor das normas, cando, así contaminado, ousa achegarse ó santuario para participar no culto.

O día grande da expiación

16 ¹O Señor falloulle a Moisés despois da morte dos dous fillos de Aharón, que morreran ó se aproximaren diante do Señor. ²Díxolle o Señor a Moisés: —"Dille a Aharón, teu irmán, que non entre a toda hora no santuario, máis alá do veo, que está diante do propiciatorio que tapa a arca, para que non teña que morrer, porque me lle hei aparecer na nube enriba do propiciatorio. ³Esta é a maneira como Aharón terá que entrar no santuario: Ofrecerá un xuvenco para o sacrificio expiatorio, e un carneiro para o holocausto. ⁴Vestirá unha túnica sagrada de liño, e calzóns tamén de liño no seu corpo, cinguirase cunha faixa de liño e envolverá a cabeza cun pano de liño. Vestirá estas roupas sagradas despois de bañar en auga todo o seu corpo. ⁵Recibirá da comunidade de Israel dous chibos para o sacrificio expiatorio e un carneiro para o holocausto. ⁶Primeiro ofrecerá Aharón o xuvenco polo propio pecado e polo da súa familia. ⁷Collerá logo os dous chibos e poraos diante do Señor á porta da Tenda do Encontro. ⁸Botará sortes sobre os dous chibos. Un tocaralle por sorteo ó Señor e o outro a Azazel. ⁹Aharón ofrendará como sacrificio expiatorio o que lle tocou ó Señor. ¹⁰E o que lle tocou a Azazel presentarao vivo diante do Señor, para expiar por el e mandarallo a Azazel ó deserto. ¹¹Entón presentará Aharón o xuvenco polo pecado propio. ¹²Despois collerá o incensario, cheo de brasas do lume que arde enriba do altar diante do Señor, e, enchendo as súas mans de incenso aromático moído, entrará con todo máis aló do veo. ¹³Botará o incenso no lume diante do Señor, para que a nube do perfume envolva o propiciatorio, que está sobre a arca do testemuño, e non teña que morrer. ¹⁴Despois collerá do sangue do xato, e cos seus dedos asperxerá por riba da tapa do propiciatorio de cara ó abrente, e diante do propiciatorio hisopará sete veces o sangue cos seus dedos. ¹⁵Matará o chibo expiatorio que lle toca ó pobo e levará o sangue do chibo desde o templo para detrás do veo. Fará con el o mesmo que fixera co sangue do xuvenco, asperxendo enriba e por diante do propiciatorio. ¹⁶Desta maneira purificará o santuario da impureza dos fillos de Israel e das súas prevaricacións e de tódalas variedades dos seus pecados. Fará o mesmo coa Tenda do Encontro, situada no medio das impurezas deles. ¹⁷Ninguén poderá estar na Tenda do Encontro, namentres el está dentro facendo a purificación do santuario, ata que saia despois de expiar por si, pola súa familia e por toda a comunidade de Israel. ¹⁸Sairá de cara ó altar, que está diante do Señor, e fará a súa purificación: collerá do sangue do xuvenco e do sangue do chibo, e verterao arredor nas esquinas do altar. ¹⁹Asperxerá enriba del o sangue cos dedos sete veces, purificándoo e santificándoo das impurezas dos fillos de Israel. ²⁰Feita a purificación do santuario, da Tenda do Encontro e do altar, presentará o chibo vivo. ²¹Aharón imporá as súas mans sobre a cabeza do chibo, confesando tódalas prevaricacións e tódalas iniquidades e tódolos pecados dos fillos do Israel, cargándollos enriba da cabeza e despois mandarao, levado pola man dun home axeitado, para o deserto. ²²O chibo levará enriba de si tódalas iniquidades para unha terra erma, e o que o leve soltará o chibo no deserto. ²³Despois Aharón entrará na Tenda do Encontro, espirá a roupa de liño que vestira antes de entrar no santuario, e deixaraa alí. ²⁴Despois de baña-lo seu corpo con auga no lugar santo e de vesti-la súa roupa ordinaria, sairá e ofrecerá o seu propio holocausto e mailo do pobo: expiará por si mesmo e polo pobo, ²⁵queimando a graxa da víctima de expiación enriba do altar. ²⁶O home que levou o chibo a Azazel, lavará a súa roupa, bañará o seu corpo con auga, e despois diso poderá entrar no campamento. ²⁷O xuvenco e mailo chibo do sacrificio ex-

---

16, 1 Faise lembranza explícita da morte repentina de Nadab e Abihú (cf **10,** 1-2) como castigo por non respecta-las regras do culto para chama-la atención acerca da gravidade de que se lle atribúe a todo o referente ó santuario, onde non pode entrar nin sequera o sumo sacerdote, que o fará só unha vez cada ano e cunhas condicións moi precisas e solemnes. Hebreos **9,** 6-12 dános unha interpretación profunda referida ó sacrificio de Cristo, que entrou unha vez por sempre co propio sangue.

16, 8 *Azazel* parece se-lo nome dun demo que os antigos hebreos e cananeos pensaban que habitaba no deserto, lugar sen vida, polo que Deus non se manifesta nel.

16, 13 Se o pontífice se atreve a olla-lo propiciatorio da arca, posta no lugar santísimo, sería unha falta de respecto, se non o cobre co fume do incenso, e morrería a causa da infinita maxestade de Deus, que "se senta" enriba del, como se di en Ex **33,** 20; Xuí **13,** 22; Is **6,** 5.

16, 16 *A Tenda do Encontro* estaba situada no medio do campamento, contaminada polas súas impurezas. Por iso ten que ser purificado coma as outras partes do santuario.

16, 21 O xesto de estende-las mans sobre o chibo é para significa-la solidariedade do pobo con el. Transfirenselle os pecados: por iso se destruía, non se sacrificaba.

piatorio, dos que se introducira o sangue no santuario, para a expiación, serán levados fóra do campamento e queimaranse no lume o coiro, carne e excrementos. ²⁸Aquel que os queima lavará despois a súa roupa e bañará o seu corpo con auga. Despois diso poderá entrar no campamento. ²⁹Esta será para vós unha lei perpetua: no sétimo mes, no día décimo do mes debédesvos mortificar e privarvos de facer ningún traballo, tanto os nativos coma os forasteiros, que peregrinan no medio de vós. ³⁰Porque é o día de vos purificardes, para quedar puros de tódolos vosos pecados diante do Señor. ³¹É un repouso solemne, debédesvos mortificar. É unha lei perpetua. ³²Fará a expiación o sacerdote que foi unxido, o que foi investido do sacerdocio en lugar de seu pai, e vestirá as roupas sagradas de liño, ³³purificará o santuario, a Tenda do Encontro e o altar. Expiará polos sacerdotes e por toda a xente da comunidade. ³⁴Será para vós estatuto perpetuo, para que tódolos fillos de Israel se purifiquen unha vez por ano de tódolos seus pecados. E fixose como lle mandara o Señor a Moisés".

CUARTA PARTE
Lei da santidade (cc. 17-26)

Matanza de animais

17 ¹Faloulle o Señor a Moisés: ²—"Fálalle a Aharón e ós seus fillos e a tódolos israelitas e dilles: Esta é a orde, que vos dá o Señor nestas palabras: ³todo israelita que mate un boi, un año ou unha cabra no campamento ou fóra do campamento, ⁴sen o presentar antes na entrada da Tenda do Encontro, para o ofrecer en sacrificio ó Señor diante do seu tabernáculo, seralle imputado como delito de sangue por ter vertido sangue. Ese home será exterminado do medio do seu pobo. ⁵Por iso os israelitas han de leva-las víctimas que adoitan ofrecer no campo, presentalas ó sacerdote á entrada da Tenda do Encontro, e ofrendalas ó Señor como sacrificio de comunión. ⁶O sacerdote asperxerá co sangue o altar do Señor, que está á entrada da Tenda do Encontro e fará queima-la graxa como aroma agradable para o Señor. ⁷Non ofrecerán sacrificios ós sátiros cos que se prostitúen. Lei perpetua será esta para vós por tódalas xeracións. ⁸Diraslles tamén: todo individuo da familia de Israel ou dos estranxeiros que moran no medio de vós, cando ofrece un holocausto ou un sacrificio, ⁹e non o leva á porta da Tenda do Encontro, para o sacrificar en honor do Señor, será exterminado do medio do seu pobo. ¹⁰Enfrontareime con calquera individuo da familia de Israel ou estranxeiro residente no medio voso, que coman sangue, e exterminareinos do seu pobo. ¹¹Pois a vida do corpo está no sangue, e eu dóuvolo para expiar con el sobre o altar polas vosas vidas. Porque é o sangue o que purifica a persoa. ¹²Por esta razón díxenlles ós fillos de Israel: Nin vós nin os estranxeiros que moran convosco comeredes sangue. ¹³Calquera israelita ou estranxeiro residente no medio de vós que cace algún animal ou ave dos que se poden comer, e verte o seu sangue, deberao tapar con terra. ¹⁴Pois, sendo a vida de toda carne o seu sangue, eu díxenlles ós fillos de Israel: Non comeréde-lo sangue de ningunha carne, porque a vida de toda carne é o seu sangue: quenquera que o coma será exterminado. ¹⁵Toda persoa nativa ou estranxeira que coma da carne dun animal morto ou esnaquizado, lavará a súa roupa, bañarase en auga, e quedará impuro ata a tarde; despois será puro. ¹⁶Pero se non se lava nin baña o seu corpo, cargará coa súa culpa".

Honestidade da vida matrimonial

18 ¹Faloulle o Señor a Moisés: ²—"Fálalles ós fillos de Israel e dilles: Eu son o Señor, o voso Deus. ³Non vos

---

17 Con este capítulo comeza o chamado código de santidade (**17-23**) que aínda que foi redactado nos derradeiros anos do exilio, contén leis do tempo da monarquía. Non temos idea clara do que significa esta palabra "santidade". O concepto orixinal acena a separación, inaccesibilidade, transcendencia, que mete un respecto relixioso. Todo canto se mantén preto de Deus, participa da súa santidade: lugares, obxectos, persoas, tempos, e sobre todo os sacerdotes e o pobo mesmo, no medio do que habita Iavé. Isto leva consigo a necesidade de "purificarse",

para achegarse a Deus no culto. Isto, que no comezo era unha norma ritual, converteuse máis tarde en pureza de conciencia e en costumes xustos conformes coa lei moral.
17,3 Toda matanza de animais reveste un carácter sagrado, por se verter sangue. Por iso non se podían matar sen os ofrecer antes a Deus.
17, 7 Non se permite sacrificar para ningún outro ser senón para Deus. Sería unha idolatría. Os *sátiros* parece que eran o mesmo cós chibos, que representaban xenios en forma de animal. Azazel era un deles.

comportedes conforme os costumes de Exipto, onde morastes, nin vos afagades ós costumes de Canaán, onde eu vos vou facer entrar, nin vos guiedes alí polas súas leis. ⁴Obedeceréde-los meus mandamentos, e cumpriréde-los meus estatutos, acomodándovos a eles. Eu son o Señor, o voso Deus. ⁵Aprenderéde-los meus decretos e gardaréde-los meus estatutos, e viviredes neles cada un de vós. Eu son o Señor. ⁶Ningún de vós se achegará a ningunha persoa consanguínea para lle descubri-la súa nudez. Eu son o Señor. ⁷Non descubrira-la nudez do teu pai nin a da túa nai; pois ela é túa nai, non descubrira-la súa nudez. ⁸Non descubrira-la nudez da muller do teu pai, pois é a nudez de teu pai. ⁹Non descubrira-la nudez da túa irmá, filla do teu pai ou de túa nai; sexa nacida na casa, ou fóra dela, non descubrira-la súa nudez. ¹⁰Non descubrira-la nudez da filla do teu fillo, nin a da filla da túa filla, pois é a túa propia nudez. ¹¹Non descubrira-la nudez da filla dunha muller de teu pai, enxendrada polo teu pai: ela é túa irmá. ¹²Non descubrira-la nudez da irmá de teu pai: ela é carne do teu pai. ¹³Non descubrira-la nudez da irmá da túa nai: ela é carne da túa nai. ¹⁴Non descubrira-la nudez do irmán de teu pai, é dicir, non te achegarás á muller del: ela é túa tía. ¹⁵Non descubrira-la nudez da túa nora: é a muller do teu fillo; de ningún xeito descubrira-la súa nudez. ¹⁶Non descubrira-la nudez da muller do teu irmán: é a nudez do teu irmán. ¹⁷Non descubrira-la nudez dunha muller e da súa filla; nin lle collera-la filla dun fillo seu, nin a dunha filla súa, para descubri-la súa nudez, pois son do seu sangue. Sería unha infamia. ¹⁸Non collera-la irmá da túa muller, pois faríala a súa rival; nin lle descubrira-la súa nudez mentres viva a túa muller.

¹⁹Non te achegarás a ningunha muller nos días da súa menstruación, para lle descubri-la súa nudez. ²⁰Non te deitarás coa muller do teu próximo: faríaste impuro con ela. ²¹Non permitirás que ningún dos teus descendentes adore a Molok, manchando o nome do teu Deus. Eu son o Señor. ²²Non te deitarás con ningún home, coma se fose muller: é unha abominación. ²³Non terás trato sexual con ningún animal: faríaste impuro con el. Ningunha muller se porá diante dun animal para se emparellar con el: é unha perversidade. ²⁴Non vos contaminaredes con ningunha destas cousas, pois con todas estas cousas se contaminaron as xentes que vou expulsar eu de diante de vós. ²⁵Por teren contaminado o país, determinei castiga-lo seu pecado, de tal sorte que a mesma terra foi a que vomitou ós seus habitantes. ²⁶Vós gardaréde-los meus mandamentos e os meus estatutos, e non faredes ningunha destas abominacións: nin os nativos nin os estranxeiros, que moran no medio de vós. ²⁷Pois todas estas abominacións cometeron os homes deste país, que tendes diante de vós, e contaminaron a terra. ²⁸Que non vos teña que vomitar esta terra por contaminala, como vomitou as xentes que a habitaron antes ca vós. ²⁹Calquera que cometa algunha destas abominacións será exterminado do medio do meu pobo, por facer tal cousa. ³⁰Obedeceréde-lo que vos mando e xamais non faredes cousa contraria ós meus estatutos verbo das abominacións que se cometeron antes de vós, e non vos contaminaredes con elas. Eu son o Señor o voso Deus".

Santidade de todo o pobo e de cada un

19 ¹Díxolle o Señor a Moisés: ²—"Fálalle á comunidade dos fillos de Israel e dilles: Sede santos, porque santo son eu, o Señor, o voso Deus. ³Cada un respecte a súa nai e a seu pai, e garde os meus sábados. Eu son o Señor, o voso Deus. ⁴Non tornaréde-los ollos cara ós ídolos, nin vos fagades deuses de metal fundido. Eu son o Señor, o voso Deus. ⁵Cando ofrezades un sacrificio de comunión ó Señor, ofrecede unha víctima que sexa do voso gusto; ⁶comerédela no mesmo día en que foi sacrificada ou no día seguinte. O que vos sobre para o día terceiro, queimarédelo no lume. ⁷Se algún se atreve a comela no terceiro día, estaría xa corrompida: non será aceptable. ⁸Quen coma dela, cargará coa súa iniquidade, por

---

18, 4 *Mandamentos* e *estatutos* son dous termos que adoitan andar xuntos nun senso semellante.
18, 6 *A ningunha persoa consanguínea:* lit. "a carne do seu corpo". O parentesco no mundo xudeu expresábase dicindo que tiñan a mesma carne, ósos ou sangue... cf Xén **2,** 23.
18, 7-18 Prohíbese o incesto en tódolos graos. *Descubri-la nudez* é un eufemismo que significa ter relacións sexuais, ou unha maneira despectiva de as nomear.

18, 20 O adulterio considérase coma unha contaminación ritual, que fai "impuro" a quen o comete.
18, 21 Este texto parece aludir a un culto cananeo, no que tamén caeron os hebreos sacrificando meniños. Isto é abominable para Iavé.
18, 24 Fai depender deses pecados o exterminio de tódolos pobos que habitaron Canaán antes dos israelitas. Son pecados moi graves.
19, 4 *Ídolos,* lit. "os nada".

profanar unha cousa consagrada ó Señor: ese tal será exterminado do seu pobo.

Función social da propiedade e respecto polos bens alleos

⁹Cando fagáde-la seitura dos vosos campos, non seguedes tódolos recantos do eido, nin fagáde-la rebusca das espigas caídas. ¹⁰Tampouco non fara-la rebusca da túa viña, nin aproveitara-los acios. Serán para o pobre e o forasteiro. Eu son o Señor o teu Deus. ¹¹Non roubaredes, nin negaréde-lo prestado, e que ninguén engane ó seu próximo. ¹²Non xuraredes en falso no meu nome, sería aldraxa-lo nome do teu Deus. Eu son o Señor. ¹³Non oprimirás, nin expoliara-lo teu próximo, nin reterás contigo o xornal do teu obreiro durante a noite ata a mañá. ¹⁴Non maldira-lo xordo, nin lle porás atrancos ó cego: temera-lo teu Deus. Eu son o Señor. ¹⁵Non serás inxusto cando xulgues: non favorecera-lo feble nin honrara-lo poderoso. Xulgarás con xustiza ó teu próximo. ¹⁶Non espallarás calumnias entre os teus veciños, nin quedarás indiferente cando lle batan ó teu próximo. Eu son o Señor. ¹⁷Non terás odio de corazón ó teu irmán; e reprenderás con decisión o teu próximo, para non cargar co seu pecado. ¹⁸Non te vingarás nin lles terás xenreira ós teus veciños: amara-lo teu próximo coma a ti mesmo. Eu son o Señor. ¹⁹Gardade os meus estatutos. Non aparearás animais de especies diferentes, nin sementarás no teu eido sementes diferentes, mesturándoas, nin vestirás roupas tecidas con fíos distintos de lá e de liño. ²⁰Se un home se deita cunha muller, e se ela é escrava e está casada con outro home e non foi redimida aínda nin se lle deu a liberdade, serán azoutados ambos; pero non morrerán, por non estar aínda redimida. ²¹Terá que presentar ó Señor polo seu delito, diante da Tenda do Encontro, un carneiro para o sacrificio de reparación. ²²Mediante o carneiro polo delito, o sacerdote expiará por el diante do Señor pola culpa contraída, e seralle perdoado o pecado cometido.

²³Cando deades entrado na terra prometida e plantedes calquera caste de árbores para comer, durante tres anos teréde-los seus froitos por incircuncisos: serán profanos para vós, non os comeredes. ²⁴Todo o seu froito do cuarto ano será consagrado para louvanza do Señor. ²⁵No quinto ano comeréde-lo seu froito, así aumentará para vós o seu producto. Eu son o Señor, o voso Deus.

²⁶Non comeredes cousa ningunha con sangue. Non botaredes sortes nin faredes adiviñacións. ²⁷Non raparedes, a xeito de coroa, a vosa cabeza, nin recortaréde-la barba polos lados. ²⁸Non faredes incisións no voso corpo, en sinal de loito, nin vos faredes tatuar en ningún sitio. Eu son o Señor.

²⁹Non entrégue-la túa filla á prostitución, para que non se profane a terra, enchéndose de torpezas. ³⁰Gardaréde-los meus sábados, e respectaréde-lo meu santuario. Eu son o Señor. ³¹Non iredes ós bruxos nin consultaréde-los adiviños, contaminándovos con eles. Eu son o Señor, o voso Deus. ³²Poraste de pé ante os cabelos brancos e honrará-la presencia do ancián, temendo o teu Deus. Eu son o Señor. ³³Se un forasteiro vén morar convosco na vosa terra, non o maltratedes, ³⁴tratádeo coma nativo entre vós, un peregrino máis convosco: amarédelo coma a vós mesmos, porque peregrinos fostes tamén vós no Exipto. Eu son o Señor, o voso Deus. ³⁵Non faredes inxustiza nos xuízos: nin no longo nin no peso, nin na medida. ³⁶Usaredes balanza xusta, pesas boas, *efah* exacto e *hin* completo. Eu son o Señor, o voso Deus que vos saquei do país de Exipto. ³⁷Gardaredes tódolos meus mandamentos, e seguiredes tódolos meus consellos. Eu son o Señor".

Penas e castigos dos transgresores

20 ¹O Señor faloulle a Moisés: ²—"Dilles ós fillos de Israel: Calquera dos fillos de Israel ou dos forasteiros que moran en Israel que lle sacrifique un fillo a Molok, morrerá sen remedio. A xente do seu pobo acantazarao con pedras. ³Eu mesmo me en-

---

19, 9 Son leis moi humanitarias cos máis pobres e cos forasteiros, que se atopan a miúdo (cf **23**, 22; Ex **23**, 11; Dt **24**,19-21).
19, 13 *O xornaleiro* non ten outro medio de vida, e precisa do xornal cada día.
19, 19 Estas mesturas úsanse moito nas prácticas da maxia, tan contraria á relixión.
19, 20 A condición de escrava fai menos grave o pecado

de adulterio, que se consideraba coma un roubo ó próximo.
19,27 Condena certos costumes pagáns dos pobos veciños.
20, 1 Neste capítulo castíganse con penas severas certos delitos de superstición e inmoralidade.
20, 2 Vólvese prohibi-lo estarrecente culto a Molok, coma en **18**, 21, con sacrificios de meniños.

cararei con el, e exterminareino do medio do meu pobo, porque, entregando a Molok da súa descendencia, contaminou o meu santuario e profanou o meu nome santo. ⁴Se, non obstante, os seus conveciños pechasen os ollos para non veren que tal home sacrificou un descendente seu a Molok e non o teren que matar, ⁵eu mesmo tornarei o meu rostro contra o tal home e contra a súa parentela, e arrincareino do medio do seu pobo, a el e a cantos prevaricaron detrás del, prostituíndose diante de Molok. ⁶O individuo que vaia ós adiviños e bruxos para se prostituír con eles, eu mesmo me encararei con el e o farei arrincar do medio do seu pobo. ⁷Vós tendes que vos santificar, seredes santos, porque eu son o Señor, o voso Deus. ⁸Gardade os meus decretos e cumprídeos. Eu son o Señor que vos santifico:

⁹Calquera que maldiga a seu pai e súa nai, morrerá sen remedio: maldiciu a seu pai e súa nai, terá que cargar co seu pecado.

¹⁰O home que cometa adulterio coa muller doutro, morrerá sen remedio, tanto el coma ela. ¹¹Calquera que se deitou coa muller de seu pai, descubriu a nudez de seu pai: os dous morrerán sen remedio, cargarán co seu pecado. ¹²O home que se deitou coa súa nora, ámbolos dous morrerán sen remedio: cometeron unha abominación, cargarán co seu pecado. ¹³O home que se deitou con outro home, coma se fose muller, ámbolos dous morrerán sen remedio: cometeron unha abominación, cargarán co seu pecado. ¹⁴O home que colla por muller a unha filla e maila súa nai, comete unha abominación: terán que ser queimados no lume tanto el coma elas; non permitiredes tal abominación no medio de vós. ¹⁵O home que faga o coito cunha besta morrerá sen remedio, e mataredes tamén a besta. ¹⁶A muller que se achegue a un animal calquera e faga con el o coito, morrerá xunto co animal: os dous morrerán sen remedio, cargarán co seu pecado. ¹⁷O home que colla a súa irmá, filla de seu pai ou de súa nai, e vexa a súa nudez e ela vexa a nudez del, cometen unha ignominia: serán exterminados á vista dos seus conveciños; por descubri-la nudez da súa irmá, cargará coa súa perversidade. ¹⁸O home que se deitou cunha muller que está coa menstruación e viu a súa nudez, descubrindo o seu fluxo, e ela mesma o descubriu, os dous serán exterminados do medio do seu pobo. ¹⁹Non descubrira-la nudez da irmá de túa nai, nin a da irmá de teu pai, porque descóbre-la súa propia carne: cargarán coa súa culpa. ²⁰O home que se deitou coa muller do seu tío, descubriu a nudez do seu tío: cargarán co seu pecado e morrerán sen descendencia. ²¹O home que colla a muller do seu irmán, comete unha abominación, descobre a nudez do seu irmán: non terá descendencia.

Amoestación xeral

²²Gardade tódolos meus decretos e tódolos meus mandatos, e cumprídeos, para que non vos vomite a terra na que eu vos vou facer entrar, a fin de que moredes nela. ²³Non vos comportedes de acordo cos costumes da xente que eu vou exterminar de diante de vós, porque estou farto deles por teren cometido todas estas cousas. ²⁴Xa volo teño dito: vós seredes donos da súa terra; eu mesmo vola vou dar en posesión: unha terra que deita leite e mel. Eu son o Señor, o voso Deus, que vos separei dos demais pobos.

²⁵Separaréde-los animais puros dos impuros, os paxaros impuros dos paxaros puros. Non vos contaminaredes con besta, nin ave, nin reptil que se arrastra polo chan, e que eu vos mandei refugar como impuros. ²⁶Serédesme santos, porque eu o Señor son santo, e separeivos dos outros pobos, para que sexades tan só para min. ²⁷O home ou a muller que exerza como adiviño ou como bruxo, terá que ser morto sen remedio, morrerá acantazado: serán responsables do propio sangue".

Santidade dos sacerdotes

21 ¹Dixolle o Señor a Moisés: —"Fálalles ós sacerdotes, fillos de Aharón e dilles: Que ninguén se contamine co cadáver dun conveciño, ²agás o dun parente moi achegado a el, coma o da nai, o do pai, o dun fillo, o dunha filla, o dun irmán ³e o

---

20, 6 *Prostituír,* é dicir, caer na idolatría.

20,10 Lit. "O home que comete adulterio coa muller dun home que comete adulterio coa muller do seu próximo". Parece tratarse dun caso de *dittografía* xa moi antigo, pois aparece en diversas traduccións.

20, 11 *A muller de seu pai* enténdese que non sexa a propia nai, senón outra muller, unha concubina.

21, 1 O tocar un cadáver pode ser perigoso, se morreu dalgún mal contaxioso. Na Biblia prohíbese porque fai impuro; sen embargo, non se considera grave e purifícase con pouca cousa: dúas rulas e dous pombiños (Núm **6,** 9-10; **19,** 11ss; **31,** 19; Ez **44,** 25-27).

dunha irmá, que se mantiña virxe sen se ter xuntado con ningún home; do contrario, mesmo por ela se podería facer impuro. ⁴Un marido non se poderá facer impuro por mor dos seus parentes, profanándose. ⁵Non raparán a cabeza, nin afeitarán a barba polos lados, nin farán incisións no seu corpo. ⁶Serán santos para o seu Deus, non profanando o seu nome, porque son eles os que presentan sacrificios de holocausto ó Señor, alimento do seu Deus: deberán ser santos. ⁷Non casarán con muller prostituída ou deshonrada ou repudiada polo seu home, porque están consagrados ó seu Deus. ⁸E ti recoñeceralo como santo, pois ofrece o alimento do teu Deus: será para ti santo, porque santo son eu, que vos santifico. ⁹Se a filla dun sacerdote se fai prostituta, é unha deshonra para seu pai, será queimada no lume.

¹⁰O sumo sacerdote, escolleito de entre os seus irmáns, a quen se lle verteu sobre a cabeza o óleo da unción e se lle deu o poder para vesti-los ornamentos sagrados, non desenguedellará os cabelos da cabeza nin rachará os seus vestidos. ¹¹Non se achegará a ningún morto, nin sequera a seu pai ou súa nai, para non se facer impuro. ¹²Non sairá do santuario do seu Deus, porque leva na súa testa a coroa do óleo da unción do seu Deus. Eu son o Señor. ¹³Collerá por muller unha virxe. ¹⁴Non poderá coller por muller nin viúva, nin repudiada, nin deshonrada, nin prostituta, senón que casará cunha moza virxe do seu pobo. ¹⁵Non fará impura a súa descendencia no medio do seu pobo, porque eu son o Señor que o santifico".

¹⁶O Señor faloulle a Moisés: ¹⁷—"Fálalle a Aharón e dille: Ninguén da túa xente nas vindeiras xeracións, que teña algunha eiva, se poderá aproximar para ofrece-lo alimento do seu Deus: ¹⁸non se aproximará ningún home que teña algunha eiva, poño por caso, sendo cego ou coxo ou manco ou malfeito. ¹⁹Calquera que teña un pé ou unha man crebados, ²⁰ou teña eiva ou sexa vesgo ou anano ou sarnoso ou tiñoso ou eunuco. ²¹Ninguén da parentela do sacerdote Aharón, que teña algunha eiva, se poderá aproximar para ofrecer un holocausto ó Señor: habendo unha eiva nel non se pode aproximar para ofrece-lo alimento do seu Deus. ²²Poderá comer do alimento do seu Deus, das ofrendas santísimas e das santas; ²³pero non entrará alén do veo nin se achegará ó altar, porque ten unha eiva, e non debe profana-lo meu santuario, pois eu son o Señor, que os santifico". ²⁴Moisés díxolles isto a Aharón e ós seus fillos e a tódolos israelitas.

Santidade dos que serven ó altar

22 ¹Faloulle o Señor a Moisés: ²—"Dilles a Aharón e a seus fillos que fagan que os israelitas reverencien as miñas cousas santas, e non profanen o meu nome, que eles teñen que santificar. Eu son o Señor. ³Dilles: para tódalas vosas xeracións, calquera da vosa raza, que, tendo algunha eiva, se achegue ás cousas santas consagradas polos israelitas ó Señor, será exterminado da miña presencia. Eu son o Señor. ⁴Ninguén da liñaxe de Aharón, afectado de lepra ou de gonorrea, poderá comer no santuario, namentres non se purifique; nin tampouco quen tocou o cadáver dun animal calquera ou tiver polución; ⁵así como quen toque algún reptil impuro ou algún home no que haxa impureza de calquera caste. ⁶Quenquera que o toque, quedará impuro ata a tarde, e non poderá comer cousas sagradas en tanto non lave o seu corpo con auga. ⁷Á posta do sol será puro de novo e poderá comer das cousas sagradas, pois elas son o seu alimento. ⁸Non poderá comer carne dun animal morto ou esnaquizado por unha fera: contaminaríase con el. Eu son o Señor. ⁹Gardarán os meus mandamentos, e así non cargarán co seu pecado nin morrerán por causa deste alimento, por se profanaren con el. Eu son o Señor, que os santifiquei. ¹⁰Ningún estraño comerá cousa sagrada, sexa hóspede do sacerdote, sexa o seu xornaleiro. ¹¹Se o sacerdote, sen embargo, adquire polo seu diñeiro unha persoa, ela poderá comer con el, e tó-

---

21, 4 Non é claro o senso deste v. O texto grego, no posto de "marido", pon "axiña". Parece ser que se lles prohibe ós sacerdotes gardar loito polos parentes da muller.

21, 5 Condénanse certos costumes superticiosos que se practicaban con motivo de loito ou de enterros.

21, 6 *Alimento do seu Deus,* así se lle chama ó holocausto en sentido metafórico. É un modo de falar para significa-la satisfacción que lle produce a Deus o holocausto.

21, 17 Esta norma non se pode xulgar discriminatoria. A razón é que o pertencer ó estamento sacerdotal non é obxecto de decisión persoal, senón dunha elección por parte da comunidade en honor de Iavé. Así como se prohibe ofrecer víctimas con defectos, do mesmo xeito sería unha falta de respecto escoller para o culto público ministros defectuosos (cf v 21).

22, 2 A traducción literal sería "que se absteñan das ofrendas"; pero o sentido parece ser: que se comporten con reverencia, para non as profanaren.

dolos que nazan na súa casa, poderán comer do seu alimento. ¹²A filla do sacerdote que casa cun estraño, non poderá comer do que se recolle no santuario. ¹³Con todo, a filla do sacerdote que enviúva ou foi repudiada sen ter fillos e torna á casa do pai e vive con el coma cando era solteira, poderá comer do alimento do pai; pero ningún estraño poderá comer do mesmo. ¹⁴Calquera que, sen se decatar, comese das cousas sagradas, restituiralle ó sacerdote a cousa mesma ademais dunha quinta parte da cousa sagrada. ¹⁵Non profanarán as cousas sagradas que os israelitas lle ofrezan ó Señor. ¹⁶Os que as coman, cargarán coa súa culpa, co delito de comeren das cousas sagradas, que santifiquei eu. Eu son o Señor".

Integridade das víctimas

¹⁷Faloulle o Señor a Moisés: ¹⁸—"Fálalles a Aharón e a seus fillos e a tódolos fillos de Israel: Calquera israelita, ou estranxeiro residente entre os israelitas, que ofrezan como holocausto ó Señor un sacrificio por calquera clase de voto ou de promesa voluntaria, ¹⁹para que lle sexa aceptable, terá que ser macho sen tacha, bovino, ovino ou caprino. ²⁰Non ofrecerá nada defectuoso, pois non sería feito con boa intención pola vosa parte. ²¹Calquera que ofreza ó Señor un sacrificio de comunión, para cumprir un voto ou por devoción espontánea, terá que ser de gando maior ou menor, pero sen tacha. Non terá ningún defecto. ²²Non ofreceredes ó Señor, nin queimaredes no seu altar víctima cega nin coxa nin manca nin a que teña algunha úlcera ou sarna ou algunha ferida. ²³Boi ou ovella desproporcionada ou pequeneira poderase ofrecer como sacrificio espontáneo, pero non será acepto para cumprir un voto. ²⁴Non ofreceredes ó Señor víctimas cos testículos sumidos ou esmagados ou arrincados ou cortados. Na vosa terra non ofreceredes víctimas desas. ²⁵Non ofreceredes, como alimento do voso Deus, ningunha víctima recollida da man dun forasteiro, se están cheas de defectos e tachas: non vos serían aceptables para ben voso".

²⁶Faloulle o Señor a Moisés: ²⁷—"O tenreiro, o año e o cabrito estarán coa nai os sete primeiros días despois de nacer. Do día oitavo para adiante será aceptable como ofrenda de holocausto para o Señor. ²⁸Non matarás no mesmo día un boi ou un carneiro xunto co seu fillo. ²⁹Cando ofrezades un sacrificio de louvanza ó Señor, facédeo de maneira que vos sexa ben acolleito. ³⁰Comeréde-la víctima no mesmo día en que a sacrificastes, sen deixar nada dela para a mañá seguinte. Eu son o Señor. ³¹Gardaréde-los meus mandatos e cumpriréldelos. Eu son o Señor. ³²Non profanaréde-lo meu nome santo. Eu hei de ser santificado no medio dos fillos de Israel, porque son eu, o Señor, quen vos santifica. ³³Saqueivos de Exipto para se-lo voso Deus. Eu son o Señor".

As grandes festas: o sábado

23 ¹Faloulle o Señor a Moisés: ²—"Fálalles ós fillos de Israel: As festas do Señor, as miñas solemnidades, que habedes de celebrar en asemblea sagrada, son estas: ³Durante seis días faréde-los vosos traballos. No día sétimo gardaredes repouso total, teredes asemblea sagrada: non faredes ningún traballo, será repouso para louvanza do Señor en todo país onde habitedes. ⁴Estas son as festas do Señor, asembleas sagradas, que convocaredes no seu tempo.

A Pascua e os Ázimos

⁵No día catorce do primeiro mes, entre lusco e fusco será a Pascua do Señor. ⁶No día quince do mesmo mes será a festa dos Ázimos a honra do Señor. Durante sete días comeredes alimentos sen fermento. ⁷O primeiro día teredes asemblea santa, non faredes ningún traballo servil. ⁸Ofreceredes holocaustos ó Señor, en cada un dos sete días. No sétimo día volveredes ter asemblea santa, e non faredes ningún traballo servil".

O primeiro monllo

⁹Faloulle o Señor a Moisés: ¹⁰—"Fálalles ós fillos de Israel: cando entredes na terra

---

22, 14 Considérase o feito de que un laico ó comer das cousas consagradas comete un fraude cos sacerdotes, que non teñen outros medios de sustento. Non falta tamén a alusión ó seu carácter sagrado, que esixe un estado de pureza legal para manexalas.
22,20 Insístese a miúdo na integridade e perfección das víctimas que se lle ofrecen a Iavé para que sexan ben acolleitas na súa presencia.
23 Calendario das festas, que xunta diversas tradicións máis antigas. Xa nos tempos primeiros, baixo o exemplo dos cananeos, que tiñan as súas festas campesiñas, os hebreos celebraban tres ó ano: a dos Ázimos, ou pan, sen fermento (Ex 23, 14-15), a festa da seitura (Ex 23, 16 a) e por fin a festa da colleita (Ex 23, 16b).
23, 10 A lei das primicias ten a finalidade de recoñece-los froitos da terra e dos rabaños coma un don de Deus.
Os vv 9-15 parece que foron entremetidos no calendario das festas, que continúa no v 16.

que vos hei dar eu, e fagáde-la seitura das primeiras anadas, levarédeslle ó sacerdote un monllo da vosa primeira colleita. ¹¹El erguerao, facendo o xesto de ofrendalo diante do Señor ó amencer do día do repouso e ofrecerao. ¹²No mesmo día en que fagáde-la ofrenda do voso monllo, queimaredes en holocausto ó Señor un año dun ano, sen tacha, ¹³xunto coa ofrenda de dúas décimas de flor de fariña mesturada con aceite, que será queimada a honra do Señor, como perfume de recendo para o Señor, ademais da correspondente libación dun cuarteirón de *hin* de viño. ¹⁴Non comeredes pan, nin grans torrados nin espigas tenras antes dese día, no que presentaréde-la ofrenda ó voso Deus. É unha lei perpetua para tódalas vosas xeracións en tódolos paises nos que habitedes.

Pentecostés

¹⁵Desde a mañá do día seguinte ó sábado no que trouxéste-lo voso primeiro monllo para ser presentado, contaredes sete semanas enteiras, ¹⁶e ata o día seguinte do sétimo sábado contaredes cincuenta días; entón ofreceredes unha oblación nova ó Señor. ¹⁷Das vosas moradías traeredes, para ofrecelos, dous pans feitos con dúas décimas de flor de fariña e co fermento correspondente, como primicias para o Señor. ¹⁸Ademais do pan, ofreceredes sete años dun ano sen tacha, un xuvenco e dous carneiros, que serán presentados en holocausto ó Señor, xunto coas oblacións e libacións correspondentes, e arderán como perfume recendente para o Señor. ¹⁹Presentaredes un chibo como víctima de expiación, e dous años dun ano como sacrificio de comunión. ²⁰O sacerdote abalaraos ritualmente xunto co pan das primicias, como oblación diante do Señor, ademais dos dous años; serán consagrados á honra do Señor e serán para o sacerdote. ²¹Nese mesmo día convocaréde-la asemblea sagrada, que será santa para vós, e non poderedes facer ningún traballo servil. É lei perpetua en tódalas terras en que habitedes por tódalas xeracións. ²²Cando fagáde-la seitura do pan na vosa terra, non segaredes ata os recunchos dos vosos eidos, nin respigaredes no segado: deixaréde-las espigas caídas para o pobre e o forasteiro. Eu son o Señor, o voso Deus".

O Ano Novo

²³Faloulle o Señor a Moisés: ²⁴—"Dilles ós israelitas: no sétimo mes, o día primeiro do mes será para vós de grande repouso, lembranza solemne a son de trompeta, e asemblea sagrada. ²⁵Non faredes ningún traballo servil e ofreceredes holocaustos ó Señor".

Día da Expiación

²⁶Faloulle o Señor a Moisés: ²⁷—"No décimo día do sétimo mes, será o día da expiación. Celebraredes asemblea sagrada, mortificarédesvos e ofreceredes víctimas de lume ó Señor. ²⁸Nese día non faredes ningún traballo servil, por se-lo día da expiación para vos purificardes diante do Señor, o voso Deus. ²⁹Toda persoa que nese día non se mortifique, será exterminada do medio do seu pobo. ³⁰Calquera que nese día faga algún traballo servil, eu farei que sexa exterminado do medio do seu pobo. ³¹Non faredes ningún traballo: lei perpetua para tódalas vosas xeracións en tódalas vosas moradías. ³²Día de grande repouso será para vós, e habédesvos de mortificar desde a tarde do día noveno dese mes ata a tarde do día seguinte, e gardaréde-lo voso repouso sabático".

Festa das Cabanas ou das Tendas

³³Faloulle o Señor a Moisés: ³⁴—"Dilles ós israelitas: No día quince deste sétimo mes, será a festa das cabanas á honra do Señor. Durará sete días. ³⁵No día primeiro celebraredes asemblea sagrada, non faredes ningún traballo servil. ³⁶Durante os sete días ofreceredes ó Señor víctimas de lume. No día oitavo teredes de novo asemblea sagrada, e queimaredes víctimas ó Señor. É día de repouso, non faredes ningún traballo servil. ³⁷Estas son as solemnidades do Señor, que celebraredes convocando asembleas sagradas, queimando víctimas ó Señor: holocausto, oblación, sacrificio e libación, conforme estea mandado para cada día. ³⁸Iso á parte dos sábados do Señor, das vo-

---

23, 11 *O día de repouso,* o sábado. En efecto, a verba orixinal é "xabbat", que ten os dous significados.
23, 23 Comeza entón o ano, nos tempos en que, coma hoxe en día en Israel, empeza o outono.
23, 27 O día de expiación (cf **16;25,** 9). *Víctimas de lume,* é dicir, queimadas no lume.

23, 33ss O costume de durmir en tendas ou cabanas vén dos usos agrícolas durante a seitura ou a colleita e a vendima; máis tarde asocíouse á idea da permanencia no deserto (v 43) e adquiriu un significado relixioso coma en Dt **16,** 13-16.

sas doazóns, de tódalas vosas promesas votivas e das vosas ofrendas voluntarias, que adoitades ofrecer ó Señor. ³⁹No día quince do sétimo mes, cando teñades feita a colleita dos froitos da terra, festexaréde-la gran solemnidade do Señor, durante sete días; con repouso total tanto o primeiro día coma o oitavo. ⁴⁰No día primeiro colleredes froito das mellores árbores, ramos de palmeira, ramallos de árbores frondosas e de salgueiros dos regatos; folgaredes diante do Señor, o voso Deus, durante os sete días. ⁴¹Cada ano festexaredes esta solemnidade á honra do Señor, durante sete días. É lei perpetua para tódalas vosas xeracións. Festexarédela no sétimo mes. ⁴²Moraredes en cabanas os sete días. Tódolos nativos de Israel morarán en cabanas, ⁴³para que os vosos descendentes saiban que en cabanas fixen eu que morasen os israelitas, cando os saquei de Exipto. Eu son o Señor, o voso Deus". ⁴⁴E Moisés promulgóulle-las solemnidades do Señor ós fillos de Israel.

O Candelabro e os pans da proposición

24 ¹O Señor faloulle a Moisés: ²—"Manda ós fillos de Israel que che traian aceite de oliveira, puro e virxe, para acende-lo candelabro, e que se manteña sempre aceso. ³Aharón colocarao pola banda de fóra do veo da Tenda do testemuño, e arderá decote desde a tarde ata a mañá diante do Señor. É lei perpetua para tódalas vosas xeracións. ⁴Dispora-las candeas no candelabro de ouro puro, e alumarán decote diante do Señor. ⁵Collerás flor de fariña, e farás doce bolos de dúas décimas cada un, ⁶e disporalos en dúas filas, seis en cada unha enriba de mesa de ouro puro diante do Señor. ⁷Enriba de cada fila porás incenso puro, que será sobre o pan como recendo de lembranza para ser queimado na honra do Señor. ⁸Sempre cada sábado renovaralo diante do Señor. Será estatuto perpetuo para os fillos de Israel. ⁹Pertencerán a Aharón e ós seus fillos. Só eles o poderán comer no santuario, porque son cousa sagrada, recollida das ofrendas presentadas ó Señor e perténcelles a eles por dereito perpetuo".

Castigo do que blasfema

¹⁰Xurdiu entre os israelitas un que era fillo de nai israelita e de pai exipcio, e pelexou cun israelita no campamento. ¹¹O fillo da muller israelita blasfemou contra o nome de Deus, e por iso foi levado onda Moisés (o nome da nai era Xelomit, filla de Dibrí, da tribo de Dan). ¹²Puxérono baixo garda ata que dixese o Señor o que tiñan que lle facer. ¹³Faloulle o Señor a Moisés: ¹⁴—"Levade o blasfemo fóra do campamento, que tódolos que o oíron lle impoñan as súas mans sobre a cabeza, e que a comunidade toda o mate a cantazos. ¹⁵Despois diraslles ós israelitas: Calquera que aldraxe o nome do seu Deus, cargará co seu pecado. ¹⁶Quenquera que aldraxe o nome do Señor morrerá sen remedio. A comunidade toda terá que o matar a cantazos, sexa estranxeiro sexa nativo. Calquera que aldraxe o nome do Señor será matado.

Lei do talión

¹⁷Se algún lle bate a outro ata o matar, será castigado coa morte. ¹⁸Quen mate un animal a golpes, terá que devolver outro: animal por animal. ¹⁹Calquera que lle faga dano ó seu próximo, faráselle a el o mesmo, ²⁰fenda por fenda, ollo por ollo, dente por dente. O que lle fixo ó outro, faráselle a el do mesmo xeito. ²¹O que mata un animal alleo, terá que o pagar; o que mata a un home, tamén será el matado. ²²Haberá entre vós un só xuízo para todos, o mesmo para o forasteiro e para o nativo. Eu son o Señor, Deus de todos vós".

²³Despois de lles falar Moisés ós israelitas, sacaron o blasfemo fóra do campamento e acantazárono tódolos fillos de Israel, tal como lle ordenara o Señor a Moisés.

24, 4 *De ouro puro*, lit. "puro": podería referirse tamén á pureza ritual. O mesmo vale para a mesa do v 6.
24, 5 A orixe desta lei seguro que vén dos usos cananeos.
24, 6 O número seis en cada ringleira fai doce, unha por cada tribo.
24, 9 Só as poderán come-los sacerdotes, por ser cousa consagrada a Iavé.
24, 14 O mesmo xesto có realizado co chibo expiatorio. Ó impórle-las mans sobre a cabeza, fanno cargar co pecado dos que o oíron blasfemar.
24, 19 A lei do talión representa un progreso, xa que a inclinación do home é vingarse nunha proporción maior. Só se lle permite compensa-lo mesmo dano, non máis.
24, 23 A blasfemia era un pecado gravísimo, xa que o nome era igual á persoa mesma de Deus. Se invocando o nome de Deus se conseguen as súas bendicións, cando o aldraxen, de por forza caen as maldicións sobre o pobo no que mora o blasfemo.

LEVÍTICO

O Ano sabático

25 ¹Faloulle o Señor a Moisés no monte Sinaí:² —"Dilles ós israelitas: Cando entredes na terra, que eu vos hei dar, daredeslle a esta terra un repouso sabático en honor do Señor. ³Durante seis anos sementara-los teus eidos, podara-la túa viña e recollera-los seus froitos. ⁴O sétimo ano será de repouso total en honra do Señor para esa terra; nin sementara-lo teu eido nin podara-la túa viña. ⁵Non segara-lo que naza sen que fose sementado, nin vendimara-las uvas que naceron na viña sen ser traballada. Será un repouso total para a terra. ⁶O que produza a terra no ano sabático, chegará para alimentarvos a ti, ó teu criado, a túa criada, ó teu xornaleiro, ó teu aparceiro e a tódolos forasteiros que moran contigo. ⁷Tamén para a túa facenda e para todo o gando que vive no país, servirá de alimento tan só o que a terra produza de seu.

O Xubileo

⁸Contarás sete semanas de anos, isto é, sete veces sete anos, que serán para ti unha semana de semanas de anos, é dicir, corenta e nove anos. ⁹Farás soa-lo corno do xubileo no décimo día do sétimo mes: no día grande da expiación faredes resoa-lo corno en todo o voso país. ¹⁰Santificaréde-lo ano cincuenta e promulgaredes unha gran liberación para todo o país e para tódolos seus habitantes. Será para vós o gran xubileo, cada un volverá ser dono de tódolos seus eidos, e cada persoa tornará á súa familia. ¹¹Cada ano cincuenta será para vós Ano Xubilar. Non sementaredes nin segaréde-lo que naza de seu, nin vendimaréde-las uvas nacidas. ¹²O Xubileo será para vós tempo santo. Comeredes só o que produza a terra. ¹³Neste ano do xubileo cada un tornará a ser dono da súa herdanza. ¹⁴Cando vendades unha herdade a un veciño ou cando lle compredes un eido, que ninguén estafe a seu irmán. ¹⁵Pagaraslle ó teu próximo segundo o número de anos transcorridos desde o xubileo, e el venderache no prezo que corresponda co número de colleitas que restan: ¹⁶se son moitos anos, pagarás máis a compra; se son poucos anos pagarás menos, pois o que vende só che vende o número de colleitas. ¹⁷Non vos defraudedes uns ós outros, temeréde-lo voso Deus. Eu son o Señor, o voso Deus.

¹⁸Cumpriréde-los meus estatutos e gardaréde-los meus mandamentos, e faréde-lo que eu vos ordeno, para que habitedes en paz no voso país. ¹⁹A terra darávo-lo seu froito, para que comades a fartar e para que habitedes nela en paz. ²⁰Se preguntardes: ¿Que comeremos no ano sétimo, se nin podemos sementar, nin recolle-los nosos campos?, ²¹eu heivos manda-las miñas bendicións no ano sexto, e a terra havos dar unha colleita de abondo para tres anos. ²²Cando sementedes no ano oitavo, comeredes da colleita vella ata que veña a nova. ²³Non venderéde-las herdades para sempre, pois a terra é miña, e vós sodes peregrinos e forasteiros onda min. ²⁴A toda a terra da vosa propiedade respectarédeslle o dereito de rescate. ²⁵Se teu irmán se endebeda e se ve precisado de vender un dos seus eidos, o parente máis achegado del poderá rescata-la venda de seu irmán. ²⁶Se un calquera de vós non tivese ningún parente, pero co seu traballo chegase a recadar cartos de abondo para paga-lo rescate, ²⁷descontará os anos transcorridos desde a venda, devolveralle o resto ó comprador e recuperará así a propiedade do seu eido.

25, 2 A terra pertence a Deus, os seus froitos son un don de Deus. Por iso tamén os pobres teñen dereito ó que produce sen sementar. Cando os abonos non son suficientes, a terra precisa un repouso cada certo tempo (Ex **20,** 8).
25, 8 Ó sábado -7° día- e ó ano sabático -7° ano-, corresponde, despois de sete semanas de anos, o ano xubilar. Este ano recibe o nome do "íóbel", corno de carneiro, que se usaba como trompeta para anunciar este acontecemento, que se celebra xa desde o Código da Alianza (Ex **23,** 10-11). Isto supón un retorno ás condicións sinxelas de vida pastoril. O Dt **15,** 1-11 engádelle o perdón das débedas. Os escravos hebreos teñen que ser liberados no sétimo ano da súa servidume, aínda que non sexa ano sabático (Ex **21,** 2; Dt **15,** 12-18).
25,10 O ano do *Xubileo* tivo unha gran importancia para a economía e para a vida social dos hebreos: os escravos recuperaban a súa liberdade e os bens voltaban ós seus donos primeiros. Ninguén se podía facer nin moi rico, nin moi pobre para toda a vida. O Xubileo estivo en vigor antes do desterro de Babilonia. Despois do exilio non temos datos de que se celebrase. O ano sabático, en troques, continuouse celebrando con solemnidade ata a destrucción de Xerusalén no ano 70 d.C., como se deduce de Neh **10,** 31; 1 Mac **6,** 49-53; Flavio Xosefo e Tácito.
25, 14 Esta lei garante a equidade nas vendas e nas compras, e non permite acapara-las terras por parte dalgúns (cf Is **5,** 8; Miq **2,** 2).
25, 21 *Para tres anos:* o ano sabático, o xubilar e o que lle segue, porque aínda non se recollerán as colleitas do sementado despois do Xubileo.
25, 25 *Goel,* o parente máis próximo, que en hebreo ten o deber de rescatar (Núm **35,** 19). Este dereito en favor do que vende por forza, ten por finalidade conserva-la propiedade na mesma familia, e defende-los máis pobres (cf nota a Rut **2,** 20).

²⁸Se, non obstante, non adquire diñeiro abondo para o rescate, a cousa vendida quedará no poder do que a mercou ata o ano xubilar; pero ó chega-lo Xubileo tornará a ser do primeiro dono.

Propiedade das casas

²⁹Cando alguén venda unha casa habitable en cidade amurallada, terá dereito a volve-lo trato atrás durante todo o primeiro ano desde a venda. Nese tempo poderá ser rescatada. ³⁰Se non se rescata durante todo ese ano, esa casa situada dentro da cidade amurallada pertencerá para sempre ó comprador e ós seus herdeiros, e non terá dereito a ser rescatada no Xubileo. ³¹Con todo, as casas de aldeas, que non teñen muros arredor, serán consideradas coma terras: estarán baixo o dereito de rescate, e terán que ser devoltas no Xubileo.
³²As cidades levíticas, nas que teñan os levitas casas en propiedade, conservarán o dereito de rescate a perpetuidade. ³³Se alguén lle compra a un levita a casa que teña dentro de cidade pertencente ós levitas, a compra só será valedeira ata o Xubileo. Ó chega-lo Xubileo, a casa vendida quedará libre, porque as casas das cidades dos levitas son propiedade deles no medio dos fillos de Israel. ³⁴Tampouco poderá ser vendido o terreo de arredor destas casas nestas cidades, porque é propiedade perpetua deles. ³⁵Se un irmán teu se endebeda e non ten con que che pagar, manteralo coma se fose o teu hóspede ou forasteiro, e vivirá contigo. ³⁶Non lle esixirás rendas nin usuras, senón que temera-lo teu Deus e deixarás vivir contigo ó teu irmán. ³⁷Non lle emprestarás cartos a réditos, nin lle dara-la comida por diñeiro. ³⁸Eu son o Señor, o voso Deus, que vos saquei da terra de Exipto e déivo-lo país de Canaán para se-lo voso único Deus.

Liberación dos escravos

³⁹Se tes de veciño algún irmán teu, que por caer na pobreza, ten que se che vender a ti, non lle imporás traballos de escravo: ⁴⁰vivirá na túa casa coma se fose un xornaleiro ou forasteiro, e servirate ata o ano do Xubileo. ⁴¹Entón sairá libre de onda ti, el e mailos seus fillos, tornará á súa familia e recuperará a herdanza de seus pais. ⁴²Pois son servos meus, saqueinos eu de Exipto, e non poderán ser vendidos coma escravos. ⁴³Non o maltratarás, senón que temera-lo teu Deus. ⁴⁴Poderedes adquirir escravos e escravas, que vos sirvan, de entre os pobos de arredor. De entre eles podedes mercar criados e criadas. ⁴⁵Tamén os podedes comprar de entre os fillos dos estranxeiros que moran convosco, e de entre as familias deles, nacidos e medrados na vosa terra, e poderán ser propiedade vosa. ⁴⁶Poderédelos deixar en herdanza ós vosos fillos; pero se son vosos irmáns, non os trataredes con dureza, xa que sodes todos fillos de Israel.

Dereitos dos forasteiros

⁴⁷Se algún forasteiro ou hóspede que tes contigo, chegase a facerse rico onda ti e un irmán teu se endebeda ó seu lado e se ten que vender ó forasteiro ou ó hóspede ou ós descendentes da súa familia, ⁴⁸despois da venda terá dereito a ser rescatado: algún dos seus irmáns poderao rescatar. ⁴⁹Tamén o poderá rescatar un tío seu ou un fillo de seu tío ou algún outro dos parentes da súa familia, ou, se se fai rico, el mesmo se poderá rescatar. ⁵⁰Contará de acordo co seu comprador desde o ano da venda ata o ano do Xubileo: a cantidade de diñeiro que terá que lle dar, será a que lle corresponda segundo o número de anos, coma se se tratase dos días dun xornaleiro. ⁵¹Se aínda lle faltan moitos anos, devolveralle un rescate conforme o prezo no que foi comprado. ⁵²Pero se lle faltan poucos anos ata o ano do Xubileo, botarán contas e devolveralle o rescate que lle toque. ⁵³Tratarao coma a un xornaleiro, ano por ano, sen o maltratar en nada. ⁵⁴Se non se puidese rescatar antes, ó chega-lo Xubileo, quedarán libres tanto el coma os fillos que teña consigo, ⁵⁵porque os fillos de Israel son servos meus, pois fun eu quen os sacou de Exipto. Eu son o Señor, o voso Deus.

Recompensa dos bos costumes

26 ¹Non vos fabricaredes deuses, nin esculturas, nin imaxes, nin levantaredes estatuas de pedra. Na vosa terra non as levantaredes para as adorar, pois eu son o Se-

---

25, 32 Só os levitas poden adquirir propiedades nas cidades levíticas, para asegura-lo carácter sagrado das mesmas. Se un que non é levita compra algo dos levitas, no Xubileo terá que devolvérllelo.
25, 39 As leis do Código da Alianza (Ex 21, 2-11) eran moito máis duras, aínda que a obriga duraba só sete anos. Aquí, en troques, prolóngase ata o Xubileo, pero sen lle "impoñer traballos de escravo".
25, 46 Contén o estatuto ordinario do escravo na antigüidade en tódolos pobos. En Israel é máis humanitario o trato.
26, 1 A tentación máis corrente para os israelitas era dar culto ós deuses do país, deuses da fertilidade, do gando e da terra.

ñor, o voso Deus. ²Gardaréde-los sábados e terédeslle moito respecto ó meu santuario. Eu son o Señor. ³Se camiñades conforme os meus mandatos e gardáde-las miñas ordes e as cumprides, ⁴heivos manda-las chuvias no seu tempo, a terra havos de da-las súas colleitas e as árbores do campo os seus froitos. ⁵As mallas durarán ata a vendima, e a vendima xuntarase coa sementeira: comeredes a fartar e viviredes en seguranza na vosa terra. ⁶Eu porei paz no voso país, durmiredes sen medo e arredarei de onda vós toda caste de terror. Afastarei da vosa terra toda fera nociva e non pasará a espada polo voso país. ⁷Perseguiréde-los vosos inimigos, que caerán a fío da espada diante de vós. ⁸Cinco de vós perseguirán a cen, e cen de vós farán fuxir a milleiros, e os vosos inimigos caerán a fio da espada diante de vós. ⁹Volverei os meus ollos cara a vós, fareivos prosperar e inzar, e confirmarei a miña alianza convosco. ¹⁰Habedes comer da vella colleita ben madura, e aínda teredes que desbota-la vella para garda-la nova. ¹¹Porei a miña moradía no medio das vosas e non me alporizarei máis convosco. ¹²Andarei entre vós, serei o voso Deus e vós seréde-lo meu pobo. ¹³Eu son o Señor, o voso Deus, que vos saquei do país de Exipto, para vos liberar da escravitude, rompendo as cordas do voso xugo, e fixenvos camiñar coa fronte ergueita.

Ameazas e castigos dos transgresores

¹⁴Se non me escoitades e non cumprides todos estes meus mandatos, ¹⁵se non facedes caso dos meus estatutos e detestáde-los meus preceptos non os cumprindo e faltando á alianza que me xurastes, ¹⁶eu farei o mesmo convosco tamén e mandarei contra vós o espanto, a febre e a peste, que ensumirá os vosos ollos, e doenzas que vos acabarán coa vida. Faredes en balde a vosa sementeira, pois os vosos inimigos comerán os froitos. ¹⁷Porei o meu rostro contra vós e caeredes diante dos vosos inimigos; dominaránvo-los que vos odian e fuxiredes sen que ninguén vos persiga. ¹⁸Se aínda despois de todo isto non me escoitades, engadirei sete veces máis para vos corrixir dos vosos pecados. ¹⁹Humillarei o voso orgullo testán e farei que o ceo se vos converta en ferro, e a vosa terra en bronce. ²⁰Serán vans tódolos vosos esforzos, a terra non vos dará colleita e as árbores non vos darán o seu froito. ²¹E se me seguides facendo a contra e non me queredes escoitar, engadirei a todo isto sete veces máis para vos corrixir dos vosos pecados. ²²Mandarei contra vós as feras do campo, que vos han deixar orfos, mataránvo-lo gando deixándoo decimado, e quedarán ermos os vosos camiños. ²³E se aínda con estas cousas non escarmentades e me seguides resistindo, ²⁴tamén eu me hei pór contra vós e vos hei castigar sete veces máis por causa dos vosos pecados. ²⁵Farei vir contra vós unha espada vingadora da miña alianza. Teimaredes por vos refuxiar nas vosas cidades, pero heivos mandar unha peste e caeredes nas mans dos vosos inimigos; ²⁶e cando eu esnaquice a medida do pan, dez mulleres cocerán o voso pan nun só forno, e daránvo-lo taxado e comeredes, pero non vos fartaredes. ²⁷E se aínda con isto non me escoitades e seguides levándome a contra coa vosa conducta, ²⁸heivos tratar con moita máis ira e heivos castigar sete veces máis polos vosos pecados. ²⁹Chegaredes a ter que come-la carne de vosos propios fillos, alimentarvos coa carne de vosas fillas. ³⁰Derrubarei os vosos altares e esnaquizarei as imaxes dos vosos ídolos; porei enriba dos anacos os vosos cadáveres e terei noxo de vós. ³¹Farei que as vosas cidades queden ermas e destruirei os vosos santuarios e non aspirarei o recendo dos vosos holocaustos. ³²Asolarei o voso país e mesmo os vosos inimigos, cando entren a ocupalo, ficarán abraiados ó veren o estado en que quedou. ³³Dispersareivos por entre os pobos e farei que vos persiga a espada. A vosa terra quedará erma e as vosas vilas abandonadas. ³⁴Entón a vosa terra desquitarase dos seus sábados, durante o tempo todo da devastación, namentres vós teredes que morar na terra dos vosos inimigos: ³⁵entón a terra repousará e desquitarase por tódalas veces que non a deixastes repousar, cando non gardáste-los sábados mentres morastes nela. ³⁶Ós que sobrevivan de vós, fareinos tan medoñentos no país dos seus inimigos onde moraren, que fuxirán co ruído dunha folla, correndo coma quen escapa da espada, e caerán sen que ninguén vaia

---

26, 4 Non dispondo de ríos na Palestina para rega-los campos, soamente coas chuvias temperás e serodias se pode mante-la fertilidade e o benestar de persoas e facendas, e non haberá fame no país.
26, 6 Nunha situación campesiña as feras eran unha fonte de terror e perigo para as vidas das persoas e dos rabaños.

26, 26 O quinto castigo é "esnaquiza-la medida do pan". O que mantén de pé a vida do pobo é o pan. Esta idea atopámola no Sal **105**, 16 e en Ez **4**, 16; **5**, 16; **14**, 13.
26, 31 Moitos manuscritos poñen en singular "o voso santuario", seguindo a mentalidade do Dt.

tras eles. ³⁷Tropezarán uns cos outros, coma se fuxisen da espada, sen que os persiga ninguén, e non haberá quen vos levante de diante dos vosos inimigos. ³⁸Pereceredes entre os xentís e comerávo-la terra dos vosos inimigos.

Perspectivas de reconciliación

³⁹Os que sobrevivan de entre vós podrecerán en terra inimiga por causa dos seus pecados e polos pecados dos seus devanceiros. ⁴⁰Terán que confesa-lo seu erro e o erro de seus pais, polas ofensas que me fixeron e pola obstinación con que me levaron a contra. ⁴¹Por iso tamén eu tiven que me comportar con eles, opóndome e desterrándoos a un país inimigo. Entón humillarase o seu corazón incircunciso e expiarán a súa culpa. ⁴²Recordarei a miña alianza con Xacob, con Isaac e con Abraham, e lembrareime tamén da terra. ⁴³Pero antes a terra estará abandonada deles e desquitarase dos seus sábados, cando a teñan que deixar erma. Así expiarán eles as súas culpas, porque desprezaron os meus mandatos e non fixeron caso dos meus decretos. ⁴⁴Así e todo, mesmo cando estean eles en país inimigo, non os rexeitarei, nin terei noxo deles para os facer desaparecer, rompendo a miña alianza con eles, porque eu son o Señor, o seu Deus. ⁴⁵En favor deles hei recorda-la miña primeira alianza, cando os saquei do país de Exipto á vista das nacións para se-lo seu Deus. Eu son o Señor".

⁴⁶Estes son os decretos, mandamentos e preceptos, que o Señor estableceu entre el e os fillos de Israel no monte Sinaí por medio de Moisés.

Votos e tributos

27 ¹Faloulle o Señor a Moisés: ²—"Dilles ós fillos de Israel: Cando alguén queira cambiar un voto que fixo, consagrando unha persoa ó Señor, poderao rescatar conforme o seu valor. ³A valoración será a seguinte: se o voto é por un varón que ten entre vinte e sesenta anos de idade, o prezo será de cincuenta siclos de prata dos do santuario; ⁴se é por unha muller da mesma idade, o prezo será de trinta siclos. ⁵Se o varón ten entre cinco e vinte anos, o valor será de vinte siclos; se é muller, será de dez siclos. ⁶Se é un neno dun mes a cinco anos, o valor será de cinco siclos de prata, se é home; e de tres siclos de prata, se é muller. ⁷Se a persoa consagrada ten de sesenta anos para arriba, o valor será de quince siclos, se é home; e de dez, se é muller. ⁸Se o que fixo o voto fose pobre e non pode paga-lo valor taxado, preséntese ó sacerdote, que o valorará conforme as súas posibilidades.

⁹Se o voto que se fixo foi dunha res, todo canto se lle ofreza ó Señor do animal será sagrado: ¹⁰non poderá ser cambiado nin trocado por outro, nin mellor nin peor. Se alguén troca un animal por outro, ámbolos dous serán sagrados, tanto o trocado coma o outro. ¹¹Se o animal ofrecido ó Señor fose impuro e non servise para ser inmolado como sacrificio, será presentado ó sacerdote, ¹²que o taxará coma bo ou malo: o seu prezo será o que lle taxe o sacerdote. ¹³Se o que o ofreceu en voto o quere rescatar, dará por el un quinto máis do prezo taxado.

¹⁴Se alguén fai ofrenda da súa casa ó Señor, o sacerdote fixará o seu valor, moito ou pouco. O valor que lle poña, será considerado xusto. ¹⁵Se o que a ofreceu a quere rescatar, pagará por ela un quinto máis do prezo taxado, e será del. ¹⁶Se alguén fai ofrenda ó Señor dalgunha herdade do seu patrimonio, será valorada segundo os ferrados de semente: cincuenta siclos de prata por cada ferrado de semente de cebada. ¹⁷Se ofreceu a herdade no ano do Xubileo, dará o prezo total; ¹⁸se foi despois do Xubileo, o sacerdote contará os anos que faltan ata o Xubileo seguinte e descontará do valor taxado o que corresponda ós anos pasados. ¹⁹Se o que a ofreceu a quere rescatar, pagará un quinto máis do prezo taxado en siclos de prata, e será del. ²⁰Se o que ofrece a herdade non a rescata e se se vende a outro, non terá dereito a rescatala máis; ²¹pero cando chegue o Xubileo, que-

---

26, 41 Os castigos divinos pretenden primordialmente a conversión dos pecadores. Despois de o conseguiren, o Señor tórnase de novo compasivo e misericordioso.

27, 2 Trátase de persoas ofrecidas en voto, costume cananeo que entrou, aínda que en proporción mínima, en Israel: Iefté (Xuí **11,** 30ss), no caso da nai de Sansón, que o ofrece en voto como "nazir" (**13,** 3ss) e no caso de Ana, a nai de Samuel (1 Sam **1,** 11). Cando o voto se facía pola vida da persoa, tíñase que rescatar por unha suma de prata, que estaba fixada pola lei e que había que entregar no santuario.

27, 9 Se se ofrecía un animal, non se podía rescatar por diñeiro, nin cambialo por outro, se era dos que se lle poden ofrecer a Iavé. Caso contrario, había que avalialo en diñeiro do santuario.

27, 16 *De semente:* do gran sementado, non recollido.

dará libre e será considerada como sagrada para o Señor, como se fose un eido con interdicto, e pasará a ser propiedade do sacerdote.

²²Se o eido consagrado ó Señor fose comprado, non herdado, ²³o sacerdote taxará o seu valor conforme o número de anos ata o Xubileo, e, pasado ese prezo, nese mesmo día será sagrado para o Señor. ²⁴No ano do Xubileo o eido volverá ó dominio do primeiro que o vendera, porque era parte da súa herdanza. ²⁵Toda valoración se fará conforme o valor do siclo do santuario, cada siclo vale vinte óbolos.

Os primoxénitos

²⁶A primeira cría do gando, que por ser primoxénito pertence ó Señor, non poderá ser ofrecida como voto, será xa do Señor, sexa tenreiro, sexa de gando miúdo. ²⁷Se fose animal impuro, poderase rescatar polo prezo avaliado, engadíndolle un quinto; pero se non se rescata, venderase polo prezo taxado.

O anatema

²⁸Calquera ofrenda en anatema que alguén lle fai ó Señor de todo canto lle pertence, persoa, animal ou terra, non se poderá vender nin rescatar: será totalmente consagrada ó Señor. ²⁹Nin sequera un ser humano, que foi ofrecido en anatema ó Señor, poderá ser rescatado: terá que morrer.

Os décimos

³⁰O décimo enteiro, tanto da terra coma da semente da terra ou do froito das árbores, será do Señor: é cousa sagrada para Iavé. ³¹Se alguén quere rescata-lo seu décimo, pagará un quinto máis do prezo avaliado. ³²Todo décimo de gando grande ou pequeno, é dicir, cada décima cabeza que pase por debaixo do caxato, será consagrado ó Señor. ³³Non se collerá entre bo ou malo, nin se poderá trocar. Se alguén o cambiase, tanto o animal trocado coma o outro serán sagrados, non se poderán rescatar". ³⁴Estes son os mandamentos, que o Señor lle ordenou a Moisés para os fillos de Israel no monte Sinaí.

27, 29 A ofrenda en anatema era a máis grave que se podía facer e non admitía nin rescate, nin substitución: habíaa que destruír, aínda que fose un ser humano. No mundo da Biblia casos destes déronse poucos, en comparación cos outros pobos antigos.

INTRODUCCIÓN Ó LIBRO DOS NÚMEROS

A versión grega alexandrina chámalle ó cuarto libro do Pentateuco **Números** a causa dos "censos" que se contan nos capítulos **1-4**. Ademais diso este libro conta diversos acontecementos dos que xa se falou no Éxodo e contén repetidas moitas das leis do Levítico. Mestura a narración da marcha de Israel polo deserto coas súas tribulacións de fame e sede, protestas, murmuracións e revoltas, con leis, poemas e oráculos, coma os de Balaam **(22-24)**.
Este defecto de orde queda compensado dalgunha maneira pola xeografía do itinerario, que se fixa fundamentalmente en tres lugares: Sinaí **(1-10)**; Deserto de Cadex **(10-21)**; e nas Chairas de Moab **(22-36)**.
Durante os corenta hipotéticos anos de vida no deserto, o pobo foi sometido a duras probas, nas que sentiu a tentación de voltar a Exipto, desconfiando do poder de Deus e da lexitimidade da misión de Moisés, que tivo que facer uso, máis dunha vez, da súa autoridade castigando con severidade ós rebeldes.
Algúns dos feitos descritos no libro, coma o da serpente de bronce **(21**, 4-9); a sedición de Coré, Datán e Abiram **(16)**; a auga nacida no penedo **(20**, 8ss); os vaticinios de Balaam **(22-24)** e outros foron recoñecidos como tipos ou figuras do Novo Testamento (Xn **3**, 14-15; 1 Cor **10**, 1-11; Heb **3**, 12-19).
Aínda que a redacción definitiva do libro se fixo despois do exilio, contén moito material antigo, que se romonta ó tempo de Moisés. En máis ou menos cantidade atopamos en **Números** material procedente de tódalas tradicións do Pentateuco. Como é lóxico, abunda máis a Sacerdotal, que desde **1**, 1 ata **10**, 28 non foi interrompida con ningunha outra e contén diversas disposicións acerca da organización das tribos, con listas, xenealoxías e novas prescricións complementarias, que nos fan pensar nos tempos da restauración da comunidade teocrática despois do exilio, que busca as súas raíces ó pé do Sinaí.

NÚMEROS

I. ÚLTIMAS DISPOSICIÓNS ANTES DE PARTIR DO SINAÍ

Censo das tribos de Israel

1 ¹No deserto do Sinaí, na Tenda do Encontro, no primeiro día do segundo mes, no segundo ano despois da saída do país de Exipto, díxolle o Señor a Moisés: ²—"Facede o censo xeral de tódolos israelitas, por familias e por casas patriarcais, escribindo o nome de cada un dos varóns, ³dos vinte anos para arriba, capaces de manexa-las armas en Israel. Alistádeos para os respectivos exércitos, ti e Aharón. ⁴Teredes presentes convosco un home de cada tribo, o xefe de cada familia patriarcal.

⁵Os nomes dos homes que estarán convosco serán estes:

De Rubén, Elisur, fillo de Xedeur.
⁶De Simeón, Xelumiel, fillo de Surixadai.
⁷De Xudá, Nahxón, fillo de Aminadab.
⁸De Isacar, Natanael, fillo de Suar.
⁹De Zebulón, Eliab, fillo de Helón.
¹⁰Dos fillos de Xosé: por Efraím, Elixamá, fillo de Ammihud; por Menaxés, Gamaliel, fillo de Pedahsur.
¹¹De Benxamín, Abidán, fillo de Guideón.
¹²De Dan, Ahiezer, fillo de Amixadai.
¹³De Axer, Paguiel, fillo de Ocrán.
¹⁴De Gad, Eliasaf, fillo de Deuel.
¹⁵De Naftalí, Ahira, fillo de Enán.

¹⁶Estes son os escollidos como cabezas das respectivas familias patriarcais; son xefes de milleiros en Israel". ¹⁷Moisés e Aharón rexistraron a todos estes homes chamados polo seu nome, ¹⁸e mandaron xuntar a toda a comunidade no primeiro día do mes segundo. Fixeron o seu censo por familias e por casas patriarcais, rexistrando o nome de cada varón de máis de vinte anos, xunto co seu xefe correspondente, ¹⁹conforme o tiña mandado Iavé a Moisés. Fixo o censo no deserto do Sinaí.

²⁰Dos descendentes de Rubén, primoxénito de Israel, contados por familias e por casas patriarcais, rexistraron os nomes dos varóns de máis de vinte anos, tódolos que podían ir á guerra: ²¹total 46.500 da tribo de Rubén.

²²Dos descendentes de Simeón, feito o reconto da súa tribo por familias e por casas patriarcais, chamados polo nome xunto co seu xefe, tódolos varóns, que podían ir á guerra, de vinte anos para arriba: ²³foron 59.300 da tribo de Simeón.

²⁴Dos descendentes de Gad, feito o reconto da súa tribo por familias e casas patriarcais, chamados polo seu nome, os que podían ir á guerra de máis de vinte anos para arriba: ²⁵contáronse 45.650 da tribo de Gad.

²⁶Dos descendentes de Xudá por familias e por casas patriarcais, o número dos nomes dos varóns de vinte anos para arriba, tódolos que podían ir á guerra: ²⁷contaron 74.600 da tribo de Xudá.

²⁸Dos descendentes de Isacar, por familias e casas patriarcais, chamados polo nome do seu xefe, os varóns de vinte anos para arriba, tódolos que podían ir á guerra: ²⁹foron contados 54.400 da tribo de Isacar.

³⁰Dos descendentes de Zebulón, por familias e casas patriarcais, o número dos nomes dos varóns, de vinte anos para arriba, tódolos que podían ir á guerra: ³¹o total foi de 57.400 da tribo de Zebulón.

³²Dos descendentes de Xosé, os fillos de Efraím por familias e casas patriarcais, chamados polo nome dos varóns de vinte anos para arriba, tódolos que podían ir á guerra: ³³feito o reconto, deu un total de 40.500 da tribo de Efraím.

³⁴Dos fillos de Menaxés, por familias e casas patriarcais, chamados polo nome, os varóns de vinte anos para arriba, tódolos que podían ir á guerra: ³⁵feito o reconto da tribo de Menaxés, deu un total de 32.200.

³⁶Dos descendentes de Benxamín, por familias e casas patriarcais, chamados polo nome os varóns de vinte anos para arriba,

---

1, 1 *Tenda do Encontro,* así chamada porque era alí onde se reunían os israelitas para solventa-los preitos e demais asuntos comúns diante do tabernáculo, que se consideraba como morada de Deus e onde celebraban as asembleas relixiosas.

1, 2 O recensamento, prescrito por Deus en contraste con 2 Sam **24,** 1ss, por familias e casas patriarcais en que se dividen as tribos, tiña importancia xurídica, xa que as terras estaban repartidas segundo os nomes dos epónimos respectivos.

1, 3 A verba "élef" significa "milleiro", pero aquí ten un senso militar máis ben ca numérico. Por iso pode traducirse por batallóns, lexións ou escuadróns, que dificilmente pasarán de cen. Isto faría rebaixar considerablemente a suma do v 46, que sen dúbida é excesiva, pois daría unha poboación total duns dous millóns e medio, que sería imposible conducir polo deserto.

tódolos que podían ir á guerra: ³⁷o reconto deu un total de 35.400 da tribo de Benxamín.

³⁸Dos descendentes de Dan, por familias e casas patriarcais, chamados polo nome os varóns de vinte anos para arriba, tódolos que podían ir á guerra: ³⁹feito o reconto, deu un total de 62.700 da tribo de Dan.

⁴⁰Dos descendentes de Axer, por familias e casas patriarcais, chamados polo nome os varóns de máis de vinte anos para arriba, tódolos que podían ir á guerra; ⁴¹feito o reconto, deu un total de 41.500 da tribo de Axer.

⁴²Dos descendentes de Naftalí, por familias e casas patriarcais, chamados polo nome os varóns de vinte anos para arriba, tódolos que podían ir á guerra: ⁴³feito o reconto, deu un total de 53.400 da tribo de Naftalí.

⁴⁴Estes son os que foron censados por Moisés e Aharón e polos xefes dos israelitas: doce homes, un por cada tribo, representando a súa casa patriarcal. ⁴⁵O total dos contados dos fillos de Israel por casas patriarcais, varóns de vinte anos para arriba, os que podían ir á guerra en Israel, ⁴⁶por xunto tódolos censados son 603.550 homes.

Funcións propias dos levitas

⁴⁷Os levitas, con todo, non foron rexistrados entre os alistados para a guerra, segundo as casas patriarcais da súa tribo. ⁴⁸O Señor dixéralle a Moisés: ⁴⁹—"Non debes alistar ós da tribo de Leví, nin ós seus cabezas de familia entre os fillos de Israel. ⁵⁰Débeslles confiar a eles o coidado da Morada do Testemuño e de tódolos seus vasos sagrados e de canto pertence ás cerimonias. Soamente eles os poderán transportar e soamente eles os poderán manexar e meter na Tenda da Alianza. Acamparán arredor do tabernáculo. ⁵¹Cando o tabernáculo teña que ser transportado, só eles poderán desarmalo, e cando teñan que erguelo, serán os levitas quen o farán; calquera estraño que se achegue para tocalo, será castigado coa morte. ⁵²Os fillos de Israel erguerán as súas tendas, cada un no propio campamento, onda a correspondente bandeira. ⁵³Pero os levitas acamparán arredor do Tabernáculo do Testemuño, de tal xeito que os fillos de Israel non caian no castigo de Deus. Soamente a eles lles corresponde garda-lo Tabernáculo do Testemuño".

⁵⁴Os fillos de Israel cumpriron todas estas cousas, facéndoas conforme lle tiña ordenado o Señor a Moisés.

Orde das tribos nos campamentos

2 ¹Díxolle o Señor a Moisés: ²—"Que cada un acampe baixo a súa insignia e estandarte propio da súa familia patriarcal, arredor da Tenda da Alianza.

³Os acampados pola parte do oriente, baixo o seu estandarte de guerra no campamento, serán os soldados de Xudá, que levan á fronte do seu batallón a Nahxón, fillo de Aminadab. ⁴O seu número total é de 74.600. ⁵Acamparán ó seu lado os da tribo de Isacar, levando á súa cabeza a Natanael, fillo de Suar. ⁶Os soldados alistados son 54.400. ⁷Logo a tribo de Zebulón. O xefe dos seus soldados é Eliab, fillo de Helón. ⁸Todo o corpo dos seus homes de guerra alistados son 57.400. ⁹O total dos censados da tribo de Xudá, no campamento, 186.400 homes de guerra. Serán os primeiros en saír.

¹⁰Para a parte do mediodía poranse as insignias da tribo de Rubén en orde de batalla. O xefe dos soldados de Rubén é Elisur, fillo de Xedeur; ¹¹o número de soldados é de 46.500. ¹²Ó seu lado acamparán os da tribo de Simeón, levando por xefe a Xelumiel, fillo de Surixadai. ¹³O exército dos alistados suma 59.300. ¹⁴Logo a tribo de Gad con Eliasaf, fillo de Deuel, por xefe. ¹⁵Contado todo o seu exército, foron 45.650. ¹⁶O total dos alistados no campamento de Rubén foi de 151.450, que saíron os segundos por escuadróns.

¹⁷Despois irá a Tenda da Alianza do campamento, levada polos levitas, no medio dos batallóns, tal e como estaban acampados. Así camiñarán, cada un baixo as súas insignias, levadas en alto nas mans.

¹⁸A insignia do batallón de Efraím situarase no campamento pola parte do occidente, levando por xefe a Elixamá, fillo de Amihud. ¹⁹Os censados dos descendentes de Efraím foron 40.500. ²⁰Á beira deses acampa a tribo de Menaxés, levando por xefe a Gamaliel, fillo de Pedahsur. ²¹Compoñen o batallón 32.200 censados. ²²A tribo de Benxamín, con Abidán, fillo de Guideón, por xefe dos seus homes, ²³conta no seu batallón 35.400 censados. ²⁴O total dos censados no

---

1,50 *Morada do Testemuño,* porque dentro se gardaba a arca coas táboas da Lei = O Testemuño.
2,3 Ten o primeiro posto a tribo de Xudá, pola primacía que lle corresponde na época da monarquía davídica e despois do desterro de Babilonia.

2, 17 No centro dos batallóns das outras tribos sitúase ós levitas, que terán sempre o protagonismo do goberno nos tempos da hierocracia. A distribución é simétrica e colocación do Templo no medio das tribos en Palestina (cf Ez **48,**1-29).

batallón de Efraím é 108.100 homes por escuadróns, e sairán os terceiros.

²⁵Por xefe do batallón dos fillos de Dan, irá Ahiézer, fillo de Amixadai, que erguerá a súa insignia polo norte. ²⁶O número de homes censados é de 62.700. ²⁷Ó seu lado acampa a tribo de Axer, levando por xefe a Paguiel, fillo de Ocrán. ²⁸O número dos censados é de 41.500. ²⁹Vai logo a tribo de Naftalí, que leva por xefe a Ahirá, fillo de Enán. ³⁰E conta con 53.400 censados. ³¹O total do batallón de Dan suma 157.600, e sairán os derradeiros, seguindo as súas insignias".

³²Feitas as listas dos israelitas por casas patriarcais, tódolos censados nos campamentos por escuadróns, dan por xunto 603.550 homes. ³³Os levitas non foron censados cos demais israelitas, porque así llo mandara o Señor a Moisés. ³⁴E facían os israelitas canto lle mandara o Señor a Moisés, sexa cando acampaban arredor da súa insignia, sexa cando se puñan en camiño, cada un coa súa familia e casa patriarcal.

Número e funcións dos levitas

3 ¹Estes son os descendentes de Moisés e Aharón, no día en que lle falou o Señor a Moisés no monte Sinaí. ²E os nomes dos fillos de Aharón son: Nadab, o seu primoxénito, Abihú, Elazar e Itamar. ³Estes son os nomes dos fillos de Aharón, consagrados e unxidos, para exerceren o sacerdocio con plenitude de poderes. ⁴Mortos Nadab e Abihú na presencia do Señor, por prenderen un lume profano diante del no deserto do Sinaí, e non deixando fillos, quedaron só Elazar e Itamar para exerce-lo sacerdocio baixo a autoridade do seu pai Aharón.

⁵Díxolle o Señor a Moisés: 6—"Manda viren os da tribo de Leví á presencia de Aharón, para que o axuden no seu servicio. ⁷Encargaranse de facer tódalas gardas que lles correspondan a el e á comunidade reunida na Tenda do Testemuño e farán así tódolos servicios do tabernáculo. ⁸Coidarán tódolos ornamentos e demais obxectos da Tenda da Alianza e procurarán todo canto lles cumpra ós israelitas reunidos no tabernáculo. ⁹Pora-los levitas baixo as ordes de Aharón e de seus fillos, e serán como unha oblación perfecta de entre os fillos de Israel para o seu servicio. ¹⁰Para Aharón e seus fillos farás un estatuto das funcións que eles poderán desempeñar no exercicio do seu sacerdocio; calquera estraño que lles queira usurpar será castigado coa morte".

¹¹Díxolle o Señor a Moisés: 12—"Velaí que eu escollín de entre os fillos de Israel os levitas no lugar de tódolos primoxénitos, de tódolos que abren o seo materno, entre os fillos de Israel. Os levitas serán da miña pertenza, ¹³porque todo primoxénito é meu, desde o día en que ferín a tódolos primoxénitos na terra de Exipto e consagrei para min todo primoxénito de Israel, tanto dos homes como dos animais. Serán meus. Eu son o Señor".

¹⁴Díxolle o Señor a Moisés no deserto do Sinaí: 15—"Alista a tódolos fillos de Leví por casas patriarcais e por familias, a tódolos varóns desde un mes para arriba". ¹⁶Moisés fixo o censo conforme a palabra do Señor, tal como lle ordenara facer. ¹⁷Estes son os fillos de Leví polo seu nome: Guerxón, Quehat e Merarí. ¹⁸E estes outros son os nomes dos fillos de Guerxón, segundo as súas familias: Libní e Ximí. ¹⁹E os fillos de Quehat, conforme as súas familias: Amrán, Ishar, Hebrón e Uziel. ²⁰Os fillos de Merarí conforme as súas familias: Mahlí e Muxí. Estas son as familias de Leví polas súas casas patriarcais.

²¹De Guerxón naceu a familia de Libní e a de Ximí, ámbolos dous son os guerxonitas. ²²Anotados por número tódolos varóns dun mes para arriba, deu un total de 7.500. ²³As familias dos guerxonitas acampaban detrás do Tabernáculo pola banda do solpor. ²⁴O xefe da casa dos guerxonitas era Eliasaf, fillo de Lael. ²⁵Ó coidado dos fillos de Guerxón, tanto na Tenda do Encontro coma no Tabernáculo, estaba a tenda mesma, a súa cuberta e a cortina de entrada na Tenda do Encontro, ²⁶as cortinas do adro, a cortina da entrada do mesmo, que se pón por enriba e ó redor do altar, e as cordas e tódolos demais utensilios.

²⁷De Quehat descenden as familias de Amraní, de Ishari, de Hebrón e de Uziel: todos eles son a familia de Quehat. ²⁸Os nomes de tódolos varóns de máis de un mes para arriba suman un total de 8.600, todos eles en-

---

3,4 Ver Lev 10, 1-3.
3, 12s *Os primoxénitos* todos de cada unha das tribos tiñan que ser consagrados ó servicio do culto. Ademais de ser un número excesivo, resultaría moi difícil o ensino e educación oportuna: por iso son substituídos polos fillos varóns da tribo de Leví, servindo de "rescate" por todos (ver v 41).
3, 15 Manda alistalos ó mes de nacer e non ós vinte anos, porque quedan adicados a Iavé, como "rescate" dos primoxénitos das outras tribos, e non só adicados a un servicio (ver Ex 13, 2-3; Lev 27, 26).

cargados da custodia do santuario. ²⁹As familias dos descendentes de Quehat acampaban a carón do tabernáculo polo mediodía. ³⁰O xefe dos quehatitas era Elisafán, fillo de Uziel. ³¹Tiñan ó seu cargo o coidado da Arca, da mesa, do candelabro, dos altares e demais utensilios sagrados do culto, da cortina e de todo o que se precisa no seu servicio. ³²O xefe supremo dos levitas era Elazar, fillo do sacerdote Aharón, a quen tiñan que obedecer tódolos encargados do coidado do santuario.
³³De Merarí descenden as familias de Mahlí e de Muxí: estas son as familias meratitas. ³⁴Censados tódolos varóns de máis dun mes para arriba, fixeron un total de 6.200. ³⁵O cabeza da casa patriarcal de Merarí era Suriel, fillo de Abihail, e tiñan que acampar polo costado norte do Santuario. ³⁶Ó cargo dos fillos de Merarí estaba coida-las táboas do Tabernáculo, as trabes, as columnas coas súas bases e tódolos demais utensilios precisos para o seu servicio; ³⁷e tamén as columnas que están ó redor do adro, coas súas bases, cravos e cordas. ³⁸Os que acamparan diante do Tabernáculo, diante da Tenda do Encontro, polo abrente, son Moisés, Aharón, os seus fillos e os encargados dos turnos da garda do santuario dos fillos de Israel; calquera estraño que se achegue, será condenado a morte. ³⁹O número de tódolos levitas anotados por Moisés e Aharón, conforme a palabra do Señor, segundo a súa familia, tódolos varóns de máis dun mes, sumaron un total de 22.000.

Os levitas substitúen ós primoxénitos

⁴⁰Díxolle o Señor a Moisés: —"Anota a tódolos primoxénitos varóns dos fillos de Israel, dun mes para arriba, e fai unha lista de tódolos seus nomes. ⁴¹Collerás para min — ¡Eu son o Señor!— tódolos levitas no canto dos primoxénitos dos israelitas, e os animais dos levitas no canto de tódolos primoxénitos dos animais dos israelitas". ⁴²Moisés anotou, como lle mandara facer o Señor, a tódolos primoxénitos dos fillos de Israel. ⁴³Contados tódolos nomes dos varóns primoxénitos dun mes para arriba, deu un total de 22.273.
⁴⁴O Señor díxolle de novo a Moisés:
⁴⁵—"Colle os levitas no canto de tódolos primoxénitos dos fillos de Israel, e os animais dos levitas no canto dos animais dos israelitas: serán todos para min. ¡Eu son o Señor! ⁴⁶Como prezo do rescate polos douscentos setenta e tres primoxénitos dos israelitas que exceden do número dos levitas, ⁴⁷recibirás, por cada un, cinco siclos, do valor dos siclos de santuario, de vinte óbolos cada siclo. ⁴⁸Entregara-lo diñeiro a Aharón e a seus fillos, é o prezo do rescate polos que exceden do seu número". ⁴⁹Colleu Moisés o diñeiro do rescate polos que excedían do número dos rescatados polos levitas. ⁵⁰Polos primoxénitos dos fillos de Israel, colleu en diñeiro 1.375 siclos, dos do santuario. ⁵¹E Moisés déulle-lo diñeiro do rescate a Aharón e a seus fillos, tal como llo mandara o Señor.

Funcións dos levitas

4 ¹Díxolles o Señor a Moisés e Aharón: ²—"Fai o censo dos descendentes de Quehat, entre os fillos de Leví, por familias, segundo as súas casas patriarcais; ³desde trinta anos para arriba ata a idade de cincuenta anos, todos cantos poidan ir á guerra, e que se encarguen do servicio litúrxico na Tenda do Encontro.
⁴Estes serán os servicios dos fillos de Quehat na Tenda do Encontro: as tarefas máis sagradas. ⁵Cando se teña que cambia-lo campamento, virán Aharón e seus fillos e farán baixa-la cortina de protección e taparán con ela a Arca da Alianza. ⁶E poranlle enriba a cuberta de pel de teixugo e estenderán por riba un pano todo de púrpura violeta e logo colocarán os varais. ⁷Cubrirán a mesa da proposición cun pano de púrpura violeta e pousarán por riba as fontes, os pratos, as tazas e as copas de libacións; e o pan perpetuo. ⁸Estenderán por riba de todo isto un pano escarlata, que cubrirán cunha cuberta de pel de teixugo, e colocaranlle os varais de transporte. ⁹Entón collerán o pano de púrpura violeta e envolverán o candelabro do alumado e as súas lámpadas, as súas tenaces e pinzas e tódolos demais vasos de aceite, dos que se usan no servicio do candelabro. ¹⁰Envolverán todo nun coiro fino e pousarano sobre os varais. ¹¹Enriba do altar de ouro estenderán un pano de púrpura violeta e taparano cunha pel de teixugo e colocarano nos varais. ¹²Collerán tódolos utensilios que se usan no servicio do santuario, colocaranos no pano de púrpura violeta, taparanos coa pel de teixugo e colocaranos sobre os

---

4, 1 Repítense algunhas leis do capítulo anterior, adaptadas sen dúbida a situacións máis serodias.
4, 3 Entran no servicio ós trinta anos. Cinco máis cós outros. Quizais se deba ó traballo máis duro de transporta-los obxectos pesados da Tenda. Cando residan en Xerusalén, rebaixarán a vinte anos (1 Cro **23,** 24-26).

varais. ¹³Limparán as cinsas do altar e estenderán enriba o pano de púrpura. ¹⁴Sobre el porán tódolos utensilios usados no servicio: os braseiros, as tenaces, e os tridentes, os garfos e as pás, e tódolos outros utensilios do altar, e estenderán enriba unha pel de teixugo e colocaranlle os varais. ¹⁵Cando Aharón e os seus fillos dean envolto tódolos obxectos do santuario con tódolos seus utensilios sagrados, para pór en marcha o campamento, virán os fillos de Quehat para levalo, pero non poderán tocar nada sagrado, pois morrerían. Este é o cargo que teñen os fillos de Quehat, referente á Tenda do Encontro. ¹⁶Ó cargo de Elazar, fillo de Aharón, sacerdote, estará o aceite para alumar, o incenso para o recendo da ofrenda perpetua, o óleo da unción; o coidado de todo o Tabernáculo e de tódalas cousas que hai nel, tanto o tocante ó santuario coma ós seus utensilios".

¹⁷Díxolles o Señor a Moisés e Aharón: ¹⁸—"Non deixedes desaparece-las familias de Quehat do medio dos demais levitas. ¹⁹Para que vivan e non morran, habedes proceder con eles deste xeito: cando teñan que se achegar ás cousas sagradas do santuario, Aharón e seus fillos entrarán e sinalaranlles cadanseu servicio e cargo. ²⁰Non entren eles para ve-las cousas sagradas, nin sequera cando as están tapando, porque morrerían".

Os fillos de Guerxón

²¹Díxolle o Señor a Moisés: ²²—"Fai tamén o censo dos fillos de Guerxón por familias e casas patriarcais. ²³Desde os de trinta anos para arriba ata os de cincuenta anos, e anota a tódolos que sexan capaces para o servicio da Tenda do Encontro. ²⁴Estes son os cargos das familias de Guerxón e os seus traballos: ²⁵levarán as cortinas do Tabernáculo e da Tenda do Encontro, as súas cubertas e os coiros de teixugo que se usan para cubrilos por riba, a cortina da entrada da Tenda do Encontro, ²⁶as cortinas do adro e as da entrada da porta do adro, os panos cos que se cobre o Tabernáculo e o altar por todo o arredor, as cordas e tódolos demais utensilios para o seu servicio, e ensinaráslle-lo que teñen que facer con eles. ²⁷Conforme as ordes de Aharón e de seus fillos, distribuiranse os cargos dos fillos de Guerxón con tódalas funcións e servicios correspondentes, que lles encomendaredes en cada caso. ²⁸Estes son os cargos dos fillos de Guerxón na Tenda do Encontro. No referente ás gardas, estarán baixo a autoridade de Itamar, fillo do sacerdote Aharón.

Os meraritas

²⁹Censara-los fillos de Merarí, por familias e casas patriarcais. ³⁰Fara-lo censo dos varóns de trinta anos para arriba ata os cincuenta anos, tódolos que sexan capaces para o servicio da Tenda do Encontro. ³¹Estes son tódolos traballos dos que se encargarán na Tenda do Encontro: levarán as táboas do Tabernáculo, os seus varais, as columnas, as súas bases, ³²e tamén as columnas que están ó redor do adro coas súas bases, as súas estacas e as cordas con tódolos accesorios correspondentes. Apuntaredes co nome deles os utensilios que teñen que gardar por cargo. ³³Estes son os traballos que lles corresponden ós fillos das familias de Merarí, referentes todos ós servicios da Tenda do Encontro, baixo a autoridade de Itamar, fillo do sacerdote Aharón".

Censo dos levitas

³⁴Moisés, Aharón e os príncipes da comunidade fixeron o censo dos fillos de Quehat por familias e casas patriarcais. ³⁵De trinta anos para arriba ata os cincuenta, tódolos que eran capaces para o servicio na Tenda do Encontro. ³⁶Os censados por familias sumaron 2.750. ³⁷Estes son os censados da familia de Quehat que Moisés e Aharón dedicaron ó servicio da Tenda do Encontro conforme as ordes do Señor, baixo a autoridade de Moisés. ³⁸Os fillos de Guerxón anotados por familias e casas patriarcais, ³⁹desde a idade de trinta anos para arriba ata os cincuenta, tódolos que tiñan de ingresar no servicio da Tenda do Encontro, ⁴⁰contados por familias e casas patriarcais, foron 2.630 en total. ⁴¹Estes son os contados por familias de entre os fillos de Guerxón, tódolos que servían na Tenda do Encontro, que censaron Moisés e Aharón segundo as ordes do Señor. ⁴²Os fillos de Merarí anotados por familias e casas patriarcais, ⁴³desde trinta anos para arriba ata a idade de cincuenta anos, tódolos que tiñan que ingresar no servicio da Tenda do Encontro, ⁴⁴contados por familias, sumaron en total, 3.200. ⁴⁵Estes son os censados da familia de Merarí, que anotaron Moisés e Aharón seguindo as ordes do Señor, baixo a autoridade de Moisés. ⁴⁶O total dos censados por Moisés, Aharón e os xefes de familia de Israel, dos descendentes de Leví por familias e casas patriarcais, ⁴⁷de trinta anos para arri-

ba ata cincuenta, tódolos que tiñan que ingresar no servicio da Tenda do Encontro da comunidade, segundo os respectivos cargos, ⁴⁸sumaron 8.580. ⁴⁹Conforme as ordes do Señor, Moisés censounos un por un, segundo os servicios que debían desempeñar. Os designados foron aqueles que o Señor lle mandara a Moisés.

Leis hixiénicas e sociais

5 ¹Díxolle o Señor a Moisés: ²—"Manda ós fillos de Israel que boten fóra do campamento a todo leproso, a todo o que padece gonorrea e a todo o contaminado por un cadáver. ³Sexa home ou muller, botádeos fóra do campamento, para que non contaminen o lugar onde moro eu no medio deles". ⁴Os fillos de Israel fixérono así e botáronos fóra do campamento. Tal como llo mandara o Señor a Moisés, así o fixeron.

⁵Díxolle o Señor a Moisés: ⁶—"Dilles ós fillos de Israel: o home ou a muller que cometa unha inxustiza contra o seu próximo, ofendendo así ó Señor e volvéndose culpable, ⁷confesará o pecado cometido, e restituirá todo o dano causado co recargo dun quinto, e entregarallo a aquel a quen llo fixera. ⁸Se xa non houber un parente a quen restituír, o que se había de restituír ofrecerallo ó Señor, sendo para o sacerdote, e ademais ofrecerá o carneiro da expiación para conseguí-la súa purificación. ⁹A ofrenda de toda clase de cousas que ofrezan os fillos de Israel ó sacerdote, pertenceralle a este. ¹⁰A ofrenda sagrada de cada home será del mesmo, mais a que un dá para o sacerdote, será deste".

¹¹Faloulle o Señor a Moisés: ¹²—"Dilles ós fillos de Israel: Todo home a quen a súa muller se lle extravía e comete contra el infidelidade, ¹³e dorme con outro home, pero a infidelidade non chega ó coñecemento do marido, por cometela en segredo e non existir testemuña ningunha contra ela nin ser sorprendida no acto; ¹⁴se entón o espírito dos celos se apodera do home e este se cela da súa muller, sexa que ela cometese infidelidade, sexa que non a cometese, ¹⁵o home levará a súa muller ante o sacerdote e fará unha ofrenda por ela: un décimo de *efah* de fariña de cebada, sen lle bota-lo aceite nin lle pór enriba o incenso, por tratarse dunha ofrenda de celos para descubrir unha falta. ¹⁶O sacerdote fará que se poña de pé diante do altar, na presencia do Señor. ¹⁷Tomará o sacerdote auga bendita nun vaso de barro cocido e agarrando po do chan do Tabernáculo, mesturarao coa auga. ¹⁸O sacerdote colocará de pé á muller diante do Señor, descubrirralle a cabeza e porá nas súas mans a ofrenda recordatoria dos celos; mentres, el agarrará na súa man as augas amargas da maldición. ¹⁹O sacerdote esconxurará á muller dicíndolle: Se ningún home estraño durmiu contigo e se non cometiches ningunha infidelidade contra o teu home, que te vexas libre da maldición destas augas amargas. ²⁰Mais se te apartaches do teu home e te manchaches dándote a outro home distinto do teu, deitándote con el ²¹(o sacerdote mandaralle face-lo xuramento da maldición á muller, e diralle:) faga o Señor baixar contra ti a maldición, e fágate maldita no medio do teu pobo; que as túas pernas perdan as forzas e que inche o teu ventre; ²²que estas augas amargas da maldición entren nas túas entrañas e che fagan incha-lo ventre e enfraquece-las coxas. A muller responderá: *Amén, amén.*

²³O sacerdote escribirá logo esta maldición nunha folla, que botará moída nas augas amargas. ²⁴Despois faralle beber á muller estas augas amargas da maldición, que entrarán nela. ²⁵E collerá o sacerdote da man da muller a ofrenda dos ciumes e axitaraa diante do Señor e ofreceraa sobre o altar.

²⁶E collerá o sacerdote unha manchea de gran da ofrenda e queimaraa no altar; e despois daralle a bebe-las augas á muller. ²⁷Despois que a muller as beba, se ela de verdade está manchada por cometer unha infidelidade contra o seu home, ó entraren nela as augas amargas da maldición, incharalle o ventre e enfraqueceranlle as coxas, e a muller será aldraxada por todo o seu pobo. ²⁸Pero se a muller non ten culpa, senón que é inocente, non lle fará mal ningún, recobrará a honra e terá descendencia.

5,10 *O sacerdote* ten parte en toda ofrenda pacífica. Separada esa parte, o resto perténcelle a quen a presenta (ver Lev 7,11-21).

5, 11ss É un xuízo de Deus, chamado "ordalía", que era coñecido xa no terceiro milenio a. C. entre os sumerios. Máis tarde atópase nas leis asirias e babilonias, alongándose o uso ata o medioevo. Obedecía á convicción certa de que Deus interviña para descubrir e castigar un pecado oculto e do que non había testemuñas, como requería a xustiza humana. Os elementos de que consta o proceso son moi antigos e de procedencia diferente, e non están exentos de certo carácter máxico: a auga mesturada con po do santuario, o xuramento, as verbas escritas e a obriga de beber todo. A aquilo engadíase unha ofrenda sacrificial en honor de Deus como requisito para que se manifeste a inocencia ou a culpabilidade da persoa sobre a que cae a sospeita.

²⁹Esta é a lei dos celos, pola que se rexerá a muller que, apartándose do seu home, comete algunha infidelidade; ³⁰e tamén do home, en quen entra o espírito dos celos e entra en sospeita contra a súa muller. El faraa comparecer diante do Señor, para que o sacerdote a someta a toda esta lei. ³¹O marido quedará limpo de culpa, e a muller cargará con toda a súa iniquidade".

A lei dos nazireos

6 ¹Faloulle o Señor a Moisés: ²—"Dilles ós fillos de Israel: Calquera home ou muller que fagan voto de nazireato e queiran consagrarse ó Señor, ³non poderán beber viño nin bebidas embriagadoras, nin vinagre de viño, nin outras bebidas fermentadas de uva, nin comerá uvas frescas ou pasas. ⁴Mentres lles dure o nazireato, non tomarán nada que veña do froito das cepas, nin das sementes nin do bagazo. ⁵En todo o tempo do nazireato non pasará a navalla pola cabeza, ata que se completen os días da súa consagración ó Señor: será reservado para o Señor e deixará crece-los cabelos da súa cabeza. ⁶En todo o tempo da súa consagración ó Señor como nazireo non poderá toca-lo cadáver de ningún morto. ⁷Para non se contaminar, non se achegará ó cadáver nin de seu pai, nin de súa nai, nin de seu irmán, nin da súa irmá, porque leva na súa cabeza o sinal de estar consagrado a Deus. ⁸Durante todo o tempo do seu nazireato está consagrado ó Señor.

⁹Mais se por un casual morre de súpeto alguén á súa beira, e queda impuro o sinal do nazireato que leva na cabeza, rapará logo a cabeza no día da súa purificación, isto é, no sétimo día. ¹⁰E no oitavo día irá onda o sacerdote á porta da Tenda do Encontro, levando dúas rulas ou dous pombiños. ¹¹O sacerdote fará o sacrificio con un deles polo pecado, e ofrecerá o outro en holocausto para expiar por el, para lle borra-la mancha contraída por se achegar ó cadáver. Quedará purificada a súa cabeza nese mesmo día. ¹²Consagrará de novo ó Señor os días do seu voto de nazireo, e presentará un ano dun ano para expiar pola culpa, e non lle valerán os días de voto xa pasados, porque foi contaminado o seu nazireato.

Final do tempo do nazireato

¹³Esta é a lei do nazireato: o día en que se complete o prazo do seu nazireato, será conducido á entrada da Tenda do Encontro, ¹⁴e ofrecerá a súa ofrenda ó Señor: un año dun ano sen defecto, que se queimará en holocausto, e unha aña dun ano, tamén sen defecto para a expiación dos seus pecados, e un carneiro sen mancha para o sacrificio de comunión; ¹⁵e tamén un cesto de bolos de pan asmo de flor de fariña triga, amasada con aceite, e tortas sen fermento cociñadas con aceite, e todo o que se precisa para a oblación e as libacións destes sacrificios. ¹⁶O sacerdote presentará todo ó Señor e ofrecerá o sacrificio expiatorio polo pecado, e mailo holocausto. ¹⁷Ofrecerá o carneiro como sacrificio de comunión en honor ó Señor, xunto coas cousas do cesto e ofrecerá ademais as correspondentes libacións.

¹⁸Diante da porta da Tenda do Encontro o nazireo rapará a súa cabeza, recollerá os cabelos consagrados polo voto de nazireo e botaraos ó lume, que arde debaixo da víctima dos sacrificios de comunión. ¹⁹Despois o sacerdote collerá a pá asada do carneiro, e un bolo de pan sen fermento do cesto dos ázimos e unha torta sen fermento, e porá todo esto na palma da man do nazireo, despois que teña acabado de lle rapa-la cabeza consagrada. ²⁰O sacerdote abalarao todo ritualmente diante do Señor: é unha cousa santa que lle pertence a el, ademais do peito, que tamén abalará, e da perna dianteira, que presentará ó Señor do mesmo xeito. Despois disto o nazireo poderá xa beber viño. ²¹Esta é a lei do nazireo que fixo un voto, cando presente a súa ofrenda ó Señor para a súa consagración, ademais do que poida engadir. Procederá de acordo coas promesas que fixo ó formula-lo voto, conforme a lei do nazireato".

A bendición solemne

²²O Señor faloulle a Moisés: ²³—"Dilles a Aharón e a seus fillos: desta maneira habedes de bendici-los fillos de Israel: ²⁴Que o

---

6, 2 O *nazireo* (de "Nazir" = consagrado, afastado) era un voto temporal ou perpetuo, de non beber ningunha bebida fermentada e de non rapa-los cabelos, en honra de Deus. Con iso mostraban unha total pertenza a Deus, non só no culto senón en tódolos aspectos da vida. Son nazireos famosos Sansón (Xuí **13**, 5) e Samuel (1 Sam **1**, 11), consagrados polas súas respectivas nais antes de nacer. Amós, o profeta (**2**, 11-12), menciona o nazireo ó lado do profeta. No N.T. o Bautista (Lc **1**, 15) e S. Paulo e algúns compañeiros apadriñaron a cerimonia duns xudeus que se fixeron nazireos (Feit **18**, 18; **21**, 23-26).

6, 23ss Con estas verbas remataban as celebracións litúrxicas.

Señor te bendiga e te garde. ²⁵Que o Señor faga brillar sobre ti o seu rostro e se compadeza de ti. ²⁶Que o Señor che mostre o seu rostro e che conceda a paz. ²⁷Eles invocarán así o meu nome en favor dos fillos de Israel e eu bendicireinos".

As ofrendas dos xefes das tribos de Israel

7 ¹E aconteceu que o día en que Moisés acabou de construí-lo Tabernáculo e unxilo e mais consagralo con tódolos seus utensilios, consagrou tamén o altar con tódolos seus utensilios, ²os príncipes de Israel presentaron unha ofrenda, como cabezas das súas casas patriarcais, isto é, os que eran xefes cando fixeran o censo. ³Trouxeron como ofrenda ó Señor seis carros cubertos e doce bois, un carro por cada un dos xefes e un boi por cada un, e presentáronos diante do Tabernáculo. ⁴O Señor díxolle a Moisés: ⁵—"Recibe estas cousas, para que se dediquen ó servicio da Tenda do Encontro, e entrégallelas ós levitas, a cada un conforme o seu oficio". ⁶Recibiu Moisés os carros e os bois e déullelos ós levitas. ⁷Dous carros e catro bois déullelos ós fillos de Guerxón, conforme ó seu servicio. ⁸Ós fillos de Merarí entregoulles catro carros e oito bois, tamén de acordo coas necesidades do seu oficio, baixo a autoridade de Itamar, fillo do sacerdote Aharón. ⁹Ós fillos de Quehat, non obstante, non lles deu nin carro nin bois, porque teñen ó seu cargo transportar nos ombros as cousas máis santas. ¹⁰Os xefes presentaron as súas ofrendas pola dedicación do altar, no día en que foi unxido: cada un presentou as súas ofrendas diante do altar. ¹¹E díxolle o Señor a Moisés: —"Que os príncipes presenten a súa ofrenda para a dedicación do altar, un cada día".

¹²A orde de presentación foi esta: o primeiro día fixo a ofrenda Nahxón, fillo de Aminadab, pola tribo de Xudá. ¹³A súa ofrenda foi: unha fonte de prata, que pesaba cento trinta siclos e unha artesa de prata de setenta siclos de peso, conforme o siclo do santuario, ámbalas dúas cheas de flor de fariña amasada con aceite para a oblación; ¹⁴unha taza toda de ouro de dez siclos, chea de incenso; ¹⁵un xuvenco, un carneiro e un año dun ano para o holocausto; ¹⁶un chibo para o sacrificio de expiación; ¹⁷e para o sacrificio de comunión dous bois, cinco carneiros, cinco chibos e cinco años dun ano. Toda esta foi a ofrenda de Nahxón, fillo de Aminadab.

¹⁸O segundo día fixo a ofrenda Natanael, fillo de Suar, príncipe de Isacar. ¹⁹Ei-la súa ofrenda: unha fonte de prata de cento trinta siclos de peso e unha artesa de prata de setenta siclos de peso, conforme o siclo do santuario, ámbalas dúas cheas de flor de fariña amasada con aceite para a oblación; ²⁰unha taza toda de ouro de dez siclos, chea de incenso; ²¹un xuvenco, un carneiro, un año dun ano para o holocausto, ²²un chibo para o sacrificio expiatorio polo pecado; ²³e para o sacrificio de comunión, dous bois, cinco carneiros, cinco chibos gordos, cinco años dun ano. Tal foi a ofrenda de Natanael, fillo de Suar.

²⁴O terceiro día ofrendou Eliab, fillo de Helón, príncipe dos fillos de Zebulón. ²⁵A súa ofrenda foi: unha fonte de prata de cento trinta siclos de peso, unha artesa de prata de setenta siclos, conforme o siclo do santuario, ámbalas dúas cheas de flor de fariña amasada con aceite para a oblación; ²⁶unha taza de ouro de dez siclos, chea de incenso; ²⁷un xuvenco, un carneiro, un año dun ano para o holocausto, ²⁸un chibo para o sacrificio polo pecado; ²⁹e para o sacrificio de comunión dous bois, cinco carneiros, cinco chibos gordos, cinco años dun ano. Esta foi a ofrenda de Eliab, fillo de Helón.

³⁰O día cuarto presentou Elisur, fillo de Xedeur, príncipe dos fillos de Rubén, a súa ofrenda. ³¹A súa ofrenda foi: unha fonte de prata de cento trinta siclos de peso, unha artesa de prata de setenta siclos, conforme o siclo do santuario, ámbalas dúas cheas de flor de fariña amasada con aceite para a oblación; ³²unha taza de ouro de dez siclos chea de incenso; ³³un xuvenco, un carneiro dun ano para o holocausto, ³⁴un chibo para o sacrificio polo pecado; ³⁵e para o sacrificio de comunión dous bois, cinco carneiros, cinco chibos gordos e cinco años dun ano. Esta foi toda a ofrenda de Elisur, fillo de Xedeur.

³⁶O día quinto ofrendou Selumiel, fillo de Surixadai, príncipe dos fillos de Simeón. ³⁷A súa ofrenda foi: unha fonte de prata de cento trinta siclos de peso, conforme ó siclo do santuario, unha artesa de prata de setenta siclos de peso, conforme o siclo do santuario, ámbalas dúas cheas de flor de fariña, amasada con aceite para a oblación; ³⁸unha taza de ouro de ley de dez siclos, chea de incenso; ³⁹un xuvenco, un carneiro, un año dun ano para o holocausto, ⁴⁰un chibo para o sacrificio polo pecado; ⁴¹e para o sacrificio de comunión dous bois, cinco carneiros, cinco años dun ano. Toda esta foi a ofrenda de Xelumiel, fillo de Surixadai.

⁴²O día sexto, Eliasaf, fillo de Deuel, príncipe dos fillos de Gad, fixo a súa ofrenda. ⁴³A súa ofrenda foi: unha fonte de prata de cento trinta siclos de peso e unha artesa de prata de setenta siclos, conforme o siclo do santuario, ámbalas dúas cheas de flor de fariña amasada con aceite para a oblación; ⁴⁴unha taza de ouro de dez siclos, chea de incenso; ⁴⁵un xuvenco, un carneiro, un año dun ano para o holocausto; ⁴⁶dous bois, cinco carneiros, cinco chibos gordos e cinco años dun ano para o sacrificio de comunión. ⁴⁷Toda esta foi a ofrenda de Eliasaf, fillo de Deuel.

⁴⁸O día sétimo, Elixamá, fillo de Amihud, príncipe dos fillos de Efraím, ⁴⁹fixo a súa ofrenda, que foi: unha fonte de prata de cento trinta siclos de peso, unha artesa de prata de setenta siclos, conforme ó siclo do santuario, ámbalas dúas cheas de flor de fariña amasada con aceite para a oblación; ⁵⁰unha taza de ouro de dez siclos, chea de incenso; ⁵¹un xuvenco, un carneiro e un año dun ano para o holocausto; ⁵²un chibo para o sacrificio polo pecado; ⁵³dous bois, cinco carneiros, cinco chibos gordos e cinco años dun ano para o sacrificio de comunión. Esta foi a ofrenda de Elixamá, fillo de Amihud.

⁵⁴O día oitavo, o príncipe dos fillos de Menaxés, Gamaliel, fillo de Pedahsur, ⁵⁵presentou a súa ofrenda, que foi: unha fonte de prata de cento trinta siclos de peso, unha artesa de prata de setenta siclos, conforme o siclo do santuario, ámbalas dúas cheas de flor de fariña, amasada en aceite, para a oblación; ⁵⁶unha taza de ouro de dez siclos, chea de incenso; ⁵⁷un xuvenco, un carneiro e un año dun ano, para o holocausto; ⁵⁸un chibo para o sacrificio polo pecado; ⁵⁹para o sacrificio de comunión dous bois, cinco carneiros, cinco años dun ano. Toda esta foi a ofrenda de Gamaliel, fillo de Pedahsur.

⁶⁰O día noveno o príncipe dos fillos de Benxamín, Abidán, fillo de Guideón, ⁶¹fixo a súa ofrenda: unha fonte de prata de cento trinta siclos de peso, unha artesa de prata de setenta siclos, conforme o siclo do santuario, ámbalas dúas cheas de flor de fariña, amasada en aceite, para a oblación; ⁶²unha taza de ouro de dez siclos chea de incenso; ⁶³un xuvenco, un carneiro e un año dun ano para o holocausto; ⁶⁴un chibo para o sacrificio polo pecado; ⁶⁵e para o sacrificio de comunión dous bois, cinco carneiros, cinco chibos gordos e cinco años dun ano. Esta foi a ofrenda de Abidán, fillo de Guideón.

⁶⁶O décimo día, o príncipe dos fillos de Dan, Ahiézer, fillo de Amixadai, ⁶⁷presentou a súa ofrenda: unha fonte de prata de cento trinta siclos de peso, unha artesa de prata de setenta siclos, conforme ó siclo do santuario, ámbalas dúas cheas de flor de fariña, amasada en aceite, para a oblación; ⁶⁸unha taza de ouro de dez siclos, chea de incenso; ⁶⁹un xuvenco, un carneiro e un año dun ano para o holocausto; ⁷⁰un chibo para o sacrificio polo pecado; ⁷¹e para o sacrificio de comunión, dous bois, cinco carneiros, cinco chibos gordos e cinco años dun ano. Esta foi a ofrenda de Ahiézer, fillo de Amixadai.

⁷²O undécimo día, o príncipe dos fillos de Axer, Paguiel, fillo de Ocrán, ⁷³presentou a súa ofrenda: unha fonte de prata, de cento trinta siclos de peso, unha artesa de prata de setenta siclos, conforme o siclo do santuario, ámbalas dúas cheas de flor de fariña, amasada con aceite, para a oblación; ⁷⁴unha taza de ouro de dez siclos, chea de incenso; ⁷⁵un xuvenco, un carneiro e un año dun ano para o holocausto; ⁷⁶un chibo para o sacrificio polo pecado; ⁷⁷para o sacrificio da comunión dous bois, cinco carneiros, cinco chibos gordos e cinco años dun ano. Esta foi a ofrenda de Paguiel, fillo de Ocrán.

⁷⁸O duodécimo día, o príncipe dos fillos de Naftalí, Ahirá, fillo de Enán, ⁷⁹presentou a súa ofrenda: unha fonte de prata de cento trinta siclos de peso, unha artesa de prata de setenta siclos, conforme ó siclo do santuario, ámbalas dúas cheas de flor de fariña amasada en aceite para a oblación; ⁸⁰unha taza de ouro de dez siclos, cheo de incenso; ⁸¹un xuvenco, un carneiro e un año dun ano para o holocausto; ⁸²un chibo para o sacrificio polo pecado; ⁸³e para o sacrificio de comunión dous bois, cinco carneiros, cinco chibos gordos e cinco años dun ano. Esta foi a ofrenda de Ahirá, fillo de Enán.

⁸⁴As ofrendas presentadas polos príncipes de Israel con motivo da dedicación do altar, cando foi consagrado, foron estas: fontes de prata, doce; artesas de prata, doce; tazas de ouro, doce. ⁸⁵Cada fonte de prata pesaba cento trinta siclos e cada artesa de prata setenta siclos: en total a prata das fontes e vacías foi de dous mil catrocentos siclos de prata, conforme o siclo do santuario. ⁸⁶As doce tazas de ouro cheas de incenso, todas elas de ouro de lei, en siclos do santuario sumaron un total de cento vinte siclos. ⁸⁷A suma dos animais para o holocausto: doce xuvencos, doce carneiros, doce años dun ano, coas súas oblacións correspondentes; e para

o sacrificio polo pecado, doce chibos. ⁸⁸O total dos animais para o sacrificio de comunión foi de vintecatro xuvencos, sesenta carneiros, sesenta chibos gordos, e sesenta años dun ano. Todo isto con motivo da dedicación do altar despois da súa consagración.

⁸⁹Cando Moisés entraba na Tenda do Encontro para falar con Deus, escoitaba a voz que lle falaba desde o propiciatorio, que estaba sobre a Arca do Testemuño, entre os dous querubíns: falábelle desde alí.

O candelabro

8 ¹Faloulle o Señor a Moisés: ²—"Dille a Aharón: Cando teñas montadas as lámpadas, as sete lámpadas deben alumar de cara á parte dianteira do candelabro". ³Fíxoo así Aharón, facendo monta-las súas lámpadas pola parte dianteira do candelabro, como lle mandara o Señor a Moisés. ⁴Este era o traballo artístico do candelabro: todo de ouro batido a martelo, tanto o pé coma tódolos seus brazos, todo de ouro batido a martelo: segundo a visión que o Señor mostrara a Moisés, así se fixo o candelabro.

Consagración dos levitas

⁵Díxolle o Señor a Moisés: ⁶—"Toma os levitas do medio dos fillos de Israel e purifícaos. ⁷Para os purificar, farás deste xeito: asperxeralos con auga de expiación; logo pasarán a navalla por todo o seu corpo, lavarán os seus vestidos: así quedarán purificados. ⁸Despois tomarán un xuvenco coa súa ofrenda de flor de fariña, amasada con aceite, como oblación, e ti tomarás outro xuvenco que ofrecerás coma expiación polo pecado. ⁹Farás que se aproximen os levitas diante da Tenda do Encontro, e alí congregarás a toda a comunidade dos fillos de Israel. ¹⁰Entón farás que se acerquen os levitas ante o Señor e os fillos de Israel imporán as súas mans sobre os levitas. ¹¹Aharón ofrecerá os levitas diante do Señor, como ofrenda dos fillos de Israel, e así quedarán dedicados ó servicio do Señor. ¹²Logo os levitas imporán as súas mans sobre a cabeza dos xuvencos; deles ofrecerás un en sacrificio polo pecado e outro en holocausto ó Señor, para faceres expiación polos levitas. ¹³Colocarás despois os levitas de pé diante de Aharón e de seus fillos, e fara-lo xesto de ofrecelos ó Señor. ¹⁴Separarás así os levitas de entre os fillos de Israel, e os levitas serán para min. ¹⁵Despois disto, os levitas entrarán ó servicio da Tenda do Encontro, e purificaralos: farás deles unha ofrenda, ¹⁶porque eles son unha verdadeira ofrenda, doada a min, entre tódolos fillos de Israel, en lugar de tódolos primoxénitos, os que abren o seo materno de entre os fillos de Israel. Eu escollinos para min. ¹⁷Porque meus son tódolos primoxénitos dos fillos de Israel, tanto de homes como de animais; eu consagreinos para min, desde o día en que ferín a tódolos primoxénitos na terra de Exipto. ¹⁸Escollín os levitas en lugar de tódolos primoxénitos de Israel, ¹⁹e, tirándoos do medio do pobo, entreguéillelos a Aharón e a seus fillos, para que me sirvan polos fillos de Israel na Tenda do Encontro e para que ofrezan expiación polos fillos de Israel, de sorte que non veña ningunha praga entre os israelitas cando se aproximen ó santuario". ²⁰Moisés e Aharón e toda a asemblea dos fillos de Israel fixeron, acerca dos levitas, canto lle ordenara o Señor a Moisés ó respecto: así fixeron acerca deles os fillos de Israel. ²¹Os levitas purificáronse e lavaron os seus vestidos. Aharón fixo o xesto de ofrecelos na presencia do Señor, e logo fixo expiación por eles, para os purificar. ²²Despois disto os levitas entraron a face-lo servicio na Tenda do Encontro, diante de Aharón e seus fillos. Tal como o Señor ordenara a Moisés acerca dos levitas, así fixeron con eles.

²³O Señor díxolle a Moisés: ²⁴—"Isto é o que concerne ós levitas: desde a idade de vintecinco anos para arriba entrarán a prestar servicio na Tenda do Encontro; ²⁵mais ó chegaren ós cincuenta anos, retiraranse das súas funcións e xa non servirán máis. ²⁶Poderán axudar ós seus irmáns na Tenda do Encontro, facendo garda, pero servicio

---

7, 89 No Ex **25**, 22 Deus prometéralle a Moisés falarlle desde o propiciatorio. Por causa destes encontros e coloquios con Deus, o tabernáculo, onde se gardaba a arca coas táboas da Lei, chamouse "Tenda da Xuntanza" ou do "Encontro" (Ex **33**, 7).
8, 2 A descrición detallada do candelabro está no Ex **25**, 31-39.
8,10 *Os levitas* son as víctimas sustitutivas dos primoxénitos dos israelitas (ver **3**, 12-13; Ex **13**, 11-15). A imposición de mans sobre eles expresa a solidariedade de todo o pobo neste sacrificio, coma en todos aqueles nos que se repite o xesto.
8, 13 *Os levitas* son considerados como unha ofrenda. No v 12 transfiren o seu carácter victimal impoñendo as mans sobre os xuvencos, que serán inmolados no seu lugar.
8, 23-26 Nova lei que modifica e completa a establecida no cap. **4**, onde se fixaba a idade de entrada no servicio do templo ós trinta anos; aquí (v 24), ós vintecinco; e máis tarde será ós vinte (1 Cro **23**, 24ss).

non o farán. Así has facer no referente ó servicio dos levitas.

Regulamento da Pascua

9 ¹O Señor díxolle a Moisés no deserto de Sinaí no segundo ano da súa saída de Exipto, no primeiro mes: ²—"Celebren os fillos de Israel a Pascua no tempo sinalado. ³O día catorce dese mes á tardiña celebrarédela de acordo con tódalas súas disposicións e conforme a tódolos ritos e indicacións". ⁴Moisés mandoulles ós fillos de Israel que celebrasen a Pascua. ⁵Celebrárona o día catorce do mes, á tardiña, no deserto de Sinaí, en conformidade con todo o que lle mandara o Señor a Moisés: así fixeron os israelitas. ⁶E sucedeu que algúns homes estaban impuros porque se achegaron a un cadáver e non puideron celebra-la Pascua aquel día. Foron entón aquel mesmo día onda Moisés e Aharón, e dixéronlles: ⁷—"Nós estamos impuros por mor dun cadáver, ¿por que habemos nós de ser privados de facérmo-la ofrenda do Señor ó seu tempo no medio dos fillos de Israel?" ⁸Moisés respondeulles: —"Esperade, mentres eu consigo a resposta do Señor para vós". ⁹O Señor falloulle a Moisés: ¹⁰—"Dilles ós fillos de Israel: Se algún de vós ou dos vosos descendentes se encontra impuro por un cadáver ou está de viaxe lonxe de vós, poderá celebra-la Pascua en honor do Señor; ¹¹celebrarana o mes segundo, o día catorce, á tardiña. Celebrarédela comendo do pan asmo e herbas amargas. ¹²Non deixarán nada dela para a mañá seguinte, nin lle crebarán ningún óso. Han celebra-la Pascua seguindo ó pé da letra todo o establecido. ¹³Canto ó home que, estando impuro e non se encontrando de viaxe, non celebra a Pascua, deberá ser exterminado de entre seu pobo, por non ofrece-lo seu sacrificio ó Señor no tempo indicado. Ese home cargará co seu pecado. ¹⁴E se morase convosco un estranxeiro e quixese celebra-la Pascua en honra do Señor, conforme o regulamento da Pascua e seguindo ó pé da letra as regras todas, deberao facer tamén así: unha soa é a lei para vós e para os estranxeiros, así como para os nativos do país".

A nube

¹⁵O día mesmo en que se erixiu o Tabernáculo, a Nube cubriu o Tabernáculo pola parte da Tenda do Testemuño, e á tarde houbo sobre o Tabernáculo ata á mañá como unha especie de lume. ¹⁶Así acontecía continuamente: a Nube cubríao de día, e de noite aparecía coma unha especie de lume. ¹⁷Cando a Nube se levantaba de enriba da Tenda, os fillos de Israel púñanse en marcha, e no lugar onde a Nube paraba, alí acampaban os fillos de Israel. ¹⁸Os fillos de Israel camiñaban obedecendo a orde do Señor e de acordo coa orde do Señor acampaban. Todo o tempo que a Nube estaba parada sobre o Tabernáculo, permanecían no mesmo lugar. ¹⁹Cando a Nube se detiña moitos días sobre o Tabernáculo, os fillos de Israel observaban as ordes do Señor, e non partían. ²⁰Outras veces a Nube permanecía sobre o Tabernáculo certo número de días. Por orde do Señor acampaban e por orde do Señor partían. ²¹Ás veces a Nube quedaba só da tarde á mañá, pero en canto a Nube se elevaba pola mañá, eles partían; ²²ás veces dous días, un mes ou un ano, en tanto que a Nube se detiña sobre o Tabernáculo, os fillos de Israel permanecían acampados e non partían; pero en canto ela se elevaba, levantaban o campamento. ²³Por orde do Señor acampaban e por orde do Señor partían, gardando as normas, como lles ordenara o Señor por medio de Moisés.

II. PARTIDA DO SINAÍ CARA A CADEX

As trompetas

10 ¹Mandoulle o Señor a Moisés: ²—"Faite dúas trompetas de prata; faralas batidas a martelo e usaralas para convoca-la comunidade e para da-lo sinal de levanta-lo campamento. ³Cando as fagas soar, xuntarase onda ti toda a comunidade á porta da Tenda do Encontro. ⁴Se se toca unha só, virán a ti os príncipes, os xefes das agrupacións de Israel. ⁵Cando toquedes con

---

9, 1-14 Disposicións complementarias adaptadas a tempos máis recentes, nos que os israelitas viven na diáspora e por calquera motivo non poden celebra-la Pascua no día sinalado en Ex 12.
9, 19 Descubrían a vontade de Deus nos movementos da nube.
10, 2 *Trompetas* de feitura diferente das do Xubileo (Lev 25, 9). Estas que se usaban na guerra eran longas e dereitas, coma as que se atopan debuxadas no arco de Tito en Roma nun dos baixorrelevos.
10, 5 A marcha polo deserto descríbese coma os movementos dos corpos do exército nunha campaña de gue-

estrondo, deberán levanta-lo campamento os acampados pola banda do abrente. ⁶E cando toquedes con estrondo por segunda vez, deberán levanta-lo campamento os do mediodía; tocarase, pois, o toque estrondoso para se poren en marcha aqueles. ⁷Para congrega-la comunidade tamén tocaredes, pero non con estrondo. ⁸Os fillos de Aharón, os sacerdotes, tocarán as trompetas, que serán para vós lei perpetua nas vosas xeracións. ⁹Cando teñades que saír á guerra, no voso país, contra o inimigo que vos ataca, tocaréde-las trompetas con estrondo e o Señor Deus voso acordarase de vós, e seredes liberados dos vosos inimigos. ¹⁰Nos vosos días de xúbilo, nas vosas solemnidades e nos primeiros de mes, tocaréde-las trompetas durante os vosos holocaustos e sacrificios de comunión, para que vos sirvan de memorial na presencia do voso Deus. ¡Eu son o Señor, voso Deus!"

Orde de partir

¹¹O ano segundo, o segundo mes, o vinte do mes, aconteceu que a Nube se elevou de enriba do Tabernáculo do Testemuño. ¹²Os fillos de Israel partiron do deserto de Sinaí por etapas, e a Nube detívose no deserto de Parán. ¹³Foi deste xeito como levantaron o campamento por primeira vez, segundo a orde do Señor, dada por medio de Moisés. ¹⁴Partiu a primeira a insignia do campamento dos fillos de Xudá, conforme os seus escuadróns, e coma xefe da tropa ía Nahxón, fillo de Aminadab. ¹⁵Como xefe do exército da tribo dos fillos de Isacar ía Natanael, fillo de Suar; ¹⁶e como xefe do exército da tribo dos fillos de Zebulón, Eliab, fillo de Helón. ¹⁷Cando se desarmou o Tabernáculo, comezaron a marcha os fillos de Guerxón e os de Merarí, que cargaban co Tabernáculo. ¹⁸Logo saíu a insignia do campamento de Rubén, segundo os seus escuadróns, e coma xefe da tropa ía Elisur, fillo de Xedeur. ¹⁹Coma xefe do exército da tribo dos fillos de Simeón ía Xelumiel, fillo de Surixadai; ²⁰e como xefe do exército da tribo dos fillos de Gad, ía Eliasaf, fillo de Deuel. ²¹E saíron os quehatitas, levando o obxecto santo; e xa lles ergueran o Tabernáculo antes de chegaren eles. ²²Despois partiu a insignia do campamento dos fillos de Efraím, segundo os seus escuadróns, e coma xefe da tropa ía Elixamá, fillo de Amihud. ²³Coma xefe do exército da tribo dos fillos de Menaxés ía Gamaliel, fillo de Pedahsur; ²⁴e coma xefe do exército da tribo dos fillos de Benxamín, Abidán, fillo de Guideón. ²⁵Logo a insignia do campamento dos fillos de Dan, segundo os seus escuadróns. Saíu a derradeira, pechando tódolos campamentos, e coma xefe da tropa ía Ahiézer, fillo de Amixadai. ²⁶Coma xefe do exército da tribo de Axer ía Paguiel, fillo de Ocrán, ²⁷e coma xefe do exército formado pola tribo dos fillos de Naftalí, Ahirá, fillo de Enán. ²⁸Esta foi a orde das marchas dos fillos de Israel, repartidos nos seus escuadróns, cando partían.

O Señor conduce o pobo

²⁹Moisés díxolle a Hobab, fillo de Reuel, madianita, sogro de Moisés: —"Nós partimos para o lugar, do que nos dixo o Señor: *Héivolo dar a vós*. Ven connosco e habémoste tratar ben, pois o Señor prometeu o ben a Israel".

³⁰Pero el respondeulle:

—"Non irei convosco, senón que me vou ir para a miña terra, onda os meus parentes".

³¹Moisés insistiu:

—"¡Rógoche que non nos deixes, pois ti coñeces ben os lugares axeitados onde habemos acampar no deserto, e serás para nós un bo guía! ³²Se vés connosco, terás parte no ben que nos faga o Señor a nós, de tódolos bens che daremos parte".

³³E partiron do monte do Señor e andaron o camiño de tres días. A Arca da Alianza do Señor ía diante deles durante os tres días de camiño, para buscarlles sitio onde repousar. ³⁴A Nube do Señor ía enriba deles de día, ó saíren do campamento. ³⁵Para que a Arca se puxese en camiño, Moisés exclamaba:

---

rra, na que non faltaba a arca, que lles facía senti-la presencia de Deus, que os axudaba na loita contra os seus inimigos v 9).
10, 11 A versión siríaca e o *Pent. Sam.* ten un texto máis longo: "Ídevos, marchade, encamiñádevos cara á montaña dos amorreos e cara a tódolos habitantes da Terra Cha, da Montaña, da Terra Baixa, do Négueb e da Costa, do País do Canaán e do Líbano ata o gran Río, o río Éufrates. Mirade, púxenvos diante ese país; ide e collede posesión dese país que lles xurei dar ós vosos pais, Abraham, Isaac e Xacob, e ós seus descendentes despois deles".
10, 29 A pouca precisión dos termos que expresan o parentesco non nos permite saber se Hobab é o mesmo ca Ietró (Ex **3,** 1), sogro de Moisés, ou máis ben se trata dun dos seus fillos ou xenros.
10, 31 Hobab, por ser nativo do país, coñecía ben aquelas terras para dirixi-la marcha polo mellor camiño.
10, 35 Chegou a ser unha fórmula ritual nas procesións coa arca (Sal **68** 1).

—"¡Levántate, Señor; sexan dispersos os teus inimigos; e fuxan os que te aborrecen diante da túa presencia!".

³⁶E cando se detiña, dicía:

—"Vólvete, Señor, cara ós milleiros das familias de Israel".

Murmuración do pobo

11 ¹Aconteceu que o pobo comezou a queixarse a oídas do Señor. Oeuno o Señor, e alporizouse. O lume do Señor acendeuse contra aquel, e devorou un extremo do campamento. ²O pobo clamou entón a Moisés; Moisés orou ó Señor, e o lume apagouse. ³Chamouse aquel lugar co nome de Incendio, porque alí se acendera contra eles o lume do Señor.

⁴O xentío alporizado, que ía no medio do campamento, devecía por alimentos, e os fillos de Israel comezaron de novo a chorar dicindo: —"¿Quen nos dará carne para comer? ⁵Lembrámonos do peixe, que de balde comiamos en Exipto, dos pepinos, dos melóns, dos allos porros, das cebolas e dos allos. ⁶Agora, en troques, témo-la gorxa seca; non temos nada; soamente temos diante dos ollos o maná".

⁷O maná era como a semente de coriandro, da cor do bedelio. ⁸O pobo espallábase para o recoller; despois moíano ou esmagábano nos morteiros e cocíano nunha ola e facían del tortas dun sabor semellante ó dun pan amasado con aceite. ⁹Cando de noite caía o rocío sobre o campamento, caía tamén o maná sobre el.

Os axudantes de Moisés

¹⁰Oiu Moisés ó pobo chorando en familias, cada un á porta da súa tenda, e a cólera do Señor acendeuse fortemente. Nos ollos de Moisés apareceu a carraxe, ¹¹e queixouse ó Señor con estas palabras:

—"¿Por que me tratas tan mal a min, o teu servo? E ¿por que non acado gracia ós teus ollos? ¿Por que botas enriba de min o peso de todo este pobo? ¹²¿Son eu por ventura quen concibiu a todo este pobo? ¿Son eu quen o deu a luz, para que me digas: Lévao no teu seo, como leva unha ama o seu neno de peito, á terra que ti prometiches con xuramento a seus pais? ¹³¿De onde saco eu a carne para lle dar a tanta xente coma esta? Pois están a chorar, dicindo: ¡Dános carne para comermos! ¹⁴Eu só non podo soportar todo este pobo, pois é moito máis pesado do que eu podo. ¹⁵Se ti me tratas a min así, é mellor que me mates, tírame a vida, pídocho de favor, se atopei gracia ós teus ollos, para que deste modo non vexa eu tanto mal".

¹⁶O Señor respondeulle a Moisés:

—"Xúntame setenta homes de entre os anciáns de Israel, dos que ti saibas que son anciáns do pobo e conselleiros. Lévaos diante da Tenda do Encontro, e que estean contigo. ¹⁷Eu baixarei e falarei contigo alí; tomarei do espírito que hai sobre ti e meteréillelo a eles, para que leven contigo o peso do pobo, e non o leves ti só. ¹⁸E ó pobo diraslle: Santificádevos para mañá, pois comeredes carne, xa que chorastes ós oídos do Señor, dicindo: ¿Quen nos dará carne para comermos? ¡Nós estabamos ben no Exipto! O Señor daravos carne para que comades. ¹⁹Non só ides comer carne un día, nin dous, nin cinco, nin dez, nin vinte días, ²⁰senón un mes enteiro, ata que vos saia polo nariz e vos resulte noxenta, por canto rexeitáde-lo Señor, que está no medio de vós, e chorastes na súa presencia, dicindo: ¿Por que saímos nós do Exipto?".

²¹Moisés respondeu:

—"Este pobo, no medio do cal eu estou, conta 600.000 de a pé, ¿e ti dis: heilles dar carne e han comer un mes enteiro? ²²Se se matasen para eles ovellas e bois, ¿serían abondos? Se se xuntasen para eles tódolos peixes do mar, ¿seríanlles suficientes?"

²³O Señor respondeulle a Moisés:

—"¿Por ventura é impotente a man do Señor? ¡Agora vas ver por ti mesmo, se se cumpre ou non a miña palabra!"

²⁴Saíu Moisés entón e transmitiulle ó pobo as palabras do Señor. Logo xuntou setenta homes dos anciáns do pobo e fixoos pór de pé ó redor da Tenda. ²⁵Descendeu o Señor nunha nube e falloulle a Moisés; despois tomou do espírito que había nel e infundíullelo ós setenta anciáns. En canto o espírito repousou sobre eles, puxéronse a profetizar; pero nunca máis o volveron facer. ²⁶Quedaran no campamento dous homes, un deles chamado

---

11, 3 *Taberah* significa "lugar de pasto". Aquí tradúcese por "incendio", respectando a interpretación que fai o autor sagrado ó relaciona-lo nome do sitio co feito da "ira de Iavé" que se acendeu contra eles. A xulgar por Dt 9, 22ss, estaba preto de Cadex.
11, 18 Para comprende-las intervencións de Deus, cómpre te-los ollos de fe ben abertos. Os ritos que se prescriben son para aviva-la fe.

11, 25 Estes anciáns son elixidos para unha misión de goberno e non son consagrados para o culto. Por iso se fai fóra da Tenda. O espírito que reciben maniféstase por medio do carisma profético de carácter extático coma en 1 Sam **10,** 10-13; **19,** 20-24.
11, 26ss A grandeza de Moisés contrasta coa envexa do mozo e de Xosué, que representan a de todo o pobo. O don de Deus medra canto máis se reparte.

Eldad e o outro Medad. O espírito repousou tamén sobre eles, pois figuraban entre os inscritos, aínda que non saíran para a Tenda, e profetizaron no campamento. ²⁷Un rapaz correu a comunicarllo a Moisés, dicindo: —¡Eldad e Medad profetizan no campamento! ²⁸Entón Xosué, fillo de Nun, ministro de Moisés, escolleito por el, díxolle:

—"¡Meu Señor, Moisés, prohíbellelo!"

²⁹Mais Moisés respondeulle:

—"¿Tes celos por min? ¡Quen dera que todo o pobo do Señor fosen profetas, e que o Señor lles dese o seu espírito!"

³⁰Logo Moisés voltou para o campamento, el e os anciáns de Israel.

Os paspallás

³¹Levantouse de seguida un vento enviado polo Señor, que trouxo paspallás da outra banda do mar. Deixounos caer sobre o campamento, nunha estensión como dun día de camiño por unha banda, e como dun día de camiño pola outra, todo ó redor do campamento, e uns dous cóbados sobre a superficie da terra. ³²O pobo dedicouse todo aquel día, toda a noite e todo o día seguinte a recoller paspallás. O que menos, recolleu dez cargas deles, e fóronos esparexendo para si ó redor do campamento. ³³Aínda tiñan a carne entre os dentes, aínda non a tiñan mascada, cando se acendeu a cólera do Señor contra o pobo e fixo na xente unha grandísima praga. ³⁴Chamóuselle a aquel lugar co nome de Quibrot Hatavah (tumba da concupiscencia), por canto alí enterraron ó pobo concupiscente. ³⁵De Quibrot Hatavah partiu o pobo a Haserot, e en Haserot detívose.

Murmuracións de María e mais Aharón, e o seu castigo

12 ¹María e Aharón murmuraron de Moisés por causa da muller cuxita, coa que casara. ²Dixeron: —"¿Por ventura o Señor lle falou a el só? ¿Non nos ten falado tamén a nós? E chegou isto ós oídos do Señor". ³Era Moisés un home moi humilde, máis ca tódolos homes que había na terra. ⁴E de seguida díxolles o Señor a Moisés, Aharón e María: —"¡Saíde vós os tres á Tenda do Encontro!" Saíron, logo, eles tres, ⁵e, descendendo o Señor na columna de nube, parou á entrada da Tenda e chamou a Aharón e María. Saíron ámbolos dous ⁶e díxolles El: —"¡Escoitade ben as miñas palabras! Se entre vós hai algún profeta, eu, o Señor, en visión revélome a el, e fálolle en soños. ⁷Non ocorre así co meu servo Moisés, que é fiel entre tódolos da miña casa. ⁸Cara a cara falo con el, en visión directa e non por enigmas, e contempla a figura do Señor. ¿Como non temestes vós falar contra o meu servo, contra Moisés?"

⁹Acendeuse a cólera do Señor contra eles, e foise.

¹⁰E a nube retirouse da Tenda, e coa mesma María apareceu cuberta de lepra, branca coma a neve. Aharón volveuse para María e viuna leprosa. ¹¹Díxolle Aharón a Moisés: —"¡Por favor, meu Señor, non poñas sobre nós este pecado, que neciamente cometemos! ¹²¡Rógoche que non sexa ela coma o nacido morto, que ó saír do ventre de súa nai ten xa consumida a metade da súa carne!" ¹³Moisés clamou ó Señor: —"¡Ou Deus, por favor, cúraa!"

¹⁴O Señor díxolle a Moisés:

—"Se o pai dela lle cuspise no rostro, ¿non quedaría ela en vergonza durante sete días? ¡Estea, pois, recluída sete días fóra do campamento, e despois poderá ser outra vez chamada"! ¹⁵María foi, pois, recluída sete días fóra do campamento, e o pobo non partiu ata que María non foi chamada de novo. ¹⁶Despois o pobo partiu de Haserot e foi acampar no deserto de Parán.

Moisés manda explora-lo país de Canaán

13 ¹Faloulle o Señor a Moisés:

²—"Manda homes que che exploren o país de Canaán, que eu lles vou dar ós fillos de Israel; un home por cada unha das tribos de seus pais; serán tomados entre os

---

11, 34 Quibrot Hatavah, tribo que habitara aquela terra. O autor fai unha etimoloxía popular referida ó desexo da comida.
12, 2 María e Aharón, aínda que da mesma raza, parece pertencían a un grupo distinto do de Moisés (Ex **4**, 10-17), que saíra de Exipto antes e habitaron na rexión de Cadex, onde se fusionaron cos que saíron con Moisés. Así parecen demostralo estudios recentes das fontes do Pentateuco. A murmuración naceu do prestixio de Moisés no pobo polos favores que recibía de Deus.
12, 10 O castigo consistiu en expulsala do campamento, mandándolle unha enfermidade contaxiosa, que a obrigaba a estar lonxe ata que lle desaparecese (Lev **14**, 2ss).

príncipes. ³Enviounos, pois, Moisés desde o deserto de Parán, segundo a orde do Señor. Todos eles eran xefes entre os fillos de Israel. ⁴Estes eran os seus nomes: Pola tribo de Rubén, Xamúa, fillo de Zacur. ⁵Pola tribo de Simeón, Xafat, fillo de Horí. ⁶Pola tribo de Xudá, Caleb, fillo de Iefuneh. ⁷Pola tribo de Isacar, Igal, fillo de Xosé. ⁸Pola tribo de Efraím, Xosué, fillo de Nun. ⁹Pola tribo de Benxamín, Paltí, fillo de Rafú. ¹⁰Pola tribo de Zebulón, Gadiel, fillo de Sodí. ¹¹Pola tribo de Xosé, tribo de Menaxés, Gadí, fillo de Susí. ¹²Pola tribo de Dan, Amiel, fillo de Guemalí. ¹³Pola tribo de Axer, Setur, fillo de Micael. ¹⁴Pola tribo de Naftalí, Nahbí, fillo de Volfsí. ¹⁵Pola tribo de Gad, Guenel, fillo de Maquí. ¹⁶Estes son os nomes dos varóns que enviou Moisés a explora-lo país. E Moisés a Hoxeas, fillo de Nun, cambioulle o nome polo de Xosué.

¹⁷Moisés enviounos a explora-lo país de Canaán, e díxolles: —"Subide polo deserto e escalade logo a montaña. ¹⁸Ollaredes ben a terra, como é, e o pobo que nela habita: se é forte ou feble, se escaso ou numeroso; ¹⁹e tamén como é a terra na que habita: se é boa ou mala; e como son as cidades nas que mora: se abertas ou fortificadas; ²⁰e como é o terreo: se fértil ou estéril, se hai nel árbores ou non. ¡Animádevos e colledes froitos da terra!" Era entón o tempo das uvas temperás.

²¹Subiron, logo, e exploraron o país desde o deserto de Sin ata Rehob, camiño de Hamat. ²²Subiron polo Néguebe e chegaron a Hebrón, onde estaban Ahimán, Xexai e Talmai, descendentes de Anac. Hebrón fora edificada sete anos antes ca Soán do Exipto. ²³Logo chegaron ó Val do Acio, onde cortaron un acio de uvas, que cargaron entre dous mediante unha vara, e granadas e figos. ²⁴A aquel lugar chamóuselle Val do Acio, porque alí o cortaran os fillos de Israel. ²⁵Volveron da exploración da terra, pasados corenta días. ²⁶Chegaron xunto a Moisés e Aharón e toda a comunidade dos fillos de Israel, no deserto de Parán, en Cadex, e déronlles conta a eles e a toda a asemblea mostrándolle-los froitos do país. ²⁷E contaron: —"Fomos á terra, onde ti nos enviaches: verdadeiramente é un país que deita leite e mel. ¡Ei-los seus froitos! ²⁸Pero o pobo que habita o país é forte, e as cidades, fortificadas e moi grandes. Alí vimos tamén os descendentes de Anac. ²⁹Amalec habita no país do Néguebe; o hitita, o iebuseo e o amorreo habitan na montaña, e o cananeo mora onda o mar e na beira do Xordán". ³⁰Entón Caleb tratou de apacigua-lo pobo, que murmuraba contra Moisés, e exclamou:

—"¡Subamos sen medo e apoderémonos do país, porque nós podemos con eles!"

³¹Mais os homes que subiran con el, dixeron:

—"Non podemos subir contra ese pobo, pois é máis forte ca nós".

³²E desacreditaban ante os fillos de Israel a terra que exploraran, dicindo: —"O país por onde pasamos, ó facérmo-la exploración, é un país que devora os seus habitantes, e toda a poboación que vimos no medio del son homes de estatura moi grande. ³³Alí vimos xigantes descendentes de Anac, raza de xigantes, e resultabamos, ós nosos propios ollos, coma saltóns, e o mesmo lles debiamos parecer tamén a eles".

Rebelión do pobo

14 ¹Todo aquel xentío se puxo a berrar, laiándose, e pasou toda a noite chorando. ²Tódolos fillos de Israel murmuraron contra Moisés e Aharón, e toda a xente dicía: —"¡Oxalá morresemos no país do Exipto! ¡Oxalá morresemos neste deserto! ³¿Por que nos conduce o Señor a este país, para sermos atravesados pola espada e para que as nosas mulleres e os nosos nenos sexan feitos cativos? ¿Non nos sería mellor voltar para o Exipto?" ⁴E dicíanse uns para os outros:

—"¡Poñamos un xefe e voltemos para o Exipto!"

⁵Moisés e Aharón postráronse por terra coa cara para abaixo, diante de toda a comunidade dos fillos de Israel. ⁶Xosué, fillo

---

13, 1-3 A promesa de Deus de lles dar aquela terra non os exime de poñe-los medios apropiados e toda a habilidade que cumpra. Este acontecemento da exploración do país transmítese en tódalas tradicións, e por certo non todas van de acordo. Así a P (sacerdotal) informa negativamente, con excepción de Caleb e Xosué. A L (**13**, 18-30.33), a J (**13**, 17b.20-22; **14**, 1b.3b), a E, así como Dt (**1**, 20-45), van noutro sentido e atribúen a longa permanencia no deserto ó castigo, por non se fiaren de Deus e do seu servo Moisés.

13, 27 *Terra que deita leite e mel* é unha frase feita que se atopa na literatura cananea e expresa a gran fertilidade de animais e xente causada polas bendicións dos seus deuses locais. Os israelitas loxicamente pensan que a fertilidade lle veñ só de Iavé.

13, 33 *Xigantes* ("nefilim": Xén **6**, 4), identificados aquí segundo unha tradición serodia cos descendentes de Anac.

14, 2 As queixas do pobo son contra Iavé (v 11), xa que foi El quen elixiu e consagrou a Moisés e Aharón, contra os que se rebelan.

de Nun, e Caleb, fillo de Iefuneh, que tamén exploraran a terra, racharon os seus vestidos, ⁷e logo dirixiron a palabra a toda a asemblea dos fillos de Israel: —"A terra que percorremos para explorala, é unha terra moi boa. ⁸Se o Señor nos é propicio, conduciranos a ese país e daránolo; é un país que deita leite e mel. ⁹Pero non vos rebeledes contra o Señor nin temáde-la xente do país, pois podemos devoralo coma pan; a súa protección apartouse deles, e o Señor está connosco. ¡Non lles teñades medo!" ¹⁰Pero toda a comunidade tratou de apedralos. Entón a Gloria do Señor apareceu na Tenda do Encontro ante tódolos fillos de Israel, ¹¹e o Señor díxolle a Moisés:

—"¿Por canto tempo me ha aldraxar este pobo? ¿Por canto tempo se negará a crer en min, con tódolos prodixios que teño feito diante deles? ¹²Vou ferilos coa peste e exterminareinos, e despois heite facer príncipe dunha nación maior e máis poderosa do que esta é".

¹³Respondeulle Moisés ó Señor:

—"Os exipcios oíron que co teu poder sacaches este pobo de entre eles, ¹⁴e dixéronllelo ós habitantes desta terra. Eles oíron que Ti, Señor, estás no medio do teu pobo e te deixas ver cara a cara; que a túa Nube se mantén coma unha columna sobre eles, e nela marchas diante durante o día e en columna de lume pola noite. ¹⁵Se fas morrer a este pobo coma un home só, as xentes que escoitan a túa sona dirán: ¹⁶Iavé foi incapaz de levar a este pobo ó país que lle prometera con xuramento, por iso o destruíu no deserto! ¹⁷Agora, pois, sexa glorificado o poder do meu Señor, conforme ti prometiches, dicindo: ¹⁸O Señor é paciente e rico en misericordia; El perdoa a iniquidade e o crime, mais nada deixa sen castigo, pois fai purificar nos fillos as culpas dos pais ata a terceira e cuarta xeración. ¹⁹¡Perdoa, pois, a iniquidade deste pobo conforme a magnitude da túa misericordia e conforme o soportaches desde Exipto ata aquí!"

²⁰O Señor respondeu:

—"Eu perdoo conforme a túa palabra. ²¹Pero, ¡pola miña vida e pola Gloria do Señor, que enche toda a terra, ²²todos aqueles homes que viron a miña Gloria e os prodixios que fixen no Exipto e no deserto, e me tentaron xa por dez veces, sen escoitaren a miña voz, ²³non han ve-lo país que con xuramento lles prometín a seus pais: ningún de cantos me aldraxan o verá! ²⁴Con todo, ó meu servidor Caleb, porque tivo outro espírito consigo e me seguiu fielmente, heino facer entrar no país onde el xa estivo, e a súa posteridade terao en posesión. ²⁵Mais os amalecitas e os cananeos habitan no val; voltade logo mañá e marchade para o deserto, camiño do Mar Rubio".

Castigo dos rebeldes

²⁶Díxolles o Señor a Moisés e a Aharón: ²⁷—"¿Canto tempo vou ter que seguir aguantando esta teimosa turba, que murmura contra min? Eu oín as murmuracións que contra min profiren os fillos de Israel. ²⁸Dilles: ¡Pola miña vida, palabra do Señor, que conforme vos oín dicirme, así vos vou tratar! ²⁹Neste deserto caerán os vosos cadáveres, todos vós, os que fostes censados, todos desde a idade de vinte anos en diante que murmurastes contra min, ³⁰non entraredes no país, onde, estendendo a miña man, xurei facervos habitar, excepto Caleb, fillo Iefuneh e Xosué, fillo de Nun. ³¹En cambio ós vosos mozos, dos que dixestes: Servirallles de presa ós inimigos, a eses introducireinos, e coñecerán o país que vós desprezastes. ³²Os vosos propios cadáveres caerán neste deserto, ³³e os vosos fillos andarán errantes no deserto e pagarán as consecuencias das vosas infidelidades, ata que acaben de consumirse no deserto os vosos cadáveres. ³⁴Conforme os corenta días que tardastes en explora-lo país, pagaréde-la pena das vosas iniquidades: por cada día un ano, isto é, corenta anos; así saberéde-lo que é o meu castigo. ³⁵Eu, o Señor, falei. Seguro que hei tratar así a toda esta multitude perversa que se repuxo contra min. ¡Neste deserto será consumida e nel morrerá!"

³⁶Os homes que Moisés enviara a explora-la terra e que, ó volveren, fixeran murmurar contra el a toda a multitude, falando mal dela, ³⁷aqueles homes que difamaran a terra con perversidade, morreron feridos de morte diante do Señor. ³⁸Soamente Xosué, fillo de Nun, e Caleb, fillo de Iefuneh, sobreviviron de entre aqueles homes que foran explora-lo país.

Desfeita dos israelitas

³⁹Contoulles Moisés todas estas cousas ós fillos todos de Israel, e quedou o pobo moi aflixido. ⁴⁰Levantándose pola mañá cedo, subiron ó cume do monte, dicindo:

14, 28 Daráselles como castigo o que eles pedían: "morrer no deserto" (v 2).

—"Imos rubir aló, a aquel lugar, que nos mandou o Señor, porque pecamos". ⁴¹Moisés díxolles: —"¿Por que pretendedes ir contra a vontade do Señor? Así non vos vai ir ben. ⁴²Non subades, pois o Señor non está convosco; non sexa que vos derroten os vosos inimigos. ⁴³Pois o amalecita e o cananeo están alí contra vós e pereceredes baixo a súa espada, porque vos desviastes do Señor e o Señor non estará convosco". ⁴⁴Eles, con todo, obstináronse en subir ó cume do monte. Pero nin a Arca da Alianza do Señor nin Moisés se moveron do interior do campamento. ⁴⁵Os amalecitas e os cananeos, que habitaban naquel monte, baixaron e derrotáronos, facéndoos fuxir ata Hormah.

Ofrendas e sacrificios

15 ¹Faloulle o Señor a Moisés: ²—"Dilles ós fillos de Israel: Cando esteades dentro do país que será a morada que eu vos vou dar, ³e queirades celebrar unha ofrenda de comida (un holocausto ou un sacrificio en cumprimento de voto ou como ofrenda voluntaria ou con motivo das vosas solemnidades sacrificando bois ou ovellas, en recendo grato ó Señor), ⁴quen así ofreza a súa ofrenda ó Señor, ofrecerá como sacrificio un quilo e medio de flor de fariña amasada cun litro de aceite; ⁵engadiraslle ó holocausto ou á oblación viño para as libacións en cantidade dun litro, por cada cordeiro. ⁶E por cada carneiro, ofrecerás como oblación tres quilos de flor de fariña amasada cun litro e cuarto de aceite; ⁷e do viño para a libación, un litro e cuarto, que ofrecerás como aroma de suavidade ó Señor. ⁸Pero se desexas sacrificar un xuvenco en holocausto ou sacrificio, en cumprimento dun voto ou como ofrenda pacífica ó Señor, ⁹ofrecerás ademais do xuvenco, en concepto de oblación, catro quilos e medio de flor de fariña amasada con dous litros de aceite; ¹⁰e para a libación ofrecerás dous litros de viño: sacrificio de comida, como aroma suavísimo para o Señor. ¹¹Isto farase con cada xuvenco e con cada carneiro, año ou cabrito. ¹²Calquera que sexa o número de víctimas que inmoledes, faredes así con cada unha delas. ¹³Todo nativo procederá dese xeito, ó presentar unha ofrenda na brasa, de fragante recendo para o Señor. ¹⁴E cando resida convosco un estranxeiro ou alguén viva no medio de vós nas vosas sucesivas xeracións e desexe facer un sacrificio de comida de recendo agradable ó Señor, do modo que vós facedes, así fará el. ¹⁵A mesma regra vale tanto para vós como para o estranxeiro, regra perpetua, de agora para adiante nas xeracións sucesivas: igual ca vós será o estranxeiro diante do Señor. ¹⁶Unha soa lei e unha soa norma teredes vós e mailo estranxeiro que mora convosco".

As primicias

¹⁷Faloulle o Señor a Moisés: ¹⁸—"Dilles ós fillos de Israel: Cando entredes no país, no que eu vos vou meter, ¹⁹e comades do seu pan, reservaredes unha ofrenda para o Señor. ²⁰Como primicias da vosa fariña reservaredes unha torta coma oblación; coma a oblación da eira, así a debedes de elevar ²¹Das primicias da vosa fariña daredes a Iavé unha ofrenda nas vosas sucesivas xeracións.

Faltas involuntarias

²²Se faltades sen darvos conta, descoidando un destes preceptos que o Señor lle deu a Moisés, ²³é dicir, todo o que o Señor vos mandou por medio de Moisés, desde o día no que o Señor vos deu os seus mandamentos, e de alí en adiante por tódalas xeracións; ²⁴se é toda a comunidade a que faltou sen o saber, sacrificarase un xuvenco coa súa ofrenda e a súa libación, conforme o rito prescrito, e un chibo en sacrificio expiatorio. ²⁵O sacerdote fará a expiación por toda a asemblea dos israelitas, e seralles perdoado, porque foi un pecado involuntario e porque presentaron a súa ofrenda ó Señor. ²⁶O perdón será conseguido para toda a comunidade israelita e tamén para o estranxeiro que habita entre eles, porque é unha culpa que todo o pobo cometeu sen se dar conta.

²⁷Se foi unha soa persoa a que pecou sen se dar conta, ofrecerá unha cabra dun ano en sacrificio expiatorio. ²⁸O sacerdote fará a expiación diante do Señor por esa persoa que pecou sen se dar conta, e quedará perdoada. ²⁹Esta será a única lei para o que peca sen se dar conta, sexa israelita de nacemento ou estranxeiro que habite entre eles. ³⁰Pero o que peque deliberadamente, indíxena ou estranxeiro, aldraxa ó Señor, e debe

---

15, 2-16 Todas estas leis procedentes da tradición Sacerdotal son adaptacións complementarias das xa establecidas no Levítico.
15, 3 *Ofrenda de comida;* lit. "de lume".

15, 4 Lit. "décima parte de *efah* e un cuarto de *hin*".
15, 30 *Deliberadamente*. O texto pon "a man erguida", como desprezando a lei.

ser expulsado do seu pobo. ³¹Por despreza-la palabra do Señor e por viola-los seus preceptos, será expulsado: cargará coa súa iniquidade".

Profanación do sábado

³²Estando aínda os fillos de Israel no deserto, aconteceu que pillaron un home que recollía leña no día do sábado. ³³Os que o pillaron collendo leña, levárono diante de Moisés, de Aharón e de toda a asemblea. ³⁴Puxérono baixo custodia, porque aínda non fora estipulado o que se había de facer con el. ³⁵E o Señor díxolle a Moisés: —"Ese home debe morrer; que o apedre toda a asemblea fóra do campamento". ³⁶E, tirándoo para fóra toda a asemblea, apedráron o e morreu, coma o Señor lle ordenara a Moisés.

³⁷Falloulle o Señor a Moisés: ³⁸—"Dilles ós fillos de Israel que se fagan unhas borlas nas extremidades das súas capas, e que poñan un cordón de púrpura violeta nas fitas. ³⁹Tales fitas serviranvos para que, cando as vexades, vos lembredes de tódolos preceptos do Señor e os poñades en práctica; e para que non vos deixedes arrastrar pola inclinación do voso corazón e dos vosos ollos, que vos levan á infidelidade. ⁴⁰Así lembrarédesvos de tódolos meus mandatos e cumprirédelos, e estaredes consagrados ó voso Deus. ⁴¹Eu son o Señor, o voso Deus, que vos tirei do país do Exipto para se-lo voso Deus. ¡Eu son o Señor, o voso Deus!"

Revolta de Coré, Datán e Abiram

16 ¹Coré, fillo de Ishar, fillo de Quehat, fillo de Leví; e Datán e Abiram, fillos de Eliab, fillo de Pélet, fillo de Rubén, ²levantáronse contra Moisés con douscentos cincuenta homes dos fillos de Israel, príncipes da comunidade, membros do consello, persoas que eran das máis significadas e sinaladas polo seu nome. ³Sublevárouse contra Moisés e contra Aharón, e dixéronlles: —"¡Xa é abondo! Toda a comunidade é santa, todos eles o son, e no medio deles está o Señor. ¿Por que vos elevades vós sobre a comunidade do Señor?" ⁴Logo de oír isto, Moisés botouse rostro en terra. ⁵Despois díxolles a Coré e a toda a súa facción: —"Mañá o Señor dará a coñecer quen é seu e quen é santo, e farao achegarse a El: ó que teña escollido, farao achegarse. ⁶Facede isto: collede cada un o voso incensario, Coré e toda a súa facción, ⁷e mañá ponde neles lume e botade enriba incenso diante do Señor. O home que o Señor escolla, ese será o santo. ¡Abonda xa, fillos de Leví!"

⁸Moisés díxolle a Coré: —"¡Escoitade, por favor, fillos de Leví! ⁹¿Parécevos pouco para vós que o Deus de Israel vos separase da comunidade israelita e vos aproximase a El, para que desempeñéde-lo servicio do Tabernáculo do Señor e para vos manter na presidencia da comunidade e oficiar por ela? ¹⁰Ademais, aproximouvos a ti e a tódolos teus irmáns, fillos de Leví, ¿e reclamades aínda o sacerdocio? ¹¹Ti e toda a túa facción sublevástesvos contra o Señor; pois ¿quen é Aharón para que murmuredes contra el?".

¹²Moisés mandou chamar a Datán e Abiram, fillos de Eliab, que responderon: —"¡Non iremos! ¹³¿É pouco obrigarnos a subir dun país que deita leite e mel, e facernos morrer no deserto, para que, enriba, pretendas tamén señorearte de nós? ¹⁴Abofé, non nos trouxeches a un país que deita leite e mel, nin nos deches en herdanza campos e viñas. ¿Pensas arrinca-los ollos desta xente? ¡Non iremos!" ¹⁵Moisés alporizouse moito, e díxolle ó Señor: —"¡Non te volvas para a súa oblación! Nin un asno só lles quitei nin maltratei a ningún deles".

¹⁶Logo Moisés díxolle a Coré: —"Mañá ti e toda a túa facción presentádevos ante o Señor; ti, eles e mais Aharón. ¹⁷Collede cada un o voso incensario, ponde nel incenso, e ofrecede ante o Señor cada un o voso, en total douscentos cincuenta incensarios. Tamén ti e Aharón, cada un co seu incensario". ¹⁸Colleron, pois, cadanseu incensario, puxeron neles lume, botándolle enriba incenso, e puxéronse á entrada da Tenda do Encontro con Moisés e Aharón.

¹⁹Coré congregara contra eles a toda a comunidade da Tenda do Encontro. Entón a Gloria do Señor apareceu ante toda a asemblea. ²⁰O Señor díxolles a Moisés e Aharón: ²¹—"¡Separádevos do medio desta comunidade, para que de improviso os destrúa!" ²²Eles, entón, caeron co rostro por terra e exclamaron: —"¡Deus, o noso Deus, fonte do espírito de tódolos viventes!,

---

15, 32-36 Dáselle o mesmo castigo do blasfemo (Lev **24,** 10-16).

16, 1ss Este capítulo está composto con textos de tradicións diversas e contén disposicións disciplinarias de épocas moi distantes. Deixan entrever enfrontamentos e discusións entre sacerdotes e levitas por mor da súa categoría ministerial.

¿acaso, se un home só peca, acenderase a túa ira contra toda a comunidade?" ²³O Señor faloulle a Moisés, para lle dicir: ²⁴—"Fálalle á comunidade: ¡afastádevos das tendas de Coré, Datán e Abiram!" ²⁵Levantouse Moisés e foi onda Datán e Abiram e seguírono os anciáns de Israel. ²⁶Entón díxolle á comunidade: —"¡Afastádevos, por favor, de onda as tendas destes homes perversos, e non toquedes nada de canto lles pertence, para que non sexades arrastrados no medio dos seus pecados!" ²⁷Afastáronse, logo, de onda as tendas de Coré, Datán e Abiram. Mentres, Datán e Abiram saíran e mantíñanse firmes á entrada das súas tendas coas súas mulleres, os seus fillos e demais parentes. ²⁸Entón dixo Moisés: —"Nisto recoñeceredes que o Señor me mandou para facer todas estas accións, e que non fago nada pola miña conta: ²⁹se todos estes homes morren de morte natural, e lles toca a mesma sorte que a tódolos homes, non foi o Señor quen me enviou; ³⁰pero se o Señor fai un portento e a terra abre a súa boca e os engole con todo o que lles pertence, de sorte que baixen vivos á morada dos mortos, entón saberedes que estes homes blasfemaron contra o Señor". ³¹E aconteceu que, tan pronto como acabou de falar, fendeuse a terra debaixo dos seus pés. ³²A terra abriu a súa boca e enguliunos a eles e ás súas familias, toda a xente de Coré e toda a súa facenda. ³³Descenderon, pois, vivos á morada dos mortos, eles e tódolos seus; a terra pechouse sobre eles, e desapareceron do medio da comunidade. ³⁴Tódolos israelitas que estaban arredor deles fuxiron ante os seus berros, pois dicían: —"¡Non sexa que nos engula a terra!". ³⁵E ó mesmo tempo saíu un lume da parte do Señor e devorou os douscentos cincuenta homes que ofrecían o incenso.

Castigo dos partidarios de Coré

17 ¹Díxolle o Señor a Moisés: ²—"Manda que Elazar, fillo do sacerdote Aharón, retire os incensarios que están no medio do lume e que espalle as brasas, porque son santas. ³Os incensarios deses que morreron polo seu pecado, sexan reducidos a láminas para recubri-lo altar, porque foron ofrecidos ó Señor e están santificados. Serviranlles de sinal ós fillos de Israel". ⁴O sacerdote Elazar colleu, logo, os incensarios de bronce que ofreceran os mortos polo lume, e laminounos para recubri-lo altar. ⁵Isto era coma un aviso para os fillos de Israel, a fin de que ningún estraño que non pertenza á descendencia de Aharón se aproxime a queimar incenso diante do Señor e non sufra a sorte de Coré e a súa facción, conforme o Señor lle ordenara por medio de Moisés.

Nova murmuración do pobo e intercesión de Aharón

⁶Ó día seguinte, toda a comunidade dos fillos de Israel murmurou contra Moisés e Aharón, dicindo: —"¡Vós matáste-lo pobo do Señor!" ⁷E aconteceu que, mentres se xuntaba a comunidade contra Moisés e contra Aharón, estes achegáronse á Tenda do Encontro, e de seguida os cubriu a Nube e apareceu a Gloria do Señor. ⁸Moisés e Aharón chegáronse diante da Tenda do Encontro, ⁹e o Señor faloulles: ¹⁰—"¡Retirádevos do medio desta comunidade, pois vouna consumir nun instante!" Eles postráronse por terra, ¹¹e Moisés díxolle a Aharón: —"Colle o incensario e pon nel lume collido do altar e bótalle enriba incenso; vai despois axiña ó medio do pobo e ofrece expiación por eles, porque xa saíu a cólera do Señor: xa comezou o castigo". ¹²Aharón colleu o incensario, conforme lle indicara Moisés, e foi correndo ó medio do pobo, pois xa comezara o castigo entre o pobo; puxo incenso e fixo a expiación polo pobo. ¹³Colocouse de pé entre os mortos e os vivos, e o castigo cesou. ¹⁴Foron os mortos polo castigo 14.700, sen conta-los mortos por culpa da revolta de Coré. ¹⁵Aharón voltou onda Moisés, á entrada da Tenda do Encontro, porque o castigo xa cesara.

A vara de Aharón

¹⁶Díxolle o Señor a Moisés: ¹⁷—"Fálalles ós fillos de Israel e toma deles unha vara por cada casa patriarcal, de parte de tódolos príncipes, segundo a súa casa paterna, isto é, doce varas. Escribira-lo nome de cada un sobre cada vara. ¹⁸Pero na vara de Leví escribi-

---

16, 11 A repulsa é máis contra Iavé ca contra Aharón. Por iso o castigo se atribúe a Deus mesmo (vv 30-33).
16, 33 *Xeol* tradúcese por "morada dos mortos", no senso de lugar no interior da terra onde baixan os que morren, bos e malos, e onde seguen vivindo unha existencia coma de sombras (ver Xén **37**, 35; Dt **32** 22; 1 Sam **2**, 6; **28**, 19, etc.).
17, 3 O lume acendido para queima-lo incenso en honra do Señor consagrou os incensarios dos castigados coa morte por obraren indebidamente.
17, 17 Eran as varas ou bastóns de mando dos xefes. Simbolizaban a súa autoridade.

rase o nome de Aharón, pois só haberá unha vara por casa patriarcal. ¹⁹E mandaralas pousar na Tenda do Encontro, diante do Testemuño, onde eu me aparezo a ti. ²⁰Agora ben, acontecerá que a vara do home que eu escolla, florecerá; así farei cesa-las queixas, que os fillos de Israel murmuran contra vós".
²¹Faloulles Moisés ós fillos de Israel. Tódolos seus príncipes lle deron a súa vara, cada un a súa, segundo as casas paternas, ou sexa, doce varas, e a vara de Aharón estaba entre elas. ²²Moisés puxo as varas diante do Señor na Tenda do Testemuño. ²³E aconteceu que ó día seguinte, cando entrou Moisés na Tenda do Testemuño, achou que a vara de Aharón, correspondente á casa de Leví, estaba florecida: aparecéranlle os botóns, saíranlle flores e dera améndoas. ²⁴Moisés levou da presencia do Señor tódalas varas ós fillos todos de Israel. Recoñecéronas, e cada un recolleu a súa. ²⁵O Señor díxolle a Moisés: —"Torna a leva-la vara de Aharón diante do Testemuño, para que sirva de sinal contra os fillos rebeldes, e para que cesen as súas queixas diante de min, e non morran".
²⁶Fíxoo Moisés; como o Señor lle mandara, así o fixo.
²⁷Os fillos de Israel dixéronlle a Moisés: —"¡Mira que somos consumidos, xa perecemos, todos nós perecemos! ²⁸¡Calquera que se aproxima ó Tabernáculo do Señor, morre sen remedio! ¿Acaso acabaremos por morrer todos?"

Funcións e dereitos dos levitas

18 ¹Díxolle o Señor a Aharón: —"Ti e os teus fillos e a casa de teu pai cargaredes coa responsabilidade das faltas cometidas no Santuario; ti e teus fillos cargaredes coa responsabilidade dos pecados cometidos no exercicio do voso sacerdocio. ²Toma tamén contigo ós teus irmáns, a tribo de Leví, liñaxe do teu pai, para que contigo se unan e te axuden cando ti e os teus fillos estiverdes diante da Tenda do Testemuño. ³Estarán ó teu servicio e ó da Tenda enteira, pero non se acercarán ós obxectos sagrados nin ó altar, para que non morran nin eles nin vós. ⁴Soamente eles estarán contigo no servicio da Tenda do Encontro, para todo o servicio da Tenda; ningún estraño se acercará a vós. ⁵Soamente vós atenderéde-lo servicio do Santuario e o servicio do altar, para que a cólera non se levante máis sobre os fillos de Israel. ⁶De feito fun eu quen escollín os fillos de Leví, vosos irmáns, do medio dos fillos de Israel e volos entreguei como oblación ó Señor, para faceren o servicio da Tenda do Encontro. ⁷Ti, sen embargo, e teus fillos contigo exerceréde-la vosa función sacerdotal en todo o que toca ó altar e á parte interior do veo: é unha doazón que vos fago eu a vós, o voso sacerdocio, e calquera estraño que se aproxime, morrerá".

O destino dos tributos

⁸E díxolle o Señor a Aharón: —"Son eu quen poño á túa disposición tódalas ofrendas que me pertencen; e tódalas cousas consagradas polos fillos de Israel, douchas a ti e a teus fillos por dereito perpetuo, e serán santas. ⁹Isto é o que che tocará a ti das cousas máis sagradas, fóra do que é queimado no lume: tódalas ofrendas que me presenten nas súas diversas oblacións, nos seus sacrificios polo pecado e sacrificios polo delito: como cousa santísima, correspondéranche a ti e a teus fillos. ¹⁰Comeréde-las en lugar santísimo; todo varón as poderá comer; será cousa santa para ti. ¹¹Tamén serán para ti estas outras cousas: os tributos de tódalas doazóns dos fillos de Israel dóuvolos a ti e ós teus fillos e ás túas fillas, como dereito perpetuo. Poderaos comer calquera da túa familia que estiver puro. ¹²O mellor do aceite novo e o mellor do viño e do trigo, as primicias que se ofrecen ó Señor, douchas a ti. ¹³As primicias de tódalas cousas da terra, na que vos vou facer entrar, que lle pertencen ó Señor, serán para ti; soamente os que estean puros da túa familia as poderán comer. ¹⁴Todo canto sexa consagrado en Israel será para ti. ¹⁵Tódolos seres de calquera criatura que nacen os primeiros, sexan homes ou animais, que sexan presentados ó Señor, serán para ti, agás os primoxénitos do home, que o terás que rescatar, como tamén rescata-

---

17, 19 *Diante do Testemuño* = diante da arca, na que se gardaban as táboas da Lei, que eran propiamente "O Testemuño".
18, 1 Ten que responder polas faltas cometidas no desempeño das funcións do culto por parte dos quehatitas, como servidores subordinados no ministerio expiatorio dos sacerdotes.

18, 7 O sacerdocio queda reservado ós fillos de Aharón. Os levitas adicaranse a servicios subalternos do templo. Os laicos por ningún motivo poderán achegarse ó altar.
18, 8-9 Deus é o creador e dono de todo, e pódello dar a quen el queira. As cousas que os israelitas lle defraudaron das ofrendas presentadas (Lev **5,** 15-16) e que teñen que restituír, perténcenlle tamén a Iavé (Lev **7,** 30-38).

ra-los dos animais. ¹⁶Canto ó seu rescate, será desde a idade dun mes, e conforme a túa valoración: cinco siclos de prata, conforme o siclo do Santuario, que vale vinte óbolos cada un. ¹⁷Pero non rescatara-lo primeiro froito dunha vaca, o primeiro nacido dunha ovella ou o primeiro nacido dunha cabra: son cousa sagrada. O seu sangue derramaralo sobre o altar, e farás arde-la súa graxa en ofrenda de aroma agradable ó Señor. ¹⁸A súa carne, con todo, será para ti; e tamén o peito abalado ritualmente e a perna dereita serán para ti. ¹⁹Tódolos impostos das cousas santas que os israelitas consagran ó Señor douchas a ti e ós teus fillos e ás túas fillas, en dereito perpetuo. É unha alianza selada con sal perdurable ante o Señor, para ti e a túa descendencia".

Décimos para os levitas

²⁰Díxolle o Señor a Aharón: —"Non posuirás herdanza ningunha na súa terra nin terás parte ningunha no medio deles: eu son a túa parte e a túa herdanza no medio dos israelitas. ²¹Canto ós fillos de Leví, doulles por herdanza tódolos décimos percibidos en Israel, polo servicio que me teñen que facer na Tenda do Encontro. ²²De agora en diante os fillos de Israel non se aproximarán máis á Tenda do Encontro, para que non incorran en pecado castigado con pena de morte. ²³Só os levitas farán o servicio da Tenda do Encontro, e eles cargarán coa iniquidade dos israelitas. É un estatuto perpetuo nas vosas sucesivas xeracións, e no medio dos israelitas non haberán de ter herdanza. ²⁴Porque eu lles dou ós levitas en herdanza o décimo que os fillos de Israel ofrecerán como oblación ó Señor. Por iso lles dixen: no medio dos fillos de Israel non han ter herdanza".

²⁵O Señor faloulle a Moisés: ²⁶—"Dilles ós levitas: Cando recibades dos fillos de Israel o décimo que vos dei en herdanza, ofrenda redes unha parte del, como oblación, ó Señor, o décimo do décimo. ²⁷E valeravos como tributo voso, como se for trigo da eira, ou mosto do lagar. ²⁸Así tamén ofreceredes unha oblación ó Señor de tódolos vosos décimos, de canto recolledes dos fillos de Israel e darédesllos ó sacerdote Aharón, como oblación do Señor. ²⁹De tódalas doazóns que recibades, separades unha parte para o Señor; tomaredes como décimos o mellor, e neles o mellor como parte consagrada.³⁰Logo diraslles: Cando teñades separado o mellor das ofrendas, reservarase o resto para os levitas, coma se fose para vós o producto da eira ou o do lagar. ³¹Poderédelo comer en calquera lugar, vós e a vosa casa, pois constitúe o voso salario a cambio do voso servicio na Tenda do Encontro. ³²Así, unha vez que teñades deducido disto o mellor, non incorreredes con este motivo en pecado; así, non profanaréde-las cousas santas dos fillos de Israel, e non morreredes".

Sacrificio da vaca vermella. A auga lustral

19 ¹Díxolles o Señor a Moisés e Aharón: ²—"Esta é a lei que preceptuou o Señor: Dilles ós fillos de Israel que collan para ti unha vaca vermella sen defecto, que non teña defecto ningún e que aínda nunca foi xunguida. ³Entregarédela ó sacerdote Elazar, que a levará fóra do campamento, e será inmolada na súa presencia. ⁴O sacerdote Elazar tomará sangue dela co seu dedo e asperxerá o sangue sete veces en dirección á parte anterior da Tenda do Encontro. ⁵Logo fará queima-la vaca diante dos seus ollos; a pel dela, a súa carne e o seu sangue xunto co seu excremento, será todo queimado. ⁶O sacerdote collerá leña de cedro, hisopo e púrpura escarlata, e botaraos no medio da fogueira da vaca. ⁷Lavará despois os seus vestidos, bañará o seu corpo na auga e volverá logo ó campamento, pero quedará impuro ata a tarde. ⁸E aquel que queime a vaca tamén lavará a súa roupa e bañará o seu corpo en auga e quedará impuro ata a tarde. ⁹Un home puro recollerá as cinsas da vaca e depositaraas fóra do campamento, en lugar puro, onde se gardarán para a comunidade dos fillos de Israel, a fin de facer auga lustral. É un sacrificio polo pecado. ¹⁰Logo o que recolleu as cinsas da vaca, lavará os seus vestidos e quedará impuro ata a tarde. Esta

---

18, 16 Refírese ó rescate dos primoxénitos dos israelitas. O dos animais impuros era diferente (Lev **27**, 11-12).
18, 20 Esta lei cambiou co tempo. No Dt **14**, 28s e **26**, 12 os levitas teñen parte do décimo de cada tres anos. En troques en Núm **35**, 3-8 desaparece este imposto, ó concedérlle-las cidades levíticas cos terreos de arredor.
18, 26 Os levitas teñen que entregar o seu décimo ós sacerdotes.

19, 1ss A tradición Sacerdotal recolle aquí antigos usos, non exentos de todo sabor supersticioso, como a cor vermella da vaca, o asperxer co sangue, o mestura-las cinsas coa auga, o poder purificador desta auga lustral, etc. A presencia do sacerdote e a consideración do rito como "sacrificio polo pecado" (vv 9.17) permitiu que entrase no culto (ver Heb **9**, 13). Costumes semellantes foron incorporados na lexislación oficial, como Lev **14**, 2-7; Núm **5**, 17-28; Dt **21**, 1-9.

será a lei perpetua tanto para os fillos de Israel como para o forasteiro que mora no medio deles.

Casos de impureza

¹¹O que toque o cadáver de calquera ser humano, quedará impuro por sete días. ¹²Terase que lavar con aquela auga o día terceiro e no sétimo día, e quedará puro. Mais se non se lava no día terceiro e no día sétimo, non quedará puro. ¹³Quen toque o cadáver dunha persoa, se non se purifica, profanou a morada do Señor, e ese tal terá que ser exterminado de Israel, porque a auga lustral non caeu sobre el: é impuro, e a súa impureza ficará sobre el.

¹⁴Esta é a lei: Cando un home morra nunha tenda, todo o que na tenda entre e canto na tenda exista, será impuro durante sete días. ¹⁵E todo vaso descuberto que non teña a tapa ben atada, será impuro. ¹⁶Calquera que no campo toque unha víctima da espada, ou un morto, ou ósos de home, ou unha tumba, será impuro sete días. ¹⁷Para este home impuro collerase cinsa da fogueira do sacrificio polo pecado, e sobre ela verterase auga corrente dentro dun vaso. ¹⁸Logo un home puro collerá hisopo, mollarao na auga e asperxerá a tenda, así como tódolos utensilios e persoas que alí haxa, como tamén a quen tocou os ósos, a víctima, o morto ou a tumba. ¹⁹O home puro asperxerá o inmundo no terceiro día e no día sétimo; no sétimo día darao purificado, e entón lavará os seus vestidos e bañarase en auga, e á tarde quedará puro. ²⁰Pero se o home que é impuro non se purifica, deberá ser botado do medio da comunidade, por contamina-lo santuario do Señor; as augas lustrais non foron asperxidas sobre el, está impuro. ²¹Esta será unha lei perpetua para eles. O que asperxeu auga lustral, terá que lava-los seus vestidos; e o que foi tocado coa auga lustral será impuro ata a tarde. ²²Todo o que toque a quen é impuro, quedará impuro; e toda persoa que o toque a el, quedará impura ata a tarde.

As augas de Meribah

20 ¹Os fillos de Israel, a comunidade enteira, chegaron ó deserto de Sin no primeiro mes, e o pobo acampou en Cadex. Alí morreu María e alí foi sepultada.

²Como non había auga para a comunidade, xuntáronse contra Moisés e contra Aharón. ³O pobo levantouse contra Moisés e laiouse con berros, dicindo: —"¡Oxalá perecesemos, cando pereceron os nosos irmáns diante do Señor! ⁴¿Para que fixestes vir á comunidade do Señor a este deserto, para morrermos nel nós e o noso gando? ⁵¿Por que nos fixestes saír de Exipto, para nos traer a este lugar maldito, que non se pode sementar e que nin ten figueiras, nin viñas, nin granados, e amais diso non ten auga para beber?" ⁶Moisés e Aharón, retirándose de diante da comunidade, foron á entrada da Tenda do Encontro, e postráronse co rostro por terra. Apareceuselles por riba deles a Gloria do Señor, ⁷e o Señor díxolle a Moisés: ⁸—"¡Colle a vara, e fai xuntar á comunidade, ti e Aharón, teu irmán; na presencia deles ordenarédeslle ó penedo que dea auga; farás manar para eles auga do penedo e daraslle de beber á comunidade e ó seu gando!" ⁹Moisés colleu a vara de diante do Señor, conforme lle ordenara. ¹⁰Logo Moisés e Aharón reuniron a comunidade diante do penedo, e faloulles: —"¡Escoitade, rebeldes! ¿Poderemos sacar auga para vós deste penedo?" ¹¹E Moisés levantou a man e bateu no penedo coa súa vara por dúas veces: e saíu auga abundante, e a comunidade bebeu, e o seu gando tamén. ¹²O Señor díxolles a Moisés e a Aharón: —"Por non confiardes en min e non manifestardes así a miña santidade ós ollos dos israelitas, non seredes vós quen introduza esta comunidade na terra que eu lles vou dar". ¹³Estas son as augas de Meribah, onde os fillos de Israel se queixaron contra o Señor e El manifestou a súa santidade.

Vanse de Cadex

¹⁴Desde Cadex Moisés enviou embaixadores ó rei de Edom:

19, 13 Todo o campamento era "morada do Señor", porque no medio estaba situado o Tabernáculo, onde se conservaba a arca cos táboas, símbolo da presencia de Deus no medio do pobo.

20, 1 Non se sabe con certeza canto tempo permaneceron os israelitas en Cadex, pero foi unha etapa longa, que lles permitiu dispersárense polo deserto arredor, onde a auga tiña que escasear.

20, 2ss Os relatos desta sección pertencen ás vellas tradicións "iavista" e "elohista", que alternan coa "sacerdotal", a cal está máis representada. Non faltan elementos da tradición L, máis antiga.

20, 10 O texto actual interpreta a pregunta de Moisés como expresión de dúbida: ¿poderemos sacar auga dun penedo? Por iso reciben o castigo de non entrar na Terra prometida. A verdadeira razón debeu ser outra, relacionada cos acontecementos narrados no c. **14**.

20, 13 O milagre das augas nacidas dun penedo, a cousa máis enxoita e contraria, mostra a omnipotencia de Deus, a súa "santidade".

—"Isto fala o teu irmán Israel: Ti ben coñeces tódolos traballos que pasamos, [15]como os nosos pais tiveron que baixar a Exipto, onde habitamos por moito tempo. Os exipcios maltratáronnos a nós e ós nosos devanceiros; [16]pero nós queixámonos ó Señor. El escoitou o noso lamento, e enviou o seu anxo, que nos sacou de Exipto. Velaquí que xa chegamos a Cadex, cidade que está nos teus últimos límites. [17]¡Déixanos pasar, por favor, pola túa terra! Non atravesaremos campos, nin viñas, nin beberemos das augas dos pozos, camiñaremos pola estrada do rei, non sairemos nin para a dereita nin para a esquerda, ata que deamos saído do teu territorio".

[18]E respondeulles Edom:

—"¡Ti non pasarás polo meu territorio; do contrario, saireiche ó encontro coa espada!"

[19]Os fillos de Israel contestáronlle:

—"Subiremos polo camiño, e se eu e os meus gandos bebemos das túas augas, pagarémo-lo seu prezo: permite soamente que pasemos a pé".

[20]Mais el respondeu:

—"¡Non pasarás!"

E saíu Edom ó seu encontro con moita xente e con fortes armas. [21]E non quixo Edom deixar pasar a Israel polo seu territorio. Entón Israel retirouse de onda el.

[22]Marcharon de Cadex os fillos de Israel, toda a comunidade, e chegaron ó monte de Hor.

Morte de Aharón

[23]O Señor díxolles a Moisés e Aharón no monte Hor, situado na fronteira de Edom: [24]—"É preciso que Aharón se xunte cos do seu pobo, pois non debe entrar na terra que eu lles dei ós fillos de Israel, porque fostes rebeldes ás miñas ordes nas augas de Meribah. [25]Colle a Aharón e ó seu fillo Elazar, e lévaos ó monte Hor. [26]Fai espir a Aharón dos seus vestidos e faillos vestir a Elazar, seu fillo, porque Aharón se ten que xuntar cos seus e alí morrerá". [27]Moisés fixo como lle ordenara o Señor, e subiron ó monte Hor na presencia de toda a comunidade. [28]Moisés fixo espir a Aharón dos seus vestidos e fíxollos vestir a Elazar, seu fillo. Morreu Aharón alí no cume do monte, e logo descenderon Moisés e mais Elazar do monte. [29]E comprendeu toda a comunidade que morrera Aharón, e toda a casa de Israel chorou a Aharón durante trinta días.

21

[1]Cando o cananeo rei de Arad, que habitaba no Négueb, oíu que Israel viña polo camiño dos exploradores, atacou a Israel e fixo algúns prisioneiros. [2]Entón Israel fixo un voto ó Señor dicindo: —"Se pos na miña man a este pobo, eu hei dar ó exterminio tódalas súas cidades". [3]O Señor escoitou a voz de Israel, e entregoulle os cananeos; e foron dados ó exterminio eles e as súas cidades, e aquel lugar chamouse co nome de Anatema.

A serpente de bronce

[4]E marcharon do monte Hor polo camiño do Mar Rubio, rodeando o país de Edom, e o pobo comezou a esmorecer polo camiño. [5]E murmuraba o pobo contra Deus e contra Moisés: —"¿Por que nos fixestes saír de Exipto para morrermos no deserto, pois falta o pan, non hai auga, e a nosa alma sente noxo dese alimento tan miserable?" [6]O Señor enviou contra o pobo serpes velenosas, que o morderon, e morreu moita xente de Israel. [7]O pobo foi onda Moisés e dixéronlle: —"¡Pecamos por falarmos contra o Señor e contra ti; rógalle ó Señor, para que afaste de nós as serpentes!" Moisés rezou polo pobo, [8]e o Señor díxolle a Moisés: —"Fai unha serpente velenosa, e pona no alto dun mastro: cada un dos mordidos que a mire, vivirá". [9]Moisés fixo unha serpente de bronce e púxoa na punta dun mastro; e cada un que fora mordido pola serpente, se miraba para a serpente de bronce, quedaba san.

Cambian o campamento

[10]Os fillos de Israel partiron e acamparon en Obot. [11]E de novo marcharon de Obot e acamparon nos outeiros de Habarim, no de-

---

20, 23 O *Monte Hor* aínda non se puido localizar con certeza. Neste lugar morreu Aharón: "reuniuse cos seus".
21, 1 *Arad*, cidade situada a uns 25 km. ó sur de Hebrón.
21, 3 Explica o orixe do toponímico "Hormah" da palabra "herem" = exterminio por anatema. Nestes casos non podían deixar a ninguén con vida, nin aproveitar nada do botín. Todo tiña que ser destruído.
21, 6 *Serpes velenosas:* lit. "de lume". "Saraf" en hebreo significa queimar, arder. Poida que aluda á febre que causaba a mordedura. Da mesma raíz derivase o nome dos "Serafim" da visión de Isaías (**6**, 2-6), que se describen como seres alados en Is **30**, 6. A serpente de bronce (v 9) é un símbolo de fertilidade importado de Babilonia polos cananeos. Esta práctica orixinariamente supersticiosa foi aceptada por Israel e conservouse ata os tempos de Ezequías (2 Re **18**, 4). O N.T. deulle outro significado (Xn **3**, 14-15).

serto, que está ó leste de Moab. ¹²De alí marcharon e acamparon no torrente de Zared. ¹³Marcharon de alí e acamparon do outro lado do Arnón, no deserto que sae do territorio dos amorreos, pois o Arnón constitúe a fronteira entre Moab e o amorreo. ¹⁴Por iso se di no libro das guerras do Señor: —"Vaheb en Sufa e os vales do Arnón, ¹⁵e o declive dos regatos que se inclina cara á veiga do Ar, e repousa na fronteira de Moab".
¹⁶E de alí foron a Beer. Aquí está o pozo ó que se refería o Señor, cando falou con Moisés: —"Xunta o pobo, e eu dareilles auga". ¹⁷Entón Israel cantou este cántico:
—"¡Deita, pozo! ¡Cantádelle!
¹⁸Pozo que os príncipes cavaron,
que furaron os nobres do pobo
co cetro, cos seus caxatos".
E do deserto foron a Matanah; ¹⁹de Matanah a Nahaliel, de Nahaliel a Bamot, ²⁰e de Bamot ó val que hai no campo de Moab, no cume do Pisga, que olla para o deserto.
²¹Entón Israel mandou embaixadores ó rei dos amorreos, dicindo: ²²—"¡Déixame pasar polo teu país! Nós non nos desviaremos nin polos labradíos nin polas viñas, nin beberemos auga de ningún pozo; iremos pola estrada real, ata pasármo-los teus límites". ²³Pero non permitiu pasar a Israel polo seu territorio, senón que xuntou a todo o seu pobo e saíu ó encontro de Israel no deserto; chegou a Iáhsah e combateu contra el.

Triunfo de Israel

²⁴Mais Israel derrotouno a fío de espada e apoderouse do seu territorio, desde o Arnón ata o Iaboc, ata os amonitas, porque a fronteira dos fillos de Amón estaba fortificada. ²⁵Israel tomou, pois, todas aquelas cidades. Estableceuse en tódalas cidades dos amorreos, en Hexbón e máis en tódalas vilas dos arredores. ²⁶Porque Hexbón era a cidade de Sihón, rei dos amorreos, que guerreara contra o rei anterior de Moab e lle tomara todo o seu territorio ata o Arnón. ²⁷Por iso din os poetas:

—"¡Vide a Hexbón, edifíquese e
restáurese a cidade de Sihón.
²⁸Pois un lume saíu de Hexbón, unha
chama da cidade de Sihón,
que devorou Ar de Moab, e os outeiros
de Arnón.
²⁹¡Ai de ti, Moab! ¡Estás perdido, pobo de
Kemox.
¡Os seus fillos tiveron que andar fuxidos,
e as súas fillas foron cativas de Sihón, rei
dos amorreos!
³⁰¡O xugo de Hexbón foi exterminado!
Arruinado está Hexbón ata Dibón;
arruinamos ata Nófah, que está xunto a
Medebá".

³¹Israel, pois, morou na terra dos amorreos. ³²Moisés mandou explorar Iaser, e conquistárona coas súas vilas de arredor, expulsando ós amorreos que moraban alí.
³³Despois cambiaron de dirección e subiron polo camiño de Baxán. Og, rei do Baxán, saíu ó seu encontro, acompañado de todo o seu pobo, presentándolle batalla en Edrei. ³⁴Entón o Señor díxolle a Moisés: —"Non lle teñas medo, porque xa cho puxen eu na túa man con todo o seu pobo e todo o seu territorio. Farás con el o mesmo que fixeches con Sihón, rei dos amorreos, que habitaba en Hexbón". ³⁵Vencérono, pois, tamén a el, ós seus fillos e a todo o seu pobo, ata non deixaren nin sequera un vivo, e apoderáronse do seu territorio.

Episodio de Balaam

22 ¹Marcharon os fillos de Israel, e acamparon nas planicies de Moab, alén do Xordán, á vista de Ierico. ²Balac, fillo de Sipor, coñeceu todo canto Israel lles fixera ós amorreos, ³e Moab colleu moito medo véndose diante dun pobo tan grande, pois era numeroso, e encheuse de medo por mor dos fillos de Israel. ⁴Díxolles Moab ós anciáns de Madián: —"Agora esa multitude pastará tódolos nosos arredores como pasta un touro a herba do campo. Balac, fillo de

---

21, 14 Antigo cancioneiro épico, hoxe desaparecido, sobre as guerras de Iavé.
21, 16 *Beer* significa "pozo".
21, 24 O territorio dos amorreos lindaba polo N. co torrente Iaboc; e, polo S., co torrente Arnón. Ámbolos dous van dar ó Xordán polo leste..
21, 27-30 Antigo canto de victoria amorreo, do que se apropiaron os israelitas para xustifica-los seus dereitos sobre Moab, primeira conquista da parte oriental do Xordán. Hexbón, cidade máis importante da rexión, fora combatida por Sihón, rei dos moabitas, e agora foi destruída por Israel.

21, 29 *Kemox,* nome do deus principal dos moabitas.
21, 33 *Baxán,* terra de abondosos pastos na parte nororiental do Xordán.
22 O chamado ciclo de Balaam abrangue os cc. **22-24,** que mesturan nun só relato elementos, ás veces discordantes, das dúas tradicións iavista e elohísta. Balaam, confésase servo de Iavé (**22,** 18-19), o que non deixa de ser sorprendente, dada a súa orixe da ribeira do Éufrates. Algúns autores pensan que máis ben sexa oriundo de Madián, onde se di que foi asasinado xunto cos reis dese país (**31,** 8.16).

Sipor, era rei de Moab por aquel tempo. ⁵E enviou mensaxeiros a Balaam, fillo de Beor, a Petor, que está xunto ó río, no país dos amonitas, para o chamar, dicíndolle: — "Velaí que un pobo saíu de Exipto, que cobre a superficie do país e está á beira do meu territorio. ⁶Ven, axiña, por favor, maldí a este pobo, porque é máis poderoso ca min: quizais así poderei vencelo e expulsalo do país, pois sei que aquel a quen ti bendís é bendito, e maldito aquel a quen ti maldís". ⁷Foron os anciáns de Moab e os anciáns de Madián levando nas súas mans os cartos da adiviñación, e cando chegaron a Balaam expuxéronlle as palabras de Balac. ⁸El díxolles: —"Quedádevos aquí esta noite, e eu dareivos resposta, conforme ma diga o Señor". E os príncipes de Moab quedáronse con Balaam. ⁹Entón Deus veu onda Balaam e preguntoulle:

—"¿Quen son eses homes que están contigo?"

¹⁰Balaam respondeulle a Deus:

—"Balac, fillo de Sipor, rei de Moab, mandounos onda min, para que me dixesen: ¹¹Velaí que un pobo que saíu do Exipto cobre a superficie de toda a terra. ¡Ven, axiña e maldío! Quizais así poida eu combater con el e expulsalo".

¹²Pero Deus díxolle a Balaam:

—"¡Non irás con eles nin maldicirás a ese pobo, pois é un pobo bendito!"

¹³Balaam levantouse pola mañá e díxolles ós príncipes de Balac: —"Voltade para o voso país, porque o Señor negouse a deixarme ir convosco". ¹⁴Entón os príncipes de Moab levantáronse, foron onda Balac e dixéronlle: —"Balaam negouse a vir connosco".

¹⁵Balac voltou de novo a enviar príncipes máis numerosos e ilustres ca aqueles. ¹⁶E ó chegaren onda Balaam, dixéronlle:

—"Así falou Balac, fillo de Sipor: Pídocho por favor que non te prives de vir onda min, ¹⁷pois heite de honrar cos maiores honores e hei facer todo canto digas. ¡Ven, pois, por favor: maldí a este pobo!"

¹⁸Balaam respondeulles ós servos de Balac:

—"Aínda que Balac me dese toda a súa casa chea de prata e ouro, eu non podería ir contra a orde do Señor meu Deus, para dicir nin pouco nin moito. ¹⁹Quedádevos tamén vós aquí esta noite, para vos facer sabe-lo que me diga de novo o Señor".

²⁰Veu Deus a Balaam de noite e díxolle: —"Se te viñeron chamar uns homes, érguete e vai con eles, pero has face-lo que eu che mande".

²¹Ergueuse Balaam pola mañá, aparellou a súa burra e partiu cos príncipes de Moab.

²²Pero cando el marchaba, acendeuse a cólera de Deus, e o Anxo do Señor atravesóuselle no camiño para llo impedir. El ía cabalgando na súa burra acompañado de dous criados. ²³Cando a burra viu o Anxo do Señor parado no camiño coa súa espada na man, desviouse do camiño e foise polo campo. Balaam comezou a bater na burra para facela voltar ó camiño. ²⁴Entón o Anxo do Señor chantouse nunha congostra entre as viñas, con sebes por unha beira e pola outra. ²⁵A burra, que viu o Anxo do Señor, arrimouse contra o valado e premeulle o pé de Balaam contra o valado. Entón el volveu bater nela. ²⁶O Anxo do Señor volveu pasar diante e chantouse nun carreiro estreito, onde non se podía ir nin pola dereita nin pola esquerda. ²⁷A burra viu o Anxo do Señor e deitouse baixo os pés de Balaam, quen se alporizou e fustigou a burra co caxato. ²⁸Entón Iavé abriulle a boca á burra, e esta díxolle a Balaam:

—"¿Que che fixen eu para me bateres desta maneira, xa por terceira vez?"

²⁹E Balaam díxolle á burra:

—"¡Porque te estás burlando de min! ¡Se tivese a man unha espada, agora mesmo te mataría!"

³⁰E replicoulle a burra a Balaam:

—"¿Non son eu a túa burra, a mesma na que tes cabalgado desde que existes ata hoxe? ¿Acaso fixenche eu algunha vez cousa semellante?"

—"Non", respondeu el.

³¹Entón o Señor abriulle os ollos a Balaam, quen viu o Anxo do Señor parado no camiño coa espada desenvaiñada na man, axeonllouse e postrouse co rostro por terra. ³²E díxolle o Anxo do Señor:

—"¿Por que lle batiches por tres veces á túa burra? Son eu quen se opón a ti, pois o teu camiño é perverso e contrario a min. ³³A burra viume a min e desviouse de diante de min tres veces con esta. Boa sorte tiveches con que se desviase ela, porque arestora xa eu podería terte matado, deixándoa viva a ela".

22, 5 *Petor do Río* parece debe identificarse coa "Pitru" das inscricións asirias, situada na ribeira do Éufrates.
22,21 A burra naquel ambiente era unha cabalgadura de honor.
22, 28 O feito de falar o animal testemuña a antigüidade da tradición iavista, coma Xén **3,** 1ss a serpente.

³⁴Balaam díxolle entón ó Anxo do Señor:
—"¡Pequei, porque non sabía que ti te opuñas a min no camiño; agora, se che parece mal, darei volta!"
³⁵O Anxo do Señor contestoulle a Balaam:
—"Vaite con eses homes, pero soamente o que eu che indique, iso has falar".
Balaam marchou, logo, cos príncipes de Balac.
³⁶Cando Balac oíu que chegaba Balaam, saíu ó seu encontro a unha cidade de Moab situada no límite do Arnón, no extremo da fronteira. ³⁷Balac díxolle a Balaam:
—"¿Non che enviara embaixadores para te chamar? ¿Por que non viñeches a min? ¿Non podo por ventura recompensarte?"
³⁸E Balaam respondeulle a Balac:
—"¡Velaquí que eu vin a ti agora! Mais ¿poderei eu, por ventura, falar algo? A palabra que Deus poña na miña boca, esa falarei".
³⁹E Balaam foise con Balac, e chegaron a Quiriat-Husot. ⁴⁰Balac degolou bois e ovellas, e enviou parte a Balaam e ós príncipes que o acompañaban. ⁴¹Á mañá seguinte, Balac tomou a Balaam e fíxoo subir a Bamot-Baal, desde onde se vía o extremo do pobo.

Balaam bendí a Israel

23 ¹Díxolle Balaam a Balac:
—"Edifícame aquí sete altares e prepárame neste lugar sete touros e sete carneiros". ²Balac fixo como Balaam dixera e ofreceu un touro e un carneiro sobre cada altar. ³Logo díxolle Balaam a Balac: —"Fica onda o teu holocausto, mentres eu me afasto; quizais saia o Señor ó meu encontro, e todo o que El me revele, eu comunicareicho". E marchou a un lugar afastado. ⁴Deus saíu ó encontro de Balaam, quen lle dixo: —"Teño preparados os sete altares e ofrecín un touro e un carneiro sobre cada altar". ⁵O Señor puxo unha palabra na boca de Balaam, e dixo: —"¡Torna a Balac, e falaslle así". ⁶Tornou, pois, a el, e encontrouno de pé onda o seu holocausto, con tódolos príncipes de Moab. ⁷Entón pronunciou o seu oráculo:

—"Desde Aram faime vir Balac,
o rei de Moab desde as montañas do Oriente:
¡Ven, díxome, maldí a Xacob!
¡Ven, impreca a Israel!
⁸¿Como vou maldicir a quen El non maldiciu?
¿Como vou detestar eu a quen non detestou o Señor?
⁹En verdade, desde o cume dos penedos eu o vexo,
e desde o curuto dos outeiros eu o contemplo;
Velaí un pobo que habita só,
e entre as nacións non se conta.
¹⁰¿Quen puido conta-la multitude de Xacob
e quen enumera-la cuarta parte de Israel?
¡Morra eu coa morte dos xustos
e sexa o meu futuro semellante ó deles!".
¹¹Entón Balac díxolle a Balaam:
—"¿Que é o que me fixeches? ¡Para maldici-los meus inimigos fíxente vir, e ti non fas máis que bendicilos!"
¹²Balaam respondeulle dicindo: —"¿Por ventura non teño que ter coidado en dicir aquilo que Deus pon nos meus labios?"
¹³E díxolle Balac: —"¡Ven, por favor, comigo a outro sitio desde onde poidas velo! Soamente vera-la súa parte extrema, mais todo el non o verás. ¡Maldío desde alí!"
¹⁴Levouno entón ó Campo das sentinelas, no cume do Pisgah, e construíu sete altares, ofrecendo un touro e un carneiro sobre cada altar. ¹⁵E díxolle a Balac: —"Queda aquí onda o teu holocausto, mentres eu saio aí ó encontro". ¹⁶O Señor veu ó encontro de Balaam, e póndolle a palabra na súa boca, díxolle: —"¡Torna a Balac, e falarás así!" ¹⁷Foi onda el e atopouno de pé onda o seu holocausto, acompañado dos príncipes de Moab. Preguntoulle Balac: —"¿Que che dixo o Señor? ¹⁸Entón el pronunciou o seu oráculo:
—"Levántate Balac, e escoita,
óeme, fillo de Sipor!
¹⁹Non é Deus home para mentir,
nin fillo de home para que se poida desdicir.
¿É El quen di e non fai,
ou quen fala e non cumpre?

22, 39 *Quiriat-Husot,* "cidade das ratas", probablemente unha encrucillada ó norte do Arnón.
22,40 Sacrificio de comunión, de saúdo e encontro, que será despois completado co holocausto (**23,** 2) como preparación da comunicación divina (Xuí **6,** 25ss).
23, 7 Estes dous primeiros oráculos en verso pertencen ó "elohista". Desde Aram, hipotético país de Balaam: non caso de soste-la hipótese madianita, tería que interpretarse esta indicación xeográfica metaforicamente, "desde moi lonxe". Tanto as bendicións como as maldicións de Deus eran sempre eficaces e producen o que significan. Os inimigos dos israelitas non poden troca-la vontade de Iavé, que protexe ó seu pobo.
23, 9 Israel é un pobo sagrado, posto á parte, protexido por unha bendición divina, que o fará numeroso coma as areas do mar.

²⁰ Eu recibín orde de bendicir,
bendicín, e non o podo cambiar.
²¹ Non se viu culpa en Xacob,
nen se viu maldade en Israel.
O Señor, o seu Deus, está con el,
nel é aclamado coma rei.
²² Deus, que o tirou do Exipto,
é para el como a forza do rinoceronte.
²³ Non existe maxia en Xacob,
nin adiviñacións en Israel.
Ó seu tempo diráselle a Xacob
e a Israel o que El vai facer.
²⁴ Eis un pobo que se levanta coma unha
leoa,
e se ergue coma un león;
non se deitará ata que dea devorado a
presa
e o sangue das súas víctimas dea bebido".
²⁵Entón Balac díxolle a Balaam:
—"¡Xa que non podes maldicilo, polo menos non o bendigas!"
²⁶Mais Balaam respondeulle a Balac:
—"¿Non cho anunciei, dicindo: Todo o que o Señor diga, iso hei facer?"
²⁷Entón Balac díxolle a Balaam:
—"¡Ven, por favor, levareite a outro lugar! ¡Quizais sexa do agrado de Deus que os maldigas desde alí!"
²⁸E Balac conduciu a Balaam ó cume do Peor, que olla para o deserto.
²⁹Balaam díxolle a Balac:
—"Constrúeme aquí sete altares e prepárame sete touros e sete carneiros".
³⁰Balac fixo conforme Balaam lle indicara, e ofreceu un touro e un carneiro en cada altar.

Oráculos de Balaam

24 ¹Viu Balaam que lle agradaba ó Señor que bendicise a Israel, e non foi, como as outras veces, buscar agoiros, senón que voltou o seu rostro para o deserto. ²Levantou os ollos e viu a Israel acampado por tribos, e o espírito do Señor descendeu sobre el. ³Entón pronunciou o seu oráculo:
—"Oráculo de Balaam, fillo de Beor,
oráculo do varón de ollo penetrante,
⁴ oráculo de quen oe as palabras de Deus,
de quen ve as visións do Todopoderoso;
que cae e se lle abren os ollos.
⁵¡Que fermosas son as túas tendas, Xacob;
e as túas moradas, Israel!
⁶ Son longos coma vales,
cal xardíns á beira do río,
coma áloes plantados polo Señor,
coma cedros a carón das augas.
⁷A auga corre das súas nubes,
e a súa sementeira crecerá ben regada.
Máis louvado ca Agag será o seu rei,
exaltado será o seu reino.
⁸ Deus, que o tirou do Exipto,
é para el coma a forza do rinoceronte.
Devora as nacións inimigas súas,
creba os seus ósos,
e traspásaos coas súas frechas.
⁹ Reclínase, déitase coma un león,
como unha leoa: ¿quen o fará levantar?
¡Benditos quen te bendigan,
e quen te maldigan, malditos!".
¹⁰A ira de Balac acendeuse contra Balaam, bateu as mans, e díxolle a Balaam:
—"¡Eu chameite para maldicíre-los meus inimigos, e xa vai por tres veces que os bendís! ¹¹¡Agora, pois, volta para o teu lugar! Eu prometera encherte de honores, pero o Señor privoute deles".
¹²Respondeulle Balaam a Balac:
—"¿Non lles dixera eu ós embaixadores que me enviaches: ¹³Aínda que Balac me dese a súa casa chea de prata e de ouro, eu non podería transgredi-la orde do Señor, facendo pola miña conta cousa boa ou mala; aquilo que diga o Señor, iso direi? ¹⁴Agora, pois, que me vou para o meu pobo, ¡ven, e informareite do que ese pobo ha facer nos días vindeiros!"
E Balaam pronunciou o seu oráculo:
¹⁵—"Oráculo de Balaam, fillo de Beor,
oráculo do varón de ollo penetrante,
¹⁶ oráculo de quen oe as palabras de Deus,
e coñece a ciencia do Altísimo,
de quen ve as visións do Todopoderoso,
que cae e se lle abren os ollos.
¹⁷ Véxoo, pero non neste intre;
eu avístoo, pero non de cerca:
saíu unha estrela de Xacob,

23, 22 O *rinoceronte,* boi salvaxe, símbolo dunha forza extraordinaria.
23, 23 Israel non precisa adiviños, porque está guiado por Deus.
24, 3 Oráculo proveniente da tradición iavista. Balaam fala, como vidente extático, non como profeta que recibe a mensaxe de Deus, como diría o "elohista". Seguro que data dos tempos de David. "Ollo penetrante"; outros interpretan "ollo pechado". O texto grego pon "ollo perfecto".
24, 7 Refírese ás victorias de Xaúl e David contra os amalecitas (1 Sam **15,** 8; **30**).
24, 10 *Bateu as mans:* en sinal de desprezo (ver Ez **21,** 17; **22,** 13).
24, 15 Segundo oráculo "iavista". Visión do esplendor da dinastía davídica, á que se denomina "estrela", "cetro". A tradición descubriu neste texto un anuncio do Mesías. A estrela dos magos faría alusión a el (Mt **2,** 2).
24, 17 Os fillos de Xet son os moabitas.

e surxiu un caxato de Israel;
crebou as ladeiras de Moab
e abateu tódolos fillos de Xet.
¹⁸ Edom vaise empobrecendo,
e empobrécese Seir, o seu inimigo,
mentres Israel fai prodixios.
¹⁹ De Xacob sairá un Dominador
e aniquilará os restos da cidade".
²⁰ Logo viu a Amalec, e pronunciou o seu oráculo:
—"É Amalec a primeira das cidades,
mais o seu final parará en destrucción".
²¹ Logo viu o quenita, e pronunciou o seu oráculo:
—"¡Firme é a túa morada,
e te-lo teu niño dentro do penedo!
²² Con todo, Caín será asolado,
ata que Asur te conduza cativo".
²³ E continuou co seu oráculo:
—"¡Ai, quen vivirá cando Deus faga isto!
²⁴ Virán navíos de parte dos quititas
e asoballarán Asur e arrasarán Éber,
e tamén el irá á ruína".
²⁵Logo Balaam partiu e volveu para o seu país. Tamén Balac proseguiu o seu camiño.

Idolatría de Israel

25 ¹Israel estableceuse en Xitim, e o pobo comezou a fornicar coas fillas de Moab. ²Estas invitaron o pobo ós sacrificios dos seus deuses, e o pobo comeu e prosternouse diante dos deuses delas. ³Israel consagrouse a Baal-Peor, e a cólera do Señor acendeuse contra Israel. ⁴E díxolle o Señor a Moisés: —"¡Colle a tódolos cabezas de familia do pobo e fainos aforcar en honra do Señor á luz do sol, para que a cólera do Señor se afaste de Israel!" ⁵Entón Moisés díxolles ós xuíces de Israel: —"¡Matade cada un a aqueles dos vosos homes que adoraron a Baal-Peor!"

⁶E velaí que un home de entre os israelitas chegou e trouxo onda ós seus irmáns a unha madianita ós ollos de Moisés e á vista de toda a comunidade de fillos de Israel, estando todos eles chorando á entrada da Tenda do Encontro. ⁷Véndoo Pinhás, fillo de Elazar, fillo do sacerdote Aharón, ergueuse no medio da comunidade e colleu unha lanza na súa man, ⁸entrou detrás do home na súa alcoba e atravesou a ámbolos dous, ó home israelita e á muller, polo baixo ventre. E axiña cesou a praga sobre os fillos de Israel. ⁹Agora ben, os mortos na praga foron vintecatro mil.

¹⁰Díxolle o Señor a Moisés: ¹¹—"Pinhás, fillo de Elazar, fillo do sacerdote Aharón, desviou o meu furor contra os israelitas, mostrouse celoso por min no medio deles, e así, no meu celo, non aniquilei os fillos de Israel. ¹²Por iso di: Mira que eu estabelezo con el a miña alianza de paz; ¹³que constituirá para el e para a súa descendencia unha alianza de sacerdocio perpetuo, en recompensa por se mostrar celoso polo seu Deus e realizar expiación polos fillos de Israel".

¹⁴O nome do israelita morto, xunto coa madianita, era Zimrí, fillo de Salú, xefe dunha casa patriarcal dos simeonitas; ¹⁵e o nome da muller madianita morta era Cozbí, filla de Sur, o cal era xefe nunha casa patriarcal de Madián.

¹⁶O Señor díxolle a Moisés: ¹⁷—"Atacade ós madianitas e ferídeos, ¹⁸pois eles atacáronvos cos seus enganos que empregaron contra vós no caso de Peor, e no caso de Cozbí, filla dun xefe de Madián, irmá deles, morta o día da praga que sobreveu no caso de Peor".

Novo censo dos israelitas

26 ¹Aconteceu que despois da praga, díxolles o Señor a Moisés e a Elazar, fillo do sacerdote Aharón: ²—"Facede o censo de toda a comunidade dos fillos de Israel desde os vinte anos para arriba, conforme as súas casas patriarcais, e tódolos aptos para o servicio militar en Israel". ³Moisés e mais Elazar, sacerdote, faláronlles, pois, nas planicies de Moab, xunto ó Xordán, preto de Iericó, dicindo: ⁴—"Vaise facer un censo desde a idade de vinte anos para arriba, conforme o Señor ordenara a Moisés".

Os fillos de Israel que saíran do país de Exipto foron:

⁵Rubén, primoxénito de Israel. Fillos de Rubén: de Henoc, a familia dos henoquitas; de Palú, a familia dos paluítas; ⁶de Hesrón, a

---

24, 20-24 Oráculos de orixe incerta, sen relación co contexto.
25, 1-3 *Xitim,* na ribeira oriental do Xordán, fronte a Iericó (ver 33, 49; Xuí **2,** 1; **3,** 1). De seguro que había alí un lugar de culto idolátrico, máis ou menos adicado á "prostitución sagrada".
25, 6-18 Relato serodio, que tenciona recomenda-lo sacerdocio aharónico, representado en Pinhás, fillo de Aharón.
25, 9A este texto alude 1 Cor **10,** 8.
26, 1ss Se cotexamos este recensamento co feito no comezo do libro (**1,** 20-46), rexistra menos nomes das tribos periféricas, como poden se-las de Simeón, Menaxés, Benxamín, etc., en favor das tribos centrais, como a de Xudá. Isto dános pé para pensar nos tempos en que esta é a tribo que sobrancea, despois do exilio.

familia dos hesronitas; de Carmí, a familia dos carmitas. ⁷Tales son as familias dos rubenitas, e o seus alistados foron corenta e tres mil setecentos trinta. ⁸Fillos de Palú: Eliab. ⁹Os fillos de Eliab: Nemuel, Datán e Abiram, que son os membros do consello da comunidade, que se levantaran contra Moisés e Aharón na sedición de Coré, cando se levantaron contra o Señor. ¹⁰(Entón a terra abriu a súa boca e enguliunos xuntamente con Coré; así morreron os da sedición, devorando o lume douscentos cincuenta homes, para que servisen de escarmento; ¹¹mais os fillos de Coré non morreron).

¹²Fillos de Simeón segundo as súas familias: de Nemuel, a familia dos nemuelitas; de Iamín, a familia dos iaminitas; de Iaquín, a familia dos iaquinitas; ¹³de Zérah, a familia dos zarhitas; de Xaúl, a familia dos xaulitas. ¹⁴Tales son as familias dos simeonitas: 22.200.

¹⁵Fillos de Gad segundo as súas familias: de Sefón, a familia dos sefonitas; de Haguí, a familia dos haguitas; de Xuní, a familia dos xunitas; ¹⁶de Ozní, a familia dos oznitas; de Erí, a familia dos eritas; ¹⁷de Arod, a familia dos aroditas; de Arelí, a familia dos arelitas. ¹⁸Tales son as familias dos fillos de Gad conforme os seus alistados: 40.500.

¹⁹Fillos de Xudá: Er e Onán; pero Er e Onán morreron no país de Canaán. ²⁰Despois os fillos de Xudá, segundo as súas familias foron: de Xelah, a familia dos xelanitas; de Peres, a familia dos peresitas; de Zérah, a familia dos zeranitas. ²¹Os fillos de Peres foron: de Hesrón, a familia dos hesronitas; de Hamul, a familia dos hamulitas. ²²Tales son as familias de Xudá conforme os seus rexistros: 76.500.

²³Fillos de Isacar, segundo as súas familias: de Tolá, a familia dos tolaítas; de Puvah, a familia dos puvitas; ²⁴de Iaxub, a familia dos iaxubitas; de Ximrón, a familia dos ximronitas. ²⁵Tales son as familias de Isacar, conforme os seus rexistros: 64.300.

²⁶Fillos de Zebulón segundo as súas familias: de Séred, a familia dos sarditas; de Elón, a familia dos elonitas; de Iahlel, a familia dos iahlelitas. ²⁷Tales son as familias dos zebulonitas conforme os seus rexistros: 60.500.

²⁸Fillos de Xosé segundo as súas familias: Menaxés e Efraím. ²⁹Fillos de Menaxés: de Maquir, a familia dos maquiritas. Maquir xerou a Galaad. De Galaad, a familia dos galaaditas. ³⁰Estes son os fillos de Galaad: de Iézer, a familia dos iezeritas; de Hélec, a familia dos helquitas; ³¹de Asriel, a familia dos asrielitas; de Xequem, a familia dos xequemitas; ³²de Xemidá, a familia dos xemidaítas; de Héfer, a familia dos heferitas. ³³Selofad, fillo de Héfer, non tivo fillos, senón fillas, e os nomes das fillas de Selofad foron: Mahlah, Noah, Hoglah, Milcah e Tirsah. ³⁴Tales son as familias de Menaxés e os seus rexistrados eran 52.700. ³⁵Estes son os fillos de Efraím segundo as súas familias: de Xutélah, a familia dos xutelahítas; de Béquer, a familia dos bequeritas; de Táhan, a familia dos tahanitas, ³⁶fillos de Xutélah: de Erán, a familia dos eranitas. ³⁷Tales son as familias dos fillos de Efraím conforme os seus rexistros: 32.500. Estes son os fillos de Xosé segundo as súas familias.

³⁸Fillos de Benxamín segundo as súas familias: de Bela, a familia dos belaítas; de Axbel, a familia dos axbelitas; de Ahiram, a familia dos ahiramitas; ³⁹de Xufam, a familia dos xufamitas; de Hufam, a familia dos hufamitas. ⁴⁰Fillos de Bela foron: Ered e Naamán. De Ered, a familia dos ereditas; e de Naamán, a familia dos naamitas. ⁴¹Tales son os fillos de Benxamín segundo as súas familias, e os seus rexistrados: 45.600.

⁴²Estes son os fillos de Dan segundo as súas familias: de Xuham, a familia dos xuhamitas. Tales son as familias de Dan segundo as súas familias. ⁴³Tódalas familias xuhamitas, segundo os seus rexistrados: 64.400.

⁴⁴Fillos de Axer segundo as súas familias: de Iemnah, a familia dos iemnaítas; de Iesui, a familia dos iesuítas; de Beriah, a familia dos beriitas. ⁴⁵Dos fillos de Beriah: de Héber, a familia dos heberitas; de Malquiel, a familia dos malquielitas. ⁴⁶O nome da filla de Axer era Sárah. ⁴⁷Tales son as familias dos fillos de Axer conforme ós seus rexistros: 53.400.

⁴⁸Fillos de Naftalí segundo as súas familias: de Iahsel, a familia dos iahselitas; de Guní, a familia dos gunitas; ⁴⁹de Iéser, a familia dos ieseritas; de Xilem, a familia dos xilemitas. ⁵⁰Tales son as familias de Naftalí segundo as súas familias e os seus rexistros, 45.400.

⁵¹Estes son os rexistrados dos fillos de Israel: 601.730.

⁵²O Señor díxolle a Moisés: ⁵³—"A estes seralles repartido o país en concepto de herdanza, conforme o número de inscritos. ⁵⁴Ós máis numerosos formaraslles unha herdade grande e ós máis pequenos formaraslles unha herdade menor; a cada un daráslle-la súa herdanza conforme os seus rexistrados.

⁵⁵Soamente por sorte se repartirá a terra; herdarán segundo os nomes das tribos dos pais. ⁵⁶Por sortes repartira-la herdanza, entre o numeroso e o pequeno".

⁵⁷E estes son os rexistrados dos levitas segundo as súas familias: de Guerxón, a familia dos guerxonitas; de Quehat, a familia dos quehatitas; de Merari, a familia dos meraritas. ⁵⁸Tales son as familias de Leví: a familia dos lobnitas, a familia dos hebronitas, a familia dos mahlitas, a familia dos muxitas, a familia dos coreítas. Quehat xerou a Amram. ⁵⁹O nome da muller de Amram era Ioquébed, filla de Leví, que lle naceu a Leví en Exipto. Ela xerou a Amram, a Aharón, Moisés e mais a María, súa irmá. ⁶⁰A Aharón nacéronlle Nadab, Abihú, Elazar e Itamar. ⁶¹Nadab e Abihú morreron ó ofreceren eles un lume profano ante o Señor. ⁶²Os seus rexistrados foron 23.000, todos varóns dun mes para arriba. Estes non foran rexistrados entre os fillos de Israel, porque non se repartira herdanza entre eles.

⁶³Tales son os empadroados por Moisés e Elazar, sacerdote, que fixeron o recensamento dos fillos de Israel nas planicies de Moab, xunto ó Xordán, cerca de Iericó. ⁶⁴Entre eles non existía xa ningún dos rexistrados por Moisés e polo sacerdote Aharón, que fixeran o censo dos fillos de Israel no deserto de Sinaí. ⁶⁵O Señor dixera deles: —"Morrerán todos no deserto". De feito, non quedou ningún deles, se non é Caleb, fillo de Iefuneh, e Xosué, fillo de Nun.

Dereito hereditario das fillas

27 ¹Presentáronse entón as fillas de Selofad, fillo de Héfer, fillo de Galaad, fillo de Maquir, fillo de Menaxés, fillo de Xosé. Estes son os nomes das fillas daquel: Mahlah, Noah, Hoglanh, Milcah e Tirsah. ²Presentáronse, pois, ante Moisés, ante Elazar, sacerdote, e ante os príncipes e toda a comunidade á entrada da Tenda do Encontro, dicindo: ³—"O noso pai morreu no deserto, pero el non figurou na facción dos que conspiraron contra o Señor, na facción de Coré; senón que morreu polo seu pecado e non tivo fillos. ⁴¿Por que deixar que o nome do noso pai desapareza de entre os da súa familia por non ter fillos varóns? ¡Dádenos unha propiedade entre os irmáns do noso pai!"

⁵Moisés entón presentou a causa delas ante o Señor. ⁶O Señor respondeulle a Moisés: ⁷—"Din ben as fillas de Selofad. Daraslles unha propiedade entre os irmáns de seu pai, e pásale-la herdanza do pai deles. ⁸E ós fillos de Israel falaraslles nestes termos: Cando un home morra sen ter fillos varóns, pasarédeslle-la herdanza ás súas fillas; ⁹e se non ten fillas, daréde-la súa herdanza a seus irmáns. ¹⁰Se non tiver irmáns, daréde-la súa herdanza ós irmáns de seu pai; ¹¹e se seu pai non tiver irmáns, daréde-la súa herdanza ó seu parente máis próximo dentro da súa familia, que será o seu dono". Isto será para os fillos de Israel unha norma de dereito, conforme o Señor llo ordenou a Moisés.

Elección de Xosué

¹²Díxolle o Señor a Moisés: —"¡Sube a este monte dos Abarim, e contempla o país que lles teño destinado ós fillos de Israel! ¹³Cando o teñas visto, teraste que xuntar cos devanceiros do teu pobo, como se xuntou o teu irmán Aharón, ¹⁴porque ámbolos dous no deserto de Sin, na rebelión da comunidade, fostes rebeldes á miña orde de declararme santo ós seus ollos mediante a auga, a auga de Meribah, no deserto de Sin".

¹⁵Moisés respondeulle ó Señor:

¹⁶—"¡Señor, Deus do espírito de todo ser vivo, sinala sobre a comunidade un home que a dirixa e se poña á súa cabeza, ¹⁷que os leve e os traia, para que a comunidade do Señor non sexa coma rabaño sen pastor!"

¹⁸O Señor contestoulle a Moisés: —"¡Escolle a Xosué, fillo de Nun, home no cal reside o Espírito; e impón sobre el a túa man! ¹⁹Preséntao logo diante de Elazar, sacerdote, e diante de toda a comunidade, e dálle ordes na súa presencia. ²⁰Daraslle unha parte da túa dignidade, para que o obedezan tódolos da comunidade dos fillos de Israel. ²¹Deberá presentarse a Elazar, sacerdote, quen consultará por el o xuízo dos Urim ante o Señor. Por orde súa sairán e por orde súa regresarán, el e mais tódolos fillos de Israel con el, toda a comunidade".

27,1-11 Só podían herdar os fillos varóns segundo a lexislación anterior. No caso de Selofad, sen fillos varóns, concédeselle-lo dereito de herdar ás fillas, para que a propiedade das terras non pase a outras tribos, arrequecéndoas, en detrimento da súa.

27, 12 Entre os Montes Abarim, no leste do Mar Morto, sobresaía o Monte Nebo, desde onde se alcanzaba coa vista toda a Palestina.

27, 13 *Teraste que xuntar cos devanceiros,* terás que morrer.

27, 17 *Que os leve e os traia,* é dicir, que os guíe con plena autoridade. Vén se-la consagración do sucesor de Moisés.

²²Moisés fixo como lle ordenara o Señor: colleu a Xosué e presentouno ante Elazar, sacerdote, e ante a comunidade; ²³impuxo sobre el as súas mans e deulle as súas ordes, conforme o Señor llo mandara.

Sacrificios e festas

28 ¹O Señor díxolle a Moisés: ²—"Ordénalles ós fillos de Israel: Coidaredes de me ofrecer ó seu tempo a miña ofrenda, o manxar debido, como sacrificio de grato recendo ó ser queimado. ³Tamén lles dirás: Este é o sacrificio para ser queimado que tendes de ofrecer ó Señor: años dun ano sen defecto, dous cada día, en holocausto perpetuo. ⁴O primeiro año ofrecerédelo pola mañá, e o segundo á tardiña; ⁵con quilo e medio de flor de fariña, como oblación amasada cun litro de aceite refinado. ⁶Tal é o holocausto perpetuo que foi ofrecido no monte Sinaí de grato aroma, sacrificio para o Señor. ⁷E a súa correspondente libación de viño de uva será dun litro por cada año; no Santuario hase verte-la libación, bebida fermentada para o Señor. ⁸O segundo año ofreceralo á tardiña: farás como para a oblación da mañá e a mesma libación. É un sacrificio con lume de grato aroma para o señor.

⁹No día de sábado ofreceredes dous años dun ano sen defecto e, como oblación, dous quilos e medio de flor de fariña amasada no aceite, coa súa correspondente libación. ¹⁰É o holocausto de cada sábado, que se engade ó holocausto perpetuo e mais á súa libación.

¹¹Cada día primeiro de mes ofreceredes en holocausto ó Señor dous xuvencos, un carneiro, sete años dun ano, sen defecto; ¹²e tamén catro quilos de flor de fariña en oblación amasada no aceite, por cada un dos xuvencos; dous quilos e medio de flor de fariña amasada no aceite, como oblación polo carneiro; ¹³e un quilo e medio de flor de fariña, como oblación amasada en aceite, por cada año. É un holocausto de aroma grato, un sacrificio con lume para o Señor. ¹⁴E as súas libacións serán: dous litros e medio de viño por xuvenco, un litro e medio por carneiro e un litro por cada año. Tal é o holocausto mensual, de cada mes, para os meses do ano. ¹⁵Tamén un chibo en sacrificio polo pecado: ofrecerase, coa súa libación, ademais do sacrificio perpetuo.

A Pascua

¹⁶No mes primeiro, no día catorce do mes, é a Pascua do Señor. ¹⁷O día quince dese mes é a festa; comeranse pans ázimos durante sete días. ¹⁸O día primeiro haberá asemblea santa; non faredes obra ningunha servil. ¹⁹Ofreceredes en sacrificio como holocausto ó Señor, dous xuvencos, un carneiro e sete años dun ano, sen defecto. ²⁰A súa oblación será de flor de fariña amasada en aceite: catro quilos polo xuvenco e dous quilos e medio polo carneiro. ²¹Ofreceredes un quilo e medio por cada un dos sete años. ²²Ademais, un chibo en sacrificio polo pecado para facerdes expiación por vós. ²³Faredes tales ofrendas sen contárde-lo holocausto da mañá, que forma parte do holocausto perpetuo. ²⁴Faredes isto cada un dos sete días: é un alimento, sacrificio con lume de grato aroma para o Señor. Farase coa súa libación, ademais do holocausto perpetuo. ²⁵No sétimo día celebraredes unha asemblea santa e non faredes nel obra ningunha servil.

²⁶O día das Primicias, cando ofrezades unha oblación nova ó Señor, na vosa festa das Semanas, teredes unha asemblea santa; non faredes nela obra ningunha servil. ²⁷Ofreceredes en holocausto de aroma grato para o Señor dous xuvencos, un carneiro, sete años dun ano. ²⁸A súa oblación de flor de fariña amasada no aceite consistirá en catro quilos por cada xuvenco, dous quilos e medio polo único carneiro, ²⁹e un quilo e medio por cada un dos sete años, ³⁰ademais un chibo para facer expiación por vós. ³¹Ofreceredes isto ademais do holocausto perpetuo e a súa oblación. Escollerédelos sen defecto, coas súas libacións correspondentes.

Festas do outono

29 ¹No sétimo mes, no día primeiro do mes, celebraredes asemblea santa e non faredes obra ningunha servil; será para vós día de aclamación coas trompetas. ²Ofreceredes un holocausto de aroma grato para o Señor: un xuvenco, un carneiro, sete años dun ano sen defecto. ³A súa oblación de flor de fariña amasada co aceite será de catro quilos polo xuvenco, dous quilos e medio polo carneiro ⁴e un quilo e medio por cada un dos sete años, ⁵e ademais un chibo en sacrificio polo pecado para facerdes expia-

---

28-29 Estes capítulos son unha ampliación e comentario das leis de Lev 23, adaptadas a circunstancias novas.

NÚMEROS

ción por vós, ⁶sen conta-lo holocausto do mes e maila súa oblación, o holocausto perpetuo e maila súa oblación, ademais das libacións preceptuadas, en sacrificio con lume de grato aroma para o Señor.
⁷O dez dese sétimo mes teredes unha asemblea santa, e faredes penitencia e non realizaredes obra ningunha servil. ⁸Ofreceredes en holocausto de aroma grato ó Señor un xuvenco, un carneiro, sete años dun ano sen defecto. ⁹A súa oblación de flor de fariña amasada no aceite será de catro quilos polo xuvenco, dous quilos e medio polo carneiro, ¹⁰e un quilo e medio por cada un dos sete años. ¹¹Un macho cabrío en sacrificio polo pecado, sen conta-lo sacrificio expiatorio e o holocausto perpetuo, coa súa oblación e mailas súas libacións.
¹²O día quince do sétimo mes teredes unha asemblea santa; non faredes obra ningunha servil e celebraréde-la festa do Señor durante sete días. ¹³Ofreceredes un holocausto, sacrificio de aroma grato ó Señor: trece xuvencos, dous carneiros, catorce años dun ano, sen defecto. ¹⁴A súa oblación de flor de fariña amasada no aceite será de catro quilos por cada un dos trece xuvencos, dous quilos e medio por cada un dos carneiros ¹⁵e un quilo e medio por cada un dos catorce años; ¹⁶un macho cabrío en sacrificio polo pecado, ademais do holocausto perpetuo coa súa oblación e maila súa libación.
¹⁷No segundo día: doce xuvencos, dous carneiros, catorce años dun ano sen defecto; ¹⁸así como a súa oblación e mailas súas libacións polos xuvencos, os carneiros e os años, segundo o número deles, conforme ó regulamentado. ¹⁹Ademais diso, un macho cabrío en sacrificio polo pecado, amais do holocausto perpetuo, a súa oblación e mailas súas libacións.
²⁰No día terceiro: once xuvencos, dous carneiros, catorce años dun ano sen defecto; ²¹e tamén a súa oblación e mailas súas libacións polos xuvencos, os carneiros e os años, segundo o número deles, conforme o regulamentado. ²²Ademais diso, un macho cabrío en sacrificio polo pecado, á parte do holocausto perpetuo, a súa oblación e maila súa libación.
²³No día cuarto: dez xuvencos, dous carneiros, catorce años dun ano sen defecto; ²⁴a súa oblación e mailas súas libacións polos xuvencos, os carneiros e os años, segundo o número deles, conforme ó regulamentado. ²⁵Ademais diso, un macho cabrío en sacrificio polo pecado, á parte do holocausto perpetuo, a súa oblación e maila súa libación.
²⁶No día quinto: nove xuvencos, dous carneiros, catorce años dun ano sen defecto; ²⁷coa súa oblación e mailas súas libacións polos xuvencos, os carneiros e os años, segundo o número deles, conforme o regulamentado. ²⁸Ademais diso, un macho cabrío en sacrificio polo pecado, amais do holocausto perpetuo e a súa oblación e maila súa libación.
²⁹No día sexto: oito xuvencos, dous carneiros, catorce años dun ano sen defecto; ³⁰coa súa oblación e mailas súas libacións polos xuvencos, os carneiros e os años, segundo o número deles, conforme o regulamentado. ³¹Ademais diso, un macho cabrío en sacrificio polo pecado, á parte do holocausto perpetuo, a súa oblación e maila súa libación.
³²No día sétimo: sete xuvencos, sete carneiros, catorce años dun ano sen defecto; ³³coa súa oblación e mailas súas libacións polos xuvencos, os carneiros e os años, segundo o número deles, conforme o regulamentado. ³⁴Ademais diso, un macho cabrío en sacrificio polo pecado, á parte do holocausto perpetuo, a súa oblación e maila súa libación.
³⁵No día oitavo teréde-la asemblea; non faredes obra ningunha servil. ³⁶Ofreceredes un holocausto, sacrificio de aroma grato ó Señor: un xuvenco, un carneiro, sete años dun ano sen defecto; ³⁷coa súa oblación e mailas súas libacións correspondentes polos xuvencos, o carneiro e os años, segundo o número deles, conforme o regulamentado. ³⁸Ademais diso, un macho cabrío en sacrificio polo pecado, á parte do holocausto perpetuo, a súa oblación e maila súa libación.
³⁹Tales son as cousas que faredes en honra do Señor nas vosas solemnidades, á parte dos vosos votos e ofrendas voluntarias, dos vosos holocaustos, oblacións, libacións e mais sacrificios pacíficos".

Os votos e promesas

30 ¹Moisés faloulles ós fillos de Israel conforme a todo o que lle ordenara o Señor. ²Moisés faloulles tamén ós xefes das tribos israelitas, dicindo: —"Isto é o que

---

30, 1ss Disposicións complementarias fóra de contexto. A categoría social da muller corresponde á cultura do ambiente.

mandou o Señor: ³Se un home fai un voto ó Señor ou se compromete baixo xuramento, uníndose por unha obrigación, non faltará á súa palabra; obrará conforme a todo o que prometeu.

⁴Se unha muller fai un voto ó Señor ou se compromete por unha obrigación, estando na casa de seu pai, na súa mocidade, ⁵e sabedor o pai do seu voto e do seu compromiso, el non di nada, tódolos seus votos e todo o seu compromiso serán firmes. ⁶Non obstante, se o seu pai, ó chegar ó coñecemento dos votos e do compromiso, se opón, tódolos seus votos e mailo compromiso non terán valor, e o Señor perdoaraa, porque seu pai se opuxo a isto.

⁷Se se casa estando suxeita ós seus votos ou a algunha promesa, que a obriga a algunha privación, ⁸e se o seu home chega a coñecer iso e non lle di nada, os seus votos serán firmes e serán firmes os seus compromisos. ⁹Pero, se o home, no día en que dixo chegar ó coñecemento diso, o desaproba, o voto queda anulado e a promesa feita de palabra, coa que se comprometera, desaparece, e o Señor perdoaraa.

¹⁰En troques, o voto dunha viúva ou dunha muller repudiada e tódolos seus compromisos serán firmes para ela.

¹¹Se unha muller fixo un voto ou promesa, con xuramento de se privar de algo, estando na casa do marido, ¹²e o marido, que chega a sabelo, non lle di nada, nin desaproba o feito, tódolos seus votos quedarán en firme, e tamén serán firmes tódolos seus compromisos.

¹³Con todo, se o seu marido, o día no que o saiba, o anula, nada de todo canto saíu dos labios dela, sexan votos ou compromisos, será firme; o seu marido anulounos, e o Señor perdoaraa. ¹⁴Todo voto y todo compromiso por xuramento de se mortificar poderao ratificar seu esposo ou anulalo. ¹⁵Mais se o seu marido garda silencio ata o día seguinte, ratifica así tódolos votos e tódalas obrigacións que sobre ela pesen; confirmaos por gardar silencio o día no que o soubo. ¹⁶Mais se el os anulase, despois de o saber, cargaría coa iniquidade dela".

¹⁷Tales son os estatutos que o Señor prescribiu a Moisés sobre relacións entre marido e muller, e tamén entre un pai e maila súa filla, durante a mocidade desta na casa de seu pai.

Derrota dos madianitas

31 ¹Díxolle o Señor a Moisés: ²—"Vinga nos madianitas ós fillos de Israel. Despois xuntaraste cos antepasados do teu pobo". ³Moisés faloulle ó pobo: —"Dispónde os homes para a guerra e vaian contra Madián, a fin de lles da-la vinganza do Señor nos madianitas. ⁴Mil por tribo, de tódalas tribos de Israel, enviaredes á guerra". ⁵Foron, pois, escollidos das lexións de Israel mil por tribo, isto é, doce millares armados para a milicia. ⁶Moisés enviounos á milicia mil por tribo, ás ordes de Pinhas, fillo do sacerdote Elazar, portador dos obxectos sagrados e das trompetas de alarma. ⁷Eles pelexaron contra Madián, conforme lle mandara o Señor a Moisés, e mataron a tódolos varóns. ⁸Amais dos soldados mortos mataron tamén ós reis de Madián: Evi, Requem, Sur, Hur e Reba, cinco reis madianitas. Ademais mataron á espada a Balaam, fillo de Beor. ⁹Os fillos de Israel ademais levaron cativas ás mulleres de Madián, cos seus meniños e saquearon todo o seu gando, tódolos seus rabaños e toda a súa facenda. ¹⁰A tódalas súas cidades nos seus diversos lugares de residencia e a tódolos seus campamentos prendéronlles lume. ¹¹Colleron todo o botín e toda a presa feita en homes e en gando, ¹²e conduciron os cativos, o botín e maila presa a Moisés, a Elazar, o sacerdote, e á comunidade dos fillos de Israel, que estaban no campamento situado nas planicies de Moab, xunto do Xordán, fronte a Iericó. ¹³Moisés, o sacerdote, Elazar e tódolos príncipes da comunidade saíron ó seu encontro fóra do campamento. ¹⁴Moisés irouse contra os xefes do exército, xenerais e centurións que voltaban da expedición guerreira, ¹⁵e díxolles: —"¿Mais por que deixastes con vida a todas estas mulleres? ¹⁶¡Ollade! Elas son as que por instigación de Balaam induciron ós fillos de Israel a apostataren do Señor por mor de Peor, e por esa causa caeu o castigo enriba da comunidade do Señor. ¹⁷Agora, pois, matade a todo varón entre os meniños e a toda muller que fixese o acto sexual con home. ¹⁸Pero reservade con vida para vós a tódalas rapazas que non tiveron relacións sexuais con varón. ¹⁹E vós quedade fóra do campamento durante sete días. Tódolos que

---

31 Versión "sacerdotal" sobre unha guerra contra os madianitas, ós que se lles aplica a lei do "anatema", "hérem" (Ex **22**, 19). A culpa da defección do pobo bótaselle a Balaam (v 16).

matastes unha persoa e cantos tocastes un cadáver, purificarédesvos no terceiro e sétimo día, tanto vós coma os vosos prisioneiros. ²⁰Purificade tamén todo vestido, todo obxecto de pel, todo utensilio feito de pel de cabra e todo utensilio de madeira".

²¹O sacerdote Elazar díxolles ós homes da milicia que foran ó combate: —"Este é o precepto legal que o Señor ordenou a Moisés: ²²O ouro, a prata, o bronce, o ferro, o estaño e o chumbo, ²³todo o que resiste o lume, farédelo pasar polo lume e será puro; non obstante, terá de ser purificado coa auga lustral. E todo o que non resiste o lume, pasarédelo pola auga. ²⁴O día sétimo lavaréde-los vosos vestidos, e seredes puros; e despois poderedes entrar no campamento".

Reparto do botín

²⁵Díxolle o Señor a Moisés: ²⁶—"Fai o inventario do botín collido en homes e gando, ti, o sacerdote Elazar e os xefes das casas paternas da comunidade. ²⁷Dividirás pola metade o botín entre os combatentes que foron á guerra e toda a comunidade. ²⁸Separarás para o Señor, como tributo dos guerreiros que foron á guerra, unha cabeza de cada cinco centos, tanto dos homes como dos bois, dos asnos e das ovellas; ²⁹colleredelo da metade que lles corresponde e daralo ó sacerdote Elazar como primicia para o Señor. ³⁰Da metade correspondente ós fillos de Israel tomara-la porcentaxe do un por cincuenta, tanto dos homes como dos bois, dos asnos e das ovellas, de tódolos animais, e daráslleo ós levitas encargados do servicio do Tabernáculo do Señor".

³¹Moisés e o sacerdote Elazar fixeron como lle ordenara o Señor a Moisés. ³²O botín que o exército tomara coma presa foi: ovellas, 675.000 cabezas; ³³bois, 72.000; ³⁴asnos, 71.000; ³⁵en canto a persoas, mulleres que non tiveran relacións con home, o total era de 32.000.

³⁶A metade adxudicada ós que foran á guerra deu un total de: ovellas, 337.500; ³⁷destas corresponden como tributo para o Señor 675. ³⁸Bois, 36.000, e o seu tributo para o Señor, 72. ³⁹Asnos, 30.500, e o seu tributo para o Señor, 61. ⁴⁰Persoas, 16.000, e o seu tributo para o Señor, 32. ⁴¹Moisés entregou o tributo como primicia do Señor ó sacerdote Elazar, conforme o Señor lle ordenara.

⁴²Canto á metade correspondente ós fillos de Israel que Moisés apartara da dos guerreiros, ⁴³esa metade da comunidade foi: ovellas, 337.500; ⁴⁴bois, 36.000; ⁴⁵asnos, 30.500; ⁴⁶persoas, 16.000. ⁴⁷Moisés tomou desa metade dos israelitas a porcentaxe do un por cincuenta, tanto dos homes como dos animais, e entregouno ós levitas, que desempeñaban o servicio do Tabernáculo do Señor, conforme o Señor lle ordenara.

⁴⁸Logo presentáronse ante Moisés os xefes das unidades militares, os xenerais e os centurións, ⁴⁹e dixéronlle a Moisés: —"Os teus servos fixeron a conta dos combatentes que había á nosa disposición, e non faltou nin sequera un deles. ⁵⁰Presentamos, pois, como ofrenda ó Señor cada un o que gañou en obxectos de ouro: brazaletes, pulseiras, aneis, pendentes e colares, a fin de que sexa propiciatoria polas nosas almas ante o Señor". ⁵¹Moisés e o sacerdote Elazar aceptaron deles o ouro: toda sorte de obxectos traballados con arte. ⁵²O total de ouro que presentaron ó Señor procedente dos xenerais e os centurións, foi 16.750 siclos. ⁵³Os soldados colleran cada un para si. ⁵⁴Moisés e o sacerdote Elazar tomaron o ouro dos xenerais e os centurións, e leváron-o á Tenda do Encontro, como lembranza dos fillos de Israel ante o Señor.

Reparto da terra alén do Xordán

32 ¹Os fillos de Rubén e os fillos de Gad posuían numerosos rabaños, moi importantes, e tras contempla-lo país de Iazer e o de Galaad, viron que o lugar era sitio propio para rabaños. ²Viñeron, pois, os fillos de Gad e os de Rubén e dixéronlles a Moisés, ó sacerdote Elazar e ós príncipes da comunidade:

³—"Atarot, Dibón, Iazer, Nimrah, Hexbón, Elaleh, Sibmah, Nebó e Beón, ⁴este país que o Señor fixo caer diante da comunidade de Israel é terra de rabaños, e os teus servos posúen rabaños. ⁵Se encontramos gracia ós teus ollos, dános en posesión ós teus servos este territorio, non nos fagas atravesa-lo Xordán".

⁶Moisés, sen embargo, díxolles ós fillos de Gad e ós fillos de Rubén:

—"¿Como van ir vosos irmáns á guerra e vosoutros ides quedar sentados? ⁷¿Por que queredes desanimar ós fillos de Israel, para que non pasen á terra que o Señor lles deu?

31, 52 Cerca de 200 quilos.

32 Conquista e reparto do país, segundo as tradicións J e E, con adicións posteriores.

⁸Así fixeron vosos pais cando eu os mandei desde Cadex-Barnea a explora-lo país. ⁹Subiron ata o val de Excol, e viron o país; logo desanimaron ós fillos de Israel para que non fosen ó país que o Señor lles dera. ¹⁰Aquel día acendeuse a ira do Señor, e xurou dicindo: ¹¹Os homes de vinte anos para arriba que subiron do Exipto non verán a terra que prometín con xuramento a Abraham, Isaac e Xacob, porque non me seguiron sen dúbidas, ¹²agás Caleb, fillo de Iefuneh, o quenita, e Xosué, fillo de Nun, pois estes seguiron ó Señor sen desconfiar. ¹³Irouse o Señor contra Israel, e fíxoos andar errantes polo deserto corenta anos ata que fose extinta toda aquela xeración que fixera o mal na presencia do Señor. ¹⁴¡E velaí que agora vós levantádesvos no lugar de vosos pais para aumentardes aínda máis o furor da cólera do Señor contra Israel! ¹⁵Se deixades de o seguir, El alongará máis a vosa moradía no deserto, e vós seréde-la causa do exterminio de todo este pobo".

¹⁶Entón, aproximáronselle e dixeron:

—"Edificaremos aquí currais para os nosos rabaños e cidades para os nosos fillos; ¹⁷mais nós ímonos armar de forza e iremos de seguida á fronte dos fillos de Israel, ata que os cheguemos a meter no seu lugar; e, mentres, os nosos fillos ficarán nas cidades fortificadas, por causa das incursións dos habitantes deste país. ¹⁸Non voltaremos para as nosas casas ata que os fillos de Israel non teñan herdado cada un a súa herdanza; ¹⁹pois non temos de herdar nada con eles do lado de alá do Xordán, xa que nosoutros témo-las nosas herdades na ribeira leste do Xordán".

²⁰Díxolles Moisés:

—"Se facedes isto que decides, se vos armades de forza diante do Señor para ir á batalla, ²¹e tódolos vosos homes de guerra atravesan o Xordán diante do Señor, ata que dea expulsado ós seus inimigos da súa presencia, ²²e todo o país fique sometido, e despois volvedes, entón ficaredes libres perante o Señor e perante Israel, e teredes esta terra en propiedade diante do Señor. ²³Mais se non obrades así, pecaredes contra o Señor, e sabede que o voso pecado caerá sobre vós. ²⁴Construídevos, pois, cidades para vosos fillos e currais para o voso rabaño, e facede o que acabades de prometer".

²⁵Entón os fillos de Gad e os fillos de Rubén contestáronlle a Moisés:

—"Os teus servos farán conforme o meu Señor ordena. ²⁶Os nosos fillos, as nosas mulleres, os nosos rabaños e todo o noso gando ficarán aí, nas cidades de Galaad; ²⁷mais os teus servos, cada un dos que está equipado para a batalla, irán á guerra diante do Señor, segundo o que o meu señor dispón".

²⁸Entón Moisés deu orde acerca deles ó sacerdote Elazar, a Xosué, fillo de Nun, e ós xefes de familia das tribos israelitas. ²⁹Díxolles Moisés:

—"Se os fillos de Gad e os fillos de Rubén pasan convosco o Xordán, equipados todos para a guerra diante do Señor, e o país é sometido ante vós, darédeslle-la terra de Galaad en posesión; ³⁰mais se convosco non pasan equipados, terán a súa herdanza no medio de vós no país de Canaán".

³¹Os fillos de Gad e os fillos de Rubén contestaron:

—"O que o Señor dixo ós teus servos, iso faremos. ³²Nós pasaremos equipados diante do Señor ó país de Canaán, pero a nosa herdanza tocaranos na ribeira de acá do Xordán".

³³Moisés deulles ós fillos de Gad e ós fillos de Rubén e a media tribo de Menaxés, fillo de Xosé, o reino de Sihón, rei dos amorreos, e o reino de Og, rei de Baxán, o país coas cidades incluídas dentro das súas fronteiras e as cidades do país situadas no contorno.

³⁴Os fillos de Gad reedificaron Dibón, Atarot, Aroer, ³⁵Atarot-Xofán, Iazer, Iogbohah, ³⁶Bet-Nimrah e Bet-Harán, cidades fortificadas e currais para o gando menor. ³⁷Os fillos de Rubén reedificaron Hexbón, Elalé, Quiriataim, ³⁸Nebó e Baal-Meón, cambiándolle-lo nome, e Sibmah, e puxéronlles nomes novos ás cidades que reedificaron.

³⁹Os fillos de Maquir, fillo de Menaxés, marcharon a Galaad e apoderáronse dela, botando ós amorreos que alí habitaban. ⁴⁰Moisés deu Galaad a Maquir, fillo de Menaxés, que se estableceu nela. ⁴¹Iair, fillo de Menaxés, foi e apoderouse das aldeas deles, e chamounas *Aldeas de Iair*. ⁴²Nóbah foi e apoderouse de Quenat e das súas aldeas do arredor, e chamounas Nóbah, conforme o seu nome.

Resume das etapas da viaxe

33 ¹Estas son as etapas dos fillos de Israel, que saíron de Exipto por unidades militares baixo o mando de Moisés e

---

33 Tradición sacerdotal tardía sobre as etapas do camiño polo deserto, desde Exipto ata o Xordán. Resulta difícil identificar e situar moitos topónimicos. O redactor utilizou diferentes documentos.

Aharón. ²Moisés anotou por escrito os puntos de partida, etapa por etapa, por orde do Señor. Estas son as súas etapas conforme os seus puntos de partida. ³Partiron de Ramsés no primeiro mes, o día quince do mes primeiro. Ó día seguinte da Pascua saíron os fillos de Israel coa man levantada, ós ollos de todo Exipto, ⁴mentres os exipcios enterraban a tódolos seus primoxénitos, que o Señor ferira de morte, como proba de que era máis poderoso cós seus deuses. ⁵Partiron, pois, os fillos de Israel de Ramsés, e acamparon en Succot. ⁶Partiron de Succot e acamparon en Etam, que está ó extremo do deserto. ⁷Partiron de Etam, e volveron polo camiño de Pihahirot —que está fronte a Baal-Sefón—, e acamparon diante de Migdol. ⁸E saíron de Pihahirot, e atravesaron polo medio do mar de cara ó deserto; andaron o camiño de tres días no deserto de Etam e acamparon en Marah. ⁹Partiron de Marah, e chegaron a Elim, onde había doce fontes de auga e setenta palmeiras, e alí acamparon. ¹⁰Partiron de Elim, e acamparon na beira do Mar Rubio. ¹¹Partiron do Mar Rubio, e acamparon no deserto de Sin. ¹²Partiron do deserto de Sin, e acamparon en Dofcah. ¹³Partiron de Dofcah, e acamparon en Alux. ¹⁴Partiron de Alux, e acamparon en Refidim, onde non había auga que beber para o pobo. ¹⁵Partiron de Refidim, e acamparon no deserto de Sinaí. ¹⁶Logo partiron do deserto de Sinaí e acamparon en Quibrot-ha-tavah. ¹⁷Partiron de Quibrot-ha-tavah e acamparon en Haserot. ¹⁸Partiron de Haserot e acamparon en Ritmah. ¹⁹Partiron de Ritmah, e acamparon en Rimón-Peres. ²⁰Partiron de Rimón-Peres e acamparon en Libnah. ²¹Partiron de Libnah e acamparon en Rissah. ²²Partiron de Rissah e acamparon en Quehelatah. ²³Partiron de Quehelatah e acamparon no monte Xéfer. ²⁴Partiron do monte Xéfer e acamparon en Haradah. ²⁵Partiron de Haradah e acamparon en Maquelot. ²⁶Partiron de Maquelot e acamparon en Táhat. ²⁷Partiron de Táhat e acamparon en Térah. ²⁸Partiron de Térah e acamparon en Mitcah. ²⁹Partiron de Mitcah e acamparon en Hasmonah. ³⁰Partiron de Hasmonah e acamparon en Moserot. ³¹Partiron de Moserot, e acamparon en Bene-Iacán. ³²Partiron de Bene-Iacán e acamparon en Hor-ha-Guidgad. ³³Partiron de Hor-ha-Guidgad e acamparon en Iotbatah. ³⁴Partiron de Iotbatah, e acamparon en Abronah. ³⁵Partiron de Abronah, e acamparon en Esion-Guéber. ³⁶Partiron de Esion-Guéber e acamparon no deserto de Sin, isto é, Cadex. ³⁷Partiron de Cadex e acamparon no monte Hor, na fronteira do país de Edom. ³⁸O sacerdote Aharón subiu ó monte Hor por orde do Señor e alí morreu o ano corenta da saída dos fillos de Israel do país de Exipto, no mes quinto, a primeiros do mes. ³⁹Aharón tiña cento vintetrés anos cando morreu sobre o monte Hor. ⁴⁰Entón tivo noticia o rei cananeo de Arad, que moraba no Négueb, no país de Canaán, da chegada dos fillos de Israel.

⁴¹Partiron do monte Hor e acamparon en Salmonah. ⁴²Partiron de Salmonah e acamparon en Funón. ⁴³Partiron de Funón e acamparon en Obot. ⁴⁴Partiron de Obot e acamparon en Lie-ha-Abarim, fronteira de Moab. ⁴⁵Partiron de Lie-ha-Abarim, e acamparon en Dibon-Gad. ⁴⁶Partiron de Dibon-Gad e acamparon en Almon-diblataim. ⁴⁷Partiron de Almon-diblataim e acamparon nos montes de Abarim, de fronte de Nebó. ⁴⁸Partiron dos montes de Abarim e acamparon nas planicies de Moab, xunto ó Xordán, de fronte de Iericó. ⁴⁹Acamparon xunto ó Xordán desde Betha-Ieximot ata Abel-ha-Xitim, nas planicies de Moab.

⁵⁰O Señor díxolle a Moisés nas planicies de Moab, onda o Xordán, de fronte de Iericó: ⁵¹—"Fálalles ós fillos de Israel: Cando paséde-lo Xordán cara ó país de Canaán, ⁵²expulsaredes de diante de vós a tódolos habitantes do país; destruiredes tódalas súas pedras esculpidas e tódalas súas estatuas de metal fundido, e derrubaredes tódolos seus altares. ⁵³Tomaredes posesión do país e habitarédelo; a vós dóuvo-lo país como herdanza. ⁵⁴Repartiréde-lo país por sorte, segundo as vosas familias: ó máis numeroso darédeslle herdade maior, e ó máis pequeno darédeslle unha herdanza máis pequena. Aquilo que lle toque en sorte a cada un, seu será; colleredélo en propiedade segundo as vosas tribos paternas. ⁵⁵Pero se non expulsades de diante de vós ós moradores do país, acontecerá que os que deles ficaren serán para vós como espiñas nos vosos ollos e como lanzas nas illargas, e hanvos perseguir na terra onde habitedes; ⁵⁶e o que pensei facerlles a eles, faréivolo a vós".

33, 4 Lit. "pois tamén nos seus deuses fixera Iavé xustiza".

As fronteiras da terra prometida

34 ¹Díxolle o Señor a Moisés: ²—"Ordénalles ós fillos de Israel: Cando entredes no país de Canaán, este será a terra que vos tocará en posesión: o país de Canaán conforme os seus límites. ³Polo sur pertenceravos desde o deserto de Sin, seguindo a fronteira de Edom; esta fronteira meridional partirá desde o extremo do Mar Morto polo abrente; ⁴logo dará un rodeo cara ó sur, pola subida de Acrabim, e baixará ata o Sin, e chegará ó sur de Cadex-Barnea; logo irá saír a Hasar-addar e pasará a Asmón. ⁵Logo a fronteira torcerá desde Asmón cara ó Torrente de Exipto e terminará no mar.

⁶Por fronteira occidental teréde-lo Mar Mediterráneo: esta será para vós a fronteira ó oeste.

⁷Por fronteira septentrional teréde-la seguinte: desde o Mar Mediterráneo trazaredes unha liña ata o monte Hor; ⁸desde o monte Hor trazaredes unha liña ata a entrada de Hamat, indo saí-la fronteira ata Sedad. ⁹Logo a fronteira conducirá a Zifrón, terminando en Hasar-enán. Tal será para vós a fronteira septentrional.

¹⁰Logo trazaredes unha liña como fronteira oriental desde Hasar-enán cara a Xefam. ¹¹A fronteira baixará desde Xefam ata Ha-Riblah, ó oriente de Ain, e seguirá baixando ata toca-la beira oriental do lago de Xenesaret; ¹²despois baixará a fronteira ata o Xordán, indo dar ó Mar Morto. Tal será para vós o país en todo o perímetro das súas fronteiras".

¹³Moisés ordenoulles entón ós fillos de Israel: —"Este é o país que tedes que vos repartir por sorte, e que o Señor mandou que se entregue para as nove tribos e media; ¹⁴pois a tribo dos fillos de Rubén, segundo as súas casas paternas, a tribo dos fillos de Gad, segundo as súas casas paternas e media tribo de Menaxés recibiron xa a súa herdade. ¹⁵As dúas tribos e media recibiron a súa herdanza alén do Xordán, de fronte de Iericó, para a banda do oriente".

¹⁶O Señor díxolle a Moisés: ¹⁷—"Estes son os nomes dos homes que vos repartirán a terra: O sacerdote Elazar e Xosué, fillo de Nun. ¹⁸Colleredes, ademais, un príncipe por cada unha das tribos para face-las partillas das herdanzas da terra. ¹⁹Ei-los nomes deses homes: pola tribo de Xudá, Caleb, fillo de Iefuneh; ²⁰pola tribo dos fillos de Simeón, Samuel, fillo de Amihud; ²¹pola tribo de Benxamín, Elidad, fillo de Quislón; ²²pola tribo dos fillos de Dan, un príncipe: Buquí, fillo de Ioglí; ²³canto ós fillos de Xosé, pola tribo dos fillos de Menaxés, un príncipe: Haniel, fillo de Efod; ²⁴e pola tribo dos fillos de Efraím, un príncipe: Quemuel, fillo de Xiftán; ²⁵pola tribo dos fillos de Zebulón, un príncipe: Elisafán, fillo de Parnac; ²⁶pola tribo dos fillos de Isacar, un príncipe: Paltiel, fillo de Azán; ²⁷pola tribo dos fillos de Axer, un príncipe: Ahihud, fillo de Xelomí, ²⁸e pola tribo dos fillos de Naftalí, un príncipe: Pedahel, fillo de Amihud". ²⁹Tales son os que o Señor designou para repartiren en herdanza o país de Canaán entre os fillos de Israel.

Cidades levíticas

35 ¹O Señor díxolle a Moisés nas planicies de Moab, na beira do Xordán, de fronte de Xericó: ²—"Ordénalles ós fillos de Israel que da súa herdanza en propiedade lles dean ós levitas cidades para habitaren, e entregarédeslles tamén as terras de arredor. ³As cidades serviranlles de morada e as terras serán para o seu gando, a súa facenda e tódolos seus animais. ⁴Esas terras das cidades que lles tedes de dar ós levitas desde a muralla da cidade para afora, terán mil cóbados en roda. ⁵Mediredes, pois, no exterior da cidade: pola parte de oriente, dous mil cóbados; pola parte meridional, dous mil cóbados; pola parte do occidente, dous mil cóbados; e pola parte septentrional, dous mil cóbados, ficando a cidade no centro. Estas serán as terras arredor das cidades. ⁶As cidades que tedes de dar ós levitas serán as seis cidades de asilo que estableceredes para que se refuxie alí o homicida; e, ademais delas, darédeslles corenta e dúas cidades. ⁷O total das cidades que tedes de dar ós levitas, será corenta e oito cidades, cada unha coas súas terras. ⁸As cidades que tedes de dar serán tomadas da propiedade dos fillos de Israel: de quen ten moito tomaredes moito, e de quen ten menos tomaredes menos; cada un dará das

---

34, O reparto das terras faise depender de Moisés, para lle dar máis forza xurídica. A fixación das marxes tiña moita importancia no tempo que seguiu á conquista (Xos **14-15**).
34, 3 *Mar Morto*: lit. "mar do Sal".
34, 7 *Mar Mediterráneo*: lit. "mar Grande".

34, 11 *Xenesaret*: lit. "Kinnéret".
35, 1ss Cidades que lles corresponden ós levitas e vilas con dereito de asilo para aqueles que son perseguidos pola xustiza por causa dalgún homicidio involuntario (cf. notas a Xos **20**, 6 e **21**, 2).

súas cidades para os levitas na proporción da herdanza que teña recibido".

Cidades de asilo

⁹Díxolle o Señor a Moisés: ¹⁰—"Fálalles ós fillos de Israel: Cando deades pasado o Xordán cara o país de Canaán, ¹¹escolleredes cidades que serán para vós cidades de asilo, e alá refuxiarase o homicida que mate a unha persoa sen querer. ¹²Estas cidades serviranvos de asilo contra o vingador do sangue, para que o homicida non morra antes de que sexa xulgado ante a comunidade. ¹³Reservaredes, pois, seis cidades de asilo: ¹⁴tres cidades do lado de alá do Xordán e outras tres na terra de Canaán. Serán cidades de asilo. ¹⁵Para os fillos de Israel, o estranxeiro e o que mora no medio de vós, esas seis cidades serán de asilo, para que alí se refuxie todo aquel que mate a unha persoa sen querer.

¹⁶Pero se o feriu con instrumento de ferro e o mata, é un homicida; o homicida terá que morrer sen remedio. ¹⁷Se o feriu con pedra tirada coa man, capaz de causa-la morte, e mata, é un homicida; o homicida morrerá sen remedio. ¹⁸Se o feriu cun pau capaz de causa-la morte, e mata, é un homicida; o homicida morrerá sen remedio. ¹⁹O vingador do sangue matará por si mesmo ó homicida; cando o encontre, matarao. ²⁰Se alguén por odio derruba a outro ou por inimizade lanza algo contra el, e o mata, ²¹ou se por inimizade o fere coa súa man e morre, o agresor morrerá sen remedio; é un homicida. O vingador do sangue matará ó homicida cando o encontre.

²²Pero se o derrubou por casualidade, sen odio, ou lanzou sobre el calquera cousa sen intención de lle facer dano; ²³ou, sen o ver, lle deu cunha pedra capaz de causa-la morte, e o mata, cando non o odiaba nin buscaba o seu dano, ²⁴a asemblea do pobo xulgará entre o que feriu e o vingador do sangue, segundo estas leis. ²⁵A comunidade librará ó homicida da man do vingador do sangue e conducirao á cidade de asilo, onde estea refuxiado. Habitará alí ata a morte do sumo sacerdote, unxido co santo óleo.

²⁶Mais se o homicida sae do límite da súa cidade de asilo, onde está refuxiado, ²⁷e o vingador do sangue o atopa fóra do límite da súa cidade de asilo, onde estaba refuxiado, e o mata, non será reo de sangue, ²⁸porque o homicida debe habitar na súa cidade de asilo ata a morte do sumo sacerdote. Soamente despois de morrer este, poderá o homicida regresar á terra da súa propiedade. ²⁹Estas disposicións constituirán para vós normas de dereito nas vosas sucesivas xeracións en tódalas vosas moradas.

³⁰Se alguén mata a unha persoa, daráselle morte, por declaración de testemuñas; pero unha soa testemuña non abondará para condenar unha persoa á morte. ³¹Non aceptaredes rescate pola vida dun homicida que é reo de morte, pois terá que morrer sen remedio. ³²Tampouco aceptaredes rescate por quen se refuxiou na súa cidade de asilo, para que volva habitar no país, ata a morte do sacerdote. ³³Non deixaredes profana-la terra na que vivides, porque o sangue profana a terra, e polo sangue derramado na terra non se pode facer expiación máis ca mediante o sangue de quen a verteu. ³⁴Non profanaréde-la terra na que habitades, e na que tamén estou eu, pois eu, o Señor, moro no medio dos fillos de Israel".

Leis sobre o casamento das fillas herdeiras

36 ¹Os xefes das casas patriarcais da familia dos fillos de Galaad, fillo de Maquir, fillo de Menaxés, de entre as familias dos fillos de Xosé, aproximáronse, e tomando a palabra ante Moisés e os príncipes, xefes das casas patriarcais dos israelitas, ²dixeron: —"O Señor mandou ó meu señor que reparta por sorte a terra ós fillos de Israel. Tamén lle foi ordenado ó meu señor polo Señor que dese a herdanza do noso irmán Selofad ás súas fillas. ³Mais se elas casan con alguén doutra tribo dos fillos de Israel, o seu patrimonio será quitado do patrimonio dos nosos pais, e irá engadi-la herdanza da tribo daqueles ós que elas pasan a pertencer, diminuíndo así o lote da nosa herdanza. ⁴E cando chegue o Xubileo para os fillos de Israel, a súa herdade agregarase á herdade da tribo daqueles ós que lles pertenzan, e virá así a quitarse da herdanza da tribo de nosos pais".

⁵Entón Moisés, por mandato do Señor, deu orde ós fillos de Israel: —"Din ben os da tribo dos fillos de Xosé. ⁶Ei-lo que ordenou o Señor para as fillas de Selofad: casarán con quen elas queiran, mais soamente con quen pertenza á familia da súa tribo. ⁷Así a herdanza dos de Israel non pasará dunha

---

35, 12 *Goel:* cf nota a Rut **2, 20**.

tribo a outra, senón que os israelitas quedarán ligados cada un á herdanza da súa tribo paterna. ⁸E toda filla que herde patrimonio nunha tribo dos fillos de Israel, terá de casar con alguén que pertenza á familia da tribo de seu pai, a fin de que os israelitas manteñan cada un a posesión da súa herdanza paterna, ⁹e non pase a herdanza dunha tribo a outra, para que as tribos dos fillos de Israel estean vinculadas con cadansúa herdanza.

¹⁰Tal e como lle ordenou o Señor a Moisés, así fixeron as fillas de Selofad: ¹¹Mahlah, Tirsah, Hoglah, Milcah e Noah, fillas de Selofad, casaron con fillos dos seus tíos. ¹²Casaron dentro das familias dos fillos de Menaxés, fillo de Xosé, e a herdade delas ficou na tribo da familia de seu pai.

¹³Estes son os preceptos e leis que prescribiu o Señor por medio de Moisés ós fillos de Israel nas planicies de Moab, xunto ó Xordán, de fronte a Iericó.

INTRODUCCIÓN Ó DEUTERONOMIO

1. Título do libro

O nome "Deuteronomio" (= Segunda Lei), que dan os LXX ó 5.° libro da Biblia, vén dunha incorrecta traducción de Dt **17**, 18 ("Copia desta Lei"). A Biblia hebrea dálle o título de "Estas son as palabras" ("Elleh haddebarim"), segundo a norma de designa-los libros polos primeiros vocábulos empregados neles.

A preocupación fundamental da obra é a de repensar teolóxica e liturxicamente a Lei de Deus.

2. O Deuteronomio e o seu enraizamento na vida do pobo

Para coñece-lo qué un autor nos quere dicir coa súa obra, un dos camiños máis atinados vén sendo a observación do xénero literario que el emprega na tal obra.

Acerca do xénero literario do Dt, a primeira observación é que nel Moisés se dirixe a "todo Israel" como a un **vós** e a un **ti**, nunca a un "eles". Por outra banda, hai que notar aquí que, para a cultura semítica, o pobo —a comunidade— é un singular, pero que pode levar facilmente unha concordancia en plural. Na traducción respectamos sempre estes detalles, por mor da fidelidade ó texto.

No Deuteronomio, dun xeito semellante ó que acontece coas homilías das celebracións litúrxicas, recórdanseno-los feitos, palabras e leis da Historia da Salvación, e anímasenos a seguir estas leis de Deus, para vivirmos felices.

O problema é determinar en que liturxia puido ter lugar un discurso, en que festa se puideron tratar semellantes temas da Historia do Éxodo, na que se proclamaban diante do pobo unha serie de leis que incluíen tantas páxinas coma o código do Dt **12**, 1 - **26**, 15.

3. O Deuteronomio e a liturxia da festa da renovación da Alianza

Resulta sorprendente que, despois dunha análise das tres grandes festas hebreas, e do estudio de tódolos detalles que nos presentan os códigos das distintas fontes do Pentateuco, a nosa cuestión non teña resposta: A Pascua ten que ver coa liberación de Exipto: o pan asmo con que se ten que come-la víctima pascual, é, para o Dt, "o pan da aflicción", pois "de présa saíches do país de Exipto". A festa dos **Ázimos** queda, para o Dt, englobada na festa da Pascua, que, para o Dt, será unha festa de romaría ó santuario; pero na teoloxía dela non cabe a festa da renovación da Alianza. O mesmo se dirá da festa das Semanas e da festa das Tendas, festas de acción de gracias polas colleitas dos cereais e da vendima. Por outra parte, é preciso localizar esta festa, porque para algúns Salmos o tema da Alianza é central, e non se ve a que liturxia vinculala.

Hai que coller outro camiño de estudio: ¿Cal é en concreto o "santuario que o Señor escolle para que alí habite o seu Nome"? Esta fórmula invade practicamente toda a obra, polo que non parece que se poida referir na súa orixe ó santuario de Xerusalén, xa que suporía que a obra é de orixe xudía, cousa imposible, xa que o Dt esquece totalmente as tradicións xudías, mentres que é fidelísimo ás tradicións israelitas; ou ben suporía que unha man xudía fose sistemáticamente intercalando esta fórmula un tanto escura.

A resposta dánnola uns poucos textos: Roboam, fillo de Salomón, vai a Xequem para ser proclamado rei por todo Israel (1 Re **12**, 1ss; 2 Cro **10**, 1ss). Os israelitas non o aceptan a el, senón que elixen a Ierobóam. Dá a entende-lo texto que Ierobóam foi proclamado rei en Xequem, dado que no v 25 dise que "fortificou Xequem, na montaña de Efraím, e habitou nela, aínda que despois habitou en Penuel". En Xos **24**, 1.25.32, atopámo-la Alianza que fai a asemblea de Israel diante de Xosué, nun contexto litúrxico, cun discurso que contén de forma rudimentaria a temática de reflexión teolóxica sobre a historia do Éxodo e da protección de Iavé no camiñar polo deserto e da entrega da terra, que son os temas fundamentais dos discursos do Dt. Conclúe este texto coa libre elección de Iavé como Deus, a quen han de servir, dar culto; en, como testemuña da Alianza, levántase unha estela en Xequem (cf Xuí **9**, 1ss). Esta mesma tradición do santuario de Xequem como santuario da Alianza, confírmase co texto do Dt **27**, 4.12.13, onde se fala do ritual da Alianza, a celebrar nos montes Ebal e Garizim, que están á dereita e á esquerda de Xequem.

Temos, pois, localizado en Xequem "o santuario que o Señor escolle para pór alí o seu nome", santuario vinculado a tradicións de Alianzas (cf Xén **34**, 2-26). Soamente nos quedan por recolle-los testemuños desta festa. Para isto axúdanos fundamentalmente o texto de Dt **31**, 9-13: non se trata dunha festa anual, senón que formaba parte da festa das

INTRODUCCIÓN Ó DEUTERONOMIO

Tendas no ano sabático (cada sete anos). Segundo Dt **15,** 1ss tiña lugar daquela a remisión das débedas e a devolución dos eidos que por venda pasaran a outras mans (cf variacións suavizadoras de data máis recente, en Lev **25,** 1ss). A renovación da Alianza tiña a expresión ritual e cúltica nunhas actitudes expresadas en feitos de vida: o perdón das débedas económicas, dos cartos emprestados, e a nivelación radical dos bens de producción, todo como expresión da Alianza de Deus co pobo, coa que El o constitúe en pobo seu, e a través da que lle promete e asegura a felicidade e a bendición. Esta felicidade e bendición non é algo puramente caído do ceo, senón que o pobo ha de colaborar cumprindo a lei do Señor, que esixe estes compromisos de nivelación e preocupación pola sorte dos pobres: levita, orfo, viúva, emigrante...

4. Os autores do Deuteronomio, no seu contorno espiritual e histórico

Pertencen ó santuario de Xequem, constituído por sacerdotes e levitas, sen distinción entre eles.

Ieroboam constrúe como santuarios nacionais do Reino do Norte os de Dan e Betel. O culto que se celebra alí é semellante ó cananeo, a xulgar polas denuncias de Elías, Eliseo, Oseas e Amós. O espírito daqueles sacerdotes non era certamente iavístico, ó revés do que acontecía cos de Xequem. O culto deste santuario enchía os anceios relixiosos da xente, fronte ó culto oficial, naturalista e baldeiro de contido. Por iso a xente acode a Xequem, aínda que sufran o ataque dos sacerdotes doutros santuarios (cf Os **6,** 9).

Neste ambiente relixioso é onde nace o Ritual da Festa da Renovación da Alianza, que inclúe as tradicións do Éxodo (**4,** 44 -**11,** 32), o Código Deuteronómico (Dt **12-26**) e mailas bendicións e maldicións (Dt **27,** 1 - **28,** 68).

A data de nacemento dos textos xira ó redor do século VIII, anque algúns deles atinxan o século IX a.C.

O primeiro discurso (**1,** 6 - **4,** 43) puido ser parte do ritual da Festa da Renovación da Alianza, ata a caída de Samaría (722 a.C.), e conseguintemente, anterior a esta.

O terceiro discurso (**28,** 69 - **30,** 10) e a conclusión (**30,** 11 - **32,** 52), amóstranno-lo mesmo xeito de facer teoloxía, en datas moi posteriores. Dado que, coa caída de Samaría, deixou de existi-lo Santuario de Xequem, os levitas fóronse para Xerusalén, levando consigo o Libro da Lei (Dt **1,** 6 - **28,** 68). Un século máis tarde (ano 622), nos tempos de Ioxías, vai servir de inspirador dunha reforma nacionalista e cúltica: santuario único (en Xerusalén), conversión ó iavismo puro, e reforma das festas (especialmente da Pascua). Ioxías soamente se distancia da Lei do Dt (cf 1 Re **23,** 8-9), ó non darlles funcións sacerdotais máis que ós sacerdotes de Xerusalén, establecendo ademais unha verdadeira xerarquía entre sacerdotes e levitas. Vaise formando unha escola profética e literaria, que dará abondo froito durante o desterro, animando á xente á conversión e á volta ós compromisos da Alianza. Este grupo de persoas —posiblemente sacerdotes de Xerusalén— refundirán os libros históricos e os textos proféticos, na liña teolóxica dos seus devanceiros. Serán chamados "deuteronomistas" (dtr), pola súa proximidade ó Dt e mais á teoloxía desenvolta en Xequem.

Anque no exilio non sería viable unha festa de renovación da Alianza, de todos xeitos o ambiente vital no que naceu o terceiro discurso (**28,** 69 - **30,** 10) é a liturxia profético-deuteronomista de encoraxamento e de chamada á fidelidade á Alianza. Esa liturxia tiña lugar nas sinagogas, xurdidas no exilio babilónico.

5. Temas teolóxicos máis importantes do Deuteronomio:

Deus.—Fálase del referíndoo sempre ó pobo ou ós membros do pobo, cunha relación persoal ("o teu Deus", "o noso Deus"...). O Deus do Dt é o Deus da Alianza, que se revelou nos feitos da historia de Israel, e que continúa bendicindo ó pobo, cando este é fiel á Alianza. Como remate e cume da manifestación divina, está o don da terra prometida, da que tomaron posesión.

A teoloxía do Dt vén ser unha reflexión sobre as tradicións elohistas. Deus é un ser transcendente, pero revélase mediante signos (Dt **4,** 12s; **6,** 22), e pola palabra (**4,** 36), que deben manter, como se mantiña escrita no santuario de Xequem (**27,** 2-3). O Deus transcendente actúa no santuario terreo: non en calquera santuario, senón no que El escolleu "para facer habitar alí o seu Nome". Ese Deus é Señor da natureza e da vida (**11,** 10-15; **28,** 4), é imparcial no xuízo (**10,** 17), non se deixa manexar por ninguén (**3,** 24ss), é compasivo e misericordioso con quen cumpre os mandatos (**4,** 29; **5,** 10), é verdadeiramente fiel ás promesas feitas ós pais (**4,** 31; **7,** 9).

O amor.—Unha das meirandes revelacións da teoloxía do Dt é o amor de Deus polo seu *pobo. O motivo da liberación de Exipto, e o acompañamento do pobo e mais dos que están con el, débese ó amor de Deus ós pais (**10**, 15.18; cf **4**, 37; **7**, 7-8; **23**, 6). O pobo debe corresponder amando a Deus con todo o corazón (**6**, 5; **10**, 12), e cumprindo os seus mandamentos (**5**, 10; **11**, 1). O senso do amor entre Deus e o pobo hai que poñelo en relación coa mensaxe profética de Oseas.*

Os pais e a elección do pobo.—*Porque o Señor amou ós pais, elixiu ó pobo da súa descendencia, dise nalgúns textos (**1**, 8; **6**, 10; **10**, 15). Noutros, ponse como razón o amor gratuíto de Deus, que se concreta sobre todo na liberación da escravitude de Exipto (**7**, 8ss), e na Alianza, que é a razón desa liberación.*

A Alianza e a Lei.—*A Alianza do Horeb (chamado tamén Sinaí, nas tradicións de Xudá) é unha das principais fontes da teoloxía do Dt, que se actualiza na celebración litúrxica de Xequem. Leva consigo un compromiso bilateral, polo que Deus conduce o pobo ó esplendor, mentres que este se consagra a Deus e fai caso das súas leis e mandatos. A xente debe manterse fiel á Alianza co cal recibe bendicións de Deus (**28**, 1-14), evitando así ademais as maldicións que se seguirían da ruptura ou infidelidade a esa Alianza (**27**, 11-26; **28**, 15-68). Non obstante, na realidade, anque Israel rompa a Alianza, Deus non esquecerá a promesa feita ós pais (**4**, 31), e mirará polo seu pobo.*

*As bendicións para os que son fieis á Alianza, son deste tipo: vivir felices (**4**, 1-4; **5**, 29-33...), alonga-los días da vida (**3**, 33), ter abonda descendencia (**8**, 1) e habita-la terra prometida (**4**, 1-4).*

*A Lei de Deus, por ser "revelación" (="torah" en hebreo), hai que mantela como é, sen lle engadir nin quitar nada (**4**, 2; **5**, 22; **13**, 1), e cumpríndoa con fidelidade, seguros de que é o mellor para o pobo, ó ser instrucción do Deus transcendente. As leis que non foron reveladas no Horeb, senón que foron sacadas do costume e sancionadas no culto, son referidas a diversos acontecementos da historia da salvación (**5**, 15ss; **8**, 3; **10**, 19).*

O don da terra e a "guerra santa".—*A conquista é considerada "guerra santa", e, como tal, esixe fe na presencia salvadora de Iavé, e seguridade na victoria (**1**, 29-33; **7**, 17-26...). Sendo o campamento un lugar santo, danse unhas leis de pureza ritual (**23**, 10-15). O exterminio total dos amorreos —cousa que de feito non se deu— ten na teoloxía do Dt a finalidade da observancia da Lei, evitando os perigos da idolatría.*

*A terra, o país e —con el— a liberdade política, son o ben máis preciado que dá o Señor. O pobo debe recoñecer ese don, agradecéndollo litúrxica e ritualmente, coa ofrenda das primicias dos froitos (**26**, 1-11).*

*O Dt chama a atención sobre dous perigos: o de enriquecerse e chegar a esquecer que todo iso se debe a Deus (**8**, 14-18), e o da falta de nivelación económica entre uns e outros. Para acadar isto último, danse unhas normas, concedéndolles certos dereitos ós pobres ó terceiro ano (**14**, 28ss), outros no sétimo ano (**15**, 1-4.12-18), e incluso tódolos anos o dereito a espigar e rebuscar despois da vendima (**23**, 25-26), a coller espigas ou uvas para comer cando se vai de camiño (**24**, 5 - **25**, 4)..., todo iso orientado a que non haxa pobres (cf **15**, 4-5). O mesmo Deus fará xustiza ó orfo e á viúva (**18**, 8); e, así como El dá pan ós emigrantes, tamén eles deben facer outro tanto (**10**, 18-19).*

A comunidade.—*Chámase "am" para referirse ó pobo organizado; e "qahal", para designa-la comunidade litúrxica.*

*Dáse unha considerable organización, que non obsta o carácter democrático. Uns cargos limitan as atribucións dos outros, de xeito que non sexan exaxerados nin sequera os bens do mesmo rei (**15**, 14-19).*

*Un dos elementos básicos na organización da comunidade é a familia. A pedagoxía familiar ha de ser reiterativa. Terá como contido fundamental as experiencias salvíficas e as leis recibidas na asemblea (**4**, 9-10): os mandamentos —en especial o amor a Deus— (**6**, 6; **11**, 19), enraizados eles na liberación de Exipto e referidos ó don da terra prometida (**6**, 20-25), co Canto de Moisés coma testemuño contra as infidelidades á Alianza (**31**, 19). Todo iso transmitirase por tradición, de pais a fillos, netos... (**4**, 9; **31**, 9; **32**, 2ss).*

Moisés.—*É o profeta por excelencia (**34**, 10), o que pronuncia tódolos discursos, transmitindo ó pobo a mensaxe de Deus. Relaciónase con Deus (**9**, 9-15), e intercede pola asemblea (**9**, 18-20.25-29). É mediador e intérprete da Alianza (**1**, 5), e recórdalle ó pobo os mandamentos do Señor (**5**, 5.23-27). Proclama a presencia benévola de Deus no medio do pobo.*

6. Disposición do escrito

—Introducción histórica ó primeiro discurso: **1**, 1-5.

—Primeiro discurso: reflexións teolóxicas sobre as tradicións do Éxodo (ata a conquista

INTRODUCCIÓN Ó DEUTERONOMIO

e o reparto das terras da Transxordania): *1, 6 - 4, 43*.
—*Introducción histórica ó segundo discurso: 4, 44-49*.
—*Segundo discurso: 5, 1-28, 68*.
-*Reflexión teolóxica sobre as tradicións do Éxodo e da conquista da Cisxordania: 5, 1 - 11, 32*.
-*Código deuteronómico: 12, 1-26, 18*.

-*O Santuario Central e a liturxia da Alianza que se celebra nel: 27, 1-28, 68*.
—*Introducción ó terceiro discurso: 28, 69*.
—*Terceiro discurso (exílico e deuteronomístico): 29, 1 - 30, 19*.
—*Conclusión: Testemuños da Lei e da Alianza, e sucesión de Moisés: 30, 11 - 34, 12*.
Nota: Os vv 11-19 do c. 30 van incluídos en dous apartados, porque fan de transición.

DEUTERONOMIO

DISCURSOS DE INTRODUCCIÓN

Introducción histórica

1 ¹Estas son as palabras que lle dirixiu Moisés a todo Israel na outra beira do Xordán, no deserto, isto é, na Arabah, enfronte de Suf, entre Parán por unha banda e Tofel, Labán, Haserot e Dizahab pola outra. ²Para viren desde o Horeb ata Cadex Barnea pola serra de Seir cumpríronlles once días. ³O día primeiro do undécimo mes do ano corenta, faloulles Moisés ós israelitas, tal e como lle mandara o Señor que lles falase, ⁴despois de que Moisés derrotara ó rei dos amorreos, Sihón, que reinaba en Hexbón, e despois de que derrotara en Edrei ó rei de Baxán, Og, que reinaba en Axtarot. ⁵Ó outro lado do Xordán, no país de Moab, comezou Moisés a pór en claro esta *Lei* dicíndolles:

DISCURSO PRIMEIRO

A doazón da Terra Prometida

⁶—"O Señor, noso Deus, falounos no Horeb, nestes termos: xa levades vivindo de abondo nestas serras. ⁷Arrincade as vosas tendas e entrade na serra dos amorreos e onda os seus veciños que viven na Arabah, na montaña e na Terra Baixa, no Négueb e na beira do mar. Ollade para o país dos cananeos e para o Líbano ata o río grande, o río Éufrates. ⁸Poño diante de vós esta terra: entrade a tomar posesión da terra que o Señor lles prometeu con xuramento ós vosos pais, a Abraham, a Isaac e mais a Xacob: que llela daría a eles e á súa descendencia despois deles.

Institución dos Xuíces nunha comunidade organizada

⁹Daquela díxenvos deste xeito: Non son capaz eu só de vos rexer; ¹⁰o Señor, voso Deus, multiplicouvos e velaí que hoxe sodes unha multitude coma as estrelas do ceo. ¹¹Que o Señor, Deus dos vosos pais, vos aumente mil veces máis e que vos bendiga tal e como volo prometeu. ¹²E ¿como poderei aguantar eu só as vosas dificultades, os vosos problemas e os vosos litixios? ¹³Procurádevos para as vosas tribos homes de experiencia, intelixentes e instruídos, e eu poreinos á fronte de vós.

¹⁴Entón vós respondéstesme: Está ben o plan que nos propuxeches facer.

¹⁵Logo eu escollín para pór á fronte das vosas tribos homes de experiencia e instruídos, e púxenos á vosa fronte: xefes de mil, xefes de cento, xefes de cincuenta e xefes de dez, para cada unha das vosas tribos.

¹⁶Naquel momento deilles tamén estas normas ós vosos xuíces: Escoitade os litixios entre os vosos irmáns, e sentenciade conforme a xustiza os pleitos entre un e o seu irmán, ou entre un e o estranxeiro que con el vive. ¹⁷No xuízo non teñades en conta o aspecto das persoas: atendede ó pequeno o mesmo ca ó grande; non lle teñades medo á presencia de ninguén, pois o xuízo é cousa que lle pertence ó Señor. O pleito que vos resulte difícil traédemo a min, que eu o escoitarei. ¹⁸Naquel momento tamén vos mandei tódalas normas que tendes que cumprir.

1, 1-15 Estes versos serven de enlace coa conclusión do libro dos Números (Núm **36**, 13), ó mesmo tempo que resumen as primeiras etapas do camiño polo deserto, remontándose do máis recente ás etapas máis antigas. Arabah = Núm **36**, 13; Suf = **21**, 14; Parán = **10**, 12, onde hai que situar Labán e Haserot, que figuran no itinerario de Núm **33**, 17-20.
Pero a redacción destes vv é claramente deuteronomista, como se ve polas expresións "todo Israel" e "a asemblea de tódalas tribos de Israel" e polo especial protagonismo de Moisés, xa que é Moisés quen fala, non Deus por medio de Moisés, e sobre todo pola datación do día *primeiro do mes undécimo*.
1, 5 Esta Lei é como a tipificación do *libro*, e quizais esta sección foi a introducción ó libro da lei orixinario no seu conxunto (**12**, 1-28, 68), que se viu interrompida polos discursos de Moisés na redacción dos deuteronomistas, durante o desterro en Babilonia.
1, 6-8 O autor fai nota-lo protagonismo de Deus nas etapas da peregrinaxe polo deserto, e moi especialmente na entrega da terra prometida ós pais, que son os transmisores da promesa de Deus relativa á terra (cf **1**, 20-21).
1, 11 A multiplicación do pobo deixa de ser causa de queixa (Núm **11**, 11-15); pode considerarse como froito de bendición do Señor, e do cumprimento das promesas feitas ós pais.
1, 13-15 A comunidade do Dt non é amorfa, senón organizada e con sabios á fronte de cada grupo, que executan a función sacra de xulgar no nome do Señor (v 17), e por iso ten que ser xusto o xuízo.

Exploración do país e primeira desconfianza con Deus

[19] Logo marchamos do Horeb e, atravesando todo aquel inmenso e terrible deserto que vós vistes, polos montes dos amorreos, tal como nolo mandara o Señor, noso Deus, chegamos a Cadex Barnea. [20] Entón eu díxenvos: Xa chegastes ós montes dos amorreos, que o Señor, o noso Deus, nos entrega. [21] Olla: o Señor, o teu Deus, ponche diante este país: Sube e toma posesión del, tal como o Señor, Deus dos teus pais, cho prometeu. ¡Non teñas medo nin te acovardes!

[22] Entón todos vós presentástesvos diante miña e dixestes: É mellor que mandemos uns homes diante de nós para que nos exploren o terreo e nos informen do camiño por onde temos que subir e das cidades que temos que tomar.

[23] Pareceume ben a proposta, e escollín de entre vós doce homes, un home por tribo. [24] Eles emprenderon a subida cara ós montes, e chegaron á ribeira do Excol; e percorrérona a pé. [25] Colleron a proba dos froitos deste país, e baixaron xunto a nós para nos informaren.

Dixeron: É boa a terra que o Señor, o noso Deus, nos vai dar. [26] Pero vós non quixestes subir e rebelástesvos contra a orde do Señor, voso Deus. [27] Levantastes calumnias baixo as vosas tendas, dicindo: Polo odio que o Señor nos ten, foi polo que nos sacou do país de Exipto, para nos entregar ó poder dos amorreos, para que nos fagan desaparecer. [28] ¿Onde imos nós subir? Os nosos irmáns fixeron esmorece-los nosos corazóns, ó diciren: Son un pobo máis grande e máis corpulento ca nós, cidades máis grandes e máis cortadas a pico có ceo e mesmo vimos alí anaquitas. [29] Entón díxenvos: Non esterrezades nin lles teñades medo. [30] O Señor, o voso Deus, será quen irá diante de vós; El pelexará no voso favor tal como fixo, diante dos vosos ollos, en Exipto. [31] E polo deserto viches como o Señor, o teu Deus, te trouxo no colo, coma un home trae ó seu fillo, por todo o camiño que percorrestes ata chegardes a este lugar. [32] Pero a pesar deste razoamento vós non vos fiastes do Señor, o voso Deus, [33] quen ía por diante de vós polo camiño, para vos buscar sitio onde acampar, quen ía diante de vós de noite, no lume, para que viséde-lo camiño por onde tiñades que marchar, e de día, na nube.

[34] Ó escoita-lo Señor o rumor das vosas palabras, enfadouse, e con xuramento dixo: [35] Ninguén destes homes, ninguén desta xeración pervertida verá esa terra bendita, que xurei darlles ós vosos pais, [36] excepto Caleb, fillo de Iefuneh; este poderá vela e eu dareille-la el e ós seus fillos a terra que pise, xa que el seguiu sen reservas ó Señor.

[37] Pola vosa culpa tamén se enfadou o Señor contra min e díxome: Tampouco ti non entrarás alí. [38] Xosué, o fillo de Nun, o teu criado, el será quen entrará alí; confiareille o poder, pois el será quen lle repartirá a Israel a terra en herdanza. [39] Os vosos meniños, que coidabades que servirían de botín, os vosos fillos que hoxe aínda non saben distingui-lo ben do mal, eles serán os que entrarán alí, a eles daréille-la terra e eles tomarán posesión dela. [40] Vosoutros dade a volta e botádevos ó deserto na dirección do Mar Rubio.

[41] Entón vós repondéstesme nestes termos: Cometemos pecado contra o Señor. Imos subir e loitar tal como nolo mandou o Señor, noso Deus. Vós cinguíste-las vosas armas de guerra e tivestes por cousa fácil subir ós montes.

1, 21 A acción do Señor de lles entrega-la terra implica a seguridade de tal don, e ten de excluir todo temor e covardía, ante as dificultades concretas. A acción de Deus está por riba das continxencias históricas: caída do reino do Norte, caída de Xerusalén. Esta seguridade do éxito é característica da guerra santa: cf **1**, 29; **7**, 21; **20**, 1; **30**, 8.

1, 22ss Ás seguridades ofrecidas por Deus, o pobo responde pedindo a exploración do país (en Núm **13**, 2 é Deus quen a propón), e despois da lembranza do país, dos representantes do pobo propoñen as dificultades concretas (vv 27-28), que provocan a primeira desconfianza co Señor.

1, 28 *Os anaquitas,* o mesmo que os emitas, os refaítas, zamzumitas e os suritas, son nomes do que quedaba dos antigos poboadores de Palestina, ós que se lles atribuían os monumentos megalíticos (cf **2**, 10-11. 20-21; Xén **6**, 4; **14**, 5; Núm **13**, 33; Os **11**, 21s; **14**, 12-15; **15**, 13-15).

1, 29ss A crise de fe ou a rebeldía contra o Señor e o seu plan resólvese coa reflexión meditativa sobre a manifestación de Deus ó longo da historia e especialmente da historia do Éxodo, cousa que os autores comparten con Oseas (cf **9**, 10; **11**, 1-4; **12**, 10-11).

1, 34ss O v 35 contén un oráculo de xuízo condenatorio contra a xeración infiel, coa súa excepción —Caleb—, remarcando así a causa da tal condenación. O mesmo Moisés vese afectado polo castigo, non obstante a súa fidelidade: o pecado do pobo afecta nas súas consecuencias á súa "cabeza". O castigo deixa un "resto", no que continúa a promesa salvífica: os fillos.

1, 41-46 O anuncio de castigo ten o seu efecto na conciencia do pobo: recoñece-lo propio pecado e dispor se a cumpri-la orde do Señor: pero esta orde ten de ser o que aquí e agora o Señor quere e comunica por medio do seu profeta, non o que un libremente quere entender que é a vontade do Señor.

⁴²Pero o Señor díxome: Dilles isto: Non subades nin trabedes pelexa, ollade que eu non estou no medio de vós para que non vos poidan os vosos inimigos. ⁴³Díxenvolo, pero non me fixestes caso, senón que vos rebelastes contra o mandato do Señor, e cheos de orgullo subistes ós montes. ⁴⁴Pero os amorreos, que dominaban aquelas montañas, saíronvos ó paso e perseguíronvos o mesmo que o farían as abellas, e derrotáronvos desde Seir ata Hormah. ⁴⁵Ó volverdes, puxéstesvos a chorar diante do Señor, pero o Señor non fixo caso do voso choro nin vos escoitou; ⁴⁶por isto seguistes vivindo en Cadex tanto tempo como alí levabades vivindo.

O paso por Edom, Moab e Amón

2 ¹Despois puxémonos ó camiño na dirección do Mar Rubio tal como mo dixera o Señor, e demos voltas ó monte Seir durante moito tempo. ²Logo o Señor díxome así: ³Xa está ben de dardes voltas a estes montes. Dirixídevos ó Norte. ⁴Dálle estas ordes ó pobo: Vós ides pasa-las fronteiras dos vosos irmáns, os fillos de Esaú, que viven no Seir. Eles téñenvos medo, pero gardádevos ben ⁵de metervos con eles, xa que da súa terra non vos vou dar a vós nin sequera a pisada da planta do pé, senón que os montes de Seir deillos en herdanza a Esaú.

⁶A comida que ides comer, comprádelella a eles con prata, e a mesma auga que ides beber, comprádelella tamén con prata; ⁷pois velaí que o Señor, o teu Deus, te bendiciu en tódalas túas empresas, tivo coidado de ti ó camiñares por este enorme deserto. Durante estes corenta anos, estivo contigo o Señor, o teu Deus, e nada che faltou. ⁸E ó saírmos de xunto ós nosos irmáns, os fillos de Esaú que vivían en Seir, deixando o camiño da Arabah, de Eilat e de Esion-Guéber, collémo-la dirección do deserto de Moab.

⁹E o Señor díxome: Non ataques a Moab nin te metas en guerra con eles; mira que non che dou en herdanza nada do seu país, pois xa lles dei ós fillos de Lot en herdanza a cidade de Ar. ¹⁰Noutros tempos vivían alí os emitas, un pobo grande, numeroso e alto de estatura, igual cós anaquitas. ¹¹(Todos coidan que os emitas eran refaítas coma os anaquitas, pero os moabitas chámanlles emitas. ¹²Tamén en Seir vivían noutros tempos os hurritas, pero os fillos de Esaú expulsáronos e botáronos de diante de si, establecéndose no seu lugar, o mesmo que fixo Israel co país que o Señor lle deu en herdanza). ¹³Agora, en marcha, e póndevos a atravesa-lo regato Zéred. E pasámo-lo regato Zéred.

¹⁴Trinta e oito anos foi o tempo que nos levou atravesar desde Cadex Barnea ata que pasámo-lo regato Zéred e ata que desapareceu do campamento toda aquela xeración de homes de guerra, tal como o Señor llelo xurara. ¹⁵Pois a man do Señor estaba clamorosamente contra eles para espantalos do medio do campamento ata que desaparecesen completamente.

Conquista en guerra santa do reino de Sihón

¹⁶Unha vez que tódolos homes de guerra desapareceron, por iren morrendo no medio do pobo, ¹⁷faloume o Señor nestes termos: ¹⁸Ti, atravesa hoxe a fronteira de Moab, por Ar. ¹⁹Cando chegues á presencia dos fillos de Amón, non os ataques nin te metas con eles, xa que non che dou en herdanza nada do territorio dos fillos de Amón, pois xa llelo teño dado en herdanza ós fillos de Lot. ²⁰(Este territorio tamén se considera territorio dos refaítas, pois noutros tempos viviron nel os refaítas, a quen os amonitas lles chaman zamzumitas; ²¹un pobo grande, numeroso e alto de estatura, o mesmo cós anaquitas. O Señor fíxoos desaparecer de diante dos amonitas, que os desposuíron para se estableceren no seu lugar. ²²Foi o mesmo que fixo o Señor en favor dos fillos de Esaú, que

---

2, 1-25 O autor xunta o tema do reparto providencial que Deus fixo das nacións co don da terra prometida: Iavé tamén se preocupa das nacións pagás. Esta acción providencial de Deus quizá reflexe a situación histórica do final do s. VII, cando estas nacións xogaron un papel importante coa súa independencia de Asiria. O esquema literario é sinxelo: ordes de Deus (2 3.9.18), ás que responde a execución por parte do pobo.

2, 4ss Presenta unha tradición distinta de Núm 20, 14-20 (fonte E), segundo a cal o rei edomita non lles permite pasar polo seu territorio. A tradición do Dt quizais proveña das tribus de Transxordania, Menaxés e Gad. Os *edomitas* son descendentes de Esaú, e viven nas costeiras do monte Seir, que está ó Poñente da Arabah, e dominan ó menos teoricamente a Arabah, depresión xeolóxica que vai do golfo de Áqaba ou Eilat (no Mar Rubio) ó Mar Morto.

2, 9 *Moab* é un pobo que habitou ó Sueste do mar Morto, e críanse descendentes de Lot, o mesmo cós *amonitas* (cf v 19), que vivían máis ó Norte.

2, 14 *Xurara*. Aquí o autor reinterpreta o oráculo de castigo de 1, 35 coma un xuramento incondicional feito por Deus, e por tanto vinculante para El.

2, 15 A man, na antropoloxía estereométrica semítica, vén significa-la poderosa actuación da persoa, nun senso determinado. Aquí temos ademais un antropomorfismo teolóxico. A poderosa acción de Deus estaba cumprindo o seu oráculo-xuramento de extermina-la xeración do deserto.

2,22 Os *hurritas* non indican unha raza, senón que *huru* é dos nomes que lle dan os documentos exipcios á rexión de Palestina. Non se teñen que confundir cos *hurritas* dos documentos cuneiformes.

viven en Seir, pois o Señor fixo desaparecer de diante dos fillos de Esaú ós hurritas, que os desposuíron e se estableceron no sitio ata o día de hoxe. ²³Os avitas, que vivían nas bisbarras ata Gaza, os cretenses, que saíran de Creta, fixéronos desaparecer, para se estableceren no seu lugar.

²⁴¡En pé! ¡En marcha! Cruzade o regato Arnón. Mira que che entrego no teu poder a Sihón, o amorreo, rei de Hexbón, e o seu territorio. Comeza e conquista, declaralle a guerra. ²⁵O día de hoxe comezo a te converter no causante de temor e de terror ante a presencia dos pobos que hai debaixo de todo o firmamento; ó teren noticia do teu renome, poranse a tremer e escaparán da túa presencia.

²⁶Logo eu, desde o deserto do Nacente, mandei mensaxeiros a Sihón, rei de Hexbón, con esta mensaxe de paz: ²⁷Déixame pasar a través do teu país, ó longo do vieiro; irei polo vieiro sen virar nin á dereita nin á esquerda. ²⁸Comerei a comida que me queiras vender a prezo de prata, e beberei a auga que me queiras dar, a cambio de prata. Déixame tan só pasar a pé, ²⁹o mesmo que me deixaron os fillos de Esaú, que viven en Seir, e os moabitas que viven en Ar, ata que pase o Xordán para a terra que o Señor, o noso Deus, nos vai entregar.

³⁰Sihón, o rei de Hexbón, non nos quixo deixar pasar por xunto del, xa que o Señor, o teu Deus, volveu terco o seu espírito e duro o seu corazón, para entregarcho na túa man, tal como hoxe está. ³¹Entón o Señor díxome: Olla, eu comecei por entregarche a Sihón e a súa terra. Ti comeza por recibir en herdanza o seu país.

³²Entón Sihón saíunos ó encontro en plan de guerra a Iahsah, el e mailo seu pobo. ³³E como o Señor, o noso Deus, nolo entregou á nosa vontade, derrotámolo a el, a seus fillos, e a todo o seu pobo. ³⁴E naquel intre conquistamos tódalas súas cidades, consagrando ó exterminio cada cidade: homes, mulleres e meniños, e sen deixarmos sobreviventes. ³⁵Soamente deixamos para nós como botín os animais e os espolios das cidades que conquistaramos. ³⁶Desde Aroer, que está na beira do río Arnón, e desde a cidade que está no val, ata Galaad, non houbo cidade que se nos resistise. O Señor, o noso Deus, entregáranolas todas elas, á nosa vontade. ³⁷Soamente non te achegaches ó país dos amonitas, a todo o longo do val do Iaboc e ás cidades da montaña, e a todo o que o Señor, o noso Deus, che prohibira.

Guerra santa e conquista do reino de Og en Baxán

3 ¹Logo nós voltamos para subir camiño de Baxán, cando Og, o rei de Baxán, nos saíu ó encontro en Edrei en plan de guerra, el e todo o seu exército. ²Entón díxome o Señor: Non lles teñas medo, xa que chos puxen na túa man, a el, a todo o seu exército e o seu país; e has de lles face-lo mesmo que lle fixeches a Sihón, o rei dos amorreos, que reinaba en Hexbón. ³Deste xeito, o Señor, o noso Deus, tamén nos entregou nas nosas mans a Og, rei de Baxán, e a todo o seu exército, e derrotámolo ata non deixarlle sobrevivente. ⁴Daquela, apoderámonos de tódalas súas cidades, sen que quedase ningunha que non lla tomasemos. Sesenta cidades de toda a comarca de Argob, eran o reino de Og en Baxán. ⁵Todas estas cidades estaban fortificadas con altos muros, porta dobre e trancas, sen conta-las cidades de abundante poboación perizita desde antigo. ⁶Consagrámolas ó exterminio, o mesmo que fixeramos con Sihón, rei de Hexbón; consagramos cada unha das cidades: a homes, mulleres e meniños; ⁷deixamos para nós tódolos animais e o botín destas cidades.

⁸Entón, arrebatámoslles a dous reis amorreos do outro lado do Xordán este territorio: desde o río Arnón ata o monte Hermón. ⁹(A xente de Sidón chámalle Sirion ó Hermón, mentres que os amorreos lle chaman

---

2, 23 Kaftor e kaftoritas traducímolo por Creta, *cretenses*, aínda que poden significar tamén as costas de Asia Menor e os seus habitantes. Estes kaftoritas ou cretenses son os filisteos (cf Xén **10**, 14; Xos **13**, 2; Am **9**, 7).

2, 24-25 Temos aquí unha declaración oracular de "guerra santa", narrada no discurso. A declaración de guerra que o pobo fai é a expresión do terror sacro que Deus vai infundir nos inimigos ante a súa presencia e en tódolos pobos que o oian cantar. Os vv 26ss están tomados, anque non á letra, de Núm **21**, 21-23.

2, 30 Dáno-la concepción teolóxica semítica da historia: os acontecementos históricos son expresión das intervencións positivas de Deus e do sobrenatural. A expresión "tal como hoxe está" supón a persistencia de dominio israelita na Transxordania, o que faría remonta-la composición do libro, cando menos, á metade do século VIII.

2, 31 O comezo da conquista con guerra santa é coma o anticipo da conquista de todo o país. A guerra santa inclúe fundamentalmente o exterminio de tódolos humanos e o arraso das cidades, gardando para botín os animais e os bens materiais.

3, 5 *Os perizitas* son labregos que vivían en cidades non fortificadas.

Senir). ¹⁰Tódalas cidades da Chaira e todo o Galaad e todo o Baxán ata Salcah e Edrei, eran cidades do reino de Og en Baxán. ¹¹(Og, o rei de Baxán, era o único que quedaba do resto dos refaítas: ¡Velaí o seu sartego!, o sartego de bronce que hai en Rabat dos amonitas; ten nove cóbados de longo por catro de ancho medido en cóbados ordinarios).

¹²Ata entón, tomaramos posesión de todo este territorio.

Reparto entre as tribos da Transxordania

Entregueilles ós rubenitas e gaditas a metade da montaña de Galaad e mailas súas cidades, desde Aroer, que se atopa á beira do río Arnón. ¹³Á metade da tribo de Menaxés entregueille o resto de Galaad e todo o Baxán, toda a rexión de Argob, que fora o reino de Og. (A toda esta rexión de Baxán, chámanlle país dos refaítas).

¹⁴Iaír, o fillo de Menaxés, recibiu toda a rexión de Argob ata as fronteiras dos guexurritas e dos macateos, e ata o día de hoxe estes habitantes chamáronse co seu nome, e a Baxán chamóuselle Tendas de Iaír. ¹⁵A Maquir entregueille o Galaad. ¹⁶Ós rubenitas e ós gaditas entregueilles desde Galaad ata o río Arnón, servindo de fronteira o medio do río, e ata o río Iaboc, a fronteira dos amonitas. ¹⁷E ademais a estepa que ten o Xordán por fronteira, desde Xenesaret ata o mar da estepa, isto é, ata o mar Morto e ó Nacente onde está, augas abaixo, a liña divisoria de augas do Pisgah.

Ordes de Moisés para prepara-la invasión da Cisxordania

¹⁸Daquela deivos estas ordes: O Señor, o voso Deus, entregouvos este país en posesión, pero vós, soldados, e tódolos homes útiles para a guerra, pasaredes diante dos vosos irmáns israelitas. ¹⁹Soamente as vosas mulleres, os vosos meniños e os vosos rabaños—pois eu sei que tendes moitos rabaños—quedarán nas vosas cidades, nas que vos acabo de dar, ²⁰ata que o Señor, o voso Deus, faga descansar ós vosos irmáns, como vos fixo a vós, e ata que tamén eles tomen posesión da terra que o Señor, o voso Deus, lles vai dar ó outro lado do Xordán. Entón cada un de vós poderá volver á súa posesión, a que eu vos dei.

Súplica de Moisés: O don da terra

²¹Entón deille estas ordes a Xosué: Ti viches cos teus propios ollos todo o que o Señor, o voso Deus, lles fixo a eses dous reis, o mesmo lles fará o Señor a tódolos reinos nos que ti vas entrar. ²²Non lles teñades medo, pois o Señor, o voso Deus, estará comprometido na guerra ó voso favor.

²³Entón eu fíxenlle ó Señor esta súplica: ²⁴¡Meu Señor, Deus! Ti comezaches por permitirlle ó teu servo ve-la túa grandeza e a túa man forte, ¿que deus pode haber no ceo ou na terra, que faga as mesmas obras ca ti, ou teña o mesmo poder? ²⁵Permíteme que eu poida cruzar para ver esa boa terra que está da outra banda do Xordán, esa boa montaña e o Líbano. ²⁶Pero enfadouse o Señor contra min pola vosa culpa e non me fixo caso, senón que me dixo: ¡Xa abonda! Non sigas falándome nestes termos. ²⁷Sube ó cume do Pisgah, e levanta a vista cara ó Occidente e cara ó Norte, cara ó Sur e cara ó Nacente: olla cos teus ollos, pois ti non cruzara-lo Xordán que aí tes. ²⁸Dálle ordes a Xosué: anímao e infúndelle valentía, xa que el será o que cruzará á fronte deste pobo e quen lle dará en herdanza esta terra que ti estás vendo. ²⁹Logo quedamos no val diante de Bet Peor.

A Lei, don de Deus, é fonte de sabedoría e de vida

4 ¹E agora, Israel, escoita as leis e decretos que eu vos ensino a cumprir para

---

3, 11 Este sarcófago de ferro ou basalto con partículas de ferro, tivo que ser un dos monumentos megalíticos, ó que se axuntou na tradición a sepultura de Og. O cóbado ten 45 cms.
3, 17 *Mar Morto:* lit. "Mar do Sal".
3, 18ss O autor concibe a conquista da Cisxordania ou Palestina como unha acción da guerra santa, levada a cabo por toda a asemblea (qahal) de Israel: por isto fai pasar xuntos a tódolos homes de guerra; á parte da fe no Deus do Éxodo e da Alianza, este feito foi o que mantivo entre as tribos o vínculo comunitario.
3, 23-28 Esta súplica de Moisés e a resposta do Señor teñen a finalidade de suliña-la importancia do don da terra, ó mesmo tempo que remarca o carácter profético e carismático de Moisés, que ten de alentar a Xosué para a empresa que lle espera. O rexeitamento da súplica de Moisés fúndase nunha decisión de Deus e xustifícase aquí e noutros textos (**1**, 37; **4**, 21; Sal **106**, 32) na solidariedade de Moisés co seu pobo, non na súa falta persoal. Nutros, na súa participación na revolta de Meribah (**32**, 51; Núm **20**, 12; **27**, 12-14).
4 Despois dunha longa meditación teolóxica sobre as tradicións do Éxodo e do comezo da toma de posesión da terra prometida, o predicador do Dt prosegue co tema central, a Lei.
4, 1-4 *Vivades,* isto é: vivades felices. O semita non entende a vida coma unha realidade biolóxica, nin sequera coma unha realidade intelectual, senón como unha experiencia de felicidade e de gozo satisfeito —o cumprimento da lei mira fundamentalmente a esta vida feliz—. Esta vida clarifícase negativamente opóndoa ó exterminio do medio de Israel, dos que foron detrás de Baal. O "día de hoxe" ten que aludir á felicidade da celebración litúrxica da renovación da Alianza (v 2; cf **5**, 22).

que vivades, entredes e tomedes posesión da terra que o Señor, Deus dos vosos pais, vos entrega. ²Non engadades nada ás palabras dos mandamentos que eu vos ordeno, nin lles quitedes nada, cumprindo as ordes do Señor, o voso Deus, que eu vos impoño. ³Os vosos ollos viron o que o Señor fixo en Baal Peor: a todo home que se foi tras do Baal de Peor, o Señor, o teu Deus, exterminouno do medio de ti, ⁴mentres que todos vós, que vos apegastes ó Señor, o voso Deus, seguides vivos o día de hoxe.

⁵Velaí que, tal e como o Señor, o meu Deus mo mandara facer, vos ensinei mandamentos e preceptos, para que obrasedes conforme eles dentro da terra onde ides entrar para tomardes posesión dela.

⁶Observádeos e poñédeos en práctica, pois isto será a vosa pericia e a vosa sabedoría ós ollos dos pobos. Estes, ó escoitaren todos estes mandamentos, dirán: esta gran nación é o pobo máis experto e máis sabio, ⁷pois, ¿que gran nación ten os seus deuses tan cerca de si como está o Señor, noso Deus, sempre que o invocamos? ⁸E ¿que gran nación ten mandamentos e preceptos tan xustos coma esta lei que hoxe eu vos propoño? ⁹Pero ti ten moito coidado de ti, ten coidado coa túa vida, de non esqueceres cousas que viron os teus ollos e de que non se che aparten do teu corazón tódolos días da túa vida. Cóntallelas a teus fillos e a teus netos.

Condescendencia de Deus na comunicación da súa Alianza e dos seus mandamentos

¹⁰O día que estiveches no Horeb na presencia do Señor, o teu Deus, o Señor díxome: Xúntame en asemblea a este pobo, e fai que escoite as miñas palabras, para que aprendan a respectarme tódolos días que vivan nesa terra e para que llelas aprendan a seus fillos. ¹¹Entón vós achegástesvos e quedastes ó pé da montaña, e o monte resplandecía cunha lumarada que chegaba ó mesmo corazón do ceo, con escuridade, con nube e con espesos negróns. ¹²Entón o Señor falouvos desde o medio da lumarada. Vós oïáde-lo sonido das palabras, pero non percibiades ningunha figura, soamente a voz. ¹³El manifestóuvo-la súa alianza coa que vos obrigaba a cumpri-los dez mandamentos; si, escribiunos en dúas lousas de pedra. ¹⁴Entón a min mandoume o Señor que vos ensinase os mandamentos e decretos, para que os puxesedes en práctica na terra na que iades entrar para tomardes posesión dela.

¹⁵Tende moito coidado con vós mesmos, que, o día que o Señor vos falou no Horeb desde o medio da lumarada, non vistes ningunha figura. ¹⁶Non vos pervertades fabricando para vós ningún ídolo da forma de calquera divindade: imaxe masculina ou feminina, ¹⁷imaxe de calquera animal que hai no abismo, imaxe de calquera paxaro alado que voa no ceo, ¹⁸imaxe de calquera reptil do chan, imaxe de calquera peixe que hai nas augas de debaixo da terra.

¹⁹E cando levánte-los ollos cara ó ceo e contémple-lo sol, a lúa e as estrelas, tódalas constelacións celestes, non te deixes seducir, adorándoos nin dándolles culto, pois o Señor, o teu Deus, repartiunos entre tódolos pobos que hai de debaixo de todo o ceo. ²⁰Pero a vosoutros o Señor colleuvos e sacouvos do forno do ferro, de Exipto, para constituírvos no que o día de hoxe sodes, o pobo da súa herdanza.

A Alianza do Deus celoso e as testemuñas da Alianza

²¹O Señor enfadouse contra min pola vosa culpa, e xurou que eu non cruzaría o Xor-

---

4, 6-7 O observa-la Lei é a maior sabedoría, xa que a sabedoría bíblica consiste no coñecemento e no hábito práctico de usa-los medios que conducen ó home ó éxito. Pois ben, esta sabedoría, don de Deus, supón un abaixarse Deus ó seu pobo, para lla comunicar: o texto subliña este abaixarse de Deus, preocupándose porque o home consiga a súa felicidade. Esta sabedoría comunícase na educación familiar.
4, 10-14 Describen a teofanía do Horeb (= Sinaí) subliñando a transcendencia de Deus cos elementos teofánicos: lume, escuridade, nube-negróns (v 11); e, ó mesmo tempo, a condescendencia de Deus, que fai escoita-la súa voz instruíndo á asemblea do pobo, mostrándolle a súa Alianza. A esta temática engade o tema do don da vida feliz.
4, 13 Os dez mandamentos: lit. "as dez palabras", frases, cláusulas da Alianza, que son manifestación directa de Deus. Distínguense dos "mandamentos e decretos" (v 14) que Moisés ten de lle ensinar ó pobo.

4, 15ss Trátase dunha reflexión teolóxica sobre a prohibición de imaxes de Deus, e conclúe a importancia deste mandamento deducíndoa do modo de revelárselles o Señor no Horeb (en audición, non en visión de imaxes). Atopamos aquí unha actitude polémica contra os becerros de Dan e Samaría, símbolos de Deus, ou polo menos da súa presencia.
4, 17 No abismo. O vocábulo hebreo "eres" pode te-lo senso de país, terra, e tamén de abismo; aquí, por "abismo", debe significar abismo, que é o oposto ó ceo. É certo que a expresión inclúe a terra, xa que os dous extremos inclúen a totalidade intermedia: no v 18 segue o mesmo merismo máis explicado: paxaros do ceo, peixes do abismo. Os semitas entenden a terra coma unha grande cortiza que aboia sobre as augas do abismo.
4, 20 Hoxe: por oposición co culto dos ídolos, este "ser hoxe pobo da súa herdanza" hai que entendelo no sentido dun tipo de culto de reactualización da Alianza.

dán nin entraría nesa bendita terra que o Señor, o teu Deus, che vai dar en herdanza. ²²Si, eu vou morrer nesta terra, sen poder cruza-lo Xordán, mentres que vosoutros cruzarédelo e tomaredes posesión desa bendita terra. ²³Tende coidado, non vos esquezades da alianza do Señor, o voso Deus, a que el pactou convosco, nin vos fagades ídolos da figura de calquera cousa, porque cho prohibiu o Señor, o teu Deus; ²⁴pois o Señor, o teu Deus, é lume que devora, é un Deus celoso.

²⁵Cando teñas fillos e netos e te fagas vello nesa terra, se te pervertes facendo ídolos da figura de calquera cousa e facendo o que está mal ós ollos do Señor, o teu Deus, enfadándoo deste xeito, ²⁶poño hoxe por testemuñas contra vós o ceo e maila terra: desapareceredes axiña da terra á que ides pasar cruzando o Xordán para tomardes posesión dela; nin alongaréde-los vosos días sobre ela, senón que desapareceredes completamente. ²⁷O Señor esparexeravos por entre as nacións e soamente uns poucos quedaredes entre os pobos a onde o Señor vos levará. ²⁸Aló adoraredes deuses, feitos por mans humanas, pau e pedra que nin ven nin oen, nin comen nin olen. ²⁹Pero desde alí buscaréde-lo Señor o teu Deus, e atoparalo, se o buscas con todo o teu corazón e con toda a túa alma. ³⁰Cando, ó cabo de certos días, todas estas maldicións te cerquen e che veñan enriba, volveraste ó Señor, o teu Deus, e escoitara-la súa voz, ³¹pois o Señor, o teu Deus, é un Deus compasivo: non te abandonará nin te destruirá nin esquecerá a Alianza que con xuramentos lles prometeu a teus pais.

³²Si, pregúntalles ós tempos antigos, que houbo antes de ti desde o día en que Deus creou a humanidade sobre a terra, e desde un cabo do ceo ata o outro cabo do ceo: ¿Houbo algo tan grande coma isto ou oíuse algo semellante? ³³¿Escoitou algún pobo a voz de Deus falándolle desde o medio do lume, tal coma ti a escoitaches, e seguiches vivindo? ³⁴¿Ou intentou algún deus vir coller para si unha nación do medio doutros pobos, con castigos, con sinais e prodixios, con guerra, con man forte e brazo estendido, con terrores grandes, de maneira semellante a todo o que o Señor, o voso Deus, fixo no voso favor en Exipto ós teus propios ollos?

³⁵A ti fíxoche ver todo isto para que saibas que o Señor é o teu Deus, que fóra del non hai outro. ³⁶Desde o ceo fíxoche escoita-la súa voz para instruírte, e sobre a terra fíxoche ve-la súa gran luminaria para que escoitáse-las palabras que saían do medio do lume, ³⁷e seguiches vivo diante del. Amou a teus pais e escolleu a súa descendencia despois deles, e por isto fixote saír de Exipto na súa presencia coa súa gran forza, ³⁸para desposuír diante túa a pobos máis grandes e poderosos ca ti, para facerte entrar e darche en posesión a súa terra, tal como hoxe sucede. ³⁹Recoñéceo hoxe e dálle voltas no teu corazón: o Señor é Deus, arriba no ceo e abaixo na terra, e que non hai outro. ⁴⁰Garda os seus mandatos e leis que eu mando hoxe: serache bo para ti e para teus fillos despois de ti, e alongara-los teus días sobre a terra que o Señor, o teu Deus, che vai dar para sempre".

Apéndice histórico: as cidades de refuxio na Transxordania

⁴¹Entón separou Moisés tres cidades ó outro lado do Xordán, ó Nacente do sol, ⁴²para se refuxiaren alí os homicidas por mataren ó seu próximo sen querer e sen odialo de véspera nin de antevéspera; refuxiándose nunha desas cidades, vivirá. ⁴³Para os rubenitas, separou Béser no deserto, na terra cha; para os Gaditas, Ramot, en Galaad; e para os menaxitas, Golán, en Baxán.

4,22 *Bendita:* lit. "boa".
4, 24 *Deus-celoso:* os celos de Deus son expresión do seu amor ó pobo (cf **5**, 9; **6**, 15; **32**, 16.21; Ex **20**, 5; **34**, 14; Núm **25**, 11; 2 Cro **11**, 2; Ez **8**, 3-5; **39**, 25; Zac **1**, 14); e este Deus celoso é coma o lume que destrúe e destruíndo *purifica*. O exemplo destes celos destructivos e purificadores é o castigo de Moisés de non entrar na terra prometida, aínda que por culpa das rebeldías do pobo (v 21).
4, 26 O ceo e a terra son testemuñas no hoxe litúrxico da reactualización da Alianza, así coma do exame da mesma por medio do "rib" profético. O don da terra prometida é parte fundamental da Alianza como don de Deus; por iso a infidelidade do pobo leva consigo a privación da terra.

4, 29 O castigo de Deus celoso, xa que é castigo de amor, vai leva-lo pobo á procura do Señor e á conversión para restablece-la Alianza nunha liña de obediencia. *Con toda a túa alma:* a expresión galega equivale á hebrea no sentido, aínda que o hebreo non ten o concepto grecolatino de alma.
4, 35 O autor conclúe a unicidade de Deus, partindo duns feitos únicos na historia das relixións. Non pode haber máis ca este Deus, pois este é o que máis condescendente se mostra cos homes, o que fixo e fai máis por eles.
4, 39 O discurso vólvese aquí unha meditación litúrxica ("hoxe") sobre a unicidade de Deus e a súa identificación con Iavé, partindo das tradicións do Éxodo.

⁴⁴Esta é a Lei que lles propuxo Moisés ós fillos de Israel. ⁴⁵Estas son as normas, preceptos e decretos que lles promulgou Moisés ós fillos de Israel, cando saíron de Exipto. ⁴⁶Foi no outro lado do Xordán, no val que está fronte a Bet Peor, no país de Sihón, rei amorreo, quen reinaba en Hexbón. A Sihón venceuno Moisés e mailos fillos de Israel, cando saían de Exipto, ⁴⁷e tomaron posesión do seu país e do territorio de Og, rei de Baxán (os dous reis amorreos que vivían do outro lado do Xordán): polo Nacente do sol, ⁴⁸desde Aroer, que está na ribeira do Arnón, ata o monte Sión, isto é, o Hermón, ⁴⁹e mais toda a Arabah do outro lado do Xordán cara ó Nacente, e ata o mar da Arabah debaixo das ladeiras do río Pisgah.

SEGUNDO DISCURSO
I. REFLEXIÓN TEOLÓXICA

A revelación do Señor á Asemblea de Israel no Horeb

5 ¹Moisés convocou a todo Israel e díxolle:

—"Escoita, Israel, estes mandatos e decretos que eu promulgo ós vosos oídos neste día, para que os aprendades e coidedes de os pór en práctica.

²O Señor, o noso Deus, fixo unha alianza connosco no Horeb; ³non foi cos nosos pais, con quen o Señor fixo esta alianza, senón connosco, estes que hoxe estamos aquí, todos nós, vivos. ⁴Cara a cara falou o Señor convosco na montaña desde o medio do lume. ⁵Eu estaba entre o Señor e vós naquel intre, para darvos a coñece-la palabra do Señor, xa que vós lle tiñades medo á presencia do lume, e non quixestes rubir á montaña. Velaí o que dixo:

⁶Eu son o Señor, o teu Deus, que te fixen saír do país de Exipto, da opresión dos escravos.

⁷Non terás outros deuses na miña presencia.

⁸Non farás para ti imaxe esculpida, que represente nada do que hai arriba no ceo, nin abaixo na terra, nin na auga de debaixo da terra. ⁹Non te postrarás en adoración diante delas nin te someterás á escravitude no culto a elas, xa que eu son o Señor, o teu Deus, Deus celoso: para os que me aborrecen, castigo o delito dos pais nos descendentes ata a terceira e cuarta xeración; ¹⁰pero practico misericordia benfeitora por mil xeracións cos que me aman e gardan os meus mandamentos.

¹¹Non invocara-lo nome do Señor, o teu Deus, en van, pois non deixará o Señor sen castigo ó que invoque en van o seu nome.

¹²Reserva o día do sábado para santificalo, segundo che mandou o Señor, teu Deus. ¹³Traballa e cumpre toda a túa misión durante seis días, ¹⁴pero o día sétimo é sábado, o descanso para o Señor, o teu Deus. Non farás ningún traballo, nin ti nin o teu fillo nin a túa filla, nin o teu criado nin a túa criada, nin o teu boi nin o teu burro, nin ningúen dos teus animais, nin o estranxeiro que está nas túas cidades; deste xeito, descansarán o teu servo e maila túa serva o mesmo ca ti. ¹⁵Lémbrate de que fuches servo no país de Exipto e de que te sacou de alí o Señor o teu Deus con man forte e brazo estendido. Por isto mandouche o Señor o teu Deus que observáse-lo día de descanso sabático.

4, 45 Este v parece dunha segunda redacción e ten a finalidade de vincula-la lei, os preceptos, normas e decretos coa alianza do Horeb.
5, 5 *A presencia do lume*. O lume, no v 4, é un sinal teofánico da presencia purificadora do Señor; pero aquí é un verdadeiro nome ou título de Iavé.
5, 6ss *Opresión dos escravos* (lit. "da casa dos escravos"), pode aludir á situación, ou quizais mellor, a algunha edificación concreta, onde se tiña ós escravos baixo vixilancia. Ainda que a redacción destas palabras sobre mandamentos é deuteronomista, a tradición hai que remontala a Moisés e ás tradicións do Éxodo, conservadas na celebración litúrxica da Alianza, nas xuntanzas das tribos.
O v 6 é o primeiro artigo da fe do credo de Israel; e os vv 7-10 son as conclusións morais deste artigo de fe: exclusión doutros deuses en comparación co Deus do Éxodo (v7), prohibición de imaxes (v 8)...: cf **4**, 15-18.
5, 8 Prohíbense as imaxes da divinidade, sexan astrais, telúricas ou abisais. O abismo estaba cheo de auga, e nel vivían Mot, Iam e Lotán (cf mitoloxía ugarítica).
5, 9 O culto idolátrico é unha escravización, por se-la submisión a unhas forzas cósmicas divinizadas pero non persoais. Polo contrario, Iavé é un Deus persoal, que practica libremente a misericordia e a bondade; amalo non é escravizarse (v 10), senón facerse obxecto da súa misericordia.
5, 12 A motivación deste precepto dáse no v 15: o mesmo que o Señor librou ó pobo da escravitude de Exipto, así tamén no ciclo semanal libera o Señor ó pobo da escravitude do traballo, para que viva aquela liberación.
5, 15 Traducimos por *descanso sabático* o vocábulo "xabbat", que pode significar "sete" (no senso de plenitude), "sábado" e "descanso".

¹⁶Honra a teu pai e túa nai, tal como cho mandou o Señor, o teu Deus, para que se alonguen os teus días e atópe-la felicidade na terra, que o Señor o teu Deus che vai dar.
¹⁷Non mates.
¹⁸Non cometas adulterio.
¹⁹Non roubes.
²⁰Non deas testemuño falso contra o teu próximo.
²¹Non desexes te-la muller do teu próximo; non cobíce-la casa do teu próximo, nin a súa terra, nin o seu servo nin a súa serva, nin o seu boi nin o seu burro, nin nada do que lle pertence ó teu próximo.
²²Estes mandamentos dictoullos o Señor con forte voz a toda a vosa asemblea na montaña, desde o medio do lume, da nube e do escuro nubrado. Non engadiu máis nada, senón que os escribiu en dúas lousas de xisto, e entregoumos a min.

A mediación de Moisés na promulgación da Lei

²³Pero cando escoitastes esta voz que saía do medio do nubrado e cando a montaña ardía en labarada, achegástesvos xunto a min, todos vós, xefes de tribos e anciáns ²⁴e dixéstesme: Velaí que o Señor, o noso Deus, mostróuno-la súa gloria e a súa grandeza: escoitámolo falar desde o medio do lume. Hoxe vimos que Deus lle pode falar ó home, e este pode seguir vivo; ²⁵pero agora, ben certo que morreremos. Seguro que nos devorará esa grande labarada, se seguimos nós escoitando de novo a voz do Señor, o noso Deus. Si, morreremos, ²⁶pois un que sexa todo el carne e que escoite a voz do Deus vivo falándolle desde o medio do lume, ¿como poderá seguir vivo? ²⁷Acércate ti e escoita todo o que diga o Señor, o noso Deus, e logo ti dirasnos todo o que che diga o Señor, o noso Deus, e nós escoitarémolo e porémolo en práctica.
²⁸Pero o Señor escoitou as vosas palabras mentres me falabades, e logo díxome o Señor: Escoitei as palabras que che falou este pobo. Está ben todo o que che dixeron. ²⁹¡Quen me dera que tivesen un corazón deste xeito, para respectarme a min sempre e para gardaren tódolos meus preceptos, e para deste xeito seren felices sempre, eles e os seus fillos! ³⁰Vai e dilles: Volvédevos ás vosas tendas. ³¹Pero ti, queda aquí comigo, que che vou dictar eu mesmo tódolos mandamentos e preceptos e ordes que lles ensinarás a eles para que os poñan en práctica no país do que lles vou dar posesión.
³²Tende, pois, coidado de pólos en práctica tal como volo mandou a vós o Señor, o noso Deus. Non vos desviedes nin á dereita nin á esquerda. ³³Seguide todo o camiño que vos mandou o Señor, voso Deus, e deste xeito viviredes, seredes felices e alongaréde-los días que recibiredes en herdanza.

Respectarás e amara-lo Señor, cumprindo os seus mandamentos, preceptos e ordes

6 ¹Estes son os mandamentos, os preceptos e as ordes que o Señor, voso Deus, mandou ensinarvos, para que os puxesedes en práctica no país ó que ides pasar, para collelo en posesión; ²de xeito que respécte-lo

---

5, 21 Os desexos adúlteros teñen motivacións de inxustiza: a muller é propiedade do seu marido, e por isto lle pertence a el como as outras cousas (casa, animais, servos...). "Non desexes" expresa un desexo posesivo e de disfrute, mentres que "non cobices" expresa un desexo do ánimo ou espírito do home.
5, 22 Preséntase a Deus proclamando El mesmo a lexislación (coma no Código de Hanmurabi). El é o dador e parte principal da Alianza realizada por medio de Moisés. A outra parte é a asemblea do pobo (hebr. "qahal", traducido nos LXX máis ben por "synagogué", e tamén por "ekklesía", vocábulo preferido pola comunidade cristiá). Sendo os mandamentos cousa de Deus, non se pode engadir nin quitar nada (cf Dt **4**, 2; Ap **22**, 18-19).
5, 24ss O principio tradicional de que ninguén pode ver a Deus e seguir vivo, ten a súa excepción na experiencia do Horeb, onde Deus fai ve-la súa gloria (=presencia) e a súa grandeza. Pero o pobo sente esta experiencia como algo moi arriscado, coma un perigo: o home —todo el debilidade (carne) e finitude— non pode escoita-la plenitude da Vida e da Perfección. Prefire a mediación de Moisés, que é profeta desde a súa vocación (cf Ex **3**, 1 - **4**, 9).
5, 31 O texto distingue dunha parte as dez palabras ou dez mandamentos comunicados a toda a asemblea de Israel (vv 5ss), e por outra, a totalidade dos mandamentos,

os preceptos e as ordes, que por petición expresa recibe Moisés de Iavé para comunicalos ó pobo. O texto quere indica-la unidade de orixe, aínda que recibidos de xeito diferente.
5, 32 ...á dereita ...á esquerda...: é un merismo. Os dous extremos indican a totalidade, non se teñen que desviar de ningún xeito, senón que teñen que seguí-lo camiño, a moral que Deus lles ordena por medio de Moisés para recibi-las bendicións do Señor: vida feliz e longa na terra da súa herdanza.
6, 1 A práctica dos mandamentos, preceptos e ordes, está ligada á posesión do país, pois este é o compromiso fundamental que Deus contraeu na Alianza.
6, 2s O respecto ó Señor (lit. "o temor ó Señor") é a resposta relixiosa á súa revelación. Por isto ten que expresarse no cumprimento dos seus mandamentos e nunha pedagoxía familiar dos mesmos. Os froitos desta obediencia son a lonxevidade, a felicidade, e o aumenta-lo pobo en número.
Terra que deita leite e mel ten un dobre senso: terra que é un don e unha bendición de Deus, e terra que recibe de Deus moita choiva: xa que nun poema de Ugarit se fala dos "ceos que farán chover leite e dos regatos nos que correrá o mel", para indicar que a terra recibirá abondosa bendición de Baal.

Señor, o teu Deus, gardando tódolos seus preceptos e os seus mandamentos que eu che ordenei, ti e o teu fillo e mailo teu neto, tódolos días da túa vida, para que se alonguen os teus días. ³Escoita, Israel, e ten coidado de o practicar, para que sexas feliz e que te multipliques moito, pois tal como cho falou o Señor, Deus dos teus pais, é unha terra que deita leite e mel.
⁴Escoita, Israel: O Señor, o noso Deus, é Iavé, o único. ⁵Amara-lo Señor, o teu Deus, con todo o teu corazón, con tódalas túas aspiracións e con toda a túa forza. ⁶Os preceptos estes, que eu che mando hoxe, estarán no teu corazón; ⁷inculcaráslleos ós teus fillos e falarás deles estando na túa casa e indo polo teu camiño, estando deitado e estando de pé: ⁸ataralos á túa man coma sinal, e servirán de adorno entre os teus ollos, ⁹escribiralos nos marcos da túa casa e nas túas portas.
¹⁰Cando o Señor, o teu Deus, te faga entrar no país que xurara a teus pais Abraham, Isaac e Xacob, que cho daría a ti, con cidades grandes e fermosas que ti non construíches, ¹¹con casas cheas de toda clase de riquezas que ti non acumulaches, con pozos escavados que ti non cavaches, con viñas e campos de oliveiras que ti non plantaches: cando ti comas e te fartes, ¹²ten moito coidado de non te esqueceres do Señor que te sacou do país de Exipto, da situación de escravitude.
¹³Ó Señor, o teu Deus, has de respectar, a El has de adorar; e has de face-lo xuramento, invocando o seu nome. ¹⁴Non vos vaiades tras doutros deuses, deuses dos pobos que vos rodean, ¹⁵porque no medio de ti está un Deus celoso, o Señor, o teu Deus: non sexa que se desfogue contra ti a ira do Señor o teu Deus e te faga desaparecer de sobre a superficie da terra.
¹⁶Non tentéde-lo Señor, voso Deus, tal como o tentastes no lugar de Tentación.
¹⁷Gardade fielmente os mandamentos do Señor, voso Deus, as súas normas e os seus preceptos, os que El vos deu.
¹⁸Fai o que é correcto e honrado ós ollos do Señor. Así atopara-la felicidade e chegarás a coller posesión do bo país, que o Señor lles prometeu con xuramento ós teus pais, ¹⁹botando da túa presencia a tódolos teus inimigos, tal como o dixo o Señor.

Catequese familiar: teoloxía dos mandamentos deducida da Pascua e da Alianza

²⁰Velaí que mañá o teu fillo che preguntará deste xeito: ¿Que son estas normas, estes preceptos e estes decretos que o Señor, o noso Deus, vos mandou a vós? ²¹Ti responderaslle a teu fillo: Eramos escravos do Faraón en Exipto, pero o Señor sacounos de Exipto con man forte. ²²O Señor puxo diante dos nosos ollos en Exipto grandes e terribles sinais e prodixios contra o faraón e contra toda a súa corte. ²³Pero a nosoutros sacounos de alí co fin de nos ir guiando, ata dárno-la terra que lles prometera baixo xuramento a nosos pais. ²⁴Entón o Señor mandounos pór en práctica todos estes preceptos, respectando así ó Señor o noso Deus, para sermos sempre felices e

---

6, 4 *O Único* (heb. "ehad") é un título de Iavé.
6, 5 Á parte do respecto relixioso ó Deus da Alianza, a resposta á súa condescendencia salvífica é o amor (cf **5,** 10; **7 9**...). Este amor ó Señor encherá todo o seu ser: a intencionalidade do home ("o corazón"), os seus alentos e anceios ("néfex") e as súas enerxías. A mesma fórmula cos tres elementos, aparece en 2 Re **23,** 25; e no evanxeo de Mc (**12,** 30) engádese un cuarto termo, a intelixencia ("con toda a túa mente"). A formulación depende fundamentalmente de Os **3,** 1 (cf **2,** 19-20; **4,** 1; **6,** 6), e por el pasan as tradicións do Norte ó Sur (Xer, Ez...).
Os complementos "con todo o corazón, con tódalas túas aspiracións e con tódalas forzas", modifican as frases "buscar a Deus" (**4,** 29), servilo (**10,** 12), cumpri-los mandamentos (**26,** 16), facerlle caso ó Señor (**30,** 2), converterse a El (**30,** 2-10). De xeito que estas formulacións veñen resultar descricións ou concrecións do amor a Deus. A importancia deste texto para a piedade xudía, percíbese no feito de que constitúe a primeira parte da oración diaria —o "xemá"— dos xudeus, xunto con Dt **11,** 13. 21 e Núm **15,** 37-41.
6, 7 O Dt ten fortes preocupacións pola catequese familiar, que non se ten de cinguir a determinados momentos cúlticos (**6,** 20), senón que ten que afectar a tódolos momentos da vida: os merismos "estar na casa - estar de camiño; estar deitado - estar de pé", queren expresar esta constancia da catequese.
6, 8s Aluden os costumes semíticos de pulseiras, casquetes, filacterias, tatuaxes... (cf Lev **19,** 28; Cant **8,** 6; Is **44,** 5; Ez **9,** 4), escritos con textos sagrados, inscricións nos marcos das portas..., dos que temos testemuños nas cartas de El-Amarna, nos documentos de Qumrân, no Novo Testamento, no xudaísmo medieval e entre os árabes. Por isto, quere o autor expresar que a lei suprema do amor total a Deus ten que levarse a tódolos aspectos e momentos da vida familiar, civil e social.
6, 10-19 O lembrarse (lembranza litúrxica) do Señor, que deu os bens da terra, e o ser fiel ós seus mandamentos, constitúe a auténtica actitude litúrxica da festa das Tendas, no Ano Xubilar da Renovación da Alianza.
6, 16 *Tenta-lo Señor*, significa desconfiar de El e da súa palabra (cf Núm **20,** 2-13).
6, 20-25 Xa no v 7 aparece a obriga da catequese familiar, imposta por Moisés. Aquí se desenvolve a propósito dos mandamentos e preceptos, buscando o seu fundamento na profesión de fe na Pascua salvífica, e presentando os preceptos coma medio de conseguí-la felicidade da salvación.

para podermos vivir coma hoxe. ²⁵A nosa xustiza consistirá en que coidemos de pór en obra todos estes mandamentos ante a presencia do Señor, o noso Deus, tal e como El nolo mandou.

O exterminio sacro

7 ¹Cando o Señor, o teu Deus, te introduza no país no que vas entrar para o tomares en posesión, e cando expulse da túa presencia pobos numerosos —os hititas, os guirgaxitas, os amorreos, os cananeos, os perizitas, os hivitas e os iebuseos, sete pobos máis numerosos e poderosos ca ti— ²e o Señor, o teu Deus, chos poña diante de ti, para que os castigues, ti entrégaos totalmente ó exterminio sagrado.

Non fagas con eles alianzas nin teñas compaixón deles. ³Non emparentes con eles, non lles déa-la túa filla para un fillo deles, nin cólla-la filla deles para un fillo teu. ⁴Pois ela apartaría os teus fillos do meu seguimento, para daren culto a deuses alleos, e acenderíase a ira do Señor contra vós e destruiríavos inmediatamente. ⁵Velaí, pois, o que lles faredes a eles: destruiréde-los seus altares, romperéde-las súas estelas cúlticas, esnaquizaréde-las súas imaxes simbólicas de Axerah e queimaredes no lume as súas imaxes idolátricas. ⁶Porque ti es un pobo consagrado ó Señor, o teu Deus.

O Señor, o teu Deus, escolleute para sére-lo pobo da súa persoal propiedade entre tódolos pobos que viven sobre a superficie da terra.

⁷Non foi por serdes vós máis numerosos ca tódolos pobos polo que o Señor se namorou de vós e vos escolleu, pois sóde-lo máis pequeno de tódolos pobos; ⁸senón que foi polo amor do Señor para vós e por manter El o xuramento que lles fixera ós vosos pais, polo que o Señor vos sacou con man forte e vos rescatou da situación de escravitude, do poder do faraón, rei de Exipto.

⁹Has de saber que o Señor, o teu Deus, é Deus: Deus fiel, que mantén a súa alianza e a súa misericordia por mil xeracións cos que o aman e cumpren os seus mandamentos, ¹⁰e que llelas devolve na cara ós que o aborrecen, facéndoos desaparecer; non queda dubidoso ante o que o aborrece, senón que llelas paga en persoa.

¹¹Garda os mandamentos, os preceptos e os decretos que eu che mando hoxe pór en práctica. ¹²Se facedes caso destes decretos, os gardades e os pondes en práctica, o Señor, voso Deus, manterá contigo a Alianza e a misericordia que lles xurou ós teus pais. ¹³El quererate, bendicirate e multiplicarate, e tamén bendicirá o froito do teu ventre e o froito da túa terra, o teu trigo, o teu mosto e o teu aceite, as crías das túas vacas e as camadas do teu rabaño sobre a terra, da que lles xurou ós teus pais que cha daría. ¹⁴Ti serás máis bendito ca tódolos pobos, non haberá en ti macho nin femia estéril, nin no teu rabaño. ¹⁵O Señor retirará de ti toda enfermidade e toda peste maligna —coma as de Exipto, que ti ben coñeces—, non cha apegará a ti, senón que llela dará a tódolos que te odian.

¹⁶Devora a tódolos pobos que o Señor, o teu Deus, che vai entregar: que o teu ollo non se entenreza por eles. Non adóre-los seus deuses, pois son para ti lazo de caza.

¹⁷Mira que has de dicir para os teus adentros: estes pobos son máis numerosos ca min, ¡como serei capaz de apoderarme deles! ¹⁸Pero non lles teñas medo. Lémbrate ben do que lles fixo o Señor, o teu Deus, ó fa-

---

6, 25 *A nosa xustiza* é aquí un concepto complexo, que inclúe por unha parte a adecuación á vontade de Deus, e por outra, a felicidade do pobo e do individuo.

7, 1-26 Todo este capítulo é paralelo de **2,** 16 - **3,** 12 coa diferencia de que nos cc. **2-3** se considera a conquista da Transxordania coma guerra santa, mentres que aquí a temática é o hérem ou consagración á *destrucción sacra*, que aparece nos vv 2 e 26. Outra diferencia é que nos cc. **2-3** se trata de narracións histórico-teolóxicas dentro dun discurso, mentres que no c. 7 se trata de ordes ou preceptos que Moisés lle dá ó pobo, aínda que nestes preceptos hai unha intencionalidade de teoloxía da historia: Israel é o pobo consagrado ó Señor (=Santo), a súa propiedade persoal; el ámaos e bendíceos, actúa en favor deles, entrégalle-los inimigos no seu poder con prodixios coma os do Éxodo.

7, 1 A enumeración de sete inimigos quere indica-la totalidade, a plenitude.

7, 5 O termo hebreo *"axerot"* indica que deben ser árbores verdes ou secas, nas que estaban esculpidos os atributos da deusa da fecundidade *Axerah*.

7, 6b-15 Estes vv son un desenvolvemento da motivación do exterminio sagrado: a elección de Deus para se-la súa propiedade persoal, o amor de Deus a este pequeno pobo e a súa fidelidade ás promesas feitas ós patriarcas; pero todos estes privilexios están condicionados ó amor a Deus e ó cumprimento dos seus mandamentos. A fidelidade ós mandamentos é condición para outras bendicións maiores, e a infidelidade ós mesmos é causa de castigos.

7, 18s O Dt acode á teoloxía da Pascua para anima-la fe e confianza no poder do Señor, para a difícil tarefa que ten diante: o exterminio da poboación e a queima das súas imaxes sen aproveita-lo ouro e a prata que as recobren.

raón e a todo o Exipto, ¹⁹das grandes probas que viron os teus ollos, dos sinais e prodixios, da man poderosa e do brazo estendido que sacou no teu favor o Señor, o teu Deus. Así actuará o Señor, o teu Deus, contra tódolos pobos, en presencia dos que ti sentes medo. ²⁰Tamén lles mandará o Señor, o teu Deus, vésporas, ata que desaparezan os que queden e mailos que se escondan da túa presencia. ²¹Non te aterrorices da presencia deles, pois o Señor, o teu Deus, está no medio de ti, Deus grande e temible. ²²O Señor, o teu Deus, botará fóra da túa presencia pouco a pouco a estes pobos; non verá conveniente facelos desaparecer rapidamente, non sexa que as feras salvaxes se multipliquen con perigo para ti. ²³Senón que o Señor, o teu Deus, hachos pór diante e estarreceraos con grande pánico, ata que se aniquilen. ²⁴Entregará os seus reis no teu poder, para que fagas desaparece-lo nome deles de debaixo do ceo; non haberá quen se resista na túa presencia ata que os aniquilen a todos eles.

²⁵Habedes de queimar no lume as imaxes dos seus deuses. Non podes cobiza-la prata e o ouro que as recobre, nin os collas para ti: non caerás na súa trampa. Olla que son abominación para o Señor o teu Deus, ²⁶non meterá-la abominación na túa casa, pois ti serás consagrado ó exterminio o mesmo có ouro e a prata. Ti rexeitaralos totalmente e aborreceralos profundamente, pois son cousa consagrada ó exterminio.

Clarificación da teoloxía dos mandamentos coas tradicións do deserto

8 ¹Todo mandamento, que eu che mande hoxe, terás coidado de o cumprires, para que vivades felices, vos multipliquedes e entredes a tomar en posesión a terra que o Señor prometeu con xuramento ós vosos pais. ²Has de te lembrar do camiño polo que o Señor, o teu Deus, te fixo camiñar polo deserto durante estes corenta anos para aflixirte e pórte a proba e sabe-lo que hai nas túas intencións: se ti querías garda-los seus mandamentos, ou non. ³El aflixiute, facéndote pasar fame, e logo deuche de come-lo maná, que nin coñecías ti nin coñecían teus pais, co fin de che dar a coñecer que non soamente do pan vive feliz o home, senón que o home vive feliz con todo o que sae da boca do Señor. ⁴O teu mantón non se gastou sobre ti nin os teus pés che incharon durante estes corenta anos, ⁵a fin de que ti recoñezas, meditándoo para os teus adentros, que o mesmo que calquera castiga ó seu fillo, así o Señor, o teu Deus, te está castigando. ⁶Has de garda-los mandamentos do Señor, o teu Deus, para seguíre-la súa moral e para lle mostráre-lo teu respecto.

⁷Olla que o Señor, o teu Deus, te vai levar a un país bo, terra de regueiros de auga, de fontes e lagos que saen das veigas e das montañas; ⁸terra de trigo e de cebada, de viñas, de figueiras e de granados, terra de aceite e de mel; ⁹terra, onde non has come-lo pan con mesquindade, onde nada che faltará; terra que ten as pedras de ferro, e con montañas nas que picarás cobre. ¹⁰Entón ti comerás ata fartarte e bendicira-lo Señor, o teu Deus, polo bo país que che deu.

¹¹Gárdate ben de esquece-lo Señor, o teu Deus, non gardando os mandamentos e os decretos e preceptos que eu che estou mandando hoxe. ¹²Non sexa que cando comas e te fartes e construas boas casas, ¹³e cando se multiplique o teu gando e os teus rabaños, o ouro e a prata se che multiplique, e todo o teu se che multiplique, e ¹⁴se che enorgulleza o teu corazón e te esquezas do Señor, o teu Deus, que foi quen te sacou do país de Exipto, da casa da escravitude; ¹⁵foi quen te fixo camiñar polo deserto grande e

---

7,22 Este v presenta unha corrección histórica á concepción teolóxica. De feito a poboación cananea non foi exterminada dun golpe, senón que durou séculos: David conquista o último resto destes pobos: os iebuseos e a cidade de Xerusalén (1 Sam **5,** 6ss) e o autor do Dt presenta unha xustificación teolóxica: a providencia amorosa e benfeitora de Deus, para que o país non se encha de feras salvaxes (cf Ex **23,** 39).

8, 1-6 As tradicións do deserto non as ve o autor coma unha época ideal (Os **2,** 16ss), senón coma unha etapa de formación ou educación do pobo cara ó recoñecemento da importancia da lei para a felicidade do pobo: o deserto é momento de proba e matización das intencións do pobo. Os prodixios do maná (Ex **16**) e a protección especial durante o camiñar polo deserto son probas de que a felicidade vén da fidelidade ó Señor e ós seus mandamentos. Esta visión do deserto como época de proba e de interiorización, ten influxos en Mt **4,** 1-12, quen cita o v 3c.

8, 5 *Para os teus adentros* (lit. "no teu corazón"). O corazón é, para a antropoloxía semítica a sé dos plans, proxectos, intencións, matinacións. *Te está castigando:* non ten moito sentido referi-la frase ó v 2 xa distante, e si ten sentido referila ós castigos e sufrimentos da data de composición.

8, 7ss Estes vv salientan as vantaxes da terra prometida, que deben move-lo crente á louvanza de Deus. No vv 11-29 sinálase o perigo que deben evitar: esquece-lo Señor e os seus mandamentos, ó considera-las bendicións divinas como froito da propia pericia.

terrible, por culpa das serpentes de mordedura queimante, dos escorpións e da sequidade (pois non había auga); foi El quen fixo saír para ti auga da pedra de granito; ¹⁶foi El quen che deu a comer no deserto o maná, que teus pais non coñecían, co fin de te aflixir e pórte a proba, para logo facerche ben no teu futuro.

¹⁷Non sexa que vaias dicir para os teus adentros: Foi a miña forza e o poder dos meus puños o que me produciu esta prosperidade. ¹⁸Lémbrate máis ben do Señor, o teu Deus, que El é quen che dá a forza para producire-la prosperidade, se mantés en pé a súa alianza, a que lles prometeu con xuramento a teus pais, o mesmo que fai hoxe.

¹⁹Pero, se ti te esqueces do Señor, o teu Deus, e vas tralos deuses alleos, lles dás culto e te postras diante deles, eu pónovos como testemuñas hoxe de que pereceredes sen remedio. ²⁰O mesmo cós pobos que o Señor fixo perecer na vosa presencia, así pereceredes, se non lle facedes caso á voz do Señor, voso Deus.

A conquista, obra do Señor

9 ¹¡Escoita, Israel! Ti vas cruzar hoxe o Xordán para tomares posesión de pobos máis grandes e máis poderosos ca ti, de cidades máis grandes e fortificadas có ceo; ²un pobo grande e de grande estatura son os fillos dos anaquitas, ós que ti non coñecías, aínda que ti mesmo oíches: ¿Quen poderá resistir ante os fillos de Anac?. ³Pero hoxe vas recoñecer que o Señor, o teu Deus, é quen pasa diante de ti coma lume devorador, El é quen os vai destruír, El é quen os vai subxugar na túa presencia, mentres ti vas tomar posesión deles e os vas facer desaparecer nun instante, tal como cho dixo o Señor.

⁴Cando o Señor, o teu Deus, os bote da túa presencia, non digas para os teus adentros: Por mor da miña xustiza foi polo que o Señor me fixo entrar a tomar posesión deste país, pois é pola iniquidade destes pobos polo que o Señor os desapropia do país que está na túa presencia. ⁵Non é pola túa xustiza nin pola rectitude das túas intencións polo que ti vas entrar a tomar posesión do seu país. Certo que é pola iniquidade destes pobos, polo que o Señor, o teu Deus, os vai despoxar do país que está na túa presencia, para así mante-la promesa que o Señor lles fixo con xuramento a Abraham, a Isaac e a Xacob. ⁶Recoñece que non é pola túa xustiza polo que o Señor, o teu Deus, che entrega este bo país, para o tomares en posesión, pois ti es un pobo de cabeza dura.

Un pobo teimudo
a) O becerro de metal fundido

⁷Recorda, non te esquezas de que enfadáche-lo Señor, o teu Deus, no deserto; desde o día en que saíches do país de Exipto ata a vosa chegada a este lugar, estivestes rebelándovos contra o Señor. ⁸No Horeb enfadáste-lo Señor, e o Señor anoxouse contra vós ata querer destruírvos.

⁹Cando eu subín á montaña para recolle--las lousas de pedra, as táboas da Alianza, que o Señor pactara convosco, quedei na montaña corenta días e corenta noites, sen comer pan e sen beber auga. ¹⁰Entón o Señor entregoume as dúas lousas de pedra, escritas co dedo índice de Deus, e sobre elas había certamente tódolos mandamentos que o Señor vos dera na montaña, desde o medio do lume, o día da asemblea. ¹¹Foi ó cabo de corenta días e de corenta noites, cando o Señor me entregou as dúas lousas de pedra, as táboas da Alianza.

8, 19-20 A ameaza de perecer sen remedio cadra ben cunha data anterior ó 722, como se ve polas semellanzas coa palabra profética de Oseas (**8,** 1ss) e Amós (**2,** 6ss; **6,** 8ss; **9,** 7ss).
9, 1-3 Estes vv tratan de descubri-la intervención de Deus na conquista: subliñando polo unha parte o poder da poboación cananea, e por outra a realidade da "guerra santa", onde Deus vai diante dos soldados na Arca da Alianza, á que non se alude.
9, 4ss Trátase de elimina-las tentacións de superioridade espiritual e moral como razóns da toma de posesión da terra. As verdadeiras razóns son o castigo da iniquidade destes pobos e a promesa feita por Deus ós patriarcas, mentres que o pobo de Israel é un pobo obstinado na desobediencia ('de cabeza dura'): a cabeza é quen dirixe, o mesmo có rei, a capital do estado (Is 7, 8-9...) e a dureza significa a pouca capacidade de amoldarse ós mandamentos e leis do Señor. San Paulo vai recoller este tema da supresión dos méritos do pobo para desenvolvelo de

forma universal na carta ós Rm 3, 9-20; **5,** 12-21. Ver tamén 1 Xn **1,** 8-10.
9, 7-29 Toda esta sección vén ser unha proba da afirmación do v 6c, recorrendo coma sempre ás tradicións do deserto (Ex **32,** da trad. I.E.). O becerro non é un ídolo, un símbolo de Baal ou doutro Deus pagán, senón un símbolo de Iavé (cf Ex **32,** 4.5.8); pero Iavé non ten imaxes, non mostrou a súa cara, senón soamente a súa voz (**4,** 15ss).
A única imaxe de si que Deus permite son as táboas da Alianza, a súa Palabra: os dez mandamentos e a palabra profética. A obstinación no mal, a cabeza dura, consiste en querelle dar a Deus o culto que ó pobo lle gusta e lle parece mellor, e non o culto que Deus quere.
9, 9 Os corenta días e corenta noites sen comer pan e sen beber auga (cf vv 11.18) aparecen en Mt **4,** 2, o que nos clarifica a corentena de Xesús nun sentido intercesional e de busca da Nova Alianza, cal Novo Moisés.

¹²Entón díxome o Señor: Levántate e baixa rápido de aquí, que se corrompeu o teu pobo, o que ti sacaches de Exipto. Ben axiña se apartaron do camiño que eu lles mandei. Fixeron para eles un ídolo de fundición. ¹³Logo díxome o Señor: Estou ollando para este pobo, e velaí que é un pobo de dura cerviz. ¹⁴Déixame, vounos destruír, e borra-lo seu nome de debaixo do ceo, mentres que a ti te vou converter nun pobo máis poderoso e máis numeroso ca eles.

¹⁵Entón dei a volta e baixei da montaña coas dúas táboas da Alianza nas miñas mans, mentres a montaña estaba ardendo en labarada. ¹⁶Ollei, e velaí que pecarades contra o Señor, voso Deus. Fixerades un becerro de metal fundido. Ben axiña vos apartarades do camiño que vos tiña mandado o Señor. ¹⁷Entón collín as dúas lousas, tireinas das miñas mans e esnaquiceinas diante dos vosos ollos.

¹⁸Logo postreime no chan diante do Señor, tal e como o fixera a primeira vez, durante corenta días e corenta noites, sen comer pan nin beber auga, por culpa de tódolos pecados que acababades de cometer, facendo o que está mal ós ollos do Señor, ata ofendelo. ¹⁹Certo que lle tiña medo á ira e á carraxe con que estaba enfadado o Señor contra vós, a tal punto que vos quería destruír; pero o Señor tamén esta vez me escoitou. ²⁰Tamén estaba o Señor tan enfadado contra Aharón, que o quería matar, mais eu tamén recei por Aharón daquela. ²¹Logo collín o pecado que fixerades, o becerro, queimeino no lume, e esnaquiceino, triturándoo ben ata que quedou moído coma o po, e botei o seu po ó regueiro que baixa da montaña.

b) *Outros pecados no deserto*

²²Logo seguistes enfadando ó Señor en Taberah, en Masah e en Quibrot Hatavah. ²³E cando o Señor vos mandou saír de Cadex Barnea, dicíndovos: Subide e tomade posesión da terra que eu vos entreguei, vós rebelástesvos contra a orde da boca do Señor, voso Deus; non vos fiastes del nin lle fixestes caso á súa voz. ²⁴Desde o día en que vos coñecín, vindes sendo rebeldes co Señor.

²⁵Entón postreime no chan diante do Señor corenta días e corenta noites, igual que me postrara antes, pois o Señor falara de vos destruír, ²⁶e receille ó Señor, dicindo: Meu Señor, Deus, non destrúa-lo teu pobo e a túa herdanza, a que ti redimiches, coa túa grandeza, a que ti fixeches saír de Exipto coa túa forte man. ²⁷Lémbrate dos teus servos: de Abraham, de Isaac e de Xacob; non olles para a obstinación deste pobo, nin para a súa ruindade, nin para o seu pecado, ²⁸senón hase dicir: O Señor non foi capaz de traelos á terra de onde os sacara e que lles prometera, senón que polo odio que lles ten, fixoos saír, para os facer morrer no deserto. ²⁹Pero eles son o teu pobo e a túa herdanza, que fixeches saír co teu grande poder e co teu brazo estendido.

A Arca da Alianza, os levitas e a morte de Aharón

10 ¹Naquela ocasión díxome o Señor: Corta dúas lousas de pedra, coma as primeiras, e sube a xunto de min á montaña, e fai tamén unha arca de madeira: ²Eu vou escribir sobre as lousas os mandamentos que había sobre as lousas primeiras que ti rompiches, e logo halas pór na arca.

³Entón eu fixen unha arca de madeira de acacia, cortei dúas lousas de pedra, coma as primeiras, e subín á montaña coas dúas lousas na miña man. ⁴El escribiu nas lousas, coa mesma escritura da primeira vez, os dez mandamentos que vos dera o Señor na montaña, desde o medio do lume o día da asemblea, e entregoume as lousas a min. ⁵Logo dei volta e baixei da montaña; puxen as lou-

---

9, 20 A función de intercesión e oración é propia da misión do profeta.
9, 22 As queixas do pobo, provocan o castigo de Deus en Taberah (cf Núm 11, 1-3: saga etiolóxica) e en Quibrot-Hatavah (Núm 11, 34-35), e tamén a axuda divina, proporcionándolles auga en Masah e Meribah (Ex 17, 1-7; Núm 20, 1-10), e os paspallás en Quibrot-Hatavah (Núm 11, 34-36).
9, 23 Sobre a saída de Cadex-Barnea, cf Dt 1, 25-40.
9, 24 Este versículo, que rompe o fío narrativo, parece ser unha glosa posterior.
10, 1-9 Esta sección está composta de tres párrafos: 1) 1-5: A Arca da Alianza feita por Moisés segundo a orde do Señor para conte-las lousas escritas de segunda vez polo Señor na montaña; 2) 6-7 é no medio un elemento estraño (historicamente posterior ó Horeb), que relata a morte de Aharón e a sucesión do seu fillo Elazar (anacronismo que ten a función teolóxica de presenta-los levitas como alleos ó pecado de Aharón no Horeb: cf Núm 33, 31-38); 3) 8-9, os levitas escollidos polo Señor para leva-la arca, para o culto e para a bendición no nome do Señor (cf tamén Ex 32, 25-29).
A finalidade desta sección é a de expresar plasticamente a eficacia da intercesión de Moisés e o perdón do Señor. Todo queda substituído, e hai xente nova e fiel á fronte do culto. Esta finalidade obsérvase nos vv 10 e 11, que serven como de remate á sección: descríbese a segunda estancia de Moisés na cima do Horeb coas mesmas circunstancias de corenta días e corenta noites cá primeira vez, e segue a orde do Señor de camiñar cara ó cumprimento da promesa.

sas na arca que fixera, e quedaron alí, tal como o Señor mo mandara. ⁶Os israelitas marcharon dos pozos de Bene-Iacán ata Moserah. Alí morreu Aharón e alí foi enterrado, e o seu fillo Elazar sucedeuno no cargo de sacerdote. ⁷Desde alí marcharon ata Gudgódah, e de Gudgódah ata Iotbátah, terra de regueiros de auga.

⁸Naquela ocasión escolleu o Señor a tribo de Leví para que levase a Arca da Alianza do Señor, para que se mantivese na presencia do Señor dándolle culto e bendicindo no seu nome tal como fai aínda hoxe. ⁹Por isto, Leví non ten herdanza nin parte coma os seus irmáns. A súa herdanza é o Señor, tal como llo dixo o Señor, o teu Deus.

¹⁰Entón eu quedei na montaña, o mesmo cá primeira vez, durante corenta días e corenta noites, e tamén esta vez me fixo caso o Señor. O Señor non quixo destruírte, ¹¹senón que me dixo: Levántate, e vai diante do pobo darlle o sinal de saída, para que entren a tomar posesión do país, que xurei darlles ós vosos pais.

Síntese final:

a) *Esixencias da Alianza*

¹²E agora Israel ¿que é o que o Señor, o teu Deus, che pide? Tan só que respécte-lo Señor, o teu Deus, que camiñes por tódolos seus vieiros, que o ames e que sírva-lo Señor, o teu Deus, con tódalas túas intencións e con tódolos teus folgos, ¹³que gárde-los mandamentos do Señor e os seus preceptos, que eu che mando para o teu ben.

¹⁴Si, do Señor, o teu Deus, son os ceos e o máis esplendoroso dos ceos, a terra e todo o que hai nela; ¹⁵pero soamente de teus pais se namorou o Señor, e escolleuvos a vós, a súa descendencia, de entre tódolos pobos, tal como se ve hoxe.

¹⁶Circuncidade os prepucios dos vosos corazóns e non volvades endurece-la vosa cabeza, ¹⁷pois o Señor, o teu Deus, é Deus dos deuses, Señor dos señores, o Deus grande, poderoso e temible; é imparcial e non acepta o suborno; ¹⁸El é quen lles fai xustiza ó orfo e á viúva, e quen ama ó emigrante dándolle pan e vestido.

¹⁹Amaréde-lo emigrante, xa que fostes emigrantes no país de Exipto. ²⁰Ó Señor o teu Deus, respectarás, a El servirás e a El has de te apegar e prestar xuramento no seu nome. ²¹El será a túa louvanza, El será o teu Deus, que fixo por ti esas grandes e terribles cousas que viron os teus ollos. ²²Setenta persoas eran os teus devanceiros cando baixaron a Exipto, pero agora o Señor, o teu Deus, volveute tan numeroso coma as estrelas do ceo.

11 ¹Amara-lo Señor, o teu Deus, e gardara-lo que El mande: os seus preceptos os seus decretos e os seus mandamentos tódolos días.

b) *Recoñecemento das obras do Señor na historia*

²Recoñecédeo hoxe. Certo que non se trata dos vosos fillos, que nin coñeceron nin viron o castigo do Señor, voso Deus, nin a súa grandeza, nin a súa man poderosa, nin o seu brazo estendido, ³nin os seus prodixios, nin as súas obras, as que El fixo no medio de Exipto contra o Faraón, rei de Exipto, e contra todo o seu país; ⁴as que fixo contra o exército de Exipto, contra os seus cabalos e contra os seus carros; de xeito que fixo fluí-las augas do mar dos Xuncos sobre a súa furia, cando vos perseguían, e destruíunos o Señor ata o día de hoxe; ⁵as que fixo contra vós no deserto ata que chegastes a este lugar; ⁶e as que fixo contra Datán e Abiram, os fillos de Eliab, fillo de Rubén, cando o abismo abriu a súa boca e os tragou no medio de todo Israel: a eles, ás súas familias, as súas tendas e a tódolos seres vivos que estaban á súa disposición. ⁷Certo que se trata dos vosos ollos que viron a obra que o Grande Señor fixo.

⁸Gardaredes tódolos mandamentos que eu che mando hoxe, a fin de terdes forza para entrar e tomar posesión do país, ó que ides pasar e tomar en posesión, ⁹e a fin de que se che alonguen os días sobre a terra, que o Señor prometeu con xuramento dar a vosos pais e mais á súa descendencia. Terra que rega leite e mel.

10, 8 A *Arca da Alianza* (cf **31,** 9.25-26; Xos **3,** 8.14.17...). Considérase aquí coma un sinxelo instrumento para conte-las táboas da Lei, e sorprende que dándolle tanta importacia o Dt á guerra santa (**2,** 6 - **3,** 12; **7**) e sendo a Arca o sinal da presencia do Señor nestas guerras, non considere á Arca como lugar da presencia do Señor. A razón disto é que, a partir de David, a Arca perdeu importacia cúltica para as tribos do Norte, e o noso autor (ou autores) pertence ós levitas do reino do Norte. Para o Dt o Señor reside no ceo e comunícase coa súa palabra.

10, 12 - 11, 32 Cos dous versículos finais, vincúlase esta sección co "Código Deuteronómico".

10, 16 A circuncisión é a extirpación do prepucio para significa-la pertenza ó pobo de Deus, pero a Alianza esixe sobre todo a extirpación de todos aqueles plans, proxectos e intencións (corazón) que afastan do Deus da Alianza, e a desaparición da obstinación na desobediencia a Deus (cf nota a **9,** 4ss).

11, 3 Cf Ex **7-15.**

11, 6 Cf Núm **16.**

c) *O bo país que Deus vos dá*

¹⁰Certo que no país ó que ti vas entrar para o tomares en posesión, non é coma o país de Exipto, de onde saístes, e onde botába-la túa sementeira e regabas ó pé, coma nun horto de verduras. ¹¹Si, o país a onde vas cruzar para o tomares en posesión, é un país de montañas e de vales; bebe a auga da chuvia do ceo; ¹²é un país do que o Señor, o teu Deus, se coidará, e os ollos do Señor, o teu Deus, estarán continuamente postos nel desde o comezo ata a fin do ano.

¹³Se lles facedes de verdade caso ós meus mandamentos, os que eu vos mando hoxe, amando ó Señor, voso Deus, e servíndoe con toda a vosa intención e con todo o voso ser, ¹⁴eu mandarei ó seu tempo a chuvia da vosa terra, a chuvia do outono e a chuvia da primavera: colleitara-lo teu trigo, o teu mosto e o teu aceite; ¹⁵porei herba nos teus campos para o teu gando, e ti comerás ata fartar.

¹⁶Tende moito coidado de que o voso corazón non se deixe seducir e vós vos extraviedes e deades culto a deuses alleos e vos postredes diante deles. ¹⁷Porque se acendería a ira do Señor contra vós: pecharía o ceo e non habería chuvia, e o campo non daría o seu froito, e desapareceriades axiña de sobre esta boa terra que vos vai da-lo Señor.

d) *Exhortación á fidelidade ós mandamentos*

¹⁸Constituíde estas palabras miñas coma obxecto das vosas intencións e do voso esforzo, atádeas ó voso pulso coma sinal, e póndeas entre os vosos ollos coma filacteria; ¹⁹ensinádellelas a vosos fillos, falándolles delas, cando esteas sentado na túa casa e cando vaias de camiño, cando esteas deitado e cando esteas de pé; ²⁰e escríbeas nos marcos da túa casa e nas túas portas, ²¹para que os vosos días e os días dos vosos fillos sobre a terra, que o Señor prometeu con xuramento dar ós vosos pais, duren tanto coma os días do ceo sobre a terra.

²²Ollade que se gardades fielmente todos estes mandamentos que eu vos mando cumprir, amando ó Señor, camiñando por tódolos seus vieiros e apegándovos a El, ²³entón o Señor irá diante de vós expulsando a todos estes pobos, e vós tomaredes posesión de pobos máis grandes e máis poderosos ca vós. ²⁴Tódolos lugares onde pise a planta do voso pé serán vosos. A vosa fronteira será desde o deserto e o Líbano, e desde o río Éufrates ata o mar do Occidente. ²⁵Ninguén se resistirá diante de vós. O Señor, voso Deus, difundirá pánico e medo por todo o país no que vós pisedes, tal e como volo dixo.

e) *A bendición e a maldición na Alianza de Xequem*

²⁶¡Olla! Eu poño diante de vós hoxe bendición e maldición: ²⁷a bendición, se facedes caso dos mandamentos do Señor, voso Deus, que eu vos mando hoxe; ²⁸e a maldición, se non facedes caso dos mandamentos do Señor, voso Deus, e vos apartades do camiño que eu vos mando hoxe, marchando tras de deuses estranxeiros que non coñeciades.

²⁹Cando o Señor, o teu Deus, te faga entrar no país a onde vas para o tomares en posesión, ti pora-la bendición sobre o monte Garizim e a maldición sobre o monte Ebal. ³⁰Estes montes dominan a ribeira do Xordán detrás do camiño da posta do sol, o territorio do rei cananeo que manda na Arabah, fronte a Guilgal, no lado da aciñeira de Moreh.

f) *Introducción e vínculo do código*

³¹Ollade que ides cruza-lo Xordán para entrardes a tomar posesión do país que o Señor, o voso Deus, vos dá; tomade posesión del e dominádeo, ³²estade atentos a cumprir tódolos mandamentos e decretos que eu vos poño diante hoxe.

11, 10 *Regar co pé:* técnica agrícola propia do Exipto de entón.
11, 26-30 A bendición e a maldición, segundo as alianzas de vasalaxe hititas, son as fórmulas conclusivas da Alianza; tamén aquí se trata da Alianza e, máis en concreto, da renovación periódica da alianza que tivo lugar en Xequem, como o indican os nomes xeográficos do v 29. *Xequem* (lit. "as costas", os ombreiros) era un lugar e un santuario que estaba entre os dous montes indicados: o Ebal, ó N.O. (á esquerda, man da mala sorte) e o Garizim, ó S.E. (á man dereita, man da boa sorte e da bendición). De feito aquí tivo que celebrarse a renovación da Alianza para as tribos do Norte (cando menos), xa que en Xuí **9,** 46, ó Deus de Xequem chámaselle "Deus da Alianza" ("El Berit"), e ós homes de Xequem chámaselles "homes de Hamor" (= lit. homes do burro), porque, ó xeito dos pactos arameos-hurritas, sacrificábase un asno nas alianzas; de aquí a expresión "homes do burro" = "homes da Alianza" (cf tamén Dt **27-28**; **31,** 15-20; Xos **8,** 33-35; **23-24**). O termo "Guilgal" é un nome xeográfico moi frecuente, que alude ós monumentos megalíticos prehistóricos.
11, 30 *Manda:* A raíz hebrea "iaxab" non soamente significa sentarse, habitar, vivir, senón tamén sentarse no trono, reinar, dominar.

II. CÓDIGO DEUTERONÓMICO

12 ¹Estes son os mandamentos e os decretos que estaredes atentos a cumprir na terra que o Señor, Deus de vosos pais, vos deu en posesión, durante tódolos días que vós vivades na terra.

O culto ó Señor: Santuario único

²Destruiredes totalmente tódolos santuarios onde os pobos que ides posuír lles daban culto ós seus deuses, no cume das altas montañas e sobre os outeiros e debaixo de toda árbore verdeante. ³Romperéde-los seus altares, esnaquizaréde-las súas estelas, queimaredes con lume as representacións de Axerah, quitaréde-las imaxes dos seus deuses e faredes desaparece-los seus nomes dese lugar santo. ⁴No culto ó Señor, o voso Deus, non habedes de facer deste xeito. ⁵O santuario, que o Señor, voso Deus, escolleu de entre tódalas tribos para pór alí o seu nome, ese buscarédelo como a súa morada. Entraredes nel ⁶para presentardes alí os vosos holocaustos e os vosos sacrificios, os vosos décimos e as ofrendas voluntarias das vosas mans, os vosos sacrificios ofrecidos en promesa e as vosas ofrendas espontáneas, e os primoxénitos do voso gando e dos vosos rabaños. ⁷Alí habedes de comer na presencia do Señor, o voso Deus, e debedes festexar, vós e a xente das vosas casas, en tódalas vosas empresas, unha vez que o Señor, o voso Deus, te bendiga.

⁸Non habedes de facer tal e coma nosoutros estamos hoxe facendo aquí: cada un fai o que lle parece correcto, ⁹pois ata agora aínda non entrastes no lugar do descanso nin na herdanza que o Señor, o teu Deus, che vai dar. ¹⁰Cruzaréde-lo Xordán e viviredes no país que o Señor, o voso Deus, vos vai dar en herdanza e onde vos vai facer descansar de tódolos vosos inimigos que vos rodean, e así viviredes tranquilos. ¹¹Entón a aquel santuario que escolla o Señor, o voso Deus, para pór nel o seu Nome, levaredes todo o que eu vos mande: os vosos holocaustos e os vosos sacrificios, os vosos dezmos e as ofrendas voluntarias da vosa man, e todo o mellor das vosas promesas, que lle fagades ó Señor. ¹²E faredes festa na presencia do Señor, o voso Deus, vós e mailos vosos fillos e fillas, e os vosos servos e servas, e tamén o levita que viva dentro das portas das vosas cidades, pois non ten parte nin herdanza convosco.

¹³Gárdate ben de ofrece-lo teu holocausto en calquera santuario que vexas, ¹⁴senón que no santuario que escolla o Señor nunha das túas tribos, alí ofrecera-lo teu holocausto e alí farás todo o que eu che mande.

As comidas de animais e o Santuario único

¹⁵Soamente matarás animais por mor do apetito da túa gorxa e comerás carne segundo a bendición que che concedeu o Señor, o teu Deus, dentro das portas de calquera cidade túa. Comerán tanto o que está impuro coma o que está puro, o mesmo que se fose dunha gacela ou dun cervo. ¹⁶Soamente non comera-lo sangue, senón que o verterás na terra como se fose auga.

¹⁷Non che está permitido comer dentro das portas das túas cidades o dezmo do teu trigo, nin do teu mosto, nin do teu aceite, nin os primoxénitos do teu gando e do teu rabaño, nin ningunha das túas promesas que ti fagas, nin as túas ofrendas espontáneas, nin as ofrendas voluntarias da túa man. ¹⁸Si, has comelas soamente na presencia do Señor, o teu Deus, no lugar que escolla o Señor teu Deus, tanto ti coma o teu fillo e a túa filla, o teu servo e túa serva e mailo levita que está dentro das portas da túa cidade. Comeredes e faredes festa na presencia do Señor, o teu Deus, por tódalas túas empresas. ¹⁹Gárdate ben de esquece-lo levita durante tódolos teus días que vivas na túa terra.

²⁰Cando o Señor, o teu Deus, anchee as túas fronteiras, tal como cho prometeu, e ti

---

12, 3-5 *Lugar santo*. O vocábulo hebreo "maqom", empregado nun contexto cúltico, ten máis que nada o valor de santuario, lugar santo. Refírese aquí ó santuario central e único do que se fala a continuación.
Facer desaparece-los nomes, significa facer desaparece-la presencia dinámica, a invocación e a acción beneficiosa destes deuses pagáns.
12, 5 Sobre o santuario en cuestión, cf Introducción ó Dt 3.

12, 8 *Parece correcto* (lit. "o que é correcto ós seus ollos"). Os ollos: forma de expresión da conciencia moral do home.
Estamos facendo hoxe aqui: refírese á estancia da asemblea de Israel en Transxordania (dado que o código é literalmente unha parte do segundo discurso, que se pon na boca de Moisés).
12, 12 A preocupación polo *levita*: a distinción entre sacerdote-levita e levita é dun tempo moi posterior (compárese **18, 1** con **18, 6**).

digas: Quero comer carne, pois a túa gorxa sente apetito de comer carne, entón poderás comer carne con todo o apetito da túa gorxa. ²¹Se está lonxe de ti o santuario que o Señor escolla para pór alí o seu Nome, entón mata algo do teu gando e do teu rabaño que o Señor che deu, tal como cho mandei e come dentro das portas da túa cidade con todo o apetito da túa gorxa. ²²Si, o mesmo que se come a gacela e malo cervo, así comera-la carne; o que estea impuro e mailo puro comerana xuntos.

²³Mantente moi firme, soamente, en non come-lo sangue, pois o sangue é a vida, e non podes come-la vida xunto coa carne. ²⁴Non o comerás senón que o verterás na terra coma se fose auga. ²⁵Non o comerás, para que che vaia ben a ti e a teus fillos despois de ti, pois has de face-lo que é correcto ós ollos do Señor.

²⁶Soamente collera-las reses que teñas consagradas e as túas promesas e levaralas ó santuario que escolla o Señor. ²⁷Has de face-los teus holocaustos —carne e sangue— sobre o altar do Señor teu Deus; o sangue do teu sacrificio hase de verter sobre o altar do Señor, o teu Deus, mentres que a carne has comela.

²⁸Garda e fai moito caso de todas estas cousas que eu che mando, para que che vaia ben a ti e a teus fillos despois de ti, para sempre, pois has de face-lo que é bo e recto ós ollos do Señor, o teu Deus.

Perigo de asemella-lo culto ó Señor co culto ós ídolos

²⁹Cando o Señor, o teu Deus, faga desaparecer da túa presencia os pobos onde ti entras para os desposuír, e cando ti tomes posesión deles e vivas no seu país, ³⁰despois de que eles sexan exterminados da túa presencia, gárdate ben de caer na trampa indo detrás deles, e de consulta-los seus deuses, dicindo: Tal e como deron culto estes pobos ós seus deuses, así tamén eu o farei. ³¹Non fagas así no culto ó Señor, o teu Deus, pois todo iso é abominación para o Señor, porque el odia o que eles fan no culto ós seus deuses, pois mesmo chegan a queimar no lume a seus fillos e a súas fillas en honor ós deuses.

13 ¹Tódalas cousas que eu vos mando, estade atentos e cumprídeas. Non lles engadades nin lles quitedes nada.

Pena de morte para os incitadores á idolatría

²Se xorde no medio de ti un profeta ou un soñador de soños e che presenta un sinal ou un prodixio, ³e se se cumpre o sinal ou o prodixio que che dixo, e logo el di: Camiñemos tralos deuses alleos que non coñecemos e deámoslles culto, ⁴non lles fagades caso ás palabras de tal profeta ou ó tal soñador de soños; pois o Señor, o voso Deus, estavos pondo á proba, para saber se de verdade amáde-lo Señor, o voso Deus, con todo o voso corazón e con toda a vosa intención. ⁵Camiñaredes tralo Señor, o voso Deus, respectarédelo a El, gardaréde-los seus mandamentos, escoitaréde-la súa voz, darédeslle culto a El e apegarédevos a El. ⁶E o tal profeta ou o tal soñador de soños ha de ser executado, pois predicou a rebelión contra o Señor, o voso Deus, que vos sacou do país de Exipto e que vos rescatou da escravitude; si, quíxote apartar do camiño polo que o Señor, o teu Deus, che mandara camiñar. Dese xeito farás desaparecer do medio de ti a maldade.

⁷Se teu irmán, fillo de teu pai ou da túa nai, ou o teu fillo ou a túa filla ou a muller que repousa no teu seo ou o teu amigo que é coma a túa vida, te incitan ás agachadas, dicíndoche: Vaiamos dar culto a deuses alleos, que non coñeciches nin ti nin teus pais ⁸—trátese dos deuses dos pobos que vos rodean cerca de ti ou dos que están lonxe de ti desde un cabo de terra ó outro cabo da terra—, ⁹non lle obedezas nin lle fagas caso, nin o teu ollo teña piedade del, nin sintas compaixón, nin o encubras. ¹⁰Debes absolutamente matalo: a túa man será a primeira en darlle morte, e a man de todo o pobo seguirá despois: ¹¹acantázao

---

12, 23s A prohibición de "comer sangue" ten como base a experiencia elemental de matar desangrando. O sangue, por tanto, é o asento da vida ("néfex"), da respiración; por iso haino que tratar como algo sacro, e vertelo na terra, para que vaia ó mundo dos espíritos (a terra ten aquí o senso do que está baixo terra).

12, 28 Este código ten un carácter claramente exhortativo, o mesmo cós discursos da primeira parte.

13, 4 *Os soños* —ou a visión nocturna— é unha das formas proféticas de revelación.

13, 6 O concepto que o Dt ten do pobo é o dun pobo totalmente consagrado ó Señor; por isto é obrigación fundamental de cada un dos membros da comunidade (vv 9s. 12.18) e debe estar por enriba dos sentimentos familiares máis nobres.

13, 7 *A muller que repousa no teu seo* (lit. "a muller do teu seo").

con pedras e que morra, xa que tratou de te apartar do Señor, o teu Deus, que te sacou do país de Exipto, da escravitude. ¹²Así, todo Israel, ó escoitar isto, terá medo e non continuará cometendo no medio de ti maldade semellante a esta.

¹³Cando nunha das túas cidades, que o Señor, o teu Deus, che concedeu para vivires nela, oias dicir ¹⁴que uns homes, fillos de quen non serve para nada, saíron do medio de ti e seduciron os habitantes da súa cidade, dicíndolles: Vaiamos dar culto ós deuses alleos que non coñeciades, ¹⁵entón investiga, examina e pregunta con todo coidado. Se resulta que se establece a verdade, de tal feito que esa abominación se cometeu no medio de ti, ¹⁶entón bateraslles co fío da espada ós habitantes da tal cidade: entregarala con todo o que hai nela ó exterminio sagrado co fío da espada. ¹⁷Xuntarás no medio da praza da cidade todo o seu botín; a cidade e o botín queimaralos totalmente na labarada en ofrenda ó Señor, o teu Deus; e ela ha ser coma un outeiro para sempre, pois non será reedificada. ¹⁸Nada do consagrado ó exterminio se che pegará á túa man, para que o Señor cambie o ardor da súa ira e che conceda misericordia e teña compaixón de ti e te multiplique, tal como llelo xurou a teus pais. ¹⁹Si, escoita a voz do Señor, o teu Deus, gardando os seus mandamentos, que eu che mando hoxe, e facendo o que é recto ós ollos do Señor, o teu Deus.

Prohibición dun costume idolátrico

14 ¹Fillos sodes vós do Señor, o voso Deus. Non vos fagades incisión, non fagades rapado entre os vosos ollos por quen morre, ²xa que ti es un pobo consagrado ó Señor, o teu Deus, e o Señor escolleute para que lle fóse-lo pobo da súa especial posesión entre tódolos pobos que hai sobre a terra.

³Non comerás nada abominable: ⁴Estes son os animais que poderedes comer: o boi, o año, o cabrito, ⁵o cervo, a gacela, a cabra corza, a cabra montesa, o antílope, o bisonte e castrón montés. ⁶Todo animal que ten o casco partido e fendido en dúas metades, e que remoe, podedes comelo. ⁷De entre eles soamente non podedes comer estes: o camelo, a lebre e o coello, pois aínda que remoen non teñen o casco partido. Para vós serán impuros. ⁸E o porco, aínda que ten o casco partido, pero non remoe, será impuro para vós. Non lle poderedes come-la carne, nin poderedes toca-lo seu cadáver.

⁹De todo o que hai na auga poderedes comer isto: todo o que ten aletas e escamas podedes comelo; ¹⁰pero todo o que non teña aletas nin escamas non o podedes comer, será impuro para vós.

¹¹Todo paxaro puro poderedes comelo. ¹²Velaí os que non poderedes comer: a aguia, o quebranta-ósos, a aguia de mar; ¹³o voitre emigrante, e o voitre de calquera caste, ¹⁴e corvo de calquera caste, ¹⁵e a avestruz, o falcón, a gaivota, e toda especie de azor; ¹⁶o moucho, o ibis, o cisne, ¹⁷o pelícano, a grúa, o corvo do mar, ¹⁸a cigoña, a garza real nas súas diferentes especies, a bubela e o morcego. ¹⁹Todo insecto voador será impuro para vós, non se comerá. ²⁰Podedes comer tódolos paxaros puros. ²¹Non podedes comer ningún animal que morreu: daraslló ó emigrante que está dentro das portas da túa ci-

---

13, 14 *Fillos de quen non serve para nada.* Esta expresión hai que entendela en relación con 14, 1 ("Fillos sodes vós do Señor, o voso Deus"). "Fillos" equivale a adoradores protexidos, devotos. O que non serve para nada, por tanto, ten que ser unha divinidade pagá ou demonio personificado na tal divinidade.

13, 16-18 *O exterminio sagrado* ("hérem") dunha cidade e o botín collido nela consideránse unha ofrenda expiatoria á ira do Señor, ó mesmo tempo que a supresión da maldade do medio de Israel (o mesmo terreo tense por maldito, e non é edificable para Israel). A finalidade de toda esta serie de feitos destructivos é mante-la orde sagrada no país, para que a bendición de Deus continúe sobre el. Mante-la orde, de acordo co plan de Deus, é o valor supremo para o semita.

14, 1s Prohíbese a participación nos cultos pagáns, non os ritos funerarios polos mortos da familia. Por iso condénanse as incisións polos mortos, pola semellanza co que fan os pagáns (cf Lev 19, 28; 1 Re 20, 41; 2 Re 2, 23; Xob 1,

20; Ez 7, 18; Am 8, 10).

14, 4-21 As razóns destas prohibicións son, nalgúns casos, de hixiene alimentaria, mentres que noutros son de tipo relixioso, xa que moitos dos animais prohibidos eran animais sagrados das relixións veciñas.

14, 6 Trátase dunha norma práctica, que era aplicada cuns coñecementos zoolóxicos elementalisimos e un tanto fantasiosos.

14, 21 A razón de non come-lo animal morto, era a de non come-lo sangue do animal. O que aquí se lle permite ó estranxeiro, siléncianse no Código da Alianza (Ex 22, 30), e prohíbese positivamente no Código da Santidade (Lev 17, 15), que considera ó estranxeiro residente coma membro do pobo.

O *coce-lo cabrito no leite de súa nai*, era unha asimilación co culto cananeo, xa que en Ugarit existía, como ofrenda a Axerah, o cabrito ou o año cocidos en leite (cf Text 52, 14ss).

dade e comerao, ou se non, véndello ó estranxeiro, xa que ti es un pobo consagrado ó Señor, o teu Deus. Non cocera-lo cabrito no leite da súa nai.

O décimo anual

²²Xuntara-lo décimo de tódolos productos da túa sementeira, do que dá o campo, ano tras ano, ²³e comeralos na presencia do Señor, o teu Deus, no santuario que escolla para facer residir alí o seu Nome: o décimo do teu trigo, do teu mosto e do teu aceite e mailos primoxénitos do teu gando e do teu rabaño, para que aprendas a respecta-lo Señor, o teu Deus, tódolos días. ²⁴Pero se o camiño desde onde vives fose tan grande que non es capaz de leva-lo décimo (porque está moi lonxe de ti o santuario que o Señor, o teu Deus, escolla para pór alí o seu Nome, e porque o Señor, o teu Deus, te bendiciu con abundancia) ²⁵pon o décimo en diñeiro, colle o diñeiro na túa man, e vai ó santuario que escolla o Señor, o teu Deus. ²⁶Logo compra con diñeiro todo o que lle apetece á túa gorxa: gando, reses, viño e bebidas fermentadas e todo o que che apeteza. Come alí na presencia do Señor, o teu Deus, e fai festa, ti e mailos da túa casa. ²⁷Non te esquezas do levita que vive dentro das portas da túa cidade, pois non ten parte nin herdanza contigo.

O decimo trienal

²⁸Ó cabo de tres anos, sacarás todo o décimo dos teus productos dese ano e poralos ás portas da túa cidade. ²⁹Virá o levita, pois non ten parte nin herdanza contigo, e mailo emigrante, o orfo e a viúva que hai dentro das portas da túa cidade, e comerán ata se fartaren para que te bendiga o Señor, o teu Deus, en tódalas obras das túas mans que queiras facer.

O ano sabático: a remisión das débedas cada sete anos

15 ¹Ó cabo de sete anos fara-la remisión das túas débedas.
²Esta é a lei da remisión: todo posuidor de máis do seu lote de terra ha de solta-la súa posesión xa que ocupou a do seu próximo. Non apremiará ó seu próximo nin ó seu irmán, xa que foi proclamada a remisión de parte do Señor.
³Podes apremiar ó estranxeiro; pero a facenda de teu irmán soltarala da túa posesión.
⁴Asi que dentro de ti non haberá pobres, pois o Señor hate bendicir abundantemente no país que o Señor, o teu Deus, che vai dar para o posuíres en herdanza, ⁵coa única condición de que lle fagas caso á voz do Señor, o teu Deus, estando atento a cumprir todo este mandamento que eu che mando hoxe. ⁶Si, o Señor, o teu Deus, bendicirate tal como cho prometeu, e prestaraslles con intereses a pobos numerosos, pero ti non pedirás prestado; mandarás en pobos numerosos, pero en ti non mandarán.
⁷Se hai en ti algún pobre entre algún dos teus irmáns nalgunha das portas das cidades do teu país, que o Señor, o teu

---

14,22 Este costume, testemuñado xa no século VIII (cf Xén **28,** 22; Am **4,** 4), responde á fe israelita, que ve en Iavé o Señor da terra, que bendí a Israel con boas colleitas, e que espera do pobo o agradecemento.
O Lev **27,** 30-32 estende a lei ó gando que ofrendaba servía de comida sacrificial, xa que en Núm **18,** 21-23 (da fonte P), entrégase o décimo ós levitas, e estes entregan a décima parte ós sacerdotes.
14, 24ss É unha adaptación da lei á lexislación especial de Dt sobre o santuario central.
14, 28s Estas concrecións da lei do décimo son unha consecuencia da centralización do culto no santuario único. Nos santuarios locais participaban o levita e os pobres; pero no santuario central, os pobres de lonxe non participaban: por iso dáse esta lei especial, que os atende cada tres anos. A transferencia ós pobres dos dereitos dos levitas vén de Deus, pois se practicaba nos sacrificios de comunión e de acción de gracias, e está presente noutros textos sagrados (cf Is **1,** 13-15; Os **6,** 6; Mt **25,** 40; 1 Xn **4,** 20). No fondo, a fe expresada na devandita lei ten estas consecuencias: o Señor da terra, dálla ó pobo; e a propiedade privada non pode impedi-lo feito teolóxico do destino fundamental do don de Deus: o ben do pobo.

15, 1-11 Esta lei da remisión das débedas no ano sabático ten os seus antecedentes no Código da Alianza (Ex **23,** 1-11, da época premonárquica), onde soamente se trata do descanso da terra (non se sementa nin se poda, e destínanse ós pobres os froitos dos campos, das viñas e das oliveiras). O Código Deuteronómico (do s. VIII) supón en Israel unha economía baseada no diñeiro: no ano sabático perdóanse as débedas, e hai que devolve-las terras compradas. Esta remisión e nivelación da base económica tiña unha data fixa e xeneralizada; se non, non se explicaría a exhortación á xenerosidade, nos vv 7-10. A remisión das débedas e o recobro das terras no século VII en Xudá, acontece no ano Xubilar (Código da Santidade: Lev **25**). Como a terra que ocupa Israel é propiedade do Señor, o pobo ten que facer equidade, polo menos cada certo tempo.
15, 2 *Irmán:* especifica o senso de próximo, reducíndoo ós hebreos, e excluíndo os xentís.
Posesión: lit. "man".
15,4-6 Estes vv son un engadido posterior. Prométeselle a Israel unha prosperidade á que nunca chegou, pero que é unha meta a construír mediante a obediencia á lei do Señor.

Deus, che vai dar, non enduréza-lo teu corazón nin péche-la túa man, prescindindo do teu irmán que é pobre. ⁸Ábrelle a túa man cumpridamente e préstalle a crédito todo o que el precise, pois pode ter falta diso. ⁹Gárdate ben de que haxa no teu corazón palabra do que non aproveita pensando: está cerca o ano sétimo, o ano da remisión das débedas, e de que así o teu ollo sexa avarento con teu irmán, que é pobre, e de non lle dares nada, pois clamará ó Señor contra ti e iso será un pecado para ti. ¹⁰Dálle abundantemente, e que a túa intención non sexa avarenta ó dáreslle, pois por mor deste feito hate bendici-lo Señor, o teu Deus, en tódalas túas obras e en tódalas túas empresas.

¹¹Olla que nunca faltará o pobre no medio do país. Por isto, eu mándoche: Ábrelle cumpridamente a túa man a teu irmán, ó teu oprimido e ó teu pobre, no teu país.

A manumisión dos escravos hebreos

¹²Se teu irmán, sexa hebreo ou hebrea, se vende a ti, hate servir durante seis anos, pero no ano sétimo mandaralo marchar libre de onda ti, ¹³e cando o deixes marchar libre de onda ti, non o mandes marchar sen nada, ¹⁴cárgao abundantemente con crías do teu rabaño, con froitos da túa eira e do teu lagar. Dálle daquilo co que o Señor, o teu Deus, te bendiciu. ¹⁵Lémbrate de que fuches servo no país de Exipto e de que te redimiu o Señor, o teu Deus. Por isto mándoche hoxe este precepto.

¹⁶Pero pode suceder que che diga: Non quero saír de onda ti, pois tenche amor a ti e á túa casa, porque está feliz contigo. ¹⁷Entón collera-lo punzón e furaralle a orella contra o batente da túa porta, e será para ti servo, para sempre; e tamén fara-lo mesmo coa serva. ¹⁸Non lle resulte duro á túa cobiza o deixalo marchar libre de xunto a ti, pois serviute polo dobre do xornal dun xornaleiro durante seis anos, e o Señor, o teu Deus, hate bendicir en todo o que fagas.

A consagración dos primoxénitos dos animais domésticos

¹⁹Todo primoxénito macho que naza no teu gando e no teu rabaño, consagraralo ó Señor, o teu Deus. Non traballarás co primoxénito da túa vaca nin rapara-lo primoxénito das túas ovellas. ²⁰Na presencia do Señor, o teu Deus, has comelo ano tras ano, ti e maila túa casa, no santuario que o Señor escolla. ²¹Pero se hai algún defecto nel, coxo ou cego, ou calquera outro defecto malo, non llo ofrecerás en sacrificio ó Señor, o teu Deus. ²²Comerano dentro das portas da túa cidade tanto quen está puro coma quen está impuro, comerano xuntos, o mesmo que se fose unha gacela ou un cervo. ²³Soamente o seu sangue non o comerás, verteralo na terra como se fose auga.

As festas:

a) A Pascua e os Ázimos

16 ¹Garda o mes das Espigas e celebra a Pascua en honor do Señor, o teu Deus, pois no mes das Espigas fixote saír de noite o Señor, o teu Deus, de Exipto. ²De sacrificio de Pascua ofreceraslle ó Señor, o teu Deus, un cordeiro ou un becerro no santuario que escolla o Señor, para que alí habite o seu Nome. ³Non comerás co sacrificio nada con fermento, durante sete días; comerás co sacrificio pan ázimo, pan de aflicción, pois de présa saíches do país de Exipto: para que te lembres do día no que saíches do país de Exipto, tódolos días da túa vida.

⁴Non se verá fermento en tódolos teus confíns durante sete días, e nada da carne que sacrifiques pola tarde do día primeiro pasará a noite ata a mañá seguinte.

⁵Non poderás face-lo sacrificio da Pascua en ningunha das túas cidades, nas que o Se-

---

15, 12 Anque no Código da Santidade se fai a manumisión no ano Xubilar (cf nota a **15,** 1-11), aquí se prescribe que se faga cada sete anos.

Os vv 13-15.18 reflicten a teoloxía do Dt: a axuda e liberalidade co escravo ten de ser unha resposta de fe no poder salvífico e de bendición que Deus manifesta cos membros do seu pobo. Os feitos redentores do Éxodo seguen sendo a base teolóxica da moral do Dt.

15, 14 *Cárgao abundantemente:* lit. "ponlle ó redor do pescozo un colar feito cos productos das túas años".

15, 18 *Duro á túa cobiza:* lit. "duro ós teus ollos" .

15, 19s Esta lei é propia da vida nómada, e foi recollida xa polo Código da Alianza (Ex **22,** 28-29). Agora adáptase á lei do santuario único.

16,1 *Mes das Espigas* (en hebreo "Abib"). Cf nota a Ex **12,** 2.

16, 1-8 *A Pascua* aparece nos documentos máis antigos coma unha festa familiar (Ex **23,** 18; **34,** 25...). No Dt, en troques, é presentada coma unha romaría ó santuario único.

A festa dos Ázimos, que inicialmente tiña un carácter independente e agrario, vén englobada no Dt na festa da Pascua, como unha prolongación da mesma, e fálase dos Ázimos no senso de "pan da aflicción", relacionándoos coa saída de Exipto.

ñor, o teu Deus, che entregue; ⁶soamente no santuario que o Señor, o teu Deus, escolla para que alí habite o seu Nome. Has de ir facer alí o sacrificio da Pascua pola tardiña, cando se poña o sol, no preciso momento en que ti saíches de Exipto. ⁷Cociñara-la víctima e comerala no santuario que o Señor, o teu Deus, escolla. Pola mañá dara-la volta e camiñarás para as túas tendas. ⁸Durante seis días comerás pan ázimo, e no día sétimo terá lugar a reunión de festa en honor do Señor, o teu Deus. Non farás ningún traballo.

b) *A festa das Semanas*
⁹Contarás para ti sete semanas: desde que comeza a fouce a segar no pan, comezarás a contar sete semanas. ¹⁰Entón celebrara-la festa das semanas en honor do Señor, o teu Deus. A proporción da ofrenda voluntaria da túa man que ti darás libremente, será segundo te bendiga o Señor o teu Deus.
¹¹No santuario que o Señor, o teu Deus, escolla para que more alí o seu Nome, fai festa na presencia do Señor, o teu Deus, ti e mailo teu fillo e maila túa filla, o teu servo, e maila túa serva, e o levita que vive dentro das portas da túa cidade, o emigrante, o orfo e maila viúva que están no medio de ti. ¹²Lembra que fuches escravo en Exipto; garda e cumpre todos estes preceptos e ponos en práctica.

c) *A festa das Tendas*
¹³Ó colleitáre-los froitos da eira e mais do lagar, has de celebra-la festa das Tendas durante sete días. ¹⁴Has de te alegrar na túa festa, ti e o teu fillo e maila túa filla, o teu servo e maila túa serva, o levita e mailo emigrante, o orfo e maila viúva que haxa na túa cidade. ¹⁵Sete días has de facer romaría en honor do Señor, o teu Deus, no santuario que o Señor escolla, pois o Señor, o teu Deus, bendiciute nas túas colleitas e nas obras da túa man; por isto, certamente estarás alegre.

d) *Resumo*
¹⁶Tres veces durante o ano tódolos teus homes han de se presentar diante do Señor, o teu Deus, no lugar que El escolla: na festa do pan ázimo, na festa das Semanas e na festa das Tendas, e non se han de presentar sen nada. ¹⁷Cada un presentará a ofrenda da súa man, segundo a bendición que o Señor, o teu Deus, che concedeu.

Leis para os xuíces
¹⁸Poñerás pola túa conta para as túas tribos xuíces e maxistrados en tódalas cidades, que o Señor, o teu Deus, che vai dar, e han de xulga-lo pobo con xuízo xusto. ¹⁹Non violénte-lo xuízo, nin te fixes nas caras dos litigantes, nin collas regalos:
pois o regalo cega os ollos dos sabios, e perverte a causa dos xustos.
²⁰Buscara-la pura xustiza, para que poidas vivir feliz e tomar posesión do país que o Señor, o teu Deus, che vai dar.

Pecados contra o culto e de idolatría
²¹Non plantarás no teu proveito símbolos de Axerah nin ningunha árbore ó lado do altar do Señor, o teu Deus, que ti fagas. ²²Non levantarás estelas, que o Señor, o teu Deus, as aborrece.

17 ¹Non lle ofrecerás en sacrificio ó Señor, o teu Deus, touro ou año que teña algún defecto ou cousa mala, pois isto sería unha abominación para o Señor, o teu Deus.
²Se se atopa no medio de ti nalgunha das cidades que o Señor, o teu Deus, che vai dar, home ou muller que faga o que está mal ós ollos do Señor, o teu Deus, transgredindo a súa Alianza, ³e que vai dar culto a deuses alleos e postrarse diante deles, diante do sol, ou da lúa ou de todo o exército do ceo, cousa que eu non che mando; ⁴se cho denuncian ou se te decatas, investiga con todo o coidado: se se establece a verdade do tal feito,

---

16, 9-12 *A Festa das Semanas* chámase tamén "Festa da Seitura" e "Festa das Primicias". No Dt vese máis concretada que nos antigos calendarios, precisando a data, a ofrenda, e o santuario onde se ha de celebrar. Faise ademais unha historización da festa, xustificando a obrigación de compartir cos pobres na liberación da escravitude de Exipto.
16, 13-15 *A Festa das Tendas* ou Cabanas non é a festa do fin do ano outonal cananeo e civil, senón a festa da colleita de tódolos froitos. Non ten data fixa nos calendarios máis antigos. En troques, a fonte P (Lev **23,** 6ss; Núm **29,** 12ss) dataraa no día dez ou quince do sétimo mes: sinal de que o autor prescinde do calendario civil cananeo e oficial hebreo, para seguir un calendario litúrxico que comeza o mes de Abib. O autor fai fincapé na ledicia desta festa de acción de gracias.
16, 19ss Esta reforma xudicial cos xuíces locais e cun tribunal de apelación formado por sacerdotes (=levitas) tivo realización no reinado de Ioxafat (870-848), influíndo sen dúbida no Dt (cf 2 Cro **19,** 4ss).
17, 3 A expresión "sol, lúa, todo o exército do ceo", soamente aparece no Dt aquí e en **4,** 19. Todo o versículo é, sen dúbida, da época deuteronomística, xa que era en Babilonia onde tiñan lugar eses cultos astrais e foi nesta época cando tiveron influxo no pobo hebreo (cf 2 Re **21,** 3-5; **23,** 4-5; Xer **8,** 2; **19,** 13).

comprobándose que esa abominación se cometeu en Israel, ⁵entón sacarás fóra das portas das túas cidades o home ou muller que tal mal feito cometeron; ó tal home ou á tal muller apedraralos ata que morran. ⁶O que ha morrer será morto pola declaración de dúas ou de tres testemuñas: non será morto pola declaración dunha soa testemuña. ⁷A pedrada das testemuñas será a primeira en darlle morte, e a man de todo o pobo seguirá despois, e deste xeito retirarás do medio de ti este mal.

Tribunal de apelación composto por sacerdotes-levitas

⁸Se che resultan demasiado difíciles algúns asuntos relativos ó xuízo de sangue vertido, de litixios e de feridas —asuntos de disputa legal nas portas das túas cidades—, entón levántate e sube ó santuario que o Señor, o teu Deus, escolla, ⁹e vai xunto ós sacerdotes levitas e xunto ó xuíz que haxa neses días; consúltaos, e que fagan sabe-la sentencia do xuízo. ¹⁰Logo actúa conforme ó fallo que se che comunique desde o santuario que o Señor escolla, e está atento a executalo todo tal como cho ordenen. ¹¹Has de actuar conforme ó texto da resolución que che ordenen e conforme á sentencia que che dicten. Non te apartarás nin á dereita nin á esquerda da decisión xudicial que che fagan coñecer.

¹²O home que actúe con orgullo sen lle querer facer caso ó sacerdote, que está servindo alí ó Señor, o teu Deus, ou ó xuíz, ese tal home ha de morrer. Deste xeito apartara-la maldade de Israel, ¹³pois todo o pobo escoitará isto e collerá medo; e así non se volverá a deixar levar polo orgullo.

O estatuto do rei

¹⁴Cando entres no país que o Señor, o teu Deus, che vai dar, e o collas en posesión e vivas nel, entón has de dicir: Quero pór sobre min un rei coma tódolos pobos que me rodean. ¹⁵Has de pór sobre ti soamente o rei que escolla o Señor, o teu Deus; de entre os teus irmáns has de pór sobre ti un rei, non poderás pór sobre ti un estranxeiro, que non sexa irmán teu. ¹⁶Soamente que non poderá aumenta-lo número dos seus cabalos e non fará volta-lo seu exército a Exipto, para aumenta-lo número de cabalos, pois o Señor tenvos dito: Non volvades de novo por este camiño. ¹⁷Nin tampoco el deberá aumenta-lo número das súas mulleres, para que non se lle extravíe o seu corazón; a prata e o ouro non os deberá aumentar moito.

¹⁸Cando se entronice no trono do seu reino, mandará que lle escriban nun libro unha copia desta Lei, conforme ó orixinal que está no poder dos sacerdotes levitas. ¹⁹Esa copia teraa con el e leraa tódolos días da súa vida, para que aprenda a respecta-lo Señor, seu Deus, gardando tódalas disposicións desta Lei e estes preceptos, póndoos en práctica. ²⁰De xeito que o seu corazón non se ensoberbeza sobre os seus irmáns nin se aparte dos mandamentos nin á dereita nin á esquerda, a fin de alongar no medio de Israel os días do seu reinado: do seu e mais dos seus fillos.

Igualdade de dereitos dos levitas-sacerdotes

18 ¹Os sacerdotes levitas, toda a tribo de Leví, non terán parte nin herdanza con Israel; comerán as ofrendas feitas en honor do Señor, isto é, a parte que é do Señor. ²A tribo de Leví non terá herdanza no medio dos seus irmáns: o Señor será a súa herdanza, tal como llo prometeu.

³Estes serán os dereitos dos sacerdotes sobre aqueles do pobo que inmolan en sacrificio un touro ou un año: daráselle ó sacerdote a pa, as queixadas e o estómago. ⁴Has de lle da-las primicias do teu trigo, do teu mosto e do teu aceite, e mailas primicias da rapa do teu rabaño, ⁵pois escolleuno o Señor, o teu Deus, entre tódalas túas tribos, para es-

---

17, 5 Nas *portas da cidade* era onde estaban os tribunais ós que se refire Dt **16**, 18-20 (cf **21**, 19). As execucións tiñan lugar fóra da cidade, diante das portas.
17, 15 Supón o texto a situación monárquica do Reino do Norte: a elección profético-divina do rei e a constitución ou acollida por parte do pobo.
17, 16 O peso teolóxico das tradicións das tribos do Norte, proxéctase aquí nas limitacións dos seus instrumentos de poder: cabalos, ouro e prata, e ata o número das súas mulleres, polo perigo de que se desvíen as súas intencións, como sucedera no caso de Salomón, de Acab...
17, 18 A monarquía non ten que ser absolutista coma as monarquías cananeas, senón estatutaria e democrática (cf v 20), co estatuto sagrado desta Lei deuteronómica. A distinción entre civil e relixiosa é allea á concepción da antropoloxía bíblica e semítica, coma unha totalidade na que se vinculan os distintos aspectos da experiencia humana.
18, 2 Con todo, os levitas particulares teñen territorio (cf Xos **21**; Xer **32**, 7ss; v 8).
18, 3 Estes dereitos eran a práctica dos santuarios do Norte, mentres que na de Xerusalén eran o peito e a man dereita (cf Lev **7**, 31ss). No santuario de Xiloh (1 Sam **2**, 13-14) era distinto: costumes que quizais eran de orixe preisraelita.

tar servindo tódolos días o Nome do Señor, el e mailos seus fillos.

⁶Se vén un levita dunha das túas cidades, de calquera parte de Israel, onde el habita, e se chega con todo o apetito da súa gorxa ó santuario que o Señor escolla, ⁷pode entrar en servicio ó Nome do Señor, seu Deus, o mesmo ca calquera dos seus irmáns, os levitas que están alí na presencia do Señor. ⁸Comerán a partes iguais, a non ser que sexa un dos levitas que xa vendeu a súa parte ós que a precisan.

Falsas formas de profecía e o verdadeiro profeta

⁹Cando entres no país que o Señor, o teu Deus, che vai dar, non aprenderás a comportarte conforme as abominacións deses pobos. ¹⁰Non se atopará en ti quen faga pasa-lo seu fillo e á súa filla polo lume, quen prediga adiviñacións, quen faga encantamentos, quen lea as sortes nos astros, quen se dea á bruxería, ¹¹encantadores de feitizos, quen faga preguntas ó espírito dos mortos e ó que ten o espírito adiviño dos mortos, quen consulte ós mortos. ¹²Xa que todo aquel que practique estas cousas é unha abominación para o Señor, e por mor destas abominacións o Señor, o teu Deus, vai privar a esas nacións da súa herdanza, soamente coa túa presencia. ¹³Apégate completamente ó Señor, o teu Deus.

¹⁴Aínda que estes pobos, dos que vas tomar posesión, fagan caso dos encantadores e dos adiviños, a ti o Señor, o teu Deus, non che permite obrar deste xeito. ¹⁵A un profeta coma min farao surxir o Señor, o teu Deus, no medio de ti, de entre os teus irmáns. Facédelle caso, ¹⁶tal como llo pediches ó Señor, o teu Deus, no Horeb o día de asemblea, dicindo: Non quero seguir escoitando a voz do Señor, meu Deus, nin ver máis esta grande labarada, para non morrer. ¹⁷E entón o Señor díxome: Fixeron ben en dicir isto. ¹⁸Fareilles surxir un profeta coma ti do medio de seus irmáns e porei as miñas palabras na súa boca e falaralles todo o que eu lle mande, ¹⁹e a aquel que non lles faga caso ás miñas palabras, as que o profeta anuncie no meu Nome, eu pedireille contas. ²⁰Pero o tal profeta, se ten o atrevemento de dicir no meu Nome cousas que eu non lle mandei dicir e fala no nome de deuses alleos, entón morrerá ese profeta.

²¹Certo que podes pensar no teu interior: ¿Como podemos distingui-la palabra que nos dixo o Señor, se o profeta a di no Nome do Señor? ²²Cando esta palabra non aconteza nin se cumpra esa palabra, é que non a dixo o Señor: o profeta falou por soberbia; non lle teñas medo.

As cidades de asilo para os homicidas involuntarios

19 ¹Cando o Señor, o teu Deus, destrúa os pobos dos que o Señor, o teu Deus, che vai da-lo país, e cando tomes posesión deles e vivas nas súas cidades e nas súas casas, ²porás á parte tres cidades no medio do teu país, que o Señor, o teu Deus, che vai dar para que o posúas. ³Establecerás alí autoridades e dividirás en tres o territorio do país que che dea en herdanza o Señor, o teu Deus. Deste xeito haberá onde poida escapar calquera homicida.

⁴Esta é a lei do homicida que ha de escapar alí, e seguirá vivo: se un mata ó seu próximo sen querer pois non o aborrecía anteriormente; ⁵por exemplo: un vai co seu próximo ó bosque para abater árbores e o

---

18, 5-8 Esta lei de igualdade foi sen dúbida unha xusta esixencia de parte dos levitas-sacerdotes, pero non se aplicou nunca, fóra de Xequem: nin nos santuarios do Reino do Norte, onde había un sacerdote de orixe non levítica (cf 1 Re **12**, 29); nin en Xudá, pois Ioxías asignoulles ós levitas no templo de Xerusalén uns traballos de rango inferior ós dos sacerdotes fillos de Sadoc.
A venda da *súa parte,* pódese referir á porción que lle toca polo sacrificio.
18,9-13 A serie de formas de adiviñación e de adquirir coñecementos, que aparecen nestes vv, estiveron en uso na época premonárquica. O Dt prohibe esas prácticas, por seren formas propias dos pagáns (xúntaas cos sacrificios humanos: v 10a).
18, 15ss Estes vv suliñan a figura de Moisés coma profeta, ó mesmo tempo que anuncian a chegada dun profeta que será semellante a el. Este profeta, para o escritor, é, sen dúbida, o mesmo autor do Dt, xa que é portavoz e intérprete da lei do Señor, coma Moisés. Para os autores do Novo Testamento ese profeta é Xesús (Mt **5,** 1-19 . 27-29; Feit **3,** 22; **7,** 37).
18, 21-22 Os dous criterios fundamentais de credibilidade profética —o cumprimento da súa palabra e a humildade—, son indicativos, pero non son únicos (cf Xer **28**, 8-9).
19, 1-13 Estes vv son un comentario á lei da vinganza privada do sangue vertido de Ex **21,** 13-14; é un paralelo a Núm **35,** 9-34. Este costume das cidades de asilo existiu desde os comezos, o mesmo que nas tribos árabes. En Ex **21,** 14 falábase dos cornos do altar (esquinas acabadas na forma dun pequeno corno). Dt centraliza o culto, desaparecen os santuarios das cidades de asilo e por iso hai que pór autoridades nelas.
19, 3 *Establecerás alí autoridades.* Outros traducen "terás franco o camiño que vai a elas". Pero "dérek", que normalmente significa "camiño", ten aquí o senso de "poder", "autoridade".

seu brazo enrédaselle coa machada no momento de corta-la árbore e o ferro salta do mango e dá contra o seu próximo e este morre, aquel debe fuxir a unha destas cidades, e poderá seguir vivo; ⁶non sexa que o vingador do sangue vertido persiga ó homicida porque arde o seu corazón e que o alcance por se-lo camiño moi longo, e que o mate, pero o homicida non incorre en pena de morte, xa que non lle tiña odio ó seu próximo anteriormente. ⁷Por isto é polo que eu che mando que poñas á parte tres cidades.

⁸Se o Señor, o teu Deus, ensancha as túas fronteiras, tal como llelo xurou a teus pais e che dá toda a terra que lles prometeu dar a teus pais ⁹—xa que ti estás atento a pór en práctica todos estes mandamentos que eu che mando hoxe, para amar ó Señor, teu Deus, e camiñar polos seus vieiros tódolos días—, entón engadirás aínda tres cidades ás outras tres. ¹⁰Así non se verterá sangue inocente no medio do país que o Señor, o teu Deus, che vai dar en herdanza, e ese sangue non recaerá sobre ti.

¹¹Se un lle ten odio ó seu próximo e se pon a axexalo, levántase contra el, golpéao de morte e este próximo morre, aquel escapará a unha desas cidades. ¹²Pero os anciáns da súa cidade, mandarán xente que o saquen de alá e o entreguen no poder do vingador do sangue vertido, para que morra. ¹³Os teus ollos non terán compaixón del, senón que retirarás de Israel o sangue inocente vertido e serás feliz.

Respecta-los marcos que puxeron os devanceiros

¹⁴Non retirarás para atrás os marcos do teu próximo que puxeron os devanceiros na túa herdanza, a que ti vas herdar no país que o Señor, o teu Deus, che vai dar en posesión.

As testemuñas do xuízo e a lei do talión

¹⁵Unha testemuña non se presentará soa contra un home por calquera crime, por calquera pecado e por calquera falta que cometa; o dictame xudicial establecerase pola declaración de dúas testemuñas ou pola declaración de tres. ¹⁶Se se presenta unha testemuña falsa contra un home, acusándoo de apostasía, ¹⁷os dous homes que teñen a disputa comparecerán na presencia do Señor, na presencia dos sacerdotes e dos xuíces que haxa nos días aqueles, ¹⁸e os xuíces han de investigar seriamente. Se a testemuña resulta ser testemuña falsa, ten deposto falsidade contra o seu irmán; ¹⁹entón farédeslle o mesmo que pensaba el facerlle ó seu irmán. Deste xeito apartara-la maldade do medio de ti. ²⁰O resto da xente escoitará isto, e collerá medo e non seguirán a facer outra vez maldade coma esta no medio de ti. ²¹Si, que o teu ollo non teña compaixón: vida por vida, ollo por ollo, dente por dente, man por man, pé por pé.

A guerra santa

20 ¹Cando saias para a guerra contra os teus inimigos e vexas cabalos, carros e exército máis numeroso ca ti, non lles teñas medo, pois está contigo o Señor, o teu Deus, o que te fixo subir do país de Exipto. ²E cando esteades cerca do momento da batalla, aproximarase o sacerdote para lle falar ó exército, ³e diralle: Escoita, Israel: vós hoxe estades próximos á batalla contra os vosos inimigos; que a vosa coraxuda decisión non se debilite, non teñades medo nin vos alarmedes nin vos empavoricedes coa súa presencia, ⁴xa que o Señor, o voso Deus, avanza convosco para face-la guerra ó voso favor contra os vosos inimigos, co fin de dárvo-la victoria.

⁵Os comisarios falaranlle logo ó exército nestes termos: ¿Quen é o home que ten construída unha casa nova e aínda non a consagrou coa inauguración? Que vaia e se volva á súa casa, non sexa que morra no combate e outro home a consagre coa inauguración. ⁶¿Quen é o home que ten plantada unha viña e non se aproveitou dela? Que vaia e que se volva á súa casa, non sexa que morra no combate e outro home se aproveite dela. ⁷¿Quen é o home que se prometeu a unha muller e non casou con ela? Que vaia e se volva á súa casa, non sexa que morra

---

19, 21 Aquí a lei do talión (Ex **21,** 23-25) ten un contexto moi concreto e unha especial xustificación (cf a súa supresión pola caridade cristiá en Mt **5,** 38ss).

20, 2 Na guerra santa o sacerdote proclamaba os oráculos divinos, e realizaba os ritos pertinentes, para asegura-la presencia salvadora de Deus na loita.

20, 6ss O reconto das tropas populares esixía unha selección: quedaban excluídos os obrigados ó cumprimento dos deberes relixiosos urxentes: a consagración da casa nova; a recolleita dos froitos da viña nova ó quinto ano (os catro primeiros anos, non se podía: Lev **19,** 23); e a vida conxugal, durante un ano (**24,** 5). Tamén se exclúen os que lles teñen medo ós inimigos, xa que a guerra santa é unha vivencia forte de fe, e a fe ten que excluír toda dúbida e medo.

na batalla e outro home case con ela. ⁸E continuarán os comisarios falándolle ó exército e diranlle: ¿Quen é o home que ten medo e que se lle debilita a súa coraxuda decisión? Que vaia e se volva á súa casa, e non faga esmorece-la coraxuda decisión de seus irmáns o mesmo cá súa decisión. ⁹E cando acaben os comisarios de lle falar ó exército, establecerán xefes de exército á fronte da tropa.

A conquista das cidades na guerra santa

¹⁰Cando te aproximes a unha cidade para face-la guerra contra ela, bérralle: ¡Paz!, ¹¹e se ela responde: ¡Paz! e abre as portas, entón todo o pobo que se atopa dentro dela servirache para traballos forzados e serán escravos teus. ¹²Pero se non se fai a paz contigo e presenta combate, entón sitiarala, ¹³pois o Señor, o teu Deus, entregaracha no teu poder, e ti matarás a tódolos seus homes ó fío da espada. ¹⁴Soamente has de saquear para ti as mulleres, os meniños, os animais e todo o que haxa na cidade, todo o seu botín, e comera-lo botín dos inimigos que che entregue o Señor, o teu Deus. ¹⁵O mesmo lles has de facer a tódalas cidades que están moi lonxe de ti, porque non son as cidades destes pobos de aquí. ¹⁶As cidades daqueles pobos que o Señor, o teu Deus, che dea en herdanza, son as únicas nas que non deixarás con vida a ningún ser vivente: ¹⁷consagrarás á destrucción sagrada os hititas, os amorreos, os cananeos, os perizitas, os hivitas e os iebuseos, tal como cho mandou o Señor, o teu Deus, ¹⁸para que non vos ensinen a obrar segundo tódalas abominacións que practican en honra dos seus deuses, e deste xeito non pequedes contra o Señor, o voso Deus.

¹⁹Cando lle poñas sitio a unha cidade durante moitos días, facendo a guerra contra ela, co fin de a conquistares, non destrúa-las súas árbores a golpes de machada, pois poderás precisar comer delas; por isto non as cortes, ¿son acaso homes as árbores do campo para que sexan sometidas na túa presencia ó asedio? ²⁰Soamente poderás destruír e corta-la árbore que saibas que non dá froito comestible, e faralo para poder construír obra de asedio contra a cidade que está facendo a guerra contigo, ata que caia esa cidade.

Ritual de expiación do sangue vertido por un descoñecido

21 ¹Se aparecese un home apuñalado na terra que o Señor, o teu Deus, che vai dar en posesión —un que caeu morto no descampado e non se sabe quen o matou—, ²sairán os teus anciáns e os teus xuíces, e medirán a distancia que hai ás cidades que haxa preto do apuñalado. ³Verán cal é a cidade máis próxima ó apuñalado e os anciáns desa cidade collerán unha xuvenca coa que non se traballou nin se puxo ó xugo; ⁴logo os anciáns desa cidade farán baixa-la xuvenca ata un río de auga perenne, onde non se cultive nin se semente, e descrocarán alí a xuvenca no río. ⁵Os sacerdotes, fillos de Leví, aproximaranse, pois escolleunos o Señor, o teu Deus, para servilo, para bendicir no Nome do Señor e para que calquera litixio e calquera caso de morte se resolva coa súa declaración; ⁶e os anciáns desa cidade, os que están cerca do apuñalado, lavarán as súas mans sobre a xuvenca descrocada no río, ⁷e declararán deste xeito: As nosas mans non verteron este sangue, os nosos ollos non viron nada. ⁸Perdoa ó teu pobo Israel, a quen ti redimiches, Señor, e non deixes que o sangue inocente siga estando no medio do teu pobo Israel. Deste xeito, o sangue vertido quedaralles expiado. ⁹Ti aparta do medio de ti o sangue inocente vertido; si, fai o que é recto ós ollos do Señor.

O matrimonio cunha cativa de guerra

¹⁰Cando saias á guerra contra o teu inimigo e o Señor, o teu Deus, cho entregue no

---

20, 10-15 Distínguese a guerra santa de expansión territorial, onde non hai o exterminio sagrado de toda a poboación, da guerra santa contra os pobos cananeos (15bss), pois o Señor entregou o seu territorio ós israelitas: e os outros teñen que ser exterminados polo perigo de idolatría.

20, 19ss O autor non permite a guerra total que practicaban os asirios e que os mesmos israelitas practican (2 Re 3, 19-25), cortando árbores, cegando pozos, etc. Supón un respecto á vida e unha valoración da natureza, propia dun pobo sedentario.

21, 1-9 Este ritual é arcaico, posiblemente de orixe cananea, sendo o factor de iaveización a presencia dos sacerdotes no ritual: o sentido do ritual parece ser este: a morte por descrocamento da xuvenca é sustitutoria do asasino descoñecido, e a auga do regueiro é o elemento purificador da responsabilidade do sangue que cae sobre a vila máis próxima, a cal ten de proclamar ritualmente a súa inocencia, ó mesmo tempo pide a Iavé perdón. O v 9 é de redacción do Dt.

21, 10-14 O cambio de vestidos e o rapado do cabelo é expresión do cambio de condición e de vida. Por isto se lle pode permitir o dó polos seus pais durante un mes, pois é unha muller libre, xa que a súa condición social é a condición do seu marido. Tampouco pode ser vendida no caso de repudio, por ser unha muller libre.

teu poder e o leves cativo, ¹¹se ves entre os presos unha muller de fermosa figura e atopas compracencia nela e a queres coller como muller, ¹²entón farala entrar dentro da túa casa; ela rapará a súa cabeza e axeitará as súas uñas, ¹³quitará o vestido da súa escravitude e vivirá na túa casa; logo fará dó por seu pai e por súa nai durante os días dunha lunación; e despois disto uniraste a ela, casarás con ela e será a túa muller. ¹⁴Pero se despois resulta que non atopas compracencia nela, déixaa marchar á súa vontade, pero vender non a vendas por diñeiro. Non a maltrates, despois que a posuíches.

O dereito de primoxenitura

¹⁵Se un home ten dúas mulleres, unha benquerida e outra desdeñada, e a benquerida e maila desdeñada lle dan fillos, pero o fillo primoxénito é da desdeñada, ¹⁶o día que reparta toda a súa herdanza, todo o que ten, entre os seus fillos, non poderá constituír primoxénito ó fillo da benquerida contra o dereito do fillo da desdeñada, que é o primoxénito; ¹⁷senón que ha de recoñecer como primoxénito ó fillo da desdeñada dándolle parte dobre en todo o que lle pertenza, pois el é a primicia do poder xerador do pai: a el perténcelle o dereito de primoxenitura.

Pena de morte para o fillo rebelde

¹⁸Se un home tivese un fillo rebelde e bebedor que nin fai caso de seu pai nin de súa nai, pois aínda que o corrixan non lles fai caso, ¹⁹collerano o seu pai e a súa nai e sacarano fóra perante os anciáns da súa cidade, ás portas do seu lugar. ²⁰Diranlles ós anciáns da súa cidade: Este fillo noso é un rebelde e un borracho, non nos fai caso, é un comellón e un borracho. ²¹Logo apedrarano a cantazos tódolos homes da súa cidade e morrerá. Deste xeito apartara-lo mal do medio de ti, e todo Israel escoitarao e collerá medo.

O cadáver colgado dunha árbore

²²Se un home tivese un pecado castigado coa pena de morte e hai que lle dar morte, colgaralo dunha árbore. ²³O seu cadáver non pasará a noite colgado na árbore, senón que o has de enterrar no mesmo día, pois o colgado é unha maldición de Deus, e non debes volver impura a terra que o Señor, o teu Deus, che vai dar en herdanza.

Respecto ós bens do próximo

22 ¹Has de mirar polo boi de teu irmán ou polo seu carneiro extraviados; aínda que ti te queiras ocultar por causa deles, has de llos devolver sen demora a teu irmán. ²Se teu irmán non está cerca de ti ou ti non o coñeces, recollera-lo animal dentro da túa casa, e estará contigo ata que teu irmán o busque, e entón devoverasllo a el. ³E o mesmo farás co seu burro, co seu vestido e con calquera obxecto perdido de teu irmán; se se lle perde e ti o atopas, non poderás desentenderte.

⁴Si, has de ollar polo burro de teu irmán ou polo seu boi caídos no camiño, aínda que queiras desentenderte deles, has de axudar a teu irmán a levantalos.

O travestimento

⁵A muller non porá sobre si cousas de home, e o home non vestirá vestido de muller, pois todo aquel que fai estas cousas é abominación para o Señor, o teu Deus.

Outras leis

⁶Se atopas un niño de paxaros diante de ti no camiño, en calquera árbore ou no chan, con paxariños ou con ovos, e a nai está acochada sobre os paxariños ou sobre os ovos, non collera-la nai que está sobre os seus fillos. ⁷Deixarás escapa-la nai e collerás para ti

---

21, 14 *Posuíches:* Outros traducen "humillaches", pero así non ten sentido (Ex **21,** 10; Os **10,** 11).
21, 15 *Benquerida... desdeñada:* lit. "amada" e "odiada", que non indican tanto sentimentos, canto preocupación ou despreocupación.
21,17 Os códigos orientais —o sumerio, o de Hammurabi e o asirio— admiten a igualdade de dereitos de tódolos fillos, aínda que sexan de escravas, se son recoñecidos (Hammurabi): esta lei está na mesma liña. O primoxénito considérase en Oriente como algo sagrado, xa que era a primicia dos dons de Deus (cf Ex **13,** 11-16) e a primicia do poder xerador dos pais.
21, 18 *Bebedor:* Outros, "desobediente, rebelde".
21, 19 *Ás portas da cidade:* cf nota a **17,** 5.

21, 22 Este costume tiña por fin dar un escarmento ou deshonrar especialmente, e usábase en Israel (Xos **8,** 29; **10,** 26; 2 Sam **4,** 12), entre os filisteos (1 Sam **31,** 10) e especialmente nas guerras dos asirios. A moderación deste costume ten base relixiosa: o cadáver é algo impuro, que profana a terra e atrae a maldición de Deus (cf o midrax paulino de Gál **3,** 13 sobre a crucifixión de Xesús).
22, 5 A razón desta prohibición deben se-las prácticas idolátricas da prostitución sagrada, onde se usaba o travestimento: hai datos moi posteriores da súa existencia en Siria.
22, 6-7 A razón desta lei pode ser hixiénica, coma noutras culturas: a ave choca non se pode comer.

os seus fillos, para que sexas feliz e alóngue-los teus días.

⁸Se constrúes unha casa nova, farás unha varanda na azotea, dese xeito non cargarás co sangue vertido na túa casa, se morre o que caia dela.

⁹Non has de sementar na túa viña dúas cousas; se non, quedará consagrado todo o froito: a semente que sementes e o producto da viña.

¹⁰Non ares con boi e con burro aparellados.

¹¹Non te has de vestir con roupa de picote, la e liño xuntos.

¹²Has de pór borlas nas catro puntas do manto co que te tapas.

Delitos contra o matrimonio

a) *As probas da virxinidade*

¹³Se un home casa cunha muller e, despois de se unir a ela, non a quere ¹⁴e lle atribúe cousas vexatorias, facendo que se estenda contra ela mala sona dicindo: Casei con esta muller, e cando me acheguei a ela, non atopei nela a virxinidade, ¹⁵entón o pai da rapaza e súa nai han de colle-las probas da virxinidade da rapaza e levaranas perante os anciáns da cidade, ás portas da cidade, ¹⁶e o pai da rapaza diralles ós anciáns: Deille miña filla a este home como muller, pero el ódiaa, ¹⁷e velaí que lle atribúe cousas vexatorias, dicindo: Non atopei na túa filla a virxinidade; pero estas son as probas da virxinidade da miña filla, e estenderá o pano diante dos anciáns da cidade. ¹⁸Os anciáns da tal vila arrastrarán ó marido para castigalo, ¹⁹imporanlle unha multa de cen siclos de prata, e daranllos ó pai da rapaza, xa que aquel estendeu mala sona sobre unha virxe de Israel. Ela será a súa muller, sen que el a poida despedir en tódolos días da súa vida.

²⁰Pero se o asunto este fose verdade e non se atopasen probas de virxinidade en favor da rapaza, ²¹farán saí-la rapaza á porta da casa de seu pai e os homes da cidade apredrarana a cantazos, e morrerá, pois cometeu unha infamia en Israel, entregándose á prostitución na familia de seu pai. Deste xeito apartara-la maldade do medio de ti.

b) *Adulterio de casados*

²²Se se atopa un home deitado cunha muller casada con outro, morrerán eles os dous: o home que se deita coa muller casada e maila tal muller. Deste xeito apartarás de Israel a maldade.

c) *Violación dunha prometida*

²³Se hai unha rapaza virxe prometida en matrimonio a un home, e outro home a atopa na cidade e se deita con ela, ²⁴entón sacaréde-los ós dous ás portas da tal cidade e apedrarédelos a cantazos, e morrerán: a rapaza polo feito de non pedir auxilio na cidade, e o home polo feito de se aproveitar da muller do seu próximo. Deste xeito apartarás do medio de ti a maldade. ²⁵Pero se o home atopase no campo a rapaza prometida en matrimonio e lle fixese violencia para deitarse con ela, entón morrerá só o home que se deitou con ela, ²⁶pero á rapaza non lle farás nada; non é responsable a rapaza de pecado que mereza a morte, porque este caso é o mesmo que se un home se ergue contra o seu próximo e lle quita a vida, ²⁷pois foi no campo onde a atopou; a rapaza prometida pediu auxilio, pero non houbo quen a axudase.

d) *Violación dunha virxe non prometida*

²⁸Se un home atopa unha rapaza virxe que aínda non se prometeu, e se apodera dela e dorme con ela, pero son sorprendidos, ²⁹entón o home que se deitou con ela daralle ó pai da rapaza cincuenta siclos de prata, e ela será muller del despois que a posuíu. Non poderá este despedila en tódolos seus días.

e) *Incesto*

23 ¹Un home non pode casar cunha muller do pai, nin poderá retira-la punta do manto de seu pai.

22, 8 Casos similares de culpabilidades por imprudencia no código de Hammurabi; os modernos códigos penais seguen esta tradición semítica.
22, 9 Sobre o froito da viña, cf nota a **20**, 6ss.
22, 11 Estas mesturas de cousas estrañas estaban prohibidas por razóns máxicas, que non coñecemos ó detalle.
22, 12 *As borlas nas catro puntas* foi un costume diferenciador externo: os cananeos usábanos con fitas por toda a beira. O código sacerdotal deulles a estes costumes significados simbólicos artificiais (cf Núm **15**, 37-41).
22, 15 *As probas de virxinidade* eran as roupas da primeira noite de vodas manchadas de sangue, que os pais conservaban con coidado e eran admitidas como proba xurídica (cf Ex **20**, 26).
22, 19 Os *100 siclos* (unidades de peso-ouro) eran o dobre da indemnización pola violación dunha virxe non prometida (v 29). O castigo non é o mesmo que se propón en Dt **19**, 15-21. Quizais o caso considérase distinto na estimación xurídica dos intereses da muller.
22, 22 Nótese que a pena é igual para os dous.
23, 1 *Retira-la punta do manto* é o contrario de "estende-la punta do manto" que significa *casar*, no sentido de protexer, acoller baixo a protección de: cf Rut **3**, 9; Ez **16**, 8): por isto retira-la punta do manto é ofende-los dereitos matrimoniais.

Persoas excluídas da asemblea cúltica

²O castrado por esmagamento e o que ten o pene cortado non entrarán na asemblea do Señor.

³O bastardo non entrará na asemblea do Señor; aínda que sexa a súa décima xeración, non entrará na asemblea do Señor.

⁴O amonita e mailo moabita non entrarán na asemblea do Señor; aínda que sexa a décima xeración, non entrará na asemblea do Señor endexamais, ⁵polo feito de que non vos saíron ó encontro con pan e auga ó voso camiño, cando saístes de Exipto, e polo feito de que alugaron contra vós a Balaam, fillo de Beor, natural de Petor en Mesopotamia, para maldicirte. ⁶Pero o Señor, o teu Deus, non quixo facerlle caso a Balaam, e o Señor, o teu Deus, cambiou no teu favor a maldición en bendición, pois queríate o Señor, o teu Deus. ⁷Non procure-la súa fartura nin a súa prosperidade durante tódolos teus días, xamais.

⁸Non consideres abominable o edomita, pois é teu irmán. Non consideres abominable o exipcio, pois ti fuches emigrante no seu país. ⁹Os fillos que lles nazan, na terceira xeración, entrarán na asemblea do Señor.

Pureza do campamento militar

¹⁰Cando saias de acampada na loita contra os teus inimigos, gárdate ben de calquera cousa mala. ¹¹Se algún home dos teus non está puro por mor dalgún incidente nocturno, que saia do campamento: non poderá entrar no campamento. ¹²Á caída da tarde lavarase con auga e ó porse o sol, poderá entrar no campamento. ¹³Mexarás fóra do campamento, e forá sairás tamén a defecar. ¹⁴Co teu equipamento terás unha estaca, e cando vaias anicarte para defecar, cavarás con ela, anicaraste e logo tapara-lo teu excremento, ¹⁵pois o Señor, o teu Deus, anda camiñando polo medio do teu campamento, para salvarte e para entregarche á túa disposición os teus inimigos. Por isto o teu campamento estará consagrado, de xeito que o Señor non vexa en ti cousa de que avergoñarse, e non deixe de seguir estando detrás de ti.

O servo fuxitivo

¹⁶Non entregues ó seu amo o servo que escapou de par del para onda ti; ¹⁷contigo vivirá no medio de ti, no lugar que escolla nunha das túas cidades, onde estea feliz. Non o oprimirás.

A prostitución sagrada

¹⁸Non haberá prostituta sagrada entre as fillas de Israel nin prostituto sagrado entre os fillos de Israel.

¹⁹Non entrará na casa do Señor, o teu Deus, salario de prostituta sacra, nin paga de prostituto sacro, para cumprir calquera promesa, pois tanto o un coma a outra son abominación para o Señor, o teu Deus.

Préstamo con interese

²⁰Non lle prestes con interese a teu irmán: nin empréstito de cartos, nin de comida, nin de calquera cousa que se poida emprestar. ²¹Ó estranxeiro prestaraslle con intereses; a teu irmán non lle podes emprestar con intereses, para que o Señor, o teu Deus, te bendiga en tódalas túas empresas, no país onde vas entrar a tomar posesión del.

O cumprimento dos votos

²²Cando fagas un voto ó Señor, o teu Deus, non demores en cumprilo, porque o Señor, o teu Deus, reclamaracho a ti e será un pecado para ti. ²³Pero se deixas de facer votos, non será pecado para ti.

²⁴Vixía o que sae dos teus labios, para o poñeres en práctica tal como llo prometiches ó Señor, o teu Deus, en ofrenda espontánea, que pronunciaches coa túa boca.

A comida do descoñecido que pasa

²⁵Cando entres na viña do teu próximo, come uvas. ¡Si, farta a túa gorxa! Pero non

---

23, 3 O término "bastardo" (heb. "mamzer") aplícase ós fillos de nai xentil. Is **56**, 3-7 oponse á exclusión do bastardo da asemblea de Israel.
23, 5 Cf Núm **22-24**.
23, 7 Cf Os **2**, 2.
23, 8 Os feitos da antiga historia condicionan a postura xurídico-relixiosa de Israel ante os pagáns.
23, 10-15 Este texto forma parte do ritual da guerra santa: o motivo de todas estas normas é a presencia de Iavé no campamento.
23, 11 Refírese á polución nocturna, que se considera ma‐ culante, por mor do sentido sacral que tiña a transmisión da vida entre os semitas.
23, 19 *Prostituto sacro* (lit. "can fiel a Baal"). Non ten por que ter sentido negativo, senón que puido expresar orixinalmente a fidelidade. O xudaísmo usou este termo para despreza-los pagáns (cf Mt **15**, 26-27). En Fil úsase para calificar a certos inimigos da Igrexa; e en Ap **22**, 15 o contexto é moi semellante ó de Dt **23**, 19.
23, 25ss O texto codifica antigos costumes da hospitalidade oriental dentro de marxes razoables que se manteñen ata hoxe.

poñas nada na túa cesta. ²⁶Cando entres nos eidos do teu próximo, podes arrincar espigas coa túa man, pero a fouce non a movas no pan do teu próximo.

Prohibición de volver a casar coa mesma muller que se repudiou

24 ¹Se un home colle muller e casa con ela, pero logo, se ela non atopa amor ós seus ollos, xa que el encontrou nela cousas que o fan avergoñarse, entón escribiralle o documento de repudio e entregarallo na man botándoa da casa. ²Entón se ela sae da casa del e vai e volve ser muller doutro home; ³se estoutro home non a quere e lle escribe o documento de repudio entregándollo na man e despedíndoa da casa, ou se morre estoutro home que casou coa muller, ⁴o primeiro marido, o que a despediu, non poderá volver collela para que sexa a súa muller, despois que ela se volveu impura. Si, isto sería unha abominación na presencia do Señor, e non podes empecata-lo país que o Señor, o teu Deus, che vai dar en herdanza.

Leis de protección social

⁵Se un home hai pouco que casou coa muller, non sairá co exército, nin se irá á casa del por calquera cousa; estará libre durante un ano na súa casa e gozará coa muller coa que casou.

⁶Non se collerán como fianza as dúas pedras do muíño, e nin sequera a moa, pois colleríase en fianza unha vida.

⁷Se acontece que un home secuestra a outro de seus irmáns entre os fillos de Israel, e o vende despois de maltratalo, o secuestrador ha de morrer. Deste xeito retirara-la maldade do medio de ti.

⁸Precavédevos das chagas da lepra, poñendo moita atención e cumprindo todo o que vos ensinen os sacerdotes levitas. Estade atentos a facer tal como eu llelo mandei.

⁹Lembrádevos do que o Señor, o teu Deus, lle fixo a María polo camiño, cando saístes de Exipto.

¹⁰Cando lle emprestes ó teu próximo calquera cousa, non entres na súa casa a collerlle fianza: ¹¹has de esperalo fóra, e que o home a quen ti lle emprestaches, che saque a fianza fóra. ¹²Se fose un pobre, non te deites na súa fianza: ¹³has de lle devolve-la fianza ó porse o sol, e deste xeito deitarase cuberto co seu manto e bendicirate, e ti terás na presencia do Señor, o teu Deus, unha obra xusta.

¹⁴Non explotara-lo xornaleiro, oprimido e pobre, sexa un dos teus irmáns ou un dos emigrantes que hai no teu país, nas portas das túas cidades. ¹⁵No seu día entregaraslle o seu xornal, de xeito que non se poña o sol sobre ese xornal, pois el é un oprimido e está anceiando o seu xornal; non sexa que chame ó Señor contra ti e o feito che sexa pecado.

¹⁶Non se condenará á morte os pais por culpa dos fillos, nin se condenará á morte os fillos por culpa dos pais: condenarase á morte a cada un polo seu pecado.

Leis en favor dos pobres

¹⁷Non estorbara-lo xusto xuízo do emigrante nin do orfo, nin collas en fianza o vestido dunha viúva. ¹⁸Lémbrate de que fuches servo en Exipto e de que o Señor, o teu Deus, te rescatou de alí. Por isto eu che mando que poñas en obra esta lei.

¹⁹Se séga-la túa anada no teu campo e esqueces un monllo, non déa-la volta para collelo: será para o emigrante, para o orfo e para a viúva, a fin de que o Señor, o teu Deus, te bendiga en tódalas obras da túa man.

²⁰Se varéa-la túa oliveira, non varees de segundas as ramas verdes: o que quede será para o emigrante, para o orfo e para a viúva.

24, 4 É o que contén a lei: a muller repudiada é impura para o primeiro marido; os calificativos que se lle dan a esa impureza aparecen en Lev **18**, 20 e Núm **5**, 13-19 referidos ó adulterio. Este era un costume xeral, pois Xer **3**, 1 alude a el sen explicalo nada. Quizais fose un costume cananeo que o Alcorán tamén conservou (II: 230).

24, 5 Cf **20**, 7 e a nota.

24, 7 O castigo do secuestro e venda de cidadáns debía ser moi frecuente, xa que o tratou o código de Hammurabi e o hitita.

24, 8-9 Da fraseoloxía propia do Dt: exhortación á obediencia ós fillos dos levitas, alusións á historia do Éxodo con aplicacións parenéticas.

24, 6 e 10ss Non se poden coller como fianza cousas que poñen en perigo a vida do acredor, tales como as pedras do muíño da casa (o pan preparábase cada día) e o manto co que se tapa de noite para durmir; o mesmo se dirá do xornal (cf Lev **19**, 13 e Sant **5**, 4). O pecado está no feito inxusto e na maldición que se pide a Deus (v 15).

24,15 *Anceiando*: lit. "levantando o seu 'néfex'" (anceio, garganta...).

24, 16 A formulación desta importante lei non é do autor do Dt senón anterior; supón un forte progreso fronte ó sentido de corresponsabilidade familiar, e a consideración do fillo como propiedade do pai. Xer **30**, 29-30; Ez **14**, 12-20; **18**, 10-20; **24**, 17 van insistir neste mesmo sentido a propósito do exilio.

²¹Se vendíma-la túa viña, non rebusques de segundas: o rebusco será para o emigrante, para o orfo e mais para a viúva. ²²Así lembraraste de que fuches servo no país de Exipto. Por isto eu che mando que poñas en obra esta lei.

25 ¹Cando haxa un preito entre dous homes, hanse de chegar ó tribunal dos xuíces que os han de xulgar, e declararán xusto ó inocente, condenarán ó culpable. ²Se o xuíz decreta castigar con golpes ó culpable, farao azoutar na súa presencia en número proporcional á culpabilidade. ³Poderá castigalo con corenta azoutes, nada máis, non sexa que o continúen azoutando por enriba deste número, e a ferida sexa excesiva e teu irmán quede humillado na túa presencia.

⁴Non lle porás bozo ó boi cando trille.

A lei do levirato

⁵Se dous irmáns viven xuntos, e morre un deles sen fillos, a muller do defunto non será para un home alleo, non sairá para fóra da familia; o seu cuñado irá xunto dela e colleraa coma muller súa, e cumprirá con ela o seu deber de cuñado. ⁶O primoxénito que ela dea a luz, constituirao el á fronte da familia de seu irmán defunto; deste xeito a familia deste non desaparecerá de Israel.

⁷Pero se ó home non lle gusta casar coa cuñada, a cuñada subirá ás portas da cidade a onda os anciáns, e declarará: O meu cuñado rexeita a seu irmán, a súa familia en Israel, non quere cumprir no meu favor os seus deberes de cuñado. ⁸Os anciáns da cidade citarano e diranlle; el comparecerá, e, se lles di: non quero collela, ⁹entón a súa cuñada acercarase a el en presencia dos anciáns e desataralle a sandalia do seu pé, cuspiralle na cara, e logo tomará ela a palabra e dirá: Así se lle fai ó home que non quere construí-la casa de seu irmán. ¹⁰A súa familia chamarase en Israel: a casa do da sandalia desatada.

Golpe prohibido nas liortas

¹¹Se dous homes pelexan, un e mailo seu irmán, e a muller dun deles se arrima para librar ó seu marido da man de quen lle está batendo, se ela mete a súa man e agarra forte ó outro polas súas vergoñas, ¹²entón cortaraslle a ela a man; os teus ollos non terán compaixón.

Legalidade no comercio

¹³Non terás no teu saco dúas pesas de pedra distintas: unha máis grande e outra máis pequena. ¹⁴Non terás na túa casa dous ferrados distintos: un grande e outro pequeno. ¹⁵Has de ter pesas de bo peso e trato xusto; has de ter ferrado de boa medida e trato xusto, para que se multipliquen os teus días sobre a terra que o Señor, o teu Deus, che vai dar. ¹⁶Pois todo aquel que fai estas cousas, todo o que comete inxustiza, é unha abominación para o Señor, o teu Deus.

Contra os amalequitas

¹⁷Lémbrate do que che fixo Amaleq no camiño, cando saístes de Exipto: ¹⁸de como che saíu ó encontro polo camiño e de como te atacou por detrás, a ti e a tódolos que viñan cansos detrás de ti, pois ti estabas fatigado e esmorecendo; non lle tivo ningún respecto a Deus. ¹⁹Por iso, cando o Señor, o teu Deus, che permita descansar de tódolos inimigos que hai ó teu arredor, na terra que o Señor, o teu Deus, che vai dar en herdanza, para que tomes posesión dela, has de borra-la lembranza de Amaleq de debaixo do ceo. ¡Non te esquezas!

25, 4 Preocupación polos animais (cf **22,** 4.6.10). Este v está na base dun midrax sobre o salario do predicador do Evanxeo en 1 Cor **9,** 9 e 1 Tim **5,** 18. Ela é a que destaca, a que libra do dereito ó seu cuñado; pero ó mesmo tempo queda co dereito de elixi-lo levir.
O mesmo sentido que en Dt e Rut pode te-la frase do Bautista en Mc **1,** 7 e paral. de Xn **1,** 27.
25, 5-6 Estes vv conteñen a formulación do levirato, lei moi antiga, recollida xa en Xén **38,** 8-10 (cf nota a Rut **1,** 11).
25, 7-10 Neste caso trátase do ritual do home ó que non lle gusta a cuñada: non está obrigado a cumprir co seu deber, pois sería meterse a lei en tema moi persoal e íntimo. Pero o ritual legal fai que a viúva lle desate a *sandalia* (= busque a súa liberdade de escoller *levir*); cóspelle na cara, humillándoo e denigrando a súa familia ou casa. A viúva non pode quedar privada do dereito a funda-la súa familia, nin dos bens do seu marido xurídico (o primeiro).
25, 12 Trátase da única lei do A. T. onde se prescribe a mutilación, frecuente nos códigos de Hammurabi e Asirio; a razón da mutilación é a concepción sacral que rodeaba os órganos masculinos da xeración, coma fonte de vida.
25, 14-15 *Ferrado* quere traduci-la medida do *"efah"* (= uns 40 litros de capacidade de cereais). Non soamente esixe a lei pesas e medidas xustas, senón trato xusto, honrado. Este tema fora central nos profetas do s. VIII (Am, Os, Is e Miq).
25, 17ss Cf Ex **17,** 8-16; Núm **24,** 20; 1 Sam **15,** 2-3.

26 ¹Cando entres no país que o Señor, o teu Deus, che vai dar en herdanza e tomes posesión del e vivas xa alí, ²has de coller parte das primicias de tódolos froitos do campo que colleitares da terra que o Señor, o teu Deus, che vai dar. Poralas nunha cesta, e irás ó santuario que o Señor, o teu Deus, escolla para morar alí o seu Nome. ³Irás onda o sacerdote que estea de servicio aqueles días e diraslle: Declárolle hoxe ó Señor, o meu Deus, que xa entrei no país que o Señor lles prometeu con xuramentos a nosos pais dárnolo a nós.

⁴O sacerdote collerá a cesta da túa man e poraa diante do altar do Señor, o teu Deus. ⁵Entón ti tomara-la palabra e dirás diante do Señor, o teu Deus: Meu pai era un arameo errante, que baixou a Exipto, onde residiu como emigrante con pouquiña xente, que o acompañaba. Alí converteuse nun pobo grande, poderoso e numeroso. ⁶Pero os exipcios maltratáronnos, oprimíronnos e impuxéronnos cruel servidume. ⁷Entón chamamos polo Señor, Deus de nosos pais, e o Señor escoitou o noso clamor e viu a nosa opresión e o noso duro traballo. ⁸Logo o Señor fíxonos saír de Exipto con man forte e brazo estendido, con grande terror, con sinais e con feitos marabillosos, ⁹e fíxonos entrar neste santuario e entregounos esta terra, terra que deita leite e mel. ¹⁰Por isto, velaí que agora eu trouxen as primicias dos froitos da terra que ti me deches, Señor.

Poralas na presencia do Señor, o teu Deus, postraraste na presencia do Señor, o teu Deus, ¹¹e farás festa por todo o ben que che concedeu o Señor, o teu Deus, ti e mailo levita e o emigrante que vive contigo.

O ritual do décimo do terceiro ano: profesión de obediencia

¹²Cando remates de repartir todo o décimo das túas colleitas, no ano terceiro, isto é, o ano do décimo, e llo teñas xa dado ó levita, ó emigrante, ó orfo e mais á viúva, para que coman nas túas cidades ata se fartaren, ¹³entón dirás na presencia do Señor, o teu Deus: Xa retirei da miña casa o que tiña que consagrar e xa llelo dei ó levita, ó emigrante, ó orfo e mais á viúva, todo conforme o mandamento que ti me mandaches; non quebrantei o teu precepto nin o esquecín. ¹⁴Non o comín estando en dó ritual nin o separei estando impuro nin llo ofrendei a Mot. Fixenlle caso á voz do Señor, o meu Deus, e comporteime en todo tal como ti mo mandaches. ¹⁵Mira, pois, desde a túa santa morada, desde o ceo, e bendí ó teu pobo, a Israel, e a terra de cultivo que nos deches, tal como llelo xuraches a nosos pais, unha terra que deita leite e mel.

A observancia do Código deuteronómico e a autenticidade da Alianza

¹⁶Hoxe o Señor, o teu Deus, mándache pór en obra estes preceptos e decretos. Gárdaos e ponos en obra con todo o teu corazón e con toda a túa ilusión. ¹⁷Ti hoxe fixécheslle dicir ó Señor que El sería o teu Deus e que ti camiñarías polos seus vieiros, que gardaría-los seus preceptos, os seus mandamentos e os seus decretos e que escoitaría-la súa voz. ¹⁸E hoxe o Señor fíxoche dicir a ti que sería-lo pobo da súa persoal propiedade —tal como cho prometera— e que gardaría-los seus mandamentos, e que El te convertería en gloria, en renome e en esplendor no máis grande de tódolos pobos que El creou e que sería-lo pobo consagrado ó Señor, o teu Deus —tal como cho dixo—".

26, 1-11 A ofrenda das primicias está mandada nos dous códigos máis antigos (o de Ex **34**, 18-23 e o de Ex **23**, 14-19). Foi unha festa de orixe cananea, de agradecemento e recoñecemento ó deus da chuvia e da colleita, Baal. Nos devanditos códigos "iaveízase", e no ritual do Dt **26** non é tanto unha festa de acción de gracias, canto unha profesión de fe nas manifestacións históricas de Iavé: orixe humilde, bendición de Deus, opresión, clamor, liberación para entrar neste santuario e entrega da terra: a ida ó santuario coas primicias é un recordo ritual da entrada no santuario antes de tomar posesión da terra. Tráense os froitos da terra, que é de Deus, para ritualizar esta pertenza da terra ó Señor, e a entrega que El fixo ó seu pobo.

26, 9 Trátase do santuario de Xequem, o santuario central do Dt.

26, 12ss Cf Dt **14**, 28-29. Non obstante o repartimento dos bens ós pobres na cidade do individuo, este ten que ir ó santuario central, celebra-la ritualización do cumprimento desta lei: ten de proclama-lo cumprimento da mesma pura obediencia ó mandato do Señor. Por isto conclúe pedíndolle ó Señor a bendición sobre Israel e sobre as terras de cultivo.

"No ano terceiro..." suposta a división do templo en períodos de sete anos: seis de colleitas e un de descanso, o ano terceiro do século seguinte é o ano décimo do ciclo anterior.

26, 14 O que participa na celebración do décimo do terceiro ano proclama que o seu décimo non foi empregado en prácticas idolátricas de culto ó deus Mot (ler *Mot* = Morte, en vez de *Met*, como len outros).

III. O SANTUARIO CENTRAL E A LITURXIA DA ALIANZA

As pedras caleadas para escribi-la Lei e o altar dos sacrificios en Xequem

27 ¹Moisés e mailos anciáns de Israel ordenáronlle ó pobo nestes termos:
—"Gardade tódolos mandamentos que eu vos mando hoxe. ²O día que crucéde-lo Xordán camiño do país que o Señor, o teu Deus, che vai dar, erguerás pedras grandes e encalaralas con cal, ³e logo escribirás sobre elas tódalas formulacións desta lei, ó cruzares para entrares no país que o Señor, o teu Deus, che vai dar, país que deita leite e mel, tal como cho dixo o Señor, Deus de teus pais. ⁴Cando crucéde-lo Xordán, erguéredes no monte Ebal esas pedras que eu vos diga e encalarédelas con cal. ⁵Construirás alí un altar en honra do Señor, o teu Deus, un altar de pedras que non labrarás co cicel. ⁶Pedras enteiras construirán o altar do Señor, o teu Deus, sobre o que lle ofrendarás holocaustos ó Señor, o teu Deus. ⁷Sacrificarás sobre el o sacrificio de comuñón e ti comerás alí e alegraraste na presencia do Señor, o teu Deus. ⁸Sobre as pedras escribirás tódalas formulacións desta lei, escribiralas clara e esteticamente".

⁹Moisés e mailos sacerdotes levitas faláronlle a todo Israel nestes termos:
—"Garda silencio e escoita, Israel: No día de hoxe quedaches convertido nun pobo para o Señor, o teu Deus. ¹⁰Por isto has de escoita-la voz do Señor, o teu Deus, e has de pór en práctica os seus mandamentos e mailos seus preceptos, que eu che mando hoxe".

As maldicións

¹¹Ese día Moisés mandoulle ó pobo isto:
¹²—"Estes son os que han de estar de pé no monte Garizim, para bendici-lo pobo, cando crucéde-lo Xordán: Simeón, Leví, Xudá, Isacar, Xosé e Benxamín. ¹³Estes son os que han de estar de pé no monte Ebal, por mor da maldición: Rubén, Gad, Axer, Zebulón, Dan e Naftalí.

¹⁴Os levitas collerán a palabra e diranlles a tódolos homes de Israel en voz alta:

¹⁵Maldito sexa o home que faga un ídolo e unha imaxe de fundición —abominación para o Señor, obra das mans dun artista— e o poña en lugar escondido. E todo o pobo collerá a palabra e dirá: Amén.

¹⁶Maldito sexa quen desprece a seu pai e a súa nai. E todo o pobo dirá: Amén.

¹⁷Maldito sexa quen lle dea para atrás ó marco do seu veciño. E todo o pobo dirá: Amén.

¹⁸Maldito sexa quen faga desviarse a un cego do seu camiño. E todo o pobo dirá: Amén.

¹⁹Maldito sexa quen torza o dereito de emigrante, do orfo e da viúva. E todo o pobo dirá: Amén.

²⁰Maldito sexa quen se deite coa muller de seu pai, pois destapou un lenzo do mantón de seu pai. E todo o pobo dirá: Amén.

²¹Maldito sexa quen se deite cun animal calquera. E todo o pobo dirá: Amén.

²²Maldito sexa quen se deite coa súa media irmá, filla do pai ou da nai. E todo o pobo dirá: Amén.

²³Maldito sexa quen se deite coa súa sogra. E todo o pobo dirá: Amén.

²⁴Maldito sexa quen mate ó seu veciño en secreto. E todo o pobo dirá: Amén.

²⁵Maldito sexa quen colla un regalo para mata-la aspiración dunha vida inocente. E todo o pobo dirá: Amén.

27, 1ss Os dous discursos do comezo do libro e o mesmo código deuteronómico presentado como parte do segundo discurso, son a preparación desta sección final. O elemento básico desta liturxia é a formulación da Lei, pois no Sinaí o Señor non se deixou ver, senón que fixo oí-las súas palabras.

27, 4 O *monte Ebal* (monte da maldición —v 13—, por mor da súa posición á esquerda) era o lugar do santuario máis antigo, e por iso pode ser a lectura orixinal, e non Garizim como le o texto *samaritano*.

27, 5 O *altar* era elemento central do santuario, e ten de construírse segundo a lei de Ex **20,** 25. O altar é para os sacrificios, e loxicamente constitúe o lugar (=santuario) que o Señor escolleu para pór alí o seu Nome, o santuario central (cf Introducción, 3).

27, 9 *Moisés* é aquí un elemento clarificador da autoridade coa que actúan os sacerdotes levitas. O *hoxe* ten todo o valor dunha actualización litúrxica.

27, 11-13 A separación das tribos en dúas partes ten unha función de representación litúrxica da bendición e da maldición. Nótese que tamén aparece Xudá, por puras motivacións teolóxicas, ó pertencer ó pobo de Israel.

27, 15-26 Esta lista de maldicións contén preceptos morais, xa que se refire a actos ocultos. O pobo responde ós levitas cun Amén de aceptación da maldición sobre si mesmo. Estes ritos en forma de diálogo eran esenciais na liturxia da Alianza (cf Xos **24,** 14-24; 1 Sam **12,** 3-5). As bendicións e maldicións non eran soamente palabras, senón realidades vivas, que a palabra desencadeaba sobre calquera, de forma que o home nada podía facer (cf Xén **27,** 33-40). Eran usuais no Medio Oriente para obrigar ó contrario; dependían da obediencia ou desobediencia ós compromisos da Alianza.

27, 25 *Mata-la aspiración:* lit. "feri-lo néfex" (= respiración, anceio, aspiración) dun sangue (=vida) inocente.

²⁶Maldito sexa quen non manteña as formulacións desta lei para pólas por obra. E todo o pobo dirá: Amén.

As bendicións

28 ¹Se escoitas con actitude de obediencia a voz do Señor, o teu Deus, gardando e pondo en obra tódolos seus mandamentos, que eu mando hoxe, o Señor, o teu Deus, converterate no máis grande de tódolos pobos da terra. ²E todas estas bendicións que seguen, virán sobre ti e chegaranche a ti, xa que lle fas caso á voz do Señor, o teu Deus: ³Benia ti na cidade, e benia ti no campo.

⁴Benia o froito do teu ventre, o froito da túa terra e o froito do teu gando, o parto das túas vacas e as crías das túas ovellas. ⁵Benia túa cesta e maila túa artesa.

⁶Benia ti cando entres e benia ti cando saias.

⁷Os teus inimigos, que contra ti se levanten, converteraos o Señor en derrotados na túa presencia: por un só vieiro saíron contra ti e por sete vieiros escaparán. ⁸O Señor ordenará que a bendición estea contigo nas túas arcas e nas empresas da túa man. El bendicirate no país que o Señor, o teu Deus, che vai dar. ⁹Constituirate o Señor nun pobo consagrado a El, tal como cho xurou, se ti cúmpre-los mandamentos do Señor, o teu Deus, e camiñas polos seus vieiros. ¹⁰Entón tódolos pobos da terra verán que o nome do Señor se invoca sobre ti e teranche medo. ¹¹O Señor concederache ter bens de abondo: froitos do teu ventre, froitos do teu gando e froitos da túa terra, cando esteas na terra que o Señor lles xurou a teus pais que cha daría.

¹²O Señor abrirá no teu favor o seu precioso tesouro do ceo, mandando ó seu tempo a chuvia que precisa o teu país e bendicindo calquera obra da túa man de xeito que ti lles prestes a populosas nacións, mentres que ti non terás preciso de pedir prestado.

¹³O Señor porate á cabeza e non ó rabo, estarás sempre arriba e non abaixo, se lles fas caso ós mandamentos do Señor, o teu Deus, que hoxe che mando gardar e pór en práctica, ¹⁴e se non te desvías cara á dereita nin cara á esquerda de ningunha destas disposicións que eu vos mando hoxe, camiñando tras deuses alleos e dándolles culto.

¹⁵Pero se non lle fas caso á voz do Señor, o teu Deus, pondo coidado en cumprir tódolos seus mandamentos e preceptos que eu che mando hoxe, entón todas estas maldicións virán enriba de ti e afectaranche:

¹⁶Maldito sexas ti na cidade e maldito sexas ti no campo.

¹⁷Maldito sexa o teu cesto e maila túa artesa.

¹⁸Maldito sexa o froito do teu ventre, e o froito da túa terra, e do teu gando.

¹⁹Maldito sexas ó entrares e maldito ó saíres.

²⁰Que o Señor mande contra ti a maldición, a derrota e o castigo en tódalas empresas da túa man, ata seres destruído e desapareceres, por causa da maldade dos feitos cos que me abandonaches.

²¹Que o Señor che apegue a peste ata facerte desaparecer de sobre a terra, na que ti entraches para tomala en posesión. ²²O Señor ferirate coa tise, con febres, con flemóns, con queimaduras, e coa seca, coa peste do cornello e do mildeu, que te perseguirán ata que desaparezas.

²³O ceo que está sobre a túa cabeza volverase bronce, e a terra que está debaixo de ti volverase ferro. ²⁴Ó Señor mandará, como chuvia para a túa terra, po; e cinsa baixará do ceo sobre ti, ata que te destrúa.

²⁵O Señor fará de ti un vencido diante dos teus inimigos; sairás contra eles por un só camiño, pero terás que fuxir da súa presencia por sete camiños. Volverate o obxecto de vexación de tódolos reinos da terra. ²⁶E o teu cadáver servirá de carniza para tódalas aves do ceo e mais para os bechos da terra, e non haberá quen os espante.

²⁷O Señor ferirate coas úlceras de Exipto e

28, 3-13 Estas bendicións limítanse a un plan de prosperidade material individual e nacional, mentres que as do Lev **26**, 3-13 teñen unha intencionalidade máis espiritual.

28, 4 *Crías* (=axterot), filoloxicamente provén do nome da deusa asiria, precedente da grega Afrodita e da romana Venus.

28, 10 Invoca-lo nome dalgúns sobre algo ou algún é unha fórmula xurídica que expresa pertenza ó que é invocado (cf Xén **2**,20-21; 2 Sam **12**, 28; Is **4**, 1).

28, 19 O merismo de 'entrar-saír' indica a totalidade das actividades da persoa.

28, 22 O *cornello* do centeo era unha peste polo sabor amargoso que lle dá ó pan e polos efectos abortivos na persoa que o consome.

cos tumores, coa sarna e coa tiña, das que non che será posible curar. ²⁸O Señor ferirate coa loucura, coa cegueira e co desvarío da túa mente. ²⁹Á luz do mediodía terás que andar ás apalpadelas, como anda ás apalpadelas o cego na escuridade, e non poderás dar remate ós teus camiñares. Tódolos días certo que serás maltratado e roubado, e non haberá quen te salve.

³⁰Casarás cunha muller, e outro home violaraa; construirás unha casa, e non habitarás nela; plantarás unha viña, e non collera-los primeiros froitos. ³¹O teu boi será degolado ós teus ollos, e ti non comerás del; o teu burro serache roubado na túa mesma presencia, e non volverá onda ti; o teu rabaño será entregado ós teus inimigos, e ti non terás quen te salve.

³²Os teus fillos e as túas fillas serán entregados a un exército estranxeiro; os teus ollos estarán véndoo, consumiranse de ollar para eles todo o día, pero nada estará no poder da túa man. ³³Os froitos da túa terra e todo o producto do teu traballo comerao un pobo que ti non coñecías. Ti non serás máis ca un oprimido e un esmagado para sempre. ³⁴Si, ti volveraste louco co que aparecerá ante os teus ollos, cando ti o vexas.

³⁵O Señor ferirate nos xeonllos e nas coxas cuns furunchos malignos, que non serás capaz de curar, desde a planta do teu pé ata o curuto.

³⁶O Señor farate marchar a ti e ó rei que ti constituíches sobre ti, xunto a un pobo que non coñecías nin ti nin os pais, e terás que darlles culto alí a deuses estranxeiros: ¡de pau e madeira! ³⁷Ti volveraste o asombro, escarnio e o riso de tódolos pobos a onde o Señor te conduza.

³⁸Botarás moita semente no campo, pero pouco colleitarás, porque a comerá o saltón. ³⁹Plantarás viñas e traballaralas, pero o viño non o beberás nin o vendimarás, porque o comerá o pedreiro. ⁴⁰Terás oliveiras no teu territorio, pero con aceite non te unxirás, porque as túas olivas caerán no chan. ⁴¹Enxendrarás fillos e fillas, pero non os terás contigo, porque marcharán á cativadade. ⁴²Tódalas túas árbores e os froitos da túa terra recibiranos en herdanza os insectos.

⁴³Os emigrantes que hai no medio de ti subirán máis ca ti, cada vez máis arriba, mentres ti baixarás cada vez máis abaixo. ⁴⁴Eles prestaranche a ti, e ti non lles poderás prestar a eles, eles servirán de cabeza, e ti de rabo.

⁴⁵Todas estas maldicións virán contra ti, perseguirante e afectarante ata seres exterminado, xa que non lle fixeches caso á voz do Señor, o teu Deus, gardando os mandamentos e os preceptos que El che mandou. ⁴⁶Estas maldicións quedarán de sinal e de prodixio en ti e na túa descendencia para sempre.

⁴⁷Xa que non servíche-lo Señor, o teu Deus, con alegría e coa felicidade do corazón, por causa da abundancia en todo, ⁴⁸servira-los teus inimigos, onde o Señor te envíe —na fame, na sede, na nudez e na privación de todo—, e El porache un xugo de ferro no teu pescozo, ata acabar contigo. ⁴⁹Como unha aguia levanta o voo, así levantará o Señor contra ti un pobo que vén de lonxe, desde o cabo da terra, un pobo do que ti non oíra-la lingua, ⁵⁰un pobo de rostro duro, que non ten respecto ó ancián nin ten compaixón do neno. ⁵¹Comerá o froito do teu gando e o froito da túa terra, ata que ti desaparezas, porque non che deixará trigo, nin mosto, nin aceite novo, nin os partos das túas vacas, nin as crías do teu rabaño ata facerte desaparecer.

⁵²Asediarate por tódalas portas das túas cidades, ata botar abaixo as murallas altas e inaccesibles, nas que ti púña-la túa seguridade en todo o teu país. Si, asediarate por tódalas portas das cidades que hai no teu país, que o Señor, o teu Deus, che deu.

⁵³Terás que come-lo froito do teu ventre, a carne dos teus fillos e das túas fillas que o Señor, o teu Deus, che deu, cando sexa o asedio e a opresión coa que te oprimirá o teu inimigo. ⁵⁴O ollo do home máis delicado e máis elegante que hai en ti mirará con degaro para seu irmán, para a muller do seu seo e para o resto de seu fillo que deixa sobrante, ⁵⁵para non ter que compartir con eles a parte da carne do propio fillo que está comendo, non sexa que non lle quede todo para el, cando veñan o asedio e a opresión, coa que o teu inimigo te oprimirá én tódalas portas das túas cidades.

28,30 Cf Is **61**,8-9; Am **5**11; Miq **6**,15; cf nota a Dt **20**, 5ss.
28, 32-37 Estes vv parecen ser un engadido posterior ó feito, ante a experiencia das deportacións asiria e babilónica. O mesmo se pode dicir dos vv que seguen.
28, 39 *Pedreiro* é o nome que lle dan na zona do Ribeiro ó verme pequeno que come os gromiños tenros da vide.

⁵⁶A muller máis delicada e máis elegante que nin sequera se atrevía a pór na terra a planta do seu pé, de elegante e delicada que era, o seu ollo mirará con degaro para o home do seu seo, para o seu fillo e para a súa filla, ⁵⁷e para as libranzas que saen do seu seo e para os fillos que acaba de dar a luz. Si, comeraos ás agachadas por falta de todo, cando sexa o asedio e opresión con que o teu inimigo te oprimirá en tódalas portas das túas cidades.

⁵⁸Se non coidas de cumprir tódolos preceptos desta lei escrita neste libro, respectando este Nome glorioso e temible, O Señor, o teu Deus, ⁵⁹entón o Señor fará máis extraordinarios os teus castigos e os castigos da túa descendencia: uns castigos grandes e inflexibles, unhas enfermidades malignas e durísimas; ⁶⁰fará voltarse contra ti tódalas pragas do Exipto, que tanto medo che provocan, e apegaránseche a ti. ⁶¹Tamén fará rubi-lo Señor sobre ti tódalas enfermidades e tódolos castigos que non están descritos no libro desta lei, ata que desaparezas.

⁶²Vós quedaredes uns poucos homes, despois de serdes tan numerosos coma as estrelas do ceo, porque non lle fixeches caso á voz do Señor, o teu Deus. ⁶³E resultará que o mesmo que o Señor se compraceu en vós facéndovo-lo ben e multiplicándovos, así se compracerá tamén o Señor destruíndovos e facéndovos desaparecer, e seredes arrincados de sobre a terra, na que entrastes a tomar posesión dela. ⁶⁴O Señor esparexeravos por entre tódolos pobos, desde unha punta da terra á outra punta, e ti daraslles culto alí a deuses alleos, que nin coñecías ti nin os teus pais: ¡madeira e pedra! ⁶⁵Entre eses pobos non terás descanso, nin a planta do teu pé terá un lugar de acougo, senón que o Señor che dará alá un corazón asustado, ollos apagados e respiración ansiosa: ⁶⁶a túa vida estará pendurada dun fío diante de ti. Terás pavor de día e de noite, e non te fiarás da túa vida.⁶⁷Pola mañá dirás: Quen me dera que fose a tarde; e pola tarde dirás: quen me dera que fose a mañá, por causa do pavor que espaventará o teu corazón, e por causa da visión que contemplarán os teus ollos.

⁶⁸O Señor farate volver en barcos a Exipto polo camiño que che dixo:

Non volverás de novo ver ese camiño; e alí seredes vendidos ós teus inimigos coma escravos e escravas, e non haberá nin quen compre".

IV. TERCEIRO DISCURSO (Exílico e dtr)

⁶⁹Estas son as palabras da Alianza, que o Señor lle mandou a Moisés pactar cos fillos de Israel no país de Moab, ademais da Alianza que pactou con eles no Horeb.

Resumo histórico

29 ¹Moisés convocou a todo Israel e díxolles:

—"Vós xa vistes todo o que o Señor lles fixo á vosa vista no país de Exipto ó faraón, a tódolos seus servos e a todo o seu país: ²as grandes probas que viron os vosos ollos, os prodixios e os sinais grandes aqueles. ³Pero ata o día de hoxe, o Señor non vos deu un corazón para coñecer, nin ollos para ver nin oídos para escoitar.

⁴Eu fixenvos camiñar durante corenta anos polo deserto; os vosos vestidos non se gastaron sobre vós nin a túa sandalia se gastou no teu pé; ⁵non comestes pan nin bebes-

---

28, 61 A *enfermidade* sobe de debaixo da terra, do mundo dos mortos, pois a ela conduce.

28, 68 A infidelidade á Alianza fará que a historia se volva a repetir: a venda como escravos a Exipto (Xosé) repetirase de novo, e de xeito peor: non haberá quen compre os escravos.

28, 69 Este v é introductorio do derradeiro discurso posto en boca de Moisés (cf **1**, 1; 4, 44.45; **6**, 1.12). Por ficción literaria localízase en Moab (**1**, 5), ó mesmo tempo que se explica que se trata dunha clarificación da Alianza do Horeb. Soamente no Dt se fala da Alianza en Moab, e sen dúbida ten a finalidade dun símbolo: clarificación da lei nun país estranxeiro, e por tanto símbolo do mesmo discurso composto no exilio e para os exiliados. É, por tanto, obra deuteronomística: dos fieis xudeus seguidores da teoloxía do Dt primitivo, que inician a súa laboura no 622 e que foron ó desterro nos comezos do s. VI.

29, 3 O autor, seguindo o pensamento profético (Is **19**, 14; **29**, 10), distingue o coñecemento histórico dos feitos e o coñecemento salvífico. Aquel é obra de Deus, porque é Deus quen provoca os feitos; pero este tamén é obra exclusiva de Deus, xa que é El quen lles dá sentido aquí e agora para min (cf Mt **16**, 17; Lc **24**, 25ss; Xn **12**, 37s; **16**, 36-37; Rm **11**, 8). O corazón, sé das intencións e plans, percibe as intencións de Deus.

tes viño nin licor, para que recoñezades que eu, o Señor, son o voso Deus. ⁶Logo chegastes a este sitio e saíron Sihón, rei de Hexbón, e Og, rei de Baxán, ó voso encontro en plan de guerra, e nós vencémolos. ⁷Logo, collémo-lo seu país e démosllelo en herdanza ós rubenitas, ós gaditas e á metade da tribo de Menaxés. ⁸Gardade, pois, as palabras desta Alianza e cumprídeas para que teñades éxito en todo o que fagades.

Compromiso persoal ante a Alianza co Señor

⁹Vós hoxe estades todos diante do Señor, o voso Deus: os vosos xefes, as vosas tribos, os vosos anciáns e os vosos escribas, tódolos homes de Israel; ¹⁰os vosos meniños, as vosas mulleres e o teu emigrante, que está por medio do teu campamento, desde o cortador das túas árbores ata o que acarrexa a túa auga. ¹¹Ti estás aí para entrares na Alianza do Señor, o teu Deus, e no pacto xurado que o Señor, o teu Deus, conclúe contigo hoxe, ¹²co fin de que el te constitúa hoxe nun pobo para El, e que El sexa Deus para ti, tal como cho dixo e tal como llelo prometeu con xuramento ós teus pais, a Abraham, a Isaac e a Xacob. ¹³Pero non vou concluír convosco sós esta alianza e este pacto xurado. ¹⁴Conclúoo con aquel que está aquí de pé hoxe convosco diante do Señor, o voso Deus, e tamén con aquel que non está connosco hoxe.

¹⁵Si, xa sabedes vós como viviamos no país de Exipto e como cruzamos polo medio das nacións por onde pasamos; ¹⁶e víste-los seus monstros horribles e os seus ídolos —pau e pedra, prata e ouro—, que había onda eles. ¹⁷Que non haxa entre vós home ou muller ou familia ou tribo que aparte hoxe o seu corazón de xunto ó Señor, noso Deus, para iren dar culto ós deuses deses pobos; que non haxa entre vós raíz que produza veleno e asente. ¹⁸Se un escoita as palabras deste pacto xurado e se felicita no seu corazón dicindo: Teña eu fartura, que seguirei no endurecemento do meu corazón, por- que o que apaga a sede farta de auga a quen pasa sede, ¹⁹a ese o Señor non lle quererá perdoar; entón si que se acenderá a ira do Señor e o seu celo contra ese home, e caerán sobre el tódalas maldicións escritas neste libro e o Señor fará desaparece-lo seu nome de debaixo do ceo. ²⁰Así retirará o Señor a maldade de tódalas tribos de Israel, segundo as maldicións da Alianza escrita no libro desta lei.

A causa do desterro

²¹A primeira xeración, os vosos fillos que virán despois de vós e o estranxeiro que vén dun país afastado, verán o castigo deste país e as enfermidades coas que o Señor o fará enfermar: ²²toda a terra deste país será xofre, sal e calcinación, non será sementada e non xermolará, nela non medrará herba ningunha; será como o arraso de Sodoma e Gomorra, de Ademah e Seboím, ás que arrasou o Señor na súa ira e no seu enfado. ²³Tódolos pobos dirán: ¿Por que trata o Señor así a este país? ¡Que ardor o desta tan grande ira! ²⁴E responderán: Porque abandonaron a Alianza do Señor, Deus de seus pais, quen concluíu a alianza con eles ó sacalos do país de Exipto; ²⁵foron darlles culto a deuses alleos e postrarse diante deles, deuses que antes non coñeceran e que non recibiran no reparto. ²⁶Por isto a ira do Señor inflamouse contra este país, traendo contra el tódalas maldicións escritas neste libro. ²⁷E o Señor arrincounos da súa terra con ira, con carraxe e con grande indignación, e botounos a outro país, como sucede hoxe.

²⁸As cousas ocultas perténcenlle ó Señor; pero as cousas reveladas perténcennos a nós e a nosos fillos para sempre, para cumprírmo-las palabras desta lei.

Conversión ó Señor e volta do exilio

30 ¹Resultará que cando veñan sobre ti todas estas palabras, a bendición e a maldición que eu poño diante de ti, farás voltar de tódolos pobos, a onde te dispersou

---

29, 11 *Pacto xurado:* o termo "alah" significa maldición, pero xa que a maldición-bendición era elemento esencial da louvanza, pasou a significar Alianza, pacto: por isto traducimos "pacto xurado".

29, 14 *Os que non están aquí hoxe...* son os descendentes, que contraen no país o mesmo compromiso. O pobo do exilio está comprometido, porque se comprometeron os seus devanceiros nas celebracións da Alianza. No exilio non se podía ritualiza-la renovación da Alianza, e por isto aparece este recurso.

29, 17ss A responsabilidade na alianza, expresada soamente no primeiro mandamento, ten implicacións persoais. Este pensamento desenvólvese amplamente no exilio como o fixeron Ez e os deuteronomistas, que reactualizaron a Xer. A *raíz* é unha imaxe para expresa-lo poder xenético da maldade do individuo.

29, 22 Como a terra e os seus froitos son don de Deus, a infidelidade a Deus provoca a esterilidade da terra e a privación da mesma.

Ademah e *Seboím* son os termos cos que se alude a Sodoma e Gomorra nas tradicións de Israel (cf Xén **10**, 19; Is **1**, 9-10; Os **11**, 8).

30, 1 *A forza da túa decisión* (lit. "a forza do teu corazón"). Non traducimos "meditar no teu corazón", porque o vocábulo "el" ten aquí senso de "forza", en vez de ser unha preposición como outros cren.

o Señor, a forza da túa decisión, ²converteraste ó Señor, o teu Deus, e faraslle caso á súa voz, ti e mailo teu fillo, segundo todo o que eu che mande hoxe. ³E o Señor, o teu Deus, cambiará o teu destino, terá compaixón de ti e volverá a xuntarte de entre tódolos pobos a onde o Señor, o teu Deus, te dispersou. ⁴Aínda que os teus deportados estean no cabo do ceo, de alí os xuntará o Señor, o teu Deus, colleraos ⁵e traeraos o Señor, o teu Deus, ó país que recibiron en herdanza os teus pais, e recibiralo ti en herdanza. El farate feliz e multiplicarate máis ca teus pais.

⁶O Señor, o teu Deus, circuncidará o teu corazón e o corazón da túa descendencia, para que áme-lo Señor, o teu Deus, con todo o teu corazón e con todo o teu ser, a fin de que vivas feliz. ⁷E o Señor, o teu Deus, porá todas estas maldicións sobre os teus inimigos e sobre os que te queren mal, pois perseguíronte.

⁸Entón ti volverás a facerlle caso á voz do Señor e cumprirás tódolos seus mandamentos, que eu che mando hoxe. ⁹Así o Señor, o teu Deus, concederache éxito en tódalas obras da túa man, no froito do teu ventre, no froito dos teus animais e nos froitos da túa terra, para o teu ben. Si, o Señor volverase a alegrar contigo pola túa felicidade como se alegrou con teus pais.

¹⁰Si, faille caso á voz do Señor, o teu Deus, gardando os seus mandamentos e os seus preceptos, o escrito no libro desta lei. Si, convértete ó Señor, o teu Deus, con todo o teu corazón e con todo o teu ser.

CONCLUSIÓN:
TESTEMUÑOS DA LEI E DA ALIANZA E SUCESIÓN DE MOISÉS

Testemuño interno da palabra

¹¹Si, este mandamento que eu che mando hoxe non é imposible para ti nin che resulta inaccesible. ¹²Non está no ceo para dicires: ¿Quen subirá por nós ó ceo e nolo collerá e nolo fará escoitar, para que nós o cumpramos? ¹³Tampouco está da outra banda do mar para dicires: ¿Quen cruzará por nós ó outro lado do mar e nolo collerá e nolo fará escoitar, para que nós o cumpramos? ¹⁴Si, a palabra está moi cerca de ti: na túa boca e no teu corazón, para a cumprires.

¹⁵Mira que eu poño hoxe diante de ti a vida e a felicidade, a morte e a desgracia, ¹⁶porque che mando hoxe ama-lo Señor, o teu Deus, camiñar polos seus vieiros e cumpri-los seus mandamentos, preceptos e decretos, para que vivas feliz e te multipliques, e para que o Señor, o teu Deus, te bendiga no país onde vas entrar a tomalo en posesión. ¹⁷Pero se o teu corazón se aparta e se ti non lle fas caso e te extravías e te postras ante deuses alleos e lles dás culto, ¹⁸eu declárovos hoxe que pereceredes sen remedio e que non aumentaréde-los vosos días sobre a terra, na que vós, que estades cruzando o Xordán, ides entrar para tomala en posesión.

O ceo e a terra testemuñas da Alianza

¹⁹Poño hoxe por testemuñas contra vós o ceo e maila terra: poño diante de ti a vida e a morte, a bendición e a maldición; escolle a vida, para que poidas vivir feliz, ti e a túa descendencia, ²⁰amando ó Señor, o teu Deus, facéndolle caso á súa voz e apegándote a El. Isto é a túa vida e o alongamento

---

30, 4 *O cabo do ceo*: na concepción sumero-acádica é o lugar onde a bóveda do ceo descansa sobre a terra, o extremo da terra.
30, 6 Cf nota a **10**, 1-9; pero aquí é o Señor quen circuncida o corazón, a acción da súa gracia salvífica (cf Xer **32**, 39; Ez **36**, 25: co corazón circuncidado por Deus).
30, 11 A organización dos temas dos cc. **31-34** e a súa análise interna esíxenos encabezar aquí a conclusión da obra. Non resulta isto nada estraño, xa que titulámo-lo terceiro discurso (**28**, 69-30, 20) como exílico e deuteronomista, e non é cousa fóra da lóxica que o autor conclúa a súa reflexión actualizadora cos elementos que pensa van ser centrais na conclusión: os testemuños da Lei e da Alianza. O outro tema da conclusión —a morte e sucesión de Moisés— ten en boa parte moito de testemuño da Lei, o mesmo cá bendición da despedida. Para enten- de-la lóxica desta sección final, hai que lembrarse de que a lóxica semítica non é de liñas rectas como a grecolatina, senón concéntrica; por isto os temas repítense clarificándose. Isto non quere dicir que os materiais da conclusión sexan deuteronomísticos, senón soamente a súa organización.
30, 15 O tema do "dobre camiño" é propio do ambiente profético (Xer **8**, 3; **21**, 8), e especialmente do ambiente sapiencial (**4**, 1; Pr **8**, 35; **11**, 9; **12**, 28; **13**, 4; Eclo **15**, 16-17...; cf Pastor de Hermas **1**, 1). O ambiente de onde o tomou o noso autor foi o profético, e así no v 19 pon como testemuñas da Alianza o ceo e a terra, cousa propia do "rib" profético, que con toda seguridade surxiu como xénero literario no ambiente deuteronomista do desterro, e influíu na organización dos materiais proféticos. Lugares paralelos de 15-20: cf **11**, 26; **18**, 1.

dos teus días, habitando na terra que o Señor lles xurou a teus pais, a Abraham, a Isaac e a Xacob, que llela daría".

A sucesión de Moisés

31 ¹Moisés acabou dicíndolle estas palabras a todo Israel. ²Logo díxolles:

—"Hoxe cumpro cento vinte anos; xa non son capaz de saír e de entrar. Por iso díxome o Señor: Non cruzarás este Xordán.

³O Señor, o teu Deus, é quen cruzará o Xordán diante de ti. El destruirá ante ti estes pobos e ti tomaralos en posesión. Xosué será quen pase á túa fronte tal como o dixo o Señor. ⁴O Señor faralles a estes pobos o mesmo que lles fixo ós reis dos amorreos, a Sihón e a Og, e ó seu país: exterminalos. ⁵O Señor poraos diante de vós, e vós farédeslles tal e como eu vos mande. ⁶¡Sede valentes! ¡Sede fortes! Non teñades medo nin tremades ante a súa presencia que o Señor, o teu Deus, é quen irá contigo: non te deixará só nin te abandonará".

⁷Despois Moisés chamou a Xosué e díxolle á vista de todo Israel:

—"¡Se valente! ¡Se forte!, que ti entrarás con este pobo no país que o Señor lles prometeu con xuramento a seus pais dárllelo, e ti has de llelo entregar en herdanza. ⁸Certo que o Señor será quen irá diante de ti. El estará contigo, non te deixará só nin te abandonará. Non teñas medo nin te desanimes".

Testemuño litúrxico: a renovación da Alianza

⁹Despois Moisés escribiu esta lei e entregóullela ós sacerdotes, fillos de Leví, que levaban a Arca da Alianza do Señor, e mais ós anciáns de Israel. ¹⁰E Moisés mandoulles isto:

—"Ó cabo de sete anos, na data precisa do ano da Remisión, durante a festa das Tendas, ¹¹cando todo Israel veña ve-lo rostro do Señor, o teu Deus, no santuario que El escolla, ti proclamarás esta lei ante todo Israel, de xeito que a escoiten. ¹²Reúne ó pobo, homes, mulleres e rapaces, e ó emigrante que vive dentro das portas das túas cidades, para que escoiten e aprendan a respecta-lo Señor, o voso Deus, e para que procuren cumprir tódolos preceptos desta lei. ¹³Así teus fillos, que non teñen coñecemento, escoitarán e aprenderán a respecta-lo Señor, o voso Deus, tódolos días que vós vivades na terra que ides tomar en posesión, pasando o Xordán".

Teofanía para Moisés e Xosué

¹⁴Logo o Señor díxolle a Moisés:

—"Olla que os días da túa morte están cerca. Chama a Xosué e presentádevos na Tenda do Oráculo, que eu lle vou dar ordes".

Entón foron Moisés e Xosué e presentáronse na Tenda do Encontro. ¹⁵O Señor fíxose ver na tenda, nunha columna de nube, e a columna de nube estivo queda á porta da Tenda.

Introducción ó cantar de Moisés

¹⁶Entón o Señor díxolle a Moisés:

—"Olla que ti vas deitarte con teus pais, pero este pobo vaise levantar para prostituírse, indo detrás dos deuses dos estraños, os deuses do país onde vai entrar; vaime abandonar a min e quebranta-la Alianza que eu fixen con eles. ¹⁷E no día aquel a miña ira inflamarase contra el, e voume apartar deles e taparei para eles a miña cara. Entón o pobo será devorado, e moitas desgracias e angustias virán sobre el. Dirá entón: ¿Non virán sobre min estas desgracias por non esta-lo meu Deus no medio de min? ¹⁸Pero eu seguirei tapando a miña cara no día aquel, por causa de todo o mal que el fixo, xa que se volveron tralos deuses alleos.

¹⁹Pero agora, escribide para vós este cantar. Ensinádellelo ós fillos de Israel e póndellelo na súa boca, para que me sirva a min de testemuño contra os fillos de Israel. ²⁰En efecto, traerei o pobo á terra que lles prometín con xuramento a seus pais, terra que deita leite e mel, e comerá, fartarase e engordará; pero logo volverase cos deuses alleos e daralles culto, desprezarame a min e romperá a miña Alianza. ²¹Cando grandes desgracias e angustias caian sobre el, este cantar dará testemuño contra el, porque non será esquecido na boca da súa descendencia. Si, coñezo ben o plan que hoxe mesmo está fa-

---

31, 3 A sucesión de Moisés á fronte do pobo tómaa o Señor; Xosué é tan só o signo da súa presencia.

31, 10ss Temos aquí un texto que, sen dúbida, provén do século VIII e do calendario litúrxico de Xequem.

31, 14-15 Esta teofanía quere ser expresión do carácter profético da misión e actividade de Xosué, xa que a teofanía é un elemento esencial da vocación profética. É preferible entender "moced" como Oráculo (por mor do contexto), aínda que é posible a traducción "Tenda do Encontro" ou "da Xuntanza".

31, 16-22 Esta introducción ó canto de Moisés —que se ofrecerá en **32**, 1-44—, ten a finalidade de presentárno-lo canto coma un testemuño contra a idolatría, causante duns desastres que non se concretan.

cendo, antes de que eu o leve á terra que prometín con xuramento".

²²Ese día Moisés escribiu este cantar, e ensinóullelo ós fillos de Israel.

Ánimo a Xosué

²³Logo o Señor mandoulle isto a Xosué, fillo de Nun:

—"¡Se valente! ¡Se forte!, que ti farás entrar ós fillos de Israel na terra que lles prometín con xuramento, e eu estarei contigo".

Testemuño sacro-literario: o libro da lei a carón da Arca da Alianza

²⁴Cando Moisés acabou de escribir tódalas palabras desta lei nun libro, ²⁵deulles esta orde ós levitas, que levaban a arca da Alianza do Señor:

²⁶—"Collede o libro desta lei e póndeo ó lado da Arca da Alianza do Señor, o voso Deus, e que estea alí en testemuño contra ti. ²⁷Porque eu coñezo ben a túa rebeldía e a túa cabeza dura: se hoxe, durante a miña vida convosco, sodes rebeldes co Señor: ¿canto máis o seredes despois da miña morte?

O ceo e a terra testemuño do canto de Moisés

²⁸Xuntade ó meu lado os anciáns das vosas tribos e os vosos xefes, que vou pronunciar nos seus oídos estas palabras e vou pór como testemuñas contra eles o ceo e maila terra. ²⁹Si, eu sei ben como vos corromperedes despois da miña morte e como vos apartaredes do vieiro que vos ordenei, e entón a desgracia sairá ó voso encontro naqueles días despois de que fagades o mal ós ollos do Señor, enfadándoo cos feitos das vosas mans".

O canto de Moisés

³⁰Entón Moisés pronunciou ata o final as palabras deste canto ós oídos de toda a asemblea de Israel:

32

¹—"Escoita, ceo, que vou falar; escoita, terra, os ditos da miña boca.
²A miña doutrina caerá en pingas coma a chuvia,
e o meu dito espallarase coma a chuvia mansa sobre a herba tenra,
coma o trebón sobre o céspede.
³ Si, proclamarei o nome do Señor.

Proclamación da xustiza salvífica de Deus

Aclamade: a grandeza é do noso Deus.
⁴El é o Penedo, a súa obra é perfecta.
Si, tódolos seus vieiros son xustiza.
É o Deus da fidelidade e non hai nel inxustiza
xusto e recto é El.
⁵Envolveu os que non lle eran fillos con follas de palmeira,
xeración pervertida e malvada.

Acusación en forma interrogativa

⁶¿Isto lle facedes ó Señor, pobo parvo e sen sabedoría?
¿Non é El o teu Pai, quen te creou?
¿Non é El quen te fixo, quen che deu o ser?

Beneficios de Deus no pasado

⁷Lémbrate dos días remotos,
si, considera os anos de xeración en xeración.
Pregúntalle a teu pai, e que cho mostre:
pregúntalles ós teus anciáns, e que cho digan.
⁸Cando o Altísimo lles repartía a herdanza ós pobos,
e cando separaba ós fillos de Adam:
estableceu as fronteiras das nacións,
segundo o número dos fillos de Israel.
⁹Si, a parte do Señor é o seu pobo,
Xacob é a súa herdanza.
¹⁰ Fortaléceo nunha terra de deserto
nunha soidade de ouveos engórdao,
rodéao de coidados e aténdeo,

31, 23 Parece continuación da teofanía vocacional profética dos vv 14-15, e contraria á misión confiada a Xosué. A razón do truncamento do texto foi o entrelaza-los dous temas: o do testemuño e o da sucesión de Moisés (cf nota a 30,11ss).

31, 24-27 O autor deuteronomista subliña o carácter de testemuño sagrado da lei polo feito de que, desde a reforma de Ioxías, o texto do Dt foi venerado a carón da Arca da Alianza.

31, 28s A temática testemuñal ten o seu centro nestes vv, onde se convoca ós responsables das tribos a escoitaren as palabras do canto de Moisés e se poñen de testemuñas o ceo e maila terra.

32, 1-43 O canto de Moisés literariamente ten a forma dun "rib" profético. Para facilitármo-la súa comprensión, titulamos cada unha das seccións deste complexo xénero literario propio do desterro babilónico. Nótense as afinidades ideolóxicas co Segundo Is. A finalidade deste xénero literario é provoca-la conversión —a fe no poder salvífico do Señor—, e deste xeito o irromper histórico da salvación. Por iso pódeo calificar o redactor final como "testemuño contra vós" (v 46). O seu autor non é o mesmo co redactor final.

32, 6 *Deu o ser*. Esta traducción encaixa mellor no contexto cá de "fundou", por tratarse da forma causativa dun verbo que, nos escritos de Ugarit, significa "ser".

32, 7 Estes beneficios no pasado poden presentarse morfoloxicamente en presente ou en futuro histórico.

32, 10 Por mor do paralelismo, parece que a lectura máis correcta é a do Texto Samaritano, e non a do Texto Masorético Hebreo.

protéxeo coma á meniña do seu ollo.
¹¹ O mesmo que a aguia espabila a súa
  niñada,
 planea sobre os seus poliños,
 estende as ás e os colle, e os levanta
  sobre as súas ás,
¹² así tamén o Señor, El só, conducirá o seu
  pobo,
 non haberá con El un deus estraño,
¹³ farao montar de a cabalo sobre as
  alturas da terra
 e daralle de come-los productos do
  campo,
 daralle a zuga-lo mel que sae da pena,
 o aceite que sae do duro penedo:
¹⁴ manteiga de vaca e leite de ovellas, con
  graxa de años,
 carneiros da raza de Baxán e cabritos,
 coa flor dos grans de trigo.
 Bebiches fermentado o sangue da uva (e
  Xacob comerá ata se fartar).

Denuncia do pecado: Tipificación

¹⁵ Iexurún engordou, e logo couceou;
 engordaches, colliches graxas,
 puxécheste brillante,
 pero rexeitou ó Deus que o creou
 e deshonrou o Penedo da súa salvación.
¹⁶ Provocáronlle celos con deuses estraños,
 enfadárono con abominacións.
¹⁷ Ofrecéronlles sacrificios ós demonios,
 non a Deus,
 a deuses que antes non coñecían,
 deuses novos, recén chegados,
 ós que vosos pais non respectaran.
¹⁸ Desprezáche-lo Penedo que te deu a luz,
 esqueciche-lo Deus que te trouxo ó
  mundo.

Castigos históricos en forma oracular

¹⁹ Viu isto o Señor con enfado,
 rexeitou a seus fillos e a súas fillas.
²⁰ E dixo: Esconderéille-lo meu rostro
  benévolo,
 verei cal é o seu porvir,
 pois eles son unha xeración de
  perversión,
 fillos nos que non hai fidelidade.
²¹ Eles provocaron os meus celos con quen
  non é deus,
 enfadáronme cos seus ídolos ilusos;
 pero eu provocarei os seus celos con
  quen non é pobo,
 cunha nación tola enfadareinos.
²² Si, un lume de carraxe acendeuse no meu
  nariz
 abrasa ata as fonduras do xeol,
 devora a terra e os seus froitos,
 e requeima os alicerces das montañas.
²³ Amorearei calamidades sobre eles,
 e acabarei coas miñas frechas contra
  eles:
²⁴ cansos de fame, consumidos coa febre e
  coa peste maligna.
 Si, mandarei contra eles dentes de
  animais,
 con veleno de bechos que se arrastran
  polo chan.
²⁵ Por fóra, a espada deixaraos sen fillos;
 e, por dentro das casas, o terror.
 ¡Berros dos mozos! ¡Berros das mozas!
 ¡Berro de meniño que mama, xunto co
  home encanecido!
²⁶ Pensei: vounos espallar,
 vou facer desaparece-la súa lembranza
  de entre os homes,
²⁷ se non temese provoca-lo inimigo
 e que os seus adversarios se fagan
  ilusións
 dicindo: A nosa man é poderosa,
 pois non foi o Señor quen fixo todo
  isto.

Reflexións teolóxicas exhortativas á fe no poder do Señor

²⁸ Si, son un pobo que derrama os plans,
 e neles non hai intelixencia.
²⁹ Se fosen sabios, comprenderían isto,
 entenderían cal é o seu porvir:
³⁰ ¿Como un home pode perseguir a mil
 e como dous homes fan fuxir a dez mil,
 se non é que o seu Penedo llelos vende
 e se non é que o Señor llelos entrega
  atados?
³¹ Certo que o noso Penedo non é coma o
  seu penedo,
 certo que os nosos inimigos non son
  quen a xulgar,
³² pois a súa viña é das cepas de Sodoma
 e dos patróns de Gomorra;
 as súas uvas son uvas de veleno
 e os seus acios teñen amargor;

32, 14 A paréntese é lectura do Texto Samaritano e mais da versión dos LXX.
32, 15 O nome *Iexurún* refírese aquí a Israel, que, en vez de ser dócil ó Señor, é coma un becerro (heb. *"xur"*) que coucea.

Penedo (heb. *"sur"*) é un dos moitos atributos de Iavé, que inclúe a imaxe do penedo do monte, ó abrigo do cal un se acolle, ou o penedo onde un se afirma (cf 1 Sam **23**, 13; Sal **18**, 3. 32; Is **26**, 4; Mt **7**, 24-25).

33 o seu viño é veneno de serpentes,
    si, pezoña de cobras destructoras.
34 ¿Non está el gardado ó meu carón,
    selado no almacén dos meus tesouros?
35 ¡Velaí o día da vinganza e do axuste de
      contas!
    ¡Velaí o intre no que tropezarán os seus
      pés!
    Certo que está próximo o día da súa
      ruína,
    certo que vén ás présas preparado para eles.
36 Si, o Señor faralle xustiza ó seu pobo,
    e compadecerase dos seus servos,
    cando vexa que a forza se acaba,
    e que xa non hai escravo nin libre.
37 Entón dirá: Onde están os seus deuses,
    o penedo onde se refuxiaban?
38 Pois comen a graxa dos seus sacrificios
    e beben o viño das súas libacións.
    ¡Que se levanten a axudarnos,
    que sexan a nosa protección!

Anuncio da vinganza sobre os inimigos do pobo

39 Agora ollade: certo que eu son eu,
    e non hai outros deuses comigo.
    Eu fago morrer e fago vivir;
    ferín, pero curarei,
    e non hai quen escape da miña man.
40 Si, levantarei a miña man ó ceo e direi:
    ¡Pola miña vida, así será para sempre!
41 Afiarei o lóstrego da miña espada
    e a miña man collerá a xustiza;
    e farei volta-la vinganza contra os meus
      adversarios
    e axustarei as contas cos que me odian.
42 Emborracharei as miñas frechas de sangue
    e a miña espada devorará carne:
    do sangue dos mortos e cativos,
    das cabezas peludas do meu inimigo.
43 Nacións, aclamade ó seu pobo,
    que o sangue dos seus servos está sendo
      vingado;
    fai vinganza dos seus adversarios,
    e así purifica a súa terra e o seu pobo".
44 Foi Moisés acompañado de Xosué, fillo de Nun, e pronunciou tódalas palabras deste canto ós oídos do pobo.

Conclusión do canto de testemuño e da lei

45 Cando acabou Moisés de pronunciar todas estas palabras para todo Israel, 46 díxolles:
—"Entregade o voso corazón a tódalas palabras que hoxe poño como testemuño contra vós, pois habédeslles de pór de precepto ós vosos fillos, para que procuren practicar tódalas palabras desta lei. 47 Pois non é unha palabra baleira de interese para vós, senón que é a vosa vida; e con esta palabra alongaréde-los días sobre a terra, na que entraredes ó cruza-lo Xordán para a tomardes en posesión".

Moisés morrerá despois de ve-la terra prometida

48 Nese mesmo día, o Señor faloulle a Moisés nestes termos:
49 —"Sube á montaña esa de Abarim, ó monte Nebó, que está no país de Moab, fronte a Iericó, e olla para a terra de Canaán, porque llela vou dar en propiedade ós fillos de Israel. 50 Despois morrerás no monte onde vas subir e xuntaraste cos teus parentes, o mesmo que Aharón, teu irmán, morreu no monte Hor e se xuntou cos seus parentes. 51 Por me serdes infieis a min ante os fillos de Israel, nas augas de Meribah de Cadex, no deserto de Sin, por non recoñecérde-la miña santidade, ante os fillos de Israel, 52 por isto verás desde enfronte o país, pero non entrarás nel, nese país que eu lles vou dar ós fillos de Israel".

Bendición de despedida de Moisés ós fillos de Israel

33 1 Esta é a bendición coa que Moisés, o home de Deus, bendiciu os fillos de Israel, antes de morrer. 2 Díxolles:
—"O Señor chega do Sinaí,
    resplandece desde Seir en favor deles,

32, 43 Os LXX teñen neste v un texto máis longo, que concorda co texto dos manuscritos de Qumrân, aínda que este último omite o que deixamos entre parénteses:
"Ceos, alegrádevos con El, e que tódolos fillos de Deus se postren diante del.
(Nacións, alegrádevos co seu pobo, e que tódolos anxos de Deus sexan fortes por El). Pois o sangue dos seus fillos foi vingado: El vingará e fará cae-la vinganza sobre os seus inimigos.
El pagarálle-llo ós que o odian; o Señor purificará o país do seu pobo".
Dúas pasaxes desta forma longa cítanse en Rm 15, 10 e Heb 1, 6.
32, 45-47 Conclúe o tema do testemuño e da perennidade da Alianza, cunha chamada á fidelidade.

33, 1ss Este canto está composto de dez cancións relativas a dez tribos (falta a de Simeón, quizais por estar absorbida xa pola de Xudá; e a de Isacar xúntase coa de Zebulón, que están encadradas por dous fragmentos hímnicos (os vv 25 e 26-29).
A presencia deste canto aquí débese seguramente ó seu emprego na liturxia da renovación da Alianza en Xequem. A súa orixe pódese remontar ós comezos da monarquía ou á fin do período dos xuíces; e desde logo posterior ás bendicións de Xacob (de Xén 49), pois xa desaparecera a tribo secular de Leví, e a de Rubén xa fora absorbida pola de Xudá.

brilla desde o monte Parán,
si, chega o Santo co seu poder,
avanza coa súa perna dereita en favor deles.
³ Ti si que áma-lo pobo,
tódolos santos do pobo están na túa man.
Eles humíllanse ante os teus pés,
e as túas palabras levántanos.
⁴ Moisés ordenounas nunha lei,
e o seu propietario é a xuntanza de Xacob.
⁵ Hai rei en Iexurún, cando se xuntan os xefes do pobo,
cando están xuntas as tribos de Israel.
⁶ Que viva Rubén e que non morra,
aínda que son poucos os seus homes.
⁷ *Isto é o que dixo para Xudá:*
Escoita, Señor, os gritos de Xudá
e tráeo ó seu pobo,
que as súas mans loiten ó seu favor,
pero ti se o seu auxiliador contra os seus adversarios.
⁸ *Isto é o que dixo para Leví:*
Que os teus *Tummim* e os teus *Urim*
sexan para o home que é fiel ó teu amor,
a quen puxeches a proba en Masah,
con quen discutiches fronte ás augas de Meribah,
⁹ o que lles dixo a seu pai e a súa nai:
Nunca vos vin,
que non recoñeceu a seus irmáns
e que ignora a seu fillo.
Si, cumpriron a túa palabra e mantiveron a túa Alianza.

¹⁰ Ensináronlle os teus decretos a Xacob,
e a túa lei a Israel.
Poñen o perfume do incenso diante de ti
e sacrificio completo sobre o teu altar.
¹¹ Bendí, Señor, a súa forza
e comprácete no traballo das súas mans.
Pártelle-los riles ós que se levanten contra el
e que non se poidan ergue-los que o odian.
¹²*Isto é o que dixo para Benxamín:*
Benquerido do Señor.
O Altísimo farao habitar tranquilo,
si, o Altísimo protexerao tódolos días,
e descansará nas súas abas.
¹³*Isto é o que dixo para Xosé:*
O seu país é o máis bendito polo Señor,
co precioso regalo do ceo, a rosada,
coas augas do abismo que descansan abaixo,
¹⁴ co precioso regalo dos productos do sol,
co precioso regalo dos froitos das lúas,
¹⁵ co mellor dos montes doutro tempo,
co precioso regalo dos outeiros eternos,
¹⁶ co mellor da terra e de canto contén,
e a favor do que mora na silveira:
¡baixe sobre a cabeza de Xosé,
sobre a fronte do príncipe de seus irmáns!
¹⁷ El é coma o primoxénito do touro.
¡Gloria a el!
Cornos de búfalo son os seus cornos,
con eles escorna os pobos,
os extremos do mundo ó mesmo tempo.
Si, ¡son as multitudes de Efraím!

33, 2-5 Este anaco de himno teofánico describe a chegada do Señor desde o deserto para reinar no seu pobo, amándoo e comunicándolle a Lei; deste xeito El é o Rei das tribos unidas para escoitaren a Lei e renovaren a Alianza.
33, 2 O termo "exdat" significa *perna* en diversas linguas orientais; e está en paralelo con "poder" (a perna dereita é sinal do poder, cf Ap 19, 16). Alguén explica este valor semántico polo poder de encantamento da perna en arameo. Outras traduccións corrixen o texto.
33, 5 *Iexurún* é un nome equivalente a Israel (cf nota a 32, 15). Esta xuntanza das tribos no santuario tiña lugar en Xequem para a festa da renovación da Alianza.
33, 6 Falta o encabezamento desta bendición. Esta tribo, asentada na Transxordania, debía estar en situación de crise pola opresión dos reinos veciños. En Xén 49, 3-4 aínda aparecía coma unha tribo poderosa.
33, 7 A bendición de Xudá é unha oración por esa tribo, que debe de estar en loita cos pobos do Sur. Esta situación explicará a súa ausencia.
33, 8s Os *Urim* e *Tummim* son instrumentos para responder ás sortes, ás cuestións que non se podían coñecer por medios naturais (cf Ex 28, 30; 1 Sam 14, 41s; 23, 11s). O resultado considerábase resposta de Deus: "os teus (=de Deus) *Tummim* ". Apóianse na fidelidade da revelación de Deus, mostrada nos episodios de Masah e Meribah (cf Ex 17, 7; Núm 20 ,13 Sal 81, 8; 95, 8).
33,10 Os levitas comunicaban as respostas legais ós que llelas presentaban (cf Ax 2, 11-13; Zac 7, 3).
Diante de ti: lit. "nos teus narices".
33, 12 *As súas abas:* O termo "katef" (=ombreiro), ten o senso xeográfico de "as abas", "as ladeiras dos montes". A tribo de Benxamín habitaba ó norte de Xerusalén, en terreo moi montañoso.
33, 13 A bendición de Xosé refírese ás tribos dos seus fillos Efraím e Menaxés, que ocuparon o centro e mailo sur do Reino de Israel.
As augas do abismo que descansan abaixo é o mar, que, segundo a concepción semítica, está debaixo da terra e lle dá a fertilidade.
33, 16 *O que mora na silveira:* alusión a Ex 3, 2.6. A cabeza e curuto, expresan a propiedade e o dominio.
Príncipe (hebr. "nazir") era o consagrado a Deus, con obrigacións especiais na guerra santa.
33, 17 *Touro* (heb. "xor") era un dos títulos do pai dos deuses do panteón cananeo, que aquí pasa a Iavé e adquire o simbolismo da fecundidade que tiña o touro.
Primoxénito do touro era un título de Baal en Ugarit, e aquí pasa a ser título de Xosé, para significa-lo fillo predilecto e o máis poderoso dos fillos (tribos) de Iavé.

Certo, ¡son os milleiros de Menaxés!
¹⁸ *Isto é o que dixo para Zebulón:*
Se feliz, Zebulón, nas túas saídas,
e ti, Isacar, se feliz nas túas tendas.
¹⁹ Os pobos son convidados ó meu monte,
alí ofrecen sacrificios lexítimos.
Certo que mamarán da abundancia dos mares,
dos tesouros escondidos coa area.
²⁰ *Isto é o que dixo para Gad:*
Bendito sexa quen alarga o territorio de Gad.
El está deitado coma unha leoa,
e arrinca un brazo e tamén a cabeza.
²¹ Viu as primicias que son para el;
si, alí está ben gardada a parte prescrita,
logo chegou onda os xefes do pobo,
cumpriu a xustiza do Señor,
os seus decretos cumpriunos con Israel.
²² *Isto é o que dixo para Dan:*
Dan é un cachorro de león,
dá un salto desde Baxán.
²³ *Isto é o que dixo para Naftalí:*
Naftalí, farto de ben querer
e cheo da bendición do Señor;
cara ó Oeste e cara ó Sur, a súa posesión.
²⁴ *Isto é o que dixo para Axer:*
Axer, o máis bendito dos fillos,
o máis favorecido dos irmáns.
Baña en aceite o seu pé,
²⁵ que os teus cerrollos sexan de ferro e bronce,
que o poder do teu dominio dure coma os teus días.

²⁶ Ninguén hai coma Deus, Iexurún,
que monta a cabalo dos ceos na túa axuda,
que coa maxestade monta nas delgadas nubes.
²⁷ O Deus de sempre é refuxio,
estás debaixo dos brazos do Eterno:
El botará o inimigo da túa presenza,
e dirá: ¡Extermina!
²⁸ Entón Israel habitará en seguridade.
A Fonte de Xacob botará suficiente
para un país de trigo e de mosto,
tamén o seu ceo destilará a rosada.
²⁹ Feliz ti, Israel, ¿quen coma ti?,
pobo salvado polo Señor,
escudo da túa axuda, espada da túa grandeza,
os teus inimigos quixeron dominarte,
pero ti tripara-las súas costas".

A morte de Moisés e a súa glorificación

34 ¹Subiu Moisés das chairas de Moab ó monte Nebó, á cima do Pisgah, que está enfronte de Iericó. O Señor mostroulle todo o país: Galaad ata Dan, ²todo Naftalí, o país de Efraím e Menaxés e todo o país de Xudá ata o mar Occidental; ³o Négueb, a veiga do val de Iericó, a cidade das palmeiras, ata Soar. ⁴Entón díxolle o Señor:
—"Este é o país que lles prometín con xuramento a Abraham, Isaac e Xacob, dicíndolles: Heillo de dar á túa descendencia. Xa cho mostrei ós teus ollos, pero alí non podes cruzar".

33, 18s O merismo "saídas e tendas", expresa a totalidade da existencia e actividade. O "monte" é o monte Tabor, onde había un santuario iavista (cf Xuí **4**, 12-16; Os **5**, 1). Aprovéitanse do comercio coma os seus veciños fenicios, e quizais desenvolven a industria do vidro coas areas do mar. As tribos de Isacar e Zebulón teñen orixe común (Xén **35**, 23), e o territorio aparellado.
33, 20s A Gad tocoulle a parte central da Transxordania (**2**, 3); pero ampliou o seu territorio loitando contra os beduínos, co que gañou sona de valente (Xén **49**, 19); e seguiu o que o Señor lles mandaba (actuar con xustiza) por medio dos xefes.
33, 22 O primeiro establecemento de Dan foi ó oeste do territorio de Benxamín, lindando cos filisteos, segundo Xos **19**, 40ss; pero logo trasladouse para o Norte da lagoa de Hule, onde reside na data deste texto. Era a tribo máis ó norte.
33, 23 Traducimos "Iam" (=mar) por oeste, por mor do contexto: estes datos xeográficos hai que os pór en relación con Baxán, que acaba de ser citado.
33, 24 Esta tribo estaba situada na zona costeira ó norte do Carmelo, e era terra de oliveiras. Por ser unha zona segura, non acode á invitación á guerra de Xuí **5**, 17.
33, 26 Presenta este v a Iavé cos títulos dados a Baal en Ugarit: cabaleiro das nubes, e distribuidor da prosperida-

de agrícola.
33, 27ss Outros títulos de Iavé son: o Deus de sempre, o Eterno, a Fonte de Xacob. Refírense á protección divina na guerra, o mesmo ca á prosperidade agrícola. Estes aspectos hímnicos cadran ben co tema das bendicións.
34, 1-12 O relato contén elementos da fonte antiga (vv 7-9, que continúan o relato de **32**, 48-52), mentres que o resto é do deuteronomista. Pódese considerar coma a glorificación de Moisés, que foi enterrado por Deus,. Elías foi arrebatado ó ceo, Moisés foi enterrado polo mesmo Iavé, e ata a morte conservou o ollo profético de visionario ("trataba co Señor cara a cara": v 10), e conservou a súa vitalidade ou espírito profético. Sorprende que non se fale da súa función lexisladora, cousa que se explica tendo en conta que o importante na liturxia da renovación da Alianza e na teoloxía deuteronomista é o carácter profético e vitalizador-taumatúrxico deste home, que segue ata o punto vivo na teoloxía destas comunidades cultuais e proféticas. No N. T. é considerado coma un precedente de Xesús, o profeta escatolóxico e taumaturgo liberador para tódolos homes, morto e resucitado, e vivo para sempre coa plenitude do poder do mesmo Deus, presente e actuante na liturxia e no profetismo cristián.

⁵Morreu alí Moisés, o servo do Señor, no país de Moab, conforme á declaración do Señor. ⁶E enterrouno alí no val, no país de Moab, enfronte de Bet-Peor, e ningún home, ata o día de hoxe, coñeceu a súa sepultura. ⁷Moisés tiña cento vinte anos, cando morreu, e o seu ollo non enfraqueceu nin desapareceu a súa vitalidade.

⁸Os fillos de Israel choraron por Moisés nas chairas de Moab trinta días, completaron así os seus días de pranto como loito por Moisés. ⁹Entón Xosué, fillo de Nun, estaba cheo de espírito de sabedoría, xa que Moisés lle impuxera as súas mans, e os fillos de Israel fixéronlle caso e comportáronse tal coma o Señor llo mandara a Moisés. ¹⁰Nunca máis volveu xurdir un profeta en Israel semellante a Moisés, con quen o Señor tratase cara a cara. ¹¹Ninguén coma el en tódolos sinais e prodixios, que o Señor lle mandou facer no país de Exipto contra o Faraón, contra os seus servos e contra o seu país. ¹²E ningún coma el coa man forte e todo o grande pavor que provocou Moisés á vista de todo Israel.

INTRODUCCIÓN Ó LIBRO DE XOSUÉ

1. O Libro de Xosué, no conxunto da Biblia

O sexto libro da Biblia leva o nome de "Libro de Xosué".

Na repartición que fan os xudeus —Lei, Profetas e Escritos— o Libro de Xosué é o primeiro dos "Profetas Anteriores", considerando ese escrito como algo á parte da "Lei de Moisés". Desde logo, a obra ten unha proxección cara a adiante, relacionándose intimamente co Libro dos Xuíces, e mais cos outros que o seguen (Samuel e Reis), e que son expoñentes da chamada teoloxía deuteronomística. Pero, ó mesmo tempo, o Libro de Xosué ten unha relación moi marcada cos libros da "Lei de Moisés". De feito, o programa da conquista do país xa se trazara no Deuteronomio. Por outra banda, toda a obra de Moisés quedaría no aire, se Xosué non a levase ó remate. Aínda máis: o "Libro de Xosué" enlaza directamente co Deuteronomio, ó falar da morte de Moisés e introducir uns temas teolóxicos comúns ó quinto libro da Lei. Por estas razóns, algúns, máis ben que pensar nun "Pentateuco" —os cinco libros da Lei—, prefiren falar do "Hexateuco", engadindo o Libro de Xosué.

2. O título do libro e a persoa de Xosué

O vocábulo hebreo "Iehoxúa", transcrito por Xosué, non fai referencia ó autor do libro, senón ó personaxe máis importante que aparece nel. O seu nome anterior era Oseas (heb. "Hoxea"), pero cambioullo Moisés (Núm **13**, 16) para simbolizar no nome a súa misión como colaborador de Deus. De feito, o vocábulo "Iehoxúa" significa "Iavé salva".

O noso personaxe viña sendo "fillo de Nun" (a versión dos LXX di "fillo de Naue" ou "fillo de Naún"), e pertencía á tribo de Efraím (Núm **13**, 8.16; cf Xos **19**, 49-50; **24**, 30).

O libro do Eclesiástico (**46**, 1-10) fai toda unha louvanza da persoa e do labor de Xosué. Outros libros da Biblia falan del como un dos maiores colaboradores de Moisés (Ex **32**, 17), un dos seus ministros (Ex **24**, 13; **33**, 11; Núm **11**, 28). Cando Moisés envía espías para conquista-lo país, escolle entre outros a Xosué (Núm **13**, 4-16); e serán el e mais Caleb quen darán azos ós israelitas para que se decidan a ocupa-lo territorio (Núm **14**, 6-9). Á morte de Moisés, sucédelle Xosué (Núm **27**, 18-23; Dt **31**, 3-8; Xos **1**, 1ss), coa dobre carga de conquista-lo país (Xos **1**, 2-5), e de repartilo entre as tribos de Israel (Xos **1**, 6-9; **13**, 7).

3. Tempo no que se escribiu a obra

Este libro, coma outros da Biblia, é froito dun longo proceso. Xa de antigo hai tradicións tribais —especialmente benxaminitas e efraimitas, que de contado se van poñendo por escrito. Sen embargo o libro non chega a se compoñer ata o tempo da monarquía dividida, non antes de Ioxías (século VII); e aínda despois hanse facer algúns engadidos. Lendo a modiño a obra, descóbrense os tecnicismos, estilo e temática propios das catro fontes que aparecían no Pentateuco, cunha meirande presencia das tres primeiras sobre a fonte sacerdotal.

4. Xénero literario do libro

Hai relatos no libro de Xosué que testemuñan feitos históricos. Así, parece ser que os israelitas ocuparon, por accións guerreiras, as cidades de Hormah, Hebrón, Debir, Hexbón, Hasor e Iericó. Outras cidades fóronas ocupando pacíficamente, mesturándose cos nativos, ou facendo pactos con eles. Neste derradeiro senso, destacan os acordos feitos con Gabaón e con Xequem.

Sen embargo, hai no libro de Xosué unha marcada tendencia á simplificación e á xeneralización. Así, preséntase como froito da loita o que nalgúns casos se conseguiu pacificamente; ponse como gañado de contado o que levou moito tempo; aplícase á conquista dunha vila entón non habitada o esquema da ocupación doutra; e aponse a todo Israel o que lles acontecera soamente a algunhas tribos.

Os feitos referidos polo autor deuteronomista sofren a concepción da historia e as preocupacións teolóxicas daquela escola. Sendo estas tan marcadas, os feitos históricos quedan na penumbra.

Por outra banda hai no libro lendas etiolóxicas, especialmente no que se refire ós individuos e ós santuarios. Estas lendas tencionan explicar feitos entón actuais, buscándolles unha razón de ser no pasado.

5. Teoloxía do libro de Xosué

O autor do libro, baseándose nos feitos recollidos nas tradicións e nas fontes escritas que emprega, quérenos transmitir unha mensaxe relixiosa.

1) Deus é o Señor da historia. O tema fundamental que dá senso ó libro é facer ver que as promesas feitas por Deus ós patriarcas non quedaron sen se cumpriren, a pesar de tódalas

INTRODUCCIÓN

dificultades humanas que se puidesen presentar. Deus está con Xosué, como estivera con Moisés. É Deus quen entrega o país a Israel.

2) Cando Israel cumpre cos preceptos e coas normas que Deus lle dá, vive feliz e vaise facendo dono do territorio; pola contra, cando é infiel a Deus, non adianta na conquista do país, senón que sofre desfeitas (cf Xos 7). Por iso, se o autor deuteronómico ve que os seus contemporáneos queren imita-las prácticas pagás, pon en boca de Xosué e do mesmo Deus o mandato de exterminar a todo o que se encontre naquel país e non crea no verdadeiro Señor da historia. O auténtico contido destas palabras que exhortaban á destrucción de todo ser vivo, vén sendo este: non vaiades tras dos ídolos, non vos deixedes levar polas prácticas dos pagáns, non sexa que atraiáde-la ira de Deus e vos suceda o mal, e teñades que sair da terra que o Señor vos deu.

3) Israel é, para o redactor deuteronomista, unha unidade composta de doce tribos, simbolizadas nas doce pedras de Guilgal. E, por formaren unha unidade, o pecado dun membro do pobo —Acán—, acarrexa o mal a todos (Xos 7); e o quebranto dun precepto da Lei por parte dalgunhas tribos, pode atrae-la ira do Señor contra as outras (22, 18ss). A Deus háselle de honrar e da-lo culto que El quere, no lugar que El dispoña *(22, 16.19).*

6. Estructura do libro

O libro de Xosué ten dúas partes fundamentais, cun apéndice.

A primeira parte trata dos preparativos para a ocupación do país e das accións guerreiras que levan a conquista-la terra prometida.

A segunda parte trata da repartición do país entre as tribos, e da elección das vilas de refuxio e das cidades levíticas.

O apéndice recolle a despedida de Xosué, a renovación da Alianza, e a morte do sucesor de Moisés.

A estructura é a seguinte:

1) Conquista da terra prometida	1, 1 - **12**, 24
—Preparativos da ocupación do país	1, 1 - **5**, 15
—Accións guerreiras que levan á conquista do país, e lista de reis vencidos	6, 1 - **12**, 24
2) Repartición da terra prometida	13, 1 - **21**, 45
—As partillas	13, 1 - **19**, 51
—Cidades de refuxio, e cidades levíticas	20, 1 - **21**, 45
3) Apéndice	22, 1 - **24**, 33
—O altar da Transxordania	22, 1 - 3
—Despedida de Xosué, renovación da Alianza, e morte de Xosué	23, 1 - **24**, 33

LIBRO DE XOSUÉ

CAPÍTULO 1

Xosué, sucesor de Moisés

1 ¹Despois da morte de Moisés, servo de Deus, díxolle o Señor a Xosué, fillo de Nun, servo de Moisés: ²—"O meu servo Moisés morreu; así que agora, érguete, e pasa o Xordán con todo este pobo, cara ó país que eu lles dou a eles, ós fillos de Israel. ³Calquera lugar que pise a planta dos vosos pés, volo entrego, tal como lle teño dito a Moisés. ⁴Os vosos lindeiros irán desde o deserto e mailo Líbano Leste, ata o Río Grande (o Éufrates), e todo o país dos hititas, ata o Mar Grande, no Occidente. ⁵Ninguén se che poderá arrepoñer durante toda a túa vida. Do mesmo xeito que estiven con Moisés, estarei tamén contigo: non te fallarei nin te abandonarei. ⁶Se rexo e valeroso, pois ti farás herdar a este pobo a terra que xurei ós seus devanceiros que lles había de dar. ⁷Soamente has de ser rexo e coraxudo, para cumprir toda a Lei que dispuxo o meu servo Moisés. Non te desvíes dela nin á dereita nin á esquerda, de xeito que teñas boandanza en todo o que acometas. ⁸Endexamais non arredarás da túa boca o libro desta Lei: meditaralo de día e mais de noite, de xeito que cumpras tódalas súas prescricións, pois daquela daráseche ben o teu camiño e terás boandanza. ⁹¿Logo non cho dixen xa?: se rexo e valeroso; non teñas medo nin te empequenezas, pois o Señor, o teu Deus, estará contigo en todo o que acometas".

Preparativos para o paso do Xordán

¹⁰Entón Xosué deu esta orde ós oficiais do pobo: ¹¹—"Ide polo medio do campamento, e pregoádelle á xente o seguinte: colledes provisións, pois dentro de tres días atravesaredes este Xordán, para tomardes posesión da terra que o Señor, o voso Deus, acordou que herdedes".

¹²E ós rubenitas, ós gaditas e á media tribo de Menaxés, díxolles Xosué: ¹³—"Lembrade aquilo que vos mandou Moisés, servo do Señor: O Señor, o voso Deus, concédevos acougo, dándovos esta terra. ¹⁴As vosas mulleres, os vosos rapaces e mailo voso gando, ficarán xa na terra que vos deu Moisés nesta banda do Xordán; pero vosoutros, tódolos guerreiros, pasaredes armados diante de vosos irmáns, e axudarédelos, ¹⁵ata que o Señor lles dea acougo como a vós, e tomen posesión tamén eles da terra que o Señor, o voso Deus, lles entregou. Daquela, voltaredes á terra da vosa herdanza, e tomaredes posesión dela —da que vos deu Moisés, servo do Señor—, na banda oriental do Xordán".

¹⁶Eles respondéronlle a Xosué: —"Faremos todo canto nos mandaches, e iremos a onde queira que nos envíes. ¹⁷Do mesmo xeito que obedecemos a Moisés, obedecerémosche a ti; abonda con que o Señor, o teu Deus, estea contigo como estivo con Moisés. ¹⁸Quenquera que se arrepoña contra as túas decisións, e non escoite as túas palabras —todo o que nos mandes—, será entregado á morte. Ti soamente se rexo e valeroso".

Rahab e os espías de Iericó

2 ¹Xosué, fillo de Nun, enviou ás caladas desde Xitim a dous militares de a pé, dicíndolles: —"Ide ve-lo país, a Iericó". Eles foron e chegaron a casa dunha rameira cha-

---

1, 1 Este primeiro capítulo tenciona enlaza-lo Libro de Xos co Libro do Dt, e pertence case que totalmente ó redactor deuteronomista. Ten tres partes: un discurso do Señor a Xosué (**1,** 1-9), os mandatos de Xosué ó pobo (**1,** 10-15) e a resposta do pobo a Xosué (**1,** 16-18).
1, 3 Agora que van entrar no país, Deus recórdalle a Xosué a promesa de Dt **7,** 23-24 e **11,** 24-25.
1, 4 Trátase do territorio ideal, que non chegaron a conquistar ata os tempos de Salomón.
O deserto ó que se refire é o de Sin (ó sur do Néguebr). A expresión "O Líbano Leste" quere distinguilo do Antilíbano. O "Mar Grande" é o Mediterráneo. O país dos hititas —expresión omitida polos LXX e mais pola Vulgata—, alude á parte norte da Siria de entón, onde foron da-los hititas cando os botaron de Anatolia.
1, 14 Consecuente co pensamento deuteronomista (cf Introducción **5-**2), aínda que aquelas dúas tribos e media teñan xa a súa herdanza, han de axudar ás outras tribos a tomar posesión da súa partilla. Namentres que o elohísta presenta os preparativos para unha ocupación pacífica (c. **11**), o redactor deuteronómico recolle o mandato de se preparar para unha confrontación militar (cf Dt 3,18-20).
1, 15 Para o deuteronomista a permanencia no país é signo clarísimo de bendición por parte de Deus. En tempos en que non se coñecía outro xeito de retribución, a procura desa felicidade terrea era un estímulo para o cumprimento da Alianza por parte do pobo.
2,1 O capítulo 2 do libro de Xosué é independente do capítulo anterior, e pertence máis que nada ós autores iavista e elohísta. Preséntano a primeira das tradicións etiolóxicas (cf Introd. **4**) referidas a Iericó. Debía existir entre os israelitas o clan de Rahab, e explícase esa presencia polo trato cos espías enviados por Xosué. A outra tradición etiolóxica sobre Iericó, ofrecerásenos no capítulo 6.
Rahab aparecerá no Novo Testamento, ó falar da xenealoxía de Xesús, e presentarase como nai de Boaz (Mt **1,** 5; cf 1 Cro **2,** 10s). Falarase tamén dela como "muller de fe" (Heb **11,** 31), e como prototipo da que fai obras boas

mada Rahab, e pararon alí. ²Mais foille anunciado ó rei de Iericó: —"Velaquí que chegaron de noite algúns dos fillos de Israel, para pescuda-lo país". ³O rei de Iericó mandou dicir a Rahab: —"Bota para fóra os homes que chegaron onda ti —que entraron na túa casa—, pois viñeron pescudar todo o país". ⁴A muller collera os dous homes e acocháraos; e dixo: —"Certo, viñeron onda min eses homes, pero eu non adiviñei de onde eran, ⁵e aconteceu que, estando para pecha-las portas, á caída da tarde, sairon e non sei para onde foron. Correde axiña detrás deles, pois habédelos de atrapar". ⁶(Pero ela fixéraos subir á azotea e acocháraos entre os feixes de liño que tiña amoreados na azotea). ⁷Os perseguidores botaron a correr detrás deles polo camiño do Xordán, cara ós baixíos, e, en saíndo eles, de contado atrancaron as portas.

⁸Aínda os espías non se deitaran, cando subiu Rahab onda eles, á azotea, ⁹e díxolles: —"Ben sei que o Señor vos deu o país, e o temor a vós estarrece, de xeito que tódolos veciños do país están amedoñados por causa vosa, ¹⁰pois temos oído que o Señor secou o Mar Rubio diante de vós, cando saístes de Exipto; e tamén o que fixestes cos dous reis amorreos da outra banda do Xordán —con Sihón e con Og—, que os esnaquizastes. ¹¹Nada máis oílo, desfaleceron os nosos corazóns, e xa non quedou alento en ningún de nós, por causa vosa, pois o Señor, o voso Deus, é Deus enriba —nos ceos—, e abaixo, na terra. ¹²E agora, volo suplico, xurádeme polo Señor que, xa que tiven misericordia convosco, habédela ter tamén vós coa casa de meu pai, e que me daredes un sinal seguro ¹³de que deixaredes con vida a meu pai e a miña nai, a meus irmáns e irmás, e todo o que lles pertence, arredando as nosas vidas da morte". ¹⁴Respondéronlle os homes: —"¡Vaia a nosa vida pola vosa!, sempre que non denunciéde-lo noso argallo, se, cando o Señor nos entregue o país, non temos contigo misericordia e lealdade". ¹⁵Entón ela púxose a descolgalos cunha corda pola fiestra, pois a casa daba ó muro da vila (onda o muro vivía ela), ¹⁶e díxolles: —"Ide para o monte —non sexa que dean convosco os perseguidores—, e acochádevos aló durante tres días, ata que volten eles; e despois, continuaréde-lo voso camiño". ¹⁷Dixéronlle entón os homes: —"Nós queremos cumprir este xuramento que nos fixeches facer. ¹⁸Velaquí que, cando entremos no país, haberás de ter esta cinta de fío escarlata atada na fiestra pola que nos baixaches; e a teu pai, a túa nai, a teus irmáns e a toda a casa de teu pai, axuntaralos contigo na túa casa. ¹⁹Mais se alguén chega a saír das portas da túa casa, apandará el co seu sangue, sendo nós inocentes; en troques, seremos nós os responsables de quen estea contigo na casa: se alguén lle pon a man enriba, o seu sangue caerá sobre nós. ²⁰Pero se denúncia-lo noso argallo, quedaremos libres do xuramento que nos fixeches facer". ²¹Respondeu ela: —"¡Que aconteza como dicides!" E despediunos, e fóronse; e ela atou a cinta escarlata á fiestra. ²²Eles camiñaron e chegaron ó monte, e deixáronse estar alí tres días, ata que voltaron os perseguidores. Estes rebuscaran por todo o camiño, pero non deran con eles. ²³E emprenderon retorno os dous homes. Baixaron do monte, pasaron o río, chegaron onda Xosué —o fillo de Nun—, e contáronlle todo o que lles acontecera. ²⁴E dixéronlle a Xosué: —"De seguro que o Señor puxo todo o país nas nosas mans, pois tódolos veciños do país están amedoñados por causa nosa".

O paso do Xordán

3 ¹E Xosué ergueuse de mañanciña, saíu de Xitim, e chegou ata o Xordán, con tódolos fillos de Israel; e pasaron a noite alí, antes de atravesaren. ²Ó cabo de tres días, pasaron os oficiais polo medio do campa-

---

(Sant **2,** 25). No xudaísmo ponse como exemplo do prosélito que abandona a vida pecadenta e acolle a fe de Israel.
Xitim está no Moab, a 11 ou 12 Kms. do Xordán. Menciónase en Núm **25,** 1; **33,** 49. Xitim (lit. "xittim") significa "As Acacias". Iericó queda a 8 Kms. ó oeste do Xordán, e a 300 m. baixo o nivel do mar. A cidade de entón identifícase con Tell-es-Sultán, que, segundo os datos da arqueoloxía, foi destruída entre o 1.350 e o 1.325, volvéndose a habitar, anque en menor estensión, entre o 1.200 e o 900. Se ben o dato arqueolóxico non favorece o feito da ocupación polas armas, as tradicións independentes de Rahab (Xos **2** e **6**), xunto coa de **24,** 11 e maila afirmación de **6,** 1, fan pensar no feito da conquista.

2, 17 En **2,** 17-20 vese que se lle poñen tres condicións a Rahab: que coloque a fita vermella na fiestra; que os seus familiares estean na súa casa; e que non diga nada. De non ser así, eles actuarán doutro xeito.
2, 18 O feito da cinta escarlata —a color do sangue—, posiblemente teña relación con Ex **12,** 13: ó veren eles a fita vermella non derramarán sangue naquela casa.
3, 1 Os cc. **3-4** tratan do "paso do Xordán". No **5** ultímanse os preparativos para a conquista.
Ó longo de toda a narración pódese percibi-la analoxía co relato da Pascua e do paso do Mar Rubio (Ex **12-15**). Isto axuda moito á hora de determina-lo xénero literario de Xos **3-5**, relacionado sen dúbida co santuario de Guilgal. O texto de Xosué diferénciase do relato do Éxodo

mento, ³e falaron ó pobo deste xeito: —"Cando vexáde-la Arca da Alianza do Señor, o voso Deus, e os clérigos levitas que a levan, deixade os vosos postos e ide tras dela ⁴para coñece-lo camiño que seguiredes, pois non o pasastes nunca antes; mais habédesvos de afastar do Señor arredor de mil metros: non vos acheguedes máis". ⁵E dixo Xosué ó pobo: —"Purificádevos, pois mañá fará o Señor marabillas no medio de vós". ⁶E díxolles ós sacerdotes: —"Collede a Arca da Alianza, e pasade diante do pobo". Eles collérona e foron diante.

⁷Dixo o Señor a Xosué: —"Hoxe comezarei a engrandecerte diante de todo Israel, para que se decaten de que estou contigo, como estiven con Moisés. ⁸Ti mándalles isto ós sacerdotes que levan a Arca da Alianza: en canto cheguedes a carón das augas do Xordán, detéñense no Xordán". ⁹E dixo Xosué ós fillos de Israel: —"Achegádevos aquí e escoitade as palabras do Señor, o voso Deus". ¹⁰E engadiu: —"Nisto coñeceredes que o Deus vivo está entre vós, e que ha de botar de diante de vós ós cananeos, ós hititas, ós hivitas, ós perizitas, ós guirgaxitas, ós amorreos e ós iebuseos. ¹¹Velaquí que a Arca da Alianza do dono de toda a terra vai pasa-lo Xordán diante de vós; ¹²(e agora, escollede doce homes de entre as tribos de Israel, un por tribo), ¹³e, cando as plantas dos pés dos sacerdotes que levan a Arca do Señor —do dono de toda a terra— se pousen nas augas do Xordán, acontecerá que as augas do Xordán quedarán cortadas (as augas que veñen de arriba), e formarán un bloque á parte".

¹⁴E o pobo botou a andar, desde onde tiña as tendas, para pasa-lo Xordán; e os sacerdotes levaban a Arca da Alianza diante do pobo. ¹⁵E, en chegando ó Xordán os que levaban a Arca e mollárense na ribeira os pés dos sacerdotes que levaban a Arca —pois o Xordán enche as súas ribeiras todo o tempo da recolleita—, ¹⁶detivéronse as augas do Xordán que viñan de arriba, e erguéronse en bloque á parte moi lonxe, en Adam (a vila que está a carón de Saretán); e as que baixaban cara ó mar da Arabah —o Mar do Sal—, remataron tamén totalmente cortadas: e o pobo atravesou por fronte de Iericó. ¹⁷E os sacerdotes que levaban a Arca da Alianza do Señor, mantivéronse ergueitos en seco, no medio do Xordán, namentres todo Israel atravesaba polo seco, ata que toda a xente deu pasado o Xordán.

As pedras conmemorativas do paso

4 ¹Despois de que toda a xente pasara o Xordán, díxolle o Señor a Xosué: ²—"Escollede doce homes de entre o pobo, un por cada tribo, ³e mandádelles isto: Erguede de aí, do medio do Xordán, do sitio onde estiveron firmes os pés dos sacerdotes, doce pedras; carrexádeas e fixádeas no lugar onde ides pernoctar hoxe". ⁴E chamou Xosué os doce homes que escollera de entre os fillos de Israel —un por cada tribo—, ⁵díxolles: —"Pasade diante da Arca do Señor, o voso Deus, ó medio do Xordán, e erguede nos ombros cada un de vós unha pedra, de acordo co número de tribos dos fillos de Israel, ⁶para que isto sexa un sinal no medio de vós. E, cando o día de mañá vos pregunten vosos fillos *¿que senso teñen para vós esas pedras?*, ⁷responderédeslles que as augas do Xordán estiveron cortadas diante da Arca da Alianza do Señor ó pasa-lo Xordán: cortáronse as augas do Xordán, e velaquí estas pedras como lembranza para os fillos de Israel decote". ⁸E os fillos de Israel fixeron tal como mandara Xosué: colleron doce pedras do medio do Xordán, como indicara o Señor a Xosué, segundo o número de tribos dos fillos de Israel, e leváronas con eles, e fixáronas no lugar onde pernoctaron.

---

pola procesión coa Arca da Alianza, namentres que no Éxodo é a man de Moisés a que provoca o milagre (cf Ex 14, 26-27). O colorido do paso do Xordán é litúrxico. No texto atopamos vestixios das catro fontes que aparecen xa no Pentateuco.
Na historia deuteronomista o paso do Xordán ten fundamental importancia, pois marca a consumación dos feitos de Deus, en cumprimento da promesa.
3, 4 *Mil metros*: o texto orixinal di "dous mil cóbados".
3, 5 *Purificarse* (literalmente "santificarse"), alude á preparación ritual para se presentar diante de Deus (cf Ex 19, 10-15).
3, 10 Os máis importantes de todos eles son os cananeos da costa fenicia (Xos 13, 4; Is 23, 11), e os amorreos das montañas (Núm 13, 29). Uns e outros eran semitas.

3, 12 Este versículo está fóra de sitio e rompe o senso da narración. A mesma idea repítese máis adiante (**4,** 2), e alí véselle unha razón de ser (cf **4,** 4-7).
3, 16 O paso do Xordán preséntase en términos semellantes ós empregados no paso do Mar Rubio. O interese do autor, máis ben ca histórico, é teolóxico, tendente a anunciar que o Señor cumpre as súas promesas, por medio da Arca da Alianza, e do seu servo Xosué.
4, 1 No c. **1** hai que distinguir dúas recensións paralelas: a da fundación do santuario de Guilgal —mediante a erección de doce estelas—, e a das doce pedras no medio do río. Unha e maila outra teñen colorido etiolóxico (cf Introd.**4**).
4, 8 O relato tenciona atribuír ós tempos de Xosué os comezos do que máis adiante chegaría a se-lo santuario de Guilgal: a sé do Congreso das doce tribos de Israel.

⁹E Xosué fixo colocar doce pedras no medio do Xordán, no lugar onde se pousaran os pés dos sacerdotes que levaban a Arca da Alianza, e permaneceron alí ata o día de hoxe. ¹⁰E os sacerdotes que levaban a Arca estiveron ergueitos no medio do Xordán, ata o remate de todo o discurso que o Señor mandou a Xosué proclamar ó pobo (segundo todo o que mandara Moisés a Xosué). Daquela, o pobo deuse présa e atravesou. ¹¹En pasando a totalidade do pobo, pasaron tamén a Arca do Señor e mailos sacerdotes e fóronse colocar diante do pobo. ¹²E pasaron os fillos de Rubén e os fillos de Gad e maila media tribo de Menaxés, armados, diante dos fillos de Israel, segundo lles tiña dito Moisés; ¹³uns corenta mil soldados listos para a loita pasaron diante do Señor cara ás chairas de Iericó. ¹⁴No día aquel engrandeceu o Señor a Xosué diante de todo Israel e respectárono como respectaron a Moisés tódolos días da súa vida.

¹⁵E dixo o Señor a Xosué: ¹⁶—"Mandade que suban do Xordán os sacerdotes que levan a Arca do Testemuño". ¹⁷E ordenoulles Xosué: —"Subide do Xordán". ¹⁸E aconteceu que, en subindo do medio do Xordán os sacerdotes que levaban a Arca da Alianza do Señor, cando puxeron os pés en terra firme, tornaron as augas do Xordán ó seu sitio, e correron como antes por tódalas súas ribeiras. ¹⁹O pobo subiu do Xordán o décimo día do primeiro mes, e acampou en Guilgal, ó oriente de Iericó.

²⁰E Xosué mandou erixir en Guilgal as doce pedras aquelas que colleran do Xordán. ²¹E díxolles ós fillos de Israel: —"O día de mañá, cando vosos fillos pregunten a seus pais ¿que senso teñen as pedras estas?, ²²instruiredes a vosos fillos, dicindo: por terra seca pasou Israel este Xordán, ²³pois o Señor, o voso Deus, fixo seca-las augas do Xordán diante de vós ata que pasastes, como xa fixera co Mar Rubio, que o secou diante de nós ata que o atravesamos, ²⁴para que coñezan tódolos pobos da terra que a man de Deus é poderosa, e para que temades decote ó Señor, o voso Deus".

Os nativos, amedoñados ante Israel

5 ¹Cando os reis amorreos da banda occidental do Xordán e tódolos reis cananeos de onda o mar, souberon que o Señor secara as augas do Xordán diante dos fillos de Israel, ata que o atravesaron, desfaleceu o seu corazón e non quedou xa alento neles por mor dos fillos de Israel.

Xosué circuncida o pobo en Guilgal

²Daquela, dixo o Señor a Xosué: —"Fai coitelos de pedra, e, unha vez máis, bótate a circuncida-los fillos de Israel". ³E fixo Xosué coitelos de pedra, e circuncidou os fillos de Israel, no Outeiro dos Prepucios. ⁴A razón pola que Xosué se puxo a circuncidar foi esta: todo o pobo que saíra de Exipto —os varóns, tódolos guerreiros—, morreran no deserto, polo camiño, ó saíren de Exipto. ⁵Así que fora circuncidada toda a xente que saíra de Exipto; pero a que nacera no deserto, polo camiño, na súa fuxida de Exipto, non estaba circuncidada. ⁶De feito, os fillos de Israel botaron corenta anos polo deserto, ata o acabamento de toda a xeración de guerreiros saídos de Exipto, que non escoitaran a voz do Señor, polo que o Señor lles xurara privarlles de ve-la terra que prometera a seus pais que había de nos dar, unha terra que deita leite e mel. ⁷E foi a seus fillos —ós que xurdiron no sitio deles—, a quen circuncidou Xosué,

---

4, 9 O número doce cóllese do Congreso xa establecido, e retrotráese ata entón. O elemento histórico e litúrxico cede ante o interese do autor de mostra-la íntima relación entre o Israel dos seus tempos e o dos tempos de Xosué.
4, 16 *Arca do Testemuño* é un dito característico do autor sacerdotal, alusivo ás táboas da lei, gardadas na Arca, e que contiñan o "testemuño de Deus", os seus mandamentos (cf Ex **31**, 18; **32**, 15; **34**, 29).
4, 19 Este v. pertence ó autor sacerdotal, quen fai coincidir aquel intre co comezo da Pascua e co Éxodo de Exipto: o día décimo do primeiro mes, do mes de Nisán (cf Ex **12**, 2-3. 51).
O vocábulo "Guilgal" significa "facer rodar", e máis "circo de pedras". Designa un lugar situado entre o Xordán e Iericó, pero que está aínda sen identificar. O seu santuario chegará a se-lo máis importante para a tribo de Benxamín nos tempos de Samuel e de Xaúl. Non obstante, no século oitavo será rexeitado polos profetas Oseas (**4**, 15; **9**, 15) e Amós (**4**, 4; **5**, 5), debido á ruindade dos que alí acudían.
5, 1 Onde o texto hebreo di "reis cananeos", os LXX poñen "reis de Fenicia". A realidade vén se-la mesma (cf **3**, 10 nota).
Traducimos "o atravesaron" onde outros poñen "o atravesamos", por ter máis en consideración unha variante con forma aramea, e que vai en terceira persoa de plural.
5, 2 Anque o autor deuteronómico retrotrae a circuncisión ata antes do Éxodo, e o sacerdotal mesmo ata os tempos de Abraham (cf Xén **17**), isto viña provocado por preocupacións teolóxicas. O máis probable é que os israelitas non estivesen circuncidados en Exipto, o revés do que acontecía cos madianitas daqueles tempos (cf Ex **4**, 24-26).
5, 3 Trátase dunha tradición topográfica etiolóxica, dando razón do "Outeiro dos Prepucios".

pois eran incircuncisos, ó non seren circuncidados polo camiño. ⁸E velaquí que, cando se rematou de circuncidar toda a xente, permaneceron nos seus postos no campamento, ata que sandaron. ⁹E dixo o Señor a Xosué: —"Hoxe quiteivos de enriba o oprobio de Exipto". A aquel sitio, puxéronlle de nome Guilgal, e aínda hoxe se chama así.

A primeira Pascua na terra de Canaán

¹⁰Os fillos de Israel acamparon en Guilgal e celebraron a Pascua no décimo cuarto día do mes, polo serán, nas chairas de Iericó. ¹¹No día seguinte á Pascua, comeron dos productos do país: bolos ázimos e espigas torradas, no mesmo día. ¹²E, ó día seguinte de comeren do froito da terra, cesou o maná, e en adiante xa non houbo maná para os fillos de Israel: aquel ano comeron do producto da terra de Canaán.

Deus, do lado de Xosué para comeza-la conquista

¹³Aconteceu que, estando Xosué en Iericó, ergueu os ollos e veu un home erguido diante del, coa espada desenvaiñada na súa man. Xosué achegóuselle e díxolle: —"¿Ti es dos nosos, ou do inimigo?" ¹⁴El respondeulle: —"Non: eu son o príncipe do exército do Señor, e acabo de chegar". Daquela, caeu Xosué de xeonllos en terra, e adorouno. E díxolle: —"¿Que quere mandar o meu Señor ó seu servo?" ¹⁵Respondeulle o príncipe do exército do Señor a Xosué: —"Descálzate, pois o lugar onde te atopas é santo". E así fixo Xosué.

A conquista de Iericó

6 ¹As portas de Iericó estaban ben pechadas e atrancadas por mor dos fillos de Israel: ninguén saía nin entraba.

²E o Señor dixo a Xosué: —"Mira que poño nas túas mans a Iericó, o seu rei e mailos seus defensores. ³Vós, tódolos guerreiros, circundaréde-la vila unha vez, dándolle un rodeo. E faredes así durante seis días. ⁴Sete sacerdotes levarán sete trompetas de corno de carneiro, diante da Arca. O sétimo día circundaréde-la vila sete veces, e os sacerdotes tocarán as trompetas. ⁵E, cando soe o corno de carneiro, en escoitando vós o son da trompeta, bruará todo o pobo con grande berro. Entón virase abaixo o muro da vila, e subirá a eito todo o pobo". ⁶Xosué, fillo de Nun, chamou polos sacerdotes e díxolles: —"Traede a Arca da Alianza e que sete sacerdotes leven sete trompetas de carneiro diante da Arca do Señor". ⁷Logo díxolle ó pobo: —"Ide alá e circundade a vila e que os guerreiros pasen diante da Arca do Señor".

⁸Logo que Xosué falou ó pobo, os sete sacerdotes que levaban sete trompetas de carneiro pasaron diante do Señor e sopraron nas trompetas e a Arca da Alianza do Señor ía detrás deles. ⁹Os homes da vangarda ían diante dos sacerdotes que sopraban nas trompetas, namentres que a retagarda ía detrás da Arca do Señor; e camiñábase ó son das trompetas.

¹⁰Xosué deulle ó pobo esta orde: —"Non berredes nin deixedes oí-la vosa voz, nin saia sequera unha palabra da vosa boca, ata o día que vos diga *bruade*. Daquela, berraredes". ¹¹Fixo entón que a Arca da Alianza cir-

---

5, 9 O *oprobio de Exipto* vén se-la escravitude, simbolizada pola incircuncisión. Ó pasaren o Xordán e celebra-la Alianza na terra do Señor, terminou o oprobio de Exipto, pois fixo Deus que "rodase para fóra". Xoga o autor co término "Guilgal", facendo referencia ó oprobio removido alí e mais ás "rodas de prepucios". Definitivamente deixaron de estar asoballados ou mesmo en terra allea, para viviren na terra prometida polo Señor. A circuncisión reflexa a Alianza entre Israel e o seu Deus.
5, 10 O estar circuncidado era condición indispensable para participar na comida pascual (Ex 12, 44). Así que o autor, coa mentalidade dos seu tempo, e quizais pensando tamén no "Outeiro dos Prepucios" (5, 3), coida que Xosué se tivo que meter, antes que nada, a circuncida-la xente.
O Año pascual, que se escollía o dez de Nisán (Ex 12, 3; cf Xos 4, 19 nota), non se mataba ata o catorce do mesmo mes (Ex 12, 6). Comíase o día quince.
5, 12 Este versículo depende de Ex 16, 35.
5, 14 O Señor pódese aparecer de diversos xeitos: como se manifestara a Moisés na silveira que ardía (Ex 3, 2-6), móstrase agora baixo unha semellanza de home. E, o mesmo que cando se lle mostrou a Moisés, quere agora indicar que El xa está disposto para axudar ó seu pobo na ocupación do país.
A teofanía ten como razón de ser autentifica-la personalidade de Xosué, e consagrar aquel lugar.
5, 15 O paralelismo coa manifestación de Deus a Moisés (Ex 3, 5) está claro.
6, 1 O c. **6** de Xosué trata da conquista de Iericó. A narración débese principalmente ós autores iavista e elohista, pero foi moi retocado polas escolas seguintes.
No texto actual pódense distinguir dous relatos principais: nun deles a marcha dura sete días, e, o dar Xosué o sinal, caen os muros da vila; no outro, estes caen en soando o corno, e as sete voltas á vila danse nun só día. As abondas alteracións do texto procuran a reconciliación dos dous relatos.
6, 3 Hai todo un ritual litúrxico, que han de levar adiante os israelitas. A acción deles non se presenta como decisiva: é a man de Deus a que provoca o resultado.
6, 4 Parece un rito case que máxico: sete sacerdotes - sete trompetas - sétimo día - sete veces.

cundase a vila, dándolle o rodeo unha vez; despois, voltaron para o campamento, e pernoctaron alí.

¹²Xosué ergueuse de mañanciña e os sacerdotes colleron a Arca do Señor. ¹³Os sete sacerdotes que levaban sete trompetas de carneiro diante da Arca do Señor ían camiñando ó mesmo tempo que sopraban nas trompetas. A vangarda ía diante deles, e a retagarda ía detrás da Arca do Señor; e camiñábase ó son das trompetas. ¹⁴E no segundo día tamén rodearon a vila unha vez, e voltaron logo ó campamento. Así fixeron durante seis días. ¹⁵No día sétimo erguéronse moi de mañanciña e rodearon a vila do mesmo xeito, sete veces. Só nese día circundaron a vila sete veces. ¹⁶Ó sétimo rodeo sopraron os sacerdotes nas trompetas; e dixo Xosué ó pobo: —"Bruade, pois o Señor entrégavo-la vila. ¹⁷Facede entredito dela e de canto haxa nela, para o Señor: tan só seguirán con vida Rahab —a prostituta—, e todo o que estea con ela na casa, pois acochou os mandadeiros que enviaramos. ¹⁸Soamente vos digo: gardádevos ben do entredito, non sexa que, por cobiza, collades del e volvades entredito o campamento de Israel, traéndolle a desgracia. ¹⁹Todo o que sexa prata, ouro ou vasos de bronce ou de ferro será consagrado ó Señor, e pasará ó tesouro do Señor".

²⁰Bruou o pobo, e sopraron nas trompetas; e, cando oíu a xente o soar da trompeta, deu o pobo un grande berro e derrubáronse os muros; subiu a eito o pobo á vila, e ocupárona. ²¹E destruíron todo o que había na vila: homes e mulleres, mozos e vellos, bois, ovellas e xumentos, co gume da espada.

O respecto do xuramento feito a Rahab

²²Pero Xosué xa lles encomendara ós dous que foran pescuda-lo país: —"Entrade na casa da rameira, e sacade de alí á muller e a todo o que teña con ela, segundo lle xurastes". ²³Foron os mozos espías, e sacaron a Rahab, a seu pai e súa nai, a seus irmáns, e a todo o que tiña ela: sacaron toda a súa parentela, e puxéronos fóra do campamento de Israel. ²⁴Entón prendéronlle lume á vila, con todo o que había nela, fóra da prata, ouro e vasos de bronce e de ferro, que os puxeron no tesouro da casa do Señor. ²⁵En troques, deixou Xosué con vida a Rahab —a prostituta— xunto coa casa de seu pai e mais con todo o que tiña con ela; e residiu no medio de Israel ata o día de hoxe, pois acochou os mandadeiros que enviara Xosué para pescudar Iericó.

Maldición para quen reedifique Iericó

²⁶Daquela, botou Xosué este xuramento:
—"Sexa maldito diante do Señor
quenquera que se poña a edificar
esta vila de Iericó:
comezará a edificala sobre o seu
    primoxénito,
e sobre o fillo máis novo colocará as súas
    portas".

²⁷O Señor estivo con Xosué e a súa sona espallouse por todo o país.

Israel e o entredito

7 ¹Pero os fillos de Israel foron desleais no tocante ó entredito, por colleren del Acán, fillo de Carmí, fillo de Zabdí, fillo de Zérah, da tribo de Xudá. Entón prendeu a ira do Señor contra os fillos de Israel.

Primeiro ataque a Ai e desfeita de Israel

²Xosué enviou homes desde Iericó a Ai —que está a carón de Bet-Aven, ó oriente de Betel—, dicíndolles: —"Subide e ollade a zona". Foron os homes e recoñeceron a vila. ³E volveron onda Xosué, e dixéronlle: —"Que non suba todo o pobo; que suban dous ou

---

6, 11 Feitos tódolos preparativos, comeza a posta en práctica do mandado por Xosué.
6, 17 Este versículo e mailos dous seguintes preparan o episodio de Acán (Xos 7). A palabra hebrea traducida por "entredito" é "hérem", que significa "sacrosanto". Vén equivaler a aquilo ó que se renuncia por un voto feito a Deus, ou polo mandato divino na guerra santa (cf 1 Sam **15,** 3ss). Exterminá-las cidades conquistadas e adicalas ó propio deus era algo moi común no mundo semítico antigo. Na Estela de Mexa, rei do Moab —inscrición do século noveno—, dise que Mexa matou os sete mil habitantes dunha vila israelita, e consagrou a Kemox o que antes estaba dedicado a Iavé. Tamén en Israel estaba ben vista a consagración do conquistado a Iavé (cf 1 Sam **21,** 5; 2 Sam **11,** 11).
6, 21 Considerado desde un tempo posterior, cando o pobo xa se contaxiara dos costumes pagáns e actuaba contra as disposicións de Deus, preséntase entón como ideal na conquista a ofrenda da cidade a Iavé, destruíndo todo o que fora pagán ou que se relacionase con el.
6,22 Cf **2,** 1.12-14.17-21.
6, 26 O xuramento de Xosué atopa o cumprimento en Hiel de Betel (cf 1 Re **16,** 34).
6, 27 Este versículo móstrano-la preocupación do autor de enxalzar a Xosué, presentándoo como semellante a Moisés e agradable ós ollos de Deus (cf **5,** 13-15).
7, 1 O relato de Acán ten como finalidade o facer ver que a obediencia a Deus reporta bos froitos para o pobo, namentres que a desobediencia, incluso a dun home só, trae o mal para todos.
Acán faltou ó precepto do Dt **13,** 18 e Lev **27,** 28.
Na narración inclúense dúas etioloxías: dáse razón do "Val de Acor" (**7,** 24.26), e do "monte de pedras" (**7,** 26).

tres mil homes, e baterán a Ai; non canses a todo o pobo facéndoo ir aló, pois eles son poucos. ⁴Entón subiron uns tres mil de entre o pobo, e fuxiron diante dos homes de Ai. ⁵E os homes de Ai matáronlles uns trinta e seis e perseguíronos desde diante da porta ata Xebarim, baténdoos na baixada. Daquela, disolveuse o corazón do pobo, e fíxose coma auga.

⁶Xosué rachou as súas vestiduras e postrouse co rostro por terra ata o serán diante da Arca do Señor, el e mailos anciáns de Israel; e botaron po nas súas cabezas. ⁷E dixo Xosué: —"¡Ah, meu Señor Iavé!: ¿Por que fixeches pasa-lo Xordán a este pobo, para poñéresnos nas mans dos amorreos e desmoronarnos? ¡Oxalá tencionasemos quedar na outra banda do Xordán! ⁸¡Meu Señor! ¿E que hei de dicir, despois de que Israel volveu o lombo diante dos seus inimigos? ⁹Oirano os cananeos e tódolos veciños do país, e estreitarán o cerco contra nós e borrarán da terra o noso nome. ¿E que farás ti do teu grande nome?"

¹⁰E dixo o Señor a Xosué: —"¡Érguete! ¿Por que fas iso: abatéreste sobre o teu rostro? ¹¹Pecou Israel, fenderon o meu pacto, o que lles encomendara; botaron man do entredito, roubándoo e acochándoo, e poñéndoo despois cos seus arreos. ¹²Por iso os fillos de Israel non poderán levantar cabeza diante dos seus inimigos; volveránlle-lo lombo, pois incorreron no entredito. Non continuarei estando convosco, se non quitáde-lo entredito do medio de vós. ¹³Ti érguete, purifica o pobo, e dilles: Mantédevos puros para mañá, pois así di o Señor, Deus de Israel: Non poderás estar rexo fronte ós teus inimigos, ata que remováde-lo entredito do medio de vós. ¹⁴Achegarédesvos na mañá, por tribos; e a tribo que se non sinale o Señor, virá por familias; e a familia que escolla o Señor, comparecerá por casas; e a casa que de entre nós sinale o Señor, acudirá por va-

róns. ¹⁵E aquel que fose pillado co entredito será queimado na fogueira —el e todo o que lle pertence—, pois rompeu a Alianza do Señor e fixo unha ruindade en Israel."

A ruindade de Acán

¹⁶Xosué ergueuse pola mañanciña, e mandou comparecer a Israel, segundo as súas tribos; e foi designada a tribo de Xudá. ¹⁷E fixo acudi-las familias de Xudá, e escolleu a familia do Zarhí; e fixo achegarse a familia do Zarhí por casas, e foi escollida a casa de Zabdí; ¹⁸e fixo comparece-la súa casa por varóns, e foi sinalado Acán, fillo de Carmí, fillo de Zabdí, fillo de Zérah, da tribo de Xudá. ¹⁹E díxolle Xosué a Acán: —"Anda, filliño, dá gloria e louvanza ó Señor, Deus de Israel, e cóntame o que fixeches, sen me ocultares cousa". ²⁰Respondeu Acán a Xosué: —"De certo, pequei contra o Señor, Deus de Israel, e fixen isto e mais isto: ²¹vin nos despoxos un bo manto de Xinar, douscentos siclos de prata e mais un lingote de ouro de cincuenta siclos de peso. Cobiceinos e collinos. Están agachados en terra, no medio da miña tenda, cos cartos por debaixo". ²²E enviou Xosué mandadeiros, que correron en dirección á tenda; e velaquí que estaba todo acochado na súa tenda, cos cartos por debaixo. ²³Colléronos do medio da tenda, e leváronlles a Xosué e a tódolos fillos de Israel, e puxéronos no chan, diante do Señor.

Castigo de Acán

²⁴E colleu Xosué a Acán, fillo de Zérah, cos seus cartos, o manto, o lingote de ouro, seus fillos e fillas, o seu xumento, o seu gando, a súa tenda e todo o que tiña —en presencia de todo Israel—, e leváronos ó Val de Acor. ²⁵E dixo Xosué: —"¿Como nos anguriaches dese xeito? ¡Pois que o Señor te desgracie hoxe a ti!" E tódolos israelitas apedrárono, e queimáronos na fogueira, e amorearon pedras enriba deles, ²⁶e fixeron alí un

---

7, 12 As cousas sagradas, na mentalidade xudía, afectan ós que se aproximan a elas. Por iso, se alguén falta ó "entredito", ó "sacrosanto", contaminase todos. Así que procedía borrar de raíz a Acán con todo o que era seu, como rito de purificación do Pobo. Entre as víctimas, cóntase a muller e mailos fillos, pois considéranse como bens do marido (cf Ex **20,** 17; Núm **21,** 32; Dt **5,** 21). Contra o costume de mata-los fillos por culpa dos pais, falará o Deuteronomio (**24,** 16), e mailos profetas Xeremías (**31,** 20) e Ezequiel (**18,** 4).
7, 14 O procedemento de botar sortes diante de Deus, era o que se seguía normalmente entre os pobos relixiosos do Antigo Oriente.
7, 17 Escóllese a variante que di "familias" en vez de "familia", en consonancia co que din tamén os LXX e a Vulgata.
7, 23 O texto hebreo di "puxéronos fóra". O senso reflícteo mellor a versión dos LXX: "Puxéronos diante de Iavé": El estaba presente, na Arca, e a El pertencía todo o que collera Acán.
7, 24 *Val de Acor* significa "Val da Desgracia". No versículo seguinte, Xosué emprega o verbo "acar" para lle botar en cara a Acán o angurialos así. O autor xoga co vocábulo, dando razón do nome do val e aplicándoo ó castigo de Acán pola desgracia que lle trouxo a Israel.
7, 26 É outra etioloxía: ó existir un outeiro, por acumulación de restos, relaciónase co feito de Acán, e dáse razón del polo de Acán.
O botar pedras enriba dos axustizados, era algo moi común (cf **8,** 29; 2 Sam **18,** 17).

monte grande de pedras, que permaneceu ata o día de hoxe. E depuxo o Señor a súa ira.

Por iso chaman a aquel sitio aínda hoxe o Val de Acor.

8 ¹E dixo o Señor a Xosué: —"Non temas nin te desanimes: colle contigo todo o teu exército e anda, sube contra Ai. Velaquí que entrego nas túas mans ó rei de Ai, o seu pobo, a súa vila e mailo seu país. ²Farás con Ai e co seu rei como fixeches con Iericó e co seu rei. Soamente colleredes para vós, como botín, os seus despoxos e mailo seu gando. Faille unha emboscada á vila polas costas".

³E ergueuse Xosué e todo o seu exército, para subir contra Ai; e escolleu Xosué trinta mil guerreiros, e enviounos de noite, ⁴despois de ordenarlles: —"Fixádevos ben: poñede unha emboscada á vila, por detrás; non vos afastedes moito da vila, e estade á espreita. ⁵Eu, e mais todo o pobo que vaia comigo, achegarémonos á vila, e, cando saian ó noso encontro, fuxiremos diante deles, como da outra vez. ⁶Eles sairán detrás de nós ata que os arredemos da vila, pois dirán: foxen de nós como da outra vez; e fuxiremos diante deles. ⁷Entón erguerédesvos da emboscada e ocuparéde-la vila, pois o Señor, o voso Deus, púxovola nas mans; ⁸e, cando a ocupedes, prenderédeslle lume; habedes de actuar de acordo coa palabra do Señor. Fixádevos no que vos mando". ⁹E enviounos Xosué e foron poñe-la emboscada, colocándose entre Betel e Ai, ó oeste de Ai. Aquela noite, durmiu Xosué entre o pobo.

¹⁰Xosué ergueuse de mañanciña, pasou revista ás tropas e subiu el e mailos anciáns de Israel, fronte ó pobo de Ai. ¹¹Subiu tamén todo o exército que tiña con el, e avanzaron, ata chegaren fronte á vila. Acamparon ó oriente de Ai, quedando o val entre eles e Ai. ¹²(E Xosué collera arredor de cinco mil homes, que os puxera na emboscada, entre Bétel e Ai, ó oeste da vila; ¹³e o pobo estableceu todo o campamento ó norte da vila, e a súa retagarda ó oeste da vila. E Xosué pasou aquela noite no val).

¹⁴Ó tal ver o rei de Ai, buliron axiña e espertaron os homes da cidade, que se ergueron cedo. E saíron a loitar contra Israel, o rei e todo o seu pobo, no tempo sinalado, fronte á Arabah, sen se decataren de que lles tiñan posta unha emboscada detrás da vila. ¹⁵Xosué e mais todo Israel arredáronse de diante deles e colleron polo camiño do deserto. ¹⁶E todo o pobo que estaba na vila sentiuse movido a perseguilos; e abouxaron a Xosué, e afastáronse da vila, ¹⁷e non quedou un na vila que non saíse detrás de Israel: deixaron a vila aberta e perseguiron a Israel. ¹⁸E dixo o Señor a Xosué: —"Brande a lanza que levas na man contra Ai, pois voucha entregar". E brandiu Xosué contra a vila a lanza que tiña na man. ¹⁹Non ben estendeu Xosué a súa man, os da emboscada erguéronse axiña do seu refuxio, correron, e, entrando na vila, ocupárona; e de contado, prendéronlle lume.

²⁰Ollaron para atrás os homes de Ai, e viron que subía fume da vila cara ó ceo, e que non tiñan posibilidade de fuxir para parte ningunha , pois o pobo que collera cara ó deserto, tornou contra quen perseguía ²¹ (pois Xosué e todo Israel, ó se decataren de que os da emboscada tomaran a vila, e que subía fume dela, volveron e atacaron ós homes de Ai). ²²Os da emboscada saíron da vila contra os homes de Ai, de xeito que estes quedaron collidos por Israel por un lado e mais polo outro; e mallaron neles, ata non deixaren un sobrevivente nin un fuxitivo. ²³E colleron vivo ó rei de Ai, e levóronllo a Xosué.

²⁴E, cando Israel terminou de matar a tódolos veciños de Ai que saíran ó campo, e no deserto —onde os abouxaran estes, caendo todos polo gume da espada—, voltou todo Israel a Ai, e pasárona polo gume da espada. ²⁵E os mortos naquel día, entre homes e mulleres, foron doce mil, toda a xente de Ai. ²⁶E Xosué non pousou a súa man, ata que exterminou a tódolos veciños de Ai.

²⁷Os de Israel soamente colleron como botín para eles o gando e os despoxos daquela vila, de acordo co mandato do Señor a Xosué.

²⁸Xosué queimou Ai e fixo dela un monte asolado, ata o día de hoxe: ²⁹e ó rei de Ai

---

8, 1 O c. **8** do libro de Xosué trata da conquista de Ai. O texto pertence fundamentalmente ós autores iavista e elohista. A narración non está moi lograda, pois hai repeticións e incluso certa oposición entre un relato e o outro.
Por outra banda, a xulgar polos testemuños arqueolóxicos, parece que Ai non estaba habitada nos tempos da conquista. Posiblemente se trate doutra acción guerreira dos israelitas —quizais a batalla de Guibah (Xuí **20,** 1-48)—, e aplicáronlle o esquema a Ai.
A vila de Ai dos tempos da Biblia localízase na actual Et-Tell, situada a 2 ou 3 Kms. ó S.E. de Betel, no territorio de Benxamín.
8, 13 Este v, feito por un redactor, tenta harmoniza-los dous relatos contrapostos que nos foron ofrecendo o iavista e o elohista. A versión dos LXX suprímeo.

colgouno dunha árbore ata o serán; e, cando se foi o sol, mandou Xosué que baixasen o seu cadáver da árbore, e que o chimpasen á entrada da porta da vila. E botáronlle enriba un monte grande de pedras, que quedou ata o día de hoxe.

O altar no Monte Ebal. Nova lectura da Lei

[30] Entón construíu Xosué un altar ó Señor, Deus de Israel, no monte Ebal, [31] de acordo co mandado por Moisés, servo de Deus, ós fillos de Israel, como está escrito no libro da Lei de Moisés: un altar de pedras intactas, que non as traballase o ferro; e ofreceron nel holocaustos ó Señor, e sacrificios pacíficos. [32] E gravou alí nas pedras unha reproducción da Lei de Moisés, que escribira diante dos fillos de Israel. [33] E todo Israel —os seus anciáns, os seus oficiais e os seus xuíces—, estaban dunha e doutra banda da Arca, diante dos sacerdotes levitas que levaban a Arca da Alianza do Señor: como o nativo, así o forasteiro. A metade, de fronte ó monte Garizim, e a outra metade, de fronte ó monte Ebal, como establecera Moisés, servo do Señor, ó comezo, para bendici-lo pobo de Israel. [34] Así dispostos, leu Xosué tódalas palabras da Lei —louvanzas e maldicións—, de acordo con todo o escrito no libro da Lei. [35] Non houbo palabra de tódalas que mandou Moisés que non as lese Xosué diante de toda a asemblea de Israel, e mais diante das mulleres, dos nenos, e dos forasteiros que vivían entre eles.

Os nativos, amedoñados

9 [1] En oíndo isto tódolos reis da beira do Xordán, das montañas e da Xefelah e de tódalas costas do Mar Grande de fronte ó Líbano —os hititas, os amorreos, os cananeos, os perizitas, os hivitas e os iebuseos—, [2] prepararónse todos á xunta para loitaren contra Xosué e contra Israel, todos eles de acordo.

A xogada dos de Gabaón

[3] Os veciños de Gabaón oíron o que fixera Xosué con Iericó e con Ai, [4] e actuaron tamén eles con retranca, tencionando pasar por mandadeiros. E colleron sacos vellos para os seus xumentos, e coiros de viño vellos, e semellaban fendidos e anguriados, [5] cos calzados vellos e remendados nos seus pés, e vestindo roupa gastada; e todo o pan do seu fornecemento estaba balorecido e esmigallado. [6] E foron onda Xosué, ó campamento de Guilgal, e dixéronlle a el e mais a tódolos homes de Israel: —"Vimos de terra remota, para che pedirmos que fagas un trato connosco". [7] E respondéronlle-los homes de Israel ós hivitas: —"Pode que habitedes entre nós, e entón, ¿como imos facer un trato convosco?" [8] Eles dixéronlle a Xosué: —"Sómo-los teus servos". Daquela, preguntoulles Xosué: —"¿Quen sodes, e de onde vides"? [9] Respondéronlle: —"Os teus servos veñen dunha terra moi remota, por mor do nome do Señor, o teu Deus, pois chegou ós nosos oídos a súa sona, todo o que fixo en Exipto [10] e o que fixo cos dous reis amorreos da outra banda do Xordán: con Sihón, o rei de Hexbón, e con Og, o rei do Baxán, que vivía en Axtarot. [11] E dixéronno-los anciáns e tódolos veciños da nosa terra: collede convosco fornecemento para o camiño e ide ó seu encontro e dicídelles *sómo-los vosos servos*. Daquela, facede agora un trato connosco. [12] Velaquí o noso pan, collido quente das nosas casas para o noso fornecemento, o día que saímos para vir onda vós, e agora ben vedes que está balorecido e esmigallado. [13] E estes coiros de viño, novos cando os enchemos, velaquí que romperon: e estes nosos vestidos e calzados volvéronse vellos de tan longo camiño".

[14] E colleron os homes de Israel do fornecemento, sen consultaren a palabra do Señor, [15] e fixo con eles Xosué a paz, e conviñeron nun trato verbo da vida deles, e os

---

8, 30 O *Monte Ebal* queda en Samaría, ó norte do Monte Garizim e de Xequem.
Resulta estraño que se faga o altar no Monte Ebal, cando nas tradicións xudía e samaritana o Monte Ebal relaciónase coa maldición, namentres que o Garizim vai ligado á bendición (cf Dt **11**, 29).
8, 31 Os *holocaustos,* como indica o seu nome, son ofrendas de toda a víctima, que se queima no altar. Os sacrificios pacíficos ou de comuñón son ofrendas a Deus, pero participando quen as ofrece dunha parte do animal sacrificado.
9, 1 No c. **9** do libro de Xosué temos un exemplo de trato feito polos israelitas cos nativos do país. Neste caso chegaron a pactar, ó seren enganados polos de Gabaón. O relato é unha amalgama de diversas fontes con abondas repeticións.
A Xefelah queda ó oriente da zona costeira. Con abondos outeiros e vales, foi escenario de moitas batallas entre Israel e os filisteos, e entre os macabeos e Siria.
9, 3 *Gabaón* identifícase co actual El-Diib, situado a 9 Kms. ó NO de Xerusalén e 12 ó SO de Ai. Era unha das cidades levíticas (cf **21**, 17), e pertencía á tribo de Benxamín (cf **18**, 25ss). A parte do trato dos gabaonitas con Xosué, fixeron famosa á cidade de Gabaón as loitas dos tempos de David (2 Sam **2**, 12-16; **20**, 4-13), e mailo santuario onde ofrecía sacrificios Salomón (1 Re **3**, 4-15).
9, 14 Conforme o pensamento do redactor deuteronómico, o non consulta-lo Señor por medio das sortes, antes de decidir algo, era unha modificación dos principios da guerra santa.
Por outra banda, ó comeren os israelitas do fornecemento dos de Gabaón, xa quedaba feito o trato (cf Xén **31**, 53-54).

príncipes da asemblea confirmárono con xuramento. ¹⁶Pero ós tres días de face-lo trato con eles, decatáronse de que os tales eran os seus veciños, e que habitaban entre eles. ¹⁷Continuaron camiño os fillos de Israel, e, ó terceiro día, chegaron ás súas cidades. Eran estas Gabaón, Quefirah, Beerot e Quiriat-Iearim. ¹⁸Non obstante, os fillos de Israel non os mataron, pois os príncipes da asemblea xuráranlles polo Señor, Deus de Israel. Entón, toda a asemblea murmurou contra os príncipes. ¹⁹E os príncipes dixéronlle á asemblea: —"Nós xurámoslles polo Señor, Deus de Israel, e agora non podemos tocalos. ²⁰Pero faremos deste xeito: deixarémolos vivir, e así non virá sobre nós a cólera por mor do xuramento que lles fixemos. ²¹Que vivan, e que sexan os taladores de madeira e acarrexadores de auga para toda a asemblea". Así falaron os príncipes.
²²Chamou entón Xosué ós gabaonitas, e díxolles: —"¿Por que nos traicionastes dese xeito, dicindo *somos de moi lonxe de vós*, cando estades vivindo entre nós? ²³Agora, malditos seredes, e non deixará de haber entre vós un servo: seréde-los taladores de madeira e acarrexadores de auga para a casa do meu Deus".
²⁴Eles respondéronlle: —"Aconteceu que ós teus servos foilles mostrado con claridade o que mandara o Señor, o teu Deus, a Moisés, o seu servo, de darvos todo o país, e de eliminar a tódolos veciños do país que vos apareceran diante. Entón trememos de abondo polas nosas vidas por mor de vós, armámo-lo argallo ese. ²⁵E agora, velaquí que estamos na túa man: o que mellor e máis xusto che pareza facer connosco, faino".
²⁶E fixo con eles así: librounos da man dos fillos de Israel, que non os mataron: ²⁷e asignoulles Xosué no día aquel a carga de taladores de madeira e acarrexadores de auga para a asemblea, e para o altar do Señor —no lugar que El escollera—, ata o día de hoxe.

A CONQUISTA DO SUR

Coalición dos amorreos contra Gabaón

10 ¹Cando soubo Adonisédec, o rei de Xerusalén, que Xosué conquistara Ai e a destruíra (como fixera con Iericó e co seu rei, así fixo con Ai e co seu rei), e que os veciños de Gabaón fixeran as paces con Israel, vivindo como estaban no medio deles, ²colleu moito medo, pois Gabaón era unha gran cidade —como unha das cidades reais—, e porque era maior que Ai e tódolos seus homes eran bos guerreiros. ³E enviou Adonisédec, o rei de Xerusalén, esta mensaxe a Hoham, rei de Hebrón, a Piram, rei de Iarmut, a Iafía, rei de Láquix, e a Debir, rei de Eglón: ⁴—"Subide onda min e axudádeme, e destruiremos Gabaón, pois fixo as paces con Xosué e cos fillos de Israel". ⁵E reuníronse os cinco reis amorreos —o rei de Xerusalén, o rei de Hebrón, o rei de Iarmut, o rei de Láquix, e o rei de Eglón—, e subiron con tódolos seus exércitos, e acamparon diante de Gabaón, e declaráronlle a guerra.

Xosué axuda a Gabaón

⁶Os homes de Gabaón enviaron unha embaixada onda Xosué, ó campamento de Guilgal, para lle dicir: —"Non deixes da túa man ós teus servos: sube axiña onda nós e fai salvarnos; axúdanos, pois aconchegáronse contra nós tódolos reis amorreos que moran nas montañas".
⁷E subiu Xosué de Guilgal con todo o seu pobo, tódolos guerreiros. ⁸E dixo o Señor a Xosué: —"Non lles teñas medo, pois púxenchos na túa man: non quedará vivo un só deles diante de ti".

9, 17 *Quiriat-Iearim* queda na fronteira entre Benxamín e Xudá, a uns 15 Kms. ó O de Xerusalén, polo camiño de Iafa. As outras vilas estaban preto dela.
9, 27 O final do c. reflicte a centralización do culto, levada adiante por Ioxías, ó eliminar santuarios e deixa-lo templo de Xerusalén como o único lugar escollido por Deus para ser alí venerado.
10, 1 En Xos 10, 1-43, o compilador deuteronómico xunta dúas tradicións, unha delas histórica —a da batalla de Gabaón— (**10**, 1-14), e outra etiolóxica —a da cova de Maquedah (**10**, 16-27). Como sucede abondas veces cando se recollen distintas tradicións ou documentos escritos, hai repeticións e incluso certas contradiccións nos detalles.
10, 3 *Hebrón* é Quiriat-Arbá (cf **15**, 13), a cidade dos anaquitas, onde morreu Sara (Xén **23**, 2; **35**, 27), e que coincide con Mambré, o lugar onde vivía Abraham (Xén **13**, 18; **23**, 19). Está situada a 40 Km ó S de Xerusalén.
Iarmut identifícase con Quirbet-el-Iarmuc, e está a 23 Kms ó SE de Xerusalén. Láquix, localizada en Tell-el-Duveir, está a 22 Km ó O de Hebrón. Eglón é probablemente Tell-Eitún, uns 10 Km ó SE de Láquix.

Ataque de Xosué e desfeita dos amorreos

⁹E arremeteu Xosué de súpeto contra eles, despois de camiñar durante toda a noite desde Guilgal. ¹⁰E destrozounos o Señor diante de Israel, e bateunos cun grande estrago, en Gabaón; e perseguiunos polo camiño que sobe a Bet-Horón, e mallou neles deica Azecah e deica Maquedah. ¹¹E, ó fuxiren de diante de Israel, aconteceu que o Señor mandou contra eles grandes petoutos desde o ceo, ata Azecah, e morreron, sendo máis os que morreron polos petoutos, que os que mataron os fillos de Israel pola espada.

Xosué quere remata-la victoria nun só día

¹²Entón falou Xosué co Señor naquel día en que entregara os amorreos diante dos fillos de Israel, e dixo en presencia do pobo: —Sol, está quedo en Gabaón; e ti, lúa, no val de Aialón. ¹³E parouse o sol e contívose a lúa, ata que se ergueron sobre os xentís, os seus inimigos. ¿E logo non está escrito no libro do Xusto? E estivo parado o sol no medio dos ceos durante todo un día, sen bulir para poñerse, ¹⁴e non houbo nin antes nin despois un día como aquel no que o Señor escoitase así a voz dun home (pois o Señor loitaba do lado de Israel). ¹⁵E Xosué voltou ó campamento —a Guilgal—, e con el todo Israel.

Atrapamento dos reis e conquista das cidades

¹⁶Os cinco reis aqueles fuxiron e acocháronse na cova de Maquedah. ¹⁷E anunciáronlle a Xosué: —"Deron cos cinco reis, acochados na cova, en Maquedah". ¹⁸E dixo Xosué: —"Acarrexade pedras grandes ata a boca da cova, e poñede onda ela homes que os vixíen. ¹⁹En canto a vós, non esteades quedos: correde tras dos vosos inimigos e mallade neles; non os deixedes meter nas súas cidades, pois o Señor, o voso Deus, volos puxo nas vosas mans".

²⁰E resultou que, cando Xosué e mailos fillos de Israel estaban rematando de lles faceren un grande estrago, ata a totalidade deles, os fuxitivos entraron nas cidades de defensa. ²¹Todo o pobo volveu en paz ó campamento, onda Xosué, a Maquedah; e ninguén moveu a súa lingua contra os fillos de Israel.

²²Daquela dixo Xosué: —"Abride a boca da cova, e sacádeme para acó a eses cinco reis". ²³E fixérono así: sacaron aqueles cinco reis da cova —o rei de Xerusalén, o rei de Hebrón, o rei de Iarmut, o rei de Láquix e o rei de Eglón—, ²⁴e, en levándolle aqueles reis a Xosué, chamou Xosué a tódolos homes de Israel, e díxolles ós xefes dos guerreiros que ían con el: —"Achegádevos e poñede os vosos pés enriba das gorxas destes reis". E achegáronse e puxeron os seus pés sobre as gorxas deles.

²⁵E díxolles Xosué: —"Non teñades medo nin vos acovardedes: sede rexos e valerosos, pois así fará o Señor con tódolos vosos inimigos que loiten contra vós". ²⁶Despois disto, golpeounos Xosué ata facelos morrer, e colgounos de cinco árbores, e estiveron pendendo delas ata o serán. ²⁷Ó se poñe-lo sol, mandou Xosué que os baixasen das árbores e os botasen na cova onde se acocharan. E puxeron pedras grandes na boca da cova, que quedaron ata o mesmo día de hoxe.

²⁸E a Maquedah tomouna Xosué aquel día, e pasouna polo gume da espada, xunto co seu rei: destruíunos a eles e mais a todo ser vivo que había nela; non deixou nin rastro e fixo co rei de Maquedah o mesmo que fixera co rei de Iericó.

²⁹E pasou Xosué, e todo Israel con el, de Maquedah a Libnah, e loitaron contra Libnah. ³⁰E púxoa tamén o Señor nas mans de Israel, xunto co seu rei, e pasouna polo gume da espada, con todo ser vivo que había nela: non deixou nin rastro; e fixo co seu rei como fixera co rei de Iericó.

10, 10 *Bet-Horón* é un santuario do deus Horón. Está un pouco ó N.O. de Gabaón. Azecah, na parte baixa do val de Elah, identifícase con Tell-es-Saharieh, e cae moito máis ó sur ca Bet-Horón. Maquedah non é posible identificala, polo momento.

10, 11 O compilador deuteronómico quere insistir na axuda do Señor a quen cumpre a Alianza, facendo ver que non eran os dotes humanos os que conseguían as victorias, senón a man de Deus (cf Xuí **5,** 19-21).

10, 12 Nos vv 12-14 cítase unha estrofa do Libro de Iaxar (Libro do Xusto), mencionado noutro lugar da Biblia (2 Sam **1,** 17-27). Unha cousa é a cita e outra é a interpretación que fai dela o compilador deuteronómico. Este quere insistir na acción de Deus en favor do pobo fiel.

10, 13 O que pide Xosué a Deus é que lle deixe remata-lo seu traballo naquel día. E, utilizando as expresións de entón, pide que se pare o sol. De aquí non se segue que o sol se move, senón que eles crían que se movía, e expresábanse como se fose o sol quen se movía. O autor sagrado, ó querer transmitir unha mensaxe relixiosa, tense que valer do xeito de falar do seu tempo.

10, 15 Este versículo non ten senso. Algúns manuscritos da versión dos LXX non o recollen.

10, 24 Poñe-lo pé enriba da gorxa dos inimigos era signo de dominio e expresión da victoria (cf Sal **110,** 1).

10, 29 *Libnah* queda na Xefelah (**15,** 42), entre Láquix e Maquedah; pero non se sabe de seguro con que outeiro identificala.

³¹E pasou Xosué —e todo Israel con el—, de Libnah a Láquix. Acampou enfronte dela, e loitou contra ela. ³²E puxo o Señor a Láquix nas mans de Israel; tomouna o segundo día, e pasouna polo gume da espada, con todo ser vivo que había nela: todo do mesmo xeito que con Libnah.
³³Entón subiu Horam, rei de Guézer, en axuda de Láquix, e bateuno Xosué, a el e mais ó seu pobo, sen deixar rastro del.
³⁴E pasou Xosué —e todo Israel con el— de Láquix a Eglón, e acamparon enfronte de Eglón e loitaron contra ela. ³⁵E tomárona naquel día, e pasárona polo gume da espada; e a todo ser vivo que había nela aquel día, exterminárono: todo do mesmo xeito que con Láquix.
³⁶E subiu Xosué —e todo Israel con el— de Eglón a Hebrón, e loitaron contra ela. ³⁷Tomárona, e pasárona polo gume da espada, tanto ó seu rei como a toda a cidade e mais a todo ser vivo que había nela. Non deixou nin rastro, todo como fixera con Eglón: exterminouna a ela e a todo ser vivo que había nela.
³⁸E voltou Xosué —e todo Israel con el— a Debir, e loitou contra ela. ³⁹E tomouna (ó seu rei e a toda a cidade), e pasounos polo gume da espada, e exterminou a todo ser vivo que había nela. Non deixou nin rastro. Como fixera con Hebrón, así fixo con Debir e co seu rei (o mesmo que fixera con Libnah e co seu rei).
⁴⁰Conquistou así Xosué todo o país: a montaña, o Négueb, a Xefelah e mailas vertentes. De tódolos seus reis non deixou nin rastro, e exterminou todo ser vivo, tal como mandara o Señor, Deus de Israel. ⁴¹Xosué arrasou desde Cadex-Barnea ata Gaza; e todo o país de Goxén ata Gabaón. ⁴²Venceu Xosué dunha batida a todos aqueles reis, porque o Señor, Deus de Israel, loitaba do lado de Israel. ⁴³E tornou Xosué —e todo Israel con el— ó campamento, a Guilgal.

A CONQUISTA DO NORTE

Coalición de reis contra Xosué

11 ¹Cando o soubo Iabín, rei de Hasor, enviou unha mensaxe a Iobab —o rei de Madón—, ó rei de Ximrón, ó rei de Acxaf, ²ós reis da parte norte da montaña e da terra cha, ó Sur de Quinerot, da Xefelah e dos outeiros de Dor, no occidente; ³ós cananeos do oriente e do occidente, ós amorreos, ós hititas, ós perizitas, ós iebuseos da montaña, ós hivitas da baixada do Hermón, na terra de Mispah. ⁴E saíron eles con tódolos seus exércitos, unha multitude innumerable, coma a area da beira do mar, e con moitísimos cabalos e carros. ⁵Coaligáronse todos aqueles reis, e foron acampar xuntos a pé das augas de Merom, para loitaren contra Israel. ⁶E dixo o Señor a Xosué: —"Non lles teñas medo, pois mañá a estas horas deixareinos desfeitos ante Israel. Tronzara-los seus cabalos e prenderás lume ós seus carros".

A batalla das Augas de Merom

⁷Chegou Xosué con todo o exército onda as augas de Merom, e arremeteron de súpeto contra eles. ⁸E púxoos o Señor nas mans de Israel, que os venceu e os perseguiu ata Sidón a Grande e deica Misrefot-Maim e o val de Mispah, no oriente. E esfarelounos ata o remate: non deixou nin rastro deles. ⁹Fixo con eles Xosué tal como lle dixera o Señor: tronzou os seus cabalos e prendeu lume ós seus carros.

Conquista de Hasor

¹⁰Daquela volveuse Xosué e tomou Hasor, e fixo pasar pola espada ó seu rei, pois Hasor era antigamente a capital de todos aqueles reinos. ¹¹E matou a todo ser vivo que había nela; exterminounos co gume da espada, sen deixar un, e a Hasor plantoulle lume.

10, 40 *O Négueb* é o deserto que está ó sur de Xudá. A súa cidade principal é Beerxeba. Tamén está no Négueb Cadex-Barnea, citada en Dt 1, 2.
11, 1 Rematada a conquista do Sur, comeza a campaña do Norte. Neste capítulo, como no anterior, refírese a victoria de Israel sobre unha coalición de reis. O relato pertence ó iavista e é o redactor deuteronómico.
Hasor é unha vila que está situada no territorio de Naftalí, a uns 15 Kms. ó N do Lago de Tiberíades. Foi fortificada por Salomón (1 Re 9, 15), e aparece nas cartas de El Amarna como unha cidade real. Madón, Ximrón e Acxaf non estarían lonxe de Hasor.
11, 5 As *augas de Merom* eran probablemente uns mananciais da Alta Galilea, a uns 7 Kms. ó NO de Safed.
11, 8 *Sidón a Grande* contraponse a "Sidón a Pequena", na descrición que fai Senaquerib do seu ataque ó Reino do Sur no ano 701 a.C. Sen dúbida a primeira é a coñecida cidade fenicia.
Misrefot-Maim quizais sexa unha localidade que hai entre Tiro e Acre.
11, 11 As excavacións feitas en Tell-el-Quedah, confirman que Hasor foi destruída nesa época.

Máis victorias

¹²E conquistou Xosué tódalas cidades daqueles reis, e matou os seus reis, pasándoos polo gume da espada, segundo mandara Moisés, servo do Señor. ¹³Soamente deixou Israel sen queima-las cidades emprazadas sobre outeiros, fóra de Hasor, que a queimara Xosué. ¹⁴Os fillos de Israel colleron como botín para eles tódolos despoxos das cidades aquelas, e os animais; pero ós homes pasáronos polo gume da espada, ata destruílos sen deixar rastro deles. ¹⁵Como lle mandara o Señor a Moisés, o seu servo, así lle mandou Moisés a Xosué, e así fixo Xosué: e non esqueceu cousa de todo o que lle mandara o Señor a Moisés.

Resume da conquista do país

¹⁶Deste xeito conquistou Xosué todo aquel país: a montaña e todo o Négueb, toda a rexión de Goxén e maila Xefelah e o deserto, e a montaña de Israel e maila súa terra cha. ¹⁷Desde o Monte Rapado, que leva a Seir, ata Baal-Gad, no val do Líbano, por baixo do monte Hermón, pillou a tódolos seus reis e feriunos ata morreren. ¹⁸Xosué estivera loitando con todos aqueles reis durante moitos anos. ¹⁹E fóra dos hivitas, que habitaban en Gabaón, non houbo cidade que pactase cos fillos de Israel, e pillóranas todas na loita: ²⁰pois era cousa do Señor, que fixo endurece-los seus corazóns, de xeito que declarasen a guerra a Israel e fosen exterminados sen compaixón e aniquilados, como mandara o Señor a Moisés.

²¹Chegou entón Xosué, e fendeu os anaquitas da montaña de Hebrón, os de Debir, os de Anab e os de toda a montaña de Xudá e de tódalas montañas de Israel: exterminounos Xosué, xunto coas súas cidades. ²²Non quedaron xa anaquitas na terra dos fillos de Israel: só sobreviviron en Gaza, en Gad e en Axdod.

²³Así conquistou Xosué todo o país, segundo lle tiña dito o Señor a Moisés; e deullo en herdanza Xosué a Israel, segundo a súa distribución en tribos. E o país repousou da loita.

Reis vencidos na banda oriental do Xordán

12 ¹Estes son os reis do país que venceron os fillos de Israel (ocupando a terra deles), na outra banda do Xordán —no oriente—, desde o torrente Arnón ata o monte Hermón e toda a parte oriental da Arabah:

²Sihón, rei dos amorreos, veciño de Hexbón, que dominaba desde Aroer (que está á beira do torrente Arnón), e desde a metade do torrente e a metade de Galaad, ata o torrente Iaboc (a carón dos fillos de Amón), ³e desde a Arabah ata o Mar de Quinerot (ó oriente) e deica o Mar da Arabah —o Mar do Sal—, polo oriente, no camiño de Bet-Ieximot; e polo sur, a pé de Axdod-Pisgah.

⁴O territorio de Og, rei do Baxán —un dos últimos descendentes dos Refaím—, veciño de Axtarot e de Edrei. ⁵Dominaba no monte Hermón, en Salcah e en todo o Baxán, ata o lindeiro dos guexuritas e dos macateos, e na metade de Galaad, ata o lindeiro de Sihón, rei de Hexbón.

⁶Moisés, servo do Señor, e os fillos de Israel derrotáronos; e Moisés, o servo do Señor, déralle-los territorios en herdanza ós rubenitas, ós gaditas e á media tribo de Menaxés.

Reis vencidos na banda occidental do Xordán

⁷E estes son os reis do país ós que derrotaron Xosué e mailos fillos de Israel, nesta banda do Xordán —na do occidente—, desde Baal-Gad —no val do Líbano—, ata o Monte Rapado, que leva cara a Seir (terras que lles deixou en herdanza Xosué ás tribos de Israel, segundo as súas divisións):

⁸Na montaña e na Xefelah, na Arabah e nas vertentes, no deserto e no Négueb: os hitas, os amorreos, os cananeos, os perizitas, os hivitas e os iebuseos:

⁹O Rei de Iericó, un;
  o rei de Ai —que está a carón de Betel—, un;
¹⁰o rei de Xerusalén, un;
  o rei de Hebrón, un;
¹¹o rei de Iarmut, un;
  o rei de Láquix, un;
¹²o rei de Eglón, un;
  o rei de Guézer, un;

11, 20 O autor deuteronomista trata de facer patente que a conquista se debía á axuda de Deus. E, como escribe nun tempo en que os israelitas se contaxiaran das prácticas pagás, pon en boca de Deus a prohibición da mestura con aqueles pobos, como único medio de conserva-la pureza da fe (cf **6,** 21 nota).

12, 1 A afirmación xenérica de **11,** 23, explicítase agora nunha lista de trinta e un reis vencidos (a versión dos LXX sinala soamente vintenove). O c. foi escrito por outro dos redactores deuteronomistas.

12, 4 Os *Refaím* eran outra raza de xigantes, como os anaquitas (cf Dt **2** 11).

¹³ o rei de Debir, un;
o rei de Guéder, un;
¹⁴ o rei de Hormah, un;
o rei de Arad, un;
¹⁵ o rei de Libnah, un;
o rei de Adulam, un;
¹⁶ o rei de Maquedah, un;
o rei de Betel, un;
¹⁷ o rei de Zapúah, un;
o rei de Héfer, un;
¹⁸ o rei de Afec, un;
o rei de Laxarón, un;

¹⁹ o rei de Madón, un;
o rei de Hasor, un;
²⁰ o rei de Ximrón-Merón, un;
o rei de Acxaf, un;
²¹ o rei de Tanac, un;
o rei de Meguido, un;
²² o rei de Quédex, un;
o rei de Iocneam —no Carmelo—, un;
²³ o rei de Dor —no outeiro de Dor—, un;
o rei dos xentís —en Guilgal—, un;
²⁴ o rei de Tirsah, un.
No total, trinta e un reis.

AS PARTILLAS

Territorios que faltan por conquistar

13 ¹E Xosué ía xa vello, eivado cos anos, e díxolle o Señor: —"Ti volvícheste vello, entrado en anos, e queda aínda moita terra por conquistar. ²Esta é a terra que falta: todo o territorio dos filisteos e todo o país dos guexuritas. ³Desde Xihor, que está enfronte de Exipto, ata o lindeiro de Ecrón, polo norte —que se ten por cananeo—, os cinco principados dos filisteos: o de Gaza, o de Axdod, o de Axquelón, o de Gad e o de Ecrón, a maiores dos hivitas. ⁴Desde o sur, toda a terra dos cananeos, e Mearah —que está a carón dos sidonios—, ata Afec, lindeiro dos amorreos; ⁵a rexión guiblita e todo o Líbano polo nacente do sol, desde Baal-Gad —a pé do monte Hermón—, ata a entrada de Hamat; ⁶tódolos habitantes da montaña, desde o Líbano ata Misrefot-Maim, tódolos sidonios. Eu botareinos a todos diante dos fillos de Israel. Ti soamente tes que reparti-la terra como herdanza para Israel, segundo che teño mandado.

As partillas da banda oriental do Xordán

⁷E agora fai as partillas da herdanza para as nove tribos e maila media tribo de Menaxés.
⁸Con estes colleron tamén os rubenitas e os gaditas a súa herdanza, que llela dera Moisés na outra banda do Xordán, no oriente, tal como dispuxera Moisés, servo do Señor. ⁹Desde Aroer —que está á beira do torrente Arnón—, e o pobo que está no medio do torrente, e toda a terra cha que vai desde Medeba ata Dibón, ¹⁰e mais tódalas cidades de Sihón, rei dos amorreos —que reinou en Hexbón—, ata o lindeiro dos fillos de Amón; ¹¹Galaad e o territorio dos guexuritas e os macateos, toda a montaña do Hermón e todo o Baxán ata Salcah. ¹²No Baxán, todo o reino de Og, que reinou en Axtarot e mais en Edrei, e que era o reducto dos Refaím ata que Moisés os venceu e expulsou. ¹³Non obstante, os fillos de Israel non botaron fóra ós guexuritas nin ós macateos, e habitou Guexur e Macat no medio de Israel ata o día de hoxe.

12, 14 *Hormah* e *Arad* están no deserto do Néguebe.
12, 16 *Betel* está a 17 Kms. ó N de Xerusalén, polo camiño de Damasco.
12, 21 *Tanac* e *Meguido* atópanse a pé da terra cha de Iezrael: a primeira, ó Sur; e a segunda, 8 Kms. máis ó NO.
12, 23 *Dor* era unha vila situada ó sur do Carmelo. O outeiro aínda se estaba excavando estes últimos anos.
12, 24 *Tirsah* queda cerca da cidade de Samaría, e foi residencia dos reis de Israel (cf 1 Re **14,** 17; **15,** 21), despois de Xequem (1 Re **12,** 25) e antes de Samaría (1 Re **16,** 24).
13, 1 Os cc. **13-21,** forman a segunda parte do Libro de Xosué, e tratan da distribución do país. A obra débese fundamentalmente ó autor sacerdotal, anque se conservan anacos das outras fontes.
O c. **13** trata das partillas que lles tocaron ás tribos de Rubén, Gad e á medio tribo de Menaxés na banda oriental do Xordán.
13, 2 O terreo que está sen ocupar é toda a Cisxordania,

fóra da parte central de Canaán.
O falar en tempos de Xosué do "territorio dos filisteos" é unha anticipación literaria. De feito os pobos do mar chegaron algo máis tarde a Palestina (a rentes do 1.200 a.C.). Será despois diso cando se chame "territorio dos filisteos" a zona costeira, entre Gaza e o Carmelo.
Os guexuritas que se mencionan aquí son os do SO de Palestina, e non os arameos da ribeira oriental do Lago de Xenesaret, dos que se falará máis adiante (**13,** 11.14).
13, 4 *A terra dos cananeos* refírese aquí á parte que vai desde o Carmelo cara ó norte, incluíndo a Fenicia.
O sinalar Afec no lindeiro dos amorreos é un erro. O texto hebreo está estragado, e, o máis procedente sería ler "ata Afec, lindeiro dos guiblitas".
13, 5 A rexión guiblita era a que estaba arredor de Guebal, a cidade fenicia que despois se chamará Biblos.
Hamat é o extremo nor-occidental da terra prometida.

¹⁴Soamente á tribo de Leví non lle deu terra Moisés: a súa herdanza é o lume do Señor, Deus de Israel, tal como El lles prometera.

¹⁵Deu Moisés herdanza á tribo dos fillos de Rubén, de acordo coas súas familias. ¹⁶E os lindeiros deles foron desde Aroer, que está á beira do torrente Arnón, e o pobo que está ó fondo do torrente, toda a terra cha que está a pé de Medebá; ¹⁷Hexbón e tódalas súas vilas da terra cha; Dibón, Bamot-Baal, Bet-Baal-Meón, ¹⁸Iahsah, Quedemot, Mefáat, ¹⁹Quiriataim, Sibmah, e Séret-Xáhar, no outeiro do val; ²⁰e Bet-Peor, Axdot-Pisgah e Bet-Ieximot. ²¹E tódalas vilas da terra cha e tódolos dominios de Sihón, rei dos amorreos, que reinou en Hexbón, e que o venceu Moisés a el e mais ós príncipes de Madián: Eví, Réquem, Sur, Hur, e Reba, oficiais de Sihón e veciños do país. ²²E a Balaam, o adiviño, fillo de Beor, matárono os fillos de Israel coa espada, o mesmo ca a outros. ²³E foron os lindeiros dos fillos de Rubén, o Xordán e a súa ribeira. Estes eran os eidos dos fillos de Rubén, segundo as súas familias: as vilas e aldeas.

A partilla da tribo de Gad

²⁴E deu terras Moisés á tribo de Gad —ós fillos de Gad—, segundo as súas familias. ²⁵E foron os lindeiros deles Iazer e tódalas cidades de Galaad, e a metade do país dos fillos de Amón ata Aroer, que está enfronte de Rabah; ²⁶e, desde Hexbón, ata Ramah-Mispeh e Betonim; e, desde Mahanaim, ata o límite de Debir. ²⁷E no val, Bet-Aram, Bet-Nimrah, Succot, Safón, o resto do reino de Sihón —rei de Hexbón—, o Xordán e a súa ribeira, ata o remate do mar de Quinéret, pola outra banda do Xordán, ó oriente. ²⁸Esta é a herdanza dos fillos de Gad, segundo as súas familias: as vilas e as aldeas.

A partilla da media tribo de Menaxés

²⁹E deu terras Moisés á media tribo de Menaxés. E foron os lindeiros da media tribo de Menaxés, segundo as súas familias, ³⁰desde Mahanaim todo o Baxán, todo o reino de Og, rei do Baxán, e tódolos lugares de Iaor que hai no Baxán: sesenta pobos. ³¹E medio Galaad, Axtarot e Edrei, cidades do reino de Og, no Baxán, foron para os fillos de Maquir, fillo de Menaxés, ou máis ben para a metade dos fillos de Maquir, segundo as súas familias. ³²Estes son os eidos que distribuíu Moises na terra cha do Moab, na outra banda do Xordán, ó oriente de Iericó. ³³E á tribo de Leví non lle deu Móises eido ningún. O Señor, Deus de Israel, El é a súa herdanza, segundo lles prometera El".

As partillas da banda occidental do Xordán

14 ¹Estes son os eidos que herdaron os fillos de Israel na terra de Canaán, e que distribuíron Elazar o sacerdote, Xosué, fillo de Nun, e os xefes de familia das tribos dos fillos de Israel. ²A súa herdanza asignouse por sortes, como establecera o Señor por medio de Moisés para as nove tribos e mais para a outra media, ³pois Moisés dera xa herdanza a dúas tribos e media na outra banda do Xordán, pero ós levitas non lles dera eidos no medio deles. ⁴Como os fillos de Xosé formaban dúas tribos —Menaxés e Efraím—, non deron parte ós levitas no país, fóra das cidades de residencia, cos arredores para a súa habenza e seu gando menor. ⁵Tal como mandara o Señor a Moisés, dese xeito fixeron os fillos de Israel, e partillaron o país.

A herdanza de Caleb

⁶Achegáronse os fillos de Israel a Xosué en Guilgal, e díxolle Caleb, fillo de Iefunehé, o quenizeo:

13, 14 O *lume do Señor* alude ás víctimas que se ofrecían no altar. Unha parte delas queimábase como sacrificio presentado ó Señor; doutra, participaba o doante, e outra era para os sacerdotes (cf Dt **18**, 1-8).

13, 25 O *Aroer* que se cita aquí quede ó oriente de Rabat-Amón —a actual Ammán— (cf Xuí **11**, 33). O Aroer dos vv 9 e 16 é outro lugar.

13, 33 Este versículo é unha adición tardía que repite o dito en **13, 14**. Os LXX suprímeno.

14, 1 Os cc. **14-15**, tratan da partilla da tribo de Xudá. O autor sacerdotal ten unha parte moi importante nestes dous cc. Introduce ó sacerdote Elazar para repartí-lo territorio (**14**, 1; cf **17**, 4; **19**, 51; **21**, 1), namentres que o iavista e o elohista poñen só a Xosué (**13**, 1; **17**, 14; **18**, 3. 8. 10).

14, 4 O número 12 habíao que manter. Dese xeito, ó desglosa-la tribo de Xosé en dúas, xa non contaba a de Leví. Por outra banda, a medida encaixaba ben, pois a herdanza de Leví era o servicio do altar (**13**, 14. 33).

14, 6 O reparto escenifícao o deuteronomista en Guilgal. O autor sacerdotal ubicarao en Xiloh.

Os quenizeos pertencían a unha tribo de Edom, que máis adiante pasou a ser de Xudá (cf Xén **36**, 11. 15. 42; 1 Cro **2**, 3-5. 18).

Caleb, xunto con Xosué, trataron de convencer á xente ir conquista-lo país cando estaban en Cadex-Barnea (Núm **13**, 30; **14**, 1-9; **32**, 11; cf Introducc. **2**).

—"Ti ben sábe-lo que lle prometeu o Señor a Moisés, o home de Deus, verbo de min e mais de ti, en Cadex-Barnea. ⁷Eu tiña xa corenta anos cando Moisés, o servo de Deus, me enviou desde Cadex-Barnea a percorre-lo país, e, en voltando, deille novas de acordo co meu corazón. ⁸Meus irmáns, que subiron comigo, fenderon o corazón do pobo, namentres que eu camiñei detrás do Señor, o meu Deus. ⁹E xurou Moisés naquel día, dicindo: a terra que pisaron os teus pés, ¿logo non ha de ser decote eido para ti e para teus fillos?, pois camiñaches detrás do Señor, o meu Deus. ¹⁰E agora, velaquí que o Señor retivo a miña vida, como prometera, durante corenta e cinco anos, desde que llo anunciou Moisés, cando Israel andaba polo deserto; e agora, velaquí que teño hoxe oitenta e cinco anos. ¹¹Non obstante, aínda agora estou forte como no día que me enviou Moisés para a loita, e para me desenvolver con soltura. ¹²Rógoche, pois, que me déa-la montaña esa á que se referiu o Señor naquel día, pois xa oíches entón que estaban alí os anaquitas, e que as cidades eran grandes e ben defendidas. Pero pode ser que o Señor estea comigo, de xeito que consiga botalos, como El dixo".

¹³Entón Xosué bendiciuno e deulle Hebrón como herdanza a Caleb, fillo de Iefuneh. ¹⁴Por iso Hebrón foi para Caleb, fillo de Iefuneh, o quenizeo, en herdanza, ata o día de hoxe, porque camiñou detrás do Señor, Deus de Israel. ¹⁵O nome de Hebrón era antes Quiriat-Arbá (por mor do máis grande dos anaquitas).

E o país repousou da loita.

A partilla da tribo de Xudá

15 ¹E tocoulle a partilla á tribo dos fillos de Xudá, segundo as súas familias, no lindeiro de Edom, ó sur do deserto de Sin, no extremo meridional. ²E foi o seu lindeiro sur o extremo do Mar do Sal, desde a lingua que miraba cara ó mediodía ³e saía cara ó sur da subida de Acrabim, pasaba por Sin e subía polo sur de Cadex-Barnea; pasaba por Hesrón, subía cara a Adar e xiraba cara a Carcáah; ⁴pasaba por Asmón, prolongábase ata o torrente de Exipto, e saía á beira do mar. Este era o seu lindeiro sur.

⁵O seu lindeiro oriental era o Mar do Sal ata a foz do Xordán; ⁶subía a Bet-Hoglah, pasaba polo norte de Bet-Arabah, e rubía á Rocha de Bohán, o fillo de Rubén, ⁷e continuaba cara a Debir, desde o Val de Acor. E, polo norte, ía cara a Guilgal, que está enfronte da subida de Adumim ó sur do torrente; despois pasaba a pé das augas de En-Xémex, indo saír a En-Róguel. ⁸E o lindeiro subía polo Val de Ben-Hinnóm, pola beira sur dos iebuseos —isto é, de Xerusalén—; e rubía polo cume do monte que dá polo oeste a Gue-Hinnom, e polo norte ó extremo do Val dos Refaím. ⁹Desde o cume do monte, continuaba cara á fonte de auga de Neftóah, e saía ás vilas da montaña de Efrón; seguía cara a Baalah —que é Quiriat-Iearim—, ¹⁰xiraba desde Baalah contra o occidente, ó monte Seir, pasaba pola aba norte da montaña de Iearim —que é Quesalón—, baixaba a Bet-Xémex e ía cara a Timnah; ¹¹corría polo flanco norte de Ecrón, continuaba cara a Xiquerón, e pasaba ó monte de Baalah, prolongábase ata Iabneel e remataba no mar. ¹²E o lindeiro occidental ía dar ó Mar Grande e á súa praia. Esta é a fronteira que circundaba o territorio dos fillos de Xudá, segundo as súas familias.

A parte de Caleb

¹³E a Caleb, fillo de Iefuneh, deulle unha parte no medio dos fillos de Xudá, de acordo co mandato do Señor a Xosué: Quiriat-Arbá, do pai de Anac, que é Hebrón. ¹⁴E botou de alí Caleb ós tres fillos de Anac: a Xexai, Ahimán e Talmai. ¹⁵E subiu desde alí contra os veciños de Debir (o nome de Debir era antes Quiriat-Séfer); ¹⁶e dixo Caleb:

—"A quen ataque a Quiriat-Séfer e a conquiste, dareille por muller a miña filla Acsah".

¹⁷Conquistou a vila Otoniel, fillo de Quenaz e irmán de Caleb; e Caleb deulle por muller a súa filla Acsah. ¹⁸Aconteceu que, ó convivir con ela, incitouna a pedirlle a seu pai un campo; e baixou do xumento, e díxolle a ela Caleb:

14, 11 *Me desenvolver con soltura* traduce a expresión hebrea "para saír e entrar". Equivale a ter liberdade de movementos (cf Xn **10,** 9 nota).
15, 1 Os vv 1-12 fan unha descrición do territorio de Xudá, marcando os seus lindeiros. O texto pertence totalmente ó autor sacerdotal.
A fronteira sur (**15,** 1-4) coincide coa de todo Israel (cf Núm **34,** 3-5).
15, 5 O *Mar do Sal* chámase así polo salitrosas que son as súas augas, por mor da evaporación. Para nós resulta máis coñecido polo nome de "Mar Morto".
15, 9 *A fonte de auga de Neftóah* atópase a 4 Kms. ó NO de Xerusalén, no lindeiro de Xudá con Benxamín.
15, 15 *Debir* está a 13 Kms. ó sur do Hebrón.

—"¿Que tés?"

¹⁹Respondeulle ela: —"Anda, faime un favor: pois me deches terra árida, dáme algunha fonte de agua".

E foi el e deulle a fonte de arriba e maila de abaixo.

As cidades de Xudá

²⁰Esta é a herdanza da tribo dos fillos de Xudá, segundo as súas familias. ²¹E foron as cidades, desde o remate da tribo dos fillos de Xudá ata o lindeiro de Edom, no Négueb, Cabseel, Éder e Iagur, ²²Quinah, Dimonah, Adadah, ²³Quédex, Hasor, Itnán, ²⁴Zif, Télem, Bealot, ²⁵Hasor, Hadatah, Queriot, Hesrón —que é Hasor—, ²⁶Amam, Xemá, Moladah, ²⁷Hasar-Gadá, Hexmón, Bet-Pálet, ²⁸Hasar-Xual, Beer-Xeba, Bizioteiah, ²⁹Baalah, Iim, Sem, ³⁰Eltolad, Quesil, Hormah, ³¹Siclag, Madmanah, Sansanah, ³²Lebaot, Xilhim, Ain e Rimón: no total, vintenove cidades coas súas aldeas.

³³E na Xefelah, Extaol, Sorah, Axnah, ³⁴Zanóah, En-Ganim, Zapúah, Enam, ³⁵Iarmut, Adulam, Socoh, Azecah, ³⁶Xaaraim, Aditaim, Guederah e Guederotaim: catorce cidades, coas súas aldeas.

³⁷Senán, Hadaxah, Migdal-Gad, ³⁸Dileán, Mispeh, Iocteel, ³⁹Láquix, Boscat, Eglón, ⁴⁰Cabón, Lahmás, Quitlix, ⁴¹Guederot, Bet-Dagón, Naamah e Maquedah: dezaseis cidades coas súas aldeas.

⁴²Libnah, Éter, Axán, ⁴³Ieftá, Axnah, Nesib, ⁴⁴Queilah, Aczib e Marexah: nove cidades coas súas aldeas.

⁴⁵Ecrón, coas súas vilas e as súas aldeas. ⁴⁶Desde Ecrón ata o mar, todo o que está a carón de Axdod e mailas súas aldeas; ⁴⁷Axdod, as súas vilas e as súas aldeas: Gaza, as súas vilas e as súas aldeas, ata o torrente de Exipto, tendo como lindeiro o Mar Grande.

⁴⁸Na montaña, Xamir, Iatir, Sócoh, ⁴⁹Danah, Quiriat-Sanah, —que é Debir—; ⁵⁰Anab, Extemoh, Anim, ⁵¹Goxén, Holón e Guilón: once cidades coas súas aldeas.

⁵²Arab, Rumah, Exán, ⁵³Ianum, Bet-Zapúah, Afecah, ⁵⁴Humtah, Quiriat-Arbá —que é Hebrón— e Sior: nove cidades e as súas aldeas.

⁵⁵Maón, Carmel, Zif, Iutah, ⁵⁶Iezrael, Iocdeam, Zanóah, ⁵⁷Caín, Guibah e Timnah: dez cidades, e as súas aldeas.

⁵⁸Halhul, Bet-Sur e Guedor; ⁵⁹Maarat, Bet-Anot e Eltecón: seis cidades e as súas aldeas.

⁶⁰Quiriat-Baal (que é Quiriat-Iearim) e Rabah: dúas cidades e as súas aldeas.

⁶¹No deserto, Bet-Aarabah, Midín e Secacah, ⁶²Nibxán, a Cidade do Sal e En-Guedi: seis cidades e as súas aldeas.

⁶³No tocante ós iebuseos —veciños de Xerusalén—, non puideron botalos fóra os fillos de Xudá: e habitaron cos fillos de Xudá en Xerusalén ata o día de hoxe.

A partilla dos fillos de Xosé

16 ¹E saíu como partilla para os fillos de Xosé, desde o Xordán de Iericó ata as augas de Iericó, polo oriente do deserto, e subía o lindeiro desde Iericó ata a montaña de Betel; ²saía de Betel cara a Luz, pasando por Atarot —lindeiro dos arquitas—, ³e baixaba polo occidente cara á fronteira dos iafletitas, ata o límite de Bet-Horón de Abaixo e ata Guézer, indo dar ó mar.

⁴E recibiron a súa partilla os fillos de Xosé (Menaxés e Efraím).

⁵E foi o lindeiro dos fillos de Efraím, segundo as súas familias, polo oriente, Atarot-Adar, ata Bet-Horón de Arriba, ⁶e ía dar ó mar, a Micmetat, polo norte; e ía polo leste ata Tanat-Xiloh, pasando por ela ó oriente de Ianohah, ⁷e baixaba de Ianohah a Atarot e Narat, chegaba a Iericó e saía ó Xordán. ⁸Desde Zapúah ía o lindeiro cara ó oeste ata o torrente Canah, e saía ó mar. Esta era a herdanza da tribo dos fillos de Efraím, se-

---

15, 19 Os LXX poñen: "Pois me déche-lo Négueb, dáme Botzanís; e deulle Gonezllán de Arriba e Gonezllán de Abaixo".
A historieta débese probablemente ó interese por xustifica-la pertenza dunhas fontes de auga a Otoniel, cando procedería que fosen dos calebitas (cf Xén **26**, 22-33).
15, 20 Despois dos vv 13-19, nos que o iavista conta os éxitos de Caleb durante o episodio da súa vida, continúa o autor sacerdotal para facer unha lista das cidades que lle tocaron en sorte a Xudá (vv 20-62).
No estado actual do texto, en vez das vintenove constatadas no v 32, saen trinta e oito; e, no sitio das catorce sinaladas no v 36, resultan quince. As diferencias débense probablemente a algunhas repeticións (no v 23 cítase Hasor, e no 25 noméase dúas veces máis), a erros dos escribas, e a interpolacións de xente que reclamaba os lugares.
16, 1 Nos cc. **16-17** ofrécese a correspondente partilla de Efraím e de Menaxés. Ó comezo do c. **16** (**16**, 1-3) faise unha presentación, cos lindes do que corresponde a Xosé (o pai de Efraím e Menaxés) na banda occidental do Xordán. A consideración da tribo de Xosé tendo en conta o seu epónimo e non os seus fillos é típica do autor iavista.
16, 2 Os *arquitas* eran un grupo cananeo (cf Xén **10**, 17; 1 Cro **1**, 15).
16, 3 Os *iafletitas* soamente aparecen aquí, e deben ser tamén cananeos.
Guézer era unha vila cananea, da partilla que lle tocou a Efraím (Xos **16**, 10). Escollida para ser cidade levítica, foi dada ós fillos de Quehat (cf Xos **21**, 21).

gundo as súas familias. ⁹E as cidades ciscadas dos fillos de Efraím estaban na herdanza dos fillos de Menaxés: tódalas cidades e as súas aldeas.

¹⁰E non botaron fóra ós cananeos, que habitaron en Guézer, permanecendo no medio de Efraím ata o día de hoxe, pagándolle tributo de servos.

A partilla de Menaxés na banda occidental do Xordán

17 ¹E tocoulle a partilla á tribo de Menaxés (pois el era o primoxénito de Xosé). A Maquir, primoxénito de Menaxés e pai de Galaad, por ser guerreiro, déuselle Galaad e Baxán. ²E houbo tamén para o resto dos fillos de Menaxés, segundo as súas familias: para os fillos de Abiézer, para os de Hélec, que eran fillos de Asriel, os de Xequem, os de Héfer e os de Xemidá, todos eles fillos varóns de Menaxés —o fillo de Xosé—, segundo as súas familias. ³Pero Selofhad, fillo de Héfer (o fillo de Galaad, o fillo de Maquir, fillo de Menaxés), non tivo fillos varóns, senón só fillas. Os nomes das súas fillas eran estes: Mahlah, Noah, Hoglah, Milcah e Tirsah. ⁴E foron onda o sacerdote Elazar, onda Xosué o fillo de Nun, e mais onda os príncipes, dicindo:

—"O Señor mandou a Moisés darnos herdanza no medio de nosos irmáns".

E déronlle-la partilla entre os irmáns de seu pai, de acordo co mandamento do Señor.

⁵E tocáronlle a Menaxés dez partes, ademais da terra de Galaad e o Baxán (que está na outra banda do Xordán), ⁶pois as fillas de Menaxés recibiron a herdanza no medio dos parentes del, sendo a terra de Galaad para os fillos varóns de Menaxés.

⁷E o lindeiro de Menaxés ía desde Axer ata Micmetat (que está enfronte de Xequem), continuando cara a Iamín, onda os veciños de En-Tapúah. ⁸A terra de Tapúah correspondeulle a Menaxés; pero a aldea —situada no extremo de Menaxés, pertencía ós fillos de Efraím. ⁹E baixaba o lindeiro ó torrente de Canah polo sur do torrente. Esas cidades de Efraím estaban no medio das cidades de Menaxés e o lindeiro de Menaxés ía tamén polo norte do torrente ata saír ó mar. ¹⁰Polo sur estaba Efraím; e polo norte Menaxés, tendo como lindeiro o mar; e atopábanse polo norte en Axer, e, polo leste, en Isacar.

¹¹E foron para Menaxés, en Isacar e en Axer, Bet-Xeán e as súas vilas, Ibleam e as súas vilas, e os veciños de Dor e das súas vilas, e os veciños de En-Dor e das súas vilas, e os veciños de Tanac e das súas vilas, e os veciños de Meguido e das súas vilas: tres outeiros.

¹²Pero os fillos de Menaxés non puideron botar fóra ós veciños daquelas cidades; e viviron tranquilos os cananeos residindo naquela terra. ¹³Cando os fillos de Israel se enforteceron, impuxéronlles tributo ós cananeos; pero botar, non os botaron.

¹⁴E protestaron os fillos de Xosé a Xosué, dicindo:

—"¿Por que nos destes só unha parte da herdanza e da terra, sendo nós un pobo numeroso, bendicido por Deus ata o remate?"

¹⁵Respondeulles Xosué:

—"Se sodes un pobo numeroso, abride camiño na foresta, e preparade para vós alí, na terra dos perizitas e dos Refaím, xa que vos vén estreita a montaña de Efraím".

¹⁶Dixeron entón os fillos de Xosé:

—"O monte non é abondo para nós; e ademais tódolos cananeos que habitan en terra cha teñen carros de ferro, tanto os que están en Bet-Xeán e nas súas vilas, como os que moran na chaira de Iezrael".

¹⁷E dixo Xosué á casa de Xosé —a Efraím e a Menaxés—:

—"Ti es un pobo grande e tes moita forza: non levarás unha partilla soa, ¹⁸pois o monte será para ti. Como hai madeira, cortarala e aproveitaraste dela: e os seus lindeiros serán teus, pois botarás fóra ós cananeos, anque teñan carros de ferro e sexan tamén eles fortes".

17, 1 *Galaad* e mailo Baxán procedía asignarllos a un clan forte, polo perigo constante de ataques dos amorreos e dos nómadas do deserto.

17, 4 Cf Núm 36.

17, 11 *Bet-Xeán* era unha vila importante, citada nas cartas de El Amarna, e situada a 20 Kms. ó E. de Iezrael e a 5 Kms. ó O. do Xordán.

Ibleam está a 10 ou 11 Kms. ó S.E. de Tanac. Asignóuselles ós fillos levitas de Quehat (**21,** 25).

O texto hebreo sinala seis cidades, máis as que dependen delas; e remata dicindo que son "tres outeiros". Os LXX cambian o texto por estoutro: "E Menaxés terá, da partilla de Isacar e de Axer, Bet-Xeán e as súas vilas, os veciños de Dor e as súas vilas, os veciños de Meguido e as súas vilas, e a terceira parte de Mafeta e as súas vilas". As outras versións ofrecen tamén lecturas diferentes.

17, 15 A *terra dos perizitas e dos Refaím* é na outra banda do Xordán (cf Dt **2,** 18-20; **3,** 13).

A sorte das outras tribos

18 ¹E toda a asemblea dos fillos de Israel congregouse en Xiloh, e estableceu alí a Tenda do Encontro; e o país quedoulles sometido. ²Pero quedaban aínda sete tribos de entre os fillos de Israel sen recibiren a súa partilla. ³E dixo Xosué ós fillos de Israel:

—"¿Ata cando continuaredes sendo lacazáns para pasar a herda-la terra que vos deu o Señor, Deus de vosos pais? ⁴Escollede de entre vós tres homes por tribo. Eu enviareinos, e eles erguéranse e irán polo país, e tomarán nota del no tocante á vosa herdanza, e volverán despois onda min. ⁵Eles dividirán o país en sete partes. Xudá quedará co seu territorio ó sur; e a casa de Xosé quedará co seu territorio ó norte. ⁶E vós faréde-la descrición do país en sete lotes, e traerédesma a min, e eu sinalaréivo-las porcións aquí, diante do Señor, o noso Deus, ⁷porque os levitas non teñen parte ningunha entre vós —pois a súa parte é o sacerdocio do Señor—, e Gad e Rubén e maila media tribo de Menaxés colleron os seus eidos na outra banda do Xordán, ó oriente, e déulleas a eles Moisés, o servo do Señor".

⁸Erguéronse os homes, e emprenderon camiño. E Xosué mandáralles describi-la terra, dicindo:

—"Ide, e percorrede a terra, e describídea: logo tornade onda min, e aquí escolmarei os lotes para vós, diante do Señor, en Xiloh".

⁹E foron os homes e percorreron o país, e describírono no libro por cidades, en sete partes; e tornaron onda Xosué ó campamento, en Xiloh. ¹⁰E Xosué partillou lotes para eles, en Xiloh, diante do Señor, e repartiu alí Xosué o país para os fillos de Israel, de acordo coas súas divisións.

A partilla de Benxamín

¹¹E saíu o lote da tribo dos fillos de Benxamín, segundo as súas familias, e tocoulle o lindeiro da parte deles entre os fillos de Xudá e os fillos de Xosé. ¹²E saía o seu lindeiro norte desde o Xordán, continuaba pola montaña ó oeste, e saía ó deserto de Bet-Aven. ¹³Despois ía cara a Luz, e pasaba a carón de Luz, polo sur da cidade (de Betel), e baixaba a Atarot-Adar, na montaña que está ó sur de Bet-Horón de Abaixo. ¹⁴O lindeiro ía para adiante e volvía á beira do mar polo Sur, desde a montaña que está enfronte a Bet-Horón polo sur, e saía a Quiriat-Baal (que é Quiriat-Iearim, cidade dos fillos de Xudá), no tocante ó cuadrante occidental. ¹⁵En canto ó cuadrante sur, partía do remate de Quiriat-Iearim, e ía cara ó oeste, saíndo ás fontes das augas de Neftóah. ¹⁶Baixaba ata o remate da montaña que está enfronte do Val de Ben-Hinnom (ó norte do Val dos Refaím), ía polo val de Hinnom —a carón dos iebuseos, polo sur—, e baixaba a En-Róguel. ¹⁷Continuaba polo norte e saía a En-Xémex; ía dar a Guelilot —que está enfronte da subida de Adumín—, e baixaba á Rocha de Bohán, fillo de Rubén. ¹⁸Despois pasaba á outra banda —a da Arabah—, polo norte, e baixaba ata a Arabah; ¹⁹pasaba a carón de Bet-Hoglah, polo norte, e saía ó norte da lingua do Mar do Sal, ó sur da desembocadura do Xordán (éste é o lindeiro meridional). ²⁰E polo leste lindaba co Xordán.

Esta é a herdanza dos fillos de Benxamín, segundo os seus lindeiros circundantes e segundo as súas familias.

²¹E correspondéronlle á tribo de Benxamín, segundo as súas familias, as cidades de Iericó, Bet-Hoglah, Émec-Quesis, ²²Bet-Arabah, Semaraim, Betel, ²³Avim, Parah, Ofrah, ²⁴Quefar-Amonai, Ofni e Gaba: doce cidades coas súas aldeas. ²⁵Gabaón, Ramah, Beerot, ²⁶Mispeh, Quefirah, Mosah, ²⁷Requem, Irpeel, Taralah, ²⁸Selá, Élef, Iebusi —que é Xerusalén—, Guibat e Quiriat: catorce cidades e as súas aldeas.

18, 1 *Xiloh* está situado ó norte de Betel e ó sur de Lebonah. Actualmente chámase Quirbet-Seilún (=as ruínas de Seilún). En Xiloh existiu un santuario moi importante nos tempos de Samuel e de Xaúl. Alí tiña entón a súa morada a Arca da Alianza. O santuario foi destruído polos filisteos. Algúns profetas aproveitarán o feito da destrucción de Xiloh para poñer á espreita a xente, de xeito que cumpran a Alianza e non lles aconteza outro tanto co templo de Xerusalén (cf Xer 7, 12).
18, 4 O redactor fala do país como se xa pertencera a Israel. No intre en que escribe, poderían levar adiante ese traballo con facilidade; pero nos tempos de Xosué, non.
18, 5 Sete partes, cadansúa para as tribus de Simeón, Dan, Naftalí, Axer, Isacar, Zebulón e Benxamín.
18, 11 *Benxamín* recibe o seu territorio entre Menaxés (ó N.) e Xudá (ó S.).

18, 12 O *deserto de Bet-Aven* está ó oriente de Betel. Como o vocábulo Bet-Aven significa "casa ruín", algúns profetas (Os **5,** 8; **10,** 5; Am **5,** 5) chámanlle Bet-Aven a Betel, pola dexeneración habida neste santuario. Sen embargo, tanto en Xos **7,** 2 como no versículo que comentamos, Bet-Aven é distinto de Betel. Veremos de contado que no libro de Xosué, cando se lle quere dar outro nome a Betel, chámaselle "Luz" (**18,** 13; cf **16,** 12).
18, 16 O *val do fillo de Hinnom:* "Gue-ben-Hinnom" (en grego "Guehenna"), vai polo sur de Xerusalén ata o torrente Cedrón. No lugar onde se encontran os dous atópase a fonte de Róguel ("En-Róguel"). O autor sacerdotal ten interese en defender Xerusalén como pertencente a Benxamín (cf **15,** 7ss; **18,** 28; Xuí **1,** 21).
18, 19 *Bet-Hoglah* está a 5 Kms. ó S.O. de Iericó.

Esta é a herdanza dos fillos de Benxamín, segundo as súas familias.

A partilla de Simeón

19 ¹O segundo lote foi para Simeón, para a tribo dos fillos de Simeón, segundo as suás familias, e tiveron os seus eidos no medio da herdanza dos fillos de Xudá. ²E tocoulles en herdanza Beerxeba, Xeba, Moladah, ³Hásar-Xual, Balah, Sem, ⁴Eltolad, Betul, Hormah, ⁵Siclag, Bet-Marcabot, Hasar-Susah, ⁶Bet-Lebaot e Xeruhén: trece cidades e as súas aldeas: ⁷In, Rimón, Éter e Axán: catro cidades e as súas aldeas; ⁸e mais tódalas aldeas que hai arredor desas cidades ata Balat-Beer (que é Ramat do Sur). Esta era a herdanza da tribo dos fillos de Simeón, segundo as súas familias. ⁹Da partilla dos fillos de Xudá, tocoulles herdanza ós fillos de Simeón, pois o lote dos fillos de Xudá era de máis para eles; e herdaron os fillos de Simeón no medio do territorio daqueles.

A partilla de Zebulón

¹⁰O terceiro lote foi para os fillos de Zebulón, segundo as súas familias, e chegou o lindeiro da súa herdanza ata Sarid. ¹¹De aí subía cara ó occidente, e a Maralah, e chegaba a Dabéxet e mais ó torrente que está enfronte de Iocneam. ¹²E volvía de Sarid cara ó oriente —á saída do sol—, ata o extremo de Quislot-Tabor, prolongábase ata Daberat, e subía a Iafía. ¹³Desde alí pasaba cara ó oriente, a Guitah-Hérfer e Itah-Casín, e saía a Rimón-Metoar e a Neah. ¹⁴Despois dobraba cara ó norte, a Hanatón, e remataba no val de Iefteel. ¹⁵Con Catat, Nahalal, Ximrón, Idalah e Belén, son doce cidades coas súas aldeas. ¹⁶Esta é a herdanza dos fillos de Zebulón, segundo as súas familias: esas cidades, coas súas aldeas.

A partilla de Isacar

¹⁷O cuarto lote que saíu foi para Isacar: para os fillos de Isacar, segundo súas familias. ¹⁸O seu lindeiro ía cara a Iezrael Quesulot, Xunem, ¹⁹Hafaraim, Xión, Anaharat, ²⁰Rabit, Quixión, Abes, ²¹Rémet, En-Ganim, En-Hadah e Ben-Passés. ²²O lindeiro chega ó Tabor, a Xahasimah e Bet-Xémex, e remata no Xordán. No total, dezaseis cidades e ás súas aldeas. ²³Esta é a herdanza da tribo dos fillos de Isacar, segundo as súas familias: as cidades, coas súas aldeas.

A partilla de Axer

²⁴O quinto lote que saíu foi para a tribo dos fillos de Axer, segundo as súas familias. ²⁵O seu lindeiro ía por Helcat, Halí, Beten, Acxaf, ²⁶Alamélec, Amad e Mixal; e polo Occidente chegaba ó Carmelo e mais a Xihor-Libnat. ²⁷volvía cara ó oriente, a Bet-Dagón, e chegaba a Zebulón e mais á parte norte do val de Iefteel, e Bet-Émec e Neiel, e saía pola esquerda a Cabul, ²⁸Hebrón, Rehob, Hamón e Canah, ata Sidón a Grande. ²⁹O lindeiro xiraba cara a Ramah e ata a Forteza de Tiro, e volvía a Hosah, para saír ó mar pola parte de Aczib. ³⁰Collía tamén Umah, Afec e Rehob: no total, vintedúas cidades coas súas aldeas. ³¹Esta era a herdanza da tribo dos fillos de Axer, segundo as familias: esas cidades e mailas súas aldeas.

A partilla de Naftalí

³²O sexto lote que saíu foi para a tribo de Naftalí: para os fillos de Naftalí, segundo as súas familias. ³³O seu lindeiro ía desde Hélef —desde a aciñeira de Saananim, Adamí-Néqueb e Iabneel, ata Lacum e prolongába-

---

19, 6 Fálase de trece cidades e noméanse catorce. Quizais o sinalar "Xeba" detrás de Beerxeba sexa un erro, unha repetición: por esa razón o omitimos. De feito, ó face-la lista das tribos de Benxamín o autor de 1 Cro **4,** 28-31 recolle tódolos nomes desas cidades —con lixeiras variantes nalgunha delas—, a excepción de Xeba.
Beerxeba e mais outras cidades citadas en **19,** 2-7, aparecen en **15,** 20-32 como pertencentes a Xudá. Xos **19,** 1b. 9 acláranno-lo problema: como Xudá tiña moito territorio, déuselle unha parte del a Simeón.
19, 10 O territorio da tribo de Zebulón lindaba polo N. con Axer; polo E., con Naftalí; e polo S., con Isacar. Polo O., tendo en conta os lindeiros sinalados no libro de Xosué, debería lindar con Axer. Non obstante, Xén **49,** 13 e Dt **33,** 19 fannos pensar que o lindeiro occidental era o Mediterráneo.
19, 15 Esta *Belén,* pertencente á tribo de Zebulón, é unha cidade galilea. Loxicamente non ten nada que ver con Belén de Xudá, situada a sete Kms. ó sur de Xerusalén.
19, 17 O territorio de *Isacar* lindaba polo N., con Zebulón e Naftalí; e polo S., con Efraím e Menaxés.
19, 24 Axer lindaba co Mediterráneo polo O.; coa Fenicia polo N.; con Zebulón e Naftalí, polo E.; e con Menaxés —ou quizais con Zebulón— polo S.
19, 28 Este *Hebrón* non ten nada que ver coa vila situada a 40 Kms. ó sur de Xerusalén (a antiga Quiriat-Arbá).
Algúns manuscritos do texto hebreo poñen "Abdón", en vez de Hebrón. O texto de Xos **21,** 30 explicaríase mellor se a cidade levítica de Abdón, pertencente á tribo de Axer, viñese na lista de cidades de Axer.
19, 32 O territorio de *Naftalí* estaba situado ó longo do Xordán e dos dous lagos de Galilea. Polo O. lindaba con Axer e Zebulón; e polo S. con Zebulón e Isacar.

se ata o Xordán; ³⁴voltaba polo occidente a Asnot-Tabor, dirixíase desde ali a Hucoc, chegaba a Zebulón polo sur, e tiña a Axer polo occidente e o Xordán polo oriente. ³⁵Collía tamén as cidades de defensa, de Sidim, Ser, Hamat, Racat, Quinéret, ³⁶Adamah, Ramah, Hasor, ³⁷Quédex, Edrei, En-Hasor, ³⁸Irón, Migdal-El, Harem, Bet-Anat e Bet-Xémex: dezanove cidades coas súas aldeas.

³⁹Esta era a herdanza da tribo dos fillos de Naftalí, segundo as súas familias: esas cidades e mailas súas aldeas.

A partilla de Dan

⁴⁰O sétimo lote que saíu foi para a tribo dos fillos de Dan. ⁴¹O lindeiro da súa herdanza collía Sorah, Extaol, Ir-Xémex, ⁴²Xaalabín, Aialón, Itlah, ⁴³Elón, Timnátah, Ecrón,⁴⁴Eltequeh, Guibetón, Baalat, ⁴⁵Ihud, Bené-Berac, Gat-Rimón, ⁴⁶Me-Iarcón, e mais Racón, co lindeiro enfronte de Iafa.

⁴⁷O lindeiro dos fillos de Dan saía fóra do seu territorio, pois os fillos de Dan foron e loitaron contra Léxem e ocupárona; despois, pasárona pola espada e posuírona e habitaron nela. E chamaron a Léxem, Dan, coma o seu devanceiro. ⁴⁸Esta era a herdanza dos fillos de Dan, segundo as súas familias: esas cidades, e mailas súas aldeas.

A herdanza de Xosué

⁴⁹Cando remataron de distribuí-la terra segundo os seus lindeiros, os fillos de Israel deron herdanza a Xosué, fillo de Nun, no medio de eles, ⁵⁰cumprindo co mandato do Señor. Déronlle a cidade que pediu: Timnat--Sérah, na serra de Efraím. Entón edificou a cidade e habitou nela.

Conclusión das partillas

⁵¹Estes son os territorios que herdaron o sacerdote Elazar e Xosué, fillo de Nun, e os xefes de familia das tribos dos fillos de Israel, por sortes, en Xiloh, diante do Señor, á porta da Tenda do Encontro e remataron así de reparti-lo país.

As vilas de refuxio

20 ¹E díxolle o Señor a Xosué: ²—"Fálalles ós fillos de Israel, e dilles: Escollede para vós as cidades de refuxio, tal como vos prometín por medio de Moisés, ³de xeito que poida fuxir a elas o homicida que matase a alguén por erro, non de grado; e serviranvos de refuxio verbo do vingador do sangue. ⁴O homicida fuxirá a unha desas cidades, e deterase no limiar da porta, e contaralle-lo seu caso ós anciáns da cidade aquela; e acolleranno na vila e daranlle un lugar para morar entre eles. ⁵E, anque o vingador do sangue o persiga, eles non entregarán o homicida nas súas mans, pois non de grado matou ó seu próximo, a quen antes non odiara. ⁶E morará na cidade aquela ata que teña o xuízo da asemblea, e ata a morte do Sumo Sacerdote de entón. Daquela volverá o homicida e entrará na súa vila e na súa casa, na cidade da que fuxira".

⁷E escolleron a Quédex, en Galilea, na serra de Naftalí, a Xequem, na serra de Efraím, e a Quiriat-Arbá —que é Hebrón—, na serra de Xudá.

⁸E na outra banda do Xordán, ó oriente de Iericó, sinalaron a Béser, no deserto, á altura da tribo de Rubén; a Ramot, en Galaad, da tribo de Gad; e a Golán, no Baxán, da tribo de Menaxés.

⁹Esas foron as cidades de refuxio para tódolos fillos de Israel, e mais para o forasteiro que andase no medio deles, para fuxir alí todo o que mate a alguén non de grado, de xeito que non morra a mans do vingador do sangue, namentres non compareza diante da asemblea.

As vilas dos levitas

21 ¹E achegáronse os cabezas de familia dos levitas ó sacerdote Elazar e a Xosué, fillo de Nun, e ós cabezas de familia das tribos de Israel, ²e faláronlles en Xiloh, na terra de Canaán, deste xeito:

—"O Señor, por medio de Moisés, mandou que se nos desen pobos para residirmos, con pradeiras para o noso gando".

19, 40 O territorio de *Dan* caía na banda costeira, ó N. de Simeón, ó O. de Efraím e Xudá, e ó S. de Menaxés. Sen embargo, ou porque lles resultaba pequena a súa herdanza (**19,** 47), ou máis ben porque os filisteos domeaban naquel territorio, marcharon para o norte e fóronse establecer no extremo de Israel (**19,** 47; Xuí **18,** 2.7-29).
20, 3 "Vinga-lo sangue" era unha das obrigas do "goel", o parente máis próximo dunha persoa (cf Núm **35,** 21; cf Rut **2,** 20 nota).

20, 6 Se *o homicida* resultaba inocente no xuízo, deixábano quedar naquela cidade, e el debía permanecer alí para non caer nas mans do vingador do sangue (cf Núm **35,** 20-27). En morrendo o Sumo Sacerdote, podía voltar xa para a súa casa (Núm **35,** 25.28), pois a morte do Sumo Sacerdote considerábase expiadora dos erros do pobo e xa non tiña por que teme-lo "goel".
21, 2 O mandato ó que se alude é o referido en Núm **35,** 2-5. 1 Sam **21,** 2 e **22,** 9-19 falan dunhas vilas onde vivían sacerdotes.

³E déronlle-los fillos de Israel ós levitas da súa herdanza, pola palabra do Señor, estas vilas e as súas pradeiras:
⁴Saíu a sorte para as familias dos quehatitas e sacaron para os fillos levitas do sacerdote Aharón trece vilas, do lote da tribo de Xudá, da tribo de Simeón, e da tribo de Benxamín. ⁵E para os restantes fillos de Quehat, das familias da tribo de Efraím, da tribo de Dan e da media tribo de Menaxés correspondéronlles na sorte dez vilas. ⁶E para os fillos de Guerxón, das familias da tribo de Isacar, da tribo de Axer, da tribo de Naftalí e da media tribo de Menaxés no Baxán tocáronlles en sorte trece vilas. ⁷Para os fillos de Merarí, segundo as súas familias, da tribo de Rubén, da tribo de Gad, e da tribo de Zebulón, doce vilas.
⁸E deron os fillos de Israel ós levitas estas vilas cos seus pastos en sorte, segundo mandara o Señor por medio de Moisés. ⁹E déronlles, da tribo dos fillos de Xudá e da tribo dos fillos de Simeón, esas vilas que van chamadas polo nome: ¹⁰Para os fillos levitas de Aharón, das familias dos quehatitas —pois a eles correspondera o primeiro lote—, ¹¹déronlles Quiriat-Arbá (a vila do pai de Anoc —que é a cidade de Hebrón—, na serra de Xudá), coas pradeiras dos seus arredores. ¹²Pero a zona verde da cidade e das súas aldeas déronlles a Caleb, fillo de Iefuneh, en propiedade.
¹³E ós fillos sacerdotes de Aharón déronlles Hebrón (para cidade de refuxio do homicida) e os seus pastos, e Libnah e os seus pastos.
¹⁴Iatir cos seus pastos, Extemoa cos seus pastos, ¹⁵Holón cos seus pastos, Debir cos seus pastos, ¹⁶In cos seus pastos, Iutah cos seus pastos, e Bet-Xémex cos seus pastos: nove vilas, escolmadas daquelas dúas tribos.
¹⁷E da tribo de Benxamín, Gabaón cos seus pastos, Gueba cos seus pastos, ¹⁸Anatot cos seus pastos e Almón cos seus pastos: catro cidades. ¹⁹Tódalas cidades dos sacerdotes fillos de Aharón, eran trece, cos seus pastos.

²⁰E ás familias dos levitas fillos de Quehat —os outros fillos de Quehat—, déronlles un lote de cidades escolmadas da tribo de Efraím: ²¹Xequem (para cidade de refuxio do homicida, na serra de Efraím) cos seus pastos, Guézer cos seus pastos, ²²Quibsaim e os seus pastos, e Bet-Horón e os seus pastos: catro cidades.
²³E da tribo de Dan, Eltequé e os seus pastos, Guibetón e os seus pastos, ²⁴Aialón e os seus pastos, e Gat-Rimón e os seus pastos: catro cidades.
²⁵E da media tribo de Menaxés, Taanac e os seus pastos, e Ibleam e os seus pastos: dúas cidades. ²⁶No total, dez, cos seus pastos, para as restantes familias dos fillos de Quehat.
²⁷E para as familias dos levitas fillos de Guerxón partillaron da media tribo de Menaxés Golán (no Baxán, como cidade de refuxio do homicida) cos seus pastos, e Bet-Axtarah cos seus pastos: dúas cidades.
²⁸E da tribo de Isacar, Quixón, cos seus pastos, Daberat cos seus pastos, ²⁹Iarmut cos seus pastos e mais En-Ganim cos seus pastos: catro cidades.
³⁰E da tribo de Axer, Mixal cos seus pastos, Abdón cos seus pastos, ³¹Helccat cos seus pastos, e Rehob cos seus pastos: catro cidades.
³²E da tribo de Naftalí, Quédex (en Galilea, para cidade de refuxio do homicida) cos seus pastos, Hamot-Dor cos seus pastos e Cartán cos seus pastos: tres cidades.
³³Tódalas cidades dos guerxonitas, segundo as súas familias, eran trece, cos seus pastos.
³⁴E para as familias do resto dos levitas fillos de Merarí, escolmaron da tribo de Zebulón Iocneam cos seus pastos, Cartah cos seus pastos, ³⁵Dimnah cos seus pastos e Nahalal cos seus pastos: catro cidades.
³⁶Da tribo de Rubén, Béser e os seus pastos, Iahsah e os seus pastos, ³⁷Quedemot e os seus pastos e Mefáat e os seus pastos: catro cidades.

21, 4 Fanse lotes distintos para os levitas non sacerdotes e para os sacerdotes. Uns e outros considerábanse descendentes de Aharón, e fillos de Leví (1 Cro **5,** 27; **6,** 1). Entre os levitas, déronlle unha parte a Quehat, outra a Guerxón e outra a Merarí, todos eles fillos de Leví. No total, asignáronlles ós da tribo de Leví corenta e oito cidades cos seus pastos (cf Núm **35,** 7). Seis delas eran xa cidades de refuxio (Xos **20,** 7-8; cf Núm **35,** 6); e as outras corenta e dúas foron escolmadas dos outros lotes, segundo a amplitude da tribo e a herdanza que recibira (cf Núm **35,** 8).
21, 11 Os vv 11-12 tratan de harmoniza-la dobre pertenza da vila de Hebrón a Caleb (**15,** 13) e ós sacerdotes (**21,** 13). Aquí dísenos que a cidade foi para os sacerdotes, pero que a zona verde da vila e mailas aldeas do arredor foron para Caleb.

³⁸E da tribo de Gad, Ramot (en Galaad, para cidade de refuxio do homicida) cos seus pastos, Mahanaim e os seus pastos.
³⁹Hexbón cos seus pastos, Iazer cos seus pastos: no total, catro cidades. ⁴⁰A suma de tódalas cidades que lles tocaron ós fillos de Merarí para as súas familias —para os que quedaban das familias de levitas—, foi de doce cidades. ⁴¹E o número de cidades dos levitas na propiedade dos fillos de Israel, foi de corenta e oito cos seus pastos: ⁴²como tiña cada unha os pastos arredor, así os tiña o resto delas.

Conclusión teolóxica

⁴³E deu o Señor a Israel toda a terra que xurara ós seus devanceiros que había de darlles: e herdárona e viviron nela. ⁴⁴E o Señor deulles acougo á redonda, como prometera ós seus devanceiros, e non houbo inimigo que resistise diante deles: o Señor púxoos a todos nas súas mans. ⁴⁵Non fallou unha de tódalas boas promesas que fixera o Señor á casa de Israel: todiñas se cumpriron.

Discurso de Xosué ás tribos de Galaad

22 ¹Por aquel entón chamou Xosué ós rubenitas, ós gaditas e á media tribo de Menaxés, ²e díxolles:
—"Vós gardastes todo canto vos mandara Moisés, servo do Señor, e escoitáste-la miña voz, todo canto eu vos mandei; ³non abandonastes a vosos irmáns durante todo este tempo, ata o día de hoxe, senón que observastes con fidelidade o mandamento do Señor, o voso Deus. ⁴E agora o Señor, o voso Deus, deulles acougo a vosos irmáns, como lles tiña prometido. Así que volvede e idevos ás vosas tendas, á terra da vosa herdanza, que vos deu Moisés, servo do Señor, na outra banda do Xordán. ⁵O que si habedes de coidar é cumpri-lo mandamento e a Lei que vos impuxo Moisés, servo do Señor, de xeito que améde-lo Señor, o voso Deus, e vaiades polos seus camiños, e custodiéde-los seus mandatos, para que vos afeccionedes a El e o sirvades de todo corazón e con toda a vosa alma".
⁶E bendiciunos Xosué e despediunos e foron para as súas tendas.
⁷E á media tribo de Menaxés déralle posesión Moisés no Baxán, namentres que á outra media lla deu Xosué entre os seus irmáns, nesta banda do Xordán, na do occidente. E, ó mandalos Xosué para as súas tendas, bendeciunos, ⁸e díxolles:
—"Tornades ás vosas tendas con moitos bens, con abonda facenda, con prata, ouro, cobre, ferro e vestidos en gran cantidade: repartide con vosos irmáns os despoxos dos vosos inimigos".
⁹Daquela voltaron os fillos de Rubén, os fillos de Gad e a media tribo de Menaxés, e deixaron Xiloh, onde estaban os fillos de Israel, na terra de Canaán, para se dirixiren á terra de Galaad, á terra da súa herdanza, que tiñan asignada pola palabra que dera o Señor por medio de Moisés.

O altar das tribos de Galaad

¹⁰En chegando á beira do Xordán na terra de Canaán os fillos de Rubén, os fillos de Gad e a media tribo de Menaxés construíron alí un altar grande, para poderen contemplalo. ¹¹E chegou isto ós ouvidos dos fillos de Israel:
—"Velaquí que os fillos de Rubén, os fillos de Gad e maila media tribo de Menaxés edificaron un altar no extremo da terra de Canaán, á beira do Xordán, na banda dos fillos de Israel".
¹²Entón xuntouse toda a asemblea dos fillos de Israel en Xiloh, para declarárlle-la guerra. ¹³E enviaron os fillos de Israel onda os fillos de Rubén e os fillos de Gad e a media tribo de Menaxés, na terra de Galaad, a Pinhás, fillo do sacerdote Elazar, ¹⁴xunto con dez príncipes, un por cada tribo de Israel, sendo cada un deles xefe da súa familia patriarcal, entre os milleiros de Israel. ¹⁵E chegaron onda os fillos de Rubén, onda os fillos de Gad e onda a media tribo de Mena-

---

21, 43 Os vv 43-45 son os únicos deste c. que non pertencen ó autor sacerdotal. Son obra do deuteronomista, que gusta de recordarnos que Deus é sempre fiel ás súas promesas. Precisamente con estes versículos remata a historia que comezara no c. primeiro, e resúmea constatando que Israel tomou posesión de todo o país que Deus lle dera.
22, 1 A perícopa de Xos 1, 12-18 viña ser como unha chamada, que ten a súa correspondencia en **22**, 1-8. Os derradeiros vv do c. anterior (**21**, 43-45) fan como de ponte. As tres perícopas levan o selo do deuteronomista.

22, 9 Xos **22**, 9-34 é obra do autor sacerdotal. Narra o problema que crearon as tribos da Transxordania ó construíren un altar. O relato presupón a reforma de Ioxías (século VII a.C.), centralizando o culto nun único santuario, o de Xerusalén.
22, 11 Os LXX —quizais por seren demasiado ríxidos ó traduciren unha preposición hebrea— sitúan o altar na banda oriental do Xordán, na terra de Galaad. Pero o v 10 é claro ó afirmar que foi no país de Canaán; e o v 11 é aínda máis explícito ó dicir que estaba na banda dos fillos de Israel.
22, 14 Cf Núm **1**, 16.

xés, na terra de Galaad, e faláronlles deste xeito:

¹⁶—"Así se pronunciou toda a asemblea do Señor: ¿Que deslealdade é esa que cometestes contra o Deus de Israel, arredándovos hoxe do seguimento do Señor, edificando un altar, e arrepoñéndovos así hoxe contra Iavé? ¹⁷¿Logo non nos era de abondo o pecado de Peor, do que non nos demos purificado ata o día de hoxe, e que trouxo a praga á congregación do Señor? ¹⁸E vós arredádesvos hoxe do seguimento de Iavé, e, obrando así, —arrepoñéndovos hoxe contra o Señor—, o día de mañá vaise alporizar contra toda a asemblea de Israel. ¹⁹No caso de que consideredes impura a terra da vosa herdanza, pasádevos á terra da herdanza do Señor, onde mora o seu tabernáculo, e tomade posesión no medio de nós; pero non vos arrepoñades contra o Señor e contra nós: non vos rebeledes facéndovos un altar a maiores do altar do Señor, o noso Deus. ²⁰¿E logo non cometeu unha deslealdade oc entredito Acán, o fillo de Zérah, e ceibouse a cólera sobre toda a asemblea de Israel?; ¿E non veu el morrer co seu pecado?"

²¹Os fillos de Rubén, os fillos de Gad e a media tribo de Menaxés, responderon ós xefes dos milleiros de Israel:

²²—"El, Elohim, Iavé; El, Elohim, Iavé: El ben o sabe, e Israel hao saber. Se foi por rebelión ou por deslealdade ó Señor, que non pasemos de hoxe, ²³por construírmos un altar para arredarnos do seguimento do Señor: se foi para ofrecerlle holocaustos, presentar ofrendas ou ofrecerlle sacrificios pacíficos, que o mesmo Señor o inquira. ²⁴Ou se máis ben foi por inquedanza nosa, pensando: O día de mañá dirán vosos fillos ós nosos: ¿que tedes que ver vós co Señor, Deus de Israel? ²⁵Pois o Señor puxo de lindeiro entre nós e vós —fillos de Rubén e fillos de Gad— o Xordán, non tedes parte co Señor; e así, vosos fillos farán afogar nos nosos o temor do Señor. ²⁶Foi por iso que dixemos: temos que construír un altar, non para holocaustos nin sacrificios, ²⁷senón para que sexa testemuña entre nós e vós, e entre as xeracións que nos seguirán, de que queremos ofrece-lo culto ó Señor diante del, cos nosos holocaustos, e cos nosos sacrificios e coas nosas ofrendas pacíficas: e así non dirán vosos fillos o día de mañá ós nosos: non tedes parte co Señor. ²⁸E dixemos: acontecerá que, se o día de mañá nolo din a nós e ás nosas xeracións, responderemos: ollade o exemplar de altar do Señor que fixeron os nosos devanceiros non para holocaustos nin para sacrificios, pois testemuña é el entre nós e vós. ²⁹Líbrenos Deus de arrepoñernos contra El e de arredarnos hoxe do seguimento do Señor por construírmos un altar para os holocaustos, para as ofrendas e sacrificios, a maiores do altar do Señor, o noso Deus, que está diante da súa morada".

³⁰Cando o sacerdote Pinhás, os príncipes da asemblea e os xefes dos milleiros de Israel, oíron as palabras que dixeron os fillos de Rubén, os fillos de Gad e mailos fillos de Menaxés, quedaron conformes.

³¹E dixo Pinhás —o fillo de Elazar o sacerdote— ós fillos de Rubén, ós fillos de Gad e ós fillos de Menaxés:

—"Agora sabemos que o Señor está no medio noso, pois non cometestes tal deslealdade contra El, librando así ós fillos de Israel da man do Señor".

³²Cando Pinhás, fillo de Elazar o sacerdote, e mailos príncipes voltaron do onde os fillos de Rubén e os fillos de Gad, da terra de Galaad, á terra de Canaán, onda os fillos de Israel, fixéronos sabedores do que lles acontecera. ³³E a resposta contentou ós fillos de Israel, que louvaron a Deus, e non falaron xa de loitar contra eles e asolar así a terra onde habitaban os fillos de Rubén e os de Gad. ³⁴E os fillos de Rubén e mailos fillos de Gad chamáronlle a aquel altar *Ed*, pois dixeron: é testemuña entre nós de que o Señor é Deus.

Discurso de Xosué ás tribos de Canaán

23 ¹Moito tempo despois de concederlle o Señor a Israel acougo entre tódolos seus inimigos de arredor, resulta que Xosué estaba avellentado, entrado en anos. ²E con-

---

22, 17 *Peor* é un monte de Moab, onde probablemente había un santuario dedicado a Baal. Os fillos de Israel mesturáranse cos moabitas e participaran nos seus sacrificios, provocando a ira do Señor, e morrendo moitos deles (Núm **25,** 1ss). Agora, o autor sacerdotal, coñecedor da lei de centralización do culto, pon en boca dos que vivían na época de Xosué un razoamento non válido para os tempos aqueles, anque o fose para os coetáneos do autor do libro.

22, 20 Cf Xos 7.

22, 27 O feito de ter un altar viña ser un testemuño da fe en Iavé (cf v 34), e mais unha chamada constante á peregrinación a Xerusalén, para ofreceren alí, no único santuario do Señor, holocaustos e ofrendas pacíficas.

23, 1 Todo o c. **23** é obra do deuteronomista. As ideas que se expresan ó longo do c. atópanse abondas veces espalladas por todo o libro (cf Introducc. **5**).

vocou Xosué a todo Israel —ós seus anciáns, ós seus xefes, ós seus xuíces e ós seus oficiais—, e díxolles:
—"Eu volvinme vello, entrado en anos. ³Vós ben vistes todo o que fixo o Señor, o voso Deus, a todos aqueles pobos xentís de diante de vós, porque o Señor, o voso Deus, loitaba da vosa parte. ⁴Ollade ben, eu fixen repartir en herdanza para as vosas tribos aqueles pobos xentís que quedaban xunto con tódolos que exterminei, desde o Xordán ata o Mar Grande, no occidente. ⁵E o Señor, o voso Deus, rexeitaraos de diante de vós e chimparaos fóra, de xeito que herdéde-la súa terra, tal como vos prometera o Señor, o voso Deus. ⁶Esforzádevos moito por gardardes e facerdes todo o que está escrito no libro da Lei de Moisés, de xeito que non vos desviedes del á dereita nin á esquerda, ⁷nin vos xuntedes cos pobos xentís que quedaron entre vós, nin pronunciedes sequera o nome dos seus deuses, nin xuredes por eles, nin os sirvades, nin vos abatades diante deles; ⁸senón máis ben, apegádevos ó Señor, o voso Deus, como fixestes ata o día de hoxe, ⁹pois o Señor botou de diante de vós a pobos xentís grandes e poderosos, namentres que ninguén puido resistir diante de vós, ata o día de hoxe. ¹⁰Cada un de vós pode escorrentar a un milleiro, pois o Señor, o voso Deus, loita da vosa parte a carón de vós, tal como vos prometeu. ¹¹Así pois coidade ben de vós mesmos, de xeito que amédelo Señor, o voso Deus, ¹²pois se arredar vos arredades del e vos achegades ó resto daqueles pobos xentís que quedaron entre vós, e casades con xente deles e andades con eles e eles convosco, ¹³estade seguros de que o Señor, o voso Deus, non volverá botar de diante de vós a aqueles pobos: e eles serán para vós rede e lazo, tralla no voso lombo e espiñas nos vosos ollos, ata que desaparezades desta boa terra que o Señor, o voso Deus, vos entregou. ¹⁴Velaquí que eu estou hoxe para percorre-lo camiño de todos. Recoñece con todo o corazón e con toda a alma que non fallou unha soa das promesas que vos fixo o Señor, o voso Deus: todiñas se cumpriron, sen faltar unha. ¹⁵E así como chegaron a cumprirse tódalas boas promesas que vos fixera o Señor, o voso Deus, do mesmo xeito fará chegar o Señor sobre vós tódalas ameazas, ata chimparvos desta boa terra que vos deu o Señor, o voso Deus. ¹⁶Cando fendáde-la Alianza que o Señor, o voso Deus, vos estableceu, e vaiades e sirvades a deuses alleos, e vos postredes diante deles, prenderase a ira do Señor contra vós e desapareceredes axiña desta boa terra que El vos deu".

O Testamento de Xosué e a Alianza de Xequem

24 ¹E xuntou Xosué a tódalas tribos de Israel en Xequem, e chamou ós anciáns de Israel, ós xefes, ós xuíces e mais os oficiais, e presentounos diante de Deus. ²E Xosué falou a todo o pobo deste xeito:
—"Así di o Señor, Deus de Israel: os vosos devanceiros viviron desde sempre na outra banda do río (Térah, o pai de Abraham e mais de Nahor) e serviron a deuses alleos. ³E collín a voso pai Abraham da outra banda do río, e leveino por toda a terra de Canaán, e multipliquei a súa semente dándolle a Isaac. ⁴E a Isaac deille a Xacob e mais Esaú. A Esaú deille en herdanza a montaña de Seir, namentres que Xacob e seus fillos baixaron a Exipto. ⁵E enviei a Moisés e mais a Aharón, e ferín a Exipto coas obras que fixen naquela terra, e despois lograi tirarvos de alí. ⁶Saquei ós vosos devanceiros de Exipto e chegastes ó mar. Os exipcios perseguiron ós vosos devanceiros con carros e cabaleiros ata o Mar Rubio. ⁷E clamaron os vosos ó Señor, e interpuxo a tebra entre vós e Exipto, e botou sobre os outros o mar, que os enguliu. Ben viron os vosos ollos o que fixen con Exipto; e despois morastes moito tempo no deserto. ⁸Logo leveivos á terra dos amorreos, que habitaban na outra banda do Xordán. Eles loitaron contra vós, e eu púxenos nas vosas mans para que herdáse-la súa terra, e desbarateinos diante de vós. ⁹Entón ergueuse Balac, fillo de Sipor, rei do Moab, e loitou contra Israel; e mandou chamar a Balaam, fillo de Beor, para que vos botase unha maldición; ¹⁰pero eu non quixen

---

23, 6 Falar daquela do "Libro da Lei" é un anacronismo: trasládase ós tempos do autor a época de Xosué.
23, 12 Sobre a prohibición dos matrimonios con pagáns, cf Dt 7, 3.
23, 13 Os vv 12-13 e 16 parecen reflexar que xa tivo lugar o exilio.
24, 1 O derradeiro c. do Libro de Xosué é obra do elohista e do deuteronomista, que nos fan unha síntese da historia da salvación, posta en boca de Xosué, pouco antes de morrer (24, 2-18). Despois de resumir todo o que Deus fixera con eles, Xosué procura que o pobo enteiro ratifique a Alianza, erixe unha pedra como testemuña, e despide ó pobo (24, 26-28).
Este c. relata ademais a morte e sepultura de Xosué (24, 29-30), constata a fidelidade do pobo durante a vida de Xosué (24, 31), e recolle as tradicións dos ósos de Xosé (24, 32) e da morte e sepultura de Elazar (24, 33).
24, 10 O relato coincide con Núm 22. Unha tradición distinta atopámola en Xos 13, 22, coincidente con Núm 31, 8.

dar ouvidos a Balaam, que rematou bendicíndovos, e dese xeito, salveivos da súa man. ¹¹Logo pasáste-lo Xordán e chegastes a Iericó; e loitaron contra vós os veciños de Iericó —os amorreos, os perizitas, os cananeos, os hititas, os guirgaxitas, os hivitas e os iebuseos—, e púxenos nas vosas mans. ¹²E enviei diante de vós vésporas, que tiraron de diante os dous reis amorreos, sen intervención da vosa espada nin do voso arco; ¹³e deivos unha terra que non traballastes, e cidades que non edificastes e que as habitades; viñas e oliveiras que non plantastes, en tanto que comedes delas. ¹⁴Agora, pois, temede ó Señor, e servídeo abofé, con lealdade; arredade os deuses ós que serviron vosos pais na outra banda do río e en Exipto, e servide ó Señor. ¹⁵E, se vos anoxa servir ó Señor, escollede hoxe a quen ides servir: se ós deuses que serviron vosos pais na outra banda do río, ou ós deuses dos amorreos, os da terra que habitades. Eu e maila miña familia serviremos ó Señor".

¹⁶E respondeu o pobo:

—"Lonxe de nós arredármonos do Señor para servir a outros deuses, ¹⁷pois o Señor, o noso Deus, fíxonos subir a nós e a nosos devanceiros da terra de Exipto, da casa do asoballamento, e fixo diante de nós aqueles grandes prodixios e protexeunos ó longo de todo o camiño que percorremos, e mais por tódolos poboados por onde pasamos; ¹⁸e botou o Señor de diante de nós a tódolos pobos, e ós amorreos que habitaban este país. Así que tamén nós serviremos ó Señor, pois El é o noso Deus".

¹⁹E dixo Xosué ó pobo:

—"Vós non sodes quen para servirdes ó Señor, pois El é un Deus santo e dado ós celos e non aturaría as vosas rebeldías nin os vosos pecados. ²⁰Se vos arredades do Señor e servides a deuses alleos, tornarase contra vós ata acarrexárvo-lo mal e esnaquizarvos despois de tanto ben como vos fixo".

²¹Respondeulle o pobo a Xosué:

—"¡Non!, pois nós serviremos ó Señor".

²²Dixo entón Xosué ó pobo:

—"Vós sodes testemuñas contra vós mesmos de que escollestes servir ó Señor".

E dixeron eles:

—"Certo, somos testemuñas".

²³—"Daquela —dixo Xosué—, botade fóra os deuses alleos que hai entre vós, e apegade o voso corazón ó Señor Deus, e escoitarémo-la súa voz". ²⁴Respondeu o pobo:

—"Servirémo-lo Señor, o noso Deus, e escoitarémo-la súa voz".

²⁵Selou así Xosué o pacto co pobo no día aquel e forneceuno de leis e costumes en Xequem. ²⁶E escribiu aquelas palabras no libro da Lei de Deus e colleu unha pedra grande, e erixiuna alí, debaixo da aciñeira que hai no santuario do Señor. ²⁷E dixo a todo o pobo:

—"Velaquí esta pedra que será testemuña contra nós, pois ela escoitou tódalas palabras que o Señor nos proclamou e será testemuña contra vós, para que non reneguedes do voso Deus".

²⁸De seguido, Xosué despediu o pobo e foi cadaquén para a súa herdanza.

Morte e sepultura de Xosué

²⁹Xa despois daquilo morreu Xosué, fillo de Nun, servo do Señor, ós cento dez anos de idade, ³⁰e sepultárono no territorio da súa herdanza, en Timnat-Sérah, que queda na serra de Efraím, na parte norte do monte Gaax.

³¹Israel serviu ó Señor durante toda a vida de Xosué e a dos anciáns que lle sobreviviron e que ollaran tódalas obras que o Señor fixera con Israel.

As cinsas de Xosé

³²E os ósos de Xosé, que trouxeran os fillos de Israel de Exipto, sepultáronos en Xequem, no agro que comprara Xacob ós fillos de Hamor, pai de Xequem, por cen pezas de prata, e foron herdanza dos fillos de Xosé.

Morte e sepultura de Elazar

³³Tamén morreu Elazar, fillo de Aharón, e sepultárono nun outeiro pertencente a seu fillo Pinhás, a quen se lle dera a herdanza na serra de Efraím.

24, 13 Os vv 13-15 recollen a idea expresada en Dt **6,** 10-14.
24, 16 Os vv 16-18 veñen ser unha repetición de Dt **6,** 21-24; **8,** 14 e **11,** 7.
24, 25 Renóvase a Alianza do Sinaí (cf Ex **24,** 1-11), cunha meirande participación do pobo.
24, 30 Xosué foi sepultado na súa herdanza (cf **19,** 50). Os LXX engaden ó texto hebreo a constatación de que os fillos de Israel enterraron con el os coitelos de pedra con que circuncidara en Guilgal ós membros do pobo (cf **5,** 1-9).
24,32 Da compra dese agro testemuña Xén **33,** 19. En canto ó lugar da súa sepultura, a derradeira vontade de Xosé era que levasen os seus ósos de Exipto, cando saísen de alí (Xén **50,** 24-25). E Moisés lembrouse daquilo (Ex **13,** 19).

INTRODUCCIÓN Ó LIBRO DOS XUÍCES

1. Título do libro e lugar que ocupa no conxunto da Biblia

Na biblia hebrea noméase "Xofetim", que vén significar "Líderes". Fai referencia a certos personaxes elixidos por Iavé para libera-lo seu pobo dos inimigos pagáns, exercendo así unha misión salvadora.

Na Biblia grega (versión dos LXX) noméase "Kritai" e na Vulgata latina "Iudices". Ambos vocábulos aluden á salvación que teñen que conseguir no nome de Deus estes personaxes.

No conxunto da Biblia, o libro en cuestión ocupa o sétimo lugar. Dentro da Biblia hebrea é o segundo dos así chamados "Profetas Anteriores", o primeiro dos cales é Xosué. Na Biblia cristiá catalógase dentro do grupo de "Libros Históricos".

2. Os Xuíces no tempo en que viviron

Os Xuíces exercen en Israel entre os tempos da conquista e os da monarquía (desde o ano 1200 a. C. ata o 1040, máis ou menos). O máis probable é que non sucedesen inmediatamente os uns ós outros. Esta é unha conclusión á que se chega partindo da existencia de períodos de paz, de tempos de prevaricación anteriores á intervención de Deus suscitando un Xuíz, e do feito de pertenceren a moi diversas tribos. Polo tanto algúns deles é fácil que fosen coetáneos; e outros, cando ocupaban o sitio do predecesor, xa pasara moito tempo desde que morrera o Xuíz anterior.

Algúns deles xorden cando os arrebata o espírito do Señor. A súa misión é a de salva-lo pobo daquel apuro, polo que a súa función é esporádica. A estes chámaselles "Xuíces Maiores", e sinálanse nesta categoría a Otoniel, Ehud, Déborah-Barac, Guideón, Iefté e Sansón.

Outros parecen ter unha carga máis estable no seu ambiente, desenvolvendo unha función semellante á de gobernadores do pobo. Chámanse "Xuíces Menores", e inclúense neste capítulo Xamgar, Tolá, Iair, Ibsán, Elón e Abdón. A descripción que fai o libro da persoa e da actividade dos mesmos é moi reducida, e concrétase en poucos versículos (**3**, 31; **10**, 1-5; **12**, 8-15).

3. Época na que se escribiu a obra

Como acontece con Xosué, tamén o libro dos Xuíces é froito dun longo proceso. Nun primeiro momento existirían as fazañas dalgúns heroes, transmitidas por tradición. Estas historias vanse poñendo por escrito nos tempos da monarquía, recollendo tanto as do Reino de Israel (Reino do Norte), como as do Reino de Xudá (Reino do Sur). Sen embargo, algunhas delas teñen máis antigüidade, como a "Cántiga de Déborah", que se pode datar como do século XII a. C. A primeira redacción do libro faise no século VIII, pouco despois da caída do Reino do Norte. Sucesivamente fanse diversas revisións, que se estenden mesmo ata o século III a. C.

4. Xénero Literario da obra

O libro é un conxunto de historias de personaxes famosos, de cara á edificación popular. Ningún deles —fóra de Otoniel— aparece como o home ideal, senón que se nos presentan máis ben como persoas con abondos erros, pero que exercen unha función salvadora no pobo, pola forza do espírito de Deus, que veu sobre eles. Trátase, pois, dunha historia de liberacións, promovida polo espírito de Deus, en favor dos crentes.

5. Teoloxía do libro dos Xuíces

Tal como o temos agora, o libro tenciona mostrarnos que Deus é sempre fiel á alianza, a pesar de que o home a rompa decote. Cando a xente chora e clama polo seu Deus, este envía o seu espírito sobre un dos membros do pobo para que os saque do apuro. O proceso repítese a eito: a xente abandona a Iavé e axeónllase diante doutros deuses; entón, Deus castígaos, e ponos nas mans doutros pobos, que os asoballan; daquela, os israelitas comezan a laiar e a pregarlle a Iavé que acuda no seu auxilio; e entón, Deus envíalles un Xuíz, que vence os inimigos, acadando así a paz para o pobo escolleito.

6. Estructura da obra

6.1. Primeira Introducción (**1**, 1-**2**, 10)
6.2. Segunda Introducción (**2**, 11-**3**, 6)
6.3. O "Libro dos Doce Xuíces" (**3**, 7-**16**, 31)
6.4. O Primeiro Apéndice (**17**, 1-**18**, 31)
6.5. O Segundo Apéndice (**19**, 1-**21**, 25)

7. O texto do libro dos Xuíces

O texto hebreo do libro dos Xuíces tardou moito en ter unha forma fixa, e agora está estragado de abondo. E o texto grego ofrécenos dúas versións, a miúdo diverxentes. Conseguintemente, non nos debemos sorprender ó vermos que as traduccións ás linguas vernáculas sexan distintas en moitos casos. Iso débese a que unhas seguen o texto hebreo e outras unha das versións gregas; ou mesmo a que nalgúns casos se prefire —por consideralas de máis garantía— recoller unha variante que ofrece un manuscrito concreto.

XUÍCES

PRIMEIRA INTRODUCCIÓN (1, 1 - 2, 10)

1 ¹E aconteceu que, despois da morte de Xosué, foron consulta-los fillos de Israel ó Señor: —"¿Quen de nós subirá o primeiro para a loita contra os cananeos?"

²E o Señor respondeu: —"O primeiro será Xudá. Velaquí que entreguei o país nas súas mans".

³E dixo Xudá a seu irmán Simeón: —"Rube comigo á miña herdanza e batallaremos contra os cananeos, e irei tamén eu contigo á túa herdanza". E Simeón foi con el. ⁴E subiu Xudá, e puxo o Señor nas súas mans os cananeos e os perizitas, e abateron en Bézec a dez mil homes. ⁵E atoparon a Adoni-Bézec en Bézec, e loitaron contra el, e venceron ós cananeos e ós perizitas. ⁶E fuxiu Adoni-Bézec e fórono abourando; e atrapárono e mutilárono dos polgares das súas mans e dos seus pés. ⁷E dixo Adoni-Bézec: —"Sete reis cos polgares das súas mans e dos seus pés cepados están debaixo da miña mesa recollendo as migallas. Conforme fixen eu, recompensoume Deus a min". E leváronno a Xerusalén e morreu alí.

⁸E loitaron os fillos de Israel contra Xerusalén, e conquistárona, e pasárona polo gume da espada; e á cidade prendéronlle lume. ⁹E despois baixaron os fillos de Xudá para loitaren contra os cananeos que habitaban a montaña, o Néguab e a Xefelah. ¹⁰E foi Xudá contra os cananeos que habitaban en Hebrón —o nome de Hebrón era antes Quiriat-Arbá—, e venceu a Xexai, a Ahimán e a Talmai. ¹¹E desde alí foi contra os veciños de Debir —o nome de Debir era antes Quiriat-Séfer, ¹²e dixo Caleb: —"A quen arremeta contra Quiriat-Séfer e a gañe, dareille por muller a miña filla Acsah". ¹³E conquistouna Otoniel, fillo de Quenaz—o seu irmán máis novo—, e deulle por esposa a súa filla Acsah. ¹⁴E, cando conviviu con ela, instigouna a pedirlle a seu pai un campo; e baixou do xumento e díxolle Caleb: —"¿Que tes?" ¹⁵Ela respondeulle: —"Anda, faime un favor: pois me deches terra árida, dáme algunha fonte de auga". E deulle Caleb as fontes de arriba e as fontes de abaixo.

¹⁶E os descendentes do sogro de Moisés —o quenita— subiron da Vila das Palmeiras cos fillos de Xudá ó deserto de Xudá que queda no Néguab de Arad; e foron, e habitaron entre o pobo.

¹⁷E foi Xudá co seu irmán Simeón e desbarataron ós cananeos que habitaban en Sefat; e exterminaron a cidade e puxéronlle de nome Hormah. ¹⁸E apoderouse Xudá de Gaza co seu termo; e de Axquelón, co seu termo; e de Ecrón, co seu termo. ¹⁹E o Señor estaba con Xudá, que se apoderou da montaña (ó non poder bota-los veciños do val, por teren eles carros de ferro). ²⁰E déronlle a Caleb Hebrón, segundo dispuxera Moisés; e botaron de alí ós tres fillos de Anaq. ²¹Pero ós iebuseos, que habitaban en Xerusalén, os fillos de Benxamín non os puideron botar; e moraron os iebuseos en Xerusalén cos fillos de Benxamín ata o día de hoxe.

²²E subiron os da casa de Xosé —tamén eles— contra Betel; e o Señor estaba con

---

1, 1 Xuí **1**, 1-2, 10, forma a "primeira introducción" do libro. Vén ser unha repetición dalgunhas pasaxes tratadas no libro de Xosué, agora desde outro ángulo de vista. Os feitos ós que se refire corresponden ó tempo de Xosué, e non ó período seguinte. A continuación cronolóxica de Xos **23**, 16 (a despedida de Xosué) atoparémola en Xuí **2**, 6.

1,8 O redactor deste c. non ten preocupacións históricas e cae nas mesmas simplificacións có do libro de Xosué. O que non se verificou ata os tempos de David —a conquista de Xerusalén— (2 Sam **5**, 6-10; 1 Cro **11**, 4-9), pona como realizada un par de séculos antes, sen que por iso deixe de dicir que os benxaminitas cohabitaron cos iebuseos, ó non poder botalos de alí (**1**, 21), e dicindo como di o libro de Xosué, que Xudá cohabitou cos iebuseos en Xerusalén (Xos **15**, 63).

1,9 O *Néguab* é unha parte, case desértica, que se atopa ó S. da Palestina. A Xefelah é a parte comprendida entre a montaña e a costa mediterránea. É unha zona verde, con mesetas e vales.

1, 10 Cf Núm **13**, 22-25; Xos **10**, 36-37. 39; **11**, 21; **14**, 13-15; **15**, 13-14, 54; **21**, 12 s; Xuí **1**, 20.

1, 11 *Debir* queda a 15 Km ó S de Hebrón.

1, 13 *Otoniel* significa "León de Deus". Era sobriño de Caleb (cf Xos **14**, 7-10).

1, 15 Cf Xos **15**, 13-19.

1, 16 A *Vila das Palmeiras* é unha expresión que serve para designar a Iericó. Non obstante, aquí trátase dunha vila ó S do Mar Morto, e probablemente na terra de Madián. Arad queda uns 30 Km ó S de Hebrón e a 30 ó N E de Beerxeba. A parte do "deserto de Xudá" que queda ó S de Arad é o "deserto do Néguab".

1, 17 *Hormah* toma o seu nome do "entreditо" ("hérem") ó que someteron Xudá e Simeón a Zeftah (cf Núm **21**, 1-2). A vila adoita ser identificada cun "tell" que queda a uns 13 Km ó E de Beerxeba.

1, 18 O texto grego di todo o contrario do hebreo. Quizais sexa un intento de harmonización, pois o v 19b, Xos **13**, 3 e Xuí **3**, 3, pedirían o senso recollido no texto grego.

1, 22 A *Casa de Xosé* abrangue as tribos de Menaxés e Efraím (fillos de Xosé). Betel, situada a 17 Km ó N de Xerusalén, aparece tamén como unha das vilas de Benxamín (Xos **18**, 22), e ocupada por Efraím (Xos **16**, 1-2). Betel foi santuario patriarcal (Xén **35**, 1-15), e alí irán nos tempos dos xuíces consultar a Deus (Xuí **20**, 18. 26; **21**, 2).

eles. ²³E a casa de Xosé fixo axexar Betel —e o nome da vila era antes Luz—; ²⁴e viron os vixías que saía da cidade un home e dixéronlle: —"Móstranos, por favor, a entrada da vila e teremos piedade de ti". ²⁵E mostróulle-la entrada da vila, e pasárona polo gume da espada; pero a aquel home e a toda a súa familia deixáronos ir. ²⁶E foi o home ó país dos hititas, e levantou unha vila, e chamouna Luz; e foi Luz o seu nome ata o día de hoxe.

²⁷E non botou Menaxés ós de Bet-Xeán e as súas vilas, nin ós de Tanac e as súas vilas, nin ós veciños de Dor e as súas vilas, nin ós veciños de Ibleam e as súas vilas, nin ós veciños de Meguido e as súas vilas; e os cananeos continuaron morando naquela terra. ²⁸Mais cando se enforteceu Israel, púxolles un tributo ós cananeos; pero o que é botar, non os botaron.

²⁹Tampouco Efraím botou ós cananeos que habitaban en Guézer; e viviron os cananeos en Guézer no medio deles.

³⁰Nin tampouco Zebulón botou ós veciños de Quitrón, nin ós veciños de Nahalol, e moraron os cananeos entres eles, anque pagándolles tributo.

³¹Axer non botou ós veciños de Acco, nin ós veciños de Sidón; nin ós de Ahlab, nin ós de Aczib, nin ós de Helbah, nin ós de Afec, nin ós de Rehob. ³²E moraron os axeritas entres os cananeos que habitaban o país, pois non os botaron.

³³Naftalí tampouco botou ós veciños de Bet-Xémex, nin ós de Bet-Anat; e morou no medio dos cananeos que habitaban o país, anque os veciños de Bet-Xémex e os de Bet-Anat lle tiveron que pagar tributo.

³⁴E os amorreos premeron ós fillos de Dan cara á montaña, e non lles permitiron baixar ó val. ³⁵E continuaron morando os amorreos na montaña de Heres, en Aialón e en Xaalbim; pero a casa de Xosé cargou a man sobre eles, e tivéronlle que pagar tributo.

³⁶O lindeiro dos amorreos ía desde a subida de Acrabim —desde a rocha—, para arriba.

Queixas de Deus pola infidelidade do pobo

2 ¹E subiu o anxo do Señor desde Guilgal ata Boquim e dixo: —"Saqueivos de Exipto e fíxenvos entrar na terra que prometera a vosos pais; e dixen: endexamais romperei a alianza que fixen convosco. ²En canto a vós, non fagades alianza cos veciños deste país; habedes de derruba-los seus altares. Pero vós non escoitáste-la miña voz. ¿Por que procedestes así? ³Por iso tamén eu dixen: non os botarei de diante de vós; e serán para vós coma a tralla no voso lombo; e os seus deuses serán para vós un lazo".

⁴E, cando o anxo do Señor pronunciou aquelas palabras a tódolos fillos de Israel, o pobo botouse a laiar e a chorar. ⁵e puxéronlle de nome a aquel lugar, Boquim; e ofreceron alí sacrificios ó Señor.

⁶E, cando Xosué despidiu ó pobo, foron os fillos de Israel cada un para o seu territorio, para herda-lo país.

⁷E serviu o pobo ó Señor durante toda a vida de Xosué e dos vellos que prolongaron os seus días despois de Xosué, e que viran tódalas obras grandes que o Señor fixera en favor de Israel.

Morte e sepultura de Xosué

⁸E morreu Xosué, fillo de Nun, servo do Señor, ós cento dez anos. ⁹E sepultárono dentro dos lindes da súa herdanza, en Timnat-Heres, na serra de Efraím, ó Norte do monte Gaax. ¹⁰E toda a xeración aquela foise xuntar cos seus pais; e veu despois deles outra xeración que non coñecía ó Señor nin o que tal fixera en favor de Israel.

1, 27 Sobre a localización destas vilas, cf Xos **17,** 11, nota.
1, 31 Estes territorios quedan na parte norte do Monte Carmelo e no actual Líbano.
1, 36 Despois de sinala-la presencia dos amorreos na parte norte do territorio, indícase que tamén os había no sur (Acrabim era o límite meridional, segundo Núm **34,** 4): había amorreos por todo o país adiante.
2, 5 Con este v remátase a "primeira introducción" do libro. Os vv 1-5 son obra do redactor deuteronomista, que trata de suaviza-la entrada do v 6 —que seguía a Xos **23,** 16—, resumindo o relatado no c. **23** sobre o sucesor de Moisés.
Os últimos vocábulos dos vv 1 e 4 ("Boquim" e mailo traducido por "botouse a chorar"), están formados nos dous vv coa mesma raíz: o verbo "bakah", que significa "chorar". Ó descubrírlle-la palabra de Iavé os futuros erros do pobo, este rompe nun choro tal, que se lle pon de nome a aquel sitio "os que choran".
2, 6 Comeza agora a "segunda introducción", que é tamén obra do redactor deuteronomista. Os vv 6-9 non fan máis que repeti-lo texto de Xos **24,** 28-31. O autor quere expoñe-la súa concepción teolóxica, e non lle importa repetir ser pouco consecuente coa cronoloxía, facendo aparecer de novo a Xosué. O que estaba xa no texto sagrado prefire non tocalo.
2, 9 *Timmat-Heres* é o mesmo que Timná-Sérah (cf Xos **19,** 50; **24,** 30).

SEGUNDA INTRODUCCIÓN (2,11-3, 6)

O pobo e o seu Deus

[11]E cometeron o mal os fillos de Israel diante do Señor, e serviron ós baales. [12]E abandonaron ó Señor, o Deus de seus pais, que os sacara da terra de Exipto, e foron detrás dos deuses alleos, dos deuses de pobos que estaban arredor deles, e postráronse diante deles, e alporizaron ó Señor. [13]Abandonaron ó Señor, e serviron a Baal e ás axtartés.

[14]E alzouse a ira do Señor contra Israel, e púxoos nas mans de saqueadores, que os abateron, e entregounos nas mans dos inimigos do arredor, e xa non se puideron rexer diante dos seus adversarios. [15]En todo aquilo que acometían, a man do Señor estaba con eles para mal, como o Señor lles tiña dito e xurado, de modo que os anguriou abondo.

[16]Máis adiante fixo o Señor xurdir xuíces, e salvounos das mans dos seus saqueadores. [17]Pero tampouco non escoitaron ós seus xuíces, pois corrompéronse detrás de deuses alleos e abaixáronse diante deles; arredáronse axiña do camiño que percorreran seus pais, que escoitaran os mandatos do Señor: eles, en troques, non fixeron así.

[18]E cando o Señor fixo xurdir xuíces para eles, o Señor estaba co xuíz, e salvábaos das mans dos seus inimigos durante tódolos días de vida do xuíz, pois conmovérase o Señor polos choros deles, ó seren oprimidos e desprezados. [19]Pero, á morte do xuíz, volvían ás andadas, e corrompíanse aínda máis ca seus pais, indo tras dos deuses alleos, para servilos e abaixarse diante deles; non deron de man ás súas obras ruíns nin ós seus teimudos camiños. [20]E alporizouse a ira de Iavé contra Israel, e dixo o Señor: —"Xa que o pobo este crebou a alianza que mandei a seus pais, e non escoitou a miña voz, [21]tampouco eu vou botar de diante deles a ningunha das nacións xentís que deixou Xosué cando morreu; [22]para probar por medio delas a Israel: se van seguir polo camiño do Señor —para iren por el como foron seus pais—, ou non". [23]E deixou o Señor aquelas nacións xentís, en vez de botalas axiña; e non as puxo nas mans de Xosué.

3 [1]E foron estas as nacións xentís que deixou o Señor para probar por medio delas a Israel —a cantos non coñeceran tódalas guerras de Canaán [2](soamente para aprendizaxe das xeracións dos fillos de Israel, para ensinarlles a face-la guerra, polo menos ós que non a coñecían antes): [3]cinco príncipes dos filisteos, e tódolos cananeos, os sidonios e mailos hititas (que habitaban na montaña do Líbano, desde o monte Baal-Hermón ata Lebo-Hamat). [4]E foron para probar por eles a Israel, por ver se escoitaban os mandatos que o Señor mandara a seus pais por medio de Moisés.

[5]E os fillos de Israel habitaron entre os cananeos, os hititas, os amorreos, os perizitas, os hivitas e mailos iebuseos. [6]E colleron por esposas ás fillas deles, e déronlle-las súas fillas ós fillos deles, e serviron ós seus deuses.

O LIBRO DOS DOCE XUÍCES (3, 7-16, 31)

Mágoas para Israel e primeiro Xuíz (Otoniel)

[7]E os fillos de Israel fixeron o mal diante do Señor, e esqueceron a Iavé, o seu Deus, e serviron ós baales e ás axtartés.

2, 11 Xuí **2,** 11-19 vén se-lo cumprimento do anunciado noutras tantas pasaxes deuteronómicas (cf Dt **4,** 25-31; **28,** 15-68; **31,** 16-21. 29).
Os baales eran os deuses dos cananeos e fenicios. Honrábanos porque esperaban deles a fertilidade dos campos. Paralelamente, había as deusas nomeadas axtartés (cf **2,** 13), deusas do amor e da fecundidade.
2,19 O redactor parece que está facendo unha síntese do que pasara no tempo dos xuíces, insistindo na acción de Deus, que escoitaba os choros de seu pobo e que os salvaba de situacións anguriosas, anque a xente non aprendía e volvía ás andadas.
2,23 O relato vai adiante e atrás. Unha das tradicións insiste no bo comportamento nos tempos de Xosué comparado co da xente que lle seguiu. Outra tradición ve na infidelidade do pobo a causa de ter que convivir cos antigos veciños daqueles lugares. Así, fórmase un relato composto, cronoloxicamente non fiado, pero que tenciona indicarlle á xente que Deus orienta a historia en favor dos crentes, e que estes deben segui-los camiños do Señor.
3,2 Ó longo do texto, e como froito da reflexión do pobo sobre o asoballamento de Israel polos seus veciños, van xurdindo diversas razóns da presencia deses grupos: como castigo para que a xente se corrixa, como proba á que os somete Deus, ou como ocasión para aprenderen a batalla-los que non tiñan aínda esa experiencia.
3, 3 O *Hermón* é o monte máis alto do Antilíbano. Está no extremo N. E. da Palestina. Lebo-Hamat, significa "a entrada de Hamat", e está entre o Hermón e o Líbano, á metade de camiño entre Alepo e Damasco.
3, 6 Os matrimonios con xente doutra relixión están mal vistos na Biblia, pola experiencia do home que respetaba as crenzas da súa dona, e despois rematando indo tamén él detrás dos deuses dela (cf 1 Re **11,** 1-8).

⁸E alporizouse a ira de Iavé contra Israel, e entregounos nas mans de Cuxán-Rixataim, rei de Aram-Naharaim, e serviron os fillos de Israel a Cuxán-Rixataim durante oito anos.

⁹E berraron os fillos de Israel ó Señor, e o Señor fixo xurdir un libertador para os fillos de Israel, que os salvase: Otoniel, o fillo de Quenaz (o irmán máis novo de Caleb).

¹⁰E entrou nel o Espírito do Señor, e xulgou a Israel, e saíu á loita, e puxo o Señor nas súas máns a Cuxán-Rixataim, rei de Aram, de xeito que prevaleceu el sobre Cuxán-Rixataim, ¹¹e o país quedou tranquilo durante corenta anos.

E morreu Otoniel, fillo de Quenaz.

¹²E volveron os fillos de Israel face-lo mal diante do Señor, e enforteceu Iavé a Eglón, rei de Moab, contra Israel, porque fixeron o mal diante do Señor. ¹³E axuntáronselle os fillos de Amón e de Amalec, e foi el e venceu a Israel, e apoderouse da Vila das Palmeiras, ¹⁴e os fillos de Israel serviron a Eglón, rei de Moab, durante dezaoito anos.

¹⁵E clamaron os fillos de Israel ó Señor, e o Señor suscitoulles un salvador: Ehud, fillo de Guerá, benxaminita, home zurdo, e os fillos de Israel mandaron por el un agasallo a Eglón, rei de Moab. ¹⁶E fíxose Ehud cunha faca de dobre gume, dun palmo de longa, e cinguiuna por debaixo do seu vestido, sobre o lado dereito. ¹⁷E levoulle o agasallo a Eglón, rei de Moab (e Eglón era un home moi groso). ¹⁸E, cando xa rematara de entregarlle o obsequio, deixou ir á xente que llo levara, ¹⁹e el volveuse desde as estelas de pedra que están a carón de Guilgal, e exclamou: —"Teño un segredo para ti, ouh rei". E el dixo: —"¡Cala!" E saíron de alí tódolos que estaban con el. ²⁰E Ehud achegouse a el, que repousaba na súa sala privada de acougo, a de arriba, e dixo Ehud: —"Chegoume unha palabra de Deus para ti". Daquela o rei ergueuse do asento. ²¹E alongou Ehud a súa zurda, e colleu a faca de sobre o lado dereito, e chantoulla no ventre; ²²e entrou tamén a empuñadura detrás da folla, e a graxa entupiu o sitio detrás da folla, e xa non sacou do ventre a faca, que lle saíu por detrás.

²³E saíu Ehud ó corredor, e xuntou as portas da sala de arriba, e pechou. ²⁴Cando xa el estaba fóra, chegaron os servos do rei, e viron que as portas da sala de arriba estaban pechadas e dixeron: —"Quizais esta facendo as súas necesidades no cuarto de baño da sala de acougo". ²⁵E fartáronse de esperar sen que el abrise as portas da sala de arriba. Ó cabo colleron a chave e abriron; velaquí que o seu señor estaba chimpado por terra, morto.

²⁶E liscou Ehud, namentres eles agardaban, e pasou as estelas de pedra, e fuxiu ata Seirah. ²⁷E cando chegou, tocou a trompeta na serra de Efraím, e baixaron canda el da montaña os fillos de Israel, e el ía diante deles. ²⁸E díxolles: —"Seguídeme, pois o Señor puxo os vosos inimigos —os moabitas— nas vosas mans".

E baixaron detrás del e tomaron os baixíos do Xordán que están no camiño de Moab, e non deixaron pasar a ninguén. ²⁹E abateron a Moab naquel entón —a dez mil homes forzudos e valentes—, e non liscou ningún.

³⁰No día aquel Moab quedou sometido a Israel, pola man de Israel, e o país viviu tranquilo durante oitenta anos.

³¹E despois del foi Xamgar, o fillo de Anat, e abateu os filisteos —seiscentos homes—, cunha queixada dun boi, salvando tamén el a Israel.

3, 8 *Cuxán Rixataim* significa "Cuxán o dúas veces ruín". Aram-Naharaim designa á "Siria de entre dous ríos" = a Mesopotamia.

3, 10 É o espírito de Iavé o que dá forza e ilusión a estes homes, para que restablezan a paz, vencendo ós inimigos.

3,12 Cf l Sam **12,** 9.

3, 13 Neste caso trátase de Iericó. En troques, en **1,** 16 (ver nota), non.

3, 16 Onde puxemos "palmo", o texto hebreo di "gomed".

3, 19 O que traducimos por "estelas de pedra" vén nomeado no hebreo "pesilim". Desas estelas fálase tamén en Xos **4,**19-20.

3, 24 O texto usa o eufemismo "cubrindo os seus pés" (que indicaría o remate da defecación).

3,30 *Oitenta anos* é un número redondo, que equivale a "moito tempo". Este senso teno xa o número corenta, con se-la metade.

3, 31 Este v fala de Xamgar, cando aínda en **4,** 1 se volve a falar de Ehud, sen outro xuíz antes de Déborah-Barac. Polo tanto, parece estar fóra de sitio. De feito, Xuí **3,** 30 enlaza ben con **4,** 1.

Algúns manuscritos gregos colócano despois de **16,** 31. Vese que quen foi engadindo os xuíces menores os colocou onde puido. Non tendo pretensións cronolóxicas, valíalle este sitio: el, o que quería, era completa-lo número de doce xuíces.

Os inimigos que aparecen agora son os "filisteos", un dos "pobos do mar", que foxen da zona do Exeo no século XIII e se establecen nas costas de Israel. Contra eles haberá de loitar Israel aínda no tempo da monarquía (cf l Sam **17,** 1 ss; **31,** 1 ss; 2 Sam **5,** 17-25).

Déborah, Barac e Sísera

4 ¹En morrendo Ehud, volveron os fillos de Israel face-lo mal diante do Señor, ²e o Señor entregounos nas mans de Iabín, rei de Canaán, que reinou en Hasor, e que tiña de capitán do seu exército a Sísera, que vivía en Haróxet dos Xentís. ³E berraron os fillos de Israel ó Señor, pois aquel tiña novecentos carros de ferro, e el xa oprimira fortemente ós fillos de Israel durante vinte anos.

⁴Había unha muller profetisa —Déborah—, muller de Lapidot; e ela xulgaba a Israel naquel entón. ⁵Vivía debaixo da palmeira de Déborah, entre Ramah e Betel, na serra de Efraím. E ían onda ela os fillos de Israel para consultala. ⁶E mandou ela chamar a Barac, fillo de Abinoam, de Quédex de Naftalí, e díxolle: —"¿E logo non mandou o Señor, Deus de Israel, vai e mora no monte Tabor, e colle contigo dez mil homes de entre os fillos de Naftalí e de Zebulón, ⁷e eu empurrarei onda ti, xunto ó torrente Quixón, a Sísera —o capitán do exército de Iabín—, e mais ós seus carros e á tropa, e poreino nas túas máns?" ⁸E respondeulle Barac: —"Se vés ti comigo, vou; pero se non vés comigo, non vou". ⁹E dixo ela: —"De certo, que irei contigo; soamente que o recoñecemento no camiño que emprendas non será para ti, pois nas mans dunha muller porá o Señor a Sísera". E ergueuse Déborah e foi con Barac a Quédex.

¹⁰E convocou Barac a Zebulón e a Naftalí en Quédex, e subiu con dez mil homes consigo; e tamén foi con el Déborah.

¹¹Mais Héber, o quenita, arredárase dos outros quenitas —dos fillos de Hobab, o sogro de Moisés—, e foi monta-la súa tenda alá onda a aciñeira de Saanaim, onda Quédex.

¹²E notificóuselle a Sísera que Barac, o fillo de Abinoam, subira ó monte Tabor. ¹³E xuntou Sísera tódolos carros —novecentos carros de ferro—, e a todo o pobo que tiña, desde Haróxet dos Xentís ata o torrente Quixón.

¹⁴E dixo Déborah a Barac: —"Érguete, pois é este o día no que puxo o Señor a Sísera nas túas mans. ¿E logo non vai o Señor diante de ti?" E baixou Barac do monte Tabor cos dez mil homes que o seguían.

¹⁵E o Señor destrozou a Sísera con tódolos seus carros e mailo exército polo gume da espada diante de Barac. E Sísera baixou do seu carro e fuxiu a pé. ¹⁶E Barac abourou os carros e o exército ata Haróxet dos Xentís, e caiu todo o exército de Sísera polo gume da espada: non quedou sequera un.

¹⁷E Sísera fuxiu a pé á tenda de Iael, a muller de Héber, o quenita, pois había paz entre Iabín —o rei de Hasor— e a casa de Héber, o quenita. ¹⁸E saíu Iael ó encontro de Sísera, e díxolle: —"Vén, meu señor, vén a carón de min, non teñas medo". E foi onda ela, á súa tenda, e ela tapouno cun cobertor. ¹⁹E díxolle el: —"Fai favor, dáme de beber un pouco de auga, pois teño sede". Ela destapou a ola do leite, deulle de beber, e volveuno tapar. ²⁰E díxolle el: —"Ponte á entrada da tenda, e, se chega un e che pregunta ¿Hai alguén aquí?, ti respóndeslle: Non". ²¹Daquela, Iael —a muller de Héber— colleu un fungueiro da tenda, botou man dun martelo, achegouse onda el ás caladiñas, e chantoulle o fungueiro nas tempas, e foise espetar no chan (e el, que xa non se tiña, morreu).

²²E velaquí que Barac ía perseguindo a Sísera, e saíu Iael ó seu encontro e díxolle: —"Vén, que che mostro o home que buscas". E el entrou onda ela, e velaquí que Sísera xacía morto co fungueiro nas tempas.

²³E dese xeito abateu Deus no día aquel a Iabín, rei de Canaán, diante dos fillos de Is-

---

4, 2 *Iabín*, o rei de Hasor, morrera xa a mans de Xosué (Xos **11**, 10). Non obstante faise agora mención del, pois é a personificación dos inimigos cananeos. É este un xeito de falar moi común no mundo da Biblia, onde se cita abondas veces a Israel ou a Xacob, cando o patriarca levaba xa moito tempo morto (Is **43**, 22; **44**, 1; **49**, 5...). De feito, o que conta de verdade é Sísera, e da morte deste é da que se fala en termos de liberación para Israel.
4, 4 O problema está agora na "Galilea dos Xentís", onda as tribos de Zebulón e Naftalí. De todos xeitos, entra en lide unha profetisa que exerce en Efraím.
4, 11Este v prepara o encontro de Sísera con Iael, a muller de Héber.
O v pertence ó autor iavista, que considera a Hobab sogro de Moisés, namentres que o elohísta o nomea por Ietró (Ex **3**, 1). Algúns, procurando a harmonización dos textos, traducen na nosa pasaxe "cuñado de Moisés".
4,13 *O torrente Quixón* vai dar ó Mediterráneo, a pé do Monte Carmelo.

4, 15 O relato ten certa semellanza coa victoria contra Exipto, no Mar Rubio (Ex **14**). Dáse ademais o caso de que, como alí, segue á victoria unha cántiga de louvanza a Deus (Ex **15** e Xuí **5**). Nos dous relatos o inimigo tiña carros de combate, que resultaron inútiles ante a forza de Iavé (Ex **14**, 25; Xui **4**, 15). E, se no Mar Rubio non puido liscar ningún dos inimigos e nesta batalla si (escapou Sísera, a pesar de que di **4**, 16), isto acontece para lle dar máis importancia á morte do capitán dos exércitos.
4, 22 O anuncio de Déborah cumpriuse. Así a victoria foi redonda. Endexamais pensaría Sísera que a súa morte ía ser tan humillante (cf **9**, 53-54).
4, 23 Daquela, os de Israel prevaleceron sobre os de Canaán, ata que os borraron do medio. Séguese falando de Iabín, pero vese cada vez máis claro que se refire ó pobo de Canaán. De feito para dicir que remataron con Canaán, di literalmente o texto hebreo: "ata que cortaron a Iabín, rei de Canaán". Cf tamén **4**, 15, onde se di que foi destrozado Sísera, cando o destrozado era só o seu exército.

rael. ²⁴E a man dos fillos de Israel fíxose cada vez máis pesada contra Iabín, rei de Canaán, ata que esnaquizaron a Iabín, rei de Canaán.

A Cántiga de Déborah

5 ¹Aquel día púxose a cantar Déborah, á par que Barac —o fillo de Abinoam—, deste xeito:
² —"Ó colleren as redes os líderes en Israel,
cando o pobo se ofrece voluntario,
¡louvade ó Señor!
³ Escoitade, reis;
poñede oídos, príncipes.
Para o Señor eu cantarei;
eu tanxerei para o Señor, Deus de Israel.
⁴ Señor: cando saíches de Seir,
no teu avanzar desde o campo de Edom,
a terra tremeu;
tamén os ceos rezumaron;
mesmo as nubes deitaron auga;
⁵ os montes derretéronse
diante do Señor:
este Sinaí,
diante do Señor, Deus de Israel.
⁶ Nos días de Xamgar, o fillo de Anat;
nos días de Iael,
desapareceran as vereas,
e os camiñantes
tiñan que andar polas corredoiras.
⁷ Acabaron os líderes:
non volveu habelos en Israel,
ata que se ergueu Déborah:
xurdiu unha nai en Israel.
⁸ Elixíanse deuses novos:
daquela, tiñan a guerra ás portas.
E non se vía escudo nin lanza
entre corenta mil
en Israel.
⁹ O meu corazón para os capitáns de Israel;
cando o pobo se ofrece voluntario,
¡louvade ó Señor!
¹⁰ Os que cabalgades sobre xumentos brancos,
os que vos sentades encima dos tapices,
e mailos que ides de camiño,
matinade.
¹¹ Onde daban berros os capataces
entre os augadoiros,
alí cantarán as victorias do Señor,
as victorias na súa terra ceibe,
en Israel.
Daquela
o pobo do Señor
baixou cara ás portas.
¹² ¡Esperta, esperta, Déborah;
¡esperta, esperta, entoa unha cántiga!
¡Érguete, Barac!,
¡e leva os teus presos,
fillo de Abinoam!
¹³ Entón baixou o sobrevivente,
coma os adalides;
o pobo do Señor baixou,
o mesmo cós guerreiros.
¹⁴ Chegan os de Efraím,
que arraiga en Amalec.
Detrás del, Benxamín
coas súas tropas;
de Maquir baixaron os capitáns;
e de Zebulón, os que levan o bastón de mando.
¹⁵ Os príncipes de Isacar están con Déborah:
tanto Isacar como Barac,
foron ó val,
tralas súas pisadas.
Nos clans de Rubén
houbo grandes perplexidades no corazón.
¹⁶ ¿Por que ficas entre os cobos,
para escoita-los asubíos
dos pastores?
Nos clans de Rubén
houbo grandes perplexidades no corazón.

5, 1 Cántiga de victoria e de acción de gracias a Deus, pola súa intervención en favor do pobo escolleito. A súa linguaxe arcaica fai ver nese himno unha das pezas máis antigas da Biblia.

5, 4 Se Deus se fai presente, o home pensa na repercusión, na natureza: lampos, tronos e vento forte (cf Ex **19**, 18), aínda que o Señor se mostra ás veces noutras condicións máis familiares (1 Re **19,** 11-13a).

5, 5, 10 *Cabalgar sobre xumentos brancos* é propio da xente nobre (cf **10**, 4; **12,** 14; Zac **9,** 9; Xn **12,** 14-15), namentres que o andar a pé faino a xente máis pobre. "Sentarse encima dos tapices", indica o exercicio do poder xudicial. O caso é que uns e outros teñen que se poñer en marcha, loitar con Israel e celebra-las grandezas do Señor, que acode en axuda do seu pobo.

5, 11 Este v tradúcese de moitos xeitos, pois hai abondas diferencias entre os manuscritos. En xeral toda a "Cántiga de Déborah" reveste unha especial dificultade na fixación do texto orixinal e mesmo no tocante á traducción.
O "baixar ás portas" equivale a "saír á loita" (cf vv 13 ss). Noutros casos, significa "ir a consello", acudir ó lugar da xuntanza.

5, 12 O autor xoga coas palabras. Ademais das que aparecen repetidas no texto, a expresión traducida por "entoa unha cántiga" ten unha primeira parte construída coas mesmas consoantes que "Déborah", mentres que a outra, rima co vocábulo traducido por "esperta":
"urí, urí, Deborah;
urí, urí, dabberi xir".

¹⁷Galaad habitou para alá do Xordán;
e Dan, ¿por que viviu nos barcos?;
Axer morou na beira do mar,
estableceuse nos seus portos.
¹⁸E Zebulón desafiou a morte,
e tamén Naftalí
nos outeiros do campo.
¹⁹Chegaron reis e guerrearon;
batallaron entón os reis de Canaán,
en Zanac —onda as augas de
    Meguido—,
sen que pillasen espolios de prata.
²⁰Desde os ceos loitaron elas:
as estrelas, sen saíren do seu curso,
loitaron contra Sísera.
²¹O torrente Quixón arrebatounos:
o torrente vello,
o torrente Quixón.
¡Camiña con forza, miña alma!
²²Entón resoaron
os cascos dos cabalos,
a gallope,
a gallope dos seus poldros.
²³¡Maldicide a Meroz!,
dixo o anxo do Señor;
¡maldicide rexamente ós seus veciños,
por non viren auxiliar ó Señor,
a axudar ó Señor cos seus guerreiros!
²⁴¡Bendita sexa entre as mulleres Iael! —a
    muller de Héber, o quenita—,
¡bendita entre as mulleres das tendas!
²⁵El pediu auga,
e ela deulle leite;
en copa de honra,
ofreceulle requeixón.
²⁶A súa man ó fungueiro alongou,
e a súa dereita ó martelo dos obreiros.
Petoulle a Sísera, e fendeulle o cranio;
mallou nel, e perforoulle as tempas.
²⁷Inclinouse ós pés dela e caeu deitado;
ós seus pés abaixouse e caeu;
onde se abaixou, alí caeu derreado.
²⁸Pola fiestra ollaba e laiaba
a nai de Sísera, polo cancelo.
¿Por que o seu carro
demora tanto en chegar?;
¿por que van tan a modo
as rodas dos seus carros?

²⁹A máis sabia das súas damas,
respóndelle: ¡Certo!,
e repítelle as mesmas palabras.
³⁰¿Non será que pillaron
e repartiron os espolios?
¡Unha ou dúas mozas para cada home!;
espolios de tecidos de cores para Sísera;
a presa de teas variadas;
un ou dous panos de cores,
para o pescozo das prisioneiras.
³¹Así morran os teus inimigos, Iavé;
e sexan os que te aman coma o sol cando
    se ergue,
cheo de esplendor".
E descansou o país durante corenta anos.

Opresión de Madián, e vocación de Guideón

6 ¹Fixeron o mal os fillos de Israel diante de Iavé, e púxoos o Señor nas mans de Madián durante sete anos; ²caeu con forza a man de Madián sobre Israel; e, por mor dos madianitas, os fillos de Israel tiveron que aproveita-las fendas que hai nas montañas, as covas e refuxios.

³E acontecía que, cando Israel sementaba, subían os madianitas; e os amalecitas e os orientais subían tamén contra el. ⁴Acampaban onda eles e estragaban o froito da terra, ata a entrada de Gaza, e non deixaban vituallas en Israel: nin ovellas, nin bois, nin xumentos ⁵(pois subían eles co seu gando e mailas súas tendas, e caían coma nube de lagostas, xa que, tanto eles coma os seus camelos, eran innumerables; e viñan ó país para esgotalo).

⁶Empobreceu de abondo Israel por culpa dos madianitas e os fillos de Israel clamaron polo Señor. ⁷E, cando os fillos de Israel berraron a Iavé por mor dos madianitas, ⁸enviou o Señor un profeta ós fillos de Israel, que lles falou así: —"Isto di o Señor, Deus de Israel: Eu fixenvos subir de Exipto, saqueivos da casa da escravitude, ⁹e salveivos das mans de Exipto e das mans de tódolos que vos oprimían, e chimpeinos de diante de vós, e entreguéivo-lo seu país. ¹⁰E díxenvos: Eu son o Señor, o voso Deus; non veneréde-los deuses dos amorreos (os da te-

---

5, 23 *Meroz* é unha vila situada ó S de Quédex de Naftalí, cerca de Hasor.
5, 28 Os vv 28-30 escenifican a espera da nai de Sísera, inqueda pola tardanza do seu fillo. Como Sísera e maila súa nai e os outros cananeos eran inimigos de Israel e inimigos do Deus vivo, o autor goza describindo o resultado da loita: desta vez, lonxe de repartir espolios, xa deixou de facer mal.
5, 31 O remate da cántiga, coma o comezo, é unha louvanza a Deus. Ó mesmo tempo deséxase a paz para tódo-los que aman ó Señor.
6, 1 *Madián* é un pobo que descende de Abraham e Quetura. Estendeuse polo leste do Golfo de Áqaba.
6, 3 s *Orientais* eran Moab e Amón. O primeiro destes pobos habitaba ó leste do Mar Morto. Amón estaba situado ó Norte de Moab. A súa capital (Rabat-Amón) é hoxe a capital de Xordania (Ammán).
6, 7 Os vv 7-10 son dun redactor. O v 6 continuaba no 11.

rra onde morades). Pero non escoitáste-la miña voz".

¹¹E chegou un anxo do Señor e sentouse debaixo da aciñeira que hai en Ofrah, que é de Ioax o de Abiezer; e Guideón —o seu fillo—, estaba batendo o gran de trigo no lagar, ás escondidas dos madianitas. ¹²E viuno o anxo do Señor, e díxolle: —"¡Que o Señor estea contigo, home valente!" ¹³E replicoulle Guideón: —"Escoita, meu señor: se Iavé está connosco, ¿por que nos atopamos con todo isto?; ¿e onde van tódolos seus milagres que nos contaron nosos pais, dicindo: ¿Logo non nos fixo subir Iavé de Exipto?; e agora o Señor rexeitounos e púxonos nas mans dos madianitas".

¹⁴Entón volveuse a el Iavé e dixo: —"Vai con esa forza que tes e salva a Israel das mans dos madianitas. ¿E logo non te envío eu?" ¹⁵E replicoulle: —"Perdón, meu Señor, ¿de que xeito vou eu salvar a Israel? Velaquí que o meu clan é o máis pobre de Menaxés e eu son o máis novo da casa de meu pai". ¹⁶E díxolle Iavé: —"Xa que eu estarei contigo, baterás ós madianitas como se dun só home se tratase". ¹⁷E engadiu Guideón: —"Por favor, se atopei benquerencia ós teus ollos, fai para min un sinal de que es ti quen está falando comigo. ¹⁸Rógoche que non te retires de aquí, ata que eu chegue onda ti e che traia o meu agasallo e cho presente diante". E dixo Deus: —"Descoida, que eu permanecerei ata o teu regreso".

¹⁹E Guideón foi para dentro, e arrancou un cabrito; e cun *efah* de fariña fixo bolos de pan ázimo; e puxo a carne nun cesto e o pebre nunha ola, e sacoullo todo para debaixo da aciñeira, e ofreceullo. ²⁰E díxolle o anxo de Deus: —"Colle a carne e mailos bolos e póusaos nesa pedra; e o pebre, tírao". E fíxoo así.

²¹Entón, o anxo de Iavé alongou o bico do bastón que tiña na súa man e tocou a carne e os bolos; e da pedra xurdiu lume que consumiu a carne e mailos bolos; e o anxo de Iavé desapareceu da súa vista.

²²Daquela viu Guideón que era o anxo do Señor, e dixo: —"¡Ai, meu Señor Iavé, que vin o anxo de Iavé cara a cara!" ²³E respondeulle o Señor: —"Paz para ti. Non teñas medo, non vas morrer".

²⁴E construíu alí Guideón un altar para o Señor, e chamoulle *Iavé Paz,* ata o día de hoxe. Está en Ofrah de Abiezer.

²⁵E aconteceu que aquela noite lle dixo o Señor: —"Colle o xuvenco de touro que ten teu pai e mailo outro xuvenco —o de sete anos—, e chimpa por terra o altar de Baal de teu pai, e corta o cipo que está a carón del, ²⁶e edifica un altar ó Señor, o teu Deus, no cume deste penedo de acordo co establecido; e colle o segundo xuvenco e ofrece un holocausto coa leña do cipo que chimpaches por terra". ²⁷E colleu Guideón dez homes de entre os seus servos, e fixo como lle falara o Señor, pero, como tiña medo a facelo de día —por mor da casa de seu pai e dos homes da vila—, fíxoo pola noite.

²⁸Ó se ergueren pola mañá os homes da vila, viron o altar de Baal chimpado por terra; e o cipo que estaba a carón del derrubado; e o segundo xuvenco ofrecido sobre o altar que construíran. ²⁹E dixéronse uns a outros: —"¿Quen argallou isto?" E preguntaron, pescudaron e resolveron: —"Esta argallada fíxoa Guideón, o fillo de Ioax".

³⁰E dixeron os homes da vila a Ioax: —"Trae para acó a teu fillo e que morra, pois chimpou por terra o altar de Baal, e derrubou o cipo que estaba a carón del". ³¹E respondeu Ioax a tódolos que estaban contra el: —"¿Logo vós defendedes a Baal? ¿Seica queredes salvalo? O que o defenda, morrerá antes da mañá. Se é deus, que se defenda el, pois foi o seu altar o que se chimpou por terra".

³²E aquel día púxolle de nome Ierubaal, dicindo: —"Defén dase contra el, pois chimpoulle por terra o seu altar".

³³E tódolos madianitas e amalecitas, e mailos orientais, congregáronse, e pasaron para esta banda e acamparon na terra cha de Iezrael.

³⁴E o espírito do Señor entrou en Guideón,

6, 11 A vocación de Guideón descríbese dun xeito semellante á de Moisés: el coida que non é o indicado, atopa dificultades por todas partes, precisará sinais (cf Ex **3,** 10-14; **4,** 1-17).

6, 19 Un *efah* é unha medida de áridos. Equivale a dez "ómer" (cf Ex **16,** 36): corenta e cinco litros de capacidade.

6, 25 Os *cipos* eran representacións das divindades femininas cananeas. Como vemos polo texto (**6,** 25-26), eran de madeira, pois se podían cortar para alimenta-lo lume (cf Ex **34,** 13; Dt **12,** 2).

6, 32 Os vv 11-12 seméllanse abondo a 1 Re **18,** 20-38. Nos dous sitios desafíase a Baal a que se defenda el. Baal non fala; e é, en troques, Iavé, quen consome o que se lle ofrece en sacrificio. De resultas, tanto Guideón como Elías sálvanse dos que atentaban contra eles por seguiren a Iavé e loitaren contra Baal.
O nome Ierubaal significa "defenda Baal", facendo referencia ó dito no v 31, e non ó que ten que facer Guideón (v 32).

6, 33 A *terra cha de Iezrael* vai desde o Carmelo a Bet-Xeán.

e tocou a trompeta, e acudiron os de Abiezer con el; ³⁵e enviou mensaxeiros por todo Menaxés, e acudiron tamén onda el; e enviou mensaxeiros a Axer, a Zebulón e a Naftalí, e subiron ó encontro deles.

³⁶E dixo Guideón a Deus: —"Se pensas salvar a Israel pola miña man, como dixeches, ³⁷velaquí que eu vou colocar unha guedella de lá na eira. Se soamente hai xeada enriba da guedella, estando enxoita a terra, coñecerei que salvarás a Israel pola miña man, tal como dixeches". ³⁸E aconteceu así. E levantouse de mañanciña, torceu a guedella, enxugou a xeada da guedella, e encheu de auga unha cunca.

³⁹E dixo Guideón a Deus: —"Non se alporice a túa ira contra min se falo unha vez máis. Déixame probar soamente outra vez coa guedella: que quede enxoita só a guedella, e que haxa xeada por toda a terra". ⁴⁰E fixo Deus así aquela noite, e houbo secura só na guedella, mentres que había xeada por toda a terra.

Desfeita de Madián

7 ¹E ergueuse Ierubaal —que é Guideón— e todo o pobo co que contaba e acamparon onda a fonte de Harod; e o campamento dos madianitas estaba ó norte deles (onde Guibeat-Hamoreh), na terra cha.

²E dixo o Señor a Guideón: —"A xente que tes contigo é abondosa de máis para que eu entregue ós madianitas nas súas mans: non sexa que se poña a runfar Israel diante de min, dicindo: salveime eu por min mesmo. ³E agora fai favor de comunicar ós oídos do pobo o que segue: Quen teña medo e trema, que se volva e arrede do monte de Galaad". E volvéronse vintedous mil homes do pobo e quedaron dez mil. ⁴E dixo o Señor a Guideón: —"Aínda o pobo é numeroso de máis: fainos baixar á auga e probareichos alí; e cando che diga: este irá contigo, el irá contigo; e de todo o que che diga: este non irá contigo, ese non irá".

⁵E fixo baixar ó pobo á auga; e dixo o Señor a Guideón: —"A tódolos que lamban a auga coa súa lingua —como a lamben os cans—, xuntaralos á parte dos que se axeonllen para beber". ⁶E o número dos que lamberon na man foi de trescentos homes; e todo o resto do pobo axeonllouse para beber auga. ⁷E dixo o Señor a Guideón: —"Cos trescentos homes que beberon lambendo, vouvos salvar, e porei ós madianitas nas túas mans; e o resto da xente, que vaia cadaquén para o seu sitio".

⁸E o pobo colleu nas súas mans o fornecemento e mailas súas trompetas, e mandou Guideón a tódolos homes de Israel para a súa tenda, e quedou soamente cos trescentos (e o campamento de Madián atopábase debaixo del, no val). ⁹E aconteceu que aquela noite lle dixo o Señor: —"Érguete e baixa ó campamento, pois o entrego nas túas mans. ¹⁰E se tes medo de baixares só ó campamento, baixade ti e mais Purah, o teu servo. ¹¹Escoita o que falan, e enforteceraste e baixarás contra o campamento".

E baixou el e máis Purah —o seu servo— ata o remate da vangarda do campamento. ¹²E os madianitas, os amalecitas e tódolos orientais estaban deitados pola terra cha (unha multitude como de lagostas, e a cantidade de camelos era abondosa como a area da beira do mar). ¹³E cando chegou Guideón, velaquí que estaba un contándolle un soño ó seu compañeiro, e dicía: —"Velaquí o soño que tiven: Soñei que un molete de pan de cebada rolaba polo campamento de Madián e chegou ata a tenda, bateu contra ela e chimpouna por terra virándoa cara arriba, e despois a tenda estomballouse". ¹⁴E respondeulle o compañeiro: —"Isto non che é outra cousa que a espada de Guideón, o fillo de Ioax, o israelita, pois Deus puxo nas súas mans a Madián e a todo o campamento". ¹⁵E aconteceu que, cando oíu Guideón o relato do soño e maila súa interpretación, prosternouse, e de contado voltou ó campamento de Israel, e dixo: —"Erguédevos, pois o Señor puxo nas vosas mans o campamento de Madián".

¹⁶E distribuíu Guideón os trescentos homes en tres corpos, e puxo trompetas nas mans de todos eles, e mais canecos baldeiros e fachos para as bocas dos canecos. ¹⁷E díxolles: —"Ollade para min, de xeito que fagades coma min. Velaquí que cando eu chegue á vangarda do campamento, o que eu faga habédelo de facer tamén vós. ¹⁸Cando

---

6, 36ss Dous sinais que, unidos ós de **6**, 11-12, deberían convencer a Guideón de que Deus estaba con el. Sen embargo Guideón seguirá na dúbida, e precisará aínda doutro sinal (cf **7**, 10-15).

7, 1 *En-Harod* ("a fonte de Harod") está a 3 Kms ó S E de Iezrael, ó pé do monte Guilboa.
Guibeat-Hamoreh (o "Outeiro do Moré"), está ó N de Guilboa.

7, 2 Deus quería facer ver que a victoria era debida á súa intervención. Por iso non quere un exército numeroso. A importancia de Deus para a vida do home é clara ó longo da Biblia (cf Dt **7**, 6-8; Sal **127**, 1-2; 1 Cor **1**, 26-31; **2**, 1-5).

7, 18 A estratexia de Guideón consistía en rodea-lo inimigo por tres lados, e amedoñalo, caendo de súpeto cando era de noite, e dando berros. Despois pedirá á outra xente que corten o paso do Xordán (**7**, 24).

eu e mais tódolos que estean comigo toquémo-la trompeta, tocaréde-las trompetas tamén vosoutros —os que esteades arredor de todo o campamento—, e bradaredes: ¡Por Iavé e por Guideón!"

[19] E chegou Guideón con cen homes á vangarda do campamento, ó comezo da segunda vela, xusto cando acababan de relevar ós vixías. E tocaron as trompetas e escacharon os canecos que levaban nas mans.

[20] E tocaron as trompetas os tres corpos, e escacharon os canecos e premeron os fachos coa man esquerda, e coa dereita as trompetas, para tocaren. E berraron: —"¡Espada por Iavé e por Guideón!" [21] E estiveron quedos cada un no seu sitio, arredor do campamento, e todo o campamento rompeu a correr, a berrar e a fuxir. [22] E os trescentos fixeron soa-las trompetas, e o Señor fixo que a espada de cada un dos outros fose contra o seu compañeiro e contra todo o campamento; e fuxiu o exército inimigo ata Bet-Xitah, cara a Sererah, e ata a beira de Abel-Meholah, a carón de Tabat.

[23] E xuntáronse os israelitas de Naftalí, de Axer e de todo Menaxés, e perseguiron ós madianitas.

[24] E Guideón mandou mensaxeiros por toda a serra de Efraím, dicindo: —"Baixade ó encontro dos madianitas e ocupade antes ca eles os baixíos ata Bet-Barah e o Xordán".

E xuntáronse tódolos homes de Efraím e ocuparon os baixíos ata Bet-Barah e o Xordán. [25] E pillaron a dous príncipes dos madianitas —a Oreb e Zeeb—, e mataron a Oreb no *Refuxio de Oreb;* e a Zeeb, matárono no *Lagar de Zeeb.* E perseguiron ós madianitas e leváronlle da banda de alá do Xordán a Guideón as cabezas de Oreb e de Zeeb.

Guideón na outra banda do Xordán

8 [1] E dixéronlle os homes de Efraím: —"¿Que é iso que nos fixeches, de non convocáresnos cando fuches á guerra contra os madianitas?" E queixáronse rexamente contra el. [2] E respondeulles: —"¿E que fixen eu agora, comparado co que fixestes vosoutros? ¿E logo non é mellor o rebusco de Efraím cá viña de Abiezer? [3] Nas vosas mans puxo Deus ós príncipes de Madián —a Oreb e a Zeeb—, ¿e que podía eu facer en comparanza convosco?" Daquela, con estas palabras, amainou a ira que se alporizara contra el por aquel feito.

[4] E chegou Guideón ó Xordán e pasouno cos trescentos homes, que ían derreados, pero abouxando decote. [5] E dixo ós veciños de Succot: —"Dádenos, por favor, uns moletes de pan para a xente que me segue, pois están derreados e estou abouxando a Zébah e Salmuná, reis de Madián". [6] E responderon os príncipes de Succot: —"¿E logo xa amarraches a Zébah e Salmuná, de xeito que lle deamos pan ó teu exército?" [7] E dixo Guideón: —"Daquela, cando Iavé poña a Zébah e Salmuná nas miñas mans, raspiñarei as vosas carnes con espiños e cardos do deserto".

[8] E subiu de alí a Penuel, e faloulles do mesmo xeito. E os veciños de Penuel respondéronlle o mesmo cós de Succot. [9] E dixo tamén os homes de Penuel: —"Cando volva victorioso, derrubarei esta torre".

[10] E Zébah e Salmuná estaban en Carcor co seu exército: uns quince mil, que eran tódolos sobreviventes de todo o campamento de orientais (pois os mortos foran cento vinte mil homes, abatidos pola espada).

[11] E subiu Guideón polo camiño dos que vivían en tendas ó oriente de Nóbah e de Iogbehah, e mallou no campamento, que entón estaba confiado. [12] E emprenderon a fuxida Zébah e Salmuná, e abouxounos, ata pilla-los dous reis de Madián —Zébah e Salmuná—, enchendo así de terror a todo o campamento.

[13] E tornou Guideón —o fillo de Ioax— da batalla pola costa de Heres, [14] e pillou a un mozo dos veciños de Succot, e preguntoulle

---

7, 22 Deus dispón as cousas en favor do seu pobo arrepentido (cf Rm **8,** 28).
Os lugares que se citan neste v quedan cerca do Xordán, ó S. E. de Iezrael, que era por onde collían eles para fuxiren cara á súa terra.
8, 2 Algúns gañan máis rebuscando nos espolios que recollendo o propio froito. O dito de Guideón alude a esa posibilidade, concretada en que os participantes na loita lles puxeron nas mans ós de Efraím o froito dos seus esforzos. Coa mesma deféndese Guideón do erro de non chamalos antes. O máis probable é que Guideón non os chamase porque os afectados directamente eran Menaxés, Axer, Zebulón e Naftalí. De todos xeitos Efraím sairía perxudicado se perdesen os desas tribos, pois o territorio del quedaba aínda máis preto da terra de Madián do que quedaba o delas.
8, 4 Os vv 4-21 debían formar unha historia independente, relativa á campaña da Transxordania.
8, 6 Era un xeito de dicir que, se xa os pillaran, que lle darían o requerido, pero non antes de os colleren. É moi probable que Succot e Penuel fosen vilas cananeas, o que explica mellor a negativa a concederlle axuda a Guideón. En calquera caso, tamén terían medo ás represalias dos seus veciños, que habitaban, como eles, para alá do Xordán.
8, 11 *Nóbah* é un clan de Menaxés establecido na Transxordania (cf Núm **32,** 42).
Iogbehah é unha vila transxordana, pertencente á tribo de Gad, e situada a 13 Kms ó N O de Rabat-Amón.

a el, e el describiulle ós príncipes de Succot e ós seus vellos: setenta e sete homes.

¹⁵E chegou onda os veciños de Succot e dixo: —"Velaquí a Zébah e a Salmuná, polos que me aldraxastes, dicindo: ¿E logo xa amarraches a Zébah e Salmuná, de xeito que deamos pan ós teus homes derreados?" ¹⁶E colleu ós vellos da vila, e espiños e mais cardos do deserto; e con eles fíxolles sabe-lo que era bo ós veciños de Succot.

¹⁷E derrubou a torre de Penuel e matou ós homes da vila.

¹⁸Daquela, díxolles a Zébah e a Salmuná: —"¿Como eran os homes que matastes no Tabor?" E responderon: —"Como es ti, así eran eles: uns e outros semellaban fillos de reis". ¹⁹E engadiu el: —"Eran meus irmáns, fillos de miña nai. ¡Vive Iavé!, que, se os deixasedes vivir, non vos mataría". ²⁰E díxolle a Iéter, o seu primoxénito: —"¡Anda, mátaos!" Pero o rapaz non desenvaiñou a súa espada, pois tiña medo, por ser aínda moi novo. ²¹E dixeron Zébah e Salmuná: —"Érguete ti e arremete contra nós, pois como é o home así é a súa forza". E ergueuse Guideón e matou a Zébah e a Salmuná, e colleu as medias lúas que penduraban dos pescozos dos seus camelos.

Prevaricación de Israel e morte de Guideón

²²E dixeron os homes de Israel a Guideón: —"Manda ti sobre nós —ti e mais teu fillo e o fillo de teu fillo—, pois nos salvaches das mans dos madianitas". ²³E respondeulles Guideón: —"Non mandarei eu sobre vós, nin tampouco mandará meu fillo: será o Señor quen mande sobre vós". ²⁴E engadiu Guideón: —"Pídovos unha cousa: que cada un me deades un anel dos vosos espolios" (xa que os espoliados tiñan aneis de ouro, pois eran ismaelitas). ²⁵E dixeron: —"De certo darémoschos". E tenderon un manto e botaron alí cadanseu anel dos espolios. ²⁶E foi o peso dos aneis de ouro que pediu mil setecentos siclos de ouro, á parte das medias lúas, os pendentes e vestidos de púrpura que levaban os reis de Madián, e á parte dos colares que pendían do pescozo dos seus camelos. ²⁷E Guideón fixo un *efod* e colocouno no seu pobo —en Ofrah—, e prostituíuse alí todo Israel detrás del, resultando así un lazo para Guideón e para a súa casa.

²⁸E quedou humillado Madián ante os fillos de Israel e xa non levantou cabeza. E o país quedou tranquilo durante corenta anos nos días de Guideón. ²⁹E foi Ierubaal —o fillo de Ioax— e habitou na súa casa. ³⁰E Guideón tivo setenta fillos —nacidos todos del—, pois tiña moitas mulleres. ³¹E a súa concubina —a que estaba en Xequem—, pariulle tamén un fillo e púxolle de nome Abimélec.

³²E morreu Guideón —o fillo de Ioax— en boa vellez; e foi sepultado na sepultura de Ioax —seu pai— en Ofrah de Abiezer.

³³E aconteceu que, en morrendo Guideón, volveron ás andadas os fillos de Israel e prostituíronse detrás dos baales, e tiveron como deus a Baal-Berit. ³⁴E non se lembraron os fillos de Israel do Señor, o seu Deus, que os librara das mans de tódolos seus inimigos do arredor. ³⁵Nin tiveron misericordia coa casa de Ierubaal (Guideón) despois de tanto ben como fixera con Israel.

Abimélec, rei

9 ¹E foi Abimélec, fillo de Ierubaal, a Xequem, onda os irmáns de súa nai, e faloulles a eles e a toda a casa paterna de súa nai deste xeito: ²—"Dicide, por favor, ós oídos de tódolos señores de Xequem: ¿Que vos parece mellor: que manden en vós setenta homes —tódolos fillos de Ierubaal—, ou que mande en vós un só home? E lembrádevos de que eu son óso e carne vosa". ³E os irmáns de súa nai contaron todo isto acerca del ós oídos de tódolos señores de Xequem; e o corazón deles púxose do lado de Abimélec, pois dixeron "é noso irmán". ⁴E déronlle setenta

---

8, 18 Este v e os seguintes fan pensar que Guideón estaba exercendo de "goel", vingando a seus irmáns, a quen mataran Zébah e Salmuná.

8, 22 Os vv 22-27 son unha peza independente. A idea que latexa neles é a de deixar mal á monarquía. Aínda que Guideón pensa que o único rei é Iavé, remata recollendo gran parte dos espolios e facendo un ídolo, ó que rendirán culto; e a un de seus fillos, ponlle de nome "Abimélec", que quere dicir "meu pai é rei".

8, 27 Cf Xos **23,** 12-13; Xuí **2,** 17.
Aínda que se fala dun "efod", trátase dun ídolo, cuberto cun vestido de liño que acostumaban leva-los sacerdotes (efod).

8, 33 Os *baales* son os deuses da terra conquistada. Un deles é Baal-Berit (Señor da Alianza) (cf nota a **9,** 4).

8, 35 Este v é unha anticipación do que se vai tratar no c. seguinte.

9, 2 Abimélec falábales ós seus tíos e curmáns. O parentesco era só por parte de nai. Esa xente non tiña nada que ver cos outros setenta fillos de Guideón (cf **8,** 30-31; **9,** 1).

9, 4 *Baal-Berit* significa "Señor da Alianza". Os xequemitas tiñan un templo onde honraban ese deus cananeo ó que alude este versículo. Abimélec comeza mal: non é escollido por Iavé, non se deixa levar por el, recolle unha axuda de Baal-Berit, e contrata con ese diñeiro a unha pandilla de desalmados. Con eses principios as cousas non podían saír moi ben (cf **9,** 5).

siclos de prata do templo de Baal-Berit, e con eles contratou Abimélec a homes miserables e falsos, que foron detrás del.

⁵E chegou á casa de seu pai —a Ofrah— e matou a seus irmáns, fillos de Ierubaal: setenta homes, sobre a mesma pedra. Pero sobreviviu Iotam, o fillo máis novo de Ierubaal, porque se agachara.

⁶E xuntáronse tódolos señores de Xequem e de Bet-Miló e foron e proclamaron rei a Abimélec onda a aciñeira da estela que hai en Xequem.

A fábula de Iotam

⁷E informaron a Iotam, e foise poñer no cume do Monte Garizim, e dispuxo a súa voz para falar ben alto. E dixo: —"Escoitádeme, señores de Xequem, e que Deus vos escoite tamén a vós:
⁸Puxéronse en camiño as árbores
para unxir un rei para elas,
e dixéronlle á oliveira:
¡reina sobre nós!
⁹E respondéulle-la oliveira:
¿E hei de renunciar eu ó meu aceite,
co que se honraron deuses e homes,
para me ir abanear polas árbores?
¹⁰Dixéronlle entón as árbores á figueira:
¡ven reinar sobre nós!
¹¹E respondéulle-la figueira:
¿E vou renunciar eu á miña dozura
e ós meus saborosos froitos,
para me ir abanear polas árbores?
¹²E dixéronlle as árbores á vide:
¡ven reinar sobre nós!
¹³E respondéulle-la vide:
¿E hei de renunciar eu ó meu viño,
que fai poñer ledos a deuses e homes,
para me ir abanear polas árbores?
¹⁴Daquela dixeron tódolas árbores á silveira:
¡ven reinar sobre nós!
¹⁵E díxolle-la silveira ás árbores:
se con sinceridade me unxides
para se-lo voso rei,
vídevos cobexar á miña sombra;
pero se non é así,
que saia lume da silveira,
que devore ós cedros do Líbano.
¹⁶E agora, se procedestes con sinceridade e rectitude para constituír rei a Abimélec; se procedestes ben con Ierubaal e coa súa casa; e se lle recompensáste-las obras das súas mans ¹⁷(pois meu pai loitou por vós arriscando a propia vida, e librouvos das mans de Madián. ¹⁸E vós erguédesvos hoxe contra a casa de meu pai, e matades a seus fillos —setenta homes— sobre a mesma pedra; e proclamades rei sobre os señores de Xequem a Abimélec, fillo da súa escrava, pois —dicides— é noso irmán...). ¹⁹Pois ben, se procedestes con sinceridade e rectitude verbo de Ierubaal e da súa casa neste día, aledádevos por Abimélec, e que tamén el se alede por vós. ²⁰Pero se non foi así, que saia lume de Abimélec e que devore ós señores de Xequem e de Bet-Miló; e que saia lume dos señores de Xequem e de Bet-Miló, que devore a Abimélec". ²¹Daquela Iotam botou a correr e fuxiu e foi a Beer, e habitou alí por medo de seu irmán Abimélec.

Gáal e os señores de Xequem contra Abimélec

²²E Abimélec levaba xa tres anos reinando sobre Israel, ²³cando Deus meteu un espírito ruín entre Abimélec e os señores de Xequem; e os señores de Xequem traicionaron a Abimélec. ²⁴(Para vingar deste xeito a violencia feita nos setenta fillos de Ierubaal, e bota-lo seu sangue sobre Abimélec, seu irmán, que os matara, e sobre os señores de Xequem, que enforteceran as mans daquel para matar a seus irmáns).

²⁵E os señores de Xequem puxéronlle emboscadas nos cumes dos montes, e saqueaban a cantos pasaban a carón deles polo camiño; e foille notificado a Abimélec.

²⁶E foi Gáal —o fillo de Ébed— e mais seus irmáns, e pasaron por Xequem; e confiaron nel os señores de Xequem. ²⁷E saíron ó campo, e vendimaron as viñas deles, e pi-

---

9, 7 A proclamación a voz en grito do apólogo de Iotam, na crista do Garizim, é, a todas luces, irreal. A Iotam chegáballe abondo con agacharse, se non quería morrer a mans de Abimélec. A narración dese feito irreal é o banzo axeitado para dar paso á fábula que vai de seguido. A fábula ou apólogo de Iotam (**9,** 8-20) é unha crítica aberta á monarquía. Ninguén sentía necesidade de ter un rei, e a ninguén lle chamaba moito selo; e, non querendo os que valían para iso (a oliveira, a figueira e a vide), foino ser quen menos valía (a silveira), Abimélec.
9, 20 *Bet-Miló* era o lugar onde se reunía o consello da vila.

9, 21 *Beer* significa "pozo". O lugar onde se agachou Iotam fuxindo de Abimélec non está aínda identificado, pero debía ser alá pola parte de Bet-Xeán —lonxe de Xequem—, onde hai abondos manantiais de auga.
9, 22 Os vv 22-29 ofrecen dúas versións paralelas da caída en desgracia de Abimélec: en **9,** 22-25 intervén Deus, enviándolle un mal espírito (algo semellante ó que aconteceu con Xaúl: cf 1 Sam **18,** 10), co que os xequemitas se van rebelar contra el. Nos vv 26-29 cóntase, sen máis, o que fixo Gáal, sen relacionalo sequera coa intervención de Deus. O autor sagrado xunta as dúas versións, pois o que lle interesa son só as conclusións teolóxicas (cf **9,** 56-57).

saron as uvas, e fixeron festa; e entraron na casa do seu deus, e comeron e beberon, e renegaron de Abimélec. ²⁸E dixo Gáal, o fillo de Ébed: —"¿Que hai entre Abimélec e Xequem para que teñamos que servilo? ¿E logo o fillo de Ierubaal e mais Zebul —o seu lugartenente—, non serviron ós homes de Hamor, o pai de Xequem? ¿E por que, entón, temos nós que servilo a el? ²⁹¡Quen puxera a este pobo nas miñas mans! Daquela botaría de aquí a Abimélec e diríalle: ¡reforza o teu exército e sae!" ³⁰En oíndo Zebul —o gobernador da vila— as palabras de Gáal, o fillo de Ébed, encendeuse a súa ira, ³¹e enviou mensaxeiros ás agachadas, dicindo: —"Velaquí que Gáal —o fillo de Ébed—, e mais seus irmáns, viñeron a Xequem e soerguen a vila contra ti. ³²Agora, pois, érguete de noite coa xente que tes contigo e arma unha emboscada no campo; ³³e pola mañá levantádevos á saída do sol, e lanzádevos contra a vila; e velaquí que, cando el e maila xente que estea con el saian contra ti, farás con el o que che veña á man". ³⁴E ergueuse Abimélec coa xente que tiña con el, pola noite, e dispuxeron unha emboscada de catro corpos armados contra Xequem. ³⁵E saíu Gáal, o fillo de Ébed, e permaneceu á entrada da porta da vila; e xurdiu Abimélec da emboscada coa xente que tiña con el. ³⁶E viu Gáal a xente e dixo a Zebul: —"¡Velaí a multitude que baixa das cristas dos montes!" E respondeulle Zebul: —"Ti ve-las sombras dos montes como se fosen homes!" ³⁷Continuou falando Gáal e dixo: —"¡Velaí xente baixando do *Embigo da Terra,* e outro grupo que vén polo camiño da Aciñeira dos Adiviños". ³⁸E díxolle Zebul: —"¿Onde vai agora a túa boca, coa que dicías ¿quen é Abimélec, para que o sirvamos? ¿Logo non é este o pobo que ti aldraxaches? ¡Dálle, sae agora e loita contra el!"

³⁹E saíu Gáal á fronte dos señores de Xequem e loitou contra Abimélec. ⁴⁰E abouxouno Abimélec e fuxiu de diante del, e foron moitos os que caeron mortos ata a entrada da porta.

⁴¹E habitou Abimélec en Arumah; e Zebul botou fóra a Gáal e a seus irmáns, vedándolle-la residencia en Xequem.

⁴²Ó día seguinte, saíu o pobo ó campo, e notificáronllo a Abimélec. ⁴³E colleu o exército, e dividiuno en tres corpos, e montou unha emboscada no campo; e, ó ver que o pobo saía da vila, arremeteu contra eles e esgazounos. ⁴⁴E Abimélec e mailo corpo que estaba con el avanzaron e colocáronse á entrada da porta da vila, namentres que os outros dous corpos lanzábanse contra tódolos que estaban no campo e esgazábanos.

⁴⁵E Abimélec estivo loitando contra a vila durante toda a xornada. E conquistouna e matou a xente que había nela; e arrasou a cidade e sementouna de sal.

⁴⁶E soubérono tódolos señores da torre de Xequem, e entraron na fortaleza do templo de El-Berit. ⁴⁷E foille notificado a Abimélec que se reuniran tódolos señores da torre de Xequem. ⁴⁸E subiu Abimélec ó Monte Salmón, con toda a xente que estaba con el; e colleu Abimélec unha machada na súa man e cortou unha ponla de árbore, e, turrando dela, púxoa sobre o seu ombro, e díxolle á xente que estaba con el: —"O que me vistes facer, dádevos présa, e facede outro tanto". ⁴⁹E cortaron tamén todos eles cadansúa ponla, e foron detrás de Abimélec, e colocáronas contra a fortaleza. Con elas prendéronlle lume á fortaleza, e morreron así tódolos homes da torre de Xequem (uns mil, entre homes e mulleres).

Morte de Abimélec

⁵⁰E foi Abimélec a Tebés. E asediou Tebés e conquistouna. ⁵¹Pero había un forte no medio da vila e fuxiran cara alí tódolos homes e mulleres e tódolos señores da vila, e pecháranse dentro, e subiran ata o teito da torre. ⁵²E chegou Abimélec ata o forte, e preparou a loita contra el; e achegouse ata a mesma entrada do forte, para prenderlle lume. ⁵³Daquela unha muller chimpou contra a testa de Abimélec unha pedra de moer e fendeulle o cranio. ⁵⁴E chamou axiña Abimélec polo mozo que lle facía de escudeiro e

---

9, 37 O *Embigo da Terra* debe ser un outeiro próximo a Xequem. En Xudá danlle o mesmo nome a Xerusalén por consideralo o centro da terra.

9, 41 Aquí remata unha das tradicións. A outra ofrecerase nos vv 42-45.

9, 45 O *sementar de sal* unha cidade era un castigo non precisamente momentáneo, pois con esa resolución asegurábase a esterilidade do campo (cf Dt 29, 32).

9, 46 O *templo de El-Berit* é o templo do Deus da Alianza, distinto do de Baal (cf **9,** 4). Alí protexénse os xequemitas, pensando que Abimélec non ía verquer sangue no lugar sacro. E, de certo, Abimélec non empregou a espada, pero fíxoos morrer a todos queimados. Os restos da torre dos tempos de Abimélec pódense ver aínda hoxe na vila vella de Xequem.

9, 50 *Tebés:* parece que é a Tubas de hoxe, uns 15 Kms ó N de Xequem.

díxolle: —"Desenvaíña a túa espada, e mátame, para que non digan de min: matouno unha muller. E traspasouno o escudeiro e morreu".

⁵⁵E cando viron os israelitas que Abimélec morrera, foron para cadanseu lugar.

⁵⁶Devolveulle así Deus o mal que fixera Abimélec a seu pai matando a seus setenta irmáns; ⁵⁷e todo o mal dos homes de Xequem, fíxoo tornar Deus sobre as súas cabezas, vindo así sobre eles a maldición de Iotam, o fillo de Ierubaal.

Dous "Xuíces Menores": Tolá e Iair

10 ¹E despois de Abimélec ergueuse para salvar a Israel Tolá, fillo de Puah, fillo de Dodó, un home de Isacar; e habitou en Xamir, na serra de Efraím. ²Xulgou a Israel durante vintetrés anos. E morreu e foi sepultado en Xamir.

³Despois del, ergueuse Iair, galaadita, quen xulgou a Israel durante vintedous anos. ⁴E tiña trinta fillos, que cabalgaban sobre trinta xumentos e que eran os donos de trinta cidades, nomeadas ata o día de hoxe Havot-Iair, na terra de Galaad. ⁵E morreu Iair e foi sepultado en Camón.

Máis infidelidades e opresión dos amonitas

⁶E volveron os fillos de Israel face-lo mal diante do Señor e serviron ós baales e ás axtartés e ós deuses de Siria, ós deuses de Sidón, ós deuses de Moab, ós deuses dos fillos de Amón, e os deuses dos filisteos; e abandonaron ó Señor e xa non o serviron.

⁷E encendeuse a ira do Señor contra Israel e entregounos nas mans dos filisteos e nas mans dos fillos de Amón, ⁸que atribularon e oprimiron durante dezaoito anos a tódolos fillos de Israel da outra banda do Xordán, na terra dos amorreos, que está en Galaad. ⁹E pasaron os fillos de Amón o Xordán, para loitaren tamén contra Xudá, contra Benxamín e contra a casa de Efraím, e anguriaron abondo a Israel.

¹⁰E clamaron os fillos de Israel ó Señor, dicindo: —"Pecamos contra ti, porque abandonámo-lo noso Deus e servímo-los baales".

¹¹E dixo o Señor ós fillos de Israel: —"Cando os de Exipto, e os amorreos, os fillos de Amón e os filisteos, ¹²os sidonios, os amalecitas e os madianitas vos oprimiron e clamastes por min, ¿logo non vos salvei eu das súas mans? ¹³Pero vós abandonástesme e servistes outros deuses. Así que non volverei a salvarvos máis. ¹⁴Ide e clamade polos deuses que escollestes: que vos salven eles no tempo de vosa anguria".

¹⁵E dixeron os fillos de Israel ó Señor: —"Pecamos. Podes facer connosco o que mellor che pareza. Soamente che pregamos, por favor, que nos salves neste día".

¹⁶E retiraron os deuses alleos do medio deles, e serviron ó Señor, que non puido aturar máis os sufrimentos de Israel.

¹⁷E concentráronse os fillos de Amón e acamparon en Guilgal; e xuntáronse tamén os fillos de Israel e acamparon en Mispah. ¹⁸E o pobo e os príncipes de Galaad dixeron cada un ó seu compañeiro: —"¿Quen será o home que comece a loitar contra os fillos de Amón? El será o xefe de tódolos veciños de Galaad".

Iefté, os seus paisanos e os amonitas

11 ¹E Iefté, o galaadita, era un guerreiro valente, fillo dunha prostituta. Enxendrárao Galaad. ²E a muller de Galaad deulle outros fillos; e fixéronse grandes os fillos da súa muller, e botaron fóra a Iefté, di-

---

9, 57 Deus fai de goel con Guideón, vingando o sangue de seus fillos, asasinados por Abimélec. Así, Abimélec morre vilmente (practicamente por mans dunha muller, o que estaba moi mal visto).

10, 1 Os vv 1-5 tratan de dous xuíces menores. Exercen nunha parte da terra cha de Iezrael (Tolá), e na outra banda do Xordán, en Galaad (Iair).

As expresións "despois de", non teñen connotación temporal, senón que soamente serven de enlace literario.

Xamir pode se-la mesma vila de Samaría (Xomrón), propiedade de Xémer cando lla comprou Omrí, e chamada Sebaste desde que Herodes lla dedicou a Augusto.

10, 4 Eses datos véñennos dicir que tiña riqueza e poderío.

No tocante a "Havot-Iair" cf Dt 3, 14.

10, 5 Camón queda no territorio de Menaxés, da outra banda do Xordán, en Galaad e á altura de Meguido.

10, 6 Nos vv 6-16 prepárase a futura loita contra os amonitas e os filisteos; e, ó mesmo tempo, insístese na temática deuteronomista da opresión allea como consecuencia do pecado de Israel.

10, 8 As traduccións deste v diverxen pola diferencia entre as lecturas que ofrecen os distintos manuscritos.

10, 14 A ironía de Deus é cousa fina. Ó presentala nesas verbas, o deuteronomista quere dicirlle á xente que non atoparán en ningunha parte un deus salvador coma o Deus de Israel. Cando os israelitas deixan os ídolos e se converten, Deus conmóvese e prepárase a suscitar un libertador (v 16). O pobo xúntase en Mispah de Galaad, no santuario de Deus, cerca do territorio de Amón (v 17). Reúnense alí para consultar a Iavé (v 18). Os vv 17-18 veñen ser unha anticipación e un resume do que se dirá en **11,**1-10.

11, 1 Os vv 1-11 tratan da procedencia de Iefté (heb. "Iíftah") e do mal trato que lle deron os seus medios-irmáns e os vellos da cidade.

cíndolle: —"non herdarás na casa de noso pai, pois es fillo doutra muller". ³E liscou Iefté de onda seus irmáns, e estableceuse no país de Tob. E xuntáronse con Iefté homes ruíns, que saían canda el. ⁴E aconteceu, co pasar do tempo, que os fillos de Amón guerrearon contra Israel. ⁵E ó batallaren os fillos de Amón contra Israel, foron os anciáns de Galaad para traer a Iefté da terra de Tob. ⁶E dixéronlle a Iefté: —"Ven, e sera-lo noso xefe e loitaremos contra os fillos de Amón". ⁷E dixo Iefté ós anciáns de Galaad: —"¿Logo vós non me odiastes e me botastes da casa de meu pai? ¿Como é que vides onda min agora, cando estades en apuro?" ⁸E responderon os anciáns de Galaad a Iefté: —"Por iso tornamos agora onda ti, para que veñas connosco e loites contra os fillos de Amón e séxa-lo noso xefe e o de tódolos veciños de Galaad". ⁹E dixo Iefté ós anciáns de Galaad: —"Se me facedes volver para loitar contra os fillos de Amón, e os pon o Señor nas miñas mans, entón serei eu o voso xefe". ¹⁰E dixeron os anciáns de Galaad a Iefté: —"O Señor sexa demandante contra nosoutros, se non facemos tal como dixeches". ¹¹E foi Iefté cos anciáns de Galaad, e o pobo constituíuno capitán e caudillo; Iefté soltou todo o que tiña que dicir, diante do Señor, en Mispah.

¹²E enviou Iefté mensaxeiros ó rei dos fillos de Amón, para lle dicir: —"¿Que hai entre nós os dous, para que veñas loitar contra min na miña terra?" ¹³E respondeu o rei dos fillos de Amón ós mensaxeiros de Iefté: —"O que hai é que Israel se apropiou da miña terra —ó subir el de Exipto—, desde o Arnón ata o Iaboc e o Xordán; agora, pois, volvédema, e quedamos en paz".

¹⁴E Iefté volveu mandar mensaxeiros ó rei dos fillos de Amón, ¹⁵manifestándolle: Iefté di isto: —"Non apreixou Israel a terra de Moab, nin a terra dos fillos de Amón, ¹⁶senón que, ó subir de Exipto, estivo Israel polo deserto, ata o Mar Rubio, e chegou a Cadex. ¹⁷E enviou Israel mensaxeiros ó rei de Edom, dicindo: Déixame pasar pola túa terra; pero o rei de Edom non quixo escoitar; e enviounos tamén ó rei de Moab e este non consentiu. Daquela habitou Israel en Cadex. ¹⁸E foi polo deserto e rodeou o país de Edom e o país de Moab e chegou polo oriente do país de Moab e acampou na outra banda do Arnón, sen chegar ó lindeiro de Moab (pois o lindeiro de Moab é o Arnón); ¹⁹e enviou Israel mandadeiros a Sihón, rei dos amorreos —rei de Hexbón—, e suplicoulle Israel: Déixame pasar polo teu país ata a miña terra; ²⁰e non consentiu Sihón que pasase Israel polos seus lindeiros, e convocou Sihón a todo o seu pobo, e acamparon en Iáhsah, e batallaron contra Israel. ²¹E o Señor, Deus de Israel, puxo a Sihón e a todo seu pobo nas mans de Israel, de xeito que os venceron, e apropiouse Israel de todo o país dos amorreos, que habitaban aquela terra. ²²E tomaron posesión de todo o territorio dos amorreos desde o Arnón ata o Iaboc, e desde o deserto ata o Xordán. ²³E agora, cando o Señor Deus de Israel botou ós amorreos de diante do seu pobo Israel, ¿vaste ti sobrepoñer? ²⁴¿E logo non acadaches ti o que Kemox, o teu deus, che fixo posuír? Pois tamén nosoutros acadámo-lo que tiñamos diante, e que o Señor, o noso Deus, nos fixo posuír. ²⁵E agora, ¿es ti máis ca Balac, fillo de Sipor, rei de Moab?; ¿e púxose el a preitear con Israel ou a loitar contra eles? ²⁶E levando Israel trescentos anos de permanencia en Hexbón e nos seus anexos, en Aroer e nos seus anexos, e en tódalas vilas que están á beira do Arnón, ¿por que non as recuperastes ó longo de todo ese tempo? ²⁷Daquela eu non pequei contra ti: es ti quen me fai mal batallando contra min. Que o Señor, o xuíz, xulgue hoxe entre os fillos de Israel e os fillos de Amón".

²⁸Pero o rei dos fillos de Amón non quixo escoita-la mensaxe que lle enviara Iefté.

O voto de Iefté

²⁹E veu sobre Iefté o espírito do Señor e atravesou Galaad e Menaxés; e pasou a Mispah de Galaad e de Mispah de Galaad pasou onda os fillos de Amón.

³⁰E fixo Iefté un voto ó Señor, dicindo: —"Se de certo po-los fillos de Amón nas miñas mans, ³¹o que saia das portas da miña

---

11, 3 O *país de Tob* está na banda de alá do Xordán, ó N. E. de Galaad, a 60 Kms ó E do Lago de Xenesaret.
11, 11 No santuario do Señor comprométese Iefté con Deus e coa xente de Galaad. Di todo o que ten que dicir (cf Dt **5** 22). Pode que fixese tamén alí o seu voto.
11, 12 Os vv 12-28 escenifican unha conversa entre os mandadeiros de Iefté e os amonitas. Estes vv e mailo 11b, rompen a continuidade que había antes entre o v 11a e o 29.

11, 16 En *Cadex* (chamado tamén Cadex-Barnea) fixeron unha parada os israelitas e desde alí mandaron xente a explora-la terra de Canaán (cf Núm. **13** ,25ss). Cadex queda no deserto do Négueb, uns 75 Kms ó S de Beerxeba.
11, 31 Os vv 30-31 preparan os vv 34-40. Iefté, contaminado polas crenzas doutros pobos, pensa que é ofrecer unha persoa querida ó propio Deus. Pero Deus non quere sacrificios humanos (Xén **22,** 10-14; Miq **6,** 7-8); máis aínda, rexéitaos (Xer **7,** 30-31).

casa ó meu encontro, ó voltar eu victorioso de onda os fillos de Amón, será para o Señor e ofrecereino en holocausto".

³²E púxose Iefté a batallar contra os fillos de Amón e entregounos Iave nas súas mans. ³³E desbaratounos desde Aroer ata a entrada de Minit (vinte cidades), e ata Abel-Queramim: unha desfeita grande abondo, de xeito que os fillos de Amón quedaron abaixados diante dos fillos de Israel.

³⁴E chegaba Iefté a Mispah, á súa casa, cando súa filla saíu ó seu encontro con pandeiros e con danzas (e era ela a única filla, pois non tiña el máis fillos nin fillas). ³⁵E, ó vela, rachou as súas vestiduras e exclamou: —"¡Ouh miña nena! Magoáchesme de verdade, e ti e-la razón da miña mágoa, pois dei a miña palabra ó Señor e non podo botarme atrás". ³⁶E respondeulle ela: —"Meu pai: se deches unha palabra ó Señor, fai comigo segundo o que prometiches, xa que o Señor che concedeu vingarte dos teus inimigos, os fillos de Amón". ³⁷E engadiu: —"O que che pido é o seguinte: que me deixes dous meses ceiba, para que vaia vagando polos montes, chorando coas miñas amigas a miña virxinidade". ³⁸E respondeulle el: —"¡Vai!" E deixouna ir durante dous meses; e foi ela coas súas amigas e chorou polos montes a súa virxinidade. ³⁹E, ó remate dos dous meses, volveu onda seu pai e este cumpriu con ela o voto que fixera (sen que ela chegase a intimar con varón). E fíxose costume en Israel ⁴⁰que fosen as mozas de Israel laiarse tódolos anos pola filla de Iefté o galaadita catro días cada ano.

Loita entre Galaad e Efraím

12 ¹E confabuláronse os homes de Efraím e pasaron o río cara a Safón, e dixéronlle a Iefté: —"¿Por que fuches batallar contra os fillos de Amón e non nos convocaches para irmos contigo? Ímoslle prender lume á túa casa contigo dentro". ²E respondeulles Iefté: —"Tiven eu e mailo meu pobo unha gran loita contra os fillos de Amón e pedinvos axuda e non me salvastes das súas mans. ³E cando vin que ti non me salvabas, arrisquei a miña vida e pasei contra os fillos de Amón e púxoos o Señor nas miñas mans. Daquela, ¿por que subides hoxe contra min para me facérdes-la guerra?"

⁴E convocou Iefté a tódolos homes de Galaad e arremeteu contra Efraím; e zorregáronlle os homes de Galaad a Efraím, por dicirlles: —"¡Os de Galaad sodes uns fugados de Efraím, no medio de Efraím e de Menaxés!". ⁵E ocupou Galaad os baixíos do Xordán de diante de Efraím e aconteceu que, cando dicía un dos fuxitivos de Efraím "déixame pasar", preguntábanlle os homes de Galaad: —"Ti es efraimita". E respondía: —"Non". ⁶Daquela dicíanlle: —"Fai favor de repetir *Xibbólet*. E dicía: *Sibbólet* (pois non conseguía pronuncialo ben)". Entón eles apreixábano e degolábano xunto ós areais do Xordán. E caeron naquel entón corenta e dous mil de Efraím.

⁷Exulgou Iefté a Israel seis anos; e morreu Iefté o galaadita e sepultárono na vila de Galaad.

Ibsán, Elón e Abdón

⁸E despois del xulgou a Israel Ibsán de Belén. ⁹Tiña trinta fillos e trinta fillas, ás que casou fóra de alí; e trouxo de fóra trinta mozas para seus fillos. Xulgou a Israel durante sete anos. ¹⁰E morreu Ibsán e foi sepultado en Belén. ¹¹E despois del xulgou a Israel Elón, o zebulonita, quen xulgou a Israel ó longo de dez anos. ¹²E morreu Elón o zebulonita e foi sepultado en Aialón, no país de Zebulón.

¹³Despois del xulgou a Israel Abdón, fillo de Hilel, o piratonita. ¹⁴Tiña corenta fillos e trinta netos, que cabalgaban sobre setenta xumentos. E xulgou a Israel durante oito

---

11, 33 O *Aroer* que se cita aquí queda ó E. de Rabat-Amón (cf nota a Xos **13**, 25). Minit está a 15 Km ó S O de Rabat-Amón. Abel-Queramin, preto de Minit, ó N. de Hexbón.

11, 34 Os vv 34-40 mostran as consecuencias do voto de Iefté. Este home foi víctima da súa temeridade; e a súa filla, tamén. Un comportamento semellante tivérao Xaúl, pero con distinto resultado (1 Sam **14**, 24-25). O texto bíblico ensínanos a non facermos tales votos; e o senso común, xunguido á mensaxe da Biblia de que Deus é un Deus de amor, débenos mover a non cumprir tales promesas no caso de que, en momentos de pouca serenidade, chegasemos a facelas.

11, 37 O non ter descendencia era considerado no Antigo Testamento como un dos meirandes males que lle podían acontecer á persoa humana. Abonda con lembra-la ledicia de Raquel ó concebir (Xén **30**, 22-24) e a anguria de Ana, a nai de Samuel, cando era estéril (1 Sam **1**, 1-11).

12, 1 Os vv 1-7 presentan os problemas que tivo Iefté cos de Efraím, por non convocalos para a loita contra os amonitas. Algo semellante lle pasara a Guideón tamén cos de Efraím (**8**, 1-3).

Safón pertence á tribo de Gad (cf Xos **13**, 27) e queda na outra banda do Xordán, preto do río.

12, 6 Se lle mandan dicir "xeito" a un castelán, o máis probable é que diga "seito".

12, 8 O pobo de onde era Ibsán é probablemente Belén de Zebulón, non Belén de Xudá.

12, 12 Este "Aialón" é distinto do pertencente ós levitas fillos de Quehat (Xos **21**, 24), no territorio de Dan, onde vencera Xosué ós amorreos (Xos **10**, 12-14). Do Aialón que se menciona aquí, só témo-los datos da súa pertenza á tribo de Zebulón.

anos. ¹⁵E morreu Abdón, fillo de Hilel, o piratonita, e foi sepultado en Piratón, no país de Efraím, na montaña dos amalecitas.

Nacemento milagroso de Sansón

13 ¹E volveron os fillos de Israel face-lo mal diante do Señor e púxoos Iavé nas mans dos filisteos durante corenta anos.

²Había un home de Sorah, da familia dos danitas, chamado Manóah. Súa muller era estéril e non procreara. ³E aparecéuselle á muller un mensaxeiro do Señor e díxolle: —"Velaquí que ti es estéril e non enxendraches; pero concebirás e parirás un fillo. ⁴E agora gárdate de beber viño e bebidas fermentadas e non comas nada impuro, ⁵pois velaquí que concebirás e parirás un fillo, e non subirá a navalla pola súa cabeza, pois o neno será nazir de Deus desde o ventre: e el comezará a salvar a Israel das mans dos filisteos".

⁶E foi a muller e díxolle a seu marido: —"Un home de Deus veu onda min e a súa semellanza era a dun anxo de Deus, terrible de abondo; e non lle preguntei de onde era nin el me manifestou o seu nome. ⁷E díxome: Velaquí que concebirás e parirás un fillo. E agora non bebas viño nin bebidas fermentadas, e non comas nada impuro, pois o neno será nazir de Deus desde o ventre ata o día da súa morte".

⁸E suplicou Manóah a Iavé deste xeito: —"Rógoche, meu Señor, que volva onda nós o home de Deus que enviaches e nos mostre o que temos que facer co neno cando naza". ⁹E escoitou Deus a voz de Manóah e volveu o anxo de Deus onda a muller, cando ela estaba sentada no campo (e Manóah —seu home—, non estaba con ela). ¹⁰Incorporouse axiña a muller e botou a correr, e contoulle a seu marido: —"Velaquí que se me apareceu o home que viñera onda min o outro día".

¹¹Entón Manóah ergueuse e foi detrás de súa muller e chegou a carón do home e díxolle: —"¿Logo ti e-lo home que lle falou a esta muller?" E respondeulle el: —"Si, son eu". ¹²E dixo Manóah: —"Cando se cumpra a túa mensaxe, ¿que procedemento haberá que seguir co neno de xeito que llo apliquemos?" ¹³E dixo o anxo de Iavé a Manóah: —"De todo o que dixen á muller, gardarase: ¹⁴de todo o que saia da vide do viño, non comerá; e non beberá viño nin bebidas fermentadas nin comerá nada impuro. Todo o que che mandei, que o garde". ¹⁵E dixo Manóah ó anxo do Señor: —"¡Anda!, deixa que te reteñamos e que che sirvamos un cabrito". ¹⁶E dixo o anxo de Iavé a Manóah: —"Anque me retiveses, non comería do teu manxar; mais se queres ofrecer un holocausto a Iavé, podes facelo (pois Manóah aínda non se decatara de que era un anxo de Iavé)". ¹⁷E dixo Manóah ó anxo do Señor: —"¿Como te chamas?, de xeito que te honremos cando se cumpran as túas palabras". ¹⁸E díxolle o anxo de Iavé: —"¿A que vén iso de preguntarme polo meu nome, sendo el oculto?" ¹⁹E colleu Manóah o cabrito e maila oblación, e ofreceullos enriba da pedra a Iavé, facedor de marabillas, que contemplaron Manóah e maila súa muller. ²⁰E aconteceu que, ó subi-la lumarada sobre o altar cara ó ceo, apareceu o anxo de Iavé na lumarada do altar; e Manóah e súa muller, ó velo, caeron de xeonllos. ²¹(E xa non volveu aparece-lo anxo de Iavé a Manóah e a súa muller). Entón decatouse Manóah de que era o anxo de Iavé, ²²e díxolle Manóah a súa muller: —"De certo imos morrer, pois vimos a Deus". ²³E respondeulle súa muller: —"Se quixese o Señor facernos morrer, non acollería o holocausto e a ofrenda das nosas mans, nin nos faría ver todo isto, nin nos faría escoitar tales cousas neste intre".

²⁴E pariu a muller un neno e puxéronlle de nome Sansón; e o rapaz fíxose grande, e bendiciuno Iavé. ²⁵E o espírito do Señor comezou a movelo ás veces, no campamento de Dan, entre Sorah e Extaol.

12, 15 *Piratón* cae ó S. O. de Xequem, a uns 10 Km.
13, 1 En Xuí **13,** 1-16, 31 recóllese o tocante a Sansón. O c. **13** trata da concepción e do nacemento deste heroe lexendario da tribo de Dan. Como noutras ocasións para salva-lo seu pobo, válese Deus dun home nacido dunha muller estéril.
Os filisteos serán inimigos de Israel por moitos anos (cf nota a **3,** 31).
13, 2 *Sorah* cae a 22 Km ó O de Xerusalén, e a uns 6 Km ó N de Tímnah.
13, 3 O redactor deuteronomista fai toda unha escenificación da influencia de Deus na persoa de Sansón, xa antes de ser el concebido, presentándonos un relato de anunciación á muller de Manóah, e despois ó mesmo Manóah, o pai de Sansón.

13, 5 O nazireato é unha consagración a Deus por toda a vida, ou —nun intre posterior da historia de Israel—, tamén por un tempo limitado. O "nazir" ten que se abster de viño e demais bebidas alcohólicas e deixar crece-la súa cabeleira (cf **13,** 17-14). A lexislación para o "nazir" atópase escrita en Núm **6,** 1-21).
13, 24 Aínda que transcribimos "Sansón", o nome hebreo é "Ximxom".
13, 25 Iavé está co rapaz, como estivera coa nai. O influxo de Deus, polo seu espírito, vaise deixando sentir xa cando Sansón é un neno, e será aínda máis forte conforme o "nazir" se vaia facendo mozo.
Extaol queda moi cerca de Sorah, un pouquiño máis ó N (cf nota a **13,** 2).

Casamento de Sansón

14 ¹E baixou Sansón a Tímnah e viu en Tímnah unha muller das fillas dos filisteos; ²e subiu e contóullelo a seu pai e a súa nai deste xeito: —"Vin en Tímnah unha muller das fillas dos filisteos; pedídema para min e que sexa miña muller". ³E dixéronlle seu pai e maila sua nai: —"¿E logo non terás entre as fillas de teus irmáns e entre todo o teu pobo unha muller para que vaias escoller esposa entre os incircuncisos filisteos?" E respondeu Sansón a seu pai: —"Pedídeme esa para min, pois é ela a que me gusta". ⁴(Seu pai e mais súa nai ignoraban que iso viña de Deus, que buscaba un motivo contra os filisteos, pois naquel tempo os filisteos dominaban en Israel).

⁵E baixou Sansón con seu pai e súa nai a Tímnah e chegaron ata as viñas de Tímnah e velaquí que unha cría de león saíu ruxindo ó seu encontro. ⁶Daquela entrou nel o espírito de Iavé, e esgazouno coma se esgaza un cabrito, e iso sen ter cousa na man; e non lle contou a seu pai nin a súa nai o que fixera.

⁷E baixou e faloulle á muller; e ela gustoulle a Sansón. ⁸E volveu despois dalgún tempo, para casar con ela, e apartou para ve-lo cadáver do león, e velaquí que había no corpo do león un enxame de abellas, e mais mel. ⁹E raspiñou daquilo para a palma da man e foi andando mentres comía, e, en chegando onda seu pai e súa nai, deulles a eles, e comeron; pero ocultoulles que raspiñara o mel do corpo do león.

A adiviña de Sansón

¹⁰E baixou seu pai onda a muller e fixo alí Sansón unha festa, como adoitan os mozos. ¹¹E aconteceu que, cando o viron, colleron trinta compañeiros que estivesen con el. ¹²E díxolles Sansón: —"Deixádeme propoñervos unha adiviña. Se ma desvelades nos sete días da festa e acertades, dareivos trinta pezas de liño e trinta mudas de vestidos. ¹³Claro que, se non sodes homes a desvelarma, darédesme vós a min trinta pezas de liño e trinta mudas de vestidos". E dixéronlle: —"Propón a túa adiviña, que a escoitamos". ¹⁴E díxolles:
—"Do que come
saíu o que se come;
e do forte
saíu a dozura"
E non puideron desvela-la adiviñanza nos tres primeiros días.

¹⁵Mais no sétimo día, dixéronlle á muller de Sansón: —"Persuade a teu home de que nos desvele a adiviña; se non prenderémosche lume a ti e á casa de teu pai. ¿Ou é que nos chamaches para nos espoliares? ¿E logo non?"

¹⁶E a muller de Sansón botou a chorar diante del e dixo: —"Ti soamente me tes odio, non me queres: puxécheslles unha adiviña ós fillos do meu pobo, e a min non ma desvelaches". E respondeulle el:
—"Velaquí que nin a meu pai nin a miña nai llela desvelei, ¿e heicha de desvelar a ti?" ¹⁷E ela chorou diante del os sete días que durou a festa. E aconteceu que no día sétimo lla desvelou, porque se poñía pesada, e entón ela desvelóullela ós fillos do seu pobo.

¹⁸E dixéronlle os homes da vila no sétimo día antes da posta do sol:
—"¿Que mais doce có mel?
¿E que máis forte có león?"
E respondeulles:
—"Se non fosedes arar
coa miña xuvenca,
tampouco dariades descuberto
a miña adiviña".

¹⁹E entrou nel o espírito de Iavé e baixou a Axquelón, e matou a trinta deles, e colléulle-los seus vestidos para os que desvelaran a adiviña. E alporizouse e subiu á casa de seu pai.

²⁰E a muller de Sansón foi para un seu compañeiro, o que fixera de amigo do noivo.

14, 1 *Tímnah* está ó S de Sorah (cf nota a **13,** 2), na fronteira de Dan con Xudá.
14, 4 As malas xogadas que lle van face-los filisteos —ás que deu pé Sansón casando cunha filistea— serán un motivo para que el actúe con aquela forza descomunal que lle deu Iavé, e libere dese xeito ó seu pobo.
14, 5 *Os pais de Sansón* non aceptaron endexamais ese casamento. Por iso a muller segue na casa de seus pais. Un escriba, querendo amaña-las cousas, coloca os pais de Sansón indo con el a Tímnah, o que fai é provocar unha incongruencia entre este versículo por unha banda, e o versículo 6b e mailo 16b pola outra. O mesmo escriba continúa facendo retoques máis adiante, tencionando de endereita-lo que soamente tería arranxo non introducindo o que meteu no texto.
14, 11 Son oficialmente "os amigos do noivo". Nos casamentos normais o banquete tense na casa do noivo, e están con el os do seu clan. Aquí os seus "amigos" son filisteos (cf vv 16-17).
14, 19 O que se anuncia no v 4 cúmprese aquí: agora, por razóns de tipo persoal, ten motivo Sansón para loitar contra os inimigos do seu pobo, e diminuir así as forzas deles.
14, 20 O pai da moza cedeulla a un que, no banquete de vodas, facía o papel de "amigo do noivo" (cf Xn **3,** 29).

Sansón foxe dos seus inimigos e víngase

15 ¹Pasado algún tempo, polos días da ceifa do trigo, foi Sansón visita-la súa muller, levando consigo un cabrito, e dixo: —"Voume acaroar á miña muller no seu cuarto". Pero o pai dela non lle consentiu entrar ²e dixo: —"Cheguei ó convencemento de que lle colleras odio e deilla ó teu amigo. ¡Oes!, ¿e logo súa irmá a máis nova non está mellor ca ela? ¡Cóllea para ti no sitio da outra!" ³E dixo Sansón: —"Desta vez quedarei por inocente verbo dos filisteos, anque lles faga mal".

⁴E foi Sansón e pillou trescentas raposas, e, collendo uns fachos, amarrou os rabos daquelas e puxo un facho no medio de cada dous rabos. ⁵E prendeu lume nos fachos e guindou as raposas contra os cereais dos filisteos, de xeito que queimou desde os palleiros ata as colleitas, e mesmo as vides e as oliveiras.

⁶E preguntaron os filisteos: —"¿Quen fixo isto?" E responderon: —"Sansón, o xenro do timnita, porque este colleu a muller del e deulla a un amigo". Entón subiron os filisteos e prendéronlle lume a ela e mais a seu pai. ⁷E díxolles Sansón: —"Xa que fixestes dese xeito non hei parar ata que me vingue de vós". ⁸E mallou neles, por riba e por baixo, e fixo un grande estrago. Despois baixou e foise meter nunha fenda da Rocha de Etam.

⁹E subiron os filisteos e acamparon en Xudá e avanzaron ata Lehí. ¹⁰E dixeron os homes de Xudá: —"¿Por que subistes contra nós?" E responderon eles: —"Subimos para prender a Sansón e facer con el o mesmo que el fixo connosco".

¹¹E baixaron tres mil homes de Xudá á fenda da Rocha de Etam, e dixeron a Sansón: —"¿E logo ti non sabes que os filisteos domean sobre nós? ¿Como entón nos fixeches isto?" E respondeu el: —"Segundo me fixeron eles, así lles fixen eu. ¹²Daquela dixéronlle: —"Baixamos para prenderte e entregarte nas mans dos filisteos". E díxolles Sansón: —"Xurádeme que non me mataredes vós mesmos". ¹³E responderon eles: —"Non, senón que te amarraremos e te entregaremos nas mans deles; pero matar, non te mataremos". E amarrárono con dúas cordas novas e subírono da Rocha. ¹⁴Cando chegou a Lehí, os filisteos foron engadados ó seu encontro; pero entrou nel o espírito de Iavé e, daquela, as cordas que levaba sobre os seus brazos foron para el coma fíos de liño cando lles prenden lume, e as correas das mans ceibáronse. ¹⁵E atopou unha queixada de burro fresca, e, alongando a man, colleuna e escangallou con ela a mil homes. ¹⁶E dixo Sansón:

—"Coa queixada dun burro,
un burro, dous burros,
coa queixada dun burro,
arreeilles a mil homes".

¹⁷E, cando rematou de falar, soltou a queixada da súa man, e chamou a aquel lugar Ramat-Lehí.

¹⁸E tivo sede de abondo, e clamou polo Señor, dicindo: —"Ti puxeches nas mans do teu servo esta gran victoria. ¿E agora vou morrer de sede, e caer nas mans dos incircuncisos?" ¹⁹Entón Deus fendeu unha pía que había en Lehí e deitou auga dela. E bebeu, recuperou o seu ánimo, e xa alentou. Daquela púxolle de nome á fonte *En-Hacoré* (e existe en Lehí ata o día de hoxe).

²⁰E Sansón xulgou a Israel en tempos dos filisteos durante vinte anos.

16 ¹E foi Sansón a Gaza e viu alí unha muller prostituta, e achegouse a ela. ²E déuselle-la noticia ós gazatitas, dicindo: —"Anda por aquí Sansón". E fixéronlle un cerco e axexárono toda a noite á porta da vila, agardando toda a noite, cavilando: —"ó

15, 4 Nova vinganza persoal de Sansón, que fai estragos irreparables nas leiras dos filisteos, e que provoca as represalias dos seus inimigos contra a súa muller e mailo pai dela (**15**, 6). E Sansón continuará a loita.

15, 8 A *Rocha de Etam* queda no territorio de Xudá, preto de Lehí (cf vv 9-14).

15, 16 Seguímo-la lectura do texto hebreo ofrecida por Kittel como máis de fiar. Outros traducen: "Coa queixada dun burro, ben que lles arreei; coa queixada dun burro, a mil homes matei".

15, 17 *Ramat-Lehí* significa "Outeiro da queixada".

15, 18 Con todo o que leva consigo de desorde a vida de Sansón, o heroe da loita contra os filisteos non esquece que foi escollido por Iavé a quen está consagrado. Por iso, cando se atopa en apuros, acode ó seu Señor.

15, 19 *Lehí* significa "queixada" (cf nota a **15**, 17). O autor xoga co termo, aplicándollo ó lugar e ó aparello que emprega Sansón para zorregarlles ós filisteos.

"*En-Hacoré*" lit. significa "Fonte do que invoca", alude ó feito de deitar auga a pena cando Sansón invocou o nome de Deus para que viñese na súa axuda.

A rocha que deita auga cando llo pide a Deus o seu servidor fai lembra-la fazaña de Moisés (cf **Ex 17**, 6; **Núm 20**, 21).

15, 20 Hai razóns para pensar que o primeiro redactor omitira todo o c. **16**, por parecerlle pouco edificante. Entón, puxo aquí a conclusión que se atopaba en **16**, 31. Outro redactor posterior, recolleu toda a historia de Sansón e respectou este v, aínda que xa non tiña razón de ser, pois a historia do danita continúa.

16, 1 *Gaza* é a vila máis importante da pentápolis filistea. Está situada ó S. O. de Palestina cerca do mar. O nome hebreo é *Azzah*.

chega-la luz da mañá, matarémolo". ³E Sansón durmiu ata a media noite, ergueuse a media noite, agarrou as follas da porta da cidade, cos dous esteos, e arrincounas coa tranca, e púxoas enriba dos ombros, e subiunas ó cume do monte que está por riba de Hebrón.

Dalilah traiciona a Sansón

⁴E despois disto namorouse dunha muller, no val de Sorec, que se chamaba Dalilah. ⁵E subiron onda ela os príncipes dos filisteos e dixéronlle: —"Sedúceo e pescuda de onde lle ven a súa forza e de que xeito lle poderemos, para amarralo e sometelo. Daquela darémosche cada un de nós mil cen siclos de prata".

⁶E dixo Dalilah a Sansón: —"Móstrame de onde che vén a túa gran forza, e con que terías que ser amarrado para domearte". ⁷E respondeu Sansón: —Se me amarrasen con sete nervios tenros —que non secasen aínda—, amolecería e sería coma un dos outros homes".

⁸E leváronlle a ela os príncipes dos filisteos sete nervios tenros —que non secaran aínda—, e ela amarrouno con eles. ⁹Había xente á espreita no seu cuarto e berroulle ela a el: —"¡Os filisteos vanche ó lombo, Sansón!" Entón el desfixo os nervios como se desfai un fío de estopa cando se lle achega o lume e non se descubriu o segredo da súa forza.

¹⁰E díxolle Dalilah a Sansón: —"Velaquí que te mofaches de min e me contaches mentiras. Agora, anda móstrame con que habería que amarrarte". ¹¹Respondeulle el: —"Se amarrar me amarrades con cordas novas, coas que non se fixo ningún traballo, amolecerei e serei coma un dos outros homes". ¹²E colleu Dalilah cordas novas, e amarrouno con elas, e gritoulle: —"¡Os filisteos vanche ó lombo, Sansón" (e había xente á espreita no cuarto dela). E el crebounas sobre os brazos, coma se fosen de fío.

¹³E dixo Dalilah a Sansón: —"Ata agora me enganaches e contaches mentiras. Anda, móstrame con que terán que amarrarte". E respondeulle: —"Se téce-los sete guedellos da miña cabeza con lizo e os fixas cos paus, amolecerei e serei coma un dos outros homes". ¹⁴E ela adormeceuno, teceu os sete guedellos da súa cabeza co lizo e fixounos cos paus, e berrou: —"¡Os filisteos vanche ó lombo, Sansón!" Pero el espertando do sono, arrincou os fungueiros do tear e maila urdime.

¹⁵E díxolle ela: —"¿Como dis quérote, cando o teu corazón non está comigo? Van tres veces que me enganas, e non me mostras de onde che vén a túa gran forza". ¹⁶E, como ela se poñía pesada coas súas queixas de tódolos días e o atormentaba, ata chegar a ter anguria de morte o seu espírito, ¹⁷entón el mostroulle todo o seu corazón, dicíndolle: —"Nunca subiu a navalla pola miña cabeza, pois son nazir de Deus desde o ventre da miña nai. Se fose rapado, arredaría de min a miña forza, e languecería, e sería coma un dos outros homes". ¹⁸E viu Dalilah que lle abrira todo o seu corazón, e mandou chamar ós príncipes dos filisteos, dicindo: —"Subide, pois desta vez abriume todo o seu corazón". E subiron onda ela os príncipes dos filisteos, e levaron con eles a prata. ¹⁹E adormeceuno á calor dela, e avisou a un dos homes, que lle cortou os sete guedellos da súa cabeza. Entón comezou a enfraquecer, ata perde-la forza que tiña. ²⁰Ela berroulle: —"¡Os filisteos vanche ó lombo, Sansón!" Entón el espertou do sono e dixo: —"Sairei como as outras veces, e ceibareime" (sen saber que o Señor se arredara del).

²¹E apreixárono os filisteos e sacáronlle os ollos, fixérono baixar a Gaza e amarráronno con cadeas e puxérono a moer no cárcere.

²²(Agora ben, o cabelo da súa cabeza comezou a medrar desde que fora rapado).

Sansón morre matando

²³E os príncipes dos filisteos xuntáronse para ofreceren un gran sacrificio a Dagón, o seu deus, e para faceren festa. E dicían: —"O no-

---

16, 3 O relato está moi amplificado. Quere deixar en ridículo ós filisteos, que, estando á espreita de Sansón, non poden impedir que se ría deles e lles leve as portas da vila. O ir con estas ó lombo deica Hebrón —a 65 Kms. de Gaza—, é un síntoma máis da imaxinación do autor.

16, 4 Trátase xa da terceira muller que lle cativa o corazón (cf **14,** 1ss; **16,** 1-3).

O Val de Sorec queda preto de Sorah —o pobo de Sansón (cf **13,** 2)—, a uns 4 Kms. ó N. O.

16, 13 Desde "e os fixas" (v 13) ata "co lizo" (v 14), pertence ó texto grego, pois ó hebreo faltáballe.

16, 15 O texto está estragado. Ese é o motivo da diversidade de traduccións.

16, 19 O texto orixinal di "fíxoo durmir sobre os seus xeonllos": un eufemismo para significa-la unión sexual dos dous.

16, 20 A forza de Sansón radicaba no voto do nazireato. Este levaba consigo, entre outras cousas, non rapa-los cabelos. Agora llos rapan e pasa a ser coma un home calquera, pois perde a consagración a Deus, quen lle daba aquela forza sobrehumana.

16, 23 *Dagón* é o deus cananeo da fertilidade. Era moi venerado polos filisteos, que lle fixeron un santuario en Axdod (cf 1 Sam **5,** 1-7; 1 Cro **10,** 10; 1 Mac **10,** 83s; **11,** 4).

so deus púxonos nas mans a Sansón, o noso inimigo". ²⁴E, ó velo o pobo, louvaron ó seu deus, pois dicían: —"O noso deus púxonos nas mans ó noso inimigo, o que devastaba o noso país e que acrecía os nosos mortos".

²⁵E, cando o corazón deles estaba contento, dixeron: —"Chamade a Sansón e que nos divirta". E chamaron a Sansón da cadea, e estivo diante deles facéndoos rir. Despois situárono entre as columnas.

²⁶E dixo Sansón ó rapaz que o levaba da man: —"Sóltame e déixame encostar nas columnas que sosteñen o edificio, para que descanse sobre elas". ²⁷(O edificio estaba cheo de homes e mulleres, e estaban alí tódolos príncipes dos filisteos; na terraza había uns tres mil homes e mulleres presenciando os xogos de Sansón). ²⁸E clamou Sansón polo Señor deste xeito: —"Meu Señor Iavé, lémbrate de min, prégocho, e enfortéceme soamente por esta vez, ouh Deus, de xeito que me vingue dos filisteos polos meus dous ollos". ²⁹E apalpou Sansón as dúas columnas do medio, nas que se apoiaba o edificio, e fixo forza sobre elas, nunha coa man dereita, e na outra coa esquerda. ³⁰E dixo Sansón: —"¡Morra eu cos filisteos!" E turrou con forza e caeu o edificio enriba dos príncipes e de todo o pobo que había nel. E así foron máis os que matou ó morrer dos que matara en vida.

³¹E baixaron seus irmáns e toda a casa de seu pai, recollérono e subiron; sepultárono entre Sorah e Extaol, na sepultura de Manóah, seu pai. Sansón fora xuíz en Israel durante vinte anos.

PRIMEIRO APÉNDICE (17, 1-18, 31)

O santuario de Micah

17 ¹Había un home da serra de Efraím, chamado Micah. ²E díxolle á súa nai: —"Os mil cen siclos de prata que che foran roubados —e polos que ti comezaches a botar maldicións, que incluso as dixeches nos meus oídos—, velaquí que esa prata téñoa eu, collina eu". E dixo súa nai: —"¡Bendito sexas de Iavé, meu fillo!"

³E devolveu os mil cen siclos de prata á súa nai. E dixo ela: —"Este diñeiro que me pertence, quédalle ofrecido ó Señor en favor de meu fillo, para facer un ídolo e unha imaxe fundida".

⁴Foi el e devolveulle a prata a súa nai. Colleu súa nai douscentos siclos de prata e deullos ó ourive, que fixo con eles unha imaxe esculpida e unha imaxe fundida, que quedaron na casa de Micah.

⁵E o tal Micah tiña un santuario, e fixo un *efod* e uns *terafim,* e consagrou un de seus fillos, facéndoo sacerdote.

⁶Naquel entón non había rei en Israel e cadaquén facía o que lle viña en gana.

⁷E había un mozo de Belén de Xudá, da familia de Xudá, que era levita e que vivía alí; ⁸e foi o home desde a cidade de Belén de Xudá, para residir onde atopase algo, e chegou á serra de Efraím, a pé da casa de Micah, namentres ía de camiño. ⁹E díxolle Micah: —"¿De onde vés?" E respondeulle el: —"Son un levita, de Belén de Xudá, e veño residir onde atope algo". ¹⁰Díxolle Micah: —"Queda comigo, e serás para min un pai e un sacerdote, e dareiche dez siclos de prata cada ano, un xogo de vestidos e a túa mantenza". E pareceulle ben ó levita, ¹¹e aledouse de quedar con aquel home, e foi o mozo para el como un da súa casa. ¹²E Micah consagrou o levita e tívoo como sacerdote, e quedou na casa de Micah. ¹³E dixo Micah: —"Agora sei que me ha de ampara-lo Señor, pois teño de sacerdote este levita".

Os danitas vanse para o Norte

18 ¹Naquel entón non había rei en Israel e a tribo de Dan buscaba un territorio onde residir, pois non lle correspondera

---

16, 28 Aínda que el procura a vinganza por quitárenlle os ollos, no feito de se sentir de novo consagrado a Deus acada do Señor unha axuda que vai ser significativa para libera-lo seu pobo do xugo dos filisteos.
17, 1 Este apéndice (17, 1-18, 31) e o que lle segue (19,1-21, 25), puxéronse aquí por tratar duns feitos anteriores ó tempo da monarquía (cf 17, 6; 18, 1; 19, 1; 21, 25).
As repeticións, as distintas concepcións que aparecen e o uso indistinto dos nomes "Mikáiehu" e "Mikah" en 17, 1-18, 31, fannos decatar da existencia de dous relatos paralelos. En 17, 1-4 emprégase Mikáiehu; despois, úsase Mi-
kah. Nós transcribiremos sempre Micah.
17, 5 No tocante ó "efod", cf nota a 8, 27. O "efod" cubriría o ídolo.
Os "terafim" veñen ser amuletos (cf Xén 31, 19).
17, 9 O *levita* tenciona exerce-lo seu traballo e ter así garantidas a durmida e a manutención.
17, 12 Micah consagrou sacerdote ó levita. Exprésase isto dicindo "encheu as mans do levita". O feito de botar óleo nas mans dunha persoa é aínda hoxe símbolo de consagración.
18, 1 Xos 19, 40-48 limítase a facer unha descrición dos feitos; aquí sinálanse os motivos.

aínda unha herdanza entre as tribos de Israel. ²E enviaron os fillos de Dan desde aló —desde Sorah e Extaol— cinco homes da súa xente —homes forzudos— para explora-lo país; e chegaron á serra de Efraím, á casa de Micah, e pasaron alí a noite. ³Estando eles na casa de Micah, distinguiron a voz do mozo levita, e, achegándose alí, dixéronlle: —"¿Quen te trouxo a ti aquí? ¿Que estás facendo? ¿A que te dedicas?" ⁴Respondeulles el: —"Micah fíxome isto e isto e contratoume e tenme de sacerdote". ⁵Entón dixéronlle eles: —"Pide un oráculo a Deus e así saberemos se a viaxe que estamos facendo sairá ben". ⁶Díxolle-lo sacerdote: —"Ide en paz, pois a mirada de Deus está posta no camiño que percorredes".

⁷E foron os cinco homes e chegaron a Laix. Viron que a xente de alí vivía confiada, ó xeito dos sidonios —tranquila e despreocupada—, sen unha institución que domeara; e que estaban lonxe dos sidonios e non tiñan trato con ninguén.

⁸E chegaron onda seus irmáns —a Sorah e Extaol—, e dixéronlles estes: —"¿Que tal vos foi?" ⁹E respondéronlles: —"¡Adiante!: vaiamos contra eles, pois vímo-lo país, e velaquí que é bo de abondo. ¿E vosoutros seguides quedos? Non sexades lacazáns para irdes tomar posesión daquel país. ¹⁰Cando vaiades, encontraredes unha xente confiada e un país folgado, que puxo o Señor nas vosas mans; un lugar no que non hai falta de nada do que hai na terra".

¹¹E saíron de alí, da liñaxe dos danitas de Sorah e Extaol, seiscentos homes cinguidos cos aparellos da guerra; ¹²e subiron e acamparon en Quiriat-Iearim, en Xudá. Por iso nomearon aquel lugar *Campamento de Dan* ata o día de hoxe. Queda detrás de Quiriat-Iearim. ¹³E desde alí pasaron á serra de Efraím e chegaron onda a casa de Micah. ¹⁴E faláronlles a seus irmáns os cinco homes que foran explora-lo país de Laix e dixéronlles: —"¿Sabedes que nestas casas hai un *efod*, uns *terafim*, un ídolo e unha imaxe fundida? Daquela ídevos informar do que tedes que facer". ¹⁵E, deixando aquel sitio, chegaron á casa do mozo levita —a casa de Micah—, e preguntáronlle que tal lle ía. ¹⁶A todo isto, os seiscentos homes dos fillos de Dan cinguidos cos aparellos de guerra estaban firmes xunto á porta. ¹⁷E pasaron os cinco homes que foran recoñece-lo país e entraron e colleron o ídolo, o *efod,* os *terafim* e a imaxe fundida, e mailo sacerdote, que estaba no limiar da porta cos seiscentos homes cinguidos cos aparellos da guerra. ¹⁸E, entrando eles na casa de Micah, colleron o ídolo, o efod, os terafim e a imaxe fundida; díxolle-lo sacerdote: —"¿Que estades a facer?" ¹⁹E respondéronlle: —"Cala a boca e ven connosco, teremos en ti un pai e un sacerdote. ¿Logo paréceche mellor ser sacerdote na casa dun só home que ser sacerdote dunha tribo e dunha familia en Israel?" ²⁰Aledouse o corazón do sacerdote e colleu o efod, os terafim e mailo ídolo, e meteuse no medio da xente. ²¹E deron media volta e emprenderon camiño, colocando diante deles os nenos, o gando, e as cousas de valor.

²²Cando xa eles estaban lonxe da casa de Micah, os homes das casas veciñas da de Micah, xuntáronse e puxéronse a perseguir ós fillos de Dan. ²³E chamaron polos fillos de Dan e estes viraron a cara e dixeron a Micah: —"¿Que tes ti que vés con xente tan apegada?" ²⁴El respondeu: —"Colléste-los deuses que eu fixera e mailo sacerdote e largástesvos. ¿E que vai ser de min en adiante? ¡E aínda me preguntades que tes! ¿Que é iso que me dixestes que tes?" ²⁵E dixéronlle-los fillos de Dan: —"Coidado con rechiar, non sexa que se alporicen contra vós homes de espírito revirado e pérda-la túa vida e maila da túa familia".

²⁶E seguiron o seu camiño os fillos de Dan; e, vendo Micah que eles eran máis fortes ca el, deu media volta e foi para casa.

A vila e o santuario de Dan

²⁷Eles, levando o que fixera Micah e o sacerdote que tiña, chegaron a Laix —onda aquela xente tranquila e confiada—, e pasáronos polo gume da espada; e á vila prendéronlle lume. ²⁸E non houbo quen a salvase, porque estaba lonxe de Sidón e non tiñan

---

18,7 *Laix* é o mesmo ca Léxem (cf Xos **19,** 47). Era unha cidade cananea do lindeiro N de Palestina.
O texto hebreo deste v está escuro. Por iso atópanse traduccións tan diverxentes.
18,12 *Quiriat-Iearim* pertence a Xudá, pero está na fronteira con Benxamín.
Xuí **13,** 25 situaba o "Campamento de Dan" "entre Sorah e Extaol". Agora dise que se lle puxo así a Quiriat-Iearim (ou máis ben ó que está por detrás da vila). Debérase a que, procedendo da parte de Sorah e Extaol (**13, 25; 18,** 2) —onde estaba o campamento de Dan—, ó trasladárense e acamparen detrás de Quiriat-Iearim, póñenlle o nome do sitio que abandonaron ó novo emprazamento.
18, 28 Rehob queda preto de Lebo-Hamat (cf Núm **13,** 21). O *val de Bet-Rehob* podería se-la zona de Banias.

trato con ninguén. Estaba situada no val de Bet-Rehob. Despois reedificaron a vila e habitaron nela. ²⁹E puxéronlle á vila o nome de Dan, por mor de Dan, seu pai, que naceu de Israel; sen embargo, o primeiro nome da vila fora Laix. ³⁰E os fillos de Dan erixiron o ídolo que tiñan; e Ionatán —fillo de Guerxom, o fillo de Menaxés— e mais seus fillos, foron sacerdotes da tribo de Dan ata o día do exilio do país. ³¹E tiveron para eles o ídolo que fixera Micah durante todo o tempo que estivo a casa de Deus en Xiloh.

SEGUNDO APÉNDICE (19, 1-21, 25)

A infamia dos de Guibah

19 ¹Naquel entón non había rei en Israel. E aconteceu que un home levita, que vivía no lindeiro da Serra de Efraím, colleu para si unha muller concubina de Belén de Xudá. ²A concubina foille infiel e liscou de onda el para a casa de seu pai, en Belén de Xudá, e estivo alí durante catro meses. ³E ergueuse seu marido e foi detrás dela para lle falar ó corazón e facela voltar, levando consigo o seu criado e unha parella de asnos; entrou na casa do pai dela, viuno o pai da moza e aledouse do encontro. ⁴E retívoo o seu sogro —o pai da moza— e ficou con el tres días: comeron, beberon e pernoctaron alí. ⁵Ó cuarto día erguéronse de mañanciña e el preparouse para marchar, mais dixo o pai da moza ó seu xenro: —"Conforta o teu corazón cun codelo de pan e despois partiredes". ⁶Daquela sentáronse os dous e comeron e beberon un a carón doutro. E dixo o pai da moza ó marido: —"Anímate, ho, pasa aquí a noite, e que se alede o teu corazón". ⁷O home incorporouse para marchar, pero, ó insistirlle o sogro, cedeu e pasou a noite alí. ⁸O día quinto levantouse de mañanciña para marchar, e dixo o pai da moza: —"Anda, ho, conforta o teu corazón e demorade ata a caída do día". E aínda comeron os dous. ⁹E dispúxose o home para marchar —el e a súa concubina e mailo criado—, e díxolle o sogro —o pai da moza—: —"Mira que o día vai declinando cara á escuridade. Pasade a noite aquí. Fíxate no debalar do día: pernocta aquí e aleda o teu corazón; e mañá madrugaredes para anda-lo voso camiño e irvos para o teu lar". ¹⁰Pero o home non consentiu en pernoctar alí. Ergueuse e foi e chegou fronte a Iebús —que é Xerusalén—, levando consigo os burros aparellados e tamén a súa concubina. ¹¹Cando estaban á altura de Iebús, ía o día moi adiantado e dixo o criado ó seu amo: —"Ande, faga favor, dirixámonos a esa cidade dos iebuseos e pasémo-la noite nela". ¹²E díxolle o seu señor: —"Non, non imos ir a unha vila allea, que non é dos fillos de Israel; ¹³mellor será —insistiulle ó seu criado— que entremos nun deses lugares —en Guibah ou en Ramah—, e que pernoctemos alí". ¹⁴Daquela pasaron de largo e foron adiante e púxoselle-lo sol cerca de Guibah de Benxamín. ¹⁵E

18,29 *Dan* era fillo de Xacob; e a este púxolle Deus de nome Israel (Xén **35,** 10).
18, 30 Segue habendo diversas mans no relato. Agora xa non se fala máis daquel levita: dise que o seu nome era Ionatán, e chámaselle "sacerdote" a el e mais ós seus descendentes. Nos versículos seguintes, por outra banda, dirase que o ídolo o fixera Micah.
O templo de Dan chegará ó seu cume de importancia nos días de Ieroboam I (1 Re **12,** 29; Am **8,** 14). Deixará de existir no século VIII, nunha das invasións asirias. Ata ese momento seguirá en pé, a pesar da existencia do santuario de Xiloh (**18,** 31).
19, 1 Xuí **19,** 1- **21,** 25 forma o segundo e derradeiro apéndice do libro. Trata duns feitos acontecidos nos tempos da conquista da terra. O relato actual —que integrou dous máis antigos— é da época que segue ó desterro: está literariamente moi elaborado e os feitos reais aparecen idealizados, de cara a interpelar ó pobo, e promover unha conducta máis conforme cos criterios de Deus.
19, 3 "Falarlle ó corazón" equivale a tencionar convencela. O "corazón" no mundo da Biblia aparece como a sé dos sentimentos, da intelixencia, do espírito e da mesma vida. Por iso nos vv seguintes hase dicir "conforta o teu corazón", "que se alede o teu corazón", para significar coller forzas e poñerse contento, respectivamente. A expresión "falarlle ó corazón", no senso de "chamada ó arrepentimento", estará na base da mensaxe profética de Oseas: o pobo de Israel foille infiel ó seu Deus, abandonouno para seguir a outros deuses. Daquela Deus vaino "levar ó deserto e falarlle ó corazón" (Os **2,** 16), para que, lembrándose dos tempos mozos de amor sincero e fondo, torne a querelo.
19, 10 O nome "Iebús" refírese, como explica o texto, a Xerusalén. Esta cidade estivo ocupada polos iebuseos ata os tempos de David (2 Sam **5,** 6-10), e dos iebuseos toma ese nome familiar (de feito a que será "cidade de David" chamábase en tempos antigos "Urusalim"; máis tarde chegarase a chamar "Ieruxalaim", nome que transcribimos por Xerusalén).
19, 14 *Guibah de Benxamín* (cf Xos **18,** 28; 1 Sam **13,** 2), pobo natal de Xaúl, queda a 6 Km ó N de Xerusalén. O seu nome actual é Tell-el-Ful.
Ramah de Benxamín (cf Xos **18,** 25) está 3 Km ó N de Guibah, e 6 Km ó S de Betel.
19, 15 A hospitalidade era algo sagrado na vida de Israel. O forasteiro tiña dereito a ser acollido durante tres días, e aínda despois, en marchando, debía ser protexido. Un exemplo do normal que parecía iso dánnolo "os dous de Emaús", que lle dicían a aquel descoñecido que quedase con eles, pois xa se facía de noite (Lc **24,** 29). Aínda hoxe os pobos árabes teñen a gala a súa condición hospitalaria.

dirixíronse alá para entrar a pernoctar en Guibah e foi, e estivo na praza da vila e ninguén os acolleu na súa casa para pernoctar.

¹⁶E velaquí que chegou un vello do seu traballo, polo serán, e o home era da serra de Efraím, forasteiro en Guibah, namentres que os veciños do lugar eran benxaminitas. ¹⁷E botou unha ollada e viu ó home viaxeiro na praza da vila. E dixo o vello: —″¿Onde vas e de onde vés?″ ¹⁸E respondeulle: —″Nosoutros imos de camiño desde Belén de Xudá ata o lindeiro da serra de Efraím. De alá son eu. Fun ata Belén de Xudá, agora vou para a miña casa e ninguén me acolle no seu lar. ¹⁹Levo palla e forraxe para os nosos burros e tamén levo comigo pan e viño para min, para a túa servidora e para o criado dos teus servos: non precisamos cousa ningunha″. ²⁰E dixo o vello: —″Que haxa paz para ti, que de tódalas túas necesidades coidarei eu; ti non páse-la noite na praza. ²¹E levouno á súa casa e botoulles palla ós burros; lavaron os pés, comeron e beberon″.

²²Mentres eles aledaban os seus corazóns, velaquí que os homes da vila —homes fillos de Belial— rodeaban a casa e forcexaban na porta. E dixéronlle ó vello —o dono da casa—: —″Bota para fóra o home que entrou na túa casa, para nos aproveitar del″. ²³E saíu onda eles o dono da casa e díxolles: —″Non, meus irmáns, non obredes mal: xa que este home veu á miña casa, non cometades esa infamia. ²⁴Velaquí que vos sacarei a miña filla virxe e maila concubina del, para que as abaixedes e fagades con elas o que vos veña en gana; pero ó home este non lle fagades nin sequera un chisco de tal infamia″. ²⁵Mais non quixeron escoitalo aqueles homes. Entón agarrou o home á súa concubina e botóullela fóra; aldraxárona, abusaron dela toda a noite ata a mañá e deixárona ó abrente. ²⁶E chegou a muller ó romper do día e caeu á porta da casa do home onde estaba o marido, ata a alborada″.

²⁷E ergueuse seu marido pola mañá e abriu as portas da casa, saíu para continua-lo seu camiño e velaquí que a muller concubina xacía derrubada á entrada da casa coas mans na soleira. ²⁸El díxolle: —″Érguete e ímonos″. Pero ela non respondeu. Entón colocouna enriba do burro, incorporouse o home e foi para a súa terra. ²⁹Entrou na súa casa, colleu un coitelo, e, agarrando a súa concubina, tallouna en anacos cos seus ósos —en doce cachos—, e espallouna por tódolos lindeiros de Israel. E deulles ós mandadeiros a orde seguinte: —″Dirédeslle isto a todo home de Israel: ³⁰¿E logo aconteceu cousa semellante desde o día en que os fillos de Israel subiron da terra de Exipto ata o día de hoxe? Matinade sobre ela, cambiade impresións e pronunciádevos″. E sucedeu que tódolos que a vían, dicían: —″Non houbo nin se viu cousa semellante desde o día da subida dos fillos de Israel da terra de Exipto ata o día de hoxe″.

A guerra contra Benxamín

20 ¹E saíron tódolos fillos de Israel, congregouse a asemblea coma un só home —desde Dan ata Beerxeba e o país de Galaad—, onda Iavé, en Mispah. ²E presentáronse os xefes de todo o pobo e tódalas tribos de Israel na asemblea do pobo de Deus: catrocentos mil homes de a pé, cinguidos de espada.

³(E oíron os fillos de Benxamín que subiran os fillos de Israel a Mispah). E dixeron os fillos de Israel: —″Contade como se fixo tal infamia″. ⁴E interveu o home levita —o marido da muller asasinada—, e dixo: —″Entrei eu e maila miña concubina a Guibah de Benxamín, para pasa-la noite; ⁵alporizáronse contra min os homes de Guibah e rodea-

---

19, 18 Ó dicir ″para a miña casa″, seguímo-la Biblia grega. O texto hebreo di ″a casa de Iavé″.
19, 22 A redacción dos vv 22-24 é semellante á de Xén 19, 6-8. Os homes de Guibah fan unha ruindade do xeito da de Sodoma, quebrantando a hospitalidade e tencionando cometer unha aberración sexual (cf Lev 18, 22; **20,** 13). Por iso o autor calificaos de ″fillos de Belial″, que no senso etimolóxico equivale a dicir ″mentecatos″, pero que adquire un senso derivado, equivalente a ″fillos do Demo″.
19, 29 O texto ofrecido é máis longo do que aparece no hebreo. Foi refeito tendo en conta a lectura do códice Alexandrino.
20, 1 A linguaxe empregada é típica dos redactores posteriores ó desterro (séc. VI-V) e as alusións ós límites de Israel (de Dan a Beerxeba e Galaad), denotan a transposición ó tempo dos Xuíces da confederación existente nos tempos da monarquía.
Mispah cae á metade de camiño entre Xerusalén e Betel, 13 Km ó N de Xerusalén, dentro do lindeiro de Benxamín. Alí había un santuario (cf 1 Sam **7,** 5-12.16).
20, 2 O asunto dos ″miles″ pode que haxa que entendelo considerándoos coma ″unidades militares″. Serían entón catrocentos grupos de homes preparados para a loita. Tendo en conta o número de guerreiros de Dan (seiscentos, segundo **18,** 13), e tomando ese número como base, ó multiplicalo por mez (número de tribos, descontada a de Benxamín), dá seis mil seiscentos. Sendo catrocentos grupos de guerreiros, cada un estaría formado por dezaseis ou dezasete homes. De todos xeitos, as baixas son imaxinarias, pois a loita das once tribos no tempo dos xuíces tamén o é. Como diciamos en **20,** 1, non hai confederación ata os tempos da monarquía.

ron de noite a casa por causa miña, tencionando matarme; á miña concubina violárona e morreu. ⁶E collín a miña concubina, tronceina en anacos e envieina por todo o territorio da herdanza de Israel (pois fixeran unha infamia e unha atrocidade en Israel). ⁷Xa que todos vosoutros sodes fillos de Israel, ofrecede aquí un consello e unha resolución".

⁸E ergueuse todo o pobo de Israel coma un só home, dicindo: —"Que non marche ninguén á súa tenda, nin lisque ninguén para o seu lar. ⁹E agora esta é a resolución que tomaremos sobre Guibah: iremos contra ela, botando sortes; ¹⁰e sacaremos dez homes por cada cen de tódalas tribos de Israel, e cen por cada mil, e mil por cada dez mil, para collermos fornecemento para o pobo, e face-la incursión contra Guibah de Benxamín, por mor da ruindade que fixo contra Israel". ¹¹E congregáronse tódolos de Israel contra a vila, xunguidos coma un só home. ¹²E as tribos de Israel enviaron homes por toda a tribo de Benxamín, dicindo: —"¿A que vén ese mal que argallastes entre vós? ¹³Pois agora entregádeno-los homes fillos de Belial que hai en Guibah, para que os fagamos morrer e borrémo-lo oprobio de Israel". Pero os benxaminitas non quixeron escoita-la voz de seus irmáns, os fillos de Israel.

¹⁴E xuntáronse os fillos de Benxamín procedentes das vilas, en Guibah, para saíren á loita contra os fillos de Israel. ¹⁵E dos fillos de Benxamín procedentes das vilas chegáronse a contar no día aquel vinteseis mil homes, cinguidos de espada, descontando os veciños de Guibah, que viñan sendo setecentos homes escolleitos. ¹⁶Entre esa morea de xente había setecentos homes escolleitos, zurdos, todos eles capaces de lanzar unha pedra a un pelo sen fallaren. ¹⁷E dos homes de Israel —descontado Benxamín— chegáronse a contar catrocentos mil homes cinguidos de espada, todos eles guerreiros.

¹⁸Erguéronse e subiron a Betel, consultaron a Deus e dixeron os fillos de Israel: —"¿Quen de nós subirá o primeiro para a loita contra os fillos de Benxamín?" E respondeu Iavé: —"O primeiro será Xudá".

¹⁹E erguéronse os fillos de Israel pola mañá e acamparon por riba de Guibah. ²⁰Saíu cada un de Israel para a loita contra Benxamín e dispuxéronse en orde de batalla contra Guibah.

²¹Saíron os fillos de Benxamín de Guibah e botaron por terra no día aquel a vintedous mil homes de Israel.

²²Logo que se refixo o pobo de guerra de Israel, xuntáronse para se bateren na loita no lugar onde batallaran o primeiro día. ²³E subiron os fillos de Israel, choraron diante de Iavé ata o serán e consultaron o Señor, dicindo: —"¿Convén presentar de novo a loita ós fillos de Benxamín, o noso irmán?" E dixo Iavé: —"Subide contra el".

²⁴E achegáronse os fillos de Israel ós fillos de Benxamín no segundo día. ²⁵Saíu Benxamín ó encontro deles desde Guibah, no segundo día, e botaron por terra outra vez a dezaoito mil homes dos fillos de Israel, todos eles cinguidos de espada.

²⁶E rubiron tódolos fillos de Israel —o pobo enteiro—, chegaron a Betel, choraron diante do Señor, e xexuaron aquel día ata o serán; ofreceron holocaustos e sacrificios pacíficos diante de Iavé. ²⁷E consultaron os fillos de Israel a Iavé (e estaba alí, naquel entón, a Arca da Alianza de Deus, ²⁸e Pinhás —o fillo de Elazar, fillo de Aharón—, exercía diante dela naquel tempo): —"¿Logo deberemos saír de novo para a loita contra os fillos de Benxamín, noso irmán, ou renunciar?" E dixo Iavé: —"Subide, que mañá vounos poñer nas vosas mans".

²⁹E Israel puxo emboscadas ó redor de Guibah. ³⁰Subiron os fillos de Israel contra os fillos de Benxamín o terceiro día e presentaron batalla a Guibah como das outras veces. ³¹E saíron os fillos de Benxamín ó encontro do pobo, arredando da vila, e comezaron a mallar no pobo, botándoos por terra como as outras veces polas corredoiras que soben unha delas a Betel e a outra a Guibah, polo campo (chegando a matar arredor de trinta e dous de Israel). ³²E dixeron os fillos de Benxamín: —"Xa os te-

---

20, 13 Cf nota a **19,** 22.
20, 18 *Betel* está a 18 Kms. ó N. de Xerusalén, polo camiño de Xequem. Alí había un santuario, que chegaría a se-lo centro de culto do Reino do Norte nos tempos de Ieroboam I (cf 1 Re **12,** 26-33; 2 Re **10,** 29).
20, 21 Segundo os criterios expresados na nota **20,** 2, habería que entender que os de Benxamín desmantelaron vinteúas unidades de Israel.

Algo semellante diriamos da segunda batalla (cf **20,** 25): dezaoito unidades guerreiras.
20, 26 Sobre as distintas clases de sacrificios, cf nota a Xos **8,** 31.
20, 29 En **20,** 29-35 e **20,** 36-42a, hai dúas tradicións independentes sobre o ataque a Guibah, combinadas por un redactor. Ese é o motivo das continuas repeticións.

mos derrotados, como da primeira vez". Pero os fillos de Israel dixeran: —"Que veñan e os arredaremos da vila cara ás corredoiras". ³³Erguéronse entón dos seus postos tódolos homes de Israel, e presentaron batalla en Baal-Tamar. E os da emboscada de Israel chimpáronse fóra do seu lugar ó oeste de Gueba. ³⁴E chegaron enfronte de Guibah dez mil homes escollidos de todo Israel e enforteceuse a loita; eles non se decataban do mal que lles estaba vindo enriba. ³⁵E Iavé derrotou a Benxamín ante Israel e os fillos de Israel botaron por terra no día aquel a vintecinco mil cen homes de Benxamín, todos eles cinguidos de espada. ³⁶Viron os fillos de Benxamín que estaban vencidos e os homes de Israel cederon terreo, pois confiaban na emboscada que puxeran contra Guibah. ³⁷E os da emboscada déronse présa para arremeteren contra Guibah; foron adiante e pasaron a toda a vila polo gume da espada.

³⁸(Os homes de Israel quedaran nun sinal cos da emboscada: que estes farían subir da vila unha columna de fume). ³⁹Arredáronse da loita os homes de Israel e os de Benxamín comezaron a mallar neles, botando por terra a uns trinta homes, pois dixeran: —"De certo xa os temos vencidos, como na primeira batalla". ⁴⁰Pero velaquí o sinal: unha columna de fume comezou a subir da vila. E ollaron os de Benxamín para atrás, e velaquí que rubía ata o ceo a fogata da vila. ⁴¹Entón os homes de Israel deron volta e quedaron estarrecidos os homes de Benxamín, pois viron o mal que lles viña enriba. ⁴²E volveron a espalda ante os homes de Israel polo camiño do deserto; pero atrapounos a loita e ós que saían das vilas desfacíanos polo medio e medio. ⁴³Envolveron ós de Benxamín, perseguíronos decote, e aboux́ronos sen respiro ata chegar enfronte de Guibah polo oriente. ⁴⁴E caeron dos de Benxamín dezaoito mil homes, todos eles xente guerreira. ⁴⁵E volveron a espalda os que quedaban e dirixíronse cara ó deserto, onde a Rocha de Rimón, e foron atrapados nas corredoiras cinco mil homes. Perseguíronos os israelitas ata Guidom e mataron a dous mil deles. ⁴⁶E foron tódolos mortos de Benxamín no día aquel vintecinco mil homes, cinguidos de espada, todos eles xente guerreira. ⁴⁷Sen embargo, seiscentos homes dos que volveran a espalda dirixíronse cara ó deserto, onda a Rocha de Rimón, e ficaron na Rocha de Rimón catro meses.

⁴⁸Os homes de Israel volvéronse contra os fillos de Benxamín e pasaron polo gume da espada a totalidade da vila, comprendindo o gando e todo o que atopaban. Ademais prendíanlles lume a tódalas vilas que encontraban.

Castigo de Iabex e recuperación de Benxamín

21 ¹Os homes de Israel fixeran en Mispah este xuramento: —"Ninguén de nós dará a súa filla como esposa a un de Benxamín".

²Chegou o pobo a Betel e estivo alí ata o serán diante de Deus. E deron laídos e prorromperon en gran choro; ³e dixeron: —"¿Por que, Iavé, Deus de Israel, aconteceu isto contra Israel, que lle falte hoxe a Israel unha tribo?"

⁴Ó día seguinte madrugou o pobo e construíron alí un altar e ofreceron holocaustos e víctimas pacíficas. ⁵E dixeron os fillos de Israel: —"¿Quen hai de entre tódalas tribos, que non subira para a asemblea onda Iavé?" (Pois fixérase un xuramento solemne verbo de quen non subise onda Iavé a Mispah: que de certo había de morrer).

⁶E, doídos os fillos de Israel polos de Benxamín, seus irmáns, dixeron: —"Hoxe foi arrincada de Israel unha tribo. ⁷¿Que faremos con eles —cos restantes— para procurarlles casamento? (pois xuramos polo Señor non lles da-las nosas fillas por esposas)". ⁸E dixeron: —"¿Quen hai de entre as tribos de Israel que non subise onda Iavé, a Mispah?" Velaquí que non houbo un de Ia-

---

20, 33 *Baal-Tamar* está no territorio de Benxamín, ó NO de Guibah.

Ó oeste de Gueba. Esta lectura, recollida no texto, é a que ofrecen algunhas versións gregas antigas. O texto hebreo non está claro neste caso. Gueba está a 4 Km ó N de Guibah.

20, 45 *A Rocha de Rimón* está a 9 Km ó NE de Guibah.

21, 2 Os homes de Israel tiñan un fondo senso de solidariedade, que os movía a impedir que desaparecese unha das tribos. Nembargantes, nos momentos de loita fixeran o xuramento de non conceder ós benxaminitas ningunha das súas fillas en casamento. Agora ben, había un pobo que non fora á loita contra Benxamín, e que, polo tanto, non estaba implicado no xuramento (Iabex de Galaad), pero que incorrera na maldición que proferiran as tribos de Israel por non colaboraren na loita. A este pobo, váiselle castigar pola ausencia, pero son perdoadas as virxes (cf Núm **31,** 17-18); e esas virxes daránselles en casamento ós benxaminitas supervivientes. De todos xeitos non chegan, e os mesmos de Israel daránle-la idea do rapto que levarán adiante na festa de Xiloh.

O redactor xuntou dous relatos distintos da restauración de Benxamín (**21,** 6-14 e **21,** 15-53), e fai unha composición na que aparecen como dúas solucións complementarias do mesmo problema.

bex-Galaad que entrase no campamento para a asemblea. ⁹(Pois fora contado o pobo e acontecía que non había alí ningún dos veciños de Iabex-Galaad).
¹⁰E mandou alá a asemblea doce mil homes guerreiros, ós que lles deron esta encomenda: —"Ide e pasade polo gume da espada ós veciños de Iabex-Galaad, incluídas as mulleres e mailos nenos. ¹¹E isto é o que habedes de facer: poredes en entredito a todo home e mais a toda muller que entendera de deitarse con homes". ¹²E atoparon entre os veciños de Iabex-Galaad catrocentas rapazas virxes, que non tiveran experencia de se deitaren con homes. E leváronas ó campamento, a Xiloh (que está na terra de Canaán).
¹³E toda a asemblea enviou mandadeiros ós fillos de Benxamín que estaban na Rocha de Rimón e anunciáronlle-la paz. ¹⁴Daquela volveron os benxaminitas e déronlles para eles as mulleres que sobreviviran de entre as mulleres de Iabex-Galaad; pero non eran abondas para eles.
¹⁵E o pobo compadeceuse dos de Benxamín, pois Iavé fixera unha fenda nas tribos de Israel. ¹⁶E dixeron os anciáns da asemblea: —"¿Que faremos para que os restantes teñan mulleres (pois as mulleres de Benxamín foron exterminadas)?" ¹⁷E dixeron: —"Háselle dar herdanza ó resto de Benxamín, para que non desapareza unha tribo das de Israel; ¹⁸pero nós non podemos dárlle-las nosas fillas como esposas (pois os fillos de Israel fixeran este xuramento: Sexa maldito quen lle dea unha muller ós de Benxamín)". ¹⁹E dixeron: —"Velaquí que hai tódolos anos unha festa de Iavé en Xiloh, ó norte de Betel, ó oriente do camiño que sobe de Betel a Xequem, ó sur de Lebonah". ²⁰E deron orde ós fillos de Benxamín, dicindo: —"Ide e facede unha emboscada nas viñas. ²¹Estade á espreita e, cando saian as mozas de Xiloh para danzar no corro, saídes vós de entre as viñas e pillades cada un unha muller de entre as mozas de Xiloh e ídesvos para a terra de Benxamín. ²²E cando veñan seus pais ou seus irmáns a preitear contra vós, dirémoslles: Sede bos con eles, pois non puideron coller muller para cada home cando a guerra, pois non llelas destes a eles naquel entón, para non incorrerdes en culpa".
²³Fixeron así os fillos de Benxamín e tomaron esposas, de acordo co número deles, das bailadoras que pillaran. Entón marcharon e volveron así á súa herdanza; e refixeron as vilas e habitaron nelas.
²⁴Daquela foron tamén os fillos de Israel a cadansúa tribo e familia e saíron de alí cada un para a súa herdanza.
²⁵Naquel entón non había rei en Israel e cadaquén facía o que lle viña en gana.

21, 11 Algúns prefiren seguir aquí a lectura que ofrecen algúns manuscritos gregos. Nós seguímo-lo texto hebreo.
21, 12 *Xiloh* queda ó N de Betel e ó S de Lebonah. Pertence a Efraím (cf nota a Xos **18,** 1).
"Pór en entredito" (ou "facer entredito de algo"): cf notas a Xos **6,** 17.21.
21, 19 Nos seus comezos esa festa do Señor era unha romaría campestre. A ela vai acudir Ana para lle pedir ó Señor descendencia (1 Sam **1,** 1-28).
21, 22 O texto recolle a lectura dun bo número de manuscritos gregos antigos. O texto hebreo di "non collemos muller para cada home na guerra...".
A guerra de que se fala aquí é a de Iabex-Galaad (cf **21,** 8-14).

INTRODUCCIÓN Ó LIBRO DE RUT

1. Título do libro e o seu lugar no conxunto da Biblia

O título fai referencia ó personaxe principal: Rut.

Dentro da Biblia Hebrea o libro sitúase no terceiro bloque (o dos "Escritos"). A versión grega dos LXX e maila Vulgata Latina pónено entre os Xuíces e Samuel (na súa nomenclatura, entre os libros dos Xuíces e dos Reis).

Na actualidade pénsase que se debe colocar entre os "Escritos" e lle recoñecer entidade propia, non o considerando coma un mero apéndice dos Xuíces.

2. Tempo dos acontecementos referidos no libro

No comezo do libro (Rut **1**, 1) indícase que tiveron lugar no tempo dos Xuíces; polo tanto, antes do ano 1.030. Por outra banda, tendo en conta **4**, 17 e mesmo a xenealoxía final (**4**, 18-22), Rut foi a bisavoa de David, e, entón, o referido no libro aconteceria na primeira metade do século XI a.C.

3. Época na que se escribiu a obra

Desde logo non antes de David, a quen se cita en **4**, 17b (e tamén na xenealoxía, pero esta non pertence ó escrito orixinal). Ademais vese no libro unha elaboración máis depurada da que se atopa nos escritos anteriores á monarquía.

Ó mesmo tempo, non parece tampouco que fose escrito despois do exilio, pois os costumes que describe (o "goelato", o "levirato"...) son antigos e denotan un tempo previo ó desterro. Os relatos postexílicos si que están moi elaborados, e, no tocante ó levirato, chégase mesmo a prohibi-lo casamento de parentes (cf Lev **18**, 16; **20**, 21), como remate dun proceso de restrición das esixencias, tal como se presenta en Dt **25**, 5-10.

A época máis atinada parece se-la que vai do ano 950 ó 700, e probablemente poidamos concretala no século IX. Neste tempo iríase poñendo por escrito o que existía antes na tradición. A lingua do libro de Rut é a típica do período monárquico; e o xeito de escribir é semellante ó das historias cortesás (séculos X-VIII).

4. Xénero literario da obra

O libro trata da rehabilitación dunha familia á que todo lle ía mal e que se consideraba ferida por Deus. O Señor vai orienta-las cousas en beneficio desa familia e preparará así o nacemento dun descendente deles, que será o rei David.

Ó autor non lle interesan os feitos como valor absoluto, senón só en canto están ó servicio dos camiños de Deus. Non obstante, non podemos pensar en algo irreal, senón máis ben nun drama moralizante baseado na realidade. O feito de presentar como moabita a un antepasado de David é indicio de historicidade, pois esa circunstancia non contribuía a engrandece-lo rei, senón todo o contrario. Os outros sucesos referidos son verosímiles, polo que, en principio, non hai cousa que obxectar á súa historicidade.

5. Teoloxía do libro de Rut

O personaxe fundamental é Deus. El é quen parece que esquece ó seu pobo e quen se lembra del (**1**, 6). El é quen enche de amargura a Noemí (**1**, 20-21) e quen merece a louvanza dela ó endereita-las cousas (**2**, 20). Nel busca amparo Rut e resulta bendita por El (**2**,12; **4**, 13).

As outras persoas que entran en escena reflexan case todas a bondade de Deus: a xente do pobo recibe a Noemí (**1**, 19), e alédase despois con ela (**4**, 14-17); Boaz é un exemplo de honestidade humana e de axuda ós necesitados; Noemí ensínanos a renunciar ós propios intereses en beneficio dos demais (**1**, 8-18); e Rut é o prototipo de fidelidade a vivos e defuntos (**1**, 16-17; **2**, 11; **3**, 10-11). A terra de Israel preséntase entón como o lugar ideal de proxección da fe en Deus no amor ós irmáns, e onde Deus dá satisfacción ás ansiedades dos homes.

6. Estructura

6.1.- *Introducción: Estranxeiros na terra do Moab* (**1**, 1-5).
6.2.- *O retorno á terra de Xudá* (**1**, 6-22).
6.3.- *Rut e Boaz nos terreos* (**2**, 1-23).
6.4.- *Rut e Boaz na eira* (**3**, 1-18).
6.5.- *O trato ás portas da vila* (**4**, 1-12).
6.6.- *O nacemento do neno* (**4**, 13-17).
6.7.- *Apéndice: xenealoxía de David* (**4**, 18-22).

LIBRO DE RUT

Introducción: Estranxeiros na terra de Moab

1 ¹E aconteceu polos días en que gobernaban os Xuíces, que había fame no país, e foi un home de Belén de Xudá emigrar ás chairas de Moab, coa súa muller e mailos dous fillos. ²O nome do individuo era Elimélec, e o da muller, Noemí; e os nomes dos dous fillos, Mahlón e Quilión (efrateos, de Belén de Xudá). E chegaron ás chairas de Moab e moraron alí.

³Morreu Elimélec —o home de Noemí— e quedou ela cos dous fillos.

⁴E procuraron para eles mulleres moabitas: o nome da primeira, Orpah, e o nome da segunda, Rut; e residiron alí arredor de dez anos.

⁵Morreron tamén eles dous —Mahlón e Quilión— e quedou a muller sen os dous fillos e sen home.

O retorno á terra de Xudá

⁶E ergueuse ela coas súas noras para voltaren das chairas de Moab, pois oíu na terra cha de Moab que o Señor se lembrara do seu pobo e lles dera pan.

⁷Saíu do lugar onde estivera e con ela as dúas noras; e ían de camiño para volveren á terra de Xudá. ⁸E dixo Noemí ás dúas noras: —"Andade, volvede cada unha á casa da vosa nai, e que o Señor vos trate con piedade, como fixestes vós cos finados e comigo. ⁹Que o Señor vos conceda a cada unha atopardes acougo na casa do voso home". E bicounas; elas deron laídos e romperon a chorar. ¹⁰E dixéronlle a ela: —"Nós imos contigo para o teu pobo". ¹¹Respondeulles Noemí: —"Voltade, miñas fillas: ¿por que teimades ir comigo? ¿E logo hei de ter eu máis fillos nas miñas entrañas, que volos poida dar como maridos? ¹²Voltade, ouh, miñas fillas, ídevos, pois eu volvinme vella para coller marido; e, anque dixese "teño aínda esperanza" e conseguise marido xa esta noite, e mesmo xerase fillos, ¹³¿logo vosoutras agardariades por eles, sen collerdes marido? Non, miñas fillas: máis tristura é a miña cá vosa e botouma enriba a man do Señor". ¹⁴Laiaron e romperon a chorar outra vez. E bicou Orpah á súa sogra, pero Rut apegouse a ela. ¹⁵E dixo Noemí: —"Velaquí que a túa cuñada voltou ó seu pobo e ó seu deus: volta ti detrás da túa cuñada". ¹⁶Respondeu Rut: —"Non me pidas que te deixe, que me arrede de onda ti, pois, a onde vaias ti, irei tamén eu, e onde te acollas, acollereime eu contigo; o teu pobo será o meu pobo, e o teu Deus será o meu Deus. ¹⁷Onde morras, alí morrerei eu e alí haberanme de enterrar. ¡Que o Señor me faga isto e engada aquilo, se non é a morte a que me arrede de ti!" ¹⁸E viu Noemí que teimaba no de ir con ela e deixou de porfiar. ¹⁹E foron as dúas xuntas ata que chegaron a Belén. E aconteceu que, en chegando a Belén, rebuliu toda a vila por mor delas; e dicían: —"¿E logo non é esta Noemí?" ²⁰Pero ela dicíalles: —"Non me chamedes Noemí: chamádeme *Marah*, porque o Omnipotente encheume de amargura. ²¹Marchei chea e o Señor fíxome voltar baldeira. ¿Por que entón me chamades Noemí, se o Señor declarou contra min e acarrexoume o mal o Todopoderoso?"

²²Deste xeito voltou Noemí coa súa nora Rut, a moabita, que viña das chairas de Moab. E chegaron a Belén ó comezo da seitura da cebada.

Rut e Boaz nos terreos

2 ¹Tiña Noemí un parente por parte de seu marido, un home honorable, da familia de Elimélec; e chamábase Boaz.

²E dixo Rut, a moabita, a Noemí: —"Déixame ir ó campo, apaña-las espigas detrás

---

1, 1ss Os nomes teñen un senso concreto, aínda que ás veces non se dea con el. Elimélec quere dicir "meu Deus é rei". Mahlón significa "esterilidade" ou "enfermidade"; e Quilión, "debilidade" ou "fraxilidade".
Efratá era un clan de Xudá, afincado na parte de Belén. Chámaselle "efrateo" a Ixaí, o pai de David (cf 1 Sam **17,** 12) e máis á filla de Caleb, descendente de Xudá (cf 1 Cro **2,**19.24.50).
1,11 Nos vv 11-13 Noemí está tendo en conta a "lei do levirato". A palabra "levirato" vén do latín "levir", que significa "cuñado". A realidade á que se refire é a obriga que tiña un home de casar coa súa cuñada, cando seu irmán morrera sen deixar descendencia. O primoxénito que nacese do novo matrimonio considerábase fillo do defunto. A lei vén formulada en Dt **25,** 5-10, nunha das diversas formas que tivo ó longo da historia.
Nestes versículos hai unha certa dependencia de Xén **38,** 8 e pode que exista tamén un interese por presentar en paralelo a Xudá e a Noemí.
1, 20 Empregámo-lo nome grego "Noemí". No hebreo dise "Naomí" que significa "miña delicia". "Marah", en troques, equivale a "amarga".
1, 22 Ese tempo caía entre os meses de abril e maio. Non obstante, como non procura o autor, máis ben que aportar datos cronolóxicos, é face-lo enlace literario entre este c. e o seguinte.
2, 2 Os que tiñan terreos debían deixar algo sen recoller, á parte de non face-lo rebusco, de xeito que quedase tamén para os máis indefensos. Este costume codificouse máis adiante (cf Lev **19,** 9-10; **23,** 22; Dt **24,** 19-22).

daquel en quen hei de atopar benquerencia". E respondeulle ela: —"¡Vai, miña filla!" ³Foi ela e, en chegando, púxose a respigar no agro detrás dos seitureiros. E levouna a súa fada a unha leira do agro de Boaz (o que era da familia de Elimélec). ⁴E velaquí que Boaz chegou de Belén e díxolles ós xornaleiros: —"¡Que o Señor sexa convosco!" E respondéronlle: —"¡Que o Señor te bendiga!" ⁵E dixo Boaz ó seu criado —o sobreposto ós seitureiros—: —"¿De quen é esa moza?" ⁶E respondeu o criado, o capataz dos seitureiros: —"É unha moza moabita, que volveu con Noemí das chairas de Moab, ⁷e dixo: ¿podo respigar e rebuscar entre as gavelas detrás dos seitureiros? E púxose, e estivo de pé desde esa —pola mañanciña—, ata agora, sen a penas repouso: o que descansou ela na casa foi ben pouco".

⁸E dixo Boaz a Rut: —"¿Óesme, miña filla? Non vaias respigar a outro agro, nin tampouco saias deste; máis ben xúntate coas miñas criadas; ⁹fíxate ben no agro que ceifan e vaite detrás delas, que xa lles deixo eu dito ós mozos que non che rifen. E, cando teñas sede, vai ás olas e bebe do que sacan os xornaleiros". ¹⁰Entón ela abateuse, postrándose por terra, e díxolle a el: —"¿Por que atopei benquerencia ós teus ollos, para repararas en min, sendo como son unha estranxeira?" ¹¹E respondeulle Boaz: —"Quedoume ben claro todo o que fixeches coa túa sogra despois da morte do teu home, e como deixaches a teu pai, a túa nai, e a túa terra natal, para vires a un pobo que antes non coñecías. ¹²Que o Señor bendiga o teu proceder e sexa completo o teu galardón da parte do Señor, Deus de Israel, xa que viñeches ampararte baixo as súas ás". ¹³E dixo ela: —"Atope eu benquerencia ós teus ollos, meu señor, pois me confortaches e porque falaches ó corazón da túa serva, sen ser eu sequera unha das túas criadas".

¹⁴E, ó tempo de xantar, díxolle Boaz: —"Achégate aquí e come do pan, molla o teu codelo no vinagre". Entón ela sentouse a carón dos segadores; el ofreceulle unha espiga torrada, e comeu ela ata fartarse, e aínda lle sobrou.

¹⁵Ergueuse ela para respigar e deu orde Boaz ós seus criados, dicindo: —"Que recolla tamén entre as gavelas sen que a rifedes; ¹⁶e mesmo habédeslle deixar caer algo das gavelas e permitídelle recollelo, sen lle berrardes".

¹⁷Daquela apañou no campo ata o serán e desgranou o que recollera, que resultou ser coma un efah de cebada.

¹⁸Ergueuno, e chegou á vila, amostroulle á súa sogra o que recollera; e, de seguido, sacou e deulle o que lle sobrara da súa fartura. ¹⁹E díxolle a sogra: —"¿Onde apañaches hoxe e como fixeches? ¡Bendito sexa o que reparou en ti!" E contoulle á súa sogra de quen apañara, dicindo: —"O nome da persoa con quen traballei hoxe é Boaz". ²⁰E díxolle Noemí á nora: —"Bendito sexa do Señor, pois non esqueceu a súa piedade cos vivos nin cos mortos". E engadiu: —"Ese home é o noso parente, un dos nosos goeles". ²¹E dixo Rut, a moabita: —"Díxome tamén el: podes andar canda os meus criados, ata que rematen a miña seitura". ²²E díxolle Noemí a Rut, súa nora: —"Mellor é, miña filla, que saias coas súas criadas, que non que che rifen noutro agro".

²³E xuntouse coas criadas de Boaz para respigar ata o remate da seitura da cebada e da ceifa do trigo, pero moraba onda a súa sogra.

2, 7 Non hai uniformidade entre os comentaristas, ó traduciren este v. Algúns deles elimínano case todo, deixando soamente a súplica de Rut, de respigar. Outros conservan todo o texto, pero tradúceno de moi diversos xeitos.
2, 17 Efah: cf nota a Xuí **6,** 19.
2, 18 A preparación, así como a explicación do final deste v, atópase no remate do v 14.
2, 20 O "goel" era o parente máis achegado dunha persoa. No caso de non querer ou non poder exerce-la misión que lle correspondía, os dereitos e obrigas pasaban ó parente máis próximo.
O "goelato" era unha institución que tiña tres aplicacións fundamentais:
1) O "goel" era o encargado de comprar unha persoa vendida como escrava (Lev **25,** 47-49), ou unha propiedade cando o seu dono precisaba vendela (Lev **25,** 23-25; Xer **32,** 8), evitando así que caese en mans de alleos.
2) O "goel" debía casar coa viúva sen fillos, para lle dar descendencia —que se consideraba do defunto—, de xeito que non desaparecese o nome do defunto da vida da

familia e do pobo (cf Xén **38,** 8; Dt **25,** 5).
3) O "goel" era o responsable de vinga-lo sangue, cando unha persoa fora asasinada (cf Núm **35,** 19-21).
É difícil traduci-lo vocábulo "goel" e mailo verbo "goelar", pois inclúen unha serie de aspectos que non se atopan todos xuntos nun termo da nosa lingua. De todos xeitos, en adiante —no que respecta ó libro de Rut—, traducirémolos por aqueles que reflicten o aspecto máis destacado en cada caso concreto, atendendo ó contexto. Utilizaremos, pois, os vocábulos "redentor", "rescatador", "responsable" e "protector", sabedores de que todos eles proceden, como os verbos correspondentes, da raíz "gaal" ("redimir", "rescatar"...).
2, 21 O problema de conciliar este versículo co seguinte saen ó paso algúns manuscritos dos LXX e maila Vetus Latina, substituíndo "criados" por "criadas". En realidade, o autor, ó dicir "criados", refírese a eles e mais a elas. Noemí, en troques **(2,** 22), pensa nelas.
2, 23 O remate deste v fai de enlace co c. seguinte, especialmente cos vv 4-14.

Rut e Boaz na eira

3 ¹E díxolle Noemí, a sogra: —"¡Miña filla! ¿E logo non che hei de buscar un porvir que te faga feliz? ²¿E non é Boaz —o das criadas coas que estiveches— o noso parente? Velaquí que esta noite vai aventa-los montóns da cebada na eira. ³Así que lávate ben e únxete, viste o manto, baixa á eira e non te deixes albiscar ata que el remate de comer; ⁴e, cando el se deite e ti sáiba-lo lugar onde xace, vas e destápaslle os pés, e déitaste; e xa che amostrará el o que tes que facer". ⁵E respondeulle ela: —"Todo o que me dixeches, heino facer".

⁶E baixou á eira e fixo tal como lle mandara a sogra. ⁷Comeu Boaz e bebeu, aledou o seu corazón e foise deitar a carón da morea de gran. E chegou ela ás caladiñas, descubriulle os pés e deitouse.

⁸E aconteceu arredor da media noite que o home arrefría; e, ó virarse, apercibiuse de que había unha muller deitada ós seus pés. ⁹E dixo el: —"¿Quen es ti?" Respondeulle ela: —"Son Rut, a túa serva: estende as túas ás sobre a túa serva, pois e-lo seu redentor". ¹⁰E el exclamou: —"¡Bendita sexas do Señor, miña filla!: este teu novo acto de piedade foi aínda mellor có primeiro, pois non fuches detrás dos mozos (xa fosen pobres ou ricos). ¹¹E agora, miña filla, non teñas medo: fareiche todo o que me digas, pois ben coñece toda a vecindade que es unha muller facendosa. ¹²Agora ben, é certo que eu son o teu redentor; pero tamén é verdade que hai un redentor máis achegado ca min. ¹³Ti deixa pasar esta noite, e pola mañá, se lle parece ben se-lo teu rescatador, que sexa; e, se non gusta de se-lo teu protector, vive Deus que o hei ser eu. Ti déitate ata a mañá".

¹⁴E estivo deitada ós seus pés ata a mañá. El ergueuse antes de que un puidese recoñecer a seu veciño, pois pensaba: "¡Que non se saiba que esta muller veu á eira!" ¹⁵E dixo:—"Achégame o manto que levas enriba, prémeo ben, e terma del". E mantívoo ela, el mediulle seis efáhs de cebada, e ergueullos, e foi para a vila.

¹⁶Chegou ela onda a sogra, quen lle preguntou:—"¿Como che foi, miña filla?" E contoulle todo o que aquel home fixera por ela. ¹⁷E engadiu: —"Deume eses seis efáhs de cebada, pois dixo: Non chegarás baldeira onda a túa sogra".

¹⁸E díxolle Noemí: —"Fica tranquila, miña filla, ata que coñezas como acaba o asunto, pois ese home non acougará se non o remata hoxe".

O trato ás portas da vila

4 ¹Boaz subiu á porta da vila e sentouse alí. Velaquí que pasaba o rescatador do que falara Boaz; e díxolle este: —"¡Oes, fulano! Fai favor, ven para acó e senta". E foi el, e sentou.

²E colleu Boaz a dez homes de entre os anciáns da vila e dixo: —"Sentade aquí". E sentaron.

³E díxolle ó redentor: —"Noemí, que volveu da chaira de Moab, puxo en venda a leira que era do seu irmán Elimélec. ⁴E eu resolvín: ¡teño que llo facer saber...! Daquela dígoche: mércaa, diante dos veciños e diante dos anciáns do meu pobo, se queres de verdade facer de redentor. E se non vas facer de rescatador, dimo, pois seica non hai antes ca ti outro responsable, e eu son o que te segue". E díxolle o outro: —"Redimo eu". ⁵E proseguiu Boaz: —"No día en que cómpre-la leira das mans de Noemí, conseguirás tamén a Rut, a moabita —muller do finado—, para facer rexurdi-lo nome do morto na súa herdanza". ⁶E dixo o rescatador: —"Non me

---

3, 4 Noemí procura facer atraente a Rut, para que consiga o casamento con Boaz. O modo de proceder non parece o máis axeitado; pero a preocupación por lle dar descendencia a seu fillo e a seu home, como tamén buscarlle á nora unha "colocación" que a faga feliz, móvena a actuar así. Rut, que aparece ó longo do libro como unha muller virtuosa, déitase ós pés de Boaz, despois de destapalo, á espreita de que o frío da noite o esperte e concerten o casamento.
3, 9 O "estende-las ás sobre un" indica "protección" (cf Dt 32, 11; Rut 2, 12; Sal 17, 8; 57, 2; 91, 4). Na sociedade hebrea daqueles tempos as mulleres dependían sempre de alguén, fose este seu pai, ou seu marido, ou mesmo algún dos irmáns. Neste caso Rut dille a Boaz que é o seu protector, o que ten que coidar dela, dando a entender que debe casar con ela (cf Ez 16, 8).
Algúns traductores poñen "estende sobre min o bordo do teu manto". O senso é o mesmo que "estende sobre min as túas ás", como é a mesma a expresión hebrea que intentan traducir.
3, 10 O primeiro acto de piedade fora o non arredarse da sogra. Este último consiste en escoller un home xa maduro, pensando en darlle descendencia a Mahlón e a Elimélec, mentres que, se elixise un mozo, este reivindicaría como propios os nenos que xerase.
3, 13 Ver **2, 20** nota.
3, 15 No tocante ó efah, ver Xuí **6,** 19 nota.
3, 18 Como nos dous cc. anteriores, o derradeiro v quere facer el enlace co que se vai dicir no c. seguinte.
4, 1 Ás portas da vila era onde se arranxaban tódolos negocios públicos.
4, 3 No mundo da Biblia, "irmán" é calquera parente (cf Xén **14,** 14.16; **24,** 27; Lev **10,** 4; **2 Sam 3,** 8), e mesmo un membro calquera da tribo (Núm **8,** 26; Dt **18,** 7).

é posible facer de protector sen dana-la miña herdanza: que pase a ti a prioridade e ti redimirás, pois a min non me é doado redimir". ⁷(E este era antes o costume en Israel, no tocante á institución do *redentor* e ás permutas, para testemuñar calquera feito: o home quitaba o seu zapato e dáballo ó veciño; e isto servía de norma en Israel).

⁸E dixo o responsable a Boaz: —"Cómpraa ti". E quitou o zapato.

⁹Daquela dirixiuse Boaz ós anciáns e a todo o pobo deste xeito: —"Vós sodes hoxe as testemuñas de que compro das mans de Noemí todo o que era de Elimélec, e todo o de Quilión e de Mahlón. ¹⁰E tamén adquiro para min como muller a Rut a moabita, a muller de Mahlón, para facer rexurdi-lo nome do finado na súa herdanza, e que así non desapareza de entre os seus irmáns nin das portas do seu lugar. Vós quedades hoxe de testemuñas". ¹¹E todo o pobo que estaba á porta, e mailos anciáns, dixeron: —"¡Testemuñas somos! ¡Que o Señor faga á muller que entre na túa casa semellante a Raquel e mais a Lea, que edificaron elas dúas a casa de Israel!

¡Cobra forza en Efratah;
acada renome en Belén!

¹²e, pola descendencia que o Señor che dea desa moza, sexa a túa casa como a casa de Peres, o que lle xerou Tamar a Xudá".

O nacemento do neno

¹³Colleu Boaz a Rut e foi a súa esposa; uniuse a ela, deulle a ela o Señor a preñez e pariu un fillo.

¹⁴E dicíanlle as mulleres a Noemí: —"¡Louvado sexa o Señor, que non deixou que che faltase hoxe un protector! ¡Que o seu nome sexa proclamado en Israel! ¹⁵El será para ti quen che volva o alento e será o sustento da túa vellez, pois pariuno a túa nora, que tanto te quere, e que é para ti mellor ca sete fillos".

¹⁶E colleu Noemí o neno, púxoo no colo, e fíxolle de neneira. ¹⁷As veciñas dábanse parabéns e dicían: —"Naceulle un neno a Noemí". E chamáronlle Obed. El foi o pai de Ixaí, pai de David.

Apéndice: Xenealoxía de David

¹⁸Estas son as xeracións de Peres:

Peres xerou a Hesrón; ¹⁹e Hesrón xerou a Ram, e Ram xerou a Aminadab; ²⁰e Aminadab xerou a Nahxón, e Nahxón xerou a Salmah; ²¹e Salmah xerou a Boaz, e Boaz xerou a Obed; ²²e Obed xerou a Ixaí, e Ixaí xerou a David.

4, 6 Vese que o home que tiña a prioridade era casado, e non lle parecía ben gastar uns cartos que deberían ser dos seus fillos, comprando unha leira que ía ser para quen nacese de Rut. E non só iso, senón que sería unha persoa máis á hora de face-las partillas. Dese xeito a situación do home resultaba comprometida.

4, 8 A versión grega dos LXX e maila Vetus Latina engaden "e deullo". Queren así completa-lo que lles parecía pouco explícito: o que cede o dereito dálle o zapato ó outro, como peñor. A normativa de Dt **25,** 5-10 é un pouco diferente, pois ó longo da historia se fixeron modificacións (cf nota a **1,** 11).

4, 12 Cf Xén **38,** 1-30.

4, 13 O neno pertence a Mahlón, por mor da lei do levirato (cf **4,** 5). Así chégase a dicir que é de Noemí, a nai de Mahlón (cf **4,** 17). Sen embargo o autor da xenealoxía considérao fillo de Boaz.

4, 17 No v 17a traducimos "dábanse parabéns", seguindo as versións latinas. O texto hebreo di "puxéronlle nome".

Co v 17 rematábase o Libro de Rut. Os vv 18-21, recollen a xenealoxía de 1 Cro **2,** 5-15.

4, 21 O texto hebreo di "Salmón" pero, como se trata da mesma persoa do v 20, poñemos "Salmah".

INTRODUCCIÓN ÓS LIBROS DE SAMUEL

O nome *dos libros débese á súa atribución, na tradición xudía, ó profeta Samuel. Esa tradición fúndase no texto de* 1 Cro **29,** 29s, *onde se di que os feitos de David foron escritos nos anais do vidente Samuel, do profeta Natán e do vidente Gad. O nome recolle, ademais, a parte que tivo Samuel na historia contada. Ben que a razón sexa obxectiva, non xustificaría ese nome, habendo na historia outros protagonistas de máis corpo. Lonxe de todo iso, os libros non son obra dunha man nin dunha época.*

A obra non se dividía, á primeira, en dous libros. A división, artificial, foi cousa dos traductores gregos dos Setenta, que lles chamaron ós dous libros primeiro e segundo dos Reinos (Os libros dos Reis son para eles terceiro e cuarto dos Reinos). A división pasou de aí a outras traduccións e, no século XV, entrou tamén no texto hebreo. O criterio da división sería a morte do protagonista, co que remata tamén o Dt e Xos.

O Contido *dos libros pódese denominar polos tres nomes —Samuel, Xaúl e David—, os tres seus grandes protagonistas. Eses nomes responden da orixe e da consolidación da monarquía israelita, nos séculos XI e X a.C. O tema vincúlase, cara atrás, co libro dos Xuíces ("Daquela non había rei en Israel...":* Xuí **17,** 6), *e cara adiante co dos Reis. O tema de Samuel entra no* 1 Re **1-2,** *onde remata a historia de David.*

Este contido estructúrase en conxuntos, *que suxiren a división de cada un dos dous libros en tres partes.*

O 1 Sam, na parte I **(1-7),** *empeza coa historia da infancia de Samuel* **(1-3),** *segue cos vaivéns da arca, levada á guerra filistea* **(4-6),** *e remata coa victoria de Samuel sobre os filisteos* **(7).** *Como xuiz de Israel, Samuel sinala o tránsito da xudicatura á monarquía.*

Na parte II **(8-15),** *trata das relacións de Samuel e Xaúl: a unción de Xaúl por rei* **(8-11),** *a despedida de Samuel* **(12),** *as sucesivas guerras de Xaúl* **(13-14)***a e a súa condena polo profeta* **(15).**

Na parte III **(16-31)** *fala de Xaúl e David, colocándose este no centro da historia. Interésalle a unción de David e a súa entrada no pazo de Xaúl* **(16),** *a loita con Goliat* **(17),** *as relacións de David con Xaúl e cos seus fillos Ionatán e Micol* **(18-20),** *a vida errante de David* **(21-27),** *a consulta de Xaúl á muller de Endor* **(28),** *a vida de David polo sur* **(29-30)** *e a morte de Xaúl e dos seus fillos en Guilboa* **(31).**

O 2 Sam, na parte I **(1-8),** *trata da subida de David ó trono de Xudá e de Israel, con estes varios momentos: elexía de David por Xaúl e Ionatán* **(1),** *unción como rei de Xudá* **(2-4)** *e como rei de Israel, despois de Ixbóxet* **(5),** *traída da arca a Xerusalén* **(6),** *profecía de Natán* **(7),** *guerras victoriosas e lista de funcionarios de David* **(8).**

Na parte II **(9-20)** *trata do reinado de David e da historia da sucesión, un amargo drama familiar e nacional. Concretamente refire o arranxo cos descendentes de Xaúl* **(9),** *a guerra cos amonitas e dentro dela a historia de David e Batxeba* **(10-12),** *a revolta de Abxalom e a fuxida de David* **(13-18),** *o retorno de David e o conflicto co reino do norte* **(19),** *que remata coa sedición de Xeba* **(20).**

Na parte III **(21-24)** *recolle este libro seis anexos: a vinganza dos gabaonitas* **(21,**1-14), *fazañas de David e dos seus heroes* **(21,** 15-22), *salmo real* **(22),** *derradeiras palabras de David* **(23,** 1-7), *heroes de David* **(23,** 9-39), *e, finalmente, o censo e a peste* **(24).**

A composición desta historia, de tan variado contido, está lonxe da dunha obra unitaria, feita toda seguida. Polo contrario, a obra é complexa e de longo nacer.

Nela chama a atención de seguida a diferencia de estilos e de valoracións, a diversidade de tendencias e de puntos de vista, as rupturas no texto, as contradiccións e, sobre todo, as repeticións. Particularmente no libro primeiro de Samuel hai moitos relatos duplicados e mesmo algúns triplicados.

Hai dous anuncios da desgracia do sacerdocio dos elidas (1 Sam **2,** 27-36; **3,** 11-14), *dúas versións da orixe da monarquía (por un lado* **9,** 1-10, 16; **11**; *e por outro* **8; 10,** 17-27; **12),** *tres veces a unción ou a coroación de Xaúl* **(10,** 1s; **11,** 15; **10,** 24); *Xaúl é por dúas veces rexeitado* **(13,** 10ss; **15,** 10ss); *hai dúas entradas de David na corte de Xaúl, unha coma rapaz que toca a harpa* **(16)** *e outra polo combate con Goliat* **(17);** *o pacto de David con Ionatán aparece por tres veces* **(18,** 3; **20,** 17; **23,** 18) *e hai dúas fuxidas de David* **(19,** 11s; **20,** 42); *David ten por dúas veces nas súas mans a Xaúl* **(24,** 5ss; **26,** 7ss) *e por dúas veces busca refuxio onda Aquix de Gat* **(21,** 11ss; **27,** 1ss); *Goliat, segundo unha versión, morreu pola man de David; segundo outra, pola de Elhanán* **(21,** 19).

INTRODUCCIÓN ÓS LIBROS DE SAMUEL

Os materiais *de que están feitos os libros son de carácter moi diverso. Hai entre eles relatos populares, documentos da corte real e, de vez en cando, poemas. Postos por orde de antigüidade e tamén en secuencia lóxica, o primeiro é o tema da arca, despois os recordos de Xaúl, logo a subida de David e, rematando o conxunto, a historia da sucesión.*

1. *A historia da infancia de Samuel ó comezo da obra* (**1-3**) *non ten, de feito, continuidade na historia da arca que lle segue; vincúlase con ela pola relación do neno Samuel co sacerdocio elida de Xiloh, onde estaba a arca. A infancia de Samuel é, seguramente, a parte máis recente de todo o conxunto.*

2. *O tema da arca* (**4-6**) *é un bo indicador da situación dese momento, caracterizado pola ameaza e polo perigo filisteo. Unha parte desa historia é predavídica (a caída da arca nas mans dos filisteos); pero na outra entra David (o retorno da arca e a súa traída a Xerusalén,* 2 Sam **6**).

3. *A historia de Xaúl compónse dun puño de anécdotas, referentes á súa unción e coroación, ás súas guerras victoriosas e á súa derrota final e morte na loita cos filisteos* (**9-10; 11; 13-14; 31**). *Correspóndese coa situación do perigo filisteo, reflectido na historia da arca.*

4. *A subida de David ó trono de Xudá e de Israel é outro tema en por si. Esténdese desde* 1 Sam **16** *ata* 2 Sam **5**, *amais de* 2 Sam **8**, 1-15. *A figura do futuro rei vaise ir pouco a pouco sobrepondo á de Xaúl. A imaxe de Xaúl aparece desfigurada do que foi, e mesmo ennegrecida, pola parcialidade da historiografía en favor de David.*

5. *No capítulo da profecía de Natán* (2 Sam **7**) *aparece, primeiro, o tema do templo; pero logo sobrepónselle o da elección de David, para acabar introducíndose o da lexitimación de Salomón.*

6. *A historia da sucesión* (2 Sam **9-20**; 1 Re **1-2**) *preséntase coma unha das páxinas mellores da historiografía bíblica. É un bo documento sobre as loitas dos fillos de David, Amnón, Abxalom, Adonías e Salomón, polo trono do pai.*

A formación *dos libros de Samuel partindo deses materiais segue sendo un tema difícil, por agora aínda lonxe de acadar un acordo. Pouco se pode dicir da historia dos libros, fóra do que xa se ten dito moitas veces. O acoplamento de material tan heteroxéneo e de tan variado contido fíxose a gusto e libremente. Pero ¿por quen? ¿En varios momentos, ou todo dunha vez?*

Quizais, pensan algúns, antes da obra deuteronomista houbo xa, ó final do século VIII, un libro de Samuel, que recollía nun conxunto moi solto ese diverso material, pero que xa o enfocaba desde o punto de vista dunha nación asegurada, coma a formada por David, e desde unha ben definida conciencia relixiosa.

O material que serviu de punto de partida pénsase que debeu se-la historia da sucesión, o complexo máis consistente no conxunto. A iso uniríaselle logo, coma complemento natural, o tema das relacións de David con Xaúl. Este, pola súa parte, traía detrás de si a historia da arca e a de Samuel. E por fin viñeron os outros complementos.

Os libros, na forma actual, forman parte da historia deuteronomista.

O valor histórico *de Samuel difire sensiblemente dunhas partes ás outras. Ben entendido que non ten nada que ver coas tradicións que desenvolven os temas do credo histórico. Agora a historia baséase en documentos e en recordos de feitos, mesmo se a lenda os modifica. As mellores páxinas son as que se refiren a David; as menos históricas as que se refiren a Samuel, que presenta nelas varias caras, como vidente, profeta e xuíz. Na historia da sucesión témo-lo informe verídico dos feitos e da impresión que causaron no seu tempo. A historia da subida de David, en particular no que se refire ás súas relacións con Xaúl, ten carácter máis popular e de lenda heroica. E iso vale tamén da historia de Xaúl, un personaxe cambaleante entre o carisma e a institución.*

A cronoloxía aproximada dos dous reis é a de 1030-1011 para Xaúl, e 1011-970 para David. O que queda ben reflectido como histórico, mesmo nos relatos populares, é a grave situación das tribos israelitas fronte a ameaza dos inimigos. Estaba pedindo a berros o paso á monarquía.

A dobre versión da orixe da monarquía, tanto a favorable coma a crítica, reflicte diversas correntes igualmente reais. O carácter sagrado da institución está ben reflectido, primeiro polo rol de Samuel unxindo os dous reis, e logo por outras mostras, como a dos miramentos de David con Xaúl. Pero do reinado mesmo de Xaúl e do de David, fóra dun puño de datos sobre campañas militares e unhas listas de funcionarios da administración, temos poucos informes.

O valor relixioso *está, de entrada, no retrato moral e relixioso que os libros de Samuel nos dan do momento histórico. A obra mesma parece por momentos unha historia profana. Pero discretamente expresa sempre a dimen-*

INTRODUCCIÓN ÓS LIBROS DE SAMUEL

sión transcendente dos feitos referidos. Concédelle o seu lugar á causalidade intrahistórica. Pero un toque aquí e outro alá poñen toda a historia en clave relixiosa. Toques deses pódense ver, como exemplo, en 1 Sam **14**, 45; **17**, 37; 2 Sam **5**, 10; **15**, 25s.

Os materiais que teñen carácter máis documental reflicten o punto de vista nacional e o pensamento da corte. Pero as partes proféticas son moito máis densa e explicitamente relixiosas. Na obra pódese atopar unha sorte de teoloxía básica das institucións máis importantes: a nación, a monarquía, o templo, o sacerdocio, o profetismo.

En particular está á vista o significado do rei na historia sagrada. A profecía de Natán ofrece as bases do mesianismo real. A sacralidade do rei noutros pobos antigos do Oriente non é a mesma cousa. A Biblia non pon o acento na natureza do rei, senón na súa elección e nas súas funcións. A filiación divina do rei está na liña do carisma, un don de Deus, consistente na doazón do seu espírito, significada pola unción. O rei é o unxido de Iavé.

O texto masorético *(TM)* difire moitas veces da traducción dos Setenta *(LXX)*. Esta debeu dispor dun mellor texto hebreo có que nós coñecemos. Os fragmentos dos libros de Samuel que se encontraron en Qumrân, están máis cerca dos LXX ca do TM e, por veces presentan mellor texto có das dúas ditas tradicións. Na presente traducción seguimos, con todo, por principio, o texto masorético, completado en casos extremos e aclarado coa axuda dos Setenta.

LIBRO PRIMEIRO DE SAMUEL

I. SAMUEL EN XILOH (1 Sam 1-6)
ELÍ E SAMUEL (1-3)

Un neno pedido e concedido

1 ¹Había un home de Ramataim, un sufita da montaña de Efraím, que se chamaba Elcanah, fillo de Ieroham, fillo de Elihú, fillo de Tohu, fillo de Suf, efrateo. ²Tiña dúas mulleres, unha chamada Ana e a outra Peninah. Peninah tivera fillos, mais Ana non tiña ningún.

³O home adoitaba subir, ano tras ano, desde a súa cidade, para adora-lo Señor dos exércitos e ofrecerlle un sacrificio en Xiloh, onde estaban de sacerdotes do Señor os dous fillos de Elí, Hofní e Pinhás.

⁴Chegado o momento da oferta do sacrificio, Elcanah dáballe a Peninah as correspondentes racións, para ela e para cada un dos seus fillos e das súas fillas; ⁵pero a Ana dáballe só unha ración, pois, por máis que a quería, o Señor fixéraa estéril.

⁶Peninah asañábase con Ana e facíaa padecer, porque o Señor a fixera estéril. ⁷E iso pasaba ano tras ano. Cada vez que subían ó santuario do Señor, Peninah asañábase con ela, e ela choraba e non comía.

⁸Unha vez preguntoulle Elcanah, o seu home: —"¿Por que choras, Ana, e non comes? ¿Por que estás aflixida? ¿Seica non vallo eu para ti máis ca dez fillos?" ⁹Pero Ana, despois de comeren e beberen, alí en Xiloh, ergueuse e, mentres o sacerdote Elí estaba sentado na cadeira, á entrada do santuario do Señor, ¹⁰ela, coa alma chea de tristura, rezáballe ó Señor, chorando a todo chorar.

¹¹Daquela fixo este voto: —"Señor dos exércitos, se te fixas no acoramento da túa serva e lle dás un filliño, eu cederillo ó Señor por tódolos días da súa vida, e a navalla non tocará na súa cabeza".

¹²Mentres ela abundaba nos seus rezos, diante do Señor, Elí observaba a súa boca. ¹³Como Ana falaba para si, movendo os beizos, pero sen que se oíse a súa voz, Elí pensou que estaba bébeda. ¹⁴E faloulle: —"¿Canto che vai dura-la borracheira? Bota fóra ese viño".

¹⁵Pero Ana respondeulle: —"Non é iso, señor. Eu son unha muller que está aflixida. Non bebín viño nin cervexa. Estábame desafogando dediante do Señor. ¹⁶Non tóme-la túa serva por unha desvergoñada. Se falaba con xeito, era pola moita dor e polas coitas".

¹⁷Entón díxolle Elí: —"Vaite en paz, e que o Deus de Israel che conceda o que lle pediches". ¹⁸E ela respondeulle: —"Que a túa serva poida contar coa túa aprobación". A muller marchou e comeu, e non parecía xa a mesma.

¹⁹Pola mañá erguéronse cedo e foron postrarse diante do Señor. Despois puxéronse de volta e chegaron a Ramah, á súa casa. Elcanah achegouse a Ana, súa muller, e o Señor acordouse dela. ²⁰Ana embarazou e logo pariu un fillo, a quen lle puxo o nome de Samuel, porque llo pedira ó Señor.

1-3 Historia da infancia de Samuel, coma as de Isaac e Sansón. Un neno pedido e concedido a unha muller estéril, na que se senten atendidos tódolos pobres de Iavé. Iso é o que celebra o canto de Ana. Consagrado ó Señor en Xiloh, Samuel pon en claro a decadencia do sacerdocio dos elidas. Pero o "pequeno levita" acaba aparecendo, máis ben, coma profeta. A infancia está reconstruída á luz do que significou Samuel para a súa posteridade.

1, 1 O nacemento de Samuel ponse no marco de dúas peregrinaxes ó santuario central de Xiloh. O pobo nese momento precisaba dun home de Deus, e tivo en Samuel. Ramataim, tamén Ramah (v 19), a Arimatea do N.T. A xenealoxía de Samuel ata a quinta xeración mostra a importancia que se lle recoñece á súa persoa.

1, 2 O drama da maternidade, factor da loita entre dúas mulleres, coma na historia de Abraham (Xén **16**) e na de Xacob (Xén **30**).

1, 3 O título *Señor dos exércitos* expresa o poder de Deus, dado a coñecer polos homes de Israel, e logo tamén polos astros e, finalmente, polos espíritos. Xiloh, no tempo dos Xuíces, santuario central, onde estaba a arca da alianza; destruído seguramente polos filisteos (1 Sam **4**; Xer 7, 12), tiña sacerdocio levítico, posto ó seu servicio por acordo das tribos. A peregrinaxe coincidía, ó parecer, coa festa anual das Tendas.

1, 6 A esterilidade, por un lado, e o poder de da-la vida, polo outro, son feitos onde se ve a acción de Deus, castigando ou bendicindo. É o tema central do capítulo. Samuel, unha vida de regalo, concedida á súplica.

1, 11 O voto de Ana é un elemento da loita polo fillo. Se Deus llo concede, ela cederallo ó Señor, como se facía cos primoxénitos; pero ela renunciará a rescatalo (Ex **13**, 11-16). Samuel é un "nazir", un consagrado, coma Sansón (Xuí **13**, 3-5; **16**, 17); sobre o nazireato, Núm **6**, 1-21.

1, 12 Ó move-los beizos en voz baixa, cando normalmente se rezaba en alto, Elí non se decata de que Ana está desafogándose diante do Señor.

1, 15s Fronte á palabra do sacerdote, Ana revela o que se move dentro do seu espírito.

1, 20 O nome de *Samuel* vén de Xem-el, que significa nome de Deus. No relato enténdese coma pedido ó Señor, cousa que correspondería ó nome de Xaúl. Pode ser que a explicación se corresa dun caso ó outro.

Á volta dun ano, ²¹o seu home Elcanah subiu con toda a familia ofrece-lo sacrificio anual e cumpri-la promesa. ²²Pero Ana non subiu, aclarándolle ó seu home: —"Deixa que destete o neno. Entón levareino, presentareillo ó Señor, e que quede alí para sempre". ²³O seu home Elcanah respondeulle: —"Fai como che pareza ben. Agarda, pois, a destetalo. E que o Señor apoie a túa promesa".

Ana quedou na súa casa, criando o seu fillo, ata que o destetou. ²⁴Chegado ese momento, Ana subiu con el a Xiloh, ó santuario do Señor, levando consigo un becerro de tres anos, unha fanega de fariña e un pelexo de viño.

²⁵Sacrificado o becerro, Ana presentoulle o neno a Elí, dicindo: ²⁶—"Co teu permiso, señor. Pola túa vida, eu son aquela muller que estivo aquí, diante de ti, rezándolle ó Señor. ²⁷Pedíalle este neno e o Señor concedeume o favor que lle pedía. ²⁸Agora son eu quen llo cedo ó Señor para mentres viva. Será un cedido ó Señor". Despois diso adoraron o Señor.

Canto de Ana

2 ¹Ana dixo daquela esta oración:
—"O meu corazón alégrase no Señor,
 érgome forte no meu Deus;
a miña boca rise dos meus inimigos,
 porque celebro a túa salvación.
²¡Non hai santo coma o Señor!
¡Non hai rocha coma o noso Deus!
³Non botedes discursos altivos,
 non saia arrogancia da vosa boca.
O Señor é un Deus ben sabedor,
 el é quen pesa as accións.
⁴Os arcos dos fortes sofren quebra,
 os febles énchense de valor;
⁵os fartos contrátanse polo pan,
 mentres que os famentos descansan;
a que antes era estéril,
 dá á luz sete veces;
a que antes se enchía de fillos,
 agora vese baldeira.
⁶O Señor dá a morte e a vida,
 afunde no abismo e saca de alí.
⁷O Señor enriquece e desposúe,
 humilla e tamén engrandece.
⁸El ergue da lama ó humilde
 e tira ó pobre da esterqueira,
 para o sentar entre os príncipes
 coma herdeiro dun trono de gloria;
 pois do Señor son os alicerces da terra
 e sobre eles asentou o universo.
⁹El garda os pasos dos seus amigos
 e afunde ós malvados nas tebras,
 que non é pola forza
 como o home se impón.
¹⁰O Señor desbarata a quen se lle opón,
 o Altísimo treboa desde o ceo.
O Señor xulga os confins da terra,
 enche de vigor ó seu rei,
 afirma no poder ó seu unxido".

¹¹Elcanah retornou para a súa casa de Ramah, e o neno quedou ó servicio do Señor, ás ordes do sacerdote Elí.

Samuel e os sacerdotes elidas

¹²Os fillos de Elí eran xente de pouco valer. Non respectaban o Señor ¹³nin a súa obriga de sacerdotes do seu pobo. Cando alguén ofrecía un sacrificio, mentres a carne se cocía, viña o criado do sacerdote, co garfo de tres dentes na súa man, ¹⁴espetábao no caldeiro, na cazola, no pote ou tarteira, e todo o que a forca sacaba, leváballo ó sacerdote. Iso era o que facían con tódolos israelitas que chegaban a Xiloh.

¹⁵Aínda co lardo sen queimar, viña o criado do sacerdote e dicíalle a quen ofrecía o sacrificio: —"Dáme a carne para o asado do sacerdote. El non che admitirá carne cocida, senón crúa". ¹⁶Se o home lle dicía: —"Hai que queimar primeiro o lardo; despois colle o que se che antolle"; el respondíalle: —"Non, dáma agora; se non, collereina pola forza". ¹⁷O pecado daqueles criados era grave ós ollos do Señor, porque a xente aborrecía as ofrendas do Señor.

¹⁸O pequeno Samuel, pola súa parte, estaba ó servicio do Señor, cinguido cunha faixa de liño. ¹⁹A súa nai facíalle tódolos anos

---

1, 22 O destete, xeralmente ós dous anos (en 2 Mac **7,** 27 fálase de tres), remataba cunha festa (Xén **21,** 8).
1, 24s A presentación do neno facíase cunha ofrenda.
1, 27s Cumprimento do voto do v 11.
2, 1-10 O canto de Ana reflicte o sentido teolóxico que reveste a figura de Samuel. O home é grande polo que Deus decide facer del. O canto é un salmo real, como se ve no v 10. Foi posto na boca de Ana polo tema da esterilidade (v 5). Canta ó Señor, que engrandece ós pequenos (Sof **2,** 3), coma o Magníficat de María (Lc **1,** 46-55).

2, 3 Sal **75,** 6.
2, 5 Sal **113,** 9.
2, 8 Sal **113,** 7.
2, 12-26 Retrato contrastante de Samuel e dos fillos de Elí: un crece, os outros minguan; un é para os seus pais bendición e os outros maldición; nun construése o pobo do Señor e nos outros destruése.
2, 18 *Faixá* traduce aquí o termo efod. Noutros casos o efod é o instrumento de consulta que manexaba o sacerdote (v 28).

unha túnica e levaballa, cando subía co seu home ofrece-lo sacrificio anual.

²⁰Elí bendicía a Elcanah e á súa muller, e agoiráballes: —"Que o Señor che conceda descendencia por esta túa muller, en pagas da que ela lle cedeu ó Señor". Despois voltaban para a súa casa. ²¹O Señor visitou a Ana, que concebiu e pariu tres fillos e dúas fillas. O neno Samuel, namentres, medraba na presencia do Señor.

²²Sendo Elí xa moi vello, oía o que facían os seus fillos coa xente de Israel e como se deitaban coas mulleres que prestaban servicio á entrada da Tenda do Encontro. ²³E dicíalles: —"¿Como é que facedes esas cousas? A xente toda fálame do voso mal comportamento. ²⁴Non, fillos; non está ben o que me contan, pois dese xeito afastáde-lo pobo do Señor. ²⁵Se un home ofende a outro home, Deus xulgará entre os dous; pero se ofende ó Señor, ¿quen avogará por el?" Mais eles non lle facían caso a seu pai, porque o Señor decidira que morresen. ²⁶Pola súa parte, o neno Samuel seguía medrando, querido polo Señor e polos homes.

Un profeta anuncia a fin do sacerdocio de Xiloh

²⁷Un home de Deus chegou onda Elí para anuncialle: —"Isto di o Señor: ¿Non me revelei eu á familia do teu pai, cando estaban aínda en Exipto, escravos do faraón? ²⁸¿Non o escollín a el, de tódalas tribos de Israel, para que fose o meu sacerdote, subise ó meu altar, queimase o meu incenso e levase o *efod* diante de min? Á familia de teu pai concedinlle unha parte nas oblacións dos israelitas.

²⁹¿Por que, logo, pisáde-lo sacrificio e a oblación que eu mandei facer na miña morada? ¿Por que apréza-los teus fillos máis ca min, deixándoos que se ceben co mellor das ofrendas do meu pobo Israel?

³⁰Por iso, isto di o Señor, Deus de Israel: Eu tíñalles dito á túa familia e á familia do teu pai que servirían no meu santuario para sempre; mais agora, palabra do Señor, que non será. Pois eu honro ós que me honran, pero os que me desprezan veranse desprezados.

³¹Está vindo o día no que eu tronzarei o teu brazo e o brazo da familia de teu pai: Ninguén na túa familia chegará á vellez. ³²Ti verás con envexa o ben que eu lle farei a Israel; pero na túa familia non haberá nunca un vello.

³³Non arrincarei tódolos teus de onda o meu altar, mentres non se ensuman os teus ollos e o teu espírito esmoreza; pero os máis da túa familia morrerán pola man dos homes. ³⁴Sírvache de sinal o que lles vai vir ós teus dous fillos, Hofní e Pinhás: morrerán os dous no mesmo día.

³⁵Eu escollerei un sacerdote fiel, que faga o que eu quero e desexo. Dareille unha familia duradeira e camiñará sempre en conformidade co meu unxido. ³⁶Os que sobrevivan da túa familia iranse postrar diante del, por unha moeda de prata e un anaco de pan, e pediranlle: emprégame en calquera función sacerdotal, para ter algo que comer".

Vocación de Samuel

3 ¹O neno Samuel estaba ó servicio do Señor, ás ordes de Elí. A palabra do Señor era escasa, daquela, e non abundaban as visións.

²Un día estaba Elí sentado no sitio de costume. Os seus ollos enfebleceran e non podía case ver. ³Non se apagara aínda a lámpada de Deus e Samuel xacía deitado no santuario do Señor, onde estaba a arca de Deus.

⁴O Señor chamou por Samuel e este respondeulle: —"Aquí estou". E, coa mesma, foi correndo onda Elí e díxolle: —"Aquí veño, pois chamáchesme". ⁵Elí díxolle: —"Eu non te cha-

---

2, 26 O crecemento de Samuel, aquí un pequeno levita, non vai rematar na sucesión dos corrompidos sacerdotes. Outros datos sobre a personalidade de Samuel farano ver de seguida na función de profeta e, máis tarde, de xuíz.
2, 27-36 Esta pasaxe debe ser un engadido posterior, quizais da escola deuteronomista. Fai saí-la dimensión teolóxica da historia polo anuncio dun profeta que, segundo 3, 1, non abundaban. A denuncia do sacerdocio está tamén na boca de Samuel (3, 11-14).
2, 27 *Home de Deus* é un título que se lles dá por veces ós profetas (9, 6s; 1 Re 12, 22; 13, 1s).
2, 28 As funcións do sacerdocio levítico consisten aquí no culto e na consulta, pola que o sacerdote dá respostas e ensina (Dt 33, 8-10).
2, 34 A morte dos fillos de Elí (4, 11) é o sinal do radical exterminio da familia, nos sacerdotes de Nob (22, 18s).
2, 35 A caída do sacerdocio elida non pon a Samuel no seu lugar. O sacerdote fiel será Sadoc, nomeado por David sacerdote de Xerusalén. El é o fundador do sacerdocio sadoquita. Sadoc acaba desaloxando de Xerusalén o derradeiro dos elidas, Abiatar, sobrevivente de Nob (22, 20; 1 Re 2, 27).
2, 36 Reflexo da dura situación do sacerdocio levítico, despois da reforma de Ioxías (2 Re 23).
3, 3 Vocación de Samuel como profeta. A palabra de Deus, rara daquela, comezará agora a abundar, ó atopa-lo seu portador. O mensaxeiro é chamado, coma Moisés (Ex 3, 4), pola mesma palabra que desde agora guía a Israel desde o centro sagrado de Xiloh, un lugar de teofanía. Unha lámpada ardía toda a noite no santuario do Señor (Ex 27, 20s; Lev 24, 2s).
3, 4 A chamada de Deus confírelle a Samuel unha misión máis alá da que lle asinara a nai que o cedera, e o sacerdote que lle daba ordes.

mei. Volve deitarte". E Samuel foise deitar.

⁶O Señor chamou de segundas por Samuel. Samuel ergueuse e foi onda Elí, dicindo: —"Aquí estou, pois chamáchesme". —"Eu non te chamei, meu fillo", dixo el. —"Volve deitarte". ⁷Samuel non coñecía aínda o Señor, pois a palabra do Señor non se lle revelara aínda.

⁸O Señor chamou por terceira vez a Samuel, quen se ergueu e foi axiña onda Elí: —"Aquí estou, pois chamáchesme". Entón decatouse Elí de que era o Señor quen chamaba ó rapaz. ⁹Elí díxolle a Samuel: —"Vaite deitar, e se te chama, dirás: Fala, Señor, que o teu servo escoita". Samuel marchou e deitouse no seu sitio.

¹⁰O Señor presentouse, chamando, coma as outras veces: —"¡Samuel, Samuel!" E Samuel dixo: —"Fala: o teu servo escóitate". ¹¹E o Señor díxolle a Samuel: —"Mira, estou por facer en Israel unha cousa, que abouxará os oídos dos que a oian. ¹²Ese día cumprirei en Elí, do comezo á fin, o que lle teño dito en contra da súa familia. ¹³Anuncieille que condenaba a súa familia para sempre,

polo pecado de que, sabendo que os seus fillos maldicían a Deus, el non lles rifaba. ¹⁴Por iso lle teño xurado á familia de Elí que o seu pecado non se expiará endexamais, nin con sacrificios nin con ofrendas".

¹⁵Samuel seguiu deitado ata a mañá, cando tiña que abri-las portas da casa do Señor. Samuel tiña medo de contarlle a Elí a súa visión. ¹⁶Pero Elí chamou por el: —"Samuel, meu fillo". E el respondeulle: —"Aquí estou". ¹⁷E el preguntoulle: —"¿Que foi o que che dixo? Non mo ocultes. Que Deus te castigue, se me encobres algunha cousa de todo o que che dixo". ¹⁸Samuel contoulle todo, sen ocultarlle cousa ningunha. Elí dixo entón: —"É o Señor. Que el faga o que lle pareza".

¹⁹Samuel ía crecendo; o Señor estaba con el e non deixou sen cumprimento ningunha palabra súa. ²⁰Desde Dan a Beerxeba, todo Israel sabía que Samuel era un verdadeiro profeta do Señor.

²¹O Señor seguiu revelándose en Xiloh, pois era alí onde se revelaba pola súa palabra a Samuel.

A ARCA A OS SEUS VAIVÉNS (4-6)

Victoria dos filisteos

4 ¹A palabra de Samuel chegaba a todo Israel. Os israelitas saíron á guerra en contra dos filisteos. Acamparon en Eben-ha-Ézer e os filisteos en Afec.

²Os filisteos puxéronse en orde de combate cara ós israelitas. Desatada a batalla, os israelitas sufriron unha grave desfeita, diante dos filisteos, que lles mataron no campo, dentro das súas ringleiras, case catro mil homes.

³Cando a tropa volveu ó campamento, os anciáns de Israel preguntábanse: —"¿Por que nos deixou hoxe o Señor sufrir esta desfeita ante os filisteos? Levemos connosco de Xiloh a arca da alianza do Señor. Se vén El

connosco, libraranos da man dos nosos inimigos". ⁴Mandaron, pois, xente a Xiloh, para que trouxesen de alí a arca da alianza do Señor dos exércitos, que ten o trono enriba dos querubíns. Coa arca da alianza de Deus ían os dous fillos de Elí, Hofní e Pinhás.

⁵Cando a arca da alianza do Señor chegou ó campamento, Israel botou un berro de guerra tan grande que a terra tremeu. ⁶Os filisteos que o oíron, perguntaban: —"¿Que é ese gran berro de guerra, no campamento dos hebreos?" Souberon que chegara ó campamento a arca do Señor ⁷e, mortos de medo, dicían: —"¡Entraron os deuses no campamento! ¡Pobres de nós! Cousa coma ela aínda non acontecera. ⁸¡Pobres de nós!

3, 11-14 Duplicado da denuncia de **2,** 27-36, á que parece referirse o v 12.
3, 19-21 Samuel confirmado profeta pola chamada de Deus e o recoñecemento dos homes. Deus é quen dá forza á palabra xeradora da historia que se segue contando. Xiloh, lugar da palabra, pola presencia alí de Samuel.
4-6 Historia ben construída da arca, dos seus movementos e das consecuencias da súa presencia por onde anda. A historia segue en 2 Sam **6** e **24**, co que se deixa ve-la súa importancia no proxecto dos libros de Samuel.
4 O tema da arca e da súa presencia na guerra filistea é independente da historia de Samuel. Vencéllanse polos elidas e por Xiloh, onde estaban Samuel e maila arca, e

tamén pola palabra do Señor que, desde alí, traballa na historia. A historia da arca prepara o terreo para o advenimento da monarquía. A caída da arca na man dos inimigos vai seguida do cumprimento da ameaza contra os elidas, e leva a arma secreta de Israel ó seo do pobo filisteo. Hai aquí cousas que recordan a historia de Sansón.
4, 1 O lugar é o norte do territorio filisteo, cerca das fontes do Iarcón.
4, 3-11 A arca supuña a Deus presente na batalla. Pero Deus escóndese e non dá sinal da súa presencia, quizais en resposta ós denunciados pecados dos elidas.
4, 5 Cf Núm **10,** 5; 2 Sam **6,** 15.

¿Quen nos librará agora da man de deuses tan podentes? Eles son os que feriron ós exipcios con tantas pragas e pestes. ⁹¡Coraxe, filisteos! Sede homes, para non convertervos en escravos dos hebreos, como eles o foron nosos. ¡Sede homes e loitade!"

¹⁰Os filisteos botáronse ó combate e venceron ós israelitas, que fuxiron, cada un para á súa tenda. Foi unha grave desfeita. Da infantería de Israel caeron trinta mil homes. ¹¹A arca de Deus foi capturada e morreron os dous fillos de Elí, Hofní e Pinhás.

¹²Un home benxaminita saíu correndo do campo da batalla e chegou no día a Xiloh, coas vestes rachadas e a cabeza cuberta de po. ¹³Entrou onda Elí e atopouno sentado na cadeira, onda a porta, enxergando a carreira, pois tremíalle o corazón pola arca de Deus.

O home entrara coa súa noticia na cidade e a xente toda berraba. ¹⁴Cando Elí oíu aqueles berros, preguntou: —"¿Que barullo é ese?" Ó tempo, o home entraba correndo onda Elí para darlle a noticia. ¹⁵Elí cumprira noventa e oito anos; tiña os ollos ríxidos e xa non podía ver.

¹⁶O home díxolle: —"Eu son o que chegou hoxe do campo da batalla". E el preguntoulle: —"¿Que pasou, meu fillo?" ¹⁷O mensaxeiro respondeulle: —"Os israelitas fuxiron diante dos filisteos e o exército sufriu a meirande desfeita. Morreron os teus dous fillos, Hofní e Pinhás, e a arca de Deus foi capturada".

¹⁸En mentando o home a arca de Deus, Elí caeu da cadeira cara atrás, ó pé da porta, descrocouse e morreu. Era vello e estaba torpe. Fora xuíz de Israel corenta anos.

¹⁹A súa nora, a muller de Pinhás, estaba embarazada, preto da hora de parir. En oíndo a noticia de que a arca de Deus fora capturada e de que morreran o seu sogro e o seu home, sentiu as dores do parto, engruñouse e pariu.

²⁰Estando á morte, as mulleres que a asistían, dicíanlle: —"Non teñas medo. Pariches un fillo". Pero ela non respondeu, nin tan sequera se decatou. ²¹Ó neno puxéronlle o nome de Icabod, querendo dicir: —"Foi desterrada a gloria de Israel, pola captura da arca de Deus e pola morte do sogro e do home". ²²E repetían: —"Foi desterrada a gloria de Israel ó capturaren a arca de Deus".

A arca en terra inimiga

5 ¹Os filisteos capturaron a arca de Deus e levárona de Eben-ha-Ézer a Axdod. ²Alí colléronа, introducírona no santuario de Dagón e puxérona ó seu lado. ³Ó outro día, ó erguérense as xentes de Axdod, atoparon a Dagón de fuciños no chan diante da arca do Señor. Eles colléronо e volvérono ó seu sitio. ⁴Ó seguinte día erguéronse cedo e atoparon a Dagón outra vez de fuciños no chan diante da arca do Señor. A cabeza e as mans de Dagón xacían tronzadas onda o limiar e quedáballe só o tronco. ⁵Por iso aínda agora os sacerdotes de Dagón e calquera que entre no seu santuario, non pisan no seu limiar.

⁶A man do Señor pesou moi dura sobre as xentes de Axdod. Estarreceu con furunchos á cidade e ós seus términos. ⁷Á vista do que pasaba, as xentes de Axdod decidiron: —"Que non quede onda nós a arca do Deus de Israel, pois a súa man endureceuse contra nós e contra Dagón, o noso deus". ⁸Entón convocaron a tódolos seus príncipes e consultáronlles: —"¿Que habemos facer coa arca de Deus de Israel?" E eles responderon: —"Que a leven a Gat". E trasladárona alí.

⁹Pero, en canto chegou alí a arca, a man do Señor pesou sobre a cidade. Houbo un gran estremecemento, pois o Señor feriu cunha praga de furunchos a toda a poboación, ós pequenos e ós grandes. ¹⁰Entón mandaron a arca de Deus cara a Ecrón. En canto a arca chegou alí, os ecronitas queixábanse dicindo: —"Trouxeron onda nós a arca do Deus de Israel. Será a nosa morte e a das nosas familias".

¹¹Entón convocaron de segundas a tódolos seus príncipes e dixéronlles: —"Levade a arca do Deus de Israel, que volva ó seu sitio, non nos mate a nós e á nosa xente". Había un medo de morte na cidade, pois pesara alí moi dura a man de Deus. ¹²A xente que non

---

4, 18 Elí aparece aquí coma xuíz, coma un dos pequenos xuíces.
4, 21 *Icabod* quere dicir "¿onde está a gloria?", referíndose ás circunstancias da perda da arca.
5, 1 A arca, aparentemente vencida, e Deus con ela, vai gañar agora a victoria na terra inimiga e dentro do santuario do deus filisteo. Esta é a resposta ó nome de Icabod, "¿onde está a gloria?" Neste momento a loita é máis relixiosa ca militar.
5, 2 *Dagón* é un deus semita da fertilidade, do gran (*dagán*), adoptado polos filisteos.
5, 5 O salto sobre o limiar, por respecto ou por medo ós espíritos que o gardan, é costume ben coñecido.
5, 6-12 *A praga dos furunchos*, ó parecer peste bubónica, esténdese polas cidades filistas, coincidindo coa presencia da arca, levada por eles mesmos. É a hora do triunfo da arca, a manifestación da gloria de Deus.

morría, era ferida de furunchos. O brado da cidade subía cara ó ceo.

Retorno da arca a Israel

6 ¹A arca do Señor estivo sete meses na terra dos filisteos. ²Os filisteos convocaron entón os seus sacerdotes e adiviños, para consultarlles: —"¿Que habemos facer coa arca de Iavé? Díciden-la maneira de volvela ó seu sitio". ³Eles respondéronlles: —"Se queredes devolve-la arca do Deus de Israel, non a volvades de baleiro; pagádelle unha ofrenda expiatoria. Entón sandaredes e veredes por que a man do Señor non deixou de mancarvos".
⁴Os filisteos preguntaron: —"¿Que ofrenda expiatoria lle podemos pagar?" Eles responderon: —"Cinco furunchos de ouro e cinco ratos de ouro, conforme o número dos príncipes dos filisteos, xa que a mesma praga vos aflixiu a vós e ós vosos príncipes. ⁵Facede imaxes dos furunchos e dos ratos que estragaron o país, e rendédelle homenaxe ó Deus de Israel. Quizais entón alixeire a súa man sobre vós e sobre os vosos deuses e a vosa terra. ⁶¿Para que mostrarvos teimudos, como fixeron os exipcios e o seu faraón, que soamente deixaron saír a Israel despois que o Señor os castigou?
⁷Agora facede un carro novo, collede dúas vacas que estean criando e que non foran nunca xunguidas e poñédeas ó carro, deixando os seus becerriños pechados no cortello. ⁸Despois colocades no carro a arca do Señor e, á carón dela, unha caixa cos obxectos de ouro que lle dades como ofrenda expiatoria, e botádelo, que se vaia. ⁹Fixádevos ben: se colle o camiño do seu país, subindo cara a Betxémex, entón é que foi ese Deus quen vos causou tantas desgracias; daquela saberemos que non foi a súa man a que nos feriu, senón un casual".
¹⁰E fixérono así. Colleron dúas vacas de cría e puxéronas ó carro, deixando os seus becerriños pechados no cortello. ¹¹Colocaron no carro a arca do Señor e a caixa cos ratos de ouro e coas imaxes dos furunchos. ¹²As vacas foron dereitas polo camiño de Betxémex, bruando namentres andaban o camiño, sen arredarse nin á dereita nin á esquerda. Os príncipes dos filisteos seguíanas detrás, ata os confíns de Betxémex.
¹³A xente de Betxémex estaba na chaira, na seitura. Cando ergueron os ollos e viron a arca, aledáronse moito. ¹⁴O carro entrou no eido de Xosué de Betxémex e alí parou ó lado dunha gran pedra. Os veciños fixeron estelas da madeira do carro e ofreceron as vacas en sacrificio ó Señor.
¹⁵Os levitas baixaron a arca do Señor e a caixa que contiña as imaxes de ouro e puxérono todo enriba da gran pedra. E as xentes de Betxémex ofreceron aquel día holocaustos e sacrificios ó Señor. ¹⁶Os cinco príncipes filisteos estivéronos observando e, naquel mesmo día, voltaron para Ecrón.
¹⁷Os furunchos de ouro que os filisteos pagaron como ofrenda expiatoria ó Señor, era un por Axdod, un por Gaza, un por Axquelón, un por Gat e un por Ecrón. ¹⁸Tocante ós ratos de ouro, estes correspondían a tódalas cidades dos cinco príncipes filisteos, o mesmo prazas muradas como aldeas desgornecidas. A gran pedra na que puxeron a arca do Señor, pódese ver aínda hoxe no eido de Xosué de Betxémex.
¹⁹Os fillos de Ieconías non se aledaron coa demais xente de Betxémex, cando viron a arca do Señor, e o Señor castigou a setenta persoas da familia. O pobo fixo dó por aquela gran mortandade coa que os ferira o Señor. ²⁰Os de Betxémex preguntábanse: —"¿Quen poderá aturar ante o Señor, ese Deus santo? ¿Onda quen subirá, lonxe de nós?" ²¹E mandaron mensaxeiros a Quiriat Iearim con este recado: —"Os filisteos devolveron a arca do Señor. Baixade e levádea convosco".

---

6 A arca segue no centro da atención, chegando ó cume do seu camiño, que será Xerusalén. Conseguida a victoria sobre os filisteos desde dentro, é a hora do triunfo e da gloria. Desde a terra dos inimigos volve agora ó seu pobo. Os filisteos foron coma os exipcios, que só deixaron saír ós israelitas despois de sufriren as pragas (v 6). Na ofrenda, os filisteos recoñecen que pecaron e dan gloria ó Deus de Israel.
6, 7-9 O retorno da arca serve tamén de proba de que todo o que pasou foi por obra de Deus.
6, 13-16 *Betxémex*, poboación no límite do territorio de Israel. A arca é alí recibida con culto sacrificial.
6, 19 Texto mal conservado. Á arca cómpre gardarlle respecto, tamén en Israel.

II. SAMUEL E XAÚL (1 Sam 7-15)

O xuíz Samuel vence ós filisteos

7 ¹Os de Quiriat Iearim foron recolle-la arca do Señor, levárona á casa de Abinadab, que estaba no outeiro, e consagraron ó seu fillo Elazar para gardala. ²Desde o día en que a arca do Señor se instalara en Quiriat Iearim pasara moito tempo —había diso vinte anos—, e tódolos israelitas estrañaban a arca do Señor.
³Entón falou Samuel deste xeito a todo Israel: —"Se vos convertedes ó Señor de todo corazón, desbotando de onda vós deuses alleos e Axtartés, se afincades no Señor o voso corazón, e se o servides só a el, o Señor libraravos da man dos filisteos".
⁴Os israelitas desbotaron os Baales e as Axtartés e propuxeron servir só ó Señor. ⁵Samuel mandoulles entón: —"Reunide en Mispah a todo Israel e pregareille ó Señor por vós". ⁶Reunidos en Mispah, os israelitas sacaron auga e verquérona diante do Señor. Aquel día xexuaron e alí mesmo confesaron: —"Pecamos contra o Señor". En Mispah xulgou Samuel a Israel.
⁷Cando souberon que os israelitas se xuntaran en Mispah, os príncipes dos filisteos subiron contra Israel. Oírono os israelitas e colléronlles medo ós filisteos. ⁸E dixéronlle a Samuel: —"Roga, sen descanso, por nós ó Señor, noso Deus; que nos libre el da man dos filisteos".
⁹Samuel colleu un año de leite e ofreceullo en holocausto ó Señor. Pregou ó Señor por Israel e o Señor escoitouno. ¹⁰Ó tempo que Samuel ofrecía o sacrificio, os filisteos acercábanse para atacar a Israel. Pero o Señor mandou aquel día unha treboada que desbaratou ós filisteos. Despois estes foron vencidos polos israelitas. ¹¹Estes saíron de Mispah, perseguindo ós filisteos e batendo neles ata por baixo de Betcar. ¹²Samuel colleu unha pedra e chantouna entre Mispah e Xen, e chamoulle Eben-ha-Ézer, querendo dicir: —"Ata aquí axudounos o Señor".
¹³Os filisteos quedaron humillados e non volveron invadi-los lindeiros de Israel. A man do Señor pesou sobre eles toda a vida de Samuel. ¹⁴As cidades que os filisteos colleran a Israel, tiveron que devolverllas. Israel recuperou dos filisteos desde Ecrón ata Gat e os seus confíns. Entre Israel e os cananeos houbo paz.
¹⁵Samuel foi xuíz de Israel por toda a súa vida. ¹⁶Tódolos anos facía un percorrido por Betel, Guilgal e Mispah, e administraba xustiza entre os israelitas en todos eses lugares. ¹⁷Despois voltaba para Ramah, onde tiña a súa casa. Desde alí gobernaba a Israel e alí tíñalle edificado un altar ó Señor.

Israel pide un rei

8 ¹Cando Samuel se fixo vello, puxo a seus fillos por xuíces de Israel. ²O primoxénito chamábase Xoel e o segundo Abías. Exercían coma xuíces en Beerxeba. ³Pero os fillos non seguiron o camiño de Samuel, senón que se deixaron levar pola cobiza, aceptando regalos e torcendo o dereito.
⁴Daquela xuntáronse os vellos de Israel, foron a Ramah onda Samuel ⁵e dixéronlle: —"Velaí que ti estás vello e os teus fillos non van polo teu camiño. Dános, logo, un rei que nos goberne, coma o que teñen as outras nacións".
⁶A Samuel pareceulle mal esa proposta:

---

7 Comeza unha nova sección sobre a orixe da monarquía. Nela volve Samuel, pero agora noutra figura, a de xuíz. En Samuel confróntanse a monarquía que vai vir coa xudicatura que acaba. Samuel xulga a Israel como un dos pequenos xuíces, e salva ó pobo, contendo ós filisteos, non polas armas, senón pola oración. En Samuel quérese mostra-la obra de Deus polos xuíces, contrapondo ese feito coa demanda dun rei.
7, 1 O verso remata o tema da volta da arca á unha das cidades de Israel. Quiriat Iearim era unha das cidades dos gabaonitas, cos que Israel tiña un pacto (Xos **9**).
7, 3-6 Samuel aparece aquí chamando ós israelitas que estrañaban o símbolo de Deus, a un acto de penitencia e conversión, de color deuteronomista. Mispah, un santuario israelita, ó norte de Xerusalén.
7, 7-12 Samuel contén ós filisteos, non loitando, senón rezando. Eben-ha-Ézer, pedra da axuda, contraposto ó lugar da desfeita, que tamén se chamaba así (**4**, 1). Victoria de guerra santa, o mesmo cás dos xuíces. De feito foron Xaúl e David os que contiveron ós filisteos. A imaxe que dá o relato é máis teolóxica ca histórica.
7, 13s Xeneralización sobre unha época.
7, 15-17 O que se quere dicir é que por Samuel o goberno de Deus chegou a todo Israel.
8 A orixe da monarquía, preparada no c. **7** cunha exaltación da xudicatura, segue presentándose agora en ton crítico. Este comezo ten continuidade en **10**, 17-24 e en **12**. A iniciativa do feito vén do pobo, cousa que o historiador, co profeta ó seu lado, entende coma rexeitamento da guía carismática e, en definitiva, de Deus, que é o rei de Israel (Xuí **8**, 23). Mentres o pobo ve no rei un seguro porvir, as razóns contrarias de Samuel din: pedir un rei é ingratitude co Deus que o salvou, e un grave desacerto, polas servidumes que traerá consigo a institución. Esa crítica imaxe volverase atopar en Oseas e nos escritos deuteronomistas.
8, 1-3 Os fillos de Samuel representan unha xudicatura decadente, que está pedindo outra cousa, coma antes os fillos de Elí co sacerdocio. No posto de guías carismáticos había administradores corrompidos.
8, 5 *Gobernar* indica o que se está pasando da xudicatura á monarquía.
8, 6-9 A iniciativa do pobo é lida aquí coma rexeitamento do goberno de Deus, pola mediación dos homes carismáticos. Samuel, profeta, é quen o sente e o acusa, como noutrora Moisés. Deus mantén a soberanía concedendo o que o pobo pide.

Dános un rei que nos goberne, e invocou ó Señor. ⁷O Señor respondeulle: —"Atende ó pobo en todo o que che piden. Non te rexeitan a ti, senón a min, para que non reine sobre deles. ⁸É o que fixeron sempre comigo, desde o día en que os saquei de Exipto ata hoxe: arredarse de min, para servir a outros deuses; iso é o que fan contigo. ⁹Agora aténdeos no que piden, pero advirteos e dilles cal será o foro do rei que reinará sobre eles".

¹⁰Samuel referiu ó pobo que pedía un rei o que lle dixera o Señor. ¹¹Díxolle: —"Este é o foro do rei que reinará sobre vós: collerá os vosos fillos, para servicio dos seus carros e da súa cabalería e para que corran diante da súa carroza. ¹²Poraos de xefes de milleiro e de xefes de cincuentena; faralles ara-las súas leiras e sega-lo seu trigo, fabricar armas para a guerra e trebellos para os carros. ¹³As vosas fillas levaraas para perfumistas, cociñeiras e panadeiras.

¹⁴Quitarávo-lo mellor dos vosos eidos, das vosas viñas e oliveiras, para dárllelo ós seus servidores. ¹⁵Esixirávo-lo dezmo do voso gran e das vosas vendimas, para dárllelo ós seus ministros e ós seus funcionarios. ¹⁶Botará man dos vosos criados e criadas, dos vosos bois e dos vosos burros, para que fagan para el o seu traballo. ¹⁷Decimará os vosos rabaños, e vós seréde-los seus escravos. ¹⁸Entón berraredes en contra do rei que escollestes, pero o Señor non responderá".

¹⁹O pobo non lle fixo caso a Samuel e insistiu: —"Non. ¡Nós queremos un rei! ²⁰Seremos coma as outras nacións. Teremos un rei que nos goberne e que saia á fronte de nós nas nosas guerras".

²¹Samuel escoitou o que o pobo pedía e referiullo ó Señor. ²²O Señor díxolle a Samuel: —"Atende a súa demanda e noméalles un rei". Entón ordenoulles Samuel ós israelitas: —"Ídevos cada un para o voso lugar".

XAÚL UNXIDO REI (9-10)

Encontro de Xaúl con Samuel

9 ¹Había un home de Benxamín que se chamaba Quix, fillo de Abiel, fillo de Seror, fillo de Becorat, fillo de Afíah, un benxaminita de boa posición. ²Tiña un fillo chamado Xaúl, un mozo garrido e lanzal, coma non había outro en Israel. Sobresaía entre todos dos ombreiros para arriba.

³Ó seu pai Quix extraviáranselle unhas burras e díxolle ó seu fillo Xaúl: —"Leva contigo un criado e vai na pescuda das burras". ⁴Atravesaron a montaña de Efraím e a bisbarra de Xalixah, pero non as atoparon. Cruzaron por Xalim, e non estaban. Atravesaron despois Benxamín, e tampouco estaban alí.

⁵Chegados á terra de Suf, Xaúl díxolle ó criado que ía con el: —"Imos da-la volta, non sexa que meu pai, deixando a cousa das burras, estea inquedo por nós". ⁶O criado respondeulle: —"Xustamente nesta cidade hai un home de Deus de moito creto. Todo o que anuncia acontece. Vamos alí onda el. Ó mellor dános razón do que estamos buscando".

⁷Xaúl reparou: —"Mais, de ir, ¿que lle daremos a ese home? Non nos queda pan nas alforxas e non temos ningún agasallo que ofrecerlle o home de Deus. ¿Que nos queda?" ⁸O criado respondeulle: —"Aquí gardo aínda un cuarto de siclo de prata. Darémoslo ó home de Deus e el mostraráno-lo camiño". ⁹Antes en Israel, cando alguén ía consultar algo con Deus, tiña o costume de dicir: —"Vaiamos onda o vidente", porque ó profeta de agora chamábaselle antes vidente. ¹⁰Entón Xaúl asentiu: —"Está ben o que dis. Vamos alá". E entraron na cidade, onde estaba o home de Deus.

¹¹Cando subían a costa da cidade, encontráronse cunhas rapazas que saían a coller auga, e preguntáronlles: —"¿Está aquí o vidente?" ¹²—"Está", respondéronlles elas. "Aí

8, 10-18 *O foro do rei* recolle experiencias negativas do reinado de Salomón. Con el advirte Samuel ó pobo das servidumes da monarquía, para facerlle recoñece-lo erro de pedila.

9 Nestoutra versión da orixe da monarquía todo é positivo, favorable á institución. Segue en **10,** 1-16 e en **11**. O rei é querido por Samuel, que agora non aparece coma xuíz, senón coma profeta; é querido tamén por Deus. A cousa acontece entre Xaúl e Samuel, que leva a término o que Deus quere. Cando viu a victoria que Deus lle dera por el, o pobo recoñeceuno coma o seu rei.

9, 1ss Relato popular, que pinta con inxenuidade e simpatía as persoas e os acontecementos.

9, 6ss Samuel, un home de Deus, é un vidente, a quen se lle pode preguntar sobre cousas perdidas, facéndolle un agasallo (Núm **22,** 7; 1 Re **14,** 3).

9, 9 A glosa quere explicar quen era o vidente: era un deses que máis tarde se chamaron profetas. Entre as notas que concorren no profeta está a clarividencia: ver desde a perspectiva de Deus.

9, 12 Samuel, o home de autoridade, preside no outeiro o sacrificio de comuñón. Os outeiros eran os lugares preferidos, xa polos cananeos, para instalar un santuario. Máis tarde foron obxecto da denuncia profética, porque polo seu culto entrou en Israel a idolatría.

vai, diante de vós. Dádevos présa. Hoxe veu á cidade, porque o pobo celebra hoxe un sacrificio no outeiro. ¹³En canto entredes na cidade, atoparédelo. Despois subirá ó outeiro para xantar. A xente non xantará mentres non chegue, pois é el quen bendicirá o sacrificio que despois comerán os convidados. Agora subide, que deseguida o encontraredes". ¹⁴Subiron eles á cidade e, ó entraren nela, atopáronse con Samuel, que pasaba diante deles para subir ó outeiro.

¹⁵A véspera da chegada de Xaúl, o Señor fixéralle a Samuel esta revelación: ¹⁶—"Mañá destas horas mandareiche un home do país de Benxamín, para que o unxas por xefe do meu pobo Israel. El librará este meu pobo da man dos filisteos, pois fixeime na mágoa do meu pobo, os seus berros chegaron onda min". ¹⁷Cando Samuel viu a Xaúl, o Señor indicoulle: —"Ese é o home que che dixen, o que gobernará ó meu pobo".

¹⁸Xaúl achegouse a Samuel, preto da porta da cidade, e preguntoulle: —"Dime, se fa-lo favor, onde é a casa do vidente". ¹⁹Samuel respondeulle: —"O vidente son eu. Sube ó outeiro canda min. Hoxe xantaredes comigo e mañá cedo despediréite e direiche o que hai no teu corazón.

²⁰Tocante ás burras que se che perderon hai agora tres días, non te inquedes por elas; xa apareceron. Amais, ¿a quen pertence o máis preciado de Israel, senón a ti e á túa familia?" ²¹A iso dixo Xaúl: —"¿Non son eu un benxaminita, da máis pequena das tribos de Israel, e o meu clan dos máis insignificantes dos clans de Benxamín? ¿Por que, logo, me falas así?"

²²Entón conduciu Samuel ó comedor a Xaúl e ó seu criado e sentounos á cabeceira de tódolos convidados, unhas trinta persoas. ²³E díxolle ó cociñeiro: —"Trae a ración que che entreguei e que che mandei que gardases á parte". ²⁴O cociñeiro trouxo un pernil enteiro e serviullo a Xaúl. E Samuel díxolle: —"Estaba gardado para ti. Come, pois reservárase para esta ocasión, para que comas cos convidados". E Xaúl xantou aquel día con Samuel.

²⁵Despois baixaron do outeiro á cidade, e Samuel estivo de conversa con Xaúl no seu terrado. ²⁶Xaúl durmiu alí. Ó amencer, Samuel foino chamar: —"Érguete, que quero despedirte". Xaúl ergueuse, e saíron os dous xuntos para fóra. ²⁷Cando saían da cidade, Samuel díxolle a Xaúl: —"Dille ó criado que vaia dediante, e ti agarda unha miga, que quero comunicarche a palabra de Deus".

Unción secreta

10 ¹Entón Samuel colleu a alcuza, verqueu aceite sobre a cabeza de Xaúl e bicouno dicindo: —"Isto quere dicir que o Señor te unxe por xefe do seu herdo. ²Cando agora te apartes de onda min, encontraraste con dous homes, cerca da tumba de Raquel, nos lindeiros de Benxamín, en Selsah, e diranche: as burras que andabas buscando apareceron. O teu pai esqueceu xa ese asunto e agora está inquedo por vós pensando: ¿Que será do meu fillo?

³Máis adiante no teu camiño, chegando á aciñeira do Tabor, encontraraste con tres homes que soben para adorar a Deus en Betel, un deles con tres cabuxos, outro con tres fogazas e o terceiro cun pelexo de viño. ⁴Eles saudarante e daranche dúas fogazas, que ti collerás das súas mans.

⁵Despois chegarás a Guibah de Deus, onde está o posto dos filisteos. Ó entrares na cidade, atoparaste cunha banda de profetas que baixan do outeiro, profetizando, ó son de harpas e pandeiros, de frautas e de cítolas. ⁶Niso entrará en ti o espírito do Señor, e profetizarás, xunto con eles, trocado noutro home.

⁷Cando vexas cumprirse estes sinais, fai o que ben che pareza: Deus estará contigo. ⁸Baixa a Guilgal antes ca min; logo baixarei eu, para ofrecer holocaustos e sacrificios de comunión. Agarda alí sete días a que eu chegue e che diga o que has facer".

⁹Despois que Xaúl se puxo de volta, afastándose de Samuel, Deus mudoulle o corazón e, naquel mesmo día, cumpríronse tódo-

---

9, 17 Deus faloulle a Samuel polas circunstancias mesmas do encontro con Xaúl. O profeta ve máis alá do que outros ven: percibe os sinais de Deus. En Xaúl viu o instrumento da liberación de Israel.

9, 20s No diálogo entre Samuel e Xaúl pásase das burras extraviadas ó verdadeiro tema do capítulo.

9, 22-24 Samuel faille xa a Xaúl os honores de rei.

10, 1 *A unción do rei* por un profeta significa que o espírito de Deus penetra nel e lle confire capacidade para a súa función. Sobre os xuíces dise que viña directamente o espírito de Deus; agora institucionalízase no rito da unción o mesmo principio do carácter sagrado do rei (**16,**13; 1 Re **1,** 39). A unción confírelle ó rei a súa lexitimidade; cómpre que logo o pobo o recoñeza. Iso empeza aquí para Xaúl co bico de Samuel.

10, 2-7 Tres sinais que Samuel lle dá, e que Xaúl verá cumpridas, débenlle dar seguridade de que é Deus quen o establece príncipe do seu pobo.

10, 8 O sometemento do rei ó profeta expresa a súa obediencia ó Señor (**13,** 7-15). O verso, un engadido fóra de lugar.

los sinais. ¹⁰Cando entraban en Guibah, encontráronse cunha banda de profetas. Niso entrou en Xaúl o espírito de Deus e púxose a profetizar no medio deles. ¹¹Os que de antes o coñecían, ó velo profetizar entre os profetas, preguntábanse uns ós outros: —"¿Que lle pasou ó fillo de Quix? ¿Tamén anda Xaúl entre os profetas?" ¹²E un de alí replicou: —"¿E quen é o pai deses outros?" Diso saíu o dito: —"¿Conque tamén anda Xaúl entre os profetas?"

¹³Cando deixou de profetizar, Xaúl marchou para a súa casa. ¹⁴O tío de Xaúl preguntoulles a el e ó criado: —"¿Por onde andastes?" E eles responderon: —"Iamos á busca das burras e, ó ver que non aparecían, chegámonos onda Samuel". ¹⁵O tío preguntoulle a Xaúl: —"Cóntame o que vos dixo Samuel". ¹⁶Xaúl respondeulle: —"Informounos de que as burras xa apareceran". Pero non o informou do que Samuel lle dixera sobre o asunto do reino.

Elección polas sortes

¹⁷Samuel convocou ó pobo en Mispah, na presencia do Señor, ¹⁸e falloulles ós israelitas: —"Isto di o Señor, Deus de Israel: Eu saquei a Israel de Exipto e libreivos da man dos exipcios e da de tódolos reis que vos oprimían. ¹⁹Pero agora vós rexeitades ó voso Deus, o que vos librou de males e apretos, cando dicides: Non. Dános un rei que nos goberne. Presentádevos, logo, diante do Señor por tribos e por familias".

²⁰Samuel fixo comparecer a tódalas tribos de Israel e a sorte caeu na tribo de Benxamín. ²¹Compareceron logo os clans da tribo de Benxamín e a sorte caeu no clan de Matrí. Despois caeu en Xaúl, fillo de Quix. Buscárono e non o encontraron. ²²Consultaron de novo ó Señor: —"¿Veu ou non ese home?" E o Señor respondeu: —"Aí está, escondido entre as equipaxes". ²³Correron a sacalo de alí e presentárono diante da xente. Pasáballes a todos eles dos ombreiros para arriba.

²⁴Samuel díxolle ó pobo: —"¿Véde-lo que escolleu o Señor? Non hai outro coma el". E aclamárono todos berrando: —"¡Viva o rei!" ²⁵Samuel explicoulle ó pobo o foro do rei, escribiuno nun libro e depositouno diante do Señor. Despois despediu á xente, cada un para a súa casa.

²⁶Tamén Xaúl marchou para a súa casa, en Guibah, acompañado polos valentes ós que Deus lles movera o corazón. ²⁷Pero algúns aleivosos dicían: —"¡Como! ¿Ese é o que nos vai salvar?" E desprezárono e non lle levaron o regalo. Pero Xaúl fixo o xordo.

Xaúl vence ós amonitas

11 ¹Subiu Nahax o amonita e puxo o campamento contra Iabex de Galaad. Os de Iabex propuxéronlle a Nahax: —"Fai unha avinza connosco e seremos vasalos teus". ²Nahax o amonita respondeulles: —"Farei un pacto convosco coa condición de arrincarvos a todos o ollo dereito, sinal de afronta para todo Israel". ³Os vellos de Iabex dixéronlle: —"Concédenos sete días, para mandarmos mensaxeiros por todo o país de Israel. Se non houbese quen nos axude, quedarémosche sometidos".

⁴Os mensaxeiros chegaron a Guibah de Xaúl e contaron o caso ós oídos do pobo. Todo o mundo rompeu a chorar. ⁵Niso volvía Xaúl do agro, tras dos bois, e preguntou: —"¿Que lle pasa a xente que está toda chorando?" E contáronlle o caso que referiran os de Iabex.

⁶En oíndoo, entrou en Xaúl o espírito de Deus e alporizouse. ⁷Colleu a parella dos bois, tronzounos e mandou os anacos por todo Israel por mensaxeiros que pregoaban: —"Isto é o que se fará co gando dos que non saian á guerra, detrás de Xaúl e de Samuel". Un medo sagrado sobrecolleu a toda a xente, que saíu coma un só home. ⁸Xaúl revistounos en Bézec: os de Israel eran trescentos mil, e trinta mil os de Xudá.

⁹Entón dixéronlles ós mensaxeiros que viñeran de Iabex de Galaad: —"Anunciádelle á vosa xente: Mañá, ó quenta-lo sol, chegarávo-la axuda". Marcharon os mensaxeiros e déronlle-la nova ós de Iabex, que relouca-

---

10, 10-12 O encontro cos profetas e a penetración nel do espírito de Deus fan de Xaúl un carismático, semellante ós xuíces. Os profetas en bandas eran unha forza carismática, dirixida por Samuel, coma os setenta anciáns de Moisés (Núm **11,** 16ss) e os fillos dos profetas respecto de Elías e Eliseo. Son testemuñas da forza do espírito de Deus e da súa presencia na historia. Outra vez en **19,** 20-24.
10, 17ss Aquí segue a versión crítica, que empezou no c. **8.** Mesmo se a cousa sae do pobo, o home de Deus repréndea, e Deus colle de novo a iniciativa na historia. O rei é agora elixido polas sortes, que fan oí-la voz de Deus. O pobo recoñéceo e aclámao.
11 A guerra cos amonitas dálle ocasión a Xaúl, na versión promonárquica unxido en segredo, de actuar como liberador e con iso facerse recoñecer polo seu pobo.
11, 1 *Iabex de Galaad,* no norte de Transxordania, fora xa noutros momentos librado polo xuíz Ieftê (Xuí **21**).
11, 6 *O espírito* está con Xaúl, coma cun xuíz. Manifástase tamén agora coma forza guerreira para salvar (Xuí **11,** 29ss).

ban. ¹⁰Estes respondéronlles entón ós amonitas: —"Mañá entregarémonos a vós, e faredes connosco o que vos pareza".

¹¹Ó día seguinte, Xaúl dividiu o exército en tres corpos, que, á hora da garda da mañá, entraron no campamento amonita e estivérono batendo ata as horas da calor. Os que puideron fuxir, espalláronse para tódolos lados, sen quedaren dous xuntos.

¹²Entón a xente dicíalle a Samuel: —"¿Onde están os que preguntaban: Vai reinar Xaúl sobre nós? ¡A velos, que os mataremos!" ¹³Pero Xaúl respondeulles: —"Hoxe non morrerá ninguén, pois hoxe salvou o Señor a Israel".

¹⁴Samuel díxolle ó pobo: —"Vaiamos a Guilgal, para inaugurar alí a realeza". ¹⁵Fóronse todos a Guilgal e coroaron rei a Xaúl, alí, na presencia do Señor. Ofrecéronlle ó Señor sacrificios de comuñón, e Xaúl e os israelitas celebraron alí unha gran festa.

Despedida de Samuel

12 ¹Samuel faloulle a todo Israel: —"Xa vedes que vos atendín en todo o que me pedistes. Deivos un rei que vos goberne. ²Agora aí téde-lo rei para que vos guíe. Eu vou vello, encanecido, e os meus fillos están convosco. Eu andei diante de vós desde a miña mocidade ata agora.

³Aquí me tedes. Testemuñade contra min na presencia do Señor e na do seu unxido. ¿A quen lle quitei un boi? ¿A quen, un burro? ¿A quen asoballei? ¿A quen causei prexuízo? ¿De quen aceptei un agasallo. que me fixese pecha-los ollos ante a súa conducta? Falade e devolveréivolo". ⁴Responderon eles: —"Non nos asoballaches, non nos prexudicaches, non lle quitaches a ninguén cousa ningunha".

⁵El engadiu: —"Poño de testemuñas hoxe contra vós ó Señor e ó seu unxido, de que non atopastes na miña man cousa ningunha". Responderon eles: —"Sexan testemuñas". ⁶E Samuel dixo: —"Sexa testemuña o Señor, quen chamou a Moisés e a Aharón e que sacou ós vosos pais da terra de Exipto.

⁷Agora comparecede, que quero eu pedir-vos contas diante do Señor dos favores que El vos fixo, a vós e a vosos pais. ⁸Cando Xacob baixou a Exipto e os exipcios vos opriminon, os vosos pais berraron cara ó Señor, e o Señor mandou a Moisés e a Aharón, que os sacaron de Exipto, para establecelos neste lugar.

⁹Eles esquecéronse logo do Señor, o seu Deus, e El vendeunos a Sísera, xeneral do exército de Hasor, e entregounos na man dos filisteos e do rei de Moab, que lles fixeron a guerra. ¹⁰Entón berraron cara ó Señor e confesaron: Pecamos deixando ó Señor e servindo ós Baales e ás Axtartés. Agora líbranos da man dos nosos inimigos e servirémoste a ti. ¹¹O Señor enviou a Ierubaal, a Barac, a Iefté e a Sansón, librouvos da man dos inimigos do arredor e puidestes vivir tranquilos.

¹²Mais, cando vistes que Nahax, rei dos amonitas, viña contra vós, dixéstesme: Non. Queremos ser gobernados por un rei, sendo que o voso rei é o Señor, voso Deus. ¹³Agora aí téde-lo rei que vós pedistes e escollestes. Nel o Señor deuvos un rei.

¹⁴Se temedes ó Señor e o servides, se obedecedes e non sodes rebeldes, se vós e o rei que reine sobre vós seguíde-lo Señor, voso Deus, iravos ben. ¹⁵Pero se non obedecedes ó Señor e se sodes rebeldes, a man do Señor pesará duro sobre vós, coma sobre os vosos pais.

¹⁶Agora dispóndevos a asistir ó gran milagre que o Señor vai facer diante de vós. ¹⁷¿Non estamos no tempo da seitura? Pois vou invoca-lo Señor, para que mande vir tronos e choiva. Con iso darédesvos conta da gran maldade que cometestes ós ollos do Señor pedíndolle un rei".

¹⁸Samuel invocou ó Señor e, naquel mesmo día, mandou o Señor tronos e choiva. O pobo todo, cheo de medo do Señor e de Samuel, ¹⁹díxolle a este: —"Pídelle ó Señor, o teu Deus, para que estes teus servos non morramos, pois ós pecados que xa tiñamos, engadimos agora a maldade de pedir un rei".

²⁰Samuel díxolle ó pobo: —"Non temades. Cometestes esa maldade; pero agora non vos afastedes do Señor e servídeo con todo o

---

11, 12-14 Aquí encóntranse as dúas versións da orixe da monarquía.
11, 15 Conseguida a victoria, o pobo recoñece a Xaúl como rei. Na outra versión xa o fixera (**10,** 24). Para Oseas a coroación de Xaúl é o pecado orixinal da monarquía (Os **8,**4;**9,**15).
12 Este derradeiro c. da versión crítica da monarquía presenta a Samuel despedíndose cun acto de culto parecido ó de Xosué en Xos **23-24.** En Samuel retírase a xudicatura diante da monarquía. Pero Samuel fai recoñecer ó pobo todo o seu pecado por pedir un rei. A valoración teolóxica é da escola deuteronomista.
12, 2-6 A xusta conducta de Samuel, recoñecida polo pobo.
12, 7-15 Polo contrario, non se pode dici-lo mesmo da conducta do pobo, fronte ós bens que Deus lle fixo desde Exipto ata hoxe. Pero o mesmo o pobo có seu rei quedan agora postos diante da opción do que ha se-la súa vida.
12, 16-19 Teofanía que arrinca do pobo unha confesión e un movemento de penitencia.
12, 20-25 Samuel conforta, advirte, anuncia e promete a súa intercesión.

corazón. ²¹Non vos arrededes del para ir detrás de vaidades, que non son de proveito e non salvan, pois son só vaidade. ²²O Señor non rexeita ó seu pobo, por mor do seu mesmo nome. O Señor quixo que vós foséde-lo seu pobo. ²³En canto a min, líbreme Deus do pecado de deixar de pregar por vós e de mostrárvo-lo bo camiño. ²⁴Temede ó Señor e servídeo de verdade e de corazón, pois ben véde-los grandes favores que vos fixo. ²⁵Se obrades mal, pereceredes, vós e o voso rei".

A ameaza filistea

13 ¹Xaúl tiña os seus anos cando empezou a reinar e reinou vintedous anos sobre Israel. ²Escolleu para si tres mil israelitas. Dous mil estaban con el en Micmás e na montaña de Betel e os outros mil estaban con Ionatán, en Gueba de Benxamín. Ó resto do pobo mandouno para as súas casas. ³Ionatán destruíu o posto filisteo que había en Gueba e os filisteos soubérono. Xaúl mandou toca-la trompeta por todo o país para dicir: —"Que os hebreos escoiten". ⁴Todo Israel oíu dicir que Xaúl destruíra o posto dos filisteos e que Israel rompera con eles. O exército reuniuse con Xaúl en Guilgal. ⁵Os filisteos reuníronse tamén para face-la guerra a Israel. Contaban con tres mil carros, seis mil de cabalería e un exército de a pé coma a area das praias. Subiron a acampar en Micmás ó leste de Bet-Aven. ⁶Os israelitas víronse en apreto, porque estaban cercados; e escondíanse en covas e nas fendas das rochas, en buratos e en pozos. ⁷Algúns pasaron o Xordán, cara ó país de Gad e de Galaad.

Xaúl seguía en Guilgal, mais a xente que estaba con el arreguizaba co medo. ⁸Agardou sete días, o prazo fixado por Samuel. Pero Samuel non daba chegado a Guilgal e a xente empezaba a espallarse. ⁹Entón dispuxo Xaúl: —"Traédeme as víctimas para o holocausto e para o sacrificio de comuñón". E ofreceu el o holocausto.

Samuel condena a Xaúl

¹⁰Cando acababa de ofrece-lo holocausto, presentouse Samuel. Xaúl saíulle ó encontro e saudouno. ¹¹Samuel preguntoulle: —"¿Que fixeches?" E Xaúl respondeulle: —"Ó ver que o pobo se espallaba, que ti non chegabas no prazo fixado e que os filisteos se concentraban en Micmás, ¹²pensei para min: agora os filisteos botaránseme enriba, en Guilgal, sen ter eu aínda aplacado ó Señor. E atrevinme a ofrece-lo holocausto".

¹³Samuel díxolle a Xaúl: —"Obraches coma un necio. Se seguíse-las ordes que o Señor, o teu Deus, che deu, o Señor afincaría para sempre o teu reinado sobre Israel. ¹⁴Pero agora o teu reinado non se manterá. Xa que ti non obedecíche-las ordes do Señor, o Señor buscou un home do seu gusto e decidiu que fose el o xefe do seu pobo".

O encontro cos filisteos

¹⁵Samuel subiu de Guilgal e seguiu polo seu camiño. O exército que lle quedara a Xaúl subiu con este ó encontro dos filisteos. De Guilgal dirixiuse a Gueba de Benxamín. Xaúl pasou revista á xente que estaba con el: eran coma seiscentos homes. ¹⁶Xaúl, o seu fillo Ionatán e os homes que ían con eles, asentáronse en Gueba de Benxamín. Os filisteos, pola súa parte, acamparon en Micmás.

¹⁷Do campamento filisteo saía unha forza de combate que se dividía en tres corpos: un colleu o camiño de Ofrah, cara ó país de Xual; ¹⁸outro dirixiuse a Bet-Horón e o terceiro encamiñouse cara á fronteira que domina o val de Seboím, cara ó deserto.

¹⁹Daquela en todo o país de Israel non se atopaba un ferreiro. Os filisteos pretendían: "que non haxa quen lles forxe ós hebreos nin espada nin lanza". ²⁰E os israelitas tiñan que baixar onda os filisteos para aguza-las rellas do arado, as eixadas, as machetas e as fouces. ²¹Afiar unha rella e unha eixada custáballes dous tercios de siclo, e un tercio unha macheta e unha cuña.

²²E sucedía que, no día da batalla, non se atopaba nas mans dos homes que ían con Xaúl e con Ionatán nin espada nin lanza, fóra da espada e da lanza que levaban eles os dous. ²³Un pelotón dos filisteos saíu cara ó desfiladeiro de Micmás.

---

13 Capítulo composto de elementos heteroxéneos, no contexto das loitas filisteas.
13, 1 O Texto Masorético non dá os anos do rei ó comezo do seu reinado como adoita face-lo deuteronomista (1 Re 14, 21). Quizais o tiña e perdeuse.
13, 2 Xaúl, con eses homes, empeza a formar un exército.
13, 3 *O posto* pode entenderse como unha garnición de homes ou coma unha pedra chantada, un marco de fronteira.
13, 7-9 Xaúl debía agardar polo profeta (**10,** 8); pero a situación pono nervioso e non agarda.
13, 10-14 As razóns de Xaúl son verdadeiras. Pero a esixencia de obediencia non atende aquí a razóns. Esta condena de Xaúl na boca de Samuel prepara a máis explícita de **15,** 10ss, na que a familia de Xaúl é rexeitada. O ideal de quen tiña que se-lo rei á fronte do pobo de Deus fai quizais imposible o cometido de Xaúl. Por outro lado, está xa facendo presión sobre el a figura do sucesor (v 14).
13, 15-18 Desvantaxes dos israelitas fronte dos filisteos.
13, 19-23 O monopolio do ferro favorece ós filisteos.

Fazaña de Ionatán

14 ¹Un día Ionatán, o fillo de Xaúl, díxolle ó seu escudeiro: —"Ven e acheguémenos ó posto dos filisteos naquela banda de alá". Ó seu pai non lle dixo nada. ²Xaúl estaba apostado nas aforas de Gueba, por baixo do granado de Migrón. Había coma seiscentos homes ó seu lado. ³Levaba o *efod* Ahías, fillo de Ahitub, irmán de Icabod, fillo de Pinhás, fillo de Elí, sacerdote do Señor en Xiloh. A xente non se deu conta da marcha de Ionatán.

⁴A valgada que Ionatán quería atravesar para chegar ó posto filisteo tiña por cada lado un sainte rochoso: un chamábase Bosés e o outro Sénhé. ⁵O do norte miraba cara a Micmás e o do sur cara a Gueba.

⁶Ionatán díxolle ó seu escudeiro: —"Ven, acheguémonos ó posto deses incircuncisos. Quizais faga o Señor algo por nós, pois a el nada lle impide da-la victoria, o mesmo ós moitos coma ós poucos". ⁷O escudeiro respondeulle: —"Fai o que che suxira o corazón. Eu estou aquí para o que ti queiras".

⁸Ionatán decidiu entón: —"Imos pasar onda eses homes deixando que eles nos vexan. ⁹Se nos din: alto aí, ata que cheguemos onda vós, nós ficaremos quedos e non subiremos ata onda eles. ¹⁰Mais se nos din: subide onda nós, nós subiremos, pois o Señor entréganolos nas mans. Ese será o sinal".

¹¹Entón deixáronse ver polos filisteos, que dixeron: —"Mirade. Hebreos que saen dos tobos, onde se acochaban". ¹²E desde o posto berráronlles a Ionatán e ó seu escudeiro: —"Subide onda nós, que vos temos que dicir unha cousa".

Ionatán díxolle entón ó escudeiro: —"Sube detrás de min. O Señor vai entregalos nas mans de Israel". ¹³Ionatán subiu, agatuñando coas mans e cos pés, e o escudeiro detrás del. Os filisteos que caían diante de Ionatán rematábaos detrás o escudeiro.

¹⁴Nesa primeira batida que deron Ionatán e o seu escudeiro, morreron coma vinte homes en media fanega de terra. ¹⁵O medo sobrecolleu a todo o exército filisteo, no campamento e no posto, mesmo ás forzas de combate. A terra estremeceu, collida dun sacro terror.

¹⁶Desde Gueba de Benxamín as sentinelas de Xaúl viron que as xentes filisteas rebulían e fuxían dun lado para o outro. ¹⁷Xaúl díxolles ós homes que o seguían: —"Pasade revista e vede quen dos nosos marchou". Pasaron revista e faltaban Ionatán e o seu escudeiro.

¹⁸Xaúl díxolle entón a Ahías: —"Trae aquí o *efod*". (Pois, daquela, levaba Ahías o *efod* en Israel). ¹⁹Mentres falaba Xaúl co sacerdote, no campamento filisteo medraba o barullo. Xaúl díxolle ó sacerdote: —"Aparta a túa man". ²⁰Xaúl reuniu o seu exército, dirixiuse ó lugar do combate e viron ós filisteos nunha gran barafunda, erguendo a espada uns contra os outros.

²¹Os hebreos que desde antes pertencían ó exército filisteo e que subiran con el ó campamento, pasáronse ós israelitas de Xaúl e de Ionatán. ²²E tódolos homes de Israel, que estaban escondidos na montaña de Efraim, desque oíron que os filisteos escapaban fuxindo, xuntáronse eles tamén cos que os ían perseguindo. ²³Aquel día salvou o Señor a Israel. O combate seguiu ata Bet-Aven.

O voto de Xaúl

²⁴Os homes de Israel estaban esgotados aquel día, porque Xaúl fixera sobre eles esta imprecación: —"Maldito o que probe bocado ata a tarde, primeiro de que eu me vingue dos meus inimigos". E ninguén probou bocado. ²⁵Mais chegaron a un bosco onde había mel polo chan. ²⁶O entraren no bosco, os soldados viron corre-lo mel; pero ninguén se atreveu a levalo coa man á boca por medo do xuramento.

²⁷Ionatán non oíra que o seu pai impuxera ó pobo o xuramento. Tendeu a vara que tiña na man, molloulle a punta no mel e levouna á boca. Os ollos relucíronlle. ²⁸Un dos soldados informouno: —"O teu pai impúxolle ó exército esta imprecación: maldito o que probe hoxe bocado, mesmo se a xente está fatigada". ²⁹Ionatán respondeu: —"O meu pai fíxolle dano ó país. Vede como me brillan os ollos só porque probei ese chisco de mel. ³⁰Se

---

14 Triunfo de Ionatán e traspés de Xaúl. A fazaña de Ionatán remata cunha importante victoria de Israel. Xaúl perde diante do pobo, que defende a Ionatán ¿Non concedera Deus a victoria por medio del?

14, 3 O *efod* do sacerdote é un medio de consulta ó Señor (**23**, 9; **30**, 7). Ó final do c. verase a súa resposta (vv 36-42).

14, 4 Os nomes dos rochedos queren dici-lo esvaradeiro e o espiñento, respectivamente.

14, 8-10 Ionatán quere ver no que fagan os filisteos un sinal do que Deus lle di. Enténdese que lle pide a Deus que faga verdade ese sinal. Parecido en Xén **24**, 12ss e Xuí **6**, 36ss.

14, 16-23 Á victoria de Ionatán séguelle a do exército de Xaúl, tamén recoñecida coma regalo de Deus.

14, 24 O voto de Xaúl é coma unha ofrenda a Deus, pedindo a victoria.

14, 29s O voto, un erro de Xaúl, como di Ionatán. O narrador converteuno no tema do c.

os soldados comesen dos despoxos que se lles colleron ós inimigos, ¿non sería hoxe maior a desfeita dos filisteos?"

³¹Aquel día bateron nos filisteos desde Micmás ata Aialón; pero a xente acabou esfamiada. ³²Botaron man do botín, colleron ovellas, vacas e tenreiros, sacrificáronos no chan e comeron a carne co sangue.

³³Déronlle aviso a Xaúl: —"Mira que o pobo peca contra o Señor comendo carne co sangue". Xaúl dixo: —"Iso é un pecado. Facede rolar para acó unha pedra grande". ³⁴E dispuxo: —"Ide por entre a xente e dicídelle a cada un que traia aquí o seu boi e a súa ovella. Degolarédelos para comelos, e non pequedes contra o Señor, comendo a carne co sangue". Aquela noite cada un veu co que tiña e degoláreno alí. ³⁵Xaúl edificoulle un altar ó Señor. Foi o primeiro que edificou.

³⁶Despois propuxo Xaúl: —"Baixemos tras dos filisteos esta noite. Saquearemos ata o amencer e que non quede sequera un". E respondéronlle: —"¡Fai o que che pareza!" Pero os soldados dixeron: —"Consultemos primeiro con Deus".

A consulta das sortes

³⁷Xaúl consultou con Deus: —"¿Debo baixar en persecución dos filisteos? ¿Entregaralos nas mans dos israelitas?" Pero non houbo resposta aquel día. ³⁸Entón ordenou Xaúl: —"Acercádevos aquí os xefes todos do exército e pescudade quen cometeu hoxe un pecado. ³⁹Porque, pola vida do Señor, salvador de Israel, que aínda que fose o meu fillo Ionatán, tería que morrer". Pero ninguén lle respondeu unha palabra.

⁴⁰Xaúl díxolle entón ó exército israelita: —"Vós todos porédesvos dun lado e eu e o meu fillo Ionatán porémonos do outro". O exército respondeulle: —"Fai como che pareza". ⁴¹Entón Xaúl preguntoulle ó Señor: —"Deus de Israel, ¿por que non respondes hoxe ó teu servo? Se somos culpables eu ou o meu fillo Ionatán, fai que saia *urim,* e se o é o exército de Israel, que saia *tummim".* E a sorte caeu en Ionatán e en Xaúl, quedando o exército libre.

⁴²Xaúl mandou entón: —"Botade as sortes entre min e o meu fillo Ionatán". E tocoulle a Ionatán. ⁴³Xaúl díxolle a Ionatán: —"Cóntame o que fixeches". Ionatán respondeulle: —"Probei un chisco de mel coa punta do pau que levaba na man. Estou pronto para morrer". ⁴⁴Xaúl xurou: —"Que Deus me castigue, se non morres, Ionatán".

⁴⁵Pero os soldados dixéronlle a Xaúl: —"¿Como vai morrer Ionatán, despois de acadar esta victoria para Israel? ¡De ningunha maneira! Vive o Señor que non caerá por terra un cabelo da súa cabeza, pois Deus obrou hoxe por el". Dese xeito o exército salvou a vida de Ionatán, que non morreu. ⁴⁶Xaúl deixou de persegui-los filisteos, que tornaron para a súa terra.

Síntese do reino de Xaúl

⁴⁷Desde que tomou posesión da realeza, Xaúl loitou contra os inimigos do arredor de Israel, os moabitas, os amonitas e os edomitas, o rei de Sobah e os filisteos. Por onde foi sempre venceu. ⁴⁸Era home valente. Venceu ós amalecitas e librou a Israel dos que o tiñan asoballado.

⁴⁹Os fillos que tivo, foron: Ionatán, Ixví e Melquixúa. Das súas dúas fillas, a máis vella chamábase Merab e a máis nova Micol. ⁵⁰A súa muller chamábase Ahinoam, filla de Ahimaas. O xeneral do seu exército chamábase Abner, fillo de Ner, tío de Xaúl. ⁵¹O pai de Xaúl, Quix, e Ner, pai de Abner, eran fillos de Abiel. ⁵²Durante todo o reinado de Xaúl houbo guerra cos filisteos. Tódolos homes fortes e valentes que vía, Xaúl levábaos consigo.

Xaúl vence ós amalecitas

15 ¹Samuel faloulle a Xaúl: —"O Señor mandoume que te unxise rei do seu pobo Israel. Xa que logo, escoita a palabra do Señor. ²O Señor dos exércitos di isto: Voulle pedir contas a Amalec do que fixo con Israel, atacándoo, cando este subía de Exipto. ³Vai, logo, pelexa contra Amalec, destrúe todo o que ten e non teñas dó del. Mátalle homes e mulleres, rapaces e nenos de peito, bois e ovellas, camelos e burros".

14, 31-35 A lei manda desangra-las víctimas, para podelas comer; no sangue está a vida (Lev **19,** 26; Dt **12,** 16).
14, 41 Completado á vista da traducción dos Setenta. "Urim e tummim" son os nomes que levaban as sortes. Espérase que aclaren quen ten agora a culpa de que Deus non responda. Manéxaas o sacerdote que leva o efod.
14, 47 Esta síntese do reinado deixa ver que a historiografía de Xaúl se concentrou nunhas poucas anécdotas, mesmo se había máis cousas que contar. O mesmo no caso de Samuel (**7,** 13-15) e no de David (2 Sam **8**).
15 A guerra cos amalecitas deu lugar á segunda condena de Xaúl. A primeira, menos formal (**13,** 10-15), veu seguida polo erro do voto de Xaúl; a segunda, definitiva, vai seguida do tráxico conflicto de Xaúl con David. Esta non sabe daquela.
15, 1-3 O rei, unxido do Señor, debe levar a cabo os proxectos de Deus. Os amalecitas eran nómadas, inimigos de Israel desde atrás (Ex **17,** 8-16; Dt **25,** 17-19).

⁴Xaúl reuniu o exército e revistouno en Telaim. Eran douscentos mil de infantería e dez mil homes de Xudá. ⁵Xaúl acercouse ás cidades de Amalec e puxo trapelas nas congostras.
⁶Mandoulles dicir ós quenitas: —"Arredádevos de onda os amalecitas, para non arrasarvos canda eles, pois vosoutros tivestes dó dos israelitas, cando estes subían de Exipto". E os quenitas arredáronse de xunto os amalecitas.
⁷Xaúl venceu a Amalec, desde Havilah, segundo se vai para Xur, na fronteira, ó leste de Exipto. ⁸Colleu vivo a Agag, rei de Amalec, a todo o pobo pasouno polo coitelo. ⁹Xaúl e o seu exército perdoáronlle-la vida a Agag e ás mellores ovellas e vacas, ó gando cebado, ós cordeiros e a todo o que era bo, e non os exterminaron. Só consagraron ó anatema o desprezable e de pouco valor.

Segunda condena de Xaúl

¹⁰Samuel recibiu, daquela, esta palabra do Señor: ¹¹—"Pésame ter feito rei a Xaúl, pois anda afastado de min e non cumpre as miñas ordes". Samuel atristurouse e pasou toda a noite clamando perante o Señor. ¹²Pola mañá ergueuse cedo para ir ó encontro de Xaúl. Pero entón informárono de que Xaúl marchara a Carmel, que levantara alí unha estela e que, despois, dera a volta e baixara a Guilgal.
¹³Samuel presentouse onda Xaúl e este díxolle: —"Que o Señor te bendiga. ¹⁴Cumprín o que mandara o Señor". Mais Samuel preguntoulle: —"¿E que son eses meos de ovella que oio e eses brúos de boi que sinto?" ¹⁵Xaúl respondeulle: —"Trouxéronos de onda Amalec. O exército perdooulle a vida ó mellor dos rabaños e dos gandos, para ofrecer sacrificios ó Señor, o teu Deus. O resto consagrámolo ó anatema". ¹⁶Samuel díxolle a Xaúl: —"Déixame que che anuncie o que esta noite me dixo o Señor". E el díxolle: —"Fala". ¹⁷Samuel dixo: —"Aínda que te consideres pequeno, ti e-la cabeza das tribos de Israel, pois o Señor unxiute por rei de Israel. ¹⁸O Señor mandoute por este camiño, con esta orde: vai e consagra ó anatema ós amalecitas, pecadores; combáteos, ata acabares con eles.
¹⁹¿Por que non obedeciches ó Señor? ¿Por que retivéche-los espolios, facendo o que desagrada ó Señor?" ²⁰Xaúl respondeulle a Samuel: —"¿Que non obedecín ó Señor? Eu fun polo camiño que el me sinalou; trouxen a Agag, rei de Amalec, e ós amalecitas consagreinos ó anatema. ²¹Se o exército colleu dos espolios ovellas e bois, a primicia do consagrado ó anatema, foi para ofrecer sacrificios en Guilgal ó Señor, o teu Deus".
²²Samuel dixo entón:
—"¿Quere o Señor holocaustos e
  sacrificios ou prefire que o obedezan?
Certamente a obediencia vale máis cós
  sacrificios,
a docilidade, máis có lardo dos
  carneiros.
²³A rebeldía é coma pecado de feiticeiros,
a teimosía, coma delito de idolatría.
Xa que ti rexeitáche-la orde do Señor,
o Señor rexéitate a ti coma rei".
²⁴Xaúl confesoulle a Samuel: —"Pequei, traspasando o mandado do Señor e tamén a túa palabra. Tiven medo do exército e consentín no que pedía. ²⁵Agora perdoa o meu pecado e dá a volta comigo, que quero adorar ó Señor". ²⁶Samuel respondeulle: —"Non quero volver contigo. Xa que ti rexeitáche-la orde do Señor, o Señor rexéitate a ti, para que non reines sobre Israel".
²⁷Samuel deu a volta para marchar e Xaúl apreixoulle a punta do manto e esgazoullo. ²⁸Samuel díxolle: —"O Señor arríncache hoxe o reino de Israel para darllo a outro mellor ca ti. ²⁹O que é gloria de Israel non mente nin se volve atrás, pois non é un home para ter que arrepentirse". ³⁰Xaúl dixo: —"Pequei. Pero salva a miña honra diante dos vellos do meu pobo e diante de Israel, e volve comigo, que quero adora-lo Señor, o teu Deus". ³¹Samuel volveu con Xaúl e este adorou o Señor.
³²Samuel ordenou despois: —"Traédeme a Agag, rei dos amalecitas". Cuberto de ca-

---

15, 6 *Os quenitas*, vellos amigos de Israel (Núm **10**, 29-32; Xuí **1**, 16; **4**, 11). ¿Saldo de contas con amigos e con inimigos?
15, 9 O "hérem", anatema, requería o anicamento de todo coma holocausto a Iavé. Nin sequera a boa intención de ofrecer sacrificios xustifica perdoa-la vida a persoas e a animais. Hai aquí un conflicto de valores, que nin Xaúl nin os seus soldados parecen entender. Por iso a culpa de Xaúl reviste cores tráxicas.
15, 10 Na palabra de Samuel está claro o imperativo do sometemento ás ordes de Iavé.

15, 22s A desobediencia é vista aquí coma idolatría, culto a outras razóns, fóra das ordes de Deus. A obediencia, mellor cós sacrificios (Is **1**, 11-17; Am **5**, 21-24).
15, 24-26 Xaúl confesa e pide perdón. Pero nin iso nin que Xaúl se aferre a Samuel quita que o profeta o rexeite no nome de Deus.
15, 28 A sombra de David está metendo na historia de Xaúl. Os ollos do profeta xa se van deste cara a aquel.
15, 32s Samuel cumpre coa lei do anatema. A conciencia moral verá un día a inmoralidade desa lei relixiosa.

deas, Agag acercóuselle e dixo: —"A amargura da morte está pasando agora mesmo". ³³Samuel respondeulle: —"Do xeito como a túa espada deixou mulleres sen fillos, agora queda coma elas sen fillos a túa nai". E Samuel esganouno en Guilgal na presencia do Señor. ³⁴Samuel voltou para Ramah e Xaúl subiu para a súa casa, en Guibah de Xaúl. Samuel non volveu ver a Xaúl na súa vida. Pero estaba aflixido por el, porque lle pesara ó Señor facelo rei de Israel.

III. XAÚL E DAVID (1 Sam 16 - 2 Sam 1)

Samuel unxe a David

16 ¹O Señor faloulle a Samuel: —"¿Ata cando estarás aflixido por Xaúl, sendo que eu o rexeitei como rei de Israel? Enche o corno de óleo e vaite, de parte miña, onda Ixaí, o de Belén, pois escollín un rei entre os seus fillos". ²Samuel respondeu: —"¿Como farei para ir? Saberao Xaúl e matarame". O Señor díxolle: —"Leva contigo unha xovenca e di que vas ofrecer un sacrificio ó Señor. ³Convida a Ixaí ó sacrificio e eu direiche o que has facer; unxirás a quen eu che diga".
⁴Samuel fixo o que lle mandaba o Señor. Ó chegar a Belén, os anciáns da cidade saíronlle inquedos ó encontro e preguntáronlle: —"¿Vés para ben?" ⁵El respondeulles: —"Para ben. Veño ofrecer un sacrificio ó Señor. Purificádevos e vide comigo ó sacrificio". Logo fixo que se purificasen Ixaí e os seus fillos e convidounos ó sacrificio.
⁶Cando chegaron e viu a Eliab, pensou: —"De seguro que o Señor ten diante de si o seu unxido". ⁷Pero o Señor díxolle a Samuel: —"Non te fixes no seu bo ver, nin na súa estatura. Ese está excluído, pois Deus non olla coma os homes. Os homes ven as aparencias, pero Deus ve o corazón".
⁸Ixaí chamou entón a Abinadab e fíxoo pasar diante de Samuel. Pero Samuel dixo: —"Tampouco a este non o escolleu o Señor".
⁹Ixaí fixo pasar logo a Xamah e Samuel dixo: —"O Señor non escolleu tampouco a este". ¹⁰Ixaí fixo pasar a sete dos seus fillos á vista de Samuel e Samuel dixo: —"Ningún destes é o escollido do Señor".
¹¹Samuel preguntoulle a Ixaí: —"¿Xa non tes máis rapaces?" E el respondeulle: —"Queda aínda o pequeno, que está gardando as ovellas". Samuel díxolle: —"Pois manda que o traian, xa que non nos sentaremos á mesa ata que el chegue". ¹²Ixaí mandou que o fosen buscar. Era loiro, de ollos fermosos e de bo parecer. O Señor dixo a Samuel: —"Érguete e únxeo, pois é este".
¹³Samuel colleu o corno do óleo e unxiuno diante dos seus irmáns. Desde aquel intre e en diante o espírito do Señor apoderouse de David. Despois Samuel voltou para Ramah.

David na corte de Xaúl

¹⁴O espírito do Señor retirouse de Xaúl e un mal espírito de parte do Señor comezou a atormentalo. ¹⁵Dixéronlle os seus servidores: —"Mira que te atormenta un mal espírito. ¹⁶Que o noso Señor o dispoña, e nosoutros, os teus servos, buscaremos alguén que saiba toca-la harpa. Cando se meta en ti o mal espírito, tocaraa e mellorarás".
¹⁷Xaúl respondeulles: —"Procurádeme, pois, alguén que saiba tocar e facédemo vir". ¹⁸Niso repuxo un dos criados: —"Eu coñezo

---

16 Coa unción de David empeza a carreira ascendente de David e o esmorecemento da persoa e do reino de Xaúl, para que se cumpra a palabra de Samuel que o rexeitou. Parece que todos saben, e pouco a pouco vano dicindo, quen será o futuro rei. Ese final seguro estase metendo xa dentro da historia desde lonxe. Máis cá historia de Xaúl, é a historia do ascenso de David. Os relatos dan xogo á causalidade intrahistórica, pero tamén dan a entender que Deus move os seus fíos. Cando parece que David se está afastando da súa meta, en realidade estase achegando.
16, 1 Esta unción do rapaz David non se recorda despois na súa historia. É coma un avance profético do final, que lle confire a tódolos feitos un sentido desde o principio. Como que Deus colleu a iniciativa en toda a carreira de David. Mentres a historia de Xaúl é a dun rexeitado, a de David é a dun elixido.
16, 4 Os de Belén reciben inquedos ó profeta, pois nunca se sabe se a súa chegada é para ben ou para mal. Aquí aclárase que é o primeiro.
16, 6-13 Á iniciativa de Deus na elección sulíñase co feito de que ninguén sabe quen é o elixido.
16, 14 *O espírito do Señor* é o que fai do home un servidor dos proxectos de Deus. O mal espírito non é un poder autónomo; está tamén sometido ó poder de Iavé (**18,** 2; **19,** 9; 1Re **22,** 19-23). Neste caso trátase dunha enfermidade que lle veu a Xaúl.
16, 18 Esta é unha das versións da entrada de David no pazo de Xaúl. Outra versión dirá que Xaúl coñeceu a David cando este matou a Goliat (**17**). A amizade empeza como casualmente e vai a máis, ata que rompe, por parte de Xaúl.

un fillo de Ixaí, o de Belén, que sabe tocar. É un rapaz valente e bo guerreiro, que fala ben e que é de bo parecer; e o Señor está con el".
[19]Xaúl enviou recadeiros a Ixaí con este encargo: —"Mándame o teu fillo David, o que garda o rabaño". [20]Ixaí colleu o burro, cunha fogaza de pan, un pelexo de viño e un cabuxo, e mandoullo a Xaúl polo seu fillo David.
[21]Chegado David onda Xaúl, púxose ó seu servicio. Xaúl colleulle cariño e fíxoo o seu escudeiro. [22]Xaúl mandoulle recado a Ixaí: —"Rógoche que deixes quedar comigo a David, pois cáeme ben". [23]Cando o mal espírito lle viña a Xaúl, David tocaba a harpa. Xaúl sentía melloría. O mal espírito afastábase del.

David e Goliat

17 [1]Os filisteos reuniron os seus exércitos para a guerra, concentráronse en Socoh de Xudá e acamparon en Efesdamim, entre Socoh e Azecah. [2]Tamén Xaúl reuniu os israelitas e acamparon no val da Aciñeira, dispostos en orde de batalla, fronte dos filisteos. [3]Os filisteos estaban apostados na aba dun monte e os israelitas na do outro, co val entre os dous.
[4]Das ringleiras dos filisteos saía un home dos de choque que se chamaba Goliat, nado en Gat, de case tres metros de grande. [5]Levaba un elmo de bronce na cabeza e ía vestido cunha coiraza de escamas, de bronce, de cinco mil siclos de peso. [6]As pernas levábaas cubertas de perneiras de bronce e ía cun mallo de bronce ás costas. [7]O cabo da súa lanza era coma o rolo do tecelán; a súa punta, de ferro, pesaba seiscentos siclos. Dediante del ía o escudeiro.
[8]Chantábase cara ás ringleiras do exército israelita e berraba: —"¿Por que vos dispodes todos para o combate? ¿Non son eu un filisteo e vosoutros os servos de Xaúl? Escollede un dos vosos e que baixe onda min. [9]Se é home de pelexar comigo e me mata, serémo-los vosos escravos; mais, se podo eu nel e o mato, seredes vós escravos nosos e quedaredes ó noso servicio". [10]E dixo aínda o filisteo: —"Eu desafío hoxe ó exército de Israel. Mandádeme un home que pelexe comigo". [11]Cando Xaúl e os israelitas oíron o que dicía o filisteo, morrían de medo.
[12]David era fillo dun efrateo de Belén de Xudá, que se chamaba Ixaí e que tiña oito fillos. Nos días de Xaúl, ese home era xa vello, moi entrado en anos. [13]Os seus tres fillos máis vellos marcharan á guerra, seguindo a Xaúl. O primeiro dos tres chamábase Eliab, o segundo Abinadab e o terceiro Xamah. [14]David era o máis novo; os tres máis vellos seguían a Xaúl. [15]David ía e viña do campamento de Xaúl a Belén, para alinda-los rabaños de seu pai. [16]Entrementres, o filisteo acercábase e chantábase diante de Israel, mañá e tarde; e iso xa por corenta días.
[17]Ixaí mandoulle ó seu fillo David: —"Colle esta tega de gran torrado e estes dez pans e chégate ó campamento, xunto dos teus irmáns; [18]leva para o xefe estes dez queixos. Infórmate de se están ben os teus irmáns e trae contigo un sinal deles". [19]Xaúl, os irmáns de David e todo Israel estaban no val da Aciñeira, loitando cos filisteos.
[20]David ergueuse cedo, encomendoulle a un pastor a garda do rabaño, cargou as cousas e foise, conforme seu pai Ixaí lle ordenara. Chegando el ó campo dos carros, saía o exército e púñase en orde de batalla, dando o berro de guerra. [21]Israelitas e filisteos aliñáronse para o combate, uns enfronte dos outros.
[22]David deixou as cousas ó cargo dos que gardaban a bagaxe e foise correndo ás ringleiras preguntarlles ós irmáns pola saúde. [23]Mentres falaba alí con eles, saíu das ringleiras filisteas o valente de Gat, chamado Goliat. Repetiu as palabras de sempre e David puido oílo. [24]Os israelitas, en canto o viron, fuxían, mortos de medo.
[25]Un israelita aclarou: —"¿Vedes ese home que se adianta? Vén para desafiar a Israel. A quen o mate, o rei cubrirao de riquezas, daralle a súa filla por muller e excusará á súa familia de pagar tributo en Israel". [26]David pre-

---

16, 23 O espírito de Deus refuga o mal espírito de Xaúl pola música de David, que ten forza para curar.
17 Esta historia impresiona polo ben contada que está, pero tamén polo seu contido, unha loita singular entre dous inimigos prototípicos. O poderoso é a forza bruta, que se abonda consigo mesma; o feble ten da súa parte a arte e a gracia. Segundo 2 Sam **21,** 19, foi Elhanán de Belén, un heroe de David, quen matou a Goliat. Quizais David matou un filisteo, que despois se identificou con Goliat. Por este glorioso feito o relato di que entrou Da-
vid no pazo de Xaúl, sen recordo ningún para o rapaz que tocaba a harpa (**16,** 18-23).
17, 1-3 Presenta a situación de guerra entre Israel e os filisteos.
17, 8-11 No combate singular un home de cada bando ou uns poucos por cada contendente deciden a sorte do combate (2 Sam **2,** 14ss).
17, 12ss O narrador presenta a Goliat e despois a David. A historia non foi harmonizada co c. **16**; no v 15 parece haber un intento de facelo.

guntoulles ós homes que estaban alí onda el: —"¿Que lle darán a quen mate a ese filisteo e tire esa aldraxe de Israel? E ¿quen é ese filisteo incircunciso, que ousa insulta-las hostes do Deus vivo?" ²⁷Os soldados dixéronlle o sabido: —"A quen o mate daranlle ese premio".

²⁸Cando Eliab, o irmán máis vello, oíu a David falando cos soldados, enfadouse con el e díxolle: —"¿A que viñeches ti aquí? ¿A quen encargáche-las túas catro ovellas no deserto? Eu coñezo ben o teu atrevemento e a túa malicia. Viñeches ve-lo combate". ²⁹David respondeulle: —"¿Que é o que fixen agora? ¿Que era, senón unha pregunta?" ³⁰David retirouse de alí cara a outro lado e preguntou outra vez. E os soldados déronlle a mesma resposta cá primeira.

³¹Moitos oíron as palabras que dixera David e puxérono en coñecemento de Xaúl, quen mandou que o trouxesen onda el. ³²David díxolle a Xaúl: —"Ninguén se aflixa por ese. O teu servo irá loitar contra ese filisteo".

³³Xaúl díxolle a David: —"Non podes loitar contra ese filisteo, pois ti es un rapaz e el é un guerreiro desde neno". ³⁴David respondeulle: —"O teu servo é pastor das ovellas de seu pai. Se chega o león ou o oso e leva unha ovella do rabaño, ³⁵eu saio correndo detrás del, zóupolle e arríncolla da boca. Se el se repón contra min, agárroo polas queixadas e doulle, ata matalo. ³⁶O teu servo ten matado tanto leóns coma osos. Ese filisteo incircunciso será coma outro deles, por desafia-las hostes do Deus vivo". ³⁷E David engadiu: —"O Señor que me librou das gadoupas do león e do oso, hame librar tamén das mans dese filisteo". Xaúl díxolle: —"Vai e que o Señor vaia contigo".

³⁸Xaúl vestiulle a David a súa roupa, púxolle un casco de bronce na cabeza, revestiuno coa súa coiraza e cinguiulle, por riba dela, a súa espada. ³⁹David tratou de camiñar, pero non estaba afeito a iso e díxolle a Xaúl: —"Con isto non podo camiñar porque non estou afeito". E quitou todo de encima. ⁴⁰Despois colleu o seu caxato, escolleu cinco pelouros do regato e meteunos no seu foleco; e coa fonda na man chegouse onda o filisteo. ⁴¹O filisteo, da súa parte, adiantouse tamén cara a David, precedido do seu escudeiro. ⁴²Axiña que o filisteo mirou e viu a David, desprezouno, pois non era máis ca un rapaz, loiro e fermoso. ⁴³E berroulle: —"¿Seica son eu un can, para que veñas cara a min cunha caxata?" E maldiciu a David no nome dos seus deuses.

⁴⁴Despois o filisteo chamou a David: —"Ven acó, que vou bota-la túa carne ós paxaros do ceo e ás feras do monte". ⁴⁵David respondeulle: —"Ti vés cara a min con espada, con lanza e con venábulos, mentres eu vou cara a ti no nome do Señor dos exércitos, o Deus das hostes de Israel, a quen ti aldraxaches. ⁴⁶Hoxe porate o Señor nas miñas mans e eu matareite e cortareiche a cabeza. Botaréille-los cadáveres do exército filisteo ós paxaros do ceo e ás feras da terra e recoñecerá todo o mundo que hai un Deus en Israel. ⁴⁷Toda esta xente aprenderá que o Señor non outorga a victoria ás espadas e ás lanzas. O Señor é dono da guerra e entregaravos nas nosas mans".

⁴⁸O filisteo levantouse e adiantouse cara a David, mentres David saía correndo das ringleiras ó encontro do filisteo. ⁴⁹David meteu a man no seu foleco, sacou un pelouro, disparouno coa fonda e acertoulle na testa ó filisteo. O cantazo cravóuselle na testa e el caeu de fuciños na terra. ⁵⁰David derrotou ó filisteo coa fonda e co cantazo. Feriuno e matouno sen espada. ⁵¹Despois David foi correndo, botouse no filisteo, arrincoulle a espada da vaíña e rematouno, cortándolle con ela a cabeza. Cando viron morto o seu xefe, os filisteos saíron correndo.

⁵²Entón os soldados de Israel e de Xudá, dando o berro de combate, emprenderon a persecución dos filisteos ata a entrada de Gat e ata as portas de Ecrón. Moitos filisteos caeron mortos nese treito, no camiño de Xaraim. ⁵³Os israelitas deixaron de perseguir-los filisteos e voltaron para saquea-lo seu campamento. ⁵⁴David colleu entón a cabeza do filisteo e levouna a Xerusalén. As armas gardounas na súa tenda.

⁵⁵Cando vira Xaúl que David saíra ó encontro do filisteo, preguntáralle a Abner, xeneral do seu exército: —"Abner, ¿de quen é fillo ese rapaz?" E Abner respónderalle: —"Pola túa vida, meu rei, que non o sei". ⁵⁶E o rei díxolle: —"Pregunta de quen é fillo". ⁵⁷Cando

---

17, 17ss O narrador describe o marco da loita e vai pouco a pouco desatando a tensión.
17, 34ss O filisteo está aquí descrito coma unha fera na categoría das feras, ás que David aprendeu de neno a vencer.
17, 48-51 Encontro impresionante do guerreiro e do pastor.
17, 52ss A victoria singular faise xeral.
17, 55-58 Non concorda con **16,** 14ss nin con **17,** 12-30. Xaúl non coñece aínda a David.

David viña de volta de mata-lo filisteo, Abner colleuno e presentoullo a Xaúl, coa cabeza do filisteo na súa man. ⁵⁸Xaúl preguntoulle: —"¿De quen es fillo, rapaz?" E David respondeulle: —"Do teu servo Ixaí de Belén".

Afección de Ionatán por David

18 ¹Acabada a conversa de David con Xaúl, Ionatán encariñouse con David. Queríalle coma a si mesmo. ²Xaúl retivo consigo a David desde aquel día e non o deixou volver para casa de seu pai. ³Ionatán fixo un pacto con David pois queríalle coma a si mesmo. ⁴Desprendeuse do manto que levaba e deullo a David. E co vestido deulle tamén a súa espada, o seu arco e mesmo o seu cinto. ⁵David saía ben de tódalas incursións que Xaúl lle encomendaba e o rei púxoo á fronte dos soldados. Fíxose querer de todo o exército e tamén dos ministros de Xaúl.

Envexa de Xaúl

⁶Cando volvían das saídas, despois de que matase David ó filisteo, viñan ó encontro de Xaúl as mulleres de tódalas cidades de Israel, cantando e danzando, ledas, con pandeiros e con ferreñas. ⁷Danzaban, cantando a coro:
 —"Xaúl matou os seus mil,
 pero David os seus dez mil".
⁸Xaúl enfadouse moito e pareceulle mal aquela copla. Dicía: —"A David danlle dez mil e a min mil. Xa só lle falta o reino". ⁹Daquel día en diante Xaúl mirou con malos ollos a David.

¹⁰Ó día seguinte un mal espírito de Deus asaltou a Xaúl, que andaba atoleado pola casa, mentres David tocaba a harpa, coma tódolos días. Xaúl tiña a lanza na man ¹¹e arrebolouna querendo cravar a David contra a parede. David zafouse dela por dúas veces.

¹²Xaúl colleralle medo a David, porque o Señor estaba con el, ó tempo que se afastaba de Xaúl. ¹³Xaúl arredouno de onda el, facéndoo xefe de milleiro. David saía en expedicións á fronte do exército. ¹⁴Calquera cousa que emprendese saía ben, porque o Señor estaba con el. ¹⁵Ó ver Xaúl que David tiña tanto éxito empezou a recear del. ¹⁶Pero en Israel e en Xudá todos lle querían ben, pois David era quen os guiaba nas súas expedicións.

David, xenro de Xaúl

¹⁷Xaúl propúxolle a David: —"Velaí tes a Merab, a miña filla máis vella. Voucha dar por muller, con tal que te mostres valente e loites nas guerras do Señor". Xaúl matinara: —"Mellor que poñer eu nel as miñas mans, que o maten os filisteos". ¹⁸David respondeulle a Xaúl: —"¿Quen son eu e quen é a familia de meu pai, para poder chegar a ser xenro do rei?" ¹⁹Pero, chegado o momento de darlla a David por muller, Xaúl casou a Merab con Adriel de Meholah.

²⁰Ó tempo, Micol, filla de Xaúl, namorárase de David. Dixéronllo a Xaúl, que o aprobou. ²¹Pensaba para o seu adentro: —"Dareilla e serviralle de trapela, para caer nas mans dos filisteos". Xaúl díxolle a David: —"Por segunda vez hoxe podes facerte meu xenro". ²²E mandoulles ós seus serventes: —"Dicídelle en confidencia a David: mira que o rei te estima e que os seus ministros te queren ben. Acepta ser xenro do rei".

²³Os servidores de Xaúl repetiron esas palabras ós oídos de David. E David respondeulles: —"¿Parécevos pouca cousa chegar a ser xenro do rei? Eu son un home pobre e de humilde condición". ²⁴Os servidores de Xaúl leváronlle ó rei a resposta de David. ²⁵Entón mandou el que lle aclarasen: —"Ó rei non lle importa tanto o dote que lle deas, canto cen prepucios de filisteos, para vingarse dos seus inimigos". Xaúl contaba con que David caese nas mans dos filisteos.

²⁶Os servidores de Xaúl comunicáronlle a David as palabras do rei e a David pareceulle xusta a condición para se facer xenro do rei. ²⁷Non se cumprira aínda o tempo e Da-

---

18 David crece ás vistas de todos. Xaúl cóllelle medo e empeza a cometer erros. David entra a fondo no terreo da familia real, pola súa amizade con Ionatán, polo amor de Micol e tamén polas encomendas que o mesmo Xaúl lle fai.
18, 4 Rito de pacto de amizade entre dúas persoas. O manto ou outra peza de roupa representa a persoa que o leva (**24,** 5s; 2 Re **2,** 13s). A amizade de David e Ionatán é tema que se repite na historia para rematar coa elexía de David polo amigo morto (2 Sam **1,** 19ss).
18, 7 As mulleres recibían con cantos ós guerreiros (Ex **15,** 20s; Xuí **11,** 34).
18, 8s A envexa de Xaúl é un tema da loita entre os dous homes. Espertábana particularmente os cantos das mulleres (**21,** 12; **29,** 5).
18, 12 A loita de Xaúl con David acaba por ser unha loita co espírito que o abandonou (v 28s).
18, 17 Xaúl válese das fillas para pór a David nas mans dos filisteos. O tema da filla máis nova e a máis vella, coma na historia de Xacob.
18, 25 O pago do dote pola muller podía ser en diñeiro, en servicios ou calquera sorte de presentes. Xacob serve a Labán sete anos por cada unha das súas fillas. Os prepucios son proba doutros tantos homes mortos.

vid foi cos seus homes, matou douscentos filisteos e trouxo os seus prepucios. Con iso cumpría a condición para se facer xenro do rei. Xaúl deulle entón por muller a súa filla Micol. ²⁸Xaúl caeu na conta de que o Señor estaba con David e de que a súa filla Micol se namorara del. ²⁹Xaúl colleulle a David aínda máis medo e fixose o seu inimigo para o resto da súa vida.

³⁰Os xenerais filisteos saían a facer incursións, e David tiña máis éxitos contra eles cós mesmos soldados de Xaúl. O seu nome adquiriu unha grande sona.

Ionatán defende a David

19 ¹Xaúl faloulle ó seu fillo Ionatán e ós seus servidores de matar a David. Pero Ionatán, fillo de Xaúl, queríalle moito a David ²e avisouno, dicíndolle: —"Meu pai Xaúl trata de matarte. Anda, pois, con moito coidado. Pola mañá procúrate un tobo e acóchate. ³Cando saiamos, eu irei ó lado de meu pai, pola campía onde ti estás, falareille ó meu pai de ti, e, segundo vexa, informareite".

⁴Ionatán faloulle ó seu pai Xaúl en favor de David: —"Que o rei non faga dano ó seu servo David; el non che fixo dano a ti; ó contrario, todo o que fai é sempre no teu proveito. ⁵Xogou coa súa vida cando matou ó filisteo. Aquilo foi unha grande victoria, que o Señor concedeu a todo Israel. Cando ti o soubeches, aledácheste ben. ¿Por que te queres facer culpable dun sangue inocente matando a David sen motivo?"

⁶Xaúl fixolle caso a Ionatán e xurou: —"Pola vida do Señor que non morrerá". ⁷Ionatán chamou a David e contoulle toda a conversa. Logo levou a David onda Xaúl e David quedou ó seu servicio, coma antes.

David salvado por Micol

⁸Estalou outra vez a guerra e David saíu a combater cos filisteos. Inflixíulle-la gran desfeita e eles fuxiron diante del.

⁹O mal espírito mandado polo Señor apoderouse de Xaúl nun momento en que estaba sentado no seu pazo, coa lanza na man, e David tocando a harpa. ¹⁰Xaúl tratou de cravar a David coa lanza contra a parede pero David zafouse de Xaúl; a lanza cravouse na parede e David escapou, san e salvo.

¹¹Aquela mesma noite mandou Xaúl mensaxeiros á casa de David para que o vixiasen e matalo pola mañá. A súa muller Micol avisou a David: —"Se non te pos a salvo esta mesma noite, mañá serás home morto". ¹²Micol desprendeuno por unha fiestra e el salvouse, fuxindo. ¹³Entón colleu Micol o ídolo caseiro e meteuno na cama; puxo á cabeceira un coxín de pelo de cabra e tapouno cun cobertor.

¹⁴Xaúl mandou mensaxeiros para que prendesen a David. Pero ela aclaroulles: —"Está malo". ¹⁵Xaúl mandou outros mensaxeiros que fosen buscar a David: —"Traédemo, mesmo do leito, porque o quero matar". ¹⁶Cando entraron os mensaxeiros, atoparon na cama o ídolo doméstico e un coxín de pelo de cabra á cabeceira.

¹⁷Xaúl díxolle a Micol: —"¿Por que me enganaches deste xeito deixando que o meu inimigo escapase?" Micol respondeulle a Xaúl: ¹⁸—"Porque el me ameazou: axúdame a escapar ou matareite". David salvouse fuxindo. Chegado a Ramah, onda Samuel, contoulle todo aquilo que Xaúl lle fixera. Despois fóronse, el e Samuel, e detivéronse en Naiot.

Xaúl cos profetas de Ramah

¹⁹Comunicáronlle a Xaúl: —"Sabe que David está en Naiot de Ramah". ²⁰Xaúl mandou mensaxeiros que detivesen a David. Ó atopárense cunha tropa de profetas, que estaban profetizando, e Samuel presidíndoos, entrou o espírito de Deus nos mensaxeiros de Xaúl e puxéronse a profetizar eles tamén. ²¹Dixéronllo a Xaúl e mandou outros mensaxeiros, que se puxeron tamén a profetizar. Por terceira vez mandou Xaúl mensaxeiros, que se puxeron a profetizar eles tamén.

²²Entón foi el mesmo a Ramah. Ó chegar onda a gran cisterna que hai en Secu, preguntou: —"¿Onde están Samuel e David?" E

---

19 Máis sobre as relacións de David coa familia de Xaúl. Os fillos de Xaúl salvan a David do pai que persegue. A cousa é mais tráxica, porque David era quen podía axudar a Xaúl contra o verdadeiro inimigo, os filisteos.
19, 1ss Ionatán intercede por David diante do pai **(20, 1ss)**. Xaúl mataría a un inocente, un fiel servidor e un protexido de Deus.
19, 9s Coma en **18, 10s**.

19, 13 O ídolo doméstico (en plural "terafim": Xén **31,** 30) debía ser de moita talla, para facerse pasar por unha persoa. O certo é que o engano de Micol deu resultado.
19, 19s Xaúl xa coñecera esa experiencia do espírito profético, cando Samuel o unxira por rei **(10,** 9ss). Agora volve a encontrarse con Samuel, o que contradí o afirmado en **15,** 34. A forza de Xaúl, axeonllada diante da forza do espírito.

respondéronlle: —"Están en Naiot de Ramah". ²³Xaúl foi a Naiot de Ramah. Apoderouse tamén del o espírito de Deus e camiñaba profetizando ata chegar a Naiot de Ramah. ²⁴Espiuse el tamén da súa roupa e estivo profetizando ante Samuel, deitado e espido polo chan, todo aquel día e toda a noite. De aí veu aquel dito: —"¿Conque tamén Xaúl entre os profetas?"

David e Ionatán

20 ¹David fuxiu de Naiot de Ramah e foille dicir a Ionatán: —"¿Que é o que fixen e en que lle faltei a teu pai, para que queira matarme?" ²Ionatán respondeulle: —"¡De ningunha maneira! Ti non morrerás. Sabes que meu pai non fai cousa ningunha, nin grande nin pequena, sen dicirmo a min. ¿Por que me ía ocultar agora isto? ¡Non é posible!" ³Mais David insistiu: —"Teu pai sabe moi ben que eu che caín en gracia e pensará: Que non saiba isto Ionatán para que non se entristeza. Pero, pola vida do Señor e pola túa vida, que estou a un paso da morte".

⁴Ionatán díxolle a David: —"¿Que queres que faga por ti? Estou disposto a facelo". ⁵David díxolle a Ionatán: —"Mañá é lúa nova e eu terei que sentarme a comer á mesa do rei. Déixame que marche e me esconda nas aforas, ata pasado mañá á tarde. ⁶Se teu pai me bota de menos, ti dirasle: David pediume permiso para facer unha escapada á súa cidade de Belén, pois a súa familia celebra alí o sacrificio anual. ⁷Se el che di que está ben, estou a salvo; pero, se se enfada, de seguro que ten decidido algo malo.

⁸Ti móstrate bo co teu servo, pois vinculácheme contigo por un pacto dediante do Señor. Se atopas en min iniquidade, mátame ti mesmo. ¿Para que esperar a levarme onda teu pai?" ⁹Ionatán respondeulle: —"¡Líbreme Deus! Se chegase a saber que meu pai ten decidido o peor para ti, ¿non cho ía dicir?" ¹⁰David preguntoulle a Ionatán: —"¿E quen me informará, no caso de que teu pai che dea unha mala resposta?" ¹¹Ionatán díxolle a David: —"Ven, vamos fóra. E saíron os dous ó campo".

¹²Ionatán díxolle a David: —"Polo Señor, Deus de Israel, que mañá, destas horas, xa darei sabido se meu pai está ou non de boas con David, e mandarei que che dean o recado. ¹³E se non, que o Señor castigue a Ionatán. Se meu pai ten decidido o mal para ti, eu fareicho saber. Despedireite e iraste en paz. E que o Señor vaia contigo, como estivo con meu pai. ¹⁴Se entón eu vivo aínda, mostra comigo a bondade do Señor; e se morrín, ¹⁵non deixes nunca de ser bo coa miña familia. Cando borre o Señor da face da terra os inimigos de David, ¹⁶que non sexa borrado da súa casa o nome de Ionatán. Que o Señor lles pida contas ós inimigos de David". ¹⁷E Ionatán renovoulle a David o xuramento, polo amor que lle tiña, pois querialle coma a si mesmo.

¹⁸Despois díxolle Ionatán: —"Mañá é lúa nova e, ó ver baleiro o teu asento, botarante de menos. ¹⁹Pasado mañá será aínda peor. Ti vai a onde te escondiches da outra vez e quédate alí, onda a pedra de Ézel. ²⁰Eu dispararei tres frechas para ese lado, coma quen tira ó branco, ²¹e logo mandarei o criado cara a ti, para que colla as frechas. Se lle digo ó criado: *Mira que as frechas están para acó de ti: cólleas,* entón ti podes vir; estás salvado; non pasa nada, pola vida do Señor. ²²Pero, se lle digo ó rapaz: *Mira que as frechas están para alá de ti,* entón vaite, pois é o Señor quen te manda. ²³Tocante á promesa que media entre nosoutros dous, o Señor estará para sempre entre nós".

²⁴David escondeuse na campía. Chegada a lúa nova, o rei púxose á mesa para comer. ²⁵O rei sentouse onda sempre na cadeira de onda a parede, Ionatán enfronte del e Abner á beira de Xaúl. O asento de David quedou baleiro.

²⁶Aquel día Xaúl non dixo nada, pois pensou: será casualidade. Quizais non está puro ou non puido purificarse. ²⁷Ó día seguinte, o segundo do mes, o asento de David seguía baleiro e Xaúl preguntoulle ó seu fillo Ionatán: —"¿Por que, nin onte nin hoxe, veu come-lo fillo de Ixaí?" ²⁸Ionatán respondeulle: —"Pediume permiso apresurado para achegarse a Belén. Díxome: ²⁹Déixame ir, pois a familia celebra na cidade o sacrificio anual e os meus irmáns dixéronme que fose. Se merezo o teu favor, déixame que me chegue alí

---

20 Segue o tema da persecución de David por Xaúl e da mediación de Ionatán, preso por dúas fidelidades, a de fillo e a de amigo. Coma antes Micol, agora é Ionatán quen salva a David. O pai non consegue rompe-lo pacto, pero separa os amigos. Na amizade están vinculados para máis alá da mesma morte.

20, 5 A lúa nova, ó comezo do mes era día de festa, con ofrenda de sacrificios (Núm **10,** 10; Is **1,** 13s).
20, 14 Ionatán é quen pide agora a David pola súa descendencia, coma se o vise xa revestido dos poderes de rei. Os vv 11-17 quizais sexan doutra man.

correndo, para visita-los meus irmáns. Por iso non está á mesa do rei".

³⁰Xaúl alporizouse e díxolle a Ionatán: —"Fillo de zorra, xa sabía eu que es amigo do fillo de Ixaí, para vergonza túa e para vergonza de túa nai. ³¹Mentres o fillo de Ixaí siga con vida na terra, non estades seguros nin ti nin o teu reino. Agora manda que o traian onda min, pois merece a morte". ³²Ionatán respondeulle a seu pai: —"¿Por que ten que morrer? ¿Que é o que fixo?" ³³Xaúl brandeu a lanza contra el para matalo e Ionatán comprendeu que seu pai tiña decidida a morte de David.

³⁴Ionatán ergueuse da mesa anoxado, sen probar bocado aquel día, o segundo do mes, aflixido porque seu pai aldraxara a David. ³⁵Pola mañá saíu ó campo cun rapaz pequeno canda el á hora que conviñera con David. ³⁶Ionatán díxolle ó criado: —"Corre collelas frechas que eu tire". O criado foi correndo e el tirou unha frecha, que pasou alén del. ³⁷O criado buscaba o sitio da frecha que tirara Ionatán, e este berroulle: —"Está aí, máis aló de ti". ³⁸E seguiulle berrando: —"Corre de présa; non te pares". O criado colleu a frecha e levoulla ó seu amo. ³⁹O criado non sospeitou cousa ningunha. Pero Ionatán e David puideron entenderse. ⁴⁰Ionatán deulle as súas armas ó criado e díxolle: —"Anda, lévaas á casa". ⁴¹E o criado marchou. David ergueuse de tras da pedra e postrouse tres veces polo chan. Despois abrazáronse, chorando os dous, sobre todo David. ⁴²Ionatán díxolle a David: —"Vaite en paz. E, conforme o xuramento que fixemos entre os dous, no nome do Señor, que o Señor estea entre nós e entre os nosos descendentes para sempre".

David cos sacerdotes de Nob

21 ¹David ergueuse e marchou e Ionatán voltou para a cidade. ²David chegou a Nob, onda o sacerdote Ahimélec. Ahimélec saíu inquedo ó seu encontro e preguntoulle: —"¿Como é que vés só, sen compaña de ninguén?" ³David respondeulle ó sacerdote Ahimélec: —"O rei envioume a un asunto e ordenoume: que ninguén saiba nada do asunto que che mando nin das ordes que che dei. Teño citados en certo sitio os meus homes.

⁴Agora dáme cinco pans, se os tes á man, ou o que teñas". ⁵O sacerdote respondeulle a David: —"Non teño á man pan común; dareiche pan consagrado, se os teus homes se gardaron do trato con mulleres". ⁶David díxolle ó sacerdote: —"Non. As mulleres estannos prohibidas, coma sempre que saímos de batida. Os corpos dos meus homes están limpos. Mesmo se esta saída é ordinaria, os homes hoxe están limpos". ⁷O sacerdote deulle o pan consagrado, xa que non había alí outro pan, fóra dos pans da presentación, que foran retirados da presencia do Señor, para po-los quentes do día.

⁸Aquel día había alí un home dos servos de Xaúl, detido no santuario, que se chamaba Doeg, edomita, xefe dos pastores de Xaúl. ⁹David preguntoulle a Ahimélec: —"¿Non terás aquí, á man, unha lanza ou unha espada? Non traio comigo nin espada nin arma ningunha, porque a encomenda do rei era urxente". ¹⁰O sacerdote respondeulle: —"Teño a espada de Goliat, o filisteo que ti mataches no val de Elah. Aí está, envolta nun pano, tras do *efod*. Se a queres, cóllea, pois aquí, fóra desa, non hai outra". David respondeulle: —"Non a hai coma ela. Dáma".

David co rei Áquix de Gat

¹¹David foi fuxindo aquel día da presencia de Xaúl e chegou onda Áquix, rei de Gat. ¹²Os servidores de Áquix comentaron con el: —"¿Non é ese David, o rei do país? ¿Non era a el a quen lle cantaban en corros:

Xaúl matou os seus mil,
pero David os seus dez mil?"

¹³David reparou naqueles comentarios e colleulle medo a Áquix, rei de Gat. ¹⁴Entón púxose a face-lo tolo diante deles, para pasar por louco. Arrabuñaba as portas cos dedos e deixaba esvara-lo cuspe pola bar-

---

20, 30-33 Xaúl expresa claramente as súas intencións respecto de David. Ionatán sabe agora o que lle agarda ó seu amigo.
20, 41s Se Ionatán e David podían falar ¿para que a estrataxema das frechas?
21 Empeza a vida errante de David, dentro e fóra do país. Aparece de paso en Nob, onde se aprovisiona, e de seguida en Gat dos filisteos, nunha pasaxe que adianta o que se refire no c. 27.
21, 2 En Nob, cidade ó leste de Xerusalén, había unha familia sacerdotal, que proviña dos elidas de Xiloh. Ahimélec acolle a David e dálle pan e unha espada, sen saber que vai fuxindo de Xaúl, por máis que o inquede un presentimento, ó velo só.
21, 5s Ese pan consagrado comíano os sacerdotes (Ex **25,** 30; Lev **24,** 4-9); en caso de necesidade, podíao comer calquera (Mt **12,** 1ss). Os homes de David estaban puros, pois estaban en acto de guerra (Dt **23,** 10; 2 Sam **11,** 11).
21, 11ss Este desprazamento rápido a Gat aparece aquí fóra de lugar. Por outro lado, non se ve como harmonizalo con **27,** 1ss. Os loucos considéranse invadidos polo espírito, cousa que os fai inmunes. Esa estratexia de David dálle ó narrador a oportunidade de burlarse dos filisteos.

ba. ¹⁵Áquix díxolles entón ós seus serventes: —"Como vedes, este home está louco. ¿Para que mo trouxestes aquí? ¹⁶¿Seica ando eu escaso de tolos, para que traiades a este facer toladas diante miña? ¿Vai entrar este no meu pazo?"

David en Adulam e Mispah

22 ¹David marchou de alí e foise esconder á furna de Adulam. Soubérono os seus irmáns e toda a súa familia e foron alí onda el. ²Ó redor del xuntáronse xentes que estaban en apuros, homes cargados de débedas e desesperados da vida. David foi o seu xefe. Chegou a haber ó seu arredor coma catrocentos homes.

³De alí foi David a Mispah de Moab. E díxolle ó rei de Moab: —"Permite que meu pai e miña nai queden aquí convosco, ata que eu acabe de sabe-lo que Deus quere de min". ⁴Presentoullos ó rei de Moab e eles quedaron alí todo o tempo que David estivo no refuxio.

⁵O profeta Gad díxolle a David: —"Non quedes nese refuxio. Vai e entra na terra de Xudá". David marchou de alí e meteuse no bosque de Háret.

Morte dos sacerdotes de Nob

⁶Chegoulle noticia a Xaúl de que se soubera de David e dos seus homes, mentres estaba el en Guibah, sentado debaixo dun tamarisco, no outeiro, coa lanza na man e rodeado dos seus servidores. ⁷Xaúl faloulles deste xeito: —"Escoitádeme, benxaminitas. Polo visto o fillo de Ixaí vai repartir entre todos vós agros e viñas e vaivos nomear a todos xefes de milleiro e de centuria, ⁸pois conspirades todos contra min e ninguén me informou do pacto de meu fillo co fillo de Ixaí. Ninguén de vós ten dó de min. Ninguén me descubriu que o meu fillo ergueu contra min a un servo meu, que me está axexando agora mesmo".

⁹Respondeulle Doeg, o edomita, un dos servidores de Xaúl: —"Eu vin o fillo de Ixaí chegar a Nob, onda Ahimélec, fillo de Ahitub, ¹⁰que consultou ó Señor por el, forneceuno de provisións e deulle a espada de Goliat, o filisteo".

¹¹O rei mandou chamar polo sacerdote Ahimélec, fillo de Ahitub, e por toda a súa familia de sacerdotes de Nob. Compareceron todos onda o rei ¹²e Xaúl dixo: —"Escóitame, fillo de Ahitub". E el respondeu: —"Aquí estou, meu Señor". ¹³Xaúl preguntoulle: —"¿Por que vos conxurastes contra min ti e o fillo de Ixaí? Ti déchesle pan e unha espada e consultaches a Deus por el, para que se repuxese contra min e me axexase, cousa que está facendo xa".

¹⁴Ahimélec respondeulle ó rei: —"¿Quen dos teus servos é de fiar coma David, xenro do rei, xefe da túa garda, honrado no teu pazo? ¹⁵¿É hoxe a primeira vez que consulto a Deus por el? Mais ¡Deus me libre! Non lle apoña o rei ó seu servidor nin á súa familia esas cousas, pois o teu servo non sabe nin pouco nin moito sobre iso". ¹⁶O rei díxolle: —"Vas morrer, Ahimélec, ti e toda a túa familia".

¹⁷O rei mandoulles ós soldados da súa garda: —"Cercade os sacerdotes do Señor e matádeos, xa que se puxeron de parte de David e sabendo que fuxía non me deron aviso". Pero os servidores do rei non quixeron ergue-las mans para mata-los sacerdotes do Señor. ¹⁸O rei díxolle entón a Doeg: —"Acércate ti e mátaos". E Doeg o edomita achegouse, pegou nos sacerdotes e matounos: oitenta e cinco homes, que levaban efod de liño. ¹⁹Na cidade sacerdotal de Nob, Xaúl fixo matar o gume da espada homes e mulleres, rapaces e nenos; e mesmo bois, xumentos e ovellas caeron polo gume da espada.

²⁰Salvouse un fillo de Ahimélec, fillo de Ahitub, que se chamaba Abiatar, fuxindo para onda David. ²¹Abiatar contoulle a David como Xaúl fixera mata-los sacerdotes do Señor. ²²E David díxolle a Abiatar: —"Xa sabía eu aquel día que, estando alí Doeg o edomita, informaría a Xaúl. Eu son o responsable da morte de toda a túa familia. ²³Ti queda comigo e non teñas medo. O que in-

---

21, 22 David de novo na súa terra, nas covas do deserto de Xudá.
22, 2 Os homes que seguen a David son xente que rompeu coa súa sociedade e escapou, coma el; un caso semellante ó de Iefté, tamén coa súa banda (Xuí **11,** 3).
22, 3s A relación de David con Moab, tema no que se funda o libro de Rut (Rut **1,** 4s; **4,** 21s).
22, 5 Gad, vidente de David (2 Sam **24,** 11s; 1 Cro **29,** 29).
22, 6ss A morte dos sacerdotes remata a historia que empezou en **21,** 1-10. Xaúl rompe coas leis da xustiza e da sacralidade, cousa que nin os seus servidores admiten. David, polo outro lado, acolle o sobrevivente. Xaúl acode a un estranxeiro, o edomita Doeg (**21,** 7), para mata-los sacerdotes.
22, 14s Ahimélec era alleo ó que pasaba entre Xaúl e David. O servicio que lle fixo a este era como feito ó mesmo rei, ó ho entender do sacerdote.
22, 20-23 Abiatar será sacerdote con David, ata que Salomón o destitúa e o desterre a Anatot, por tomar partido pola sucesión de Adonías (1 Re **2,** 26s).

tente matarte a ti, terá que matarme a min. Onda min estarás seguro".

David en Queilah

23 ¹Comunicáronlle a David: —"Os filisteos atacan Queilah e saquean as súas eiras". ²David consultoulle ó Señor: —"¿Debo subir e baterme con eses filisteos?" O Señor respondeulle: —"Vai. Vencera-los filisteos e salvarás Queilah". ³Pero os homes de David dixéronlle: —"Ves que, mesmo aquí, en Xudá, nós temos medo, canto máis se nos levas a Queilah contra as hostes dos filisteos". ⁴David volveu consulta-lo Señor e o Señor respondeulle: —"Vai, baixa a Queilah, pois vouche poñer nas mans os filisteos". ⁵David foi a Queilah cos seus homes, loitou contra os filisteos, colléulle-los seus rabaños e inflixiulles unha grave desfeita. Daquela salvou David ós veciños de Queilah. ⁶Abiatar, fillo de Ahimélec, que fuxira para onda David e que fora con el a Queilah, levaba consigo o *efod*.

⁷Informaron a Xaúl de que David chegara a Queilah e pensou: —"Deus pono nas miñas mans, pois, meténdose nunha cidade con portas e cerrollos, encérrase a si mesmo". ⁸Xaúl convocou á guerra a todo o exército, a fin de baixar a Queilah e pórlle o cerco a David e ós seus homes.

⁹Ó saber David que Xaúl estaba tramando a súa perdición, díxolle ó sacerdote Abiatar: —"Trae aquí o *efod*". ¹⁰E David consultou: —"Señor, Deus de Israel, o teu servo oíu dicir que Xaúl decidiu vir a Queilah e arrasar, por culpa miña, a cidade. ¹¹Señor, Deus de Israel, ¿baixará Xaúl, conforme o teu servo oíu dicir? Respóndelle ó teu servo". O Señor respondeulle: —"Baixará". ¹²David preguntou: —"¿Entregarannos, os donos de Queilah, a min e ós meus homes, nas mans de Xaúl?" E o Señor respondeulle: —"Entregaranvos".

¹³Entón David e os seus homes, en número duns seiscentos, saíron de Queilah e camiñaron por onde lles pareceu. Informaron a Xaúl de que David fuxira de Queilah e desistiu da súa expedición.

Xaúl tras de David no deserto de Zif

¹⁴David refuxiouse no ermo e morou na montaña do deserto de Zif. Xaúl andaba tódolos días na súa busca pero Deus non o deixou caer nas súas mans. ¹⁵Estando en Horex, no deserto de Zif, David tivo medo, pois soubo que Xaúl saíra para matalo.

¹⁶Ionatán, fillo de Xaúl, chegouse a Horex, onda David, para fortalecerlle a confianza en Deus. ¹⁷Díxolle: —"Non teñas medo. A man de meu pai Xaúl non te tocará. Ti serás rei de Israel e eu serei o teu segundo. Sábeo mesmo o meu pai Xaúl". ¹⁸E fixeron os dous un pacto diante do Señor. Despois David quedou en Horex e Ionatán tornou para a súa casa.

¹⁹Algúns homes de Zif subiron a Guibah, onda Xaúl, e informárono: —"David escóndese onda nós, nos refuxios de Horex, no alto de Haquilah, ó sur de Iexímón. ²⁰Xa que logo, rei, baixa, se queres. Entregalo nas mans do rei queda da nosa conta".

²¹Xaúl díxolles: —"Que o Señor volo pague, pois compadecéstesvos de min. ²²Ide e asegurádevos. Informádevos e vede por onde anda e a quen son os que o viron por alí, pois dixéronme que é home moi arteiro. ²³Rexistrade os recochos onde se esconde e volvede cos datos precisos. Entón irei eu convosco e, se se encontra nesa bisbarra, buscareino entre tódalas familias de Xudá".

²⁴Eles colleron entón e fóronse a Zif, adiantándose a Xaúl. David retirárase cos seus homes cara ó deserto de Maón, na estepa, ó sur de Iexímón. ²⁵Xaúl púxose a buscalo cos seus homes. Pero informaron diso a David e baixou para onda os penedos que hai no deserto de Maón. Cando Xaúl o soubo, foi polo deserto adiante, perseguíndoo. ²⁶Xaúl ía por un lado do monte e David cos seus homes polo outro. David ía de présa, para escapar de Xaúl, e Xaúl cos seus homes cercaba a David e ós seus, para atrapalos.

²⁷Estando niso, chegoulle unha mensaxe a Xaúl: —"Vén de seguida, que os filisteos están invadindo o país". ²⁸Xaúl entón deu a volta e deixou de perseguir a David, para ir

---

23 Outros episodios da vida errante de David. Defendendo as cidades da fronteira da súa tribo de Xudá, está labrando o seu futuro.

23, 1ss Ó que os seus homes non se atreven vai David, fiado na resposta favorable da consulta ó Señor.

23, 7-13 Xaúl está gastando as súas forzas nunha contenda sen razón. Deus está do lado do feble e da razón.

23, 16-18 Ionatán volve estar ó lado de David na adversidade, para cumprir co pacto de amizade e expresarlle o presentimento de que el será rei (**19,** 1-7; **20,** 11-17).

23, 19 Duplicado en **26,** 1-3.

23, 24 No mesmo escenario do deserto de Xudá, agora en En-Guedí, á beira do mar Morto, nova ocasión de encontro entre o perseguidor e o perseguido. Outra versión do mesmo no **c. 26**.

23, 27ss Xaúl abandona a persecución do inimigo persoal, para defende-lo seu país.

e saírlles ó paso ós filisteos. Por iso se lle chamou a aquel sitio rocha da separación.

No deserto de En-Guedí

24 ¹David marchou de alí e asentouse nos refuxios de En-Guedí. ²Cando voltaba Xaúl de persegui-los filisteos, informáronos: —"David está no deserto de En-Guedí". ³Entón colleu Xaúl tres mil soldados escolleitos de todo Israel e foise en busca de David e dos seus homes por fronte dos rochedos de Ielim.

⁴Chegaron onda os currais de ovellas que hai á beira do camiño, onde había unha cova, e Xaúl entrou nela para face-las necesidades, cando David e os seus homes estaban no fondo da cova. ⁵Os homes dixéronlle a David: —"Este é o día do que che falou o Señor: eu poreiche nas mans o teu inimigo. Fai con el o que mellor che pareza". David ergueuse caladamente e cortoulle a Xaúl un anaco do manto.

⁶Despois diso a David latexáballe con forza o corazón por corta-lo anaco do manto de Xaúl ⁷e díxolles ós seus homes: —"Deus me libre de facerlle ó meu señor, o unxido de Deus, unha cousa así, coma pór enriba del a miña man, sendo como é o unxido do Señor". ⁸Con esas palabras David contivo os seus homes e non deixou que se botasen a Xaúl.

⁹Logo que Xaúl saíu da cova e colleu o camiño, tamén David saíu da cova detrás del e berroulle: —"¡Rei, meu señor!" Xaúl volveu a vista atrás e viu a David baixando a cabeza e postrándose polo chan.

¹⁰David díxolle: —"¿Por que lles dás creto ós que che din: mira que David busca o teu mal? ¹¹Cos teus mesmos ollos puideches hoxe ver que o Señor te entregou nas miñas mans dentro da cova. Dixéronme que te matase, pero eu respecteite pensando: non erguerei as miñas mans contra o meu señor; el é o unxido do Señor. ¹²Olla, meu pai, e mira aquí na miña man un anaco do teu manto. Se cortei un anaco do teu manto e non te matei, podes ver que nas miñas mans non hai traizón nin maldade. Eu non che faltei en nada e ti andas á caza da miña vida para quitarma. ¹³Sexa o Señor o noso xuíz e que el me vingue de ti. Pero a miña man non se erguerá contra ti. ¹⁴Como di o vello refrán: dos malvados sae a maldade. Pero a miña man non se erguerá contra ti. ¹⁵¿Tras de quen anda o rei de Israel? ¿A quen está perseguindo? A un can morto, a unha pulga. ¹⁶Que xulgue e decida o Señor entre ti e min; que vexa El e defenda a miña causa; que El me faga xustiza, librándome da túa man".

¹⁷Cando acabou David de dicir esas palabras, Xaúl exclamou: —"David, meu fillo, ¿é esa a túa voz?" E rompeu en saloucos. ¹⁸Despois díxolle: —"Ti es máis xusto ca min, pois ti págasme con bens e eu correspóndoche con males. ¹⁹Hoxe mostraches ben a túa bondade comigo: o Señor púxome nas túas mans e ti non me mataches. ²⁰Se un se atopa co seu inimigo, ¿deixarao marchar en paz? ²¹Que o Señor che pague a bondade que hoxe mostraches comigo.

Agora sei certamente que ti chegarás a ser rei, que o reino de Israel se consolidará nas túas mans. ²²Xúrame, logo, polo Señor que non anicara-los meus descendentes tras de min, nin borrara-lo meu nome da casa de meu pai". ²³David xuroullo. Despois volveuse Xaúl para a súa casa e David subiu ó refuxio cos seus homes.

David, Nabal e Abigail

25 ¹Samuel morreu e todo Israel se xuntou para chorarlo. Enterrárono en Ramah na súa propiedade. Despois diso David baixou cara ó deserto de Maón. ²En Maón había un home que tiña os seus eidos en Carmel. Era moi rico. Tiña tres mil ovellas e mil cabras. Fora a Carmel para tosquia-las súas ovellas. ³Chamábase Nabal e a súa muller Abigail. A muller era asisada e belida; pero o home, un calebita, era áspero e retorto.

24, 6s O manto representa a persoa. David sente remordemento por esa aldraxe ó unxido do Señor (**15**, 27s).

24, 11s David faille ver a Xaúl o seu respecto e a súa lealdade. O rei non debería ter medo dun servo fiel e agarimoso.

24, 13-16 David, que se considera "un ninguén" diante do rei, que o persegue, pide que sexa Deus quen xulgue a súa causa.

24, 21s O presentimento de Ionatán sobre a futura realeza de David, agora na boca de Xaúl (**20**, 12-17; **23**, 15-18).

25 A historia de Nabal e Abigail reflexa ben certos aspectos da vida errante de David: o que daba e o que recibía das poboacións por onde andaba. O relato está ben composto, con arte e con simpatía, coma outras historias de mulleres. O personaxe central da historia é Abigail coa súa sabedoría e como muller de David.

25, 1 A noticia da morte de Samuel entrou aquí, quizais en relación coa declaración de Xaúl sobre o futuro reinado de David (**24**, 21).

⁴David oíu no deserto que Nabal facía o tosquiado das ovellas ⁵e mandou vinte homes coa encomenda: —"Subide a Carmel, chegádevos onda Nabal e saudádeo da miña parte. ⁶Dicídelle: ¡Saúde! A paz contigo, coa túa familia e con toda a túa facenda. ⁷Souben que andas no tosquiado. Ora os teus pastores estiveron connosco e nós nunca os molestamos nin lles faltou cousa ningunha, mentres estiveron connosco en Carmel. ⁸Pregúntallelo ós teus criados, que eles cho dirán. Atende, logo, benevolamente ós meus homes, xa que chegamos nun día de ledicia e dálles ós teus servos e ó teu fillo David o que teñas á man".
⁹Chegados os homes de David onda Nabal, repetíronlle esas palabras no nome de David e quedaron á espera. ¹⁰Pero Nabal respondeulles: —"¿Quen é David e quen o fillo de Ixaí? Hoxe abundan os escravos que foxen de onda os seus amos. ¹¹¿Seica vou coller eu o meu pan e a miña auga e as ovellas que matei para os meus tosquiadores e darllos a unha xente que nin sei de onde vén?" ¹²Os homes de David deron volta polo mesmo camiño e, en chegando, contáronllo todo palabra por palabra.
¹³David ordenoulles entón: —"Cinguídevos cada un a vosa espada". E todos cinguiron as espadas, o mesmo David coma os seus homes. Catrocentos deles subiron, seguindo a David, e douscentos quedaron gardando a equipaxe.
¹⁴Un dos criados avisou a Abigail, a muller de Nabal: —"Mira que David mandou desde o deserto mensaxeiros, que saudaran ó noso amo e este tratounos mal. ¹⁵Eles, pola súa parte, tíñannos tratado sempre ben; nunca nos molestaron, nin nos faltou cousa ningunha, mentres nós estivemos fóra. ¹⁶Foron a nosa defensa, de noite e de día, todo o tempo en que estivemos preto deles gardando os rabaños. ¹⁷Pensa, logo, que podes facer, porque a desgracia do noso amo e da súa familia está xa decidida, ó ser el un parvo que non atende a razóns".
¹⁸Abigail, a toda présa, colleu douscentos pans, dous pelexos de viño, cinco cordeiros cocidos, cinco tegas de gran torrado, cen acios de uvas pasas e duascentas tortas de figos e carrexou todo en burros. ¹⁹E díxolles ós criados: —"Ide diante de min; eu seguireivos". Ó seu home Nabal non lle dixo nada.
²⁰Ía a cabalo do burro, baixando, ó amparo do monte. David e os seus homes baixaban na súa dirección e atopáronse con ela. ²¹David ía cismando: —"Perdín o tempo gardando as habenzas dese no deserto. Non lle faltou cousa ningunha e agora págame mal por ben. ²²Que Deus castigue a David, se mañá deixo con vida un só dos homes de Nabal".
²³En canto Abigail viu a David, baixouse ás présas do burro e postrouse diante del co rostro cara ó chan. ²⁴Axeonllada ós seus pés, díxolle: —"Que a culpa, señor, recaia sobre min. Pero permite á túa serva que che fale; escoita as palabras da túa serva. ²⁵Que o meu señor non tome en serio a ese perverso de Nabal, pois, como di o seu nome, Nabal é un parvo, no que a necidade se acubilla. A túa serva non viu eses homes que ti, meu señor, mandaches.
²⁶Agora, meu señor, ¡polo Señor e pola túa vida! O Señor impediu que chegases a verquer sangue e que collése-la xustiza pola man. Que se vexan coma Nabal os teus inimigos e os que tentan facerche mal. ²⁷Rógoche que este agasallo, que a túa serva lle trouxo ó meu señor, sexa repartido entre os homes que seguen ó meu señor. ²⁸Pídoche que perdóe-lo erro da túa serva. Certamente o Señor halle dar ó meu señor unha familia duradeira. Xa que o meu señor pelexa nas guerras do Señor, o mal non te acadará en toda a túa vida.
²⁹Se alguén se erguese perseguíndote coa intención de matarte, a vida do meu señor está gardada no acio dos que viven co Señor, o teu Deus, mentres a vida dos teus inimigos será posta no coiro da fonda. ³⁰Cando o Señor cumpra co meu señor todo o ben que lle prometeu e o teña establecido por rei de Israel, ³¹que o meu señor non teña o pesar nin o remorso de conciencia de verquer sangue sen razón e de toma-la xustiza pola man. Cando o Señor te colme de bens, lémbrate da túa serva".
³²David respondeulle a Abigail: —"Bendito sexa o Señor, Deus de Israel, que te mandou neste intre ó meu encontro. ³³Bendito sexa o teu xuízo e bendita ti, que me impedi-

---

25, 4-12 David aproveita a ocasión festiva do tosquiado (2 Sam 13, 23s) para facerse con provisións para os seus homes. Sería en recompensa polos servicios que eles lle fixeron a Nabal, gardándolle as propiedades. Nabal bótalles en cara ós homes de David a súa condición de escravos fuxidíos.
25, 13-22 David e Abigail móvense os dous rapidamente, o primeiro para vingarse e a segunda para aplacar, como se ve nos movementos e se escoita nas palabras do criado (vv 14-17).
25, 23-31 Abigail toma sobre si a culpa e pide perdón. O seu discurso remata nunha vista sobre o porvir de David.
25, 25 *Nabal* significa parvo, tolo.
25, 32-35 David recolle na súa resposta, sobre todo, o feito de que a chegada da muller lle impedira colle-la xustiza pola man.

ches hoxe verquer sangue, ³⁴pois, pola vida do Señor, Deus de Israel, que me impediu facerche mal, que se non viñeses con tanta présa ó meu encontro, non lle quedaría a Nabal un só home ó lumbrigar do día". ³⁵David tomou da súa man o que ela lle trouxera e logo díxolle: —"Sube en paz á túa casa. Ves que fago o que me pediches e que che teño consideración". ³⁶Cando Abigail chegou onda Nabal, encontrouno celebrando unha esmorga de rei na súa casa. Tiña contento o corazón e estaba moi achispado. Ata ó amencer ela non lle dixo unha palabra, nin máis alta nin máis baixa. ³⁷Pola mañá, cando xa o viño saíra de Nabal, ela contoulle o que pasara. A Nabal paralizóuselle o corazón dentro do peito e quedou coma unha pedra. ³⁸Dez días despois, o Señor feriu a Nabal e este morreu. ³⁹Cando soubo David que morrera Nabal, exclamou: —"Bendito sexa o Señor, que me fixo xustiza da aldraxe que me fixera Nabal e que librou a este seu servo de facer mal, mentres fixo cae-la maldade de Nabal sobre a súa propia cabeza". Despois David mandou dicir a Abigail que quería que fose a súa muller. ⁴⁰Os criados de David chegaron a Carmel onda Abigail e propuxéronlle da súa parte: —"David mándanos onda ti, pedirche que séxa-la súa muller". ⁴¹Ela deitouse no chan e respondeulles: —"Aquí está a túa serva, disposta a lava-los pés dos criados do meu señor". ⁴²E axiña ergueuse, montou no burro e, acompañada de cinco criadas que a servían, marchou cos mensaxeiros de David e foi a súa muller. ⁴³David casou tamén con Ahinoam de Iezrael. As dúas foron as súas mulleres. ⁴⁴Xaúl, polo outro lado, déralle por muller a súa filla Micol, muller de David, a Paltí, fillo de Láix de Galim.

David perdóalle outra vez a vida a Xaúl

26 ¹Os de Zif foron a Gueba, onda Xaúl, para dicirlle: —"¿Non sabes que David se acocha no outeiro de Haquilah, enfronte de Ieximón?" ²Xaúl baixou, ó momento, ó deserto de Zif con tres mil homes escolleitos de Israel para buscar alí a David. ³Xaúl acampou no outeiro de Haquilah enfronte de Ieximón á beira do camiño.

Cando David, que vivía no deserto, viu que Xaúl viña ó deserto detrás del, ⁴mandou espías que se informasen do sitio onde acampaba. ⁵Logo achegouse David mesmo ó campamento de Xaúl e viu o posto onde se deitaban Xaúl e mais Abner, fillo de Ner, xeneral do exército. Xaúl deitábase e durmía no cercado dos carros coa tropa ó redor del. ⁶Entón preguntoulle David a Ahimélec, o hitita, e a Abixai, fillo de Seruiah, irmán de Ioab: —"¿Quen quere baixar comigo ó campamento de Xaúl?" Abixai respondeulle: —"Baixo eu". ⁷David e Abixai chegaron de noite ó campamento e viron que Xaúl estaba deitado, durmindo, no cercado, coa lanza cravada no chan, á súa cabeceira. Abner e o exército estaban deitados ó redor. ⁸Abixai díxolle a David: —"Hoxe púxoche Deus o teu inimigo nas túas mans. Agora déixame que o crave dun golpe de lanza contra o chan. Non cumprirá repetilo". ⁹David respondeulle a Abixai: —"Non quero que o mates. ¿Quen poñería a man impunemente sobre o unxido do Señor?" ¹⁰E engadiu: —"Pola vida do Señor, que será el quen o fira, ou porque lle chegou a hora de morrer, ou porque acabe caendo na guerra. ¹¹Deus me libre de pó-la miña man sobre o unxido do Señor. Agora colle a lanza, que está á súa cabeceira, e a xerra da auga e vámonos". ¹²David colleu a lanza e a xerra da auga de onda a cabeceira de Xaúl e fóronse sen que ninguén os vise, nin se decatase, nin espertase. Estaban todos durmidos, coma se un sono do Señor caese riba deles. ¹³David pasou para a outra banda e detívose no cume do monte deixando un longo treito entremedias. ¹⁴E berrou cara á tropa de Abner, fillo de Ner: —"¿Respondes ou non, Abner?" E Abner preguntou: —"¿Quen es ti que berras cara ó rei?" ¹⁵David díxolle a Abner: —"¿Seica non es ti un home? Mais ¿quen hai coma ti en Israel? ¿Por que non gardabas, logo, ó rei, o teu señor, cando un do pobo entrou para matalo? ¹⁶O que fixeches non está ben. Pola vida do Señor, que meréce-la morte, por non protexe-lo voso señor, o unxido do Señor. Ora mira onde está a lanza do rei e a xerra da auga que tiña á cabeceira". ¹⁷Xaúl recoñeceu a voz de David e preguntoulle: —"David, meu fillo, ¿é esa a túa

---

25, 37-39 A morte de Nabal é aquí vista coma castigo de Deus e vinganza da xusta causa de David.
25, 40-44 O remate do matrimonio pode se-la razón de contar toda a historia.
26 Outra versión da xenerosidade e do respecto de David para Xaúl, paralela da que se encontra no c. 24. Alí era en En-Guedí; agora, en Zif, máis ó oeste, no mesmo deserto de Xudá.
26, 10 Deus ten moitas maneiras de facer morrer a Xaúl sen que David teña que pór sobre el a súa man.
26, 12 Sono profundo, coma se fose mandado por Deus, para que Xaúl quede inerme nas mans de David.

voz?" E el respondeulle: —"A mesma, rei, meu señor". ¹⁸E engadiu: —"¿Por que o meu señor persegue ó seu servo? ¿Que é o que fixen e que delito hai nas miñas mans? ¹⁹Que o rei meu señor queira escoitar agora a palabra do seu servo. Se é o Señor o que te incita contra min, que el agree o recendo dunha ofrenda; mais, se son os homes, malditos sexan diante do Señor, porque me están arredando da miña parte no herdo do Señor, dicíndome que vaia servir a outros deuses. ²⁰Que o meu sangue non caia polo chan, lonxe da presencia do Señor. O rei de Israel saíu á caza dunha pulga, coma quen vai á caza da perdiz polas montañas". ²¹Xaúl dixo: —"Pequei. Volve, David, meu fillo. Non seguirei facéndoche mal, pois ti respectaches hoxe a miña vida. Comporteime coma un parvo. Estaba moi enganado". ²²David respondeulle: —"Aquí está a lanza do rei. Que veña un dos teus homes recollela. ²³Que o Señor lle teña en conta a cada un a súa xustiza e a súa lealdade. Hoxe púxote El nas miñas mans; pero eu non ousei erguelas contra o unxido do Señor. ²⁴E como eu valorei hoxe a túa vida, que valore o Señor a miña e me libre de tódolos apretos". ²⁵Xaúl díxolle a David: —"Bendito sexas, David, meu fillo. En todo o que te propoñas, terás éxito". Despois diso, David seguiu o seu camiño e Xaúl volveuse ó seu lugar.

David cos filisteos

27 ¹David botou estas contas: —"Calquera día acabarei no poder de Xaúl. Non me queda outro remedio que escapar ó país dos filisteos. Entón deixará Xaúl de perseguirme por todo o territorio de Israel e quedarei a salvo da súa man".
²David pasouse cos seus seiscentos homes onda Áquix, fillo de Maoc, rei de Gat, ³e quedaron a vivir todos en Gat, terra de Áquix, cada un coa súa familia. David levaba as súas dúas mulleres, Ahinoam de Iezrael e Abigail, a que fora muller de Nabal de Carmel. ⁴Dixéronlle a Xaúl que David fuxira cara a Gat e deixou de perseguilo.
⁵David díxolle a Áquix: —"Se merezo o teu favor, que me concedan un lugar nunha poboación do campo e que me permitan vivir nela. ¿Por que ía vivir este teu servo ó teu lado na cidade real?" ⁶E naquel mesmo día Áquix cedeulle Siquelag. Por iso pertence Siquelag ós reis de Israel ata o día de hoxe. ⁷David residiu en terras filisteas un ano e catro meses.
⁸David saía cos seus homes e facía incursións no territorio dos guexuritas, dos guircitas e dos amalecitas, pobos que habitaban na bisbarra, que vai de Telam cara Xur ata a fronteira de Exipto. ⁹David arrasaba aquela terra sen deixar vivo nin home nin muller e pillaba ovellas e vacas, burros, camelos e roupas e logo volvía onda Áquix. ¹⁰Áquix preguntáballe: —"¿Onde saqueastes hoxe?" E David respondíalle: —"No Négueb de Xudá, no dos ierahmelitas ou no dos quenitas".
¹¹David non traía vivos a Gat nin home nin muller, para que logo non puidesen dicir del: —"David fixo isto e aquilo". Ese foi o seu proceder, mentres estivo en terras filisteas. ¹²Áquix fiábase de David e pensaba del: —"Incomodouse co seu pobo de Israel e será para sempre o meu vasalo".

28 ¹Daquela reuniron os filisteos as súas tropas para face-la guerra a Israel e Áquix díxolle a David: —"Sabes que tes que vir comigo á guerra, ti e mailos teus homes". ²David respondeulle a Áquix: —"E ti saberás agora de que é capaz o teu servo". E Áquix díxolle: —"Daquela, poreite para sempre de garda da miña persoa".

Xaúl e a nigromante

³Entre tanto, Samuel morrera. Todo Israel chorara por el e enterráreno en Ramah, a

---

26, 19s O estranxeiro é coma se fose terra de soberanía doutros deuses. A terra de Israel é a herdade do Señor (Rut **2,** 12; 2 Re **5,** 17).
26, 21 A confesión de Xaúl non se traduce en feitos; cada un vai polo seu lado. Pero as palabras son o xuíz do mesmo Xaúl que as di.
27 A fuxida de David á terra dos filisteos presentárase xa en **21,** 10-16. ¿Trátase dunha mesma fuxida ou de dúas? O feito expresa o perigo de David diante do cerco de Xaúl. A fuxida é cousa mala no sentido relixioso, como se di en **19,** 18s; pero, por parte, é fuxir, David retira a súa forza do seu pobo e pona ó servicio do inimigo. Certo que, desde Siquelag, a cidade que o rei Áquix lle asigna, David defende os intereses das cidades de Xudá.

27, 6ss Siquelag, no sur do territorio filisteo, pero non lonxe da fronteira de Xudá, ó noroeste de Beerxeba, era un bo sitio para poder servir ó mesmo tempo ós filisteos e a Xudá, defendéndose dos cananeos e das tribos nómadas do sur. Co froito das razzias vivían os seus homes, e inda lles podía facer agasallos ás poboacións que o axudaban (**30,** 26-31).
28, 1s Agora preséntaselle á David o máis grave dos compromisos: ter que loitar cos filisteos en contra do propio pobo. Pero libráron del os mesmos filisteos, temerosos de que no medio da batalla se volva en contra deles (**29,** 3ss). David non lle di a Áquix, na resposta, a quen beneficiarán as súas fazañas.
28, 3 A noticia xa se dera en **25,** 1.

súa cidade. Xaúl desterrara do país ós nigromantes e ós adiviños.
⁴Os filisteos reuníronse e acamparon en Xunem. Xaúl, pola súa parte, reuniu a todo Israel e acamparon en Guilboá. ⁵Ó ver Xaúl o campamento filisteo, tivo medo e tremíalle o corazón. ⁶Xaúl consultou o Señor, pero o Señor non lle respondeu nin por soños, nin polas sortes, nin por profetas.
⁷Entón ordenoulles Xaúl ós seus criados: —"Buscádeme unha muller que convoque os mortos para ir consultar por ela". Os seus servidores respondéronlle: —"Aquí cerca, en Endor, hai unha muller que convoca os mortos".
⁸Xaúl disfrazouse, vestindo roupas alleas, foi con dous dos seus homes e entrou de noite onda a muller. Xaúl ordenoulle: —"Adivíñame o porvir, chamando un morto. Fai subir a quen eu che diga". ⁹A muller respondeulle: —"Ti sabes seguramente o que fixo Xaúl, que desterrou deste país ós nigromantes e ós adiviños. ¿Por que me tendes agora unha trampa, para facéresme morrer?" ¹⁰Xaúl xuroulle polo Señor: —"Vive o Señor, que non che ha vir por isto mal ningún".
¹¹A muller preguntoulle entón: —"¿A quen queres que chame?" El respondeulle: —"Convoca a Samuel". ¹²Cando a muller viu a Samuel, pegou un berro e díxolle a Xaúl: —"¿Por que me enganaches? Ti es Xaúl". ¹³O rei díxolle: —"Non teñas medo. ¿Que é o que ves?" A muller díxolle a Xaúl: —"Vexo un espírito que sobe da terra". ¹⁴El preguntoulle: —"¿Que aspecto ten?" Ela dixo: —"O dun home vello, envolto nun manto". Xaúl comprendeu que era Samuel e inclinouse, deitándose no chan.
¹⁵Samuel preguntoulle a Xaúl: —"¿Por que me amolas facéndome subir?" Xaúl respondeulle: —"Véxome en gran apreto. Os filisteos decláranme a guerra e Deus arredouse de min: non me responde nin por profetas nin por soños. Chameite a ti para que me digas o que hei facer". ¹⁶Samuel díxolle: —"¿E que me preguntas a min, se o Señor se arredou de ti e se fixo o teu inimigo? ¹⁷O Señor está cumprindo o que dixera por min. Arrinca o reino das túas mans, para darllo a outro, a David. ¹⁸Xa que ti non obedecíche-las ordes do Señor e non fixeches sentir a Amalec o fogo da súa carraxe, por iso trátate o Señor hoxe deste xeito. ¹⁹O Señor entrega contigo tamén a Israel na man dos filisteos. Mañá ti e mailos teus fillos estaredes comigo, e o Señor entregará tamén nas mans dos filisteos o exército de Israel".
²⁰De súpeto Xaúl caeu polo chan, tan longo como era, morto de medo polas palabras de Samuel. Amais estaba desfalecido, pois non comera nada en todo o día e en toda a noite.
²¹A muller acercouse a Xaúl e, ó velo tan amedoñado, díxolle: —"Ti ves que a túa serva obedeceu as túas ordes; por facer caso das túas palabras, arrisquei a miña vida. ²²Agora obedece ti tamén á túa serva e déixame que che poña diante un anaco de pan, para que, comendo, recóbre-las forzas e poidas segui-lo teu camiño".
²³El refugouno dicindo: —"Non quero comer". Pero os seus servidores e maila muller seguíronlle porfiando e el fíxolles caso. Erguéndose do chan, sentouse no escano. ²⁴A muller tiña na casa un becerro cebado e foi axiña matalo. Logo colleu fariña e amasouna e coceu unhas fogazas. ²⁵Serviulle de todo a Xaúl e ós seus servidores, que comeron. Despois, na mesma noite, botáronse ó camiño.

David excluído do exército filisteo

29 ¹Os filisteos concentraron toda a súa tropa en Afécah e Israel acampou onda a fonte de Iezrael. ²Os príncipes filisteos marchaban co seu exército dividido en centurias e en milleiros. David e os seus homes ían con Áquix na retagarda.
³Os xenerais dos filisteos preguntaron: —"¿Que fan aí eses hebreos?" Áquix respondeulles: —"Ese é David, vasalo de Xaúl, o rei de Israel. Leva comigo cousa dun ou dous anos e, desde o día en que se pasou onda min ata o presente, non atopei nada en contra del".

6s A consulta non ten resposta polas vías lexítimas, e Xaúl acode á nigromancia, que estaba prohibida (Lev **19**, 31; 2 Re **21**, 6; Is **8**, 19).
28, 11s Cando ve que o evocado é Samuel, a muller recoñece a Xaúl polas relacións do rei co profeta.
28, 13 *Un espírito*, ou, como di o texto, un "elohim", un deus, termo que raramente se refire ós homes (Sal **8**, 6) e nunca ós mortos. Samuel sobe do "Xeol", lugar dos mortos (Núm **16**, 33).
28, 17 O Samuel morto non fai senón confirma-la desgracia de Xaúl, anunciada por Samuel vivo (**15**, 28s), e repeti-la mesma denuncia.
28, 19 Israel, que elixira a Xaúl, vese agora arrastrado na súa sorte.
29 David chegara con Áquix ó campo da batalla (**28**, 1s), pero a desconfianza dos príncipes filisteos librouno de loitar contra o seu pobo. Despois de pedirlle disculpas, Áquix despídeo, cos seus homes, para que volva a Siquelag.
29, 1 A confrontación final de Xaúl cos filisteos líbrase no norte do país, nos montes de Guilboá, cabo do val de Esdrelón.

⁴Os príncipes dos filisteos dixéronlle a Áquix, anoxados: —"Despide a ese home; que volva ó lugar que lle sinalaches. Que non baixe connosco á guerra e, se cadra, no medio do combate, se nos converta en inimigo. ¿Con que se reconciliaría co seu amo mellor que coas cabezas dos nosos homes? ⁵¿Non é ese aquel David do que cantaban en corro:
Xaúl matou os seus mil,
    pero David os seus dez mil?"
⁶Áquix chamou a David, para dicirlle: —¡Pola vida do Señor! Ti es home de ben e gustaríame moito verte entrar e saír a canda min no campamento, pois, desde o día da túa chegada ata hoxe, non atopei maldade en ti. Pero os outros príncipes non te ven con bos ollos. ⁷Vólvete, logo, e vaite en paz, para non causarlles un disgusto ós príncipes dos filisteos".
⁸David díxolle a Áquix: —"¿Que é, logo, o que fixen e que atopaches no teu servo, desde o día que cheguei onda ti ata o presente, para que non poida ir ó combate contra os inimigos do rei, meu señor?" ⁹Áquix respondeulle a David: —"Sabes ben que, ós meus ollos, ti es bo coma un anxo de Deus. Pero os príncipes filisteos decidiron: non subirá connosco ó combate. ¹⁰E con iso, pola mañá, erguédevos cedo, ti e os servos do teu señor que viñeron contigo, e, ó clarexar do día, ídevos". ¹¹David e os seus homes madrugaron e fóronse de mañá, de volta cara ó país dos filisteos. Os filisteos, pola súa parte, subiron a Iezrael.

Expedición de David contra os amalecitas

30 ¹Cando, ó cabo de tres días, chegaron a Siquelag David e os seus homes, os amalecitas invadiran o Négueb e Siquelag. A Siquelag arrasárano e prendéranlle lume. ²Levaran cativas as mulleres e todo o que había alí, pequeno ou grande. Non mataran a ninguén, pero collérano todo e emprenderan camiño de volta.
³Cando David e os seus homes entraron na cidade, viron que estaba queimada e que as súas mulleres e os seus fillos foran levados prisioneiros. ⁴David e a xente que ía con el botáronse a chorar, berrando ata acabárselle-las forzas. ⁵Tamén foran cativas as dúas mulleres de David, Ahinoam de Iezrael e Abigail, a que fora muller de Nabal de Carmel.
⁶David viuse, daquela, en gran apreto, pois a xente, aflixida, cada un polos seus fillos e as súas fillas, falaban de apedralo. David atopou conforto no Señor, o seu Deus, ⁷e díxolle ó sacerdote Abiatar, fillo de Ahimélec: —"Traeme aquí o *efod*". E Abiatar acercoullo. ⁸David consultou o Señor, preguntando: —"¿Perseguirei esa banda? ¿Atrapareina?" E o Señor respondeulle: —"Persígueos; atraparalos e rescatara-lo que levaron".
⁹David foi cos seiscentos homes que o acompañaban e chegaron á fervenza de Besor, onde algúns deles quedaron. ¹⁰David seguiu a persecución con catrocentos homes. Douscentos deles quedaron, cansos de máis para atravesa-la fervenza de Besor.
¹¹No campo atoparon un exipcio e leváronllo a David. Déronlle pan e auga, para que comese e bebese, ¹²e tamén torta de figos e dous acios de uvas pasas. En comendo, reanimouse, pois levaba tres días e tres noites sen comer nin beber.
¹³Entón preguntoulle David: —"¿De quen es e de onde vés?" El respondeulle: —"Son un mozo exipcio, servo dun amalecita. O meu amo abandonoume, porque me puxen malo, hai tres días. ¹⁴Fixeramos unha incursión polo Négueb dos quereteos, o de Xudá e o de Caleb, e prenderámoslle lume a Siquelag".
¹⁵David preguntoulle aínda: —"¿Levaríasme onda esa banda?" El respondeulle: —"Se me xuras que non me matarás nin me porás nas mans do meu amo, levareite onde está a banda". ¹⁶Guiounos alá e atopáronos ciscados polo campo, comendo e bebendo e facendo festa, pola gran facenda que levaran da terra dos filisteos e do país de Xudá.
¹⁷David mallou neles da mañá á noite. Só se salvaron de entre todos coma catrocentos mozos, que escaparon montados en camelos. ¹⁸David rescatou todo o que os amalecitas levaran e salvou as súas dúas mulleres. ¹⁹Non botaron en falta a ninguén, nin pe-

---

29, 5 A cantilena que anoxaba a Xaúl (**18,** 7s), e con máis razón ós filisteos.
30 Este relato lévanos lonxe do combate de Xaúl cos filisteos, para ver que sorpresa lle agarda a David, de volta a Siquelag: a cidade queimada, as facendas roubadas e a xente levada cativa polos amalecitas. David cos seus homes rescata os cativos e víngase dos amalecitas. Con isto, David fai agora o que debera facer Xaúl, ó comezo do seu reinado (**15**).

30, 6-8 David ten que enfrontarse cun levantamento dos seus homes e acode á consulta de Deus, para sabe-lo que ha facer.
30, 14 Os amalecitas eran nómadas, que vivían no norte do Négueb e que se sostiñan de razzias nas terras dos arredores. Había tempo que os israelitas tiveran encontros con eles (Ex **17,** 8ss; 1 Sam **6-7;** en Xuí **6-7,** asociados cos madianitas). Os quereteos eran cretenses de orixe; deles recrutou homes David para a súa garda (2 Sam **8,** 18).

queno nin grande, nin fillo nin filla, nin nada dos espolios de todo o que roubaran. David recobrouno todo.

²⁰A xente colleu dos rabaños e dos bois e presentoullo a David dicindo: —"Está é a parte de David". ²¹Despois volveu David onda os douscentos homes que, por cansos, non puideran seguilo e quedaran onda a fervenza de Besor. Eles saíran ó encontro de David e da xente que fora con el. David acercouse e saudounos.

²²Algúns malvados de entre os homes que foran con David, dicían: —"Xa que non foron canda nós, que non se lles dea nada dos espolios que rescatamos, fóra da muller e dos fillos. Que os collan e que se vaian".

²³Mais David dixo: —"Non fagades iso, irmáns, visto o que o Señor fixo por nós, gardándonos e póndonos nas mans esa banda que viña contra nós. ²⁴¿Quen podería estar de acordo con esa vosa proposta? Porque a parte dos que descenden ó combate é a mesma cá dos que gardan a bagaxe. Todos terán a mesma parte". ²⁵Desde aquel día en adiante, e ata hoxe, iso quedou coma lei e norma en Israel.

²⁶Chegado de volta a Siquelag, David mandoulles parte do botín ós anciáns de Xudá e ós seus amigos, dicindo: —"Aí tedes un agasallo, do botín dos inimigos do Señor". ²⁷Mandóullelo ós de Betuel, ós de Ramot do Néguev e ós de Iatir, ²⁸ós de Aroer, ós de Sifemot e ós de Extemoa, ²⁹ós de Carmel, ós das cidades dos ierahmelitas e ós das dos quenitas, ³⁰ós de Hormah, ós de Boraxán e ós de Atac, ³¹ós de Hebrón e ós de tódolos lugares que David percorrera cos seus homes.

Morte de Xaúl e de Ionatán

31 ¹Os filisteos abriron o combate en contra de Israel. Os soldados de Israel retrocederon diante dos filisteos e moitos caeron nos montes de Guilboa. ²Os filisteos seguiron de preto a Xaúl e a seus fillos e feriron de morte a Ionatán, a Abinadab e a Melquixúa, fillos de Xaúl.

³O peso do combate caeu sobre Xaúl. Ó daren con el os arqueiros, ferírono gravemente. ⁴Xaúl díxolle entón ó escudeiro: —"Saca a túa espada e atravésame con ela, primeiro de que cheguen eses incircuncisos, me atravesen eles e fagan escarnio de min". Pero o escudeiro non quixo atravesalo, pois estaba morto de medo. Entón colleu Xaúl a súa espada e deixouse caer por riba dela.

⁵En vendo o escudeiro que morrera Xaúl, botouse el tamén sobre a súa espada e morreu con el. ⁶Morreron no mesmo día Xaúl e os seus tres fillos, o seu escudeiro e moitos dos seus homes.

⁷Cando os israelitas que vivían do outro lado do val e en Transxordania, viron que os soldados de Israel fuxían e que morreran Xaúl e seus fillos, abandonaron as súas cidades e escaparon. E os filisteos establecéronse alí.

⁸Ó día seguinte foron os filisteos espolia-los cadáveres e atoparon a Xaúl e a seus tres fillos mortos no monte Guilboa. ⁹Tronzáronlle a cabeza, quitáronlle as súas armas e mandáronas por todo o país dos filisteos, levando a boa nova ós seus ídolos e ó seu pobo. ¹⁰As súas armas puxéronas no templo de Axtarté e o cadáver pendurárono nos muros de Bet-Xeán.

¹¹Cando souberon todo iso e o que os filisteos fixeran con Xaúl, os veciños de Iabex de Galaad ¹²erguéronse, tódolos valentes de entre eles, camiñaron a noite toda e tiraron dos muros de Bet-Xeán o cadáver de Xaúl e os de seus fillos. Levárono a Iabex e alí queimárono. ¹³Despois recolleron os seus ósos, enterráronos debaixo do tamarisco de Iabex e xexuaron sete días.

30, 26-31 David tenta de compensar con estes agasallos ás cidades do Néguev de Xudá, polos prexuízos que lles puidesen causar el cos seus homes, buscando onda eles provisións.
31 A batalla de Guilboa, preparada xa en **28,** 1-3, deixou ós filisteos donos dunha franxa que percorre a terra cha de Esdrelón e vai ata o outro lado do Xordán. Pero o relato concentrouse na sorte de Xaúl. Amais da súa morte está tamén a desfeita do exército.
31, 4 Morrer a man dos incircuncisos filisteos sería moi grande aldraxe. Nin o suicidio espanta tanto ó narrador (1 Re **16,** 18; 2 Mac **14,** 37-47).
31, 11s Os de Iabex estábanlle agradecidos a Xaúl, quen os librara dos amonitas (c. **11**).

LIBRO SEGUNDO DE SAMUEL

A nova da derrota de Israel chega a David

1 ¹Despois da morte de Xaúl, David, vencedor dos amalecitas, voltara para Siquelag. ²Ó terceiro día diso, chegou un home do campamento de Xaúl, coa roupa toda rachada e a cabeza cuberta de po. Presentouse a David e saudouno, postrándose rostro en terra. ³David preguntoulle: —"¿De onde vés?" E el respondeulle: —"Escapei do campamento de Israel". ⁴David insistiu: —"¿Que foi o que pasou? ¡Cóntamo!" E el dixo: —"Os soldados fuxiron do combate; moitos deles caeron mortos e morreron tamén Xaúl e o seu fillo Ionatán". ⁵David preguntoulle aínda ó mozo que o estaba informando: ⁶—"¿Como sabes que morreu Xaúl e o seu fillo Ionatán?" O mozo respondeulle: —"Eu atopábame casualmente no monte de Guilboa e vin que Xaúl se apoiaba na súa lanza, ó tempo que os carros e os xinetes estaban para collelo. ⁷Xaúl volveuse para atrás e, ó verme, chamou por min. Eu díxenlle: Aquí estou. ⁸El preguntoume: ¿Ti quen es? E eu respondinlle: Son un amalecita. ⁹Entón díxome el: Bótate a min e remátame; agarroume o vértigo da morte, pero aínda me queda vida. ¹⁰Eu boteime entón a el e remateino, pois estaba seguro de que non sobreviviría á caída. Despois quiteille a coroa que levaba na cabeza e a brazaleta do seu brazo e aquí llos traio ó meu señor".

¹¹David agarrou o seu manto e rachouno; e o mesmo os seus homes todos. ¹²Fixeron dó, choraron e xexuaron ata a tarde por Xaúl, polo seu fillo Ionatán, polo pobo do Señor e pola casa de Israel, que caeran a fío de espada.

¹³David preguntoulle ó mozo que lle trouxera as noticias: —"¿Ti de onde es?" E el respondeulle: —"Son fillo dun forasteiro amalecita". ¹⁴E David díxolle: —"¿E como te atrevi-ches a ergue-la man para mata-lo unxido do Señor?" ¹⁵David chamou a un dos seus servidores e ordenoulle: —"Acércate onda el e mátao". E o servente feriuno e matouno. ¹⁶David dixo cara a el: —"Que o teu sangue recaia enriba da túa cabeza, pois a túa propia boca falou contra ti, cando dixeches: eu matei o unxido do Señor".

Elexía por Xaúl e Ionatán

¹⁷David entoou, daquela, por Xaúl e polo seu fillo Ionatán, esta elexía ¹⁸e mandou que a aprendesen os fillos de Xudá. Atópase escrita no libro do Xusto.

¹⁹—"¡Ai, a túa flor, Israel, cadáveres nos teus outeiros!
¡Como caeron os valentes!
²⁰Non o contedes en Gat,
non o pregoedes nas rúas de Axquelón,
para que non se aleden as fillas dos filisteos,
para que non rebulden as fillas dos incircuncisos.
²¹Montes de Guilboa, nin orballo nin choiva
caian enriba de vós, altas mesetas,
xa que alí se luxaron os escudos dos heroes,
o escudo de Xaúl, non unxido con óleo,
²²senón con sangue de feridos e graxa de valentes.
O arco de Ionatán nunca retrocedeu,
nin a espada de Xaúl voltou nunca en baleiro.
²³Xaúl e Ionatán, queridos e garimosos,
nin a vida nin a morte os separou,
máis lixeiros cás aguias, máis fortes cós leóns.
²⁴Fillas de Israel, chorade por Xaúl,
o que vos vestía de púrpura preciosa
e adornaba os vosos vestidos con enfeites de ouro.

---

1 O feito da derrota de Israel e da morte de Xaúl cos seus fillos, está contado á luz do impacto que produciu a noticia en David. David encaixa a desgracia no sentimento pola morte de Xaúl e de Ionatán, para os que canta unha elexía. Na primeira parte do c. é protagonista a noticia (coma en 1 Sam **4**); na segunda, a dor de David. Outra versión da desfeita, en 1 Sam **31**.
1, 1-4 Unha versión de como lle chega a noticia a David.
1, 5-10 A mesma noticia completada ou, quizais, unha versión diferente da mesma. O portador espera unha recompensa, crendo que leva boas noticias. En vista diso, conta detalles que non houbo. Recórdese a noticia da morte de Ixbóxet (2 Sam **4**).

1, 11-12 Parecen cadrar mellor despois do v 4.
1, 14 Razón da xustiza, a sacralidade do unxido, coma 1 Sam **24,** 7; **26,** 9.
1, 17-27 Esta elexía pode ben ser de David. Sería unha mostra de inspiración poética do rei a quen a tradición lle atribúe os Salmos. Esconxura a celebración que puidesen face-los inimigos da morte de Xaúl, e maldice os montes de Guilboa, lugar de morte e non de vida, para deixar saír só a dor polos caídos. É dor por todo Israel, mais, sobre todo, por Xaúl e por Ionatán, o amigo das súas entrañas.
1, 18 O *libro do Xusto* debe ser unha escolma de poemas (Xos **10,** 13).

²⁵¡Como caeron os heroes no medio do combate!
¡Ionatán, ferido de morte nos outeiros!
²⁶Dóiome por ti, meu irmán, Ionatán.
¡Canto te quería!
O teu amor era máis doce para min có amor das mulleres.
²⁷¡Como caeron os heroes e pereceron as armas da guerra!"

IV. DAVID, REI DE XUDÁ E DE ISRAEL (2 Sam 2-8)

Rei de Xudá en Hebrón

2 ¹Despois diso, David consultou o Señor: —"¿Debo subir a algunha das cidades de Xudá?" E o Señor respondeulle: —"Sube". David preguntou: —"¿A cal delas?" O Señor respondeulle: —"A Hebrón". ²David subiu alá coas súas dúas mulleres, Ahinoam de Iezrael e Abigail, a que fora muller de Nabal de Carmel. ³David levou tamén os seus homes, cada un coa súa familia, e establecéronse nos arredores de Hebrón. ⁴Viñeron os homes de Xudá e unxiron alí a David por rei da casa de Xudá.

David tivo noticia de que os veciños de Iabex de Galaad lle deran terra a Xaúl ⁵e mandou mensaxeiros para dicirlles ós de Iabex: —"O Señor volo pague, pois fixestes unha boa obra, ó dardes terra a Xaúl, voso señor. ⁶Que agora o Señor vos trate a vós con misericordia e lealdade. Eu tamén vos tratarei ben, por esta boa obra que fixestes. ⁷Vós recobrade o valor e sede fortes. Agora que o voso señor Xaúl morreu, a casa de Xudá unxiume a min para que sexa o seu rei".

Abner e Ioab

⁸Pero Abner, fillo de Ner, xeneral de Xaúl, colleu a Ixbóxet, fillo de Xaúl, levouno a Mahanaim ⁹e proclamouno rei sobre Galaad, sobre Iezrael, sobre Efraím, sobre Benxamín e sobre todo Israel.

¹⁰Ixbóxet, fillo de Xaúl, tiña corenta anos cando empezou a reinar sobre Israel e reinou por dous anos. Soamente a casa de Xudá seguía a David. ¹¹O reinado de David en Hebrón, sobre a casa de Xudá, foi de sete anos e medio.

¹²Abner, fillo de Ner, e os seguidores de Ixbóxet, fillo de Xaúl, saíron de Mahanaim para Gabaón. ¹³Da outra parte viña Ioab, fillo de Seruiah, cos seguidores de David. Encontráronse todos onda o estanque de Gabaón, apostándose uns dun lado da represa e os outros do outro.

¹⁴Abner propúxolle a Ioab: —"Que saian uns poucos mozos e que loiten ás nosas vistas". Ioab respondeulle: —"Que saian". ¹⁵Por Ixbóxet, fillo de Xaúl, presentáronse doce benxaminitas, e por David, doce dos seus seguidores. ¹⁶Cada un agarrou pola cabeza o seu contrario e cravoulle a espada nas costelas; e caeron todos a unha. A aquel lugar, que está onda Gabaón, chamóuselle campo do Costelar.

¹⁷O combate foi rexo aquel día. Abner e os homes de Israel foron vencidos polos seguidores de David. ¹⁸Estaban alí os tres fillos de Seruiah, Ioab, Abixai e Asael. Asael tiña os pés lixeiros, coma unha gacela, ¹⁹e correu perseguindo a Abner, sen apartarse de detrás del, nin á dereita nin á esquerda.

²⁰Abner voltouse e preguntoulle: —"¿Es ti, Asael?" E el respondeulle: —"Son eu". ²¹Abner díxolle: —"Torce á dereita ou á esquerda, agarra un deses homes e quítalle as armas". Pero Asael non quixo afastarse del.

---

2 Aquí é onde empeza a historia do reinado de David. O capítulo non gasta tempo en contar como os de Xudá recoñeceron a David coma rei. David preparara o camiño nos anos de vida fuxidía (1 Sam 30, 26-31). A pregunta pendente é a do reinado sobre Israel. A chave, polo momento, tena Abner, que fixo elixir rei ó fillo de Xaúl e que lle fai fronte a David.

2, 1 Hebrón foi a primeira capital de David. Mentres o reino se limitaba a Xudá, Hebrón era a cidade máis importante e central.

2, 4-7 David trata de dispo-la poboación de Iabex en favor da súa elección. Á parte diso, a acción de Iabex cos restos de Xaúl merecía recoñecemento (1 Sam 31, 11-13).

2, 8 O verdadeiro nome de Ixbóxet era Ixbaal. A xenreira polo nome de Baal suxeriu ese alcume; *boxet*, vergonza, de onde, home de vergonza. O seu reinado non se lexitima polo principio da sucesión, que non contaba con precedentes. Ixbóxet foi imposto por Abner, que é, de feito, quen reina.

2, 10 A fórmula deuteronomista dos libros dos Reis.

2, 12 No enfrontamento de Gabaón, Abner pretende quitarlle a David a tribo de Xudá, e que esta recoñeza ó fillo de Xaúl. Ioab loita á defensiva.

2, 14ss Para aforrar perdas de homes, o combate sostense entre uns poucos de cada bando. O que saia, será ho par os dous exércitos, coma no caso do combate singular entre David e Goliat (1 Sam 17). Pero os elixidos para a loita morren todos e o combate xeneralízase (v 17).

2, 18ss Os ollos do narrador paráronse en Asael, que corre detrás de Abner. Este mátao e abre un caso de vinganza de sangue (2 Sam 3, 22s).

²²Abner díxolle outra vez: —"Arreda de tras de min. ¿Por que me obrigas a botarte á terra? ¿Como me presentaría eu despois diante de Ioab, o teu irmán?"

²³El non quixo arredarse e Abner feriuno coa lanza para atrás, dereito cara á illarga, e saíulle polo outro lado. Asael caeu morto alí mesmo. Os que chegaban ó lugar onde Asael caera morto, todos se detiñan. ²⁴Ioab e Abixai saíron perseguindo a Abner. Á posta do sol chegaron ó outeiro de Amá, enfronte de Guíah no camiño do ermo de Gabaón.

²⁵Os benxaminitas xuntáronse facendo unha tropa con Abner e detivéronse no cume dun outeiro. ²⁶Abner berroulle a Ioab: —"¿Seica non se fartará a espada de sangue? ¿Non sabes que o final será amargo? ¿Canto tardarás en dicirlle á túa xente que deixe de persegui-los seus irmáns?" ²⁷Ioab respondeulle: —"Vive Deus que se non falases, o pobo non deixaría de persegui-los seus irmáns ata mañá".

²⁸Ioab tocou a trompeta e todos se detiveron. Deixaron de perseguir a Israel e non seguiron combatendo. ²⁹Abner e os seus homes camiñaron toda aquela noite polo ermo, pasaron o Xordán e, percorrendo todo Bitrón, chegaron a Mahanaim.

³⁰Ioab deixou tamén de perseguir a Abner e reuniu á súa xente. Dos seguidores de David faltaban dezanove homes amais de Asael. ³¹Pero os seguidores de David mataran trescentos sesenta benxaminitas dos homes de Abner. ³²O cadáver de Asael leváronno consigo e enterrárono en Belén no sartego da súa familia. Ioab e os seus homes camiñaron a noite toda e amenceulles en Hebrón.

Fillos de David

3 ¹A guerra entre a casa de Xaúl e a de David fíxose longa. David medraba, mentres a casa de Xaúl esmorecía.

²A David nacéronlle varios fillos en Hebrón. O primoxénito foi Amnón, fillo de Ahinoam de Iezrael. ³O segundo foi Quilab, fillo de Abigail, a que fora muller de Nabal de Carmel. O terceiro foi Abxalom, fillo de Macah, a filla de Talmai, rei de Guexur. ⁴O cuarto foi Adonías, fillo de Haguit. O quinto Xafatías, fillo de Abital. ⁵O sexto Itream, fillo de Eglah, muller de David. Todos eles nacéronlle a David en Hebrón.

Morte de Abner

⁶No curso da guerra que sostiveron a casa de Xaúl e a de David, Abner fíxose forte na casa de Xaúl. ⁷Xaúl tivera unha concubina que se chamaba Rispah, filla de Aiah. E Ixbóxet díxolle a Abner: —"¿Por que te achegaches á concubina de meu pai?"

⁸Abner enfadouse moito polas palabras de Ixbóxet e dixo: —"¿Son eu a cabeza dun can de Xudá? Ata hoxe tiven piedade da familia de teu pai Xaúl, dos seus irmáns e dos seus amigos; e a ti non te entreguei no poder de David. ¿E ti pídesme agora contas dunha falta con esa muller? ⁹Que Deus castigue a Abner, se non fago en favor de David o que o Señor lle ten xurado: ¹⁰quitarlle o reino á familia de Xaúl e afinca-lo trono de David sobre Israel e Xudá desde Dan a Beerxeba". ¹¹Ixbóxet non ousou replicar a Abner do medo que lle tiña.

¹²Entón mandou Abner mensaxeiros a David para que lle propuxesen da súa parte: —"¿A quen lle pertence o país?", queréndolle dicir: dáte á avinza comigo e axudareiche a que todo Israel se poña da túa parte. ¹³David respondeulle: —"Está ben. Farei un pacto contigo. Soamente che pido unha cousa: non te presentes diante de min se non traes contigo, ó vires verme, a Micol, a filla de Xaúl".

¹⁴David mandou, pola súa parte, mensaxeiros, que dixeran a Ixbóxet: —"Devólveme a Micol, que eu adquirín como muller por cen prepucios de filisteos". ¹⁵Entón mandou Ixbóxet que lla quitasen ó seu home Paltiel, fillo de Laix. ¹⁶O seu home foi ata Bahurim chorando detrás dela. Pero alí díxolle Abner: —"Dá a volta". E el deuna.

¹⁷Abner díxolles ós vellos de Israel: —"Hai algún tempo queriades que David fose o voso rei. ¹⁸Facédeo, logo, agora, pois o Señor

---

2, 26s Abner dá por perdido o combate. Os dous contendentes ven a cousa coma guerra entre irmáns.
3 Os pasos seguintes cara ó reinado de David sobre Israel axudoullos a da-lo reino de Abner, que lle foi ofrece-lo reino de Ixbóxet. A morte de Abner pola man de Ioab cerra ese camiño; pero axiña se abre outro.
3, 1 David crece, gañando batallas e construíndo unha familia.
3, 7 Achegándose á concubina de Xaúl, Abner xoga a ser rei (2 Sam **12**, 8; **16**, 20-22; 1 Re **2**, 22).
3, 9s Abner obra na convicción de que o reino de Ixbóxet, que el fundara, non tiña ningún porvir.
3, 13s David quere que lle devolva a Micol, súa muller (1 Sam **18**, 20-27); Xaúl déralla a Paltiel (1 Sam **25**, 44); agora David reclama con ela un título de sucesión ó reino de Xaúl.
3, 17s As razóns que Abner lles dá ós homes de Israel, son as que tiña el mesmo contra a continuidade de Ixbóxet.

ten dito de David: pola man do meu servo David librarei ó meu pobo Israel do poder dos filisteos e do de tódolos seus inimigos". ¹⁹Abner faloulles tamén ós de Benxamín. Despois foi a Hebrón para falar con David e dicirlle o que decidira Israel e toda a casa de Benxamín.

²⁰Abner chegou a Hebrón, onda David, con vinte homes; e David preparou un banquete para todos. ²¹Abner díxolle a David: —"Irei e reunirei a todo Israel ó redor do rei, meu señor. Farán un pacto contigo e ti reinarás sobre eles conforme os teus anceios". Despois diso David despediu a Abner, que marchou en paz.

²²Niso chegaron dunha incursión os homes de David e Ioab con eles, traendo un gran botín. Abner non estaba xa en Hebrón, onda David, pois este xa o despedira e el fórase en paz. ²³Ó entrar Ioab cos seus soldados, déronlle a noticia: —"Abner, fillo de Ner, veu onda o rei. Este despediuno e el marchou en paz".

²⁴Ioab presentouse onda o rei para dicirlle: —"¿Que é o que fixeches? Agora que Abner veu onda ti, ¿por que deixaches que se fose? ²⁵Ti sabes que Abner, fillo de Ner, veu onda ti para engaiolarte, para informarse dos teus movementos e para coñece-los teus proxectos".

²⁶Ioab saíu de onda David e mandou mensaxeiros tras de Abner; e, sen sabelo David, fixérono volver desde o pozo de Sirah. ²⁷Cando Abner estivo de volta en Hebrón, Ioab levouno á parte, a un lado da porta, coma para falarlle en segredo. Alí feriuno no ventre e matouno, en vinganza da morte do seu irmán Asael.

²⁸De que David soubo o acontecido protestou: —"Eu e o meu reino somos inocentes diante do Señor do sangue de Abner, fillo de Ner. ²⁹Que caia sobre a cabeza de Ioab e sobre toda a súa familia. Que na familia de Ioab non deixe nunca de haber tiñosos e leprosos, trencos, mortos á espada e famentos".

³⁰Ioab e o seu irmán Abixai mataron a Abner, porque este matara ó irmán deles,

Asael, no combate de Gabaón. ³¹David ordenoulles a Ioab e ós soldados que tiña con el: —"Rachade as vosas vestes, cinguídevos co saco e póndevos de loito por Abner". E o rei mesmo ía camiñando tras do féretro.

³²Enterraron a Abner en Hebrón e o rei rompeu a chorar xunto ó sartego. Toda a xente choraba ³³e o rei entoou esta elexía por Abner:

"¿Tiña que morrer Abner coma un necio?
³⁴As túas mans non foran atadas
  e os teus pés non foran pexados con cadeas.
Caíches coma cando se cae
  por obra de malfeitores".

³⁵O pobo todo seguía chorando por Abner. Despois acercáronse a David para facerlle comer algo, mentres era aínda de día. Pero el xurou: —"Que Deus me castigue, se probo un bocado de pan ou de calquera outra cousa antes da posta do sol". ³⁶A xente escoitou aquilo e aprobouno, pois todo o que o rei facía parecíalle ben.

³⁷Aquel día souberon todos, Israel enteiro, que o rei non tivera que ver coa morte de Abner, fillo de Ner. ³⁸O rei díxolles ós seus servidores: —"¿Decatádesvos de que hoxe caeu un xefe e un gran home en Israel? ³⁹Hoxe estiven eu brando, mesmo se son o rei unxido. Estes homes, fillos de Seruiah, foron máis duros ca min. Que o Señor lle pague ó malfeitor conforme á súa maldade".

Morte de Ixbóxet

4 ¹Cando Ixbóxet, fillo de Xaúl, soubo que morrera Abner en Hebrón, acovardouse e todo Israel quedou estarrecido. ²O fillo de Xaúl tiña dous xefes de guerrilleiros, un chamado Banah e o outro Recab, fillos de Rimón de Beerot, benxaminitas, xa que Beerot se lle atribuía a Benxamín. ³Os de Beerot marcharan a Guitaim, onde residen hoxe.

⁴Ionatán, fillo de Xaúl, tiña un fillo, tolleito dos pés. Cando chegara de Iezrael a nova da morte de Xaúl e de Ionatán, o neno tiña cinco anos. A súa criada saíu fuxindo e, coas présas, caeulle o neno e quedou coxo. Chamábase Meribaal.

3, 27 Ioab mata a Abner en vinganza do sangue de seu irmán Asael (2 Sam **2,** 22s) e prevendo nel, quizais, un rival como xefe do exército de David. Outro caso en 2 Sam **20,** 7-10.
3, 28s David non quere nin sombra de culpa na morte de Abner; é o crime de Ioab.
3, 34 A elexía denuncia a morte de Abner coma feita á traición.
3, 39 Unha das moitas reprensións de David ós fillos de Seruiah. David foi sumando todo, para deixarlle unha nota a Salomón (1 Re **2,** 5s. 28ss).
4 A morte de Ixbóxet, "acovardado" xa pola desaparición de Abner, ábrelle a David o camiño para facerse co trono de Israel. Pero David quere que quede claro que el non aproba o rexicidio que acabou co reinado da casa de Xaúl.
4, 4 O nome de Meribaal tamén se deformou en Mefibóxet, coma o de Ixbaal (2 Sam **2,** 8 nota).

⁵Os fillos de Rimón de Beerot, Recab e Banah, ían de camiño e chegaron á casa de Ixbóxet, nas horas da calor, cando el estaba deitado durmindo a sesta. ⁶A porteira da casa estaba limpando o gran e quedara durmida. ⁷Eles entraron na casa, ata a alcoba onde Ixbóxet estaba deitado e feríron de morte. Cortáronlle a cabeza e levárona consigo, camiñando polo ermo toda aquela noite.

⁸Chegaron coa cabeza de Ixbóxet a Hebrón, xunto a David, e dixéronlle ó rei: —"Aquí te-la cabeza de Ixbóxet, fillo de Xaúl, o teu inimigo, que quixo quitarche a vida. Hoxe concédelle o Señor ó rei, noso señor, a vinganza de Xaúl e da súa descendencia". ⁹Pero David respondeulle a Recab e ó seu irmán Banah, fillos de Rimón de Beerot, dicindo: —"¡Pola vida do Señor, que me librou de tódolos apretos! ¹⁰Se a quen me trouxo a noticia de que morrera Xaúl, crendo que me daba boas novas, o collín e o fixen matar en Siquelag, en recompensa pola súa nova, ¹¹canto máis agora, que uns homes malvados mataron un home xusto, na súa casa, no seu leito, pedireivos contas do sangue que verquestes, desarraigándovos da terra". ¹²E David mandoulles ós seus homes que os matasen. Despois de facelo, cortáronlle-las mans e os pés e penduráronos xunto a represa de Hebrón. A cabeza de Ixbóxet collérona e enterrárona en Hebrón no sartego de Abner.

David, rei de Israel

5 ¹Tódalas tribos de Israel foron a Hebrón, xunto a David, para dicirlle: —"Aquí nos tes. Nós somos do teu mesmo sangue. ²Xa de antes, cando Xaúl reinaba sobre nós, eras ti quen conducía a Israel e o Señor tíñache dito: ti pastara-lo meu pobo Israel, ti sera-lo seu xefe".

³Os anciáns de Israel presentáronse, pois, onda o rei en Hebrón. O rei David fixo un pacto alí con eles, diante do Señor, e eles unxiron a David por rei de Israel. ⁴David tiña trinta anos cando empezou a reinar e reinou corenta anos. ⁵En Hebrón reinou sobre Xudá sete anos e medio; en Xerusalén reinou trinta e tres anos, sobre Israel e Xudá.

Conquista de Xerusalén

⁶O rei marchou cos seus homes sobre Xerusalén contra os habitantes daquel país, os iebuseos. Eles tíñanlle dito a David: —"Non poderás entrar aquí; rexeitarante os cegos e os coxos". Con iso querían dicir: "David non poderá entrar aquí". ⁷Pero David conquistou a fortaleza de Sión, que se converteu na cidade de David.

⁸Aquel día David dixera: —"Quen queira combate-los iebuseos, que se achegue polo túnel. A eses coxos e a eses cegos aborréceos David". De aí saíu aquel dito: nin cego nin coxo entre no templo. ⁹David instalouse na fortaleza e chamoulle cidade de David. David edificou ó redor dela desde o Miló para dentro. ¹⁰David medraba cada vez máis. O Señor, Deus dos exércitos, estaba con el.

¹¹Hiram, rei de Tiro, mandoulle unha embaixada a David, con madeiras de cedro e con carpinteiros e canteiros, para que construísen o pazo de David. ¹²David comprendeu que o Señor o confirmaba por rei de Israel e que por mor do seu pobo Israel engrandecía o reino.

¹³Despois de que veu de Hebrón, David tomou en Xerusalén outras concubinas e outras mulleres. Delas nacéronlle a David máis fillos e máis fillas. ¹⁴Os nomes dos fillos que tivo en Xerusalén son Xamá, Xobab, Natán e Salomón, ¹⁵Ibhar, Elixúa, Nafeg e Iafía, ¹⁶Elixamá, Eliadá e Elifélet.

Guerras cos filisteos

¹⁷Souberon os filisteos que David fora unxido rei de Israel e, ó momento, subiron en busca del. David, ó te-la noticia, baixou á

4, 6 Este verso está recomposto á luz do texto dos Setenta.
4, 8 Os guerrilleiros chegan adulando a David, quizais en espera dun bo posto no exército.
4, 9-12 A resposta de David non se fai agardar, dura coma outras veces (2 Sam 2, 13-16).
5 Os anciáns de Israel, coma antes os de Xudá (2 Sam 2, 4), van a Hebrón onda David para unxilo como seu rei. Hai tres compoñentes nese feito: lexitimación sacral do rei por unha palabra do Señor (elemento teocrático), recoñecemento polos representantes de Israel (elemento democrático) e o pacto ante o Señor (vv 1-3). A realeza de David reúne os dous reinos, que seguirán unidos ata a morte de Salomón (1 Re 12).
5, 6-9 A conquista de Xerusalén foi importante para David: unha capital independente, no límite que une e separa os dous reinos. O texto ten algúns problemas. Os iebuseos xuran que David non poderá nunca entrar na súa cidade. Pero Ioab métese nela cos seus homes, ó parecer, subindo polo túnel, por onde se collía a auga da fonte de Guihón.
5, 10 Esta afirmación teolóxica pon toda a historia de David na perspectiva da providencia.
5, 11 O tratado de David co fenicio Hiram supón o reino de Israel firme e seguro. Salomón vai mellorar eses pactos cos fenicios para face-las súas grandes obras (1 Re 9, 11).
5, 13-16 Sobre as primeiras mulleres e fillos de David, cf 2 Sam 3, 2-5.
5, 17ss Os filisteos eran os inimigos que David tiña que vencer para construír un verdadeiro estado nesa terra. En dúas batallas afastounos do val de Refaím, na proximidade de Xerusalén.

súa fortaleza. ¹⁸Os filisteos viñeron e espalláronse polo val de Refaím. ¹⁹David consultou o Señor: —"¿Subirei contra os filisteos? ¿Poralos nas miñas mans?" O Señor respondeulle: —"Sube. Entregareinos, seguro, nas túas mans". ²⁰David foise a Baal Perasim e alí venceunos, e comentou: —"O Señor abriu unha fenda nos meus inimigos diante miña, coma a fenda que abren as augas". Por iso chamóuselle a aquel lugar Baal Perasim. ²¹Os filisteos abandonaron alí os seus ídolos e colléronos David e os seus homes.

²²Os filisteos volveron á contenda, despregándose polo val de Refaím. ²³David consultou o Señor, que lle respondeu: —"Non subas. Dá a volta por detrás deles e atácaos do lado das moreiras. ²⁴Cando sintas ruído de pasos nas copas das moreiras, ataca con decisión, pois é que sae o Señor diante de ti, para derrota-lo exército filisteo". ²⁵David fixo como lle mandaba o Señor, e derrotou os filisteos desde Gueba ata a entrada de Guézer.

A arca en Xerusalén

6 ¹David reuniu outra vez o máis escolleito de Israel, trinta mil homes, ²e con toda esa xente foi a Baalá de Xudá, para traer de alí a arca de Deus, o que leva o nome de Señor dos exércitos, que se senta na arca enriba dos querubíns. ³Puxeron nun carro novo a arca de Deus e sacárona da casa de Abinadab, que estaba no outeiro. Guiaban o carro Uzá e Ahió, fillos de Abinadab. ⁴Ó sacaren a arca de Deus da casa de Abinadab, no outeiro, Ahió ía diante da arca. ⁵Tamén David e todo Israel ían diante do Señor, facendo festa con tódalas súas forzas, ó son de harpas e de cítolas, de pandeiros, de sistros e de címbalos.

⁶Chegados á aira de Nacón, Uzá botoulle a man á arca de Deus para sostela, pois espantáranse os bois. ⁷O Señor anoxouse contra Uzá e feriuno alí mesmo de morte ó pé da arca de Deus. ⁸David enrabexouse polo golpe que o Señor dera a Uzá e a aquel lugar quedoulle o nome de *Golpe de Uzá* ata hoxe. ⁹Aquel día David colleulle medo ó Señor e pensou: —"¿Como vai vir á miña casa a arca do Señor?" ¹⁰E non quixo levar canda el, á cidade de David, a arca do Señor, senón que a fixo trasladar á casa de Obededom de Gat. ¹¹A arca estivo tres meses na casa de Obededom de Gat e o Señor bendiciu a Obededom e á súa familia.

¹²Contáronlle a David: —"O Señor está bendicindo a Obededom e a todo o seu por mor da arca de Deus". Entón fixo David subir en festa a arca do Señor da casa de Obededom á cidade de David.

¹³Cada seis pasos que daban os portadores da arca do Señor, sacrificaban un boi e un becerro. ¹⁴David danzaba con tódalas forzas diante do Señor, cinguido co *efod* de liño. ¹⁵Así foi como David e todo Israel levaron a arca do Señor, entre aclamacións e soar de trompetas.

¹⁶Cando a arca do Señor entraba na cidade de David, Micol, filla de Xaúl, axexaba pola fiestra, viu como o rei David ía brincando e danzando diante do Señor e sentiu desprezo por el. ¹⁷Logo puxeron no seu sitio a arca do Señor meténdoa dentro da tenda que David lle preparara. Despois ofreceu David holocaustos e sacrificios de comuñón diante do Señor.

¹⁸En acabando cos sacrificios, David bendiciu ó pobo no nome do Señor dos exércitos. ¹⁹Despois repartiulle a toda a xente, a cada home e muller da xente de Israel, unha bica de pan, unha tallada de carne e unha torta de pasas. Á fin marcharon todos, cada un para a súa casa.

²⁰Cando volvía David para bendicir tamén a súa familia, saíulle ó encontro Micol, filla de Xaúl, e díxolle: —"¡Como se cubriu de gloria hoxe o rei de Israel, espíndose á vista das criadas e dos seus serventes, como se espiría un calquera!" ²¹David respondeulle a Micol: —"Brinquei diante do Señor, que me preferiu ó teu pai e a toda a túa familia e que me elixiu como xefe do pobo do Señor. Farei festa diante do Señor, ²²anque me re-

---

5, 20 *Baal Perasim:* "Señor das fendas".
5, 24 O rumor do vento nas moreiras, sinal da forza de Deus que se adianta ós soldados de David, para darlle a victoria.
6 A arca do Señor converte a cidade David no centro relixioso de Israel e Xudá. Os ollos do pobo todo vólvense cara a alí e a cidade será de seguida celebrada nos cantos de Sión. O tema da arca detivérase en 1 Sam **7,** 1.
6, 6s O aspecto numinoso da arca: pódelle causa-la morte ó que teña o atrevemento de tocala. Para levala dun lado para outro ía en longos varais (Ex **25,** 15).
6, 12 Pero a arca é, máis ben, fonte de bendición. Desde o centro de Xerusalén está co pobo enteiro.
6, 14 O *efod* non é aquí o instrumento de consulta, senón unha faixa, unha peza do vestido sacerdotal. O rei cumpre aí esa función.
6, 21 A actitude de Micol representa ó rei rexeitado, Xaúl; a de David, ó rei elixido.

baixe aínda máis e che pareza desprezable; honraranme esas criadas de que falas". ²³Micol, filla de Xaúl, non tivo máis fillos en toda a súa vida.

A profecía de Natán

7 ¹Instalado o rei David na súa casa, e como o Señor lle dera a paz cos seus inimigos do arredor, ²díxolle el ó profeta Natán: —"Repara que eu estou instalado nunha casa de cedro, mentres a arca do Señor habita nunha tenda". ³Natán respondeulle ó rei: —"Todo o que tes no corazón, anda e faino, pois o Señor está contigo".

⁴Pero aquela mesma noite veulle a Natán esta palabra do Señor: ⁵—"Vai e dille ó meu servo David que isto di o Señor: ¿vasme edificar unha casa para que eu habite nela? ⁶Desde o día en que saquei os israelitas de Exipto ata hoxe, non habitei en casa ningunha, senón que andei dun lado para outro nunha tenda e nun tabernáculo. ⁷E en todo o tempo que andei cos israelitas, ¿faleille, acaso, a algún dos xuíces de Israel, ós que mandei que alindasen o meu pobo, de que me edificasen unha casa de cedro?

⁸Agora, pois, dille ó meu servo David que isto di o Señor dos exércitos: eu saqueite das mandas, de detrás dos rabaños, para que fóse-lo xefe do meu pobo Israel. ⁹Estiven contigo en todo o que emprendiches e arredei os teus inimigos diante de ti. E dareiche un nome tan grande coma o dos grandes da terra. ¹⁰Eu fixarei tamén un posto para o meu pobo Israel. Eu plantareino e el vivirá alí sen sobresaltos. Non volverán asoballalo os fillos da iniquidade, como fixeron á primeira, ¹¹no tempo en que puxen xuíces sobre o meu pobo Israel. Dareiche o repouso de tódolos inimigos e, por parte, o Señor anúnciache que che dará unha dinastía.

¹²Cando se cumpran os teus días e vaias durmir con teus pais, eu establecerei despois de ti un teu descendente, nado das túas entrañas, e farei firme o seu reino. ¹³El edificarame unha casa e eu afincarei para sempre o seu reino.

¹⁴Eu serei para el un pai e el será para min un fillo. Se peca, castigareino con vara de homes e con azoutes humanos. ¹⁵Mais non lle retirarei a miña lealdade, como lla retirei a Xaúl, a quen botei da miña presencia. ¹⁶A túa familia e o teu reino permanecerán na miña presencia para sempre, o teu trono manterase firme eternamente". ¹⁷Natán comunicoulle a David estas palabras e toda esta visión.

Oración de David

¹⁸Entón o rei David presentouse ó Señor e dixo:
—"¿Quen son eu, meu Señor Iavé, e quen é a miña familia,
para que me fagas chegar ata aquí? ¹⁹E, por se isto fose pouco aínda ós teus ollos, Señor Iavé,
falas tamén do porvir da familia do teu servo.
¿É isto, Señor Iavé, cousa ben dada? ²⁰E ¿que pode engadir David ó que xa dixo,
se ti, Señor Iavé, coñeces abondo o teu servo?
²¹Pola túa palabra e segundo o teu corazón,
ti levas a termo estas cousas
e revélasllas ó teu servo.
²²Por iso es grande, Señor Iavé,
non hai outro coma ti,
nin hai Deus, fóra de ti,
conforme o que temos oído.
²³E ¿que nación hai no mundo coma o teu pobo Israel,

6, 23 David non volveu onda ela. Deus non lle deu por ela un futuro ó nome de Xaúl.
7 Ó parecer, foron os acontecementos históricos os que levaron a David ó cume da realeza. Pero, á fin, foi a guía de Deus a que marcou o itinerario. É o que o historiador quere dicir neste capítulo, chave da súa obra. O rei é definido na profecía de Natán coma o unxido de Iavé, un símbolo de promesa e de esperanza. A promesa mesiánica é a que fai de David a gran figura na historia da salvación.
7, 3 O profeta, coma o rei, fala segundo se lle entende: Un rei que se prece ten que ter unha capela real. Cando Deus fala, o profeta é outra cousa.
7, 4ss A profecía xoga cun contraste: non é David quen vai construír unha casa ó Señor (un santuario), senón o Señor quen vai construír unha casa a David (unha dinastía de reis nacidos del). David terá continuidade na súa descendencia e por ela estará Deus mantendo a esperanza do Mesías no seu pobo.
7, 8ss A grandeza de David consiste no que Deus fixo por el en favor do seu pobo.
7, 12 Aclárase o sentido de casa: os descendentes de David, herdeiros do seu trono.
7, 13 Refírese ó primeiro dos descendentes, Salomón. El construirá, por fin, o santuario que fora rexeitado (vv 4-7).
7, 14 A fórmula só quere dicir que Deus tratará ó rei coma un pai trata ó seu fillo. A fórmula da filiación divina adoptiva do rei presenta máis fondo contido teolóxico (Sal **2**, 7).
7, 18ss Na primeira parte (18-24) a oración de David é unha acción de gracias; na segunda (25-29), unha súplica por el e pola súa dinastía. O pobo está en todo iso, pois para el son os bens da promesa mesiánica (v 23s; Dt **4**, 7).

que Deus mesmo foi rescatar,
para facelo seu e darlle un nome
e para facer con el prodixios e milagres,
botando de diante do pobo que libraches
   de Exipto
ós outros pobos cos seus deuses?
²⁴Ti constituíche-lo pobo de Israel
coma pobo teu para sempre
e Ti, Señor, e-lo seu Deus.
²⁵Agora, Señor Deus,
mantenlle ó teu servo e á súa familia para
   sempre
a palabra que lle deches,
e cumpre o que lle prometiches.
²⁶Sexa exaltado por sempre o teu amor,
e que se diga: o Señor dos exércitos é o
   Deus de Israel.
E que a familia do teu servo David
se manteña firme na túa presencia.
²⁷Porque ti, Señor dos exércitos, Deus de
   Israel, reveláchesle isto ó teu servo:
eu edificareiche unha casa.
Por iso atopou forza o teu servo
para dirixirche esta oración.
²⁸Agora, Señor Iavé, ti que es Deus,
ti que tes palabras verdadeiras
e que lle fixeches ó teu servo este ben,
²⁹dígnate, logo, bendici-la familia do teu
   servo
e que permaneza por sempre na túa
   presencia.
Xa que ti, meu Señor Iavé, o
   prometiches,
que, pola túa bendición, sexa bendita
   para sempre
a familia do teu servo".

Guerras e conquistas

8 ¹Despois diso David venceu ós filisteos e someteunos; e arrebatoulles Gat coas súas aldeas.
²Venceu tamén a Moab e, deitándoos polo chan, mediunos co cordel. Dúas medidas destinábaas á morte e unha deixábaa con vida. Os moabitas quedaron sometidos á David pagándolle tributo.
³David derrotou tamén a Hadadézer, fillo de Rehob, rei de Sobah, cando ía impo-la súa man sobre o Éufrates. ⁴David colleulle prisioneiros mil setecentos xinetes e vinte mil soldados de a pé. Desxarretoulle os cabalos dos carros, deixándolle soamente cen de tódolos que tiña.
⁵Os arameos de Damasco acudiron en axuda de Hadadézer, rei de Sobah, e David matoulles vintedous mil homes. ⁶David instalou postos en Aram de Damasco e os arameos quedáronlle sometidos pagándolle tributo. O Señor concedeulle éxito a David en todo o que emprendeu.
⁷Ós oficiais de Hadadézer quitoulles David os escudos de ouro e levounos a Xerusalén. ⁸En Tabah e Berotai, cidades de Hadadézer, colleu o rei David bronce en moita cantidade.
⁹Cando Tohu, rei de Hamat, soubo que David derrotara o exército de Hadadézer, ¹⁰mandou xunto a el ó seu fillo Adoram, para saudalo e felicitalo, por combater e vencer a Hadadézer, pois Tohu estaba tamén en guerra con Hadadézer. Adoram levoulle unha vaixela de ouro, de prata e de bronce, de regalo.
¹¹O rei David consagroulle iso ó Señor, como consagrara xa a prata e o ouro de tódolos pobos que vencera, ¹²arameos e moabitas, amonitas, filisteos e amalecitas, e mailo botín de Hadadézer, fillo de Rehob, rei de Sobah.
¹³David adquiriu unha grande sona. Á súa volta de Aram derrotou a Edom, no val do Sal, matándolle dezaoito mil homes. ¹⁴Estableceu postos en Edom, que estaba todo sometido a David. O Señor concedeulle éxito a David en todo o que emprendeu.

Os oficiais de David

¹⁵David foi rei de todo Israel e gobernou o seu pobo con xustiza e con equidade. ¹⁶Ioab, fillo de Seruiah, era o xefe do exército; Ioxafat, fillo de Ahilud, era o cronista; ¹⁷Sadoc, fillo de Ahitub, e mais Abiatar, fillo de Ahimélec, eran os sacerdotes; Seraías era o secretario ¹⁸e Benaías, fillo de Iehoiadá, o xefe dos quereteos e dos peleteos. Os fillos de David eran sacerdotes.

---

8 A actividade militar de David, creador dun pequeno imperio no centro de Canaán, concéntrase neste capítulo: un puño de datos que se agregan ó referido sobre a conquista da cidade de David, Xerusalén, e as dúas batallas cos filisteos (2 Sam 5). Á parte dos filisteos están os moabitas e os edomitas de Transxordania e, polo norte, os arameos de Siria. Quedan os amonitas, gardados para máis adiante (2 Sam 10-12).

8, 1 *Gat coas súas aldeas* (cf 1 Cro 18, 1).

8, 3s O rei de Sobah tiña sometidos algúns dos reinos arameos e con eles fixo esa incursión cara ó lado do Éufrates. David atacoulle a retagarda.

8,14 De vez en cando sae á luz o fondo teolóxico da historia.

8, 15-18 A lista de oficios é o dato que temos sobre a estructura do reino de David. Outra lista en 2 Sam 20, 23-25. Algúns dos cargos teñen correspondencia na corte expicia. Ó lado de Abiatar, descendente dos sacerdotes de Nob (1 Sam 22, 20-23) aparece aquí Sadoc, o fundador do sacerdocio sadoquita de Xerusalén. ¿Era el mesmo o sacerdote iebuseo da cidade? Os fillos de David, aquí sacerdotes, non aparecen na lista de 2 Sam 20, 26, onde aparece Iair, nin no paralelo de 1 Cro 18, 17.

V. A HISTORIA DA SUCESIÓN (2 Sam 9-20)

David e Meribaal

9 ¹David preguntou: —"¿Queda alguén da familia de Xaúl a quen eu poida favorecer por mor de Ionatán?" ²Da casa de Xaúl había un criado que se chamaba Sibá. Mandárono vir onda David e o rei preguntoulle: —"¿Es ti Sibá?" E el respondeulle: —"Servidor".
³O rei seguiu: —"¿Queda alguén da familia de Xaúl a quen eu lle poida mostra-la bondade de Deus?" Sibá respondeulle ó rei: —"Queda un fillo de Ionatán, tolleito dos dous pés". ⁴O rei preguntoulle: —"¿Onda está?" E Sibá díxolle: —"Está en Lodabar, na casa de Maquir, fillo de Amiel". ⁵O rei David mandouno traer de Lodabar, de onda Maquir.
⁶Chegado xunto a David, Mefibóxet, fillo de Ionatán, fillo de Xaúl, saudouno postrado polo chan. David preguntoulle: —"¿Es ti Mefibóxet?" E el respondeulle: —"Servidor". ⁷David díxolle: —"Non teñas medo. Quero favorecerte, por mor do teu pai Ionatán. Devolvereiche tódalas terras do teu avó Xaúl e ti comerás sempre á miña mesa". ⁸Mefibóxet inclinouse e dixo: —"¿Quen é este teu servo, para que lle deas atención a un can morto coma min?"
⁹O rei chamou a Sibá, criado de Xaúl, e díxolle: —"Todo o que pertencía a Xaúl e a súa familia quero que se lle dea ó fillo do teu amo. ¹⁰Ti, os teus fillos e os teus criados traballarédeslle as terras ó fillo do teu amo, para que a súa casa teña pan. Pero Mefibóxet, o fillo do teu amo, comerá sempre á miña mesa". Sibá tiña quince fillos e vinte escravos. ¹¹E dixolle ó rei: —"O teu servo fará o que o rei, meu señor, dispoña".
¹²Mefibóxet tiña un fillo pequeno que se chamaba Micá. A familia de Sibá estaba toda ó servicio de Mefibóxet. ¹³Este habitaba en Xerusalén porque comía á mesa do rei. Estaba coxo dos dous pés.

Guerra cos amonitas

10 ¹Despois diso morreu o rei dos amonitas e sucedeulle no trono o seu fillo Hanún. ²David pensou entón: —"Voulle mostrar á Hanún, fillo de Nahax, a bondade que o seu pai mostrou comigo". E mandou David algúns serventes, que lle desen o pésame pola perda do seu pai.
Cando os serventes de David chegaron á terra dos amonitas, ³os príncipes de Amón dixéronlle ó seu amo Hanún: —"¿Pensas que o rei David che mandou consoladores, para que vexas que quere honra-la memoria do teu pai? ¿Non che mandaría, máis ben, os seus serventes para exploraren e para saberen da cidade e destruíla?" ⁴Hanún colleu entón ós mensaxeiros de David, afeitóulle-la metade da barba, cortóulle-las vestes ata as nádegas e despois despediunos.
⁵Comunicáronllo á David, que enviou xente ó seu encontro, porque aqueles homes volvían avergonzados. O rei mandou que lles dixesen: —"Quedade en Iericó e, cando vos medre a barba, volveredes".
⁶Cando viron os amonitas que se fixeran aborrecibles para David, decidiron adquirir soldados a soldo: vinte mil soldados a pé, dos arameos de Bet Rehob e dos arameos de Sobah, vinte mil homes do rei de Macah e doce mil homes de Tob. ⁷Sóuboo David e mandou alá a Ioab co exército dos seus valentes. ⁸Os amonitas saíron e formaron para o combate á entrada da cidade, mentres os arameos de Sobah e de Rehob e a xente de Tob e de Macah quedaba á parte no campo.

---

9 Aquí comeza a historia da sucesión, que acabará coa unción de Salomón, en 1 Re **1-2**. O historiador aclara primeiro que non será sucesor de David un descendente de Xaúl. Con Meribaal comendo á mesa do rei, os xaulidas quedaron desarmados. Queda só a revolta de Xeba (2 Sam **20**). Por camiños ben tortos, acabará por imporse ós outros pretendentes un dos fillos de David, Salomón, Iedidías, o querido de Iavé. Esta historia pódese dicir, por outro lado, que é a historia dos erros de David e das súas consecuencias.

9, 1 O comportamento de David co descendente de Xaúl obedece ó pacto sagrado entre David e Ionatán (1 Sam **18**, 1-4; **23**, 16s). Pero nel hai tamén unha medida de prudencia política.

9, 6 Mefibóxet designa a mesma persoa que Meribaal (cf 2 Sam **4**, 4 nota).

9, 9ss Mefibóxet e o seu criado Sibá volven aparecer coa ocasión da fuxida de David e do seu retorno a Xerusalén (2 Sam **16**, 1-4; **19**, 25-30).

10 A guerra cos amonitas non entrara na lista das guerras de David do c. **8**. Agora sérvelle de marco á historia das relacións de David con Batxeba, de máis interese para o historiador. Con ese motivo temos máis datos desta campaña ca das outras. A historia de Batxeba contribúe á historia da sucesión de dúas maneiras, co factor do pecado de David e co fillo Salomón, que será o futuro rei. O tema abrangue 2 Sam **10-12**.

10, 1s Con Nahax xa estivera en guerra Xaúl, en defensa de Iabex de Galaad (1 Sam **11**).

10, 3 A cidade é Rabah, a capital do reino amonita (2 Sam **11**, 1).

10, 6 Eses arameos son os mesmos que vencera David, segundo 2 Sam **8**, 3-8.

10, 8ss O relato infórmanos da estratexia dos dous contendentes. Ioab pensa que os soldados terán a axuda de Deus cando eles mesmos fagan o que poidan.

⁹Decatouse Ioab de que tiña unha fronte de combate por diante e outra por detrás e entón colleu o mellor do exército de Israel e púxoo en liña de ataque, fronte ós arameos; ¹⁰e dispuxo o resto do exército para facer fronte ós amonitas, ás ordes do seu irmán Abixai, ¹¹a quen advertiu: —"Se os arameos prevalecen contra min, ti virás axudarme; e se os amonitas prevalecen contra ti, irei eu axudarche. ¹²Se valente e esforcémonos polo noso pobo e polas cidades do noso Deus. E que sexa o que o Señor queira".

¹³Ioab entrou co seu exército en combate contra os arameos, que fuxiron diante del. ¹⁴Cando viron os amonitas que os arameos fuxían, fuxiron eles tamén de Abixai e metéronse na cidade. Ioab deu entón a volta da expedición contra os amonitas e regresou a Xerusalén.

¹⁵Cando os arameos se viron derrotados, reuníronse todos en contra de Israel. ¹⁶Hadadézer mandou saí-los arameos da outra banda do río e chegaron a Helam, ó mando de Xobac, xeneral de Hadadézer. ¹⁷Dixéronllo a David, que, ó momento, reuniu os israelitas, atravesou o Xordán e chegou a Helam. Os arameos dispuxéronse para encontrarse con David e abriron o combate contra el.

¹⁸Aram fuxiu diante de Israel e David matoulle setecentos cabalos de carros e corenta mil xinetes; e feriu a Xobac, xeneral do exército, que morreu alí mesmo. ¹⁹Cando viron os reis vasalos de Hadadézer que este fora vencido polos israelitas, fixeron a paz con Israel e sometéronselle. Desde esa os arameos non se atreveron a seguir axudando ós amonitas.

David e Batxeba

11 ¹Á volta dun ano, na época en que os reis saen á guerra, mandou David a Ioab, cos seus oficiais e co exército israelita, desbarata-lo país dos amonitas e poñerlle cerco a Rabah. Mentres tanto David quedou en Xerusalén.

²Unha tarde, ó erguerse do leito, púxose David a pasear pola terraza do pazo, e viu desde alí unha muller que se estaba bañando, unha muller, por certo, moi fermosa. ³David mandou preguntar por ela e dixéronlle: esa muller é Batxeba, filla de Eliam, muller de Urías, o hitita.

⁴David ordenou que lla trouxesen. Entrou a muller onda el e David deitouse con ela, cando ela se acababa de purificar das súas regras. Despois ela volveu para a súa casa. ⁵A muller quedou embarazada e mandoulle a dicir a David: estou embarazada.

⁶Entón mandoulle David este recado a Ioab: "Mándame a Urías, o hitita". E el mandoullo. ⁷Cando Urías chegou, David preguntoulle pola saúde de Ioab, polo exército e pola marcha da guerra. ⁸Despois David díxolle a Urías: —"Baixa á túa casa e dáte un baño". Urías saíu do pazo real e detrás del saíu o agasallo do rei. ⁹Pero Urías deitouse á entrada do pazo, cos serventes do rei, e non baixou á súa casa.

¹⁰Dixéronlle a David: —"Urías non baixou á súa casa". David díxolle entón: —"Acabas de vir de viaxe. ¿Por que non vas á túa casa?" ¹¹Urías respondeulle a David: —"A arca, Israel e Xudá viven en tendas, o meu xefe Ioab e os seus oficiais acampan ó raso, ¿e ía entrar eu na miña casa, comer e beber e deitarme coa miña muller? Por ti e pola túa vida, que non farei semellante cousa". ¹²David díxolle a Urías: —"Quédate aínda hoxe e mañá despedireite". E Urías quedou aquel día en Xerusalén.

Ó día seguinte, ¹³David convidouno a comer con el e deulle de beber para emborrachalo. Á noite saíu e deitouse onda a garda do seu señor, mais non baixou á súa casa. ¹⁴Á mañá escribiulle David unha carta a Ioab e mandoulla en man por Urías. ¹⁵Na carta escribía: —"Poñede a Urías na dianteira, onde máis duro sexa o combate, arredádevos del, e que o firan e morra".

¹⁶Ioab, que estaba cercando a cidade, puxo a Urías no sitio onde sabía que estaban os homes máis valentes. ¹⁷Saíron os defensores da cidade, combateron contra Ioab e caeron algúns dos soldados de David. Tamén morreu Urías, o hitita.

10, 15s Hadadézer de Sobah cos seus vasalos, coma en 2 Sam **8**, 3s.
11 A historia de Batxeba, no marco da segunda campaña de Ioab contra os amonitas, en Rabah. O narrador non fixo nada por tapar ou disimula-lo pecado do rei; ó contrario, adicoulle toda a súa arte narrativa para presentalo clamando ó ceo.
11, 1 O tempo da guerra era a primavera.
11, 2-5 O adulterio de David está contado paso por paso, pero a toda présa. Fai ver que a muller quedou atrapada baixo da pena capital e o rei na deshonra da súa ociosidade.
11, 6-13 David non consegue unir a Urías, o fiel estranxeiro da garda real, coa súa muller na súa casa e dese xeito o adulterio non se pode esconder. Urías non vai onda a muller por aquilo da abstención sexual dos soldados en tempo de guerra santa (1 Sam **21**, 4).
11, 14ss Urías leva na carta á súa sentencia sen sabelo. A frialdade de Ioab non é menos arrepiante cá do rei.

¹⁸Ioab mandou que informasen a David da sorte do combate. ¹⁹E díxolle ó mensaxeiro: —"Cando acabes de darlle ó rei o parte do combate, ²⁰se el se alporiza e che di: ¿Por que vos acercastes tanto para ataca-la cidade? ¿Non sabiades que disparaían desde o alto da muralla? ²¹¿Quen matou a Abimélec, fillo de Ierubaal? Unha muller que botou unha pedra de moer desde o alto do muro, morrendo el en Tebés. ¿Por que vos aproximastes á muralla? Ti diraslle entón: morreu tamén o teu servo Urías, o hitita".

²²Marchou o mensaxeiro, chegou xunto a David e comunicoulle a mensaxe de Ioab. ²³O mensaxeiro dixo: —"Os inimigos saíron cara a nós ó escampado; eles estábannos vencendo, mais nós botámonos sobre eles cara á porta da entrada. ²⁴Entón tiraron os arqueiros desde a muralla contra os teus servos e mataron a algúns dos soldados do rei. Morreu tamén o teu servo Urías, o hitita".

²⁵David díxolle ó mensaxeiro: —"Dille isto a Ioab: non te aflixas polo que pasou. A espada devora ora para aquí ora para alí. Ti reforza o ataque contra a cidade para arrasala. E ti fai por encoraxalo".

²⁶Cando soubo a muller de Urías que morrera o seu home, fixo loito por el. ²⁷Pasado o tempo do loito, David mandou que viñese á súa casa e tomouna por muller. Ela deulle un fillo. Pero a acción de David non compraceu ó Señor.

Denuncia de Natán e penitencia de David

12 ¹O Señor mandou a Natán onda a David. O profeta entrou xunto ó rei e díxolle: —"Nunha cidade había dous homes, un rico e o outro pobre. ²O rico tiña grandes rabaños de ovellas e de bois. ³O pobre non tiña nada fóra dunha ovella que mercara.

El criouna e ela ía crecendo, canda el e canda os seus fillos. Coidábaa coma unha filla. ⁴Chegou un viaxeiro onda o rico, quen sentindo botar man dunha peza da súa facenda para convidar ó viaxeiro que chegara xunto del, colleulle a ovella ó home pobre e guisoulla ó viaxeiro".

⁵David enfadouse moito con aquel home e díxolle a Natán: —"Pola vida do Señor, quen fixo iso merece a morte. ⁶Pagará catro veces a ovella, por ese comportamento sen piedade".

⁷Entón Natán díxolle a David:
—"Ti es ese home.
E isto di o Señor, Deus de Israel:
Eu unxinte por rei de Israel
e libreite das mans de Xaúl.
⁸Entregueiche a casa do teu señor
e puxen as súas mulleres nos teus brazos.
Fíxente dono de Israel e de Xudá
e, por se fose pouco,
deiche aínda outras cousas.
⁹¿Por que, logo, despréza-la palabra do Señor,
facendo o que el reproba?
Mataches coa espada a Urías, o hitita,
para casares coa súa muller.
Matáchelo coa espada dos amonitas.
¹⁰Agora a espada non se afastará da túa casa.
Visto que ti me desprezaches,
tomando para ti a muller de Urías, o hitita,
¹¹isto di o Señor:
Vou facer xurdir contra ti a desgracia
dentro da túa propia casa.
Quitareiche as mulleres
e dareillas a outro diante dos teus ollos,
el deitarase con elas,
á luz deste sol que nos aluma.
¹²O que fixeches ti ás escondidas,
fareino eu á luz do sol
e á vista de todo Israel".
¹³David díxolle a Natán:
—"¡Pequei contra o Señor!"
E Natán díxolle:
—"O Señor perdoa o teu pecado e non morrerás.
¹⁴Pero, por desprezáre-lo Señor co que fixeches,
o neno que che naceu ten que morrer".

Nacemento de Salomón

¹⁵Despois Natán marchou para a súa casa. E o Señor feriu ó neno que a muller de Urías

---

11, 27 O remate da historia é o casamento de David con Batxeba. Pero aí mesmo empeza o xuízo.

12 O profeta Natán denuncia o que ninguén se atrevía a facer: o pecado do rei. Por castigo o profeta anúnciolle desgracias dentro da propia familia (v 11). Serán o tema do resto da historia da sucesión. O rei confesa o seu pecado. Morre o neno nacido de Batxeba pero axiña nace Salomón. A conquista de Rabah conclúe este argumento.

12, 1-6 A parábola do rico e do pobre conduce a David a condenarse a si mesmo. Natán soamente tivo que dicir: ti es ese home.

12, 7-12 O oráculo recórdalle a David o que Deus fixera por el, bótalle o crime na cara e anúncialle desgracias na familia.

12, 13 O dato do arrepentimento de David fixo pór á cabeza do Sal 51 un título histórico, que o fai ler á luz deste suceso. O salmo é unha boa expresión do sentir penitencial de David ou de calquera pecador arrepentido.

12, 15ss A penitencia do rei está tentando salva-lo neno ameazado. O consolo non lle virá a David por ese neno, senón polo nacemento dun segundo fillo de Batxeba, Salomón, Iedidías, o querido de Iavé.

lle parira a David; púxose moi malo. ¹⁶David pediulle a Deus polo neno, fixo un longo xexún e pasaba as noites tirado polo chan. ¹⁷Os anciáns da súa casa trataron de levantalo, pero el negouse e non quixo comer con eles.
¹⁸Ós sete días morreu o neno. Os serventes tiñan medo de dicirlle a David que o neno morrera, pois pensaban: —"Se, cando o neno vivía, lle falabamos e el non nos facía caso, ¿como lle imos dicir agora que o neno morreu? Faría unha loucura". ¹⁹David decatouse de que os serventes andaban falando polo baixo e comprendeu que o neno morrera. E preguntoulles ós serventes: —"¿Morreu o neno?" E eles dixéronlle: —"Morreu".
²⁰David entón engueuse do chan, lavouse, perfumouse e mudouse, e logo foise postrar á casa do Señor. Despois volveu para o seu pazo, pediu de comer, servírono e comeu.
²¹Os seus serventes preguntáronlle: —"¿Que quere dicir iso que fas? Cando o neno vivía, xexuabas e chorabas, e agora que o neno morreu, érgueste e comes". ²²El respondeulles: —"Mentres o neno vivía, xexuaba e choraba, pensando: ¡quen sabe se o Señor me quererá face-la gracia de que viva! ²³Pero agora que xa morreu, ¿de que serve o xexún? ¿Podería volvelo á vida? Son eu quen vai cara a el e non el cara a min".
²⁴David consolou a Batxeba, súa muller, entrou onda ela e durmiu con ela. Ela pariulle un fillo, a quen lle puxo por nome Salomón. O Señor amouno ²⁵e mandou polo profeta Natán que lle chamasen Iedidías en homenaxe ó Señor.

Conquista de Rabah

²⁶Nese tempo Ioab seguira co cerco de Rabah dos amonitas ata acabar conquistando a cidade real. ²⁷Entón mandou mensaxeiros a David para dicirlle: —"Ataquei Rabah e recuperei a cidade das augas. ²⁸Agora reúne o resto do exército, acampa ó redor da cidade e apodérate ti dela, non sexa que, se o fago eu, chamen logo á cidade co meu nome".
²⁹David reuniu o resto do exército e foi a Rabah, que atacou e que conquistou. ³⁰Quitou da cabeza a Milcom unha coroa que pesaba un talento de ouro e que tiña pedras preciosas; e púxoa na súa cabeza. O botín que colleu na cidade foi moi grande. ³¹Sacou da cidade os seus habitantes e púxoos a traballar coa serra e con machetas, con picos de ferro e en fornos de ladrillos. Con tódalas cidades amonitas fixo o mesmo. Despois David voltou con todo o exército para Xerusalén.

Amnón e Tamar

13 ¹Ó tempo sucederon outras cousas. Abxalom, fillo de David, tiña unha irmá moi ben feita que se chamaba Tamar. Dela namorouse Amnón, fillo de David. ²A paixón de Amnón por Tamar, súa irmá, era tan grande que o facía adoecer, pois, sendo ela solteira, parecíalle imposible chegar con ela a cousa ningunha.
³Amnón tiña un amigo chamado Ionadab, fillo de Ximah, irmán de David. Era un home moi arteiro. ⁴Preguntoulle a Amnón: —"¿Por que, fillo de rei, estás máis esmorecido cada día? ¿Non mo queres dicir?" Amnón respondeulle: —"Estou namorado de Tamar, irmá de meu irmán Abxalom". ⁵Díxolle Ionadab: —"Métete na cama e fai que estás doente. Cando o teu pai entre a verte, ti dirasle: deixa que a miña irmá Tamar veña para darme a comida; que a prepare diante de min, que eu a vexa, e comerei da súa man".
⁶Amnón meteuse na cama, facéndose o doente. O rei foi visitalo e, coa mesma, Amnón pediulle: —"Deixa que a miña irmá Tamar veña onda min e prepare, á miña vista, un par de bicas; quero comelas da súa man".
⁷David mandoulle recado á casa de Tamar: "chégate onda teu irmán Amnón e prepáralle algo de comer".
⁸Tamar foi á casa de seu irmán Amnón, que estaba deitado. Colleu fariña, amasouna e diante del fixo unhas bicas e frituinas. ⁹Logo sacounas da tixola e serviullas. Pero el non quixo comer. E ordenou: —"Que saian todos para fóra. E saíron todos de onda el".
¹⁰Amnón entón díxolle a Tamar: —"Tráeme ese xantar á alcoba e dámo pola túa man". Tamar colleu as bicas que fixera e levoullas á alcoba a seu irmán.
¹¹Ó acercarllas para que comera, Amnón agarrouna dicindo: —"Ven, irmá; déitate co-

---

12, 28 O rei poderalle chamar a Rabah cidade de David, só se é conquistada por el.
13 A historia de Amnón e Tamar no conxunto da historia da sucesión fainos asistir á eliminación do primeiro dos pretendentes. O narrador atopou entretido o tema do namoramento de Amnón pola media irmá. Pero aproveitou as consecuencias para meter xa na escena a Abxalom, o máis dinámico protagonista da historia da sucesión. Tamar era media irmá de Amnón pero irmá, por pai e nai, de Abxalom.
13, 3ss Ionadab era curmán dos dous; acertou coa súa estratexema.

migo". ¹²Pero ela díxolle: —"Non, meu irmán; non me obrigues. Iso non se fai en Israel; non cometas esa infamia. ¹³¿A onde iría eu coa miña deshonra? E ti quedarías coma un desgraciado en Israel. Fala disto co rei. De seguro, non se oporá a que eu sexa túa". ¹⁴Pero el non quixo escoitala. Agarrouna con forza e obrigouna a deitarse con el. ¹⁵Axiña Amnón sentiu noxo por ela, un aborrecemento maior aínda có amor que lle tivera. E mandoulle: —"Érguete e vaite". ¹⁶Ela respondeulle: —"Non. O mal que farías despedíndome sería maior có que xa me fixeches". Pero el non lle fixo caso. ¹⁷Chamou polo criado que o servía e ordenoulle: —"Botade fóra de aquí a esa muller e pechádelle a porta". ¹⁸Ela levaba posta unha túnica con mangas, pois así era coma vestían as fillas solteiras do rei. O criado botouna fóra e pechoulle a porta. ¹⁹Tamar botou cinsa nos cabelos, rachou a túnica de mangas, levou as mans á cabeza e ía andando e berrando.

²⁰Abxalom, seu irmán, preguntoulle: —"¿Estivo contigo o teu irmán Amnón? Agora, irmá, cala; el é teu irmán. Non te atormentes por isto". E Tamar, atristurada, quedou na casa de seu irmán Abxalom. ²¹Cando estas cousas chegaron a oídos de David, este enfadouse moito. ²²Abxalom non falaba con Amnón, nin para ben nin para mal. Porque forzara a Tamar, súa irmá, colléralle xenreira.

Morte de Amnón

²³Ó cabo de dous anos, cando Abxalom facía en Baal Hasor de Efraím o tosquiado dos rabaños, convidou ós fillos do rei. ²⁴Abxalom foi onda o rei e pediulle: —"Velaí que o teu servo fai o tosquiado das ovellas. Rógolle ó rei que veña, cos seus serventes, á festa do seu servo".

O rei respondeulle a Abxalom: —"Non, meu fillo. Non imos ir todos e serche unha carga". ²⁵El insistiu, pero o rei non quixo ir e bendiciuno. ²⁶Entón díxolle Abxalom: —"Pois, ó menos, que veña connosco o meu irmán Amnón". O rei respondeulle: —"¿Para que queres que vaia contigo?" ²⁷Abxalom insistiu e o rei mandou con el Amnón e a tódolos fillos do rei.

Abxalom preparou un banquete, coma banquete de rei, ²⁸e ordenoulles ós seus criados: —"Cando vexades que o corazón de Amnón empeza a aledarse co viño e eu vos dea o sinal, feride a Amnón e matádeo. Non teñades medo. ¿Non son eu quen volo manda? ¡Forza! Mostrádevos valentes". ²⁹Os criados fixeron con Amnón o que Abxalom lles mandara. Os outros fillos do rei erguéronse, montaron en cadansúa mula e fuxiron. ³⁰Ian aínda de camiño, cando lle chegou a noticia a David: —"Abxalom matou os fillos do rei sen deixar sequera un". ³¹O rei levantouse, rachou as súas vestes e botouse por terra, con tódolos seus serventes ó seu lado, coas vestes rachadas. ³²Entón falou Ionadab, fillo de Ximah, irmán de David, e dixo: —"Non pense o meu señor que morreron tódolos fillos do rei; morreu soamente Amnón, segundo decidira Abxalom o día en que aquel forzou a Tamar, súa irmá. ³³Polo tanto que o rei, meu señor, non se inquede pensando que morreron os fillos todos do rei, cando morreu soamente Amnón".

³⁴Daquela Abxalom fuxiu. A sentinela ergueu os ollos e viu que ía moita xente polo camiño de Horonaim pola aba da montaña. ³⁵Entón Ionadab díxolle ó rei: —"Aí chegan os fillos do rei. Foi como o teu servo che dixera". ³⁶Cando rematou el de falar, entraron os fillos do rei chorando a berros. Tamén o rei e os seus serventes choraban con grande pranto.

³⁷Abxalom fuxiu e foise acoller onda Talmai, fillo de Amihud, rei de Guexur. David gardou loito polo seu fillo Amnón todo ese tempo. ³⁸Abxalom estivo tres anos fuxido en Guexur. ³⁹David acabou consolándose da morte de Amnón e ensumíase por Abxalom.

David perdoa a Abxalom

14 ¹Decatouse Ioab, fillo de Seruiah, de que o corazón do rei estaba con Abxalom ²e mandou a Tecóah que trouxesen de alí unha muller arteira, á que lle dixo: —"Finxe

---

13, 13 Tamar suxire que, sendo só irmáns de pai, podían casar; ese é o caso de Abraham e Sara (Xén **20,** 12).
13, 14-19 Reflexo vivo do sentir das persoas e da acción.
13, 23ss Abxalom aproveita a festa do tosquiado para vingarse de Amnón. O relator conta sen présa. A maneira de lle chega-la noticia a David ten o seu dramatismo. A familia queda toda tocada polo feito.
13, 27b Seguindo o texto dos Setenta.

13, 37 Talmai era avó de Abxalom, pois era o pai de Macah, súa nai.
14 Primeiro foi un profeta o que denunciou o pecado de David cunha parábola (2 Sam **12**). Agora é unha muller asisada, mandada por Ioab, a que, con outra parábola que pasa por se-lo caso propio da muller, leva ó rei a dispo-la volta do desterrado Abxalom, pois a parábola representaba a casa de David. O seguinte paso de Ioab é conseguir que o rei reciba ó seu fillo. E niso empezará a revolta de Abxalom.

que estás co dó, viste roupas de loito, non te unxas con óleo e fai coma se foses unha muller que leva loito hai tempo por un morto. ³Presentaraste diante do rei e diraslle isto e isto". E Ioab púxolle na boca o que había dicir.

⁴A muller de Tecóah presentouse ó rei, postrouse por terra diante del e exclamou: —"¡Sálvame, rei!" ⁵O rei preguntoulle: —"¿Que che pasa?" E ela díxolle: —"Eu son unha viúva; o meu home morreu. ⁶A túa serva tiña dous fillos, que pelexaron no campo, sen ninguén que os separase, e un deles feriu ó outro e matouno. ⁷Agora érguese toda a familia en contra da túa serva e dinme: entréganos-lo fratricida para matalo, para vinga-la morte do irmán. Acabaremos tamén co herdeiro. Dese xeito apagarán a brasa que me queda, e ó meu home non lle deixarán nin nome nin resto sobre a terra".

⁸O rei díxolle a muller: —"Vaite á túa casa, que eu disporei sobre este asunto". ⁹Entón a muller de Tecóah díxolle ó rei: —"Rei, meu señor, que a culpa caia sobre min e sobre a miña familia, pero que queden limpos dela o rei e o seu trono". ¹⁰O rei dixo: —"Se alguén se mete contigo, tráeo onda min e non volverá molestarte". ¹¹Ela repuxo: —"Que o rei pronuncie o nome do Señor, o seu Deus, para que o vingador do sangue non veña causar máis dano, exterminando o meu fillo". E o rei xurou: —"Pola vida do Señor, que non caerá por terra un cabelo de teu fillo".

¹²A muller dixo entón: —"Permite que a túa serva lle diga aínda ó rei, meu señor, unha palabra". ¹³El dixo: —"Fala". E ela dixo: —"¿Por que matinas desa maneira contra o pobo de Deus? Polo que acaba o rei de dicir resulta culpable, pois non deixa que volva o seu propio desterrado. ¹⁴Todos habemos morrer. E como a auga derramada por terra non se pode recoller, dese mesmo xeito Deus non levanta un cadáver. Faga, logo, o rei o proxecto de que o proscrito non siga lonxe del.

¹⁵Se eu vin aquí para dicirlle isto ó rei, meu señor, foi porque o pobo me deu medo. A túa serva pensou: voulle falar disto ó rei; poida que el faga caso da súa serva. ¹⁶Seguramente o rei escoitará e librará á súa serva das mans dos que queren exterminarnos, ó mesmo tempo, a min e ó meu fillo da herdade de Deus. ¹⁷A túa serva pensou: a resposta do rei, meu señor, traerame conforto, pois o rei, meu señor, é coma o anxo de Deus, para distinguir entre o ben e o mal. Que o Señor, o teu Deus, sexa contigo".

¹⁸O rei entón díxolle á muller: —"Non me oculte cousa ningunha do que che vou preguntar". E a muller respondeulle: —"Fale o rei, meu señor". ¹⁹E o rei dixo: —"¿Non anda a man de Ioab contigo en todo isto?" A muller respondeu: —"Pola túa vida, rei, meu señor, que o que dixeches non marra nin á dereita nin á esquerda. O teu servo Ioab foi o que puxo estas palabras na boca da túa serva. ²⁰O teu servo Ioab fixo isto para disfrazar todo o asunto. Pero o rei, meu señor, é tan sabio coma o anxo de Deus para coñecer todo o que acontece sobre a terra".

²¹O rei díxolle a Ioab: —"Vou da-lo consentemento a esa proposta. Vai e trae de volta ó xove Abxalom". ²²Ioab postrouse por terra, saudando, e deulle as gracias ó rei. Dixo Ioab: —"Agora, rei, meu señor, sei que conto co teu favor pois o rei cumpre os desexos do seu servo".

²³Ioab ergueuse e foi a Guexur e trouxo a Abxalom a Xerusalén. ²⁴O rei dispuxo: —"Que se retire á súa casa e que non veña verme". E Abxalom retirouse á súa casa sen presentarse diante do rei.

²⁵En todo Israel non había un home tan fermoso coma Abxalom nin tan gabado por todos. Desde os pés á cabeza non tiña un só defecto. ²⁶Cando rapaba o cabelo —cousa que facía de ano en ano pois pesáballe moito—, o peso dos seus cabelos era de douscentos siclos segundo a pesa real. ²⁷A Abxalom nacéranlle tres fillos e unha filla, que se chamaba Tamar, unha rapaza moi fermosa. ²⁸Abxalom residiu por dous anos en Xerusalén sen poder visita-lo rei.

²⁹Abxalom mandoulle recado a Ioab para envialo onda o rei; pero Ioab non acudiu. Mandoulle un segundo recado, pero Ioab non se presentou. ³⁰Entón díxolles Abxalom ós seus criados: —"Sabedes do eido que ten Ioab ó pé do meu, sementado de orxo. Ide e póndelle lume". E os criados de Abxalom queimaron o eido de Ioab.

³¹Entón foi Ioab onda Abxalom e preguntoulle: —"¿Por que os teus criados lle puxeron lume ó meu eido?" ³²Abxalom respondeulle: —"Sabes que te mandei chamar e dicirche que viñeses aquí para enviarte onda

---

14, 11 A muller fai presión sobre o rei, para facerlle xura-lo perdón para o fillo que matou ó irmán.
14, 14 Polo morto (Amnón), di a muller, xa non se pode facer nada; facelo, logo, polo vivo (Abxalom).
14, 18 O rei comprendeu a parábola e a súa intención.

14, 20 *O anxo de Deus* supónse que xulga e que o entende todo (v 17).
14, 32s Abxalom, arredado do pazo, está coma preso na súa casa. Para realiza-los seus proxectos, cómprelle a liberdade de movemento que o rei acaba concedéndolle.

o rei coa encomenda: ¿Para que vin de Guexur? Mellor sería quedar alí. Agora quero ve-lo rei. E se houbese en min culpa, que me faga matar". ³³Ioab foi onda o rei para dicirllo. E o rei chamou a Abxalom. Abxalom chegou onda o rei e postrouse por terra diante del e o rei abrazouno.

Revolta de Abxalom

15 ¹Despois diso Abxalom fíxose cun carro e cabalos e con cincuenta homes que o escoltaban. ²Abxalom erguíase cedo e púñase á entrada da cidade. Dirixíase a tódolos que ían ó tribunal do rei cun preito e preguntáballes: —"¿Ti de que cidade es?" E el respondíalle: —"O teu servo é dunha das tribos de Israel". ³Entón dicíalle Abxalom: —"Mira, a túa causa é boa e xusta, pero de parte do rei non hai quen te atenda".
⁴Despois seguía dicindo: —"¡Quen me dera ser eu o xuíz deste país! A tódolos que viñesen onda min con preitos e con causas, farialles pronto xustiza". ⁵E cando alguén se lle acercaba e o saudaba, el tendíalle a man, agarrábao e abrazábao. ⁶Dese xeito era como trataba Abxalom ós israelitas que acudían ó tribunal do rei, gañándose, con iso, o corazón de todo Israel.
⁷Ó cabo de catro anos Abxalom díxolle ó rei: —"Déixame chegar a Hebrón para cumprir unha promesa que lle fixen ó Señor. ⁸Estando en Guexur de Aram, o teu servo fixo esta promesa: se o Señor me deixa volver a Xerusalén, ofrecereille un sacrificio en Hebrón". ⁹O rei díxolle: "Vai en paz". E el colleu e foise a Hebrón.
¹⁰Abxalom mandou mensaxeiros por tódalas tribos de Israel con esta consigna: —"Cando oiáde-lo son da trompeta, proclamade: ¡Abxalom reina en Hebrón!"
¹¹De Xerusalén ían con Abxalom douscentos homes, convidados, pero de boa fe, alleos ó que se tramaba. ¹²Mentres el ofrecía o sacrificio, Abxalom mandou buscar a Ahitófel, o guilonita, conselleiro de David, na súa cidade de Guiloh. A conxura collía forza. Cada vez eran máis os que seguían a Abxalom.

Fuxida de David

¹³Chegou onda David un mensaxeiro que lle dixo: —"O corazón dos israelitas vaise con Abxalom". ¹⁴Entón mandoulles David a tódolos seus servidores, que estaban con el en Xerusalén: —"Preparádevos e fuxamos; se non, non daremos escapado de Abxalom. Fuxamos de présa, que non se nos adiante. Se nos colle, estamos perdidos. Pasará a cidade polo fío da espada". ¹⁵Os servidores dixéronlle ó rei: —"Os teus servidores están dispostos a face-lo que diga o rei".
¹⁶Saíron, logo, a pé o rei e a súa familia, quedando dez concubinas á garda do pazo real. ¹⁷Saíron todos a pé, o rei e toda a súa xente, e paráronse onda unha casa que había nas aforas. ¹⁸Os servidores do rei puxéronse todos do seu lado; pero os quereteos, os peleteos e os gueteos, que viñeran con el de Gat en número de seiscentos, puxéronse diante do rei.
¹⁹O rei preguntoulle a Itai de Gat: —"¿Por que tes que vir connosco tamén ti? Dá a volta e queda co rei, pois ti es un estranxeiro, desterrado do teu país. ²⁰Chegaches onte, ¿e voute obrigar xa hoxe a ir connosco, cando eu mesmo vou para onde cadre? Dá a volta e leva contigo os teus irmáns. E que o Señor mostre contigo o seu amor e a súa fidelidade". ²¹Pero Itai respondeulle ó rei: —"¡Pola vida do Señor e pola do meu amo, o rei! Onde queira que estea o rei, meu señor, alí estará o teu servo, o mesmo para a morte que para a vida". ²²Entón David díxolle a Itai: —"Ven, logo, pasa". Itai o gueteo pasou para diante, con tódolos seus homes e con toda a súa familia.
²³Toda a xente choraba a berros. O rei pasou o torrente Cedrón e pasaron todos con el, camiño do deserto. ²⁴Ía tamén Sadoc e con el tódolos levitas. Levaban a arca da alianza do Señor e puxérona onda

---

15 Ó cabo de catro anos de xogar a ser rei, Abxalom fíxose proclamar rei de verdade. A David non lle quedou outro camiño máis có da fuxida ó desterro. Ía seguido da familia e dos que decidiron quedar con el. En Xerusalén deixou un agarradeiro nos sacerdotes Sadoc e Abiatar.
15, 1-6 Con eses xogos Abxalom está preparando o seu reinado, adiantándose a calquera outro pretendente, e disposto a quitarllo mesmo a seu pai. Abxalom traballa o terreo entre as tribos do norte, menos apegadas a David.
15, 7-12 En Hebrón as tribos do sur proclamaran un día rei a David (2 Sam **2,** 1-4). Pero fóraselles para Xerusalén, deixando quizais detrás de si un chisco de resentimento. ¿Contaba con iso Abxalom? En todo caso os seus seguidores viñan de todas partes. Está con el o mesmo Ahitófel, o gran conselleiro de David (2 Sam **16,** 23).
15, 13-15 De fuxidas tiña David boa experiencia. Non perdeu tempo en pórse lonxe do territorio de Abxalom.
15, 16-22 A simplicidade do relato da fuxida, cos seus achegados ó arredor, non esconde o seu patetismo. Itai era un filisteu, fuxido da súa terra. Gardoulle fidelidade a David mesmo neses momentos.
15, 23-39 O retorno dos sacerdotes coa arca a Xerusalén ten na historia dúas razóns: expresa-la fe de David de que un día Deus o fará volver, e deixar un agarradeiro no seo mesmo da revolta.

Abiatar, ata que acabou de saír da cidade a xente toda. ²⁵O rei mandoulle a Sadoc: —"Devolve a arca de Deus para a cidade. Se o Señor me dispensa o seu favor, fará que poida volver e permitirame ve-la arca e a súa morada. ²⁶Pero se El me di que non son do seu agrado, aquí me ten; que faga comigo o que lle pareza". ²⁷E o rei díxolle ó sacerdote Sadoc: —"Volvede tranquilos para a cidade, ti e o teu fillo Ahimaas, e Abiatar e o seu fillo Ionatán; vós e vosos dous fillos. ²⁸Vede, eu agardarei nos pasos do deserto, mentres me chega unha palabra vosa que me informe". ²⁹Sadoc e Abiatar volveron coa arca de Deus para Xerusalén e quedaron alí.

³⁰David subía chorando pola costa das Oliveiras, coa cabeza cuberta e os pés descalzos. Toda a súa xente cubrira a cabeza e subía tamén chorando. ³¹Dixéronlle a David: —"Ahitófel está na conxura de Abxalom". E David pediu: —"Entolece, Señor, o consello de Ahitófel".

³²Cando David chegou ó cume da montaña onde se adoraba a Deus, saíulle ó encontro Huxai, o arquita, coa túnica rachada e coa cabeza cuberta de po. ³³David díxolle: —"Se vés comigo, serás para min unha carga. ³⁴Pero, se volves á cidade e lle dis a Abxalom: Rei, eu quero se-lo teu servo. Primeiro fun servo de teu pai, pero agora quero ser teu, entón farás fracasar no meu proveito o consello de Ahitófel.

³⁵Alí tes contigo os sacerdotes Sadoc e Abiatar. Todo o que oias no pazo do rei, cóntallelo a Sadoc e a Abiatar. ³⁶Alí con eles están os seus dous fillos, Ahimaas de Sadoc e Ionatán de Abiatar. Por eles mandarédesme informes de todo o que oiades". ³⁷Huxai, amigo de David, chegaba á cidade, cando Abxalom facía a súa entrada en Xerusalén.

Sibá e Ximí

16 ¹Acabara David de pasa-lo cume da montaña, cando se atoparon con Sibá, criado de Mefibóxet, que viña con dous burros aparellados, cargados con douscentos pans, cen acios de uvas pasas, cen tortas de figos e un pelexo de viño. ²O rei preguntoulle a Sibá: —"¿A que vés con esas cousas?" E Sibá respondeulle: —"Os burros son para que monte a familia do rei, os pans e os figos son para que coman os criados, e o viño é para que beban os que desfalezan no deserto".

³O rei preguntoulle: —"¿Onde está o fillo do teu amo?" Sibá respondeulle: —"Quedou en Xerusalén, pensando: hoxe a casa de Israel devolverame o reino de meu pai". ⁴O rei díxolle a Sibá: —"Todo o que tiña Mefibóxet é para ti". E Sibá respondeulle: —"Póstrome diante de ti. Oxalá, rei, meu señor, atope eu gracia ós teus ollos".

⁵Chegado o rei David a Bahurim, saía de alí un da familia de Xaúl chamado Ximí, fillo de Guerá. Saía maldicindo ⁶e tiráballes pedras a David e ós serventes do rei, mentres a xente toda e os valentes ían á súa dereita e á súa esquerda. ⁷Nas súas maldicións dicía Ximí: —"Vaite, vaite, home sanguiñento e perverso. ⁸O Señor fai caer enriba de ti o sangue da familia de Xaúl, a quen roubáche-lo trono; o Señor pon o reino nas mans de teu fillo Abxalom. Aí estás, caído na túa maldade, porque ti es un home sanguiñento".

⁹Abixai, fillo de Seruiah, díxolle ó rei: —"¿Por que permites que ese can morto maldiga ó rei, meu señor? Déixame que lle corte a cabeza". ¹⁰Pero o rei díxolle: —"¿Que teño eu que ver convosco, fillos de Seruiah? Déixao que maldiga. Se o Señor lle dixo que maldiga a David, ¿quen pode pedirlle contas de que o faga?"

¹¹David seguiulle dicindo a Abixai e a tódolos seus serventes: —"Se o meu propio fillo, saído das miñas entrañas, quere quitarme a vida, canto máis un benxaminita. Deixádeo que me maldiga; mandoullo, de certo, o Señor. ¹²Quizais repare o Señor na miña aflicción, e polas maldicións de hoxe me compense con bens".

¹³David seguiu o camiño cos seus homes, mentres Ximí os seguía de cerca, pola ladeira da montaña, andando e maldicindo, guindándolle pedras e levantando unha poeira. ¹⁴David e a súa xente chegaron cansos onda a auga e alí descansaron.

15, 31 O rogo de David contra o consello de Ahitófel terá o seu cumprimento (**17,** 1ss).

15, 32-37 Huxai, cos dous sacerdotes, será o instrumento de David para embarulla-los planos de Abxalom.

16 O c. recolle unhas anécdotas da fuxida de David.

16, 1-4 Sibá, o criado de Mefibóxet, levoulle a David provisións e unha grave acusación contra o seu amo, que o rei medio lle creu. ¿Que outra cousa podía esperar neses momentos da familia de Xaúl? Mefibóxet, á súa hora, tratará de desmentir esa acusación (2 Sam **19,** 25-31).

16, 5-13 Os insultos de Ximí reflicten o punto de vista da familia de Xaúl respecto de David. O distanciamento de David fronte dos fillos de Seruiah era xa coñecido (1 Sam **26,** 8-11; 2 Sam **3,** 39). David está resignado e encaixa os acontecementos.

16, 13-15 Vista das cousas do lado de Abxalom. Preséntanse os dous conselleiros, Huxai e Ahitófel.

¹⁵Ó tempo Abxalom e os seus israelitas chegaban a Xerusalén. Ahitófel acompañábao. ¹⁶Entón Huxai, o arquita, amigo de David, presentouse a Abxalom e aclamouno: —"¡Viva o rei, viva o rei!" ¹⁷Abxalom preguntoulle: —"¿É esa a lealdade que ti gardas ó teu amigo? ¿Por que non fuches con el?" ¹⁸Huxai respondeulle a Abxalom: —"Non. Eu estarei con quen elixiu o Señor e todo este pobo de Israel e con ese quedarei. ¹⁹Polo demais, ¿a quen veño servir, senón ó seu mesmo fillo? O mesmo que servín a teu pai, así estou agora contigo". ²⁰Abxalom díxolle a Ahitófel: —"Celebrade consello sobre o que habemos facer". ²¹Ahitófel respondeulle: —"Achégate ás concubinas que teu pai deixou gardando o seu pazo. Dese xeito saberá todo Israel que te fixeches aborrecible para teu pai e sentiranse máis fortes os que te seguen". ²²Levantáronlle unha tenda na terraza e Abxalom achegouse ás concubinas de seu pai, ás vistas de todo Israel. ²³Daquela o consello de Ahitófel tiña a mesma autoridade cá consulta de Deus, e como tal era valorado, o mesmo por David coma por Abxalom.

O consello de Ahitófel e o de Huxai

17 ¹Ahitófel díxolle a Abxalom: —"Vou escoller doce mil homes para saír esta mesma noite en persecución de David. ²Sorprendereino canso e sen forzas e, co medo que lle meterei, toda a súa xente fuxirá e eu matarei ó rei abandonado. ³Entón farei volver cara a ti o pobo todo, como a noiva que volve ó seu noivo. Porque ti búsca-la morte dun só home e que o pobo quede en paz".
⁴A proposta pareceulle ben a Abxalom e a tódolos anciáns de Israel. ⁵Pero Abxalom dixo: —"Chamade a Huxai, o arquita, e escoitemos tamén o que el propón". ⁶Chegou Huxai e díxolle Abxalom: —"Ahitófel propuxo isto. ¿Debémolo facer? E se non, ¿cal é a túa proposta?"
⁷Huxai respondeulle a Abxalom: —"Desta vez non é bo o consello de Ahitófel". ⁸E engadiu: —"Ti coñeces a teu pai e ós seus homes. Son valentes e están rabiados, coma no monte a osa privada das súas crías. Ademais, o teu pai é home de guerra e non pasará a noite mesturado coa tropa. ⁹Arestora estará acochado nunha cova ou en calquera outro lugar. Se de primeiras caen algúns dos teus e se corre o rumor: houbo unha desfeita no exército de Abxalom, ¹⁰entón, mesmo os valentes de corazón coma leóns, derreteranse de medo, pois todo Israel sabe que teu pai é un heroe e que leva consigo homes valentes.
¹¹O meu consello é este: que todo Israel, desde Dan a Beerxeba, se xunte ó teu arredor, numeroso coma a area das praias, e que ti en persoa vaias con eles. ¹²Chegaremos onda teu pai, onda queira que se encontre, botarémonos enriba del, coma a rosada que cae sobre o chan e non lle quedará un só dos seus homes. ¹³E se se acocha nunha cidade, acudirá con cordas todo Israel e arrastraremos esa cidade ó regato ata que dela non quede unha pedra".
¹⁴Abxalom e tódolos israelitas dixeron: —"A proposta de Huxai, o arquita, é mellor cá de Ahitófel". A cousa é que o Señor determinara facer fracasa-lo consello de Ahitófel, que era bo, para trae-la desgracia a Abxalom.
¹⁵Huxai informou ós sacerdotes Sadoc e Abiatar: —"Ahitófel aconsellou a Abxalom e ós anciáns de Israel isto e isto; pero eu aconselleilles estoutro. ¹⁶Agora mandádelle de contado este recado a David: non quedes esta noite nas chairas do deserto. Pasa para o outro lado, non vaian extermina-lo rei con toda a súa xente".

Abxalom persegue a David en Transxordania

¹⁷Ionatán e Ahimaas estaban agardando en Enróguel. Unha criada debía levárlle-lo recado e despois eles levaríanllo ó rei David. Eles non podían deixarse ver entrando na cidade. ¹⁸Viunos un rapaz e díxollo a Abxalom. Pero eles saíron correndo e metéronse na casa dun home de Bahurim, que tiña no patio un pozo onde eles se esconderon. ¹⁹A muller colleu unha manta, estendeuna sobre a boca do pozo e botou gran encima de xeito que ninguén notara nada.
²⁰Chegados os criados de Abxalom á casa, onda a muller, preguntáronlle: —"¿Onde están Ahimaas e Ionatán?" E ela díxolles: —"Pasaron cara ó río". Eles buscáronos, pero non os atoparon, e volvéronse para Xerusalén.
²¹Desque os criados marcharon, os outros saíron do pozo e correron a dicirlle a David: —"Erguédevos e pasade o río axiña, pois Ahitófel propuxo isto en contra vosa".

---

17 Huxai traballa por David, impondo o seu consello ó de Ahitófel. Gañou tempo para que David fuxise e chegase a Mahanaim.

17, 14 O comentario quere convencer de que é Deus quen dispón así as cousas. Responde ó rogo de David contra o consello de Ahitófel (2 Sam **15**, 31).

²²David e a súa xente levantáronse e atravesaron o Xordán. Estiveron pasando ata ó amencer. A esa hora non quedaba xa ninguén sen pasar.

²³Vendo Ahitófel que non seguiran o seu consello, aparellou o burro e colleu e marchou para a casa na súa cidade. Puxo en orde a súa casa e despois aforcouse e morreu. Enterrárono no sartego de seus pais.

²⁴Namentres David chegaba a Mahanaim, Abxalom atravesaba o Xordán con tódolos homes de Israel. ²⁵Abxalom puxera a Amasá á fronte do exército no lugar de Ioab. Amasá era fillo dun tal Itrá, ismaelita, que o tivera de Abigail, filla de Nahax, irmá de Seruiah e nai de Ioab. ²⁶Abxalom acampou con Israel en terras de Galaad.

²⁷Cando David chegou a Mahanaim, Xobí, fillo de Nahax, de Rabah de Amón, Maquir, fillo de Amiel de Lodabar, e Barzilai, o galaadita de Roguelim, ²⁸viñeron con xergóns, con xerras e con cuncas de barro, con trigo, fariña, orxo e gran torrado, con fabas e lentellas, ²⁹con mel, manteiga, queixo de ovella e de vaca, e presentáronlles todo a David e á súa xente, que comesen, pois pensaban: esta xente está cansa e chea de fame e de sede do deserto.

Desfeita e morte de Abxalom

18 ¹David pasou revista ós seus homes, e púxolles xefes de milleiro e de centuria. ²Un tercio do exército púxoo ó mando de Ioab, un tercio ó mando de Abixai, fillo de Seruiah, irmán de Ioab, e un tercio ó mando de Itai de Gat.

O rei díxolles ós soldados: —"Quero ir eu tamén convosco". ³Pero eles respondéronlle: —"Ti non veñas. Pois, se tivesemos que fuxir, ninguén se fixaría; e se morresémo-la metade, tampouco tería importancia. Mais ti vales coma dez mil de nós. Mellor que nos socorras desde a cidade". ⁴O rei díxolles entón: —"Farei o que vos pareza". E o rei quedou onda a porta, mentres o exército saía por milleiros e por centurias. ⁵E mandoulles a Ioab, a Abixai e a Itai: —"Tédeme conta do xove Abxalom". Todo o exército oíu o que o rei mandou ós xefes, tocante a Abxalom.

⁶O exército saíu ó campo ó encontro de Israel. O combate librouse nos boscos de Efraím. ⁷Alí o exército de Israel foi derrotado polos seguidores de David. A mortandade foi grande aquel día. Foi de vinte mil homes. ⁸O combate estendeuse por toda aquela bisbarra. Aquel día o bosco devorou máis vidas cá espada.

⁹Abxalom acertou a pasar á vista dos homes de David. Ía montado no seu macho e ó pasar este debaixo dunha aciñeira enmarañáronselle nas gallas os cabelos da cabeza e quedou pendurado entre o ceo e a terra, mentres o macho seguía para adiante.

¹⁰Un home que o viu, levoulle a noticia a Ioab: —"Acabo de ver a Abxalom pendurado dunha aciñeira". ¹¹Ioab díxolle ó que lle traía a noticia: —"E logo, se o viches, ¿por que non o botaches por terra alí mesmo? Agora teríache que dar dez siclos de prata e un cinto". ¹²Pero o home díxolle a Ioab: —"Nin que estivese xa pesando mil moedas de prata, non erguería as miñas mans contra o fillo do rei, pois todos oímo-lo que o rei vos mandou, a ti, a Abixai e a Itai: tédeme conta do xove Abxalom. ¹³Se eu cometese esa traición pola miña conta, ti poríaste en contra miña, diante do rei, a quen nada se lle esconde".

¹⁴Entón dixo Ioab: —"Non me vou quedar aquí detido diante de ti". E, coa mesma, colleu tres dardos e cravoullos no corazón a Abxalom, que estaba aínda vivo, pendurado da aciñeira. ¹⁵Os dez escudeiros de Ioab acercáronse a Abxalom, golpeárono e rematárono.

¹⁶Ioab mandou que tocasen a trompeta e o exército deixou de perseguir a Israel, porque Ioab o contivo. ¹⁷Logo colleron o corpo de Abxalom, botárono nun foxo do bosco e ergueron por riba del unha morea de pedras. Os israelitas fuxiron todos, cada un para a súa tenda. ¹⁸Abxalom erixírase en vida un monumento no val do rei, pensando: non teño fillo que manteña vivo o meu nome. Gra-

---

17, 21s O paso do río Xordán puxo a David a salvo.
17, 23 O suicidio de Ahitófel é tan sinistro como a rebelión que inspirou; acabará con outra morte.
17, 27 David é ben acollido en Mahanaim, a que fora capital de Ixbóxet (2 Sam **2,** 8). David preparou alí o contrataque que venceu a Abxalom.
18, 1-**19,** 9 Do relato da batalla, coa morte de Abxalom, o historiador pasa de seguida a referir como a noticia lle chega a David e o pranto do pai polo fillo. Para David non foi ese un día de victoria senón de desfeita. Ioab móstrase o duro xeneral, primeiro matando a Abxalom, en contra das ordes do rei, e despois obrigando a David a saudar ós soldados. Xa noutrora recoñeceu David que el fora feble diante dos duros fillos de Seruiah (2 Sam **3,** 39).
18, 5 En David xa se adianta a congoxa á dor de sabe-lo fillo morto.
18, 6 Eran boscos de aciñeiras, na bisbarra de Galaad, ó norte de Transxordania.
18, 9 Os longos cabelos de Abxalom (2 Sam **14,** 26) dérone ó narrador a imaxe da súa morte.
18, 18 Con esa estela non ten que ve-lo que se chama "monumento de Abxalom", no val do Cedrón, de época romana. O dato de que non tivo ningún fillo non concorda con 2 Sam **14,** 27.

vou na estela o seu nome e aínda hoxe se lle chama monumento de Abxalom.

David chora polo seu fillo

[19] Entón Ahimaas, fillo de Sadoc, pediulle a Ioab: —"Déixame ir de contado xunto ó rei, para levarlle a noticia de que o Señor lle fixo xustiza ante os seus inimigos". [20] Ioab respondeulle: —"Hoxe non levarías boas novas: xa as levarás outro día. Hoxe non levarías boas novas, porque morreu o fillo do rei". [21] E Ioab díxolle a un cuxita: —"Vai e anúncialle ó rei o que viches". O cuxita saudou a Ioab e foi correndo.

[22] Ahimaas, fillo de Sadoc, insistiulle a Ioab: —"Pase o que pase, déixame correr a min tamén tras do cuxita". Ioab díxolle: —"¿Para que queres correr, meu fillo? Esa nova non che sería de proveito". [23] Pero el dixo: —"Pase o que pase, quero correr". E el díxolle: —"Corre". E Ahimaas saíu correndo e, atallando polo medio do val, adiantóuselle ó cuxita.

[24] David estaba sentado entre as dúas portas. O vixía subiu á terraza, por riba da porta da muralla, mirou e viu que viña correndo un home só. [25] O vixía berrou e pasoulle a noticia ó rei. O rei comentou: —"Se vén só, é que trae boas noticias".

O home seguía acercándose [26] e o vixía viu outro home correndo, e berrou desde enriba da porta: —"Vén outro home correndo só". E o rei comentou: —"Tamén este trae boas noticias". [27] O vixía engadiu: —"Pola maneira de correr, o primeiro corredor peréceseme a Ahimaas, o fillo de Sadoc". E o rei comentou: —"Ese é unha boa persoa. Virá con boas noticias".

[28] Entón Ahimaas berroulle ó rei: —"Paz". E saudouno postrándose polo chan. E dixo: —"Bendito sexa o Señor, teu Deus, que che entregou os homes que ergueron a man contra o rei, meu señor". [29] E o rei preguntoulle: —"¿Está ben o xove Abxalom?" Ahimaas respondeulle: —"Cando Ioab enviou ó teu servo, vin que había un gran barullo; pero non sei o que pasou". [30] O rei díxolle: —"Arreda e queda aí." E el arredouse e quedou alí.

[31] Niso entrou o cuxita e dixo: —"Noraboa, rei, meu señor, porque o Señor deuche hoxe a victoria sobre tódolos que se ergueron contra ti". [32] O rei preguntoulle ó cuxita: —"¿Está ben o mozo Abxalom?" E o cuxita respondeulle: —"Que ós inimigos do rei e a tódolos que se rebelaron contra ti lles pase coma a ese mozo".

19 [1] O rei conturbouse, subiu ó mirador de por riba da porta e botouse a chorar. Mentres subía, ía dicindo: —"¡Ai, meu fillo; meu fillo, Abxalom; meu fillo Abxalom! ¡Quen me dera poder morrer eu no teu lugar, Abxalom, meu fillo, meu filliño!"

[2] Informaron a Ioab: —"O rei está chorando, facendo dó por Abxalom". [3] A victoria daquel día converteuse en loito para o exército, pois este soamente oía dicir: o rei está aflixido polo seu fillo. [4] O exército entrou aquel día ás escondidas na cidade, como entraría avergonzado un exército que fuxise do combate. [5] O rei cubría a cara e choraba a berros: —"¡Meu fillo, Abxalom; meu fillo, Abxalom; meu filliño!"

[6] Ioab chegouse ó pazo e díxolle ó rei: —"Hoxe cubriches de vergonza a cara dos teus servidores, que salvaron a túa vida, a dos teus fillos e fillas, a das túas mulleres e a das túas concubinas. [7] Ti queres ós que te aborrecen e aborreces ós que te queren. Hoxe deches a entender que nada se che dá nin por xefes nin por soldados. Hoxe comprendín que, se vivise Abxalom, mesmo se estivesemos mortos todos nós, estarías ti contento.

[8] Agora érguete e vai falarlles ó corazón ós teus serventes, pois xúroche polo Señor que, se non vas, esta noite non quedará ninguén contigo; e este será para ti máis grande de mal ca tódolos que padeciches desde a mocidade ata hoxe". [9] O rei foi e sentou onda a porta. E toda a súa xente veuse presentar diante del.

Volta de David a Xerusalén

Os israelitas fuxiron para cadansúa tenda. [10] E por tódalas tribos de Israel a xente discutía e dicían: —"O rei librounos da man dos nosos inimigos, salvounos da man dos

---

18, 19ss A lentitude coa que a noticia lle chega a David, dá tempo para preguntarse cal será a sorte do portador e para darse conta da ansiedade que o pai padece polo fillo.

18, 21 *Cuxita* un escravo etíope, ó que se lle encomendan misións de mal agoiro.

18, 25 Se houbese malas noticias, viría a xente fuxindo á desbandada.

18, 28s A forza do relato está na ambigüidade que presentan os mesmos feitos, dependendo do punto de vista. Os soldados dan as gracias pola victoria, mentres o pai pregunta polo fillo.

19, 1-9 A dor de David óese máis, porque todo está calado. Ioab bótalle na cara ó rei o seu desprezo por tódolos demais. David acaba repóndose.

19, 10ss A volta de David aclara posicións, o mesmo cá fuxida. Varios dos personaxes acompáñano nos dous momentos. David mide os pasos que dá, asegurándose das súas forzas.

filisteos. E agora tivo que fuxir do país por culpa de Abxalom. ¹¹Pero Abxalom, a quen nós unximos por rei, morreu no combate. Así que, ¿por que estades aí calados e non facedes que volva o rei?"

¹²As palabras que se dicían por todo Israel chegaron á casa do rei. E o rei David mandou ós sacerdotes Sadoc e Abiatar: —"Faládelles ós anciáns de Xudá e dicídelles: ¿Por que habedes de se-los derradeiros en facer que o rei volva ó seu pazo? ¹³Vos sóde-los meus irmáns; sodes comigo óso e carne. ¿Por que habedes de se-los derradeiros en facer que o rei volva?" ¹⁴E a Amasá díxolle: —"¿Non es ti comigo óso e carne? Que Deus me castigue, se non te fago xefe do exército por vida no posto de Ioab". ¹⁵David gañou o corazón de tódolos homes de Xudá coma o dun só home; e mandáronlle dicir: —"Volve, ti e os teus servidores".

¹⁶O rei emprendeu o regreso e chegou onda o Xordán. Os de Xudá chegaron a Guilgal, para saírlle ó encontro ó rei e acompañalo no paso do Xordán. ¹⁷Ximí, fillo de Guerá, benxaminita de Bahurim, apurouse para baixar cos homes de Xudá ó encontro de David, ¹⁸levando consigo mil homes da tribo de Benxamín. Pola súa parte, Sibá, criado da familia de Xaúl, levando consigo os seus quince fillos e vinte dos seus criados, chegou ó Xordán antes có rei, ¹⁹e atravesou o vado, para axudar a pasar á familia do rei e para porse á súa disposición.

²⁰Ximí, fillo de Guerá, postrouse diante do rei cando este pasaba o Xordán e díxolle: —"Non teñas, señor, en conta o meu delito; non recordes aquel mal feito do teu servo, o día en que o rei, meu señor, saía de Xerusalén; non mo teñas gardado. ²¹O teu servo confesa que pecou. Pero hoxe son o primeiro de toda a familia de Xosé en virlle saír ó rei, meu señor".

²²Abixai, fillo de Seruiah, tomou a palabra para dicir: —"¿Vaise agora librar Ximí da morte, despois de que maldiciu ó unxido do Señor?" ²³Mais David dixo: —"¿Que teño que ver eu convosco, fillos de Seruiah, para que hoxe fagades de tentadores? ¿Ten que morrer alguén hoxe en Israel, cando eu volvo a ser rei de Israel?" ²⁴E o rei dixolle a Ximí: —"Non morrerás". E o rei xuroullo.

²⁵Tamén Mefibóxet, fillo de Xaúl, baixou ó encontro do rei. Non lavara os pés, nin afeitara a barba, nin mudara a roupa, desde o día da marcha do rei ata a súa volta con ben. ²⁶Chegado desde Xerusalén onda o rei, o rei preguntoulle: —"¿Por que non fuches comigo, Mefibóxet?" ²⁷El respondeulle: —"Rei, meu señor, o meu criado traicionoume, pois o teu servo decidira: farei que me aparellen o burro, montarei nel e irei co rei, porque o teu servo está coxo. ²⁸O meu criado calumnioume diante do rei, meu señor. Pero o rei, meu señor, é coma o anxo de Deus. Fai, logo o que che pareza.

²⁹Tódolos da familia de meu pai eran reos de morte ante o rei, meu señor. Pero ti puxeches a este teu servo entre os que comen á túa mesa. Xa que logo, ¿que dereito me queda por reclamar diante do rei?" ³⁰O rei díxolle: —"¿Por que segues falando sen parar? Xa o dixen: —Ti e Sibá repartirédesvo-las terras". ³¹Mefibóxet respondeulle ó rei: —"Pode quedar el con todo, xa que o rei, meu señor, volveu san e salvo á súa casa".

³²Tamén Barzilai o galaadita baixou desde Roguelim para acompañar ó rei no paso do Xordán. ³³Barzilai era xa vello, tiña oitenta anos. El mantivera ó rei, no tempo que estivo en Mahanaim, pois era home de boa posición. ³⁴O rei díxolle a Barzilai: —"Ti véste agora comigo; eu manteréite en Xerusalén". ³⁵Barzilai dixolle ó rei: —"¿Cantos anos me quedan de vida para subir agora co rei a Xerusalén? ³⁶Xa cumprín os oitenta anos. ¿Podo discernir aínda entre o ben e o mal? ¿Pode o teu servo disfrutar do que come e do que bebe? ¿Podo escoita-la voz dos cantores e das cantoras? ¿Por que ha se-lo teu servo unha carga para o rei, meu señor?

³⁷O teu servo acompañou ó rei unha miga alén do Xordán. ¿Por que ía agora darme unha recompensa tan grande? ³⁸Deixa que o teu servo volva, para morrer na súa cidade, cerca do sepulcro de seu pai e de súa nai. Aí te-lo teu servo Quimham. Que vaia el co rei,

---

19, 10s Os israelitas do norte reflexionan, coma cando lle pediron a David que reinase sobre eles (2 Sam **5,** 1-3).
19, 12-15 David perdoa ó pobo de Xudá que fora co seu fillo e tamén a Amasá, xeneral de Abxalom, quizais para poder librarse do duro poder de Ioab. Xudá é para David máis seguro ca Israel.
19, 16 Todos baixan ata o Xordán para expresa-la súa lealdade ó rei que volve. Os primeiros son os benxaminitas Ximí e Sibá, que son escoitados por David, mesmo se aquel o insultara na súa fuxida (2 Sam **16,** 1-4). David non lle fai caso tampouco agora a Abixai, que recomenda a vinganza.
19, 25ss Tamén Mefibóxet quere xustificarse con David, desmentindo as calumnias de Sibá. David resolve a situación un pouco ó chou.
19, 32ss Barzilai declina a invitación que o rei lle facía, quizais para pagarlle a súa axuda (2 Sam **17,** 27-29), e recoméndalle o seu fillo Quimham (cf v 38).

meu señor; e ti trátao como che pareza". ³⁹O rei respondeulle: —"Que veña, logo, Quimham. Tratareino como ti queiras. E calquera cousa que me pidas, eu fareina por ti". ⁴⁰A xente de David pasou toda o Xordán. Tamén o pasou o rei. Alí abrazou a Barzilai e bendiciuno e Barzilai volveuse para a súa casa. ⁴¹O rei seguiu para Guilgal e con el ía Quimham. Acompañaba ó rei todo o pobo de Xudá e a metade do pobo de Israel.
⁴²Os homes de Israel fóronlle dicir ó rei: —"¿Por que te reteñen para si nosos irmáns, os homes de Xudá, e son eles os que axudaron o rei, á súa familia e á toda a súa xente a pasa-lo Xordán?" ⁴³Os homes de Xudá respondéronlles ós de Israel: —"Porque o rei é parente noso. ¿Por que vos parece mal? ¿Vivimos á conta do rei ou tiramos proveito del?" ⁴⁴Os homes de Israel respondéronlles ós de Xudá: —"Nós temos dez partes do rei e somos para el máis ca vós. ¿Por que, logo, nos despreza? ¿Non fomos nós os primeiros en facer volver ó noso rei?" Pero a resposta dos homes de Xudá foi máis áspera aínda cá dos homes de Israel.

Revolta de Xeba

20 ¹Por un casual estaba alí un home perverso, que se chamaba Xeba, fillo de Bicrí, un benxaminita. Este tocou a trompeta dicindo:
—"Nós non temos parte con David, nin temos herdo co fillo de Ixaí.
¡Cada un para a súa tenda, Israel!"
²Os homes de Israel abandonaron a David e seguiron a Xeba, fillo de Bicrí; pero os homes de Xudá seguiron co seu rei desde o Xordán cara a Xerusalén. ³En Xerusalén David entrou no seu pazo e as dez concubinas que deixara alí, ó seu coidado, meteunas no harén. O rei mantíñaas, mais non se achegou a elas. Estiveron alí encerradas ata a morte, vivindo coma viúvas.
⁴O rei ordenoulle a Amasá: —"Convócame en tres días os homes de Xudá e ti preséntate tamén". ⁵Amasá marchou e convocou os homes de Xudá, pero tardou máis

tempo do marcado. ⁶David díxolle entón a Abixai: —"Agora Xeba, fillo de Bicrí, vainos facer máis dano ca Abxalom. Colle os homes do teu señor e vaite detrás del, non encontre unha cidade fortificada e escape".
⁷Con Abixai saíron os homes de Ioab, os quereteos, os peleteos e tódolos valentes; abandonaron Xerusalén na persecución de Xeba, fillo de Bicrí. ⁸Cando chegaron xunto á pedra grande que hai en Gabaón, apareceu Amasá diante deles. Ioab ía vestido co uniforme e por riba levaba unha espada enfundada, cinguida ó costado. A espada saíuselle e caeu.
⁹Ioab preguntoulle a Amasá: —"¿Como estás, meu irmán?" Ó tempo coa súa dereita collíao da barba para bicalo. ¹⁰Amasá non reparou na espada que levaba Ioab na outra man. Ioab feriuno con ela no ventre e saíronselle as entrañas. Sen necesidade doutro golpe, Amasá morreu. Despois Ioab e Abixai, o seu irmán, seguiron perseguindo a Xeba, fillo de Bicrí.
¹¹Un home dos homes de Ioab púxose onda Amasá e dicía: —"Os que estean por Ioab e os que son de David, que sigan a Ioab". ¹²Amasá xacía nun baño de sangue no medio do camiño. Vendo o home que tódolos que pasaban se detiñan, botou o cadáver de Amasá para fóra do camiño, en vista de que os que pasaban, se detiñan diante del. ¹³Xa retirado o cadáver do camiño, todos seguiron a Ioab na persecución de Xeba, fillo de Bicrí.
¹⁴Xeba pasou por tódalas tribos de Israel ata Abel Bet Macah. Xuntáronselle os bicritas, que entraron alí detrás súa. ¹⁵Chegaron os de Ioab e puxeron cerco a Abel Bet Macah. Ergueron contra a cidade un terraplén que chegaba ó muro. Os soldados de Ioab excavaban para botaren abaixo as murallas.
¹⁶Unha muller asisada berrou desde a cidade: —"¡Escoitade! ¡Escoitade! Dicídelle a Ioab que se achegue aquí, que lle quero falar". ¹⁷Acercouse Ioab e a muller preguntoulle: —"¿Es ti Ioab?" E el dixo: —"Son". E ela: —"Escoita as palabras da túa serva". E el dixo: —"Escoito".

19, 42-44 Israel e Xudá acaban discutindo sobre quen debe ter diante do rei a primacía. É un sinal das tensións dentro do reino.
20 A volta de David trouxo detrás a revolta de Xeba. A sombra dos descendentes de Xaúl e dos benxaminitas acompañará sempre a David; agora preséntase aquí coma un estoupido. Engádeselle a nota de conflicto entre o norte e o sur, coa que remata o c. anterior.
20, 1 Ese mesmo berro decidirá un día a final escisión entre o norte e o sur (1 Re **12**, 16).
20, 3 Ese trato de David ás súas concubinas débese á violación do harén real por Abxalom (2 Sam **16**, 21s).
20, 4ss David cumpre dese xeito con Amasá a quen llo prometera (2 Sam **19**, 13). Pero, como medida para quitarlle poder a Ioab, non vai dar resultado.
20, 11-13 Ioab seguirá sendo ata á fin o xeneral de David.
20, 14 *Abel Bet Macah,* cidade fortificada, na bisbarra de Dan, con aldeas que lle pertencen e que fan dela "cidade nai" en Israel.
20, 16ss A muller asisada representa a cidade. Esta é coñecida pola arte de resolve-las contendas sen dano.

[18]Entón díxolle ela: —"Os anciáns dicían: que pregunten en Abel e con iso acabáronse as contendas. [19]Nós somos unha das cidades máis pacíficas e fieis de Israel e a unha cidade que é nai en Israel ti tentas trae-la morte. ¿Por que queres estraga-la herdade do Señor?"
[20]Ioab respondeulle: —"Deus me libre de estragala e de destruíla. [21]Non se trata diso, senón dun home da montaña de Efraím chamado Xeba, fillo de Bicrí, que ergueu a súa man contra o rei, contra David. Entregádeo a el e arredareime da cidade". A muller díxolle a Ioab: —"Agora mesmo che botámo-la súa cabeza por riba da muralla".

[22]A muller convenceu ó pobo coa súa sabedoría. Cortáronlle a cabeza a Xeba, fillo de Bicrí, e botáronlla a Ioab. Ioab tocou a trompeta, e, afastándose da cidade, voltou cada un para a súa tenda. Ioab volveu a Xerusalén onda o rei.

[23]Ioab era o xefe do exército de Israel; Benaías, fillo de Iehoiadá, mandaba nos quereteos e peleteos; [24]Adoniram levaba o recrutamento de traballadores; Ioxafat, fillo de Ahilud, era o secretario; [25]Xeiá era o cronista; Sadoc e Abiatar, os sacerdotes. [26]Tamén Irá, de Iair, era sacerdote de David.

VI. ANEXOS (2 Sam 21-24)

Os gabaonitas e os fillos de Xaúl

21 [1]No tempo de David houbo unha fame de tres anos seguidos. David consultou o Señor e o Señor respondeulle: —"Enriba de Xaúl e da súa familia está o sangue dos gabaonitas que mataron".
[2]O rei convocou entón os gabaonitas e falloulles. Os gabaonitas non eran israelitas, senón un resto dos amorreos. Os israelitas fixeran pacto con eles, pero Xaúl quixera exterminalos no seu celo por Israel e por Xudá. [3]David díxolles ós gabaonitas: —"¿Que podo facer por vós e con que podo reparar, para que bendigáde-la herdade do Señor?"
[4]Os gabaonitas respondéronlle: —"Non queremos prata nin ouro de Xaúl nin da súa familia nin queremos que ninguén morra en Israel". E o rei díxoles: —"Farei por vós o que me pidades". [5]Os gabaonitas dixéronlle ó rei: —"Un home quixo exterminarnos, acabar connosco e facernos desaparecer da terra de Israel. [6]Que nos entreguen sete dos seus fillos para colgalos diante do Señor, en Gabaón, na montaña do Señor". David respondeulle: —"Daréivolos eu".
[7]O rei perdooulle a vida a Mefibóxet, fillo de Ionatán, fillo de Xaúl, por mor do pacto que se xuraran David e Ionatán, fillo de Xaúl. [8]Pero o rei colleu a Armoní e a Mefibóxet, os dous fillos que Rispah, filla de Aiah, lle dera a Xaúl, e os cinco fillos que Merab, filla de Xaúl, lle parira a Adriel, fillo de Barzilai, o meholatita, [9]e entregóullelos ós gabaonitas, que os penduraron no monte diante do Señor. Caeron os sete ó mesmo tempo, axustizados nos primeiros días da seitura, ó comezo da sega do orxo. [10]Rispah, filla de Aiah, colleu un saco, estendeuno por riba da rocha e estivo alí desde o comezo da seitura ata que caeron as chuvias nos cadáveres, para impedir que se acercasen a eles de día os paxaros do ceo e de noite as feras do campo.
[11]Cando lle contaron a David o que fixera Rispah, filla de Aiah, concubina de Xaúl, [12]mandou el colle-los ósos de Xaúl e os do seu fillo Ionatán de onda os veciños de Iabex de Galaad, que os levaran da praza de Bet-Xeán. Alí penduráranos os filisteos o día en que estes derrotaran a Xaúl en Guilboa. [13]O rei fixo vir de alí os ósos de Xaúl e os do seu fillo Ionatán e xuntáronos cos ósos dos axustizados. [14]Enterraron os ósos de Xaúl e os do seu fillo Ionatán en terras de Benxamín, en Selá, no sepulcro de Quix, pai de Xaúl. Fixeron todo o que o rei mandou e despois diso compadeceuse Deus da terra.

20, 23ss 2 Sam 8, 16-18.
21 A sección dos "anexos" (2 Sam 21-24) comeza co tema da vinganza dos gabaonitas contra os descendentes de Xaúl. Os gabaonitas eran cananeos que tiñan pacto con Israel (Xos 9). Xaúl tratounos do xeito que os incitou a maldicir a Israel. A maldición estase cumprindo e erguerase cando os gabaonitas tomen vinganza do sangue.
21, 3 A bendición dos gabaonitas acabaría con esa seca, que se atribúe á súa maldición.
21, 6 O mal que fixera Xaúl, e do que non temos noticia, recae sobre os seus descendentes.
21, 7 Entre os descendentes de Xaúl, David non deixa que os gabaonitas maten o fillo de Ionatán.
21, 10 Rispah gardou os cadáveres desde a primavera ó outono, cando a primeira choiva mostrou que a maldición se retirara. Entón David mandounos levantar.
21, 12 Cf 1 Sam 31, 11-13.

Fazañas de David e dos seus homes

¹⁵Despois volveu haber guerra entre os filisteos e Israel. David baixou cos seus servidores e loitou contra os filisteos. David quedou canso diso ¹⁶e asentáronse en Gob.

Un home dos refaítas, cunha lanza de bronce de trescentos siclos de peso e cunha espada nova, dicía que ía matar a David. ¹⁷Pero Abixai, fillo de Seruiah, defendeu a David. Feriu ó filisteo e matouno. Entón conxuráronse os homes de David e dixéronlle: —"Ti non sairás máis connosco ó combate e que non se apague o facho de Israel".

¹⁸Despois houbo outro combate en Gob cos filisteos. Nel Sibcai de Huxah matou a Saf, un refaíta. ¹⁹Noutro combate en Gob cos filisteos, Elhanán, fillo de Iair o betlemita, matou a Goliat de Gat. Este levaba unha lanza coma un rolo de tecelán.

²⁰Noutra batalla en Gat presentouse un home de gran talla, con seis dedos en cada man e seis en cada pé, vintecatro en total, tamén el era dos refaítas. ²¹Desafiou a Israel, pero matouno Ionatán, fillo de Ximá, irmán de David. ²²Eses catro homes da raza dos refaítas eran de Gat e caeron a mans de David e dos seus homes.

Salmo real

22 ¹O día en que o Señor o librou do poder dos seus inimigos e das mans de Xaúl, David entoouille este canto ó Señor.

²—"Señor, miña rocha,
meu castro e meu refuxio;
³meu Deus, penedo onde me acollo,
meu escudo, meu salvador, meu tobo,
meu recocho, que me libras da violencia.
⁴Eu invoco o Señor, o adorable,
e dos meus inimigos serei salvo.
⁵Cando as ondas da morte me rodean
e as correntes do averno me atropelan;
⁶cando me cinguen as cordas do abismo
e os lazos da morte me sorprenden,
⁷no apreto invoco o Señor
e chamo polo meu Deus,
e El escoita a miña voz desde o seu santuario,
o meu clamor chega ós seus oídos.
⁸A terra conmóvese e treme,
os fundamentos do ceo estremecen,
tremen por mor da túa ira.
⁹Do seu nariz sobe o fume,
de todo el carbóns acesos.
¹⁰Abaixa os ceos e descende,
con mestas nubes debaixo dos seus pés.
¹¹A cabalo dun querubín voa
subido nas ás do vento.
¹²Das tebras fai a súa tenda,
envolto en escuras augas e en néboa mesta.
¹³Co relampo da súa presencia
acéndense chispas de lume.
¹⁴O Señor trona desde o ceo,
o Altísimo fai resoa-la súa voz.
¹⁵Dispara as súas frechas e dispérsaos,
cos seus lóstregos entoléceos.
¹⁶O leito do mar queda á vista,
os alicerces do mundo ó descuberto,
diante da ameaza do Señor,
polo bafo da súa ira.
¹⁷Desde o ceo alonga el a man para collerme,
para tirarme das augas caudalosas.
¹⁸Líbrame de inimigos poderosos,
de adversarios máis fortes ca min.
¹⁹O día da miña desgracia eles atácanme,
pero o Señor é o meu amparo,
²⁰quen me saca a campo aberto
e me salva, porque me ama.
²¹O Señor retribúeme, segundo a miña rectitude
e conforme a pureza das miñas mans.
²²Eu gardo, certamente, os camiños do Señor
e non son rebelde ó meu Deus.
²³Teño as súas decisións sempre presentes
e non me arredo dos seus preceptos.
²⁴Son sincero diante del
e gárdome do pecado.
²⁵O Señor retribúeme segundo a miña rectitude
e conforme a miña pureza ós seus ollos.
²⁶Co piadoso móstraste piadoso
e co enteiro es ti enteiro.
²⁷Co puro móstraste puro
e co renarte es ti retorto.
²⁸Ti sálva-la xente humilde
e abáixa-los soberbios.

21, 15-22 O segundo anexo recolle algunhas fazañas de David e dos seus heroes. Mesmo se está aquí fóra de sitio, completa a imaxe das guerras de David cos filisteos (2 Sam **5**, 17-25). Tamén son bo testemuño da fidelidade dos homes de David.

21, 19 Se Goliat morreu a mans de Elhanán, o que matou David segundo 1 Sam **17**, tivo que ser outro "filisteo".

22 Este canto de acción de gracias na boca de David coincide co Sal **18** do salterio. Son moi pequenas variantes textuais as que separan as dúas versións. A estructura do canto é moi libre. Constrúese en dúas partes: vv 2-30 a primeira, e vv 31-51 a segunda. No conxunto, unha persoa, que na segunda parte aparece coma rei, dá gracias pola liberación e as victorias. Na primeira parte, invocación (2-4), o perigo (5-7), teofanía (8-16), liberación (17-20), reflexión sobre a obra de Deus (21-30). Na segunda parte, confesión e anuncio das liberacións, obra de Deus (31-46) e canto final de louvanza (47-51).

²⁹Ti es, Señor, a miña candea,
o Señor aluma as miñas tebras.
³⁰Contigo podo correr tras dunha tropa,
co meu Deus podo atacar unha muralla.
³¹A conducta do Señor é perfecta,
a súa palabra, acrisolada,
un escudo para cantos a El se acollen.
³²¿Que Deus hai, fóra do Señor?
¿Quen é unha rocha, fóra do noso Deus?
³³El é o Deus que me cingue de forza,
o que fai dereito o meu camiño.
³⁴El fai os meus pés coma os dos cervos
e mantenme en pé nos outeiros;
³⁵El adestra para a loita as miñas mans,
os meus brazos para tensar arco de bronce.
³⁶Ti préstasme o teu escudo salvador,
a túa bondade engrandéceme.
³⁷Ti alónga-los meus pasos
e non deixas treme-los meus nocelos.
³⁸Perseguirei os meus inimigos, desbaratareinos,
non volverei, ata acabar con eles.
³⁹Destruireinos, esmagareinos,
de xeito que non poidan refacerse,
caídos debaixo dos meus pés.
⁴⁰Ti cínguesme de forza para o combate
e dobras debaixo de min os meus contrarios.
⁴¹Ti entrégasme os meus inimigos polas costas,
para que eu poida abate-los que me abouxan.
⁴²Piden eles axuda e ninguén os axuda,
chaman polo Señor, pero El non lles responde.
⁴³Heinos moer, coma o po da terra,
pisareinos, coma bulleiro das rúas.
⁴⁴Ti líbrasme do pobo en revolta
e posme á cabeza das nacións;
pobos que non coñecía préstanme homenaxe.
⁴⁵Os estranxeiros agasállanme,
en véndome, xa me obedecen.
⁴⁶Os estranxeiros embarúllanse
e saen tremendo das súas cidadelas.
⁴⁷¡Viva o Señor, bendita a miña rocha!
Sexa exaltado Deus, o meu salvador,
⁴⁸o Deus que vinga as miñas aldraxes,
o que somete pobos ó meu xugo.
⁴⁹O que me libra dos meus inimigos,
érgueme por riba dos meus perseguidores
e sálvame do home violento.
⁵⁰Por iso quero louvarte, Señor, diante dos pobos,
quero cantarlle ó teu nome.
⁵¹El dá ó seu rei grandes victorias
e mostra o seu amor polo seu unxido,
con David e coa súa liñaxe para sempre".

Derradeiras palabras de David

23 ¹Estas son as derradeiras palabras de David:
—"Oráculo de David, fillo de Ixaí,
oráculo do home encumiado,
do unxido do Deus de Xacob,
do modulador das cántigas de Israel.
²O espírito do Señor fala por min,
a súa palabra está na miña lingua.
³O Deus de Israel faloume,
a rocha de Israel díxome:
O que goberna os homes con xustiza
o que goberna co temor de Deus,
⁴é coma a luz da mañá, ó nace-lo sol,
coma a mañá limpa de néboa,
cando, despois da choiva, brilla o céspede na terra.
⁵¿Non é así coa miña casa, na presencia de Deus?
Xa que El fixo comigo un pacto eterno,
ben ordenado e gardado,
¿non me dará El a victoria
e fará florece-los meus anceios?
⁶Mais os perversos son coma cardos que se tiran
e que ninguén colle coa súa man.
⁷Cando alguén se lles achega,
vai armado de ferro ou pao de lanza
para botalos no lume e que se queimen".

Heroes de David

⁸Estes son os nomes dos heroes de David: Ixbaal o hacmonita, o primeiro dos tres, que brandiu a machada e matou oitocentos homes nun combate.
⁹Despois del, Elazar, fillo de Dodó o ahohita, un dos tres heroes que estaban con David, cando desafiaron ós filisteos que se reuniran alí para o combate. Cando os de Israel se retiraban, ¹⁰foi el e matou filisteos ata que

---

23, 1-7 As derradeiras palabras de David preséntanse coma un oráculo profético, que na súa forma recorda os de Balaam en Núm **24**. O contido do oráculo refírese ó goberno xusto do rei e revístese de ton sapiencial. Acaba cunha contraposición de dous xeitos de conductas e de destinos, coma o Sal 1. Co gobernante xusto Deus establece unha alianza (2 Sam **7**).

23, 8-39 A lista dos heroes de David e das súas fazañas é a continuación do xa contado en 2 Sam **21,** 15-22. A lista convértese en relato para contar algunhas fazañas dos tres grandes heroes. Despois segue a lista dos trinta (18ss). Entre eles había estranxeiros. Foran os compañeiros de David no tempo da vida errante.

a man se lle cansou e lle quedou o puño apegado a espada. Aquel día concedeulle o Señor unha gran victoria a Israel. O exército volveu onda Elazar, só para colle-los despoxos. ¹¹Seguíalle Xamá, fillo de Agué, de Harar. Concentrándose os filisteos en Lehí, onde había un agro todo sementado de lentellas, o exército israelita fuxiu de diante deles. ¹²Entón chantouse Xamá no medio do agro, defendeuno e combateu ós filisteos. Foi unha grande victoria que o Señor lle concedeu.

¹³Ó comezo da seitura, tres dos trinta baixaron onda David á cova de Adulam, ó tempo que un corpo de filisteos acampaba no val de Refaím. ¹⁴David atopábase, daquela, no refuxio, mentres unha unidade de filisteos estaba destacada en Belén.

¹⁵David sentiu sede e dixo: —"¡Quen me dera auga do pozo que hai onda a porta de Belén!" ¹⁶De contado os tres heroes irromperon no campamento filisteo, foron coller auga do pozo que hai onda a porta de Belén e leváronlla a David. David non a quixo beber, senón que a verqueu en libación ó Señor. ¹⁷Dixo: —¡Lonxe de min, Señor, facer tal cousa! É o sangue dos homes que expuxeron as súas vidas". E non quixo bebela. Iso foi obra dos tres heroes.

¹⁸Abixai, irmán de Ioab, fillo de Seruiah, era o xefe dos trinta. Brandindo a súa lanza contra trescentos homes, gañou un nome entre os trinta. ¹⁹Era o de máis sona entre os trinta, que o fixeron o seu xefe. Pero non se igualou ós tres.

²⁰Benaías, fillo de Iehoiadá, de Cabseel, home valente, autor de grandes fazañas, foi quen matou a dous moabitas, fillos de Ariel, e quen un día de neve entrou na tobeira dun león e matouno alí. ²¹Foi tamén el quen matou a un exipcio moi forzudo e que tiña unha lanza na man. Benaías acercouse a el cun caxato, ripoulle a lanza da man e matouno con ela. ²²Estas cousas fíxoas Benaías, fillo de Iehoiadá, que se labrou un nome entre os trinta campións. ²³Distinguiuse entre os trinta, pero non se igualou ós tres. David fíxoo xefe da súa escolta.

²⁴Asael, irmán de Ioab, era un dos trinta. Figuraban entre os trinta: Elhanán, fillo de Dodó, de Belén; ²⁵Xamah, o de Harod; Elicá, o de Harod; ²⁶Heles, o peleteo; Irá, fillo de Equex, de Tecoa; ²⁷Abiézer, de Anatot; Sibecai, de Huxah; ²⁸Salmón, o ahohita; Mahrai, de Netofah; ²⁹Héleb, fillo de Baanah, de Netofah; Itai, fillo de Ribai, de Guibah de Benxamín; ³⁰Benaías, de Piratón; Hidai, dos vales de Gaax; ³¹Abialbón, de Arabah; Azmávet, de Bahurim; ³²Eliahbá, de Xaalbón; Iaxén, de Nun; ³³Iehonatán, fillo de Xamah, de Harar; Ahiam, fillo de Xarar, de Arar; ³⁴Elifélet, fillo de Ahasbai, de Bet Macah; Eliam, fillo de Ahitófel, de Guiló; ³⁵Hesrai, de Carmel; Parai, de Arab; ³⁶Igal, fillo de Natán, de Sobah; Baní, de Gad; ³⁷Sélec, o amonita; Nahrai, de Beerot, escudeiro de Ioab, fillo de Seruiah; ³⁸Irá, de Iatir; Gareb, de Iatir; ³⁹Urías, o hitita. En total, trinta e sete.

O censo e a peste

24 ¹O Señor anoxouse outra vez con Israel e encirrou a David para o seu castigo, dicíndolle: —"Anda, fai un censo de Israel e de Xudá". ²O rei mandoulle a Ioab, xefe do exército que ía con el: —"Percorre tódalas tribos de Israel, desde Dan a Beerxeba, e fai o censo da poboación, para saber canta xente teño". ³Ioab respondeulle ó rei: —"Multiplique o Señor, o teu Deus, por cen á túa xente e que os ollos do rei, meu señor, o poidan ver. Pero ¿para que quere o rei, meu señor, facer ese censo?"

⁴A palabra do rei prevaleceu sobre o parecer de Ioab e dos xenerais do exército e estes saíron de onda o rei para face-lo censo da poboación de Israel. ⁵Atravesaron o Xordán e comezaron por Aroer, ó sur da cidade que está no medio da vagoada, e dirixíronse a Gad e a Iazer. ⁶Chegaron a Galaad e ó país dos hititas en Cadex. Logo foron a Dan e de alí deron a volta cara a Sidón. ⁷Entraron despois na praza forte de Tiro e nas cidades dos hivitas e dos cananeos, e, por fin, baixaron ó sur de Xudá e a Beerxeba. ⁸Percorreron todo o país e, ó ca-

---

24 Se os anexos comezaban cunha seca de tres anos, agora acaban cunha peste de tres días. Esta veu como castigo polo censo que David fixo dos seus homes. O rei quería estar seguro da forza coa que contaba, sen facer conta de que a súa forza lle viña do Señor. Deus é quen acrecenta e quen diminúe a forza humana. Co sacrificio no novo altar, o Señor aplacouse e a peste cesou.

24, 1 Para non recoñecerlle forza autónoma ó mal, o autor da historia di que Iavé encirrou a David a face-lo censo dos seus homes. En 1 Cro **21**, 1 aclárase que foi Satán o instigador.

24, 3 Pola boca de Ioab o autor aclara que o poder non está no número dos homes; tamén David o verá (v 10s).

24, 5ss A extensión do reino de David está aquí nos seus máximos. Polo sur comprende Moab, en Transxordania; polo norte chega por riba do río Orontes, na fronteira hitita.

bo de nove meses e vinte días, volveron a Xerusalén.

⁹Ioab entregoulle ó rei o resultado do censo. En Israel había oitocentos mil homes para cingui-la espada; en Xudá había cincocentos mil. ¹⁰A David batíaselle o corazón porque fixera o censo do pobo e díxolle ó Señor: —"Cometín un grave pecado co que fixen. Agora perdoa a iniquidade do teu servo, pois fixen unha loucura".

¹¹Cando David se ergueu pola mañá, o profeta Gad, vidente de David, tivera palabra do Señor: ¹²—"Vai e dille que así fala o Señor: propóñoche tres cousas: elixe unha delas, que a vou realizar".

¹³Gad presentouse onda David e anuncioulle: —"¿Prefires que veñan sobre o país sete anos de fame, ou ter que saír fuxindo por tres meses perseguido polos teus inimigos, ou que haxa tres días de peste na túa terra? Pensa e mira o que lle debo responder ó que me envía". ¹⁴David díxolle a Gad: —"Véxome nun gran apreto. Pero prefiro caer nas mans do Señor, que é grande e misericordioso, e non caer nas mans dos homes".

¹⁵Entón mandou o Señor unha peste sobre Israel desde aquela mañá ata o prazo fixado. Desde Dan a Beerxeba morreron setenta mil homes do pobo. ¹⁶Cando o anxo alongaba a man cara a Xerusalén, para destruíla, arrepentiuse o Señor do castigo e díxolle ó anxo exterminador: —"¡Abonda xa! ¡Detén a túa man!" O anxo do Señor atopábase entón onda a eira de Araunah o iebuseo.

¹⁷Vendo David como o anxo mataba a xente do pobo, díxolle ó Señor: —"Mira que son eu o que pecou; eu teño a culpa. Pero este rabaño ¿que culpa ten? Descarga a túa man sobre min e sobre a miña familia". ¹⁸Aquel mesmo día Gad foi onda David e díxolle: —"Vai e edificalle ó Señor un altar na eira de Araunah o iebuseo". ¹⁹David fixo o que Gad lle dicía seguindo as ordes do Señor.

²⁰Cando viu Araunah que o rei e os seus serventes camiñaban cara a el, saíu e saudounos, postrándose polo chan. ²¹Araunah dixo: —"¿Como o rei, meu señor, vén onda o seu servo?" E David respondeulle: —"Veño mercarche a eira para edificar nela un altar ó Señor, para que a praga se afaste do pobo". ²²Araunah díxolle a David: —"Tómaa, rei, meu señor, e ofrece nela o que queiras. Velaí os bois para o holocausto, e os trillos e xugos para leña".

²³Araunah dáballe ó rei iso todo, agoirándolle: —"Que o Señor, o teu Deus, che sexa propicio". ²⁴Pero o rei díxolle a Araunah: —"Non; mercareicho, pagándoche o seu prezo, pois non quero ofrecerlle ó Señor, o meu Deus, holocaustos que nada me custaron". E David mercoulle a eira e mailos bois por cincuenta siclos de prata. ²⁵David edificoulle alí un altar ó Señor e ofreceu holocaustos e sacrificios pacíficos. O Señor compadeceuse do país e a praga afastouse de Israel.

24, 9 Os números son esaxerados, para dar unha forte impresión do poder de David. De seguida aclara o autor que o seu verdadeiro poder estaba en Deus que o axudaba.

24, 11 O profeta Gad acompañara sempre a David (1 Sam **22,** 5).

24, 16 A figura do anxo vingador (2 Re **19,** 35) personifica a calamidade, que se supón mandada por Deus e controlada por El.

24, 18ss O cesamento da peste xa lle fora concedido á oración de David (v 16). Pero o tema do altar interesoulle particularmente ó autor. O seu emprazamento indicouno un profeta, unha sorte de teofanía, que escolle o lugar onde se construirá máis tarde o templo de Xerusalén. David adquiriu co seu propio diñeiro o lugar, coma Abraham no seu día a cova de Macpelah (Xén **23**). É un bo tema para remata-la historia de David.

INTRODUCCIÓN ÓS LIBROS DOS REIS

1.- Título

O nome *do Libro dos Reis refírese ó seu contido, á historia dos reis de Israel e de Xudá, desde a morte de David ata o final da monarquía. Ese título concerta mellor co seu obxecto có de Libro dos Reinos, dos LXX. Os dous libros non eran na orixe máis ca un. Foron tamén os autores da traducción grega dos LXX os que introduciron esa división, que logo pasou ás outras traduccións e, por fin, tamén ó texto hebreo, nas edicións impresas da Biblia, desde o século XV (1448). Pero esa división é artificial. Parte en dous o reino de Ocozías e non corresponde a nada.*

2.- Contido

Polo seu contido a obra divídese en tres partes, independentes da súa partilla en dous libros: o reino de Salomón, os reinos de Israel e de Xudá, e o reino de Xudá ata o desterro.

O reino de Salomón (1 Re **1-11**). *Intégrase nesta parte o tema do triunfo da súa causa* (**1-2**), *do goberno salomónico, coas notas de sabedoría, de poder e de riqueza, das súas obras, e en particular a obra do templo* (**3-10**) *e, á fin, as sombras do reino* (**11**).

Os reinos de Israel e de Xudá (1 Re **12 - 2 Re 17**). *Comeza coa división do reino salomónico e o cisma político-relixioso* (1 Re **12-13**); *segue coa historia paralela dos dous reinos, primeiro en guerras entre eles, debilitándose un ó outro, e despois unidos, pero atacados desde fóra polos pequenos veciños do arredor e polos grandes imperios de Exipto e de Asiria; para rematar coa caída de Israel baixo os asirios. Unha boa parte desta historia adícase a recordos de profetas e a reflexións teolóxicas.*

O reino de Xudá ata o desterro (2 Re **18-25**). *Fala dos reis de Xudá despois da caída de Samaría, en particular de Ezequías* (**18-20**) *e Ioxías* (**22-23**), *coas súas respectivas reformas relixiosas, e da caída de Xudá baixo o xugo de Babilonia, acabando coa concesión de gracia ó derradeiro rei xudeu no desterro.*

3.- Fontes

As fontes *consultadas polo autor desta gran obra son moitas e moi diversas, coma para poder dar boa razón dos heteroxéneos materiais que se atopan dentro dela. Pero no conxunto adquiren a requerida coherencia. Gracias a tantas fontes, o autor do Libro dos Reis non tivo dificultade para cubrir con feitos ese vasto espacio cronolóxico de catrocentos anos de historia.*

Unhas poucas entre esas fontes teñen nome e o autor chamounas por el. Ese é o caso do Libro dos Feitos de Salomón, mentado en 1 Re **11,** 41, *unha sorte de saga salomónica, que lle deu ó autor os datos que precisaba sobre os servidores de Salomón, o seu comercio e o seu goberno; quizais para a construcción do templo coñeceu datos que proviñan dos arquivos sacerdotais.*

Despois está o Libro das Crónicas dos reis de Israel, mentado moitas veces, referíndose ós feitos dos reis de Israel, desde Ieroboam ata Pécah (1 Re **14,** 19; 2 Re **15,** 31). *Era seguramente un relato documentado nos Anais que se gardaban nos arquivos do pazo real de Israel; doutro xeito os Anais mesmos non estarían á man de calquera e menos despois de que caera Samaría. O relato nomeado polo autor parece ter máis información sobre os reis da que el quixo dar. Semellante a esa obra sobre os reis de Israel está o Libro das Crónicas dos reis de Xudá, mentado desde o reinado de Roboam ata o de Ioaquim* (1 Re **14,** 29; 2 Re **24,** 5).

4.- Autor e composición

O autor do Libro dos Reis tivo certamente outras fontes, escritas e orais. Non as recorda polo nome, pero nós podemos supoñerllas, polos materiais que lle forneceron para a súa obra. Nese caso encóntrase, primeiro de todo, a Historia da sucesión de David, que está en 2 Sam **9-20,** *e que remata aquí en* 1 Re **1-2** *co tema da sucesión de Salomón e co dato da morte de David. Pero, entre todas sobresaen as fontes de orixe profética, cos ciclos de Elías* (1 Re **17-19**; **21**; 2 Re **1,** 1-17), *de Eliseo* (2 Re **2**; **3,** 4-27; **4,** 1-8, 15; **9,** 1-10; **13,** 14-21), *de Isaías* (2 Re **18,** 17-20,19) *e doutros profetas, coma Miqueas fillo de Imlah* (1 Re **22**), *de Ahías de Xiloh* (1 Re **11,** 29-39; **14,** 1-18) *e aínda outros* (1 Re **12,** 32-**13,** 32).

A orixe do Libro dos Reis non fica esclarecido pola atribución talmúdica do mesmo ó profeta Xeremías. A súa complexidade require unha explicación máis atinada.

Como calquera pode ver, o primeiro na historia do libro foron as fontes, das que falamos no punto anterior. Despois foi a obra composta coa axuda desas fontes, coa sincronización entre os dous reinos e cos ensinos teolóxicos, quizais obra de máis dun redactor. A arte de

INTRODUCCIÓN ÓS LIBROS DOS REIS

escribir e as teses teolóxicas das pasaxes interpretativas levan o selo da escola deuteronomista, que se fixo unha imaxe nos estudios de máis sona nas décadas últimas. Ela sería a responsable desa grande obra que os xudeus chaman "profetas primeiros" e que comprende os libros de Xosué, Xuíces, Samuel e Reis, co Deuteronomio á cabeza.

Dentro desa gran obra da escola deuteronomista, o Libro dos Reis parece ser froito de dúas redaccións. A primeira sitúase, por máis dunha razón, despois da reforma de Ioxías e antes da súa morte (entre 622 e 609). Non supón aínda o desterro; xulga os reis polo criterio da fidelidade ó exclusivismo do templo de Xerusalén e pola obediencia á palabra da Lei e á dos profetas; esixe unha pureza de iavismo que non admite apaño ningún co sincretismo cananeo. A segunda redacción cadraría ben polo ano 550, despois de que o rei de Babilonia concedera gracia ó rei Ioaquín no desterro (562); esa redacción sería a responsable das pasaxes que anuncian e que comentan o feito do desterro. A culpa desa desgracia recae sobre os reis que, co seu mal comportamento, arrastraron o pobo; o desterro cumpre a palabra ameazante da Lei e dos profetas.

Cos seus encadros sistemáticos, o Libro dos Reis presenta en conxunto unha forte unidade de estructura e de pensamento, sen se esquecer da pluralidade e da diversidade das súas fontes. Por fin foi a escola deuteronomista a que elixiu o material informativo nas súas fontes, a que introduciu no seu lugar as lendas dos profetas, a que xulgou os reis en conformidade cos seus criterios e expresando o seu pensamento.

5.- Estructura

Un dos fenómenos literarios máis chamativos do Libro é a estructura que serve de marco narrativo para falar de tódolos reis. Comeza cunha introducción, na que consta a data da entronización, en sincronía co reino paralelo, a idade do rei (só en Xudá), o lugar do reinado, a duración e o nome da nai (só en Xudá). Segue despois o corpo narrativo, no que atopámo-los datos que lle interesaron ó autor, sobre un rei máis, sobre outro menos, e logo o xuízo relixioso (os de Israel merecen todos xuízo negativo: fixeron o mal, caeron nos pecados de Ieroboam, ou de Acab; os de Xudá, uns son xulgados mal, outros ben con reservas e uns poucos enteiramente ben, coma Ezequías e Ioxías). No epílogo recórdanse as fontes para máis información, dáse o dato da morte do rei, co lugar do seu enterramento e o nome do sucesor.

6.- Xénero literario e cronoloxía

O valor histórico da obra é moi grande. Con máis ou menos nitidez, fai pasar diante dos ollos que o len unha carreira longa de máis de catrocentos anos de historia, o espacio que vai desde Salomón, polo ano 970, ata a concesión de gracia a Ioaquín, no 562. O autor non cobre ese espacio con material litúrxico nin con puras lendas orais, senón con feitos contrastados en fontes que se documentaron nos arquivos, en escritos do templo, en recordos de profetas. Sen o Libro dos Reis quedaría ás escuras a historia da monarquía. A información extrabíblica, que é moita, non nos axudaría a ver nada desa historia por dentro.

Pero, metidos a xulgar e postos a pedir, botamos de menos nesta obra, sobre todo, dúas cousas. Primeiro, que non nos fai ve-la historia particular de Israel na perspectiva da historia xeral, no seu contexto xeográfico e histórico, no medio dos pobos que decidiron tanto da súa sorte. Certo é que o Libro dos Reis recorda moitas veces os nomes dos pobos veciños: os pequenos, coma os arameos, os fenicios, os filisteos, os transxordanos; e os máis grandes: Exipto, Asiria e Babilonia. Conta feitos individuais, coma matrimonios e pactos, ofensas e tensións, invasións e liberacións, sometementos e independizacións. Á fin, os reinos de Israel e de Xudá eran dous pobos pequenos, cunha supervivencia que pendía do equilibrio do xogo de forzas dese marco. Pero o historiador non afondou nesas plurais relacións, coa mira de sacar fóra e pór á vista a causalidade intrahistórica, que aclararía moito do curso que seguiu o seu pobo. Quizais sería moito esperar que o fixese.

En segundo lugar, gustaríanos que o Libro dos Reis nos informase mellor sobre os mesmos reis e sobre os pobos de Israel e de Xudá. Algúns dos reis déixanse ver como moi grandes; pero, o que á fin sabemos deles é ben pouco. O punto de vista do autor que elixiu a información reduciu de máis o campo de interese. Certo, o que o autor nos transmitiu reforzase, ás veces, con datos doutros libros, coas fontes dos pobos veciños e mesmo coas aportacións da arqueoloxía.

A cronoloxía dos reis é un dos puntos históricos de importancia maior, pero que adoita ter problemas. Non porque os autores do libro non lle adicasen atención, o mesmo á cronoloxía xeral coma á datación de cada rei. En 1 Re **6,** 1 hai unha data absoluta, que debería *servir de punto de partida: o templo comezou a construírse no ano 480 da saída dos israelitas de Exipto. De cada rei témo-la data da súa entronización e a duración do seu reinado; ben entendido, a data é a relativa á do reino paralelo de Israel ou de Xudá.*

Pero os problemas están en que a data do éxodo é incerta e a cifra de 480 anos é convencional; en que a cronoloxía dos reis non cadra coa dos documentos extrabíblicos; en que a sincronía dos reis do norte e do sur non se axustan, e en que a suma dos anos dun reino non se corresponde coa do outro.

Hai varias explicacións e diversos procedementos para saír dos problemas. O primeiro de todos é a sospeita de que o texto estea corrompido e non nos transmita os datos que procedían dos Anais. Máis alá diso, está o feito da corrección, ben coñecida nalgúns casos e que se podería supor noutros. Outras hipóteses de arranxo baséanse no noso descoñecemento de cando comezaba a conta-lo reinado dun rei. A teoría da antedatación supón que o ano do cambio de reinado se lles atribuía ós dous reis, ó que acababa e ó que empezaba; a teoría da posdatación supón que ó novo rei non se lle contaba o ano do comezo. Descoñecemos igualmente con que calendario habemos de contar, dos dous que tiñan un comezo de anos diferente.

Pero iso non quere dicir que esteamos de todo ás escuras. Desde a cronoloxía asirio-babilónica fíxase un marco cronolóxico xeral e atínase con datas concretas, que serven para esclarece-la cronoloxía bíblica. Para fixa-la data de David e de Salomón témo-la inscrición do contemporáneo Hiram de Tiro, que nos dá 970-940 a. C. En conformidade con esa data, os 40 anos de reinado de David sitúanse entre o 1010 e o 970; e os 40 de Salomón entre o 970 e o 931. Nesta última data comeza a historia separada dos dous reinos, o de Israel do 931 ó 722/21, con 19 reis, e o de Xudá do 931 ó 587/6, con 20 reis.

Xudá		Israel	
Roboam	931-914	Ieroboam	931-910/9
Abías	914-912	Nadab	910/9-909/8
Asá	912-871/70	Baxá	909/8-886/85
		Elah	886/85-885/84
		Zimrí	885/84
		Omrí	885/84-874/73
		Acab	874/73-853
Ioxafat	871/70-848	Ocozías	853-852
Ioram	848/841	Ioram	852-841
Ocozías	841-841/40	Iehú	841-813
Atalía	841/40-835		
Ioax	835-796	Ioacaz	813-797
		Ioax	797-782/81
Amasías	796-767		
		Ieroboam II	782/81-753
Ozías	767-740		
		Zacarías	753-753/52
		Xalum	753/52
		Menahem	753/52-742/41
Iotam	740-735/33	Pecahías	742/41-740/39
		Pécah	740/39-731
Acaz	735-716	Oseas	731-722/1
Ezequías	716-687		
Menaxés	687-642		
Amón	642-640		
Ioxías	640-609		
Ioacaz	609		
Ioaquim	609-598		
Ioaquín	598-597		
Sedecías	597-587/6		

O propósito do *Libro dos Reis vai máis alá de que é conta-la historia mesma. Nel os feitos son lidos polos autores da escola deuteronomista en función e en servicio dunha mensaxe, que non pregunta pola nación, senón por un pobo que se quere facer pobo de Deus. Por iso, máis cós feitos históricopolíticos, atenden ó cumprimento da constitución chamada alianza, e non poñen os ollos na causalidade intra-histórica, senón no sentido fondo que acerta a ve-lo profeta e o home relixioso.*

O historiador pregunta a cada rei o que fixo para sacar adiante o pobo da alianza, e inquire de todos xuntos, á vista do pobo que escoita: ¿por que se perdeu a terra e acabaron en ruína o pobo, o templo, os reis e tódalas institucións? ¿Quen foi o responsable de que a historia collese ese curso? ¿É o presente fracaso un final, ou hai razón para esperar algo mellor? Vista desde ese anco, a historia presenta problemas ós que o Libro dos Reis tenta de responder. O libro é historia teolóxica, parte dunha gran teoloxía da historia, da escola deuteronomista.

7.- Teoloxía do libro

A teoloxía *do Libro dos Reis atópase sobre todo nos discursos e nas oracións dos mesmos reis, en palabras doutros personaxes e en reflexións interpretativas, redactadas polos autores deuteronomistas, recomendando a Lei da alianza. E, por suposto, nas moitas palabras dos profetas. Neses lugares vén de seguida á vista o pensamento que dirixe a obra enteira.*

Unha das claves deste pensamento atópase no Dt **27-28**, *onde se fala da alianza e da súa lei como principio dunha orde e fundamento dunha identidade. Da resposta do pobo que decidiu facela súa, depende que atinxa a bendición ou a maldición.*

Despois da reforma de Ioxías, a fidelidade á Lei da alianza mídese pola fidelidade ó templo de Xerusalén e á centralización do culto, para fuxir do sincretismo cananeo. Nesta historia o pobo vén representado polos reis. O xuízo dos reis de Israel faise á luz dun modelo negativo: o primeiro rei, Ieroboam; o dos reis de Xudá á luz do modelo de David. O xuízo fai ver que sorte lle corresponde a cada un; e, desde ese momento, a historia convértese en escenario onde ten lugar a xusta retribución. O libro dos Reis acaba sendo a historia do funcionamento da palabra de Deus.

Pero, ademais da palabra de Deus na Lei da alianza, está a que dixo polos profetas. O autor estructura os feitos en correspondencia coa palabra dos moitos profetas que interveñen. A palabra anuncia o que ha de vir, dado o comportamento dos reis e do pobo, e xustifica o que xa veu co que xa fora anunciado. A cadea dialéctica de anuncio e cumprimento traballa de fío conductor desta historia.

Pero os ollos do autor prefiren mirar máis cara adiante que para atrás. Non é o fracaso o que lle importa, senón a posibilidade e o proxecto dun porvir. Nas acusacións do mal hai unha chamada á conversión, e no recordo das promesas un principio de esperanza. A promesa davídica non está esquecida. Se o historiador se lembra tantas veces da promesa dun descendente e dunha lámpada acesa a David (1 Re **2**, 4; **8**, 20; **11**, 13.32.36; **15**, 4; 2 Re **8,** 19), *é porque ve que segue tendo agora a súa forza e que hai nela un horizonte aberto para adiante. O derradeiro dato que dá da monarquía, a gracia feita a Ioaquin, é unha porta aberta.*

Por outro lado, a alianza mesma coa súa lei non é vista no libro coma proxecto fracasado. O camiño errado pódese reparar, collendo outro. O autor conta con que o rei e o pobo "volvan", se convertan, e non deixa de repetilo (1 Re **8,** 33-35; 2 Re **23,** 25). *A historia coñece tamén reis que, con pequenos movementos de bondade, retardaron a maldición ou detivérona. E Deus chama polos profetas para unha nova alianza, coma a que anuncia Xeremías* (Xer **31,** 31-34).

8.- O texto

O texto *do Libro dos Reis chegounos ben conservado no hebreo masorético. Pódese dicir que non hai nel pasaxes verdadeiramente inservibles. Os paralelos noutros libros, coma nas Crónicas e en Isaías, engaden posibilidades de resolver algunhas dúbidas. Tamén serve para isto a versión grega dos* LXX.

LIBRO PRIMEIRO DOS REIS
REINADO DE SALOMÓN (1 Re 1-11)

Vellez de David

1 ¹O rei David ía xa vello, moi metido en anos, e por máis que o cubrían de roupa, non quencía. ²Dixéronlle os seus servidores: —"Que se procure para o rei, noso señor, unha rapaza nova, para que o sirva e o atenda, que durma con el e que o faga quencer". ³Foron por todo Israel, á busca dunha rapaza fermosa; atoparon a Abixag de Xunam e leváronlla ó rei. ⁴A rapaza era moi bela. Servía ó rei e coidaba del; pero o rei non se lle achegou.

Adonías pretende o reino

⁵Ó tempo, Adonías, fillo de Haguit, ergueuse e andaba dicindo: —"Eu serei rei". Fíxose cunha carroza e cabalos e con cincuenta homes de escolta. ⁶Seu pai nunca o contrariara, preguntándolle que facía. Era moi ben parecido e nacera despois de Abxalom. ⁷Mantiña tratos con Ioab, fillo de Seruiah, e co sacerdote Abiatar, que o apoiaban. ⁸Pero o sacerdote Sadoc, Benaías, fillo de Iehoiadá, o profeta Natán, Ximí, Reí e mailos valentes de David, non seguían a Adonías. ⁹Adonías sacrificou ovellas, bois e becerros, onda a pedra Zohélet, ó pé de En Róguel. Convidou ós irmáns, fillos do rei, e ós homes de Xudá que servían ó rei; ¹⁰pero ó profeta Natán, e Benaías, ós valentes de David e ó seu irmán Salomón, non os convidou.

A causa de Salomón

¹¹O profeta Natán díxolle entón a Batxeba, nai de Salomón: —"¿Non oíches dicir que se proclamou rei Adonías, fillo de Haguit, sen que o saiba David, noso señor? ¹²Déixame que che dea un consello, se queredes salva-la vida ti e teu fillo Salomón. ¹³Vai onda o rei e dille: Rei, meu señor, ¿non tiñas xurado á tua serva que despois de ti reinaría o meu fillo Salomón, sentándose no teu trono? ¿Como é pois, que se proclamou rei Adonías? ¹⁴Ó tempo de estares falando ti co rei, entrarei eu e confirmarei as túas palabras".

¹⁵Batxeba entrou onda o rei, na súa alcoba. O rei estaba moi vello, e servíao Abixag a xunamita. ¹⁶Batxeba inclinouse e postrouse diante do rei. E o rei preguntoulle: —"¿Que queres?" ¹⁷E ela respondeulle: —"Señor, ti xurácheslle polo Señor, teu Deus, á tua serva: despois de min reinará o teu fillo Salomón, sentándose no meu trono. ¹⁸Mais agora é Adonías quen se proclama rei, ás túas escondidas. ¹⁹Sacrificou bois, becerros e moitísimas ovellas e convidou a tódolos fillos do rei, ó sacerdote Abiatar e ó xeneral Ioab, pero ó teu servo Salomón non o convidou. ²⁰Agora, rei, meu señor, os ollos de todo Israel están postos en ti, á espera de que lle digas quen reinará despois de ti. ²¹Ora, cando o rei, meu señor, durma cos seus pais, eu e meu fillo Salomón terémo-la consideración de culpables".

²²Aínda falaba ela co rei, cando entrou o profeta Natán. ²³Anunciáronlle ó rei: —"Ei-lo profeta Natán". Entrou el onda o rei e postrouse polo chan. ²⁴E dixo: —"Ti, rei meu señor, debes ter dito que Adonías será rei despois de ti, que será el quen sente no teu trono. ²⁵Porque hoxe baixou e sacrificou bois e becerros e moitísimas ovellas e convidou a tódolos fillos do rei, ós xenerais e ó sacerdote Abiatar. Están agora no convite e proclaman: Viva o rei Adonías. ²⁶Pero a min, o teu servidor, ó sacerdote Sadoc, a Benaías, fillo de Iehoiadá e ó teu servo Salomón non nos convidou. ²⁷¿Será isto cousa do rei, meu señor, mesmo se ti non informaches ós teus servos de quen sentará no trono, para reinar despois de ti?"

1-2 Estes dous cc. rematan a historia da sucesión de David (2 Sam **9-20**), co triunfo da causa de Salomón fronte ó último pretendente, Adonías.
1, 4 A senilidade do rei obriga a decidi-lo tema da sucesión. A proba da virilidade serve de criterio da capacidade de gobernar.
1, 6 Adonías xoga a ser el o sucesor, como pola idade lle correspondía, despois do fracaso de Abxalom. Coma este, quere impresionar cos feitos consumados (2 Sam **15-18**).
1, 7s Os notables do reino toman partido, entre outras razóns, por rivalidades entre eles, coma as dos dous sacerdotes e as dos dous xenerais. Ioab era o antigo xeneral de David (2 Sam **8**, 16; **20**, 23); Abiatar, da familia sacerdotal de Xiloh, librado da matanza de Nob (1 Sam **22**, 20-23). Os "valentes" de David eran os seus soldados profesionais.
1, 9 O banquete é entendido coma de inauguración do reinado.
1, 11ss O profeta Natán, que xa lle dera o nome de Iedidías a Salomón cando nacera (2 Sam **12**, 24s), decide agora que sexa el o sucesor. Non sabemos por outro lado deste suposto xuramento de David a Batxeba.
1, 21 *Culpables*, por pretende-lo reino, no caso de que este fose de Adonías.

²⁸Niso ordenou o rei David: —"Chamádeme a Batxeba". Entrou Batxeba e quedouse de pé diante do rei. ²⁹Entón o rei xurou: —"Polo Deus vivo, que me tirou de tódalas angustias. ³⁰O que che xurei polo Señor, Deus de Israel, que o teu fillo Salomón reinaría despois de min, sentado no meu trono, vouno cumprir agora mesmo".

³¹Inclinouse Batxeba e postrouse polo chan diante do rei e dixo: —"Viva por sempre o rei David, meu señor".

³²O rei David mandou entón: —"Chamádeme ó sacerdote Sadoc, ó profeta Natán e a Benaías, fillo de Iehoiadá". E eles entraron onda o rei. ³³El díxolles: —"Levade convosco os ministros do voso señor, montade a meu fillo Salomón na miña mula e baixádeo a Guihón. ³⁴Alí o sacerdote Sadoc e o profeta Natán unxirano rei de Israel. Logo tocaréde-la trompeta e aclamaredes: ¡Viva o rei Salomón!. ³⁵Rubiredes despois tras el, e que veña sentar no meu trono, para reinar no meu lugar. Dispoño que sexa el o xefe de Israel e de Xudá".

³⁶Benaías, fillo de Iehoiadá, respondeulle ó rei: —"Amén, que así o queira o Señor, Deus do meu señor o rei. ³⁷Segundo estivo o Señor co rei, meu señor, que estea tamén con Salomón e que engrandeza o seu trono, aínda máis có do rei David".

³⁸Entón o sacerdote Sadoc, o profeta Natán, Benaías, fillo de Iehoiadá, cos cereteos e os peleteos, baixaron a Salomón montado na mula do rei e conducírono a Guihón. ³⁹O sacerdote Sadoc colleu do santuario o corno de aceite e unxiu a Salomón. Tocaron a trompeta, e o pobo todo aclamou: —"Viva o rei Salomón". ⁴⁰Despois subiron todos detrás del, tocando frautas e facendo tan grande festa, que a terra tremía co estrondo.

Desfeita de Adonías

⁴¹Oírono Adonías e os seus convidados, que acababan de comer. En sentindo Ioab o son da trompeta, preguntou: —"¿Que algueirada é esa na cidade?"

⁴²Non concluíra de falar, cando entrou Ionatán, fillo do sacerdote Abiatar. Díxolle Adonías: —"Entra; ti es home de ben e traerás boas noticias".

⁴³Ionatán respondeulle: —"Ben ó contrario. O rei David, noso señor, fixo rei a Salomón. ⁴⁴O rei mandou con el ó sacerdote Sadoc, ó profeta Natán e Benaías, fillo de Iehoiadá, cos cereteos e os peleteos, e leváromo montado na mula do rei. ⁴⁵O sacerdote Sadoc e o profeta Natán unxírono rei en Guihón. De alí rubiron en festa, e a cidade relouca. Esa é a algueirada que oístes. ⁴⁶E aínda máis. Salomón sentou no trono real, ⁴⁷e os servidores do rei foron felicitá-lo rei David, noso señor:

Que Deus faga ben a Salomón, por
enriba de ti,
e que engrandeza o seu trono sobre o
teu.

E o rei, postrado no seu leito, exclamou: ⁴⁸Bendito sexa o Señor, Deus de Israel,
que me deu hoxe quen sente no meu
trono
e que me permitiu que o vise cos meus
ollos".

⁴⁹Os convidados de Adonías, todos cheos de medo, erguéronse e marcharon, cada un polo seu lado. ⁵⁰Adonías tivo medo de Salomón e foise agarrar dos cornos do altar.

⁵¹Dixéronlle a Salomón: —"Seica Adonías teme ó rei, e foise agarrar dos cornos do altar. Quere que lle xures que non o matarás a fío de espada".

⁵²Salomón respondeu: —"Se se amostra home de ben, non caerá por terra un só dos seus cabelos; pero se comete algunha falta, morrerá". ⁵³O rei Salomón mandou que o baixasen de onda o altar. Adonías veu postrarse diante do rei Salomón, e este díxolle: —"Vai para a túa casa".

Derradeiros consellos e morte de David

2 ¹Véndose cerca da morte, David fíxolle a seu fillo Salomón estas recomendacións: ²—"Eu estou para emprende-lo cami-

---

1, 28-30 O rei resolve unha ambigüidade que estaba sendo perigosa. Había en xogo persoas, a guía do pobo, a honra do rei e mesmo o proxecto de Deus.
1, 32-40 A entronización queda descrita primeiro na orde de David e logo no cumprimento. O rei é unxido conxuntamente polo sacerdote e polo profeta. O profeta confírelle ó rei a primeira lexitimidade; a segunda é a do pobo (1 Sam **11**, 14s; 2 Re **9**, 1ss).
1, 36s No agoiro piden que Deus confirme a elección que fixo o rei.

1, 38 Os *cereteos e os peleteos* eran soldados profesionais de David, ó parecer mercenarios de orixe cretense e filistea.
1, 48 No feito da sucesión cúmprese a profecía de Natán (2 Sam **7**, 12ss; Sal **89**, 4s; **132**, 11).
1, 50 Asilo sagrado (Ex **21**, 13s; Núm **35**, 9ss).
2, 1-9 O testamento de David ten dúas partes: na primeira recomenda ó seu fillo o cumprimento da lei; na segunda avísao de persoas perigosas, inimigos que el non castigou.

ño de todos. Ti tes que ser valente e portarte coma un home. ³Garda os preceptos do Señor, o teu Deus, seguindo os seus camiños; observa os seus mandamentos e as súas leis, as súas decisións e os seus ensinos, conforme están escritos na Lei de Moisés, para que che saia ben todo o que fagas e todo o que emprendas. ⁴Dese xeito cumprirá o Señor a promesa que fixo: se os teus fillos fan o que é debido, camiñando diante de min con sinceridade de corazón e de espírito, non che faltará un descendente no trono de Israel.
⁵Polo demais, ti sabes ben o que me fixo Ioab, fillo de Seruiah, o que fixo cos dous xenerais de Israel, con Abner, fillo de Ner, e con Amasá, fillo de Iéter, ós que matou, botando con iso na paz sangue de guerra, lixando con sangue de guerra o cinto que o cinguía e as sandalias dos seus pés. ⁶Fai con el segundo a túa sabedoría, pero non deixes que os seus cabelos brancos baixen en paz ó sepulcro.
⁷Mais cos fillos de Barzilai de Galaad móstrate agradecido. Cóntaos entre os que xantan na túa mesa, pois eles fixeron comigo outro tanto, cando eu ía fuxindo de teu irmán Abxalom.
⁸Velaí tes tamén a Ximí, fillo de Guerá, o benxaminita de Bahurim. O día en que eu fuxía de Mahanaim, botoume unha cruel maldición. Mais logo baixou ó Xordán ó meu encontro, e xureille polo Señor que non o mataría á espada. ⁹Pero ti non o deixes sen castigo. Ti es intelixente e sábe-lo que has facer, para que na súa vellez baixe en sangue á sepultura".
¹⁰David durmiu con seus pais, e enterráronno na cidade de David. ¹¹Reinara en Israel corenta anos, sete deles en Hebrón e trinta e tres en Xerusalén. ¹²Salomón sucedeu a David, seu pai, no trono e consolidou o seu reino.

Salomón desfaise dos seus inimigos: Adonías

¹³Adonías, fillo de Haguit, presentouse a Batxeba, nai de Salomón, e ela preguntoulle: —"¿Vés en son de paz?" ¹⁴El respondeulle: —"Veño". E engadiu: —"Teño que dicirche unha cousa". Ela díxolle: —"Fala".
¹⁵Adonías dixo entón: —"Ti sabes que o reino era meu e que todo Israel esperaba que eu reinase. Pero o trono escapóuseme e foi para meu irmán, porque o Señor o dispuxo dese xeito. ¹⁶Mais agora vouche pedir só unha cousa. Non ma negues".
Batxeba díxolle: —"Fala". ¹⁷El dixo: —"Pídelle, por favor, ó rei Salomón, e el non cho negará, que me dea por muller a Abixag de Xunam". ¹⁸Batxeba díxolle: —"Está ben; falareille por ti ó rei".
¹⁹Batxeba foi onda o rei Salomón, para falarlle de Adonías. O rei saíu ó seu encontro e saudouna cunha inclinación. Despois sentou no trono e mandou pór alí outro trono, para que a nai do rei sentara á súa dereita.
²⁰Batxeba dixo entón: —"Teño unha pequena cousa que pedirche. Non ma negues." O rei respondeulle: —"Pide, nai, que non cha negarei". ²¹Ela dixo: —"Que Abixag a xunamita sexa dada por muller a teu irmán Adonías".
²²Entón o rei Salomón díxolle a súa nai: —"¿Por que pides para Adonías a Abixag a xunamita? Podías pedir tamén o reino para el, pois el é meu irmán, maior ca min, e ten de seu lado ó sacerdote Abiatar e a Ioab, fillo de Seruiah". ²³E o rei Salomón xurou no nome do Señor: —"Que Deus me castigue, se Adonías non paga esta palabra coa súa vida. ²⁴Polo Señor vivo, que me asentou ben afincado no trono do meu pai David, e que escolleu a miña familia, conforme tiña prometido; xuro que hoxe mesmo morrerá Adonías".
²⁵O rei Salomón encargoullo a Benaías, fillo de Iehoiadá, e este feriuno e matouno.

Os partidarios de Adonías

²⁶O rei díxolle ó sacerdote Abiatar: —"Vaite para as túas terras de Anatot. Merecías morrer. Pero hoxe non te vou matar, porque

---

2, 4 O historiador deuteronomista sinala o compromiso e o porvir da promesa davídica.
2, 5-9 Tres casos pendentes. Os crimes teñen que ser castigados (Ex 21, 12-14); se non, ese sangue caerá sobre os que tiñan esa persoa ó seu servicio, como David tiña a Ioab. Os crimes deste esixen vinganza (2 Sam 3, 27; 20, 10). Ximí maldiciu a David (2 Sam 16, 5ss); e, para librarse da súa maldición, hai que volvela en contra del (1 Re 2, 44ss). Polo contrario, a Barzilai débeselle agradecemento (2 Sam 17, 27ss; 19, 32).
2, 10 Empezan as fórmulas fixas que seguiremos atopando ó final de cada reinado.
2, 12 A "consolidación" vai consistir na eliminación dos inimigos que veñen de atrás e dos que tomaron partido polo rival Adonías. No v 46 dáse por conseguida a consolidación.
2, 13ss O status xurídico de Abixag era o de concubina de David. Pretendela como muller era pretende-lo reino (2 Sam 3, 6-8; 16, 21ss). Batxeba quizais non o ve; pero a Salomón non se lle esconde, e fai pagar a Adonías o novo atrevemento.
2, 19 A nai do rei recibe do seu fillo honores de raíña-nai, primeira dama. O rei Asá quitaralle á súa avoa ese título (1 Re 15, 13).
2, 26s Abiatar vai ó desterro a unha cidade na que nacerá un día Xeremías de familia levítica. O historiador non se esquece de sinalar que se está cumprindo unha cousa anunciada (1 Sam 2, 17ss).

leváche-la Arca do Señor diante de meu pai David e porque compartíche-las súas afliccións". ²⁷Dese xeito destituíu Salomón a Abiatar das súas funciós sacerdotais, cumpríndose con iso a palabra do Señor contra a familia de Elí, en Xiloh.

²⁸Chegoulle a nova a Ioab, que fora do partido de Adonías, mais non do de Abxalom, e foi buscar abeiro no santuario de Señor, agarrándose dos cornos do altar. ²⁹Dixéronlle ó rei Salomón que Ioab se refuxiara no santuario do Señor e que estaba alí ó pé do altar. Salomón mandou a Benaías, fillo de Iehoiadá, que fose alí e que o ferise.

³⁰Benaías foi ó santuario do Señor e, de parte do rei, mandou a Ioab que saíse. El negouse, dicindo que quería morrer alí. Benaías volveu onda o rei coa resposta de Ioab.

³¹Entón o rei ordenoulle: —"Fai como el che dixo. Mátao e entérrao. Con iso afastarase de min e da miña familia o sangue inocente que el verqueu. ³²O Señor botará ese sangue enriba da súa cabeza, pois matou a dous homes máis honrados e mellores ca el, ás escondidas de meu pai David: Abner, fillo de Ner, xeneral de Israel, e Amasá fillo de Iéter, xeneral de Xudá. ³³O seu sangue caerá sobre a cabeza de Ioab e de seus fillos, para sempre. E, polo contrario, a paz do Señor estará sempre con David e con seus fillos, coa súa casa e co seu trono".

³⁴Benaías, fillo de Iehoiadá, foi e matou a Ioab, e enterrouno na propiedade que tiña na estepa. ³⁵O rei puxo a Benaías, fillo de Iehoiadá, no posto de Ioab, á fronte do exército, e ó sacerdote Sadoc no posto de Abiatar.

Ximí

³⁶Despois o rei mandou chamar a Ximí e ordenoulle: —"Fai casa en Xerusalén, habita nela e non saias de alí para lado ningún. ³⁷O día en que saias e crúce-lo torrente Cedrón, fai conta de que morrerás. Ti só serás responsable".

³⁸Ximí respondeulle: —"Está ben. O teu servo fará o que di o rei, meu señor". E Ximí estableceuse en Xerusalén por moito tempo.

³⁹Á volta de tres anos, escapáronselle a Ximí dous escravos, e foron ó territorio de Aquix, fillo de Macah, rei de Gat. E dixéronlle a Ximí: —"Os teus escravos atópanse en Gat". ⁴⁰Ximí aparellou o burro e foi a Gat, en busca dos seus escravos. Chegado a Gat, tróuxoos consigo.

⁴¹Dixéronlle a Salomón que Ximí saíra de Xerusalén para Gat e que volvera. ⁴²O rei mandouno chamar, para dicirlle: —"¿Non che fixen xurar polo Señor e non che advertín que o día en que saíses e andases dun lado para outro, certamente morrerías? Ti dixéchesme que estaba ben e que o farías. ⁴³¿Por non cumpríche-lo xuramento do Señor e a orde que eu che dei?" ⁴⁴E o rei engadiu: —"Ti sábe-lo dano que fixeches a meu pai David. Na túa conciencia tes que recoñecelo. Que o Señor faga caer agora a túa maldade enriba da túa cabeza. ⁴⁵Pero que o rei Salomón sexa bendito e que o trono de David se vexa afincado para sempre, na presencia do Señor".

⁴⁶Entón o rei mandou a Benaías, fillo de Iehoiadá, que o matase. E el foi e feriu de morte a Ximí. E o reino quedou consolidado nas mans de Salomón.

A sabedoría de Salomón. Soño en Gabaón

3 ¹Salomón emparentou co faraón, rei de Exipto, casando coa súa filla. Levouna á cidade de David, mentres acababa de construí-lo seu pazo, o templo do Señor e os muros de Xerusalén.

²O pobo ofrecía sacrificios nos altares dos outeiros, pois daquela aínda no se construíra o templo para o nome do Señor. ³Salomón amaba ó Señor, seguindo as nor-

---

2, 28 A ruín conciencia leva a Ioab a buscar asilo sacro; pero non hai asilo para os culpables (Ex **21,** 14). Salomón bota fóra da conta da súa familia as mortes causadas por Ioab (v 33).
2, 35 Entre os novos cargos está o sacerdocio de Sadoc, que funda o sacerdocio sadoquita de Xerusalén. ¿Proviña el do sacerdocio iebuseo da cidade? (Xén **14,** 18-20; Sal **110,**4).
2, 36ss Tamén a morte de Ximí debe afastar da familia de Salomón o mal da culpa que el levaba consigo. Pasa-lo Cedrón supón non entrar na súa tribo (Benxamín), para, se cadra, conspirar outra vez.
3 A sabedoría é unha das notas polas que a posteridade distinguiu a Salomón. En conformidade con iso atribuíulle unha boa parte da literatura poética e sapiencial (Pr, Ecl, Cant, Sab). A sabedoría de Salomón ten moitas facetas: artesanal, xudicial, de goberno, de erudición, de agudeza, e, tamén, don de Deus.
3, 1 O emparentamento co faraón é un acerto do gobernante. O faraón tiña aínda naquel mundo sona de poderoso. O dote que o faraón dá á sua filla é a cidade de Guézer (1 Re **9,** 16). A cidade de David é a primitiva Xerusalén, conquistada por el (2 Sam **5,** 9).
3, 2ss *Gabaón* (el-Iib), ó norte de Xerusalén, era un outeiro cun santuario importante, onde quizais estivo a Arca da Alianza (1 Cro **16,** 39; 2 Cro **1,** 3). Tanto as Crónicas coma o libro dos Reis tratan de xustificar que Salomón ofrecese alí sacrificios. O soño do rei é unha nova lexitimación do seu reinado, e mais da promesa davídica. Os soños seguen tendo valor revelatorio, coma no estrato E do Pentateuco. A sabedoría é o principio das moitas cousas novas que o rei fixo.

mas de seu pai David. Pero ofrecía sacrificos e queimaba incenso nos altares dos outeiros. ⁴O rei foise a Gabaón, para ofrecer alí sacrificios, pois aquel era o outeiro principal. Encima do seu altar ofreceu Salomón un milleiro de holocaustos.
⁵En Gabaón aparecéuselle Deus, no soño da noite, a Salomón e díxolle: —"Pídeme o que queiras".
⁶Salomón respondeulle: —"Ti trataches con moita bondade ó teu servo David, meu pai; e el portouse diante de ti con lealdade, con xustiza e con rectitude de corazón. Ti conserváchesle o teu favor, concedéndolle un fillo, que hoxe senta no seu trono. ⁷Agora, Señor, meu Deus, que fixeches que o teu servo reinase despois de meu pai David, sendo eu un rapaz pequeno, que non sabe nin conducirse. ⁸O teu servo atópase no medio deste pobo escollido por ti, un pobo grande e numeroso, que non se pode contar nin estimar. ⁹Concédelle, pois, ó teu servo un corazón escoitador, que saiba gobernar ben o teu pobo e distingui-lo ben e o mal. ¿Quen, se non, podería gobernar este pobo tan grande?"
¹⁰O Señor pareceulle ben que Salomón pedise aquilo. ¹¹E díxolle: —"Xa que pediches isto e non pediches para ti mesmo vida longa, nin riquezas, nin a vida dos teus inimigos, senón que pediches acerto para ben gobernar, ¹²vouche concede-lo que pediches: unha mente sabia e intelixente, coma non a houbo antes de ti nin a haberá tampouco despois. ¹³E dareiche tamén o que non pediches: riqueza e gloria, coma non as tivo rei ningún. ¹⁴Se vas polos meus camiños e gárda-los meus preceptos e os meus mandamentos, como fixo teu pai David, dareiche unha longa vida".
¹⁵Espertou Salomón e viu que tivera un soño. Voltou para Xerusalén e presentouse diante da Arca da Alianza do Señor. Ofreceu holocaustos e sacrificios de comunión, e convidou ó banquete a tódolos seus servidores.

Sabedoría xudicial

¹⁶Daquela viñeron dúas prostitutas e presentáronse diante do rei. ¹⁷Unha delas contoulle isto: —"Escoita, meu señor; eu e esta muller vivimos xuntas nunha casa. E estando as dúas no mesmo cuarto eu dei a luz. ¹⁸Ó terceiro día de eu parir, pariu tamén esta muller. Estabamos xuntas as dúas , e na casa non había ninguén máis, fóra de nós as dúas. ¹⁹Unha noite morreu o fillo desta muller, porque ela se recostou enriba del. ²⁰No medio da noite ergueuse e colleu o meu fillo de onda min; namentres dormía a túa serva, deitouno no colo dela e deitou o morto no meu. ²¹Cando me erguín, pola mañá, para da-lo peito ó meu fillo, decateime que estaba morto. Á luz do día mirei ben, e vin que aquel non era o fillo que eu parira".
²²Nisto dixo a outra muller: —"Non; o meu fillo é o vivo, e o teu é o morto". E a primeira insistiu: —"Non; o teu fillo é o morto; e o meu, o vivo". E rifaban diante do rei.
²³Entón falou o rei: —"Unha di: o meu fillo é o que está vivo, e o teu é o morto; e a outra di: non, o teu fillo é o morto; e o meu, o vivo". ²⁴E o rei mandou: —"Traédeme unha espada". E leváronlle a espada ó rei. ²⁵Este ordenou: —"Cortade en dous o neno vivo e dádelle unha metade a cada unha".
²⁶Entón á nai do neno vivo movéuselle o corazón polo seu fillo, e dixo: —"Por favor, meu señor; que lle dean a ela o neno vivo. Non o maten". Pero a outra dicía: —"Nin para min nin para ti. Que o dividan".
²⁷Niso dixo o rei: —"Dádelle á primeira o neno vivo. Esa é súa nai". ²⁸Israel todo coñeceu a sentencia de Salomón, e colléronlle moito respecto, vendo que Deus lle dera sabedoría para administrar xustiza.

Goberno e administración do reino

4 ¹O reino de Salomón estendíase a todo Israel. ²Estes eran os seus ministros: Azarías, fillo de Sadoc, era o sacerdote; ³Elihoref e Ahías, fillos de Xixá, os secretarios; Iehoxafat, fillo de Ahilud, o cronista; ⁴Benaías, fillo de Iehoiadá, o xefe do exército; Sadoc e Abiatar, os sacerdotes; ⁵Azarías, fillo de Natán, xefe dos gobernadores; Zabud, fillo de Natán, conselleiro privado do rei; ⁶Ahixar, maiordomo do pazo; e Adoniram, fillo de Abdá, encargado do alistamento dos traballadores.
⁷Salomón tiña doce gobernadores en todo Israel. Estaban encargados do abastecemen-

---

3, 6-9 Esta oración fala ás claras pola escola deuteronimista. Sabedoría é, neste momento, discernimento entre o ben e o mal, para goberna-lo pobo de Deus.
3, 16-28 Caso de sabedoría xudicial. A sagacidade, coma fío de espada, fai saír fóra a verdade e o dereito.
4 Salomón organizou o reino que David conquistara.
4, 1-6 Algúns destes ministros do reino de Salomón fórano xa con David (2 Sam **8**, 16-18; **20**, 23-26).

4, 5 *Conselleiro privado* é o que comporta o título de "amigo do rei" (2 Sam **15**, 37).
4, 7-19 Lista dos gobernadores dos distritos. O número doce é o das tribos; pero agora non se trata dunha división tribal, senón territorial, que non corresponde coa primeira. Na confederación o número doce tiña quizais que ver co servicio cúltico por meses; agora, coas prestacións para soste-la monarquía.

to do rei e do seu pazo, cada un nun mes do ano. ⁸Estes eran os seus nomes:
Ben-Hur, na montaña de Efraím;
⁹Ben-Déquer, en Macás, Xaalbim, Bet-Xémex e Elón-Bet-Hanán;
¹⁰Ben-Hésed, en Arubot; e pertencíalle tamén Socoh e a terra de Héfer;
¹¹Ben-Abinadab, en toda a veiga de Dor; estaba casado con Tafat, filla de Salomón;
¹²Baná, fillo de Ahilud, en Tanac e Meguido, ata máis alá de Iocneam; en todo Betxeán, por debaixo de Iezrael, desde Betxeán ata Abel-Meholah ó pé de Sartán;
¹³Ben-Guéber, en Ramot de Galaad; tiña tamén as aldeas de Iair, fillo de Menaxés, situadas en Galaad, e o distrito de Argob, en Baxán; sesenta grandes cidades amuralladas, con ferrollos de bronce;
¹⁴Ahinadab, fillo de Idó, en Mahanaim;
¹⁵Ahimaas, en Naftalí; este casara con Basmat, filla de Salomón;
¹⁶Baná, fillo de Huxai, en Axer e en Alot;
¹⁷Iehoxafat, fillo de Parúah, en Isacar;
¹⁸Ximí, fillo de Elá, en Benxamín;
¹⁹Guéber, fillo de Urí, no país de Galaad, no país de Sihón, o rei amorreo, e no de Og, rei de Baxán.
Había tamén un gobernador no país de Xudá.
²⁰Xudeus e israelitas eran tan numerosos coma a area do mar. Tiñan abondo que comer e que beber, e vivían contentos.

Poder e sabedoría

5 ¹Salomón tiña poder sobre tódolos reinos que van desde o río Éufrates ata o país dos filisteos e as fronteiras de Exipto. Pagábanlle tributos e estivéronlle todos sometidos ó longo da súa vida.
²As provisións de Salomón eran para cada día trinta cargas de flor de fariña e setenta de fariña corrente, ³dez bois cebados, vinte becerros e cen ovellas; e, por parte, veados, corzos, parrulos e capóns.

⁴Salomón tiña poder sobre as terras de máis alá do río Éufrates, desde Tifsah ata Gaza, e sobre tódolos reinos desta banda do mesmo río. Estivo en paz con tódolos veciños do arredor. ⁵Nos días de Salomón, Xudá e Israel vivían tranquilos, cada un debaixo da súa parra e da súa figueira, desde Dan ata Beerxeba.
⁶Salomón tiña cortes para corenta mil cabalos de tiro e doce mil de montura. ⁷Os gobernadores, un por mes, provían ás necesidades de Salomón e dos que comían á súa mesa, sen que lles faltase cousa ningunha. ⁸Cada un pola súa vez subministraba tamén orxo e palla para os cabalos de tiro e de montura.
⁹Deus concedeu a Salomón sabedoría e moito entendemento e unha mente tan aberta coma as praias da beiramar. ¹⁰Avantaxaba en sabedoría ós sabios de Oriente e ós de Exipto. ¹¹Era o máis sabio dos homes, máis ca Etán o indíxena e máis ca Hemán, Calcol e Dardá, fillos de Mahol. A súa sona estendíase polas nacións do arredor. ¹²Formulou tres mil setencias e compuxo mil cinco cancións. ¹³Disertou sobre as árbores, desde o cedro do Líbano ata a herba sagrada que medra nas paredes, acerca dos animais e das aves, dos reptís e dos peixes. ¹⁴De tódolos pobos viñan xentes, para escoita-lo sabio Salomón, de tódolos reinos da terra onde chegara a sona de súa sabedoría.

Pacto con Hiram e provisións para o templo

¹⁵Cando Hiram, rei de Tiro, tivo a nova de que Salomón fora unxido rei, no posto do pai, mandoulle os seus embaixadores, pois Hiram fora sempre amigo de David.
¹⁶Salomón, pola súa parte, mandoulle a Hiram esta embaixada: ¹⁷—"Ti sabes que meu pai David non puido edificar un templo ó Señor, seu Deus, por causa das guerras que o envolveron, mentres Deus non puxo os seus inimigos debaixo dos seus pés.

4, 19 Xudá quedaba fóra do réxime fiscal de prestacións dos doce distritos. Pode que iso fose unha das razóns das queixas de Israel contra a casa de David.
5, 1-8 Poder, riqueza, abundancia. Os LXX coñecen o texto noutra orde máis lóxica: vv 7-8.2-4.9-14, sen 5-6.
5, 1 O *río Éufrates* (o texto di só "o río") e as fronteiras de Exipto foron os límites máximos do reino davídico-salomónico.
5, 5 A "paz salomónica" foi posible pola inactividade nese momento dos imperios do Nilo e do Éufrates. Ó final do seu reinado, o reino empeza a derrubarse.
5, 6 Salomón introduciu a cabalería en Israel (1 Re 9, 19; 10, 26. 28s). A crítica do Dt 17, 16 refírese a el. Pola arqueoloxía coñecémo-los currais de cabalos en Meguido.

5, 9-12 A sabedoría de Salomón, primeiro de goberno e xudicial, é agora de mente aberta e esperta, coñecemento de cousas (ciencia), capacidade de formulación poética en proverbios e en sentencias (Pr 10, 1; 25,1). Israel soubo admira-los sabios orientais e deu acollida ós seus ensinos (Pr 30, 1; 31, 1); aquí e nos títulos dalgúns Salmos recorren nomes de sabios cananeos.
5, 15ss As obras que emprende Salomón requiren o que el non ten en materiais e en técnicos. Serán os fenicios os que enchan ese oco.
5, 15 *Hiram*, rei de Tiro e de Sidón, ou dos fenicios, tivera xa tratos con David (2 Sam 5, 11).
5, 17 David tiña as mans sucias de sangue, e por iso non puido construí-lo templo do Señor (1 Cro 22, 8s; 28, 2s).

¹⁸Agora o Señor meu Deus deume paz polos arredores, e non teño inimigos nin outras calamidades. ¹⁹Por iso estou proxectando edificar un templo ó nome do Señor meu Deus, conforme o Señor dixera a meu pai David: o fillo que che darei para que te suceda no teu trono, el será quen edifique un templo ó meu nome. ²⁰Agora, pois, manda que corten para min cedros do Líbano. Os meus servos irán cos teus, e eu pagaréille-lo xornal que ti me digas. Ti sabes que entre nós non hai quen saiba, coma os fenicios, talar árbores".

²¹En oíndo Hiram a mensaxe de Salomón, folgouse moito e exclamou: —"Bendito sexa hoxe o Señor, que deu a David un fillo sabio, para gobernar este gran pobo". ²²E Hiram mandou dicir a Salomón: —"Acepto a túa petición. Compracereite como desexas, no tocante á madeira de cedro e de ciprés. ²³Os meus servos baixarán a madeira desde o Líbano ó mar. De alí levarana logo en balsas ata o lugar que ti sinales. Alí desfarémo-las balsas, e ti faraste cargo. Pola túa parte, ti cumprira-lo meu anceio, se abastéce-la miña casa".

²⁴Hiram deulle a Salomón toda a madeira que quixo de cedro e de ciprés. ²⁵E Salomón deulle a Hiram, para sustento da súa casa, vinte mil cargas de trigo e vinte mil medidas de aceite puro de oliveira. Iso era o que Salomón lle daba cada ano a Hiram. ²⁶O Señor concedeu a Salomón sabedoría segundo a promesa. Entre Hiram e Salomón había paz, e fixeron un pacto entre os dous.

²⁷O rei Salomón recrutou traballadores por todo Israel, unha leva de trinta mil homes. ²⁸Mandounos ó Líbano en tandas de dez mil cada mes. Un mes estaban no Líbano e dous nas súas casas. Adoniram era o xefe da leva dos traballadores. ²⁹Por parte, Salomón tiña setenta mil homes adicados ó carrexo, e oitenta mil canteiros na montaña, ³⁰ademais dos capataces das obras, que eran tres mil trescentos; estes mandaban na xente que facía os traballos. ³¹O rei mandou que extraesen pedras grandes, escolleitas, pedras de cantería, para os fundamentos do templo. ³²Os obreiros de Salomón, os de Hiram e os guiblitas labraban a madeira e preparaban a pedra para a obra do templo.

Construcción do templo

6 ¹O ano catrocentos oitenta da saída dos israelitas de Exipto, no mes de Ziv, que é o segundo do ano, no mes cuarto do reinado de Salomón en Israel, empezou a construírse o templo do Señor.

²O templo que o rei Salomón construía en honor do Señor, medía trinta metros de lonxitude, dez de anchura e quince de altura. ³O pórtico que había diante da nave do santuario tiña dez metros de lonxitude, no sentido da anchura do santuario, e cinco de fondo, ata a parede do templo. ⁴No templo fixo fiestras, con marcos e con reixas.

⁵Pegado ó muro do templo, arredor do santuario e do santísimo, construíu un anexo, con andares arredor. ⁶O piso baixo medía dous metros e medio de anchura, o do medio medía tres, e o terceiro tres metros e medio de anchura. Arredor do templo, por afora, fixera canzorros, para que as trabes non entrasen nos mesmos muros do templo.

⁷Na construcción do templo empregáronse pedras labradas na canteira, de xeito que, na hora do traballo, non se oían martelos, machetas nin outras ferramentas. ⁸A entrada do piso baixo estaba á dereita do templo. Por unha esqueira de caracol subíase ó andar do medio, e desde este ó terceiro.

⁹Cando o templo quedou construído, Salomón recubriuno cun artesoado de madeira de cedro. ¹⁰O anexo que construíra arredor do templo tiña dous metros e medio de altura, e estaba ligado por trabes de cedro ó templo mesmo.

5, 19 O *templo*, primeiro rexeitado (2 Sam **7,** 4-7), fora despois lexitimado pola profecía de Natán (2 Sam **7,** 13).

5, 27 O recrutamento para traballo sen pago impúxollelo David ós prisioneiros de guerra (2 Sam **12,** 31). En 1 Re **9,** 20-22 parece que obriga só ós cananeos, sometidos por Israel. Pero na pasaxe que agora lemos impónselles ós israelitas, quizais xustificado como imposto sobre a terra. Foi unha das razóns da división do reino salomónico (1 Re **11,** 28; **12,** 4.11).

6 O templo é o tema preferido do autor da historia de Salomón. Máis aínda, é o centro de referencia da historia deuteronómica dos Reis. Con todo e iso, cos seus datos sobre medidas, materiais e obxectos, o autor non nos dá unha idea clara del. Un paralelo en 2 Cro **2-4**.

6, 1 A data é o sinal da importancia da obra. A data dos 480 anos da saída dos israelitas de Exipto, está no medio da historia entre o éxodo e a volta de Zerubabel cos desterrados de Babilonia (no medio dos dous éxodos). O número 480 é artificial: 40 (un período) por 12 (o número das tribos). Deus asenta no templo, co pobo que asentou na súa terra. Á volta do desterro babilónico estará o segundo templo, para sinala-la morada de Deus no medio do seu pobo.

6, 2s O templo non era de grandes proporcións; ó lado do pazo real era pequeno: a capela do rei. Compúñase de tres partes: un pórtico ("ulam"), unha nave na que se ofrecía o culto ("hekal"), e o camarín ("debir"), no fondo máis escondido, onde se gardaba a Arca da Alianza. Levaba anexo un edificio de tres pisos. O templo por fóra era de pedra de sillería, e por dentro ía revestido de madeira.

[11] Daquela, Deus faloulle a Salomón: [12] —"Por este templo que me estás construíndo,
se camiñas conforme os meus mandatos e cúmpre-las miñas decisións,
se gárda-los meus preceptos e te guías por eles,
eu mantereiche a promesa que fixen a teu pai David.
[13] Habitarei no medio dos israelitas
e non abandonarei este meu pobo de Israel".

Os complementos do templo

[14] Cando Salomón acabou de construí-lo templo, [15] revestiu os muros por dentro de táboas de cedro, desde o pavimento ata o teito; revestiu de madeira todo o seu interior e pisouno de táboas de ciprés. [16] Revestiu de táboas de cedro os dez metros de fondo, desde o pavimento ó teito, e adicou esta parte a camarín ou santísimo. [17] Os outros vinte metros diante del constituían o santuario. [18] O cedro do interior do santuario estaba enfeitado de grilandas de flores abertas. Era todo de cedro, e a pedra non se vía.
[19] O camarín, no fondo interior do templo, estaba preparado para colocar alí a Arca da Alianza do Señor. [20] O camarín tiña dez metros de longo, dez de ancho e dez de alto. Salomón revestiuno de ouro puro. O altar revestiuno de cedro. [21] Revestiu tamén de ouro puro o interior do templo; puxo cadeas de ouro diante do camarín e recubriu este de ouro. [22] De ouro revestiu o templo todo, desde o cimo ata o fondo; e tamén o altar, diante do camarín.
[23] Para o camarín fixo Salomón dous querubíns, de madeira de oliveira, de cinco metros de altura. [24] A á dun querubín medía dous metros e medio, e dous metros e medio a outra, de xeito que do cabo dunha ó cabo doutra había cinco metros. [25] O outro querubín medía igualmente cinco metros. Os dous tiñan o mesmo grandor e a mesma feitura. [26] Tanto un coma outro medían cinco metros de altura.
[27] Salomón puxo os querubíns dentro do camarín, coas ás estendidas, de xeito que unha daba nun muro e a outra no muro oposto. As outras dúas ás tocábanse entre elas, no medio do recinto. [28] Os querubíns estaban revestidos de ouro.
[29] Sobre as paredes do templo, por toda a volta, fixo gravar por dentro e por fóra, baixorrelevos de querubíns, de palmeiras e de guirlandas de flores. [30] O lousado do templo, tanto na parte interior coma na exterior, recubriuno tamén de ouro. [31] Para a entrada do camarín fixo portas de madeira de oliveira, con xambas de cinco arestas. [32] Nas dúas follas das portas de oliveira fixo gravar baixorrelevos de querubíns, de palmeiras e de guirlandas de flores, e recubriunas de ouro, ben axustado ás entalladuras.
[33] Para a entrada do santuario fixo xambas de oliveira, con catro arestas [34] e con dúas portas de madeira de ciprés, cada unha con dúas follas xiratorias. [35] Esculpiu nelas querubíns, palmeiras e guirlandas de flores, e recubriunas de ouro, axustado ás entalladuras. [36] Construíu a adro interior, con tres ringleiras de pedras talladas e unha de trabes de cedro.
[37] No mes de Ziv do ano cuarto do seu reinado, puxo Salomón os cimentos do templo do Señor, [38] e no mes de Bul, que é o oitavo, do ano once do reinado, quedou rematado en tódalas súas partes, conforme o seu proxecto. Construíu todo en sete anos.

Construcción do pazo real

7 [1] En canto ó pazo real, Salomón empregou para construílo trece anos. [2] Edificou primeiro o "Bosque do Líbano", unha sala que medía cincuenta metros de lonxitude, vintecinco de anchura e quince de alto, sobre catro ringleiras de columnas de cedro, que sostiñan trabes de cedro. [3] Por riba das trabes que se apoiaban nas columnas (en todo corenta e cinco, quince por cada fiada), había un teito de cedro. [4] Levaba tres ringleiras de fiestras, que se correspondían de tres en tres unhas coas outras. [5] Tódalas portas e fiestras levaban marcos rectangulares. As fiestras correspondíanse nas tres ringleiras entre elas.

6, 11-13 Oráculo divino de aceptación do templo. Deus estará co pobo que se queira facer pobo de Deus.
6, 23 Os *querubíns* eran animais alados, copia dos xenios gardiáns dos grandes pazos de Mesopotamia (Xén **3**, 24; Ez **28**, 14-16). A súa función parece que se inspiraba na idea fenicia de asento. O Señor "aséntase sobre os querubíns" (1 Sam **4**, 4; 2 Re **19**, 15; Sal **80**, 2).
6, 37 *O ano,* que comeza na primavera, ten por segundo mes Ziv, o mes das flores, e por oitavo Bul, o mes das chuvias, no outono. Son nomes cananeos.
7 O pazo real non reclama tanta atención coma o templo. O narrador recorda poucos datos e vólvese ó templo.
7, 2 O *Bosque do Líbano* era un cuarto grande, de columnas de cedro en tres ringleiras. Facía de armería e de lugar da garda (1 Re **10**, 17; Is **22**, 8), e daba paso para as outras dependencias.

⁶Salomón construíu un pórtico de columnas, de vintecinco metros de lonxitude e quince de anchura, e diante del outro pórtico de columnas, cun cobertizo dediante.
⁷Fixo tamén o pórtico do trono, onde administraba xustiza, a aula xudicial, e recubriuna de madeira de cedro, do pavimento ata o teito.
⁸A súa residencia construíuna no mesmo patio do pórtico, e era da súa mesma feitura. Da mesma feitura era tamén a casa que construíu para a filla do faraón, coa que casara.
⁹Estaba todo construído con pedras escolleitas, labradas á medida, serradas por dentro e por fóra, desde os cimentos ata a cimeira, desde fóra ata o gran adro. ¹⁰Os cimentos era de grandes pezas de pedra escolleita, de cinco por catro metros, ¹¹e por riba tamén de pedras escolleitas, talladas á medida, e de madeira de cedro. ¹²O gran adro levaba arredor tres ringleiras de trabes de cedro, coma o adro interior do templo e o seu pórtico.

Obxectos de bronce para o templo

¹³O rei Salomón mandou vir de Tiro a Hiram. ¹⁴Este era fillo dunha muller viúva, da tribo de Naftalí, e dun home de Tiro. Traballaba o bronce e estaba dotado de gran coñecemento, pericia e habilidade para facer traballos en bronce. Veu onda o rei Salomón para realiza-los seus encargos.
¹⁵Fundiu dúas columnas de bronce, de nove metros de alto e de seis metros de circunferencia, medida coa corda. ¹⁶Para remata-las columnas fixo dous capiteis de bronce fundido, de dous metros e medio de alto cada un deles. ¹⁷Para os capiteis que remataban as columnas fixo trenzados en forma de cadeas, sete para cada capitel.
¹⁸Despois fixo dúas ringleiras de granadas, arredor de cada trenzado, para cubri-los capiteis que remataban as dúas columnas. ¹⁹Os capiteis que remataban as columnas do pórtico tiñan forma de lirio, e median dous metros. ²⁰Por riba da moldura, que sobresaía do trenzado, eses capiteis tiñan duascentas granadas en ringleira arredor de cada capitel.
²¹Hiram asentou as columnas no pórtico do templo. Primeiro asentou a dereita, e púxolle o nome de Firme; despois asentou a esquerda e deulle o nome de Forte. ²²Os remates das columnas tiñan forma de lirio. Con iso quedou rematada a obra das columnas.
²³Fixo despois Hiram o Mar de Bronce, un depósito redondo, de cinco metros de diámetro, de dous e medio de alto e de quince de circunferencia, medidos coa corda. ²⁴Por debaixo do bordo, por todo o arredor, o depósito tiña botóns gravados, cinco por cada metro. Estaban dispostos en dúas ringleiras, e foran fundidos co Mar, facendo con el unha peza.
²⁵O Mar de Bronce estaba asentado enriba de doce bois. Tres deles miraban para o norte, tres para o occidente, tres para o sur e tres para o nacente; enriba deles ía o depósito. Os cadrís dos bois quedaban todos cara adentro. ²⁶O Mar de Bronce tiña unha cuarta de grosor; o seu bordo semellaba o dunha copa, coa forma de flor de lirio; a súa capacidade era de oitenta mil litros.
²⁷Hiram fixo tamén dez basas de bronce, cada unha de dous metros de lonxitude, dous de anchura e un e medio de alto. ²⁸Tiñan a seguinte forma: levaban entrepanos encadrados en molduras; ²⁹nos entrepanos entre as molduras había leóns, bois e querubíns; nas molduras, por riba e por baixo dos leóns e dos bois, ían guirlandas de flores.
³⁰Cada basa levaba catro rodas de bronce, con eixes tamén de bronce. Nos catro ancos levaba resaltes fundidos, que sostiñan a pía sobresaíndo das grilandas. ³¹As basas tiñan por dentro, na parte superior, unha boca de medio metro; era redonda e tiña un remate de setenta e cinco centímetros. Arredor da boca levaba uns gravados, en entrepanos cadrados, non redondos.
³²As catro rodas estaban debaixo dos entrepanos e os eixes fixos nas basas. Cada roda medía de diámetro setenta e cinco centímetros. ³³A súa forma era coma a da roda dun carro. Os seus eixes, as cinchas, os radios e os cubos eran todos de metal fundido. ³⁴Os catro resaltes sobre os ancos da basa formaban un corpo con ela.
³⁵A basa remataba nunha peza circular de vintecinco centímetros de alto; os seus resaltes e entrepanos formaban un corpo con ela. ³⁶Nos entrepanos gravou Hiram querubíns, leóns e palmeiras, segundo o espacio, con grilandas arredor. ³⁷Deste xeito ficaron acabadas as dez basas de metal fundido, todas

---

7, 7s No *pórtico* estaba o trono (1 Re **10,** 18-20), e alí administraba o rei xustiza.
7, 13ss *Hiram* é o único artesán do templo do que nos chegou o nome, coma o nome de Besalel no caso do tabernáculo do deserto (Ex **31,** 2; **35,** 30s). Algunhas das cousas que o relato di que fixo en bronce, non podemos identificalas.
7, 21 Os nomes das columnas *Iakín* e *Boaz,* poden traducirse neses termos, seguindo a etimoloxía das palabras. Non sabemos cal era a función desas dúas columnas libres na dianteira do templo.

de mesma feitura, das mesmas dimensións e co mesmo debuxo.

³⁸Fixo despois Hiram dez pías de metal fundido, unha para cada basa, de cento sesenta litros de capacidade cada unha delas. ³⁹Colocou cinco basas na banda dereita do templo e cinco na banda esquerda. O Mar de Bronce situouno na banda dereita do templo, ó sueste.

⁴⁰Hiram fixo tamén cinseiros, pás e hisopos. E con iso rematou o que Salomón lle encomendara facer para o templo de Señor. ⁴¹Foron dúas columnas, dous capiteis redondos, que remataban as columnas, dúas grilandas para recubrilos, ⁴²catrocentas granadas para as dúas grilandas, dúas ringleiras de granadas en cada unha das guirlandas; ⁴³as dez basas e mailas dez pías enriba delas; ⁴⁴o Mar de Bronce cos doce bois debaixo del; ⁴⁵os cinseiros, as pás e os hisopos.

Tódolos obxectos que o rei Salomón encargara a Hiram eran de bronce fundido. ⁴⁶O rei fíxoos fundir en moldes de arxila, no val do Xordán, entre Succot e Sartán. ⁴⁷Salomón fixo poñer cada obxecto no seu sitio. Eran tantos, que non se puido bota-la conta do que pesaba o seu bronce.

⁴⁸Salomón mandou facer aínda outros obxectos para o templo do Señor: o altar de ouro, a mesa de ouro para poñer enriba dela os pans da proposición; ⁴⁹os candelabros de ouro puro, cinco á dereita e cinco á esquerda, diante do camarín; e, por parte, as flores, as lámpadas e as pinzas de ouro, ⁵⁰as culleres, os coitelos, as cuncas, as copas e os braseiros de ouro puro; os gonzos de ouro para as portas do camarín ou santísimo, e para as do santuario.

⁵¹Cando o que encargara o rei Salomón para o templo do Señor estivo todo acabado, o rei fixo trae-las cousas que consagrara seu pai David, prata, ouro e obxectos, e depositou todo no templo do Señor.

Dedicación do templo

8 ¹Salomón convocou en Xerusalén a tódolos anciáns de Israel, os xefes de tribo e os cabezas de familia dos israelitas, para trae-la Arca da Alianza do Señor da cidade de David, que é Sión. ²No mes de Etanim, o sétimo do ano, pola festa das Tendas, reuníronse, pois, con Salomón tódolos israelitas. ³Chegados tódolos anciáns de Israel, os sacerdotes colleron a Arca e levárona. ⁴Os sacerdotes e os levitas levaban tamén a Tenda do Encontro, con tódolos obxectos sacros que había nela. ⁵O rei Salomón e toda a asemblea de Israel, congregada arredor del, diante da Arca, ofreceron sacrificios de ovellas e de bois en grande cantidade. ⁶Despois os sacerdotes puxeron a Arca da Alianza do Señor no seu lugar, no camarín do templo, o santísimo, baixo as ás dos querubíns. ⁷Os querubíns estendían as súas ás por riba da Arca, e cubrían a Arca e mailos seus largueiros. ⁸Os largueiros eran tan longos, que se lles vían os extremos desde o santuario, diante do camarín, pero non se lles vían desde fóra: aínda están alí hoxe.

⁹Na Arca non había cousa fóra das dúas táboas de pedra que puxera alí Moisés, no monte Horeb, cando o Señor concluíu cos israelitas a Alianza, logo de saíren de Exipto.

¹⁰Ó tempo que os sacerdotes saían do santuario, a nube enchía o templo do Señor, ¹¹de xeito que non podían os sacerdotes seguir facendo o servicio, por cousa dela: a gloria do Señor enchía o templo.

Proclama de Salomón

¹²Entón dixo Salomón:

—"Ó Señor que puxo o sol no ceo,
  quixo habitar na escuridade.
¹³Eu construínche unha casa, onde habites
  para sempre,
  que sexa o lugar da túa morada".

¹⁴Despois volveuse o rei cara á asemblea de Israel, toda en pé, e bendiciuna. ¹⁵Dixo:

—"Bendito sexa o Señor, Deus de Israel, que deu cumprimento coa súa man ó que coa súa boca prometera a meu pai

---

8 A Dedicación do templo festexa a entrada de Deus na súa morada, para estar alí no medio do seu pobo. O símbolo da súa presencia é a Arca e logo a nube (fume), á vista do pobo que vai alí ó seu encontro (2 Cro **5**, 2-20). A festa compónse de ritos e de palabras: procesión coa Arca e sacrificios, proclama de Salomón, oración e bendición para o pobo. A Dedicación do templo celebrouse na festa das Tendas, na que se facía a memoria da marcha polo deserto (Lev **23**, 33-36). Etanim era o nome cananeo do sétimo mes, entre o verán e o outono.

8, 3s A Arca é conducida ó novo templo desde a cidade de David (2 Sam **6**). A Tenda da Reunión ou do Encontro era o lugar no que se gardaba antes a Arca (Ex **25**, 22;

1 Re **1**, 39).

8, 8 *Os largueiros* eran dúas varas, que se metían en argolas presas á Arca, e que servían para trasladala, coma un pequeno santuario (Ex **25**, 12-15; 1 Sam **4**, 3s).

8, 10 *A nube*, símbolo da presencia de Deus no deserto (Ex **13**, 22; **19**, 16; **33**, 9), era representada no culto polo fume do incenso.

8, 12 A *escuridade* do templo, como a da nube, sinala esconde a Deus, ó mesmo tempo.

8, 15-21 Na teoloxía deuteronomista xúntase a elección do templo coa da dinastía de David; entre as dúas eleccións forman a teoloxía xerosolimitana. O Señor cumpre en Salomón a promesa feita a David.

David, cando lle dixo: ¹⁶Desde o día en que saquei de Exipto o meu pobo Israel, non escollín cidade ningunha, no medio das tribos de Israel, para edificar nela un templo, onde habite o meu nome, pero escollín a David, para que fose á fronte do meu pobo Israel. ¹⁷Meu pai David tivera no pensamento construír unha casa en honra do Señor Deus de Israel. ¹⁸Entón díxolle o Señor: Ese pensamento de construír unha casa ó meu nome está ben que o teñas. ¹⁹Pero non serás ti quen me construirá esa casa; será un fillo saído dos teus lombos quen edificará esa casa ó meu nome. ²⁰E o Señor cumpriu a promesa que fixera. Eu sucedín a meu pai David e estou sentado no trono de Israel, conforme a promesa do Señor, e construín esta casa en honra do Señor Deus de Israel. ²¹Nela fixen un sitio para a Arca da Alianza do Señor, a alianza que el concluíra cos nosos pais, despois de sacalos de Exipto".

Pregaria de Salomón

²²Salomón, en pé, diante do altar do Señor, de cara para toda a asemblea de Israel, ergueu as mans cara ó ceo ²³e dixo:
—"Señor, Deus de Israel, non hai un deus coma ti, nin arriba no ceo, nin abaixo na terra. Ti gárda-la alianza e o amor ós teus servos, que camiñan diante de ti con todo o corazón. ²⁴Ti mantivécheslle ó teu servo David, meu pai, a promesa que lle fixeches. O que coa boca lle prometiches, cúmprelo hoxe coa túa man. ²⁵E agora, Señor, Deus de Israel, mantenlle ó teu servo David, meu pai, estoutra promesa que lle fixeches, ó dicirlle:
Non che ha faltar, polo que a min respecta, un descendente, que sente no trono de Israel, con tal que os teus fillos sigan como é debido os meus camiños, e anden na miña presencia coma ti. ²⁶Agora, pois, Señor, Deus de Israel, cumpre a palabra que lle deches ó teu servo David, meu pai. ²⁷¿Será verdade que Deus fará na terra unha morada? Se nin os ceos todos te poden acoller, canto menos esta casa que eu che construín. ²⁸Mais ti, Señor, meu Deus, volve a atención á súplica e á pregaria do teu servo, escoitando o clamor e as preces que hoxe che dirixe. ²⁹Ten abertos os ollos noite e día sobre este templo, este lugar en que dixeches que habitaría o teu nome. Escoita a oración que che faga o teu servo, mirando cara este lugar. ³⁰Escoita a súplica do teu servo e do teu pobo Israel, cando recen neste lugar. Escoita desde a túa morada, desde o ceo. Escoita e perdoa.
³¹Cando un home peque contra outro e se lle pida xuramento, se el vén a este santuario, para xurar diante do teu altar, ³²escoita ti desde o ceo e fai xustiza entre os teus servos. Condena ó culpable, dándolle o seu merecido, e declara xusto ó inocente, conforme á súa inocencia.
³³Cando o teu pobo Israel sexa vencido polos inimigos, por ter pecado contra ti, se se volve cara a ti, se confesa o seu pecado, se suplica e pide a túa misericordia neste templo, ³⁴escoita ti desde o ceo e perdoa o pecado do teu pobo Israel, e fai que retornen á terra que ti lles deras a seus pais.
³⁵Cando os ceos se pechen e non caia a chuvia, por teren eles pecado contra ti, se eles veñen rezar a este lugar, se na aflicción confesan o teu nome e se converten do seu pecado, ³⁶escoita ti desde o ceo e perdoa o pecado do teu pobo Israel. Ensínalles o bo vieiro por onde teñen que camiñar, e manda a chuvia sobre a terra que ti deches en herdo ó teu pobo.
³⁷Cando haxa fame no país, cando haxa peste, pragas, fungos, lagostas, saltóns, ou se o inimigo cerca ó teu pobo nunha das súas cidades, ou en calquera outra calamida-

---

8, 23-27 A promesa que se cumpriu co templo construído serve de fundamento para pedi-lo que aínda ten que cumprirse: a perpetuidade da dinastía. A petición resoa fonda nos días do desterro.

8, 28-33 A oración ten forma de ladaíña: moitos temas de súplica, sempre co mesmo remate. Por veces o orante pensa no pobo desterrado (vv 46-53).

de e enfermidade, ³⁸se entón un home ou o pobo enteiro de Israel, recoñecendo o mal da súa conciencia, estende as mans cara a este templo, rezando e suplicando, ³⁹escoita ti desde o ceo, lugar da túa morada, e perdoa. Dálle a cada un segundo o seu merecido, ti que coñéce-los corazóns, pois só ti coñéce-lo interior dos homes todos. ⁴⁰Con iso temerante tódolos días da súa vida na terra que deches ti a nosos pais.

⁴¹Tamén o estranxeiro, que non é do teu pobo Israel, pero que veu de terras de lonxe por razón do teu nome, ⁴²—pois haberá moito que falar e oír sobre a grandeza do teu nome, sobre o poder da túa man o sobre a largueza do teu brazo—, cando ese estranxeiro veña rezarche a este templo, ⁴³escoita ti desde o ceo, lugar da túa morada, e fai o que o estranxeiro che pida, para que tódolos pobos do mundo coñezan o teu nome, te teman coma o teu pobo Israel, e saiban que o teu nome é invocado neste templo que eu che construín.

⁴⁴Cando o teu pobo saia á guerra contra os seus inimigos, polo camiño que ti lles sinalares, se rezan ó Señor, cara á cidade que ti escolliches e cara ó templo que eu edifiquei na túa honra, ⁴⁵escoita ti desde os ceos a súa oración e a súa súplica e axúdaos a acada-los seus dereitos.

⁴⁶Cando eles pecaren contra ti, pois non hai home que non peque, e ti, anoxado con eles, os deixes caer nas mans dos seus inimigos, e que estes os leven cativos a unha terra apartada ou próxima, ⁴⁷se na terra da súa cativade reflexionan, se converten e desde alí rezan, dicindo: pecamos, fixémo-lo mal, témo-la culpa; ⁴⁸se na terra dos inimigos que os levaron cativos se converten a ti, con todo o corazón e con toda a alma, e se che rezan voltos cara á terra que ti deches a seus pais, cara á cidade que ti escolliches e cara ó templo que eu che construín, ⁴⁹escoita ti desde o ceo, lugar da túa morada, a súa oración e a súa súplica, e axúdaos a acada-los seus dereitos.

⁵⁰Perdoa ó teu pobo os seus erros e os pecados que teñan cometido contra ti, e fai que teñan dó deles os que os levaron cativos, ⁵¹pois eles son o teu pobo e o teu herdo, que ti sacaches de Exipto, do medio dun forno de ferro.

⁵²Ten abertos os ollos cara á súplica do teu servo e a do teu pobo Israel, e escóitaos, cando te chamen. ⁵³Porque ti, Señor, escollíchelos a eles por teu herdo, entre tódolos pobos da terra, segundo prometeras polo teu servo Moisés, cando sacaches de Exipto ós nosos pais".

Bendición para a asemblea

⁵⁴Cando Salomón acabou de rezar esta oración e esta súplica ó Señor, levantouse de diante do altar do Señor, onde estaba axeonllado e, ergueitas as mans cara ó ceo, ⁵⁵posto de pé, benciciu á asemblea de Israel, dicindo con forte voz:

⁵⁶—"Bendito sexa o Señor, que deu acougo ó seu pobo Israel, conforme ás súas promesas. Non fallou unha soa palabra de todo o que prometera polo seu servo Moisés. ⁵⁷Que o Señor, noso Deus, estea connosco, como estivo cos nosos pais, que non nos abandone nin nos deixe. ⁵⁸Que vire cara a El os nosos corazóns, para que sigámo-los seus camiños e gardémo-los seus mandamentos, as súas leis e as súas decisións, o que mandou a nosos pais.

⁵⁹Que as palabras desta súplica que eu acabo de facer ó Señor, estean presentes perante o Señor, noso Deus, de día e de noite, para que El faga xustiza ó seu servo e ó seu pobo Israel, segundo a necesidade de cada día.

⁶⁰Dese xeito recoñecerán os pobos todos que o Señor é o Deus verdadeiro e que non hai outro fóra del. ⁶¹E o voso corazón estará por enteiro co Señor, noso Deus, seguindo os seus preceptos e gardando os seus mandamentos, coma hoxe".

Sacrificios da Dedicación

⁶²O rei e todo Israel ofreceron sacrificios ó Señor. ⁶³Salomón ofreceu, no seu sacrificio de comunión en honor do Señor, vintedous mil bois e cento vinte mil ovellas. Así foi como o rei e todo Israel adicaron o templo do Señor.

⁶⁴Aquel mesmo día consagrou o rei o adro interior, que está diante do templo do Señor. Alí ofreceu os holocaustos, as oblacións e a graxa dos sacrificios de comunión, pois o altar de bronce que estaba ante o Señor era pequeno de máis para que coubesen nel os holocaustos, as oblacións e a graxa dos sacrificios de comunión.

⁶⁵Daquela, o rei Salomón e o pobo enteiro de Israel, unha grande multitude que viñera

---

8, 56-61 Bendición con gracias e con súplica.
8, 62-66 Ritos da adicación (2 Sam **6,** 17-19).

8, 62 *O rei,* cabeza do pobo, ten por dereito propio o sacerdocio (1 Sam **13,** 9s; 2 Sam **6,** 17s; 1 Re **9,** 25; Sal **110,** 4).

de todo o país, desde o paso de Hamat ata o torrente de Exipto, celebraron sete días de festa diante do Señor. ⁶⁶No oitavo día Salomón despediu ó pobo, e fóronse todos para as súas casas, bendicindo ó rei, contentos e ditosos, por tódolos bens que tiña feito o Señor ó seu servo David e ó seu pobo Israel.

Nova aparición de Deus

9 ¹Cando Salomón acabou de construí-lo templo do Señor e o pazo real e rematou os proxectos todos que fixera, ²aparecéuselle de novo o Señor, como en Gabaón, ³e díxolle: —"Oín a túa oración e a súplica que me fixeches, polo que santifico este templo que ti edificaches, para que nel more para sempre o meu nome. Nel terei sempre postos os meus ollos e o meu corazón. ⁴Én canto a ti, se camiñas na miña presencia, como fixo teu pai David, con recto e sinxelo corazón, facendo o que che mando, gardando as miñas normas e as miñas decisións, ⁵eu farei firme para sempre o teu trono real sobre Israel, conforme lle prometín a teu pai David. Non che fallará un descendente, que se sente no trono de Israel.

⁶Pero, se vós ou vosos fillos vos afastades de min, se non gardáde-los mandatos e os preceptos que eu vos dei, se vos ides servir deuses estraños e vos postrades diante deles, ⁷eu botarei a Israel da terra que lle dei, arredarei da miña vista este templo, que santifiquei para honra do meu nome, e Israel será o refrán e o riso para tódolos pobos.

⁸Este templo converterase nun pardiñeiro, e os que pasen diante del pasmaranse e asubiarán, e dirán: —¿Por que tratou deste xeito o Señor esta terra e este templo? ⁹E responderanlles: —Porque abandonaron ó Señor, seu Deus, que tirara de Exipto a seus pais, e apegáronse a deuses alleos, postráronse diante deles e adoráronos. Por iso o Señor botou riba deles todas estas desgracias".

Terra de Cabul

¹⁰Nos vinte anos que empregou Salomón para construí-las dúas casas, o templo do Señor e o pazo real, ¹¹Hiram, rei de Tiro, forneceu a Salomón das madeiras de cedro e de ciprés e de todo o ouro que quixo. En compensación, o rei Salomón deulle a Hiram vinte cidades na rexión de Galilea. ¹²Foi Hiram de Tiro ve-las cidades que lle dera Salomón, e non lle gustaron. ¹³Dixo: —"¿Que clase de cidades son esas que me deches, irmán?" E chamounas Cabul, nome que levan ata hoxe. ¹⁴Hiram mandáralle a Salomón catro mil quilos de ouro.

Recrutamento de traballadores

¹⁵Agora falaremos do recrutamento de traballadores que fixo o rei Salomón para construí-lo templo, o pazo real, o terraplén, os muros de Xerusalén, e mais Hasor, Meguido e Guézer.

¹⁶O faraón, rei de Exipto, rubira para apoderarse de Guézer e puxéralle lume; matara os cananeos que habitaban na cidade e dárala en dote á súa filla, muller de Salomón. ¹⁷Salomón reconstruíu Guézer, Bet-Horón de Abaixo, ¹⁸Balat, Tamar da estepa ¹⁹e tódalas cidades de aprovisionamento que o rei tiña, mailas cidades de carros e cabalos e canto se lle antollou construír en Xerusalén, no Líbano e en tódolos seus dominios.

²⁰Salomón recrutou para traballos forzados, cousa que rexe ata hoxe, toda a xente non israelita que quedara dos amorreos, dos hititas, dos perizitas, dos hivitas e dos iebuseos. ²¹Os seus descendentes seguiron no país, pois os israelitas non os exterminaran. ²²Ós israelitas non os empregou coma escravos, senón coma guerreiros, maiordomos, xefes e oficiais, comandantes de carros e de cabalería. ²³Os capataces que vixiaban as obras de Salomón e que tiñan o mando sobre os traballadores eran cincocentos cincuenta.

²⁴Cando a filla de Salomón subiu da cidade de David ó pazo que Salomón lle construíra, foi cando el fixo edifica-lo terraplén.

²⁵Salomón ofrecía tres veces ó ano holocaustos e sacrificios pacíficos no altar que lle construíra ó Señor, queimaba nel pos recen-

---

9, 1-9 Esta nova aparición é a resposta de Deus á oración de Salomón (2 Cro **7,** 11-22). Outra vez aparecen xuntos o templo e a dinastía. Rei e pobo son responsables do porvir das dúas cousas. O pastor deuteronomista compromete nestes discursos o comportamento do seu pobo. Traballa coma un profeta, que sinala onde está o mal e que mostra o camiño que terá un porvir.

9, 8 O asubío, xesto de burla e de riso (Dt **28,** 37; Xer **17,** 16; **29,** 18).

9, 10-14 Á parte doutras pagas (1 Re **5,** 20), Salomón deulle a Hiram, polas súas prestacións, unhas cidades de Galilea.

9, 13 *Cabul,* coma nada, nome desa rexión de Galilea, que Hiram estima que non serve.

9, 15-24 Obras de Salomón en Xerusalén e noutras cidades, moitas delas pensadas para defensa militar. Sobre o recrutamento de traballadores, cf 1 Re **5,** 27 coa súa nota, con discrepancia nos datos.

9, 15 *O terraplén* ("millo", encher), non sabemos ben o que era. Ten que ver coas fortificacións da cidade de David, polo lado do val do Tiropeón.

dentes diante do Señor. El tiña tamén a conservación do templo ó seu coidado.

A flota de Salomón

²⁶O rei Salomón construíu unha flota en Esion Guéber, preto de Elat, na beira do mar Morto, no país de Edom. ²⁷Hiram mandou nesa flota, cos homes de Salomón, algúns mariñeiros servos seus, xente que coñecía ben o mar. ²⁸Chegaron ata Ufir, de onde trouxeron ó rei Salomón quince mil quilos de ouro.

A raíña de Saba

10 ¹A raíña de Saba oíu falar do renome de Salomón, e foino probar con adiviñas. ²Chegou a Xerusalén cun grande séquito, con camelos cargados de pos recendentes, de moitísimo ouro e de pedras preciosas. Presentouse ó rei Salomón e propúxolle todo aquilo que traía pensado. ³O rei Salomón respondeulle a todo. Por escura que fose, non houbo pregunta ningunha que non tivese do rei a súa resposta.

⁴Cando a raíña de Saba viu a sabedoría de Salomón, o pazo que construíra, ⁵os manxares da súa mesa, as habitacións dos seus cortesáns, o porte e as vestes dos seus servidores e copeiros, e os holocaustos que ofrecía no templo do Señor, quedou admirada. ⁶E dixolle ó rei: —"Todo o que na miña terra oíra sobre os teus feitos e a túa sabedoría era verdade. ⁷Eu non lle daba creto ó que dicían, mais ó vir e velo cos meus ollos, constato que non me contaban a metade. A túa sabedoría e as túas riquezas son maiores de canto me dixeran. ⁸Ditosa a túa xente, ditosos os teus cortesáns, que están sempre contigo, aprendendo da túa sabedoría. ⁹Bendito sexa o Señor, teu Deus, que te quixo a ti no trono de Israel. Polo amor eterno que o Señor ten a Israel, constituíute a ti rei, para que o gobernes con xustiza e equidade".

¹⁰A raíña entregoulle ó rei catro mil quilos de ouro e gran cantidade de pos recendentes e de pedras preciosas. Endexamais se viran tantas coma as que lle trouxo a raíña de Saba ó rei Salomón.

Abundancia de Salomón

¹¹A flota de Hiram traíalle a Salomón ouro de Ufir. De alí traía tamén en grande cantidade madeira de sándalo e pedras preciosas. ¹²Coa madeira de sándalo fixo o rei varandas para o templo do Señor e para o pazo real; e para os cantores fixo cítolas e harpas. Madeira de sándalo coma aquela nunca antes viñera, nin volvería verse ata hoxe.

¹³O rei Salomón regaloulle á raíña de Saba canto a ela se lle antollou, amais do que el lle tiña xa dado con rexia xenerosidade. Despois, a raíña de Saba deu volta e marchou co seu séquito para a súa terra.

¹⁴O peso do ouro que cada ano chegaba onda Salomón era de vintetrés mil trescentos quilos, ¹⁵á maiores dos impostos dos mercaderes e dos trabucos dos traficantes, dos reis de Arabia e dos gobernadores do país.

¹⁶O rei Salomón mandou facer douscentos escudos de ouro batido, de seis quilos e medio de ouro cada un, ¹⁷e outros trescentos, de quilo e medio cada un, e fíxoos gardar todos na casa do Bosque de Líbano. ¹⁸Tamén mandou o rei que fixeran un trono de marfil e recubriuno de ouro do máis puro. ¹⁹O trono levaba seis chanzos, un remate redondo por detrás, e brazos dun lado e doutro do asento, con dous leóns de pé onda os brazos. ²⁰Sobre os seis chanzos había, seis dun lado e seis doutro, doce leóns en pé. Non se tiña visto obra coma ela en ningún reino.

²¹A vaixela do rei Salomón era toda de ouro. As xoias da casa do Bosque do Líbano eran todas tamén de ouro puro. Non había nada de prata, pois nos días de Salomón non se lle daba aprezo. ²²O rei tiña no mar navíos de Tárxix, coa flota de Hiram. Cada tres anos os navíos viñan cargados de ouro, prata, marfil, macacos e pavos reais.

²³O rei Salomón avantaxaba ós reis todos da terra en riqueza e sabedoría. ²⁴Todo o mundo quería velo, para aprender da sabedoría que Deus lle concedera. ²⁵Cada un traía o seu regalo, obxectos de prata e de ouro, armas e pos recendentes, cabalos e mu-

---

9, 26 *Esion Guéber,* porto no brazo oriental do mar Rubio. Desde alí mantíñase o comercio do Índico, con África e con Arabia, onde se encontraba Ufir.
10, 1-10 A visita da *raíña de Saba* (2 Cro **9**, 1-12) serve para subliñar novos aspectos da sabedoría de Salomón e da fastuosidade da súa corte. Saba estaba quizais no Iemen. Os sabios eran coñecidos como bos mercadeiros. A visita da raíña encadraríase nunha misión comercial. Dese extremo sur do mundo viranlle regalos e homenaxe ó rei Mesías (Is

45, 14; **60**, 6). O v 13 cadraría mellor neste contexto.
10, 11-29 O comercio e a arte de facerse con riquezas son unha cara máis da sabedoría salomónica.
10, 16 Eses escudos recubertos de ouro non parece que fosen para empregar no combate, senón roupa de garda dos soldados.
10, 22 *Navíos de Tárxix* quere dicir grandes navíos, coma os que podían face-lo longo camiño de mar que leva a Tárxix (1 Re **9**, 26-28; Sal **72**, 10; Xon **1**, 3).

los. Así ano tras ano. ²⁶Reuniu moitos carros e cabalos. Chegou a ter mil catrocentos carros e doce mil cabalos, que puxo de garnición nas cidades de carros e en Xerusalén, cerca do rei. ²⁷O rei fixo abundar Xerusalén en prata tanta coma pedras, e en tantos cedros coma figueiras da Xefelah.
²⁸Os cabalos de Salomón proviñan de Exipto. Os tratantes do rei mercábanos alí ó contado. ²⁹Un carro traído de Exipto custaba seiscentos siclos de prata, e un cabalo cento cincuenta siclos. Iso mesmo custaban os importados polos tratantes do rei do reino hitita ou dos reinos arameos.

Idolatría e xuízo relixioso

11 ¹O rei Salomón, á parte da filla do faraón, amou a moitas mulleres estranxeiras, moabitas, amonitas, edomitas, sidonias e hititas, ²de nacións das que dixera o Señor ós israelitas: —"Non vos xuntedes con elas, nin elas convosco, pois virarían o voso corazón cara ós seus deuses". Salomón namorouse delas. ³Tivo setecentas princesas como esposas e trescentas como concubinas. As mulleres torcéronlle o sentido.
⁴Cando Salomón ía xa vello, as súas mulleres levaron o seu corazón tras deuses alleos; non o tiña por enteiro co Señor, seu Deus, coma seu pai David. ⁵Salomón deu culto a Axtarté, deusa dos sidonios, a Malcom, ídolo dos amonitas. ⁶Fixo o mal ós ollos do Señor e non lle gardou fidelidade, coma seu pai David.
⁷Daquela construíu Salomón, no monte que está enfronte de Xerusalén, un altar a Kemox, ídolo dos moabitas, e a Moloc, ídolo dos amonitas. ⁸O mesmo fixo para as outras mulleres estranxeiras, que queimaban incenso e ofrecían sacrificios ós seus deuses.
⁹Anoxouse o Señor con Salomón, porque afastara o seu corazón do Señor, Deus de Israel, que se lle aparecera dúas veces, ¹⁰e que sobre o particular lle prescribira non seguir deuses alleos. Salomón non cumpriu o que lle mandara o Señor.
¹¹Entón díxolle o Señor: —"Xa que te comportaches deste xeito e non gardáche-la miña alianza e os preceptos que eu che dei, arrincareiche o reino da man e dareillo a un servo teu. ¹²Non o farei mentres ti vivas, por amor a David, teu pai; arrincareillo ó teu fillo da súa man. ¹³Non lle arrincarei o reino todo. Deixareille ó teu fillo unha tribo, por amor de David, teu pai, e por amor de Xerusalén que eu escollín".

Derrubamento do reino

¹⁴O Señor suscitoulle un inimigo a Salomón: o edomita Hadad, da liñaxe real de Edom.
¹⁵Sucedeu que, cando David venceu a Edom, e foi alí o xeneral Ioab enterra-los mortos, este matou os homes todos de Edom. ¹⁶Ioab quedárase alí por seis meses co exército israelita ata que rematou o exterminio dos varóns de Edom. ¹⁷Pero Hadad puido fuxir cuns poucos homes de entre os servidores de seu pai e pasou a Exipto. Daquela Hadad era un rapaz.
¹⁸Saíron de Madián e chegaron a Parán. Alí colleron consigo algúns homes, pasaron a Exipto e presentáronse ó faraón, rei de Exipto, que os forneceu de casa, de alimentos e de terras. ¹⁹Hadad caeulle en gracia ó faraón, que lle deu por muller a súa cuñada, irmá da raíña Tafnes. ²⁰A irmá de Tafnes pariulle a Hadad un fillo, Guenubat, que a mesma Tafnes criou no pazo do faraón. Por iso Guenubat medrou no pazo cos fillos do faraón.
²¹Cando, en Exipto, Hadad oíu dicir que David se reunira con seus pais e que morrera tamén Ioab, o xefe do exército, díxolle ó faraón: —"Déixame ir á miña terra". ²²O faraón respondeulle: —"¿Que botas de menos onda min, para que queiras ir á tua terra?" El dixo: —"Nada. Pero déixame que vaia".
²³Deus suscitou aínda outro inimigo a Salomón: Rezón, fillo de Eliadá, que fuxira do seu señor Hadadézer, rei de Sobah. ²⁴Rodeouse duns poucos homes e fíxose xefe de banda. David loitaba daquela con Edom. Eles entraron en Damasco e aclamaron rei a Rezón. ²⁵Foi un inimigo de Israel, toda a vida de Salomón. En canto a Hadad, fixolle todo o mal que puido a Israel e atormentouno, desde o seu reino de Edom.

10, 26-29 Salomón introduciu o exército de cabalería. Mercaba cabalos e carros en varios países, e revendíaos logo a outros.
11, 1-13 O xuízo do deuteronomista sobre Salomón vai acusalo do pecado doutros reis contra o mandamento principal: idolatría, culto a deuses alleos. Os matrimonios de Salomón eran, en boa parte, de conveniencia política. Facíano tamén así os reis doutros pobos. Pero as mulleres estranxeiras esixían recoñecemento dos seus deuses. Por iso a lei se opuña a eses matrimonios (Ex **34,** 15s; Dt **7,** 3s). A desintegración do reino salomónico, para o historiador deuteronomista, comeza aí mesmo.
11, 23 O *outro inimigo* foi Rezón, que lle arrebatou Damasco á casa de David (2 Sam **8,** 6).

Revolta de Ieroboam

²⁶Tamén se revoltou contra Salomón Ieroboam, fillo de Nabat, un servo do rei, un efrateo de Seredah. Súa nai chamábase Seruah e era viúva. ²⁷A ocasión da súa revolta contra o rei foi cando Salomón construía o terraplén e pechaba as fendas da cidade de David, seu pai. ²⁸Ieroboam amostrouse home valente. E vendo Salomón que o mozo facía ben o seu traballo, nomeouno capataz dos traballadores da casa de Ioel.

²⁹Un día que saía Ieroboam de Xerusalén, encontrouse no camiño co profeta Ahías de Xiloh. Este levaba unha capa nova, e estaban sós os dous no descampado. ³⁰Ahías botou man da capa nova que levaba e partiuna en doce cachos. ³¹E mandoulle a Ieroboam: —"Colle dez cachos para ti, pois isto di o Señor, Deus de Israel:
Vou arrinca-lo reino da man de Salomón, e vouche dar dez tribos a ti. ³²Unha tribo será para el, por amor ó meu servo David e por amor a Xerusalén, a cidade que eu escollín entre tódalas tribos de Israel.

³³Iso é porque me abandonaron a min e adoraron a Axtarté, deusa dos sidonios, a Kemox, deus de Moab, e a Malcom, deus dos amonitas, e non seguiron os meus camiños, facendo o que é xusto ós meus ollos, gardando coma seu pai David os meus mandatos e as miñas decisións.

³⁴Non lle quitarei o reino todo, senón que lle manterei o principado por tódolos días da súa vida, por amor ó meu servo David, a quen escollín, e que gardou a miña lei e os meus preceptos.

³⁵Mais arrincarei o reino das mans de seu fillo e dareiche dez tribos a ti. ³⁶A seu fillo dareille unha tribo, para que o meu servo David teña sempre unha lámpada acesa diante de min en Xerusalén, a cidade que eu escollín, para que habite nela o meu nome.

³⁷A ti escóllote para que reines, conforme os teus desexos. Serás rei de Israel. ³⁸Se me obedeces en todo o que che mande, se vas polos meus camiños e fa-lo que é xusto ós meus ollos, se gárda-las miñas leis e os meus mandatos, como fixo o meu servo David, eu estarei contigo, edificareiche unha casa segura, como lla edifiquei a David, e entregareiche Israel. ³⁹Con isto humillarei ós descendentes de David; mais non será para sempre".

Morte de Salomón

⁴⁰Salomón tentou de matar a Ieroboam; mais este fuxiu para Exipto, ó lado do rei Xexac, e ficou por alá ata a morte de Salomón. ⁴¹O resto da historia de Salomón, os seus feitos e a súa sabedoría, están todos escritos no Libro dos Feitos de Salomón. ⁴²Salomón reinou en Xerusalén, sobre todo Israel, corenta anos. ⁴³Despois durmiu con seus pais, e enterrárono na cidade de David, seu pai. Sucedeulle no trono o seu fillo Roboam.

OS REINOS DE ISRAEL E DE XUDÁ (1 Re 12 - 2 Re 17)

Asemblea de Xequem

12 ¹Roboam foi a Xequem, pois reuníase alí todo Israel para proclamalo rei. ²Sóuboo Ieroboam, cando estaba aínda en Exipto, a onde fora fuxindo do rei Salomón, ³e en canto o mandaron chamar, viñera axiña.

⁴Ieroboam e a asemblea toda de Israel presentáronse a Roboam e faláronlle deste xeito: —"Teu pai botou riba de nós un xugo duro de máis. Alixeira agora ti esta rexa servidume que teu pai botou riba de nós, e este xugo tan duro que el nos impuxo, e entón nós servirémoste". ⁵El respondeulles: —"Agora ídevos, e volvede onda min ó cabo de tres días". E o pobo retirouse.

⁶O rei Roboam consultou entón cos anciáns, que estiveran ó servicio do seu pai Salomón, cando el vivía: —"¿Que me aconsellades que lle responda a esta xente?" ⁷Eles dixéronlle: —"Se hoxe te abaixas con esta xente e te pos ó seu servicio, se te avés con

---

11, 26 A revolta de Ieroboam ten relación cos traballos forzados nas obras de Xerusalén. O fuxidío Ieroboam atopou boa acollida en Exipto, coma Hadad de Edom, polas mesmas razóns políticas.

11, 30ss A acción simbólica de Ahías, procedemento ben coñecido dos profetas, di máis ca tódalas palabras. O profeta anuncia a división do reino que virá de seguida, e lexitima a Ieroboam como primeiro rei de Israel.

12, 1ss A división do reino ten neste capítulo unha boa versión. En Xequem, lugar tradicional de alianzas e de importantes decisións (Xos 24), as tribos do norte decidirán se aceptan as condicións de Roboam ou se elixen outro rei. Ieroboam, alentado xa polo profeta, é agora aclamado polo pobo, que rexeita a Roboam.

12, 4 As razóns de que Israel refugase a Roboam veñen xa desde Salomón, coa súa política fiscal e co recrutamento de traballadores.

eles e lles dás boas palabras, servirante por toda a vida".

⁸Pero el desbotou o consello que lle daban os anciáns, e aconsellouse con xente nova, que medraran con el e que estaban agora ó seu servicio. ⁹El preguntoulles: —"¿Que me aconsellades que responda a esta xente, que veñen pedindo que lles afrouxe o xugo que botou riba deles meu pai?"

¹⁰Os mozos compañeiros respondéronlle: —"Ó pobo que che di que teu pai lles impuxo un xugo moi duro e que ti llelo alixeires, débeslle dicir isto: o meu dedo meimiño é máis groso có lombo de meu pai. ¹¹Se meu pai vos impuxo un xugo rexo, eu engadirei rixeza a ese xugo. Se meu pai vos zorregou a lombeiradas, eu fareino coa tralla".

¹²Ó terceiro día, conforme o rei lles dixera, presentouse Ieroboam co pobo todo diante de Roboam. ¹³O rei faloulles rispidamente, desatendendo o consello que lle deran os anciáns. ¹⁴Seguindo o consello dos mozos, faloulles nestes termos: —"Se meu pai vos impuxo un xugo rexo, eu engadirei rixeza a ese xugo. Se meu pai vos zorregou a lombeiradas, eu fareino coa tralla".

¹⁵O rei non fixo caso dos desexos do pobo, e esa foi a ocasión buscada polo Señor, para que se confirmase a palabra que o Señor tiña dito a Ieroboam, fillo de Nabat, por Ahías de Xiloh. ¹⁶Cando todo Israel se convenceu de que o rei non os atendía, faláronlle deste xeito:

—"¿Que parte temos nós con David?
Non temos herdo ningún co fillo de Ixaí.
¡Ás túas tendas, Israel!
E ti, David, goberna agora a túa casa".

E os israelitas fóronse todos para as súas casas. ¹⁷Pero Roboam seguiu reinando sobre os israelitas que vivían nas cidades de Xudá. ¹⁸O rei Roboam mandou entón a Adoniram, xefe do recrutamento dos traballadores. Mais os israelitas botáronselle enriba, acantazárono e matárono. Ó velo, o rei Roboam montou no seu carro a toda présa e fuxiu cara a Xerusalén. ¹⁹Foi dese xeito como Israel se separou da casa de David, ata o día de hoxe.

División do reino

²⁰Cando se soubo en Israel que volvera Ieroboam, chamárono á súa asemblea e proclamárono rei de todo Israel. Á casa de David non lle quedou tribo ningunha, fóra da tribo de Xudá.

²¹Chegado a Xerusalén, Roboam reuniu a casa toda de Xudá e a tribo de Benxamín, cento oitenta mil homes, guerreiros escolleitos, para face-la guerra á casa de Israel e restituí-lo reino de Roboam, fillo de Salomón. ²²Pero nisto veu esta palabra do Señor a Semaías, home de Deus: ²³—"Dille isto a Roboam, fillo de Salomón, rei de Xudá, á casa toda de Xudá e de Benxamín e ó resto do pobo. ²⁴Isto di o Señor: non vaiades face-la guerra ós vosos irmáns os israelitas. Que cada un volva para a súa casa, pois isto que pasa é cousa miña". Eles obedeceron a palabra do Señor e, de acordo con ela, foi cada un para a súa casa.

²⁵Ieroboam fortificou Xequem, na montaña de Efraím, e quedou a vivir alí. Despois saíu de Xequem e fortificou Penuel. ²⁶Ieroboam pensou nos seus adentros: o reino pode aínda volver á casa de David. ²⁷Se esta xente segue subindo a Xerusalén, para ofrecer sacrificios na casa do Señor, o seu corazón tornarase para o seu señor Roboam, rei de Xudá. Someteranse ó rei de Xudá e a min mataranme.

²⁸Despois de aconsellarse, o rei mandou construír dous becerros de ouro, e díxolle ó pobo:

—"¡Acabouse rubir a Xerusalén!
Aquí está o teu Deus, Israel,
o que te sacou de Exipto".

²⁹E puxo un becerro en Betel e o outro en Dan.

³⁰Isto foi causa de pecado, pois a xente ía, uns a Dan e outros a Betel. ³¹Ieroboam

---

12, 15 A división do reino non acontece ás escondidas do Señor, como se puxera xa á vista coa acción do manto de Ahías (1 Re **11,** 29ss).

12, 16 O berro da revolta sona coma o de Xeba contra David (2 Sam **20,** 1).

12, 18 Adoniram, o aborrecido xefe do recrutamento, non era a persoa máis indicada para negociar co pobo.

12, 20ss A división do reino consumouse, primeiro no plano político e despois tamén no relixioso. Cada un organizou as súas institucións nas dúas ordes. Pero os dous pretendían se-la mesma cousa: o pobo que nacera no movemento do éxodo.

12, 23s O profeta corrobora no nome de Deus os feitos consumados. Pero fala dun pobo de irmáns que está por riba deses feitos.

12, 25 Ieroboam non dá atopado unha capital para o seu reino. Despois de Xequem, será Penuel; máis tarde, Tirsah; e por fin, Samaría (1 Re **14,** 17; **16,** 24).

12, 28ss O cisma relixioso apóiase en razóns de orde política. Ieroboam non pretendeu cambia-lo culto. Os becerros non representaban o Señor; eran soamente o seu trono e símbolos de poder. Pero semellábanse de máis ós símbolos cananeos. Na estima do historiador deuteronomista, ese é o pecado orixinal no que caeron tódolos reis de Israel. Nalgún momento ese pecado de idolatría naturista levouse ata o Sinaí (Ex **32**).

construíu tamén ermidas nos outeiros e puxo por sacerdotes xentes do pobo, que non pertencían á tribo de Leví. ³²Por parte, instituíu unha festa no día quince do mes oitavo, como a festa que se facía en Xudá, e el mesmo rubiu ó altar que fixera en Betel, para ofrecer sacrificios ós becerros, mandados facer por el. En Betel puxo tamén sacerdotes nas ermidas que el construíra nos outeiros. ³³Rubiu ó altar feito por el en Betel, o día quince do mes oitavo, o mes escollido ó seu gusto. Instituíu para os israelitas esa festa e rubiu ó altar para ofrecer incenso nel.

Un profeta de Xudá

13 ¹Cando estaba Ieroboam ó pé do altar para ofrecer incenso nel, chegou a Betel un home de Deus con palabra do Señor. Por mandato do Señor berrou contra o altar esta palabra: ²—"¡Altar, altar! Isto di o Señor: da familia de David nacerá un fillo, que se chamará Ioxías, que sacrificará enriba de ti os sacerdotes dos outeiros, que queiman incenso sobre ti; enriba de ti queimará ósos humanos". ³E deu entón este sinal: "Este é o sinal de que quen fala é o Señor: o altar fenderase e ciscarase a cinsa que hai enriba del".

⁴Cando o rei Ieroboam oíu a palabra que proclamaba o home de Deus contra o altar de Betel, tendeu a súa man cara ó altar e ordenou: —"¡Prendédeo!" Mais a man que tendera contra o home quedou ríxida e non podía volvela ó seu sitio. ⁵O altar fendeuse e a cinsa que había enriba del ciscouse toda. Era o sinal que dera o home de Deus da parte do Señor.

⁶O rei pediulle ó home de Deus: —"Aplaca ó Señor, teu Deus, e rézalle por min, para que sane a miña man". O home de Deus aplacou ó Señor, e a man do rei volveu a ter movemento e quedou coma antes.

⁷O rei díxolle entón ó home de Deus: —"Ven comigo á miña casa comer algo. Quero tamén facerche un regalo". ⁸O home de Deus respondeulle: —"Non iría contigo nin que me deses a metade da túa casa. Neste lugar non quero comer nin beber nada, ⁹pois o Señor mandoume que non comese nin bebese aquí cousa ningunha, nin volvese polo camiño por onde vin". ¹⁰E foise por outro camiño, non por onde chegara antes a Betel.

O home de Deus e o vello profeta

¹¹En Betel vivía daquela un profeta moi vello. Seus fillos viñéranlle contando o que ese día fixera en Betel o home de Deus e o que lle dixera ó rei. ¹²O pai preguntoulles: —"¿Que camiño colleu?" E os fillos mostráronlle o camiño que collera o home de Deus chegado de Xudá.

¹³Entón o profeta díxolles ós fillos: —"Aparelládeme o burro". Eles aparelláronllo, e o profeta montou nel, ¹⁴para irse tralo home de Deus. Encontrouno sentado debaixo dunha aciñeira e preguntoulle: —"¿Es ti o home de Deus, que chegou de Xudá?" —"Son", respondeu el. ¹⁵O outro dixo: —"Ven comigo á miña casa, comer un anaco de pan". ¹⁶Respondeulle o home de Deus: —"Non podo volver nin ir á túa casa, nin podo comer nin beber neste lugar cousa ningunha. ¹⁷Porque o Señor que me falou, ordenoume que non comese nin bebese aquí nada e que non volvese por onde vin". ¹⁸O outro entón díxolle, enganándoo: —"Eu son tamén profeta, coma ti, e o anxo díxome no nome do Señor: faino ir contigo á túa casa, para que coma e beba algo". ¹⁹O home de Deus foise con el, e comeu e bebeu na súa casa.

²⁰Estando os dous sentados á mesa, veulle palabra do Señor ó profeta que o fixera volver, ²¹e este berroulle ó home de Deus chegado de Xudá: —"Isto di o Señor: xa que desobedecíche-la orde do Señor e non fixéche-lo que o Señor, teu Deus, che ordenara, ²²senón que comiches e bebiches no lugar onde che vedara que o fixeras, o teu cadáver non será enterrado na sepultura de teus pais".

²³Despois que lle deu de comer e de beber, o vello profeta aparelloulle o burro, e o home de Deus foise. ²⁴Polo camiño saíulle un león que o matou. O seu cadáver quedou ti-

---

13 A historia do home de Deus, un título que vén ser coma o de profeta, quere deixar ben sentado que a palabra de Deus é a que manda. A palabra que di aquí ese profeta é coma frecha disparada, que atinxirá a súa meta. Anuncia para moi lonxe, como remedio destes males, a reforma de Ioxías (2 Re 23, 15-19). Na historia do home mesmo pódese ver, xa ó momento, a forza que ten a palabra, ben sexa mandato ou anuncio.

13, 2 O historiador non se contén de traer xa ó presente o nome de Ioxías.

13, 15ss O vello profeta (e antes o rei) tenta ó home de Deus, facendo que se poña de acordo (comendo e bebendo con el) coa situación de Samaría. De paso saberá tamén se era ou non un profeta.

13, 18 Engano entre profetas. Un non é verdadeiro nin falso independentemente da palabra de Deus. Esta é a que fai ou deixa que un sexa profeta.

rado no camiño, e onda el quedou o burro e o león. ²⁵Pasaron algúns camiñantes e viron o cadáver no medio do camiño e o león quedo onda el, e o foron contar na cidade onde vivía o vello profeta. ²⁶Cando o soubo, o profeta que o fixera voltar do seu camiño, comentou: —"É o home de Deus, que se rebelou contra a palabra do Señor. O Señor entregouno ó león, que o destrozou e o matou, como lle dixera o Señor".
²⁷Entón mandou o profeta a seus fillos: —"Aparelládeme o burro". E eles aparelláronllo. ²⁸El foi e encontrou o cadáver tirado no camiño e a pé del o burro e mailo león. O león non devorara o cadáver nin matara o burro.
²⁹O profeta levantou o cadáver do home de Deus, cargouno no burro e levouno. Chegados á cidade do vello profeta, fixeron dó por el e enterráronno. ³⁰O profeta puxo o cadáver no seu propio supulcro e choraba por el dicindo: —"¡Ai, meu irmán!" ³¹Despois do enterro pediulles a seus fillos: —"Cando eu morra, enterrádeme no mesmo sepulcro, onda o home de Deus. Poñede os meus ósos onda os seus, ³²porque a palabra que dixo coma palabra do Señor contra o altar de Betel e contra os altares dos outeiros das montañas de Samaría, de certo se cumprirá".
³³Despois de todo isto, Ieroboam non se converteu da súa torta conducta, senón que seguiu facendo sacerdotes para os altares dos outeiros de entre a xente do pobo. A quen quería selo, el consagrábao sacerdote para as ermidas dos outeiros. ³⁴Nisto consistía o pecado da casa de Ieroboam, e por iso foi destruída, varrida da face da terra.

O profeta Ahías predí a ruína de Ieroboam

14 ¹Por aquel tempo adoeceu Abías, fillo de Ieroboam, ²e este díxolle á súa muller: —"Vai e múdate de roupa, que non se saiba que e-la muller de Ieroboam, e chégate a Xiloh, onde vive o profeta Ahías, o que me dixo que sería rei deste pobo. ³Leva contigo dez pans, unhas bicas e un tarro de mel, e preséntate a el, para que che diga o que acontecerá con este neno".
⁴A muller de Ieroboam fixo como el lle dixera. Colleu e marchou a Xiloh e presentouse na casa de Ahías. Ahías xa non podía ver, pois a vellez escurecéralle a vista. ⁵Pero o Señor dixéralle: —"Ei-la muller de Ieroboam que vai vir pedirche unha palabra sobre o seu neno doente. Diraslle isto e isto".
⁶Chegou ela, finxindo que era outra. Pero, cando Ahías sentiu o bruído das pisadas, ó entrar ela na porta, díxolle: —"Entra, muller de Ieroboam. ¿Por que finxes ser outra? Teño para ti unha amarga nova. ⁷Vai e dille a Ieroboam: isto di o Señor, Deus de Israel: eu erguinte do medio deste pobo e fixente xefe do meu pobo Israel. ⁸Crebei o reino da casa de David para darcho a ti. Xa que non te portaches como o meu servo David, que obedeceu os meus mandatos e me seguiu de todo corazón, facendo sempre o que é xusto ós meus ollos, ⁹senón que fuches peor ca tódolos teus antecesores, facendo para ti deuses estraños e ídolos fundidos, cos que me anoxaches, e volvéndome a min as costas, ¹⁰aquí estou eu agora para trae-la desgracia á casa de Ieroboam. Exterminareille a Ieroboam os homes todos, escravos ou libres en Israel; varrerei a casa de Ieroboam coma quen varre esterco, ata que non quede nada dela. ¹¹Ós da casa de Ieroboam que morran na cidade, comeranos os cans, e ós que morran no campo comeranos os paxaros do ceo. É o Señor quen o di.
¹²E ti vaite agora para a túa casa. Cando poñas os pés na cidade, o neno morrerá. ¹³Israel chorará por el e asistirá todo ó seu enterro. Pero el será o único da familia de Ieroboam que terá sepultura, pois de toda a familia só nel se atopa algo bo ós ollos do Señor.
¹⁴O Señor escollerá para si un rei en Israel, que exterminará a familia de Ieroboam. ¹⁵O Señor vaille dar un pao a Israel que o deixará coma a cana abaneada pola auga. Arrincarao desta boa terra que dera a seus pais e espallaraos por máis alá do Río, por facérense ídolos, anoxando con eles ó Señor. ¹⁶Abandonará a Israel, por culpa dos pecados de Ieroboam e dos que el fixo cometer a Israel".
¹⁷A muller de Ieroboam marchou entón e colleu o camiño que leva cara a Tirsah. Cando puña o pé no limiar da súa casa, morría o

---

14, 1-20 A consulta de Ieroboam sobre o fillo dálle ó profeta ocasión de denuncia-lo rei e de anunciarlle a súa desgracia. Cando morra Nadab, fillo de Ieroboam, o historiador lembrarase deste anuncio. Ieroboam xa non está en boas relacións co profeta que lle dera dez anacos do manto de Israel (1 Re **11,** 29ss). Cando se vai consultar a un profeta, lévaselle un regalo (1 Sam **9,** 7; 2 Re **5,** 15).
14, 14 Está pensando en Baxá, que exterminará a familia de Ieroboam (1 Re **15,** 28s).
14, 17 *Tirsah* era nese momento a capital do reino, despois de Xequem e Penuel.

seu neno. ¹⁸Todo Israel chorou por el e asistiu ó seu enterro, conforme dixera o Señor polo seu servo o profeta Ahías.

¹⁹O resto da historia de Ieroboam, as súas guerras, o seu reinado, está todo escrito no Libro das Crónicas dos reis de Israel. ²⁰Ieroboam reinou vintedous anos. Despois durmiu con seus pais. Sucedeulle no trono o seu fillo Nadab.

Roboam de Xudá

²¹Roboam, fillo de Salomón, reinou sobre Xudá. Tiña corenta e un anos cando empezou a reinar, e reinou dezasete anos en Xerusalén, a cidade que Deus escollera entre tódalas tribos de Israel para poñer nela o seu nome. Súa nai chamábase Namah e era amonita.

²²Xudá fixo o mal ós ollos do Señor. Cos pecados que cometeron provocaron os seus celos, aínda máis cós seus pais. ²³Tamén eles construíron altares nos outeiros, estelas e ídolos nos cotarelos e debaixo das árbores verdecentes. ²⁴Houbo mesmo prostitución consagrada no país. Arremedaron as abominacións todas dos pobos que o Señor desbotara de diante dos israelitas.

²⁵No ano quinto do reinado de Roboam rubiu Xexac, rei de Exipto, contra Xerusalén. ²⁶Botou man dos tesouros do templo do Señor e do pazo real e levou todo. Tamén levou os escudos de ouro que fixera Salomón. ²⁷Para sustituílos, o rei Roboam mandou facer escudos de bronce e entregóullelos ós xefes da garda, que coidaban da entrada do pazo. ²⁸Sempre que o rei ía ó templo do Señor, os da garda levábanos, e despois volvíanos ó corpo de garda outra vez.

²⁹O resto da historia de Roboam, todo o que fixo, ¿non está escrito no Libro das Crónicas dos reis de Xudá? ³⁰Roboam e Xeroboam estiveron en guerra todo o tempo. ³¹Roboam durmiu con seus pais, e enterráronno na cidade de David. Súa nai chamábase Namah e era amonita. Sucedeulle no trono o seu fillo Abías.

Abías de Xudá

15 ¹Abías empezou a reinar en Xudá o ano dezaoito do reinado de Ieroboam, fillo de Nabat. ²Reinou tres anos en Xerusalén. Súa nai chamábase Macah, filla de Abxalom.

³Cometeu os mesmos pecados que cometera xa seu pai. O seu corazón non estivo enteiro co Señor, coma o de David, seu pai. ⁴Pero, por amor a David, concedeulle o Señor, seu Deus, unha lámpada en Xerusalén aínda en pé. ⁵En verdade, David fixera o que é xusto ós ollos do Señor e non se afastara dos seus mandamentos en toda a súa vida, fóra do caso de Urías o hitita. ⁶Abías e Ieroboam estiveron en guerra todo o tempo.

⁷O resto da historia de Abías, todo o que fixo, ¿non está escrito no Libro das Crónicas dos reis de Xudá? Tamén sobre as guerras que houbo entre Abías e Ieroboam. ⁸Abías durmiu con seus pais, e enterrárono na cidade de David. Sucedeulle no trono seu fillo Asá.

Asá de Xudá

⁹Asá empezou a reinar en Xudá no ano vinte do reinado de Ieroboam en Israel. ¹⁰Reinou corenta anos en Xerusalén. Súa avoa chamábase Macah, filla de Abxalom.

¹¹Asá fixo o que é xusto ós ollos do Señor, coma David, seu pai. ¹²Botou fóra do país a prostitución consagrada e desbotou tódolos ídolos que fixeran seus pais. ¹³Tamén retirou o título de raíña-nai á súa avoa Macah porque fixera unha imaxe de Axtarté. Asá derrubou a imaxe e queimouna no torrente Cedrón. ¹⁴Mesmo se non fixo desaparece-los altares dos outeiros, o corazón de Asá estivo enteiro co Señor, toda a súa vida. ¹⁵Levou ó templo do Señor as ofrendas sagradas de seu pai e as súas propias, prata, ouro e xoias.

¹⁶Asá e Baxá, rei de Israel, estiveron en guerra todo o tempo. ¹⁷Baxá, rei de Israel, marchou contra Xudá e fortificou Ramah, para cortarlle o paso a Asá, rei de Xudá.

¹⁸Daquela, Asá botou man da prata e do ouro que quedaban nos tesouros do templo do Señor e do pazo real, entregóullelos ós seus servidores e mandou que llos levasen a Benhadad, fillo de Tabrimón, de Hezión, rei

---

14, 21-31: Cf 2 Cro **11-12**.
14, 22-24 Xuízo relixioso xeral, da cor da negativa que empezara xa con Salomón (1 Re **11**).
14, 25s O faraón *Xexac* (ou Xexonq), o primeiro da dinastía XXII, paséase por todo o país, espoliando cidades. Deixou unha inscrición, que celebra o feito. As loitas entre Israel e Xudá fixéronlle a cousa doada.
15, 1-8 De Abías non conta o historiador feito ningún. Só di o que lle esixe dicir de cada rei o seu proxecto narrativo, no que entra tamén o xuízo relixioso. Máis, en 2 Cro **13**.
15, 4 *Unha lámpada*, un sucesor, conforme coa profecía da Natán, que se vai cumprindo en cada rei (1 Re **11**, 36; 2 Re **8**, 19).
15, 9ss Asá é un dos reis reformadores, antes ca Ezequías e Ioxías, que mereceu coma eles a atención do historiador (2 Cro **14**, 2-4; **15**, 1-15).
15, 18 Empeza a merma do tesouro, para pagar tributos e librar a Xerusalén de ameazas.

de Aram, que residía en Damasco, con esta mensaxe: [19]—"Fagamos un pacto entre nós, coma o que houbo entre os nosos pais. Aí che mando ese regalo de prata e de ouro. Creba o pacto que tes con Baxá, rei de Israel, e que se afaste do meu territorio".

[20]Benhadad mostrouse de acordo coa petición do rei Asá, e mandou os seus xenerais contra algunhas cidades de Israel. Apoderouse de Iión, Dan, Abel-Bet-Macah, a rexión de Kinéret e o territorio de Naftalí. [21]Cando Baxá soubo isto, deixou de reconstruír Ramah e volveuse para Tirsah. [22]Entón o rei Asá convocou a todo Xudá, e levaron de Ramah as pedras e as madeiras, coas que Baxá a fortificaba. O rei Asá fortificou con elas Gueba de Benxamín e Mispah.

[23]O resto da historia de Asá, as súas proezas, os seus feitos e as cidades que fortificou, ¿non está todo escrito no Libro das Crónicas dos reis de Xudá? De vello adoeceu dos pés. [24]Asá durmiu con seus pais, e enterrárono na cidade de David. Sucedeulle no trono o seu fillo Ioxafat.

Nadab de Israel

[25]Nadab, fillo de Ieroboam, empezou a reinar en Israel no ano segundo do reinado de Asá en Xudá. Reinou dous anos en Israel. [26]Fixo o mal ós ollos do Señor. Foi polo mesmo camiño ca seu pai e cometeu o pecado que aquel fixera cometer a Israel.

[27]Baxá, fillo de Ahías, da tribo de Isacar, conspirou contra el e matouno en Guibetón, territorio dos filisteos, cando Nadab e todo Israel estaban cercando a cidade. [28]Baxá matouno no ano terceiro do reinado de Asá en Xudá, e sucedeulle no trono.

[29]O primeiro que fixo Baxá como rei foi mata-la familia de Ieroboam, sen deixarlle con vida unha soa persoa. Exterminouna toda, conforme a palabra que dixera no nome do Señor o seu servo Ahías de Xiloh, [30]por culpa dos pecados que cometera Ieroboam e dos que fixera cometer a Israel, provocando o noxo do Señor, Deus de Israel.

[31]O resto da historia de Nadab e todo o que fixo ¿non está escrito no Libro das Crónicas dos reis de Israel?

Baxá de Israel

[32]Asá e Baxá, rei de Israel, estiveron en guerra todo o tempo. [33]No ano terceiro de Asá, rei de Xudá, empezou a reinar Baxá, fillo de Ahías, sobre todo Israel. Reinou vintecatro anos. [34]Fixo o mal ós ollos do Señor. Foi polo mesmo camiño ca Ieroboam e cometeu o pecado que el fixera cometer a Israel.

O profeta Iehú

16 [1]Iehú, fillo de Hananí, recibiu esta palabra do Señor contra Baxá: [2]—"Eu tireite do po e fíxente xefe do meu pobo Israel. Mais ti fuches polo mesmo camiño ca Ieroboam e fixeches pecar a Israel, anoxándome cos vosos pecados. [3]Por iso vou varrer a Baxá e a súa familia, facendo con ela o que fixen coa familia de Ieroboam, fillo de Nabat. [4]Os que lle morran a Baxá na cidade, comeranos os cans, e os que lle morran no campo, comeranos os paxaros do ceo".

[5]O resto da historia de Baxá, os seus feitos e as súas proezas ¿non están escritos no Libro das Crónicas dos reis de Israel? [6]Baxá durmiu con seus pais, e enterrárono en Tirsah. Sucedeulle no trono o seu fillo Elah. [7]Polo profeta Iehú, fillo de Hananí, veu a palabra do Señor contra Baxá e contra a súa familia, por culpa do mal que fixera ós ollos do Señor, por anoxalo cos seus feitos, coma a familia de Ieroboam, e porque exterminou esta familia.

Elah de Israel

[8]No ano vinteseis do reinado de Asá en Xudá empezou a reinar Elah, fillo de Baxá, en Tirsah. Reinou dous anos. [9]O seu oficial Zimrí, xefe da metade dos carros de guerra, conspirou contra el. Cando Elah estaba emborrachándose en Tirsah, na casa de Arsá, maiordomo do pazo de Tirsah, [10]entrou Zimrí, feriuno e matouno. E no ano vinteseste do reinado de Asá en Xudá, sucedeulle no trono.

[11]O primeiro que fixo Zimrí, ó verse sentado no trono, foi matar a toda a familia de Baxá, sen deixar un só varón, un vingador do sangue ou un amigo. [12]Zimrí exterminou a toda a familia de Baxá, conforme a pala-

---

15, 25ss Con *Nadab* comeza a escoitarse o xuízo condenatorio de tódolos reis de Israel: caeu nos pecados de Ieroboam; e un feito que se repetirá: o rexicidio. Sete de dezanove reis morreron asasinados. En Xerusalén, en troques, houbo máis estabilidade.

16, 1-7 O profeta *Iehú* anuncia o derrubamento do reino de Baxá, como fixera Ahías de Xiloh co de Ieroboam (1 Re **14**, 11).

16, 7 Repite o dito xa nos vv 2s, dando outra razón da sentencia contra Baxá.

16, 8-20 Unha nota máis dos reis do norte. A Zimrí chegaronlle sete días para exterminar a toda a familia do seu predecesor. O seu exemplo repetirase en adiante (2 Re **9**, 31).

bra que dixera o Señor contra Baxá polo profeta Iehú. ¹³Foi por culpa de tódolos pecados de Baxá e de Elah, os deles e mailos que fixeran cometer a Israel, anoxando cos seus ídolos ó Señor, seu Deus. ¹⁴O resto da historia de Elah e todo o que fixo ¿non está escrito no Libro das Crónicas dos reis de Israel?

Zimrí de Israel

¹⁵Zimrí empezou a reinar no ano vintesete do reinado de Asá en Xudá. Reinou sete días en Tirsah. Cando o pobo que estaba acampado cerca de Guibetón, que pertencía ós filisteos, ¹⁶tivo a nova de que Zimrí se revoltara contra o rei e que o matara, aquel mesmo día, no campamento, Israel enteiro proclamou rei a Omrí, xefe do exército. ¹⁷Omrí e todo Israel rubiron de Guibetón e puxeron cerco a Tirsah. ¹⁸Cando Zimrí viu que a cidade estaba a punto de caer, entrou no pazo real, prendeulle lume e morreu nel. ¹⁹Foi polos pecados que cometera, facendo o mal ós ollos do Señor e seguindo o camiño de Ieroboam e o seu pecado de facer pecar a Israel. ²⁰O resto da historia de Zimrí e a súa revolta, ¿non están escritos no Libro das Crónicas dos reis de Israel? ²¹Daquela, o pobo de Israel dividiuse en dous bandos. A metade seguía a Tibní, fillo de Guinat, e quería facelo rei. A outra metade seguía a Omrí. ²²Os partidarios de Omrí prevaleceron sobre os de Tibní, fillo de Guinat. Tibní caeu morto, e Omrí foi rei.

²³Omrí empezou a reinar sobre Israel no ano trinta e un do reinado de Asá en Xudá. Reinou doce anos, seis deles en Tirsah. ²⁴Mercoulle a Sémer a montaña de Samaría por dous talentos de prata, e construíu nela unha cidade, á que chamou Samaría, polo nome de Sémer, que fora o dono da montaña. ²⁵Omrí fixo o mal ós ollos do Señor. Foi peor aínda cós seus antecesores. ²⁶Seguiu o mesmo camiño ca Ieroboam, fillo de Nabat, e caeu nos pecados que el fixera cometer a Israel, anoxando cos seus ídolos ó Señor, Deus de Israel. ²⁷O resto da historia de Omrí, os seus feitos e as súas proezas, ¿non están escritos no Libro das Crónicas dos reis de Israel? ²⁸Omrí durmiu con seus pais, e enterrárono en Samaría. Sucedeulle no trono o seu fillo Acab.

Acab de Israel

²⁹Acab, fillo de Omrí, empezou a reinar en Israel no ano trinta e oito do reinado de Asá en Xudá. Reinou sobre Israel en Samaría vintedous anos. ³⁰Acab, fillo de Omrí, fixo o mal ós ollos do Señor, peor ca tódolos seus antecesores. ³¹Como se fose pouco caer nos pecados de Ieroboam, fillo de Nabat, colleu por muller a Iezabel, filla de Etbaal, rei dos sidonios, e chegou a dar culto a Baal e postrarse diante del. ³²Ergueu un altar a Baal, na ermida que lle construíra en Samaría, e levantou unha Axerah. ³³Provocou o noxo do Señor, Deus de Israel, cada vez máis, peor ca tódolos reis que houbera antes del en Israel.

³⁴No seu tempo, Hiel de Betel reconstruíu Iericó. Botoulle os cimentos co pago da vida de Abiram, seu primoxénito, e púxolle as portas co pago da vida do máis novo, Seguib, conforme a palabra do Señor por Xosué, fillo de Nun.

O profeta Elías

17 ¹Elías o texbita, de Tixbé de Galaad, díxolle a Acab: —"¡Pola vida do Señor, Deus de Israel, a quen sirvo! Non caerá orballo nin chuvia estes anos, se eu non o mando".

16, 21-28 Con *Omrí* comeza unha nova dinastía en Israel, se cadra a máis importante. Con ela acabaron as guerras entre Israel e Xudá.
16, 24 Pouco sabemos de Omrí; pero está o dato de que fundou Samaría. Con iso a política de Israel vira cara ó noroeste, e seguirá xa sempre nesa dirección.
16, 29-34 Acab, coa súa política, fai o marco e o contrapunto para a actividade do profeta Elías.
16, 31 Un dos datos máis significativos que o historiador conta de Acab é o do seu casamento coa princesa fenicia Iezabel; así o seu fanatismo relixioso deixou aceda lembranza (1 Re **18,** 4; **19,** 1-2; 2 Re **9,** 22). A abertura cultural con Fenicia ten para Israel resultados de orde relixiosa. Nese marco de sincretismo movérense Elías e Eliseo.
16, 34 Cúmprese a maldición de Xosué contra o que re-
construíse Iericó (Xos **6,** 26). O sacrificio de nenos era práctica cananea. Aquí trátase dun sacrificio de fundación (2 Re **3,** 27).
17 Empeza o ciclo de Elías, con milagres que queren facer ve-lo poder de Deus de Israel nos terreos que a xente pensaba que eran exclusivos de Baal: a chuvia, a fertilidade, a saúde, a vida. Elías tenta de conquistar para o iavismo eses lugares teolóxicos. Os milagres expresan as conviccións dos que os contan. Deus foi visto alí por eles.
17, 1 O anuncio da seca presenta a Elías en acción. Ese é un desafío ós baales da fertilidade, que rematará coa victoria de Iavé e do seu profeta no capítulo seguinte. O atrevemento de Elías de encararse co rei ten xa tradición noutros profetas (Samuel, Natán, Ahías de Xiloh).

²Despois veulle esta palabra do Señor: ³—"Vaite de aquí cara ó nacente e escóndete no torrente Carit, que está do outro lado do Xordán. ⁴Do regato beberás, e eu mandarei corvos que che leven alí de comer".
⁵Elías fixo o que lle mandaba o Señor, o foi vivir onda o torrente Carit, do outro lado do Xordán. ⁶Os corvos levábanlle alí pan pola mañá e carne pola tarde. E bebía do regato.

A viúva de Sarepta

⁷Á volta duns poucos días, o regato secou, porque non chovía na rexión. ⁸O Señor díxolle a Elías: ⁹—"Vai a Sarepta de Sidón e fica alí, pois mandeille a unha viúva do lugar que che dea de comer".
¹⁰Foi el á Sarepta e, ó entrar pola porta da cidade, viu alí unha muller viúva, que estaba xuntando guizos. Elías chamou por ela e díxolle: —"Fai o favor e vaime por unha pouca auga na xarra para beber". ¹¹Mentres ía ela collerlla, Elías chamouna e díxolle: —"Tráeme tamén, se podes, na túa man un anaco de pan".
¹²Ela díxolle: —"Pola vida do Señor, teu Deus, que non teño pan ningún. Quédame só na tina unha presa de fariña e unha pinga de aceite na aceiteira. Ves que estou apañando guizos. Irei preparalo para min e para o meu fillo. Comerémolo e despois teremos que morrer".
¹³Díxolle Elías o texbita: —"Non teñas medo. Anda e fai como dixeches. Pero primeiro prepara un panciño con iso e tráeme a min. Despois xa prepararás para ti e para teu fillo. ¹⁴Pois isto di o Señor, Deus de Israel: a tina de fariña non se acabará e a aceiteira do aceite non mermará, ata o día en que o Señor mande a chuvia á terra".
¹⁵Foi ela face-lo que Elías lle dixera. E comeu el, ela e seu fillo, moito tempo, ¹⁶sen que se acabase a fariña da tina nin mermara o aceite na aceiteira, como dixera o Señor por medio de Elías.

O fillo da viúva

¹⁷Algún tempo despois adoeceu o fillo da muller, dona da casa. A doenza foi tan grave, que o neno deixou de alentar. ¹⁸A muller díxolle a Elías: —"¿Que temos que ver un con outro, home de Deus? ¿Viñeches á miña casa para lembrarme os meus pecados e para matarme o fillo?"
¹⁹Respondeulle Elías: —"Dáme aquí o teu fillo". E coa mesma, colleullo do colo, rubiuno ó cuarto onde el durmía e deitouno na cama. ²⁰E rezoulle ó Señor, dicindo: —"Señor, meu Deus, ¿tamén vas visitar coa desgracia a esta viúva coa que vivo, facendo que morra seu fillo?" ²¹Logo tendeuse riba do neno por tres veces, chamando ó Señor: —"Señor, meu Deus, fai que o alento de vida deste neno entre nel outra vez".
²²O Señor escoitou a oración de Elías, e o neno comezou a alentar e reviviu. ²³Elías colleu o neno, baixouno do seu cuarto e deullo á nai, dicindo: —"Aí te-lo teu fillo vivo".
²⁴A muller díxolle a Elías: —"Agora acabo de ver que ti es un home de Deus, e que a palabra do Señor está de verdade na túa boca".

Elías e Acab

18 ¹Pasado moito tempo, ó cabo de tres anos, chegoulle a Elías esta palabra do Señor: —"Vai e preséntate á Acab, que quero mandar chuvia á terra". ²E Elías fo para se presentar a Acab.
A fame era moi grande en Samaría. ³Acab chamou a Abdías, maiordomo do pazo, home moi respectuoso do Señor, ⁴ata o punto que, cando Iezabel mataba os profetas do Señor, el colleu a cen deles, escondeunos en covas, en grupos de cincuenta, e levaballes de comer e beber. ⁵Acab díxolle: —"Percorramos todo o país, por mananciais e regatos, para ver se atopamos herba con que manter cabalos e mulos, e que non teña que perecer o gando todo". ⁶Repartíronse o territorio e percorréronos entre os dous, Acab só polo seu lado, e Abdías polo seu.
⁷Cando ía Abdías percorrendo o seu camiño, saíulle Elías ó encontro. En canto o recoñeceu, Abdías postrouse diante del e díxolle: —"¿Es ti, meu señor Elías?" ⁸El respon-

---

17, 4 Polo profeta, Deus móstrase poderoso nos terreos da comida, da saúde e da vida, tamén fóra do territorio de Israel (v 9).
17, 14-16 Lembranza dese milagre en Lc 4, 25s.
17, 18 A muller pensa que é a presencia do home de Deus o que trae á vista as súas culpas o que estas causan a morte do seu fillo. Pero o profeta fai ver a Deus como forza de vida. Unha reanimación semellante, no ciclo de Eliseo (2 Re 4, 8-37).
17, 21 Cf 2 Re 4, 30-37; Feit 20, 9s.

17, 24 Os milagres son sinais do que no nome de Deus di o profeta (v 16).
18 Dous planos do enfrontamento do profeta: con Acab e cos profetas de Baal. O Deus do profeta loita coas forzas da natureza feitas deuses. A victoria fai aclamar ó pobo: o Señor é Deus. Ese é o significado do nome de Elías.
18, 4 Eses *profetas* parecen se-los que logo se coñecen coma os "fillos dos profetas", que recordan as comunidades proféticas do tempo de Samuel (1 Sam 10, 5ss).

deulle: —"Son eu. Vai e dille ó teu amo que aquí está Elías".

⁹Abdías dixo: —"¿Que pecado cometín eu, para que entrégue-lo teu servo nas mans de Acab, e que me mate? ¹⁰Pola vida do Señor, teu Deus, que non queda pobo nin reino no que o meu amo non mandase dar contigo. Se lle dicían que non estabas, facíalles xurar a reinos e a pobos que non te atoparan. ¹¹E agora disme ti: vai e dille ó teu amo que aquí está Elías. ¹²En canto eu me afaste de ti, o espírito do Señor levarate non sei para onde. Eu ireillo dicir a Acab, e el non te atopará e matarame. Mais o teu servo teme ó Señor desde pequeno. ¹³¿Non che teñen contado o que fixo o teu servo, cando Iezabel mataba os profetas do Señor? Escondín en covas cen de entre eles e levábales de comer e de beber. ¹⁴E agora ti disme: vai e dille ó teu amo que aquí está Elías. Matarame".

¹⁵Elías dixo: —"Pola vida do Señor dos exércitos, que hoxe mesmo me presentarei diante del". ¹⁶Entón Abdías foi ó encontro de Acab e contoulle todo. E Acab saíu ó encontro de Elías. ¹⁷Cando Acab viu a Elías, díxole: —"¿Es ti, ruína de Israel?" ¹⁸E el respondeulle: —"Non son eu a ruína de Israel, senón ti e a túa familia, porque abandonáste-los mandamentos do Señor e fostes tralos baales.

Elías e os profetas de Baal

¹⁹Agora manda que todo Israel, cos catrocentos cincuenta profetas de Baal, que comen á mesa de Iezabel, se xunten comigo no monte Carmelo". ²⁰E Acab mandou recado por todo Israel, que se xuntou no monte Carmelo con tódolos profetas de Baal. ²¹Elías voltouse entón cara ó pobo e díxolles: —"¿Por canto tempo iredes coxeando cara a un lado e cara ó outro? Se o Señor é Deus, seguídeo a El; e se é Baal, seguide a Baal". O pobo non respondeu unha palabra. ²²E Elías seguiu dicindo: —"De tódolos profetas do Señor quedo eu só con vida, mentres os profetas de Baal son catrocentos cincuenta. ²³Que nos dean dous becerros. Que eles escollan un, que o despecen, que o coloquen enriba da leña, pero que non lle prendan lume. Eu prepararei despois o outro becerro, poreino enriba da leña, sen pegarlle lume tampouco. ²⁴Logo invocaredes vós ó voso deus, e eu invocarei o nome do Señor. O Deus que responda, facendo que o lume se prenda, será o Deus verdadeiro". O pobo respondeu a unha voz: —"Iso está ben".

²⁵Entón díxolles Elías ós profetas de Baal: —"Escollede un becerro e preparádeo vós primeiro, porque vós sodes máis. Despois, sen pegarlle lume, invocade o voso deus". ²⁶Eles colleron o becerro que lles deron, preparárono e estiveron invocando o nome de Baal desde a mañá ata o mediodía. Dicían: —"Baal, escóitanos". Mais non se oía voz ningunha nin había resposta. Pero eles seguían brincando arredor do altar que construíran. ²⁷Polo mediodía, Elías dicíalles con burla: —"Berrade aínda máis, pois, anque el é deus, pode estar entretido, de conversa ou de viaxe; tamén pode ser que durma, e que haxa que espertalo". ²⁸Eles chamábano a berros e facíanse cortaduras con coitelos e lancetas, ata corrérlle-lo sangue, segundo o seu costume. ²⁹Pasado o mediodía caeron en arroubo, ata a hora da ofrenda. Mais non se oía voz ningunha, nin había resposta nin quen lles fixese caso.

³⁰Entón Elías díxolle á xente: —"Acercádevos". E achegáronse todos a el. El arranxou o altar que estaba derrubado. ³¹Colleu doce pedras, conforme o número das tribos de Xacob, a quen Deus lle dixera que se chamaría Israel; ³²edificou coas pedras un altar en honor do Señor e fíxolle unha zanxa arredor, coma de dúas sementeiras. ³³Despois preparou a leña, despezou o becerro e púxoo enriba da leña. ³⁴E mandou: —"Enchede catro cántaros de auga e botádea por riba do sacrificio e da leña". E engadiu: —"¡Outra vez!" E eles repetiron. E mandou aínda: —"¡Outra vez!" E eles fixérono por terceira vez. ³⁵A auga correu arredor do altar e encheu tamén a gavia.

³⁶Chegada a hora da ofrenda, o profeta Elías achegouse ó altar e rezou: —"Señor,

---

18, 17s Un acusa ó outro de se-la desgracia de Israel. Pero non falan da mesma cousa: o rei fala da nación; o profeta, do pobo de Deus. Non chegan a entenderse.
18, 21 O profeta diríxese a un pobo que "coxea", ora cara ó Señor ora cara a Baal. Elías vaino enfrontar coa decisión.
18, 22 Dun lado está o profeta do Señor, só e perseguido; do outro, os catrocentos cincuenta profetas de Baal, co goberno do pobo da súa parte. Pero non son eles os que loitan, senón o Señor e Baal. Ese é o sentido da historia.

18, 27 Ocupacións do deus protector dun pobo navegante e comerciante, aquí tomadas a riso.
18, 28 Procedementos de excitación e encirramento, que deberían conferir forza á súa súplica (Lev **19**, 28; Dt **14**, 1).
18, 36s A oración de Elías contrasta coa dos profetas de Baal: non é obrigante, senón suplicante; non é o feito do milagre o que quere, senón o convencemento do pobo que coxea.

Deus de Abraham, de Isaac e de Israel; que se saiba hoxe que ti e-lo Deus de Israel e que eu son o teu servo, que fago polo teu mandato estas cousas. ³⁷Respóndeme, Señor, respóndeme, para que saiba este pobo que ti, Señor, es Deus. E ti convertera-los seus corazóns".

³⁸Nisto caeu un lume do Señor, que consumiu o sacrificio, a leña, as pedras e o po, e secou mesmo a auga da gavia. ³⁹Cando a xente o viu, postrouse toda polo chan e exclamou: —"¡O Señor é o Deus verdadeiro, o Señor é o Deus verdadeiro!"

⁴⁰Elías díxolles entón: —"Prendede os profetas de Baal, sen que escape ningún". Eles prendéronos, e Elías fixoos baixar ó torrente Quixó, onde os matou.

O final da seca

⁴¹Despois diso, Elías díxolle a Acab: —"Vai comer e beber, que xa sinto o estrondo da chuvia". ⁴²Acab foi comer e beber, mentres Elías rubía o cume do Carmelo. Alí sentouse dobrado cara ó chan, coa cabeza entre os xeonllos.

⁴³Díxolle ó seu criado: —"Vai e outea cara ó mar". Foi el, outeou e dixo: —"Non se ve nada". El insistiulle: —"Volve, ata sete veces". ⁴⁴A sétima vez o servo dixo: —"Érguese sobre o mar unha nube pequena, coma a palma da man". Elías mandoulle: —"Vaille dicir a Acab que enganche o carro e que baixe, se non quere que a chuvia o deteña".

⁴⁵Nun intre o ceo cubriuse, estalou a treboada e rompeu a chover a cántaros. Acab ía cara a Iezrael, montado no seu carro. ⁴⁶A man do Señor pousouse sobre Elías, que cinguiu o seu cinto e correu diante de Acab, ata a entrada de Iezrael.

Elías no monte Horeb

19 ¹Acab contoulle a Iezabel o que Elías fixera e como pasara a tódolos profetas polo gume da espada. ²Ela mandou entón un mensaxeiro, que lle fose dicir a Elías: —"Que os deuses me traten do peor, se mañá destas horas non teño feito contigo o que fixeches ti con eles".

³Elías tivo medo e fuxiu, buscando salva-la súa vida. Chegado á Beerxeba de Xudá, deixou alí a seu criado. ⁴El seguiu polo deserto, un día de camiño. Alí foi sentar debaixo dunha xesta, e pediu a morte, dicindo: —"Xa chega, Señor. Quítame a vida, pois non vallo eu máis cós meus pais".

⁵Deitouse á sombra da xesta e durmiuse. Un anxo tocouno e díxolle: —"Érguete e come". ⁶Mirou Elías e viu á súa cabeceira unha bica cocida no rescaldo e un xerro de auga. Comeu e bebeu daquilo e volveuse deitar.

⁷Tornou de segundas o anxo do Señor e tocouno, dicíndolle: —"Érguete e come, que che queda moito camiño". ⁸Ergueuse Elías, comeu e bebeu e, coa forza daquel sustento, andou corenta días coas súas noites, ata o monte de Deus, o Horeb. ⁹Alí meteuse nunha cova e pasou nela a noite. Chegoulle a palabra do Señor, que lle preguntou: —"¿Que fas aí, Elías?"

¹⁰El respondeu: —"Ardo en celos polo Señor, Deus dos exércitos, porque os israelitas abandonaron a túa alianza, derrubaron os teus altares e mataron polo fío da espada os teus profetas. Quedo soamente eu, e búscanme para matarme".

¹¹Díxolle o Señor: —"Sae de aí e fica de pé no monte, diante do Señor. Porque o Señor vai pasar".

Nisto veu un rexo furacán, que fendía os montes e cuarteaba os penedos dediante do Señor. Mais non estaba o Señor no furacán. Despois do furacán houbo un tremor de terra; mais tampouco no tremor de terra estaba o Señor. ¹²Despois do tremor de terra veu un gran lume; mais non estaba no lume o Señor. Despois do lume oíuse o murmurio

---

18, 38 *Lume* do ceo, quizais un raio (Lev **9,** 24; Xuí **6,** 21). O lume é sinal de Deus en moitas teofanías.
18, 44 Proceso de formación dunha treboada: unha pequena nube que se ergue sobre o mar Mediterráneo, e vai medrando e andando e botando auga sobre a terra (Sal **29).**
18, 46 *Iezrael* era a segunda capital do reino de Samaría, no val de Esdrelón e non lonxe do monte Carmelo.
19 A viaxe de Elías ó Horeb é o retorno do profeta ás fontes, cando parecía que a súa causa ía camiño de perderse. Elías vai derrotado e volve convertido, capaz de ver a Deus nas cousas pequenas e de conferir continuidade á súa obra. O segredo do cambio está no encontro con Deus no monte santo. Alí renacera tamén Moisés, outro mensaxeiro do Mesías (cf Dt **18,** 18ss; Mt **17,** 1-9).

19, 4 O profeta está canso da loita, pero Deus non lle dá aínda o relevo, senón conforto e novas forzas.
19, 8 *Horeb* é outro nome do Sinai, o dos estratos E e D do Pentateuco. É o lugar da teofanía ó pobo de Moisés e o berce da alianza (Ex **33,** 18-34, 9). Alí leva Elías consigo o pequeno resto de Israel.
19, 9 Tamén Moisés viu pasa-la gloria de Deus desde a fenda aberta na rocha (Ex **33,** 22).
19, 10 O profeta denuncia a Israel que rompeu a alianza. Pero alí xa se reparara despois de que se rompera a primeira vez (Ex **34)**
19, 11 A teofanía non se serve nesta ocasión das mediacións de forza nin se reveste de atuendo. Deus déixase sentir na doce e suave airexiña. ¿Quere ser iso desaprobación da fogaxe e da impaciencia de Elías?

dunha airexadiña suave. ¹³En canto Elías o sentiu, tapou a cara co manto, saíu fóra e ficou en pé, na entrada da cova. Niso chegou unha voz que preguntaba: —"¿Que fas aí, Elías?"

¹⁴El respondeu: —"Ardo en celos polo Señor, Deus dos exércitos, porque os israelitas abandonaron a túa alianza, derrubaron os teus altares e mataron por fío de espada os teus profetas. Quedo soamente eu, e búscanme para matarme".

¹⁵O Señor díxolle a Elías: —"Vai e desanda o camiño cara ó deserto de Damasco. En chegando alí, unxe por rei de Aram a Hazael, ¹⁶e a Iehú, fillo de Nimxí, por rei de Israel; e a Eliseo, fillo de Xafat, de Abel Meholah, por profeta, teu sucesor. ¹⁷Ó que escape da espada de Hazael, matarao Iehú, e ó que escape da espada de Iehú, matarao Eliseo. ¹⁸Pero deixarei en Israel un resto de sete mil homes, os que non dobraron os xeonllos diante de Baal e que non o bicaron cos seus beizos".

Vocación de Eliseo

¹⁹Elías marchou de alí e encontrouse con Eliseo, fillo de Xafat, que araba con doce xuntas, levando el a derradeira. Elías pasou a carón del e botoulle enriba o seu manto. ²⁰Eliseo deixou os bois e foi correndo atrás de Elías. E díxolle: —"Déixame despedirme de meu pai e de miña nai, e logo ireime contigo". El respondeulle: —"Vai, pero volve logo, pois xa ve-lo que fixen contigo". ²¹Ó da-la volta, Eliseo colleu a xunta de bois e ofreceunos en sacrificio. Cos apeiros de arar coceu a carne e deulle á xente de comer. Despois foise con Elías e quedou ó seu servicio.

Guerras de Acab cos arameos

20 ¹Benhadad, rei de Aram, xuntou tódolos seus exércitos e, en compaña de vintedous reis máis, con cabalería e con carros, cercou Samaría e atacouna. ²Mandou mensaxeiros á cidade, para que dixesen a Acab, rei de Israel: ³—"Isto di Benhadad: a túa prata e mailo teu ouro son para min; e para min tamén as túas mulleres e os teus fi-

llos mellores". ⁴Respondeulle o rei de Israel: —"Como dispoña o rei, meu señor. Eu e todo o que teño somos teus".

⁵Os mensaxeiros volveron de segundas, cunha nova mensaxe: —"Isto di Benhadad: xa che mandei dicir que me déa-la túa prata mailo teu ouro, as túas mulleres e os teus fillos. ⁶Pois ben, mañá destas horas mandareiche os meus criados, para que rexistren o teu pazo e as casas dos teus ministros. Poderán botar man de todo o que lles guste e levalo".

⁷O rei de Israel chamou entón a tódolos anciáns de Israel e díxolles: —"Pensádeo ben e veredes que ese home quere a nosa desgracia. Mandou polas miñas mulleres e os meus fillos, pola miña prata e o meu ouro, e eu nada lle negueí". ⁸Os anciáns e o pobo enteiro respondéronlle: —"Non lle fagas caso. Non consintas en nada diso".

⁹Entón Acab déulle-la resposta ós mensaxeiros de Benhadad: —"Dicidelle ó rei, meu señor: farei o que mandaches dicir de primeiras ó teu servo; mais istoutro non o podo facer". Os mensaxeiros marcharon coa resposta.

¹⁰Entón Benhadad mandou dicirlle a Acab: —"Que os deuses me castiguen, se chega o po de Samaría para que os soldados que me seguen enchan con el a súa man". ¹¹Respondeulle o rei de Israel: —"Que non cante victoria o que cingue a espada, senón o que a descingue".

¹²Cando oíu isto Benhadad, que estaba cos outros reis bebendo nas súas tendas, díxolles ós seus oficiais: —"¡Ós vosos postos!" E eles dispuxéronse para ataca-la cidade.

¹³Nisto presentouse a Acab, rei de Israel, un profeta, que lle anunciou: —"Isto di o Señor: ¿Ves esa enorme multitude? Pois hoxe vouna entregar nas túas mans, para que saibas que son o Señor". ¹⁴Preguntoulle Acab: —"¿Por medio de quen?" Respondeu el: —"O Señor di: por medio dos axudantes dos xefes dos distritos". Preguntoulle aínda o rei: —"¿Quen empezará o ataque?" —"Ti mesmo", respondeu el.

¹⁵Acab fixo o reconto dos axudantes dos xefes dos distritos, e eran douscentos trinta e

---

19, 13 Elías tapou a cara, porque ningún vivente pode ver a Deus, senón a través de mediacións (Ex 3, 6; 33, 20).
19, 15-18 Nesa orde de Deus ós profetas fanse ver como guiados por el os sucesivos pasos da historia. En realidade, esas misións pertencen ó ciclo de Eliseo.
19, 19-21 A chamada de Eliseo non segue as liñas doutras vocacións: é unha investidura. O manto do profeta represéntao a el. Ó botarlle o seu manto enriba, Elías toma posesión de Eliseo para a súa misión.
20 O c. dá idea das longas guerras que enfrontaron a Is-

rael cos arameos, desde tempo de Acab. Para o historiador ese é un marco. O que verdadeiramente lle interesa é a efectividade da palabra de Deus. A palabra é a primeira forza da historia, a que dá a victoria, a que salva.
20, 10 O rei de Aram despreza os seus inimigos: a el sóbranlle soldados para levar da súa man toda a terra de Samaría.
20, 13-21 A palabra do profeta converte a victoria en lugar teolóxico.

dous. Despois fixo tamén o reconto dos soldados, e eran sete mil homes. ¹⁶Saíron a mediodía, mentres Benhadad bebía e se emborrachaba nas súas tendas, cos trinta e dous reis, os seus compañeiros. ¹⁷Saíron diante os axudantes dos xefes dos distritos. A Benhadad chegoulle a nova: —"Saíu xente de Samaría". ¹⁸Benhadad ordenou entón: —"O mesmo se veñen tratar de paz coma se veñen en son de guerra, collédeos vivos". ¹⁹Os que saíran da cidade eran os axudantes dos xefes dos distritos, e tras eles o exército. ²⁰Cada un matou un inimigo. Os arameos fuxían, e Israel perseguíaos. Benhadad, rei de Aram, fuxía á cabalo, cuns poucos cabaleiros. ²¹Entón saíu o rei de Israel, destruíu cabalos e carros, e inflixiu nos arameos unha grave desfeita.

Nova victoria sobre os arameos

²²Chegou un profeta onda o rei de Israel e díxolle: —"Vai preparar reforzos e pensa ben o que has facer, porque, á volta dun ano, o rei de Aram rubirá de novo contra ti". ²³Os oficiais do rei de Aram, pola súa parte, dixéronlle ó seu rei: —"O Deus dos israelitas é un deus das montañas; por iso eles nos venceron. Se os atacamos na veiga de seguro que os venceremos. ²⁴Adopta esta nova estratexia: depón dos seus postos eses reis e pon capitáns no sitio. ²⁵Prepara un exército semellante ó que perdiches, co mesmo número de cabalos e de carros. Atacarémolos na chaira e seguramente os venceremos". O rei escoitou as súas razóns e deixouse guiar polos seus consellos.

²⁶Á volta do ano, Benhadad revistou o exército arameo e rubiu a Afecah, para atacar a Israel. ²⁷Os israelitas, da súa banda, revistáronse e abastecéronse, e saíron despois ó seu encontro. Acampados enfronte deles, parecían dous fatos de cabras, mentres os arameos cubrían a chaira toda.

²⁸Niso chegou alí un home de Deus e díxolle ó rei de Israel: —"Isto di o Señor: Xa que os arameos pensan que o Señor é un deus da montaña, e non un deus da terra cha, vou entregar nas túas mans esa enorme multitude, para que saibades que eu son o Señor".

²⁹Seguiron alí acampados sete días, uns enfronte dos outros. No sétimo día metéronse na loita. Os israelitas mataron nun só día cen mil arameos dos de a pé. ³⁰O resto fuxiu cara a Afecah; pero as súas murallas derrubáronse sobre os vinte sete mil homes que quedaran con vida. Benhadad fuxiu tamén e, entrando na cidade, buscaba onde acocharse, dun recocho noutro.

³¹Os seus oficiais dixéronlle: —"Temos oído dicir que os reis de Israel son misericordiosos. Cingámonos sacos ó van e cordas ó pescozo, e presentémonos ó rei de Israel. Ó mellor perdóache a vida". ³²Cinguíronse sacos ó van e cordas ó pescozo, e presentáronse ó rei de Israel, dicindo: —"O teu servo Benhadad pídeche: por favor, perdóame a vida". El preguntou: —"¿Vive aínda? É meu irmán".

³³Os arameos viron niso un bo agoiro. Colléronlle de seguida a palabra e dixéronlle: —"Benhadad é teu irmán". El ordenoulles: —"Ide e traédemo". Benhadad chegou onda el, e el montouno no seu carro.

³⁴Benhadad díxolle entón: —"Vólvoche as cidades que meu pai lle quitou ó teu, e ti poderás pór un mercado en Damasco, coma o que meu pai puxo en Samaría". Acab respondeulle: —"Por este pacto eu déixote marchar". Concluíu con el un pacto e deixouno en liberdade.

Un profeta ameaza a Acab

³⁵Un home da comunidade dos profetas díxolle a un seu compañeiro, por orde do Señor: —"¡Anda, pégame!" Mais o outro negouse a pegarlle. ³⁶Aquel díxolle: —"Xa que non obedecíche-la orde do Señor, en afastándote de min matarate un león". En canto partiu de onda el, saíulle un león e matouno.

³⁷Encontrouse despois con outro home e díxolle: —"¡Anda, pégame!" Este pegoulle e feriuno. ³⁸O profeta ferido foi e apostouse no camiño, á agarda do rei, demudado como estaba e cunha venda nos ollos.

³⁹Cando o rei pasaba por alí, o profeta berroulle: —"Saía o teu servo do medio da batalla, e nisto aproximóuseme un home, que me dixo: garda este prisioneiro. Se che escapa, responderás pol coa túa vida ou cun talento de prata. ⁴⁰Pero, mentres o teu servo andaba de aquí para acolá, desapareceu o prisioneiro". O rei de Israel respondeulle: —"Esa é a túa sentencia; ti mesmo a pronunciaches".

⁴¹Entón tirou o profeta da venda que lle tabapa os ollos, e o rei de Israel deuse con-

---

20, 22-27 Outro profeta interfire, para dicir quen é Deus e onde se manifesta.
20, 28-34 De novo un home de Deus anuncia a victoria.
20, 35-43 Outra historia de profeta, con temas de obediencia e desobediencia, coma a de 1 Re **13,** 24ss. A parábola do soldado ferido para denunciar a Acab e anunciarlle o seu final, anuncio que queda aberto.
20, 41 Ó quita-la venda, descóbrese que era un profeta, porque estes levaban marcas ou tatuaxes que os identificaban (1 Re **18,** 28; 2 Re **2,** 23; Zac **13,** 6).

ta de que era un dos profetas. ⁴²Este díxolle: —"Isto di o Señor: xa que deixaches escapar da túa man o home que eu dedicara ó exterminio, pagara-la súa vida coa túa vida e o seu exército co teu". ⁴³O rei de Israel volveu para a súa casa triste e anoxado. E entrou en Samaría.

A viña de Nabot

21 ¹Nabot de Iezrael tiña unha viña pegada ó pazo de Acab, rei de Samaría. ²Acab propúxolle a Nabot: —"Cédeme a túa viña, para facer un horto nela, pois está ó lado do meu pazo. Eu dareiche, en troques, unha viña mellor ou, se prefires, pagareicha polo que valla". ³Nabot respondeulle a Acab: —"Deus me libre de cederche o que é herdo de meus pais".

⁴Acab marchou para casa triste e anoxado, polo que lle dixera Nabot de Iezrael: —"Non che cederei o herdo de meus pais". Botouse na cama, volto cara á parede, e non quixo comer. ⁵Entrou onda el Iezabel, a súa muller, e preguntoulle: —"¿Por que estás atristurado e non queres comer?" ⁶E el contoulle a proposta que lle fixera a Nabot de Iezrael: —"Cédeme a túa viña por diñeiro ou, se o prefires, dareiche por ela outra mellor"; e como el lle respondera: —"Non che cederei a miña viña".

⁷A isto díxolle Iezabel, á súa muller: —"¿Seica non es ti quen manda en Israel? Érguete e come. Sentiraste mellor. Eu conseguireiche a viña de Nabot de Iezrael". ⁸Escribiu cartas no nome de Acab, selounas co carimbo real e mandóullelas ós anciáns e nobres da cidade, veciños de Nabot. ⁹Nesas cartas dicíalles: —"Pregoade un xexún e poñede a Nabot á cabeza do pobo. ¹⁰Sentade dous homes ruíns do outro lado, que testemuñen en contra del: ti maldiciches a Deus e ó rei. Que entón o saquen para fóra e que o acantacen, ata que morra".

¹¹Os homes da cidade, os anciáns e os nobres, veciños de Nabot, fixeron como lles dicía Iezabel, conforme o escrito nas cartas que ela lles mandara. ¹²Pregoaron un xexún e sentaron a Nabot á cabeza do pobo. ¹³Viñeron despois dous homes, sentáron enfronte del e testemuñaron contra Nabot, á vista do pobo todo: —"Nabot maldiciu a Deus e ó rei". Sacárono fóra da cidade, acantazárono e morreu. ¹⁴Entón mandáronlle dicir a Iezabel: —"Nabot foi acantazado e morreu".

¹⁵Cando viu Iezabel que Nabot fora acantazado e que morrera, foille dicir a Acab: —"Anda, vai tomar posesión da viña de Nabot de Iezrael. Non cha quixo vender, pero Nabot xa non vive, está morto". ¹⁶Cando Acab soubo que morrera Nabot de Iezrael, foi de contado á sua viña, para tomar posesión.

¹⁷Entón chegou esta palabra do Señor a Elías, o texbita: ¹⁸—"Érguete e baixa ó encontro de Acab, rei de Israel en Samaría. Está agora mesmo na viña de Nabot, onde baixou para tomar posesión dela. ¹⁹Dirasalle: isto di o Señor: ¿Mataches e agora roubas? Dille: isto di o Señor: no mesmo sitio onde os cans lamberon o sangue de Nabot, lamberán tamén o teu".

²⁰Acab díxolle a Elías: —"Descubríchesme, meu inimigo". El respondeulle: —"Descubrinte. Xa que te vendiches, facendo o mal ós ollos do Señor, ²¹aquí veño eu para traer desgracias contra ti. Varrerei a túa liñaxe, exterminareille a Acab en Israel todo varón, o mesmo escravo ca libre. ²²Farei coa túa familia coma coa de Ieroboam, fillo de Nabat, e a de Baxá, fillo de Ahías, polo moito que me anoxaches e porque fixeches pecar a Israel. ²³Tamén contra Iezabel dixo o Señor: os cans devorarán a Iezabel no agro de Iezrael. ²⁴Os de Acab que morran na cidade, devoraranos os cans, e os que morran no campo, comeranos os paxaros do ceo".

²⁵En verdade, non houbo ninguén que se vendese coma Acab, facendo o mal ós ollos do Señor, provocado por Iezabel, a súa muller. ²⁶Fixo cousas abominables, indo detrás dos ídolos. Asemellouse ós amorreos que o Señor expulsara diante dos israelitas.

---

21 Co tema da *viña de Nabot* volvemos ós enfrontamentos de Elías con Acab, que rematan co anuncio da caída da dinastía. O profeta sempre denunciou as inxustizas do poder. Aquí tamén o erro do seu sometemento a unha muller estranxeira.

21, 3 A proposta de Acab parece boa, pero Nabot non podía aceptala, pois era como renunciar ó herdo que Deus lle dera a cada tribo e a cada familia, no reparto da terra (Dt **19**, 14; Xos **13**ss; Rut **4**, 3ss. Cada un tiña que garda-la súa propiedade; e, se chegaba a perdela, rescatala.

21, 9s Iezabel xogaba co costume de convoca-la asemblea do pobo, cando se producía un mal público (1 Sam **7**, 6; Xl **1**, 14; **2**, 15). A blasfemia facía ó autor reo de morte (Lev **24**, 14-16), e os seus bens pasaban á coroa. Dúas testemuñas chegaban para facer a Nabot culpable (Núm **34**, 30; Dt **17**, 6).

21, 17-19 O profeta denuncia o crime e a inxustiza do grande co pequeno, coma Natán no caso de David (2 Sam **12**). O cumprimento da profecía do final de Acab, descríbese en 1 Re **22**, 38.

21, 21-26 O xuízo profético contra Acab xeneralízase, e vese negativamente toda a súa actividade, coma a de Ieroboam (1 Re **14**, 1-11) e a de Baxá (1 Re **16**, 34).

21, 23 Cumprimento do xuízo contra Iezabel en 2 Re **9**, 35s.

²⁷Cando Acab oíu estas palabras, rachou as súas vestes, vestiuse de saco e xexuou. ²⁸Entón chegoulle esta palabra do Señor a Elías, texbita: ²⁹—"¿Viches como se humillou Acab diante de min? Por esta humildade, non traerei a desgracia nos seus días; traereina sobre a súa familia, nos días de seu fillo".

O profeta Miqueas

22 ¹Pasaron tres anos sen guerra entre Aram e Israel. ²Ó terceiro ano foi Ioxafat, rei de Xudá, visita-lo rei de Israel. ³Este díxolles ós seus ministros: —"¿Non sabedes que Ramot de Galaad é nosa, e nós estámonos aquí quedos, sen arrincala das mans do rei de Aram?" E preguntoulle a Ioxafat: —"¿Virías comigo á guerra contra Ramot de Galaad?"

⁴Ioxafat respondeulle ó rei de Israel: —"Conta comigo coma contigo, co meu exército coma co teu, coa miña cabalería coma coa túa". ⁵Despois dixo Ioxafat ó rei de Israel: —"Gustaríame que consultases agora a palabra do Señor". ⁶O rei de Israel reuniu os profetas, arredor de catrocentos, e preguntoulles: —"¿Debo atacar Ramot de Galaad ou debo desistir?" Respondéronlle eles: —"Vai. O Señor entregaraa nas mans do rei".

⁷Ioxafat preguntou: —"¿Non hai aquí aínda un profeta do Señor, ó que poidamos consultar?" ⁸Respondeulle o rei de Israel: —"Queda aínda un home, polo que se pode consulta-lo Señor: Miqueas, fillo de Imlah; pero eu aborrézoo, porque nunca me anuncia cousa boa, senón sempre desgracias". Díxolle Ioxafat: —"Que o rei non fale dese xeito".

⁹O rei de Israel chamou un servidor e ordenoulle: —"Tráeme axiña a Miqueas, fillo de Imlah". ¹⁰O rei de Israel e Ioxafat, rei de Xudá, estaban os dous sentados ás portas de Samaría, vestidos de traxe real, en cadanseu trono, e os profetas todos en arroubo, diante deles. ¹¹Sedecías, fillo de Cananah, fixera cornos de ferro e dicía: —"Isto di o Señor: con estes cornos turrarás nos arameos, ata acabares con eles". ¹²E os profetas a unha profetizaban: —"Rube a Ramot de Galaad; terás victoria; o Señor entregaraa nas mans do rei".

¹³O mensaxeiro que fora en busca de Miqueas, advertiuno: —"Mira que os profetas son todos do mesmo parecer, de agoirárenlle victoria ó rei. Que a túa palabra concerte coa súa, agoirándolle o ben". ¹⁴Pero Miqueas respondeulle: —¡Pola vida do Señor! O que me diga o Señor, iso será o que eu direi".

¹⁵Presentouse Miqueas onda o rei, e este preguntoulle: —"Miqueas, ¿podemos ir atacar Ramot de Galaad, ou debemos desistir?" El respondeulle: —"Rube, vencerás; o Señor entregaraa nas mans do rei". ¹⁶Pero o rei advertiuno: —"¿Cantas veces terei que facerche xurar que non me dirás senón a verdade no nome do Señor?" ¹⁷Entón dixo Miqueas: —"Estou vendo todo Israel espallado polas montañas, coma rabaño que non ten pastor. E o Señor di: estes non teñen pastor. Que cada un se volva en paz para a súa casa".

¹⁸O rei de Israel díxolle a Ioxafat: —"¿Non cho decía? Non me agoira nunca ventura, senón sempre desgracia".

¹⁹Miqueas dixo aínda: —"Agora escoita a palabra do Señor. Vin o Señor sentado no seu trono, e todo o exército do ceo onda el, á súa dereita e á súa esquerda. ²⁰O Señor preguntou: —¿Quen enganará a Acab, para que ruba e pereza en Ramot de Galaad? E un propuña unha cousa e outro outra. ²¹Entón adiantouse o espírito, presentouse diante do Señor e dixo: —Eu enganareino. E o Señor preguntoulle: —¿Como? ²²E el respondeu: —Irei e fareime espírito de mentira na boca dos seus profetas. A iso dixo o Señor: Ti poderalo enganar: vai e faino. ²³Polo tanto, mira que o Señor puxo un espírito de mentira na boca deses teus profe-

---

22 Volvemos ós temas de profetas no contexto das guerras arameas. Os LXX xuntan este c. co **20**. Por terceira vez lémo-lo anuncio do final e da morte de Acab (xa en 1 Re **20**, 35-43 e **21**, 1-26). Pero agora o que chama a atención neste c. é a caracterización do profeta carismático Miqueas e a dos profetas oficiais que se lle enfrontan.

22, 1-3 As relacións entre os dous reinos son agora coma de irmáns. Aquí, coma noutras ocasións (2 Re **3**, 4-27; **9**, 16ss), traballan coma aliados.

22, 6-8 A imaxe é dun profetismo oficial, que está ó servicio do rei para anunciarlle o que este quere, cando o queira chamar. O rei ponlle na boca a comida e a palabra. Dende Xerusalén pregunta por outro tipo de profeta. Miqueas é un profeta desprezado, que di o que Deus lle di e que sabe dar razón do espírito que move a uns e a outros. Non se sente dono da palabra, pero Deus confirma o que el dixo no seu nome.

22, 11s Sedecías sae do grupo e fai unha acción simbólica, anunciando a victoria cos cornos (Núm **23**, 13; Dt **33**, 11). Os outros ecoan o que el di.

22, 13s O profeta verdadeiro non deixa que ninguén, fóra de Deus, lle poña na boca a palabra (Núm **22**, 20).

22, 15 Ese primeiro anuncio de Miqueas é un arremedo irónico da palabra dos outros.

22, 18 A idea máxica da palabra do profeta é o que xustifica que non se lle deixe anunciar máis ca boas novas. O que o profeta diga, bo ou malo, cumprirase, porque a súa palabra adianta o feito que anuncia.

22, 19-23 A visión de Miqueas quere ir ó fondo do engano que hai nos profetas do rei. Pola mentira de todos, Deus prepara a desgracia de Acab.

tas, porque o Señor ten decretada a túa desgracia". ²⁴Entón adiantouse Sedecías, fillo de Cananah, e deulle unha labazada a Miqueas, preguntándolle: —"¿Como é que se foi de onda min o espírito do Señor, para irche falar a ti?" ²⁵Respondeulle Miqueas: —"Xa o verás ti mesmo, o día en que teñas que fuxir dun recouso noutro, querendo esconderte".

²⁶O rei de Israel dispuxo entón: —"Prende a Miqueas e lévallo a Amón, gobernador da cidade, e a Ioax, fillo do rei, ²⁷e dilles de parte do rei: metede a este na cadea e taxádelle pan e auga, ata que eu volva coa victoria". ²⁸A iso dixo Miqueas: —"Se de verdade ti volves con victoria, é que Deus non falou pola miña boca".

Morte de Acab

²⁹O rei de Israel e Ioxafat, rei de Xudá, rubiron contra Ramot de Galaad. ³⁰Díxolle o rei de Israel a Ioxafat: —"Voume disfrazar, para entrar no combate. Ti leva a túa roupa". E, coa mesma, entrou no combate disfrazado.

³¹O rei de Aram déralles ós trinta e dous xefes de carros esta orde: —"Non ataquedes nin a pequeno nin a grande, senón só ó rei de Israel". ³²Cando os xefes dos carros viron a Ioxafat, comentaron: —"Aquel é certamente o rei de Israel". ³³E botáronse enriba del. Pero Ioxafat pegou un berro, e os xefes dos carros viron que aquel non era o rei de Israel e deixaron de perseguilo. ³⁴Un soldado disparou á toa unha frecha e feriu ó rei de Israel, por entre as xunturas da coiraza. O rei díxolle ó que guiaba o seu carro: —"Dá volta e sácame do campo, porque estou malferido".

³⁵O combate era moi rexo ese día, e o rei mantívose ergueito no seu carro, enfronte dos arameos. Pero á tarde morreu. O sangue da súa ferida corría por dentro do carro. ³⁶No solpor correu polo campamento o clamor: —"¡Cada un para a súa cidade, cada un para a súa terra! ¡O rei morreu!"

³⁷Despois de que o rei morreu, leváronо a Samaría e enterráronо alí. ³⁸Cando lavaban o seu carro no estanque de Samaría, os cans lambían o seu sangue, e as prostitutas lavábanse con ela, conforme a palabra do Señor.

³⁹O resto da historia de Acab, todo o que fixo, o pazo de marfil e as cidades que construíu, ¿non está todo escrito no Libro das Crónicas dos reis de Israel? ⁴⁰Acab durmiu con seus pais, e sucedeulle no trono o seu fillo Ocozías.

Ioxafat de Xudá

⁴¹Ioxafat, fillo de Asá, empezou a reinar en Xudá no ano cuarto de Acab, rei de Israel. ⁴²Tiña trinta e cinco anos cando empezou a reinar, e reinou vintecinco anos en Xerusalén. Súa nai chamábase Azubah, filla de Xilhí.

⁴³Seguiu o camiño de Asá, seu pai, sen afastarse nada del, facendo o que é xusto ós ollos do Señor. ⁴⁴Mais non desapareceron os altares dos outeiros, e a xente seguía sacrificando e queimando incenso neles. ⁴⁵Ioxafat estivo en paz co rei de Israel.

⁴⁶O resto da historia de Ioxafat, as súas proezas e as guerras que fixo, ¿non está todo escrito no Libro das Crónicas dos reis de Xudá? ⁴⁷Ioxafat varreu do país a prostitución consagrada, que quedara do tempo de Asá, seu pai. ⁴⁸Daquela non había rei en Edom, e un gobernador facía de rei.

⁴⁹Ioxafat construíuse unha flota de navíos de Tárxix, para ir por ouro a Ufir. Pero non chegou a saír, porque a flota afundiuse en Esion-Guéber. ⁵⁰Entón Ocozías, fillo de Acab, propúxolle a Ioxafat: —"Que vaian os meus homes nos navíos cos teus". Pero Ioxafat non accedeu.

⁵¹Ioxafat durmiu con seus pais, e enterráronо na cidade de seu pai David. Sucedeulle no trono o seu fillo Ioram.

Ocozías de Israel

⁵²Ocozías, fillo de Acab, empezou a reinar sobre Israel, en Samaría, no ano dezasete do reinado de Ioxafat sobre Xudá. Reinou dous anos sobre Israel.

⁵³Ocozías fixo o mal ós ollos do Señor, seguindo o camiño de seu pai, de súa nai e de Ieroboam, fillo de Nabat, que fixera pecar a Israel. ⁵⁴Deulle culto a Baal e adoureuно, provocando con iso o noxo do Señor, Deus de Israel, como fixera tamén seu pai.

22, 25-28 Só Deus ten o futuro na súa man. O profeta non teima no anuncio, senón que deixa a Deus ceibe da súa mesma palabra.

22, 38 Cumprimento da palabra de Elías, do 1 Re **21,** 19.
22, 49 *Navíos de Tárxix,* 1 Re **9,** 26; **10,** 22; 2 Cro **20,** 35-37.

LIBRO SEGUNDO DOS REIS

Elías e Ocozías

1 ¹Despois da morte de Acab, Moab revoltouse contra Israel. ²Ocozías caeu da varanda do piso alto do seu pazo, en Samaría, e quedou maltreito. Entón enviou mensaxeiros e encargoulles: —"Ide consultar a Baal-Zebub, deus de Ecrón, se curarei destas feridas".

³Un anxo do Señor díxolle a Elías texbita: —"Sáelles ó camiño ós mensaxeiros do rei de Samaría e pregúntalles: ¿Seica non hai Deus en Israel, para que teñades que ir consultar a Baal-Zebub, deus de Ecrón? ⁴Isto, pois, di o Señor: do leito ó que subiches, non volverás baixar. Morrerás sen remedio". E Elías logo marchou.

⁵Volveron os mensaxeiros onda o rei, e este preguntoulles: —"¿Como é que déste-la volta?" ⁶Respondéronlle eles: —"Saíunos ó paso un home, que nos dixo: volvede onda o rei que vos mandou e dicídelle: isto di o Señor: ¿Seica non hai Deus en Israel, para que teñas que mandar consultar a Baal-Zebub, deus de Ecrón? Por iso, do leito ó que subiches, non volverás baixar. Morrerás sen remedio".

⁷O rei preguntoulles: —"¿Que traza tiña o home que vos saíu ó camiño e que vos dixo esas cousas?" ⁸Respondéronlle eles: —"O home levaba un manto de pelos, cinguido cun cinto de coiro polo van". O rei dixo: —"Era Elías texbita".

⁹O rei mandou entón un xefe de cincuentena, cos seus cincuenta homes, que fose á busca del. Atopouno sentado no cume da montaña e díxolle: —"Home de Deus, o rei manda que baixes". ¹⁰Elías respondeulle ó xefe da cincuentena: —"Se eu son un home de Deus, que caia lume do ceo e que vos devore, a ti e á túa cincuentena". Niso caeu lume do ceo e devorounos, a el e ós cincuenta.

¹¹O rei mandou entón outro xefe de cincuentena, cos seus cincuenta homes. Foi onda el e faloulle: —"Home de Deus, o rei ordena que baixes de seguida". ¹²Elías respondeulle: —"Se eu son un home de Deus, que caia lume do ceo e que vos devore, a ti e á túa cincuentena". Niso caeu un lume de Deus dende o ceo, e devorounos, a el e ós seus cincuenta homes.

¹³O rei mandou por terceira vez un xefe de cincuentena, cos seus cincuenta homes. O xefe, en chegando onda Elías, axeonllouse diante del e suplicoulle: —"Home de Deus, que a miña vida e a destes cincuenta homes, servos teus, sexan preciosas para ti. ¹⁴Ves que caeu lume do ceo e devorou os xefes que me precederon, coas súas cincuentenas. Agora, que a miña vida sexa preciosa para ti".

¹⁵Un anxo do Señor díxolle entón a Elías: —"Baixa con el; non lle teñas medo". E baixou con el onda o rei. ¹⁶Elías díxolle: —"Isto di o Señor: mandaches mensaxeiros consultar a Baal-Zebub, deus de Ecrón, coma se non houbese Deus en Israel, para consulta-la súa palabra. Por iso, do leito ó que subiches, non volverás baixar, pois morrerás sen remedio".

¹⁷E Ocozías morreu, conforme a palabra do Señor por medio de Elías. Como non tiña fillos, sucedeulle no trono o seu irmán Ioram, no ano segundo do reinado de Ioram, fillo de Ioxafat, sobre Xudá. ¹⁸O resto da historia de Ocozías, todo o que fixo, ¿non está escrito no Libro das Crónicas dos reis de Israel?

Elías, arrebatado cara ó ceo

2 ¹Cando o Señor ía arrebatar a Elías nun remuíño cara ó ceo, Elías e Eliseo saíron de Guilgal. ²Elías díxolle a Eliseo:

1, 1 A historia de Ocozías, partida pola división artificial do Libro dos Reis, empezou en 1 Re 22, 52 e remata aquí. Este é o derradeiro relato do ciclo de Elías, agora enfrontado co fillo e sucesor de Acab, coma a conciencia crítica. O que neste momento está en xogo é un tema de curación. Tampouco ese é terreo dos baales, senón do Deus do profeta.
1, 2 Baal Zebub, "señor das moscas", é unha deformación de Baal Zebul, Baal Príncipe, deus dunha das cidades filisteas. Maior deformación en Mt 10, 25; 12, 24, príncipe dos demonios. O profeta denuncia ó rei que manda consultarlle, cando hai en Israel un Deus que é o señor da saúde e da enfermidade, da vida e da morte (Dt 32, 39).
1, 8 Coñecíase a Elías e a outros profetas pola maneira de vestir (1 Re 18, 46; Zac 13, 4; Mt 3, 4).
1, 10-14 Ese poder do profeta, maior có dun exército armado, xa coñecido en 2 Re 2, 23-25.

1, 15 Elías obedece ó mensaxeiro do Señor.
2 Empeza o ciclo de Eliseo, que segue deica 2 Re 8, 29, co relato da súa morte en 2 Re 13, 14-21. A maior parte do ciclo compónse de relatos de milagres, que, coma os milagres de Elías, mostran a acción de Deus nos terreos da fertilidade e da fecundidade, da saúde e da vida. Son os terreos que os profetas tentan de gañar para a teoloxía iavista, en confrontación coas pretensións da relixión naturista cananea. Xunto con eses temas están na tradición de Eliseo as intervencións do profeta nos campos da política e da guerra. En todos eles proclama Eliseo o mesmo que significa o seu nome: Deus é quen salva. Empeza o ciclo con este capítulo, no que Elías, despedirse, transfire a Eliseo o seu manto e os seus poderes proféticos.
2, 1 Elías é, coma Henoc (Xén 5, 24; Eclo 44, 16), arrebatado ó ceo. Pola maneira de dicilo ("foi collido"), pensouse

—"Quédate aquí, porque o Señor mándame a min chegarme a Betel". Respondeulle Eliseo: —"Pola vida do Señor e pola túa vida, que non te deixarei". E foron os dous a Betel.
³Saíron os fillos dos profetas que había en Betel ó paso de Eliseo e dixéronlle: —"¿Sabías que o Señor vai arrebatar hoxe ó teu amo por enriba da túa cabeza?" Respondeu el: —"Xa o sei. ¡Calade!"
⁴Elías díxolle a Eliseo: —"Quédate aquí. O Señor manda que eu me chegue a Iericó". Respondeulle el: —"Pola vida do Señor e pola túa, que non te deixarei". E foron os dous a Iericó. ⁵Os fillos dos profetas de Iericó achegáronse a Eliseo e dixéronlle: —"¿Sabías que o Señor vai arrebatar hoxe ó teu amo por enriba da túa cabeza?" Respondeu el: —"Xa o sei. ¡Calade!"
⁶Elías díxolle a Eliseo: —"Quédate aquí. O Señor quere que eu me chegue ó Xordán". Respondeulle el: —"Pola vida do Señor e pola túa, que non te deixarei". E marcharon os dous.
⁷Cincuenta homes de entre os fillos dos profetas fóronos seguindo desde lonxe, e detivéronse en fronte deles, mentres eles os dous estaban parados na ribeira do Xordán. ⁸Elías colleu o seu manto e dobrouno, e bateu nas augas con el. As augas dividíronse, cara a un lado e cara ó outro, e pasaron os dous a pé enxoito.
⁹Despois de que pasaron, Elías díxolle a Eliseo: —"Pide o que queiras que faga por ti, antes de que sexa arrebatado do teu lado". Eliseo pediu: —"Que do teu espírito reciba eu dúas partes". ¹⁰Respondeulle Elías: —"Pides cousa difícil. Pero terala, se me ves cando eu sexa arrebatado de onda ti; se non, non a terás".
¹¹Mentres ían andando e falando, un carro de lume, con cabalos de lume, separounos, e Elías subiu cara ó ceo nun remuíño. ¹²Eliseo ollaba e berraba: —"¡Meu pai, meu pai, carro e conductor de Israel!"
Cando deixou de velo, Eliseo colleu a súa túnica e rachouna en dúas. ¹³Despois erguéu do chan o manto que lle caera a Elías e foise con el á ribeira do Xordán. ¹⁴Agarrado o manto, bateu con el nas augas, dicindo: —"¿Onde está o Señor, Deus de Elías, onde?" Ó bate-las augas co manto, as augas dividíronse, cara a un lado e cara ó outro, e Eliseo pasou.
¹⁵Os fillos dos profetas que había en Iericó víronno desde en fronte e comentaron: —"O espírito de Elías pousou en Eliseo". Entón saíronlle ó encontro, postráronse diante del ¹⁶e dixéronlle: —"Aquí, entre os teus servos, hai cincuenta homes valentes. Deixa que vaian en busca do teu amo, quizais o espírito do Señor o levantou e o botou nun monte ou nun regato". Eliseo respondeulles: —"Que non vaian". ¹⁷Pero eles insistiron, ata que el se cansou e dixo: —"Pois que vaian". Mandaron cincuenta homes e buscárono por tres días; mais non o atoparon. ¹⁸Volveron onda Eliseo, que seguía en Iericó. E el díxolles: —"¿Non vos dixen que non fosedes?"

Milagres de Eliseo

¹⁹A xente da cidade díxolle a Eliseo: —"Como o noso señor pode ver, o emprazamento da cidade é bo, pero as augas son ruíns e a terra estéril". ²⁰Díxolles el: —"Traédeme un prato novo e botade nel un pouco sal". E eles trouxéronllo. ²¹El foi onda a fonte e botou o sal nela, ó tempo que decía: —"Isto di o Señor: eu purifico estas augas. Xa non sairá da máis esterilidade nin máis morte". ²²E as augas quedaron puras ata hoxe, conforme a palabra de Eliseo.
²³De alí subiu Eliseo a Betel e, cando ía polo camiño, saíronlle os rapaces da cidade e moqueábanse del: —"¡Sube, calvo! ¡Sube,

---

de ámbolos dous que non morreran, senón que están vivos polos ceos. Revelan a algúns o que viron, e agárdase o seu retorno para a era mesiánica (Eclo **48,** 10; Mal **3,** 23; Lc**8,**30).
2, 3 *Os fillos dos profetas,* agrupacións de seguidores dos profetas, en particular de Eliseo. Agrupacións así xa existían no tempo de Samuel (1 Sam **10,** 5ss).
2, 8 *Ó manto* pegouse algo da personalidade do profeta: é un instrumento da súa acción, coma a vara de Moisés (Ex **4,** 1ss; **8,** 15). A división das augas do río recorda o que se conta do mar Rubio e do Xordán, cando pasou Israel con Moisés e con Xosué (Ex **14,** 15ss; Xos **3,** 14-17).
2, 9s *Dúas partes,* coma o herdo do primoxénito (Dt **21,** 17). O carisma profético de Elías pende de que asiste á ascensión de Elías e pode dar testemuño.
2, 12 "Pai" é un título que se dá ó profeta; tamén lle chamará así o rei Ioax a Eliseo (2 Re **13,** 14). "Carro" e "conductor" son termos que proceden do campo militar. O profeta, mellor ca un exército, guía e leva a salvo o pobo de Israel.
2, 15 Despois de Eliseo, tamén os fillos dos profetas se decatan de que o carisma e a forza taumatúrxica de Elías seguen agora no discípulo.
2, 16 Elías non aparece nin morto nin vivo nos contornos. Eliseo quere que a cousa quede así envolta no misterio. É o principio da lenda que o supón vivo no ceo, para vir nos días do Mesías.
2, 19-22 Saneamento das augas de Iericó, coma as de Marah nos días de Moisés (Ex **15,** 25).
2, 23-25 Eliseo confírmase cos poderes de Elías, poder de vida e de morte (1 Re **1,** 9-14), para que non quede dúbida de que Deus se revela por eles.

calvo!" ²⁴El volveuse para atrás, mirounos e maldiciunos no nome do Señor. Entón saíron dous osos da carballeira e destrozaron a corenta e dous de entre os rapaces. ²⁵De alí foi Eliseo para o monte Carmelo, e desde alí volveu despois para Samaría.

Ioram de Israel

3 ¹Ioram, fillo de Acab, empezou a reinar sobre Israel, en Samaría, no ano dezaoito do reinado de Ioxafat en Xudá. Reinou doce anos.
²Fixo o mal ós ollos do Señor, mais non tanto coma seu pai e súa nai, pois retirou a estela que erixira seu pai en honor de Baal.
³Persistiu nos pecados que Ieroboam, fillo de Nabat, fixera cometer a Israel, sen arredar nada deles.

Guerra contra Moab

⁴Mesa, rei de Moab, criaba moito gando, e pagáballe ó rei de Israel un tributo de cen mil cordeiros e a lá de cen mil carneiros. ⁵Pero, á morte de Acab, o rei de Moab revoltouse contra o rei de Israel.
⁶Entón o rei Ioram saíu de Samaría e pasou revista a todo Israel. ⁷Despois mandoulle esta mensaxe a Ioxafat, rei de Xudá: —"O rei de Moab revoltouse contra min. ¿Queres vir ti comigo á guerra contra Moab?" El respondeulle: —"Irei. Conta comigo coma contigo, cos meus soldados coma cos teus, coa miña cabalería coma coa túa". ⁸E preguntou: —"¿Que camiño colleremos?" Respondeulle Ioram: —"O camiño de Edom".
⁹Os reis de Israel, de Xudá e de Edom puxéronse en movemento. Ós sete días de camiño faltou a auga, tanto para o exército coma para os animais que o seguían. ¹⁰O rei de Israel exclamou: —"¡Ai, o Señor convocou estes tres reis para entregalos nas mans de Moab!"
¹¹Entón preguntou Ioxafat: —"¿Non hai por aquí un profeta do Señor, para consultar por el ó Señor?" Un oficial do rei de Israel respondeulle: —"Está aquí Eliseo, fillo de Xafat, que verquía auga nas mans de Elías". ¹²A iso dixo Ioxafat: —"El ten palabra do Señor". E baixaron onda el o rei de Israel, Ioxafat e o rei de Edom.
¹³Entón dixo Eliseo ó rei de Israel: —"¿Que teño eu que ver contigo? Vai onda os profetas de teu pai e onda os profetas de túa nai". Pero o rei de Israel teimou: —"Non; pois o Señor convocou estes tres reis, para entregalos nas mans de Edom". ¹⁴Niso dixo Eliseo: —"¡Pola vida do Señor dos exércitos, a quen sirvo! Se non fose por Ioxafat, rei de Xudá, a ti non che faría caso ningún nin che miraría a cara. ¹⁵Agora traédeme un músico". E mentres o home tocaba a harpa, pousouse a man do Señor sobre Eliseo.
¹⁶Eliseo falou: —"Isto di o Señor: abride nese regato seco moitas canles. ¹⁷O Señor di: non veredes vento nin veredes choiva, pero ese regato seco encherase de auga, e poderedes beber vós, o voso gando e as vosas bestas de carga. ¹⁸Pero isto é pouco ós ollos do Señor. El entregará Moab nas vosas mans. ¹⁹Vós destruiréde-las súas prazas fortes e as cidades fortificadas, talláréde-las árbores mellores, cegaréde-las fontes e cubriredes de pedras os seus máis vizosos agros".
²⁰Pola mañá, á hora da ofrenda, corría a auga da parte de Edom, alagando toda a bisbarra. ²¹Os moabitas, ó seren informados de que aqueles reis querían atacalos, chamaran a tódolos homes rexos para a guerra e puxéranos nas fronteiras. ²²Ó erguérense de mañá, cando o sol brillaba nas augas, os moabitas viañas alá, en fronte deles, rubias coma o sangue. ²³E exclamaron: —"¡Isto é sangue! De seguro que os reis botaron man das súas espadas e matáronse uns ós outros. Agora, Moab, ¡ós espolios!".
²⁴Mais, chegados ó campamento de Israel, o exército israelita levantouse e derrotou ós moabitas, que fuxiron diante deles. Entraron no territorio de Moab e arrasárono.

---

3 No reinado de *Ioram* o historiador recolle un feito no que intervén Eliseo coma árbitro da vida e da morte, na súa condición de mensaxeiro do Señor. É a guerra contra Moab, que Israel cos seus aliados Xudá e Edom conduce polo sur. Mesa, o rei de Moab, fortificárase polo norte e negárale a Israel o pago do tributo. Deixou unha estela escrita na que conta a victoria que lle deu a independencia. O relato bíblico chámalle desfeita, porque o país de Moab quedara daquela arrasado.

3, 7 O relato presenta a *Ioxafat,* rei de Xudá, coma en 1 Re **22,** 29ss, cando vai ver con Acab a Ramot de Galaad. Agora esperaríase que fose Ioram, e non Ioxafat.

3, 8 O longo camiño do sur xustifícase porque Edom, ó sur, vai tamén coma aliado de Israel, e para coller desprevenido a Moab.

3, 11 A consulta ó profeta é requirida polo rei de Xudá, máis mirado có de Israel, coma en 1 Re **22,** 7. Consúltase para saber se hai que expiar primeiro algunha culpa e para sabe-lo parecer do mensaxeiro do Señor. O profeta segue indo co exército á guerra, coma sempre.

3, 13 Refírese ós 450 profetas que en 1 Re **22** aparecen, con Sedecías, enfrontados ó profeta Miqueas. No posto deste é agora Eliseo quen lles bota o desafío desde lonxe.

3, 15 O profeta acode á música para prepararse á inspiración.

3, 18s Oráculo de victoria, cousa que é de esperar do profeta que vai á guerra.

²⁵Estragaron as súas cidades, o bo terreo cubrírono de pedras, cada un tirou a súa; cegaron as fontes e tallaron as árbores mellores. De Quir-Haráxet quedaron soamente as pedras, despois de que a cercaron e a destruíron os arqueiros.

²⁶Vendo que non podía soste-la loita, o rei de Moab colleu consigo setecentos homes armados de espadas, para abrirse camiño cara ó reino de Edom; pero non puideron conseguilo. ²⁷Entón colleu o seu fillo primoxénito, o que ía se-lo sucesor, e sacrificouno enriba das murallas. Daquela houbo tan grande indignación contra os israelitas, que estes se foron de alí e voltaron para a súa terra.

O aceite da viúva

4 ¹A muller dun dos fillos dos profetas laiouse ante Eliseo: —"O meu home, teu servo, morreu, e ti sabes que el era unha persoa que respectaba ó Señor. Agora veu o acredor, para levarme de escravos os dous fillos".

²Eliseo preguntoulle: —"¿Que podo facer por ti? Dime que tes na túa casa". Respondeulle ela: —"A túa serva non ten na casa máis ca unha aceiteira de aceite". ³El díxolle: —"Sae fóra e pídelles olas emprestadas ás veciñas; non te quedes curta en traer olas baldeiras. ⁴Logo, entra na túa casa e pechádevos nela, ti e mailos teus fillos. Enches de aceite esas olas e vas apartando as que estean cheas".

⁵A muller foi e pechouse na casa, ela e os seus fillos. Eles acercábanlle as olas, e ela enchíaas de aceite. ⁶Cando xa estaban todas cheas, díxolle a un dos fillos: —"Dáme outra ola". El díxolle: —"Xa non queda ningunha". E o aceite parou de correr. ⁷Ela foillo contar ó home de Deus, e este díxolle: —"Vai e vende o aceite e págalle ó teu acredor. Ti e mailos teus fillos viviredes co resto".

O fillo da xunamita

⁸Un día que pasaba Eliseo por Xunam, unha muller rica porfioulle que quedase a xantar. Desde aquela, cada vez que pasaba por alí, detíñase a comer. ⁹A muller díxolle ó seu home: —"Escoita, eu sei que ese home de Deus, que pasa sempre por aquí, é un santo varón. ¹⁰Podiámoslle preparar arriba no faiado un cuarto pequeno, cunha cama, unha mesa, unha cadeira e un candeeiro, para que poida descansar, cando pase por onda nós".

¹¹Un día que Eliseo pasaba por alí, retirouse ó cuarto e durmiu nel. ¹²Díxolle á Guehazí, o seu criado: —"Chama a esa xunamita". El chamouna, e ela presentouse diante del. ¹³Eliseo mandoulle dicir: —"Escoita, ti colliches por nós moitas canseiras. ¿Que podo eu facer por ti? Se queres, recoméndote ó rei ou ó xefe do exército". Respondeu ela: —"Eu vivo coa miña xente". ¹⁴Pero Eliseo insistiu: —"¿Que se pode facer por ela?". ¹⁵Guehazí dixo: —"Unha cousa: ela non ten fillos, e o seu home é vello". ¹⁶Entón dixo Eliseo: —"Chama por ela". El chamouna, e ela presentouse onda a porta. Eliseo anuncioulle: —"O ano que vén, por estas datas, terás un fillo no colo". Ela dixo: —"Non, meu señor. Non engáne-la túa serva, home de Deus". ¹⁷Pero a muller concebiu e pariu un fillo, no ano seguinte, naquelas datas, segundo lle dixera Eliseo.

¹⁸O neno medraba ben. Un día saíu en busca de seu pai, que andaba na seitura, ¹⁹e empezou a berrar cara a el: —"¡Ai, miña cabeza, ai, miña cabeza!". O pai díxolle a un criado: —"Lévallo á súa nai". ²⁰E el colleuno e levoullo á nai.

O neno estivo no seu colo ata o mediodía, e nese instante morreu. ²¹Ela levouno arriba e deitouno no leito do home de Deus. Logo pechou a porta e saíu.

²²Chamou polo seu home e díxolle: —"Mándame un criado cunha burra. Voume chegar de seguida onda o home de Deus, e logo volvo". ²³El preguntoulle: —"¿Por que vas onda el hoxe, que non é lúa nova nin sábado?". Pero ela respondeulle: —"Queda con Deus".

²⁴Fixo aparella-la burra e díxolle ó criado: —"Colle o ramal e camiña. Se eu non cho mando, non me fagas deter no camiño". ²⁵E

3, 26 ¿Que vai face-lo fuxidío rei de Moab a Edom, se este era un dos inimigos aliados contra el? Por iso algúns prefiren ler Aram.
3, 27 Texto escuro. Ó ser sacrificado o herdeiro do reino de Moab ó deus Kemox, este encirraríase contra os israelitas. ¿Ou trátase da carraxe dos moabitas? En calquera dos casos, os israelitas retiráronse.
4 Milagres de Eliseo, que falan do poder de Deus sobre a fecundidade e a esterilidade, a vida e a morte. O Deus de Israel vai conquistar polo seu profeta eses terreos que pertencían a Baal, na crenza dos cananeos e mesmo de parte dos israelitas.

4, 1-7 Datos para facerse unha imaxe dos fillos dos profetas. Un milagre de multiplicación da comida.
4, 13 A muller non ve de que lle serve unha recomendación ante o rei. As axudas que lle poidan cumprir viranlle da súa familia.
4, 15 Desde as historias dos patriarcas os fillos son recoñecidos coma regalo de Deus (Sal **127; 128**).
4, 22 Nese momento a muller non lle serve ninguén, senón o home de Deus que lle anunciara ese fillo. O Deus que llo dera por medio del, poderá quizais darllo outra vez.

púxose a camiñar, para encontrarse co home de Deus, que estaba no monte Carmelo. Cando o home de Deus a viu vir desde lonxe, díxolle ó seu criado: —"Alí chega a xunamita. ²⁶Vai agora mesmo correndo ó seu encontro e pregúntalle se están ben ela, o seu home e o seu neno". Ela respondeulle: —"Estamos ben". ²⁷Pero, en chegando onda o home de Deus, na montaña, abrazouse ós seus pés. Guehazí foi para apartala, mais o home de Deus díxolle: —"Déixaa, pois a súa alma está amargada, e o Señor ocultoumo e non mo comunicou". ²⁸Ela dixo: —"¿Pedinlle eu quizais un fillo ó meu señor? ¿Non che dixen que non me enganases?". ²⁹Eliseo dixo a Guehazí: —"Cínguete co meu cinto, colle na man o meu bastón e ponte en camiño. Se te atopas con alguén, non te pares a saudalo; se te saúda el, non lle respondas. Vai e pon o meu bastón sobre a cara do neno". ³⁰Pero a nai do neno exclamou: —"Polo Deus vivo e pola túa vida, que non te deixarei". Entón Eliseo foi canda ela. ³¹Guehazí colléulle-la dianteira e foi poñe--lo bastón sobre a cara do neno; mais este non falaba nin daba sinal de vida. Volveu onda Eliseo e díxolle: —"O neno non esperta". ³²Eliseo entrou na casa e atopou o neno morto, deitado no seu leito. ³³Pechou a porta por dentro, tralos dous, e rezoulle ó Señor. ³⁴Logo subiu no leito e deitouse enriba do neno, estendido sobre el, a boca coa boca, os ollos cos ollos, e as mans coas mans. E o corpo do neno foi quencendo. ³⁵Eliseo púxose entón a dar voltas pola casa, de acá para alá, e volta a subir no leito e tenderse enriba do neno. Así ata sete veces. Niso o neno espirrou e comezou a abri-los ollos. ³⁶Eliseo chamou a Guehazí, para dicirlle: —"Chama a esa xunamita". El chamouna. Entrou ela onda Eliseo, e este díxolle: —"Anda, colle o teu neno". ³⁷Ela entrou e botouse ós seus pés, postrándose por terra. Despois colleu o fillo e saíu.

Outros milagres

³⁸Eliseo volveu para Guilgal. No país pasábase fame. Os fillos dos profetas estaban con Eliseo, e este díxolle ó seu criado: "Pon no lume a ola grande e prepara un caldo para todos". ³⁹Un deles saíu ó campo, pescudando unhas herbas. Atopou unha videira brava e colleu uns morotes, ata encher deles o manto. Volveu con eles, partiunos e botounos na ola do caldo sen sabe-lo que eran. ⁴⁰Botáronlles ós homes o xantar, e en canto estes probaron a comida, empezaron a berrar: —"¡A morte na ola, home de Deus!". E non puideron comer. ⁴¹Eliseo ordenoulles entón: —"Traédeme fariña". El botouna na ola e dixo: —"Sírvella á xente, e que coma". Na ola non había xa cousa danosa.
⁴²Daquela chegou de Baal-Xalixah un home, que lle traía ó home de Deus o pan das primicias: vinte pans de cebada e trigo novo na alforxa. Eliseo díxolle: —"Dállos á xente, e que coman". ⁴³O seu servidor preguntoulle: —"¿Que é isto para cen persoas?". A iso Eliseo respondeu: —"Dállos á xente, e que coman, pois isto di o Señor: comerán e sobrará". ⁴⁴El servíullos á xente, que comeu; e aínda sobrou, conforme a palabra do Señor.

Cura de Naamán

5 ¹Naamán, xefe do exército do rei de Aram, era un home de clase, mirado polo seu amo en moita estima, porque por el dералle o Señor victorias a Aram. Pero este home valente era leproso. ²Nunha das súas batidas, os arameos levaran cativa do país de Israel unha rapaza nova, que quedou logo de criada onda a muller de Naamán. ³Díxolle á súa señora: —"Oxalá o meu señor fose onda o profeta que hai en Samaría. El si que o libraría da súa enfermidade". ⁴Naamán foille dicir ó seu soberano que isto e isto dixera a rapaza israelita. ⁵O rei de Aram aconsellouno: —"Vai alá. Eu dareiche unha carta para o rei de Israel". E Naamán púxose en camiño, levando consigo dez talentos de prata, seis mil siclos de ouro e dez

---

4, 29 O bastón do profeta, coma a vara de Moisés (Ex **4**, 17).
4, 34s O espírito de vida vén de Deus polo home de Deus (1 Re **17**, 17ss; Ez **37**, 1ss; Feit **20**, 9ss).
4, 38-41 Primeiro foran saneadas as augas (2 Re **2**, 19-21); agora, a comida. Proclama que Deus ten a chave da enfermidade e da saúde.
4, 42-44 Multiplicación do pan. Deus ten na súa man o sustento dos homes: El mesmo é o sustento (Mt **14**, 13-21; **15**, 32-38).

5, 1ss A Cura de Naamán é unha nova afirmación do señorío de Deus sobre a saúde e a enfermidade, a vida e a morte, tamén máis alá das fronteiras de Israel. Nas palabras do rei de Israel, soamente Deus ten ese señorío. O profeta vai máis adiante e fai ver esa realidade, na súa mediación. O fin do milagre é a conversión e o seguimento de quen se revela como Deus.
5, 1 A enfermidade de Naamán non parece que fose a lepra, senón outra enfermidade das moitas que hai da pel.

mudas de vestir. ⁶Levaba tamén a carta para o rei de Israel, na que se dicía: —"En recibindo esta carta, verás que che mando o meu ministro Naamán, para que o sanes da lepra".

⁷Cando o rei de Israel leu esta carta, rachou as súas vestes e exclamou: —"¿Seica son eu un deus, con poder de da-la morte ou a vida, para que ese me mande dicir que sane un home da lepra? Fixádevos ben e veredes que me está provocando". ⁸Cando o home de Deus, Eliseo, oíu que o rei de Israel rachara as súas vestes, mandoulle dicir: —"¿Por que rácha-las vestes? Que veña onda min, e saberá que hai un profeta en Israel".

⁹Foi, pois, Naamán, cos seus cabalos e os seus carros, e parouse á entrada da casa de Eliseo. ¹⁰Eliseo mandoulle dicir, por medio dun mensaxeiro: —"Vai e lávate sete veces no Xordán, e o teu corpo quedará limpo". ¹¹Naamán enfadouse, e marchábase, dicindo: —"Eu pensei que sairía el mesmo ó meu encontro, que se poría a invoca-lo nome do Señor, seu Deus, que pasaría logo á súa man sobre a parte doente e que con iso me libraría da miña enfermidade. ¹²¿Seica non valen máis os ríos de Damasco, o Abanah e o Parpar, ca tódalas augas de Israel? ¿Non podo bañarme neles, e así quedar limpo?" E con esas deu volta e íase abufado.

¹³Entón chegáronse onda el os seus criados e dixéronlle: —"Señor, se o profeta che mandase algo doente, ¿non o farías? Canto máis se só che mandou: lávate e quedarás limpo".

¹⁴Baixou el entón ó Xordán e mergullouse na súa auga sete veces, segundo lle mandara o home de Deus. A súa carne tornouse entón coma a dun neno pequeno, e quedou limpo.

¹⁵Volveu Naamán con toda a súa compaña onda o home de Deus e presentóuselle, dicindo: —"Agora recoñezo que non hai deus en toda a terra, fóra do Deus de Israel. Acepta, pois, un regalo do teu servo". ¹⁶Respondeulle Eliseo: —"Polo Señor vivo a quen sirvo, que non aceptarei cousa ningunha". E por moito que lle insistiu para que aceptase, el negouse.

¹⁷Naamán dixo entón: —"Pois logo, permite que o teu servo leve unha carga desta terra, a que poidan cargar dúas mulas, pois o teu servo non ofrecerá holocaustos nin sacrificios a deus ningún, senón só ó Señor. ¹⁸E que o Señor me perdoe unha cousa. Cando o meu amo entre no templo de Rimón para adoralo, apoiado na miña man, e eu mesmo me postre tamén no templo de Rimón, que o Señor perdoe ó teu servo este feito". ¹⁹A iso díxolle Eliseo: —"Vai en paz".

Naamán afastárase xa un longo treito, ²⁰cando Guehazí, criado do home de Deus, Eliseo, se puxo a pensar: —"O meu amo foi mirado de máis con ese arameo, Naamán, non aceptando cousa ningunha de canto lle ofrecía. ¡Polo Señor vivo! Vou correndo tras el, a ver se me dá algunha cousa".

²¹Guehazí botouse detrás de Naamán. Ó velo este correndo detrás del, tirouse do seu carro e saíulle ó encontro. E preguntoulle: —"¿Vai todo ben?" ²²—"Ben. Pero o meu amo mandoume dicirche que acaban de chegar onda el dous mozos dos fillos dos profetas, da montaña de Efraím. Dáme para eles, por favor, un talento de prata e dúas mudas de vestir". ²³Naamán respondeulle: —"Mellor que aceptes dous talentos". E insistiu, ata meterlle en dúas bolsas dous talentos de prata e dúas mudas, que llelos entregou a dous criados para que os levasen ante Guehazí. ²⁴Cando eles chegaron ó outeiro, Guehazí colleuno todo e gardouno na súa casa. Logo despediu os homes, e estes fóronse.

²⁵Despois foi Guehazí presentarse ó seu amo. Eliseo preguntoulle: —"¿De onde vés, Guehazí?" El respondeulle: —"O teu servo non foi a ningún lado". ²⁶Eliseo díxolle: —"¿Non ía contigo o meu espírito, cando un home saltaba do seu carro ó teu encontro? ¿Son horas de coller prata e vestidos e de adquirir oliveiras e viñas, rabaños e gando, servos e servas? ²⁷A lepra de Naamán apegaráseche a ti e ós teus descendentes, para sempre". E Guehazí saíu co mal gafo de onda el, dun brancor coma de neve.

5, 6-8 O rei de Aram non distingue entre a maxia e a relixión, cousa que fai o rei de Israel, mesmo tampouco el non sabe de que vai. O profeta é a testemuña e o instrumento da forza do Señor para sanar.
5, 11s A decepción de Naamán serve para pór en claro que o que conta no milagre non é o atuendo, a acción ou a auga, senón a actitude do home, o cambio da persoa.

5, 17-19 Anque se está mesturada coa idea máxica da terra e se non distingue entre a idolatría só formal e a verdadeira, a actitude de Naamán acaba sendo a dun convertido que recoñece ó Señor.
5, 20-27 O criado de Eliseo atrae a enfermidade de Naamán (Núm **12,** 10), por querer tirar proveito para si da función do profeta (Miq **3,** 5).

O machado na auga

6 [1] Os fillos dos profetas dixéronlle a Eliseo: —"O sitio onde vivimos contigo énos estreito de máis. [2] Déixanos ir onda o Xordán. Cada un collerá unha viga, e faremos alí un sitio para vivir". El respondeulles: —"Ide". [3] Un de entre eles pediulle: —"Fainos este favor: ven ti tamén cos teus servos". El respondeulles: —"Irei". [4] E Eliseo foise con eles.

Chegaron onda o Xordán e puxéronse a cortar madeira. [5] Cando un deles cortaba a súa árbore, caeulle na auga a folla do machado, e empezou a berrar: —"¡Ai, meu señor, que era emprestada!". [6] O home de Deus preguntoulle: —"¿Onde caeu?". E o outro indicoulle o sitio. Eliseo cortou unha rama e botouna alí, e o machado emerxeu. [7] Díxolle: —"Agárrao". E o outro estendeu a man e agarrouno.

Eliseo cega o exército arameo

[8] O rei de Aram facíalle a guerra a Israel. Celebrou consello cos seus ministros e tomou esta decisión: —"Porémo-lo campamento naquel sitio". [9] Entón o home de Deus mandoulle dicir ó rei de Israel: —"Gárdate de pasar por ese sitio, pois están para baixar alí os arameos". [10] O rei de Israel mandou recoñece-lo lugar que dixera o home de Deus, tomando as debidas precaucións. Iso mesmo pasou non unha nin dúas veces.

[11] O rei de Aram estaba inquedo por tal feito, e convocou os seus oficiais para dicirlles: —"¿Dirédesme quen de nós informa ó rei de Israel?". [12] Un dos oficiais respondeulle: —"Non, rei, meu señor. É Eliseo, un profeta que hai en Israel, quen informa ó rei de Israel das palabras que ti dis mesmo na túa alcoba". [13] O rei ordenou entón: —"Ide ver onde está, e mandarei prendelo". Dixéronlle: —"Está en Dotán". [14] E el mandou alá unha forte compaña de soldados, con cabalos e carros. Chegaron alí de noite e cercaron a cidade.

[15] O criado do home de Deus ergueuse cedo e viu, ó saír, que exército cercaba a cidade, con cabalos e carros. E díxolle ó home de Deus: —"Ai, meu señor, ¿como faremos?". [16] Respondeulle el: —"Non teñas medo, pois hai máis connosco ca con eles". [17] Eliseo rezou: —"Señor, ábrelle os ollos para que vexa". E o Señor abriu os ollos do criado, e este viu o monte cuberto de cabalos e de carros de lume, que cercaban a Eliseo. [18] Cando os arameos baixaban onda Eliseo, este pediulle ó Señor: —"Deixa cega a esta xente". E quedaron todos cegos, conforme pedira Eliseo. [19] Este díxolles: —"Non é este o camiño nin é esta a cidade. Seguídeme, que eu vos levarei onda o home que buscades". E conduciunos a Samaría. [20] Cando entraban en Samaría, Eliseo pediu: —"Señor, ábrelle-los ollos a estes, e que vexan". O Señor abríulle-los ollos, e decatáronse que estaban no medio de Samaría.

[21] O rei de Israel, ó velos, preguntoulle a Eliseo: —"¿Mátoos, meu pai?". [22] El respondeulle: —"Non os mates. ¿Ou matarías coa túa espada e co teu arco ós que ti non colliches prisioneiros? Sírvelles pan e auga, que coman e que beban, e que volvan onda o seu amo". [23] O rei preparoulles un banquete e, despois que comeron e beberon, despediunos, e eles volveron onda o seu señor. As bandas arameas non volveron entrar no territorio de Israel.

O cerco de Samaría

[24] Transcorrido algún tempo, Benhadad, rei de Aram, reuniu os seus exércitos e foi pór cerco a Samaría. [25] Daquela en Samaría pasábase moita fame. O cerco era tan estreito, que a cabeza dun burro se chegou a pagar a oitenta siclos de prata, e un cuarto de maquía de esterco de pomba a cinco siclos. [26] Pasando o rei pola muralla, berroulle unha muller: —"¡Socórreme, rei, meu señor!". [27] O rei respondeulle: —"Se non te socorre o Señor, ¿con que poderei facelo eu? ¿Con algo da artesa ou algo da adega?". [28] E despois preguntoulle: —"¿Que é o que che pasa?". E ela respondeulle: —"Esta muller propúxome: trae o teu fillo e comámolo hoxe, e mañá comerémo-lo meu. [29] Cocémo-lo meu fillo e comémolo, e cando, ó outro día, eu lle dixen: trae agora o teu fillo e comámolo, ela escondeuno".

[30] Cando o rei oíu o que dicía a muller, rachou as súas vestes. Como pasaba por riba da muralla, a xente puido ver que por dentro da roupa, ía vestido de saco. [31] Daquela o

---

6, 1-7 No pequeno círculo dos fillos dos profetas: unha nova experiencia do acorro de Deus, tamén nas cousas pequenas.
6, 8-23 O profeta é testemuña de presencia de Deus nas relacións entre os pobos: nas guerras de Israel cos arameos. O relato descobre unha orde de seguridade e de barileza, que non ten par nas armas dos exércitos. Os que ían prende-lo profeta, encóntranse vencidos por el, protexidos e agasallados.
6, 24-33 Nese cadro de extrema carestía e de humanidade descomposta, o rei ten claro que só Deus pode axudar; pero fáltalle a esperanza.
6, 25 *Esterco de pomba*, texto incerto.

rei xurou: —"Que Deus me castigue, se a cabeza de Eliseo, fillo de Xafat, queda hoxe enriba dos seus ombros".
³²Ó tempo, Eliseo atopábase na súa casa, e os anciáns sentados con el. O rei mandou diante del un mensaxeiro. Pero, antes de que este chegase, Eliseo díxolles ós anciáns: —"¿Sabedes que ese fillo de asasino mandou alguén que me cortase a cabeza? Mirade, cando chegue o mensaxeiro, vós cerrádeslle a porta e empuxádelo con ela. ¿Non se senten xa detrás del os pasos do seu amo?".
³³Aínda estaba el falando con eles, cando chegou o rei e dixo: —"Esta desgracia mandouna o Señor. ¿Que podemos aínda esperar del?".

Liberación de Samaría

7 ¹Eliseo dixo entón: —"Escoita a palabra do Señor: mañá, destas horas, unha fanega de flor de fariña conseguirase por un siclo, e por un siclo tamén dúas fanegas de orxo, ás portas de Samaría". ²O oficial que daba o seu brazo ó rei para apoio replicoulle ó home de Deus: —"Aínda que abrise Deus fiestras no ceo, ¿pasaría tal cousa?". El respondeulle: —"Halo ver cos teus ollos, pero ti non o probarás".
³Ás portas de Samaría sentaban catro leprosos, que estaban con esta conversa: —"¿Que estamos facendo aquí, agardando a morte? ⁴Se decidimos entrar na cidade, coa fame que hai nela, morreremos alí; se quedamos aquí, morreremos tamén. Vamos agora mesmo ó campamento arameo. Se nos deixan con vida, viviremos; e se nos matan, matáronnos".
⁵Ó anoitecer decidíronse a entrar no campamento arameo e, cando chegaron cerca del, viron que alí non había ninguén. ⁶O Señor fixera resoar no campamento arameo estrondo de carros e caballos e dun exército poderoso; e entón dixéronse uns ós outros: —"O rei de Israel contratou contra nós os reis hititas e os exipcios". ⁷E niso, ó anoitecer, saíron todos fuxindo, abandonando os seus cabalos e os seus carros e o campamento como estaba; e escaparon para salvaren as súas vidas.
⁸En chegando ó campamento, os leprosos aqueles entraron nunha tenda, onde puideron comer e beber e de onde levaron prata, ouro e roupas, que foron acochar. Despois entraron noutra tenda, colleron tamén o que había e fórono esconder. ⁹Entón falaron entre eles: —"O que estamos facendo non é xusto. Hoxe é un día de boas novas. Se calamos e esperamos que amañeza, caeremos en culpa. Vamos coa nova ó pazo do rei, agora mesmo".
¹⁰Foron á cidade, chamaron polos gardas da porta e informaron: —"Fomos ó campamento arameo e vimos que alí non había ninguén nin se oía voz de home; soamente cabalos e burros amarrados, e as tendas tal como as ergueran". ¹¹Os gardas fixérono saber, e levaron a nova ata o pazo real.
¹²O rei ergueuse de noite e comentou cos seus ministros: —"Vouvos dicir o que argallan os arameos contra nós. Saben que estamos famentos, e saíron do campamento para esconderse na campía. Pensan que nós sairemos da cidade, e que poderán collernos vivos e entrar na cidade".
¹³Un dos ministros propuxo: —"Collamos cinco cabalos, dos que nos quedan aínda na cidade, pois ó cabo están perecendo coma as xentes de Israel, e mandémolos pescudar que é o que pasa". ¹⁴O rei mandou uns homes que collesen dous carros con cabalos e que fosen detrás do exército arameo; e ordenoulles: —"Ide e vede o que pasa". ¹⁵Eles fóronos seguindo ata o Xordán, e viron que todo o camiño estaba cheo de roupas e de obxectos que, na présa por escapar, ían guindando os arameos. Os mensaxeiros deron a volta e contáronlle ó rei. ¹⁶Entón saíu a xente toda saquea-lo campamento arameo. A fanega de flor de fariña chegou a venderse por un siclo, e por un siclo tamén dúas fanegas de orxo, conforme a palabra do Señor. ¹⁷O rei encargara a garda da porta ó oficial que lle daba apoio co seu brazo, e a xente atropelouno onda a mesma porta, e

---

6, 32s O historiador quere asentar que os reis non salvaron a Israel; non fixeron nese sentido cousa boa, nin puxeron a esperanza na boa dirección, nin sequera gardaron compostura diante dos profetas que os podían aconsellar. Ese foi o caso de Acab co profeta Elías (1 Re 18, 1ss) e o de Acaz con Isaías (Is 7).
7 O profeta anuncia a liberación de Samaría. Eliseo quere afirmar que Deus salva o seu pobo, mesmo se o pobo non pon a esperanza nel, nin se decatan nin pobo nin rei de que é Deus quen os salva.

7, 3ss Os leprosos son aquí os que teñen a mente máis limpa e máis esperto o sentido do deber.
7, 6 Calquera cousa pode converterse en instrumento de Deus.
7, 12 O rei aparece, coma sempre, alleo ó que está en xogo.
7, 16-20 Atención ó cumprimento das palabras de Eliseo sobre a liberación de Samaría. O autor non nos deixa esquecer que un dos seus temas preferidos é o do funcionamento da palabra de Deus.

morreu, segundo dixera o home de Deus, cando fora o rei falar con el. [18]O home de Deus dixéralle ó rei: —"Mañá destas horas, ás portas de Samaría, dúas fanegas de orxo compraranse por un siclo, e por un siclo tamén unha fanega de flor de trigo". [19]Ó que o oficial do rei lle respondera: —"Aínda se o Señor abrise fiestras no ceo, ¿pasaría tal cousa?" Ó que Eliseo respondera: —"Halo ver cos teus ollos, pero ti non o probarás". [20]Iso foi o que lle pasou. A xente atropelouno onda a mesma porta e morreu.

Volta da xunamita

8 [1]Eliseo díxolle á nai do neno que el reanimara: —"Vai, colle a túa familia, e ide vivir onde vos pareza; porque o Señor chamou a fame, e asoballará este país por sete anos". [2]A muller puxo por feito o que home de Deus lle dicía. Foise coa súa familia á terra dos filisteos e estivo alí sete anos. [3]Ó cabo dos sete anos, regresou de onda os filisteos, e foi reclamar cabo do rei a súa casa e os seus eidos.

[4]O rei estaba nese intre de conversa con Guehazí, criado do home de Deus, pedíndolle que lle contase os milagres que tiña feito Eliseo. [5]Cando lle estaba referindo como fixera revivir un neno morto, presentouse alí a nai do neno, reclamando do rei a súa casa e os seus eidos. Guehazí dixo: —"Rei, meu señor, esta é a muller e este é o neno que Eliseo reanimou". [6]O rei interrogou entón á muller, e ela contoulle todo. Despois puxo o rei un oficial ás súas ordes, con este mandato: —"Fai que lle volvan a esta muller todo o que é dela, xunto cos réditos da terra, desde o día en que a abandonou ata agora".

Eliseo e Hazael

[7]Eliseo chegouse logo a Damasco. Benhadad, rei de Aram, atopábase doente, e anunciáronlle que chegara alí o home de Deus. [8]Entón díxolle o rei a Hazael: —"Leva contigo un regalo, vai onda o home de Deus e consulta por el o Señor se sandarei ou non desta doenza".

[9]Hazael foi axiña onda o home de Deus, levando consigo un regalo de corenta camelos cargados cos mellores productos de Damasco. Chegou alá e presentóuselle, dicindo: —"O teu fillo Benhadad, rei de Aram, mandou que che consultase se o rei sandará desta doenza". [10]Eliseo respondeulle: —"Vai e dille que certamente sandará desa doenza. Pero o Señor reveloume que sen remedio vai morrer".

[11]Despois o home de Deus quedou coa cara fixa, aquelado e turbado, e botouse a chorar. [12]Hazael preguntoulle: —"¿Por que chora o meu señor?" El respondeulle: —"Porque sei o dano que ti farás ós israelitas: queimara-las súas facendas, matarás coa espada os máis novos, esmagara-los seus nenos e desventrara-las mulleres embarazadas".

[13]A iso dixo Hazael: —"Pero ¿quen é o teu servo, este can, para que poida facer cousas tan terribles?" Respondeulle Eliseo: —"O Señor fíxome ver que serás rei de Aram".

[14]Hazael marchou de onda Eliseo e volveu onda o seu amo. Este preguntoulle que lle dixera Eliseo. El respondeulle: —"Díxome que sandarás". [15]Ó día seguinte colleu Hazael un cobertor, ensopouno de auga, estendeullo enriba da cara, e o rei morreu. Hazael sucedeulle no trono.

Ioram de Xudá

[16]No ano quinto do reinado de Ioram, fillo de Acab, en Israel, empezou a reinar en Xudá Ioram, fillo de Ioxafat. [17]Tiña trinta e dous anos e reinou oito anos en Xerusalén. [18]Seguiu o camiño dos reis de Israel, como fixera a familia de Acab, de quen tomou unha filla por muller. Fixo o mal ós ollos do Señor. [19]Mais o Señor non quixo esmagar a Xudá (aínda con iso), por mor do seu servo David, a quen prometera manterlle sempre unha lámpada, a el e a seus fillos.

8, 1-6 Segue a historia da xunamita, comezada en 2 Re **4,** 8-37. O presente relato, de emigración en tempos de fame e despois volta á terra, é parella á historia de Elías (1 Re **17**), para non falar das tradicións dos patriarcas e do libro de Rut.
8, 5 Na ausencia da muller, outros —quizais os funcionarios do rei— botaran man dos seus bens.
8, 7-15 Un anuncio profético, co correspondente cumprimento. Mostra a actividade do profeta máis alá de Israel. Xa no ciclo de Elías estaba prevista a acción do Señor polo profeta no reino de Aram (1 Re **19,** 15). No pranto de Eliseo estase adiantando outro anuncio, que terá na súa hora o correspondente cumprimento.

8, 8 A consulta do rei de Aram sobre a saúde ó Deus de Israel, ten xa un precedente no caso de Naamán (2 Re **5**), e un contrapunto no caso do rei de Israel, Ocozías, consultando a Baal Zebub (1 Re **1,** 2ss).
8, 10 Non morrerá da enfermidade, pero morrerá asasinado polo mesmo Hazael, que usurpa o seu trono (v 15).
8, 11 As expresións de Eliseo traducen o seu sentimento por ese futuro que está vendo. É unha maneira de anuncialo.
8, 18 Ioram meteu en Xudá os costumes idolátricos de Israel, polo seu matrimonio con Atalía, filla de Acab (ou irmá: v 26).

²⁰Nos días de Ioram revoltouse Edom contra o dominio de Xudá e proclamouse un rei. ²¹Ioram pasou a Seir con tódolos seus carros. Erguéndose de noite, desbaratou os edomitas que o tiñan cercado a el e ós xefes dos carros. Pero o exército fuxiu para as súas tendas. ²²Así foi como Edom quedou ceibe de Xudá ata o día de hoxe. Naquela ocasión revoltouse tamén Libnah.

²³O resto da historia de Ioram, todo o que fixo, ¿non está escrito no Libro das Crónicas dos reis de Xudá? ²⁴Ioram adormeceu con seus pais, e enterrárono con eles na cidade de David. Sucedeulle no trono o seu fillo Ocozías.

Ocozías de Xudá

²⁵No ano doce do reinado de Ioram, fillo de Acab, en Israel, empezou a reinar en Xudá Ocozías, fillo de Ioram. ²⁶Ocozías tiña entón vintedous anos, e reinou un ano en Xerusalén. A súa nai chamábase Atalía, filla de Omrí, rei de Israel.

²⁷Ocozías seguiu o camiño da familia de Acab, facendo o mal ós ollos do Señor, como a familia de Acab coa que emparentara. ²⁸Ocozías foi con Ioram, fillo de Acab, loitar contra Hazael, rei de Aram, en Ramot de Galaad. Daquela os arameos feriron a Ioram. ²⁹Para curarse das feridas dos arameos en Ramot, no combate contra Hazael, rei de Aram, o rei Ioram volveuse a Iezrael. Estando alí doente, foi visitalo Ocozías, fillo de Ioram, rei de Xudá.

Iehú, rei de Israel

9 ¹O profeta Eliseo chamou a un dos fillos dos profetas e encargoulle: —"Cingue o cinto, colle este frasco de aceite e vai a Ramot de Galaad. ²Cando chegues alá, pescuda onde está Iehú, fillo de Ioxafat, fillo de Nimxí. Entras onda el, afástalo dos seus compañeiros e lévalo a un sitio reservado. ³Cólle-lo frasco do aceite e vérquesllo na cabeza, dicindo: isto di o Señor: únxote por rei de Israel. Logo ábre-la porta, e vaste, sen máis demora".

⁴O xove profeta foi a Ramot de Galaad. ⁵Chegou e encontrou en xunta ós xefes do exército, e dixo: —"Teño unha palabra para ti, xefe". Iehú preguntou: —"¿Para quen de nós?" El respondeulle: —"Para ti, xeneral". ⁶Iehú levantouse e entrou na casa, e o profeta verqueulle o aceite na cabeza, dicindo: —"Isto di o Señor, Deus de Israel: únxote por rei do pobo do Señor, de Israel. ⁷Desbaratara-la casa de Acab, teu señor, e eu vingarei en Iezabel o sangue dos meus servidores, os profetas, e o sangue de tódolos servos do Señor. ⁸Perecerá toda a familia de Acab. Exterminareille a Acab en Israel todo varón, escravo ou libre. ⁹Farei coa familia de Acab o que fixen coa de Ieroboam, fillo de Nabat, e coa de Baxá, fillo de Ahías. ¹⁰E a Iezabel comerana os cans no agro de Iezrael, sen que ninguén lle dea terra". Dito iso, o profeta abriu a porta e marchou.

¹¹Iehú saíu para xuntarse cos oficiais do seu soberano, que lle preguntaron: —"¿Vai todo ben? ¿Que che quería ese tolo?" El respondeulles: —"Xa coñecéde-lo home e a súa canción". ¹²Pero eles insistiron: —"¡Men-tira! ¡Conta, conta!" Iehú entón confesoulles: —"Exactamente díxome así: isto di o Señor: únxote por rei de Israel". ¹³De seguida colleron eles cadanseu manto, botáronos ós seus pés, sobre as gradas, tocaron a trompeta e aclamaron: —"¡Iehú é rei!"

¹⁴Entón Iehú, fillo de Ioxafat, fillo de Nimxí, urdiu contra Ioram a súa conxura. Ioram estaba con todo Israel defendendo Ramot de Galaad contra Hazael, rei de Aram. ¹⁵O rei Ioram volvérase a Iezrael, para curarse das feridas que lle fixeran os arameos, na guerra con Hazael, rei de Aram.

Iehú propuxo: —"Se vos parece ben, que ninguén saia da cidade para leva-la nova a Iezrael". ¹⁶E axiña, el montou no seu carro e

---

8, 20-22 *Edom* pagaba tributo desde os días de David e tomaba parte nas loitas de Xudá (2 Re 3, 9). Agora a rota do sur e o paso para o mar Rubio quedan nos seus dominios. Libnah era unha cidade fronteiriza entre Xudá e os filisteos.

8, 29 Ocozías morreu, coma Ioram, á man dos arameos, na loita por Ramot de Galaad (2 Re 9, 27s).

9-10 Historia da unción de Iehú e da súa revolta. Esta leva consigo a morte dos reis de Israel e de Xudá, a de Iezabel, viúva de Acab, a da familia do rei e a dos seus partidarios e mesmo a dos parentes do rei de Xudá. Rematan todas esas matanzas coa dos adoradores de Baal. Neste baño de sangue acábase a dinastía de Acab, causa de rexa tensión nos ciclos de Elías e Eliseo, co cumprimento de tódalas sentencias pronunciadas. O relato, desde o punto de vista artístico, está moi logrado.

9, 1-13 A unción de Iehú é obra indirecta de Eliseo, feita por un dos fillos dos profetas. En 1 Re **19,** 16 fóralle encomendada a Elías; cumpriuna o seu sucesor, que lexitimou carismaticamente o novo rei (1 Sam **10,** 1; **16,** 13; 1 Re **11,** 29-39).

9, 7-10 A sentencia deuteronomista sáese do estilo do relato.

9, 11 Lixeireza no xeito de falar dun profeta (Xer **29,** 26; Os **9,** 7), que de ningunha maneira contradí o seu recoñecemento.

9, 14-29 *Conxura de Iehú,* coa morte dos dous reis. Relato vivo e ben acabado.

foise a Iezrael, onde estaba Ioram doente e onde fora visitalo Ocozías, rei de Xudá.

¹⁷En Iezrael, o vixía que facía a garda na torre viu vi-la tropa de Iehú, e berrou: —"Vexo vir unha tropa". Ioram ordenou: —"Colle e manda un xinete ó seu encontro, e que pregunte se hai boas novas". ¹⁸Saíu o xinete ó seu encontro e dixo: —"Isto di o rei: ¿Hai boas novas?" Iehú respondeulle: —"¿Que che importan a ti as boas novas? Ponte detrás de min".

O vixía comunicou: —"O recadeiro chegou onda eles e non volve". ¹⁹Entón mandou outro xinete, que chegou xunto deles e dixo: —"Isto di o rei: ¿Hai boas novas?" Respondeulle Iehú: —"¿Que che importan a ti as boas novas? Ponte aí detrás".

²⁰A sentinela comunicou: —"Chegou onda eles e non volve. O que guía o carro faino coma Iehú, fillo de Nimxí, pois guía coma un tolo". ²¹Ioram ordenou entón: —"¡Enganchade!" Engancháronlle o carro e saíron Ioram, rei de Israel, e Ocozías, rei de Xudá, cada un no seu carro. Correron ó encontro de Iehú e tropezáronse no herdo de Nabot de Iezrael.

²²Cando Ioram viu a Iehú, preguntoulle: —"¿Boas novas, Iehú?" Iehú respondeulle: —"¿Como queres que haxa boas novas, mentres duran as prostitucións de túa nai Iezabel e as súas feiticerías?" ²³Ioram niso pegou a volta e escapou, ó tempo que lle berraba a Ocozías: —"¡Traición, Ocozías!"

²⁴Pero Iehú tensou o arco e acertoulle coa frecha a Ioram, no medio das costelas, de xeito que lle atravesou o corazón, e caeu morto no seu carro. ²⁵Iehú díxolle entón ó seu axudante Bidcar: —"Cólleo e bótao no herdo de Nabot de Iezrael. Pois lembraraste de que, cando iamos xuntos ti e mais eu, montados detrás de seu pai Acab, o Señor pronunciou conta el esta sentencia: ²⁶¿Non vin eu aquí onte o sangue de Nabot e o dos seus fillos? Palabra do Señor. Pois neste mesmo agro dareiche eu o teu merecido, Palabra do Señor. Cólleo, pois, e guíndao neste herdo, conforme a palabra do Señor".

²⁷Á vista disto, Ocozías, rei de Xudá, liscou polo camiño de Bet-Hagán. Pero Iehú foino perseguindo e berrando: —"¡A el tamén!" E feríono no seu carro, na costa de Gur, cerca de Ibleam. El seguiu fuxindo cara a Meguido, onde morreu. ²⁸Os seus servidores leváronno no seu carro a Xerusalén e enterrárono na cidade de David, no túmulo de seus pais. ²⁹Ocozías empezara a reinar en Xudá no ano once do reinado de Ioram, fillo de Acab.

³⁰Iehú entrou en Iezrael. Iezabel, ó sabelo, enfeitou os ollos, peiteou os cabelos e debruzouse no corredor. ³¹Cando Iehú entraba pola porta, ela díxolle: —"¿Traes boas novas, Zimrí, asasino do teu señor?" ³²El ergueu entón os ollos cara ó corredor, e preguntou: —"¿Quen está aí da miña parte, quen?" Apareceron dous ou tres eunucos, ³³e el díxoles: —"Botádea embaixo". E eles guindárona. O seu sangue salferiu a parede e os cabalos, que a esmagaron.

³⁴Iehú entrou, comeu e bebeu, e logo dixo: —"Facédevos cargo desa maldita e enterrádea; á fin, é filla de rei". ³⁵Cando foron para enterrala, non atoparon dela máis cá caveira, os pés e as mans. ³⁶Voltaron para dicirllo, e Iehú comentou: —"É o que o Señor tiña anunciado polo seu servo Elías o texbita, cando dixo: no agro de Iezrael comerán os cans a carne de Iezabel. ³⁷O seu cadáver será coma esterco no agro, no herdo de Iezrael, de xeito que ninguén póderá dicir: esa é Iezabel".

Reinado sanguento de Iehú

10 ¹En Samaría vivían setenta fillos de Acab. Iehú escribiu cartas e mandounas a Samaría, ós maxistrados da cidade, ós anciáns e ós mestres dos fillos de Acab. Nelas dicíalles: ²—"Cando vos chegue esta carta, xa que tedes convosco os fillos do voso señor, e tedes tamén os seus carros, os seus cabalos, unha cidade fortificada e armas, ³vede cal dos fillos do voso señor é o mellor e o máis xusto, sentádeo no trono do seu pai e dispódevos a loitar pola familia do voso señor". ⁴Eles, mortos de medo, dixeron: —"Se entre os dous reis non lle puideron facer fronte, ¿como lla faremos nós?"

⁵Entón o maiordomo do pazo, o gobernador da cidade, os anciáns e os mestres mandáronlle dicir a Iehú: —"Nós somos todos

---

9, 15 Iehú prefire os feitos consumados, primeiro de facer sabe-las súas intencións.
9, 26 Cumprimento do anunciado en 1 Re 21, 19.29.
9, 31 Co nome de Zimrí recorda outro militar conspirador, que matou ó rei Elah, para reinar logo soamente sete días (1 Re 16, 9s). ¿É isto o que Iezabel quere agora suliñar?

9, 36s Coa morte de Iezabel cúmprese outra palabra dita por boca dun profeta (1 Re 21, 23).
10, 1-10 A morte dos fillos do rei é un relato que arrepía, pola crueza e a friaxe, polo sarcasmo cos nobres comprometidos na matanza e porque se fai en cumprimento dunha palabra de Deus. Diante diso queda pequeno o crime da revolta e da morte do rei.

servos teus e farémo-lo que nos mandes. Non elixiremos ningún rei. Fai ti como che pareza".

⁶Iehú escribiulles outra carta, na que dicía: —"Se vós estades comigo e me obedecedes, vinde onda min a Iezrael, mañá destas horas, e traédeme as cabezas dos fillos do noso señor". Os setenta fillos do rei estaban cos grandes da cidade, que os criaban. ⁷En recibindo eles a carta, colleron ós fillos do rei, mataron ós setenta, puxeron en cestos as cabezas e mandáronllas a Iehú, a Iezrael. ⁸Entrou onda el o recadeiro e anuncioulle: —"Trouxeron as cabezas dos fillos do rei". E el ordenou: —"Poñédeas en dous montóns, ás portas da cidade, ata mañá pola mañá". ⁹Pola mañá saíu Iehú, e en pé diante de toda a xente, dixo: —"Vós sodes inocentes. Eu conspirei contra o meu señor e mateino. Pero a todos estes ¿quen os matou? ¹⁰Vede como non cae polo chan ningunha das palabras que dixera o Señor contra a familia de Acab. O Señor cumpre o que dixo polo seu servo Elías".

¹¹Iehú acabou tamén cos que quedaban da casa de Acab en Iezrael, os grandes, os parentes, os sacerdotes, sen deixar restos de ninguén. ¹²Despois colleu e foise a Samaría. Cando, polo camiño, chegaba a Bet-Équed-Haroim, ¹³atopouse Iehú cos irmáns de Ocozías, rei de Xudá, e preguntoulles: —"¿Vós, quen sodes?" Respondéronlle eles: —"Somos irmáns de Ocozías e imos visita-los fillos do rei e os fillos da raíña". ¹⁴Iehú ordenou: —"Collédeos vivos". Colléronos vivos, e logo esganáronos onda a alberca de Bet-Équed. Eran corenta e dous homes, e non quedou sequera un.

¹⁵Iehú seguiu máis adiante e encontrouse con Ionadab, fillo de Recab, que viña ó seu encontro. Iehú saudouno e preguntoulle: —"¿Es ti sincero comigo, coma o son eu contigo?" Ionadab respondeulle: —"Son". —"Entón dáme a man". El deulle a man, e Iehú gurrou del para o seu carro. ¹⁶E díxolle: —"Vén comigo e vera-lo meu celo polo Señor". E levouno con el no seu carro. ¹⁷Iehú entrou en Samaría e matou os que quedaban alí da casa de Acab, ata acabar con toda a familia, como dixera o Señor por medio de Elías. ¹⁸Despois reuniu Iehú ó pobo todo e faloulles: —"Acab serviu un pouco a Baal; Iehú servirao moito máis. ¹⁹Convocade onda min a tódolos profetas de Baal, os seus adoradores e os seus sacerdotes. Que non falte ningún, porque quero ofrecer a Baal un gran sacrificio. Aquel que falte non vivirá". Iehú procedía arteiramente, para ver de acabar dunha vez con tódolos adoradores de Baal. ²⁰Logo ordenou: —"Convocade asemblea santa en honor de Baal". E convocárona. ²¹Iehú mandou recado por todo Israel, e viñeron tódolos devotos de Baal, sen fallar nin sequera un. Reuníronse todos no santuario de Baal, que se encheu de parede a parede. ²²Iehú ordenoulle ó garda do vestuario: —"Tira vestiduras para os devotos de Baal". E el tirou vestes para todos. ²³Niso entrou Iehú con Ionadab, fillo de Recab, no templo de Baal e díxolles ós seus adoradores: —"Asegurádevos de que non hai entre vós ningún servidor do Señor, senón só os devotos de Baal". ²⁴Entón comezaron a ofrecer sacrificios e holocaustos.

Iehú apostara fóra oitenta homes, con esta encomenda: —"O que deixe zafarse un destes homes que poño nas vosas mans, pagará por el coa súa vida". ²⁵Cando acabaron de ofrece-lo holocausto, Iehú mandou ós gardas e ós oficiais: —"Entrade e matádeos. Que non fuxa ningún". Os gardas e os oficiais matáronos a fío de espada, e despois botáronos fóra. Entraron logo no camarín de Baal, ²⁶retiraron del a estela e queimárona, ²⁷destruíron o altar de Baal, derrubaron o templo e convertérono en esterqueiro, ata hoxe.

²⁸Deste xeito foi como acabou Iehú con Baal en Israel. ²⁹Pero Iehú non se afastou dos pecados que Ieroboam, fillo de Nabat, fixera cometer a Israel, cos becerros de ouro de Betel e de Dan. ³⁰O Señor comunicoulle: —"Xa que tiveches un bo comportamento, facendo o que é xusto ós meus ollos, e tratarches como eu decidira á familia de Acab, os teus fillos sentarán no trono de Israel, ata a cuarta xeración".

³¹Pero Iehú non procurou segui-la lei do Señor, Deus de Israel, con todo o seu corazón. Non se afastou dos pecados que Ieroboam fixera cometer a Israel. ³²Entón empezou o Señor a mingua-lo territorio de Israel.

10, 15 *Ionadab, fillo de Recab*, encabeza o movemento dos recabitas, que coa súa forma de vida nomadizante condenan as desviacións de Israel asentado en Canaán (Xer **35**, 1-11). Comparte a revolta de Iehú e amóstrase de acordo co exclusivismo do culto iavista.

10, 25 Semellante ó feito de Elías cos profetas de Baal (1Re **18**,40).

10, 28ss O xuízo do historiador sobre Iehú é positivo, porque acabou coa dinastía de Acab. Algunhas reservas, porque non suprimiu os santuarios que condena a lei, cousa que fará Ioxías.

Hazael bateuno en tódalas fronteiras, ³³desde o Xordán cara ó nacente, cos territorios de Galaad, de Gad, de Rubén e de Menaxés, e desde Aroer, que está onda o Arnón, ademais de Galaad e de Baxán.

³⁴O resto da historia de Iehú, os seus feitos e as súas fazañas, ¿non está todo escrito no Libro das Crónicas dos reis de Israel? ³⁵Iehú adormeceu con seus pais, e enterrárono en Samaría. Sucedeulle no trono o seu fillo Ioacaz. ³⁶Iehú reinara vinteoito anos sobre Israel, en Samaría.

Atalía de Xudá

11 ¹Cando Atalía, nai de Ocozías, viu que morrera seu fillo, decidiu exterminar a toda a familia real. ²Pero Ioxeba, filla do rei Ioram e irmá de Ocozías, colleu a Ioax, fillo de Ocozías, levouno ás escondidas de entre os fillos do rei que ían ser asasinados, e meteuno nun apousento coa súa ama. Escondíao para que non o matase Atalía. ³Estivo coa súa ama acochado seis anos, no templo do Señor, mentres Atalía reinaba no país.

⁴Ó sétimo ano, mandou buscar Iehoiadá ós xefes de centuria dos carios e da garda real e reuniunos no templo. Fixo con eles un pacto, pedíndolles xuramento no templo do Señor, e presentóulle-lo fillo do rei. ⁵Despois comunicóulle-las súas disposicións: —"Isto é o que habedes facer: o tercio de vós que fai no sábado a garda do pazo real, ⁶o tercio que está de posto na porta das cabalerizas e mailo tercio que está na porta de detrás da garda real, faréde-la garda do templo en rolda. ⁷E os outros dous corpos de vós, tódolos que saídes da garda do sábado, faréde-la garda do rei no templo do Señor. ⁸Rodearéde-lo rei por tódolos lados, todos coas armas na man. Se alguén tenta rompe-las ringleiras, matarédelo. Estade ó lado do rei, onde queira que vaia".

⁹Os xefes de centuria fixeron canto o sacerdote Iehoiadá lles ordenara. Cada un xuntou os seus homes, os que estaban de servicio no sábado e os que quedaban libres nel, e presentáronse ó sacerdote Iehoiadá. ¹⁰El entregoulles ós xefes das centurias as lanzas e os escudos do rei David, que se gardaban no templo do Señor. ¹¹Os da garda apostáronse, cada un coa súa arma na man, desde o anco dereito do templo ata o esquerdo, ó longo do altar e do santuario, arredor do rei. ¹²Entón Iehoiadá amosou ó fillo do rei, púxolle a coroa e o testemuño e unxiuno por rei. Niso todos bateron palmas e berraron: —"¡Viva o rei!"

¹³Cando Atalía oíu o algueireo da garda e do pobo, meteuse por entre a xente no templo do Señor. ¹⁴Ó ve-lo rei de pé sobre o estrado, segundo o costume, arroupado cos xefes e coa banda de música, e o pobo todo en festa e tocando as bucinas, Atalía rachou os seus vestidos e exclamou: —"¡Traición, traición!"

¹⁵O sacerdote Iehoiadá ordenou ós xefes de centuria que mandaban na tropa: —"Tirádea fóra do adro, e ós que a sigan matádeos a espada". O sacerdote non quería que a matasen dentro do templo. ¹⁶Levárona fóra a empurróns, pola porta das cabalerizas, e alí matárona.

¹⁷Iehoiadá concluíu o pacto entre o Señor, o rei e mailo pobo, polo que este se obrigaba a facerse o pobo do Señor. ¹⁸Despois a xente foi correndo ó templo de Baal e derrubárono, romperon os altares e as imaxes, e diante do altar mataron a Matán, o sacerdote de Baal.

O sacerdote Iehoiadá puxo garda no templo do Señor, ¹⁹e logo, cos xefes de centuria, cos carios, coa garda e co pobo todo, baixaron o rei do templo do Señor e levárono ó pazo real. Entón Ioax sentouse no trono da realeza. ²⁰O pobo fixo festa e a cidade quedou en calma. A Atalía matárana ó pé do pazo real.

Ioax de Xudá

12 ¹Ioax tiña sete anos cando empezou a reinar, ²no ano sétimo do reinado de Iehú, e reinou corenta anos en Xerusalén. A súa nai chamábase Sibia, e era de Beerxeba.

---

11 Atalía mantén por algún tempo en Xudá a dinastía de Acab, despois do seu exterminio en Israel (2 Cro **22**, 10-23, 21). Ó morre-lo seu fillo Ocozías, colleu as rendas do goberno e matou a tódolos pretendentes da familia real. Salvouse un, que a suplantaría: Ioax. A salvación dese herdeiro e a revolta contra Atalía leváronse a cabo no templo, e foi obra do sacerdocio.
11, 5-7 O sacerdote pon ás súas ordes a garda do rei e a do templo, e deixa o pazo real sen protección.
11, 12 *O testemuño* ("*edut*") era, ó parecer, o protocolo recordatorio dos títulos do rei, fundados na profecía de Natán (2 Sam **7**; Sal **2**, 7-9).
11, 13s Agora aparece o pobo, protagonista tamén desa revolución.
11, 17 Co pacto entre o rei e o pobo, renóvase a Alianza co Señor.
11, 18 A revolta é parella á de Iehú en Israel; entre as dúas acaban coa dinastía de Acab (2 Re **10**, 18ss). Este é un compoñente da alianza do verso precedente.
12 O reinado de *Ioax* (2 Cro **24**) detivo a atención do historiador polas obras que o rei fixo no templo. Pero tamén por dous datos histórico-políticos: o pago que fixo a Hazael para que non atacase Xerusalén e maila conxura tramada contra el. Coas obras do templo corresponde ó que os sacerdotes fixeron primeiro en el, asegurándolle vida e reino.

³Ioax fixo sempre o que é debido ós ollos do Señor, seguindo as instruccións do sacerdote Iehoiadá. ⁴Mais os altares dos outeiros non desapareceron, e a xente seguía ofrecendo neles sacrificios e incenso.

Reparación do templo

⁵Ioax faloulles ós sacerdotes: —"O diñeiro ofrendado ó templo do Señor, o diñeiro que traia cada persoa, o diñeiro pagado polo censo e o que cadaquén queira traer voluntariamente ó templo do Señor, ⁶que o recollan os sacerdotes, cada un polos seus axudantes, e eles encargaranse de repara-lo templo do Señor, onde queira que atopen danos".

⁷No ano vintetrés do reinado de Ioax, os sacerdotes non repararan aínda os danos do templo do Señor. ⁸O rei chamou entón ó sacerdote Iehoiadá e ós outros sacerdotes, e díxolles: —"¿Por que téde-los danos do templo aínda sen reparar? De agora en adiante, non colleréde-lo diñeiro da man dos vosos axudantes, senón que o entregaredes, para repara-los danos do templo do Señor". ⁹Os sacerdotes consentiron en non colle-lo diñeiro da xente e en non repararen eles os danos do templo.

¹⁰O sacerdote Iehoiadá colleu unha hucha, fíxolle na tapa un burato e colocouna ó pé do altar, pola dereita de quen entra no templo do Señor. ¹¹Cando vían que na hucha había xa moito diñeiro, ía o secretario do rei co sumo sacerdote, recollían o diñeiro que había alí e contábano. ¹²Despois de contalo, dábanlleo ós capataces das obras do templo do Señor, e estes pagaban con el os carpinteiros e os obreiros todos que traballaban no templo do Señor, ¹³os albaneis e os canteiros. Con el mercaban madeira e pedra de cantería para repara-los danos do templo. Con el pagaban tódolos gastos da súa conservación.

¹⁴Co diñeiro traído ó templo do Señor non se facían xerras de prata, nin coitelos, nin aspersorios, nin bucinas, nin obxecto ningún de ouro ou de prata, ¹⁵senón que se entregaban ós capataces das obras, e con el restauraban o templo do Señor. ¹⁶Non se pedían contas ós homes ós que se encomendaba o diñeiro para paga-los capataces, pois eran xente de fiar. ¹⁷O diñeiro dos sacrificios penitenciais e o dos sacrificios polo pecado non se entregaba para o templo: era para os sacerdotes.

Fin do reinado de Ioax

¹⁸Por aquel tempo Hazael, rei de Aram, atacou Gat e conquistouna. Despois deu a volta, para atacar Xerùsalén. ¹⁹Ioax, rei de Xudá, botou man de tódalas cousas sagradas ofrecidas polos seus devanceiros Ioxafat, Ioram e Ocozías, reis de Xerusalén, e das que el mesmo fixera, de todo o ouro que había nos tesouros do templo do Señor e do pazo real, e mandoulle todo a Hazael, rei de Aram. Este entón desistiu de subir contra Xerusalén.

²⁰O resto da historia de Ioax, todo o que fixo, ¿non está escrito no Libro das Crónicas dos reis de Xudá? ²¹Os seus cortesáns revoltáronse e conxuraron contra Ioax, e matárono en Betmiló, baixando cara a Sela. ²²Matárono os seus servidores Iozacar, fillo de Ximat, e Iehozabad, fillo de Xomer. Enterrárono con seus pais, na cidade de David. Sucedeulle no trono o seu fillo Amasías.

Ioacaz de Israel

13 ¹No ano vintetrés do reinado de Ioax, fillo de Ocozías, en Xudá, empezou a reinar sobre Israel, en Samaría, Ioacaz, fillo de Iehú. Reinou dezasete anos.

²Fixo o mal ós ollos do Señor. Repetiu os pecados que Ieroboam, fillo de Nabat, fixera cometer a Israel; non se arredou deles. ³O Señor anoxouse con Israel e entregouno nas mans de Hazael, rei de Aram, e de Benhadad, fillo de Hazael, por todo ese tempo.

⁴Ioacaz implorou entón ó Señor, e o Señor escoitouno, en vista do asoballamento en que tiña a Israel o rei de Aram. ⁵O Señor deulle a Israel un libertador, que o librou do xugo de Aram. Os israelitas viviron outra vez en paz coma antes nas súas tendas.

⁶Pero non se afastaron dos pecados que a familia de Ieroboam fixera cometer a Israel,

---

12, 5s O rei era o primeiro responsable do templo e do culto.
12, 7-9 Os sacerdotes gardaban o diñeiro do pobo e non reparaban o templo. A enérxica medida de goberno supón un carácter rexo. O rei acabou morto nunha conxura.
12, 18s Dos movementos expansivos de Aram xa oiramos (2 Re **10**, 32s). Seguirán ata que os asirios interveñan.
12, 22 A morte violenta dos reis de Xudá non é para usurpa-lo seu trono, ben agarrado pola dinastía de David. Neste caso pode deberse á súa enerxía de goberno.

13, 5 Non se di quen é o libertador. O silencio parece querer excluír a Ioacaz. ¿Foi o seu fillo Ioax, polo que se di del no v 25? ¿Foi Ieroboam, o que volveu as fronteiras de Israel ós seus debidos límites? (2 Re **14**, 25-27). ¿Ou pensa o escritor no Señor, que moveu ós reis de Asiria a apreta-los arameos, para que estes deixasen de atacar a Israel? ¿Ou no mesmo Señor, que polo seu profeta Eliseo anunciou a victoria de Afec (vv 14ss)?

senón que seguiron neles. Tamén seguiu en pé a imaxe de Axtarté en Samaría. ⁷Por iso non lle quedou a Ioacaz outro exército ca cincuenta xinetes, dez carros e dez mil soldados de a pé. O rei de Aram esnaquizoulle os outros: deixounos coma po das eiras.

⁸O resto da historia de Ioacaz, os seus feitos e as súas fazañas, ¿non están escritos no Libro das Crónicas dos reis de Israel? ⁹Ioacaz adormeceu con seus pais, e enterráronon en Samaría. Sucedeulle no trono o seu fillo Ioax.

Ioax de Israel

¹⁰No ano trinta e sete do reinado de Ioax en Xudá, reinou sobre Israel, en Samaría, Ioax, fillo de Ioacaz. Reinou dezaseis anos. ¹¹Fixo o mal ós ollos do Señor. Non se arredou dos pecados que Ieroboam, fillo de Nabat, fixera cometer a Israel. Caeu en todos eles.

¹²O resto da historia de Ioax, os seus feitos e as súas fazañas, e a loita con Amasías, rei de Xudá, ¿non está todo escrito no Libro das Crónicas dos reis de Israel? ¹³Ioax adormeceu con seus pais, e sucedeulle no trono Ieroboam. Enterráronon en Samaría, cos reis de Israel.

Morte de Eliseo

¹⁴Eliseo enfermou da doenza da que ía morrer. Ioax, rei de Israel, foi visitalo e choraba por el, dicindo: —"¡Meu pai, meu pai, carro de Israel e o seu conductor!". ¹⁵Eliseo díxolle: —"Colle o teu arco e as túas frechas". E el colleunas. ¹⁶Eliseo díxolle: —"Empuña o arco coa man". E el empuñouno. Eliseo puxo as súas mans por riba das mans do rei, ¹⁷e díxolle: —"Abre a fiestra que dá cara ó oriente". El abriuna. Eliseo díxolle: —"¡Tira!" E el tirou. Eliseo dixo: —"¡Frecha de victoria do Señor, frecha de victoria contra Aram! Desbaratara-los arameos en Afec, ata exterminalos". ¹⁸Despois díxolle: —"Colle as frechas". E el colleunas. Díxolle: —"Fire con elas o chan". E o rei de Israel fíxoo tres veces, e parou. ¹⁹O home de Deus incomodouse con el e díxolle: —"Se ferises cinco ou seis veces, derrotarías a Aram, ata acabar con el. Agora venceralo só tres veces".

²⁰Eliseo morreu, e enterrárono. Naquel ano, bandas de moabitas facían batidas no país. ²¹E aconteceu que unhas xentes, que enterraban un morto, viron chegar unha desas bandas. Deitaron o morto no sartego de Eliseo e fuxiron. Cando o morto tocou cos ósos de Eliseo, reviviu e púxose en pé.

Desfeita dos arameos

²²Hazael, rei de Aram, asoballara a Israel toda a vida de Ioacaz. ²³Pero o Señor compadeceuse e tivo misericordia, e volveuse en favor deles, por mor do pacto que fixera con Abraham, Isaac e Xacob, e ata hoxe non consentiu en entregalos nin en botalos da súa presencia.

²⁴Hazael, rei de Aram, morreu, e sucedeulle no trono o seu fillo Benhadad. ²⁵Entón Ioax, fillo de Ioacaz, quitoulle das mans a Benhadad, fillo de Hazael, as cidades que el lle arrebatara a seu pai Ioacaz. Ioax venceuno por tres veces e quitoulle as cidades de Israel.

Amasías de Xudá

14 ¹No ano segundo do reinado de Ioax, fillo de Ioacaz, en Israel, empezou a reinar sobre Xudá Amasías, fillo de Ioax. ²Tiña vintecinco anos cando empezou a reinar e reinou vintenove anos en Xerusalén.

³Fixo o que é xusto ós ollos do Señor, pero non coma seu pai David. Portouse en todo coma seu pai Ioax. ⁴Mais os altares dos outeiros non desapareceron, e o pobo seguiu ofrecendo neles sacrificios e incenso.

⁵Cando o reino estaba ben firme nas súas mans, matou os ministros que mataran ó rei, seu pai. ⁶Pero os fillos deses ministros non os matou, conforme co que está escrito no Libro da Lei de Moisés, onde manda o Señor: —"Non morrerán os pais por culpa dos fillos, nin os fillos por culpa dos pais; cada un morrerá polo propio pecado".

⁷Amasías derrotou a Edom no Val do Sal, dez mil homes, e daquela conquistou Petra.

13, 14 O rei saúda a Eliseo coas mesmas palabras coas que este se despedira de Elías (2 Re **2,** 12). Os dous foron pais e guías de Israel. Mesmo nas súas guerras con Aram e con Moab, valeron máis ca un exército.
13, 16ss A palabra do profeta tiña que ser complementada pola acción simbólica do rei. Este adiantaba a frecha da victoria sobre os arameos (Xos **8,** 18s; Xer **18,** 1).
13, 17 Ó po-las súas mans por riba das do rei, o profeta comúncalle a súa forza.

13, 21 Como fixera en vida, tamén despois de morto o profeta fai revivi-los que morreran (Eclo **48,** 14).
13, 22-24 Anótase, coma sempre, o cumprimento da palabra dita polo profeta.
14, 5 O feito cóntase en 2 Re **12,** 22.
14, 6 A lei á que se refire está en Dt **24,** 16, que mellora a máis primitiva, de responsabilidade colectivista (Xos **7,** 24).
14, 7 Edom independizárase nos días de Ioram (2 Re **8,** 20-22); agora Xudá abre outra vez o camiño do mar Rubio.

Chamoulle Ioctael, nome que leva ata hoxe. ⁸Entón mandou Amasías unha embaixada a Ioax, fillo de Ioacaz, fillo de Iehú, rei de Israel, con esta mensaxe: —"¡Ven, que nos vexámo-las caras!".

⁹Ioax, rei de Israel, respondeulle a Amasías, rei de Xudá: —"O espiñeiro de Líbano mandou dicir ó cedro de Líbano: dáme a túa filla por muller para o meu fillo; mais pasaron as feras do Líbano e esmagaron o espiñeiro. ¹⁰Porque venciches a Edom, estás moi enfonchado. Conténtate con esa gloria e quédate na túa casa. ¿Por que queres desencadear unha desgracia e caer nela, ti e Xudá contigo?".

¹¹Pero Amasías non fixo caso. Entón Ioax, rei de Israel, subiu e vírónse as caras, el e Amasías, rei de Xudá, en Betxémex de Xudá. ¹²Xudá foi vencida por Israel, e cada un fuxiu para a súa tenda. ¹³Ioax, rei de Israel, colleu preso en Betxémex a Amasías, fillo de Ioax, fillo de Ocozías, rei de Xudá, e levouno a Xerusalén. Alí abriu un boquete na muralla, entre a porta do anco da muralla de Efraím e a porta do Ángulo. ¹⁴Apreixou todo o ouro e a prata e tódolos obxectos que había no templo do Señor e no pazo real, tomou uns poucos reféns e voltou para Samaría.

¹⁵O resto da historia de Ioax, os seus feitos e as súas fazañas, e a guerra que fixo contra Amasías, rei de Xudá, ¿non está todo escrito no Libro das Crónicas dos reis de Israel? ¹⁶Ioax adormeceu con seus pais, e enterráronno en Samaría, cos reis de Israel. Sucedeulle no trono o seu fillo Ieroboam.

¹⁷Amasías, fillo de Ioax, rei de Xudá, sobreviviu quince anos a Ioax, fillo de Ioacaz, rei de Israel. ¹⁸O resto da historia de Amasías, ¿non está escrito no Libro das Crónicas dos reis de Xudá?

¹⁹Contra el maquinaron en Xerusalén unha conxura, e el fuxiu cara a Láquix. Pero fórono perseguindo ata alí e alí matárono. ²⁰Cargárono en cabalos e enterráronno en Xerusalén, na cidade de David, onda seus pais. ²¹Xudá enteiro fixouse en Azarías, cando tiña dezaseis anos, e aclamárono rei, no posto de seu pai Amasías. ²²El reconstruíu Eilat e volveullo a Xudá, despois de que o rei adormeceu con seus pais.

Ieroboam de Israel

²³No ano quince do reinado de Amasías, fillo de Ioax, en Xudá, empezou a reinar sobre Israel Ieroboam, fillo de Ioax. Reinou en Samaría corenta e un anos. ²⁴Fixo o mal ós ollos do Señor. Non se arredou dos pecados que Ieroboam, fillo de Nabat, fixera cometer a Israel. ²⁵Restableceu as fronteiras de Israel, desde a entrada de Hamat ata o mar de Arabah, conforme a palabra que o Señor, Deus de Israel, dixera polo seu servo o profeta Xonás, fillo de Amitai, de Gat-Héfer. ²⁶Iso foi porque o Señor se fixara na pobreza e na aflicción de Israel, ó non lle quedar escravo nin libre, nin ninguén que o axudase. ²⁷O Señor non decidira aínda borra-lo nome de Israel de debaixo do sol; e salvouno por medio de Ieroboam, fillo de Ioax.

²⁸O resto da historia de Ieroboam, os seus feitos e as súas proezas guerreiras, e mailo que fixo por recuperar Damasco e Hamat para Israel, ¿non está todo escrito no Libro das Crónicas dos reis de Israel? ²⁹Ieroboam adormeceu con seus pais, os reis de Israel, e sucedeulle no trono o seu fillo Zacarías.

Azarías de Xudá

15 ¹No ano vintesete do reinado de Ieroboam en Israel, empezou a reinar en Xudá Azarías, fillo de Amasías. ²Tiña dezaseis anos cando chegou ó trono, e reinou cincuenta e dous anos en Xerusalén. A súa nai chamábase Iecolía, de Xerusalén. ³Fixo o que é debido ós ollos do Señor, coma Amasías, seu pai. ⁴Soamente que os altares dos outeiros non desapareceron, e a xente seguía ofrecendo neles sacrificios e incenso. ⁵O Señor feriuno coa lepra, e o rei estivo con ela ata a súa morte, vivindo illado na súa casa. O seu fillo Iotam estaba á fronte do pazo e gobernaba o país.

14, 8 Amasías provoca ó rei de Israel, querendo, polo menos, afirma-la enteira independencia de Xudá.
14, 9s A fábula de Ioax para Amasías recorda o apólogo de Iotam (Xuí 9, 8-15). O espiñeiro crese un cedro, pero veñen as feras e acaban co seu soño.
14, 11-14 Foi unha verdadeira desgracia, como dixera o rei de Israel.
14, 21 *Azarías* é coñecido tamén polo nome de Ozías (2 Re 15, 13 e 2 Cro 26, 3ss), que era quizais o nome da coroación.

14, 23-29 *Ieroboam II* foi un dos reis máis grandes de Israel. Devolveulle a súa integridade territorial. Houbo paz e prosperidade, porque os asirios fixeron estar quedos ós arameos polo norte. Nese tempo falaron en Israel os profetas Amós e Oseas.
14, 25 *O profeta Xonás*, fillo de Amitai, prestou o seu nome para a historia didáctica do libro de Xonás.
15, 5 O Cronista é máis abundante no tratamento de Azarías (Ozías) (2 Cro 26).

⁶O resto da historia de Azarías e todo o que fixo ¿non está escrito no Libro das Crónicas dos reis de Xudá? ⁷Azarías adormeceu con seus pais, e enterrárono onda eles, na cidade de David. Sucedeulle no trono o seu fillo Iotam.

Zacarías de Israel

⁸No ano trinta e oito do reinado de Azarías en Xudá, empezou a reinar sobre Israel, en Samaría, Zacarías, fillo de Ieroboam. ⁹Fixo o mal ós ollos do Señor, como o fixeran seus pais. Non se arredou dos pecados que Ieroboam, fillo de Nabat, fixera cometer a Israel. ¹⁰Xalum, fillo de Iabex, cismou contra el. Feriuno de morte en Ibleam e suplantouno no trono.
¹¹O resto da historia de Zacarías aí está escrita no Libro das Crónicas dos reis de Israel. ¹²Nel cumpriuse a palabra que o Señor dixera a Iehú: —"Os teus fillos sentarán no trono de Israel ata a cuarta xeración". E así foi.

Xalum de Israel

¹³Xalum, fillo de Iabex, empezou a reinar no ano trinta e nove do reinado de Ozías de Xudá. Reinou un mes en Samaría. ¹⁴De Tirsah subiu Menahem, fillo de Gadí, entrou en Samaría, feriu de morte a Xalum, fillo de Iabex, e suplantouno no trono.
¹⁵O resto da historia de Xalum e a súa conspiración está toda escrita no Libro das Crónicas dos reis de Israel. ¹⁶Menahem arrasou Tirsah, cos seus habitantes e o seu territorio, desde Tirsah, porque non lle abriran as portas, e fendéulle-lo ventre ás embarazadas.

Menahem de Israel

¹⁷No ano trinta e nove do reinado de Azarías en Xudá empezou a reinar en Israel Menahem, fillo de Gadí. Reinou dez anos en Samaría. ¹⁸Fixo o mal ós ollos do Señor. Non se afastou en toda a súa vida dos pecados que Ieroboam, fillo de Nabat, fixera cometer a Israel.

¹⁹Pul, rei de Asiria, invadiu o país, e Menahem entregoulle mil talentos de prata, para que o axudase a asegura-lo reino nas súas mans. ²⁰Menahem recadou o diñeiro que tiña que dar ó rei de Asiria entre a xente máis rica de Israel, a cincuenta siclos de prata cada un. O rei de Asiria retirouse, sen deterse máis no país.
²¹O resto da historia de Menahem e todo o que fixo ¿non está escrito no Libro das Crónicas dos reis de Israel? ²²Menahem adormeceu con seus pais, e sucedeulle no trono o seu fillo Pecahías.

Pecahías de Israel

²³No ano cincuenta do reinado de Azarías en Xudá empezou a reinar sobre Israel, en Samaría, Pecahías, fillo de Menahem. Reinou dous anos. ²⁴Fixo o mal ós ollos do Señor. Non se arredou dos pecados que Ieroboam, fillo de Nabat, fixera cometer a Israel.
²⁵O seu oficial Pécah, fillo de Remalía, conspirou contra el e matouno en Samaría, na torre do pazo real, xunto con Argob e Arieh; levaba con el cincuenta galaaditas. Matouno e suplantouno no trono. ²⁶O resto da historia de Pecahías e todo o que fixo está escrito no Libro das Crónicas dos reis de Israel.

Pécah en Israel

²⁷No ano cincuenta e dous do reinado de Azarías en Xudá empezou a reinar sobre Israel, en Samaría, Pécah, fillo de Remalía. Reinou vinte anos. ²⁸Fixo o mal ós ollos do Señor. Non se arredou dos pecados que Ieroboam, fillo de Nabat, fixera cometer a Israel.
²⁹No reinado de Pécah en Israel veu Teglatpeléser, rei de Asiria, e apoderouse de Iión, Abel-Bet-Macah, Ianóah, Cadex, Hasor, Galaad e do territorio de Naftalí, en Galilea, e desterrou os seus habitantes a Asiria.
³⁰Oseas, fillo de Elah, conspirou contra Pécah, fillo de Remalía, feriuno de morte e

---

15, 10 Seguímo-lo texto grego, pois o hebreo, neste caso, está estragado.
15, 12 Co asasinato de Zacarías rematan as catro xeracións da dinastía de Iehú, segundo a palabra profética (2 Re **10,** 30). Os rexicidios abundaron nos reinos que viñeron detrás.
15, 13s O reinado dun mes de Xalum é dos máis curtos; supérao niso só Zimrí, que reinou sete días (1 Re **16,** 15).
15, 19 Con Pul (Teglatpeléser III) empeza Asiria a facer presión sobre Israel, no ano 738. Volveu ó pouco tempo,
no reinado de Pécah (733) (2 Re **15,** 29). O feito consta tamén na historia asiria.
15, 25 O asasinato obedece ás presións antiasirias. O pobo non quere un rei que se aveña a elas.
15, 29 Castigo do rei que derrocara ó seu antecesor, por someterse aos asirios. Unha boa parte de Israel foi anexionada por estes naquela ocasión (ano 733s).
15, 30 Oseas conspira, para someter Israel ós asirios, e dese xeito evitar males peores. O rei asirio gábase de que o puxera el no trono.

suplantouno no trono, no ano vinte de Iotam, fillo de Ozías. ³¹O resto da historia de Pécah e todo o que fixo está escrito no Libro das Crónicas dos reis de Israel.

Iotam de Xudá

³²No ano segundo do reinado de Pécah, fillo de Remalía, sobre Israel, empezou a reinar en Xudá Iotam, fillo de Ozías. ³³Tiña vintecinco anos cando subiu ó trono e reinou vinte anos en Xerusalén. A súa nai chamábase Ieruxá, filla de Sadoc. ³⁴Fixo o que é debido ós ollos do Señor, como fixera Ozías, seu pai. ³⁵Mais os altares dos outeiros non desapareceron, e a xente seguía ofrecendo neles sacrificios e incenso. Iotam construíu a porta superior do templo do Señor.
³⁶O resto da historia de Iotam e o que fixo ¿non está escrito no Libro das Crónicas dos reis de Xudá? ³⁷No seu tempo empezou a mandar o Señor, contra Xudá, a Resín, rei de Aram, e a Pécah, fillo de Remalía. ³⁸Iotam adormeceu con seus pais, e enterrárono con eles na cidade de seu pai David. Sucedeulle no trono o seu fillo Acaz.

Acaz de Xudá

16 ¹No ano dezasete de Pécah, fillo de Remalía, empezou a reinar en Xudá Acaz, fillo de Iotam. ²Tiña vinte anos cando subiu ó trono e reinou vinte anos en Xerusalén.
³Non fixo o que é debido ós ollos do Señor, seu Deus, coma seu pai David. Foi polo camiño dos reis de Israel. Sacrificou mesmo na fogueira ó seu fillo, seguindo o abominable costume dos pobos que o Señor expulsara de diante dos israelitas. ⁴Ofreceu sacrificios e queimou incenso nos outeiros, nos cotarelos e debaixo de toda árbore vizosa.
⁵No seu tempo Resín, rei de Aram, e Pécah, fillo de Remalía, rei de Israel, subiron para atacar Xerusalén. Cercárona, mais non a puideron conquistar. ⁶Por aquel mesmo tempo o rei de Edom recuperou Eilat, desbotando de alí a Xudá. Os edomitas entraron en Eilat e quedaron alí ata o día de hoxe.

⁷Acaz mandou mensaxeiros a Teglatpeléser, rei de Asiria, para dicirlle: —"Son o teu servo e o teu fillo. Ven e líbrame do poder do rei de Aram e do rei de Israel, que se ergueron en contra miña". ⁸Acaz botou man da prata e do ouro, que había no templo do Señor e no tesouro do pazo real, e mandoullo coma agasallo ó rei de Asiria. ⁹O rei de Asiria atendeuno e subiu contra Damasco. Tomou a cidade, desterrou ós seus habitantes a Quir e matou a Resín.
¹⁰O rei Acaz foi a Damasco, para encontrarse con Teglatpeléser, rei de Asiria. Ó ve-lo altar que había alí, Acaz mandoulle ó sacerdote Urías un debuxo do mesmo, cos datos da súa feitura. ¹¹O sacerdote Urías construíu un altar, seguindo as instruccións que lle mandara o rei desde Damasco. Antes de o rei volver, o sacerdote tíñao todo acabado.
¹²Á súa volta de Damasco o rei viu o altar, achegouse e subiu a el ¹³e queimou enriba del o holocausto e a ofrenda, verqueu unha libación e salferiu o altar co sangue dos sacrificios de comunión que ofrecera. ¹⁴O altar de bronce que estaba diante do Señor, guindouno da fronte do templo, de entre o templo e o altar novo, e púxoo do lado norte do altar novo.
¹⁵Despois o rei Acaz deulle ó sacerdote Urías estas normas: —"Enriba deste altar grande queimaralo holocausto da mañá e a ofrenda da tarde, o holocausto e a ofrenda do rei, o holocausto e a ofrenda do pobo. Por riba del verquera-las súas libacións e o sangue de todo holocausto e sacrificio. O altar de bronce déixao quedar da miña conta". ¹⁶O sacerdote Urías fixo todo o que lle mandaba o rei Acaz.
¹⁷O rei Acaz fixo, pola súa parte, arrinca-las moldruras das basas e tirou de enriba delas as pías; baixou o Mar de Bronce de riba dos touros de bronce que o sostiñan, e asentouno no pavimento de pedra. ¹⁸Por mor tamén do rei de Asiria, retirou do templo do Señor a tribuna real que puxeran alí, e suprimiu a entrada exterior pensada para o rei.

15, 37 A cometida de Resín, rei de Aram, e de Pécah, rei de Israel, contra Xudá, marca o comezo da guerra siro-efraimita, que se desenvolverá baixo Acaz.
16, 3 Paso polo fogo, en sacrificio (2 Re **21,** 6; **23,** 10).
16, 5ss A guerra siro-efraimita, que comezara nos días de seu pai, segue agora con Acaz. Aram e Israel queren forza-lo rei de Xerusalén a unha alianza contra Asiria. Acaz pídelles axuda ós asirios, declarándose o seu vasalo (v 7). Entón Asiria invade Aram, e máis tarde tamén Israel. O profeta Isaías opúxose a esa política de Acaz, e daquela pronunciou o oráculo do Enmanuel (Is 7).
16, 6 Edom, tradicionalmente vasalo de Xudá, aproveitou a circunstancia da guerra siro-efraimita para revoltarse e recuperar Eilat.
16, 10 O novo altar no templo e as outras reformas de Acaz son parte da súa política de sometemento a Asiria.
16, 14 Trátase do altar de bronce que puxera alí Salomón (1 Re **8,** 64; **9,** 25).

¹⁹O resto da historia de Acaz e os seus feitos, ¿non está todo escrito no Libro das Crónicas dos reis de Xudá? ²⁰Acaz adormeceu cos seus pais, e enterrárono onda eles, na cidade de David. Sucedeulle no trono o seu fillo Ezequías.

Oseas, rei de Israel

17 ¹No ano doce do reinado de Acaz en Xudá empezou a reinar sobre Israel, en Samaría, Oseas, fillo de Elah. Reinou nove anos. ²Fixo o mal ós ollos do Señor, mais non coma os reis de Israel que o precederan.
³Xalmanasar, rei de Asiria, rubiu para atacalo; pero Oseas sometéuselle e pagoulle tributo. ⁴Máis tarde o rei de Asiria descubriu que Oseas se revoltara contra el, pois mandara mensaxeiros a So, rei de Exipto, e non pagaba ó rei de Asiria o tributo, coma tódolos anos. Entón o rei de Asiria prendeuno e púxoo na cadea.
⁵Despois o rei de Asiria invadiu o país enteiro e cercou Samaría por tres anos. ⁶No ano noveno de Oseas, o rei de Asiria conquistou Samaría e desterrou os israelitas a Asiria. Instalounos en Halah, onda o Habor, río de Gozán, e nas cidades de Media.

As razóns da cativdade de Israel

⁷Iso aconteceu porque os israelitas pecaron contra o Señor, seu Deus, que os tirara de Exipto, do xugo do faraón, rei de Exipto; pero eles adoraron outros deuses. ⁸Seguiron os costumes das nacións que o Señor expulsara de diante deles, costumes que os reis de Israel introduciron.
⁹Os israelitas fixeron o mal na presencia do Señor, seu Deus: construíron altares idolátricos en tódolos seus poboados, desde torres de vixilancia ás cidades fortificadas, ¹⁰e ergueron estelas e imaxes de Axtarté en tódolos outeiros e debaixo de toda árbore vizosa. ¹¹Alí queimaron incenso, coma as nacións que o Señor expulsara de diante deles; cometeron maldades, que provocaron o noxo do Señor.
¹²Deron culto ós ídolos, feito do que tiña dito o Señor: —"Non fagades tal cousa".
¹³O Señor advertira a Israel e a Xudá polos profetas e os videntes: —"Deixádevos dos malos camiños e gardade os mandamentos, os preceptos e as leis, que eu prescribín ós vosos pais e que vos inculquei a vós polos meus servos os profetas".
¹⁴Pero eles non obedeceron. Fixéronse testáns, o mesmo cós seus pais, que non confiaran no Señor, seu Deus. ¹⁵Rexeitaron os seus mandatos, a alianza que el concluíra con seus pais, e os avisos que lles dera. E fóronse detrás de vaidades, facéndose vans eles mesmos, e coas xentes dos seus arredores, aínda que o Señor lles mandara que non fixesen coma eles. ¹⁶Deixaron os mandamentos do Señor, seu Deus, e fixéronse ídolos de metal fundido, dous becerros e unha estela; axeonlláronse perante todo o exército dos astros e déronlle culto a Baal. ¹⁷Sacrificaron no lume os seus fillos e as súas fillas. Practicaron artes de mal agoiro e bruxerías, vendéronse, facendo o mal ós ollos do Señor, provocando a súa carraxe.
¹⁸O Señor anoxouse tanto contra Israel, que o desbotou da súa presencia. Non quedou máis cá tribo de Xudá; ¹⁹mesmo tampouco Xudá gardou os mandatos do Señor, seu Deus, e imitou a conducta de Israel. ²⁰O Señor rexeitou a liñaxe de Israel, aflixiunos e entregounos nas mans dos seus espoliadores, e botounos da súa presencia.
²¹Israel afastárase da familia de David e elixira por rei a Ieroboam, fillo de Nabat. E Ieroboam desviara a Israel do culto do Señor e fixéralle cometer graves pecados. ²²Os israelitas imitaron os pecados que cometera Ieroboam, sen arredarse en nada del, ²³ata que Deus os botou da súa presencia, como llo tiña advertido polos seus servos os profetas. Israel foi deportado da súa terra para Asiria, onde está ata hoxe.
²⁴O rei de Asiria trouxo alí xentes de Babilonia e de Cutah, de Avá, Hamat e Sefar-

---

17, 1-6 O reino de Israel acaba con este usurpador, Oseas, que, coa súa política proexipcia, precipitou o final. Non se sabe ben que faraón corresponde ó nome de So. Hai quen corrixe So por Sais. O rei de Asiria que invadiu Israel e cercou Samaría por tres anos (724-722) foi Xalmanasar V. A cidade caeu no ano da entronización do seu sucesor, Sargón II (721). Unha parte da poboación de Israel foi desterrada ó norte de Mesopotamia e ás cidades de Media, no leste (cf libro de Tobías), e a nación converteuse en provincia asiria.

17, 7-23 É un discurso interpretativo da historia, coas razóns do desterro de Israel. O mal empeza para o autor co cisma relixioso de Ieroboam, pecado orixinal no que caeron tódolos reis de Israel, ata o derradeiro, Oseas. Pegado a iso vén de seguida o sincretismo do iavismo coa relixión naturista cananea. Israel non tivo en conta o que Deus fixera por eles, o que lles mandara pola súa lei e o que lles advertira tódolos días polos seus servos os profetas.

17, 19 Un engadido, que recorda tamén os pecados de Xudá e o seu desterro, no ano 586.

17, 21-23 Recolle en versión máis curta o pecado e o castigo de Israel.

17, 24-41 Os asirios cambiaban de sitio os pobos que sometían. Á terra de Israel viñeron outras xentes. O historiador quérenos da-la súa imaxe irónica e crítica da orixe dos samaritanos: no lado étnico, mesturados; no relixioso, dexenerados.

vaim, e asentounas nas cidades de Samaría, no lugar dos israelitas. Esas xentes tomaron posesión de Samaría e establecéronse alí, nas súas cidades. ²⁵Desde o comezo do seu asentamento non recoñeceron ó Señor, e o Señor enviou leóns, que mataron a moitos deles.

²⁶Daquela fixéronlle saber ó rei de Asiria: —"As xentes que transferiches, para asentalas nas cidades de Samaría, non coñecen o culto do deus do país. Este manda leóns que os matan, porque eles non coñecen o seu culto". ²⁷Entón deu o rei de Asiria esta orde: —"Levade un dos sacerdotes desterrados, que se estableza alí e que lles aprenda o culto do Deus do país". ²⁸Axiña veu un dos sacerdotes desterrados de Samaría, estableceuse en Betel e aprendíalle-la maneira de dar culto ó Señor.

²⁹Pero cada un daqueles pobos fixo os seus deuses e puxéronos nos outeiros que os samaritanos construíran, cada pobo na mesma cidade en que asentaran. ³⁰Os de Babilonia fixeron unha imaxe de Succot-Benot, os de Cut unha de Nergal, os de Hamat a de Aximá, ³¹os de Avá a de Nibhaz e a de Tartac, os de Sefarvaim sacrificaban no lume os seus fillos en honor de Adramélec e de Anamélec, que eran os seus deuses.

³²Tamén daban culto ó Señor e escolleron sacerdotes de entre a xente común, para que ofrecesen sacrificios por eles nos outeiros. ³³Veneraban o Señor e, ó mesmo tempo, os seus deuses, conforme os ritos do país de onde viñeran desterrados. ³⁴Ata o día de hoxe seguen practicando os ritos máis antigos. Non temen o Señor e non viven conforme os seus mandatos, os seus estatutos e a súa lei e ós preceptos que o Señor prescribira ós fillos de Xacob, a quen puxera por nome Israel.

³⁵O Señor fixera con eles un pacto e prescribiralles: —"Non temeredes outros deuses, non os adoraredes, non os serviredes, non lles ofreceredes sacrificios. ³⁶Temeréde-lo Señor, que con moito poder do seu forte brazo vos tirou do país de Exipto. Soamente a El adoraredes e ofreceréslle os vosos sacrificios. ³⁷Cumpride talmente, toda a vida, os seus mandamentos e os seus estatutos, a súa lei e os seus preceptos, os que El vos deu por escrito. E non adoredes outros deuses. ³⁸Non esquezáde-la Alianza que eu fixen convosco adorando outros deuses. ³⁹Adorade soamente ó Señor, voso Deus, e El libraravos do poder de tódolos vosos inimigos".

⁴⁰Mais eles non o obedeceron, senón que seguiron vivindo segundo os antigos costumes. ⁴¹Dese xeito, aquela xente adoraba ó Señor e, ó mesmo tempo, dáballes culto ós seus ídolos. Os seus fillos e os seus netos seguen facendo o mesmo cós seus pais, ata o día de hoxe.

O REINO DE XUDÁ ATA O DESTERRO

Ezequías de Xudá

18 ¹Ezequías, fillo de Acaz, empezou a reinar en Xudá no ano terceiro do reinado de Oseas, fillo de Elah, en Israel. ²Tiña vintecinco anos cando subiu ó trono e reinou vintenove anos en Xerusalén. A súa nai chamábase Abí, filla de Zacarías.

³Fixo o que é debido ós ollos do Señor, seguindo o exemplo do seu pai David. ⁴Suprimiu os altares dos outeiros, rompeu as estelas, fanou as imaxes de Axtarté e quebrou a serpente de bronce que erguera Moisés, porque os israelitas seguían aínda nos seus días queimándolle incenso. Chamábanlle Nehuxtán.

⁵Ezequías puxo a súa esperanza no Señor, Deus de Israel. Non houbo outro coma el entre os reis que lle sucederon en Xudá, coma non o houbera entre os que lle precederan. ⁶Estivo apegado ó Señor e non se afastou del, cumprindo os preceptos que o Señor lle prescribira a Moisés.

⁷O Señor estivo con el e fixo prosperar tódolos seus proxectos. Revoltouse contra o

---

17, 26-28 Razón do culto do Señor entre xentes doutras relixións. O v 27 é un engadido, que di: "O rei de Asiria deu esta orde: mandade para aló un dos sacerdotes que deportaron de alí: que vaia e resida aló, e que lles aprenda o culto do deus do país".

17, 29-34.41 A gran confusión relixiosa.

17, 34-40 Volve ás razóns do desterro de Samaría, tema da primeira parte desta longa reflexión. No medio segue estando o tema da alianza.

18 *Ezequías* é un dos reis reformadores, primeiro na liña de Asá e de Ioxafat (1 Re 15, 9ss; 22, 47) e despois na de Ioxías (2 Re 23). Por iso merece a louvanza do autor deuteronomista (e tamén de 2 Cro 29-31). A reforma consiste en medidas de centralización do culto en Xerusalén e en limpar Xudá da idolatría cultivada nos santuarios locais.

18, 4 Sobre a orixe do culto á serpente de bronce, cf Núm 21, 8s. Tiña algo que ver co culto á fertilidade.

18, 7s Ezequías quería restaura-lo reino de David; pero, por mor dos asirios, terá axiña dificultades para mante-lo reino de Xudá.

rei de Asiria e deixou de pagarlle vasalaxe. ⁸Derrotou os filisteos ata Gaza e devastou o seu territorio, desde as torres de vixía ata as cidades fortificadas.

Relembranza da destrucción de Samaría

⁹No ano cuarto do reinado de Ezequías, que era o sétimo do reinado de Oseas, fillo de Elah, en Israel, rubiu Xalmanasar, rei de Asiria, contra Samaría e cercouna. ¹⁰Ó cabo de tres anos, no ano sexto de Ezequías, que corresponde co noveno do reino de Oseas en Israel, conquistouna. ¹¹O rei asirio desterrou os israelitas para Asiria e instalounos en Halah, onda o Habor, río de Gozán, e nas cidades de Media. ¹²Foi por non obedeceren eles ó Señor, o seu Deus, e por quebraren o seu pacto. Non lle fixeron caso nin cumpriron o que lles mandara Moisés, servo do Señor.

Invasión de Senaquerib e cerco de Xerusalén

¹³No ano catorce do reinado de Ezequías, rubiu Senaquerib, rei de Asiria, contra tódalas cidades fortificadas de Xudá e conquistounas. ¹⁴Entón Ezequías, rei de Xudá, mandou a Láquix a dicirlle ó rei de Asiria: —"Recoñézome culpable. Retírate, e pagareiche o que me impoñas".

O rei de Asiria impúxolle a Ezequías, rei de Xudá, un pago de trescentos siclos de prata e de trinta de ouro. ¹⁵Ezequías entregoulle a prata toda que había no templo do Señor e no tesouro do pazo real. ¹⁶Naquela ocasión tivo Ezequías que arrinca-las follas das portas do santuario de Señor e o ouro co que el mesmo recubrira os seus marcos, e darllo todo ó rei de Asiria.

¹⁷O rei de Asiria mandou desde Láquix o xefe do exército, o xefe dos seus servidores e o copeiro maior, cun forte destacamento, para que fosen a Xerusalén, onda o rei Ezequías. Cando chegaron a Xerusalén, detivéronse onda a canle do estanque de arriba, que queda no camiño do campo do Bataneiro. ¹⁸Chamaron polo rei, e saíronlles Eliaquim, fillo de Hilquías, maiordomo do pazo, Xébnah, o secretario, e o cronista Ioah, fillo de Asaf.

¹⁹Díxolle-lo copeiro maior: —"Dicídelle a Ezequías: isto di o gran rei, o rei de Asiria: ¿en que apóia-la túa confianza? ²⁰¿Pensas que as palabras dos beizos son estratexia e forza para a guerra? ¿En que confías agora, para te repoñeres contra min? ²¹Ben seguro que estás confiando no apoio desa cana rota de Exipto. Ó que se apoia nela crávaselle na man e atravésalla. Iso é o faraón, rei de Exipto, para os que fían nel. ²²Pero se dicides: confiamos no Señor, noso Deus, ¿non eran seus os outeiros e os altares que derrubou Ezequías, mandándolle a Xudá e a Xerusalén que adorasen soamente diante do altar de Xerusalén? ²³Fai agora mesmo esta aposta co meu señor, o rei de Asiria: douche dous mil cabalos, se tes homes que os monten.

²⁴¿Como poderías resistir a calquera dos máis pequenos entre os oficiais do meu señor, confiado en que Exipto che dea carros e xinetes? ²⁵Pero, ademais, ¿pensas que eu rubín a este lugar para arrasalo, sen contar co Señor? O Señor ordenoume: rube contra esa terra e arrásaa".

²⁶Eliaquim, fillo de Hilquías, e Xébnah, fillo de Ioah, pedíronlle ó copeiro maior: —"Fálanos, por favor, en arameo, que o entendemos, mais non nos fales en xudeu, e que oia a xente que está por riba das murallas". ²⁷A iso respondéulle-lo copeiro maior: —"¿Pensades que o meu señor me mandou dicir estas cousas soamente ó voso amo e a vós, e non tamén á xente que está sobre das murallas, que terá que comer convosco o seu propio esterco e bebe-los seus mexos?".

²⁸E entón ergueuse o copeiro maior e berrou na lingua dos xudeus: —"Escoitade a palabra que vos di o gran rei, o rei de Asiria: ²⁹non vos deixedes enganar por Ezequías,

---

18, 9-12 Este recordo da caída de Samaría, na liña de 1 Re 17, 5ss, convén que Xudá o manteña vivo.
18, 13-16 Senaquerib, fillo do rei Sargón II, que conquistara Samaría, invade agora Xudá e imponlle un rexo tributo a Ezequías, que se negara a pagarlle vasalaxe (Is 33, 7-9).
18, 17-19, 34 Posible versión —mais detida que nos vv precedentes—, da invasión de Senaquerib, no ano 701. Estaría contada por dúas veces, agora aquí reunidas, unha en **18**, 17-19,8, e outra en **19**, 9-37. Pero tamén pode ser que se trate doutra invasión do rei asirio, algúns anos máis tarde. O relato atópase tamén en Is **36-37**.
18, 17 Despois de conquista-la cidade, Senaquerib puxo en Láquix o seu cuartel xeral.
18, 19-25 O discurso do copeiro maior fai burla das seguridades nas que se apoia Ezequías: as súas propias presuncións, a axuda de Exipto, a axuda de Deus. Deus nesta hora estaría do lado dos inimigos de Xudá.
18, 21 Tamén Isaías denuncia a confianza de Ezequías en Exipto (Is **19**, 1-15; **30**, 1-7; **31**, 1-3).
18, 26 Naquel momento o arameo era a lingua internacional de todo o cercano Oriente. O pobo de Xudá non a entendía, pero si as xentes cultivadas.
18, 27-35 O asirio quere amedoña-la poboación, afastala dos xefes e convencela con promesas, minando tamén, ó tempo, a súa confianza en Deus.

que non vos poderá librar das miñas mans. ³⁰Que Ezequías non vos faga confiar no Señor, dicindo: de certo nos librará o Señor e non entregará esta cidade no poder do rei de Asiria. ³¹Non lle fagades caso a Ezequías. Isto é o que vos aconsella o rei de Asiria: facede as paces comigo e sometédevos a min, e cada un poderá comer da súa viña e da súa figueira e beber auga do seu pozo, ³²ata que veña eu para levarvos a un país coma o voso, terra de trigo e de mosto, terra de pan e de viño, terra de aceite e de mel. Viviredes e non morreredes. Non lle fagades caso a Ezequías, que vos engana, dicindo: o Señor hanos librar.

³³¿Houbo algún, entre os deuses das nacións, que librase a súa terra do poder do rei de Asiria? ³⁴¿Onde están os deuses de Hamat e de Arpad? ¿Onde os de Sefarvaim, de Hená e de Avá? ¿Librou alguén da miña man a Samaría? ³⁵¿Cal de entre tódolos deuses deses países librou da miña man a súa terra? ¿E vai o Señor librar agora Xerusalén da miña man?"

³⁶A xente calou e non lle respondeu unha palabra, pois o rei mandara que non lle respondesen. ³⁷Eliaquim, fillo de Hilquías, maiordomo do pazo, Xébnah, o secretario, e Ioah, fillo de Asaf, o cronista, presentáronse onda Ezequías coas vestes rachadas, e referíronlle todo o que dixera o copeiro maior.

Embaixada a Isaías

19 ¹Cando o rei Ezequías o oíu, rachou as súas vestes e vestiuse de saco, e entrou no templo do Señor. ²Despois mandou a Eliaquim, maiordomo do pazo, a Xébnah, o secretario, e ós sacerdotes e ós anciáns, todos vestidos de saco, onda o profeta Isaías, fillo de Amós. ³—"Isto di Ezequías: hoxe é un día de angustia, de castigo e de vergonza. Os nenos están para nacer e non hai forza para parilos. ⁴Quizais o Señor, o teu Deus, escoitou as palabras do copeiro maior, a quen o seu amo, o rei de Asiria, mandou para aldraxa-lo Deus vivo, e quizais o castigue o Señor, teu Deus, polas palabras que escoitou. Ti reza por este resto que queda aínda".

⁵Os servidores do rei Ezequías foron onda Isaías, ⁶e este mandoulles: —"Dicídelle ó voso amo que isto di o Señor: non te acovardes polas palabras que oíches, coas que os criados do rei de Asiria me aldraxaron. ⁷Eu vou pór nel un espírito, e cando lle chegue unha nova, voltarase cara á súa terra, e alí fareino caer a fío de espada".

⁸O copeiro maior regresou e encontrouse co rei de Asiria combatendo contra Líbnah. Oíra xa que o rei se retirara de Láquix, ⁹despois de que lle chegara a nova de que Tirhácah, rei de Exipto, saíra á guerra en contra del.

¹⁰Senaquerib mandou de segunda mensaxeiros a Ezequías, para dicirlle ó rei de Xudá: —"Non te deixes enganar polo Deus en quen confías, pensando que Xerusalén non será entregada nas mans do rei de Asiria. ¹¹Ti mesmo tes sabido como tratan os reis de Asiria a outras nacións e a cantas teñen exterminado. ¿E íaste librar ti? ¹²¿Por acaso salvaron os seus deuses os países que destruíron os meus pais, Gozán, Harán, Résef e os fillos de Edén que estaban en Telasar? ¹³¿Onde está o rei de Hamat e o de Arpad, o de Sefarvaim, o de Hená e o de Avá?"

Oración de Ezequías

¹⁴Ezequías colleu as cartas que traían os mensaxeiros, e leunas. Despois subiu ó templo e estendeunas diante do Señor. ¹⁵Ezequías fixo entón esta oración ó Señor:
—"Señor, Deus de Israel, que sentas
  sobre os querubíns, soamente ti es
  Deus sobre tódolos reinos da terra.
¹⁶Abaixa, Señor, os oídos e escoita,
  abre, Señor, os ollos e mira.
  Escoita a mensaxe que mandou
    Senaquerib
  para aldraxa-lo Deus vivo.
¹⁷É certo, Señor, que os reis de Asiria
  arrasaron as nacións e as súas terras,
¹⁸queimando e destruíndo os seus deuses,
  porque non eran deuses,
  senón feitura das mans dos homes,

---

19 O recurso ó profeta está na pura tradición dos costumes dos reis de Xudá, desde David que levaba sempre ó seu lado o seu vidente Gad. Tamén os reis de Israel consultaron a Elías, a Eliseo, a Miqueas (fillo de Imlah) e a outros profetas.
19, 4 A intercesión é función ben coñecida dos profetas (Xer 7, 16; 11, 14; Am 7). O tema do *resto* en Amós (5, 15), e, máis desenvolto, en Isaías (4, 3; 7, 3; 10, 20s).
19, 7 A "nova" parece referirse a noticias da situación en Asiria, que chegaron a Senaquerib e que o forzaron a voltar para Nínive, onde foi asasinado (2 Re 19, 36s).
19, 9 A saída do faraón non foi o que fixo voltar a Senaquerib para Asiria.
19, 10-13 Aquí Senaquerib desafía ó Señor en quen confía Ezequías. No c. 18 dicía que estaba da súa parte.
19, 14 Ó estende-la carta á vista do Señor, o rei converte en motivo de súplica o que hai escrito nela. Que Deus vexa e xulgue.

madeira e pedra.
¹⁹Agora, Señor, noso Deus,
sálvanos da súa man,
para que saiban os reinos do mundo
que soamente ti es Deus, Señor".

Profecía de Isaías

²⁰Isaías, fillo de Amós, mandou dicir a Ezequías: —"Isto di o Señor, Deus de Israel: escoitei a oración que me fixeches, respecto de Senaquerib, rei de Asiria. ²¹Esta é a palabra que pronuncia o Señor en contra del:
Abáfate e rise de ti
a virxe, filla de Sión;
abanea a cabeza ás túas costas
a filla de Xerusalén.
²²¿De quen blasfemas, a quen aldraxas,
contra quen érgue-la voz
e levantas soberbiamente os teus ollos?
¡Contra o Santo de Israel!
²³Por medio dos teus mensaxeiros
oféndelo Señor, dicindo:
Coa multitude dos meus carros
rubirei ó cume dos montes,
ás alturas do Líbano.
Talarei os seus altos cedros
e os seus escollidos cipreses.
Chegarei ós seus remotos recunchos,
ata ó mesmo fondo do bosco.
²⁴Eu excavarei e beberei
augas estranxeiras.
Enxoitarei coa planta dos meus pés
tódolos ríos de Exipto.
²⁵¿É que non o oíches?
Desde lonxe xa o teño preparado;
desde tempos afastados téñoo decidido,
e agora vouno cumprir.
Por iso convertes ti en pardiñeiros
as súas cidades fortificadas.
²⁶Os seus moradores atópanse sen forzas,
están todos amedoñados e confusos.
Volvéronse coma o alcacén do campo,
coma o verde da pradeira,
coma a herba das terrazas,
que agosta primeiro de crecer.
²⁷Eu sei cando ti sentas e te ergues,
cando saes e cando entras
e cando te enrabechas contra min.

²⁸Porque onda min chegou o teu noxo
e os teus aturuxos chegaron ós meus
oídos,
poreiche unha argola no nariz
e un freo no fociño,
e fareite voltar polo camiño
por onde viñeches para aquí.
²⁹E a Ezequías: que isto che sirva de sinal:
Este ano comerás gran de rebusco
e, para o ano que vén, do que medre só.
Pero no ano terceiro sementaredes e
segaredes,
plantaredes viñas e comeréde-los seus
froitos.
³⁰O resto que queda de Xudá
botará raíces novas para abaixo
e dará froitos para arriba.
³¹Porque de Xerusalén sairá un resto
e do monte Sión sobreviventes.
O celo do Señor fará isto.
³²Por iso, isto di o Señor do rei de Asiria:
Non entrará nesta cidade,
nin tirará contra ela unha frecha,
non se achegará onda ela co escudo
nin botará contra ela un terraplén,
trincheira, foxos.
³³Polo camiño por onde veu, dará a volta,
sen entrar nesta cidade.
Palabra do Señor.
³⁴Eu defenderei esta cidade e salvareina,
pola honra do meu nome e o do meu
servo David".

Desfeita de Senaquerib

³⁵Aquela mesma noite saíu o anxo do Señor e feriu no campamento asirio a cento oitenta e cinco mil homes. Á hora de erguerse á mañá, eran todos cadáveres. ³⁶Senaquerib, rei de Asiria, levantou o campamento, deu a volta para Nínive e quedou alí. ³⁷Un día que estaba axeonllado no templo de Nisroc, seu deus, Adramélec e Xaréser matárono coa espada, e liscaron para o país de Ararat. Sucedeulle no trono o seu fillo Esarhadón.

Doenza e cura de Ezequías

20 ¹Por aquel tempo Ezequías enfermou coma para morrer. O profeta Isaías,

---

19, 20-28 A palabra do profeta trae a resposta á oración. O profeta replica ó discurso soberbio de Senaquerib cun canto de burla sobre a impotencia de Asiria dediante do Señor, que ten nas súas mans o que Asiria fará e non fará, e que dirixe a historia.
19, 29-31 Anuncio de salvación para Ezequías, como nos vv 6ss.
19, 32-34 Senaquerib non chegará a conquista-la cidade. Tema para os cantos de Sión (Sal 46; 48). Do cerco do ano 701 quedou en Xerusalén unha imaxe limpa e clara da salvación do Señor.
19, 35 Pode ser que este mensaxeiro do Señor teña que ver cunha peste que azoutou ó exército asirio, semellante á de 2 Sam 24, 15-17, e en Ex 12, 29s, e que ela o forzara a levanta-lo cerco da cidade.
20 A doenza de Ezequías e a embaixada de Merodak Baladán (Is 38-39) deben supor se cronoloxicamente antes do tema dos cc. 18-19.

fillo de Amós, foi visitalo e anuncioulle: —"Prepara o testamento, porque vas morrer e non seguirás vivo". ²Ezequías virou a faciana cara á parede e pediulle ó Señor: ³—"Ai, Señor, tenme en conta que sempre andei con sinceridade e integridade diante de ti, e que fixen o que é debido ós teus ollos". E rompeu a chorar, desfeito en bágoas.

⁴Isaías non saíra aínda do patio principal, cando recibiu esta palabra do Señor: ⁵—"Volve onda Ezequías, xefe do meu pobo, e dille que isto di o Señor, Deus de seu pai David: escoitei a túa oración e vin as túas bágoas. Agora voute curar. Á volta de tres días poderás subir ó templo do Señor. ⁶Ós días da túa vida engadireilles quince anos. Librareite das mans do rei de Asiria, a ti e a esta cidade. Protexerei esta cidade, polo honor do meu nome e o do meu servo David".

⁷Entón mandou Isaías: —"Traede unha bica de figos. En canto a traian, que lla poñan na chaga, e sandará". ⁸Ezequías preguntoulle a Isaías: —"¿Cal será o sinal de que o Señor me sandará e de que á volta de tres días poderei subir ó templo do Señor?" ⁹E Isaías respondeulle: —"Este será para ti o sinal de que o Señor cumprirá a palabra que che deu: ¿Queres que a sombra do reloxo adiante dez graos, ou que os atrase?" ¹⁰Ezequías respondeulle: —"É cousa fácil que a sombra avance dez graos. Non; quero que se atrase en dez graos". ¹¹O profeta Isaías invocou entón ó Señor, que fixo que a sombra retrocedese dez graos dos que xa percorrera no reloxo de Acaz.

Embaixada de Merodak Baladán

¹²Daquela, o rei de Babilonia, Merodak Baladán, fillo de Baladán, ó ter noticia da doenza de Ezequías, mandoulle unha carta e un agasallo. ¹³Ezequías folgouse coa visita, e amostróulle-la casa do tesouro: a prata, o ouro, os perfumes, os óleos escolleitos, a vaixela e todo o que había no tesouro. Non quedou cousa no pazo nin no reino que Ezequías non lles amosase.

¹⁴Entón presentouse o profeta Isaías ó rei Ezequías e preguntoulle: —"¿Que che dixeron eses homes e de onde veñen para verte?" Ezequías respondeulle: —"Veñen dun país de moi lonxe, de Babilonia". ¹⁵Preguntou o profeta: —"¿E que viron no teu pazo?" Ezequías respondeulle: —"Viron todo o que hai no meu pazo. Non quedou cousa no meu tesouro que non lles amosase".

¹⁶Isaías díxolle entón a Ezequías: —"Escoita a palabra do Señor: ¹⁷virá un día, en que será levado a Babilonia todo o que hai no teu pazo e todo o que ata hoxe atesouraron os teus pais. Nada quedará, di o Señor. ¹⁸E ós fillos que nacerán de ti, que ti xerarás, levaranos para servidores do pazo do rei de Babilonia".

¹⁹Ezequías dixo a Isaías: —"Está ben a palabra do Señor que me anuncias". Porque pensaba: —"Ó menos haberá paz e seguridade mentres eu viva".

²⁰O resto da historia de Ezequías, as súas proezas e as obras que fixo, ¿non está todo escrito no Libro das Crónicas dos reis de Xudá? ²¹Ezequías adormeceu cos seus pais, e sucedeulle no trono ó seu fillo Menaxés.

Menaxés de Xudá

21 ¹Menaxés tiña doce anos, cando empezou a reinar, e reinou cincuenta e dous anos en Xerusalén. A súa nai chamábase Hefsibah.

²Fixo o mal ós ollos do Señor, remedando as cousas abominables das nacións que desbotara o Señor de diante dos israelitas. ³Reconstruíu os altares dos outeiros, que destruíra seu pai Ezequías. Edificou altares a Baal, ergueu outra estela, coma a que fixera Acab, rei de Israel; axeonllouse e deu culto ó exército do ceo.

20, 1 *Prepara-lo testamento* ou "pó-la casa en orde" é dispoñer tódalas cousas como se quere que queden detrás dun (2 Sam **17,** 23).
20, 7 Supónse que a *bica,* coma un emplasto que se achega, reduce a inflamación.
20, 9s Un *reloxo* de sol pode ser, sen máis, unha escaleira, onde nos seus chanzos se pode observar se o sol se adianta ou se atrasa de súpeto ou nun intre.
20, 12ss A visita do rei de Babilonia seguramente ía buscando o consentimento de Xudá para un pacto antiasirio.
20, 17s Anuncio do desterro babilónico, na boca de Isaías, meténdose adiantado na historia deste momento. Máis, en Is **21,** 12-15; **22,** 15-20; **23,** 26s. O rei non se inqueda por un futuro que queda lonxe (v 19).
20, 20 Ezequías fixo excavar un túnel que levaba a auga de Guihón, fóra da cidade, por dentro da colina do Ofel, ata un estanque no val de Tiropeón, a piscina de Siloé. Esta quedaba dentro da cidade para poder abastecela, no caso dun cerco coma o de Senaquerib (Eclo **48,** 17; Is **22,** 11). As cousas seguen igual hoxe en día.
21 Despois do retrato dun rei piadoso coma Ezequías vén o de seu fillo, o impío Menaxés. Con el triunfan as correntes contrarias á reforma e promoven unha antirreforma. O historiador deuteronomista non se ocupa de feito ningún de Menaxés, fóra dos males que causou (vv 2-9) e do que deles dixo o Señor polos profetas. Xerusalén queda ameazada da sorte que xa correra Israel. O desterro de Xudá terá deste aquí como razón os pecados de Menaxés, que o futuro non esqueceu (2 Re **23,** 26s; **24,** 3).
21, 3 O *exército do ceo,* os astros, ós que daban culto os asirios e outros pobos.

⁴Construíu altares no templo do Señor, do que o Señor mesmo dixera: —"En Xerusalén porei eu o meu nome". ⁵Construíu tamén altares para todo o exército do ceo nos dous adros do templo do Señor. ⁶Pasou a seu fillo polo lume; deuse ós agoiros e á maxia, practicou a nigromancia e a adiviñanza; fixo o mal de moitas maneiras ós ollos do Señor, provocando o seu noxo.

⁷A imaxe que fixera a Axtarté púxoa no templo, do que o Señor dixera a David e ó seu fillo Salomón: —"Neste templo, en Xerusalén, cidade que eu escollín, entre tódalas tribos de Israel, porei eu para sempre o meu nome. ⁸Non volverei a consentir que os israelitas vaguen fóra da terra que eu dei a seus pais, con tal que fagan o que eu lles mandei, e que cumpran a lei que o meu servo Moisés lles prescribiu". ⁹Pero eles non obedeceron. Menaxés encirrounos a facer cousas peores cós pobos que desbotara o Señor de diante dos israelitas.

¹⁰O Señor dixo entón polos seus servos, os profetas: ¹¹—"Xa que Menaxés, rei de Xudá, fixo esas cousas tan abominables, portándose peor ca, antes del, os amorreos, e deu causa para que tamén Xudá pecase cos seus ídolos, ¹²por iso, isto di o Señor, Deus de Israel: vou traer sobre Xerusalén e sobre Xudá unha desgracia que, de grande, abouxará os oídos dos que a oian. ¹³Medirei Xerusalén co mesmo cordel co que medín primeiro Samaría, e coa chumbada que botei sobre a familia de Acab. Fregarei Xerusalén como se frega un prato, que despois de fregado se pon boca abaixo. ¹⁴Abandonarei o resto do meu herdo, e entregareinos nas mans dos seus inimigos, ós que servirán de presa e botín, ¹⁵xa que fixeron o mal ós meus ollos, e, desde o día en que tirei a seus pais de Exipto ata hoxe, non pararon de anoxarme".

¹⁶Ademais diso, Menaxés verqueu moito sangue inocente, ata alagar con el Xerusalén dun cabo ó outro; e, por riba, os pecados que fixo cometer a Xudá, facendo o mal ós ollos do Señor.

¹⁷O resto da historia de Menaxés, todo o que fixo e os pecados que cometeu, ¿non está todo escrito no Libro das Crónicas dos reis de Xudá? ¹⁸Menaxés adormeceu con seus pais, e enterrárano no xardín do seu pazo, o xardín de Uzá. Sucedeulle no trono o seu fillo Amón.

Amón de Xudá

¹⁹Amón tiña vintedous anos cando empezou a reinar. Reinou dous anos en Xerusalén. A súa nai chamábase Mexulémet, filla de Harus, de Iotbah. ²⁰Fixo o mal ós ollos do Señor, como fixera seu pai Menaxés. ²¹Seguiu o camiño de seu pai; adorou e deu culto ós mesmos ídolos. ²²Abandonou ó Señor, Deus de seus pais, e non seguiu os seus vieiros. ²³Os cortesáns de Amón conspiraron contra el e matárono no seu pazo. ²⁴Mais a xente do país matou a tódolos que conxuraran contra o rei, e proclamaron sucesor ó seu fillo Ioxías.

²⁵O resto da historia de Amón e os seus feitos ¿non están escritos no Libro das Crónicas dos reis de Xudá? ²⁶Enterrárono no seu túmulo, no xardín de Uzá. Sucedeulle no trono o seu fillo Ioxías.

Ioxías de Xudá

22 ¹Ioxías tiña oito anos cando empezou a reinar. Reinou trinta e un anos en Xerusalén. A súa nai chamábase Iedidah, filla de Adaías, de Boscat. ²Fixo o que é debido ós ollos do Señor, andou polo camiño de seu pai David, sen desviarse nin á dereita nin á esquerda.

³No ano dezaoito do seu reinado mandou Ioxías o secretario Xafán, fillo de Asalías, fillo de Mexulam, ó templo do Señor, con este encargo: ⁴—"Vai onda o sumo sacerdote Hilquías, que colla o diñeiro ingresado no templo do Señor, recolectado da xente polos gardas da entrada, ⁵e que llelo entregue ós

---

21, 7 Expresión curta de teoloxía do templo (1 Re **8**).
21, 13-15 A sorte de Xudá, que primeiro se considerara coma "o resto", será coma a sorte de Israel, porque a súa é tamén unha historia de infidelidade.
21, 16 A acusación trae á memoria a persecución de profetas no tempo de Acab. A tradición posbíblica aponlle a Menaxés o martirio de Isaías.
21, 24 *A xente do país é* a que forza sempre as cousas para manter no trono de Xudá, mesmo despois dunha revolta ou un rexicidio, a dinastía de David (2 Re **11**, 13.20; **23**, 30).
22-23 Ioxías cóntase, con David e con Ezequías, entre os tres reis mellor tratados polo Libro dos Reis e por outras testemuñas da tradición (Eclo **49**, 4; 2 Cro **34-35**). A reforma relixiosa promovida por este rei é o gran tema da súa historia, despois de que esta conta o descubrimento do libro que provocou esa reforma. No tempo de Ioxías, Xudá non está xa apurado pola secular presión de Asiria, potencia a punto de caer. Pero Ioxías morre de súpeto en Meguido, cando se opuña ó paso cara a Asiria do faraón Nekó de Exipto.
22, 3-7 A reparación do templo está contada coma a que mandara facer o rei Ioax (2 Re **12**, 12-16).

capataces encargados das obras do templo do Señor, para que estes paguen ós que traballan na reparación das avarías do edificio, ⁶carpinteiros, canteiros e albaneis, e para merca-la madeira e a pedra de cantería que requiran as obras. ⁷Que non se lles pidan contas do diñeiro que lles encomendan, pois son xente de fiar".

O libro da Lei

⁸O sumo sacerdote Hilquías díxolle ó secretario Xafán: —"Atopei o libro da Lei no templo do Señor". Hilquías entregoulle o libro a Xafán, e este leuno. ⁹O secretario Xafán foi onda o rei, para darlle conta do feito: —"Os teus servidores recolleron o diñeiro que había no templo e entregáronllelo ós capataces, encargados das obras do templo do Señor". ¹⁰E despois o secretario Xafán deulle a nova ó rei: —"O sacerdote Hilquías deume este libro". E Xafán leuno alí, diante do rei.

¹¹Cando oíu o rei as palabras do libro da Lei, rachou ás súas vestes ¹²e mandou ó sacerdote Hilquías, a Ahicam, fillo de Xafán, a Acbor, fillo de Miqueas, ó secretario Xafán e a Asaías, oficial do rei: ¹³—"Ide consulta-lo Señor, por min, polo pobo e por todo Xudá, sobre o contido deste libro que atoparon. Moi grande ten que se-la carraxe do Señor, acesa contra nós, porque os nosos pais non fixeron caso das palabras deste libro e non cumpriron o que está escrito nel".

¹⁴Foron o sacerdote Hilquías, Ahicam, Acbor, Xafán e Asaías onda a profetisa Huldah, muller de Xalum, garda do vestuario, fillo de Ticvah, fillo de Harhás. Vivía no segundo barrio de Xerusalén. Falaron con ela, ¹⁵e ela respondeulles: —"Isto di o Señor, Deus de Israel:

¹⁶Dicídelle a quen vos mandou onda min que isto di o Señor: vou traer sobre este lugar e sobre os seus moradores unha desgracia: todas esas maldicións que están no libro que leu o rei de Xudá. ¹⁷Visto que eles me abandonaron a min e queimaron incenso a outros deuses, provocándome coas obras das súas mans, a miña carraxe está ardendo contra este lugar, e non se apagará.

¹⁸E ó rei de Xudá, que vos mandou consulta-lo Señor, dícidelle: isto di o Señor, Deus de Israel: xa que, cando oíches le-lo libro, ¹⁹se che conmoveu o corazón e te humillaches diante do Señor, e xa que cando oíche-lo que eu dixen contra este lugar e contra os seus moradores, que se verían todos convertidos en espanto e en maldición, ti racháche-las vestes e choraches diante de min, por iso tamén eu te escoito a ti. Palabra do Señor.

²⁰Polo mesmo, cando eu te recolla con teus pais, levarante en paz ó teu sartego. Os teus ollos non terán que ve-la desgracia que traerei contra este lugar". Os enviados deron volta e informaron ó rei.

Reforma de Ioxías

23 ¹O rei mandou entón que se reunisen con el os anciáns todos de Xudá e de Xerusalén. ²Despois subiu ó templo do Señor, con tódolos homes de Xudá e os veciños de Xurusalén, os sacerdotes, os profetas e o pobo todo, os pequenos e os grandes, e leu diante deles o libro da alianza atopado no templo do Señor.

³De pé sobre o estrado, o rei concluíu logo a alianza dediante do Señor, comprometéndose a segui-lo Señor, a cumpri-los seus mandatos, as súas normas e as súas leis, de todo corazón e con toda a alma, e a mante-las claúsulas da alianza escritas neste libro. O pobo todo confirmou a alianza.

⁴Despois mandou o rei ó sumo sacerdote Hilquías, ós sacerdotes de segunda orde e ós gardas da entrada, que botasen fóra do santuario do Señor tódolos trebellos adicados ó culto de Baal, de Axtarté e de todo o exército do ceo. Fíxoos queimar fóra de Xerusalén, no agro do Cedrón, e fixo leva-las súas cinsas a Betel.

⁵O rei depuxo os sacerdotes que nomearan os reis de Xudá para ofrecer incenso nos altares dos outeiros, nas cidades de Xudá e nos arredores de Xerusalén; queimaban incenso a Baal, ó sol, á lúa, ós sinais do zodíaco e a todo o exército do ceo. ⁶Fixo tirar do templo do Señor, para fóra de Xerusalén, a imaxe de

---

22, 8 Pénsase que o *libro da Lei* era o Deuteronomio primitivo, o código de leis de Dt **12-16,** que logo en Xerusalén adquiriu o resto dos capítulos. Todo o tempo de Menaxés o libro estivo escondido.

22, 16-20 O oráculo da profetisa Huldah está traballado co anuncio da desgracia de Xerusalén. A Ioxías afórraselle, pola súa piedade, a dor de ver esa desgracia.

23, 1-3 Renovación da alianza, para lembrarse da propia identidade e empezar unha vida nova. Lese o libro da Lei encontrado, recoñecido como norma de vida (a primeira Biblia); o pobo asimila o lido e comprométese co que di, para facerse pobo de Deus (coma en Xos **24**).

23, 4-20 A alianza esixe o renego da idolatría. Neste momento o narrador mete a reforma de Ioxías en Xerusalén, en todo Xudá e en Samaría. A reforma leva consigo a eliminación dos santuarios dos outeiros, a centralización do culto en Xerusalén e o abandono de certos costumes de natureza sincretista.

Axtarté e queimouna no val do Cedrón. Reduciuna a cinsa, que botou na fosa común. ⁷Derrubou as habitacións dos consagrados á prostitución, que había no templo do Señor, onde as mulleres tecían panos para Axtarté. ⁸Fixo vir a tódolos sacerdotes das cidades de Xudá e profanou os altares dos outeiros, onde os sacerdotes ofrecían incenso, desde Gueba ata Beerxeba. Destruíu o altar dos sátiros, que había na porta de Xosué, gobernador da cidade, á man esquerda da entrada. ⁹Os sacerdotes dos santuarios dos outeiros non podían subir ó altar do Señor en Xerusalén; pero comían dos pans ázimos igual cós seus irmáns.

¹⁰O rei profanou tamén Tófet, no val de Benhinnom, para que ninguén pasase alí polo lume a seu fillo ou a súa filla en honor de Moloc. ¹¹Fixo desaparece-los cabalos que os reis de Xudá adicaran o sol, á entrada do templo do Señor, onda a cámara do eunuco Natanmélec, nos anexos do templo, e queimou o carro do sol. ¹²Derrubou tamén o rei os altares que ergueran os reis de Xudá, na azotea da cámara de Acaz, e os altares que puxera Menaxés nos dous adros do templo do Señor; esborrallounos e tirou o seu po no torrente Cedrón.

¹³O rei profanou aínda os altares dos outeiros de enfronte de Xerusalén, ó sur do monte das Oliveiras, construídos por Salomón, rei de Israel, en honor de Axtarté, ídolo abominable dos sidonios, de Kemox, ídolo dos moabitas, e de Moloc, ídolo dos amonitas. ¹⁴Rompeu as estelas, quebrou as imaxes de Axtarté e encheu de ósos humanos os seus lugares. ¹⁵Destruíu, ademais, o altar de Betel e o altar que fixera Ieroboam, fillo de Nabat, co que fixera pecar a Israel. Destruíu o templo, o altar e mailo santuario; reduciuno a cinsa e queimou tamén a imaxe de Axtarté.

¹⁶Ioxías volveu os ollos e viu os sartegos que se estendían polo monte; mandou colle--los ósos que había neles e queimounos enriba do altar, para profanalo, conforme a palabra do Señor, proclamada polo home de Deus que anunciara estas cousas. ¹⁷Despois o rei preguntou: —"¿Que monumento é ese que estou vendo?". A xente da cidade respondeulle: —"É o sartego do home de Deus, que viñera de Xudá e anunciara as cousas que acabas de facer sobre o altar de Betel". ¹⁸E o rei mandou: —"Deixádeo; que ninguén remova os seus ósos". Dese xeito, os seus ósos conserváronse cos ósos do profeta que viñera de Samaría.

¹⁹Ioxías fixo desaparece-los santuarios todos dos outeiros das cidades de Samaría, construídos polos reis de Israel para anoxa-lo Señor, e fixo con eles o que fixera primeiro en Betel. ²⁰Sacrificou sobre os altares os sacerdotes dos outeiros que había alí; queimou ósos humanos enriba deles.

A Pascua e o remate da reforma

Despois o rei regresou a Xerusalén, ²¹e deulle ó pobo soamente esta orde: —"Celebrade a Pascua, en honor do Señor, voso Deus, conforme está escrito neste libro da alianza". ²²Non se celebrara unha Pascua coma ela, desde os días en que os Xuíces xulgaban Israel, nin tampouco no tempo dos reis de Israel e de Xudá. ²³Foi no ano dezaoito do reinado de Ioxías, cando se celebrou esa Pascua en honra do Señor, en Xerusalén.

²⁴Ioxías acabou tamén cos nigromantes e os agoireiros, e igualmente cos ídolos, cos fetiches, e con tódalas cousas abominables que se vían en Xudá e en Xerusalén, para cumpri-las palabras da Lei, escritas no libro que achara o sacerdote Hilquías no templo do Señor. ²⁵Antes de Ioxías non houbera rei ningún, nin veu outro despois, que se convertese ó Señor coma el, de todo corazón, con toda a alma e con tódalas forzas, en todo conforme coa Lei de Moisés.

²⁶Con todo e iso, o Señor non se aplacou do grande noxo que collera contra Xudá,

---

23, 8 Os sacerdotes dos santuarios van a Xerusalén, onde teoricamente teñen un posto no culto centralizado (v 9; Dt **18,** 6-8). Os sátiros eran representacións en forma de castróns de divinidades inimigas, que habitan en lugares desertos.
23, 10 *Tófet,* lugar de sacrificios humanos, na mesma Xerusalén (1 Re **16,** 3; Xer **7,** 31s).
23, 11s Os *cabalos* e o *carro do sol,* do culto astral dos asirios. Na azotea practicábase o culto segundo a maneira dos asirios (Xer **19,** 13).
23, 16-18 O historiador aplica a reforma de Ioxías ós pecados de Ieroboam e fai ver agora o cumprimento de vellas profecías (1 Re **13,** 2ss).
23, 19 A reforma esténdese a Samaría (xa falara antes de Betel: v 15), o que fai supor que os asirios afrouxaran o seu control sobre o país e que Ioxías traballaba polo gran Israel.
23, 21-23 Dise que a celebración da Pascua de Ioxías foi a máis solemne da época monárquica, quizais porque se celebrou no templo central (e non en familia), coma na época da confederación (Dt **16,** 2.5s).
23, 25 Ioxías sobresae, no xuízo do historiador, ó comparalo con Menaxés, que lle precedeu, e cos reis que seguiron.
23, 26-28 Os feitos tráxicos que sucederon logo despois del non deixaron que se arredase do seu reino a sombra do desterro, a mesma que vén cubrindo o ceo desde atrás (2 Re **20,** 17s; **21,** 10-15; **22,** 15-20).

polo moito que o aldraxara Menaxés. ²⁷E por iso dixo o Señor:
—"Botarei a Xudá da miña presencia, como botei a Israel. Rexeitarei Xerusalén, a cidade que eu escollera, e o templo do que dixera que alí estaría o meu Nome". ²⁸O resto da historia de Ioxías e todo o que fixo, ¿non está escrito no Libro das Crónicas dos reis de Xudá?

Morte de Ioxías

²⁹No seu tempo rubiu o faraón Nekó, rei de Exipto, cara ó Éufrates, para axudar ó rei de Asiria. O rei Ioxías saíulle ó paso, e Nekó matouno, no primeiro encontro, en Meguido. ³⁰Os seus servidores puxeron o cadáver no seu carro, en Meguido, e levárono a Xerusalén; e enterrárono no seu sartego. A xente do país colleu a Ioacaz, fillo de Ioxías, unxírono e proclamárono sucesor de seu pai.

Ioacaz de Xudá

³¹Ioacaz tiña vintetrés anos cando empezou a reinar. Reinou tres meses en Xerusalén. A súa nai chamábase Hamutal, filla de Xeremías, de Libnah. ³²Fixo o mal ós ollos do Señor, o mesmo que fixeran os seus pais. ³³O faraón Nekó prendeuno en Riblah, territorio de Hamat, para que non reinase en Xerusalén, e impúxolle ó país un tributo de cen talentos de prata e un de ouro. ³⁴O faraón Nekó puxo por rei a Eliaquim, fillo de Ioxías, no lugar de Ioxías, seu pai. Cambioulle o nome por Ioaquim, e a Ioacaz levouno para Exipto, onde morreu.

Ioaquim de Xudá

³⁵Ioaquim pagoulle ó faraón o tributo de prata e de ouro. Pero, para poder darlle ó faraón o que pedira, tivo que imporlle ó pobo unha contribución. Cada un aportou o que lle foi taxado en prata e ouro, para pagarlle ó faraón.

³⁶Ioaquim tiña vintecinco anos cando empezou a reinar, e reinou once anos en Xerusalén. A súa nai chamábase Zebidah, filla de Pedaías, de Rumah. ³⁷Fixo o mal ós ollos do Señor, coma fixeran seus pais.

Invasión de Nabucodonosor

24 ¹Nos seus días rubiu Nabucodonosor, rei de Babilonia, e Ioaquim quedou sometido por tres anos. Pero, ó cabo deles, revoltouse. ²Entón mandou o Señor contra el bandas de caldeos e de arameos, de moabitas e de amonitas. Mandounas contra Xudá, para destruíla, conforme a palabra que dixera o Señor polos seus servos os profetas. ³Iso aconteceulle a Xudá certamente por orde do Señor. Quería desbotala da súa presencia, polos pecados que cometera Menaxés, ⁴e polo sangue inocente que verquera, ata encher del Xerusalén. Por iso o Señor non quixo perdoar. ⁵O resto da historia de Ioaquim e tódolos seus feitos, ¿non está todo escrito no Libro das Crónicas dos reis de Xudá? ⁶Ioaquim adormeceu con seus pais, e sucedeulle no trono o seu fillo Ioaquín. ⁷O rei de Exipto non volveu saír do seu país, porque o rei de Babilonia apoderárase de tódolos territorios que eran do rei de Exipto, desde o torrente de Exipto ata o Éufrates.

Ioaquín de Xudá

⁸Ioaquín tiña dezaoito anos cando empezou a reinar. Reinou tres meses en Xerusalén. A súa nai chamábase Nehuxtá, filla de Elnatán, de Xerusalén. ⁹Fixo o mal ós ollos do Señor, como fixeran seus pais.

O primeiro desterro

¹⁰No seu tempo rubiron os oficiais de Nabucodonosor, rei de Babilonia, contra Xerusalén e cercárona. ¹¹Mentres os seus oficiais mantiñan o cerco, veu á cidade Nabucodonosor, rei de Babilonia.

23, 29s O faraón pretende asenta-lo seu antigo señorío en Canaán, e pasa por alí para ir discutilo cos dominadores do outro lado. O rei Ioxías non puido co exército exipcio.
23, 33s Nekó quedou polo momento dono de Canaán, quitando e pondo reis, cambiándolle-lo nome, cobrándolles tributo. Pero, ós poucos anos, Exipto tería que recoñecer ese dominio ó rei de Babilonia.
23, 35 *Ioaquim*: cf Introd. a Xer 2b).
24 O final do reino de Xudá non vén pola man dos seus inimigos seculares, os asirios, senón pola dos babilonios, os novos donos do Oriente. O seu señorío quedou recoñecido na batalla de Kárkemix, gañada por Nabucodonosor no ano 605. Sobre Xudá fíxose sentir ese poder en tres sucesivas ocasións: primeiro en ataques de bandas dos pequenos pobos veciños, vasalos de Babilonia (v 2); despois nunha primeira invasión do mesmo exército de Nabucodonosor, no ano 598 (v 10s); e por fin na gran invasión, coa destrucción e o desterro, no 586 (2 Re 25, 1ss).
24, 2-4 Interpretación de todo acontecemento como historia guiada por Deus.
24, 10ss Na primeira invasión (598), Nabucodonosor roubou os tesouros do templo e do pazo, desterrou a élite da poboación e con ela o rei Ioaquim, e puxo un novo rei no nome que el lle deu e baixo a autoridade de Babilonia.

¹²Entón Ioaquín, rei de Xudá, rendeuse o rei de Babilonia, xunto con súa nai, os seus oficiais, os seus xenerais e os seus servidores. O rei de Babilonia levouno prisioneiro. Era o oitavo ano do seu reinado.

¹³Nabucodonosor levou de alí tamén os tesouros do templo do Señor e os do pazo real, e destruíu os obxectos de ouro que fixera para o templo Salomón, rei de Israel, seguindo a orde do Señor.

¹⁴Nabucodonosor desterrou todo Xerusalén, os xefes, a xente toda de renome, dez mil desterrados: os ferreiros e os zarralleiros; non quedou máis cá xente pobre. ¹⁵Levou prisioneiro a Babilonia a Ioaquín, á nai do rei, ás súas mulleres, á súa servidume, ós grandes do país. Levounos a todos prisioneiros, de Xerusalén para Babilonia.

¹⁶Tamén levou á xente de renome, sete mil; os ferreiros e os zarralleiros, mil; os homes de valor, que servían para a guerra. Nabucodonosor levounos prisioneiros para Babilonia. ¹⁷O rei de Babilonia puxo por rei, no posto de Ioaquín, ó seu tío Matanías, cambiándolle o nome polo de Sedecías.

Sedecías en Xudá

¹⁸Sedecías tiña vinteún anos cando empezou a reinar. Reinou once anos en Xerusalén. A súa nai chamábase Hamutal, filla de Xeremías, de Libnah.

¹⁹Sedecías fixo o mal ós ollos do Señor, o mesmo ca Ioaquín. ²⁰O que lle aconteceu a Xerusalén e a Xudá, foi polo noxo do Señor, que acabou por botalos da súa presencia. Sedecías revoltouse contra o rei de Babilonia.

A caída de Xudá e o desterro

25 ¹No ano noveno do reinado de Sedecías, o día dez do décimo mes, chegou Nabucodonosor, rei de Babilonia, con todo o seu exército contra Xerusalén. Acampou enfronte da cidade e construíu un muro de cerco ó arredor. ²A cidade estivo cercada ata o ano once do reinado de Sedecías. ³O día nove do cuarto mes, a fame apretaba moito na cidade e a xente non tiña de que comer.

⁴Entón abriuse unha fenda no muro da cidade, e os soldados fuxiron de noite, pola porta que está entre os dous muros, ó pé do xardín do rei, e fóronse polo camiño da estepa, mentres os caldeos cercaban a cidade. ⁵As forzas dos caldeos perseguiron o rei e atrapárono nas estepas de Iericó, mentres os seus soldados se espallaban por tódolos lados.

⁶Atrapado o rei, leváronllo ó rei de Babilonia, a Riblah, e alí sentenciárono. ⁷Ós fillos de Sedecías esganáronos diante del, e a Sedecías mesmo cegárono, puxéronlle cadeas de ferro e leváronoa Babilonia.

⁸O día sete do quinto mes, dentro do ano dezaoito do reinado de Nabucodonosor en Babilonia, chegou a Xerusalén Nebuzardán, xefe da garda e servidor do rei de Babilonia, ⁹e púxolle lume ó templo do Señor e ó pazo real, e queimou igualmente os pazos todos de Xerusalén e as casas grandes da cidade. ¹⁰O exército caldeo, ás ordes do xefe da garda, derrubou a muralla que rodeaba Xerusalén.

¹¹Nebuzardán, xefe da garda, desterrou o resto da xente que quedara na cidade, os que se pasaran xa ó rei de Babilonia e o resto da multitude. ¹²Da xente pobre do país deixou o xefe da garda uns poucos, para viñadores e labregos.

¹³Os caldeos romperon as columnas de bronce, as basas e o Mar de Bronce, que había no templo do Señor, e levaron o bronce para Babilonia. ¹⁴Colleron tamén os cinseiros, as pas, os coitelos, as copas e tódolos obxectos de bronce que servían para o culto. ¹⁵O xefe da garda colleu tamén os braseiros e os aspersorios, o ouro co ouro e a prata coa prata.

¹⁶O peso do bronce das dúas columnas, do Mar de Bronce, das basas e dos obxectos todos que fixera Salomón para o templo do Señor, non se podía avaliar. ¹⁷Unha columna media nove metros de altura, e enriba dela levaba un capitel de bronce, de metro e medio de alto e, por parte, os trenzados e as granadas, arredor dos capiteis, todo en bronce. E o mesmo a outra columna.

¹⁸O xefe da garda levou prisioneiro ó sumo sacerdote Saraías, a Sefanías, segundo

---

24, 19s *Sedecías* é tamén coñecido polas súas relacións con Xeremías (cf 2 Cro 36, 11ss; Xer 31; 34;37-39).
25 Empuxado polos patriotas e desoíndo o consello de Xeremías, o rei Sedecías revoltouse abertamente contra os babilonios. Entón veu o exército de Nabucodonosor e desta vez destruíu o templo e a cidade e desterrou para Babilonia a case quince mil persoas. Con iso chegou á súa fin o reino de Xudá, no ano 586. O rei Sedecías recibiu o castigo máis duro: tivo que presencia-la morte dos seus fillos, e despois foi privado da vista e levado en cadeas ó Babilonia. Non se soubo máis del.
25, 8-21 Descríbese a devastación que levou a cabo Nebuzardán, xefe da garda babilónica: incendio, roubo, desterro.

sacerdote, e os tres gardas da entrada. ¹⁹Da cidade levou tamén preso un oficial, que era xefe do exército, cinco homes do servicio persoal do rei, que se atopaban na cidade, o secretario do xefe do exército, que recrutaba os soldados no pobo, e a sesenta persoas do pobo común, que se achaban tamén na cidade. ²⁰Nebuzardán, xefe da garda, colleunos a todos presos e levounos a Riblah, diante do rei de Babilonia. ²¹O rei de Babilonia mandounos matar en Riblah, no país de Hamat. Xudá foi, dese xeito, levado á cativadade, lonxe da súa terra.

Guedalías, gobernador de Xudá

²²Guedalías, fillo de Ahicam, fillo de Xafán, foi nomeado gobernador da xente que quedara en Xudá, a que deixara alí Nabucodonosor, rei de Babilonia. ²³Cando os xefes do exército e os seus homes oíron que o rei de Babilonia fixera gobernador a Guedalías, foron a Mispah, onda el. Eran Ismael, fillo de Netanías, Iohanán, fillo de Caréah, Seraías, fillo de Tanhúmet, de Netofah, e Iazanías, fillo de Macah, todos eles cos seus homes. ²⁴Guedalías xuroulles, a eles e ós seus homes: —"Non teñades medo de sometervos ós caldeos. Vivide no país e obedecede ó rei de Babilonia. Iravos a todos ben".

²⁵Mais sucedeu que, ós sete meses, chegou Ismael, fillo de Netanías, fillo de Elixamá, de sangue real, con dez homes, e feriu de morte a Guedalías, e tamén ós xudeus e ós caldeos que estaban en Mispah con el. ²⁶A xente toda, os grandes e os pequenos, cos xefes dos soldados, colleron e, por medo dos caldeos, escaparon para Exipto.

Gracia para Ioaquín

²⁷O ano trinta e sete do desterro de Ioaquín, rei de Xudá, o día vintesete do mes doce, Evil Merodac, rei de Babilonia, no primeiro ano do seu reinado, concedeulle gracia a Ioaquín, rei de Xudá, e tirouno da cadea. ²⁸Faloulle benevolamente e puxo o seu trono por riba dos dos outros reis, que estaban con el en Babilonia. ²⁹Mudoulle as roupas de preso e púxoo a comer á súa mesa, por tódolos días da súa vida. ³⁰O sustento de cada día quedoulle asegurado polo rei para mentres vivise.

25, 22 Xudá quedou convertido en parte da provincia babilónica de Samaría. Os babilonios puxeron alí por gobernador a un nativo dos que recoñecían o feito da conquista babilónica e se sometían. O seu asasinato foi unha nova provocación do partido nacionalista.

25, 27-30 A gracia concedida polo rei de Babilonia ó rei desterrado Ioaquín (ano 562) é un claro sinal de esperanza co que o autor do Libro dos Reis remata a súa obra. Con el parece querer dicir que a promesa de Deus a David segue en pé, e que por ela se poden esperar tempos mellores.

INTRODUCCIÓN ÓS LIBROS DAS CRÓNICAS

Cara ó remate do século IV ou comezos do III a.C., nun período no que os xudeus vivían moi pendentes do clero, observando con escrupulosidade as normas da lei, e os samaritanos —tenazmente enfrontados con Xerusalén—, alimentaban a pretensión de representa-lo verdadeiro e único pobo de Deus, levouse a cabo a composición dunha síntese histórica que abrangue desde Adán ata Esdras e Nehemías. É a chamada "obra do cronista", ou, en verbas de S. Xerome, "a crónica completa da historia divina" e que na orixe abarcaba os libros das Crónicas xunto cos de Esdras e Nehemías.

Os primeiros (1-2 de Crónicas) en hebreo levan o nome de "Dibrê hajjâmim", anais ou crónicas. En grego reciben o nome de Paraleipomenõn, "o que pasou por alto": o que lles faltaba ós libros de Samuel e dos Reis.

1. Plan de 1-2 Crónicas

A obra pódese dividir en catro seccións, que ofrecen datos do tempo que vai desde Adán ata o edicto de Ciro (538 a.C.).

Introducción

Serie de xenealoxías que van desde Adán ata David, pasando polos patriarcas antediluvianos: Noé, Abraham, Xacob e as doce tribos de Israel. Entre tódalas tribos, a de Leví e a de Benxamín son as que ocupan maiormente a atención do autor. O c. **9** é un apéndice a esta primeira sección e ocúpase das familias de Xerusalén e dos antepasados de Xaúl.

Historia de David

É presentado especialmente como depositario das promesas teocráticas e promotor das institucións litúrxicas. Despois da morte de Xaúl (c. **10**) David é recoñecido rei, conquista Xerusalén e constitúea capital do seu reino (**11**, 1-9). O resto do c. **11** (vv 10-47) e todo o c. **12** ocúpanse de describi-las loitas de David. Os cc. **12-17** están adicados á consolidación da teocracia: recuperación da arca (**13**, 1-14), construcción do palacio de David (**14**, 1-17), inauguración do tabernáculo (**15**, 1-**16**, 43) e intento de construí-lo Templo (**17**, 1-27). Os cc. **18**, 1-**21**, 7 tratan da formación do imperio militar. Relatan as loitas ó leste do Xordán (**18**, 2-20, 1) e a loita contra os filisteos (**20**, 3-8), así como o censo de David (**21**, 1-**22**, 1).A sección remata cos preparativos para a construcción do Templo (**22**, 2-19), as disposicións para o culto (**23**, 1-**26**, 32), as últimas vontades de David (**27**, 1-**29**, 25) e o epílogo do seu reinado (**29**, 26-30).

Historia de Salomón

O sucesor de David é presentado fundamentalmente coma executor das ordes de David en relación co Templo. Despois de describi-lo reino salomónico e relembra-la súa sabedoría e opulencia (c. **1**), o autor esténdese en todo o relacionado coa construcción do Templo (cc. **2-4**) e a súa inauguración (cc. **5-7**). O remate da sección recórdanse feitos memorables da vida de Salomón, entre os que destaca a visita da raíña de Saba (cc. **8-9**).

Historia dos sucesores de Salomón no trono de Xudá. Despois de describi-la división do reino (**10**, 1-**11**, 4), comeza a lista dos reis que suceden ó "rei sabio":

Roboam (**11**, 5-**12**, 16), Abías (**13**, 1-13), Asá (**14**, 1-**16**, 14), Ioxafat (**17**, 1-**21**, 1), Ioram (**21**, 1-20), Ocozías (**22**, 1-10), Atalía (**22**, 10-**23**, 21), Ioax (**24**, 1-27), Amasías (**25**, 1-28), Ozías (**26**, 1-23), Iotam (**27**, 1-29), Ahaz (**28**, 1-27), Ezequías (**29**, 1-**32**, 33), Menaxés (**33**, 1-20), Amón (**33**, 21-25), Ioxías (**34**, 1-**35**, 27), Ioacaz (**36**, 1-4), Ioaquim (**36**, 5-8), Ioaquín (**36**, 9-10), Sedecías (**36**, 11-23).

Os preferidos do cronista son aqueles que tiveron estreita relación co culto e co Templo: Ioxafat, Ezequías e Ioxías.

2. Fontes

Na composición da súa obra o cronista sérvese de numerosas fontes, tanto bíblicas coma extrabíblicas.

Dos libros bíblicos o máis empregado é a Xénese. En efecto, para as xenealoxías de 1 Cro **1**, 1-**2**, 2 válese de Xén **5**, 1-32; **10**, 2-8.10-29; **25**, 1-4.10-16.20-28; **29-30; 36**, 31-43. Nas de 1 Cro **2**, 3-6, 36 os datos son tomados fundamentalmente de Xén **38**. Pola súa parte o libro de Xosué está moi presente a partir de **6**, 39 e o dos Reis e Samuel están na base dos relatos históricos do c. **10** en adiante.

En canto ás fontes extrabíblicas, citadas explícitamente, podemos distinguir dous grupos. No primeiro lugar o chamado "Libro dos Reis de Israel e de Xudá" (2 Cro **27**, 7; **35**, 27; **36**, 8), que outras veces aparece coma "Libro dos Reis de Xudá e Israel" (2 Cro **20**, 34),"Feitos dos Reis de Israel" (2 Cro **33**, 18) ou "Midrax do libro dos Reis" (2 Cro **24**, 27).Un segundo grupo de fontes extrabíblicas constitúeno diversas obras de carácter profético que van baixo o nome de Samuel, Natán,

Gad... (cf 1 Cro **29,** 29; 2 Cro **9,** 29; **32,** 32).Tanto no primeiro caso coma no segundo trataríase de obras moi achegadas ós libros inspirados que levan os mesmos nomes e que conteñen novas relacionadas coa monarquía de Xudá e Israel, así coma outras informacións que conveñen ós intereses históricos e teolóxicos do cronista.

Xunto a estas fontes escritas, debemos admitir que o noso autor se ten servido de fontes orais, que proveñen dos círculos xudeus e transmitidas directamente polos repatriados de Babilonia (cf 1 Cro **4,** 9-10. 38-43).

No referente ás citas bíblicas, unha simple comparanza destas co texto que nos ofrece Crónicas mostra a grande liberdade con que o cronista as emprega, esquecendo unhas veces, alongando outras, ou simplemente comentando as fontes das que se serve.

3. Xénero literario

O uso que fai das fontes esixe que nos preguntemos sobre o xénero literario de Crónicas.

Algúns estudiosos falan dunha "historia relixiosa", semellante á desenvolta no serodio xudaísmo. Nela todo olla cara á edificación relixiosa. Este sería o caso da obra deuteronomista. A dificultade está en clasificarmos estas dúas obras nun mesmo grupo, xa que o trato das fontes é ben diverso. Namentres o cronista non dubida en varialas se estas non se axustan á súa teoloxía, o deuteronomista respéctaas, espalléndose con comentarios marxinais.

Esta constatación é o que leva á meirande parte dos autores a coloca-lo libro das Crónicas dentro do xénero midráxico, que consistiría, fundamentalmente, nun comentario da Escritura, actualizado na tradición. Deste xeito, o texto toma outro senso, propio do novo contexto vital no que é situado. Esta clasificación, que, á primeira vista parece a máis apropiada, non está, sen embargo, exenta de dificultades, xa que a este xénero pertencen libros do talante de Ester, Xudit, Tobías e Xonás, todos eles ben diversos, e incluso, inferiores, en canto á valía histórica, a Crónicas.

Estes tropezos fan que nos atopemos perante unha obra de carácter histórico-teolóxico, que non é boa de catalogar con precisión. Sen nega-la súa relación coa literatura deuteronomista, profética e midráxica, o noso autor conseguiu unha obra orixinal que reflicte a pastoral-catequese do xudaísmo uns anos antes de Xesucristo.

4. A Historia ó servicio da teoloxía

Ó le-lo libro de Crónicas, non podemos pensar que o autor quixo simplemente repetir ou completar aqueles que escribiran a historia da dinastía davídica antes ca el. Tampouco parece se-la finalidade principal da súa obra o loitar contra o cisma samaritano, ou ampara-los intereses dos levitas. Menos aínda formula-las esperanzas mesiánicas dos seus contemporáneos. A finalidade primeira, tal coma se pode deducir da lectura da obra e do uso das fontes, como xa quedou dito, é, fundamentalmente, pastoral-catequética. Segundo esta finalidade, o autor quere comunicarlles ós seus connacionais contemporáneos a súa propia fe no Reino de Deus, concretizada na comunidade que voltou do exilio.

De acordo con este obxectivo, o cronista fai unha relectura da historia, ou, se se quere, unha lectura alternativa, para mostra-lo ideal do verdadeiro Israel, do pobo santo que vive en comunidade e permanece fiel á observancia do culto e da lei.

Esta relectura da historia faise a través dun traballo redaccional en tres momentos: omisións, engadidos e correccións.

Ante todo o cronista omite datos que atopa nas súas fontes. Fronte ó deuteronomista, que tiña en conta os dous reinos e facía a historia sincrónica de ámbolos dous, o cronista silencia sistematicamente todo o relacionado directamente co reino do norte, que será mencionado soamente cando teña referencia co reino de Xudá (2 Cro **25,** 17-24; **28,** 9). Por outra banda o cronista non disimula a súa intención de esquecer todo aquilo que pode escurece-la figura dos reis de Xudá. Isto nótase especialmente na figura de David. Neste senso, o autor silencia as relacións de David con Xaúl (cf 1 Sam **16-31**), os sete anos e medio de reinado en Hebrón (cf 1 Sam **1-4**), o pecado con Batxeba e o crime contra Urías (cf 2 Sam **11-12**), o incesto de Amnón e a rebelión de Abxalom (cf 2 Sam **13-20**), así coma as intrigas palacianas nas vésperas da súa morte, pola sucesión. Desbotando estas e outras sombras, o David do cronista é o prototipo do rei ideal.

Outras veces o cronista engade. Tales engadidos poden ser debidos ás novas fontes empregadas polo autor, pero na maioría dos casos proveñen de reflexións persoais e da súa idea da historia. O máis notorio neste senso, son os cc. **23** ó **27** de 1 Cro, sobre a organización do persoal sagrado e do culto. Tamén son de sinala-los discursos que se atopan espallados por toda a obra: 1 Cro **12,** 19; **28,** 2-

10.20-21; **29,** 1-5.10-19; 2 Cro **12,** 5-8; **13,** 4-12; **15,** 2-7; **16,** 7-9; **17,** 3-6; **19,** 2-3; **20,** 37; **21,** 12-15; **25,** 7-9.15-16; **29,** 5-11; **30,** 6-9. *A través de todos estes discursos, o cronista, ó mesmo tempo que sinala os momentos máis importantes da súa "historia", tamén os explica.*

Finalmente o cronista mostra unha afección particular polas correccións. Unha lectura simultánea do texto de Crónicas e das fontes, así nolo demostra: 2 Cro **14,** 5; **17,** 6 e 1 Re **15,** 14 e **22,** 43; 1 Cro **18,** 17 e 2 Sam **8,** 17; 1 Cro **21,** 1 e 2 Sam **24,** 1; 1 Cro **14,** 12 e 2 Sam **5,** 21; 2 Cro **8,** 1 e 1 Re **9,** 10-11.

Con todo este traballo redaccional o cronista quere resaltar especialmente as figuras de David, Salomón, e a caste levítica; así coma deixar ben sentada a doutrina da retribución. Deste xeito, os textos sagrados serven para apoia-las teses relixiosas do autor. Cando aqueles non o fan directamente, o cronista non ten dúbida entón en esquecer, engadir ou corrixilos. Comportándose así, o cronista convértese nun verdadeiro autor: escolle as fontes, elabóraas e adáptaas á súa propia orientación teolóxica; conseguindo unha obra orixinal, nova e distinta daquelas que lle serviron de fonte, e, incluso, da historia deuteronomista.

Por todo isto o autor, sen refuga-las súas pretensións históricas, pon, sen embargo, a historia ó servicio da teoloxía. O cronista ten un xeito moi seu de escribi-la historia. Preocupado por actualizar unha mensaxe que vén do pasado, faino inversamente a como o faría a historiografía moderna: traspón o presente e o futuro no pasado. A súa "historia" mostra, logo, un intento do xudaísmo dos séculos IV-III por salva-la identidade do pobo de Deus e alentalo a vivir no espírito das reformas de Esdras e Nehemías.

Nesta pastoral-catequese hai uns temas centrais polos que o autor sente atracción especial e que determinan a composición da obra, ó tempo que forman o núcleo teolóxico de Crónicas.

a) David, figura central

A historia do cronista céntrase en David. Neste senso, os nove primeiros cc. de xenealoxías que nos ofrece o autor (1 Cro **1-9**), *non son senón unha introducción á historia davídica, á que adica 19 cc.* (1 Cro **11-29**), *despois de falarnos no c.* **10** *da morte de Xaúl, co cal dá máis relevo á elección de David.*

David é, para o noso autor, nun estado teocrático (1 Cro **29,** 33; 2 Cro **9,** 8; cf 1Cro **17,** 14; **28,** 5; **29,** 11-12), *o lugartenente de Deus na terra* (cf 1 Cro **11,** 2; **17,** 7;**29,** 22; 2 Cro **6,** 5-6). *El é, por tanto, o rei ideal, cabeza dunha dinastía perpetua e bendita por Deus* (1 Cro **17,** 26; 2 Cro **1,** 9). *O rei pío e modelo de orante* (cf 1 Cro **22,** 12; **29,** 18; 2 Cro **30,** 27). *O rei que, segundo Moisés, organizará todo o relacionado co culto* (1 Cro **22-26; 28-29**).*O rei gracias a quen está asegurada a continuidade e a unión entre o presente e o pasado. O rei de conducta presentada coma norma para os seus sucesores, que serán xulgados de acordo con esa medida. En definitiva, o personaxe que ocupa para o cronista o lugar que no Pentateuco ocupaba Moisés. El é, para o noso autor, a concreción histórica de Moisés e da Lei.*

b) Templo, culto e persoal sagrado

As referencias ó templo e ó culto son constantes ó longo de toda a obra, pero especialmente nos oito capítulos que o autor adica á construcción do Templo, á ordenación do culto e do persoal sagrado (1 Cro **22-29**).

O Templo é, para o cronista, o centro vital do pobo, xa que nel Deus se fai presente no medio dos homes. A súa importancia parece subliñada xa desde o momento no que o seu emprazamento é elixido polo anxo do Señor (1 Cro **21,** 18-**22,** 1) *e os planos para a súa construcción son dados polo mesmo Deus* (1 Cro **22,** 1; **28,** 19).

Por todo isto, o Templo é considerado polo cronista coma o eixo arredor do que xira toda a historia do pobo escolleito, comezando desde Adán, ata desembocar en Xudá-Leví. Toda a narración do cronista parece estar en función do Templo. Non é cousa estraña, logo, que o tema ocupe unha quinta parte da obra.

O culto, pola súa parte, é o medio concreto polo que Deus se fai presente no seu pobo. Dentro do culto, o cronista mostra unha especial atracción polos sacrificios. Estes poden ser de holocausto (cf **16,** 40; 2 Cro **2,** 4; **13,** 11), *de expiación* (cf 1 Cro **6,** 34; 2 Cro **29,** 24) *e de comuñón* (cf 1 Cro **16,** 1-2; **21,** 26). *Este, contrariamente ó afirmado pola tradición P, é para o noso autor o sacrificio por excelencia.*

A oración ten tamén grande importancia na obra do cronista (cf 1 Cro **16,** 8-36; **17,** 16-27; **29,** 10-19; 2 Cro **6,** 16-42), *xa que ela, especialmente a dos humildes e contritos de corazón* (cf 2 Cro **12,** 7), *xunto cos sacrificios, pon ó home en comuñón con Deus.*

O terceiro pilar do culto é o canto. O gusto por el fai que Crónicas teña unha atmósfera musical, que non vimos en ningún outro libro da Escritura (cf 1 Cro **15,** 16-24; **16,** 4-42; 2

Cro **5**, 12-13; **20**, 21-28; **23**, 13-18; **29**, 25-28; **30**, 21; **35**, 15).

En canto ó persoal sagrado, *os levitas ocupan un posto de moito relevo en Crónicas*, como se deduce das numerosas listas que nos ofrecen (1 Cro **6**, 1-9.16-38; 2 Cro **17**, 8; **29**, 12-14; **31**, 12-15; **34**, 12; **35**, 8-9). Os levitas non só desempeñan as funcións que lles encomendaran as tradicións sacerdotais e a deuteronomista, senón incluso traballos que no comezo estaban reservados ós sacerdotes (cf 2 Cro **34**, 12-13). O seu celo ponse de manifesto, en contraposición coa neglixencia dos sacerdotes (2 Cro **29-30**). A única vez que se fala do mal facer dos levitas, non son culpados tanto eles, senón o sumo sacerdote (2 Cro **24**, 6).

Ademais están os sacerdotes, co ministerio de soa-las trompetas (1 Cro **16**, 6), *o de serviren no interior do Templo* (2 Cro **5**, 14), *ofrecer sacrificios encol do altar* (2 Cro **29**, 21), *salferi-lo altar co sangue da víctima pascual* (2 Cro **30**, 16; **35**, 14), *prende-lo incenso e ensina-la lei, xunto cos levitas* (2 Cro **26**, 18). A simpatía por eles queda moi por embaixo da mostrada polos levitas (cf 1 Cro **6**; 2 Cro **26**, 19; **29**, 34; **30**, 3.15). Non podemos considerar como mera casualidade o feito de que os levitas sexan nomeados antes cós sacerdotes en diversas ocasións (cf 2 Cro **29**, 4ss. 12ss).

A clase máis baixa dos funcionarios do Templo eran os "netinim", é dicir, os oblatos (cf 1 Cro **9**, 2), coa función de axuduren ós sacerdotes.

Cómpre sinalar tamén a relación do rei co culto. Ó igual que o seu papel na construcción do Templo foi decisivo, do mesmo xeito intervencións en favor do culto virán a ser de grande importancia para o cronista, ata o punto de nos ofrece-la imaxe de "reis sacristáns". O rei non só se ocupa das novas ordenacións cultuais (1 Cro **16**, 4; **22**, 1; 2 Cro **8**, 14), senón que tamén bendí e exerce o oficio do intercesor (1 Cro **21**, 16ss; **29**, 10ss; 2 Cro **6**, 12ss; **30**, 18).

c) Xerusalén, cidade santa

Xunto con David e o Templo, Xerusalén ten un lugar especial no matinar do cronista. Ela, a cidade santa, está presente desde os primeiros capítulos, como se ve xa pola importancia dada ás tribos de Benxamín e de Xudá. Ela é o centro ó que se achegan os paisanos do norte, desde os tempos de David (1 Cro **13**, 2), ata os de Ioxías (2 Cro **35**, 18), pasando pola de Roboam (2 Cro **11**, 13-14), Abías (2 Cro **13**, 9-12), Ieroboam (2 Cro **15**) e Ezequías (2 Cro **30**, 10-12). E todo por se-la cidade do Señor. Deste xeito, Xerusalén cumpre un papel de moita importancia na reunificación de todo o pobo de Deus, pola que suspira o cronista ó longo de toda a súa obra.

d) A idea da retribución

Ó longo de toda a súa obra, o cronista establece unha conexión estricta entre piedade e prosperidade, entre impiedade e adversidade.

Xa o deuteronomista asentara a súa historia sobre a base da retribución, pero agora o cronista lévaa a lindes insospeitados. Para el, o bo prospera, o malo é castigado. Non hai mal sen un pecado, e non hai falta sen castigo. É importante a este respecto, ler paralelamente os textos deuteronomistas e os do cronista. A sacralización da historia, así coma a lei da retribución, parecen ben claras no segundo (cf 1 Re **14**, 25 e 2 Cro **12**, 1; 1 Re **15**, 23 e 2 Cro **16**, 7; 1 Re **22**, 49 e 2 Cro **26**, 16; 2 Re **23**, 29 e 2 Cro **35**, 20-23).

e) Elección do pobo pola parte de Deus

Se ben é certo que o pobo de Deus se atopa estreitamente vinculado ós demais pobos (cf 1 Cro **1-9**), tamén é certo que o cronista cre firmemente na elección e, polo tanto, na separación de Israel dos outros pobos. Neste senso, Crónicas non deixa de sinala-la relación especial de Deus co seu pobo. A expresión "Deus dos pais" mostra a continuidade da nación israelita como pobo de Deus (1 Cro **29**, 20; 2 Cro **13**, 18; **15**, 12; **19**, 4; **20**, 6; **21**, 10).

Deus trata con amor ó seu pobo (2 Cro **2**, 11), xa que está ligado a el polo vínculo da alianza. A súa característica primeira é a "*héseḍ*", é dicir, o amor misericordioso e fiel. Nos momentos de atranco, Deus sae ó encontro de Israel (1 Cro **12**, 18) valéndoo e vencendo os inimigos (1 Cro **11**, 14; **18**, 6.13), mantendo as súas promesas (2 Cro **1**, 8-9) e cumprindo o que tiña anunciado (1 Cro **17**, 27; 2 Cro **6**, 15).

A apostasía do norte fai que o verdadeiro Israel sobreviva soamente en Benxamín e Xudá, nación consagrada (2 Cro **23**, 16), pobo do Señor (2 Cro **13**, 8), verdadeira igrexa ("qahal") de Deus; e en David, cabeza da alianza que Deus establece co seu pobo (1 Cro **28**, 4; 2 Cro **13**, 5) e no seu fillo Salomón (1 Cro **12**, 25-29; **29**, 23).

Partindo desta concreción da elección, o cronista ábrese a unha idea universal ó afirmar que desde Xerusalén Deus atraerá ós paisanos do norte (2 Cro **11**, 16; **15**, 9), así coma ós prosélitos (2 Cro **30**, 25). Deste xeito o Deus de Israel virá a ser tamén Señor universal. Neste contexto débese salienta-la importancia do oráculo de Natán e o seu alcance universal en relación con perspectivas precedentes (cf 1 Cro **17**, 13-14 e 2 Sam **7**, 14-16).

5. Influxo

Aínda que os libros de Crónicas entraron tarde no Canon de libros sagrados, probablemente a causa da oposición dos saduceos, non se pode esquece-la súa importancia na configuración do xudaísmo postexílico; esta influencia chega ata os fariseos e os sectarios de Qumrân, que asimilaron grandemente o ideal relixioso de Crónicas.

O N.T. non cita nunca directamente Crónicas, mais hai certos textos que, case con certeza, están baseados neles. Así, cando Xesús é chamado "Fillo de David" (cf Mt **1**, 1-6; Lc **3**, 23-38) e "Fillo de Deus" (Heb **1**, 5; cf 1 Cro **17**, 13), ou cando o seu reino é presentado coma un reino eterno, pacífico e que se achega a todo o novo Israel (cf Lc **1**, 32ss e 1 Cro **17**, 14; Col **1**, 20; Ef **2**, 14 e 1 Cro **17**, 9; **22**, 9).

Pola súa banda, o ideal de comunidade santa que presenta Crónicas atopa o seu cumprimento na Igrexa, que, ademais de recoñecer a Xesús coma Mesías, da caste de David, celebra no culto a renovación do pacto eterno (Feit **2**, 42-46; 1 Cor **11**, 23-24; Ef **5**, 18-20; cf 2 Cro **7**, 4-10; **29**, 20-36; **35**, 1-19).

Ademais de todas estas influencias, máis ou menos directas no N.T. e na antiga Igrexa, Crónicas é actual para todo crente, xa que convida a olla-lo pasado, non coma unha fermosa lembranza, senón coma unha predicación viva que chama á fe, á obediencia e a un culto verdadeiro.

LIBRO PRIMEIRO DAS CRÓNICAS

De Adam a Abraham

1 ¹Adam, Xet, Enox. ²Quenán, Mahalalel, Iared, ³Henoc, Metuxalén, Lamec, ⁴Noé, Sem, Cam e Iafet. ⁵Fillos de Iafet: Gómer, Magog, Madai, Iaván, Tubal, Méxec e Tirás. ⁶Fillos de Gómer: Axcanaz, Rigat e Togarmah. ⁷Fillos de Iaván: Eliseo, Tárxix, Quitim e Dodanim. ⁸Fillos de Cam: Cux, Exipto, Put e Canaán. ⁹Fillos de Cux: Sebá, Havilah, Sabtá, Ramá e Sabtecá. Fillos de Ramá: Sebá e Dedán. ¹⁰Cux enxendrou a Nimrod, o primeiro soldado do mundo. ¹¹Exipto xerou os lidios, anamitas, lehabitas, naftuxitas, ¹²patrusitas, casluhitas e cretenses, dos que proceden os filisteos. ¹³Canaán enxendrou a Sidón, seu primoxénito, e a ¹⁴Het, e tamén os iebuseos, amorreos, guirgaxitas, ¹⁵hivitas, arquitas, sinitas, ¹⁶arvaditas, semaritas e xamatitas. ¹⁷Descendentes de Sem: Elam, Axur, Arfaxad, Lud e Aram. Descendentes de Aram: Us, Hul, Guéter e Méxec. ¹⁸Arfaxad enxendrou a Xélah e este a Héber. ¹⁹Héber enxendrou dous fillos: un chamábase Péleg, porque no seu tempo dividiuse a terra; e seu irmán chamábase Ioctán. ²⁰Ioctán enxendrou a Almodad, Xélef, Hasarmávet, Iérah, ²¹Hadorán, Uzal, Diclah, ²²Ebal, Abimael, Xebá, ²³Ofir, Havilah e Iobab: todos descendentes de Ioctán. ²⁴Sem. Arfaxad, Xélah, ²⁵Héber, Péleg, Reú, ²⁶Serug, Nahor, Térah, ²⁷Abram, é dicir, Abraham.

De Abraham a Israel

²⁸Descendentes de Abraham: Isaac e Ismael; ²⁹os seus descendentes: Nebaiot, primoxénito de Ismael, Quedar, Adbel, Mibsam, ³⁰Mixmá, Dumah, Masá, Hadad, Temá, ³¹Ietur, Nafix e Quedmah. Estes son os fillos de Ismael. ³²Queturah, concubina de Abraham, deu a luz a Zimrán, Iocxán, Medán, Medián, Ixbac e Xúah. Descendentes de Iocxán: Xebá e Dedán. ³³Fillos de Madián: Efah, Éfer, Henoc, Abidá e Eldáah. Todos descendentes de Queturah. ³⁴Abraham enxendrou a Isaac. Fillos de Isaac: Esaú e Israel. ³⁵Fillos de Esaú: Elifaz, Reuel, Ieux, Ialam e Corah. ³⁶Fillos de Elifaz: Temán. Omar, Sefó, Gatam, Quenaz, Timná e Amalec. ³⁷Fillos de Reuel: Náhat, Zérah, Xamah e Mizah. ³⁸Fillos de Seir: Lotán, Xobal, Sibón, Anah, Dixón, Éser e Dixán. ³⁹Fillos de

---

1, 1-9 A redacción destes cc. parece ser obra do mesmo cronista. Neles vense claros dous aspectos esenciais da súa teoloxía: centralidade do Templo de David, rodeado dos sacerdotes, levitas e cantores; e centralidade da misión de Israel en relación cos demais pobos, misión que culmina na construcción do Templo. De aí dedúcese a importancia concedida ás tribos de Xudá, ás que pertencía David; a de Leví, por se-la sacerdotal; e a de Benxamín, por atoparse o Templo no seu territorio. Estes feitos non se deben excluír outras mans posteriores (cf **2**, 18-24. 34-41. 51-55). As xenealoxías son, sen dúbida, unha das afeccións primeiras do cronista. Unha grande parte da súa obra está adicada a elas. ¿Por que? Nelas temos que ollar, certamente, o interese por arquivar. Pode ter tamén un interese nobiliario de coñece-la árbore xenealóxica, para que os xudeus do post-desterro puidesen xustifica-lo dereito de viviren nun lugar determinado ou a pertenza a unha clase ben definida, especialmente a sacerdotal. De tódolos xeitos, e sen negar estas intencións, podemos afirmar que o interese primeiro está no seu significado teolóxico. A través desas longas listas de nomes, o que tenciona o cronista é mostrar que os israelitas do século V son liñaxe de David, Abraham e Adam, que os seus devanceiros son uns personaxes cunha historia que ten de protagonista ó mesmo Deus.
As xenealoxías non son, logo, páxinas mortas, senón testemuño da fidelidade de Deus co seu pobo, fidelidade que perdura de xeración en xeración.
1, 1-4 Atopamos aquí, abreviada, a lista dos patriarcas antediluvianos que aparece en Xén **5**, 1-32. Exclúese da lista o nome de Caín, soamente porque non interesa ó noso autor.
1, 5-7 Aquí a lista tomouse de Xén **10**, 2-4. Entre os nomes sinalados, algúns indican pobos con xefes que son netos ou bisnetos de Noé.
1, 8-16 O cronista sérvese neste caso de Xén **10**, 6-20, que abrevia considerablemente, e de Xén **9**, 18-29, para incluí-los cananeos entre os descendentes de Cam. En realidade eran semitas. A mención de Nimrod, personaxe mesopotámico, fai pensar no exilio babilonés.
1, 17-23 A descendencia de Sem é case idéntica á que nos presenta Xén **10**, 22-29. Héber é epónimo dos hebreos. *Péleg* (v 19): aquí o autor xoga co significado hebreo de "péleg" (= dividir).
1, 24-27 Estes vv son un resume de Xén **11**, 10-27 e constitúen unha repetición dos vv 17-18. Abraham aparece aquí como a conclusión da xenealoxía comezada en Adam.
1, 28-31 O noso autor reproduce Xén **25**, 13-16. Isaac (v 29), aínda o máis novo, representa, nembargantes, a liña lexítima de Abraham (Xén **21**, 12-12). O feito de que os descendentes de Ismael (v 29) sexan nomeados antes cós de Isaac pode ser simplemente motivado polo afán de eliminalo canto antes.
1, 32-33 Estes vv son unha abreviación de Xén **25**, 2-4.
1, 34 Contrariamente á lectura dos LXX, o T.M. presenta a Esaú antes que a Israel (Xacob).
1, 35-42 O cronista utiliza literalmente Xén **36**, 10-28. *Seir*: nome dunha rexión montañosa en Edom.

Lotán: Horí e Homam; irmá de Lotán: Timná. ⁴⁰Fillos de Xobal: Alián, Manáhat, Ebal, Xefí e Onam. Fillos de Sibón: Aiá e Anah. ⁴¹Fillos de Anah: Dixón. Fillos de Dixón: Hamrán, Exbán, Itrán e Querán. ⁴²Fillos de Éser: Bilhán, Zaván e Acán. Fillos de Dixán: Us e Arán.

⁴³Reis que reinaron no país de Edom antes de que os israelitas tivesen rei: Bela, fillo de Beor; a súa cidade chamábase Dinhabah. ⁴⁴Morreu Bela e sucedeulle no trono Iobab, fillo de Zérah, oriundo de Bosrah. ⁴⁵Morreu Iobab e sucedeulle no trono Huxam, oriundo de Temán. ⁴⁶Morreu Huxam e sucedeulle no trono Hadad, fillo de Bedad, o que derrotou a Madián no campo de Moab; a súa cidade chamábase Avit. ⁴⁷Finou Hadad e sucedeulle no trono Samlah, oriundo de Masrecah. ⁴⁸Finou Samlah e sucedeulle no trono Xaúl, oriundo de Rehobot-ham-Náhar. ⁴⁹Finou Xaúl e sucedeulle no trono Baal Hanán, fillo de Acbor. ⁵⁰Finou Baal Hanán e sucedeulle no trono Hadar; a súa cidade chamábase Pau e a súa muller Mehetabel, filla de Matred, filla de Mezahab. ⁵¹Á morte de Hadad houbo xeques en Edom: Timná, Alvah, Ietet, ⁵²Oholibamah, Elah, Pinón, ⁵³Quenazí, Temán, Mibsar, ⁵⁴Magdiel e Iram. Ata aquí os xeques de Edom.

Descendentes de Israel

2 ¹Ei-los fillos de Israel: Rubén, Simeón, Leví, Xudá, Isacar, Zebulón, ²Dan, Xosé, Benxamín, Naftalí, Gad e Axer.

³Fillos de Xudá: Er, Onán e Xelah; estes tres nacéronlle da filla de Xúa, cananea. Er, primoxénito de Xudá, foi ruín ós ollos de Iavé, quen o fixo morrer. ⁴Tamar, nora de Xudá, deulle dous fillos: Peres e Zérah. Por xunto os fillos de Xudá son cinco.

⁵Fillos de Peres: Hesrón e Hamul.

⁶Fillos de Zérah: Zimrí, Etán, Hemán, Calcol e Dara. Cinco en total.

⁷Fillo de Carmí: Acar, que turbou a Israel cando foi infiel ó anatema.

⁸Fillo de Etán: Azarías.

⁹Fillos que lle naceron a Hesrón: Ierahmel, Ram e Quelubai.

¹⁰Ram enxendrou a Aminadab. Aminadab enxendrou a Nahxón, príncipe dos fillos de Xudá; ¹¹Nahxón enxendrou a Salmá; Salmá enxendrou a Boaz; ¹²Boaz enxendrou a Obed; Obed enxendrou a Ixaí; ¹³Ixaí enxendrou a Eliab, o seu primoxénito; a Abinadab, o segundo; a Ximá, o terceiro; ¹⁴a Netanel, o cuarto; a Radai, o quinto; ¹⁵a Osem, o sexto; e a David, o sétimo. ¹⁶As súas irmás foron Seruiah e Abigail. Fillos de Seruiah: Abixai, Ioab e Asael: en total, tres.

¹⁷Abigail pariu a Amasá, sendo seu pai Iéter, o ismaelita.

¹⁸Caleb, fillo de Hesrón, tivo fillos de Azubah e foron: Iéxer, Xobab e Ardón. ¹⁹Cando morreu Azubah, Caleb tomou por muller a Efratah, que lle deu a Hur.

²⁰Hur enxendrou a Urí, e Urí enxendrou a Besalel.

²¹Logo, Hesrón coñeceu á filla de Maquir, pai de Galaad, cando tiña sesenta anos, da que naceu Segub.

²²Segub enxendrou a Iaír, que tivo vinte-trés cidades na terra de Galaad, ²³e arrebatou a Guexur e a Aram as vilas de Iaír, Quenat, e as cidades da súa dependencia: sesenta cidades. Todo isto pertencía a Maquir, pai de Galaad.

²⁴Despois da morte de Hesrón, Caleb uniuse a Efratah, muller de seu pai Hesrón, da que tivo Axhur, fundador de Tecoa.

²⁵Os fillos de Ierahmel, o primoxénito de Hesrón, foron: Ram o primoxénito, e Bunah e Orén, seus irmáns.

²⁶Ierahmel tivo outra muller chamada Atarah, que foi nai de Onam.

1, 43 *Reis:* enténdese máis ben referido ós xefes locais autóctonos. A equivalencia máis próxima sería a figura do "xuíz".

2 Este c. contén a lista dos fillos de Xacob (vv 1-2), de Xudá (vv 3-8), dos antepasados de David (vv 9-17), de Caleb (vv 18-24), de Ierahmel (vv 25-40) e unha segunda lista de Caleb (vv 42-55). As xenealoxías están aquí máis detalladas ca no c. anterior.

2, 1-2 É a lista abreviada de Xén **29-30**, que contén as doce tribos antes da división da Xosé en Efraím e Menaxés.

2, 3-8 Estes vv están tomados de Núm **26**, 19-21 (Xén **42**, 16) e de Xén **38**, 1-30. Nótase o feito en que Xudá é nomeada en primeiro lugar e a ela se dedica tamén o c. cuarto. Todo por se-la tribo de David.

O v 3 presenta o tema da retribución de Deus, que fai morrer ós malvados. O pertencer ó pobo escollido non asegura a salvación. Deus é xusto.

2, 6 Os *fillos de Zérah* teñen unha importancia especial para o cronista, por se-los comezadores do canto.

2, 7 Xos **7** ampliará o relato.

2, 10-11 Estes vv son idénticos a Rut **4,** 19-22.

2, 18 *Caleb* aparece en sete listas diversas. A súa importancia pode deberse ó feito de ser de Hebrón, cidade onde David é coroado rei.

2, 19 *Efratah* é outro nome de Belén, cidade de David.

2, 20 *Besalel* aparece en relación co tabernáculo (cf Ex **31,** 2-11; **35,** 39) preludio do templo de Xerusalén, de tanta importancia para o cronista.

2, 24 *Tecoa,* patria do profeta Amós, localidade situada a poucos quilómetros ó sur de Belén.

2, 25-33 Estes vv desenvolven o v 9.

²⁷Os fillos de Ram, primoxénitos de Ierahmel, foron: Maas, Iamín e Équer.
²⁸Os fillos de Onam foron: Xamai e Iadá. Fillos de Xamai: Nadab e Abixur.
²⁹O nome da muller de Abixur era Abigail, da que tivo a Ahbán e Molid.
³⁰Fillos da Nadab: Séled e Apaim. Séled morreu sen fillos.
³¹Fillos de Apaim: Ixí. Fillo de Ixí: Xexán. Fillo de Xexán: Ahlai.
³²Fillos de Iadá, irmán de Xamai: Iéter e Ionatán. Iéter morreu sen fillos.
³³Fillos de Ionatán: Pélet e Zazá. Estes son os fillos de Ierahmel.
³⁴Xexán non tivo fillos, pero si fillas. Xexán tiña un escravo exipcio chamado Iarhá, ³⁵ó que lle deu a súa filla por muller e de quen naceu Atai.
³⁶Atai enxendrou a Natán, e Natán enxendrou a Zabad;
³⁷Zabad enxendrou a Eflal; Eflal enxendrou a Obed;
³⁸Obed enxendrou a Iehú; Iehú enxendrou a Azarías;
³⁹Azarías enxendrou a Hales; Hales enxendrou a Elasah.
⁴⁰Elasah enxendrou a Sismai; Sismai enxendrou a Xalum;
⁴¹Xalum enxendrou a Iecamías; Iecamías enxendrou a Elixamá.
⁴²Fillos de Caleb, irmán de Ierahmel: Mesá, o seu primoxénito, que foi pai de Zif e Marexah, pai de Hebrón.
⁴³Fillos de Hebrón: Córah, Tapúah, Réquem e Xama.
⁴⁴Xama enxendrou a Ráham, pai de Iorqueam; Réquem enxendrou a Xamai.
⁴⁵Fillo de Xamai: Maón, fundador de Bet-Sur.
⁴⁶Efah, concubina de Caleb, tivo a Harán, Mosá e Gazez.
Harán enxendrou a Gazez.
⁴⁷Fillos de Iahdai: Réquem, Iotam, Guexam, Pélet, Efah e Xáaf.
⁴⁸Macah, concubina de Caleb, tivo a Xéber e Tirhanah.
⁴⁹Tamén pariu a Xáaf, fundador de Madmanah, e a Xevá, fundador de Macbenah e de Guibá. Filla de Caleb foi Acsah.
⁵⁰Estes foron os fillos de Caleb, fillo de Hur, primoxénito de Efratah: Xobal, fundador de Quiriat-Iearim.
⁵¹Salmá, fundador de Belén; Háref, fundador de Bet-Gader.
⁵²Xobal, fundador de Quiriat-Iearim, foi pai de Haroeh, de xeito que tivo a metade dos menuhitas.
⁵³As familias de Quiriat-Iearim foron os futieos, os xumateos, e os miraítas. Destas familias saíron os saratitas e os extaolitas.
⁵⁴Fillos de Salmá: Belén e os netofateos; Atarot, Bet-Ioab, a metade dos manahteos e os soritas.
⁵⁵Familias de escribas que viven en Iabés: os tirateos, os ximateos e os sucateos. Estes eran os quenitas, descendentes de Hamat, pai dos recabitas.

Descendentes de David

3 ¹Ei-los fillos de David que lle naceron en Hebrón: Amnón, o primoxénito, de Ahinoam, de Iezrael; o segundo, Daniel, de Abigail, de Carmel; ²o terceiro Abxalom, de Macah, filla de Talmai, rei de Guexur; o cuarto Adonías, fillo de Haguit; ³o quinto Xefatías, de Abital; o sexto Itream de Eglah, a súa muller.
⁴Estes seis nacéronlle en Hebrón. Reinou alí sete anos e seis meses, e en Xerusalén trinta e tres anos.
⁵Ei-los que naceron en Xerusalén: Ximá, Xobab, Natán e Salomón, os catro de Batxeba, filla de Amiel; ⁶aínda tivo outros nove: Ibhar, Elixamá, Elifélet, ⁷Nogah, Nefeg, Iafía, ⁸Elixamá, Eliadá e Elifélet.
⁹Todos estes foron fillos de David; máis os fillos das concubinas.
Tamar foi irmá de todos eles.
¹⁰Descendentes de Salomón: Roboam, Abías, Asá, Ioxafat, ¹¹Ioram, Ocozías, ¹²Amasías, Azarías, Iotam, ¹³Ahaz, Ezequías, Menaxés, ¹⁴Amón, Ioxías.
¹⁵Fillos de Ioxías: o primoxénito, Iohanán;

2, 54 *Netofateos,* habitantes de Netofah, localidade a seis quilómetros de Belén (cf **9,** 16).
3 Este c. mostra a liñaxe de David, os fillos que lle naceron en Hebrón e os que lle naceron en Xerusalén (vv 1-9). Ademais, tamén son presentados os nomes dos reis de Xudá, desde Salomón ata Sedecías (vv 10-16). No remate é presentada a liña real postexílica.
Considérase este c. coma unha adición posterior que, nembargantes, vai a modo co espírito do cronista. O protagonista é, sen dúbida, David. Os vv 17-24 teñen importancia para a datación da derradeira redacción do libro.
3, 1-4 Aquí o noso autor depende 2 Sam **3,** 2-5.
3, 5-8 Tomado de 2 Sam **5,** 13-16. Este mesmo elenco atópase en 1 Cro **14,** 4-7.
3, 10-16 A lista dos reis de Xudá depende do Libro dos Reis. É omitida Atalía por ser estraña e asobaltante. Azarías (v 12) aparece en 2 Cro co nome de Ozías. Sorprende no v 15 a presencia de Iohanán, pois nunca foi rei (cf 2 Re **33**). Algúns autores coidan que se trata dunha corrupción do nome de Ioacaz.

o segundo, Ioaquim; o terceiro, Sedecías; o cuarto, Xalum.
¹⁶Fillos de Ioaquim: Ieconías e Sedecías.
¹⁷Fillos de Ieconías: Asir, que foi pai de Xealtiel, ¹⁸Malquiram, Pedaías, Xenasar, Iecamías, Hosamá, Nedabías.
¹⁹Fillos de Pedaías: Zerubabel e Ximí. Fillos de Zerubabel: Mexulam, Ananías e Xelomit, irmá deles.
²⁰Fillos de Mexulam: Haxubah, Ohel, Berequías, Hasadías, e Iuxab, Hésed: cinco en total.
²¹Fillos de Ananías: Pelatías e Isaías, seu fillo; Refaías, seu fillo; Arnán, seu fillo; Abdías, seu fillo; Secanías, seu fillo.
²²Fillo de Secanías: Semaías. Fillos de Semaías: Xatús, Igal, Bariah, Nearías e Safot. En total seis.
²³Fillos de Nearías: Elioenai, Ezequías e Azricam, tres en total.
²⁴Fillos de Elioenai: Xodavías, Eliosib, Felaías, Akub, Xoxanán; Dalaías e Ananís, sete en total.

Descendentes de Xudá

4 ¹Fillos de Xudá: Peres, Hesrón, Carmí, Hur e Xobal.
²Reaías, fillo de Xobal, enxendrou a Iahat; Iahat enxendrou a Ahumai e a Láhad. Estas foron as familias dos sorahitas.
³Ei-los descendentes de Etam: Iezrael, Ixmá e Idbax. O nome de súa irmá era Haslefoní; ⁴Penuel, que fundou Guedor e Ézer, que fundou Huxah. Estes son os fillos de Hur: Efratah, o primoxénito, que fundou Belén; ⁵Axhur,que fundou Tecoa e tivo dúas mulleres: Helah e Narah.
⁶Narah pariulle a Ahuzam, Héfer, Temní e Ahaxtarí. Estes foron os fillos de Narah.
⁷Fillos de Helah: Séret, Iosohar e Etnán.
⁸Cos enxendrou a Anub e a Sobebah e ás familias de Aharhel, fillo de Harum.
⁹Iabés foi o máis ilustre dos irmáns. Súa nai deulle o nome de Iabés dicindo: —"Porque o parín con dor".
¹⁰Iabés invocou ó Deus de Israel dicindo: —"Bendime, estende o meu territorio e que a túa man sexa comigo. Gárdame de todo mal, de xeito que eu non padeza...". E Deus deulle o que lle pedía.

¹¹Quelub, irmán de Xuhah, enxendrou a Mehir, que foi pai de Extón.
¹²Extón enxendrou a Bet-Rafá, a Paséah e a Tehinah, fundador de Nahax. Estes foron os homes de Recah.
¹³Fillos de Quenaz: Otoniel e Seraías. Fillos de Otoniel: Hatat e Meonotai.
¹⁴Meonatai enxendrou a Ofrah, e Seraías enxendrou a Xoab, fundador de Gue-Haraxim, pois eran artesáns.
¹⁵Fillos de Caleb, o fillo de Iefuneh: Iru, Elah, Náam; e o fillo de Elá: Quenaz.
¹⁶Fillos de Iehalelel: Zif, Zifah, Tiriá e Asarel.
¹⁷Fillos de Esdras: Iéter, Mered, Éfer e Ialón. Iéter enxendrou a Miriam, Xamai e Ixbah, fundador de Extemoa.
¹⁸A súa muller, xudía ela, pariu a Iéred, fundador de Guedor; a Héber, fundador de Socó; e a Iecutiel, fundador de Zanóah. Estes son os fillos de Bitiah, filla de Faraón, que Méred tomou por muller.
¹⁹Os fillos da muller de Odías, irmá de Náham, foron: o pai de Queilah, o garmita e Extemoa, o macateo.
²⁰Fillos de Ximón: Ammón, Rinah, Ben-Hanán e Tilón. Fillos de Ixí: Zohet e Ben-Zohet.
²¹Fillos de Xelah, fillo de Xudá: Er, fundador de Lecah; Ladah, fundador de Marexah e as familias da casa onde se traballa o liño, en Bet-Axbea; ²²Ioquim e os homes de Cozebá; Ioax e Saraf, que dominaron en Moab, antes de volver a Belén. (Estas son cousas antigas).
²³Estes eran oleiros e habitaban en Netaím e Guederá, cerca do rei, e traballaban para el.

Descendentes de Simeón

²⁴Fillos de Simeón: Nemuel, Iamín, Iarib, Zérah e Xaúl. Fillos de Xaúl: ²⁵Xalum, Mibsam, seu fillo, e Mixmá, fillo deste.
²⁶Fillos de Mixmá: Hamuel, seu fillo, do que naceu Zacur, que tivo a Ximí.
²⁷Ximí tivo dezaseis fillos e seis fillas. Seus irmáns non tiveron tantos fillos, e as súas familias non se multiplicaron tanto coma as dos fillos de Xudá.

3, 17-24 A liñaxe de Ieconías presenta serias dificultades se a comparamos coa que se mostra nos libros de Axeo, Esdras e Nehemías. Unha vez máis, o cronista manexa con liberdade as fontes.
4 Este c. é un suplemento xenealóxico das grandes familias davídicas.
4, 1-2 Estes vv pódense considerar un engadido a **2,** 52-53 para explica-la orixe dos sorahitas.

4, 3-4 Corresponde a **2,** 51b.
4, 9-10 Comentario teolóxico a **2,** 55. No v 9 atopamos, en hebreo, unha alteración entre "Iabés" e "ioseb", dor. O nome designa o destino da persoa. O v 10 pon de manifesto a valía da oración.
4, 15-23 Escolma de varios fragmentos xenealóxicos engadidos a **2,** 55; o nexo lóxico non é bo de atopar.
4, 24-27 Depende de Núm **26,** 28-32.

²⁸Habitaban en Beerxeba, Moladah, e Hasar-Xual, ²⁹en Bilhah, en Ésem, en Tolad, ³⁰en Betuel, en Hormah, en Siquelag, ³¹en Bet-Marcabot, en Hasar-Susim, Bet-Birí e en Xaraim. Estas foron as súas cidades ata o reino de David; ³²e as súas aldeas eran Etam, Aim, Rimón, Toquen e Axán: cinco aldeas en total ³³e tódalas vilas no arredor destas cidades ata Baal. Estas son as súas moradas e as súas xenealoxías.

³⁴Mesobat, Iamlec, Ioxah, fillo de Amasías; ³⁵Ioel, Iehú, fillo de Ioxibías, fillo de Seraías, fillo de Asiel.

³⁶Elioenai, Iacobah, Iexohaías, Asaías, Adiel, Iesimiel, Benaías, ³⁷Zizá, fillo de Xifi, fillo de Alón, fillo de Iedaías, fillo de Ximrí, fillo de Xemaías.

³⁸Estes, polos seus nomes eran príncipes nas súas familias, e as súas casas paternas fixéronse grandes.

³⁹Foron da parte de Guedor ata o Oriente do val, procurando pasto para o seu gando.

⁴⁰Atoparon herba, bo pasto e unha rexión abondosa, tranquila e apacible. Os que antes habitaran esa rexión descendían de Cam.

⁴¹Estes, descritos polos seus nomes, viñeron en tempos de Ezequías, rei de Xudá, atacaron as súas tendas e os mineos que atoparon alí destruíronos ata hoxe, habitando no sitio deles, por haber alí pasto para o seu gando.

⁴²Tamén cincocentos dos deles —dos fillos de Simeón—, foron ó monte de Seir levando por xefes a Pelatías, Nearías, Refaías e Uziel, fillos de Ixí; ⁴³e derrotaron ó resto que quedara de Amalec, e habitaron alí ata hoxe.

Descendentes de Rubén

5 ¹Fillos de Rubén, primoxénito de Israel. Era o primoxénito, pero por mancha-lo leito de seu pai, o dereito de primoxenitura foilles dado ós fillos de Xosé, fillo de Israel, e non foi rexistrado como primoxénito. ²Xudá foi abofé poderoso entre seus irmáns e o príncipe deles, pero o dereito de primoxenitura foi de Xosé.

³Fillos de Rubén, primoxénito de Israel: Henoc, Falú, Hesrón e Carmí.

⁴Fillos de Ioel: Xemaías, seu fillo; Gog, seu fillo; Ximí, seu fillo; ⁵Miqueas, seu fillo; Reaías, seu fillo; Báal, seu fillo, ⁶e Beerah, fillo seu, levado a Asiria por Teglat Peléser, rei de Asiria. Era príncipe dos rubenitas.

⁷Seus irmáns, segundo as súas familias, tal como foron rexistrados nas xenealoxías, foron: o primeiro, Ieiel, Zacarías, ⁸Bela, fillo de Azaz, fillo de Xemá, fillo de Ioel, que habitou en Aroer ata Nebó e Baal-Meón, ⁹e ó Oriente, ata a entrada do deserto, desde o río Éufrates, pois tiña moito gando na terra de Galaad.

¹⁰En tempos de Xaúl fixéronlle-la guerra ós agarenos, que caeron no seu poder, e habitaron nas súas tendas en todo o Oriente de Galaad.

Descendentes de Gad

¹¹Enfronte deles habitaban os fillos de Gad, na terra de Baxán ata Salcah.

¹²Ioel foi o primeiro; Xafam, o segundo; logo Ianai e Xafat, no Baxán.

¹³Seus irmáns, segundo as casas de seus pais, eran: Micael, Mexulam, Xeba, Iorai, Iacán, Zía e Héber, que fan sete.

¹⁴Ei-los fillos de Abihail, fillo de Hurí, fillo de Iaróah, fillo de Galaad, fillo de Micael, fillo de Iexixai, fillo de Iahdó, fillo de Buz; ¹⁵Ahí, fillo de Abdiel, fillo de Guní, era o xefe das casas de seus pais.

¹⁶Habitaban en Galaad, no Baxán, nas cidades da súa dependencia, e nos eidos de Xarón ata os seus límites.

¹⁷Foron rexistrados todos nas xenealoxías en tempos de Iotam, rei de Xudá e de Ieroboam, rei de Israel.

¹⁸Os fillos de Rubén, os de Gad e media tribo de Menaxés, en número de corenta e catro mil setecentos sesenta, eran bos para a guerra: valerosos, levaban escudo e espada, tensaban o arco e eran entendidos na arte da guerra.

4, 28-33 Depende de Xos **19,** 2-8.
5 O c. 5 preséntano-la liñaxe das tribos transxordánicas de Rubén (1-10), Gad (11-22) e de media tribo de Menaxés (23-26). No pensamento do noso autor estas tribos non gozan de grande importancia. Son nomeadas soamente porque os seus descendentes son fillos de Xacob e serven para poñer de relevo o papel de Xudá coma centro das institucións civís e relixiosas.
5, 1-3 Refírese a Xén **35,** 22 e **49,** 3-4. A tribo de Xudá ten preferencias sobre a de Xosé. Tal vez isto se deba a unha polémica antisamaritana.
5, 6 Trátase da deportación do 732 (cf 2 Re **15,** 29).
5, 8 *Aroer, Nebó e Baal-Meón:* cidades que son citadas ta-

mén na estela de Mesa (s. IX a.C.) e que, segundo Xén **13,** 16, pertencen á tribo de Rubén.
5, 10 *Agarenos:* tribos nómadas do deserto arábigo (cf Xén **16,** 21).
5, 11-22 As listas que nos ofrece o cronista da tribo de Gad, non concordan coas que nos ofrece Xén **46,** 16 e Núm **26,** 15-18. A mención de Iotán ten como finalidade o inseri-la tribo de Gad no contexto da liñaxe davídica. A cifra que nos dá o v 18 é simbólica e demostra unha clara tendencia do cronista á esaxeración (cf v 21). É importante notarmos que no v 22 a loita é descrita coma unha loita santa e, polo tanto, a victoria é do Señor.

[19] Fixéronlle-la guerra ós agarenos, ós itureos, a Nafix e a Nodab. [20] Foron axudados contra eles, e os agarenos e cantos estaban con eles caeron nas súas poutas, pois durante a loita chamaron a Deus que os escoitou, por confiaren nel. [21] Colleron o seu gando: cincuenta mil camelos, duascentas cincuenta mil ovellas, dous mil asnos, e levaron presas a cen mil persoas, [22] e houbo moitos mortos, pois o combate viña de Deus. Establecéronse no seu lugar ata o tempo en que foron levados á cativiade.

Descendentes da media tribo de Menaxés

[23] Media tribo de Menaxés habitaba a rexión desde o Baxán ata Baal-Hermón, Senir e a montaña de Hermón. Eran numerosos. [24] Ei-los xefes das casas de seus pais: Éfer, Ixí, Eliel, Azriel, Xeremías, Hodavías, Iahdiel, homes valerosos, xente de fama, xefes das casas de seus pais. [25] Pero pecaron contra o Deus de seus pais e prostituíronse tralos deuses das xentes da terra que Deus destruíra diante deles. [26] Entón o Deus de Israel encirrou contra eles o espírito de Pul, rei de Asiria (é dicir, o espírito de Teglat Peléser, rei de Asiria), quen levou presos os rubenitas, gaditas e a media tribo de Menaxés, conducíndoos a Halah, Habor, Hará e ó río Gozán, onde habitaron ata hoxe.

Descendentes de Leví

[27] Fillos de Leví: Guerxom, Quehat, Merarí. [28] Fillos de Quehat: Amram, Ishar, Hebrón e Uziel. [29] Fillos de Amram: Aharón, Moisés e María. Fillos de Aharón: Nadab, Abihú, Elazar e Itamar. [30] Elazar enxendrou a Pinhás; Pinhás enxendrou a Abixúa; [31] Abixúa enxendrou a Buquí; Buquí enxendrou a Uzí; [32] Uzí enxendrou a Zerahías; Zerahías enxendrou a Meraiot; [33] Meraiot enxendrou a Amarías; Amarías enxendrou a Ahitub; [34] Ahitub enxendrou a Sadoc; Sadoc enxendrou a Ahimaas; [35] Ahimaas enxendrou a Azarías; Azarías enxendrou a Iohanán; [36] Iohanán enxendrou a Azarías, que exerceu o sacerdocio no templo que Salomón edificou en Xerusalén; [37] Azarías enxendrou a Amarías; Amarías enxendrou a Ahitub; [38] Ahitub enxendrou a Sadoc; Sadoc enxendrou a Xalum; [39] Xalum enxendrou a Hilquías; Hilquías enxendrou a Azarías; [40] Azarías enxendrou a Seraías; Seraías enxendrou a Iosadac; [41] Iosadac foi á cativide cando o Señor desterrou a Xudá e a Xerusalén por medio de Nabucodonosor.

6

[1] Fillos de Leví: Guerxom, Quehat e Merarí. [2] Fillos de Guerxom: Libní e Ximí. [3] Fillos de Quehat: Amram, Ishar, Hebrón e Uziel. [4] Fillos de Merarí: Mahlí e Muxí. Estas son as familias de Leví.

[5] Descendentes de Guerxom: Libní, Iáhat, Zimah; [6] Ioah, Idó, Zérah e Ieatrai. [7] Descendentes de Quehat: Aminadab, Córah, Asir, [8] Elcanah, Abiasaf, Asir, [9] Táhat, Uriel, Uzías e Xaúl. [10] Fillos de Elcanah: Amasai e Ahimot, [11] pai de Elcanah, pai de Sofai, pai de Náhat, [12] pai de Eliab, pai de Ieroham, pai de Elcanah. [13] Fillos de Samuel: Ioel, o primoxénito, e Abías, o segundo. [14] Fillos de Merarí: Mahlí, Libní, Ximí, Uzá, [15] Ximá, Haguías e Asaías.

[16] Mestres do coro, nomeados por David para o servicio do canto no templo de Iavé, cando a arca tivo alí o seu lugar de acougo. [17] O seu oficio consistía en cantar diante do tabernáculo, na Tenda do Encontro, ata que Salomón edificou o templo de Iavé en Xerusalén. Máis tarde realizaron nel as súas funcións coma de costume.

[18] Ei-los que oficiaban, con seus fillos: dos fillos de Quehat: Hemán, como cantor, fillo de Ioel, fillo de Samuel, [19] fillo de Elcanah, fillo de Ieroham, fillo de Eliel, fillo de Toah, [20] fillo de Suf, fillo de Elcanah, fillo Amasai, [21] fillo de Elcanah, fillo de Ioel, fillo de Azarías, fillo de Sofonías, [22] fillo de Táhat, fillo de Asir, fillo de Abiasaf, fillo de Córah, [23] fillo de Ishar, fillo de Quehat, fillo de Leví, fillo de Israel.

5, 23-26 Tampouco aquí os datos concordan plenamente coa lista ofrecida por Xos **13,** 29-31. Sobre esta tribo atopamos datos máis detallados en **7,** 14-19. A importancia destes vv ten o seu raigaño especialmente na teoloxía do pecado-castigo da idolatría, baixo a imaxe da prostitución (cf Ex **34,** 15-16).

5, 27-41 O cronista ocúpase da lista dos sumos sacerdotes ata o desterro. De novo o autor demostra o seu agarimo polo simbolismo numérico, neste caso o 12 (símbolo da totalidade) e unha grande liberdade fronte ós datos recibidos (cf 2 Re **16** e Esd **7,** 1-5).

6, 1-15 Segue a lista dos levitas tomada de Núm **3,** 17-20. O estraño desta lista é atoparmos a Samuel como levita (cf 1 Sam **1,** 1). Tal vez o autor o deduza do feito de ter servido no templo de Xiloh. Unha vez máis parece claro o engado do cronista polo culto.

6, 16-32 Faise o elenco dos cantores pola súa importancia no culto do templo. Se ben nun primeiro momento non pertencían á tribo de Leví (cf Esd **2,** 41), máis tarde serían engadidos á dita tribo (cf Neh **11,** 17). O importante aquí é demostrar que o seu oficio vén directamente de David.

²⁴Seu irmán Asaf estaba á súa dereita; Asaf, fillo de Berequías, fillo de Ximá, ²⁵fillo de Micael, fillo de Baseías, fillo de Malaquías, ²⁶fillo de Etní, fillo de Zérah, fillo de Adaías, ²⁷fillo de Etán, fillo de Zimah, fillo de Ximí, ²⁸fillo de Iáhat, fillo de Guerxom, fillo de Leví.

²⁹Á súa esquerda estaban seus irmáns, os fillos de Merarí: Etán, fillo de Quixí, fillo de Abdí, fillo de Maluc, ³⁰fillo de Haxabías, fillo de Amasías, fillo de Hilquías, ³¹fillo de Amasí, fillo de Baní, fillo de Xémer, ³²fillo de Mahlí, fillo de Muxí, fillo de Merarí, fillo de Leví.

³³Seus irmáns, os levitas, tiñan ó seu cargo todo o servicio do tabernáculo do templo.

³⁴Aharón e seus fillos eran os que ofrecían os sacrificios no altar dos holocaustos e queimaban incenso no altar dos perfumes, cumprindo estes servicios no Santo dos Santos e facendo a expiación por Israel conforme todo o que mandara Moisés, servo de Iavé.

³⁵Ei-los fillos de Aharón: Elazar, Pinhás, Abixúa, ³⁶Buquí, Uzí, Zerahías, ³⁷Meraiot, Amarías, Ahitub, ³⁸Sadoc, Ahimaas.

Cidades levíticas

³⁹Estas son as súas residencias segundo os límites dos seus campamentos. Ós fillos de Aharón, da familia de Quehat, sinalados pola sorte, ⁴⁰déuselles Hebrón, na terra de Xudá, cos eixidos dos arredores; ⁴¹pero o territorio da cidade e as súas aldeas foron dados a Caleb, fillo de Iefuneh.

⁴²Déronlles, pois, ós fillos de Aharón a cidade de Hebrón como cidade refuxio, Libnah cos seus contornos, Iatir e Extemóah, tamén cos seus contornos; ⁴³Hilez cos seus eidos e Debir cos seus eidos; ⁴⁴Axán cos seus eidos, Bet-Xémex cos seus eidos; ⁴⁵da tribo de Benxamín déronlles: Gueba cos seus eidos; Alémet cos seus eidos e Anatot cos seus eidos. As súas cidades foron trece en total, segundo as súas familias.

⁴⁶Ós outros fillos de Quehat tocáronlles en sorte dez cidades da tribo de Efraím, da tribo de Dan e da media tribo de Menaxés.

⁴⁷Os fillos de Guerxom, segundo as súas familias, tiveron trece cidades da tribo de Isacar, da tribo de Axer, da tribo de Naftalí e da tribo de Menaxés en Baxán.

⁴⁸Os fillos de Merarí, segundo as súas familias, tiveron por sorte doce cidades da tribo de Rubén, da tribo de Gad e da tribo de Zebulón.

⁴⁹Os fillos de Israel déronlles ós levitas estas cidades cos seus contornos.

⁵⁰Déronlles ás sortes, da tribo de Xudá, da tribo de Simeón e da tribo dos fillos de Benxamín, ás que lles puxeron os seus propios nomes.

⁵¹Ás familias de Quehat tocáronlles en sorte cidades na tribo de Efraím.

⁵²Déronlles, con dereito de asilo, as cidades de Xequem, no monte de Efraím e os seus contornos; a de Guézer cos seus contornos; ⁵³a de Iocmeam cos seus contornos; a de Bethorón, cos seus contornos; ⁵⁴a de Aialón cos seus contornos; e a de Gat-Rimón cos seus contornos.

⁵⁵Na media tribo de Menaxés, Aner, cos seus contornos; e Bilam, cos seus contornos, foron para aqueles que quedaban das familias de Quehat.

⁵⁶Ás familias de Guerxom tocáronlles en sorte: da media tribo de Menaxés, Golán de Baxán, cos seus contornos; e Axtarot cos seus contornos.

⁵⁷Da tribo de Isacar, Axperón cos seus contornos; Daberat cos seus contornos; ⁵⁸Ramot cos seus contornos; e Anem cos seus contornos.

⁵⁹Da tribo de Axer, Maxal, cos seus contornos; Abdón cos seus contornos; ⁶⁰Hucoq cos seus contornos; e Rehob cos seus contornos.

⁶¹Da tribo de Naftalí, Cadex de Galilea cos seus contornos; Hamón cos seus contornos; e Quiriataim cos seus contornos.

⁶²Para os restantes fillos de Merarí, déronlles: da tribo de Zebulón, Rimón cos seus contornos; e Tabor cos seus contornos.

⁶³Na outra parte do Xordán, de fronte a Iericó, ó leste do río Xordán, da tribo de Rubén déronlles: Béser no deserto cos seus contornos; Iahsah cos seus contornos; ⁶⁴Quedemot cos seus contornos; e Mefáat cos seus contornos.

⁶⁵Da tribo de Gad: Ramot en Galaad cos seus contornicas; Mahamaim cos seus contornos; ⁶⁶Hexbón cos seus contornos; e Iazer cos seus contornos.

Descendentes de Isacar

7 ¹Fillos de Isacar: Tolá, Fúah, Iaxub e Ximrón: catro en total. ²Fillos de Tolá: Uzí, Refaías, Ieriel, Iahmai, Ibsam e Sa-

---

6, 39-66 Aquí o cronista depende de Xos **21**. As cidades asilo ás que fai referencia nestes vv son consideradas coma unha continuación do santuario.
7, 1-5 Depende de Núm **26**, 23-25.

muel, xefes das familias de Tolá, homes todos capacitados para o exercicio das armas. O seu número no tempo de David era de vintedous mil seiscentos. ³Fillo de Uzí: Izrahías; fillos de Izrahías: Micael, Abdías, Ioel, Ixías: en total cinco xefes. ⁴Tiñan, segundo as súas xenealoxías polas casas paternas, trinta e seis mil homes armados para a loita, pois eran moitas as mulleres e fillos. ⁵Seus irmáns de tódalas familias de Isacar, homes guerreiros, facían un total de oitenta e sete mil; todos estaban rexistrados nas xenealoxías.

Descendentes de Benxamín

⁶Fillos de Benxamín: Bela, Béquer e Iediael: tres en total. ⁷Fillos de Bela: Esbón, Uzí, Uziel, Ierimot e Irí: cinco en total. Eran xefes das familias de seus pais e homes guerreiros; tamén estes estaban rexistrados nas xenealoxías en número de vintedous mil trinta e catro. ⁸Fillos de Béquer: Zemirah, Ioax, Eliézer, Elioenai, Omrí, Ierimot, Abías, Anatot e Alémet, todos eles fillos de Béquer, ⁹rexistrados nas xenealoxías, segundo as súas xeracións, coma xefes das familias de seus pais, e homes guerreiros en número de vinte mil douscentos. ¹⁰Fillo de Iediael: Bilhán. Fillos de Bilhán: Iehux, Benxamín, Ehud, Quenanah, Zetán, Tárxix e Ahixáhar, ¹¹todos eles fillos de Iediael; como xefes das familias de seus pais e homes guerreiros estaban rexistrados en número de dezasete mil douscentos, preparados para tomaren armas e marchar á guerra.

¹²Os xufitas e os hupitas eran fillos de Ir; e os huxitas, fillos de Aher.

Descendentes de Naftalí

¹³Fillos de Naftalí: Iahsiel, Guní, Iéser e Xalum, fillos de Bilhah.

Descendentes de Menaxés

¹⁴Fillos de Menaxés: Asriel e Maquir, pai de Galaad. Os dous eran fillos dunha concubina aramea. ¹⁵Maquir tomou muller dos xufitas e hupitas. Súa irmá chamábase Macah. O nome do segundo fillo era Selofhad. Selofhad tivo fillas. ¹⁶Macah, muller de Maquir, pariu un fillo e chamoulle Pérex; seu irmán chamouse Xárex, e foron seus fillos Ulam e Ráquem. ¹⁷Fillo de Ulam: Bedán. Estes son os fillos de Galaad, fillo de Maquir, fillo de Menaxés. ¹⁸Súa irmá Hamoléquet pariu a Ixhod, Abiézer e a Mahlah. ¹⁹Fillos de Xemidá: Ahián, Xequem, Lichí e Aniam.

Descendentes de Efraím

²⁰Fillos de Efraím: Xutélah, pai de Béred, pai de Táhat; ²¹pai de Zabad, pai de Xutélah, pai de Ézer e Elad. Os homes de Gat, oriundos do territorio, matáronos cando baixaban para recolle-lo seu gando. ²²Efraím, seu pai, fixo moito tempo dó por eles, e os seus irmáns viñeron consolalo. ²³Despois foi onda súa muller, que concebiu e pariu un fillo; chamábase Beriah, pola desgracia na que se atopaba a súa familia. ²⁴Tivo por fillo a Xerah, que edificou Bethorón Alto e Baixo, e Uzén Xerah; ²⁵ a Réfah, pai de Xutélah, pai de Táhan; ²⁶pai de Ladán, pai de Amihud, pai de Elixamá; ²⁷pai de Nun, pai de Xosué.

²⁸Tiñan habenza e morada en Betel e nas cidades da súa dependencia; ó oriente, Narán; ó occidente, en Guézer e nas cidades da súa dependencia; en Xequem e nas cidades da súa dependencia, ata Aiah e as cidades da súa dependencia. ²⁹Os fillos de Menaxés posuían Bet-Xeán e as cidades da súa dependencia, Zanac a as cidades da súa dependencia, Dor e as cidades da súa dependencia. Nestas cidades habitaron os fillos de Xosé, fillo de Israel.

Descendentes de Axer

³⁰Fillos de Axer: Imná, Ixvah, Ixví, Beriah e Sénah, súa irmá. ³¹Fillos de Beriah: Héber e Malquiel. Malquiel era pai de Birzáit. ³²Héber xerou a Iaflet, Xomer, Hotam e Xuá, irmá destes. ³³Fillos de Iaflet: Pasac, Bimhal e Axvat. Estes son os fillos de Iaflet. ³⁴Fillos de Xomer: Ahí Rohgah, Iahbá e Aram.

³⁵Fillos de Hélem, seu irmán: Sofah, Imná, Xélex e Amal. ³⁶Fillos de Sofah: Súah, Harnéfer, Xual, Berí e Imrah; ³⁷Béser, Hod, Xamá, Xilxah, Itrán e Beerá. ³⁸Fillos de Iéter: Iefuneh, Pispah e Ará.

³⁹Fillos de Ulá: Arah, Haniel e Risías.

⁴⁰Todos estes fillos de Axer eran xefes das

7, 6-12 A lista dos benxaminitas non concorda plenamente coa ofrecida por Xén **46,** 21 e Núm **26,** 38-41. Dita lista será completada no seguinte c.
7, 13 Cf Núm **26,** 48-49.
7, 14-19 O autor depende de Núm **26,** 29-33.

7, 29 Para os datos xeográficos o cronista depende de Xer **17,** 11.

7, 30-40 Os dous primeiros vv dependen de Xén **46,** 17; os outros proveñen dunha fonte descoñecida.

casas de seus pais, homes selectos e guerreiros; xefes de príncipes. Estaban rexistrados nas xenealoxías en número de vinteseis mil, preparados para a loita.

Descendentes de Benxamín

8 ¹Benxamín enxendrou a Bela, seu primoxénito, a Axbel, o segundo; a Ahrah, o terceiro; ²a Nohah, o cuarto, e a Rafá, o quinto. ³Fillos de Bela: Adar, Guerá, pai de Ehud, ⁴Abixúah, Naamán, Ahóah, ⁵Guerá, Xefufán e Huram. ⁶Ei-los fillos de Ehud, que eran xefes de familias entre os habitantes de Gueba e foron deportados a Manáhat: ⁷Naamán, Ahías e Guerá. Este foi quen os deportou e enxendrou a Uzá e Ahihud.

⁸Saharaim enxendrou fillos na terra de Moab despois de deixa-las súas mulleres Huxim e Bará. ⁹E da súa nova muller tivo: Iobab, Sibiá, Mexá, Malcam, ¹⁰Ieús, Saquías e Mirmah. Estes son os seus fillos, xefes de familia. ¹¹De Hixim tivo: Abitub e Elpáal. ¹²Fillos de Elpáal: Héber, Mixam e Xémed, que edificou Onó, Lod e as cidades da súa dependencia. ¹³Berías e Xemá, que eran xefes de familia entre os habitantes de Aialón, fixeron fuxir ós habitantes de Gat.

¹⁴Ahío, Xaxac, Ieremot, ¹⁵Zebadías, Arad, Éder, ¹⁶Micael, Ixpah e Iohá, fillos de Berías. ¹⁷Zebadías, Mexulam, Nizquí, Héber, ¹⁸Hixmerai, Izliá e Iobab eran fillos de Elpáal. ¹⁹Iaquim, Zicrí, Zabdí, ²⁰Elienai, Siltai, Eliel, ²¹Adaías, Beraías e Ximrat, eran fillos de Ximí. ²²Ixpán, Héber, Eliel, ²³Abdón, Zicrí, Hanán, ²⁴Ananías, Elam, Antotías, ²⁵Ifdías e Penuel eran fillos de Xaxac. ²⁶Xamxerai, Seharías, Atalías, ²⁷Iarexías, Elías e Zicrí eran fillos de Ieroham. ²⁸Estes eran xefes de familia, segundo as súas liñaxes. Habitaban en Xerusalén.

²⁹O pai de Gabaón habitaba en Gabaón. O nome da súa muller foi Macah. ³⁰Seu primoxénito era Abdón; despois, Sur, Quix, Báal, Ner, Nadab, ³¹Guedor, Ahió, Zéquer e Miclot. ³²Miclot enxendrou a Ximah. Estes habitaron tamén con seus irmáns en Xerusalén. ³³Ner enxendrou a Quix; Quix enxendrou a Xaúl, Xaúl enxendrou a Ionatán, Malquixúa, Abinadab e Exbáal. ³⁴Fillo de Ionatán foi Meribaal; Meribaal enxendrou a Micah. ³⁵Fillos de Micah: Pitón, Mélec, Tarea de Ahaz. ³⁶Ahaz enxendrou a Iehoiadah, Iehoiadah enxendrou a Alémet, Azmávet e Zimrí; Zimrí enxendrou a Mosá, ³⁷Mosá enxendrou a Biná, pai de Rafá, pai de Elasah, pai de Asel; ³⁸Asel tivo seis fillos: Azricam, Bocrú, Ismael, Xearías, Abdías e Hanán. Estes foron fillos de Asel. ³⁹Os fillos de Éxec, seu irmán: Ulam, o primoxénito; Iehux, o segundo; Elifélet, o terceiro. ⁴⁰Os fillos de Ulam eran fortes, guerreiros e arqueiros. Tiveron moitos fillos e netos, cento cincuenta en total. Todos estes son fillos de Benxamín.

9 ¹Todo Israel está rexistrado nas xenealoxías e inscrito no libro dos Reis de Israel. Xudá foi levado preso a Babilonia polas súas infidelidades.

Habitantes de Xerusalén á volta da catividade

²Os primeiros habitantes que ocuparon de novo as súas posesións, e as súas cidades eran israelitas, sacerdotes, levitas e natineos. ³En Xerusalén establecéronse fillos de Xudá, fillos de Benxamín, fillos de Efraím e de Menaxés. ⁴Dos descendentes de Peres, fillo de Xudá: Utai fillo de Amihud, fillo de Omrí, fillo de Imrí, fillo de Baní. ⁵Dos xilonitas: Asaías, o primoxénito, e seus fillos. ⁶Dos fillos de Zérah: Ieuel e seus irmáns, seiscentos noventa. ⁷Dos fillos de Benxamín: Salú, fillo de Mexulam, fillo de Hodavías, fillo de Asnuá; ⁸Ibneías, fillo de Ieroham; Elú, fillo de Uzí, fillo de Micrí; Mexulam, fillo de Xefatías, fillo de Reuel, fillo de Ibnías, ⁹e seus irmáns, segundo as súas xeracións, novecentos cincuenta e seis. Todos estes eran xefes de familia nas casas de seus pais.

¹⁰Sacerdotes: Iedaías, Iehoiarib e Iaquín; ¹¹Azarías, fillo de Hilquías, fillo de Mexulam, fillo de Sadoc, fillo de Meraiot, fillo de Ahitub, xefe do templo; ¹²Adaías, fillo de Ieroham, fillo de Pashur, fillo de Malaquías; Masai, fillo de Adiel, fillo de Iahzerah, fillo de Mexulam, fillo de Mexilemit, fillo de

---

8 Esta nova xeración de Benxamín é diferente da que se nos daba antes e da que nos presenta Xén **46**, 21 e Núm **26**, 28-41. O motivo máis doado da reaparición de Benxamín é a presencia de Xerusalén en varios vv do c., cidade na que David fará construí-lo templo. É un c. desordenado e escuro.

8, 33-40 Preséntase a xenealoxía de Xaúl, excluído de **7**, 6-12 polo cronista. Pode que sexa un engadido posterior.

9 Este c., que dá conta da poboación de Xerusalén, remata a parte primeira do libro adicado ás xenealoxías. A finalidade do c. é mostra-la situación étnica da cidade santa, escolleita por Deus para se-lo centro do novo e verdadeiro culto. Hai unha grande semellanza entre este c. e Neh **11**, 2-23, que moi ben puido servir de fonte ó cronista.

9, 1 O nome *israelitas* é colectivo e serve para sinalar a tódolos membros do pobo de Deus.

9, 3 Engadindo Efraím e Menaxés, o cronista quere indicar que Xerusalén é o lugar de encontro de tódalas tribos.

Imer, ¹³e seus irmáns, xefes das casas de seus pais, mil setecentos sesenta homes fortes, ocupados en servi-lo templo. ¹⁴Levitas: Xemaías, fillo de Haxub, fillo de Azricam, fillo de Haxabías, dos fillos de Merarí; ¹⁵Bacbacar, Hérex, Galal, Matanías, fillo de Miqueas, fillo de Zicrí, fillo de Asaf; ¹⁶Abdías, fillo de Xemaías, fillo de Galal, fillo de Iedutún; Berequías, fillo de Asá, fillo de Elcanah, que habitou nos poboados de Netofat. ¹⁷Porteiros: Xalum, Acub, Talmón, Ahimán. Seu irmán Xalum era o xefe. ¹⁸E ata hoxe está na porta do rei, no oriente. Estes son os porteiros do campamento dos levitas. ¹⁹Xalum, fillo de Coré, fillo de Abiasaf, fillo de Córah, e seus irmáns. Os coreítas tiñan ó seu cargo a garda da entrada da Tenda, seus pais fixeran a garda na entrada do campamento de Iavé. ²⁰Pinhás, fillo de Elazar, foi antes o seu xefe. E Iavé estivo con el. ²¹Zacarías, fillo de Mexelenías, era porteiro da entrada da Tenda do Encontro. ²²Eran, con todos, cento doce elixidos para porteiros da entrada, e rexistrados nas xenealoxías, segundo as súas cidades. David e Samuel, o vidente, elixíronos para as súas funcións. ²³Eles e os seus fillos gardaban as portas do templo da Tenda. ²⁴Había porteiros ós catro ventos, a oriente e occidente, a norte e a mediodía. ²⁵Seus irmáns residían nas súas aldeas; tiñan que vir de tempo en tempo por sete días; ²⁶pero estes catro xefes dos porteiros, estes levitas, estaban sempre en funcións, e tiñan ademais ó seu cargo a vixilancia das cámaras e dos tesouros do templo. ²⁷Pasaban a noite arredor da casa de Deus, da que tiñan a garda e a que tiñan que abrir cada mañá. ²⁸Uns estaban encargados das cousas do culto. Levaban conta delas ó introducilas e sacalas. ²⁹Outros coidaban de tódalas cousas do santuario, como a flor de fariña, o viño, o aceite, o incenso e os perfumes. ³⁰Os fillos dos sacerdotes facían a mestura dos perfumes. ³¹Matatías, un dos levitas, primoxénito de Xalum, coreíta, coidaba das tortas que se fritían nas tixolas; ³²e algúns de seus irmáns de entre os quehatitas tiñan ó seu cargo preparar tódolos sábados os pans da proposición. ³³Os cantores, xefes de familia dos levitas, que moraban nas cámaras, sen outra función ningunha, porque día e noite estaban na súa. ³⁴Eran os xefes de familia dos levitas, xefes segundo as súas xeracións. Habitaban en Xerusalén.

³⁵O pai de Gabaón, Ieiel, habitaba en Gabaón, e o nome da súa muller era Macah. ³⁶Abdón era o seu primoxénito; despois viñan Sur, Quix, Báal, Ner, Nadab, ³⁷Guedor, Ahió, Zacarías e Miclot. ³⁸Miclot enxendrou a Ximah. Estes habitaban tamén en Xerusalén con seus irmáns. ³⁹Ner enxendrou a Quix; Quix enxendrou a Xaúl; Xaúl enxendrou a Ionatán, Malquixúa, Abinadab e Exbáal. ⁴⁰Fillo de Ionatán foi Meribaal; Meribaal enxendrou a Micah. ⁴¹Os fillos de Micah foron Pitón, Mélec, Tahrea e Acaz. ⁴²Acaz enxendrou a Iarah; Iarah enxendrou a Alémet, Azmávet e Zimrí; Zimrí enxendrou a Mosá; ⁴³Mosá enxendrou a Biná, pai de Refaías, pai de Ehasah, pai de Asel. ⁴⁴Asel tivo seis fillos que polo seu nome son Azricam, Bocrú, Ismael, Xearías, Abdías e Hanán. Estes son os fillos de Asel.

Morte de Xaúl

10 ¹Mentres tanto, os filisteos deron batalla a Israel e os homes de Israel fuxiron ante eles. Moitos deles caeron mortos no monte de Guilboa. ²Os filisteos perseguiron a Xaúl e ós seus fillos, e mataron a Ionatán, Abinadab e Malquixúa, fillos de Xaúl. ³O peso da batalla caeu sobre Xaúl; os arqueiros descubríronno e feríronno. ⁴Entón dixo Xaúl ó seu escudeiro: —"Saca a espada e traspásame con ela, para que non veñan eses incircuncisos e se moqueen de min". Pero o escudeiro non quixo porque tremía de medo. Entón Xaúl tomou a súa espada e deixouse caer sobre ela. ⁵Cando o escudeiro viu que Xaúl morrera, botouse tamén sobre a súa espada e morreu. ⁶Así morreu Xaúl e os seus tres fillos. Con eles desapareceu toda a súa familia.

9, 17-34 Os porteiros tiñan a encomenda de impediren calquera profanación, ademais de coidaren do que era preciso para o culto (vv 28-33). A súa institución é moi antiga, do tempo de Samuel (vv 19-23).
9, 35-44 Duplicado de **8,** 29-38. Unha vez máis o cronista pon de relevo que a infidelidade de Xaúl, en contraste coa fidelidade dos levitas, só trouxo a perdición, tal coma se conta no seguinte capítulo. Os vv 35-38 hainos que ler á luz de 1 Cro **21-29** e 2 Cro **1**.

10 Con este c. comeza a parte adicada a David (10-29), na que se describe toda a actividade litúrxica e relixiosa do rei. O c. 10, concretamente, é unha introducción á historia do rei pío, a quen todos deben ollar. David é o modelo polo que serán xulgados polo cronista. A fonte, enmendada e aumentada, é 1 Sam **31,** 1-13.
10, 4 *Incircuncisos* é o término desprezativo para sinalalos filisteos (cf 1 Sam **14,** 6; **17,** 26).

⁷Cando os israelitas do val viron que Israel fuxía e que Xaúl e seus fillos morreran, deixaron as súas cidades para fuxiren tamén eles. Os filisteos viñeron inmediatamente e establecéronse nelas.
⁸Pero outro día, pola mañá, viñeron os filisteos para espolia-los mortos, e atoparon a Xaúl e os seus fillos mortos no monte Guilboa.
⁹Espoliáronos e levaron as súas cabezas e as súas armas, pregoando as boas novas por toda a terra dos filisteos, ós seus ídolos e ó seu pobo.
¹⁰As armas de Xaúl puxéronas no templo do seu deus, e a cabeza colgárona no templo de Dagón.
¹¹Os veciños de Iabex-Galaad, en oíndo o que fixeran os filisteos con Xaúl, ¹²levantáronse, tomaron o corpo de Xaúl e de seus fillos, e leváronos a Iabex. Enterraron os seus ósos debaixo dun carballo, en Iabex, e fixeron xexún por sete días.
¹³Deste xeito morreu Xaúl, porque se fixera culpable de infidelidade para con Iavé, de quen non seguiu a súa palabra, e por consulta-los feiticeiros que invocan ós mortos, ¹⁴en vez de consultar a Iavé. Por iso Iavé fíxoo morrer, entregándolle o reino a David, fillo de Ixaí.

David Rei

11 ¹Todo Israel congregouse arredor de David en Hebrón, dicindo: —"Mira: ti es óso dos nosos ósos e carne da nosa carne. ²Xa antes, aínda reinando Xaúl, eras ti o definitivo xefe de Israel. Iavé, o teu Deus, díxoche: Ti apacentara-lo meu pobo de Israel e ti sera-lo xefe do meu pobo Israel". ³Así tódolos anciáns de Israel viñeron ó rei, a Hebrón, e David fixo con eles alianza en Hebrón, diante de Iavé. Unxiron a David por rei de Israel, segundo a palabra de Iavé pronunciada por Samuel.

Conquista de Xerusalén

⁴Marchou David con todo Israel contra Xerusalén que se chamaba Iebús. Habitaban alí os iebuseos. ⁵Os habitantes de Iebús dixeron a David: —"Ti non entrarás aquí". Pero David apoderouse da fortaleza, de Sión, que é a cidade de David. ⁶David dixera: —"Quen primeiro mate a un iebuseo será xefe e príncipe". Ioab, fillo de Seruiah, foi o primeiro en subir, e foi feito xefe. ⁷David estableceuse na fortaleza, que por isto se chamou a cidade de David. ⁸Edificou a cidade no seu arredor, desde o Miló, mentres Ioab reconstruíu o resto da cidade. ⁹David veu ser cada día máis grande e Iavé Sebaot estaba con el.
¹⁰Ei-los primeiros dos valentes que seguiron a David e o axudaron con todo Israel a asegura-lo seu dominio e face-lo rei de Israel segundo a palabra de Iavé. ¹¹Ei-los nomes dos valentes que seguiron a David: Iaxobam, fillo de Hacmoní, primeiro da terna, que brandiu a súa lanza contra trescentos homes que derrotou dunha vez.
¹²Despois del, Elazar, fillo de Dodó, ahohita, outro dos tres. ¹³Estaba este con David en Pas-Damim, onde os filisteos se reuniran para a loita; había alí unha leira de cebada, e, fuxindo o pobo xa ante os filisteos, ¹⁴púxose no medio da leira e defendeuna e derrotou ós filisteos. Iavé outorgou así unha gran victoria.
¹⁵Tres dos trinta baixaron onde estaba David á rocha da caverna de Adulam, cando estaban acampados os filisteos no val de Refaím. ¹⁶David estaba no refuxio, e os filisteos tiñan unha garnición en Belén. ¹⁷Deu David en dicir: —"¡Quen puidese beber auga do depósito que está ás portas de Belén!". ¹⁸E entón os tres atravesaron o campamento dos filisteos, colleron auga do depósito que está ás portas de Belén, e, levándoa, presentáronlla a David. Pero David negouse a bebela e derramouna en libación ante Iavé,

---

10, 10 *Seu Deus.* Refírese a Axtarté (cf 1 Sam **31,** 1-13).
10, 12 *Enterraron.* Non se fala de "incineración" (cf 1 Sam **31,** 12), por ser esta, no tempo do cronista, un costume pagán.
10, 13-14 A morte de Xaúl é considerada polo cronista como un castigo de Deus polo seu pecado. Este xuízo parte da doutrina da retribución, tan querida polo noso autor.
11 Este c. mostra a David rodeado desde un principio polos xefes e o pobo fiel. A fonte principal é 2 Sam **5,** 1-3.
11, 1 *Todo Israel.* David non podía, na mente do autor, ser rei senón de todo o pobo. A expresión é tamén importante para ver que, segundo o cronista, o pobo é unha comunidade única e enteira, tal como se ten manifestado mesmo na conquista de Xerusalén (v 4).

11, 3 O feito de que David sexa rei de todo Israel non é unha elección do pobo, senón do mesmo Deus, manifestada a través de Samuel.
11, 4-9 Reprodúcese 2 Sam **5,** 6-10, esquecendo aqueles detalles que poderían deixar mal á persoa de David (cf 2 Sam **5,** 6). David é o rei amado por Deus (**9,** 17-24), por iso é preciso esquecer calquera aspecto negativo da súa vida.
11, 10-47 O cronista quere, a través desta lista tomada en parte de 2 Sam **23,** 24-39 (cf vv 26-41), poñer de manifesto a grandeza de David e o apoio que este recibiu dos principais do pobo e aínda daquelas rexións máis apartadas de Israel como son as de Rubén, Aroer, Moab e Gad, na Transxordania (vv 41b-49; **12,** 9-16).
Neste contexto deberán de lerse tamén os vv 17-19, que nos contan un dos poucos acontecementos da vida de David, transcritos polo cronista.

¹⁹dicindo: —"¡Líbreme Deus de facer tal cousa! Sería como bebe-lo sangue destes homes que con risco da súa vida foron alá" (porque era certamente con risco das súas vidas como a trouxeran). E non quixo bebela. Isto fixeron os tres valentes.
²⁰Abixaí, irmán de Ioab, era xefe dos trinta. Brandiu a súa lanza contra trescentos, que matou, e tivo sona entre os trinta, ²¹e era o máis considerado entre eles, chegando a ser xefe deles, pero non chegou a igualar ós tres.
²²Despois viña Benaías, fillo de Iehoiadá, home de moito valor e coñecido polas súas fazañas. Era oriundo de Cabsel. Matou a dous valentes de Moab, e un día de neve baixando a unha cisterna, matou un león. ²³Matou tamén a un exipcio que tiña cinco cóbados de alto e unha lanza coma unha agulla de tecedeira. Baixou contra el cun pao e arrincoulle a lanza da man, matándoo con ela. ²⁴Isto fixo Benaías, fillo de Iehoiadá, que tivo gran sona entre os trinta. ²⁵Foi moi considerado entre eles, pero non chegaba ós tres primeiros. David púxoo á fronte da súa garda.
²⁶Os valentes do exército eran: Asael, irmán de Ioab, Elhanán, fillo de Dodó, de Belén; ²⁷Xamot, o arorita, e Heles, o pelonita; ²⁸Irá, fillo de Iquex, o tecoíta; Abiézer, de Anatot; ²⁹Sibcai, de Huxah, Ilai, ahohita; ³⁰Mahrai, de Netofah; Héled, fillo de Banah, de Netofah. ³¹Itai, fillo de Ribai, de Guibah, dos fillos de Benxamín; Benaías, de Piratón; ³²Hurai, dos vales de Gáax; Abiel, da Arabah; ³³Azmávet, de Bahurim; Eliahbá, Xalbonita; ³⁴Iaxén, gunita; Ionatán, fillo de Xagueh, de Harar; ³⁵Ahiam, fillo de Sacar, de Harar; Elifal, fillo de Ur; ³⁶Héfer, de Mequerah; Ahías, de Pelón; ³⁷Hesró, do Carmel; Narai fillo de Ezbai ³⁸Ioel irmán de Natán; Mibhar, fillo de Hagri; ³⁹Sélec, amonita; Nahrai de Berot, escudeiro de Ioab, fillo de Seruiah; ⁴⁰Irá, de Iatir; Gareb, de Iatir; ⁴¹Urías, o hitita; Zabad, fillo de Ahlai; ⁴²Adiná, fillo de Xizá, rubenita, xefe dos rubenitas, e con el trinta máis; ⁴³Hanán, fillo de Macah; Ioxafat, o mitnita; ⁴⁴Uzías, de Axtarot; Xamá e Ieuel fillos de Hotam, de Aroer; ⁴⁵Iediel, fillo de Ximrí; Iohá, seu irmán, tisita; ⁴⁶Eliel, mahavita; Ieribai e Ioxavías, fillos de Elnáham; Itmah, moabita; ⁴⁷Eliel, Obed e Iasiel, de Sobah.

Guerreiros que se uniron a David xa en tempos de Xaúl

12 ¹Estes son os que viñeron a unirse a David en Siquelag, cando estaba lonxe de Xaúl fillo de Quix. Eran algúns dos soldados que lle prestaron axuda durante a guerra. ²Eran arqueiros e tiraban pedras o mesmo coa man dereita que coa esquerda e tiraban frechas co arco. Eran todos de Benxamín, do clan dos irmáns de Xaúl. ³Os xefes eran Ahiézer e Ioax, fillos de Xemaah, de Guibah; Ieziel e Pélet, fillos de Azmávet; Beracah e Iehú, de Anatot; ⁴Ixmaías, de Gabaón, soldado entre os trinta e xefe dos trinta; ⁵Xeremías, Iahziel, Iohanán, Iozabad, de Guederah; ⁶Eluzai; Ierimot, Balías, Xemarías, e Xefatías, de Harif; ⁷Elcanah, Isaías, Azarel, Ioézer e Iaxobam, descendentes de Coré; ⁸Ioelah e Zebadías, fillos de Ieroham, de Guedor.
⁹Tamén de entre os gaditas foron unirse a David, no refuxio do deserto, soldados entendidos na guerra, armados de escudo e lanza, semellantes a leóns e lixeiros coma cabras do monte.
¹⁰Ézer era o xefe; Abdías, o segundo; Eliab, o terceiro; ¹¹Mixmanah, o cuarto; Xeremías, o quinto; ¹²Ataí, o sexto; Eliel, o sétimo; ¹³Iohanán o oitavo; Elzabad, o noveno; ¹⁴Xeremías, o décimo; Macbanai, o undécimo. ¹⁵Eran fillos de Gad, xefes do exército. Un só, o menor de todos, valía por cen; o máis vello, por mil. ¹⁶Estes foron os que pasaron o Xordán no primeiro mes, cando desbordaba por tódalas súas beiras, e puxeron en fuga a tódolos habitantes dos vales, a oriente e occidente.
¹⁷Houbo tamén entre os fillos de Benxamín e de Xudá quen se uniu a David no refuxio. ¹⁸David saíulles ó encontro e díxolles: —"Se vindes a min con boas intencións, para axudarme, o meu corazón farase a vós, pero se é para enganarme en proveito dos meus inimigos, estando as miñas mans limpas de iniquidade, véxao o Deus de nosos pais, e que el xulgue". ¹⁹Entón revestiuse do espírito Amasai, que era o xefe dos trinta, e exclamou: —"Paz a ti e ó pobo, fillo de Ixaí. Paz a ti e a cantos te axudan, pois o teu Deus está da túa parte".
David recibiunos e fíxoos xefes das tropas.

---

12 O cronista preséntano-las xentes de Benxamín, Gad, Xudá e Menaxés unidas a David. Unha vez máis o cronista afástase da tradición histórica que mostra as tribos con tendencias separatistas, para inculca-la solidariedade de todos co rei David. Estar con David é estar con Iavé (vv 17-19) e segui-las súas consignas (v 24).
12, 16 *Primeiro mes*, é dicir, o de Nisán (marzo-abril), cando se derreten as neves do Hermón.

²⁰Tamén dos fillos de Menaxés, viñeron algúns xuntarse con David cando foi cos filisteos á batalla contra Xaúl, aínda que non combateu, porque os príncipes dos filisteos, celebrando o consello, despedírono dicindo: —"Pasaríase a Xaúl, con perigo das nosas cabezas". ²¹Cando marchou de Siquelag, estes foron os que se lle uniron de Menaxés: Adnah, Iozabad, Iediel, Micael, Iozabad, Elihú e Siltai, xefes de millares de Menaxés. ²²Axudaron a David contra as bandas de ladróns, pois eran todos homes valerosos e viñeron ser xefes do exército. ²³Día a día chegaban xentes a unirse a David, ata que deu en ter un gran exército, coma un exército de Deus.

Guerreiros que viñeron a Hebrón para facer rei a David

²⁴Ei-lo número de homes de guerra que armados viñeron a David, a Hebrón, para transferirlle o reino de Xaúl, segundo o mandato de Iavé: ²⁵Dos fillos de Xudá armados de escudo e lanza, seis mil oitocentos homes de guerra. ²⁶Dos fillos de Simeón, homes valerosos para a guerra, sete mil cen. ²⁷Dos fillos de Leví, catro mil seiscentos; ²⁸e Iehoiadá, príncipe de Aharón, e con el tres mil setecentos; ²⁹e Sadoc, xove valeroso, con vintedous dos príncipes da casa de seu pai. ³⁰Dos fillos de Benxamín, e irmáns de Xaúl, tres mil, pois ata entón a maior parte deles permaneceran fieis á casa de Xaúl. ³¹Dos fillos de Efraím, vinte mil oitocentos homes con sona de valentes, segundo as casas de seus pais. ³²Da media tribo de Menaxés, dezaoito mil, designados nominalmente para iren proclamar rei a David. ³³Dos fillos de Isacar, expertos en coñece-lo que se tiña que facer en Israel, douscentos de entre os seus xefes, con tódolos seus irmáns baixo as súas ordes. ³⁴De Zebulón, cincuenta mil, en idade de toma-las armas, provistos de armas de todo xeito para o combate, dispostos a facer batalla con ánimo resolto. ³⁵De Naftalí, mil xefes, e con eles trinta e sete mil soldados, que levaban escudo e lanza. ³⁶De Dan, armados para a guerra, vinteoito mil seiscentos. ³⁷De Axer, homes de guerra prontos para o combate, corenta mil. ³⁸E da outra beira do Xordán, dos rubenitas, dos gaditas e da media tribo de Menaxés, cento vinte mil con armas de tódalas clases.

³⁹Todos estes homes, xente de guerra, dispostos para o combate, chegaron a Hebrón con leal corazón para faceren a David rei de todo Israel, e todo o resto de Israel estaba igualmente de acordo en querer a David por rei. ⁴⁰Estiveron alí tres días con David, comendo e bebendo, pois os seus irmáns subministráronlle-las provisións, ⁴¹e aínda os de Isacar, Zebulón e Naftalí, traían fariña, figos secos, viño e aceite en burros, camelos e bois, tamén vacas e ovellas de abondo.

Traslado da arca

13 ¹David celebrou consello cos xefes de millares e de centos, e con tódolos príncipes. ²Despois dixo a toda a comunidade de Israel: —"Se vos parece ben, e Iavé, o noso Deus, o aproba, imos mandar unha mensaxe a tódolos nosos irmáns espallados por todo Israel, ós sacerdotes e ós levitas que habitan nas cidades e aldeas, para que veñan xuntarse connosco. ³Logo traerémo-la arca do noso Deus, da que non nos preocupamos nos tempos de Xaúl". ⁴Entón toda a asemblea resolveu facelo así, pois a cousa pareceu conveniente a todo o pobo. ⁵Reuniu, pois, David a todo Israel, desde o torrente de Exipto ata a entrada de Hamat, para traeren a arca de Deus de Quiriat-Iearim. ⁶Subiu David, con todo Israel cara a Baalah ou Quiriat-Iearim, que está en Xudá, para traslada-la arca de Deus, Iavé, que se senta entre os querubíns, na que se invoca o seu nome. ⁷Puxeron a arca de Deus sobre un carro novo e levárona da casa de Abinadab. Conducían o carro Uzá e Ahió. ⁸David e todo Israel danzaban diante de Deus con tódalas súas forzas e cantaban e tocaban harpas, salterios e pandeiros, címbalos e trompetas. ⁹Cando chegaron á eira de Quidón, Uzá tendeu a man para agarra-la arca pois volcábana os bois. ¹⁰A ira de Iavé acendeuse contra Uzá, por estende-la man sobre a arca, e Uzá morreu alí, diante de Iavé.

12, 25-41 O texto está modelado segundo Núm 1-3.
12, 26 O número de tribos é de trece, pola mención de Leví e o xa tradicional desdobramento de Xosé.
12, 41 O tema da festa e o gozo é un dos favoritos do cronista (cf 2 Cro 23, 13-21; **29**, 36; **30**, 23.25-26).
13 O traslado da Arca da Alianza a Xerusalén é un acto de capital importancia para o cronista (cc. **13**. **15-16**). A fonte utilizada é 2 Sam **6**, 2-11. O autor destaca o significado litúrxico do acontecemento.
13, 1-4 A translación é obra de todo Israel. É a primeira gran peregrinaxe de toda a asemblea a Xerusalén, organizada por David, despois de tomar consello (v 1; cf 2 Cro **30**, 5-10; **34**, 33; **35**, 18).
13, 7-11 Cf Ex **19**, 21 e 2 Sam **6**, 2-11.

¹¹David irritouse porque Iavé acabou con Uzá, polo que aquel lugar se chama ata hoxe Peres-Uzá.
¹²David, entón, empezou a sentir temor de Deus, dicindo: —"¿Como vou traer á miña casa a arca de Deus?".
¹³E non levou consigo a arca de Deus á cidade de David, senón que a mandou levar á casa de Obededom, o de Gat.
¹⁴A arca de Deus estivo tres meses na casa de Obededom, polo que Iavé bendiciu a casa de Obededom e todo canto tiña.

Triunfo de David sobre os filisteos

14 ¹Hiram, rei de Tiro, mandou embaixadores a David e proporcionoulle madeira de cedro, canteiros e carpinteiros para que lle edificasen un pazo.
²Coñeceu David que Iavé afirmaba o seu dominio sobre Israel e que exaltaba o seu reino por amor a Israel, o seu pobo.
³David tomou, entón, mulleres en Xerusalén, e tivo fillos e fillas.
⁴O nome dos que lle naceron en Xerusalén son: Xamúa, Xobab, Natán, Salomón, ⁵Ibhar, Elixúa, Elpálet, ⁶Nógah, Néfeg, Iafía, ⁷Elixamá, Beliadá e Elifálet.
⁸Cando os filisteos souberon que David fora unxido rei de todo Israel, subiron todos na súa busca, e David, que o soubo, saíulles ó camiño.
⁹Chegaron os filisteos e espalláronse polo val de Refaím.
¹⁰David consultou a Deus: —"¿Subirei contra os filisteos? ¿Entregaralos nas miñas mans?". Iavé díxolle: —"Sube e poreinos nas túas mans".
¹¹Subiron eles a Baal-Perasim, onde David os derrotou. Logo dixo: —"Deus dispersou pola miña man os meus inimigos, coma derrame das augas que escorren". Por iso déronlle a aquel lugar o nome de Baal-Perasim.
¹²Os filisteos deixaron ciscados os seus deuses, que foron queimados por orde de David.
¹³Os filisteos invadiron de novo o val, ¹⁴David consultou de novo a Deus, quen lle dixo: —"Non subas contra eles: rodéaos e bótate sobre eles desde a banda das moreiras.

¹⁵Cando polo cume das moreiras escoites un estrondo, ataca axiña, que Deus irá diante de ti para derrota-lo campo dos filisteos".
¹⁶Fixo David como Deus lle mandara, e derrotou os filisteos desde Gabaón ata Guézer.
¹⁷A sona de David estendíase por todas aquelas terras e puxo Iavé sobre tódalas xentes o temor a David.

A arca levada a Xerusalén

15 ¹David levantou un pazo na Cidade de David e preparou un lugar para a arca de Deus, alzando para ela unha tenda.
²Entón ordenou: —"A arca de Deus non debe ser transportada senón polos levitas, porque son os que Iavé escolleu para trasladala e para face-lo seu servicio para sempre endexamais".
³Reuniu David a todo Israel en Xerusalén para subi-la arca de Iavé ó lugar que lle tiña disposto.
⁴Tamén reuniu ós fillos de Aharón e ós levitas.
⁵Dos fillos de Quehat ó xefe Uriel e mais cento vinte da súa familia.
⁶Dos fillos de Merarí, ó xefe Asaías e mais douscentos vinte da súa familia.
⁷Dos fillos de Guerxom, ó xefe Ioel e mais cento trinta da súa familia.
⁸Dos fillos de Elisafán, ó xefe Semaías e mais douscentos da súa familia.
⁹Dos fillos de Hebrón, ó xefe Eliel e oitenta da súa familia.
¹⁰Dos fillos de Uziel, ó xefe Aminadab e cento doce da súa familia.
¹¹David chamou ós sacerdotes Sadoc e Abiatar e ós levitas Uriel, Asaías, Ioel, Semaías, Eliel e Aminadab ¹²e díxolles: —"Vós sóde-los xefes da familia dos levitas; santificádevos vós e vosos irmáns para subi-la arca de Iavé, o Deus de Israel, ó lugar que eu teño preparado.
¹³Por non estardes vós alí a primeira vez, Iavé, noso Deus, castigounos, porque non o fomos buscar como é debido".
¹⁴Santificáronse os sacerdotes e os levitas para subi-la arca de Iavé, Deus de Israel.

---

14 Para este c., que é unha paréntese entre o 13 e o 15, o noso autor válese de 2 Sam 5, 11-25. A finalidade está clara: Iavé está con David en todo o que el faga.
14, 3-7 Para salva-la gloria do rei David, omite a mención das súas concubinas (cf 2 Sam 5, 13).
14, 12 Cf Dt 7, 5-25; 12, 3.
14, 15 Cf Sal 18, 11.

14, 17 Cf Sal 2.
15 O c. 15 está en estreita relación co 16. Ámbolos dous dependen de 2 Sam 6, 12b-20a e mostran gran interese polo culto (vv 16-24).
15, 12 A santificación esixida levaba consigo absterse de relacións sexuais (1 Sam 21, 6) e non xantar manxares sacros (Lev 22, 2).

¹⁵Os fillos dos levitas levaban a arca de Deus ás costas por medio de varais, como ordenara Moisés, segundo o disposto por Iavé.
¹⁶David mandou ós xefes dos levitas que dispuxesen os seus irmáns cantores, que fixesen resoa-los instrumentos musicais; harpas, cítolas e pandeiros en sinal de ledicia; ¹⁷e os levitas designaron a Hemán, fillo de Ioel; e, de entre os seus irmáns, a Asaf, fillo de Berequías; e, de entre os fillos de Merarí, de entre os seus irmáns, a Etán, fillo de Cuxaías.
¹⁸Con eles tamén, os seus irmáns de segunda orde: Zacarías, Iaziel, Xemiramot, Iehiel, Uní, Eliab, Benaías, Maseías, Matitías, Eliflehu, Micneías, Obededom e Ieiel, porteiros.
¹⁹Os cantores, Hemán, Asaf e Etán levaban e facían resoar címbalos de bronce; ²⁰Zacarías, Uziel, Xemiramot, Iehiel, Uní, Eliab, Maseías e Benaías, tiñan harpas afinadas para voces virxes; ²¹Matitías, Eliflehu, Micreías, Obededom, Iehiel e Azarías, tiñan cítolas acordadas na oitava, para dirixi-lo canto; ²²Quenanías, xefe dos levitas, dirixía o canto, pois era moi entendido nel; ²³Berequías e Elcanah eran os porteiros da arca; ²⁴Xebanías, Ioxafat, Natanael, Amasai, Zacarías, Benaías e Eliézer, sacerdotes, tocaban as trompetas diante da arca de Deus. Obededom e Iehías eran tamén porteiros da arca.
²⁵David, os anciáns e os xefes de millares, foron trae-la arca da alianza de Iavé desde a casa de Obededom, con gran ledicia.
²⁶E por axudar Deus ós levitas que levaban a arca da alianza de Iavé, sacrificáronse sete xatos e sete carneiros.
²⁷David ía vestido dun manto de liño fino, e o mesmo os levitas que levaban a arca, os cantores e Quenanías, director dos cantos. David tamén levaba por riba da túnica un *efod* de liño.
²⁸Desta maneira levou todo Israel a arca da alianza de Iavé entre aturuxos ó son das bucinas, das trompetas, dos pandeiros, das harpas e das cítolas.
²⁹Cando a arca da alianza de Iavé chegou á cidade de David, Micol, filla de Xaúl, que ollaba desde unha ventá, viu ó rei David cantando e bailando diante da arca e menosprezouno no seu corazón.

A arca é posta na Tenda

16 ¹Traída a arca de Deus, puxérona no medio da tenda que David levantara para ela, e ofreceron holocaustos e sacrificios de comuñón ante Deus.
²Cando David acabou cos holocaustos e sacrificios de comuñón bendiciu ó pobo no nome de Iavé, ³e distribuíu a todo Israel, homes e mulleres, un molete de pan, unha tallada de carne e unha bica de uvas pasas.
⁴Puxo levitas ó servicio da arca de Iavé para invocar, louvar e enxalzar a Iavé, Deus de Israel:
⁵Asaf, o xefe, Zacarías, o segundo; logo Uziel, Xemiramot, Iehiel, Matitías, Eliab, Benaías, Obededom e Ieiel, con harpas e cítolas. Asaf facía soa-los pratos.
⁶Os sacerdotes Benaías e Iahziel tocaban continuamente as trompetas perante a arca da alianza de Iavé.
⁷Aquel día, David, encargou por primeira vez a Asaf e a seus irmáns, para canta-las louvanzas de Iavé, este canto:
⁸—"¡Louvade a Iavé, invocade o seu nome!
¡Pregoade ós pobos as súas fazañas!
⁹¡Cantádelle, cantade salmos na súa honra!
¡Dade a coñecer tódolos seus portentos!
¹⁰¡Gloriádevos no seu santo nome!
¡Alégrese o corazón dos que procuran a Iavé!
¹¹¡Acudide a Iavé e á súa forza,
buscade sempre o seu rostro!
¹²¡Lembrádevos das marabillas que fixo,
dos seus prodixios, dos xuízos da súa boca!
¹³¡Descendentes de Israel, o seu servo,
fillos de Xacob, o seu elixido!
¹⁴Iavé é o noso Deus,
El goberna a terra toda.
¹⁵Lémbrase sempre da súa alianza,
das promesas por mil xeracións;
¹⁶da alianza que fixo con Abraham,
do xuramento feito a Isaac,
¹⁷do que fielmente estableceu con Xacob,
e con Israel como pacto eterno,
¹⁸dicindo: dareiche a terra de Canaán
que será porción da vosa herdade.
¹⁹Daquela eran pouco numerosos,
pouco numerosos e estranxeiros no país.
²⁰Cando ían vagabundos de nación en nación,
de reino en reino,
²¹non consentiu que ninguén os asoballase,

15, 15 Cf Ex **25**, 13-14.
16, 4-7 O canto e a música teñen unha importancia excepcional para o cronista. O culto de louvanza case sustitúe ó dos sacrificios.
16, 8-36 Composición do cronista, baseada nos salmos **96** 11-13a; **105**, 1-15; **106**, 1.47-48.

e por causa deles castigou ós reis: ²²Non toquéde-los meus unxidos, non fagades mal ós meus profetas. ²³¡Cantade a Iavé, homes de toda a terra, pregoade, un día e outro, a súa salvación! ²⁴¡Pregoade a súa gloria entre as xentes, os seus prodixios a tódolos pobos! ²⁵Porque Iavé é grande, digno de toda louvanza, temible sobre tódolos deuses. ²⁶Porque os deuses dos pobos son ídolos, pero Iavé é o facedor dos ceos. ²⁷Maxestade e magnificencia sexan perante El, fortaleza e beleza na súa morada. ²⁸¡Familias dos pobos, aclamade a Iavé, dade a Iavé honra e gloria! ²⁹¡Dade gloria ó nome de Iavé! ¡Traede ofrendas, vinde visitalo, adorádeo no adro sagrado! ³⁰Trema a terra na súa presencia. El afianzou o orbe, e non se moverá. ³¹Alédese o ceo e regocíxese a terra, pregóese entre as xentes: "¡Iavé reina!". ³²Brúe o mar e canto o enche, salte de xúbilo o agro e canto hai nel. ³³Salten as árbores das selvas diante de Iavé, pois vén rexe-la terra. ³⁴Dade gracias a Iavé porque é bo, porque é eterna a súa misericordia. ³⁵Dicide: sálvanos, ¡ouh Deus!, saúde nosa, xúntanos e líbranos das xentes, para que confesémo-lo teu nome e poñámo-la nosa gloria en louvarte ³⁶¡Bendito sexa Iavé, Deus de Israel, por toda a eternidade!". E todo o pobo respondeu: —"¡Amén! ¡Aleluia!"

³⁷David deixou alí, diante da arca da alianza de Iavé, a Asaf e os irmáns, para que constantemente servisen diante da arca cada cousa ó seu tempo.

³⁸A Obededom fillo de Ieditún e os seus irmáns, en número de sesenta e oito, nomeounos porteiros.

³⁹Asimesmo a Sadoc e ós seus irmáns, sacerdotes, encargounos do santuario de Iavé que está na altura de Gabaón, ⁴⁰para que alí ofrecesen a Iavé continuamente, mañá e tarde, holocaustos, e cumprisen todo canto está escrito na Lei dada por Iavé a Israel. ⁴¹Con eles estaban Hemán e Ieditún e os restantes escollidos e nominalmente asignados para louvar a Iavé: —"Porque é eterna a súa misericordia".

⁴²Hemán e Ieditún facían soar trompetas, pratos e outros instrumentos músicos, cos que acompañaban os cantos en honra de Deus.

Os fillos de Ieditún eran porteiros.

⁴³Todo o pobo foise logo, cada un á súa casa, e David volveuse a bendici-la súa.

Profecía de Natán

17 ¹Cando David moraba xa no seu pazo, díxolle ó profeta Natán: —"Eu estou habitando unha casa de cedro, mentres a arca da alianza do Señor está baixo unha tenda".

²Natán respondeu a David: —"Fai o que tes no corazón, pois o Señor está contigo".

³Pero aquela mesma noite o Señor reveloulle a Natán:

⁴—"Dille a David, o meu servo: así fala o Señor: non serás ti quen me edifique unha casa na que habitar.

⁵Nunca, desde que deixei Exipto ata hoxe, habitei en casa, senón que andei dunha parte a outra, nunha tenda.

⁶Por onde queira que camiñei con Israel, ¿encargueille seica a algún xuíz de Israel, ós que mandei para apacenta-lo meu pobo, que me fixesen unha casa de cedro?

⁷Dille, pois, agora ó meu servo David: Así fala Iavé Sebaot: eu tomeite dos pasteiros, de detrás do gando, para que foses xefe do meu pobo de Israel; ⁸estiven contigo por onde queira que ti andaches; exterminei perante ti a tódolos teus inimigos e fixen o teu nome semellante ó dos grandes da terra; ⁹deille un lugar onde morar ó meu pobo Israel, e planteino para que acougue sen atrancos, e que os fillos da iniquidade non o desfagan coma noutrora, ¹⁰cando establecín xuíces sobre o meu pobo Israel. Abaixei a tódolos teus inimigos. Ademais fágoche saber que o Señor che fundará unha dinastía.

¹¹Cando os teus días sexan cumpridos e vaias xuntarte con teus pais, eu alzarei a un

---

16, 37-43 David aparece como outro Moisés (cf Lev 9).
17 Este c., en estreito paralelismo con 2 Sam **7**, 1-29, divídese en dúas partes: profecía de Natán (vv 1-15) e acción de gracias de David (vv 16-27). En todo el maniféstase unha particular teoloxía da historia, xa que David aparece como autor virtual do templo, como se verá claramente a partir do c. **21**.

da túa descendencia, a un dos teus fillos, e afirmarei o seu reino.

¹²Será el quen me edificará unha casa e eu afirmarei para sempre o seu trono.

¹³Eu serei para el un pai, e el será para min un fillo; e non apartarei del a miña gracia, como a apartei do teu predecesor.

¹⁴Establecereino para sempre na miña casa e no meu reino, e o seu trono estará firme por toda a eternidade".

¹⁵Natán transmitiu a David todas estas verbas e toda a revelación.

¹⁶O rei David presentouse diante do Señor e dixo: —"¿Quen son eu, Iavé Deus, e qué é a miña casa, para que me trouxeses onde estou?

¹⁷Pero isto aínda é pouco ós teus ollos, Señor, e falas da casa do teu servo para tempo remoto mentres haxa homes, ¡ouh Iaveh, Deus!

¹⁸¿Que máis pode engadir David da gloria que concedes ó teu servo, ti que o coñeces, ouh Iavé?

¹⁹Ouh Iavé: por amor do teu servo e segundo o teu corazón fixeches todas esas grandezas, para nos dar a coñecer todas esas marabillas.

²⁰¡Señor! Non hai outro semellante a ti, non hai ningún Deus fóra de ti, como oímos cos nosos oídos.

²¹¿Hai sobre a terra unha soa nación que sexa coma o teu pobo Israel, o que Deus veu rescatar para facelo seu, con tantos milagres e prodixios, e desbotando as nacións diante del, como fixeches con Israel, ó que liberaches da servidume de Exipto?

²²Ti fixeches do teu pobo Israel, o teu pobo para sempre, e ti, ¡ouh Iavé!, ti e-lo seu Deus.

²³Agora, pois, Señor, confírmese para sempre a palabra que dixeches ó teu servo e á súa casa: cúmprea.

²⁴Que perdure para que o teu nome sexa sempre glorificado e digan todos: Iavé Sebaot é en verdade un Deus para Israel. E que a casa de David, o teu servo, se afirme ante ti, ²⁵pois ti mesmo, meu Deus, revelaches ó teu servo que lle edificarás unha dinastía. Por iso o teu servo ousou pregarche deste xeito.

²⁶Agora, pois, Señor: ti que es Deus e prometiches ó teu servo este ben, ²⁷bendí a casa do teu servo, para que sempre subsista diante de ti, porque ti, ¡ai!, a bendís e para sempre está bendita".

Triunfos guerreiros de David

18 ¹Despois disto, venceu David ós filisteos e humillounos, arrebatándolles das mans Gat e as cidades da súa dependencia.

²Venceu tamén ós moabitas, que acabaron suxeitos a David, pagándolle un tributo.

³Venceu tamén David a Hadadézer, rei de Sobah, no país de Hamat, cando este ía xa asenta-lo seu dominio sobre o Éufrates.

⁴Tomoulle David mil carros, sete mil cabaleiros e vinte mil soldados a pé; tronzoulle tódolos cabalos de tiro, non conservando máis ca uns cen para si.

⁵Viñeron os sirios de Damasco en socorro de Hadadézer, rei de Sobah e Damasco, e David derrotou a vinte mil sirios, ⁶puxo tropas propias en Damasco, para que os sirios ficasen suxeitos a David, pagándolle tributos. Iavé protexía a David por onde queira que ía.

⁷Tomou David os escudos de ouro que pertencían ós soldados de Hadadézer e levounos a Xerusalén.

⁸Tamén se apoderou dunha gran cantidade de bronce en Tibhat e Cun, cidades de Hadadézer. Con el fixo máis tarde Salomón o Mar de Bronce, as columnas e os utensilios de bronce.

⁹Soubo Tou, rei de Habat, que David derrotara o exército de Hadadézer, rei de Sobah.

¹⁰Entón mandoulle o seu fillo Doram a saudar e felicita-lo rei David por atacar e vencer a Hadadézer, pois Tou estaba en loita con Hadadézer.

¹¹Mandoulle tamén toda sorte de copas de ouro, prata e bronce, que o rei David consagrou a Iavé, xunto co ouro e a prata que tomara a tódalas nacións: a Edom, a Moab, ós amonitas, ós filisteos e a Amalec.

¹²Abixaí, fillo de Seruiah, venceu a dezaoito mil edomitas no val do Sal, ¹³puxo tropas en Edom para que Edom ficase suxeito a David. Iavé protexía a David por onde queira que fose.

¹⁴David reinou sobre Israel todo, facendo dereito e xustiza a todo o pobo.

17, 13 Vese aquí a estreita relación do mesianismo coa dinastía davídica. O cronista omite 2 Sam **7,** 14.
17, 21 Texto escuro. A versión é conxectural.
18 Con este c. comeza a parte adicada ás victorias de David (cc. **18-20**). Nel quérese mostra-la protección de Deus sobre o seu elixido. O texto base é 2 Sam **8,** 1-18.
18, 2 Importante omisión do cronista respecto a 2 Sam **8,** 2.
18, 12 En 2 Sam **8,** 13 a morte dos oito mil homes —aquí dezaoito mil— atribúese a David.

¹⁵Ioab, fillo de Seruiah, era xefe do exército; Ioxafat, fillo de Ahilud, era o cronista, ¹⁶Sadoc, fillo de Ahitub, e Abimélec, fillo de Abiatar, eran sumos sacerdotes; Seraías era secretario; ¹⁷Benaías, fillo de Iehoiadá, era xefe dos ceretoes e peleteos; e os fillos de David eran os primeiros ó lado do rei.

Victoria sobre os amonitas

19 ¹Despois disto morreu Nahax, rei dos fillos de Amón, e sucedeulle no trono o seu fillo.
²David dixo: —"Amostrareille a miña bondade a Hanún, fillo de Nahax, pois seu pai mostrouse benévolo comigo". E envioulle unha embaixada para consolalo pola morte de seu pai. Pero cando os enviados de David chegaron á terra dos fillos de Amón e se presentaron a Hanún para consolalo, ³os xefes dos fillos de Amón dixeron a Hanún: —"¿Coidas que David che dá o pésame para honra-la memoria de teu pai? ¿Non será máis ben que viñeron para recoñece-la cidade e explora-la terra para prepara-la desfeita do país?"
⁴Entón, Hanún, apresando os servos de David, rapounos e cortóulle-los vestidos polo medio ata as nádegas, e logo despachounos.
⁵Fóronse eles, e David, que soubo o que lles sucedera ós seus homes, mandou xentes que lles saísen ó camiño, pois se atopaban en gran confusión. Dixéronlles: —"Ficade en Iericó ata que vos medre a barba, e logo volvede".
⁶Os fillos de Amón viron que se fixeran odiosos a David, e Hanún e os fillos de Amón mandaron mil talentos de prata para contrata-los carros e os cabaleiros de Mesopotamia, de Macah e de Sobah.
⁷Tomaron a soldo trinta e dous mil carros e ó rei de Macah e ó seu pobo, que viñeron acampar diante de Medebá.
⁸Ó recibir David estas novas, mandou contra eles a Ioab e a todo o exército, todos eles homes valentes.
⁹Os fillos de Amón saíron e ordenáronse en batalla á entrada da cidade; os reis que viñeron para axudalos tomaron posición á parte no campo.
¹⁰Ioab, vendo que tiña contra quen combater de fronte e polas costas, escolleu entre os máis valentes do exército de Israel un corpo para marchar contra os sirios, ¹¹e o resto do exército púxoo ás ordes de seu irmán Abixaí para facer fronte ós fillos de Amón, ¹²dicíndolle: —"Se os sirios son máis fortes ca min, acudirasme ti; se os fillos de Amón son máis fortes ca ti, irei eu na túa axuda. ¹³Esfórzate e loitemos polo noso pobo e polas cidades do noso Deus, e faga Iavé o que mellor lle pareza".
¹⁴Avanzou Ioab cos seus para atacaren ós sirios, que fuxiron ante el, ¹⁵e os fillos de Amón, cando viron que os sirios fuxiran, puxéronse tamén en fuga diante de Abixaí, irmán de Ioab, e encerráronse na cidade. Ioab voltou a Xerusalén.
¹⁶Vendo os sirios que foran derrotados por Israel, mandaron busca-los sirios do outro lado do Éufrates, que viñeron ó mando de Xofac, xefe do exército de Hadadézer. ¹⁷Sóuboo David e reuniu a todo Israel, e, pasando o Xordán, marchou contra eles, alcanzounos e preparouse a atacalos. ¹⁸Os sirios, despois de se bateren con el, fuxiron diante de Israel, e David matoulles sete mil homes de carros e corenta mil soldados de a pé. Matou tamén a Xofac, xefe do exército. ¹⁹Os homes de Hadadézer, véndose derrotados por Israel, fixeron as paces con David e sometéronselle. Non voltaron máis os sirios a socorrer ós fillos de Amón.

Ioab toma Rabah

20 ¹Ó cabo dun ano, polo tempo no que os reis acostuman saír á guerra, Ioab, ó mando dun gran exército, arrasou o país dos amonitas e cercou Rabah. Mentres David seguía en Xerusalén, Ioab conquistaba e arrasaba Rabah.
²David quitou a coroa da cabeza de Milcom. Pesaba un talento de ouro e tiña unha pedra preciosa que pasou á coroa de David. Saqueou a cidade e levou dela un gran botín.
³Tamén sacou dela os habitantes e púxoos a serrar e a traballar coas grades e as fouces. O mesmo fixo con tódalas cidades dos fillos de Amón. Voltou logo David con todo o pobo a Xerusalén.
⁴Despois disto tivo unha batalla en Guézer contra os filisteos. Foi entón cando Sibcai, husita, matou a Sipai, un dos descendentes de Rafá. Os filisteos quedaron sometidos.

19, 7 Por motivos xeográficos, uns len Medebá e outros prefiren Marabbah.
20 Aquí atopámo-la omisión máis famosa do cronista en relación con 2 Sam 11, 1: o adulterio e homicidio de David. Desdiría da figura de David, un fiel servidor de Deus: por iso o autor non ten reparo ningún en omitir todo o feito.

⁵Tamén houbo outra batalla cos filisteos, na que Elhanán, fillo de Iair, matou a un irmán de Goliat, Lahmí, de Gat, que levaba unha lanza coa punta coma unha agulla de tecedeira.
⁶Houbo unha batalla máis en Gat, na que se atopou un xigante con seis dedos en cada man e cada pé, vintecatro en total, e que procedía tamén da raza dos de Rafá.
⁷Retou a Israel, e Ionatán, fillo de Ximí, irmán de David, matouno.
⁸Estes homes eran fillos de Rafá, de Gat, e pereceron a mans de David e dos seus servos.

O censo do pobo

21 ¹Alzouse Satán contra Israel e incitou a David a face-lo censo de Israel. ²David dixo a Ioab e ós xefes do pobo: —"Ide face-lo censo de Israel, desde Beerxeba ata Dan, e traédemo para que eu saiba o seu número". ³Ioab respondeu a David: —"Oxalá fixera Iavé cen veces máis numeroso o seu pobo. Pero non, señor, ¿non son todos servidores teus? ¿Para que pide isto o meu señor? ¿Para que facer unha cousa que será vista como pecado de Israel?". ⁴O rei persistiu na orde que lle dera a Ioab, e Ioab partiu e percorreu todo Israel. ⁵Cando voltou a Xerusalén, Ioab entregou a David o número do censo do pobo. Había en todo Israel un millón cen mil homes en condicións de levar armas, e en Xudá catrocentos setenta mil bos. ⁶Entre eles non fixo o censo de Leví e Benxamín, porque Ioab aborrecía a orde do rei. ⁷A orde desagradou a Deus e castigou a Israel.
⁸Entón dixo David a Deus: —"Cometín nisto un gran pecado. Pídoche que perdóe-la iniquidade do teu servo, pois obrei coma un insensato".
⁹Iavé falou así a Gad, o vidente de David: ¹⁰—"Vai e dille a David: así fala Iavé: tres pragas che propoño para que elixas unha coa que ferirte". ¹¹Gad viu a David e díxolle: —"Así fala Iavé: escolle para ti: ¹²tres anos de fame ou tres meses de derrota ante os teus inimigos, dándoche alcance a espada dos teus adversarios, ou tres días nos que a espada de Iavé e a peste estarán sobre o país, mentres o anxo de Iavé levará a destrucción a todo o territorio de Israel. Dime, pois, o que teño que responder ó que me envía". ¹³David respondeu a Gad: —"Véxome nun bo apuro, mais caia eu nas mans do Señor, que é grande en misericordia, e non caia nas mans dos homes".

¹⁴Mandou Iavé a peste sobre Israel e caeron setenta mil israelitas. ¹⁵Deus mandou un anxo a Xerusalén para destruíla, e cando xa a estaba destruíndo, mirou o Señor e arrepentiuse daquel mal, e díxolle ó anxo destructor: —"Abonda, retira xa a túa man". O anxo de Iavé estaba onda a eira de Ornán o iebuseo. ¹⁶David alzou os ollos e viu o anxo de Iavé entre a terra e o ceo, tendo na súa man a espada desenvaiñada, volta contra Xerusalén. Entón David e os anciáns, vestidos de saco, caeron sobre os seus rostros. ¹⁷David dixo a Deus: —"¿Non fun eu quen mandou face-lo censo do pobo? Fun eu quen pecou e fixo o mal; pero estas ovellas, ¿que fixeron? ¡Iavé, meu Deus!, carga a túa man sobre min e sobre a casa de meu pai e non haxa praga no teu pobo". ¹⁸O anxo de Iavé dixo a Gad que falase a David para que subise a levantar un altar na eira de Ornán, o iebuseo, ¹⁹e subiu David, cumprindo a orde que Gad lle dera no nome do Señor. ²⁰Ornán, que estaba mallando no millo, voltouse e viu o anxo e escondeuse cos seus catro fillos.
²¹Cando chegou David cerca de Ornán, mirou Ornán e viu a David, e saíndo da eira, postrouse ante David co rostro en terra. ²²David dixo a Ornán: —"Déixame o terreo da eira para que levante un altar a Iavé; pagareicho polo xusto prezo, para que se retire a praga sobre o pobo". ²³Ornán respondeu a David: —"Tómaa, e que o meu señor, o rei, faga nela o que lle pareza ben; mira, douche os bois para o holocausto, os mallos para a

---

21 O c. 21 abre a última sección do libro (cc. **21-29**), de capital importancia para o cronista, xa que nela se narra a elección do lugar que máis tarde ocupará o templo (c. **21**), así como todo o relativo á súa edificación (c. **22**) e organización (cc. **23-27**). Importante tamén porque David, coma novo Moisés, proclama rei a seu fillo Salomón, para que leve a feliz término dita empresa (cc. **28-29**). A fonte inmediata do c. **21** é 2 Sam **24**, 1-25.
21, 1 O cronista pon en Satán a orixe do mal desexo de David, non na "ira de Deus", como fai 2 Sam **24**, 1. O termo "Satán" significa literalmente adversario (cf Xob **1-2** e Zac **3**, 1) e o seu uso aquí é importante para o estudio da orixe do mal no A.T. A ausencia do artigo indica que se trata dun ser concreto cunha finalidade tamén concreta: insinuar a David que faga o censo.
21, 15 É un intermediario entre o ceo e a terra. É un anxo exterminador que recorda o do Ex **13**, 23 e o de 2 Re **19**, 35, pero que aquí executa a sentencia contra Israel. O anxo encóntrase situado na eira de Ornán, onde máis tarde se levantará o templo que, coma o anxo, tamén terá a misión de mediar entre Deus e o home.
21, 17 O cronista acentúa a humildade e o arrepentimento de David, de modo que aínda no pecado, apareza como servo fiel do Señor.
21, 21-25 Cf Xén **23**; Rut **4**.

leña e o trigo para a ofrenda. Doucho todo". ²⁴Pero o rei dixo a Ornán: —"Non. Quero comprarcha polo seu valor en prata, pois non vou eu presentarlle ó Señor o que é teu, nin ofrecerlle un holocausto que non me custa nada". ²⁵Deu David a Ornán seiscentos siclos de ouro polo lugar, ²⁶edificou alí un altar a Iavé e ofreceulle holocaustos e sacrificios de comuñón. Invocou a Iavé, e o Señor respondeulle co lume que do ceo descendeu sobre o altar do holocausto. ²⁷Entón falou Iavé ó anxo, que volveu a espada ó seu sitio.

²⁸Vendo David que o Señor o escoitara na eira de Ornán, o iebuseo, sacrificaba alí, ²⁹pois o tabernáculo de Iavé, que Moisés fixera no deserto, e o altar dos holocaustos estaban entón á altura de Gabaón. ³⁰Pero David non puidera ir ante el para consultar a Deus, porque a espada do anxo de Iavé o encheu de medo.

22 ¹E dixo David: —"Esta será a casa de Iavé Deus e aquí estará o altar dos holocaustos para Israel".

Preparativos para a construcción do templo

²Mandou David que se reunisen tódolos estranxeiros que había na terra de Israel, e encargou ós canteiros que fosen preparando pedras labradas para a construcción do templo de Deus. ³Preparou tamén ferro abondo para face-los cravos e xuntas das portas, bronce en grandes cantidades, ⁴e moita madeira de cedro, pois os sidonios e os tirios trouxeron abonda madeira de cedro para David. ⁵David dicía para si: —"O meu fillo Salomón é aínda novo e inexperto, e o templo que se ten que edificar para o Señor ten que ser, pola grandeza, pola magnificencia e pola beleza, coñecido en toda a terra; por iso quero face-los preparativos", e fíxoos abondos antes da súa morte. ⁶David chamou a Salomón, seu fillo, e deulle orde de edificar unha casa ó Señor, Deus de Israel. ⁷Díxolle: —"Meu fillo, eu tiña o propósito de edificar un templo no nome de Iavé, meu Deus; ⁸pero o Señor díxome: Ti derramaches moito sangue e fixeches grandes guerras. Non serás ti quen edifique un templo no meu nome, porque derramaches ante min moito sangue sobre a terra. ⁹Velaí que che nacerá un fillo, que será home de paz e a quen eu darei paz, librándoo de tódolos seus inimigos do arredor. O seu nome será Salomón, nos seus días eu concederei paz e tranquilidade a Israel. ¹⁰El edificará un templo ó meu nome. Será para min un fillo e eu serei para el un pai, e afirmarei sempre o trono do seu reino en Israel. ¹¹Agora, pois, meu fillo, que o Señor sexa contigo, para que prosperes e edifique-lo templo de Iavé, teu Deus, como el de ti declarou. ¹²Queira darche o Señor a sabedoría e a intelixencia para reinar sobre Israel na observancia da lei de Iavé o teu Deus. ¹³Se coidas de poñeres por obra os mandamentos e preceptos que o Señor lle mandou a Moisés para Israel, prosperarás. Esfórzate, logo, ten ánimos e non temas nin desmaies. ¹⁴Eu cos meus esforzos reunín para o templo do Señor cen mil talentos de ouro, un millón de talentos de prata e unha grande cantidade de bronce e ferro. Dispuxen tamén madeira e pedra que ti acrecentarás. ¹⁵Tes á man moitos obreiros, canteiros, carpinteiros e homes sabidos en toda clase de obras. ¹⁶O ouro, a prata, o bronce e o ferro son de máis. Érguete, pois: comeza coa obra, e que o Señor sexa contigo".

¹⁷Mandou tamén David a tódolos príncipes de Israel que prestasen a súa axuda a Salomón, seu fillo. ¹⁸—"¿Non está convosco Iavé, o voso Deus, e non nos deu El paz en todas partes? El puxo nas miñas mans os moradores da terra, e a terra está sometida ante Iavé e diante do seu pobo. ¹⁹Poñede, pois, todo o voso corazón e o voso ánimo en busca-lo Señor, o voso Deus; erguédevos e edificade o santuario de Iavé Deus, para trae-la arca da alianza do Señor e os seus utensilios consagrados a Deus ó templo edificado no nome de Iavé".

Organización dos levitas

23 ¹Vello xa David e colmado de días, fixo a Salomón, seu fillo, rei de Israel. ²Reuniu a tódolos príncipes de Israel, ós sacerdotes e ós levitas. ³Fíxose o censo dos levitas de máis de trinta anos, e o seu número, contado un a un, foi de trinta e oito mil.

21, 26 Cf 1 Re **18**. O lume consagra o altar.
21, 29-30 Deus lexitima a elección do templo.
22, 1 O v é altamente polémico e recorda Xén **28**, 17. David rexeita calquera outro lugar para o culto que non sexa Xerusalén. Na mente do cronista o texto vai dirixido ós samaritanos, que dan culto ó Señor no Garizim.
22, 8 *Sangue*. En tempos do cronista o derramamento de sangue imposibilitaba a calquera para o culto. Por iso David non pode construí-lo templo. A prescrición é serodia, propia dos círculos sacerdotais (cf Xén **9**, 4; Lev **1**, 5).
22, 13 O estilo é deuteronómico: Cf Dt **4**, 5.8.14; **11**, 32; **26**, 16.
23 A organización do culto, tal como nos vén descrita nestes cc. (**23-27**), é a do tempo do autor, anque el lla atribúe a David. Con isto o cronista quere deixar ben claro que o culto celebrado na súa época é o culto lexítimo, xa que é a expresión da vontade de Deus revelada a David.
23, 1 O autor, resumindo 1 Re **1**, 1-21, non menciona a loita entre Adonías e Salomón para herda-lo reino.
23, 3 O censo está en harmonía con Núm **4**, 3.23.30: por iso non contradí todo o lido no c. **21**.

⁴Deles vintecatro mil dirixían as obras do templo de Iavé, e seis mil eran inspectores e xuíces; ⁵catro mil, porteiros; e catro mil adicados a louva-lo Señor con aparellos feitos para iso por David. ⁶David distribuíunos en orde segundo os fillos de Leví, Guerxom, Quehat e Merarí. ⁷Fillos de Guerxom: Ladán e Ximí. ⁸Fillos de Ladán: Iehiel, o primeiro; Zetam e Ioel; en total, tres. ⁹Fillos de Ximí: Xelomit, Haziel e Harán, tres en total. Estes son os xefes das familias de Ladán. ¹⁰Fillos de Ximí: Iaxat, Zizá, Ieús e Beriá, en total catro. ¹¹Estes catro son os fillos de Ximí. Iaxat era o primeiro e Zizá o segundo. Ieús e Beriá non tiveron moitos fillos e formaron no censo unha soa casa paterna. ¹²Fillos de Quehat: Amram, Ishar, Hebrón e Uziel, en total catro. ¹³Fillos de Amram: Aharón e Moisés. Aharón foi elixido para servir no santo dos santos, el e seus fillos perpetuamente, para ofrece-los perfumes ante Iavé, para face-lo seu ministerio e bendicir por sempre o seu nome. ¹⁴Os fillos de Moisés, home de Deus, foron contados na tribo de Leví. ¹⁵Os fillos de Moisés foron Guerxom e Eliézer. ¹⁶Xebuel foi o primoxénito de Guerxom. ¹⁷Fillos de Eliézer: o primoxénito de Eliézer foi Rehabías. Eliézer non tivo máis fillos, pero Rehabías tivo moitos. ¹⁸Fillos de Ishar: o primoxénito foi Xelomit. ¹⁹Fillos de Hebrón: Ierías, o primoxénito; Amarías, o segundo; Uziel, o terceiro, e Iecamam, o cuarto. ²⁰Fillos de Uziel: Miqueas, o primoxénito; Ixías, o segundo. ²¹Fillos de Merarí: Mahlí e Muxí. Fillos de Mahlí: Elazar e Quix. ²²Elazar morreu sen fillos, pero deixou fillas, e os fillos de Quix, seus irmáns, tomáronas por mulleres. ²³Fillos de Muxí: Mahlí, Éder e Ieremot, tres en total. ²⁴Estes son os fillos de Leví segundo as familias dos seus pais, cabeza das casas paternas, segundo o censo feito contando por cabezas. Estaban adicados ó ministerio do templo de Iavé desde os vinte anos cumpridos, ²⁵pois David dixo: —"O Señor, Deus de Israel, deu acougo ó seu pobo Israel e habitará por sempre en Xerusalén, ²⁶e os levitas non terán xa que transporta-lo tabernáculo e tódolos aparellos do seu servicio". ²⁷E así, conforme as derradeiras disposicións de David, fíxose o censo dos fillos de Leví desde os vinte anos en adiante.

²⁸Postos baixo as ordes dos fillos de Aharón, para o servicio do templo do Señor, tiñan ó seu coidado os adros e as cámaras, a limpeza de tódalas cousas santas e as obras do servicio do templo de Deus; ²⁹o pan da proposición, a flor da fariña para as ofrendas, as tortas de pan asmo, as filloas fritidas na tixola e as cocidas, e tódalas medidas de capacidade e lonxitude. ³⁰Tiñan que presentarse cada mañá e cada tarde para louvar e celebrar a Iavé ³¹e ofrecer continuamente os holocaustos ó Señor os sábados, os novilunios e as festas, segundo o número e os ritos prescritos. ³²Facían a garda da Tenda do Encontro ás ordes dos fillos de Aharón, seus irmáns, no servicio do templo do Señor.

Organización dos sacerdotes

24 ¹Ei-las clases dos fillos de Aharón. Fillos de Aharón: Nadab, Abihú, Elazar e Itamar. ²Nadab e Abihú morreron antes ca seu pai e non deixaron fillos. Elazar e Itamar cumpriron a función sacerdotal. ³David con Sadoc —dos fillos de Elazar—, e con Ahimélec —dos fillos de Itamar—, distribuíunos en quendas para o servicio. ⁴Houbo entre os fillos de Elazar máis xefes ca entre os fillos de Itamar, e fíxose esta división: os fillos de Elazar tiñan dezaseis xefes de casas paternas, e os fillos de Itamar, oito. ⁵Fíxose a distribución por sorte, uns cos outros, e foron xefes do santuario de Deus tanto os fillos de Elazar coma os fillos de Itamar.

⁶Semaías, fillo de Natanael, secretario da tribo de Leví, inscribiunos diante do rei e dos príncipes, diante de Sadoc, sacerdote, e de Ahimélec, fillo de Abiatar, e dos xefes de familias de sacerdotes e levitas, e íanse sacando por sorte dúas familias de Elazar e unha de Itamar. ⁷A primeira sorte tocou a Iehoiarib; a segunda a Iedaías; ⁸a terceira, a Harim; a cuarta, a Seorim; ⁹a quinta, a Malaquías; a sexta, a Miiamín; ¹⁰a sétima, a Hacós; a oitava a Abías; ¹¹a novena, a Iexúa; a décima, a Xecanías; ¹²a undécima, a Eliaxib; a duodécima, a Iaquim; ¹³a décimo terceira, a Hupah; a décimo cuarta, a Ixbaal; ¹⁴a déci-

---

23, 27 Este v parece fóra de contexto. Parece máis lóxico colocalo despois do v 24.
24 O cronista ofrécenos agora a lista dos xefes das vintecatro clases sacerdotais con notables desacordos respecto a 1 Cro 9, 10-12; Esd 2, 36; Neh 9, 1-8; 11, 10-14;

12,1-7.12-21.

24, 3 Exclúese da lista a Abiatar (cf 2 Sam 15, 24-31), por ser un falso con David (cf 1 Cro 27, 34).
24, 7 *Iehoiarib* é o antecesor dos Macabeos.

mo quinta, a Bilgah; a décimo sexta, a Imer; [15]a décimo sétima a Hezir; a décimo oitava, a Hapisés; [16]a décimo novena, a Petahías; a vixésima, a Ezequiel; [17]a vixésimo primeira, a Iaquín; a vixésimo segunda, a Gamul; [18]a vixésimo terceira, a Delaías; a vixésimo cuarta, a Maazías.

[19]Así foron distribuídas para o seu ministerio, para que entrasen na casa do Señor ás ordes de Aharón, conforme os mandatos que lles dera Iavé, Deus de Israel.

[20]Ei-los xefes das outras familias dos levitas: Xubael, dos fillos de Amram, e Iehdeías, dos fillos de Xubael. [21]Dos fillos de Rehabías, o xefe era Ixías. [22]Dos Isharitas, Xelomot; dos fillos de Xelomot, Iaxat. [23]O primoxénito dos descendentes de Hebrón foi Ierías; o segundo, Amarías; o terceiro, Iahziel; o cuarto, Iecamam. [24]Dos fillos de Uziel foi Miqueas; e dos fillos de Miqueas, Xamur. [25]Ixías era irmán de Miqueas, o xefe da familia de Ixías era Zacarías.

[26]Os fillos de Merarí foron: Mahlí e Muxí. Tamén era fillo seu Uzías, fillo seu Beno. [27]Os descendentes de Merarí, por parte de Uzías foron: Xoham, Zacur e Ibrí. [28]Por parte de Mahlí, Elazar, que non tivo fillos, e Quix. [29]Quix tivo un fillo chamado Ierahmel. [30]Os fillos de Muxí foron: Mahlí, Éder e Ierimot. Estes son os fillos de Leví segundo as súas familias. [31]Tamén eles, como os fillos de Aharón, foron sorteados, tanto as familias principais coma as máis pequenas, en presencia do rei David, de Sadoc, de Ahimélec e dos cabezas de familia sacerdotais e levíticos.

Organización dos cantores

25 [1]David e os fillos do exército separaron ós que de entre os fillos de Asaf, de Hemán e de Iedutún tiñan que face-lo oficio de profetas, con cítaras, harpas e címbalos. Esta é a relación dos homes encargados destes servicios. [2]Dos fillos de Asaf: Zacur, Xosé, Netanías e Asarélah, baixo a dirección de Asaf, que pola súa banda profetizaba baixo a dirección do rei. [3]De Iedutún: os seus fillos: Guedalías, Serí, Isaías, Ximí, Haxabías, Matitías, seis, baixo a dirección de seu pai, Iedutún, que profetizaba coa cítara para louvar e glorificar a Iavé. [4]De Hemán: seus fillos, Buquías, Matitías, Uziel, Xebuel, Ierimot, Ananías, Hananí, Eliatah, Guidalti, Romantiézer, Ioxbecásah, Maloti, Hotir e Mahaziot.

[5]Todos estes eran fillos de Hemán, vidente do rei, nas cousas de Deus, para exalta-lo seu poder. Deus dera a Hemán catorce fillos e tres fillas.

[6]Todos estes foron postos baixo a dirección dos seus pais para cantaren no templo de Iavé, tocando os címbalos, as harpas e os salterios. Cumprindo os ministerios da casa de Iavé, seguindo as instruccións do rei, de Asaf, Iedutún e Hemán. [7]O seu número, contando os seus irmáns, os que estaban instruídos no canto de Iavé —todos eles entendidos—, eran douscentos oitenta o oito.

[8]Foron sorteados en cada clase sen acepción de persoas, mozos e vellos, mestres e discípulos.

[9]O primeiro por sorte foi Xosé, da casa de Asaf; e o segundo, Guedalías, por el e polos seus fillos e irmáns, en número de doce; [10]o terceiro, Zacur e os seus fillos e irmáns, en número de doce; [11]o cuarto, Isrí, cos seus fillos e irmáns en número de doce; [12]o quinto Netanías, cos seus fillos e irmáns en número de doce; [13]o sexto, Buquías, cos seus fillos e irmáns, en número de doce; [14]o sétimo, Asarélah, cos seus fillos e irmáns en número de doce; [15]o oitavo, Isaías, cos seus fillos e irmáns, en número de doce; [16]o noveno, Matanías, cos seus fillos e irmáns en número de doce; [17]o décimo, Ximí, cos seus fillos e irmáns en número de doce; [18]o undécimo, Azarel, cos seus fillos e irmáns en número de doce; [19]o duodécimo, Axabías, cos seus fillos e irmáns en número de doce; [20]o décimo terceiro Xubael, cos seus fillos e seus irmáns, en número de doce. [21]o décimo cuarto, Matitías, cos seus fillos e seus irmáns en número de doce; [22]o décimo quinto, Ierimot, cos seus fillos e irmáns en número de

---

24, 19 O cronista está interesado en facer ver como o ministerio do templo ten os seus raigaños en Aharón.
24, 20-31 Esta lista atópase en contradicción con **23,** 12-24.
25 Este c. está estreitamente relacionado cos cc. **15-16**.
25, 1 O cronista recoñécelle ó canto unha valía profética. Isto fai pensar que no seu tempo os cantores ocupaban o lugar dos profetas cultuais no período preexílico.
25, 4 Segundo R. de Vaux, os nomes dos fillos de Hemán, todos xuntos, forman un fragmento de salmo: "Piedade de min, Iahveh (chananjah), piedade de min (chanani). Meu Deus és ti (eliatah). Alegrádevos (guiddalti) e exultade (weromanti ézer). Porque xacendo na miseria (josbeqasah) dixen (malloti): dá sinais claras na abundancia (hotir machaziot)".
25, 5 *Para exalta-lo seu poder:* lit. "o corno".
25, 8 *Mestre... discípulos.* Expresión semítica que, tocando os extremos, indica totalidade.

doce; ²³o décimo sexto, Ananías, cos seus fillos e irmáns en número de doce; ²⁴o décimo sétimo, Ioxbecásah, cos seus fillos e irmáns en número de doce; ²⁵o décimo oitavo, Hananí, cos seus fillos e irmáns en número de doce; ²⁶o décimo noveno, Maloti, cos seus fillos e irmáns en número de doce; ²⁷o vixésimo, Eliátah, cos seus fillos e irmáns en número de doce; ²⁸o vixésimo primeiro, Hotir, cos seus fillos e irmáns en número de doce; ²⁹o vixésimo segundo, Guidalti, cos seus fillos e irmáns en número de doce; ³⁰o vixésimo terceiro, Mahziot, cos seus fillos e irmáns en número de doce; ³¹o vixésimo cuarto, Romantiézer, cos seus fillos e irmáns en número de doce.

Distribución dos porteiros

26 ¹Tamén foron distribuídos os gardas das portas. Dos corahitas, Meselemías, fillo de Coré, descendente de Abiasaf.
²Fillo de Mexelemías: Zacarías, o primoxénito; Iediel, o segundo; Zebadías, o terceiro; Iatniel, o cuarto; ³Elam, o quinto; Iohanán, o sexto; Elioenai, o sétimo.
⁴Fillos de Obededom: Semaías, o primoxénito; Iozabad, o segundo; Ioah, o terceiro; Sacar, o cuarto; Natanael, o quinto; ⁵Amiel, o sexto; Isacar, o sétimo; Peuletai, o oitavo; pois Deus bendicira a Obededom.
⁶A Semaías, seu fillo, nacéronlle fillos que prevaleceron na casa de seu pai e eran homes fortes.
⁷Fillos de Semaías: Otní, Rafael, Obed, Elzabad, e seus irmáns, homes fortes, Elihú e Semaquías.
⁸Todos estes eran fillos de Obededom. Eles, seus fillos e seus irmáns, foron homes vigorosos e de moita forza para o servicio. En total eran sesenta e dous.
⁹Os fillos e os irmáns de Mexelemías, homes tamén fortes, eran dezaoito en total.
¹⁰Os fillos de Merarí foron: Hosah, que tivo por fillos a Ximrí, o xefe (feito xefe por seu pai a pesar de non se-lo primoxénito); ¹¹Hilquías, o segundo; Tebalías, o terceiro; Zacarías, o cuarto. Os fillos e os irmáns de Hosah eran trece en total.
¹²A este grupo de porteiros, ós xefes deles e a seus irmáns, foi encomendada a garda para o servicio de templo.

¹³Foron sorteados para cada porta, pequenos e grandes, segundo as súas casas paternas.
¹⁴Tocou por sorte a Xelemías o lado de oriente. Botouse a sorte para Zacarías, seu fillo, que era un prudente conselleiro, e tocoulle o lado do mediodía. ¹⁵A Obededom —e a seus fillos— tocoulle sur, onde tamén estaban as despensas.
¹⁶A Hosah tocoulle o lado de occidente, á parte de Xaléquet, que sae á rúa encostada. Estes corpos de garda correspondíanse uns cos outros.
¹⁷A porta de oriente estaba gardada por seis levitas, e a do norte por catro, que se renovaban tódolos días. Na porta de mediodía había tamén catro por día. Outros catro servían, de dous en dous, nas despensas.
¹⁸Onda o pórtico, a occidente, había catro na rúa e dous no pórtico.
¹⁹Deste modo foron distribuídos os porteiros, que eran todos fillos de Coré e de Merarí.

Outras funcións dos levitas

²⁰Os levitas, seus irmáns, tiñan ó seu cargo os tesouros do templo e os obxectos sagrados.
²¹Os fillos de Ladán, que por Ladán eran descendentes de Guerxom, tiñan ós guerxonitas por xefes das casas paternas de Ladán, guerxonita.
²²Os fillos de Iehielí, Zetan e Ioel, seu irmán, gardaban os tesouros do templo.
²³De entre os amramitas, iseharitas, hebronitas e uzielitas, ²⁴Xebuel, fillo de Guerxom, fillo de Moisés, era intendente do tesouro.
²⁵Os seus irmáns, descendentes de Eliézer, eran: Rehabías, Isaías, Ioram, Zicrí, Xelomit.
²⁶Este, Xelomit, e seus irmáns, gardaban os tesouros das cousas santas que foran consagradas polo rei David (cos xefes das casas paternas, os xefes de millares e de centenas, e cos xefes do exército), ²⁷que facían parte do botín de guerra e dos espolios para o templo.
²⁸Tamén gardaban todo o que fora consagrado por Samuel, o vidente; por Xaúl, fillo de Quix; por Abner, fillo de Ner; por Ioab, fillo de Seruiah. Tódalas cousas consagradas

---

26 Este c. completa o elenco do persoal do templo. Contén as listas e funcións dos porteiros. Deste xeito o cronista insiste sobre o carácter sacro de toda a vida.
26, 4 *Obededom:* cf 2 Sam **6**, 10-11.

26, 7 O servicio do templo é comparado co servicio militar (cf **24**, 4).
26, 12ss O autor non describe tanto o templo salomónico canto o de Zerubabel.

estaban baixo a custodia de Xelomit e de seus irmáns.

²⁹De entre os iseharitas, Ieconías e seus irmáns exercerón funcións alleas ó templo, como oficiais e xuíces de Israel.

³⁰De entre os hebronitas, Haxabías e seus irmáns, homes valentes (mil setecentos en total) gobernaban ós israelitas do lado de alá do Xordán, na súa parte occidental, tanto no tocante a Iavé, coma no que se refire ó servicio do rei.

³¹Polo que fai ós hebronitas, dos que era xefe Ierías, fixéronse, o ano corenta do reinado de David, investigacións segundo as súas xenealoxías e as súas casas paternas, e atopáronse entre eles homes valentes en Iazer de Galaad.

³²Seus irmáns, homes valentes, foron dous mil setecentas cabezas das casas patriarcais. E o rei David encargóulle-la administración dos rubenitas, gaditas e da media tribo de Menaxés para tódalas cousas de Deus e os asuntos do rei.

Os xefes do exército

27 ¹Os fillos de Israel, segundo o seu número: as cabezas de familia, os xefes e oficiais e os seus inspectores que estaban ó servicio do rei en todo o que atinxía ás divisións que entraban e saían de servicio cada mes, tódolos meses do ano, compuñan por cada división vintecatro mil homes.

²Ó mando da primeira división, a do primeiro mes, estaba Iaxobam, fillo de Zabdiel, con vintecatro mil homes.

³Era dos fillos de Peres, e mandaba a tódolos xefes da tropa do primeiro mes.

⁴Ó mando da división do segundo mes estaba Elazar, fillo de Dodai, ahohita, que tiña baixo el a Miclot, que mandaba unha parte desta tropa, era de vintecatro mil homes.

⁵O xefe da terceira división, a do terceiro mes, era Benaías, fillo de Iehoiadá, sacerdote. Tamén tiña ó seu mando vintecatro mil homes.

⁶Benaías era o máis valente dos trinta e superábaos a todos. Seu fillo, Amizabah, era un dos xefes da súa división.

⁷O cuarto xefe, para as tropas do cuarto mes, era Asahel, irmán de Ioab; e Zebadías, seu fillo, despois del. O número da súa tropa era de vintecatro mil.

⁸O quinto xefe, para o mes quinto, era Xamot, o zerahita, e a súa tropa era de vintecatro mil.

⁹O sexto, para o sexto mes, era Irá, fillo de Iquex, de Tecoa, e tiña na súa tropa vintecatro mil.

¹⁰O sétimo, para o sétimo mes, era Heles, de Pelón, da tribo de Efraím. A súa tropa era de vintecatro mil homes.

¹¹O oitavo, para o oitavo mes, era Sibcai, de Huxat, da liñaxe de Zarhí, que tiña baixo el vintecatro mil homes.

¹²O noveno, para o noveno mes, era Abiézer, de Anatot, dos fillos de Benxamín, que mandaba vintecatro mil homes.

¹³O décimo, para o décimo mes, era Mahrai, de Netofah, descendente de Zarhí. Tiña baixo si vintecatro mil homes.

¹⁴O undécimo, para o undécimo mes, era Benaías de Piratón, descendente de Efraím, con vintecatro mil homes.

¹⁵O duodécimo, para o duodécimo mes, era Heldai, de Netofah, descendente de Otoniel, e a súa sección era de vintecatro mil homes.

¹⁶Estes eran os xefes das doce tribos de Israel: na de Rubén, Eliézer, fillo de Zicrí; na de Simeón, Xefatías, fillo de Mascah, ¹⁷na de Leví, Haxabías, fillo de Quemuel; na de Aharón, Sadoc; ¹⁸na de Xudá Eliab, irmán de David; na de Isacar, Omrí, fillo de Micael; ¹⁹na de Zebulón, Ixmaías, fillo de Abdías; na de Naftalí, Ierimot, fillo de Azriel; ²⁰na de Efraím, Oseas, fillo de Azarías; ²¹na media tribo de Menaxés, Ioel, fillo de Pedaías; na outra media tribo de Menaxés, en Galaad, Idó, fillo de Zacarías; na de Benxamín, Iasiel, fillo de Abner; ²²na de Dan, Azarel, fillo de Ieroham. Estes eran os xefes das doce tribos de Israel.

²³David non quixo conta-los que estaban por debaixo dos vinte anos, porque Iavé lle dixera que multiplicaría a Israel coma as estrelas do ceo.

²⁴Ioab, fillo de Seruiah comezara a face-lo censo, pero non o acabou porque isto trou-

---

26, 29 Refírese ás funcións externas dos levitas sen que por iso ditas funcións fosen consideradas profanas (cf Ez 40, 17-31; 44, 1). A traducción é conxectural.

27 Este c. trata da organización militar e civil do reino de David. Aínda que non teñen relación directa con 24-26, o cronista fala aquí desta organización porque olla todo baixo unha óptica relixiosa e en función do templo. As cifras son esaxeradas, para demostra-la grandeza do reino davídico. As fontes máis próximas atopá-

molas en 2 Sam 23, 8-39.

27, 16-22 A lista de tribos presenta un carácter artificial. Faltan as de Gad e Axer e aparece Aharón facendo tribo á parte.

27, 23-24 Este v está en contradicción co c. 21. O censo aparece coma obra de Ioab; tal vez para explica-lo porqué, dáse unha lista parcial dos cantores. Algúns ven nestes vv unha glosa.

xo a ira de Iavé sobre Israel, e por iso o número dos que foran contados non está escrito nas crónicas de David.

²⁵Azmáret, fillo de Adieh, tiña ó seu cargo o tesouro do rei; Ionatán, fillo de Uzías, os almacéns do campo, das cidades, e das torres.

²⁶Ezrí, fillo de Quelub, gobernaba os obreiros do campo, que labraban as terras, ²⁷Ximí, de Ramah, estaba á fronte das viñas; Zabdí de Xefam, das adegas; ²⁸Baalhanán de Guéder das provisións de aceite e dos figueiredos da Xefelah. Ioax, dos depósitos de aceite; ²⁹Xitrai, de Xarón, do gando vacún que pacía en Xarón; Xafat, fillo de Adlai, do gando vacún que pacía nos vales. ³⁰Obil, ismaelita, estaba encargado dos camelos e Iehdías de Meronoh dos asnos; ³¹Iaziz, ahguerita, das ovellas. Todos estes eran intendentes da facenda de David.

³²Ionatán, tío de David, home de sentido e de saber, era conselleiro. El e Iehiel, fillo de Iacmoní, era maiordomo dos fillos do rei.

³³Ahitófel era conselleiro do rei; Huxai, arquita, era amigo do rei. ³⁴Ademáis de Ahitófel, eran conselleiros Iehoiadá, fillo de Benaías, e Abiatar. Ioab era o xefe supremo do exército do rei.

Disposicións de David para a edificación do templo

28 ¹David convocou en Xerusalén a tódolos xefes de Israel: ós xefes das tribos, ós xefes das divisións ó servicio do rei, ós xefes, xenerais e oficiais, ós intendentes da facenda e do gando do rei, a seus fillos, ós eunucos, ós heroes e a tódolos homes de valer.

²David, poñéndose en pé, dixo: —"Oídeme, meus irmáns e pobo meu: eu tiña o propósito de edificar un templo onde repousase a arca da alianza do Señor, unha casa que lle servise de tallo para os pés do noso Deus, e xa fixera preparativos para isto, ³pero Deus díxome: ti non edificarás casa ó meu Nome, porque es home de guerra e derramaches moito sangue.

⁴O Señor, Deus de Israel, elixiume de toda a casa de meu pai para que fose rei de Israel para sempre. De feito, escolleu a Xudá por caudillo, e da casa de Xudá, á familia de meu pai, e de entre os fillos de meu pai, compraceuse en min para facerme rei de todo Israel.

⁵De tódolos meus fillos, pois deume Iavé moitos, elixiu a Salomón para se sentar no trono do Señor en Israel.

⁶E díxome: Teu fillo Salomón edificará o meu templo e os meus adros, porque o elixín por fillo e serei para el un pai.

⁷Eu afirmarei o seu reino para sempre se el se esforza en cumpri-los meus mandamentos e os meus estatutos, coma os cumpre hoxe.

⁸Agora, pois, ante todo Israel, congregación de Iavé, ante o noso Señor, que nos oe, gardade e observade tódolos mandamentos do Señor, o noso Deus, para que teñades esta boa terra e a deixedes en herdade ós vosos fillos a perpetuidade.

⁹E ti, Salomón, meu fillo, coñece ó Deus de teu pai e sírveo con corazón perfecto e ánimo xeneroso; porque o Señor esculca os corazóns de todos e penetra tódolos pensamentos. Se ti o buscas, atoparalo, pero se o abandonas, refugarate para sempre.

¹⁰Mira que o Señor te elixiu para edificar un templo que sexa o seu santuario. Esfórzate e faino".

¹¹Entregou David ó seu fillo o trazado do pórtico e as súas dependencias e oficinas, das salas, das cámaras e do lugar para o propietario.

¹²Así mesmo, o trazado de canto el quería facer para os adrais do templo do Señor, para as cámaras de arredor, para os tesouros da casa de Iavé e para as cousas consagradas.

¹³Así mesmo, no tocante ás clases dos sacerdotes, dos levitas e do exercicio do servicio da casa de Iavé, como tamén de tódolos obxectos para ó servicio da casa de Iavé.

¹⁴No tocante ó ouro, o peso de ouro para cada un dos obxectos de cada clase de servicio; e tamén a prata, segundo o peso que co-

---

27, 25-31 Esta lista semella estar feita sobre o modelo de 2 Sam **8**, 16-17 e 1 Re **4**, 2-3.
27, 34 Abiatar tomou partido por Adonías, polo que foi substituído por Salomón (1 Sam **22**, 20-21). O cronista non o nomea coma sumo sacerdote por ollar en Sadoc o único garante do culto verdadeiro.
28 Este c. ten estreita relación co c. **29**. A man do cronista aparece clara ó esquece-las fraquezas de David e os embrollos da sucesión (cf 1 Re **1**, 1-11). O autor puido inspirarse en Ex **25-31.35-40**; 1 Re **8**; Ez **1**, 40-48. Unha vez máis aparece clara a perspectiva desde a que o cro-

nista escribe a historia de David: prepara-la construcción do templo; así como o ideal teocrático: só o Señor é rei.
28, 1 Aquí o autor empalma con **23**, 2.
28, 4 O rei, a pesar de ser chamado fillo de Deus, permanece coma un home, un máis do pobo. O estado é fundamentalmente teocrático (v 5).
28, 9 Léase á luz de Xer **7**, 26.
28, 11-19 Segundo as antigas crenzas, o templo terreo é imaxe do celestial, por iso só Deus pode dar ordes de como se ten que construír (vv 12.19; Ex **25**, 9).

rrespondía a cada un dos obxectos de cada clase de servicio; ¹⁵así mesmo, o peso dos candeeiros de ouro e as súas lámpadas de ouro, e para os candeeiros de prata, segundo o peso de cada candeeiro e das súas lámpadas, conforme ó servicio de cada candeeiro; ¹⁶o peso de ouro para as ringleiras de pan, para cada mesa, e a prata para as mesas de prata; ¹⁷ouro puro para os garfos, os caldeiros e as xerras; e así mesmo, o correspondente para as copas de ouro segundo o peso de cada copa, e para as copas de prata, segundo o peso de cada copa; ¹⁸para o altar do incenso, ouro depurado, segundo o peso; así mesmo, o modelo da carruaxe e dos querubíns que estenden as ás e cobren a Arca da alianza de Iavé. ¹⁹Todo isto, conforme ó que escribira Iavé da súa man para facer entender tódolos detalles do deseño.

²⁰E dixo David ó seu fillo Salomón: —"¡Se forte e ten valor! ¡Mans á obra! Non teñas medo, nin esmorezas, porque Iavé Deus, o meu Deus, está ó teu carón. Non te deixará só, nin te abandonará, ata que remates toda a obra para o servicio da casa de Iavé.

²¹Aí te-las clases dos sacerdotes e dos levitas para todo o servicio da casa de Deus; estarán á túa beira para cada clase de obra. Tódolos homes de boa vontade e destros para calquera clase de servicio, e os xefes do pobo enteiro, están ás túas ordes".

Donativos para o templo

29 ¹Despois dixo David a toda a asemblea: —"Só a Salomón, meu fillo, elixiu Deus; é novo e de pouca idade, en alma é grande, porque non se trata de levantar unha casiña, senón un templo para Iavé Deus. ²Eu, con todo o meu esforzo, preparei as cousas para o templo de Deus: ouro para os obxectos de ouro, prata para os de prata, bronce para os de bronce, ferro para os de ferro, madeira para os de madeira, pedras de ónix, pedras de engaste, xemas coloreadas, pedras para os mosaicos, todo tipo de pedras preciosas e alabastro en gran cantidade.

³E ademais coa devoción que sinto polo templo do Señor, gardo no meu tesouro particular ouro e prata, ademais do preparado para a casa do meu Deus: ⁴tres mil talentos de ouro de Ofir, e sete mil talentos de prata fina para recubri-las paredes da casa. ⁵Ouro para as cousas de ouro; prata para as cousas de prata, para tódalas obras de ourivería. ¿Quen máis quere facer ofrenda ó Señor?"

⁶Entón tódolos xefes das familias, os príncipes das tribos de Israel, os xefes, os oficiais e os intendentes da facenda real ofreceron voluntariamente as súas ofrendas, ⁷dando para a obra do templo cinco mil talentos de ouro e dez mil dáricos, dez mil talentos de prata, dezaoito mil talentos de bronce e cen mil talentos de ferro. ⁸E tódolos que tiñan pedras preciosas, déronas para o tesouro do Templo, entregándoas a Iehiel, guerxonita. ⁹Gozouse o pobo de ter contribuído voluntariamente coas súas ofrendas, porque con enteiro corazón llas facían ó Señor, e o rei David tivo grande alegría disto.

Oración de David

¹⁰David bendiciu ó Señor, con toda a asemblea, dicindo:

—"Bendito ti, ¡ouh Iavé, Deus de Israel!, noso pai de século en século. ¹¹Túa é, Señor, a maxestade, o poder, a gloria e a victoria; túa a honra, e teu todo canto hai na terra e nos ceos. Teu, ¡ouh Iavé!, é o reino; ti levántaste soberanamente sobre todo. ¹²Túas son as riquezas e a gloria, ti e-lo dono de todo. Na túa man está a forza e o poderío. É a túa man quen todo o engrandece. ¹³Por iso, Deus noso, nós confesamos e louvámo-lo teu glorioso nome. ¹⁴Porque ¿quen son eu e quen é o meu pobo para que poidamos facer estas ofrendas voluntarias? Todo vén de ti, e o que voluntariamente che ofrecemos de ti recibímolo. ¹⁵Somos ante ti estranxeiros e adventicios, coma foron os nosos pais. Son coma a sombra os nosos días sobre a terra, e non dan esperanza. ¹⁶¡Ouh Señor, noso Deus!, todos estes bens que para edifica-lo templo ó teu santo nome che ofrecemos, son teus, da túa man recibímolos. ¹⁷Eu sei, meu Deus, que ti espréita-lo corazón e que áma-la rectitude; por iso fíxenche tódalas miñas ofrendas voluntarias na rectitude do meu corazón, e vexo agora con ledicia que todo o teu pobo, que está aquí, che ofrece voluntariamente os seus dons. ¹⁸Iavé, Deus de Abraham, de Isaac e de Israel, de nosos pais, conserva para sempre no corazón do teu pobo esta vontade e estes pensamentos, e encamiña a ti o seu corazón. ¹⁹Dá así mesmo ó meu fillo Salomón un corazón perfecto para que garde tódolos teus mandamentos, as túas leis e os teus mandatos, e que

---

28, 20-21 A linguaxe é deuteronómica (cf Xos **1**, 9).
29, 10-19 A pregaria de David é moi fermosa. Nela exprésanse sentimentos tales como: acción de gracias, soberanía de Deus, brevidade da vida humana, confianza nas promesas de Deus.
29, 15 Cf Sal **39**, 13.

poña todos por obra, e que che edifique un templo para o que eu fixen preparativos".

²⁰Logo dixo David a toda a asemblea: —"Bendicide agora a Iavé, o voso Deus"; e toda a asemblea benciu ó Señor, Deus de seus pais, e, postrándose, oraron ante o Señor perante o rei. ²¹Sacrificaron víctimas a Iavé, e ó día seguinte ofreceron holocaustos ó Señor: mil xatos, mil carneiros, mil años coas súas libacións e moitos sacrificios por todo Israel; ²²comeron e beberon ante Iavé aquel día de gozo. Fixeron por segunda vez a investidura do reino de Salomón, fillo de David, e unxírono rei ante o Señor e Sadoc, o sacerdote. ²³Sentouse Salomón como rei no trono de Iavé, no sitio de David, seu pai; e prosperou, obedecéndolle todo Israel. ²⁴Tódolos xefes e os valentes e tódolos fillos do rei David prestaron homenaxe ó rei Salomón, ²⁵a quen Iavé engrandeceu en extremo ós ollos de todo Israel, dándolle un reinado glorioso, como ningún rei o tivo antes del en Israel.

Morte de David

²⁶Así reinou David, fillo de Ixaí, sobre todo Israel. ²⁷Reinou corenta anos sobre Israel, sete en Hebrón e trinta e tres en Xerusalén. ²⁸Morreu en boa vellez, colmado de días, de riquezas, de gloria. Sucedeulle Salomón, seu fillo.

²⁹Os feitos do rei David, os primeiros e os derradeiros, están escritos no libro de Samuel, vidente, e nas crónicas de Natán, profeta, e nas de Gad, vidente, ³⁰con todo o seu reinado, as súas fazañas e os sucesos do seu tempo que pasaron en Israel e nos reinos daquelas terras.

29, 26s De novo David aparece como rei de todo Israel, aínda que na realidade, segundo 2 Sam **5,** 5, en Hebrón só reinou sobre Xudá.

SEGUNDO LIBRO DAS CRÓNICAS

Visión de Salomón

1 ¹Salomón, fillo de David, afianzouse no seu reino; Iavé, o seu Deus, estaba con el e fíxoo extraordinariamente grande. ²Salomón falou con todo Israel, con xefes de millar e de cen, con xuíces e con tódolos xefes de Israel, cabezas das casas paternas. ³Despois Salomón foi con toda a asemblea ó alto de Gabaón, porque alí se atopaba a Tenda do Encontro de Deus, que Moisés, servo de Iavé, fixera no deserto. ⁴En canto á arca de Deus, David leváraa de Quiriat Iearim ó lugar preparado para ela, pois erguéralle unha tenda en Xerusalén. ⁵O altar de bronce que fixera Besalel, fillo de Urí, fillo de Hur, estaba tamén alí diante, na morada de Iavé. Foron, pois, Salomón e a asemblea consultalo. ⁶Subiu Salomón alí, ó altar de bronce que estaba ante Iavé, onda a Tenda do Encontro, e ofreceu sobre el mil holocaustos.

⁷Aquela noite aparecéuselle Deus a Salomón e díxolle: —"Pídeme o que queres que che dea". ⁸Salomón respondeu a Deus: —"Ti tiveches gran amor a meu pai David e a min fixéchesme rei no seu lugar. ⁹Agora, pois, ouh Iavé Deus, que se cumpra a promesa que fixeches a meu pai David, xa que ti me fixeches rei sobre un pobo numeroso coma o po da terra. ¹⁰Dáme, logo, agora, sabedoría e intelixencia, para que me saiba conducir ante este pobo teu, tan grande". ¹¹Respondeu Deus a Salomón: —"Xa que pensas isto no teu corazón, e non pediches riquezas, nin bens, nin gloria, nin a morte dos teus inimigos, nin tampouco pediches longa vida, senón que pediches para ti sabedoría e intelixencia para saber xulga-lo meu pobo, de quen te fixen rei, ¹²por iso sonche dadas a sabedoría e o entendemento, e ademais dareiche riquezas, bens e gloria como non as tiveron os reis que houbo antes de ti nin as terá ningún dos que veñan despois de ti".

¹³Salomón regresou a Xerusalén desde o alto de Gabaón, de diante da Tenda do Encontro, e reinou sobre Israel. ¹⁴Salomón reuniu carros e cabalos e tivo mil catrocentos carros e doce mil cabalos que levou ás cidades dos carros e onda o rei de Xerusalén. ¹⁵Fixo o rei que a prata e o ouro fosen tan abondosos en Xerusalén coma as pedras e os cedros, coma os sicómoros da Terra Baixa. ¹⁶Os cabalos de Salomón eran de Musur e de Cilicia; os mercaderes do rei adquiríanos en Cilicia ó contado. ¹⁷Traían de Exipto un carro por seiscentos siclos de prata e un cabalo por cento cincuenta. Traíanos tamén como intermediarios para tódolos reis dos hititas e tódolos reis de Aram.

¹⁸Decidiu, pois, Salomón, edificar unha casa ó nome de Iavé e un palacio para si.

Preparativos para edifica-lo templo

2 ¹Salomón sinalou setenta mil homes para transportar cargas, oitenta mil canteiros no monte e tres mil seiscentos capataces para eles.

²Salomón mandou a dicir a Hiram, rei de Tiro: —"Fai comigo como fixeches con meu pai David, remesándolle madeiras de cedro para que construíse un palacio en que habitar. ³Fágoche saber que vou edificar un templo ó Nome de Iavé, o meu Deus, para consagralo, para queimar ante el incenso aromático, para a ofrenda perpetua dos pans presentados, e para os holocaustos matutinos e vespertinos dos sábados, lúas novas e solemnidades do Señor, o noso Deus, como se fai sempre en Israel. ⁴O templo que vou edificar será grande, porque o noso Deus é maior ca tódolos deuses. ⁵Pero ¿quen será home a construírlle un templo, cando os ceos e os ceos dos ceos non o poden conter? ¿E quen son eu para edificarlle un templo aínda que estea destinado tan só a quei-

---

1 Os cc. **1-9** están todos eles adicados a Salomón que, como anteriormente David, aparece idealizado. Para escribi-la historia salomónica, o cronista sérvese, como fonte, de 1 Re **1-11**, trocando todo aquilo que non está de acordo coa súa teoloxía.
1, 1-3 A visita de Salomón a Gabaón é para o cronista unha peregrinaxe de estado, na que participan os xefes do pobo.
É importante a omisión que o noso autor fai do culto idolátrico practicado polo rei (cf 1 Re **3**, 3-4).
1, 4-6 O cronista explica o porqué do culto en Gabaón e, ó mesmo tempo, conecta o novo culto co de Moisés.
1, 7 Deus non fala con Salomón a través do soño (cf 1 Re **3**, 5-15), senón directamente. O paralelismo con Moisés salta á vista.
1, 12 O cronista suliña o don da sabedoría concedido a Salomón. A expresión principal deste don manifestarase na construcción do templo. Son importantes, a este respecto, as omisións que fai en relación con 1 Re **3**, 16 e **5**, 19.
2, 1 Diferencias numéricas e literarias en relación á fonte de 1 Re **5**, 29-30.
2, 3 Cf Ex **25** e **30**. O templo, en principio, era só o lugar dos sacrificios. Máis tarde será tamén "casa de oración".
2, 5 O cronista intenta salva-la trascendencia divina e a finalidade do templo; trala súa cortina habitaba Deus.

mar incenso na súa presencia? ⁶Manda, logo, un home destro en traballa-lo ouro, a prata, o bronce, o ferro, a púrpura escarlata, o carmesí, a púrpura violeta e que saiba gravar; estará cos expertos que teño comigo en Xerusalén e en Xudá, e que meu pai David xa preparara. ⁷Manda tamén madeira de cedro, de ciprés e sándalo de Líbano; pois ben sei que os teus servos saben tala-las árbores do Líbano. E os meus servos traballarán cos teus servos ⁸para prepararme madeira en abundancia, pois o templo que vou edificar ha ser grande e marabilloso. ⁹Darei para o sustento dos teus servos, os taladores das árbores, vinte mil cargas de trigo, vinte mil cargas de cebada, vinte mil medidas de viño e vinte mil medidas de aceite".

¹⁰Hiram, rei de Tiro, respondeu nunha carta que remesou ó rei Salomón: —"Polo amor que ten Iavé ó seu pobo fíxoche rei sobre eles" ¹¹E engadía Hiram: —"Bendito sexa Iavé, o Deus de Israel, facedor do ceo e terra, que deu ó rei David un fillo sabio, prudente e intelixente, que edificará un templo ó Señor, e un palacio real para si. ¹²Mándoche, pois, agora a Hiramabí, home hábil, dotado de intelixencia; ¹³é fillo dunha danita e seu pai é de Tiro. Sabe traballa-lo ouro, a prata, o bronce, o ferro, a pedra e a madeira, a púrpura escarlata, a púrpura violeta, o liño fino e o carmesí. Sabe tamén executar calquera obra que lle sexa proposta, traballará a unha cos teus artífices e os artífices do meu señor David, teu pai. ¹⁴Manda, pois, ós teus servos o trigo, a cebada, o aceite e o viño do que falou o meu señor, ¹⁵e polo nosa banda cortaremos do Líbano toda a madeira que che cumpra e levarémoscha en balsas, por mar, deica Iope, e logo ti mandarás que a suban a Xerusalén".

¹⁶Salomón fixo o censo de tódolos forasteiros residentes en Israel, tomando por modelo o censo que fixera seu pai David. E atopouse que eran cento cincuenta e tres mil seiscentos. Deles destinou setenta mil para o transporte de cargas, oitenta mil para as canteiras nas montañas e tres mil seiscentos como capataces para facer traballar á xente.

Construcción do Templo

3 ¹Comezou, pois, Salomón a edifica-lo templo de Iavé en Xerusalén, no monte Móriah, onde se manifestara Deus a seu pai David, no lugar onde David fixera os preparativos, na eira de Ornán o iebuseo. ²Deu comezo ás obras o segundo mes do cuarto ano do seu reinado. ³Este é o plano sobre o que Salomón edificou o templo de Deus: setenta cóbados de lonxitude, en cóbados de medida antiga, e vinte cóbados de anchura. ⁴O vestíbulo que estaba diante da nave do templo tiña unha lonxitude de vinte cóbados correspondente ó ancho do templo, e unha altura de cento vinte. Salomón recubriuno por dentro de ouro puro. ⁵Revestiu a sala grande de madeira de ciprés e recubriuna de ouro fino, facendo esculpir nela palmas e cadeíñas. ⁶Para adorna-lo templo revestiuno tamén de pedras preciosas; o ouro era ouro de Parvaím. ⁷Recubriu de ouro o templo, as trabes, os limiares, as súas paredes, e as súas portas, e esculpiu querubíns nas paredes.

⁸Construíu tamén a sala do Santo dos Santos, cunha lonxitude correspondente ó ancho do templo, que era de vinte cóbados. Revestiuno de ouro puro, que pesaba seiscentos talentos. ⁹Os cravos de ouro pesaban cincuenta siclos. Cubriu tamén de ouro as salas altas. ¹⁰No interior da sala do Santo dos Santos fixo dous querubíns, de obra esculpida, que revestiu de ouro. ¹¹As ás dos querubíns tiñan vinte cóbados de longo. Unha á era de cinco cóbados e tocaba a parede da sala; a outra á tiña tamén cinco cóbados e tocaba a á do outro querubín. ¹²A á do segundo querubín era de cinco cóbados e tocaba coa á do primeiro querubín. ¹³As ás despregadas destes querubíns medían vinte cóbados. Estaban de pé, e coas súas facianas voltas cara á sala.

¹⁴Fixo tamén o veo de púrpura violeta, púrpura escarlata, carmesí e liño fino no que fixo pór querubíns.

¹⁵Diante da sala fixo dúas columnas de trinta e cinco cóbados de alto. O capitel que as coroaba tiña cinco cóbados de alto. ¹⁶No *debir* fixo cadeíñas e colocounas sobre o remate das columnas; fixo tamén cen granadas que puxo nas cadeíñas. ¹⁷Ergueu as columnas diante da entrada, unha á dereita e outra á esquerda, e chamou á da dereita Iaquín e á da esquerda Boaz.

2, 6 As fontes desta noticia aparecen en 1 Re **5,** 27 e **9,** 22.
3 Este c. está unido tematicamente ó catro, xa que ámbolos dous describen a construcción do templo. A fonte común é 1 Re **7,** 1-12, anque aumentada, para dar maior esplendor ó templo.

3, 1 O *monte Móriah* aparece identificado polo cronista coa ira de Ornán e tradicionalmente co lugar do sacrificio de Isaac. Deste xeito hai continuidade, incluso xeográfica, entre o culto antigo e o templo xerosolimitano.
3, 14 *O veo:* alusión á tenda do Éxodo (cf Ex **26,** 31).

4 ¹Construíu tamén un altar de bronce de vinte cóbados de longo, vinte cóbados de ancho e dez cóbados de alto. ²Fixo o Mar de metal fundido de dez cóbados de extremo a extremo. Era enteiramente redondo e de cinco cóbados de alto. Un cordón de trinta cóbados medía o seu contorno. ³Debaixo do bordo había en todo o contorno como unhas figuras de bois, por cadanseu cóbado, colocadas en dúas ringleiras, fundidas nunha soa masa. ⁴Apoiábase sobre doce bois; tres mirando ó norte, tres mirando ó oeste, tres mirando ó sur e tres mirando ó leste. O Mar estaba sobre eles, coas súas partes traseiras de cara ó interior. ⁵O seu espesor era dun palmo; a súa beira coma a do cáliz da flor do lirio. Cabían nel tres mil medidas.
⁶Fixo dez pías para as ablucións e colocou cinco delas á dereita e cinco á esquerda para lavar nelas o que se ofrecía en holocausto. O Mar era para as ablucións dos sacerdotes. ⁷Fixo dez candelabros de ouro, segundo a forma prescrita, e colocounos na entrada, cinco á dereita e cinco á esquerda. ⁸Fixo dez mesas e colocounas no templo, cinco á dereita e cinco á esquerda. Fixo tamén sellas de ouro.
⁹Construíu tamén o adro dos sacerdotes e o adro grande coas súas portas, revestindo as portas de bronce. ¹⁰Colocou o Mar ó lado dereito, cara ó sueste. ¹¹Hiram fixo tamén as cinseiras, as pás da borralla e as sellas. Así concluíu Hiram a obra que lle encargara o rei Salomón para o templo. ¹²As dúas columnas cos seus capiteis e as molduras que coroaban as columnas, os dous trenzados para cubri-las dúas molduras dos capiteis que estaban sobre as columnas; ¹³as catrocentas granadas por cada trenzado; ¹⁴as dez basas sobre as que colocou as pías; ¹⁵o Mar coa doce bois debaixo del; ¹⁶as cinseiras, as pás e as sellas. Todos estes utensilios fíxoos Hiramabí para o rei Salomón, para o templo de Iavé, de bronce bruñido. ¹⁷O rei fíxoos fundir na veiga do Xordán, no mesmo chan, entre Succot e Seredah. ¹⁸Salomón fabricou todos estes utensilios en tan enorme cantidade que non puido calcula-lo peso do bronce.

¹⁹Salomón fixo tódolos obxectos destinados ó templo: o altar de ouro, as mesas para o pan da presencia, ²⁰os candelabros coas súas lámpadas de ouro fino, para que ardesen, segundo o rito, diante do santuario; ²¹os cálices, as lámpadas e as tenaces de ouro, de ouro purísimo; ²²e os coitelos, as sellas, os vasos e os cinseiros, de ouro puro. Eran tamén de ouro as portas interiores do templo, a entrada do santuario e as portas da nave.

Adicación do Templo

5 ¹Así foi concluída toda a obra que fixo Salomón para o templo do Señor.
Salomón fixo traer todo o consagrado por seu pai David: a prata, o ouro e tódolos obxectos, e púxoos nos tesouros do templo de Deus.
²Entón congregou Salomón en Xerusalén a tódolos anciáns de Israel e ós principais das casas paternas dos fillos de Israel, para facer subi-la arca da alianza de Iavé desde a cidade de David, que é Sión. ³Reuníronse onda o rei tódolos homes de Israel, na festa do mes sétimo. ⁴Cando chegaron tódolos anciáns de Israel, os levitas alzaron a arca; ⁵levaron a arca e a Tenda do Encontro e tódolos útiles do santuario que había na tenda. Fixérono os sacerdotes levitas. ⁶O rei Salomón, con toda a comunidade de Israel que se reunira ó arredor del, sacrificaron ante el ovellas e bois en número tan grande que non se puideron contar. ⁷Os sacerdotes levaron a arca da alianza do Señor ó seu lugar no santuario do templo, ó Santo dos Santos, baixo as ás dos querubíns. ⁸Pois os querubíns estendían as ás por riba do emprazamento da arca, cubrindo a arca e os varais por riba. ⁹Os varais eran tan longos que se vían as puntas desde o Santo, desde a parte anterior do santuario, pero non se vían desde fóra; e alí están ata o día de hoxe. ¹⁰Na arca non había cousa máis cás dúas táboas que Deus fixo pór nela no Horeb, cando Iavé concluíu a alianza cos israelitas trala súa saída de Exipto.
¹¹Cando os sacerdotes saíron do santuario (porque tódolos sacerdotes que estaban presentes se santificaron, sen gardar orde de

---

4 Coa excepción dos vv 2a. 3a e 6-9, os restantes son tomados de 1 Re **7**, 23-26. 38-51.
4, 1 Para describi-lo altar de bronce, o noso autor parece inspirarse en Ez **43**, 13-17.
4, 15 A esaxeración do cronista é grande (cento vinte mil litros), se temos presente 1 Re **7**, 24 (dous mil).
5 Os cc. **5-7**, falan da adicación do templo. O cronista sérvese de 1 Re **8**, 1-52. 62-66, introducindo consideracións propias sobre os levitas e cantores para harmoniza-las fontes coa praxe cultual do seu tempo.
5, 3 *Festa:* trátase da festa das Tendas.
5, 11-13 O cronista subliña a solemnidade do momento, describindo o culto de louvanza. O paralelismo desta liturxia coa do traslado da arca nos tempos de David é evidente.

clases), ¹²e tódolos levitas cantores, Asaf, Hemán e Iedutún, con seus fillos e irmáns, vestidos de liño fino, estaban de pé ó oriente do altar, tocando címbalos, salterios e cítaras, e con eles cento vinte sacerdotes que tocaban as trompetas, ¹³e os cantores louvando e celebrando a Iavé; erguendo a voz coas trompetas e cos címbalos e con outros instrumentos de música louvaban a Deus dicindo: —"porque é bo, porque é eterno o seu amor"; o templo encheuse dunha nube. ¹⁴E os sacerdotes non puideron continuar no servicio por causa da nube, porque a gloria de Iavé enchía o templo.

6 ¹Entón Salomón dixo: —"O Señor quere habitar nunha densa nube; ²e eu construínche un palacio, un sitio onde vivas para sempre".

³Logo volveuse para bota-la bendición a toda a asemblea de Israel, toda a asemblea de Israel estaba en pé, ⁴e dixo:

—"Bendito o Señor, Deus de Israel, que coa súa boca fixo unha promesa a meu pai, David, e coa súa man cumpriuna: ⁵Desde o día que saquei do país de Exipto ó meu pobo non elixín ningunha cidade das tribos de Israel para facerme un templo onde residise o meu Nome, e non elixín a ninguén para que fose caudillo do meu pobo, Israel, ⁶senón que elixín a Xerusalén para pór alí o meu nome e elixín a David para que estivese á fronte do meu pobo, Israel. ⁷Meu pai, David, pensou edificar un templo en honra do Señor, Deus de Israel, ⁸e o Señor díxolle: Ese proxecto que tes de construír un templo na miña honra, fas ben en telo; ⁹só que ti non construirás ese templo, senón que un fillo das túas entrañas será quen constrúa ese templo na miña honra. ¹⁰O Señor cumpriu a promesa que fixo; eu sucedín no trono de Israel a meu pai David, como prometeu o Señor, e construín este templo na honra do Señor, Deus de Israel. ¹¹E nel coloquei a arca onde se conserva a alianza que Iavé pactou cos fillos de Israel".

¹²Salomón, de pé diante do altar do Señor, na presencia de toda a asemblea de Israel, estendeu as súas mans. ¹³Salomón fixera un estrado de bronce de dous metros e medio de longo por dous e medio de ancho e un cincuenta de alto, e colocárao no medio do adro; subiu a el, e axeonllouse perante toda a asemblea de Israel, elevou as mans ó ceo ¹⁴e dixo:

—"Señor, Deus de Israel. Nin no ceo nin na terra hai deus ningún coma ti, fiel á alianza cos teus vasalos, se proceden de todo corazón de acordo contigo; ¹⁵a meu pai, David, teu servo, mantivécheslle a palabra da túa boca, prometíchelo e coa túa man cumpríchelo hoxe. ¹⁶Agora, pois, Señor, Deus de Israel, mantén en favor do teu servo, meu pai David, a promesa que lle fixeches: Non che faltará na miña presencia un descendente no trono de Israel, a condición de que teus fillos saiban comportarse, camiñando pola miña Lei como camiñaches ti. ¹⁷Agora, pois, Señor, Deus de Israel, confirma a promesa que fixeches ó teu servo David. ¹⁸Aínda que, ¿é posible que Deus habite cos homes na terra? Se non cabes no ceo nin no máis alto do ceo, ¡canto menos neste templo que che construín!

¹⁹Volve o teu rostro á oración e súplica do teu servo, Señor, meu Deus, escoita a oración e o clamor que che dirixe o teu servo. ²⁰Día e noite estean os teus ollos abertos para este templo, sobre o sitio onde quixeches que residise o teu Nome. ²¹¡Escoita a oración que o teu servo che dirixe neste sitio! Escoita as súplicas do teu servo e do teu pobo Israel, cando recen neste sitio; escoita ti desde a túa morada do ceo, escoita e perdoa.

²²Cando un peque contra outro, se se lle esixe xuramento e vén xurar ante o teu altar neste templo, ²³escoita ti desde o ceo e fai xustiza ós teus servos, condenando ó culpable, volvéndolle o seu merecido e absolvendo ó inocente, pagándolle segundo a súa inocencia.

²⁴Cando o teu pobo, Israel, sexa derrotado polo inimigo por pecar contra ti, se se converten e confesan o seu pecado, e rezan e suplican ante ti neste templo, ²⁵escoita ti desde o ceo e perdoa o pecado do teu pobo, Israel, e fainos volver á terra que lles deches a eles e a seus pais.

²⁶Cando, por teren pecado contra ti, se peche o ceo e non haxa chuvia, se rezan neste lugar, confesan o seu pecado e se arrepinten

---

5, 14 A *nube* manifesta de modo sensible a presencia de Deus (cf Ex **16**, 10; **19**, 16; **24**, 15-16). Deus toma posesión da súa casa.

6, 5-6 O cronista pasa por alto o santuario de Xiloh e o reinado de Xaúl, para subliña-la centralidade de Xerusalén. O *meu Nome*: é dicir, a miña persoa (cf Dt **12**, 15).

6, 14-39 Esta oración desenvolve os temas da alianza e a fidelidade, temas centrais na teoloxía do A.T.

Deus ningún (v 14): clara confesión do monoteísmo israelítico. O v 18 quere deixar clara a dimensión espiritual da relixión xudía. Non hai louvanza supersticiosa do templo.

cando ti os aflixes, ²⁷escoita ti desde o ceo e perdoa o pecado do teu servo, do teu pobo Israel, mostrándolle o bo camiño que deben seguir e manda a chuvia á terra que deches en herdanza ó teu pobo.

²⁸Cando no país haxa fame, peste, seca e alforra, lagostas e pulgóns; cando o inimigo peche o cerco nalgunha das súas cidades; en calquera calamidade ou enfermidade; ²⁹se un calquera, ou todo o teu pobo Israel, ante os remorsos e a dor, estende as mans cara a este templo e che dirixe oracións e súplicas, ³⁰escoita ti desde o ceo onde moras, perdoa e paga a cada un segundo a súa conducta, ti que coñéce-lo corazón humano; ³¹así respectarante e marcharán polas túas vereas mentres vivan na terra que lles deches a nosos pais.

³²Pero tamén ó estranxeiro que non pertence ó teu pobo Israel: cando veña dun país apartado, atraído pola túa grande fama, a túa man forte e o teu brazo estendido, cando veña rezar neste templo, ³³escóitao ti desde o ceo, onde moras, fai o que che pida, para que tódalas nacións do mundo coñezan a túa fama e te respecten coma o teu pobo Israel e saiban que o teu Nome foi invocado neste templo que construín.

³⁴Cando o teu pobo saia á campaña contra os seus inimigos polo camiño que lle sinales, se che rezan, voltos cara a esta cidade que elixiches e ó templo que construín na túa honra, ³⁵escoita ti desde o ceo a súa oración e súplica e failles xustiza.

³⁶Cando pequen contra ti —porque ninguén está libre de pecado— e ti, irritado con eles, os entregues ó inimigo, e os vencedores os desterren a un país remoto ou cercano; ³⁷se no país onde viven deportados reflexionan e se converten, e no país do seu desterro che suplican dicindo: Pecamos, faltamos, somos culpables; se no país do desterro a onde os deportaron ³⁸se converten a ti con todo o corazón e con toda a alma, e rezan voltos á terra que deches a seus pais, cara á cidade que elixiches e ó templo que construín na túa honra, ³⁹desde o ceo onde moras escoita ti a súa oración e súplica, failles xustiza e perdoa ó teu pobo os pecados cometidos contra ti. ⁴⁰Que os teus ollos, meu Deus, estean abertos e os teus oídos atentos ás súplicas que se fagan neste lugar.

⁴¹E agora, levántate, Señor, Deus, ven á túa mansión, ven coa arca do teu poder; que os teus sacerdotes, Señor Deus, se vistan de gala, que os teus fieis reborden de felicidade. ⁴²Señor Deus, non negues audiencia ó teu unxido; recorda a lealdade de David, o teu servo".

A gloria do Señor

7 ¹Cando Salomón terminou a súa oración, baixou lume do ceo, que devorou o holocausto e os sacrificios. ²Á gloria do Señor encheu o templo, e os sacerdotes non podían entrar nel porque a gloria do Señor enchía o templo. ³Os israelitas, ó veren que o lume e a gloria do Señor baixaban ó templo, postráronse rostro en terra sobre o pavimento e adoraron e deron gracias ó Señor, porque é bo, porque é eterna a súa misericordia.

Sacrificios

⁴O rei e todo o pobo ofreceron sacrificios ó Señor; ⁵o rei Salomón inmolou vintedous mil touros e cento vinte mil ovellas. Así dedicaron o templo de Deus o rei e todo o pobo. ⁶Os sacerdotes oficiaban de pé mentres os levitas cantaban ó Señor cos instrumentos que fixera o rei David para louvar e dar gracias ó Señor, porque é eterna a súa misericordia; os sacerdotes achábanse perante eles e tódolos israelitas mantíñanse de pé.

⁷Salomón consagrou o adro interior que hai diante do templo, ofrecendo alí os holocaustos e a graxa dos sacrificios da comuñón, pois no altar de bronce que fixo Salomón non cabían os holocaustos, a ofrenda e a graxa. ⁸Naquela ocasión Salomón celebrou durante sete días a festa; acudiu todo Israel, un xentío inmenso, desde o paso de Hamat ata o río de Exipto. ⁹Despois de festexa-la dedicación do altar durante sete días, o oitavo celebraron unha asemblea solemne e logo outros sete días de festa. ¹⁰O día vintetrés do mes sétimo Salomón despidiu a xente; marcharon ás súas casas alegres e contentos por

---

6, 32 Concepción universalista, moi de acordo con certas afirmacións mesiánicas (cf Is **56**, 6; **60**, 3-10 y Zac **8**, 20-22).

6, 41-42 Texto tomado, con algúns retoques, do Salmo **132**, 8-11.

Señor Deus: lit. "Iahveh-Deus": expresión repetida tres veces neste texto, e que só se encontra en Xén **2-3**.

7, 1-3 Estes vv repiten o dito en **5**, 13-14, e hai que velos relacionados con Ex **40** 34-38. En lugar da bendición de Salomón co pobo (cf 1 Re **8**, 54-61), o cronista fala do lume baixado do ceo (v 1) signo de que Deus acepta o sacrificio e santifica o templo (cf 1 Re **18**, 38).

7, 6 O cronista subliña de novo a importancia do culto, a música e o canto.

7, 9 A reunión do "oitavo día" é propia da tradición sacerdotal (cf Lev **23**, 36; Núm **29**, 35-38).

tódolos beneficios que o Señor fixera a David, a Salomón e ó seu pobo Israel.

Oráculo do Señor

[11]Salomón terminou o templo do Señor e o palacio real; todo canto desexara facer para o templo e o palacio saíulle perfectamente. [12]Aparecéuselle o Señor de noite e díxolle:
—"Escoitei a túa oración e elixo este lugar como templo para os sacrificios. [13]Cando eu peche o ceo e non haxa chuvia, cando ordene á lagosta que devore a terra, cando mande a peste contra o meu pobo, [14]se o meu pobo, que leva o meu Nome, se humilla, ora, me busca e abandona a súa mala conducta, eu escoitareino desde o ceo, perdoarei os seus pecados e sandarei a súa terra. [15]Manterei os ollos abertos e os oídos atentos ás súplicas que se fagan neste lugar. [16]Escollo e consagro este templo para que estea nel o meu Nome eternamente. O meu corazón e os meus ollos estarán sempre nel. [17]E en canto a ti, se procedes de acordo comigo coma teu pai David, facendo exactamente o que eu che mando e cumprindo os meus mandatos e decretos, [18]conservarei o teu trono real como pactei con teu pai, David: Non che faltará un descendente que goberne a Israel. [19]Pero se apostatades e descoidádes-los mandatos e preceptos que vos dei e ides dar culto a outros deuses e os adorades, [20]arrincareivos da terra que vos dei, rexeitarei o templo que consagrei ó meu Nome e convertereino no refrán e na burla de tódalas nacións. [21]E tódolos que pasen onda este templo que foi tan magnífico asombraranse, comentando: ¿Por que tratou o Señor de tal maneira a este país e a este pobo? [22]E diranlles: Porque abandonaron ó Señor, o Deus de seus pais, que os sacara de Exipto, e seguiron a outros deuses, adoráronos e déronlles culto; por iso botoulles encima esta catástrofe".

Noticias sobre Salomón

8 [1]Salomón construíu o templo do Señor e o palacio durante vinte anos. [2]Fortificou as cidades que lle dera Hiram e instalou nelas ós israelitas. [3]Logo Salomón dirixiuse contra Hamat de Sobah e apoderouse dela. [4]Fortificou Tamor, no deserto, e tódalas cidades de avituallamento que construíra en Hamat. [5]Converteu Bethorón de Arriba e Bethorón de Abaixo en prazas fortes, con murallas, portas e cerrollos. [6]O mesmo fixo con Balat, dos centros de avituallamento que tiña Salomón, as cidades con cuarteis de carros e cabalería, e canto quixo construír en Xerusalén, no Líbano e en tódalas terras do seu imperio.

[7]Salomón fixo unha leva de traballadores non israelitas entre os descendentes que quedaban aínda dos hititas, amorreos, perizitas, hivitas e iebuseos, [8]pobos que os israelitas non exterminaran. [9]Ós israelitas non lles impuxo traballos forzados, senón que o servían coma soldados, funcionarios, xefes e oficiais de carros e cabalería. [10]Os xefes e capataces que mandaban nos obreiros eran douscentos cincuenta.

[11]Á filla do faraón trasladouna da Cidade de David ó palacio que construíra, porque pensaba:—"O palacio de David, rei de Israel, quedou consagrado pola presencia da arca do Señor; a miña muller non pode vivir nel".

[12]Salomón ofrecía holocaustos ó Señor sobre o altar de Iavé, que construíra diante do adro. [13]Observaba o rito cotián dos holocaustos e as prescricións de Moisés referentes ós sábados, principios de mes e ás tres solemnidades anuais: a festa dos Ázimos, a das Semanas e a das Tendas. [14]Seguindo as prescricións do seu pai David, asignou ás clases sacerdotais os seus servicios; ós levitas, as súas funcións de cantar e oficiar na presencia dos sacerdotes, segundo o rito de cada día; e ós porteiros encargounos por grupos de cada unha das portas. Así o dispuxera David, o home de Deus. [15]Non se desviaron do que o rei lles mandara ós sacerdotes e ós levitas en cousa ningunha, nin sequera no referente ós almacéns. [16]Así levou a cabo toda a obra desde o día en que puxo os cimentos do templo do Señor ata a súa terminación.

7, 13-16 O oráculo divino pon de manifesto a dobre función do templo: lugar para ofrecer sacrificios e lugar de oración. Ambas funcións esixen o arrepentimento e a conversión.

7, 21-22 Estes vv están tomados á letra de 1 Re 9, 8-9 e inspirados en Dt 29, 23-24 e Xer 22, 8-9.

8 Este c., paralelo a 1 Re 9, 10-28, ten como finalidade mostrar que Deus está con Salomón.

8, 2 O texto do cronista aparece en contraste con 1 Re 9, 10-14. Tal vez se fixo o cambio para mostrar un Salomón maior ca calquera outro rei.

8, 3-4 Estes vv infórmannos da grande extensión do reino de Salomón. Tamor (v 4) corresponde con Palmira, en Siria.

8, 11 Con esta explicación —da colleita do cronista— o que se pretende é subliña-los atrancos dos matrimonios mixtos.

8, 12-16 Desenvolve 1 Re 9, 25, engadindo detalles cultuais, de acordo con Lev 23 e Núm 28-29.

¹⁷Salomón dirixiuse entón a Esion-Guéber e Elat, na costa de Edom. Por medio dos seus ministros, ¹⁸Hiram envioulle unha flota e mariñeiros expertos. Foron a Ofir cos escravos de Salomón e trouxeron de alí ó rei Salomón uns dezaseis mil quilos de ouro.

Visita da raíña de Sabá

9 ¹A raíña de Sabá oíu a fama de Salomón e foi desafialo con enigmas. Chegou a Xerusalén cunha grande caravana de camelos cargados de perfumes e ouro en grande cantidade e pedras preciosas. Entrou no palacio de Salomón e propúxolle todo o que pensaba. ²Salomón resolveu tódalas súas consultas; non houbo unha cuestión tan escura que Salomón non lla puidese resolver. ³Cando a raíña de Sabá viu a sabedoría de Salomón, a casa que construíra, ⁴os manxares da súa mesa, toda a corte sentada á mesa, os camareiros cos seus uniformes, servindo, os copeiros cos seus uniformes, os holocaustos que ofrecía no templo do Señor, quedou abraiada ⁵e dixo ó rei:

—"É verdade o que me contaron no meu país de ti e da túa sabedoría. ⁶Eu non quería crelo, pero agora que vin e o vexo cos meus propios ollos, resulta que non me dixeran nin a metade. En abundancia de sabedoría superas todo o que eu oíra. ⁷Feliz a túa xente, felices os cortesáns que están sempre na túa presencia aprendendo da túa sabedoría. ⁸¡Bendito sexa o Señor, teu Deus, que, polo amor con que quere conservar para sempre a Israel, te elixiu para te colocar no trono coma rei deles pola gracia do Señor, teu Deus, para que gobernes con xustiza!".

⁹A raíña regaloulle ó rei catro mil quilos de ouro, gran cantidade de perfumes e pedras preciosas; nunca houbo perfumes coma os que a raíña de Sabá regalou ó rei Salomón.

¹⁰Os vasalos de Hiram e os de Salomón, que transportaban o ouro de Ofir, trouxeron tamén madeira de sándalo e pedras preciosas. ¹¹Coa madeira de sándalo o rei fixo entarimados para o templo do Señor e o palacio real, e cítaras e harpas para os cantores. Nunca se vira madeira semellante na terra de Xudá.

¹²Pola súa parte, o rei Salomón regalou á raíña de Sabá todo o que a ela se lle antollou, superando o que ela mesma levara ó rei. Despois ela e o seu séquito emprenderon a viaxe de volta ó seu país.

Riqueza, sabedoría e comercio exterior

¹³O ouro que recibía Salomón ó ano eran vintetrés mil trescentos quilos, ¹⁴sen conta-lo proveniente de impostos ós comerciantes e ó tránsito de mercancías; e tódolos reis de Arabia e os gobernadores do país levaban ouro e prata a Salomón. ¹⁵O rei Salomón fixo douscentos escudos de ouro batido, gastando seis quilos e medio en cada un, ¹⁶e trescentas adargas de ouro batido, gastando medio quilo de ouro en cada unha; púxoas no salón chamado Bosque do Líbano. ¹⁷Fixo un gran trono de marfil, recuberto de ouro puro; ¹⁸tiña seis gradas, un año de ouro no respaldo, brazos a ambos lados do asento, ¹⁹e doce leóns de pé a ambos lados das gradas. Nunca se fixera cousa igual en reino ningún.

²⁰Toda a vaixela de Salomón era de ouro e tódalas alfaias do salón do Bosque do Líbano eran de ouro puro; nada de prata, que en tempos de Salomón non se lle daba importancia, ²¹porque o rei tiña unha flota que ía a Tárxix cos servos de Hiram, e cada tres anos volvían as naves de Tárxix, cargadas de ouro, prata, marfil, monos e pavos reais.

²²Na riqueza e sabedoría o rei Salomón superou a tódolos reis da terra. ²³Tódolos reis do mundo viñan visitalo, para aprender da sabedoría da que Deus o enchera. ²⁴E cada un traía cadanseu agasallo: vaixelas de prata e ouro, mantos, perfumes e aromas, cabalos e mulos. E así tódolos anos.

²⁵Salomón tiña nas súas cabalerizas catro mil cadras de tiro, carros e doce mil cabalos de montar. Instalounos nas cidades con cuarteis de carros e en Xerusalén, cerca do palacio. ²⁶Tiña poder sobre tódolos reis, desde o Éufrates ata a rexión filistea e a fronteira de Exipto. ²⁷Salomón conseguiu que en Xerusalén a prata fose tan corrente coma as pedras, e os cedros, coma os sicómoros de Xefelah. ²⁸Os cabalos de Salomón proviñan de Exipto e doutros países.

²⁹Para máis datos sobre Salomón, da punta ó cabo do seu reinado, véxase a Historia

---

9 O cronista inspírase en 1 Re **10**, 1-31, abandonando esta fonte ó falar da vellez nada exemplar de Salomón. A idea central do c. é o recoñecemento da grandeza de Salomón por parte dos reis veciños.
9, 8 O verdadeiro rei de Israel é Deus. Salomón éo en canto escolleito polo propio Iavé.

9, 29 *Natán* ten a súa importancia na vida de David (cf 1 Cro **17**, 1-15) e toma tamén parte na elección de Salomón (1 Re **1**, 11-12). Ó cronista interésalle subliña-las boas relacións de Salomón cos profetas.
Ahías profetizou no reinado de Ieroboam (1 Re **11**, 29-30).

do profeta Natán, a profecía de Ahías de Xiloh e as visións do vidente Idó a propósito de Ieroboam, fillo de Nabat. ³⁰Salomón reinou en Xerusalén sobre todo Israel corenta anos. ³¹Cando morreu enterrárono na Cidade de David, seu pai. Seu fillo Roboam sucedeuno no trono.

O cisma

10 ¹Roboam foi a Xequem porque todo Israel acudira alí para proclamalo rei. ²Cando o soubo Ieroboam, fillo de Nabat —que estaba en Exipto, a onde fora fuxindo do rei Salomón—, volveu de Exipto, ³porque o mandaran chamar. Ieroboam e todo Israel falaron a Roboam:
⁴—"Teu pai impúxonos un xugo pesado. Alixeira agora a dura servidume á que nos suxeitou teu pai e o xugo pesado que nos botou encima, e serviremoste".
⁵E díxolles:
—"Volvede dentro de tres días".
Eles fóronse, ⁶e o rei Roboam consultou os anciáns que estiveran ó servicio do seu pai, Salomón, mentres vivía:
—"¿Que me aconsellades que responda a esa xente?"
⁷Dixéronlle:
—"Se te portas ben con este pobo, condescendes con eles e lles respondes con boas palabras, serán servos teus de por vida".
⁸Pero el rexeitou o consello dos anciáns e consultou os mozos que se educaran con el e estaban ó seu servicio. ⁹Preguntoulles:
—"Esta xente pídeme que lles alixeire o xugo que lles botou encima meu pai. ¿Que me aconsellades que lles responda?"
¹⁰Os mozos que se educaran con el respondéronlle:
—"Así que esa xente che dixo: Teu pai impúxonos un xugo pesado, alixéiranolo. Pois ti dilles isto: O meu dedo meimiño é máis groso cá cintura do meu pai.
¹¹Se meu pai vos cargou cun xugo pesado, eu aumentaréivo-la carga: se meu pai vos castigou con azoutes, eu castigareivos coa tralla".

¹²Ó terceiro día, data sinalada polo rei, Ieroboam e todo o pobo foron ver a Roboam. ¹³O rei respondeulles asperamente, rexeitou o consello dos anciáns e ¹⁴faloulles seguindo o consello dos mozos:
—"Se meu pai vos impuxo un xugo pesado, eu aumentaréivolo;
se meu pai vos castigou con azoutes, eu fareino coa tralla".
¹⁵De maneira que o rei non fixo caso ó pobo, porque era unha ocasión buscada polo Señor para que se cumprise a palabra do Señor que Ahías, o de Xiloh, comunicou a Ieroboam, fillo de Nabat.
¹⁶Vendo os israelitas que o rei non lles facía caso, respondéronlle:
—"¿Que é o que repartimos nós con David? ¡Non fixemos partilla co fillo de Ixaí! ¡Ás túas tendas, Israel!
¡Agora, David, a coidar da túa casa!"
Os de Israel marcharon á casa, ¹⁷aínda que os israelitas que vivían nas poboacións de Xudá seguiron sometidos a Roboam. ¹⁸O rei Roboam enviou entón a Adoram, encargado das brigadas de traballadores, pero os israelitas emprendérona a pedradas con el ata matalo, mentres o rei montaba á présa na súa carroza para fuxir a Xerusalén.
¹⁹Así foi como se independizou Israel da casa de David, ata hoxe.

11 ¹Cando Roboam chegou a Xerusalén, mobilizou cento oitenta mil soldados de Xudá e Benxamín para loitar contra Israel e recupera-lo reino. ²Pero o Señor dirixiu a palabra ó profeta Semaías:
³—"Di a Roboam, fillo de Salomón, rei de Xudá, e a tódolos israelitas de Xudá e Benxamín: ⁴Así di o Señor: non vaiades loitar contra vosos irmáns; que cada un volva á súa casa, porque isto sucedeu por vontade miña".
Obedeceron ás palabras do Señor e desistiron da campaña contra Ieroboam.

Roboam de Xudá

⁵Roboam habitou en Xerusalén e construíu fortalezas en Xudá. ⁶Restaurou Belén,

---

10 Con este c. comeza a historia do reino de Xudá, que chega ata a parte terceira da obra do cronista (**10**, 36), desde a división do reino ata o edicto de Ciro. A man do cronista déixase sentir especialmente na omisión sistemática que fará de tódolos reis do norte e o silencio intencionado das infidelidades dos reis do sur.
No conxunto dos reis de Xudá, os máis "achegados" do cronista son Ioxafat, Ezequías e Ioxías, dos que salienta o celo e a fidelidade a Iavé.
Perante o home, o cronista demostra un certo optimismo. A pesar do seu pecado, o home é capaz de cumpri-la vontade de Deus. Os profetas xogan un papel importante nesta parte. Eles teñen como misión primeira pregoaren a necesidade de ter confianza en Deus. A súa presencia parece se-lo cumprimento da promesa de Dt **18**, 15-22.
10,1 *Xequem:* localidade sita no centro de Samaría, entre o Ebal e o Garizim, e que chegou a se-lo centro de xuntanzas das tribos do norte (cf Xos **24**).
10, 2 Cf 1 Re **11**, 26-40.
10, 18 *Adoram:* abreviación de Adoniram (1 Re **12**, 18).
11, 5-12 O cronista, falando do esforzo de Roboan para se defender de Exipto ou dos filisteos, deixa sentado o principio que aparecerá claro no c. seguinte de que ningún esforzo humano pode impedi-lo castigo divino.

Etam, Tecoa, ⁷Bet-Sur, Socó, Andulam, ⁸Gat, Marexarh, Zif, ⁹Adoraim, Láquix, Axecah. ¹⁰Sorah, Aiabón e Hebrón, fortalezas de Xudá e Benxamín, ¹¹equipou as fortalezas, puxo nelas comandantes e forneceunas de almacéns de víveres, aceite e viño. ¹²Tódalas cidades tiñan escudos e lanzas; estaban perfectamente armadas. Reinou en Xudá e Benxamín.

¹³Os sacerdotes e levitas de todo Israel acudían desde as súas terras para unirse a el; ¹⁴os levitas abandonaron os seus eidos e posesións para establecerse en Xudá e Xerusalén, porque Ieroboam e os seus fillos lles prohibiran exerce-lo sacerdocio do Señor, ¹⁵nomeando pola súa conta sacerdotes para as ermidas dos outeiros, para os sátiros e para os becerrros que fabricaran. ¹⁶Tras eles, israelitas de tódalas tribos desexosas de servi-lo Señor, Deus de Israel, foron a Xerusalén para ofreceren sacrificios ó Señor, Deus de seus pais. ¹⁷Consolidaron o reino de Xudá e fixeron forte a Roboam, fillo de Salomón, durante tres anos, tempo no que imitaron a conducta de David e Salomón.

¹⁸Roboam casou con Mahlat, filla de Ierimot, fillo de David e de Abigaíl, filla de Eliab, de Ixaí. ¹⁹Deulle varios fillos: Ieux, Xemarías e Zaham. ²⁰Despois casou con Macah, filla de Abxalom que lle deu a Abías, Atai, Zizá e Xelomit. ²¹Roboam quería a Macah máis do que a tódalas outras mulleres e concubinas; tivo dezaoito esposas e setenta concubinas e enxendrou vintecinco fillos e setenta fillas.

²²A Abías, fillo de Macah, púxoo ó mando de seus irmáns, escolléndoo como sucesor. ²³Repartiu prudentemente os seus fillos por todo o territorio de Xudá e Benxamín e por tódalas fortalezas, dándolles gran cantidade de víveres e procurándolles moitas mulleres.

12 ¹Pero cando Roboam consolidou o seu reino e se fixo forte, el e todo Israel abandonaron a Lei do Señor. ²Por se rebelar contra o Señor, o ano quinto do seu reinado, Xexac rei de Exipto ³atacou Xerusalén con mil douscentos carros, sesenta mil xinetes e unha multitude innumerable de libios, suquitas e cuxitas procedentes de Exipto. ⁴Conquistaron as fortalezas de Xudá e chegaron ata Xerusalén. ⁵Entón o profeta Semaías presentouse a Roboam e ás autoridades de Xudá, que se reuniran en Xerusalén por medo a Xexac, e díxolles:

—"Así di o Señor: vós abandonástesme; pois eu abandónovos agora nas mans de Xexac".

⁶As autoridades de Israel e o rei confesaron humildemente: —"O Señor leva razón".

⁷Cando o Señor viu que se humillaran, dirixiu a súa palabra a Semaías:

—"Foron humildes, non os aniquilarei. Salvareinos dentro de pouco e non derramarei a miña cólera sobre Xerusalén por medio de Xexac. ⁸Pero ficarán sometidos para que aprecen o que vai de servirme a min a servi-los reis da terra".

⁹Xexac, rei de Exipto, atacou Xerusalén e apoderouse dos tesouros do templo e do palacio; levou todo, mesmo os escudos de ouro que fixera Salomón. ¹⁰Para substituílos, o rei Roboam, fixo escudos de bronce e encomendóullelos ós xefes da escolta que vixiaban o acceso ó palacio; ¹¹cada vez que o rei ía ó templo, os da escolta collíanos e logo volvían deixalos no corpo de garda. ¹²Por se humillaren, o Señor apartou a súa cólera del e non o destruíu por completo. Tamén en Xudá houbo certo benestar.

¹³O rei Roboam reafirmouse en Xerusalén e seguiu reinando. Tiña corenta e un anos cando subiu ó trono e reinou dezasete en Xerusalén, a cidade que o Señor elixira como propiedade persoal entre tódalas tribos de Israel. A súa nai chamábase Namah e era amonita. ¹⁴Obrou mal porque non se dedicou de corazón a servi-lo Señor.

¹⁵Os feitos de Roboam, dos primeiros ós últimos, áchanse escritos na Historia do profeta Semaías e do vidente Idó. Houbo guerras continuas entre Roboam e Ieroboam. ¹⁶Cando morreu, enterrárono na cidade de David. Seu fillo Abías sucedeulle no trono.

Abías de Xudá

13 ¹Abías subiu ó trono de Xudá o ano dezaoito do reinado de Ieroboam. ²Reinou tres anos en Xerusalén. A súa nai chamábase Micaías, e era filla de Uriel, o de

---

11, 13-17 O relato puido ter como base 1 Re 12, 27a. O importante para o cronista é demostra-la fidelidade dos levitas a David e que o verdadeiro lugar de culto é Xerusalén.
12 O cronista depende neste c. de 1 Re 14, 25-28. A expedición de Xexac contra Xerusalén é presentada como un castigo de Deus á infidelidade do rei (v 1), tal como o confirma a lectura relixiosa que do acontecemento fai o profeta Semaías (vv 7-8).
12, 7 Os temas da humanidade e do perdón son moi importantes para o cronista (cf 7, 14; 12, 12; 33, 23; 34, 27).
13 O cronista describe o reino de *Abías*, e sérvese de 1 Re 15, 1-2. 7-8. Tamén aquí pasa por alto a idolatría do rei.
13, 1 *Ano dezaoito*... O sincronismo de Abías e Ieroboam é un caso único nas Crónicas, mentres aparece normalmente no libro dos Reis.

Guibah. Houbo guerra entre Abías e Ieroboam. ³Abías emprendeu a guerra cun exército de catrocentos mil soldados aguerridos. Ieroboam fixolle fronte con oitocentos mil soldados aguerridos. ⁴Abías situouse no cume do monte Semaraim, na serra de Efraím, e berrou:

—"Ieroboam, israelitas, escoitádeme: ⁵¿Acaso non sabedes que o Señor, Deus de Israel, con pacto de sal, concedeulle a David e ós seus descendentes o trono de Israel para sempre? ⁶A pesar diso, Ieroboam, fillo de Nabat, empregado de Salomón, fillo de David, rebelouse contra o seu señor, ⁷rodeándose de xente desocupada e sen escrúpulos, que se impuxeron a Roboam, fillo de Salomón, aproveitándose de que non podía dominalos por ser novo e débil de carácter. ⁸Agora propódesvos facer fronte ó reino do Señor, administrado polos descendentes de David. Vós sodes moi numerosos, tedes convosco os ídolos que vos fixo Ieroboam, os becerros de ouro; ⁹expulsáste-los aharonitas, sacerdotes do Señor, e os levitas; fixéstesvos sacerdotes, coma os pobos pagáns: a calquera que traia un becerro e sete carneiros ordenádelo sacerdote dos falsos deuses. ¹⁰En canto a nós, o Señor é o noso Deus e non o abandonamos; os sacerdotes que serven ó Señor son os aharonitas, e os encargados do culto os levitas; ¹¹ofrecen ó Señor holocaustos matutinos e vespertinos e perfumes recendentes, presentan os pans sobre a mesa pura e acenden tódalas tardes o candelabro de ouro e as súas lámpadas, porque nós observámo-las prescricións do Señor, o noso Deus, a quen vós abandonastes. ¹²Sabede que Deus está connosco na vangarda. Os seus sacerdotes darán coas trompetas o toque de guerra contra vós. Israelitas, non loitedes contra o Señor, Deus de vosos pais, porque non poderedes vencer".

¹³Mentres tanto, Ieroboam dispuxo un destacamento para pillalos de costas. O groso do exército quedou diante dos de Xudá e o destacamento á súa espalda. ¹⁴Os xudeus, ó volvérense, observaron que os atacaban por diante e pola espalda. Entón clamaron ó Señor, os sacerdotes tocaron as trompetas, ¹⁵a tropa lanzou o berro de guerra, e naquel momento Deus derrotou a Ieroboam e ós israelitas ante Abías e Xudá. ¹⁶Os israelitas fuxiron ante os xudeus e o Señor entregounos nas súas mans. ¹⁷Abías e a súa tropa inflixíronlles unha gran derrota, caendo mortos cincocentos mil soldados de Israel. ¹⁸Naquela ocasión os israelitas quedaron humillados, mentres os de Xudá se fixeron fortes por apoiárense no Señor, Deus de seus pais.

¹⁹Abías perseguiu a Ieroboam e arrebatoulle algunhas cidades: Betel e o seu distrito, Iexanah e o seu distrito, Efrón e seu distrito. ²⁰Ieroboam non conseguiu recuperarse nos tempos de Abías; o Señor feriuno e morreu. ²¹Abías, polo contrario, fixose cada vez máis forte. Tivo catorce mulleres e enxendrou vintedous fillos e dezaseis fillas.

²²As restantes fazañas de Abías, a súa conducta e as súas empresas, áchanse escritas no comentario do profeta Idó. ²³Cando morreu enterrárono na cidade de David, e sucedeulle no trono o seu fillo Asá. No tempo deste o país gozou de paz durante dez anos.

Asá de Xudá

14 ¹Asá fixo o que o Señor, o seu Deus, aproba e estima. ²Suprimiu os altares estranxeiros e as ermidas dos outeiros, destrozou as estelas e cortou os cipos. ³Animou

---

13, 2 *Abías* é presentado como un rei bo, non como un pecador infiel e indigno da descendencia davídica (1 Re **15**,3-5).
Para describi-la guerra téñense en conta outros relatos bíblicos de loitas victoriosas (cf Núm **10**, 9; Xuí **9**, 7; **20**, 29).
13, 4-12 O discurso é ideolóxico. Pretende o cronista desenvolve-las causas do cisma (vv 6-7) e demostrar cal é o verdadeiro culto (vv 10-11) e a lexitimidade da descendencia davídica (v 12). Deste xeito diríxese ós seus contemporáneos samaritanos descendentes do Reino do Norte e afastados dos xudeus.
13,18 Este v é unha conclusión teolóxica do autor. Para gaña-la guerra chega coa intervención de Deus. A potencia e a sabedoría humanas esmorecen diante de Deus. A victoria é froito da fe, non das armas (cf v 20; **32**, 7-8).
13, 19 *Betel* é o santuario rexio do Norte.
13, 20 A morte de Ieroboam é consecuencia da doutrina da retribución aceptada polo cronista en toda a súa obra. Porque Ieroboam se revirou contra Deus, morre dese xeito.
13, 23 *Houbo paz*. O dato diverxe de 1 Re **15**, 16.
14 O cronista esténdese demoradamente no reinado de Asá (**14-16**), completando deste xeito a fonte de 1 Re **15**, 9-14. O principio da retribución está moi presente nestes cc. Para o cronista unha vida pía merece paz e prosperidade. Segundo a fonte, sen embargo, Asá morre debido a unha enfermidade. ¿Como explicar isto? O cronista divide o reinado de Asá en dúas partes. Na primeira pon de manifesto o celo do rei na purificación do seu reino de toda idolatría e impedindo a invasión de Zérah (**14**, 1; **15**, 16). A paz e a prosperidade foron entón as notas características do seu reinado. Cara ó remate da súa vida, o rei afástase de Deus e rexeita os profetas, o que provoca a súa morte (**16**, 1-14).
14, 2-4 O cronista amplía a reforma relixiosa de Asá (cf 1 Re **15**, 12) presentándoa como anticipo da reforma de Ioxías.

a Xudá a servi-lo Señor, Deus de seus pais, e a observa-la lei e os preceptos. ⁴Suprimiu as ermidas dos outeiros e os cipos en tódalas cidades de Xudá. O reino gozou de paz na súa época. ⁵Aproveitando esta paz que lle concedeu o Señor, a calma que reinaba no país e a ausencia de guerras durante aqueles anos, construíu fortalezas en Xudá. ⁶Para iso propúxolles ós xudeus:

—"Podemos dispór libremente do país porque servímo-lo Señor, noso Deus, e El concedeunos paz cos veciños. Imos construír estas cidades e rodealas de murallas con torres, portas e cerrollos".

Así o fixeron con pleno éxito.

⁷Asá dispuxo dun exército de trescentos mil xudeus, armados de escudo e lanza, e vinteoito mil benxaminitas, armados de adarga e arco. Todos eran bos soldados.

⁸Zérah de Cux saíu ó seu encontro cun exército dun millón de homes e trescentos carros. Cando chegou a Marexah, ⁹Asá fíxolle fronte e entaboaron batalla no val de Safatah, onda Marexah.

¹⁰Asá invocou ó Señor, seu Deus:

—"Señor, cando queres axudar non distingues entre poderosos e febles. Axúdanos, Señor, noso Deus, que en Ti nos apoiamos e no teu nome nos diriximos contra esa multitude. Ti e-lo noso Deus. Non te deixes vencer por un home".

¹¹O Señor derrotou os cuxitas ante Asá e Xudá. Os cuxitas fuxiron; ¹²pero Asá perseguiunos coa súa tropa a Guerar. O Señor e as súas hostes destrozáronos. Morreron tantos cuxitas, que non se puideron refacer. O botín foi enorme. ¹³Aproveitando que os poboados da bisbarra de Guerar eran presa dun pánico sagrado, asaltáronos e saqueáronos porque había neles gran botín. ¹⁴Mataron tamén a uns pastores e volveron a Xerusalén con gran cantidade de ovellas e camelos.

15 ¹O Espírito do Señor veu sobre Azarías, fillo de Oded. ²Saíu ó encontro de Asá e díxolle:

—"Escoitádeme, Asá, Xudá e Benxamín: se estades co Señor, El estará convosco; se o buscades, deixarase encontrar; pero se o abandonades, abandonaravos. ³Durante moitos anos Israel viviu sen Deus verdadeiro, sen sacerdote que o instruíse, sen lei. ⁴Pero no perigo volveron ó Señor, Deus de Israel; buscáronno e El deixouse encontrar. ⁵Naqueles tempos ninguén vivía en paz, tódolos habitantes do país sufrían grandes turbacións. ⁶Pobos e cidades destruíanse mutuamente porque o Señor os turbaba con toda clase de perigos. ⁷Pero vós cobrade ánimo, non desfalezades, que as vosas obras terán a súa recompensa".

⁸Cando Asá escoitou esta profecía de Azarías, fillo de Oded, animouse a suprimi-los ídolos de todo o territorio de Xudá e Benxamín, e das cidades que conquistara na serra de Efraím, e reparou o altar do Señor que se achaba diante do adro. ⁹Logo reuniu ós xudeus, ós benxaminitas e ós de Efraím, Menaxés e Simeón, que residían entre eles porque moitos israelitas se pasaran ó seu bando ó veren que o Señor, seu Deus, estaba con el. ¹⁰Reuníronse en Xerusalén en maio do ano quince do reinado de Asá. ¹¹Sacrificaron ó Señor setecentos touros e sete mil ovellas do botín que trouxeran, ¹²e fixeron un pacto, comprometéndose a servi-lo Señor, Deus de seus pais, con todo o corazón e con toda a alma, ¹³e a condenar a morte a todo o que non o gardase, grande ou pequeno, home ou muller. ¹⁴Así o xuraron ó Señor a grandes voces, entre clamores e ó son de trompetas e cornos. ¹⁵Todo Xudá festexou o xuramento e fixérono de corazón, buscando ó Señor con sincera vontade; El deixouse encontrar por eles e concedeulles paz cos seus veciños.

¹⁶O rei Asá quitoulle o título da raíña nai a súa nai, Macah, porque fixera unha imaxe de Axtarté. Destrozou a imaxe, reduciuna a po e queimouna no torrente Cedrón. ¹⁷Non desapareceron de Israel as ermidas dos outeiros, pero o corazón de Asá pertenceu integramente ó Señor durante toda a súa vida. ¹⁸Levóu ó templo as ofrendas de seu pai e as súas propias: prata, ouro e utensilios.

¹⁹Nos trinta e cinco primeiros anos do seu reinado, non houbo guerras.

14, 5 Este v contradí o afirmado en **15,** 17 e 1 Re **15,** 14.
14, 8 O autor esaxera a ameaza de Zérah, para subliñar logo a fe de Asá (v 11) e deixar ben claro que a victoria é soamente de Deus.
14, 10 Cf Sal **20**.
14, 11 A loita é santa, é loita de Iavé.
14, 13 *Pánico sagrado:* expresión que demostra o gran medo infundido por Deus (cf 1 Sam **11,** 7; **14,** 15; **26,**12; 2 Cro **17,**10).

15 Aquí séguese casé a letra a fonte de 1 Re **15,** 13-15.
15, 2-7 O profeta desenvolve unha tese moi coñecida e querida polo cronista: Iavé protexerá o pobo se este se mantén fiel. Esta tese é ilustrada co exemplo dos xuíces (Xuí **17-21**).
15, 8-15 Máis ca doutra reforma relixiosa, trátase dunha renovación da alianza ó estilo de Xosué (Xos **24**).

16 ¹Pero o ano trinta e seis do reinado de Asá, Baxá de Israel fixo unha campaña contra Xudá e fortificou Ramah para corta-las comunicacións a Asá de Xudá. ²Este sacou entón prata e ouro dos tesouros do templo e do palacio e remesounos a Ben Hadad, rei de Siria, que residía en Damasco, con esta mensaxe: ³—"Fagamos un tratado de paz, como o fixeron teu pai e o meu. Aquí che mando prata e ouro; anda, rompe a túa alianza con Baxá de Israel, para que se retire do meu territorio". ⁴Ben Hadad fixo caso a Asá e mandou os seus xenerais contra as cidades de Israel, devastando Iión, Dan, Abel-Maim e tódolos depósitos das cidades de Naftalí. ⁵En canto o soubo, Baxá, deixou de fortificar Ramah e fixo para-las obras. ⁶O rei Asá mobilizou daquela a todo Xudá; desmontaron as pedras e leños con que Baxá fortificaba Ramah e aproveitáronos para fortificar Gueba e Mispah.

⁷Naquela ocasión o vidente Hananí presentouse ante Asá, rei de Xudá, e díxolle:

—"Por te apoiares no rei de Siria en vez de apoiarte no Señor, teu Deus, escapóuseche das mans o exército do rei de Siria. ⁸Tamén os cuxitas e libios constituían un gran exército con innumerables carros e cabalos; pero entón apoiácheste no Señor, teu Deus, e El púxoos nas túas mans. ⁹Porque o Señor repasa a terra enteira cos seus ollos para fortalecer ós que lle son leais de corazón. Fixeches unha loucura e de agora en diante vivirás en guerra".

¹⁰Asá indignouse co vidente, e irritado con el polas súas palabras, meteuno no cárcere. Por entón asañouse tamén con outras persoas do pobo.

¹¹Para os feitos de Asá, dos primeiros ós derradeiros, véxanse os Anais dos Reis de Xudá e Israel.

¹²O ano trinta e nove do seu reinado enfermou do mal da gota. Aínda que a enfermidade se foi agravando, acudiu só ós médicos, sen acudir ó Señor nen sequera na enfermidade. ¹³Asá morreu no ano corenta e un do seu reinado, indo reunirse cos seus antepasados. ¹⁴Enterrárono na sepultura que se cavara na Cidade de David. Puxérono nun leito cheo dun ungüento confeccionado a base de aromas e perfumes, e acenderon na súa honra unha gran larada.

Ioxafat de Xudá

17 ¹Sucedeulle no trono seu fillo Ioxafat, que logrou imporse ó reino de Israel. ²Instalou garnicións en tódalas fortalezas de Xudá, e nomeou gobernadores no territorio de Xudá e nas cidades de Efraím, que conquistara seu pai Asá.

³O Señor estivo con Ioxafat porque imitou a antiga conducta de seu pai David e non servía os baales, ⁴senón o Deus de seu pai, cumprindo os seus preceptos; non imitou a conducta de Israel. ⁵O Señor consolidou o reino nas súas mans. Todo Xudá lle pagaba tributo, e Ioxafat chegou a ter gran riqueza e prestixio. ⁶O seu orgullo era camiñar polas sendas do Señor, e volveu suprimi-las ermidas dos outeiros e as estelas de Xudá.

⁷No ano terceiro do seu reinado, mandou algúns xefes —Benhail, Abdías, Zacarías, Natanael e Miqueas—, a instruír ós habitantes das cidades de Xudá, ⁸e con eles os levitas Semaías, Netanías, Zebadías, Asael, Xemiramot, Ionatán, Adonías, Tobías e os sacerdotes Elixamá e Ioram. ⁹Percorreron, coma instructores de Xudá, tódalas cidades de Xudá, levando o libro da Lei do Señor, e instruíron ó pobo.

¹⁰Tódolos reinos veciños de Xudá, presos dun pánico sagrado, se abstiveron de loitar

---

16, 1 *Ano trinta e seis.* Este dato falta en 1 Re 15, 16 e está en contradicción con 1 Re **15**, 8. A cronoloxía, para o cronista, está ó servicio da teoloxía.
16, 7 *Vidente:* antiga designación do profeta (cf 1 Sam **9**, 9).
Hananí: personaxe descoñecido para nós.
Apoiares, tema central da predicación profética na súa loita contra as alianzas estranxeiras (cf Is **10**, 20; **31**, 1-3).
16, 11 Cf Zac **4**, 10; Sal **33**, 13-15.
16, 12 O recurso á medicina é para o cronista síntoma da súa pouca confianza no Señor, de aí a opinión desfavorable que o autor dá sobre desta ciencia.
17 Cc. **17-20**: Para escribi-la biografía de Ioxafat, equiparado polo cronista cos grandes reformadores Ioxías e Ezequías, o autor sérvese de 1 Re **22**, 1-35. 41-51. Do seu goberno destácase a reforma relixiosa e militar (**17**), a xudicial (**19**) e seu espírito guerreiro (**18-20**). O autor non sempre está de acordo coa fonte empregada.

17, 1 *Ioxafat,* que significa "Iavé goberna", é presentado coma o tipo ideal do monarca que dirixe o seu pobo con firmeza.
O cronista, fiel ó seu rexeazo do reino de Norte, omitindo o reinado de Ahab, debe omitir tamén o ciclo de Elías, de tanta trascendencia para Israel.
17, 6 *O seu orgullo:* lit. "o seu corazón reforzouse". A expresión, que ordinariamente ten un significado negativo (cf **26**, 16; **32**, 25; Ez **28**, 2. 5. 17), aquí ten senso positivo.
17, 7-9 Para levar a bo término a reforma, non se contenta con facer prohibicións, senón que fomenta unha campaña catequética por todo o país (cf Neh **8**, 9-12) que ten tamén unha finalidade política.
Libro da Lei: pode ser moi ben todo o Pentateuco ou simplemente o Dt, descuberto por Ioxías (2 Re **22**, 8).
17, 10 É o resultado da protección divina (cf Ex **15**, 16; Dt **2**, 25; Xos **5**, 1; 1 Sam **11**, 7).

contra Ioxafat. ¹¹Os filisteos pagábanlle tributo copioso en diñeiro. Tamén os árabes lle traían gando menor: sete mil setecentos carneiros e sete mil setecentos machos cabríos. ¹²Ioxafat fíxose cada vez máis poderoso. Construíu fortalezas e cidades de avituallamento en Xudá. ¹³Tiña moitos empregados nas cidades de Xudá. En Xerusalén dispuña de soldados valentes e aguerridos, ¹⁴alistados por familias:

Alto mando de Xudá: Adnah, capitán xeneral, con trescentos mil soldados; ¹⁵ás súas ordes, o xeneral Iohanán, con douscentos oitenta mil, ¹⁶e Amasías, fillo de Zicrí, que servía ó Señor como voluntario, ó mando de douscentos mil.

¹⁷De Benxamín, o valeroso Eliadá, con douscentos mil homes armados de arco e adarga; ¹⁸ás súas ordes estaba Iozabad, con cento oitenta mil homes dispoñibles. ¹⁹Todos estes achábanse ó servicio do rei, sen conta-los que este destinara ás fortalezas de Xudá.

18 ¹Cando Ioxafat chegou ó cume da súa riqueza e prestixio, emparentou con Ahab. ²Anos máis tarde baixou a Samaría a visitar a Ahab. Este matou gran cantidade de ovellas e de touros para el e para o seu séquito; logo induciuno a atacar Ramot de Galaad. ³Ahab, rei de Israel, dixo a Ioxafat, rei de Xudá:

—"¿Queres vir comigo contra Ramot de Galaad?".

Ioxafat respondeulle:

—"Ti e mais eu, o teu exército e o meu, iremos xuntos á guerra".

⁴Logo engadiu:

—"Consulta antes o oráculo do Señor".

⁵O rei de Israel reuniu os profetas, catrocentos homes, e preguntoulles:

—¿Podemos atacar Ramot de Galaad, ou déixoo?".

Responderon:

—"Vai; Deus entrégalla ó rei".

⁶Entón Ioxafat preguntou:

—"¿Non queda por aí algún profeta do Señor para preguntarlle?".

⁷O rei de Israel respondeulle:

—"Queda aínda un, Miqueas, fillo de Imlah, por quen podemos consulta-lo Señor; pero eu aborrézoo, porque nunca profetiza venturas, senón sempre desgracias".

Ioxafat dixo:

—"¡Non fale así o rei!".

⁸O rei de Israel chamou a un funcionario e díxolle:

—"Que veña axiña Miqueas, fillo de Imlah".

⁹O rei de Israel e Ioxafat de Xudá estaban sentados nos seus tronos, coas súas vestiduras rexias, na praza, onda a porta de Samaría, mentres tódolos profetas acenaban diante eles. ¹⁰Sedecías, fillo de Cananah, fíxose uns cornos de ferro e dicía:

—"Así di o Señor: con estes escornearás ós sirios ata acabares con eles". ¹¹E tódolos profetas coreaban:

—"¡Ataca Ramot de Galaad! Triunfarás, o Señor entrégacha". ¹²Mentres tanto o mensaxeiro que fora chamar a Miqueas, díxolle:

—"Ten en conta que tódolos profetas a unha están profetizando venturas ó rei. A ver se o teu oráculo é coma o deles e anuncias venturas".

¹³Miqueas replicou:

—"¡Vive Deus! ¡Direi o que Deus me mande!".

¹⁴Cando se presentou ante o rei, este preguntoulle:

—"Miqueas, ¿podemos atacar Ramot de Galaad, ou déixoo?".

Miqueas respondeulle:

—"Ide, triunfaredes. O Señor entrégavola".

¹⁵O rei dixo:

—"Pero ¿cantas veces terei que tomarche xuramento de que me dis só a verdade no nome do Señor?".

¹⁶Entón Miqueas dixo:

—"Estou vendo a Israel espallado polos montes, coma ovellas sen pastor. E o Señor di: Non ten amo. Volva cada un á súa casa e en paz".

¹⁷O rei de Israel comentou con Ioxafat:

—"¿Non cho dixen? Non profetiza venturas, senón desgracias".

¹⁸Miqueas continuou:

—"Por iso, escoitade a palabra do Señor: Vin o Señor sentado no seu trono. Todo o exército celeste estaba en pé, á dereita e á es-

---

18 O que motivou a presencia deste relato, cousa estraña no cronista por tratarse dun feito que se refire ó reino do norte e Ioxafat non fai un bo papel, é a presencia do profeta Miqueas (cf 1 Re **22**), verdadeiro profeta de Iavé, en contraposición cos de Ahab.

18, 1 O fillo de Ioxafat, Iorán, casou con Atalía, filla de Ahab (cf **21,** 6; 2 Re **8,** 18). Dito matrimonio terá consecuencias moi desastrosas para o reino de Xudá.

18, 2 O sacrificio será funesto por se celebrar lonxe do santuario lexítimo (cf Lev **17**).

18, 11 Son profetas da corte que aproban o sincretismo relixioso do rei.

querda; ¹⁹e o Señor preguntoulle: ¿Quen poderá enganar a Ahab, rei de Israel, para que vaia e morra en Ramot de Galaad? Uns propuñan unha cousa, outros outra. ²⁰Ata que se adiantou un espírito e, posto en pé ante o Señor, dixo: Eu enganareino. O Señor preguntoulle: ¿Como? ²¹Respondeu: Irei e transformareime en oráculo falso na boca de tódolos profetas. O Señor díxolle: Conseguirás enganalo. Vai e faino. ²²Como ves, o Señor puxo oráculos falsos na boca deses profetas teus, porque o Señor decretou a túa perda".

²³Entón Sedecías, fillo de Cananah, acercouse a Miqueas e deulle un lapote, dicíndolle:

—"¿Por onde escapou de min o espírito do Señor para falarche a ti?"

²⁴Miqueas respondeu:

—"Veralo ti mesmo o día en que vaias escondéndote de apousento en apousento".

²⁵Entón o rei de Israel ordenou:

—"Collede a Miqueas e levádeo ó gobernador Amón e ó príncipe Ioax. ²⁶Dicídelles: Por orde do rei, metede a este no cárcere e taxádelle a ración de pan e auga ata que eu volva victorioso".

²⁷Miqueas dixo:

—"Se ti volves victorioso, o Señor non falou pola miña boca".

²⁸O rei de Israel e Ioxafat, rei de Xudá, foron contra Ramot de Galaad. ²⁹O rei de Israel dixo a Ioxafat:

—"Voume disfrazar antes de entrar en combate. Ti vai coa túa tropa". Disfrazouse e marcharon ó combate.

³⁰O rei sirio ordenara ós comandantes dos carros que non atacasen a pequeno nin grande, senón só ó rei de Israel. ³¹E cando os comandantes dos carros viron a Ioxafat, comentaron:

—"¡Aquel é o rei de Israel!"

E lanzáronse contra el. Pero Ioxafat gritou, e o Señor veu na súa axuda, apartándoos del. ³²Os comandantes viron que aquel non era o rei de Israel e deixárono. ³³Un soldado disparou o arco ó azar e feriu ó rei de Israel, atravesándolle a coiraza. O rei dixo ó auriga:

—"Dá a volta e lévame do campo de batalla, porque estou ferido".

³⁴Pero aquel día arreciou o combate, de maneira que sostiveron ó rei de Israel en pé no seu carro fronte ós sirios ata o atardecer. Morreu ó solpor.

19 ¹Ioxafat de Xudá volveu san e salvo ó palacio de Xerusalén. ²Pero o vidente de Iehú, fillo de Hananí, saíulle ó encontro e díxolle:

—"¿Conque axudas ós malvados e alíaste cos inimigos do Señor? O Señor indignouse contigo por iso. ³Pero contas tamén con boas accións: queimáche-las estelas deste país e serviches a Deus con constancia".

⁴Ioxafat estableceu a súa residencia en Xerusalén, pero volveu visita-lo pobo, desde Beerxeba ata a terra de Efraím, e converténdoo ó Señor, Deus de seus pais. ⁵Estableceu xuíces en cada unha das fortalezas do territorio de Xudá e advertiulles:

⁶—"Coidado co que facedes, porque non xulgaredes con autoridade de homes, senón coa de Deus, que estará convosco cando pronunciedes sentencia. ⁷Polo tanto, temede ó Señor e procedede con coidado. Porque o Señor, o noso Deus, non admite inxustizas, favoritismos nin subornos".

⁸Tamén en Xerusalén designou algúns levitas, sacerdotes de cabezas de familia, para que se encargasen do dereito divino e dos preitos dos habitantes de Xerusalén. ⁹Deulles esta orde:

—"Actuade con temor de Deus, con honradez e integridade. ¹⁰Cando vosos irmáns que habitan nas cidades vos presenten un caso de asasinato, ou ben vos consulten sobre leis, preceptos, mandatos ou decretos, instruídeos para que non se fagan culpables ante o Señor e non se derrame a súa cólera sobre vós e vosos irmáns. Se actuades así estaredes libres de culpa. ¹¹O sumo sacerdote Amarías presidirá as causas relixiosas, e Zebadías, fillo de Ismael, xefe da casa de Xudá, as civís. Os levitas estarán ó voso servicio. Ánimo, a traballar, e que o Señor estea cos homes de ben".

18, 19-23 Antropomorfismos que recordan o prólogo do libro de Xob.
18, 27 Cita de Miq 1, 2, debida tal vez a unha confusión de nomes.
18, 34 Neste punto o cronista omite 1 Re 22, 36 alusivo á morte de Ahab.
19, 2 Iehú, mencionado en 20, 34 e 1 Re 16, 1-7, dá un xuízo global da conducta de Ioxafat. A súa alianza con Israel levoulle á derrota, as súas boas obras salváronlle a vida. O cronista móstrase en sintonía con Oseas e Isaías,

que censuraron este tipo de alianzas (cf Is 30, 1-5; 31, 1-3; Os 7, 11; 8, 9-10).

19, 4-11 A reforma faise en dous eidos: o da ensinanza (v 4) e o da administración da xustiza (vv 5-11).

O cronista, inspirándose en Dt 16, 18-20 e 17, 8-13, non deixará de afirmar que o verdadeiro xuíz é o Señor (vv 6-7; cf Dt 1, 17; Sab 12;).

Ó distingui-las funcións sacras das profanas, o autor móstrase influído por Ezequiel.

SEGUNDO LIBRO DAS CRÓNICAS

20

[1] Algún tempo despois, os moabitas, os amonitas e algúns maonitas viñeron contra Ioxafat en son de guerra. [2] Informaron a este:

—"Unha gran multitude procedente de Edom, no outro lado do Mar Morto, diríxese contra ti; xa se encontran en Hasón-Tamar, a actual En-Guedí".

[3] Ioxafat, asustado, decidiu recorrer ó Señor, proclamando un xexún en todo Xudá. [4] Xudeus de tódalas cidades reuníronse para pediren consello ó Señor. [5] Ioxafat colocouse no medio da asemblea de Xudá e Xerusalén, no templo, diante do adro novo, [6] e exclamou:

—"Señor, Deus de nosos pais, ¿non es Ti o Deus do ceo, o que goberna os reinos da terra, cheo de forza e de poder, a quen ninguén pode resistir? [7] ¿Non fuches Ti, Deus noso, quen desbotácheles moradores desta terra diante do teu pobo, Israel, e lla entregaches para sempre á liñaxe do teu amigo Abraham? [8] Habitárona e construíron nela un santuario na túa honra, pensando: [9] Cando nos ocorra unha calamidade —espada, inundación, peste ou fame— presentarémonos ante Ti neste templo —porque nel estás presente—, invocarémoste no noso perigo e Ti escoitarasnos e salvarasnos. [10] Cando Israel viña de Exipto non lle permitiches atravesa-lo territorio dos amonitas, o dos moabitas e a montaña de Seir en vez de destruílos arredor deles. [11] E agora eles páganolo dispóndose a expulsarnos da propiedade que Ti nos concediches. [12] Ti os has xulgar, noso Deus, que nós nada podemos contra esa tropa que se nos vén encima. Non sabemos que facer se non é cravármo-los ollos en Ti".

[13] Tódolos xudeus, coas súas mulleres e fillos, incluso os nenos, permanecían de pé ante o Señor. [14] En medio da asemblea, un descendente de Asaf, o levita Iahziel, fillo de Zacarías, fillo de Benaías, fillo de Ieiel, fillo de Matanías, tivo unha inspiración do Señor [15] e dixo:

—"Xudeus, habitantes de Xerusalén, e ti, rei Ioxafat, prestade atención. Así di o Señor: non vos asustedes nin acovardedes ante esa inmensa multitude, porque a batalla non é cousa vosa, senón de Deus. [16] Mañá baixaredes contra eles cando vaian subindo a Costa das Flores; sairédeslles ó encontro no cabo do barranco que hai fronte ó deserto de Ieruel. [17] Non teredes necesidade de combater; estade quietos e firmes contemplando como vos salva o Señor. Xudá e Xerusalén, non vos asustedes nin acovardedes. Saíde mañá ó seu encontro, que o Señor estará convosco".

[18] Ioxafat postrouse rostro en terra, e tódolos xudeus e os habitantes de Xerusalén caeron ante o Señor para adoralo. [19] Os levitas descendentes de Quehat e os corahitas, erguéronse para louvar con grandes voces ó Señor, Deus de Israel.

[20] De madrugada puxéronse en marcha cara ó deserto de Tecoa. Cando saían, Ioxafat detívose e dixo:

—"Xudeus e habitantes de Xerusalén, escoitádeme: confiade no Señor, voso Deus, e subsistiredes; confiade nos seus profetas, e venceredes".

[21] De acordo co pobo, dispuxo que un grupo revestido de ornamentos sagrados marchase na vangarda cantando e louvando ó Señor con estas palabras: —"Dade gracias ó Señor, porque é eterna a súa misericordia".

[22] Logo que comezaron os cantos de xúbilo e de louvanza, o Señor sementou discordias entre os amonitas, os moabitas e os serranos de Seir que viñan contra Xudá, e matáronse uns ós outros. [23] Os amonitas e moabitas decidiron destruír e aniquilar ós de Seir, e cando acabaron con eles, pelexaron a morte uns cos outros. [24] Chegou Xudá ó outeiro que domina o deserto, dirixiu a súa mirada á multitude e non viron máis ca cadáveres tendidos polo chan; ninguén se salvara. [25] Ioxafat e o seu exército foron pilla-lo botín. Encontraron moito gando, provisións, vestidos e obxectos de valor. Colleron ata

---

20 A batalla de Ioxafat contra os invasores procedentes da outra beira do Xordán é descrita coma se fose un acto litúrxico, polo que é posible que pertenza ó xénero midráxico. Todo o relato mira á afirmación de que, en caso de perigo, o pobo debe volverse cara a Deus en actitude de louvanza e conversión.
20, 1 *Maonitas*: tribos de Edom, ó sur do Mar Morto (cf 26, 7; 1 Cro 4, 41; Esd 2, 50).
20, 3 O *xexún* era práctica corrente, especialmente despois do exilio (cf Est 4, 3). O rei desempeña funcións relixiosas coma no caso de David e Salomón.
20, 6 A oración de Ioxafat comeza cos mesmos temas ca de Salomón (6, 1ss).
20, 9 Cf 6, 24-35; 7, 12-16.
20, 11 A terra é propiedade de Iavé (cf Ex 15, 17; Sal 78, 54; 79, 1; Eclo 24, 12).
20, 14 *Iahziel*: cantor levita, pronuncia un oráculo. O cronista tal vez quere dicir que no seu tempo os levitas ocupan o lugar dos profetas preexílicos.
20, 15 Cf Is 7, 4.
20, 17 *O Señor estará convosco*. A frase recorda o oráculo de Is 8, 8-10.
20, 20 Cf Is 7, 9.
20, 22-23 Cf Ex 38, 21; Xuí 7, 22.

non poderen con máis. O botín foi tan copioso que tardaron tres días en recollelo. ²⁶O cuarto día reuníronse no Val de Bendición —lugar ó que deron este nome con que se coñece ata hoxe, porque alí bendiciron ó Señor— ²⁷e tódolos xudeus e xerosolimitanos con Ioxafat á fronte, emprenderon a volta a Xerusalén, festexando a victoria que o Señor lles concedera sobre os seus inimigos. ²⁸Unha vez en Xerusalén, desfilaron ata o templo ó son de harpas, cítaras e trompetas.

²⁹Os reinos circundantes foron presa dun pánico sagrado ó saberen que o Señor loitaba contra os inimigos de Israel. ³⁰O reino de Ioxafat gozou de calma e o seu Deus concedeulle paz cos seus veciños.

³¹Ioxafat reinou en Xudá. Tiña trinta e cinco anos cando subiu ó trono e reinou en Xerusalén vintecinco anos. Súa nai chamábase Azubah e era filla de Xilhí. ³²Imitou a conducta de seu pai, Asá, sen desviarse dela, facendo o que o Señor aproba. ³³Pero non desapareceron as ermidas dos outeiros e o pobo non se mantivo fiel ó Deus de seus pais.

³⁴Para máis datos sobre Ioxafat, desde o principio ata a fin do seu reinado véxase a Historia de Iehú, fillo de Hananí, inserta no libro dos Reis de Israel. ³⁵Ioxafat de Xudá alíouse con Ocozías de Israel, aínda que este era un malvado. ³⁶Fíxoo para construír unha flota con destino a Tárxix; construíron as naves en Esion-Guéber. ³⁷Pero o marexita Eliézer, fillo de Dodavahu, profetizou contra Ioxafat, dicindo:

—"Por te aliares con Ocozías, o Señor destruirá a túa obra".

Efectivamente, as naves zozobraron, e non puideron ir a Tárxix.

Ioram de Xudá

21 ¹Morreu Ioxafat e enterrárono cos seus antepasados na Cidade de David. Seu fillo Ioram sucedeulle no trono. ²Tiña varios irmáns por parte do pai: Azarías, Iehiel, Zacarías, Azarías, Miguel e Safatías, todos eles fillos de Ioxafat de Xudá. ³Seu pai legoulles gran cantidade de prata, ouro e obxectos de valor, ademais de fortalezas en Xudá; pero o trono deixoullo a Ioram por se-lo primoxénito. ⁴Cando se afianzou no trono de seu pai, asasinou a tódolos seus irmáns e tamén a algúns xefes de Israel.

⁵Tiña trinta e dous anos cando subiu ó trono e reinou en Xerusalén oito anos. ⁶Imitou a conducta do rei de Israel, e as accións da casa de Ahab, porque casou cunha filla deste. Fixo o que o Señor reproba. ⁷Pero o Señor non quixo destruí-la casa de David, a causa do pacto que fixera con David, e porque prometera manter sempre acesa a súa lámpada e a de seus fillos.

⁸No seu tempo, Edom independizouse de Xudá e nomeou un rei. ⁹Ioram foi cos seus xenerais e tódolos seus carros, levantouse de noite, e aínda que desbaratou o exército idumeo, que o envolvera a el e ós oficiais do escuadrón de carros, ¹⁰Edom independizouse de Xudá ata hoxe; tamén Libnah conseguiu daquela a independencia. Isto ocorreu por abandonar ó Señor, Deus de seus pais.

¹¹Levantou ermidas nos outeiros das cidades de Xudá, induciu á idolatría ós habitantes de Xerusalén e descarriou a Xudá. ¹²O profeta Elías mandoulle dicir por escrito: —"Así di o Señor, Deus de teu pai David: por non imitáre-la conducta de teu pai, Ioxafat, e a de Asá, rei de Xudá, ¹³senón a conducta dos reis de Israel; por fomentáre-la idolatría en Xudá e entre os habitantes de Xerusalén, copiando as prácticas idolátricas da casa de Ahab, e por asasinares ós teus irmáns, da casa de teu pai, que valían todos máis ca ti, ¹⁴o Señor ferirá ó teu pobo, a teus fillos, as túas mulleres e as túas posesións cunha praga terrible. ¹⁵E ti mesmo padecerás unha enfermidade grave, un cancro que che consumirá as entrañas día tras día".

¹⁶O Señor atizou contra Ioram a hostilidade dos filisteos e dos árabes que habitaban onda os cuxitas. ¹⁷Subiron a Xudá, invadírona e levaron consigo tódalas riquezas que encontraron no palacio así como as mulleres e fillos. Só lle quedou o máis novo, Ioacaz. ¹⁸Despois disto, o Señor feriulle as entrañas cunha doenza incurable. ¹⁹Pasaron os días e ó cabo de dous anos a enfermidade consumiulle as entrañas; morreu entre atroces dores. O seu pobo non lle encendeu unha larada, como fixera cos seus predecesores.

20, 29 Deus loita por eles (cf Ex **14**, 14-25; Xos **10**, 14-42).
21 O cronista amplía o relato de 2 Re **8**, 16-24 para describi-la figura sombría de Ioram de Xudá. O seu reinado caracterízase pola impiedade e as derrotas militares (vv 5-11), motivadas, para o cronista, pola súa muller Atalía.
21, 10 O remate do v preséntase coma unha xustificación relixiosa da revolta de Alba, debida á infidelidade do rei.

21, 12-15 O cronista aplica agora a Xudá o que Elías dixo en relación co reino do Norte: abandonar a Deus, e segui-la conducta dos reis cismáticos, conduce a un inevitable xuízo.
21, 16-17 Pola infidelidade de Ioram, os que antes foran vasalos agora vólvense contra el.
21, 18-20 A morte de Ioram é un castigo, o pago debido á súa vida.

²⁰Tiña trinta e dous anos cando subiu ó trono e reinou en Xerusalén oito anos. Desapareceu sen que ninguén o chorase. Enterrárono na Cidade de David, pero fóra do panteón real.

Ocozías de Xudá

22 ¹Os habitantes de Xerusalén nomearon rei ó seu fillo menor, Ocozías, porque os outros foran asasinados pola banda dos árabes que viñeran ó campamento. Así reinou Ocozías, fillo de Ioram de Xudá. ²Tiña corenta e dous anos cando subiu ó trono, e reinou en Xerusalén un ano; súa nai chamábase Atalía e era filla de Omrí. ³Tamén el imitou a conducta da casa de Ahab, porque súa nai o incitaba ó mal. ⁴Fixo o que o Señor reproba, igual que a casa de Ahab, xa que ó morrer seu pai, eles foron os seus conselleiros, para a súa perdición. ⁵Por consello seu, acompañou a Ioram, fillo de Ahab, rei de Israel, a loitar contra Hazael, rei de Siria, en Ramot de Galaad. Os sirios feriron a Ioram ⁶e este volveu a Iezrael para se curar das feridas que lle inflixiran en Ramot, durante a batalla contra Hazael, rei de Siria. Entón Ocozías, fillo de Ioram, rei de Xudá, baixou a Iezrael para visitar a Ioram, fillo de Ahab, que estaba enfermo. ⁷Con esta visita o Señor provocou a ruína de Ocozías. Durante a súa estancia, saíu con Ioram ó encontro de Iehú, fillo de Nimxí, a quen unxira o Señor para exterminala dinastía de Ahab ⁸e mentres Iehú facía xustiza na dinastía de Ahab, encontrou as autoridades de Xudá e os parentes de Ocozías que estaban ó seu servicio e matounos. ⁹Despois buscou a Ocozías; apresárono en Samaría, onde se escondera, e leváron con eles a Iehú, que o mandou matar. Pero déronlle sepultura, pensando: —"Era fillo de Ioxafat, que serviu ó Señor de todo corazón".

Na familia de Ocozías non quedou ninguén capaz de reinar.

Reinado e morte de Atalía

¹⁰Cando Atalía, nai de Ocozías, viu que seu fillo morrera, empezou a exterminar a toda a familia real da casa de Xudá. ¹¹Pero cando os fillos do rei estaban sendo asasinados, Ioxeba, filla do rei Ioram, esposa do sacerdote Iehoiadá e irmá de Ocozías, raptou a Ioax, fillo de Ocozías, e escondeuno coa ama de cría no seu dormitorio. Así llo ocultou a Atalía, que non o puido matar. ¹²Estivo escondido con elas no templo durante seis anos, mentres no país reinaba Atalía.

23 ¹O ano sétimo Iehoiadá armouse de valor e reuniu os centurións: Azarías, fillo de Ieroham, Ismael, fillo de Iohomán, Azarías, fillo de Obed, Maseías, fillo de Adaías, e Elixafat, fillo de Zicrí. Xuramentouse con eles e percorreron Xudá ²congregando os levitas de tódalas cidades e os cabezas de familia de Israel. Cando regresaron a Xerusalén, ³toda a asemblea fixo no templo un pacto co rei. Logo díxolles:

—"Debe reinar un fillo do rei, como prometeu o Señor á descendencia de David. ⁴Ides face-lo seguinte: O tercio de vós, sacerdotes e levitas, que entra de servicio o sábado, fará garda nas portas; ⁵outro tercio ocupará o palacio e o último tercio a Porta do Fundamento. O pobo situarase nos adros do templo. ⁶Pero que ninguén entre no templo, a excepción dos sacerdotes e os levitas de servicio. Eles pódeno facer porque están consagrados; pero o pobo deberá observa-las prescricións do Señor. ⁷Os levitas rodearán o rei por todas partes, arma en man. Se alguén quere entrar no palacio, matádeo. E estade a carón do rei, vaia onda vaia".

⁸Os levitas e os xudeus fixeron o que lles mandou o sacerdote Iehoiadá. Cada un reuniu os seus homes, os que estaban de servicio o sábado e os que quedaban libres, porque o sacerdote Iehoiadá non exceptuou ningunha das seccións. ⁹O sacerdote Iehoiadá entregoulles ós oficiais as lanzas, escudos e adargas do rei David, que se gardaban no templo. ¹⁰Colocou a todo o pobo con armas curtas, desde o ángulo sur ata o ángulo norte do templo, entre o altar e o templo, para protexe-lo rei. ¹¹Entón trouxeron ó príncipe, colocáronlle a diadema e as insignias, proclamárono rei, e Iehoiadá e seus fillos unxírono, aclamando:

—"¡Viva o rei!".

¹²Atalía oíu o clamor da tropa que corría e aclamaba ó rei e foi cara á xente, ó templo. ¹³Pero cando viu o rei en pé sobre o estrado,

---

22 Este c. é un resume interpretativo de 2 Re **8**, 25-29; **9**, 4-29.

2, 9 A morte prematura e violenta de Ocozías é o castigo merecido pola súa conducta rexeitable.

2, 11 O cronista suliña o matrimonio de Ioxeba co sumo sacerdote, unindo a descendencia davídica coa de Leví.

23 O cronista depende de 2 Re **11**, 4-12. A revolta contra Atalía é presentada coma unha especie de reforma relixiosa (vv 16-21).

23, 3 *Asemblea*: término que salienta o carácter sacro da rebelión.

na entrada, e os oficiais e a banda a carón do rei, toda a poboación en festa, as trompetas tocando e os cantores acompañando os cánticos de louvanza cos seus instrumentos, rachou as vestiduras e dixo:

—"¡Traición, traición!".

¹⁴O sacerdote Iehoiadá ordenou ós oficiais que mandaban as forzas:

—"Sacádea do adro. A quen a siga, matádeo".

Pois non quería que a matasen no templo. ¹⁵Fórona empuxando coas mans, e cando chegaba a palacio pola Porta das Cabalerías, alí mesmo a mataron.

¹⁶Iehoiadá selou un pacto con todo o pobo e co rei para que fose o pobo do Señor. ¹⁷Toda a poboación dirixiuse logo ó templo de Baal: destruírono, derrubaron os seus altares e as súas imaxes, e a Matán, sacerdote de Baal, degolárono ante o altar.

¹⁸Iehoiadá puxo gardas no templo, ás ordes dos sacerdotes e levitas que David distribuíra na casa de Deus para ofreceren holocaustos ó Señor —segundo o manda a lei de Moisés— con alegría e con cánticos compostos por David. ¹⁹Puxo porteiros nas portas do templo para que non entrase absolutamente nada impuro. ²⁰Logo, cos centurións, os notables, as autoridades e todo o vecindario, sacaron do templo ó rei, e levárono ó palacio pola Porta Superior e instaláronoo no trono real. ²¹Toda a poboación fixo festa e a cidade quedou tranquila. A Atalía matárana a espada.

Ioax de Xudá

24 ¹Ioax tiña sete anos cando subiu ó trono e reinou en Xerusalén corenta anos. Súa nai chamábase Sibías e era natural de Beerxeba. ²Mentres viviu o sacerdote Iehoiadá, fixo o que o Señor aproba. ³Iehoiadá procurouille dúas mulleres e enxendrou fillos e fillas. ⁴Máis tarde, Ioax sentiu desexos de restaura-lo templo. ⁵Reuniu os sacerdotes e os levitas, e díxolles:

—"Ide polas cidades de Xudá recollendo diñeiro de todo Israel para repararde-los tódolos anos o templo do voso Deus. Dádevos présa".

Pero os levitas tomárono con calma. ⁶Entón o rei chamou ó sumo sacerdote Iehoiadá e díxolle:

—"¿Por que non te preocupaches de que os levitas cobren en Xudá e Xerusalén o tributo imposto por Moisés, servo do Señor, e pola comunidade de Israel para a tenda da alianza? ⁷¿Non te dás conta de que a malvada Atalía e os seus secuaces destrozaron o templo e dedicaron ós baales tódolos obxectos sagrados do mesmo?".

⁸Entón, por orde do rei, fixeron unha hucha e colocárona na porta do templo por fóra. ⁹Logo pregoaron por Xudá e Xerusalén que había que ofrecer ó Señor o tributo que Moisés, servo de Deus, impuxera a Israel no deserto. ¹⁰As autoridades e a poboación fixérono de boa gana e botaron diñeiro ata que se encheu a hucha. ¹¹Cada vez que os levitas levaban a hucha á inspección real e vían que había moito diñeiro, presentábanse un secretario do rei e un inspector do sumo sacerdote, libraban a hucha e volvían colocala no seu sitio. Así o fixeron periodicamente, reunindo unha gran suma de diñeiro.

¹²O rei e Iehoiadá entregábano ós capataces da obra do templo, e estes pagaban os canteiros e carpinteiros que restauraban o templo e os ferreiros e broncistas que o reparaban. ¹³Os obreiros fixeron a súa tarefa; baixo as súas mans foi rexurdindo a estrutura, ata que levantaron solidamente o templo segundo os planos. ¹⁴Ó terminaren, devolveron ó rei e a Iehoiadá o diñeiro sobrante, co que fixeron obxectos para o templo, utensilios para o culto e para os holocaustos, copas e obxectos de ouro e prata. Mentres viviu Iehoiadá ofreceron holocaustos regulares no templo. ¹⁵Este chegou a vello e morreu en idade avanzada, ós cento trinta anos. ¹⁶Enterrárono cos reis na Cidade de David, porque foi bo con Israel, con Deus e co seu templo.

¹⁷Cando morreu Iehoiadá, as autoridades de Xudá foron render homenaxe ó rei, e este seguiu os seus consellos; ¹⁸esquecendo o templo do Señor, Deus de seus pais, deron culto ás estelas e ós ídolos. Este pecado desencade-

---

23, 18 O cronista concentra aquí os seus temas favoritos: levitas, ledicia e canto.

24 O autor segue a 2 Re 12, 1-21, para nos falar de Ioax. O seu reinado divídese en dous períodos: o primeiro, marcado polo interese na reconstrucción do templo e o celo polo culto; e o segundo, sinalado pola infidelidade, que chega ó seu culmen coa morte de Azarías. As consecuencias desta derradeira etapa non poden ser peores para o rei: derrota militar e asasinato.

24, 5 Para 2 Re **12,** 5 eran ofrendas voluntarias.

24, 7 Para o cronista a sorte do templo vai intimamente unida á dinastía davídica.

24, 15-16 A morte e sepultura de Iehoiadá son signos da bendición de Deus, que contrastan coa morte do re apóstata Ioax (cf v 25).

24, 17-22 Pasaxe ausente de 2 Re, e que interpreta a invasión aramea coma castigo da idolatría e do sacrilexio real.

ou a cólera de Deus contra Xudá e Xerusalén. ¹⁹Mandoulles profetas para convertelos, pero non fixeron caso das súas amoestacións. ²⁰Entón o Espírito de Deus apoderouse de Azarías, fillo do sacerdote Iehoiadá, que se presentou ante o pobo e lle dixo:

—"Así fala Deus: ¿Por que quebrantádelos preceptos do Señor? Ides á ruína. Abandonáste-lo Señor e El abandónavos".

²¹Pero conspiraron contra el e lapidárono no adro do templo por orde do rei. ²²O rei Ioax, sen ter en conta os beneficios recibidos de Iehoiadá, matoulle o fillo, que morreu dicindo:

—"¡Que o Señor xulgue e sentencie!"

²³Ó cabo dun ano, un exército de Siria dirixiuse contra Ioax, penetrou en Xudá ata Xerusalén, matou a tódolos xefes do pobo e remesou todo o botín ó rei de Damasco. ²⁴O exército de Siria era reducido, pero o Señor entregoulle un exército enorme porque o pobo abandonara ó Señor, Deus de seus pais. Vingáronse así de Ioax. ²⁵Ó retiráronse os sirios, deixándoo gravemente ferido, os seus cortesáns conspiraron contra el para vinga-lo fillo do sacerdote Iehoiadá. Asasináronno na cama e morreu. Enterrárono na Cidade de David, pero non lle deron sepultura no panteón real. ²⁶Os conspiradores foron: Zabah, fillo de Ximat, a amonita, e Iehozabad, fillo de Ximrit, a moabita.

²⁷Para o referente a seus fillos, ás numerosas profecías contra el e á restauración do templo, véxase o comentario dos Anais dos Reis. O seu fillo Amasías sucedeulle no trono.

Amasías de Xudá

25 ¹Amasías tiña vintecinco anos cando subiu ó trono e reinou en Xerusalén vintenove anos. Súa nai chamábase Iehoadán e era natural de Xerusalén. ²Fixo o que o Señor aproba, aínda que non de todo corazón. ³Cando se afianzou no poder, matou ós ministros que asasinaran a seu pai. ⁴Pero non matou a seus fillos, conforme o libro da Lei de Moisés promulgada polo Señor: —"Non serán executados os pais polas culpas dos fillos, nin os fillos polas culpas dos pais; cada un morrerá polo seu propio pecado".

⁵Amasías reuniu ós de Xudá e puxo a tódolos xudeus e benxaminitas, por familias, ás ordes de xefes e oficiais. Fixo o censo dos maiores de vinte anos; resultaron trescentos mil en idade militar e equipados de espada e escudo. ⁶Recrutou en Israel cen mil mercenarios por cen pesos de prata. ⁷Pero un profeta presentouse ante el e díxolle:

—"Maxestade, non leves contigo o destacamento de Israel, que o Señor non está cos efraimitas. ⁸Se te apoias neles, Deus derrotarate fronte ós teus inimigos. Porque Deus pode da-la victoria e a derrota".

⁹Amasías preguntou ó profeta:

—"¿E que pasa cos cen pesos de prata que dei ó destacamento de Israel?"

O profeta contestoulle:

—"O Señor pódechos devolver superabundantemente".

¹⁰Amasías licenciou a tropa procedente de Efraím para que volvese á súa terra. Eles indignáronse con Xudá e volvéronse para os seus lugares, enfurecidos.

¹¹Amasías armouse de valor, tomou o mando da tropa, marchou ó Val do Sal e matou a dez mil seiritas. ¹²A outros dez mil colleunos vivos, levounos ó cume da rocha e chimpounos desde ela. Morreron todos desfeitos.

¹³Mentres, o destacamento que licenciara Amasías para que non loitase ó seu lado, dispersouse polas cidades de Xudá —desde Samaría ata Bethorón—, matando a tres mil persoas e capturando un gran botín. ¹⁴Cando Amasías volveu de derrotar ós idumeos, trouxo consigo os deuses dos seiritas, adoptounos coma deuses propios, adorounos e queimoulles incenso. ¹⁵O Señor indignouse con Amasías e mandoulle un profeta que lle dixo:

—"¿Por que serves a uns deuses que non puideron salva-lo seu pobo da túa man?"

¹⁶Amasías cortouno en seco, dicíndolle:

—"¿Quen te fixo conselleiro do rei? Cala dunha vez, se non queres que te maten".

O profeta terminou con estas palabras:

—"Polo que fixeches e por non escoitáre-lo meu consello, estou certo de que Deus aconsella a túa destrucción".

24, 24 Cf Dt 32, 30.
25 Trocando a fonte de 2 Re 14, 2-20, cando o considera oportuno, o cronista divide a vida do rei, coma antes fixo con Ioax, en dous períodos: de fidelidade, e conseguintemente de éxito, o primeiro; e de infidelidade e derrota, o segundo.
25, 4 Cf Dt 24, 16; Xer 31, 10; Ez 18, 20 en contraposición coa antiga mentalidade mosaica (cf Ex 20, 5; 34, 7).

25, 5-13 Estes vv describen a loita contra Edom e o seu éxito. O cronista, que non se pronuncia directamente sobre o censo (v 5), faino condenando calquera alianza con Israel (vv 6-8) e reafirmando que o Señor é quen dá a victoria ou a derrota (v 8).

25, 14-16 Para o cronista hai unha estreita relación entre a apostasía e a ira de Iavé.

¹⁷Despois de se aconsellar, Amasías de Xudá mandou unha embaixada a Ioax, fillo de Ioacaz, de Iehú, rei de Israel, con esta mensaxe:

—¡Sae, que nos vexámo-las caras!

¹⁸Pero Ioax de Israel mandou esta resposta a Amasías de Xudá:

—"O cardo do Líbano mandou dicir ó cedro do Líbano: Dáme a túa filla por esposa de meu fillo. Pero pasaron as feras e esmagaron o cardo. ¹⁹Ti dis: Derrotei a Edom, e enchícheste de fachenda. Disfruta da túa gloria ficando na casa. ¿Por que te queres meter nunha guerra catastrófica provocando a túa caída e a de Xudá?"

²⁰Pero Amasías non fixo caso, porque Deus quería entregalo nas mans de Ioax por servi-los deuses de Edom. ²¹Entón Ioax de Israel subiu ó encontro de Amasías de Xudá en Bet-Xémex de Xudá. ²²Israel derrotou ós xudeus, que fuxiron á desbandada. ²³En Bet-Xémex apreixou Ioax de Israel a Amasías de Xudá, fillo de Ioax de Ioacaz, e levouno a Xerusalén. Na muralla de Xerusalén abriu unha brecha de douscentos metros, desde a Porta de Efraím ata a porta do Ángulo. ²⁴Apoderouse do ouro, prata, os utensilios que se achaban no templo ó coidado de Obededom, os tesouros de palacio e os reféns, e volveu a Samaría. ²⁵Amasías de Xudá, fillo de Ioax, sobreviviu quince anos a Ioax de Israel, fillo de Ioacaz.

²⁶Para máis datos sobre Amasías, desde o principio ata a fin do seu reinado, véxase o libro dos Reis de Xudá e Israel. ²⁷Cando Amasías se apartou do Señor, tramaron contra el unha conspiración en Xerusalén; fuxiu a Láquix, pero perseguírono ata Láquix e matárono alí. ²⁸Cargárono sobre uns cabalos e enterrárono cos seus antepasados na capital de Xudá.

Azarías (Ozías) de Xudá

26 ¹Entón Xudá en pleno tomou a Ozías, de dezaseis anos, e nomeárono rei, sucesor de seu pai Amasías. ²Despois que morreu o rei, reconstruíu Elat, devolvéndoa a Xudá. ³Ozías tiña dezaseis anos cando subiu ó trono e reinou en Xerusalén cincuenta e dous anos. Súa nai chamábase Iecolías, natural de Xerusalén. ⁴Fixo o que o Señor aproba, igual ca seu pai Amasías. ⁵Serviu ó Señor mentres viviu Zacarías, que o educara no temor de Deus; mentres serviu ó Señor, Deus fixoo triunfar.

⁶Saíu a loitar contra os filisteos, derrubou as murallas de Gat e Iábneh e Axdod, e construíu cidades en Axdod e no territorio filisteo. ⁷Deus axudouno na guerra contra os filisteos, contra os árabes que habitaban en Gur-Baal e contra os meunitas. ⁸Os amonitas pagaron tributo a Ozías, e chegou a ser tan poderoso que a súa fama se estendeu ata a fronteira de Exipto.

⁹En Xerusalén Ozías construíu e fortificou torres na Porta do Ángulo, na Porta do Vale na Esquina. ¹⁰Tamén levantou torres no deserto e cavou moitos pozos para o abundante gando, que posuía na chaira e na meseta; tamén tiña labradores e viñadores nos montes e nas veigas, porque a Ozías gustáballe o campo.

¹¹Dispuxo dun exército en pé de guerra agrupado en escuadrón segundo o censo efectuado polo secretario Ieiel e o comisario Maseías por orde de Ananías, funcionario real. ¹²O número das cabezas de familia ó mando de soldados era dous mil seiscentos. ¹³Tiñan ás súas ordes un exército de trescentos sete mil cincocentos guerreiros valentes, que loitaban contra os inimigos do rei. ¹⁴Ozías equipou a toda a tropa con adargas, lanzas, elmos, coirazas, arcos e tirapedras. ¹⁵Fixo uns artefactos, inventados por un enxeñeiro, que lanzaban frechas e pedruscos; colocounos nas torres e nos ángulos de Xerusalén. Coa axuda prodixiosa de Deus, fíxose forte e a súa fama chegou ata moi lonxe. ¹⁶Pero ó facerse poderoso, a soberbia arrastrouno á perdición. Rebelouse contra o Señor, seu Deus, entrando no templo para queimar incenso no altar dos perfumes. ¹⁷O sacerdote Azarías e oitenta valentes sacerdotes foron tras el, ¹⁸plantáronse ante o rei Ozías e dixéronlle:

—"Ozías, a ti non che corresponde queimar incenso ó Señor. Só poden facélo os sa-

---

25, 18 Fábula popular semellante á de Xuí **9**, 8-15, na que se subliña o orgullo do rei do Norte.

26 O autor, partindo de 2 Re **15**, 1-7 ofrece dúas imaxes de Ozías (Azarías): ó comezo do seu reinado, preséntao como home pío e cheo de prosperidade (vv 6-15); máis adiante, como home feble, enfermo, pola súa infidelidade ó Señor (vv 16-23).

26, 1 *Ozías*. En 2 Re **14**, 21-22; **15**, 1-8, o nome hebreo é "Azariah". Algúns ven no segundo o nome familiar.

26, 5 *Zacarías* desenvolve un papel na vida de Ozías semellante ó de Iehoiadá na Ioax (cf 24, 2).

26, 7 *Deus axudouno*. Deste xeito cúmprese o que o nome de Azarías significa literalmente: Deus axúdao.

26, 16 *A soberbia*: pecado condenado por Dt **9**, 4-6. Ozías viola as leis cultuais (cf Ex **30**, 7-9; Núm **18**, 1-7), cousa que para o cronista é unha usurpación (v 18) e que condenará rei coa maldición de Deus manifestada na lepra (v 19). Casos semellantes non faltan no A.T. (cf Núm **12**, 10).

cerdotes aharonitas, consagrados para iso. ¡Sae do santuario, que o teu pecado non te honra perante o Señor".

¹⁹Ozías, que tiña o incensario na man, indignouse cos sacerdotes, e no mesmo momento, no templo, diante dos sacerdotes, onda o altar dos perfumes, a lepra brotou na súa fronte. ²⁰Botárono de alí, mentres el mesmo se apresuraba a saír, ferido polo Señor.

²¹O rei Ozías seguiu leproso ata o día da súa morte. Viviu na leprosería, con prohibición de acudir ó templo. Seu fillo Iotam encargouse da corte e de xulga-la poboación.

²²Para máis datos sobre Ozías, desde o principio ata a fin do seu reinado, véxase o libro do profeta Isaías, fillo de Amós. ²³Cando morreu enterrárono cos seus antepasados no campo do cemiterio real, considerando que era un leproso. O seu fillo Iotam sucedeulle no trono.

Iotam de Xudá

27 ¹Cando subiu ó trono, Iotam tiña vintecinco anos, e reinou en Xerusalén dezaseis anos. Súa nai chamábase Ieruxah, filla de Sadoc. ²Fixo o que o Señor aproba, igual ca seu pai Ozías. Pero non ía ó templo, e o pobo seguía corrompéndose. ³Construíu a Porta Superior do templo e fixo moitas obras na muralla de Ofel. ⁴Construíu cidades na serra de Xudá e levantou fortalezas e torres nos matos. ⁵Loitou contra o rei dos amonitas e venceuno. Os amonitas pagáronlle aquel ano cen pesos de prata, dez mil toneis de trigo e dez mil de cebada; e igual cantidade os dous anos seguintes. ⁶Iotam fíxose poderoso porque procedeu rectamente ante o Señor, o seu Deus.

⁷Para máis datos sobre Iotam, as súas guerras e empresas, véxase o libro dos Reis de Israel e Xudá. ⁸Subiu ó trono á idade de vintecinco anos e reinou en Xerusalén dezaseis anos. ⁹Cando morreu enterrárono na Cidade de David. O seu fillo Ahaz sucedeulle no trono.

Ahaz de Xudá

28 ¹Cando subiu ó trono Ahaz tiña vinte anos e reinou en Xerusalén dezaseis anos. Non fixo, coma o seu antepasado David, o que o Señor aproba. ²Imitou ó rei de Israel, facendo estatuas ós baales. ³Queimaba incenso no val de Ben-Hinnom e incluso sacrificou a seu fillo na fogueira, segundo costume aborrecible das nacións que o Señor expulsara ante os israelitas. ⁴Sacrificaba e queimaba incenso nos outeiros, nas colinas e baixo as árbores frondosas. ⁵O Señor, seu Deus, entregouno nas mans do rei sirio, que o derrotou, capturou numerosos prisioneiros e levounos a Damasco. Tamén o entregou nas mans do rei de Israel, que lle inflixiu unha gran derrota.

⁶Pécah, fillo de Romelías, matou nun só día a cento vinte mil xudeus, pois abandonaron o Señor, Deus de seus pais. ⁷E Zicrí, un soldado de Efraím, matou a Maseías, fillo do rei, a Azricam, maiordomo do palacio, e ó primeiro ministro Elcanah. ⁸Entre mulleres, fillos e fillas, os israelitas colleron a seus irmáns douscentos mil prisioneiros; apoderáronse tamén dun gran botín e levárono a Samaría.

⁹Había alí un profeta do Señor, chamado Oded. Cando o exército volvía a Samaría, saíu ó seu encontro e díxolles:

—"O Señor, Deus de vosos pais, indignado con Xudá, púxoo nas vosas mans. Pero a saña con que os matastes clama ó ceo. ¹⁰E por riba propósdesvos converter en escravos e escravas os habitantes de Xudá e Xerusalén. ¿Non pecastes xa bastante contra o Señor, voso Deus? ¹¹Facédeme caso e devolvede os vosos irmáns que collestes prisioneiros, porque vos ameaza a ardente cólera do Señor".

¹²Algúns xefes efraimitas —Azarías, fillo de Iohanán, Berequías, fillo de Mexilemot, Ezequías, fillo de Xalum, e Amasá, fillo de Hadlai—, puxéronse tamén en contra do exército que volvía, ¹³e dixéronlles:

—"Non metades aquí eses prisioneiros, porque seriamos reos ante o Señor. Bastante

---

27 O cronista narra agora a historia de Iotam, servíndose de 2 Re **15**, 32-38. Gracias ás omisións deliberadas (cf v 2 e 2 Re **15**, 35), a imaxe que nos ofrece deste rei é altamente positiva.

28 O autor preséntanos agora a Ahaz como o peor dos reis da dinastía davídica, pola súa infidelidade e impiedade. Esta imaxe negativa valeralle para presentar, por contraste, a grandeza do rei Ezequías.

Inspírase, máis que nada, en 2 Re **16**, 2-4. 19-20.

28, 2 Ó comparalo cos reis de Israel, o cronista dá o peor xuízo que se pode dar dun rei de Xudá.

28, 3 *Ben-Hinnom:* Cf nota a Xos **18**, 16.

28, 9-11 Facer escravos ós irmáns estaba prohibido pola lei (Lev **25**, 39-43). Israel sobrepasa os límites de xusto castigo contra Xudá, como noutro tempo fixeron os asirios (cf Is **10**, 15; Zac **1**, 12-15).

pecamos xa para que vos dediquedes a aumenta-las nosas faltas e culpas irritando ó Señor contra Israel". ¹⁴Entón os soldados deixaron os prisioneiros e o botín á disposición das autoridades e da comunidade. ¹⁵Designaron expresamente a algúns para que se fixesen cargo dos cativos. Ós que estaban espidos vestíronos con traxes e sandalias do botín; logo déronlles de comer e beber, unxíronos, montaron en burros ós que non podían camiñar e leváronos a Iericó, a cidade das palmeiras, cos seus irmáns. A continuación volvéronse a Samaría.

¹⁶Por entón, o rei Ahaz mandou unha embaixada ó rei de Asiria para pedirlle axuda. ¹⁷Os idumeos fixeran unha nova incursión, derrotando a Xudá e collendo prisioneiros. ¹⁸Os filisteos saquearon as cidades da Xefelah e do Négueb de Xudá, apoderándose de Bet-Xémex, Aiabón, Guederot, Socó e a súa comarca, Timnah e a súa comarca, Guimzó e a súa comarca, establecéndose nelas. ¹⁹O Señor humillaba a Xudá por culpa de Ahaz, que trouxera o desenfreo a Xudá, e mostrábase rebelde ó Señor. ²⁰Pero Teglat Peléser, rei de Asiria, en vez de axudalo, marchou contra el e sitiouno. ²¹E aínda que Ahaz espoliou o templo, o palacio e as casas das autoridades para gaña-la vontade do rei, non lle serviu de nada. ²²Incluso durante o asedio seguiu rebelándose contra o Señor. ²³Ofreceu sacrificios ós deuses de Damasco que o derrotaran, pensando:

—"Os deuses de Siria si que axudan ós seus reis. Ofrecereilles sacrificios para que me axuden a min". Pero foron a súa ruína e a de Israel.

²⁴Ahaz reuniu os obxectos do templo e fíxoos pedazos; pechou as portas do templo, construíu altares en tódolos recantos de Xerusalén ²⁵e levantou ermidas en tódalas cidades de Xudá para queimar incenso a deuses estraños, irritando ó Señor, Deus de seus pais.

²⁶Para as súas restantes actividades e empresas, do principio á fin do seu reinado, véxase o libro dos Reis de Xudá e Israel. ²⁷Cando Ahaz morreu, non o levaron ó panteón real de Xudá, senón que o enterraron na cidade, en Xerusalén. O seu fillo Ezequías sucedeuno no trono.

Ezequías de Xudá

29 ¹Cando Ezequías subiu ó trono tiña vintecinco anos e reinou en Xerusalén veintenove anos. Súa nai chamábase Abía, filla de Zacarías. ²Fixo o que o Señor aproba, igual có seu antepasado David.

³O ano primeiro do seu reinado, o mes de marzo, abriu e restaurou as portas do templo. ⁴Fixo vi-los sacerdotes e levitas, reuniunos na Praza de Oriente ⁵e díxolles:

—"Escoitádeme, levitas: purificádevos e purificade o templo do Señor, Deus de vosos pais. Sacade do santuario a impureza, ⁶porque nosos pais pecaron, fixeron o que reproba o Señor noso Deus, abandonárono e despreocupáronse por completo da morada do Señor. ⁷Por se fose pouco, pecharon as portas da nave, apagaron as lámpadas e deixaron de queimar incenso e de ofrecer holocaustos no santuario do Deus de Israel. ⁸Entón o Señor indignouse con Xudá e Xerusalén, e fixoos obxecto de estupor, de espanto e de burla, como puidestes ver cos vosos propios ollos. ⁹Nosos pais morreron a espada e nosos fillos, fillas e mulleres marcharon ó desterro por este motivo. ¹⁰Agora teño o propósito de selar unha alianza co Señor, Deus de Israel, para que cese na súa ira contra nós. ¹¹Por tanto, meus fillos, non sexades neglixentes, que o Señor vos elixiu para estardes na súa presencia, servilo, se-los seus ministros e queimar incenso".

¹²Entón os levitas: Máhat, fillo de Amasai, e Ioel, fillo de Azarías, descendentes de Quehat, Quix fillo de Abdí, e Azarías fillo de Iehalelel, descendentes de Merarí; Ioah, fillo de Zimah, e Edén fillo de Ioah, descendentes de Guerxom; ¹³Ximrí e Ieiel, descendentes de Elisafán; Zacarías e Matanías, descendentes de Asaf; ¹⁴Iehiel e Ximí, descendentes de Hemán; Semaías e Uziel, descendentes de Iedutún, ¹⁵reuniron a seus irmáns, purificáronse e foron purifica-lo templo, como dispuxera o rei por orde do Señor. ¹⁶Os sacerdotes penetraron no interior do templo para purificalo;

28, 15 O cronista non pode menos de reseñar este xesto xeneroso dos samaritanos, así como a súa obediencia ó profeta de Deus (cf Lc **10,** 25-37).
28, 20 Estraña a omisión da intervención de Isaías perante o rei (Is **7,** 14).
29-32 O cronista adica particular atención á reforma de Ezequías, como unha volta a David e Salomón. A noticia de 2 Re **18,** 4 é ampliada cumpridamente. Probablemente o autor terá presente a reforma de Ioxías (cf cc. **34-35**), xa que en ámbolos dous se encontran os mesmos elementos.
29, 3 *Abriu as portas:* as que Ahaz pechara (**28,** 24). Comeza unha nova era.
29, 5 *Purificádevos:* cf Ex **19,** 10-11. *Impureza:* indica c culto pagano (cf 2 Re **16,** 10-12).

sacaron para o adro tódalas cousas impuras que encontraron no templo, e os levitas colléronas e chimpáronas fóra, ó torrente Cedrón. ¹⁷A tarefa de purificación comezou o día un do mes primeiro; o oito chegaron á nave do templo, e durante outros oito días purificaron o templo, acabando o dezaseis do mesmo mes. ¹⁸Presentáronse logo ó rei Ezequías e dixéronlle:

—"Xa purificamos todo o templo: o altar dos holocaustos, con tódolos seus utensilios e a mesa dos pans presentados, con tódolos seus utensilios.

¹⁹Tamén reparamos e purificamos tódolos obxectos que o rei Ahaz profanou coa súa rebeldía durante o seu reinado. Deixámolos diante do altar do Señor".

²⁰Moi de mañá, o rei Ezequías reuniu as autoridades da cidade e subiu ó templo. ²¹Levaron sete touros, sete carneiros, sete años e sete machos cabríos coma sacrificio expiatorio pola monarquía, polo santuario e por Xudá. Logo ordenou ós sacerdotes aharonitas que os ofrecesen sobre o altar do Señor. ²²Sacrificaron os touros, e os sacerdotes recolleron o sangue e derramárono sobre o altar; sacrificaron os años e derramaron o sangue sobre o altar. ²³Logo levaron os machos cabríos da expiación diante do rei e da comunidade para que lles impuxesen as mans. ²⁴Os sacerdotes degoláronos e derramaron o sangue sobre o altar para obte-lo perdón de todo Israel, xa que o rei ordenara que o holocausto e o sacrificio de expiación fosen por todo Israel. ²⁵O rei instalara os levitas no templo, con pratiños, harpas e cítolas, coma o dispuxera David, Gad o vidente do rei, e o profeta Natán. A orde era de Deus, por medio dos seus profetas. ²⁶Así, pois, achábanse presentes os levitas cos instrumentos de David e os sacerdotes coas trompetas.

²⁷Ezequías deu orde de ofrece-lo holocausto, ante o altar, e no mesmo instante en que empezou o holocausto, comezou o canto do Señor e o son das trompetas, acompañados dos instrumentos de David, rei de Israel. ²⁸Ata que acabou o holocausto toda a comunidade permaneceu postrada, mentres continuaban os cantos e resoaban as trompetas. ²⁹Cando acabou, o rei e o seu séquito postráronse en adoración. ³⁰Logo Ezequías e as autoridades pediron ós levitas que louvasen ó Señor con cancións de David e do vidente Asaf. Fixérono con tono festivo e adoraron ó Señor facendo reverencia. ³¹Logo Ezequías tomou a palabra e dixo:

—"Agora quedades consagrados ó Señor. Achegádevos e ofrecede sacrificios de acción de gracias polo templo".

A comunidade ofreceu sacrificios de acción de gracias e as persoas xenerosas holocaustos.

³²O número de víctimas que ofreceu a comunidade foi de setenta touros, cen carneiros e douscentos años, todos en holocausto ó Señor. ³³As ofrendas sagradas foron seiscentos touros e tres mil ovellas. ³⁴Como os sacerdotes eran poucos e non daban feito para degolar tantas víctimas, axudáronos seus irmáns os levitas, ata que terminaron a tarefa e se purificaron os sacerdotes (porque os levitas se mostraron máis dispostos a purificarse cós sacerdotes). ³⁵Houbo moitos holocaustos, ademais da graxa dos sacrificios de comuñón e das libacións dos holocaustos. Así restableceuse o culto do templo.

³⁶Ezequías e o pobo alegráronse de que Deus movese ó pobo, porque todo sucedeu nun abrir e pecha-los ollos.

30 ¹Ezequías mandou mensaxeiros por todo Israel e Xudá, e escribiu cartas a Efraím e Menaxés para que acudisen ó templo de Xerusalén, coa fin de celebra-la Pascua do Señor, Deus de Israel. ²O rei, as autoridades e toda a comunidade de Xerusalén decidiron en consello celebra-la Pascua durante o mes de maio, ³xa que non puideran facelo ó seu debido tempo porque quedaban moitos sacerdotes sen purificarse e o pobo non se reunira aínda en Xerusalén. ⁴Ó rei e a toda a comunidade pareceulles acertada a decisión. ⁵Entón acordaron pregoar por todo Israel, desde Beerxeba ata Dan, que viñesen a Xerusalén celebra-la Pascua do Señor, Deus de Israel, porque moitos non a celebraban como está mandado. ⁶Os mensaxeiros percorreron todo Israel e Xudá levando as cartas do rei e das autoridades e pregoando por orde do rei:

—"Israelitas, volvede ó Señor, Deus de Abraham, de Isaac e de Israel, e o Señor vol-

---

29, 21 O ritual inspírase en Lev **4**.
29, 25-30 O cronista subliña a continuidade do novo culto, instaurado por Ezequías, co culto davídico.
30 A celebración da Pascua é a segunda fase da reforma de Ezequías. Israel parece renacer; as portas da plena reconciliación entre o Norte e o Sur están abertas. Ezequías preséntase como o restaurador da unidade do pobo de Deus.
30, 2 Un precedente deste retraso xa o atopamos en Núm **9,**6-13.
30, 6-9 O discurso de Ezequías mira especialmente á unidade de todo o pobo, desde Beerxeba a Dan (cf v 5). A verba clave é "xub", voltar, converterse.

verá a estar con tódolos superviventes do poder dos reis asirios. ⁷Non sexades coma vosos pais e irmáns, que se rebelaron contra o Señor, Deus de seus pais, e este converteunos en obxecto de espanto, coma vós mesmos podedes ver. ⁸Non sexades tercos coma vosos pais. Entregádevos ó Señor, acudide ó santuario que foi consagrado para sempre. Servide ó Señor, voso Deus, e El apartará de vós o ardor da súa cólera. ⁹Se vos convertedes ó Señor, os que deportaron a vosos irmáns e fillos sentirán compaixón deles e deixaranos volver a este país. Porque o Señor, voso Deus, é clemente e misericordioso, e non vos volverá a espalda se volvedes a El".

¹⁰Os mensaxeiros percorreron de cidade en cidade a terra de Efraím e Menaxés ata Zebulón, pero rianse e burlábanse deles. ¹¹Só algúns de Axer, Menaxés e Zebulón se mostraron humildes e acudiron a Xerusalén. ¹²Os xudeus, por gracia de Deus, cumpriron unánimes o que o Señor dispuxera por orde do rei e das autoridades.

¹³O mes de maio reuniuse en Xerusalén unha gran multitude para celebra-la festa dos Pans Ázimos; foi unha asemblea numerosísima. ¹⁴Suprimiron tódolos altares que había por Xerusalén e eliminaron tódalas aras de incensar, guindándoas ó torrente Cedrón.

¹⁵O catorce de maio inmolaron a Pascua. Os sacerdotes levíticos confesaron os seus pecados, purificáronse e levaron holocaustos ó templo. ¹⁶Cada un ocupou o posto que lle correspondía segundo a Lei de Moisés, home de Deus; os sacerdotes derramaban o sangue que lles pasaban os levitas. ¹⁷Como moitos da comunidade non se purificaran, os levitas encargáronse de inmola-los años pascuais de tódolos que non estaban puros para consagralos ó Señor. ¹⁸Gran número de persoas, na súa maioría de Efraím, Menaxés, Isacar e Zebulón, non observaron o prescrito e comeron a Pascua sen se purificaren. Pero Ezequías intercedeu por eles dicindo:

—"O Señor, que é bo, perdoa a tódolos que serven de corazón a Iavé, ¹⁹Deus de seus pais, aínda que non teñan a pureza ritual".

²⁰O Señor escoitou a Ezequías e curou ó pobo. ²¹Os iraelitas que se encontraban en Xerusalén celebraron a festa dos Ázimos durante sete días con gran xúbilo. Os sacerdotes e levitas louvaban ó Señor día tras día con todo entusiasmo.

²²Ezequías felicitou ós levitas polas súas boas disposicións co Señor. Pasaron os sete días de festa ofrecendo sacrificios de comuñón e confesando ó Señor, Deus de seus pais. ²³Logo a comunidade decidiu prolonga-la festa outros sete días. E puideron facelo, con gran xúbilo, ²⁴porque Ezequías, rei de Xudá, proporcionoulles mil touros e sete mil ovellas, e as autoridades, outros mil touros e dez mil ovellas. Ademais purificáronse moitos sacerdotes. ²⁵A alegría reinaba entre a comunidade de Xudá, entre os sacerdotes, os levitas, os que viñeran de Israel, os estranxeiros procedentes de Israel e os residentes en Xudá. ²⁶Unha festa tan magnífica non se acordaba en Xerusalén desde os días de Salomón, fillo de David, rei de Israel. ²⁷Os sacerdotes levíticos levantáronse para bendicir ó pobo. O Señor escoitou a súa voz e a pregaria chegou ata a súa santa morada dos ceos.

31 ¹Rematada a festa, tódolos israelitas presentes percorreron as cidades de Xudá destruíndo os cipos, talando as estelas e derrubando as ermidas e os altares de todo Xudá, Benxamín, Efraím e Menaxés ata que non quedou ningún. Logo cada un volveu á súa casa e cidade.

²Ezequías organizou por clases ós sacerdotes e levitas, asignando a cada un a súa función sacerdotal ou levítica: ofrecer holocaustos e sacrificios de comuñón, dar gracias e louvar e servir á entrada dos campamentos do Señor. ³Destinou parte dos bens da coroa a toda clase de holocaustos: matutinos e vespertinos, dos sábados, principios de mes e festividades, como manda a Lei do Señor. ⁴Ós habitantes de Xerusalén ordenoulles axudar economicamente ós sacerdotes e levitas para que se puidesen dedicar á Lei do Señor. ⁵Cando se espallou a orde, os israelitas recolleron as primicias do trigo, do mosto, do aceite, do mel e de tódolos productos

---

30, 13 Neste tempo a festa dos Pans Ázimos estaba unida á Pascua (cf Dt **16,** 1-8).
30, 18-20 Prevalece a disposición interior por riba da pureza ritual.
30, 23 Outros sete días coma no tempo da Dedicación (7, 8-9).

31 Este c. é propio do cronista. Só algunhas expresións dependen de 2 Re **18,** 3-4. As medidas tomadas por Ezequías lembran as de Nehemías.

31, 1 Probablemente o cronista atribúe a este momento o que se fixera no reinado de Ioxías (cf 2 Re **23**).

agrícolas e entregaron abundantes décimos de todo. ⁶Tamén os israelitas e xudeus que habitaban nas cidades de Xudá entregaron o décimo do gando maior e menor e o décimo das cousas sacrosantas dedicadas ó Señor, dispoñéndoos en montóns. ⁷Comezaron a face-los montóns en maio e terminaron en outubro. ⁸Cando chegaron Ezequías e as autoridades, ó veren os montóns, bendiciron ó Señor e ó seu pobo, Israel. ⁹Ezequías pediu ós sacerdotes e levitas que o informasen sobre eles. ¹⁰O sumo sacerdote Azarías, da familia de Sadoc, díxolles:

—"Desde que comezaron a traer ofrendas ó templo, comemos a fartar, pero sobrou moito, porque o Señor bendiciu ó seu pobo. Toda esta cantidade é o que sobrou".

¹¹Ezequías deu orde de preparar uns silos no templo. Cando o fixeron, ¹²levaron fielmente as ofrendas, o décimo e os dons sacrosantos. Encargaron deles ó levita Conanías e a seu irmán Ximí coma axudante. Por orde do rei Ezequías e de Azarías, prefecto do templo, nomearon inspectores a ¹³Iehiel, Azaías, Náhat, Asahel, Ierimot, Iozabad, Eliel, Ismaquías, Máhat e Benaías, ás ordes de Conanías e de seu irmán Ximí. ¹⁴O levita Coré, fillo de Imnah, porteiro da Porta de Oriente, estaba encargado das ofrendas voluntarias e de administra-las ofrendas do Señor e os dons sacrosantos. ¹⁵Ás súas ordes estaban Edén, Miniamín, Xesús, Semaías, Amarías e Xecanías, repartidos polas cidades sacerdotais para aprovisionaren permanentemente a seus irmáns segundo ás súas clases, fosen grandes ou pequenos, ¹⁶con tal de que estivesen inscritos entre os varóns a partir dos tres anos; é decir, provían a tódolos que entraban diariamente ó servicio do templo para realiza-las funcións asignadas ás súas clases.

¹⁷Os sacerdotes estaban rexistrados por familias; e os levitas —a partir dos vinte anos— polas súas funcións e clases. ¹⁸Debíanse rexistrar con toda a súa familia, mulleres, fillos e fillas, todo o grupo, porque habían de ser fieis á súa consagración. ¹⁹Respecto ós sacerdotes aharonitas que vivían nos arrabaldes das cidades, en todas elas había persoas encargadas nominalmente de prover ós sacerdotes varóns e a tódolos levitas inscritos no rexistro.

²⁰Ezequías impuxo esta norma en todo Xudá. Actuou con bondade, rectitude e fidelidade de acordo co Señor, seu Deus. ²¹Todo o que emprendeu ó servicio do templo, da Lei e dos preceptos, fíxoo servindo ó seu Deus de todo corazón. Por iso tivo éxito.

32 ¹Despois destes actos de lealdade, Senaquerib, rei de Asiria, púxose en marcha, chegou a Xudá, sitiou as fortalezas e deu orde de conquistalas. ²Ezequías advertiu que Senaquerib viña disposto a atacar Xerusalén. ³Reunido en consello coas autoridades civís e militares, propuxo cega-las fontes de auga que había fóra da cidade e mostráronse de acordo. ⁴Reuniron moita xente e cegaron tódalas fontes e o torrente que atravesaba a cidade, dicíndose: —"Só falta que cando veña o rei de Asiria encontre auga en abundancia". ⁵Con gran enerxía reparou toda a muralla derruída, coroouna con torres, edificou unha barbacá, fortificou a zona do terraplén da Cidade de David, e fixo numerosas armas curtas e adargas. ⁶Nomeou xefes militares ó mando da poboación, reuniunos na Praza Maior e arengounos con estas palabras:

⁷—"¡Ánimo e valor! Non vos asustedes nin acovardedes ante o rei de Asiria e a multitude que o segue. Nós contamos con algo máis grande ca el. ⁸El conta con forzas humanas, nós co Señor, noso Deus, que nos auxilia e guerrea connosco".

O pobo animouse coas palabras de Ezequías, rei de Xudá.

⁹Máis tarde, mentres Senaquerib, rei de Asiria, sitiaba Láquix con tódalas súas tropas, mandou uns mensaxeiros a Xerusalén para que dixesen a Ezequías, rei de Xudá, e a tódolos xudeus que se encontraban en Xerusalén:

31, 10 *Bendiciu*. A bendición é a recompensa pola observancia da lei (cf Lev **25**, 19-22; Ax **2**, 16-18).
31, 17 Cf 1 Cro **23**, 7-23.
31, 18 Cf Lev **21**.
31, 19 Cf Lev **25**, 34.
31, 21 *Tivo éxito*. A recompensa acompaña o celo pola causa de Deus (**14**, 6; **18**, 11; **20**, 20).
32 Este c. narra con profusión de detalles a invasión de Senaquerib (vv 1-23) e a enfermidade-curación do rei (vv 24-33). Para a primeira parte o cronista sérvese de 2 Re **18**, 13-19, 36 e Is **36-37**; para a segunda, de 2 Re **20**, 1-19 e Is **38**. O contraste entre o noso autor e as fontes é grande. Aquí Ezequías é forte e valente, nada teme do rei de Asiria; nas fontes, o rei aparece vacilante e falto de fe. A comparanza entre este c. e 2 Re **18-19** é un magnífico exemplo para ver como o cronista trata as fontes.
32, 6-8 Ezequías exhorta o pobo a poñe-la súa confianza en Deus. As alusións bíblicas da súa alocución son numerosas (cf Dt **31**, 6; Xos **10**, 25). A súa actitude contrasta coa do inimigo, que pon a súa confianza nas armas (cf Is **31**, 3; Xer **17**, 5). O tema de Deus combatendo en favor do seu pobo é frecuente no AT (cf Ex **14**, 14).

¹⁰—"Así di Senaquerib, rei de Asiria: ¿En que confiades para seguir nunha cidade sitiada como Xerusalén? ¹¹¿Non vedes que Ezequías vos está enganando e vos leva a morrer de fame e de sede cando di: O Señor, noso Deus, salvaranos da man do rei de Asiria? ¹²¿Non foi el quen suprimiu as súas ermidas e os seus altares ordenando a xudeus e xerosolimitanos que se postren e queimen incenso ante un só altar? ¹³¿Non sabéde-lo que fixen eu e o que fixeron os meus antepasados con tódolos pobos do mundo? ¿Acaso os deuses deses pobos puideron libra-los seus territorios da miña man? ¹⁴¿Que deus deses pobos que exterminaron os meus antepasados conseguiu libra-la súa xente da miña man? ¿E vaivos poder salvar o voso Deus? ¹⁵Non vos deixedes enganar e seducir por Ezequías. Non confiedes nel. Ningún deus de ningunha nación ou reino puido libra-lo seu pobo da miña man e da dos meus antepasados. ¡E vaivos poder librar o voso Deus!"

¹⁶Os mensaxeiros seguiron falando contra o Señor Deus e contra o seu servo Ezequías. ¹⁷Senaquerib escribira tamén unha mensaxe inxuriando ó Señor, Deus de Israel, e dicindo contra El: —"O mesmo que os deuses nacionais non libraron ós seus pobos da miña man, tampouco o Deus de Ezequías non librará ó seu pobo". ¹⁸Falaban a voces, en hebreo, ó pobo de Xerusalén que se encontraba na muralla, para atemorizalo e amedoñalo a fin de se apoderaren da cidade. ¹⁹Falaron do Deus de Xerusalén coma se tratase dun deus calquera, fabricado por homes.

²⁰O rei Ezequías e o profeta Isaías, fillo de Amós, puxéronse en oración con este motivo e clamaron ó ceo. ²¹Entón o Señor mandou un anxo, que aniquilou a tódolos soldados e ós xefes e oficiais do campamento do rei asirio. Este volveu ó seu país derrotado, e unha vez que entrou no templo do seu deus, asasináronlo alí seus propios fillos.

²²O Señor salvou a Ezequías e ós habitantes de Xerusalén das mans de Senaquerib, rei de Asiria, e de tódolos inimigos, concedéndolles paz nas fronteiras. ²³Moita xente veu a Xerusalén para ofreceren dons ó Señor e presentes a Ezequías de Xudá, que daquela adquiriu gran prestixio en tódalas nacións.

²⁴Por entón, Ezequías enfermara de morte. Orou ó Señor, que lle prometeu sandalo e lle concedeu un prodixio. ²⁵Pero Ezequías non correspondeu a este beneficio, ó contrario, envaeceuse e atraeu sobre si, sobre Xudá e sobre Xerusaén a cólera do Señor. ²⁶Pero logo arrepentiuse do seu orgullo xunto con tódolos habitantes de Xerusalén, e o Señor non se volveu alporizar contra eles na vida de Ezequías. ²⁷Ezequías tivo gran riqueza e prestixio. Acugulou gran cantidade de prata, ouro, pedras preciosas, perfumes, adargas e obxectos de valor de tódalas clases; ²⁸construíu silos para as colleitas de trigo, mosto e aceite, cortes para todo tipo de gando e curros para os rabaños. ²⁹Edificou cidades e reuniu un inmenso rabaño de ovellas e vacas, porque Deus lle concedeu moitísimos bens.

³⁰Foi Ezequías quen cegou a saída superior das augas de Guihón e desviounas por un subterráneo á parte occidental da Cidade de David. Triunfou en tódalas súas empresas; ³¹e cando os príncipes de Babilonia lle enviaron mensaxeiros para se informaren do prodixio que sucedera no seu país, se Deus o abandonou foi para pólo á proba e coñece-las súas intencións.

³²Para máis datos sobre Ezequías e sobre as súas obras de piedade, véxanse o libro do profeta Isaías, fillo de Amós, e o libro dos Reis de Xudá e Israel. ³³Cando morreu Ezequías enterrárono na costa das tumbas dos descendentes de David. Os xudeus e a poboación de Xerusalén dedicáronlle un gran funeral. O seu fillo Menaxés sucedeuno no trono.

Menaxés de Xudá

33 ¹Menaxés tiña doce anos cando subiu ó trono, e reinou en Xerusalén cincuenta e cinco anos. ²Fixo o que o Señor

---

32, 20 Única mención do profeta Isaías, que desaprobara o modo de Ezequías (cf Is **22**, 11).

32, 25 *A cólera do Señor:* probable alusión a Is **39**, 5-7.

32, 27-29 Ezequías, polas súas riquezas, aparece como o novo Salomón.

32, 31 A enfermidade, segundo o cronista e contrariamente á fonte, non é un castigo, senón unha proba da que Ezequías sae airoso.

33 O c. está adicado a Menaxés (vv 1-20) e Amón (vv 21-25), reis de Xudá. Para o primeiro inspírase en 2 Re **21**, 1-8; para o segundo, en 2 Re **21**, 19-26. Tamén aquí o contraste entre a presentación que o cronista fai de Menaxés é moi significativa (cf 2 Re **21**, 6-11; Xer **7**, 31). O c. pode tomarse coma exemplo clásico da doutrina do cronista sobre a retribución.

reproba, imitando os costumes abominables das nacións que o Señor expulsara ante os israelitas. ³Reconstruíu as ermidas dos outeiros derruídas por seu pai Ezequías, levantou altares ós baales, erixiu estelas, adorou e deu culto a todo o exército do ceo; ⁴puxo altares no templo do Señor, do que o Señor dixera: —"O meu nome estará en Xerusalén por sempre"; ⁵edificou altares a todo o exército do ceo nos dous adros do templo, ⁶queimou os seus fillos no val de Ben-Hinnom: practicou a adiviñación, a maxia e a feitecería, e instituíu nigromantes e adiviños. Facía continuamente o que o Señor reproba, alporizándoo. ⁷A imaxe do ídolo que fabricara colocouna no templo de Deus, do que Deus dixera a David e ó seu fillo Salomón: —"Neste templo e en Xerusalén, que elixín entre tódalas tribos de Israel, poñerei o meu nome por sempre; ⁸xa non deixarei que Israel ande lonxe da terra que asignei a vosos pais, a condición de que poñan por obra canto lles mandei, seguindo a Lei, os preceptos e normas de Moisés".

⁹Pero Menaxés descamiñou a Xudá e a poboación de Xerusalén para que se portase peor cás nacións que o Señor exterminara ante os israelitas.

¹⁰O Señor dirixiu a súa palabra a Menaxés e ó seu pobo, pero non lle fixeron caso. ¹¹Entón fixo vir contra eles os xenerais do rei de Asiria, que apresaron a Menaxés con garfos, atárono con cadeas de bronce e conducírono a Babilonia. ¹²Na súa angustia procurou aplacar ó Señor seu Deus, e humillouse profundamente ante o Deus de seus pais e suplicoulle.

¹³O Señor atendeuno con benignidade, escoitou a súa súplica e fíxoo volver a Xerusalén, ó seu reino. Menaxés recoñeceu que o Señor é o verdadeiro Deus.

¹⁴Máis tarde construíu unha barbacá na Cidade de David, desde o oeste de Guihón, no torrente, ata a Porta do Peixe, rodeando o Ofel. Fíxoa moi alta. Puxo oficiais en tódalas fortalezas de Xudá.

¹⁵Suprimiu do templo os deuses estranxeiros e o ídolo, e guindou fóra da cidade tódolos altares que construíra no monte do templo e en Xerusalén. ¹⁶Restaurou o altar do Señor e inmolou sobre el sacrificios de comuñón e de acción de gracias. E ordenou que os xudeus desen culto ó Señor, Deus de Israel. ¹⁷Pero o pobo seguiu sacrificando nas ermidas dos outeiros, aínda que só ó Señor, seu Deus.

¹⁸Para máis datos sobre Menaxés, a oración que fixo e os oráculos dos videntes que lle falaban no nome do Señor, Deus de Israel, véxase a historia dos Reis de Israel. ¹⁹A súa oración e a acollida divina, o seu pecado e a súa rebeldía, os lugares onde levantou ermidas e erixiu estelas e ídolos antes da súa conversión, están rexistrados na historia dos seus videntes. ²⁰Cando morreu Menaxés, enterrárono na súa casa. O seu fillo Amón sucedeuno no trono.

Amón de Xudá

²¹Amón tiña vintedous anos cando subiu ó trono e reinou en Xerusalén dous anos. ²²Fixo o que o Señor reproba, igual ca seu pai, Menaxés. Amón sacrificou e deu culto a tódolos ídolos que fixo seu pai, Menaxés. ²³Pero non se humillou ante o Señor como fixera seu pai; ó contrario, mutiplicou as súas culpas. ²⁴Os seus cortesáns conspiraron contra el e asasináronon no palacio. ²⁵Pero a poboación matou os conspiradores contra o rei Amón e nomearon rei sucesor a Ioxías, fillo de Amón.

Ioxías de Xudá

34 ¹Cando Ioxías subiu ó trono tiña oito anos e reinou en Xerusalén trinta e un. ²Fixo o que o Señor aproba. Imitou a conducta do seu antepasado David, sen se desviar á dereita nin esquerda. ³No ano oitavo do seu reinado, cando aínda era un rapaz, comezou a servi-lo Deus do seu antepasado David, e o ano doce empezou a purificar a Xudá e a Xerusalén de ermidas, estelas, estatuas e ídolos. ⁴Destruíron na súa presencia os altares dos baales e derrubou os cipos que había sobre eles; as estelas, as estatuas e os ídolos trituróunos ata reducilos a po, e espallounos sobre as tumbas dos que lles ofreceran sacrificios. ⁵Queimou sobre os seus altares os ósos dos sacerdotes. Así purificou a Xudá e Xerusalén. ⁶Nas cidades de Menaxés, Efraím, Simeón e ata a de Naftalí, en tódolos seus lugares, destruíu os altares, ⁷triturou ata facer po as estelas e as estatuas e derrubou os ci-

---

33, 12 *Aplacar*: cf **32**, 11; 1 Re **13**, 6; Xer **26**, 19.
33, 23 A humildade é unha virtude moi estimada polo cronista: cf **7**, 14; **12**, 6-12; **30**, 11; **32**, 26; **33**, 12-19; **34**, 27.
34-35 Estes cc. están adicados a Ioxías, e inspíranse en 2 Re

22, 1-23, 30 *Ioxías* é presentado coma un monarca piadoso e reformador, anque non da talla de Ioxafat ou Ezequías. Segundo as fontes, a reforma cultual é posterior ó encontro do libro da lei. Segundo o cronista, a reforma é anterior.

pos en todo o territorio de Israel. Logo volveu a Xerusalén.

⁸O ano dezaoito do seu reinado, cando terminou de purifica-lo país e o templo, mandou a Xafán, fillo de Asalías, ó alcalde Maseías e ó chanceler Ioah, fillo de Ioahaz, a repara-lo templo do Señor, o seu Deus. ⁹Presentáronse ó sumo sacerdote Hilquías, para recolle-lo diñeiro ingresado no templo polas colleitas dos porteiros levitas en Menaxés, Efraím, o resto de Israel e en Xudá, Benxamín e na poboación de Xerusalén. ¹⁰Entregáronllelo ós encargados das obras do templo, e ós mestres de obras que traballaban no templo para reparar e restaura-lo edificio, ¹¹e ós carpinteiros e albaneis para comprar sillares para os muros e madeira para as vigas dos edificios que os reis de Xudá deixaran arruinar. ¹²Aqueles homes realizaron aquel traballo con toda honradez. Estaban designados para dirixi-las obras os levitas Iáhat e Abdías, descendentes de Merarí; e Zacarías e Mexulam, descendentes de Quehat. Os levitas, como sabían tocar diversos intrumentos, ¹³acompañaban ós carrexadores e dirixían a tódolos obreiros, calquera que fose a súa tarefa. Outros levitas eran secretarios, inspectores e porteiros.

¹⁴Cando estaban sacando o diñeiro ingresado no templo, o sacerdote Hilquías encontrou o libro da Lei do Señor escrito por Moisés. ¹⁵Entón Hilquías dixo ó cronista Xafán:

—"Encontrei no templo o libro da Lei". ¹⁶E entregoullo a Xafán.

Este levoullo ó rei cando foi dar conta da súa tarefa.

—"Os teus servos xa fixeron todo o que lles encargaches. ¹⁷Recolleron o diñeiro que había no templo e entregáronllelo ós encargados e ós obreiros".

¹⁸E comunicoulle a noticia:

—"O sacerdote Hilquías deume un libro".

Xafán leuno ante o rei, ¹⁹e cando este oíu o contido da Lei, rachou os vestidos ²⁰e ordenou a Hilquías, a Ahicam, fillo de Xafán, a Abdón, fillo de Miqueas, ó cronista Xafán e ó funcionario real Asaías:

²¹—"Ide consulta-lo Señor por min, polo resto de Israel, e por Xudá, por causa do libro encontrado. O Señor estará enfurecido connosco porque nosos pais non obedeceron a palabra do Señor cumprindo o prescrito neste libro".

²²Hilquías e os designados polo rei foron ve-la profetisa Huldah, esposa do gardarroupas Xalum, fillo de Tocat, de Haserah, que vivía en Xerusalén, no barrio novo. Expuxéronlle o caso ²³e ela respondeulles:

—"Así di o Señor, Deus de Israel: dicídelle a quen vos enviou: ²⁴Así di o Señor: eu vou trae-la desgracia sobre este lugar e os seus habitantes, tódalas maldicións escritas no libro que leron ante o rei de Xudá. ²⁵Porque me abandonaron e queimaron incenso a outros deuses, alporizándose cos seus ídolos, está ardendo a miña cólera contra este lugar e non se apagará. ²⁶E ó rei de Xudá, que vos enviou a consulta-lo Señor, dicídelle: Así di o Señor, Deus de Israel: ²⁷Por escoitares estas palabras con dor de corazón, humillándote ante Deus ó oíre-las súas ameazas contra este lugar e os seus habitantes, porque te humillaches ante min, racháche-los vestidos e choraches na miña presencia, tamén eu te escoito, oráculo do Señor. ²⁸Cando eu te reúna con teus pais, enterrarante en paz, sen que os teus ollos cheguen a ve-la desgracia que vou traer a este lugar e ós seus habitantes".

Eles levaron a resposta ó rei, ²⁹e este deu ordes para que se presentasen os anciáns de Xudá e de Xerusalén. ³⁰Logo subiu ó templo, acompañado de tódolos xudeus, os habitantes de Xerusalén, os sacerdotes, os levitas e todo o pobo, pequenos e grandes. O rei léulle-lo libro da alianza encontrado no templo. ³¹Despois, en pé sobre o seu estrado, selou ante o Señor a alianza, comprometéndose a seguilo e cumpri-los seus preceptos, normas e mandatos con todo o seu corazón e con toda a súa alma, pondo en práctica as cláusulas da alianza escritas neste libro. ³²Fixo suscribi-la alianza a tódolos que se encontraban en Xerusalén. A poboación de Xerusalén actuou segundo a alianza do Deus de seus pais.

³³Ioxías suprimiu as abominacións de tódolos territorios israelitas e fixo que tódolos residentes en Israel desen culto ó Señor, seu Deus. Durante a súa vida non se apartaron do Señor Deus de seus pais.

35 ¹Ioxías celebrou en Xerusalén a Pascua do Señor, inmolándoa o día ca-

---

34,14 *Libro da Lei.* Pode que o cronista cavilara en todo o Pentateuco.

34, 30 A función primordial dos levitas, segundo o cronista, é a proclamación da palabra profética.

35 Este c. é moi importante para ver como se celebraba a Pascua en tempos do cronista. O autor suliña o papel dos levitas, agrandando as súas funcións en relación coas que lles atribúen outras fontes.

torce do primeiro mes. ²Asignou ós sacerdotes as súas funcións e confirmounos no servicio do templo. ³E dixo ós levitas consagrados ó Señor, encargados de servir a Israel:
—"Deixade a arca santa no templo que construíu Salomón, fillo de David, rei de Israel; non tedes xa que trasladala a ombros. Dedicádevos agora a servir ó Señor, voso Deus, e ó seu pobo Israel. ⁴Organizádevos en turnos por familias, como dispuxeron por escrito o rei David e o seu fillo Salomón. ⁵Ocupade os vosos postos no santuario, dividindo as vosas familias de forma que cada grupo levítico se encargue dunha familia do pobo. ⁶Inmolade a Pascua, purificádevos e preparádellela a vosos irmáns para que poidan cumpri-lo que mandou o Señor por medio de Moisés".

⁷Ioxías proporcionou á xente años e cabritos —trinta mil en total— para sacrificios pascuais de tódolos presentes, e tres mil bois, todo iso da facenda real. ⁸As autoridades axudaron voluntariamente ó pobo, ós sacerdotes e ós levitas. Hilquías, Zacarías e Iehiel, intendentes do templo, déronlles ós sacerdotes dous mil seiscentos animais pascuais e trescentos bois. ⁹Conanías, Semaías, seu irmán Natanael, Haxabías, Iehiel e Iozabad, xefes dos levitas, proporcionaron ós levitas cinco mil animais pascuais e cincocentos bois.

¹⁰Cando estivo preparada a cerimonia, os sacerdotes ocuparon os seus postos e os levitas distribuíronse por clases, como ordenara o rei. ¹¹Inmolaron a Pascua. Os sacerdotes rociaban o sangue, mentres os levitas espelicaban as víctimas. ¹²Separaban a parte que debía ser queimada e entregábana ás diversas familias do pobo, para que elas a ofrecesen ó Señor, como está escrito no libro de Moisés. O mesmo fixeron cos bois. ¹³Asaron a Pascua, como está mandado, e coceron os alimentos sagrados en olas, caldeiros e cazolas, repartíndoos logo a tódolos fillos do pobo. ¹⁴Despois preparárona para eles mesmos e para os sacerdotes; como os sacerdotes aharonitas estiveron ocupados ata a noite en ofrece-los holocaustos e as graxas, os levitas preparárona para si mesmos e para eles.

¹⁵Os cantores, descendentes de Asaf, estaban nos seus postos, como mandaran David, Asaf, Hemán e Iedutún, vidente do rei. Os porteiros ocuparon cadanseu posto, sen necesidade de abandona-lo traballo, porque seus irmáns levitas llelo prepararon todo. ¹⁶Toda a cerimonia se realizou naquel mesmo día: celebrouse a Pascua e inmoláronse holocaustos no altar do Señor, como mandara o rei Ioxías. ¹⁷Os israelitas que se achaban presentes celebraron entón a Pascua e á continuación a festa dos Ázimos durante sete días.

¹⁸Desde os tempos do profeta Samuel, ningún rei de Israel celebrara unha Pascua coma a que organizaron Ioxías, os sacerdotes, os levitas, tódolos xudeus e israelitas que se encontraban alí e os habitantes de Xerusalén. ¹⁹Celebrouse o ano dezaoito do reinado de Ioxías.

²⁰Bastante despois de que Ioxías restaurase o templo, o rei de Exipto, Nekó, dirixiuse a Kárkemix, xunto ó Éufrates, para presentar batalla. Ioxías saíu a facerlle fronte. ²¹Entón Nekó mandoulle esta mensaxe:
—"Non te metas nos meus asuntos, rei de Xudá. Non veño contra ti, senón contra a dinastía que me fai a guerra. Deus díxome que me dea présa. Deixa de opórte a Deus, que está comigo, non sexa que él te destrúa".

²²Pero Ioxías, en vez de deixarlle paso franco, empeñouse en combater, desatendendo o que Deus lle dicía por medio de Nekó, e presentou batalla na chaira de Meguido. ²³Os arqueiros dispararon contra o rei Ioxías, e este dixo ós seus servidores:
—"Sacádeme do combate, porque estou gravemente ferido".

²⁴Os seus servidores sacárono do carro, trasladárono a outro e lévarono a Xerusalén onde morreu. Enterrárono na tumba dos seus antepasados. Todo Xudá e Xerusalén gardou loito por Ioxías. ²⁵Xeremías compuxo unha elexía no seu honor, e tódolos cantores e cantoras séguneo recordando nas súas elexías. Fixéronse tradicionais en Israel; poden verse nas Lamentacións. ²⁶Para máis datos sobre Ioxías, as obras de piedade que fixo de acordo coa Lei do Señor ²⁷e tódolos seus feitos, dos primeiros ós derradeiros, véxase o libro dos Reis de Israel e Xudá.

Ioacaz de Xudá

36 ¹A xente tomou a Ioacaz fillo de Ioxías, e nomeouno rei sucesor en Xerusalén. ²Cando Ioacaz subiu ó trono, tiña

---

35, 11 Namentres en Ex **12,** 3-6 era o cabeza de familia quen inmolaba a Pascua, aquí son os levitas.
35, 21-22 Estes vv intentan explica-lo porqué da morte do pío rei. O cronista atribúe un pecado a Ioxías, alí onde as fontes ven simplemente un despiste político.
36 Aquí o cronista resume as súas fontes: parece ter présa por chegar ó edicto de Ciro que pon remate á catástrofe nacional.

vintetrés anos, e reinou tres meses en Xerusalén. ³O rei de Exipto destronouno, impuxo no país un tributo de cen pesos de prata e un peso de ouro, ⁴e nomeou rei de Xudá e Xerusalén a Eliaquim, irmán de Ioacaz, combiándolle o nome polo de Ioaquim. A seu irmán Ioacaz levouno Nekó a Exipto.

Ioaquim de Xudá

⁵Cando Ioaquim subiu ó trono tiña vintecinco anos e reinou en Xerusalén once anos. Fixo o que o Señor, o seu Deus, reproba. ⁶Nabucodonosor de Babilonia subiu contra el e conduciuno a Babilonia atado con cadeas de bronce. ⁷Tamén levou consigo algúns obxectos do templo e colocounos no seu palacio de Babilonia. ⁸Para máis datos sobre Ioaquim, as iniquidades que cometeu e todo o que lle sucedeu, véxase o libro dos Reis de Israel e Xudá. Seu fillo Ioaquín sucedeulle no trono.

Ioaquín de Xudá

⁹Cando Ioaquín subiu ó trono tiña oito anos e reinou en Xerusalén tres meses e dez días. Fixo o que o Señor reproba. ¹⁰A principios do ano, o rei Nabucodonosor mandou por el e leváronoe a Babilonia, xunto cos obxectos de valor do templo. Nomeou rei de Xudá e Xerusalén a seu irmán Sedecías.

Sedecías de Xudá

¹¹Cando Sedecías subiu ó trono tiña vinte e un anos e reinou en Xerusalén once anos. ¹²Fixo o que o Señor, seu Deus, reproba; non se humillou ante o profeta Xeremías, que lle falaba no nome de Deus. ¹³Ademais, rebelouse contra o rei Nabucodonosor, que lle tomara xuramento solemne de fidelidade. Púxose terco e negouse por completo a converterse ó Señor Deus de Israel. ¹⁴Tamén as autoridades de Xudá, os sacerdotes e o pobo obraron inicuamente, imitando as abominacións dos pagáns e profanando o templo que o Señor consagrara en Xerusalén.

¹⁵O Señor, Deus de seus pais, mandáballes continuamente mensaxeiros, porque sentía lástima do seu pobo e da súa morada; ¹⁶pero eles burlábanse dos mensaxeiros de Deus, ríanse das súas palabras e mofábanse dos profetas, ata que a ira do Señor se encendeu sen remedio contra o seu pobo. ¹⁷Entón enviou contra eles ó rei dos caldeos, que lles matou os fillos no santuario: a todos entregou nas súas mans, sen perdoar mozo, rapaza, ancián ou canoso. ¹⁸E levou consigo a Babilonia tódolos obxectos do templo, grandes e pequenos, os tesouros do templo, os do rei e os dos magnates. ¹⁹Incendiaron o templo, derrubaron a muralla de Xerusalén, prenderon lume a tódolos seus palacios e destrozaron tódolos obxectos de valor. ²⁰Levou consigo desterrados a Babilonia os superviventes da matanza e foron escravos seus e dos seus descendentes ata o triunfo do reino persa. ²¹Cumpriuse así o que anunciou o Señor a Xeremías, e a terra disfrutou do seu descanso sabático todo o tempo que estivo desolada, ata cumprirse setenta anos.

²²O ano primeiro de Ciro, rei de Persia, o Señor, para cumpri-lo que anunciara por medio de Xeremías, moveu a Ciro, rei de Persia, a promulgar de palabra e por escrito en todo o seu reino: ²³—"Ciro, rei de Persia, decreta: O Señor, Deus do ceo, entregoume tódolos reinos da terra e encargoume construír un templo en Xerusalén de Xudá. Tódolos dese pobo que viven entre nós poden volver. E que o Señor, seu Deus, estea con eles".

36, 1-4 O autor depende de 2 Re 23, 31-35. Estamos no ano 600 a. C.
36, 5-8 Resume de 2 Re 23, 36-24, 6. Ioaquim non foi conducido a Babilonia, pero si Ioaquín.
36, 11-21 O cronista segue 2 Re 25, 12-19. É un resumo da etapa do desterro, que fai repetir ó pobo a experiencia de Exipto.
O descanso sabático da terra ó que se fai alusión no v 21, non foi total, como o demostra o II Isaías.
36, 22-23 Reproducción literal de Esd 1, 1-3b. Estes vv engadíronse ó libro das Crónicas, ó se afastar este de Esdras e Nehemías.

INTRODUCCIÓN ÓS LIBROS DE ESDRAS E NEHEMÍAS

1. Relación destes libros entre si e co resto da Biblia

a) Na tradición textual hebrea e grega antigas estes dous libros constituían un só, concebido en dúas partes. A tradición posterior fixo a separación en dúas obras. Así, a Vulgata dálle-los títulos de I e II de Esdras, e engade a Apocalipse de Esdras, baixo o título de III de Esdras.

Chégase á consideración destes libros coma un só ó detecta-la existencia de duplicados en ámbalas dúas partes, e mais ó percibir que a memoria de Esdras se estende por toda a obra.

Tendo en conta o desenvolvemento cronolóxico dos feitos, deberíase ler nesta orde:
—Esd 7, 1-8, 36;
—Neh 7, 72-8, 18;
—Esd 9, 1-10, 44;
—Neh 9, 1-37.

A figura de Esdras sobrancea por enriba da de Nehemías (pois a memoria deste ocupa só a segunda parte), resaltando así a tarefa da reconstrucción cúltica e moral do pobo, sobre a de reconstruí-la cidade.

b) A repetición do final de 2 Cro **36,** 26ss no comezo do libro de Esdras, así coma as semellanzas de estilo, poñen en relación os dous bloques de libros (*1-2 Cro e Esd-Neh*), ata o punto de ter que consideralos non só da mesma escola literaria, senón —máis aínda—, coma obras dun mesmo autor, o Cronista.

2. Autor e tempo de composición

Á parte das coincidencias estilísticas, que fan identifica-lo autor de Esd-Neh co de *1-2 Cro*, as ideas teolóxicas expostas no libro, xunto co ambiente histórico que supón, contribúen á identificación do autor.

Entre os temas teolóxicos que desenvolve está, en primeiro lugar, o do templo, coma centro da vida relixiosa e social do pobo. A piedade comunitaria é de tipo cúltico e sacrificial, poñendo o autor sumo interese na observancia das leis cúlticas. Fai tamén fincapé na elección divina de Xerusalén e da dinastía davídica, que, xunto coa do templo, constitúen as principais tradicións profético-teolóxicas de Xudá. A súa obra está concebida coma a realización histórica desa triple elección. Outras preocupacións teolóxicas que se albiscan ó longo da obra son a teoloxía do pobo como *"raza santa"*, e a necesidade de observa-la lei mosaica, rexeitando en consecuencia todo o que poida enfria-las relacións do pobo con Deus (como pode se-la celebración de matrimonios mixtos: cf Esd **9,** 1-**10,** 17).

Os datos referidos fan pensar que o autor pertencía a Xudá, e que era probablemente un sacerdote interesado pola observancia das leis cúlticas e rituais, e preocupado por xustifica-los principios teolóxicos do xudaismo, presentando a figura do reformador Esdras. Escribe ó remate do séc. IV.

3. Fontes empregadas para a composición de Esd-Neh

a) A fonte principal da obra é a *"*Memoria de Esdras*"* (Esd **7,** 1-**10,** 44; Neh **7,** 73b-**9,**37), que contén o informe do escriba, enviado polas autoridades a Xerusalén. Nesta fonte emprégase un documento en arameo (Esd **7,** 12-26), que é sen dúbida un documento da chancelería persa: o decreto de Artaxerxes que constitúe a Esdras en reformador e aplicador da lei.

O texto da *"Memoria de Esdras"* interrómpese en **8,** 1-14 cunha relación dos sacerdotes cabezas de familia (e os seus antepasados) que foron con Esdras a Xerusalén. O texto é obra do Cronista, ou dun redactor do templo.

b) Outra das fontes é a *"*Memoria de Nehemías*"* (Neh **1,** 1-7, 72; **12,** 31-40; e **13,** 6-31).Da gran sección (cc. **1-**7), hai que desconta-la lista de voluntarios da reconstrucción (**3,** 1-32),así coma as informacións topográficas e políticas da bisbarra de Xerusalén, lista que debeu ser recollida do arquivo do santuario.

A dedicación relixiosa da muralla de Xerusalén (Neh **12,** 31-40) vai fóra do seu lugar lóxico, por intentar presentala en paralelo coa dedicación do templo (Esd **6,** 13-18). A forma autobiográfica destes vv (**12,** 31-40) é un sinal claro da pertenza á devandita fonte (o mesmo ca **13,** 6-31).

c) En terceiro lugar, foron recollidas do arquivo do santuario *as listas de sacerdotes e levitas residentes en Xerusalén e na súa bisbarra* (Neh **11,** 3-**12,** 26). Tamén pertencen á devandita fonte os textos de Esd **2,** 1-70; **8,** 1. 14-30. 33-34; e Neh **3,** 1-32, anque estes pasaron a formar parte, máis adiante, da *"Memoria de Esdras"*.

d) En cuarto lugar hai unha fonte aramea que recolle a oposición das autoridades de Samaría á reconstrucción do santuario (Esd **5,**

1-6, 18) *e das murallas (Esd 4, 6-23), e que contén ademais algúns documentos da chancelería da corte persa.*
e) Segundo o parecer dalgúns autores, existe unha quinta fonte, hebrea, á que pertence Esd 1, 1-4. 8-11.

4. Importancia teolóxica dos libros

Á parte do interese histórico que ofrecen para o esclarecemento do período persa, no que profetizaron Axeo, Zacarías e Malaquías, os libros de Esdras e Nehemías resaltan a importancia de tres personaxes que reconstrúen outros tantos elementos centrais da vida postexílica:

a) Zerubabel, que reconstrúe o Santuario, centro do culto e lugar fundamental da actividade do Sumo Sacerdote.

b) Esdras, o sacerdote e escriba, que impón a lei coma elemento básico da relixiosidade xudía, e que purifica o culto.

c) Nehemías, o gobernador, que reconstrúe os muros da cidade, repoboándoa ó mesmo tempo (Neh 7, 4ss), e organizándoa de xeito que os xefes da comunidade se establecesen en Xerusalén (11, 1-3).

Polo feito de incluí-lo texto longas listas de nomes, e polo carácter narrativo do mesmo, pode pensarse que os libros de Esd-Neh non ofrecen proveito espiritual. Pero, cunha ollada un pouco máis fonda, atoparase sen dúbida a confianza incondicional en Iavé, o celo polas cousas do templo, as ansias de xustiza e equidade, a reforma relixiosa coma servicio ó pobo, o fervor do traballo no medio das dificultades...: todo iso, sen caer nunca nun legalismo estreito. Trátase da Lei do Deus vivo, a quen se acode no culto auténtico e na oración sincera (cf Esd 3, 11; 6, 21-22; 7, 27-28; Neh 1, 4-14; 4, 4-5; 5, 19).

O LIBRO DE ESDRAS

O edicto de Ciro

1 ¹O primeiro ano de Ciro, rei de Persia —para que se cumprise a palabra do Señor saída da boca de Xeremías—, o Señor espertou o espírito de Ciro, rei de Persia, a fin de que en todo o seu reino se promulgase de palabra ou por escrito o que segue: ²—"Ciro, rei de Persia decreta: Tódolos reinos da terra me foron entregados polo Señor, Deus dos ceos, e encargoume por si mesmo de levantarlle un templo en Xerusalén de Xudá. ³Os que de entre vósoutros pertenzan a ese pobo, que o seu Deus sexa con eles e que os conduza a Xerusalén, en Xudá, para construí-la Casa do Señor, o Deus de Israel —trátase do Deus que está en Xerusalén—. ⁴En tódolos lugares onde reside o resto do pobo, que as xentes deses lugares aporten cada un prata, ouro, bens, animais e ofrendas voluntarias para a Casa de Deus que está en Xerusalén". ⁵Entón levantáronse os xefes de familia de Xudá e de Benxamín, os sacerdotes e os levitas, nunha palabra todos cantos Deus movera para ir levanta-la Casa do seu Señor que está en Xerusalén. ⁶E tódolos seus veciños déronlles con xenerosidade obxectos de prata e de ouro, bens e animais, preciosos regalos, sen conta-lo que ofreceron voluntariamente. ⁷O rei Ciro fixo retira-los obxectos da Casa do Señor que Nabucodonosor levara de Xerusalén para metelos na casa dos seus deuses. ⁸Ciro, rei de Persia, fíxoos retirar por medio do tesoureiro Mitrídates, que o contou todo diante de Xexbasar, príncipe de Xudá. ⁹Velaquí as contas: trinta copas de ouro, mil copas de prata, vintenove coitelos, ¹⁰trinta copas de prata; copas de prata de segunda orde: catrocentas dez; outros obxectos: mil. ¹¹Total de obxectos de ouro e de prata: cinco mil catrocentos. Xexbasar levouno todo consigo cando os deportados subiron de Babilonia a Xerusalén.

Listas dos deportados

2 ¹Estes son os fillos da provincia que subiron da catividade, da deportación —os que Nabucodonosor, rei de Babilonia, deportara á Babilonia— e que retornaron a Xerusalén e a Xudá, a cadansúa vila. ²Son os que viñeron canda Zerubabel, Xosué, Nehemías, Seraías, Reelaías, Mardoqueo, Bilhán, Mispar, Biguai, Rehum, Banah.

Número dos homes do pobo de Israel: ³os fillos de Parox, 2.172; ⁴os fillos de Xefatías, 372; ⁵os fillos de Arah, 775; ⁶os fillos de Pahat-Moab, isto é os fillos de Iexúa e Ioab, 2.812; ⁷os fillos de Elam, 1.254; ⁸os fillos de Zatú, 945; ⁹os fillos de Zaqueo, 760; ¹⁰os fillos de Baní, 642; ¹¹os fillos de Bebai, 623; ¹²os fillos de Azgad, 1.222; ¹³os fillos de Adonicam, 666; ¹⁴os fillos de Bigvai, 2.056; ¹⁵os fillos de Adín, 454; ¹⁶os fillos de Ater, é dicir, de Ezequías, 98; ¹⁷os fillos de Besai, 323; ¹⁸os fillos de Iorah, 112; ¹⁹os fillos de Haxum, 223; ²⁰os fillos de Guibar, 95; ²¹os fillos de Belén, 123; ²²os homes de Netofah, 56; ²³os homes de Anatot, 128; ²⁴os fillos de Azmávet, 42; ²⁵os fillos de Quiriat-Arim, Kefirah e Beerot, 743; ²⁶os fillos de Ramah e Gueba, 621; ²⁷os homes de Mikmás, 122; ²⁸os homes de Betel e Ai, 223; ²⁹os fillos de Nebó, 52; ³⁰os fillos de Magbi, 156; ³¹os fillos do outro Elam, 1.254; ³²os fillos de Harim, 320; ³³os fillos de Lod, Hadid e Onó, 725; ³⁴os fillos de Iericó, 345; ³⁵os fillos de Senaah, 3.630.

³⁶Os sacerdotes: os fillos de Iedaías, isto é, a casa de Xosué, 973; ³⁷os fillos de Immer,

---

1, 1-3a O que aquí se di é idéntico ó recollido en 2 Cro **36**, 22s. Tódolos indicios fan pensar na identidade de autor entre os libros de Esdras-Nehemías e 1-2 das Crónicas (cf Introd. 1b).
Ciro reinou desde o ano 558 ata o 529. O ano 538 corresponde ó primeiro do seu reinado sobre Babilonia, cando empezou a ser "o rei de Babel". O profeta Xeremías falara do final da catividade, despois de 70 anos, e da reconstrucción do templo (cf Xer **25**, 11s; **31**, 38). Ciro respectaba a tódolos deuses do ceo, incluído o dos xudeus. A súa misión vén anunciada en Is **44**, 28; **45**, 1-2.
1, 4 Ese *resto* refírese ós israelitas que se mantiveron fieis ós mandados do seu Deus e que escaparon á deportación. Tratábase de xente sinxela, de entre os labregos, sobre todo. Acababa de chega-la súa hora, pois Ciro era relixioso, e prefería ser un auténtico libertador, e non un opresor. Cantos quixeran honra-los seus deuses, podíano facer tranquilamente.
1, 6 A volta da catividade nárrase de forma moi parecida ó que ocorreu no tempo do Éxodo ou saída de Exipto: tamén entón recibiran obxectos de ouro e prata dos veciños (cf Ex **3**, 22...).
2, 1ss Ponse aquí unha gran lista dos que, en caravana, camiñan cara a Xerusalén, a cidade santa, tan querida e lembrada polos deportados.
2, 23ss *Anatot* é a patria de Xeremías; *Ramah* é a residencia de Samuel; e *Gueba*, unha das vilas dos levitas.
2, 36 *Os sacerdotes* eran moi numerosos, e formaban catro familias, dúas delas da descendencia de Sadoc. Viñan con ánimo de restablece-lo culto en Xerusalén. Os *levitas* eran daquela menos, e pouco entusiastas. Dos cantores

1.052; ³⁸os fillos de Paxhur, 1.247; ³⁹os fillos de Harim, 1.017.

⁴⁰Os levitas: os fillos de Iexúa e de Cadmiel, isto é os fillos de Hodavías, 74. ⁴¹Os cantores: os fillos de Asaf, 128.

⁴²Os porteiros: os fillos de Xalum, os fillos de Ater, os fillos de Talmón, os fillos de Acub, os fillos de Hatitá, os fillos de Xobai, todos eles, 139.

⁴³Os servos: os fillos de Sibá, os fillos de Hasufá, os fillos de Tabaoth, ⁴⁴os fillos de Querós, os fillos de Siahá, os fillos de Padón, ⁴⁵os fillos de Levanah, os fillos de Hagabah, os fillos de Acub, ⁴⁶os fillos de Hagab, os fillos de Xalmai, os fillos de Hanán, ⁴⁷os fillos de Guidel, os fillos de Gahar, os fillos de Reaías, ⁴⁸os fillos de Resín, os fillos de Necodá, os fillos de Gazam, ⁴⁹os fillos de Izá, os fillos de Paséah, os fillos de Besai, ⁵⁰os fillos de Asnah, os fillos de Neunim, os fillos de Nefusim, ⁵¹os fillos de Bacbuc, os fillos de Hacufá, os fillos de Harhur, ⁵²os fillos de Baslut, os fillos de Mehidá, os fillos de Harxá, ⁵³os fillos de Barcós, os fillos de Siserá, os fillos de Tamah, ⁵⁴os fillos de Nesías, os fillos de Hatifá.

⁵⁵Os fillos dos servidores de Salomón: os fillos de Sotai, os fillos do Soféret, os fillos de Perudá, ⁵⁶os fillos de Ialah, os fillos de Darcón, os fillos de Guidel, ⁵⁷os fillos de Xefatías, os fillos de Hattil, os fillos de Poquéret-Sebaim, os fillos de Amí. ⁵⁸Tódolos servos e fillos dos servos de Salomón: 392.

⁵⁹E velaquí os que subiron de Tel-Mélah, Tel-Harxá, Kerub Adán Immer e que non foron capaces de coñecer se a súa casa paterna e a súa raza viñan ou non da liñaxe de Israel: ⁶⁰os fillos de Dalaías, os fillos de Tobías, os fillos de Necodá: 652; ⁶¹e algúns de entre os sacerdotes: os fillos de Hobaías, os fillos de Hacós, os fillos de Barzilai —o que casara cunha das fillas de Barzilai o galaadita e que levaba o seu nome. ⁶²Todos estes buscaron o seu rexistro de xenealoxías, pero non o atoparon; foron, pois, declarados lixados e excluídos do sacerdocio. ⁶³E o gobernador díxolles que non comesen dos alimentos moi santos, ata que un sacerdote se presentase por medio do *urim* e os *tummin*.

⁶⁴Todo o conxunto da asemblea era de 42.360 persoas, ⁶⁵sen conta-los seus servos e servas que eran 7.337; tiñan 200 cantores e cantoras; ⁶⁶os seus cabalos: 736; os mulos: 245; ⁶⁷os camelos: 435; os asnos: 6.720.

⁶⁸Chegados á Casa do Señor que está en Xerusalén algúns xefes de familia fixeron ofrendas voluntarias para o templo do Señor, a fin de restauralo de novo no seu mesmo lugar. ⁶⁹Segundo as súas posibilidades, engadiron ó tesouro da obra 61.000 dracmas de ouro e 5.000 minas de prata, e 100 túnicas para os sacerdotes. ⁷⁰Entón estes e os levitas, unha parte do pobo, os cantores, os porteiros e os servidores establecéronse nos seus pobos. Tódolos israelitas estaban nas súas vilas.

Restablecemento do culto

3 ¹Chegado o sétimo mes, cando xa os israelitas se instalaran nas súas poboacións, xuntáronse todos coma un só home en Xerusalén. ²Entón Xosué, fillo de Iosadac, púxose en pé cos seus irmáns os sacerdotes; como tamén Zerubabel fillo de Xealtiel, cos seus irmáns, e empezaron a construí-lo altar do Deus de Israel para ofreceren nel holocaustos, como manda a lei de Moisés, home de Deus. ³Volveron coloca-lo altar sobre os seus fundamentos —non sen medo ós colonos estranxeiros—, e ofreceron nel ó Señor os holocaustos matutinos e vespertinos. ⁴Despois celebraron a festa das Tendas, como está escrito, presentando o holocausto tódolos días segundo o número diario fixado polo costume. ⁵Despois disto presentaron o holocausto perpetuo, os holocaustos dos novilunios e de tódolos tempos sagrados do Señor, o mesmo que para cantos facían ofrendas voluntarias ó Señor. ⁶Desde o primeiro día do sétimo mes, comezaron a ofrecer holocaustos ó Señor. Mais aínda non se puxeran os fundamentos do templo. ⁷Entón, de acordo co autorizado polo rei de Persia, Ciro, fixeron a contrata

---

só volveu un grupo. As outras familias, citadas en 1 Cro 16, 37-41, deberon quedar por aló.

2, 43 Os doados ou *servos*, ó parecer, eran os homes que David dera coma axuda ós levitas, especie de escravos, fillos de estranxeiros, moi numerosos en Xerusalén.

2, 55 Os *servidores de Salomón* son distintos dos "doados". Eran homes de segunda orde, quizais fillos dos cananeos (cf 1 Re **9,** 20s).

2, 63 *Gobernador* corresponde a un nome persa, que significa "temido".

Urim e Tummim: un xeito antigo de coñece-la vontade divina, por medio das sortes (cf Ex **28,** 30).

2, 64 O retorno fíxose por caravanas sucesivas, e, ó chegaren, a primeira cousa era ofrecer sacrificios ó Señor, coa ledicia do retorno.

3, 1 *Sétimo mes*, "Tixrí", setembro-outubro, é o mes das grandes celebracións en Xerusalén.

3, 3s Pola tradición e polos xudeus que seguiron en Xerusalén, coñecíase o lugar exacto onde estaba o altar. A preocupación principal era o culto e as prescricións exactas do ritual.

dos canteiros e carpinteiros e déronlles prata, comida e bebida, e aceite, e tamén ós sidonios e tirios para que trouxesen madeira de cedro polo mar, desde o Líbano ata Iafa. ⁸Ós dous anos de chegaren ó templo de Xerusalén, no mes segundo, Zerubabel, fillo de Xealtiel, e Xosué, fillo de Iosadac, co resto dos seus irmáns, os sacerdotes, os levitas e todos cantos viñeran da catividade a Xerusalén, comezaron a distribuí-los levitas de vinte anos para arriba, poñéndoos á fronte da obra do templo. ⁹Xosué, cos seus fillos e irmáns; Cadmiel e mailos seus fillos; os fillos de Xudá, todos xuntos fóronse colocando de xeito que puidesen dirixir a cada obreiro que traballaba na casa de Deus, sen falar de Henadad, cos seus fillos e mailos seus irmáns os levitas. ¹⁰Entón os albaneis puxeron os fundamentos do templo do Señor, mentres que os sacerdotes se colocaban cos seus ornamentos e as trompetas, e tamén os levitas fillos de Asaf cos címbalos, para louva-lo Señor segundo ordenou David, rei de Israel. ¹¹Na gabanza e acción de gracias ó Señor, respondían: —*"Porque é bon, e a súa fidelidade con Israel é eterna"*. Todo o pobo con grandes ovacións louvaba polo mesmo ó Señor, porque se restauraba de novo o templo do Señor. ¹²Entón moitos sacerdotes, levitas e xefes de familia entre os máis anciáns, os que tiñan visto o templo antano, choraban a gritos, mentres se poñían á súa vista os alicerces deste templo. Pero outros moitos elevaban a voz reloucando de ledicia. ¹³De maneira que o pobo non podía distinguí-lo ruído polas ovacións xubilosas do ruído polos choros populares, pois o pobo prorrompía en grandes ovacións, e o vocerío oíase desde moi lonxe.

Oposición dos inimigos de Xudá

4 ¹Cando os inimigos de Xudá e de Benxamín souberon que os deportados edificaban un templo ó Señor, o Deus de Israel, ²chegáronse a Zerubabel e ós cabezas de familia e dixéronlles:

—*"Nós tamén queremos traballar convosco. Pois, o mesmo ca vós, buscamos a Deus, o voso, e ofrecémoslle sacrificios, desde o tempo de Asarhadón, rei de Asur, que nos fixo subir aquí"*.

³Pero Zerubabel, Xosué e o resto dos xefes de familia de Israel dixéronlles:

—*"Non edificaremos xuntos, nós e vós, unha casa ó noso Deus. Somos nosoutros sós os que construímos para o Señor, o Deus de Israel, como nolo ordenou o rei Ciro, o rei de Persia"*.

⁴Entón os colonos estranxeiros empezaron a desmoralizar ós xudeus e a intimidalos para que deixasen de construír. ⁵Co fin de levar adiante os seus planos, pagaron conselleiros que os fixesen fracasar no intento, durante todo o tempo de Ciro, rei de Persia, ata o reinado de Darío, rei de Persia.

Intercambio de correspondencia baixo Xerxes e Artaxerxes

⁶Baixo o reinado de Xerxes, ó comezo do seu reinado, escribiron unha acusación contra os habitantes de Xudá e de Xerusalén. ⁷No tempo de Artaxerxes, Bixlam, Mitredat, Tabeel e os outros colegas seus escribiron a Artaxerxes, rei de Persia; o texto da carta estaba escrito en caracteres arameos e na lingua aramea. ⁸O gobernador Rehum e o secretario Ximxai escribiron ó rei Artaxerxes a seguinte carta relativa ó que estaba ocorrendo en Xerusalén: ⁹—*"O gobernador Rehúm, o secretario Ximxai, os seus colegas restantes, as xentes de Din, de Afarsatcai, de Tarpelai, de Afaresai, de Arcav de Babilonia, de Xuxán, de Dehav, de Elam ¹⁰e os demais pobos que o grande e ilustre Asenapar deportou e fixo residir na cidade de Samaría e no resto do país, en Transeufratina, etc."*

3, 8 *O mes segundo,* ou sexa, en abril-maio do ano 537. Se se confían cargos importantes ós israelitas que aínda non teñen vintecinco anos, é, sen dúbida, polo número escaso ou porque eran máis ben mozos entusiastas a maioría dos que deixaron a vida cómoda dunha instalación, para viren e comezaren unha nova aventura, coa axuda clara do seu Deus.
3, 10 A *trompeta* era o instrumento dos sacerdotes (a súa campá), mentres que os levitas tiñan a cítola, a harpa e os címbalos.
3, 12 *Choraban* ó veren a diferencia entre o templo de Salomón e o que agora se levantaba, moito máis humilde. Só as reformas posteriores o foron agrandando, chegando a acadar, nos tempos de Xesús, as dimensións máis grandes, despois de que Herodes fixera un novo.

4, 2 A expresión *"buscar a Deus"* significa máis que nada ir á súa casa ou templo, para canta-los seus loores e pedirlle gracias. Os que isto piden eran descendentes dos que tiveran que sufri-las angurias do desterro.
4, 5 Non só os inimigos de Xudá, senón tamén a miseria e os poucos azos para traballar no seu país, como se le no profeta Axeo (**1,** 2-9).
4, 6 Os vv 6-23 son unha inserción que se refire á obstrucción das xentes de Samaría, nunha época posterior a Darío. Era baixo Xerxes (486-465) e Artaxerxes (465-424). O que estaban reconstruíndo entón eran as murallas, non o templo.
4, 10 *Asenapar.* Trátase probablemente de Asurbanipal (668-626). *Transeufratina* é o nome que se dá á provincia do oeste do Éufrates, ou sexa, Siria e Palestina.

¹¹Velaquí a copia da carta que eles lle enviaron: —"Ó rei Artaxerxes, os teus servidores, xentes de Transeufratina, etc. ¹²Debemos facer saber ó rei que os xudeus subidos desa túa rexión para viren onda nós a Xerusalén reconstrúen a cidade rebelde e malvada; van levanta-los muros e xa poñen os alicerces. ¹³E o rei debe saber que, se reconstrúen esta cidade e levantan as súas murallas, xa non pagarán máis tributos, tanto de impostos como de peaxe, sendo ó cabo, o rei o prexudicado. ¹⁴Como a nosa soldada vén da coroa, non podemos tolerar tal inxuria á súa maxestade e comunicámoslle o que pasa. ¹⁵Que repasen os anais dos teus predecesores. No libro das memorias atoparás e verás como esta cidade é moi rebelde, a causante de mil reveses ós reis e ás provincias, e na que se fomentan revoltas desde os tempos antigos. Por isto precisamente foi demolida. ¹⁶Facemos saber ó rei que se esta cidade é reconstruída e se os seus muros son de novo levantados, podes dar por perdidos os territorios da outra banda do río".

¹⁷O rei envioulles esta resposta: —"Ó gobernador Rehúm, ó secretario Ximxai e ós seus demais colegas que habitan en Samaría e no resto dos territorios da outra banda do río, paz, etc. ¹⁸A acta oficial que me mandastes foi lida de maneira clara na miña presencia. ¹⁹Dei a orde de que estudiasen o caso e, en efecto, esa cidade rebelouse desde antigo contra os reis, e nela se deron revoltas e sedicións. ²⁰Houbo en Xerusalén reis poderosos que someteron todo o territorio da outra banda do río. Había que lles pagar tributos do imposto e peaxe. ²¹Agora, pois, dádelle-la orde de que deixen o traballo. Que esa cidade non se siga construíndo mentres non o ordene eu. ²²Pobres de vós se neste asunto obrades con neglixencia, dado o perigo de que creza o mal en prexuízo do rei".

²³Lida esta copia da acta oficial do rei Artaxerxes na presencia de Rehúm, do secretario Ximxai e dos seus colegas, déronse présa en iren a Xerusalén onda os xudeus para facerlles dete-la obra pola forza e a violencia. ²⁴Entón, en Xerusalén, o traballo da casa de Deus cesou, e as obras estiveron detidas ata o segundo ano do reinado de Darío, rei de Persia.

Construcción da casa de Deus

5 ¹Entón, o profeta Axeo e o profeta Zacarías, fillo de Idó, comezaron a profetizar ós xudeus de Xudá e Xerusalén no nome do Deus de Israel, que co seu espírito os invadía. ²Zerubabel fillo de Xealtiel e Xosué fillo de Iosadac puxéronse en pé e empezaron a construí-lo templo de Xerusalén; con eles estaban os profetas de Deus que os alentaban. ³Mais Taznai, sátrapa da outra banda do río, Xetar-Boznai e os seus colegas, viñeron onda eles e dixéronlles:

—"¿Quen vos deu a orde de levantar este templo e armar ese madeirame? ⁴¿Como se chaman os homes responsables desta construcción?"

⁵Pero Deus ollaba sobre os anciáns de Xudá: non se lles impediu o traballo ata que o asunto chegase a Darío e mandase a acta oficial o antes posible.

⁶Copia da carta enviada ó rei Darío polo gobernador da outra banda do río, Taznai, Xetar-Boznai e os seus colegas, as xentes de Arfaxac na outra banda do río. ⁷Enviáronlle unha mensaxe na que estaba escrito: —"Ó rei Darío, enteira paz. ⁸Que o rei saiba que fomos á provincia de Xudá, ó templo do gran Deus, que están construíndo con pedras talladas e colocando madeira nos muros. Este traballo faise con moito esmero e prospera entre as súas mans. ⁹Entón preguntamos ós anciáns e dixémoslles: ¿Quen vos deu a orde de construír este templo e armar ese madeirame? ¹⁰Preguntámoslles ademais polos nomes dos responsables para darchos a coñecer. ¹¹Velaquí a resposta que nos chegou: Nós sómo-los servidores do Deus dos ceos e da terra, e reconstruímo-lo templo que xa se construíra hai longos anos, o que un gran rei en Israel levantara e completara. ¹²Mais porque os nosos pais irritaron ó Señor dos ceos, entregounos nas mans do caldeo Nabucodonosor, rei de Babilonia, que destruíu este templo e deportou o pobo a Babilonia. ¹³Sen embargo, no seu primeiro ano, Ciro, rei de Babilonia, deu a orde de volver levantar esta casa de Deus. ¹⁴Ademais, os obxectos da casa de Deus, de ouro e prata, que Nabucodonosor fixera levar do templo de Xerusalén ó templo de Babilonia, o rei Ciro mandounos quitar de alí e confiarllos a Xexbasar, ó que el puxera de gobernador. ¹⁵Díxolle: Colle eses obxectos e lé-

---

4, 19 Posible alusión ás revoltas no tempo de Ezequías, Ioaquim e Sedecías (cf 2 Re **18,** 7; **24,** 1.20).
4, 20 Este v xa se refire ó templo —non á muralla—, e enlaza co v 5.
5, 2 *Xealtiel* é o fillo maior do rei Ioaquín (cf 1 Cro **3,** 17). Leva, polo tanto, en si a esperanza da realeza de Israel (cf Ax **2,** 23). Fixo falta toda a enerxía dos profetas Axeo e Zacarías para que o pobo se animase a levantar de novo o templo de Deus.
5, 15 Aínda non se construíra o templo, pero nunca deixaran totalmente de ofrecer sacrificios e de face-los rezos, cousa que levaban a cabo nas ruínas do templo.

vaos ó templo de Xerusalén, e que a casa de Deus sexa reconstruída sobre os seus mesmos cimentos. ¹⁶Entón ese Xexbasar veu poñe-los cimentos do templo de Deus en Xerusalén. Desde ese momento ata agora, séguese construíndo, mais aínda non está rematada. ¹⁷Polo tanto, se lle prace ó rei, que se inquira nos arquivos reais de Babilonia, a ver se houbo unha orde dada polo rei Ciro para que se construíse esta casa de Deus en Xerusalén, e que se nos envíe a decisión do rei sobre o caso".

6 ¹Entón o rei Darío deu a orde de facer investigacións nos arquivos da tesourería, depositados aló en Babilonia; ²e, na fortaleza de Ecbátana da provincia de Media, deuse cun rolo no que estaba escrito: —"Memorandum. ³O primeiro ano do seu reinado, Ciro deu unha orde referente ó templo de Xerusalén:

A casa de Deus será reconstruída alí onde se ofrecen sacrificios e onde se encontran os fundamentos; a súa altura será de sesenta cóbados. ⁴Haberá alí tres ringleiras de pedras talladas e unha ringleira de madeira nova e a casa do rei cubrirá os gastos. ⁵Ademais, devolveranse os obxectos do templo de Deus, en ouro e prata, os que Nabucodonosor levara do templo de Xerusalén a Babilonia; cada un deles irá ó seu lugar no templo de Xerusalén. Depositaralos ti na casa de Deus".

⁶—"Polo tanto, ti, Taznai, gobernador de Transeufratina, Xetar-Boznai e mailos seus colegas, xentes de Arfaxac de Transeufratina, non vos ocupedes diso. ⁷Deixádelles face-lo traballo de levanta-la casa de Deus ó gobernador dos xudeus cos seus anciáns, sobre os seus cimentos. ⁸Estas son as miñas ordes relativas ó que tedes que facer con eses anciáns dos xudeus que constrúen esa casa de Deus: levántana a expensas dos bens do rei, mediante os impostos de Transeufratina. Débeselles, pois, asegura-la paga a eses homes sen interrupción. ⁹Canto sexa necesario —tenreiros, carneiros, años para os holocaustos do Deus dos ceos; trigo, sal, viño e aceite, segundo as indicacións dos sacerdotes de Xerusalén— entregaráselles día a día, sen falta, ¹⁰para que poidan levar ofrendas ó Deus do ceo e aplacalo, e pidan pola vida do rei e dos seus fillos. ¹¹Velaquí as miñas ordes concernentes a este edicto: arrínqueselle unha viga da súa casa e que o empalen todo dereito enriba; e convertan, ademais, a súa casa nun montón de entullos. ¹²E aínda máis: que o Deus, o do nome que reside alí, aniquile todo rei e todo pobo que, en contra desta orde queira destruír ese templo do Deus en Xerusalén. Eu, Darío, eu mesmo, dei a orde; que se cumpra así exactamente".

¹³Entón o gobernador de Transeufratina, Taznai, Xetar-Boznai e os seus colegas fixeron exactamente segundo a orde do rei Darío. ¹⁴Os anciáns dos xudeus seguiron coa obra sen dificultade, de acordo coa profecía de Axeo e de Zacarías, fillo de Idó, ata remata-lo traballo, segundo a orde do Deus de Israel e a orde de Ciro, de Darío e de Artaxerxes, rei de Persia. ¹⁵Terminouse este templo o terceiro día do mes de Adar, o ano sexto do reinado de Darío. ¹⁶Os israelitas —sacerdotes, levitas e o resto dos deportados— celebraron cheos de xúbilo a dedicación do templo de Deus.

¹⁷Ofreceron con este fin cen touros, douscentos carneiros, catrocentos años, e polos pecados de todo o pobo, doce machos cabríos, un por cada tribo. ¹⁸Os sacerdotes, por

---

6, 2 Ciro pasaba o inverno en Babilonia; a primavera, en Xuxán; e o verán, en Ecbátana. O seu edicto puido ser promulgado no verán do 538.

6, 3 As dimensións do novo templo non se coñecen de certo. O de Salomón tiña 60 cóbados de longo, 20 de largo e 30 de alto. As versións sirias só dan 20 cóbados de longo. Debía ser máis pequeno e menos suntuoso có de Salomón; por iso choraban os vellos.

6, 4 É coñecida a xenerosidade dos persas, tanto en Exipto coma en Babilonia, con relación ó fomento do culto relixioso.

6, 6 Darío confirma as ordes de Ciro.

6, 8 Os xefes de Transeufratina non deben demora-la obra por cuestión de diñeiro.

6, 9 Os persas, sen dúbida asesorados por algún xudeu, estaban moi ó corrente da conduta facía falta para o culto xudeu.

6, 10 A pregaria do pobo polo rei éralles recomendada por 1 Mac **7**, 33; Xer **29**, 7; Bar **1**, 11.

6, 11 Tanto os persas coma os asirios tiñan o bárbaro costume de empala-los homes, espetándoos vivos nun pao afiado. Darío empalou a tres mil babilonios.

6, 12 Vese clara a man dun escriba xudeu na redacción deste edicto. Dt **12**, 11; **14**, 23, e outros libros da Biblia, empregan fórmulas semellantes.

6, 14 O *profeta Axeo* actuou polos anos 520 (Ax **1**, 1), e Zacarías continuou ata o 518, polo menos (Zac **1**, 1 e **7**, 1). O reino de Artaxerxes (465-425) é moi posterior á reconstrucción do templo. O autor arameo deste documento inclúe o nome dese rei, quizais por ser contemporáneo seu, para recorda-la súa acción, referente ós muros da cidade e do templo.

6, 15 *Mes de adar:* febreiro-marzo. *O 6° ano de Darío:* o ano 515.

6, 16 Esta consagración é distinta da dedicación do templo, por Xudas o Macabeo, no ano 164.

6, 18 O *libro de Moisés* non fala nin dos levitas nin das distintas clases de sacerdotes, que se lle atribúen a David (cf 1 Cro **23**, 6-23 e **24**, 3-31).

grupos, e os levitas por clases estableceron o culto do templo de Xerusalén, de acordo coas prescricións do libro de Moisés.

A Pascua

¹⁹Os deportados celebraron a Pascua o día catorce do primeiro mes; ²⁰dado que os sacerdotes xunto cos levitas se purificaran, todos estaban puros. Entón inmolaron a Pascua para tódolos deportados, para os seus irmáns sacerdotes e para eles mesmos. ²¹Desta maneira os israelitas, chegados da deportación, comeron con tódolos que, despois deles, romperan coa impureza dos pobos pagáns, con miras a busca-lo Señor, o Deus de Israel. ²²Celebraron con ledicia a festa dos pans ázimos, durante sete días, pois o Señor enchéraos de xúbilo, cambiando o corazón do rei de Asiria respecto deles, co fin de que afianzaran as súas mans na tarefa da casa de Deus, do Deus de Israel.

O escriba Esdras

7 ¹Despois destes acontecementos, baixo o reinado do rei de Persia Artaxerxes, Esdras, fillo de Seraías, fillo de Azarías, fillo de Hilquías, ²fillo de Xalum, fillo de Sadoc, fillo de Ahitub, ³fillo de Amarías, fillo de Azarías, fillo de Meracot, ⁴fillo de Zerahías, fillo de Uzí, fillo de Buquí, ⁵fillo de Abixúa, fillo de Pinhás, fillo de Elazar, fillo de Aharón o sumo sacerdote —⁶este Esdras— subiu de Babilonia. Tratábase dun escriba experto na Lei de Moisés, dada polo Señor, Deus de Israel. O rei deulle todo canto tiña pedido, pois a man do Señor o seu Deus estaba con el. ⁷Entre os fillos de Israel e os sacerdotes, os levitas, os cantores, os porteiros e os servos, algúns subiron a Xerusalén, no sétimo ano do rei Artaxerxes; ⁸chegou, pois, a Xerusalén o quinto mes; era o sétimo ano do rei. ⁹En efecto, o primeiro día do quinto mes chegou a Xerusalén, pois a boa man de Deus estaba sobre el. ¹⁰Esdras, en efecto, entregárase de cheo a busca-la Lei do Señor, a poñela en práctica e a ensinar a Israel os mandamentos e costumes.

Carta de Artaxerxes

¹¹Velaquí a copia da acta oficial que o rei Artaxerxes entregou a Esdras, o sacerdote escriba, escribán das palabras ordenadas polo Señor e das súas leis a Israel: ¹²—"Artaxerxes, rei de reis, a Esdras, sacerdote e escriba da Lei de Deus dos ceos, saúde, etc. ¹³Velaquí a miña orde: Todo aquel do pobo de Israel que vive no meu reino, sexa sacerdote ou levita, e quere ir canda ti a Xerusalén, pode facelo libremente. ¹⁴Pois ti e-lo enviado polo rei e polos seus sete conselleiros, para observares como se practica a Lei de Deus en Xudá e Xerusalén a Lei de Deus, esa lei que ti tes na man; ¹⁵tamén para leváre-la prata e o ouro das ofrendas voluntarias do rei e dos seus conselleiros ó Deus de Israel, o que ten o templo en Xerusalén, ¹⁶e canta prata e ouro poidas xuntar en toda a provincia de Babilonia coas ofrendas voluntarias que o pobo e os sacerdotes aporten para a casa do seu Deus en Xerusalén. ¹⁷Así pois, con eses cartos coidaraste de mercar touros, carneiros, años e canto faga falta para as súas ofrendas e libacións; presentaralas sobre o altar da casa do voso Deus en Xerusalén. ¹⁸E o que conveña facer, segundo o teu parecer e o dos teus irmáns, co resto da prata e do ouro, farédelo de acordo coa vontade do voso Deus. ¹⁹Os obxectos que che serán dados para o servicio da casa do Señor, depositaos diante do Deus de Xerusalén. ²⁰O resto do que fai falta para a casa do teu Deus e que te incumbe asegurar, incluiralo na conta da tesourería do rei. ²¹Eu, o rei Artexerxes, eu dou a orde a tódolos tesoureiros de Transeufratina para que fagan exactamente todo canto vos pida o sacerdote Esdras, escriba da Lei do Deus de Israel, ²²ata a cantidade de cen talentos de prata, cen cargas de trigo, cen pipas de viño e cen de aceite, e canto sal queira. ²³Fágase puntualmente canto ordene o Deus dos ceos referente ó seu templo, co fin de que a súa cólera non se excite contra o imperio do rei e contra os seus fillos. ²⁴Facémosvos saber, ademais, que tódolos sacerdotes, levitas, cantores, porteiros e servos e servidores de Deus, quedan eximidos de pagar impostos

---

6, 19 Isto é, no mes de nisán (marzo-abril).
6, 21 Trátase de comer xuntos a Pascua, tanto os que viñeron da deportación, como os que quedaran en Israel, coa soa condición de romper todo lazo cos pagáns.
6, 22 O rei de Asiria, é dicir, Darío o rei persa. O reino asirio xa non existía había tempo. Co nome de Asiria desígnase toda a Mesopotamia, que collera o relevo de Asiria no tocante ó poderío.
7, 1 Os cc. 7-9 contan a historia de Esdras, valéndose da fonte chamada "Memoria de Esdras" (cf Introd. 3a). O nome de Esdras significa "Señor axuda". Era un gran perito na Lei, da familia de Aharón.
7, 14 A misión oficial de Esdras era a de examina-la situación político-relixiosa de Israel.
7, 16 Á parte das ofrendas dos xudeus establecidos en Babilonia, podían contar coas dos pagáns.
7, 24 Unha tal exención de impostos era cousa ordinaria daquela en Persia.

ou dereito de peaxe. ²⁵En canto a ti, Esdras, coa sabedoría do teu Deus, que é o que te dirixe, nomea xuíces, maxistrados que fagan xustiza a todo o pobo de Transeufratina, a todos cantos coñecen as leis do teu Deus —e farédeslles coñecer ós que as ignoran. ²⁶A quen non cumpra a Lei do teu Deus e a lei do rei con exactitude, aplicaráselle a sentencia: ou de morte, ou de desterro, ou pagar unha multa, ou o cárcere".

²⁷Louvado sexa o Señor, o Deus dos nosos pais que puxo no corazón do rei a vontade de honrar deste xeito a casa do Señor, en Xerusalén. ²⁸E granxeoume, o mesmo, o seu favor e o dos seus conselleiros e máis altos ministros. Cheo, polo tanto, de seguridade, —pois a man do Señor meu Deus estaba sobre min—, xuntei algúns xefes de Israel para que saísen canda min.

Os compañeiros de Esdras

8 ¹Lista dos cabezas de familia, coas súas xenealoxías, que subiron canda min desde Babilonia, durante o reinado do rei Artaxerxes; ²fillos de Pinhás: Guerxom; dos fillos de Itamar: Daniel; dos fillos de David: Hatux, ³dos fillos de Xecanías; dos fillos de Parox: Zacarías cos que foron rexistrados cento cincuenta homes; ⁴dos fillos de Pahat-Moab: Elioenai, fillo de Zerahías e, con el, douscentos homes; ⁵dos fillos de Xecanías, fillos de Iahaziel e, con el, trescentos homes; ⁶e dos fillos de Adín: Ebed fillo de Ionatán e, con el, cincuenta homes; ⁷e dos fillos de Elam: Isaías fillo de Atalías, con el, setenta homes; ⁸e dos fillos de Xefatías: Zebadías fillo de Micael e, con el, oitenta homes; ⁹dos fillos de Ioab: Abdías, fillo de Iehiel e, con el, douscentos dezaoito homes; ¹⁰e dos fillos de Xelomit, fillo de Iosifías e, con el, cento sesenta homes; ¹¹e dos fillos de Bebai: Zacarías fillo de Bebai e, con el vinteoito homes; ¹²e dos fillos de Azgad: Iohanán fillo de Catán e, con el, cento dez homes; ¹³e dos fillos de Adonicam: os derradeiros, con estes nomes: Elifélet, Iehiel e Xemaías e, con eles, sesenta homes; ¹⁴e dos fillos de Bigbai: Utai e Zabud e, con el, setenta homes.

Viaxe de Esdras e Xerusalén

¹⁵Reuninos onda o río que vai morrer no Ahavá e acampamos alí tres días. Entón deime conta de que había leigos e sacerdotes, pero non había ningún levita. ¹⁶Mandei, pois, ós xefes Eliezer, Ariel, Xemaías, Elnatán e Iarib, Elnatán, Natán, Zacarías, Mexulam, e tamén ós instructores Ioiarib e Elnatán, ¹⁷coa orde de iren onda Idó, xefe da localidade de Casifiá; e puxen na súa boca as palabras que tiñan que dicir a Idó e ós seus irmáns os servidores na localidade de Casifiá, co fin de que nos trouxesen servidores para a casa do noso Deus. ¹⁸Como a boa man do noso Deus estaba sobre nós, mandáronnos un home asisado, un dos fillos de Mahli, fillo de Leví, fillo de Israel, é dicir, a Xerebías, cos seus fillos e irmáns, en total dezaoito, ¹⁹e tamén a Haxabías e con el Isaías, un dos fillos de Merarí, cos seus irmáns e seus fillos, en total vinte homes; ²⁰e entre os servidores que David e os xefes deran para o servicio dos levitas, douscentos vinte servidores, todos designados polos seus nomes.

²¹Proclamei alí, onda o río Ahavá, un xexún, a fin de nos aflixirmos diante do noso Deus e busca-lo seu favor e termos unha feliz viaxe, nós e os nosos nenos e bagaxes. ²²Pois non ousabamos pedirlle ó rei infantes e xinetes que nos protexesen dos nosos inimigos durante a marcha, despois de que lle dixemos:

—"O noso Deus protexe ós que o serven, mentres que o seu furor e cólera volven contra os que o abandonan".

²³Xexuamos, pois, pedindo este favor ó noso Deus, e el escoitounos benignamente. ²⁴Despois disto escollín doce xefes de entre os sacerdotes con Xerebías, Haxabías e dez dos seus irmáns con eles. ²⁵Pesei diante deles a prata, o ouro e os obxectos que o rei, os seus conselleiros e os israelitas residentes alí entregaran como ofrenda ó templo do noso Deus. ²⁶Xa pesados, puxen nas súas mans seiscentos cincuenta talentos de prata, obxectos de prata equivalentes a cen talentos, outros cen talentos de ouro, ²⁷vinte copas de ouro por mil dáricos, dous obxectos de

---

7, 27 A "Memoria de Esdras" empeza por unha louvanza ó Señor, Deus de Israel. O texto foi escrito de novo en hebreo. A acción de Deus é clara, incluso entre os pagáns.
8, 1 A caravana de Esdras compoñíase de familias sacerdotais, de representantes de David e de xefes xudeus no nome de todo o pobo de Israel. A familia sacerdotal de Esdras é a de Sadoc. A aharonita tamén vai levantando cabeza pouco a pouco.

8, 15 *Ahavá*, lugar descoñecido de Babilonia, é, ó mesmo tempo, o nome dun regato ou pequeno río. Ó parecer, agardaron moito tempo, en espera de xuntar máis xente, sobre todo levitas.
8, 20 Isto é, sinalados nalgún rexistro.
8, 25 A contribución real mostraba a lexitimidade do santuario de Xerusalén ante os xefes persas.
8, 27 O *dárico* é unha moeda de ouro.

bronce brillante, fermosísimos, preciosos coma o ouro. ²⁸Despois díxenlles:

—"Vós estades consagrados ó Señor, eses obxectos están consagrados e a prata e ouro son unha ofrenda voluntaria ó Señor, o Deus dos nosos pais; ²⁹gardádeo todo moi ben ata que o pesedes diante dos xefes de familia de Israel, en Xerusalén nas habitacións da casa do Señor".

³⁰Entón os sacerdotes e os levitas tomaron ó seu cargo a prata, o ouro e os obxectos pesados para levalos a Xerusalén á casa do noso Deus. ³¹Saímos de onda o río Ahavá o doce do primeiro mes para irmos a Xerusalén. A man do noso Deus estaba sobre nós e, no camiño, arrincounos das mans do inimigo e dos salteadores en emboscada. ³²Chegamos a Xerusalén e repousamos alí tres días. ³³No cuarto día pesámo-la prata, o ouro e os obxectos na casa do noso Deus, entre as mans do sacerdote Meremot fillo de Urías, de Elazar fillo de Pinhás, que estaba con el, e xunto con eles os levitas Iozabad fillo de Iexúa e Noadías fillo de Binui. ³⁴Número e peso, todo estaba alí, e o total do peso foi consignado por escrito. Nese mesmo tempo, ³⁵os que chegaron da cativedade, os deportados, ofreceron en holocausto ó Deus de Israel doce touros por todo Israel, noventa e seis carneiros, setenta e sete años, doce machos cabríos polo pecado: todo en holocausto ó Señor. ³⁶Despois transmitiron as ordes do rei ós sátrapas e ós gobernadores de Transeufratina, que sostiveron o pobo e a casa de Deus.

Pregaria humilde de Esdras

9 ¹Rematado todo isto, viñeron onda min os xefes, dicíndome:

—"O pobo de Israel, os sacerdotes e os levitas non viven afastados das xentes do país. Conformes coas súas abominacións —as dos cananeos, hititas, perizitas, iebuseos, amonitas, exipcios e amorreos—, ²tanto eles coma os fillos casaron coas súas fillas, e a raza santa mesturouse cos pobos pagáns. Os xefes e os notables foron os primeiros en lixa-las mans con esa infamia de infidelidade".

³Cando souben iso, rachei o meu vestido e o meu manto, rapei a cabeza e a barba, e senteime desolado. ⁴Todos cantos tremían ante as palabras divinas xuntáronse comigo ó coñeceren tal desacato dos deportados. Eu seguín sentado ata a ofrenda da tarde. ⁵A esa hora dei remate á miña postración e co vestido e manto rachados, axeonlleime e levantei as mans ó Señor, meu Deus, ⁶dicíndolle:

"Meu Deus, avergóñome e non me atrevo a levantar a ti o rostro, porque os nosos pecados exceden a nosa cabeza e chega ata o ceo a nosa culpa. ⁷Desde os tempos de nosos pais ata hoxe fixémonos reos de grandes ofensas; e polos nosos delitos, tanto nós coma os nosos reis e sacerdotes, fomos entregados ós reis estranxeiros, á espada, ó exilio, ó saqueo, á ignominia, como é, ó presente, a nosa triste situación. ⁸Mais agora, Señor, noso Deus, concedíchesnos un momento de respiro, deixándonos un resto e un sitio no teu lugar santo. Deste xeito, o noso Deus iluminou os nosos ollos e deunos un pouco de vida na nosa escravitude. ⁹Pois somos escravos, mais o noso Deus non nos abandonou na nosa servidume. Granxeóuno-lo favor dos reis de Persia, verqueu sobre nós a súa fidelidade co fin de dárno-la vida para poder reconstruí-lo templo do noso Deus, recompoñendo as súas ruínas e dándonos un muro en Xudea e Xerusalén. ¹⁰E agora, Deus noso, ¿que podemos dicir despois de todo isto? Abandonámo-los teus mandamentos, ¹¹os que nos deches por medio dos teus servos os profetas, dicindo: A terra na que ides entrar para posuíla é unha terra inmunda, lixada polas xentes do país e polas abominacións que a enchen dun cabo ó outro coas súas miserias. ¹²Por conseguinte, non lles deáde-las vosas fillas ós seus fillos, nin tomáde-las súas fillas por mulleres dos vosos fillos. Endexamais busquéde-la súa alianza nin o seu favor, para que deste xeito vos fortalezades e poidades comer dos bens do país e deixárllelos en posesión ós vosos fillos para sempre. ¹³Despois de todo canto nos aconteceu polas nosas malas accións e

---

8, 33 Este tal Meremot pertencía á familia de Hacós. Non lle resultou fácil demostra-la súa orixe sacerdotal.

9, 1 Por *abominación* enténdense as prácticas idolátricas, provocadas moitas veces por casar con mulleres pagás. A lista recolle os nomes dos pobos pagáns cos que loitou Israel xa desde os tempos do Éxodo.

9, 4 A *ofrenda da tarde* tiñase a idea das tres.

9, 8 Este *momento* durou setenta ou oitenta anos, caso de que se refira ó desterro en Babilonia.

9, 9 Aquí fálase dun *muro*. Se se trata da muralla, supón que Esdras veu despois de que Nehemías a reedificara; pero o máis seguro é que se refira ó muro de protección pola parte do seu Deus.

9, 12 Tales casorios ameazaban a pureza da raza, a fe, e mesmo o entusiasmo dos deportados.

9, 13 O Deus de Israel deixou a un lado os pecados do seu pobo, que por si non tiña dereito ó perdón, pois foi el quen abandonou ó seu Deus, e non á inversa.

pola nosa gran culpabilidade —aínda que ti, Deus noso, non te fixaches moito nos nosos delitos e deixáchesnos saír con vida—, [14]¿violaremos de novo os teus preceptos, emparentando con estes pobos abominables? ¿Non te anoxarías contra nós ata aniquilarnos sen deixar nin un sobrevivente?
[15]Señor, Deus de Israel, este resto que hoxe segue vivo demostra que ti es xusto. Aquí estamos diante de ti coma reos, pois non podemos xustificarnos na túa presencia despois de canto nos ocorreu".

Expulsión das mulleres estranxeiras

10 [1]Mentres Esdras, chorando e postrado diante do templo de Deus, rezaba e facía esta confesión, unha multitude moi grande de israelitas —homes, mulleres e nenos— foise xuntando a el, chorando sen parar. [2]Entón Xecanías fillo de Iehiel, un dos fillos de Elam, tomou a palabra e díxolle a Esdras:

—"Fomos infieis ó noso Deus, tomando mulleres estranxeiras dos pobos pagáns. Mais isto aínda pode ter remedio para Israel: [3]fagamos agora unha alianza co noso Deus, comprometéndonos a despedi-las mulleres estranxeiras xunto cos fillos que delas tivemos, de acordo co que o señor di e segundo o consello de tódolos que temen o mandato do noso Deus. Que se faga segundo a Lei. [4]Ponte en pé, que isto é cousa túa; nós estamos ó teu lado. Ánimo e mans á obra".

[5]Entón Esdras levantouse e fixo xurar ós xefes dos sacerdotes, dos levitas e de todo Israel, que se faría como dixese. E xuráronno. [6]Entón Esdras levantouse de onde estaba, cara á casa de Deus, e dirixiuse ó apousento de Iehohanán fillo de Eliaxib. Unha vez chegado, non comeu nin bebeu nada, en sinal de dó, apenado pola infidelidade dos deportados.

[7]Fixo publicar unha proclama en Xudá e Xerusalén, a fin de que tódolos deportados se xuntasen en Xerusalén. [8]Ó que non acudise no prazo de tres días, tempo establecido polas autoridades e senadores, seríanlle confiscados os bens e el excluído da comunidade dos repatriados. [9]Entón tódolos homes de Xudá e de Benxamín xuntáronse en Xerusalén o terceiro día; era o vinte do noveno mes. Todo o pobo ficaba na praza do templo, tremendo por culpa dese asunto e pola moita chuvia. [10]O sacerdote Esdras levantouse e díxolles:

—"Fixestes moi mal casando con mulleres estranxeiras, acrecendo por ese camiño a culpabilidade de Israel. [11]Agora, pois, confesádevos ó Señor, o Deus dos vosos pais, e facede a súa vontade: afastádevos dos pobos pagáns e das mulleres estranxeiras".

[12]Toda a asemblea respondeu con forte voz:

—"É verdade. Débese facer coma ti dis. [13]Pero o pobo é numeroso e estamos na estación das chuvias. Non se pode seguir fóra. Ademais, non é cousa dun día nin de dous, pois somos moitos os que quebrantamos ese mandamento. [14]Que os nosos xefes volvan aquí no nome de toda a asemblea e que tódos cantos nas nosas vilas tomaron mulleres estranxeiras veñan no tempo fixado cos anciáns de cada vila xunto cos seus xuíces, ata que a cólera do noso Deus, acesa por este motivo, se aparte de nós".

[15]Sen embargo, Ionatán fillo de Asahel e Iahzías fillo de Ticrah opuxéronse, apoiados por Mexulam e polo levita Xabtai. [16]Mais os deportados fixeron como se lles dixera. O sacerdote Esdras escolleu a algúns dos cabezas de familia, segundo as súas liñaxes, designándoos polos seus nomes. [17]E o un do primeiro mes remataron o asunto de tódolos homes que casaran con estranxeiras.

Lista dos culpables

[18]Entre os fillos dos sacerdotes que tomaran mulleres estranxeiras, atopáronse:

Entre os fillos de Xosué fillo de Iosadac e seus irmáns: Maseías, Eliézer, Iarib e Guedalías; [19]comprometéronse a despedi-las súas mulleres e ofrecer un carneiro para repararen a ofensa; [20]entre os fillos de Imer: Henaní e Zabadías; [21]entre os fillos de Harim: Maseías, Elías, Xemaías, Iehiel e Ozías; [22]entre os fillos de Paxhur: Elioenai, Ismael, Netanel, Iozabad e Eleasah.

[23]Entre os levitas: Iozabad, Ximí, Quelaías —o quelita—, Petahías, Yehudah e Eliézer.

10, 3 *Señor* —con minúscula— refírese a Esdras.
10, 6 Non está ben probado cal ministerio é antes: o de Esdras ou o de Nehemías. Este, sen dúbida, é antes, se Iohanán é o Sumo Sacerdote que exerceu o seu oficio polo 410, baixo Darío II; e se Eliaxib é o Sumo Sacerdote do tempo de Nehemías (Neh **3,** 1 e **13,** 28).
10, 8 Na época de Esdras os bens confiscados non se destruían, senón que se levaban ó templo.
10, 9 *O noveno mes* (o de Kisleu) caía en inverno (nov.-dic.), no tempo das chuvias.
10, 17 A reforma durou tres anos.

²⁴Entre os cantores: Eliaxib.
Entre os porteiros: Xalum, Télem e Urí.
²⁵Referente ós israelitas: entre os fillos de Parox: Ramíah, Izías, Malaquías, Miiamín, Elazar, Malaquías e Benaías.
²⁶Entre os fillos de Elam: Matanías, Zacarías, Iehiel, Abdi, Ieremot e Elías; ²⁷entre os fillos de Zatú: Elioenai, Eliaxib, Matanías, Ieremot, Zabad e Azizá; ²⁸entre os fillos de Bebai: Iehohanán, Hananías, Zabai, Atlai; ²⁹entre os fillos de Baní: Mexulam, Maluc, Adaías, Iaxub, Xeal, Ieremot; ³⁰entre os fillos de Pahat-Moab: Adná, Kelal, Benaías, Maseías, Matanías, Besalel, Binuí, Menaxés; ³¹entre os fillos de Harim: Eliézer, Ixías, Malaquías, Xemaías, Simeón, ³²Benxamín, Maluc, Memarías; ³³entre os fillos de Haxum: Matenai, Matatah, Zabad, Elifélet, Ieremai, Menaxés, Ximí; ³⁴entre os fillos de Baní: Madai, Amram, Uel, ³⁵Benaías, Bedía, Keluí, ³⁶Vanías, Meremot, Eliaxib, ³⁷Matanías, Matenai e Iasai; ³⁸Baní e Binui, Ximí, ³⁹Xelemías, Natán, Adaías, ⁴⁰Macnadbai, Xaxai, Xarai, ⁴¹Azarel, Xelemías, Xemaría, ⁴²Xalum, Amarías, Xosé; ⁴³entre os fillos de Nebó: Iehiel, Matatías, Zabad, Zebiná, Iadai, Ioel, Benaías.

⁴⁴Todos eses tomaran mulleres estranxeiras; e mesmo entre eles había mulleres das que xa tiveran fillos.

LIBRO DE NEHEMÍAS

Pregaria de Nehemías

1 ¹Palabra de Nehemías, fillo de Hacalías.

Sucedeu que no mes de Kisleu do vixésimo ano, estando eu en Xuxán, a cidade forte, ²Hananí, un dos meus irmáns, veu de Xudá, el e algúns homes máis, e fíxenlles preguntas relativas ós xudeus rescatados, o resto sobrevivente da cativtidade, e por Xerusalén. ³Eles contáronme:

—"Os que ficaron da cativtidade aló na provincia, están nunha gran desgracia e vergonza; a muralla de Xerusalén ten fendas e as súas portas foron queimadas".

⁴Ó oír estas palabras, sentei, chorei e a pena apoderouse de min durante uns días. Despois xexuei e recei na presencia do Deus dos ceos. ⁵Dixen:

—"Ah, Señor, Deus dos ceos, Deus grande e temible, que gárda-la alianza e a fidelidade para con aqueles que te aman e cumpren os teus mandamentos, ⁶que os teus oídos estean atentos e os teus ollos abertos para escoita-la pregaria do teu servo. Neste momento, día e noite rezo diante de ti polos fillos de Israel, os teus servidores. Confeso os pecados que nós cometemos contra ti, eu e a casa de meu pai. ⁷Verdadeiramente ofendémoste e non gardámo-los mandamentos, as leis e os costumes que deches ó teu servo Moisés. ⁸Pero lémbrate da palabra que, polo teu mandato, pronunciou o teu servo Moisés: Se sodes infieis, eu esparexereivos entre os pobos; ⁹mais se tornades a min e gardáde-los meus preceptos e os poñedes en práctica, aínda que os vosos deportados se encontren nos confíns do mundo, irei alí reunilos e traelos ó lugar que elixín para morada do meu nome. ¹⁰Eles son os teus servidores e o teu pobo que ti rescataches co teu gran poder e forte man. ¹¹Ah, Señor, que o teu oído estea atento ó rogo do teu servo e dos teus servidores que se enchen de ledicia temendo o teu nome. Concede ó teu servo a gracia de achar misericordia na presencia deste home".

Eu era entón o copeiro do rei.

Viaxe de Nehemías a Xerusalén

2 ¹No mes de Nisán do vixésimo ano do rei Artaxerxes, cando xa tiña servido o viño, ofrecín ó rei unha copa. Como eu xamais estivera triste diante del, ²o rei díxome:

—"¿Por que o teu rostro é triste? ¿É que estás doente? ¿Ou trátase só dunha tristura do corazón?"

A min entón invadiume un gran temor. ³Contesteille ó rei:

—"Que o rei viva por sempre. ¿Como non vai estar triste o meu rostro, cando a cidade onde están as sepulturas de meus pais foi devastada, e as súas portas devoradas polo lume?"

⁴O rei díxome:

—"¿Que é entón o que pretendes?"

Eu recei ó Deus dos ceos ⁵e despois díxenlle ó rei:

—"Se iso lle parece ben ó rei e se o teu servidor é grato ós teus ollos, mándame camiño de Xudá, cara á cidade das tumbas de meus pais, para reconstruíla".

⁶O rei e a raíña, sentada ó seu lado, preguntáronme:

—"¿Canto durará a túa viaxe e cando voltarás?"

Pareceulle ben ó rei a data que lle indiquei e deixoume partir.

⁷Eu engadín:

—"Se a cousa parece ben ó rei, que se me dean cartas para o gobernador de Transeufratina, a fin de que eles me deixen pasar ata chegar a Xudá ⁸e tamén unha carta para Asaf, garda do parque real, a fin de que me dea a madeira para construí-las portas da ci-

---

1, 1 Transcribimos Nehemías, onde o hebreo di "Nehemíah". Nehemíah significa "o Señor consola". As súas palabras pódense chamar tamén "actas". Son tres os personaxes que levan este nome neste mesmo libro (**1**, 1; **3**, 16 e **7**, 7). O mes de Kisleu do ano 20° de Artaxerxes coincide en nov.-dic. do ano 446 (cf nota a Esd **10**, 9).
1, 3 A *provincia* é Palestina, provincia de Persia, dentro do seu imperio. Referente ás fendas, hai que se decatar de que, a partir do ano 587, ou sexa, desde algo máis de 140 anos, a muralla víase desamparada, en mans inimigas, e acusa os resultados.
1, 4ss A desgracia do seu pobo arrinca do corazón de Nehemías abondas bágoas. No xexún e no pranto implora a misericordia do Deus de Israel, polos méritos do seu servo Moisés, intermediario entre Deus e o pobo.
1, 9 O que aquí se di non se atopa á letra en ningún texto da Biblia, pero as ideas están no Deuteronomio, sobre todo en **30**, 1-5.
1, 11 Ese home é Artaxerxes. Nehemías era un personaxe importante na corte do rei.
2, 1 É fácil que aínda se usara o antigo calendario xudeu, e polo tanto, o mes de Nisán (marzo-abril) viña despois do de Kisleu, dentro do ano que xa empezaba no outono. Segundo o noso cómputo a data correspondería a marzo-abril do 445.
2, 6 A primeira estancia de Nehemías en Xerusalén foi ós doce anos (cf **5**, 14 e **13**, 6).

dadela do templo e para as murallas da cidade e a casa onde eu me instale".

O rei deume esas cartas, pois a boa man do meu Deus estaba sobre min.

⁹Presenteime, pois, ós gobernadores de Transeufratina e déille-las cartas do rei. O rei enviárame tamén oficiais do exército e xinetes.

¹⁰Sambalat, o horonita, e Tobías, o servidor amonita, souberon a noticia e disgustáronse moito ó veren que alguén viña preocupándose do maior ben dos fillos de Israel.

¹¹Cheguei a Xerusalén e detívenme alí tres días. ¹²Despois erguinme pola noite, con algúns homes máis, pero sen lle revelar a ninguén canto Deus me puxera no corazón para levar a cabo en Xerusalén. Cabalgadura só tiña unha, a que eu montaba. ¹³Saín de noite pola porta do Val cara á fonte do Dragón e á porta do Esterco. Examinei coidadosamente as murallas de Xerusalén e deime conta de que case non había máis que fendas, e que as portas foran devoradas polo lume. ¹⁴Pasei cara á porta da Fonte e cara ó estanque real, pero non vin alí sitio por onde pasa-la cabalgadura que levaba. ¹⁵Subín, entón, polo torrente (aínda era noite) e examinei a muralla moi atentamente. Despois dei a volta pola porta do Val ata a casa.

¹⁶As autoridades non souberon onde fora, nin o que pensaba facer. É que aínda non lles dixera nada ós xudeus, ós sacerdotes, ós notables e maxistrados, nin ós outros que se ocupaban dos traballos. ¹⁷Entón díxenlles:

—"Xa véde-la triste situación na que nos encontramos: Xerusalén devastada e as súas portas queimadas. Hai, pois, que reconstruí-la muralla de Xerusalén e non sexamos máis unha irrisión".

¹⁸Reveleilles como a man do meu Deus, a súa boa man, estaba sobre min e canto o rei me dixera. Eles dixeron entón:

—"¡Arriba, a traballar!"

E puxeron mans á obra con moitos azos.

¹⁹Cando o souberon o horonita Sambalat, o servo amonita Tobías, e Guéxem, o árabe, ríronse de nós e dicían con desprezo:

—"¿Que é o que ides facer? ¿Rebelástesvos contra o rei?"

²⁰Eu respondinlles, dicindo:

—"É o Deus dos ceos, El mesmo, o que nos dará o éxito. Nós, os seus servos, levantarémonos e construiremos. Para vosoutros non haberá parte ningunha, nin dereito nin recordo en Xerusalén".

Reparación dos muros de Xerusalén

3 ¹Eliaxib, o sumo sacerdote, levantouse, xuntamente cos seus irmáns, os sacerdotes, e construíron a porta das Ovellas. Consagrárona e puxéronlle as follas; despois consagraron a muralla ata a torre dos Cento, ata a torre de Hananel. ²Ó seu lado construíron os homes de Iericó e ó lado construíu Zacur, fillo de Imrí. ³Os fillos do Senaah fixeron a porta dos Peixes e foron tamén eles os que a colocaron e fixaron as súas follas, trancas e ferrollos. ⁴De seguido traballou Meremot, fillo de Urías, fillo de Hacós, e ó seu lado traballou Mexulam, fillo de Berequías, fillo de Mexezabel; xunto del traballou Sadoc, fillo de Baná; ⁵ó seu lado traballaron os de Tecoa, pero os seus notables non se sumaron ó servicio dos seus señores. ⁶Ioiadá, fillo de Paséah, e Mexulam, fillo de Besodía, traballaron na porta do arrabalde novo; foron eles os que fixaron as súas follas, trancas e ferrollos. ⁷Ó seu lado traballou Melatías o gabaonita, e tamén Iadón o meronotita, os homes de Gabaón e de Mispah, dependentes do solio do gobernador de Transeufratina. ⁸Ó seu lado traballou Uziel, fillo de Harhaías o ourive, e ó seu lado traballou Hananías o perfumista. Fóronse de Xerusalén unha vez rematada a muralla longa. ⁹Canda eles traballou Refaías, fillo de Hur, xefe da metade do distrito de Xerusalén. ¹⁰A continuación traballou Iedaías, fillo de Harumaf, fronte da súa casa, e ó seu lado traballou Hatux, fillo de Haxafnías. ¹¹Na segunda porción traballou Malaquías, fillo de Harim, como tamén Haxub, fillo de

---

2, 10 Estes dous personaxes, con grande responsabilidade na rexión, opoñíanse a Nehemías. Polos nomes, vese que eran de orixe xudía, aínda que mesturados cos pagáns. *Horonita* pode querer dicir de Bet-Horón, preto de Xerusalén, ou ben de Horonaim, país de Moab. *Tobías* era un xudeu, ó servicio dos amonitas.

2, 15 Trátase da barranqueira do Cedrón, ó leste das murallas de Xerusalén.

2, 16 Estes nomes que designan os personaxes, son incertos.

2, 19 *Guéxem* é o terceiro personaxe. Volverá a aparecer en **6,** 1-2.6.

3, 1 Esta porta estaba ó norte da cidade, cara ó ángulo nordeste da muralla. As torres de que se fala aquí non son coñecidas. Quizais estivesen ó oeste da Porta das Ovellas.

3, 3 Máis ó oeste. Sen dúbida, lugar dalgún comercio de pescado, abastecido polas xentes de Tiro (cf **13,** 16).

3, 5 Trátase dos habitantes de Tecoa, ó sur de Belén.

3, 6 Ou sexa, a *Porta Vella*, quizais a da cidade vella.

3, 7 *Dependentes do solio...:* pagados polo gobernador.

3, 8 Muralla longa, era á parte máis fortificada, por se-la de máis perigo fronte ós inimigos.

3, 11 Por aquí vese que traballaban por equipos. A Torre dos Fornos é a do ángulo noroeste da cidade.

Pahat-Moab; o mesmo que na torre dos Fornos. ¹²Ó seu lado traballou Xalum, fillo deo Lohex, xefe da metade dun sector de Xerusalén, el e as súas fillas. ¹³Na porta do Val traballou Hanún cos habitantes de Zanóah; foron eles os que a fixeron, aseguraron as súas follas, coas barras e fechos, e reconstruíron cincocentos metros de muralla ata a porta de Esterco. ¹⁴A porta de Esterco restaurárona Malaquías, fillo de Recab, xefe do distrito do Casalhorto; foi el quen a construíu, fixando as súas follas, trancas e fechos. ¹⁵Xalum, fillo de Kol-Hozeh, xefe do sector de Mispah, traballou na porta da Fonte; foi el quen a fixo, cubriuna e púxolle as follas, trancas e ferrollos; tamén construíu a muralla do estanque de Xélah, onda o xardín real, ata a esqueira que baixa da Cidade de David.

¹⁶Despois del traballou Nehemías, fillo de Azbuc, xefe de medio distrito de Caspena, ata as tumbas de David, o estanque artificial e a casa dos Valentes. ¹⁷Ó seu lado traballaron os levitas: Rehúm, fillo de Baní e, a par del, traballou no seu propio distrito Haxvías, xefe da metade do sector de Queilah: ¹⁸Despois del traballaron os seus irmáns Binuí, fillo de Henadad, xefe da metade do sector de Queilah. ¹⁹Ó seu lado traballou Ézer, fillo de Iexúa, xefe de Mispah, nunha segunda porción, a partir do sitio que cae fronte á subida do arsenal, no ángulo. ²⁰Despois del traballou con gran coraxe Baruc, fillo de Zabai, nunha segunda porción, a partir do ángulo ata a entrada da casa de Eliaxib, o sumo sacerdote. ²¹Despois del traballou Meremot, fillo de Uría, fillo de Hacós, nunha segunda porción, a partir da entrada da casa de Eliaxib ata o extremo da casa de Eliaxib. ²²E despois del traballaron os sacerdotes, chegados dos contornos. ²³Despois traballou Benxamín e tamén Haxub, diante da súa casa; despois traballou Azarías, fillo de Maseías, fillo de Anasías, ó lado da súa casa. ²⁴Despois del traballou Binuí, fillo de Henadad, nunha segunda porción, a partir da casa de Azarías ata o recanto e ata o ángulo; ²⁵Palal, fillo de Uzai, continuou a partir do ángulo e a torre superior do palacio real, a alta, a que dá ó patín do cárcere. A par del, Pedaías, fillo de Parox, restaurou ²⁶ata a porta das Augas, ó leste da torre superior. ²⁷Despois del traballaron os de Tecoa, nunha segunda porción, a partir do lugar que está diante da torre superior, ata a muralla do Ofel. ²⁸Despois da parte alta da porta dos Cabalos traballaron os sacerdotes, cada un diante da súa casa. ²⁹A continuación traballou Sadoc, fillo de Imer, diante da súa casa, e despois del traballou Xemaías, fillo de Xecanías, gardián da porta do Leste. ³⁰Despois del traballou Hananías, fillo de Xelemías, e tamén Hanún, fillo de Salaf o sexto, nunha segunda porción. A continuación traballou Mexulam, fillo de Berequías, diante da súa morada. ³¹Despois del traballou Malaquías o ourive ata a casa dos servidores e dos comerciantes, fronte á porta de Mifcad ata a cela alta do ángulo. ³²Entre a cela alta do ángulo e a porta das Ovellas traballaron os ourives e os comerciantes.

Os inimigos opóñense á reconstrucción

³³Cando Sambalat soubo que nós levantabámo-la muralla, encheuse de cólera e de furor. Burlouse dos xudeus ³⁴e falou na presencia dos seus irmáns e das tropas de Samaría, dicindo:

—"¿Que fan eses infelices? ¿Déixaselles traballar? ¿Van ofrecer sacrificios? ¿Van terminar hoxe? ¿Farán revivi-las pedras de entre os pardiñeiros, agora que xa están calcinadas?"

³⁵O amonita Tobías estaba ó seu lado e dixo:

—"Eles constrúen, mais, en canto suba unha raposa á súa muralla de pedra, fará nela unha fenda".

³⁶Escoita, Deus noso, como se burlan de nós. Fai cae-los seus insultos sobre a súa cabeza e entrégaos ó desprezo nun país de catividade. ³⁷Non perdóe-la súa falta, e que o seu pecado non se borre diante de ti; porque

---

3, 12 É a primeira vez que aparecen mulleres, fillas dun operario. Pódese tratar das que practicaban a adiviñación, pois "Lohex" significa obreiro.

3, 13 *Porta do Val:* porta ó suroeste da cidade, que daba ó val de Hinnom, de aí o seu nome. A do Esterco estaba ó sur da cidade, lugar das varreduras, de aí tamén o nome.

3, 14 *Casalhorto:* localidade dos arredores de Belén.

3, 15 A *porta da Fonte* estaba ó sueste da cidade, e leva ese nome pola Fonte de Sulín (¿Ain Róguel?). En canto ó canal, non é fixo que se trate de Siloé, aínda que "xélah" signifique canal. "Cidade de David", ou sexa, a parte máis ó sur da mesma, onde se atopaba a antiga cidade do rei profeta.

3, 22 Os homes dos arredores son os de Iericó, preto do Xordán (cf Xén **13,** 10).

3, 26 A *porta das Augas* pode se-la do pazo real, e non da muralla. O traballo facíase onda o pazo. Había tamén unha praza.

3, 36 Esta pregaria de Nehemías pode estar tomada de oracións litúrxicas (cf Xer **18,** 23).

cometeron unha ofensa contra os que constrúen.
³⁸Reconstruímos, pois, a muralla, e toda ela foi reparada ata media altura. O pobo tomou moi a peito o facela.

4 ¹Cando Sambalat, Tobías, os árabes e os axdoditas se deron conta de que a restauración das murallas de Xerusalén progresaba e de que se empezaban a cerra-las fendas, a súa cólera foi moi grande. ²Xuntáronse todos para viren atacar Xerusalén e causar nelas estragos. ³Entón nós suplicamos ó noso Deus e puxemos gardas para que os vixiasen día e noite. ⁴Mais Xudá dicía:
—"A forza dos albaneis esgótase,
e hai moitos espolios.
E xa non nos será posible
construí-la muralla".
⁵Os nosos adversarios comentaban:
—"Non sospeitarán nin verán nada ata o momento en que nós cheguemos onda eles. Entón matarémolos e faremos cesa-la obra".
⁶Os xudeus que habitaban ó lado deles, cando viñan, repetíannos:
—"De tódolos sitios de onde vós vides, están eles sobre nós".
⁷Entón eu ordenei o pobo por familias, coas súas espadas, lanzas e arcos, arredor e ó pé da muralla. ⁸Examinado todo, levanteime e díxenlles ós notables, ás autoridades e ó resto do pobo:
—"Non lles teñades medo. Lembrádevos do Señor, grande e temible, e loitade polos vosos irmáns, fillos e fillas, polas vosas mulleres e casas".

⁹Cando se decataron os nosos inimigos de que estabamos alerta, déronse conta de que Deus lles desbaratara os seus planos, e puidemos voltar á muralla, cadaquén á súa tarefa. ¹⁰Desde aquel día, sen embargo, só a metade dos meus homes traballaba, mentres a outra metade tiña na man as lanzas, os escudos, os arcos e as coirazas. Os xefes mantíñanse en pé detrás de toda a casa de Xudá. ¹¹Os que construían a muralla e cantos cargaban e levaban os vultos, traballaban cunha man, mentres a outra sostiña unha arma. ¹²Todo constructor tiña unha espada amarrada á cintura. O corneta estaba ó meu lado. ¹³Eu díxenlles ós notables, maxistrados e ó resto do pobo:
—"A obra é considerable e ampla e nós estamos espallados ó longo da muralla, lonxe uns dos outros. ¹⁴Polo tanto, se oíde-lo soar da trompeta onde queira que esteades, vide logo xuntarvos connosco. O Señor loitará por nós. ¹⁵Fagámo-la obra —tendo a metade dos nosos as lanzas na man—, desde o raiar da alba ata que xa se vexan as estrelas".
¹⁶Tamén foi por este tempo cando lle dixen ó pobo:
—"Cada un co seu servidor pasará a noite en Xerusalén; na noite haberá un garda, e no día todos á obra".
¹⁷Ninguén, nin eu nin os meus irmáns, nin os meus servidores, nin os homes da garda que me seguían, ninguén de nós, quitaba os vestidos. Todos tiñan a súa arma na man dereita.

INXUSTIZAS SOCIAIS

Intervención de Nehemías

5 ¹Entón a xente do pobo, sobre todo as mulleres, levantou un gran clamor contra os seus irmáns xudeus. ²Algúns dicían:
—"Os nosos fillos e fillas, e nós mesmos, somos moi numerosos e non temos pan para comer e vivir".
³Outros dicían:
—"Os nosos campos, viñas e casas hai que entregalos, a fin de que nos dean trigo no tempo da fame".
⁴Outros dicían:

—"Polo tributo do rei, empeñámo-la prata que esperamos sacar dos campos e viñas. ⁵Sen embargo, a nosa carne é semellante á carne dos nosos irmáns, e os nosos fillos son tamén semellantes ós seus. Mais o caso é que temos que entrega-los nosos fillos e fillas á escravitude, e algunhas das nosas fillas foron deshonradas sen que nós poidamos facer cousa para impedilo. Os nosos campos e viñas están nas mans doutros".
⁶Ó oí-los seus clamores e palabras, a cólera apoderouse de min con violencia. ⁷Sentín

---

4, 1-9 Os inimigos dos arredores, alarmados, dispóñense a atacar por sorpresa; mais Nehemías, avisado a tempo, arma ós seus, e dálle-la orde de vixiar de noite. Poñen toda a súa confianza no Señor. A metade traballa, e a outra metade empuña a espada.

4, 10ss Ninguén estaba sen a súa espada. Os mesmos que traballaban, tiñana colgando do cinto.
5, 1ss O pobo queixábase das inxustizas sociais, e Nehemías pon o remedio na man dos sacerdotes, e fainos xurar que cumprirán canto o vai ordenar.

na miña alma a obriga de lles rifar ós nobres e maxistrados, e díxenlles:

—"Estades poñendo unha carga enorme os uns nos ombros dos outros". Convoqueinos despois a unha gran asemblea.

⁸Díxenlles:

—"Nosoutros, nós mesmos, comprámo-los nosos irmáns xudeus vendidos ás nacións, na medida das nosas posibilidades. Vosoutros, polo contrario, vendéde-los vosos irmáns para seren máis tarde revendidos a nós".

Eles mantíñanse en silencio e nada tiñan que responder. ⁹Eu engadín:

—"O que facedes non está ben; ¿non é segundo o temor de Deus como debedes camiñar para evita-la vergonza das nacións, as nosas inimigas? ¹⁰Tanto eu, coma os meus irmáns e servidores prestámoslles diñeiro e trigo. E imos tamén abandonar esa débeda. ¹¹Volvédelles hoxe mesmo os seus campos, viñas, oliveiras e casas, e perdoádelle-lo diñeiro, trigo, aceite que lles emprestastes".

¹²Eles responderon:

—"Perdonarémoslles todo e nada lles reclamaremos. Faremos como ti dis".

Chamei ós sacerdotes e fixen xurar á xente que farían como se lles dixera. ¹³Sacudín tamén as dobras do meu manto, dicindo:

—"Desta mesma maneira sacudirá Deus da súa casa, lonxe dos seus bens, a todo aquel que non reciba a súa palabra. Así será el sacudido e abandonado sen nada".

Toda a asemblea respondeu:

—"Amén".

E louvaba ó Señor. E o pobo realizou canto se dixo.

¹⁴Despois do día mesmo en que se me deu a orde de se-lo seu gobernador no país de Xudá, desde o vixésimo ano ata o trixésimo do rei Artaxerxes, durante doce anos, así eu coma os meus irmáns non comemos endexamais o pan que lle pertence ó que goberna. ¹⁵Antes de min, os primeiros gobernadores esmagaban o pobo, esixíndolle pan e viño, e corenta siclos de prata. Tamén os seus servidores impoñían o seu dominio sobre o pobo, cousa que eu xamais non quixen facer polo temor de Deus.

¹⁶Axudei incluso na obra desta muralla, e non compramos campos, e tódolos meus servidores viñan tamén xuntarse aquí para o traballo. ¹⁷Os xudeus e os maxistrados que comían comigo eran cento cincuenta homes, ademais dos que viñan onda nós das nacións veciñas.

¹⁸O que se preparaba para cada día —un touro, seis carneiros escollidos e aves— corría da miña conta o aderezalo. Cada dez días traía viño a fartar. Aínda así, non reclamei o pan que lle corresponde ó gobernador, pois a servidume pesaba duramente sobre este pobo.

¹⁹Meu Deus, acórdate para o meu ben de todo canto fixen por este pobo.

Remate da muralla

6 ¹Cando Sambalat, Tobías, o árabe Guéxem e o resto dos nosos inimigos souberon que tiñamos rematada a construcción da muralla e que xa non quedaba nela ningunha fenda —só as follas das portas estaban sen colocar—, ²Sambalat e Guéxem mandaron dicirme:

—"Ven. Vamos ter unha entrevista contigo en Kefirim, no val de Onó".

É que tiñan pensado facerme mal. ³Eu mandeilles mensaxeiros para dicirlles:

—"O que eu fixen é unha obra considerable, e non me é posible baixar. ¿Por que se vai ter que dete-la obra para baixar onda vós?"

⁴Eles enviáronme catro veces o mesmo recado, e eu déille-la mesma resposta.

⁵Por quinta vez chegoume a mesma mensaxe, por medio do servidor de Sambalat, que traía na man unha carta aberta. ⁶Nela estaba escrito: —"Óese rumorear entre as xentes, e así o afirma Guéxem, que ti e mailos xudeus téde-lo pensamento de vos sublevar e que con tal motivo levantas ti a muralla para devíre-lo seu rei. ⁷Nomeaches tamén co mesmo fin profetas en Xerusalén para que proclamen: Hai un rei en Xudá. É ben seguro que o vai sabe-lo emperador. Ven, pois, e decidiremos xuntos o que convén facer". ⁸Respondinlles:

—"Non hai cousa que estea de acordo con canto ti dis. Iso inventáchelo ti mesmo".

5, 14ss Nehemías explica como nin el nin os seus comían, aínda que lles correspondese, do pan do gobernador, nin eran unha carga pesada para as pobres xentes, cos seus impostos. Pensaban máis en traballar nas murallas que en comprar para eles propiedades. Non querían ser coma os gobernadores precedentes. Contentábanse con que Deus se acordase deles.

6, 2 *Kefirim:* localidade do val de Onó, quizais na rexión de Lida, ó noroeste de Xerusalén, non lonxe do Mediterráneo.

6, 3 É unha disculpa, pois ben sabía que obraban con mala fe.

6, 7 Polo que aquí se di, vese que os profetas aínda tiñan algunha parte na entronización dos reis.

⁹Todos eles, de certo, queríannos meter medo, pensando: —"Van para-la obra, que non rematará endexamais". Eu con iso aínda collín máis ánimos. ¹⁰Fun á casa de Xemaías, fillo de Delaías, fillo de Mehetabel, pois estaba impedido. Dixo:

—"Xuntémonos na casa de Deus, no medio do templo, e pechémo-las súas portas, porque van vir matarte".

¹¹Eu respondín:

—¿Un home coma min emprenderá a fuga? ¿E que home hai que poida entrar no templo e vivir? Non entrarei, non".

¹²Deime conta, en efecto, que non fora Deus quen o enviara. Fíxome esa *profecía* subornado por Tobías e Sambalat, ¹³para que, cheo de pavor, obrase desa forma, cometendo un gran pecado. Terían entón eles motivo para me denigraren, téndome por un blasfemo.

¹⁴—"Lémbrate, ouh Deus, de canto Tobías e Sambalat fixeron, e tamén da profetisa Noadías e dos outros profetas que me querían poñer medo".

¹⁵A muralla rematouse o vintecinco do mes de Elul, en cincuenta e dous días.

¹⁶Cando o souberon os nosos inimigos, tódalas nacións veciñas foron presa de gran temor e víronse humilladas ós seus propios ollos. Recoñeceron que esta obra fora feita por vontade divina. ¹⁷Foi tamén por ese tempo cando os notables de Xudá mandaran moitas cartas a Tobías e recibían del outras tantas. ¹⁸Pois moitos xudeus xuramentaranse con el por se-lo xenro de Xecanías, fillo de Arah, e porque o seu fillo Iehohanán casara coa filla de Mexulam, fillo de Berequías. ¹⁹Facían, incluso, o seu eloxio na miña presencia, e levábanlle as miñas palabras. Tobías enviara cartas para poñerme medo.

7 ¹Rematada a muralla, puxen as portas e fóronlles asignados os cargos ós porteiros, cantores e levitas. ²Puxen tamén á fronte de Xerusalén a meu irmán Hananí, e Hananías, xefe da fortaleza, pois era un home honrado que temía ó Señor, máis ca outros moitos. ³Díxenlles:

—"As portas de Xerusalén non se abrirán antes de que quente o sol e, mentres os porteiros non estean no seu posto, seguirán pechadas solidamente. Organizarase un turno de garda cos habitantes de Xerusalén, uns desde os seus postos e outros diante das súas casas".

⁴A cidade era grande e moi extensa polos dous lados, mentres que os habitantes eran poucos e non se reconstruían casas.

⁵O meu Deus inspiroume entón reuni-los notables, as autoridades e o pobo para face-lo rexistro. Atopei o libro do censo dos primeiros que subiran, no que estaba escrito:

⁶Habitantes da provincia que regresaron do desterro, onde os levou cativos Nabucodonosor, rei de Babilonia, e voltaron a Xerusalén e a Xudá, cada un ó seu pobo. ⁷Viñeron con Zerubabel, Xosué, Nehemías, Azarías, Raamías, Nahamani, Mardoqueo, Bilxán, Mispéret, Bigvai, Nehúm, Banah.

Número de homes do pobo de Israel: ⁸os fillos de Parox: 2.172 ; ⁹ fillos de Xafatías: 372; ¹⁰os fillos de Arah: 652; ¹¹os fillos de Pahat-Moab, isto é os fillos de Iexúa e Ioab: 2.818; ¹²os fillos de Elam: 1.254; ¹³os fillos de Zatú: 845; ¹⁴os fillos de Zaqueo: 760; ¹⁵os fillos de Binuí: 648; ¹⁶os fillos de Bebai: 628; ¹⁷os fillos de Azgad: 2.322; ¹⁸os fillos de Adonicam: 667; ¹⁹os fillos de Bigvai: 2.067; ²⁰os fillos de Adín: 655; ²¹os fillos de Ater, é dicir, de Ezequías: 98; ²²os fillos de Haxum: 328; ²³os fillos de Besai: 324; ²⁴os fillos de Harif: 112; ²⁵os fillos de Gabaón: 95; ²⁶os homes de Belén e Netofah: 188; ²⁷os homes de Anatot: 128; ²⁸os homes de Bet-Azmávet: 42; ²⁹os homes de Quiriat-Iearim, Kefirah e Beerot: 743; ³⁰ os homes de Ramah e Gueba: 621; ³¹os homes de Micmás: 122; ³²os homes de Bet-el e Ai: 123; ³³os homes do outro Nebó: 52; ³⁴os fillos dun segundo Elam: 1.254; ³⁵os fillos de Harim: 320; ³⁶os fillos de Iericó: 345; ³⁷os fillos de Lod, Hadid e Onó: 721; ³⁸os fillos de Senaah: 3.930.

³⁹Os sacerdotes: os fillos de Iedaías, é dicir, a casa de Xosué: 973; ⁴⁰os fillos de Imer: 1.052; ⁴¹os fillos de Paxhur: 1.247; ⁴²os fillos de Harim: 1.017.

⁴³Os levitas: os fillos de Iexúa, é dicir, Cadmiel, os fillos de Hodvá: 74.

⁴⁴Os cantores: os fillos de Asaf: 148.

⁴⁵Os porteiros: os fillos de Xalum, os fillos de Ater, os fillos de Talmón, os fillos de Acub,

---

6, 10 Este impedimento podía depender dalgunha impureza ritual, que non lle permitía entrar no templo ese día (cf Xer 36, 5), ou calquera outra cousa.

6, 11 Nehemías era un leigo, e non podía entrar no santuario sen cometer un grave pecado, que merecía a pena de morte.

6, 14 *Noadías,* unha das poucas profetisas do A.T.

6, 15 Alá por setembro, pois Elul cae en agosto-setembro.

7, 3 *As portas* tiñan que pechalas antes do anoitecer.

7, 4 Alúdese aquí ás ruínas. Aínda non se establecera tódalas familias nas súas propias casas, de aí a necesidade do censo que vai seguir.

7, 6 Os vv 6-72 repiten, con pequenas variantes, a lista que xa vimos en Esd **2.**

os fillos de Hatita, os fillos de Xobai: 138.

⁴⁶Os servidores: os fillos de Sihá, os fillos de Hasufá, os fillos de Tabaot, ⁴⁷os fillos de Querós, os fillos de Siá, os fillos de Padón, ⁴⁸os fillos de Lebanah, os fillos de Hagabah, os fillos de Xalmai, ⁴⁹os fillos de Hanán, os fillos de Guidel, os fillos de Gahar, ⁵⁰os fillos de Reaías, os fillos de Reín, os fillos de Necodá, ⁵¹os fillos de Gazam, os fillos de Uzá, os fillos de Paséah, ⁵²os fillos de Besai, os fillos de Meunim, os fillos de Nefixim, ⁵³os fillos de Bacbuc, os fillos de Hacufá, os fillos de Harhur, ⁵⁴os fillos de Baslit, os fillos de Mehidá, os fillos de Harxá, ⁵⁵os fillos de Barcós, os fillos de Siserá, os fillos de Tamah, ⁵⁶os fillos de Necías, os fillos de Hatifá.

⁵⁷Os fillos dos servidores de Salomón: os fillos de Sotai, os fillos de Soféret, os fillos de Peridá, ⁵⁸os fillos de Ialá, os fillos de Darcón, os fillos de Guidel, ⁵⁹os fillos de Xefatías, os fillos de Hatil, os fillos de Poquéret-Ha-Sebaim, os fillos de Amón. ⁶⁰Tódolos servidores de Salomón: 392.

⁶¹E velaquí os que subiron de Tel-Mélah, Tel-Hará, Kerub-Adón e Imer e que puideron demostrar se a súa casa paterna e a súa raza viñan certamente de Israel: ⁶²os fillos de Delaías, os fillos de Tobías, os fillos de Necodá: 642; ⁶³e algúns de entre os sacerdotes: os fillos de Hobaia, os fillos de Hacós, os fillos de Barzilai —o que casara cunha das fillas de Barzilai o galaadita e herdara o seu nome. ⁶⁴Estas xentes buscaron o seu rexistro de xenealoxías e non o atoparon; entón foron declarados ilexítimos, excluídos do sacerdocio. ⁶⁵E o gobernador díxolles que non comesen dos alimentos sagrados, ata que chegase algún dos sacerdotes experto na consulta dos *urim* e *tummim*.

⁶⁶Toda a asemblea sumaba 42.360 persoas, ⁶⁷sen conta-los servidores e servidoras que eran 7.337. Tiña 245 cantores e cantoras, ⁶⁸435 camelos e 6.720 asnos. ⁶⁹Unha parte dos cabezas de familia fixeron donativos para as obras. O gobernador deu ó tesouro mil dracmas de ouro, cincuenta copas, cincocentas trinta túnicas sacerdotais. ⁷⁰Algúns dos xefes de familia deron ó tesouro da obra vinte mil dracmas de ouro e dúas mil duascentas minas de prata, cincuenta copas, e trinta e cinco túnicas sacerdotais. ⁷¹E algúns dos cabezas de familia deron para o tesouro da obra vinte mil dracmas de ouro e dúas mil duascentas minas de prata.

⁷²Entón os sacerdotes, os levitas, porteiros, cantores, servidores e tódolos israelitas establecéronse nos seus pobos. Chegado o sétimo mes, os fillos de Israel habitaban xa nas súas vilas.

Lectura pública da Lei

8 ¹Todo o pobo, coma un só home, xuntouse na praza que está diante da porta das Augas, e dixéronlle a Esdras, o escriba, que trouxese o libro da Lei de Moisés que o Señor tiña prescrito a Israel. ²O sacerdote Esdras trouxo a Lei diante da asemblea, onde se atopaban os homes, mulleres e todos cantos eran capaces de comprende-lo que oían. Era o primeiro día do sétimo mes. ³El leu no libro, desde o amañecer ata o mediodía, ós homes, mulleres e a cantos tiñan uso de razón. Os oídos de todo o pobo estaban atentos ó libro da Lei.

⁴O escriba Esdras estaba en pé sobre unha tarima de madeira, preparada con esta ocasión, e á súa dereita estaban Matatías, Xema, Ananías, Urías, Hilquías e Maseías; á súa esquerda, Pedaías, Mixael, Malaquías, Haxum, Haxbadanah, Zacarías, Mexulam. ⁵Esdras abriu o libro á vista de todo o pobo, pois colocárase por cima da comunidade, e cando o abriu, o pobo púxose en pé. ⁶Entón Esdras bendiciu ó Señor, o gran Deus, e todo o pobo respondeu: —"Amén, amén", levantando as mans. Despois inclináronse e prosternáronse diante do Señor, rostro en terra.

⁷Os levitas Iexúa, Baní, Xerebías, Iamín, Aqub, Xabtai, Hodiías, Maseías, Quelitá, Azarías, Iozabad, Hanán, Pelaías, explicaban a Lei ó pobo, e este mantíñase en pé sobre a praza. ⁸Lían no libro da Lei de Deus, traducíndoo e facendo comprende-lo que lían.

⁹Entón o gobernador Nehemías, o sacerdote-escriba Esdras e os levitas que explicaban a Lei ó pobo, dixeron a toda a asemblea:

—"Este día está consagrado ó Señor, o voso Deus. Polo tanto, cesade no voso pranto e non choredes máis" (pois todo o pobo choraba ó oí-las palabras da Lei).

8, 1 *Esdras*, escriba e sacerdote, aparece aquí por primeira vez no libro de Nehemías. É moi probable que os cc. **8 e 9** de Neh, nos que apenas se fala de Nehemías, formasen parte da Memoria de Esdras (cf Introd. 3). Polo que ó *libro da Lei de Moisés* se refire, é moi probable que se trate do Pentateuco, que xa constituía a Torah no tempo de Esd.-Neh.

8, 5-8 Por estes vv vese a diferencia entre o culto no templo (de tipo sacrificial) e o servicio nas sinagogas (máis ben de celebración da palabra de Deus).

8, 17s Esta gran festa, que empezaba o 15 de Tixrí e duraba 7 días, foi a primeira despois da volta dos deportados, de aí o xúbilo. Xosué pode ser aquí, máis ben o do sucesor de Moisés, o sacerdote citado en Esd **3**, 2.

¹⁰El díxolles:

—"Ídevos e comede ben, e bebede excelentes viños, e levádelles tamén ós que non teñen nada preparado, pois este día está consagrado ó noso Señor. Nin sigades tristes, porque o gozo do Señor é a vosa forza".

¹¹E os levitas calmaban ó pobo enteiro, dicindo: —"Calade, porque este día está consagrado. Non sigades chorando".

¹²Entón retirouse todo o pobo a comer e beber, repartindo cos que non tiñan e manifestando unha gran ledicia, pois comprenderan as palabras do Señor que lles acababan de ensinar.

¹³O segundo día, os xefes de familia de todo o pobo, os sacerdotes e os levitas reuníronse en torno ó escriba Esdras para distinguir ben o sentido das palabras da Lei. ¹⁴Atoparon escrito na Lei, que o Señor lles dera por medio de Moisés, que os fillos de Israel debían habitar en tendas durante as festas do sétimo mes ¹⁵e facérllelo saber e publica-lo anuncio en tódalas súas cidades e en Xerusalén nestes termos:

—"Saíde para a montaña e levade ramallos de oliveira, piñeiros e mirto; ramallada de palmeiras e doutras árbores frondosas para construí-las tendas, como está escrito".

¹⁶Entón o pobo saíu e levou con que face-las tendas, uns na azotea, outros nos patios, ou no adro do templo, na praza da porta das Augas e da porta de Efraím.

¹⁷Toda a asemblea —os que viñeran da cativadade— fabricou tendas e habitounas, cousa que xa non facían os israelitas desde os tempos de Xosué, fillo de Nun, ata este día. Foi motivo de gran ledicia. ¹⁸Tódolos días, desde o primeiro ó derradeiro, leu Esdras o libro da Lei de Deus. As festas duraron sete días, e no oitavo houbo, segundo costume, unha solemne asemblea de clausura.

Confesión dos pecados

9 ¹O vintecatro do mesmo mes, os israelitas, vestidos de saco e cinsa, reuníronse para un xexún. ²Todos cantos eran da liñaxe de Israel afastáronse dos estranxeiros, puxéronse en pé e confesaron os seus pecados e as faltas de seus pais. ³Volveron ós seus postos e leuse no libro da Lei do Señor, o seu Deus, durante unha cuarta parte da xornada. Durante outra cuarta parte fixeron a súa confesión e postráronse diante do Señor, o seu Deus.

⁴Subiron ó taboado dos levitas Iexúa, Baní, Cadmiel, Xebanías, Buní, Quenaní; invocaron o Señor, o seu Deus, en alta voz.

⁵E os levitas Iexúa, Cadmiel, Baní, Haxabnías, Xerebías, Hodías, Xebanías y Petahías dixeron:

—"Levantádevos. Bendicide o Señor, voso Deus, desde sempre e para sempre.

Que bendigan o teu nome glorioso, que sobrepasa toda bendición e louvanza.

⁶Ti es, Señor, o único Deus, que fixéche-los ceos, os ceos dos ceos e todo o seu exército, a terra e canto nela se atopa, os mares e todo canto conteñen. Fuches ti quen lles deu vida a todos, e o exército dos ceos se prosterna diante de ti. ⁷Es ti, o Señor Deus, o que escolliches a Abram, fixéchelo saír de Ur dos Caldeos e décheslle por nome Abraham. ⁸Atopaches nel un corazón fiel para contigo, e remataches con el unha alianza para darlle o país dos cananeos, hititas, amorreos, perizitas, iebuseos e guirgaxitas, a el e á súa descendencia. Cumpríche-la palabra, porque ti es xusto.

⁹Víche-la humillación dos nosos pais en Exipto e escoitáche-los seus gritos onda o mar dos Xuncos. ¹⁰Realizaches signos e prodixios contra o Faraón, contra tódolos seus servidores e contra todo o pobo do seu país, pois sabías que no seu orgullo nos maltratara, e conquistaches un nome que aínda hoxe perdura. ¹¹Divídiche-lo mar perante eles e puideron pasar co pé enxoito polo medio do mar; ós que os perseguían precipitáchelos no fondo, como unha pedra nas augas axitadas. ¹²Guiáchelos de día cunha columna de nube e de noite cunha columna de fogo, para alumárlle-lo camiño que tiñan que seguir. ¹³Baixaches ó monte Sinaí, e falácheslles desde o alto dos ceos; décheslle-los teus mandamentos, que son leis xustas, normas verdadeiras, estatutos e preceptos excelentes. ¹⁴Décheslles a coñece-lo teu santo sábado, décheslles ordes, mandatos e unha Lei, por medio do teu servo, Moisés. ¹⁵Para mata-la súa fame, décheslles pan do ceo e fixeches deitar auga do penedo para a súa sede.

9, 5-37 Esta longa pregaria, que abrangue todo o c. 9, é unha síntese da historia de Israel desde as orixes. Evoca primeiro a creación do mundo (Xén 1), e continúa coas diversas etapas da historia da salvación: Abraham, saída de Exipto, don da Lei no Sinaí, maná, a auga da rocha, paspallás, conquista de Canaán, Xuíces, ruína de Samaria no tempo dos asirios, desterro dos habitantes de Xudá... Remata bruscamente, sen aludir ó novo estado de restauración. Algúns coidan que se perdeu a parte final.

Mandáchelos vir tomar posesión do país que lles tiñas xurado dar, coa man en alto. ¹⁶Mais eles, os nosos pais, mostráronse orgullosos, puxéronse tercos e non escoitaron os teu mandamentos. ¹⁷Non quixeron oír nin recorda-los prodixios que fixeras polo seu ben. Empeñáronse tercamente en volveren á escravitude de Exipto. Mais ti, Deus do perdón, clemente e compasivo, cheo de paciencia e misericordioso, non os abandonaches, ¹⁸nin sequera cando fixeron un becerro fundido e clamaron: Este é o teu deus, o que te sacou de Exipto, cometendo un pecado horrendo. ¹⁹Pero ti, na túa grande misericordia, non os abandonaches no deserto: a columna de nube que os guiaba polo seu camiño de día non se apartou deles, nin a columna de fogo que os guiaba de noite. ²⁰Décheslle-lo teu bo espírito para que soubesen discernir, e non lles quitáche-lo maná da súa boca e décheslles auga para a súa sede. ²¹Durante corenta anos, aseguráchesle-la subsistencia no deserto; non lles faltou cousa e os seus vestidos non se gastaron nin se lles incharon os pés. ²²Puxeches nas súas mans reinos e pobos, repartíndolles cadansúa rexión, e tomaron posesión do país de Sihón —o do rei de Hexbón— e do país de Og, rei de Baxán. ²³Multiplicáche-los seus fillos como as estrelas do ceo e fixéchelos entrar no país que lles prometeras ós seus pais tomar en posesión. ²⁴Entraron os fillos e tomaron posesión do país. Sometiches diante deles ós habitantes do país, ós cananeos, e puxécheslleolos nas súas mans, xunto cos seus reis, para que fixesen con eles o que quixeren. ²⁵Apoderáronse de cidades fortificadas e de terras fértiles; tomaron posesión de casas cheas de toda sorte de bens, pozos cavados, viñas e oliveiras e árbores frutais en gran número. Comeron, fartáronse, engordaron e viviron en delicias, gracias á túa gran bondade.

²⁶Pero eles rebeláronse contra ti, rexeitaron a túa Lei, mataron os teus profetas, que os amoestaban a retornar a ti, e fixéronse culpables de grandes ofensas. ²⁷Ti, entón, entregácheos nas mans dos seus inimigos, que os combateron. Na súa angustia, clamaron a ti e ti escoitácheos desde o ceo; e pola túa gran misericordia dábaslles libertadores que os salvaban da man dos seus adversarios. ²⁸Mais cando tiñas descanso, volvían face-lo mal diante de ti e ti volvías abandonalos nas mans dos seus inimigos, que os oprimían. Chamaban de novo por ti, e ti, desde o alto dos ceos, escoitabas e librábalos na túa grande misericordia. ²⁹Ti amoestábalos para que retornasen á tua Lei, mais eles, altivos, non facían caso das túas ordes. Pecaron contra os teus mandamentos, que o home debe cumprir para te-la vida. Déronche as costas, cheos de rebeldía, terquearon e non quixeron escoitar.

³⁰Ti soportácheos durante moitos anos, o teu espírito amoestounos por medio dos profetas, mais eles non fixeron caso. Foi entón cando os entregaches nas mans dos pobos pagáns. ³¹Pero na túa grande compaixón non os aniquilaches nin abandonaches, porque ti es un Deus clemente e misericordioso.

³²E agora, Deus noso, Deus grande, poderoso e terrible, que gárda-la alianza e a fidelidade, non teñas en pouco as aflicións que nos alcanzaron a nós, ós nosos reis, ós nosos príncipes, ós nosos sacerdotes e a todo o pobo, desde o tempo dos reis de Asiria ata hoxe. ³³Ti es xusto en todo canto nos ocorreu, pois obraches con verdade, mais nós obramos perversamente. ³⁴Certamente, nin os nosos reis, nin os príncipes, nin os sacerdotes, nin os pais, cumpriron a túa Lei, nin prestaron atención ós preceptos e avisos que lles inculcabas. ³⁵Eles, no seu reino e na súa grande prosperidade que lles deras, nun país extenso e fértil que puxeras diante deles, non te serviron e non se converteron das súas malas accións. ³⁶Hoxe, velaquí como nós somos escravos nunha terra que ti lles deras ós nosos pais para que comesen dos seus froitos excelentes. ³⁷Os seus abundantes productos son para os reis que ti puxeches sobre nós, por culpa dos nosos pecados. Dominan sobre os nosos corpos e sobre os nosos animais, segundo a súa vontade, e nós vémonos nunha grande miseria".

Pacto do pobo

10 ¹En consecuencia, nós facemos un pacto firme e poñémolo por escrito. Sobre este texto selado figuran os nosos xefes, levitas e sacerdotes.

²Firmárono: Nehemías o gobernador, fillo de Hakalías e Sedecías; ³Seraías, Azarías, Irmeías, ⁴Paxhur, Amarías, Malaquías, ⁵Hatux, Xebanías, Maluk, ⁶Harim, Meremot, Obadías, ⁷Daniel, Guinetón, Baruc,

---

10, 2ss Esta lista de sacerdotes atopámola tamén, case igual, en **12**, 1ss.

⁸Mexulam, Abías, Miiamín, ⁹Maazías, Bilgai, Xemaías: tales son os sacerdotes.

¹⁰E os levitas: Iexúa, fillo de Azanía, Binuí de entre os fillos de Henadad, Cadmiel, ¹¹e os seus irmáns: Xebanías, Hodiías, Quelitá, Pelaías, Hanán, ¹²Milá, Rehab, Haxabías, ¹³Zacur, Xerebías, Xebanías, ¹⁴Hodiías, Baní, Beninú.

¹⁵Os xefes do pobo: Parox, Pahat-Moab, Elam, Zatú, Baní, ¹⁶Buní, Azgad, Bebai, ¹⁷Adonías, Bigvai, Adín, ¹⁸Ater, Ezequías, Azur, ¹⁹Hodiías, Haxum, Besai, ²⁰Harif, Anatot, Nebai, ²¹Magpías, Mexulam, Hezir, ²²Mexezabel, Sadoc, Yadúa, ²³Pelatías, Hanán, Anaías, ²⁴Hoxea, Hananías, Haxub, ²⁵Olohex, Pilhá, Xobeq, ²⁶Rehúm, Haxabnah, Maseías, ²⁷Ahías, Hanán, ²⁸Maluc, Harim, Banah.

²⁹O resto do pobo, os sacerdotes, levitas, porteiros, cantores, servidores e tódolos que se separaran dos pobos dos outros países para serviren á Lei de Deus, as súas mulleres e fillos, todos cantos tiñan uso de razón, ³⁰uníronse ós seus irmáns, os nobres, e xuraron solemnemente camiñar de acordo coa Lei de Deus dada pola mediación de Moisés, servo de Deus, e levar á práctica tódolos preceptos, decretos e mandados do Señor.

³¹Por conseguinte, non daremo-las nosas fillas ás xentes do país, nin tomaremo-las súas fillas para os nosos fillos; ³²se as xentes do país veñen con mercadorías ou calquera xénero de víveres no día de sábado, non lles compraremos cousa mentres dure o sábado e durante os días de festa, e no sétimo ano deixaremos descansa-los nosos campos e pagaremos toda clase de débedas.

³³Prometemos ademais dar un tercio de siclo ó ano para o culto do templo do noso Deus, ³⁴para o pan da presentación, para a ofrenda perpetua, para o holocausto perpetuo, os sábados, comezos de mes, festas, para as cousas consagradas, para os sacrificios de expiación dos pecados de Israel e para toda obra da casa do noso Deus.

³⁵Nós —os sacerdotes, os levitas e o pobo— botámo-las sortes con motivo da ofrenda de leña que hai que levar á casa do noso Deus segundo as nosas familias, nos tempos fixados, ano tras ano, para acende-lo lume do altar do Señor o noso Deus, segundo está escrito na Lei. ³⁶Da mesma maneira, deben levarse as primicias dos nosos eidos, as de tódolos froitos de toda árbore, cada ano, para a casa do Señor, ³⁷e os primoxénitos dos nosos fillos e do gando, como está escrito na Lei; así coma os primoxénitos das nosas grandes reses e das pequenas, que se deben levar á casa do noso Deus e ós sacerdotes en función na casa do noso Deus. ³⁸A mellor parte da nosa fariña, das nosas ofrendas, de toda clase de froitos, do viño e do aceite, débense levar ós sacerdotes, para os almacéns da casa do noso Deus, así como tamén o dezmo do noso terreo ós levitas. ³⁹Un sacerdote, fillo de Aharón, irá canda os levitas, cando estes reciban o dezmo, e tamén eles, pola súa banda, apartarán a décima parte do dezmo para a casa do noso Deus e levarana ós almacéns da casa do tesouro. ⁴⁰Pois tanto os israelitas como os levitas levan as ofrendas de trigo, de viño novo e de aceite ós almacéns, onde están tamén os trebellos do templo, dos sacerdotes que prestan servicio, dos porteiros e dos cantores.

Deste xeito, non abandonaremo-la casa do noso Deus.

Distribución dos habitantes de Xerusalén

11 ¹Os xefes vivían en Xerusalén. O resto do pobo botou as sortes para facer vir un home de cada dez para que habitase en Xerusalén, a cidade santa, e os nove restantes nas vilas. ²O pobo deu o seu parabén a todos cantos foron de grado para vivir en Xerusalén.

³Lista dos xefes da provincia que fixaron a súa residencia en Xerusalén e nos pobos de Xudá. Cada un residiu na súa propiedade, na súa propia vila: os israelitas, os sacerdotes, os levitas, os servidores e os fillos dos servidores de Salomón. ⁴En Xerusalén, habitaban algúns dos fillos de Xudá e de Benxamín.

Entre os fillos de Xudá: Ataías, fillo de Ozías, fillo de Zacarías, fillo de Amarías, fillo de Xefatías, fillo de Mahalalel, de entre os fillos de Peres. ⁵E Maseías, fillo de Baruc, fillo de Col-Hozeh, fillo de Hazaías, fillo de Adaías, fillo de Ioiarib, fillo de Zacarías, fillo do xelonita.

⁶Tódolos fillos de Peres vivían en Xerusalén en número de catrocentos sesenta e oito homes de armas.

⁷Velaquí os benxaminitas: Salú, fillo de Mexulam, fillo de Ioed, fillo de Pedaías, fillo

---

10, 35 No Pentateuco non se fala desa obriga de levar leña para o altar do Señor. Pouco a pouco irase considerando competencia da nobreza leiga.

11, 1ss Houbo que tomar medidas para aumenta-los habitantes da "Cidade Santa", nome que se lle dá a Xerusalén a partir dos tempos do II Is (cf Is **48**, 2; **52**, 1...).

de Colaías, fillo de Maseías, fillo de Itiel, fillo de Isaías. ⁸E despois: Gabbai, Salai: 928. ⁹E Ioel, fillo de Zicrí, era o inspector, mentres que Iehudah, fillo do Senuah, era o segundo na vila.

¹⁰Entre os sacerdotes: Iedaías fillo de Ioiarib, Iaquín, ¹¹Seraías, fillo de Hilquías, fillo de Mexulam, fillo de Sadoc, fillo de Meraiot, fillo de Ahitub, príncipe da casa de Deus, ¹²como tamén tódolos seus irmáns que traballaban na casa de Deus: 822; Adaías, fillo de Ieroham, fillo de Pelalías, fillo de Amsí, fillo de Zacarías, fillo de Pashuz, fillo de Malquías ¹³e os seus irmáns, xefes de familia: 242; Amasai, fillo de Azarel, fillo de Ahzai, fillo de Mexilemot, fillo de Imer, ¹⁴e os seus irmáns, homes valentes: 128. O meu inspector era Zabdiel, fillo dos guedolitas.

¹⁵Entre os levitas: Xemaías, fillo de Haxub, fillo de Azricam, fillo de Haxabías, fillo de Buní, ¹⁶e Xabtai e Iozabad; entre os xefes dos levitas que tiñan ó seu cargo as obras exteriores do templo de Deus; ¹⁷Matanías, fillo de Mikah, fillo de Zabdí, fillo de Asaf, o primeiro que dirixiu o canto e os rezos; Bacbuquías, o segundo dos seus irmáns, e Avdá, fillo de Xammúah, fillo de Galal, fillo de Iedutún.

¹⁸Tódolos levitas da cidade santa: 284.

¹⁹Os porteiros: Acub, Talmón, e os seus irmáns, que facían garda nas portas: 172.

²⁰O resto de Israel, sacerdotes, levitas, moraban en tódalas vilas de Xudá, cadaquén na súa propiedade. ²¹Os servos habitaban o Ofel; Sihá e Guixpá eran os xefes dos servos. ²²O inspector dos levitas en Xerusalén era Ozzí, fillo de Baní, fillo de Haxabías, fillo de Matanías, fillo de Micá, de entre os fillos de Asaf; eran os cantores en activo na casa de Deus. ²³Había, en efecto, unha orde do rei respecto deles e un acordo concernente ós cantores, día a día. ²⁴Petahías, fillo de Mexezabel, de entre os fillos de Zérah, fillo de Xudá, vivía onda o rei para todo canto concernía ó pobo.

²⁵Nas aldeas e campos, os fillos de Xudá habitaban en Quiriat-Arbá e arredores, en Dibón e arredores, en Iecabsel e as súas aldeas, ²⁶en Iexúa, en Moladah, en Bet-Pélet, ²⁷en Hasar-Xual, en Beerxeba e arredores, ²⁸en Siclag, en Meconah e arredores, ²⁹en Ein-Rimón, en Sorah e en Iarmut, ³⁰en Zanóah, Adulam e as súas aldeas, en Láquix e nos seus campos, en Azecah e arredores. Establecéronse desde Beerxeba ata o val de Hinnom.

³¹Os fillos de Benxamín establecéronse mais alá de Gueba, en Micmás, Aiah, Betel e arredores, ³²en Anatot, Nob, Ananías, ³³Hasor, Ramah, Guitaim, ³⁴Hadid, Seboín, Nebalat, ³⁵Lod e Onó, o val dos Obreiros. ³⁶Entre os levitas, algúns das rexións de Xudá foron a Benxamín.

Sacerdotes e levitas

12 ¹Lista dos sacerdotes e levitas que chegaron con Zerubabel, fillo de Xealtiel, e con Xosué: Seraías, Irmeías, Ezrá, ²Amarías, Maluc, Hatux, ³Xecanías Rehúm, Meremot, ⁴Idó, Guinetoi, Abiías, ⁵Miiamín, Maadías, Bilgah, ⁶Xemaías, e Ioiarib, Iedaías, ⁷Salú, Amoc, Hilquías, Iedaías. Eran os xefes dos sacerdotes e dos seus irmáns, no tempo do Xosué.

⁸Os levitas: Iexúa, Binuí, Cadmiel, Xerebías, Iehudah, Matanías e e os seus irmáns, encargados dos cantos de louvanza. ⁹Bacbuquías e Uní, os seus irmáns, axudábanos nos servicios.

¹⁰Xosué enxendrou a Ioaquim, Ioaquim enxendrou a Eliaxib, e Eliaxib a Ioiadá. ¹¹Ioiadá enxendrou a Ionatán, Ionatán enxendrou a Iaduá.

¹²No tempo de Ioiaquim, os sacerdotes xefes de familia eran: da de Seraías, Meraías; da de Xemeías, Hananías; ¹³da de Ezrá, Mexulam; da de Amarías, Iehohanán; ¹⁴da familia de Xebanías, Iosef; ¹⁵da de Harim, Adná; da de Meremot, Helcai; ¹⁶da de Idó, Zacarías; da de Guinetón, Mexulam; ¹⁷da de Abías, Zicrí; da de Miniamín,...; da de Moadías, Piltai; ¹⁸da de Bilgah, Xamúa; da de Xemaías, Iehonatán; ¹⁹da de Ioiarib, Matenai; da de Iedaías, Ozí; ²⁰da de Salai, Calai; da de Amoc, Éber; ²¹da de Hilquías, Haxabías; da de Iedaías, Netanel.

²²No tempo de Eliaxib, de Ioiadá, de Iohanán e de Iadúa, os levitas, xefes de familia, o mesmo cós sacerdotes, foron inscritos ata o reino de Darío o persa.

²³Os fillos de Leví, xefes de familia, foron inscritos no libro dos Anais, ata o tempo de Iohanán, fillo de Eliaxib. ²⁴Os xefes dos levitas eran: Haxabías, Xerebías e Iexúa, fillo de Cadmiel, e os seus irmáns, ás súas ordes, para cantaren, segundo o rito de David, home de Deus, cada un na súa quenda de servicio,

---

12, 1ss Estas listas foron tomadas do arquivo do santuario (cf Introd. 3c).

12, 22 Parece tratarse de Darío III (335-331).

os loores e as accións de gracias: ²⁵Matanías, Bacbuquías, Obadías, Mexulam, Talmón e Acub, gardas-porteiros, para a garda que se facía a pé das portas. ²⁶Todos estes viviron nos tempos de Ioaquim, fillo de Xosué, fillo de Iosadac, e no tempo de Nehemías o gobernador, e de Esdras, o sacerdote-escriba.

Inauguración da muralla

²⁷Para inauguraren a muralla de Xerusalén, foron en busca dos levitas por tódolos seus lugares de residencia, co fin de facelos vir a Xerusalén a celebrar con xúbilo a inauguración con louvores e cantos, con címbalos, liras e harpas. ²⁸Os fillos dos cantores do val do Xordán e da bisbarra de Xerusalén e das aldeas de Netofat, ²⁹de Bet-Guilgal e dos campos de Gueba e de Azmávet, xuntáronse, pois os cantores construíran aldeas nos arredores de Xerusalén. ³⁰Os sacerdotes e levitas purificáronse e purificaron o pobo, as portas e a muralla.

³¹Mandei que subisen as autoridades de Xudá á muralla e organicei dous grandes coros. Un camiñaba pola dereita sobre a muralla pola porta do Esterco. ³²Detrás deles ían Hoxaías e a metade dos xefes de Xudá; ³³Azarías, Esdras, Mexulam, ³⁴Iehudá, Benxamín, Xemaías e Xemeías, ³⁵de entre os fillos de Ionatán, fillo de Xemaías, fillo de Metanías, fillo de Micaías, fillo de Zacur, fillo de Asaf, ³⁶e os seus irmáns, Xemaías, Azarel, Milalai, Guilalai, Maai, Netanel, Iehudá, Hananí, cos instrumentos de música de David, home de Deus. Esdras, o escriba, estaba diante deles. ³⁷Pasaron pola porta da Fonte e, seguindo en liña recta, subiron a escaleira da Cidade de David e baixaron pola costa da muralla, onda o palacio de David, ata a porta da Auga, ó levante.

³⁸A segunda coral marchou cara á esquerda, e tamén eu ía detrás dela, xunto coa metade dos xefes do pobo, pola muralla, na cima da torre dos Fornos ata a Muralla Longa, ³⁹e por riba da porta de Efraím, da porta da Iexanah, da porta dos Peixes, da torre de Hananel e da torre dos Cento, ata a porta das Ovellas. Parouse á porta da Garda. ⁴⁰As dúas corais pararon de seguida na casa de Deus, como tamén eu, a metade dos maxistrados que estaban comigo, ⁴¹e os sacerdotes: Eliaquim, Maseías, Miniamín, Micaías, Elioenai, Zacarías, Hananías con trompetas, ⁴²e Maseías, Xemaías, Elazar, Ozí, Iehohanán, Malaquías, Elam e Ézer. Os cantores fixéronse oír, con Izrahías o inspector.

⁴³Ofrecéronse ese día grandes sacrificios e foi moi grande a ledicia, pois Deus comunicáralles un gran gozo. As mulleres e os nenos gozaron tamén, e o xúbilo de Xerusalén notábase desde lonxe.

⁴⁴Nese día nomeáronse intendentes dos almacéns destinados ás provisións, ofrendas, primicias e dezmos, onde se gardaban, polos campos e pobos, as porcións que prescribe a Lei para os sacerdotes e os levitas. En efecto, Xudá sentíase orgullosa dos sacerdotes e dos levitas en función, ⁴⁵porque levaban á práctica canto concerne ó servicio do seu Deus e ó servicio das purificacións, mentres que os cantores e os porteiros seguían a orde de David e de Salomón, o seu fillo. ⁴⁶Pois desde moi antigo, desde o tempo de David e de Asaf, había xefes de cantores e de cantos de louvanza e de recoñecemento ó noso Deus. ⁴⁷Todo Israel, no tempo de Zerubabel e no tempo de Nehemías, dábanlle-lo que lles correspondía ós cantores e porteiros día a día, pois as cousas consagradas pertencíanlles ós levitas; e os levitas dábanlles parte ós fillos de Aharón.

Reformas feitas por Nehemías

13 ¹Nese tempo, ó lermos no libro de Moisés na presencia do pobo, atopamos escrito que os amonitas e moabitas non entrarían xamais na asemblea de Deus, ²pois non viñeron á presencia dos fillos de Israel con pan e auga, e Moab contratou a Balaam contra eles, para maldicilos; pero o noso Deus cambiou a maldición nunha bendición. ³Ó coñeceren esta Lei, separaron de Israel a todo home de sangue mesturada.

⁴Antes disto, o sacerdote Eliaxib, encargado das dependencias do templo e parente de Tobías, ⁵acondicionara para uso deste unha habitación grande, onde se metían noutro tempo as ofrendas, o incenso, os utensilios, o dezmo do trigo, do viño novo e do aceite, organizado todo isto polos levitas, os cantores e os porteiros, como tamén o de reservar para os sacerdotes unha parte.

⁶Durante todo ese tempo, eu non me encontraba en Xerusalén, pois no ano trinta e

---

12, 31 *Pola dereita:* cara ó sur.
12, 38 *Cara á esquerda:* polo norte.
13, 1 Cf Dt **23**, 3-6.

13, 6 No ano 432 a.C. Os reis de Persia tiñan tamén a súa residencia en Babilonia.

⁶dous de Artaxerxes, rei de Babilonia, fóra onda o rei. Pero despois dalgún tempo, co permiso do rei, ⁷volvín a Xerusalén; foi entón cando me dei conta do mal que fixera Eliaxib, por culpa de Tobías, preparándolle unha habitación nos adros da casa de Deus. ⁸Pareceume moi mal, mandei sacar da habitación tódalas cousas de Tobías, ⁹ordenei que a purificasen e volvín gardar alí os utensilios do templo, as ofrendas e o incenso.

¹⁰Souben tamén que os levitas non recibiran a parte que lles correspondía, e que tanto eles coma os cantores que facían o servicio fuxiran a cadansúa aldea. ¹¹Reprendín ós maxistrados, e dixen: —"¿Por que quedou abandonada a casa de Deus?" Despois xunteinos e volvinos ós seus postos. ¹²Entón todo Xudá trouxo o dezmo do trigo, do viño novo e do aceite para metelos nas reservas. ¹³Dei a orde de colocar esas reservas baixo o coidado do sacerdote Xelemías, do escriba Sadoc e de Pedaías, un dos levitas, axudados por Hanán, fillo de Zacur, fillo de Matanías, pois pasaban por homes fieis. Tocáballes a eles face-la repartición entre os seus irmáns.

¹⁴—"Acórdate de min, meu Deus, por todo isto, e que non se borre diante de ti a miña fidelidade respecto da casa do meu Deus e do seu servicio".

¹⁵Neses días, vin tamén que algúns xudeus premían o lagar en sábado, outros xuntaban monllos e cargábanos nas cabalgaduras; e incluso traían a Xerusalén dese mesmo xeito viño, uvas, figos e toda clase de fardos, no sábado. Reprendinos por facer tal cousa nese día. ¹⁶Tamén os tirios residentes en Xerusalén viñan con peixes e toda clase de mercadorías e vendíanas no sábado ós fillos de Xudá e Xerusalén. ¹⁷Encareime cos nobres de Xudá e díxenlles: —"¿Por que esta mala acción que cometedes, profanando o día de sábado. ¹⁸¿Non foi así como obraron tamén os vosos pais? Foi por iso polo que o noso Deus fixo vir sobre nós e sobre esta cidade todo este mal. E vós, profanáde-lo sábado, agraváde-la cólera de Deus contra Israel".

¹⁹Mandei que pechasen as portas de Xerusalén ó anoitecer antes do sábado, coa orde de que non se abrisen ata pasado o sábado. E puxen nas portas algúns dos meus criados para que non entrase carga ningunha no día de sábado. ²⁰Pero algúns comerciantes e vendedores de toda clase de mercadorías pasaron a noite, unha ou dúas veces, fóra de Xerusalén. ²¹Advertinos e díxenlles: —"¿Por que pasáde-la noite diante da muralla? Se o volvedes facer, préndovos". A partir deste momento, xa non voltaron máis durante o sábado. ²²Despois, ordenei ós levitas que se purificasen para viren garda-las portas, co fin de santifica-lo día do sábado. —"Por todo isto, acórdate de min, meu Deus; ten piedade de min segundo a túa grande fidelidade".

²³Foi tamén por este tempo cando vin algúns xudeus casar con mulleres axdoditas, amonitas e moabitas; ²⁴a metade dos seus fillos falaban axdodeo e ninguén deles se mostraba capaz de falar hebreo, senón só na lingua dun ou doutro pobo. ²⁵Rifeilles moito e maldicinos, zoupei nalgúns e tireilles dos cabelos; despois fixenos xurar no nome do Señor: —"Non deáde-las vosas fillas ós seus fillos e non tomáde-las súas fillas para vosos fillos nin para vós. ²⁶¿Non foi acaso por isto polo que pecou Salomón, rei de Israel? Entre as numerosas nacións non houbo ren coma el; era amado polo seu Deus e establecérao rei de todo Israel. Con todo, foi a el a quen as mulleres estranxeiras enredaron no pecado. ²⁷Que non se volva oír que cometéde-la infamia de ofende-lo noso Deus, casando con estranxeiras".

²⁸Un dos fillos de Ioiadá, fillo de Eliaxib, o sumo sacerdote, era o xenro de Sambalat, o horonita. Púxeno en fuga, lonxe de min.

²⁹—"Acórdate deles, meu Deus, porque lixaron o sacerdocio e a alianza do sacerdocio e dos levitas".

³⁰Purifiqueinos de toda clase de estranxeiros e restablecín os sacerdotes e levitas nos seus respectivos empregos, cada un na súa tarefa; ³¹restablecín tamén a ofrenda de leña, nas épocas fixadas, o mesmo cás primicias.

—"Acórdate de min, meu Deus, para ben".

13, 16 *Os tirios* eran moi coñecidos polo seu comercio marítimo, e é lóxico que viñesen a Xerusalén, por mor dos negocios.
13, 19 O *sábado* empezaba á posta do sol do venres.
13, 26 Cf 1 Re 11, 1-13.
13, 31 Aquí termina o libro de Nehemías, dunha maneira súpeta, pero fermosa: "Acórdate de mín, meu Deus, para ben..."

INTRODUCCIÓN A TOBÍAS

1) A Biblia Grega dos LXX e maila Vulgata Latina presentan o libro de Tobías, xunto cos de Xudit e Ester, a continuación dos libros Históricos. Outras edicións da Biblia colócano, en troques, despois dos Sapienciais.

2) O texto do libro de Tobías é controvertido. Ata hai uns anos tiñamos acceso ó libro a través dunha versión grega, amais da siríaca e da latina, sendo as dúas últimas traduccións da primeira. Ó mesmo tempo, a versión grega considerábase dependente dun orixinal hebreo ou arameo. O texto que presentaba esa versión grega viña por dous conductos: o recollido polos códices Vaticano e Alexandrino, de sabor helénico, e o que ofrecían o Sinaítico e algunhas versións latinas dependentes del: texto máis longo, de colorido semítico. Os recentes descubrimentos de Qumrân, cos catro manuscritos arameos e un hebreo do libro de Tobías, axudaron a ratifica-la idea de que a versión grega ofrecida polo Sinaítico era a máis fiable, a pesar de se-la máis longa, ó mesmo tempo que confirmaban a sospeita de que o escrito orixinal era hebreo ou arameo. S. Xerome, pola súa parte, xa traducira o texto do arameo ó latín, axudado por un intérprete que llo pasaba ó hebreo

3) A data de composición é incerta. O máis probable é que fose escrito entre os séculos III e o II a.C. Hai certas dependencias literarias respecto do libro apócrifo "Sabedoría de Ahicar" (s. V a.C.), e, por outra banda, non se nota aínda a influencia dos macabeos (s. II a.C.).

4) Descoñécese en que lugar sería composto: quizais en Palestina, con preferencia a Exipto ou Babilonia.

5) Xénero literario. O autor non ten moitas preocupacións históricas nin xeográficas, ata o punto de non lle importaren as discordancias ou anacronismos neses campos. Máis ben parece tratar de esconde-los feitos prodixiosos baixo a súa linguaxe pulcra e poética, chea de vida e de corido. O seu intento é transmitir unha mensaxe de vida eterna, non unha historia, sen excluíla tampouco. Parece como se quixese abarcar moitas xeracións cun só home. A única pretensión do autor é transmitir ós homes a vivencia da súa fe na protección divina, e ofrecérlle-lo exemplo doutros que tiveron a mesma fe e a levaron á vida.

6) Contido. O tema de fondo é a providencia de Deus exercida tamén fóra do país. De feito o nome "Tobit" significa "Iavé é o meu ben". Ó longo do libro fanse exhortacións a respecta-la Lei de Deus, fuxindo das forzas do mal e deixándose guiar polos anxos do Señor. Quen tal fai, atenderá ós mortos, dándolles unha digna sepultura, e socorrerá ós vivos, ofrecéndolles esmola. E Deus bendicirá os matrimonios, facéndoos felices.

7) O libro de Tobías continúa sendo palabra viva para quen o le, movendo ó crente á louvanza divina coa boca e cos feitos. Do seu corazón deberá brotar unha acción de gracias semellante á de Tobit: ¡Bendito Deus, que reina eternamente e vive polos séculos. Amén!

O LIBRO DE TOBÍAS

Prólogo

1 ¹Libro dos feitos de Tobit, fillo de Tobiel, fillo de Hananiel, fillo de Aduel, fillo de Gabael, fillo de Ariel, da descendencia de Asiel, da tribo de Naftalí, ²deportado de Thibé —ó sur de Quédex de Naftalí, na alta Galilea, enriba de Hasor, detrás da rota occidental, ó norte de Xefat— durante o reinado de Xalmanasar, rei de Asiria.

A vida santa de Tobit

³Eu, Tobit, camiñei toda a miña vida con sinceridade e verdade, e repartín moitas esmolas entre os meus parentes e compatriotas deportados xuntamente comigo en Nínive de Asiria.

⁴De mozo, cando aínda vivía na miña patria, Israel, separouse toda a tribo do noso pai Naftalí da dinastía de David e de Xerusalén, a cidade elixida entre tódalas tribos de Israel para ofrecer sacrificios e se-la morada do Altísimo, santificada para tódalas xeracións do futuro. ⁵Tódolos meus parentes e a casa de Naftalí, o meu devanceiro, sacrificaban tamén, sobre tódalas montañas de Galilea, ó becerro que Ieroboam, rei de Israel, fabricara en Dan. ⁶Con moita frecuencia era eu o único que ía a Xerusalén no tempo das festas, de acordo co que ordena un precepto eterno a todo Israel. Eu bulía a Xerusalén coas primicias, tanto dos froitos como dos animais, e co dezmo e coa primeira lá das ovellas. ⁷Entregáballelo todo ós sacerdotes, fillos de Aharón, para o altar. Daba tamén o dezmo do trigo, do viño, das oliveiras, dos granados, dos figos e doutros froitos ós fillos de Leví para o servicio en Xerusalén. O segundo dezmo descontábao e ía depositar cada ano os cartos a Xerusalén. ⁸Daba así mesmo o terceiro dezmo ós orfos, ás viúvas e ós estranxeiros residentes cos fillos de Israel; leváballelo e dáballelo cada tres anos, e o que nós comiamos era segundo a prescrición da Lei de Moisés e as instruccións dadas por Deborah, a nai de Hananiel, noso pai —pois o meu pai deixárame orfo cando morreu—. ⁹Xa home, casei cunha muller descendente dos nosos devanceiros e tiven dela un fillo ó que lle dei o nome de Tobías. Ensineille desde a infancia a temer a Deus, e a absterse de todo pecado.

¹⁰Deportado a Nínive coa miña muller e co fillo e con toda a miña tribo, tódolos meus parentes e compatriotas comían dos manxares dos xentís, ¹¹pero eu gardeime ben de facelo, ¹²pois tiña moi presente a Deus.

¹³E o Altísimo fixo que gañase o favor de Xalmanasar, e cheguei a se-lo seu provedor, ¹⁴e viaxei pola Media, mercando, ata a súa morte, canto necesitaba. Deste xeito, tiven a ocasión de depositar na casa de Gabael, irmán de Gabrí, no país de Media, uns trescentos quilos de prata. ¹⁵Á morte de Xalmanasar, sucedeuno o seu fillo Senaquerib. As rotas da Media quedaron baixo a insurrección e xa non era posible ir á Media.

¹⁶No tempo de Xalmanasar fixen moitas esmolas ós meus irmáns de raza; ¹⁷dei do meu pan ós que tiñan fame e vestidos ós que estaban espidos. Se vía o cadáver dalgún dos meus compatriotas tirado trala muralla de Nínive, enterrábao. ¹⁸Fun eu quen enterrei todos cantos matou Senaquerib ó volver derrotado de Xudea; o Rei do ceo castigouno polas súas blasfemias e el, alporizado, matou a moitos israelitas. Entón eu, collín os cadáveres e enterreinos ás agachadas. Senaquerib mandou buscalos, mais non apareceron. ¹⁹Un ninivita foime denunciar ó rei, declarando que fora eu o que os enterrara. Eu acocheime, e cando souben fixo que o rei o sabía e que me buscaba para me dar morte, fuxín cheo de medo. ²⁰E fun desprovisto de todo canto tiña, e non me quedou nada que non fose confiscado para o tesouro do rei, fóra de Ana —a miña muller— e de Tobías —o meu fillo—. ²¹Pero antes de corenta días foi asasinado Senaquerib por dous dos seus fillos, que fuxiron ós montes de Ararat. Sucedeuno o seu fillo Asarhadón. Éste puxo a

---

1, 1 *Tobit* é sempre o nome do pai e "Tobías" o do fillo. Así no texto grego. Se hai algún despiste nisto, vén da traducción latina.
1, 2 Non se trata de Xalmanasar V (726-722), o que deportou a tribo de Naftalí a Siria, senón do seu predecesor Teglatpeléser III (745-727). Tibé non é a patria de Elías (cf 1 Re 17, 1). Hai que situala entre Quédex-Naftalí e Hasor.
1, 3 Tobit é o prototipo do xudeu fiel ás prescricións da lei, tal como as presenta o Dt, que non pensa nos matrimonios mixtos, enterra-los mortos, dar esmolas, etc.
1, 8 Esta práctica, inspirada en Dt **14,** 22-29, non era obrigatoria, pero moi de acordo cun corazón cheo de caridade. No pobo de Deus daquela, parte viña da Lei e outra parte da tradición complementaria.
1, 10s Eran moitos os alimentos que prohibía a lei de Moisés, de aí que esta observancia resultase difícil no desterro. Vén se-lo que nos nosos tempos ocorre co xexún.
1, 15 O sucesor de Xalmanasar foi, en realidade, Sargón II (722-705), o predecesor de Senaquerib (704-681).
1, 17 Enterra-los mortos era un deber sagrado, pois nada peor que deixalos insepultos (cf Dt **21,** 22s; Xer **16,** 4).
1, 21 *Asarhadón* (680-669).

Ahicar, fillo de meu irmán Hanael, á fronte de toda a contabilidade administrativa do reino. [22]Entón Ahicar intercedeu por min e puiden baixar de novo a Nínive. Ahicar, en efecto, fora copeiro maior, chanceler, tesoureiro e contable durante o reinado de Senaquerib de Asiria, e Asarhadón repúxoo nas súas funcións. Ademais de se-lo meu sobriño, procedía da miña parentela.

Sufrimentos de Tobit

2 [1]Baixo o reinado de Asarhadón, voltei, pois, á miña casa e fóronme devoltos a miña muller Ana e o meu fillo Tobías. Na nosa festa de Pentecostés (a festa das Semanas), preparáronme un bo xantar. Senteime a comer. [2]Trouxéronme á mesa gran cantidade de pratos finos, e eu díxenlle entón ó meu fillo Tobías:

—"Vai ver, fillo, se atopas entre os nosos irmáns deportados a Nínive algún pobre que se lembre do Señor con todo o seu corazón e tráemo para que participe do meu xantar; agardarei ata que veñas".

[3]Tobías saíu en busca dalgún pobre entre os nosos irmáns; pero voltou dicindo:

—"Pai".

Eu respondinlle:

—"¿Que pasa, filliño?"

El contestou:

—"Papaíño, hai un da nosa nación que foi asasinado e tirado na praza maior, e aínda segue aí, esganado".

[4]Dei un salto, sen probar bocado, para retira-lo cadáver da praza e metelo nunha habitación co fin de enterralo á posta do sol. [5]Voltei á casa, bañeime e comín o meu pan con tristura, [6]lembrándome da palabra do profeta Amós, proferida contra Betel:

As vosas festas tornaranse en loito
e tódolos vosos camiños en lamentacións.

E empecei a chorar. [7]Á posta do sol, saín, cavei unha fosa e enterreino. [8]Os meus veciños burlábanse de min, dicindo:

—"Xa non ten medo. Buscárono para matalo por iso que fai, e tivo que fuxir; e de novo volve enterra-los mortos".

[9]Aquela noite, despois de me purificar, saín ó patio e deiteime onda o muro, coa cara descuberta pola calor. [10]Non sabía que houbese pardais no muro, enriba de min; e, estando cos ollos abertos, caeume neles o seu excremento quente e provocou leucomas. Fun ós médicos, pero cantos máis medicamentos me aplicaban máis cego me poñía, e acabei cego de todo. Estiven sen vista catro anos. Tódolos meus irmáns estaban consternados por causa miña, e Ahicar remediou as miñas necesidades durante dous anos, antes da súa marcha para Elimaida.

[11]Por este tempo, a miña muller Ana conseguiu traballo de simple xornaleira. [12]Ocupábase en favor dos seus amos e estes dábanlle o seu xornal. O sete do mes de marzo rematou unha peza e entregóullela ós amos, que lle deron a súa paga, xunto cun cabrito de gratificación para comer. [13]Ó aproximarse a min, o cabrito empezou a berrar; eu chameina e díxenlle:

—"¿De ónde é ese cabritiño? ¿Roubáchelo, acaso? Volvéllelo ós seus donos. Non témo-lo dereito de comer o que foi roubado".

[14]Ela replicoume:

—"Que non, que é un regalo que me fixeron, engadido ó que se me debía".

Pero eu non acababa de crelo e seguíalle dicindo que llelo devolvese ós donos. E con este motivo indigneime contra ela, que me volveu replicar:

—"¿Onde están as túas esmolas? ¿Onde as túas obras? Todo canto che ocorre está ben claro".

Prego de Tobit

3 [1]Embargada a alma por unha gran tristura, enchinme de salaiar e chorar, e entre laios comecei a suplicar:

[2]—"Ti es xusto, Señor,
e tódalas túas obras son xustas.
Tódolos teus camiños son fidelidade e

1, 22 *Ahicar* é un personaxe que aparece aquí moitas veces. Foi tomado, segundo parece, dun libro oriental: "Sabedoría de Ahicar". Tipo de político sagaz, que ten solucións para todo. Ó ser sobriño de Tobit supoñía para este unha boa axuda ante o rei.

2, 4 Espera-la posta do sol quere dicir espera-lo día seguinte, que xa non era festivo, pois os xudeus empezaban o día ó anoitecer.

2, 5 Despois de tocar algún cadáver, mandaba a Lei bañarse.

2, 6 Todo xudeu piadoso meditaba a miúdo as palabras dos profetas. Na cita de Am **8**, 10 dos "cantos", non "camiños" (cf texto hebreo). O erro no grego deuse pola semellanza de vocábulos, pois "odoi" significa "ca-

miños" e "odai" "cantos".

2, 10 Trátase de manchas brancas que poden provoca-la cegueira. A Vulgata relaciona aquí a Tobit con Xob (**2**, 14). Compara a súa paciencia coa do home xusto de Us.
—Elimaida, provincia de Persia (cf 1 Mac **6**, 1). Non se dá a razón da viaxe.

2, 14 Ana ocupa aquí o lugar da muller de Xob, ó pensar que o marido foi reprobado polo seu Deus, de aí a cegueira.

3, 1 A pregaria ocupa un lugar moi importante no libro de Tobías (**3**, 2-6 . 11-15; **8**, 5-7. 15-17...).

3, 2 A confesión da xustiza de Deus é unha acusación do pecado do pobo de Israel. Esta idea é moi repetida despois do exilio.

verdade,
e es ti quen xúlga-lo mundo.
³Lémbrate, polo tanto, de min,
olla e non me castigues polos meus pecados
nin polas miñas iniquidades,
nin por canto meus pais faltaron diante de ti.
⁴Desobedeceron os teus mandamentos,
por iso fomos entregados á pillaxe,
á deportación e á morte,
obxecto de escarnio para tódalas nacións,
entre as que nos vemos esparexidos.
⁵Si, tódolos teus xuízos son verdadeiros,
cando me tratas así polos meus pecados e os de meus pais,
porque non cumprímo-los teus preceptos
nin camiñamos pola verea da verdade diante de ti.
⁶Agora, pois, trátame como queiras,
manda que me priven do meu alento,
que desapareza da face da terra
e que volva ser terra.
Mellor me é morrer que vivir,
despois de oír tales ultraxes
e verme invadido pola pena.
Ordena, Señor, que me vexa libre desta angustia,
déixame partir para a eterna morada
e non apartes de min o teu rostro, Señor.
Si, máis me vale morrer
que ter que escoitar toda a vida tales aldraxes".

As desgracias de Sárah

⁷Aquel mesmo día ocorreu que Sárah, a filla de Reuel de Ecbátana en Media, foi tamén insultada por unha das servas de seu pai. ⁸A razón era que ata sete veces estivera casada, e Axmodeo, o demo malvado, matara un por un tódolos seus maridos antes de que se unisen con ela, segundo o debido cunha esposa. A criada dicíalle:
—"Es ti a que máta-los maridos. Xa fuches entregada a sete, e non leváche-lo nome de ningún. ⁹¿Por que nos atormentas co pretexto da morte dos maridos? Vaite xuntar con eles, e que non proceda de ti nin fillo nin filla".

¹⁰Ese día, chea de tristura, botouse a chorar e subiu ata a cámara alta de seu pai coa intención de se aforcar. Pero reflexionou e díxose: —"Non vaian insultar a meu pai, dicíndolle: Só tiñas unha filla querida, e viuse forzada a aforcarse a causa das súas desgracias. Faría baixa-la vellez de meu pai á morada dos mortos pola tristura. É mellor que non me colgue e que suplique ó Señor que me faga morrer para non oír insultos toda a vida".

Pregaria de Sárah

¹¹No mesmo momento, levantou as mans do lado da fiestra e rezou desta maneira:
—"Bendito sexas ti, Deus compasivo.
Bendito o teu nome polos séculos.
Que tódalas túas obras te bendigan por sempre.
¹²Neste momento é a ti a quen levanto o meu rostro
e volvo os ollos.
¹³Líbrame desta terra
e que non volva oír máis insultos.
¹⁴Ti sábelo, Mestre meu, eu mantívenme pura
de todo acto impuro con home.
¹⁵Non lixei nin o meu nome nin o de meu pai
sobre esa terra á que fun deportada.
Son a filla única de meu pai,
non ten ningún outro fillo que o herde;
non ten tampouco xunto del nin irmáns,
nin parente
para o que me deba reservar como esposa.
Perdín xa sete maridos;
¿por que vou seguir vivindo?
Mais se non te prace facerme morrer,
entón, Señor, presta oídos ó insulto que se me fai".

Tobit e Sárah, escoitados

¹⁶Nese mesmo momento, a pregaria dos dous foi oída na presencia da gloria de Deus ¹⁷e Rafael foi enviado para curalos ós dous: a Tobit, quitándolle o mal dos ollos, co fin de que puidese ve-la luz de Deus; a Sárah, a filla de Reuel, entregándoa por muller a To-

---

3, 7 O relato pasa agora da boca de Tobit á dun narrador anónimo.
Ecbátana era a capital do reino de Media. Hoxe chámase Hamadán.
3, 8 *Axmodeo*, ou sexa, o que "fai perecer". Só aparece en Tob. É a antítese de Rafael, "Deus sanda". Na mentalidade antiga as enfermidades atribuíanse ós malos espíritos.
3, 10 A idea de suicidio que, á fin, Sárah rexeita, era allea ó xudaísmo.
3, 11 Un dos temas favoritos de Tob é o de bendicir a Deus. Se o fai un pagán, supón a súa conversión.
3, 17 *Rafael*, un dos tres arcanxos da Biblia. A súa misión é a de acompañar e curar, como o anxo que conduce a Israel polo deserto (Ex **23**, 20-23) á Terra prometida. É así mesmo un dos intercesores privilexiados diante de Deus, e dos primeiros da xerarquía celeste.

bías, o fillo de Tobit, expulsando dela ese demo protervo, Axmodeo; pertencíalle, en efecto, a Tobías antes que a todo outro pretendente.

Nese instante Tobit pasaba do patio á casa e Sárah, a de Reuel, baixaba do piso alto.

Testamento de Tobit

4 [1]Por ese mesmo tempo, lembrouse Tobit do diñeiro que depositara na casa de Gabael, en Raguex de Media [2]e dixo para si: —"Como xa pedín a morte, farei moi ben en chama-lo meu fillo e revelarlle a existencia dese diñeiro antes de morrer". [3]Chamou, pois ó seu fillo Tobías, que se lle acercou, e díxolle:

—"Entérrame como convén. Honra a túa nai. Non a abandones ningún día da súa vida. Fai todo canto lle agrade. Non a contristes o máis mínimo. [4]Acórdate, filliño, de todas cantas pasou ela por ti cando estabas no seu seo. E cando morra, entérraa onda min nunha mesma sepultura.

[5]Durante tódolos teus días, fillo querido, lémbrate do Señor; non consintas en pecado ningún, quebrantando os seus mandamentos. Cumpre as obras de xustiza tódolos días da túa vida e non sigas endexamais os camiños da inxustiza, [6]porque os que obran con verdade terán éxito nas súas empresas. [7]Tódolos que practican a xustiza deben recibir esmolas dos teus bens. Que a túa mirada non se entristeza cando fas algunha esmola. Non retires xamais o teu rostro dun pobre, e o rostro de Deus non se arredará de ti. [8]Fai a esmola de acordo co que teñas, segundo a importancia dos teus bens. Se tes pouco, non temas face-la esmola segundo ese pouco que tes: [9]é un gran tesouro o que almacenas para o día da desgracia, [10]pois a esmola libra da morte e impide caer nas tebras; [11]en efecto, para cantos a fan, e esmola é unha bela ofrenda ós ollos do Altísimo.

[12]Gárdate, fillo querido, de toda xuntanza ilegal, e, o primeiro de todo, toma muller da raza de teus pais. Non cases cunha muller estranxeira, que non sexa da tribo do teu pai, porque nós somos fillos de profetas. Lémbrate, filliño, de Noé, Abraham, Isaac, Xacob, os nosos pais: desde os tempos remotos tomaron todos muller de entre a súa parentela, e así foron benditos nos seus fillos e a súa raza terá a terra en herdanza. [13]Así, pois, fillo meu, que as túas preferencias sexan polos teus irmáns; non te mostres altivo diante deles, dos fillos e fillas do teu pobo, nin te avergoñes de tomar unha muller de entre eles, porque no orgullo hai moita ruína e intranquilidade e na incuria, decadencia e miseria extremas, pois a incuria é nai da fame.

[14]Non gardes para mañá o salario dun traballador, senón págalle todo de seguida, e se ti serves a Deus, el xa cho pagará. Tente moi á raia, fillo, en tódalas túas accións e dá probas da madurez en toda a túa conducta. [15]O que non queiras para ti, non llo fagas a ninguén. Non bebas viño ata te emborrachar e que endexamais a borracheira non te acompañe no camiño. [16]Dá do teu pan ó que ten fame e roupa ós que estean espidos. Co que che sobre fai esmola. Que a túa ollada sexa sen tristura cando fa-la esmola. [17]Prodiga o teu pan sobre a tumba dos xustos, mais non llelo deas ós pecadores.

[18]Aconséllate de toda persoa asisada e non despreces xamais un bo consello. [19]En toda ocasión, bendí ó Señor o teu Deus e pídelle que faga rectos os teus camiños e que te faga saír airoso de tódalas túas empresas e proxectos, pois ningún pobo ten en exclusiva a perspicacia, senón que é o Señor o que dá todo ben, abaixando a quen quere ata o fondo da morada dos mortos.

E agora, fillo, fai o propósito de gardar na memoria estas instruccións e que endexamais se borren do teu corazón. [20]Chegou o momento de dicirche, fillo querido, que depositei dez talentos de prata na casa de Gabael, o fillo de Gabrí, en Raguex de Media. [21]Polo tanto, non che dea pena de que sexamos pobres; ti posúes unha gran riqueza, se temes a Deus, se foxes de toda clase de pecado e se obras ben ós ollos do Señor o teu Deus".

Preparativos da viaxe

5 [1]Entón Tobías respondeu ó seu pai Tobit:

—"Farei, papá, todo canto me ordena-

4, 3-19 Estes vv pertencen ó chamado xénero literario do "testamento". Ocúpase da herdanza espiritual, da esmola, das regras do matrimonio, e das relacións co próximo.

4, 12 *Fillos de profetas,* quere dicir de homes que tiveron especiais relacións con Deus (cf Xén **20,** 7).

4, 15 A máxima chamada "regra de ouro" atópase en particular na "Sabedoría de Ahicar" e máis que nada na boca de Xesús, en Mt **7,** 12.

4, 17 Este versículo é sorprendente. ¿Pasou así do costume dos pagáns ó libro de Tob, ou quere dicir que se debe levar axuda ós familiares dos mortos? Este segundo sentido parece o máis lóxico.

ches. ²Mais ¿como poderei recuperar esa prata, pois eu non coñezo ese home nin el a min? ¿Que sinal lle vou dar para que me recoñeza, se fíe de min e me dea a prata? E, ademais, non sei o camiño para ir á Media".

³Tobit respondeu ó seu fillo Tobías:

—"Teño unha acta asinada por el; eu asineina tamén e partina á metade e cada un ten unha parte, pois a súa quedou coa prata. Hai xa vinte anos que a deixei en depósito. Polo tanto, filliño, busca agora a alguén de confianza para que te acompañe; pagarémoslle un salario ata a volta. Vai, pois, recoller esa prata á casa de Gabael".

⁴Tobías saíu en busca de alguén que o puidese acompañar á Media; un que coñecese ben o camiño. Non tardou en se atopar co anxo Rafael en pé diante del; mais non pensou que fose un anxo de Deus. ⁵Díxolle:

—"¿De onde es ti, amigo?"

O anxo respondeulle:

—"Son un fillo de Israel, un dos teus irmáns e vin por aquí para traballar".

Tobías díxolle:

—"¿Coñeces ti o camiño para ir á Media?"

⁶O anxo respondeulle:

—"Si, estiven alí moi a miúdo, coñezo tódolos camiños de memoria. Fun ben veces á Media e hospedeime na casa de Gabael, o noso irmán, que vive en Raguex de Media. Hai dous días de camiño normal desde Ecbátana a Raguex, pois Raguex está na montaña, e Ecbátana no val".

⁷Tobías díxolle:

—"Agárdame, amigo, mentres llo vou dicir ó meu pai, pois faime falta que veñas canda min, e xa che pagarei o teu salario".

⁸El díxolle:

—"Moi ben, seguirei aquí, mais non te demores".

⁹Tobías foi informar ó seu pai Tobit e díxolle:

—"Xa dei cun israelita de entre os nosos irmáns".

Tobit contestou:

—"Chámamo, que quero saber de que clan e de que tribo é, e se podo contar con el para te acompañar".

¹⁰Tobías saíu chamalo e díxolle:

—"Amigo, chámate meu pai".

O anxo entrou na casa e Tobit adiantouse a saudalo. El respondeu:

—"Deséxoche benestar en abundancia".

Tobit replicou:

—"¿Que benestar vou ter? Estou cego, sen poder ve-la luz do ceo. O meu camiñar é nas tebras, como os mortos que non contemplan máis a luz. Vivindo, habito cos mortos, oio a voz da xente, pero non a vexo".

O anxo díxolle:

—"Ten coraxe; Deus curarate moi axiña; coraxe".

Tobit, entón, preguntoulle:

—"Meu fillo Tobías ten a intención de ir á Media, ¿poderías ti acompañalo e servirlle de guía? Eu pagareiche o teu salario, irmán".

El contestou:

—"Estou disposto a facelo, coñezo tódolos camiños, fun a Media a miúdo, e percorrín tódalas súas chairas e montañas e coñezo tódolos camiños".

¹¹Tobit preguntoulle:

—"Irmán, ¿de que familia es ti e de que tribo? Dimo, irmán".

¹²El respondeu:

—"¿E que necesidade tes de coñece-la miña tribo?"

Tobit replicou:

—"Quero, irmán, saber con certeza de quen es fillo e cal é o teu nome".

¹³El respondeulle:

—"Eu son Azarías, fillo de Hananías o Grande, un dos teus irmáns".

¹⁴Tobit díxolle:

—"Sexas benvido, irmán. Non me tomes a mal que quixese saber con certeza de que familia es. Resulta que ti e-lo noso parente, dunha moi boa familia. Eu coñezo a Hananías e a Natán, ambos fillos do ilustre Xelomit. Viñan comigo a Xerusalén para adora-lo noso Deus. Non escolleron mal camiño. Os teus irmáns son xente de ben. Ti es de moi boa cepa. Benvido sexas".

¹⁵E dixo máis:

—"Douche como paga unha dracma por día e a mesma mantenza do meu fillo. ¹⁶Acompáñao, fai o favor, e engadirei ademais algunha cousa ó teu salario".

¹⁷O anxo respondeu:

5, 3 Cúmprese aquí a regulamentación sobre os depósitos, prevista no Código da Alianza (Ex **22,** 6-12; cf Lev **5,** 21-26).
5, 6 Ese longo percorrido necesitaba na realidade moito máis tempo.
5, 10 O *anxo* trata de convencer ó cego Tobit de que os camiños de Deus son misteriosos e que fai falta confiar nel e ter paciencia. Non ten reparo en dicirlle claramente: "Deus hate curar"...
5, 15 *Unha dracma* era a paga normal dunha xornada, o mesmo có denario romano (cf Mt **20,** 2).

—"Si, irei con el, non teñas preocupación ningunha. Todo nos irá ben, tanto á saída como á volta; pois o camiño é seguro".
Tobit contestou:
—"Sexas bendito, irmán".
Despois chamou por seu fillo e díxolle:
—"Fillo querido, prepara canto necesites para a viaxe e sae co teu irmán. Que o Deus que está no ceo vos teña aló enriba canda El e que vos conduza sans e salvos e vos faga voltar onda min. E que o seu anxo vaia convosco e vos protexa, fillo".
Tobías saíu e púxose en camiño, abrazou o seu pai e a súa nai e Tobit díxolle:
—"Boa viaxe".
[18]A súa nai empezou a chorar e dixo a Tobit:
—"¿Por que mandaches saír ó meu fillo? ¿Non é el o bastón da nosa man, o que vai e vén diante de nós? [19]Que non se engada ese diñeiro ó que xa temos, pois nada conta ó lado do noso fillo. [20]Chegábanos ben a maneira de vivir que o Señor nos foi dando ata aquí".
[21]Mais el díxolle:
—"Non te atormentes, muller: todo lle irá ben ó noso fillo, tanto á ida como á volta, e os seus ollos verán o día no que retorne a nós san e salvo.
[22]Deixa, polo tanto, de te atormentares; non te apures por eles, muller, que un anxo vai canda eles; terán unha viaxe feliz e volverá san e salvo".
[23]E ela parou de chorar.

A captura dun peixe

6 [1]Cando saíron, mozo e anxo, o can foi canda eles. Camiñaron xuntos ata que se fixo de noite, e acamparon á beira do río Tigris. [2]O mozo baixou ata o Tigris para lava-los pés. Entón un gran peixe saltou fóra da auga e intentou engulirlle un pé. O rapaz deu un berro. [3]O anxo díxolle:
—"Píllao, non o deixes liscar".
Tobías agarrouno e sacouno fóra. [4]O anxo díxolle:
—"Ábreo, quítalle o fel, o corazón e mailo fígado, e ponos a un lado, pois serven de medicina; as tripas tíraas".
[5]O rapaz abriu o peixe, recolleu o fel, o corazón e o fígado, e asou un trozo, comeuno, e salgou o resto.

[6]Seguiron o camiño os dous xuntos ata as proximidades de Media. [7]Entón Tobías preguntoulle ó anxo:
—"Irmán Azarías, ¿que remedios se sacan do corazón, do fígado e do fel do peixe?"
[8]El respondeulle:
—"Se un home ou unha muller se ven atacados por algún demo ou espírito malo, faise subir diante deles o fume do corazón e do fígado do peixe e xa non os volve atacar; quedan ceibes para sempre. [9]Referente ó fel, untas con el os ollos do que padece leucomas, sopras sobre eles e curan".

Plano de casamento

[10]Chegados á Media, acercábanse xa a Ecbátana [11]cando Rafael lle dixo a Tobías:
—"Amigo Tobías".
El respondeulle:
—"¿Que?"
O anxo dixo:
—"Hoxe imos facer noite na casa de Reuel. É o teu parente e ten unha filla chamada Sárah. [12]É filla única. Ti e-lo parente con máis dereitos para casares con ela e herdáre-los bens de seu pai. É unha virxe reflexiva, decidida, encantadora e seu pai é un home de ben".
[13]E dixo máis:
—"Ti te-lo dereito de recibila por esposa. Escóitame, pois, irmán: voulle falar esta mesma tarde da rapaza ó pai para podela obter como prometida; e cando voltemos de Raguex, celebrarémo-lo casamento. Eu sei que Reuel non cha pode negar en absoluto nin darlla a outro, pois incorrería na pena de morte, segundo o veredicto do libro de Moisés, polo feito de que tes ti a prioridade de obtela por esposa. Escóitame, pois, irmán: vamos esta mesma tarde falarlle da filla e pedirlla en matrimonio; e, cando regresemos de Raguex, tomarémola e levarémola connosco á túa casa".
[14]Tobías respondeu entón a Rafael:
—"Azarías, meu irmán: oín dicir que xa foi dada a sete maridos e que todos eles morreron na cámara nupcial; a noite mesma en que entraban onda ela, morrían. Algúns dicían que se trataba dun demo que os mataba, [15]de aí que, neste momento, teña medo. A ela non lle facía mal ningún, mais ó que se

---

5, 19 Este v difícil quizais queira dicir: o que interesa é o fillo, non o engadir diñeiro a diñeiro.
6, 1 É curiosa a mención do can. Por entón era animal medio errante, famento e desprezable.
6, 9 Na medicina antiga o fel dos peixes curaba o mal dos ollos.
6, 11 ¿Que? Lit. "aquí estou". Esta frase, moi común nas tradicións patriarcais, supón disponibilidade por parte do que a pronuncia. Sabe que vai oír algo moi importante.

achegase a ela, o inimigo matábao. Eu son fillo único de meu pai. Se eu morro tamén, farei baixar á tumba a vida de meu pai e de miña nai, cheos de dor por culpa miña. E non teñen outro fillo que os enterre".

¹⁶Rafael díxolle:

—"¿Esquecícheste das instruccións de teu pai, como che mandou que escolleses unha muller da casa do teu parente? Polo tanto, escóitame, irmán, e non tremas por ese demo, e recíbea por esposa. Sei, ademais, que esta mesma tarde cha dará por muller. ¹⁷Mais cando entres na cámara nupcial, colle un cacho de fígado do peixe, xunto co corazón, e pono nunhas brasas. O ulido estenderase e o demo notarao e fuxirá e non voltará xa máis e ninguén o ollará novamente darredor dela. ¹⁸Cando chegue o momento preciso de te xuntares con ela, levantádevos antes os dous, rogade e suplicade ó Señor do ceo que teña compaixón de vós e vos conceda a saúde. Non teñades medo, pois é a ti a quen está destinada desde sempre e es ti quen a debes salvar. Ela seguirate e asegúroche que terás fillos dela, que che serán como irmáns. Non te acovardes".

¹⁹Unha vez oídas por Tobías estas palabras de Rafael o cerciorado de que ela era para el unha irmá, da raza e da casa de seu pai, empezou a amala apaixoadamente e o seu corazón afeccionouse a ela.

Casamento de Tobías

7 ¹Ó entraren en Ecbátana, dixo Tobías:

—"Azarías, meu irmán, lévame dereitiño á casa do noso irmán Reuel".

O anxo conduciuno á casa de Reuel. Encontrárono sentado diante da porta do patio e adiantáronse a saudalo. El díxolles:

—"Saúde, irmáns, sexades benvidos".

E fíxoos entrar na súa casa. ²Díxolle á súa muller Édnah:

—"¡Canto se semella ese mozo ó meu irmán Tobit!"

³Édnah preguntoulles:

—"¿De onde sodes, irmáns?"

Contestaron:

—"Da casa dos fillos de Naftalí, deportados a Nínive".

⁴Ela dixo entón:

—"¿Coñecéde-lo noso irmán Tobit?"

Responderon:

—"Si que o coñecemos".

E ela de novo:

—"¿Como está?"

Responderon:

⁵—"Moi ben; aínda vive".

E Tobías engadiu:

—"É o meu pai".

⁶Reuel levantouse dun brinco e abrazouse a el chorando. Logo falou e díxolle:

—"Sexas benvido, fillo. Tes un pai excelente. ¡Que mágoa que un home tan bo, que facía tantas esmolas, quedase cego!"

E botándose ó pescozo do seu irmán Tobías, volveu chorar. ⁷A súa muller Édnah chorou tamén por Tobit, e a súa filla Sárah tamén empezou a chorar. ⁸Despois matou un carneiro do rabaño e recibiunos con moito amor.

⁹Lavados xa e bañados, cando se foron sentar á mesa, Tobías dixo a Rafael:

—"Irmán Azarías, pregúntalle a Reuel se me dá a miña irmá, Sárah".

¹⁰Reuel oíu isto e díxolle ó mozo:

—"Come, bebe e aproveita a tarde, pois non lle corresponde a ninguén máis ca a ti, irmán, casar coa miña filla, Sárah, nin eu podo darlla a outro que non sexas ti, pois e-lo parente máis próximo. Sen embargo, meu fillo, voucho dicir toda a verdade. ¹¹Xa llela dei a sete homes de entre os nosos parentes, e todos morreron a noite mesma que ían con ela. Pero agora come, fillo, e bebe e o Señor intervirá no teu favor". Mais Tobías dixo:

—"Non comerei bocado nin beberei aquí cousa ningunha mentres non resolvas este asunto".

Reuel díxolle:

—"Moi ben, vouno facer. Xa que ela che pertence segundo a decisión do libro de Moisés; é o ceo quen decide que cha dea. Recibe, pois, a túa irmá. A partir deste momento, ti e-lo seu irmán e ela a túa irmá. Entrégocha a partir de hoxe e para sempre. O Señor do ceo fará que esta noite sexa boa para ámbolos dous, fillo. Que vos manifeste a súa misericordia e a súa paz".

¹²Reuel chamou entón a Sárah, ela veu onda el. Tomándoa pola man, entregoulla a Tobías dicindo:

—"Recíbea segundo a Lei e segundo a decisión consignada no libro de Moisés, que cha dá por muller. Tómaa e lévaa sen medo a teu pai. Que o Deus do ceo vos conduza en paz".

6, 15 A Biblia non fala máis ca aquí da morte por tal motivo.

7, 11s Tob usa moito irmán, irmá, referíndose ós correlixionarios, ós parentes, ós esposos. É o uso normal na Biblia, que só xente moi ignorante toma ó pé da letra.

7, 12 Estes xestos teñen un valor ritual, litúrxico.

¹³Despois chamou á nai de Sárah e mandoulle traer con que escribir. E redactou o documento do contrato de matrimonio, no que se consignaba que lla daba por muller segundo a decisión da Lei de Moisés. ¹⁴Só entón comezaron a comer e beber.

A noite do casamento

¹⁵Reuel chamou á súa muller Édnah e díxolle:

—"Irmá miña, prepara a outra habitación e leva a ela a Sárah".

¹⁶Édnah foi preparar un leito na habitación, como el lle mandara. Levouna e botouse a chorar por ela; despois limpou as bágoas e díxolle:

¹⁷—"Moito ánimo, filla, que o Deus do ceo cambie en ledicia o teu pesar".

E saíu.

8 ¹Rematada a comida e bebida, quixeron deitarse. Conduciron o mozo ata a habitación. ²Tobías lembrouse das palabras de Rafael: sacou do seu bolso o fígado e o corazón do peixe e púxoo sobre os tizóns do braseiro. ³O ulido do peixe detivo ó demo, que fuxiu polos aires, camiño dos desertos de Exipto. Rafael foi aló e encadeouno alí mesmo. ⁴Despois deixou a Tobías e pecharon a porta da habitación. El ergueuse do leito e díxolle á moza:

—"Érguete, irmá, recemos, e supliquemos ó Señor para que nos conceda a súa misericordia e saúde".

⁵Ela ergueuse e puxéronse a rezar e a suplicar, para que se lles concedese a saúde. E el dixo:

—"Bendito sexas, ti, Deus de nosos pais.
Bendito o teu nome en tódalas xeracións
do futuro.
Que te louven os ceos e toda a creación
en tódolos séculos.
⁶Ti creaches a Adam,
e fuches ti quen lle deches unha axuda e
sostén, a súa muller Eva,
e de ambos naceu a raza dos homes.
Fuches ti quen dixeches:
*Non está ben que o home viva só:
fagámoslle unha axuda semellante a el.*
⁷Agora, pois, non é desexo ilexítimo o que
me move a tomar
por esposa esta irmá que teño aquí;
senón o amor de verdade.
Ordena que se nos outorgue misericordia
tanto a ela como a min,
e que cheguemos xuntos á vellez".

⁸Despois dixeron á vez:

—"Amén, amén".

⁹E deitáronse para pasa-la noite.

Reuel, pola súa banda, levantouse e xuntou os servidores. Foron cavar unha tumba. ¹⁰Reuel, en efecto, dixérase:—"Pode que morra; ¿non seriamos obxecto de riso e burla?" ¹¹Cando remataron o seu labor, Reuel voltou á casa e chamou a súa muller. ¹²Díxolle:

—"Manda unha das túas criadas á habitación para ver se está vivo: deste xeito, se está morto, poderemos enterralo sen que ninguén saiba nada".

¹³Advertiron á serventa do que podía pasar, prenderon a lámpada e abriron a porta; ela entrou e viu que durmían xuntos profundamente. ¹⁴Ela saíu da-la noticia:

—"Está vivo, todo vai ben".

¹⁵Entón bendiciron o Deus do ceo, dicindo:

—"Bendito sexas, ouh Deus, digno de
toda bendición.
Que se te louve polos séculos.
¹⁶Sexas bendito pola consolación que me
deches,
pois non foi como eu pensaba,
senón que nos trataches con
misericordia.
¹⁷Bendito sexas por teres compaixón de
dous pobres fillos únicos.
Móstralles, Señor, a túa misericordia e
salvación
e fai que a súa vida transcorra na ledicia
e na gracia".

¹⁸E mandou ós seus servidores que cegasen a tumba antes da alborada.

O festín das vodas

¹⁹Reuel díxolle á súa muller que preparase pan en cantidade; despois, que trouxese da corte dous bois e catro carneiros e que os aderezase. E comezaron os preparativos. ²⁰Chamou a Tobías e manifestoulle:

—"Durante catorce días non te moverás de aquí; senón que seguirás comigo, comendo e bebendo, enchendo de gozo o corazón da miña filla, que aínda está impresionada

---

7, 13 Son algúns detalles da cerimonia do matrimonio na Diáspora: consentimento do pai e da filla, e confirmación por escrito.

8, 3 O *Exipto* representa aquí o lugar dos malos espíritos, quizais por ser terra de desertos, que son os seus lugares preferidos; ou tamén se pode referir á fin do mundo.

8, 6 Este versículo é o único das Escrituras que relaciona o matrimonio con Xén **2**, 18. Mt **19**, 4-5 e Mc **10**, 6-8 remiten a Xén **1**, 27; **2**, 24.

8, 7 Tob teme as unións ilegais, máis que ter ou non ter fillos.

8, 20 As festas das vodas adoitaban durar só oito días (cf Xén **29**, 27s).

polo golpe das súas desgracias. ²¹Colle xa desde agora a metade de tódolos meus bens, e retornarás sen dificutade ningunha onda teu pai. A outra metade será túa cando morramos a miña muller e eu. Ánimo, querido fillo, eu son o teu pai e Édnah a túa nai. Estamos contigo e coa túa irmá, desde agora e por sempre. Ánimo".

Cobro do depósito da prata

9 ¹Entón Tobías chamou a Rafael e díxolle:
²—"Azarías, meu irmán, leva contigo catro servos e dous camelos e vai a Raguex á casa de Gabael, entrégalle a acta do depósito e cobra a prata; despois trae a Gabael contigo para a festa. ³Ti sabes ben que meu pai non para de conta-los días. ⁴Se eu me retardo un só día, serei causa de que se encha de pena. Por outra parte,ve-lo que Reuel xurou: eu non podo traspasa-lo seu xuramento".

⁵Rafael partiu cos catro servos e os dous camelos camiño de Raguex de Media e pasaron a noite en casa de Gabael. Entregoulle a acta e comunicoulle que Tobías, o fillo de Tobit, tomara muller e que o convidaba á festa. Gabael contoulle ó momento os sacos, todos cos seus selos, e cargáronos. ⁶Despois saíron moi cediño para asistiren á festa. Entraron na casa de Reuel e atoparon a Tobías sentado á mesa. Este ergueuse dun salto e saudou a Gabael, que empezou a chorar, bendicíndoo nestes termos:

—"Fillo excelente dun home excelente, xusto e cheo de caridade. Que o Señor che dea a bendición do ceo, a ti, á túa muller, a teu pai e á nai da túa esposa. Louvado sexa Deus, pois é o meu sobriño Tobit en persoa o que estou vendo".

Tobit e Ana agardando

10 ¹Día a día, Tobit facía contas das xornadas necesarias para ir e voltar. Xa pasaran os días que el calculaba e o fillo non chegaba. ²Díxose: —"Pode ser que retivesen aló. Quizais morreu Gabael e non hai ninguén que lle dea o diñeiro". ³E comezou a preocuparse. ⁴A súa muller Ana dicía:

—"Ó meu fillo pereceu, xa non está entre os vivos".

E as bágoas corrían polos seus ollos e lamentábase dicindo:

⁵—"Son ben malaventurada, fillo querido: deixeite saír, a ti, luz dos meus ollos".

⁶E Tobit dicíalle:

—"Cala, non sufras así, irmá, el está ben. Sen dúbida, tiveron algún contratempo aló, mais o que o acompaña é seguro, é un dos nosos irmáns. Non temas por el, irmá, pois axiña o veremos aquí".

⁷Mais ela respondeulle:

—"Non me digas nada, deixa de enganarme: o meu fillo pereceu".

E cada día saía o antes posible da casa e quedábase observando o camiño por onde marchara o fillo, pois non se fiaba de ninguén. Despois da posta do sol, volvía entrar para se lamentar e chorar toda a noite sen poder durmir.

Tobías de volta

⁸Pasados os catorce días de festa que Reuel xurara celebrar en honra da súa filla, Tobías veulle dicir:

—"Déixame marchar, pois ben sei que meu pai e miña nai xa non teñen esperanza de me volveren ver. Por iso, rógoche encarecidamente, papaíño, que me deixes partir e voltar á casa de meu pai; xa che expliquei en que situación tan crítica quedou".

⁹Pero Reuel dixo a Tobías:

—"Queda, fillo, queda comigo. Mandarei mensaxeiros ó teu pai Tobit e daranlle noticias túas".

Tobías respondeulle:

—"Non, non, suplícoche que me deixes voltar á casa de meu pai".

¹⁰Entón Reuel entregoulle a Tobías a súa esposa Sárah, e a metade dos seus bens, criados, criadas, bois e ovellas, asnos e camelos, vestidos, prata e obxectos diversos. ¹¹E deixounos saír moi ledos. Saudou a Tobías nestes termos:

—"Pórtate ben, fillo, e que teñas boa viaxe. Que o Señor do ceo vos guíe, a ti e á túa muller Sárah, e que eu poida ve-los vosos fillos antes de morrer".

¹²E á súa filla Sárah díxolle:

—"Vai á casa do teu sogro, pois desde agora son os teus pais, como os que che deron a vida. Vai en paz, filla, e que sempre oia falar de ti mentres viva".

¹³Édnah, á súa vez, dixo a Tobías:

—"Fillo e irmán moi querido, que o Señor te conduza e que eu poida vivir e ve-los teus fillos e de Sárah antes de morrer. Na presencia do Señor, confío a miña filla ós teus coidados. Non a contristes ningún día da túa vida. Fillo, vai en paz. Desde agora eu son a túa nai e Sárah a túa irmá. Sede felices ti

---

9, 2 O motivo principal da viaxe é o matrimonio con Sárah. O de cobra-lo diñeiro é máis ben secundario.

e ela xuntos durante tódolos días da vosa vida".

Despois ela deulles unha gran aperta ós dous e deixounos saír cheos de felicidade.

¹⁴Deste xeito saíu Tobías da casa de Reuel feliz e ledo, bendicindo ó Señor do ceo e da terra, o Rei do universo, por proporcionar un bo éxito á súa viaxe.

E louvou a Reuel e Édnah, súa muller, e díxolles: —"Que poida eu honrarvos tódolos días da miña vida".

Curación de Tobit

11 ¹Como xa se aproximaban a Acrim, diante de Nínive, Rafael dixo: ²—" Ti sabes ben en que situación deixamos a teu pai. ³Imos, pois, adiantarnos á túa muller para prepara-la casa mentres chegan os demais".

⁴E marcharon os dous xuntos. Rafael díxéralle a Tobías: —"Garda o fel e lévao na man". O can seguiu detrás deles. ⁵Ana estaba sentada, ollando o camiño por onde tiña que vir seu fillo. ⁶Viuno vir ó lonxe e díxolle ó pai:

—"Alí vén o teu fillo co seu compañeiro".

⁷Rafael dixo a Tobías antes de que chegase onda o pai:

—"Eu sei que os ollos de teu pai se abrirán. ⁸Aplícalle o fel do peixe sobre eles: o remedio fará que as nubes que ten salten, e desaparezan os leucomas; entón teu pai recobrará a vista e verá a luz".

⁹Ana correu para abrazarse no fillo e díxolle:

—"Vólvote ver, meu fillo. Agora xa podo morrer".

E empezou a chorar. ¹⁰Tobit levantouse e, cambaleando, saíu pola porta do patio. ¹¹Tobías correu ó seu encontro, co fel do peixe na man, soproulle nos ollos e, apreixándoo, díxolle:

—"Bo ánimo, papá".

¹²Despois coas dúas mans fixolle salta-los leucomas dos ollos. ¹³Entón Tobit botouse ó seu pescozo chorando, e díxolle: —"Vólvote ver, fillo, luz dos meus ollos". ¹⁴Logo dixo:

—"Bendito sexa Deus.
Bendito o seu nome grande.
Benditos sexan tódolos seus anxos.
Que o seu nome grande sexa sobre nós.
Benditos sexan tódolos seus anxos en tódolos séculos.

Pois o Señor, que me ferira, permíteme agora ve-lo meu fillo Tobías".

¹⁵Tobías entrou na casa moi feliz; bendicindo a Deus en alta voz. Explicoulle ó seu pai o gran éxito da súa viaxe, como traía tóda a prata e tamén como casara con Sárah, a filla de Reuel, próxima a chegar, pois xa se encontra ás portas de Nínive.

¹⁶Tobit, contento e louvando a Deus, saíu ó encontro da súa nora cara ás portas de Nínive. Cando as xentes de Nínive o viron marchar e dar voltas con plena saúde, sen que ninguén o guiase, marabilláronse. Tobit pregoou diante deles que Deus tivera lástima del, abríndolle de novo os ollos. ¹⁷Chegado xunto a Sárah, a muller de seu fillo, Tobías, bendíciuna nestes termos:

—"Sexas benvida, filla. Bendito sexa o teu Deus, que te trouxo onda nós, filla. Bendito sexa o teu pai. Bendito sexa o meu fillo, Tobías, e bendita ti, filla. Entra na túa casa; sexas moi benvida, para ti a bendición e a ledicia; entra, filla".

¹⁸Nese día houbo gran gozo entre os xudeus de Nínive. ¹⁹Ahicar e Nasbás, os sobriños de Tobit, viñeron tamén onda el, cheos de felicidade.

Rafael dixo quen era e foise

12 ¹Rematados os festexos da voda, Tobit chamou polo seu fillo Tobías e díxolle:

—"Fillo querido, dispónte a paga-lo salario do teu compañeiro de rota, engadindo algunha cousa".

²El contestoulle:

—"Papá, ¿canto lle teño que dar? Aínda que lle dea a metade dos meus bens, non fago demasiado. ³Levoume san e salvo, curou a miña muller, recuperou a prata, e curoute a ti tamén. Despois de todo isto, ¿cal pode se-lo seu salario?"

⁴Tobit díxolle:

—"Filliño, é moi xusto que leve a metade de todo canto trouxo".

⁵Tobías chamouno e díxolle:

—"Colle como salario a metade de todo o que trouxeches e vai en paz".

⁶Entón Rafael tomounos ós dous á parte e manifestoulles:

—"Bendicide a Deus e celebrádeo diante de tódolos viventes polo que fixo convosco. É bo bendicir e canta-lo seu nome. Facede

---

10, 14 A derradeira parte deste versículo está, ó parecer, fóra do seu sitio, pois Reuel xa se despedira.
11, 1 Localidade non identificada.
11, 4 Para a Vulg., o can vai diante movendo o rabo.

11, 15 Non a pleno corpo ("soma"), senón a plena voz (stoma). En grego "sôma" pode confundirse facilmente con "stoma". O texto longo pon "soma"; pero debe preferirse a lectura máis curta, que di "stoma".

coñecer a tódolos homes as marabillas de Deus, como se merece. Non sexades neglixentes en cantalas. ⁷É bo ter oculto o segredo do rei, mais as obras de Deus é bo pregoalas e revelalas. Celebrádeas, pois, como elas merecen.

Facede o ben e non vos atinxirá a desgracia. ⁸Máis vale a oración con verdade e a esmola xusta cá riqueza con inxustiza. Máis vale facer esmola que amontoar ouro. ⁹A esmola libra das tebras da morte e limpa de todo pecado e da inxustiza. Os que fan esmola veranse saciados de vida; ¹⁰os que cometen pecado e inxustiza son inimigos de si mesmos.

¹¹Agora vouvos dicir toda a verdade sen nada calar. Acabo de vos dicir: É bo esconde-lo segredo do rei e revelar con toda claridade as obras de Deus. ¹²Pois ben, cando ti rezabas, o mesmo ca Sárah, era eu quen presentaba as vosas oracións diante da gloria do Señor, e da mesma maneira cando ti enterrába-los mortos. ¹³Cando non dubidabas en erguerte e deixa-la comida para ires enterra-lo morto, foi entón cando fun enviado onda ti para te poñer á proba. ¹⁴Mais ó mesmo tempo envioume Deus para curarte, o mesmo ca á túa nora, Sárah. ¹⁵Eu son Rafael, un dos sete anxos que están diante da gloria de Deus e penetran na súa presencia".

¹⁶Ambos a dous, abraiados, caeron rostro a terra, cheos de santo temor. ¹⁷Pero el díxolles:

—"Non temades. A paz sexa convosco. Bendicide a Deus por sempre. ¹⁸Cando estaba convosco, non se trataba de ningunha cousa miña, senón da vontade de Deus. É a El a quen debedes louvar ó longo de toda a vosa vida, é a El a quen debedes cantar. ¹⁹Vós vedes agora que eu non comía nada, senón que tiñades unha visión. ²⁰Bendicide, pois, ó Señor neste mundo e celebrade a Deus. Eu torno agora ó que me enviou. Escribide todo canto vos ocorreu".

E elevouse, ²¹e eles, por moito que ollaron cara ó ceo, xa non o viron. ²²Bendicían e cantaban a Deus e celebrábano por tódalas grandes obras que fixera por medio da aparición dun anxo.

Cántico de Tobit

13 ¹E Tobit dixo:
—"Bendito sexa por sempre o Deus vivo,
bendito o seu reino.
²El é o que castiga e ten misericordia.
El fai baixar ata a morada dos mortos,
nas profundidades da terra,
e despois levanta de novo da gran perdición.
Ninguén pode escapar da súa man.
³Celebrádeo, fillos de Israel, diante das nacións,
entre as que El vos dispersou.
⁴Fixovos ver alí a súa grandeza.
Exaltádeo perante tódolos viventes,
pois El é o noso Señor, o noso Deus, o noso Pai.
El é Deus por tódolos séculos.
⁵El castigouvos polas vosas iniquidades,
pero volverase compadecer novamente de todos vós
e recolleravos de entre tódalas nacións
por onde fostes dispersados.
⁶O día en que volvades a El,
con todo o voso corazón e todo o voso ser
para obrardes segundo a verdade diante del,
entón El volverá a vós e non vos ocultará o seu rostro.
⁷E agora pensade o que fixo por vós
e celebrádeo a plena voz.
Bendicide ó Señor da xustiza
e exaltade ó Rei dos séculos.
⁸Pola miña parte, eu celébroo na terra
á que fun deportado.
Anuncio a súa grandeza e o seu poder
a unha nación pecadora.
Convertédevos, pecadores, obrade rectamente na súa presencia.
Poida que teña compaixón e vos acolla con misericordia.
⁹Eu enxalzo o meu Deus
e exulto, cheo de ledicia, no Rei do ceo.

12, 8 ¡Canto di este versículo! Condensa toda a moral en poucas palabras.
12, 12 *Presentar oracións*, ou *facer memorial*, na Biblia, abarca moitas cousas: invocación a Deus, ou sexa, oración, sacrificio, festa, unha boa obra, etc., que fan que o Señor se lembre dos xustos para o seu ben.
12, 15 Aquí fálase de sete anxos. Só nos libros apócrifos aparece toda a lista completa. A Biblia nomea soamente a Miguel, Rafael e Gabriel.
12, 19 "...*Eu non comía nada*": "non necesito comer, son só espírito...; e vós vedes unha aparencia de corpo...".
12, 20 E o anxo elevouse ata o ceo, de onde baixara. A impresión de Tobit, xunto coa súa familia, é a mesma que todo vidente: asombro, santo temor, explosión de xúbilo, cantos de louvanza.
13, 2 Comezo do cántico de ledicia e acción de gracias. Canta as grandezas da divina Providencia, as súas bondades con Israel, e revela cousas futuras en favor de Xerusalén, e de todo o mundo a través da Cidade Santa.

¹⁰Que todos proclamen a súa grandeza
e o celebren en Xerusalén.
Xerusalén, cidade santa,
Deus castigoute polas obras dos teus fillos,
mais de novo hase compadecer do pobo xusto.
¹¹Celebra ó Señor como é debido
e bendí ó Rei dos séculos
para que o seu templo sexa reconstruído en ti con ledicia.
¹²Que encha en ti de gozo a tódolos deportados
e que ame en ti a tódolos desgraciados polos séculos dos séculos.
¹³Unha viva luz alumará ata os confíns da terra.
Virán a ti de lonxe pobos en gran número,
e habitantes de tódolos extremos da terra virán cara ó teu santo nome,
coas mans cheas de ofrendas para o Rei do ceo.
Xeracións e xeracións encherán o teu corazón de xúbilo
e o nome da Elixida durará sempre.
¹⁴Malditos cantos falen de ti duramente.
Malditos os que te destrúan e derruben os teus muros,
tódolos que abatan as túas torres e queimen as túas casas.
E benditos para sempre os que te teman.
¹⁵Vai, rebrinca de gozo a causa dos xustos,
pois serán xuntados todos e bendicirán ó Señor dos séculos.
Ditosos os que te amen.
Ditosos cantos se gocen na túa paz.
¹⁶Ditosos os que se vexan aflixidos por amor a ti,
a causa dos teus castigos,
pois gozarán en ti e verán
toda a túa ledicia por sempre.
Si, eu bendigo ó Señor, o gran Rei,
¹⁷porque reconstruirá Xerusalén
e nela o seu templo polos séculos.
Feliz de min, se queda alguén da miña raza
para ve-la túa gloria e celebra-lo Rei do ceo.
As portas de Xerusalén serán reconstruídas con zafiros e esmeraldas e tódolos seus muros con pedras preciosas.
As torres de Xerusalén serán edificadas con ouro e os seus baluartes con ouro fino.
As rúas de Xerusalén serán pavimentadas con rubís e pedras de Ufir.
¹⁸As portas de Xerusalén entoarán himnos de ledicia e tódalas súas casas cantarán:
¡Aleluia, bendito sexa o Deus de Israel!
E os elixidos louvarán o seu santo nome eternamente".

14

¹Así rematou Tobit o seu canto de agradecemento.

Morte de Tobit

²Tobit morreu en paz á idade de cento doce anos e foi enterrado con magnificencia en Nínive. Pasaran xa sesenta e dous anos desde que perdera a vista; desde que a recobrou, viviu na abundancia e fixo esmolas, bendicindo sempre a Deus e celebrando a súa grandeza.
³A punto de morrer, chamou o seu fillo Tobías e deulle as seguintes instruccións:
⁴—"Fillo, leva lixeiro os teus nenos a Media; pois eu creo na palabra de Deus ó profeta Nahúm contra Nínive: todo se realizará e abaterá sobre Asur e Nínive; todo canto din os profetas de Israel, enviados de Deus, hase de cumprir. Nada se quitará de tódalas palabras, e todo se cumprirá no seu tempo. En Media vivirase en máis seguridade do que en Asiria ou Babilonia. Pois eu sei e creo que todo canto dixo Deus se ha de cumprir, realizarase: non se deixará de cumprir unha soa palabra dos profetas. Os nosos irmáns que habitan na terra de Israel serán empadroados e deportados lonxe desta terra feliz. Toda a terra de Israel quedará deserta, Samaría e Xerusalén quedarán desertas e o templo de Deus verase tamén desolado e queimado polas chamas durante algún tempo. ⁵Pero de novo terá Deus compaixón e faraos voltar á súa terra de Israel. De novo construirán o seu templo, mais non coma o primeiro, ata que se cumpran os tempos fixados. Despois disto, volverán todos do seu desterro e reconstruirán esplendidamente Xerusalén. A casa de Deus será aí reconstruída segundo o que dela dixeron os profetas de Israel. ⁶Todos, en tóda-

---

13, 10ss O exilio é cousa provisional. A esperanza de retornar á Casa de Deus, a nostalxia por Xerusalén, polo seu culto doutros tempos (cf **1,** 4.6-7; **5,** 14) verase satisfeita con creces no día da reconciliación dos pobos da terra.

14, 3-11 Segundo "testamento" de Tobit, con parte apocalíptica e parte profética e ética. Recorda as regras esenciais de conducta.
14, 6 Isto vai para os xentís, pois fala da conversión de tódalas nacións.

las nacións da terra enteira, virán e crerán en Deus en toda verdade. Todos abandonarán os seus ídolos mentireiros, que os extraviaban no seu erro, e bendicirán na xustiza ó Señor dos séculos. [7]Tódolos fillos de Israel, que serán salvos naqueles días por se lembraren do Señor na verdade, xuntaranse e virán a Xerusalén. Habitarán por sempre con seguridade na terra de Abraham que lles será devolta. Os que amen a Deus na verdade alegraranse, mais os que cometan o pecado e a iniquidade serán borrados da terra.

[8]E agora, fillos, velaquí as miñas instruccións: servide a Deus na verdade e facede o que lle sexa grato. Mandade ós vosos fillos practica-la xustiza e a esmola, lembrarse de Deus e de bendici-lo seu nome en todo tempo, na verdade e con toda a súa alma. [9]En canto a ti, fillo, vaite de Nínive, non sigas aquí. Despois de sepultáre-la túa nai onda min, non pases nin sequera unha noite no territorio desta cidade. Pois eu estouno vendo; hai aquí moita iniquidade e cométense nela grandes inxustizas, sen que ninguén se avergoñe. [10]Considera, fillo, canto Nasbás lle fixo ó seu pai adoptivo, Ahicar: ¿Non o fixo baixar vivo ó corazón da terra? Mais Deus vingou a infamia baixo a mirada da víctima: Ahicar saíu á luz, mentres que Nasbás entrou nas tebras eternas, por querer matar a Ahicar. Mais este, debido ás súas esmolas, escapou da trampa mortal que lle tendera Nasbás, quen quedou prendido na rede que foi a súa ruína. [11]Así, pois, fillos queridos, vede o froito que dá a esmola e o que produce a iniquidade —esta produce a morte—. Pero váiseme a vida..."

Deitárono no seu leito e morreu. E foi enterrado con gran pompa.

Epílogo

[12]Morta tamén a nai, enterrouna Tobías co pai. Despois saíu coa súa muller para Media e habitou en Ecbátana co seu sogro Reuel. [13]Colmou de atencións ós seus sogros na súa vellez. Enterrounos en Ecbátana de Media, e herdou o patrimonio de Reuel, o mesmo có de seu pai, Tobit. [14]Morreu moi estimado á idade de cento dezasete anos. [15]Coñeceu, antes de morrer, a ruína de Nínive e viu chegar á Media os ninivitas deportados por Ciaxares, rei de Media. Bendiciu ó Señor por todo o que fixera ás xentes de Nínive e de Asur. Alegrouse antes de morrer da sorte de Nínive, e bendiciu ó Señor Deus polos séculos dos séculos. Amén.

INTRODUCCIÓN Ó LIBRO DE XUDIT

1. Problemas de tipo textual

O texto orixinal de Xudit foi escrito nunha lingua semítica —probablemente o hebreo—, como se deduce da semántica das palabras e da construcción das frases. Ese texto hebreo perdeuse, e os textos hebreos medievais son traduccións da Vulgata latina, como se ve nas transcricións dos nomes propios latinos á lingua hebrea.

O texto máis antigo que temos hoxe é o grego, do que existen tres recensións distintas: a) a común, representada polos códices Vaticano (B), Sinaítico (S) e Alexandrino (A); b) a luciánica, testemuñada, entre outros, polos papiros 19 e 108, da que depende a Héxapla; e c) a recensión representada polo papiro 58, da que depende a Vetus Latina e, en parte, a Vulgata, e tamén a Pesitta (versión siria). O texto máis antigo é Xud **15**, 1-6, da segunda metade do séc. III d.C., e pertence á recensión grega común.

Este libro non forma parte da Biblia hebrea, polo que os protestantes o consideran apócrifo. Sen embargo, o Sínodo Romano do ano 382 recoñeceuno coma canónico, mentres que na Igrexa oriental non chegou a atinxir tal categoría ata o Concilio celebrado en Constantinopla no ano 692.

2. Xénero literario e tempo de composición

A impresión que produce, á primeira vista, a lectura de Xudit, é que se trata dun relato histórico. Non obstante, ó ve-la diferencia existente entre a historiografía de 1-2 Sam, 1-2 Re e 1-2 Cro e a de Xudit, a aparencia de xénero histórico vénse abaixo.

Unha observación máis atenta e crítica dos datos que nos ofrece fai imposible a consideración histórica, aínda que a devandita obra arrinque dun episodio da historia de Xudá. O autor, ou descoñece ou non lle interesan no senso real os personaxes dos que fala e a xeografía do Medio Oriente. No caso contrario, non diría, por exemplo, que Nabucodonosor é rei de Asiria ou de Nínive (cf **1**, 1.7; **2**, 1.4). Ademais, cando Nabucodonosor comezou a reinar en Babilonia (no ano 605), xa o seu pai Nabopolasar e mailo rei medo Ciaxares arrasaran Nínive (ano 612), e xa o imperio asirio quedara desfeito, polas victorias do mesmo Nabopolasar (ano 609). Nabucodonosor foi quen conquistou Xudá e Xerusalén no ano 597, deportando ó rei Ioaquín e ós notables da cidade, e quen arrasou a cidade e mailo templo no ano 587, para rematar con outra deportación nos anos 582/1. Pero estes datos son incompatibles co feito de que o pobo estea xa de volta do desterro (cf **4**, 3), o que acontece no 538, 24 anos despois da morte de Nabucodonosor. Por outra banda, o templo foi reconstruído e inaugurado no 515, no reinado de Darío I (**4**, 3), coma xesto de bo entendemento dos persas cos pobos que estiveran sometidos ós caldeos, política que continuaron durante o seu dominio, o que fai dubidar da historicidade do castigo que presenta o libro de Xudit (cf **4**, 1-3).

Para coñece-la data de composición e o xénero literario, cómpre deterse na fraseoloxía da obra para albisca-las institucións das diferentes épocas posibles. As institucións e a vida do período persa aparecen nas expresións "O Deus do Ceo" (**5**, 8) e "poñer a disposición a terra e a auga" (cf **2**, 7). Os inimigos invasores son os persas (cf **16**, 10). Holofernes era un xeneral do rei persa Artaxerxes III Ocos (359/8-338/7), que realizou unha campaña militar contra Exipto; mentres que Bágoas era un conselleiro deste rei, segundo o informe de Diodoro de Sicilia (XVI, 47; XXXI, 19). Ó dicir de Eusebio, aquel rei persa deportou ós xudeus de Hircania (sen dúbida co gallo da campaña contra Exipto), e, por esta razón, Sulpicio Severo sitúa o episodio de Betulia no reinado de Artaxerxes III Ocos. Segundo o devandito Diodoro de Sicilia, Holofernes non tivo un remate fatal nas campañas de Exipto, senón que chegou a ser sátrapa de Capadocia, e os seus sucesores levaron o título de reis.

O máis probable é que nas campañas de Artaxerxes III Ocos contra Exipto, dirixidas por Holofernes e Bágoas, algún grupo marxinal e de protección do núcleo do exército, sufrise un descalabro, e que en época posterior, para magnifica-lo feito, se cambiase o nome descoñecido do militar persa polo do xeneral que dirixía as tropas.

Ademais destas resonancias persas, aparecen referencias ós costumes e estructuras sociais gregas seléucidas: a "guerousía" de Xerusalén (**11**, 14; **15**, 18), o emprego de "coroas" (**3**, 7; **15**, 13), e a política relixiosa seléucida de destrucción dos cultos locais (**3**, 8; **9**, 8), que contrasta co respecto dos persas á relixión dos pobos sometidos a eles. Por outra banda, os reis persas nunca tiveron pretensións divinas (cf Dn **3**, 2.4.96, na versión dos

LXX), ó revés dos emperadores seléucidas, en especial Antíoco IV Epífanes.

Tendo en conta todas estas consideracións, a data máis probable de composición do libro é a de mediados do século II a.C., durante a persecución relixiosa de Antíoco IV (entre o 167 e o 164).

O xénero literario é un tanto complexo, pois hai no texto sinais claros dun midrax haggádico, *que actualiza a tradición (ou o texto) da época persa, e que desenvolve a mensaxe do dinamismo salvífico da fe*. A oración de lamentación de Xudit e o seu refuxo das decisións asumidas por Ozías e polos anciáns da cidade non teñen outra razón de ser que resalta-la fe desta xudía no poder salvífico de Deus, e a esperanza que tiña no cumprimento das súas promesas.

Ó xénero literario midráxico, engádese outro de tipo apocalíptico, *a xulgar polos elementos que aparecen ó longo do libro:*

—Aínda que non se empregue un pseudónimo no encabezamento, dáse, sen embargo, no título, unha pseudonimia simbólica: Xudit (lit. "Iehudit"), é un nome hebreo que significa "xudía", "muller xudía". Xudit vén sendo un símbolo do pobo que, cheo de fe e de esperanza no auxilio de Deus, loita con medios desproporcionados contra o reino do Maligno.

—O proxecto de Xudit é algo que recibe de Deus e que mantén escondido (**8**, 34), algo así coma o misterio que o apocalíptico recibe ó entrar no mundo celeste.

—O sistema simbólico de Xudit non está baseado na mitoloxía, senón que arrinca dunha tradición que se vai formando co tempo. Así, Nabucodonosor é o prototipo do rei inimigo do pobo de Deus, pois destrúe Xerusalén e mailo templo, deportando ós xudeus máis importantes. Ó mesmo tempo, precisa aparecer coma rei asirio sen selo, pois o imperio asirio destacara pola súa crueldade ó longo de toda a historia antiga, asoballando ós outros pobos ata facelos desaparecer, cousa que logrou co reino de Israel, e que intentou —sen conseguilo— con Xudá.

—A cidade de Betulia é un lugar sen identificar, polo que entra tamén neste contexto simbólico, especialmente tendo en conta que significa "Casa para Iavé", "Templo para Iavé", nome críptico alusivo a Xerusalén e ó templo, que só se defende coa fe. O autor refírese a miúdo ás dúas institucións (cf **4**, 2-3; **5**, 19; **8**, 21-24; **9**, 8.13...).

—Nunha lectura atenta do libro, obsérvase o sucederse harmónico de planos, producindo uns efectos case escénicos, o que é propio da apocalíptica (cf introd. á Apoc.).

—Non hai dúbida de que, no libro de Xudit, se atopa de forma clara a loita do Maligno (personificado en Nabucodonosor e Holofernes) contra o pobo de Deus (Xudá e mailo templo de Xerusalén, tipificados en Betulia). O pobo, probado por Deus (**8**, 26-27), ábrese agora a un novo período salvífico da súa historia (**19**, 1-16.25).

—Outra das características do libro de Xudit, concordes coa apocalíptica, é a superación dos lindeiros do pobo xudeu para a salvación: asegúrase a salvación de Xerusalén na heterodoxa Samaría, e a esta salvación asóciase o pobo amonita de Ahior, ou Ahicar, quen cre no dinamismo salvífico da fe dos hebreos a través da historia.

Certo que non se pode calificar este libro coma unha apocalipse desenvolta ó máximo; pero danse nel unha boa parte dos elementos da apocalíptica, cousa nada estraña se temos en conta que a data de composición do libro (160-150 a. C.) é a época do xurdimento deste xénero literario.

3. A moral de Xudit e a teoloxía do libro

Desde o punto de vista cristián, o libro de Xudit presenta unha grave dificultade moral, pois non se pode face-lo que está mal para acada-los bens; pero hai que ter en conta que os xéneros literarios do midrax haggádico e da apocalipse, non pretenden dar leccións de tipo moral, senón teolóxico. A gran lección que o midrax quere ofrecer é a do valor salvífico e liberador que ten a fe e a confianza en Deus, o mesmo có valor da oración do pobo de Deus (pois Xudit significa "a xudía", o pobo xudeu: cf aptdo. 2).

Por outra banda, esta salvación xa non é algo exclusivo do pobo xudeu, senón que abrangue ós pagáns que confían no Deus de Israel, coma o amonita Ahior ou Ahicar.

Tamén hai que ter en conta o carácter apocalíptico que se acocha na figura de Xudit: viúva (**8**, 4), dedicada á penitencia e ó xexún (**8**, 5), e mais á piedade (**8**, 8) e á observancia da lei (**8**, 6). Reprende ás autoridades da cidade, por asumiren unha decisión ignorando os segredos do corazón humano e os segredos de Deus (**8**, 13-14). Estes segredos cre coñecelos ela (**11**, 19) pois a meditación reflexiva sobre as tradicións antigas (**8**, 26-27) é propia dunha apocalíptica que coñece —por reflexión meditativa e por reflexión sobre a Sagrada Escritura—, os segredos do porvir (cf **8**, 32-34).

A personalidade de Xudit impresiona pola súa serenidade, valentía, habilidade na fala e prudencia no seu consello, ademais da súa dimensión de fe. Unha personalidade deste xeito foi o ideal do humanismo xudeu.

A interpretación marioláxica de Xudit é algo relativamente serodio na tradición católica, pero este xeito de proceder é lexítimo, pois en ámbolos dous textos aparecen comportamentos proféticos (cf Lc 1, 46ss), e nos dous casos é unha muller a protagonista que, coa súa fe e obediencia a Deus, ofrece ó pobo xudeu unha salvación aberta a tódolos pobos.

XUDIT

I. A CAMPAÑA DE HOLOFERNES

Nabucodonosor e Arfaxad

1 ¹No ano doce do reino de Nabucodonosor, que reinou sobre os asirios na gran cidade de Nínive; no tempo de Arfaxad, que reinou sobre os medos en Ecbátana, ²e construe arredor de Ecbátana un muro de pedras talladas de tres cóbados de ancho e de seis cóbados de longo, dándolle ó muro unha altura de setenta cóbados e cincuenta de ancho. ³Levantou tamén onda as portas torres de cen cóbados de alto e sesenta de ancho nos seus alicerces. ⁴Construíu tamén portas que tiñan setenta cóbados de alto e corenta de ancho, para facilita-la saída das poderosas forzas e para que os seus infantes puidesen desfilar ordenadamente.

⁵Neste tempo, pois, o rei Nabucodonosor declaroulle a guerra ó rei Arfaxad na gran chaira chamada Ragau. ⁶Xuntáronselle todos cantos vivían nas montañas, os que moraban cerca do Éufrates, do Tigris, do Hidaspes, e nas chairas de Arioc, rei de Elam, para combateren ós fillos de Xeleud. Uníronse, pois, moitos pobos.

⁷Nabucodonosor, rei dos asirios, despois disto mandou mensaxeiros a tódolos habitantes de Persia, a tódolos que moraban nas rexións occidentais, a tódolos de Cilicia e Damasco, ó Líbano e Antilíbano, ós situados nas rexións marítimas, ⁸a tódolos pobos do Carmelo e de Galaad, da alta Galilea, e da gran chaira de Esdrelón; ⁹a tódolos de Samaría e das súas vilas; ós do outro lado do Xordán, ata Xerusalén; na Batanea, Ielús e Cadex; cara ó río de Exipto, Tafnes, Rameses, e toda a terra de Goxén, ¹⁰ata por enriba de Tanis e de Menfis; e a tódolos habitantes de Exipto ata os confins da Etiopía.

¹¹Mais as xentes de todas estas terras riron co mandado de Nabucodonosor, rei dos asirios, e non quixeron saír canda el para a guerra; pois non lle tiñan ningún medo, xa que ós seus ollos era un home coma eles. Despediron os seus enviados sen acordaren nada e sen lles faceren honra ningunha. ¹²Entón Nabucodonosor montou en cólera contra todas esas rexións e xurou polo seu trono e polo seu imperio que se vingaría coa súa espada de tódolos habitantes do país de Moab, dos fillos de Amón, de toda a Xudea e de todos cantos estaban esparexidos polo Exipto ata o litoral dos dous mares.

Campaña contra Arfaxad

¹³Marchou co seu exército contra o rei Arfaxad, no ano dezasete do seu reino. Venceuno no combate e puxo en fuga todo o poder de Arfaxad e tóda a súa cabalería, e tódolos seus carros. ¹⁴E apoderouse das súas cidades, chegando ata Ecbátana, adonándose das súas torres e devastando as súas rúas, e convertendo en ludibrio a súa fermosura. ¹⁵Apresou a Arfaxad nas montañas de Ragau e atravesouno coas súas propias armas, acabando con el ese día.

¹⁶Retornou Nabucodonosor a Nínive con todo o seu exército e con cantos se lle foran xuntando, unha multitude innumerable de guerreiros, e repousou alí durante cento vinte días, xunto co seu exército, dándose á boa vida.

Campaña occidental

2 ¹O ano dezaoito, o vintedous do primeiro mes, celebrouse un consello no pazo de Nabucodonosor, referente a tomar vinganza contra toda aquela terra, de acordo co xa decretado. ²Convocou a tódolos seus ministros e magnates e expúsolle-los seus planos secretos, disposto a poñer por obra a maldade que a súa boca proferira contra esa terra. ³O parecer de todos foi que se acabase con cantos non quixeron prestar oídos ós decreto do rei.

⁴Rematado o consello, Nabucodonosor, rei dos asirios, chamou a Holofernes, xefe supremo do exército, que era o segundo despois del, e díxolle:

1,1 Non pode referirse ó rei de Babilonia, que reinou entre o 604 e o 562 a. C. Algúns coidan que se trata de Saosduquim, ó que tamén se lle daba o nome de Nabucodonosor, e que reinou nos tempos de Menaxés, rei de Xudá. Sen embargo, o máis probable é que, tanto o nome de Nabucodonosor, coma a referencia a Asiria, sexan unha tipificación dos inimigos do pobo de Deus e da nación cruel por excelencia (cf Introd. 2.).

A Escritura parece chamar Arfaxad a Fraortes, fillo de Dexoces, o que construíra Ecbátana, cidade que fora máis tarde murada polo seu fillo (675-550).

6 Trátase das mesetas do Irán occidental. *Elam* designa a Elimaida, provincia do imperio persa. *Hidaspe* (ou quizais Coaspes) é un río da India, que atravesa Xuxán. *Xeleud* (ou Queleul) parece referirse ós caldeos.

1, 11 *Rei dos asirios:* cf nota ó v 1.

1, 12 *Xurou... que se vingaría.* O texto grego emprega aquí un hebraísmo que equivale a "heime de vingar", ou mellor, "xurou que se vingaría".

Ata o litoral dos dous mares. Esta expresión ten na Biblia un senso de universalidade, e, neste caso, de dominio case ilimitado (cf Sal **72**, 8; Zac **9**, 10).

1, 15 *Ese día:* lit. "ata ese día".

2, 4 *Rei dos asirios:* cf **1**, 1.11, e notas ós mesmos.

⁵—"Isto ordena o gran rei, o dono de toda a terra: parte de onda min, leva canda ti homes aguerridos, ata cento vinte mil infantes e doce mil xinetes cos seus cabalos; ⁶arremete contra toda a terra occidental, pois desobedeceron a orde da miña boca. ⁷Ordénalles que poñan á tua disposición a terra e a auga, xa que no meu furor sairei contra eles e cubrirei toda a face da terra cos pés dos meus soldados, entregándoa ó saqueo; ⁸e os seus feridos encherán os barrancos e os torrentes e mailos ríos, que se desbordarán con tantos mortos; ⁹e deportareinos ata os confins da terra. ¹⁰Empeza por ocupa-lo seu territorio, e, se se renden, resérvamos para o día do castigo; ¹¹mais para os rebeldes, que non haxa perdón, antes sexan entregados á morte e ó saqueo, en tódalas terras que conquistes. ¹²Pois, pola miña vida e pola forza do meu imperio, tal como o dixen así o cumprirei pola miña propia man. ¹³Ti non deixes de executar nin unha soa palabra do teu señor; fai enteiramente tal como che mando, sen te demorares".

¹⁴Aínda ben non saíu Holofernes da presencia do seu señor, aconsellouse con tódolos magnates, xenerais e capitáns do exército asirio; ¹⁵elixiu os homes máis aptos para a guerra, como llo ordenara o seu señor; uns cento vinte mil homes e doce mil arqueiros a cabalo, ¹⁶e púxoos en orde, como se ordenan as multitudes para a guerra. ¹⁷Tomou, ademais, camelos, asnos e mulos para a bagaxe e un número incontable de ovellas, bois e cabras, para o avituallamento; ¹⁸provisións abondas para cada home, e asi mesmo moito ouro e prata do tesouro do rei.

¹⁹Despois de todo isto, púxose Holofernes en marcha ao seu exército; e, adiantándose ó rei Nabucodonosor, cubriu toda a face da terra cos seus carros, xinetes e infantes escollidos, ²⁰e xuntóuselles unha multitude tan numerosa como a lagosta, incontable coma o po da terra, que non se podía contar.

Etapas do exército de Holofernes

²¹Saíu de Nínive e camiñou durante tres xornadas pola chaira de Bectilez, e asentou o seu campamento desde Bectilez ata cerca da montaña, á esquerda da Cilicia superior. ²²E, tomando todo o seu exército, infantes, cabalos e carros, partiu de alí cara á montaña. ²³Aniquilou a Fud e Lud, devastou a tódolos fillos de Rassis e os fillos de Ismael, que habitan á beira do deserto, ó sur de Xeleón, ²⁴atravesou o Éufrates, percorreu a Mesopotamia, tomou por asalto tódalas cidades altas do torrente Abroná e chegou ata o mar.

²⁵Apoderouse do territorio de Cilicia, derrotando a cantos se lle opuxeron, e chegou ata os confins de Iafet pola parte do mediodía, fronte a Arabia. ²⁶E cercou a tódolos madianitas, e prendeulles lume ás súas tendas, e saqueou os seus cortellos. ²⁷Baixou logo á chaira de Damasco polos días da seitura, incendiou tódolos campos, destruíu os seus rabaños e vacadas, saqueou as súas cidades, arrasou as súas campiñas e pasou polo gume da espada a tódolos mozos. ²⁸Un gran temor e tremor apoderouse de toda a costa, dos moradores de Sidón e de Tiro e dos habitantes de Sur e Oquiná, os de Iamnia, Axdod e Axquelón: todos tremían co medo.

3 ¹E enviáronlle mensaxeiros con proposicións de paz:

²—"Mira, nós somos servos do gran rei Nabucodonosor e postrámonos diante de ti para que fagas de nós o que queiras. ³As nosas granxas e todo o noso territorio, os nosos campos de trigo, os nosos rabaños e vacadas e os fatos das ovellas, todo está á túa disposición; dispón de todo segundo te praza. ⁴Tamén as nosas cidades cos seus moradores están á túa disposición; fai con todo o que queiras".

⁵Os mensaxeiros chegaron ata Holofernes e comunicáronlle todo isto.

⁶Entón el descendeu á beiramar co seu exército, puxo garnicións nas cidades fortes, e delas tomou os mellores homes e enrolounos nas súas tropas. ⁷Foi recibido por toda a rexión con coroas, danzas e pandeiros. ⁸E devastou o territorio e talou os bosques sagrados, e mandou destruír tódolos deuses

---

Holofernes e Bágoas (cf **12**, 11) son nomes de militares persas (cf Introd. 2.).
2, 5 Así querían ser chamados os reis de Persia: *donos de toda a terra*. En realidade, pouco lles faltaba para seren dominadores de todo o mundo. Certo que o seu dominio era exercido con sabedoría e tolerancia.
2, 3 *Fud* e *Lud* débense referir á Pisidia e á Lidia, na Asia Menor. *Rassis* aparece na Vulgata coma Tárxix.
Os fillos de Ismael son as tribos árabes.
2, 24 Posiblemente desde o río Abroná ata o golfo Pérsico. Non obstante, o uso que o autor fai dos nomes xeográficos non merece demasiado creto (cf Introd. 2).
2, 27 A *seitura* da cebada é no mes de abril; e a do trigo cara á fin de maio. Parece pouco tempo para tanta campaña, tendo en conta que comezara o 22 do primeiro mes.
3, 8 O recoñecemento da divindade dos reis, comezou con Alexandro Magno, e tivo especial incidencia en Palestina nos tempos dos Seléucidas (cf Introd. 2). En troques, Nabucodonosor (604-562) non se considerara como tal, aínda que se lle aplique máis tarde o título de deus.

daquela terra, co fin de que só Nabucodonosor fose adorado por tódalas nacións e tódalas linguas e tribos o invocasen coma deus.

⁹Unha vez na chaira de Esdrelón, onda Dotán, fronte á serra de Xudá, ¹⁰acampou entre Gaba e Escitópolis, onde permaneceu un mes, en espera de provisións para o seu exército.

Alerta en Xudea

4 ¹Tan pronto os fillos de Israel que vivían en Xudea oíron todo canto Holofernes, xefe supremo do exército de Nabucodonosor, rei dos asirios, lles fixera ós xentís, e como saqueara e destruíra os seus templos, ²apoderouse deles un medo grandísimo, temendo pola sorte de Xerusalén e polo templo do Señor, o seu Deus, ³pois aínda acababan de vir da catividade, e había moi pouco que reuniran todo o pobo de Xudea e que consagraran a moblaxe, o altar e o templo, que foran profanados.

⁴Puxeron, pois, alerta a toda a rexión de Samaría coas súas aldeas, a Bethorón, Belmain, Iericó, Ioba, Asora e o val de Salem; ⁵e ocuparon a tempo as cimas dos montes máis elevados e fortificaron os pobos que neles había e xuntaron provisións con miras á guerra, pois aínda eran recentes as colleitas dos campos. ⁶O sumo sacerdote, Ioaquim, que por aqueles días ficaba en Xerusalén escribiu ós habitantes de Betulia e ós de Bet-Omestaim, que está fronte a Esdrelón, á entrada da chaira de onda Dotán, ⁷dicíndolles que se fixesen fortes na subida da montaña, pois por aí estaba o acceso á Xudea, e, como era tan estreito que só podían pasar dous homes á vez, que lles sería fácil cortárlle-lo paso. ⁸Os fillos de Israel cumpriron as ordes do sumo sacerdote Ioaquim e do Consello dos Anciáns de todo o pobo de Israel, que tiña a súa sede en Xerusalén.

Oracións e xexúns

⁹Tódolos israelitas clamaron a Deus, insistíndolle moito con gran fervor e humildade; ¹⁰eles, as súas mulleres e os seus fillos, tódolos estranxeiros ou xornaleiros, e mesmo os escravos, vestíronse de saco. ¹¹Tódolos homes, mulleres e nenos de Israel, que vivían en Xerusalén, postráronse ante o templo, cubriron de cinsa as súas cabezas e mostraron os seus sacos diante do Señor. ¹²E revestiron con sacos o altar e berraron todos a unha ó Deus de Israel, pedíndolle que non entregase ó saqueo os seus fillos, as súas mulleres a pillaxe, as cidades da súa herdanza á destrucción, nin o santuario á profanación e ó oprobio, para burla dos xentís. ¹³O Señor escoitou os seus berros e mirou a súa angustia.

O pobo xexuou moitos días en toda a Xudea e en Xerusalén, ante o santuario do Señor omnipotente. ¹⁴O sumo sacerdote Ioaquim e cantos estaban diante do Señor e o servían, sacerdotes e ministros do Señor, cinguidos de saco, ofrecían o holocausto perpetuo, ¹⁵e, coa tiara cuberta de cinsa, invocaban ó Señor con tódalas súas forzas, pedíndolle que velase por toda a casa de Israel.

Consello de guerra de Holofernes

5 ¹Chegou a oídos de Holofernes, xeneralísimo do exército asirio, que os fillos de Israel se preparaban para a guerra; que pecharan os pasos das montañas e que fortificaran os cumes dos montes altos, poñendo atrancos no plano. ²Isto encolerizouno sobremaneira e, chamando a tódolos príncipes de Moab, ós xenerais de Amón e a tódolos sátrapas da beiramar, ³faloulles desta maneira:

—"Dicídeme, fillos de Canaán: ¿que pobo é ese que vive nas montañas, que cidades habita, cal é o número dos seus soldados e en que se basa o seu poder e a súa forza, que rei está a súa fronte e conduce o seu exército, ⁴e por que refugan saír ó meu encontro, a diferencia de tódolos demais pobos de occidente?"

⁵Ahicar, xefe de tódolos amonitas, contestoulle:

—"Escoite o meu señor unha palabra da boca do seu servo e direille a verdade sobre

---

3, 10 *Escitópolis:* nome grego de Bet-Xeán, pertencente á tribo de Isacar (cf Xos 17, 1-16; Xuí 1, 27).

3, 4 O autor prescinde da historia, e aplícalle a Nabuconosor o acontecido con Antíoco IV Epífanes (cf Introd. 2 e nota a 1, 1).

Neste v dá a impresión de que hai nomes cambiados por algún copista.

6 *Ioaquim* aparece na Vulgata co nome de Eliachim. Os dous nomes significan o mesmo, pois El é un nome de Deus, e Io é unha apócope de Iavé.

Betulia é o nome que trae a Vulgata, mentres que o texto grego di Baitouloná. A devandita cidade é difícil de identificar. Parece situarse na Samaría, nun lugar clave para o acceso de Xudá, e en concreto a Xerusalén (cf vv 7-8).

4, 8 O *Consello de Anciáns* é unha institución que cobra especial relevancia na época grega.

4, 11 Cf 7,19; 2 Cro 20, 3; Est 4, 15-16; Xon 3, 4-10.

5, 1....*do exército asirio:* cf 1, 1.11; 2, 4; e as notas correspondentes ós mesmos.

este pobo que mora nesta montaña onda a que te encontras, pois non sairá mentira da boca do teu servo. ⁶Este pobo trae a súa orixe dos caldeos. ⁷Habitaron primeiro en Mesopotamia; e, por non seguiren os deuses de seus pais, que vivían en Caldea, ⁸abandonárona e deixaron o seu culto para adoraren o Deus do ceo, o Deus que xa tiñan recoñecido. Este foi o motivo de que os afastasen da presencia dos seus deuses e eles fóronse refuxiar á Mesopotamia, onde residiron por moito tempo. ⁹O seu Deus mandounos saír da súa casa e encamiñounos á terra de Canaán, onde se estableceron e enriqueceron con ouro, prata e moitos rabaños. ¹⁰Baixaron despois a Exipto, porque a fame se estendera pola terra de Canaán e permaneceron alí, onde atoparon os alimentos, multiplicándose de xeito que xa non se podían contar. ¹¹Pero veu un rei de Exipto e alzouse contra eles, oprimíndoos con traballos duros na fabricación de ladrillos, humillándoos e converténdoos en escravos. ¹²Berraron ó seu Deus, que castigou a terra de Exipto con pragas que non tiñan cura, ata que os exipcios os afastaron da súa presencia. ¹³O seu Deus enxugou o mar Rubio diante deles ¹⁴e encamiñounos ó Sinaí e a Cadex-Barnea; botaron fóra a tódolos moradores do deserto, ¹⁵establecéronse no país dos amorreos e aniquilaron pola forza a tódolos habitantes de Hexbón. Cruzaron o Xordán e apoderáronse de toda a montaña; ¹⁶puxeron en fuga diante deles ós cananeos, perizitas, iebuseos, ós xequemitas e a tódolos guirgaxitas, e moraron alí por moito tempo. ¹⁷Todo lles foi moi ben, mentres non pecaron contra o seu Deus, pois o Deus que está en medio deles aborrece a inxustiza. ¹⁸Mais cando se arredaron do camiño que lles sinalara, foron destruídos por moitas guerras e levados cativos a unha terra estraña, e o templo do seu Deus viuse arrasado e as súas cidades caeron baixo o poder do inimigo. ¹⁹Mais agora, por se converteren ó seu Deus, retornaron de tódolos lugares por onde estiveran esparexidos, e apoderáronse de Xerusalén, lugar do seu santuario, establecéndose na montaña, que ficara deserta. ²⁰Así pois, dono e señor, se hai neste pobo algún delito ou pecado contra o seu Deus, entón subamos, que os derrotaremos. ²¹Pero se non hai neles iniquidade, que o meu señor pase de largo, pois pode que o seu Deus os protexa e sexa o seu escudo e nos seriámo-la irrisión de toda a terra".

²²Ditas por Ahicar estas palabras, todo o pobo que se mantiña arredor da tenda, protestou alporizado, e os magnates de Holofernes e os habitantes da costa e de Moab pediron que Ahicar fose descuartizado.

²³— "Nunca lles teremos medo ós fillos de Israel. É un pobo sen forzas para soster unha dura loita. ²⁴Subamos, que serán presa do teu exército, señor Holofernes".

Ahicar, nas mans israelitas

6 ¹Tan pronto cesou o tumulto das xentes que rodeaban o consello, dixo Holofernes, xefe supremo do exército de Asiria, a Ahicar diante de tódolos pobos estranxeiros e dos moabitas:

²—"¿Quen es ti, Ahicar, e quen eses mercenarios de Amón, para nos virdes con profecías e aconsellardes que non loitemos contra esa nación israelita, porque a protexe o seu Deus? ¿Que outro deus hai fóra de Nabucodonosor? Este enviará o seu exército e borraraos da face da terra, sen que o seu Deus os poida librar. ³Mais nós, os servos de Nabucodonosor, esmagarémolos como a un só home, ⁴e non poderán resisti-lo empuxe dos nosos xinetes. Varrerémolos. Os seus montes embebedaranse de sangue e as súas chairas encheranse de cadáveres, e non se poderán manter en pé diante de nós, senón que perecerán a feito, di o rei Nabucodonosor, señor de toda a terra. Falou el e as súas palabras cumpriranse. ⁵E polo que a ti toca, Ahicar, mercenario de Amón, que tales discursos pronunciaches neste día, o día da túa insensatez, non volverás ve-lo meu rostro mentres eu non dea castigado a esa nación dos fuxidos de Exipto. ⁶Entón, cando eu volte, a espada dos meus soldados e a lanza dos meus oficiais atravesarán o teu costado e caerás onda os seus feridos. ⁷Vante levar agora os meus servidores á montaña e vante deixa nunha das cidades das congostras, ⁸e non perecerás ata que sexas exterminado xunta

---

5, 5 Como tantas veces na Biblia, un xentil proclama as fazañas de Deus vivo (cf Núm **23**, 5-**24**, 25).
5, 8 *O Deus do ceo:* expresión típica da época persa para designar a Iavé (cf Introd. 2).
5, 13 Aparece aquí, por primeira vez no libro, o nome de mar Rubio.
5, 18 Nesta ocasión, o autor si que fala da deportación babilónica do ano 587/6, cando foi arrasado o templo de Xerusalén.
6, 1 *Moabitas.* A recensión grega luciánica (cf Intro 1.) le "ammonitas". Sen embargo esa variante n pouco representada como para reflexa-lo texto orix nal.
6, 2 Cf nota a **3**, 8.

mente con eles. ⁹E se para os teus adentros pensas que non nos imos apoderar deles, non esteas amoucado. Pero ten por certo que de canto dixen non deixará de cumprirse nin unha soa palabra". ¹⁰Despois ordenou Holofernes ós servos que estaban na tenda que agarrasen a Ahicar e o levasen a Betulia, e que llelo entregasen ós israelitas. ¹¹Os servidores tomárono e sacárono fóra do campamento, á chaira, e desta pasárono á rexión montañosa, ata atinxiren as fontes que hai debaixo de Betulia. ¹²Nada máis velos os da cidade, colleron as armas e saíron ó cume do monte e empezaron a tirarlles pedras, sen os deixar subir. ¹³Eles, entón, acochándose nas fendas do monte, ataron a Ahicar e abandonárono na ladeira e retornaron onda o seu amo.

¹⁴Os israelitas baixaron da cidade, achegáronse, desatárono e levárono a Betulia e presentárono ós xefes da cidade, ¹⁵que por aquel tempo eran Ozías, fillo de Miqueas, da tribo de Simeón, Abrís, fillo de Gotoniel, e Carmís, fillo de Melquiel. ¹⁶Estes mandaron convocar a tódolos anciáns da cidade. Xuntáronse tamén na asemblea tódolos mozos e as mulleres, e, posto Ahicar no medio do pobo, preguntoulle Ozías sobre o sucedido. ¹⁷Ahicar respondeu contándolles canto ocorrera no consello de Holofernes: canto dixera ante os oficiais asirios e as runfadas de Holofernes contra os israelitas. ¹⁸Entón o pobo postrouse, adorou o seu Deus e berrou:

¹⁹—"Señor, Deus do ceo, olla a fachenda deses e ten piedade de nós, pobo humillado, e mira hoxe ós teus consagrados".

²⁰Deron, despois, ánimos a Ahicar e loubárono grandemente. ²¹E, rematada a asemblea, Ozías levouno á súa casa e ofreceu un banquete ós anciáns. Toda aquela noite estiveron invocando a axuda do Deus de Israel.

II. O ASEDIO DE BETULIA

Os asirios atacan Betulia

7 ¹Ó día seguinte deu orde Holofernes a todo o seu exército e ás tropas auxiliares de levanta-lo campamento e atacar Betulia, empezando por ocupa-la subida dos montes e abri-las hostilidades contra os israelitas. ²Preparáronse, pois, tódolos homes de armas, en número de cento setenta mil infantes, e doce mil xinetes, ademais dos da intendencia e a gran multitude de homes de a pé que ían canda eles. ³Acamparon no val, onda Betulia, ó lado da fonte, e despregáronse todo ó longo en dirección a Dotán ata Belmain, e ó longo desde Betulia ata Ciamón, que está en fronte de Esdrelón. ⁴Cando os fillos de Israel viron aquela multitude, cheos de espanto, dixéronse uns ós outros:

—"Ben seguro que estes van arrasar toda a terra, e nin os altos montes, nin os outeiros, nin os vales, nin os barrancos, poderán aguantar tanto peso".

⁵E tomando cada un as súas armas, acenderon fogueiras nas torres e permaneceron en garda toda a noite.

⁶Ó segundo día, Holofernes fixo desfilar toda a cabalería á vista dos fillos de Israel que estaban en Betulia. ⁷Explorou as subidas á cidade, inspeccionou as fontes e ocupounas, deixando nelas garnicións de soldados, e volveu xuntarse co seu exército. ⁸Entón acercáronselle os príncipes de Esaú, os xefes de Moab e os xenerais do litoral, e dixéronlle:

⁹—"Escoite o noso señor unha soa palabra e non haberá nin un só ferido no seu exército. ¹⁰Este pobo dos fillos de Israel non confía nas súas lanzas, senón nas alturas dos montes onde viven, certamente difíciles de rubir.

¹¹Polo tanto, señor, non loites contra eles como en batalla aberta, para que non caia nin un só dos teus. ¹²Fica ti no campamento, reserva a tódolos teus soldados e déixanos ocupa-la fonte que mana ó pé da montaña, ¹³pois de aí sacan a auga os de Betulia. A sede mataraos e acabarán por renderche a cidade. Entón nós rubiremos cos nosos a ocupa-las alturas dos montes próximos e acamparemos nelas, facendo a garda, e impediremos que saia home ningún. ¹⁴Deste

---

, 15 Poucas veces aparece na Biblia a tribo de Simeón. O autor de Xudit, en troques, interésase abondo por ela.

,2 *Cento setenta*. A Vulgata, unificando a partir de **2**, 15, "cento vinte". A crítica textual favorece a lectura do xto grego.

7, 3 Non se sabe se o val de Betulia está dentro dos lindeiros de Simeón ou dos de Zebulón. Parecería lóxico que pertencese a Simeón, tribo que sobrancea no libro de Xudit.

7, 8 Edom, Moab e Amón (cf v 18) son tres dos inimigos tradicionais de Xudá.

xeito, a fame acabará con homes, mulleres e nenos, e, aínda antes de que os alcance a espada, caerán tendidos polas prazas da cidade. ¹⁵Entón ti daráslle-lo castigo merecido pola súa malvada conducta, pois non quixeron saír ó teu encontro en son de paz".

¹⁶Parecéronlle ben estes consellos a Holofernes e a tódolos seus oficiais, e ordenou executar ó punto canto se dixera. ¹⁷Os fillos de Amón puxéronse en marcha con cinco mil asirios, acamparon no val e ocuparon as fontes e manantiais dos israelitas. ¹⁸Os edomitas e amonitas, á súa vez, rubiron e acamparon na montaña, fronte a Dotán, e mandaron destacamentos cara ó sur e ó leste, fronte a Ecrebel, onda Cux, sobre o torrente de Mocmur. O resto do exército asirio ficou acampado na chaira, cubrindo todo o terreo. As súas tendas e bagaxes formaban un campamento moi extenso, pois era unha multitude inmensa.

¹⁹Ó vérense cercados os israelitas polo inimigo, sen fuxida posible, gritaron ó Señor o seu Deus, pois empezaban a perde-lo ánimo. ²⁰A infantería, cabalería e carros do exército asirio mantivo o cerco durante trinta e catro días, de maneira que ós habitantes de Betulia se lles acabaron tódalas augas, ²¹quedaron baldeiras as cisternas, sen que nin un só día puidesen beber a fartar, senón que se lles distribuía a auga con medida. ²²Os nenos aparecían enfraquecidos, as mulleres e mozos desfalecían coa sede e caían sen forza nas rúas da cidade e nos pasos das portas. ²³Entón todo o pobo veu onda Ozías e os príncipes da cidade, os mozos, as mulleres e os nenos, e, dando grandes berros, decían na presencia dos anciáns:

²⁴—"Que Deus xulgue entre nosoutros e vosoutros, pois cometestes contra nós unha gran inxustiza, ó non tratárde-la paz cos fillos de Asur. ²⁵Agora xa non temos ninguén que nos veña socorrer, senón que Deus nos vendeu e nos entregou nas súas mans para que morramos de sede e nos vexamos nunha desfeita total. ²⁶Polo tanto, chamádeos e entregádelle-la cidade, como botín a Holofernes e a todo o seu exército. ²⁷Pois vale máis para nós ser entregados ó seu furor, se-los seus escravos, pero seguir vivindo, que ver cos nosos ollos a morte dos nosos fillos e o esmorecemento das nosas mulleres e dos nosos mozos. ²⁸Conxurámosvos polo ceo, a terra, e o noso Deus e Señor de nosos pais, que nos aflixe polos nosos pecados e os de nosos pais, que escoitedes canto hoxe vos pedimos".

²⁹Entón no medio desta gran asemblea elevouse un gran clamor, chorando todos xuntos e suplicando ó seu Señor con grandes berros.

³⁰Entón díxolles Ozías:

—"Tede ánimo, irmáns; resistamos outros cinco días máis, a ver se mentres vén sobre nós a misericordia do noso Deus, pois non nos abandonará para sempre. ³¹Se nestes días non nos chegan os seus auxilios, farei canto dicides".

³²E despediu a seguido a xente, mandando a cadaquén ó seu posto, uns ós muros, outros ás torres da cidade, e as mulleres e os nenos ás súas casas. Había en toda a cidade unha gran tristura.

III. XUDIT

Xudit, a heroína

8 ¹Neste tempo coñeceu isto Xudit, filla de Merarí, fillo de Uz, fillo de Xosé, fillo de Uziel, fillo de Alcana, fillo de Hananías, fillo de Guideón, fillo de Rafaím, fillo de Aquitob, fillo de Elías, fillo de Helquías, fillo de Eliab, fillo de Natanael, fillo de Xelumiel, fillo de Saraxadai, fillo de Israel. ²O seu marido, Menaxés, da súa mesma tribo e familia, morrera polo tempo da seitura da cebada. ³Estaba á fronte dos que ataban os monllos no campo, cando a forza do sol lle afectou á cabeza, véndose obrigado a se meter na cama, e morreu na súa cidade natal de Betulia; foi enterrado con seus pais no campo que hai entre Dotán e Bel-Amón. ⁴Xudit levaba xa tres anos e catro meses de viúva vivindo na súa casa. ⁵Levantara unha tenda na parte alta da casa, e levaba un saco cinguido ó van, e os seus vestidos eran os d...

7, 25 A entrega nas mans dos inimigos é o castigo máis frecuente de Deus ó pobo, cando este se comporta mal e non se quere converter.

8, 1 *Coñeceu isto*. O contido explicítase no v 9.

Saraxaddai. A Vulgata, a Vetus Latina e a versión siríaca len "Simeón, o fillo de Israel" (Xacob).

Sobre o senso do nome *Xudit* (lit. "Iehudit"), cf Intro 2).

viuvez. ⁶Xexuaba tódolos días, bardante os sábados e as vixilias dos sábados, as vixilias dos novilunios, das festas e dos días de ledicia da casa de Israel. ⁷Era fermosa e moi ben parecida. O seu home Menaxés deixáralle ouro e prata, criados e criadas, gando e terras, e era ela a dona deses bens, ⁸e non había ninguén que puidese dicir cousa contra ela, pois o seu temor de Deus era extremo.

Palabras de Xudit

⁹Chegou a coñecemento de Xudit canto o pobo dixera cheo de amargura diante do xefe da cidade, pola falta da auga. Soubo tamén Xudit todo o que Ozías lles dixera, e como lles xurara que dentro de cinco días entregaría a cidade ós asirios. ¹⁰Entón, mandou a serva que coidaba de tódolos seus bens que fose chamar a Abrís e Carmís, anciáns da cidade. ¹¹Cando chegaron, díxolles:

—"Escoitádeme, vós que sóde-los xefes dos habitantes de Betulia: non está ben o que hoxe falastes diante do pobo, cando interpuxestes entre Deus e vós un xuramento, dicindo que entregabáde-la cidade ós vosos inimigos se neses días non viña o Señor no voso auxilio. ¹²¿E quen sodes vós para te-lo atrevemento de tentar hoxe a Deus desta maneira, susbtituíndoo en medio dos fillos dos homes? ¹³¿Como é que tentades así o Deus omnipotente? ¿Nunca acabaredes de aprender? ¹⁴Vós que non sodes capaces de esculca-lo corazón dos homes, sen penetrar endexamais nos pensamentos do seu espírito, ¿como vides sondea-la súa intelixencia e os seus pensamentos? Non, irmáns, non alporicedes ó Señor, o noso Deus. ¹⁵Se non ten a ben socorrernos no prazo de cinco días, sempre ten o poder de nos protexer no día que queira; como de nos deixar perecer diante dos ollos dos nosos inimigos. ¹⁶Así, pois, non tratedes de forza-los designios do Señor, o noso Deus, pois Deus non é coma os homes, que se mova con ameazas, nin coma un fillo de home para lle esixir un deber. ¹⁷Polo contrario, agardémo-la salvación que del vén, e pidámoslle que acuda no noso auxilio. Se o ten a ben, oirá a nosa voz.

¹⁸Pois non hai ninguén da nosa raza no día de hoxe, ningunha tribo, familia, liñaxe, ningunha cidade, que adore deuses feitos pola man do home, como ocorreu nos tempos pasados, ¹⁹motivo polo que foron entregados os nosos pais á espada e á pillaxe, e se viron perdidamente derrotados polos nosos inimigos. ²⁰Pero polo que a nós toca, non recoñecemos outro Deus fóra del, de aí a nosa esperanza de que non nos desprezará, nin a nós nin a ninguén da nosa raza.

²¹Pois se nós fosemos tomados, toda a Xudea caería connosco, o noso santuario sería saqueado, e sería vingada a profanación que fixesen eles, co noso sangue. ²²Imputaríano-la morte de nosos irmáns, a catividade da nosa raza e a desolación da nosa herdade: todo isto caería sobre a nosa cabeza, no medio das nacións ás que teremos que servir; nas que seriámo-la mofa e escarnio dos nosos amos. ²³E a nosa escravitude non nos sería de proveito, antes o Señor, noso Deus, converteríaa en motivo de vergonza. ²⁴Agora, pois, irmáns, mostrémoslles ós nosos concidadáns que a súa vida depende de nós, e que nós sómo-lo sostén do santuario, e do templo e do altar.

²⁵E ante todo, deámoslle gracias ó Señor, o noso Deus, que nos proba coma a nosos pais. ²⁶Lembrádevos de que fixo con Abraham, como probou a Isaac, e canto lle correu a Xacob en Mesopotamia de Siria, cando gardaba as ovellas de Labán, irmán de súa nai. ²⁷Pois, o mesmo que o Señor os probou a eles para sondea-los seus corazóns, así tamén agora nos castiga a nós, non certamente para se vingar de nós, senón para reprendernos ós que estamos ó seu servicio".

²⁸Ozías respondeulle:

—"Todo canto dixeches proba a bondade do teu corazón, e non pode haber ninguén que se oponña ás palabras da túa boca. ²⁹Pois non é hoxe a primeira vez que se manifesta a túa sabedoría, senón que desde o comezo dos teus días, todo o pobo soubo da túa intelixencia, e comprendeu as boas disposicións do teu corazón. ³⁰Mais o pobo sufría moito coa sede, e forzáronnos a face-lo que lles dixemos, comprometéndonos cun xuramento que xamais non poderemos quebrantar. ³¹Agora, pois, pide por nós, ti que es unha muller piadosa; e o Señor mandará a auga para enche-las nosas cisternas e así non perezamos".

, 6 No intento de exalta-la figura de Xudit e de poñela coma exemplo, sinala que xexuaba tódolos días que non stivese prohibido facelo.

, 16s Os xefes de Betulia semellábanse ós amigos de Xob o feito de tentaren a Deus (cf Xob 34, 2ss; 38, 2ss). Xudit pide confianza filial e oración resignada.

8, 20 Este v adianta unha mensaxe que desenvolverá o cristianismo: os padecementos, á luz do misterio salvador de Cristo, son unha proba á que Deus somete ó home, non unha repulsa do ser humano por parte de Deus.

³²Xudit respondeu:
—"Escoitádeme. Vou facer unha cousa que pasará de xeración en xeración en toda a posteridade do noso pobo. ³³Vós estádevos esta noite á porta da cidade. Eu sairei coa miña serva, e o Señor visitará a Israel pola miña man dentro do intervalo deses días fixados para entrega-la cidade ós nosos inimigos. ³⁴Pola vosa parte, non intentedes saber que é o que vou facer, pois non volo direi ata que o poña por obra".
³⁵Ozías e os demais xefes da cidade respondéronlle:
—"Vai en paz e que o Señor Deus vaia canda ti, a fin de que te vingues dos nosos inimigos".
³⁶E deixando a tenda, marchou cada un ó seu posto.

Pregaria de Xudit

9 ¹Xudit postrouse rostro a terra, botou cinsa na cabeza, descubriu o saco con que se cinguira e, á mesma hora en que se ofrecía o incenso daquela tarde en Xerusalén no templo de Deus, orou ó Señor en voz alta, dicindo:
²—"Señor, Deus de meu pai Simeón,
na súa man puxeches unha espada para que se vingase dos estranxeiros
que tiveran o atrevemento de desata-la cintura dunha virxe, para a súa deshonra,
que espiron a súa cadeira
para cometeren unha acción vergoñenta, profanando o seu seo e aldraxándoa.
Contra os teus mandamentos obraron eles,
³e foi por iso polo que entregáche-los seus príncipes á morte violenta,
e o seu leito, testemuña dos seus enganos, ó derramamento de sangue.
Feríche-los príncipes xunto cos escravos e os escravos xunto cos príncipes.
⁴Entregáche-las súas mulleres como botín, as súas fillas á cativadade,
tódolos seus espolios para seren repartidos
entre os teus fillos ben queridos,
que se mostraron cheos de celo por ti,
e aborreceron a impureza no seu sangue
e que suplicaron a túa axuda.

¡Ouh Deus, meu Deus, escóitame tamén na miña viuvez.
⁵Ti, en efecto, e-lo autor das fazañas pasadas, das de agora e das que virán despois,
Ti planéa-lo presente e o futuro,
o que ti queres, faise;
⁶os teus designios preséntanse e din: Aquí estamos.
Pois tódolos teus camiños foron preparados
e tódolos teus xuízos encérranse na túa presciencia.
⁷Olla agora para as forzas que multiplicaron os asirios,
fachendosos dos seus cabalos e xinetes, fiados dos seus escudos e das súas lanzas, arcos e fondas;
e non saben que ti e-lo Señor,
que quebránta-las guerras.
⁸Ó teu nome é Señor.
Desbarata as súas forzas co teu poder; reprime o seu dominio coa túa cólera, pois teñen a intención de profanaren o teu santuario,
lixaren o tabernáculo no que repousa a gloria do teu nome,
e abateren co ferro os cornos do altar.
⁹Mira o seu orgullo,
fai baixa-la túa cólera sobre as súas cabezas,
e dá forzas á miña man
para que poida executa-lo que cavilo, eu que non son máis ca unha pobre viúva.
¹⁰Fire pola astucia dos meus beizos
ó que obedece e ó que manda,
ó que goberna e ó que o serve;
quebranta a súa fereza
pola man dunha muller.
¹¹Pois a túa forza non está na multitude, e o voso poder non depende dos que son poderosos,
antes ti e-lo Deus dos humildes,
o socorro dos pequenos,
o protector dos que se ven abandonados,
o salvador dos que xa non teñen outra esperanza.
¹²Si, si, Deus de meu pai,
Deus dese pobo de Israel, que é a túa herdanza,

9, 1 Quizais, preparando a narración da profanación dunha virxe, di Xudit que descubriu o seu saco de penitencia. O autor desta obra pensa moito na limpeza interior e exterior, con miras ó servicio do templo.
9, 2 Alusión á vinganza de Simeón e Leví, pola violación da súa irmá Dínah (cf Xén **34**).
9, 7 Xudit presenta ó Señor a debilidade do seu pob fronte ó gran poder dos seus inimigos, segura de que poder dos homes é unha miseria ó lado da omnipotenc de Deus, que apoia ós humildes que o aman.

Mestre soberano dos ceos e da terra,
Creador das augas,
Rei de tódalas túas criaturas,
escoita a miña pregaria.
¹³Dáme unha linguaxe engadante
 para ferir e quebrantar
 a eses homes que maquinan plans
  aleivosos
 contra a túa alianza,
contra a casa por ti consagrada,
contra a montaña de Sión,
e contra a casa que habitan os teus fillos.
¹⁴Fai que todo o teu pobo e tódalas tribos
  saiban
 que ti es Iavé, o Deus de todo poder e de
  todo imperio,
 e que non hai ninguén fóra de ti que
  protexa a estirpe de Israel".

IV. XUDIT E HOLOFERNES

Baixa Xudit ó campamento asirio

10 ¹Rematada a súa pregaria ó Deus de Israel, e ditas estas palabras, ²levantouse Xudit do lugar onde se postrara, chamou pola súa serva e baixou á casa na que tiña o costume de pasa-los sábados e as festas. ³Quitou o saco co que se cinguira e os vestidos de viuvez; lavou o corpo con auga e perfumouno cun ungüento exquisito; compuxo os seus cabelos e puxo unha fita na cabeza; vestiuse coas roupas de festa, as que levaba cando aínda vivía o seu marido Menaxés. ⁴Púxose sandalias, colares, brazaletes, aneis, pendentes e tódalas súas xoias, en fin, que se cubriu de todo o de máis atracción para seduci-los ollos de cantos homes a visen. ⁵Deu logo á súa serva un fol de viño e unha botella de aceite, e encheu o seu saco de tortas de figos e pans puros. Envolveuno todo e deullo tamén á criada. ⁶Entón saíron e camiñaron ata a porta da cidade de Betulia, onde se atoparon con Ozías e cos anciáns da cidade, Abrís e Carmís. ⁷Ó vela o seu rostro transfigurado e mudados os vestidos, asombrados da súa beleza, dixéronlle:
⁸—"Que o Deus de nosos pais te
  favoreza
 e cumpra canto te propós,
 para gloria dos fillos de Israel
 e exaltación de Xerusalén".
⁹Ela adorou a Deus e díxolles:
—"Mandade que me abran a porta da cidade e eu irei poñer por obra iso que me dixestes".
Eles ordenaron ós mozos que lle abrisen a porta, segundo pedía. ¹⁰Así o fixeron e Xudit saíu xunto coa súa serva. Os homes da cidade seguírona coa mirada ata que baixou a montaña e atravesou o val; despois disto xa non a viron máis.
¹¹Elas seguiron dereitiñas polo val ata que unha avanzadilla dos asirios lles saíu ó paso. ¹²Detivérona e preguntáronlle:
—"¿De que pobo es ti? ¿De onde vés? ¿A onde vas?".
Ela respondeu:
—"Son unha filla dos hebreos; escapei deles, porque vos serán entregados en presa. ¹³Veño presentarme a Holofernes, o xeneralísimo do voso exército, para falarlle a linguaxe da verdade, e expoñer diante del o camiño a seguir para se facer dono de todas esas montañas, sen que pereza ningún dos seus homes".
¹⁴Aqueles homes, despois de escoita-la súa fala e de contempla-lo seu rostro, que lles parecía admirable, dixéronlle:
¹⁵—"Salváche-la túa vida ó dáreste présa para vires á presencia do noso señor. Agora, pois, vai á súa tenda, que algúns dos nosos te acompañarán ata que esteas nas súas mans. ¹⁶Cando te vexas na súa presencia, non teñas medo; dille o que a nós nos dixeches e tratarate ben".
¹⁷E elixiron de entre eles cen homes para que a escoltasen, xunto coa súa serva, e leváronas ata a tenda de Holofernes.
¹⁸A noticia da súa chegada foise correndo por tódalas tendas e xuntouse moita xente no campamento. E cada un que chegaba rodeábaa, mentres ela seguía agardando fóra da tenda de Holofernes, en tanto non se in-

---

10, 5 Non se quere contaminar cos alimentos dos incircuncisos, non quere comer alimentos prohibidos pola lei mosaica (cf **11,** 12; Dn **1,** 8ss). Esa beleza especial que Deus lle depende moito da austeridade de vida polo amor do seu nome. A súa é unha fermosura máis espiritual ca carnal. O seu rogo protexeraa de toda contaminación. Ten plena fe no Señor.
10, 13 A astucia arteira é moi propia dos tempos de guerra. Aquí trátase, ademais, dunha guerra en defensa de Iavé, do seu templo, de todos aqueles que o aman. A súa linguaxe é a da verdade, pois o seu Deus é a mesma verdade.

formase. ¹⁹Todos se pasmaban da súa beleza e por ela pasmábanse dos israelitas, e dicíanse uns ós outros:

—"¿Quen desprezará a este pobo que ten no seu seo tales mulleres? Non convén que quede nin un só home de entre eles; pois un só que quede é capaz de enganar a toda a terra".

²⁰Nisto saíron os da escolta persoal de Holofernes e cantos o servían e metérona na tenda. ²¹Holofernes estaba repousando no seu leito, baixo un dosel de púrpura e ouro, recamado con esmeraldas e pedras preciosas. ²²Anunciáronlla e saíu ata a parte exterior da súa tenda, precedido de lámpadas de prata. ²³Cando Xudit chegou diante de Holofernes e de cantos o servían, admiraron todos a fermosura do seu semblante. Entón ela postrouse diante del, rostro en terra, e os servos levantárona.

Coloquio de Xudit e Holofernes

11 ¹Holofernes díxolle:

—"Ánimo, muller, non temas: eu nunca lle fixen mal a ninguén que estea disposto a servir a Nabucodonosor, o rei de toda a terra. ²Tampouco non levantaría a lanza contra o teu pobo que habita na montaña, se non se desen ó desprezo: foron eles mesmos os que acarrexaron estes males. ³Agora, pois, dime por que razón escapaches deles para vires a nós. Salváche-la vida esta noite e no sucesivo. ⁴Ninguén ousará facerche mal, senón que serás tratada coma o resto dos servidores de Nabucodonosor, o meu rei e señor".

⁵Xudit respondeulle:

—"Acolle as palabras da túa serva, permitíndome falar na túa presencia. Non lle mentirei ó meu señor esta noite. ⁶Se fas caso de canto che vai dicir a túa escrava, Deus levará o asunto a bo termo e non fracasará o meu señor na súa empresa. ⁷Pois, pola vida de Nabucodonosor, rei de toda a terra, e polo poder de quen te enviou para endereitar a toda alma vivente, que non só os homes lle serán sometidos, senón que tamén os animais domésticos, e as feras, e as aves do ceo, estarán baixo o dominio de Nabucodonosor e da súa casa.

⁸En efecto, chegou ata nós a sona da túa sabedoría e gran intelixencia, e divulgouse na nosa terra que ti e-lo mellor home de todo o reino, poderoso pola túa ciencia e admirable na maneira de leva-la guerra. ⁹Chegou ata nós o discurso que Aicar pronunciou no teu consello e oímo-las súas palabras, xa que a xente de Betulia o colleu prisioneiro, e el comunicoulles todo canto falara na túa presencia. ¹⁰Referente a iso, señor e mestre soberano, non despréce-las súas palabras, antes gárdaas moi dentro do teu corazón, pois canto dixo é moi certo: a nosa raza non pode ser ferida e a espada non ten ningunha forza contra ela, se eles non pecaron contra o seu Deus. ¹¹Agora precisamente, para que o meu señor non falle o golpe, antes ben a morte caia sobre eles, deixáronse enredar nun crime polo que o seu Deus se alporizará, unha vez cometida esa tolemia. ¹²Como xa lles faltan os víveres e a auga, teñen o propósito de botar man ós animais domésticos, e están dispostos a consumir incluso o que Deus polas súas leis lles prohibiu comer. ¹³Decidiron tamén consumi-las primicias do trigo, os dezmos do viño e do aceite, que, como cousas santas, se reservan para os sacerdotes que asisten en Xerusalén na presencia do noso Deus, e que ningún leigo pode nin tocar coa man. ¹⁴Enviaron mensaxeiros a Xerusalén, e os seus moradores fixeron o mesmo, para pediren permiso ó Consello dos Anciáns. ¹⁵Cando o obteñan e o realicen, nese mesmo momento seranche entregados para a súa ruína. ¹⁶É por isto polo que a túa serva fuxiu deles, sabedora de todas esas cousas. Deus envioume para que realice en ti cousas das que se pasmarán tódolos que as saiban en toda a terra. ¹⁷Pois a túa serva é piadosa e serve ó Deus do ceo día e noite. Quixera, polo tanto, ficar ó teu lado, meu señor, e a túa escrava sairá pola noite para ir ó val, onde pregará a Deus e el dirame cando eles terán cometido o seu pecado.

¹⁸Eu virei dicircho e entón ti sairás contodo o teu exército, e non haberá nin un só home de entre eles que poida resistir. ¹⁹Eu mesma te guiarei polo medio da Xudea, ata chegar diante de Xerusalén e porei o voso asento no medio desta cidade, e conduciralos coma ovellas sen pastor. Nin sequera un can ladrará contra ti. Pois díxoseme todo is-

---

11, 3 Era a anoitecida cando Xudit chegou ó campamento inimigo; de aí que un dos perigos máis grandes era o ser noite.

11, 5 Xudit bota man do equívoco. O senso do que se vai realizar nen é o mesmo para quen fala que para o que escoita. Deste xeito, descértao.

11, 12s O libro do Levítico recolle ó detalle as leis referentes ós alimentos. A necesidade obrigaría ó pobo a quebralas, considerando que, nese caso, o Señor os había de castigar. Pero, en troques, ía procurarlles, sen necesidade de chegar a esa situación, unha victoria redonda (cf **12,** 4).

to a través dun coñecemento que se me deu das cousas futuras. Isto foime anunciado, e fun enviada para comunicarcho".
²⁰Moito lles gustaron estas verbas a Holofernes e ós seus oficiais, que, admirados da súa sabedoría, comentaron:
²¹—"Dun extremo ó outro da terra non hai muller semellante, nin pola beleza do seu rostro, nin pola intelixencia que sae de canto di".
²²Holofernes díxolle:
—"¡Que ben fixo Deus ó mandarte diante do teu pobo e traerte aquí, para que o poder estea nas nosas mans, e caia a ruína sobre cantos se mofan do meu mestre! ²³Polo que a ti toca, es unha preciosidade e moi discreta nas túas palabras. Se fas canto prometiches, o teu Deus será o meu Deus, e ti tera-lo teu asento no pazo de Nabucodonosor e serás famosa en toda a terra".

12 ¹Despois mandou que a conducisen ó lugar onde gardaba a súa vaixela de prata e dispuxo que a servisen na mesa dos seus propios manxares e que lle desen a beber do seu propio viño. ²Pero Xudit dixo:
—"Non probarei nada diso, non me vaia servir de ocasión; senón que comerei do que trouxen comigo".
³Holofernes preguntoulle:
—"E no caso de que se esgote o que trouxeches ti, ¿de onde che traeremos outros alimentos coma eses? Pois entre nós non hai ninguén coma vós".
⁴Xudit respondeulle:
—"Pola túa vida, meu señor, que non rematará a túa serva canto trouxo, antes de que o Señor leve a feliz termo pola miña man o seu designio".
⁵Entón os ministros de Holofernes acompañárona ata a súa tenda e durmiu ata a medianoite, e ergueuse á hora da vixilia matutina. ⁶Mandou este recado a Holofernes: —"Que o meu señor ordene que se lle permita á túa serva saír para orar".
⁷Holofernes mandou á súa escolta que de ningunha maneira llo impedisen. Ela permaneceu tres días no campamento. Tódalas noites ía ó val de Betulia e lavábase, fóra do campamento, na fonte das augas. ⁸Só saír da auga, poñíase a rezar ó seu Señor, Deus de Israel, a fin de que dirixise o seu camiño para exaltación dos fillos do seu pobo. ⁹Despois, xa limpa, entraba na tenda e agardaba a comida que lle traían pola tarde.

A noite do triunfo

¹⁰Entón chegou o cuarto día e Holofernes deu un banquete ós seus servidores sós, sen invitar a ningún dos seus ministros. ¹¹E díxolle ó eunuco Bágoas:
—"Vai e persuade a esa muller hebrea, que está ó teu coidado, para que veña onda nós, e coma e beba connosco. ¹²Pois sería unha vergonza que unha tal muller fose despedida sen troulear con ela. Se non a conquistasemos, iríase rindo de nós". ¹³Bágoas, saíndo da presencia de Holofernes, entrou no departamento dela e díxolle:
—"Non teñas medo, fermosa nena, de ires onda meu señor, para seres honrada na súa presencia, e connosco bebas viño e te enchas de ledicia, e sexas desde hoxe unha das doncelas dos asirios, presentes no pazo de Nabucodonosor".
¹⁴Xudit respondeu:
—"Non contradicirei endexamais ó meu señor; antes farei gustosa canto lle praza, e gabareime de obrar así toda a miña vida".
¹⁵Entón ergueuse, puxo os vestidos e enfeites de muller e, adiantándose á súa serva, estendeu diante de Holofernes o tapiz que lle dera Bágoas para o seu uso cotián, para que se recostase nel ó toma-lo seu alimento.
¹⁶Despois entrou Xudit e recostouse nel. O corazón de Holofernes quedou prendado ó contemplala, e a súa alma encheuse de emoción, e cobizaba vivamente xuntarse con ela; pois, desde o día que a viu, buscaba unha ocasión de seducila. ¹⁷Holofernes díxolle:
—"¡Veña!, bebe ti tamén e alégrate connosco".
¹⁸Xudit respondeu:
—"Si que beberei, Señor; pois, de tódolos días da miña vida, este é o máis glorioso".
¹⁹E comeu e bebeu na presencia de Holofernes de todo canto lle preparara a súa serva. ²⁰Holofernes alegrouse moito véndoa, e bebeu moitísimo viño, máis do que endexamais bebera ningún outro día da súa vida, desde que nacera.

13 ¹Chegado o anoitecer, os seus servos déronse présa en se retiraren, e Bágoas pechou a porta por fóra; mandou saír da presencia do seu señor a todos cantos tiña onda el. E eles fóronse deitar, pois todos estaban cansos, debido a que o festín se prolongara máis da conta. ²Xudit quedou soa na tenda; Holofernes ficaba deitado na cama, cheo de viño. ³Xudit díxéralle á serva

---

12, 12 *Troulear*. Eufemismo, para non dicir claramente o que se intenta manifestar. O texto grego deixa entender algo máis que "troulear".
12, 13 ...*dos asirios ... de Nabucodonosor:* cf nota a **1**, 1.

que se mantivese fóra do cuarto, agardando a que ela saíse, coma os outros días. Iría, en efecto, te-la súa oración. Isto tamén o falara con Bágoas.

⁴Cando xa todos se foran, sen que quedase ninguén, nin pequeno nin grande, Xudit, en pé onda o leito de Holofernes, orou caladamente:

—"¡Ouh Señor, Deus todopoderoso! Pon neste momento os ollos na obra das miñas mans
para gloria de Xerusalén.
⁵Chegou a hora de coller ánimo en favor da túa herdade
e de levar a feliz termo
o que comecei para ruína dos inimigos que se levantaron contra nós".
⁶E, achegándose ata a columna do leito, que estaba onda a cabeza de Holofernes, descolgou o seu sabre, ⁷e, manténdose en pé fronte ó leito, agarrou polos cabelos a cabeza de Holofernes e dixo:

—"Dáme forzas, Deus de Israel, nesta hora".

⁸E, con toda a forza, asestoulle dous golpes no pescozo, e cortoulle a cabeza. ⁹Despois fixo roda-lo corpo de encima do leito e arrincou o dosel das columnas. Un pouco máis tarde saíu e entregou á súa serva a cabeza de Holofernes, ¹⁰que a meteu na alforxa das provisións. Entón saíron as dúas xuntas como de costume e atravesaron o campamento, rodearon o val, rubiron polo monte de Betulia, chegando ata as portas da cidade.

Xudit mostra a cabeza de Holofernes

¹¹Xudit, desde lonxe, gritoulles ás sentinelas das portas:

—"Abride, abride a porta. Deus, o noso Deus, está connosco, disposto a que o seu poder contra os inimigos siga escintilando sobre Israel, tal como fixo hoxe".

¹²Cando os homes da cidade oíron a súa voz, déronse présa a baixar á porta da súa cidade, e convocaron ós anciáns. ¹³Todos concorreron, pequenos e grandes, pois parecíalles imposible que poidese volver, e, abrindo a porta, recibíronas. Acenderon lume para veren e fixeron coro arredor delas. ¹⁴Ela díxolles a grandes voces:

—"Bendicide a Deus, louvade, louvade a Deus, que non retirou a súa misericordia da casa de Israel; senón que, esta noite, pola miña man, feriu ós nosos inimigos".

¹⁵Despois, sacando da alforxa a cabeza, mostróullela, e díxolles:

—"Velaquí a cabeza de Holofernes, o xefe dos xenerais do exército asirio, e velaquí tamén o dosel baixo do que xacía coa súa bebedela. O señor feriuno pola man dunha muller. ¹⁶Viva o Señor, que me gardou no camiño que emprendín. O meu rostro seduciuno para a súa ruína, sen que chegase a realizar comigo vileza ningunha para oprobio".

¹⁷Todo o pobo quedou mudo de estupor, e, postrándose, adoraron a Deus e dixeron todos á vez:

—"Bendito sexas, noso Deus, que hoxe aniquiláche-los inimigos do teu pobo".

¹⁸Ozías díxolle:

—"Bendita sexas ti, filla de Deus Altísimo, máis ca tódalas mulleres da terra.
E bendito sexa Deus, o Señor, creador do ceo e da terra,
que te acompañou para que feríse-la cabeza do xefe dos nosos inimigos.
¹⁹Louvarante polos séculos cantos se lembren desta túa fazaña,
froito da túa confianza no poder de Deus.
²⁰Faga Deus que isto redunde no teu favor para eterna gloria,
e móstrese benigno contigo,
por canto non perdoáche-la túa propia vida,
para vingáre-la nosa ruína,
e pores remedio á pena do teu pobo;
camiñando sempre con rectitude diante do noso Deus".

E o pobo respondeu:

—"Amén, amén".

13, 4 Ante as grandes decisións, Xudit acode á oración, pois xamais non confiou nas súas propias forzas, senón no poder de Deus, ó que sempre serviu con corazón limpo.
13, 16 A Vulgata presenta un texto máis longo, nos vv 20-21, indicando que o Señor lle mandou o seu anxo para librala de toda mancha, facendo uso da súa misericordia.

13, 18 A palabra de Deus vai sempre moito máis lonxe cá materialidade dos vocábulos. A teoloxía cristiá ve neste texto a louvanza doutra muller —María—, que, dando a luz a Xesús, ofrécelle ó mundo un Salvador. Por iso é bendita entre tódalas mulleres da terra (cf Lc 1, 42).

V. O TRIUNFO

Os de Betulia apodéranse do campamento inimigo

14 ¹Xudit díxolles:

—"Escoitádeme, irmáns: tomade esta cabeza e colgádea nas almeas das vosas murallas; ²e cando a aurora empece a brillar e o sol teña saído sobre a terra, cada un collerá a súa arma, e sairedes tódolos homes valentes, co xefe sinalado, coma se quixesedes baixar a campo aberto, do lado da avanzada dos fillos de Asur, mais non baixedes. ³Entón eles collerán as armas e irán ó seu campamento. Espertarán ós prefectos do exército asirio; correrán á tenda de Holofernes. Ó non atopalo, veranse presa do pavor e fuxirán diante de vós. ⁴Vós, entón, e cantos habitan nas montañas de Israel, seguirédelos ata exterminalos polos camiños.

⁵Mais, antes de facer todo isto, chamádeme ó amonita Ahicar, a fin de que vexa e recoñeza ó que desprezou a casa de Israel, que o mandou a nós como á morte".

⁶Fixeron, pois, vir a Ahicar da casa de Ozías. Ó chegar e ve-la cabeza de Holofernes nas mans dun dos da asemblea do pobo, caeu a terra sen coñecemento. ⁷Reanimado de novo, axeonllouse ós pés de Xudit e así postrado diante dela, dixo:

—"Bendita ti en tódalas tendas de Xudá
e en tódalas nacións; cantos oian o teu nome
encheranse de estupor.

⁸Agora, pois, dime que foi o que fixeches neses días".

Xudit contoulle, no medio do pobo, todo canto fixera desde o día en que saíra, ata ese mesmo momento en que lles falaba. ⁹E, rematado o relato, o pobo desatouse en gritos de ledicia. ¹⁰Ó ver Ahicar todo canto fixera o Deus de Israel, creu en Deus de todo corazón, e circuncidou a carne do seu prepucio, e uniuse á casa de Israel ata o día de hoxe.

¹¹Ó levantarse a aurora, colgaron a cabeza de Holofernes no muro, e todo varón de Israel botou man ás súas armas, e saíron en escuadróns, dirixíndose ós camiños que subían ó monte. ¹²Os asirios, ó velos, avisaron ós seus xefes, e estes ós xenerais, tribunos e a cantos tiñan mando. ¹³Correron á tenda de Holofernes para dárenlle a noticia ó procurador da súa casa:

—"Esperta ó noso amo, pois eses escravos atrévense a baixar a nós para loitaren e atoparen a súa ruína, sen que fique un".

¹⁴Entón Bágoas entrou e moveu as cortinas da tenda, pois imaxinou que durmía con Xudit. ¹⁵Mais, como ninguén oía, separou as cortinas e entrou na tenda, e atopouno morto e tendido na entrada, coa cabeza cortada. ¹⁶Deu un gran berro, con xemidos e prantos, e rachou os seus vestidos. ¹⁷Despois entrou na tenda onde paraba Xudit e non a atopou, e correu cara ó pobo, bradando:

¹⁸—"Eses escravos saíron coa súa: unha muller dos hebreos encheu de vergonza a casa do rei Nabucodonosor; pois, velaquí a Holofernes xacente no chan, co seu corpo sen cabeza".

¹⁹Ó oíren isto os xefes do exército de Asur, racharon os seus vestidos, e apoderouse deles un gran terror, e levantouse no campamento un gran alarido e clamores.

15 ¹Cando os que estaban nas tendas souberon o que pasara, enchéronse de estupor. ²Apoderouse deles un gran pavor e tremor, e xa non se contiña ninguén ó lado do compañeiro; senón que todos se esparexeron e fuxiron por tódolos camiños dos campos e dos montes. ³Tamén se deron á fuga os que tiñan os seus campamentos arredor de Betulia. Neste mesmo intre, tódolos guerreiros de entre os fillos de Israel caeron sobre eles. ⁴E Ozías mandou ir a Betomaszén, a Bebé, Coba e a Cola, e a tódolos confíns de Israel, para que lles anunciase o acaecido, para que se botasen todos contra os inimigos e os exterminasen. ⁵Oído isto, tódolos israelitas caeron á vez sobre eles e fóronos matando ata Coba. Chegaron tamén os de Xerusalén e de tódalas montañas, pois tamén recibiran a noticia de canto lles ocorrera ós inimigos no seu campamento. Os que eran de Galaad e de Galilea tamén lles ocasionaron unha gran ruína, ata que atinxiron Damasco e chegaron ós seus dominios. ⁶Outros dos que vivían en Betulia botáronse sobre o campamento dos asirios e saqueárono, apoderándose de moitas riquezas. ⁷Despois os israelitas que volveron da matanza colleron canto aínda quedaba e tanto os das vilas coma das aldeas esparexidas polas montañas e pola chaira, adoná-

---

14, 2 Cf nota a **1, 1**.
14, 10 O pobo de Israel estaba chamado a ser fermento, no senso espiritual, de tódolos demais pobos. A adhesión de Ahicar a Israel significa a integración dos amonitas no pobo de Deus.

ronse de moitos espolios, pois tratábase dunha cantidade innumerable.

Acción de gracias

⁸O sumo sacerdote Ioaquim e o Senado dos fillos de Israel que habitaban en Xerusalén foron contempla-las marabillas realizadas polo Señor en favor de Israel, e para veren a Xudit e saudala con verbas de paz. ⁹Chegados á súa presencia, louvárona unanimemente e dixeron:
—"Ti e-la gloria de Israel,
ti o xúbilo de Xerusalén,
ti a honra da nosa raza.
¹⁰Coa túa man fixeches todo isto,
procuráche-la dita a Israel,
e Deus foi compracido.
Bendita sexas do Señor omnipotente
por sempre xamais".
E todo o pobo respondeu: —"Amén".

¹¹Todo o pobo estivo saqueando o campamento durante trinta días, e déronlle a Xudit a tenda de Holofernes e toda a vaixela de prata; os seus leitos e as súas armas e tódolos seus mobles. Ela recibiu todo isto e cargouno no seu macho; e, preparados os seus carros, colocouno todo encima. ¹²Tódalas mulleres de Israel correron a vela e felicitala e, xuntándose en coro, bendicírona. Ela tomou tirsos e distribuínos entre as que a acompañaban. ¹³E teceron coroas de oliveira, e tanto ela coma as que con ela estaban, camiñaron diante do pobo. Xudit presidía o coro das mulleres. Seguían tódolos homes de Israel con armas e coroas, cantando himnos. ¹⁴Entón Xudit entoou, no medio de todo Israel, esta cántiga de acción de gracias e todo o pobo repetía os seus louvores.

16

¹—"Louvade ó meu Deus con tímpanos, cantade ó meu Señor con címbalos;
entoádelle un salmo novo,
enxalzade e invocade o seu nome.
²Porque Deus creba as guerras;
o Señor Deus, que ten o campamento no medio do seu pobo,
libroume dos que me perseguían.
³Veu Asur das montañas de Aquilón,
veu cun exército de moitos miles,
cunha multitude cegaba os torrentes,
cunha cabalería que cubría os montes.
⁴Resolvera queima-los meus territorios,
matar á espada ós meus mozos,
escachar contra o chan os meus meniños,
ter coma botín os meus nenos,
e arrebata-las miñas virxes.
⁵O Señor omnipotente desbaratounos
pola man dunha muller.
⁶Pois non foi abatido o poderoso por xente nova,
nin o feriron fillos de titáns,
nin o venceron altos xigantes,
senón Xudit, a filla de Merarí,
engadándoo coa fermosura do seu rostro.
⁷Quitou os vestidos da súa viuvez,
para sublima-los aflixidos de Israel;
perfumou o seu rostro,
⁸suxetou cunha fita os cabelos
e puxo un vestido de liño para seducilo.
⁹O seu calzado fascinou os seus ollos;
a súa beldade cativou a súa alma,
¡e o sabre tallou o seu pescozo!
¹⁰A súa audacia fixo tremer ós persas,
a súa fe fixo que se conturbasen os medos.
¹¹Por aquel tempo xemían os fillos do meu pobo;
enchíanse de pavor os febles e víanse abouxados;
mais non fixeron outra cousa que berrar, e os seus inimigos fuxiron.
¹²Foron frechados por fillos dunhas mociñas,
matáronos como a escravos fuxitivos;
foron borrados polo exército do meu Señor.
¹³Cantarei ó meu Deus unha cántiga nova:
Ti, Señor, es grande e glorioso,
admirable na túa forza, invencible.
¹⁴Sírvate todo canto creaches,
pois ti dixéchelo e as cousas foron creadas;
mandáche-lo teu Espírito e creounas,
e ninguén pode resisti-la túa voz.
¹⁵Os montes, desde os seus mesmos alicerces,
víronse sacudidos xunto coas augas;
na túa presencia as rochas derreteranse coma cera;
pero ti terás compaixón dos que te temen.

15, 10 A Vulgata (no v 11) atribúe a victoria á castidade de Xudit: foi por iso polo que o Deus de Israel fortaleceu a súa man.
15, 12 Os *tirsos* (cf 2 Mac **10,** 7) eran ramos con follaxe, que se levaban coma sinal de victoria e de ledicia. O costume procedía dos gregos, que os empregaban nos cultos ó deus Diónisos (Baco).
15, 14 O canto da acción de gracias de Xudit inspírase no Salterio e nas distintas victorias de Israel ó longo dos séculos.

¹⁶Pois pouca cousa é
toda víctima de recendo suave;
levísima cousa é para ti
toda graxa de animais dos holocaustos;
mais os que temen ó Señor
serán sempre grandes.
¹⁷¡Ai daqueles que se ergan contra a miña
  raza!
O Señor omnipotente vingarase deles
no día do xuízo.
Entregará as súas carnes ó lume e ós
  vermes,
para que se doian e choren eternamente".
¹⁸Cando chegaron a Xerusalén adoraron a Deus, e o pobo, xa purificado, ofreceu os seus holocaustos e donativos voluntarios, coas ofrendas de costume. ¹⁹E Xudit entregou ó Señor tóda a vaixela de Holofernes, a que lle dera o pobo, xunto co dosel que collera do seu leito.

²⁰O pobo alegrouse en Xerusalén diante do santuario, durante tres meses, e Xudit permaneceu con eles.

Morte de Xudit

²¹Despois destes días retornou cadaquén ós seus eidos, e Xudit volveu a Betulia e permaneceu nos seus dominios, administrando os seus bens; e mentres viviu foi estimada con moita honra en toda a terra. ²²Desexábana moitos; pero ela non coñeceu a ningún varón en toda a súa vida, desde que morreu o seu marido, Menaxés, e se foi xuntar co seu pobo. ²³E atinxiu suma gloria e envelleceu na casa de seu home ata os cento cinco anos . Deixou libre a criada, e morreu en Betulia, e enterrárona na cova do seu marido, Menaxés. ²⁴Chorouna a casa de Israel durante sete días. Distribuíu os seus bens antes de morrer entre tódolos consanguíneos do seu home, Menaxés, e entre os seus propios familiares.

²⁵Mentres Xudit viviu, ninguén atemorizou ós fillos de Israel, nin despois da súa morte, durante moito tempo.

16, 23 Xudit chega a unha idade moi avanzada, coma os grandes patriarcas de Israel. É este un xeito de manifestar que Deus a encheu de bendicións.

INTRODUCCIÓN Ó LIBRO DE ESTER

O libro de Ester, nome que significa estrela e corresponde á protagonista da narración, forma parte dos "cinco rolos" (en hebreo: "meguillot"). De seguro que tenciona explica-la orixe da festa de Purim, que celebran os xudeus en lembranza da liberación dun intento de exterminio nos tempos derradeiros de dominación grega, século III ou II a. C.

Literariamente pódese considerar máis ben coma unha novela histórica que coma histórico-sapiencial. O autor manexa, ó parecer, tres tradicións distintas: unha de orixe persa e outras dúas de orixe xudía.

O senso relixioso do libro enxérgase na maneira de consegui-la liberación, pois no texto hebreo non aparece o nome de Deus por ningún sitio. Chaman a atención as adicións da versión grega, que non son anteriores ó séc. II a. C. e constitúen o primeiro comentario do contido dos libros.

O argumento é sinxelo: unha xudía de extraordinaria beleza chega a ser raíña na corte persa do rei Axuero e consegue trocar un decreto autorizando o xenocidio da raza xudía noutro no que se condena ós perseguidores, protagonizados por un cortesán de orixe escura chamado Hamán o agaguita.

A mensaxe é clara: Deus válese da febleza dunha muller virtuosa e fiel ás tradicións dos seus devanceiros, para exalta-la raza dos patriarcas israelitas. No fondo vén ser unha versión diferente da xesta da outra heroína famosa do Antigo Testamento, Xudit.

A nosa traducción está feita seguindo o texto hebreo, pero completado cos anacos engadidos polos traductores gregos dos Setenta, na mesma orde en que se atopa na versión da Biblia de Xerusalén.

ESTER
(Texto recollido da versión dos LXX)

1 ¹ᵃ O ano segundo do reinado do rei Axuero, o Grande, o día un do mes de Nisán, tivo un soño Mardoqueo, fillo de Iaír, fillo de Ximí, fillo de Quix, da tribo de Benxamín, ¹ᵇxudeu, que moraba na cidade de Xuxán, home importante, adicado ó servicio do pazo do rei. ¹ᶜEra un dos que Nabucodonosor, rei de Babilonia, levara cativos de Xerusalén con Ieconías, rei de Xudá. ¹ᵈO soño foi este: berros, estrondo, trebóns e terremotos e barafunda na terra. ¹ᵉDúas cobras grandísimas corrían unha cara a outra para se combateren e botaron un asubío estarrecente, ¹ᶠe ó seu asubío tódolos pobos se ergueron para facerlle a guerra á nación dos xustos. ¹ᵍEra un día cheo de escuridade e tebras, de dores e angustias, de ruína e grande barafunda na terra. ¹ʰToda a nación dos xustos se conturbou polo temor da desgracia que lle viña enriba e dispúñanse a perecer, ¹ⁱe gritaron a Deus. O seu clamor medrou coma dunha fontela medra un río grande, de moitísima auga. ¹ʲXurdiu a luz e mailo sol e os humildes erguéronse e devoraron ós soberbios.

¹ᵐÓ espertar Mardoqueo, que tivera este soño, andou preocupado matinando e matinando ata a noite para comprende-lo seu significado e descubri-lo que quería facer Deus.

Conspiración contra o rei

¹ⁿMardoqueo estaba repousando no pazo con Gabatá e Tarra, os dous eunucos do rei que gardaban o patio, ¹ñoíu os seus designios e pescudou a súa intención e decatouse de que intentaban porlle a man enriba ó rei Axuero e denunciounos ó rei, ¹ᵒque interrogou ós dous eunucos, e despois de confesa-la verdade, foron levados ó patíbulo. ¹ᵖO rei fixo escribir estas cousas para lembranza e tamén Mardoqueo escribiu sobre o mesmo caso. ¹ᵠPor mor daquel feito o rei agasallou con regalos a Mardoqueo e deulle un posto mellor no seu servicio do pazo. ¹ʳPero Hamán, fillo de Amedata, agaguita, era moi ben mirado polo rei e buscaba a maneira de prexudicar a Mardoqueo e ó seu pobo, polo asunto dos dous eunucos do rei.

(Texto hebreo)

1 ¹Nos días do rei Axuero —aquel Axuero que reinou desde a India ata Etiopía en cento vintesete provincias—, ²naqueles días, cando o rei Axuero sentaba no seu trono real do castelo de Xuxán, ³no ano terceiro do seu reinado, convidou a comer a tódolos seus príncipes e ministros diante del, ós xefes de exército dos persas e dos medos, ós nobres, príncipes e sátrapas das provincias. ⁴Quíxolles mostra-la riqueza e a gloria do seu reino e o reluncente grandor do seu poder, durante moitos días, cento oitenta días.

1, 1a) Na Vulg. este texto está en **11**, 2-12, 6.
O ano segundo do reinado de Axuero: en hebreo *Ahaxuerox*, traducción aproximada de "Ksarjarso" en persa, que os gregos escribiron Xerxes e a versión grega chama Artaxerxes. Dado que os dous nomes son os de dous personaxes históricos, non hai acordo entre os comentaristas sobre de cal deles se trata no libro de Ester. Xerxes I reinou do 485 ó 465 a. C. Os autores antigos desde Eusebio a S. Xerome opinan que se trata de Artaxerxes II (como o presenta a versión grega) que reinou do 405 ó 362 a. C. Segundo a opinión que se siga, estariamos no 21 de marzo do 484 ou no mesmo día do 404. Mardoqueo, probablemente derivado de Marduk, deus babilónico.
1, 1b) Mardoqueo preséntase coma xudeu, aínda que era da tribo de Benxamín. Nos derradeiros tempos do A. Testamento chamábanse xudeus tódolos israelitas, por sobrancea-la tribo de Xudá por riba das outras.
Xuxán, a actual vila de Xux, excavada por unha expedición francesa desde o ano 1885, foi a residencia preferida dos reis persas. Está situada na parte meridional da cordilleira do Luristán, na esquerda do río Kesca.
1, 1c) A cronoloxía é confusa. Dise que Mardoqueo foi deportado con Ieconías no 598 a Babilonia, e preséntase por outra banda coma ministro de Xerxes, arredor do 480. Poderíase harmonizar dicindo que era descendente dos deportados con Ieconías.
1, 1d) *O soño*, máis ou menos semellante ó do Faraón (Xén **41**, 1-32) interprétao o mesmo Mardoqueo no c. **10**, 3a-l.
1, 1r) *Hamán* ten un nome que ben pode ser persa coma o do seu pai Amedata. O agaguita, da liñaxe de Agag, rei dos amalecitas (1 Sam **15**, 7-8) ou, máis aceptable, de "Agase", distrito da Media do que se fala nos escritos cuneiformes.
1, 1 *Desde a India ata Etiopía* (en hebreo Cux, a Nubia de hoxe), as cento vintesete provincias estaban divididas en vinte satrapías (Herodoto III, 89).
1, 4 O convite de 180 días pode parecer excesivo, pero os costumes neses tempos terreo están testemuñados por Herodoto e Rufo Curcio, que falan tamén da suntuosidade da corte.

⁵Pasados eses días, ofreceu o rei a todos cantos vivían no castelo de Xuxán, desde o meirande ó máis pequeno, un xantar de sete días no patio do xardín do pazo real. ⁶Había colgaduras brancas e violeta suxeitas con cordóns de liño fino e púrpura en ariños de prata enriba dun piso de mármore e de alabastro, de madrepérola e turquesa con columnas de alabastro e leitos de ouro e prata. ⁷Bebíase en copas de ouro, todas distintas, viño a treu, de acordo coa fartura real. ⁸A norma para a bebida era que non se forzase a ninguén, pois o rei mandaralles ós camareiros da casa que cadaquén bebese á súa vontade.

Comportamento da raíña Vaxtí

⁹Tamén a raíña Vaxtí ofreceu un convite para as mulleres no pazo do rei Axuero. ¹⁰No día sétimo, cando o corazón do rei estaba alegre por mor do viño, mandou a Mehumán, Bizetá, Harboná, Bigtá, Abagtá, Zetar e Karkás, os sete eunucos que servían ó rei Axuero, ¹¹que lle trouxesen a raíña Vaxtí coa coroa real á súa presencia, para mostrarlles ós pobos e ós príncipes a súa fermosura, pois era de belida presencia. ¹²Pero a raíña Vaxtí rexeitou a orde que lle dera o rei por medio dos eunucos. O monarca enrabexouse moito e colleuno unha fonda carraxe. ¹³E o rei consultou ós sabios expertos no dereito real (pois era costume somete-los asuntos reais ós coñecedores da lei e do dereito), ¹⁴sendo os máis achegados a el Karxená, Xetar, Admatá, Tárxix, Meres, Marsená e Memukán, os sete príncipes de Persia e Media, os únicos que podían ver cara a cara ó rei e que ocupaban os primeiros postos no reino. Preguntoulles:

¹⁵—"De acordo coa lei ¿que lle hai que facer á raíña Vaxtí por non obedece-la orde do rei Axuero, dada por medio dos eunucos?"

¹⁶Entón Memukán dixo diante do rei e dos príncipes: —"A raíña Vaxtí non soamente ofendeu ó rei, refugando a súa orde, senón tamén a tódolos príncipes e a tódolos pobos que viven en tódalas provincias do rei Axuero; ¹⁷porque o feito da raíña chegará a coñecemento de tódalas mulleres, que desprezarán ós seus homes. Dirán: O rei Axuero mandou vir onda el á raíña Vaxtí, e ela non veu. ¹⁸Desde hoxe mesmo as princesas de Persia e Media que saiban o feito pola raíña, desprezarán a tódolos príncipes do rei, e xurdirá un vergoñento desprezo e unha grande liorta. ¹⁹Se lle parece ben ó rei publíquese un decreto real que se inclúa entre as leis de Persia e Media, que non se poida retrucar e que diga que a raíña Vaxtí non se presente máis diante do rei Axuero, e que o monarca lle dea a súa coroa a outra máis digna ca ela. ²⁰E, cando o decreto do rei sexa escoitado en todo o seu reino, aínda sendo tan grande, tódalas mulleres lles terán respecto ós seus homes desde o máis grande ó máis pequeno". ²¹Pareceulle ben ó rei e ós príncipes a proposta de Memukán e o rei fixo de acordo coas súas verbas; ²²mandou decretos a tódalas provincias do reino, a cada provincia de acordo coa súa escritura e a cada pobo segundo a súa lingua, ordenando que todo marido fose dono da súa casa.

Ester escollida para se-la raíña

2 ¹Despois daquilo, cando a carraxe do rei Axuero minguou, recordouse de Vaxtí e tamén do que fixera ela e do que el decretara contra ela. ²E dixeron os funcionarios ós seus ministros: —"Temos que lle buscar ó rei doncelas virxes de belida presencia. ³Que en cada provincia do reino escolla o rei encargados de recolle-las doncelas virxes de belida presencia e que as xunten no pazo de Xuxán, na casa das mulleres, baixo as ordes de Hegué, o eunuco real custodio das mulleres, e que lles dea canto precisen para o seu adorno, ⁴e a moza que máis lle praza ó rei será raíña no posto de Vaxtí". E gustoulle ó rei a proposta e así se fixo.

⁵Había no castelo de Xuxán un xudeu, de nome Mardoqueo, fillo de Iair, fillo de Ximí, fillo de Quix o benxaminita. ⁶Este fora deportado de Xerusalén cos cativos levados con Ieconías, rei de Xudá, por Nabucodonosor, rei de Babilonia. ⁷Criara el a Hadasah, ou sexa, Ester, filla dun seu tío, orfa de

---

1, 8 Parece que o que prohibe o rei son as apostas "a quen resiste máis bebendo". Que cada un beba o que queira, pero sen retesías.

1, 10 Os sete eunucos, coma despois os sete sabios, do v 13, o equipo completo, "toda a servidume"; as sete doncelas...

1, 13-14 De seguro que son os sete conselleiros, "toda a consellería".

1, 19 As leis de Persia...: cf Dn 6, 8-16.

1, 22 No imperio persa falábanse moitas linguas: o persa, o elamita, o babilonio, o arameo, o exipcio, o fenicio, o grego, e outras menos coñecidas. Para cada unha usábase unha escritura diferente. Que o marido puidese falar na súa lingua nativa coas mulleres que eventualmente falasen outra calquera das linguas.

2, 1 De seguro que mediou algunha das campañas de guerra, que quizais non tivo éxito, e sentiu necesidade de consolarse cunha muller máis cariñosa ca Vaxtí.

2, 7 O nome de Hadasah, derivado de "hadas" (mirto), foille cambiado á raíña polo de Ester, da deusa "Istar" (estrela).

pai e nai, rapaza de fermosa figura e belida presencia, a quen adoptara Mardoqueo coma filla tras de lle morreren a ela pai e nai.

⁸E aconteceu que ó coñecerse a orde do rei, o seu decreto, e ó se xuntaren moitas mozas no pazo de Xuxán, baixo a autoridade de Hegué, foi tamén escollida Ester para a casa do rei e confiada a Hegué, o custodio das mulleres. ⁹Gustoulle a Hegué a rapaza, que achou gracia ós seus ollos, e de seguido lle deu as cremas de tocador e a correspondente mantenza, e sete doncelas escollidas da casa do rei, e levouna coas súas doncelas á mellor sala do harén das mulleres. ¹⁰Ester non desvelou nin o seu pobo nin a súa parentela, porque Mardoqueo lle aconsellara que non o descubrise. ¹¹Mardoqueo paseaba a cotío por diante do patio da casa das mulleres para saber da saúde de Ester e de canto lle sucedía. ¹²A cada rapaza chegáballe a súa vez para ir onda o rei Axuero, despois de se preparar durante doce meses, segundo prescribía o regulamento das mulleres. Os meses do tratamento repartíanse así: seis meses con óleo de mirra e outros seis con aromas e cremas para mulleres. ¹³Cando unha rapaza entraba onda o rei, dábanlle todo o que pedía para levar consigo desde a casa das mulleres ata a casa do rei. ¹⁴Presentábase á tardiña e voltaba ó amañecer a outra casa das mulleres, que vixiaba Xaaxgaz, o eunuco encargado das concubinas. Non volvería a entrar onda o rei, a non ser que a chamase polo seu nome, por lle ser do seu agrado.

¹⁵Cando a Ester, filla de Abihail, tío de Mardoqueo, que el profillara, lle chegou a súa vez de entrar onda o rei, non pediu cousa ningunha, fóra do que lle dixera Hegué, o eunuco do rei, custodio das mulleres. Ester enfeitizaba a tódolos que a vían. ¹⁶Ester foi levada onda o rei Axuero, ó pazo real no décimo mes, o mes de Tebet, no ano sétimo do seu reinado. ¹⁷O rei quíxolle máis a Ester do que a tódolas outras mulleres; tanto que lle puxo na cabeza a coroa real e declarouna raíña no posto de Vaxtí.

¹⁸O rei ofreceu un gran banquete a tódolos xefes e servidores en honra de Ester; concedeu un día festivo en tódalas provincias e repartiu regalos en abundancia, como corresponde á riqueza do rei.

Ester na casa das concubinas

¹⁹Cando Ester se xuntou coas outras doncelas na casa das concubinas, Mardoqueo estaba destinado ó servicio da porta do rei. ²⁰Ester non desvelou a súa parentela nin o seu pobo, como lle aconsellara Mardoqueo, pois ela obedecía os mandados de Mardoqueo como cando se criaba con el. ²¹Naqueles mesmos días, cumprindo Mardoqueo o seu servicio na porta do rei, Bigtán e Térex, dous eunucos do rei, gardas da porta, estaban descontentos e preparaban un atentado contra o rei. ²²Informouse Mardoqueo do asunto e contoullo á raíña Ester e ela díxollo ó rei de parte de Mardoqueo. ²³Pescudouse o caso e resultou ser verdade; polo que foron colgados os dous do madeiro e o caso quedou escrito nos anais do rei.

Hamán e Mardoqueo

3 ¹Despois destas cousas, o rei Axuero ascendeu a Hamán, fillo de Amedata, o agaguita, e distinguiuno poñendo a súa cadeira máis alta cá de tódolos seus compañeiros ministros; ²e tódolos funcionarios da corte se axeonllaban ante Hamán por orde real, facéndolle homenaxe; pero Mardoqueo nin lle dobraba os xeonllos nin o reverenciaba. ³Os funcionarios do pazo preguntáronlle: —"¿Por que ti desobedéce-lo mandado do rei?". ⁴Despois de que llo dixeron un día e outro, sen que lles fixese caso, sucedeu que o comentaron con Hamán, para ver se as razóns de Mardoqueo lle abondaban, pois afirmaba facelo por ser xudeu. ⁵E comprobou Hamán que Mardoqueo non se axeonllaba nin se domeaba diante del e encheuse

---

2, 14 Despois que estivera co rei, xa non voltaba á casa das doncelas, senón á das concubinas, que eran mulleres de categoría inferior.

2, 19 O texto hebreo e a Vulg. teñen: "E cando se xuntaron as doncelas pola segunda vez, Mardoqueo estaba sentado á porta do rei". O texto grego: "Mardoqueo cumpría o seu traballo no palacio real".

2, 20 O grego, máis piadoso có hebreo, pon: "Pero Ester non desvelou a súa patria, porque Mardoqueo lle mandara temer a Deus e garda-los seus mandamentos, como cando estaba con el. E Ester non trocara a súa conducta".

2, 23 Colgados da punta do madeiro. Tal era o costume dos asirios. Outros entenden "espetados" na punta dun pau, suplicio que se usou entre os persas antigos.

3, 1 Mardoqueo é da mesma tribo de Xaúl: Hamán preséntase coma de Agag, país descoñecido, pero Agag é nome dun rei amalecita inimigo de Xaúl. Son dous personaxes inimigos por razón da raza.

3, 2 Axeonllarse e reverenciar é unha frase do A.T. que expresaba a maneira de manifesta-la honra debida a Deus. Pero no mundo socio-político-cultural das cortes orientais non tiña un senso relixioso exclusivo, nin quizais primordial, senón de cortesía. Por iso a postura de Mardoqueo mostra un orgullo racial máis ca unha fidelidade ás súas conviccións relixiosas, como dirá na oración que recolle o texto grego (**4,** 17 d-e).

de carraxe; ⁶pero pareceulle pouco castigar só a Mardoqueo —pois dixéranlle de que pobo era—, e intentou exterminar a tódolos xudeus que había no reino enteiro de Axuero. ⁷No mes primeiro, o mes de Nisán, do ano doce do rei Axuero, botaron *Pur,* isto é, sortes, diante de Hamán, para saberen o día e o mes; e caeu a sorte no día trece do mes doce, que é o mes de Adar. ⁸Entón Hamán díxolle ó rei Axuero: —″Hai un único pobo, espallado e estendido entre os pobos por tódalas provincias do teu reino, que ten leis diferentes das doutros pobos, e non obedecen as leis do rei. Non lle convén ó rei consentirllo. ⁹Se o rei o xulga conveniente, mande publicar un decreto para exterminalo e entregarei dez mil talentos de prata nas mans dos contadores, para as arcas do tesouro real″. ¹⁰O rei tirou da súa man o anel e púxollo a Hamán, fillo de Amedata, o agaguita, inimigo dos xudeus, ¹¹e díxolle: —″A prata doucha a ti; en canto ó pobo fai o que queiras con el″.

¹²O día trece do primeiro mes foron chamados os escribáns do rei para escribir, e escribiuse, de acordo con todo o que mandara Hamán, ós sátrapas do rei, ós gobernadores que había á fronte de cada distrito e ós príncipes de cada pobo: a cada distrito segundo a súa escritura, e a cada pobo, segundo a súa lingua, a todos no nome do rei Axuero, e selouse co anel do rei. ¹³E mandaron os decretos, por medio dos correos, a tódalas provincias do rei para matar e exterminar e aniquilar a tódolos xudeus, mozos e vellos, nenos e mulleres nun só día, o día trece do mes doce, que é o mes de Adar, e saquea-los seus bens.

¹³ᵃEi-lo texto da carta: —″O grande rei Axuero ós xefes e gobernantes, ós seus súbditos das cento vintesete provincias que hai desde a India ata Etiopía, escríbelle-lo seguinte: ¹³ᵇSendo xefe de moitos pobos e dono de toda a terra habitada, coidei de non me deixar levar pola soberbia do poder, senón de gobernar sempre con afabilidade e mansedume, e de manter decote en calma as vidas dos que me están sometidos, procurando un reino tranquilo e asisado ata as súas fronteiras e facendo xermola-la paz, tan arelada por tódolos homes. ¹³ᶜConsultados os meus conselleiros sobre como podería levar a cabo isto, Hamán, que sobrancea entre nós polo seu siso, pola súa inalterable lealdade e rexa fidelidade, e que foi promovido ó segundo posto do reino pola súa dignidade, ¹³ᵈdemostrounos que entre tódalas tribos da terra hai mesturado un pobo inimigo, oposto polas súas leis a tódalas nacións, que refuga continuamente as ordes dos reis de maneira que non se poida establecer un goberno seguro, endereitado por nós con acerto. ¹³ᵉDecatámonos de que este pobo é o único que prexudica a tódolos homes, afastado pola estraña maneira de vivir coas súas leis, resultando inimigo dos nosos intereses ó comete-las peores maldades para que non se consiga un reino estable. ¹³ᶠPolo tanto, mandamos que tódolos sinalados nos escritos de Hamán, encargado dos nosos negocios e que é coma noso segundo pai, sexan todos exterminados de raíz coas súas mulleres e fillos pola espada dos seus inimigos sen compaixón ningunha nin consideración o día catorce do mes doce, mes de Adar, deste mesmo ano, ¹³ᵍde maneira que os inimigos antigos e de hoxe sexan violentamente botados nun mesmo día ó sepulcro, e así nos deixen manter no futuro os nosos asuntos en seguranza e paz″.

¹⁴A copia deste escrito tiña que ser publicada coma lei en tódalas provincias e tiña que se dar a coñecer en tódolos pobos para que estivesen dispostos naquel día. ¹⁵Os correos saíron urxentes por orde do rei, e o decreto foi publicado no pazo de Xuxán. Mentres o rei e Hamán bebían ledos, a cidade estaba abraiada.

Os xudeus fan dó e Ester arreda o perigo

4 ¹Soubo Mardoqueo canto se fixera e rachou os seus vestidos, vestiuse de saco, cubriuse de borralla e saíu ó medio da cidade dando laios e dicindo: —″Desaparece un po-

---

3, 7 O mes primeiro, o de *Nisán,* o comezo do ano babilonio, cando consultaban ó seu deus Marduk para que lles descubrise os destinos de todo o ano, botando as ″sortes″. Parece que Hamán quixo imitalos e botou ″as sortes″ na mesma data, para fixa-lo día e o mes no que conviña executa-lo exterminio da raza de Mardoqueo que el xa determinara (v 6). Tocou no mes doce, o de Adar, é dicir, case un ano máis tarde, dando tempo a que os xudeus se defendesen.
3, 8 As queixas, que se describen neste v e no 13e-g do texto grego da carta, son frecuentes durante o imperio grego (cf **4,** 12-13; Sab **2,** 14-15; Dn **1,** 8; **3,** 8-12).
3, 9 *Dez mil talentos de prata...* Era unha cantidade considerable (360.000 quilos), o que por outra parte indicaba que os xudeus era xente de alta situación económica, xa que este diñeiro sería do que se lles confiscase.
3, 11 O rei acepta o plan, pero non por razóns económicas.
3, 15 É opinión xeral, despois de Herodoto, de que os correos foron inventados polos persas, que os fixeron máis rápidos con cabalos de cambio.

bo inocente". ²Chegou ata a porta do pazo, pois ninguén pode entrar da porta para adentro vestido de saco. ³En cada provincia, onde ía chegando a orde do rei, o seu decreto, os xudeus facían pranto, xexún, dó e loito; e o saco e a cinsa eran o leito para moitos. ⁴As doncelas e os eunucos de Ester entraron onda ela e contáronlle todo. A raíña quedou abraiada, e mandoulle roupa a Mardoqueo para que se vestise e quitase o saco, pero el non quixo. ⁵Chamou Ester a Hatak, un dos eunucos do rei, que el puxera ó servicio dela, e mandouno onda Mardoqueo para informarse de que era aquilo e a que se debía.

⁶Saíu Hatak e foi onda Mardoqueo, que estaba na praza que hai diante da porta do pazo, ⁷e Mardoqueo contoulle todo o que acontecera e a cantidade de diñeiro que Hamán prometera botar nas arcas do tesouro de rei polo exterminio dos xudeus. ⁸Deulle unha copia escrita do decreto publicado en Xuxán para destruílos, para que llo mostrase a Ester e que ela o coñecese; e mandouna que se presentase ó rei para lle rogar e suplicarlle que se considerase do seu pobo. ⁸ᵃMandoulle dicir: —"Lembra cando eras pequena e que eu che dei de comer pola miña man. Hamán, o segundo despois do rei, decretou contra nós a morte. Roga ó Señor, e fálalle ó rei en favor noso e líbranos da morte".

⁹Entrou Hatak e transmitiulle a Ester as verbas de Mardoqueo. ¹⁰Ester mandou a Hatak que lle dixese a Mardoqueo: ¹¹—"Tódolos funcionarios do rei e tódolos habitantes das provincias saben que calquera home ou muller, que se presente diante do rei no patio interior sen ser chamado, é condenado a morte pola lei, agás aquel a quen o rei toque coa punta do cetro de ouro; e eu xa hai trinta días que non fun chamada para entrar onda o rei". ¹²Comunicáronlle a Mardoqueo as verbas de Ester, ¹³e Mardoqueo mandoulle dicir: —"Non vaias imaxinar que, por estares na casa do rei, só ti de entre tódolos xudeus te vas salvar, ¹⁴porque se neste intre ti calas, doutra parte virá a axuda e a liberación dos xudeus, mentres ti e maila casa do teu pai pereceredes. ¿Quen sabe se para un momento coma este chegaches a ser raíña?". ¹⁵Ester mandoulle dicir a Mardoqueo: ¹⁶—"Vai e xunta a tódolos xudeus que hai en Xuxán e xexuade por min, sen comer nin beber nada en tres días e tres noites. Eu e mailas miñas doncelas tamén xexuaremos. Despois entrarei onda o rei, aínda que teña que morrer por culpa do decreto real". ¹⁷Mardoqueo foise e fixo todo o que lle mandara Ester.

Oración de Mardoqueo

¹⁷ᵃMardoqueo rogou ó Señor, lembrando tódalas obras do Señor e dixo: ¹⁷ᵇ—"Señor, Señor, Rei dos poderes todos, na túa potestade está todo, e non hai quen cho poida impedir se ti decides salvar a Israel. ¹⁷ᶜTi fixéche-lo ceo e a terra, todo canto hai de admirable debaixo do ceo e e-lo Señor de todos, e non hai quen poida retruca-lo teu señorío. ¹⁷ᵈTi coñeces tódalas cousas; ti sabes, Señor, que non foi por orgullo, nin por soberbia, nin por vaidade polo que eu fixen isto de non me axeonllar diante do fachendoso Hamán, pois de boa gana ata lle beixaría eu os pés pola salvación de Israel. ¹⁷ᵉEu fíxeno para non lle dar gloria a un home por riba da gloria de Deus; e non me axeonllarei diante de ninguén, senón só diante de ti, meu Señor; e non o fago por vaidade.

¹⁷ᶠE agora, Señor, Deus, Rei, Deus de Abraham, perdoa ó teu pobo, porque nos andan encima vendo como nos han destruír e devecen por extermina-la que desde sempre foi a túa herdade. ¹⁷ᵍNon deixes de mirar pola túa parcela que rescataches para ti do país de Exipto. ¹⁷ʰEscoita a miña súplica, móstrate propicio á túa herdade; cambia o noso loito en festa, para que, vivindo, cantemos himnos ó teu nome, Señor. Non péche-la boca dos que te louvan". ¹⁷ⁱTodo Israel berraba con forza, pois tiñan a morte ante a vista.

Oración de Ester

¹⁷ˡTamén a raíña Ester se refuxiou onda o Señor, apreixada pola agonía de morte. Espiu os vestidos de gloria e puxo unha roupa

---

4, 3 Durmir no chan enriba da cinsa era unha mostra de profunda pena por mor das desgracias, e dáballe máis forza á súa oración.

4, 8 Aquí e alá aparecen anacos de diferente procedencia, de Luciano (**3**, 8; **4**, 17...), da Vulgata ou da Vetus lat., do grego moitas veces: o que nos mostra que o libro de Ester foi composto con materiais diversos en tempos tamén diferentes, e máis ben serodios. O texto grego ten esta recomendación que a Vet. lat. modifica: "Érguete, ¿por que quedas calada e sentada? Olla, que fuches sentenciada, ti e a túa casa, a casa de teu pai e todo o teu pobo, e toda a túa descendencia. Érguete. Vexamos se é posible loitar e sufrir polo noso pobo, para que lle sexa propicio".

4, 14 *Doutra parte:* é unha maneira de aludir a Deus sen nomealo.

4, 17 O texto grego inserta aquí a oración de Mardoqueo (17 a-i), e a de Ester (17 l-ab).

ruín de loito e tristura. En vez de caros aromas, botou na cabeza cinsa e po lixoso, desfigurou o seu corpo canto puido, e cos seus cabelos revoltos tapou a belida fermosura do seu corpo, e suplicou ó Señor dicindo: ^{17m}—"Meu Señor e noso Deus, ti es único. Vén no meu socorro, que estou soiña e non teño outro socorro ca ti, e a miña vida está en perigo. ^{17n}Desde o meu nacemento xa na tribo dos meus devanceiros oín que ti, Señor, escolliches a Israel de entre tódolos pobos, ós nosos pais de entre tódolos seus antepasados, para que fosen a túa herdade por sempre, e cumprichesIle todo canto Ile prometeras. ^{17ñ}Temos pecado moito contra ti e entregáchesnos nas mans dos nosos inimigos porque honramos ós seus deuses. Xusto es, Señor. ^{17o}Pero agora non lles abonda a nosa amarga escravitude, senón que puxeron as súas mans no poder dos seus ídolos para borra-lo decreto da túa boca e destruí-la túa herdade; para pecha-las bocas dos que te louvan e apaga-la gloria da túa Casa e do teu altar; ^{17p}e para abrir, en troques, as bocas dos xentís e louvaren os seus deuses e admirar eternamente a un rei de carne.

^{17q}Non lles deixes, Señor, o teu cetro ós que non son nada; que non festexen a nosa caída; volve contra eles o seu destino, e, xa que se ergueron eles primeiro contra nós, fai que sirvan de escarmento.

^{17r}Acórdate, Señor, e faite coñecer no momento da nosa tristura e faime valente, rei dos deuses e Señor de toda autoridade. ^{17s}Pon nos meus beizos verbas feiticeiras, cando estea na presencia do león; troca o odio do seu corazón en contra do que nos persegue para desfeita súa e dos que pensan coma el. ^{17t}A nós líbranos co teu poder e acude no meu socorro, que estou soíña, e non teño a ninguén máis ca ti, Señor.

^{17u}Ti coñeces tódalas cousas, sabes que eu aborrezo a gloria dos malvados, que abomino o leito incircunciso e o de calquera estranxeiro. ^{17v}Ti coñeces ben a angustia na que me atopo, que me anoxan as alfaias de grandeza cando cinguen as miñas tempas nos días solemnes, como dá noxo un pano impuro, e que non as poño en privado. ^{17x}A túa escrava non comeu á mesa de Hamán nin tivo por gloriosos os xantares reais nin bebeu do viño das libacións. ^{17z}A túa serva non tivo un só momento de ledicia desde o día do meu encumamento ata hoxe máis ca en ti só, Señor e Deus de Abraham. ^{17ab}Oh Deus, que dominas a todos, escoita o clamor dos privados de esperanza, líbranos da man dos malfeitores, e sobre de todo, líbrame a min do meu medo".

Ester preséntase no pazo do rei

5 ^{1a}Ó terceiro día, cando acabou de rezar, espiu as roupas ruíns e vestiuse de raíña. Recuperada a súa brillante beleza, invocou a Deus, que coida de todos e a todos salva, e collendo consigo a dúas doncelas, apoiouse con suavidade nunha delas, mentres a outra ía detrás sosténdolle o fondo do vestido. ^{1b}Ía ela reluciente, no cume da súa fermosura, coa cara alegre coma a dunha namorada, aínda que o seu corazón estaba apreixado pola angustia. ^{1c}Abrindo tódalas portas, chegou á presencia do rei; estaba o rei sentado no trono real, vestido coa roupa das celebracións públicas, todo cuberto de ouro e de pedras preciosas e cunha aparencia impresionante. ^{1d}Levantando o rostro, reluciente de gloria, botoulle unha ollada tan chea de ira, e a raíña esvaeceu; perdeu a cor e apoiou a cabeza enriba da serva de diante. ^{1e}Trocou Deus, entón, o corazón do rei en dozura, e, angustiado, ergueuse de présa do trono e colleuna nos seus brazos e en canto ela volvía en si, el dicíalle verbas suaves ^{1f}coma: — "¿Que che pasa, Ester? Eu son o teu irmán, ten confianza. Non morrerás, pois o meu decreto é só para a outra xente. Achégate". ^{2}E collendo o rei o cetro de ouro pousouno no pescozo de Ester e bicouna, dicindo: — "Fálame". ^{2a}Ela respondeu: —"Señor, vinte coma un anxo de Deus e o meu corazón turbouse polo respecto da túa gloria. Porque es admirable e o teu rostro está cheo de maxestade". ^{2b}Dito isto volveuse a esvaecer. O rei turbouse e tódolos seus servos puxéronse a reanimala. ^{3}O rei preguntoulle: —"¿Que sucede, raíña Ester? ¿Que desexas? Daráse-che anque sexa a metade do reino".

4, 17o Pode significar un xuramento, unha fórmula de alianza cos ídolos, ou tamén dicir que os ídolos demostran máis poder có Deus de Xudá.

5, 1 O hebreo é moito máis curto: "Ó terceiro día Ester puxo o vestido real e presentouse no patio do pazo do rei, diante da sala real. O rei estaba sentado no trono real, na sala real e, tan axiña como o viu a raíña Ester parada no patio, ela achou gracia ós seus ollos, e o rei estendeu de cara a Ester o seu cetro de ouro que tiña na man, e Ester achegouse e tocoulle na punta do cetro". No v 3 volven a estar de acordo o grego e o hebreo.

5, 3 É unha maneira esaxerada de espresa-lo ánimo de concede-lo que lle pida. Aparece tamén en **5,** 6; **7,** 2; **9,** 11; e no Novo T., en Mc **6,** 23, no caso de Herodías.

⁴Respondeu Ester: —"Se ó rei lle prace, veña o rei con Hamán hoxe ó convite que lle teño preparado". ⁵O rei dixo: —"Correde onda a Hamán e que faga o que pide Ester". ⁶Despois de bebe-lo viño do convite díxolle o rei a Ester: —"¿Cal é a túa petición? Daráseche. ¿Que desexas? Daráseche anque sexa a metade do reino". ⁷Ester respondeu, dicindo: —"Esta é a miña petición e o meu anceio: ⁸se atopei gracia ós ollos do rei, e se ademais lle prace ó rei darme o que lle pido e face-lo que eu arelo: que veña o rei con Hamán ó convite que mañá lle vou ofrecer, de acordo coa palabra do rei".

⁹Nese día Hamán saíu cheo de ledicia e de gozo no seu corazón; pero cando Hamán viu a Mardoqueo na porta do pazo e que non se ergueu nin sequera se moveu diante del, encheuse de carraxe Hamán contra Mardoqueo. ¹⁰Hamán alporizouse e foi para a súa casa e avisou e fixo vi-los seus amigos e a súa muller Zérex. ¹¹Contoulles Hamán a grandeza da súa riqueza e a multitude dos seus fillos e tódalas cousas con que o tiña engrandecido o rei e como o enxalzara por riba dos príncipes e dos ministros do rei, ¹²e engadiu Hamán: —"Ademais a raíña Ester convidoume a min só co rei ó convite que lle ofreceu, e tamén mañá só eu fun convidado por ela co rei. ¹³Pero todo isto non é nada para min en canto siga vendo a Mardoqueo, xudeu, sentado á porta de rei". ¹⁴Díxolle Zérex, a súa muller, e tódolos seus amigos: —"Que fagan un madeiro de cincuenta cóbados de alto, e mañá pídelle ó rei que sexa pendurado nel Mardoqueo, e así poderás entrar contento despois ó convite co rei". Gustoulle o consello a Hamán e mandou face-lo madeiro.

Exaltación de Mardoqueo e ruína de Hamán

6 ¹Aquela noite fóiselle o sono ó rei e mandou trae-lo libro das relembranzas antigas e foron lidas na presencia do rei. ²E atoparon o escrito no que se contaba que Mardoqueo denunciara a Bigtán e a Tarra, dous eunucos do rei, dos que gardaban a porta, que intentaran estende-la man contra o rei Axuero. ³O rei preguntou: —"¿Que homenaxe se lle fixo a Mardoqueo e que recompensa se lle deu por isto a Mardoqueo?". Respondéronlle os cortesáns do rei, os seus servos: —"Non se lle fixo nada".

⁴Entón dixo o rei: —"¿Quen está no patio?". Naquel mesmo intre chegaba Hamán ó patio do pazo real, que viña de fóra para lle pedir ó rei que pendurase a Mardoqueo do alto do madeiro, que mandara erguer para el. ⁵Os camareiros comunicáronlle ó rei: —"Hamán está no patio". O rei díxolles: —"Que entre". ⁶Entrou Hamán e preguntoulle o rei: —"¿Que se lle debería facer a un home a quen o rei quere homenaxear?". Hamán cavilou para si: —"¿A quen vai querer honra-lo rei máis ca a min?". ⁷Entón Hamán respondeulle ó rei: —"Ó home a quen o rei quere homenaxear, ⁸que lle traian as roupas con que se veste o rei, e o cabalo do rei, que leva na cabeza a coroa real. ⁹O máis importante dos ministros do rei, o primeiro, que recolla os vestidos e o cabalo do rei e que vista ó home a quen o rei quere honrar e que o poña no seu cabalo e que o leve polas prazas da cidade pregoando diante del: Velaquí como se lle debe facer ó home a quen o rei quere homenaxear".

¹⁰Entón o rei díxolle a Hamán: —"Vaite de seguido e colle o vestido e mailo cabalo que dixeches e faille todo isto ó xudeu Mardoqueo, que está sentado á porta do pazo e non suprimas nada de todo o que dixeches".

¹¹Hamán colleu o vestido e o cabalo, vestiu a Mardoqueo, sentouno no cabalo no medio da praza da cidade e ía berrando diante del: —"Así se lle fai ó home a quen o rei quere homenaxear persoalmente".

¹²Mardoqueo volveu para a porta do pazo e Hamán foi para a súa casa chorando e coa cabeza encuberta. ¹³Contoulle Hamán á súa muller Zérex e a tódolos seus amigos canto lle acontecera e dixéronlle os seus amigos e súa muller Zérex: —"Se Mardoqueo, diante do que xa tiveches que humilla-la cabeza, pertence á raza xudía, non o poderás vencer, senón que caerás sen remedio diante del". ¹⁴Aínda lle estaban falando cando chegaron os eunucos do rei buscar de présa a Hamán para levalo ó convite que lle preparara Ester.

Ester salva ó seu pobo e Hamán é aforcado

7 ¹O rei e Hamán foron de contado ó convite preparado pola raíña Ester. ²O rei preguntoulle a Ester, tamén o segundo día,

---

5, 6 Segundo Herodoto (Hist. 1.133), nos convites persas o viño sérvese na sobremesa, e constituía o momento de maior ledicia e o máis axeitado para pedir favores.

6, 1 Sen dicilo, o texto suxire que o insomnio do rei, o atentado dos gardas, e a casual lectura do caso nese intre, foi todo cousa de Deus.

6, 12 A *cabeza encuberta* era sinal de gran tristura.

despois de comer e beber: —"¿Cal é a túa petición, raíña Ester? Serache concedida; e ¿cal é o teu anceio? Daráseche ata a metade do reino". ³A raíña Ester, respondendo, dixo: —"Meu rei, se achei gracia ós teus ollos, e se ó rei lle prace, concédaseme a miña vida: esta é a miña petición; e a vida do meu pobo: este é o meu anceio; ⁴pois fomos vendidos eu e o meu pobo, para sermos borrados, aniquilados e exterminados. Se soamente fosemos vendidos como escravos ou servas, eu quizais calaría, porque esta desgracia non prexudicaría tanto ó rei".

⁵Alporizouse o rei Axuero e preguntoulle á raíña Ester: —"¿Quen é ese e onde está aquel a quen se lle ocorreu facer tal cousa?".

⁶Ester respondeulle: —"O perseguidor e inimigo é este malvado Hamán". Entón Hamán estarreceu diante do rei e da raíña, ⁷e o rei ergueuse da mesa levado da carraxe, e saíu da casa ó xardín do pazo mentres Hamán quedou alí para pedir pola súa vida cabo da raíña Ester, pois viu que a súa ruína estaba decretada polo rei.

⁸Cando o rei volveu do xardín do pazo para a sala do convite, Hamán deixárase caer enriba do diván onde repousaba a raíña Ester. O rei exclamou: —"Seica aínda dentro do meu pazo e diante de min quere forzar á raíña". Non acabara de dici-lo rei estas verbas e tapáronlle a cara a Hamán. ⁹Entrou Harbonah, un dos eunucos, e suxeriu diante do rei: —"Ei-lo madeiro que fixo Hamán para Mardoqueo, que tan ben defendera ó rei; está erguido a cincuenta cóbados diante da casa de Hamán". E dixo o rei: —"Colgádeo no alto del". ¹⁰E colgaron a Hamán no madeiro, o que el fixera erguer para Mardoqueo e deste xeito apaciguou o rei a súa carraxe.

Decreto en favor dos xudeus

8 ¹Aquel mesmo día o rei Axuero deulle á raíña Ester a casa de Hamán, o perseguidor dos xudeus, e Mardoqueo foi presentado ó rei, que xa lle descubrira que era familiar da raíña. ²E colleu o rei o anel que lle quitara a Hamán e deulle a Mardoqueo, e Ester púxoo á fronte da casa de Hamán.

³Volveu Ester a falar diante do rei e prosternouse na súa presencia ata os seus pés, e chorando suplicoulle que mandara anular tódolos males que Hamán, o agaguita, decretara contra os xudeus, e tódalas maquinacións que intentara contra eles. ⁴O rei estendeu o seu cetro de ouro de cara a Ester e fíxoa levantar diante súa. ⁵Ester díxolle: —"Se ó rei lle prace e se atopei gracia ós seus ollos, e se xulga axeitada a miña palabra na súa presencia e me ten a min por boa á súa vista, que se escriba a revocación das cartas das maquinacións de Hamán, fillo de Amedata, agaguita, que el escribira para aniquila-los xudeus de tódalas provincias do rei. ⁶Porque ¿como podería eu ve-la desventura do meu pobo e soporta-la desfeita da miña raza?".

⁷O rei Axuero respondeulle á raíña Ester e a Mardoqueo, o xudeu: —"Xa lle dei a Ester a casa de Hamán, e a el mandei que o pendurasen no madeiro que el mesmo fixera erguer para os xudeus. ⁸Vós, pola vosa parte, no que se refire ós xudeus, escribide o que vos pareza ben a xuízo voso no nome do rei e seládeo co anel do rei, porque todo escrito feito no nome do rei e selado co seu anel non se pode revocar". ⁹Foron chamados os escribáns do rei naquel mesmo intre no terceiro mes, o de Siván, no día vintetrés, e escribiron todo o que lles mandaba Mardoqueo ós xudeus, ós sátrapas, ós inspectores e xefes das provincias desde a India ata Etiopía, cento vintesete provincias; a cada provincia segundo a súa escritura e a cada pobo de acordo coa súa lingua e ós xudeus tamén de acordo coa súa escritura e lingua. ¹⁰Escribiron no nome do rei Axuero e selaron co anel do rei e mandaron os escritos por medio dos correos montados en cabalos das cortes do rei. ¹¹Nos escritos, o rei autorizaba ós xudeus que habitaban en tódalas cidades, a se poderen xuntar para defende-las súas vidas, para ferir, matar e exterminar a toda persoa dos pobos que os atacasen, sen lles perdoar ás mulleres nin ós nenos, e para lles saquea-los seus bens; ¹²e todo isto no mesmo día en tódalas provincias do rei Axuero, o día trece do mes doce, o mes de Adar.

¹²ᵃEi-lo texto da carta: ¹²ᵇ—"O gran rei Axuero ós sátrapas das cento vintesete provincias que hai desde a India ata Etiopía, e a tódolos súbditos fieis, saúde.

7, 4 Se fosen vendidos, polo menos aproveitarían o diñeiro da venda, aínda que a perda sería moi grande, por exterminar a tantos cidadáns bos.

7, 8 Aoitábase tapa-la cabeza dos condenados a morte.

8, 5-8 Os decretos selados co anel real eran irrevocables. Polo mesmo, para deixar sen forza o mandado por Hamán, tiveron que facer outro que autorizase ós hebreos a se defenderen dos atacantes, e de os atacar se fose preciso coa mesma garantía do anel do rei.

8, 9 O grego pon Nisán —o primeiro mes—, en vez de *Siván* —o terceiro mes— (maio-xuño), acortando o tempo entre o de Hamán e o de Mardoqueo.

¹²ᶜHai moitos que, cantos máis favores reciben dos seus benfeitores, tanto máis soberbios se fan, e non soamente causan dano ós nosos súbditos, senón que son incapaces de lle pór lindes á súa insolencia, conspirando en contra dos propios benfeitores; ¹²ᵈnon só acaban co agradecemento dos homes, senón que, enfonchados coa fachenda dos que fan o mal, imaxinan que van escapar da xustiza de Deus, que o ve todo e odia o mal. ¹²ᵉA miúdo, a moitos que teñen autoridade lles sucede que se deixan manexar polos seus amigos nos seus negocios e fanse responsables de sangue inocente e véñenlles infortunios irremediables, ¹²ᶠpois con malignas matinacións nacidas da súa perversidade chegaron a engana-la nobre e natural lealdade dos que gobernan. ¹²ᵍE para comprobar isto non é preciso acudir a historias antigas, que vos estamos contando; abonda con ollar con atención o que está diante de vós, as cousas que fan con conducta pestilente os que detentan o poder indignamente. ¹²ʰPor iso temos que nos dispor a procurar para o futuro paz e tranquilidade para tódolos homes do reino, ¹²ⁱintroducindo os cambios oportunos e xulgando as cousas que van aparecendo con ánimo acolledor e benevolente. ¹²ʲPois Hamán, fillo de Amedata, macedonio, alleo ó sangue dos persas e moi afastado da nosa cordura, foi acollido entre nós coma hóspede, ¹²ᵐchegando a disfrutar da amizade que nós temos cos outros pobos, ata o punto de ser proclamado noso pai e sendo reverenciado por todos, ocupando o segundo posto no reino. ¹²ⁿPero non podendo soporta-lo peso da súa grandeza, intentou privarnos do poder e da vida. ¹²ñPediu a destrucción do noso salvador e continuo benfeitor, Mardoqueo, e a de Ester, cabal consorte do reino, e a de toda a raza súa, con toda sorte de falaces razoamentos. ¹²ᵒPor estes procedementos quixo pasar ó dominio dos macedonios o poder dos persas, pillándonos desamparados. ¹²ᵖPero nós comprobamos que os xudeus, destinados ó exterminio polo tres veces criminal, non son malfeitores, senón que se dirixen polas leis máis xustas; ¹²qe que son fillos do altísimo e grandísimo Deus vivente que endereita o reino co maior acerto tanto para nós coma para os nosos devanceiros. ¹²ʳPolo tanto faredes ben non usando os escritos mandados por Hamán o de Amedata, xa que o autor deles foi colgado ás portas de Xuxán xunto con toda a súa familia, dándolle ben axiña o Deus que todo o domina o castigo xusto. ¹²ˢPonde unha copia desta carta en todo lugar público e deixade que os xudeus se gobernen polas propias leis; e axudádenos para que poidan refugar a cantos se ergan contra eles no día da tribulación, isto é, o día trece do mes doce, Adar, ¹²ᵗporque o Deus que o domina todo trocou en día de ledicia o destinado á destrucción e exterminio da raza escolleita. ¹²ᵘVós, xudeus, celebrade este día sinalado con toda ledicia coma unha das vosas acostumadas festividades, para que agora e no futuro sexa de salvación para vós e para os persas de boa intención, pero para os falsos e tramposos contra vós, que lles sirva de lembranza de exterminio.

¹²ᵛToda cidade ou rexión que non faga de acordo con isto será aniquilada coa lanza e lume con ira; non soamente quedará erma de homes, senón que será noxenta para feras e paxaros eternamente".

¹³O texto deste documento debía ser publicado, coma lei, en todas e cada unha das provincias, e promulgado en tódolos pobos, para que os xudeus estivesen preparados naquel mesmo día para se vingaren dos seus inimigos. ¹⁴Os correos, montados en cabalos da mellor caste, saíron correndo de présa, como ordenaba o decreto do rei; o edicto foi publicado tamén no castelo de Xuxán. ¹⁵Mardoqueo saíu da presencia do rei vestido con roupas reais de púrpura, violeta e liño branco, cunha gran diadema de ouro e un manto de fino liño e púrpura; a cidade de Xuxán rebordaba de ledicia e gozo. ¹⁶Para os xudeus foi todo luz, ledicia, triunfo e gloria. ¹⁷En tódalas provincias e cidades, en tódolos lugares nos que se publicaba a orde e decreto do rei, entre os xudeus había ledicia triunfal, xantares e rexouba de festa. Moitos xentís daquelas terras se fixeron xudeus, porque un gran temor se apoderou deles con relación ós xudeus.

A Festa de "Purim". Vinganza dos xudeus

9 ¹No mes doce, o mes de Adar, no día trece, o día mesmo en que foi publicada a orde do rei, o seu decreto, para que fose executado no día mesmo no que os inimigos dos xudeus intentaban facerse donos deles, sucedeu todo ó revés, pois foron os xudeus os que se fixeron donos dos que os odiaban.

9, 1 O repentino troco da sorte, que transforma o loito en festa, é un sinal certo da intervención de Deus en favor do crente. Nos salmos, moi a miúdo, faise alusión a tal evento.

²Os xudeus xuntáronse en tódalas cidades e provincias do rei Axuero, para lles pó-la man enriba ós que maquinaban a súa ruína e ninguén lles retrucou, porque un gran temor e medo caeu enriba de tódolos pobos. ³E tódolos xefes das provincias, os sátrapas, gobernadores e demais funcionarios do rei se puxeron da parte dos xudeus por mor do respecto que lles metía a todos eles Mardoqueo, ⁴porque Mardoqueo era grande na casa do rei e a súa sona espallárase por tódalas provincias, e o nome de Mardoqueo medraba máis cada día.
⁵Os xudeus atravesaron coa espada a tódolos seus inimigos; degoláronos, acabaron con eles; fixeron o que quixeron cos que lles tiñan xenreira. ⁶No castelo de Xuxán mataron os xudeus a cincocentos homes, exterminándoos. ⁷A Parxandata, a Dalfón, a Aspata, ⁸a Porata, a Adaliá, a Aridata, ⁹a Parmaxta, a Arisai, a Aridai e a Iezata, ¹⁰os dez fillos de Hamán, fillo de Amedata, inimigo dos xudeus, matáronos, pero non lles botaron man ós seus bens. ¹¹Naquel mesmo día déronlle a coñecer ó rei o número dos executados no castelo de Xuxán. ¹²O rei díxolle á raíña Ester: —"Só no castelo de Xuxán os xudeus xa mataron e exterminaron a cincocentos homes e ós dez fillos de Hamán; no resto das provincias do rei ¿que che parece que farían? ¿Cal e agora a túa petición? Concederáseche. Seguirase facendo o que ti anceies".
¹³Ester faloulle: —"Se ó rei lle prace, concédaselles ós xudeus que tamén mañá sigan facendo de acordo co decreto de hoxe en Xuxán e que penduren ós dez fillos de Hamán do alto do madeiro". ¹⁴Mandou o rei que se fixese así e promulgou o decreto en Xuxán, e colgaron ós dez fillos de Hamán. ¹⁵Os xudeus de Xuxán xuntáronse no día catorce do mes de Adar e mataron en Xuxán outros trescentos homes, pero non lles botaron man ós seus bens.
¹⁶Os xudeus das restantes provincias do rei xuntáronse para defende-las súas vidas e a seguranza contra os seus inimigos e mataron a setenta e cinco mil dos que lles tiñan xenreira, pero non lles botaron man ós seus bens.
¹⁷Isto aconteceu no día trece do mes de Adar e no día catorce foi declarado día de repouso, día de xantar de festa e de rexouba. ¹⁸Pero os xudeus de Xuxán xuntáronse no día trece e catorce, e repousaron no día quince e declaráronodía de festexo e rexouba. ¹⁹Por iso os xudeus que habitan nas cidades sen muralla fan festa no día catorce do mes de Adar e celébrano con xantares e rexouba, e nese día agasállanse os uns ós outros con regalos. ¹⁹ᵃMentres que os que habitan nas cidades con muralla celebran o seu día de festa, facéndose regalos mutuamente no día quince do mes de Adar. ²⁰Mardoqueo escribiu estas verbas e mandoulles cartas a tódolos xudeus espallados por tódalas provincias do rei Axuero cercanas e distantes, ²¹decretando que tiñan que festexa-lo día catorce e o día quince do mes de Adar de tódolos anos, ²²coma días nos que os xudeus conseguiron a paz contra os seus inimigos e nese mes o seu pranto tornouse en ledicia e o seu loito en festa, e debían festexalos con xantares, con rexouba e facéndose regalos uns ós outros e socorrendo ós pobres. ²³Os xudeus recolleron entre os seus usos e costumes o que comezaron a facer como lles prescribira Mardoqueo. ²⁴Hamán, fillo de Amedata, o agaguita, o perseguidor de tódolos xudeus, intentara acabar con eles e botara sortes *(Pur)* para aniquilalos e exterminalos. ²⁵Pero cando ela, Ester, se presentou diante do rei, díxolle o rei por decreto que o malvado designio que maquinara contra os xudeus, se trocase contra a súa propia cabeza, e foi colgado do alto do madeiro, el e mailos seus fillos.
²⁶Por iso chamaron a estes días os *Purim,* da palabra *pur* (sorte). Así como tamén por tódalas palabras da carta aquela, e por todo o que viran con relación a este asunto, e todo canto lles sucedera, ²⁷os xudeus fixeron destes días unha institución perpetua para si e para os seus descendentes, e para todos aqueles que se lles xuntasen, de non deixar de facer nestes dous días canto está prescrito e nos días sinalados de tódolos anos, ²⁸e que estes días fosen relembrados e festexados en cada xeración, en cada clan, en cada provincia e en cada cidade. E que estes días do *Purim* non se poderían esquecer entre os xudeus, nin a súa lembranza se podería borrar dos seus descendentes.

9, 5 A aplicación da Lei do Talión, o castigo inxustamente pedido para o inocente, cae sobre o inxusto acusador.
9, 16 O texto grego pon só "quince mil".
9, 18 As festas de Purim amosan un carácter profano popular sen referencia ningunha a Deus.
9, 27 Nas sinagogas modernas aínda se celebra esta festa, pero na véspera prescríbese un xexún para os xudeus, sen excluí-los prosélitos.

²⁹A raíña Ester, filla de Abihail, e o xudeu Mardoqueo escribiron con toda a súa autoridade urxindo o cumprimento desta carta segunda dos *Purim* para lle dar forza de lei. ³⁰Mandáronse cartas a tódolos xudeus das cento vintesete provincias do rei Axuero con verbas de paz e fidelidade, ³¹para confirmar estes días do *Purim* nas súas datas, tal como llelo decretara Mardoqueo, o xudeu, e a raíña Ester, e de acordo co que eles mesmos ordenaron para si e para os seus descendentes; é dicir: todo o que se determinou tocante ó xexún e ás lamentacións. ³²O decreto de Ester ratificou estas cousas referentes ós *Purim,* e así foi escrito no libro.

Gabanza de Mardoqueo

10 ¹O rei Axuero impuxo un tributo ó país e ás illas do mar. ²Tódalas mostras de poderío e de forza e o relato da grandeza de Mardoqueo, coas que o engrandeceu o rei, ¿non é certo que se atopan escritas no libro das crónicas dos reis dos medos e dos persas? ³Nelas cóntase: —"O xudeu Mardoqueo foi o segundo despois do rei, o meirande dos xudeus, o máis querido da multitude dos irmáns, home sempre adicado a procura-lo ben para o seu pobo e promotor da paz de toda a súa raza".

³ᵃE dixo Mardoqueo: —"Todas estas cousas viñeron de parte de Deus; ³ᵇporque rembrando o soño que tiven tocante a isto, non fallou nin sequera unha delas: ³ᶜnin a fonteliña que se converteu en río e a luz e o sol e a auga abundante. O río é Ester, a quen o rei fixo esposa e raíña. ³ᵈAs dúas cobras somos eu e Hamán. ³ᵉOs pobos son os que se xuntaron para destruí-lo nome dos xudeus. ³ᶠA miña nación é Israel, que clamou a Deus e foi salvada. O Señor salvou ó seu pobo e liberounos de todos estes males; obrou Deus grandes sinais e prodixios coma endexamais non os houbera no resto das nacións. ³ᵍPor iso Deus sinalou dúas sortes, unha para o seu pobo e outra para o resto dos pobos; ³ʰe estas dúas sortes cumpríronse na hora, no intre e no día determinado na presencia de Deus e de tódolos pobos. ³ⁱEntón Deus lembrou ó seu pobo e fíxolle xustiza á súa herdade; ³ʲpara estes, os días catorce e quince do mes de Adar serán días de xuntanza, de ledicia e gozo diante de Deus por xeracións para sempre no seu pobo Israel".

Nota encol da traducción grega do libro

³ˡNo ano cuarto de Tolomeo e Cleopatra, Dositeo, que dicía ser sacerdote e levita, e o seu fillo Tolomeo, trouxeron a presente carta dos *Purim,* que dixeron ser verdadeira e traduciuna Lisímaco, fillo de Tolomeo, dos de Xerusalén.

10, 1-3 Apéndice curto sobre da sorte de Axuero (Xerxes) e Mardoqueo.
10, 2 O texto grego fai ó rei redactor do libro.
10, 3 Neste v téndese a considera-lo libro máis coma de Mardoqueo ca coma de Ester. Como Xudit é a heroína, exemplar da nación xudía, Mardoqueo é o xudeu ideal. A festa conmemorativa chamábase "O día de Mardoqueo" (2 Mac **15,** 36).

INTRODUCCIÓN ÓS LIBROS DOS MACABEOS

Da historia xudía dos séculos inmediatamente anteriores a Xesucristo non temos moitos datos concretos. Sen embargo nestes anos sucederon moitas cousas que logo influíron mesmo no xeito de agromar e se desenvolve-lo cristianismo primitivo. Foron anos nos que as posicións relixiosas e históricas callaron nun xurdimento de grupos diversos, caracterizados cada un deles por unha propia comprensión relixiosa da realidade, por unha teoloxía específica.

Mais a falta de datos non é total. Xustamente sobre un dos momentos máis cualificados destes catro séculos, aló polos anos 175-135, temos unhas narracións de excepción: son os libros 1 e 2 dos Macabeos.

A dinastía seléucida, sucesora da dinastía láxida no dominio de Palestina despois da morte de Alexandro Magno, mostrouse de primeiras respectuosa coas tradicións xudías. Coa chegada ó trono de Antíoco IV Epífanes (175-163) as cousas cambiaron de todo. Este rei quixo fortalece-la unidade política dos seus dominios forzando unha uniformidade social e relixiosa dos mesmos. O proxecto bateu na Xudea cunha resistencia teimosa. Houbo quen se aveu ós desexos do rei; mais houbo tamén quen se foi apegando ó primeiro fato de rebeldes.

O libro I dos Macabeos levanta acta desta resistencia. Despois de situar nos dous primeiros capítulos ós grupos enfrontados —helenismo e reacción nacionalista—, vai contando as actividades bélicas e políticas da familia arredor da cal se coordenou o movemento de resistencia: a familia de Matatías. Primeiro este vello e logo os seus fillos, Xudas o Macabeo (166-160), Ionatán (160-142) e Simón (142-134) arrepuxéronse ós intentos asoballadores de diversos reis cos seus xenerais: Antíoco IV (175-163), Demetrio I (162-150), Alexandro Balas (150-145), Demetrio II (145-139; 129-125), Antíoco VI (145-142), Antíoco VII (139-129). En total son un conxunto de 40 anos aproximadamente, nos que a belixerancia xudía atopou un bo aliado na mesma inconsistencia dos grandes poderes do momento que teimaban alonga-los seus dominios pola banda palestina. Neste senso os Macabeos gardan unha estreita semellanza co rei David.

O autor desta crónica guerreira énos descoñecido. Escribiu o seu relato en hebreo, pero a nós chegounos nunha versión grega que non oculta a súa procedencia hebrea, ou semita polo menos. Trátase dun xudeu palestino adicto á revolución, administrador dos Macabeos e da súa causa. Tendo en conta a referencia do final do libro ós anais de Xoán Hircano (1Mac **16**), morto no 104, e maila falta de toda animadversión contra os romanos que baixo o mandato de Pompeio profanarían o templo polo ano 63, dedúcese que a obra debeu ser escrita arredor do ano 100 a. de C.

O libro, sen embargo, non é unha simple crónica histórica, aínda que mostra unha meritoria proximidade ós feitos históricos, que o autor debeu vivir ou recibir dunhas fontes de primeira man. Para comprendelo cómpre que o remitamos ó xénero literario da historia relixiosa, isto é, a unha historia dos feitos de Deus en favor do seu pobo, algo semellante ó que na Biblia aparece reflexado noutros relatos históricos coma os libros de Samuel e dos Reis. Os alicerces teolóxicos que tales historias relixiosas son moi simples: Deus dirixe a historia; Deus garda fidelidade ó seu pobo; cando a historia lle fai malas xogadas ó pobo escolleito, é que antes o pobo escolleito se volveu contra Deus. As desfeitas históricas son un castigo correctivo de Deus.

A un cústalle admitir hoxe a viabilidade deste esquema tan simplista, que se esborrallou enteiramente na persoa de Xesús e na doutros homes e pobos. Parece que o ve-la historia baixo a luz da fe debería encamiñarnos por outro carreiro cara á interpretación dos feitos políticos. 1 Mac alenta a facelo así.

Non é bo le-lo libro desvinculándoo de propio intento do contexto sociolóxico que lle deu luz. Visto desde unha perspectiva ten tódolos aires de crónica dunha revolta regresiva, puritana e fanática, unha revolta máis desas que encheron a historia do próximo oriente e que aínda hoxe parecen ter vixencia. Toda posibilidade de abrirse a un mundo novo queda desbotada, sen dar lugar a un san discernimento. Pero visto desde outra perspectiva un sente unha forte admiración por estes guerrilleiros que se botaron ó monte e que coa súa resistencia protestaron destemidamente contra as potencias imperialistas daquel tempo.

De primeiras non é fácil e cómodo ler todo isto, e ó remate dicir: Palabra de Deus. ¿Sería esta mesma incomodidade a que levou á Igrexa a demora-lo recoñecemento desta obra como libro canónico? Nin os xudeus nin os protestantes admiten a súa canonicidade.

INTRODUCCIÓN ÓS LIBROS DOS MACABEOS

O libro 2 dos Macabeos *non é unha continuación de 1 Mac*. Trátase dunha especie de profundización teolóxica de partes de 1 Mac, en concreto dos sete primeiros capítulos deste libro. Principia a súa narración uns poucos anos antes de 1 Mac e remata aínda na vida de Xudas. A obra ten dúas partes ben diferenciadas. Por unha banda están os capítulos **1, 1-2,** 8 nos que se recollen dúas cartas escritas por xudeus de Xerusalén e Xudea a xudeus de Exipto acerca da celebración da festa da Dedicación do templo. E pola outra témo-lo resto do libro, capítulos **3-15,** nos que abundan circunstancias históricas novidosas respecto a 1 Mac, a maior parte delas tendentes a subliña-los aspectos dramáticos da persecución helenizante e as intervencións excepcionais de Deus en favor dos seus seguidores.

Os relatos da segunda parte ofrecen unha xustificación histórica e teolóxica da primeira: o templo de Xerusalén segue a se-lo lugar privilexiado da presencia de Deus, polo que Deus mesmo se pon en acción, de xeito que os xudeus que viven na emigración deben respecta-las datas festivas referentes a el e consideralo tamén coma centro espiritual seu.

Por suposto que o templo leva consigo unhas determinadas concepcións relixiosas —das que 2 Mac tamén é testemuño— que non se diferencian moito das descubertas en 1 Mac, por moito que engadan a estas certos aspectos novidosos como son a comprensión expiatoria do martirio (cc. **6** e **7**), a espera na resurrección dos corpos (c. **7**) e a incipiente doutrina da comunión dos santos (cc. **12** e **15**). Coidamos que dentro do contexto estas pasaxes resultan secundarias, e dalgunha maneira están ó servicio do esquema simple de comprensión da intervención de Deus na historia que viamos xa en 1 Mac: o martirio e a resurrección dos mortos, segundo os ve o autor, encaixan perfectamente dentro das coordenadas teolóxicas da devandita intervención de Deus.

Se se mantén a ideoloxía relixiosa de fondo, varía en cambio o xénero literario co que se tenta chegar ó corazón do lector. Fronte á historia relixiosa de 1 Mac, atopámonos aquí cunha historia patética, empregada adoito polos contemporáneos helenos do autor de 2 Mac. O obxectivo deste xénero é introducir vitalmente ó posible lector na dinámica do narrado, facerlle vivir aquilo fondamente, neste caso a admiración polos Macabeos e o asañamento polos seus inimigos. Os medios de que bota man son variados: cifras esaxeradas, epifanías maxestuosas de Deus, retórica agresiva e libre emprego dos datos cronolóxicos. Moito máis ca 1 Mac, 2 Mac debe ser lido a través deste prisma literario. Máis ca diante dun historiador estamos diante dun predicador.

2 Mac foi escrito en grego, e a súa meirande parte, a segunda dos capítulos **3-15,** non é máis ca un resume dunha obra en cinco tomos dun historiador xudeu-helenista chamado Iasón de Cirene. Non coñecemos por outros datos nin o citado historiador nin a súa obra. Como tampouco sabemos con seguridade ata onde chegou a intervención do resumista na reelaboración do primeiro escrito. A introducción (**2,** 19-23), o epílogo (**15,** 37-39) e algunhas pasaxes moralizantes, facilmente destacables, son de certo aportación do que condensou a obra orixinal. A personalidade deste compendiador énos descoñecida. Tamén ignoramos tanto a data da obra de Iasón de Cirene como a do resumo dela que é 2 Mac. Con toda probabilidade debe remitirse ós mesmos anos de 1 Mac, arredor do ano 100 a. de C. 2 Mac tamén é libro deuterocanónico.

LIBRO 1 DOS MACABEOS

INTRODUCCIÓN

1 ¹Alexandro, o macedonio, o fillo de Filipo, que reinaba en Grecia, saíu de Macedonia, venceu a Darío, o rei dos persas e dos medos, e reinou no seu sitio. ²Despois fixo moitas guerras, ocupou fortalezas, asasinou reis, ³chegou ata ó cabo do mundo, e apoderouse de moitísimas nacións, e a terra quedoulle sometida. Daquela enfonchouse e encheuse de orgullo; ⁴xuntou un exército potentísimo e someteu ó seu imperio países, pobos e soberanos, que lle tiveron que pagar tributos. ⁵Despois de todo isto encamou e, vendo que a cousa era de morte, ⁶chamou ós xenerais máis ilustres, que se criaran con el desde a mocidade, e repartiúlle-lo seu reino aínda antes de morrer. ⁷Alexandro morreu cando levaba doce anos de reinado; ⁸entón os seus xenerais fixéronse cargo do reino. ⁹Despois que morreu todos se puxeron a coroa de rei, e logo os fillos deles por moitos anos, de xeito que se multiplicaron os males no mundo.

Antíoco IV Epífanes

¹⁰Deles saíu un xermolo perverso, Antíoco Epífanes, fillo do rei Antíoco; estivera en Roma como refén e apoderouse do reino o ano cento trinta e sete da era seléucida.
¹¹Daquela houbo algúns israelitas malvados que convenceron ó pobo dicíndolle:
—"Veña, hai que facer un pacto coas nacións veciñas, pois desde que nos desvencellamos delas viñéronnos moitas desgracias".
¹²A proposta caeu moi ben, ¹³e algúns do pobo acordaron ir onda o rei; e o rei deulles autorización para seguiren os costumes pagáns; ¹⁴entón, por se amoldar ós usos pagáns, fixeron un ximnasio en Xerusalén, ¹⁵disimularon os prepucios, abandonaron a alianza santa, emparentaron cos pagáns e vendéronse á maldade.
¹⁶Antíoco, cando xa se sentiu seguro no seu trono, decidiu apoderarse tamén de Exipto, para reinar nos dous pobos. ¹⁷Invadiu Exipto cun exército moi poderoso, con carros, elefantes, cabalos e cunha grande flota, ¹⁸e atacou a Tolomeo, o rei de Exipto. Tolomeo colleu medo e fuxiu, pero tivo moitas baixas. ¹⁹Entón Antíoco apoderouse das prazas fortes de Exipto e saqueou o país.
²⁰O ano 143, de volta xa da conquista de Exipto, Antíoco subiu contra Israel e achegouse a Xerusalén cun exército poderoso. ²¹Entrou todo fachendoso no santuario, colleu o altar de ouro, o candelabro con tódolos seus utensilios, ²²a mesa dos pans presentados, as cuncas das libacións, as fontes, os incensarios, a cortina, as coroas, e arrincou todo o decorado de ouro que recubría o templo, ²³levou tamén a prata, o ouro, a vaixela de valor e os tesouros escondidos que puido atopar; ²⁴e marchou con todo para a súa terra, despois de facer moitas mortes e dicir arrogancias incribles.
²⁵Oíronse queixas en todo Israel,
²⁶laiáronse os príncipes e os vellos;
as mozas e os mozos perderon as forzas,
fóiselles ás mulleres a súa fermosura.
²⁷Entoaron os casados cánticas de queixa,
as casadas no seu leito enchéronse de tristura.
²⁸Tremeu a terra pola grima dos seus habitantes,
a casa de Xacob encheuse de vergonza.
²⁹De alí a dous anos o rei mandou un axente do fisco ás cidades de Xudá e presentouse en Xerusalén cun exército moi grande; ³⁰faloulles con falsía palabras de paz e creron nelas. Pero de súpeto botouse contra a cidade e castigouna con moita dureza e ma-

---

1, 1-9 O autor comeza cun breve resumo para encadra-la súa historia. A importancia de Alexandro Magno, aínda co seu curto reinado, para o inzo do helenismo foi extraordinaria.
1, 1 *Macedonia,* no orixinal "Kittim", nome hebreo para designar, entre outras partes, Macedonia.
1, 6 A afirmación do autor non é históricamente certa. Alexandro non fixo tal testamento cando morreu no 324; a división do seu imperio entre os diversos xenerais foi concertada por estes e durou pouco. Polos comezos do s. III só quedarían dúas dinastías, os Seléucidas en Siria e os Tolomeos ou Láxidas en Exipto.
1, 10 *Antíoco IV Epífanes* estivera en Roma como refén despois que seu pai Antíoco III fora derrotado en Magnesia no ano 190.
1 Mac segue o cómputo da era dos seléucidas, ou do reinado dos gregos; conta a partir do reinado dos seléucidas en Siria, no 313-312; o 137 corresponde, pois, ó 175 a. C.
1, 13 Parece que un dos máis destacados foi Iasón, irmán do sumo sacerdote Onías (cf 2 Mac **4**, 7-20). Desde o primeiro momento a calificación deste grupo de simpatizantes co mundo helénico é totalmente negativa e probablemente esaxerada. Para o autor acepta-la civilización helénica implicaba de seu un desvinculamento da fe tradicional xudía. Non se sabe de certo cales foron os contidos de tal helenización neste primeiro momento.
1, 18 Case seguro Tolomeo VI Filométor (180-145 a. C.), case un pícaro daquela.
1, 20 Isto é, o ano 169 a. C.
1, 29 Cf 1 Mac **3**, 10-11 e 2 Mac **5**, 23b-26. Este axente do fisco era Apolonio, que chegou a Xerusalén no 167 con tales intencións.

tou a moitos israelitas. ³¹Saqueou e incendiou a cidade, desfixo as súas casas e as murallas que a rodeaban, ³²levou cativas as mulleres e os nenos e apoderouse do gando. ³³Despois converteron a cidade de David nunha cidadela rodeándoa con murallas altas e fortes e tamén con torres. ³⁴Meteron na cidadela a pagáns perversos e a xudeus renegados que se instalaron alí para defendela; ³⁵almacenaron armas e mantenza e xuntaron alí os espolios que recolleron en Xerusalén, e deste xeito veu ser un grande perigo, ³⁶unha insidia para o santuario, unha ameaza continua para Israel.

³⁷Verteuse sangue inocente arredor do
 santuario e profanárono.
³⁸Por culpa deles fuxiron os de Xerusalén,
 que se converteu así en morada de
 estranxeiros,
 casa estraña para os seus, abandonárona
 os seus fillos.
³⁹O seu santuario quedou só coma un
 deserto;
 as súas festas convertéronse en dó,
 os seus sábados, en oprobio; o seu honor,
 en aldraxe.
⁴⁰A súa deshonra igualou a sona doutros
 tempos,
 a súa magnificencia cambiouse en dó.

⁴¹O rei Antíoco mandou por un decreto que tódolos súbditos do seu Imperio formasen soamente un pobo, ⁴²e que cada un abandonase os seus costumes particulares. Tódalas nacións se aviñeron ó mandado polo rei, ⁴³e moitos israelitas adoptaron a relixión mandada, sacrificando ós ídolos e profanando o sábado. ⁴⁴O rei mandou mensaxeiros a Xerusalén e ás cidades de Xudá con ordes escritas para que todos seguisen as leis estranxeiras; ⁴⁵nelas prohibíase ofrecer holocaustos no santuario, os sacrificios e as libacións, garda-los sábados e as festas; ⁴⁶e mandábase contamina-lo santuario e os fieis, ⁴⁷construír altares, templos e ídolos e sacrificar porcos e animais impuros; ⁴⁸mandábase tamén que non circuncidasen ós nenos e que se profanasen a si mesmos con impurezas e abominacións de toda clase, ⁴⁹de xeito que esquecesen a Lei, e cambiasen tódolos costumes. ⁵⁰O que non cumprise as ordes do rei sería condenado á morte.

⁵¹Isto foi o decreto publicado en todo o reino. Puxo inspectores en todo Israel, e mandou que se ofrecesen sacrificios en tódalas cidades de Xudá, unha por unha. ⁵²Xuntóuselles moita xente do pobo, tódolos traidores á Lei, e cometeron tan grandes barbaridades no país ⁵³que os israelitas verdadeiros tiveron que acocharse en calquera escondedeiro que aparecese.

⁵⁴O día 15 de Kisleu do ano 145 puxeron enriba do altar unha ara sacrílega, e despois foron poñendo aras por tódalas cidades de Xudá; ⁵⁵ofrecían incenso diante das portas das casas e nos rueiros, ⁵⁶rachaban os libros da Lei que atopaban e botábanos ó lume. ⁵⁷O que tivese un Libro da Alianza e o que vivise de acordo coa Lei era condenado a morte, segundo o decreto real. ⁵⁸Un mes atrás doutro facían o mesmo cos israelitas que se atopaban nas súas cidades. ⁵⁹O día 25 de cada mes sacrificaban na ara construída enriba do altar dos holocaustos. ⁶⁰Mataban ás nais que circuncidaban ós seus fillos, segundo mandaba o decreto, ⁶¹cos meniños colgados ó pescozo; saqueaban as casas e mataban ós que circuncidasen ós nenos.

⁶²Pero houbo moitos en Israel que se mantiveron firmes na súa decisión de non comer nada impuro; ⁶³e preferían antes morrer que lixarse cos alimentos e profana-la alianza santa; e morreron.

⁶⁴A cólera que descargou sobre Israel foi cousa terrible.

Rebelión de Matatías

2 ¹Daquela xurdiu Matatías, fillo de Xoán, fillo de Simeón, sacerdote da familia de Ioarib; era de Xerusalén, pero vivía en Modín. ²Tiña cinco fillos: Xoán, alcumado Cadix; ³Simón, alcumado Tasí; ⁴Xudas, alcumado Macabeo; ⁵Elazar, alcumado Avarán, e Ionatán, alcumado Aptos. ⁶Ó ver Matatías as abominacións que se estaban cometendo en Xudá e mais en Xerusalén, ⁷dixo:

—"¡Pobre de min! ¿Por que nacín eu para ve-la desfeita do meu pobo e da cidade san-

---

1, 33 *Cidadela,* acrópole ou cidade alta, era unha zona especialmente boa para a defensa desde a que se dominaba o templo. Non é moi doado fixa-lo seu emprazamento. Aínda cando os xudeus gobernaban o país, alí residía unha garnición siria.

1, 41 A finalidade do edicto, que logo derivou en edicto persecutoiro, era a unificación político-social dos seus dominios. Con estas medidas Antíoco deixaba a un lado as concesións feitas por seu pai Antíoco III ós xudeus no 198, que incluían o recoñecemento da Lei de Moisés.

1, 54 *Kisleu:* novembro/decembro. O ano 145 vén se-lo 167 a.C.
Ara sacrílega ou lit. "abominación da desolación": cf Dn 9, 27; **11,** 31; **12,** 11; 2 Mac 6, 2, a ara de Zeus Olímpico.

2, 5 Cada un dos sobrenomes ten un significado para nós difícil de concretar. Macabeo, co seu sentido de "martelo", parece referirse ós éxitos guerreiros de Xudas.

ta? ¡Eu aquí sentado mentres a cidade está en poder do inimigo, e o seu santuario en mans alleas!
⁸O seu templo é coma un home deshonrado; ⁹os seus vasos preciosos foron levados coma botín;
os seus neniños foron asasinados nos turreiros;
os seus mozos caeron baixo a espada inimiga.
¹⁰¿Que nación non ocupou os seus pazos, e non se apoderou dos seus espolios?
¹¹Roubáronlle toda a súa fermosura, era libre e fixérona escrava.
¹²Velaí o noso santuario:
era o noso honor e a nosa gloria, e está desolado e profanado polos pagáns.
¹³¿Para que seguir vivindo?".
¹⁴Matatías e os seus fillos racharon os seus vestidos, puxéronse un saio e fixeron un dó moi grande.
¹⁵No intre chegaron a Modín os enviados do rei para facer apostatar pola forza mediante a ofrenda do incenso; ¹⁶moitos israelitas fixeron o que lles mandaban, mentres Matatías e os seus fillos quedaron a un lado.
¹⁷E os enviados do rei dixéronlle:
—"Ti es un personaxe de sona e grande nesta cidade, amparado por moitos fillos e parentes; ¹⁸así que achégate ti, o primeiro, e fai o que o rei mandou, como xa o fan tódalas nacións, os mesmos xudeus e os que quedaron en Xerusalén. Ti e mailos teus fillos seredes amigos do rei e hásevos dar ouro e prata e moitos regalos".
¹⁹Matatías respondeulle en voz alta:
—"Anque tódalas nacións do Imperio abandonen a relixión de seus pais e obedezan ó rei, ²⁰eu e mailos meus fillos e parentes viviremos segundo a alianza de nosos pais. ²¹¡Deus nos libre de abandona-la Lei e os nosos costumes! ²²Non faremos caso ás ordes do rei, non nos apartaremos da nosa relixión ná dereita nin á esquerda".
²³Aínda non acabara de falar, cando saíu un xudeu alí ó medio de todos para ofrecer incenso sobre a ara de Modín, segundo o que mandara o rei.
²⁴Ó velo, a Matatías deulle tanto noxo que ata tremía de carraxe, e levado dunha arroutada santa foi correndo e cortoulle a cabeza a aquel home enriba do altar. ²⁵E no mesmo acto matou ó enviado do rei que obrigaba a sacrificar, e desfixo o altar. ²⁶Así mostrou o seu celo pola Lei, como fixera Pinhás con Zimrí, o fillo de Xalum. ²⁷Logo empezou a berrar Matatías na cidade, e dicía:
—"¡Todo o que sinta celo pola Lei e queira mante-la alianza, que me siga!" ²⁸E botouse ó monte cos seus fillos, deixando na cidade todo canto tiña.
²⁹Por aquel tempo moitos que querían vivir segundo dereito e xustiza, baixaban ó deserto ³⁰cos seus fillos, as súas mulleres e o seu gando, e instaláronse alí, pois as desgracias xa non tiñan medida.
³¹Ós enviados do rei e ás tropas que había en Xerusalén chegóulle-la nova de que algúns homes baixaran para esconderse no deserto despois de desobedece-las ordes do rei; ³²seguíronos moitos; deron con eles, e acamparon enfronte deles, e atacáronos un sábado. ³³Dicíanlles:
—"Non vos avisamos máis. Saíde e cumpride as ordes do rei, e viviredes".
³⁴Pero eles contestaron:
—"Non sairemos nin cumprirémo-las ordes do rei profanando o sábado".
³⁵Os soldados atacáronos de seguida, ³⁶e eles non replicaron, nin lles tiraron unha pedra, nin cubriron os refuxios; ³⁷dicían:
—"Morramos todos aínda sendo inocentes, e que o ceo e maila terra sexan testemuñas de que nos matades inxustamente".
³⁸E atacáronos en sábado. E morreron eles, coas súas mulleres, os seus fillos e o seu gando; eran arredor de mil persoas.
³⁹Cando o souberon Matatías e os seus fillos, doeulles moito, ⁴⁰pero comentaban:
—"Se todos facemos coma os nosos irmáns, e non loitamos contra os pagáns pola nosa vida e pola nosa Lei, axiña nos farán desaparecer da terra".

2, 13 Comeza a resistencia. As motivacións son primeiramente relixiosas, logo iranse desprazando cara ó eido político, o que fará que os Macabeos —chamados Asmoneos a partir de Simón— se vexan encerellados en feitos ambiguos e vaian perdendo a credibilidade diante dos homes relixiosos de verdade. A guerra santa foi precedida e acompañada por veces da resistencia pasiva.

2, 18 O título de *amigos do rei* aparece moitas veces no libro (**3**, 38; **7**, 8; **10**, 16. 20. 60. 65; etc). Era un título que levaba consigo a tenencia de cargos de importancia no reino.

2, 21 Por respecto ó nome de Deus o autor nunca o emprega directamente no seu escrito, senón valéndose de expresións que o suxiren, coma Ceo (cf o texto grego de **3**, 18ss; **4**, 10, etc.).

2, 29 É o deserto de Xudá, situado na banda esquerda do Mar Morto. Son os devanceiros de grupos monásticos que escollerían ese xeito de oporse á inxustiza establecida.

⁴¹E aquel mesmo día tomaron esta decisión: a calquera que nos ataque en sábado responderémoslle loitando, e non nos deixaremos matar todos, coma os nosos irmáns, nos nosos refuxios.

⁴²Entón xuntóuselles un grupo de asideos, israelitas loitadores, todos moi apegados á Lei; ⁴³xuntáronselles tamén tódolos que escapaban dalgunha persecución, e con isto víronse reforzados, ⁴⁴ata o punto de formar un exército, e con el cargaron con asañamento e carraxe contra os pecadentos e desleigados. Os que se libraban buscaban refuxio entre os pagáns.

⁴⁵Matatías e os seus partidarios percorreron as cidades desfacendo as aras ⁴⁶e obrigando a circuncidar a tódolos pequenos non circuncidados de Israel e ⁴⁷perseguindo ós rebeldes. O seu poder medraba cada vez máis, ⁴⁸de xeito que defenderon a Lei contra os pagáns e os reis, e non se deixaron asoballar polos malvados.

Testamento de Matatías

⁴⁹Cando lle chegou a hora de morrer, Matatías díxolles ós seus fillos:

—"Polo de agora triunfou a soberbia e o impudor; son tempos de subversión e de carraxe. ⁵⁰Meus fillos, sede celosos da Lei e dade a vida pola alianza dos vosos maiores. ⁵¹Lembrádevos das fazañas que os vosos antepasados fixeron no seu tempo e acadaredes gloria e sona sen medida. ⁵²Abraham permaneceu fiel no medio dos pobos, e isto consideróuselle como positivo. ⁵³Xosé gardou a Lei nos días difíciles, e chegou a ser amo de Exipto. ⁵⁴Pinhás, o noso pai, polo seu grande celo, recibiu a promesa do sacerdocio eterno. ⁵⁵Xosué por cumpri-la Lei chegou a ser xuíz de Israel. ⁵⁶Caleb, polo seu testemuño diante do pobo, recibiu a herdade da terra. ⁵⁷David, pola súa misericordia, herdou o trono real polos séculos dos séculos. ⁵⁸Elías polo seu grande celo pola Lei foi arrebatado para o ceo. ⁵⁹Hananías, Azarías e Mixael, pola súa fe, foron librados do lume. ⁶⁰Daniel, pola súa inocencia, foi librado da boca dos leóns.

⁶¹Reparade deste xeito en tódalas xeracións, e veredes como os que confían en Deus xamais non se senten burlados.

⁶²Non lles teñades medo ás ameazas dese malvado, pois que a súa galanura hase converter en esterco e vermes. ⁶³Hoxe anda todo fachendoso, pero mañá desaparecerá, volverá ó po e os seus planos quedarán en nada.

⁶⁴Vós, meus fillos, sede valentes e combatede coma homes pola Lei, e así chegaredes a ter moita gloria.

⁶⁵Eu ben sei que o voso irmán Simón é home asisado; escoitádeo sempre, e que el sexa coma un pai para vós. ⁶⁶Xudas o Macabeo é forte e valente xa desde mozo; que sexa o capitán das tropas e que dirixa a guerra contra o estranxeiro. ⁶⁷A ver se atraedes a tódolos que gardan a Lei, e vingáde-las aldraxes do voso pobo. ⁶⁸Dádelles ós pagáns o seu merecido e tede moito coidado en cumpri-los preceptos da Lei".

⁶⁹E despois de os bendicir, foise xuntar cos seus antepasados. ⁷⁰Morreu o ano 146. Os fillos enterráronno no sartego de seus pais, en Modín, e todo Israel fixo grandes funerais por el.

Xudas o Macabeo

3 ¹Sucedeulle o seu fillo Xudas, chamado o Macabeo; ²apoiárono seus irmáns e tódolos que seguiran a seu pai; e loitaban por Israel con moito ánimo.

³Xudas espallou a sona do seu pobo;
 púxose a coiraza coma un xigante,
 colleu as armas para face-la guerra
 e defendeu coa espada os seus
  campamentos.
⁴Semellaba un león nas súas fazañas,
 un cachorriño que brada pola presa.
⁵Perseguiu ós renegados ata os seus
  refuxios
 e fixo queima-los axitadores do seu
  pobo.
⁶Os desleigados colléronlle medo e
  turbáronse os malfeitores;
 as súas mans fixeron triunfa-la
  liberación.
⁷Deu que pensar e facer a moitos reis
 e foi a ledicia de Xacob coas súas
  fazañas.
 O seu recordo será bendito por sempre.
⁸Percorreu as cidades de Xudá,

2, 41 Fronte á interpretación rigorista de Ex **16**, 29 feita polo grupo anterior, Matatías e os seus fillos acordan tomar unha actitude máis realista.

2, 42 *Asideo* quere dicir "piadoso". Era un grupo xa vicente de reacción contra o influxo pagán, que se engadiu á revolta macabea, aínda que logo romperon cos macabeos e deron orixe a dous grupos: fariseos e mais esenios.

2, 61 Esta é unha das ideas forza da dinámica relixiosa do libro. Anque dita en absoluto a frase teña un senso tremendamente valedeiro, a interpretación histórica concreta que lle deron moitos grupos relixiosos —os macabeos incluídos— é moi discutible.

2, 70 Isto é, o ano 166 a. C.

acabou cos impíos que nelas había e arredou de Israel a carraxe de Deus. ⁹A súa sona encheu a terra e xuntou un pobo en desfeita.

As victorias de Xudas, o Macabeo

¹⁰Apolonio organizou un exército de estranxeiros e veu de Samaría con moitas tropas para facerlle a guerra a Israel. ¹¹Pero cando o soubo Xudas, foille ó encontro, venceuno e matouno; moitos dos inimigos morreron e os demais fuxiron. ¹²Recolleron os espolios e entre eles a espada de Apolonio, que desde aquela Xudas empregou sempre na guerra.

¹³Cando soubo Serón, xefe do exército de Siria, que Xudas xuntara moita xente e que, polo celo da Lei, loitaban canda el, ¹⁴díxose:

―"Voume facer sonado e collerei gloria no Imperio vencendo a Xudas e á súa xente que fan riso das ordes do rei".

¹⁵Preparouse e subiu cun exército poderoso, ó que se xuntaron os impíos para axudarlle a vingarse dos israelitas. ¹⁶Ó chegaren á costa de Bethorón, saíulles ó encontro Xudas cuns poucos homes; ¹⁷cando viron o exército que viña contra eles, dixéronlle a Xudas:

―"¿E como imos loitar nós contra esa chea de xente, nós que somos tan poucos e que andamos mazmidos, sen comer en todo o día?"

¹⁸Xudas contestoulles:

―"É cousa fácil que uns poucos poidan con tanta xente, pois que a Deus tanto lle ten salvar con moitos coma con poucos; ¹⁹a victoria na guerra non depende do número de soldados, xa que a forza vén do ceo. ²⁰Eles véñennos atacar cheos de fachenda e impiedade para esnaquizarnos e para apoderarse das nosas mulleres e dos nosos fillos, ²¹pero nós loitamos pola nosa vida e os nosos costumes. ²²Deus vainos esmagar a eles diante de nós; non lles teñades medo".

²³Cando acabou de falar, botouse de súpeto contra eles, e derrotou a Serón e ó seu exército. ²⁴Perseguírono pola baixada de Bethorón ata a terra cha; quedaron no campo de batalla uns oitocentos homes, e os demais fuxiron ó país dos filisteos. ²⁵Con isto as nacións veciñas deron en sentir abraio e medo por Xudas e mais por seus irmáns. ²⁶A súa sona chegou ós oídos do rei, pois todos falaban das súas batallas. ²⁷Cando o rei Antíoco coñeceu todo isto, alporizouse moitísimo e mandou xuntar tódalas forzas do Imperio, un exército moi poderoso. ²⁸Abriu os seus tesouros e deulles ós soldados a paga dun ano, e mandoulles que estivesen preparados para calquera eventualidade. ²⁹Pero, ó ver que se lle acababan os tesouros e que os tributos eran poucos, debido ás disensións e ás desgracias que el mesmo motivara no país coa súa teima por acabar coas leis que viñan de vello, ³⁰entón colleu medo de que, como xa lle pasara outras veces, non lle chegase para os gastos e os regalos que adoitaba facer con máis xenerosidade cós reis anteriores a el. ³¹Véndose neste apreto, decidiu ir a Persia para cobra-los tributos daquelas rexións e xuntar moitos cartos. ³²Deixou a Lisias, home ilustre e de familia real, á fronte do goberno, desde o Éufrates ata as fronteiras de Exipto, ³³e encargoulle que coidase do seu fillo Antíoco ata que volvese. ³⁴Deixoulle a metade do exército e os elefantes e mandoulle executa-los seus planos, maiormente os referentes a Xudá e Xerusalén: ³⁵que mandase un exército contra eles para desfacer totalmente as forzas de Israel e o que quedaba de Xerusalén; ³⁶que borrase o seu recordo daquel sitio e que repartise o país entre xente do estranxeiro.

³⁷O rei levou con el a outra metade do exército. O ano 147 saíu de Antioquía, a capital do seu Imperio, e atravesando o Éufrates dirixiuse cara ás rexións do norte.

³⁸Lisias escolleu a Tolomeo de Dorimeno, a Nicanor e a Gorxias, homes valentes e amigos do rei, ³⁹e mandounos con corenta mil homes e sete mil cabalos para que invadisen e arrasasen Xudea, segundo as ordes do rei. ⁴⁰Partiron con todo o seu exército e foron acampar cerca de Emaús, na terra cha. ⁴¹Cando os tratantes do país souberon que chegara, foron de seguida ó campamento con moito ouro e prata e con cadeas

---

3, 10 *Apolonio* é o axente do fisco de **1,** 29; Xosefo di del que era gobernador de Samaría (cf 2 Mac **4,** 21; **5,** 24).
3, 13 Tamén segundo Xosefo, *Serón* era gobernador de Celesiria.
3, 16 *Bethorón* era unha cidade de especial importancia estratéxica pola súa situación á entrada do val das terras filisteas.
3, 32 *Lisias* foi un personaxe importante na Xudea destes tempos, tanto ó primeiro como encargado polo rei Antíoco IV desta parte do imperio, como despois ó usurpa-la rexencia de Antíoco V, que pertencía a Filipo (cf **4,** 26ss; **6,** 5ss; **7,** 1-4).
3, 37 É dicir, o ano 165 a. C.
3, 38 Destes personaxes atopamos referencias en 2 Mac **10,** 12 (Tolomeo), 2 Mac **8,** 9 (Nicanor) e 2 Mac **10,** 14 (Gorxias).

para compraren ós israelitas como escravos. Tamén se lles xuntaron tropas de Idumea e de Filistea.

⁴²Xudas e seus irmáns viron que a cousa se lles poñía moi seria, pois os exércitos acampaban no seu territorio e coñecían tamén as ordes do rei de destruír e de extermina-lo pobo; ⁴³entón dixéronse:

—"Defendámo-lo noso pobo desta desfeita. Loitemos pola nosa nación e polo noso templo".

⁴⁴E a xente xuntouse para prepararse para a guerra e rezaban pedíndolle a Deus piedade e misericordia.

⁴⁵Xerusalén estaba despoboada coma un deserto,
ningún dos seus fillos entraba nin saía.
O seu santuario era pisoteado,
os estranxeiros vivían na cidadela, coveira de pagáns.
A ledicia de Xacob desaparecera
non se oían nin a frauta nin a cítara.

⁴⁶Xuntáronse e foron a Mispah, fronte a Xerusalén, pois noutros tempos Israel tiña en Mispah un templo. ⁴⁷Aquel día fixeron xexún, puxéronse un saio, botaron cinsa pola cabeza, e racharon os vestidos; ⁴⁸desenvolveron o libro da Lei e procuraron nel o que os pagáns procuran nos seus ídolos. ⁴⁹Levaron os vestidos sacerdotais, as primicias e os dezmos, e fixeron ir ós nazireos que xa acabaran os días do seu ofrecemento, ⁵⁰e berraron ó ceo dicindo:

—"¿Que imos facer con estes e onde os imos levar? ⁵¹O teu templo está pateado e profanado e os teus sacerdotes andan tristeiros e humillados; ⁵²e agora os pagáns xuntáronse para exterminarnos. Ti ben sabes os planos que teñen contra nós. ⁵³¿Como lles imos facer fronte, se ti non nos axudas?"

⁵⁴Tocaron as trompetas e deron grandes berros.

⁵⁵Despois Xudas nomeou ós xefes do pobo para que mandase cadaquén en mil, cen, cincuenta e dez homes. ⁵⁶E ós que estaban facendo unha casa, ós que casaran, ós que acababan de plantar unha viña e ós coitados díxolles que se volvesen para a súa casa, como manda a Lei. ⁵⁷Despois fóronse de alí e acamparon ó sur de Emaús. ⁵⁸Xudas díxolles:

—"Preparádevos, sede valentes e dispoñédevos a loitar mañá pola fresca contra eses pagáns que se xuntaron contra nós para acabar connosco e co noso templo. ⁵⁹É mellor morrer loitando que ve-las calamidades do noso pobo e do noso templo. ⁶⁰Sen embargo que se faga a vontade de Deus".

Batalla de Emaús

4 ¹Gorxias colleu cinco mil homes de infantería e mil cabaleiros escolleitos e levantou o campamento de noite, ²para atacar de súpeto ó exército xudeu e desfacelo. Servíronlle de guieiros algúns da cidadela. ³Xudas sóuboo e entón foi cos seus guerreiros para ataca-lo exército do rei que quedara en Emaús, ⁴mentres o groso do exército andaba lonxe do campamento.

⁵Gorxias chegou de noite ó campamento de Xudas, e, como non atopou a ninguén, púxose a buscalos polos montes, pensando que fuxiran del. ⁶Pola mañanciña apareceu Xudas na terra cha con tres mil homes, anque sen escudos e espadas —quen lles dera telos—. ⁷Cando viron o campamento dos pagáns, fortificado e ben equipado, protexido pola cabalería e con homes loitadores, ⁸Xudas díxolles ós seus compañeiros:

—"Non lle teñades medo a esa multitude, nin vos acovardedes pola súa combatividade. ⁹Recordade como se salvaron os nosos maiores no mar Rubio, cando os perseguía o Faraón co seu exército. ¹⁰Fagamos chegar ó ceo a nosa voz para que Deus nos bote unha man e se lembre da alianza que fixo con nosos pais, e desfaga hoxe diante de nós a este exército. ¹¹Así tódolos pobos se decatarán de que hai alguén que libra e salva a Israel".

¹²Cando os inimigos levantaron os ollos e viron que viñan de fronte, ¹³saíron do campamento para a batalla. Os de Xudas tocaron as trompetas ¹⁴e comezou o combate. Os pagáns foron derrotados e fuxiron cara á terra cha; ¹⁵os fuxitivos máis retrasados caeron mortos á espada. Ós outros fóronos perseguindo ata Guézer e a terra cha de Idumea, Axdod e Iamnia; matáronlles uns tres mil homes.

¹⁶Cando Xudas e o seu exército volveron de persegui-los inimigos, ¹⁷díxolle el á súa xente:

, 46 Xa de vello (Xuí **20**, 1-3; 1 Sam **7**, 5-14; **10**, 17) Mispah, 13 km. ó norte de Xerusalén, era lugar de oración e xuntanzas dos israelitas. Nas circunstancias presentes a súa utilización para tales fins volvía estar xustificada.
, 48 Ó non haber profeta, o oráculo ou resposta acougante que o pagán intentaba atopar nos seus ídolos procúrano os xudeus no libro da Lei (2 Mac **8**, 23).
3, 49 Sobre os *nazireos* véxase **6**, 13-19. Ó remata-lo seu voto debían ofrecer un sacrificio no templo.
3, 56 Cf Dt **20**, 5-8.
4, 15 Cf Xos **10**, 33.

—"Non devezades polos espolios, porque aínda temos outra batalla. ¹⁸Gorxias anda cos seus soldados polos montes do arredor. Así que agora facédelle fronte ó inimigo e loitade, e despois xa recolleréde-los espolios de vagariño".
¹⁹Aínda estaba Xudas falando, cando asomou polo monte unha división inimiga. ²⁰Decatáronse de seguida de que os seus fuxiran e de que o campamento estaba ardendo, pois o fume que saía era unha boa proba; ²¹quedaron abraiados, e ó ver que o exército de Xudas estaba disposto para o combate na terra cha, ²²fuxiron todos cara ó país dos filisteos.
²³Entón Xudas volveu para arrepaña-los espolios do campamento. Colleron moito ouro, prata, panos de púrpura vermella e violeta e grandes riquezas. ²⁴E foron de volta cantándolle louvanzas e bendicións a Deus,
"porque é bo,
porque o seu amor dura para sempre".
²⁵Aquel día Israel conseguiu unha grande victoria.

Derrota de Lisias

²⁶Os estranxeiros que conseguiran fuxir fóronlle contar a Lisias todo o que pasara; ²⁷ó escoitar tales novas, quedou abraiado e aflixido, porque en Israel as cousas non marchaban como el quería e como lle mandara o rei. ²⁸Así que, ó seguinte ano recrutou sesenta mil infantes e cinco mil cabaleiros para acabar dunha vez cos xudeus. ²⁹Chegou por Idumea e acampou en Betsur. Xudas saíulle ó encontro con dez mil homes ³⁰e, ó ver aquel exército tan grande, rezou así:
—"Bendito es ti, Salvador de Israel, que destruíche-la forza do xigante valéndote do teu servidor David, e puxéche-lo campamento dos filisteos nas mans de Ionatán, o fillo de Xaúl, e do seu escudeiro. ³¹Pon agora este exército nas mans do teu pobo, Israel; e que a súa infantería e a súa cabalería queden avergonzadas. ³²Éncheos de medo, bota por terra a seguridade que teñen no seu poderío e que se avergoncen coa derrota. ³³Derrótaos coa espada dos que te queren, para que che canten himnos tódolos que coñecen o teu nome".

³⁴Empezou o combate, e morreron cinco mil homes do exército de Lisias.
³⁵Ó ver Lisias a derrota do seu exército e o valor das tropas de Xudas, disposto a vivir ou morrer con gloria, marchou para Antioquía con fin de recrutar tropas mercenarias e volver outra vez contra Xudea mellor preparado.

Purificación do templo

³⁶Daquela Xudas e seus irmáns dixeron:
—"Agora que xa derrotámo-los nosos inimigos, imos purificar e consagra-lo templo".
³⁷Xuntouse todo o exército e subiron ó monte Sión. ³⁸Viron o templo desolado, o altar profanado, as portas queimadas, a herba medrando nos adros, coma se fosen montes ou carballeiras, e os cuartos do templo destruídos; ³⁹entón racharon os vestidos e manifestaron unha grande dor botando cinsa pola cabeza abaixo ⁴⁰e abaténdose contra o chan; e a un sinal das trompetas, clamaron ó ceo.
⁴¹Xudas mandou a algúns dos seus homes que tivesen á raia ós da cidadela mentres purificaban o templo. ⁴²Escolleu sacerdotes sen defectos e amantes da Lei, ⁴³que purificaron o templo e botaron na inmundicia as pedras do altar idolátrico. ⁴⁴Despois deliberaron o que cumpriría facer co altar dos holocaustos profanado ⁴⁵e acordaron destruílo; así non sería unha deshonra para eles por ser profanado polos pagáns. Destruíron, pois, o altar ⁴⁶e colocaron as pedras no monte do templo, nun sitio axeitado, ata que un profeta dixese o que había que facer coas pedras. ⁴⁷Logo colleron pedras sen labrar, conforme o manda a Lei, e fixeron un altar noviño, igual có de antes. ⁴⁸Fixeron o santuario e o interior do templo, e consagraron os adros. ⁴⁹Fixeron vasos sagrados novos e meteron no templo o candelabro, o altar do incenso e a mesa. ⁵⁰Queimaron incenso derriba do altar e acenderon as lámpadas do condelabro para que alumasen no templo. ⁵¹Colocaron os pans derriba da mesa e colgaron as cortinas. E con isto puxeron fin ó seu traballo.
⁵²O día vintecinco do mes noveno, o mes de Kisleu, do ano cento corenta e oi-

---

4, 29 *Betsur:* situada entre Xudea e Idumea, ó norte de Hebrón, cidade de grande importancia estratéxica por domina-lo camiño entre o Mar Morto e Xudea por Idumea.
4, 36 *O Templo* (cf Introducción) era unha das ideas-forza da revolta macabea. Era símbolo e realidade a un tempo de toda a estructura teocrática da sociedade xudía. De aí que o primeiro a facer despois da victoria fose purificar e consagra-lo templo profanado pola presencia nel de obxectos pagáns (cf 1 Mac **1**, 21ss; **1**, 54).

4, 37 É dicir, ó Templo ubicado no monte Sión.
4, 46 Sobre o destino das pedras do altar idolátrico non se dubida. En cambio non se sabe que facer coas pedras d[o] altar dos holocaustos, consagradas anque profanadas. O recurso a un profeta futuro repetirase varias veces no li[bro] bro(cf**9**,27;**41**,41).
4, 47 Cf Ex **20**, 25; Dt **27**, 5-6.
4, 52 Isto é, por decembro do ano 164 a. de C., ós tres an[os] da profanación feita polo rei Antíoco (cf 1 Mac **1**, 54).

to, erguéronse moi cediño ⁵³para ofrece-lo sacrificio que manda a Lei no altar dos holocaustos que acababan de construír. ⁵⁴Xustamente no mesmo día e mes en que os pagáns o profanaran volvérono consagrar eles cantando himnos ó son da cítara, das harpas e dos pandeiros. ⁵⁵Todo o pobo se abateu contra o chan adorando e dándolle gracias a Deus polo triunfo que lles dera. ⁵⁶Celebraron a consagración durante oito días ofrecendo con ledicia holocaustos e sacrificios de paz e de louvanza.

⁵⁷Enfeitaron a fachada do templo con coroas de ouro e con escudos, e reconstruíron as portadas e os cuartos e puxéronlles portas. ⁵⁸Moita festa fixo o pobo por poder arredar de si a aldraxe dos pagáns.

⁵⁹Por último, Xudas e seus irmáns e toda a asemblea de Israel mandaron que tódolos anos se festexase con moita ledicia o recordo da nova consagración do altar durante oito días a partir do día vintecinco do mes de Kisleu.

⁶⁰Daquela construíron murallas e torres fortes e grandes arredor do monte Sión, para que, se viñan os pagáns, non o puidesen profanar, como fixeran antes; ⁶¹e deixou alí unha gornición para que o defendese. Fortificou tamén Betsur, para que o pobo tivese unha defensa pola porta de Idumea.

Campañas contra pobos veciños

5 ¹Cando os pobos veciños souberon que os xudeus reconstruíran o altar e restauraran o templo coma antes, alporizáronse moitísimo, ²e decidiron acabar cos descendentes de Xacob que vivían entre eles; empezaron a matar e a perseguir xente do pobo. ³Entón Xudas declarou a guerra ós descendentes de Esaú en Acrabatene, Idumea, porque se andaban metendo con Israel. Derrotounos completamente, someteunos e saqueounos. ⁴Tamén se lembrou da maldade dos beonitas, un grande perigo para o pobo coas súas emboscadas nos camiños. ⁵Obrigounos a meterse nas torres, cercounos e entregounos ó anatema e pegoulles lume ás torres con tódolos que se atopaban dentro. ⁶Despois marchou contra os amonitas e atopouse cun exército forte e numeroso mandado por Timoteo. ⁷Atacounos varias veces, ata que os destrozou totalmente. ⁸Apode-rouse de Iézer e da súa bisbarra e volveuse para Xudea.

⁹Os pobos de Galaad tamén se xuntaron contra os israelitas que vivían no seu territorio, para acabar con eles. Os israelitas refuxiáronse na cidadela de Dotema, ¹⁰e enviáronlle a Xudas e a seus irmáns a seguinte mensaxe:

—"Xuntáronse contra nós os pobos do arredor e queren acabar con nós, ¹¹e estanse dispoñendo para vir e apoderarse da fortaleza na que nos refuxiamos; Timoteo é o xeneral do exército. ¹²Vennos librar das súas mans, porque moitos dos nosos xa caeron ¹³e tódolos nosos irmáns da rexión de Tob foron asasinados; e roubaron as súas mulleres, os seus fillos e os seus bens; morreron alí unhas mil persoas".

¹⁴Estaban lendo a carta, cando chegaron outros mensaxeiros de Galilea coa roupa rachada, ¹⁵anunciando que Tolemaida, Tiro e Sidón e tódolos xentís de Galilea se xuntaran contra eles para aniquilalos.

¹⁶Cando Xudas e o seu pobo oíron tales novas, convocouse unha xuntanza especial para delibera-lo que cumpriría facer polos seus irmáns naquel intre angustioso, atacados polos seus inimigos. ¹⁷Xudas díxolle a seu irmán Simón:

—"Colle xente contigo e vai libra-los nosos irmáns de Galilea; eu e mais meu irmán Ionatán iremos a Galaad". ¹⁸Deixou o resto do exército ó mando de Xosé, o de Zacarías, e de Azarías para que defendesen Xudá, ¹⁹e deulles esta orde:

—"Quedádevos ó mando do pobo, pero non loitedes cos pagáns ata que nós volvamos".

²⁰Simón colleu tres mil homes para ir a Galilea, e Xudas oito mil para ir a Galaad. ²¹Simón saíu para Galilea, e, despois de moitos combates cos pagáns, derrotounos ²²e perseguiunos ata as portas de Tolemaida; morreron uns tres mil pagáns e Simón apoderouse dos seus espolios. ²³Despois colleu ós xudeus que vivían en Galilea e en Arbatah, coas súas mulleres, os seus fillos e todo canto tiñan, e levounos para Xudea no medio dunha grande alegría.

4, 59 A festa celebrábase nos tempos de Xesús (cf Xn **10**, 22). Polo emprego que se facía nela dunhas lampadiñas, deuse en chamar "festa das luminarias".

5, 3 *Acrabatene*, lugar situado na ribeira sudoeste do mar Morto, lindando con Idumea, chamado en Núm **34**, 4 e Xos **15**, 3 Acrabim, "subida dos escorpións".

5, 4 Posible grupo seminómada que se movía polos arredores de Iericó.

5, 8 *Iézer*, cidade amonita que pertencía á tribo de Gad, na Transxordania.

5, 15 *Tolemaida*, nome grego posto por Tolomeo II no ano 261 a. de C. á cidade chamada Acre.

5, 23 *Arbatah*, lugar ou aldea da baixa Galilea, difícil de situar.

²⁴Xudas o Macabeo e seu irmán Ionatán atravesaron o Xordán e camiñaron tres días polo deserto; ²⁵atopáronse cos nabateos que os recibiron moi ben e que lles contaron o que lles pasara ós seus irmáns xudeus de Galaad: ²⁶moitos estaban prisioneiros en Bosrah, en Béser, en Alemah, en Casfor, en Maqued e en Carnaim, todas elas cidades grandes e fortes; ²⁷outros xuntáronse nas outras cidades de Galaad; o inimigo mandara atacar ó día seguinte as prazas fortes, conquistalas e acabar con tódolos xudeus nun só día.

²⁸Xudas e o seu exército atravesaron de seguida o deserto dirixíndose cara a Bosrah; apoderouse da cidade, matou a tódolos homes, rapinouno todo e púxolle lume. ²⁹Pola noite fóronse de aí e dirixíronse cara á fortaleza. ³⁰Ó abrente viron unha chea de xente con escadas e máquinas de guerra, disposta a ataca-la fortaleza. ³¹Ó ver que xa comezara o ataque e que da cidade subían ó ceo berros de combate e o son das trompetas, ³²díxolles ós seus soldados:

—"Loitade hoxe polos vosos irmáns".

³³E avanzaron en tres grupos polas costas do inimigo, tocaban as trompetas e rezábanlle a Deus berrando.

³⁴Cando o exército de Timoteo se decatou de que era o Macabeo, botaron a correr. A desfeita foi moi grande e quedaron no sitio ata oito mil inimigos mortos. ³⁵Logo volveuse contra Alemah; atacouna e tomouna, matou a tódolos homes, rapináronó todo e púxolle lume. ³⁶Marchou de alí e tomou Casfor, Maqued, Béser e as demais cidades de Galaad.

³⁷Despois de todo isto Timoteo xuntou outro exército e acampou fronte a Rafón, no lado de alá do torrente. ³⁸Xudas enviou xente para espia-lo campamento e trouxéronlle estas novas:

—"Xuntáronse con Timoteo tódolos pagáns do arredor; éche un exército grandísimo. ³⁹Ademais contrataron árabes como auxiliares, e están acampados ó lado de alá do torrente, dispostos a vir contra ti".

Xudas saíulles ó encontro, ⁴⁰e mentres el e o seu exército se achegaban ó torrente, Timoteo díxolles ós seus oficiais:

—"Se atravesa el primeiro o torrente cara a nós, non lles poderemos facer fronte, e seguro que nos vence; ⁴¹pero se colle medo e acampa ó lado de alá, iremos nós contra el e vencerémolo".

⁴²Cando Xudas chegou á beira do torrente, fixo formar alí ós oficiais do exército e deulles esta orde:

—"Non deixedes acampar a ninguén. Todos ó combate".

⁴³El foi o primeiro en atravesa-lo río contra o inimigo, e todo o exército foi tras el. Derrotaron ós pagáns que guindaron as armas e fóronse gardar no templo de Carnaim. ⁴⁴Os xudeus tomaron a cidade e incendiaron o templo con toda a xente que había dentro. Ó caer Carnaim xa ninguén lle puido facer fronte a Xudas.

⁴⁵Xudas xuntou a tódolos israelitas de Galaad, pequenos e grandes, coas súas mulleres, os seus fillos e os seus bens —toda unha chea de xente— para levalos a Xudá. ⁴⁶Chegaron a Efrón, cidade importante e ben fortificada, situada na entrada dun desfiladeiro; era obrigado pasar por ela, non se podía apartar nin pola esquerda nin pola dereita. ⁴⁷Pero a xente da cidade non lles deixaba paso e atrancaron as portas con pedras. ⁴⁸Xudas mandoulles dicir polas boas:

—"Deixádenos pasar polos vosos dominios camiño da nosa terra; ninguén vos fará mal, soamente queremos pasar".

Pero eles non quixeron abrir.

⁴⁹Entón Xudas mandou dicir á súa xente que cadaquén acampase alí onde se atopaba. ⁵⁰Os soldados máis valentes tomaron posicións e atacaron a cidade todo aquel día e a noite seguinte, ata que se rendeu. ⁵¹Xudas matou a tódolos homes, arrasou a cidade despois de rapinalo todo, e atravesouna pasando por riba dos cadáveres. ⁵²Despois atravesaron o Xordán e chegaron á grande terra chá en frente de Betxeán. ⁵³Xudas ía axuntando os máis tardeiros e animando o pobo durante toda a camiñada, ata que chegaron a Xudá. ⁵⁴Subiron ó monte Sión moi ledos e contentos e ofreceron holocaustos por regresaren con ben e sen que ninguén morrese.

⁵⁵Mentres Xudas e Ionatán estaban na rexión de Galaad, e o seu irmán Simón en Galilea, en fronte de Tolemaida, ⁵⁶Xosé, o fillo de Zacarías, e Azarías, xefes do exército, ti-

---

5, 25 *Nabateos,* pobo árabe, de orixe aramea, comerciante, que se espallou polas terras de Edom e Moab e polo sur de Palestina.
5, 26 Cidades todas elas situadas na alta Transxordania.
5, 29 A *fortaleza* de Dotemah, do v 9.
5, 42 *Oficiais do exército:* segundo Ex **5, 6**; Dt **20,** 5-8; Xos

1, 10, trátase de funcionarios administrativos do exército, encargados das levas e licencias e de transmiti-las ordes ás tropas.
5, 46 *Efrón* estaba situada entre o Xordán e as terras de Galaad, por debaixo do mar de Tiberíades, no camiño cara a Xudea.

veron novas dos acontecementos e das batallas que aqueles tiveran, ⁵⁷e dixeron: —"Fagámonos tamén nós famosos. Imos loitar contra as nacións veciñas". ⁵⁸Deron a orde á tropa e marcharon contra Iamnia. ⁵⁹Pero Gorxias saíu da cidade cos seus homes para facerlles fronte; ⁶⁰Xosé e Azarías fuxiron, e Gorxias foi tras eles ata a fronteira de Xudá. Aquel día morreron uns dous mil israelitas; ⁶¹o exército sufriu unha grande desfeita, porque aqueles, cobizosos de gloria, non quixeron obedece-las ordes de Xudas e de seus irmáns. ⁶²Eles non eran da raza dos destinados a salvar a Israel. ⁶³En troques, o valeroso Xudas e mais seus irmáns fixéronse moi famosos por todo o pobo de Israel e por tódolos países a onde chegaron novas deles. ⁶⁴Axuntábanse todos arredor deles e aclamábanos.
⁶⁵Xudas e seus irmáns foron ataca-los fillos de Esaú no sur do país. Tomaron Hebrón e a súa bisbarra, destruíron as fortificacións e prendéronlles lume ás torres das murallas. ⁶⁶Despois foi contra o país dos filisteos e pasou por Marexah. ⁶⁷Aquel día morreron no combate algúns sacerdotes que, querendo face-lo valente, saíron a loitar sen siso. ⁶⁸Xudas foi despois contra Axdod, na terra dos filisteos; derrubou os altares, queimou as estatuas dos deuses e saqueou a cidade; de seguida volveuse para Xudá.

Morte de Antíoco

6 ¹Cando o rei Antíoco percorría as provincias do norte, oíu dicir que en Persia había unha cidade chamada Elimaida, de moita sona pola súa riqueza en prata e ouro; ²tiña un templo riquísimo onde se gardaban armaduras de ouro, coirazas e armas que alí deixara Alexandro, o de Filipo, rei de Macedonia, o primeiro rei dos gregos. ³Antíoco chegou alá e quíxose apoderar da cidade para saqueala; pero non puido, porque os da cidade, ó coñece-las súas intencións, fixéronlle fronte coas armas. ⁴Entón tivo que fuxir e volverse para Babilonia con moita tristura.
⁵En Persia chegoulle un mensaxeiro coa nova de que as forzas enviadas contra Xudá foran derrotadas, ⁶e de que Lisias, que partira para alá cun grande exército, fuxira diante dos xudeus; estes aumentaran o seu poder coas armas e os espolios collidos ós exércitos vencidos, ⁷destruíran o altar sacrílego que mandara colocar enriba do altar de Xerusalén, e rodearan cunha muralla tan alta coma antes o santuario e a cidade de Betsur.
⁸Ó escoitar tales novas, o rei quedou aterrado e moi impresionado, ata o punto de ter que encamar pola tristeza, porque non lle saíran as cousas como el quería. ⁹Así pasou moitos días cada vez máis morriñento. Vendo que xa morría, ¹⁰chamou a tódolos seus achegados para lles dicir:
—"Foxe o sono dos meus ollos e síntome premido polas preocupacións, ¹¹ó ve-la aflicción e a inquedanza na que me atopo neste instante, eu, sempre tan feliz e querido cando era poderoso. ¹²Pero agora recordo as inxustizas que cometín en Xerusalén, os obxectos de ouro e prata que alí roubei, a xente de Xudea que mandei matar sen razón ningunha. ¹³Recoñezo que por iso me veñen estas desgracias. Velaí que vou morrer de tristura en terra estranxeira".
¹⁴Chamou a Filipo, un dos seus achegados, e nomeouno rexente de todo o seu reino. ¹⁵Deulle a súa coroa, o seu manto e o seu anel, e encargoulle que lle educase e preparase para o goberno ó seu fillo Antíoco.
¹⁶O rei Antíoco morreu alí no ano cento corenta e nove. ¹⁷Cando Lisias soubo que morrera o rei, puxo no seu lugar ó seu fillo Antíoco, que el educara desde neno, e púxolle o título de Eupátor.

Guerra e paz con Antíoco Eupátor

¹⁸Entrementres a gornición da cidadela molestaba ós israelitas polos arredores do templo, prexudicándoos a cotío e apoiando ós pagáns. ¹⁹Xudas determinou botalos de alí, e convocou a todo o exército para cercalos. ²⁰Concentráronse todos e empezaron o cerco no ano cento cincuenta con catapultas e máquinas que construíran. ²¹Sen embargo algúns dos sitiados romperon o cerco, e con

---

5, 58 *Iamnia*, nome grego da cidade de Iábneh, situada ó sur de Iafa.
5, 66 No camiño que vai de Hebrón cara á Filistea (cf Xos 15, 44), ó norte daquela cidade.
, 1 *Elimaida*: máis ca dunha cidade trátase dunha rexión. O relato é continuación de **3**, 37.
, 14 Unha misión semellante fóralle encargada xa a Lisias (cf 1 Mac **3**, 32). E foi Lisias tamén quen logo suplantaría pola forza a Filipo nesta encomenda, e o faría fuxir a Exipto
6, 16 Isto é, o 163 a. C.
6, 17 *Antíoco Eupátor* —daquela un picariño duns nove anos— practicamente non chegaría a reinar, pois foi deposto e asasinado por Demetrio I.
6, 20 Era o 163-162 a. C.

algúns israelitas desleigados, ²²fóronlle dicir ó rei:

—"¿Cando has facer xustiza e defendera-los nosos irmáns? ²³Nós decidimos someternos a teu pai e obedece-las súas ordes e disposición. ²⁴E por iso os nosos irmáns se volveron contra nós e teñen a cidadela cercada; amais diso mataron ós nosos que caeron nas súas mans e rapinaron os seus bens. ²⁵E non soamente erguen a man contra nós, senón que tamén contra tódolos teus dominios. ²⁶Agora mesmo están acampados contra a cidadela de Xerusalén, para apoderárense dela; xa fortificaron o santuario e Betsur, ²⁷e se non lles cólle-la dianteira de contado, aínda han ir a máis e non os poderás dominar".

²⁸O rei alporizouse moito ó escoitar todo isto. Convocou a tódolos seus achegados, ós xefes de infantería e cabalería. ²⁹Ata lle viñeron tropas mercenarias dos outros reinos e do alén mar. ³⁰O seu exército tiña cen mil soldados de infantería, vinte mil cabaleiros e trinta e dous elefantes afeitos á loita. ³¹Atravesaron Idumea e cercaron Betsur. Atacárona durante moitos días con máquinas ó caso, pero os sitiados fixeron unha saída, e loitando valentemente puxéronlles lume.

³²Entón Xudas ergueu o cerco da cidadela e acampou onda Bet-Zacarías, diante do campamento do rei. ³³Pola mañanciña ergueuse o rei e mandou que o exército avanzase lixeiro polo camiño de Bet-Zacarías. Colocáronse os exércitos para combater; soaron as trompetas de guerra.

³⁴Ós elefantes déronlles zume de uvas e de amoras para excitalos para a loita; ³⁵repartíronos entre os escuadróns, e con cada un deles ían mil soldados con coirazas e con elmos de bronce na cabeza, e tamén cincocentos cabaleiros escolleitos ³⁶que precedían e acompañaban o elefante fose para onde fose, sen arredarse del para nada. ³⁷Derriba dos elefantes ían montadas unhas torres de madeira, fortes e ben protexidas, atadas ó animal con adivais; en cada torre ían catro guerreiros que combatían desde alí arriba e o guieiro indio. ³⁸O resto da cabalería colocouna nas dúas alas do exército, á dereita e á esquerda, para protexe-la infantería e fustiga-lo inimigo.

³⁹Cando o sol empezou a brillar nos escudos de ouro e de bronce, brillaban os montes con eles e resplandecían coma se fosen fachóns acesos. ⁴⁰Parte do exército real estaba no cumio dos montes, e parte na encosta; avanzaban con paso firme e moi ben ordenados. ⁴¹Os xudeus, cando oíron o estrondo daquela chea de xente avanzando e entrechocando as armas, quedaron abraiados. Certamente era un señor exército.

⁴²Xudas avanzou co seu exército, empezou a loita e caeron seiscentos homes do exército do rei. ⁴³Elazar, alcumado Avarán, viu un elefante recuberto con coirazas reais que sobresaía por riba dos outros e pensou que o rei iría nel. ⁴⁴Entón, ofrecendo a vida para salva-lo seu pobo e acadar así unha fama inmortal, ⁴⁵botou a correr destemidamente cara ó elefante polo medio do escuadrón, matando a quen se lle poñía por diante; a xente apartaba del. ⁴⁶Ó chegar a carón do elefante, meteuse debaixo del e espetoulle a espada. Pero o elefante caeulle enriba e morreu alí mesmo.

⁴⁷Os xudeus, ó ve-las forzas e a combatividade do exército do rei, retiráronse. ⁴⁸O exército real perseguiunos ata Xerusalén; entraron en Xudea e acamparon fronte ó monte Sión.

⁴⁹O rei fixo as paces cos de Betsur, que saíron da cidade porque xa non tiñan provisións para prolonga-la resistencia por máis tempo, pois aquel ano era ano sabático para o país. ⁵⁰O rei ocupou Betsur e deixou nela unha gornición para a súa defensa. ⁵¹Despois púxolle cerco ó templo durante moitos días; montou alí seteiras, máquinas, lanzachamas, catapultas, escorpións para lanzar frechas, e tirapedras. ⁵²Pola súa parte, os xudeus construíron tamén armas defensivas contra as dos atacantes, e loitaron durante moitos días. ⁵³Pero acabáronselle-las reservas que tiñan nos almacéns, porque era ano sétimo, e porque os que se refuxiaran alí, fuxindo a Xudá desde o estranxeiro, consumiran as provisións que quedaban; ⁵⁴entón, como a fame os apretaba moito, deixaron uns poucos no templo e os demais esparexéronse cadaquén polo seu lado.

⁵⁵Daquela soubo Lisias que Filipo, aquel a quen o rei Antíoco antes de morrer lle encomendara a crianza do seu fillo Antíoco para que logo o sucedese, ⁵⁶volvera de Persia e de Media, á fronte da expedición que acompañara ó rei, e que quería apoderarse do reino. ⁵⁷Lisias decidiu partir rapidamente, e díxolle ó rei, ós xenerais do exército e ós soldados:

6, 32 *Bet-Zacarías*, situada entre Xerusalén e Betsur, a 10 Km. desta cidade e 18 daquela.
6, 43 *Elazar* é un dos irmáns de Xudas (cf **2,** 5).

6, 49 *Ano sabático,* no que, segundo Ex **23,** 10-11 e Lev **25** 2-7, as terras quedaban sen sementar. Isto facíase cada sete anos e reducía a economía do pobo.

—"Cada día somos menos, rarean as provisións, a praza que cercamos é moi forte e temos que ocuparnos dos negocios do reino. ⁵⁸Así que, deámoslle a man a esa xente e fagámo-las paces con eles e con todo o seu pobo. ⁵⁹Poñámonos de acordo con eles para que poidan vivir segundo as súas leis coma antes, pois por lles querer quitar esas leis foi polo que se arrepuxeron e nos fixeron todo isto".

⁶⁰Ó rei e ós xenerais pareceulles ben a proposta. O rei mandou negocia-la paz e os xudeus aceptárona. ⁶¹O rei e os xenerais confirmaron o pacto cun xuramento, e entón os sitiados saíron fóra da fortaleza. ⁶²Pero cando o rei subiu ó monte Sión e viu as fortificacións que tiña, quebrantou o xuramento que fixera e mandou destruír toda a muralla. ⁶³Despois partiu axiña para Antioquía, e atopouse con que Filipo xa era dono da cidade; pero o rei atacouno e apoderouse da cidade pola forza.

Demetrio, Báquides e Alcimo

7 ¹No ano cento cincuenta e un, Demetrio, fillo de Seleuco, marchou de Roma cuns poucos homes, desembarcou nunha cidade da costa e proclamouse rei nela. ²Un día, cando ía entrar no palacio real dos seus maiores, as tropas prenderon a Antíoco e mais a Lisias para entregarllos a Demetrio. ³Cando se informou Demetrio, dixo:

—"Non quero nin vérlle-la cara".

⁴Entón os soldados matáronos e Demetrio subiu ó trono real. ⁵E foron estar con el tódolos israelitas desleigados e impíos, guiados por Alcimo, que quería ser sumo sacerdote, ⁶e acusaron ó pobo de moitas cousas; dixéronlle:

—"Xudas e seus irmáns acabaron con tódolos partidarios teus e a nós botáronnos fóra da nosa terra. ⁷Manda a unha persoa da túa confianza para que vexa a estragueira que fixeron no medio de nós nos teus territorios, e castigue a Xudas con tódolos seus colaboradores".

⁸O rei escolleu a Báquides, un dos seus amigos, home importante na corte e fiel ó rei, gobernador das terras do alén río. ⁹Enviouno co desleigado Alcimo, confirmado xa como sumo sacerdote, para castiga-los israelitas. ¹⁰Partiron cun exército moi grande, e ó chegaren á terra de Xudá, enviaron uns mensaxeiros a Xudas e a seus irmáns cunha proposta falsa de paz. ¹¹Os xudeus, cando viron que viñeran cun exército moi grande, non lles fixeron caso. ¹²Con todo, un grupo de escribas foi ter unha xuntanza con Báquides e Alcimo para chegar a unha solución xusta; ¹³de entre os israelitas os primeiros en pediren a paz foron os asideos, ¹⁴pois dicían:

—"O que chegou co exército é un sacerdote da familia de Aharón; non nos vai enganar".

¹⁵El faloulles palabras de paz e xuroulles:

—"Non vos faremos ningún mal, nin a vós nin ós vosos amigos". ¹⁶E eles créronllo. Entón foi e colleu a sesenta homes e matounos nun só día, segundo aquilo que di a Escritura:

¹⁷*Arredor de Xerusalén ciscaron os cadáveres*
e verteron o sangue dos teus fieis
e ninguén os enterraba.

¹⁸Todo o pobo se encheu de medo e de espanto, e dicían:

—"Son xente inxusta e mentireira, pois non respectaron o acordo e o xuramento que fixeron".

¹⁹Báquides retirouse de Xerusalén e foi acampar en Betsaid. Mandou prender a moitos dos seus que se pasaran de bando e a algúns do pobo; matounos e botounos nunha poza moi grande. ²⁰Deixou logo o país nas mans de Alcimo con tropas que o defendesen, e el foise xunto ó rei. ²¹Alcimo loitou moito para conserva-lo sumo sacerdocio; ²²xuntáronselle tódolos argalleiros do pobo, apoderáronse de toda Xudá e fixeron moito mal en Israel.

²³Ó ver Xudas que Alcimo e os da súa camarilla facían aínda máis mal ós israelitas

---

6, 58 *Darlle a man*, dito que quer dicir *face-las paces*.

6, 59 A morte de Antíoco IV Epífanes, partidario da helenización pola forza, xunto coas circunstancias do momento, provocan este cambio de actitude respecto ós xudeus. De feito, a partir deste momento as constantes agresións mutuas terán unha razón máis política ca relixiosa.

7, 1 Este *Demetrio* era fillo de Seleuco IV Filopator, o irmán de Antíoco IV Epífanes; polo tanto sobriño deste e curmán de Antíoco IV Eupátor. Por estar de refén en Roma non puido suceder a seu pai; pero fuxiu e presentouse en Trípoli cun exército no ano 161 a. C. Derrota e mata a Lisias e mais a Demetrio, e apodérase do reino.

7, 5 *Alcimo* era partidario da helenización, e polo tanto contrario ós macabeos. Era da descendencia de Aharón, anque non da familia dos sumos sacerdotes. O autor, tan achegado ós asmoneos, descalificao dun xeito esaxerado. Os asideos viano con mellores ollos, por ser da familia aharonita (cf 1 Mac 7, 13).

7, 8 O *alén río* era o territorio comprendido entre o Éufrates e as fronteiras de Exipto.

7, 17 Sal 79, 2-3.

7, 19 *Betsaid*, pequena cidade a 6 km. ó norte de Betsur.

cós mesmos pagáns, ²⁴percorreu tódalas terras de Xudá castigando os desleigados e poñendo fin ás súas correrías polo país. ²⁵Alcimo decatouse de que Xudas e os seus ían a máis, e recoñecendo que non era el quen para resistilos, voltou onda o rei e acusounos de cousas moi graves.

Derrota de Nicanor

²⁶Entón o rei enviou a Nicanor, un dos seus xenerais máis sonados, inimigo declarado de Israel, coa orde de acabar co pobo. ²⁷Nicanor chegou a Xerusalén cun grande exército e mandoulle a Xudas e a seus irmáns esta mensaxe con falsas palabras de paz:

²⁸—"Non vaiamos á loita; eu irei cuns poucos homes para vernos e falar coma amigos".

²⁹E así foi, chegou onda Xudas e saudáronse coma amigos, pero os inimigos ían preparados para prendelo. ³⁰Xudas decatouse de que viñeran con malas intencións, colleulles medo e xa non quixo velo nunca máis. ³¹Nicanor viu que o seu plan fora descuberto; entón saíu ó combate contra Xudas cerca de Cafarxalán. ³²Caeron uns cinco centos soldados de Nicanor e os demais fóronse refuxiar á Cidade de David.

³³Despois destes acontecementos, Nicanor subiu ó monte Sión. Algúns sacerdotes e anciáns do pobo saíron do templo para saudalo amistosamente e para mostrarlle o holocausto que ofrecían polo rei. ³⁴Pero el moqueouse deles, aldraxounos, cuspiunos, falou coma un barballoas ³⁵e xuroulles enrabexado:

—"Se non me entregades agora mesmo a Xudas e ó seu exército, asegúrovos que cando volva victorioso voulle poñer lume ó templo".

E saíu adoecido.

³⁶Os sacerdotes entraron e, de pé diante do altar e do santuario, exclamaron entre bágoas:

³⁷—"Ti escolliches este templo para que nel se invocase o teu nome e fose casa de oración e súplica para o teu pobo; ³⁸castiga a este home e ó seu exército, que caian a fío de espada. Lémbrate das súas blasfemias e non lles deas boa fin".

³⁹Nicanor saíu de Xerusalén e acampou en Bethorón; alí xuntóuselle un exército sirio. ⁴⁰E Xudas acampou en Hadaxah con tres mil soldados, e rezou así:

⁴¹—"Cando os mensaxeiros do rei blasfemaron, veu un anxo teu e matoulle cento oitenta e cinco mil homes. ⁴²Esmaga hoxe igualmente a este exército diante de nós, para que todos saiban que blasfemou contra o teu nome; xúlgao segundo a súa maldade".

⁴³No día trece do mes de Adar, os exércitos entraron en combate. O exército de Nicanor foi derrotado, e el mesmo foi o primeiriño en morrer. ⁴⁴Cando o seu exército viu que Nicanor caera, guindaron as armas e fuxiron. ⁴⁵Os xudeus perseguíronos un día, desde Hadaxah ata Guézer, tocando tras eles as trompetas. ⁴⁶A xente de tódalas aldeas do arredor saía para acosar ós que fuxían; loitaron contra eles e matáronos a dous e a fío de espada, non quedou o primeiro. ⁴⁷Despois recolleron os espolios e o botín, e a Nicanor cortáronlle a cabeza e a man dereita que erguera destemidamente; leváronas e colgáronas fronte a Xerusalén.

⁴⁸O pobo alegrouse moitísimo, e aquel día fixeron unha festa moi grande. ⁴⁹Acordaron celebralo tódolos anos por aquela data, trece de Adar.

⁵⁰Por algún tempo houbo paz en Xudá.

Xudas pacta cos romanos

8 ¹Chegou ós oídos de Xudas a sona dos romanos: eran moi poderosos, mostrábanse benévolos con tódolos seus aliados e facían pactos de amizade con cantos acudían a eles. ²Contáronlle tamén as guerras e as proezas que fixeran na Galia, como a conquistaran e agora tíñalles que pagar tributos. ³E todo o que fixeran en España, para se apoderaren das minas de prata e de ouro que alí hai; ⁴como mantiñan o seu dominio naquela terra con paciencia e prudencia, e iso que estaba moi lonxe do seu país. Tamén lle falaron da derrota que lles meteran ós reis que desde moitas partes da terra os atacaran; foi tan grande que os demais xa lles pagaban tributos anualmente. ⁵Tamén derrotaron e someteron a Filipo, a Perseo, rei de Macedonia, e a tódolos que se

---

7, 40 *Hadaxah,* estaba situada uns 8 Km ó norte de Xerusalén, entre esta cidade e Bethorón.
7, 43 *Adar:* febreiro-marzo.
7, 48 Foi a festa chamada "Día de Nicanor" (cf 2 Mac **15,** 36ss). Durou pouco tempo.
8, 1 O pobo romano queda idealizado, con inexactitudes históricas, fronte á ruindade dos selécucidas. A apelación a esta potencia imperialista víase coma unha baza interesante a xogar no camiño da liberación do pobo. Pero o futuro ben falaría doutro xeito.
8, 2 *Galia,* non a Galia francesa, senón a Galia Cisalpina ou norte de Italia.

levantaron contra eles. ⁶E o mesmo fixeron con Antíoco, rei de Asia, que foi á guerra contra eles con cento vinte elefantes, cabalería, carros e unha infantería moi numerosa; ⁷collérono vivo e obrigárono a el e ós seus sucesores a pagar grandes tributos, amais da entrega de reféns e da cesión ⁸das súas mellores provincias, India, Media e Lidia; eles despois pasáronllas ó rei Eumenes.

⁹Tamén os gregos decidiron atacalos e acabar con eles. ¹⁰Pero cando os romanos se informaron do plano, mandaron contra eles un só xeneral; combateunos e matou a moitos dos gregos, levou presas ás mulleres e ós fillos, rapinou tódolos seus bens, apoderouse das terras, derrubou as fortalezas e fíxoos escravos, e así están aínda hoxe. ¹¹Destruíron e escravizaron ós demais reinos e illas que se lles opuxeron. ¹²Pero son fieis ós seus amigos e cos que confían neles. Dominaron ós reis veciños e ós de lonxe. Tódolos que oen falar deles, lles collen medo. ¹³Reinan aqueles a quen axudan eles a reinar, destronan ós que queren. Teñen un poder enorme. ¹⁴Entre eles ninguén leva coroa nin se viste de púrpura para engrandecerse con ela. ¹⁵Formaron un Senado, e a cotío tres centos vinte senadores miran polo bo goberno do pobo. ¹⁶Cada ano entregan o mando e o goberno de tódolos seus dominios a un só home, e todos lle obedecen sen envexas nin rivalidades.

¹⁷Xudas escolleu a Eupólemo, fillo de Xoán de Hacós, e a Iasón, fillo de Elazar, e mandounos a Roma para firmar un tratado de amizade e alianza, ¹⁸coa intención de saír do xugo dos gregos, pois vían que estes querían escravizar a Israel.

¹⁹Chegaron a Roma, a viaxe fora moi longa. Entraron no Senado e dixeron:

²⁰—"Xudas, o Macabeo, seus irmáns e o pobo xudeu mándannos para facer convosco un tratado de amizade e de alianza, de xeito que de agora en adiante nos contedes entre os vosos amigos e aliados".

²¹A petición foi ben acollida.

²²Velaquí a copia da carta que escribiron en láminas de bronce e enviaron a Xerusalén, para que alí ficase como garantía do tratado de paz e alianza:

²³—"¡Prosperidade sen fin para romanos e xudeus, na terra e no mar, e que a espada inimiga estea lonxe deles!

²⁴Se alguén lles declara a guerra ós romanos ou a algún dos seus aliados en calquera parte do seu imperio, ²⁵os xudeus loitarán con eles decididamente, segundo o pidan as circunstancias. ²⁶Ós inimigos nin lles darán nin fornecerán víveres, armas, cartos nin barcos. É decisión dos romanos. Gardarán estes compromisos sen ningunha compensación.

²⁷Do mesmo xeito, se alguén lles declara a guerra ós xudeus, os romanos loitarán con eles decididamente, segundo o pidan as circunstancias. ²⁸Ós inimigos non lles darán víveres, armas, cartos nin barcos. É decisión dos romanos. Gardarán este compromiso con toda lealdade.

²⁹Estas son as condicións que os romanos poñen para pactar cos xudeus. ³⁰Se máis adiante algún dos pactantes quere engadir ou retirar algo, hase facer chegando a un acordo; e o engadido ou retirado será obrigatorio.

³¹No que se refire ó mal que o rei Demetrio lles fixo, xa lle escribímo-lo seguinte: ¿Por que asoballas con tanta dureza ós nosos amigos e aliados? ³²Se se nos volven queixar de ti, defenderémo-los seus dereitos atacándote por terra e por mar".

Derrota e morte de Xudas

9 ¹Demetrio, cando oíu que Nicanor e o seu exército pereceran no combate, volveu mandar a Xudea a Báquides e a Alcimo coa ala dereita do seu exército. ²Colleron polo camiño de Guilgal, atacaron e tomaron Mesalot de Arbelah e mataron alí moita xente. ³No primeiro mes do ano cento cincuenta e dous acamparon fronte a Xerusalén; ⁴despois marcharon cara a Berea con vinte mil infantes e dous mil xinetes.

⁵Xudas acampou en Elasa con tres mil homes escolleitos. ⁶Ó veren semellante multitude de inimigos, enchéronse de medo, e moitos fuxiron do campamento; soamente quedaron uns oitocentos. ⁷Xudas viu a desfeita do seu exército no instante en que a batalla ía xa empezar, e desalentouse, pois xa

---

8, 6 É Antíoco III o Grande, o pai de Antíoco IV Epífanes, vencido en Magnesia no ano 189 a. C. por Escipión.

8, 17 *Eupólemo,* tamén citado en 2 Mac 4, 11; parece pertencer a unha familia de diplomáticos, pois seu pai negociara tamén cos sirios. Era da familia sacerdotal de Hacós.

8, 29 O tratado, que ten trazas de ser auténtico, acaba aquí. A intención dos romanos non era axuda-los pequenos países —de nada lles valeu o tratado ós xudeus—, senón alenta-las revoltas nos países inimigos.

9, 1 O relato enlaza co final do c. 7.

9, 3 É dicir, no marzo/abril do 160 a. C.

non tiña tempo de xuntalo. ⁸Moi abatido díxolles ós que quedaran:

—"¡Ánimo! Imos combate-lo inimigo, que ó mellor podémoslle facer fronte".

⁹Pero os seus desanimárono dicíndolle:

—"Non poderemos. Agora é mellor salva-las nosas vidas; volveremos despois coa nosa xente e combateremos contra eles. Agora somos moi poucos".

¹⁰Xudas respondeulles:

—"Xamais non fuxiremos diante do inimigo. Se é que nos chegou a hora, morramos coma valentes polos nosos irmáns e non lixemos con isto a nosa fama".

¹¹O exército inimigo saíu entón do campamento e preparouse para o combate. A cabalería dividiuse en dúas partes; os fondeiros e os arqueiros diante do exército, e na primeira fila os máis fortes. Báquides ía na ala dereita. ¹²A falanxe avanzou polos dous lados ó toque das trompetas. Os de Xudas tamén tocaron as trompetas. ¹³O chan tremeu polo estrondo dos exércitos e o combate durou desde o abrente ata o serán.

¹⁴Xudas viu que Báquides e a parte máis forte do exército estaban na ala dereita; colleu con el ós máis valentes ¹⁵e desfixo a ala dereita e perseguiuna ata os montes de Axdod. ¹⁶Pero os da ala esquerda ó ver que a ala dereita fora derrotada e fuxía, perseguiron a Xudas e ós seus polas costas. ¹⁷A batalla púxose durísima, e caeron moitos das dúas partes. ¹⁸Xudas tamén caeu, e os outros fuxiron. ¹⁹Ionatán e Simón colleron o corpo de seu irmán Xudas e enterrárono en Modín, no sartego da familia. ²⁰Todo Israel fixo grandes funerais por el, e chorouno moitos días; dicían:

²¹—"¡Como caeu o valente,
o salvador de Israel!"

²²Non se escribiron aquí outros feitos de Xudas, as guerras e fazañas que levou a cabo, e a gloria que acadou, porque non teñen número.

Ionatán pasa a ser xefe

²³Despois da morte de Xudas, levantaron cabeza outra vez por todo o país os desleigados, e reapareceron tódolos que facían o mal. ²⁴Coincidiu que daquela houbo unha fame moi grande e o pobo pasouse a eles. ²⁵Báquides escolleu uns homes impíos e entregóulle-lo goberno do país. ²⁶Andaban á caza dos partidarios de Xudas, e levábanllos a Báquides, que os castigaba e aldraxaba. ²⁷Non houbera unha tribulación tan grande en Israel desde o tempo en que se acabaran os profetas.

²⁸Xuntáronse tódolos partidarios de Xudas e dixéronlle a Ionatán:

²⁹—"Desde que morreu teu irmán Xudas, non hai ninguén que, coma el, sexa capaz de facer fronte ó inimigo, a Báquides e ós que perseguen ó noso pobo. ³⁰Por iso nós hoxe escollémoste a ti para que ocúpe-lo seu posto de xefe e capitán e dirixas con éxito os nosos combates".

³¹Ionatán aceptou o mando e desde aquel momento sucedeu a Xudas.

³²Báquides sóuboo, e quería matalo. ³³Pero Ionatán e seu irmán Simón e tódolos seus seguidores souberóno e fuxiron ó deserto de Tecoa; acamparon a carón das augas da cisterna de Asfar.

³⁴Cando Báquides o soubo era sábado, e pasou el mesmo co seu exército ó lado de alá do Xordán. ³⁵Ionatán mandou a seu irmán á fronte dun grupo para pedirlles ós seus amigos os nabateos a ver se lles tiñan conta da bagaxe, que era moita. ³⁶Pero os fillos de Iambrí, de Medebá colleron a Xoán e o que levaba, e marchárollle con todo.

³⁷Pasado algún tempo, comunicáronlle a Ionatán e a seu irmán Simón que os fillos de Iambrí celebraban unha grande festa de casamento, e que conducían non moita aquela desde Medebá á moza, que era filla dun ricachón de Canaán. ³⁸Recordáronse da morte de seu irmán Xoán, e foron esconderse no monte. ³⁹Ergueron os ollos e viron unha caravana moi festeira; era o mozo que ía ó encontro da súa moza cos amigos e parentes, cantando e tocando o tambor e outros instrumentos. ⁴⁰Entón saíron do seu recuncho e caeron sobre eles para matalos. Feriron a moitos, e os demais escaparon para o monte. Rapináronlles todo o que levaban, ⁴¹e o casamento converteuse en loito, e os cantos de festa en laios. ⁴²Así vingaron a morte de seu irmán. Despois volvéronse para a ribeira pantanosa do Xordán. ⁴³Cando Báquides coñeceu isto, dirixiuse á fronte dun grande exército cara ás ribeiras do Xordán. ⁴⁴Entón Ionatán díxolles ós seus:

9, 15 *Os montes de Axdod.* Tanto este topónimo coma outros empregados polo redactor neste relato son de moi difícil identificación. Probablemente esteamos diante de datos trabucados.

9, 33 O deserto de *Tecoa* queda ó sur de Xudea, ó sueste de Belén.
9, 36 Débese tratar dunha tribo nabatea.
9, 43 Este v parece unha repetición do 34.

—"¡Ánimo! Loitemos pola nosa vida; hoxe non é coma onte ou antonte. ⁴⁵Estamos en perigo por diante e por detrás; e aí as augas do Xordán, as súas marxes pantanosas e bosques; non hai escape. ⁴⁶Así que rezádelle a Deus para que nos libre dos nosos inimigos".

⁴⁷Trabouse o combate. Ionatán estendeu o brazo para ferir a Báquides, pero este botouse para atrás e non lle deu. ⁴⁸Ionatán e os seus botáronse ó Xordán e pasaron a nado á outra beira; os inimigos non atravesaron o Xordán para perseguilos. ⁴⁹Aquel día caeron uns mil homes de Báquides.

⁵⁰Báquides regresou a Xerusalén, construíu fortalezas na Xudea, as de Iericó, Emaús, Bethorón, Betel, Tímnah, Piratón e Tefón, con altas murallas, con portas e con ferrollos; ⁵¹deixou nelas tropas para fustigar a Israel.

⁵²Fortificou tamén as cidades de Betsur, Guézer e a cidadela, e instalou nelas tropas e almacéns de víveres. ⁵³Colleu como reféns ós fillos da xente grande do país e encadeounos na cidadela de Xerusalén.

⁵⁴No segundo mes do ano cento cincuenta e tres Alcimo mandou desface-lo muro do adro interior do templo, destruíndo así a obra dos profetas. Empezaron o traballo, ⁵⁵pero de súpeto a Alcimo deulle un ataque e suspendéronse as obras. Unha parálise pechoulle a boca, de maneira que xa non puido nin falar nin dispoñe-las cousas da súa casa. ⁵⁶E morreu no medio de grandes dores.

⁵⁷Cando Báquides recibiu a nova da súa morte, volveuse para onda o rei, e Xudá estivo en paz durante uns dous anos.

⁵⁸Entón tódolos desleigados acordaron nunha xuntanza o seguinte:

—"Ionatán e os seus están tranquilos e confiados; imos chamar a Báquides para que unha noite os prenda a todos".

⁵⁹E fóronllo propoñer a Báquides.

⁶⁰Báquides púxose en camiño cun exército moi grande, e ás caladas mandou cartas a tódolos seus partidarios da Xudea para que prendesen a Ionatán e ós seus compañeiros; pero non o puideron facer, porque lles descubriron o plan. ⁶¹Foron Ionatán e Simón os que colleron uns cincuenta homes do país, os cabezas daquela conspiración, e matáronos. ⁶²Despois Ionatán, Simón e os seus compañeiros retiráronse a Betbasí, no deserto; levantaron as súas ruínas e fortificárona. ⁶³Cando o soubo Báquides, xuntou a toda a súa xente e avisou ós de Xudá. ⁶⁴Acampou fronte de Betbasí, e atacouna durante moitos días con máquinas de guerra. ⁶⁵Ionatán deixou na cidade a seu irmán Simón, e marchou polos arredores cuns poucos homes. ⁶⁶Derrotou a Odomerá e ós seus parentes e ós fillos de Fasirón nas súas tendas, e así loitando foi medrando o seu poder. ⁶⁷Entón Simón e os seus saíron da cidade e pegáronlles lume ás máquinas de guerra. ⁶⁸Atacaron e derrotaron a Báquides; humilláronoben humillado, pois os plans e a expedición acabaron nun fracaso.

⁶⁹Entón enfadouse cos desleigados que lle aconsellaran vir ó país, matou a moitos deles, e acordou volver para a súa terra.

⁷⁰Cando Ionatán o soubo, mandou onda el uns mensaxeiros para ver de face-las paces e intercambiar prisioneiros. ⁷¹Báqui-des recibiunos e aceptou a proposta e xurou que non lle faría mal ningún a Ionatán en toda a vida. ⁷²Entregoulle os prisioneiros que fixera antes en Xudá, e volveu para a súa terra, e xa non veu máis por Xudá. ⁷³Así acabou a guerra en Israel. Ionatán foi vivir a Micmás; alí empezou a goberna-lo pobo e a exterminarlos impíos de Israel.

Ionatán, Demetrio e Alexandro

10 ¹No ano cento sesenta Alexandro, fillo de Antíoco, o titulado Epífanes, embarcou e ocupou Tolemaida; foi ben acollido e empezou a reinar alí.

²Cando Demetrio se puxo ó corrente disto, xuntou un exército moi grande, e foi contra el para facerlle a guerra. ³Demetrio mandoulle a Ionatán unha carta moi amistosa prometéndolle acrecenta-lo seu poder. ⁴Pois pensaba:

—"Cómpre face-las paces cos xudeus, antes que Ionatán se poña de acordo con Alexandro en contra miña ⁵ó lembrarse de tódolos males que lle teño feito a el, a seus irmáns e ó seu pobo".

9, 54 Isto é, por abril-maio de 159 a. C. O muro que manda desfacer Alcimo é o que separa o adro dos xudeus do adro dos xentís; fora levantado cos azos dos profetas Axeo e Zacarías á volta do desterro.

9, 62 *Betbasí*, un pouco ó sueste de Belén.

10, 1 *Alexandro* —Alexandro Balas— faise pasar por fillo de Antíoco IV Epífanes, e coa axuda dos reis de Pérgamo e de Exipto empeza a rivalizar con Demetrio na posesión do trono de Siria. Era o ano 152 a. C. Os romanos empregárono para derrubar a Demetrio I.

10, 3 *Ionatán* xoga politicamente, e aproveita as circunstancias para acadar unhas concesións políticas e militares insospeitadas. De agora en diante o oportunismo político ocupará un posto importante na estratexia dos macabeos.

⁶Deulle autorización para formar un exército e para fabricar armamento; teríao como aliado de guerra seu. Amais diso mandou que lle entregasen os reféns que tiña na cidade. ⁷Ionatán foi a Xerusalén e leulle a carta a todo o pobo e ós da cidade. ⁸Todos se encheron de medo cando souberon que o rei lle dera autorización para formar un exército. ⁹Os da cidade entregáronlle os reféns a Ionatán, e el entregóulles a seus pais. ¹⁰Ionatán pasou a vivir en Xerusalén e empezou a reconstruír e a restaura-la cidade. ¹¹Mandoulles ós canteiros que levantasen a muralla e que rodeasen o monte Sión cun muro de cantería. E así o fixeron.

¹²Os estranxeiros que vivían nas fortalezas construídas por Báquides fuxiron. ¹³Todos deixaron as súas casas e marcharon para a súa terra. ¹⁴Soamente en Betsur quedaron algúns desleigados que renunciaron á Lei e ós mandamentos, porque a cidade era un bo refuxio.

¹⁵Ó rei Alexandro chegáronlle novas da promesa que Demetrio lle fixera a Ionatán, e contáronlle tamén as batallas e fazañas que levaran a cabo el e seus irmáns, e tódolos traballos que pasaran. ¹⁶E dixo:

—"¿Poderemos atopar outro home coma este? Fagámolo de contado amigo e aliado noso".

¹⁷E escribiulle a seguinte carta:
¹⁸—"O rei Alexandro saúda ó seu irmán Ionatán. ¹⁹Estamos informados de que es un home poderoso e digno da nosa amizade. ²⁰Por iso hoxe declarámoste sumo sacerdote da túa nación e concedémosche o título de amigo do rei, para que defénda-la nosa causa e sexas amigo noso".

E mandoulle un manto de púrpura e unha coroa de ouro.

²¹Ionatán puxo os ornamentos sagrados, no sétimo mes do ano cento sesenta, na festa dos Tabernáculos, formou un exército, e equipouno ben equipado.

²²Sabedor Demetrio de todo isto, comentou moi disgustado:

²³—"¿Que fariamos nós para que Alexandro se nos adiantase en facer amizade cos xudeus para fortalece-la súa casa? ²⁴Voulles escribir eu tamén, a ver se os convenzo prometéndolles cargos e regalos para que sexan aliados meus".

²⁵E escribiulles esta carta:
—"O rei Demetrio saúda ó pobo xudeu. ²⁶Recibímo-la boa nova de que estades gardando os acordos firmados connosco, e de que vos mantedes fieis á nosa amizade, sen vos pasar ó inimigo. ²⁷Seguide, pois, nesta lealdade e nós habémosvos compensar todo o ben que nos facedes. ²⁸Retirarémosvos moitos tributos e farémosvos grandes regalos.

²⁹Xa desde agora eximo a tódolos xudeus dos tributos e dos impostos do sal e das coroas. ³⁰Renuncio, de hoxe en diante, e para sempre, ó tercio das colleitas e á metade da froita que me corresponde na terra de Xudá e nos seus tres distritos anexos de Samaría e Galilea. ³¹Xerusalén será unha cidade santa e exenta, coa súa bisbarra, de dezmos e tributos. ³²Tamén renuncio á miña soberanía sobre a cidade de Xerusalén, e entrégolla ó sumo sacerdote; que el poña nela os homes que queira para defendela. ³³Concedo a liberdade, gratuitamente, a tódolos xudeus que foron levados cativos desde Xudá a calquera parte do meu reino, e todos quedarán libres dos tributos, mesmo dos do gando.

³⁴Tódalas festas, os sábados, a lúa nova, os outros días santos e os tres días antes e despois dunha festa serán días de exención e de liberación para tódolos xudeus do meu reino, ³⁵e ninguén terá dereito para perseguilos, ou para meterse con eles por razón ningunha.

³⁶Alistaranse no exército do rei trinta mil soldados xudeus, e pagaráselles coma a tódolos soldados do rei. ³⁷De entre eles escollerase xente para as fortalezas máis importantes e para cargos de confianza do reino. Os seus xefes e oficiais serán xudeus e poderán vivir segundo as súas leis, como o rei o mandou para Xudá.

³⁸Os tres distritos de Samaría, que son anexos da Xudea, formarán con ela unha única circunscrición e dependerán soamente da autoridade do sumo sacerdote.

³⁹Fago doazón de Tolemaida e da súa bisbarra ó templo de Xerusalén para cubri-los seus gastos. ⁴⁰E tamén hei dar cada ano quince mil siclos de prata, a recoller das rendas do rei alí onde máis conveña. ⁴¹As cantidades que os encargados do fisco non entregaron, coma nos anos anteriores, entregaranas agora para as obras do templo. ⁴²Tamén perdoámo-los cinco mil siclos de

---

10, 20 Noutro acto de raposería política Ionatán chega a satisfacer unha das pretensións dos Macabeos: te-la autoridade relixiosa do pobo xudeu. Era polo outono do ano 152 a. C. O feito provocaría a progresiva perda de simpatías de moitos cara a el e a súa familia.

prata que cada ano retirabamos dos ingresos do templo, e dámosllelos ós sacerdotes, que exercen as funcións sagradas.
⁴³Tódolos debedores do rei por razón de tributos dunha ou doutra cousa calquera que se refuxien no templo de Xerusalén ou no adro, quedan libres, eles e todo canto teñan no meu reino. ⁴⁴Os gastos de construcción e de restauración do templo serán pagados pola facenda real. ⁴⁵Tamén correrán pola conta do rei os gastos de reconstrucción das murallas de Xerusalén e de fortificación do seu recinto, e o mesmo a reconstrucción doutras murallas en Xudea".
⁴⁶Cando Ionatán e o seu pobo oíron tales palabras, non creron nelas nin as aceptaron, pois acordábanse ben do moito mal que lle fixera a Israel o rei Demetrio, e das súas moitas humillacións. ⁴⁷Así que decidíronse por Alexandro, que fora o que primeiro lles falara de paz, e declaráronse aliados del para sempre.
⁴⁸O rei Alexandro xuntou un exército moi grande e saíulle ó encontro a Demetrio. ⁴⁹Trabaron combate os dous reis, e os do exército de Demetrio fuxiron. Alexandro persiguiunos e foi superior. ⁵⁰Foi unha batalla sanguenta que durou ata a posta do sol. O rei Demetrio morreu aquel día.

Ionatán, Alexandro e Tolomeo VI

⁵¹Entón Alexandro enviou mensaxeiros a Tolomeo, rei de Exipto, para dicirlle:
⁵²—"Volvín ó meu reino, e conseguín ocupa-lo trono de meus país e conquista-lo poder ó vencer a Demetrio; agora son dono desta terra; ⁵³pois enfronteime con el, e vencémolo a el e ó seu exército, e agora ocupo o seu trono. ⁵⁴Fagamos, pois, unha alianza: dásme a túa filla por muller; eu serei o teu xenro e dareille a ela e mais a ti os regalos que mereces".
⁵⁵O rei respondeulle:
—"Ditoso o día en que volviches á terra de teus pais e en que ocupáche-lo trono real. ⁵⁶Con gusto farei o que me pides; ven, pois, a Tolemaida, para vernos, e serei o teu sogro, como ti queres".
⁵⁷Tolomeo partiu de Exipto coa súa filla Cleopatra e chegou a Tolemaida no ano cento sesenta e dous. ⁵⁸O rei Alexandro saíulle ó encontro. Tolomeo deulle a súa filla Cleopatra por muller e celebrouse o casamento en Tolemaida con moita pompa, como adoitan face-los reis.
⁵⁹O rei Alexandro escribiulle tamén a Ionatán para que o fose ver.
⁶⁰Ionatán marchou a Tolemaida cun grande acompañamento, e entrevistouse cos dous reis. Fíxolles moitos regalos de ouro e prata a eles e ós seus amigos, e gañou as súas simpatías. ⁶¹Chegaron de Israel uns malvados e desleigados para acusar a Ionatán diante do rei, pero o rei non os recibiu. ⁶²E non soamente iso, senón que mandou que lle quitasen a Ionatán a súa roupa e que o vestisen de púrpura; así o fixeron. ⁶³E o rei sentouno ó seu lado e díxolles ós seus achegados:
—"Saíde con el pola cidade e proclamade que ninguén teña o atrevemento de acusalo de nada nin de meterse con el por cousa ningunha".
⁶⁴Cando viron os honores públicos que lle tributaban e como ía vestido de púrpura, os seus acusadores fuxiron.
⁶⁵O rei encheuno de honores, elevouno á dignidade de amigo do rei, e nomeouno xeneral e gobernador. ⁶⁶Ionatán volveu a Xerusalén en paz e contento.

Ionatán e Demetrio II

⁶⁷No ano cento sesenta e cinco Demetrio, fillo de Demetrio, chegou de Creta á terra de seus pais. ⁶⁸Ó sabelo o rei Alexandro volveuse para Antioquía moi contrariado. ⁶⁹Demetrio puxo de gobernador en Celesiria a Apolonio, que xuntou un exército moi grande e acampou fronte a Iamnia. Desde alí mandoulle dicir ó sumo sacerdote Ionatán:
⁷⁰—"Ti e-lo único que te rebelaches contra nós, e pola túa culpa a xente rise e moquéase de nós. ¿Por que te fa-lo valente na montaña? ⁷¹Se de verdade tés fe nas túas tropas, baixa abaixo, a terra cha, e medirémo-las forzas, pois está comigo o exército das cidades. ⁷²Pregunta e saberás quen son eu e quen son os meus aliados, e xa o verás como che han dicir que non podedes resistir, e que xa teus pais fuxiron dúas veces na súa mesma terra. ⁷³Non darás resistido á miña cabalería e un exército tan grande, nesta chaira, onde non hai pedras nin penedos, nin sitio para onde fuxir".
⁷⁴Cando Ionatán oíu a mensaxe de Apolonio, encheuse de indignación; escolleu dez

---

10, 51 *Tolomeo,* trátase de Tolomeo VI Filométor (180-145), que fora derrotado por Antíoco Epífanes (cf **1,** 18).

10, 57 O ano 150 a. C.
10, 67 *Demetrio* II Nicátor, que no 147 a. C. tenta recupera-lo trono de seu pai Demetrio I.

mil homes e saíu de Xerusalén. Seu irmán Simón veuno axudar con reforzos. ⁷⁵Acampou en fronte de Iafa, pero os da cidade pecháronlle as portas, porque había nela unha garnición de Apolonio. Eles atacárona, ⁷⁶e os habitantes da cidade, cheos de medo, abríronlle as portas, e Ionatán apoderouse dela.

⁷⁷Cando Apolonio coñeceu o que pasara, dispuxo para a batalla a tres mil xinetes e a moitos de infantería, e marchou cara a Axdod, simulando pasar de largo diante de Iafa; pero ó mesmo tempo avanzaba cara á chaira, pois confiaba na súa numerosa cabalería. ⁷⁸Ionatán foi atrás del, cara a Axdod, e os dous exércitos trabaron combate. ⁷⁹Apolonio deixara escondidos ás costas dos xudeus mil xinetes; ⁸⁰pero Ionatán decatouse de que tiña unha emboscada por detrás, e, anque o rodearon e lle estiveron tirando frechas contra a súa tropa desde a mañá ata a noite, ⁸¹esta aguantou ben, seguindo as ordes de Ionatán ata que os cabalos do inimigo cansaron.

⁸²Cando xa cansaron os cabalos, Simón avanzou co seu exército, atacou a falanxe; venceuna e fíxoos fuxir. ⁸³A cabalería espallouse pola chaira; os outros fuxiron cara a Axdod, para refuxiarse no templo do deus Dagón e así salvarse. ⁸⁴Ionatán incendiou Axdod e as aldeas do arredor, despois de rapina-lo todo; pegoulle lume tamén ó templo de Dagón con tódolos que se refuxiaran nel. ⁸⁵Entre os caídos á espada e os queimados polo lume morreron arredor de oito mil homes.

⁸⁶Ionatán levantou o campamento e marchou para Axquelón. Os da cidade saíron para recibilo con moita festa. ⁸⁷Ionatán volveu para Xerusalén coas súas tropas cargadas de espolios.

⁸⁸Cando o rei Alexandro coñeceu estes acontecementos aínda lle concedeu a Ionatán máis honores; ⁸⁹mandoulle unha fibela de ouro, como é costume regalar ós familiares dos reis, e deulle o poder sobre Ecrón e a súa bisbarra.

Tolomeo traiciona a Alexandro

11 ¹O rei de Exipto xuntou un exército moi grande, coma a area da praia, e intentou apoderarse con raposería do reino de Alexandro e de engadilo ó seu reino. ²Marchou cara a Siria con aires de paz, e a xente das cidades abríalle as portas e saía ó seu encontro, pois o rei Alexandro mandara que o recibisen xa que era o seu sogro. ³En cada unha das cidades que visitaba Tolomeo ía deixando gornicións. ⁴Cando entrou en Axdod, ensináronlle o templo de Dagón queimado, a cidade e os seus arredores en ruínas, os cadáveres tirados polo campo adiante, amoreados polas beiras dos camiños os corpos calcinados dos que morreran na batalla contra Ionatán. ⁵Contáronlle o que fixera Ionatán para desacreditalo, pero o rei calou.

⁶Ionatán foino recibir a Iafa con grande acompañamento. Saudáronse e pasaron alí a noite. ⁷Ionatán acompañou ó rei ata o río Eléuzeros e volveu para Xerusalén.

⁸O rei Tolomeo apoderouse de tódalas cidades da costa ata Seléucida do Mar, e, argallando plans perversos contra Alexandro, ⁹enviou embaixadores ó rei Demetrio coa seguinte mensaxe:

—"Temos que facer un pacto entre nós; eu dareiche a miña filla, a muller de Alexandro, e ti reinarás no reino de teu pai. ¹⁰Estou arrepentido de lle da-la miña filla, pois el quíxome matar".

¹¹Calumniouno porque desexaba apoderarse do seu reino.

¹²Quitoulle a filla e deulla a Demetrio. Así rompeu as relacións con Alexandro e quedou ó descuberto a súa inimizade. ¹³Tolomeo entrou en Antioquía e cinguiu a coroa de Asia; así cinguiu a súa fronte con dúas coroas, a de Exipto e a de Asia.

¹⁴Por aqueles días o rei Alexandro estaba en Cilicia porque os habitantes daquela rexión revoltáranse. ¹⁵Cando o soubo, marchou contra eles, pero Tolomeo saíulle ó encontro cun exército poderoso e tivo que fuxir. ¹⁶Alexandro escapou cara a Arabia na procura de protección, e o rei Tolomeo quedou dono da situación.

¹⁷O árabe Zabdiel cortoulle a cabeza a Alexandro e mandoulla a Tolomeo. ¹⁸Dous días despois morría tamén o rei Tolomeo e os habitantes das fortalezas mataron as gornicións que el deixara nelas.

Demetrio II e Ionatán

¹⁹Así Demetrio comezou a reinar no ano cento sesenta e sete.

11, 7 *O río Eléuzeros,* ó norte de Trípoli, fronteira entre Siria e Fenicia.

11, 8 *Seléucida do Mar.* Era o porto de Antioquía; distaba desta cidade arredor duns vinte kms.

11, 19 Isto é, o 145 a. C.

[20] Por aquel tempo Ionatán xuntou os homes de Xudá para ataca-la cidadela de Xerusalén, e construíu moitas máquinas de guerra. [21] Pero uns desleigados e inimigos do seu pobo, fóronlle dicir ó rei que Ionatán estaba cercando a cidadela. [22] O rei púxose doente cando tal cousa oíu; partiu cara a Tolemaida, e desde alí escribiulle a Ionatán dicíndolle que levantase o cerco e que acudise axiña a Tolemaida para falar con el. [23] Ó recibi-la carta, Ionatán mandou continua-lo cerco, escolleu algúns anciáns de Israel e algúns sacerdotes e decidiu expoñerse ó perigo. [24] Foise presentar ó rei en Tolemaida ben provisto de prata, ouro, roupas e outros regalos, e o rei recibiuno ben, [25] e iso que algúns desleigados do seu pobo acusáronno. [26] O rei tratouno como o trataran os seus predecesores, honrándoo diante de tódolos seus amigos. [27] Confirmouno no cargo de Sumo Sacerdote, e en tódolos honores que xa tiña, e elevouno á categoría de amigo íntimo do rei. [28] Ionatán pediulle ó rei que librase de tributos a Xudá e ós tres distritos de Samaría, e prometeulle en troques trescentos talentos de prata. [29] Ó rei pareceulle ben, e escribiulle sobre isto a seguinte carta a Ionatán:

[30] —"O rei Demetrio saúda ó seu irmán Ionatán e ó pobo xudeu. [31] Para que estea des ó corrente, mandámosvos unha copia da carta que acerca de vós lle escribimos ó noso parente Lástenes: [32] 'O rei Demetrio saúda a seu pai Lástenes. [33] Polas disposicións que ten para connosco resolvemos favorece-lo pobo xudeu, amigo noso e fiel cumpridor das súas obrigacións connosco. [34] Confirmámoslle a posesión dos territorios de Xudá e dos distritos de Ofrah, Lida e Ramah, que foron desprendidos de Samaría e agora son anexos de Xudea. A tódolos que ofrecen sacrificios en Xerusalén perdoámoslle-lo importe que o rei recibía deles tódolos anos pola froita e os froitos. [35] Tamén perdoamos, de hoxe en diante, outros impostos ós que temos dereito, os dezmos e os tributos das salinas e das coroas. [36] Estas disposicións non se cambiarán nunca.

[37] Sacade unha copia deste decreto e entregádella a Ionatán, para que sexa colocada nun sitio visible no monte santo".

Revolta de Trifón

[38] Ó rei Demetrio pareceulle que o país estaba pacificado baixo o seu mando e que xa ninguén se lle opoñía; entón licenciou tódalas tropas, menos as mercenarias estranxeiras, e mandounas para a súa casa. Por isto inimistouse con tódolos soldados que pertenceran ó exército de seus pais. [39] Entón Trifón, antigo partidario de Alexandro, vendo que o exército murmuraba contra Demetrio, foi falar co árabe Imalcúe, preceptor de Antíoco, o fillo de Alexandro, [40] e pediulle con teimosía que llo entregase para facelo rei como sucesor de seu pai. Púxoo ó corrente de todo canto fixera Demetrio e do odio que lle tiñan os soldados. Trifón pasou alí bastantes días.

[41] Entrementres Ionatán mandou ó rei Demetrio unha petición no senso de que retirase a gornición da cidadela de Xerusalén e das outras fortalezas, porque lle facían moito mal a Israel. [42] Demetrio respondeulle así a Ionatán:

—"Por ti e polo teu pobo non só farei iso, senón que vos hei de cubrir de honores tan axiña como poida. [43] Pero agora fai o favor de me mandar algunhas tropas auxiliares, porque todo o meu exército desertou".

[44] Ionatán mandou para Antioquía tres mil homes escolleitos. Cando se presentaron diante do rei, moito se alegrou pola súa chegada. [45] Pero os habitantes da cidade, uns cento vinte mil, amotináronse no centro da cidade e querían mata-lo rei. [46] O rei refuxiouse no seu pazo, mentres a multitude ocupou tódalas rúas da cidade e comezou o asalto. [47] O rei chamou na súa axuda ós xudeus; de seguida xuntáronse todos arredor del; despois espalláronse pola cidade e mataron naquel día uns cen mil homes. [48] Queimaron a cidade e recolleron moitos espolios. Así salvaron ó rei.

[49] Cando viron os da cidade que os xudeus dominaban a situación como querían, desanimáronse e suplicáronlle ó rei:

[50] —"Fagámo-las paces, e que os xudeus deixen xa de loitar contra nós e contra a nosa cidade".

[51] Depuxeron as armas e fixeron as paces. Os xudeus colleron moito creto diante do rei e do seu pobo, e volveron para Xerusalén cheos de espolios.

[52] Demetrio ocupou o trono real, e o país quedoulle sometido. [53] Pero non cumpriu o que lle prometera a Ionatán, e arredouse del, pois ademais de non agradece-los servicios que lle prestara, molestábao moito.

11, 32 Probablemente fose *Lástenes* neste momento gobernador de Celesiria.

11, 39 Trátase de Antíoco VI, que reinou desde o 145 ó 142 a. C.

⁵⁴Despois destes sucesos, Trifón volveu con Antíoco, un rapaz moi noviño aínda, que cinguiu a coroa e empezou a reinar. ⁵⁵Xuntáronselle tódalas tropas que Demetrio licenciara, e fixéronlle a guerra e Demetrio tivo que fuxir derrotado. ⁵⁶Trifón apoderouse dos elefantes e ocupou Antioquía. ⁵⁷Entón o mozo Antíoco escribiulle a Ionatán o seguinte:

—"Confírmote no cargo de Sumo Sacerdote, póñote ó mando dos catro distritos e declárote amigo do rei".

⁵⁸E mandoulle unha vaixela completa de ouro, e deulle autorización para beber en copas de ouro, para vestirse de púrpura e para usar fibela de ouro. ⁵⁹E a seu irmán Simón nomeouno xeneral no territorio comprendido entre a Escada de Tiro e a fronteira de Exipto.

⁶⁰Ionatán empezou a percorrer tódalas cidades da parte de acó do río Éufrates, e engadíronselle tódalas tropas sirias. Chegou a Axquelón, e os habitantes da cidade fixéronlle un grande recibimento. ⁶¹De alí pasou a Gaza, pero os de Gaza pecháronlle as portas. Entón el cercouna, e queimou e saqueou os seus arredores. ⁶²Os moradores da cidade pedíronlle a paz e concedéullela, pero colleu coma reféns os fillos da xente grande e mandounos a Xerusalén. E el seguiu o seu percorrido polo país ata Damasco. ⁶³Alí informouse de que os xenerais de Demetrio estaban reunidos en Quédex de Galilea cun grande exército para facerlle abandona-lo seu proxecto. ⁶⁴Deixou a seu irmán Simón en Xudá e el saíulles ó encontro. ⁶⁵Simón foi atacar Betsur, cercouna e combateuna durante moitos días, ⁶⁶ata que pediron a paz; el aceptouna, pero fixo evacua-la cidade, apoderouse dela e deixou nela unha gornición.

⁶⁷Entrementres Ionatán acampou co seu exército ó pé do lago de Xenesaret, e pola mañanciña avanzou cara á chaira de Hasor. ⁶⁸O exército inimigo saíulle ó encontro na terra cha, pero deixara feita unha emboscada nos montes contra Ionatán. Empezou o combate; ⁶⁹os homes emboscados saíron dos seus recunchos ⁷⁰e tódolos soldados de Ionatán fuxiron, non quedou ningún, a non ser Matatías, fillo de Abxalom, e Xudas, fillo de Calfeo, capitáns do exército. ⁷¹Ionatán colleu e rachou as súas roupas, botou terra pola cabeza e púxose a rezar. ⁷²Despois volveu ó combate contra os inimigos, derrotounos e fíxoos fuxir. ⁷³Cando viron isto os seus soldados que fuxiran volveron para onda el, e entre todos perseguiron ós inimigos ata o seu campamento de Quédex, e alí detivéronse. ⁷⁴Aquel día caeron uns tres mil inimigos. Ionatán volveu despois para Xerusalén.

Renovación da alianza con Roma e con Esparta

12 ¹Vendo Ionatán que era o momento oportuno, escolleu algúns homes e mandounos a Roma para confirmar e renova-lo tratado de amizade cos romanos. ²Tamén ós espartanos e ós outros pobos lles remitiu cartas co mesmo fin.

³Os mensaxeiros saíron para Roma, entraron no senado e dixeron:

—"O Sumo Sacerdote Ionatán e o pobo xudeu mandáronnos para renovar convosco o antigo tratado de amizade e alianza".

⁴Os romanos entregáronlles cartas de recomendación para as autoridades de cada lugar, co fin de que puidesen chegar con paz á terra de Xudá.

⁵Copia da carta que Ionatán escribiu ós espartanos:

⁶—"O Sumo Sacerdote Ionatán, o consello da nación, os sacerdotes e todo o pobo xudeu saúdan ós seus irmáns, os espartanos.

⁷Noutrora o Sumo Sacerdote Onías recibiu do voso rei Areios unha carta na que se dicía que vós eráde-los nosos irmáns, como consta pola copia adxunta. ⁸Onías recibiu con tódolos honores ó voso mensaxeiro, e recibiu a carta que falaba claramente de alianza e amizade. ⁹Nós, aínda que non precisamos destes tratados pois contamos co alento das nosas santas Escrituras, ¹⁰acordamos enviarvos uns mensaxeiros para renovar convosco os lazos de irmandade e amizade que vos vinculan, co fin de non vos tratar coma estraños, pois pasou xa moito tempo desde que recibímo-la vosa carta.

¹¹Non vos esquecemos nos sacrificios e oracións que facemos por causa das festas e días santos, pois é cousa xusta e razoable lembrarse dos irmáns.

¹²Alegrámonos moito pola vosa prosperidade. ¹³Nós tivemos que pasar por moitas tribulacións e facer fronte ás moitas guerras que nos fixeron os reis veciños; ¹⁴pero non

---

11, 59 *Escada de Tiro.* Montaña ó pé do mar, preto de Tolemaida. Era o lindeiro norte do seu territorio.
12, 2 Cf **15,** 22-23.

12, 7 *Onías,* é Onías I, Sumo Sacerdote do 320 ó 290 a. C. O rei *Areios* é Areios I de Esparta (309-265 a. C.).

vos quixemos molestar nin a vós nin ós outros aliados e amigos nosos, [15]porque contamos coa axuda constante do Ceo, e así librámonos dos nosos inimigos, que foron derrotados.
[16]Así que escollemos a Numenio, fillo de Antíoco, e a Antípatro, fillo de Iasón, e enviámolos a Roma para renovar con eles o noso antigo tratado de amizade e alianza, [17]e mandámoslles tamén que se presentasen a vós, que vos saudasen e que vos entregasen esta carta para renova-la nosa irmandade. [18]Esperamos que nos contestedes favorablemente".
[19]Copia da carta enviada a Onías:
[20]—"Areios, rei de Esparta, saúda ó Sumo Sacerdote Onías.
[21]Atopamos nalgúns documentos escritos que espartanos e xudeus son irmáns por seren da raza de Abraham. [22]Agora que o sabemos pedímosvos que teñades a ben falarnos da vosa prosperidade. [23]Pola nosa parte dicímosvos que o voso gando e os vosos bens son nosos, e os nosos, vosos. Por iso dei a orde de que se vos comunique isto".
[24]Ionatán informouse de que volveran os xenerais de Demetrio cun exército moito máis grande có de antes para atacalo; [25]e saíu de Xerusalén ó seu encontro cara á bisbarra de Hamat, sen lles dar tempo a que invadisen o país. [26]Os espías que mandara ó campamento inimigo volveron dicindo que o inimigo resolvera atacalos pola noite. [27]Ó solpor Ionatán mandou ós seus homes que estivesen alerta toda a noite, armados e dispostos á loita, e colocou sentinelas arredor do campamento. [28]Cando os inimigos souberon que Ionatán e os seus estaban preparados para a loita, colleron medo, acenderon fogueiras no campamento e fuxiron. [29]Pero Ionatán e os seus como vían o lume das fogueiras non se decataron do feito ata o amencer. [30]Entón Ionatán perseguiunos, pero non os deu alcanzado, porque xa pasaran o río Eléuzeros. [31]Ionatán volveuse contra os árabes zabadeos, derrotounos e apoderouse dos espolios. [32]Despois levantou o campamento, foi para Damasco e percorreu toda aquela rexión.
[33]Entre tanto Simón partira cara a Axquelón e as fortalezas veciñas; e dirixiuse logo cara a Iafa, e conquistouna, [34]pois oíra que os habitantes quixeran entregar ós de Demetrio, e deixou nela unha gornición de defensa.
[35]Cando volveu Ionatán fixo unha xuntanza cos anciáns do pobo, e decidiron construír fortalezas en Xudá, [36]levantar máis as murallas de Xerusalén e construír un muro alto entre a cidadela e a cidade, para illa-la cidadela e para que así non puidesen nin mercar nin vender na cidade.
[37]Xuntáronse para reconstruí-la cidade, pois caera unha parte do muro oriental, o que dá ó torrente; restaurárono e puxéronlle o nome de Capenat. [38]Simón reconstruíu tamén Hadid, na Xefelah, fortificouna e púxolle portas con ferrollos.

Traición de Trifón a Ionatán

[39]Trifón teimaba apoderarse do trono de Asia, cingui-la coroa e deixar a un lado ó rei Antíoco, [40]pero tíñalle medo á posible oposición e declaración de guerra por parte de Ionatán, e por iso andaba á procura do momento para prendelo e matalo. Con esta intención dirixiuse a Betxeán. [41]Ionatán saíulle ó encontro con corenta mil homes escolleitos, e achegouse tamén a Betxeán. [42]Trifón, ó ver que Ionatán chegara cun exército tan grande, temeu botarlle a man. [43]Fíxolle un grande recibimento e presentóullelo a tódolos seus xenerais; agasallouno con moitos regalos e mandoulle ó seu exército que o obedecesen coma a el mesmo. [44]Despois díxolle a Ionatán:
—"¿Por que molestaches a esta chea de xente, se entre nós non hai guerra? [45]Licénciaos, escolle uns poucos para que che fagan compañía e ven comigo a Tolemaida; heiche entrega-la cidade coas outras fortalezas, o resto do exército e tódolos funcionarios. Despois eu marcho, que para isto vin".
[46]Ionatán fíxolle caso, e dispuxo conforme lle dixera: licenciou as tropas, que regresaron a Xudá, [47]e quedou el con tres mil homes; destes, dous mil quedaron en Galilea e mil acompañárono a el.
[48]Cando Ionatán entrou en Tolemaida, os da cidade pecháronlle as portas, prendérono e mataron a tódolos que o acompañaban. [49]Trifón mandou tamén tropas de infantería e

---

12, 23 Se as relacións entre xudeus e espartanos son moi probables, a autenticidade destas dúas cartas xa non o é tanto.
12, 25 *Hamat*, cidade situada ó norte de Palestina, na ribeira dereita do río Orontes.
12, 31 *Zabadeos*, pertencentes a unha tribo árabe dos arredores de Damasco.
12, 37 É o torrente Cedrón.
12, 40 Decote o autor ofrece análises deste tipo, sumamente simplistas e partidarias, alleas a unha consideración serea da realidade socio-política daqueles tempos. Ionatán era un pequeno estorbo que cumpría quitar de diante.

cabalería a Galilea e á chaira do Esdrelón para acabar cos soldados de Ionatán. ⁵⁰Pero estes, que xa sabían que prenderan e mataran a Ionatán e ós que ian na súa compaña, animáronse os uns ós outros, e avanzaron dispostos a loitar. ⁵¹Os seus perseguidores, vendo que se decidían a loitar pola súa vida, volvéronse. ⁵²E así chegaron todos sans e salvos a Xudá. Choraron moito por Ionatán e polos seus compañeiros, ó tempo que temían pola súa sorte. Todo Israel gardou grande loito. ⁵³Entón tódolos pobos veciños intentaron acabar con eles, pois dicían:

—"Xa non teñen nin xefe nin quen os defenda; ataquémolos, pois, e fagamos desaparece-lo seu recordo de entre os homes".

Simón, Sumo Sacerdote e xefe do pobo

13 ¹Cando Simón soubo que Trifón formara un grande exército para ir contra a terra de Xudá e devastala, ²e viu que a xente estaba tremendo, subiu a Xerusalén ³e alentounos con estas palabras:

—"Ben sabedes canto fixemos pola Lei e polo templo eu, meus irmáns e toda a miña familia, as guerras e desgracias que sufrimos. ⁴Por iso morreron meus irmáns por Israel e xa só quedo eu. ⁵Pero non queira Deus que neste momento de perigo vaia eu recuar por amor á miña vida, pois non son mellor ca meus irmáns. ⁶Polo contrario, defenderei ó meu pobo, ó templo, ás vosas mulleres e ós vosos fillos, agora que tódolos estranxeiros, cheos de carraxe, se xuntan contra nós para exterminarnos".

⁷Ó oílo falar, o pobo animouse ⁸e todos responderon a berros:

—"Ti e-lo noso xefe, despois de Xudas e de Ionatán. ⁹Dirixe a nosa guerra, que faremos canto nos mandes".

¹⁰Simón convocou a tódolos soldados, e buliu para acabar de construí-las murallas de Xerusalén, e fortificouna toda arredor. ¹¹Enviou a Iafa a Ionatán, fillo de Abxalom, cun exército regularciño, e Ionatán botou fóra da cidade ós seus habitantes e estableceuse nela.

¹²Trifón saíu de Tolemaida á fronte dun grande exército para invadir Xudá; levaba con el a Ionatán prisioneiro. ¹³Simón acampou en Hadid na chaira. ¹⁴Cando Trifón soubo que Simón reemprazara a seu irmán Ionatán e que estaba disposto e facerlle fronte, mandoulle a seguinte mensaxe:

¹⁵—"Temos prisioneiro a teu irmán Ionatán, polos cartos que debía ó tesouro real en razón dos cargos que tiña. ¹⁶Mándanos cen talentos de prata e a dous dos seus fillos, como reféns, para que non se revolte contra nós ó verse ceibe, e libertarémolo".

¹⁷Aínda que Simón sabía que Trifón o quería enganar, mandoulle os cartos e os dous fillos para que o pobo non se enfadase con el ¹⁸e andase dicindo despois:

—"Mataron a Ionatán por non lle manda-los cartos e os fillos".

¹⁹Mandoulle, pois, os fillos e os cen talentos. Pero Trifón faltou á súa palabra e non liberou a Ionatán.

²⁰Despois Trifón marchou para invadir e devasta-lo país. Rodeou polo camiño de Adoraim, pero Simón co seu exército saíalle ó encontro onde queira que el fose. ²¹Os da cidadela mandáronlle mensaxeiros a Trifón pedíndolle que se dese présa en ir na súa axuda atravesando polo deserto, e que lles levase víveres. ²²Trifón preparou toda a súa cabalería para ir alá aquela mesma noite, pero caeu unha nevada tan grande que non puido partir. Entón marchou para Galaad. ²³Ó chegar cerca de Basamah matou a Ionatán e enterrouno alí. ²⁴Despois Trifón deu a volta e marchou para a súa terra.

²⁵Simón mandou recolle-los restos de seu irmán Ionatán e enterrouno en Modín, o pobo de seus pais. ²⁶Todo Israel fixo grandes funerais por el e chorouno durante moitos días. ²⁷Simón construíu enriba do sepulcro de seus pais e de seus irmáns un monumento alto e visible desde moi lonxe, recuberto de pedras labradas por diante e por detrás. ²⁸Ergueu tamén sete pirámides, unhas enfronte doutras, para honrar a seu pai, a súa nai e ós seus catro irmáns. ²⁹Para decora-las pirámides púxolles grandes columnas arredor, e nas columnas mandou esculpir trofeos para eterna lembranza, e a carón dos trofeos, barcos, para que os visen tódolos navegantes. ³⁰Este monumento que mandou construir en Modín aínda hoxe existe.

Simón e Demetrio II

³¹Trifón, que conspiraba contra o rei Antíoco, aínda novo, acabou por matalo.

13, 4 Coidaba Simón, coma os demáis, que Ionatán fora asasinado.
13, 20 *Adoraim,* 13 Km ó suroeste de Hebrón. A volta que fixo Trifón para poder chegar a Xerusalén xustifícase por razóns de refugar así o encontro con Simón en zonas de montaña.
13, 31 Era o ano 142 a. C. Aínda o rei era un pícaro.

³²Ocupou o seu trono, cinguiu a coroa de Asia e foi causa de moitos males para o país.
³³Simón reconstruíu as fortalezas de Xudá, ergueu arredor delas torres e murallas moi altas, con portas e ferrollos, e deixoulles moitas provisións. ³⁴Escolleu algúns homes e enviounos ó rei Demetrio para pedirlle que perdoase os impostos ó país, porque as intervencións de Trifón foran verdadeiras rapinadas. ³⁵O rei Demetrio contestou a esta petición coa carta seguinte:
³⁶—"O rei Demetrio saúda a Simón, Sumo Sacerdote e amigo dos reis, ós anciáns e ó pobo xudeu.
³⁷Recibímo-la coroa de ouro e a palma que nos mandastes, e estamos dispostos a facer convosco unha paz duradeira, e a escribir ós funcionarios para que vos perdoen os impostos.
³⁸Segue tendo valor todo canto ordenamos en favor voso, e as fortalezas que construístes quedan para vós.
³⁹Tamén vos perdoámo-las faltas e as ofensas cometidas ata o día de hoxe, e a coroa que me debedes. E se Xerusalén ten algún imposto, non se vos cobrará máis.
⁴⁰Se algún de vós está disposto a alistarse na nosa garda persoal pódeo facer.
E que haxa paz entre nós".
⁴¹No ano cento setenta Israel ceibouse do xugo estranxeiro, ⁴²e empezáronse a datar así os documentos e os contratos: —"Ano primeiro de Simón, Sumo Sacerdote, xeneral e xefe dos xudeus".
⁴³Daquela acampou Simón fronte a Guézer e cercouna coas súas tropas; construíu unha torre de asalto, achegouna á cidade e atacou un dos torreóns, que deu tomado.
⁴⁴Cando os que ían na torre de asalto entraron na cidade, armouse dentro unha grande axitación. ⁴⁵Os habitantes da cidade coas súas mulleres e os seus fillos, subiron ás murallas, racharon os seus vestidos e pedíronlle a paz a Simón berrando:
⁴⁶—"Non nos trates como merecen as nosas maldades, senón segundo a túa misericordia".
⁴⁷Simón calmouse e deixou de atacar, pero expulsounos da cidade, purificou as casas nas que había ídolos e entrou logo entre cántigas de louvanza e de agradecemento.
⁴⁸Botou fóra da cidade toda impureza, e instalou nela xente observante da Lei; fortificouna e construíu nela unha casa para el.
⁴⁹Os que vivían na cidadela de Xerusalén, como non podían nin saír nin entrar na bisbarra, pasaban moita fame, e moitos deles morreron mazmidos. ⁵⁰Pedíronlle a Simón que lles concedese a paz, e el concedéullela, pero expulsounos de alí e limpou a cidadela de tódalas profanacións. ⁵¹O día vintetrés do mes segundo do ano cento setenta e un os xudeus entraron na cidadela entre cántigas de louvanza, con palmas, e ó son de cítaras, tambores e harpas, con himnos e cancións, porque acabaran por fin cun grande inimigo de Israel.
⁵²Simón mandou que tódolos anos se celebrase cunha festa aquela data. Fortificou o monte do templo, que está ó pé da cidadela, e viviu alí cos seus. ⁵³E vendo que o seu fillo Xoán era xa todo un home, nomeouno xefe de todo o exército, con residencia en Guézer.

Louvanza de Simón

14 ¹No ano cento setenta e dous o rei Demetrio xuntou as súas tropas e marchou a Media na procura de axuda para facerlle a guerra a Trifón. ²Cando Arsaces, rei de Persia e de Media, soubo que Demetrio entrara no seu territorio, mandou un dos seus xenerais para que o prendesen vivo. ³Foi alá o xeneral, derrotou ó exército de Demetrio, prendeuno e levoullo a Arsaces; e Arsaces meteuno na cadea.
⁴Mentres Simón viviu, houbo paz en
   Xudá,
traballou polo ben do seu pobo,
o seu goberno gustoulles sempre a todos,
e o mesmo a súa grandeza.
⁵Fixo medra-la súa grandeza
coa conquista do porto de Iafa;
así abriu un camiño cara ós pobos
   marítimos.
⁶Estendeu as fronteiras da súa nación
e conservou o mando do seu país.
⁷Rescatou moitos cativos,
apoderouse de Guézer, de Betsur e da
   cidadela;
botou fóra dela tódalas profanacións
e non houbo quen lle resistise.
⁸A xente traballaba en paz as súas terras;
as leiras daban as súas colleitas,
e as árbores da terra cha os seus froitos.

13,41 Isto é o ano 142 a. C. Simón consegue independizalo seu pobo do dominio estranxeiro.
13, 51 Por maio do ano 141 a. C.
14, 1 O ano 140 a. C.
14, 2 *Arsaces* é Mitridates I, que reinou do 171 ó 138 a. C.

⁹Os velliños sentábanse nos rueiros falando do ben que ían as cousas, e os mozos vestían gloriosos uniformes de guerra. ¹⁰Abasteceu de viandas as cidades e dotounas de medios de defensa, chegou a súa sona ata o cabo do mundo. ¹¹Pacificou todo o país, e Israel encheuse de alegría. ¹²Todos acougaron á sombra da súa parra e da súa figueira sen que ninguén os inquedase. ¹³Acabou cos inimigos do país, e no seu tempo os reis eran derrotados. ¹⁴Deu axuda á xente humilde do pobo, preocupouse pola Lei e desterrou os desleigados e perversos. ¹⁵Devolveulle ó templo o seu honor e aumentou os vasos sagrados. ¹⁶En Roma e en Esparta, cando souberon a noticia da morte de Ionatán sentírono moitísimo. ¹⁷Pero cando souberon tamén que seu irmán lle sucedera como Sumo Sacerdote e como gobernador da nación e das súas cidades ¹⁸escribíronlle en táboas de bronce para renovar con el o tratado de amizade e de alianza que fixeran con seus irmáns Xudas e Ionatán. ¹⁹As cartas léronse en Xerusalén nunha xuntanza do pobo. ²⁰Esta é a copia da carta que mandaron os espartanos:

—"Os maxistrados e a cidade de Esparta saúdan a Simón, Sumo Sacerdote, ós anciáns, ós sacerdotes e a todo o pobo dos xudeus, nosos irmáns. ²¹Os embaixadores que mandastes informáronnos da prosperidade e esplendor que tedes. A súa chegada alegrounos moito, ²²e rexistrámo-las súas palabras no libro de actas do seguinte modo: Numenio, fillo de Antíoco, e Antípatro, fillo de Iasón, embaixadores dos xudeus, visitáronnos para renovar connosco o tratado de amizade. ²³Ó pobo pareceulle ben facerlles un grande recibimento e depositar unha copia das súas palabras entre os documentos públicos, para que os espartanos o recorden sempre. Fixemos unha copia disto para o Sumo Sacerdote Simón".

²⁴Despois Simón enviou a Roma a Numenio cun gran escudo de ouro de mil minas de peso, para renova-la alianza cos romanos.

Agradecemento do pobo a Simón

²⁵Cando o pobo soubo de todas estas cousas, dixo:

²⁶—"¿Que recompensa lles imos dar a Simón e ós seus fillos? Pois o certo é que tanto el coma seus irmáns e toda a súa familia loitaron con valor contra os nosos inimigos e gracias a eles conseguímo-la liberdade".

Gravaron unha inscrición en placas de bronce e colocáronas nunhas columnas no monte Sión. ²⁷A inscrición dicía:

—"O día dezaoito do mes de Elul do ano cento setenta e dous —o ano terceiro de Simón, Sumo Sacerdote— ²⁸nunha asemblea extraordinaria dos sacerdotes, do pobo, dos dirixentes do pobo e dos anciáns de Israel, acordouse o seguinte:

²⁹Cando o país estaba en guerra continua, Simón, fillo de Matatías, da familia de Ioarib, e seus irmáns expuxéronse ó perigo e fixeron fronte ós inimigos da patria, para manter incólume o templo e maila Lei; e así cubriron de gloria ó seu pobo. ³⁰Ionatán realizou a unión do seu pobo, fixo de Sumo Sacerdote e foise xuntar cos seus. ³¹Entón os inimigos de Israel quixeron invadir e devasta-lo país e apoderarse do templo. ³²Pero ergueuse Simón e loitou pola súa patria, gastou gran parte dos seus bens en equipar e pagarlles ós soldados do seu pobo. ³³Fortificou as cidades de Xudá e Betsur que está na fronteira de Xudá, onde antes estaban as tropas inimigas, e deixou alí unha garnición xudía. ³⁴Fortificou tamén Iafa, na beira do mar, e Guézer que linda con Axdod, morada noutrora dos inimigos, e estableceu nelas colonias xudías que abasteceu de canto lles cumpría para a súa defensa. ³⁵Cando a xente viu a lealdade de Simón e o interese que poñía en engrandece-lo seu país, nomeouno xefe e Sumo Sacerdote seu, como premio por canto fixera, pola xustiza e lealdade de que dera proba en favor do seu pobo, e por tódolos esforzos que fixera por engrandecelo. ³⁶No seu tempo conseguiuse expulsar do país ós estranxeiros, sobre todo os que estaban na cidade de David, en Xerusalén, que fixeran dela unha fortaleza, de onde baixaban para profana-los arredores do templo e aldraxa-la súa santidade. ³⁷Simón puxo na cidadela tropas xudías, fortificouna para seguranza do país e da cidade, e deulles máis altura ás murallas de Xerusalén. ³⁸Por iso o rei Demetrio confirmouno no cargo de Sumo Sacerdote, ³⁹deulle o título de amigo do rei e concedeulle moitos honores, ⁴⁰porque o rei informárase de que os romanos tiñan ós xudeus por amigos, aliados e irmáns, e de

---

14, 27 Isto é por setembro do 140 a. C.

que lles fixeran un grande recibimento ós embaixadores de Simón, ⁴¹e de que o pobo xudeu e os seus sacerdotes acordaran o seguinte: que Simón fose o seu xefe e Sumo Sacerdote de por vida —mentres non aparecese un profeta digno de fe—; ⁴²que fose tamén o seu xeneral para coidar do templo, da inspección das obras, da administración do país, do armamento e das fortalezas; ⁴³que coidara do santuario; que todos lle obedecesen; que se redactasen no seu nome tódolos documentos públicos do país, que vestise de púrpura e ouro. ⁴⁴A ninguén, fose leigo ou sacerdote, lle estaría permitido violar ningunha destas disposicións, contradici-las ordes que el dese, facer xuntanzas no país sen o seu permiso, vestirse de púrpura ou levar fibela de ouro. ⁴⁵Se alguén non fixese caso destas disposicións e violase algunha delas, sería castigado".

⁴⁶Todo o pobo acordou que se lle dese a Simón autoridade para obrar conforme a estas disposicións. ⁴⁷Simón aceptou agradecido ser Sumo Sacerdote, xefe e etnarca dos xudeus e dos sacerdotes e gobernalos a todos. ⁴⁸Acordaron gravar este documento en placas de bronce e colocalo no adro do templo, nun sitio ben visible, ⁴⁹e que unha copia do mesmo se deixase no tesouro a disposición de Simón e de seus fillos.

Antíoco VII e Simón

15 ¹Antíoco, fillo do rei Demetrio, mandoulle unha carta desde unha illa do Mediterráneo a Simón, Sumo Sacerdote e xefe dos xudeus, e a todo o pobo. ²A carta dicía:

—"O rei Antíoco saúda a Simón, Sumo Sacerdote e xefe do pobo, e á nación xudía.

³Tendo en conta que algúns malvados se apoderaron do reino de meus pais, estou decidido a recuperalo e a devolverlle a grandeza anterior. Con este fin recrutei un grande exército e equipei barcos de guerra, ⁴co desexo de desembarcar no país e castigar ós que botaron a perde-lo reino e devastaron moitas das súas cidades.

⁵Así que confírmoche as exencións de impostos e calquera outra exención que che concederan os reis que me precederon. ⁶Permítoche cuñar moeda propia para o teu país. ⁷Xerusalén e o seu templo serán libres.

Seguirán no teu poder tódalas armas que conseguiches e tódalas fortalezas que construíches, e que hoxe son túas. ⁸Perdóoche, desde agora e para sempre, tódalas débedas ó tesouro real, presentes ou futuras. ⁹Cando tome posesión do meu reino honrarémosvos a ti, á túa nación e ó templo con honores tan grandes que a vosa gloria será coñecida en todo o mundo".

¹⁰No ano cento setenta e catro Antíoco entrou na terra de seus pais, e case tódalas tropas se pasaron ó seu bando, soamente uns poucos quedaron con Trifón.

¹¹Antíoco perseguiu a Trifón que se foi refuxiar en Dor do Mar, ¹²pois decatárase de que estaba nunha situación angustiosa desde que o abandonaran as súas tropas. ¹³Antíoco acampou en fronte de Dor con cento vinte mil soldados de infantería e oito mil xinetes. ¹⁴Cercaron a cidade e os seus barcos fóronse achegando, de maneira que a cidade quedou cercada por terra e por mar e ninguén podía nin entrar nin saír dela. ¹⁵Entre tanto chegaron de Roma Numenio e os seus compañeiros cunha carta para os reis dos diversos países que dicía así:

¹⁶—"Lucio, cónsul romano, saúda ó rei Tolomeo.

¹⁷Chegaron aquí, onda nós, uns embaixadores xudeus, mandados polo Sumo Sacerdote Simón e o pobo xudeu para renova-los tratados de amizade e alianza, ¹⁸e trouxéronnos un escudo de ouro que pesaba mil minas. ¹⁹Pareceunos acertado escribir ós reis dos diversos países para que non lles fagan mal ningún, nin os ataquen a eles, ás súas cidades e ó seu país, e para que non se alíen cos seus adversarios. ²⁰Tamén nos pareceu ben acepta-lo devandito escudo.

²¹Se se atopan refuxiados entre vós algúns xudeus escapados do seu país, entregádellos ó Sumo Sacerdote Simón para que os castigue de acordo coa Lei".

²²E escribiu cartas semellantes ó rei Demetrio, a Átalo, a Ariarates, a Arsaces, ²³e a tódolos países: Sánsame, Esparta, Delos, Mindos, Sición, Caria, Samos, Panfilia, Licia, Halicarnaso, Rodas Farsélida, Cos, Side, Arades, Górtina, Cnidos, Chipre e Cirene. ²⁴Ó Sumo Sacerdote Simón mandáronlle copia destas cartas.

14, 46 O pobo fai uha especie de pacto polo que entrega a Simón uns poderes abolutos e dictatoriais.
15, 1 Trátase de Antíoco VII Sidetes, fillo de Demetrio I e irmán de Demetrio II, que ó oír que seu irmán estaba prisioneiro (cf **14,** 3), intentou facerse co trono de Siria.
15, 10 É dicir, no 138 a. C.
15, 15 Introdúcense aquí uns documentos que rompen o relato do asedio de Dor. Posiblemente sexa consecuencia dunha redacción posterior do libro.

²⁵Entretanto o rei Antíoco seguía cercando Dor; atacouna con tódalas súas forzas e construíu máquinas de guerra. O cerco era tal que Trifón nin podía saír nin entrar. ²⁶Simón mandoulle unha axuda de dous mil homes escolleitos, con prata, ouro e moito armamento; ²⁷pero el non os quixo recibir, e non soamente iso, senón que ademais anulou os acordos anteriores e rompeu con el. ²⁸Envioulle a Atenobio, un dos seus amigos, para verse con el e dicirlle:

—"Vós estades ocupando Iafa, Guézer e a cidadela de Xerusalén, cidades todas do meu reino. ²⁹Devastáste-los seus territorios, fixestes moito mal no país e apoderástesvos de moitas poboacións do meu reino. ³⁰Así que devolvédeme as cidades ocupadas e os tributos das poboacións de que vos apoderastes fóra das fronteiras de Xudá. ³¹E se non, dádeme en compensación cincocentos talentos de prata, e outros cincocentos polos prexuízos causados e polos tributos das cidades; do contrario farémosvo-la guerra".

³²Cando Atenobio, amigo do rei, chegou a Xerusalén, quedou abraiado diante da magnificencia de Simón, a vaixela de ouro e de prata e a riqueza admirable. E entregoulle a mensaxe do rei. ³³Simón respondeulle:

—"Nós non ocupamos terra estranxeira, nin nos apoderamos de bens alleos, senón da herdanza dos nosos maiores, que os nosos inimigos retiveron inxustamente por algún tempo. ³⁴Aproveitando o momento oportuno non fixemos máis que recupera-la herdanza dos nosos maiores. ³⁵As cidades de Iafa e Guézer, que ti reclamas, fixéronlle moito mal ó noso pobo e devastaron a nosa terra. Por elas estamos dispostos a darche cen talentos".

³⁶Atenobio non lles dixo nin palabra; volveuse todo furioso onda o rei e comunicoulle a resposta; tamén lle falou da magnificencia de Simón e de todo o que el vira. O rei púxose doente.

³⁷Entrementres Trifón conseguiu fuxir nunha barca a Ortosia.

³⁸O rei nomeou a Cendebeo xeneral da zona costeira e entregoulle tropas de infantería e de cabalería. ³⁹Mandoulle que acampase en fronte de Xudá, que reconstruíse Cedrón, que reforzase as súas portas, e que fustigase ó pobo. O rei foi perseguir a Trifón.

⁴⁰Unha vez que Cendebeo chegou a Iamnia, empezou a meterse co pobo, a invadir Xudá, a facer prisioneiros e a matar xente. ⁴¹Reconstruíu Cedrón e nela colocou soldados de a pé e de a cabalo, para que fixesen correrías polos camiños de Xudá, segundo mandara o rei.

Xoán derrota a Cendebeo

16 ¹Xoán subiu de Guézer e comunicoulle a seu pai Simón o que Cendebeo andaba a facer. ²Simón chamou ós seus dous fillos máis vellos, Xudas e Xoán, e díxolles:

—"Eu e mais meus irmáns e mais toda a miña familia combatemos ós inimigos de Israel desde que eramos mozos ata hoxe, e co noso esforzo conseguimos liberar a Israel. ³Eu xa vou vello, pero vós, gracias a Deus, estades na idade mellor. Ocupade o meu posto e mailo de meu irmán, e ide loitar pola patria. Que a axuda do Ceo vaia convosco".

⁴Escolleron vinte mil do país entre guerreiros valentes e xinetes, e partiron contra Cendebeo. Pasaron a noite en Modín, ⁵e pola mañanciña erguéronse e avanzaron cara a terra cha; entón saíulles ó encontro un poderoso exército de infantería e cabalería. Só os separaba un torrente. ⁶Xoán e as súas tropas dispuxéronse a atacar. Xoán, ó decatarse de que as súas tropas tiñan medo a pasa-lo torrente, atravesouno el primeiro, e as súas tropas, ó velo, pasaron atrás del. ⁷Dividiu a súa xente en dous corpos, e colocou no medio ós de a cabalo, porque os xinetes inimigos eran moitísimos. ⁸Soaron as trompetas e Cendebeo e o seu exército foron vencidos; moitos deles caeron feridos e os demais fuxiron á fortaleza. ⁹Tamén foi ferido Xudas, o irmán de Xoán. Xoán perseguiunos ata a cidade de Cedrón, reconstruída por Cendebeo. ¹⁰Os inimigos fuxiron para as torres do campo de Axdod, pero Xoán pegoulles lume, e así morreron arredor de dous mil contrarios. Despois volveu victorioso a Xudá.

Asasinato de Simón

¹¹Tolomeo, fillo de Abubos, fora nomeado gobernador da terra cha de Iericó. Tiña moita prata e ouro, ¹²porque era o xenro do sumo sacerdote. ¹³Pero tanto se ensoberbeceu que quería apoderarse de todo o país, e así decidiu matar traicioneiramente a Simón e ós seus fillos.

¹⁴Simón visitaba daquela as cidades do país para ver como ían os asuntos, e baixou a Iericó cos seus fillos Matatías e Xudas; era

---

16, 14 Por xaneiro do ano 134.

no undécimo mes, ou sexa no mes de Xebat, do ano cento setenta e sete. ¹⁵O fillo de Abubos recibiunos arteiramente na fortaleza de Doc, construída por el mesmo. Ofreceulles un gran banquete, pero deixou escondidos uns poucos homes. ¹⁶Cando Simón e os seus fillos estaban bébedos, Tolomeo fixo un sinal; entón os escondidos saíron coas armas e botáronse contra eles, e mataron a Simón, ós seus dous fillos e a algúns dos seus acompañantes. ¹⁷Cometeu unha gran traición devolvendo mal por ben.

¹⁸Despois Tolomeo escribiulle ó rei dicíndolle o que pasara e pedíndolle que lle mandase tropas de auxilio para apoderarse do país e das súas cidades. ¹⁹Mandou tamén algúns a Guézer para que matasen a Xoán. Escribiu cartas ós oficiais do exército para que se pasasen ó seu bando, e prometeulles prata, ouro e outros regalos. ²⁰Enviou outro grupo para que ocupasen Xerusalén e o monte do templo. ²¹Pero alguén foi correndo a Guézer e comunicoulle a Xoán que mataran a seu pai e a seus irmáns e que mandaran matalo a el tamén. ²²Ó saber isto, Xoán quedou estarrecido; mandou prender ós que o viñan matar e matounos, pois sabía as súas intencións.

²³Os demais feitos do Xoán, as fazañas que levou a cabo, os muros que ergueu, e tódalas súas obras, ²⁴pódense ver escritas nos anais do seu pontificado, desde o día en que sucedeu a seu pai como Sumo Sacerdote.

LIBRO 2 DOS MACABEOS

Cartas ós xudeus de Exipto

Primeira carta

1 ¹Os irmáns xudeus de Xerusalén e de Xudá saúdan ós irmáns de Exipto e desexánlles paz e prosperidade.

²Que Deus vos encha das súas bendicións e que se acorde da alianza que fixo con Abraham, Isaac e Xacob, fieis servos seus. ³Que vos dea a todos un bo corazón para adoralo e cumpri-los seus mandamentos animosamente e de boa gana. ⁴Que abra o voso corazón á súa Lei e ós seus preceptos, e que vos conceda a paz. ⁵Que escoite as vosas oracións, se reconcilie convosco e non vos abandone nos momentos de desgracia.

⁶Velaí a nosa oración por vós.

⁷Durante o reinado de Demetrio, no ano cento sesenta e nove, nós, os xudeus escribímosvos: —"Envoltos nas desgracias e na persecución que estabamos sufrindo naqueles anos, cando Iasón e os seus partidarios traicionaron a causa da terra santa e do reino, ⁸incendiaron o pórtico do templo e verteron sangue inocente, nós acudimos ó Señor e El escoitounos. Ofrecémoslle un sacrificio e flor de fariña, acendémo-las lámpadas e presentámo-los pans".

⁹Polo tanto celebrade vós agora a festa das Tendas do mes de Kisleu.

Ano cento oitenta e oito.

Segunda carta

¹⁰Os habitantes de Xerusalén e de Xudá, o senado e Xudas saúdan e desexan prosperidade a Aristóbulo, preceptor do rei Tolomeo, da familia dos sacerdotes consagrados, e ós de Exipto.

¹¹Dámoslle moitas gracias a Deus por ternos salvado de grandes perigos e por guiarnos na loita contra o rei, ¹²pois de certo foi El quen desfixo ós que fixeron a guerra contra a cidade santa. ¹³E así cando o seu xeneral, acompañado dun exército que parecía invencible, chegou a Persia, foi esnaquizado no templo de Nanea, gracias a unha trampa que lle armaron os sacerdotes de Nanea. ¹⁴Co motivo de casar coa deusa Nanea, Antíoco entrou no templo cos seus amigos para apoderarse das súas inmensas riquezas coma dote. ¹⁵Cando os sacerdotes de Nanea lle trouxeron e mostraron o tesouro, el entrou

---

16, 23-24 O remate do libro ten moita semellanza cos finais empregados nos libros dos Reis. Xoán, fillo de Simón, o primeiro dos asmoneos, foi rei e sumo sacerdote, do 134 ó 104 a. C.

1, 1 *Exipto*. Había xa de vello colonias xudías en Exipto. En Leontópolis construíra Onías IV, cara ó 170 a. C., un templo que remedaba na súa estrutura ó de Xerusalén. As cartas seguintes, das que a segunda non ten trazas de ser moi auténtica, son unha invitación concreta para celebra-la festa da Dedicación (cf 1 Mac **4,** 59), e a través diso unha chamada á unidade cultual arredor do Templo de Xerusalén.

1, 7 Isto é, o 143 a. C. Demetrio era Demetrio II, rei a partir do ano 145 a. C.

1, 9 O ano 188 é o 124 a. C. 2 Mac réxese por un calendario diferente do de 1 Mac.

1, 10 *Aristóbulo*, un filósofo xudeu alexandrino que escribiu un comentario alegórico do Pentateuco.

1, 11 Refírese a Antíoco IV Epífanes, aínda que a morte que lle atribúe, moi metida na lenda, acontéceulle a seu pai Antíoco II o Grande. Este relato non cadra con 1 Mac **6,** 16, nin sequera con 2 Mac **9,** 1-29.

no recinto do santuario cuns poucos compañeiros; despois de que entrou Antíoco, pecharon o santuario, ¹⁶e, abrindo unha trampa no teito, mataron a cantazos ó xeneral e ós seus acompañantes. Despois esnaquizáronos, cortáronlle-la cabeza e botáronllela ós que estaban fóra. ¹⁷¡Sexa sempre bendito o noso Deus que acabou cos impíos!

¹⁸Como imos celebra-la purificación do templo no día vintecinco do mes de Kisleu, pareceunos cousa obrigada comunicárvolo para que tamén vós celebréde-la festa das Tendas e mais do lume que se atopou cando Nehemías ofreceu sacrificios despois de reconstruí-lo templo e mailo altar. ¹⁹Pois cando os nosos maiores foron deportados a Persia, os piadosos sacerdotes de entón colleron lume do altar e ás agachadas escondérono nunha cova que parecía un pozo seco; e tan ben o esconderon que ninguén deu co sitio. ²⁰Moitos anos despois, cando Deus quixo, Nehemías, enviado polo rei de Persia, mandoulles busca-lo lume ós fillos dos sacerdotes que o esconderan; pero, segundo dixeron eles, en vez de atopar lume o que atoparon foi un líquido moi mesto. Nehemías mandou que collesen dese líquido e que llo levasen. ²¹Cando as víctimas estaban xa preparadas derriba do altar, Nehemías mandoulles ós sacerdotes que botasen daquel líquido pola leña e polo que había sobre ela. ²²Así o fixeron. E de alí a pouco saíu o sol que antes estaba encuberto polas nubes, e acendeuse unha labarada que deixou abraiado a todo o mundo. ²³Mentres se ía consumindo o sacrificio, os sacerdotes e tódolos presentes rezaban, Ionatán principiaba e os demáis respondían con Nehemías. ²⁴Esta era a oración:

—"Señor, Señor Deus, creador de tódalas cousas, terrible e forte, xusto e garimoso, único rei bondadoso, ²⁵único benfeitor e único xusto; todopoderoso e eterno, que salvas a Israel de todo mal, que escolliches e santificaches a nosos pais: ²⁶acolle este sacrificio por todo o teu pobo Israel, garda e santifica a túa herdanza, ²⁷xunta ós nosos emigrantes, dálle-la liberdade ós que están vivindo coma escravos dos pagáns, protexe ós desherdados e asoballados, para que recoñezan os pagáns que ti e-lo noso Deus. ²⁸Castiga ós opresores que nos aldraxan cheos de soberbia. ²⁹Transplanta ó teu pobo para o teu lugar santo, como dixo Moisés".

³⁰Os sacerdotes cantaban himnos.

³¹Cando xa se consumiu o sacrificio, Nehemías mandou bota-lo líquido que sobrara derriba doutras penas. ³²Así o fixeron, e acendeuse un lume; pero apagouse de seguida diante do resplandor da luz do altar.

³³Cando isto se soubo, e lle dixeron ó rei de Persia que no sitio en que os sacerdotes deportados esconderan o lume aparecera un líquido co que os compañeiros de Nehemías prenderan lume ó sacrificio, ³⁴o rei, despois de comproba-lo feito, mandou acouta-lo sitio e declarouno sitio sagrado. ³⁵Aquel día foi día de festa, e o rei recibiu e deu moitos regalos. ³⁶Os compañeiros de Nehemías chamáronlle a aquel líquido *néftar*, que quere dicir purificación, pero moitos chámanlle *nafta*.

2 ¹Dise nos documentos que o profeta Xeremías mandou ós deportados que collesen do lume devandito ²e, ó entregárlle-la Lei, recomendoulles que non esquecesen os mandatos do Señor, nin se deixasen levar polos ídolos de ouro e prata tan ben enfeitados. ³E exhortounos con outros consellos semellantes para que non arredasen a Lei dos seus corazóns.

⁴Dise tamén neste escrito que o profeta, segundo unha revelación divina, mandou levar con el a tenda e maila arca cando foi cara ó monte a onde subira Moisés para ve-la herdanza de Deus. ⁵En chegando ó monte, Xeremías atopou unha cova, e meteu nela a tenda, a arca e mailo altar do incenso, e pechou a entrada. ⁶Algúns dos que o acompañaron foron alá despois para marca-lo camiño, pero non puideron dar con el. ⁷Cando o soubo Xeremías, berroulles e díxolles:

—"Este sitio vai permanecer descoñecido ata que Deus teña piedade e redima ó seu pobo. ⁸Entón mostrará o Señor outra vez eses obxectos, e aparecerá a gloria do Señor e a nube, como aparecera no tempo de Moisés e tamén cando Salomón pediu que o templo fose santificado solemnemente".

⁹Tamén se dicía no devandito documento que Salomón, home moi sabio, ofreceu o sacrificio do remate e da dedicación do templo. ¹⁰O mesmo que Moisés rezou ó Señor e baixou lume do ceo que acabou coas víctimas do templo de Xerusalén.

1, 19 Refírese á deportación a Babilonia do ano 587 a. C.

1, 36 *Néftar* ou *Nafta*; probablemente o petróleo sen refinar. Todo este relato está colocado aquí coa soa finalidade de mostra-lo vencello do templo actual co templo do pre-exilio, e deste xeito dar razón ás pretensións centra-listas do templo de Xerusalén.

2, 1 O recordo dos feitos de Xeremías —historicamente inexactos— e de Salomón non teñen máis finalidade que recalca-la continuidade entre os templos pre e post-exílico.

mas, así tamén rezou Salomón e baixou lume do ceo que acabou co holocausto. ¹¹Moisés dixo: —"Por non comeren a víctima ofrecida polo pecado, o lume acabou con ela". ¹²Tamén Salomón celebrou a festa durante oito días.

¹³Tamén se contan estas cousas nos escritos e memorias de Nehemías, e que este montou unha biblioteca na que estaban os libros dos reis, os escritos dos profetas e de David, e as cartas dos reis sobre doazóns. ¹⁴Tamén Xudas se fixo con tódolos libros esparexidos por mor das guerras que tivemos que aguantar; agora están nas nosas mans, ¹⁵así que, se tedes necesidade deles, mandade alguén que volos leve.

¹⁶E como estamos xa para celebra-la festa da Purificación, mandámosvos esta carta, para que neses días tamén vós fagades festa.

¹⁷Deus salvou a todo o seu pobo e deulles a todos a herdanza, o reino, o sacerdocio e o santuario, ¹⁸como o prometera na Lei; esperamos agora que teña axiña misericordia de nós e que nos xunte no lugar santo desde tódalas nacións do mundo, pois El librounos xa de grandes desgracias e purificou o santuario.

Prólogo

¹⁹A historia de Xudas o Macabeo e de seus irmáns, a purificación do gran templo, a dedicación do altar, ²⁰as guerras contra Antíoco Epífanes e o seu fillo Eupátor, ²¹e as aparicións celestes en favor dos que loitaron xenerosamente polo xudaísmo, para que, anque eran poucos, puidesen reconquistar todo o país e poñer en fuga a toda unha chea de bárbaros, ²²restaura-lo templo tan sonado en todo o mundo, libera-la cidade, restablece-las leis a piques xa de seren abolidas, gracias a que o Señor se compadeceu deles con grande misericordia, ²³todas estas cousas foron escritas por Iasón de Cirene en cinco libros, e nós imos ver de resumilas nun só volume.

²⁴En efecto, considerando a chea de números que hai e o traballoso que ten que resultar tanta materia xunta para quen se interesa polos feitos históricos, ²⁵procuramos ofrecer entretemento espiritual ós amantes da lectura, dar facilidades ós estudiosos que aprenden as cousas de memoria, e ser de utilidade a todos cantos lean este libro.

²⁶Para os que emprendémo-lo traballo de facer este resumo, non foi cousa doada, ó contrario, custounos moitas suores e vixilias. ²⁷Quen prepara un banquete co desexo de dar gusto ós outros, emprende un traballo difícil; pois así nós, para merece-la gratitude de moitos soportamos de boa gana este traballo. ²⁸Deixando, pois, ó historiador a tarefa de conta-las cousas con todo detalle, ímonos ater ás normas dun resumo. ²⁹Podémonos comparar —coido eu— co arquitecto que levanta unha casa; el ten que planea-lo conxunto da construcción, mentres que o decorador e o pintor soamente se coidan da ornamentación. ³⁰Ó historiador pídeselle que pescude e indague os feitos con todo detalle e detemento; ³¹pero a quen fai un resumo permíteselle que sexa breve e non se lle esixe que conte os feitos con todo detalle.

³²Comecemos, entón, a narración, pois abonda xa de prólogo, que é unha cousa sen sentido alonga-la introducción dunha historia e logo ser breve contándoa.

Historia de Heliodoro

3 ¹Mentras na Cidade Santa se vivía en paz e se observaban con moito coidadiño as leis, gracias á piedade do Sumo Sacerdote Onías e á súa severidade contra o mal, ²ata os reis honraban o lugar santo e facíanlle ricos e farturentos regalos. ³Así Seleuco, rei de Asia, sacaba das súas rendas para cubri-los gastos necesarios con que ofrecer sacrificios.

⁴Pero un tal Simón, da familia de Bilgah, nomeado inspector do templo, enfadouse co Sumo Sacerdote por mor da fiscalización do mercado da cidade. ⁵Simón, ó ver que non se podía impoñer a Onías, foi ver a Apolonio, fillo de Tarso, daquela gobernador de Celesiria, ⁶e díxolle que o tesouro de Xerusalén estaba cheíño de riquezas innumerables, que a suma dos fondos era incalculable e que o rei se podería apoderar deles pois sobraba

---

2, 19 Aquí principia o prólogo do compilador de 2 Mac. Nel sobrancean os obxectivos que se propón: alixeira-los relatos, renunciando a moitos detalles e "ofrecer entretemento espiritual ós amantes da lectura" (v 25).
3, 1 *Onías*, trátase de Onías III, de quen fará cumprida louvanza 4, 4-6; 15, 12, como tamén Eclo 5, 1ss. O seu irmán Iasón arrebatoulle o sumo sacerdocio no 173 a. C.
(cf 4, 7-17).
3, 3 *Seleuco* IV Filopátor que sucedeu a Antíoco III o Grande do 187 ó 175 a. C. Viuse urxido polo pago de grandes tributos ós romanos e por iso intenta apoderarse dos tesouros do templo.
3, 4 *Simón* era parente de Onías, pero apoiaba as boas relacións con Siria, mentres que este —Onías— era partidario dos exipcios.

moito dos gastos necesarios para os sacrificios.

⁷Entón Apolonio foi xunto ó rei e púxoó tanto das riquezas denunciadas. O rei escolleu a Heliodoro, ministro da Facenda, e mandouno coa orde de apoderarse das riquezas. ⁸Heliodoro púxose en camiño de contado e facía que ia visitando as cidades de Celesiria e de Fenicia, pero o que de verdade intentaba era cumpri-las ordes do rei. ⁹Ó chegar a Xerusalén foi moi ben recibido polo Sumo Sacerdote da cidade; deulle conta a este do que lle comunicaran e da razón da súa viaxe, e preguntoulle se todos aqueles ditos eran certos.

¹⁰O Sumo Sacerdote explicoulle, en contra da opinión do desleigado Simón, que se trataba de fondos para as viúvas e os orfos, ¹¹fóra dunha cantidade que pertencía a Hircano, fillo de Tobías, home de moi boa condición social; que a suma de todo o que había era de 400 talentos de prata e douscentos de ouro, ¹²e que de ningunha maneira se podía prexudicar ós que se fiaran da santidade do lugar e da inviolabilidade do templo venerado en todo o mundo.

¹³Pero Heliodoro contestoulle que, seguindo as ordes do rei, aquelas riquezas tiñan que pasar ó tesouro real. ¹⁴Sinalou un día e dispúxose a entrar para facer un reconto do tesouro.

Isto provocou unha grande inquedanza na cidade. ¹⁵Os sacerdotes estaban botados polo chan diante do altar coas vestiduras sacerdotais, pedíndolle ó Deus do ceo, instaurador das leis dos depósitos, para que gardase intactos os cartos da xente que alí os deixara. ¹⁶Non se podía olla-lo rostro do Sumo Sacerdote sen que lle doera a un o corazón, ata tal punto a súa cara e cor cambiadas deixaban ve-la angustia que levaba dentro; ¹⁷o medo que o invadiu e o tremer do seu corpo daban fe a quen o ollase da fonda mágoa do seu corazón. ¹⁸A xente saía en riolas das súas casas para participar nas rogativas públicas en favor do lugar santo a piques de ser aldraxado. ¹⁹As mulleres, cinguindo o peito con sacos, enchían as rúas; as mozas, que estaban recollidas nas casas, unhas corrían cara ás portas da cidade, outras cara ás murallas e outras debruzábanse nas ventás; ²⁰todos rezaban erguendo as mans cara ó ceo.

²¹Daba pena ver toda aquela chea de xente angustiada botándose por terra, e a ansiedade do Sumo Sacerdote cheo de aprensión.

²²Mentres todos lle pedían ó Señor todopoderoso que gardase intactos os cartos da xente que alí os metera, ²³Heliodoro comezou a levar a cabo o seu plano. ²⁴Estaba xa coa súa escolta ó pé do tesouro, cando o Soberano dos espíritos e de todo poder se manifestou de forma extraordinaria, de xeito que tódolos que se atreveron a entrar quedaron sen forzas e atordoados, feridos polo poder de Deus. ²⁵Aparecéuselles un cabalo enfeitado con moita riqueza e montado por un cabaleiro terrible; nunha arrincada violenta botouse contra Heliodoro coas patas dianteiras; o cabaleiro levaba posta unha armadura de ouro. ²⁶Aparecéronselles tamén dous mozos fortes e varudos, vestidos magnificamente, que se colocaron un a cada lado de Heliodoro, e azoutándoo déronlle unha malleira grandísima. ²⁷De súpeto Heliodoro caeu no chan envolto nunha negrura pecha, e tivérono que recoller e colocárono nunha liteira.

²⁸Así quen había pouco entrara no tesouro con grande acompañamento e cunha forte escolta, saía agora levado por outros sen se poder valer, e cunha boa experiencia da soberanía de Deus. ²⁹Mentres el, ferido pola forza de Deus, estaba alí deitado, mudo e sen moita esperanza de salvación, ³⁰os xudeus louvaban ó Señor porque manifestara a súa gloria no lugar santo, e o templo, pouco antes cheo de medo e de inquedanza, relucaba agora de alegría e xúbilo pola aparición do Señor todopoderoso. ³¹Algúns dos compañeiros de Heliodoro foron de seguida pedirlle a Onías que invocase ó Altísimo para que lle dese a vida a aquel que estaba a morrer. ³²O Sumo Sacerdote, temendo que o rei puidese sospeitar que os xudeus atentaran contra Heliodoro, ofreceu un sacrificio pola súa cura. ³³No momento en que o Sumo Sacerdote ofrecía o sacrificio de expiación, aparecéronselle outra vez a Heliodoro os mesmos mozos, coa mesma vestimenta, e dixéronlle:

—"Xa lle podes dar gracias ó sumo sacerdote Onías, pois por el concédeche o Señor a vida. ³⁴E xa que fuches castigado por Deus, anuncia a todo o mundo o seu grande poder".

En dicindo esto, desapareceron.

³⁵Heliodoro, despois de ofrecer un sacrificio ó Señor e de facer grandes promesas a quen lle outorgara a vida, despediuse de Onías e volveuse coas súas tropas para onda o rei, ³⁶e daba fe diante de todos dos milagres do Deus altísimo que vira cos seus mesmos ollos. ³⁷E cando lle preguntou o rei quen sería o máis apropiado para mandalo a Xerusalén, contestoulle:

[38] —"Se tes algún inimigo ou alguén que conspire contra o teu reino, mándao alá, e ti has ver como volve ben castigado; iso si é que volve con vida, porque naquel sitio ten que haber unha forza divina. [39] O que habita no ceo pousa os ollos naquel lugar para gardalo, e castiga coa morte ós que alí se achegan para facer mal". [40] Esta foi a historia de Heliodoro e da conservación do tesouro.

Persecución de Antíoco Epífanes. Onías, Iasón e Antíoco Epífanes

4 [1] O devandito Simón, o que denunciara o tesouro e traicionara a patria, falaba mal de Onías, dicindo que fora el quen maltratara a Heliodoro e quen lle fixera mal. [2] Tiña o atrevemento de chamar inimigo do pobo ó benfeitor da cidade, ó defensor dos seus veciños, e ó afervoado partidario das leis. [3] E chegou a tanto a xenreira que algúns dos de Simón ata cometeron asasinatos.

[4] Onías decatouse do risco que corrían con aquelas rivalidades e de que Apolonio, fillo de Menesteo, gobernador de Celesiria e de Fenicia, encirraba a ruindade de Simón. [5] Foi falar co rei, non para acusar ós seus conveciños, senón coa boa intención de favorece-lo interese de todos e cada un, [6] pois dábase conta de que sen a intervención do rei sería imposible ter paz no país e que Simón parase de facer toladas.

[7] Cando morreu Seleuco, sucedeulle Antíoco, o chamado Epífanes; Iasón, o irmán de Onías, teimaba en acada-lo sumo sacerdocio valéndose de artimañas. [8] Así nunha audiencia prometeulle ó rei trescentos sesenta talentos de prata e oitenta doutras rendas; [9] e a maiores diso prometía poñer cento cincuenta talentos se lle daba autorización para construír un ximnasio e un clube para os mozos, e para que os habitantes de Xerusalén gozasen de cidadanía antioquena.

[10] O rei pareceulle ben, e Iasón tomou o mando, e o primeiriño que fixo foi introducir no pobo os xeitos de vida dos gregos; [11] suprimiu os privilexios que os reis tiveran a ben conceder ós xudeus gracias a Xoán, pai de Eupólemo, que fora de embaixador a Roma para face-lo tratado de amizade e alianza, e suprimiu tamén as institucións legais para introducir costumes alleos á Lei; [12] e ata chegou a construír un ximnasio debaixiño mesmo da cidadela e xuntou alí ós mozos máis distinguidos.

[13] A tanto chegaron os costumes dos gregos e tanto se espallou a moda estranxeira, por culpa de Iasón, que máis ca sumo sacerdote era un desleigado, [14] que os sacerdotes xa non se preocupaban dos servicios do culto; todo ó contrario, desprezaban o templo e desinteresábanse dos sacrificios e bulían axiña para participar nos xogos prohibidos da palestra e nas competicións de lanzamento de disco. [15] Non tiñan ningunha estima polos propios valores, e coidaban que as glorias gregas eran o melloriño. [16] Pero por isto mesmo sufriron unha gran desgracia: aqueles a quen se querían asemellar en todo seguindo os seus costumes, aqueles mesmos convertéronse nos seus inimigos e verdugos. [17] Évos cousa moi seria violar polas boas as leis divinas, como se pode ver nos feitos que imos contar.

[18] Cando se celebraron en Tiro os xogos quinquenais na presencia do rei, [19] o desleigado Iasón mandou uns legados antioquenos en representación de Xerusalén, con trescentas dracmas de prata para o sacrificio de Hércules. Pero os que as levaban chegaron ó acordo de que era mellor deixar eses cartos para outros gastos antes que empregalos nun sacrificio que non viña ó caso. [20] E así foi como aquel diñeiro, o doante entregara para o sacrificio de Hércules, foi destinado a construír trirremes pola decisión dos que o levaban.

[21] Apolonio, o de Menesteo, foi enviado a Exipto para asistir á coroación do rei Filométor; daquela Antíoco informouse de que este rei non estaba de acordo coa súa política, e deu en tomar medidas de seguridade, e por esa razón pasou por Iafa e chegou ata Xerusalén. [22] Iasón e a cidade enteira recibírono por todo o alto con fachos e moitas aclamacións. Despois seguiu coas súas tropas cara a Fenicia.

Menelao, sumo sacerdote

[23] De alí a tres anos, Iasón mandou onda o rei a Menelao, o irmán do devandito Simón,

---

3, 39 Esta frase recolle perfectamente a conclusión a que se quere chegar co relato de Heliodoro.
4, 7 *Antíoco* (175-164 a. C.) era Antíoco IV, irmán do finado Seleuco. Iasón era tamén irmán de Onías III, pero partidario da helenización, como o demostra simbolicamente o feito de cambia-lo seu nome hebreo Xosué polo helenizado Iasón.
4, 9 Tanto o *ximnasio* coma o *clube para mozos* ("efebía")
eran pasos importantes no camiño da helenización.
4, 15 No fondo dos problemas estaba unha auténtica crise cultural que se deu naquel tempo en Palestina. Como sempre pasa nestes casos, póñense en xogo dunha maneira moi complexa moitos valores e contravalores.
4, 21 *Filométor* é Tolomeo VI, oposto ó rei Antíoco pola súa pretensión de recobrar para Exipto toda a Celesiria.
4, 23 *Menelao* foi sumo sacerdote desde o 172 ó 162 a. C.

para que lle levase os cartos e tratase con el algúns asuntos de urxencia. ²⁴Pero Menelao, apoiado por boas recomendacións, deulle honores ó rei e fíxose pasar por todo un personaxe, e acadou para si mesmo o sumo sacerdocio, ofrecendo trescentos talentos de prata máis ca Iasón. ²⁵E volveuse co nomeamento real, sen outros méritos para ser sumo sacerdote co asañamento dun opresor cruel e a xenreira dun animal adoecido. ²⁶E así Iasón, que suplantara ó seu mesmo irmán, foi suplantado por outro, e tivo que fuxir para a terra dos amonitas. ²⁷Pero Menelao, unha vez que tomou posesión do seu cargo, xa non se preocupou de paga-los cartos que lle prometera ó rei, ²⁸e iso que llos reclamaba Sóstrates, o prefecto da cidadela, que levaba o asunto dos impostos. Así que o rei chamounos ós dous. ²⁹Menelao deixou como suplente no cargo de sumo sacerdote a seu irmán Lisímaco, e Sóstrates deixou a Crates, o xefe dos chipriotas.

³⁰Mentres, os habitantes de Tarso e de Malos subleváronse porque as súas cidades foran dadas como dote a Antioquida, unha concubina do rei. ³¹O rei foi alá de seguida para poñe-las cousas en orde, e deixou encargado do goberno a Andrónico, un dos seus dignatarios.

³²Menelao coidou que aquela era unha boa oportunidade, e roubou algúns obxectos de ouro do templo; deles deulle algúns a Andrónico e outros vendeunos en Tiro e nas cidades de arredor. ³³Cando tivo noticias certas do caso, Onías, que se gardara nun sitio sagrado, en Dafne, cerca de Antioquía, reprendeuno. ³⁴Entón Menelao, foi falar a soas con Andrónico e pediulle que matase a Onías. Daquela Andrónico foi ver a Onías; e con moitos enganos deulle a man e fixo xuramento, e convenceu a Onías, que non se acababa de fiar de todo, para que saíse fóra do sitio sagrado; pero, así que saíu, matouno sen respectar ningún dereito. ³⁵Por esta razón tanto os xudeus coma outra xente doutros pobos enchéronse de indignación e non podían aturar aquela morte inxusta. ³⁶Cando volveu o rei de Cilicia foron onda el os xudeus da cidade e os gregos que reprobaban aquela morte, e contáronlle o asasinato inxustificado de Onías. ³⁷Antíoco, fondamente apenado e cheo de compaixón, chorou polo defunto lembrando a súa prudencia e a súa rectitude; ³⁸tanta carraxe lle deu que de contado foi e arrincoulle a Andrónico a púrpura e rachoulle os vestidos; despois mandou que o paseasen por toda a cidade ata o sitio onde matara a Onías; e alí acabou co asasino. Deste xeito recibiu do Señor o castigo merecido.

³⁹Lisímaco fixera moitos roubos sacrílegos en Xerusalén co consentimento de Menelao; xa desapareceran moitos obxectos de ouro cando se aireou o asunto; daquela o pobo sublevouse contra Lisímaco. ⁴⁰Lisímaco decatouse de que o pobo andaba alporizado e cheo de carraxe, así que armou a uns tres mil homes e mandouno reprimir con violencia; o xefe de operacións era un tal Aurano, home xa de bastantes anos e de maior tolería. ⁴¹Ó ve-lo ataque de Lisímaco, uns con pedras, outros con estacas e algúns collendo presas de cinsa que alí había, a xente atacou ós de Lisímaco. ⁴²Feriron a moitos, mataron a algúns, e a tódolos demais os fixeron fuxir, e ó sacrílego matárono ó pé do tesouro.

⁴³Por estes incidentes Menelao foi procesado, ⁴⁴e cando o rei chegou a Tiro, tres homes enviados polo Senado presentáronlle o caso. ⁴⁵Véndose xa perdido, Menelao prometeulle unha boa manchea de cartos a Tolomeo, o de Dorimeno, se convencía ó rei; ⁴⁶e así foi, Tolomeo invitou ó rei a dar unha voltiña por un pórtico coma se fosen toma-lo fresco, e fíxoo cambiar de parecer. ⁴⁷Absolveu de tódalas acusacións ó que era culpable de todo, e, en cambio, condenou a morte a uns coitados que serían declarados inocentes aínda que fosen xulgados nun tribunal bárbaro. ⁴⁸Os que defenderan a cidade, o pobo e os vasos sagrados, sufriron de contado un castigo inxusto. ⁴⁹Por esa razón, os de Tiro, en sinal de desacordo co crime cometido, pagaron os gastos do funeral. ⁵⁰Menelao, gracias á avaricia dos caciques, seguiu no poder; a súa ruindade ía a máis cada día e converteuse nun asañado perseguidor dos seus concidadáns.

Antíoco toma Xerusalén e profana o templo

5 ¹Por aquel tempo Antíoco preparou unha segunda expedición a Exipto. ²E sucedeu que durante uns corenta días se vían por toda a cidade cabalerías a galope polo aire, con vestidos de ouro, escuadróns armados con lanzas, ³batallóns de cabalería en formación, refregas e cargas polas dúas partes, escudos en movemento, moreas de lan-

---

5, 1 Parece máis aceptable a relación de feitos presentada por 1 Mac **1,** 16-19; seguíndoa, vese que a profanación do templo se deu despois da primeira expedición a Exipto.

zas, disparos de frechas, resplandor de armaduras douradas e coirazas de tódolos tipos. ⁴Todos pedían que aquela visión fose un bo agoiro.

⁵Espallouse entón a falsa nova de que morrera Antíoco, e Iasón, á fronte de mil homes polo menos, atacou de súpeto a cidade. Os que defendían as murallas foron rexeitados, a cidade á fin foi tomada e Menelao refuxiouse na cidadela. ⁶Daquela Iasón matou sen piedade a moitos dos seus concidadáns, sen decatarse de que unha victoria sobre os seus mesmos irmáns era a meirande derrota; parecíalle que triunfaba sobre os seus inimigos e non sobre os seus irmáns. ⁷Con todo, non chegou a colle-lo poder, e, por fin, aldraxado pola súa mesma traición, tivo que se volver outra vez para a terra dos amonitas. ⁸E así foi como acabou este home ruín: levado á cadea por Aretas, rei dos árabes, fuxindo dunha cidade para outra, perseguido por todos, aborrecido como apóstata das leis, odiado como verdugo da patria e dos seus concidadáns, foi exiliado a Exipto. ⁹E así o que a tantos compatriotas seus desterrara, foi morrer en terra allea, cando fuxía cara a Esparta, onde contaba atopar refuxio por razóns de parentela. ¹⁰Ninguén chorou ó que a tantos deixara sen sartego; nin lle fixeron funerais de ningunha clase, nin puido ser enterrado no sartego de seus pais.

¹¹Cando Antíoco soubo o que pasara, pensou que Xudá quería sublevarse. Por iso volveu de Exipto furioso coma un can danado, e tomou a cidade polas armas. ¹²Mandoulles ós soldados que degolasen sen piedade a cantos atopasen e que matasen ós que se gardaban nas casas. ¹³Aquilo foi unha matanza de mozos e vellos, un exterminio de homes, mulleres e nenos, un linchamento de mozos e picariños. ¹⁴Naqueles días desapareceron oitenta mil: corenta mil mortos e outros corenta mil vendidos coma escravos. ¹⁵E non satisfeito con esto, tivo o atrevemento de entrar no templo máis santo do mundo enteiro, guiado por Menelao, convertido nun traidor das leis e da patria. ¹⁶E colleu coas súas mans lixadas os vasos sagrados, e coas súas mans sacrílegas arrepañou tamén as ofrendas que fixeran outros reis para enriquecemento, gloria e honra do lugar santo. ¹⁷Antíoco, todo enfachendado, non se decataba de que o Señor estaba alporizado por pouco tempo polos pecados dos habitantes da cidade, e de aí viña o seu desinterese polo lugar santo; ¹⁸certamente, se o pobo non estivese tan cheíño de pecados, Antíoco sería castigado con só da-lo primeiro paso, e tería que renunciar ó seu atrevemento, como lle pasara a Heliodoro, cando fora enviado por Seleuco para inspecciona-lo tesouro. ¹⁹Pero o Señor non escollera o pobo para o templo, senón o templo para o pobo; ²⁰e por iso o mesmo lugar santo que participara nas desgracias do pobo, participou despois tamén no seu esplendor; e o templo, esquecido mentres durou a carraxe do Todopoderoso, foi refeito con todo esplendor ó reconciliárense co Señor altísimo.

²¹Antíoco colleu uns mil oitocentos talentos de prata do templo, e marchou axiña para Antioquía, coidando —¡tanta era a súa fachenda!— que podería navegar pola terra e andar de pé polo mar. ²²Deixou uns gobernadores que maltrataron ó pobo: en Xerusalén, a Filipo, natural de Frixia, home máis cruel aínda ca quen o mandou; ²³en Garizim, a Andrónico, e xa para rematala, a Menelao, o peoriño de todos pola ruindade con que tratou ós seus concidadáns e polo odio que lles tiña ós xudeus.

²⁴Amais diso, Antíoco mandou a Apolonio, xefe dos mercenarios de Misia, cun exército de vintedous mil soldados coa orde de matar a tódolos homes e vende-las mulleres e os nenos. ²⁵Chegou a Xerusalén con aparencia de paz, e agardou a que chegase o día santo do sábado; entón, aproveitando o descanso do sábado, mandou que as súas tropas desfilasen, ²⁶e matou a coiteladas a tódolos que saíron ve-lo desfile; despois percorreu toda a cidade e asasinou a moitísima xente.

²⁷Mentres, Xudas o Macabeo retirouse ó deserto con nove homes máis, e vivía con eles polos montes, coma se fosen feras, e comían herbas para non contaminarse.

As leis da persecución relixiosa

6 ¹De alí a pouco tempo, o rei mandou un senador ateniense para que obrigase ós xudeus a abandona-los costumes dos seus

---

5, 8 O autor comprácese en narra-lo final desgraciado dos que se opuxeron á Lei, ó templo e ós costumes dos maiores (cf 4, 38; 4, 42; 9, 5ss; 15, 30ss). Tales narracións encaixan doadamente dentro dos seus esquemas ideolóxicos e da súa mentalidade relixiosa.

5, 17 Do v 17 ó 20 dáse unha lectura teolóxica da profanación do templo, feito difícil de explicar dentro da mentalidade do autor, se non é apelando ós pecados do pobo como razón de castigo. Chama a atención a frase do versiño 19, que rezuma Evanxeo.

maiores, e a non gobernarse pola Lei de Deus, ²coa orde de que profanase o templo de Xerusalén e de que o dedicase a Zeus Olímpico, e o de Garizim, a Zeus Hospitaleiro, como llo pediran os habitantes do lugar.
³O progreso do mal foi terrible e ninguén o podía aturar, ⁴pois encheron o templo de libertinaxe e de orxías dos pagáns, que andaban de rexouba coas prostitutas e deitábanse con mulleres nos adros sagrados, e enchíano todo de carnes prohibidas. ⁵O altar estaba cheo de víctimas noxentas, prohibidas pola Lei. ⁶Non se podían celebra-los sábados, nin garda-las festas tradicionais, nin tan sequera declarar que un era xudeu. ⁷Pola forza e contra a súa vontade tiñan que tomar parte no sacrificio que se ofrecía tódolos meses no día en que o rei nacera; e cando se celebraban as festas de Diónisos, facíanos participar na procesión dedicada a este deus, coroados con hedras.
⁸Por insinuación de Tolomeo, publicouse un decreto nas cidades gregas veciñas para que fixesen outro tanto cos xudeus, obrigándoos a tomar parte nos sacrificios ⁹e condenando a morte ós que non quixesen acepta-los costumes gregos. Estábanse vendo xa os males que ían vir.
¹⁰Dúas mulleres foron denunciadas por circuncida-los seus fillos. Paseáronas publicamente pola cidade cos filliños pendurados dos peitos e despois guindáronas da muralla embaixo. ¹¹A outros, que se xuntaran nunha cova dos arredores para celebra-lo sábado ás agachadas, tamén os denunciaron a Filipo, e queimounos a todos, e nin sequera pensaron en defenderse por respecto relixioso á santidade do sábado.
¹²Pídolles, por favor, a todos aqueles que teñan este libro nas súas mans que non se escandalicen por estes sucesos; pensen que aqueles sufrimentos non tiñan por finalidade acabar co noso pobo, senón corrixilo. ¹³Certamente, é un grande beneficio non deixar sen castigo por moito tempo ós que pecan, antes ben corrixilos de seguida que o fan; ¹⁴mentres que o Señor agarda con paciencia que os outros pobos enchan a medida dos seus pecados para castigalos, connosco decidiu facer doutro xeito, ¹⁵e non agarda a que cheguemos ós lindeiros do mal para castigarnos. ¹⁶Xamais non arreda de nós a súa misericordia; non abandona ó seu pobo, nin sequera cando o corrixe coa desgracia. ¹⁷Cómpre que non esquezamos esta advertencia. E volvamos xa á nosa historia.

Martirio de Elazar

¹⁸A Elazar, un dos principais letrados, home entrado en anos e de aspecto venerable, abríronlle a boca á forza para que comese carne de porco. ¹⁹Pero el prefiriu morrer con gloria a vivir con vergonza, foi voluntariamente ó suplicio ²⁰cuspindo na carne, como deben face-los que teñen valor para non come-lo que non está permitido, aínda que lles custe a vida.
²¹Os que presidían aquel sacrificio ilegal, de vello amigos deste bo home, levárono á parte e pedíronlle que trouxese carne permitida preparada por el mesmo, e que fixese como que comía a carne do sacrificio mandado polo rei. ²²Deste xeito poderíase librar da morte. Facíanlle isto pola amizade que lle tiñan. ²³Pero el tomou unha dignísima determinación, como lle acaía á súa idade, á súa venerable ancianidade, ás súas canas ben honradas, á súa conducta inmellorable xa desde neno, e maiormente como lle acaía á lei santa establecida por Deus; respondeu en consecuencia que o enviasen ó reino dos mortos. E díxolles:
²⁴—"¡Acabade axiña comigo! Pois non lle acae a un home da miña idade ese engano; ademais moitos mozos van pensar que Elazar, ós noventa anos, se pasou ó paganismo, ²⁵e a miña simulación polo apego á pouca vida que me queda vainos desnortar. Iso sería unha vergonza e unha aldraxe para a miña vellez; ²⁶e anque polo de agora puidese escapar das mans dos homes, nin vivo nin morto me libraría das mans do Todopoderoso. ²⁷Así que renuncio á vida e morro coma un valente para ser digno da miña vellez ²⁸e deixar ós novos un nobre exemplo de como se debe morrer con valentía e xenerosidade pola nosa lei santa e venerable".
Cando acabou de falar, foi cara ó suplicio. ²⁹Os que o levaban, ó escoitar este razoamento, cambiaron en xenreira o trato humano que lle deran, pois pensaban que eran verdadeiras toleadas. ³⁰Cando xa estaba para morrer de tantos golpes que lle daban, dixo entre salaios:

6, 7 O deus grego *Diónisos* é o mesmo có Baco dos romanos: é o deus do viño.
6, 12 Nestes versiños (12-16), o compilador volve a introducir unha reflexión teolóxica, na liña de **5,** 17ss.

6, 18 A pasaxe que segue é o primeiro relato martirial do libro. A súa intención é, por riba de todo, edificar, servindo de exemplo.

—"Ben sabe o Señor coñecedor de todo, que podéndome eu librar da morte sufro no meu corpo as atroces dores da flaxelación; pero aturo con gusto todo isto na miña alma polo temor que lle teño".

[31] E así morreu Elazar, deixando coa súa morte non soamente ós mozos senón tamén a todo o seu pobo unha exemplar lembranza de afouteza e de virtude.

Martirio dos sete irmáns con súa nai

7 [1] Daquela meteron na cadea a sete irmáns e a súa nai, e o rei mandou que os azoutasen con trallas e vergas para facer que comesen carne de porco, cousa prohibida pola Lei. [2] Un deles falou deste xeito no nome de todos:

—"¿Que é o que queres conseguir de nós? Estamos dispostos a morrer antes que quebranta-las leis dos nosos maiores". [3] Entón o rei, todo enrabexado, mandou poñer no lume as tixelas e as potas. Cando deron en ferver, [4] o rei mandou que lle cortasen a lingua ó que falara no nome dos demais, que lle arrincasen o coiro cabeludo e que lle cortasen as extremidades á vista dos outros irmáns e mais da nai. [5] Cando o rapaz estaba fanadiño de todo, o rei mandou que lle puxesen lume e que o fritisen; aínda acoraba o rapaz. Mentres o cheiro da tixela se espallaba todo arredor, os outros dábanse azos coa nai para morrer con dignidade e dicían:

[6] —"O Señor Deus estanos ollando e xa veredes como se compadece de nós, segundo o que Moisés dixo na cantiga de protesta contra Israel: Hase compadecer dos seus servos".

[7] Cando morreu deste xeito o primeiro, levaron ó segundo ó suplicio; arrincáronlle o coiro cabeludo e preguntáronlle se quería comer antes que o torturasen membro por membro. [8] El respondeu na súa fala:

—"¡Non!"

Por iso sufriu tamén o mesmo martirio có primeiro.

[9] E cando xa estaba nas últimas, dixo:

—"Ti, criminal, quítasno-la vida presente, pero o rei do universo hanos resucitar para unha vida eterna a cantos morremos pola súa Lei".

[10] Despois deron en meterse co terceiro. Mandáronlle botar fóra a lingua e fíxoo de contado; estendeu as mans todo decidido [11] e dixo con valentía:

—"De Deus recibín estes membros, e pola súa Lei os entrego; espero recibilos del novamente".

[12] O rei e os que estaban xunto del quedaron abraiados polo valor do rapaz que non tiña medo ós tormentos.

[13] Cando este morreu, torturaron de xeito semellante ó cuarto; [14] e cando estaba xa para morrer, dixo:

—"Paga a pena que os homes maten a un, cando se espera que Deus nos vai resucitar. Pero ti non has resucitar para a vida".

[15] De seguida trouxeron ó quinto e atormentárono. [16] Este, mirando para o rei, díxolle:

—"Ti, aínda que es un mortal, fa-lo que queres porque tes poder sobre os homes; pero non vaias pensar que Deus esqueceu ó noso pobo. [17] Agarda unha miguiña e xa vera-lo seu poder, pois que te ha castigar a ti e ós teus descendentes".

[18] Despois colleron ó sexto, e, estando xa a piques de morrer, dixo:

—"Non te enganes coma un parvo; nós padecemos isto porque pecamos contra o noso Deus; por iso pasan estas cousas abraiantes. [19] Pero non vaias pensar que has quedar sen castigo, ti, que ousaches loitar contra Deus".

[20] Pero o caso máis admirable e digno de lembranza foi o da nai. Nun só día viu morrer ós sete fillos seus, e sufriuno toda valente, poñendo a esperanza no Señor; [21] chea de nobres sentimentos íalles dando azos a cada un deles na súa propia fala, e con forza de home e tenrura de muller [22] diciálles:

—"Eu non sei como aparecestes no meu seo, pois eu non vos dei nin o alento nin a vida, nin artellei os vosos membros. [23] Foi o creador do mundo, o modelador do home e o principio de tódalas cousas. El havos devolver misericordiosamente o alento e a vida a vós que agora vos sacrificades pola súa Lei".

[24] Antíoco coidaba que a muller o estaba desprezando e que aquelas palabras eran aldraxes; con todo aínda intentou convence-lo máis pequeno, que era o que quedaba, prometéndolle, con xuramento e todo, que, se abandonaba as súas tradicións, o había fa-

---

7, 1 Este relato de martirio ten a mesma intencionalidade có anterior de Elazar. Chama a atención a novidosa e repetida referencia á resurrección dos mortos (vv 9, 11, 14, 23, 29, 36), que, de acordo coa antropoloxía unitaria hebrea, é unha resurrección tamén corporal. Soamente en Dn **12,** 2-3 —texto contemporáneo— se fala con semellante claridade desta crenza. Deus, como creador, repetidamente traído ós razoamentos, é a garantía da vida vindeira.

cer rico e feliz, que sería o seu amigo, e que lle daría un bo cargo. ²⁵Vendo que o picariño non lle facía caso ningún, o rei chamou á nai e pediulle que aconsellase ó fillo para proveito del. ²⁶Tanto teimou o rei que á fin a nai aceptou convence-lo seu fillo. ²⁷Inclinouse cara ó rapaz e, moqueándose do cruel tirano, díxolle na súa fala:

—"Meu filliño, ten piedade de min que te levei nove meses no meu seo, que che dei de mamar tres anos, que che dei mantenza e crianza ata hoxe. ²⁸Pídoche, filliño, que mires para o ceo e para a terra; olla canto hai neles, e recoñece que Deus fixo todo isto da nada, e esa é tamén a orixe do home. ²⁹Non lle teñas medo a ese verdugo; ponte á altura de teus irmáns e acolle a morte, para que no día da misericordia te atope a carón deles".

³⁰Aínda estaba a nai falando e dixo o rapaz:

—"¿Que agardas, ho? Eu non acepto o decreto do rei, soamente obedezo os mandamentos da Lei dada por Deus ós nosos maiores por medio de Moisés. ³¹Ti, que tanto mal nos estás facendo ós hebreos, non te has librar das mans de Deus. ³²Certo, nós sufrimos polos nosos pecados, ³³e se o Deus vivo está irritado contra nós por certo tempo para castigarnos e corrixirnos, xa se reconciliará outra vez cos seus servos. ³⁴Pero ti, home malvado e criminal sen comparanza, non te enfachendes coma un parvo confiando en esperanzas baleiras, ó tempo que te alporizas contra os servos de Deus, ³⁵porque aínda non escapaches do xuízo de Deus Todopoderoso, a quen nada se lle pasa. ³⁶Meus irmáns, despois de sufriren agora un pouquiño, xa disfrutan da promesa divina dunha vida eterna; pero ti no xuízo de Deus has recibi-los castigos que merece o teu orgullo. ³⁷Eu, coma meus irmáns, entrego o meu corpo e a miña vida polas leis de meus pais, e pídolle a Deus que teña misericordia do seu pobo, que ti mesmo entre castigos e tormentos confeses que soamente El é Deus ³⁸e que a xenreira do Todopoderoso, que tan xustamente se desencadeou contra o meu pobo, se deteña en min e en meus irmáns".

³⁹Entón o rei, todo enrabexado e ferido pola retranca do rapaz, asañouse nel con máis crueldade aínda ca nos outros. ⁴⁰E así morreu o picariño, sen lixo ningún e con toda a confianza posta no Señor.

⁴¹Á derradeira morreu tamén a nai, despois de seus fillos. ⁴²E co que contei hai abondo xa sobre os sacrificios e a cruel represión do rei.

Primeiras victorias de Xudas o Macabeo

8 ¹Entre tanto, Xudas o Macabeo e os seus compañeiros, entrando ás agachadas nas aldeas, falábanlles ós seus parentes e ós que permaneceran fieis ó xudaísmo, e xuntaron arredor de seis mil homes. ²Pedíanlle ó Señor que puxese os seus ollos no seu pobo asoballado por todos e que se compadecese do templo profanado por homes malvados; ³que tivese piedade da cidade arrasada e xa a piques de ser achanzada de todo, que escoitase o berro do sangue que pedía vinganza, ⁴que se lembrase da inxusta matanza de picariños inocentes e dos xuramentos ditos contra o seu Nome e que dese a ve-la súa ira contra o mal.

⁵Cando o Macabeo se viu cun exército organizado, os inimigos non o puideron vencer, porque cambiárase en misericordia o enfado do Señor. ⁶Chegaba de súpeto ás cidades e aldeas e poñíalles lume; ocupaba as mellores posicións e facía fuxir a moitos inimigos; ⁷aproveitaba a complicidade da noite para estes ataques. Por todas partes chegou a ser moi sonada a súa valentía.

⁸Filipo decatouse de que este home ía a máis cada día e de que medraban as súas victorias; entón escribiulle a Tolomeo, gobernador da Celesiria e da Fenicia, para que defendese os intereses do rei. ⁹Tolomeo escolleu de contado a Nicanor, o de Patroclo, un dos máis achegados ó rei, e mandouno á fronte de máis de vinte mil homes de tódalas razas para acabar dunha vez con todo o pobo xudeu; e tamén se lle engadiu Gorxias, un xeneral con moita experiencia de guerra. ¹⁰Coa venda dos escravos xudeus Nicanor contaba facer 2.000 talentos de prata para paga-los tributos que o rei lles debía ós romanos. ¹¹Mandou de seguida aviso ás cidades costeiras para que viñesen mercar escravos xudeus, prometendo dar noventa escravos por un talento de prata. Non sospeitaba o castigo do Todopoderoso que xa lle viña enriba.

¹²Cando Xudas soubo que Nicanor estaba en camiño, deu coñecemento á súa xente da proximidade do inimigo. ¹³Os covardes e os que non confiaban na xustiza divina fuxiron e fóronse meter noutros sitios; ¹⁴pero os ou-

8, 8 *Filipo* era o gobernador de Xerusalén (cf **5**, 22).

tros vendían canto tiñan e pedíanlle ó Señor que os librase do malvado Nicanor que xa os tiña vendidos antes da batalla; [15]senón por eles, ó menos pola promesa feita ós seus maiores e polo nome venerable e magnífico con que o invocaban.

[16]O Macabeo xuntou ós seus homes, arredor duns seis mil, e animounos a que non lle tivesen medo ó inimigo, nin se preocupasen por aquela chea de xente que os atacaba inxustamente; ó contrario, que loitasen con valentía [17]tendo en conta a aldraxe que lle fixeron ó lugar santo, o asoballamento inxurioso da cidade e a supresión das súas institucións. [18]E díxolles:

—"Se eles confían nas súas armas e no seu destemor, nós confiamos no Deus Todopoderoso, que cun só aceno pode esnaquizar a cantos nos atacan e ata o mundo enteiro".

[19]Lembróulle-las intervencións de Deus en favor dos seus maiores, aquela no tempo de Senaquerib, cando morreron cento oitenta e cinco mil homes; [20]e aqueloutra da batalla contra os gálatas de Babilonia, cando estaban para combater oito mil xudeus axudados por catro mil macedonios, e anque nos macedonios case se deu a desfeita, os oito mil xudeus derrotaron a cento vinte mil inimigos, gracias á axuda que lles veu do ceo, e conseguiron moito botín.

[21]E deste xeito deulle tantos azos que xa estaban dispostos a morrer pola patria e pola Lei.

Xudas dividiu o exército en catro corpos, [22]e á fronte de cada un deles puxo a un irmán seu, Simón, Xosefo e Ionatán, con mil cincocentos homes cada un. [23]E mandoulle a Elazar que lese o libro sagrado. Deulles como contrasinal "Deus axuda", púxose á fronte do primeiro corpo e arremeteu contra Nicanor. [24]Coa axuda do Todopoderoso mataron a máis de nove mil inimigos, feriron e esnaquizaron a maioría do exército de Nicanor e ós outros obrigáronos a fuxir. [25]Colleron os cartos dos que viñeran para mercalos a eles, e logo perseguíronos moito tempo, pero, como xa era tarde, recuaron, [26]pois o día seguinte era sábado, e por iso non seguiron máis lonxe. [27]Recolleron as armas e o botín dos inimigos e celebraron o sábado louvando e bendicindo ó Señor porque coa salvación daquel día lles mostrara os primeiros gromos da súa misericordia. [28]Cando pasou o sábado repartiron os espolios entre os damnificados, as viúvas e os orfos, fóra dunha parte que gardaron para si e para os seus fillos. [29]E despois organizaron uns actos de oración pública para pediren ó Señor misericordioso que se reconciliase de todo cos seus servos.

[30]Loitaron tamén contra Timoteo e Báquides e fixéronlles máis de vinte mil baixas; apoderáronse con valentía das cidadelas e repartiron por igual os moitos espolios que colleron: entre eles, os damnificados, os orfos, as viúvas e os vellos. [31]Gardaron con coidadiño en sitios axeitados as armas que lles colleron ó inimigo e levaron a Xerusalén o resto dos espolios. [32]Mataron ó comandante dos homes de Timoteo, un verdadeiro criminal que lles fixera moito mal ós xudeus. [33]Polas festas da victoria, celebradas na capital, queimaron vivos ós que lles puxeran lume ás portas sagradas, e a Kalístenes, que se agachara nunha casoupa; así recibiron o pago da súa ruindade.

[34]Nicanor, ese grande criminal, que trouxera mil tratantes para a venda dos escravos xudeus, [35]humillado, coa axuda de Deus, polos mesmos que el coidaba seren do peoriño, despoxado dos seus luxosos vestidos, andou coma un escravo fuxitivo a través das leiras e chegou a Antioquía, con ben máis sorte có seu exército esnaquizado. [36]E así, quen contaba facerse cos tributos debidos ós romanos gracias á venda dos escravos de Xerusalén, proclamaba agora que os xudeus tiñan unha axuda incomparable e que eran invulnerables, pois seguían as leis que Deus lles dera.

Morte de Antíoco Epífanes

9 [1]Daquela tamén Antíoco se tivera que retirar en desorde do país dos persas, [2]pois cando entrou na cidade de Persépolis, intentou saquea-lo templo e apoderarse da cidade; pero o pobo amotinouse e botouse ás armas, así que Antíoco, derrotado polos habitantes do país, tivo que emprender unha retirada vergonzosa.

[3]Cando chegaba a Ecbátana, contáronlle o que lle pasara a Nicanor e ás tropas de Timoteo. [4]E, todo alporizado, decidiu vingarse nos xudeus das aldraxes que lle fixeran os

---

8, 19 Refírese a 2 Re **19**, 35; do suceso seguinte contra os gálatas non hai referencias históricas claras.
9, 2 Xa deixamos dito que o seguinte relato da morte de Antíoco IV Epífanes non concorda nin con 1 Mac **6**,1-16 nin sequera con 2 Mac **1**, 13-17. Este descaro na presentación dos feitos está dicindo a berros que a intencionalidade do autor é claramente relixiosa e edificante; o patetismo do relato intenta mete-lo lector na fondura dos feitos.

que o puxeran en fuga. E así deulle orde ó carreteiro de que levase o carro sen parar ata o remate da viaxe. Pero non sabía o castigo que Deus lle tiña gardado, pois dixo con moita fachenda:

—"Cando chegue a Xerusalén hei facer dela un cemiterio de xudeus".

⁵Pero o Señor que todo o ve, o Deus de Israel, castigouno cunha doenza invisible e incurable; pois de seguida que dixo estas palabras deulle unha dor de ventre insoportable acompañada de agudas picadas no intestino ⁶—cousa xusta, xa que tamén el torturara as entrañas doutros con moitos tormentos requintados—. ⁷Pero aínda así non desistiu da súa soberbia; ó contrario, cada vez máis enfachendado e comendo lume contra os xudeus, mandou acelera-la marcha. Pero pasou que, cando ía a toda velocidade, caeu do carro e co golpe tódolos membros do corpo lle quedaron trillados. ⁸Entón, quen había pouco, cheo de arrogancia, pensaba dar ordes ás ondas do mar e pesar na romana os cumes dos montes, estaba agora tirado no chan e tiña que ser levado nunha liteira de xeito que todos puidesen comproba-la forza de Deus. ⁹Do corpo deste malvado saían vermes, e a carne, viva e todo, íalle caendo a anacos entre dores grandísimas; e non había quen parase no campamento co cheiro que botaba o seu corpo podre. ¹⁰A tanto chegou o fedor que ninguén podía transportar a aquel que antes semellaba poder colle-lo ceo coas mans.

¹¹Entón, ó verse en tal abatemento, deu en depo-la súa fachenda; como a dor ía a máis cada vez, decatouse de que aquilo era un castigo de Deus, ¹²e, sen poder aturar xa o seu propio cheiro, dixo:

—"É xusto que o mortal se someta a Deus e que non teña o atrevemento de se encarar con El".

¹³O malvado aquel rezaballe ó Señor, que xa non se compadecía del, e dicía ¹⁴que deixaría libre a cidade santa cara á que se dirixía a toda présa para a derrubar e facer dela un cemiterio; ¹⁵que os mesmos dereitos que tiñan os atenienses llelos daría tamén ós xudeus, dos que antes dixera que lles negaba a sepultura, e que os botaría a eles e ós seus fillos ás feras e ós paxaros carniceiros; ¹⁶que adornaría con ofrendas riquísimas o templo santo que pouco antes saqueara, e devolvería en maior número os vasos sagrados; que pagaría os gastos do sacrificio coas súas propias rendas, ¹⁷e que ata se faría xudeu e iría polo mundo adiante proclamando o poder de Deus.

¹⁸Pero, como as dores non pasaban, pois caera sobre el o xusto xuízo de Deus, xa sen esperanza de mellora, escribiulle esta carta ós xudeus en ton suplicante:

¹⁹—"O rei e xeneral Antíoco saúda e desexa prosperidade e benestar ós honrados cidadáns xudeus. ²⁰Coa esperanza posta en Deus, espero que vos atopedes ben, vós e vosos fillos e que os vosos negocios vaian segundo os vosos desexos. ²¹Eu, estando como estou, doente e sen forzas na cama, lémbrome con agradecemento da vosa estima e achego. Cando volvía de Persia caín gravemente enfermo, e coidei que era necesario pensar na seguridade de todos. ²²Isto non quere dicir que non teña esperanza de curar, eu conto con mellorar; ²³pero quero segui-lo proceder do meu pai que sempre que facía unha expedición bélica cara ás rexións da montaña nomeaba un sucesor seu, ²⁴para que, se pasaba algo imprevisto ou se tiñan malas novas, os súbditos non se inquedasen, pois xa sabían quen collería o mando; ²⁵amais diso, eu ben sei que os reis dos pobos veciños están axexando e agardando o momento oportuno; por todo isto nomeei rei ó meu fillo Antíoco, que xa vos presentei moitas veces cando tiña que percorre-las rexións do norte. Escribinlle a el a carta adxunta.

²⁶Así que vos pido de corazón que lembrédelos beneficios xerais e particulares que vos teño feito, e que teñades co meu fillo a mesma lealdade ca comigo. ²⁷Eu estou seguro de que el, seguindo a miña liña moderada e humana, hase de entender ben con vós".

²⁸E así foi como aquel asasino e blasfemo, envolto en terribles sufrimentos, morreu nas montañas en terra allea, cunha morte miserable, como el tratara tamén ós outros. ²⁹O seu íntimo amigo Filipo trasladou o seu cadáver, pero despois tívolle medo ó fillo de Antíoco e fuxiu para Exipto onda Tolomeo Filométor.

Purificación do Templo

10 ¹O Macabeo e os seus homes, coa axuda de Deus, apoderáronse do templo e da cidade, ²derrubaron os altares

---

9, 18 A seguinte carta ou foi escrita noutras circunstancias ou foi dirixida ós xudeus adictos ó rei, na procura de apoio para o seu sucesor.

10, 1 Despois de introduci-la narración do c. 10 sobre a morte do rei Antíoco, o autor volve a recolle-lo fío d historia que deixara en 9, 36. 1 Mac 4, 36-61 tamén narra purificación do templo.

levantados polos estranxeiros nos rueiros e nos lugares sagrados. ³Purificaron o templo, construíron outro altar, e despois dunha interrupción de dous anos, ofreceron un sacrificio con lume sacado dos croios, queimaron incenso, acenderon as lámpadas e presentaron os pans da proposición. ⁴Despois que fixeron isto, botáronse ó chan e pedíronlle ó Señor que non os deixase caer máis en semellantes desgracias; que El os castigase con brandura, se é que volvían a pecar, e non os entregase ós bárbaros e blasfemos estranxeiros. ⁵No mesmo día en que os estranxeiros profanaron o templo fixose a purificación, o día 25 do mes de Kisleu. ⁶Celebraron con moita diversión a festa durante oito días coma na festa das Tendas, para facer lembranza de que había pouco, no tempo desta festa das Tendas, vivían coma feras nos montes e nas covas. ⁷Por iso, con varas enramadas, ramallos verdes e palmas nas mans, cantábanlle himnos ó que lles concedera chegar á purificación do seu templo. ⁸E ordenaron a todo o pobo xudeu, mediante un decreto aprobado por unanimidade, que celebrasen tódolos anos aquelas festas.

Victorias de Xudas

⁹E así foi como acabou Antíoco, chamado Epífanes.
¹⁰Imos falar agora de Antíoco Eupátor, o fillo daquel malvado, resumindo as desgracias que trouxeron as guerras.
¹¹Cando tomou posesión do reino, puxo á fronte do goberno a un tal Lisias, comandante maior da Celesiria e de Fenicia. ¹²Entre tanto Tolomeo, o alcumado Macrón, facíase notar polo trato xusto que daba ós xudeus para compensa-las inxustizas de que foran obxecto, e procuraba gobernalos pacificamente; ¹³pero, por isto foi denunciado polos achegados ó rei, que decote o estaban acusando tamén de traidor porque abandonara Chipre, que lle confiara Filométor, e pasárase ó bando de Antíoco Epífanes. Desesperado, vendo que non podía desempeña-lo seu cargo honradamente, envenenouse.
¹⁴Gorxias, nomeado xeneral daquelas rexións, sostiña tropas mercenarias e cada pouco andábase metendo cos xudeus. ¹⁵Pola súa banda os idumeos, despois de apoderarse de fortalezas ben situadas, tamén molestaban ós xudeus e facían por manter viva a guerra acollendo ós fuxitivos de Xerusalén. ¹⁶Os homes do Macabeo pedíronlle a Deus na oración que os viñese axudar, e logo atacaron as fortalezas idumeas; ¹⁷atacáronas con todo o valor, apoderáronse delas, rexeitaron a cantos loitaban nas murallas e acoitelaron ós que caeron nas súas mans. Cando menos mataron a vinte mil.

¹⁸Arredor de nove mil refuxiáronse en dúas torres moi fortes e con viandas abondo para resistiren o cerco. ¹⁹O Macabeo deixou a Simón, a Xosé e a Zaqueo con xente bastante para mante-lo cerco, e el marchou a outros sitios onde precisaban máis del. ²⁰Pero os de Simón, levados pola avaricia, deixáronse subornar por algún dos refuxiados nas torres, pagáronlles sete mil dracmas e deixáronos fuxir. ²¹Cando o Macabeo se informou do caso, xuntou ós xefes do pobo e acusounos de que venderan a seus irmáns por cartos ó deixar fuxi-los inimigos. ²²Mandou que os executasen por traidores e conquistar de seguida as torres. ²³Gracias á súa valentía puido poñer bo final a aquela empresa; nas dúas fortalezas matou a máis de vinte mil homes.

²⁴Timoteo, derrotado antes polos xudeus, xuntou un exército moi grande de tropas mercenarias, trouxo moitísima cabalería de Asia e chegou coa intención de conquistar Xudá. ²⁵Cando os homes do Macabeo souberon que andaba cerca, rezáronlle a Deus cubrindo a cabeza con cinsa e envolvendo o corpo nun saco, ²⁶e pedíronlle, postrándose diante do altar, que lles botase unha man, que se fixese inimigo dos seus inimigos e adversario dos seus adversarios, como está dito na Lei. ²⁷Así que acabaron de rezar, colleron as armas, saíron bastante da cidade e detivéronse cando viron que os inimigos estaban cerca.

²⁸Ó abri-lo día empezou a loita. Uns tiñan como garantía de éxito e victoria, amais do seu valor, a confianza no Señor; outros somente ían guiados pola súa ousadía. ²⁹Cando máis dura estaba a loita, os inimigos viron no ceo cinco personaxes relucentes, montados en cabalos con freos de ouro; puxéronse á fronte dos xudeus, ³⁰colocaron no medio ó Macabeo e defendíano coas súas armas e gardábano incólume mentres disparaban frechas e raios contra os inimigos, que cegados e desnortados, desorganizáronse de todo. ³¹Morreron vinte mil cincocentos de a pé e seiscentos de a cabalo.

³²O mesmo Timoteo tivo que refuxiarse nun forte moi ben defendido chamado Gué-

---

10, 5 Polo decembro do ano 164.   **10,** 10 *Antíoco V Eupátor,* que reinou do 164 ó 162 a. C.

zer, á fronte do cal estaba Zuereas. ³³Os soldados do Macabeo asediaron a torre con moita afouteza durante catro días. ³⁴Os de dentro, moi confiados na boa defensa da cidadela, non paraban de maldicir e de botar xuramentos. ³⁵Pero, ó alborexa-lo día quinto, vinte mozos do exército do Macabeo, cheos de carraxe por tanto xuramento, asaltaron valerosamente a muralla e mataron con asañamento a cantos se lles puxeron por diante. ³⁶Outros sorprenderon ós sitiados escalando a muralla por outra parte; pegáronlles lume ás torres, fixeron fogueiras e queimaron nelas ós blasfemos. Entre tanto outros tiraron coas portas e déronlle entrada ó resto do exército e conquistaron a cidade. ³⁷Mataron a Timoteo que se agachara nunha cisterna, e tamén a seu irmán Zuereas e a Apolófanes.
³⁸Despois desta fazaña louvaron con himnos e cántigas ó Señor que tanto fixera por Israel dándolles aquela victoria.

Desfeita de Lisias e paz cos xudeus

11 ¹Moi pouco tempo despois Lisias, titor, primeiro ministro e parente do rei, moi entristecido polo que pasara, ²xuntou cerca de oitenta mil homes e toda a cabalería e avanzou contra os xudeus, co plan de facer da cidade unha colonia grega, ³somete-lo templo a tributos, coma os santuarios estranxeiros, e poñer en venda tódolos anos ó sumo sacerdocio. ⁴Nin sequera se lle viña á cabeza pensar no poder de Deus, tan cegado estaba polos seus milleiros de soldados de a pé e de a cabalo e polos seus oitenta elefantes.
⁵Ó entrar en Xudá, achegouse a Betsur, fortaleza situada nun desfiladeiro que está a cinco leguas de Xerusalén, e cercouna. ⁶Cando se informaron os homes do Macabeo de que Lisias cercaba a fortaleza, xuntándose con todo o pobo pedíronlle ó Señor con moitos laios e bágoas que mandase un anxo bo para salvar a Israel. ⁷O mesmo Macabeo foi o primeiriño que colleu as armas, e arengou os outros para que se expuxesen ó perigo coma el polo ben dos seus irmáns. Marcharon todos decididos, ⁸e, aínda cerca de Xerusalén, aparecéuselles un cabaleiro con vestidos brancos e armas de ouro, que se puxo á fronte do exército. ⁹Entón todos louvaron ó Deus misericordioso, animáronse e estaban dispostos a arremeterlles xa non contra os homes, senón tamén contra as salvaxes feras e murallas de ferro.
¹⁰Avanzaban con orde, coa confianza posta naquel aliado do ceo, pois o Señor compadecérase deles. ¹¹Botáronse coma leóns contra o inimigo, deixaron fóra de combate once mil de a pé e mil seiscentos de a cabalo, e fixeron fuxi-los demais. ¹²A maioría dos que se salvaron quedaron feridos e desarmados. O mesmo Lisias librouse fuxindo vergonzosamente.
¹³Pero, como non era un home parvo, matinou moito na desfeita que sufrira, e decatouse de que os hebreos eran invencibles, pois loitaba en favor deles o Deus todopoderoso, e por iso mandou un mensaxeiro ¹⁴coa proposta de paz en condicións xustas, prometéndolles que convencería ó rei da necesidade de facerse amigo deles. ¹⁵O Macabeo, tendo en conta o ben de todos, aceptou a proposta de Lisias, e o rei concedeu todo canto o Macabeo lle pedira por escrito a Lisias en favor dos xudeus.
¹⁶A carta escrita por Lisias ós xudeus dicía así:
—"Lisias saúda ó pobo xudeu.
¹⁷Xoán e Abxalom, os vosos embaixadores, entregáronme o documento e pedíronme que confirmase canto contiña. ¹⁸Eu xa lle presentei ó rei todo o que lle tiña que presentar, e el concedeu o que lle parecía aceptable. ¹⁹Se seguides nesa boa disposición cara ó reino, de agora en diante hei facer por vos axudar. ²⁰En canto ás miudezas xa lles mandei ós vosos mensaxeiros e ós meus que as traten convosco.
²¹Que teñades sorte. A vintecatro do mes de Zeus Corintio, do ano cento corenta e oito".
²²A carta do rei dicía o seguinte:
—"O rei Antíoco saúda ó seu irmán Lisias.
²³Despois que meu pai se foi xuntar cos deuses, quixen que tódolos súbditos do noso Imperio se adicasen sen medo ningún ós seus negocios; ²⁴e como teño oído que os xudeus non queren adopta-los costumes gregos, segundo desexaba meu pai, senón que prefiren conserva-las súas tradicións e piden que se lles permita seguir coa súa lei, ²⁵tendo en conta isto, e co desexo de que este pobo viva tranquilo, decidimos devolvérlle-lo tem-

---

11, 4 1 Mac **4**, 26-35 conta, con variantes de importancia, esta mesma campaña como sucedida antes da Purificación do templo e baixo o reinado de Antíoco IV Epífa-
nes.
11, 21 Isto é, no ano 164 a. C.
11, 23 Por abril do ano 164.

plo e que se gobernen seguindo os costumes dos seus antepasados. ²⁶Así que mándalles embaixadores que fagan as paces con eles, para que, coñecendo o noso querer, poidan vivir contentos e atender ledamente os seus asuntos".

²⁷A carta do rei ó pobo xudeu dicía así:
—"O rei Antíoco saúda ó Senado e ó pobo xudeu. ²⁸Sería para min unha grande alegría saber que estades ben. Nós estamos ben. ²⁹Menelao falounos de que queredes volver onda os vosos. ³⁰Pois a cantos volvan antes do 30 de Xántico prometémoslles paz e seguridade. ³¹De agora en diante os xudeus poderán usa-los seus alimentos e as súas leis coma antes, e ningún deles será molestado por infraccións cometidas noutros tempos. ³²Amais diso envíovos tamén a Menelao para que vos dea confianza.
³³Que teñades sorte. A quince de Xántico do ano cento corenta e oito".

³⁴Tamén os romanos lles mandaron a seguinte carta:
—"Quinto Memmio e Tito Manio, legados de Roma, saúdan ó pobo xudeu. ³⁵Estamos de acordo con todo o que vos concedeu Lisias, parente do rei. ³⁶No referente ó que Lisias creu conveniente presentar ó rei, mandádenos a algúns de seguida con instruccións detalladas, para que llas presentemos ó rei como a vós vos interese, pois imos ir a Antioquía. ³⁷Así que dádevos présa en mandarnos alguén para que coñezámo-lo voso parecer.
³⁸Que teñades sorte. A quince de Xántico do ano cento corenta e oito".

Victorias de Xudas sobre os pobos veciños

12 ¹Cando cerraron as negociacións, Lisias volveu onda o rei, e os xudeus dedicáronse ós traballos do campo. ²Pero os gobernadores locais Timoteo, Apolonio o de Gueneo, Xerome e Demofón, e tamén Nicanor o xefe dos chipriotas, non os deixaban vivir tranquilos e en paz. ³E os habitantes de Iafa cometeron un crime arrepiante. Invitaron ós xudeus que vivían entre eles a subir coas súas mulleres e cos seus fillos ás barcas que eles mesmos prepararan, sen mostrar ningunha inimizade ⁴e coma se se tratase dun desexo común de toda a cidade. Os xudeus aceptaron porque querían vivir en paz e non sospeitaban nada malo. Pero, cando estaban en alta mar, botáronos á auga; eran arredor de duascentas persoas. ⁵Cando Xudas coñeceu aquela crueldade contra os seus compatriotas, comunicoullo á súa xente, ⁶e, invocando a Deus, xuíz xusto, foise contra os asasinos dos seus irmáns. Queimóulle-lo porto de noite, púxolles lume ós barcos e matou ós que se refuxiaran alí. ⁷Como a cidade estaba pechada, retirouse, pero coa intención de volver outra vez e acabar con tódolos habitantes de Iafa. ⁸Ó saber que os de Iamnia pensaban face-lo mesmo cos xudeus que alí había, ⁹atacounos por sorpresa de noite e púxolles lume ó porto e ós barcos, e tanto foi o clamor do incendio que se vía desde Xerusalén, que está a douscentos corenta estadios.

¹⁰A nove estadios de alí, cando ían contra Timoteo, saíronlle ó camiño cando menos cinco mil árabes con cincocentos de a cabalo. ¹¹O combate foi moi duro, pero venceron os de Xudas, gracias á axuda de Deus. Os árabes derrotados pedíronlle a paz e prometíanlle entregarlles gando e axudalos de alí en diante. ¹²Xudas viu que certamente lle poderían ser útiles en moitas cousas, e fixo as paces con eles; e despois disto os árabes fóronse para as súas tendas.

¹³Atacou tamén unha cidade chamada Caspín, que estaba defendida con foxos e murallas e poboada por xente de tódalas razas. ¹⁴Os de dentro, confiados nas fortes murallas e nos moitos víveres que tiñan, portáronse coma bocaláns cos homes de Xudas, aldraxábanos, e ata blasfemaban e botaban xuramentos. ¹⁵Os de Xudas, invocando ó máis grande soberano do mundo, que no tempo de Xosué derrubara Iericó sen arietes e sen máquinas de guerra, botáronse contra as murallas cheos de afouteza. ¹⁶Cando, porque Deus o quixo, conquistaron a cidade, fixeron unha matanza tan grande que unha lagoa que alí cerca había duns dous estadios de ancho parecía chea do sangue que nela entrara.

¹⁷Despois dunha marcha de 750 estadios, chegaron a Cáraca, onde viven os xudeus tobianos. ¹⁸Non atoparon a Timoteo por aquela bisbarra, porque ó non conseguir nada, marchara de alí, pero deixara no sitio unha gornición moi forte. ¹⁹Entón dous oficiais do Macabeo, Dositeo e Sosípatros foron alá

12, 13 *Caspín*, probablemente o Casfo de 1 Mac 5, 26.36. O relato de 2 Mac **12**, 13-16 semella te-lo seu paralelo en Mac **5**, 26-36.

12, 17 *Tobianos*, por residiren na rexión de Tob (cf 1 Mac 5,13).

e mataron a toda a gornición que Timoteo deixara alí, máis de dez mil homes.

²⁰O Macabeo dividiu o seu exército en escuadróns, puxo á fronte deles a Dositeo e Sosípatros, e marchou contra Timoteo, que tiña un exército de cento vinte mil de a pé e dous mil cincocentos de a cabalo. ²¹Sabedor do avance de Xudas, Timoteo mandou as mulleres e os meniños e toda a bagaxe para un lugar chamado Carnaim, inexpugnable e de difícil entrada porque aquela bisbarra era moi accidentada. ²²Aínda ben non apareceu o primeiro escuadrón de Xudas, o pánico apoderouse dos inimigos. Unha aparición de quen todo o ve meteulles tal medo no corpo que deron en fuxir, botándose por cadanseu lado, estorbándose e feríndose os uns ós outros.

²³Xudas perseguiu con valentía a aqueles criminais e matou arredor duns trinta mil. ²⁴O mesmo Timoteo caeu nas mans dos homes de Dositeo e de Sosípatros, e pedíalles que o deixasen libre, pois tiña no seu poder os pais e irmáns de moitos que o ían pasar mal se o mataban a el. ²⁵Prometeu con toda clase de seguridade que os devolvería sans e salvos e soltárono porque querían salva-los irmáns.

²⁶Despois Xudas asaltou Carnaim e o santuario de Atargates e matou a vintecinco mil homes. ²⁷Logo desta derrota e matanza, marchou contra Efrón, cidade ben fortificada onde vivía Lisias cunha chea de xente de tódalas razas. Defendían as murallas mozos membrudos postos en rea ó pé delas, que loitaban con valor, e dentro tiñan boa provisión de material e de máquinas de guerra. ²⁸Pero os xudeus, invocando ó Omnipotente, que co seu poder esnaquiza a forza dos inimigos, apoderáronse da cidade e mataron a vintecinco mil dos seus habitantes.

²⁹Partiron de alí e dirixíronse cara a Escitópolis, que dista de Xerusalén máis de seiscentos estadios. ³⁰Pero como os xudeus daquel sitio deron fe de que os de Escitópolis foran bos con eles e que os acolleran con humanidade nos días difíciles, ³¹Xudas e os seus agradecéronllelo e pedíronlles que seguisen tratando ben á súa xente; despois volveron para Xerusalén porque xa estaba cerca a festa das Semanas.

³²Despois da festa de Pentecostés os xudeus marcharon contra Gorxias, gobernador da Idumea. ³³Gorxias saíu con tres mil de a pé e catrocentos de a cabalo. ³⁴Empezaron o combate e caeron algúns xudeus. ³⁵Un tal Dositeo, cabaleiro valente dos de Bacenor, agarrou a Gorxias polo manto e arrastrouno con forza, pois quería coller vivo a aquel malvado; pero un dos xinetes tracios botouse contra Dositeo e deslombouno, e así Gorxias puido fuxir cara a Marexah.

³⁶Os soldados de Esdrías andaban moi cansos porque estiveran loitando moito tempo; entón Xudas pediulle ó Señor que fose o seu aliado e guía no combate. ³⁷Entoou na súa propia lingua un canto de guerra e atacou por sorpresa ós de Gorxias que tiveron que fuxir. ³⁸Xudas xuntou o exército e marchou cara á cidade de Adulam. No día sétimo purificáronse seguindo o costume e celebraron alí o sábado.

³⁹Ó día seguinte os soldados de Xudas, como cumpría facer, foron recolle-los cadáveres para depositalos cos seus parentes nos sepulcros da familia. ⁴⁰E debaixo dos mantelos dos mortos atoparon amuletos dos ídolos de Iamnia, que lles están prohibidos ós xudeus pola Lei. Todos se decataron entón da razón daquelas mortes, ⁴¹e todos deron gloria ó Señor, Xuíz xusto, que descobre o escondido ⁴²e rezaron para que se lles perdoase de todo o pecado cometido. O nobre Xudas exhortou á tropa para que non pecase, pois ben vían cos seus mesmos ollos as consecuencias do pecado nos que morreran. ⁴³Despois fixo unha colecta, e as dúas mil dracmas de prata que recolleu mandounas a Xerusalén para que ofrecesen un sacrificio de expiación. Un feito digno e nobre para o que pensa na resurrección; ⁴⁴pois se non crese na resurrección dos mortos, non sei a que viría rezar polos defuntos. ⁴⁵Pero para o que pensa que ós que morren piadosamente lles está reservada unha recompensa magnífica, ⁴⁶a cousa é piadosa e santa. Por iso mandou ofrecer un sacrificio de expiación polos mortos, para que se lles perdoasen os pecados.

12, 21 *Carnaim* (cf 1 Mac **5**, 43), lugar onde había un templo adicado a Atargates (v 26), no que coidaba atopar refuxio sagrado.
12, 29 *Escitópolis*, cidade dos escitas, nome grego dado a Betxeán (cf 1 Mac **5**, 52) cando estes a tomaron no 631 a. C.
12, 31 *Festa das Semanas*, ou Pentecostés, que se celebraba sete semanas despois de Pascua (cf Introd. ó N.T. 2 d).
12, 46 O razoamento teolóxico do autor sobre os feitos dos versiños 39 ó 46 é moi coherente, e representa unha novidade doutrinal. Son os primeiros pasos dunha solidariedade entre vivos e defuntos baseada na esperanza dunha común resurrección.

13 ¹No ano cento corenta e nove coñeceron os homes de Xudas que Antíoco Eupátor avanzaba cara a Xudá cun exército moi grande, ²e que tamén viña con el Lisias, preceptor seu e encargado do goberno; o exército que traían era de cento dez mil soldados gregos de a pé, cinco mil trescentos de a cabalo, vintedous elefantes e trescentos carros. ³Xuntóuselles tamén Menelao que con moita raposería animaba a Antíoco, e non porque quixese libra-la súa patria, senón porque esperaba ser restituído no seu cargo.

⁴Pero o Rei de reis excitou a carraxe de Antíoco contra aquel criminal. Lisias fíxolle ver ó rei que Menelao fora o causante de tódalas revoltas; entón Antíoco mandou que o levasen a Berea e que o axusticiasen alí seguindo os costumes daquel pobo. ⁵Había alí unha torre duns cincuenta cóbados de alto, chea de remol, cun aparato viradoiro, que do lado que fose, sempre deitaba a un cara á cinsa; ⁶alí botaban para que morrese ó que fixera un roubo sacrílego ou outros crimes igualmente graves. ⁷E así foi como acabou o desleigado aquel, Menelao, que nin sequera foi honrado cunha sepultura. ⁸Cousa xustísima que quen tantos delitos cometera contra o altar, que ten un lume e unhas cinsas santas, atopase na cinsa a súa morte.

⁹O rei seguiu avanzando cheo de sentimentos feroces e disposto a mostrarse máis duro cos xudeus ca seu pai. ¹⁰Xudas, ó sabelo, mandou que a súa xente pedise de día e de noite ó Señor para que, como fixera noutros momentos, tamén agora viñese axudalos que estaban en perigo de quedárense sen Lei, sen patria e sen templo, ¹¹e para que non permitise que xentes blasfemas asoballasen o pobo, agora que este principiaba a alentar. ¹²Puxéronse todos a rezar xuntos, e pedíronlle ó Señor misericordioso con laios, xexúns e axeonllamentos durante tres días. Xudas animounos e mandoulles que estivesen dispostos. ¹³E, despois de consultar cos senadores, decidiu emprende-la marcha e resolve-la situación —sempre contando coa axuda de Deus— antes de que o rei invadise Xudá co seu exército e se apoderase da capital. ¹⁴Poñendo todo nas mans do Creador do mundo, deulle azos á tropa para que loitase con afouteza ata a morte polas leis, o templo, a cidade, a patria e as súas institucións. E foi acampar nos arredores de Modín.

¹⁵Deulles ós seus homes o contrasinal de "victoria de Deus", e cun fatiño de mozos dos máis valentes atacou de noite a tenda do rei; matou case dous mil homes e tamén o elefante principal co que estaba enriba del. ¹⁶Logo encheron o campamento de pánico e confusión e largáronse victoriosos. ¹⁷Ó alborexar xa todo estaba feito, gracias á axuda que o Señor lles concedera.

¹⁸Ó ve-lo rei o destemidos que eran os xudeus, intentou apoderarse das fortalezas valéndose de trampas. ¹⁹Achegouse a Betsur, un outeiro xudeu fortificado; atacouno, e foi rexeitado; volveu a atacar e vencérono. ²⁰Xudas mandou provisións ós sitiados. ²¹Rodoco, un soldado do exército xudeu, comunicoulle ó inimigo segredos da defensa; descubrírono, prendérono e axusticiárono. ²²O rei volveu a parlamentar cos de Betsur; fixeron as paces e retirouse. Logo foi atacar ós de Xudas, pero vencérono. ²³Entre tanto soubo que Filipo, a quen deixara como encargado do reino, se revoltara en Antioquía. Quedou abraiado. Pedíulle-la paz ós xudeus e xurou que aceptaría tódalas peticións xustas; fixeron as paces e ofreceu un sacrificio, honrou o templo, gardoulle respecto ó lugar santo. ²⁴Recibiu moi ben o Macabeo e puxo a Hexemónides como gobernador do territorio que vai desde Tolemaida ata Guerar. ²⁵Despois foise para Tolemaida; pero os habitantes desta cidade non viron ben os tratados, estaban indignados e queríanos anular. ²⁶Lisias, entón, subiu á tribuna e esforzouse por defende-la cousa; conseguiu devolvérlle-la calma, e regresou para Antioquía.

Esta é a historia da chegada e da marcha do rei.

Intrigas de Alcimo. Alianza e loitas con Nicanor

14 ¹De alí a tres anos, Xudas e os seus informáronse de que Demetrio, o fillo de Seleuco, desembarcara no porto de Trípoli cun exército poderoso e cunha escuadra, ²e de que se apoderara do país despois de matar a Antíoco e ó seu titor Lisias. ³Un tal Alcimo, que fora antes Sumo Sacerdote, pero que se contaminara voluntariamente nos tempos da revolta, decatándose de que para el xa non había posibilidade de ser rehabilitado nin de acceder ó altar santo, ⁴foi onda o rei Demetrio, aló polo ano cento cincuenta e un e ofre-

---

13, 1 Isto é, polo ano 164/163 a. C. 1 Mac **6**, 18-63 é in paralelo —diferente abondo— do relato que segue.
14, 1 Cf 1 Mac **7**, 1ss e **7**, 1 nota.
14, 4 O ano 161 a. C.

ceulle unha coroa de ouro, unha palma, e, amais diso, os tradicionais ramos de oliveira do templo; naquel día non fixo máis nada. ⁵Pero aproveitou a ocasión de mostra-la súa raposería cando Demetrio o chamou ó consello. Ó ser preguntado sobre as disposicións e planos dos xudeus, ⁶respondeu:

—"Hai uns xudeus que se chaman asideos e que, baixo as ordes de Xudas, o Macabeo, fomentan guerras e revoltas e non deixan que o reino viva en paz. ⁷Por iso eu, desposuído da dignidade dos meus avós —estoume referindo ó sumo sacerdocio— vin aquí agora ⁸maiormente preocupado de verdade polos intereses do rei, e despois tamén pensando nos meus compatriotas, xa que pola irreflexión dos devanditos homes, toda a nosa xente está sufrindo moito. ⁹Infórmate ben, rei, de todo isto, e mira polo noso país e pola nosa xente desgraciada, de acordo cos sentimentos humanitarios que tes con todos. ¹⁰Mentres Xudas siga vivindo é imposible que haxa paz".

¹¹Cando el acabou de dicir isto, os demais amigos que estaban a mal con Xudas de contado deron en enardece-los ánimos de Demetrio. ¹²Este escolleu de seguida a Nicanor, xefe do escuadrón dos elefantes, nomeouno gobernador de Xudea e mandouno aló ¹³coa orde de matar a Xudas, de espalla-las súas tropas e de rehabilitar a Alcimo como Sumo Sacerdote do templo aquel tan maxestuoso. ¹⁴Os estranxeiros que en Xudea andaban escapados por mor de Xudas xuntáronselle en riolas a Nicanor, coidando que a desventura e a desgracia dos xudeus serían de proveito para eles.

¹⁵Cando os xudeus tiveron noticias da expedición de Nicanor e de que os estranxeiros se lle xuntaran, cubríronse de po e deron en suplicar a Aquel que estableceu o seu pobo para sempre e que arreo coida da súa herdanza con feitos prodixiosos. ¹⁶Por orde do seu xefe saíron axiña daquel sitio e trabaron batalla con eles cerca de Dessau. ¹⁷Simón, o irmán de Xudas, atacou a Nicanor, pero, por mor da aparición inesperada de inimigos, sufriu unha pequena desfeita. ¹⁸Mais Nicanor, coñecedor da afouteza dos homes de Xudas e do valor con que loitaban pola patria, non quixo resolve-la situación polo sangue. ¹⁹E por iso enviou a Posidonio, a Teodoto e mais a Matatías para concerta-la paz. ²⁰Despois dun longo estudio das propostas o xefe comunicoullas á tropa, e vendo que todos estaban de acordo determinaron de da-lo visto e prace ó tratado. ²¹Puxeron un día para atoparse nun mesmo lugar os dous xefes. De cada lado adiantouse un carro e colocaron asentos. ²²Xudas deixara apostados homes armados en sitios estratéxicos, dispostos a intervir no caso de que os inimigos actuaran de súpeto con falsía. Pero o encontro foi sen novidade. ²³Nicanor quedouse algún tempo en Xerusalén, sen facer nada que chamase a atención e despediu as multitudes que en riolas viñeran onda el. ²⁴Tiña sempre a Xudas ó seu lado, pois chegara a collerlle afecto. ²⁵Aconselloulle que casase e que tivese fillos. Xudas casou, viviu con tranquilidade e disfrutou da vida.

²⁶Alcimo, ó ve-las estreitas relacións que os unían, fixose cunha copia dos acordos establecidos e presentouse onda Demetrio dicindo que Nicanor actuaba en contra dos intereses do estado, pois designara sucesor seu a Xudas, o perturbador do reino. ²⁷O rei alporizado e enrabexado polas falsedades deste home de mal, escribiulle a Nicanor dicíndolle que non aprobaba o tratado e mandándolle que de contado lle remitise ó Macabeo encadeado a Antioquía.

²⁸Cando Nicanor recibiu estas ordes moito se entristeceu, pois non quería anula-lo acordado, xa que Xudas nada malo fixera. ²⁹Pero como non podía desobedecerlle ó rei, andaba á procura do momento a xeito para cumpri-las ordes do rei valéndose dun engano. ³⁰O Macabeo decatouse de que Nicanor o trataba dunha maneira máis dura e de que era máis frío nas súas relacións normais; e coidou que tal comportamento non era bo sinal. Xuntou a bastantes seguidores seus e escondeuse con eles de Nicanor. ³¹Cando este advertiu que fora burlado pola habilidade de Xudas, chegouse ó grandioso e santísimo templo na hora en que os sacerdotes ofrecían os sacrificios rituais, e esixiu que lle entregasen a aquel home. ³²Eles aseguraron con xuramento que non sabían onde se atopaba, ³³entón estendendo a man dereita cara ó templo dixo este xuramento:

—"Se non me entregades preso a Xudas, arrasarei este santuario, esnaquizarei o altar e construirei aquí mesmo un templo maravilloso a Diónisos".

14, 6 *Asideos*, cf 1 Mac 2, 42 nota.
14, 16 *Dessau*, probablemente a Hadaxah de 1 Mac 7, 40, tamén relacionada coa expedición de Nicanor.

14, 24 A contradicción destes datos co narrado en 1 Mac 7, 26ss é patente.

³⁴Despois de que dixo isto, marchou; os sacerdotes coas mans ergueitas cara ó ceo, deron en rezarlle ó que sempre loita en favor do noso pobo dicindo: ³⁵—"Ti, Señor de tódalas cousas, aínda que non andas necesitado de nada, tiveches a ben poñer no medio de nós o templo da túa morada. ³⁶Agora, pois, Señor santo de toda santidade, garda para sempre sen lixo esta casa hai pouco purificada".

³⁷Daquela, Razías, un dos anciáns de Xerusalén, foi denunciado a Nicanor. Era un home amante dos seus concidadáns, de moi boa fama, que polo seu bo corazón era chamado "pai dos xudeus"; ³⁸denunciárono por culpa de que nos tempos anteriores á revolta fora acusado de xudaísmo e de que por el arriscara o corpo e a vida cunha teima admirable. ³⁹Nicanor quería deixar ben claro o aborrecemento que lles tiña ós xudeus, e entón mandou máis de cincocentos soldados para prendelo, ⁴⁰pois coidaba que co seu arresto lles causaba un bo prexuízo. ⁴¹Cando as tropas estaban xa a piques de apoderarse da torre e de forza-la porta do adro, con orde de poñerlles lume ás portas e queimalas, Razías cercado todo de arredor, botouse sobre a súa espada; ⁴²quixo mellor morrer con honra que caer naquelas mans criminais e ser aldraxado dun xeito que non lle acaía á súa nobreza. ⁴³Pero, ó non acerta-lo golpe por razón da precipitación do asalto, vendo que a tropa xa irrompía polas portas adentro, botouse a correr con afouteza cara ás murallas e guindouse coma un valente sobre a multitude; ⁴⁴a xente retirouse de seguida e el veu caer no oco aberto. ⁴⁵Aínda vivo e co ánimo enardecido, ergueuse a pesar de que o sangue lle saía a burbullóns e de que as feridas eran graves; botouse ás carreiras polo medio da tropa, subiu a un penedo fragoso, ⁴⁶e alí, xa case sen sangue, arrincou os seus intestinos e colleunos coas dúas mans, lanzounos contra as tropas, e despois de rezar ó dono da vida e mais do espírito para que llos devolvese outra vez, finou.

Derrota de Nicanor

15 ¹Soubo Nicanor que Xudas e mailos seus andaban pola bisbarra de Samaría, e acordou atacalos sen correr risco no día do descanso. ²Os xudeus que o tiveran que acompañar pola forza dixéronlle: —"Non mates de maneira tan inhumana e bárbara; respecta o día santificado de xeito especial por Aquel que todo o ve". ³Pero aquel home, ruín sen comparanza, preguntou se no ceo había un Señor que mandara santifica-lo día do sábado. ⁴Éles respondéronlle: —"Hai un Señor que vive como soberano do ceo; El mandou santifica-lo día sétimo". ⁵Entón Nicanor dixo: —"Pois eu son o soberano da terra; e mando colle-las armas e servi-lo rei". Mais non puido realizar aquel proxecto malvado.

⁶Mentres Nicanor, fanfarreando, pensaba erixir un trofeo público pola victoria sobre os homes de Xudas, ⁷o Macabeo esperaba cunha fe cega a axuda de parte do Señor, ⁸e exhortaba ós que estaban xunto del a que non temesen o ataque dos estranxeiros, a que, lembrándose do amparo que noutrora lles viñera do Ceo, agardasen tamén agora a victoria que lles había vir de parte do Todopoderoso. ⁹Alentábaos con citas da Lei e dos Profetas, recordáballe-las batallas que xa superaran e así devolvéulle-la coraxe. ¹⁰Para enardece-los ánimos fíxolles ve-la ruindade dos estranxeiros e a violación dos xuramentos. ¹¹Armounos a todos, máis ca coa seguridade dos escudos e das lanzas, con palabras alentadoras; e contoulles un soño digno de fe, unha visión que os alegrou a todos. O seu soño era este:

¹²Onías, que fora Sumo Sacerdote, home bo e honrado, distinguido pola súa amabilidade, polas súas boas maneiras, e polas súas palabras xustas e precisas, dado desde a súa nenez á práctica do ben, rezaba polo pobo xudeu cos brazos abertos. ¹³E aparecéuselle un home distinguido pola súa idade e maila súa dignidade, rodeado dunha maxestade abraiante e magnífica. ¹⁴Onías falou e dixo: —"Velaquí o que lles quere ben ós seus irmáns, o que reza moito polo seu pobo e pola cidade santa, Xeremías, o profeta de Deus". ¹⁵Xeremías coa súa man dereita entregoulle a Xudas unha espada de ouro, e díxolle: ¹⁶—"Recibe, como regalo de Deus esta espada sagrada; con ela esnaquizara-los inimigos".

¹⁷Animados con estas fermosas palabras de Xudas, capaces de levar ó heroísmo e de enfortece-los corazóns dos mozos, acorda-

---

15, 6 Este *trofeo* consistía no amoreamento das armas dos vencidos arredor dun montón de pedras.
15, 9 Cf tamén 1 Mac **12**, 9.
15, 11 O *soño* dos versículos 12-16 é un soño premonitorio, que aparece adoito no A.T. e tamén na literatura grega contemporánea. De seu esta pasaxe nada intenta afirmar doutrinalmente sobre a intercesión dos defuntos en favor dos vivos.

ron non se gardar no refuxio, senón atacar valentemente e resolve-la situación loitando con afouteza, pois a cidade, a relixión e mailo templo estaban en perigo. ¹⁸Para eles a preocupación polas súas mulleres, fillos, irmáns e demais parentes era cousa secundaria; o primeiro e máis importante era o templo sagrado. ¹⁹Os que quedaron na cidade tamén eles estaban angustiados coa preocupación pola loita en campo aberto. ²⁰Todos agardaban o resultado que se ía producir. Os inimigos concentráronse e dispuxéronse para a loita; os elefantes estaban nos seus postos e a cabalería en orde polas alas. ²¹O Macabeo, ó ve-lo avance das tropas, a variedade do seu equipamento e a fereza dos elefantes, estendeu as mans cara ó ceo e deu en invoca-lo Señor que fai prodixios, pois ben sabía que a victoria non depende das armas, senón a decisión daquel que lla dá a quen é merecente dela. ²²Velaquí o rezo que fixo Xudas:

—"Ti, Señor, nos tempos de Ezequías, rei de Xudá, mandáche-lo teu anxo que matou cento oitenta e cinco mil homes do exército de Senaquerib; ²³manda tamén agora, Soberano dos ceos, un anxo bo diante nosa que poña medo e arrepío. ²⁴Que a forza do teu brazo desfaga ós que blasfemando viñeron ataca-lo teu pobo santo". E non dixo máis nada.

²⁵A tropa de Nicanor avanzaba ó son das trompetas e dos cantos de guerra; ²⁶os homes de Xudas principiaron a loita con rezos e pregarias. ²⁷Loitaban coas mans, pero rezaban a Deus no seu corazón; deste xeito abateron trinta e cinco mil homes, ou máis. Moito se alegraron por aquela axuda manifesta do Señor. ²⁸Cando xa volvían, cheos de gozo polo éxito, descubriron que Nicanor estaba morto no chan coa súa armadura. ²⁹Entón no medio dos berros e do balbordo déronlle gracias a Deus na fala de seus pais. ³⁰E o que loitara con tódalas forzas do seu corpo e da súa alma polo ben dos seus concidadáns e que desde mozo se mantivera fiel ó seu pobo, mandou que a Nicanor lle cortasen a cabeza e o brazo dereito polo ombreiro, e que os levasen a Xerusalén.

³¹Tan axiña como chegou alá, convocou ó pobo e ós sacerdotes, púxose diante do altar e mandou vir ós da cidade. ³²Amostróulle-la cabeza do malvado Nicanor e o brazo que aquel blasfemo erguera insolente cara á santa morada do Todopoderoso; ³³despois cortou a lingua do malvado Nicanor e mandou que llela deran en anacos ós paxaros e mais que pendurasen enfronte do templo o instrumento da súa tolería. ³⁴Daquela todos ergueron os seus ollos cara ó Ceo e bendiciron ó Señor que se lles manifestara, dicindo: —"Benia o que conservou sen lixo o seu lugar santo".

³⁵A cabeza de Nicanor quedou pendurada na cidadela, coma sinal claro e evidente para todos da axuda do Señor. ³⁶E acordaron todos por unanimidade non deixar pasar aquel día sen solemnizalo, e celebra-lo día trece do duodécimo mes, chamado en siríaco Adar, a véspera do día de Mardoqueo.

Epílogo

³⁷Estes son os acontecementos relacionados con Nicanor. Como desde aquela a cidade quedou en poder dos hebreos, eu tamén vou poñer fin aquí mesmo ó meu traballo. ³⁸Se quedou fermoso e ben redactado, ese era o meu desexo; se é deficiente e mediocre, eu fixen o que puiden. ³⁹Do mesmo xeito que o viño só e a auga soa non fan ben, e cómpre mesturalos para acadar un gusto bo e agradable, así tamén a axeitada disposición dun relato é grata ós oídos dos que lean a obra. E con isto acabei.

15, 31 Por este tempo aínda a cidadela de Xerusalén non estaba nas mans dos xudeus; caería despois, baixo Simón Macabeo (cf 1 Mac **13,** 49-51).

INTRODUCCIÓN A XOB

1. "Fixeches de min un Maxal *diante dos pobos",* di o autor do libro en **17**, 6, e leva boa razón. A verba *"maxal"* tanto valía para designar un proverbio popular coma un tema de disensión e liorta constantemente recorrente; e ámbalas dúas cousas danse verbo da figura de Xob. Na tópica popular, Xob chegou a se-lo prototipo do home paciente; na tópica literaria, a súa figura suxire o tratamento do problema da dor do inocente. Arredor da lectura do seu texto tecéronse libres interpretacións, que xiran acerca de proposicións existenciais *(Kierkegaard),* sicolóxicas *(Jung),* ou ateístas *(Bloch).* Outras tencionan basear no seu debate, valéndose da traducción de determinados textos (cf **14**, 11-12; **16**, 18-22; **19**, 25-29; **29**, 18), a orixe do concepto israelítico da inmortalidade; ou ben fundamentan a crítica da teodicea ou a procura da multiplicidade de niveis da verdade. O libriño, cumio da literatura universal, ten xa que logo unha longa historia interpretativa, e con ela ha de conta-lo lector. Cómpre, logo, tentar de sabe-lo que o autor quixo dicir. Antes de calquera interpretación imponse unha análise do libro no seu medio, composición e estructura.

Na literatura do antigo oriente existiu un pequeno grupo de obras literarias con ideas familiares ás de Xob, tanto na forma coma no contido: en Sumer, o *"Laio do doente";* en Babilonia, a pregaria *"Ludlul bel Nemeqi" (Quero louva-lo Señor da Sabedoría)* e os diálogos *"Do doente e o seu amigo"* e *"O Señor e o seu criado";* en Exipto, o *"Diálogo do doente coa súa alma":* todos eles presentaban o abandono do home piadoso por parte da divindade ou ben a protesta contra a inxustiza na vida. Nos diálogos babilonios, ó remate da disputa, a intervención dun ser celeste como *"Deus ex machina",* ou ben unha postura agnóstica superada polo milagre, resolvían o problema.

2. ¿Que fai Xob en Israel? De seu o nome *(Iyyob)* e os datos xeográficos da súa procedencia e da dos amigos (**1**, 1; **2**, 11) sitúano na rexión de Edom ou do norte de Arabia. Dous versos de Ezequiel (**14**, 14.20) menciónano xunto con Noé e mais Daniel, os *"santos pagáns"* da tradición do A.T., de moi probable ascendencia cananea (textos de Ugarit). Por outra banda, o vocabulario, co seu neocananeísmo poético, as frecuentes alusións sálmicas e o indubidable coñecemento que presupón dos libros de Xeremías e Lamentacións, fan sinala-la data da composición arredor do 400 a.C., e na Palestina.

A volta do Exilio significara para os círculos dos sabios de Israel un período de consolidación estamental e unha toma de conciencia da propia importancia. En Pr **1-9** a Sabedoría ofrecía seguridade e bendición, e o problema da retribución *polos feitos bos ou malos* resolvíase de maneira mecánica coa lei *"a tal obra tal efecto",* que reflectía un dogma da teoloxía das escolas. A figura de Deus estaba deste xeito sometida a un sistema previsible de funcionamento. A consecuencia de todo isto era un Deus moi coñecido polos teólogos, pero non o Deus libre de Israel.

O problema da morte e da dor, a desfeita ocasionada polo derrubamento histórico de Israel, e pode que a experiencia persoal, levan a un mestre (cf **4**, 3-5) a abandonar ese dogma e cuestiona-la apoloxética usual.

Xob é un debate dentro do círculo sapiencial. Os axiomas ortodoxos e as súas teses van defendidas polos amigos de Xob (**12**, 2-3; **4**, 7-8; cf Pr **10**, 3; **15**, 25) coa simplificación do teólogo de oficio, que anceia reduci-la complexidade da experiencia á simplicidade da fórmula. Xob reflicte dramaticamente a experiencia persoal da inadecuación dunhas respostas esclerotizadas, e sae valentemente á procura dunha nova imaxe de Deus. ¿É Xob polo tanto un libro antisapiencial? —Non; máis ben retorna ó que foran as raigañas da sabedoría popular máis enxebre: a historicidade do saber e a súa aplicación en cada intre (cf Pr **26**, 4.5), a apertura a novos descubrimentos na orde do mundo, a conciencia de non coñece-lo misterio das cousas, a liberdade de Iavé por riba de todo.

3. O libro non é unitario na súa composición. O afastamento entre a figura do Xob exemplar dos primeiros capítulos e a do Xob revoltado e case blasfemo do resto do libro, dexérgase á primeira lectura. Hoxe en día admítese unanimente un proceso xenético na creación da obra, que dá tamén a clave da súa estructura. É o seguinte: (a) Unha antiga narración lexendaria en prosa, de estilo patriarcal e orixe preexílica (cc. **1-2** e **42**, 7-17), foi utilizada e acomodada por un autor para encadrar (b) un poema en verso que inclúe a disputa en tres ciclos entre Xob e tres amigos (cc. **3-27** e **29-31**) e a resposta de Deus ás demandas de Xob (**38**, 1-**42**, 6).*(c)* Un autor ou editor posterior acrecentou o libro cos cc. **32**-

37,*introducindo un personaxe novo, Elihú, que repite, ó modo dos amigos e con pequenas variantes, a doutrina tradicional nun xeito máis duro. Derradeiramente (d) engadiuse o c.* **28,** *un poema sobre a Sabedoría, sen dúbida debido a unha certa afinidade co tema.*

Moito se ten escrito acerca do xénero literario do poema: debate xudicial, diálogo xurdido por amplificación dunha lamentación, drama poético... Ningunha categoría das propostas fai xustiza ó libro na súa complexidade, pois nel atópanse temática xurídica, motivos de instrucción sapiencial, elementos hímnicos, laios, etc... O término "diálogo sapiencial" é suficientemente amplo, se se quere, para abranguelos todos, pero en nada vale para catalogar unha creación única e maxistral na súa especie. De todos xeitos, cómpre ter en conta que a forma de diálogo israelita non se move linealmente, progresando na discusión ata atopar unha solución final (caso dos diálogos gregos), senón que procede en varias direccións e en círculos concéntricos co intento de captar un problema na súa totalidade. A acción é mínima e decorre desde o monólogo do c. **3,** *que suscita a situación de desesperanza, ó monólogo dos cc.* **29-31,** *que esixen a presencia de Deus no debate, cousa que ocorre nos cc.* **38,** 1-**42,** 6.

4. *Nesa disposición e con eses medios expresivos, o autor toca con penetración radical os últimos valores da vida humana, a súa xerarquía, a soidade esencial do home, o anceio de Deus como modo de coñecelo. Deste xeito leva á depuración da intención mais auténtica da sabedoría: destruíndo os fetiches cos que a meirande parte dos homes identifica a relixión, a súa pregunta alude a Deus como é e ó mundo como é, aproximándose máis ca calquera outro texto sapiencial ó sentido do ser. É o paso dunha fe en canto sostén e marco da vida, a unha fe como desafío e salto no baleiro.*

Os resultados desta enquisa do libro, reflectidos en **42,** 1.7 *son os seguintes: Xob non pode condenar a Deus; mais fixo ben en pescudar ata o extremo. A dogmática das escolas fabricou unha caricatura de Deus. A clave dunha vida moral auténtica é a integridade persoal non fachendosa, senón totalmente comprometida coa verdade, o amor, o ben; e baseada na fe de que eses son os valores que sosteñen o universo. Coma contraprestación a esa postura de total xustiza, non existe na terra máis ca un alicerce: a aprobación de Deus.*

Cómpre, con todo, non facer torto o espírito hebreo. Para este, interesado en iluminalos problemas desde tódolos recantos, a voz da tradición tiña tamén o valor de presentar verdades parciais, anacos da verdade total; deste xeito conséguense no libro os niveis de sentido da dor en canto disciplina, proba e vicariedade.

A voz de Xob (e coma el a do Qohélet *no* Eclesiastés*) foi unha voz solitaria no coro da sabedoría tradicional de Israel, que voltaría ás canles trilladas co* Ben Sirah *ou* Eclesiástico*. A figura de Xob e a súa teima quedaron como fito ineludible de autenticidade, e asemade pedra de escándalo na experiencia bíblica de Deus, o que fica maravillosamente reflectido nas verbas dun comentario rabínico, o* Midrax Pesiqta Rabbati, *190 b: "Algúns din agora na pregaria: Deus de Abraham, Deus de Isaac e Deus de Xacob; mais tamén hai quen engade: e Deus de Xob".*

XOB

PRÓLOGO

Presentación de Xob

1 ¹Houbo unha vez un home na terra de Us, que se chamaba Xob. Era o tal un home íntegro e xusto, que temía a Deus e se arredaba do mal. ²Nacéranlle sete fillos e tres fillas. ³Compúñase a súa habenza de sete mil ovellas, tres mil camelos, cincocentas xugadas de bois, cincocentas burras, e servos numerosos. Aquel home era o máis rico dos orientais.

⁴Tiñan os fillos costume de facer cadanseu banquete nas súas casas, en cadanseu día; e mandaban convite ás tres irmás para comeren e beberen xuntos. ⁵Ó remate deses días de festa facíaos vir Xob para purificalos; erguíase de mañá e ofrendaba holocaustos por todos eles, pois dicía para si: —"¿E quen sabe se non terán pecado estes meus fillos, renegando de Deus nas súas conciencias?" E deste xeito obraba sempre.

Primeira disputa no ceo

⁶Aconteceu, pois, un día que, ó viren os anxos render acatamento diante de Iavé, achegouse tamén con eles Satán. ⁷E preguntoulle Iavé a Satán: —"¿De onde chegas?" Respondeulle Satán a Iavé: —"De dar unha volta pola terra". ⁸Díxolle Iavé a Satán: —"¿Xa reparaches no meu servo Xob? Home coma el non o hai no mundo, íntegro e xusto, temeroso de Deus e arredado do mal". ⁹Respondeu Satán a Iavé: —"¡Seica Xob teme a Deus de balde! ¹⁰¿Non será que o tes ti ben cinguido cun valado, el, o seu lar, e canto posúe, e que bendiciches canto fai, e que o seu gando se espalla por toda a campía? ¹¹¡Pero ponlle a man enriba e tócalle no que posúe, e has ver se non te maldí na cara!" ¹²Díxolle Iavé a Satán: —"Ben: fai o que queiras coas súas cousas; soamente non poñas a man nel". Entón saíu Satán de diante de Iavé.

Primeira proba

¹³E aconteceu no día en que estaban a xantar e beber viño os seus fillos e fillas no pazo de seu irmán o vinculeiro, ¹⁴cando chegou a Xob un criado dicindo: —"Estaban os bois arando e as burras a carón pacendo ¹⁵e caeu sobre eles unha banda de xabeos que roubaron, despois de pasaren

---

1, 1-2, 13 *Prólogo.* A sección en prosa do libro de Xob (cc. **1-2; 42,** 7-17) ten de trasfondo unha narración popular, probablemente destinada á recitación oral nunha existencia previa á do libro, e cortada segundo o patrón dos relatos dos patriarcas. Na súa versión actual mostra múltiples indicios de reelaboración literaria, debido á necesidade de a facer servir de encadramento ó poema en canto tal, que arrinca no c. 3.
O prólogo fai a presentación da figura central, Xob, e describe o episodio da proba á que foi sometido. O argumento desenvólvese en dous planos, alternantes segundo a acción acontece na terra (**1,** 1-5. 13-22; **2,** 7-13) ou no ceo (**1,**6-12;**2,**1-6).
1, 1-5 *Presentación de Xob.* Xob, no hebreo "Iyyob" (do que a través da latinización "iob" vén a nosa nomenclatura), é un nome patronímico cananeo do que se atopa constancia nas cartas do arquivo de Tell-el Amarna. A terra de Us asóciana os arqueólogos á terra de Edom —ó sur da Palestina—, ou ben á bisbarra de Haurán, ó leste do Tiberíades; reflicte polo tanto a localización de zonas de nomadismo e denomina máis un clan ca un lugar xeográfico.
A calificación que del se fai está en linguaxe sapiencial: era "hom", home total, íntegro, que ten canto debe ter no seu interior para ser home. Era "vaxar", que procede tamén conforme o dereito, o "Temor de Deus"; e gardaba un comportamento libremente escollido de non face-lo mal social.
En xeral a presentación e a súa linguaxe relembran as que a Xénese refire verbo de Henoc e Noé (**5,** 21-24; **6,** 9), outros dous personaxes non israelitas. A figura central preséntase nun ámbito internacionalista e universal, pois o problema a discutir posúe tamén esas dimensións.
1, 2-3 Xob non é soamente un *home íntegro.* Tamén é un home bendito de Deus: a primeira bendición é a dos fillos (cf Xén **1,** 28), en proporción perfecta (7 e 3 son números de perfección e o 10 de plenitude, levando vantaxe os varóns); os fillos son maiores de idade, ricos de seu, e viven en harmonía (v 4). A segunda bendición é a da riqueza (recompensa sapiencial da xustiza).
1, 5 A verba *renegar* lese no texto hebreo coma "bendicir" (tamén nos vv **1,** 11; **2,** 5.9): trátase dun eufemismo posto por man dos copistas, que tiñan reparo na expresión orixinal. Sete fillos, sete festas, sete sacrificios, marcan o paso cun sentimento de totalidade e continuidade.
1, 6-12 *Primeira disputa no ceo.* Atopámonos de súpeto nunha sesión da asemblea celeste, á que asisten Iavé (primeira citación do nome; era só "Deus") e os "divinos", que traducimos "anxos", cortesáns ou ministros do séquito celeste, conforme o modelo do panteón cananeo de Ugarit (cf 1 Re **22,** 19; Is **6,** 1-3). De entre eles destaca un, designado co nome de oficio "O Satán". A súa figura relembra ó anxo seductor da visión de Miqueas en 1 Re **22,** 21, e unha citación semellante atópase en Zac **3,** 1. Pero O Satán non é a figura encarnadora do mal que amosara 1 Cro **21,** 1 (Satán xa coma nome propio) ou o que o libro grego da Sabedoría chama ó "diábolos". Aquí é un membro do consello celeste, especie de controlador (no v 7 vén de patrulla-la terra) e ten a función de fiscal. El é quen propón a dúbida respecto á piedade de Xob. Neste senso é un desdobramento da figura de Deus, que en textos máis antigos tentaba ó home por si mesmo.

585

polo ferro ós mozos. Salveime só eu para cho contar".

¹⁶Aínda non rematara este de falar cando chegou outro a dicir: —"Caeu un lóstrego do ceo, e consumiu ovellas e pastores. Salveime só eu para cho contar".

¹⁷Aínda non rematara este de falar cando chegou outro a dicir: —"Os caldeos, formados en tres bandas, botáronse contra os camelos e leváronos, despois de pasaren polo ferro ós mozos. Salveime só eu para cho contar".

¹⁸Aínda non rematara este de falar cando chegou outro a dicir: —"Estaban os teus fillos e fillas a xantar e beber viño no pazo de seu irmán o vinculeiro, ¹⁹cando velaquí que xurdiu un furacán de máis alá da estepa, e deu polos catro cantos na casa, que caeu sobre os rapaces, e matounos. Salveime só eu para cho contar".

²⁰Daquela ergueuse Xob, rachou o manto, rapou a cabeza, e botándose por terra, prosternouse dicindo:

²¹—"¡Espido saín do seo da miña nai
e espido a el hei de tornar.
Iavé deu, Iavé quitou:
bendito sexa o nome de Iavé!"

²²Con todo, non pecou Xob botando renegos contra Deus.

Segunda disputa no ceo

2 ¹Foron outro día os anxos presentarse diante de Iavé; chegou con eles tamén Satán e rendeulle acatamento.

²Preguntoulle Iavé a Satán: —"¿De onde chegas?"

Respondeulle el: —"De dar unha volta pola terra".

³Díxolle Iavé a Satán: —"¿E reparaches no meu servo Xob? Home coma el non o hai no mundo, íntegro e xusto, temeroso de Deus e arredado do mal; e aínda se mantén na súa honradez, por máis que ti me teñas aburrido contra el para que o acabe sen motivo".

⁴Respondeulle Satán a Iavé: —"¡A pel pola pel! Por salva-la vida dá o home todo canto ten. ⁵Mais ponlle a man enriba e máncao nos ósos e na carne, e xa habías ver se non te maldí na cara!"

⁶Díxolle Iavé a Satán: —"¡Aí o tes! Fai o que queiras con el, pero respéctalle a vida!"

Segunda proba

⁷Foise o Satán da presencia de Iavé, e feriu a Xob cunha mala praga desde a planta do pé ata a coroa da cabeza.

⁸Collendo unha tella estábase Xob rañando, sentado no medio dunha esterqueira.

⁹Díxolle a súa muller: —"¿E aínda te mantés na túa honradez? ¡Maldice a Deus, e morre!"

¹⁰Pero el contestoulle:

—"¡Falas coma unha tola!
Se o bo o aceptamos como de Deus,
¿non habemos recibir tamén o mal?"

E a pesares de todo isto, non pecou Xob cos seus labios.

A chegada dos amigos

¹¹Souberon tres dos amigos de Xob da desgracia que lle viñera enriba, e saíndo cadaquén do seu lugar —Elifaz o de Temán, Bildad o de Xuh e Sofar de Namat— concertaron de chegar xuntos para lle daren o pésame e consolalo. ¹²Ó ergueren os ollos desde lonxe e non recoñecelo, deron en chorar botando grandes laios; racharon os mantos e espallaron po por riba das cabezas e cara ó ceo.

1, 13-22 *Primeira proba*. 13-19 A primeira proba desposúe a Xob das dúas primeiras bendicións: fillos e riquezas. O ritmo reiterativo máis "in crescendo" dos vv 14-19 ten toda a forza dramática e cruel da zoupada imprevista.
20-22 A resposta de Xob desenvólvese nun dobre proceso: a) v 20: os signos obrigados de loito: Racha-la "Me'iláh", chilaba ou capa de dignidade (honor social); rapa-la cabeza coa navalla (humillación persoal), laiarse rolando pola terra (signo de desespero); b) v 21: o acto de acatamento: prosternación ritual, e repetición dunha pregaria de sometemento.
2, 1-6 *Segunda disputa no ceo*. Duplicado da primeira na súa construcción, acrecenta na declaración de Deus a afirmación do motivo da proba. a comprobación da honradez. O fiscal contraataca, pondo en cuestión a terceira das bendicións: a persoa de Xob quedaba intacta.
2, 7-10 *Segunda proba*. A nova ratificación da integridade de Xob vai precedida dunha constatación sobria do novo mal: a praga maligna. A verba refírese, na lingua coloquial, a unha serie de úlceras na pel, que poden ser curables (Lev **13**, 18ss) ou incurables (Dt **28**, 27-35). O contexto do epílogo (**42**, 11), coa actitude dos familiares, indica que na lenda primeira non se trataba dunha enfermidade mortal. O poema, polo contrario, entenderáa no senso dunha lepra tuberculosa que de seu leva aparellada a morte.
2, 9-10 A situación de Xob vese agravada pola súbita intervención da súa muller. Esta estraña suplantación de Satán semella outro engadido ó relato primitivo.
2, 11-13 *A chegada dos amigos*. En vez de propo-la restauración, a narración actual introdúcenos ó coñecemento dos tres personaxes que compartirán con Xob a disputa do poema. Estes tres versos supoñen en consecuencia unha reelaboración, feita polo autor do diálogo, do dato da visita dos familiares que aparece en **42**, 11, do epílogo. Os nomes e procedencias refiren as orixes edomitas, arameas ou das partes do Líbano; non sería estraño que o autor tencionase localizalos en tódalas direccións do mundo coñecido, o que indicaría a vontade de universalización do problema que se vai tratar.

¹³Despois sentáronse no chan ó seu carón sete días e sete noites, sen falarlle nin palabra, pois vían canto tiña de inaturable a súa dor.

A DISPUTA COS AMIGOS (3-27; 29-31)

Maldición do nacemento

3 ¹Tras estes feitos abriu Xob a boca, maldicindo o seu día, ²deste xeito:
³—"¡Pereza o día en que nacín
e a noite que dixo: concebiuse un varón!
⁴¡Que aquel día se troque en tebra!
¡Non leve conta del Deus desde enriba
nin lle resplandeza a luz da alborada!
⁵¡Que o reclamen para si sombras de morte,
que pouse enriba del o neboeiro
e que o enchan de medo coas eclipses!
⁶¡Que a noite aquela a leve a escuridade,
e non a sumen nos días do ano,
nin entre na conta dos meses!
⁷¡Que unha tal noite fique estéril!
¡Non haxa nela canto de ledicia!
⁸¡Que a reneguen os que maldín o mar
e os prácticos en esconxura-lo Leviatán!
⁹¡Que se lle enfosquen os luceiros do mencer,
que agarde polo sol e non lle saia,
e que non vexa as pálpebras do abrente!
¹⁰Pois non pechou as portas do ventre
nin dos meus ollos afastou a coita.

Nacer morto

¹¹¿Por que non morrín eu fóra do seo,
ó saír do útero non expirei?

3-27; 29-31 *A disputa cos amigos*. Co c. 3 penetramos noutro mundo espiritual, relixioso e literario, diverso do do prólogo. Pasaran varios séculos desde a existencia da lenda narrativa, e nese paso o cambio social supuxo dunha banda a perda de autoridade das ideas antigas de fe, conlevando a emancipación dos círculos sapienciais, que sairon da seguridade das ordenanzas cúlticas e sacrais á procura dunha identidade propia. Doutra banda dárase no interior da escola un corremento desde posicións de tradicionalismo repetitivo ata acadar un grao de reflexión libre persoal. Engádase a isto a individualización da idea da retribución que aportou a experiencia do exilio (cf Ezequiel) e ficará situado o talante do autor.
A disposición dos cc. do debate descobre un intento de estruturación harmónica: dous monólogos (cc. **3** e **29-31**) encadran tres ciclos de diálogo (c. **4-14; 15-21; 22-27**) nos que alternativamente van falando os tres amigos por orde, e Xob vai respondendo. A meirande parte do texto corresponde ás intervencións de Xob (os discursos dos amigos non chegan a enumera-los dous tercios dos versos adicados ás respostas de Xob).
3, 3 *Maldición do nacemento*. O salto da narración serena á poesía apaixoada faise por medio dos dous primeiros versos, que entran en contradicción co dito en **2,** 10.

Unha serie de procedementos literarios formais (esconxuro, lamento, acusación) foron integrados nunha creación orixinal e independente con finalidade reflexiva, e cualificable de monólogo interno. O monólogo artéllase nunha estructura de tres seccións: vv 3-10; vv 11-19; vv 20-26; correspondentes a contidos diversos, mais tamén a un moi requintado emprego de recursos estilísticos.
3, 5 Escóllese a traducción *reclamar* no posto do habitual "lixar", que non di ben coas imaxes do contexto. No mesmo verso fálase de eclipses diurnas e non do "amargor do mar" dalgunhas versións.
3, 8 Debe lerse "iam" (= mar), e non "iom" (= día), polo paralelismo coa figura mítica do monstro mariño Leviatán, símbolo do caos. O verso alude ós procedementos máxicos de convocación de forzas infernais.
3, 11-19 *Nacer morto*. A imaxe do seo materno do v 10a percorre toda a sección presente, coloreada pola forma dunha lamentación individual. Por razón de sentido conviría traspo-lo v 16 para despois do v 11, xa que no seu posto actual interrompe a lectura. Dese xeito restan: tres versos con preguntas lamentativas (vv 11.16.12); tres versos que expoñen o anceio de acougo no Xeol (vv 13-15); tres versos que ilustran a fin das inxustizas no alén (vv 17-19).

¹²¿Por que me atoparon uns xeonllos
   e por que houbo peitos dos que mamase?
¹³Pois agora durmindo descansaría
   e no meu sono xa tería acougo,
¹⁴xunto cos reis e ministros do país
   que se constrúen mausoleos
¹⁵ou cos príncipes que arrecadan ouro,
   e encheron de prata os seus pazos.
¹⁶Ou ben xa coma o aborto non vivise,
   coma os meniños que non ollan a luz.
¹⁷Alí remata o rebulir dos impíos
   e repousan tamén os esgotados.
¹⁸Xunto con eles os encadeados cobran folgos,
   xa non senten os berros do capataz.
¹⁹O pequeno e o grande alí son un,
   e o escravo fica ceibe do seu dono.

O cerco de Deus

²⁰¿Por que lle deron ó coitado a luz
   e a vida ó corazón amargurado,
²¹ós que anceian a morte e non lles vén,
   que sachan por ela coma por un tesouro;
²²ós que se alegran coa cova
   e reloucan ó atoparen unha tumba;
²³ó home a quen lle choen o vieiro
   e arredor del é Deus quen fai o valo?
²⁴Pois en vez do meu pan veñen salaios
   e os meus saloucos flúen coma auga.
²⁵O que máis eu temía veume enriba
   e o que máis me anguriaba, iso atopoume.
²⁶Non teño xa sosego nin acougo;
   non teño paz; ¡asoballoume o asaño!"

3, 20-26 *O cerco de Deus.* Do laio individual faise unha transición xeneralizadora ó laio colectivo (vv 20-23). Con isto o problema persoal de Xob acada dimensión universal humana.
3, 23 A verba que designa a Deus non é o nome israelita de Iavé, que en todo o debate non torna agás en **12,** 9 coma citación, o que por certo é discutido; cítanse aquí e nos vv restantes os nomes de "El", "Eloah", "Xadai", nomes arcaicos e poéticos cos que, ademais de evita-lo emprego do nome de Iavé na boca de estranxeiros, se acentúa a referencia á "divindade" máis ca ó Deus da historia salvífica. Para a presentación do problema de Xob abondáballes ós sabios coa alusión ó monoteísmo.

CICLO DA PRIMEIRA DISPUTA (4-14)

Elifaz (4-5)

4 ¹Respondeu Elifaz o temanita:
²—"Se un se atreve a falarche, ¿aturaríalo?
¡Mais quen pode xa frea-las palabras!
³Velaí, ti que ensinaches a moitos
e reforzaches tantos brazos febles,
⁴que erguiches coas túas palabras ós caídos,
e sostíña-los xeonllos que amolecían,
⁵cando che chega a ti, xa non o sofres;
tócache a ti, e túrbaste.
⁶¿Non é entón a piedade a túa fianza
e a túa esperanza o teu vivir honrado?
⁷Fai memoria: ¿quen sendo inocente morreu?
¿Onde se viu que perecesen os xustos?
⁸O que eu vexo é que os que labran malicias
e os que sementan coitas, tamén as colleitan:
⁹co sopro de Deus logo esmorecen,
coa treboada da súa ira consómense.
¹⁰Urra o león e brada a cría,
os dentes dos cachorros son quebrados.
¹¹Morre o león sen atopar presa
e esparéxense as crías da leona.
¹²Chegoume ás agachadas unha verba,
percibiu o meu oído o seu murmurio,
¹³nun pesadelo, nas visións noitébregas,
cando cae o sopor sobre os homes.
¹⁴Achegáronseme o pavor e o temor,
treméronme de medo os ósos todos.
¹⁵Un espírito pasou diante de min;
arrepiáronseme na pel os pelos.
¹⁶Estaba alí —eu non o coñecía—
unha figura diante dos meus ollos;
fixose a calma; entón oín a voz:
¹⁷¿Terá un home máis razón ca Deus?
¿Será máis puro o humano ca quen o fixo?
¹⁸Se aínda dos seus servos El non fía
e atopa erros mesmo nos seus anxos,
¹⁹¡canto máis nos que moran en casoupas de lama
e que teñen no po os seus fundamentos,
que se poden esmagar coma a traza!
²⁰Entre a mañá e a noite esmáganos,
morren para sempre sen se decataren;

4-14 *Ciclo da primeira disputa.* Á luz das afirmacións formuladas ou implícitas no monólogo do c. 3 xorde a sección dialogal do poema (cc. **4-27**), artellada en tres rondas de intervencións nas que sucesivamente falan os tres amigos, Elifaz, Bildad e Sofar (por esta orde), e cada un recibe unha resposta de Xob. A serie non queda clara para o ciclo terceiro, por razóns de mala conservación do texto.
No ciclo primeiro (**4-5**: Elifaz; **6-7**: Xob; **8**: Bildad; **9-10**: Xob; **11**: Sofar; **12-14**: Xob) os tres amigos formulan unha mesma tese acompañándoa doutras consideracións (incitación á humildade, ó arrepentimento, á esperanza, á corrección). Nun diálogo de xordos, as respostas de Xob corren en certo modo paralelas, enxertando a descrición da súa dor e a reflexión sobre a condición humana, cunha progresiva vontade de enfrontamento xurídico con Deus nun preito de igual a igual, de onde xorde a verdade.
4-5 *Elifaz.* Arrincando cun ton coloquial, o primeiro dialogante tenciona saír ó encontro da acusación feita por Xob, baseando a defensa da tese tradicional nunha argumentación tirada da autoridade da visión profética.
Os vv 17-21 refírense á audición, que tenciona dar unha explicación á infelicidade de Xob. Exposta nos termos universais da "condición do ser humano", salienta a distancia inasequible entre o Deus creador e a creatura feita de barro.

²¹Arríncanlles tamén as cordas da tenda;
¡perecen sen saberen como!

5

¹¡Chama a ver quen che responde!
¿A que santo te vas ofrecer?
²Pois é a carraxe a que mata ó tolo
e a envexa a que dá morte ó parvo.
³Vin eu un tolo botar raigañas,
pero de súpeto apodreceulle o casal;
⁴os seus fillos non teñen axuda:
asobállanos no tribunal da porta
sen ninguén que os defenda;
⁵un famento calquera cómelle-la colleita
roubándollela por entre os toxos,
e os sedentos zúganlle-los seus bens.
⁶Pois non agroma de entre o po a maldade
nin é que a desgracia xermole da terra;
⁷máis ben é o home quen nace para a desgracia,
como reloucan as faíscas no aire.
⁸Eu no teu lugar rogaríalle a Deus,
poría a miña causa nas súas mans.
⁹El é quen fai o grande, o insondable,
el fai milagres sen conta;
¹⁰quen bota a chuvia sobre a face da terra
e envía as augas sobre os terróns;
¹¹pon no alto ós humildes
e os tristes achan nel o seu acougo.
¹²El desfai as matinacións dos arteiros
para que as súas obras non logren o éxito.
¹³El enmalla ós sabidos nas súas artes
precipitando os plans dos falsarios:
¹⁴é polo día, e van dar nas tebras;
é mediodía, e apalpan coma á noite.
¹⁵El salva ó pobre dos labios coma espadas,
e da man do poderoso.
¹⁶O coitado gaña nova esperanza
e tápaselle a boca á iniquidade.
¹⁷¡Benia o home a quen Deus corrixe:
non rexéite-la proba do Omnipotente!
¹⁸Porque se el fere, tamén pon a venda;
se che dá un golpe, a súa man sándao.
¹⁹Hate librar de seis calamidades
e na sétima o mal xa non te atinxe;
²⁰nunha gran fame céibate da morte
e na guerra, do fío das espadas;
²¹do azoute da lingua haste reparar,
non terás medo ó estrago, se é que chega;
²²rirás do estrago e mais da fame,
non temera-las feras da campía;
²³terás concerto cos espíritos das agras
e paz coas feras da fraga;
²⁴sabera-lo que é paz na túa tenda;
percorrera-los eidos sen botares cousa en falta;

5, 23 Os *espíritos das agras* son os pequenos trasnos maléficos do mundo cananeo que poden bota-lo meigallo sobre as colleitas.

²⁵ollarás como medra a túa familia,
 será a túa proxenie coma o grelar das leiras;
²⁶e baixarás rufo á cova na vellez,
 cal van dar no celeiro os monllos ó seu tempo.
²⁷Isto é así, que o temos pescudado;
 xa o escoitaches: agora dálle voltas".

Xob (6-7)

6 ¹Resposta de Xob:
² —"¡Oxalá que se pesase a miña dor
 e se amoreasen as miñas mágoas na balanza!
³Pesarían máis cás areas dos mares:
 por iso desvaría a miña lingua.
⁴Pois levo en min as frechas do Poderoso
 e o meu ánimo bebe o seu veneno.
 Érguense contra min os terrores de Deus.
⁵¿Ponse o burro a ornear cando ten herba?
 ¿Ou brúa o boi diante do seu penso?
⁶¿Quen xantará sen sal o manxar insulso?
 E ¿que gusto ten o zume dunha herba?
⁷Repúgnalle á miña gorxa nin sequera tocala
 pois é para min coma un xantar impuro.
⁸¡Ouh se chegase a porto a miña demanda
 e o Señor concedese aquilo no que espero!
⁹¡Decídase por fin Deus a esnaquizarme,
 retire a man e tronce xa o meu fío!
¹⁰Iso sería para min un consolo;
 reloucaría ledo a pesar desta dor sen piedade,
 pois non tería eu renegado das palabras do Santo.
¹¹¿Que forzas teño xa para me soster?
 ¿Cal será o meu remate, para eu ter folgos?
¹²¿Teño por caso a rixeza dos penedos?
 ¿Son de bronce as miñas carnes?
¹³Nada hai en min que me poida axudar
 cando é a mesma sorte a que me foxe.
¹⁴¡Un home non lle nega a boa lei ó seu amigo
 nin refuga o temor do Omnipotente!
¹⁵Mais os meus irmáns traicionáronme coma a enxurrada,
 coma os regueiros cando rebordan a canle,
¹⁶baixando revoltos coa xeada
 cando neles se fundiu a neve;
¹⁷pero que desaparecen no tempo da seca,
 e en canto chega a calor, enxoito queda o seu leito.

5, 27 *Pescudar, escoitar, darlle voltas,* son os pasos da metodoloxía de apropiación dunha doutrina nova na mente dos sabios.

6-7 *Xob.* Ergue Xob a voz na súa primeira intervención de resposta, afirmando o seu dereito a falar e facéndoo nunha triple liña: de laio pola situación de inxustiza sufrida (**6,** 2-13), de dura reconvención ós amigos (**6,** 15-30), de cuestión e protesta feita a Deus (7, 1-11.12-21). O ton xeral é o do discurso de defensa diante da asemblea, mais nel mestúranse elementos sálmicos, de laio individual e colectivo, de disputa escolar, e motivos sapienciais populares.

6, 4 *Poderoso* traduce a denominación de posible orixe babilónica "Xadai" ("Deus da montaña" ou "Señor Altísimo" segundo diversas etimoloxías), o que salienta a omnipotencia e afastamento da divindade; o nome aparece no libro 31 veces.
Aquí interpreta a intervención definitiva de Deus coma un xesto de misericordia, que demostraría a autenticidade de Xob en canto testemuña fiel. Algúns comentadores considérano unha glosa polo emprego que fai da designación "Santo", que non reaparece no poema de Xob.

6, 14 É unha glosa adicional que reflexiona casuisticamente sobre o abandono dos amigos; outra traducción posible sería: "No que se refire ó home que descoida a solidariedade cun amigo, ese tal abandona tamén a relixiosidade". As dúas versións xónguese a relación ó próximo coa relixiosidade, coma dúas caras dunha mesma actitude fundamental.

6, 15 *Irmáns* refírese nun senso amplo a toda a parentela e achegados.

¹⁸Torcen as caravanas a súa rota,
pérdense no deserto e perecen;
¹⁹as caravanas de Temán procúranos,
contan con eles os beduínos de Sabá;
²⁰confundidos pola longa espera
chegan alí, e atópanse enganados.
²¹Deste xeito fostes vós para min,
olláste-lo espanto e deuvos medo.
²²¿Pedinvos eu que me deades nada
ou que paguedes suborno do voso peculio,
²³ou que me libredes do meu inimigo,
ou me rescatedes da forza dos tiranos?
²⁴¡Ensinádeme vós, e eu calarei!
¡Aclarádeme no que ande errado!
²⁵¿Como non aceptar un discurso sincero?
Pero ¿que valor pode ter unha corrección da vosa boca?
²⁶¿Estades aparellando verbas para aldraxar?
¿Non contan as razóns dun home sen esperanza?
²⁷¡Vós sodes capaces de botar sortes por un orfo
e mesmo de relear por un veciño!
²⁸Agora estade quedos e escoitádeme:
¡Xuro que non vos estou mentindo na cara!
²⁹¡Deixade a teima, non suceda outra desgracia!
¡Abonda xa, que aínda está en xogo o meu dereito!
³⁰¿Hai mala lei na miña lingua?
¿Non distingue as razóns o meu padal?

7 ¹O home ten na terra unha dura laboura;
os seus días son coma os do xornaleiro.
²Coma o escravo que ancia a sombra,
coma o xornaleiro que agarda o que gañou:
³así herdei eu meses baldeiros
e tocáronme en sorte noites de angustia.
⁴Penso para min ó deitarme: ¿cando me hei erguer?
e desde o mesmo serán énchome de inquedanza ata o abrente.
⁵Vestiuse a miña carne de vermes, dunha cotra de terra;
a miña pel arregaña e supura.
⁶Os meus días correron máis axiña cá lanzadeira de tecer
e foxen sen esperanza.
⁷¡Recorda ben que a miña vida é vento,
e que o meu ollo non verá máis a ledicia!
⁸Pois non me dará visto un ollo humano,
e cando ti me espreites, xa non estarei.
⁹Coma unha nube que se desfai e pasa,
así non sobe o que baixa para o Xeol.
¹⁰Non voltará de novo ós seus eidos
e o seu lar non saberá máis del.

6, 27 Ten todo o aire de ser un engadido posterior, polo estilo tópico da expresión e polo inmotivado da acusación.

7, 1-21 O verdadeiro contrincante de Xob non son os amigos, senón Deus. A el vai adicado todo o c. 7 que amorea motivos de laios e reflexión nunha linguaxe elexíaca chea de imaxes poéticas e realistas, desaparecendo as formas escolares.

7, 1-6: Brevidade dos días vividos e esperanza fuxidía (vv 1.2.6) artellan a consideración xeral sobre o ser humano, xornaleiro, escravo a tempo nun labourar arreo e pola forza ("sabá" é un servicio obrigado, militar, de prestación ou forzado; neste caso o contexto alude ó traballo agrícola).

A enfermidade é descrita cos tons particulares utilizados en textos babilónicos referíndose á lepra.

7,6 Outra versión pode ser: "E ó remata-lo fío, desaparece".

7, 7-11 Xob, o home, é nube e vento. O diálogo con Deus, xa iniciado no v 1 (ó pé da letra: "¿Non ten por caso...?"), faise agora directo.

¹¹Non hei, por iso, de pórlle freo á boca,
 e falarei con ánimo angustiado;
 voume laiar desde o amargor da alma:
¹²¿Son eu o mar ou o dragón mariño
 para que poñas vixía contra min?
¹³Cando penso: vaime alivia-lo leito,
 a miña cama amainará o meu choro,
¹⁴vés ti e arrepíasme cos soños,
 espántasme con visións de pesadelo;
¹⁵tal que case escollera eu morrer aforcado
 e prefiren a morte os meus ósos.
¹⁶¡Xa estou canso! Non vou vivir para sempre:
 ¡Déixame xa, que son un sopro os meus días!
¹⁷¿Que é o home para que tanto o consideres,
 para que del así te ocupes,
¹⁸para que o poñas á proba cada mañá,
 para estares controlándoo a cada intre?
¹⁹¿Cando vas tira-la vista de riba de min
 e me deixarás sequera traga-lo cuspe?
²⁰Se por caso pequei, ¿que é o que che fixen a ti, Garda-homes?
 ¿Para que me apuntas coma un branco?
 ¿Por que son para ti unha carga?
²¹¿Por que non perdóa-la miña culpa
 e deixas pasa-lo meu pecado?
 Entón podería deitarme no po
 e por máis que me procurases, xa non existiría".

Bildad

8 ¹Pola súa parte díxolle Bildad o xuhíta.
² —"¿Ata cando falarás deste xeito
 e van se-las túas razóns un vento arroutado?
³¿Ía Deus torce-lo dereito?
 ¿Pode o Omnipotente vira-la xustiza?
⁴Se os teus fillos pecaron contra El,
 xa os deixou na man do seu crime.
⁵Mais se ti voltas cedo a Deus
 e se lle rogas mercede ó Omnipotente,
⁶se estás limpo e es xusto,
 velará El sobre ti,
 restaurará o casal ó que tes dereito.
⁷Daquela os teus comezos semellarán pequenos
 e o teu futuro acrecerase en moito.

7, 12-16 Se o v 7 tiña a forma literaria dos salmos de súplica, co v 12 voltamos ó "Rib" e ó ton das disputas.
A primeira protesta reza: ¿por que non deixas ó home en paz? E vai formulada con motivos da loita mítica contra o Caos, representado nos monstrosos "Iam" e "Tanim", encarnacións mitolóxicas da forza do mar nos textos cananeos. O que Deus fai é erguer un "mix amar", valado co que se cingue unha cidade antes do asalto (cf Xer **51,** 12). O ataque é interior, por medio de pesadelos (v 14). O senso de angustia abafante fai desexable morrer afogado (v 15; xa no paso **6,** 8-10 tomara corpo o anceio da morte). No v 16 a exclamación inicial é considerada como posible glosa por algúns, mais di ben co remate do verso, entre protesta e súplica.
7, 17-21 A segunda sección dos porqués, móvese nos vv 17-18 entre a pregaria e a súplica (cf Sal **8**) e no lamento do acusado, dos vv 19-21. A idea do control cotián domi-

na os dous primeiros versos acerca da condición do home en xeral. Nos seguintes intervén a idea da culpa coma concesión, pero non como argumento. A imaxe do Deus guerreiro, da carga e das frechas de **6,** 3.4, reaparecen no berro apaixoado que é a resposta de Xob.
8 *Bildad*. Se a intervención de Elifaz afincaba a argumentación na visión profética, esta segunda colle como argumento de autoridade a tradición dos sabios. O falante non insiste nos reproches; o seu discurso é, se cabe, máis doutrinal e dogmático.
8, 2-10 Bildad propón dúas cuestións, unha "ad hominem" (v 2), outra representando a tese escolar da xustiza de Deus na retribución (v 3). A resposta corrobora a tese pola constatación dela no caso dos fillos (v 4), pola posibilidade de reparación e restauración de Xob mediante a conversión do mal (vv 5-7), pola autoridade do testemuño dos devanceiros e a unanimidade da tradición (vv 8-10).

⁸E se non, inquíreo dos devanceiros
e procura no que dexergaron seus pais;
⁹pois nós somos de onte e non sabemos
e os nosos días son coma a sombra no chan.
¹⁰Pero eles ensinaranche e contaranche,
farán xurdir da súa sabencia as palabras.
¹¹¿Xermola o papiro fóra do lameiro?
¿Medra o vimbio sen auga?
¹²Aínda en gromo e sen cortar,
antes doutras herbas esmorece.
¹³Tal é o vieiro dos que esquecen a Deus
tal se perde a esperanza dun malvado.
¹⁴A súa confianza está posta no po
e a súa esperanza nun fío de araña.
¹⁵Afíncase na súa casa, e non se ten en pé;
aférrase nela, e non se mantén.
¹⁶Móstrase cheo de seiva cara ó sol,
bota bacelos polo seu horto;
¹⁷enreda as raigañas polas pedras,
apóiase nas rochas.
¹⁸Pero se o arrincan do seu posto,
este renega del dicindo: Non o vin xamais.
¹⁹Tal é o remate do seu ledo camiño,
e outra planta vén xermolar na terra.
²⁰De xeito que Deus non refuga o íntegro,
como non aferra tampouco a man dos impíos.
²¹Pode El aínda enche-los teus beizos de sorriso
e os teus labios de aturuxos.
²²Daquela irán os teus inimigos cubertos de vergonza;
ollas cara a tenda dos impíos, e esta esvaeceu".

Xob (9-10)

9 ¹Respondeu Xob:
²—"Abofé, ben sei que é así;
pois ¿que dereito podería ter un home ante Deus?
³Se se puxese a preitear con El,
non lle sabería responder unha cousa entre mil.
⁴Deus é de sabio entender e moi potente,
¿quen, tras facerlle fronte, lle vai ficar parello?
⁵El é quen abala os montes sen que se dean conta,
pois conmóveos na súa carraxe;
⁶quen remexe a terra no seu alicerce,
e as súas columnas abanean.
⁷Dálle unha orde ó sol, e xa non sae;
encerra as estrelas baixo selo.
⁸El só tende os ceos
e camiña polo lombo do mar.

8, 11-19 Insírese aquí unha instrucción exemplar sobre a sorte dos impíos na súa breve vida. Comparanza chea de metáforas do impío coa grama ou a edra silvestre. No v 14a, en vez de "fianza" pódese tamén ler "fíos do verán", ramallos ou seiva callada pola quentura do sol.

9, 1-20 Unha primeira razón fai presente a imposibilidade dun preito xusto do home con Deus (v 2).

Nos vv 5-10 o autor utilizou un himno que ilustraba o poder de Deus. Os motivos, frecuentes nas teofanías dos salmos e dos profetas (cf Am **4**, 13; **5**, 8; **9**, 5s), poden pertencer scn máis ó acervo cultural dos sabios, coñecedores de tódalas literaturas contemporáneas e curiosos dos fenómenos da natureza.

9, 8 *Lombo do mar* pode aludir á mitificación deste ser coma animal monstroso na literatura de Ugarit. O mesmo se di da figura de "Rahab" no v 13, emparentada cos Leviatán, Tanim, etc..., procedentes dos mitos cosmogónicos mesopotámicos (cf **7,** 12).

⁹Fixo a Osa e o Orión
 as Pléiades e as Cámaras do Sur.
¹⁰El fai cousas egrexias insondables,
 e milagres a non contar.
¹¹Se viñese onda min, non o vería;
 se pasase ó meu carón, non me decataría.
¹²Cando El arrepaña, ¿quen llo fai tornar?
 ¿Quen lle vai dicir: Para que fas isto?.
¹³Deus non ten ninguén por quen rete-la súa ira.
 Debaixo del humíllanse os axudantes de Rahab.
¹⁴Pero ¿quen son eu para lle dar resposta
 e para escoller contra El as miñas razóns?
¹⁵Anque estivese eu no certo, non se dignaría responder:
 ¡Sería rogarllo ó meu acusador!
¹⁶E se o citase a preito e respondese,
 non creo que escoitase os meus laios.
¹⁷Asaltaríame coa treboada;
 amorearía sen motivo as miñas feridas;
¹⁸Non me soltaría nin para coller folgos,
 encheríame a miña alma de amargura.
¹⁹Se é cousa de poder: ¡El é o máis forte!
 Se é cuestión dun xuízo: ¿quen o chama a dar testemuño?
²⁰Pois anque eu fose inocente, habíame condena-la súa boca;
 aínda que eu apareza coma honrado, habíame considerar perverso.
²¹¡Son inocente! ¿Que me importa xa da miña vida?
 A mesma existencia dáme noxo.
²²¡Que máis me ten! E por iso, eu afirmo:
 El destrúe do mesmo xeito ó inocente e ó culpable.
²³Cando unha desfeita súbita sementa mortes,
 búrlase El das mágoas dos coitados.
²⁴Deixa o país na man dos opresores,
 encobre o rostro dos xuíces.
 Se non é El, entón ¿quen é?
²⁵Os meus días correron máis ca un mensaxeiro
 fuxiron de min sen proba-la boa vida.
²⁶Esvararon coma falúas de papiro,
 coma se lanza a aguia sobre a presa.
²⁷Se penso: Vou esquece-la miña teima,
 vou pór boa cara e animarme,
²⁸amedóñanme tantas desfeitas;
 ben sei eu que non me declaras inocente.
²⁹E se fose culpable
 ¿para que cansarme en balde?
³⁰Se me lavase con auga de xabrón
 e limpase con lixivia as miñas mans,
³¹debozaríasme na lama
 e daríame noxo o meu vestido.
³²Pois non é el un home coma min para dicirlle:
 Imos xuntos a xuízo;

9, 21-35 Da consideración do actuar de Deus en xeral, Xob pasa a considera-lo seu caso. Faino polo procedemento formal de presentación de causa diante do tribunal da porta: 1) Confesión da propia inocencia (v 21). 2) Afirmación da culpa allea (v 22). Por vez primeira comparece nestes versos a intención fonda de Xob, a de buscar unha arbitraxe de ti a ti con Deus, na que este non sexa xuíz e parte.
9, 25 Faise mención do mensaxeiro real, especie de correo persoal.

³³non existe un árbitro entre nós,
que pouse a súa man sobre entrambos.
³⁴¡Que aparte de min a súa aguillada
e que o seu terror non me espavente!
³⁵Daquela falareille sen medo,
pois non é recto o que fai comigo.

10

¹Dáme noxo a vida,
vou dar ó vento o meu laio,
hei falar con corazón amargo.
²Heille rogar a Deus: ¡Non me condenes!
¡Faime saber cal é a túa causa contra min!
³¿Coidas ti que está ben oprimíresme,
e rexeita-la obra das túas mans,
mentres favoréce-las matinacións dos impíos?
⁴¿Tes ti ollos de carne?
¿Ves ti as cousas como as ven os homes?
⁵¿Son os teus días coma os dos humanos?
¿Son os teus anos coma os do home?
⁶¡Ti, que estás a pescudar na miña chata,
que escúlca-lo meu pecado,
⁷por máis que me sabes non culpable
e que ninguén se ceiba das túas mans!
⁸Esas túas mans fixéronme na olería,
todo me moldearon, ¿e vasme agora aniquilar?
⁹¡Lémbrate que me moldeaches de arxila
e que me has tornar ó po!
¹⁰¿Non me vertiches ti coma o leite
e coma o queixo me callaches?
¹¹Vestíchesme de pel e carne
tecíchesme con ósos e tendóns;
¹²déchesme a vida, tivéchesme boa lei;
o teu coidado gardaba o meu espírito.
¹³¡E con todo, acochabas isto na túa mente!
¡Agora sei cal era a túa teima!
¹⁴Estabas a axexar por se eu pecaba
para non me deixar ir absolto.
¹⁵Se teño culpa, ¡pobre de min!,
e aínda inocente, non erguerei a testa,
farto de aldraxes e bébedo de coitas.
¹⁶E se a erguese, cazarasme coma león,
renovando fazañas contra min.
¹⁷Repós contra min as túas testemuñas,
multiplicas cara a min a túa carraxe,
a cotío renóva-las tropas que me atacan.

9, 33 O xesto de po-la man no ombreiro de dous preiteantes, incluía o recoñecemento do dereito dos dous a falaren en pé de igualdade.

10, 1-22 Prosegue o ton procesual, pasando da presentación en terceira persoa do capítulo anterior á segunda da acusación, típica dun careo.

10, 1-2 Estes vv prolongan o discurso de acusación de Xob. Este inicia o careo pedindo a absolución (v 2a) cunha frase de fórmula xurídica (exactamente: "Non me sentencies culpado"); doutra banda, esixe que o contrincante pormenorice a causa.

10, 8-12 As mans suxiren a Xob o desenvolvemento do motivo da fabricación do home, amosando a contradicción entre a súa fe no Deus creador (vv 8-11) e conservador (v 12) e a experiencia propia.

10, 8-9 Metaforización de Deus coma oleiro, que coñecemos por Xén **2-3**; Sal **119,** 73; Ecl **11,** 5.

10, 10-11 O xurdir da vida no seo materno, igual ca no Corán, pénsase en termos de leite callado (Sab **7,** 2 describeo con máis realismo), e coma un traballo de entretecido de ósos e carne (cf Ez **37,** 5-8; Sal **139,** 13.15).

10, 13-17 Se Xob é inocente, Deus actúa inxustamente.

10, 15-16 *Ergue-la testa* é o xesto co que o acusado recibe a sentencia absolutoria.

¹⁸E logo, ¿por que me tiraches do ventre?
¡Mellor que morrese e que ninguén me ollase!
¹⁹Sería igual que se nunca existise:
conducido desde o ventre para a cova.
²⁰¿Non son xa poucos os meus días de vida?
¡Déixeme El en paz para que relouque un intre
²¹antes de que parta sen retorno
para o país das tebras e a negrume mortal
²²para a terra da escuridade máis noitébrega,
sombra da morte, arredada da orde,
onde o mesmo alumar é tebra!"

Sofar

11 ¹E Sofar o namateo empezou a dicir:
²—"¿Vai ficar sen resposta tal falabarato?
¿Vai leva-la razón o leriante?
³¿Vai silenciar ós demais o teu latricar?
¿Habíaste de mofar sen que ninguén se opoña?
⁴Ti ben que dixeches: A miña doutrina é limpa,
estou diante de ti coma home puro.
⁵Mais ¡oxalá Deus falase
e abrise os seus labios contra ti!
⁶Mostraríache os misterios da Sabedoría,
pois ten moitos aspectos o saber;
decatariaste entón de que xa tolleu parte da túa culpa.
⁷¿Podes ti, por caso, dexerga-lo profundo de Deus?
¿Poderaste achegar ata os confíns do Omnipotente?
⁸É máis alto có ceo: ¿que lle vas facer ti?
Máis fondo có Xeol: ¿que podes ti saber?
⁹É máis longo cá terra;
é máis ancho có mar.
¹⁰Cando El pasa a conta, encadea
e chama a xuízo, ¿quen o disuadirá?
¹¹Coñece ben á xente falsa;
olla a iniquidade sen que ninguén o albisque.
¹²¡Pero o home tolo recobrará o seu siso
cando o onagro montés naza desbravado!
¹³Mais se ti entras en razón
e estendes cara a El as túas mans,
¹⁴se arréda-lo mal das túas palmas
e non cobexas na túa tenda a ruindade,
¹⁵poderás ergue-la fronte sen chata,
afincarte no chan sen ter medo.
¹⁶Daquela esquecería-las túas mágoas;
recordaríaste delas coma de auga pasada.
¹⁷Coma o mediodía xurdiríache a vida
e mesmo a tebra trocaríase en abrente.

10, 18-22 O c. remata no ton do laio individual centrado no anceio da morte (cf 3, 11ss; 6, 8ss; 7, 5), que recolle motivos do monólogo do c. 3.
11 *Sofar*. Tornamos ó debate cunha nova voz que se ergue na defensa do misterioso e sapiente obrar de Deus, e recolle motivos típicos da instrucción sapiencial e dos salmos. O procedemento empregado é sutil, e consiste en enfrontar a Xob coa súa ignorancia, presentándolle a lei da retribución dun xeito personalizado e positivo, co que poida identificarse, e dando o negativo en terceira persoa coma falando de alguén que non é Xob.
11, 6 O tema da misteriosa Sabedoría insire no mundo e do seu coñecemento só por Deus, corresponde a unha das etapas da reflexión dos sabios, que aparece en Xob 28; Pr 3, 13-20; 30, 3-4; e reproducida en textos posteriores.
11, 12 É un refrán de non doada traducción; outra versión posible é: "Cando o onagro poida ser instruído".

¹⁸Poderás entón afiunzar, porque existe esperanza,
ollar ó teu arredor, e adormecer acougado,
¹⁹pousarte sen que ninguén te espante;
e haberá moitos que veñan gaña-lo teu favor.
²⁰Mais os ollos dos impíos devecen:
perdéuselle-lo refuxio,
quédalles coma esperanza soamente o expirar".

Xob (12-14)

12 ¹E Xob respondeulle:
²—"¡Vós si que sodes xente!
¡Convosco vai morre-la Sabedoría!
³Tamén eu teño siso coma vós;
non vos son menos.
¿Quen non sabe todo isto?
⁴Mais vin se-la burla do veciño,
eu, un que chamaba a Deus e El me escoitaba,
o xusto e íntegro, son motivo de escarnio.
⁵Sobre o caído, aldraxes —pensa o que está seguro—;
dándolle-lo que lles convén ós de pé vacilante.
⁶Pero, mentres, as tendas dos ladróns están en paz
e teñen seguridade os que alporizan a Deus,
os que levan o seu Deus na man.
⁷¡Inquire logo ás bestas, e elas ensinaranche;
e ás aves do ceo, que cho han contar;
⁸ou ós bechos do chan, e daranche leccións;
hante informar mesmo os peixes do mar!
⁹¿Quen non sabe destes seres
que foi a man de Deus quen os fixo?
¹⁰Pois na súa man está a alma de canto vive
e o espírito do corpo de cadaquén.
¹¹¿Non é o oído o que distingue as palabras?
¿Non é o padal o que saborea a comida?
¹²¿Non anda entre os vellos o saber
e o entendemento por entre os anciáns?
¹³¡Pois El ten a Sabedoría e o Poder,
ten o Consello e maila Intelixencia!
¹⁴Se El bota abaixo, non hai quen construa;
se pecha, non hai quen abra.
¹⁵Se contén as chuvias, sécase todo;
pero déixaas ir, e revolven a agra.
¹⁶Ten El a forza e mailo éxito,
son seus o enganado e o que engana.
¹⁷El é quen fai tolear ós ministros,
volve parvos ós gobernadores,
¹⁸solta as insignias dos reis
e cínguelle-los lombos cunha corda;

12-14 *Xob*. A última resposta de Xob neste ciclo primeiro, concentra, nunha sucesión característica, tódolos elementos aparecidos nas súas intervencións anteriores: a) Contraargumentación e desprezo dos contrincantes, exhortándoos a entendelo no seu enfoque (**12**, 1 - **13**, 3 e **13**, 4-19); b) Enfrontamento dialogal con Deus e reflexión sobre a miseria humana (**13**, 20 - **14**, 22).
A versión é conxectural, semella ilustrar axeitadamente a opinión tradicional que vinculaba desgracia e culpabilidade.
Os vv 4c e 6c poderían ser glosas explicativas, polo seu aspecto repetitivo; o v 6c, se cadra, inspirouse no tema "man" dos vv 9.10. "Man" significaba tamén poder e control.
12, 7-8 A serie *bestas-aves-bechos-peixes* corresponde á ciencia das listas, e abrangue todo vivente animado.

¹⁹fai correr nus ós sacerdotes,
   trabuca ós aristócratas,
²⁰deixa sen fala ós especialistas,
   quítalle-lo bo senso ós anciáns,
²¹verte a vergonza sobre os nobres
   e afrouxa o cinto dos valentes.
²²Descobre cousas máis fondas cás tebras
   e fai xurdi-la luz da sombra máis escura.
²³Fai grandes ós pobos ou estrágaos;
   fai que as nacións prosperen ou desaparezan.
²⁴Tíralle-la razón ós xefes
   e extravíaos por estepas sen vieiros;
²⁵van atoutiñando nas tebras sen luz
   a fainos andar ás toas coma bébedos.

13 ¹Todo iso xa o viron os meus ollos,
   escoitárono os meus oídos, e caín ben na conta.
²O que saibades vós, tamén o sei eu,
   que en nada vos son menos.
³Pero ¡quen me dese falarlle ó Omnipotente!
   O que eu anceio é discutir con El.
⁴Vós sodes, abofé, uns cuspe-trolas
   falaces menciñeiros todos vós.
⁵¡Quen me dese que caledes dunha vez:
   vindo de vós, sería gran sabedoría!
⁶¡Oíde, por favor, o meu agravio!
   ¡Entendede a disputa dos meus labios!
⁷¿Ides defender a Deus con falsidades,
   pronunciándovos no seu favor con engano?
⁸¿Ides darlle vantaxe
   ou tomar partido ó seu favor?
⁹¿Sentaríavos ben que El vos sondease?
   ¿Coidades de entrampalo, como se fai cos homes?
¹⁰¡Por certo que vos había zorregar,
   se o queredes favorecer ás agachadas!
¹¹¿Non vos arrepía a súa maxestade?
   ¿Non cae o seu medo sobre vós?
¹²Os vosos ditos son refráns borrallentos,
   e as vosas defensas, escudos de arxila.
¹³¡Estádeme calados! Vou falar eu,
   e que sexa o que queira!
¹⁴Collerei cos meus dentes a miña carne
   e levarei nas mans a miña vida.
¹⁵Aínda que me dese a morte, xa tería esperanza
   con tal de defender na súa cara o meu obrar.
¹⁶Iso xa sería para min unha victoria,
   pois El non deixa ó impío comparecerlle diante.
¹⁷¡Escoitádeme atentos esta razón,
   que a miña declaración chegue ós vosos oídos!

12, 22. Este verso non alude ó contexto político, é unha glosa suxerida polas verbas "tebras-luz" do v 25 e polo ton hímnico do fragmento.
13, 4-19 A sección é unha crítica diáfana dos presupostos e intereses subxacentes nunha relixiosidade de finxida seguridade e ortodoxia que se xustifica a si mesma.
13, 14 Indica en dúas expresións gráficas e proverbiais o trance extremo ó que Xob se expón; "leva-lo espírito vital nas mans", "ter xa nos dentes a existencia terrea" ("carne" coma concepto antropolóxico), son dúas maneiras de dicir "xogarse todo".
13, 15-16 Repítese a idea de que poderlle falar a Deus xa é un xeito de ser recoñecido xusto.

¹⁸Teño ben preparada a miña defensa,
  pois estou certo de se-lo inocente.
¹⁹¿Quen é o que quere preitear comigo?
  Pois calar agora sería morrer.
²⁰Soamente non me fagas dúas cousas,
  e entón xa non me esconderei de ti.
²¹¡Aparta de min a túa opresión,
  e que tampouco o teu terror non me espante!
²²¡Inquíreme despois, e responderei!
  E, se non, podo eu expoñer, e ti replicas.
²³¿Cantas son as miñas culpas e pecados?
  ¡Móstrame ti as miñas faltas e os meus erros!
²⁴¿Por que ocúlta-lo rostro
  e me tes por inimigo?
²⁵¿Teimas en amedoñar unha folla que foxe?
  ¿Vaste pór a perseguir unha palla seca?
²⁶Pois anotas na miña conta rebeliós,
  fasme leva-las chatas da miña mocidade,
²⁷átasme os pés no cepo
  e estasme a vixiar cada vieiro,
  debuxando as marcas dos meus pasos.
²⁸Bótase a perder coma cousa podre,
  coma a roupa comesta pola traza.

14 ¹O home, nado de muller,
  curto de días,
  farto de inquedanzas,
²agroma coma a flor e logo murcha,
  e foxe coma a sombra sen deterse.
³¿E contra este vixían os teus ollos
  e chámalo a preitear contigo?
⁴¿Quen tirará o puro do impuro? —¡Ninguén!
⁵Se están determinados os seus días,
  se depende de ti o número dos seus meses
  e lle puxeches un valado que non ha de pasar,
⁶aparta del a túa vista, para que acougue!
  ¡Que, igual có xornaleiro, goce da súa xornada!
⁷Unha árbore ten esperanza:
  se a cortan, aínda se renova,
  non cesa de botar pólas.
⁸Se as raíces avellentan na terra,
  aínda que morra a cana entre os terróns,
⁹ó contacto coa auga torna a agromar
  e dá ramallos coma unha planta nova.
¹⁰Pero o home, en morrendo, fica inerme;
  despois de expirar, ¿onde está?
¹¹Retíranse as augas do mar;
  consómense e secan os regatos,

13, 28 Este v parece que debe ir despois de **14,** 2.
14, 1-22 A comparanza da "folla que foxe" e da "palla seca" do v 25 anterior adquire agora un desenvolvemento de meirande porte, nunha reflexión sobre a condición do home. O c., con todo, prosegue no contexto da acusación e reto a Deus encetado no **13,** 20, alternando a reflexión baseada na comparanza, coa prosecución do diálogo. A secuencia temática é a seguinte: vv 1-2: brevidade da vida e comparanza coa flor; vv 3-6: interpelación a Deus; vv 7-12: a morte sen esperanza do home e a contraposición coa árbore vella e os ríos secos; vv 13-17: proposta de Xob a Deus; vv 18-22: destrucción da esperanza e soidade existencial do home en comparanza cos montes.
Despois do v 2 pódese axeitadamente le-lo v **13,** 28.

¹²pero o home que se deitou non rexorde;
ata que o ceo desapareza non se ergue,
non ha despertar do seu sono.
¹³¡Quen me dera que me acochases no Xeol,
que me escondeses mentres non pase a túa ira
e que me deses prazo para de min te lembrares!
¹⁴(Se morre o home, ¿volverá a vivir?).
Eu ben esperaría tódolos días do meu traballo
ata que me chegase a vez.
¹⁵Chamaríasme entón e eu respondería;
terías saudade da obra das túas mans,
¹⁶pois se daquela controláse-las miñas pegadas
non habías ter conta dos meus pecados.
¹⁷Selarías nun saquiño as miñas culpas,
ou botarías unha man de cal sobre os meus erros.
¹⁸Abofé que mesmo os montes caen a tombos,
e as rochas ceden do seu posto;
¹⁹desgasta a auga os pelouros
e alaga a riada os terróns da agra.
Así ti pérde-la esperanza do home,
²⁰asoballalo e vaise para sempre;
cámbiaslle o rostro e desbótalo.
²¹Se os fillos gañan sona, el non o sabe;
e se son uns pobriños, el non se decata.
²²Soamente o seu corpo se doe del;
por el só fai pranto o seu espírito".

CICLO SEGUNDO DA DISPUTA (15-21)

Elifaz

15 ¹Púxose a falar Elifaz o temanita:
²—"¿Respondería o sabio cun saber que é vento
coma se enchese o ventre co Siroco,

14, 12 Xunto co tema da fin do home, aparece por primeira vez no libro o motivo do irrevocable da morte. Este verso é definitivo na súa aseveración, e nese contexto débese interpreta-lo anceio utópico de Xob nos vv 13-17: Xob estaría disposto a permanecer esquecido no Xeol ata que Deus quixese, en troques de expoñer dunha vez por todas a súa teima; non se afirma, xa que logo, expresamente a inmortalidade.
14, 14a Pode ser unha demanda dun glosador ou copista suxerida pola lectura do texto, ou estar desprazado do v 19, onda tería mellor senso.
14, 17 Propónse o dilema definitivo: ou ben Deus constataría a realidade da culpa de Xob, conservándoa nun saco selado coma o diñeiro nas cámaras do tesouro dos reis, ou ben botaría unha man de cal (outras versións: "verniz, cola") por riba dos pecados para eliminalos.
14, 19-20 Deus é, en fin de contas, quen perde ó home inxustamente, torna a manter Xob. Con estas verbas mantén en alto a súa opinión.
15-21 *Ciclo segundo da disputa*. A segunda serie de intervencións abrangue un número de capítulos menor cá primeira, sete en total, rondando sempre arredor dos dous problemas fundamentais do libro: a retribución e a imaxe de Deus. O aspecto é reiterativo, pero os motivos van enfocados dun xeito algo novo. *Os amigos* responden ás dificultades propostas contra a súa doutrina, reasumibles en tres puntos: a) o home que recibiu o castigo é consciente de non ter pecado; ou b) o tal home non é consciente, aínda tendo pecado, do mal que fixo; e ademais c) a experiencia dinos que non sempre son castigados os pecadores. Argüen co desprezo e coa aldraxe persoal, alleos no ciclo primeiro. *Xob,* da súa banda, continuará no seu laio e na esixencia dun careo (Rib) con Deus, mais procedendo a unha demanda nova: a dun intermediario (que aludira indirectamente en 7,33). Iso non lle impedirá presentar contraprobas de feito ós razoamentos teóricos dos seus interlocutores.
15 *Elifaz.* O dialogante primeiro abandona o aire conciliador da súa primeira intervención. A súa resposta, fundada na idea de que o home non é sempre consciente das culpas que comete (**15,** 14), supón unha doutrina amplamente difusa no AT, e derivada dun concepto de santidade de Deus, que considera o sacro coma terrible e perigoso (cf Ex **33,** 1-5; Núm **15;** Is **6,** 6 e a pregaria do Sal **19,** 13-14). O discurso, de xénero marcadamente sapiencial, estructúrase en dúas seccións: A) vv 2-16: unha disputa sapiencial artellada en acusación formal (vv 2-8) e reconvención (vv 9-16). B) vv 17-35: unha longa instrucción sobre a sorte final do impío.

³con razóns sen fundamento,
   paroladas sen xeito nin dereito?
⁴Ti estás a subverte-la relixión
   e búrlaste do rogarlle a Deus.
⁵A mala lei inspira a túa boca;
   escollíche-la lingua dos arteiros.
⁶Cúlpate a túa boca, que non eu;
   testemuñan contra ti os teus labios.
⁷¿Fuches ti o primeiro home en nacer?
   ¿Paríronte antes dos outeiros?
⁸¿Déronche audiencia na asemblea divina?
   ¿Apañaches alí a Sabedoría?
⁹¿Que sabes ti, que non saibamos nós?
   ¿Que albiscas ti, que nós non entendamos?
¹⁰Haiche canas de anciáns entre nós,
   e máis cheos de días có teu pai.
¹¹¿Non te abrandan os agarimos de Deus
   nin a palabra que contigo foi tan lene?
¹²¿Cara onde te arrastra o sentimento
   e detrás de que se che van os ollos?
¹³Revíraste contra Deus coa túa xenreira
   e botas aldraxes por esa boca.
¹⁴¿Quen é o home para se ter por puro
   e como se declara inocente un fillo de muller?
¹⁵Aquel non se fía nin dos anxos;
   nin os ceos son puros ós seus ollos.
¹⁶¡Canto máis un ser ruín e corrompido,
   un mortal que bebe a maldade coma auga!
¹⁷Voute ensinar, ti escóitame;
   vouche conta-lo que vin,
¹⁸o que os sabios transmitiron
   pois non llelo ocultaron os seus mestres;
¹⁹—soamente a eles lles deron o país;
   non conviviu con eles o estranxeiro—:
²⁰Decote o impío anda anguriado,
   e son poucos os anos reservados ó tirano;
²¹leva nos oídos o bruar do medo;
   se pensa estar en paz, cáenlle enriba os bandidos;
²²non imaxina xa poder voltar das tebras,
   téñeno reservado para o coitelo.
²³Vai errante coma pasto dos voitres;
   sabe ben que o seu final é cousa feita.
²⁴Amedóñao xa o día sombrío;
   a anguria e a opresión estrémeceno,
   coma un rei que se prepara ó ataque.
²⁵Pois estendeu a man contra Deus
   e desafiou ó Omnipotente;
²⁶correu de cabeza contra El
   levando por diante o seu escudo.
²⁷Porque cubriu de gordura a súa cara
   e ten ben enlardados os cadrís,
²⁸habitará en cidades arruinadas,
   en casas que xa ninguén habita,

15, 20-35 O autor semella elaborar aquí unha instrucción xa existente de antemán acerca do tirano, non afastada do estilo dun documento de crítica política (cf vv 20b.26-29). Esa idea puido fornece-lo motivo da glosa v 24c. Igualmente parecen glosas o v 28c, cunha precisión explicativa, e o v 31, de escura interpretación.

dispostas a seren moreas de pedras.
²⁹Non ha enriquecer, nin manter fortuna,
 nin baixarán á cova os seus haberes.
³⁰Non fuxirá da sombra,
 a labarada secará os seus xermolos,
 lévalle o vento os gromos.
³¹(Que non se apoie no baldeiro que engana
 e que paga con vaidade).
³²Antes de tempo múrchanselle os gallos;
 e non lle florecen as pólas.
³³Coma o bacelo perderá os seus acios,
 coma da oliveira desprenderase a súa flor.
³⁴Pois é erma a xuntanza dos impíos
 e o lume engole as tendas subornadas.
³⁵Concebiu a miseria e pariu a maldade;
 está o seu ventre a prepara-lo engano".

Xob (16-17)

16 ¹Respondeulle Xob:
²—"Razóns coma estas téñoas oído a milleiros.
 ¡Valentes consoladores sodes todos vós!
³¿Non haberá un límite para as verbas baldeiras?
 ou ¿que é o que te move a responder?
⁴Tamén eu podería parolar coma vós,
 con tal que estivesedes vós no meu posto.
 Aparellaría por vós as palabras,
 abaneando contra vós a testa.
⁵Coa miña boca daríavos forza,
 calmaríavos co mover dos meus labios.
⁶Pero se falo, non cede a miña dor
 e se desisto, non se aparta de min.
⁷E agora Deus tenme acabado,
 destruíu canto era a miña compaña
⁸e aprétame con gadoupas de ferro;
 ergueuse coma testemuña contra min
 e bótame en cara a miña fraqueza.
⁹A súa carraxe, chea de furia, esgázame;
 renxe contra min os dentes;
 o meu adversario afía os ollos cara a min.
¹⁰En contra miña ábrense bocas;
 por burla losquéanme na cara;
 todos se xuntan contra min.
¹¹Ponme Deus na custodia dos malvados,
 e bótame nas mans dos criminais.
¹²Estaba eu quedo, e esmagoume;
 colleume do pescozo, e esnaquizoume;
 colocoume por branco dos seus tiros.

16-17 *Xob*. A réplica de Xob é máis breve e patética cás precedentes. Refuga axiña as razóns dos amigos sen lles conceder mérito de contra-argumentación (**16**, 1-6) e torna á disputa con Deus (**16**, 7-22) e ó laio desesperanzado (**17**, 1-16).

16, 4 O *abanear da cabeza* é sinal de aldraxe pública (cf Sal 22, 8).

16, 7 A paixón de Xob vai descrita no contexto da defensa xudicial, que expón argumentos probatorios (fálase de Deus en terceira persoa). O vocabulario e expresividade son constantes nos salmos de lamentación. A secuencia da condena e execución sería interesante de estudiar, por ver se, coma o Sal 22 e o tema do "Servo sufrinte" de Isaías, non tivo parte na redacción que os evanxelistas fixeron da paixón de Xesús.

¹³Rodeáronme os seus arqueiros,
espetoume nos riles sen piedade,
espallou polo chan o meu fel,
¹⁴atravesoume con ferida tras ferida,
arremeteu contra min coma un guerreiro.
¹⁵Levo un saco cosido á miña pel
e humillei no po o meu vigor.
¹⁶Teño a face vermella de tanto chorar,
cóbreme as pálpebras unha negra sombra,
¹⁷por máis que non haxa crime nas miñas mans
e sexa sincero o meu rogar.
¹⁸¡Terra, non encúbra-lo meu sangue
e que o meu laio non atope tobo!
¹⁹Aínda está no ceo a miña testemuña;
o meu garante, no máis alto,
²⁰o meu intérprete, o meu amigo ante Deus:
diante del choran os meus ollos.
²¹¡Que el dirima entre o home e mais Deus
coma se xulga un preito entre home e home!
²²Pois acaban, están contados os meus anos,
vou marchar polo camiño sen retorno.

17 ¹O meu espírito vital vai esmorecendo,
tan só a cova me resta.
²Para min non hai máis ca aldraxes,
entre amarguras consómense os meus ollos.
³¡Leva da túa conta a miña fianza!
Se non o fas ti ¿quen me vai dar unha man?
⁴Se ti ocultaches dos súas mentes a razón,
non a vas facer medrar agora.
⁵(Hai quen fala de herdanzas cos veciños,
mentres os ollos dos seus fillos esmorecen).
⁶Fixéchesme andar na boca das xentes,
un a quen se pode cuspir na cara.
⁷Os meus ollos consómense de tristura;
os meus membros son xa unha sombra.
⁸Os honrados abráianse por iso
e o inocente alporízase contra o réprobo.
⁹Pero quen ten razón mantense na súa conducta
e o de mans limpas colle folgos.
¹⁰¡Voltade todos vós e vinde,
que non penso atopar en vós un sabio!
¹¹Foxen os meus días na vergonza,
estráganse as ansias do meu corazón.

16, 18 Berro do inocente asasinado, que esixe vinganza (pensábase que o sangue dos inocentes non penetraba na terra e demandaba ó ceo xustiza; cf Xén **4,** 10).
16, 19 A escena cambia cunha apelación audaz: Xob demanda un mediador. O que en **9,** 32-33 semellaba imposible, o que en **13,** 22 e **14,** 13-17 fora unha demanda de careo, mesmo desde o xeol convértese en fe arriscada nunca solución arbitral.
Non queda claro quen é o mediador-testemuña. Unha interpretación pensa nun dos anxos do consello celeste á maneira do Satán acusador; pero, ningún dos nomes citados (testemuña, garante, intérprete, amigo) e o que seguirá (rescatador, no **19,** 25) parece aludir a un cargo en canto tal. O máis obvio é pensar no trasfondo do deus tutelar babilonio, divindade de segundo rango coa que o orante ten trato persoal e a quen acode coma avogado cando o oprime a desgracia decretada polos deuses supremos do panteón. No caso de Xob o monoteísmo israelita impide a existencia desa figura e ó mesmo tempo contribúe a un orixinalísimo planeamento: a contraposición dialéctica do Deus inmisericorde do destino, co Deus piadoso persoal: dúas experiencias contrapostas que o home fai de Deus; Deus contra Deus, xa que logo.
17, 1-16 A pasaxe é de non doada interpretación, por causa de posibles engadidos: o v 5 ten aparencia de glosa fóra de posto. Os vv 8-9 poderían se-lo remate conclusivo dunha instrución. O v 10 é unha recriminación ós amigos, igualmente afastada do ton xeral do c.

¹²¡Hai quen troca a noite en día,
a alborada no canto das tebras!
¹³¡Eu xa non espero ren! O Xeol é o meu lar
e estendo nas sombras o meu leito.
¹⁴Dígolle á cova: Ti e-lo meu pai;
miña nai, miña irmá, chámolles ós vermes.
¹⁵¿Onde ficou a miña esperanza?
E a miña felicidade ¿quen a albisca?
¹⁶¿Vai descender comigo ata o Xeol?
¿Imonos afundir xuntos na terra?"

Bildad

18

¹Falou de novo Bildad o xuhita e dixo:
²—"¿Ata cando vas armar trampas coas verbas?
¡Repénsao, e despois falaremos!
³¿Por que nos tes por bestas?
¿Coidas que somos badocos?
⁴Ti estrágaste na túa xenreira,
¿e pola túa causa haberá que deixar deserta a terra
ou remove-las rochas?
⁵Tamén se extingue a luz dos impíos
e non brillan faíscas no seu lume;
⁶escurécese a luz da súa tenda
e sobre el apágase a candea.
⁷Fanse máis breves os seus pasos firmes
e derrúbao a súa propia matinación;
⁸vai dar na rede polos seus pés,
remexese entre as mallas;
⁹atrapállao o lazo polos nocelos
e aferra nel o cepo.
¹⁰Para el está escondida a corda no chan
e o cepo de caza na súa corredoira
¹¹Ó seu arredor espántano os terrores,
escorréntano a cada paso.
¹²Está famenta del a desgracia
e a calamidade prepáralle a caída.
¹³A doenza róelle na pel,
morde nos seus membros o vinculeiro da morte.
¹⁴Arríncano da súa cómoda tenda,
lévano diante do rei dos terrores;
¹⁵mora na súa tenda a pantasma;
espallan xofre polos seus eidos.
¹⁶Sécanlle por debaixo as raíces,
múrchanlle por riba as ponlas.

18 *Bildad*. Esta interpretación acomódase á de Elifaz no desprezo e na burla dos tres primeiros versos, de forma procesual (vv 2-4). A seguir vén unha instrucción acerca da fin total da xeración do impío (vv 5-31). Nela xa non se busca unha finalidade pedagóxica, senón máis ben atemorizar coa inminencia do castigo, parangonando tacitamente aquel final co de Xob mesmo.
Os temas da trampa e do deserto, na introducción (vv 2 e 4), axudarán á pormenorización do corpo da instrucción, que se artella en cinco estrofas de tres versos (vv 5-19) e nun comentario final de dous versos (vv 20-21).
18, 5-7 *A luz*, benestar vital do home (cf Pr **4**, 18; **13**, 9; **20**, 20) e a candea da existencia, desaparecen xunto co éxito dos pasos dados conforme a un plan preconcebido.

18, 8-10 Ese plan, pensado inxustamente, desencadea o seu efecto negativo conforme á lei da retribución, converténdose en trapela.
18, 11-13: O medo, a desfeita, a enfermidade (personificada segundo a demonoloxía babilónica no "primoxénito da morte ", cf Sal **91**, 5s) son os colaboradores da lei da retribución.
18, 14-16 A aniquilación vén expresada en termos de destrucción da moradía terrestre: baleiro da tenda, xofre nos eidos (cf Xén **19**, 24; Dt **29**, 22; Is **30**, 33), habitación no xeol. Alí está o "rei dos terrores" (cf o *Nergal* babilonio, *Mot* cananeo) e os "demos fantasmais" (cf a *Lilitu* babilonia). O que resta despois xa non chega nin a planta morta (v 16).

¹⁷Desaparece a súa fama do país,
non ten sona na rexión.
¹⁸Empúxano da luz para a escuridade,
refúgano do mundo.
¹⁹Sen prole nin descendencia no seu pobo,
sen quen lle sobreviva nos seus eidos.
²⁰Tremerán co seu fado os occidentais,
encheranse de arrepío os orientais:
²¹Velaquí as moradías do inicuo;
este é o posto de quen rexeita a Deus".

Xob

19

¹Respondeu Xob:
²—"¿Ata cando me estaredes a atormentar,
a me esmagar con discursos?
³Xa van dez veces que me asoballades,
e ¿non vos dá vergonza aldraxarme?
⁴¡Aínda que de verdade ande errado,
o erro vai comigo!
⁵¿Non será que queredes avantaxarvos á miña conta
acusándome por mor da miña desfeita?
⁶Sabede que é Deus quen me fai dano,
cinguíndome coa súa rede.
⁷Berro ¡inxustiza!, pero ninguén responde;
pido axuda, pero non me fan xustiza.
⁸Choeu o meu carreiro e non podo pasar,
encheu de tebras o meu vieiro.
⁹Espiume da gloria,
arrincoume da cabeza a coroa.
¹⁰Destruíu todo ó meu arredor, e teño que irme;
fendeu coma unha árbore a miña esperanza.
¹¹Acendeu a súa ira contra min
e tenme por seu inimigo.
¹²Xúntanse as súas bandas para atacar:
contra min enlousan a calzada,
poñen o campo arredor da miña tenda.
¹³Foxen de min os meus irmáns,
os meus parentes trátanme coma alleo;
¹⁴boto en falta veciños e coñecidos,
esquézome dos que estaban ó meu cargo;
¹⁵trátanme de forasteiro as miñas servas:
óllanme cal se fose un estranxeiro.

18, 17-19 Xa non permanece nin o único que o podería sobrevivir: a lembranza e a descendencia.
18, 20-21 A sona da desfeita acada os confíns do mundo habitado ("os que están detrás", occidentais, e "os que están de fronte", os orientais, na verdadeira "orientación" israelita). O xuízo definitivo semella unha sentencia sobre o "ateo práctico" que non recoñece a Deus cos feitos, único ateo do que fala o libro. O concepto "coñecer a Deus", entendido coma práctica testemuñal, é de orixe profética (cf, sobre todo, Oseas).
19 *Xob.* Consecuencia da velada alusión feita ó historial persoal de Xob no c. precedente, a resposta non se fai esperar. Xob séntese atormentado e burlado polos seus interlocutores, que non só non o entenden, senón que se enrabexan contra el deixándose levar da paixón.
Repítese a declaración formal da inocencia propia e da culpabilidade de Deus (v 6) e a súa negativa a facer un proceso imparcial, a pesar de lanza-lo berro público que forzaba á intervención xurídica (v 7), A constante referencia a fórmulas acuñadas no libro das Lamentacións (cf **2**, 2; **3**, 5.7-9.14; **5**, 14.16, etc...) fan pensar nunha lectura ou coñecemento previo delas xa coma literatura, e son unha das razóns, asemade coas citacións sálmicas e as de Xeremías, para datar a Xob despois do exilio.
19, 13-19 Do laio contra o inimigo, pásase ó laio contra os parentes.
19, 13 *Irmáns* enténdese no senso amplo, semítico, de "relacións familiares".

¹⁶Chamo ó meu escravo e non responde
teño que lle rogar eu mesmo;
¹⁷dálle noxo o meu alento á miña muller,
fédolles ós meus irmáns;
¹⁸mesmo os picariños me refugan
e dan volta cando tenciono erguerme.
¹⁹¡Os da tertulia abóuxanme,
os benqueridos rexéitanme!
²⁰Apégaseme a pel do corpo ós ósos,
caen os meus dentes das xenxivas.
²¹¡Piedade, piedade, meus amigos,
que a man de Deus me feriu!
²²¿Por que me perseguides coma Deus
e non vos dades fartos na miña carne?
²³¡Se algún día se escribisen as miñas palabras!
¡Oxalá fixesen delas unha inscrición!
²⁴¡Que con cicel e chumbo
se labrasen para sempre nun penedo!
²⁵Con todo, eu sei: o meu Liberador está vivo
e ó remate hase erguer sobre a terra;
²⁶despois de ter esgazada a miña pel,
aínda sen carnes hei ver a Deus.
²⁷Eu mesmo o hei ver;
hano ve-los meus ollos, non os doutro.
¡Esmoréceme o corazón nas entrañas!
²⁸E se teimades: ¿Como o perseguiremos
ou como poderiamos collerlle as voltas?
²⁹¡Tende medo da espada!
Pois estes son delitos dignos dela;
e para que o saibades: ¡hai un xuíz!"

Sofar

20

¹Sofar o namateo respondeulle:
²—"A este propósito rebole en min un matinar,
por isto desacóugase a miña mente.

19, 17 Hai dúbida para a interpretación: a frase literal "meus fillos de seo" pódese referir a irmáns da mesma nai ou a fillos da mesmo esposa. Suposta a interpretación colectiva do v 13, e a proximidade da mención dos nenos no v 18, preferímo-la traducción "irmáns" (cf Xuí **8**,19).
19, 20-24 Rematada a situación exterior calibrada no xusto, estes vv proponen o desgarro da situación interior, cunha exclamación (v 20), un rogo (v 21), unha imprecación (v 22) e un desexo utópico (vv 23-24). De novo o autor do poema comprende a doenza de Xob coma unha lepra (v 20).
19, 23-24 Suxire unha solemnidade e unha audacia ne to, sen semellanza: igual que os grandes pactos internacionais e os triunfos guerreiros dos imperantes babilónicos e asirios, a inxustiza do v 22 que se lle fai a Xob ten de perdurar cicelada na rocha, brillante coa mestura de chumbo e ferro que se dexerga escintilante desde lonxe.
19, 25-27 Esta é unha das pasaxes máis citadas do libro e máis conflictivas da interpretación bíblica. A Vulgata fixo destes versos unha confesión de fe na resurrección: "Eu sei que o meu redentor está vivo e que resucitarei no último día; cinguireime de novo coa miña pel e coa miña carne ollarei ó meu Deus". O texto hebreo, defectuoso na transmisión, admite varias lecturas, mais a dúbida cén-

trase soamente en se Xob pensa nunha xustificación antes de morrer, ou, como fixo no c. **14**, 13-17, nun utópico e desesperado postmortem. A primeira impresión parece máis verosímil. Xob espera do seu "Go'el" (cf nota a Rut **2**, 20) que cumpra co seu deber, que se erga para defende-lo seu dereito (v 25), aínda que non sexa senón cando a Xob non lle restan máis ca pel e ósos (v 26). Cos propios ollos poderá entón ver cara a cara ó seu contrincante (v 27). O que estes versos expoñen é a seguridade de Xob en que se fará xustiza como sexa (o v 25b pódese ler coma concesivo: "Aínda que fose o derradeiro a se erguer"), gracias á intervención do seu árbitro (cf **9**, 33) e avogado celeste (cf **16**, 19) que neste intre acada o grao de parentesco de sangue coa consecuente obriga de intervir. Ese non é outro que Deus, o Deus persoal, polo que estes versos adiantan a expectación da teofanía (**38**, 1 - **42**, 6). Con ese tremor nas entrañas, centro de emocións (v 27c), e con esa seguridade (v 29c), lánzase a ameaza de castigo por delito criminal (29b) contra os amigos.
20 *Sofar.* Sofar dá a impresión de non se decatar da arriscada aposta de Xob, e prosegue a refuta-las obxeccións contra a lei da retribución: o impío ás veces pode semellar feliz, mais esa ledicia é pasaxeira (**20**, 5); sobre o chegan irremediables a dor, a desfeita e a morte; isto corrobora de novo o concepto de xustiza inmanente.

³Tiven que oí-la burla do teu aviso
e, con todo, responde en min un espírito asisado:
⁴¿Non sabes ti de sempre,
desde que foi posto o home sobre a terra,
⁵que o reloucar dos malvados é para pouco
e que a ledicia dos impíos dura un intre?
⁶Anque chegue ata o ceo a súa soberbia,
e anque toque ata as nubes coa cabeza,
⁷coma o esterco perderase para sempre
e han pregunta-los que o ollaron: ¿Ulo?
⁸Voará coma un soño sen que o atopen
e pasará coma visión noitébrega.
⁹Xa non o albiscarán os que o miraron,
non o verá máis o lugar onde moraba.
¹⁰Os seus fillos indemnizarán ós pobres,
pois coas mans terán que repoñe-la súa fortuna.
¹¹A súa osamenta chea de xuventude
con el ten que se deitar no po.
¹²Se era tan doce para a súa boca o mal
que o deixaba esluír baixo a lingua,
¹³que o mantiña sen o deixar pasar,
reténdoo no padal,
¹⁴podrece agora o seu xantar no ventre
e fáiselle alí dentro fel de cóbregas.
¹⁵Riquezas que enguliu, tenas que vomitar;
é Deus mesmo quen llas saca do ventre.
¹⁶Zugará a pezoña das cóbregas;
hao remata-la lingua das serpes.
¹⁷Non correrán para el fontes de aceite,
nin ríos de mel e manteiga.
¹⁸Terá que devolve-los productos sen os consumir,
e non se gozará do que gañou mercando,
¹⁹pois oprimiu deixando espidos ós pobres
e acaparou as casas que el non construíra.
²⁰Pois no seu corazón non coñeceu descanso
e a súa cobiza non deixou fuxir ren;
²¹nada ficaba salvo do seu trabar,
por iso non vai perdura-lo seu deleite.
²²Da enchenta vai pasar á angustia,
botaráselle enriba a forza da desgracia.
²³Para que encha o seu ventre
halle enviar Deus a súa ardente carraxe,
fará chover por riba o lume do seu noxo.
²⁴Se foxe da arma de ferro
alcánzao o arco de bronce;
²⁵a frecha sáelle polas costas,
a punta da lanza polo fel;
asáltano os terrores.
²⁶Tódalas tebras están para el reservadas;
un lume, non atizoado por home, consómeo;
¡mal lle vai ir a quen se refuxie na súa tenda!

20, 10 Este verso vai mellor despois do v 19; a traducción que se propón é unha das posibles.
20, 12 Castígase co descoñecemento da fartura acadada o mal proceder amoreando riquezas mediante a opresión.
20, 23 O primeiro hemistiquio semella unha glosa reiterativa.
20, 26 O *lume non atizoado por home* é o lóstrego; este bate na tenda e no que se refuxia nela fuxindo da xustiza.

²⁷O ceo ha pregoa-lo seu pecado,
e contra el revoltarase a terra.
²⁸Un torbón de auga desfaralle a casa,
as torrenteiras do día da carraxe.
²⁹¡Este é o quiñón que ten Deus para o home impío,
a herdanza divina para o rebelde!"

Xob

21

¹Entón Xob respondeu:
²—"Escoitade atentos o meu propósito:
¡Que iso sexa para min o voso consolo!
³Aturádeme un intre mentres falo,
cando remate xa vos mofaredes:
⁴¿Presento eu o meu agravio contra un home?
¿Non teño razón para me impacientar?
⁵Ollade para min e estarrecede,
e ponde a man na boca.
⁶Cando o penso, alporízome
e aprétanseme as carnes co medo:
⁷¿Como é que aínda viven os malvados
e de vellos se cadra son máis ricos?
⁸A súa caste medra a carón deles;
a súa prole, diante dos seus ollos.
⁹Nas súas casas hai paz, non hai temores,
non bate nelas o fungueiro de Deus.
¹⁰O seu touro cobre a vaca sen fallar,
a súa vaca pare sen abortar.
¹¹Deixan os seus nenos choutando coma años,
bailan os seus pequenos;
¹²entoan ó ritmo do pandeiro e da cítola,
fólganse ó son da frauta,
¹³transcorren os seus días na ledicia
e baixan tranquilos ó Xeol,
¹⁴por máis que lle teñan dito a Deus: ¡Arreda de nós,
non queremos saber dos teus camiños!
¹⁵¿Quen é o Omnipotente para que o sirvamos?
¿Que proveito tiramos de rogarlle?
¹⁶(Non teñen no seu control a súa prosperidade,
non estou eu de acordo co matinar dos malvados).
¹⁷¿Cantas veces se lle apaga a candea ó impío?
¿Cantas veces dá neles o malfado
ou lles reparte Deus dores na súa ira
¹⁸ou se converten en palla diante do vento
ou coma lixos que a treboada esparexe?
¹⁹¿Garda Deus a miseria para os seus fillos?
¡Que lla faga pagar a el para que o sinta!

20, 27s "Hades" traduce a verba *terra*, que no contexto asume o valor de terra inferior ou país dos mortos, tal como tamén se lle chamaba no ugarítico. *Día da carraxe* é nomenclatura profética do día de Iavé, en canto intervención teofánica punitiva.
21 *Xob*. Tódolos discursos dos amigos xiraban neste segundo ciclo arredor da tipoloxía do malvado. No último c. o autor vai rebater terminantemente o argumento coa demostración da felicidade do impío. **21, 34** é o xuízo definitivo baseado en feitos, que os amigos non poderán torcer. En troques non aparece o outro fío polémico de Xob, o laio pola súa dor e a reclamación dun proceso imparcial contra Deus.
O tema exposto, a felicidade dos impíos, recorda tamén a escandalizada atención de Habacuc (**2**, 6), Xeremías (**12,** 1) e dos salmos sapienciais (**37**; **49**; **73**; etc.).
21, 17 A *candea* é a vida farturenta e chea de felicidade.
21, 19ss Xob sae ó paso da retribución colectiva e familiar, o que sitúa ó libro na mentalidade postexílica (cf Ez 18).

²⁰¡Que vexan os seus ollos a desfeita!
¡Que beba a carraxe do Omnipotente!
²¹Pois ¿que vai ser da súa casa despois del
cando remate a conta dos meses?
²²¿Vai un darlle leccións a Deus
que xulga ós máis egrexios?
²³Uns morren na plenitude das súas forzas,
zumegando paz, e sen cavilacións,
²⁴cos lombos cheos de graxa
e aínda mol a cana dos seus ósos;
²⁵morren outros fartos de amargor,
sen gusta-lo que é bo,
²⁶e xuntos déitanos na mesma cinsa,
cóbrenos ós dous os vermes.
²⁷Ben sei eu os vosos pensamentos
e as arterías que contra min tecedes.
²⁸Dicides: ¿Onde está o pazo do poderoso
e onde a moradía dos malvados?
²⁹¿Seica non o dades inquirido dos viandantes?
¿Non o dades pescudado nas súas historias?:
³⁰Que nos días malditos se salva só o impío
e se ceiba no día do furor.
³¹¿Quen lle bota en cara a súa conducta
e o forza a pagar polo que fixo?
³²En troques, lévano solemnemente ó nicho,
pónselle garda de honor no mausoleo;
³³sábenlle ben mesmo os terróns da cova,
arrastra tras de si un xentío,
e diante del desfilan a milleiros.
³⁴¿Como teimades entón consolarme tan en van?
¡Das vosas respostas o que queda é fraude!"

CICLO TERCEIRO DA DISPUTA (22-27)

Elifaz

22 ¹Elifaz de Temán empezou a resposta:
²—"¿Vai poder un home beneficiar a Deus?
¡Non! Só de si mesmo tira proveito o sabio.

21, 27-33 Xob pasa á argumentación "ad hominen", cunha sabedoría tirada da experiencia (viaxes e historias: v 29). Case que se pode falar dunha "providencia especial" sobre o malvado (vv 30-31), que mesmo ó morrer acada honor (vv 32-33). Tódalas imaxes acoden ó tema tópico da "morte do tirano", mais dándolle volta. O v 32 pódese interpretar tamén no senso de que a súa estatua vixía sobre da súa tumba, como acaecía en Exipto.
21, 34 Os amigos non conseguiron consolar a Xob, e o que propuxeron coma argumento era falso. Deste xeito fai o autor o balance da disputa na segunda ronda.
22-27 *Ciclo terceiro da disputa*. A terceira serie de intervencións, que pecha a discusión de Xob cos amigos, presenta unha serie de características que fan sospeitar da integridade do seu estado de conservación: dunha banda, a reducción excesiva dalgúns dos seus cc. (cf **25** e **26** do texto hebreo); doutra a minguada intervención de Bildad (seis vv) e maila ausencia de Sofar; finalmente, a repetición da introducción na segunda intervención de Xob (**26**, 1; **27**, 1) e as argumentacións que se poñen na súa boca, contradicindo canto afirmara nas pasaxes antecedentes.
A razón máis axustada para dar conta destes feitos pode se-la da perda de materiais no proceso da copia do orixinal, traspapelamento de follas do texto, e a adxudicación artificiosa para salva-lo salvable.
A orde posible a seguir na lectura pode se-la seguinte: Elifaz (**22**); Xob (**23**); Bildad (**25**, 1; **26**, 5-14; **25**, 2-6) Xob (**26**, 1-4; **27**, 2-7); Sofar (**27**, 8-23; **24**, 18-24); Xob (**24**,1-17.25).
O debate, reiterativo nos motivos da desfeita do impío, a partir dos cc. mellor conservados **22** e **23**, parece centrarse

³¿Que vantaxe tira Deus de que ti sexas xusto?
¿Que gaña con que ti te portes ben?
⁴¿Iate el probar pola túa piedade,
levarte a preito por iso?
⁵¿Non é máis ben enorme a túa maldade
e incontables as túas culpas?
⁶Pois sen razón demandábaslles peñores ós teus irmáns
e mesmo ós farrapentos lles arrincába-los vestidos.
⁷Non dabas a beber auga ó sedento,
e ó famento negábaslle o pan:
⁸¡A terra é para os forzudos,
quen arrecada honor, que viva nela!
⁹As viúvas botáchelas fóra baleiras,
e arruináche-los brazos dos orfos.
¹⁰Por iso rodéanche as trampas,
e o medo súbito espavéntate,
¹¹ou escurece e xa non podes ver
e alágate o pulo da enxurrada.
¹²¿Non se alza Deus tanto coma o ceo?
e ¡olla para estrela do cénit, que é tan alta!
¹³E, con todo, ti pensas: ¿Que sabe Deus?
¿Vai gobernar El por entre o neboeiro?
¹⁴As nubes son o seu veo, por iso non ve;
El fai a rolda polo rimeiro do ceo.
¹⁵¿Queres segui-lo vieiro antigo
por onde calcaron os inicuos
¹⁶que foron arrincados antes de tempo,
cando a riada lles afundiu os alicerces?
¹⁷Dicíanlle eles a Deus: ¡Arreda de nós!
¡Que nos pode vale-lo Omnipotente!
¹⁸E fora El quen lles enchera ben de todo as casas,
pero eles apartábano dos seus plans inicuos.
¹⁹Ven isto os xustos e alégranse,
fai burla deles o inocente:
²⁰Abofé que esgotaron os seus haberes
e o que quedaba devoróullelo o lume.
²¹Ti axusta as contas e ten paz con El
e dese xeito acadarás un bo pasar.
²²¡Ten por bo o ensino dos seus beizos!
¡Toma a peito as súas palabras!
²³Se te volves ó Omnipotente hate sandar.
¡Afasta da túa tenda a inxustiza!
²⁴¡Bota o teu ouro polo chan,
o teu ouro de Ofir entre os callaos dos regatos!
²⁵E que sexa o teu ouro o Omnipotente.
El mesmo, as túas moreas de prata.

en torno a Deus. Distancia e sublimidade da súa sabedoría son os argumentos dos amigos; obriga moral dunha esposta, é a teima de Xob. O fragmentario das intervencións non deixa, sen embargo, percibi-lo fío dun desenvolvemento axeitado.
2 *Elifaz*. O cambio de actitude albíscase xa no primeiro dos discursos: da disputa escolar faise unha transición á orma da requisitoria personalizada, que oscila entre polémica e instrucción.
2, 2-5 Nova liña de argumentación: Deus está por riba dos preitos que Xob imaxina. El nada ten que perder (vv 2-3). Doutra banda reafírmase a incoherencia de supor en Deus unha cativa vontade; máis ben son as culpas as que o levan a condenar a Xob (vv 4-5).
22, 21-28 Elifaz pensa aínda na posibilidade da conversión, e deste xeito lanza a súa derradeira exhortación, que semella tirada da moral da narración patriarcal do prólogo (vv 21-26) e mais dunha versión utilitaria e mercantilista do culto (v 27). O remate doutrinario (vv 29-30) non se arreda para nada da tese inicial.

²⁶Será entón o Omnipotente o teu folgar,
  erguerás diante de Deus o teu rostro.
²⁷Cando lle rogues hate escoitar,
  e ti cumprira-los teus votos.
²⁸Todo canto decidas hase realizar
  e o sol alumará nos teus camiños.
²⁹Pois El rebaixa a arrogancia dos fachendosos
  mais axuda ós que humildes baixan os ollos,
³⁰rescata ó home sen chata;
  por iso hate librar, se tes limpas as mans".

Xob 23

¹Respondeu Xob:
²—"Tamén hoxe é rebelde a miña queixa
  pois a súa man fai pesado o meu xemido.
³¡Oxalá soubese eu como o encontrar!
  Habíame achegar ata o seu trono,
⁴para expo-la miña causa diante del
  levando a boca chea de argumentos;
⁵coñecería con que razóns responde,
  sabería o que me ten que dicir.
⁶¿Levaría El adiante o preito pola forza?
  ¡Non!, que me había de ter en conta.
⁷Pois daquela sería un home honrado quen contende con El,
  gañaría eu de certo a causa para sempre.
⁸Mais se torno para o leste, non o atopo;
  vólvome para o poñente, e non o albisco;
⁹procúroo no norte, e non o vexo,
  vólvome cara ó sur e non o descubro.
¹⁰Mais, dado que El coñece o camiño do meu lar,
  que me veña probar e hei saír coma o ouro:
¹¹Mantívose o meu pé na súa pegada,
  gardei o seu vieiro sen torcerme,
¹²non me afastei da orde dos seus labios,
  no meu seo escondín a súa palabra.
¹³Pero se El xa decidiu, ¿quen é capaz de o cambiar?
  El fai todo canto lle agrada:
¹⁴vai levar a cabo o que me decretou;
  deste xeito obra sempre.
¹⁵Así fico eu diante del, estarrecido,
  e cando o penso, cóllolle medo.
¹⁶Tal Deus amoléceme o ánimo
  túrbame o Omnipotente.
¹⁷Pero non hei calar diante da escuridade,
  por máis que estea só e que me encubran as tebras.

---

23 *Xob*. Cun comezo moi similar ó **6**, 2-4, Xob intervén no "hoxe" da terceira ronda, dando expresión á súa teimuda procura de Deus. Collendo polas follas a argumentación de Elifaz verbo do Deus remoto (**22**, 12ss), torna á súa idea do encontro persoal como única solución (vv 2-7), constata a imposibilidade de o encontrar, en razón da negativa de Deus a se avir ó preito (vv 9-12) porque no fondo xa decretou pola súa banda a resolución (vv 13-17).
23, 11-12 Parécese a un prego de descargo aínda non pormenorizado, adiantando unha confesión.
23, 16-17 O talante interior de Xob fica ben respellado nos dous versos finais: a imaxe de Deus é problemática, a loita pola xustiza non se deixa disuadir.

Xob (24, 1-17.25)

24 ¹¿Por que non se reserva o Omnipotente os tempos?
¿Por que os que o coñecen non saben dos seus días?
²Os malvados cambian os marcos dos lindeiros,
rouban as greas para os seus pastos;
³levan o asno dos orfos,
collen en prenda o boi da viúva;
⁴desbotan ós pobres do camiño
e teñen que acocharse os mendigos do país.
⁵Coma onagros monteses saen a face-la súa tarefa:
a procurar xantar polo deserto,
comida para os seus fillos;
⁶colleitan pola noite nas agras
ou estragan os viñedos dos ricos;
⁷déitanse nus, sen vestidos,
sen teren nin unha manta cando vai frío;
⁸fican enchoupados co orballo das montañas,
e por falta de acougo engrúñanse contra as rochas.
⁹(Rouban do peito da nai ó orfo,
collen en peñor o neno do mendigo).
¹⁰Van espidos, sen roupa,
famentos, acarrexan as espigas;
¹¹deitando aceite entre as rodas do muiño
e pisando no lagar, pasan sede;
¹²saloucan na cidade os moribundos,
berra ¡socorro! o espírito dos feridos;
mais Deus non atende os seus rogos.
¹³Outros son rebeldes contra a luz,
que non queren saber dos seus camiños,
nin tripan polos seus vieiros.
¹⁴De mañanciña érguese o homicida
para matar ó pobre e ó coitado;
axexa o ladrón de noite,
¹⁶ᵃfura as casas nas tebras.
¹⁵O ollo do adúltero esculca no solpor,
dicíndose: Non me ha ollar ninguén,
e vai coa cara tapada.
¹⁶ᵇ·ᶜPolo día escondéranse,
non queren atoparse coa luz.
¹⁷Para todos eles a mañá é noxenta,
móvense ben entre os medos das tebras.
¹⁸Escorre lixeiro pola face das augas,
as súas leiras son malditas na bisbarra
e ningún traballador se dirixe ás súas viñas.
¹⁹Coma a calor e maila seca lles rouban a auga ás neves,
así fai o Xeol cos que pecan.
²⁰Esquéceo o ser que o enxendrou,
ninguén recorda xa o seu nome;

24, 1-17.25 *Xob*. Esta intervención de Xob parece que debería seguir á de Sofar (27, 8-23; 24, 18-24), pois os cc. 29-31 son xa un monólogo que fai contrapunto ó c. 3, e non supón unha resposta dialogal. De feito, a pasaxe podería ser unha mera escolma de fragmentos poemáticos introducidos co obxecto de enche-lo espacio da terceira ronda.
24, 9 Parece que este verso debería ir despois do 3.
24, 13 Parece o título da composición sobre o impío que vai presentando por pares de versos a perda da descendencia, a perda da facenda, a perda da casa, o medo, a desaparición da terra (27, 14-23); finalmente acceden a perda da sona e o castigo do esquecemento no Xeol (24, 18-20).
24, 18ss Parece máis adecuado situar 24, 18-24 despois e non antes de 27, 8ss, en razón da imaxe da desaparición do impío, común a 27, 23 e 24, 18.

a maldade é tallada coma unha árbore
²¹(asañouse coa estéril e sen fillos,
non socorreu á viúva).
²²Favoreceu co seu haber ós violentos,
rexurdía cando xa non contaba con vivir.
²³Déixao medrar seguro
mais cos ollos El fita os seus camiños.
²⁴Álzanse en pouco tempo e despois esmorecen,
logo arríncanos, múrchanse coma os demais,
séganos coma as cristas das espigas.
²⁵Se non é así, que diga alguén que minto,
que demostre que son vas estas palabras!"

Bildad

25 ¹Díxolle entón Bildad o xuhita:
²—"O seu dominio é arrepiante,
El é quen mantén a harmonía nas alturas.
³¿Quen contará as súas lexións?
¿Contra quen non pode po-la súa emboscada?
⁴¿Vai un home ter razón ante Deus?
¿Pode ser puro o nacido de muller?
⁵¡O mesmo luar non lle brilla abondo,
nin son puras ós seus ollos as estrelas!
⁶¡E canto menos o home, o verme,
o ser humano, esa miñoca!"

Xob

26 ¹Deu Xob a súa resposta:
²—"¿Como poderás ti axudar ó feble,
ou salva-los de brazos sen forzas?
³¿Como é que aconsellas ós que non saben
e lles mostras como van ter sorte en todo?
⁴¿Quen che axudou a compor estas razóns?
¿De quen é a inspiración que sae de ti?
⁵Mesmo as ánimas tremen diante del
por embaixo das augas e dos seus habitantes;
⁶fica espido diante del o Xeol,
non hai cuberta para o antro da Perdición.
⁷El tendeu o Norte sobre o Baldeiro
e pendurou a terra sobre a nada;

24, 22-24 Saen ó paso da aparente fortuna dos malvados. A traducción é ás veces conxectural, debido ó estado de conservación do texto hebreo.
Se é Xob quen pronuncia estas verbas, co reto final no v 25, o debate remata nun punto morto polo que se refire á contraposición das teses respectivas del e dos amigos, no tocante á xustiza. Resta por saber por que parte se ha resolve-lo dilema e cal será a resposta que Deus vaia dar ó problema da dor de Xob e a súa procura dunha nova imaxe da divindade.
25, 1; 26, 5-14; 25, 2-6; *Bildad*.
25, 1 A intervención de Bildad consérvase nun breve fragmento sen comezo nin final, recomposto aquí aproximativamente. A primeira parte (**26**, 5-14) puido antes ter existencia independente, e empregada con posterioridade para completa-la pasaxe; mais polo seu ton casa ben co modo de argumentación contra a audacia de Xob de demandar un careo con Deus (**25**, 2-6). Polo xénero, **26**, 5-14 é un himno creacional incompleto, do que se conservan dúas estrofas de cinco versos: vv 5-9: propoñen o tema do dominio absoluto de Deus sobre o mundo dos mortos e dos poderes do caos; vv 10-14 describen a grandeza e forza do Deus creador, concluíndo co respecto estremecido e abraiado.
25, 6 Ó pé da letra di: "¿Vai saír declarado inocente...?", expresado na forma retórica da pregunta escolar.
26, 5-6 As *ánimas* son os "refaím", nomenclatura de orixe ugarítica, sombras dos mortos (cf Is **14**, 9; **26**, 14-19), que moran no Xeol, afastadas da luz da vida. Nese verso o Xeol fica situado por baixo dos océanos, se ben patente ós ollos de Deus (v 6); *Perdición* (Abaddón) é outro nome do Xeol, derivado de "abad" (perecer).
26, 7-8 Ilustran a cosmovisión israelítica: a bóveda celeste materialízase en forma de gran cuberta que se pode ten der; e as nubes son grandes pelexos que conteñen as au gas.

⁸pechou cun atado a auga nas nubes,
e non se racha con elas o nubeiro;
⁹logo encubriu a face do luar
botándolle por riba unha nube;
¹⁰gravou o horizonte sobre as augas
na fronteira entre a luz e as tebras;
¹¹abanean os pilares do ceo
espantados diante do seu berro;
¹²coa súa forza alporizou ó mar,
coa súa habilidade destruíu a Rahab;
¹³co seu vento varreu o ceo,
coa súa man feriu a serpe fuxidía.
¹⁴E isto non é máis cá ladeira do seu poder.
Só é un pequeno murmurio o que del oímos.
¿Quen entenderá o trebón do seu poder?"

27 ¹Seguiu Xob declamando o seu poema:
²—"¡Por Deus, que tolleu o meu dereito,
polo Omnipotente, que me encheu de tristura:
³que mentres teña folgos
e alento de Deus no meu nariz
⁴non han falar en falso os meus labios
nin saír mentiras da miña lingua!
⁵¡Lonxe de min o dárvo-la razón!
¡Deica expirar non cederei na miña integridade!
⁶¡Hei soste-la miña inocencia sen afrouxar!
Nin por un dos meus días me reprende a conciencia.
⁷¡Que o meu inimigo sexa considerado coma o malvado,
e o meu adversario coma o impío!"

Sofar (27, 8-23; 24, 18-24)

⁸—"Pois ¿que esperanza lle queda ó rebelde cando fina,
cando Deus lle quere arrinca-la vida?
⁹¿Escoitará Deus os seus laios,
cando a angustia se lle bote enriba?
¹⁰¿Vaise alegrar no Omnipotente?
¿Chamará a Deus a cada intre?
¹¹Falareivos do poder de Deus,
non vos esconderei o que matina o Omnipotente.
¹²Vós mesmos o tedes visto,
¿para que estades entón a face-lo parvo?

26, 10-11 O "horizonte" ou "círculo" é o lindeiro circular que solda o punto de contacto entre a bóveda celeste e a beira última do océano. Polo día a luz traspasa esa barreira, pola noite escóndese detrás dela. As grandes montañas axudan tamén a erguer da banda do norte a bóveda celeste á maneira de columnas (v 11).

26, 12-13 Recollen o motivo mítico babilónico e ugarítico da loita do deus ordenador contra as forzas do caos.

26, 1-4; 27, 1-7 *Xob*. A burla e a ironía informan a breve introducción da resposta de Xob adicada ós amigos (vv 1-4) na forma da disputa entre escolantes, na que se refuta coa dúbida a alusión a supostas inspiracións (v 4; cf 4, 2; 15, 11; 22, 22). O v 27, 1 é un procedemento de urxencia dun glosador que recoñeceu o leitmotiv das intervencións de Xob nos versos que seguían. De feito 27, 2-7 son inconfundibles pola forma e polo tema. Xob foi "íntegro" ("tam"; cf o prólogo —1, 1—, que provocara a sospeita do Satán) e verdadeiro en tódalas súas razóns. Os xuramentos dos vv 2 e 5 (execración que ó pé da letra di: "Maldito eu") son a forma solemne na que reafirma a súa inocencia (v 6), a falta de verdade nos amigos (v 5) e a posible condena tácita de Deus (v 7).

27, 7 Este verso podería tamén traducirse: "Que lle suceda ó meu inimigo coma ó malvado, e ó meu adversario coma ó impío". Algúns comentadores xúntano a **27**, 8ss.

27, 8-23; 24, 18-24; *Sofar*. Como solución de emerxencia asígnanse a Sofar estes versos que, polo ton acusatorio inicial e o motivo da desfeita do malvado, teñen que pertencer a un dos amigos, e non concordan co dito por Bildad nin co capítulo ben conservado de Elifaz.

¹³Esta é a sorte do home impío ante Deus,
  a herdanza que recollen do Omnipotente os tiranos:
¹⁴Se multiplican os fillos é para a espada,
  os seus xermolos non se han ver fartos de pan.
¹⁵O resto dos que lles queden, hállelos levar a Morte,
  non lles han facer pranto as súas viúvas.
¹⁶Se amorea coma terróns a prata,
  e dispón de vestidos coma o barro,
¹⁷gardounos para que os vista o xusto,
  e o inocente repartirase a prata.
¹⁸Se edificou a súa casa coma un vixía,
  como construe o garda unha casoupa,
¹⁹hase deitar rico por vez derradeira:
  cando abra os ollos, xa non atopa ren.
²⁰Asáltano os temores polo día
  e pola noite arrebátao o temporal;
²¹arrómbao o vento do leste
  e empúrrao do seu lugar;
²²disparará contra el sen piedade
  por máis que teime fuxir da súa forza;
²³baterá palmas por el e asubiará,
  para que desapareza do seu posto".

Himno á Sabedoría

28 ¹"Ten por certo a prata unha veta
  e o ouro ten lugar para ser refinado.
²O ferro tírase da terra,
  e da pedra fundida sae o bronce.
³Póñenlle un tope á tebra
  e pescúdano todo ata os confíns,
  ata as rochas máis mouras e máis negrizas.
⁴Furan galerías lonxe dos casais,
  carreiros esquecidos polo pé;
  descenden pendurados, afástanse dos homes.
⁵A terra da que saen os alimentos
  ferve no fondo coma lume;
⁶eses penedos son as minas dos zafiros,
  neles atópanse as carabuñas do ouro.
⁷O seu vieiro non o coñece o voitre
  nin o dexerga o ollo do falcón;
⁸non o pisaron as máis altivas feras
  nin os leóns tripan nel.
⁹O home bótalle a man ó seixo,
  trastoca os montes desde as raíces,

---

28 *Himno á Sabedoría.* Ó remate dos tres ciclos da disputa encaramos un poema de estraña fasquía no conxunto do libro. Nada se di nel nin de Xob, nin dos amigos, nin dos problemas da retribución e da procura dunha nova imaxe de Deus. Propiamente non se fala nin tan sequera da Sabedoría de Deus, tal como quedaba citada noutros cc. do debate (8; 11; 12; 15; 26; etc...). É un poema sapiencial de índole doutrinal, que tenciona, por unha banda, salienta-la presencia dunha organización sapiente na natureza; e por outra, afirma-la imposibilidade que o ollo humano ten para descubri-lo seu sentido; todo máis, o home pode estar confiado, pois esa orde contrólaa Deus desde o come zo da creación.
A peza, de requintada e belida composición, debeu existi independentemente, e só sufriu o engadido do v 28, escri to en estilo prosaico e ton ortodoxo, que emprega o no me "Adonai" (Señor) para aludir a Deus; dato que o situ nunha época posterior ó debate de Xob.
28, 1-12 É o máis alto eloxio que na Biblia se fai dunha cor creta técnica humana, a da minería. Esta pasaxe ten valc arqueolóxico ó nos introducir no mundo da explotació dos metais varios séculos antes da nosa era (cf vv 4.9-11).

¹⁰nas rochas fende galerías
co ollo atento para todo o de valía;
¹¹contén os mananciais dos regatos,
tira á luz o escondido.
¹²Pero a sabedoría ¿onde se atopa?
¿Onde ten o seu posto a intelixencia?
¹³Non sabe o home da súa moradía:
non se atopa na terra dos viventes.
¹⁴Di o océano: Non está en min,
e di o mar: Non vai comigo.
¹⁵Non se cambia por ouro,
nin por ela se pon prata na pesa;
¹⁶non se paga co ouro de Ofir,
co ónice de prezo ou con zafiros.
¹⁷Non a igualan nin o ouro nin o vidro,
nin se troca por ánforas douradas;
¹⁸non contan para ela corais e cristal da rocha,
e un folequiño de sabedoría vale máis cás perlas;
¹⁹non se emparella co crisólito de Etiopía,
nin o ouro máis puro lle ten comparación.
²⁰¿De onde sae entón a sabedoría?
¿Onde ten o seu posto a intelixencia?
²¹Está encuberta para todo ollo vivo,
acochada mesmo das aves do ceo.
²²A Perdición e a Morte afirman:
Cos nosos oídos escoitamos algo da súa sona.
²³É Deus quen sabe do seu camiño
e quen coñece o seu posto,
²⁴pois el dexerga ata os confíns do mundo
e olla todo o que existe baixo o ceo.
²⁵Ó porlle peso ó vento
e ó controla-las augas,
²⁶ó darlle lei á chuvia
e un carreiro ó turbón da treboada,
²⁷foi entón cando a viu e a calculou,
estableceuna despois de pescudar nela.
²⁸E díxolle ó home:
Fíxate: o temor do Señor é sabedoría,
e arredarse do mal é intelixencia".

O RETO DE XOB (29-31)

Outrora

29 ¹Proseguiu Xob co seu poema, dicindo:
²—"¡Quen me dera voltar ós meses de antano,
a aqueles días en que Deus me gardaba!

28, 23-27 Teñen toda a densidade conceptual dunha proclama teolóxica: peso, medida, lei e modo de actuar dos elementos celestes (vv 25.26) están na man de Deus porque el dexergou o misterio da natureza.
9-31 *O reto de Xob*. Por tres veces falara Xob en cada rolda da disputa; tres veces argüiron os amigos con razóns radas da teoría de escola. O debate rematou por esgotamento nun diálogo de xordos. Xob non atopou resposta. s tres cc. finais desta parte do poema tornan a repropo-lo seu anceio: demostración da propia inocencia e convocatoria directa a Deus para que compareza nun careo no que se faga definitiva xustiza.
O texto do poema facía seguir inmediatamente a aparición de Deus, que agora se atopa no c. **38**.
29 *Outrora*. O laio cheo de saudade deste c. vai marcado pola mención do tempo (meses antigos, aqueles días - v 2) e polo retornar constante das partículas temporais e verbos en pasado. O conxunto é unha peza lírica que can-

³Cando a súa lámpada alumaba a miña cabeza
e a súa luz atravesaba as tebras;
⁴tal como era nos meus días mozos,
cando Deus viña facer xuntanza á miña tenda.
⁵Cando aínda estaba comigo o Omnipotente
e me rodeaban os meus fillos máis novos;
⁶cando bañaba os meus pés no leite,
e a mesma pedra me daba regatos de aceite,
⁷cando saía para a porta da cidade
e tiña na praza a miña cadeira fixa.
⁸Ollábanme os máis novos e afastábanse,
erguíanse e tíñanse en pé os vellos;
⁹os principais abstíñanse de verbas,
levando a man para os beizos;
¹⁰pousaban a voz os dirixentes
e apegaban a lingua ó seu padal.
¹¹Oído que me escoitaba, dábame parabéns,
ollo que me miraba, apoiábame;
¹²pois eu ceibaba ó pobre que pedía axuda
e ó orfo sen defensa.
¹³Botábame bendicións o agoniado,
exaltábame o corazón da viúva;
¹⁴por vestido púñame a xustiza,
o dereito foi o meu manto e turbante.
¹⁵Eu fun ollos para o cego
e pés para o coxo.
¹⁶Eu era o pai dos pobres,
preparei a defensa dos que nin coñecía;
¹⁷rompinlle a queixada ó inicuo
arrincando dos seus dentes a presa.
¹⁸Pensaba para min: Coma o Fénix morrerei no meu niño,
coma os del serán numerosos os meus días;
¹⁹a miña raíz chegará ás augas,
o orballo pousará nos meus gallos;
²⁰a miña sona renovarase comigo
na miña man tornará o arco a disparar.
²¹Eles oíanme e agardaban,
calaban esperando a miña opinión;
²²nada engadían despois de falar eu:
bebían coma orballo as miñas razóns;
²³anceiábanme coma a chuvia temperá,
abrían a boca coma para a chuvia serodia;
²⁴sorría para eles e non daban creto,
non deixaban pasar un xesto meu de aprezo;
²⁵decidía o seu proceder, sentado coma xefe,
púñame coma o Rei entre a súa garda,
ou coma quen consola ós acorados.

ta poeticamente a señardade. O tempo cantado non é cronolóxico, senón o tempo denso: tempo de plenitude e felicidade. Cambiando os vv 21-25 para despois do v 10 (como demanda o senso), o poema artéllase en dúas partes en razón do sentido: A) A descrición da situación de bendición (vv 2-10.21-25.11); B) A razón e consecuencia que Xob tiraba desa bendición (vv 12-20).

29, 14 A imaxe do *vestido* è símbolo do comportamento de toda a persoa (cf Sal **132,** 9; Is **11,** 5).

29, 18 O motivo da ave *Fénix,* anque coñecido en Occidente pola difusión helénica, era de orixe oriental, e pui do chegar a Israel vía Exipto: o Fénix, tras vivir cen anos ardía co seu niño á saída do sol; das cinsas rexurdía u Fénix novo.

Agora

30 ¹Agora, en troques, fanme burla
rapaces máis novos ca min,
fillos daqueles pais ós que eu considerara
mesmo indignos de os comparar ós cans do meu rabaño,
²fillos dos que nin forzas tiñan para servirme,
pois perderan os folgos para o traballo.
³A causa da carestía e da fame estéril
van rillando raiceiras pola estepa,
pola terra baleira e desolada,
⁴recollendo xestas e silveiras
e raigañas de uces para se quecer,
⁵desbotados de onda as xentes dos casais
que berran tras eles coma ós ladróns.
⁶Habitaban nas paredes dos barrancos,
nas covas da terra e mesmo das penas;
⁷gritan por entre os matos
facendo as súas xuntanzas nas toxeiras.
⁸¡Xentualla e fillos de ninguén,
zorregados para fóra do país!
⁹E agora fixeron de min o retrouso das súas cántigas,
motivo das súas murmuracións,
¹⁰quérenme mal e afástanse de min
e non reparan en cuspirme na cara;
¹¹cando afrouxou a corda do meu arco
perderon ante min todo freo.
¹²Á miña dereita ergueuse a canalla, faime esvara-los pés,
enlóusame o carreiro da ruína;
¹³estragan o meu vieiro, procuran que me perda:
non hai quen os deteña;
¹⁴entran por unha fenda moi ampla,
varrendo coma unha treboada.
¹⁵Vóltanse contra min os medos,
esvaece coma o vento a miña dignidade
e fuxiu coma nube a miña sorte.
¹⁶Agora derrétese o meu ánimo,
acóranme os días da anguria,
¹⁷fura a noite nos meus ósos,
non dormen os que me torturan;
¹⁸pois El con violencia cólleme da roupa
cíngueme arredor coma o colo da túnica;
¹⁹guíndame despois na lama,
xa semello po e mais cinsa.
²⁰Bérroche ¡socorro!, e non me fas caso;
póñome diante de Ti, e nin me consideras.
²¹Trocácheste no meu verdugo,
con man dura voltácheste o meu inimigo;
²²álzasme ó vento e fasme cabalgalo
e déixasme randeado pola galerna.

30, 1 *Agora*. A esperanza confundida resoa nas tres baladas do "agora" (vv 1.9.16) que atravesan a lamentación pola sorte presente de Xob. Escarnio e burla dos máis infames (vv 1-15) e dor da enfermidade producida por Deus (vv 16-31) enchen un longo e cansino matinar na desgracia presente.

30, 6 Os "wadis" son os regatos e torrenteiras que se forman no tempo das chuvias nas abas dos montes que dan ó deserto; no verán están enxoitos e son reparo de bestas e feras.

30, 7-9 Os ditos contra os seres incivís da estepa son comúns a todo o Oriente, incluídas as tribos nómadas.

²³Ben sei eu que me estás a levar cara á morte,
adro das xuntanzas de todo canto vive.
²⁴¿Non tende a man o que afoga,
non berra ¡socorro! na súa desesperanza?
²⁵¿Acaso non chorei co coitadiño
ou non tiven piedade co pobre?
²⁶Abofé que, agardando o ben, chegoume o mal
e agardando a luz, apareceume a tebra.
²⁷Reméxenseme as entrañas sen acougo,
viñéronme en contra días de tristura;
²⁸lonxe do sol camiño, facendo o pranto,
érgome na reunión pregando axuda;
²⁹convertinme no irmán dos chacais
e no veciño das avestruces;
³⁰cáeseme a pel denegrida,
férvenme os ósos coa febre;
³¹tanxe co loito a miña cítola,
e a miña frauta acompaña o pranto.

Prego de descargo

31 ¹Cos meus ollos fixen trato
de non andar fitando as mozas.
²¿Que sorte garda Deus desde o alto?
¿Cal é a herdanza do Omnipotente desde as alturas?
³¿Non é se cadra a desgracia para os inicuos
e a perdición para quen fai ruindade?
⁴¿Non está El a albisca-los meus camiños,
levando a conta das miñas pegadas?
⁵Se levo eu unha conducta va
e se me van os pés tralo engano,
⁶¡péseme Deus nunha balanza xusta,
e saberá da miña integridade!
⁷Se os meus pasos se afastan do camiño
e o meu anceio se me vai tras dos ollos,
ou se me apega algún lixo ás mans,
⁸se sementei, ¡que outro detrás o coma!
¡que arrinquen de raíz os meus xermolos!
⁹Se o meu corazón se enreda cunha muller
ata axexar na porta dun amigo,
¹⁰¡que moia a miña muller para outro
e se deiten os alleos con ela!
¹¹Pois facer tal sería unha infamia
e un delito para levar ó xulgado,

---

31 *Prego de descargo*. Rematando o laio cos cc. **29-30**, o c. **31** retoma o aspecto da defensa cunha confesión negativa, que ten a súa orixe remota nos discursos de exculpación exipcios diante do tribunal de Osiris durante o xuízo dos mortos. En Israel esta forma literaria apropiábase para os xuramentos de pureza cúltica ou para as pregarias dos acusados (cf Sal **5**; **7**; **17**; **26**). En Xob recupera a súa orixe xudicial, xa coma esconxuro condicionado, xa coma maldición.
O texto ofrece moitas dúbidas. En razón do senso, trasládanse os vv 38-40 tralo v 34. O v 28 podería ser glosa escandalizada dun escriba piadoso.
Os vv 2-3 deixan en claro un aspecto que moitas veces foxe nunha lectura precipitada do libro, e é que Xob no fondo está a presenta-la súa protesta de inocencia, en base a unha concepción da retribución moi semellante á dos amigos: Deus tiña que obrar ben co xusto na terra. O feito de que non o faga así con el é o seu motivo de escándalo. É importante non deixar de vista este dato no momento de interpretar axeitadamente a intervención de Deus.

31, 6 A imaxe do *peso na balanza* ten antiga orixe no xuízo dos mortos na cultura exipcia.
31, 11 Esta formulación, que algúns consideran glosa, recolle unha sanción de terminoloxía xurídica (cf Lev **18**, 17; **19**, 29; Ez **16**, 27; Os **6**, 9); a sanción do adulterio vén fixada polos textos lexislativos: Lev **20**, 10; Dt **22**, 22.

¹²un lume que roe ata a perdición
e que había consumir todo o meu haber.
¹³Se neguei o dereito do meu servo
ou da miña criada ó rifaren comigo,
¹⁴¿que vou facer cando se erga Deus?
¿que lle hei responder cando me pregunte?
¹⁵Quen me fixo no ventre, ¿non o fixo tamén a el?
¿Non formou no seo a entrambos do mesmo xeito?
¹⁶Se lle neguei ó pobre o seu degoiro
e deixei que se consumisen os ollos das viúvas;
¹⁷se comín o meu pan gardándome dos outros
e o orfo non puido morder nel,
¹⁸—por certo que desde a mocidade o criei coma un pai
e o conducín desde a miña infancia—;
¹⁹se ollei alguén esmorecido sen roupa,
a algún pobriño sen cobertor,
²⁰e non me bendiciron os seus lombos
cando os quencín coa lá dos meus cordeiros;
²¹se alcei a miña man contra un xusto
por ver amigos meus no tribunal,
²²¡que das costas se esgace o meu ombreiro!,
¡que caia o brazo do meu cóbado!
²³Pois había vi-lo terror de Deus sobre min,
e non resistiría a súa maxestade.
²⁴Endexamais non puxen no ouro a esperanza
nin chamei ós lingotes: O meu creto.
²⁵Non me alegrei por ter moita facenda
nin de que fose de peso o meu prestixio.
²⁶Nunca fitei para o sol no seu cénit,
nin para a lúa cando camiña esplendorosa;
²⁷non cedín á tentación de os adorar
botándolles bicos coa man.
²⁸(Ese é tamén un crime procesable,
pois é renegar do Deus de arriba).
²⁹Non gocei da desfeita dun inimigo,
nin relouquei cando o mal o alcanzou,
³⁰e non deixei peca-la miña boca
pedindo contra el a maldición.
³¹Ben poden dici-los do meu campamento:
¿Onde hai un que non se fartase da súa carne?
³²O forasteiro xamais non pernoctou fóra,
e ó camiñante abrinlle a miña porta.
³³Non encubrín dos homes o meu erro
atobando no peto a miña culpa,
³⁴por non lle ter medo ó xentío;
nin por teme-la aldraxe do meu clan,
calei e non saín á porta.
³⁵¡Quen me dera que me escoitase alguén!
¡Velaquí a miña sinatura! ¡Responda o Omnipotente!
¡Que o meu opoñente suscriba o documento!

31, 13-15 O humanismo no trato do escravo é común con Dt **5,** 14s; **12,** 18; **15,** 12-18; **23,** 16s, de fondo influxo sapiencial. A razón aludida no v 15 supón un grande paso adiante na ética.

31, 26-27 Sol e lúa coma divindades son frecuentes en todo o ámbito oriental; a influencia destes astros nas supersticións israelíticas, sobre todo no s. VII a. C. durante o período sincretista do reino de Menaxés (cf 2 Re **21,** 3ss; **23,** 5), vén directamente do sustrato cananeo, que adoraba a Xapx e Iarih.

³⁶Abofé que habería de levalo no ombreiro
e cinguilo coma unha diadema,
³⁷pois podo darlle conta de tódolos meus pasos.
Entón achegaríame ata El coma un príncipe!
³⁸Se a miña agra berra contra min
e se choran con ela os seus sucos,
³⁹se consumín, sen pagar, o seu producto
tolléndolle-lo alento ós aparceiros,
⁴⁰¡que no sitio de trigo nazan toxos,
e no lugar da cebada crezan xestas!"
⁴⁰ᶜAquí rematan as razóns de Xob.

OS DISCURSOS DE ELIHÚ (32-37)

Prólogo narrativo

32 ¹Deixaron xa os tres homes de responder a Xob, coidando que era inocente. ²Pero encheuse entón de carraxe o Elihú, fillo de Baraquel o de Buz, do clan de Ram, alporizándose contra Xob, pola súa teima de leva-la razón contra Deus. ³Deulle tamén a xenreira contra os tres amigos, pois non atoparan resposta, deixando a Deus por culpado. ⁴Aturara Elihú a Xob mentres aqueles falaban, pois eran os seus maiores, ⁵mais ó se decatar que ningún deles tres daba contestación, acendeuse de ira ⁶e empezou o seu discurso Elihú, fillo de Baraquel o buzita, dicindo:

Introducción

—"Eu son aínda novo e vós sodes anciáns,
por iso tiven reparo e medo de expórvo-lo meu saber.
⁷Pensei para min: Xa falarán os de idade;
os de moitos anos han mostra-la súa sabencia.
⁸Pero é un espírito no home,
un alento do Omnipotente, o que dá a intelixencia.
⁹Non fai sabio o ser vello
nin os anciáns cobran máis xuízo.
¹⁰Coido, logo, que tedes que escoitarme;
tamén eu hei expo-lo meu saber.

31, 35-40 O remate das intervencións de Xob é o desafío botado ós pés de Deus para que interveña. A acusación, presentada por escrito ó modo exipcio (v 35), leva o "tau", derradeira letra do alfabeto, escrita daquela en forma de cruz, e valedeira coma sinatura nos papiros (sobre as taboíñas babilónicas facíase o sinal co dedo). No caso de ser escoitado, Xob poderíase pasear en público coa acta do seu alegato á vista de todos (v 36), seguro de poder dar resposta a tódalas inculpacións.
31, 38-39 A explotación inmoderada do agro vai en contra do dereito do seu único propietario, Deus; o home é mero usufructuario dos medios de producción e da terra (cf Ex **23**, 10s; Lev **19**, 9s; **23**, 22; **25**, 1ss).
31, 40 É sen dúbida unha nota editorial, motivada pola introducción dos cc. seguintes, alleos ó orixinal do poema.
32-37 *Os discursos de Elihú*. Os cc. adxudicados a Elihú son moi posiblemente a primeira adición feita ó libro de Xob. O seu carácter adventicio non deixa lugar á dúbida: o home coma tal non vén citado nin no texto narrativo nin no poema, e ten todo o aire de ser inventado (Elihú: "El é o meu Deus"; Baraquel é o irmán de Us en Xén **22**, 21, do mesmo avoengo ca Xob). Os discursos non aportan elementos esenciais ó proceso do libro, e máis ben rompen a continuidade. Doutra banda supoñen un traballo feito sobre o libro xa rematado, pois citan a Xob incluso verba a verba, empregan argumentos escollidos dos amigos, e imitan o estilo interrogativo, anticipando os discursos de Iavé (cf **37**, 15-20). O estilo cede no apaixoamento e incisividade do poema, e pérdese na profusión retórica e nas frecuentes reiteracións.
O autor debeu sentirse escandalizado ante as afirmacións e insatisfeito coa intervención de Iavé, que non dicía nada da súa actitude verbo da dor do home. O que os amigos falaran, tirábano da sabedoría humana da escola; Elihú tenciona facer falar á sabedoría de Deus mesmo. A solución que presenta ó problema da dor, mediante a intervención do "anxo axudador" non era nova; mais nas aportacións que fai a unha teoloxía da pedagoxía do sufrimento, podemos descubrir algún aspecto positivo. En conxunto, os seis cc. poden servir para testemuña-lo nivel conflictivo de integración que o libro de Xob tivo desde a súa redacción no seo do movemento sapiencial.
As múltiples interrupcións e consecucións non permiten considerar todo coma discurso único.

¹¹Vede, eu agardei mentres falabades,
e ben atento estiven ás vosas razóns
mentres procurabáde-las verbas,
¹²e por máis que vos considerei,
ninguén de vós corrixiu a Xob refutando os seus ditos.
¹³E non me veñades dicindo: Nós témo-la verdade;
a el xa o refugará Deus, e non un home.
¹⁴Aínda non discutiu comigo as súas razóns
nin vou eu responderlle coas vosas verbas.
¹⁵Achantaron eles sen engadiren ren;
fuxíronlle-las palabras.
¹⁶Pero ¿seica vou eu agardar cando eles xa non falan,
cando eles fican quedos sen replicar de novo?
¹⁷Voulle contestar da miña parte
e exporlle tamén eu o meu saber:
¹⁸que estou cheo de razóns
e a inspiración púxame por dentro.
¹⁹Ei-lo meu corazón: é coma viño pechado
que fai estoupa-los foles novos:
²⁰hei falar para me dar un respiro,
abrirei os meus labios coa resposta.
²¹Non me porei da parte de ningún
e a ninguén vou agasallar,
²²pois non sei adular;
se tal fixese, léveme o creador.

Discurso primeiro

33 ¹Pois ben, escoita, Xob, as miñas razóns
atende os meus discursos.
²Fíxate, estou a abri-la miña boca,
o que vai dici-la lingua xa está no meu padal:
³sonche palabras sabias dun corazón sincero,
o que os meus labios falen será enxebre e verdade.
⁴Fíxome o alento de Deus
e deume vida o sopro do Omnipotente.
⁵Se é que podes, respóndeme;
prepárate, ponte de pé diante de min:
⁶Velaí, para Deus son eu tanto coma ti,
tamén eu fun formado da lama.
⁷Non te vou arrepiar co meu tremor,
non premerá sobre ti o meu peso,
⁸pero ti dixeches ante os meus oídos,
e eu percibín, este son das túas verbas:
⁹Estou limpo e sen delito,
son inocente e non teño pecado,
¹⁰mais El procura motivos contra min
e cóntame entre os seus inimigos,
¹¹méteme os pés no cepo,
espía tódolos meus vieiros.
¹²Niso non levas razóns: respóndoche eu,
que Deus é meirande có home.
¹³¿Como é que lle fas tal acusación:
non respondeu nin a unha das miñas razóns?
¹⁴Deus fala de xeitos moi diversos,
só que un non se decata.

¹⁵Nos soños, na visión nocturna,
  cando cae o sopor sobre os homes
  ó durmiren no seu leito,
¹⁶abre entón El os oídos humanos
  e amedréntaos coa súa represión
¹⁷para afastalos dos seus feitos malos,
  e preservalos da soberbia humana,
¹⁸aforrándolles que vaian dar na cova
  e que as súas ánimas atravesen a Canle da morte.
¹⁹E tamén os corrixe coas dores no leito,
  cunha agonía dos ósos, que non cesa;
²⁰nos seus antollos o xantar dálles noxo,
  a súa boca refuga as lambetadas;
²¹mírranselle-las carnes ata desaparecer,
  vénselle-los ósos que antes non se vían;
²²a alma achégaselles á cova,
  a súa vida ós mensaxeiros da morte;
²³mais se encontra algún anxo ó seu carón,
  un mediador, un de entre os Mil,
  dos que lle din ó home a súa obriga,
²⁴terá piedade del e dirá:
  déixao ceibe, e que non baixe á cova,
  pois teño eu disposto o seu rescate.
²⁵Daquela medrará en xuventude o seu corpo
  e tornarase coma nos seus días mozos,
²⁶cando lle rogue a Deus, halle ser propicio,
  verá o seu rostro entre aturuxos,
  mentres lle anuncia ó home a súa saúde.
²⁷Cantará diante da xente e dirá:
  É certo que pequei e torcín o dereito,
  pero Deus non me deu o merecido;
²⁸salvoume cando ía dar na cova,
  e a miña vida viu a luz.
²⁹Este é o xeito de como actúa Deus
  unha e outra vez para co home,
³⁰facéndolle saí-la alma da tumba
  e iluminándoo coa luz da vida.
³¹Atende, Xob, e escóitame,
  fica calado mentres eu che falo;
³²se tes algo que responder, dío,
  pois gustaríame darche a razón.
³³Pero se non tes, escóitame,
  cala, e heiche ensinar sabedoría".

33, 14-25 Deus fala de xeitos moi varios (v 14): a) nos soños e visións (vv 15-18); b) por medio da dor (vv 19-25). O feito de admitir unha instrucción interior de Deus por medio dunha revelación persoal, aínda que visións e soños fosen de sempre acontecementos espirituais en Israel (cf Xén **20,** 3; **28,** 12-15; Xuí **7,** 13s; 1 Re **3,** 5-14), supón unha novidade.

33, 18 A *Canle,* río que flúe entre o reino dos vivos e o dos mortos en moitas mitoloxías, é símbolo da morte.

33, 23-24 O anxo avogado, non estraño no AT (cf Tobías), ten piedade do home, explícalle o que significa o sufrimento e intercede ante Deus.

33, 23 Os *Mil* refírense á grea de seres que compón o cortexo celeste de Deus.

33, 31-33 Versos probablemente fóra de lugar; cf **35,** 2.

34, 31-33 O consello de Elihú a Xob neste discurso vai cargado de sarcasmo e formulado nun estilo directo, que debeu escandalizar ós copistas, que transcriben un texto moi dubidoso. Outras versións poñen esas verbas na boca de Xob, coma unha confesión, o que supoñía da parte de Elihú unha chamada á conversión.

Discurso segundo

34

¹Seguía falando Elihú e dixo:
²—"¡Sabios, escoitade as miñas verbas,
 dádeme oídos os que moito sabedes!
³Igual que a orella pode distinguir palabras
 e o padal saborea o que come,
⁴podemos nós proba-lo que é dereito
 recoñecer por nós o que sexa bo.
⁵Foi Xob mesmo quen dixo: Son inocente,
 é Deus quen trastoca o meu dereito;
⁶anque teño a razón, paso por trouleiro;
 vou ferido de frecha sen culpa da miña parte.
⁷¿Que home hai coma Xob
 que beba o escarnio coma auga,
⁸sempre de camiño para a xuntanza dos malfeitores,
 sempre na rúa a carón dos malvados?
⁹Di para si: Non trae vantaxe ningunha
 o darlle gusto a Deus.
¹⁰Por iso, vós, asisados, oíde:
 lonxe de Deus o ser culpable,
 lonxe do Omnipotente o obrar inxusto,
¹¹xa que conforme fai o home así paga,
 e segundo a súa conducta retribúeo.
¹²Abofé que Deus non pode obra-lo mal
 e que o Omnipotente non torcerá o dereito.
¹³¿Quen lle encomendou a El a terra
 e quen lle decretou o cargo do universo?
¹⁴Con só que El decidise
 retira-lo seu espírito e o seu alento,
¹⁵afogarían tódolos viventes
 e o ser humano voltaría ó po.
¹⁶Se tes entendemento, escoita isto,
 presta atención ó son das miñas verbas:
¹⁷¿Podería gobernar quen refuga o dereito?
 ¿Condenarías ti a quen é xusto e poderoso?
¹⁸¿Chamarías ti badoco ó rei
 e diríaslles ós nobres criminais?
¹⁹A El, que cos principais non ten favoritismo,
 que non se pon da parte do podente contra o pobre,
 pois todos eles son obra das súas mans.
²⁰Morren de súpeto á media noite,
 expiran os podentes e pasan;
 o forte cede o posto sen que o toque ningunha man.
²¹Pois os seus ollos dexergan os vieiros humanos
 albiscando tódolos seus pasos;
²²non hai sombra nin tebras
 onde os malfeitores poidan atobar,
²³xa que Deus non lle dá ó home un prazo
 para vir onda El a xuízo.
²⁴Desfai ós violentos sen máis enquisas
 e no seu posto dálle-lo cargo a outros,
²⁵porque pescuda tódolos seus feitos
 trastocándoos de noite ata os esnaquizar;
²⁶malla neles como se estivesen presos,
 onde todos os vexan,
²⁷por deixaren de seguilo

e por non matinaren nos seus camiños,
²⁸facendo chegar a El os salaios dos pobres,
facéndolle escoita-los choros dos oprimidos.
²⁹E se El fica inmóbil, ¿quen o moverá?
e cando esconde a face, ¿quen o contemplará,
a El que vela sobre as nacións e os homes
³⁰para que non reine o inicuo
nin lle poña trampas ó pobo?
³¹¿Terá Deus que dicirche:
Errei, mais non tornarei face-lo mal;
³²non vin o que facía, ensíname ti;
e se obrei o mal, non o repetirei?
³³¿Ha de retribuír El coma ti pensas cando condenas,
xa que es ti quen decide e non eu?
¡Fala, se tanto sabes!
³⁴Mais homes asisados hanme responder
xunto cos sabios que me escoiten:
³⁵Xob está a falar do que non sabe
e as súas razóns van sen xeito.
³⁶Deberá ser probado Xob ata o remate
por contestar como fan os impíos,
³⁷pois engade outra culpa ó seu pecado
e aínda fai festas diante de nós
multiplicando verbas contra Deus".

Discurso terceiro (33, 31-35 e 35, 2-16)

35

¹Falou de novo Elihú:
²—"¿Coidas que es xusto ó dicires:
Levo eu razón e non Deus?
³E engades: ¿Que proveito tiro eu?
¿En que me axuda o non ter pecado?
⁴Vouche responder eu coas miñas verbas,
e ós teus amigos tamén.
⁵¡Olla para o ceo e mira;
fita as nubes tan altas por riba de ti!
⁶Por máis que peques, ¿que mal lle vas causar a El?
Por moito que te rebeles, ¿que lle vas facer?
⁷Se es bo, ¿que é o que lle dás
ou que vai recibir da túa man?
⁸Se a alguén danas, é a un home coma ti;
e se fas xustiza, é a outro ser humano.
⁹Hai quen se laia das moitas opresións
e clama socorro ante a forza dos potentes;
¹⁰pero ninguén di: ¿Onde está o Deus que me creou,
o que repón as forzas pola noite,
¹¹que nos dá leccións coas bestas da campía
e nos fai máis aleutos cós paxaros do ceo?
¹²Outros dan gritos, e ninguén responde
diante da soberbia dos malvados.

34,34 O ton inquisitorial dun grupo conservador de sabios, que puido ser autor desta confutación, déixase escoitar neste verso.
35, 2 O texto é máis breve, e endereitado de novo cara a Xob, co finxido respecto formal da disputa entre escolantes (cf **33**, 32); mais logo, diríxese a solución "ós teus amigos" (**35**, 4), que ben poderían ser, na súa consciente ambigüidade, os defensores do libro, opoñentes do autor destes capítulos.

¹³Pero Deus non escoita a vaidade,
o Omnipotente non se dá por sabedor.
¹⁴Cando ti dis: Non me atende,
xa ten presente o caso: ¡Espera nel!
¹⁵Mais agora, como a súa ira non castiga
e non está El a coidar das transgresións,
¹⁶Xob enche a boca con tolemias
e amorea as súas verbas sen siso".

Discurso hímnico (36, 1 - 37, 13)

36 ¹Dixo Elihú de seguido:
²—"Sopórtame un intre, voute instruír:
aínda teño palabras a prol de Deus.
³Desde lonxe aportarei o meu saber,
dareille a razón ó meu Facedor,
⁴pois non hai engano nas miñas verbas
e tes ante ti a un que as sabe todas.
⁵Certo que Deus é poderoso,
mais non rexeita ós de conducta sincera;
⁶non deixa con vida ós malvados
e failles xustiza ós pobres;
⁷non afasta os seus ollos dos xustos,
cos reis séntaos no trono,
exáltaos para sempre;
⁸e cando están presos con cadeas,
vinculados con cordas que os contristan,
⁹ponlles diante as súas obras,
os pecados con que se insolentaron:
¹⁰ábrelle-los oídos á corrección
e anímaos para que se arrepintan.
¹¹Se o obedecen e serven,
rematan os seus días felizmente
e os seus anos nas delicias.
¹²Se non o escoitan, pasarán a Canle da morte,
expirarán sen se decataren.
¹³Pero os malvados anóxanse rancorosos,
non claman socorro cando os encadea.
¹⁴Morre deste xeito a súa alma aínda nova
e a súa vida cando son mozos,
¹⁵mais El ceiba ó coitado da súa coita,
ábrelle o oído co sufrimento.
¹⁶En canto a ti, ben que te librou da anguria,
púxote nun espacio sen estreituras,
a túa mesa estaba chea de manxares.
¹⁷Con todo, ti non xulgáche-la causa do malvado,
negácheste a defende-lo dereito do orfo.
¹⁸¡Ten ollo non te seduza a abundancia,
non te dobregue unha dádiva copiosa!
¹⁹¿Nunha liorta con El, hanche vale-los teus bens
ou tódolos recursos da túa riqueza?
²⁰¡Non suspires por aquela noite
na que pobos enteiros serán arrincados!

36, 1 - 37, 13 *Discurso hímnico.* A unidade destes capítulos é en parte froito da perplexidade. O conxunto é producto dunha acumulación non ben lograda de materiais e xéneros diversos, que non se axeita á estructura uniforme dos discursos anteriores.

²¹¡Gárdate de te voltar para o mal,
pois xa outrora preferiches rebeldía a sufrimento!
²²Ei-lo Deus que é sublime no seu poder.
¿Quen é o mestre que se lle asemella?
²³¿Quen lle corrixe a conducta
ou quen lle di: ¡Fixeches unha boa!?
²⁴¡Lémbrate de louvarlle os seus feitos,
que toda a xente canta!
²⁵Todo humano o contempla,
todo home o observa desde lonxe.
²⁶Deus é máis grande do que coñecemos,
non hai quen leve a conta dos seus anos,
²⁷pois El deixa cae-las pingas de auga
a esvarar como chuvia desde o ceo,
²⁸orballando desde as nubes
petando a chuvieira contra o chan.
²⁹¿Quen entende o pendurar das nubes
colgantes da súa tenda?
³⁰Por riba delas esténdese a súa luz,
nas raíces do mar pon o seu trono.
³¹Por medio delas alimenta á xente
dándolles xantar abondo.
³²Coas dúas mans aferra o lóstrego
para guindalo dereito contra o branco.
³³Anúnciao por diante o seu tronar,
ó encirra-la súa xenreira contra a maldade.

37

¹Por iso o meu corazón treme
e sáltame fóra do sitio.
²¡Oíde o son da súa voz tonante,
o balbordo que sae da súa boca!
³Dispara o raio por embaixo do ceo
e chega o lóstrego ata os confins da terra;
⁴tras del vén o bruar do trono
retumbando coa alteza da súa voz;
non se contén o lóstrego
cando se empeza a oí-la treboada.
⁵Amósanos Deus as súas marabillas,
fai prodixios que nós non comprendemos.
⁶Dille á neve: ¡Cae no chan!
ó orballo e á chuvia: ¡Sede fortes!
⁷Encerra os homes todos coma nun curro,
para que a humanidade coñeza os seus feitos.
⁸As feras foxen para os seus recunchos,
atóbanse nos seus cubís;
⁹sae a galerna da súa alcoba
e a xeada dos seus piornos;
¹⁰co sopro divino fórmase o xelo
e calla todo ó longo das augas;
¹¹Tamén é El quen lles dá humidade ás nubes
e fai xurdi-lo raio dos nubeiros,
¹²que se moven arredor
e van e veñen segundo os goberne,

37, 3 Este verso é diversamente interpretado; outra versión posible é: "Na súa xenreira crea a tempestade, e polo tronar anuncia a súa chegada".

37, 7 A versión literal di: "Pon un selo nos brazos de todo humano", no senso de control e imposibilidade de actuación.

cumprindo tódolos seus mandatos
sobre a face do orbe:
¹³sexa para castigar coa vara,
sexa para favorecer, eles sempre dan no fito.

Conclusión

¹⁴¡Escoita todo isto, Xob,
ponte en pé e pescuda as marabillas de Deus!
¹⁵¿Entendes ti como dispón Deus deles todos
e como fai brilla-los lóstregos no neboeiro?
¹⁶¿Que sabes ti do cimbrarse das nubes,
marabilla dunha ciencia insondable?
¹⁷Ti, a quen xa queima o vestido,
cando a terra adormece baixo o vento do sur.
¹⁸¿Tendiches ti con El a cúpula celeste,
impenetrable coma un espello fundido?
¹⁹¡Aconséllanos ti o que lle teñamos que dicir!
Non atopamos razóns na nosa ignorancia.
²⁰¿Coidas que o informarán, se eu lle quero falar;
que llo comunican cando un home di algo?
²¹¡Se xa agora non hai quen mire o sol
cando resplandece no ceo
ó pasa-lo vento e varrelo!
²²¡Do norte vén un resplandor dourado,
a tremenda maxestade arredor de Deus!
²³Nós non alcanzamos ó Omnipotente,
que é sublime en poder e dereito
e non destrúe a súa Orde grandiosa!
²⁴Por iso tremen ante El tódolos humanos
e non ten en conta ós que se cren sabios".

A RESPOSTA DE DEUS (38, 1 - 42, 6)

Título e introducción

38 ¹Entón respondeulle Iavé desde o trebón:
²—"¿Quen é este que escurece o meu plan
cunha leria sen tino?

37, 14-24 *Conclusión.*
37, 21c Pode ser unha glosa explicativa.
37, 22 Este verso parece suxerir xa a teofanía que vai seguir.
38, 1-42, 6 *A resposta de Deus.* Despois do inciso de Elihú prosegue o texto do tema, que remataba no c. **31,** co reto final de Xob (vv 35-37). A intervención de Deus era obvia e viña demandada polos laios e rogos de Xob. O que non era previsible era o xeito da resposta e o xénero empregado nela. Esperaríase un pronunciamento directo ou ben unha alusión hímnica indirecta; en troques sae ó encontro unha instrucción sapiencial artellada no contexto global dun discurso de disputa. A instrucción céntrase en temas de sabedoría da natureza, elaborados cunha riqueza descritiva que fai do texto unha obra mestra e un poema.
O texto, na súa materialidade, sufriu algúns trastoques e acrecentamentos. De feito, a pasaxe **40,** 15 - **41,** 26, disloca a estructura lóxica dos cc. **38-42** con dúas longas descricións detalladas de animais "curiosos": o hipopótamo e o crocodilo.

Doutra banda, o poema sobre a avestruz (**39,** 13-18) parece fóra de lugar.
Estas mutacións na disposición influíron noutras anomalías e repeticións de tipo redaccional, como son **40,** 1; **40,** 6; **42,** 1 (cf **38,** 1-3; **40,** 4) e en dobres de versos, como **40,** 7; **42,** 3a.4 (cf **38,** 2.3). Unha disposición harmónica e non forzada sería a seguinte:
1º *Intervención de Iavé.* **38,** 1: Título. **38,** 2-3: Introducción. **38,** 4 - **39,** 30: Sección central (Deus creou o mundo: **38,** 4-15; abrangue e coñece o universo: **38,** 16-24; dirixe e goberna a creación: no ceo: **38,** 25-38; nos viventes da terra: **38,** 39 - **39,** 30). **40,** 2.8-14: Conclusión.
2º *Acatamento de Xob:* **40,** 3-5; **42,** 2-3.5-6.
Coa súa interrupción, **40,** 15 - **41,** 26, introducen a pintura dos grandes animais marabillosos.

38, 1 Introduce un discurso divino con toda a solemnidade dunha teofanía desde o "furacán". Trátase, polo tanto, da imaxinería propia da tradición das "aparicións" (cf Sal **18**; **97**; Ez **1**) e en concreto da dos xuízos divinos (Sal **83**,

³¡Cingue os lombos coma un home!
Vouche preguntar para que ti me ensines:

Iavé creou o mundo

⁴¿Onde estabas cando fundei a terra?
¡Dimo, se tes tanto siso!
⁵¿Quen lle deu as proporcións, se é que o sabes?
ou ¿quen lle tendeu por riba a corda de medir?
⁶¿Onde afincan os seus alicerces?
¿Quen colocou a súa pedra angular
⁷entre o choutar dos luceiros do abrente
e os aturuxos dos seres celestes?
⁸¿Quen pechou os portóns do mar
ó xurdir debruzándose do seo materno,
⁹cando lle impuxen coma embozo as brétemas
e o envolvín en néboas coma panos?
¹⁰Daquela marqueille os límites
e asegureille os ferrollos e as portas,
¹¹e díxenlle: Ata aquí has chegar e non pasar.
Aquí han remata-las túas altas ondas.
¹²¿Cando, na túa vida, mandaches no abrente
ou lle fixeches sabe-lo seu lugar á aurora,
¹³para que aferrase a terra polas abas
e sacudise dela ós malvados,
¹⁴para que tome forma coma a arxila baixo o selo
e se tinga de cor coma a roupa;
¹⁵para que se lles negue ós impíos a luz
e se lle rompa o brazo ó malvado?

Iavé abrangue e coñece o universo

¹⁶¿Teste achegado ós mananciais do mar?
¿Paseácheste pola canle do océano?
¹⁷¿Descubríronseche os cancelos da morte?
¿Olláche-los portóns das tebras?
¹⁸¿Pescudaches ti as longuras da terra?
¡Cóntamo se é que o sabes todo!
¹⁹¿Cal é o camiño onde mora a luz
e onde habita a tebra,
²⁰para que as poidas levar ata os seus eidos,
coñecendo os vieiros do seu casal?
²¹¡Tal debes ti saber, pois xa para entón naceras
e a cifra dos teus anos son milleiros!

16; Is **29**, 6; **66**, 15; Ez **13**, 13). A citación do nome de Iavé, en vez do habitual "Deus" dos ciclos do poema, é significativa: non é a "divindade" das disputas sapienciais, senón o Deus de Israel quen acode á cita.

38, 2-3 A introducción vai directamente ó nó do problema. Xob, cos seus argumentos, escurece o plan total de Deus na creación e na historia (cf Pr **8**, 14; **21**, 30; Is **11**, 2; **19**, 17; **28**, 29). Os amigos buscan unha forza maquinal do destino (como a Maat expicia ou o Logos grego); Xob acode a un Deus persoal que resolva o seu problema. Deus aludirá a un universo sempre máis descoñecido e ó Deus sempre maior. En consecuencia devolve a Xob o reto (v 4) e prepárao para unha demostración "a fortiori", de menos a máis.

38, 4-7 O fundamento da terra é presentado como obra de construcción e consolidación (cf Is **48**, 13; **51**, 13.16).

38, 7 Os *seres celestes* son os "divinos" ("bene Elohim"), membros inferiores do panteón que acompañan a Deus na festa de creación. Imaxes de alumamento mestúranse coas tradicionais míticas de control da forza do caos.

38, 10 *Límites*, "marcas", "cerca" ("huq"): posibles denominacións do decreto ou lei natural (cf Pr **8**, 29; Xer **5**, 22; **33**,25).

38, 12 As tebras, forzas do mal, emparéllanse cos malvados que nelas actúan. O *abrente* ten a dobre función de sacudi-lo cobertor da terra para desbotar de si os lixos da noite, e de colorar de rosa o mundo (arxila, roupa tinguida de púrpura).

38, 16-24 Iavé abrangue e coñece o universo.

38, 17 Podería estar facendo alusións ás múltiples portas do Xeol, conforme a mitoloxía babilónica.

²²¿Achegácheste ós celeiros da neve,
axexaches nos piornos da sarabia,
²³que eu conservo para o tempo da aflicción
e para o día da loita e da guerra?
²⁴¿Onde é o lugar no que se parte o vento?
¿Onde se esparexe o soán pola terra?

Deus dirixe e goberna a creación (38, 25 - 39, 30)

²⁵¿Quen lles arou a canle ás chuvieiras
e o vieiro ás chispas da treboada,
²⁶para que chova na campía erma,
na estepa onde non hai ninguén,
²⁷fartando así páramos e desertos,
para que agromen as herbas na estepa?
²⁸¿Ten pai a chuvia?
ou ¿quen enxendrou as pingotas do orballo?
²⁹¿De que ventre saíu o xelo
ou quen pariu a xeada do ceo,
³⁰cando a auga endurece coma pedra
e se conxela a superficie do océano?
³¹¿Es ti quen amarra as cadeas das Pléiades
ou quen desata os lazos do Orión?
³²¿Fas ti xurdir ó seu tempo a Coroa
ou guías ti a Osa cos seus fillos?
³³¿Coñeces ti por caso a lei do ceo
ou decréta-las normas que van rexer na terra?
³⁴¿Erguerás ti a voz ata as nubes
para que un bullón de auga te alague?
³⁵¿Mandas ti nos lóstregos, e vanse
para dicirche ó remate: xa estamos de volta?
³⁶¿Quen lle deu a sabedoría ó ibis
e o seu instinto ó galo?
³⁷¿Quen conta sabiamente as nubes?
e ¿quen emborca as sellas do ceo
³⁸cando o po se funde en lama
e se apegan os terróns os uns cos outros?
³⁹¿Cázaslle ti a presa da leona
ou fártaslle a fame dos cachorros,
⁴⁰cando atoban nas súas covas
ou axexan deitados entre as silvas?
⁴¹¿Quen lle asegura ó corvo a súa mantenza,
cando berran a Deus as súas crías
toleando por non teren que comer?

39 ¹¿Sabes ti cando pare a cabra montesa?
¿Puideches observa-la cerva nas súas dores?
²¿Contácheslle-los meses de preñez?
¿Sabes cando lles vén o intre do parto?

38, 31-32 As estrelas imaxínanse penduradas ou traspasadas por cordas ou cadeas para que sigan o seu camiño. *Amarrar* e *desatar* é tamén xiro idiomático para indica-la total disposición sobre algo. Os nomes dos astros son correspondencias aproximativas baseadas nalgunhas denominacións árabes similares.

38, 36 *Galo* e *ibis* van citados en canto sabios precursores da tormenta.

38, 39ss O motivo do alimento das feras salvaxes, como ilustración da providencia, é frecuente nos salmos (**104,** 14s.21.27; **145,** 15s; **147,** 9), e pode provir do famoso Himno ó Sol, do faraón herexe Ak-en-atón.

39, 1 *Cando:* "tempo xusto" *(et),* o momento predeterminado por excelencia, é o tempo de da-la vida; Deus tamén coida del. Citanse catro animais, exemplo de vida silvestre e indomable: león, corvo, cabra montés, cerva.

³Dóbranse, dan saída ós seus fillos
   e libéranse das crías.
⁴Os pequenos collen forzas e medran,
   foxen e xa non voltan.
⁵¿Quen deixou ceibe ó asno salvaxe,
   quen lle soltou as cinchas ó onagro,
⁶a quen lle dei por eido a estepa
   por moradía as chairas salitrosas?
⁷Rise do xentío da cidade,
   non ten que oí-los berros do arrieiro;
⁸esculca os montes á procura do pasto,
   procura o verde onde queira que estea.
⁹¿Vaite querer servi-lo touro bravo?
   ¿Pasará a noite no teu cortello?
¹⁰¿Manteralo da corda no teu suco?
   ¿Vai el ara-las eiras tras de ti?
¹¹¿Fíaste del porque ten moita forza
   e descargas nel o teu traballo?
¹²¿Confías en que torne
   para recolle-lo gran da túa eira?
¹³As ás da avestruz baten á présa,
   aínda que non teñan plumas coma a cigoña,
¹⁴cando deixa polo chan os ovos
   a quencer entre o po
¹⁵e non coida que un pé os pode esmagar
   ou tripar neles unha fera salvaxe.
¹⁶É cruel cos seus fillos, como se non fosen dela,
   non lle importa ter sufrido de balde,
¹⁷xa que Deus lle tolleu a Sabedoría
   e non lle deu parte na intelixencia.
¹⁸Mais cando ergue o voo,
   burla a cabalo e cabaleiro.
¹⁹¿Dáslle ti o brío ó cabalo?
   ¿Revésteslle de crinas o pescozo?
²⁰¿Ensínaslle a saltar coma a lagosta?
   ¡O seu resoprar altaneiro é abraiante!
²¹Dá patadas de ledicia no chan
   e lánzase ó encontro das coirazas;
²²rise do medo, e ninguén o aterra,
   non dá volta ante a espada;
²³por riba del sona a alxaba,
   a punta da lanza e mailo alfanxe;
²⁴cun tremer de estrondo corre a terra,
   non se detén por máis que soe a trompa;
²⁵cando escoita o clarín responde: ¡eia!
   de lonxe venta a loita,
   o bruar dos xefes e o grito de guerra.

39, 5-12. 19-25 Liberdade, forza e valentía (onagro, touro, cabalo; cf Xén **16**, 12; Ex **15**; Dt **33**, 17) son don de Deus, din estes poemas, máis detallados cás listas anteriores. O *onagro* ou asno montés mora na "arabah" (v 6), estepa e terra salgada do sur da Palestina (cf Xer **17**, 6) en torno ó mar Morto. O *touro bravo*, obxecto prezado de caza dos reis orientais, non puidera daquela aínda ser domeado para traballar no campo. O *cabalo* aludido é o cabalo especialmente adestrado para a guerra; a súa descrición cóntase entre as xoias literarias do libro, pola súa viveza e concreción. Unha imaxe inversa á do v 20 atópase en Xl 2, 4.
39, 13-18. 26-30 A velocidade e a distancia dominan as descricións da avestruz, o falcón e a aguia. A descrición da avestruz vai marcada pola acostumada referencia ó seu descoido cos ovos; por iso vai contraposta á cigoña, en hebreo "hasidah" (a piadosa).

²⁶¿Es ti quen lle ensina a voar ó falcón,
  tendendo as ás no vento do Sur?
²⁷¿Remonta a aguia por orde túa,
  e coloca elevado o seu niño?
²⁸Nas rochas vive e fai a moradía,
  nos curutos das penas ten a súa atalaia;
²⁹desde alí axexa a presa,
  os seus ollos pescudan desde lonxe;
³⁰as súas crías anceian zuga-lo sangue,
  e onde haxa cadáveres, alí está".

Conclusión do discurso de Deus (40, 2.8-14)

40 ¹Engadiu Iavé falando con Xob:
²—"¿Quere porfiar o censor do Omnipotente?
  ¡O que corrixe a Deus, que lle responda!"
³Respondeulle Xob:
⁴—"Eu son un home feble, ¿que che hei responder?
  porei a miña man sobre a boca.
⁵Xa falei unha vez, non replicarei;
  dúas veces, nada engadirei".
⁶Respondeu Iavé a Xob desde o trebón:
⁷—"Cingue os teus lombos coma un home;
  vouche preguntar para que ti me ensines:
⁸¿Vas en verdade anula-lo meu dereito?
  ¿Declárasme culpable para saíres ti inocente?
⁹¿Tes ti un brazo coma o de Deus
  ou atrona a túa voz coma a súa?
¹⁰¡Anda, vístete de gloria e maxestade,
  envólvete nun esplendor glorioso!
¹¹¡Derrama a furia da túa carraxe,
  bota unha ollada ós soberbios e abáteos!
¹²¡Olla para os altaneiros e humíllaos,
  esnaquiza os impíos onde estean,
¹³afúndeos todos a eito no po,
  encadéaos no máis oculto!
¹⁴Entón tamén eu te hei louvar:
  ¡De certo que a túa dereita che deu o triunfo!

Instrucción das bestas monstruosas (40, 15 - 41, 26)

¹⁵Mais olla para o hipopótamo,
  a quen eu fixen igual ca ti;
  pace na herba coma os bois;
¹⁶pero observa a forza dos seus lombos,
  a potencia nos músculos do seu ventre.

40, 2.8-14 *Conclusión do discurso de Deus*. O argumento divino nega a paridade de coñecemento e de entidade, que sería a única para xustificar un careo (a trascendencia vai descrita en termos de poder, maxestade e xustiza insubornable); refire polo tanto ó misterio do ser e de Deus. Suprímanse na lectura as transiciós artificiosas dos vv 1 e 3 e a repetición dos vv 6 (cf **38**, 1) e 7 (cf **38**, 3). Os vv 4-5 xuntaranse ós de resposta de Xob (cf **42**, 1).
40, 8 Centra a cuestión: nin Deus nin Xob teñen por que saír culpados do debate. Xob ten que recoñecer que, en canto home, non é tal de ordenar sabiamente o mundo ("facer xustiza": vv 11-13, privilexio real e de Deus; cf Is **2**, 12.17; **5**, 15; **10**, 33), nin ten poder de seu (v 14; cf Ex **15**, 6; Xuí **7**, 2; 1 Sam **25**, 26; Sal **20**, 7; **74**, 11; **98**, 1).
40, 15-41, 26 Instrucción das bestas monstruosas. Descríbense minuciosamente animais entre exóticos e fantásticos, coñecidos por viaxes (probablemente a Exipto) ou por narraciós de segunda man.
40, 15.25 Os nomes empregados, Behemot e Leviatán, suxiren os dos grandes monstros mariños do caos (cf **3**, 8), pero a descrición coincide coa do hipopótamo (vv 15-24) e a do crocodilo (**40**, 25-41, 26); Behemot podería ser hebraización do exipcio "pa-ih-mew" ("boi das augas").

¹⁷Ergue o rabo coma un cedro,
 os tendóns das súas coxas entretécense;
¹⁸ten os ósos coma tubos de bronce,
 articulacións coma varas de ferro:
¹⁹é do mellor que Deus produciu,
 só o creador pode aplicarlle a espada.
²⁰Apórtanlle o seu xantar os montes,
 onde brincan as feras montesías;
²¹déitase entre os xuncos,
 atobado nos caneiros dos pantanos;
²²os lotos fanlle sombra,
 rodéano os salgueiros do regato.
²³Por máis que o río veña cheo, non se turba,
 fica confiado anque o Xordán lle chegue ós fuciños.
²⁴¿Quen poderá amarralo de fronte
 ou furarlle o nariz por máis que estea no cepo?
²⁵¿Podes pescar co anzol o crocodilo
 ou atalo da lingua cunha corda?
²⁶¿Podes pasarlle polo nariz unha liña
 ou perforarlle a queixada cun gancho?
²⁷¿Virá onda ti suplicarche
 ou falarche con lingua agarimosa?
²⁸¿Fará trato contigo,
 para que o recibas coma servo perpetuo?
²⁹¿Podes xogar con el coma cun paxaro
 ou deixarásllelo atado ás túas nenas?
³⁰¿Fará comercio del o gremio dos pescadores,
 poxarano entre os mercadores?
³¹¿Ferirías de dardos o seu coiro
 ou a súa cabeza con arpóns?
³²¡Ponlle a túa man enriba:
 pensa ben na pelexa, e non o farás dúas veces!

41 ¹O que del se fía engánase,
 xa dunha ollada queda un derrubado;
²ninguén hai tan cruel cando o encirran;
 ¿quen lle fará fronte?
³¿Quen bateu con el, e saíu salvo?
 ¡Nin o primeiro baixo o ceo!
⁴Ninguén acalará o seu poder
 nin a forza vital que é a súa defensa.
⁵¿Quen lle abriu o seu manto exterior
 ou traspasou a súa dobre coiraza?
⁶¿Quen espalancou as portas dos seus beizos
 rodeadas de dentes estarrecedores?
⁷O seu lombo ten ringleiras de placas
 seladas con remaches de pedernal,
⁸unha a unha encaixadas;
 nin o aire pasa por entre elas,
⁹apéganse as unhas ás outras,
 tan trabadas que non se poden separar.
¹⁰O seu esbirro solta faíscas de lume,
 os seus ollos son coma as pálpebras do abrente.

40, 23 O *Xordán* (″Iardén″) podería estar a sustituí-la verba ″Ieor″, o río Nilo.
41, 10-13 Estes vv repiten a fantasía mitoloxizante tipicamente folclórica de que unha serie de feras monstruosas (cóbregas, dragóns) alentan lume e faíscas pola boca.

¹¹do fuciño sáltanlle muxicas,
xorden faíscas de lume;
¹²do seu nariz sae fume
coma dun crisol aceso e fervente;
¹³o seu bafo consome brasas,
chóutanlle labaradas do fuciño.
¹⁴A forza resídelle no pescozo;
diante del baila o medo;
¹⁵ten carnes ben trabadas,
fundidas nel, e non remexen.
¹⁶O corazón é sólido coma un croio,
dunha peza, coma pedra de moer.
¹⁷Cando el se ergue, tremen os fortes,
debalan coma a marea.
¹⁸A espada do que o atope non resistirá,
nin lanza, nin dardo, nin frecha,
¹⁹pois para el o ferro é palla
e o bronce, madeira podre.
²⁰Non o axota unha frecha,
e as pedras da fonda son para el coma lixos.
²¹Para el a maza é estopa,
e rise do asubío da azagaia.
²²O seu ventre son tellas afiadas
que coma grade de ferro fan regueiros na lama.
²³Fai ferver coma un pote os fondos,
deixa o mar coma un botafumeiro;
²⁴tras el fai lucir un ronsel,
e imaxinas que o mar ten unha cabeleira branca.
²⁵Non hai no mundo quen se lle semelle,
alguén coma el, creado sen medo de nada.
²⁶Fai fronte a canto haxa de elevado;
el é o rei de tódalas feras".

A derradeira resposta de Xob (**40,** 3-5; **42,** 2-3c.d. 5-6)

42 ¹Falou Xob respondéndolle a Iavé:
²—"Confeso que ti o podes todo
e non hai designio que che sexa imposible.
³¿Quen se arrisca a embazar un plan por ignorancia?
¡Por iso, falaba eu sen tino
de prodixios que non coñecía!
⁴Escoita o que che vou dicir,
preguntareiche para que ti me ensines.
⁵Coñecíate eu de oídas,
mais agora contémplante os meus ollos,
⁶por iso retiro o dito e arrepíntome
no po e na cinsa".

40, 3-5; **42,** 2-3c.d. 5-6 A resposta final de Xob.
Xob estaba a procurar unha divindade monstruosa para se encarar a ela no preito; botaba man, e contaba coa axuda, dun Deus persoal, o seu amigo e valedor. Quen respondeu foi Iavé, o Deus vivo, curador da vida máis salvaxe e ceibe, defensor da xustiza, cun proxecto que abrangue o home. Dunha orde sempre maior e máis descoñecida na natureza, faise a indución obvia a unha orde moral máis grande, onde a xustiza e a dor acadan unha síntese.

A resposta non é, polo tanto, a teórica redución ó misterio, senón a experiencia (verba *iadá,* en **42,** 2.3: coñecer por experiencia) da presencia do misterio e da realidade da constante creación da orde e da xustiza. A isto Xob reacciona con tres afirmacións nídias: a) o home fica abraiado diante desa revelación da existencia que é Deus (**40,** 2-4); b) confesa que estaba a falar cunha linguaxe limitada (**42,** 2-3); c) a experiencia feita por el é definitiva e conleva a certeza do perdón e do sentido (**42,** 5-6). Esa experiencia non é formulable senón só vivenciable.

Epílogo

⁷Despois de falar Iavé estas razóns con Xob, díxolle a Elifaz o temanita: —"Férveme a ira contra ti e contra os teus dous amigos porque non falastes de min o que é debido, coma o meu servo Xob. ⁸Collede logo sete vacas e sete carneiros e ide onda o meu servo Xob, para que os ofreza por vós en holocausto; e que o meu servo Xob pregue por vós, para que eu vos sexa propicio e non faga convosco un escarmento, porque non falastes de min o que era debido coma fixo o meu servo Xob".
⁹Foron entón Elifaz o temanita, Bildad o xuhita e Sofar o namateo e fixeron o que lles mandara Iavé, e El escoitou a Xob.
¹⁰Iavé trocou a sorte de Xob cando intercedía polos seus amigos, e multiplicou polo dobre todo canto Xob puidera ter antes.
¹¹Chegaron daquela tódolos seus irmáns e as súas irmás e todos cantos o coñeceran antes, e comeron con el do pan da casa e déronlle o pésame, consoláreno por tódalas mágoas que Iavé lle impuxera, e déronlle cadansúa cantidade de diñeiro e aneis de ouro.
¹²Bendiciu Iavé a fin da vida de Xob máis aínda cós comezos, e chegou a ter catorce mil ovellas, seis mil camelos, mil xugadas de bois e mil burras.
¹³Tivo sete fillos e tres fillas. ¹⁴Chamoulle á primeira Rula, a segunda Flor de Canela e á terceira Pomo de Aromas. ¹⁵Non houbo en toda a bisbarra mulleres tan belidas coma as fillas de Xob, e o pai deulles herdanza coma a seus irmáns.
¹⁶Aínda viviu Xob cento corenta anos despois destes sucesos, e viu os seus fillos, os seus netos e os seus bisnetos. ¹⁷E morreu Xob vello e farto de vida.

42, 7-17 *Epílogo*. Retoma aquí a narración patriarcal suspendida no c. **2**. O texto, breve, ten unha historia máis complexa cá do prólogo. Pódese pensar que a lenda orixinal presentaba, despois da proba narrada no prólogo e dunha exhortación á paciencia, a chegada dos "consoladores" (parentes e amigos en xeral, do v 11) e a restauración de Xob, como premio á perseverancia, nos vv 12-17. Tal era a estructura dos poemas e narracións de "xustos sufrintes" babilonios.
Maís o que o autor-transformador fixo cos vv 7-9 é fondamente significativo, e dá a clave moral do libro. O verdadeiro xuízo de Deus ocorre nos versos 7 e 8: os amigos non defenderon a Iavé, senón a un Deus segundo a propia imaxe; Xob fixo ben en demandar ata o extremo. En consideración diso, permíteselle levar a cabo a función intercesora típica de profetas e lexisladores (cf Xén **18**; Ex **32**; 1 Sam **7**, 9).
A reposición, nos dous actos, humano (v 11) e divino (vv 12-17), recobra a vivacidade e concreción colorista da narración oral patriarcal. Os vv 16.17 recollen as bendicións adicadas ós grandes amigos de Deus (Xén **15**, 15; **25**, 8; **35**, 29; Ex **20**, 12; Sal **90**, 10; **91**, 16; **128**, 6).

INTRODUCCIÓN ÓS SALMOS

Os Salmos son cantos e oracións que compuxo o pobo da Biblia para falar con Deus. Outros pobos da antigüidade —mesopotamios, exipcios, cananeos— crearon tamén poemas sagrados, que ensinan a comprender mellor os salmos bíblicos.

O nome salmo designa en grego un poema cantado ó son dun instrumento musical: a harpa, a lira, o salterio. O nome hebreo mizmor ten ese mesmo sentido. Mais os salmos responden tamén a outras denominacións: poemas, louvanza, oración.

Quitados uns poucos do xénero didáctico, os salmos son poemas líricos. En lingua rítmica e no paralelismo acostumado —ritmo de pensamento—, expresan vivencias relixiosas da persoa e da comunidade. Na súa intención fonda son a resposta dunha e outra ó Deus que se lles mostrou no seu camiño. Son, polo mesmo, oración.

Os salmos naceron pouco a pouco, desde o século X ata ó III a. C. Algúns pregoan a antigüidade na súa lingua e no seu pensamento. Polas mesmas razóns, outros compróbanse recentes. Mais poucas veces é doado establece-lo tempo xusto no que un salmo naceu. Só a afinidade con outros textos bíblicos de idade ben coñecida serve para fixar aproximadamente a data dun salmo.

¿Quen compuxo os salmos? Tampouco esta pregunta ten a resposta desexada. Os nomes de persoas que levan á cabeza atribúenlle moitos deles a David, outros ás familias levíticas de Asaf e de Córah e mesmo algún a Moisés e a Salomón. Mais a análise crítica non corrobora valedeiras esas atribucións. Poucos hoxe verán aí nomes de autores, senón de coleccións feitas no nome de David, de Asaf; e do mesmo xeito os outros. Calquera que fose o primeiro autor, o pobo botou man dos salmos coma seus e, ó tempo que os adoptaba, adaptábaos ás súas situacións. Ata a hora da fixación escrita non parou de os pór ó día.

O libro dos salmos, polo que vemos, non saíu dunha man nin nunha hora. No tempo da monarquía, máis alá do 586 a. C., comezaron a facerse coleccións máis ou menos voluminosas, traballo de familias sacerdotais do templo de Xerusalén e doutros santuarios. Servían a un tempo para o culto oficial e para a devoción privada. Á volta do desterro, a pequena comunidade acochegada arredor do novo templo e pregando cos salmos deulle máis présa á confección do libro.

No libro acabado tiveron acollida 150 salmos. Outros moitos están esparexidos en libros de historia, dos profetas, dos sabios, e algún no Novo Testamento. A numeración dos salmos do salterio difire dunhas a outras traduccións, segundo que collan por pauta a versión dos Setenta (LXX) coa Vulgata, ou a numeración do texto hebreo. Aquelas xuntaron nun os salmos **9-10** e mailos **114-115**, mentres o texto hebreo divide en dous o salmo **116** e o **147**. O número resultante é o mesmo. Por iso as antigas versións e as que as seguen van por detrás nunha unidade desde o salmo **9** ó **147**. Nós adoptámo-la numeración do hebreo, coa outra entre parénteses.

Seguindo a división do Pentateuco, a liturxia sinagogal dividiu o salterio en cinco libros. O sinal da división é unha doxoloxía, que revén nos salmos **41, 72, 89, 106, 150**, últimos dos libros respectivos. Mais esta división é artificial e non ten que ver coa formación das coleccións nin do libro dos salmos.

Amañados, coma esa división e recentes coma os supostos nomes de autores, son tamén outros títulos que levan á cabeza a maior parte dos salmos. Ningún di nada que sirva para entender mellor un salmo; só quizais un pouco para a historia do seu emprego litúrxico.

As situacións humanas de onde os salmos naceron son case imposibles de contar. Unhas son propias da persoa, outras da comunidade. O mesmo unha coma outra acertan ben a expresar sen miramentos os sentires que as moven e a cor da hora en que viven, a de nacer e a de morrer, a da victoria e a da desfeita, o agradecemento e a queixa, o riso e o pranto. Non hai pobo tan falangueiro, porque falaba diante de Deus, de quen non hai nada que esconder.

As situacións diversas, a un tempo de fóra e de dentro, históricas e vividas polo espírito, fan diferi-los salmos uns dos outros na súa lingua, na súa tonalidade emocional, na súa structura. Estes elementos constitúen os xéneros literarios.

No libro dos salmos atopamos varios xéneros literarios. Os mellor caracterizados concordan xustamente cos tres xéneros máis coñecidos de oración: súplica, gracias e louvanza. No campo de cada un encontraremos máis ou menos variacións.

INTRODUCCIÓN ÓS SALMOS

A maior parte dos salmos corresponde á oración de súplica. Esta nace na terra da desgracia, da carencia e da dor, o mesmo da persoa coma da comunidade. A súa linguaxe é ás veces queixosa e ferinte, ás veces suplicante. Na súa estructura abrangue estes compoñentes: chamada a Deus para que escoite, veña, actúe; queixa diante del contra os inimigos e os males; petición de axuda, de socorro, ou dos bens que fan falta; razóns que deberán mover a Deus a responder e darlle ó que suplica o convencemento de que o socorro é seguro, está xa preto (Sal **5, 12, 13, 22, 31, 35, 42, 43, 44, 54, 60, 64, 69, 77, 80, 88, 90, 102, 106, 126, 140**).

¿Que razóns pensa o home que moverán a Deus a axudar? A xulgar polas moitas veces que a lembra, a fidelidade de Deus ó seu pasado ou á súa promesa. Da parte do home que suplica, unha sinxela declaración de inocencia. Se o mal ten que ver coa culpa, os inocentes non deberían padecer (Sal **7, 17, 26**). Mais tamén hai posto aquí para outro sentimento: a confesión dos pecados e a conseguinte demanda de perdón, ó ter conciencia o home de que non é, nin moito menos, inocente (Sal **32, 38, 51, 130**).

Ás veces a confianza na axuda de Deus é tan grande que acala a queixa e a mesma petición. A linguaxe reviste entón outra tonalidade. Cando o sentimento de confianza vence todo outro sentimento, calquera que sexa tamén a realidade exterior, temos un novo xénero de salmos (Sal **3, 11, 16, 23, 27, 62, 115, 121, 125, 131**).

Máis alá da oración de súplica está a de acción de gracias. Sempre que aquela ten seguridade de resposta, garda un posto na súa conclusión para profesa-lo agradecemento (Sal **5, 6, 140**). Mais iso non o é todo. A acción de gracias está ben definida, independentemente doutras formas, como xénero oracional e mesmo literario. Ó principio ten un lugar na liturxia de "todah" (gracias). Logo faise independente, aínda que reteña por un tempo as marcas das circunstancias litúrxicas primeiras. O máis importante neste xénero é que o home refira a outros a propia liberación e que se festexe en comunidade a salvación. A gratitude é sempre aquí o sentimento sobranceiro (Sal **18, 30, 34, 40, 92, 107, 116, 138**).

A louvanza é o xénero mellor definido, máis constante na súa linguaxe e estructura. O xénero hímnico obedece a leis fixas: poucas veces se afasta delas. Comeza convidando a outros á louvanza, mesmo ó mundo sen vida; segue coa evocación dos grandes feitos de Deus como creador e como salvador; acaba repetindo un retrouso ou un pensamento xa expresado. Só se pode louvar cando se está rebordante de ledicia e cando a existencia se sente chea de bens. Esa é a razón da tonalidade festiva da linguaxe (Sal **33, 100, 111, 113, 117, 135, 145, 146, 147, 148, 150**).

Nos salmos deste xénero, seguindo o criterio dos temas dominantes, poderíamos sinalar máis dun grupo: salmos do reino de Iavé (Sal **47, 93, 96, 97, 98**), cantos de Sión (Sal **46, 48, 76, 87**), himnos ó creador e ó señor do mundo (Sal **8, 19, 29, 104, 148**), cantos ó Deus da historia santa (Sal **105, 114, 136**). Mais se deixamos de lado o xénero e atendemos ós temas, deberiamos facer outras agrupacións, coma a dos salmos reais (Sal **20, 21, 45, 61, 89**), a dos real-mesiánicos (Sal **2, 72, 110**) e outros.

Fóra dos salmos líricos, hai tamén no salterio poemas de carácter didáctico, de forma sentenciosa, de contido temático, como pode se-lo tema inquedante da xusta retribución (Sal **37, 49, 73, 101, 127, 128, 133, 139**). Preto deles teriamos aínda que mentar meditacións sobre a lei (Sal **1, 19, 119**), ensinanzas de forma e de espírito profético (Sal **14, 50, 52, 53, 75, 81, 95**), ensinanzas sacerdotais (Sal **15, 24, 134**).

Canto ó lugar en que viviron, os salmos tiveron sempre relación co culto dos santuarios ou do templo de Xerusalén. Mais ó tempo serviron tamén para satisface-las esixencias da piedade persoal, lonxe do culto. Na sinagoga convertéronse eles mesmos en culto oracional. Moitos deberon nacer xa con ese fin. Seguindo o exemplo de Xesús, a Igrexa adoptou os salmos como oración oficial.

¿Serven aínda os salmos para os que queiran rezar hoxe con fórmulas emprestadas? Os seus condicionamentos por situacións históricas distantes e culturas estrañas parecen dicir que non. Mais nin os inconvenientes teolóxicos (o xeito de falar de Deus), nin a diversidade de sentimentos entre os homes de onte e de hoxe fan os salmos inservibles para orar. Os máis diversos sentimentos, situacións, aspiracións, atopan na súa linguaxe a expresión máis cumprida. A cor de cada hora encontra alí correspondencia. Os salmos promoven aínda hoxe a comunicación do home con Deus.

Para que un salmo siga falando coma en tempos, hai que poñerlle vida dentro. Hai que lelo correctamente como poesía e como oración. Iso esixe crealos outra vez, nalgún xeito, vivindo a súa poesía e rezando con eles. A lírica e a oración non din nada cando se collen enteiramente de emprestado. Hai que facelas propias. Os que senten a poesía coma súa, os que rezan de seu, voltan a crea-los salmos coma o autor primeiro. E namentres teñan creadores, os salmos seguen nacendo e cumprindo o mester de sempre.

OS SALMOS

SALMO 1

Dous camiños

¹Benaventurado aquel
que non se guía polo consello dos malvados,
nin se detén no camiño dos pecadores,
nin senta na xunta dos burlóns,
²senón que ten o seu contento na vontade do Señor
e nela remoe día e noite.

³É coma árbore plantada onda os regueiros:
dá froito ó seu tempo,
as súas follas non murchan,
e todo o que fai acaba ben.

⁴Non son así os malvados,
serán coaño que leva o vento.
⁵Abofé non se erguerán os malvados no xuízo
nin os pecadores no concello dos xustos,
⁶pois do camiño dos xustos coida o Señor,
mentres vai á perdición o camiño dos malvados.

SALMO 2

O Señor co rei-mesías

¹¿Por que barullan as nacións
e os pobos planean en balde?
²Os reis da terra levántanse,
os príncipes conspiran entre si
contra o Señor e o seu mesías:
³—"Rompámo-las súas sogas,
botemos de nós as súas cadeas".

⁴O que mora no ceo sorrí,
o Señor búrlase deles.
⁵Logo fálalles con ira
e estarréceos con asaño.
⁶—"Eu son quen puxo o meu rei
sobre Sión, o meu monte santo".

⁷Pregoarei o decreto do Señor;
foi El quen me dixo: —"Ti es meu fillo,
eu mesmo che dei hoxe a vida.
⁸Pídeme, e dareiche por herdade as nacións;
por posesión, os termos da terra.
⁹Poderás rexelos con cetro de ferro,
rompelos, coma ola de barro".

---

1 *Dous camiños:* Dous xeitos de ser home, cada un coa súa sorte (Dt **30**, 15ss). Breviario de sabedoría, encabezamento ó libro dos salmos.
1, 2 A vontade de Deus mostrada pola lei (Sal **19**, 8-15; **119**).

Remoe, lit. "susurra", "recita" en voz baixa, e así a estudia.
2 *O Señor co rei-mesías:* canto e promesa de victoria de Deus sobre as forzas do mal, por medio do rei unxido. Lectura con sentido mesiánico en Feit **4,** 25s; Heb **1,** 5.
2, 7 Da profecía de Natán (2 Sam **7,** 14).

¹⁰Entendede ben, reis,
 aprendede, os que rexéde-la terra:
¹¹Servide o Señor con temor,
 con tremor facédelle festa;
¹²non se alporice e perezades,
 pois nun instante se acende a súa ira.
 Ditoso o que nel busca agarimo.

SALMO 3

Axuda certa

¹Salmo, de David. Cando fuxía do seu fillo Abxalom.

²Señor, moitos son os meus opresores,
 moitos os que se levantan contra min,
³moitos os que din de min:
 —"Non ten salvación de Deus".

⁴Mais ti es, Señor, o meu escudo,
 a miña gloria e o meu triunfo.
⁵Chamo a berros polo Señor,
 e El respóndeme desde o seu monte santo.
⁶Déitome, durmo e acordo,
 e, namentres, sostenme o Señor.
⁷Non teño medo á multitude
 que está arredor contra min.

⁸Érguete, Señor; sálvame, meu Deus.
 Ti dáslles na cara ós meus inimigos
 e rómpeslle-los dentes ós malvados.
⁹Ti tes, Señor, a salvación
 e a bendición para o teu pobo.

SALMO 4

O home xusto non ten medo

¹Do mestre do coro, con instrumentos de corda. Salmo, de David.

²Cando te chame, respóndeme, Deus, meu liberador;
 ti que na angustia me consolas,
 apiádate e escoita a miña oración.

³¿Ata cando, homes, aldraxaréde-lo meu nome,
 amaréde-la vaidade e buscaréde-lo engano?
⁴Sabede que o Señor fai milagres co seu amigo,
 que o Señor me escoita, cando o chamo.

⁵Tremede e non pequedes,
 meditade nos vosos leitos e calade;
⁶ofrecede sacrificios xustos
 e confiade no Señor.

2, 11 Texto corrixido.
3 *Axuda certa:* A confianza en Deus sosega, mesmo en medio dos maiores apretos.
3, 1 Títulos coma este, puxéronselle ós Salmos ó longo dos anos (cf Introd., páx. 636, col. 1.ª). Non son orixinais, polo que os escribimos en letra miúda.
3, 8 *Érguete,* idea da aparición de Deus para xulgar (Sal 7, 7; **9**, 20; **74**, 22).
4 *O home xusto non ten medo:* Deus dá forza para vivir nun mundo enganoso, desviado, triste e hostil.

⁷Moitos din: —"¿Quen nos mostrará a felicidade,
se fuxiu de nós, Señor, a luz da túa presencia?"

⁸Ti pos no meu corazón maior ledicia
cá dos que teñen fartura de trigo e de viño.
⁹En paz déitome e logo adormezo,
porque só ti, Señor, me dás seguridade.

SALMO 5

Os que agardan xustiza

¹Do mestre do coro, con frautas. Salmo, de David.

²Escoita, Señor, a miña palabra,
atende a miña queixa.
³Oe o balbordo dos meus xemidos,
ti, meu rei e meu Deus.

A ti dirixo, Señor, a miña súplica,
⁴de mañá escoitara-la miña voz;
de mañá presentareiche a miña causa
e quedarei agardando.

⁵Ti non es un Deus que queira a maldade:
non lles dás hospedaxe ós malvados
⁶nin os soberbios se sosteñen ante ti.
Aborréce-los malfeitores
⁷e pérde-los mentireiros;
ós falsos e sanguiñentos
abomínaos o Señor.

⁸Mais eu, pola túa moita bondade,
podo entrar na túa casa.
Postrareime diante do teu templo,
cheo do teu temor.

⁹Guíame, Señor, na túa xustiza;
por causa dos meus inimigos,
achanza ante min o teu camiño.

¹⁰Na súa boca non hai sinceridade,
por dentro están corrompidos.
A súa gorxa é sartego aberto
e a súa lingua aloumiñeira.

¹¹Castígaos ti, Señor,
que fracase o seu proxecto.
Abáteos polos seus moitos crimes,
pois son rebeldes contra ti.

¹²Alegraranse os que a ti se acollen,
terán un xúbilo eterno.
Protéxeos ti e alégrense contigo
os que aman o teu nome.

4, 7 *Fuxiu,* lectura probable. A luz da presencia é o favor dos homes. (Sal **31,** 17; **67,** 2).

5 *Os que agardan xustiza:* desde o prego doente á certidume cumprida de que a xustiza de Deus rexerá o mundo

5, 10s A imprecación contra os inimigos ten cumprimento na xustiza (Sal **36,** 2ss; **40,** 15s; **58,** 7ss).

¹³Ti, Señor, bendís ós xustos,
cóbrelos co teu favor, coma escudo.

SALMO 6

Doente de corpo e alma

¹Do mestre do coro, con instrumentos de corda, co octacordio. Salmo, de David.

²Señor, non me reprendas con ira
nin me corrixas con asaño.
³Apiádate, Señor, que estou esmorecido,
sáname, Señor, que tremen os meus ósos.
⁴A miña alma treme,
e ti, Señor, ¿a que esperas?

⁵Volve, Señor, sálvame a vida,
líbrame, pola túa misericordia.
⁶Non hai entre os mortos quen te lembre,
e no abismo ¿quen te louva?

⁷Estou esgotado de tanto xemer:
de noite rego cos choros o meu leito
e mollo de bágoas a miña cama.
⁸Os meus ollos están anubados coa dor,
avellados, por culpa dos opresores.

⁹Arredádevos de min os malfeitores,
pois o Señor escoita o meu salouco;
¹⁰o Señor escoita a miña súplica,
acolle a miña oración.
¹¹Avergonzaranse e tremerán os meus inimigos,
nun instante voltarán avergonzados.

SALMO 7

Haberá xustiza para o oprimido

¹Lamentación, de David. Cando lle cantou ó Señor, polo de Cux o benxaminita.

²Señor, meu Deus, en ti acóllome;
líbrame dos meus perseguidores, sálvame,
³non me atrapen coma leóns:
destrozan e non hai quen se salve.

⁴Señor, meu Deus, se fixen isto,
se nas miñas mans hai maldade,
⁵se lle correspondín mal ó amigo,
deixando escapa-lo inxusto opresor,
⁶que o inimigo me persiga e me aprese,
que me esmague vivo contra o chan
e bote por terra o meu honor.

⁷Érguete, Señor, na túa ira,
imponte á rabia do opresor,
sae por min, ti que chamas a xuízo.

Doente de corpo e alma: primeiro dos salmos penitenciais (Sal **32, 38, 51, 130, 143**). As penas e a enfermidade [f]an pensar ó home nas súas culpas e pedir a Deus axuda.

7 *Haberá xustiza para o oprimido:* súplica dun xusto perseguido, certo da súa inocencia. O que coñece todo desde dentro fará vi-la xustiza polo seu mesmo pé.

⁸Que te rodee a asemblea das nacións,
e ti pon o asento enriba dela.
⁹O Señor xulga os pobos:
xúlgame, Señor, conforme á miña xustiza,
ten en conta a miña inocencia.
¹⁰Que se acabe a maldade dos impíos,
e confirma ós inocentes,
ti, que sondéa-lo corazón e as entrañas,
ti, que e-lo Deus xusto.

¹¹Deus é o meu escudo,
el salva ós que son rectos.
¹²Deus é un xuíz xusto,
un Deus que ameaza cada día.
¹³Se non se converten, afía a espada,
tensa o arco e apunta;
¹⁴prepara armas de morte,
tira frechas acesas.

¹⁵Quen concibe a maldade
está preñado de malicia e dá a luz o engano.
¹⁶Cava unha cova e afóndaa,
e cae el mesmo na cova que fixo.
¹⁷A súa maldade recae na súa cabeza,
sobre a propia testa volva a súa violencia.

¹⁸Louvarei ó Señor pola súa xustiza,
cantarei o nome do Altísimo.

SALMO 8

Canto ó creador do home

¹Do mestre do coro, coa cítara de Gat. Salmo, de David.
²Señor, noso Señor,
¡que grande é o teu nome en toda a terra!
A túa maxestade érguese por enriba do ceo.
³Na boca de nenos e naipelos fúnda-la túa fortaleza
contra os teus adversarios,
para faceres calar a inimigos e rebeldes.

⁴Cando vexo o ceo, feitura da túa man,
a lúa e as estrelas que fixaches alí,
⁵¿que é o home, para que o lembres,
o fillo do home, para que del te ocupes?

⁶Por pouco non o fixeches coma os anxos,
coroáchelo de honor e dignidade;
⁷décheslle mando sobre as obras das túas mans,
puxéchelo todo ós seus pés:
⁸rabaños de ovellas e touros,
e mesmo as bestas do monte,

7, 16 A xustiza do talión é a máis exacta (Sal **9**, 16; **35**, 8; **141**,10).
8 *Canto ó creador do home:* aínda que sexa creatura, na- da excelente en grandor, o home sabe verse coma imaxe de Deus e mirar tódalas cousas coma creación súa.
8, 3 Mt **21**, 16 refire o texto a Xesús.

⁹os paxaros do ceo e os peixes do mar,
que fan carreiros polas augas.

¹⁰Señor, noso Señor,
¡que grande é o teu nome en toda a terra!

SALMO 9
Gracias a Deus que xulga os pobos

¹Do mestre do coro, segundo "A morte do fillo". Salmo, de David.

²Douche gracias, Señor, de todo corazón,
proclamo as túas marabillas.
³Alégrome, relouco contigo
e canto o teu nome, Altísimo.

⁴Os meus inimigos retroceden,
caen e perecen ante ti,
⁵pois ti defénde-la miña causa, o meu dereito,
sentado, xusto xuíz, no tribunal.

⁶Ti repréndе-las xentes, destrúe-los malvados
e borras para sempre os seus nomes.
⁷Os inimigos acaban en ruína eterna:
ti arrása-las súas cidades,
pérdese a súa memoria.

⁸O Señor aséntase firme,
prepara a sede para xulgar.
⁹El xulgará o mundo con xustiza,
rexerá as nacións con equidade.

¹⁰O Señor é abeiro dos oprimidos,
o seu abeiro no tempo da angustia.
¹¹En ti confían os que coñecen o teu nome,
porque ti non abandóna-los que te buscan, Señor.

¹²Cantádelle ó Señor que mora en Sión,
anunciádelles ós pobos as súas obras.
¹³El vinga o crime, lévao en conta,
non lle esquece o grito dos pobres.

¹⁴Ten dó de min, Señor,
olla cómo me aflixe o inimigo.
Tírame ti da man da morte,
¹⁵para que poida canta-las túas louvanzas
ás portas de Sión,
e celebrar xubiloso o teu socorro.

¹⁶Os xentís afondarán na cova que cavaron,
na rede que tenderon quedará preso o seu pé.
¹⁷O Señor maniféstase para face-la xustiza;
os malvados caen na propia trapela.

---

9 *Gracias ó Deus que xulga os pobos:* a seguridade de que a xustiza triunfará, fai da súplica do oprimido unha acción de gracias.

9, 14s A *man da morte, as portas,* os dominios (Xob **38,** 17; Sal **107,** 18).

¹⁸Voltan ó abismo os malvados
 e as xentes todas que se esquecen de Deus;
¹⁹mais o pobre non será esquecido eternamente,
 non finará para sempre a esperanza do humilde.

²⁰Érguete, Señor, que non triunfe o home,
 sexan xulgadas as xentes ante ti.
²¹Ponlles medo, Señor:
 aprendan as xentes que nada máis son homes.

SALMO 10 (9)

A fachenda dos malfeitores

¹¿Por que, Señor, quedas lonxe,
 escóndeste na hora do apreto?
²Mentres os malvados triunfan,
 son asoballados os pobres,
 collidos nas insidias que lles traman.

³O malvado gloríase da súa mesma cobiza,
 o avarento blasfema e despreza ó Señor.
⁴Di o malvado, na súa insolencia:
 —"Deus non pide contas; non está":
 iso é todo o que pensa.

⁵Os seus camiños prosperan,
 o teu xuízo queda lonxe da súa mente,
 búrlase dos seus adversarios.
⁶Pensa para si: —"Non caerei,
 nunca na vida non terei unha desgracia".

⁷Ten a boca chea de maldición,
 de inxurias e de fraude;
 a súa lingua encobre insidia e maldade.
⁸Senta ó axexo nos currais
 para matar ás agachadas ó inocente.

Cos ollos esculca os desvalidos,
⁹axexa nos recantos, coma león no tobo,
 axexa ós pobres, para os roubar,
 rouba a quen pilla na súa rede.
¹⁰Agáchase, encóllese,
 e cae con todo o peso sobre os inocentes.
¹¹Pensa para si: —"Deus esquécese,
 ten a cara tapada e non ve".

¹²Érguete, Señor; levanta, Deus, a túa man,
 non te esquezas dos pobres.
¹³¿Por que ten que desprezar a Deus o malvado
 e matinar para si: —"'Non pide contas"'?
¹⁴Ti mesmo podes ve-los traballos e as penas,
 fixarte e collelos na túa man.

---

10 *A fachenda dos malfeitores:* o pobre suplica que Deus confunda os soberbios. O procedemento alfabético supón este salmo parte do anterior, como aparece nos Setenta.

10, 3 *Blasfema.* No seu lugar o hebreo di eufemísticamente "bendí" (Xob 1, 5.11; 2, 5.9).

A ti encoméndase o desvalido,
ó orfo es ti quen o axuda.
¹⁵Rompe o brazo do impío,
pídelle contas da maldade,
fai que desapareza.

¹⁶O Señor reinará para sempre,
e acabaranse os xentís na súa terra.
¹⁷Ti acolles, Señor, o desexo dos pobres:
confórtaos e aténdeos;
¹⁸defende o dereito do orfo e do oprimido,
e que ningún mortal exerza máis a insolencia.

SALMO 11 (10)

A cadaquén o seu merecido

¹Do mestre do coro. De David.

Eu busco agarimo no Señor,
¿Como ousades aínda dicirme:
—"Voa, paxaro, ó teu monte"?

²Mais os malvados tensan o arco,
axustan na corda as setas,
para tirar, na escuridade, contra os honrados
³Se os fundamentos se derruban,
¿que poden face-los xustos?

⁴O Señor desde o seu santuario,
o Señor desde a súa sede no ceo,
axexa cos seus ollos ós homes,
escrútaos coas súas pupilas.

⁵O Señor proba os xustos,
pero aborrece o impío e violento.
⁶Fará chover sobre os malvados
carbóns acesos e xofre;
vento queimante será a súa sorte.

⁷O Señor é xusto e ama a xustiza:
os rectos disfrutarán da súa presencia.

SALMO 12 (11)

Aínda virá a hora da xustiza

¹Do mestre do coro, co octacordio. Salmo, de David.

²Salva, Señor, que se acaban os xustos,
desaparecen os rectos de entre os homes.
³Falsidade é o que se din uns ós outros,
linguaxe garatuxeira e fraudulenta a que falan.

⁴Arrinque o Señor tódolos labios aloumiñeiros
e as linguas arrogantes dos que din:

---

11 *A cadaquén o seu merecido:* os rectos teñen seguridade de que o Deus que coñece desde a raíz tódolos comportamentos fará xustiza cumprida.
1, 1 Así as versións; o hebreo di: "Voade ó voso monte".
2 *Aínda virá a hora da xustiza:* o poderío do mal escandaliza; mais a fe ábrelle as portas á esperanza. A comunidade medita na promesa e recobra vida nela.
12, 2-3 Acusación coma dun profeta (1 Re **19**, 10; Is **57**, 1s; Xer**5**,1).

⁵—"A lingua é a nosa forza,
contamos cos nosos labios: ¿quen será o noso dono?".

⁶—"Pola opresión dos humildes e os xemidos dos pobres,
agora mesmo me levanto —di o Señor—:
porei en salvo a tódolos que o arelan".

⁷Os ditos do Señor son ditos verdadeiros,
prata limpa de escoura,
sete veces refinada.
⁸Ti, Señor, hasnos gardar,
librarasnos para sempre desta xente.
⁹Irán sen rumbo os malvados,
mentres os humildes se erguen.

SALMO 13 (12)

¿Por canto tempo aínda, Señor?

¹Do mestre do coro. Salmo, de David.
²¿Canto tempo aínda, Señor, me seguirás esquecendo?
¿Por canto tempo me escondera-la túa cara?
³¿Canto tempo aínda hei levar angustia na alma,
pesar no corazón, o día enteiro?
¿Ata que día me poderá o inimigo?

⁴Atende, Señor; respóndeme, meu Deus:
aluma os meus ollos, que non adormeza na morte.
⁵Que non diga o inimigo: —"Puiden con el",
nin se alegre o opresor da miña ruína.

⁶Eu confío no teu amor,
o meu corazón relouca coa túa axuda.
Cantareille ó Señor
polo ben que me fixo.

SALMO 14 (13)

Non hai quen faga o ben

¹Do mestre do coro. De David.

Pensan os parvos para si:
—"Deus non está".
Corrompidos, de conducta abominable:
non hai quen faga o ben.

²O Señor observa os homes desde o ceo,
para ver se hai algún asisado,
algún que pregunte por Deus.
³Andan todos desviados,
por xunto corrompidos;
non hai quen faga o ben,
non hai sequera un.

12, 7 O texto é escuro, pero a idea é clara (Sal 66, 10; Is **48,** 10; Ez **22,** 18ss).
13 ¿*Por canto tempo aínda, Señor?:* pregunta do que non ve cos ollos o que busca, pero confía en que o ha ver, pois Deus non se esconde para sempre.

13, 1ss Son preguntas acostumadas na oración suplicante (Sal **6,** 4; **74,** 10).
14 *Non hai quen faga o ben:* os xustos dan as súas queixa pola arrogancia dos descridos. Os pobres asoballados te rán o seu día de xúbilo. O Sal **53** repite este tema.

⁴¿Pero non aprenderán os malfeitores?
 Engolen o meu pobo coma pan,
 sen preguntar polo Señor.

⁵Alá treman de pavor,
 porque Deus está cos xustos.
⁶Desprezáde-lo proxecto dos pobres,
 pero o Señor é o seu refuxio.

⁷¿Quen lle traerá de Sión a salvación a Israel?
 Cando vire o Señor a sorte do seu pobo,
 exultará Xacob, alegrarase Israel.

SALMO 15 (14)
A hospitalidade do Señor
¹Salmo, de David.
¿Quen, Señor, se hospedará na túa tenda?
¿Quen habitará no teu monte santo?

²Aquel que anda rectamente e practica a xustiza:
 que ten sinceridade no corazón
³e non calumnia coa súa lingua;
 o que non lle fai mal ó veciño
 e non difama ó seu próximo;
⁴o que estima desprezable ó malvado
 e apreza ós que temen ó Señor;
 o que non se vira no xuramento,
 aínda que sexa no seu dano;
⁵o que non presta con usura o seu diñeiro
 e non se deixa subornar contra o inocente.

Quen así se comporte,
 endexamais non perecerá.

SALMO 16 (15)
No camiño da vida
¹*Miktam*, de David.

Gárdame, Deus, que en ti busco agarimo.
²Eu dígolle ó Señor: —"Ti e-lo meu dono,
 só ti e-lo meu ben".

³Outros van cos deuses da terra,
 teñen afecto ós poderosos.
⁴Fan ídolos sen conta
 e van correndo tras eles.

Eu non quero verte-las súas libacións de sangue
 nin pronunciar cos meus labios os seus nomes.

14, 7 Resposta máis espaciosa no Sal **126**.
15 *A hospitalidade do Señor:* é un poema didáctico, coas egras esixidas para obte-lo agarimo e a amizade de Deus. Todas veñen a pedi-lo comportamento xusto cos demais, no pensamento e nos feitos.
6 *No camiño da vida:* hai quen busca o seu porvir correndo detrás dos poderosos, coma se fosen deuses. Esta oración profesa que só o Deus verdadeiro fai feliz.
16, 3s *Deuses,* lit. "santos"; eles e os poderosos son os mesmos cós ídolos, deuses que o home establece (Sal **73,** 17; **118,**8s;**146,**3).

⁵Ti es, Señor, a miña herdade e a miña sorte,
   ti coidas do meu porvir.
⁶As sortes caéronme en bo eido,
   gústame a miña herdade.

⁷Bendigo ó Señor que me guía
   e mesmo de noite me ensina no meu íntimo.
⁸Teño ó Señor sempre diante;
   con El á dereita non caerei.

⁹Por iso o meu corazón está contento,
   as miñas entrañas reloucan
   e o meu corpo está seguro.

¹⁰Ti non abandonarás á morte a miña vida,
   nin deixarás que o teu amigo vexa a corrupción.
¹¹Mostrarasme o camiño da vida:
   a túa presencia éncheme de alegría;
   a túa dereita, de gozo eterno.

SALMO 17 (16)

Como a meniña dos teus ollos

¹Pregaria, de David.

Oe, Señor, a causa xusta,
   atende ó meu clamor;
   escoita a miña pregaria
   de labios sen engano.
²Que a miña causa saia ben de onda ti,
   que os teus ollos vexan o dereito.

³Se sónda-lo meu corazón,
   se me visitas de noite,
   se me probas ó lume,
   nada atoparás:
   a iniquidade non atravesa a miña boca,
⁴como é costume nos homes.
   Conforme á palabra dos teus labios,
   sigo o camiño marcado;
⁵guío polas túas pisadas os meus pasos,
   por iso os meus pés non tremelean.

⁶Eu chámote, Deus; ti respóndeme;
   volve a min o teu oído, escoita a miña voz.
⁷Mostra a túa compaixón admirable,
   ti que libras do inimigo
   ós que se acollen á túa dereita.
⁸Gárdame coma á meniña dos teus ollos,
   escóndeme á sombra das túas ás
⁹dos malvados que me asaltan,
   dos inimigos que me cercan.

16, 8-11 Aplicado en Feit **2,** 25-28, á resurrección de Cristo.
17 *Como a meniña dos teus ollos:* un inocente pide que Deus lle faga xustiza diante dos malvados que o abouran
17, 3 Deus coñece desde dentro (Xob **7,** 18; Sal **7,** 10; 139 1ss).

¹⁰Pechan as súas entrañas
e falan con soberbia.
¹¹Dan pasos para rodearme,
espréitanme para botarme por terra,
¹²coma o león que degora a súa presa,
coma o leonciño engruñado na coveira.
¹³Érguete, Señor; failles fronte e dobrégaos;
líbrame coa túa espada dos malvados,
¹⁴coa túa man, Señor, dos mortais,
dos mortais do mundo, que teñen sorte na vida:
enchen o ventre cos teus bens,
fártanse os seus fillos
e deixan o resto para os seus nenos.

¹⁵Mais eu verei con felicidade a túa presencia,
ó despertar, saciareime de verte.

SALMO 18 (17)

Canto de victoria

¹Do mestre do coro. De David, servo do Señor, que recitou esta cántiga dediante do Señor, por telo librado do poder de tódolos seus inimigos e da man de Xaúl. Dixo:

²Eu ámote, Señor, a miña forza,
³Señor, a miña rocha, o meu castro, o meu refuxio,
meu Deus, penedo onde me acollo,
o meu escudo, o meu alcázar, o meu castelo.
⁴Eu invoco ó Señor, o adorable,
e salvarame dos meus inimigos.

⁵As ondas da morte rodéanme,
as correntes do averno atropélanme;
⁶cínguenme as cordas do abismo,
sorpréndenme as trampas da morte.

⁷No apreto chamo ó Señor,
suplico cara ó meu Deus.
El escoita a miña voz desde o santuario,
o meu clamor chega ós seus oídos.

⁸A terra estarrécese e treme,
os fundamentos dos montes estremecen,
abalan por causa da súa ira.
⁹Do seu nariz sobe fume,
da súa boca lume devorante,
de todo el ascuas acesas.

¹⁰Abaixa o ceo e descende
con mesta néboa debaixo dos seus pés.
¹¹Voa a cabalo dun querube,
subindo nas ás do vento.
¹²Das tebras fai o seu cerco;
das augas escuras e das mestas nubes,
a tenda que o rodea.

---

18 *Canto de victoria:* acción de gracias dun rei pola liberación e polas victorias que Deus lle axuda a conseguir. Outra versión en 2 Sam **22**, na boca de David.

18, 5 As augas abismais, símbolos míticos da morte (Sal **69,** 2s; Lam **3,** 54).

¹³Co relampo da súa presencia
as nubes desfanse en sarabia e lóstregos.
¹⁴O Señor atrona desde o ceo,
o Altísimo fai resoa-la súa voz.

¹⁵Lanza as súas setas e dispérsaos,
os seus lóstregos enlouquécenos.
¹⁶Os fondos do mar déixanse ver,
os fundamentos do orbe quedan espidos,
polas túas ameazas, Señor,
polo soprido da túa ira.

¹⁷Desde o ceo tende El a man e cólleme,
tírame das augas caudais.
¹⁸Líbrame do inimigo poderoso,
de rivais máis fortes ca min.

¹⁹No día funesto fanme fronte,
pero o Señor é o meu arrimo:
²⁰sácame a campo aberto,
sálvame, porque me ama.
²¹O Señor premia a miña rectitude,
retribúe a miña pureza de conducta.

²²Eu gardo os camiños do Señor
e non son rebelde ó meu Deus;
²³teño á vista os seus preceptos,
non eludo os seus mandatos,
²⁴son sincero diante del
e gárdome do pecado.
²⁵O Señor retribúe a miña rectitude
e a miña pureza de obrar na súa presencia.

²⁶Co piadoso móstraste piadoso
e co sincero es sincero;
²⁷co puro móstraste puro
e co renarte es retorto.
²⁸Ti sálva-los humildes
e abáte-los soberbios.
²⁹Ti fas luci-la miña candea,
o Señor, meu Deus, aluma as miñas tebras.
³⁰Contigo podo encararme cunha tropa;
co meu Deus, saltar murallas.
³¹Os camiños de Deus son perfectos,
a palabra do Señor ben probada:
é o escudo para cantos a El se acollen.

³²¿Quen é Deus, fóra do Señor?
¿Quen unha rocha, fóra de noso Deus,
³³o Deus que me cingue de forza
e fai perfecto o meu camiño?
³⁴El dáme pés coma os dos cervos
e ponme nas alturas;

18, 29 A *candea* é o símbolo da vida (1 Re **11,** 36; Sal **132,** 17).

³⁵adestra as miñas mans para a loita
e os meus brazos para tensa-lo arco de bronce.

³⁶Ti déixasme o teu escudo salvador,
a túa dereita sostenme,
a túa bondade engrandéceme.
³⁷Fasme dar pasos longos,
e non tremen os meus pés.
³⁸Perseguirei o inimigo ata o pillar,
non voltarei sen acabar con el;
³⁹esmagareino xa e non se poderá erguer,
caerá debaixo dos meus pés.

⁴⁰Ti cínguesme de forza para a loita,
sometes a cantos se me enfrontan.
⁴¹Fas que os meus inimigos volvan a espalda,
para que eu poida destruí-los que me odian.

⁴²Piden socorro, pero ninguén os axuda,
xemen cara ó Señor, mais El non lles responde.
⁴³Espallareinos, coma po diante do vento,
varrereinos, coma lama das rúas.

⁴⁴Ti líbrasme do pobo en motín,
posme á cabeza das xentes:
pobos non coñecidos réndenme homenaxe.
⁴⁵Nada máis oír, xa me obedecen,
adúlanme os estranxeiros;
⁴⁶os estranxeiros embarúllanse
e saen tremendo dos seus refuxios.

⁴⁷Viva o Señor, bendita a miña rocha;
sexa exaltado Deus, o meu salvador,
⁴⁸o Deus que me dá satisfacción
e somete pobos ó meu xugo.
⁴⁹Ti líbrasme dos inimigos,
érguesme sobre os adversarios,
sálvasme dos violentos.

⁵⁰Por iso hei de louvarte, Señor, diante dos pobos:
cantarei o teu nome,
⁵¹o que lle dá ó rei grandes victorias
e mostra misericordia ó seu unxido,
a David e á súa liñaxe, para sempre.

SALMO **19 (18)**

Os ceos pregoan

¹Do mestre do coro. Salmo, de David.

²Os ceos proclaman a gloria de Deus,
o firmamento pregoa as obras das súas mans.
³Un día pásalle ó outro a mensaxe,
unha noite transmítelle á outra a noticia.

---

19 *Os ceos pregoan:* louvanza ó Deus que se manifesta no mundo-creación e revela a intención de salvar na súa Lei. Sobre o primeiro abunda o Sal **104**; sobre o segundo, o Sal **119**.

⁴Sen que falen nin conten,
 sen que se sinta a súa voz,
⁵por toda a terra vai o seu anuncio,
 ata os confíns do mundo a súa palabra.

Ó sol púxolle alá no ceo unha tenda:
⁶coma un desposado, sae da súa alcoba
 e, ledo coma un heroe, percorre o seu camiño.
⁷Ten nun extremo do ceo a saída
 e, no seu xiro, chega ó outro extremo:
 nada se sustrae á súa calor.

⁸A lei do Señor é perfecta:
 reconforta a alma;
 a declaración do Señor é firme:
 fai sabio ó inxenuo;
⁹os mandatos do Señor son rectos:
 aledan o corazón;
 o precepto do Señor é limpo:
 ilumina os ollos;
¹⁰o temor do Señor é puro:
 permanece por sempre;
 as decisións do Señor son verdadeiras:
 enteiramente xustas.
¹¹Son máis cobizables có ouro
 máis có metal precioso;
 son máis doces có mel,
 máis có zume da antera.

¹²Aínda que o teu servo os quere cumprir
 e pon coidado en gardalos,
¹³¿quen se decata dos erros?
 Límpame ti de canto se me esquece,
¹⁴preserva ó teu servo da soberbia,
 para que non me domine.
 Entón serei perfecto,
 limpo de pecados graves.

¹⁵Dígnate acepta-la palabra
 da miña boca,
 e o sentir do meu corazón,
 Señor, a miña rocha e o meu redentor.

SALMO 20 (19)

Oración polo rei

¹Do mestre do coro. Salmo, de David.

²Que te escoite o Señor na hora do apreto,
 que te protexa o Deus de Xacob;
³que do santuario che mande socorro,
 que te sosteña desde Sión.

⁴Lembre as túas ofrendas,
 gústenlle os teus sacrificios;

19, 15 O título de *redentor* é caro ó Segundo Isaías (Is 41, 14; 44, 6.24).   **20** *Oración polo rei:* intercesión do pobo para que Deus lle outorgue a victoria ó rei.

⁵outórgueche o que queres,
cumpra os teus proxectos.

⁶Que poidamos nós festexa-la túa victoria
e no nome do noso Deus ergue-las bandeiras:
outórgueche o Señor canto lle pidas.

⁷Xa sei que o Señor lle dá a victoria ó seu unxido,
que lle responde desde o seu ceo santo
coa forza liberadora da súa dereita.

⁸Uns confían nos seus carros, outros na súa cabalería;
pero nós invocámo-lo Señor, noso Deus.
⁹Abanéanse eles e caen,
mentres nosoutros nos erguemos e quedamos en pé.

¹⁰Dálle, Señor, a victoria ó rei,
escóitanos, cando te chamamos.

SALMO 21 (20)

Bendición para o rei

¹Do mestre do coro. Salmo, de David.
²Señor, co teu poder alégrase o rei,
exulta coa túa victoria.
³Ti outórgaslle o que arela o seu corazón,
non lle néga-lo que piden os seus labios.
⁴Sáeslle ó encontro coa túa bendición
e poslle na cabeza coroa de ouro fino.

⁵Pídeche vida, e ti dáslle
duranza de días sen fin.
⁶A súa gloria medra coa túa axuda;
revístelo de honor e maxestade.
⁷Dáslle constante bendición,
alégralo coa túa presencia.
⁸O rei confía no Señor,
e co favor do Altísimo non cae.

⁹Aprese a túa man a tódolos teus inimigos,
agarre a túa dereita ós que te odian;
¹⁰préndelles lume, coma a un forno,
na hora en que te mostres.
Que o Señor os consuma na súa ira,
que enteiros o lume os engula.

¹¹Extirpa da terra o seu froito,
a súa caste de entre os homes.
¹²Anque boten maldade sobre ti
e urdan insidias, non han prevalecer,
¹³pois ti faralos fuxir,
tensara-lo arco contra eles.

20, 7 *Unxido* ou mesías é un título que ve no rei un instrumento de salvación (Sal **2**, 2; **18**, 51; **89**, 39.52; **132**, 10.17).
21 *Bendición para o rei:* profesión de fe e agoiro de que Deus lle outorga ó rei a victoria sobre tódolos opresores. O rei é o transmisor dos bens de Deus para o pobo.
21, 5 Pola lonxevidade do rei fálase do reinado eterno de Deus (2 Sam **7**, 29; Sal **10**, 16).

¹⁴Érguete, Señor, no teu poder;
nós cantaremos con salmos a túa forza.

SALMO 22 (21)
O xusto que sofre

¹Do mestre do coro, segundo "A cerva do abrente". Salmo, de David.

²Meu Deus, meu Deus, ¿por que me abandonas,
lonxe do meu socorro e das palabras do meu xemido?
³Meu Deus, clamo de día, e non respondes;
de noite, e non atopo sosego.

⁴Mais ti e-lo santo
para ti é a louvanza de Israel.
⁵En ti confiaron nosos pais,
confiaron, e ti liberáchelos;
⁶clamaron cara a ti, e foron salvos,
confiaron en ti e non lles fallaches.
⁷Pero eu son un verme máis ca un home,
vergonza da xente e desprezo do pobo.
⁸Tódolos que me ven fan burla de min,
torcendo os labios, movendo a cabeza:
⁹—"Acode ó Señor, que El o libre,
que El o salve, se é que o ama".

¹⁰Ti es quen me sacou do seo materno,
quen me achegou ós peitos de miña nai;
¹¹a ti estou encomendado desde o nacemento,
desde o ventre materno ti e-lo meu Deus.
¹²Non te apartes de min, pois o perigo está preto,
e non hai quen acorra.

¹³Rodéame un fato de xuvencos,
cércanme touros de Baxán;
¹⁴abren a boca cara a min
leóns que devoran e brúan.

¹⁵Son coma auga que se verte,
teño tódolos ósos esnogados;
o meu corazón, coma cera,
derrétese nas miñas entrañas.
¹⁶A miña gorxa está reseca, coma tella,
a lingua apegada ó padal:
botáchesme no po da morte.

¹⁷Rodéanme cans,
cércame un fato de malvados,
atan as miñas mans e os meus pés.
¹⁸Eu podo conta-los meus ósos
eles observan, non me quitan ollo.
¹⁹Reparten os meus vestidos
e botan ás sortes o meu manto.

---

22 *O xusto que sofre:* súplica e canto de victoria. Desde a queixa máis pechada a oración chega á acción de gracias. Ese movemento leva desde a paixón ata a gloria, coma nas figuras do Servo de Iavé e de Xesús Mesías.
22, 2 Palabras que dixo Xesús na agonía (Mc 15, 34).
22, 16 *Gorxa:* tamén se podería ler "forza".

²⁰Pero ti, Señor, non esteas lonxe;
  meu socorro, ven axiña axudarme.
²¹Salva a miña vida da espada;
  o meu único ben, da gadoupa do can;
²²líbrame da boca do león,
  deféndeme dos cornos do touro.

²³Eu falareilles de ti ós meus irmáns,
  louvareite no medio da asemblea.
²⁴Servidores do Señor, louvádeo,
  liñaxe de Xacob, glorificádeo,
  liñaxe de Israel, temédeo.
²⁵Pois El non despreza nin desdeña
  a aflicción dos humildes;
  non lles esconde o seu rostro,
  e, cando piden axuda, El escoita.

²⁶De ti vén a miña louvanza na asemblea;
  cumprirei os meus votos, ante os que te temen.
²⁷Os pobres comerán ata fartarse,
  louvarán ó Señor os que o buscan
  e disfrutarán de vida duradeira.
²⁸Acordarán e volverán ó Señor
  tódolos confíns da terra;
  axeonllaranse na súa presencia
  as familias todas dos pobos.
²⁹Abofé, o reino é do Señor,
  e El goberna as nacións.
³⁰A El só adorarán os satisfeitos da terra,
  ante El axeonllaranse os que baixan ó po
  coa súa alma sen vida.
³¹A súa posteridade hao servir
  e proclamará ó Señor polas xeracións.
³²Cando veñan, cantarán a súa xustiza
  e as súas obras para os que nazan.

SALMO 23 (22)

O bo pastor

¹Salmo, de David.

O Señor é o meu pastor: nada me falta.
²Ós pastos verdecentes lévame a repousar,
  lévame a beber ás augas tranquilas:
³El repón as miñas forzas.
  Guíame por vereas rectas,
  por mor do seu nome.

⁴Se tiver de pasar por vagoadas sombrizas,
  ningún mal temería, pois ti vas comigo:
  o teu bastón e o teu caxato son o meu sosego.

⁵Ti pos para min a mesa,
  á cara dos meus inimigos;

---

23 *O bo pastor:* profesión de confianza en Deus, que coida coma bo pastor do seu rabaño e da hospedaxe na súa tenda.

23, 1 A imaxe do pastor repítese na Biblia moitas veces (Sal 79, 13; 80, 2; 95, 7).

únxesme con perfume a cabeza,
e a miña copa reborda.
⁶A túa bondade e o teu amor vanme seguindo
tódolos días da vida.
Eu habitarei na casa do Señor
ó longo dos meus días.

SALMO 24 (23)
O rei glorioso

¹De David, salmo.
Do Señor é a terra e canto a enche,
o orbe e canto nel habita.
²El é quen a fundou sobre os mares
e quen a asegurou sobre as correntes.

³¿Quen poderá subir ó monte do Señor?
¿Quen poderá quedar no seu santuario?

⁴O que ten as mans limpas e puro o corazón,
o que non pon a mente en cousas vas
e non xura nunca en falso.
⁵Ese recibirá do Señor bendición
e xustiza de Deus, o seu salvador.
⁶Así é a liñaxe dos que o buscan,
dos que buscan a presencia do Deus de Xacob.

⁷Erguede, portas, os linteis,
alzádevos, antigos portais,
para que entre o rei da gloria.
⁸¿Quen é ese rei da gloria?
O Señor, forte e valente,
o Señor, valente nas batallas.

⁹Erguede, portas, os linteis,
alzádevos, antigos portais,
para que entre o rei da gloria.
¹⁰¿Quen é ese rei da gloria?
O Señor dos exércitos,
El é o rei da gloria.

SALMO 25 (24)
Móstrame os teus camiños

¹De David.
Cara a ti ergo, Señor, a miña alma,
²en ti, meu Deus, confío.
Que non se rían de min os inimigos.
³Ninguén que en ti espere quedará defraudado,
mentres se avergonzarán os traidores sen razón.

---

24 *O rei glorioso:* louvanza a Deus creador do mundo, vencedor nas batallas. A estructura fai recordar unha procesión cara ó santuario e unha catequese de entrada.
24, 3 Preguntas coma as da cataquese (Sal **15,** 1; Is **33,** 14).

24, 7 As *portas* do templo co avoengo das do ceo. Deus na imaxe de rei (Ex **15,** 18; Sal **29,** 10; **47**; **93**; **96**; **97**; **98**).
25 *Móstrame os teus camiños:* súplica para que Deus socorra, perdoe e conduza polo camiño da vida. É un salmo alfabético de carácter sapiencial.

⁴Móstrame, Señor, os teus camiños,
  ensíname os teus sendeiros,
⁵diríxeme na túa verdade, apréndeme,
  pois ti es, Deus, o meu salvador
  e estoute a esperar todo o día.

⁶Lémbrate, Señor, da túa compaixón e do teu amor,
  pois existen desde sempre.
⁷Dos erros e das culpas da miña mocidade non te lembres:
  acórdate de min segundo o teu amor,
  Señor, pola túa bondade.

⁸O Señor é bo e recto:
  por iso ensínalle-lo camiño ós extraviados,
⁹dirixe ós xustos no xuízo
  e móstralles ós humildes o vieiro.
¹⁰Os camiños do Señor son todos amor e lealdade,
  para os que gardan a súa alianza e as súas instruccións.
¹¹Polo teu nome, Señor,
  perdoa as miñas culpas, que son grandes.

¹²¿Quen é o que teme ó Señor?
  El ensínalle o camiño que ha elixir:
¹³pasará a vida con ben,
  herdarán a terra os seus fillos.
¹⁴O segredo do Señor é para os que o temen,
  e instrúeos coa súa alianza.
¹⁵Teño sempre postos os ollos no Señor,
  pois El tira da rede os meus pés.
¹⁶Vóltate cara a min e tenme compaixón,
  pois estou só e aflixido.
¹⁷No meu corazón medra a pesadume;
  líbrame ti das angustias.

¹⁸Olla a miña aflicción e os meus traballos,
  e perdoa os meus erros.
¹⁹Olla os meus inimigos, cantos son,
  e o odio violento que me teñen.
²⁰Gárdame a vida, sálvame;
  non me vexa defraudado por acollerme a ti.
²¹A inocencia e a rectitude hanme protexer:
  a miña esperanza está en ti.

²²Redime, Deus, a Israel
  de tódalas súas angustias.

SALMO   26 (25)

Invocación do inocente

¹De David.

Faime xustiza, Señor,
pois a miña conducta é inocente.
Confío no Señor, e non esvararei.

25, 7 Os erros da mocidade recórdanse despois (Xob 13, 26; Ez 23, 21).
26 *Invocación do inocente:* a rectitude sincera e probada permite esperar unha sorte diversa da que agarda ós pecadores e ós errados.

²Examíname, Señor, e ponme á proba,
esculca o meu interior e o meu corazón.
³Teño ante os ollos a túa misericordia
e ando na túa verdade.

⁴Non me paro con xente falsa,
nin me xunto cos hipócritas;
⁵aborrezo a reunión dos malfeitores,
e non sento cos impíos.

⁶Purifico, Señor, as miñas mans
e dou voltas arredor do teu altar,
⁷proclamando a túa louvanza,
contando as túas marabillas.
⁸Amo, Señor, a casa onde moras,
o lugar onde habita a túa gloria.

⁹Non xúnte-la miña alma cos pecadores,
a miña vida coa xente sanguinaria,
¹⁰que leva o crime nas mans,
chea de suborno a súa dereita.

¹¹A miña conducta é inocente.
Sálvame; ten compaixón de min.
¹²O meu pé mantense en bo camiño;
nas asembleas bendigo ó Señor.

SALMO 27 (26)

Na terra da vida

¹De David.
O Señor é a miña luz e salvación,
¿a quen hei de temer?
O Señor é o meu castelo,
¿ante quen hei de tremer?

²Cando os malfeitores me atacan
para devora-la miña vida,
son eles, os meus inimigos e opresores,
os que esvaran e caen.

³Mesmo se un exército acampase contra min,
o meu corazón nin temería;
aínda que rompese o combate contra min,
tamén entón confiaría.

⁴Unha cousa pídolle ó Señor,
unha cousa procuro:
habitar na casa do Señor,
tódolos días da vida,
para gozar da dozura do Señor,
visitando o seu templo.

26, 6 Reflexa os ritos de purificación cúltica (Ex 30, 19-21; Dt 21, 6ss).
27 *Na terra da vida:* a expresión da confianza prepara para a súplica. Nun tempo puideron ser dúas oracións independentes, comezando co v 7 a segunda.
27, 2 *Devorar,* come-la carne, calumniar (Dn 3, 8; 6, 25).

⁵Na hora mala escóndeme na súa tenda,
acólleme na súa morada,
érgueme enriba dunha rocha.
⁶Por iso levanto a cabeza
dominando os inimigos que me rodean.

Ofrecerei na súa morada sacrificios xubilosos,
cantarei e entoarei salmos ó Señor.

⁷Escoita, Señor, a voz que chama,
ten piedade e respóndeme.
⁸Por ti dime o corazón:
—"Buscade a miña presencia".
A túa presencia eu busco, Señor.

⁹Non te escondas de min,
non me desbotes con ira.
Ti e-la miña axuda; non me deixes,
non me abandones, Deus, meu salvador.
¹⁰Se meu pai e miña nai me abandonan,
acollerame o Señor.

¹¹Ensíname, Señor, o teu camiño,
guíame pola senda recta,
por causa dos meus perseguidores.
¹²Non me entregues ó capricho do opresor,
pois érguense contra min falsas testemuñas,
que respiran violencia.

¹³Eu espero gozar dos bens do Señor
na terra da vida.
¹⁴Espera no Señor;
ten corazón forte e valente
e espera no Señor.

SALMO 28 (27)

Súplica e acción de gracias

¹De David.

Por ti chamo, Señor;
non te fága-lo xordo, miña rocha,
pois se calas ti no meu caso,
serei coma os que baixan á cova.

²Escoita o meu lamento, cando berro cara a ti
e levanto as miñas mans cara ó teu templo.
³Non me arrebates cos impíos e malfeitores,
que saúdan coa paz ós veciños,
mentres pensan mal nos adentros.

⁴Págalles conforme os feitos
e conforme a maldade das súas accións;

27, 13 A *terra da vida* contraponse ó "Xeol", lugar dos mortos; alí é onde Deus está cos homes (Sal 116, 9).
28 *Súplica e acción de gracias:* non pode se-lo mesmo o pago dos malvados có dos xustos. Na liberación dun xusto hai unha mostra para todos.

dálles segundo a obra das súas mans,
devólvelle-lo seu merecido.

⁵Non contan coa acción do Señor,
nin coas obras da súa man:
que el os destrúa e non os restaure.

⁶Bendito sexa o Señor,
que escoita a miña súplica.
⁷Ó Señor é a miña forza e o meu escudo;
eu confío nel e axúdame.
Alégraseme o corazón
e doulle as gracias co meu canto.
⁸O Señor é a forza do seu pobo,
fortaleza de salvación do seu unxido.
⁹Salva ó teu pobo, bendice a túa herdade,
apacéntaos e lévaos por sempre.

SALMO 29 (28)
Linguaxe da tempestade

¹Salmo, de David.

Tributádelle ó Señor, fillos de Deus,
tributádelle ó Señor honor e forza;
²tributádelle ó Señor o honor do seu nome,
adorade ó Señor con ornamento sagrado.

³Unha voz:
"O Señor sobre as augas,
o Deus glorioso fai treboar,
o Señor sobre as moitas augas".
⁴Unha voz: "O Señor no seu poder".
Unha voz: "O Señor na súa maxestade".
⁵Unha voz:
"O Señor tronza os cedros,
tronza o Señor os cedros do Líbano;
⁶fai choutar, coma un becerro, o Líbano,
o Sirión coma un antílope".
⁷Unha voz: "O Señor fai lostregar".
⁸Unha voz: "O Señor estarrece o deserto,
estarrece o Señor o deserto de Cadex".
⁹Unha voz: "O Señor retorce os carballos
e arrinca os arboredos.
No seu santuario todo di: ¡Gloria!

¹⁰O Señor pon o asento sobre as augas,
pon asento de rei eterno.
¹¹O Señor dálle forza ó seu pobo,
o Señor bendí ó seu pobo coa paz".

28, 5 Destruír e reconstruír ou restaurar, imaxes que emprega Xeremías (Xer **1**, 10; **24**, 6; **31**, 28; **42**, 10; **45**, 4).
29 *Linguaxe da tempestade:* canto a Deus creador, dono do mundo, que se revela na forza desencadeada por unha tempestade.
29, 3ss O poema repite sete veces o termo "voz" (o trono), para reproduci-la tempestade e comenta-lo que significa.
29, 9 *Retorce os carballos,* no lugar de "fai pari-las cervas", como se debería ler coa vocalización do hebreo.
29, 10 *As augas* de arriba (Xén **1,**6ss), enriba das que Deus ten o asento.

SALMO 30 (29)
Gracias pola vida

¹Salmo, canto da dedicación do templo do Señor. De David.

²Eu lóuvote, Señor, que me liberas
e non deixas que o inimigo faga riso de min.
³Señor, meu Deus,
eu suplico, e ti sándasme;
⁴sácasme do abismo
e mantesme na vida,
lonxe dos que baixan ó sepulcro.

⁵Cantádelle ó Señor os seus amados,
louvade o seu santo nome.
⁶O seu asaño dura só un intre;
o seu favor, toda a vida.
Se hai pranto á tardiña,
ó abrente xa hai ledicia.

⁷Eu digo ben seguro:
—"Nunca perecerei".
⁸O teu favor, Señor, sostén a miña forza;
pero se ocúlta-lo rostro, quedo conturbado.
⁹Por ti chamo, Señor,
ó meu dono suplico.
¹⁰¿Que gañas ti coa miña morte
e con que eu baixe ó sepulcro?
¿Ou é que pode louvarte o po
e proclama-la túa fidelidade?

¹¹Escoita, Señor; ten compaixón de min,
se ti, Señor, a miña axuda.
¹²Ti podes troca-lo loito en danza,
espirme do saco e vestirme de festa,
¹³para que o meu peito che cante, sen calar.
Señor, meu Deus,
por sempre te hei louvar.

SALMO 31 (30)
Nas túas mans está o meu porvir

¹Do mestre do coro. Salmo, de David.

²A ti, Señor, eu acóllome:
que endexamais non me vexa defraudado.
³Pon o oído cara a min,
dáte présa en socorrerme.
Se a rocha do meu refuxio,
o castelo forte onde me salve.

⁴Xa que ti e-la miña rocha e o meu castelo,
por mor do teu nome, diríxeme e guíame.

---

30 *Gracias pola vida:* a vida é o prezado ben que abrangue os bens todos. Fai ergue-los ollos cara a Deus, para louvar e agradecer, para confiar e suplicar.
30, 4 *Abismo,* o lugar dos mortos, o Xeol (Sal **9,** 18; **18,** 6; **28,** 1; **49,** 15s; **88,** 4ss; **105,** 4).
31 *Nas túas mans está o meu porvir:* a confianza en Deus afasta as afliccións do corpo e do espírito; desarma os inimigos que abouran e os amigos que deleixan.

⁵Tírame da rede que me tenden,
pois ti e-lo meu refuxio.
⁶Nas túas mans encomendo a miña vida,
e ti librarasme, Señor, Deus fiel.

⁷Aborrezo a quen adora ídolos vans;
en canto a min, eu confío no Señor.
⁸Teño gozo e ledicia na túa misericordia,
pois ti ólla-la miña aflicción,
e coñéce-las miñas angustias.
⁹Non me entregas nas man do inimigo,
ti pos en campo aberto os meus pés.

¹⁰Ten compaixón, Señor, pois estou aflixido,
gástanse de tristura os meus ollos,
a alma e mailas entrañas.
¹¹A miña vida consómese na dor,
os meus ósos en xemidos;
a miña forza treme coa aflicción,
e consómense os meus ósos.

¹²Son o riso dos inimigos,
a burla dos meus veciños.
Para os meus coñecidos son espanto:
foxen ó verme na rúa.
¹³Esquécense de min, coma dun morto;
eu son coma un cacharro que non serve.

¹⁴Oio o murmurar da xente
—terror por tódolos lados—,
cando se xuramentan contra min
e traman quitarme a vida.

¹⁵Mais eu teño confianza en ti, Señor,
e digo: —"Ti e-lo meu Deus.
¹⁶Nas túas mans está o meu porvir:
líbrame do poder dos inimigos e dos meus perseguidores.
¹⁷Fai brilla-lo teu rostro para o teu servo,
sálvame, pola túa misericordia.

¹⁸Señor, que non me avergonce de invocarte;
que se avergoncen os malvados
e baixen, mudos, ó abismo.
¹⁹Enmudezan os labios mentireiros,
que falan en contra dos xustos
con insolencia, soberbia e desprezo.

²⁰¡Que grande é o ben
que reservas para aqueles que te temen,
o que lles fas ós que a ti se acollen,
á vista de tódalas xentes!
²¹Na túa presencia faslles un refuxio,
un agarimo contra a conxura humana.
Escóndelos na túa tenda
das linguas maliciosas.

31, 6 Na boca de Xesús e de Estevo na hora da agonía (Lc **23**, 46; Feit **7**, 59).

²²Bendito sexa o Señor,
que me mostra un amor admirable
nunha vila amurallada".
²³Moi apurado eu dicía:
—"Botáchesme de diante dos teus ollos".
Pero a verdade é que me escoitas,
cando clamo cara a ti.
²⁴Amade o Señor, tódolos xustos:
o Señor garda os leais
e dálle-lo seu pago ós soberbios.
²⁵Sede fortes e valentes
os que esperades no Señor.

SALMO 32 (31)
Perdoáche-la miña culpa
¹De David, *maskil*.
Feliz o que ten perdoada a súa culpa,
encuberto o seu pecado.
²Feliz aquel a quen o Señor
non lle ten en conta o seu pecado
e non leva fraude no espírito.

³Mentres calaba, consumíanseme os ósos;
era un laiarme todo o día.
⁴Día e noite a túa man pesaba sobre min
e o meu vigor murchou coma no ardor do verán.

⁵Confeseiche o meu pecado,
non che escondín o meu delito;
dixen para min: —"Confesarei os erros ó Señor",
e ti perdoáche-la miña culpa.

⁶Por isto implorarante tódolos xustos,
na hora da súa angustia
e a enxurrada das augas
non os tocará.
⁷Ti e-lo meu agarimo: gárdasme dos perigos
e cínguesme co gozo do rescate.

⁸Eu instruireite e ensinareiche
o camiño que has de seguir;
aconsellareite, pousarei os meus ollos sobre ti.
⁹Non sexades coma o cabalo e o mulo,
que non teñen entendemento:
hai que domárlle-lo ímpetu coa rédea e mais co freo,
doutro xeito non se acercan.

¹⁰Moitas son as dores dos malvados,
pero quen confía no Señor
experimentará a súa gracia.
¹¹Alegrádevos no Señor e reloucade os xustos,
aclamádeo tódolos rectos de corazón.

---

32 *Perdoáche-la miña culpa:* oración penitencial (Sal **6**). O que se sente perdoado agradece, canta e pregoa a súa felicidade.

32, 6 *Angustia,* corrixido.
32, 9 Texto hebreo confuso. Comparación dos fatos cos animais (Sal **49,** 13.21; **73,** 22; Pr **26,** 3).

SALMO 33 (32)
Canto á palabra creadora

¹Alegrádevos, xustos, no Señor:
 ós rectos acáelle-la louvanza.
²Festexade ó Señor con cítolas,
 tocade con harpa de dez cordas.
³Cantádelle unha nova cántiga,
 tanxédelle ben, con aturuxos.

⁴A palabra do Señor é recta
 e tódalas súas obras son leais:
⁵El quere o dereito e a xustiza,
 a súa misericordia enche a terra.

⁶Pola palabra do Señor foron feitos os ceos,
 polo alento da súa boca tódolos astros.
⁷Xuntou, coma nun fol, a auga do mar,
 meteu en depósitos o océano.

⁸Adore ó Señor a terra enteira,
 estremézase diante del a poboación do orbe,
⁹pois falou El, e existiron,
 mandouno El, e xurdiron.
¹⁰O Señor estraga o consello das nacións,
 desbarata os designios dos pobos.
¹¹O consello do Señor dura por sempre,
 os seus plans de xeración en xeración.

¹²Feliz a nación que ten a Deus por Señor,
 o pobo que El elixiu como herdade.

¹³Desde o ceo mira o Señor,
 olla para tódolos homes;
¹⁴desde a súa morada observa
 a tódolos habitantes da terra.
¹⁵El modelou o corazón de todos eles
 e esculca as súas obras.

¹⁶Non os moitos soldados lle dan a victoria ó rei
 nin é a moita forza a que salva ó guerreiro;
¹⁷engano é a cabalería para a victoria,
 un grande exército non é a salvación.

¹⁸Os ollos do Señor miran polos seus fieis,
 polos que esperan na súa misericordia,
¹⁹para libra-la súa vida da morte,
 para os manter no tempo da miseria.

²⁰Nós agardámo-lo Señor:
 El é o noso socorro, o noso escudo.

---

33 *Canto á palabra creadora:* louvanza ó Deus que vén ó encontro dos homes coma creador e salvador no mundo, nos acontecementos da vida, nas victorias. **33, 6** *Astros* ou exércitos, as cousas creadas (Xén **2**, 1; Is **34**. **33, 9** A creación pola palabra (Xén **1**, 3ss). **33, 16s** Coma no Sal **20**, 8; **147**, 10; Is **31**, 1.

²¹Nel alégrase ó noso corazón
e confiamos no seu nome.

²²Veña a nós, Señor, a túa misericordia,
como de ti o esperamos.

SALMO 34 (33)
Prosperidade para os pobres

¹De David. Cando se finxiu louco dediante de Abimélec e marchou despedido.

²Eu bendigo ó Señor en todo instante,
teño sempre na boca a súa louvanza;
³gloríome no Señor,
e os humildes alégranse, ó escoitalo.

⁴Exaltade comigo ó Señor,
louvemos xuntos o seu nome.
⁵Eu busco ó Señor, e El responde,
líbrame de tódolos temores.
⁶Ollade para El e refulxide,
non poñades caras murchas.

⁷O Señor escoita ó pobre que o chama
e líbrao de tódolos apretos.
⁸O anxo do Señor acampa en torno ós seus fieis
e dálles seguridade.

⁹Gustade e vede que bo é o Señor:
feliz quen a El se acolle.
¹⁰Temede ó Señor os seus devotos,
pois nada lles falta ós que o temen.
¹¹Empobrecen os ricos, pasan fame,
pero ós que buscan ó Señor ningún ben lles faltará.

¹²Vinde, fillos; escoitade:
ensinaréivo-lo temor do Señor.
¹³¿Quen ama a vida
e arela días de prosperidade?
¹⁴Garda a túa lingua do mal,
os teus labios de falas enganosas.
¹⁵Arrédate do mal e fai o ben,
busca a paz, corre tras ela.

¹⁶Os ollos do Señor están cara ós xustos,
os seus oídos cara ó seu clamor;
¹⁷mais o Señor mira con enfado ós malvados,
para borrar da terra a súa memoria.
¹⁸Claman aqueles, e o Señor escoita,
líbraos de tódalas angustias.
¹⁹O Señor está preto do aflixido,
salva ó asoballado.

---

34 *Prosperidade para os pobres:* en forma alfabética, este salmo comeza coma un himno e acaba coma un poema didáctico. Ensina que Deus asegura a prosperidade para os xustos.

34, 8 *O anxo* é Deus mesmo nas súas manifestacións (Sal **35,** 5; **91,** 11).
34, 9 Citado en 1 Pe **2,** 3.
34, 11 *Os ricos,* lectura tirada dos Setenta.

²⁰Moitos son os males dos xustos,
  pero de todos os libra o Señor.
²¹El coida dos seus ósos,
  nin un só romperán.
²²A maldade mata ó impío;
  quen aborrece os xustos será castigado.
²³O Señor redime os seus servos:
  non será castigado quen a El se acolle.

SALMO 35 (34)
O oprimido espera xustiza

¹De David.

Ataca, Señor, ós que me atacan,
  combate ós que me combaten.
²Colle escudo e broquel,
  érguete para axudarme;
³brande a lanza, failles fronte ós meus perseguidores,
  dime: —"Eu son a túa salvación".

⁴Avergóncense e confúndanse
  os que buscan a miña vida;
  volten avergonzados
  os que buscan o meu dano.
⁵Sexan como coaño ante o vento,
  e que os axote o anxo do Señor.
⁶Sexa o seu camiño tebregoso e esvaradizo,
  e que os persiga o anxo do Señor.

⁷Sen razón téndenme redes,
  sen razón cávanme foxos.
⁸Que lles veña a ruína de improviso,
  que os collan as redes que tenderon
  e que caian nos foxos que cavaron.

⁹Eu alegrareime no Señor,
  folgareime co seu socorro.
¹⁰Dirá todo o meu ser:
  —"Señor, ¿quen hai coma ti,
  que defénde-los humildes dos poderosos,
  os pobres e indixentes dos que os desposúen?"

¹¹Preséntanse testemuñas violentas
  e interróganme sobre cousas que non sei.
¹²Páganme mal por ben,
  desposúenme de todo.

¹³Pero eu, cando estaban eles enfermos,
  vestíame de saco,
  aflixíame co xexún
  e inclinábame na súplica.
¹⁴Como por amigos e irmáns andaba de aquí para alí,
  como en dó pola nai, estaba triste e murcho.

---

35 *O oprimido espera xustiza:* súplica pola liberación e por que Deus xulgue os opresores.
35, 10 *Todo o meu ser* é o que se quere dicir con "os meus ósos" (Sal **6,** 3; **42,** 11; **51,** 10).
35, 12 *Mal por ben,* coma en Xén **44,** 4; Sal **38,** 21; **109,** 5.

¹⁵Agora, no meu tropezo, alégranse eles e xúntanse:
xúntanse contra min, baten de súpeto,
tronzan nun sen parar;
¹⁶profanan e fan burla,
renxen os dentes contra min.

¹⁷¿Canto tempo, Señor, o estarás vendo?
Sálvame a vida dos seus ruxidos,
o meu ben único, dos leóns.
¹⁸Eu dareiche gracias na asemblea,
louvareite ante a multitude.

¹⁹Que non se rían de min os que sen razón me queren mal,
non chisquen o ollo os que sen razón me odian.
²⁰Endexamais non saúdan coa paz,
contra a xente tranquila arman as trampas.
²¹Abren a boca contra min, para dicir:
—"¡Vaites, vaites! Vímolo cos nosos ollos".

²²Ti, Señor, que ves, non cales,
non esteas lonxe de min.
²³Esperta, apúrate, por mor do meu dereito,
meu Deus e meu Señor, por mor da miña causa.
²⁴Xúlgame ti, Señor, meu Deus, conforme a túa rectitude,
que non se rían de min;
²⁵que non poidan pensar: —"¡Ahá! O que queriamos",
que non poidan dicir: —"Xa o engulipamos".

²⁶Avergóncense e confúndanse
os que se alegran do meu mal;
cúbranse de aldraxe e deshonra
os que se envalentan contra min.
²⁷Que canten e se alegren
os que queren o meu triunfo,
e que poidan dicir: —"Sexa exaltado o Señor,
que quere a paz do seu servo".
²⁸A miña lingua proclamará a túa xustiza
e a túa louvanza o día enteiro.

SALMO 36 (35)

Vinganza e providencia

¹Do mestre do coro. De David, servo do Señor.

²Unha sentencia de culpa contra o impío
levo no corazón.
O temor de Deus non conta ós seus ollos,
³gábanse de non atopar en si maldade que aborrecer.
⁴Os ditos da súa boca son malignos e falsos,
deixou de entender e de face-lo ben.
⁵No seu leito remoe na maldade,
teima no mal camiño,
non ten repugnancia do mal.

35, 16 *Profanan*, reconstruído segundo os Setenta.
36 *Vinganza e providencia:* á vista da sorte dos malvados, os xustos suplican de Deus misericordia.
36, 2 *Unha sentencia de culpa*, traducción que interpreta unha expresión ambigua.

⁶A túa misericordía, Señor, alcanza o ceo,
  a túa fidelidade chega ás nubes.
⁷A túa xustiza é alta coma os montes,
  os teus xuízos son fondos coma o mar.
  Ti, Señor, socorres a homes e animais.
⁸¡Que precioso, Deus, é o teu amor!

Os humanos acóllense á sombra das túas ás,
⁹fártanse coa abundancia da túa casa.
  Ti dáslles a beber do río das túas delicias,
¹⁰pois está en ti a fonte da vida,
  e a túa luz fai que vexamos nós a luz.

¹¹Alonga o teu favor ós que te recoñecen,
  a túa providencia ós rectos de corazón.
¹²Que os pés do soberbio non me atrapen,
  que non me mova a man do impío.
¹³Alá caen xa os malfeitores,
  e, caídos, non poden máis erguerse.

SALMO 37 (36)

Hai un porvir para os xustos

¹De David.

Non te alporices por cousa dos malvados,
  nin envéxe-los malfeitores,
²pois axiña secan, coma feno,
  murchan, coma a herba.

³Confía no Señor e fai o ben,
  vive na terra, practicando a lealdade;
⁴pon as delicias no Señor:
  El darache o que arela o teu corazón.

⁵Encomenda ó Señor o teu porvir
  e confía nel, que El fará:
⁶El fará saí-la túa xustiza coma a luz,
  o teu dereito coma o sol do mediodía.

⁷Descansa no Señor e espera nel,
  non te irrites polos que triunfan
  e polos que manexan a intriga.
⁸Calma a ira, reprime o noxo,
  non te irrites: poderías facer mal.

⁹Os malvados serán certamente destruídos,
  mais os que esperan no Señor posuirán a terra.
¹⁰Un pouco aínda: xa os impíos non existen,
  fíxate no seu lugar: xa non están;
¹¹os humildes, en cambio, herdan a terra
  e gozan de paz perfecta.
¹²O malvado trama o mal contra os xustos
  e renxe os dentes contra eles;

36,8 *As ás* significan protección (Sal **17,**8; **57,**2; **63,**8; **91,**4). na retribución xusta de Deus. Cada un terá no seu futuro
37 *Hai un porvir para os xustos:* profesión de confianza o porvir que merece.

¹³pero o Señor ri das súas contas,
vendo que lles chega o seu día.

¹⁴Os impíos desenvaíñan as espadas,
tensan os seus arcos,
para abate-los pobres e os humildes,
para lles da-la morte ós honrados,
¹⁵Pero a súa propia espada lles atravesará o corazón
e hanse quebra-los seus arcos.

¹⁶Vale máis a migalla dos xustos
cá opulencia dos malvados,
¹⁷pois ós malvados rómpenlle-los brazos,
pero os xustos sostenos o Señor.
¹⁸O Señor coida da sorte dos honrados,
a súa herdade é duradeira.
¹⁹No tempo da desgracia non quedarán defraudados,
nos días de fame han ter fartura.

²⁰Perecerán en troques os malvados,
murcharán os inimigos do Señor
coma o verde dos prados,
han esvaecer coma o fume.

²¹O malvado pide prestado e non devolve,
mais o xusto apiádase e fai dons.
²²Aqueles que El bendiga posuirán a terra,
os que El maldiga serán exterminados.

²³O Señor asegura os pasos do home
que co seu camiño o comprace.
²⁴Non quedará por terra, aínda que caia,
pois o Señor teno da man.

²⁵Fun mozo e agora vou vello,
e nunca vin un xusto abandonado,
nin os seus fillos pedindo pan.
²⁶Apiádase sempre e presta,
e a súa descendencia é louvada.

²⁷Fuxe do mal e fai o ben,
e terás casa duradeira;
²⁸porque o Señor ama a xustiza
e non abandona os seus fieis.

Estes perdurarán,
mentres a caste dos malvados é arrincada.
²⁹Os xustos herdarán a terra
e habitarán nela para sempre.

³⁰A boca do xusto deita sabedoría,
a súa lingua fala o que é recto.
³¹Leva no corazón a lei de Deus,
e os seus pasos non tremelean.

³²O malvado axexa ó xusto,
buscando darlle morte.

³³Pero o Señor non o deixa da súa man
nin permite que o condenen no xuízo.

³⁴Confía no Señor e garda o seu camiño:
el levarate á posesión da terra
e a ve-lo exterminio dos malvados.

³⁵Vin o malvado fachendear,
crecer coma o cedro frondoso;
³⁶pasei de novo e xa non estaba,
busqueino e non o atopei.

³⁷Garda a inocencia e gusta do dereito,
pois para a xente de paz hai posteridade,
³⁸mentres os pecadores serán dun golpe exterminados,
a posteridade dos malvados extinguida.

³⁹A salvación dos xustos vén do Señor:
El é o seu refuxio no tempo da angustia.
⁴⁰O Señor axúdaos e líbraos,
líbraos dos malvados e presérvaos,
porque se acollen a El.

SALMO 38 (37)

Eu confeso a miña culpa

¹Salmo, de David, en lembranza.
²Señor, non me reprendas con ira,
non me corrixas con noxo.

³As túas frechas espetáronse en min,
sobre min descende a túa man.
⁴Non hai membro san no meu corpo
por mor da túa indignación;
non hai sosego para os meus ósos,
por causa do meu pecado.

⁵As miñas culpas sóbenme á cabeza,
coma carga que non podo aturar;
⁶as miñas chagas feden e deitan pus,
por culpa dos meus erros.

⁷Ando encollido, derreado,
sombrizo, todo o día.
⁸Os meus riles están cheos de quentura,
non hai no meu corpo membro san.
⁹Estou esgotado, de todo deprimido,
bruando cos bramidos do meu peito.

¹⁰Tódalas miñas ansias, Señor, che están presentes,
os meus suspiros non se che esconden.

37, 36 *Pasei,* lendo, coas versións, en primeira persoa (v 10; Xob **20,** 7).
38 *Eu confeso a miña culpa:* súplica polo perdón, pola saúde e pola liberación da man dos opresores. É un salmo penitencial (cf Sal **6**).
38, 3 As *frechas* das probas e dos castigos (Xob **6,** 4; Lam **3,** 12s; Ez **5,** 16).

¹¹O meu corazón palpita, as forzas abandónanme
e mesmo me falta a luz dos meus ollos.

¹²Amigos e compañeiros foxen das miñas chagas,
os meus parentes quédanse ó lonxe.
¹³Os que atentan contra a miña vida tenden lazos,
os que buscan o meu mal falan de ruína
e traman traición todo o día.

¹⁴Pero eu son coma xordo que non oe,
coma mudo que non abre a súa boca.
¹⁵Son coma o que non oe
e non ten resposta que dar.

¹⁶En ti, Señor, confío,
e ti responderás, Señor, meu Deus.
¹⁷Eu pido: —"Non se rían á miña conta,
non me asoballen, se esvara o meu pé".
¹⁸Porque, en verdade, estou para caer,
e a miña dor sempre comigo.

¹⁹Eu confeso a miña culpa,
inquédame o meu pecado.
²⁰Os inimigos da miña vida son potentes;
son moitos os que me odian sen razón;
²¹os que volven mal por ben sonme hostís,
por buscar eu o ben.

²²Non me abandones ti, Señor,
non esteas lonxe, meu Deus.
²³Dáte présa a axudarme,
Señor, a miña salvación.

SALMO 39 (38)

A medida dos meus días

¹Do mestre do coro, segundo Iedutún. Salmo, de David.

²Propúxenme coidar do meu comportamento,
non errar coa miña lingua,
gardar con freo a miña boca,
namentres o impío está diante.

³Afundinme no silencio, calei diante da sorte,
pero a miña dor recrudeceu.
⁴O corazón ardíame por dentro,
o meu cavilar botaba lume,
e deixei libre a miña lingua.

⁵Móstrame, Señor, cal é o meu porvir,
cal a medida dos meus días,
para que entenda o efímero que son.
⁶Déchesme vida de poucos palmos,
a miña existencia é unha nada ante ti.

---

39 *A medida dos meus días:* elexía aceda sobre a condición efémera da existencia humana: amorearse de calamidades, pecados e castigos, ata que o home acaba revoltándose.
39, 2 *Propúxenme,* lit. "díxenme".

Como moito, é un sopro
o que dura un home.
⁷Vaise coma unha sombra.
Axítase para nada,
atesoura sen saber para quen.

⁸E agora, Señor, ¿que esperanza me queda?
A miña confianza está en ti.
⁹Líbrame ti dos meus pecados,
non me expoñas á burla dos parvos.
¹⁰Eu calo; non quero abri-la boca,
pois es ti quen actúa.

¹¹Arreda os teus golpes de min,
pois desfaime o furor da túa man.
¹²Ti castíga-los homes para escarmento
e como a traza róe-la súa fermosura:
soamente un sopro son os homes.
¹³Escoita, Señor, a miña oración,
atende a miña queixa
e non fága-lo xordo ás miñas bágoas.
Eu son para ti un forasteiro,
un peregrino coma os meus antepasados.
¹⁴Deixa de espreitarme, para que poida alentar,
antes de que me vaia e non exista.

SALMO 40 (39)

Non escondo a túa xustiza

¹Do mestre do coro. De David, salmo.

²Esperar, eu espero no Señor:
El vólvese para min e escoita o meu lamento.
³Tírame do pozo burbullante,
da poza lamacenta;
ergue os meus pés sobre a rocha
e afirma os meus pasos.
⁴Ponme na boca un cantar novo,
louvanza do noso Deus.

Ó velo, moitos temerán
e confiarán no Señor.
⁵Feliz o que pon no Señor a esperanza
e non acode ós arrogantes,
que se extravían no engano.

⁶Grandes cousas fas, Señor, meu Deus;
nos teus proxectos sobre nós ninguén se che semella.
Se quixese referilos e pregoalos,
excederían toda conta.

⁷Ti non queres sacrificios e ofrendas
—sobre iso abríchesme o oído—,
non pides holocaustos nin víctimas expiatorias.

---

40 *Non escondo a túa xustiza:* acción de gracias e deprecación de nova axuda. A segunda parte, desde o v 12, volve a aparecer no Sal **70**.

40, 3 Referencia ó sepulcro e ó "Xeol" (Sal **18**, 5; **88**, 4s).
40, 7 Crítica da piedade aparente (Sal **50**, 7ss; Xer **7**, 21-23 Os **6**, 6; Am **5**, 12s).

⁸Entón digo: —"Aquí veño
co libro escrito para min".
⁹Face-la túa vontade, meu Deus, é o que eu quero;
a túa lei está no fondo de min mesmo.

¹⁰Proclamo a túa salvación na asemblea,
non pecho os meus labios: ben o sabes, Señor.
¹¹Non escondo no peito a túa xustiza,
anuncio a túa fidelidade e o teu auxilio.
Non encubro o teu amor e a túa verdade
diante da gran asemblea.

¹²E ti, Señor, non me cérre-las entrañas;
que me garden sempre o teu amor e verdade,
pois males sen conto me rodean,
atrápanme as miñas culpas,
xa non podo nin ver.
¹³Son máis numerosas cós pelos da cabeza,
e fáltame o alento.

¹⁴Ten a ben, Señor, salvarme,
corre, Señor, a axudarme.
¹⁵Que se vexan confusos e corridos
os que me perseguen á morte;
que volten para atrás, avergonzados,
os que buscan a miña ruína;
¹⁶que enmudezan de vergonza
os que se rin de min.

¹⁷Alégrense e folguen contigo
tódolos que te buscan;
que poidan sempre dicir
os que arelan a túa salvación:
—"Exaltado sexa o Señor".

¹⁸Eu son humilde e pobre,
pero o Señor coida de min.
Ti e-la miña rocha, o meu liberador:
meu Deus, non te demores.

SALMO 41 (40)

Conforto na enfermidade

¹Do mestre do coro. Salmo, de David.

²Feliz quen coida do coitado:
no día da calamidade librarao o Señor.
³O Señor gardarao, conservaralle a vida,
farao feliz sobre a terra
e non o entregará ó capricho do inimigo.
⁴O Señor socorrerao no leito da dor,
aliviarao na súa enfermidade.

⁵Eu digo: —"Señor, ten compaixón de min,
sándame, que teño pecado contra ti".

---

1 *Conforto na enfermidade:* oración pola saúde do corpo e do espírito e por unha vida chea de bens.

⁶Os meus inimigos agóiranme o peor:
—"A ver se morre e se perde o seu nome".
⁷Se algún me vén ver, finxe,
garda nos adentros cousas de malicia,
para pregoalas ó saír.

⁸Os meus inimigos xúntanse para murmuraren de min,
e apóñenme o mal que padezo:
⁹—"Unha peste maligna caeu sobre el;
deitouse para non se erguer nunca máis".
¹⁰Mesmo o amigo en quen confiaba,
que comía do meu pan,
levanta o seu pé contra min.

¹¹Pero ti, Señor,
ten compaixón de min e ponme en pé,
para que poida pagarlles.
¹²Nisto saberei que teño o teu favor:
que o meu inimigo non cante victoria sobre min.
¹³Se eu estou san, é que ti me sostés
e mantesme sempre diante de ti.

¹⁴Bendito sexa o Señor, Deus de Israel,
desde sempre e para sempre. Amén. Amén.

SALMO 42 (41)

A miña alma ten sede

¹Do mestre do coro. *Maskil,* dos coreítas.

²Como devece a cerva pola auga dos regatos,
así devece por ti, meu Deus, a miña alma.
³A miña alma ten sede do Deus vivo:
¿cando verei o rostro de Deus?

⁴As miñas bágoas son, día e noite, o meu pan,
mentres decote me din:
—"¿Onde está o teu Deus?".
⁵Cando diso me lembro,
desafoga comigo a miña alma:
—"Eu marchaba á fronte do pobo
cara á casa de Deus,
entre voces de xúbilo e louvanza
de xentío en festa".

⁶¿Por que desacougas, miña alma,
e por que andas inqueda?
Volverei aínda a louvalo:
a miña salvación, o meu Deus.

⁷A miña alma esmorece,
e por iso lémbrome de ti,
desde o Xordán, o Hermón e o Misar.

41, 8 O que sofre —di o principio da retribución—, sofre pola súa culpa (Sal **38**, 4; **107**, 17).
41, 14 Doxoloxía que cerra o libro primeiro dos salmos.
42 *A miña alma ten sede:* o home pregunta con saudade polo Deus que está escondido na súa trascendencia. Este salmo e mailo seguinte fan unha mesma oración.
42, 2 A imaxe é realista e ten forza (Xer **14**, 5s; Xl **1**, 20).
42, 3 *Deus vivo,* que vive e dá vida (Sal **84**, 3; Xer **10**, 10; **23**, 36).

⁸Un abismo chama a outro
  con voces de cachoeira;
  as túas cristas e as túas ondas
  pasan por riba de min.

⁹Polo día outorga o Señor a súa axuda,
  pola noite cántolle ó Deus da miña vida.
¹⁰Direille: —"Miña rocha, ¿por que te esqueces de min?
  ¿Por que terei que andar penando,
  asoballado polo inimigo?".
¹¹Québranseme os ósos
  polas burlas dos opresores,
  que decote me din:
  —"¿Onde está o teu Deus?".

¹²¿Por que desacougas, miña alma,
  e por que andas inqueda?
  Espera en Deus.
  Volverei aínda a louvalo:
  a miña salvación, o meu Deus.

SALMO 43 (42)

A miña alma ten sede

¹Faime xustiza, Deus; defende a miña causa
  da xente sen piedade;
  líbrame do home falso e perverso.

²Ti e-lo meu Deus e o meu refuxio.
  ¿Por que, pois, me rexeitas?
  ¿Por que terei que andar penando
  asoballado polo inimigo?

³Manda a túa luz e a túa verdade,
  que elas me guiarán;
  levaranme ó teu monte santo,
  á túa mesma morada.

⁴Achegareime ó altar de Deus,
  o Deus da miña alegría,
  e louvareite ó son da cítola,
  Deus, o meu Deus.

⁵¿Por que desacougas, miña alma,
  e por que andas inqueda?
  Espera en Deus.
  Volverei aínda a louvalo:
  a miña salvación, o meu Deus.

---

43 *A miña alma ten sede:* segunda parte do Sal 42.   43, 2 *Rexeitas,* queixa fonda do que sofre (Sal **44**, 10. 24; **60**,3).

SALMO 44 (43)

Érguete e redímenos

¹Do mestre do coro. Dos coreítas, *maskil*.

²Nós mesmos, Deus, oímolo,
e nosos pais nolo contaron:
a obra que fixeches nos seus días,
nas idades remotas.

³Coa túa propia man
desherdaches xente, para establecelos,
destruíches nacións, para estendelos.

⁴Non adquiriron o país coa súa espada,
nin foi o seu brazo quen lles deu a victoria,
senón a túa dereita e o teu brazo
e a luz da túa presencia, porque os amabas.

⁵Es ti, meu Deus e meu rei,
quen lle dá a victoria a Xacob.
⁶Contigo rexeitámo-los nosos agresores,
no teu nome calcamos nos nosos adversarios.
⁷Non é no meu arco en quen confío
nin é a miña espada a que me dá a victoria.
⁸Ti es quen nos libra dos que nos aldraxan,
quen confúnde-los que nos odian.
⁹En Deus está a nosa gloria,
no seu nome, a nosa gabanza.

¹⁰Mais agora rexéitasnos, exposnos á vergonza,
non saes cos nosos exércitos á guerra.
¹¹Déixasnos recuar diante dos inimigos,
espólianno-los nosos agresores.
¹²Entrégasnos, coma res de matadeiro,
espállasnos entre tódalas xentes.

¹³Vendes sen prezo ó teu pobo,
sen gañar na súa venda.
¹⁴Fas de nós o riso dos veciños,
a burla e o escarnio do arredor.
¹⁵Fas de nós a rexouba das xentes
e o aceno burlón dos demais pobos.
¹⁶A deshonra está todo o día ante min,
cóbreme a cara a vergonza
¹⁷cando escoito ós que insultan e aldraxan,
cando vexo inimigos e adversarios.

¹⁸E todo isto pasounos sen te esquencermos,
sen violármo-la túa alianza,
¹⁹sen volver atrás o noso corazón,
nin desvia-los pés do teu camiño.

---

44 *Érguete e redímenos:* elexía nacional, á vista dunha calamidade que aflixe ó pobo enteiro. Trátase quizais da destrucción de Xerusalén. Parece que desmente o prodixioso pasado de salvación e de promesa.

44, 3 Referencia á posesión da terra prometida (Sal **80,** 9)
44, 12 Unha das varias alusións no salmo ó desterro (S**
106, 27; Ez **5,** 10.12).

²⁰Ti botáchesnos ós chacais,
 cubríchesnos de tebras.
²¹Se esquecesémo-lo noso Deus,
 ou erguesémo-las mans a un deus alleo,
²²¿non o ía Deus descubrir,
 El, que coñece os íntimos segredos?
²³Pola túa culpa somos decote degolados,
 tratados coma res de matadeiro.

²⁴Esperta, ¿por que estás, Señor, durmido?
 Érguete. Non nos rexeites para sempre.
²⁵¿Por que escónde-la túa cara,
 esquéce-la nosa miseria e opresión?
²⁶O noso alento está postrado no po,
 o noso ventre polo chan.
²⁷Érguete na nosa axuda,
 redímenos, pola túa misericordia.

SALMO 45 (44)

Unha cántiga para o rei

¹Do mestre do coro, con cítolas de Xuxán. Dos coreítas, *maskil*. Cántiga de amor.

²No meu corazón bole unha palabra fermosa:
 vou recitar unha cántiga para o rei;
 a miña lingua é lixeira, coma pluma de escribán.

³Ti e-lo máis fermoso dos nacidos de home,
 os teus labios deitan a gracia;
 por iso Deus te bendí para sempre.
⁴Cingue, valente, a túa espada,
 ela é o teu brillo e a túa gloria.
⁵A túa gloria está en loitar
 pola verdade e pola xustiza;
 os teus adornos son os escarmentos da túa dereita.
⁶As túas setas son agudas: diante de ti caen os pobos
 e no medio deles os inimigos do rei.

⁷O teu trono, coma o de Deus, é duradeiro,
 un cetro de equidade, o teu cetro real.
⁸Ti áma-la xustiza e aborréce-la iniquidade;
 por iso Deus te unxiu
 con óleo de alegrías, entre os teus compañeiros.
⁹A mirra, áloe e casia recenden os teus vestidos,
 en pazos de marfil alégrante as harpas.
¹⁰Fillas de reis tes por amigas,
 e á túa dereita, a raíña, con ouro de Ofir.

¹¹Escoita, filla; olla e atende:
 esquece o teu pobo e a casa de teu pai.
¹²O rei está prendado da túa fermosura:
 réndete a el, pois el é o teu señor.

44, 23 En Rm 8, 36 refírese á sorte dos cristiáns.
45 *Unha cántiga para o rei:* un poema que louva o resplandor, a fermosura, a valentía e as victorias dun rei. A derradeira parte permitiría definilo coma un epitalamio ou canto ás vodas do rei.
45, 10 *Ofir*, en Arabia, é coñecida polo seu ouro (1 Re **9**, 28ss; Is **13**, 12).

¹³Os de Tiro veñen con presentes,
os próceres dos pobos buscan o teu favor.

¹⁴Entra con todo o honor dunha princesa,
bordados en ouro os seus vestidos;
¹⁵con variado atavío é conducida ó rei,
acompañada polas súas doncelas.
Preséntante as amigas,
¹⁶condúcente con xúbilo algareiro,
introdúcente no pazo do rei.
¹⁷No canto de teus pais tera-los teus fillos
e poralos por príncipes da terra.

¹⁸Eu farei que por xeracións se recorde o teu nome,
e que por séculos te louven as nacións.

SALMO 46 (45)
O Señor está connosco

¹Do mestre do coro. Dos coreítas, segundo *Alamot,* cántiga.
²Deus é para nós refuxio e forza,
axuda certa na angustia.
³Por iso non tememos, aínda que a terra trema
e os montes abalen cara ó mar;
⁴Aínda que fervan e escumen as súas augas
e se estremezan os montes coa súa furia.

O Señor dos exércitos está connosco,
o noso castelo é o Deus de Xacob.

⁵Un río: as súas correntes alegran a cidade de Deus,
a morada santa do Altísimo.
⁶Deus está no medio dela, e non pode caer,
Deus socórrea, ó despunta-lo día.
⁷Brúan as xentes, revóltanse os reinos;
fai El treboar, e derrétese a terra.

⁸O Señor dos exércitos está connosco,
o noso castelo é o Deus de Xacob.

⁹Vinde e vede as obras do Señor,
o que fai escarmentos na terra.
¹⁰Contén a guerra en tódolos confíns,
rompe os arcos, quebra as lanzas,
queima os carros de guerra.
¹¹—"Desistide e recoñecede que eu son Deus,
por riba das xentes, por riba da terra".
¹²O Señor dos exércitos está connosco,
o noso castelo é o Deus de Xacob.

---

46 *O Señor está connosco:* Deus, dono do mundo e señor da historia, ofrece seguridade cumprida ó seu pobo.
46, 4 O texto hebreo non leva aquí o retrouso, que reaparece despois.

46, 5 *Un río,* frase nominal independente. Coñéceno o textos que ven Xerusalén coma símbolo do paraíso (E 47, 1ss; Xl 4, 18; Ap 22, 1s).

SALMO 47 (46)

O rei de toda a terra

¹Do mestre do coro. Dos coreítas, salmo.
²Aplaudide, pobos todos,
  aclamade a Deus con canción s.

³O Señor é excelso e terrible,
  o grande rei de toda a terra.
⁴El subxuga os pobos para nós,
  pon debaixo nosa as nacións.
⁵Escolle para nós a nosa herdade,
  orgullo de Xacob, o seu amado.

⁶Deus sobe entre aclamacións,
  o Señor, ó son de trompetas.
⁷Cantádelle a Deus, cantádelle,
  cantádelle ó noso rei, cantádelle.
⁸Deus é o rei de toda a terra:
  cantádelle con xeito.

⁹Deus reina sobre as nacións,
  sentado no seu trono sagrado.
¹⁰Os nobres dos pobos xúntanse
  co pobo de Deus de Abraham,
  pois de Deus son os grandes da terra:
  e El, o máis excelso.

SALMO 48 (47)

A cidade do noso Deus

¹Cántiga. Salmo, dos coreítas.
²Grande é o Señor e digno de louvanza
  na cidade do noso Deus.
³O monte santo, fermoso outeiro,
  é o gozo de toda a terra;
  o monte Sión, cima setentrional,
  a capital do gran rei.
⁴Deus nos seus alcázares
  deuse a coñecer coma refuxio.

⁵Vede que se uniron os reis,
  para marcharen xuntos contra ela;
⁶mais, ó vela, admiráronse,
  turbáronse, fuxiron asustados.
⁷Colleunos alí o terror,
  un tremor coma de parto,
⁸coma cando o vento do leste
  esnaquiza as naos de Tárxix.

⁹Como o oiramos, así o vimos
  na cidade do Señor dos exércitos,

---

47 *O rei de toda a terra:* canto de louvanza a Deus, rei do mundo enteiro, coma nos Sal **93** e **96-99**. O reinado de Deus alóngase ata a salvación escatolóxica.
47, 10 *Os grandes,* lit. "os escudos", os que defenden.
48 *A cidade do noso Deus:* canto de Sión, coma os Sal **46,**

76 e **87**. Deus revélase na cidade santa salvador para o seu pobo.
48, 3 Termos con ecos mitolóxicos do Olimpo semita (Is **14,**13).
48, 5s Compárese con Sal **2,** 2s; Miq **4,** 11.

a cidade do noso Deus:
Deus fíxoa firme para sempre.
¹⁰Nós festexamos, Deus, o teu amor
dentro do teu santuario.
¹¹Coma o teu nome, Deus, así a túa louvanza
chega ós confíns da terra.
A túa dereita está chea de xustiza;
¹²alégrase o monte Sión,
as cidades de Xudá reloucan,
á vista dos teus xuízos.

¹³Dádelle a volta a Sión,
contade as súas torres,
¹⁴fixádevos nos seus muros,
percorrede os seus pazos,
para podelo contar á xeración futura.

¹⁵O noso Deus de sempre e para sempre,
El é quen nos guía por riba da morte.

SALMO 49 (48)
O porvir dos satisfeitos

¹Do mestre do coro. Dos coreítas, salmo.
²Oíde isto, pobos todos,
escoitade, habitantes do mundo,
³o mesmo os humildes cós nobres,
os ricos e mailos pobres.
⁴Vou falar con sabedoría,
matinar con intelixencia.
⁵Abrirei o oído á sentencia,
exporei o encuberto ó son da lira.

⁶¿Por que hei ter medo da desgracia,
do mal con que me rodean os meus perseguidores?
⁷Dos que confían na riqueza
e se glorían da súa fartura,
⁸ninguén pode librarse
nin pagar a Deus o seu rescate.
⁹O prezo das súas vidas é cara por demais,
está para sempre fóra do seu alcance:
¹⁰non poderán vivir eternamente
sen pasaren pola morte.

¹¹Vese que morre o sabio
e que igualmente perecen o parvo e mailo insensato.
¹²O sartego será a súa casa para sempre,
a súa morada perpetua,
por máis que desen ás terras os seus nomes.
¹³O home non dura na opulencia,
perece coma os animais.

¹⁴Este é o camiño dos parvos
e o porvir dos satisfeitos.

---

49 *O porvir dos satisfeitos:* reflexión dun sabio sobre a vaidade das riquezas e sobre a vida longa dos xustos, res- catados da morte por Deus.

¹⁵Coma ovellas caen no abismo,
o seu pastor é a morte:
cedo van aló dereitos.
A súa figura desfaise,
a súa morada é o abismo.
¹⁶Mais Deus rescatará a miña vida
do poder do abismo:
El hame recoller.

¹⁷Non desacougues se alguén se enriquece
e aumenta os bens da súa casa,
¹⁸pois nada levará consigo cando morra
nin a súa riqueza irá tras el.
¹⁹Aínda que en vida se gabe:
—"Admiran o ben que vives",
²⁰irá xuntarse con seus pais,
que endexamais non verán a luz.
²¹Ó home na opulencia non reflexiona,
é coma os animais que perecen.

SALMO 50 (49)

Chamada a xuízo

¹Salmo, dos asafitas.

Fala o Señor, o Deus dos deuses,
convoca a terra desde oriente a occidente.
²Desde a fermosa Sión Deus resplandece,
³o noso Deus vén e non cala.

Diante del un lume que abura,
arredor del a tempestade que brúa.
⁴Desde o alto convoca o ceo e maila terra
para xulga-lo seu pobo.
⁵—"Congregade ante min os meus fieis,
que cun sacrificio fixeron comigo alianza".
⁶Os ceos anunciarán a súa xustiza,
pois é Deus mesmo quen xulga.

⁷—"Escoita, meu pobo, que che falo,
Israel, que vou declarar contra ti.
Eu son Deus, o teu Deus.
⁸Non te reprendo polos teus sacrificios,
pois os teus holocaustos están sempre ante min.
⁹Eu non aceptarei becerros do teu gando
nin carneiros dos teus rabaños,
¹⁰pois miñas son as feras todas dos bosques
e nos meus montes hai animais a milleiros,
¹¹coñezo os paxaros do ceo,
e teño á man canto bole nos campos.

49, 16 *Recoller,* non deixar no poder da morte (Xén **5,** 24; 2 Re **2,** 9ss). Sen falar da resurrección, confesa a esperanza na vida que Deus dá por enriba da morte (Sal **16,** 10; **18,** 17; **73,** 24; Os **13,** 14).
50 *Chamada a xuízo:* requisitoria de Deus contra o pobo que non garda fidelidade ó seu pacto. Uns satisfanse cun culto sen contido; outros levan só na boca os mandamentos.
50, 3 Deus vén do Sinaí ó santuario (Dt **33,** 2; Xuí **5,** 4s; Sal **68,** 8s).
50, 8ss Contra o culto mentireiro (Sal **40,** 7-9; **51,** 18-21; Is **1,** 11s).

¹²Se tivese fame, non cho iría dicir,
 pois meu é o mundo e canto o enche.
¹³¿Acaso como eu carne de touros
 e bebo sangue de carneiros?

¹⁴Ofrécelle a Deus a louvanza
 e cumpre os teus votos ó Altísimo.
¹⁵Invócame no tempo do apuro:
 eu salvareite e ti darasme gloria".
¹⁶Dille Deus ó impío:
 —"¿Para que recíta-los meus mandatos
 e levas na boca a miña alianza,
¹⁷ti que despréza-la instrucción
 e te viras de costas contra os meus preceptos?
¹⁸Cando ves un ladrón, corres con el
 e entre os adúlteros atópa-lo teu sitio.
¹⁹Ábre-la boca para o mal
 e a túa lingua trama o engano.
²⁰A penas sentas, falas do irmán
 e tíraslle a sona á filla da túa nai.

²¹Cando isto fas, ¿terei eu que calar?
 ¿Pensas que son coma ti?
 Repréndote e acúsote á cara".

²²Entendede ben isto, os que esquecedes a Deus,
 antes que vos destroce, sen que ninguén vos salve.
²³O que ofrece louvanza dáme gloria;
 ó que vai por bo camiño
 dareille a salvación de Deus.

SALMO 51 (50)

Miserere

¹Do mestre do coro. De David.

²Cando o veu ver Natán o profeta, despois de se ter xuntado David con Batxeba.

³Apiádate de min, meu Deus, pola túa bondade,
 pola túa misericordia, borra o meu pecado;
⁴lávame ben da miña iniquidade,
 límpame da miña culpa.

⁵Eu recoñezo o meu pecado
 e teño sempre presente a miña culpa.
⁶Contra ti, contra ti mesmo, eu pequei
 e fixen o que é malo ós teus ollos:

por iso será xusta a túa sentencia
 e aparecerá recto o teu xuízo.
⁷Si, eu nacín no pecado,
 no mal concebiume miña nai;

50, 18ss Mandamentos do decálogo (Xer 7, 9; Os 4, 2; Zac 5, 3s; Mal 3, 5).
51 *Miserere:* de entre os salmos penitenciais (Sal 6), o *Miserere* é o que máis afonda na realidade e na pesadume que xera o pecado. O perdón comporta o nacemento dunha nova criatura.
51, 3 Os termos reflicten a purificación ritual (Ex 34, 7; Xer 33, 8).
51, 6 Lembrado en Rm 3, 4.

⁸e ti áma-la verdade no corazón
e no íntimo ensínasme sabedoría.

⁹Purifícame co hisopo, e serei limpo,
lávame ti, e quedarei branco coma a neve.
¹⁰Faime senti-lo gozo e a ledicia,
que relouquen os meus ósos quebrantados.
¹¹Arreda do meu pecado a túa vista
e borra as miñas culpas.

¹²Crea, Deus, en min un corazón puro,
renóvame por dentro cun espírito firme.
¹³Non me botes da túa presencia
e non tires de min o teu santo espírito.
¹⁴Devólveme a alegría da túa salvación,
sostenme co espírito xeneroso.

¹⁵Ensinarei o teu camiño ós pecadores
e volverán a ti os descarriados.
¹⁶Líbrame dos delitos de sangue,
Señor, meu Deus e salvador,
e a miña lingua contará a túa xustiza.
¹⁷Abre, Señor, os meus labios,
e a miña lingua pregoará a túa louvanza.

¹⁸Con sacrificios ti non te compraces,
se che ofrezo holocaustos, non os aceptarás:
¹⁹O meu sacrificio, Deus, será o espírito contrito:
o corazón contrito e humilde
ti, Deus, non o desprezas.

²⁰Faille ben a Sión, pola túa bondade,
restaura os muros de Xerusalén.
²¹Entón aceptara-los sacrificios puros,
inmolaranse xuvencos nos teus altares.

SALMO 52 (51)
Malos e bos terán a súa recompensa

¹Do mestre do coro. *Maskil*, de David.
²Cando veu Doeg o edomita onda Xaúl para lle dicir: David está na casa de Abimélec.

³¿Que gloria atopas na maldade,
home potente e despiadado?

⁴Pása-lo día a tramar crimes,
a túa lingua é coma navalla afiada,
ti, artífice do engano.
⁵Prefíre-lo mal ó ben,
a mentira á palabra xusta;
⁶gustas das conversas que corroen,
ti, lingua embusteira.

51, 12 O perdón crea de novo (Sal **102,** 19; Is **48,** 9).
51, 19 O *espírito contrito,* sacrificio verdadeiro (Sal **34,** 19; **109,** 16; Is **57,** 15).
52 *Malos e bos terán a súa recompensa:* mentres para os malos non haberá un porvir, os xustos louvarán a Deus por sempre.
52, 3 *Potente e despiadado,* lectura aproximada.
52, 4ss Acusación das maldades da lingua (Sal **10,** 7; **12,** 3ss; **50,** 19).

⁷Por iso Deus hate destruír enteiramente:
hate coller e botar da túa tenda,
arrincarache a raíz da terra da vida.

⁸Ó velo, os xustos crerán,
e farán a burla del:
⁹—"Este é o valente
que non buscaba en Deus refuxio.
Confiaba nas súas riquezas,
facíase forte nos seus crimes".

¹⁰Mais eu son oliveira verde
na casa do Señor.
Confío no amor de Deus
polos séculos, por sempre.
¹¹Louvarei decote os teus feitos,
esperarei no teu nome,
porque ti es bo cos amigos.

SALMO 53 (52)

Non hai quen faga o ben

¹Do mestre do coro, segundo *Mahalat. Maskil,* de David.

²Pensan os parvos para si:
—"Deus non está".

Corrompidos, de conducta abominable:
non hai quen faga o ben.
³Deus observa os homes desde o ceo,
para ver se hai algún asisado,
algún que pregunte por Deus.

⁴Andan todos desviados,
por xunto corrompidos.
Non hai quen faga o ben,
non hai sequera un.

⁵¿É que non aprenderán os malfeitores?
Engolen o meu pobo coma pan,
sen preguntaren por Deus.

⁶Alá van tremendo de medo,
cando non había razón para temer.

Deus esparexe os ósos dos traidores;
e eles avergónzanse de ti
porque Deus os rexeita.

⁷¿Quen lle traerá de Sión a salvación a Israel?
Cando vire o Señor a sorte do seu pobo,
exultará Xacob, alegrarase Israel.

52, 10 Imaxes da prosperidade (Sal **1**, 3; **37**, 35; **92**, 13).   pequenas variantes.
53 *Non hai quen faga o ben:* é outra versión do Sal **14** con

SALMO 54 (53)

A miña axuda

¹Do mestre do coro, con instrumentos de corda. *Maskil,* de David.
²Cando viñeron os de Zif dicirlle a Xaúl: David escóndese onda nós

³Sálvame, Deus, polo teu nome,
co teu poder defende a miña causa.
⁴Escoita, Deus, a miña súplica,
atende a miña palabra.

⁵Érguense contra min homes soberbios,
homes violentos buscan a miña vida,
sen teren a Deus en conta.

⁶Mais Deus é a miña axuda,
o Señor é quen sostén a miña vida.
⁷Recaia a desgracia sobre os meus perseguidores,
extermínaos, pola túa fidelidade.

⁸Eu ofrecereiche gustoso sacrificios,
louvareite, Señor, porque es bo.
⁹Ti líbrasme de tódolos apretos
e móstrame os inimigos en desfeita.

SALMO 55 (54)

Un refuxio da violencia

¹Do mestre do coro, con instrumentos de corda. *Maskil,* de David.

²Escoita, Deus, a miña oración,
non te escondas da miña súplica.
³Aténdeme, respóndeme,
que me abalan as coitas.

⁴Contúrbame a ameaza do inimigo,
o barullo dos malvados.
Botan calamidades sobre min,
afróntanme con asaño.

⁵O corazón retórceseme dentro,
asáltanme medos de morte;
⁶éntranme terrores e tremores
e cóbreme o espanto.

⁷Penso: —"¡Quen me dese ás de pomba
para voar e pousar!
⁸Fuxiría moi lonxe,
faría pousada no deserto.
⁹Atoparía axiña agarimo
do furacán e da treboada".

¹⁰Confunde, Señor, baralla as súas linguas,
pois vexo na cidade violencia e discordia:
¹¹día e noite xiran

---

54 *A miña axuda:* invocación a Deus, imprecación contra os inimigos e voto de louvanza.
54, 5 *Soberbios,* no lugar de "estranxeiros" (Sal **86,** 14).
54, 9 *Móstrame,* lit. "que eu vexa" (Sal **35,** 21; **37,** 34; **118,** 7).

55 *Un refuxio da violencia:* invocación, queixa, acusación, seguridade, son movementos seguidos desta oración, que busca en Deus agarimo e espera a súa xustiza.
55, 8s Lembra a Xeremías (Xer **9,** 1).

ó redor das súas murallas.
Dentro dela están o crime e a intriga;
¹²no seu seo, a calamidade;
das súas prazas non se afastan
a opresión e o engano.
¹³Se fose meu inimigo o que me aldraxa,
eu sabería aturalo;
se fose meu adversario o que me oprime,
eu agacharíame del.
¹⁴Mais es ti, un do meu igual,
meu amigo e compañeiro,
¹⁵con quen tiven doce intimidade,
con quen fun de festa á casa de Deus.

¹⁶Que a morte os sorprenda,
que caian vivos no abismo,
xa que dentro deles mora a maldade.

¹⁷Eu invoco ó meu Deus,
e o Señor hame salvar.
¹⁸Á tarde, á mañá e ó mediodía,
quéixome suspirando,
e el hame escoitar.
¹⁹Sacarame con ben da loita,
aínda que sexan moitos contra min.

²⁰Deus escoitará e humillaraos,
El, que goberna desde sempre,
pois nin hai neles enmenda
nin teñen temor de Deus.
²¹Erguen a man contra os amigos
e violan os pactos.
²²Falan coa suavidade da manteiga,
pero pensan na guerra;
as súas palabras soan moles coma aceite,
pero son coitelos afiados.

²³Encomenda ó Señor a túa sorte,
que El te sosterá:
El non deixa nunca que o xusto abanee.
²⁴Ti, Deus, botaralos
no pozo da perdición.
Os criminais e os traidores
non mediarán os días da súa vida;
pero eu confío en ti, Señor.

SALMO 56 (55)

Do meu peregrinar ti levas conta

¹Do mestre do coro, segundo *Ionat élem rehoquim*. De David, *miktam*. Cando os filisteos o tiñan preso en Gat.

²Apiádate, Deus, de min, que me asoballan,
que me atacan e me opriman todo o día;
³asobállanme o día enteiro os inimigos,
son moitos os que me atacan.

55, 14s A traición dos amigos e parentes doe máis (Sal **31**, 12; **41**, 10; **88**, 9).

56 *Do meu peregrinar ti levas conta:* a seguridade de que Deus socorrerá, fai acaba-la súplica en gracias.

⁴Cando o terror me colle,
eu confío en ti.

⁵En Deus, de quen celebro a promesa,
en Deus confío e non temo,
¿que poden facerme os homes?

⁶Aflíxenme o día enteiro,
os seus proxectos son todos para mal.
⁷Póñense ó axexo,
esculcan os meus pasos,
en busca da miña vida.
⁸¿Escaparán á súa maldade?
Abate, Deus, os pobos con asaño.

⁹Do meu peregrinar ti levas conta:
recolle as miñas bágoas no teu odre,
¿Non están xa no teu libro?
¹⁰Os meus inimigos recuarán
o día en que eu te chame:
eu ben sei que Deus está por min.

¹¹En Deus, de quen celebro a promesa,
no Señor, de quen celebro a palabra,
¹²en Deus confío e non temo,
¿que poden facerme os homes?

¹³Quero pagar, Deus, os votos que che fixen,
eu cumprirei a acción de gracias.
¹⁴Ti libras da morte a miña vida,
os meus pés dos tropezos,
e podo camiñar na túa presencia
á luz dos que están vivos.

SALMO 57 (56)

Namentres pasa a aflicción

¹Do mestre do coro, segundo "Non destrúas". De David, *miktam*. Na caverna, fuxindo de Xaúl

²Apiádate, Deus, apiádate de min,
pois en ti busco agarimo;
busco agarimo á sombra das túas ás,
namentres pasa a aflicción.
³Eu invoco ó Deus Altísimo,
o Deus que cumpre comigo.
⁴Desde o ceo mandarame a salvación,
confundirá ós que me oprimen,
mandará o seu amor e a súa verdade.

⁵Teño que morar entre leóns,
que devoran ós homes.
Os seus dentes son lanzas e frechas,
as súas linguas coitelos afiados.

56, 9 O *libro* da memoria de Deus (Xer 17, 1; Dn 7, 10; Mal 3,16).
57 *Namentres pasa a aflicción*: súplica e louvanza, rematadas por un retrouso.
57, 5 Os perigos baixo figura de animais (Sal 7, 3; 10, 9; 22, 14.22).

⁶Érguete, Deus, sobre o ceo,
enche a terra da túa gloria.
⁷Tenden redes ó meu paso,
para abate-la miña vida;
abren unha cova diante de min,
e nela caerán eles mesmos.

⁸O meu corazón, Deus, está firme,
o meu corazón está firme:
quero cantar e tocar salmos.
⁹Espertade, miñas entrañas,
espertade, harpa e cítola:
quero espertar coa aurora.

¹⁰Heite louvar, Señor, diante dos pobos,
cantareiche entre as nacións.
¹¹O teu amor alcanza ata o ceo,
a túa fidelidade, ata as nubes.
¹²Érguete, Deus, por riba do ceo,
enche a terra da túa gloria.

SALMO 58 (57)

Requisitoria ós gobernantes

¹Do mestre do coro, segundo "Non destrúas". De David, *miktam*.

²¿De verdade sentenciades con xustiza, gobernantes?
¿Xulgades con rectitude entre os homes?
³Non. Co voso corazón tramades aleivosías
e as vosas mans esparexen violencia pola terra.

⁴Os malvados desvíanse desde o seo materno,
desde o seo materno erran os mentireiros.
⁵Teñen un veleno que semella o da serpente,
son coma áspide xorda que tapa os oídos
⁶para non oí-la voz do feiticeiro,
do mago experto en esconxuros.

⁷Rómpelles, Deus, na boca os dentes,
québralles, Señor, as moas de leóns.
⁸Que se eslúan coma a auga que escorre,
que cando tiren setas, estean despuntadas.
⁹Que pasen coma a lesma, que se some toda,
e coma aborto de muller, que nunca viu o sol.
¹⁰Antes de que o espiño quente as vosas olas,
verde ou seco, que o leve o furacán.

¹¹Os xustos alegraranse á vista do escarmento
e no sangue dos malvados bañarán os seus pés.
¹²Dirase entre as xentes:

57, 7 Debería ir coa primeira parte.
57, 8-12 A louvanza repítese no Sal **108,** 2-6.
58 *Requisitoria ós gobernantes:* denuncia dos gobernantes que sosteñen no mundo o dominio da inxustiza, e deprecación para que se faga camiño ó reino xusto.

58, 2 *Gobernantes,* lit. "deuses", os poderes do mal (Sal **82,** 1.6).
58, 5s O poder maligno das linguas maldicentes (Dt **32,** 33; Sal **140,** 4).
58, 10 Escuro no texto hebreo.

—"Hai recompensa para os xustos,
de verdade hai un Deus que goberna na terra".

SALMO 59 (58)

Líbrame dos malfeitores

¹Do mestre do coro. De David, *miktam*. Cando Xaúl mandou cerca-la casa para matalo.

²Líbrame, Deus, dos meus inimigos,
 deféndeme dos que se erguen contra min;
³líbrame dos malfeitores,
 sálvame dos sanguinarios.

⁴Olla como me axexan
 e traman contra min os poderosos;
⁵sen que haxa en min, Señor, pecado nin delito,
 sen maldade en min, axítanse, baldoan.
 Esperta, ven e ve.

⁶Ti, Señor, Deus dos exércitos,
 Deus de Israel,
 esperta, castiga as xentes,
 non te apiades dos traidores.

⁷Veñen ó escurecer, ladrando coma cans,
 rondando pola cidade.

⁸Olla como fachendean,
 son coitelos os seus labios:
 —"¿Hai alguén que escoite?".

⁹Mais ti, Señor, búrlaste deles,
 mófaste de tódolos xentís.
¹⁰Cara a ti, miña forza, estou atento,
 pois Deus é o meu castelo.
¹¹O Deus que me ama adiántase
 e móstrame os meus inimigos en desfeita.

¹²¿Non lles darás ti morte,
 para que o meu pobo non me esquenza?
 Dispérsaos, abáteos co teu poder,
 Señor o noso escudo.

¹³As palabras dos seus labios
 son delito na súa boca.
 Que se vexan atrapados na súa mesma soberbia,
 nas mentiras e nas maldicións que eles botan.

¹⁴Consúmeos con noxo,
 consúmeos, que non existan.
 Saberase que Deus domina en Israel,
 e ata os confíns da terra.

---

59 *Líbrame dos malfeitores:* súplica pola liberación dos oprimidos e o castigo dos opresores.
59, 7 Os perigos baixo a figura de cans soltos (Sal **22,** 17; Is **56,** 11).
59, 11 *Móstrame,* lit. "que eu vexa" (Sal **54,** 9).

¹⁵Veñen ó escurecer, ladrando coma cans,
roldando pola cidade.
¹⁶Xiran buscando que comer,
ouvean ata fartarse.
¹⁷Eu festexarei o teu poder,
cantarei de mañá o teu amor.
Ti e-lo meu refuxio,
o meu agarimo, na hora do apreto.
¹⁸Cantareiche a ti, miña forza:
Deus é o meu agarimo,
o Deus do meu amor.

SALMO 60 (59)

Pobo rexeitado, en desfeita

¹Do mestre do coro, coa cítara de Xuxán, *edut. Miktam,* de David, para ensino.
²Cando loitou contra Aram Naharaim e contra os arameos de Zoba e bateu os edomitas no Val do Sal: doce mil homes.

³Ti tesnos, Deus, rexeitados e fendidos,
estás irado connosco. Restablécenos.
⁴Fixeches treme-la terra, fendíchela;
repara as súas fendas, porque cambalea.
⁵Ti fixéchesllas pasar duras ó teu pobo,
déchesnos a beber viño atordoante.

⁶Dálles un sinal ós que te temen
e que poidan fuxir da frecha;
⁷para que poidan librarse os teus amigos,
respóndenos coa salvación da túa dereita.

⁸O Deus santo tiña dito:
—"Cantarei triunfo, partirei Xequem
e parcelarei o val de Succot;
⁹meu é Galaad, meu Menaxés
elmo da miña cabeza Efraím
e Xudá o meu cetro;
¹⁰Moab é a tina en que me baño,
sobre Edom poño as sandalias
e canto triunfo sobre Filistea".

¹¹¿Quen me levará a unha praza forte?
¿Quen me guiará ata Edom?
¹²¿Quen, se non ti, Deus, que nos rexeitaches,
o Deus que non sae co noso exército?

¹³Axúdanos ti no apreto,
pois a axuda do home é va.
¹⁴Con Deus faremos fazañas,
el esmagará os nosos opresores.

---

60 *Pobo rexeitado, en desfeita:* queixas e súplica do pobo, aflixido por unha desfeita estragadora. A vella promesa de salvación sostén agora a esperanza.
60, 3 O sentimento de *rexeitados* é o lado máis escuro da desgracia (Sal **44,** 10. 24; **74,** 1; **89,** 39; Lam **2,** 7).
60, 5 *Viño atordoante,* imaxe da proba ou do castigo (Sal **75,** 9; Ez **23,** 32ss).

SALMO 61 (60)

Ó agarimo das túas ás

¹Do mestre do coro, con instrumentos de corda. De David.
²Escoita, Deus, a miña súplica,
  atende a miña oración.
³Chámote desde o cabo da terra
  co corazón desfalecido.

Lévame a unha rocha inaccesible:
⁴ti e-lo meu refuxio,
  a miña torre forte fronte ó inimigo.

⁵Quixera vivir por sempre na túa tenda,
  esconderme ó agarimo das túas ás.
⁶Ti, Deus, acólle-los meus votos
  e dásme o herdo dos que respectan o teu nome.

⁷Ós días do rei engádelle días,
  que dure por longas xeracións;
⁸que na presencia de Deus reine por sempre,
  que o garden o seu amor e a súa fidelidade.

⁹Eu cantarei sempre o teu nome,
  cumprirei a cotío os meus votos.

SALMO 62 (61)

Só en Deus acouga a miña alma

¹Do mestre do coro, segundo Iedutún. Salmo, de David.
²Soamente en Deus acouga a miña alma,
  del vén a miña salvación.
³El é a miña rocha, o meu acorro,
  o meu castelo. Xamais eu non caerei.

⁴¿Por canto tempo atacaredes contra un,
  para, entre todos, o abater,
  coma muro en ruína,
  coma parede esborrallada?

⁵Só pensan en tiralo do seu posto,
  fólganse coa mentira:
  coa súa boca bendín,
  co seu corazón maldín.

⁶Soamente en Deus acouga, alma miña:
  El é a miña esperanza.
⁷El é a miña rocha, o meu acorro,
  o meu castelo. Xamais eu non caerei.

⁸Deus é a miña salvación e a miña gloria;
  el é a miña rocha, o meu castelo.

---

61 *Ó agarimo das túas ás:* arela do agarimo verdadeiro, coma o que Deus ten prometido ó seu rei.
61, 5 A hospitalidade acolledora de Deus (Sal 17, 8; **36**, 8; **91**,4).

62 *Só en Deus acouga a miña alma:* o que atopou acougo en Deus non ten medo a mal ningún, e pode ensinar ós demais sabedoría.
62, 6 *Soamente,* termo moi repetido neste salmo.

⁹Pobo seu, afiúnza sempre nel,
  desafoga diante del o corazón.
  Deus é o noso agarimo.

¹⁰Só un sopro son os homes,
  unha aparencia os humanos.
  Postos na balanza, soben
  máis leves ca un sopro, todos xuntos.

¹¹Non confiedes no froito da opresión,
  non vos precedes do roubado.
  Se crecedes en riqueza,
  non poñades nela o corazón.

¹²Unha cousa dixo Deus,
  estas dúas cousas oín:
  que en Deus está o poder
¹³e en ti, Señor, o amor.
  Abofé, ti pagarás a cada un
  de acordo cos seus feitos.

SALMO 63 (62)

Saudade infinita

¹Salmo, de David. Cando se encontraba no deserto de Xudá.

²Deus, meu Deus, por ti madrugo,
  de ti ten sede a miña alma;
  por ti devece o meu corpo,
  en terra reseca, sedento e sen auga.

³Miro cara a ti no santuario,
  para ve-lo teu poder e a túa gloria.
⁴O teu amor é mellor cá vida,
  lóuvante os meus labios;
⁵toda a miña vida te bendigo
  e levanto no teu nome as miñas mans.

⁶Como de graxa e manteiga, estou satisfeito,
  con labios alegres lóuvate a miña boca.
⁷No leito relémbrote,
  nas vixilias da noite penso en ti.
⁸Ti e-lo meu auxilio,
  á sombra das túas ás estou contento;
⁹a ti está unida a miña alma,
  a túa dereita é o meu apoio.

¹⁰Os que queren a miña ruína
  baixarán ó profundo da terra;
¹¹caerán ó fío da espada,
  serán ración dos chacais.

¹²En Deus alégrase o rei,
  gloríanse os que xuran no seu nome,
  mentres pechan a boca os mentireiros.

62, 10 Simbolos da caducidade da vida (Sal **39,** 6s; **78,** 39; **144,** 4).

63 *Saudade infinita:* a saudade é un xeito coñecido de expresa-la necesidade. O sentimento de ausencia de Deus fai devecer pola súa cercanía.

63, 2 Coma o Sal **42.**

63, 12 Xurar polo nome de alguén, poñelo por garante da palabra (Xén **42,** 15s; 1 Sam **17,** 55; 2 Sam **11,** 11).

SALMO 64 (63)

Palabras velenosas

¹Do mestre do coro. Salmo, de David.
²Escoita, Deus, a miña voz que se queixa;
   gárdame dos inimigos que me aterran;
³escóndeme da conxura dos malvados,
   do barullo dos malfeitores.

⁴Afían coma coitelos a súa lingua
   e disparan coma frechas palabras velenosas;
⁵tiran desde o tobo ó inocente,
   para o ferir por sorpresa, sen seren vistos.

⁶Teiman nos seus proxectos maliciosos,
   acordan poñer trapelas
   e din: —"¿Quen as descubrirá?".
⁷Inventan maldade e esconden o invento
   nos recantos do corazón.

⁸Mais tira Deus as súas frechas
   e féreos de improviso.
⁹As súas linguas vólvenselles ruína,
   e cantos o ven búrlanse deles.

¹⁰Tódalas xentes temen,
   refiren a acción de Deus
   e meditan nos seus feitos.
¹¹Alégranse os xustos co Señor,
   buscan nel agarimo,
   exultan os de recto corazón.

SALMO 65 (64)

Ti coidas da terra

¹Do mestre do coro. Salmo, de David, cántiga.
²Deus, a ti débeseche louvar en Sión,
   a ti cúmprenseche os votos.
³A ti que escóita-la oración,
   tódolos homes se achegan.

⁴Os nosos pecados oprímennos,
   pero ti perdóa-las culpas.
⁵Feliz o que ti elixes e acolles
   para morar nos teus adros.
   Fartarémonos cos bens da túa casa
   e coas ofrendas sagradas do teu templo.

⁶Ti fasnos xustiza con prodixios,
   Deus, o noso salvador,
   esperanza dos confíns da terra

---

64 *Palabras velenosas:* súplica, denuncia dos inimigos, xuízo e acción de gracias.
64, 4 A calumnia (Sal **52**, 4; **55**, 22; **140**, 4).
64, 7 Verso escuro no orixinal.
64, 11 A salvación dunha persoa é un pouco a de todos (Sal **5**, 12; **32**, 11; **63**, 12).

65 *Ti coidas da terra:* acción de gracias a Deus que perdoa os pecados, defende dos moitos perigos e outorga os bens que a terra dá.
65, 2 Conforme o texto consonántico e as versións.

e das praias remotas.
⁷Ti afínca-los montes con forza,
cinguido do teu poder.
⁸Ti amáina-lo rebumbio do mar,
o estrondo das ondas,
e o tumulto dos pobos.
⁹Os que habitan nos extremos do mundo
tremen diante dos teus sinais.
Ti alégra-las saídas
da mañá e da tarde.

¹⁰Ti coidas e réga-la terra,
arriquécela de mil maneiras:
os ríos de Deus van cheos de auga.
Para da-lo trigo prepára-la terra:
¹¹réga-los sucos, achánza-los terróns,
fala amolecer coas chuvias
e bendi-las súas sementes.

¹²Ti coróa-la anada cos teus bens,
das túas pisadas zumega abundancia.
¹³Destilan os pastos do deserto
e véstense de alborozo os outeiros.
¹⁴Cóbrense de rabaños os campíos
e enmantélanse de espigas os vales,
cheos de ecos e de cantos.

SALMO 66 (65)

Aclama a Deus, terra enteira

¹Do mestre do coro, cántiga, salmo.

Aclama a Deus, terra enteira,
²canta a gloria do seu nome;
réndelle o honor da louvanza,
³dille: ¡Que sorprendentes son as túas obras!
polo teu moito poder
adúlante os teus inimigos,
⁴póstrase a terra toda ante ti
e canta salmos ó teu nome.

⁵Vinde e vede as obras do Señor,
os seus sorprendentes feitos entre os homes.
⁶El mudou o mar en terra seca
e pasaron o río a pé:
felicitémonos por iso.
⁷Co seu poder domina o mundo,
cos seus ollos observa as xentes:
que non ensoberbezan os rebeldes.

⁸Bendicide, nacións, o noso Deus,
facede resoa-la súa louvanza:
⁹El salva as nosas vidas
e non deixa cambalea-los nosos pés.

65, 8 Forzas naturais con sentido mítico (Sal **46,** 4; **89,** 10s; **93,** 3s; **107,** 29).
65, 10 *Ríos de Deus,* ríos grandes.
66 *Aclama a Deus, terra enteira:* gracias a Deus, que libra o seu pobo das afliccións e tira a persoa dos apretos.
66, 6 O mar Rubio e mailo Xordán (Ex **14,** 16ss; Xos **3,** 9ss; Sal **114,** 3).

¹⁰Mais ti, Deus, puxéchesnos á proba,
  refináchesnos como a prata no crisol,
¹¹fixéchesnos caer na trampa,
  puxéchesnos ó lombo unha carga.
¹²Deixaches pasa-las xentes
  por riba das nosas cabezas;
  pasamos por lume e auga,
  pero logo déchesnos respiro.

¹³Eu irei á túa casa con ofrendas,
  cumprireiche os votos
¹⁴que pronunciaron os meus labios,
  que prometeu a miña boca na aflicción.
¹⁵Ofrecereiche sacrificios de grosos animais,
  fume recendente de carneiros,
  inmolareiche bois e cabritos.

¹⁶Vide os que teméde-lo Señor,
  e contaréivo-lo que El fixo por min.
¹⁷Chameino coa miña boca
  e louveino coa miña lingua.
¹⁸Se eu tivese maldade no corazón,
  non me escoitaría o Señor.
¹⁹Pero Deus escoitoume,
  atendeu a miña súplica.

²⁰Bendito sexa Deus,
  que non desbotou a miña súplica
  nin afastou de min o seu amor.

SALMO 67 (66)

Lóuvente os pobos todos

¹Do mestre do coro, con instrumentos de corda. Salmo, cántiga.

²Deus se apiade de nós e nos bendiga,
  móstreno-la luz da súa presencia.
³Que se coñezan na terra os seus camiños
  e en tódolos pobos a súa salvación.

⁴Lóuvente, Deus, os pobos,
  lóuvente os pobos todos.

⁵Alégrense e canten as nacións,
  porque ti gobérna-los pobos rectamente
  e guias na terra as nacións.

⁶Lóuvente, Deus, os pobos,
  lóuvente os pobos todos.

⁷O agro dá os seus froitos,
  bendinos o noso Deus.

66, 12 *Respiro,* no canto de *abundancia.*
67 *Lóuvente os pobos todos:* súplica pola bendición de Deus para o seu pobo, para que os pobos vexan nel o Deus do mundo enteiro.

67, 2 *A luz da presencia,* sinal do favor (Sal **4,** 7; **31,** 17; **119,** 135).
67, 7 Os froitos da terra, mostra de bendición (Sal **85,** 13; Ez **34,** 27).

⁸Que Deus nos bendiga e que o teman
os confíns todos do mundo.

SALMO 68 (67)
Desde o Sinaí ó santuario
¹Do mestre do coro. De David, salmo, cántiga.

²Érguese Deus e dispérsanse os seus inimigos,
foxen da súa presencia os adversarios.
³Disípanse coma fume que esvaece,
coma cera que co lume derrete.
Así perecen diante de Deus os malvados,
⁴pero os xustos alégranse, exultan na súa presencia,
reloucan de contento.

⁵Louvade o Señor, cantade o seu nome,
abride camiño ó que cabalga polas gándaras.
Chámase Señor: exultade diante del.
⁶Os orfos teñen un pai, as viúvas un vingador:
Deus na súa morada santa.
⁷Deus dálles fogar ós solitarios,
libra os presos e enriquéceos,
mentres os rebeldes quedan en terra reseca.

⁸Cando saías, Deus, á fronte do teu pobo
e avanzabas polo deserto,
⁹a terra tremeu e os ceos destilaron,
diante do Deus do Sinaí,
diante do Deus de Israel.
¹⁰Vertiches, Deus, chuvia xenerosa,
fortalecíche-la herdade extenuada.
¹¹O teu rabaño aposentou no lugar
que ti, Deus, dispuxeras na túa bondade para os pobres.

¹²O Señor dá a palabra
e miles de mensaxeiros pregoan a boa nova.
¹³Foxen os xefes do exército, foxen;
e mentres vós descansades nos pasteiros,
as mulleres da casa reparten o botín:
¹⁴pombas de ás de prata,
plumas de ouro brillante.
¹⁵Mentres o Todopoderoso dispersa alí ós reis,
cae a neve no Salmón.

¹⁶Montañas altas, montañas de Baxán,
montañas picudas, montañas de Baxán,
¹⁷¿por que, montañas picudas, ollades con envexa
o monte que Deus elixiu para a súa morada?
¡O Señor habitará por sempre nel!

68 *Desde o Sinaí ó santuario:* a historia vén á lembranza coma unha manifestación de Deus en marcha triunfal desde o Sinaí ó santuario e unha procesión arredor deste. A oración pide que Deus poña en acción o seu poder, para que o recoñezan tódalas nacións. A linguaxe é arcaica, difícil e grandiosa.
68, 5 *Abride camiño,* tamén no Segundo Isaías (Is **40,** 3; **57,** 14). *Cabalga polas gándaras,* en triunfo (Xuí **5,** 4; Is **40,** 3); "cabalga nas nubes" é un título de Baal na literatura de Ugarit.
68, 8ss A historia coma unha teofanía (Dt **33,** 2; Xuí **5,** 4s; Sal **18,** 8; Hab **3,** 35s).
68, 14 Texto hebreo escuro.
68, 15 Feito non coñecido.

¹⁸Os carros de Deus son miles de milleiros,
o Señor vén neles do Sinaí ó santuario.
¹⁹Subiches á altura e levaches cativos,
colliches tributo en homes, tamén homes rebeldes,
para a túa morada, Señor Deus.

²⁰Bendito sexa o Señor, cada día:
Deus, o noso salvador, coida de nós,
²¹Deus é para nós un Deus que salva,
no Señor Deus temos escape da morte.
²²Deus esmágalle-la cabeza ós inimigos,
o cranio ós que camiñan na maldade.
²³O Señor di: —"Traereinos de Baxán,
traereinos do profundo do mar,
²⁴para que tínga-los pes no sangue do inimigo,
e a lingua dos teus cans teña tamén a súa parte".

²⁵Vense, Deus, ás túas procesións,
as procesións do meu Deus, do meu rei, no santuario.
²⁶Diante van os cantores,
detrás os que tocan as harpas,
no medio as doncelas, tocando pandeiros.
²⁷Bendicide a Deus en coros,
ó Señor desde a orixe de Israel.
²⁸Alí dirixe Benxamín, o máis novo,
os xefes de Xudá coas súas tropas,
os xefes de Zebulón e de Naftalí.

²⁹Desprega, Deus, o teu poder,
o poder que despregas por nós,
³⁰e ó teu templo de Xerusalén
traeranche presentes os reis.
³¹Ameaza á fera do canaval,
á tropa de touros e xuvencos das nacións.
Que se sometan, pagándoche tributo,
dispersa os pobos guerreiros.
³²Que veñan os magnates de Exipto
e que Etiopía estenda cara a Deus as súas mans.

³³Louvade a Deus, reinos da terra,
cantade salmos ó Señor,
³⁴o que cabalga polos ceos, polos ceos antigos,
o que lanza a súa voz, a súa voz potente.
³⁵Recoñecédelle a Deus o poder
a súa maxestade brilla en Israel,
e sobre as nubes o seu poder.
³⁶Desde o seu santuario Deus móstrase terrible:
o Deus de Israel
é quen lle dá forza e vigor ó seu pobo.
¡Bendito sexa Deus!

68, 18 Texto hebreo escuro.   **68,** 31 *A fera do canaval,* Exipto.

SALMO 69 (68)
Pobre e enfermo
¹Do mestre do coro, con cítolas de Xuxán. De David.

²Sálvame, Deus,
 que me chegan as augas ó pescozo;
³que me estou afogando nunha lama profunda,
 sen poder facer pé;
 que me estou mergullando no abismo das augas,
 envolto polas correntes.

⁴Estou esgotado de berrar,
 a miña gorxa está rouca;
 os meus ollos anúbanse
 agardando ó meu Deus.

⁵Son máis cós meus cabelos
 os que me aborrecen sen razón,
 máis duros cós meus ósos
 os que inxustamente me perseguen;
 debo devolve-lo que nunca roubei.

⁶Ti, Deus, coñéce-la miña ignorancia,
 os meus delitos non se che esconden.
⁷Que en min non se defrauden os que esperan en ti,
 Señor, Señor dos exércitos;
 non se avergoncen por min os que te buscan,
 Deus de Israel.

⁸Por ti aturo eu afrentas
 e cóbreme a cara a vergonza.
⁹Volvinme estraño para meus irmáns,
 alleo ós fillos da miña nai.
¹⁰Consómeme o celo da túa casa
 e as aldraxes dos que te aldraxan
 caen enriba de min.

¹¹Se me aflixo co xexún,
 fan escarnio de min;
¹²se me visto de saco,
 vólvome o conto de todos:
¹³sentados á porta murmuran contra min
 e sácanme coplas, mentres beben.

¹⁴Mais eu, Señor, suplico cara a ti,
 na hora, meu Deus, do teu favor.
 Pola túa moita bondade,
 respóndeme, pois ti e-lo socorro verdadeiro.

¹⁵Sácame da lama e que non afogue,
 líbrame dos que me aborrecen
 e das augas sen fondo.

---

69 *Pobre e enfermo:* coma un berro desde o abismo é esta deprecación do que se sente asoballado polos homes e esquecido de Deus. Na súa busca atopa un consolo. A figura do orante aseméllase á do Sal 22 e mais ó Servo de Iavé (Is 5
69, 5 *Máis duros,* lemos así, coas versións.
69, 10 O celo sagrado (Xer **20,** 9; Sal **119,** 139).

¹⁶Non me envolvan as correntes,
non me engula o remuíño
e non peche o pozo a boca sobre min.

¹⁷Respóndeme, Señor, conforme ó teu amor,
pola túa misericordia, vólvete a min.
¹⁸Non escónda-la túa cara ó teu servo;
estou no apreto; respóndeme axiña;
¹⁹achégate a min, rescátame,
líbrame dos meus inimigos.

²⁰Ti coñéce-la miña afronta,
a miña aldraxe, o meu oprobio;
á túa vista están os que me asoballan.
²¹A afronta québrame o corazón, e desfalezo,
agardo compaixón, e non a hai;
quen me console, e non o atopo.
²²Na comida bótanme fel
e para a sede danme vinagre.

²³Que se lles converta en lazo a súa mesa
e os seus banquetes nunha trampa;
²⁴que se lles anuben os ollos e non vexan
e que lles treman os lombos.
²⁵Verte a túa ira sobre eles,
e que o teu noxo os atrape.

²⁶Que os seus campamentos sexan arrasados
e que non haxa habitantes nas súas tendas.
²⁷Xa que abouran a quen ti feriches
e contan as chagas da túa víctima,
²⁸engádelles culpas sobre culpas
e non teñan acceso á túa xustificación.
²⁹Sexan borrados do libro dos vivos
e non sexan inscritos entre os xustos.

³⁰Mais a min, pobre e doente,
érgueme, Deus, co teu socorro.
³¹Louvarei a Deus con cantos,
gabareino con acción de gracias.
³²Praceralle ó Señor máis ca un touro,
ca un xuvenco de cornos e de unllas.

³³Olládeo, humildes, e alegrádevos,
avivecede o corazón os que buscáde-lo Señor,
³⁴pois o Señor escoita ós humildes,
non despreza ós seus na cadea.

³⁵Lóuvente o ceo e maila terra.
³⁶Abofé, salvará Deus a Sión:
recomporá as vilas de Xudá,
haberá quen as herde e as habite.
³⁷Herdaranas os fillos dos seus servos,
habitaranas os que aman o seu nome.

69, 22 Fel e vinagre (Xer **8,** 14; **23,** 15; Mt **27,** 34.48).   **69,** 23 *Banquetes* sagrados, lectura aproximada (Rm **11,** 9s).

SALMO 70 (69)

Ven axiña

¹Do mestre do coro. De David, en lembranza.
²Corre, Deus, para librarme,
dáte présa, Señor, en socorrerme.

³Que se vexan confusos, cubertos de vergonza,
os que buscan a miña morte;
recúen avergonzados
os que queren o meu mal;
⁴volten atrás deshonrados
os que se alegran da miña ruína.

⁵Relouquen e alégrense contigo
tódolos que te buscan.
Poidan sempre dicir: —"Deus é grande",
os que aman a túa salvación.

⁶Eu son pobre e humilde:
ven axiña, Deus, a min.
Ti e-la miña axuda, o meu refuxio:
non me tardes, Señor.

SALMO 71 (70)

Darasme vida de novo

¹En ti, Señor, acóllome,
que endexamais non me vexa confundido.
²Pola túa xustiza, líbrame, deféndeme,
inclina o teu oído e sálvame.
³Se ti a rocha do meu refuxio
sempre disposta para salvarme:
Ti que e-la miña forte cidadela.

⁴Rescátame, meu Deus, do poder dos malvados,
do puño do criminal e do opresor.
⁵Ti es, Señor, a miña esperanza,
a miña confianza, Señor, desde a mocidade.
⁶Desde o nacemento apóiome en ti,
desde o seo materno ti e-lo meu amparo,
a ti vai sempre o meu louvor.

⁷Para moitos convertinme en escarmento,
mais ti es para min forte refuxio.
⁸Da túa louvanza está chea a miña boca,
e da túa glorificación, o día enteiro.

⁹Non me rexeites na vellez,
non me abandones cando me faltan as forzas,
¹⁰pois dirían de min os inimigos,

---

70 *Ven axiña:* deprecación de pronta axuda, coa conseguinte vergonza para os inimigos, mentres soa a louvanza na boca dos amigos. Este salmo reaparece tamén no Sal **40**,14-18.
71 *Darasme vida de novo:* deprecación e canto de louvanza. Quen desde a mocidade buscou en Deus seguridade, atopa na vellez a súa vida ben gardada.
71, 1-3 Coma o Sal **31,** 2-4.
71, 7 *Escarmento,* mostra de pecador castigado (Dt **28,** 46; Sal**31,**12).

murmurarían os que me axexan:
¹¹—"Deus teno abandonado:
perseguídeo, agarrádeo,
pois non hai quen o salve".

¹²Non te afastes, Deus, de min,
date présa en axudarme.
¹³Que se vexan confusos e abatidos
os que atentan contra min;
que se cubran de vergonza e confusión
os que buscan o meu mal.

¹⁴Eu sigo sempre esperando,
engadindo louvanza á túa louvanza.
¹⁵A miña boca pregoa a túa xustiza,
a túa salvación, o día enteiro.
Aínda sen as poder contar,
¹⁶falarei das fazañas do Señor:
de ti, só de ti, cantarei a xustiza.

¹⁷Desde a mocidade ensínasme ti, Deus,
e aínda hoxe eu canto os teus prodixios.
¹⁸Agora na vellez e na canicie
non me abandones, meu Deus,
para lle contar do teu brazo á xeración presente,
e do teu poder a tódalas vindeiras.

¹⁹A túa xustiza, Deus, chega ás alturas,
ti fixeches cousas grandes:
¿quen coma ti, meu Deus?
²⁰Ti fixéchesme probar apretos e afliccións,
pero de novo me dara-la vida
e volverasme erguer dos abismos da terra.
²¹Acrecera-la miña dignidade
e outra vez has consolarme.

²²Eu dareiche as gracias coa harpa,
meu Deus, pola túa fidelidade;
tocarei para ti a cítola,
Santo de Israel.
²³Aclamarante con cantos os meus labios
e esta vida que ti rescataches.
²⁴A miña lingua cantará decote a túa xustiza,
mentres fican avergonzados e confusos
os que buscan o meu mal.

SALMO 72 (71)

Os bens da era mesiánica

¹De Salomón.

Outórgalle, Deus, o teu xuízo ó rei;
ó fillo de reis, a túa xustiza.

71, 20 *Abismos,* reino da morte, vecindade do "Xeol" (Sal 9, 14; 30, 4; 40, 3).
72 *Os bens da era mesiánica:* súplica do pobo polo advento do rei-mesías, que traerá dunha vez e para sempre os bens esperados e nunca conseguidos: xustiza, paz, prosperidade, liberdade.

²Que rexa ó teu pobo rectamente
e ós teus pobres con equidade.

³Os montes ofreceranlle prosperidade ó pobo,
os outeiros, xustiza.
⁴El dará o dereito ós humildes,
socorrerá os indixentes,
esmagará os opresores.
⁵Durará canto dure o sol
tanto coma a lúa, polas xeracións.
⁶Será coma chuvia no prado,
coma trebón que rega os terreos.
⁷Florecerá a xustiza nos seus días,
unha prosperidade duradeira como a lúa.

⁸Dominará de mar a mar,
desde o gran río ata o cabo da terra.
⁹Diante del caerán os inimigos,
lamberán o po os adversarios.
¹⁰Traeranlle dons os reis de Tárxix e das illas,
os reis de Saba e de Sebá pagaranlle tributo.
¹¹Postraranse ante el tódolos reis da terra,
servirano tódalas nacións.

¹²El librará ó pobre que suplica,
ó aflixido que está sen axuda.
¹³Terá piedade dos febles e indixentes,
salvará a vida dos pobres;
¹⁴rescataraos da inxuria e da opresión,
pois a súa vida e o seu sangue
son preciosos ós seus ollos.

¹⁵Vivirá e traeranlle ouro de Saba,
pedirán sempre por el,
todo o día o bendicirán.
¹⁶Abundará o trigo nos campos,
nos montes ondularán coma no Líbano os froitos,
florecerán as vilas coma a herba dos agros.
¹⁷Que o seu nome dure por sempre
e a súa sona igual có sol.
Que se bendigan nel tódolos pobos
e que o proclamen ditoso.

¹⁸Bendito sexa o Señor, Deus de Israel,
o único que fai marabillas.
¹⁹Bendito sexa por sempre o seu nome glorioso
e que a terra se encha da súa gloria.
Amén. Amén.

72, 3 A *xustiza*, un dos primeiros bens mesiánicos (Is 11, 3ss; 16, 5).
72, 10 Recoñecemento do reinado mesiánico polos pobos todos do mundo.

72, 18s Doxoloxía e colofón que rematan o segundo libro dos Salmos. Hai outro colofón (sería o v 20): "Fin das oracións de David, fillo de Ixaí".

SALMO 73 (72)
A sorte dos malvados

¹Salmo, de Asaf.

¡Que bo é Deus cos rectos
e cos limpos de corazón!
²Mais eu por pouco non esvaro,
por nada os pés non se me van,
³por envexa dos fatos,
á vista da prosperidade dos malvados.

⁴Eles non sofren contratempos,
forte e san teñen o seu corpo;
⁵non teñen parte nas miserias dos humanos
nin padecen cos demais.
⁶Por iso a soberbia é o colar que os adorna;
a violencia, a capa que os cobre.

⁷O seu corpo graxento deita maldade,
pola súa mente anda a presunción.
⁸Falan con retranca e con malicia,
ameazan desde o alto coa opresión.
⁹Poñen no ceo a súa boca,
a súa lingua percorre a terra.

¹⁰Por iso o pobo vaise con eles
e bebe os seus ditos.
¹¹Eles din: —"¿Que sabe Deus?
¿Ten coñecemento o Altísimo?"
¹²Así son os malvados,
sempre en paz, crecendo en poder.

¹³Entón, para nada gardo eu limpo o corazón
e manteño puras as mans.
¹⁴O día enteiro sufro golpes,
escarmentos cada mañá.
¹⁵Pero se dixese: —"Vou falar igual ca eles",
sería traidor á liñaxe dos teus fillos.

¹⁶Meditei para ver se o entendía,
mais parecíame moi penoso;
¹⁷ata que entrei no santuario dos deuses
e me decatei de cal sería a súa fin.
¹⁸Ti pólos, en verdade, no esvaradoiro,
precipítalos na ruína.
¹⁹¡Como son destruídos nun instante;
sucumben e perecen de espanto!
²⁰Coma un soño, ó espertar, Señor,
así cando te ergues desprezas ti as súas figuras.

²¹Se o meu corazón estaba amargurado
e tiña un cravo nas entrañas,

---

73 *A sorte dos malvados:* poema didáctico sobre a escuridade da retribución. Á vista do paradoiro dos malvados, que parecían sempre triunfar, descóbrese o engano da súa prosperidade mentireira. Semellante no tema ós Sal 37 e 49.

73, 10 Texto hebreo escuro.
73, 13 ¿Paga a pena manterse xusto? (Xob 21, 15; Mal 3, 14).
73, 17 *Santuario dos deuses,* as seguridades en que asentan os malvados. *A súa fin,* o seu paradoiro, a súa sorte (Is 47, 7; Xer 12, 4).

²²é que era parvo e sen entendemento,
coma unha besta diante de ti.
²³Mais eu estou sempre contigo
e ti cóllesme da dereita.
²⁴Condúcesme co teu consello
e acóllesme con honor.

²⁵¿A quen outro teño eu no ceo?
Contigo xa nada cobizo na terra.
²⁶O meu corpo e o meu corazón consumiranse,
pero Deus é para sempre a miña rocha e a miña sorte.
²⁷Os que se arredan de ti vense perdidos:
ti consomes ós que de ti arrenegan.
²⁸O meu ben é estar cerca de Deus:
eu busco en ti, Señor, o meu refuxio
e canto as túas obras.

SALMO 74 (73)
Ruínas que fan chorar

¹*Maskil*, de Asaf.

¿Por que, Deus, nos rexeitas? ¿Será por sempre?
¿Por que se inflama a túa ira coas ovellas do teu rabaño?
²Acórdate da comunidade que desde antigo adquiriches,
do pobo que rescataches para a túa posesión,
do monte Sión, onde fixéche-la túa morada.

³Dirixe os teus pasos cara ás eternas ruínas:
no teu santuario todo o arrasou o inimigo.
⁴Os teus adversarios roxen no lugar das asembleas
e levantan alí os estandartes.
⁵Son coma os que branden o machado na madeira:
⁶nun intre esnaquizan tódalas súas portas,
con machado e martelo.
⁷Puxeron lume ó teu santuario,
arrasaron e profanaron a morada do teu nome.
⁸Din entre si: —"Acabemos con eles",
e queiman tódolos santuarios do país.

⁹Nós non vemos sinais nin existe un profeta,
e ninguén de entre nós sabe por canto tempo aínda.
¹⁰¿Ata que día, Deus, nos asoballará o opresor?
¿Aldraxarán por sempre os inimigos o teu nome?
¹¹¿Por que arréda-la túa man
e rete-la túa dereita no seo?

¹²Pero ti, Deus, es desde sempre o meu rei,
o que obras liberacións en toda a terra.
¹³Ti fénde-lo mar co teu poder
e nas augas, a cabeza dos dragóns.

---

74 *Ruínas que fan chorar:* lamento do pobo pola cidade destruída e o santuario profanado. Máis ca iso doe aínda a sospeita de que Deus abandone, non se ocupe xa do seu pobo. Só o recordo dos seus feitos abre as portas á esperanza.

74, 1 *Rexeitar,* coma no Sal **44,** 24; **60,** 3; **77,** 8.
74, 5 Verso escuro; parece referirse á destrucción que remata co desterro.
74, 10 Preguntas da oración aflixida (Sal **13,** 2ss; **80,** 5; **89,** 47; **90,** 13).

¹⁴Ti esmágaslle a cabeza ó Leviatán
e bótasllelo ós monstros mariños de comida.

¹⁵Ti abres fontes e regachos
e secas ríos caudais.
¹⁶Teu é o día e túa a noite,
ti establecíche-la lúa e mailo sol.
¹⁷Ti marcácheslle ó mundo as súas fronteiras,
fixéche-lo verán e o inverno.

¹⁸Recorda, Señor, que os inimigos te aldraxan,
que xente insensata maldí o teu nome.
¹⁹Non lles entregues ós voitres a vida da túa pomba,
non te esquezas por sempre da vida dos teus pobres.
²⁰Fíxate na túa alianza;
tódolos recantos da terra son tobos de violencia.

²¹Que non acaben na vergonza os oprimidos:
os humildes e os pobres louvarán o teu nome.
²²Érguete, Deus, defende a túa causa,
recorda as continuas aldraxes dos necios;
²³non esquéza-las voces dos inimigos,
o tumulto crecente dos que se rebelan contra ti.

SALMO 75 (74)

Deus é quen goberna

¹Do mestre do coro, segundo "Non destrúas". Salmo, de Asaf, cántiga.

²Dámosche as gracias, Deus, dámosche as gracias,
invocámo-lo teu nome
e contámo-las túas marabillas.

³Cando eu determine a hora,
xulgarei con rectitude.
⁴Se treme a terra e quen a habita,
eu sosteño as súas columnas.

⁵Eu aviso ós soberbios: —"Non runfedes",
e ós malvados: —"Non ergáde-la testa;
⁶non ergáde-la testa ás alturas,
non faledes con gorxa insolente".

⁷Non vén do nacente nin do poñente,
nin do deserto o que ergue;
⁸Deus é quen goberna:
el abate a un e exalta a outro.

⁹Na man do Señor hai unha cunca
chea de viño velenoso.
Dela dá a beber ata as borras,
beberán dela tódolos malvados.
¹⁰Eu proclamarei por sempre,

4, 14 *Leviatán*, monstro do mar (ás veces Exipto) (Xob 3, Sal 27, 1).
5 *Deus é quen goberna*: gracias a Deus, que se mostra rexendo o mundo con xustiza: El é quen abaixa ós soberbos e quen ergue ás alturas ós humildes.
5, 3 *A hora*, o tempo establecido (Ex 9, 5; Sal 102, 14; Dn 8,19).

75, 5s *Ergue-la testa* ou o corno, triunfar. Deus é quen fai triunfar ós seus amigos (1 Sam 2, 1.6; 2 Sam 22, 10; Sal 89, 18.25; 148, 4).
75, 9 A *cunca* do castigo de Deus (Sal 60, 5; Xer 25, 15s; Lam 4, 21; Hab 2, 16).

cantarei ó Deus de Israel.
¹¹El romperá a testa dos malvados,
mentres se ergue a cabeza dos xustos.

SALMO 76 (75)

Para salva-los oprimidos

¹Do mestre do coro, con instrumentos de corda. Salmo, de Asaf, cántiga.

²Deus é coñecido en Xudá,
en Israel é grande o seu nome.
³Ten a súa tenda en Xalem
e a súa morada en Sión.
⁴Alí rompe o arco flamexante,
o escudo, a espada e as guerras.

⁵Ti es resplandecente, poderoso,
dono de montañas de botín.
⁶Os valentes son espoliados mentres dormen;
ós guerreiros non lles responden as súas mans.
⁷Ante a túa ameaza, Deus de Israel,
paralízanse carros e cabalos.

⁸Ti, Señor, es temible,
¿quen resistiría ante ti,
ante a forza da túa ira?
⁹Desde o ceo pronuncias sentencia,
treme a terra e cala.

¹⁰Cando te ergues, Deus, para xulgar,
para salva-los oprimidos da terra,
¹¹a carraxe humana proclama a túa gloria
e os salvados da túa ira serán a túa coroa.

¹²Facede votos ó Señor voso Deus, e cumprídeos
e que os pobos do arredor traian tributo ó terrible,
¹³o que lles corta ós príncipes o folgo,
que é terrible para os reis da terra.

SALMO 77 (76)

O meu espírito esculca

¹Do mestre do coro, segundo Iedutún. De Asaf, Salmo.

²Ergo cara a Deus a miña voz e clamo;
ergo cara a Deus a miña voz e El escóitame.
³Busco ó Señor na hora do apreto,
a miña man téndese na noite sen repouso
e a miña alma refuga o consolo.
⁴Relembrando a Deus eu son un xemido;
meditando, encólleseme o alento.

---

76 *Para salva-los oprimidos:* canto ó Deus que se mostra na historia dun pobo coma dono da enteira historia humana.
76, 4 Acabar coas guerras, paz mesiánica (Sal **46**, 10; Is **2**, 4; Ez **39**, 9; Zac **9**, 10).
76, 11 Texto hebreo escuro.

76, 13 *Os reis da terra,* en textos de universalismo escato lóxico (Sal **2**, 2; **89**, 28; **102**, 16; **138**, 4).
77 *O meu espírito esculca:* deprecación para que Deus s mostre veciño e protector, coma nos tempos pasado Meditar nos seus feitos é acalar preguntas que atormer tan.

⁵Ti amárrasme as pálpebras dos ollos,
  estou conturbado e sen fala.
⁶Penso nos días pasados,
  nas idades remotas;
⁷relembro a música nas noites,
  penso para min e esculca o meu espírito.

⁸¿Será que o Señor rexeita para sempre
  e non mostrará máis a súa bondade?
⁹¿Acabaríase para sempre o seu amor
  e calaría polas xeracións a súa palabra?
¹⁰¿Esquecería Deus a compaixón
  e cerraría, irado, as súas entrañas?
¹¹Digo para min: —"A miña dor é esta:
  que se mudou a conducta do Altísimo".

¹²Eu recordo os feitos do Señor,
  lémbrome dos prodixios doutros tempos;
¹³medito nas súas obras,
  cavilo nas súas fazañas.
¹⁴Os teus camiños, Deus, son santos,
  ¿quen dos deuses é grande coma Deus?
¹⁵Ti e-lo Deus que fai prodixios
  e mostras poder ante os pobos.
¹⁶Rescataches co teu brazo o teu pobo,
  os fillos de Xacob e de Xosé.

¹⁷Ó vérente, Deus, as augas,
  ó vérente, as augas tremeron
  e os abismos estremeceron;
¹⁸as nubes desfixéronse en auga,
  os nubeiros deron voces,
  voaron as túas frechas;
¹⁹o trono foi retumbando,
  os lóstregos alumaron os espacios,
  a terra estremeceuse e tremelou.

²⁰Abriches camiño nas augas,
  un carreiro nas augas caudais,
  sen deixares rastro dos teus pasos.
²¹Guiaches coma un rabaño ó teu pobo,
  da man de Moisés e de Aharón.

SALMO 78 (77)

As leccións da historia

¹*Maskil*, de Asaf.

Escoita, meu pobo, a miña instrucción,
  atende as miñas palabras.

7, 8 Linguaxe do lamento (Sal **44**, 24; **74**, 1; **79**, 5; **85**, 6).
7, 10 Como Hab **3**, 2.
7, 17 A natureza anímase diante do Deus que pasa (Sal **8**, 14s; **114**, 3ss).
7, 18ss Imaxe coa teofanía sinaítica ó fondo (Ex **19**, 16-8; Hab **3**, 11).

78 *As leccións da historia:* coa historia enteira á vista, este poema didáctico encara co amor de Deus a infidelidade do pobo. Deixou cae-lo reino do Norte, mais elixiu o pequeno reino de Xudá. A historia desde outras perspectivas nos Sal **105**, **106**, **107**, **136**.

²Vouche falar en parábolas,
exporche vellas adiviñas.

³O que oímos e sabemos,
o que os pais nos contaron,
⁴non llelo podemos calar a seus fillos;
témolo que contar ás xeracións vindeiras:
as glorias do Señor, o seu poder,
e os milagres que fixo.

⁵El fixou unha norma en Xacob,
deulle unha lei a Israel
e mandou a nosos pais
que llela ensinasen a seus fillos,
⁶para que a xeración vindeira a coñeza
e os fillos que nazan llela conten ós seus fillos.

⁷Estes porán en Deus a súa esperanza,
non se esquecerán das súas obras,
gardarán os seus mandatos.
⁸Así non serán coma seus pais,
xente rebelde e teimuda,
raza de ánimo inquedo,
de espírito infiel a Deus.

⁹Os fillos de Efraím, bos arqueiros,
voltaron as costas á hora do combate;
¹⁰non gardaron o pacto de Deus,
refugaron a súa lei;
¹¹esqueceron as súas obras,
os prodixios que El lles mostrara.

¹²Diante de seus pais fixera marabillas,
na terra de Exipto, nos campos de Soán.
¹³Fendeu o mar para lles dar paso,
as augas fixeron diques.
¹⁴Coa nube guiábaos polo día
e con faro de lume pola noite.
¹⁵Fendeu rochas no deserto
e deulles de beber con abundancia;
¹⁶da rocha sacou caudais,
auga corrente coma ríos.

¹⁷Eles seguiron pecando,
ofendendo no deserto ó Altísimo.
¹⁸Tentaron a Deus no corazón,
pedíronlle comida por cobiza.
¹⁹Falaban así contra Deus:
—"¿Poderá Deus pór unha mesa no deserto?
²⁰Se bateu a rocha e deitou auga,
e reverteron os regachos,
¿poderá tamén darnos pan
e prover ó pobo de carne?".

78, 3ss A memoria e os costumes do pasado gárdanse e trasmítense como fundamento da identidade (Ex **13,** 14; Dt **32,** 7; Sal **22,** 31s; **44,** 2; **102,** 19).

²¹Sentiuno o Señor e indignouse,
 acendeuse a súa ira contra Xacob,
 ferveu o seu noxo contra Israel,
²²por non teren confianza en Deus
 nin esperanza no seu socorro.

²³Ordenou logo ás nubes desde arriba,
 abriu as portas do ceo,
²⁴e fixo chover maná para comeren;
 deulles trigo do ceo.
²⁵Comeu o home pan dos fortes,
 deulles sustento a fartar.
²⁶Fixo soprar no ceo o vento do leste,
 dirixiu con poder o vento do sur,
²⁷e choveu, coma po, carne sobre eles
 e, coma area do mar, aves aladas.
²⁸Botóullelos no mesmo campamento,
 arredor das súas tendas.
²⁹Comeron ata se fartaren,
 cumpríulle-los seus degoros.
³⁰Pero non desistiron no antollo,
 cando tiñan aínda na boca a comida.
³¹A ira de Deus acendeuse contra eles,
 deu morte ós máis fortes,
 e dobregou a flor de Israel.

³²Con todo isto aínda pecaron,
 non creron nos seus prodixios.
³³El reduciu a súa vida a un sopro,
 os seus anos a un suspiro.
³⁴Cando os castigaba, eles buscábano,
 voltábanse e corrían cara a Deus,
³⁵lembrando que Deus era a súa rocha,
 o Deus Altísimo o seu redentor.

³⁶Coa boca tratábano de enganar;
 coa lingua, de lle mentir.
³⁷Mais o seu corazón non era firme,
 non eran fieis á súa alianza.
³⁸Por piedade perdoaba El as súas culpas
 e non os destruía.
 Moitas veces contivo a súa ira,
 non deixou acende-lo seu noxo,
³⁹facendo conta de que eran carne,
 sopro que se vai e que non volve.

⁴⁰¡Cantas veces se rebelaron no deserto
 e incomodaron a Deus na soidade!
⁴¹Tentaron a Deus moitas veces,
 incomodaron ó Santo de Israel.

⁴²Non facían conta da man
que un día os redimira da opresión,
⁴³cando fixo sinais en Exipto,
escarmentos nos campos de Soán.

⁴⁴Converteu en sangue os seus ríos
e non podían bebe-las súas augas.
⁴⁵Mandoulles moscas que os picaban
e ras que os infestaban.
⁴⁶Entregoulles ós saltóns as súas colleitas;
o froito do seu traballo, á langosta.
⁴⁷Bateu coa sarabia as súas viñas
e coa xeada as súas figueiras.
⁴⁸Entregou os seus gandos ó pedrazo;
ós raios, as súas facendas.

⁴⁹Descargou sobre eles a súa ira,
o noxo, o furor, a indignación,
mensaxeiros de desgracias arreo.
⁵⁰Deu renda solta ó seu noxo,
non escondeu da morte as súas vidas,
mais entregounos á peste.
⁵¹Feriu os primoxénitos de Exipto,
as primicias do vigor nas tendas de Cam.

⁵²Sacou coma rabaño ó seu pobo,
guiouno coma un fato polo deserto.
⁵³Conduciuno seguro, sen temor,
mentres o mar cubría os inimigos.
⁵⁴Levounos á súa terra santa,
ó monte que adquirira coa súa dereita.
⁵⁵Botou de diante deles ós pobos,
deulles en sorte o seu herdo,
aposentou nas súas tendas as tribos de Israel.

⁵⁶Eles tentaron, provocaron ó Deus Altísimo,
non gardaron os seus preceptos.
⁵⁷Coma seus pais, desertaron, traicionaron,
voltáronse, coma arco enganoso.
⁵⁸Cos seus santuarios nos altos provocárono,
cos ídolos acenderon os seus celos.
⁵⁹Sentiuno Deus e indignouse,
mesmo refugou a Israel.
⁶⁰Abandonou o templo de Xiloh,
tenda da súa morada entre os homes.
⁶¹Deixou na catividade os seus valentes,
o seu orgullo en poder do opresor.
⁶²Entregou o seu pobo á espada,
incomodouse contra o seu herdo.
⁶³O lume engulipou os seus mozos
e non houbo cantares para as mozas.
⁶⁴Os seus sacerdotes caeron pola espada
e as súas viúvas non choraron.

78, 44ss Versión lírica das pragas de Exipto (Ex **7,** 11).

⁶⁵Espertou o Señor coma dun sono,
    coma guerreiro arrolado polo viño,
⁶⁶e bateu nos seus inimigos polas costas,
    deixounos para eterna vergonza.
⁶⁷Desbotou as tendas de Xosé,
    non elixiu a tribo de Efraím,
⁶⁸elixiu a tribo de Xudá,
    e o monte Sión que El amaba.
⁶⁹Construíu o seu santuario nun outeiro
    fundamentouno para sempre, coma a terra.
⁷⁰Elixiu ó seu servo David,
    colleuno dos curros do rabaño.
⁷¹De detrás das ovellas levouno
    para alinda-lo seu pobo Xacob,
    o seu herdo Israel.
⁷²Alindouno con recto corazón,
    dirixiuno con man intelixente.

SALMO 79 (78)
Vinganza do sangue vertido

¹Salmo, de Asaf.

As xentes entraron, Deus, na túa herdade,
    profanaron o teu santo templo,
    reduciron Xerusalén a unha ruína.
²Botaron os cadáveres dos teus servos
    por pasto ás aves do ceo;
    a carne dos teus amigos,
    ós animais do monte.
³Verteron sangue coma auga
    arredor de Xerusalén,
    sen haber quen enterrase.
⁴Convertémonos en escarnio dos veciños,
    en burla e riso dos que nos rodean.

⁵¿Por canto aínda, Señor?
    ¿Será para sempre o teu enfado?
    ¿Arderá coma o lume o teu noxo?
⁶Descarga a túa ira
    sobre as xentes que non te recoñecen,
    sobre os reinos que non invocan o teu nome,
⁷pois devoran a Israel,
    alagan as súas moradas.

⁸Non nos teñas en conta os pecados dos pais,
    chegue axiña a túa piedade,
    que estamos esgotados.

⁹Axúdanos, Deus, Salvador noso,
    pola gloria do teu nome;
    líbranos, perdoa as nosas culpas,
    por mor do teu nome.

---

79 *Vinganza do sangue vertido:* lamento por unha calamidade que aflixe ó pobo enteiro. A caída de Xudá no 586 a. C. serviu de paradigma de moitas horas de dor.

79, 2 *Os cadáveres* sen enterrar falan dos estragos do mal (Xer **7,** 33; **16,** 4; **34,** 20; citado en 1 Mac **7,** 17).

¹⁰¿Por que han de dici-las xentes:
—"¿Onde está o seu Deus?".

Que vexamos cos nosos ollos entre as xentes
a vinganza do sangue vertido dos teus servos.
¹¹Que chegue ata a ti o pranto dos cativos
e que o teu brazo poderoso salve os condenados á morte.
¹²Págalles sete veces ós veciños
o oprobio, Señor, con que te aldraxan.
¹³Nós, o teu pobo, ovellas do teu rabaño,
cantaremos polas xeracións as túas louvanzas.

SALMO 80 (79)

Móstrate e seremos salvos

¹Do mestre do coro, con cítaras de Xuxán. Edut, de Asaf, salmo.

²Escoita, pastor de Israel,
que guía-lo rabaño de Xosé;
ti que sentas sobre os querubíns,
³móstrate ante Efraím, Benxamín e Menaxés,
esperta o teu poder e ven salvarnos.

⁴Restáuranos, Deus;
móstrate e seremos salvos.

⁵Señor, Deus dos exércitos,
¿por canto tempo aínda estarás irritado
contra os rogos do teu pobo?
⁶Décheslle a comer un pan de pranto
e a beber bágoas a grolos.
⁷Puxéchesnos de rifa entre veciños
e búrlanse de nós os nosos inimigos.

⁸Restáuranos, Deus dos exércitos;
móstrate, e seremos salvos.

⁹Arrincaches de Exipto unha vide,
expulsaches nacións para a plantar;
¹⁰preparácheslle o chan,
botou raíces, encheu a terra.
¹¹A súa sombra cubría os montes,
os seus bacelos eran coma cedros;
¹²estendeu as súas ramas ata o mar
os seus gromos ata o río.

¹³¿Por que lle derrubáche-los valados,
para que a vendimen cantos pasan?
¹⁴Os xabaríns estragan nela
e devórana as bestas do campo.

79, 13 A coñecida imaxe do rabaño (Sal **78**, 52; **95**, 7; **100**, 3).
80 *Móstrate, e seremos salvos:* deprecación comunitaria pola restauración, despois dunha desfeita. O recordo do pasado permite esperar que Deus seguirá guiando ó pobo coma o seu rabaño, coidando del como da súa viña.

80, 2 A imaxe do pastor (Sal **23**, 1; **79**, 13; Is **40**, 11). *Os querubíns* sobre a Arca eran o trono de Deus (1 Sam **4**, 4; 2 Sam **6**, 2; Sal **18**, 11; **99**, 1).
80, 9 A imaxe da viña (Is **5**, 1-5; Xer **2**, 11; Ez **17**).
80, 12 *O río* é o Éufrates, fronteira do reino de David (Xén **15**, 18; 1 Re **5**, 4).

¹⁵Dá a volta, Deus dos exércitos,
olla desde o ceo e ve.
Atende esta vide,
¹⁶este sarmento que plantaches coa túa man,
o bacelo que ti fortaleciches.
¹⁷Queimárono, chapodárono:
perezan ante o furor da túa presencia.

¹⁸Que a túa man protexa ó teu elixido,
o home que ti fortaleciches.
¹⁹Non nos afastaremos máis de ti;
dános vida de novo, e invocarémo-lo teu nome.

²⁰Restáuranos, Señor dos exércitos;
móstrate e seremos salvos.

SALMO 81 (80)

¡Ai, se o meu pobo me escoitase!

¹Do mestre do coro, coa cítola de Gat. De Asaf.

²Cantade a Deus, a nosa forza,
aclamade ó Deus de Israel;
³pulsade o salterio, tocade o pandeiro,
a donda cítara e a harpa.
⁴Tocade a trompeta na lúa nova,
na lúa chea, no día da festa.

⁵Para Israel isto é unha lei,
un precepto do Deus de Xacob.
⁶Impúxollo por lei a Xosé,
cando saíu da terra de Exipto.

⁷Escoitei a fala dun descoñecido,
tireille a carga do lombo,
as súas mans deixaron as cestas.
⁸No apreto chamáchesme e libreite,
respondinche agachado entre trebóns,
púxente a proba nas augas de Meribah.

⁹Oe, meu pobo, que quero avisarte,
escóitame ben, Israel.
¹⁰—"Non terás contigo un deus estraño,
non adorarás un deus alleo.
¹¹Eu son o Señor, o teu Deus,
quen te sacou da terra de Exipto:
abre a túa boca, que eu a encherei".

¹²Pero o meu pobo non escoitou a miña voz,
Israel non quixo nada de min.
¹³E deixeinos á súa teima,

---

81 *Ai, se o meu pobo me escoitase:* requerimento ó pobo para que louve e escoite a Deus que o quere salvar. A segunda parte ten forma de oráculo ou palabra de Deus.
81, 7 O *descoñecido,* ou aínda non sinalado pola obra salvadora, é o pobo oprimido, comezando polos sufrimentos de Xosé.
81, 8 A proba en Meribah, en Ex **17,** 1-7.
81, 9ss O primeiro mandamento do decálogo (Ex **20,** 2s).

que fixesen ó seu xeito.
¹⁴¡Ai, se o meu pobo me escoitase,
se Israel seguise o meu camiño!
¹⁵Abateríalle nun intre os inimigos,
volvería a miña man contra os opresores.

¹⁶Os que aborrecen ó Señor, adularíano,
e a súa sorte sería duradeira.
¹⁷Manteríao con flor de trigo,
con mel bravo o fartaría.

SALMO 82 (81)

Facede xustiza ós pobres

¹Salmo, de Asaf.

Deus érguese no concello divino,
fai xuízo na xunta dos deuses.

²¿Por canto tempo aínda xulgaredes inxustamente
favorecendo a causa dos malvados?
³Facede xustiza ós pobres e ós orfos,
dade o seu dereito ós humildes e ós pobres,
⁴rescatade ós pobres e oprimidos,
librádeos da man dos malvados.

⁵Eles non saben nin entenden; camiñan ás escuras,
mentres o mundo treme desde os alicerces.
⁶Eu dixera: —"Sodes deuses,
fillos todos do Altísimo;
⁷pero morreredes coma os homes,
caeredes o mesmo cós tiranos".

⁸Érguete, Deus, goberna ti a terra,
pois tódolos pobos che pertencen.

SALMO 83 (82)

Os pobos en conxura

¹Cántiga, salmo, de Asaf.

²Señor, non quedes calado,
non esteas, Deus, mudo e quedo.
³Mira que os teus inimigos se reviran,
os que te aborrecen erguen a cabeza.

⁴Traman un proxecto en contra do teu pobo,
conspiran contra os teus protexidos.
⁵"Vide —din—; borrémolo de entre os pobos
que non se recorde máis o nome de Israel".

⁶Están de acordo na conxura,

---

82 *Facede xustiza ós pobres:* acusación da inxustiza e deprecación polo goberno xusto de Deus.
82, 1 *Os deuses* ameazados son personificación da desorde que reina no mundo, no corpo dos opresores.
82, 6 Os poderosos que se fan deuses (Ez **28**, 1-10).
82, 8 A idea do reino de Iavé (Sal **47**, **93**, **96**, **97**).

83 *Os pobos en conxura:* o pobo pide vinganza para os inimigos que conxuran e ameazan.
83, 3ss Conxuras contra Sión e contra o rei unxido (Sal **2**, 2s; **46**, 4.7; **48**, 5).
83, 6ss Os pobos veciños do arredor, uns sedentarios e outros seminómadas.

entran no pacto contra ti
⁷as cabilas de Edom e de Ismael,
moabitas e agarenos,
⁸Guebal, Amón e Amalec,
filisteos e mais tirios;
⁹tamén os acompañan os asirios,
axudando ós fillos de Lot.

¹⁰Failles coma a Madián e coma a Sísera,
coma a Iabín no torrente Quixón:
¹¹foron destruídos en Endor
e ficaron coma esterco dos campos.
¹²Trata ós seus xefes coma a Oreb e a Zeeb,
ós seus nobres coma a Zébah e Salmuná,
¹³que dicían: —"Conquistémo-las terras de Deus".

¹⁴Convérteos, meu Deus, en folla seca,
en cisco diante do vento.
¹⁵Coma lume que queima os bosques,
coma fogueira que abura os montes,
¹⁶persígueos así coa tempestade,
atérraos co furacán.

¹⁷Fártaos de vergonza,
ata que invoquen, Señor, o teu nome.
¹⁸Queden avergonzados, enteiramente abatidos,
que se vexan perdidos e confusos.
¹⁹Que aprendan que só ti, Señor,
e-lo Altísimo en toda a terra.

SALMO **84 (83)**

O meu corazón relouca

¹Do mestre do coro, coa cítola de Gat. Dos coreítas, salmo.

²¡Que garimosa é a túa morada,
Señor do universo!
³A miña alma ten saudade,
consómese polos teus adros;
o meu corazón e todo o meu corpo
reloucan polo Deus vivo.

⁴Mesmo o paxaro atopa casa,
a andoriña un niño
onde poñe-los filliños,
ó pé dos teus altares,
Señor dos exércitos,
meu rei e meu Deus.

⁵Ditosos os que habitan na túa casa
e decote te louvan.

83, 10ss Nomes e feitos da época da sedentarización (Xuí 6-8).
84 *O meu corazón relouca:* saudade do peregrino, mentres camiña ó encontro de Deus no seu santuario. É un dos cantos de Sión (Sal **46, 48, 76, 122**).

⁶Ditosos os que atopan en ti forza
e pensan nos teus camiños.

⁷Ó pasaren polo val árido,
trócano en oasis
e a chuvia primeira cóbreo de bens.
⁸Atravesan de forte en forte,
ata veren a Deus en Sión.

⁹Señor, Deus dos exércitos,
oe a miña súplica,
escoita, Deus de Israel.
¹⁰Atende, Deus, ó noso rei,
mira o rostro do teu Unxido.

¹¹Un día nos teus adros vale por máis de mil:
eu prefiro o limiar da casa do meu Deus
que habitar na tenda dos malvados.
¹²Ó Señor é adarga e escudo,
o Señor outorga gloria e favor.
Non nega ben ningún
ós que camiñan na inocencia.

¹³Señor dos exércitos,
benia quen en ti confía.

SALMO 85 (84)

Ti es bo coa túa terra

¹Do mestre do coro. Dos coreítas, salmo.

²Señor, ti es bo coa túa terra,
ti restáura-la sorte de Xacob.
³Ti perdóa-las culpas do teu pobo,
ti cóbre-los seus pecados.
⁴Ti repríme-la túa ira
e arréda-lo ardente noxo.

⁵Restáuranos, Deus, noso salvador,
depón a túa indignación contra nós.
⁶¿Vas estar enfadado connosco para sempre?
¿Vas mante-la túa ira polas xeracións?
⁷¿Non volverás xa a darnos vida
e que poida o teu pobo alegrarse contigo?
⁸Móstranos, Señor, o teu amor,
dáno-la túa salvación.

⁹Escoitarei o que di o noso Deus:
certamente o Señor fala de paz
para o seu pobo e os seus amigos,

84, 7 *Val árido,* lectura aproximada; quizais é un lugar preciso, coñecido. *Oasis,* ou máis exactamente, manancial.
84, 10 *Rei:* lit. "escudo", un título real (Sal **47,** 10; **89,** 10).
85 *Ti es bo coa túa terra:* súplica pola restauración. O contido desta son os bens do perdón, da paz, da prosperidade e da xustiza, todos eles sinais de Deus.
85, 2 *Restaurar* non se refire directamente á volta do desterro, senón a un estado de integridade que aínda nunca existiu (Xob **42,** 10; Sal **126,** 1; Ez **16,** 53; **29,** 14).
85, 7 Só Deus dá a vida verdadeira, que estoura en louvanza (Sal **41,** 3; **80,** 19).
85, 9 O *dicir* de Deus é unha promesa (Sal **60,** 8).

para aqueles que se converten e confían.
¹⁰A salvación está xa preto dos que o temen,
a súa gloria habitará na nosa terra.

¹¹O amor e a fidelidade atoparanse,
abrazaranse a xustiza e maila paz.
¹²Na terra xermolará a fidelidade,
a xustiza ollará desde o ceo.

¹³O mesmo Señor dará os bens,
a nosa terra dará os froitos.
¹⁴A xustiza irá dediante del,
guiará os seus pés no camiño.

SALMO 86 (85)
Un sinal da túa bondade

¹Pregaria, de David.
Señor, abaixa o oído e aténdeme,
que son pobre e coitado;
²gárdame, que son amigo teu,
salva, meu Deus, a este servo
que confía en ti.
³Apiádate, Señor,
que te estou a chamar o día enteiro;
⁴alegra o meu espírito
que se dirixe a ti.

⁵Ti, Señor, es bo e indulxente,
cheo de amor para aqueles que te invocan.
⁶Escoita, Señor, a miña súplica,
atende a miña pregaria.
⁷Chámote na hora do apreto,
e ti hasme axudar.

⁸Ti, Señor, non tes semellante entre os deuses,
non hai feitos coma os teus.
⁹Os pobos todos que fixeches
virán, Señor, adorarte,
honra-lo teu nome.
¹⁰Ti es grande e fas prodixios,
ti e-lo único Deus.

¹¹Ensíname, Señor, os teus camiños,
e andarei coa túa verdade;
recolle o meu corazón
no temor do teu nome.
¹²Eu louvareite, Señor, meu Deus, de todo corazón,
glorificarei decote o teu nome,
¹³pois o teu amor comigo é moi grande,
ti líbrasme do abismo.

---

86 *Un sinal da túa bondade:* petición de axuda a Deus, que acabará de librar ó home de perigos e tristuras, para o facer revelador da súa bondade.
86, 5 Títulos polos que Deus se fai coñecer (Ex **34,** 6s; Sal **103,**8).
86, 8 Non hai outro Deus, senón o que se revela nos seus feitos (Ex **15,** 11; Xer **10,** 6).

¹⁴Os soberbios, meu Deus, érguense contra min,
un fato de violentos busca a miña vida,
sen repararen en ti.
¹⁵Pero ti, Señor, es Deus compasivo e clemente,
tardo á ira, grande en amor e lealdade.
¹⁶Mira para min, apiádate,
dálle forzas ó teu servo,
salva o fillo da túa serva.
¹⁷Fai de min un sinal da túa bondade,
para que vexan e se avergoncen aqueles que me aborrecen,
pois ti, Señor, es para min axuda e consolo.

SALMO 87 (86)

Cidade de Deus

¹Dos coreítas, salmo, cántiga.

Os seus alicerces están no monte santo:
²O Señor ama as portas de Sión
máis ca tódalas moradas de Xacob.

³Gloriosas cousas dinse de ti,
cidade de Deus.
⁴Citarei a Exipto e a Babilonia
entre os que me veneran;
velaí os filisteos e os tirios
e os mesmos etíopes que naceron alí.

⁵De Sión hase dicir:
—"Un por un naceron todos nela
e fundouna o mesmo Altísimo".

⁶O Señor escribirá no rexistro dos pobos:
—"Este naceu alí".
⁷E cantarán danzando:
—"As miñas fontes están todas en ti".

SALMO 88 (87)

Farto de males

¹Cántiga, salmo, dos coreítas. Do mestre do coro, segundo
Mahalat,para cantar. De Hemán o indíxena.

²Señor, Deus, o meu salvador,
a ti clamo, día e noite.
³Chegue a ti a miña súplica,
abaixa o teu oído ó meu clamor.

⁴Estou farto de males,
a miña vida á beira do abismo.
⁵Cóntanme xa entre os que baixan ó sepulcro,

---

87 *Cidade de Deus:* canto de Sión, o lugar onde tódolos pobos arelarán un día ter nacido, porque alí se revelou estar Deus co seu pobo. O centralismo de Sión vale por unha profesión de fe monoteísta (Sal **86**, 9; Is **2**, 2-4; **54**, 1-8; Sof **2,** 9s).
87, 4 No lugar de *Exipto* o texto di *Ráhab,* monstro mariño que o representa (Xob **9,** 13; Sal **89,** 11; Is **30,** 7).
88 *Farto de males:* queixa dun home aflixido, chamando coma desde as tebras do sepulcro. Nin Xob nin Xeremías usan linguaxe máis extremosa para pinta-la aflicción.
88, 4ss A linguaxe da morte é a que máis abunda (Sal **6,** 6; **30,** 4; **86,** 13; **143,** 3.7).

son home sen remedio.
⁶Estou abandonado entre os mortos,
coma os cadáveres deitados no sepulcro,
dos que xa non te lembras.

⁷Botáchesme na cova profunda,
nas tebras do abismo.
⁸Sobre min pousa a túa indignación,
tódalas túas ondas me envolven.
⁹Arredas de min ós da familia,
fasme noxento para eles.
¹⁰Estou pechado e sen saída,
anubados os ollos de pesar.

Todo o día estou a te chamar,
estendendo as mans cara a ti.
¹¹¿Fas ti prodixios cos mortos?
¿Érguense os defuntos a te louvaren?
¹²¿Fálase do teu amor no sepulcro,
da túa fidelidade no reino da morte?
¹³¿Coñécense nas tebras as túas marabillas,
a túa xustiza na terra do olvido?

¹⁴Pero eu, Señor, clamo a ti,
a miña oración vai de mañá ó teu encontro.
¹⁵¿Por que, Señor, me rexeitas
e escondes de min a túa presencia?
¹⁶Desde neno son pobre e malpocado,
dobrado de atura-los teus terrores.
¹⁷O teu furor asobállame,
consómenme os teus espantos;
¹⁸rodéanme, coma auga, o día enteiro,
asáltanme todos a un tempo.
¹⁹Arredaches de min amigos e compañeiros,
por única compaña teño as tebras.

SALMO 89 (88)

O pacto co rei unxido

¹*Maskil*, de Etán o indíxena.

²Quero cantar por sempre o amor do Señor,
pregoar polas xeracións a súa fidelidade:
³—"Penso que o teu amor está fundado co mundo,
a túa fidelidade asentada cos ceos".

⁴Co meu elixido firmo unha alianza,
ó meu servo David fágolle un xuramento:
⁵—"Afincarei a túa liñaxe para sempre,
construireiche un trono duradeiro".

⁶Os ceos proclaman, Señor, as túas marabillas,
a asemblea dos santos, a túa fidelidade.

88, 11ss A morte separa de Deus (Sal 30, 10; 94, 17; 115, 17; Is 38, 18).
89 *O pacto co rei unxido:* o Deus creador, que elixiu ó rei e lle fixo promesas, debería salvalo das mans dos seus inimigos. Na oración a louvanza enche tanto como a súplica.
89, 4s Promesas real-mesiánicas (2 Sam 7, 16; Sal 132, 11; Xer 33, 21).
89, 6 *Santos,* anxos do ceo (Xob 5, 1; Zac 14, 5).

⁷¿Quen, sobre as nubes, se compararía co Señor?
 ¿Quen lle semella entre os seres divinos?
⁸Deus no consello dos santos é temido,
 grande e terrible para canto o rodea.
⁹Señor, Deus dos exércitos, ¿quen hai coma ti,
 cinguido, Señor, de poder e fidelidade?

¹⁰Ti domína-la soberbia do mar,
 acála-las ondas levantadas.
¹¹Ti esmagas a Ráhab coma un cadáver
 e desbaratas con brazo poderoso os teus inimigos.
¹²Teu é o ceo e túa a terra,
 o mundo e canto o enche ti o fundaches.

¹³Ti creáche-lo norte e o sur,
 o Tabor e o Hermón exultan no teu nome.
¹⁴Ti tes brazo potente,
 a túa man é forte, a túa dereita ergueita.
¹⁵Xustiza e rectitude fundamentan o teu trono,
 amor e fidelidade marchan ante ti.

¹⁶Feliz o pobo que sabe aclamarte
 e camiñar, Señor, na luz da túa presencia.
¹⁷O teu nome fai a súa ledicia o día enteiro,
 a túa xustiza é a súa gloria.
¹⁸Ti es, en verdade, a súa gloria e a súa forza,
 polo teu favor erguemos nós a testa.
¹⁹O Señor é o noso escudo,
 o santo de Israel o noso rei.

²⁰Un día falaches así en visión ós teus amigos:
 —"Púxenlle a coroa a un valente,
 erguín do medio do pobo un elixido;
²¹atopei o meu servo David
 e unxino con óleo santo.
²²A miña rexa man estará con el,
 o meu brazo farao forte.

²³Non poderán con el os inimigos
 nin o abaterán os malvados.
²⁴Eu desfarei ante el os meus adversarios,
 ferirei ós que me aborrecen.
²⁵A miña fidelidade e o meu amor irán con el
 e no meu nome erguerá a testa.
²⁶Estenderei sobre o mar a súa man,
 sobre os ríos a súa dereita.

²⁷El dirame: —Ti es meu pai,
 meu Deus, rocha da miña salvación.
²⁸Eu dareille a primoxenitura,
 a soberanía sobre os reis da terra.
²⁹Gardareille o meu amor eternamente
 e a miña alianza con el será leal.

89, 11 *Ráhab* é un mostro mariño que personifica o caos e que se refire a Exipto moitas veces (cf nota a **87**, 4).

³⁰Dareille unha posteridade duradeira,
o seu trono sosterase coma os ceos.

³¹Se os seus fillos abandonan a miña lei
e non se rexen polas miñas decisións;
³²se profanan os meus mandatos
e non gardan os meus preceptos,
³³eu fustrigarei coa vara os seus delitos
e con azoutes as súas culpas.
³⁴Pero non lles retirarei o meu amor
nin faltarei á miña fidelidade;
³⁵non violarei a miña alianza
nin mudarei o dito dos meus labios.

³⁶Unha vez xurei pola miña santidade
que non mentiría a David.
³⁷Á súa posteridade será eterna,
o seu reino durará coma o sol ante min,
³⁸coma a lúa, que está firme por sempre,
signo fiel no alto do ceo".

³⁹Pero ti rexeitáchelo, desdeñáchelo,
incomodácheste co teu unxido;
⁴⁰rompíche-la alianza co teu servo,
profanaches polo chan a súa coroa.
⁴¹Derrubáche-los seus muros,
convertécheslle en ruína as fortalezas.

⁴²Os que pasan saquéano,
é o riso dos veciños.
⁴³Erguíche-la man dos seus adversarios,
alegraches ós seus inimigos.
⁴⁴Gafáche-lo fío da súa espada
e non o sostiveches na batalla.
⁴⁵Tiráchelo do seu esplendor,
botaches por terra o seu trono.
⁴⁶Acurtáche-los días da súa mocidade,
cubríchelo de ignominia.

⁴⁷¿Por canto tempo aínda, Señor? ¿Esconderaste para sempre?
¿Arderá coma lume o teu furor?
⁴⁸Recorda cal é a miña duración
e que caducos creáche-los homes.
⁴⁹¿Que home vivirá sen ve-la morte?
¿Quen librará a súa vida das poutas do abismo?
⁵⁰¿Onde está, Señor, o antigo amor
que pola túa fidelidade lle xuraches a David?

⁵¹Ten en conta, Señor, a aldraxe dos teus servos,
o que teñen que aturar de tódalas nacións;
⁵²os insultos, Señor, dos teus inimigos,
os insultos ós pasos do teu Unxido.

89, 39ss Queixa propia dos grandes lamentos nacionais   (Sal **44,** 10ss; **60,** 3ss).

⁵³Bendito sexa por sempre o Señor.
Amén. Amén.

SALMO 90 (89)

Ensínanos a conta-los nosos días

¹Pregaria, de Moisés, home de Deus.

Señor, ti fúche-lo noso agarimo,
ó longo das xeracións.

²Primeiro que os montes xurdisen,
e que fosen formados a terra e o mundo,
desde sempre e por sempre es ti Deus.
³Ti podes volver en po os mortais,
con dicirlles:— "Fóra, homes".

⁴Mil anos ante ti
son coma o onte que pasou
e coma unha vixilia da noite.
⁵Ti falos pasar, e son coma sono mañanceiro,
coma herba que agroma:
⁶de mañá florece e verdea
e á tarde ségana e seca.

⁷A túa ira fainos desfalecer,
a túa cólera tennos desmaiados,
⁸porque po-las nosas culpas ante ti,
os nosos segredos á luz da túa ollada.
⁹Os nosos días esvaecen na túa indignación,
acabamos coma un suspiro os nosos anos.

¹⁰A nosa vida é de setenta anos,
de oitenta a dos máis fortes;
e os máis deles son de traballos e miserias:
esvaecen de présa, e nós voamos.
¹¹¡Quen puidese valora-la forza da túa ira,
a túa indignación, co debido temor!

¹²Ensínanos a conta-los nosos días,
para que aprendamos a ser asisados.
¹³Volve, Señor. ¿Por canto aínda?
Apiádate dos teus servos.
¹⁴Dános axiña a fartura da túa misericordia,
para que a nosa vida teña felicidade e ledicia.

¹⁵Alégranos polos días en que nos aflixiches,
por tantos anos de coitas.
¹⁶Que se vexa a túa obra nos teus servos
e a túa gloria nos teus fillos.
¹⁷Que a bondade do Señor, noso Deus, sexa connosco
e que el asegure as accións das nosas mans.

89, 53 Doxoloxía que remata o terceiro libro dos salmos (Sal **41,** 14; **72,** 18s).
90 *Ensínanos a conta-los nosos días:* reflexión sobre a vida curta dos homes fronte á eternidade de Deus.
90, 3 O home tirado do po (Xén **3,** 19; Xob **10,** 9; Sal **103,** 14; **146,** 4).
90, 4ss A idea da caducidade (citado en 2 Pe **3,** 8).
90, 8 Os segredos dos homes non se lle esconden a Deus (Xob **28,** 11; Sal **44,** 22).

SALMO 91 (90)

Nas palmas das mans

¹O que habita ó agarimo do Altísimo
e mora á sombra do Omnipotente,
²dígalle ó Señor: —"Meu refuxio, miña forza,
meu Deus, en quen confío".

³El é quen te libra do lazo do cazador
e da peste maligna.
⁴Cóbrete coas súas plumas,
protéxete coas súas ás,
escóndete co seu brazo e deféndete.

⁵Non temera-las sorpresas da noite
nin as frechas que voan polo día,
⁶nin a peste que ronda nas tebras
nin o andazo que estraga ó mediodía.

⁷Se ó teu lado caen mil,
e dez mil á túa dereita,
a ti non te tocará.
⁸Só con abri-los ollos,
vera-lo pago dos malvados.

⁹Abofé o Señor é o teu refuxio,
tes no Altísimo a defensa.
¹⁰Ningún mal non te tocará,
ningunha praga non se achegará á túa tenda.
¹¹Pois El manda os seus anxos
para que te garden en tódolos camiños.

¹²Levarante nas palmas das mans,
para que non batan nas pedras os teus pés.
¹³Esmagarás áspides e serpes,
calcarás leóns e dragóns.

¹⁴Xa que me ten afecto, librareino,
poreino en seguro, xa que coñece o meu nome.
¹⁵Chamarame, e respondereille,
estarei con el nos apretos,
defendereino e honrareino.
¹⁶Dareille días a fartar,
mostrareille a miña salvación.

SALMO 92 (91)

Os xustos medrarán

¹Salmo, cántiga, para o sábado.

²É bo louvarte, Señor,
canta-lo teu nome, Altísimo,

---

91 *Nas palmas das mans:* Deus libra dos perigos ós que confían nel. É un poema didáctico.
91, 2 *Dígalle,* lendo coas versións.
91, 4 Imaxe da protección (Sal **17,** 8; **61,** 5; Mt **23,** 37).
91, 11s Os anxos protectores (Núm **20,** 16; Tob **5**ss; Sal **34,** 8; Mt **4,** 6; Heb **1,** 14).

92 *Os xustos medrarán:* gracias pola axuda que Deus lles outorga ós xustos. A sorte dos malvados remata na perdición.

³pregoar de mañá o teu amor
e de noite a túa fidelidade,
⁴ó son da harpa e da lira,
coas soantes cordas da cítola.

⁵As túas obras, Señor, danme alegría,
as accións das túas mans fanme cantar;
⁶os teus feitos, Señor, ¡que grandes son!
¡Que profundos os teus proxectos!
⁷O ignorante non o sabe,
o parvo non o entende.

⁸Se medran os malfeitores coma a herba,
se os malvados florecen,
serán destruídos para sempre,
⁹mentres ti, Señor, es eternamente excelso.
¹⁰Aí están, Señor, os teus inimigos,
aí están os teus inimigos perecendo
e dispersos os malfeitores.

¹¹Mais a min dásme a forza dun touro
e únxesme con óleo fresco.
¹²Cos meus ollos verei a ruína do opresor,
cos meus oídos a dos meus inxustos agresores.

¹³Os xustos medrarán coma palmeiras,
ergueranse coma cedros do Líbano.
¹⁴Plantados na casa do Señor,
florecerán nos adros do noso Deus.
¹⁵Aínda na vellez seguirán dando froito,
estarán fortes e frescos,
¹⁶para pregoar que recto é o Señor,
a miña rocha, en quen non hai iniquidade.

SALMO 93 (92)

Reina o Señor

¹Reina o Señor, vestido de maxestade,
o Señor está vestido, cinguido de poder,
e o mundo non abanea, está firme.
²O teu asento está afincado desde sempre,
ti estás aí desde a eternidade.

³As correntes erguen, Señor,
as correntes erguen a súa voz,
as correntes erguen o seu fragor.
⁴Pero, máis cá voz das moitas augas,
máis podente cás ondas do mar
é potente nas alturas o Señor.

92, 7 Termos sapienciais con contido relixioso: posturas persoais diante do absoluto.
92, 11 A *forza dun touro* (cf Dt 33, 17; Sal 22, 22; 75, 5.11).
93 *Reina o Señor:* louvanza a Deus, señor do mundo, dono de tódalas súas forzas. É un canto do reino de Iavé (Sal 47; 96-99).
93, 1 Deus na figura de rei (Ex 15, 18; 1 Sam 12, 12; Sal 47, 10; Is 52, 7).
93, 4 As *augas,* co sentido mítico do caos primordial (Sal 46, 4; 65, 8; 104, 7).

⁵A revelación do Señor é verdadeira,
a santidade é o ornato da túa casa,
polos séculos, Señor.

SALMO 94 (93)
O pago dos soberbios

¹Señor, Deus xusticieiro,
Deus xusticieiro, maniféstate;
²xuíz da terra, érguete,
dálle-lo seu pago ós soberbios.

³¿Ata que día os malvados, Señor,
ata que día os malvados triunfarán?
⁴Os malfeitores latrican,
falan con insolencia e xactancia.
⁵Oprimen, Señor, o teu pobo,
asoballan o teu herdo;
⁶matan viúvas e estranxeiros,
asasinan orfos.
⁷Din: —"O Señor non o ve,
o Deus de Xacob non se decata".

⁸Entendede, xente insensata,
¿cando teredes xuízo, ignorantes?
⁹¿Non vai oír quen plantou o oído?
¿Non vai ver quen fixo os ollos?
¹⁰¿Non vai castigar quen educa os pobos
e ensina a ciencia ós humanos?
¹¹O Señor coñece ben as ideas dos homes:
verdadeira vaidade.

¹²Feliz o que ti corrixes, Señor,
e lle ensína-la túa vontade.
¹³Despois das horas malas dáslle o sosego,
mentres para os malvados se cava unha cova.
¹⁴Certamente o Señor non rexeita o seu pobo
nin abandona o seu herdo.
¹⁵O xuízo será outra vez xusto
e tódolos rectos o gardarán.

¹⁶¿Quen se erguerá por min contra os malvados?
¿Quen me axudará en contra dos malfeitores?
¹⁷Se o Señor non me acorrese,
xa estaría morando no silencio da morte.
¹⁸Cando digo: —"O meu pé tremelica",
o teu amor, Señor, sostenme.
¹⁹Cando medran as coitas no meu peito,
o teu consolo alégrame o espírito.

O pago dos soberbios: deprecación pola xustiza de [De]us contra os malvados, en axuda do seu pobo.
[94], 1 Non se pide vinganza, senón xustiza (Dt 32, 35ss; [Sal] 51, 56; Nah 1, 2).
94, 2 *Érguete,* teofanía de xuízo (Sal 7, 7; Is 33, 10).
94, 6 As típicas clases pobres (Ex 22, 21; Dt 14, 29; Is 1, 17).
94, 8 A ignorancia dos que negan a providencia (Sal 14, 1; 49, 11.13; 92, 7).

²⁰¿Pode ser aliado teu o tribunal inxusto,
que no nome da lei amaña a opresión?
²¹Asaltan a vida dos rectos
e condenan os inocentes.

²²Pero o Señor é o meu refuxio,
o meu Deus, a rocha onde me acollo.
²³El pagarálle-la súa iniquidade,
destruiraos na súa mesma maldade,
destruiraos o Señor, noso Deus.

SALMO 95 (94)

Vide

¹Vide, cantémoslle ó Señor,
aclamémo-la nosa rocha salvadora;
²acheguémonos á súa presencia con louvanza,
aclamémolo con canciéns.

³O Señor é un Deus grande,
rei poderoso sobre tódolos deuses.
⁴Ten os fundamentos da terra na súa man,
perténcenlle os cumes dos montes.
⁵Seus son os mares, que El fixo,
os continentes, que formou a súa man.

⁶Vide, adorémolo postrados,
axeonllémonos ante o Señor, que nos creou.
⁷El é o noso Deus
e nós sómo-lo seu pobo,
o rabaño que guía a súa man.
¡Se escoitasedes hoxe a súa voz!

⁸Non endurezáde-lo corazón, coma en Meribah,
coma o día de Masah, no deserto,
⁹cando vosos pais me tentaron,
provocáronme aínda que viran os meus feitos.

¹⁰Corenta anos anoxoume aquela xente,
e dixen: —"Son un pobo de extraviado corazón,
que non recoñece os meus camiños".
¹¹E xurei na miña cólera:
—"Non entrarán no meu acougo".

SALMO 96 (95)

Rexerá con xustiza

¹Cantádelle ó Señor un cántico novo,
cántalle ó Señor, terra enteira;

---

95 *Vide:* louvanza a Deus, señor do mundo e pastor que guía ó seu pobo. Convida ó pobo a cantar, e requíreo a non ser desagradecido como o foran seus pais.
95, 7 Deus, na imaxe do pastor (Sal 23, 1ss; 79, 13; 80, 2; 100,3).
95, 8s Alusión a Ex 17, 7; Núm 20, 13.
96 *Rexerá con xustiza:* louvanza a Deus, rei do mun‹
Os pobos deberán recoñecer que fóra de Deus nada é ‹
no da súa adoración; cando o recoñezan, será o reina
de Deus. Adaptado por 1 Cro 16, 23ss.

²cantade ó Señor e bendicide o seu nome,
  pregoade tódolos días a súa salvación;
³cantade entre as xentes a súa gloria;
  ante tódolos pobos, as súas marabillas.

⁴Grande é o Señor e digno de louvanza,
  máis temible ca tódolos deuses.
⁵Os deuses das nacións son aparencia,
  pero o Señor fixo os ceos.
⁶Na súa presencia, gloria e maxestade;
  no seu santuario, forza e fermosura.

⁷Tributade ó Señor, pobos todos,
  tributade ó Señor honor e forza,

⁸tributade ó Señor a gloria do seu nome.
  Collede ofrendas, entrade nos seus adros,
⁹adorade o Señor con vestido sagrado,
  treme na súa presencia a terra enteira.

¹⁰Dicide entre as xentes:
  —"O Señor reina,
  asenta o mundo, e non se move,
  goberna os pobos rectamente".
¹¹Alégrese o ceo, exulte a terra,
  brúe o mar e canto o enche;
¹²rían os campos e o que hai neles,
  rebrinquen as árbores do bosque,
¹³diante do Señor que vén,
  que vén para rexe-la terra.
  El rexerá o mundo con xustiza
  e os pobos con rectitude.

SALMO **97 (96)**

Dono do mundo

¹O Señor reina, alégrese a terra,
  exulten tódalas illas.

²Rodéano nubes e néboa,
  xustiza e rectitude sosteñen o seu trono.
³Un lume vai diante del
  e queima os inimigos ó arredor.
⁴Os seus lóstregos aluman os espacios,
  e, ó velo, estarrécese a terra,
⁵os montes derrétense coma cera,
  diante do Señor, dono do mundo.

⁶Os ceos pregoan a súa rectitude
  e tódolos pobos contemplan a súa gloria.

96, 4s Loita contra os ídolos (Sal 82; Is 2, 8ss; 40, 18ss; 44,)ss).
96, 7 Reflicte o Sal 29, 1s.
97 *Dono do mundo:* cántico dos elementos, das nacións e do pobo de Israel a Deus que colle nas súas mans o goberno do mundo e se revela rei. Cantar do reino de Iavé (Sal 93, 96, 98, 99).
97, 2ss Teofanía na tempestade (Ex 19, 16ss; Sal 18, 8ss).

⁷Avergónzanse os que adoran imaxes
e os que presumen dos seus ídolos:
diante del axeónllanse os deuses.

⁸Ó escoitalo, alégrase Sión,
reloucan as vilas de Xudá,
polas túas decisións, Señor.
⁹Ti, Señor, e-lo soberano de toda a terra,
no cumio de tódolos deuses.

¹⁰O Señor ama a quen aborrece a maldade,
garda a vida dos seus amigos,
líbraos das mans dos malvados.
¹¹A luz despunta para os xustos
e para os rectos a ledicia.
¹²Alegrádevos, xustos, no Señor,
louvade o seu nome santo.

SALMO 98 (97)

Aclamade ó Señor rei

¹Salmo.
Cantádelle ó Señor un cántico novo,
pois fixo marabillas,
a súa dereita e o seu brazo
déronlle a victoria.

²O Señor dá a coñece-la súa salvación,
revela a súa xustiza ante os pobos.
³Lembra o seu amor e a súa fidelidade
coa casa de Israel.
Os pobos todos verán
a salvación do noso Deus.

⁴Aclama ó Señor, terra enteira,
rompede a cantar e a tocar.
⁵Tocade para o Señor a cítara,
a cítara e o salterio;
⁶con claríns e con trompetas
aclamade ó Señor, noso rei.

⁷Brúe o mar e canto o enche,
o mundo e cantos o habitan;
⁸aplaudan os ríos,
xuntos canten os montes,
⁹diante do Señor que vén
para rexe-la terra.
El rexerá o mundo con xustiza
e os pobos con rectitude.

97, 7 Polémica coa idolatría (Sal **95**, 3; **96**, 4; Is **42**, 17; **45**, 16).
97, 11 *Despuntar:* o texto hebreo dí "sementar".
98 *Aclamade ó Señor rei:* louvanza a Deus, que no seu goberno do mundo se revelará rei. É un himno escatolóxi[co] que festexa a aquel que os pobos esperan (Sal **47**, **93**, **96**).
98, 8 As cousas do mundo animadas (Sal **96**, 11ss; Is **5** 11; Hab **3**, 10).

SALMO 99 (98)

Santo é o Señor

¹O Señor reina, conmóvense os pobos,
senta sobre querubíns, estremécese a terra.
²O Señor é grande en Sión,
no cumio de tódolos pobos.

³Festexan o teu nome grande e terrible,
rei poderoso, que ama a xustiza.
⁴Ti asénta-lo xuízo no dereito
e fas xustiza en Israel.

⁵Enxalzade ó Señor, noso Deus,
postrádevos ós seus pés,
pois santo é o Señor.

⁶Moisés e Aharón cos sacerdotes,
Samuel cos que invocaban o seu nome:
invocaban ó Señor, e o Señor respondía.

⁷Deus faloulles desde a nube,
e eles gardaron as revelacións,
os preceptos que lles deu.
⁸Señor, noso Deus, ti escoitácheos:
fuches para eles o Deus que perdoa
e que vinga os delitos.

⁹Enxalzade ó Señor, noso Deus,
postrádevos ante o seu monte santo,
pois santo é o Señor, noso Deus.

SALMO 100 (99)

Con louvanzas e cántigas

¹Salmo, para dar gracias.

Aclama ó Señor, terra enteira,
²servide o Señor con alegría,
achegádevos con cántigas á súa presencia.

³Sabede que o Señor é Deus,
que El nos fixo e que del somos,
o seu pobo, o seu rabaño.

⁴Entrade polas súas portas con louvanzas:
polos seus adros con cántigas.
Celebrádeo e bendicide o seu nome,
⁵porque o Señor é bo.
O seu amor dura por sempre;
por xeracións a súa fidelidade.

---

99 *Santo é o Señor:* louvanza a Deus rei, que, como se mostrou providente co seu pobo, rexerá o mundo todo con xustiza.
99, 1 Proclamación do reinado de Deus (Sal **47**, 9; **93**, 1; **97**, 1).
99, 5 Retrouso que reaparece no v 9 e sinala as dúas estrofas deste salmo.
99, 6 Lembranza dos grandes guías do pobo (Sal **77**, 21; **106,** 23; Xer **15,** 1).
100 *Con louvanzas e cántigas:* acción de gracias pola elección, a guía e o amor que Deus revelou ó seu pobo.
100, 3 Israel recoñece que lle debe a Deus a súa mesma existencia como pobo (Dt **32,** 6.15; Sal **95,** 6; Is **43,** 1; **44,** 2). *Del somos,* no lugar de "e non nós mesmos", coas versións.
100, 5 Proclamación de forma fixa (Sal **106,** 3; **118,** 1ss; **136;** Xer **33,** 11).

SALMO 101 (100)
Propósitos dereitos

¹De David, salmo.
Cantarei o amor e a xustiza,
louvareite a ti, Señor.

²Quero atopa-la senda recta,
¿cando virás a min?
Quero andar con mente pura
dentro da miña casa.

³Non cobizo a vaidade,
aborrezo os rebeldes:
a min non se achegarán.

⁴Apartaranse de min os malfeitores,
non terei tratos cos malvados.
⁵Ó que calumnie en segredo ó seu veciño
fareino eu calar.
Ós soberbios e ós altivos
non os aturarei.

⁶Os meus ollos fíxanse nos leais:
eles habitarán comigo.
O que anda por camiño recto
ese é o que me serve.

⁷Non terá asento onda min
o facedor de engano;
o que conta mentiras
non permanecerá ante os meus ollos.

⁸Cada mañá farei calar
ós malvados da terra,
ata arrincar da cidade do Señor
a tódolos malfeitores.

SALMO 102 (101)
Escoita o pranto dos cativos

¹Laios dun home aflixido, que expón a súa queixa ante o Señor.

²Señor, escoita a miña súplica,
chegue a ti o meu clamor.
³Non me escónda-lo teu rostro
no día do apreto.
Pon cara a min o oído
e, cando te chame, respóndeme axiña.

⁴Os meus días esvaecen coma o fume,
os meus ósos queiman coma as ascuas;

---

101 *Propósitos dereitos:* o amor e a xustiza de Deus ofrécense como a máis certeira norma de conducta para os homes.
101, 3 *Vaidade,* lit. "cousas de Belial", sen valor (Dt 13, 14; 15, 9; Pr 6, 12).
102 *Escoita o pranto dos cativos:* deprecación por unha existencia libre de tantos males e unha vida máis duradeira. Cando Deus se compadeza do seu pobo, o home coñecerá esa hora boa.
102, 3 *Esconde-lo rostro,* abandonar (Sal 27, 9; **69,** 18; **143,** 7).

⁵O meu corazón está murcho, seco coma o feno,
e mesmo de come-lo pan me esquezo.

⁶A forza de xemer,
a pel apégaseme ós ósos.
⁷Estou como a curuxa do deserto,
coma o moucho nas ruínas.
⁸Ando sen toca-lo sono,
coma paxaro senlleiro no tellado.

⁹Os inimigos aldráxanme decote,
e xuran coma loucos contra min.
¹⁰En vez de pan como cinsa
e mesturo coas bágoas a bebida.

¹¹Con noxo e indignación
érguesme en alto e tírasme.
¹²Os meus días son coma sombra alongada,
estou seco coma o feno.

¹³Pero ti, Señor, manteste por sempre;
o teu recordo, por tódalas idades.
¹⁴Ergueraste e apiadaraste de Sión,
pois é tempo de ter dó dela,
e a hora xa chegou.
¹⁵Os teus servos téñenlles cariño ás súas pedras,
teñen dó das súas ruínas.

¹⁶As xentes temerán o nome do Señor,
os reis da terra a súa gloria,
¹⁷cando o Señor reconstrúa Sión
e se mostre na súa gloria;
¹⁸cando o Señor atenda a oración dos expoliados
e non desprece a súa pregaria.
¹⁹Isto escribirase para as xeracións vindeiras,
e o pobo entón creado louvará ó Señor.

²⁰O Señor olla desde o seu santuario excelso,
desde o ceo mira para a terra.
²¹Escoita o pranto dos cativos,
libra os condenados á morte.
²²En Sión falarase do nome do Señor,
en Xerusalén da súa gloria,
²³cando pobos e reinos se xunten
para daren culto ó Señor.

²⁴A miña forza deveceu no camiño,
os meus días minguaron.
²⁵E digo: —"Meu Deus,
non me leves no medio dos meus días;
os teus anos duran por tódalas idades.

102, 12 Imaxes da caducidade (Sal 90, 6; 109, 23).   (Is 2, 2s; Miq 7, 11s).
102, 16s Restauración de Sión e o seu impacto xeral

²⁶Ó comezo asentáche-la terra
e os ceos son obra das túas mans.
²⁷Eles pasan, mais ti quedas;
gástanse coma a roupa,
coma un traxe que se muda;
²⁸pero ti e-lo mesmo,
os teus anos non acaban.

²⁹Os fillos dos teus servos estableceranse,
a súa posteridade estará segura á túa vista".

SALMO 103 (102)

Os seus beneficios

¹De David.

Alma miña, bendice ó Señor
e todo o meu ser, o seu santo nome.
²Alma miña, bendice ó Señor,
non esquéza-los seus beneficios.

³El perdoa as túas culpas
e sanda as túas doenzas;
⁴rescata a túa vida da morte
e coróate de amor e de tenrura;
⁵farta de bens a túa existencia
e renova coma a da aguia a túa mocidade.

⁶O Señor fai xustiza
e defende o dereito do oprimido.
⁷Mostroulle a Moisés os seus camiños,
ós fillos de Israel as súas fazañas.

⁸O Señor é misericordioso e clemente,
tardo á ira e rico en mercedes.
⁹Non contende por moito tempo
nin se anoxa para sempre.
¹⁰Non nos trata conforme ós nosos erros
nin nos paga conforme ás nosas culpas.

¹¹Canto se alza o ceo sobre a terra,
así é grande o seu amor para os que o temen;
¹²canto dista o nacente do poñente,
así arreda de nós as nosas culpas;
¹³canto un pai ama ós seus fillos,
así ama o Señor ós que o temen.
¹⁴El sabe de que estamos feitos,
recorda que somos lama.

¹⁵Os días do home son coma o feno,
o seu florecer coma o da flor:
¹⁶aínda non a roza o vento, xa se foi,
e o seu sitio xa non a volve a ver.

102, 27 A caducidade do home ante a eternidade de Deus espacio e de tempo.
(Is **51**, 6; Heb **1**, 10-12).
103 *Os seus beneficios:* canto ó Deus xusto e misericordioso, que fai chega-lo seu amor máis alá de todo límite de
103, 5 A *aguia* parece sempre nova (Is **40**, 31).
103, 8 Propiedades de Deus (Ex **34**, 6; Sal **86**, 15).
103, 14 A condición do home (Xén **2**, 7; Sal **78**, 39).

¹⁷Mais para os que o temen, o amor do Señor dura por sempre,
  a súa xustiza chega ós fillos e ós netos
¹⁸dos que gardan a súa alianza,
  dos que recordan os seus mandatos e os cumpren.
¹⁹O Señor asentou no ceo o seu trono
  e o seu reino goberna o universo.

²⁰Bendicide ó Señor, os seus anxos,
  seres poderosos ás súas ordes,
  que obedecéde-la súa palabra.
²¹Bendicide ó Señor, os seus exércitos,
  servidores que facéde-la súa vontade.
²²Bendicide ó Señor, as súas obras,
  en tódolos lugares do seu reino.

Alma miña, bendice ó Señor.

SALMO 104 (103)

O alento creador

¹Alma miña, bendice ó Señor.

Señor, meu Deus, ti es moi grande,
  vestido de gloria e maxestade,
²envolto en luz coma nun manto.
  Ti esténde-lo ceo coma unha tenda,
³construe-la túa morada sobre as augas;
  ti po-las nubes por carro
  e camiñas nas ás do vento.
⁴Dos ventos fas mensaxeiros;
  das labaradas de lume, os teus ministros.

⁵Ti asentáche-la terra nos seus alicerces
  e non abalará endexamais.
⁶Cubríchela co manto do océano
  e as augas subían ó alto dos montes.
⁷Ante a túa ameaza, fuxiron;
  á voz do teu trono, escaparon.
⁸Erguéronse os montes e abaixáronse os vales
  ó lugar que ti lles fixaches.
⁹Puxécheslles fronteiras que non traspasarán:
  non volverán cubri-la terra.

¹⁰Ti encána-las fontes polos ríos,
  que corren entre montañas.
¹¹Beben as feras do monte,
  apagan a sede os onagros.
¹²Nas súas ribeiras habitan paxaros,
  que cantan na ramallada.

104 *O alento creador:* louvanza de tódalas cousas ó Deus que está creando, manténdoas en vida e, segundo as súas formas, levándoas ó seu cumprimento.
104, 1 O orante convídase a si mesmo a louvar (Sal 103, 21).
104, 3 *As augas* de arriba, baixo o trono de Deus (Xén 1, 6s; Xob 38, 22.35).
104, 9 *As fronteiras* do mar fan posible a vida na terra (Xob 38, 10s; Xer 5, 22).

¹³Desde a túa morada réga-las montañas,
do froito das túas obras fártase a terra.

¹⁴Ti fas xermolar herba para o gando,
e plantas para uso dos homes,
para que da terra saquen pan
¹⁵e viño que alegra o corazón do home;
para que co aceite fagan brilla-lo seu rostro
e co pan repoñan as forzas.
¹⁶Fártanse as árbores do Señor,
os cedros do Líbano que El plantou.
¹⁷Alí fan os paxaros o seu niño,
a cigoña pon casa no seu cume.
¹⁸Os picoutos son para as cabras,
os penedos para a tobeira dos teixos.

¹⁹Ti fixéche-la lúa e as súas fases
e o sol que coñece o seu poñente.
²⁰Mánda-las tebras, e anoitece,
e osman as feras salvaxes.
²¹Os leonciños brúan pola presa,
piden a Deus o sustento.
²²Ó saí-lo sol arrédanse,
vanse deitar nos seus tobos.

²³Entón sae o home ó seu traballo,
ó seu labor, ata o serán.
²⁴¡Cantas son, Señor, as túas obras,
todas feitas con saber!
A terra está chea das túas creaturas.

²⁵Alá o mar grande e espacioso,
con reptís que non se contan,
con animais pequenos e grandes.
²⁶Alí navegan as naos e o Leviatán,
que fixeches para que rebrinque.

²⁷Todos agardan de ti
que lles botes comida ó seu tempo.
²⁸Cando a botas, atrápana;
ábre-la man, e fártanse de bens.
²⁹Escónde-lo teu rostro, e estremecen;
retíra-lo teu alento, e expiran,
voltando ó seu po.
³⁰Mánda-lo teu alento, e son creados
e renóva-la cara da terra.

³¹Gloria ó Señor por sempre,
alégrese o Señor coas súas obras.
³²Cando El a enxerga, a terra treme;
cando toca os montes, botan fume.

104, 26 *Leviatán*, monstro mariño (Xob **40**, 25ss; Sal **74**, 14).
104, 30 O tema da creación (Xén **2**, 7; Xob **10**, 12).
104, 32 Teofanía na tempestade (Ex **19**, 18).

³³Cantarei ó Señor mentres viva,
  salmearei ó meu Deus mentres exista.
³⁴Que El acolla o meu cantar
  e alegrareime eu no Señor.
³⁵Que se borren da terra os pecadores
  e que non existan máis malvados.

Alma miña, bendice ó Señor.

SALMO 105 (104)

Lembrou a promesa

¹Louvade o Señor, invocade o seu nome,
  dade a coñece-las súas fazañas entre os pobos,
²Cantádelle, tocádelle,
  contade as súas marabillas.
³Gloriádevos no seu nome santo
  e que se alegre o corazón dos que buscan ó Señor.
⁴Preguntade polo Señor e o seu poder,
  buscade sempre a súa presencia.
⁵Relembrade as marabillas que fixo,
  os prodixios e as decisións da súa boca.

⁶Liñaxe do seu servo Abraham,
  fillos de Xacob, os seus elixidos,
⁷o Señor é o noso Deus,
  o que goberna a terra enteira.
⁸El recorda por sempre a súa alianza,
  a palabra que deu polas xeracións.
⁹O que pactou con Abraham
  e xurou a Isaac,
¹⁰confirmouno como lei a Xacob
  e a Israel como alianza eterna,
¹¹dicindo: —"Dareiche a terra de Canaán
  por sorte e por herdade".

¹²Sendo eles poucos en número,
  apoucados, forasteiros,
¹³errando de nación en nación,
  dun país noutro país,
¹⁴non permitiu que ninguén os oprimise
  e mesmo reis castigou por eles.
¹⁵Non toquéde-los meus unxidos,
  non fagades mal ós meus profetas.

¹⁶Chamou a fame sobre a terra,
  cortou o abasto do pan.
¹⁷Mandou diante deles un home,
  foi vendido Xosé coma escravo.
¹⁸Atáronlle os pés con grillóns,
  botáronlle cadeas de ferro ó pescozo,

---

05 *Lembrou a promesa:* canto ó Deus que cumpre a promesa feita ós pais, librando da servidume ós seus fillos. Os feitos de Deus na historia, cantados moitas veces (Sal 78, 106; 107, 136).
105, 1-15 Atópase formando outro canto en 1 Cro 16, 8-22.
105, 9 A promesa da terra (Xén 12, 7; 26, 3ss).

¹⁹ata que chegou a hora de se cumpri-lo agoiro,
e a palabra do Señor lle devolveu o creto.
²⁰Mandou o rei soltalo,
o soberano de pobos abriulle a prisión,
²¹e fíxoo dono da súa casa,
administrador da súa facenda,
²²para que ó seu xeito instruíse ós seus ministros
e lles ensinase o saber ós anciáns.

²³Entón Israel entrou en Exipto,
Xacob foi vivir á terra da Cam.
²⁴Deus fixo fecundo ó seu pobo,
máis forte cós seus inimigos.
²⁵A estes viróulle-lo corazón, e aborreceron o seu pobo,
fixeron aleivosías cos seus servos.
²⁶Mandou El ó seu servo Moisés
e ó seu elixido Aharón,
²⁷que fixeron sinais á súa vista,
prodixios na terra de Cam.

²⁸Mandou tebras e escureceu,
mais eles non se pregaron ás súas ordes.
²⁹Converteu as augas en sangue
e fixo morre-los peixes.
³⁰Formigou a terra coas ras,
ata as alcobas reais.
³¹Mandouno, e viñeron moscas,
mosquitos en tódolos sitios.

³²Deulles chuvia de pedrazo
chamas de lume nas súas terras.
³³Abateu viñedos e figueiras,
estragou as árbores nos seus eidos.
³⁴Mandouno, e veu a lagosta,
saltóns que non se contaban,
³⁵rillaron a herba dos campos
e comeron os froitos dos agros.
³⁶Feriu os primoxénitos en todo o país,
as primicias do seu vigor.

³⁷Entón fíxoos saír con prata e ouro,
sen unha falta nas súas tribos.
³⁸Alegráronse os exipcios da súa saída,
pois caera sobre eles o terror.
³⁹Tendeulles por cuberta unha nube,
un lume que os alumaba pola noite.
⁴⁰Pediron, e viñeron paspallás
e deulles con fartura pan do ceo.
⁴¹Fendeu unha pena e saíu auga,
que corría polo deserto coma un río.

⁴²Abofé, lembrouse da promesa
que lle fixera ó seu servo Abraham.

105, 17ss A historia de Xosé (Xén **27**ss).
105, 28ss Versión lírica das pragas (Ex **7-11**).

105, 41 A bebida milagrosa no deserto (Ex **17**, 1ss; Sal **78**, 15s).

⁴³Sacou o seu pobo con ledicia,
   con cantos de triunfo os seus elixidos.
⁴⁴Déulle-las terras dos xentís
   e herdaron os froitos dos pobos,
⁴⁵para que gardasen os seus preceptos
   e observasen a súa lei.

Aleluia

SALMO 106 (105)

O pobo confesa

¹Aleluia.
   Louvade o Señor, que é bo
   e o seu amor é eterno.

²¿Quen podería conta-las proezas do Señor,
   cumpridamente as súas obras gloriosas?
³Felices os que respectan o dereito
   e fan sempre a xustiza.

⁴Recórdame, Señor, polo amor ó teu pobo,
   visítame coa túa salvación,
⁵para que poida ve-la felicidade dos teus elixidos,
   alegrarme coa ledicia do teu pobo,
   gloriarme coa túa herdanza.

⁶Nós pecamos igual cós nosos pais,
   cometemos maldade e iniquidade.
⁷Os nosos pais en Exipto
   non aprezaron os teus prodixios,
   non lembraron o teu amor,
   foron rebeldes no mar Rubio.

⁸Por mor do seu nome Deus salvounos,
   para mostra-lo seu poder.
⁹Increpou ó mar Rubio e secou;
   conduciunos polo mar como se fose o deserto,
¹⁰librounos da man dos adversarios,
   rescatounos dos inimigos.
¹¹As augas alagaron os perseguidores,
   sen quedar sequera un.
¹²Creron entón na súa palabra
   e cantaron as súas glorias.

¹³Esqueceron axiña as súas obras,
   non creron nos seus proxectos.
¹⁴Déronse no deserto a tódolos caprichos,
   tentaron a Deus na soidade.
¹⁵El déulle-lo que querían,
   pero acurtou as súas vidas.

---

106 *O pobo confesa:* o recordo do pasado leva ó recoñecemento dos moitos erros cometidos e das moitas mercedes que Deus fixo ó seu pobo. Outras confesións históricas en Neh **9,** 5ss; Bar **2;** Dn **9.**
106, 1 Proclamación que constitúe o retrouso do Sal **136.**
106, 15 Merma dos viventes (Núm **11,** 33s).

¹⁶Envexaron a Moisés no campamento
e a Aharón, consagrado ó Señor.
¹⁷Abriuse a terra e tragou a Datán,
pechouse sobre o bando de Abiram.
¹⁸O lume alampou os seus adictos,
a chama aburou os malvados.

¹⁹No Horeb fixeron un touro,
adoraron un ídolo,
²⁰trocaron a súa gloria
pola imaxe dun boi que come herba.
²¹Esqueceron o Deus que os salvara,
que fixera portentos en Exipto,
²²prodixios na terra de Cam,
escarmentos no mar Rubio.
²³Deus falou de destruílos,
se non fose por Moisés, o seu elixido,
que se puxo na brecha diante del,
para arredalo do seu noxo destructor.

²⁴Desprezaron a terra cobizable,
non creron na súa palabra.
²⁵Murmuraron nas súas tendas,
e non obedeceron ó Señor.
²⁶El ergueu a man e xuroulles
que os abatería no deserto,
²⁷que espallaría a súa descendencia entre as xentes,
que os espallaría entre as nacións.

²⁸Colléronlle devoción a Baal-Peor
e comeron as ofrendas dos mortos.
²⁹Provocárono coas súas obras,
e pegou neles a peste.
³⁰Levantouse Pinhás para reparar,
e a peste cesou.
³¹Foille apuntado na súa conta
por tódalas xeracións.

³²Irritaron a Deus nas augas de Meribah
e por eles pagounas Moisés:
³³amargáronlle o espírito
e el foise da lingua.

³⁴Non destruíron os pobos
que o Señor lles mandara.
³⁵Mesturáronse coas xentes,
aprenderon os seus costumes.
³⁶Deron culto ós seus ídolos,
caeron nas súas trampas.

³⁷Inmolaron para os demos
os seus fillos e as súas fillas.

106, 16s Pecado e castigo de Datán e Abiram (Núm 16).   **106,** 28ss Tentación dos costumes cananeos (Núm **25,** 3ss)
106, 24ss A exploración de Canaán (Núm **14,** 11ss).

³⁸Verteron sangue inocente
—o sangue dos fillos e das fillas
sacrificados ós ídolos cananeos—
e profanaron a terra con sangue.
³⁹Lixáronse coas súas obras,
corrompéronse coas súas accións.

⁴⁰O Señor irritouse co seu pobo
e aborreceu a súa herdanza.
⁴¹Entregounos nas mans das xentes
e dominaron neles os que os odiaban.

⁴²Os seus inimigos oprimíronos,
humilláronos baixo a súa man.

⁴³Moitas veces os librou,
pero eles, obstinados na súa teima,
afondaban na iniquidade.
⁴⁴Mais El ollaba a súa aflicción
e escoitaba os seus salaios.
⁴⁵Lembraba a alianza en favor deles
e, no seu amor, compadecíase.
⁴⁶Facíalles ter dó deles
ós que os levaran cativos.

⁴⁷Sálvanos, Señor, noso Deus,
axúntanos de entre as xentes.
Louvarémo-lo teu santo nome,
a túa louvanza será o noso gozo.

⁴⁸Bendito sexa o Señor, Deus de Israel,
desde sempre e por sempre.
Diga o pobo todo:
Amén.

Aleluia.

SALMO 107 (106)

Os redimidos do Señor

¹Louvade o Señor, que é bo
e o seu amor é eterno.

²Dígano os redimidos do Señor,
os que El redimiu da man dos opresores
³e reuniu de tódolos países,
do nacente e do poñente,
do norte e do sur.

⁴Errando polo deserto solitario,
non atopaban camiño de cidade habitable.

06, 48 Doxoloxía coa que remata o cuarto libro dos salmos (cf Sal **41**, 14).
07 *Os redimidos do Señor:* acción de gracias a Deus que salva o seu pobo unha hora tras outra. Cada apreto arrinca unha súplica; ora, unha axuda, ora unha louvanza.
107, 3 Liberación do desterro (Is **35**, 9s; **49**, 12; Zac **8**, 7s).
107, 4 Recordo do deserto, lugar de revelación da providencia (Dt **8**, 15; **32**, 10).

⁵Famentos e sedentos,
encollíaselle-lo espírito.

⁶No apreto clamaron ó Señor
e El librounos da aflicción.

⁷Levounos por camiño dereito
cara a unha cidade habitable.

⁸Dean gracias ó Señor pola súa misericordia,
polos seus prodixios cos humanos.

⁹El sacia ós sedentos
e farta de bens ós famentos.

¹⁰Xacían na escuridade e nas tebras,
presos de coitas e ferro,
¹¹por se teren rebelado contra a palabra de Deus
e desprezado o consello do Altísimo.
¹²Aflixiunos El con traballos,
e eles cambaleaban, sen ninguén que lles valese.

¹³No apreto clamaron ó Señor
e El librounos da aflicción.
¹⁴Sacounos da escuridade e das tebras
e rompeu as súas cadeas.

¹⁵Dean gracias ó Señor pola súa misericordia,
polos seus prodixios cos humanos.

¹⁶El rompeu as portas de bronce
e esnaquizou os ferrollos.

¹⁷Doentes polos seus erros,
aflixidos polas súas culpas,
¹⁸dáballes noxo a comida
e andaban ás portas da morte.

¹⁹No apreto clamaron ó Señor
e El librounos da aflicción.

²⁰Mandou a súa palabra e sanounos,
rescatounos da perdición.

²¹Dean gracias ó Señor pola súa misericordia,
polos seus prodixios cos humanos.

²²Ofrézanlle sacrificio de louvanza
e pregoen con xúbilo os seus feitos.

²³Os que baixan nos barcos ó mar,
para face-lo seu traballo nas augas abismais,

107, 6 Este retrouso contén o tema da oración (vv 13. 19. 28).   **107,** 8 Outro retrouso, co ton da acción de gracias (vv 1 21. 31).

²⁴poden ve-los feitos do Señor,
   os seus prodixios no océano.
²⁵Cun aceno del érguese o vento de temporal
   e levántanse fortes as ondas:
²⁶érguense cara ó ceo e caen no abismo.
   Co estómago revolto, mareados,
²⁷dan voltas coma borrachos:
   toda a súa pericia queda en nada.

²⁸No apreto clamaron ó Señor
   e El librounos da aflicción.

²⁹El troca a tempestade en brisa lene,
   e quedan caladas as ondas.
³⁰Alégranse eles coa calma,
   e El lévaos ó porto arelado.
³¹Dean gracias ó Señor pola súa misericordia,
   polos seus prodixios cos humanos.

³²Celébreno na asemblea do pobo,
   lóuveno na xunta dos anciáns.

³³El converte os ríos en deserto,
   o manantío en terra reseca;
³⁴a terra vizosa en salinas,
   pola maldade dos moradores.
³⁵El cambia o deserto en lagoa
   e a terra seca en manancial.
³⁶Asenta alí os famentos,
   e fundan cidade para habitar.
³⁷Sementan agros, plantan viñas
   e recollen os froitos.
³⁸Dálle-las bendicións, e van a máis
   e as súas facendas non minguan.
³⁹Se minguasen e fosen abatidos,
   sería polo peso da malicia e das ansias.

⁴⁰O que bota desprezos sobre os grandes
   e os fai errar por unha soidade sen camiños,
⁴¹ergue os pobres da miseria
   e acrecenta coma rabaños as súas casas.
⁴²Ó velo, alégranse os rectos,
   mentres que a iniquidade pecha a súa boca.

⁴³O sabio terá en conta isto,
   entenderá a misericordia do Señor.

SALMO **108 (107)**

O meu corazón está disposto

¹Cántiga, salmo, de David.

²O meu corazón está disposto, meu Deus:
   quero cantarche e louvarte.

107, 34 Referencia a Sodoma.
108 *O meu corazón está disposto:* canto de louvanza (vv 2-6), como o Sal **57,** 8-12, e súplica (vv 7-14), como o Sal **60,** 7-14.

Espertade, miñas entrañas,
³espertade, cítola e harpa:
eu quero cantar coa aurora.

⁴Louvareite, Señor, diante dos pobos,
cantareiche diante das nacións.
⁵O teu amor é máis alto có ceo,
a túa fidelidade chega ata as nubes.

⁶Érguete, Deus, sobre o ceo,
enche a terra da túa gloria.
⁷Para que os teus amigos sexan liberados,
socórrenos coa salvación da túa dereita.

⁸O Deus santo tiña dito:
—"Cantarei triunfo, partirei Xequem,
parcelarei o val de Succot,
⁹Meu é Galaad, meu Menaxés,
elmo da miña cabeza é Efraím,
e Xudá o meu cetro.
¹⁰Moab é o estanque en que me baño,
sobre Edom poño a sandalia
e canto victoria sobre Filistea".

¹¹¿Quen me levará a unha praza forte?
¿Quen me guiará ata Edom?
¹²¿Quen, se non ti, Deus, que nos tes rexeitados
e xa non saes, Deus, co noso exército?

¹³Axúdanos ti no apreto,
pois inútil é a axuda dos homes.
¹⁴Con Deus faremos fazañas,
El esmagará os nosos opresores.

SALMO 109 (108)

Imprecacións

¹Do mestre do coro. De David, salmo.

Deus a quen louvo, non cales,
²pois ábrense contra min bocas malvadas e dolosas.
Falan de min con lingua mentireira,
³cércanme con palabras de odio,
combátenme sen razón.
⁴En pago do meu amor eles acúsanme,
mentres eu estou rezando.
⁵Vólvenme mal por ben,
xenreira por amor.

⁶Apurra contra el a un malvado,
que teña á súa dereita un acusador.
⁷Que no xuízo saia condenado
e a súa apelación se converta en culpa.
⁸Que os seus días se acurten
e que outro colla o seu posto.

---

109 *Imprecacións:* esixencia de vinganza contra os inimigos inxustos. A imaxinación e o sentimento xúntanse neste salmo e piden tódolos males para quen non merece ningún ben.
109, 6 *Acusador* ou un satán (1 Cro **21,** 1; Xob **1,** 6ss;).
109, 8 Referido a Xudas en Feit **1,** 20.

⁹Que queden orfos seus fillos
  e viúva súa muller.
¹⁰Que seus fillos vaian errantes e pedindo,
  e que os boten das súas ruínas.
¹¹Que os acredores collan os seus bens
  e xente allea rapine o froito do seu traballo.

¹²Que ninguén teña dó del,
  ninguén se apiade dos seus orfos.
¹³Que a súa posteridade sexa arrincada
  e que se borre o seu nome nunha xeración.
¹⁴Que o Señor teña en conta as culpas do pai
  e que non borre os pecados da nai.
¹⁵Que o Señor os teña diante
  e que tache da terra a súa memoria.

¹⁶Xa que nunca pensou en facer ben,
  perseguiu ó pobre e ó humilde,
  e empurrou á morte o angustiado.
¹⁷Xa que prefire a maldición, que veña sobre el,
  xa que non quere bendición, que se lle aparte.
¹⁸Véstese de maldición coma dun traxe:
  ¡que coma a auga lle entre nas entrañas,
  coma o aceite nos ósos;
¹⁹que sexa o manto que o cobre,
  e o cinguidor que o cingue!
²⁰Dea o Señor este pago ós que me acusan,
  ós que pronuncian calumnias contra min.

²¹Pero ti, Señor, o meu dono,
  actúa, polo teu nome, en favor meu,
  líbrame, conforme ó teu amor.
²²Eu son humilde e pobre,
  e co corazón ferido.
²³Voume coma a sombra que debala,
  espantado, como a langosta.
²⁴Os meus xeonllos cambalean co xexún,
  o meu corpo anda esmorecido.
²⁵Fan burla de min,
  ó verme, abanean a cabeza.

²⁶Señor, meu Deus, axúdame,
  sálvame, conforme ó teu amor.
²⁷Saberase que a túa man está aquí
  e que es ti, Señor, quen o fai.
²⁸Que maldigan, con tal que ti bendigas:
  ergueranse eles para vergonza,
  mentres se alegra o teu servo.
²⁹Vestiranse de vergonza os meus acusadores,
  cubriranse de confusión coma dun manto.

³⁰Eu dareille as gracias ó Señor,
  louvareino ante a multitude.

09, 13 Quedar sen posteridade é coma morrer de todo   (Xob 18, 19; Sal 37, 28).

³¹El ponse á dereita dos pobres
para os librar dos seus xuíces.

SALMO 110 (109)

A victoria do rei mesías

¹De David, salmo.

Palabra do Señor ó meu señor:
—"Senta á miña dereita
mentres poño os teus inimigos
por estrado dos teus pés".

²O cetro do poder
mándacho o Señor desde Sión:
domina nos teus inimigos.

³—"Es príncipe desde o día que naciches,
tes aura sagrada desde o seo,
desde o albor da túa infancia".

⁴O Señor xurouno, e non se arrepinte:
—"Ti es sacerdote para sempre
conforme ó rito de Melquisédec".

⁵Á túa dereita o Señor
esmaga reis, no día da súa cólera,
⁶xulga xentes, amorea cadáveres,
esmaga cabezas sobre a vasta terra.
⁷Bebe do regato, no camiño,
e de seguida ergue a cabeza.

SALMO 111 (110)

Feitos poderosos

¹Aleluia.

Louvarei o Señor con todo o corazón
na xuntanza dos xustos, na asemblea.

²Grandes son as obras do Señor,
dignas de estudio para tódolos que as aman.
³Gloriosos e esplendentes son os seus feitos,
a súa xustiza é eterna:
⁴fai prodixios memorables.

---

110 *A victoria do rei mesías:* canto ó triunfo de Deus sobre as forzas do mal, por medio do rei unxido. Polo mesías, Deus salva o seu pobo.
110, 1 *Palabra,* dito profético, promesa da salvación mesiánica (Mt **22, 44**; Feit **2,** 34s; Heb **1,** 13).
110, 3 Recomposto, en parte coa axuda dos LXX.
110, 4 *Melquisédec,* lectura tradicional desde os LXX (Xén **14,** 18; Heb **5,** 6).Posiblemente "Rei xusto" fose unha lectura mellor. Ó rei no pobo de Deus élle propio o sacerdocio, a mediación en ben dos outros.
110, 5-7 O suxeito é Deus en figura de guerreiro. Ergue-la cabeza ou triunfar (Sal **3, 4**; **27,** 6; **83,** 2); no Sal **2, 9** Deus triunfa sobre o mal polo mesías.
111 *Feitos poderosos:* louvanza e gracias a Deus, que cos seus feitos poderosos salva o seu pobo e cumpre a promesa no seu favor. Un salmo alfabético.
111, 4 *Memorables,* que se festexan polos séculos (Ex 1? 24; Sal **78,** 4.11).

⁵Dá mantenza a quen o teme
  e recorda por sempre a súa alianza.

⁶El móstralle ó seu pobo feitos poderosos,
  dándolle a herdanza das nacións.

⁷As obras das súas mans son xustas e leais,
  os seus preceptos son firmes:
⁸están fixados polos séculos,
  feitos con sinceridade e rectitude.

⁹El mándalle a liberación ó seu pobo,
  corrobora por sempre a súa alianza;
  santo e terrible é o seu nome.

¹⁰O temor do Señor é o principio da sabedoría:
  asisados son os que o practican;
  a súa louvanza é eterna.

SALMO 112 (111)

A prosperidade duradeira

¹Aleluia.
  Ditoso o que teme ó Señor
  e ten gozo nos seus preceptos.

²A súa descendencia será forte na terra,
  a liñaxe dos rectos é bendita.
³Na súa casa hai bens abondo
  e a súa prosperidade é duradeira.
⁴Nas tebras brilla unha luz para os rectos,
  os xustos, os misericordiosos e os clementes.

⁵Benia quen se apiada e presta,
  e goberna os seus bens con xustiza.
⁶Endexamais non perecerá,
  pois de eterna lembranza son os rectos.

⁷Non terá medo de malas noticias,
  pois o seu corazón confía no Señor.
⁸O seu corazón está firme e sen medo,
  mentres olla os seus opresores na desfeita.
⁹Dálles xenerosamente ós pobres,
  a súa prosperidade é duradeira:
  erguerá con honor a súa fronte.

¹⁰O malvado irrítase ó velo,
  renxe os dentes, ensúmese,
  pois os seus proxectos bótanse a perder.

111, 10 Sentencia sapiencial (Pr 1, 7; 9, 10; Eclo 1, 14).
112 *A prosperidade duradeira:* poema didáctico de procedemento alfabético sobre a conducta dos xustos e sobre a súa sorte (Sal 1).

112, 4 A *luz* é sinal da prosperidade, como as tebras da miseria (Sal 37, 6).
112, 9 *Fronte* ou "corno", unha expresión do triunfo (Sal 75, 5; 89, 18; 132, 17).

SALMO 113 (112)

Deus ergue os pobres do esterco

¹Aleluia.

Louvade, servidores do Señor,
louvade o nome do Señor.
²Bendito sexa o nome do Señor,
agora e por sempre.
³Desde o nacente ó poñente
louvado sexa o nome do Señor.

⁴Excelso sobre as xentes é o Señor,
sobre o ceo a súa gloria.
⁵¿Quen coma o Señor, noso Deus,
que habita nas alturas
⁶e que baixa para coidar
do ceo e mais da terra?

⁷El ergue do po os indixentes,
levanta os pobres do esterco,
⁸para lles dar asento cos nobres,
cos nobres do seu pobo.
⁹El fai da estéril da casa
nai ditosa de fillos.

Aleluia.

SALMO 114 (113 A)

A terra danza

¹Cando Israel saíu de Exipto,
a familia de Xacob dun pobo estraño,
²foi Xudá o seu santuario,
Israel o seu dominio.

³Viuno o mar e fuxiu,
o Xordán botouse atrás;
⁴os montes brincaron coma carneiros,
os outeiros coma años.

⁵¿Que che pasa, mar, para fuxires,
Xordán, para te botares atrás,
⁶montes, para brincardes coma carneiros,
e vós, outeiros, coma años?

⁷Na presencia do Señor danza a terra,
na presencia do Deus Xacob,

---

113 *Deus ergue os pobres do esterco:* canto ó Deus poderoso que se abaixa e coida dos pobres. Con este salmo comeza o "hallel" (Sal **113-118**), louvanza cantada polo pobo nas festas e por Xesús na cea derradeira (Mc **14,** 26).
113, 4 Señorío sobre toda a creación (Sal **8,** 2; **57,** 6.12).
113, 7s Tema do canto de Ana e do *Magnificat* (1 Sam **2,** 8; Lc **1,** 52).

114 *A terra danza:* canto da terra ó Deus que leva o seu pobo da servidume á liberdade. Nas versións fai un só salmo co seguinte.
114, 3 O mar Rubio e mailo Xordán, recordados á vez (Sal **66,** 6; Is **44,** 27).

⁸o que converte o penedo en estanque,
a rocha en fonte de augas.

SALMO 115 (113 B)

Deus e os ídolos

¹Non a nós, Señor, non a nós,
senón ó teu nome dálle a gloria,
polo teu amor e a túa fidelidade.

²¿Por que han dici-las xentes?:
—"¿Onde está o seu Deus?"
³O noso Deus está no ceo
e fai todo canto se propón.

⁴Os seus ídolos son prata e ouro,
feitura das mans dos homes.
⁵Teñen boca e non falan,
teñen ollos e non ven,
⁶teñen orellas e non oen,
teñen nariz e non olen,
⁷teñen mans e non apalpan,
teñen pés e non andan,
a súa gorxa non ten voz.
⁸Coma eles son os que os fan
e cantos neles confían.

⁹Israel confía no Señor,
El é o seu auxilio e o seu escudo;
¹⁰a casa de Aharón confía no Señor:
El é o seu auxilio e o seu escudo;
¹¹os amigos do Señor confían no Señor:
El é o seu auxilio e o seu escudo.

¹²Que o Señor se lembre de nós e nos bendiga:
bendita a casa de Israel,
bendita a casa de Aharón,
¹³benditos os amigos do Señor,
os pequenos e os grandes.
¹⁴Que o Señor vos faga medrar,
a vós e a vosos fillos.
¹⁵Benditos sexades do Señor,
que fixo o ceo e maila terra.

¹⁶O ceo perténcelle ó Señor,
e a terra déullela ós homes.
¹⁷Os mortos non louvan ó Señor
nin os que baixan ó silencio.

114, 8 Alusión ós feitos do deserto (Ex **17,** 5-7; Núm **20,** 7ss; Sal **107,** 35).
115 *Deus e os ídolos:* profesión de fe e louvanza de Deus que, ó revelarse, ensina que fóra del non hai divindade en que confiar.
115, 4ss Loita cos falsos deuses, coma no Segundo Isaías (Is **41,** 21ss; **44,** 9ss).
115, 4-13 O tema reaparece no Sal **135.**
115, 17 O silencio dos mortos (Sal **6,** 6; **88,** 6ss; Is **38,** 19s).

¹⁸Pero nós bendicímo-lo Señor,
agora e por sempre.

Aleluia.

SALMO 116 (114-115)
Alzo a copa da salvación

¹Amo ó Señor que escoita
a miña voz suplicante,
²e pon cara a min o seu oído
no día en que o chamo.

³Cando me envolven lazos de morte
e as redes do abismo me atrapan;
cando me atopo en apreto e aflicción,
⁴invoco o nome do Señor:
¡Ai, Señor, sálvame a vida!

⁵O Señor é xusto e clemente,
o noso Deus é compasivo.
⁶O Señor garda os humildes:
na miña febleza hame socorrer.
⁷Alma miña, recobra o sosego,
pois o Señor cumpre contigo.

⁸Ti libras da morte a miña vida,
os meus ollos das bágoas,
os meus pés da caída.
⁹Camiñarei á vista do Señor
na terra da vida.

¹⁰Confío, aínda que diga:
—"Eu son un desgraciado".
¹¹E no meu apuro digo:
—"Todo enganos son os homes".

¹²¿Con que lle pagarei ó Señor
todo o ben que me fai?
¹³Alzarei a copa da salvación,
invocando o nome do Señor;
¹⁴cumprirei os meus votos ó Señor,
á vista de todo o seu pobo.

¹⁵Moi custosa é ós ollos do Señor
a morte dos seus amigos.
¹⁶¡Ai, Señor, que eu son o teu servo,
servo teu e fillo da túa serva,
a quen ti rompíche-las cadeas!

---

116 *Alzo a copa da salvación:* gracias ó Deus que libra da morte para outorgar vida verdadeira, bendita, chea de bens. As versións dividen o salmo en dous.

116, 3 Imaxes do perigo de morte (Sal **18**, 5s; Sof **2**, 3).
116, 8 Expresión ben coñecida (cf Sal **27**, 13; **56**, 14; **116**, 9).

¹⁷Ofrézoche sacrificios de louvanza,
invocando o nome do Señor.
¹⁸Cumprirei os meus votos ó Señor,
á vista de todo o seu pobo,
¹⁹nos adros da casa do Señor,
no medio de ti, Xerusalén.

Aleluia.

SALMO 117 (116)

O amor firme

¹Louvade o Señor tódalas xentes,
aclamádeo tódolos pobos.

²O seu amor connosco é firme,
a súa fidelidade dura sempre.

Aleluia.

SALMO 118 (117)

Cantares na casa dos xustos

¹Louvade o Señor porque é bo,
porque o seu amor é eterno.

²Que o diga a casa de Israel:
o seu amor é eterno;
³que o diga a casa de Aharón:
o seu amor é eterno;
⁴que o digan os que temen ó Señor:
o seu amor é eterno.

⁵No apreto invoco o Señor
e El escóitame e líbrame.
⁶O Señor está comigo: non teño cousa que temer;
¿que me poden face-los homes?
⁷O Señor está comigo: El é quen me axuda:
verei os meus inimigos en desfeita.

⁸Mellor é acollerse ó Señor
que fiarse dos homes.
⁹Mellor é acollerse ó Señor
que fiarse dos grandes.

¹⁰Rodéame un fato de pobos:
no nome do Señor esmagareinos;

---

117 *O amor firme:* chamada de tódolos pobos á louvanza pola fidelidade de Deus ó seu pobo.
117, 1 Recordado en Rm **15,** 11.
117, 2 *Amor* e *fidelidade* definen a actitude de Deus ante o seu pobo.

118 *Cantares na casa dos xustos:* gracias pola liberación, con cantos nas casas dos xustos e na casa do Señor. Remata o "hallel", que comeza no Sal **113.**
118, 1ss Coma o Sal **115,** 9-11; **135,** 19s.
118, 6 Recordado en Heb **13,** 6.

¹¹póñenme cerco e apúranme:
no nome do Señor esmagareinos;
¹²envólvenme coma abellas,
quéimanme coma o lume os espiños:
no nome do Señor esmagareinos.
¹³Empurran, empurran para tirarme,
pero o Señor é o meu auxilio.
¹⁴O Señor é a miña forza, o meu cantar,
El é a miña salvación.

¹⁵Óense cantares de gozo e de victoria.
nas moradas dos xustos:
a dereita do Señor é valente,
¹⁶a dereita do Señor é poderosa,
a dereita do Señor é valente.

¹⁷Non hei morrer, vivirei
e cantarei os feitos do Señor.
¹⁸O Señor, certo, castígame,
mais non me entrega á morte.

¹⁹Abrídeme as portas da victoria:
quero cantar e dar gracias ó Señor.
²⁰Esta é a porta do Señor:
os xustos entran por ela.
²¹Douche as gracias porque me escoitas:
ti e-la miña salvación.

²²A pedra que desbotaron os canteiros
convértese en pedra angular.
²³Isto é cousa do Señor,
admirable feito á nosa vista.
²⁴Este é o día en que obra o Señor:
relouquemos e alegrémonos nel.
²⁵¡Ai, Señor, dáno-la salvación!
¡Ai, Señor, dános prosperidade!

²⁶Benditos os que veñen no nome do Señor:
bendicímosvos desde a casa do Señor.
²⁷O Señor é Deus: El dáno-la luz.
Ordenade festa con ramos
ata á beira do altar.

²⁸Meu Deus, douche as gracias,
meu Deus, quero enxalzarte.
²⁹Louvade o Señor porque é bo,
porque o seu amor é eterno.

118, 22 A *pedra angular* é a máis nobre, aínda que primeiro fose desprezada. Referido a Xesús en Mc **12,** 10; Feit **4,** 11; 1 Pe **2,** 4.

118, 25 A exclamación *hosanna*, "sálvanos", era usada na liturxia do tempo de Xesús. Referida a El mesmo: Mt **21,** 9; **23,** 39.

SALMO 119 (118)
Andar coa lei de Deus

¹Ditosos os de conducta intachable,
os que andan coa lei do Señor.
²Ditosos os que observan os seus mandatos
e o buscan de todo corazón;
³os que non cometen iniquidade,
e van polos seus camiños.
⁴Ti déche-los teus preceptos
para que se cumpran con esmero.
⁵Que a miña conducta sexa firme
en garda-los teus decretos.
⁶Non sufrirei decepción,
se me fixo nos teus dictados.
⁷Louvareite con recto corazón,
ó aprende-las túas xustas decisións.
⁸Quero cumpri-los teus mandatos,
endexamais non me abandones.

⁹¿Como atinará un mozo no camiño?
Gardando a túa palabra.
¹⁰Eu búscote de todo corazón,
non me deixes desviar dos teus mandatos.
¹¹No meu corazón escondo os teus ditos,
para non pecar ante ti.
¹²Bendito es ti, Señor:
ensíname a túa vontade.
¹³Cos meus labios eu anuncio
toda decisión da túa boca.
¹⁴Na túa revelación teño máis gozo
ca en tódalas riquezas.
¹⁵Medito os teus decretos
e fíxome nos teus vieiros.
¹⁶Atopo consolo na túa lei
e non esquezo a túa palabra.

¹⁷Faille ben ó teu servo, para que viva
e garde a túa palabra.

¹⁸Ábreme os ollos para que vexa
as marabillas da túa lei.
¹⁹Eu son na terra un forasteiro:
non me escónda-los teus mandatos.
²⁰A miña alma esmorece,
arelando sempre as túas decisións.
²¹Ti reprénde-los soberbios,
malditos os que se afasten das túas ordes.
²²Arreda de min aldraxes e desprezos,
pois eu gardo as túas revelacións.

---

119 *Andar coa lei de Deus:* poema didáctico, que recomenda o cumprimento fiel da lei de Deus, principio e seguridade da felicidade verdadeira. Lei quere dicir revelación, como fan entende-los seus sinónimos e outros salmos parecidos (Sal **119**, 8-15). É o salmo máis longo do salterio; alfabético, con oito versos comezando coa mesma letra do alfabeto.

²³Aínda que os grandes senten a murmurar de min,
o teu servo medita os teus mandatos.
²⁴Os teus preceptos son a miña delicia
eles son os meus conselleiros.

²⁵A miña alma está apegada ó po;
aléntame ti coa túa palabra.
²⁶Expóñoche os meus camiños, para que ti me respondas
e me ensíne-los teus preceptos.
²⁷Instrúeme nos teus mandatos
e meditarei as túas marabillas.
²⁸A miña alma chora entristecida;
confórtame ti coa túa palabra.
²⁹Arrédame do camiño enganoso
e dáme a gracia da túa instrucción.
³⁰Eu elixo o camiño da verdade
e fago miñas as túas decisións.
³¹Apégame ás túas revelacións;
Señor, non me decepciones.
³²Eu corro tras dos teus mandatos,
pois ti ensánchasme o corazón.

³³Móstrame, Señor, a vía dos teus mandatos
e seguireina ata a fin.
³⁴Dáme entendemento para observa-la túa lei,
e gardareina de todo corazón.
³⁵Diríxeme polo vieiro dos teus mandamentos,
pois teño nel o meu contento.
³⁶Inclina o meu corazón ás túas revelacións
e non á miña comenencia.
³⁷Arreda da vaidade os meus ollos
e faime vivir no teu camiño.
³⁸Confirmalle ó teu servo a túa promesa,
a que leva ó teu temor.
³⁹Tírame do oprobio que temo:
os teus xuízos son amables.
⁴⁰Mira como amo os teus mandatos;
faime vivir na túa xustiza.

⁴¹Veña, Señor, a min o teu amor,
o teu socorro, conforme a túa promesa.
⁴²Eu responderei ós que me inxurian
que confío na túa palabra.
⁴³Non quites da miña boca a palabra sincera;
eu confío nas túas decisións.
⁴⁴Gardarei a túa lei,
por sempre, eternamente.
⁴⁵Andarei con folgura,
porque busco os teus mandatos.
⁴⁶Falarei ante os reis das túas revelacións
e non me avergonzarei.
⁴⁷Fólgome cos teus mandatos
e téñolles afecto.
⁴⁸Bendigo os teus amados mandamentos
e medito na túa lei.

⁴⁹Lembra a túa promesa ó teu servo,
na que fixeches que esperase.

⁵⁰Este é o meu conforto na aflicción:
   que a túa palabra me dá vida.
⁵¹Os soberbios búrlanse de min,
   mais eu non me arredo da túa lei.
⁵²Recordo as túas decisións doutros tempos
   e consólome, Señor.
⁵³Sinto indignación contra os malvados,
   que abandonan a túa lei.
⁵⁴Os teus preceptos son o meu cantar
   no lugar da miña peregrinaxe.
⁵⁵De noite, Señor, recordo o teu nome
   e fágolle a garda á túa lei.
⁵⁶Isto é o meu:
   observa-los teus mandatos.

⁵⁷A miña sorte é o Señor:
   eu propoño observa-la túa palabra.
⁵⁸De todo corazón busco a túa presencia:
   apiádate de min, conforme a túa promesa.
⁵⁹Examino os meus camiños
   e volvo cara á túa revelación os meus pasos.
⁶⁰Dilixente, non demoro
   cumpri-los teus preceptos.
⁶¹Cínguenme os lazos dos malvados,
   pero eu non esquezo a túa lei.
⁶²Érgome á media noite para louvarte
   polas túas xustas decisións.
⁶³Son amigo dos que te temen
   e gardan os teus mandatos.
⁶⁴Do teu amor, Señor, está a terra chea:
   móstrame os teus estatutos.

⁶⁵Ti dáslle bens ó teu servo,
   Señor, conforme a túa palabra.
⁶⁶Dáme bo xuízo e discreción,
   pois eu teño fe nos teus preceptos.
⁶⁷Antes de coñece-la aflicción, eu andaba errado,
   pero agora observo os teus ditos.
⁶⁸Ti es bo e dás bens:
   ensíname a túa vontade.
⁶⁹Os soberbios aumentan mentiras contra min,
   mais eu gardo de corazón os teus preceptos.
⁷⁰O seu corazón é craso coma sebo,
   para min é delicia a túa lei.
⁷¹Foime boa a aflicción,
   para aprende-los teus mandatos.
⁷²A túa vontade é para min mellor
   ca milleiros de ouro e prata.

⁷³As túas mans fixéronme e formáronme:
   ensíname a coñece-los teus mandatos.
⁷⁴Os que te temen verán e alegraranse
   de que eu confíe na túa palabra.
⁷⁵Eu sei, Señor, que o teu xuízo é xusto
   e que tes razón de aflixirme.
⁷⁶Que o teu amor me console,
   conforme llo prometiches ó teu servo.

⁷⁷Que a túa piedade veña a min e vivirei;
a túa lei é a miña alegría.
⁷⁸Que se vexan confusos os soberbios que me aflixen sen razón;
eu medito os teus preceptos.
⁷⁹Que volvan onda min os que te temen
e os que coñecen a túa revelación.
⁸⁰Que o meu corazón sexa perfecto nas túas normas,
para que non sufra decepción.

⁸¹A miña alma eslumece pola túa salvación,
eu confío na túa palabra.
⁸²Os meus ollos devecen pola túa promesa
e din: ¿Cando me consolarás?
⁸³Aínda que estou coma pelica afumada,
non esquezo as túas normas.
⁸⁴¿Canto contan os días do teu servo?
¿Cando dictarás sentencia contra os meus perseguidores?
⁸⁵Os soberbios cávanme fosas,
desprezando a túa lei.
⁸⁶Os teus mandatos son firmes;
axúdame, que me abouran sen razón.
⁸⁷Por pouco non me borran da terra,
pero eu non deixo as túas normas.
⁸⁸Polo teu amor, fai que viva
e gardarei a revelación da túa boca.

⁸⁹A túa palabra, Señor, é eterna,
firme coma o ceo.
⁹⁰A túa verdade mantense polas xeracións,
ti fundáche-la terra e permanece.
⁹¹A túa decisión todo o sostén ata hoxe,
e todo está ó teu servicio.
⁹²Se non tivese as delicias na túa lei,
xa tería perecido na miseria.
⁹³Non esquecerei xamais os teus preceptos,
pois dásme a vida por eles.
⁹⁴Eu son teu, sálvame ti;
eu esculco os teus mandatos.
⁹⁵Os malvados axexan para perderme,
mais eu estou atento á túa revelación.
⁹⁶A toda perfección lle atopo un límite,
mais o teu mandamento non ten fin.

⁹⁷¡Canto amo eu a túa lei!
Medito nela o día enteiro.
⁹⁸Os teus preceptos fanme máis cordo cós inimigos,
pois están sempre comigo.
⁹⁹Avantaxo en sabedoría ós meus mestres,
porque medito na túa revelación.
¹⁰⁰Son máis asisado cós vellos,
porque cumpro os teus preceptos.
¹⁰¹De todo mal camiño arredo os pés,
observando a túa palabra.
¹⁰²Non disinto das túas decisións,
porque ti es quen me ensina.
¹⁰³¡Que doce é ó meu padal a túa palabra!
Máis doce có mel na miña boca.

¹⁰⁴Os teus mandamentos fanme asisado,
por iso aborrezo o vieiro enganoso.

¹⁰⁵A túa palabra é o faro dos meus pés,
a luz do meu camiño.
¹⁰⁶Xurei e cumprireino:
observa-las túas xustas decisións.
¹⁰⁷As miñas coitas son moi grandes;
dáme vida, Señor, conforme a túa promesa.
¹⁰⁸Acepta, Señor, os meus votos
e ensíname as túas decisións.
¹⁰⁹A miña vida está decote exposta,
pero eu non esquezo a túa lei.
¹¹⁰Os malvados póñenme trampas,
mais eu non me desvío das túas normas.
¹¹¹A túa revelación é a miña herdanza duradeira,
o gozo do meu corazón.
¹¹²Poño atención en garda-los teus preceptos,
por sempre e cumpridamente.

¹¹³Eu aborrezo os hipócritas
e teño afecto á túa lei.
¹¹⁴Ti e-lo meu refuxio, o meu escudo:
eu confío na túa palabra.
¹¹⁵Arredádevos de min, malfeitores,
eu quero cumpri-las normas do meu Deus.
¹¹⁶Sostenme ti, conforme a túa promesa, e vivirei,
non decepcióne-la miña esperanza.
¹¹⁷Protéxeme e serei salvo;
estarei sempre atento ós teus mandatos.
¹¹⁸Ti rexéita-los que abandonan as túas normas;
a súa retranca é enganosa.
¹¹⁹Coma lixo remóve-los malvados,
por iso eu amo a túa revelación.
¹²⁰O meu corpo treme ante ti
e venero as túas decisións.

¹²¹Eu practico o dereito e a xustiza;
non me entregues ós opresores.
¹²²Responde polo teu servo,
que non me asoballen os soberbios.
¹²³Os meus ollos devecen pola túa axuda
e pola túa palabra xusta.
¹²⁴Trata ó teu servo conforme o teu amor,
ensíname os teus mandamentos.
¹²⁵Eu son o teu servo: dáme intelixencia
para coñece-la túa revelación.
¹²⁶É hora de que actúes, Señor,
pois violan a túa lei.
¹²⁷Eu amo os teus mandamentos,
por riba do ouro máis puro.
¹²⁸Guíome polas túas normas
e aborrezo o camiño da mentira.

119, 109 *Vida exposta,* lit. "na man", en perigo de morte   (Xuí **12,** 3; 1 Sam **19,** 5; Xob **13,** 14).

¹²⁹A túa revelación é admirable,
 por iso eu a observo.
¹³⁰A ensinanza da túa palabra reloce,
 fai sabios ós ignorantes.
¹³¹Eu abro a boca e collo alento,
 arelando as túas normas.
¹³²Vóltate cara a min e apiádate,
 como fas cos que aman o teu nome.
¹³³Afirma os meus pasos nos teus ditos
 e que a iniquidade non me asoballe.
¹³⁴Rescátame da opresión dos homes
 e gardarei os teus preceptos.
¹³⁵Fai brillar ante o teu servo a túa presencia
 e ensíname os teus mandatos.
¹³⁶Regatos de auga corren dos meus ollos,
 polos que non gardan a túa lei.

¹³⁷Ti es xusto, Señor,
 e as túas decisións, rectas.
¹³⁸Os teus mandatos son xustos,
 cumpridamente verdadeiros.
¹³⁹Consómeme o celo,
 ó ver que o inimigo se esquece dos teus ditos.
¹⁴⁰Os teus ditos son ben probados
 e o teu servo tenlles afecto.
¹⁴¹Pouca cousa son eu e desprezable,
 mais dos teus preceptos non me esquezo.
¹⁴²A túa xustiza é eterna,
 a túa lei verdadeira.
¹⁴³Angustias e coitas dan en min,
 mais os teus mandatos son a miña alegría.
¹⁴⁴A túa revelación é sempre xusta:
 ensíname ti e vivirei.

¹⁴⁵Chámote de todo corazón;
 respóndeme, Señor; eu cumprirei as túas normas
¹⁴⁶Chámote a ti; socórreme;
 eu observarei a túa revelación.
¹⁴⁷Érgome ó abrente pedindo a túa axuda;
 eu confío na túa palabra.
¹⁴⁸Os meus ollos adiantan as vixilias da noite,
 para meditar nos teus ditos.
¹⁴⁹Escoita a miña voz, segundo o teu amor,
 dáme vida, Señor, conforme a túa decisión.
¹⁵⁰Aproxímanse os que me perseguen con maldade,
 os que se afastan da túa lei.
¹⁵¹Ti estás preto, Señor,
 e os teus preceptos son firmes.
¹⁵²Hai tempo que coñezo a túa revelación;
 ti asentáchela por sempre.

¹⁵³Olla a miña dor e líbrame,
 pois non me esquezo da túa lei.
¹⁵⁴Defende a miña causa e rescátame,
 dáme vida, conforme a túa promesa.
¹⁵⁵A salvación está moi lonxe dos malvados
 que non estudian os teus preceptos.

¹⁵⁶Grande é, Señor, a túa misericordia;
dáme vida, conforme a túa decisión.
¹⁵⁷Moitos son os meus perseguidores e opresores,
mais da túa revelación non me arredo.
¹⁵⁸Vexo os traidores e sinto noxo
de que non teñan en conta os teus ditos.
¹⁵⁹Mira que eu amo os teus decretos;
dáme vida, Señor, conforme o teu amor.
¹⁶⁰O principio da túa palabra é a verdade,
as túas xustas decisións son eternas.
¹⁶¹Os poderosos perséguenme sen causa,
pero o meu corazón respecta a túa palabra.
¹⁶²Teño na túa promesa maior ledicia
cá do que atopa un grande tesouro.
¹⁶³Aborrezo, destesto a mentira
e téñolle afecto á túa lei.
¹⁶⁴Lóuvote sete veces ó día,
polas túas xustas decisións.
¹⁶⁵Para os que aman a túa lei é todo paz,
non hai para eles tropezo.
¹⁶⁶Eu agardo, Señor, o teu socorro,
mentres cumpro os teus mandatos.
¹⁶⁷Observo a túa revelación
e téñolle moito afecto.
¹⁶⁸Gardo as túas normas e a túa revelación,
tódolos meus camiños están diante de ti.

¹⁶⁹Chegue ata ti, Señor, a miña queixa,
dáme sabedoría conforme a túa palabra.
¹⁷⁰Entre na túa presencia a miña súplica,
sálvame segundo a túa promesa.
¹⁷¹Os meus labios publicarán a túa louvanza,
pois ti ensínasme os teus preceptos.
¹⁷²A miña lingua pregoará a túa palabra,
pois os teus decretos son xustos.
¹⁷³Socórreme coa túa man,
pois eu escollo as túas normas.
¹⁷⁴Eu arelo, Señor, a túa salvación,
a túa lei é a miña delicia.
¹⁷⁵Que eu viva para louvarte
e que me axuden as túas decisións.
¹⁷⁶Ando errante coma ovella descarriada:
terma ti do teu servo,
pois eu non esquezo os teus mandatos.

SALMO 120 (119)

Falas mentireiras

¹Cántiga das subidas.

Eu clamo ó Señor na miña angustia,
e El dáme resposta.
²Salva, Señor, a miña vida

119, 164 *Sete* quere dicir moitas veces (Sal **12**, 7; **79**, 12).
119, 176 A *ovella descarriada* (Is **53**, 6; Xer **50**, 6.17; Ez **34**, 16; Mt **9**, 36; **18**, 12-14).

120 *Falas mentireiras:* deprecación para ser librado das faladurías e mentiras, que non deixan vivir en paz.
120, 2 Tema que se repite nos salmos (Sal **12**, 3; **31**, 19; **52**, 4; **109**, 2s).

de falas mentireiras,
de linguas enganosas.

³¿Con que se vos podería pagar de abondo,
linguas enganosas?
⁴Con afiadas frechas de guerreiro
e con ascuas de xesta.

⁵¡Ai de min, estranxeiro en Méxec,
de pousada nas tendas de Quedar!
⁶Tempo de máis levo vivindo
cos que aborrecen a paz.
⁷Mentres eu falo de paz,
eles andan de guerra.

SALMO 121 (120)

O teu gardián non dorme

¹Cántiga das subidas.

Alzo os meus ollos cara ós montes:
¿de onde virá o meu socorro?
²O meu socorro vén do Señor,
que fixo o ceo e maila terra.

³El non deixa que esvare o teu pé,
o teu gardián non dorme;
⁴non dorme nin adormece
o gardián de Israel.

⁵O Señor é o teu gardián,
o teu arrimo, sempre á túa dereita.
⁶O sol non che fará mal polo día
nin a lúa pola noite.

⁷O Señor gárdate do mal,
El garda a túa vida.
⁸O Señor garda as túas idas e voltas,
agora e por sempre.

SALMO 122 (121)

Saúdo a Xerusalén

¹Cántiga das subidas, de David.

Alegreime, cando me dixeron:
imos para a casa do Señor.
²Xa están os nosos pés
ás túas portas, Xerusalén,

120, 3 *Pagar de abondo*, lit. "dar e engadir" (1 Sam **3**, 17; **14**,44).
120, 5 Países remotos, que fan imaxinar lugares de desterro.
120, 7 *Eu falo de paz* ou *en son paz* (Sal **109**, 4).
121 *O teu gardián non dorme:* confesión da moita confianza que Deus lles merece ós seus amigos.
121, 1 As montañas son morada dos deuses; Deus na montaña de Sión (Sal **87**, 1s; **125**, 2; **133**, 3).

121, 3 O título *gardián* predomina neste salmo (cf Xén **28**, 15; Dt **32**, 10; Is **27**, 3).
121, 6 Eses perigos recordan tódolos demais (Xén **31**, 40; 2 Re **4**, 18s; Xon **4**, 8).
121, 8 *Idas e voltas,* tódolos movementos e accións (Núm **27**, 17; Xos **14**, 11).
122 *Saúdo a Xerusalén:* canto á cidade santa, onde Deus se mostra ó seu pobo. Este peregrina cara a ela, buscando xustiza, paz, prosperidade.

³Xerusalén, cidade ben feita,
de compacta harmonía.

⁴Alá soben as tribos, as tribos do Señor,
conforme o costume de Israel,
para festexa-lo nome do Señor.
⁵Alí están os tribunais da xustiza,
a sede da casa de David.

⁶Saudade así a Xerusalén:
—"Teñan prosperidade os que te queren,
⁷que haxa paz nos teus muros
e contento nos teus pazos".

⁸Por mor de meus irmáns e compañeiros
direi eu: —"A paz contigo".
⁹Por mor da casa do Señor, o noso Deus,
deséxoche todo ben.

SALMO 123 (122)

Cos ollos cara ó ceo

¹Cántiga das subidas.

Cara a ti alzo os meus ollos,
cara a ti que moras no ceo.

²Coma os ollos do servo no seu señor,
coma os ollos da serva na súa señora,
así están os nosos ollos en ti, Señor, noso Deus,
en tanto El non se apiade de nós.

³Apiádate de nós, apiádate, Señor,
pois estamos fartos de desprezo;
⁴farta está a nosa alma
das burlas dos satisfeitos,
do desprezo dos poderosos.

SALMO 124 (123)

O Señor connosco

¹Cántiga das subidas, de David.

Se o Señor non estivese connosco,
—que o diga Israel—,
²se o Señor non estivese connosco,
cando se ergueron os homes contra nós,
³teríannos engulido vivos
no incendio da súa ira;
⁴as augas xa nos terían sulagado
e o torrente pasado sobre nós;

122, 5 *Os tribunais da xustiza* están onde está o rei, instancia máis alta (Dt **17**, 8ss; 2 Sam **15**, 2ss; Sal **72**, 1s; Xer **21**, 12).
123 *Cos ollos cara ó ceo:* profesión de confianza e deprecación da misericordia de Deus para os que sofren desprezo dos soberbios.
123, 3 *Fartos,* colmada a capacidade de sufrimentos (Sal **88**, 4; Lam **3**, 15).

123, 4 *Satisfeitos* e *poderosos,* o mesmo ca folgados e soberbios (Is **32**, 9.11).
124 *O Señor connosco:* acción de gracias do pobo pola axuda de Deus nas moitas horas de perigo.
124, 1 cf Sal **129**, 1ss.
124, 4s Imaxes do perigo (Xob **38**, 11; Sal **18**, 5; **46**, 4; **69**, 2s; **89**, 10).

⁵xa nos terían mergullado
as augas escumantes.

⁶Bendito sexa o Señor,
que non nos fixo presa dos seus dentes.
⁷A nosa vida é coma o paxaro que se zafa
da trampa do cazador.
Rómpese a trampa,
e nós escapamos.

⁸O noso socorro está no nome do Señor,
que fixo o ceo e maila terra.

SALMO 125 (124)

Firmes coma o monte Sión

¹Cántiga das subidas.

Os que confían no Señor
son coma o monte Sión, que non se move,
que está asentado para sempre.

²A Xerusalén rodéana as montañas,
e o Señor rodea ó seu pobo,
agora e por sempre.

³Non se pousará o cetro dos malvados
sobre a sorte dos xustos,
para que estes non tendan
as súas mans á maldade.

⁴Failles ben, Señor, ós bos
e ós rectos de corazón.
⁵Pero ós que van por vieiros tortos
que os leve o Señor cos malfeitores.

¡A paz sobre Israel!

SALMO 126 (125)

Cando vire a sorte

¹Cántiga das subidas.

Cando vire o Señor a sorte de Sión,
estaremos coma en soños.
²Terémo-la boca chea de risos
e a lingua de cantares.

³Os pagáns dirán entón:
—"O Señor fai con eles cousas grandes".

124, 7 A figura do *cazador* para pinta-lo inimigo (Sal **91**, 3; **141**, 10).
125 *Firmes coma o monte Sión:* como as montañas que a rodean defenden Xerusalén, dese xeito defende Deus ós xustos. É un poema lírico-didáctico.
125, 5 O final, coma no Sal **128**, 6. Israel, no sentido da comunidade fiel (Sal **25**, 22; **130**, 7s).

126 *Cando vire a sorte:* súplica do pobo pola restauración, que xa se fai imaxinar no renacer da primavera e nos cantos ledos da sega.
126, 1 *Vira-la sorte* non se refire só ó desterro, senón a toda situación que agarda unha man salvadora.
126, 2 Alegría escatolóxica e mesiánica (Is **9**, 2; **35**, 10; Zac **2**, 14).

O Señor fai connosco cousas grandes,
estamos cheos de alegría.
⁴Vira, Señor, a nosa sorte,
coma os regatos no deserto.
⁵Os que entre bágoas sementan,
entre cantares recollen.
⁶Cando van, van chorando
os que levan a semente.
Ó viren, veñen cantando
os que traen os monllos.

SALMO 127 (126)
O que fai a casa
¹Cántiga das subidas, de Salomón.

Se o Señor non fai a casa,
en balde se esforzan os canteiros.
Se o Señor non garda a cidade,
en balde vixían as sentinelas.

²En balde vós madrugades
e tardades en deitarvos:
comedes pan de traballos,
cando el llelo dá ós seus amigos mentres dormen.

³Os fillos son a herdanza do Señor;
o froito do ventre, o seu xornal.
⁴Coma as setas na man do guerreiro,
así os fillos da mocidade.

⁵Feliz quen encheu deles a súa alxaba:
non se verá avergonzado cando discuta
cos inimigos na praza.

SALMO 128 (127)
Os fillos, gromos de oliveira
¹Cántiga das subidas.

Ditosos os que temen ó Señor
e van polos seus camiños.
²Cando comes do froito das túas mans,
ditoso ti e afortunado.

³A túa muller é coma parra fecunda
no medio da túa casa.
Os teus fillos coma gromos de oliveira
arredor da túa mesa.
⁴Así é bendito
quen teme ó Señor.

---

127 *O que fai a casa:* poema didáctico sobre a providencia de Deus, que fecunda os froitos dos afáns e dos traballos dos homes.
127, 3 *Os fillos* son sinal de bendición (Sal **128**, 3; Pr **17**, 6).
127, 5 Ás portas da cidade é onde se resolven os problemas que enfrontan ós homes uns cos outros (2 Sam **15**, 2; Sal **69**, 13; Pr **31**, 23.31).
128 *Os fillos, gromos de oliveira:* poema didáctico cunha felicitación para os amigos do Señor. A felicidade que disfrutan, a familia, a prosperidade e os bens, son para eles sinal da bendición de Deus.
128, 3 Prosperidade (Sal **52**, 10; **112**, 3; **127**, 3; Xer **11**, 16).

⁵Bendígate o Señor desde Sión,
que vexas na prosperidade a Xerusalén
tódolos días da túa vida,
⁶e que véxa-los fillos de teus fillos.
¡A paz sobre Israel!

SALMO 129 (128)
Suco no lombo

¹Cántigas das subidas.

Abondo me combateron desde a mocidade
—pode dicir Israel—,
²abondo me combateron desde a mocidade,
pero non puideron comigo.

³Riba do meu lombo araron os aradores,
abriron longos sucos.
⁴Pero o Señor é xusto
e rompe as correas dos malvados.

⁵Avergonzados, hanse marchar
tódolos que renegan de Sión.
⁶Serán coma herba dos tellados,
que seca antes da sega.

⁷Con ela non enche a man o segador,
nin fai brazada quen ata os feixes.
⁸Nin os que pasan saudarán:
—"A bendición do Señor sobre vós,
bendicímosvos no nome do Señor".

SALMO 130 (129)
Desde os abismos

¹Cántiga das subidas.

Desde os abismos chámote, Señor;
²escoita, Señor, a miña voz.
Ten atentos os oídos
ó clamor da miña súplica.

³Se ti levas conta dos pecados,
¿quen, Señor, se terá en pé?
⁴Mais en ti está o perdón,
para te faceres respectar.

⁵Eu espero no Señor, a miña alma espera;
eu confío na súa palabra.
⁶A miña alma vólvese ó Señor,
máis do que os vixías á aurora.
Se os vixías esperan a aurora,

128, 5 A morada de Deus, fonte de bendición (Sal **20,** 3; **134,**3).
128, 6 Lonxevidade (Xén **50,** 23; Xob **42,** 16; Pr **17,** 6).
129 *Suco no lombo:* gracias do pobo pola providencia que o salvou nos moitos sufrimentos.
129, 8 A fórmula do saúdo (Rut **2,** 4; Sal **118,** 26).
130 *Desde os abismos:* demanda apenada de perdón dos pecados. A arela de redención sobreponse aquí a calque ra outro sentimento.
130, 1 *Abismos,* a fosa, o perigo, a morte ameazante (S **69,** 3.15; Lam **3,** 55; Xon **2,** 3).
130, 3 Ninguén é xusto perante Deus (Xob **14,** 4; Sal **51,** **143,**2).

⁷que Israel espere ó Señor,
pois no Señor está o amor
e a redención cumprida.

⁸El é quen redime a Israel
de tódolos pecados.

SALMO 131 (130)

Ansias acaladas

¹Cántigas das subidas, de David.

O meu corazón, Señor, non é soberbio
nin os meus ollos altaneiros.
Non persigo grandeza
nin marabillas que me exceden.
²Eu acalmo e acalo a miña ansia,
coma un meniño no colo da súa nai;
coma nun meniño está en min a miña ansia.

³Espera, Israel, no Señor,
desde agora e para sempre.

SALMO 132 (131)

Elección de David e de Sión

¹Cántiga das subidas.

Señor, tenlle en conta a David
as súas moitas afliccións,
²cando xurou ó Señor
e fixo este voto ó Deus de Xacob:

³—"Non entrarei na miña casa
nin subirei ó leito do repouso,
⁴non concederei sono ós meus ollos
nin acougo ás miñas pálpebras,
⁵ata lle atopar sitio ó Señor,
morada ó Deus de Xacob".

⁶Oímos dela en Efrátah,
atopámola nos campos de Iáar.
⁷Entremos na súa morada,
postrémonos perante o estrado dos seus pés.

⁸Érguete, Señor, cara á túa mansión,
ti e maila Arca da túa maxestade.
⁹Que os teus sacerdotes vistan de festa
e os teus devotos relouquen.
¹⁰Por mor do teu servo David,
non desdéñe-lo teu unxido.

---

131 *Ansias acaladas:* profesión da confianza e cumprida felicidade do que se abandona nas mans de Deus, coma un meniño no colo da súa nai.
131, 1 O mesmo en forma de consello e máis de vagar en Eclo **3**,17-24.
131, 3 (cf Sal **130,** 8).

132 *Elección de David e de Sión:* deprecación fundamentada nas promesas de Deus en favor de David e de Sión. Aquel representa ó Mesías; esta, ó pobo elixido.
132, 5 O mesmo tema en 2 Sam **7,** 1s.
132, 6 Cf 2 Sam **6,** 2.
132, 8 Recordo da aclamación de Núm **10,** 35.

¹¹O Señor xuroulle a David
—promesa da que non renega—:
—"Prole da túa liñaxe
porei sobre o teu trono.
¹²Se teus fillos gardan a miña alianza
e este precepto que lles ensino,
tamén os fillos deles por sempre
sentarán no teu trono".

¹³O Señor elixiu a Sión
e quíxoa por morada:
¹⁴—"Esta será para sempre a miña casa,
habitarei nela, porque a quero.
¹⁵Bendicirei as súas provisións,
fartarei de pan os seus pobres;
¹⁶vestirei os seus sacerdotes de festa
e reloucarán os seus devotos.

¹⁷Alí farei florece-lo vigor de David,
acendereille ó meu unxido unha lámpada.
¹⁸Cubrirei de confusión os inimigos,
mentres brilla sobre el a diadema".

SALMO 133 (132)

Irmáns en unión

¹Cántiga das subidas, de David.

Vede que doce e delicioso
o habitaren os irmáns en unión.

²É coma óleo recendente na cabeza
que vai baixando pola barba
—a barba de Aharón que lle cae
ata a orla do vestido—;
³é coma orballo do Hermón que baixa
sobre as montañas de Sión.

Alí manda o Señor a bendición,
a vida para sempre.

SALMO 134 (133)

Bendición

¹Cántiga das subidas.

Vide, bendicide o Señor,
tódolos servidores do Señor.

Os que estades de noite na casa do Señor,
²alzade as mans cara ó santuario
e bendicide o Señor.

132, 17 *Vigor*, lit. "corno", forza (Sal **18**, 3; **75**, 11; **89**, 18.25). A lámpada simboliza vida longa e descendencia asegurada (1 Re **11**, 36; 2 Re **8**, 19; 2 Cro **21**, 7).

133 *Irmáns en unión:* canto á concordia fraterna, fonte de felicidade, lugar de bendición.

133; 2 *A barba de Aharón...*, glosa engadida. O orballo abundante asegura a fertilidade, coma a chuvia (Xén **27**, 28; Dt **33**, 13.28; Ax **1**, 10).

134 *Bendición:* louvanza e agoiro en forma de bendición, que sobe dos homes cara a Deus e baixa de Deus sobre os homes.

134, 2 Alza-las mans, xesto de adoración e de louvanza (Sal **28**, 2; **141**, 2).

³Desde Sión te bendiga o Señor
que fixo o ceo e maila terra.

SALMO 135 (134)

Canto dos elixidos

¹Aleluia.

Louvade, servidores do Señor,
louvade o nome do Señor,
²os que estades na casa do Señor,
nos adros da casa do noso Deus.

³Louvade o Señor, que é bo,
cantade o seu nome, que é amable.
⁴Elixiu para si a Xacob,
a Israel coma posesión de seu.

⁵Eu sei que o Señor é grande,
o noso Deus máis cós deuses todos.
⁶O Señor fai canto se propón
no ceo e mais na terra,
nos mares e nos abismos.

⁷El fai subi-las nubes no horizonte,
solta a chuvia con lóstregos,
saca dos seus depósitos os ventos.

⁸El feriu os primoxénitos de Exipto,
o mesmo os dos homes cós dos gandos.
⁹En Exipto fixo sinais e prodixios
contra o faraón e os seus servos.

¹⁰Bateu a moitas nacións
e matou a reis poderosos,
¹¹a Sihón, rei dos amorreos,
a Og, rei de Baxán,
a tódolos reis de Canaán,
¹²e deulle as súas terras en herdanza,
en posesión, ó seu pobo.

¹³O teu nome, Señor, é eterno,
o teu recordo vive polas xeracións.
¹⁴O Señor goberna ó seu pobo,
ten piedade dos seus servos.

¹⁵Os ídolos dos xentís son prata e ouro,
feitura das mans dos homes.
¹⁶Teñen boca e non falan,
teñen ollos e non ven,

134, 3 Bendición de Deus para os homes (Núm **6**, 24; Sal **115**, 12s; **118**, 26; **128**, 5).
135 *Canto dos elixidos:* canto de louvanza ó Deus que o seu pobo viu na propia historia como creador e redentor.

135, 4 *Posesión,* propiedade particular (Ex **19**, 5s; Dt **7**, 6).
135, 6 Señorío de Deus sobre o mundo (Sal **115**, 3).
135, 10ss Referencia a Núm **21**, 10-35; tamén no Sal **136**, 17ss.
135, 15ss Coma no Sal **115**, 4ss.

¹⁷teñen orellas e non oen
e non hai alento na súa boca.
¹⁸Coma eles son os que os fan
e cantos neles confían.

¹⁹Casa de Israel, bendice o Señor,
casa de Aharón, bendice o Señor,
²⁰casa de Leví, bendice o Señor,
amigos do Señor, bendicide o Señor.
²¹Bendito o Señor en Sión,
o que habita en Xerusalén.

Aleluia.

SALMO 136 (135)

O seu amor é eterno

¹Louvade o Señor porque é bo,
porque o seu amor é eterno.
²Louvade o Deus dos deuses,
porque o seu amor é eterno;
³louvade o Señor dos señores,
porque o seu amor é eterno.

⁴Só El fai grandes prodixios,
porque o seu amor é eterno.
⁵Fixo os ceos con saber,
porque o seu amor é eterno;
⁶asentou a terra sobre as augas,
porque o seu amor é eterno.

⁷Fixo luminarias xigantes,
porque o seu amor é eterno;
⁸o sol para que rexa o día,
porque o seu amor é eterno;
⁹a lúa e as estrelas para que rexan a noite,
porque o seu amor é eterno.

¹⁰Feriu os primoxénitos de Exipto,
porque o seu amor é eterno;
¹¹sacou de entre eles a Israel,
porque o seu amor é eterno,
¹²con man forte e brazo rexo,
porque o seu amor é eterno.

¹³Partiu en dous o mar Rubio,
porque o seu amor é eterno;
¹⁴fixo pasar polo medio a Israel,
porque o seu amor é eterno;
¹⁵alagou no mar Rubio ó faraón co seu exército,
porque o seu amor é eterno.

---

136 *O seu amor é eterno:* canto ó amor de Deus, razón de tódalas súas obras como creador e salvador. O amor escóndese e revélase detrás de cada obra (Sal **106,** 1; **118,** 1-4).

136, 7ss Alusión á creación dos astros, segundo Xén **1,** 1⁴ 18).
136, 13ss O paso do mar Rubio (Ex **14,** 21ss).

¹⁶Guiou ó seu pobo no deserto,
  porque o seu amor é eterno;
¹⁷feriu a grandes reis,
  porque o seu amor é eterno;
¹⁸matou a reis poderosos,
  porque o seu amor é eterno;
¹⁹a Sihón, rei dos amorreos,
  porque o seu amor é eterno,
²⁰a Og, rei de Baxán,
  porque o seu amor é eterno.

²¹Déulle-la súa terra en herdanza,
  porque o seu amor é eterno,
²²en herdanza a Israel, o seu servidor,
  porque o seu amor é eterno.

²³No noso abatemento acórdase de nós,
  porque o seu amor é eterno,
²⁴e líbranos dos nosos opresores,
  porque o seu amor é eterno.
²⁵Dálle mantenza a todo ser vivo,
  porque o seu amor é eterno.

²⁶Louvade o Deus dos deuses,
  porque o seu amor é eterno.

SALMO 137 (136)

Á beira dos ríos de Babel

¹Á beira dos ríos de Babel
  sentabámonos e chorabamos,
  lembrándonos de Sión.

²Nos salgueiros das ribeiras
  pendurámo-las cítolas,
³pois os nosos carcereiros pedíannos cántigas
  e os nosos verdugos himnos alegres:
  —"Cantádenos cántigas de Sión".

⁴¿Como cantar un canto do Señor
  estando en terra allea?
⁵Se me esquecese de ti, Xerusalén,
  que seque a miña man dereita;
⁶que se apegue a miña lingua ó padal,
  se deixo de pensar en ti,
  se non poño a Xerusalén
  por riba de toda ledicia.

⁷Tómalles contas, Señor, ós edomitas
  do día de Xerusalén,

136, 17ss Feitos da conquista, referidos en Núm **21,** 10-35; Sal**135,**10-12.
137 *Á beira dos ríos de Babel:* saudade e xuramento de fidelidade á remota, endexamais non esquencida, Xerusalén.

137, 1 Ríos ou canais en Mesopotamia (Esd **8,** 21; Ez **1,** 1; 3,15).
137, 3 Os cantos de Sión, coma Sal **46, 48, 76, 87.**
137, 5 Ou tamén: "Que sexa esquecida".
137, 7 *O día de Xerusalén,* da súa destrucción no 586 a. C.

cando dicían: —"Arrasádea, arrasádea,
ata os alicerces".
⁸Babilonia estragadora,
bendito quen che pague
co mal que nos fixeches;
⁹bendito quen colla os teus pícaros
e os estrele contra as pedras.

SALMO 138 (137)
Obra das túas mans

¹De David.

Douche as gracias, Señor, de todo corazón,
cántoche diante dos anxos;
²póstrome cara ó teu templo
e bendigo o teu nome,
polo teu amor e a túa fidelidade.
Mesmo máis grande cá túa sona
fixéche-la túa promesa.
³Cando te chamo, ti respóndesme
e acrecénta-las miñas forzas.

⁴Daranche as gracias, Señor,
tódolos reis da terra,
cando oian os ditos da túa boca.
⁵Cantarán os camiños do Señor,
pois grande é a gloria do Señor.

⁶Abofé, o Señor é excelso:
pon a súa atención nos humildes
e coñece os soberbios desde lonxe.

⁷Cando me vexo en apreto,
ti consérvasme a vida.
Contra o furor dos meus inimigos
esténde-la túa man,
a túa dereita libérame:
⁸o Señor leva ata o final a miña causa.

O teu amor, Señor, é eterno;
non abandóne-las obras das túas mans.

SALMO 139 (138)
Omnipresencia

¹Do mestre do coro. De David, salmo.

Señor, ti escúlcasme a fondo e coñécesme ben,
²ti sabes cando sento e me levanto,
penetras nos meus pensamentos desde lonxe.

---

138 *Obra das túas mans:* acción de gracias dun pobre ó Deus do mundo enteiro, polo socorro na aflicción.
138, 1 *Anxos,* mellor *deuses,* as divinizacións feitas polas xentes (Sal **58,** 2; **82,** 1).
138, 3 *Acrecentas,* lendo coas versións.
138, 7 Conserva-la vida, defendela e tamén darlle sentido (Sal **33,** 19; **41,** 3).

139 *Omnipresencia:* louvanza ó Deus que o coñece todo, que está en tódolos lugares e que o pode todo.
139, 1ss Deus coñece todo (Xob **23,** 10; Sal **11,** 4s; **138,** 6; Xer **12,** 3).

³Ti distingues cando me movo e cando estou quedo
  e os meus camiños sonche todos familiares.
⁴Aínda non está na miña lingua a palabra
  e xa ti, Señor, a coñeces enteira.
⁵Envólvesme por detrás e por diante,
  e sobre min tes posta a túa man.
⁶Admirable por demais me resulta este saber,
  tan alto que non o alcanzo.

⁷¿Onde me podería arredar do teu alento?
  ¿A onde fuxir da túa ira?
⁸Se subo ó ceo, alí estás;
  se baixo ó abismo, estás presente.
⁹Se me ergo nas ás da aurora
  e emigro ó extremo dos mares,
¹⁰ata alí me leva a túa man
  e me colle a túa dereita.
¹¹Se digo: —"Que alomenos me encubran as tebras
  e a luz ó meu arredor se faga noite",
¹²as mesmas tebras non son para ti escuras
  e a noite éche clara coma o día:
  tanto che ten a luz coma as tebras.

¹³Ti formáche-las miñas entrañas,
  tecíchesme no seo da miña nai.
¹⁴Lóuvote polo prodixio que hai en min:
  as túas obras son marabillosas.

Ti coñeces a fondo o meu espírito;
¹⁵non che estaba oculta a miña esencia,
  cando no segredo era formado,
  tecido no fondo da terra.
¹⁶O meu embrión vírono os teus ollos,
  e escribíanse xa no teu libro
  os días todos que habían vir,
  sen que existise aínda o primeiro.

¹⁷¡Que preciosos atopo, Deus, os teus proxectos!
  ¡Que grande o seu conxunto!
¹⁸Se os quixese contar, son máis cá area,
  se chegase ata a fin, quedarías ti aínda.

¹⁹¡Se bateses, Deus, nos malvados,
  se arredasen de min os sanguinarios!
²⁰Arrepóñense contra ti arteiramente
  e mentan en van os teus proxectos.
²¹¿Non hei de odia-los que te odian,
  aborrece-los que se erguen contra ti?
²²Ódioos con odio cumprido
  e téñoos por inimigos meus.

²³Examíname a fondo, Deus; coñece o meu corazón;
  próbame, e coñece os meus sentimentos.

39, 7ss Deus en todo lugar (Xob 23, 8s; Am 9, 2ss).   **46,** 3; Xer 1, 5).
39, 13 Deus crea as cousas desde a súa raíz (Is 44, 2.24;

²⁴Olla se é torto o meu camiño,
  guíame ti polo camiño eterno.

SALMO 140 (139)
Líbrame do home malo

¹Do mestre do coro. Salmo, de David.

²Líbrame, Señor, do home malo,
  gárdame do home violento.
³Matinan maldade no corazón
  e promoven contendas todo o día.
⁴Afían, coma a serpe, as súas linguas,
  con veleno de áspide nos labios.

⁵Deféndeme, Señor, do poder dos malvados,
  gárdame dos homes violentos,
  que traman facerme caer.
⁶Os soberbios téndenme lazos,
  esconden cordas e rede,
  póñenme trampas á beira do camiño.

⁷Eu dígolle ó Señor: —"Ti e-lo meu Deus,
  escoita, Señor, a miña súplica".
⁸Señor, o meu dono, o meu poderoso salvador,
  o que no día da loita me cobre a cabeza;
⁹non consintas, Señor, o antollo dos malvados,
  non favoréza-los seus proxectos e que triunfen.

¹⁰A cabeza dos que me abouran
  que a cubran as intrigas dos seus labios;
¹¹que chovan carbóns acesos sobre eles,
  que os boten en fosas das que non poidan levantarse.
¹²Que non asenten na terra as malas linguas,
  que a desgracia sorprenda ós violentos.

¹³Eu sei que o Señor lles fará xustiza ós pobres
  e lles dará o seu dereito ós aflixidos.
¹⁴os xustos louvarán, de certo, o seu nome,
  os rectos habitarán na túa presencia.

SALMO 141 (140)
Pon garda na miña boca

¹Salmo, de David.

Señor, estoute a chamar: ven axiña;
  escoita, cando te chamo.
²Suba a miña oración coma o incenso ante ti,
  as miñas mans alzadas, coma a ofrenda da tarde.

³Pon garda, Señor, na miña boca,
  vixilancia na porta dos meus labios.

---

140 *Líbrame do home malo:* petición da xustiza de Deus contra a inxustiza dos homes.
140, 4 A calumnia (Sal **12**, 3s; **58**, 5; Rm **3**, 13).
140, 14 A presencia de Deus nas súas mediacións, coma o templo (Sal **11**, 7; **16**, 11; **23**, 6; **61**, 8).

141 *Pon garda na miña boca:* súplica para que Deus libre do mal e das trapelas tentadoras dos malvados.
141, 2 *Alza-las mans,* movemento suplicante (Sal **28**, 2; **134**, 2).

⁴Non deixes declina-lo meu corazón cara á maldade,
e que cometa delitos;
nin cara ós malfeitores,
e que coma dos seus banquetes.

⁵Que os xustos me castiguen e que os bos me reprendan,
pero que o óleo dos malvados non unxa a miña testa:
eu seguirei pregando contra a súa maldade.

⁶Precipitan nos penedos ós seus xuíces
e escoitan por burla as miñas palabras.
⁷Coma a terra sucada e arregañada,
así están espallados os nosos ósos
pola boca do abismo.

⁸Pero os meus ollos, Señor, vólvense cara a ti;
a ti me acollo, non me deixes.
⁹Gárdame do lazo que me tenden,
da trampa dos malfeitores.
¹⁰Caian nas súas mesmas redes os malvados,
mentres eu logro salvarme.

SALMO 142 (141)
Ti coñéce-los meus vieiros

¹*Maskil*, de David. Cando estaba na caverna. Pregaria.

²Clamo a voces polo Señor,
cara ó Señor eu suplico;
³verto diante del a miña queixa,
conto diante del o meu apreto.
⁴Cando o espírito se me encolle,
ti coñéce-los meus vieiros.

No camiño por onde vou
téñenme postas trampas.
⁵Miro á dereita para ver,
e non hai un coñecido.
Non teño onde refuxiarme,
non hai quen coide de min.

⁶Cara a ti clamo, Señor, e digo:
—"Ti e-lo meu refuxio,
a miña sorte na terra da vida".

⁷Atende ó meu clamor,
pois estou esgotado.
Líbrame dos meus perseguidores,
pois son máis fortes ca min.

⁸Tírame da prisión,
e louvarei o teu nome.

141, 5 Texto orixinal difícil. Lemos *bos* no lugar de "bondades"; e *malvados*, no de "cabeza".
141, 6s Texto orixinal tamén escuro.
142 *Ti coñéce-los meus vieiros:* o home na aflicción sente a soidade e chama a berros para que Deus o veña salvar.

142, 3 *Verte-la queixa*, desafoga-las penas (Sal **42**, 5; **62**, 9; **102**,1).
142, 5 *Á dereita*, onde debería esta-la axuda (Sal **77**, 4; **107**, 5; **143**,4).
142, 6 *Sorte* (Sal **16**, 5; **73**, 26; **119**, 57).

En min veranse os xustos coroados,
porque ti cumpres comigo.

SALMO 143 (142)
Por unha terra cha

¹Salmo, de David.

Escoita, Señor a miña oración,
pola túa fidelidade, atende a miña súplica,
respóndeme, pola túa xustiza.
²Non veñas a xuízo co teu servo,
pois ningún home vivo é xusto ante ti.

³O meu inimigo perségueme de morte,
tripa a miña vida polo chan;
relégame ás tebras,
coma ós xa mortos noutro tempo.
⁴O meu espírito encóllese en min,
quédame xeado o corazón.

⁵Eu recordo os tempos pasados,
considero os teus feitos
e medito as accións das túas mans.
⁶Estendo as mans cara a ti:
coma a terra reseca, a miña alma ten sede de ti.

⁷Respóndeme axiña, Señor,
que me falta o alento.
Non me escónda-la túa cara,
non me asemelle ós que baixan á cova.

⁸Faime sentir de mañá o teu favor,
pois eu confío en ti.
Ensíname que camiño collerei,
pois cara a ti alzo a miña alma.

⁹Líbrame, Señor, dos meus inimigos,
pois eu acóllome a ti.
¹⁰Apréndeme a face-la túa vontade,
pois ti e-lo meu Deus.
Que o teu alento bo me guíe
por unha terra cha.
¹¹Polo teu nome, Señor, consérvame a vida,
pola túa bondade tírame do apreto:
¹²pola túa misericordia destrúe os meus inimigos,
extermina os que de morte me perseguen,
pois eu son o teu servidor.

---

143 *Por unha terra cha:* súplica polo perdón e pola axuda de Deus. O defecto de estructura débese a que o salmo está composto de pezas doutros salmos.

143, 2 A universalidade da culpa (Xob **4,** 17; Sal **130,** 3; Rm **3,** 20; Gál **2,** 16).
143, 4 Desfalecemento (Xob **17,** 1; Sal **61,** 3; **142,** 4)
143, 6 As mans estendidas, suplicantes (Sal **28,** 2; **63,** 5).

SALMO 144 (143)
Victoria e prosperidade

¹De David.

Bendito o Señor, a miña rocha,
o que entrena as miñas mans para a loita,
os meus dedos para a contenda.
²El é para min defensa e fortaleza,
refuxio, escudo e agarimo,
o que somete para min os pobos.

³¿Que é, Señor, o home, para que ti te ocupes del,
o fillo do home, para que ti lle fagas caso?
⁴O home é coma un sopro;
coma sombra que pasa, son os seus días.

⁵Abaixa, Señor, o ceo e descende,
toca os montes e que ardan;
⁶fai relustrar e dispérsaos,
lanza as túas setas e confúndeos.

⁷Tende a túa man desde a altura,
deféndeme, líbrame das augas,
do poder dos estranxeiros,
⁸que falan en van coa boca
e enganan cos seus feitos.

⁹Eu cantareiche, Deus, un cantar novo,
tocarei para ti a harpa de dez cordas.
¹⁰Ti que dá-la victoria ós reis,
que libráche-lo teu servo David da crúa espada,
¹¹deféndeme, líbrame da man dos estranxeiros,
que falan en van coa boca
e enganan cos seus feitos.

¹²Que os nosos fillos sexan
coma plantas vizosas na súa mocidade,
e as nosas fillas coma columnas angulares,
talladas para ornato dos pazos.
¹³Que os nosos hórreos se enchan
e ateiguen de froitos.
Que os nosos rabaños crezan
por millares nos campos
¹⁴e que os nosos bois cheguen cargados.
Que non haxa invasión nin desterro,
nin alarma nas nosas prazas.
¹⁵Benia o pobo a quen así lle vai,
benia o pobo que ten a Deus por Señor.

---

144 *Victoria e prosperidade:* súplica pola liberación do poder dos inimigos e pola prosperidade en bens e saúde.
144, 1s Títulos do Deus defensor (Sal **18,** 3.35).
144, 3 Inspirado no Sal **8,** 5; cf Xob **7,** 17s.
144, 7 *Augas* caudais e *estranxeiros,* no sentido de perigo e de inimigos (Sal **18,** 17.45).
144, 10 Sombra benfeitora de David para tódolos descendentes (Sal **18,** 51).
144, 12 *Columnas angulares,* como en Eclo **26,** 17 s; Zac **9,** 15.

SALMO 145 (144)

A fartura de tódolos viventes

¹Himno de louvanza, de David.
Meu Deus e meu rei, quero enxalzarte
e bendicir por sempre o teu nome.
²Bendicireite o día enteiro,
louvarei por sempre o teu nome.

³Grande é o Señor e digno de louvanza,
a súa grandeza é insondable.
⁴Unha xeración gáballe a outra os teus feitos
e cóntalle as túas fazañas.

⁵Falan da gloria da túa maxestade,
e eu refiro as túas marabillas.
⁶Pregoan os teus poderosos escarmentos,
e eu anuncio a túa grandeza.
⁷Transmiten a memoria da túa gran bondade
e cantan a túa xustiza.

⁸O Señor é clemente e compasivo,
tardo á ira e rico en amor.
⁹O Señor é bo para todos,
garimoso con tódalas súas obras.

¹⁰Lóuvente, Señor, as túas obras,
bendígante os teus amigos.
¹¹Pregoen a gloria do teu reino,
proclamen as túas fazañas.

¹²Ensinen ós homes a túa forza
e a maxestade gloriosa do teu reino.
¹³O teu reino é reino eterno,
o teu goberno dura por xeracións.

¹⁴O Señor sostén a tódolos que caen
e endereita os que se dobran.
¹⁵Tódolos ollos cara a ti agardan
que ti lles déa-lo sustento ó seu tempo.
¹⁶Abres ti a túa man
e dáslle fartura a todo ser vivo.

¹⁷O Señor é xusto nos seus camiños todos,
bo en tódolos seus feitos.
¹⁸O Señor está cerca dos que o chaman,
dos que sinceramente o invocan.

¹⁹El cumpre a vontade dos que o temen,
escoita o seu pranto e socórreos.
²⁰O Señor garda ós que o aman,
pero desbota os malvados.

---

145 *A fartura de tódolos viventes*: louvanza a Deus, señor e rei do universo, xusto, misericordioso e providente. Coma noutros salmos alfabéticos, os temas axúntase sen verdadeiro nexo.
145, 5 *Falan*, no canto de "falarei", lendo coas versións.
145, 13 Citado en Dn 3, 33; 4, 31.
145, 16 Semella ó Sal 104, 27s.
145, 18 Deus preto dos indixentes (Dt 4, 7; Sal 34, 19; 119, 151).

²¹A miña boca pregoará as louvanzas do Señor
e tódolos seres vivos bendicirán o seu nome santo
polos séculos dos séculos.

SALMO 146 (145)
Abre os ollos dos cegos

¹Aleluia.

Louva, miña alma, o Señor.
²Louvarei o Señor, mentres viva,
cantareille ó meu Deus, mentres exista.

³Non confiedes nos potentes,
humanos que non poden salvar.
⁴Vaise deles o alento, e retornan á terra,
e con eles esvaecen os seus proxectos.

⁵Feliz quen ten no Deus de Xacob a súa axuda,
no Señor, o seu Deus, a súa esperanza.
⁶El fixo o ceo e maila terra,
o mar e todo o que contén.

⁷El garda por sempre a súa fidelidade:
failles xustiza ós oprimidos
e dálles pan ós famentos.

O Señor libra os cativos,
⁸o Señor abre os ollos dos cegos,
o Señor endereita os dobrados,
o Señor ama os xustos.

⁹O Señor protexe os forasteiros,
sostén os orfos e as viúvas,
extravía os camiños dos malvados.

¹⁰Reine o Señor por sempre,
o teu Deus, Sión, polas xeracións.

Aleluia.

SALMO 147 (146 - 147)
Marabillosos feitos

¹Louvade o Señor,
pois é bo cantarlle ó noso Deus;
a louvanza élle debida.

---

146 *Abre os ollos dos cegos:* gracias ó Deus poderoso que axuda ós indixentes, calquera que sexa o seu mal.
146, 3 Denuncia dos poderes que non salvan, os falsos deuses (Sal **16,** 3; Xer **17,** 5ss).
146, 9 Os pobres de sempre (Ex **22,** 20s; Dt **10,** 18).
146, 10 Reinado de Deus (Ex **15,** 18; Sal **47,** 3.7; **93,** 1).
147 *Marabillosos feitos:* canto dos marabillosos feitos de Deus no mundo e na historia, e da súa providencia para aqueles que o recoñecen.

²O Señor reconstrúe Xerusalén
e reúne os dispersos de Israel.
³Sana os corazóns quebrados
e venda as súas feridas.

⁴Conta as estrelas sen número
e chama a cada unha polo nome.
⁵O noso Señor é grande e poderoso,
para a súa sabedoría non hai medida.
⁶O Señor ergue os humildes
e abaixa no chan os malvados.

⁷Cantádelle ó Señor acción de gracias,
tocádelle a harpa ó noso Deus.
⁸El cobre o ceo de nubes
e dispón a chuvia para a terra;
fai saír herba nos montes,
⁹dálle ó gando o sustento,
ós pitiños dos corvos o que piden.

¹⁰Non pon a súa compracencia na forza do cabalo
nin nos riles dos homes o seu contento.
¹¹O Señor pon o seu contento nos que o temen,
nos que confían na súa misericordia.

¹²Glorifica ó Señor, Xerusalén,
louva o teu Deus, Sión.
¹³El reforza os ferrollos das túas portas
e bendice os teus fillos no teu seo.
¹⁴Establece a paz nos teus confíns
e fártate de flor de trigo.

¹⁵El manda á terra a súa mensaxe
e a súa palabra corre lixeira.
¹⁶Produce neve coma la
e espalla xeada coma cinsa;
¹⁷esparexe coma faragullas o carambelo
e de frío xéanse as augas.

¹⁸Manda a súa palabra e derrétense,
sopra co seu alento e corre a auga.

¹⁹El anuncia a Xacob os seus proxectos,
os seus estatutos e mandatos a Israel.
²⁰Non fai así con outros pobos
que descoñecen as súas decisións.

Aleluia.

147, 2 Temas da volta do desterro (Sal **51,** 20; Is **11,** 12; Xer **31,** 10).
147, 6 Retribución xusta (1 Sam **2,** 7; Sal **18,** 28).
147, 12 Aquí comeza nos Setenta e na Vulgata o Sal **147.**
147, 17 Fenómenos tamén observados polo autor de Xob (Xob **6,** 16s; **37,** 6; **38,** 29s).

SALMO 148

Canto de tódalas criaturas

¹Aleluia.

Louvade o Señor desde o ceo,
  louvádeo alá nas alturas.
²Louvádeo os seus anxos,
  louvádeo os seus exércitos.
³Louvádeo, sol e mais lúa,
  louvádeo, lucentes estrelas.
⁴Louvádeo os ceos dos ceos
  e as augas dos espacios celestes.

⁵Louven o nome do Señor,
  pois mandouno El e foron feitos;
⁶estableceunos para sempre
  e deulles leis que non fallan.

⁷Louvade o Señor desde a terra,
  monstros e abismos do mar,
⁸raios e sarabia, neve e néboa,
  furacán que cumpre as súas ordes,
⁹montes e tódolos outeiros,
  árbores froiteiras e mais cedros,
¹⁰feras e gando todo,
  reptís e mais paxaros;
¹¹os reis e tódalas nacións,
  os príncipes e os xuíces da terra,
¹²os mozos e mailas doncelas,
  os vellos e mailos neniños.

¹³Louven o nome do Señor,
  pois só o seu nome é excelso,
  a súa maxestade cobre a terra e mailo ceo.

¹⁴El ergue a cabeza do seu pobo,
  louvanza de tódolos xustos,
  dos fillos de Israel, os seus achegados.

Aleluia.

SALMO 149

Cantos do pobo de Sión

¹Aleluia.

Cantádelle ó Señor un cántico novo,
  louvádeo na asemblea dos xustos.

---

148 *Canto de tódalas criaturas:* as criaturas todas do ceo e da terra son chamadas polo seu nome, para louvaren xuntas, nun coro, ó creador.
148, 2 *Exércitos,* paralelo de anxos, son os astros, mensaxeiros do creador (Xob **38,** 7; Sal **103,** 20s).
148, 10 Os animais creados (Xén **1,** 20s.24s; Is **43,** 20).

148, 14 *Ergue-la cabeza* ou o corno, triunfar (1 Sam **2,** 10; Sal **75,** 6.11; **89,** 18).
149 *Canto do pobo de Sión:* louvanza de Israel a Deus, o seu creador. A victoria do seu pobo revélao a El dono do mundo.

²Alégrese Israel co seu facedor
e os fillos de Sión relouquen co seu rei.

³Festexen coa danza o seu nome,
cántenlle con pandeiros e harpas,
⁴porque o Señor ama o seu pobo
e coroa os humildes coa victoria.

⁵Exulten os xustos no triunfo
e canten xubilosos nos seus postos,
⁶coa louvanza de Deus nas gargantas
e a espada de dobre fío na súa man.

⁷Farán vinganza entre as xentes
e escarmentos nas nacións;
⁸atarán con cordas ós seus reis
e con cadeas ós seus nobres.
⁹cumprir neles a sentencia dictada,
será un honor para os seus amigos.

Aleluia.

SALMO 150

Aleluia

¹Aleluia.

Louvade o Señor no santuario,
louvádeo no seu augusto firmamento.
²Louvádeo polas obras poderosas,
louvádeo pola súa inmensa grandeza.

³Louvádeo con sons de trompeta,
louvádeo con harpa e con cítara,
⁴louvádeo con pandeiro e con danza,
louvádeo con trompas e frauta,
⁵louvádeo con címbalos resoantes,
louvádeo con címbalos xubilosos.

⁶Todo ser que respira louve o Señor.

Aleluia.

149, 6 Louvanza e espada xuntas, coma en 2 Mac 15, 26s.
149, 7 Sometemento das nacións (Sal 2; Is 45, 14).
149, 9 A sentencia dos profetas contra os xentís, os inimigos do pobo de Deus (Dt 32, 41s; Xer 25, 15ss; Ez 39, 10; Zac 14, 3.12s).

150 *Aleluia:* paráfrase da exclamación *aleluia:* louvade o Señor. Ó mesmo tempo é unha doxoloxía que cerra o libro dos salmos.
150, 1 Trátase do santuario cósmico (1 Re 8, 27; Sal 11, 4; 20, 7; 29, 9).

INTRODUCCIÓN ÓS PROVERBIOS

O dito popular, a sabenza, o refrán, son a manifestación densa e requintada dunha experiencia, un sentimento, unha vontade decidida, afirmada e aceptada por toda unha comunidade humana. Cada refrán supón o milagre da descuberta das palabras xustas nas que formular para sempre. Por baixo deles, ademais, latexa unha realidade de meirande porte: é o modo e a intención de captar unha normativa valedeira nos procesos enguedellados da natureza e das relacións humanas, unha procura de verdade e de xustiza, un desvela-lo misterio.

Israel en canto pobo (do mesmo xeito cós seus veciños do Antigo Oriente) non foi alleo a este tipo de creatividade: agás os ditos xurídicos, cúlticos e proféticos, a vida cotiá do hebreo, coas súas constantes cíclicas e os seus momentos estelares, legounos unha chea de cristalizacións anónimas, feituras do pobo, onde amosan a ledicia polos fillos ou as vodas (Xén 2, 23; 4, 1; 24, 60; Sal 127, 3; Is 9, 5), *a exclamación fachendosa ou guerreira* (Xén 4, 23ss; Ex 17, 6; 1 Sam 14, 12), *comprobacións da marcha normal das cousas* (1 Re 20, 11) *ou da inxustiza da vida* (Ez 18, 2), *comparanzas obvias* (Xuí 8, 21) *ou pequenas fábulas de sinxela comprensión* (Xuí 9, 8ss).

Pero no mundo israelita o fenómeno proverbial acadou un feitío propio e unha meirande dignidade co gallo do seu emprego explícito para fins didácticos. O "maxal" (refrán, proverbio), dito rimado, sometido á lei do paralelismo, que xoga coa posta en relevo de alomenos dous aspectos dunha mesma realidade (sinónimo, cando o segundo verso confirma a idea: Pr 16, 11; 18, 5; antitético, *cando contrapón outra reflexión:* Pr 11, 12-17; sintético, *cando amplifica ou especializa o afirmado no verso primeiro:* Pr 17, 2; 18, 21), *pasou a se-lo vehículo de transmisión do saber e da moralidade. Coma tal, era o instrumento base do ensino tradicional, que se centraba na colección de series deles arredor dun concepto de utilidade pedagóxica, e na súa aprendizaxe e explicación ulterior. O "maxal", formulado deste xeito, perde o seu frescor concreto e directo, para adopta-las cualidades de pensamento máis abstracto, forma externa barroca e dicción formularia, que servirán para as metas dos escolantes.*

O libro presente, titulado "Mixle Xelomoh" (Proverbios de Salomón), *contén unha primeira escolma antolóxica de materiais do tipo referido, ós que se xuntan outros xéneros característicos da escola sapiencial: a amoestación* (cf Pr 24, 13ss),*os ditos numéricos* (cf Pr 30, 18ss), *as instruccións (frecuentes nos cc.* 1-9; cf 1, 8-19), *os poemas de autopresentación* (cf Pr 8), *etc..., que imos ir detectando en particular nos comentarios.*

O volume, de seu, é unha obra xurdida por acrecentamento progresivo de coleccións, de estilos e épocas diversas. Este feito patentizase xa nos diferentes epígrafes ou títulos espallados ó longo dos capítulos (1, 1; 10, 1; 22, 17; 24, 23; 25, 1; 30, 1; 31, 1). *A crítica literaria selecciona hoxe, con fluctuacións mínimas, as seguintes unidades maiores: 1.-* Cc. 1-9: *Introducción e serie de instruccións e poemas. 2.-* Cc. 10, 1-22, 16: *Coleccións de "Maxais" tituladas "Proverbios de Salomón". 3.-* Cc. 22, 17-24, 22:*"Ditos de Sabios", compostos a partir de materiais tirados de Sabedorías estranxeiras. 4. -* C. 24, 23-34: *Tamén estes se atribúen ós Sabios, igualmente de influxo estranxeiro. 5.-* Cc. 25-29: *Colección co título "Proverbios transcritos polos homes de Ezequías". 6.-* C. 30, 1-10 (-14?): *"Palabras de Agur", unha instrucción ou diálogo amplificado. 7. -* C. 30, 11 (15-?)-33: *Proverbios numéricos principalmente. 8.-* C. 31, 1-9:*"Palabras de Lemuel", instrucción. 9.-* C. 31, 10-31: *O poema alfabético da "muller xeitosa".*

A pesar da incertidume dunha datación fundada na crítica interna e nos contextos socio-lóxicos, pódese aventurar unha cronoloxía aproximada: 1) Unha cerna inicial nas coleccións 2 e 5, conservadas por separado, posiblemente do século VIII a. C., e dependentes de materiais que poden achegarse ós tempos salomónicos. 2) Á colección 2 creceu ó serlle engadida a 3, que, por supor unha adaptación da Instrucción exipcia de Amen-em-ope (datable entre 945 e 745 a. C.), tamén participa dunha grande antigüidade. 3) A colección 4, sería unida despois, arredor do 700 a. C. 4) Á colección 5, pola súa banda, uníronse, posiblemente antes do exilio, os fragmentos das unidades 6, 7, 8 e 9, algúns con materiais moi antigos, se ben a 9 coa súa artificiosa construcción alfabética pode ser postexílica. A colección 1 é polo tanto a máis recente do libro, e foi anteposta ás outras con intención teolóxica, se ben as instruccións que contén poden ser moi primitivas, mesmo do tempo de Salomón, como veremos; a data da súa integra-

ción pode oscilar entre 550 e 450 a. C. Con moita probabilidade esta integración coincidiu coa redacción do prólogo (**1,** 2-7) e coa colocación do título xeral (**1,** 1), nos que a intención doutrinal é patente.

Unha tal riqueza de xéneros e multiplicidade de datas xustifica o valor desta primeira escolma, en canto representante das etapas feitas polo humanismo sapiencial, que van desde a inxenua afirmación dun mundo bo e xusto onde cadaquén recibe o debido e só os necios perecen (coleccións 2 e 5), ata as reflexións sobre a orde universal na teoloxía do c. **8,** pasando polo diálogo escéptico das "Palabras de Agur" (**30,** 1ss), parente non distante de Xob no seu talante problematizante.

Os sabios escribas que compuxeron ou escolmaron os materiais, adxudicáronlle a autoría a Salomón nun intento de dignificación da obra, cousa corrente naqueles tempos, sen dúbida baseados no prestixio do rei docto, do que tiñan testemuño en 1 Re **5,** 9-14 e **10,** 1-10. Iso non sofreou o seu pulo creativo nin o seu aberto internacionalismo (cf colección 3); mais a súa teima, en definitiva, era de máis fondos raigaños. A carón do intento pedagóxico, onde consello e amoestación se poñen ó servicio dunha autoformación do home concreto para ben da comunidade, o fío conductor destes homes seculares e crentes era moi outro. Por baixo de cada feito humano, no trasfondo de cada fenómeno da natureza, albiscan a presencia do Señor e con El o seu proxecto de "Sédeq" (verdade, orde, xustiza), que quixo impor desde o momento da creación en tódalas cousas (cf **8,** 22-31). Os seres todos e os acontecementos, os signos dos tempos e os encontros coas persoas, non son mudos; interpelan a conciencia, son palabra viva de Deus, tanto coma a palabra da revelación e da lei. Cómpre te-lo oído atento e o "corazón sabio", cómpre ser profundamente humano para escoita-lo Señor. De lonxe semella xa chegar ata a nós o eco anticipado das grandes sínteses xoaneas (Xn **1**) e paulinas (Col **1,** 15-20) da recapitulación do mundo todo na Palabra definitiva de Deus, que é Xesús, o Cristo.

Á beira do camiño dunha lectura repousada, que siga as coleccións unha por unha na súa peculiaridade, atoparémo-los temas morais e costumistas das polarizacións sabio-necio, xusto-malvado, riqueza-pobreza, e os motivos da prudencia no falar, a preguiza, o perigo da muller allea, o modelo da muller precavida, os costumes da mesa, etc...: todo canto cumpría á boa crianza do escriba e do israelita novo, circunscrito nun contexto socolóxico diversificado conforme o medio (rural, cidadán, cortesán, escolar) e axeitado á fin da situación. Asemade seremos testemuñas do alborear dun recto sentido secular, dun concepto de veracidade non abstracto, senón vencellado á liberación interior e social do home, dun primeiro intento de teoloxía fundamental e de teodicea. Aprenderemos a revaloriza-la sabedoría do traballador manual e a sabenza do pobo, a recupera-lo valor festivo da vida e do concreto, e a ter sempre a comunidade humana e a natureza coma campo de descuberta e de esperanza tras do que espreita a eterna orixinalidade dun Deus sempre maior.

O texto que se traduce é o hebreo, arcaico, poético e conciso, con non poucas dificultades de interpretación, que se tencionan resolver coa axuda da filoloxía comparada, baseada no ugarítico sobre todo. A traducción grega dos LXX presenta variantes numerosas e duplicados, así como a transposición de dúas coleccións na orde dos cc. (a 4.ª despois da 6.ª e a 5.ª despois da 8.ª), o que supón unha versión libre abondo, nunha época na que o libro aínda non gozaba do sagrado respecto da canonicidade.

INTRODUCCIÓN ÓS PROVERBIOS

1 ¹Proverbios de Salomón, fillo de David, rei de Israel,
²Para aprender sabedoría e boas maneiras,
para comprender ditos intelixentes,
³para adquirir doutrina asisada,
o dereito, xustiza e boa lei,
⁴para lle dar ó inexperto habilidade
e ó rapaz novo, ciencia e discernimento;
⁵—o sabio escoita e acrece o seu saber,
o intelixente adquire a arte de se gobernar—
⁶para dar co senso dun refrán ou dun dito agudo,
das sentencias dos sabios e das adiviñas.
⁷O temor do Señor é o comezo do saber;
só os necios se burlan da Sabedoría e da Instrucción.

PRIMEIRA COLECCIÓN (1,8-9,18)

Fuxe dos cobizosos

⁸Filliño, escoita a instrucción de teu pai
e non refúgue-lo ensino de túa nai;
⁹serán unha graciosa diadema na túa cabeza
e un colar no teu pescozo.

1, 1-7 Introducción: no frontispicio da obra, un título xeral (v 1), unha declaración da finalidade da escolma (vv 2-6) e un lema (v 7) remedan as seccións introductorias dos grandes tratados sapienciais exipcios.
1, 1 *De Salomón:* xa dixemos que se trata dunha adscripción simbólica admitida correntemente na literatura israelita (Eclesiastés, Cantar e Sabedoría repetirán o procedemento). A concretización "de Israel" pode tomarse coma indicio dunha edición postexílica, doutra forma diría "rei de Xudá" ou "de Xerusalén": Israel, despois da segregación de Samaría, identificabase xa con Xudá.
1, 2-6 Cun período longo, artellado nunha serie de cinco infinitivos coa preposición "para", indícase a meta a conseguir coa lectura do libro. Nestas liñas, cheas de conceptos claves, salientan os obxectivos intelectuais e prácticos do ensino sapiencial e os seus medios de instrucción.
1, 2 A *Sabedoría* ("Hokmah") significa a arte ou habilidade do ben vivir ético e social; "boas maneiras" traduce o verba "Musar", que está por "instrucción, disciplina, ensino" e os efectos deles (coma no caso presente), o que vale dicir "educación" no senso activo e pasivo (cf "seboiet" exipcio ou "paideia" grega). "Aprender", neste contexto, refírese ó xuízo práctico; "comprender" é o mesmo que penetrar ata o fondo das razóns, percibindo do "corazón", sede da conciencia.
A sabedoría "adquírese" de man en man por transmisión dun depósito de verdades (v 3a), que levan a unha praxe ética, onde imperan o senso recto das cousas ("sédeq"), a equidade ("mixpat") e a integridade interior ("mexarim") (v 3b).
Destinatario dun tal ensino é o rapazote, o "inxenuo" ("peti") ou inocente (v 4), que aínda non ten bo senso, e pode ser enganado (cf **7**, 7). Ó tal cómpre darlle armas de inxenio e astucia, de saber e discernimento ("mezimmah": capacidade de prever).
1, 5 Semella unha interpolación.
1, 6 O instrumental aludido é o seguinte: o "maxal" (ditos proverbiais, máximas ou discursos), as frases enigmáticas, escuras, que cómpre analizar e interpretar ("melisah"), as sentencias famosas, e as adiviñas (cf Xuí **14,** 12-18; Eclo **8,** 8; Ez 17, 1-21).
1, 7 A sección introductoria remata cun verso independente, que condiciona todo o devandito. Como sucede no Eclesiastés, no Cántico e no Eclesiástico, o autor da composición final do libro presenta un lema ou motivo director que matice toda a interpretación.
O *temor do Señor* fai alusión á religación profunda con Deus, ó senso relixioso (non ó temor ou medo). *Comezo* traduce imperfectamente o vocábulo "rexit", que significa orixe, recapitulación, primicias, ou celme. O senso relixioso é polo tanto a quintaesencia e caldo de cultivo de todo saber; prepara e libera para o saber verdadeiro; fai saber de verdade. Só o "évil" (estúpido e vicioso) o refuga. A escolma vai ser pródiga no catálogo de calificativos adicados ós que desbotan a Sabedoría.
1, 8 - 9, 18 A primeira colección, disposta en nove capítulos, non amosa un artellamento harmónico. De seu non é unha unidade literaria, nin pola construcción formal nin por levar adiante un pensamento consecuente. É máis ben unha antoloxía exemplar de xéneros diversos, co predominio da Instrucción e o Discurso de Autopresentación da Sabedoría. Exemplos de instrucción son as seguintes unidades: **1,** 8-19; **2,** 1-22; **3,** 1-12; **3,** 21-35; **4,** 1-9 e 10-19 (que se cadra van unidos); **4,** 20-27; **5,** 1-23; **6,** 20-35; **7,** 1-27: dez en total. Discursos de autopresentación son: **1,** 20-33; **8,** 1-36; **9,** 1-6.13-18. Quedan fóra destas categorías o macarismo (ou benaventuranza), de **3,** 13-20; o exemplo pedagóxico, de **6,** 6-11; a tipoloxía, de **6,** 12-15; e o proverbio numérico, de **6,** 16-19. As unidades **6,** 1-5 e **9,** 7-12 semellan elementos fragmentarios, vagantes, de instruccións perdidas.
1, 8-19 Fuxe dos cobizosos: a presente instrucción pode servir coma modelo da composición do xénero: a) Chamada de atención e motivación do ensino (vv 8-9); b) Sección doutrinal (vv 10-15). Normalmente desenvolve un caso de moral, unha circunstancia, un mandado sapiencial. c) Conclusión do discurso (vv 16-19). Derradeira confirmación do dito ou apelación á sensatez; ou ben citación dun proverbio que reforce o tratado no miolo do discurso.

¹⁰Meu fillo, se os pecadores tencionan enganarte
non llelo consintas.
¹¹Se din: —"ven connosco,
fagamos unha emboscada ás agachadas,
axexémo-lo inocente porque nos peta,
¹²devorémolos en vivo como fai o Xeol,
nunha peza, coma ós que descenden para a cova,
¹³atoparemos toda clase de cousas prezadas,
imos enche-las nosas casas de espolios.
¹⁴¡Bota a túa sorte connosco,
imos facer bolsa común!".
¹⁵Meu fillo, ¡non os acompañes nesa viaxe!
¡Afasta as túas pegadas dos seus vieiros!
¹⁶Porque as súas pernas corren ó mal,
danse présa a esparexe-lo sangue;
¹⁷(pois en van se lanza a rede
á vista mesma dos seres alados)
¹⁸e eles están a insidiar contra o propio sangue,
axexan, pero contra as propias vidas.
¹⁹Tales son sempre os camiños de quen cobiza ganancias
que perden as vidas dos seus donos.

A Sabedoría predicadora

²⁰A Sabedoría bota o pregón pola rúa,
alza a súa voz polas rúas,
²¹fai a prédica desde o alto dos muros,
ás entradas das portas da vila di o seu discurso:
²²—"¿Ata cando, inxenuos, amaréde-la inxenuidade,
e os burlentos se gozarán coa burla
e os parvos refugarán o saber?
²³Se vos convertedes cando vos amoeste,
fareivos burbulla-lo meu ánimo,
comunicaréivo-los meus pensamentos.
²⁴Mais xa que vos chamei e recusastes,
tendínvo-la man e ninguén atendeu,
²⁵rexeitastes calquera consello meu
e non acolléste-la miña reprensión,
²⁶tamén eu vou rir da vosa desgracia
e botar gargalladas cando vos chegue o terror:
²⁷cando o medo vos sorprenda coma un turbón
e vos veña a calamidade coma unha treboada,
cando se vos acheguen agonía e angustia.
²⁸Berrarán por min daquela, mais non responderei,
erguéranse cedo a procurarme, e non me atoparán.

1, 20-33 A Sabedoría predicadora: o longo dunha serie de unidades da colección (cf **8; 9**, 1-6.13-18; e o presente) a Sabedoría vai ser presentada non coma unha cualidade a conseguir, senón coma un ser independente e personificado que fala en primeira persoa. O xénero literario adoitado nestes casos é o de "Discurso de autopresentación". Características deste discurso "divino" son: O que fala, alza a súa voz onde queira, ten poder para facelo, pon os homes entre a vida e a morte segundo a decisión que tomen a favor ou contra da divindade, prometen dons salvíficos. A presentación salienta os rasgos seguintes: a) A Sabedoría fai unha chamada ós humanos, non no marco do sagrado ou privado, senón desde os postos máis profanos (ambiente urbano: vv 20-21); b) Chama á conciencia cunha fala tirada das predicacións proféticas ("ata cando": v 22; cf Xer **5**, 18-19; "alza a voz": v 20b; "tornar": converterse, cf v 23a); c) O que ensina é consello e corrección; o que dá é a vida; d) Semella equipararse ó Temor de Iavé (compárense os vv 24-25 cos 29-30).

²⁹Xa que aborreceron o saber
e non preferiron o temor do Señor;
³⁰non quixeron acepta-lo meu consello
e desprezaron tódalas miñas amoestacións.
³¹Xantarán do froito do seu proceder,
fartaranse das súas matinacións,
³²porque ós parvos mátaos a súa indisciplina
e os tolos pérdense pola súa indolencia;
³³mais quen me escoita morará ben seguro,
tranquilo, sen temor do mal".

Consellos programáticos

2 ¹Meu fillo, se te aprópia-los meus ditos
e atesóura-los meus mandatos
²dando oído á Sabedoría,
inclinando o teu ánimo ó discernimento;
³certo, se chamas pola intelixencia
e reclamas con berros a razón,
⁴se a procuras como farías coa prata
e cavas por ela coma por un tesouro,
⁵entenderás entón o temor do Señor
e atoparaste co coñecemento de Deus;
⁶pois é o Señor quen dá a Sabedoría,
da súa boca chegan a ciencia e a intelixencia;
⁷reserva El a competencia para os honrados,
é un escudo para os de conducta sen chata,
⁸gardando os vieiros da xustiza
e coidando o camiño dos seus fieis.
⁹Distinguirás entón o dereito, a xustiza
e boa lei: tódalas xeiras da felicidade;
¹⁰porque a Sabedoría entrará no teu ánimo
e o coñecer dará gusto ó teu padal;
¹¹a discreción velará sobre ti,
gardarate o discernimento,
¹²rescatándote do mal camiño
dos que falan con retranca,
¹³dos que abandonan os vieiros sinxelos
para camiñar por rúas entebrecidas,
¹⁴dos que gozan facendo o mal
e se deleitan na perversidade,
¹⁵dos que seguen vieiros tortos
e van por camiños extraviados.

¹⁶Preservarate da muller allea,
da descoñecida que fala con agarimo

2, 1-22 Consellos programáticos: tras do pregón da Sabedoría, unha declaración programática dun mestre fainos tornar ó ambiente da instrucción. O xénero preséntase aquí xa elaborado e superado cunha destreza singular: número de versos igual ó número das letras do alfabeto hebreo; dúas seccións de 11 versos; tres estrofas en cada unha das seccións (4+4+3 versos). O fragmento puido existir anteriormente noutro posto coa función de prólogo a unha serie de instruccións.
2, 5-11 Propose a ecuación Sabedoría = Xustiza = Relixiosidade. Os vv 5 e 6 son os únicos, en toda a serie de instruccións, nos que se fai referencia expresa ó influxo de Iavé para a consecución da Sabedoría. O motivo do "camiño", metáfora da decisión e comportamento moral, enche a sección (vv 8.9.12.13.15.18.19.20). O camiño da vida está asegurado para os "fieis", "honrados", "íntegros" (7,21b).
2, 16-19 Outra vía extraviada é a da *muller allea*. É un tópico que retornará abondo. A figura interprétase ás veces coma "muller estranxeira", que cos seus costumes estraños, o seu culto exótico e a súa independencia familiar exercía un nefasto influxo nos mozos da pechada comunidade israelítica. Mais abonda con pensar nunha muller non conformista ou adúltera, fose estranxeira ou non, sen excluí-la posibilidade de que nela xogue unha certa alegorización, servindo de imaxe á necidade.

¹⁷que se alongou do compañeiro da súa mocidade
e esqueceu a alianza do seu Deus,
¹⁸pois a súa casa inclínase cara á morte,
as súas xeiras cara ás sombras dos mortos;
¹⁹quen a ela vai non torna
nin acada os vieiros da vida.

²⁰Así poderás marchar polo camiño dos bos
e garda-los vieiros dos xustos.
²¹Pois os homes honrados habitarán na terra,
os íntegros serán deixados nela,
²²mais os malvados serán desbotados da terra
e os traicioneiros desraizados dela.

A práctica relixiosa

3 ¹Filliño, non esquéza-lo meu ensino
e garda no ánimo os meus mandatos
²pois hante acrecentar longura de días,
anos de vida e prosperidade;
³que non te abandone a lealdade constante,
cínguea arredor de túa gorxa,
escríbea na táboa do teu corazón.
⁴Acadarás aceptación e boa sona
á vista de Deus e mais dos homes.

⁵Confía no Señor con todo o teu ser
e non te apoies na propia intuición;
⁶teno en conta en tódolos teus camiños
e El achanzará os teus vieiros.
⁷Non te teñas por sabio,
teme ó Señor e arreda do mal;
⁸Ese será un tónico para a túa saúde
e un remedio para os teus ósos.

⁹Honra ó Señor cos teus bens,
coa primicia de todo canto gañes;
¹⁰encheranse os teus cabazos de gran
e as túas pipas estouparán de mosto.
¹¹Filliño, non rexéite-la instrucción do Señor,
non leves a mal a súa corrección,
¹²pois o Señor reprende a quen ama
e aflixe ó fillo benquerido.

2, 18-19 Fan probablemente uso literario do mito da deusa babilónica Ixtar. No contexto actual indican que a muller amoral ten a residencia a rentes da terra da morte e os que van onda ela marxínanse da comunidade social e da orde de Iavé. Só os bos e xustos (v 20), van polo vieiro da vida e reciben a promesa deuteronómica da "posesión da terra", que presaxia as benaventuranzas de Xesús.

3, 1-12 A práctica relixiosa: o c. 3 presenta tres fragmentos, de orixes e xéneros diversos: dúas instruccións (vv 1-12; e vv 21-35) e unha composición doutro carácter (vv 13-20), na que faltan os imperativos e o modo de ensino autoritario, achegándose ó ton dos Salmos sapienciais (cf Sal 1). Con todo, pódese enxergar unha intención de unidade temática no artificio formal que as une, cal é a reiterada aparición do nome de Iavé, que se repite nove veces.

3, 1-12 A instrucción primeira esténdese nos motivos da confianza en Deus e do sometemento á súa disciplina. A instrucción precedente falounos do fundamento relixioso de toda ética humana; a presente desenvolve o sector concreto dos deberes relixiosos. Faino seguindo unha especie de pequeno catecismo: a) O que se debe á piedade (vv 5-8); b) O que se debe ó culto (vv 9-10); c) Como non desprezalo sufrimento (vv 11-12).

A actitude fundamental que regula as relacións con Deus é a da confianza (v 5a), o ter a Deus en conta ("coñecelo": saber como procede cos bos e cativos) (v 6a), e o respecto relixioso (v 7b). O culto, coma mero ritual, é normalmente tema de crítica no ambiente profético e tamén no sapiencial, que tende á sobriedade expresiva. O sufrimento acada sentido: é "instrucción de Iavé", é amor (cf Xob **5,** 17ss; **33,** 16-30; Sal **32,** Heb **12,** 5).

Louvanza da Sabedoría

¹³Ditoso o home que dá coa Sabedoría
e o que vén dotado de discernimento,
¹⁴pois adquirila é de máis proveito cá prata
e de máis ganancia có ouro;
¹⁵é de máis prezo có coral,
non se lle compara canto poidas desexar.
¹⁶Na súa dereita leva unha vida longa,
na esquerda, a riqueza e a honra.
¹⁷Os seus camiños son deliciosos,
os seus vieiros, cheos de paz;
¹⁸é a árbore da vida para os que a aferran,
os que a reteñen son felices.
¹⁹O Señor fundou a terra por medio da Sabedoría,
afirmou o ceo co discernimento;
²⁰polo seu saber burbullan as fontes abismais
e as nubes destilan o orballo.

Deberes da convivencia humana

²¹Meu fillo, non as perdas de vista:
pon garda á competencia e á habilidade.
²²Serán vida para a túa gorxa,
beleza no teu pescozo.
²³Irás entón seguro no teu camiño
sen tropezar co pé.
²⁴Ó te ires deitar, non pasarás medo;
unha vez deitado, será doce o teu sono.
²⁵Non che fará tremer un espanto súbito
nin a destrucción que cae sobre os malvados,
²⁶pois o Señor estará ó teu carón
e gardará da trampa o teu pé.

²⁷Non lle negues un favor a quen ten dereito a el,
cando está no teu poder o concedelo.
²⁸Non lle digas ó teu veciño: —"Vai e volta outra vez,
mañá eu che darei", se tes con que.
²⁹Non amañes un mal contra o teu próximo
cando el vive confiado á túa beira.
³⁰Non lle poñas preito a ninguén sen motivo,
cando non che fixo prexuízo ningún.

3, 13-20 Louvanza da Sabedoría: atopámonos de novo noutro ambiente, máis hímnico ca didáctico, veciño do contexto do que xurdiu o poema de autopresentación. O tema é a dignidade da Sabedoría, a súa preeminencia, a recomendación para buscala coma a unha persoa.
A figura feminina, que en **1,** 20-33 aparecera na metáfora da predicadora, preséntase agora hieraticamente baixo a veste dunha deusa exipcia ("Maat": deusa da orde e da xustiza) cos seus paramentos e atributos (regalos na destra e na esquerda: v 16), sinaladora dos camiños venturosos (v 17), doadora da árbore da vitalidade (v 18). Pero non é algo divinizable: de aí a corrección que se fai á figura da Maat. É o alicerce e instrumento que Deus empregou na creación. A imaxe do Iavé arquitecto do mundo xa estaba presente no Déutero-Isaías (**40,** 12-17.28-31). Os sabios queren aproveita-las súas lecturas dos escritos estranxeiros, mais sen caer na mitoloxía.
3, 21-35 Deberes da convivencia humana: disposición desta instrucción: a) Unha chamada de atención (vv 21-26); b) Un corpo central doutrinal, artellado en cinco amoestacións negativas (vv 27-31); c) Unha fundamentación teolóxica (vv 32-34), á que se suma unha máxima de tipo xeral (v 35).
A introducción actual (vv 21-26) recolle unha linguaxe que debeu ser típica do ensino relixioso dos sabios (Iavé garda no camiño comezado; garda do medo; vai a carón do de conducta limpa). A relixiosidade dos sabios é persoal, íntima, baseada na lealtade de Deus, que garda o destino dos honrados.

³¹Non envéxe-lo violento
nin adópte-los seus procedementos,
³²pois o Señor aborrece ó perverso,
e reserva a súa intimidade para os honrados.
³³A maldición do Señor cae sobre o casal do impío,
pero bendí a moradía dos xustos.
³⁴Cos burlentos, búrlase deles,
mais demostra o seu favor ós humildes;
³⁵Os sabios herdan a honra,
os parvos gañan a vergonza.

A Sabedoría desposada

4 ¹Escoitade, fillos, a instrucción dun pai,
dade atención para aprender intelixencia;
²É unha boa tradición o que vos dou,
non esquezáde-lo meu ensino,
³pois tamén eu fun fillo de meu pai
fillo único e querido de miña nai.
⁴Cando el me ensinaba, dicía:
—"¡Que o teu ánimo recolla as miñas palabras,
garda os meus mandatos e medrarás!
⁵Adquire Sabedoría, adquire intelixencia,
non as esquezas nin te afastes dos meus ditos.
⁶Non a repudies; ela hate gardar;
quérea ben e hate protexer.
⁷Esencia de Sabedoría é: ¡Adquire Sabedoría!
e mesmo por canto teñas, procura a intelixencia.
⁸Faille agarimos, e enxalzarate;
dálle unha aperta, e encherate de honor;
⁹porá na túa cabeza unha diadema xeitosa,
darache en agasallo unha coroa espléndida".

Aparta do mal camiño

¹⁰Filliño, escoita e acolle as miñas razóns
para que se che multipliquen os anos de vida.
¹¹Eu diríxote polo camiño da Sabedoría
guíote por un vieiro recto;
¹²O camiñares non serán impedidos os teus pasos;
se botas a correr non tropezarás.
¹³Aférrate á instrucción, non a deixes da man;
gárdaa, pois nela vaiche a vida.
¹⁴Non collas para o vieiro dos malvados
nin te encamiñes pola xeira dos perversos:
¹⁵tíraa da cabeza, non atraveses por ela,
dá un rodeo e sigue adiante;
¹⁶pois os tales non dan durmido se non fixeron algunha,
non lles vén o sono se non afundiron a alguén;

4, 1-9 A Sabedoría desposada: nova instrucción, en dúas seccións: exhortación á escoita da tradición (vv 1-4); e amoestacións é consecución da Sabedoría (vv 5-9).
O corpo doutrinal presenta a metáfora da Sabedoría coma noiva e desposada. A secuencia é a seguinte: ó comezo o pai da noiva exhorta a conseguila pagando o dote, o "mohar" (compra e adquisición da noiva: **4,** 5.7); seguiría a declaración do noivo "ti e-la miña irmá" (irmá: noiva, desposada: **7,** 4; cf Tob **7,** 15; Cant **4,** 9-12; **5,** 1ss); segue a amoestación do sogro a non repudiala e a querela ben (**4,** 6a.b. 8a.b). Pero aquí a metáfora vai mesturada con outra dos vv 6b.8a.9a.b, nos que a Sabedoría concede dons, coma unha mestra e dona poderosa,ó seu protexido.
4, 10-19 Aparta do mal camiño: a imaxe simbólica de dous camiños (do ben e do mal, da vida e da morte) xa apareceu en **1,** 8-19 e noutros pasos aillados coma **2,** 8s e **3,** 23s. O uso é de seu xeral en todo o Antigo Oriente, mais o que en Exipto poñía un acento vocacional (camiño de prosperidade ou de desgracia), en Israel céntrase no valor ético do comportamento e no froito da vida (cf v 10b).

¹⁷xantan do pan do crime,
   beben do viño da violencia.
¹⁸Nembargantes o vieiro dos xustos é coma a luz do abrente
   e vai medrando ata o pleno día;
¹⁹en troques o camiño dos malvados é coma a tebra,
   non saben contra onde van bater.

O control da conciencia

²⁰Meu fillo, está atento ás miñas palabras,
   tende a orella ó que che vou dicir,
²¹non as perdas de vista,
   gárdaas ben no sentido;
²²son vida para quen dá con elas,
   e un tónico total para o seu corpo.
²³Por riba de todo garda o corazón
   pois del burbullan os mananciais da vida;
²⁴afasta de ti a fala perversa
   alonga de ti os labios falsos;
²⁵que os teus ollos miren dereito
   e as túas olladas vaian de fronte;
²⁶ten coidado onde po-las túas pegadas,
   e sexan firmes tódalas túas vías;
²⁷non vires nin para a dereita nin para a esquerda,
   arreda os teus pés do mal.

Dúas castes de muller

5 ¹Meu fillo, atende á miña Sabedoría
   dá oído ó meu discernimento;
²dese xeito poderás gardar confidencias
   e os teus labios conservarán saber.
³Os labios de muller allea pingan mel
   e o seu padal esvara máis có aceite;
⁴pero ó remate amarga máis có áloe,
   é máis tallante ca unha espada de dous fíos;
⁵os seus pés van descendendo para a morte,
   as súas pegadas van dar no Xeol;
⁶non ten ela en conta o camiño da vida,
   os seus vieiros cambian, nunca ten sosego.
⁷Polo tanto, filliño, escóitame,
   non te afastes das miñas razóns;
⁸arreda dela o teu camiño,
   non te achegues á porta da súa casa;
⁹non sexa que deixes para outros o teu honor
   e os teus anos a un ser cruel;

4, 20-27 O control da conciencia: as dúas seccións da instrucción son: a) "Chamada" paternal (vv 20-22); b) Corpo doutrinal (vv 23-27).
O "corazón" (v 23a), na antropoloxía israelítica, non é o órgano simbólico da afectividade, fóra de casos raros; é máis ben o centro onde se coñece, non intelectualmente, senón por simpatía, e onde se sopesan as decisións. Poderiámolo traducir en moitos casos coma conciencia.
5, 1-23 Dúas castes de muller: o tema, frecuente no programa sapiencial, xa apareceu aludido en **2,** 16-19, e voltará máis adiante: unha requisitoria directa e crúa contra as relacións con mulleres fáciles (vv 3-14), neste caso unida a unha exhortación á fidelidade matrimonial (vv 15-20).
En Pr **1-9** fálase de catro figuras femininas: a muller allea, da que cómpre gardarse (**2,** 16-19; **5,** 1-14; **6,** 20-35; **7,** 1-27); a muller propia (**5,** 15-19); Dona Tolemia, que tenta alicerza-lo inexperto cara á desfeita (**9,** 13-18); Dona Sabedoría, que lle fai o don da vida (**1,** 20-33; **4,** 7s; **8,** 1-36; **9,** 1-6).
O tipo descrito coa denominación *muller allea* ("ishah zarah") non é unitario (estranxeira, muller do veciño, prostituta), mais sempre inclúe nestes cc. o motivo do adulterio.
A sección positiva (vv 15-20) vén dicir: "Ama á túa esposa con predilección e exclusividade".

¹⁰non sexa que aproveiten os alleos o teu vigor
e as túas fatigas na casa da estranxeira,
¹¹que entón te laiarías ó virche enriba a fin,
ó se che consumiren o corpo e mailas carnes;
¹²dirías daquela: "¡Malia de min, que aborrecín a instrucción
e o meu corazón desprezou a corrección!
¹³Non quixen escoita-la voz dos meus mestres
e non prestei oído ós meus ensinantes;
¹⁴pouco faltou para me ver totalmente arruinado
diante da asemblea e do consello".
¹⁵Bebe a auga da túa cisterna,
e as burbulladas do teu pozo.
¹⁶¿Ías derramar pola rúa os teus regatos
polas prazas as túas canles?
¹⁷¡Que sexan para ti só
non para as compartires cos estraños!
¹⁸¡Que sexa bendita a túa fonte
e goces coa compañeira da túa mocidade,
¹⁹cerva amada, gacela xeitosa!
¡Que os seus peitos te teñan sempre bébedo
e decote te envolva o seu amor!
²⁰¿Por que, meu fillo, irte axuntar coa allea?
¿Por que abraza-lo seo dunha estranxeira?

²¹Que Deus ten diante dos ollos o proceder dos homes,
enxerga tódolos seus vieiros;
²²as propias culpas cazan ó malvado,
enrédase nas cordas do seu pecado
²³e morre pola súa indisciplina;
será amortallado na súa necidade.

Non deas fianza

6 ¹Meu fillo, se saíches fiador polo teu veciño,
ou deches unha aperta de mans por un estraño;
²se te enguedellaches nas túas propias verbas
ou te cazaron con palabras da túa boca,
³obra deste xeito, meu fillo, e ponte a salvo
xa que caíches na man do teu veciño:
vai, humíllate e importúnao,
⁴non lles deas sono ós teus ollos
nin acougo ás túas pálpebras;
⁵céibate, coma gacela, do cazador,
coma o paxaro da man do trampeiro.

O nugallán e a formiga

⁶Ergue e vai cabo da formiga, preguiceiro,
considera o seu xeito, e faite sabio:

5, 21-23 A sección "remate do ensino", fai pasar do ton de instrucción internacional ó contexto teolóxico iavista, no que Deus é o derradeiro defensor dunha orde infrinxida.

6, 1-5 Non deas fianza: o c. **6** presenta unha morea de formas literarias e materiais moi diversas: un fragmento de instrucción (vv 1-5); un exemplo pedagóxico (vv 6-11); unha descrición tipolóxica (vv 12-15); un proverbio numérico (vv 16-19) e unha instrucción propiamente dita

(vv 20-35). O conxunto non patentiza unha vontade de agrupación temática e máis ben configura un mosaico, froito do anceio de conservar para a posteridade modelos xulgados interesantes ou aleccionadores.

O fragmento presente (vv 1-5), corpo doutrinal dalgunha instrucción, ilustra a sospeita dos sabios fronte ó mundo do diñeiro e do comercio.

6, 6-11 O nugallán e a formiga: un aire de fábula percorre este exemplo, no que se aguilloa a autodisciplina e a in-

⁷Ela non ten xefe,
  nin capataz, nin gobernante;
⁸almacena o seu gran no estío,
  achega o seu xantar durante a colleita.
⁹E ti, nugallán, ¿canto tempo vas durmir?
  ¿Cando te vas erguer do sono?
¹⁰Un pouquiño a durmir, un pouquiño a durmiñar,
  un pouquiño a deitarse cos brazos cruzados
¹¹e a pobreza chega coma un vagabundo
  e a necesidade coma un mendigo.

O malvado

¹²Persoa argalleira é o malvado:
  procede con retranca ó falar,
¹³chisca o ollo, fai xogos cos pés
  e sinala co dedo,
¹⁴trama perversidades e matina o mal,
  e sempre anda a espallar liortas;
¹⁵por iso lle ha vir de súpeto a desgracia
  e nun intre será esnaquizado sen remedio.

O antisocial

¹⁶Seis cousas hai que o Señor refuga
  e mais unha sétima que El aborrece:
¹⁷ollos altivos, lingua mentireira,
  mans que esparexen sangue inocente,
¹⁸mente que cisma en planos malintencionados,
  pernas que corren cara á maldade,
¹⁹quen levanta falso testemuño
  e quen sementa preitos entre irmáns.

Fuxe da adúltera

²⁰Garda, meu fillo, o mandato de teu pai
  e non refúgue-lo ensino de túa nai;
²¹lévaos decote atados á túa conciencia,
  pendúraos do teu pescozo.
²²Estando de viaxe guiarante;
  deitado, vixiarante;
  ergueito, falarán contigo.
²³Pois o mandato é unha candea; o ensino, unha luz,
  e a instrucción correctiva é camiño da vida,
²⁴para te gardares da muller maligna,
  da suave lingua da estranxeira.
²⁵Non anceies con paixón a súa beleza,
  que non te escravice coas súas pálpebras,
²⁶porque o prezo da rameira é un anaco de pan
  mais a casada vai á caza dunha vida preciosa.

---

dustriosidade sistemática coa observación da formiga a traballar de cotío. O texto grego acrecenta o exemplo coa nención da abella, que non se avén co uso que dela se fai noutros pasos do A. T.

5, 12-15 O malvado: a pintura de tipos humanos era unha las habilidades máis aprezadas na pedagoxía dos sabios cf Xob **21**, 7-26; **24**, 2-12). O malvado é neste caso o "beli aal", do que procederá o Belial do N. T.

6, 16-19 O antisocial: quizais o tipo humano descrito na sección anterior atraeu este proverbio numérico, que se detén nun comportamento semellante, onde a corrupción moral é fonte de toda caste de malevolencia.

6, 20-35 Fuxe da adúltera: de novo unha instrucción sobre o tema da muller allea, pero xa centrada expresamente no adulterio (casada: v 26; muller do veciño: v 29).

²⁷¿Pode alguén levar lume no peto
 sen que lle ardan os vestidos?
²⁸¿Poderá camiñar sobre ascuas
 sen que se lle queimen os pés?
²⁹Pois tal acontece co que se achega á muller do veciño;
 quen a toque non quedará indemne.
³⁰Non se aldraxa a un ladrón cando rouba
 para enche-lo seu estómago famento,
³¹pero se o atrapan terá que restituí-lo séptuplo,
 ha de deixar canto teña de valer na casa.
³²Quen comete adulterio cunha muller non ten siso;
 o que a viola, destrúese a si mesmo;
³³atopará violencia e infamia,
 non borrará a súa vergonza,
³⁴porque os celos inflaman ó marido
 e non terá piedade cando se vingue,
³⁵non considerará compensación ningunha,
 nin aceptará agasallos por moitos que lle mandes.

Retrato da seductora

7 ¹Meu fillo, atende as miñas razóns,
 garda dentro de ti os meus mandatos;
²observa os meus preceptos para que vivas
 e o meu ensino coma a meniña dos teus ollos;
³átaos ós teus dedos,
 escríbeos na táboa do teu corazón.
⁴Dille á sabedoría: —"Ti e-la miña noiva",
 chámalle á intelixencia: —"Prometida",
⁵de xeito que te garde da muller allea
 e das verbas suaves da estranxeira.

⁶Por certo, estaba eu na fiestra da miña casa,
 ollando pola cancela,
⁷e velaquí que descubrín entre os inxenuos,
 percibín entre os rapazotes,
 un mozo sen siso
⁸atravesando a rúa na revolta
 e dirixirse camiño da súa casa.
⁹Era entre lusco e fusco, no serán,
 no escuro da lúa nova.
¹⁰E velaí que lle sae ó encontro unha muller
 co vestido e xeitos arteiros dunha mala femia,
¹¹desenvolta e inqueda;
 os pés non a puideran reter na casa:
¹²sexa na rúa, sexa na casa,
 está sempre a axexar por tódolos recantos.
¹³Entón aferra nel e bícao
 e con descaro dille:
¹⁴—"Estaba a preparar un banquete sacrificial,
 pois hoxe teño que cumpri-los meus votos;

7, 1-27 Retrato da seductora: instrucción completa nas súas tres seccións: a) vv 1-5; b) vv 6-23; c) vv 24-27. A muller que intervén neste caso é unha prostituta, probablemente estranxeira, polos seus usos relixiosos (referencia á lúa nova, no v 9; ós "votos", no v 14 que poden incluír unha velada alusión ó rito do "iero gamos", o matrimonio sagrado dos ritos de fertilida de.

¹⁵por iso saín por te invitar,
    procureite por tódalas partes e xa te encontrei;
¹⁶cubrín o meu leito de tapetes,
    con cobertores de cor, de liño de Exipto;
¹⁷perfumei a alcoba
    con mirra, áloe e cinamono.
¹⁸Ven, embriaguémonos de agarimos ata o amencer,
    gocémonos cos nosos amorios,
¹⁹que o meu home non está na casa,
    vai de viaxe para tempo;
²⁰levou consigo a bolsa do diñeiro
    e non voltará ata a lúa chea".
²¹Sedúceo ela deste xeito coas súas moitas razóns
    e arrástrao cos seus labios falaces.
²²E o parviño vai tras ela
    coma vai o boi ó matadeiro,
    coma o cervo se enguedella no lazo,
²³coma o paxaro voa cara á trampa
    ata que a frecha lle atravesa o fígado,
    sen se decatar que aí lle vai a vida.

²⁴Polo tanto, filliños, escoitádeme,
    atendede as miñas palabras:
²⁵Non dobrégue-lo teu ánimo para os seus camiños,
    non te extravíes nas súas vereas,
²⁶que moitos son os feridos que ela guindou,
    tódalas suas víctimas son innumerables,
²⁷a súa casa é o camiño do Xeol
    que descende ata as moradías da morte.

A Sabedoría onda Deus

8 ¹Ei-la Sabedoría que chama,
    o discernimento ergue a súa voz
²nos cumios, á beira dos camiños,
    apóstase nas congostras,
³xunto ás portas da cidade,
    a carón das cancelas, pregoa:
⁴É por vós, homes, por quen chamo,
    a miña voz diríxese á humanidade.
⁵Inxenuos, aprendede a habilidade,
    necios, adquiride siso;
⁶escoitade, que vou dicir cousas elevadas,
    o que dirán os meus labios é honrado,
⁷pois a miña boca susurra a verdade
    e os meus labios aborrecen o mal.
⁸Tódolos meus ditos son honestos,
    non hai neles cousa torta nin perversa;
⁹todos eles son sinceros para o home xuizoso,
    e rectos para cantos acadaron saber.

8, 1-36 A Sabedoría onda Deus: o c. 8 é posiblemente o cumio máis excelso da teoloxía dos sabios. A orde do mundo, a sabedoría enxertada nel, a xustiza total coma unha demanda sentida na conciencia, facían falar ás cousas cunha voz sobrehumana. Non era a voz de Deus, pero tiña que ver con El. Non era sen máis o resoar múltiple das marabillas da terra; era unha voz cercana e sensitiva, chea de agarimo e case persoal, o que eles percibían.

¹⁰Aceptade a miña instrucción mellor có diñeiro
e o coñecemento máis có ouro refinado,
¹¹pois a sabedoría vale máis do que as perlas
e non ten comparanza co máis prezado.
¹²Eu, a Sabedoría, convivo coa prudencia,
sei dar cos procedementos axeitados.
¹³(Temer a Deus é odia-lo mal)
Eu aborrezo o orgullo e a fachenda,
a mala conducta e a boca perversa;
¹⁴meus son o plano político e a competencia,
a intuición e mailo poder;
¹⁵polo meu medio reinan os reis
e os gobernantes decretan leis xustas;
¹⁶por min administran os estadistas
e mailos magnates: todo o que ten dereito a gobernar.
¹⁷Eu amo a quen me ama
e quen me procura hame encontrar;
¹⁸eu traio fartura e honra,
riqueza ben fundada e xustiza;
¹⁹o meu froito é mellor có ouro bruto e có refinado,
o meu producto vale máis cá prata de lei;
²⁰eu marcho polo vieiro da xustiza,
polas vereas da equidade,
²¹repartindo propiedades ós que me aman
e enchendo os seus tesouros.

²²O Señor produciume ó enceta-la súa tarefa,
antes das súas actividades;
²³desde a antigüidade, desde o remoto pasado fun formada,
antes das orixes da terra.
²⁴Cando non había océanos abismais, fun parida,
cando non había fontes, mananciais de auga;
²⁵aínda non foran afincadas as montañas,
antes dos outeiros, fun dada a luz;
²⁶cando aínda non fixera a terra e as campías
nin os terróns primeiros do mundo,
²⁷cando afirmaba o ceo, alí estaba eu;
cando gravaba o cerco arredor do abismo,
²⁸cando aseguraba as nubes no alto
e daba enerxía ás fontes subterráneas,
²⁹cando lle impuxo os lindes ó mar
de xeito que as augas non incumprisen o seu mandato,
cando fixaba os alicerces da terra,
³⁰alí mesmo estaba eu, cabo del, coma un mestre de obras,
dándolle gusto día tras día,
folgando diante del continuamente,
³¹recreándome no orbe da terra,
e o meu pracer foron os seres humanos.

8, 22-31 A Sabedoría na orixe do mundo. Ela mesma fala dos seus comezos misteriosos nunha lingua chea de alusións.
A disposición é sumamente coidada e artística: vv 22-23: a Sabedoría fala de si e da súa antigüidade; vv 24-26: fala do estadio previo á creación; vv 27-29: narra a súa presencia no intre de crear; vv 30-31: describe a súa función. En total 2+3+3+2 versos.

8, 30 *Mestre de obras* é traducción do termo "Amón", que outros interpretan "Amún" (neno ou nena, aprendiz). A razón da elección baséase na existencia da verba acádica "ummanu", da mesma raíz, que denota ó conselleiro e planificador real, non o artífice coma tal, mais si o "ministro das obras públicas". A Sabedoría pasa de se-lo plano universal (Xob **28**) e ministro do interior (Pr **8,** 14.16) a se-lo "planificador do universo". É algo máis ca unha

³²Escoitádeme, xa logo, filliños:
felices os que seguen os meus camiños;
³³atendede a instrucción e sede sabios,
non a refuguedes.
³⁴Feliz o home que me escoita
velando as miñas portas día a día,
gardando os marcos da miña cancela;
³⁵pois quen me atopa atopou a vida
e obtivo o favor do Señor;
³⁶mais quen me ofende, a si mesmo se violenta,
tódolos que me odian, aman a morte.

O banquete da Sabedoría

9 ¹A Sabedoría construíu a súa casa
tallou as súas sete columnas,
²fixo a matanza do gando, mesturou o seu viño,
e preparou a súa mesa;
³despachou as súas criadas a anuncia-lo convite
polos altos da cidade:
⁴—"Quen sexa inxenuo, que se achegue aquí";
ó que carece de siso dille:
⁵—"Vide, comede do meu pan
e bebede do viño que mesturei,
⁶deixade a vosa inxenuidade e viviredes,
camiñade pola vía da intelixencia".

⁷Quen corrixe ó burlento, carga el coa aldraxe;
quen reprende ó impío, é el a deshonrarse.
⁸Non corrixas ó burlento, non sexa que te odie;
corrixe a un sabio, e hate amar.
⁹Dálle instrucción ó sabio: tornarase máis sabio;
informa ó xusto, e acrecerá a súa doutrina.
¹⁰O comezo da Sabedoría é o Temor do Señor,
e o coñecemento do Santo é intelixencia.
¹¹Polo meu medio multiplicaranse os teus días,
hánsete acrecenta-los anos da vida;
¹²se te fas sabio, será para o teu proveito,
se te fas burlón, serás ti só a sufrilo.
¹³Dona Tolemia é turbulenta,
simplona, non sabe ren.
¹⁴Séntase á porta da casa
nunha cadeira no alto da vila,

---

metáfora artística, e non é un ser mítico; é un deses conceptos dinámicos (Palabra, Espírito, brazo) frecuentes no A. T., que designan enerxías e presencias operantes. Mais non é un atributo de Deus; é unha propiedade da terra, esa cualidade posta nela por Deus, pola que se dirixe benéfica cara á vida do home (cf v 31).

9, 1-18 O Banquete da Sabedoría: a colección dos cc. **1-9** pecha cunha derradeira invitación a participar na felicidade do banquete sapiencial. A nota realista imponlles ós sabios o teren en conta que a Tolemia e a necidade tamén solicitan ó inexperto. A dobre invitación queda reflectida nun díptico, no que se contrapoñen Dona Sabedoría (vv 1-6) e Dona Tolemia (vv 13-18).

A presentación de Dona Sabedoría detense na descrición da súa casa (v 1), composta dunha columnata ou pórtico do que non se entende ben a alusión. O máis probable é que se faga referencia a un lugar sagrado ou templo. Nese caso o banquete que segue é sacrificial, e podería conter unha polémica contra os banquetes disolutos do culto da deusa Ixtar, que facía a invitación ós cultos da fertilidade polo medio das súas servidoras. A Sabedoría, en contraposición, ten unha misión educadora e manda as súas mozas alicerza-los rapazotes a participar no saber.

A figura da Tolemia (vv 13ss) é en troques presentada coma a de alguén vulgar e privado de dignidade: asenta na rúa (v 14), é fácil de atopar (v 15), non ten xantar de seu (v 17). Como tal, máis pertence ó mundo dos mortos e do Xeol có da vida: tal é o comentario da man do autor no v 18.

¹⁵para chamar polos paseantes,
polos que van dereitos polo seu camiño:
¹⁶—"Quen sexa inxenuo, que se achegue aquí".
E ó que carece de siso, dille:
¹⁷—"Doces son as augas roubadas
e o pan prohibido é máis gustoso".
¹⁸E o tal non sabe que alí fican os mortos
e os seus convidados, nos vales do Xeol.

SEGUNDA COLECCIÓN
PROVERBIOS DE SALOMÓN (10-22, 16)
Antoloxía "A" (10-15)

10 ¹Proverbios de Salomón.
Fillo sabio alegra a seu pai,
fillo necio dá mágoa a súa nai.
²Tesouros mal gañados non dan proveito,
pero a xustiza libra da morte.
³O Señor non deixa pasar fame á gorxa do xusto
mais porá impedimento ó degoiro dos malos.
⁴Man indolente acarrexa pobreza,
brazo dilixente enriquece.
⁵Quen recolle no verán é asisado,
quen dorme durante a colleita é unha desgracia.
⁶As bendicións para a cabeza do xusto,
pero a violencia tapa a boca do malvado.
⁷A lembranza do xusto provoca bendicións,
mais a sona dos perversos podrece.
⁸Home de mente sabia acolle directrices,
o de labios necios bótase a perder.

10, 1 - 22, 16 Proverbios de Salomón: Co c. **10** adentrámonos na segunda colección, e nas escolmas de "maxais" propiamente ditas. O que hoxe semella un amoreamento caótico, debeu ter un senso e utilidade precisos para os escolmadores, probablemente no contexto escolar. De feito o título "Proverbios de Salomón" (**10**, 1), máis antigo có inicial do libro, préstase a un curioso cálculo: sumando os valores numéricos que tiñan as letras consoantes (pois as vocais non se escribían), o valor total é o número 375, o mesmo dos versos da colección. Outro tanto debeu acontecer coa colección quinta (cc. **25-29**), posta baixo o nome de Ezequías, que enumera na suma consonántica 130, sendo hoxe o número de versos 127, con perdas sen dúbida orixinadas na transmisión textual. Para chegar a esas precisións artificiosas, os recopiladores non dubidaron en prolongar e aínda repetir proverbios e mesmo en compor novos ditos de tallo erudito, a partir doutros anteriores (cp **10**, 2 e **11**, 4; **14**, 12 e **16**, 25; **18**, 8 e **26**, 22; etc.).
As series non responden a desenvolvementos temáticos claros. Máis ben xúntanse varios ditos por afinidades de motivo ou por procedementos de axuda á retención memorística.
10, 10-15 Antoloxía "A": a pesar do devandito, a crítica de fontes e a socioloxía literaria dan pé para facer outras distincións. Un dos resultados sería que a presente colección erudita supón a suma doutras dúas previas e de diversa data: A) Os cc. **10-15**; B) Os cc. **16, 1 - 22, 16**.
A colección "A", que agora principiamos, compónse de proverbios dominados pola contraposición "xusto-malvado", que se sobrepón á outra "sabio-necio". O paralelismo dominante é o antitético (cf Introducción), a base de contrastes, en máximas breves dun dístico. Trátase de sinxelas afirmacións de valor sen imperativos nin consellos directos.
O contexto social e económico, presente nas imaxes e referencias descritivas, é agrícola e de oficios manuais, con leves referencias ó comercio (o especulador, maldito do pobo: **11**, 26). Pobres e ricos sono segundo a súa preguiza ou dilixencia no traballo. O dereito non se ve adiantado. O rei aparece raras veces. Todo fai pensar en normas seculares dunha ética honrada, endereitada á construcción da sociedade, coas virtudes do traballo, a modestia e a xenerosidade, respaldadas pola presencia garante dun Iavé —presente (**15**, 3.11) e, non obstante, sen relación co culto—. Ser relixioso é captar como debe se-lo mundo e obrar en consecuencia; ser xusto é ser benéfico á sociedade.
Pódese polo tanto falar da colección "A" coma dunha ética agrícola e gandeira, centrada na división polar dos homes segundo o seu proceder, e nidiamente optimista.
10, 2 Mantémo-la traducción *xustiza*, xa que a evolución semántica da verba "sedaqah" como "esmola" é tardía.
10, 6 O *xusto* non vén definido, senón circunscrito polas súas accións ou cualidades. Os seus paralelos son: sincero, benéfico, fiel, digno de confianza. As súas actitudes son cualificadas de "boas", "verdadeiras".

⁹Quen camiña a dereitas vai seguro,
quen vai polas tortas é atrapado.
¹⁰Quen fai que non ve acarrexa dor,
quen corrixe na cara construe a paz.
¹¹Manancial de vida é a boca do xusto,
mais o parolar dos perversos encobre violencia.
¹²O odio encende liortas,
pero o amor pasa por riba da ofensa.
¹³Nos labios do intelixente atópase a Sabedoría,
no lombo do parvo, o fungueiro.
¹⁴Os sabios amorean saber,
mais a boca do necio é ruína inminente.
¹⁵A fortuna do rico é o seu castelo almeado,
o terror dos pobres é a súa miseria.
¹⁶A paga do xusto é a vida,
a ganancia do malvado é o erro.
¹⁷Camiña para a vida quen acepta a instrucción,
o que refuga a corrección pérdese.
¹⁸É de labios falaces o que acocha xenreiras
e quen espalla calumnias é un insensato.
¹⁹Nunha chea de verbas non faltará o erro,
o que contén os labios sabe o que fai.
²⁰Lingua de xusto, prata de lei;
matinar de perversos, refugallo.
²¹Os labios do xusto pastan a moitos,
os parvos morren por falta de siso.
²²É a bendición do Señor a que fai rico
e o esforzo non engade nada.
²³Tramar un plano torcido é o xogo do necio,
e do home intelixente é a Sabedoría.
²⁴Ó malvado vénlle enriba o que teme,
ós xustos dáselle-lo que arelan.
²⁵Pasou a galerna, esvaeceu o malvado;
mais o xusto é un alicerce perenne.
²⁶Vinagre para os dentes, fume para os ollos;
tal é o preguiceiro para quen lle dá un mandado.
²⁷O Temor do Señor acrecenta días,
os anos dos malvados abrévianse.
²⁸Leda é a expectación dos xustos,
a esperanza dos malvados perecerá.
²⁹Salvagarda do honrado é o poder do Señor,
mais é terror para os que fan o mal.
³⁰O xusto non será endexamais abaneado,
os malvados non habitarán a terra.
³¹A boca do xusto produce Sabedoría,
a lingua mentireira será tallada.
³²Os labios do xusto flúen boa vontade;
a boca malvada, dobres intencións.

11 ¹Balanzas enganosas aborréceas o Señor,
o seu gusto son as pesas axustadas.

10, 10 "Chisca-lo ollo" (así se verte ordinariamente o orixinal) non indicaba facer burla, senón tencionar algo malo. Tendo en conta o contexto do segundo hemistiquio, cadra mellor a idea de *facer que non* se *ve*.

10, 22 Aparece Iavé por segunda vez (cf v 3) nunha afirmación paradóxica e case polémica, semellante a unha corrección contra o exceso de confianza no obrar humano.

²Detrás da fachenda chega a vergonza,
  pero a Sabedoría vai cos modestos.
³A integridade guía ós rectos,
  a falsidade destrúe ós traidores.
⁴De nada vale a fortuna no día da ira,
  mais a xustiza salva da morte.
⁵A xustiza dos íntegros enderéitalle-lo camiño,
  pola súa maldade vén o malo a caer.
⁶A xustiza dos rectos sálvaos,
  pola súa cobiza son atrapados os traidores.
⁷Morto o malvado, acabóuselle a esperanza
  e o seu afiunzar nas riquezas perece.
⁸O xusto líbrase da angustia,
  o malvado ocupa o seu lugar.
⁹O hipócrita coa boca afunde ó veciño,
  mais polo seu saber sálvanse os xustos.
¹⁰Polo éxito dos xustos alégrase a vila,
  e pola perda dos malvados fai festa.
¹¹Coa bendición dos honrados medra a cidade,
  coa leria dos malvados arruínase.
¹²Quen aldraxa ó veciño non ten siso,
  o home prudente cala.
¹³Quen anda con contos descobre segredos,
  home de fiar garda a palabra.
¹⁴Sen boa dirección pérdese un pobo,
  o progreso está nos moitos expertos.
¹⁵Mal lle irá a quen sae fiador por un estraño,
  quen refuga eses tratos terá seguridade.
¹⁶Á muller xeitosa bótanselle flores,
  e os arriscados conquiren riqueza.
¹⁷O home piadoso para si mesmo é bo,
  o cruel a si mesmo se dana.
¹⁸O malvado leva unha paga ilusoria,
  quen sementa xustiza leva un salario de lei.
¹⁹O que sementa a xustiza ten por destino a vida,
  quen persegue o mal vai cara á morte.
²⁰Aborrece o Señor os corazóns torcidos,
  e comprácese nos de conducta honrada.
²¹Abofé que o malvado non quedará impune,
  a descendencia dos xustos será posta en liberdade.
²²Anel de ouro no fuciño dun porco
  é a muller fermosa pero sen xeito.
²³O anceio dos xustos é só o ben
  a esperanza dos malvados enxendra ira.
²⁴Hai quen é xeneroso e se fai máis rico;
  hai quen aforra de máis e vive na miseria.
²⁵Quen crea prosperidade el mesmo medra,
  e quen abebera será abeberado.
²⁶Toda a bisbarra maldí ó que retén o trigo,
  e enche de bendicións a quen o vende.
²⁷Quen madruga para face-lo ben atrae o favor,
  mais o mal sae ó encontro de quen o busca.

11, 26 O verso insiste na conducta asocial do especulador e reflexa a obvia moral campesiña, que sente coma un roubo feito á colectividade a acumulación egoísta.

²⁸Quen afiúnza na súa riqueza murcharase,
  pero os xustos agromarán coma follas.
²⁹Quen arruína o casal vai herdar vento,
  e o parvo chegará a escravo do sabio.
³⁰O froito dun home recto é a árbore da vida,
  e o sabio atrae as persoas.
³¹Se o xusto recibe na terra o seu debido,
  moito máis o perverso e o pecador.

12

¹O que ama a instrucción ama o saber,
  mais o que odia a corrección é estúpido.
²O bo acada o favor do Señor,
  pero El condena ó retorto.
³O home non se ten en pé sobre a maldade,
  mais a raiceira dos xustos non se conmove.
⁴A muller mañosa é a coroa do seu home,
  a desvergonzada é carie nos ósos.
⁵Teima dos xustos é a equidade;
  matinación dos malvados, o engano.
⁶As verbas dos perversos son emboscadas criminais,
  o falar dos rectos fainos ceibes.
⁷Os malvados son abatidos e desaparecen,
  pero o casal dos xustos mantense.
⁸Louvan a un polo seu siso,
  mais o arteiro será aldraxado.
⁹Mellor lle vai a un home modesto que teña de que vivir,
  do que ó fachendoso que non ten pan.
¹⁰O de bo natural atende á fame do gando,
  mais os sentimentos do malvado son crueis.
¹¹Quen traballa a súa terra fartarase de pan,
  o que anda ás nugallas é parvo.
¹²O alicerce dos malvados é derrubado,
  mais o raigaño dos xustos mantense.
¹³Enguedéllase o malo no exceso dos seus labios,
  pero o xusto foxe da estreitura.
¹⁴Pode un home encherse co froito do que fala,
  e ser recompensado polo que faga coas mans.
¹⁵Ó parvo parécelle recta a súa conducta,
  mais soamente é sabio quen escoita un consello.
¹⁶A carraxe do parvo axiña se mostra,
  mais o astuto disimula unha inxuria.
¹⁷O home veraz conta a verdade;
  a testemuña falsa, a mentira.
¹⁸Persoas hai que falan a estocadas,
  a fala dos sabios é medicina.
¹⁹Falar sincero dura para sempre;
  fala embusteira, tan só un intre.
²⁰O engano é a intención dos que argallan o mal,
  mais a ledicia é a paga dos que aconsellan a paz.
²¹Ningún mal caerá sobre o xusto,
  mais os malvados fican cheos de coitas.
²²Aborrece o Señor os labios mentireiros,
  comprácese, en troques, nos que practican a verdade.

²³O home astuto esconde o seu saber,
os parvos pregoan as súas tolemias.
²⁴Man dilixente, ó goberno;
man nugallá, a servir.
²⁵A ansiedade no corazón do home angústiao,
a verba agarimosa alégrao.
²⁶O home de ben móstralle a vía ó amigo,
o camiño dos perversos extravía.
²⁷O preguiceiro non asa o que cazou,
mentres o dilixente amorea riquezas.
²⁸No vieiro da xustiza atópase a vida,
o camiño da necidade leva á morte.

13

¹O fillo asisado acolle a disciplina paterna,
o petulante non dá escoita á reprensión.
²Un home pode xantar abondo do froito do seu falar,
mais o degoiro dos traidores é a violencia.
³Quen garda a boca garda a vida,
o laretas busca a súa ruína.
⁴Moito anceia o nugallán, mais en van;
en troques, a arela dos dilixentes vese cumprida.
⁵Odia o xusto as verbas mentireiras,
o malvado deshónrase e deshonra.
⁶A xustiza garda ó home sen chata,
a desgracia bota abaixo ó pecador.
⁷Hai quen se fai o rico e non ten nada,
e quen pasa por pobre e reborda de bens.
⁸Algúns coa riqueza rescatan a vida,
o pobre non teme as ameazas.
⁹A luz dos xustos rebrilla,
a candea dos malvados esmorece.
¹⁰O testalán fai xurdir liortas coa súa fachenda,
a sabedoría está cos que se aconsellan.
¹¹Riqueza gañada axiña pouco dura,
o que a xunta pouco a pouco acreceraa.
¹²Esperanza aprazada fai adoece-lo corazón,
arela cumprida é unha árbore de vida.
¹³Quen despreza o mandato arruínase,
a quen respecta a norma iralle ben.
¹⁴O ensino do sabio é fonte de vida
que afasta das trapelas da morte.
¹⁵O bo senso gaña favores,
as maneiras dos falsos son a súa perda.
¹⁶O astuto todo o fai con siso,
o parvo espalla necidade.
¹⁷O mensaxeiro malvado fai caer en desgracia,
o mensaxeiro fiel leva curación.

12, 28 *Vida e morte* —nas acepcións de vida plena, venturosa, longa; ou de ir morrendo, desaparecer antes de tempo, leva-la morte ós demais— sancionan os "camiños" da xustiza ou da necidade.
13, 7-8 Polaridade *pobres/ricos,* frecuente nesta colección. A pobreza é pensada coma algo culpable, efecto de abandona-la agricultura (**10,** 4a; **14,** 4a; **14,** 23b) ou de ser "malvado". A riqueza é algo de arelar, e correspóndese co dilixencia e co traballo. Con todo, ás veces, é froito d inxustiza (**13,** 11a. 22b), mais nese caso esmorece (**1** 24a), é inútil (**11,** 4a; e quen nela afíúnza, pérdese (**1** 28a). Nesta colección, por vez primeira, a riqueza é rel tivizada ata formularse o anceio de ser pobre con tal ser xusto (**15,** 16).

¹⁸Pobreza e vergonza para o que desbota a instrucción,
mais quen escoita a crítica acadará honra.
¹⁹Desexo satisfeito, dozura para o espírito;
para os necios é un horror apartarse do mal.
²⁰Vai onda os sabios: voltarás sabio;
quen fai compaña ós necios, terá que sufrir.
²¹A desfeita persegue ós pecadores,
os bos son premiados con felicidade.
²²A herdanza do home bo chega ata os netos,
o pecador xunta a fortuna para o xusto.
²³Agra de ricos dá moita mantenza,
mais pérdese por falta de xustiza.
²⁴O que aforra vara, odia ó seu fillo;
quen lle ten boa lei dase présa en corrixilo.
²⁵O xusto xanta a boca chea,
a andorga dos perversos fica baleira.

14

¹A muller sabia constrúe o seu lar,
a tolemia destrúeo coas propias mans.
²Quen ten bo proceder teme o Señor,
o de camiños tortos desprézao.
³O falar do parvo é unha vara nas súas costas,
as palabras dos sabios defenden.
⁴Falta de gando, merma de gran;
forza no boi, colleita farturenta.
⁵Testemuña de lei non mente,
testemuña falsa burbulla mentiras.
⁶O burlento procura sabedoría e non a atopa,
mais para o intelixente o saber é cousa doada.
⁷Fuxe do rastro do tolo,
non encontrarás nel labios xuizosos.
⁸O saber do astuto aclárelle o camiño,
a tolemia dos parvos lévaos ó engano.
⁹Os necios búrlanse da culpa,
os honrados distinguen o facer axeitado.
¹⁰Só o espírito sabe da propia amargura,
ningún alleo ten parte na súa ledicia.
¹¹O casal dos perversos vénse abaixo,
a tenda dos honrados prospera.
¹²Ás veces coida un que é recto o seu camiño,
e, ó remate, vai dar na morte.
¹³Mesmo no rir sofre o corazón,
e a ledicia acaba na dor.
¹⁴O renegado fartarase do seu proceder,
e o home bó, do das súas obras.
¹⁵O inxenuo dá creto ó que sexa,
o asisado calcula os seus pasos.

13, 21 Nova formulación da lei de retribución intramundana, dogma da ética dos sabios.
13, 24 A pedagoxía escolar do mundo escribal non aforraba o castigo corporal. A autoridade do mestre era incontestable e frecuentemente traída á memoria, como se ve nos papiros con exercicios de escritura e nas cartas escolares exipcias.
14, 5 O mundo do dereito está pouco representado na colección. Non se citan casos concretos xurídicos (quizais **11, 15**), mais comparece por tres veces a función da testemuña (**12,** 17; **14,** 5.25) coa demanda de veracidade, tan necesaria na composición dos preitos entre veciños nas disputas "á porta": o concello dos anciáns do lugar.
14, 10.12-13 Casos excepcionais na colección de observación sicolóxica; ilustran a soidade dun ánimo senlleiro no tocante a amarguras ou ledicias internas, no caso do descoñecemento do destino, e na ambigüidade das aparencias respecto ós sentimentos reais.

¹⁶O sabio é cauto e afástase do mal,
  o parvo chímpase tan seguro.
¹⁷O impulsivo fai toleiradas,
  mais o que bota contas agarda.
¹⁸Os inxenuos teñen por herdanza a necidade,
  o asisado abrangue o saber.
¹⁹Os malvados dobréganse diante dos bos,
  e os impíos, ás portas do xusto.
²⁰O pobre é odiado mesmo do seu compañeiro,
  o rico ten amigos a milleiros.
²¹Quen aldraxa ó seu veciño, peca;
  bendito quen se apiada dos pobres.
²²¿Por caso non erran os que argallan o mal?
  A bondade e a fidelidade son para os que fan o ben.
²³Todo traballo ten o seu proveito,
  mais o parolar leva á miseria.
²⁴A coroa dos sabios é a súa riqueza,
  diadema dos insensatos é a necidade.
²⁵Testemuña de fiar salva vidas,
  o perxuro é un enredante.
²⁶O temor do Señor é a fortaleza dun home,
  para os seus fillos é un refuxio.
²⁷O temor do Señor é fonte de vida
  que afasta das trapelas da morte.
²⁸Pobo numeroso é orgullo do rei;
  merma de xente, ruína do príncipe.
²⁹Demostra bo siso o lento na ira,
  quen ten arroutadas ben proba que é parvo.
³⁰Ánimo temperado, saúde no corpo;
  a envexa corroe os ósos.
³¹Quen asoballa ó pobre inxuria ó seu creador,
  e faille honra quen acorre a un mendigo.
³²Pola súa malicia o malo é refugado,
  mais ten confianza o xusto cando morre.
³³En mente atinada mora a sabedoría,
  no interior dos necios expira.
³⁴A xustiza fai grande a unha nación,
  o pecado é a desgracia dos pobos.
³⁵O favor do rei vai ó ministro avisado;
  a súa carraxe, ó desvergonzado.

15 ¹Unha resposta doce alonga a cólera,
  unha verba ferinte acende a ira.
²A lingua dos sabios fai destilar saber,
  a boca dos tolos burbulla tolemia.
³Os ollos do Señor atópanse en todo,
  vixiando tanto os malos como os bós.

14, 21 A misericordia e a compaixón cos pobres é virtude maior no mundo agrícola, e repite a bondade de Deus, que tamén dá o seu favor ós desherdados. Ese trato fundaméntase na igualdade das criaturas e na defensa do dereito do pobre por parte de Iavé (cf o v 31, máis ético e xeneroso, anticipador do N. T.).

14, 26-27 *O temor do Señor*, que vén a se-la vivencia do transcendente e a conducta de acordo con ela (cf **14,** 2) é a mellor herdanza para os fillos: é aseguralos na vida. Non é polo tanto un sentimento, senón unha actitude vital; é algo interno que Deus sabe descubrir (**15,** 3-11).

14, 28 A figura do rei asoma neste verso e no v 35; aquí, para aludir ó reflexo que a súa actitude debe ter no pobo;

no v 35, presentándoo coma garante da relación de retribución. Na totalidade da colección a penas vén citado o rei; interesan máis as relacións éticas coma tales có garante externo delas.

15, 3 As afirmacións específicas acerca da figura e obrar de Iavé non son moitas: fálase del coma creador, en **14,** 31. No presente c. (vv 3 e 11), da súa omnisciencia. O culto é aludido en **15,** 8, mais non se pode deducir des[e] verso unha posición verbo da relixiosidade oficial. Se os profetas condenaron o culto baleiro e o desprezo da alianza, os sabios non falan desta e refírense a aquel so[l]amente en canto ten unha dimensión ética de coherenci[a] coa vida.

⁴Unha lingua apacible é árbore de vida;
 cando é perversa, fere no espírito.
⁵O tolo despreza a corrección paterna,
 mais tórnase asisado quen ten en conta a reprensión.
⁶No casal do xusto reina a fartura;
 nas ganancias do impío, a inquietude.
⁷Labios de sabios espallan saber,
 o matinar do impío non acouga.
⁸Aborrece o Señor a ofrenda dos impíos,
 mais a pregaria dos rectos acada o seu favor.
⁹Aborrece o Señor a conducta do impío,
 mais ó que procura a xustiza tenlle amor.
¹⁰Terá un severo castigo quen aparta do seu vieiro,
 e quen refuga a reprensión vai dar na morte.
¹¹O Xeol e a perdición están ante os ollos do Señor,
 ¡canto máis as mentes dos humanos!
¹²Non lle agrada ó burlento que o critiquen,
 nin se reúne cos sabios.
¹³O corazón feliz alegra a cara,
 o sufrir interno creba o espírito.
¹⁴O de ánimo sensible procura o saber,
 a boca dos necios fártase de parvadas.
¹⁵Tódolos días do desgraciado son tristes;
 para o de ánimo alegre, un banquete continuo.
¹⁶Mellor é un pouquiño con temor do Señor,
 ca moreas de bens con inquedanza.
¹⁷Mais vale cunca de grelos con cariño
 ca xato cebado con xenreira.
¹⁸Home acalorado fai alampa-la liorta,
 o cachazudo pon sosego na disputa.
¹⁹O camiño do preguiceiro ten por sebe as silveiras,
 o vieiro do recto está ben acalcado.
²⁰Un fillo sabio alegra a seu pai,
 o necio deshonra a súa nai.
²¹A tolemia é troulada para o falto de siso,
 o home intelixente camiña a dereitas.
²²Onde non se fai xuntanza malógranse os planos,
 pero cúmprense cos moitos conselleiros.
²³¡Que ledicia para un home saber responder por si!
 e ¡que boa é unha palabra ó seu tempo!
²⁴Hai un vieiro de vida —costa arriba— para o sabio,
 para se afastar do Xeol —costa abaixo—.
²⁵O Señor destrúe o casal dos fachendosos,
 pero afinca o lindeiro da viúva.
²⁶Aborrece o Señor as malignas matinacións,
 mais as verbas axeitadas son limpas.
²⁷O famento de lucro arruína a súa casa;
 quen odia os regalos interesados, vivirá.
²⁸A mente do xusto medita antes de responder,
 a boca dos perversos burbulla maldades.

5, 11 Mesmo o *Xeol* (moradía dos mortos) e o "Abadón" (lugar do afundimento, da perdición), tan lonxe do rceiro ceo, están diante dos ollos de Deus. Isto constie unha declaración de dominio total, pois nas relixións coetáneas o reino da morte ficaba inaccesible ós deuses do panteón celeste.
15, 16-17 Dous xuízos de valor comparativo, con matizacións de grande elevación moral.

²⁹Apártase o Señor dos perversos,
pero escoita a pregaria dos xustos.
³⁰Uns ollos brillantes alegran o corazón,
unha boa noticia fortalece os ósos.
³¹Oído que escoita a corrección saudable,
asentará no medio dos sabios.
³²Quen refuga a instrucción, rexeita a vida;
quen dá escoita á corrección, faise asisado.
³³O temor do Señor é escola da Sabedoría,
pois a humildade precede á gloria.

Antoloxía "B" (16, 1-22, 16)

16 ¹Cousa do home é ordena-los pensamentos,
mais a resposta da lingua vén do Señor.
²Todo o proceder dun home semella recto ós seus ollos,
pero é o Señor quen sopesa os motivos.
³Ofréndalle ó Señor os teus feitos,
para que os teus proxectos saian ben.
⁴Todo o fixo o Señor cun designio;
mesmo ó malvado, para o día da desfeita.
⁵O ánimo soberbio aborréceo o Señor,
tarde ou cedo non sairá impune.
⁶Coa bondade e a verdade púrgase a culpa,
e temendo ó Señor evítase o mal.
⁷Cando o Señor se comprace no proceder de alguén,
mesmo os seus inimigos lle van ofrece-las paces.
⁸Máis conta ten ter pouco honradamente,
ca moreas de bens con inxustiza.
⁹A mente humana proponse un camiño,
mais é o Señor quen afianza o paso.
¹⁰Dos labios dun rei sae un oráculo,
a súa boca non erra no veredicto.
¹¹Romana e balanzas xustas son cousa do Señor;
asunto seu, tódalas pesas da caixa.
¹²É un horror para os reis que se cometa un crime,
pois na xustiza afíncase o seu trono.
¹³Un rei asente ós labios veraces,
e tenlles lei ós que falan rectamente.
¹⁴Carraxe de rei: mensaxeiro de morte,
o home sabio procura aplacala.
¹⁵O raiolar do rostro do rei trae a vida,
o seu favor é coma roibéns de orballo.
¹⁶¡Moito mellor có ouro adquirir Sabedoría;
preferible á prata mercar intelixencia!

16, 1 - 22, 16 Antoloxía "B": a sección ou antoloxía "B" da colección **10**, 1 - **22**, 16, configúrana unha chea de "maxais" máis agrupados ca na sección previa. Na súa meirande parte aseméllanse a consellos en segunda persoa. Proliferan os paralelismos sinónimo e sintético (cf Introducción) e amosan en número abondoso símiles e comparanzas.
En canto ó contido, sen se-lo tema unitario, pasa ó posto central a figura de Iavé, o seu xuízo e a súa obra, nun esbozo teolóxico que fai del algo máis ca unha mera garantía da orde humana. Outra figura moi salientada é a do rei, do que se presentan as cualidades demandadas (xustiza, bondade, fidelidade, sabedoría) e o seu deber a prol do dereito, se ben cunha certa distancia crítica ó relativizalo coma instrumento de Deus (cf **21** 1).
16, 1-7.9.11 O Iavé presente en tódolos aconteceres ameaza (v 5) e salva (v 7) coma xuíz da vida humana; deste xeito provoca a actitude de respecto, xa que o home s[e] relaciona con El ás veces culpablemente (v 6). O home criatura súa (v 4). El, como creador, é o dono das med[idas] das xustas (v 11), está mesmo por riba da lei "obra[r por] efecto" (vv 1. 9) e, coma ser superior, pode someter á pr[o]ba (v 2). En definitiva, afírmase a súa absoluta soberan[ía] e o seu misterioso obrar, que intervén no corazón do h[o]me adiantándose ós feitos.

¹⁷Vía real dos xustos é o afastarse do mal,
  garda a súa vida quen vixía a propia conducta.
¹⁸Por diante da desfeita vén o orgullo,
  e antes da caída, a fachenda.
¹⁹Mellor é ser humilde entre os pobres
  que ter parte no botín dos opresores.
²⁰O que as colle ó vó, medra;
  pero feliz é só quen espera no Señor.
²¹O de mente aleuta ten sona de entendido,
  e a fala doce promove a comprensión.
²²O bo siso é manancial de vida para quen o posúe,
  pero a crítica dos necios é necidade.
²³A mente do sabio fai atinado o seu falar,
  polos seus labios progresa a doutrina.
²⁴Panal de mel son as palabras xeitosas,
  doces para a gorxa, saudables para os ósos.
²⁵Coidaba alguén que o seu camiño era recto,
  e ó remate levaba á morte.
²⁶A fame do obreiro traballa por el,
  pois aguilloa a súa boca.
²⁷Home malicioso cava malicias,
  coma se un lume alampase nos seus labios.
²⁸Home perverso provoca liortas,
  e o difamador separa do amigo.
²⁹Home violento engana ó seu próximo,
  conducíndoo por un mal camiño.
³⁰Quen torce a ollada, matina intrigas;
  quen remorde os labios, xa fixo o mal.
³¹Coroa de gloria son os cabelos brancos,
  chégase a eles polo vieiro da xustiza.
³²Máis vale o temperado heroe
  e quen domina a paixón có que conquire unha vila.
³³Reméxense as sortes no pano,
  mais a decisión vén toda do Señor.

17

¹Mellor é a codia seca con paz
  cá casa farta de matanzas e discordia.
²O criado avisado chegará a mandar nun fillo innobre,
  e irá ás partes na herdanza cos irmáns.
³O crisol proba a prata; o forno, o ouro;
  e o Señor é quen proba os corazóns.
⁴O malicioso presta oído a labios argalleiros,
  e o mentireiro ponlle a orella á lingua maldicente.
⁵Quen se burla do pobre, insulta ó seu creador;
  quen se alegra na desgracia, non quedará impune.
⁶Coroa dos vellos son os netos,
  e adorno dos fillos son os pais.

6, 10.12-15 O cadro do rei é en conxunto positivo, e ás eces podería substituí-las funcións de Iavé (cf v 13, onde á o seu favor e amor ó xusto). En xeral, preséntase co-1a o defensor da equidade e a xustiza (v 12), terrible na 'a (v 14) e benefactor cando favorece a vida (v 15); o que on lle quita un certo aspecto perigoso (v 14).

6, 21-23 Decisiva para ser ou chegar a sabio é a capaci-ade do "corazón" (entendemento, discernimento) e o se ber expresar axeitadamente.

16, 27-30 Recollen catro tipos de maldade humana que destrúen a comunicación e a vida social. Todos eles supo-ñen unha intención torcida anterior e unha falsificación na expresión verbal.
16, 33 Refírense ó procedemento de solución de casos xu-rídicos ou oraculares pola ordalía de bota-las sortes; ilústrase así a nova visión dunha orde que Iavé pode superar pola súa decisión totalmente libre, por riba de todo fado e determinismo.

⁷Non di ben no parvo un falar escolleito,
moito menos no nobre a fala mentireira.
⁸O suborno é un amuleto ós ollos de quen o emprega:
onde queira se torne, terá éxito.
⁹Quen encobre unha chata, procúrase un afecto;
quen repite un rumor, perde un amigo.
¹⁰Unha reprensión ten máis efecto no home asisado,
ca cen fungueirazos no parvo.
¹¹O argalleiro non procura máis ca liortas,
pero seralle enviado un cruel mensaxeiro.
¹²¡Atope eu unha osa que perdeu as crías,
e non ó parvo na súa tolemia!
¹³Quen paga ben con mal,
non aparta a desgracia do seu casal.
¹⁴Encetar un preito é coma ceiba-la auga:
retírate antes que comece o proceso.
¹⁵A quen absolve ó culpable e a quen condena ó xusto,
a ámbolos dous aborrece o Señor.
¹⁶¿De que serve a paga na man dun parvo?
¿Para mercar Sabedoría? —¡Pero se non ten siso!
¹⁷Un amigo ama en todo tempo,
e un irmán nace para a hora da adversidade.
¹⁸O falto de siso vai dando apertas de mans,
saíndo fiador por outro.
¹⁹Quen ama a culpa, ama a liorta;
quen construe a porta alta de máis, busca a ruína.
²⁰O retranqueiro non atopará a felicidade,
e o de lingua falsa irá dar na desgracia.
²¹Quen tivo un fillo parvo cargou con boa coita,
pois non ten lecer o pai dun tolo.
²²Ánimo ledo, corpo rufo;
o espírito abatido seca a cana dos ósos.
²³O malvado tira do peto o suborno,
para desvia-lo curso da xustiza.
²⁴O intelixente ten os ollos na Sabedoría,
os ollos do badoco andan ós biosbardos.
²⁵Fillo tordas é mágoa de seu pai,
tristura para a nai que o deu.
²⁶Abofé que non está ben multa-lo inocente,
aínda menos mallar sen xustiza na xente de ben.
²⁷No aforro de palabras aprézase o sabio,
e quen mantén o sangue frío é home de tino.
²⁸Mesmo o tolo calado pasa por sabio;
quen pecha a boca, por intelixente.

17, 8 A presentación realista dos procedementos do rico (suborno e regalos) vai constatada sen consideración ética expresa neste verso, así coma en **18**, 16; **19**, 4.6; **21**, 14. A riqueza, con todo, é presentada frecuentemente coma efecto dun comercio ilegal ou dun comportamento inxusto (**16**, 8; **17**, 1; **19**, 1.22; **20**, 21; **21**, 6). A riqueza sen humildade e sen o temor de Deus non dá a vida (**20**, 21; **22**, 16).

17, 12 O mundo da natureza, citado nesta parte da colección, é limitado e específico: animais de caza (león, cachorros, osos: cf **19**, 12; **22**, 13); valoración da auga e das fontes (**16**, 22; **18**, 4; **20**, 5) e dos productos alimenticios (pan, viño, licor, aceite e mel). A agricultura, valorada no seu, é pouco citada (cf **20**, 4); en troques o comercio e as vendas (**17**, 16), a habilidade nos tratos (**20**, 14), a citación de productos de luxo ou elaborados (ouro, prata, corais **16**, 16; **20**, 15) fan resoa-lo ambiente mercantilista da vila. **17**, 14.15 O mundo do dereito, dos preitos e os xuízos é frecuente e significativo nesta antoloxía. Xunto coa crítica a xuíces subornados (**17**, 23) e a xuíces falsos (**17**, 5 atópase a constatación da dificultade do oficio de xulga (**18**, 17) e a confianza no rei coma instancia suprema (1 10). Sen embargo, a ordalía mantense en uso (**16**, 10; **18** 18). De feito, coa chegada da monarquía, o rei, e subs diariamente os xuíces vilegos, constituíronse nunha espe cie de tribunal supremo para os casos non resoltos no "tribunais da porta" dos lugares. "Xulgar" equipárase "gobernar" na visión de Gabaón na que Salomón dema da o máis necesario para o ben do pobo (1 Re **3**,9).

18

¹O que anda apartado procúrase manías
e disente de calquera plano.
²O necio non se comprace na prudencia,
senón tan só nas súas matinacións.
³Onde chega a maldade, chega o desprezo;
coa mala sona chega a aldraxe.
⁴Augas profundas son as palabras dun home,
canle burbullante, fonte de Sabedoría.
⁵Inicuo é favorece-lo culpable,
e prexudica-lo inocente co veredicto.
⁶Labios de necio levan a preito,
a súa boca chama á liorta.
⁷A boca do necio é a súa propia ruína,
e os seus labios son para el mesmo unha trampa.
⁸Verbas de intrigante son coma lambetadas,
que penetran no máis fondo do ventre.
⁹O neglixente no seu traballo
é irmán do destructor.
¹⁰O nome do Señor é forte torreón:
acóllese nel o xusto, e acouga seguro.
¹¹A facenda do rico é o seu castelo fortificado,
considéraa coma unha alta muralla.
¹²O corazón do home érguese orgulloso antes da desfeita,
pero é a humildade a que precede á gloria.
¹³Quen responde unha cuestión antes de escoitar,
conseguirá fatuidade e mais vergonza.
¹⁴Ánimo baril sostén no sufrimento,
pero ¿quen soerguerá un ánimo decaído?
¹⁵Mente prudente acada o saber,
oído de sabios procura a ciencia.
¹⁶Regalos abren camiños,
e levan a ter tratos cos grandes.
¹⁷O primeiro en falar nun preito semella levar razón,
ata que chega o outro e fai a réplica.
¹⁸A sorte apaga as contendas,
e decide entre os potentes.
¹⁹Irmán ofendido péchase máis ca unha fortaleza,
e as liortas son ferrollos de castelo.
²⁰Do froito da súa boca énchese o ventre do home,
e fártase co producto dos seus labios.
²¹Morte e vida están no poder da lingua;
dos froitos que prefira, xantará.
²²Quen encontra muller encontra un ben,
e recibiu favor do Señor.
²³O pobre fala xemendo,
o rico responde bruando.
²⁴Hai compañeiros só para parolar,
e hai amigos máis íntimos ca irmáns.

19

¹Mellor é pobre de recto proceder,
ca rico de falar retorcido.
²Vitalidade sen siso non vale ren,
pés inquedos dan no erro.

8, 12 Pensamento afín ó de que "o que se enxalza será humillado", dos evanxeos (Mt 23, 12; Lc 14, 11; 18, 4).

³A necesidade do home tórceo na súa conducta,
e con todo o seu ánimo irrítase contra o Señor.
⁴A fortuna amorea amigos,
mais o pobre é abandonado polo propio veciño.
⁵Falsa testemuña non ficará impune,
nin fuxirá o perxuro da xustiza.
⁶Cortexan moitos o favor do nobre,
todos son amigos para o que fai agasallos.
⁷Odian ó pobre tódolos seus irmáns;
¡moito máis se apartarán del os veciños!
Está aínda a falar, e xa fuxiron.
⁸Quen adquire bo siso, ámase a si mesmo;
quen garda prudencia, atopará a felicidade.
⁹Testemuña falsa non ficará impune,
e o perxuro perecerá.
¹⁰Non cadra co necio a boa vida,
e menos aínda que un escravo goberne nos príncipes.
¹¹O home sabio móstrase tolerante,
a súa gloria é deixar de lado a ofensa.
¹²Bruar de león é a xenreira do rei,
mais coma orballo na herba é o seu favor.
¹³Fillo insensato, estrago para o seu pai;
muller lianta, goteira constante.
¹⁴Casal e fundamento hérdanse dos pais,
mais a muller competente dáa o Señor.
¹⁵A preguiza leva ó sono,
mais o indolente pasará fame.
¹⁶Quen garda o mandamento, garda a vida;
quen rexeita a súa autoridade, morrerá.
¹⁷Quen é bo co pobre préstalle ó Señor,
que lle reparará cumpridamente a débeda.
¹⁸Corrixe ó teu fillo mentres haxa esperanza,
pero non te deixes levar ata matalo.
¹⁹Quen fai alampa-la ira, cargue co castigo:
se o deixas pasar por alto, anímalo a repetir.
²⁰Escoita o consello e acepta a represión,
para que ó remate sexas sabio.
²¹En moitos proxectos matina o home,
mais é o plano do Señor o que se impón.
²²O que se demanda dun home é a lealdade,
pois máis vale pobre ca falso.
²³O temor do Señor promove a vida:
pódese un deitar farto sen ser visitado pola desgracia.
²⁴O preguiceiro mete a man na cunca,
e xa non ten azos nin para volvela á boca.
²⁵Malla no burlón, e o inxenuo farase asisado;
reprende ó xuizoso, e acrecerá o seu saber.
²⁶Quen dá maltrato a seu pai e desbota a súa nai,
é un fillo deshonrado e infame.
²⁷Meu fillo, se deixas de atende-la corrección,
errarás lonxe das palabras prudentes.

19, 13-14 Comparece xa o tema da muller e o que ten de bendición e maldición: pode ser unha gracia de Deus (**18,** 22) ou crear unha situación insoportable (**21,** 9).
19, 21 A superioridade do plano ("esah") de Iavé respecto do dos homes é un dos motivos teolóxicos da colección na que Iavé aparece como totalmente superior (cf **16,** 33 **20,** 24; **21,** 1), o que non exclúe presentalo coma directo providente da vida humana (**18,** 22; **21,** 31).

²⁸A testemuña perversa búrlase da xustiza,
   as bocas dos malvados engulipan o crime.
²⁹Para os burlentos prepáranse fungueiros,
   e para os lombos dos parvos, zorregadas.

20

¹O viño é burlón e a augardente pelexona,
   ninguén a quen eles acaneen chegará a sabio.
²Bruar de león é a xenreira do rei:
   quen nela incorre, xógase a vida.
³Honor é para calquera desistir dun preito,
   pois mesmo o último parvo sabe amañar unha liorta.
⁴O preguiceiro non ara no outono:
   busca despois a colleita, e nada.
⁵O proxecto é auga profunda na mente do home,
   o entendido sabe tirala fóra.
⁶Moitos proclaman a súa lealdade,
   mais ¿quen atopa un home de fiar?
⁷O xusto procede integramente;
   ¡Benia os fillos que o sucedan!
⁸Asenta o rei na sede do tribunal,
   e xa coa ollada disipa toda a maldade.
⁹¿Quen pode dicir: —"teño limpa a conciencia,
   estou ceibe de pecado?"
¹⁰Pesas trastrocadas, medidas cambiadas,
   a ámbalas dúas aborrece o Señor.
¹¹Polos seus feitos mostra xa un rapaz
   se o seu proceder é limpo e recto.
¹²Oído atento e ollo observador,
   ámbolos dous son obra do Señor.
¹³Non collas gusto ó sono, non sexa que empobrezas;
   érguete cedo, e encheraste de pan.
¹⁴—"Malo, malo", di o feirante,
   e despois vai gabándose do trato.
¹⁵Existe o ouro, e moreas de perlas,
   mais os labios sabidos son un raro tesouro.
¹⁶Cóllelle mesmo o vestido a quen deu aval por un estranxeiro,
   e tómalle peñor a quen saíu fiador por un alleo.
¹⁷Sábelle ben á xente o pan da falsidade,
   pero despois a boca éncheselle de cascallo.
¹⁸Os proxectos asegúranse no consello,
   fai por tanto a guerra con estratexia.
¹⁹Quen vai parolando descobre segredos,
   ¡non te xuntes co lingoreteiro!
²⁰A quen maldí do seu pai e da súa nai,
   esmorézalle a candea na tebra máis fonda.
²¹A facenda feita ás presas no comezo,
   non medrará ó remate.
²²Non digas: —"Hamas de pagar";
   afiúnza no Señor, que El te axudará.
²³Aborrece o Señor as pesas falsas,
   nin é xusto pór trampa na balanza.

20, 5 O consello, proxecto asisado e eficaz, nace do coñecemento dos máis fondos niveis de conciencia e intención ("corazón").

20, 9 Salienta o peso interiorizador da relixiosidade desta colección ,ó ter en conta o sentido de culpa mesmo no home xusto. As raras alusións feitas ó culto (**20,** 25; **21,** 3.27) farán énfase na interioridade e responsabilidade persoal a propósito de sacrificios e votos, por riba da execución material externa.

20, 18 Sobre a *guerra* fálase en dous proverbios: da necesidade de preparala (**20,** 18); ó mesmo tempo, da dependencia de Iavé (**21,** 31).

²⁴Do Señor proceden os pasos do home,
¿que poderá este saber do seu camiño?
²⁵Para moitos é unha trampa farfallar: —"Prometido",
e pensar só despois de feitos os votos.
²⁶Un rei sabio aventa os malvados,
e fai pasar sobre eles a roda.
²⁷O espírito do home é candea do Señor,
que enxerga tódolos recunchos das entrañas.
²⁸Lealdade e firmeza protexen un rei
e na clemencia afinca o seu trono.
²⁹Gloria dos homes novos é a súa forza,
o ornamento dos anciáns son os cabelos brancos.
³⁰Ferida que sanga purga do mal;
e os golpes, o interior das entrañas.

21

¹Coma as canles da auga, a mente do rei está na man do Señor,
el víraa para onde quere.
²Todo o proceder do home semella recto ós seus ollos
pero é o Señor quen sopesa os motivos.
³Face-lo recto e o xusto,
prefíreo o Señor ós sacrificios.
⁴Ollar altaneiro e corazón finchado:
o facho dos impíos é o pecado.
⁵Os planos do dilixente dan boa renda,
pero quen anda ás présas anda ás perdas.
⁶Gañar tesouros con lingua embusteira
é sopro que foxe e trampa de morte.
⁷A violencia dos perversos arrástraos,
por se teren negado a practica-lo xusto.
⁸O proceder do arteiro todo é reviravoltas,
mais é recto o facer do home cabal.
⁹Mellor é habitar nun recuncho do faiado,
ca con muller rifeira en casa grande.
¹⁰O instinto do impío tende ó mal,
non repara con piedade no seu próximo.
¹¹Cando o burlón as paga, aprende o inxenuo,
mais cando se instrúe a un sabio, el acrece o seu saber.
¹²O xusto controla o casal do malvado,
e precipita ós impíos na ruína.
¹³Quen peche a orella ó laio do pobre,
tamén el berrará e non será escoitado.
¹⁴Regalo baixo corda desvía a ira;
e suborno no peto, a máis fera xenreira.
¹⁵É ledicia do xusto o face-la xustiza,
e unha desgracia para os malfeitores.
¹⁶Quen desvía do vieiro da prudencia,
rematará na compaña dos mortos
¹⁷Quen gusta da esmorga, rematará pobre;
e quen se afai ó viño e ó perfume, non enriquecerá.

20, 26 *A roda* á que se fai alusión, é a do carro da trilla (cf Is 28, 27).
20, 27 Raro uso da verba "nexmah", de seu "folgo vital", aquí empregada no senso de espírito interno. Suxire a forza de discernimento interior na conciencia do home: esa capacidade é tamén don luminoso de Iavé.
20, 28 Na paralelización das funcións de Iavé e do rei cara a mante-la comunidade do pobo, chégase mesmo a adicarlle ó rei as cualidades do Deus da alianza: lealdade e fixeza no propósito.
21, 3 A máxima ten fasquía de denuncia profética, se ber é un dos motivos tradicionais en tódalas éticas sapienciais do Antigo Oriente.
21, 14 A verba *peto* traduce a volta ou "seo" da túnica que cinguida por un cordón ó van, servía para portar obxectos pequenos, sobre todo diñeiro.

¹⁸O malvado será o rescate do home de ben,
e o traidor, o do home recto.
¹⁹Mellor é morar nun ermo
ca ter muller fungona e rifadora.
²⁰Na moradía dun sabio gárdanse tesouros desexables e requintados,
namentres que o parvo consúmeo todo.
²¹Quen procura xustiza e lealdade,
acada vida e mais honra.
²²O sabio sabe como atacar un castelo de paladíns,
e demoe-la fortaleza na que afiunzaban.
²³Quen controla boca e lingua,
garda a súa vida de estreituras.
²⁴Leva alcume de petulante o fachendoso insolente,
que no actuar se pasa de presuntuoso.
²⁵O degoiro do preguiceiro lévao á morte,
pois as súas mans refugan o traballo.
²⁶¡Cobiza e máis cobiza todo o día!
Só o home de ben dá sen reserva.
²⁷Sacrificios de impíos son de aborrecer,
e aínda máis cando os fan de mala lei.
²⁸A falsa testemuña desaparece,
mais o bo escoitador fala para sempre.
²⁹O perverso pon a forza nas aparencias,
o recto afianza a súa conducta.
³⁰Non hai Sabedoría, nin discernir,
nin plano que valla diante do Señor.
³¹Aparéllase o cabalo para o día da loita,
mais a victoria é cousa do Señor.

22

¹Máis vale a boa sona cá moita facenda;
e o ser aprezado, cá prata e o ouro.
²Rico e pobre véñense encontrar:
a ámbolos dous fíxoos o Señor.
³O asisado ve o perigo e apártase;
os docas tiran para diante, e páganas.
⁴Tralas pegadas da humildade e do temor do Señor.
veñen a facenda, a honra e a vida.
⁵Silvas e trapelas inzan o camiño do perverso,
quen mira pola súa vida apártase delas.
⁶Afai ó mozo ó seu vieiro:
aínda de vello non se apartará del.
⁷O rico goberna nos pobres,
e quen debe é escravo do que lle emprestou.
⁸Quen sementa maldade recolle aflicción,
e vai dar nel mesmo a vara do seu exceso.
⁹Os bos e xenerosos serán benditos,
xa que lles deron o seu pan ós pobres.
¹⁰Bota fóra ó cínico; rematará a liorta
e cesarán a rifa e maila aldraxe.
¹¹O Señor ama a quen ten a mente limpa,
e o de falar xeitoso ten por amigo ó rei.

22, 2 Recolle a noción de igualdade fundamental de tódolos homes, en canto son feitura de Deus.
22, 4 Presenta os tres grandes bens que os mestres propoñen coma meta dunha conducta sabia.
22, 9 "Tob-áyin" de seu significa "o de ollo bo", e inclúe o matiz de bondade na interpretación das cousas. O xiro, con todo, emprégase correntemente na acepción de xenerosidade. Velaí por que o traducimos como "bo e xeneroso", sen forza-lo texto.

¹²Os ollos do Señor protexen o saber,
mais confonden as verbas dos traidores.
¹³Pretexta o preguiceiro: —"Vai un león na rúa,
e pódeme matar na encrucillada".
¹⁴As verbas das estranxeiras son cova profunda,
o que o Señor refuga vai caer nela.
¹⁵Apégase a tolemia ó corazón do mozo,
mais a vara da corrección é tal de a despegar.
¹⁶Quen asoballa ó pobre, estao engrandecendo;
quen fai regalo ó rico, estase a empobrecer.

DITOS DE SABIOS (22, 17-24, 22)

¹⁷Inclina o oído e escoita as miñas palabras,
aplica a túa mente ó meu saber,
¹⁸pois é axeitado que as gardes no teu seo,
e que as teñas prontas nos teus labios.
¹⁹Para que póña-la túa confianza no Señor,
tamén a ti vou eu instruír hoxe.
²⁰Abofé téñoche escritos trinta ditos,
consellos e ciencia por xunto,
²¹para te informar da verdade das palabras axustadas,
e poidas así traer razóns exactas a quen te envíe.

²²Non despoxes ó mendigo por ser tal
nin asoballes ó pobre das portas,
²³pois o Señor defende a súa causa
e tiraralle a vida a quen malle neles.
²⁴Non te xuntes con home rifador
nin camiñes co que se alporiza,
²⁵non sexa que te afagas ás súas mañas
e vaias dar nunha trampa mortal.

²⁶Non andes dando apertas de man
nin saíndo garante de débedas;
²⁷se non tes recursos para as saldares:
¿por que expoñerte a que che incauten mesmo o leito?

²⁸Non remóva-los lindeiros de sempre,
que puxeron os teus devanceiros.

22, 16 A inxustiza feita ó pobre é unha arma na súa man; o favor de cumprido, feito ó rico, envilece.
22, 17-**24,**22 Ditos de Sabios. O descubrimento, no comezo deste século, das intruccións exipcias de reis, visires e grandes mestres, adicadas ós seus fillos e herdeiros, subministraron materiais comparativos. En concreto, desde 1924 recoñeceuse a semellanza destes versos coa "Instrucción de Amen-em-ope", datable entre o 900 e o 700 a. C. A Sabedoría de Israel foi internacionalista. Os sabios, nas súas lecturas, viaxes, contactos culturais, tomaron contacto coa sabedoría das grandes civilizacións exipcias e mesopotámica, e valoraron positivamente canto de bo e ético atoparon noutros pobos. De influxo exipcio son expresións coma "escoitar", "sopesar no corazón", "disciplina"; os tipos humanos do "silencioso", "o acalorado"; fórmulas coma "árbore da vida", eran común en todo o ámbito do crecente fértil; motivos coma o da superioridade da oración sobre o sacrificio, a fraxilidade das riquezas, a prohibición de remove-los lindeiros, supoñen unha ética común.
En xeral, a ética sapiencial de Israel diferénciase da dos veciños por ser máis universal e menos profesionalizada, coincidindo nisto cos grandes temas humanistas do Deuteronomio (país, muller, amizade, próximo, etc.). O concepto de xustiza non aferrolla a Deus nun determinismo fatal, senón que o deixa libre. Desenvólvese así moito máis o dogma da retribución, e resta sempre intocado o monoteísmo, que profundiza na teodicea.
Cómpre advertir que, a partir de **23,** 12, o escolmador, mantendo a estructura de 30 ditos recibida do Amen-em-ope, deixa de recoller material desa instrucción, para aproveitar outras fontes estranxeiras.
22, 24-25 Non facerse amigo do "acalorado", incapaz de control. A motivación non é, coma en Exipto, o medo á súa carraxe, senón a se asemellar a el, verdadeira trampa.
22, 26-27 O motivo é israelita e non ten paralelo no exipcio. A recomendación social presentada, xa a coñecemos de Pr **11,** 15; aquí o realismo do v 27b faina máis drástica.

²⁹¿Viches a alguén mañoso no seu oficio?
—Poderá presentarse diante de reis,
non servirá a xentes ignoradas.

23

¹Cando sentes a xantar co xefe,
considérate ben de quen tes diante;
²ponte ti mesmo unha navalla na gorxa
se es bo papador;
³que non te tenten as súas lambetadas,
pois son xantar que engana.

⁴Non te esgotes en facer fortuna,
deixa de darlle voltas ó maxín;
⁵apartas dela os ollos, e esmorece.
pois pode botar ás
e coma a aguia fuxir voando cara ó ceo.

⁶Non vaias ó banquete do avarento
nin aréle-las súas peperetadas;
⁷é coma un pelo de través na gorxa;
dirache: —"¡come e bebe!"
mais non lle interesas ren.

⁸Vomitara-lo que comiches
malgastando as túas amables razóns.

⁹A oídos parvos non fales,
desprezarán o bo senso das túas palabras.

¹⁰Non remóva-los lindeiros de sempre
nin te metas nas leiras dos orfos,
¹¹pois o seu vingador é poderoso,
e defenderaos no preito contra ti.

¹²Pon mentes na corrección,
e ten oído para as palabras instructivas.

¹³Non lle afórre-lo reproche ó mozo:
porque lle deas coa vara non vai morrer;
¹⁴en troques, se o bates coa vara,
acaso o salves do Xeol.

23, 1-3 O tema da etiqueta nos banquetes, sobre todo cando é unha persoa máis rica ou importante a que invita, forma parte do curriculum da formación profesional do escriba xa desde as Instruccións de Ptah-hotep e Kaguemmni, datables entre o 2600 e 2400 a. C. O tema recollerao Ben Sírah (Eclo **31-32**), o mesmo cós evanxeos (cf Lc **14,** 8-11). O sabio israelita inclúe o motivo moral do engano, que non estaba no orixinal.
23, 6-8 *Avarento* traduce "cativo de ollo", que tamén pode se-lo misántropo ou malintencionado. No v 7a outra lectura do orixinal hebreo podería ser: "pois é tal que só pensa en servirse a si mesmo"; pero a imaxe do pelo na gorxa aproxímase máis ó exipcio.
23, 10-11 É posible que haxa que corrixi-lo texto no primeiro hemistiquio, poñendo "da viúva" no posto do "de sempre". O par "viúva/orfo" é tradicional, e o texto exipcio apórtao coma mostra exemplar de desherdados e desasistidos xudicialmente. O "vingador" ou "go-el" (cf Rut **3,** 10ss) é Deus "o potente" (no paso exipcio, o deus lunar).
23, 12 Este verso cómpre consideralo por separado de vv 13ss, pois diríxese a un alumno de escola, mentres que o seguinte é unha instrucción a un pai mestre. Xa a partir deste dito nótase unha segunda influencia na composición, que se vai prolongar deica o **24,** 22: a da "Sabedoría de Ahicar". Foi esta unha obra mesturada de instrucción e colección de proverbios asirios, que se conserva soamente en traduccións tardías, pero que remonta ós finais do Imperio (s. VIII). Escrito de amplo influxo na antigüidade, hai constancia de préstamos del en Tobías, Esopo e mesmo na literatura medieval europea dos apólogos, a través da versión árabe.

¹⁵Meu fillo, se o teu corazón é sabio,
  hase alegrar tamén o meu corazón,
¹⁶e reloucarán as miñas entrañas,
  se os teus labios falan axeitadamente.

¹⁷Non sinta envexa a túa mente dos pecadores,
  matine máis ben tódolos días no temor do Señor,
¹⁸dese xeito agardarache un bo porvir
  e a túa esperanza non será frustrada.

¹⁹Escoita, filliño, e faraste sabio,
  endereita a túa mente pola vía xusta.
²⁰Non te xuntes cos bébedos
  nin cos engulidores de carne,
²¹pois o bébedo e o larpeiro empobrecen
  e darse á nugalla leva a vestir de farrapos.

²²Escoita a teu pai, que te enxendrou;
  e non desbóte-la túa nai, se vai vella.
²³Merca a verdade e non a vendas,
  a Sabedoría, a Instrucción e a Intelixencia.
²⁴Reloucará gozoso o pai do xusto;
  quen enxendrou a un sabio, aledarase con el,
²⁵teu pai e túa nai encheranse de alegría
  e exultará a que te deu.

²⁶Meu fillo, préstame atención,
  que os teus ollos aproben os meus camiños,
²⁷pois cova profunda é a prostituta,
  pozo estreito a estranxeira,
²⁸tamén axexa ela coma o atracador
  e multiplica os traidores antre os homes.

²⁹¿Quen di: —"¡Ai!"? ¿Quen grita: —"¡Mamá!"?
  ¿De quen son os preitos e para quen os laios?
  ¿Quen leva sen motivo as zorregadas?
  ¿De quen son os ollos chispos?
³⁰—"Dos que se demoran no viño
  e van cata-los viños mesturados".
³¹Non olles para o viño cando pinta de vermello
  e reloce na cunca:
  esvara lixeiriño,
³²mais ó remate morde coma cobra
  e pica coma víbora.
³³Os teus ollos verán cousas estrañas,
  a mente farate falar trabucado;

23, 17-18 O ton relixioso contrasta co realismo de amoestacións que virán máis adiante (a da prostituta nos vv 26-28 e a do bébedo nos vv 29-35), o que argumenta a favor da pluralidade de materiais empregados.

23, 26-28 De novo a conexión da boa disposición da mente coa recta conducta (v 26). Despois, nunha linguaxe chea de crueza e connotacións, dúas metáforas e unha semellanza ilustran a comparanza entre a prostituta e unha cova para a caza de animais ("xuhah"): unha trapela estreita en forma de pozo, e un atraco. Esas imaxes serven ordinariamente coma connotación do camiño de Xeol, reino dos mortos.

23, 29-35 Os proverbios de Ahicar e maila "Instrucción exipcia de Ani" (de data veciña a Amen-em-ope) trataban con detalle o tema do bébedo.

³⁴estarás coma quen se deita na mareira
ou asenta no picouto do mastro.
³⁵—"Bateron en min e non me doeu,
calcáronme coma uva e non me decatei.
¿Cando voltarei a estar sobrio?
Aínda pediría outra rolda".

24

¹Non envéxe-los malvados
nin anceies xuntarte con eles,
²pois as súas mentes matinan destrucción
e os seus labios traman a desgracia.

³Un casal constrúese coa Sabedoría
e afíncase co discernimento,
⁴as súas pezas énchense co saber
dos bens máis prezados e elegantes.

⁵Máis baril é o sabio có forzudo,
e persoa de saber afianza o poderío,
⁶pois coa estratexia gañara-la guerra
e o triunfo está nos moitos conselleiros.

⁷A Sabedoría queda lonxe do parvo:
o tal non abrirá a boca na asemblea da porta.

⁸O que matina para mal,
levará alcume de intrigante;
⁹pecado é a intriga do necio
e a xente refuga ó cínico.

¹⁰Se te mostras feble no tempo da proba,
feble era a túa forza.

¹¹Libera ós condenados á morte,
non negues axuda ós que van ser executados,
¹²xa que se despois dis: —"Nós non sabiamos tal",
¿pensas que o que sopesa as intencións non se decata?
O que vixía a túa vida ben que o sabe,
el retribuirá a cadaquén conforme ós feitos.

¹³Filliño, toma mel, que che é bo,
o panal é doce ó padal;
¹⁴tales son o coñece-la Sabedoría para a túa vida:
se a acadas, terás futuro,
e non será frustrada a túa esperanza.

24, 3-4 Este e mailos ditos a seguir son unha serie de sentencias diversas sen ningún elemento de instrucción. Na liña da prosperidade doméstica baseada nos valores intelectuais, o conseguir sona na comunidade presupoñía a coherencia na casa propia.

24, 10 O verso debe entenderse coma un "merismo" ou mera constatación de feito, e polo tanto independente das amoestacións instructorias.

24, 11-12 Transcendental amoestación contra o absentismo culpable. Xa o mesmo Amen-em-ope denunciaba esa actitude.

24, 13-14 Dun consello inicial tirado dunha situación escolar sobre a saúde, pásase á metáfora sapiencial: a saúde física é só un aspecto da vitalidade total.

24, 15-16 No caso concreto exemplifícase unha doctrina da teodicea iavística: o xusto ("saddiq") nunca será vencido, por máis que caia. O seu final está asegurado.

¹⁵Non axéxe-lo casal do home xusto
nin destrúa-lo seu acougo,
¹⁶pois se sete veces cae o home honrado, outras tantas se ergue,
mais os perversos tropezan e non se levantan.

¹⁷Non te alegres cando caia o inimigo
nin botes risadas cando tropece,
¹⁸non sexa que, ó velo, desagrades ó Señor,
e retire del a súa xenreira.

¹⁹Non te alporices contra os malvados
nin envéxe-los perversos,
²⁰pois o impío non ten futuro
e a candea dos perversos esmorece.

²¹Meu fillo, teme ó Señor e ó rei,
non te comprometas cos que conspiran,
²²pois a súa desfeita sobrevén de súpeto,
e quen sabe cando chegará a ruína das súas vidas.

OUTROS DITOS DE SABIOS (24, 23-24)

²³Tamén estas máximas se atribúen ós Sabios:
Dar un xuízo parcial non está ben.
²⁴A quen lle di ó culpable: —"te-la razón"
maldino os pobos, detéstano as nacións,
²⁵mais os que os reprenden quedarán contentos,
e virá sobre eles a bendición cumprida.
²⁶Bica nos labios
quen responde francamente.

²⁷Pon orde no teu traballo exterior,
arránxate na túa leira;
despois poderás construí-la casa.
²⁸Non fagas sen máis de testemuña contra o teu veciño,
¿gústache enganar coa boca?
²⁹Non digas: —"Farei con el o que el fixo comigo;
vaimas pagar conforme ó seu feito".

³⁰Pasei pola leira do preguiceiro,
preto da viña do insensato,

24, 17-18 É característica a forma do argumento de precaución, e nova a idea do desagrado de Iavé ante esa actitude, que sería normal conforme á vixente lei de talión. O dito ten paralelos na Sabedoría de Ahicar.
24, 21-22 A religación da relixión co patriotismo non provén dunha asociación externa en razón de circunstancias, senón da teoría da monarquía coma representante e responsable ante Iavé, o que facía do respecto ó rei un deber relixioso.
24, 23-34 Outros ditos de Sabios. O título "Estes tamén son de Sabios" encabeza, coa súa referencia velada a **22, 17**, un anexo posterior, engadido ás coleccións 2 e 3 quizais a modo de apéndice, coa intención de conservar para a posteridade máximas e amoestacións xulgadas coma valiosas.
As formas representadas na sección son: dúas máximas (vv 23 e 26), un fragmento de instrución (vv 27-29),

unha constatación de feitos (vv 24-25) e unha descrición de experiencia persoal e moral (vv 30-34).
24, 26 Do xesto do saúdo cordial entre irmáns e amigos dedúcese que a franqueza é amizade verdadeira.
24, 27-29 O fragmento de instrución comprende os temas da boa organización do traballo, da veracidade no testemuño e da superación do talión pola caridade. Esta é a intuición ética dos sabios, que supera o moralismo leguleio. Nos "Preceptos e Admonicións" babilonios xa se decía: "Non devolvas mal ó home que rifa contigo. Mantén a xustiza co teu inimigo. Sorrí ó teu adversario".
24, 30-34 O tipo nugallán (coma antes o de bébedo: **23, 29-35**) queda espellado nunha composición autobiográfica á maneira de cadro exemplar. Da experiencia tirase un "musar" (v 32b): que a indisciplina da preguiza leva á desfeita social paseniño e sen o home se decatar.

³¹e estaba toda inzada de silveiras,
toda cuberta de estripos
e o valado de pedra derrubado.
³²Ó velo reflexionei,
ollalo foi aprender unha lección:
³³dormes un pouco, moqueas outro pouco,
crúza-los brazos un intre para repousar,
³⁴e achégaseche a pobreza coma un moinante
e a necesidade coma un mendigo.

TAMÉN ESTES SON PROVERBIOS DE SALOMÓN (25-29)

Antoloxía "A" (25-27)

25 ¹Tamén estes son Proverbios de Salomón, transcritos polos homes de Ezequías, rei de Xudá.

²Gloria de Deus é agachar unha razón,
honra dos reis é inquirila.
³A altura do ceo, o fondo da terra
e a mente dos reis non hai quen os abranga.

⁴Remove a escoura da prata,
e o ourive fará dela unha obra de arte;
⁵aparta ó malvado do servicio do rei,
e o seu trono afincará na xustiza.

⁶Non te deas aires na presencia do rei
nin ocúpe-los postos dos grandes;
⁷mellor é que che digan: —"achégate aquí",
que ter que ser deposto diante da nobreza.

O que os teus ollos viron
⁸non te apures a citalo no proceso,
pois ¿que farás ó remate,
cando o teu contrincante logre avergonzarte?

⁹Arranxa o teu preito co veciño,
e non descubras segredos doutro,
¹⁰non sexa que quen te escoite te inxurie
e non se poida repara-la túa infamia.

¹¹Mazás douradas en bandexas de prata
son as palabras ditas con xeito.

25-29 Tamén estes son Proverbios de Salomón. A colección de "maxais" que presentan estes cc. ocupa na orde total do volume o quinto posto, mais na cronoloxía dos materiais pode que conteña algúns dos máis antigos da escolma.
Coma no caso da 2.ª colección (**10,** 1-**22,** 16), a crítica literaria descobre dúas antoloxías previas, conforme os indicios sociolóxicos e formais: "A": cc. **25-27;** "B": cc. **28-29.**
25-27 Antoloxía "A". A peculiariedade da antoloxía "A" distíngue-a das outras tres en primeiro lugar pola forma: case a metade son proverbios comparativos; unha cuarta parte son amoestacións; danse agrupacións en torno a un tema e proverbios espallados por máis de dous versos. En canto á temática nótase un aire case exclusivamente secular con poucas referencias relixiosas, onde abunda un sentimento de admiración pola natureza e un alto aprezo da agricultura. En troques, os rasgos de cultura e vida urbá fanse moi presentes, mentres non se di a penas nada das posibilidades da comunidade labrega nin das oposicións sociais xurdidas no seu medio. Todo fai pensar, non nunha colleita de proverbios do mundo campesiño, senón nunha instrucción destinada a agricultores podentes e composta por sabios profesionais.
25, 1-7 Catro máximas acerca da figura do rei. Lóuvase a súa intelixencia e o papel investigador da verdade nos casos que debe xulgar (v 2b); existe un lixeiro distanciamento verbo das súas intencións (v 3) e unha aberta crítica dos que o rodean (vv 5a 6).

¹²Anel de ouro e alfaia de ouro fino
é a reprensión dun sabio para o oído atento.
¹³Frescor de neve nun día de seitura
é o mensaxeiro fiel para quen o envía:
reconforta o ánimo do seu amo.

¹⁴Nubes e vento sen chuvia
é quen se gaba de regalar quincalla.
¹⁵Tendo paciencia persuádese a un príncipe,
pois unha lingua suave quebra ósos.
¹⁶Se atopas mel, come só o que cómpre,
non sexa que te fartes e o vomites;
¹⁷pon o pé de raro en raro na casa do veciño,
non sexa que se farte de ti e te malqueira.

¹⁸Maza, espada e frecha afiada
é quen testemuña en falso contra o amigo.
¹⁹Moa picada e pé tolleito
é afiunzar no traidor o día da angustia.
²⁰Andar espido nun día de xeada,
botar vinagre nunha ferida,
iso é o cantar cántigas co corazón magoado.

²¹Se o teu inimigo ten fame, dálle pan a comer;
e se ten sede, dálle auga a beber;
²²poraslle carbóns ardentes na cabeza
e o Señor hache recompensar.

²³O vento nordés pare chuvias;
a lingua murmuradora, facianas irritadas.
²⁴Mellor é habitar nun recuncho do faiado,
ca con muller rifadora en casa grande.
²⁵Auga fresca para boca sedenta
é unha boa noticia de país remoto.
²⁶Manancial túrbido e fonte emporcada
é o xusto que abranda ante o impío.
²⁷Non é san darse unha enchente de mel,
nin procurar honores tras honores.
²⁸Cidadela desmantelada e sen muro:
o home que non se sabe conter.

26

¹Non vai a neve co verán, nin a chuvia coa seitura,
nin di ben o honor co parvo.

25, 11-13 Os "feitos de lingua" proseguen a mante-lo seu significado eminente, eloxiándose a actividade sabia da reconvención (**25,** 12; **27,** 5) e o falar no instante xusto (**25,** 11) e con razóns atinadas (**28,** 15). Abunda a recriminación contra o falar torcido e a calumnia, a traición de segredos, a falta de dominio e a fachenda verbal (**25,** 9ss; **26,** 17; **27,** 1).

25, 14 Todo ó longo destes cc. estará presente a observación e admiración da natureza. Os fenómenos meteorolóxicos e as estacións están profusamente aludidos (**25,** 13. 14. 23; **26,** 1; **27,** 15).

25, 16 Da referencia a productos agrícolas tíranse moitas comparanzas: a mazá (**25,** 11), o mel (**25,** 16. 27), o aceite (**27,** 9. 16), o leite (**27,** 27).

25, 21-22 Os *carbóns ardentes na cabeza*, citado por Rm **12,** 20, refírese a un ritual exipcio de purificación, o "rito de cambio da mente"; son indicadores, polo tanto, de arrepentimento e nada teñen que ver coa arela de vinganza. A presencia de Iavé coma garante da retribución é unha das poucas alusións relixiosas da antoloxía. Outra mención xa apareceu en **25,** 2 con referencia ó seu misterio insondable, e nomeando o xenérico "Elohim" (Deus), en vez de Iavé.

26 O c. mostra tres modelos de agrupacións de "maxais" en torno a temas ou figuras concretas: os vv 1-12 falan do necio (agás o v 2); os vv 13-16 fano a propósito do preguiceiro; os vv 20-28 xiran arredor dos defectos da "lingua perversa".

²Coma o pardal a alear e andoriña a revoar:
a maldición inxusta non vai para ningures.

³A tralla para o cabalo; para o burro, o freo,
e o fungueiro para o lombo dos necios.
⁴Non respondas ó necio cando fala parvadas,
non sexa que te lle asemelles.
⁵Respóndelle ó necio cando fala parvadas,
non se vaia ter por sabio.
⁶Corta as propias pernas e bebe vinagre
quen envía recado por medio dun parvo.
⁷Abanéanlle as pernas ó tolleito,
e o refrán na boca do necio.
⁸Coma quen amarra a pedra na fonda,
é quen da honra ó necio.
⁹Espiñas de toxo na man dun bébedo
iso é o proverbio na boca dun parvo.
¹⁰Arqueiro que fere a quenquera que pasa,
é quen contrata un parvo ou un bébedo.
¹¹Coma o can volta ó seu vómito,
repite o parvo a súa tolemia.
¹²¿Viches a alguén que se teña por sabio?
Aínda hai máis que esperar dun parvo ca del.

¹³Di o nugallán: —"Anda un leopardo no camiño;
vai un león no medio das rúas".
¹⁴Xira a porta no seu gonzo,
e o nugallán no seu leito.
¹⁵O preguiceiro mete a man na cunca,
e fáltanlle forzas para tornala á boca.
¹⁶Coida o nugallán que el é máis sabio
ca sete dos que responden con siso.
¹⁷Atrapa un can polas orellas
quen se enreda nunha disputa allea.
¹⁸Coma tolo que dispara
fachicos, frechas e morte,
¹⁹é quen engana a un amigo
e despois lle di: —"Estaba a bromear".
²⁰Por falta de achas, esmorece o lume;
ausente o chismoso, apágase a rifa.
²¹Coma o fol para as ascuas e a leña para o lume,
é o rifador para facer alampar liortas.
²²As verbas do intrigante son coma lambetadas,
que penetran ata o máis fondo do ventre.
²³Esmalte que recobre a cunca de arxila
son os labios suaves nun corazón perverso.
²⁴O que odia, coa boca faise pasar por outro,
mais no seu interior pon a falsidade;
²⁵aínda que suavice a voz, non lle deas creto,
pois leva sete perfidias no corazón.

26, 1-12 Así coma a figura do sabio a penas se vén citada ou aludida expresamente (**25,** 12; **27,** 11. 12), a do necio ten un tratamento pormenorizado, no que se mostra máis coma estúpido ca coma inmoral. É un inútil para os oficios e encargos (vv 6. 10), cómpre tratalo duro (v 3), non hai sabedoría que rexa nos seus labios (vv 7. 9). Estes versos últimos denotan unha conciencia profesional acusada.

26, 17 A alusión ó mundo animal é constante e concreta: cabalo e asno (**26,** 3), pardal (**26,** 2; **27,** 8), andoriña (**26,** 2), o niño (**27,** 8), gando (**27,** 23), años e cabuxas (**27,** 26).

26, 20-28 Os "pecados da lingua" céntranse na murmuración, intriga, e calumnia, destructores da convivencia e da posibilidade de compromiso.

²⁶Pode encubrirse o odio coa simulación,
  pero a intención maliciosa descóbrese na asemblea.
²⁷Quen cava unha cova caerá nela,
  e a pedra dará enriba de quen a bota a rolar.
²⁸Lingua falsa amorea víctimas,
  boca gasalleira leva á ruína.

27

¹Non te gabes do mañá,
  que non sabes que traerá o hoxe.
²Lóuvete outro, e non a túa boca;
  un alleo, e non os teus labios.
³Peso de pedra, carga de area:
  máis cós dous pesa a carraxe do tolo.
⁴Cruel é a ira; e unha enxurrada, o noxo,
  pero contra os celos ¿quen se pode manter?
⁵Mellor é reproche patente
  cá amizade acubillada.
⁶As feridas de amigo son de lei,
  os bicos do inimigo son finxidos.
⁷Andorga farta patea no mel,
  para a gorxa famenta é doce o amargo.
⁸Pardal que revoa lonxe do niño,
  é quen anda errante lonxe do seu eido.
⁹Perfume e incenso alegran o corazón,
  a dozura da amizade dálle forza ó espírito.
¹⁰Non desbotes ó teu amigo nin ó de teu pai,
  e non terás que ir á casa de teu irmán no día da desgracia.
¹¹Meu fillo, faime feliz sendo sabio,
  e terei resposta que dar a quen me aldraxe.
¹²O asisado ve o perigo, e apártase;
  os docas tiran para diante, e páganas.
¹³Queda ti co seu vestido, pois deu prenda por un alleo
  e puxo fianza por unha estranxeira.
¹⁴Quen xa de mañanciña saúda ó veciño a berros,
  é coma se o maldicise.
¹⁵Pingar arreo nun día de orballada
  e muller rifadora son cousas parellas;
¹⁶quen a retén, retén vento,
  e recolle aceite na man.
¹⁷Co ferro afíase o ferro,
  e o home a carón do próximo.
¹⁸Quen coida da figueira, xantará do froito;
  quen garda ó seu amo, será honrado.
¹⁹Coma as augas reflicten o rostro,
  así a intención reflicte ó home.
²⁰Xeol e abismo non se dan fartos,
  tampouco se enchen os ollos do home.

---

27 Este derradeiro c. da antoloxía "A" amorea máximas acerca de problemas de convivencia e relación. Os vv 5-6. 9-10 tratan das bendicións e perigos das amizades. Os vv 14-18 propoñen casos de relacións próximas ó home (muller, veciño, amo).
De aí pásase a unha consideración máis universal do ser humano, que non se daba nas coleccións precedentes e que supón un grao máis adiantado de reflexión (vv 19-21).

No remate (vv 23-27) danse "consellos ós labradores", feitos desde unha visión comercial e de incipiente explotación dos recursos do agro, que revelan unha evolución no modelo social. Quen tal di ou recopilou, moraba na cidade ou nunha vila labrega; pensemos nos muros, prazas e cans (**26**, 11. 17), leitos, morteiros (**27**, 22), vinagre (**25**, 20), carbón (**25**, 22); vestido (**25**, 20; **27**, 20); criado (**27**, 27).

²¹O forno proba a prata; o crisol, o ouro;
e o home, a opinión de quen o gaba.
²²Aínda que esnaquíce-lo tolo cun mazo
nun morteiro mesturado coa area,
non lle tirarás fóra a necidade.
²³Repara ben no aspecto da túa grea
e ten boa conta dos teus rabaños,
²⁴pois a facenda non dura sempre
nin as riquezas de xeración en xeración;
²⁵apañada a herba e despuntado o gromo,
recolleita a forraxe das montañas,
²⁶os años forneceranche vestido
e as cabuxas terán o prezo dunha leira,
²⁷terás leite de cabra abondo para a túa mantenza
para a mantenza da túa casa e sustento das túas criadas.

Antoloxía "B" (28-29)

28 ¹O perverso foxe sen que ninguén o persiga,
o xusto vai seguro coma un león.
²Polos crimes dun país multiplícanse os seus tiranos,
mais cun home intelixente e prudente mantense a orde.
³Quen oprime o pobre e asoballa os mendigos,
é chuvia devastadora que non trae trigo.
⁴Os que esquecen a lei, gaban ó malvado;
os que gardan a lei, alporízanse contra el.
⁵Os homes perversos non queren saber de dereito,
os que procuran ó Señor comprenden todo.
⁶Mellor é un pobre que se comporta honradamente,
do que un rico de vías tortas.
⁷Un fillo asisado garda a lei,
o amigo de esmorgas avergonza a seu pai.
⁸Quen amorea facenda por usura e interese,
xúntaa para o que se apiada dos pobres.
⁹Quen retira o oído para non oí-la lei,
mesmo a súa pregaria é de aborrecer.
¹⁰Quen extravía ós xustos por mal camiño,
caerá na súa propia cova,
mais os íntegros herdarán a felicidade.
¹¹O rico tense por sabio,
mais un pobre intelixente cóllelle as voltas.
¹²Cando os honrados medran, grande é a festa;
cando os perversos soben, a xente agáchase.

28-29 Antoloxía "B". O restante da col. 5 compón unha escolma de carácter moi especial. Nun ton que volta a ser altamente relixioso e moral, estase a falar constantemente dos dominadores do pobo e da responsabilidade do xusto verbo da sociedade. De feito non se fala tanto sobre o rei canto para o rei, con verbas de afirmacións máis ca de exhortación. O escepticismo ó xulga-los cortesáns e o gobernante é manifesto (cf **29**, 12; **28**, 3. 16). Ó mesmo tempo fai ó rei responsable do pobo (**28**, 3; **29**, 2-4), exhortándoo á sabedoría (**28**, 2. 16), ó xuízo imparcial (**29**, 24), á destrucción dos malvados (**28**, 28), a suprimi-las adulacións (**29**, 26) e a non dar mal exemplo (**29**, 12). Todo fai pensar nunha selección de ditos para o ensino dun monarca novo ó que lle imparten directrices para o ben gobernar, coma deixan intuír outros pasos da Biblia (2 Sam **23**, 1-7; 1 Re **3**, 4-15). Nese ensino xogaba un papel relevante a fundamentación relixiosa.
28, 4. 5. 7. 9 Insisten no cumprimento da lei (a Torah), ligada á procura da vontade de Iavé e á piedade auténtica. Fálase por conseguinte da "Lei de Iavé", é non só dos preceptos paternos ou de Sabedoría (cf **29**, 18).
28, 8-10 Moitos "maxais" desta escolma falan do rico e do pobre desde unha posición de responsabilidade social. A simpatía polo pobre é permanente (**28**, 6. 11), e o perigo da riqueza, manifesto (cf **28**, 8: usura; **28**, 16: rapina; **29**, 4: tributos; **29**, 24: roubos); a riqueza as máis das veces vai cargada de culpa (**28**, 20; **29**, 24) e leva á destrucción do país (**29**, 4; que relembra a prédica de Amós).
De fronte a tal situación son chamados a contas os dirixentes para que impoñan o dereito dos pobres (**28**, 3. 15. 27; **29**, 7. 14), pois o pobre é "criatura de Iavé" (**29**, 13).

¹³Quen esconde as súas faltas, non prosperará;
quen as confesa e corrixe, encontrará piedade.
¹⁴Benia quen sempre ten temor reverencial,
mais quen endurece o corazón caerá no mal.
¹⁵León bruante, oso esfameado
é o gobernante malvado que asoballa a un pobo pobre.
¹⁶Xefe sen intelixencia amorea opresións,
o que aborrece a rapina vive longos anos.
¹⁷Quen leva ás costas a carga dun delito de sangue
ata a tumba ¡que ninguén o deteña!
¹⁸O de conducta irreprochable está a salvo,
o de vieiros tortos caerá no foxo.
¹⁹Quen cultiva a súa leira, fartarase de pan;
quen anda ós biosbardos, fartarase de pobreza.
²⁰Home leal vai cheo de bendicións,
o que corre a enriquecerse non o fará sen culpa.
²¹Privilexiar a alguén non é honrado,
mesmo por un anaco de pan hai quen se fai culpable.
²²Home de ollar torcido apúrase a enriquecer,
non se decata de que a penuria se lle bota enriba.
²³Quen a outro reprende, ó remate será máis respectado
có que fala con verbas solermiñas.
²⁴Quen lles rouba ó pai e á nai e di: —"Non é pecado",
equipárase a un salteador.
²⁵Home cobizoso alampa liortas,
quen ten fe no Señor medrará.
²⁶Quen confía no seu tino é parvo,
o que procede sabiamente sálvase.
²⁷Quen lle dá ó pobre xamais carecerá,
a quen lle pecha os ollos maldicirano abondo.
²⁸Cando os malvados soben ó poder, a xente agáchase;
cando perecen, multiplícanse os honrados.

29

¹Quen endurece despois da reprensión,
vai á ruína nun momento, sen remedio.
²Cando mandan os xustos, o pobo alégrase;
mais se un impío goberna, o pobo xeme.
³Quen ama a Sabedoría alegra a seu pai,
quen frecuenta prostitutas malgasta a facenda.
⁴Un rei fai próspero o país coa xustiza,
mais quen aumenta os impostos arruínao.
⁵O que lle di verbas suaves ó veciño,
téndelle unha rede diante dos pés.
⁶Na maldade do impío escóndese un lazo,
namentres que o xusto reloucará ledo.
⁷Recoñece o xusto o dereito dos pobres,
mais o malvado non ten comprensión.
⁸Homes arrogantes turban unha cidade,
mais os sabios aquedan a ira.
⁹Cando un sabio ten preito cun necio,
enfádase ou ri, pero non ten sosego.

28, 20-21 Céntranse posiblemente na actitude moral dos tratos comerciais e transaccións nos que o gobernante pode pecar por favoritismo.

28, 25 Dá a clave moral da colección, que tornará a se repetir no **29,** 25.

¹⁰Os sanguinarios odian ó íntegro,
  pero os rectos considéranse del.
¹¹O parvo déixase levar de calquera impulso,
  mais o sabio reprímeo e acálmao.
¹²Cando un gobernante dá creto a razóns falsas,
  tódolos seus ministros serán malvados.
¹³Pobre e explotador teñen algo en común:
  O Señor deulles ós dous a luz dos ollos.
¹⁴Rei que xulga equitativamente os pobres,
  o seu trono afíncase para sempre.
¹⁵A vara e a reprensión dan sabedoría,
  rapaz consentido avergonza a súa nai.
¹⁶Cando mandan malvados acrecéntase o crime,
  pero os xustos ollarán a súa desfeita.
¹⁷Corrixe ó teu fillo: servirache de acougo
  e dará satisfaccións ó teu espírito.
¹⁸Onde non hai revelación, o pobo perde o freo;
  mais ¡benia o que respecta a lei!
¹⁹Só con razóns non se corrixe un criado,
  pois aínda que comprenda non obedece.
²⁰¿Viches un que fala a toda présa?
  Máis se pode esperar dun tolo que non del.
²¹O que consente ó seu criado desde pequeno,
  ó remate sairalle respondón.
²²Home alporizado alampa liortas,
  o acalorado multiplica as faltas.
²³O orgullo do home humillarao,
  quen ten ánimo humilde acadará honra.
²⁴Quen ten parte co ladrón odia a súa vida,
  pois escoita a maldición e non denuncia.
²⁵O respecto humano tende un lazo,
  mais quen afiúnza no Señor ponse a salvo.
²⁶Moitos procuran o favor do gobernante,
  mais é do Señor de quen se obtén xustiza.
²⁷É abominable para os xustos o home inicuo,
  é aborrecible para o malvado o de conducta recta.

PALABRAS DE AGUR

30 ¹Palabras de Agur, fillo de Iaqueh, o de Masá. Sentencia deste home:
—"Non hai Deus, non hai Deus, e estou canso,
²pois eu son máis unha besta ca un home
  e non teño discernimento humano;
³non aprendín Sabedoría
  nin acadei coñecemento do Santo".

29, 25-27 Os tres últimos versos serven de magnífico colofón a toda a antoloxía "B": confiar en Iavé, buscar nel a xustiza, e comportarse coma home xusto, son os alicerces do bo goberno.
30, 1-10 Palabras de Agur. Recóllese un título que fala dun sabio ou príncipe estranxeiro, e que vai seguido dunhas verbas de non doada interpretación. O texto hebreo preséntase corrupto ou ben responde á transcripción dunha lingua diversa. A traducción conservadora "Verbas de Agur", fillo de Iaqueh, oráculo; dito dun home a Itiel, a Itiel e Ucal", non fai xustiza á filoloxía contemporánea. O feito da transmisión dun texto inintelixible puido ter orixe no descoñecemento da lingua ou no escándalo por el producido. Outras versións posibles son: "Estou canso, esgotado"; "ouh, se Deus estivese comigo"; "non son Deus, non son Deus para ter poder"; etc...

⁴¿Quen ascendeu ó ceo e de alí baixou?
¿Quen recolleu o vento nos seus puños?
¿Quen envolveu as augas no seu manto?
¿Quen afincou os lindeiros da terra?
¿Cal é o seu nome e cal o de seu fillo,
acaso o sabes?

⁵Toda palabra de Deus está acrisolada,
El é un escudo para os que nel se refuxian.
⁶Non acrecentes ren ás súas palabras,
non sexa que te reprenda e sexas convencido de mentira.

⁷Dúas cousas che pido,
non mas negues antes de que eu morra:
⁸Afasta de min a falsidade e a mentira,
non me deas nin pobreza nin riqueza,
déixame come-la miña ración de pan,
⁹non sexa que, farto, renegue
dicindo: —"¿Quen é ese, o Señor?";
ou que, empobrecido, roube,
aldraxando o nome de Deus.

¹⁰Non critique-lo criado diante do amo,
para que non te maldiga e a teñas que pagar.

PROVERBIOS NUMÉRICOS

¹¹Hai xente que maldí ó propio pai,
e non bendí á súa nai.
¹²Hai xente que se ten por limpa,
e non se lava da súa cotra.
¹³Hai xente que se xulga a si mesma moi importante,
que leva a altiveza na ollada.
¹⁴Hai xente con espadas por dentes
e coitelos por queixadas,
para engulipa-los pobres do país
e os miserentos, arrincándoos da terra.

¹⁵A samesuga ten dúas fillas: —"¡Dáme" e "Dame"!

Eis tres cousas que non se dan fartas,
e unha cuarta que non di: —"¡abonda!":

30, 4 Este v ten o aire dunha corrección á soberbia humana, a base de preguntas retóricas que lembran a resposta de Deus no libro de Xob (cc. **38-39**).

30, 5-6 Espellan a intervención da relixiosidade do crente israelita: é a fe na palabra de Deus a que dá acougo e como tal se debe respectar.

30, 8 A demanda da *miña ración de pan* ("huqquí") anticipa a petición do "Noso-Pai" evanxélico.

30, 11-33 Proverbios numéricos. O segundo apéndice á escolma de "maxais" dos cc. **25-29** compóñeno unha serie de pequenas composicións independentes, completas unhas, fragmentarias outras, mais acordes todas no seu aspecto formal de "ditos numéricos". Coñecido é o valor sagrado e máxico do número nas culturas antigas e a súa simbólica coma revelador da orde e planificación no universo, desde os sumerios ata Pitágoras.

30, 11-14 Dito numérico sen introducción. Sería doado suporlle unha do xeito seguinte: "Hai tres castes de xente que Iavé refuga, e catro que aborrece" (cf Pr **6, 16**). A serie, iniciada pola verba hebrea "dor" (caste, raza, xeración) emparella, de feito, aspectos de vicios sociais que rematan na violencia máis infame: a desencadeada contra os pobres.

30, 15a Refrán popular que de seguro aludía á ambición desmedida. As "dúas fillas" son probablemente os dous extremos con que afinca a samesuga na pel do animal do que tira o seu alimento.

¹⁶O Xeol, o seo estéril,
terra non farta de auga,
lume que xamais non di: — "abonda".
¹⁷Ollos de quen se burla do pai
e aldraxa á nai anciá,
¡que os arrinquen os corvos na torrenteira
e sexan comestos das aguias!

¹⁸Tres cousas hai que me deixan abraiado,
e unha cuarta que non entendo:
¹⁹O camiño da aguia polo ceo,
o camiño da cobra pola rocha,
o camiño da barca pola alta mar
e o camiño do varón pola doncela.

²⁰Tal é o xeito da adúltera:
come, limpa a boca e di: —"Non fixen mal ningún".
²¹Por tres cousas estremécese a terra,
e aínda catro non pode aturar:
²²que un escravo chegue a gobernar,
que o insensato se farte de pan,
²³que case a muller odiosa
e que a criada leve a herdanza da ama.

²⁴Catro cousas pequechas hai na terra,
e, con todo, máis sabias cós mesmos sabios:
²⁵As formigas, pobo feble
que polo verán asegura a súa mantenza;
²⁶os porco-teixos, pobo sen poderío
que nembargantes furan o seu tobo nas rochas;
²⁷as lagostas, que non teñen rei
e marchan todas ordenadas;
²⁸a lagarta, que a podes coller coas mans
e cóase no pazo real.

²⁹Tres cousas hai de paso egrexio,
e aínda catro de fermoso camiñar:
³⁰O león, o heroe de entre as feras,
que diante de ninguén recúa;
³¹o galo, que camiña fachendoso; tamén o arroallo;
e un rei diante do seu pobo.

³²Se te ensoberbeciches por lixeireza
ou adrede, ¡man á boca!
³³pois, préme-lo leite e sae manteiga;
préme-lo nariz e sae o sangue;
préme-la ira e sae a liorta.

30, 18-19 O misterio da atracción e o xeito de encontro do varón coa *doncela* ("almah", cf Is **7,** 14) é un tema antropolóxico que suscitou fondas reflexións e solucións mitolóxicas en tódalas culturas, desde o mito referido por Aristófanes, a Xén **2,** 18-25, coa súa profundidade de sentido. O dito presente supera o meramente científico ou escolar, para chegar ó poético.
30, 26 Os "xefannim" son o "hirax" ou damán de Palestina ou ben o porco-teixo.
30, 32-33 A colección remata cunha amoestación condicional contra o orgullo coma fonte de violencia.

PALABRAS DE LEMUEL

31 ¹Verbas de Lemuel, rei de Masá, coas que o instruíu súa nai:
²¡Non, meu fillo! ¡Non, filliño das miñas entrañas!
¡Non, fillo das miñas promesas!
³Non céda-lo teu vigor ás mulleres
  nin a túa potencia ás que perden ós reis.
⁴Non di ben cos reis, Lemuel,
  non di ben cos reis o beber viño,
  nin convén a gobernantes o licor,
⁵non sexa que, bébedos, esquezan as leis
  e trastornen o dereito dos miserentos.
⁶Dá o licor ó afundido;
  e viño, ós de espírito magoado,
⁷para que beban e esquezan a miseria
  e non se lembren máis da súa coita.
⁸Pronúnciate a favor do mudo
  e a prol da causa dos abandonados.
⁹Abre a boca e pronuncia sentencia xusta,
  e defende o dereito do coitado e do pobre.

A muller de valer

¹⁰Unha muller xeitosa ¿quen a atopará?:
  o seu valer supera o das perlas.
¹¹O seu marido pon nela a confianza
  e non lle han faltar ganancias;
¹²procúralle felicidade, e non desgracia,
  tódolos días da súa vida.
¹³Consegue lá e liño,
  e traballa gustosa coas súas mans;
¹⁴é coma os barcos mercantes,
  traendo de lonxe a súa mantenza.
¹⁵Érguese cando aínda é noite,
  dando ordes ós da casa
  e distribuíndo os mandatos entre as criadas.
¹⁶Mira unha leira e mércaa,
  e co que producen as súas mans planta unha viña.
¹⁷Cingue de fortaleza os seus cadrís
  e reafirma os seus brazos;
¹⁸decátase de que a súa tarefa prospera
  e a súa candea non esmorece na noite.
¹⁹Bota as máns á roca
  e os seus dedos manexan o fuso.

31, 1-9 Palabras de Lemuel. A figura da raíña nai (a "Guebirah") xogou unha parte importante na política e intrigas das monarquías orientais, así coma na israelita (cf 1 Re **1**, 11-13; **15**, 13; 2Re **9**, 22). No paso presente comparece en canto conselleira e instructora do rei mozo, conforme o modelo das Instruccións reais. O contido da instrucción artéllase do modo seguinte: v 3: Prevención perante a inmoderación e intrigas no harén; vv 4-5: Precaución no uso do viño; vv 6-7: Exhortación a dar viño coma consolo ós aflixidos; vv 8-9: Exhortación á defensa do dereito dos pobres e marxinados.
31, 10-31 A muller de valer. A escolma do libro dos Proverbios chega á súa fin cun poema acróstico e alfabético: cada verso comeza cunha das letras do alefato (o alfabeto hebreo). Ese procedemento artificioso fai que os motivos salten unha orde natural de procesos (v 19 despois do v 13), ou que cambien repentinamente os tópicos. A finalidade deste artificio é a de axuda-la memorización.
O que no poema da "Muller de valer ou xeitosa" se propón é un modelo para a rapaza casadeira. O criterio seguido, máis cá figura da boa esposa, debuxa a personalidade competente no administrativo e económico dunha muller de casa rica.
Está sen dúbida fóra de lugar unha interpretación que quixese ver nesta muller unha alegorización da Sabedoría.
A énfase do poema ponse na laboriosidade máis ca no concreto da súa producción (vv 21-23), e nos seus dotes de goberno (v 15). O ideal proposto redondéase coa louvanza final (vv 28-29) e co ensino conclusivo, exposto en termos xerais nun comentario do autor (vv 30-31).

²⁰Tende a palma ó indixente
e achega as súas máns ó mendigo.
²¹Non teme polos da casa cando neva,
pois todos eles levan roupas dobradas.
²²Fíxose ela mesma os cobertores,
e o seu vestido é de liño escolleito e púrpura.
²³O seu marido é estimado no tribunal,
cando asenta cos anciáns da bisbarra.
²⁴Confecciona tea e véndea,
e fornece de faixas ós viaxantes.
²⁵Forza e elegancia son o seu vestido,
e ri cara ó día de mañá.
²⁶Cando abre a boca é con sabedoría,
e na súa lingua hai unha instrucción piadosa.
²⁷Está pendente do ir e vir dos da casa,
e non xanta un pan ocioso.
²⁸Érguense os seus fillos e bendícena,
e o marido fai a súa louvanza:
²⁹—"Hai moitas mozas de valer,
mais ti véncelas a todas".
³⁰A gracia engana e a fermosura esvaece:
só a muller que teme ó Señor merece ser louvada.
³¹¡Que falen por ela as obras das súas mans,
e os seus feitos lle dean honra na praza!

INTRODUCCIÓN Ó ECLESIASTÉS

Unha voz desenganada da vida fai acto de presencia neste libriño que inquire pola condición do home nunha terra opaca, onde semella que ben e mal non acadan a sanción merecida. A insaciabilidade do anceio, a decepción perante a existencia, e a impotencia de cara á inxustiza, foran xa temas dunha literatura de matinación individual xurdida en Exipto ("Discusión do home co seu Ba"; "Laio do Harpista") e Mesopotamia ("Xob sumerio"; "Diálogo do pesimista"; "Guilgamex") nos períodos críticos da historia. Qohélet (o Eclesiastés) enxértase nesa corrente, anque cos xéneros e matices propios dunha mentalidade israelita.

A personalidade do autor non nos vén dada en datos precisos. O título adicional do libro, posto por man allea, fálanos dun "Qohélet, fillo de David, rei en Xerusalén". Deixando á parte a ficción da adxudicación salomónica, que é común a outros libros sapienciais e que poida que fose motivada pola introducción que atopamos en **1**, 12 (típica das "Instruccións reais" exipcias), o nome Qohélet merece unha explicación. A traducción grega fixo del un "Ekklesiastés = Predicador". A verba hebrea, non obstante, provén dunha raíz "QHL", que na súa flexión verbal dá en significar "convoca-la xuntanza". Polo que o nome, de seu, podería interpretar coma feminino de oficio: "Quen convoca a xuntanza" (ou unha figura da mesma caste da do "speaker" do parlamento inglés), se ben, segundo outros, sería "o que pon obxeccións na reunión". Nada se di, xa que logo, dun nome propio: o autor prosegue a nos ser anónimo.

Del podemos, nembargantes, deducir que foi hebreo, que viviu en Xerusalén (moitos detalles particulares da cidade, templo e arredores lle son coñecidos), que era unha persoa de idade, mestre de escola sapiencial moi sonado, e home temperamentalmente frío e distante (a verba "fillo" —típica de toda a instrucción sapiencial— está ausente do libro).

A data da composición do libro haberá que fixala por crítica interna, pois non contén referencias cronolóxicas expresas: dunha banda, a lingua, chea de arameísmos e hebreo tardío, fai supor un tempo posterior a Nehemías, sobre o s. IV a. C.; doutra banda, o texto xa vai citado nos albores do s. II a. C. (Sirah = Eclesiástico) e nada fai nel descubri-lo espírito que inspirou a revolta macabea. Cómpre polo tanto adxudicarlle unha época de tranquilidade política relativa e de fonda crise relixiosa no seo da escola sapiencial: o máis indicado semella propo-la primeira metade do s. III a. C. coma data de orixe desta obra de transición.

A disposición e xénero do libro deu pé a unha chea de teorías (serie de ditos soltos, diatriba, tratadiño, memorial) que non abondan a dar razón da súa peculiaridade. Non se atopa nel unha estructura ríxida nin un desenvolvemento lóxico ou plano de temas tópicos como quixeron algúns. Todo o máis, descóbrese un motivo-base na verba clave "Sopro", tradicionalmente "Vaidade", que nesta versión vai interpretada segundo os contextos para a liberar do acento moralizante a que quedou sometida, trámite a traducción grega e a piedade medieval da "Devotio moderna". Esa badalada do "efémero" da vida percorre todo o libro e péchao coma feito concluso co encadramento en **1**, 2 e **12**, 8. No interior dese cadro artificial enxergamos, desde **1**, 12 a **3**, 15, a proposta das pescudas máis radicais de Qohélet (Senso da vida, Sabedoría, Pracer) e a súa solución parcial. O resto son agrupamentos artificiais (repetición de "máis vale", "mellor é" en **7**, 1-18; a escolma de proverbios que comeza no **9**, 18), ou ben materiais de tradición de escola sapiencial (a muller, a piedade, o Rei, os negocios) todos eles vistos á luz despiadada das cuestións fondas do autor.

Durante un certo tempo o afán da crítica das fontes chegou a descubrir no libro o labor de ata catro mans ou autores diversos. Hoxe en día mantense a autoría xeral dun só escritor, descontados o título (**1**, 1) e os vv **12**, 9-11, adxudicados a un discípulo; e **12**, 12-14, obra dun epiloguista piadoso, agás doutras dúas ou tres pequenas interpolacións.

O estilo de Qohélet é sobrio e culto, cun vocabulario e temas que amosan o influxo do repertorio dos filósofos itinerantes helenistas, emprega unha prosa que ás veces se aproxima á poesía, sobre de todo nas tres grandes reflexións sobre o mundo, o tempo e a morte (**1**, 11; **3**, 1-8; **12**, 1-7). O autor gusta de citar proverbios tradicionais para comentalos, as máis das veces retorcendo ou criticando o senso orixinal. O seu proceder é metódico: observación, reflexión, deducción; o que parece indicar unha vontade de rigor científico e un xeito de transmisión pedagóxico.

Fornecido con este instrumental, Qohélet encontrouse de fronte a unha realidade q *negaba cos feitos o ensino tradicional. Consecuencia dese encontro foi a perda da fe no dogma sapiencial da retribución inmanente equitativa. A razón crítica coa que aborda os problemas da inxustiza asoballante, da limitación e relatividade de todo o creado, encárano á cuestión do sentido total. Tras de todo o devenir está Deus, mais o Deus de Qohélet non é Iavé senón unha divinidade remota, ó tempo allea e non manipulable, máis enigmática ca resolvedora, do que a única teofanía son os raros momentos de felicidade que ó home lle é doado disfrutar.*

Deste xeito, Qohélet, coa mesma man que desvela o aspecto de experiencia trascendente agachado na felicidade e na festa cando son vivenciadas coma un don, deixa aberto o baleiro entre Deus e a realidade mundana, sen tencionar solucionalo facilmente. O manter esa tensión entre a fe nun sentido trascendente e a experiencia do efémero do real de tellas abaixo, é a preparación máis valente e adoitada cara á aparición dunha esperanza coma a da mensaxe do Novo Testamento, que, afincando en Deus, devolve o valor á actividade humana por máis que limitada. Neste senso Qohélet conserva un valor perenne.

QOHÉLET (ECLESIASTÉS)

1 ¹Verbas de Qohélet, fillo de David, rei en Xerusalén.
²Nada máis ca un sopro, —di Qohélet— un lene sopro, un breve aire é todo.

I. O home, limitado e fuxidío

³¿Que proveito tira o home de tódalas angueiras polas que traballa baixo o sol?
⁴Vaise unha xeración, vén outra, e a terra sempre queda.
⁵Sae o sol, ponse o sol, volta sen folgos ó seu posto; de alí torna a xurdir.
⁶Torna ó Sur, vira para o Norte, xira que xira, camiña o vento; volve o vento ás súas reviravoltas.
⁷Tódolos ríos van dar no mar, e o mar non se enche. Para onde os ríos camiñan, alí tornan incesantes.
⁸Tódalas verbas se esgotan; ninguén acada a expresarse. O ollo non se dá farto de ver, non se enche a orella de oír.
⁹O que foi, iso será; o que xa se fixo, farase; pois nada hai novo baixo o sol.
¹⁰Supón que de algo se diga: —"Mira que isto é novo". ...Pois xa aconteceu nos tempos que nos precederon.
¹¹Non hai memoria dos devanceiros, nin a haberá dos vindeiros; non os relembrarán os que veñan despois.

¿Cal é o senso da vida, da sabedoría e do pracer?

¹²Eu, Qohélet, reinei sobre Israel en Xerusalén,
¹³e propúxenme pescudar e investigar aleuto todo canto acontece baixo o sol: dura tarefa que Deus lles impón ós humanos para que nela se afanen.
¹⁴Contemplei tódalas accións que se fan baixo o sol. Resultado: todo é efémero e papar ventos.
¹⁵O torcido non se pode endereitar, co que non hai non se pode contar.
¹⁶Pensei para min: sen dúbida fíxenme famoso amoreando máis sabedoría ca tódolos que me precederon en Xerusalén; e a miña mente acadou grande saber e ciencia.
¹⁷Esforceime así en coñece-lo que é a Sabedoría e o que son a Necidade e a Tolemia, e agora decátome de que tamén iso é papar ventos, ¹⁸pois:
"moito saber, moita molestia, e canta máis ciencia, máis sufrir".

2 ¹Dixen entón para o meu interior: ¡Veña! ¡Probemos coa Ledicia, e ¡a gozar do que é bo! Mais velaquí que tamén iso é efémero.
²Chameille ó rir "Parvadas", e da ledicia dixen: "¿Para que serve?"

Vaidade do pracer: Salomón

³Cavilei no corazón de da-lo corpo ó viño, mantendo a miña intención sabia, aplicándome á loucura ata descubrir se esa é a felicidade que o home poida acadar baixo o ceo no par de días que vai vivir.

1, 1 O título do libro responde a unha función tradicional de presentación, e reflicte unha man diversa da do autor (reaparece de novo en **1,** 2; **7,** 27; **12,** 8.9.10), e semella ser obra dun discípulo que quixo deixar constancia da personalidade do seu mestre.
1, 2 Lema que vai artellar toda a obra. Non se trata do tema a desenvolver nun tratado, senón máis ben dun motivo dominante, que ó mesmo tempo servirá para unir materiais moi diversos e estructurar artificialmente seccións menores. A verba orixinal "hébel" é un alento ou sopro, o efémero, o non ser; e, por traslación, o sen sentido, o absurdo ou baleiro (cf Dt **32,** 21; 2 Re **17,** 15; Xob **7,** 16; Sal **62,** 10; Is **49,** 4). Nesas diversas acepcións virá interpretado na presente traducción. Na fórmula tradicional "Vaidade de vaidades" conservábase literalmente o superlativo hebreo (cf "Cantar dos Cantares"; "Rei de reis"), que no caso presente conleva un matiz de exclusividade.
1, 3 A verba que traducimos "angueiras, esforzo, traballo, ganancia" segundo os casos (hebreo "amal") é outro dos tópicos claves do libro: con ela, a situación *baixo o sol,* denota a tónica existencial: vai preguntar sen piedade polo derradeiro senso da vida.
1, 4-7 A seguridade e invariabilidade da natureza contraponse ó fuxidío e limitado da historia do home, unha historia ollada coma un ir e vir discontinuo de homes ("xeracións") e coma unha danza da morte.
1, 12 As tres cuestións máis básicas para o autor: ¿qué senso teñen actividade vital, sabedoría e pracer? En su ma, a procura de razón de canto acontece.
1, 14 Comparecen Deus e o home: o Deus que dá sen preguntar e o ser humano "Adam" que se ten de atarefar por pulo de seu e por imposición dese Deus con designio ou incógnita.
1, 18 O refrán aludido é escolar, non popular, coma de **1,** 15, e contradí a tradición (cf Pr **22,** 15; Eclo 2? 19), ficando moi preto do helénico "saber que non s sabe".
2, 1-2 A procura do pracer coma pesquisa do senso é ta mén típica da actitude sapiencial. A valoración negativ que aquí recibe contrastará coa permanente chamada c Qohélet ó goce sinxelo da vida. Esta aparente contradi ción esluirase ó lermos **2,** 24-26 e **3,** 9-15.

⁴Fixen cousas magníficas: edifiquei pazos, plantei viñas; ⁵fixen para min xardíns e soutos e plantei neles toda clase de froiteiras; ⁶construín estanques de auga para con eles regar na fraga as árbores en agromo; ⁷merquei servos e servas e tiven escravos nados na casa; e aínda gando de vacas e greas de ovellas abondo, máis que cantos me precederon en Xerusalén.

⁸Amoreei tamén prata e ouro e tesouros de reis e provincias; procurei cantores e cantoras, e a delicia dos homes: amoríos a eito.

⁹Superei en magnificencia a tódolos que me precederon en Xerusalén; nembargantes ó meu carón mantívose a Sabedoría.

¹⁰De canto os meus ollos me demandaban, nada lles neguei. Non recusei ledicia ó meu anceio; pois o meu ánimo gozaba de toda esta riqueza coma premio de todo o meu degoiro.

¹¹Voltei entón os ollos para as obras que fixeron as miñas mans e para o traballo que me custara realizalas, e velaquí que todo fora un sopro e papar ventos, e que nada hai de proveitoso baixo o sol.

O valor da Sabedoría

¹²Púxenme a reparar daquela na Sabedoría e na Necidade e na Tolemia (por certo: ¿Que vai face-lo home que lle suceda ó Rei? —O que xa antes del outros fixeron), ¹³e observei que a Sabedoría ten unha vantaxe sobre a Tolemia, coma a que lle leva a luz á tebra:

¹⁴″O Sabio ten ollos na cara,
o Necio camiña na tebra″,

mais sei tamén que igual destino lles cae enriba ós dous.

¹⁵Dixen entón para min: o que lle toque ó Necio, iso tocarame a min tamén; ¿para que souben tantísimo? —E concluín que tamén isto é un sensentido, ¹⁶xa que:

″A longo prazo non hai lembranza
nin do sabio nin do Necio″;
″axiña virán os días en que todos os
esquezan″.
″¡Ai! Morre o Sabio coma morre o Necio″.

¹⁷Cheguei así a odia-la vida, pois pareceume mal todo canto acontece baixo o sol, xa que todo é efémero e puro papar ventos.

Nada se consegue baixo o sol

¹⁸E aborrecín toda a ganancia pola que traballei baixo o sol, pois heina de deixar a un descendente meu, ¹⁹e ¿quen sabe se será un Sabio ou un badoco? ¡Un tal será o herdeiro do que con tanto esforzo conseguín con grande habilidade baixo o sol! Tamén iso é cousa sen xeito.

²⁰A punto estiven de desesperar de toda a fatiga que soportei baixo o sol; ²¹pois, pon por caso un home que lle debe ó que gañou ó seu saber, prudencia e éxito, e que o teña que deixar en herdanza a un que non o traballou. Évos tamén un grande sensentido e grande mal.

²²Abofé, ¿que tira un home tal de todo o seu esforzo e de darlle voltas ó maxín, traballando baixo o sol?

²³″Dores tódolos días,
molestias do seu bregar,
noites en branco matinando″,
¡E isto sonvos tamén andrómenas!

Aproveita-la felicidade, que vén de Deus

²⁴Non lle resta ó home cousa mellor senón comer e beber e darse boa vida do froito do

---

2, 3-11 A seudonimia salomónica dá contido a este paso (cf 1 Re **5**, 2-8; **7**; **10**, 14ss; **11**, 1ss): provisións, facenda, construccións, delicias do harén real, son as vivencias sometidas ó crisol da crítica *(mantendo a intención sabia)*. Os datos aludidos recóllense de fontes procedentes de épocas diversas: da viña fálase en 1 Cro **27**, 27; Cant **8**, 11; do lago do rei, en Neh **2**, 14; sen que se poida xulgar da súa orixinal historicidade. Unha verba clave no libro fai aparición ó remate da sección:″héleq″: a parte da herdanza ou dun botín, a paga. O home acada dalgún xeito na vida valores relativos; nembargantes, non se dá unha ganancia real; a verba ″sopro″ acada neste intre o matiz do transitorio e continxente (v 11).

2, 12b Fai impresión de glosa inoportuna, ou ben podería pertencer ó marco dun tema e instrucción posterior (cf v 21); o problema do herdeiro e da sucesión é unha frecuente matinación do autor.

2, 17 O xuízo totalizator (vida odiosa) cae de novo con toda a súa negatividade como caeu no v 14 o destino (hebreo ″miqreh ″: o que cae enriba), sometendo á ironía o senso dun proverbio tradicional. A morte coma relativizador absoluto nega significado ós valores relativos intramundanos. *Odia-la vida* era cousa impensable no sabio (cf Pr **8**, 35s). A vida xa non aparece en Qohélet coma a dimensión de plenitude e forza do resto do A. T., senón coma algo posto en perigo, limitado, do que, coma moito, se pode tirar un pouquiño de ben.

2, 24 - 3, 15 Sabedoría, coñecemento, ledicia, relativizados de seu coma feitos intramundanos nos xuízos precedentes, acadan nembargantes un senso para Qohélet. Esta é a sección central do libro, da que depende toda a súa interpretación.

2, 24-26 A resposta de Qohélet non é o ″xantemos e bebamos″ de Guilgamex, do Canto do Harpista ou dos epicúreos gregos. Nos intres fragmentarios, pequenos e irruptivos dos momentos felices cómpre enxergar unha raioliña trascendente, a revelación da presencia de senso, o don de Deus.

No ceo de chumbo da experiencia humana ábrense momentos estelares que fan afiunzar, aínda que o home non saiba, o porqué e o como. Deus é imprevisible, o mundo é indescifrable, non hai canon moral para medir; pero sábese que Deus, o Deus remoto de Qohélet, está detrás de todo e fai a súa tarefa. Deus inmutable e don perfecto semellan adianta-la frase da epístola de Santiago (**1**, 16-17), outro escrito de fonda raigaña sapiencial.

seu esforzo. E ata estou certo que facer iso pende da man de Deus.
²⁵Pois ¿quen ten de que comer e quen pasa apuros se non é por El?
²⁶Ó home que lle agrada dálle El sabedoría, ciencia, ledicia; e ó que erra, ponlle coma tarefa recoller e achegar para dalo despois a quen Deus considera. Tamén isto é sen tino e papar ventos.

Poema do tempo e a hora

3 ¹Todo ten a súa hora, e hai un tempo fixado para cada asunto baixo os ceos:
²Un tempo para nacer, e un tempo para morrer,
un tempo para plantar e un tempo para arrinca-lo plantado,
³un tempo para asasinar e un tempo para vendar,
un tempo para derrubar e un tempo para edificar,
⁴un tempo para chorar e un tempo para rir,
un tempo para face-lo pranto e un tempo para bailar,
⁵un tempo para espallar pedras e un tempo para apañalas,
un tempo para abrazar e un tempo para se abster de abrazos,
⁶un tempo para buscar e un tempo para perder,
un tempo para gardar e un tempo para desbotar,
⁷un tempo para rachar e un tempo para coser,
un tempo para calar e un tempo para falar,
⁸un tempo para amar e un tempo para odiar,
un tempo para a guerra e un tempo para a paz.

O tempo está na man de Deus

⁹¿Que proveito pode acadar quen se esforza no seu traballo?
¹⁰Decateime da tarefa que Deus lles deu ós homes para nela se ocuparen.
¹¹Todo o fixo axeitado no seu tempo, e púxolles na conciencia o senso do inconmensurable, sen que o home descubra a razón da obra que Deus fai desde o principio á fin.
¹²Recoñecín daquela que non hai cousa mellor para o home que se alegrar, e procura-la felicidade mentres viva.
¹³Mais tamén que o home coma e beba e o pase ben á conta do seu, é don de Deus.
¹⁴Comprendín que todo o que faga Deus durará para sempre:
Nin se lle debe engadir
nin se lle debe toller,
Deus mesmo foi quen o fixo
para que eles o respecten.
¹⁵O que sucede xa pasou antes; o que vai vir xa acaeceu; mais Deus pode busca-lo que fuxiu.

II. Inxustiza na administración

¹⁶Aínda vin outra cousa baixo o sol: no tribunal, o delito; na sede da orde, a transgresión.

3, 1-8 A lei dos momentos diversos dá pé a un poema que imita o movemento pendular da chegada de acontecementos contradictorios. Os pares contrapostos percorren feitos da vida normal e sucesos tráxicos e insospeitados, comezando co nacer e rematando co "Xalom": a paz e ben-estar; o conxunto fai un total de sete versos dobres e catorce parellas, que signigican a plenitude e universalidade dos tempos concretos aducidos.
3, 5 Cómpre aclarar que, na linguaxe rabínica, as relacións sexuais encubríanse baixo a circunlocución "espallar e apañar pedras".
3, 11 Así coma antes se falaba do tempo puntual ("et"), comparece agora o tempo sen límites ("olam"); a verba é de non doada traducción. No rabinismo viña a selo "mundo universo" ou "o eón", mais na época de Qohélet aínda tiña a connotación de prolongación sinxela no tempo; e non significa de seu eternidade coma cualidade, senón a duración sen límites cara adiante e cara atrás: todo o espacio histórico, pasado e vindeiro, é o que se presenta diante dun home á procura de senso, e desde o seu intre actual non lle é dado abranguelo. Traducimos, por iso, "inconmensurable". Hai quen atopa neste verso unha lectura laica da Xénese (cc. **1-3**) nas verbas "facer", "belido" (axeitado), "puxo no seu corazón o "olam", principio e fin", coma lectura paralela a "creou", "fixo ben", "fixoos á súa imaxe e semellanza", "ó comezo", etc.
3, 15 Este verso contén unha das frases claves do libro e tamén das de máis difícil interpretación. Ó pé da letra lese: "Deus busca ó perseguido". Mais a verba "perseguido" dise do escravo ou prisioneiro que foxe, e aquí vai empregada nun senso xeral ou neutro. A forma verbal hebrea ("piel") na que aparece o verbo "buscar", adoita recoller matices coma o "poder ser", "deixar ser". No senso da traducción proposta, Qohélet deixaría aberta a posibilidade de recuperación do senso do tempo pasado por parte de Deus, aínda que, como se verá máis adiante, rexeite as especulacións escolares da época acerca da inmortalidade do espírito humano.
O "temor de Deus" en Qohélet é respecto e sometemento, baixo un ceo misterioso, do que descende o don da ledicia.
3, 16-21 O problema da falsa testemuña e do suborno xa fora tocado no libro dos Proverbios (**12**, 17; **14**, 15; **15**, 27; **17**, 13; etc...) e calificado coma "horror para Iavé" (**17**, 15.26; **18**, 5; **24**, 23-25). Neste libro a experiencia imponse coma un feito sen solución. A aparente referencia á xustiza de Deus no v 17 (¿mera citación implícita?) vén contrastada coa reflexión acerca da morte. Esta atingue un cru e realista acento polémico no v 20; nel pódese intuir unha contraproba á teoría dos grupos de escolantes prefarisaicos da época que argumentaban, partindo da Xénese, coa distinción entre o espírito vivificante ("rúah") do home e do animal. Qohélet non nega, mais non o convencen tales disquisicións. Remata, xa que logo, no v 2 cunha referencia á súa resolución programática e coa dúbida coma resposta.

[17] Pensei para min: tanto ó xusto coma ó impío haos de xulgar Deus, pois: "Hai un tempo para todo e para cada acción hai un decreto".
[18] No tocante ós humanos, matinei deste xeito: próbaos Deus para que vexan que de seu son coma as bestas, [19] xa que igual é o destino dos homes e o das bestas: como morre este morre aquel; entrambos teñen o mesmo alento. Nin lle leva o home vantaxe ó bruto, xa que todos son un sopro.
[20] Todos van dar no mesmo lugar: "Todos veñen do po; todos tornan ó po". [21] ¿Quen pode saber se o alento dos homes ascende ás alturas ou se o bafo das bestas baixa á terra?
[22] Decateime que non hai cousa mellor que o que o home se goce das súas obras. Tal é o seu quiñón, pois:
"¿Quen pode darlle a ver o que virá despois del?"

A opresión dos poderosos

4 [1] De novo púxenme a observar tódalas opresións que se cometen baixo o sol. E velaquí as bágoas de inocentes, sen que ninguén se apiade; vénlles violencia da banda dos opresores, sen que ninguén se apiade.
[2] E felicitei ós mortos que xa finaron máis felices do que os vivos que han vivir aínda, [3] e por riba deles os que nin sequera naceron, pois non ollaron a dura tarefa que acontece baixo o sol.

A competencia nos negocios

[4] Teño observado que o traballo todo e toda empresa nace da competencia dos uns cos outros. Iso tamén é efémero e papar ventos:
[5] "O parvo crúzase de brazos
e consúmese a si mesmo",
[6] Mais: "Mellor unha man chea, e paz,
ca dúas, e traballo",
.....e papar ventos.

III. A soidade e a compaña

[7] Tornei a considerar outra cousa efémera baixo o sol:
[8] O caso onde hai un e non hai dous: un home sen fillo nin irmán e, con todo, traballando decote sen se dar farto de riquezas. (E non matina: —"¿Para quen traballo eu e me privo da felicidade?"). ¡Tamén vos é boa tolemia e esforzo ingrato!
[9] Mellor son dous ca un: tirarán bo proveito do traballo de entrambos. [10] Se caen, un pode axudar ó outro. Mais, ¡malia o só! Cando caia non terá quen o erga. [11] E aínda máis: "Dous xuntos a durmir, quencen ben; un só ¿como se quentará?". [12] E: "A un só, pódeselle; dous xuntos, resisten". E: "Corda de tres fíos non se rompe axiña".
[13] Máis vale mozo pobre e listo ca rei vello e parvo, que xa non sabe facerse aconsellar.
[14] Abofé, aquel sae da cadea para reinar, por máis que nacese pobre durante o reino do outro.
[15] E observei a tódolos viventes que camiñan baixo o sol porse da parte do mozo aspirante ó trono que collía a sucesión.
[16] Non se contaba a xente diante da que marchaba.
E nembargantes, os vindeiros xa non irán tan ledos; pois tamén isto é un sopro e papar ventos.

IV. O comportamento relixioso

[17] Ten conta dos teus pasos cando vaias á casa de Deus: "Achegarse para escoitar é mellor có moito sacrificar dos alpabardas", pois a eses fáltalles siso mesmo para face-lo mal.

5 [1] Non te precipites coa túa boca; non se che apure o pensamento ó presentares ante Deus o teu afán. Pois Deus está no ceo e ti na terra: ¡sexan poucas as túas verbas!
[2] Xa que: "No moito se ocupar, vén o sono e nas moitas palabras, a voz do necio".
[3] Se fas unha promesa a Deus non te demores en cumprila. A Deus non lle compracen os badocos: o que prometiches, ¡cúmpreo!
[4] "Mellor é non prometer que prometer e non cumprir".

4, 1-3 O asoballamento dos pequenos leva ó autor a unha actitude en contradicción con toda a tradición sapiencial: a louvanza dos mortos. Da morte ollada correntemente coma ámbito alleo ó Deus salvador, pásase á consideración do seu aspecto de liberdade e acougo de cara ós "moitos males" que trae o vivir. Gabando o mínimo de existencia do aborto, Qohélet aproxímase a Xob **3,** 1ss e a Xer **20,** 14ss, aínda que con diverso acento.
4, 6 O *papar ventos* parece ser unha glosa dun copista.
4, 7-12 Nótese que para o autor a compaña do fillo ou do amigo ten en conta a utilidade. En ningures a atoparemos con matiz de afecto e amor do "non é bo que o home estea só" de Xén **2,** 18. Fica isto ben ilustrado na serie de proverbios propostos.
4, 17 *Achegarse para escoitar* é término cúltico que supón unha pregunta feita ó oráculo sagrado.
5, 1-2 Sobriedade na pregaria: poucas verbas e non requintadas; mais o fundamento non é a confianza de sabe-lo que Deus xa sabe (cf Mt **6,** 8), senón a distancia fáctica de Deus.

⁵Non deixes que a túa boca leve o teu corpo a un erro, e non digas despois ó ministro sagrado: equivoqueime. ¿Por que dar motivo para que Deus se irrite polo que dixeches, e destrúa as obras das túas mans?
⁶Pois: "Onde abundan os soños e as moitas lixeirezas, alí se atopa o exceso de palabras". ¡Teme a Deus, logo!

Pobres e ricos

⁷Se ollares na bisbarra ó pobre asoballado, e violados o dereito e a xustiza, ¡non te asombres do asunto!
"Un home nun posto alto vixía ó outro e aínda teñen por riba deles ós seus maiores".
⁸E, a pesar de todo, sempre é de interese para un país ter un rei que controle a agricultura.
⁹"O que ama o diñeiro non se dá farto del, e a quen ama a riqueza non o sacian ganancias"; e tamén isto é vaciedade.
¹⁰"Co aumento de fortuna, moreas de comensais", e ¿que proveito tira o seu dono, á parte de vela cos seus ollos?
¹¹"Doce é o sono do obreiro, coma pouco ou coma moito", mais a fartura tóllelle a paz ó rico e non dorme.
¹²Hai un mal de adoecer que eu contemplei baixo o sol: riquezas aforradas por alguén para o seu propio dono.
¹³A un tal pérdeselle por un casual a facenda nun mal negocio, e o fillo que lle naceu fica coas mans baleiras, ¹⁴e: "Como saíu do ventre da súa nai, volta espido como veu".
Non pode levar consigo dos seus bens, nin o que cabe na palma da man.
¹⁵Tamén esa é cativa sorte, o terse de ir como se veu.
¿Que vantaxe tirou do seu traballar para o vento?
¹⁶Tódolos días comendo ás agachadas, e por enriba tantas mágoas, doenzas e xenreiras.
¹⁷Velaí, por tanto, o que eu considero o mellor: o que ten conta é comer e beber e gozar da felicidade co que se gañou fatigándose baixo o sol, nos días contados que lle concede Deus a un. Pois tal é a súa herdanza.
¹⁸Que a un home lle dea Deus riqueza e bon vivir, e lle permita comer do seu disfrutando da sorte e aledándose co que posúe, iso si que é don de Deus.
¹⁹Non se porá xa tanto a matinar nos días que vai vivir, pois dálle Deus ocupación coa ledicia interior.

V. O desexo que non se sacia

6 ¹Outro mal vin baixo o ceo que preme moito nos homes:
²Dálle Deus a un riquezas, bo vivir, boa sona; nada lle faltou ó seu apetito de canto puidese anceiar; pero Deus non lle permite disfrutalo, senón que un alleo llo goza. Iso si que é absurdo e unha desventura grande.
³Por máis que críe cen fillos e viva unha morea de anos; por moitos que sexan os seus días, se non pode farta-la súa fame de felicidade, nin acada sepultura, coido eu que máis sorte ten un aborto, ⁴xa que:
"Chega en van, vaise coas tebras, e na sombra ocúltase o seu nome".
⁵Ainda que non ollase o sol e non coñeza nada, con todo máis repousa este có outro.
⁶E mesmo se un vivise dous milleiros de anos sen experimentar goce ningún, ¿non van dar todos no mesmo lugar?
⁷"Todo canto o home trasfega é para a súa boca mais a súa gorxa non se dá enchida".
⁸¿Que vantaxe lle leva o sabio ó necio, ou o pobre ó que sabe arranxarse pola vida?
⁹"Mellor é ter algo á vista, que deixar vaga-lo anceio".
Pero tamén isto é un sopro e papar ventos.
¹⁰O que sucede xa estaba determinado hai tempo. O que un home é xa se sabía. Non é quen para debatelo con quen pode máis ca el.
¹¹O moito falar disto non fai máis que aumenta-lo sensentido. ¿De que lle serve ó home?

5, 5-6 O descoido na realización do ritual pode levar a unha "xegagah": un pecado por erro ou falta de atención. Este concepto, que chegará no rabinismo a equivaler a "pecado venial", neste paso supón un descoido culpable. Á vergonza de ser corrixido polo liturgo vai emparellada coa posibilidade de fracaso no que se demanda.
5, 7-19 Pobres e ricos, asoballados e herdeiros, poboan unha mancheia de cadriños tirados da experiencia, dos que se deduce que a riqueza non leva de seu á felicidade.
5, 7-8 Podería ser un fragmento independente.
5, 17-19 Imponse recolle-lo "don do día", a *herdanza*. "Esforzo", "felicidade", "don", "Deus", fan de novo resoar **2,** 24-**3,** 15; os momentos de ledicia fan esquece-lo tempo fuxidío, pois esconde en si un gran de inmortalidade (v 19).
6, 3-6 Centos de fillos, milleiros de anos de vida (vv 3.6): tal era o motivo hiperbólico de felicitación no ámbito sapiencial, e a característica do home bendito de Deus no ámbito sacral iahvista. Pero Qohélet ten unha sensibilidade tan agumiada para o limitado e pequeno do tempo vital, que torna a se considerar da sorte do aborto coma algo envexable.
6, 10-12 Reafírmase a determinación dos tempos pola man de Deus e a inutilidade do esforzo humano por se procurar información verbo dela (cf **3,** 10-15).

¹²Pois ¿quen sabe o que lle cómpre ó home na súa vida cos días contados do vivir efémero que esmorece coma a sombra? ¿E quen pode informalo do que vai acontecer despois del baixo o sol?

VI. ¿Que é o mellor?

7 ¹"Máis vale unha boa sona do que un perfume caro" e "o día da morte có dia de nacer".
²"Mellor é ir a un velorio que ir a unha casa en festa". Alí se atopa un coa fin de todo home, e a quen aínda vive dálle en que matinar.
³Mellor é sufrir que rir, pois a faciana seria faille ben á conciencia.
⁴"A reflexión dos sabios acouga na casa en loito; mais o anceio dos parvos, onde haxa troulada".
⁵É preferible ter que escoita-la reprensión dun sabio que soporta-los cantos dos alpabardas, ⁶xa que:
"Como o chispear dos toxos baixo o pote é a gargallada do necio"; e tamén iso é vaidade.
⁷E outra cousa sen tino: a chantaxe pode facer tolea-lo Sabio e o suborno corromperlle o bo xuízo.
⁸Mellor é o remate dun asunto có comezo; mellor é a paciencia cá fachenda.
⁹Non te alporices axiña, que a xenreira acouga no colo dos necios.
¹⁰Non penses: ¿Como é que os tempos pasados eran mellores ca estes? Semellante pregunta non é de sabio.
¹¹Tan boa é a sabedoría coma unha herdanza: unha vantaxe para os que ven o sol.
¹²Abofé: "Sombra da Sabedoría, sombra do diñeiro", mais cunha vantaxe: que o coñece-la Sabedoría fai vivir a quen a posúe.

¹³Contempla a obra de Deus: ¿quen poderá enmenda-lo que El torceu?
¹⁴Cando veñan ben dadas, ¡disfruta! Cando veñan malas, ¡cavila! Tanto unhas coma as outras fíxoas Deus, de sorte que o home non descubra nada do seu futuro.

VII. Nada de máis

¹⁵De todo vin na miña vida efémera: xente de ben que perece por mor da súa inocencia, e xente impía que medra pola súa maldade.
¹⁶¡Non sexas bo de máis nin sabio de máis! ¿Para que arruinarte?
¹⁷¡Non te pases de malo nin de parvo! ¿Para que morrer antes de tempo?
¹⁸O axeitado é que collas disto sen deixar de man aquilo, porque o que teme a Deus foxe dos dous extremos.
¹⁹"A Sabedoría dálle ó Sabio máis poder ca ós dez que gobernan na cidade".
²⁰Abofé, non hai na terra home tan perfecto que faga sempre o ben e nunca erre.
²¹Non prestes atención ás paroladas que se falan nin deas oídos ó teu escravo cando renega de ti.
²²De sobra sabes cantas veces falaches ti mesmo mal dos outros.
²³Probeino todo de modo sistemático coidando que chegaría a Sabio, mais ¡que lonxe ficou de min a Sabedoría!
²⁴Todo o que acaece continúa lonxe, e profundo o que era profundo; ¿quen o acadará?

VIII. A muller

²⁵Volvinme con todo siso a estudiar, pescudar e inquiri-lo que sexan a Sabedoría e a razón das cousas, e a recoñecer que a Maldade é Necidade, e a Necidade unha Tolemia.

7, 11-12 Chegamos a unha primeira conclusión: trae máis conta a Sabedoría pois acrecenta a vida; é unha das "vantaxes" (12b) neste mundo (cf 1, 3) e unha defensa no tempo.
7, 13-14 Deus e o seu obrar andan de novo por medio: o home ó non saber, pode ter por torto o dereito (cf 1, 15). Coma Xob, Qohélet ve chega-lo mal da man de Deus, mais non se revolta coma aquel. A súa actitude é a do temor distante, a do sometemento de cara a alguén con quen non é dado discutir. El non enxerga máis ca bens relativos, ficando ende ben á disposición desa divindade distante que acolle no "temor" (cf 3, 14; v 6).
7, 15-24 A renuncia ó titanismo e a todo intento de asegurar un ben, contradí a postura da escola sapiencial. Non é extraño que no v 20 se puidese le-lo "simul iustus et peccator" da reforma: a "Superxustiza" falla por razóns internas (cf Xob 15, 14-16; Sal 130; Pr 20, 9), por "se xustificar nas propias obras".

7, 19 Os *dez que gobernan* poden se-los mandatarios que administraban a polis helenística; como sabemos por Flavio Xosefo, algunhas cidades palestinas acolleran este xeito de autoridade colexial.
7, 22 Tirar da propia debilidade unha actitude humanitaria e comprensiva é un paso adiante na sensibilidade moral da época, se ben xa estaba presente nas instruccións exipcias de Ani e Amen-em-ope, do s. VII a. C.
Humildade coma veracidade e relativización de si mesmo son parte do ensino desta instrucción.
7, 25-29 Estes vv considéranse coma dos máis antifeministas da Biblia e, en efecto, teñen ese tinte. Cómpre, non obstante, ter en conta que o tema da muller coma perigo era un exercicio obrigado da escola sapiencial, e que na outra pasaxe onde Qohélet fala expresamente da muller (9, 9) ela constitúe un dos "dons" de Deus. 7, 25-29, polo tanto, redúcese a unha exemplificación da situación vital onde o "procurar" do home vai bater contra a disposición libre de Deus.

²⁶E isto atopei: que máis amarga cá morte é a muller, que é unha rede de cazar; as súas teimas son lazos, e os seus brazos, cadeas; quen é agradable a Deus, líbrase dela e quen é pecador, é cazado por ela.

²⁷Velaquí o que descubrín —di Qohélet— pescudando unha cousa despois da outra para lle atopar razón; ²⁸o que aínda estou buscando e non atopei: se entre un milleiro aínda se dá cun home, unha muller, entre todas, nin se encontra.

²⁹Soamente, mira ti, descubrín o seguinte: Deus, de seu, fai ó home xusto; mais son eles os que se buscan moitas complicacións.

IX. Inseguridade e inquedanza

8 ¹¿Quen é coma o Sabio? ¿Quen é capaz de interpretar un feito?

"A Sabedoría dun home bríllalle no rostro, e trócalle a dureza da face".

²Ti cumpre a orde do rei e non te precipites no tocante ó xuramento a Deus.

³Sae da súa presencia, non quedes, se estás nunha mala situación, pois pode facer todo canto quere.

⁴Porque: "A palabra do rei é poderosa e quen lle vai dicir: ¿Que fas ti alí?".

⁵"Quen cumpre co mandado, non sufrirá malfado" e: "Do momento oportuno e do xuízo, sabe o corazón sabio".

⁶Xa que todo asunto ten o seu tempo e a súa razón, e sobre o home penden moitos males; ⁷non coñece o que lle pode acaecer, e ¿quen o vai informar do que está por vir?

⁸Non hai home que poida controla-lo espírito, como non hai control do día da morte, nin evasión da loita, nin riqueza que deixe libre ó seu dono.

⁹Todo isto considerei prestando atención a canto se fai baixo o sol durante o tempo en que un home domina sobre outro para mal.

X. O problema da retribución

¹⁰Deste modo vin eu levar para a cova ós impíos. E vaise con eles, e vóltase do camposanto. E esquécese na vila o que fixeron. ¡Tampouco isto non ten xeito!

¹¹E se a sentencia por un mal proceder non se executa de seguido, os homes collen folgos para face-lo mal; ¹²con todo, anque é verdade que o pecador que fai o mal cen veces, é tolerado, ben sei eu aquilo de: "Os que temen a Deus terán a felicidade xustamente por temelo"; ¹³e tamén: "Non lle irá ben ó impío; igual cá sombra non prolongará os seus días, porque non teme a Deus".

¹⁴Aínda hai outra cousa absurda na terra: Xustos ós que lles vai coma se obrasen coma impíos; impíos ós que lles vai coma se fixesen igual cós xustos. Eu penso que tamén isto é un absurdo.

¹⁵Eu aprobo a ledicia, pois non hai cousa mellor para o home baixo o sol que comer e beber e gozarse. Isto é o que o acompaña no seu esforzo os días de vida que Deus lle dea baixo o sol.

XI. Tampouco os Sabios coñecen o obrar de Deus

¹⁶Apliqueime a coñece-la Sabedoría e a considera-lo traballo que se realiza na terra: nin de noite nin de día albisca o home o sono cos seus ollos.

¹⁷E observei todo o facer de Deus: o home non consegue descubri-lo propósito do que se fai baixo o sol; e por máis que o home se esgote en procuralo, non o atopa; e aínda que o Sabio coida que o sabe, non pode dar con el.

9 ¹Pois ben, a todo isto apliquei a miña mente para chegar ó seguinte resultado: que os xustos e os sabios e as súas obras están na man de Deus. Se amará ou se aborrecerá, tampouco o sabe o home. Todo canto ten diante é ²efémero; xa que a todos

---

8, 2-4 Propone o caso do xuramento que un conselleiro real debe facer ó empezar un proceso do que logo vai decidi-lo rei na súa prepotencia (Xob, en **9**, 12, di algo semellante de Deus).

8, 5-7 Repite proverbios normativos de escola, pero radicalizados noutra dirección: o tempo cae de imprevisto e non é doado aseguralo.

8, 8-9 A conclusión torna ós criterios do comezo do libro (o home non controla; o home non sabe), mais acomodándoos ó caso do dominio absoluto que se vén de explicar. Qohélet non nomeou a Deus e, con todo El é o omnipresente na figura do que "pon límites" dos que non se pode nin fuxir nin dispor.

8, 10-15 Polémica intra-académica: a "inxustiza do mundo" non ten retribución inmanente; o xuízo non se cumpre; os impíos recollen o que debe pertencer ós xustos: tal é a postura inortodoxa de Qohélet. Os vv 12.13, coa citación das frases consabidas, teñen un aire, entre irónico e turbado, de quen non acada explicarse.

8, 10 Recolle probablemente un feito de crónica necrolóxica real: o enterramento, nun grande mausoleo ("Maqom qadox", pódese referir a un tal, ou ben ó camposanto), de alguén que asoballou ós cidadáns en vida, nun tempo de inxustiza axiña esquecido.

8, 16ss Amosan sinxela e valentemente a crítica ó estamento e dogmas dos Sabios: menten ó diciren que o senso do obrar de Deus é coñecible. O que os Sabios fan é unha grande "logomaquia", parolar por parolar.

alcanza o mesmo destino: ó inocente e ó culpable, ó puro e ó impuro, ó que ofrece sacrificios e a quen non, ó home de ben e ó pecador, ó que xura e a quen ten medo de xurar.

³Este é o mal que acompaña a canto acaece baixo o sol: o tocarlles a todos a mesma sorte; e xuntamente, o esta-lo corazón dos homes cheo de malicia, con arroutadas no maxín mentres viven e co porvir entre os mortos.

⁴Quen aínda estea asociado cos vivos, ten esperanza, xa que:
"Máis conta can vivo ca león morto".

⁵Pois: "Os vivos saben que han morrer; os mortos non saben xa máis nada" nin van ter recompensa, pois esquécese a súa memoria.

⁶Amor, odio, envexa, para eles rematou todo. Nin terán máis parte no que se fai baixo o sol.

Aproveita o don de Deus

⁷¡Vai xantar no teu pan con ledicia! ¡Bebe contento do teu viño! Pois Deus xa se compraceu nas túas acciόns.

⁸¡Viste en todo tempo vestes brancas e non falte o perfume sobre a túa cabeza!

⁹¡Goza da vida coa muller que amas todo o que dure a túa efémera existencia, a que se che concedeu baixo o sol, o total dos teus días efémeros! Tal é o teu quiñón de vida e de traballo polo que te atarefas baixo o sol.

¹⁰Canto estea na túa mán facer, ¡faino! Porque non hai actividade, nin cálculo, nin coñecer, nin Sabedoría no Xeol, para onde camiñas.

Incertidume do tempo

¹¹De novo observei baixo o sol que non é dos veloces a carreira nin a guerra dos heroes, nin dos asisados o ter pan, nin dos entendidos a riqueza, nin o favor dos sabedores, senón que a ocasión e a sorte cáenlles por igual a todos.

¹²Por enriba diso o home non sabe do seu momento: coma os peixes se enmallan na rede fatal, e os paxaros se pillan coa trampa, do mesmo xeito atrápanse os homes nun mal momento cando lles vén enriba de improviso.

XII. Máis vale maña ca forza

¹³Vin aínda outro caso aleccionador baixo o sol, que me encolleu o ánimo:

¹⁴Había unha pequena vila na que habitaban poucos homes. E chegou ata ela un gran rei, que a cercou e construíu contra ela grandes torreóns.

¹⁵Atopábase alí un home, pobre pero mañoso, que coa súa sabenza salvou a vila. E nembargantes ninguén se lembrou máis daquel home pobre.

¹⁶Dixen entón para mín:
"Máis vale maña ca forza" só que a maña do pobre é desprezada se ninguén presta oídos ás súas razóns.

¹⁷"Verbas de Sabios escoitadas con sosego valen máis cós berros dun comandante de Parvos".

¹⁸"Mellor é a astucia cás armas guerreiras", pero un erro só bota a perder moitos bens.

XIII. Tolemia e Necidade

10 ¹"Unha mosca morta fai feder un perfume de marca", e un pouco de Tolemia custa máis caro có saber e a gloria.

²"Se o Sabio dirixe a mente para a dereita o Tolo faino para a esquerda".

³Por onde queira que camiñe o Parvo, fáltalle siso: vai proclamando a todo o mundo que está tolo.

⁴Se a xenreira do que manda se dirixe contra ti, non déixe-lo teu posto, xa que: "A mansedume sanda grandes erros".

Ineptos, no poder

⁵Vin que hai un mal baixo o sol, unha especie de falta que ten orixe no soberano:

⁶Un inepto posto en altos cargos, mentres que os aptos e capaces sentan por debaixo.

9, 2-6 A única resposta existente é a diversa determinación do que vén de Deus; e iso coma tal non é posible sabelo. A morte é o caso máis claro desa determinación. A serie contraposta do v 2 esnaquiza tódolos canons sapienciais.
9, 7-10 Algo semellante dicían o Guilgamex e o Harpista exipcio. Qohélet non sabe ren de que Deus garde en si o don da vida total; el parte da realidade vista de tellas abaixo, o único modo de atopar algo que el descobre para o home. O tempo da "verdade" xoanea, descuberta en Xesús de Nazaret, aínda non chegara.
9, 11-12 Disposición incógnita de Deus e tempo fuxidío son as dúas trabes da construcción qoheletiana: o tempo cae por riba, insospeitado, e enmalla ós homes independentemente da súa habilidade. Rm **9,** 16 lerá un feito de observación semellante, mais na clave da salvación pola gracia ou polas obras.
10, 1 Na colleita de reflexións dun sabio coma Qohélet, non podía faltar unha escolma de proverbios ó xeito tradicional (**10,** 1-11, 6). A selección non se fai baixo unha temática unitaria.
10, 5-7 O feito da presencia dos ineptos no poder era tópico na escola e arrinca da literatura exipcia xurdida en torno ás crises do Imperio Medio faraónico.

⁷Vin servos de a cabalo e principais camiñando coma servos pola terra.

Tamén o ben pode traer males

⁸"O que cava unha foxa, pode caer nela e quen derruba un muro pode ser mordido pola cobra".

⁹"Quen pica pedras pódese ferir con elas, quen parte leña pódese mancar con ela".

¹⁰"Cando o ferro se embota (por non lle afia-lo gume), cómpre facer máis forza", mais é unha vantaxe empregar ben a habilidade.

Distintos falares

¹¹"Cando a serpe pica antes do esconxuro, de nada vale o esconxurador".

¹²"As verbas da boca do Sabio son axeitadas, os labios do Tolo son os que o perden"; ¹³o seu exordio xa é unha parvada e a súa peroración, un fatal desvarío, ¹⁴e conste que o Tolo fala abondo.

Con todo, o home non sabe o que vai suceder, e ¿quen lle contará o que virá despois del?

¹⁵¿Cando por fin ficará canso o Tolo no seu esforzo se nin sequera dá co camiño para a vila?

Crítica ós gobernantes

¹⁶¡Ai de ti, terra onde o rei é un monifate, e onde os ministros esmorgan desde a alba!

¹⁷¡Benia ti, terra na que o rei é un notable, e onde os ministros xantan ás súas horas!, barís, non bébedos.

Temas varios

¹⁸"Por neglixencias afúndense as trabes do teito, por mans nugallás pinga toda a casa".

¹⁹"Para folgar fanse os banquetes, e o viño aleda a vida, e o diñeiro concede todo.

²⁰¡Non renegues do rei nin en pensamento! ¡Non fales mal do rico nin na alcoba! Pois ata os paxaros do ceo lle irán co conto, e mesmo os seres alados comadrean.

Risco e valor na empresa

11 ¹"Envía o teu trigo polo mar, ¡despois de moitos días halo de recobrar!"

²"Reparte en sete e aínda en oito partes pois non sabes das desgracias que poden suceder no país".

³"Cando as nubes van cheas vai descarga-la chuvia polo chan". "Caia para o sur ou caia para o norte, onde se deite a árbore alí queda".

⁴"Quen moito olla para o vento, non sementa; quen moito olla para as nubes, non colleita".

⁵Do mesmo xeito que non coñeces como chega o sopro da vida ós ósos no seo da muller preñada, tampouco sabes ti do obrar de Deus que o fai todo.

⁶"Sementa de mañá a túa semente e pola tarde non póuse-las túas mans", xa que ignoras cal das dúas sementes vai medrar, nin se as dúas son igual de boas.

XIV. Louvanza da vida

⁷Doce é a luz, e amable para os ollos ve-lo sol.

⁸Por moitos anos que viva o home, goce deles todos, e lembre os días escuros que tamén serán moitos, pois o futuro é efémero.

⁹¡Fólgate, rapaz novo, na túa mocidade aleda o corazón no tempo da xuventude, sigue os impulsos do teu ánimo e o que cobicen os teus ollos!
(Sabendo nembargantes que de todo te ha chamar Deus a render conta).

¹⁰¡Desbota a tristura do teu corazón, arreda o sufrimento do teu corpo! Pois infancia e mocidade son un sopro.

Alegoría da vellez

12 ¹¡Lembra ó teu creador nos anos mozos

10, 16-17 Crítica ós gobernantes (cf a Instrucción a Lemuel en Pr 3, 4s; e Is 5, 11s.22s).
10, 18-20 O v 18 recolle o tema tradicional da preguiza; e os vv 19.20 os do festexar e do rei, que foron probablemente atraídos pola materia dos vv 16.17.
11, 1-6 Esta segunda escolma relembra a forma de xéneros variados de 10, 1-20 (vv 1.6: amoestacións; v 5: alocución directa), mais en troques, aquí a temática é común a todos eles.
11, 1 Traducido correntemente "bota-lo pan na auga" (xesto de desinterese); lemos —por textos paralelos cananeos— a presente versión, que non pon o acento na sorte, senón no risco e o valor da empresa. O comercio mariñeiro era daquela o prototipo da empresa arriscada, que os israelitas aprenderan dos fenicios.

11, 7ss Louvanza da vida, Ledicia da mocidade, Semblanza da morte: remata o seu libro cunha das páxinas máis belidas do A. T., tanto pola súa doce cor romántica coma pola fonda señardade que rodea e tingue o sobrio da súa exquisita poesía. A morte non é xa o relativizador total, senón a chamada a recoñece-lo lume marabilloso da vida (11, 7-12, 7).
11, 9 O v 9b interrompe a serie de amoestacións. Emprega as mesmas verbas có epiloguista de 12, 13, polo que cómpre consideralo coma unha interpolación. Qohélet non sabe dun xuízo final sobre a vida persoal con sancións na ultratumba.
12, 1-7 Unha última amoestación esténdese na alegoría pormenorizada da ancianidade.

antes de que cheguen os días malos
e te atopes cos anos dos que dirás:
¡"Non sinto pracer neles"!
²Antes de que se enfosque o sol e a luz,
a lúa e as estrelas,
e retornen as nubes trala chuvia;
³o día en que treman os gardiáns da casa
e se dobren os fortes,
e deixen de moe-las muiñeiras, que serán poucas,
e escurezan os que ollan desde as fiestras.
⁴Cando se pechen os portóns que dan á rúa,
e esmoreza o fungar do muiño
convertido en rechouchío de paxaros,
e se esgoten os cantares;
⁵Darán espanto mesmo os tropezos do chan
e amedoñarán as rúas.
Cando floreza a amendoeira
e o saltón se pouse
e non teña a alcaparra o seu amargor,
porque o home camiña para a moradía eterna
e xa roldan polo adro as carpideiras.
⁶Antes de que crebe o fío de prata
e rompa o pichel de ouro
e quebre a cántara na cisterna
e se fenda a roldana no pozo;
⁷e torne o po á terra que antes era,
e volva o espírito cara a Deus, que o deu.
⁸Nada máis ca un sopro, di Qohélet, ¡todo é un sopro!

EPÍLOGO I

⁹Qohélet, amais de ser Sabio, ensinou ó pobo o que sabía. Recolleu, examinou e recompuxo moitos ditos.
¹⁰Procuraba Qohélet dar coas verbas asisadas, escribindo con xeito palabras verdadeiras.
¹¹"As sentencias do Sabio son coma aguilladas;
e cravos ben afincados o que se atopa nas escolmas,
cando os presenta o Pastor en persoa".

EPÍLOGO II

¹²Por enriba de todo, meu fillo, déixate aconsellar: o moito escribir libros non ten fin, e o moito matinar fatiga o corpo.
¹³Conclusión de todo o escoitado:
Ti teme a Deus, e garda os meus mandatos, pois iso é ser home cabal; xa que Deus vai levar a xuízo tódalas accións, aínda as ocultas, sexan boas ou malas.

12, 1 Xuízo universal valorativo: vellez é igual a días cativos, sen pracer nin gusto.
12, 2 Empeza a pormenorización descriptiva. Non é cousa doada atopa-lo senso de tódalas correspondencias. En xeral recollen as experiencias climáticas da Palestina, a botánica, os costumes, para ilustra-lo decaemento do corpo e o paso do tempo: a vellez é coma o inverno (v 2); nela, a casa do espírito, que é o corpo, vaise derrubando: os brazos "gardiáns", as pernas "fortes", os dentes "muiñeiros", as "fiestras" dos ollos (v 3).
12, 4 Refírese ó mermar do oído.
12, 5 Ilustra o paso do tempo. As correspondencias aquí son claras; pódense referir ás estacións: primavera, erán, outono; ou ben ós cabelos brancos, ó pesado das pegadas, á función estimulante da alcaparra. O cadro final deste verso acada un sabor fondamente realista.
12, 6 Amorea as metáforas da vida: que é luz nunha preada e fráxil candea; que é auga nunha sella quebradiza.
12, 7 Deixando as imaxes, torna ó feito da disolución do home, po e espírito vitalizador ("rúah"), que "Elohim" (Deus) dera. De novo, aparentemente, unha relectura de én **2**,7.
2, 9-11 Xa pechado o libro, un discípulo tencionou presentar ó lector a fasquía moral e académica do seu mestre.
12, 11 Este proverbio dá a clave das verbas dos Sabios: feren, sosteñen, dirixen; non son cousas de aprender; son incitacións a cavilar. No fondo delas está Deus coma o "Pastor" que as presenta (cun título que era de sobras coñecido en todo o ámbito oriental). Coma nas verbas da revelación, tamén polo medio do ensino honrado deste mestre nos chega unha mensaxe de parte de Deus.
12, 12-13 Un segundo epiloguista serodio sentiu o arrepío da rixeza e crueza do libro. Poida que xa se debatese daquela o problema de se Qohélet debía ter un posto no canon ou non; cunha corrección pietista aínda podía pasar... O mestre Qohélet fica nun segundo plano, e o que importa é atoparlle ó libro un senso relixioso sintético. O que di este epiloguista piadoso é: o libro non carece de perigo; mellor é aterse á lei; "temor de Deus" non é o que di Qohélet, senón garda-los mandamentos e crer no xuízo.
O que aquí se di ten senso noutro contexto, máis próximo do Eclesiástico (Ben Sírah). Tal vez gracias a este epílogo puido conservarse o Qohélet da sinceridade cruel e da fe limitada mais rexa; o home do respecto total á liberdade de Deus.

INTRODUCCIÓN Ó CANTAR DOS CANTARES

Este pequeno fato de versos que compón o Cantar, sorprende polo estilo, temática e linguaxe. O libriño, do que un rabino do século I d. C. dixera que toda a creación non vale o que el, sitúa ó lector ante profanidade e beleza dunha lírica amorosa con todo o feitío, aire levián e fondura delicada de sentimentos que caracterizan, poñamos por caso, as Cántigas de Amigo.

O Cantar, na derradeira forma literaria do texto hebreo, patentiza unha fixación final arredor do s. IV ou III a. C.; así, as formas gramaticais serodias ou arcaizantes de fondo influxo aramaico, elementos culturais arribados a Israel na época persa (azafrán, nogueira, paraíso) e ainda verbas de probable orixe helenística coma o "Apirion" (= Palanquín) de **3,** 9. Non obstante, os materiais de que vén composto dan testemuño de contextos moi variados e sen dúbida en grande parte anteriores, anque a atribución a Salomón constitúe soamente un caso máis da pseudo-epigrafía tópica da época.

Esta afirmación introduce o enguedellado problema da súa interpretación. Ó longo de séculos a tradición cristiá recolleu a herdanza do rabinismo, que lera o Cantar de primeiras na clave historificante das relacións de Salomón cunha das súas esposas, despois na clave simbólica dun diálogo Salomón-Sabedoría, e, para rematar, coma unha versión alegórica da historia de Iavé co seu pobo. Esta última esésexese, que ainda recolle adhesións dalgúns comentadores relixiosos aducindo textos dos profetas que empregan a simbólica matrimonial (Oseas, Isaías, Xeremías, Ezequiel), esqueceu o feito decisivo de que na alegoría profética Iavé, o esposo, é o único con iniciativa, e Israel coma esposa adúltera non ten de seu nin beleza nin asume actividade, sendo amada só como favor gracioso de Iavé; pero no Cantar a meirande parte da iniciativa corresponde á figura feminina que é anceiada polos propios engados; e, en segundo lugar, parece deixar de lado o feito de que o Cantar en ningún momento presenta as relacións no matrimonio-institución, senón o amor entre dúas persoas sen máis especificar. A atmósfera pietista e o escándalo diante da linguaxe libre e natural do libro en épocas puritanas, deron pé a que as transposicións das que xurdiron e valoración teolóxica eclesial e a visión do Cantar coma parábola do encontro Alma-Deus, Alma-Cristo, na grande mística cristiá,

chegasen a reclama-la exclusividade interpretativa.

Hoxe en día tódolos grandes comentarios tenden a se decantar por unha interpretación máis obvia e sinxela: trátase dunha escolma feita por un sabio ou grupo de sabios que, como facían os escribas letrados en Exipto, recolle as xoias da poesía do seu pobo para as transmitir á posteridade. O estudio dos modelos mesopotámicos e sobre todo exipcios, e mailo coñecemento do folclore árabe, fan detectar no Cantar unha chea de xéneros de lírica amorosa: o canto descritivo, o Laio xunto á porta, o canto da beleza corporal, a danza coral, etc. Neles atópanse os personaxes ficticios do pastor, o xardineiro, o rei, a fermosa labrega; xunto cos tópicos da viña, o xardín, a fonte; e todos eles envoltos nunha estética das sensacións e dos sentimentos máis ca do figurativo, cousa que debe ter moi en conta o lector occidental. A temática será a eterna: arelas, ledicia do descubrimento, señardade, paixón, festa do encontro definitivo.

De entre os poemas escolmados, uns están posiblemente compostos baixo o influxo da hímnica cúltica estranxeira (ritos da fecundidade), ben que adaptados á expresión amorosa cotiá; outros reflicten costumes ou cantos da voda paisana que ainda hoxe perviven no mundo semítico; outros, por fin, revelan un ámbito literario e mesmo culterano. O principio de agrupación dos poemas, que no pasado se intentaba presentar coma un diálogo continuo ou se buscaba unha liña argumental dramática (amores dun pastor e unha pastora co rei coma rival), haberá que procuralo recoñecendo os métodos típicos dos sabios: acumulación arredor dun tema (a primavera, vodas de Salomón), ou encadeamento arbitrario por verbas que se repiten en postos claves (viño, noiva, etc...).

O que resta, feitas estas agrupacións, son uns poucos versos, que a maneira de retrouso ou refrán, se repiten unha e outra vez (**2,** 6.7 16.17; **3,** 5; **6,**3; **7,** 11; etc...) e que coma tales servíden as agrupacións e dan unidade á colleita. Neles é doado enxerga-lo labor e intención d escolmador, e, con el, o sentido do libro nunha época de disolución de costumes, o co lector tenciona presenta-la fermosura e pr fundidade do amor entre un home e unha m ller novos, que se admiran, aceptan, escollen unen. Segundo eses refráns, o amor é acoug

INTRODUCCIÓN Ó CANTAR DOS CANTARES

e tenrura; non se pode forzar, é libre; o amor é pertenza mutua; o amor é fráxil. O cumio do libro constitúeo unha composición xa non lírica senón de cariz sapiencial (**8,** 6-7), que descobre a clave de toda a colección falando da potencia e teimosía do amor en palabras inmorredoiras.

Mais o modo en que se transmite esta mensaxe non fai alusión á procreación nin ó lazo matrimonial, nin é didáctico no sentido estricto, como pode ocorrer en **Pr 2,** 16-19; **5**; **6,** 20-**7,** 27. Conténtase coa louvanza da beleza e o encontro; conténtase con acepta-lo amor humano en serio, coma tensión á unidade total de dous seres persoais e apertura á natureza e ó cosmos. Neste senso o amor profano (non profanado) constitúe a parábola do Deus amor, do que nos falará a primeira epístola de Xoán (**4,** 7.8.16) e será paradigma da entrega ós irmáns na "ágape" (amor de doazón) cristiá (Ef **5,** 22-33).

O CANTAR DOS CANTARES

1 ¹O mellor dos Cantares, de Salomón.

Limiar: bicos e agarimos

²—¡Que me bique cun bico da súa boca!
Abofé, mellores son có viño os teus amores,
³mellores có recendo dos teus perfumes;
coma esencia que esvara é o teu nome,
ben é que te amen tanto as raparigas.
⁴Arrástrame contigo: ¡Corramos!
Introdúzame o Rei na súa alcoba.
Folguémonos en ti, ledas abondo,
louvémo-los teus amores máis có viño.
¡Que ben fan en te amaren!

Moreniña e fermosa

⁵Morena eu son pero xeitosa
—meniñas de Xerusalén—
coma as tendas de Quedar,
coma as cortinas de Xalmah.
⁶Non reparedes en que son moreniña:
foi que o sol me queimou.
Fillos de miña nai anoxáronse comigo,
puxéronme de garda nas súas viñas,
e a miña, a miña viña, non a gardei.

Bucólica

⁷Dime ti, meu ben amado,
¿onde apacentas?
¿Onde fas repousa-lo gando ó mediodía?
¿Para que hei andar sen rumbo
onda os rabaños dos teus amigos?
⁸—¿Non o sabes ti, belida entre as mulleres?
¡Vai tralas pegadas das ovellas!
¡Pasta os teus cabuxos
onda as cabanas dos pastores!

1, 1 O título "Cantar dos Cantares" é un superlativo hebraico coma "Santo dos Santos", "Señor dos Señores", "Rei de Reis". É, polo tanto, singular e non un plural de colección. Poderíase traducir "O mellor dos Cantares", ou "O celme das Cántigas", mostrando xa dun certo xeito a intención unitaria da escolma.
A atribución a Salomón, amais de ser un tópico sapiencial serodio, pode basearse no esforzo de procurarlle unha clave histórica ó libro.
1, 2 - **2,** 7 A primeira sección remataría cos refráns **2,** 6-7. Vén encadrada por dous "cantos de arelas" (**1,** 2-4 e **2,** 5-6), nos que se repiten os temas da introducción na cámara do amado e do viño coma símbolo de amor (**1,** 4 e **2,** 4). Pode que **1,** 2-4 teña por igual unha correspondencia en **8,** 1-2, que pecharía unha primeira escolma. Os temas do viño, a viña, o mundo vexetal e os aromas, congregan unha colleita de pequenas xoias poéticas.
1, 2-4 Este pequeno "Canto de Arelas" vén delimitado polo contido: a espera e ledicia do encontro, que ben pode ser dunha esposa na festa nupcial. O *viño*, metáfora da intensidade do amor, atópase en toda a poesía semita. O "Rei", xa en Exipto é designación do noivo ou namorado, como tamén é o título que se lle dá ó esposo na semana das vodas. Aroma, viño, intimidade, "ti", presentan o sentimento do respecto e o anceio da esposa como se amado. Unha serie de sons encadeados (esencia e nome = "xemen" e "xem") e o carácter saltarín, salientan o ámbito de ledicia.
1, 5-6 "Poema autodescritivo". A oposición entre a pe queimada no campo e a brancura vilega (sinal de distinción das mulleres da capital), esconde o coqueteo dunh Cinsenta cortesá, que, baixo o disfraz de xardineira, fa unha alegoría chea de alusións. *A viña* (coma o horto n poesía grega) é símbolo da virxinidade ou da muller ama da. Os irmáns gárdana por mor do dote que debe paga-l noivo. *Quedar* e *Xalmah* (non "Salomón", que é unha le tura posterior historificante) son dúas tribos árabes d deserto.
1, 7-8 Bucólica: "Xogo dialogal", apoiado na convenci literaria do mundo pastoril.

Égoa de reis

⁹A unha egua de carros faraónicos
   compárote eu, miña amada.
¹⁰¡Que ben feitas as meixelas entre os pendentes,
   e a gorxa entre os colares!
¹¹¡Farémosche colgantes de ouro puro,
   coas doas prateadas!

Aromas

¹²—Mentres o Rei se deita no diván,
   ponse o meu nardo a recender.
¹³Folequiño de mirra é para min o meu amigo,
   repousa entre os meus peitos;
¹⁴coma acio de fiafeira é para min o meu amigo,
   das viñas de En-Guedí.

Declaración na aurora

¹⁵—¡Si que es belida, miña amada,
   si que es belida!
   ¡Os teus ollos son pombiñas!
¹⁶—¡Si que es ti belido, meu amigo,
   e ben garrido!
   Frondoso é o noso leito,
¹⁷de cedro ten as trabes a nosa casa,
   de ciprés son os teitos.

Lirio e maceira

2 ¹—Eu son o narciso do Xarón,
   unha azucena das valgadas.
²—Coma lirio de entre os toxos
   tal é a miña amada entre as rapazas.
³—Coma a maceira entre as árbores da fraga
   tal é o meu amigo entre os mozos.
   Á súa sombra devezo por me sentar
   pois é doce o seu froito ó meu padal.

Doenza de amor

⁴Meteume el na cámara do viño
   e a súa bandeira para min chámase amor.
⁵¡Sostédeme con tortiñas de uvas pasas,
   confortádeme con mazás,
   que doente vou de amor!

⁶*Puxo a súa esquerda baixo a miña cabeza,*
   coa súa dereita unha aperta me está a dar.

1, 9 A sensibilidade occidental debe percibi-la magnificencia e selección dun animal escolleito e ben adornado.
1, 13-14 A cosmética da bolsa de mirra, con que as mulleres perfumaban o seo, e a fiafeira (al-henna, en árabe), con que aínda hoxe se pintan mans e pés, vén resaltada pola súa calidade: En-Guedí ("fonte da cabuxa"), a actual Tell-ed-dexrum, tiña grande sona pola súa fertilidade.
1, 15 A pomba, ave da deusa do amor, metaforiza a viveza dos ollos, se non é que fai alusión á maquillaxe de "ollo de pomba" á moda exipcia.

2, 1 Contrapóñense "flor única" e "árbore única". *Xarón* é a terra cha que decorre de Iafa ó Carmelo, ó longo da costa.
2,4-5 "Canto de arelas". A doenza de amor e a súa curación con bebedizos e maxia eran correntes en todo o Crecente Fértil, particularmente en Exipto. O vocábulo que traducimos por "bandeira", pode tamén indicar un letreiro de tenda ou un colgante na casa onde se celebra un banquete. As tortas de uvas pasas teñen que ver co culto dos ritos cananeos da fertilidade (cf Xer **7**, 18; Os **3**, 1).

⁷*¡Conxúrovos, meniñas de Xerusalén,*
polas gacelas ou as cervas montesías,
non espertedes nin desveléde-lo amor,
ata que el queira!

O amado ás portas

⁸¡Escoitade! ¡É o meu amigo! ¡Aí o vén!
¡Choutando polos montes, brincando por outeiros!
⁹Semella o meu amigo unha gacela
ou un cerviño novo.
¡Velaí que parou tralo noso muro,
albisca polas fiestras,
axexa polas reixas!

Aí vén o maio

¹⁰Faloume o meu amigo; así dicía:
—"¡Érguete, amada miña, fermosa miña,
ven xa!
¹¹Xa fuxiu o inverno,
foron pasando as chuvias,
¹²floriñas asomaron na campía,
vén o tempo das ruadas,
os arrolos da rula resoan nos nosos campos;
¹³o figueiral ten gromos,
as vides botan flores recendentes.
¡Érguete e ven, amada,
fermosa miña, ven xa!

Pomba escondida

¹⁴¡Miña pomba, nas fendas dos penedos,
nos recantos das rochas,
faime ve-la túa figura,
faime oí-lo teu falar,
que é doce esa voz túa,
e o teu xeito, lanzal!"

Raposiñas

¹⁵¡Aferrádeno-las raposas,
as raposas pequeniñas
que nos estragan as viñas,
nosas viñas a agromar!

¹⁶*Para min é o meu amigo e eu son para el*
que pasta nos lirios.

2, 6-7 Estes dous refráns que se repiten, coma pilar contraposto, ó remate do Cantar (**8,** 3-4), amais de facer de encadro á escolma, confirenlle o seu senso profundo. O realce da posesión mutua no v 6 dálle a toda a escolma un carácter dialogal e unitivo. O conxuro do v 7 salienta a liberdade de amor. No xuramento as verbas orixinais "gacelas, cervas" (animais de Ixtar, deusa do amor) xogan, pola súa sonoridade semellante, co nome de "El Sebaot" (Deus dos exércitos), prestando seriedade e solemnidade ó motivo poético.
2, 8-9 O "Canto da porta" ten na poesía antiga unha chea de variantes. A traducción tenciona respecta-lo valor intenso dos verbos orixinais coa rápida sucesión da escoita, a certidume, a ledicia. O vocabulario é serodio, mais a prosodia é antiga.
2, 10-13 A chegada da primavera inspira un "Canto de invitación", auténtica xoia da literatura universal. O que en traduccións pasadas se interpretaba coma "tempo da poda" (v 12), é mellor entendelo coma tempo de cantos co acompañamento de instrumentos; a poda, de feito, faise en Israel dous meses antes da primavera.
2, 16-17 O primeiro dos refráns, repetido en postos claves (**6,** 3; **7,** 11), ten a forma contractual dun compromiso ou pacto. Equivale a un xuramento de amor e podería transmitir unha antiga fórmula matrimonial. No contexto poético ilustra o goce da posesión. Beter, lugar non localizado, pode te-lo valor dunha "arcadia felix", como o tiña a suposta terra de Punt na poesía exipcia.

O CANTAR DOS CANTARES

¹⁷*Ata que sopre o día*
e fuxan as sombras
volve, meu amigo,
seméllate á gacela
ou ó cervo noviño
nos montes de Beter.

Ensoñación

3 ¹—Sobre o leito, de noite,
busquei a quen ben quería.
Busqueino e non o atopei.
²¡Heime erguer e rolda-la vila,
polas rúas, polas prazas,
buscar hei a quen ben quería!
¡Busqueino e non o atopei!
³Encontráronme a min os gardas,
os que roldan a vila:
—"¿Vistes a quen ben quería?"
⁴Apenas eu os deixara
e encontrei a quen ben quería;
aferrei nel, non o ceibo,
ata o meter na casa de miña nai,
na cámara da que me enxendrou.

⁵*¡Conxúrovos, meniñas de Xerusalén,*
polas gacelas ou cervas montesías,
non espertedes nin desveléde-lo amor
ata que el queira!

Cortexo de príncipes

⁶¿Que é aquilo que sobe da estepa
coma columnas de fume,
recendendo a mirra e mais a incenso
e a canta especia teña o mercader?
⁷¡É a liteira de Salomón!
Sesenta homes garridos a rodean
de entre os cabaleiros de Israel;
⁸todos eles levan a man na espada,
veteranos de loitas;
portan cadansúa espada xunto á coxa
contra as alarmas da noite.

O trono de Salomón

⁹Fíxose o rei Salomón un palanquín
de madeiras do Líbano.
¹⁰De prata fixo as columnas,
e o seu respaldo é de ouro;
de púrpura o asento,
incrustado en almafí

3, 1-4 O leitmotiv *a quen ben quería* (á letra: "a quen ama a miña alma") dá periodicidade ó poema, enmarcando o seu progreso sicolóxico: anceio-busca arelante-falso encontro-anceio. Percorre-la cidade de noite estaba severamente prohibido ás mulleres (2 Mac **3,** 19; Eclo **7,** 24; **42,** 9-14): ilústrase deste xeito o amor da muller coma don total, non calculador; todo o seu "néfex" (espírito vital) é "ahabah" (amor), neste canto.
3, 6-8 *A liteira* é o asento baleiro no que ha ser levada a noiva rodeada dos amigos del.

Coral

¹¹¡Meniñas de Xerusalén, saíde!
¡Vinde ver, nenas de Sión,
o rei Salomón coa coroa
con que súa nai o coroou
no día das súas vodas,
día de folgar de corazón!

Corpo xeitoso

4 ¹—¡Si que es belida, miña amada,
si que es belida!
Os teus ollos son pombiñas
por entre o teu veo.
Os teus cabelos, un fato de cabuxas
que baixan serpeando do monte Galaad;
²os teus dentes, grea de ovellas tosquiadas
subindo de se lavar,
todas elas preñadas de xémeos
e ningunha hai maniña.
³Cal fita carmesí son os teus labios,
é doce a túa fala;
metades de granada as túas meixelas
por entre o teu veo.
⁴Atalaia davídica é o teu pescozo,
ben fornecida de almeas;
mil escudos van dela pendurados,
tódalas adargas dos guerreiros.
⁵Os teus dous peitos son coma dúas crías
xémeas de gacela,
a pastar nos lirios.

⁶Ata que sopre o día
e fuxan as sombras
hei subir ó monte da mirra,
ata o cume do incenso.

⁷¡Toda ti es belida, miña amada,
non hai en ti lixo ningún.

¡Ven xa!

⁸¡Ven do Líbano, noiva!
¡Ven do Líbano, baixa!
¡Deixa o cumio do Amanah,
o cimo do Senir e mailo Hermón,
as covas dos leóns,
o monte das panteras!

4, 1-7 Temos aquí o primeiro exemplo de "Wasf" ou "Canto do corpo". Seguirán outros dous respecto da noiva (6, 5c-7; 7, 2-6) e un, insólito, do noivo (5, 9-16). Na estética oriental non contaba o figurativo, senón a sensación ou experiencia estimulada pola imaxe comparada. Isto débese ter moi en conta, para non andar á procura de imposibles correspondencias.
Veo (v 1) pode ser tamén un trenzado de pelo. A imaxe corresponde ó ondear das liñas mouras sobre o branco nas quebradas que caen da meseta de alén do Xordán ata o río.
Amais da imaxe da igualdade e perfección, o v 2 introduce o sentimento, grato ó nómada, da fecundidade.
4, 8 Fragmento dun "Canto de invitación". Traducimos "cariño" o vocábulo "irmá", que na linguaxe coloquial dos namorados tiña color agarimosa coma "miña pequena, miña nena". "Kalah" pode se-la noiva ou prometida (Ex **22**, 15-16; Dt **20**, 7). O *Amanah* é unha derivación do Antilíbano, que leva ríos a Damasco. *Senir* era o nome amonita do monte Hermón.

Meigallo

⁹¡Botáchesme o meigallo, cariño, miña noiva!
¡Botáchesme o meigallo,
cunha das túas olladas,
cunha das xoias que levas na gorxa!

Mel e favo

¹⁰¡Que belos os teus amores, cariño, miña noiva!
¡Canto mellores có viño son os teus amores,
e a túa fragancia ca tódolos aromas!
¹¹¡Un favo a destilar son os teus labios, noiva!
¡Mel e mais leite hai baixo a túa lingua!
¡O recendo da túa túnica é recendo do Líbano!

Epigrama admirativo

¹²Es ti un horto pechado, cariño, miña noiva.
Es ti un horto pechado, unha fonte selada.

Recendo do paraíso

¹³A túa ramaxe é un paraíso de granados,
cheo de froitos exquisitos.
¹⁴Azafrán, canela e cinamomo,
toda madeira de gorentoso fume.
O nardo, a mirra, o áloe,
coas mellores matas de bálsamo.

¹⁵¡Fonte do meu xardín,
manancial de augas vivas que flúen desde o Líbano!

¹⁶—¡Ergue, vento nordesío!
¡Ven ti, vento galopante!
¡Venteade o meu xardín:
que espalle os seus aromas!

Meu xardín, teu xardín

¡Que veña o meu amigo ó seu xardín,
que coma daquel froito que cobiza!

5 ¹—Xa veño para o meu horto, cariño, miña noiva;
collín xa a miña mirra e o meu bálsamo,
comín xa do meu panal o do meu mel,
bebín xa do meu viño e do meu leite.

4, 9 "Canto admirativo". O que vai traducido "ollada", "ollo", é mais ben o vocábulo que fai referencia a unha xoia composta por unha pedra preciosa única. No contexto, podería ser unha caste de amuleto, sexa para producir influxo amoroso, sexa para curar do mal de amores.

4, 10-11 *Mel e favo*. "Canto admirativo" próximo ó "Wasf", pero co centro non na descrición, senón no suxerente dun ámbito erótico. A sonoridade orixinal (v 11a: "nófet tittófnah siftot"), a imita-lo doce pingar do mel, é dun grande refinamento artístico. A noiva é mel e leite: a terra prometida.

4, 12 Gabanza da virxinidade (xardín e fonte). Trátase dun xardín ou horto de froiteiras, cinguido de sebes e pechado cunha cancela axustada con cordas ou correas.

4, 13-14 "Alegoría culterana", baseada na ciencia sapiencial das listas. Do xardín (=virxe), pásase ó xardín maravilloso dun mundo utópico. A amada é un "Pardés", un paraíso, un Edén. No v 14 reconstruímo-la serie confusa do texto, pola máis lóxica de flores (azafrán e nardo), matas (canela e mirra) e cascas (cinamomo e áloe).

4, 15 *Fonte e manancial*, son tópicos e mesmo símbolo xeroglífico da muller en Exipto.

4, 16-5, 1 *Meu xardín-teu xardín*. "Duetto de estímulo", que vai da arela da entrega con todo o suxerir de aromas, ata o gozo da posesión. A amada segue sendo o Edén ó que se "vén" ou "entra" (con toda a connotación deste verbo en hebreo: cf Xén **16**, 2; **30**, 3).

¡Comede, pois, amigos, e bebede
ata embebedarvos de agarimos!

Atopar e perder

²—Estaba eu a durmir, pero o meu corazón en vela,
cando chama petando o meu amigo.
—"¡Ábreme, meu cariño, miña amada,
miña pomba, todo o meu ben!
Porque teño a cabeza toda enchoupada de orballo,
de pingotiñas da noite os meus rizos".
³—"Espinme xa da túnica, ¿heime vestir de novo?
Lavei xa os meus pés, ¿habíaos de lixar?".
⁴Pasou o meu amigo a man polo poxigo
e en min tremeron as entrañas.
⁵Erguinme para lle abrir ó meu amigo,
pois fuxíame a alma ó seu falar;
as miñas mans destilaban coma mirra,
os meus dedos eran mirra refinada
sobre o pasador da pechadura.
⁶Abrinlle ó meu amigo,
pero o meu amigo partira, xa pasara.
Busqueino e non o atopei;
chameino e non respondeu.

⁷Atopáronme os gardas
que roldan a vila;
batéronme e feríronme;
arrincáronme o dengue
os gardas das murallas.

⁸Conxúrovos, meniñas de Xerusalén
se é que atopáde-lo meu amigo,
¿que lle habedes dicir, se non
que doente vou de amor?

Mozo garrido

⁹—"¿Que caste de amigo é o teu,
belida entre as mulleres?
¿Que caste de amigo é o teu
para así nos conxurares?".
¹⁰—"É o meu amigo esplendente e loiro,
escolleito entre milleiros.
¹¹A súa cabeza é de pan de ouro fino,
son acios de palmeira os seus cabelos
e mouros coma o corvo.
¹²Ten ollos coma pombas
das fontes dos regatos,
que bañadas no leite
repousan á beira dun estanque.

5, 2-7 A *túnica* da que se fala é o "kuttónet", peza interior empregada coma camisa de noite. No v 7 fálase do "redid", vestimento fino de muller, que pode ser un veo ou ben un mantón para encubri-los ombreiros; no Cantar non aparece a "ximlah", o manto externo semellante a unha toga. O feito de que os gardas lle tollan o "redid", veste de luxo, ten que ver coa prohibición de iren cubertas, que tiñan as meretrices; a noiva soa polas rúas, de noite, é confundida polos gardas.
5, 9-16 "Wasf" adicado ó noivo. As cores *esplendente* e *loiro* (v 10) non son cores naturais, senón máis ben artísticas. *Pombas e leite* (no v 12) amosan abundancia. A verba *padal* (v 16) é unha metonimia por "bico", non por "fala": traducimos, xa que logo, "bicar".

¹³As súas meixelas son matas de bálsamo
onde medran as especias;
os seus labios son lirios
a destilar mirra fina.
¹⁴As súas mans, torques de ouro
engastados con xoias de Tárxix;
o seu ventre, unha placa de marfil
salferida con zafiros.
¹⁵Son as súas pernas dous esteos de mármore
afincados sobre basas de ouro.
Ten o aspecto do Líbano
e é lanzal coma os cedros,
¹⁶e o seu bicar, tan doce.
¡Todo el é de arelar!
Tal é o meu amigo,
tal o meu compañeiro,
meniñas de Xerusalén.

Xardineiro e pastor

6 ¹—¿Para onde foi o teu amigo,
belida entre as mulleres?
¿Cara a onde voltou o teu amigo
e contigo o iremos buscar?
²—Baixou o meu amigo ó seu horto,
vai nas matas do bálsamo;
foi pastar no xardín
e face-la colleita de lirios.

*³Eu son do meu amigo
e o meu amigo é meu,
que pasta nos lirios.*

Medo

⁴—Fermosa es ti, miña amada, coma Tirsah,
xentil coma Xerusalén,
terrible cal batallón, pendóns ó vento.
⁵¡Torna os ollos de min
que me fan arrepiar!
Os teus cabelos son fato de cabuxas
que baixan serpeando do Galaad.
⁶Os teus dentes, grea de ovellas nais
subindo do lavado,
todas elas preñadas de xémeos,
e ningunha hai maniña.
⁷Rebandas de granada son as túas meixelas
por entre o teu veo.

6, 1-2 Canto alegórico. *Pastar no xardín* é camuflaxe da realización do amor xa en toda a poesía exipcia máis antiga.
6, 3 O refrán solemne do compromiso e a doazón pechan esta longa e rica sección central, co seu selo de mensaxe preñada de senso.

6, 4-5b Un "Canto de asombro"."Déguel" (= unha insignia, pendón, bandeira), pasou a significa-la tropa congregada baixo ela. *Tirsah* foi a capital do reino de Israel desde Ieroboam I a Menahem (cf 1 Re **14**, 17).
6, 5c-7 Fragmento de "Wasf", tomado de **4**, 1-3, ou variante.

Fachenda

⁸Se son sesenta as raíñas,
oitenta as favoritas
e sen conta as doncelas,
⁹só unha é a miña pomba,
a máis perfecta,
a única de súa nai,
preferida daquela que a xerou.
Vírona as donceliñas, e gabárona,
as raíñas e favoritas, e louvárona.
¹⁰—"¿Quen é esta que está a xurdir coma a alborada,
fermosa coma a lúa chea,
a brillar coma o sol,
terrible cal batallón, pendóns ó vento?"

¹¹Ó nogueiral baixei
ver xermola-las palmas,
ollar se agroma a vide
e florecen os granados.

¹²Non sei o que me pasa
pois que me puxo a tremer
ela, a filla de xentes nobres.

Danza da Xulamita

7 ¹—¡Vira, vira, Xulamita!
¡Vira, vira, que te estamos a ollar!
—¿Que estades a ollar para a Xulamita
cando se pon a bailar na regueifa?
²—¡Que xeitoso o teu puntear nas sandalias,
filla de nobre!
As combas dos teus cadrís son coma aneis,
feitura de man de artista.
³O teu embigo, unha cunca en media lúa,
non terá falta de licor.
O teu ventre é monllo de trigo
cinguido de lirios.
⁴Os teus peitos son coma dúas crías
xémeas de gacela.
⁵O teu pescozo, cal torre de almafí.
Os teus ollos, estanques de Hexbón
xunto á porta de Bat-Rabim.
É o teu perfil coma a torre do Líbano
que vixía Damasco.

6, 8-9 "Canto fachendoso" ou de reto. O noivo, na voda paisana, gábase da súa noiva, contraposta ó harén prototípico, o de Salomón (1 Re **11**, 3). Ela convértese na "escolleita", preferida, única (v 9d).
6, 10-12 Fragmentos independentes. O v 12 do c. **6** é o máis difícil do Cantar, na súa interpretación: traducímola primeira parte ("non coñezo a miña alma") coma xiro idiomático; o 12b, ó pé da letra "púxome carros de Amminadib", non ten senso. O máis doado é recompo-las consoantes e traducir "filla dun nobre pobo" ou "de xentes nobres", ou ben "de boa caste".

7, 1-6 *Xulamita*, ponnos no terreo do disfraz real ("unha Salomona"), ou ben é alcume agarimoso. No v 1 fálase dunha "danza dos dous exércitos ", que se debe interpretar de dúas ringleiras. É unha danza de réplica, contradanza. Despois da louvanza do noivo, os comensais da parte da noiva gaban a súa beleza. No mundo árabe de hoxe en día faise esta réplica, ó tempo que a noiva baila a "danza do sabre" (antiga "danza do veo" no mundo cortesán).
O v 3a pode ser un eufemismo, pois rompe o movemento ascendente da descrición.

⁶Tes ergueita a cabeza coma o Carmelo;
son as túas trenzas da color da púrpura.
¡Un Rei prenderíase nos teus rizos!

Palmeira

⁷¡Que belida ti es, que garimosa,
meu amor apaixoado!
⁸O teu van semállase á palmeira
e os teus peitos ós acios.
⁹E dixen eu: ¡Subir hei á palmeira
e coller hei os dátiles!
Serán para min os teus peitos coma acios de vide,
e o teu alento, un aroma de mazás.
¹⁰O teu bicar é un viño xeneroso
que corre dereitiño
esvarando por labios e por dentes.

¹¹—*¡Eu son do meu amigo, e de min a súa arela!*

Don na aberta campía

¹²—Ven, meu amigo, e saiamos para o campo;
pasarémo-la noite nos lugares,
¹³e nas viñas habemos de espertar;
veremos se xa xermola a vide,
se xa agroman as flores
e están a abrocha-los granados;
alí hei darche os meus agarimos.

¹⁴As mandrágoras dan a súa fragancia;
hai xunto ás nosas portas mil froitos cobizosos,
dos novos e dos secos,
que eu reservei, amigo, para ti.

Se foses meu irmán

8 ¹¡Quen te me dera coma irmán,
criado ós peitos de miña nai!
Se te atopase na rúa,
poderíache dar un bico
e ninguén me aldraxaría.
²Traerte había eu e meterte
na casa da que me criou.
Daríache a beber un viño mesturado,
o doce mosto das miñas granadas.

7, 11 Este v pecha a sección coa derradeira aparición do refrán de compromiso, intensificado coa verba "arela" ou "devezo", que trae á mente Xén 3, 16, segunda e última vez que aparece na Biblia no contexto da tendencia irrefreable do amor; dise aquí, sen embargo, do home, e non da muller.

7, 12-13 "Canto de invitación", incluíndo imaxes da primavera e o propósito da doazón. A invitación corresponde agora á noiva.

7, 14 O verbo "dar" atrae un pequeno fragmento coa mención do froito da *mandrágora*, valorada daquela coma afrodisíaco (cf Xén **30**, 14).

8, 1-2 Unha "fórmula de anceio" introduce o "Canto de arela", que se corresponde nos temas dos "bicos-introducción-viño" co poema inicial (**1**, 2-4) e co **2**, 4-5. No transfondo da descrición dunha cita, xorde de novo, coma central, o devezo da muller polo seu amado. A ética sexual israelita, moi mirada no terreo dos costumes exteriores e do figurativo, era máis libre e natural na expresión verbal.

³*Puxo a súa esquerda baixo a miña cabeza,*
coa súa dereita unha aperta me está a dar.

⁴*¡Conxúrovos, meniñas de Xerusalén,*
non espertedes nin desveléde-lo Amor
ata que el queira!

⁵—¿Quen é esta que sobe da estepa
do brazo xa do seu amigo?

—Baixo a maceira esperteite,
onde túa nai te deu a luz,
onde por ti sufriu quen te xerou.

⁶¡Márcame coma un selo no corazón,
coma un selo no teu brazo!
Pois é rexo coma a morte o Amor,
duros coma o Xeol son os celos;
son os seus lóstregos coruscar de lume,
divina labarada.
⁷Mil torrenteiras non o poden amatar
nin alagalo a riada.
Se alguén quixese dar
todo o haber da súa casa en pago do Amor,
ben sería escarnecido.
⁸Temos unha irmanciña que aínda non ten peitos:
¿Que faremos nós da nosa irmá
o día en que a veñan pretender?
⁹Se é coma unha muralla,
sobre ela construiremos un almear de prata;
se é coma unha porta,
contra ela afincaremos un taboado de cedro.

¹⁰—Son eu unha muralla, son torres os meus peitos,
e fíxenme ós seus ollos coma a que porta a paz.

¹¹Salomón tivera unha viña en Baal-Hamón
e cedeuna ós aparceiros,
que lle han rendar polo froito
ata mil siclos de prata.
¹²O que é a miña viña, ¡sérveme só a min!
¡Para ti os miles, Salomón,
e dálles aínda douscentos ós que che gardan as rendas!

8, 3-4 De novo, e coma remate, os refráns da consumación na pertenza mutua e a liberdade de amor.

8, 5-14 Tódolos comentaristas actuais están de acordo na impresión de fragmentariedade e na desconexión temática e mesmo na ausencia das verbas-vínculo nestes poemas.

8, 6-7 O *selo* ou "cuño", garantía da pertenza dun obxecto ó seu dono, tiña unha relevancia inxente na antigüidade. Portábase pendurado do pescozo ou coma pulseira; era unha presencia constante. Ó remate deste verso, xorde por única vez no libro o nome de Iavé, mais non nun uso relixioso, senón coma superlativo.
As forzas do caos non poden contra o amor. Esa forza divina non é negociable; é o máis valioso tesouro. Parece que estamos a escoita-la louvanza da "ágape" cristiá en Rm **8,** 35 ss. ¿Está en realidade tan lonxe?

8, 8-10 A porta, o muro, a paz, compoñen un diálogo ou unha "autodescrición" con cita implícita, na que o punto vén de novo transposto, do terreo comercial (dote e negociación dos irmáns) ó persoal: "o Xalom", acougo e paz, que son os que contan.

8, 11-12 A verba "Xalom" (paz) puido atrae-la de "Xelomoh" (=Salomón), para facer introducir este "Canto fachendoso" do noivo que louva á súa única, como xa o fixera o poema de **6,** 8-9, do que pode ser continuación.

¹³Ti, a que moras nos hortos,
¡os compañeiros están a escoitarte!
¡Faime senti-la túa voz!

¹⁴*¡Fuxe, meu amigo, e seméllate
á gacela ou ó cervo noviño
polos montes de bálsamo!*

8, 13 Fragmento incompleto do motivo "xardineira".
8, 14 Repetición variante do refrán xa aparecido en **2,** 17b.
Distínguese no emprego da verba "fuxe", que debeu parecer axeitada coma remate da escolma.

INTRODUCCIÓN Ó LIBRO DA SABEDORÍA DE SALOMÓN

Entre os dous testamentos preséntase o derradeiro libro sapiencial. Xa non se trata nel dunha mera recolección de ditos e refráns, nin dun tratadiño de costumes ó modo das instruccións tradicionais. A intención e o tema sapiencial preséntanse aquí insertos nun estilo apoloxético e propagandístico, case misioneiro, típico dunha época e dunha situación.

A emigración xudía ó norte de Exipto acadou nos séculos II e I a. C. unha sobranceira intensidade. Barrios xudeus de cidades coma Alexandría creceron ata constituír unha camada determinante e moi peculiar na mestura de razas e culturas que constituía a poboación do imperio dos Láxidas, herdeiros de Alexandro. A relativa autonomía municipal dos asentamentos nos arrabaldes, e a organización dos Ghettos nos eidos xudiciais, fiscais e relixiosos, cunha "Guerusía" (concello de anciáns) á cabeza, non impediron nembargantes a penetración das ideas e costumes cosmopolitas do mundo helenístico. A actitude conservadora e pechada, e a calada laboriosidade dos xudeus, deron pé, baixo os reinados de dous Tolomeos, Alexandro e Dionisos (106-52 a. C.), a unha chea de sublevacións e ás conseguintes persecucións da parte exipcia en contra dos incómodos intrusos; nesas persecucións tiveron non pequena parte os apóstatas da fe de Israel, pasados por oportunismo a postos administrativos dos monarcas. Mais a meirande ameaza de crise para as pequenas comunidades non proviña deses Progroms ocasionais, senón máis ben da infiltración calada das ideas novas dunha cultura aparentemente superior: o helenismo.

O helenismo, coa súa visión universal e internacionalista do home, co seu pulo académico, sentido sobre todo a rentes dunha cidade do prestixio de Alexandría, e a sona e espallamento dos pensamentos dos grandes filósofos gregos, acaneaba os fundamentos ideolóxicos da comunidade, exercendo unha intensa atracción sobre todo na mocidade hebrea.

Cómpre localiza-lo presente libro arredor deses anos de fonda conmoción e non se atopan motivos congruentes para facer baixa-la data de composición, tal e como algúns propuxeron, ata a primeira metade do s. I d. C. O grego empregado na redacción orixinal respella en numerosos pasos o influxo da traducción dos LXX, en uso desde o 150 a. C., e pola outra banda non se percibe influxo do intento da transposición ás categorías filosóficas dos grandes temas bíblicos tal como se atopa na obra do sonado pensador xudeuhelénico Filón. De vivir no seu tempo, o autor da "Sabedoría" non sería alleo, xa en canto adherente xa coma detractor, ó seu engado. En troques, se ben o seu grego é pulido, deixa transparentar nos paralelismos, polisíndeto e cadencias rítmicas, a proximidade á lectura hebrea.

O autor debeu ser home de amplos coñecementos nos diferentes eidos do saber do seu tempo (filosofía, ciencias, artes, etc...) e non lle foron estraños os entretementos helénicos tales coma o teatro e os xogos atléticos (cf **4**, 2; **10**, 12). O que lle preocupaba, non obstante, eran as concepcións da relixión e da vida presentes na nova sociedade, como o testemuñan os seus ataques ó epicureísmo, os contactos co vocabulario dos estoicos, a sicoloxía de raigaño platónico. Do mundo cosmopolita da súa cidade recolle a observación admirada polos traballos artesanais ou a das empresas de navegacións, e rexeita os usos degradantes da zoolatría e dos misterios orxiásticos.

Nese contexto a finalidade do seu escrito aparece clara, como un esforzo por confirma-la fe da comunidade hebrea contrastando a Sabedoría de Israel e o seu contido trascendente cos desmáns das opresións e degradacións presentes na civilización dos Tolomeos. A Sabedoría, convertida xa en dimensión relixiosa, fundamenta nos planos teórico e práctico a opción israelita de vida e a súa actitude perante Deus, o home e o mundo.

O libro leva no orixinal o título "Sabedoría de Salomón", co que se fai alusión ós cc. **7-9**, nos que o autor emprega a prosopopeia do Rei Sabio co obxecto de prestixiar e avala-lo libro. O procedemento era, naquel tempo, un inocente recurso literario co que se intentaba unha meirande eficacia e atractivo da obra, artificio seudonímico xa de antigo moi espallado na mesma Biblia (cf Pr **1**, 1; **25**, 1; Ecl **1**,1; Cant **1**, 1).

A ampulosidade retórica da que fai gala, non nos ten que desviar ata considera-la obra coma froito dunha literatura decadente, pero tampouco non debe dar pé para facer de frases tópicas (o destino das recomendacións a supostos "gobernantes") a clave de interpretación coa que recuperalo para unha certa "mo-

INTRODUCCIÓN Ó LIBRO DA SABEDORÍA DE SALOMÓN

dernidade" política. O libro ten a súa mensaxe de seu, que cumprirá traducir á nosa cultura sen forza-las súas propias verbas. Por outra banda, o que para nós podería parecer artificio era para el técnica a fin de acadar claridade de exposición. As constantes concatenacións a base de verbas-vínculo, inclusións, estructuras concéntricas, son os medios de que dispón para subliñar un motivo, delimita-los párrafos, cambiar de forma e xénero. O descoñecemento desta técnica por parte dos comentadores tradicionais fai que moitas veces as divisións propostas para o libro se guíen por criterios subxectivos segundo se capta este ou aquel tema.

*O descubrimento da arte de composición, tamén presente na diatriba grega e nalgún dos libros bíblicos, fai procurar neses sinais estructurais o artellamento dos capítulos e das seccións. En tanto non se chegue a un consenso nesta nova xeira, propoñémo-la seguinte división en canto a xéneros empregados na obra: A) Unha imprecación pública a xeito de diatriba, na que se desenvolven teoricamente os efectos e a natureza da Sabedoría (**1**, 1-**11**, 1). B) Unha homilía en forma midráxica (a edificación era o obxectivo primordial da exposición parafrástica dun texto bíblico, coñecida coma Midrax) sobre o Éxodo (**11**, 2-**19**, 22). Xéneros menores son: As louvanzas da Sabedoría (cf **6**, 12-16), as listas (de cualidades da Sabedoría: **7**, 22ss; do "curriculum" académico: **7**, 17-20), as oracións (**9**), etc. De acordo con eses xéneros artéllanse os grandes capítulos da obra tematicamente: I.-Louvor da Sabedoría de Israel (**1**, 1-**11**, 1); coas seguintes seccións: a) A Sabedoría e o premio da inmortalidade que comporta (**1**,1-**6**, 21); b) A esencia desa Sabedoría (**6**, 2-**11**, 1). II.-A Sabia guía de Deus co seu pobo (**11**, 2-**19**, 22), dividida en tres partes:Introducción (**11**, 2-4); Tese (**11**, 5); Desenvolvemento (**11**, 6-**19**, 22); e Ensarillada, con digresións máis ou menos longas: a máis importante, sobre idolatría (**13**, 1-**15**, 17), que glosa de lonxe Is **40-44**.*

*Así como é un libro que alude ou cita tacitamente escritos anteriores (Is, Pr, Ecl), a Sabedoría de Salomón semella vir citada ou empregada en frecuentes pasaxes do N. T. (Rm **1**, 18-32; **9**, 9-13; 2 Cor **5**, 4; Ef **6**, 11-17; Heb **1**, 2-3; 1 Pe **1**, 6-7) e sobre de todo en Xoán. De feito o Logos xoáneo non está lonxe da Sabedoría, atributo de Deus do presente libro.*

E, ademais, a súa orixe grega e o carácter alleo á mentalidade hebrea palestina, fixeron que, se ben fora incluído no canon Alexandrino, non o fose no canon palestino. As Igrexas cristiás empregárono sempre para a edificación dos fieis, sendo San Xerome un dos que ergueron dúbidas de validez ó seu propósito, polo que entrou a formar parte dos chamados Deuterocanónicos. O seu refugo por parte das confesións da reforma protestante que o enumeraron entre os libros "Apócrifos", motivou a decisión do Concilio de Trento por confirmalo no seu carácter canónico. Hoxe en día, despois dun longo silencio dos esexetas, torna a acada-la valía que lle compete pola súa introducción dun concepto novo de retribución individual, as súas ideas peculiares de mesianismo, e a adopción da terminoloxía relixiosa que abriu a vía á linguaxe na que se habían de formular varios documentos neotestamentarios.

SABEDORÍA DE SALOMÓN

I. LOUVANZA DA SABEDORÍA

Procura-la Sabedoría. Xustiza e sabedoría

1 ¹Amade a xustiza os que gobernáde-lo país,
tede do Señor un bo concepto
e procurádeo cun corazón sinxelo,
²que se deixa El atopar polos que non o tentan
e revélase ós que del non desconfían.
³Argumentos revirados son os que afastan de Deus
mais o seu poder, posto a proba, acusa ós insensatos;
⁴pois non entra a Sabedoría nunha alma retorcida
nin mora nun corpo suxeito ó pecado.
⁵O espírito santo foxe da educación ficticia,
afinca lonxe das matinacións necias
e, sobrevindo a inxustiza, é refugado.

O Señor castiga a lingua impía

⁶En verdade a Sabedoría é un espírito benévolo co home
mais non deixará impune ó blasfemo lareteiro
porque Deus é testemuña das súas entrañas,
controlador veraz do seu corazón
e oidor da súa lingua;
⁷dado que o espírito do Señor enche o mundo
e quen mantén unido o universo sabe canto se di.
⁸Por iso quen fala impiamente non poderá ocultarse
nin o pasará de longo a Vinganza sen acusalo.
⁹Farase pescuda das matinacións do impío,
a sona das súas verbas chegará ata o Señor
para acusación dos seus delitos;
¹⁰pois un oído celoso escoita todo,
nin sequera se lle oculta o susurro das murmuracións.
¹¹Gardádevos, logo, da murmuración inútil
e preservade a lingua da maledicencia
pois o dito máis secreto non se profire en balde
e a boca mentireira mata a alma.
¹²Non provoquéde-la morte coa vosa vida extraviada
nin vos acarréxéde-la ruína coas obras das vosas mans
¹³porque non fixo Deus a morte
nin se aleda co exterminio dos vivos;
¹⁴creouno todo, de certo, para que subsista

1, 1-11, 1 Louvanza da Sabedoría.
A primeira parte do libro vai unitariamente composta por unha peza de estilo supostamente oratorio e requintada construcción, que difire radicalmente do resto da obra, de feitío homilético. Isto levou a algúns comentadores a postular dous autores ou dúas mans na composición do libro. Non ten por que ser así, e a constancia de expresións e vocabulario argumenta a prol da unidade de orixe.
Por vez primeira no ámbito sapiencial xorde a afirmación dunha vida futura para o espírito humano a carón de Deus, nunha reflexión que, en contra das aparencias de linguaxe, emprestada dos filósofos gregos, non parte da elucubración sobre a natureza humana, senón, biblicamente, do pensamento da fidelidade de Deus co xusto.
A Sabedoría ensina sobre todo a Xustiza, e non é un ideal puramente humano, senón un don, unha enerxía no home, que vén directamente do Espírito de Deus, ó que en moitos pasos substitúe no vocabulario. ¿Sacralización da ciencia, ou secularización da revelación? O que o Sabio israelita fai, glosando textos sagrados con verbas tiradas do concepto estoico de "alma do mundo" ou dos catálogos das virtudes platonizantes, é referir toda a realidade a un único senso descuberto no fondón da vida pola fe.
Esta primeira parte distribúese en dúas seccións: o chamado "Libro escatolóxico" ou "Apocalíptica sapiencial" (**1**, 1-**6**, 21); e a presentación da Sabedoría total (**6**, 22-**11**, 1). Ámbalas dúas seccións amosan a súa estructura nunha complexa disposición de inclusións a base de verbas-clave e campos verbais.
1, 1 O amor, o bo concepto, a procura, sinalan outros tantos pasos sicolóxicos de aproximación a unha actitude vital, a *xustiza*, que se debe entender coma vida virtuosa, condición (v 4) e efecto (v 5) da Sabedoría. Poderiámola verter coma rectitude no pensar e no facer (cf **8**, 7).
1, 3-5 En contraposición á *xustiza* coma actitude sitúanse os *argumentos* (v 3) e as *matinacións* torcidas (v 5). Isto supón a disposición crítica de grupos xudeus que dubidan da providencia do Deus de Israel, ou ben ensarillanse en discusións filosóficas, co que veñen a afastarse de Deus (v 3a), poñen probas ó "Poder" (v 3b: "Geburah": substitución do nome de Deus no rabinismo), e refugan o seu Espírito Santo (v 5), entendido este coma inspiración interior que fai de guieiro na educación.
1, 6-11 Antropoloxía bíblica de dimensión teolóxica ("entrañas= riles": sede das intencións ocultas; "corazón", facultade do pensamento consciente). De transfondo escóitanse as críticas dos xudeus disidentes. Deus, que co seu Espírito cósmico á maneira da "alma do mundo" estoica, enche o universo habitado (oikoumene, cf v 7), escoita (v 10) tódalas protestas en contra da súa providencia (vv 9. 11: "katalalía": maledicencia, espallamento de rumor infundado).

e as criaturas do mundo son saudables;
non hai nelas veleno mortal
nin ten o Hades imperio sobre a terra,
¹⁵porque a Xustiza é inmortal.

A vida dos impíos

¹⁶Os impíos, en troques, chámana con
  xestos e verbas;
coidando que é unha amiga, devecen por
  ela,
fan con ela alianza:
merecen en efecto ser da súa facción.

2 ¹Pois din para si argüindo erradamente:
  curta e triste é a nosa vida;
non hai menciña para o esmorecer do
  home
e de ninguén se sabe que voltase do
  Hades.
²Nacemos por acaso
e pasado o tempo seremos coma quen
  non existiu,
xa que o bafo do noso nariz é fume
e o pensamento, faísca do latexar do
  noso corazón.
³Cando ela esmoreza, o corpo hase trocar
  en cinsa
e esvaecerase o espírito coma aire levián.
⁴Co tempo esquecerase o noso nome,
ninguén vai xa lembra-los nosos feitos,
fuxirá a nosa vida coma rastro de
  brétema,
disipada coma néboa perseguida das
  raiolas do sol
e esmagada pola súa calor.
⁵O noso momento é o do fuxir da sombra
e non ten retorno o noso final:
pónselle o selo, e xa ninguén retorna.

⁶¡Veña logo! ¡Gocemos dos bens que están
  á man!
¡Disfrutemos do creado co rebulir de
  xente nova!

⁷¡Enchámonos de viños de marca e de
  perfumes,
non deixemos fuxir ningunha flor da
  primavera!
⁸¡Coroémonos cos broches das roseiras
  antes de que murchen!
⁹¡Que non haxa curranto alleo á nosa
  esmorga;
deixemos, todo arredor, sinais do
  reloucar!
Tal é a nosa parte, a nosa sorte.
¹⁰¡Asoballémo-lo pobre honrado,
non perdoémo-la viúva
nin teñamos respecto para as canas
  venerables do ancián!
¹¹¡Que sexa a nosa forza a norma da
  xustiza,
xa que o ser feble se estima inútil!
¹²Espreitémo-lo home xusto que nos dá
  tanto noxo
e se opón ós nosos feitos,
botándonos en cara as transgresións da
  lei,
reprochándonos faltas da nosa
  educación.
¹³Gloríase de coñecer a Deus,
noméase a si mesmo fillo do Señor.
¹⁴Converteuse en censura dos nosos
  criterios;
soamente ollalo xa nos irrita,
¹⁵pois a súa vida difire das dos outros
e os seus vieiros son estraños.
¹⁶Coida que somos falsarios
e afástase dos nosos camiños coma da
  podredume;
considera feliz o destino dos xustos
e presume de ter por pai a Deus.

¹⁷Examinemos se son veraces as súas razóns,
comprobemos como é o seu finar.
¹⁸Se o xusto é fillo de Deus, virá El a
  acorrelo

1, 12-15 A *morte* tira a súa orixe do pecado e son os homes os que a elixen. É unha morte espiritual semellante á aludida en Ap **2,** 11. No v 14, é chamada co nome clásico grego para o inframundo, o *Hades,* aquí personificado á maneira hebrea do Xeol en canto imperante da destrucción. O mundo, de seu, é bo, coma in Xén **1.**
1, 16ss O discurso expón a teoría e a praxe deses ateos prácticos e a súa hostilidade en contra de quen, coa súa actitude, os condena. Non é doado dexergar se as alusións verbais se refiren a doutrinas concretas (epicureísmo, saduceísmo). Semellan frecuentes as alusións ó Qohélet, ou ben a unha interpretación hedonista do seu libro.
2, 1 O motivo da brevidade da vida, presente en Ecl **2,** 22-23 e Xob **14.**
2, 2-3 Mesturan linguaxe de fasquía epicúrea (formación do cosmos polo acaso) con teorías do principio ígneo do espírito (fumes, faísca, cinsa: ¿Heráclito?) e antropoloxía bíblica (o "alento vital" de Xén **2**; o espírito coma lene aire: Ecl **1**; **3,** 20).
2, 5 O *selo* pecha a vida ou ben o sartego destes escépticos.
2, 13 O tema da persecución do xusto revístese de numerosas alusións ó texto de Is **52-66** na versión grega, e especialmente a Is **52,** 12, describíndoo con caracteres semellantes ós do "Servo de Iavé". *Coñecer* a Deus é terminoloxía profética que supón a fe práctica.
2, 13-18 A relación filial con Deus (vv 13.16. 18) supón un cumio teolóxico atinxido neste libro: xa nos Salmos se falaba de Israel coma fillo de Deus; fillo de Deus era tamén o Rei; pero respecto do individuo xorde claramente, no contexto dos libros canónicos, por vez primeira neste escrito.

e ceibarao da man dos seus inimigos.
¹⁹¡Poñámolo na proba da aldraxe e do tormento
para constatármo-la súa mansedume
e experimentármo-la súa resistencia ó mal!
²⁰¡Condenémolo a unha morte ignominiosa,
pois, segundo el fala, terá quen o protexa!
²¹Tal pensan, mais engánanse:
cégaos a súa malicia.
²²Non se decatan dos misterios de Deus
nin esperan no premio da virtude
nin afiúnzan na recompensa das persoas sen chata.
²³Pois Deus creou ó home para a incorrupción
e fíxoo imaxe do seu propio ser,
²⁴mais pola envexa do demo entrou a morte no mundo,
e os seus secuaces téñena de probar.

A vida dos xustos está na man de Deus

3 ¹Pero as vidas dos xustos están na man de Deus:
non haberá tormento que as toque.
²As xentes insensatas coidaban que morreran
e o seu tránsito semellaba unha desgracia,
³o seu partir de entre nós, unha desfeita,
mais eles fican en paz.
⁴Aínda que para o ollar humano fosen magoados,
a súa esperanza ía preñada de inmortalidade;
⁵corrixidos no pouco, acadarán moito
pois foi Deus quen os probou
e atopounos dignos de si.
⁶Depurounos coma ouro no crisol,
aceptounos coma sacrificio de holocausto.
⁷No momento de lles pedir contas resplandecerán,
saltarán coma as muxicas dos carozos;
⁸gobernarán países, dominarán nos pobos
e sobre eles reinará o Señor eternamente.
⁹Os que nel afiúnzan acadarán a verdade,
os fieis no amor serviranlle moi cerca,
pois concede El o seu piadoso favor ós virtuosos
e a protección ós que El elixiu.
¹⁰Mais os impíos sufrirán o castigo conforme ó seu pensar
por abandonaren ó xusto e se arredaren do Señor.
¹¹¡Malpocado o que desbota Sabedoría e Instrucción!
Baleira é a súa esperanza, inútiles os esforzos,

2, 20 Amplifica retoricamente a persecución dos xudeus disidentes, citando a paixón do Servo isaiano. A "protección" de Deus é, ó pé da letra, a "visitación" bíblica (pequddah = presencia de Deus para xuízo ou axuda).
2, 21-24 Xuízo conclusivo do autor. Os *misterios de Deus* (v 22) son os seus designios, eses que El vai desvelar nos próximos cc.: o propósito de levar ó home á inmortalidade (v 23: [paphzarsía]= non — corrupción; cf **6,** 18. 19). O autor chega a esta conclusión tirando a consecuencia total de Xén **1,** 26 no seu v 23b: o home é imaxe de Deus a tódolos niveis; tal era o proxecto inicial, e inmortalidade coma gracia (cf **3,** 4; **4,** 1; **8,** 13; **15,** 5).
2, 24 O proxecto divino deturpouse por unha envexa demoníaca (v 24): a interpretación deste verso non é doada; a máis obvia semella ver nel unha relectura na clave de demonolóxica do tempo, da figura da serpente de Xén **3** (como farán Xoán —**8,** 44— e Ap **12,** 9; **20,** 2); outra podería ver no verso á figura de Caín, ó que se fai alusión no libro en **10,** 3, e que iría ben no contexto da xenreira entre irmáns da comunidade xudía no que se escribe. A morte é a morte total, á que están destinados os impíos (*teñena de probar*), pensada probablemente coma aniquilación perenne do malvado, á maneira do libro de Daniel, anque de **4,** 20 se puidese deducir un xuízo final de xustos e inxustos.
3, 1ss O Sabio vainos falar do "Segredo de Deus", ese misterio non albiscable para a simple vista, do que se compón o destino do home despois do seu pasamento.
3, 1-9 Os xustos experimentan unha protección especial de Deus (a súa "man": cf Dt **33,** 3; Is **62,** 3), libres dos tormentos que acanearán ó malvado (**4, 19**). *As vidas:* o grego "psyché" (ánima) é unha traducción do hebreo "néfex".
3, 2-4 Paradoxo: aparencias de morte, pero plenitude de que disfrutan (¿no Xeol ou no cortexo dos anxos?) ata o xuízo final (cf Is **57,** 1-2). A realidade era outra da que parecía: a súa vida foi unha preñez que alumaría a Inmortalidade. Por vez primeira comparece a verba azanasía (= non-morte), que tornará no N. T. O libro repítea con diversos sensos en **4,** 1; **8,** 13.17; **15,** 3; e, coma adxectivo, xa saíu en **1,** 15.
3, 5-6 Amáis desa fin esperada, o padecemento tiña para os xustos un senso non de castigo senón de educación ou disciplina, tema que reaparecerá constantemente na segunda parte homilética do libro.
3, 7-9 Trátase dun xuízo positivo, descrito en termos tirados da apocalíptica: triunfo persoal e situación de unión íntima con Deus.
3, 8 *Reinará o Señor:* esta terminoloxía, atestada noutras pasaxes do libro, e que abre paso á formulación do Reino escatolóxico evanxélico, contén a idea dun Mesianismo de novo tipo: o do imperio directo de Iavé, administrado polo grupo popular dos xustos.
3, 9 A vida na proximidade de Deus supón acada-la *verdade* (semellante ó "coñecemento de Deus" de **2,** 13).
3, 10-12 O xuízo dos impíos insiste na congruencia da actitude da vida cos efectos que dela se segue: cf Pr **1,** 7b, e a lei da retribución inmanente, amplificada agora no alén, cun concepto de "krisis" (xuízo) moi semellante ó do Evanxeo de Xoán.

sen xeito as súas obras,
¹²tolas as súas mulleres,
retorcidos os seus fillos,
maldita a súa caste.

A esterilidade dos xustos non anula a bendición

¹³Benia, en troques, a estéril sen chata
que non coñece un leito de pecado.
Colleitará o seu froito no xuízo das vidas.
¹⁴Do mesmo xeito ó eunuco que non fixo
delito coas súas mans
nin arelou o mal contra o Señor,
daráselle pola súa fidelidade un premio escolleito,
e a función máis cobizada no templo do Señor.
¹⁵Pois o froito de se atarefar polo ben é magnífico
e inmortal a raiceira da prudencia.
¹⁶En canto ós fillos dos adúlteros, non acadarán a madurez,
e a descendencia dun leito ilexítimo esvaecerá.
¹⁷Por máis que vivan longos anos, non os considerarán nada
e, ó remate, a súa vellez será sen sona.
¹⁸Se por caso morren cedo, non terán esperanza
nin quen lles dea ánimos no día do proceso,
¹⁹pois é funesta a fin dunha caste inicua.

4 ¹Mellor é non ter fillos e si virtude,
pois a súa lembranza é xa unha inmortalidade
recoñecida de Deus e mais dos homes:
²presente, imítana; ausente, arélana;
coroada, desfila triunfal na eternidade,
vencedora na lide de trofeos sen chata.
³Pola contra, a numerosa plebe dos inicuos non servirá para nada,
dos seus gromos bastardos non botará fondos raigaños
nin asentará sobre rexo alicerce.
⁴Xa que, por moito que un tempo agromen as súas ponlas,
frouxamente afincada, abaneará co vento,
e será arrincada pola forza da galerna;
⁵quebraranse os seus xermolos deformes,
o seu froito é inútil, sen sazón para comer
e sen proveito ningún.
⁶Pois os fillos nacidos de soños ilexítimos
son testemuñas da maldade contra os pais
cando verbo deles se faga unha enquisa.

A morte prematura do xusto, mellor cá longa vida do impío

⁷Mais o xusto, aínda morrendo prematuro, gozará de repouso.
⁸A ancianidade venerable non é a lonxevidade
nin se mide por número de anos.
⁹Cabeza cana é para os humanos a prudencia
e vellez madura unha vida inmaculada.
¹⁰Un fíxose agradable a Deus, e Deus amouno,
e como vivía entre os pecadores, foi trasladado;
¹¹foi arrebatado para que a malicia non lle mudase a conciencia
nin o engano lle seducise a alma.
¹²Pois o engado vicioso corrompe o que é bo
e o turbón da paixón trastorna a mente inxenua.
¹³Madurecido cedo, completou longos anos;
¹⁴a súa alma era aceptable ó Señor,
foi por iso axiña tirado do medio da maldade.
A xente óllao e non se decata
nin presta atención ó feito.
¹⁵Pois El pon o favor e a misericordia nos seus elixidos

3, 13ss A afirmación en defensa da esterilidade biolóxica é audaz, tendo en conta que para o israelita do AT os fillos eran bendición de Deus e parte da inmortalidade no recordo da caste, a única coñecida por eles (cf Lev **26;** Dt **7, 14**); en troques, a esterilidade da muller (a única da que se fala normalmente na Biblia) era un castigo de Deus polo pecado (cf Xén **11,** 30). De fronte a esa posición tradicional, o autor afirma que o verdadeiro froito da vida é a virtude. A inclusión do eunuco (excluído do pobo santo: Dt **23,** 2; e recuperado en parte en Is **56,** 4-5) fixo crer a algúns comentadores que o Sabio facía alusión á vida célibe de sectas coma a dos "terapeutas", existentes no seu tempo. A contraposición no v 16 cos "adúlteros" disuade desta interpretación.

3, 16 *Fillos dos adúlteros* pode referirse a matrimonios de xudeus con pagáns, acción xa zorregada pola prédica reformadora de Ésdras (Esd **9-10;** Neh **13**).

4, 2 O "desfile do triunfo" na eternidade refírenos ó medio cultural grego das "pompas" de victoria, no que vive o autor.

4, 6 Repite unha idea xa aparecida en Xob e presente en Eclo **41,** 7. A *enquisa* pode referirse a un xuízo das xentes ou a un inquérito das obras no xuízo final.

e a protección nos seus devotos.
¹⁶O xusto morto condena ós impíos que
aínda viven,
e a mocidade madurecida cedo
condena a vellez chea de anos do
inxusto.
¹⁷Ollarán, en efecto, o morrer do sabio
sen se decataren dos designios de Deus
tocante a el
nin de para que o Señor o puxo a salvo.
¹⁸Ollarano con menosprezo
mais o Señor rirá deles;
¹⁹e ó cabo converteranse nun cadáver
infame,
obxecto de aldraxe entre os mortos para
sempre;
pois El vainos guindar mudos cabeza
abaixo,
acaneará neles desde os alicerces
e serán esmagados ata o límite;
vivirán na dor
e perecerá o seu recordo.

Xustos e impíos ante o xuízo

²⁰Achegaranse acovardados a render conta
dos seus erros
e os seus propios delitos acusaranos na
cara.

5 ¹Erguerase daquela o xusto moi seguro
de si
diante dos que o asoballaron
e desprezaron os seus esforzos;
²ó ollalo tremerán cun medo arrepiante
abraiados por unha salvación tan
paradóxica.
³Dirán para si, arrepentidos,
saloucando co ánimo angustiado:
⁴—"Este é aquel que noutrora
escarnecemos
con cántigas burleiras, nós, os mal
asisados;
coidabamos que a súa vida era unha
tolemia

e o seu finar infame.
⁵¿Como é que o enumeran entre os fillos
de Deus
e ten parte na herdanza xunto cos santos?
⁶Ata nos afastamos do camiño da
verdade
e non nos alumaba a luz da xustiza
nin para nós alboreaba o sol;
⁷enguedellámonos nas silveiras da
impiedade e da perdición,
atravesamos desertos impracticables
mais non recoñecémo-lo camiño do
Señor.
⁸¿Que proveito nos trouxo a nosa
fachenda?
e o gabarnos de ricos ¿de que nos serviu?
⁹Todo aquilo pasou coma unha sombra,
coma fugaz noticia,
¹⁰coma a dorna que suca as augas
galopantes
sen que se atope o rastro do seu vogar
nin deixe o ronsel da quilla por entre as
ondas;
¹¹ou coma o paxariño que fende o aire
voando
sen deixar un vestixio da súa viaxe;
só o abaneo das ás azouta o aire levián,
ráchao coma asubío intenso,
abríndose camiño co bulir das ás,
mais ó cabo non resta sinal do seu voar;
¹²ou como despois da frecha disparada ó
branco,
o aire fendido volta a se xuntar de súbito
talmente que se lle ignora a traxectoria.
¹³Do mesmo xeito nós, non xa nacemos,
esvaecemos
sen ter sinal ningún de virtude que
amosar,
malgastándonos na nosa malicia.
¹⁴Pois a esperanza do impío é coma lixo
levado do vento,
ou coma folerpa miúda que espalla a
galerna,

4, 7-19 Por terceira vez propónse un motivo novo, que vai en contra da tradición: a morte pronta do xusto (vv 7-14b) é de máis valer cá vida longa do impío, que non se decata diso e sofre as consecuencias (vv 14c-19). A perícopa ten un aire meditativo e presupón unha eséxese de salmos (**37; 49**) e outras pasaxes bíblicas.
4, 15 Este v é omitido nalgunhas das traduccións antigas, e pode que non sexa máis ca unha repetición de **3, 9**. Algúns comentadores propoñen a secuencia da lectura dos versos nesta orde: vv 14-16-15-17; aínda que sen razóns definitivas.
4, 19 Destino dos malvados trala morte e antes do xuízo, nun Hades que xa non é mera moradía de mortos, senón lugar ingrato e de tormento. O único que lles restaba ós impíos coma inmortalidade, a lembranza dos vindeiros, tamén perece.
4, 20ss Novo fragmento, consistente no discurso dos im-

píos confrontados coa realidade final do xusto. Durante toda a pasaxe (**4, 20-5, 23**) semella darse unha relectura ou alusión constante a Is **59,** 6-14, unha "lamentación do pobo polos propios erros", moi citada na época.
4, 20 A covardía dos impíos, abraiados pola salvación dos xustos, confróntase coa Parresía (liberdade de facer e falar publicamente e con seguridade) dos xustos (**5,** 1); o efecto é o medo transcendente e a desesperanza diante da "paradoxa" do obrar de Deus (cf **5,** 2).
5 A parte primeira (**5,** 4-13) láiase polas ocasións perdidas, ó ollaren os impíos o premio dos xustos: son "fillos de Deus", enumerados entre os "santos" (os "anxos" cortesáns de Deus, de Qumrân: vv **5. 6**).
5, 6-8 O *Camiño da verdade,* do senso da vida e do misterio de Deus, era o "camiño do Señor", cumprimento de lei (cf Sal **1**), e, coma tal, "luz de xustiza" (efecto da actitude xusta; cf Is **59,** 9).

ou coma fume que disipa o vento,
e coma a lembranza pasada do hóspede dun día".
¹⁵Mais os xustos viven eternamente,
garda o Señor a súa recompensa
e o Altísimo mira por eles.
¹⁶Recibirán, con razón, a magnífica coroa
e a diadema da beleza da man do Señor,
porque os encubrirá coa súa destra
e co seu brazo escudaraos;
¹⁷collerá o seu celo coma armadura
e armará a creación para a defensa contra ós inimigos;
¹⁸vestirá coma coiraza a xustiza,
cinguirá de casco o xuízo sincero,
¹⁹embrazará coma escudo unha santidade invencible,
²⁰afiará a súa ira inexorable coma unha espada
e a seu carón loitará o universo contra os necios;
²¹partirán certeiros os lóstregos disparados,
do ben curvado arco das nubes saltarán ata o branco;
²²da funda da súa carraxe xurdirán sarabiadas incensantes,
cara a eles alporizaranse as augas do mar
e os ríos asulagaranos implacables;
²³erguerase contra eles un sopro poderoso
e coma unha galerna disiparaos;
a iniquidade estragará a terra enteira,
e a maldade abaterá os tronos dos podentes.

A Sabedoría, don de Deus

6 ¹¡Escoitade, reis, logo, e sede perspicaces!
¡Aprendede, gobernantes das terras máis remotas!
²¡Dade oídos, os que domináde-la xente
e vos gabades de ter multitudes de pobos!
³Do Señor vénvo-lo poder
e a soberanía da parte do Altísimo;
El examinará as vosas obras e esculcará as vosas intencións,
⁴porque sendo ministros do seu reinado non gobernastes conforme a dereito
nin gardáste-la lei
nin procedestes segundo a vontade de Deus.
⁵Arrepiante e repentino caerá sobre vós,
pois faise un xuízo severo de quen está no alto.
⁶Xa que ó pequeno se lle disimula por piedade
mais os grandes son xulgados con grande rigor,
⁷porque non se deixa amedoña-lo dono do universo
nin o impresionan as grandezas,
dado que foi El quen fixo a pequenos e grandes
e por igual se considera de todos,
⁸mais ós que se cren fortes espéraos unha enquisa rigorosa.
⁹A vós, polo tanto, soberanos, dirixo as miñas verbas
para que aprendades Sabedoría e non teñades tropezos,
¹⁰pois só os que santamente observan as cousas santas serán estimados santos
e os que se instrúan nelas atoparán defensa.
¹¹Arelade, por tanto, as miñas verbas;
anceiádeas e seredes instruídos.

Busca-la Sabedoría

¹²Raiolante e perenne é a Sabedoría
e enxérgana sen dificultade os que a aman;
déixase atopar dos que a procuran.
¹³Adiántase a se dar a coñecer polos que a anceian.
¹⁴Quen madrugue por ela non ha de cansar:
atoparaa chantada a carón da súa porta.
¹⁵O matinar nela é xa o cumio da prudencia,
quen por ela deixa o sono axiña se verá libre de preocupacións,

---

5, 15 A afirmación máis nidia da inmortalidade (cf **3,** 1; **4,** 7) que fai dos xustos copartícipes do Reino (levan coroa e diadema) e protexidos especiais do Señor (v 16).
5, 17-23 No estilo máis clásico das citas escatolóxicas e apocalípticas (cf Sal **91,** 4; Is **59,** 16-19; **60,** 12; Ez **38,** 39; Xl **4**), Deus intervén coma guerreiro, uníndose a toda a creación para vinga-los xustos.
6, 1-2 Se na parte primeira paralela a esta (**1,** 1-15) a "xustiza", actitude virtuosa e recta na vida, levaba a énfase, agora faise mención da gracia que a posibilita: a Sabedoría (xa mencionada en **1,** 4.6) é pensada coma un "espírito", un don infuso de Deus,
6, 3-4 Teoría da orixe divina do poder, que recollerá o evanxeo de Xoán (**19,** 11).
6, 5-6 Pode estar aludindo ós castigos bíblicos exemplares en Moisés e David (Núm **20,** 21; 2Sam **24,** 10-17).
6, 12-21 Empeza unha Louvanza da Sabedoría en canto tal, que se apoia nunha lectura sobre a Sabedoría personificada de Proverbios (cf Pr **1-9**; especialmente o c. **8**).

¹⁶pois ela de seu vai de acá para alá á
procura dos que dela sexan dignos,
aparéceselles benigna nos vieiros,
sáelles ó encontro en calquera proxecto.
¹⁷O seu comezo máis auténtico é a arela de
instrucción;
¹⁸xa o degoiro de instrucción é amor,
e amor é a garda das súas leis;
a observancia desas leis é garantía da
incorruptibilidade;
¹⁹a incorruptibilidade, pola súa conta,
achega a Deus;
²⁰logo o anceio da Sabedoría guía cara ó
Reino.
²¹De xeito que, se gustades dos tronos e
dos cetros, soberanos das nacións,
facede aprezo da Sabedoría para que
reinedes para sempre.

II. SABEDE O QUE É A SABEDORÍA

Introducción: A Sabedoría é para todos

²²Vouvos conta-lo que é Sabedoría e como
naceu
sen vos esconder segredo ningún;
pola contra, pescudareina desde a súa orixe
deixando ben en claro o seu coñecemento
sen me afastar da verdade.
²³Non camiñarei canda a envexa chuchoa
pois non ten ela tratos coa Sabedoría.
²⁴Multitude de Sabios é salvación do
mundo;
e rei ben asisado, prosperidade do pobo.
²⁵¡Deixádevos, pois, ensinar das miñas
verbas
e tiraredes proveito!

A Sabedoría non é privilexio dos Reis

7 ¹Tamén eu son un home mortal, igual
ca todos,
descendente daquel primeiro moldeado
de arxila.
No seo da miña nai fun en carne plasmado,
²callado por dez meses no seu sangue
polo seme do home e o pracer que fai
compaña ó sono.
³Tamén eu, ó nacer, respirei o aire común
e ó caer do mesmo xeito nesta terra coitada
dei a miña voz primeira, semellante ás de
todos: un berro.
⁴Fun criado entre panos e agarimos;
⁵non tivo outro principio ningún rei:
⁶para todos é igual o entrar na vida, e
idéntica a saída.

A Sabedoría, don divino superior ó poder

⁷Roguei entón e foime dada a prudencia,
supliquei e veu a min o espírito da
Sabedoría.
⁸Preferina a cetros e tronos,
en comparanza a ela, coidei ser nada a
riqueza;
⁹non se lle asemella a alfaia de máis prezo,
pois todo o ouro, ó seu lado, é unha
manchea de area,
e xunto a ela a prata é coma a lama.
¹⁰Ameina por riba da saúde e da beleza,
escollín posuíla en troques da luz,
pois o seu raiolar non ten solpor.
¹¹Con ela viñéronme xuntos tódolos bens,
polas súas mans, riquezas incontables.
¹²De todos gocei eu; pois é a Sabedoría a
que goberna neles,
se ben aínda non me decatara de que era
ela a nai de todos.

A Sabedoría, ciencia da creación

¹³O que aprendín sen retranca, sen envexa,
comunícoo,
non gardo para min a súa riqueza,
¹⁴pois é para os homes un tesouro
inesgotable,
os que o posúen, únense con Deus en
amizade,
recomendados polo don da instrucción.
¹⁵¡Déame Deus falar axeitadamente
e formular de acordo co que se me dotou!
Porque é El o guieiro da Sabedoría
e quen dirixe ós sabios,

6, 22ss Esta segunda sección, a maior da primeira parte do libro (**6, 22-11,** 1), artéllase en catro unidades: a) Unha introducción xeral antiga: **6,** 22-25 (cf **Pr 1-9**). b) O discurso salomónico: **7, 1-8,** 21. c) A pregaria de Salomón: **9,** 1-18. d) A ilustración do efecto salvador da Sabedoría nos "xustos": **10,** 1-**11,** 1.
6, 22 A actitude do Sabio ó desvelar estes "segredos" ("mysteria") que compoñen o plan de Deus (cf **2,** 22), suxire unha posición polémica contra os particularismos elitistas dos cultos iniciáticos da época (cf **14,** 23).
7, 1-6 Salomón foi un home coma tódolos homes. A Sabedoría non é xa privilexio real, efecto da adopción divina dos monarcas coma en 1 Re **3,** 1-15; a común orixe da vida (pensamento bíblico) máis cá da morte (pensamento grego) vincula a tódolos humanos na sorte común e nos mesmos dereitos.
7, 1-2 Alusión á concepción biolóxica (cf **Xob 10,** 8-11; **Sal 119,** 73; **139;** etc...), pensada como un callarse do sangue feminino ó contacto co "fermento" masculino durante o embarazo de dez meses lunares (cf **2 Mac 7,** 27). *Seme e pracer* forman unha hendíade; *sono* é un eufemismo tradicional grego que xa aparece en Homero.
7, 14 A instrucción que no **v 1,** 5 achegaba ó Espírito Santo, leva aquí á amizade entrañable ("filial") con Deus, xa que é cousa súa o dota-las mentes e da-las razóns e o siso para conseguila (vv 15-16; cf v 17a: *concederme*).

¹⁶xa que nas súas mans estamos nós e as nosas razóns,
todo o noso siso e a nosa habelencia no obrar.
¹⁷Foi El en persoa concederme a ciencia exacta dos seres,
o saber da estructura do universo e da actividade dos elementos,
¹⁸o comezo, o remate e mailo medio dos tempos,
o trocarse dos solsticios
e o sucederse das estacións.
¹⁹Os ciclos do ano e as posicións dos astros,
²⁰a natureza dos animais e os instintos das feras,
a potencia dos espíritos e os raciocinios dos homes,
as variedades das plantas e as virtudes das raiceiras.
²¹Coñecín canto hai de oculto e manifesto
²²pois instruíume a artesá do universo: a Sabedoría.

Excelencia e misterio da Sabedoría

De feito dáse nela un espírito intelixente, santo,
único, multiforme, sutil,
áxil, penetrante, non contaminado,
diáfano, invulnerable, amante do ben, afiado,
²³libre, benfeitor, amigo do home,
estable, seguro, sen angurias,
que todo o pode e todo o observa
e que traspasa tódolos espíritos intelectivos, puros, e os máis sutís.
²⁴Abofé, máis móbil ca todo movemento é a Sabedoría;
traspasa e atravesa por onde quere en razón da súa enxebreza,
²⁵porque é o alento do poder de Deus,
a emanación máis pura da gloria do Omnipotente;

por iso nada inmundo entrará nela.
²⁶É o raiolar da luz eterna,
espello sen chata da actividade de Deus, imaxe da súa bondade.
²⁷Sendo unha soa, todo o pode,
permanecendo de seu, todo o renova,
e descendendo en cada xeración nas almas boas
prepara amigos de Deus e profetas,
²⁸pois Deus non ama senón a quen convive coa Sabedoría.
²⁹É, en verdade, máis belida có sol,
excedendo a tódalas constelacións;
comparada coa luz é aínda máis clara;
³⁰pode a noite suceder á luz do día,
mais contra a Sabedoría non ten poder o mal.

8 ¹Téndese poderosa de extremo a extremo, e goberna o universo como convén.

A Sabedoría, fonte de tódolos bens

²Ela foi a quen quixen e procurei desde a miña mocidade
e propúxenme tomala por esposa, namorado da súa beleza.
³Ela amosa a súa nobreza no convivir con Deus:
o dono do universo en persoa amouna,
⁴pois é unha iniciada na ciencia de Deus
a que fai a escolma das súas obras;
⁵e se as riquezas nesta vida son cousa de arelar,
¿que hai máis ricaz cá Sabedoría que o realiza todo?
⁶Se é a intelixencia a que ten eficacia,
¿quen máis artífice de tódolos seres ca ela?
⁷Se hai quen ame a xustiza,
froitos do seu obrar son as virtudes:
ela ensina a temperanza e a prudencia,
e equidade e a fortaleza;
non hai na vida humana cousa máis útil ca elas.

7, 21 A polaridade moi hebrea *oculto/manifesto* é un merismo, e vale tanto coma dicir "todo".
7, 22 A Sabedoría é chamada *artesá* (tehnitis) do universo; de cualidade da orde do mundo (Pr **8**), pasando por ser revelación da verdade coma a Palabra reveladora na lei (Eclo **1**, 24), a Sabedoría devén autora activa, creadora do universo. Como vai resolve-lo autor o problema que isto presenta ó monoteísmo bíblico, no que só Deus pode crear (cf **13**, 1), é o que constitúe o paso adiante dado por este libro, xa ás portas do N. T. ,e que se expón na seguinte descrición da súa esencia.
Os versos **7**, 22 b-**8**, 1 compoñen o núcleo central do discurso salomónico e o seu celme. É o parrafo máis denso teoloxicamente e máis conceptual de toda a obra.
7, 23 *Libre*, refírese a non atopar atrancos no seu obrar. *Que todo o pode e todo o observa* só se dixera antes na Biblia verbo de Iavé e os "espíritos intelixentes" ós que ela atinxe e supera, e que poden se-los anxos.
7, 25-26 Procedencia da intimidade de Deus, que se reafirma con metáforas que superan Pr **8**, 22ss e Eclo **24** pola súa conceptualidade helénica, e acrecentan a súa raigame bíblica ("alento" fronte a "emanación"; "raiolar da luz" fronte a "imaxe").
8,3 A preeminencia vénlle á Sabedoría da circunstancia de estar a carón de Deus, ser cousa de Deus; este concepto exprésase aquí cunha verba arriscada, a "symbiosis", a convivencia máis íntima, típica da vida matrimonial. A mesma idea retornará en **9**, 9 e suxire neste párrafo e no seguinte (cf vv 9.16) a metáfora do namoramento para describi-la busca da Sabedoría (cf v 2).
8, 7 O concepto de xustiza como actitude fundamental práctica (cf **1**, l. 15) aludindo ás catro virtudes cardinais tradicionais desde Platón e nos estoicos.

⁸E se alguén anceia unha experiencia
   múltiple,
ela coñece o pasado e entrevé o futuro,
domina os xiros da linguaxe e as
   solucións dos enigmas,
prevé os signos e os prodixios
e os remates das épocas e dos tempos.

A Sabedoría, compañeira da vida

⁹Decidín, polo tanto, facela compañeira
   da miña vida,
consciente de que sería a miña conselleira
   na ledicia
e consolo nas coitas e tristuras.
¹⁰Por mor dela acadarei boa sona entre as
   xentes,
e, aínda novo, honraranme os anciáns;
¹¹ó preitear teranme por asisado,
sendo admirado diante dos poderosos;
¹²se calo, poranse á espreita;
se comezo a falar, atenderán;
se me alongo en razóns,
levarán a man á boca.
¹³Gracias a ela conseguirei a inmortalidade
deixando eterna lembranza nos vindeiros.
¹⁴Gobernarei pobos, someteránseme
   nacións.
¹⁵Tiranos terribles tremerán ó oíren falar
   de min;
co pobo serei piadoso
e na loita, baril.
¹⁶Cando volte para a casa, acougarei a seu
   carón
pois o tratar con ela non é cousa de
   amargura,
nin dá mágoas a súa convivencia,
senón que trae o gozo e a ledicia.

A Sabedoría, gracia de Deus

¹⁷Cavilando para min mesmo deste xeito
e matinando no meu interior
no feito de que a inmortalidade ten
   parentesco coa Sabedoría

¹⁸e que a súa amizade é un pracer
   honesto,
e o traballo das súas mans, riqueza
   inesgotable,
e a constante asiduidade do seu trato,
   prudencia,
e que no participar das súas razóns se
   atopa a boa sona,
andei eu ás voltas procurando como
   facela miña.
¹⁹Era eu, daquela, rapaz de bo natural
e caérame en sorte unha alma boa;
²⁰ou ben, sendo xa bo, entrei nun corpo
   sen chata.
²¹Consciente, nembargantes, de non a
   poder acadar
se Deus non ma concedese,
—e xa era sinal de prudencia o saber de
   quen era esta gracia—
volvinme cara a Deus e rogueille
dicíndolle de todo corazón:

Pregaria de Salomón pedindo a Sabiduría

9 ¹—"Deus de meus pais, Señor de
   misericordia
que fixéche-lo universo coa túa Palabra
²e que na túa Sabiduría formáche-lo home
para dominar nas túas criaturas
³e para que goberne o mundo piadosa e
   xustamente
e administre o xuízo rectamente,
⁴concédeme a Sabedoría que asenta no
   trono ó teu lado
e non me rexeites de entre os teus fillos;
⁵pois eu son servo teu e fillo da túa
   escrava,
un feble ser humano, de curta vida,
pequeno para entender dereito e leis.
⁶Pois mesmo se un fose o máis perfecto
   dos homes,
faltándolle a Sabedoría non vale nada.
⁷Escollíchesme ti para rei do teu pobo
e para gobernante dos teus fillos e fillas;

8, 13 O don da gloria e da sona (fama inmorredeira: a *inmortalidade*) non é a incorruptibilidade das pasaxes anteriores (cf tamén v 17), senón o recoñecemento na xuntanza pública (vv 10-12), motivo probablemente tirado de Xob (**29,** 7-11, 21-25) e pasaxes similares.
8, 16 Poida que recolla ideas da descrición da esposa fiel de Pr **31,** 10-31.
8, 19-20 Estes vv son obxecto dunha longa polémica entre os comentadores. Respellan unha antropoloxía xa non bíblica senón dualista, de influxo platónico, na que o corpo e a alma son dúas entidades separadas, e na que o corpo, parte material, é o receptáculo da alma espiritual (cf **9,** 15); non é claro que se afirme a preexistencia das almas no v 20; e certamente non se fai no senso dunha "caída" por causa do pecado, nun corpo-cárcere (o verso fala de "alma boa", "corpo sen chata"). O máis sinxelo é admiti-lo influxo da terminoloxía dos filósofos populares na formulación antropolóxica do autor; mais a "punta" do seu raciocinio non se centra nesa afirmación, senón na contraposición entre os vv 19-20 e o v 21: por moi bo que fose o natural do home, a Sabedoría de Deus é gracia. No v 21b, a palabra "haris" fai resoar antes de tempo a mensaxe do N. T. nas grandes cartas paulinas.
9, 1-8 O material empregado, tirado da pasaxe da visión de Salomón en Gabaón (1 Re 3), é unha interpretación libre daquela pregaria.
9, 4 A Sabedoría é chamada coa verba "Peredra", empregada na mitoloxía helénica para designa-las deusas consortes, pero que, na súa audacia, non di máis do suxerido en Pr **8,** 30. O resto (vv 5.6) recolle linguaxe dos Salmos, de 1 Re **3,** 9, e do mundo sapiencial tradicional.

⁸mandáchesme edificar un templo no teu monte santo
e un altar na cidade da túa moradía,
copia do santuario que preparaches desde o comezo.
⁹E contigo está a Sabedoría, que ben coñece as túas obras
e estaba ó teu lado cando fixéche-lo mundo
e moi ben sabe ela o que aleda os teus ollos
e canto vai conforme ós teus mandados.
¹⁰Envíaa desde os sagrados ceos,
mándaa desde o teu trono glorioso
para que me asista nos traballos
e me ensine o que sexa máis do teu agrado;
¹¹pois ela, que todo o sabe e comprende,
hame guiar axeitadamente nas miñas empresas
protexéndome co seu prestixio.
¹²Serán entón aceptables as miñas obras,
gobernarei xustamente ó teu pobo
e serei digno do trono de meu pai.
¹³¿Que home de feito poderá coñece-lo plan de Deus
ou quen se decatará do que quere o Señor?
¹⁴Abofé, os pensamentos dos mortais son covardes
e inseguros os nosos proxectos.

A Sabedoría salva ó xusto

¹⁵Porque o corpo corruptible pesa na alma
e a tenda terrestre oprime a mente cavilosa.
¹⁶Se con dificultade imaxinámo-lo que hai sobre a terra
e con traballo atopámo-lo que está a man,
¿quen pescudará o que hai no ceo?
¹⁷¿Quen coñecerá o teu consello se ti non lle dás sabedoría

mandando o teu espírito santo desde o alto?
¹⁸Soamente deste xeito se endereitaron os vieiros dos terrestres,
aprenden os homes o que é do teu gusto
e son salvados pola Sabedoría.

10 ¹Ela protexeu ó pai do mundo, o primeiro en ser plasmado,
que fora creado só,
e tamén o ergueu da súa caída
²dándolle a forza para sometelo todo.
³Cando un criminoso se afastou dela na súa xenreira,
pereceu xunto cos seus degoiros fratricidas.
⁴Cando pola súa culpa a terra ficou alagada,
de novo a salvou a Sabedoría
patroneando ó xusto nun madeiro inservible.

⁵Foi ela por igual a que, cando as nacións se confundiron confabuladas no mal,
recoñeceu ó xusto e conservouno sen chata diante de Deus,
manténdoo firme ata por riba do amor polo seu fillo.
⁶No tempo do exterminio dos impíos
ela salvou ó xusto,
fuxitivo do lume que caeu sobre as cinco cidades.
⁷E como testemuña de tal ruindade
aínda resta un ermo fumegante
e árbores que dan o froito antes do tempo cumprido,
e, monumento a unha alma incrédula,
mantense en pé a estatua de sal.
⁸Pois deixando de lado a Sabedoría
non só se prexudicaron non coñecendo o ben,
senón que deixaron nos viventes unha lembranza da súa necidade
de tal xeito que non puideron agacha-los seus erros.

9, 8 Fai referencia á tradición da existencia no ceo dun prototipo do templo xerosolimitano (cf Ex **25,** 9; 1 Cro **28,** 11-19).
9, 9 Volta á relectura de Pr **8,** 22-30; pero no v 10 corrixe a presencia ante-creacional por unha constante existencia celeste.
9, 15 A idea platónica do *corpo corruptible* convértese en imaxe bíblica, referíndose ó corpo coa verba *tenda* (que moi ben podería se-lo transfondo de "puxo a tenda entre nós" de Xoán **1,** 14).
9, 17 "Dar" e "mandar" recollen as dúas peticións da pregaria (vv 4.10) equiparando Sabedoría e Espírito de Deus (cf**1,** 5.7;**7,**22b).
10, 3 Alude a Caín (cf Xén **4,** 8-15), e a súa caste é feita responsable do diluvio (v 4a).

10, 4 Noé, revalorizado neste tipo de eséxese (cf Eclo **44,** 17), é salvado pola Sabedoría, aínda autora da salvación (na segunda parte do libro, só Deus salva: cf **14,** 6).
10, 5 Non semella facer referencia a Babel, senón a Xén **11,** 1-9, vinculándoo ó sacrificio de Isaac (Xén **22**).
10, 6 Os *impíos* son xa estranxeiros (referencia a Lot, cf Xén **19**), o que adianta en parte a "synkrisis" ou contraposición da segunda parte da obra. As *cinco cidades* (Sodoma, Gomorra, Ademah, Seboim e Soar) recordan as Pentápolis gregas.
10, 8-9 Adianta un tema da segunda parte: o pecado é debido ó non saber do ben ("ta kala": o ben ético dos estoicos). A Sabedoría "libera" (todo o capítulo está cheo desa función de protección-liberación: vv l. 4a. 5b. 6a. 12a. 13a. 15b, no texto grego).

⁹A Sabedoría, en troques, librou de
  traballos ós seus fieis.
¹⁰Por vieiros rectos conduciu Ela ó xusto
  fuxitivo da carraxe fraterna.
  Mostroulle o Reino de Deus
  e deulle o coñecemento das cousas santas;
  axudouno nos seus traballos
  e fixo fructifica-los seus esforzos,
¹¹estivo ó seu carón fronte á cobiza dos
  opresores,
  e enriqueceuno;
¹²protexeuno dos inimigos e asegurouno
  contra os que o axexaban;
  deulle o premio do triunfo nunha dura
  liorta
  para que se decatase de que a piedade é a
  máis poderosa.
¹³Non abandonou ela ó xusto vendido
  senón que o librou de caer en pecado;
¹⁴xunto con el baixou ó cárcere
  e non o deixou na cadea,
  ata conseguir para el o cetro real
  e o poder sobre os seus tiranos.
  Ós que o calumniaban, convenceunos de
  falsía,
  e a el concedeulle gloria imperecedeira.

¹⁵Foi ela a que liberou dunha nación
  asoballante
  ó pobo santo, caste irreprochable.
¹⁶Penetrou a alma dun servidor do Señor
  e opúxose a reis terribles con prodixios e
  signos;
¹⁷recompensou ós santos coa paga dos seus
  traballos,
  levounos por un camiño marabilloso,
  trocóuselles en sombra polo día,
  esplendor de luminarias pola noite.
¹⁸Fíxoos atravesar polo mar Rubio
  conducíndoos por entre inmensas augas;
¹⁹alagou os seus inimigos
  e a resaca rexeitounos desde o fondo
  abismal.
²⁰Por iso os xustos despoxaron ós impíos
  e cantaron un himno, Señor, ó teu santo
  nome,
  louvando concordes a túa man
  victoriosa;
²¹porque a Sabedoría abriu a boca dos
  mudos
  e deu axilidade ás linguas dos meniños,

11

¹facendo prospera-las súas obras por
  medio dun profeta santo.

III. A SABIA GUÍA DE DEUS CO SEU POBO

Introducción

²Percorreron un deserto inhabitado
  e cravaron as tendas en lugares
  inasequibles;
³fixeron fronte a guerreiros
  e rebateron inimigos.
⁴Cando tiveron sede berraron por ti,
  e unha rocha fragosa deulles auga,
  curounos da sede un duro penedo;
⁵canto serviu para castiga-los seus
  inimigos
  foi para eles axuda na dificultade.

Primeiro contraste: a auga da rocha, en lugar de sangue no río

⁶No sitio de manantío perenne,
  dun río túrbido de sangue e po,
⁷pena do decreto infanticida,
  décheslles a eles inesperadamente auga
  abonda,
⁸mostrándolles por medio daquela sede
  de que xeito castigára-los seus
  adversarios.
⁹Porque cando os puxeches a proba,
  se ben corrixíndoos con piedade,

10, 12 Figura de Xacob glosando as súas loitas con Esaú e Labán (Xén **27-29**).

10, 10 Aparece por única vez no A. T. a expresión *Reino de Deus*, tan frecuente nos Evanxeos; nesta pasaxe equivale a "ceos" ou "segredos do ceo" (cf o paralelo con "cousas santas") e alude á visión de Betel.

10, 13-14 Xosé (Xén **37-41**) é o tema; en 13b aparece a noción de pecado coma transgresión contra Deus ("hamartía").

10, 15 ss Todo o pobo e Moisés son os protagonistas, iniciando a contraposición *santos* (vv 15b. 17a.; **11**, 1) e *xustos* (v 20a) contra *impíos* (v 20a), paradigma da polaridade de Israel-Exipto da segunda parte.

11, 2-19, 22 A sabia guía de Deus co seu pobo.
Con **11**, 2 dá comezo a segunda parte da obra, unha peza homilética que ten por tema o Éxodo, e por finalidade presenta-la diversa sorte dos xustos e dos impíos, exemplarizada no xuízo escatolóxico anticipado que para o autor constitúe a historia de Israel e particularmente a liberación do xugo exipcio: o que para uns é liberador, para outros é destructor. A composición puido existir independentemente, e non sería esaxerado pensar nun "Sermón da Pascua" coma base do escrito actual. No seu estado presente semella estar incompleta, tanto ó comezo como ó remate.

11, 4 *Deulles auga:* o texto di exactamente "foilles dada": un pasivo divino, co que se evita pronuncia-lo nome de Deus por respecto.

11, 6-14 A auga convértese en castigo e bendición, e ó mesmo tempo, en presencia providencial e medio pedagóxico nestes versos. Coméntanse os textos de Ex **7**, 17ss e **17**, 5-7, contrapoñéndoos no seu obxectivo de castigo xusto (v 7) e instrucción (v 8).

11, 7 O *decreto infanticida* alude a Ex **1**, 16. 22 (cf tamén **18**, 5).

comprenderon como eran atormentados
  os impíos
  xulgados con ira;
¹⁰xa que a eles os probaras coma un pai
  que amoesta,
  mais ós outros examináchelos coma un
  rei inflexible que condena;
¹¹ausentes e presentes, por igual
  esmorecían:
¹²unha dobrada tristura apreixábaos
  e tamén un salaio coa lembranza do
  pasado,
¹³pois, ó oíren que por medio das súas
  probas
  outros se beneficiaban, percibían niso a
  presencia do Señor.
¹⁴A quen noutrora deixaran abandonado e
  rexeitaran burlentos,
  tiveron que admiralo ó remate dos
  sucesos,
  sufrindo unha sede moi diversa da dos
  xustos.

Segundo contraste: paspallás en lugar de bechos

¹⁵En razón das súas desaxeitadas tolemias
  polas que, extraviados, adoraron reptís
  irracionais e viles bestas,
  enviaches contra eles, en vinganza, unha
  grea de animais sen razón
¹⁶para que comprendesen que cadaquén é
  castigado naquilo no que peca.

Digresión: estilo de Deus nos seus castigos

¹⁷Abofé que non lle faltaban modos á túa
  man omnipotente,
  que creara o universo da materia informe,
  para lles botar enriba bandas de osos e de
  feros leóns
¹⁸ou feras de nova invención, descoñecidas,
  furibundas,
  exhalando un bafo de lume
  ou botando un alento fumegante,
  ou fulminando polos ollos muxicas
  arrepiantes,
¹⁹que ben poderían exterminalos non xa
  coas súas feridas
  senón destruílos só coa súa estarrecente
  ollada.
²⁰E sen chegar a tanto, cun simple aire,
  podían caer
  perseguidos pola túa vinganza
  e varridos polo teu potente sopro,
  mais arranxáchelo todo con medida,
  número e peso,
²¹pois sempre tes a disposición o usar do
  teu gran poder
  e ¿quen poderá oporse á forza do teu
  brazo?
²²Porque o universo todo, de fronte a ti, é
  coma un lixo na balanza
  e coma pinga de orballo da alborada
  caendo sobre a terra.

Deus ten sempre misericordia

²³E nembargantes compadecícheste de
  todo, pois todo o podes
  e pasas por alto os pecados dos homes
  para que se convertan,
²⁴pois amas a tódolos seres
  e non rexeitas nada do que fixeches:
  se algo che dese noxo, xa non o crearías.
²⁵¿Como podería algo subsistir se ti non o
  queres
  ou conservarse o que ti non chamas?
²⁶Mais ti todo o perdoas porque todo é
  teu,
  Señor, amigo da vida.

12 ¹Pois o teu sopro incorruptible mora
  en tódalas cousas.
²Por iso corrixes pouco a pouco a aqueles
  que tropezan

11, 11-14 O efecto da mágoa nos exipcios é descrito en clave sicolóxica; o autor retomará con frecuencia este motivo, xogando cos temas da tristura, o medo, o abraio, etc..., moi propio dos comentarios helenísticos filosóficos.
1, 14 Recolle a figura de Moisés, aludida no **11,**1. Os xustos" exemplares son agora os israelitas coma colectividade. Cala en toda a pericopa a desobediencia e as prestas do pobo de Israel, mentres que a idea do castigo coma proba xa era coñecida na parénese de Dt **8**, 2-5.
1, 15-16 As *desaxeitadas tolemias* dos inxustos (15a) son para o autor, con moita probabilidade, a veneración en ue Exipto tiña a bestas coma o crocodilo ou os escarallos. Retrotraendo ó tempo do Éxodo, ve nas pragas dos bechos (sapos, mosquitos, moscas, saltóns) de Ex **8** e 9, o castigo cumprido para parellas abominacións, imado castigo escatolóxico dos "impíos".
1, 17s Explicación sobre o "estilo de Deus nos seus castigos", que quere ser una teoloxía da misericordia divina. O fragmento artéllase en dúas partes marcadas polas correspondentes inclusións verbais: A) Deus ten poder sobre todo o Universo: vv 17-22 B) Xustamente por ser Omnipotente, é misericordioso: **11,** 23-**12,** 22.
11, 18-19 Enumeración dun bestiario fantástico, corrente na antigüidade clásica e na Biblia (cf Xob 41).
11, 22 O *lixo na balanza* (v 22) pode proceder de Is **40**, 15 ou ben aludir á máis pequena das pesas para productos de mercado, o "gran".
11, 24 Nunha lectura verdadeiramente inspirada de Xén **1**-**2**, o autor afirma a tese de que Deus ama canto creou; só a "ágape" (v 24a), o amor desinteresado de Deus, explica que fixese as creaturas e que as siga mantendo. "Deus ama a tódolos seres" (v 24a) e "Deus ama a vida" (v 26b), son relecturas magníficas daquel "viu Deus que todo era bo", da Xénese.

e amoéstalos lembrándolle-los seus erros
para que, deixando a maldade, crean en
ti, Señor.
³Deste xeito foi como ós antigos
moradores da túa terra santa
⁴os aborreciches, por culpa das súas
prácticas infames,
feitizos e impías iniciacións;
⁵inmisericordes sacrificadores de seus
fillos,
devoradores das vísceras e carnes
humanas,
e iniciados co sangue, no curso de
xuntanzas orxiásticas,
⁶pais asasinos de vidas sen defensa;
a eses tales determinaches exterminalos
pola man de nosos pais,
⁷de xeito que aquela terra, para ti a máis
cara de todas,
puidese recibir unha colonia digna de
fillos de Deus,
⁸mais mesmo con estes, coma homes que
eran, amosaches moderación
enviándolles tabáns, precursores do teu
exército,
para que os fosen exterminando pouco a
pouco.

Deus deixou ós cananeos tempo de se arrepentiren

⁹Ben podías someter nunha batalla os
impíos ós xustos
ou aniquilalos dunha vez por medio de
bestas feroces
cunha verba inflexible,
¹⁰mais, sentenciándoos paulatinamente,
décheslles oportunidade de se
arrepentiren,
por máis que non ignorabas que a
maldade lles viña de caste,
que a malicia lles era connatural
e que nunca trocarían as súas
matinacións,
¹¹porque eran una raza maldita desde o
principio.

Tampouco non foi que por medo de
alguén
deixases sen pena os seus delitos,
¹²xa que, ¿quen pode demandarche:
—"Que fixeches"?
Ou ¿quen pode rebate-lo teu veredicto?
¿Quen te vai convocar a xuízo pola
destrucción de nacións que ti creaches?
Ou ¿quen se constituirá contra ti en
vingador de homes inxustos?
¹³Non hai, fóra de ti, un Deus que se
considere de tódalas cousas,
a quen tiveses que probar que non
xulgaches inxustamente;
¹⁴nin hai rei nin tirano que poida encararse
contigo
demandando a razón de por que os
castigaches.
¹⁵Ti es xusto e todo o dispós xustamente,
de xeito que condenar a quen non merece
castigo
considéralo indigno do teu poder.
¹⁶Xa que o teu poder é a fonte da xustiza,
e seres ti o dono de todo lévate a
amosarte indulxente.
¹⁷Só fas proba da túa forza cando non se
dá creto á totalidade dese poder
confundindo a audacia dos que o coñecen;
¹⁸así, dominando a túa forza, xulgas con
equilibrio
gobernándonos con toda consideración,
pois na man te-lo poderío cando queres.

Tamén o xusto debe ter misericordia

¹⁹Con feitos semellantes ensinaches ó teu
pobo
que ó xusto lle cómpre ser humano;
e a teus fillos décheslle-la ditosa
esperanza
de concederlles despois dos pecados
tempo de se arrepentir.
²⁰Pois se ós inimigos de teus fillos,
merecentes da morte,
castigácheos con tanta consideración e
indulxencia

12, 4 Afincado nunha lectura do Dt (**7**, 11; **12**, 13; **18**, 9-12), o autor amorea tradicións lexendarias, datos bíblicos e persoais, para describi-los cananeos coma o peor da corrupción (vv 4-7).
12, 4-5 As *iniciacións* corresponden máis ós ritos do seu tempo ca ós cananeos (cf **14**, 15. 23). O canibalismo, do v 5b, é unha esaxeración literaria baixo o influxo da traxedia grega. A verba *xuntanzas* traduce un termo típico das relixións mistéricas, algo semellante a "confrarías para iniciados".
12, 7 O feito de definir ós hebreos chegados a Exipto coma *colonia* ("apoikía = asentamento de emigrantes), reflicte socioloxicamente a identidade dos xudeus de Alexandría.

12, 8 Cf **7**, 20; **21**, 21-35; Ex **23**, 28.
12, 9-10 Deus deixou ós cananeos tempo de se arrepentiren, non porque non puidese castigar, senón precisamente porque o seu poder é a raíz da súa misericordia.
12, 11-12 Outro motivo é o feito de non actuar por medo ou sometemento (vv 11b-12). O tema relembra ó Deuteroisaías (cf Is **45**, 9), e pode supor unha pequena polémica con Xob (cf Xob **9**, 12. 19; etc.).
12, 19-22 Deus fai obrar xuntamente xustiza e misericordia cos pecadores; cómpre, xa que logo, que o xusto actúe no mesmo estilo ca Deus, cómprelle ser "filánthropos" (v 19b); cando sexa xulgado, esperará na bondade cando xulgue, será piadoso (v 22cd). Con esta doutrina atínxese un dos cumios éticos do libro.

dándolles tempo e lugar para se afastar da maldade,
²¹¿con canto meirande coidado non xulgaría-los teus fillos
se a seus pais lles concediches xuramentos e alianzas de promesas magníficas?
²²De sorte que mentres a nós nos corrixes, flaxéla-los inimigos nosos con mesura
para que, ó xulgarmos, cavilemos na túa bondade,
e ó sermos xulgados, esperemos na misericordia.

Xuízo de burla contra os ídolos

²³De maneira que ós que perversamente pasaban a vida na necidade
atormentácheles cos seus propios obxectos abominables.
²⁴Extraviáranse, de feito, moi lonxe por vieiros errados,
chegando a considerar deuses mesmo ós máis viles e repugnantes animais,
deixándose enganar coma nenos sen siso.
²⁵Foi así que, como a meniños sen razón, os fixeches sufrir un xuízo de burla.
²⁶Mais os que non se deixaron enmendar coas correccións burlentas
tiveron que soportar un castigo digno de Deus,
²⁷porque se irritaban contra os que os facían sufrir,
contra aqueles mesmos ós que consideraban deuses e polos que eran abourados,
ollando agora e confesando coma verdadeiro Deus

a quen noutrora se negaran a recoñecer;
por tal razón veu sobre eles a condena plena.

Digresión: tratado sobre a idolatría.
Adoración da Natureza

13 ¹Vans eran, abofé, de seu, tódolos homes que ignoraban a Deus
e que non foron capaces de coñecer Aquel que é,
a través das cousas boas que están á vista,
nin de descubri-lo Artífice contemplando as súas obras;
²senón que foi ó lume, ou ben ó vento, ou ó zoar lene,
á bóveda astral, á auga impetuosa,
ou ás luminarias do ceo, a quen consideraron coma deuses rexedores do cosmos.
³¡Que se, enmeigados pola súa beleza, creron cousas tales seren deuses,
cómpre que saiban ben canto máis belido é o Señor delas,
pois foi o autor da fermosura o que as creou!
⁴Se ficaron abraiados pola súa potencia e enerxía
¡cavilen a partir delas canto máis poderoso será o que as formou!
⁵Pois da grandeza e a beleza das creaturas
pódese intuír por analoxía o seu Facedor.
⁶E, nembargantes, estes merecen unha represión pequena
xa que pode que se trabuquen

12, 23-27 Despois do excursus prosegue o contraste segundo, iniciado en **11,** 15-16.
12, 25 A *sen razón* ("afrosyne": carencia de discernimento) xónguese a "ídolos" (obxectos abominables"; cf 1 Re **11,** 5. 33 na traducción dos LXX), facendo dos exipcios nenos sen siso.
13, 1ss No medio do segundo contraste (a praga dos animais) e coma segunda digresión, aparece un auténtico tratado apoloxético sobre os diversos tipos de falso culto (**13,** 1-15, 17). O tema semella preparado nos vv 23-27 do c. anterior; máis a súa construcción nimia e requintada fai, pensar nun escrito previo, introducido aquí ou elaborado polo autor da homilía.
13, 1-9 A forma máis alta da idolatría descóbrea o Sabio na adoración da natureza. Tanto máis paradóxico lle resulta que quen admira a natureza non teña coñecemento lo seu facedor.
13, 1 Trátase dunha ignorancia de nacemento (*de seu* = "fysei"; non traducir "por esencia"). O autor, como bo israelita, non pode pensar nun ateísmo lóxico, senón nun teísmo ou idolatría éticos, da praxe. *Aquel que é* non ten or que ser copia do termo platónico para designa-lo Absoluto por contraposición con *están á vista*. Ex **3,** 14 facía a desta expresión o nome do Deus de Israel.. *Artífice*

traduce a verba "tehnites" (dita da Sabedoría nos vv **7,** 22a e **8,** 6): o facedor da obra de arte; con esta verba suxírense os motivos de creación e beleza que se desenvolven nos versos seguintes.
13, 2 Enumera os principios cosmogónicos da natureza segundo a filosofía grega tradicional, engadindo as luminarias celestes, de orixe bíblica (Xén **1,** 16). Os *rexedores* (prytáneis) son os membros do concello das cidades helénicas.
13, 3-6 A argumentación sobre a beleza do creado concede ós acusados a facilidade de ceder ó seu engado, mais afirmando a posibilidade dun coñecemento natural de Deus.
13, 5 Os vocábulos *intuír* = "zeoreszai" (o contemplar platónico e aristotélico) e *por analoxía* = "analógos" (semellanza de proporcionalidade nas matemáticas gregas) supoñen un coñecemento claro e seguro en contra do escepticismo reinante (cf Rm **1,** 19-25, apropiando sendo dúbida esta pasaxe).
13, 6-9 O Sabio ten, nembargantes, comprensión e simpatía por estes filósofos (vv 6-7) probablemente de influxo estoico; a súa carraxe dirixese máis forte en contra de formas máis primitivas de idolatría (cf **13,** 10; **15,** 14); e afirma a súa culpabilidade (vv 8 e 9): se chegan a un deus cósmico, un logos ou demiurgo, ¿como non chegan ó Señor Creador?

na procura de Deus e teimando atopalo.
⁷Pois ó se ocuparen das súas obras para pescudalas,
fascínaos a aparencia, pois son fermosas as cousas que contemplan.
⁸E, con todo, nin estes son excusables
⁹xa que, se puideron acadar tanta sabenza ata chegaren a enxerga-los principios do universo,
¿como é que non descubriron máis axiña ó Señor deles?

Culto ós ídolos

¹⁰Máis miserentos, por afincaren en cousas mortas a súa esperanza,
son aqueles que chaman deuses ás feituras das mans dos homes,
ouro e prata, materiais de artista,
e semellanzas de animais,
ou ben unha pedra inútil, feitura de man antiga.

Ídolos de madeira

¹¹Supoñamos que un carpinteiro entendido, despois de talar
un tronco, doado de traballar,
descáscao con xeito por enteiro,
e, manexando a súa arte como convén,
prepara un trebello útil para as necesidades da vida.
¹²Os residuos do seu traballo
emprégaos en prepara-la comida e fartarse.
¹³O que aínda resta, que para nada xa non serve,
unha torada retorta e chea de nós,
cóllea e vaina labrando para se distraer nas horas de folganza;
coa experiencia e sen esforzo vaina modelando
e aseméllaa a unha imaxe humana,
¹⁴ou faina parecida a un vulgar animal;
dálle unha man de minio,
vernízalle de vermello a superficie
e repinta tódalas chatas.
¹⁵Fabrícalle entón unha peaña ó xeito
e colócaa no muro, asegurándoo cun ferro;
¹⁶ten esta previsión para que non caia
pois ben sabe que de seu non se pode valer:
non é máis ca unha estatua, e cómprelle esa axuda.
¹⁷¡E, nembargantes, ó rogarlle polos seus bens, por unha voda ou polos fillos,
non se avergonza de se dirixir a un ser inanimado!
E implora a saúde do que é feble,
¹⁸pídelle vida a un morto,
prégalle axuda ó máis inerme,
e unha feliz viaxe a quen non pode nin move-los pés.
¹⁹Polos seus negocios, empresas e sorte nos traballos
vaille pedir barileza ó ser de mans máis torpes.

14 ¹Outro, pola súa banda, aparellando para se facer ó mar e percorrer-las encrenchadas ondas
invoca a un madeiro máis fráxil cá barca que o leva;
²pois a esta proxectouna a cobiza da ganancia,
e foi a habelencia artesanal quen a construíu.

Transición: a providencia paternal de Deus

³Mais é a túa providencia, ouh Pai, quen a goberna,
pois puxeches un camiño no mar
e un vieiro seguro por entre as ondas,
⁴demostrando que podes salvar de todo perigo,

13, 10ss A segunda parte (incluíndo tamén a conclusión: 13, 10-15, 17) é a máis longa e a central do tratado: unha sátira de coidada estructura e tema tradicional contra os ídolos feitos por man de home (cf Sal 113, 15-18; 115, 4-8; Is 40, 19-20; 44, 9-20; 46, 1-7; Xer 10, 2-15 e Dt, Os, etc.).
13, 10 O autor ten á vista non xa os filósofos, senón a grande masa de adoradores de ídolos de todo xeito e fabricación, sexan obra do gremio de imaxineiros, estatuas dos artistas, ou quizais pirámides (*pedra, de man antiga*), ós que declara inútiles: incapaces de operar, polo tanto inexistentes.
13, 11-19 O caso do carpinteiro segue o xénero literario e oratorio grego da "reducción ó ridiculo" (tapéinosis), empregando vocabulario e motivos tirados de Is 44, 9-20.
13, 15-16 A *peaña* xa aparecía aludida en Is 40, 18-20.
Os vv 13, 17-14, 2 van dedicados ós adoradores dun tal deus. O sabio está a pensar na crenza popular, que identi ficaba ídolos e deuses.
13, 17-19 A serie de oposicións xa era típica dos salmistas (Sal 115, 4-7) e da Epistola de Xeremías (vv 7-28), na que moi ben puido inspirarse.
14, 1-2 O caso da pregaria dos mariñeiros ó deus protector que gregos e romanos levaban na proa da nave serve para contrapoñer de novo a admiración do Sabi pola pericia artesanal e técnica á necidade da superst
14, 3 A *providencia*, término abstracto de sabor estoic ("pronoia") é corrixida da súa posible lectura materialist coa referencia ó Deus paterno que xa apareceu en 2, 16. coma nome dado a Deus polo xusto. O *camiño no ma* leuno o autor no libro de Isaías, que está a manexar e todo o tratado (cf Is 43, 16).
14, 4 Alusión a Noé.

de xeito que aínda sen coñece-la arte,
pode calquera embarcar.
⁵Ti non queres que queden inservibles as
obras da túa Sabedoría
e por iso os homes afiúnzan as súas
existencias ata nun madeiro
fraxilísimo,
atravesan as maresías nunha balsa, e
arriban sans.

⁶E así, nos comezos, cando pereceron os
soberbios xigantes,
a esperanza do universo, fuxindo nunha
barca
e gobernada pola túa man, transmitiu ó
mundo
a semente da xeración.
⁷¡Benia o madeiro polo que foi realizada a
xustiza!
⁸Mais ¡malia o ídolo feito a man e tamén
quen o fixo!
Este por fabricalo, aquel porque, sendo
corruptible, foi chamado deus.
⁹Porque para Deus son por igual odiosos
o impío e a súa impiedade
¹⁰e serán, en consecuencia, castigados a
obra e quen a fabricou.
¹¹Polo tanto hánselles tamén de pedir
contas ós ídolos dos xentís
xa que, de entre as criaturas de Deus,
convertéronse en obxecto de
abominación,
en tropezo para as almas dos homes
e en trapela para os pés dos insensatos.

Orixe da idolatría

¹²A idea de facer ídolos foi o comezo da
inmoralidade
e o seu invento trouxo a corrupción da
vida,
¹³pois ó principio non os había, nin han
existir para sempre;
¹⁴viñeron ó mundo pola superficialidade
dos homes
e por esa razón estalles decretado un final
súbito.

¹⁵Un pai amargurado por un loito
prematuro
fai unha imaxe do fillo malogrado tan
cedo
e a quen hai pouco era un ser humano
morto
dálle agora honra coma a un deus,
impondo ós seus subordinados misterios
e iniciacións.
¹⁶Despois, co tempo, afirmase ese impío
costume
e vén a ser observado coma lei.

Tamén por mandados dos tiranos
adóranse esculturas:
¹⁷Ó non pode-la xente honralos de
presente, por habitaren lonxe,
reproducindo a remota fasquía,
confeccionaron unha imaxe visible do rei
venerado
para agasallaren deste hábil xeito ó
ausente coma presente.
¹⁸A emulación do artista estimulou a
difusión do culto
aínda entre os que non o coñecían,
¹⁹pois desexando quizais compracer ó
poderoso,
forzou con artificio a copia tirándoa
favorecido;
²⁰e a xente, atraída polo engado da obra,
considera agora digno de culto a quen
había pouco respectaba
coma home.
²¹Isto todo resultou un engano para os
viventes,
xa que os homes, escravizándose á
calamidade ou á tiranía,
chegaron a impor ás pedras e ós
madeiros o nome incomunicable.

14, 5a Aquí atopámo-la única cita da Sabedoría divina en toda a segunda parte do libro (cf **7,** 22; **8,** 6).
14, 6 A referencia ós *comezos* e ós *xigantes* retráenos á outra constante lectura do autor, a Xénese (cf Xén **6,** 1.4) e en concreto á figura de Noé (cf Xén **7,** 23; **9,** 19; **10,** 30), no que o Sabio, como sucedía nos midraxim da súa época, contempla unha especie de segundo Adam ou nova orixe da humanidade.
14, 7 Foi empregado polos Santos Padres coma referido á Cruz de Cristo.
14, 12 *Inmoralidade* traduce a verba grega "porneia", de seu, adulterio ou, por afinidade, fornicación, coa que se apunta tanto á idolatría (a verba chegou a ter este contido nos profetas: infidelidade a Iavé), coma á dexeneración moral.

14, 14 *Superficialidade* (kenodoxia) inclúe os matices de vaidade e tolemia.
14, 15 Exemplos de "culto ó home". Iniciacións idolátricas de seguido da morte dun fillo ben querido (vv 15-16a). A forma é a dos "misterios e iniciacións" (cf v 15d e 23a). O autor lembra con esas verbas técnicas o grande número de cultos do arcano con prácticas iniciáticas e asociacións secretas que proliferaron no mundo helénico e en Roma (ritos dionisíacos, de Isis, Mitra, Eleusis, órficos, etc.).
14, 16b-20 Segundo exemplo: divinización dos tiranos.
14, 21 Os resultados prácticos desta actitude quedan recollidos a modo de tese nos vv 21ss (cf Núm **25;** Rm **1,** 24-32).

Consecuencias da idolatría

²²De seguido, non lles abondou o erraren
  no coñecemento de Deus,
senón que, mergullados na inxente loita
  da ignorancia,
aclaman tamaños males co nome de paz.
²³Celebrando inciacións infanticidas ou
  misterios arcanos
ou as esmorgas furibundas de ritos
  alleos,
²⁴xa non respectan o decoro da vida e do
  matrimonio
senón que os uns ós outros se suprimen
  en emboscadas
ou se fan sufrir con adulterios.
²⁵Un caos de sangue e crime éncheo todo;
roubo e fraude, corrupción, infidelidade,
  revolta e perxurio,
²⁶confusión dos bos, esquecemento dos
  favores,
degradación das almas, inversión dos
  sexos,
desorde nos matrimonios, adulterio e
  impudor.
²⁷Pois a veneración dos ídolos innomeables
  é orixe, causa e término de todo mal:
²⁸porque ou se volven tolos ó se divertiren,
  ou profetizan en falso,
ou viven na inxustiza,
ou perxuran á lixeira.
²⁹Ó poren a fe en ídolos sen vida
non recean de ser condenados por xurar
  en falso.
³⁰Mais por entrambos motivos vailles
  chega-lo merecido:
por pensaren mal de Deus, dándose ós
  ídolos,
e por xuraren inxusta e falsamente
  desacatando a Santidade;
³¹pois non é o poder daqueles polos que
  xuran,
senón a xustiza contra os pecadores.

Transición: pregaria a Deus

15 ¹Mais ti, Deus noso, es bo e fiel,
  de grande paciencia; e gobernas con
  clemencia o universo.
²Aínda que pequemos, somos teus,
  conscientes do teu dominio,
mais non hemos pecar, sabendo que nos
  consideras do teu grupo.
³Pois o saber de ti é a xustiza perfecta,
e o coñece-lo teu poder é a raiceira da
  inmortalidade.
⁴Non nos extraviou a fraudulenta
  invención dos homes
nin o esforzo estéril dos pintores,
figuras recubertas de cores variadas;
⁵a súa visión empuxa a paixón dos
  alpabardas
ata arelaren a fasquía exánime dunha
  imaxe morta.
⁶¡Namorados do mal, dignos de tales
  esperanzas
son os que as fan, os que as anceian e os
  que as veneran!

Os ídolos de barro

⁷Un oleiro, amasando con esforzo arxila
  mol,
modela para o noso uso diversos
  cacharros;
mais coa mesma lama dálles forma
ás olas que serven para usos nobres e
  para os contrarios,
todo do mesmo xeito;
e quen xulga do emprego que terán uns e
  outros

14, 22 Os *males* disfrazados de *paz* manifóstanse en liortas e vicios.
14, 23-26 Glosan en 22 membros (número do "alefato" —alfabeto hebreo—, símbolo de totalidade) a degradación dos adoradores de ídolos. Cita lugares tópicos dos "Catálogos de vicios" empregados polos filósofos gregos itinerantes (cf os "catálogos" recollidos no N. T.: Rm 1, 24-32; 1 Cor 5, 9-11; 6, 9s; 2 Cor 12, 20; Gál 5, 19-23; Col 3, 5-8; 1 Tim 1, 9s).
14, 27 Os ídolos son *innomeables* non porque estea prohibido dici-lo seu nome, senón porque non son nada, non poden recibir un nome.
14, 29 Os idólatras xuran en falso porque, segundo o autor, de feito non cren nos deuses (v 29); o que non os libra de pecar contra a *Santidade,* (Deus: v 30c) e fai que a "xustiza" (retribución do mal neste caso) os persiga sempre (v 31b).
15, 1 Os catro atributos de Deus xuntan predicados divinos tirados de Ex 34, 6-7 ó estoico "goberno do mundo" (o "logos" estoico é a alma do cosmos, e goberna, inmanente, ó universo).
15, 7-13 O xuízo do Sabio é máis duro ca contra o carpinteiro, pois o oleiro sabe da fraxilidade da súa obra, e non traballa por pasa-lo tempo, senón por sórdido mercantilismo. A figura de oleiro é tradicional na Biblia, ben para describi-lo obrar de Deus e a fraxilidade humana (Xén 2, 7; 3, 19), ben para ilustra-la dependencia de Deus (Is 64, 7 Xer 18, 2-6). Isto axuda a marca-lo contraste e o paradoxo sinalado no v 8, no que se fala de *empréstito da alma* nunha expresión que aproxima a idea da preexistencia o creación anticipada da alma con respecto ó corpo, aludida en 8, 19ss.

é o oleiro.
⁸Despois, traballo perverso, forma da
  mesma arxila un deus falso
  que, nado hai pouco da terra,
  pronto voltará alí de onde o tiraron
  coa obriga de dar conta do empréstito da
    súa alma;
⁹e, nembargantes, non o preocupa o ter
  que morrer
  nin que a súa vida sexa breve
  senón o competir con alfaiates e
    prateiros
  imitando ós fundidores
  e gabándose de modelar quincalla.
¹⁰A súa conciencia é borrallenta;
  a súa esperanza, máis vil cá terra;
  a súa vida vale menos cá lama,
¹¹pois non recoñeceu a Aquel que o
    plasmou
  nin a quen lle inspirou unha alma
    operativa
  e lle infundiu un espírito vital.
¹²Pola contra, coida que o noso existir é un
    xogo
  e a nosa vida unha feira onde gañar:
  —"Cómpre tirar proveito do que sexa
    —di el— mesmo do mal".
¹³Este, mellor cós outros, sabe que peca
  fabricando do material de terra
  fráxiles olas e mais ídolos.

O ridículo dos exipcios

¹⁴E con todo, os máis insensatos, máis
  infelices cá alma dun neno,
  foron os inimigos do teu pobo, os que o
    tiranizaron.
¹⁵Pois tiveron por deuses a tódolos ídolos
    das nacións
  que nin poden usar dos ollos para ver,
  nin do nariz para aspira-lo aire,
  nin dos oídos para oíren,
  nin dos dedos das mans para apalparen,
  nin lles serven os pés para camiñar,
¹⁶pois son feitura humana
  e moldeounos un ser de alento emprestado:
  o home non pode formar un deus nin
    semellante a si.

¹⁷Sendo mortal, produce con mans inicuas
  un ser morto,
  el, que é de máis valer ca todo o que
    venera,
  pois el está vivo por certo, e aqueles non
    endexamais.

Prosegue o contraste: os paspallás

¹⁸E por riba, adoran os animais máis
    repugnantes,
  os que, en comparanza cos outros, son os
    peores;
¹⁹non hai nada neles que os volva
    atraentes
  —coma ás veces ocorre ó ollar para os
    animais—
  pois os tales ficaron excluídos da
    louvanza de Deus e da súa bendición.

16 ¹Por iso foron xustamente castigados
  por seres semellantes,
  atormentados dunha praga de bechos.
²En troques, ó teu pobo, en lugar de
  castigalo, favorecícheslo
  preparando coma xantar para o seu
    apetito ardente
  un alimento extraordinario: ¡os
    paspallás!
³De sorte que, mentres aqueles, aínda que
    esfameados,
  perdían o apetito do máis necesario
  polo noxo que lles daban os bechos que
    lles enviaches,
  estes, despois de pasaren privacións por
    pouco tempo,
  gustaron o sabor dun xantar exquisito;
⁴pois cumpría que a tales opresores lles
  sobreviñese unha carestía insoluble
  e a estes soamente se lles indicase como
  eran atormentados os seus inimigos.

Digresión: o castigo das serpentes, unha instrucción divina

⁵En efecto, cando se abateu contra eles a
    terrible carraxe das feras
  e perecían coas picaduras das retortas
    cóbregas,

15, 11 Non propón unha tricotomía corpo-alma-espírito, senón que, co v 11c en paralelo sinonímico, identifica o principio activo da vida (alma operativa) co "espírito vital" de Xén 2, 7. Este verso pode constituír unha proba da ambivalencia e desexo de ortodoxia que xongue conceptos de sicoloxía platónica e fidelidade á antropoloxía bíblica (compárense de novo **8**, 19ss e **15**, 8 con este verso).
15, 14-17 Os aludidos son sen dúbida os contemporáneos do autor. Exipto, coma outros países helenísticos, foi sento do sincretismo máis inxenuo. O autor ridiculízao con fraseoloxía tradicional tirada dos Salmos (cf **115**, 4ss;

135, 15ss), amais da Epístola de Xeremías.
15, 18ss Prosegue aínda (**15**, 18-16, 4) o contraste segundo, que quedara en **11**, 15-16 e **12**, 23-27.
16, 2 O motivo dos *paspallás* (cf Ex **16**, 2-13; Núm **11**, 10-32) vai idealizado sen ter en conta as murmuracións dos israelitas nin a carraxe de Iavé (Núm **11**, 33-34).
16, 5-15 O autor sae ó paso dun posible argumento en contra: o castigo das serpentes no deserto contra os israelitas. Israel sufriu o castigo das serpentes (cf Núm **21**, 6-9), mais foi a modo de advertencia e instrucción.

non mantiveches ata a fin a túa ira.
⁶Por un momento espantáchelos para que ficasen avisados,
mais tiñan un sinal de salvación
en lembranza do mandado da túa lei;
⁷e quen voltaba cara a ela era salvado
non pola forza do contemplado,
senón por ti, salvador de todos.
⁸Deste xeito convencíche-los nosos inimigos
de seres ti quen libera de todo mal.
⁹A eles matáronos as picaduras dos saltóns e das moscas
e non houbo remedio para as súas vidas:
tiñan merecido o seren castigados por tales bechos;
¹⁰mais cos teus fillos non puideron nin os dentes das cóbregas pezoñosas
pois valeulles para salvalos a túa misericordia;
¹¹eran aguilloados para se lembraren das túas verbas,
e salvados de seguido,
de xeito que non caesen nun profundo esquecemento
e para se manteren atentos ós teus beneficios;
¹²xa que non foi herba nin emplasto o que os sandou,
senón, Señor, a túa verba que todo o cura.
¹³Pois ti dispós da vida e mais da morte,
fas baixar ata as portas do Hades e retornar.
¹⁴O home, ben certo, pode matar pola súa maldade,
mais unha vez fuxido o espírito
non é quen de facelo voltar
nin de ceibar unha alma xa encadeada.

Terceiro contraste: maná en lugar da treboada

¹⁵Fuxir da túa man non é posible
¹⁶e os impíos que negaron coñecerte
foron fustigados polo teu potente brazo,
perseguidos por extrañas chuvias,
sarabiadas e augaceiros sen parada
e aniquilados polo lume.

¹⁷E o máis extraordinario foi que, na auga, que o apaga todo,
o lume alampaba máis forte.
¹⁸Ás veces esmorecía a chama
para non queima-los animais enviados contra os impíos
e para que eles se decatasen, ó velo, de seren perseguidos polo xuízo de Deus;
¹⁹outras veces ardía no medio da auga con máis virtude có lume
para destruí-los productos dunha terra inicua.
²⁰Ó teu pobo, sen embargo, alimentáchelo cun manxar de anxos
e distribuícheslles sen esforzo un pan xa preparado desde o ceo
que contiña tódolos sabores gorentosos, axeitándose ó gusto de cadaquén.
²¹Este sustento revelaba a túa dozura cos teus fillos
xa que, axeitándose ó degoiro de quen o recollía,
trocábase naquilo que cadaquén anceiaba.
²²A neve e mailo xelo resistían o lume e non se derretían
para se decataren eles de que o lume consumía os froitos dos inimigos,
ardendo entre a sarabia e lostregando por medio dos chaparróns;
²³mentres que, noutra ocasión, para se alimentaren os xustos,
chegou a esquece-la propia virtude.
²⁴Porque a creación, servíndote a ti, o seu facedor,
é rexa cando castiga os malvados,
mais amolece para facer ben ós que en ti afiúzan;
²⁵por tal razón, daquela, transformándose en moitas cousas
púxose ó servicio da túa xenerosidade que a todos nutre
de acordo coa arela dos necesitados,
²⁶para que os teus fillos, Señor, os que tanto amas, aprendesen
que non é a variedade de froitos a que alimenta ó home,
senón a túa verba que conserva os que en ti cren.

16, 6 Referencia á serpente de bronce (Núm **21,** 9), mais de pasada, polo perigo de culto idolátrico que chegou a significar (2 Re **18,** 4); de feito o autor chámao *sinal* (symbolon), e non "imaxe".
16, 20 Famoso pola súa utilización na liturxia eucarística cristiá (cf Xn **6,** 31-58), aglomera datos de Ex **16** e Núm **11,** e mais expresións tiradas dos Sal **78,** 25 e **105,** 40; da lenda rabínica recóllese o motivo da multiplicidade de sabores do maná (Ex **16,** 31 e Núm **11,** 8 aludían só a sabores máis reais: mel, galleta).
16, 22 A *neve e o xelo* empregan motivos saídos da traducción grega de textos coma Ex **16,** 14 e Núm **11,** 7, para ilustra-los estraños efectos dos elementos da natureza.

²⁷Pois o que non era consumido polo lume
derretíase logo coa calor dunha lene
raiola do sol,
²⁸para que fose patente que cómpre
erguerse antes do sol para darche as
gracias,
e conversar contigo antes do abrente,
²⁹pois a esperanza do ingrato esvaece coma
a xeada da invernía
e esvara coma auga inútil.

Cuarto contraste: columna de lume en lugar das tebras

17 ¹Grandes e inexplicables son os teus
xuízos,
por iso as almas indóciles erraron.
²Cando homes impíos teimaron poder
oprimi-la nación santa,
xacían encadeados nas tebras e
prisioneiros dunha longa noite,
pechados baixo os seus teitos, fuxitivos
da eterna providencia;
³coidando que ficaban escondidos os seus
pecados secretos
baixo do mesto veo do esquecemento,
foron espantados, terriblemente
arrepiados,
conturbados por alucinacións,
⁴pois nin o tobo que os acollía os
defendeu do pavor:
rebumbios medoñentos bruaban ó seu
arredor
e aparecíanlles pantasmas tristeiras de
facianas tétricas.
⁵Non houbo lume ningún que os puidese
alumar;
nin as brillantes labaradas dos astros
foron tales de iluminar aquela fosca
noite.
⁶Soamente se lles amosaba
unha fogueira arrepiante, acesa de seu;
e abraiados ó esvaecer aquela visión,
coidaban que o que viran fora aínda peor
do que era.
⁷As ilusións da arte máxica caían
fracasadas
e foi vergoñento o descreto da súa
fachendosa ciencia,

⁸pois aqueles que se daban aires de poder
afasta-los medos e
as turbacións dun espírito doente,
eles mesmos sufrían un temor
ridículo,
⁹xa que o mesmo suposto que non os
espantase cousa medoñenta,
aterrados polo paso das animalias e os
asubíos das cóbregas,
¹⁰morrían de pavor estarrecidos,
refugando mesmo ollar para o aire que
non podían evitar.
¹¹Pois a malicia é covarde de seu, e niso dá
testemuño contra si:
acurrada pola conciencia, presupón
sempre o peor.
¹²O medo, en efecto, non é senón o
desamparo das axudas da reflexión.
¹³Canto máis pequena é a esperanza
interior,
meirande semella a razón ignorada do
tormento.
¹⁴Así, naquela noite verdadeiramente
impotente,
xurdida das entrañas do abismo estéril,
mentres durmían todos o mesmo sono,
¹⁵en parte eran abouxados por pantasmas
monstruosas,
en parte ficaban tolleitos polo
abatemento da alma
ó se sentiren invadidos por un medo
súbito e impensado;
¹⁶de xeito que, quenquera que alí caese
quedaba aferrollado, pechado coma nun
cárcere sen cadeas;
¹⁷fose labrego ou pastor,
ou obreiro que traballa por si,
sorprendido, tiña que soporta-lo fado
ineludible,
¹⁸pois todos ficaban atados pola cadea das
tebras.
O zoar do vento,
o rechouchío melódico dos paxaros nas
mestas silveiras,
o balbordo das augas baixando
impetuosas,
¹⁹o rouco estrondo das rochas que se
esfragan,

6, 28 Referencia á recitación do credo bíblico, a "Xe-
ná" (Dt **6,** 4), á primeira hora da mañá, uso compro-
ado xa nas comunidades esenias e recollido na Mix-
ah.
7, 2-3 A escuridade moral dos *pecados secretos* (¿cultos
e iniciación?) leva emparellada a escuridade física; esta
én exposta en longos trazos nos vv 4-21 con soltura dra-

mática e facendo insistencia nos efectos sicolóxicos da te-
bra: o medo...
17, 4 Refire a Ex **7,** 8 e **9,** 11; o v 5 glosa Ex **10,** 23.
17, 6 A linguaxe pantasmal recorda a importancia das ar-
tes máxicas dos exipcios (Ex **7,** 11. 22; **8,** 7; **9,** 11).
17, 11 Aparece por vez primeira a verba *conciencia* (synei-
desis) nun senso moral, non só sicolóxico.

o correr invisible de bestas desbandadas,
o bruar das feras máis salvaxes,
o eco a retombar nas fouces das montañas,
todo os paralizaba estarrecidos.
²⁰E mentres o mundo todo lampexaba cunha luz raiolante
dedicándose sen tropezos ás súas labouras,
²¹soamente sobre eles premía unha noite abafante,
imaxe da tebra que estaba para envolvelos.
E así eran eles para si mesmos máis pesados cás tebras.

18 ¹Para os teus santos, en troques, xurdía a suma luz;
os outros, ó escoita-la voz sen olla-la figura,
dábanlles parabéns por non teren sufrido coma eles;
²agradecíanlles que, sendo antes ofendidos, non se vingasen,
e rogaban o perdón por teren sido hostís.
³Pola outra banda proporcionaches ós teus
unha columna flamexante,
guieiro nun camiño non sabido
e sol inofensivo dunha emigración sonada.
⁴Os outros eran en verdade merecentes de seren privados da luz
e prisioneiros das tebras,
pois mantiveran encadeados ós teus fillos,
por medio dos que se ía conceder ás idades a luz incorruptible da túa lei.

Quinto contraste: liberación do pobo de Deus en lugar da morte dos primoxénitos exipcios. A noite da liberación

⁵Cando deron en mata-los nenos dos santos,
—só un pequeno expósito foi salvado—
arrebatácheslles en castigo unha multitude de meniños
e fixéchelos perecer por xunto nas augas impetuosas.
⁶Aquela noite fóralles anunciada de antemán ós nosos pais de modo que, sabendo de certo a que promesas deran creto, se sentisen fortes.
⁷O teu pobo estaba xa á espera
da salvación dos xustos e do exterminio dos inimigos;
⁸co mesmo feito co que castigába-los adversarios
déchesnos sona convocándonos a ti.

⁹Ás agachadas facían sacrificios os piadosos fillos dos xustos
e, postos de acordo, impuxeron esta divina lei:
que os santos compartisen por xunto os bens e os perigos
—ó tempo que xa entoaban os himnos dos antepasados—.
¹⁰Facíalles eco o discorde clamor dos inimigos,
ó difundirse o lúgubre laio polos fillos chorados;
¹¹con pena semellante eran castigados o escravo e mailo amo,
e tanto padecían o paisano coma o rei.
¹²Todos por igual e co mesmo xénero de morte
contaban defuntos sen número
e os vivos non daban feito a soterralos
xa que nun momento se consumira o mellor da súa caste.
¹³Así os que de seu non crían, por mor dos feitizos
e ante o exterminio dos primoxénitos, tiveron que confesar que aquel pobo era fillo de Deus.

¹⁴Pois, cando un silencio mainiño o envolvía todo
e a noite ía mediada na súa pronta carreira,
¹⁵deborcouse a túa verba omnipotente desde o ceo, o teu trono real,
coma guerreiro inexorable,

17, 20-21 Con verbas tiradas da tradición sálmica (Sal **104**), o Sabio volta ás contraposicións, aludindo apocalipticamente á tebra do Xeol e á escuridade da conciencia.
18, 1-4 A *luz* dos *santos* (cf Ex **10**, 23), comentada con amplificacións libres, convértese en presencia providente de Deus (cf Ex **13**, 2-22; **14**, 24; coa mención da nube).
18, 4 Xogando coa idea contemporánea do autor, da misión universal dos israelitas, os xudeus crentes, nun mundo de tebras idolátricas, son os mediadores futuros dunha tarefa a prol da xustiza: leva-la lei, luz inmorredoira (cf Tob **14**, 6; Sal **19**, 9; Is **2**, 2-5) a tódolos pobos.
18, 5-19 A *noite* da liberación traída por Deus. Os *nenos dos santos* ("nepioi", v 5), os *fillos dos xustos*, *dos bos* ("paides", v 9) descóbrense coma "fillos de Deus" en canto pobo ("huiós", v 13). Esa *noite* é xa nos vv 8 e 9 a "noite da liturxia pascual", como o confirma a alusión velada á recitación do Hallel (Sal **113-118**) no 9e.

botándose no medio dun país
consagrado ó exterminio.
¹⁶Levaba coma espada afiada o teu decreto
irrevocable;
erguéndose, encheuno todo de
morte;
tocaba no ceo mentres camiñaba sobre a
terra.
¹⁷Entón foi cando de súpeto os
conmoveron pesadelos terribles
e apoderáronse deles temores
impensados;
¹⁸deitados acó e aló por terra, medios
mortos,
daban testemuño de cal era a causa da
súa morte,
¹⁹pois os soños que os axitaran xa os
amoestaban,
de xeito que non perecesen sen
saberen o motivo daquel mal que
sufrían.

Digresión: expiación e purificación

²⁰Tamén ós xustos lles chegou a proba da
morte,
e houbo no deserto grande mortandade;
con todo, a carraxe non durou moito
tempo,
²¹xa que un home sen chata loitou na
primeira liña
coas armas do seu ministerio:
a oración e o incenso da expiación.
Opúxose á carraxe e deu remate á
desfeita
demostrando ser ministro teu.
²²Venceu aquela ira, non coa forza do
corpo,
nin co pulo das armas;
mais coa palabra desarmou ó que
castigaba,
relembrando os xuramentos e os pactos
feitos cos devanceiros.

²³Cando xa os cadáveres se amoreaban uns
por riba doutros,
erguéndose no medio, contivo a carraxe
coutándolle o camiño ata os vivos.
²⁴Pois sobre a súa veste talar estaba todo o
universo
e as glorias dos devanceiros na cuádruple
ringleira de pedras preciosas,
e a túa maxestade na diadema da súa
cabeza.
²⁵Ante tales obxectos retrocedeu o
exterminador cheo de respecto,
pois xa abondaba co mero amosar da túa
ira.

O paso do mar Rubio

19 ¹Mais sobre os impíos abateuse ata a
fin un furor despiadado
pois Deus previa o seu futuro proceder:
²que, despois de deixalos partir
e despedilos con présa,
cambiando de parecer, perseguiríanos.
³Aínda, en efecto, ocupados en face-lo
pranto
e laiándose a carón das covas dos
defuntos,
decidiron outro proxecto insensato:
perseguir coma fuxitivos ós que forzaran
a saír con rogos.
⁴Ata tal punto os arrastrou o fado
merecido
facéndoos esquece-lo pasado,
para que enchese a medida do castigo
que faltaba ás súas coitas.
⁵E en tanto que o teu pobo descubría
unha etapa insospeitada,
eles pola súa banda atoparon unha
estraña morte.

Dimensión cósmica da liberación

⁶Porque a creación enteira, cumprindo os
teus mandados,

18, 14-19 A Palabra de Deus personificada é un dos conceptos dinámicos que, como os de Espírito ou Sabedoría, substitúen o obrar directo da divindade, para salvagarda-la súa transcendencia (cf Pr **8**; Is **55**, 10-11). A súa orixe é celeste (v 15a; cf **9**, 4. 10) e a súa tarefa, semellante á do anxo exterminador (cf 1 Cro **21**, 16). No contexto da Palabra acada un nivel de actividade independente que, como o da Sabedoría neste libro, prepara os pasos para unha reflexión acada do Evanxeo de Xoán. A figura da espada do xuízo (v 16) podería estar máis adiante no transfondo de Ap **9**, 11ss. Os Padres da Igrexa non dubidaron en facer destes vv unha relectura libre aplicada á encarnación; e a liturxia cristiá desde o s. II así os empregou.
18, 20-25 Dá unha versión de expiación e purificación ó incidente de Coré e compañeiros no deserto (Núm **16**), salientando a función intercesora do Sumo Sacerdote Aharón (Núm **17**, 6-15).

19, 1-5 O suceso do mar Rubio (Ex **14**, 5-31), citado xa en **18**, 5. A base escriturística do comentado é Ex **12**, 31-33. 39.
19, 4 O *fado* non é o destino fatal grego, senón un efecto do *proxecto insensato* (v 3c); o modo da lei da retribución mecánica do mundo sapiencial; é tamén un "enche-la medida" (cf **12**, 26; **14**, 31) predisposta por Deus (idea apocalíptica coma a da determinación das idades en Dn).
19, 6-21 A intención do Sabio é a de leva-los efectos escatolóxicos da liberación do Éxodo ata a dimensión cósmica. A creación, segundo el, ó colaborar no Éxodo por medio dos portentos, saíu remozada, é unha "nova creación". (O procedemento seguido polo autor consiste nun comentario libre dos cc. **1-2** da Xénese e dos sucesos relatados en Ex **8** e **14**). Esta constatación fai que o autor estale nunha das poucas pasaxes nas que se deixa levar do entusiasmo (vv 8-9) empregando motivos hímnicos para amosa-la ledicia non contida.

trocouse de novo no seu propio natural
para que os teus fillos fosen conservados
salvos;
⁷apareceu a nube sombreando o
campamento,
xurdiu terra enxoita do que antes fora
auga;
un vieiro practicable no mar Rubio;
verdecente campía, do que fora mareira
forte.
⁸Por alí foron pasando, mesto pobo, os
que ti protexías coa túa man,
ollando estupendos prodixios,
⁹apacentados coma poldros,
choutando coma años,
e louvándote a ti, Señor, que os ceibaras.
¹⁰Relembrábanse aínda do que lles
acontecera no exilio:
como en troques de criar animais, a terra
producira mosquitos,
como en lugar de peixes, o río librou
moreas de ras.
¹¹Máis adiante ollaron un novo nacer das
aves
cando, devecendo de fame, demandaron
un manxar escolleito,
¹²pois para deixalos fartos alzáronse do
mar os paspallás.

Excursus: castigo de Sodoma

¹³Ós pecadores, non obstante,
sobreviñéranlles castigos,
non sen os signos precursores de
lóstregos violentos.
E xustamente sufriron polas súas propias
culpas
por odiaren tan duramente ós
estranxeiros:
¹⁴Uns non acolleron os descoñecidos ó
chegaren;
os outros escravizaron os hóspedes
benfeitores.

¹⁵E non soamente isto. Mais ¿que conta se
lles ha de demandar?
Pois se aqueles recibiron hostilmente os
estranxeiros,
¹⁶estes, despois de agasallalos con festas
e cando xa participaban dos mesmos
dereitos,
maltratáronos con rudos traballos.
¹⁷Feriunos xuntamente a cegueira
—do mesmo modo ca a aqueles outros á
porta do xusto—
cando, envoltos na pecha escuridade,
cadaquén buscaba apalpando a entrada
da súa porta.

Prosegue o tema da liberación cósmica

¹⁸Os elementos intercambiábanse entre eles
coma as notas da harpa poden muda-lo
ritmo
mantendo o mesmo ton;
pódese tal deducir exactamente dando
unha ollada ós feitos:
¹⁹Os animais terrestres trocábanse en
acuáticos,
os que nadan camiñaban pola terra,
²⁰o lume mantiña a súa forza na auga
e a auga esquecía a súa virtude de
apagar.
²¹Pola contra, as labaradas non consumían
as carnes dos febles animais que
camiñaban por medio delas,
nin desfacían aquel xénero de manxar
celeste
semellante á xeada, tan doado de
derreter.

Confesión conclusiva

²²Abofé, Señor, que de todo xeito
engrandeciches e glorificáche-lo teu
pobo,
e non te desdeixaches, manténdote ó seu
carón en todo tempo e lugar.

19, 10 A reproducción dos bechos coma saídos da terra (v 10b) leuna en Xén **1,** 20-25.
19, 13-17 Estes vv son unha unidade que rompe, en parte, o tema creacional, mais non por iso é estraña ó proceder homilético e ó sistema midráxico de lectura da Biblia do autor. Conforme ó seu sistema, non cita nomes: no v 14 "uns" son os exipcios ó chega-los patriarcas (Xén **39**ss), "os outros" son os anxos hóspedes de Lot en Xén **19.** De novo alude ós sodomitas no v 15b e ós exipcios de Ex **1** no v 16.
19, 18 Supón un intento de racionalizar, para un público grego, os milagres cósmicos da Biblia (cousa que fará máis de vagar Filón); con tal obxecto acode á comparanza pitagórica e platónica da harmonía dos elementos coma harmonía musical: seguen cumprindo a súa finalidade harmónica no cosmos, aínda que cambien de tarefa.
19, 19-21 O v 19a pode referirse ó paso do gando dos hebreos polo mar (Ex **12,** 38); o v 19b refírese á praga das ras de Ex **8,** 1-7; e o v 21c fai do maná unha "ambrosía", manxar dos deuses no Olimpo.
19, 22 Toda a historia da liberación tiña un obxecto: a glorificación do pobo; e unha causa: a presencia providente e liberadora de Deus. Con esta confesión-apóstrofe case sálmica, que tenciona poñer alicerces a unha actitude esperanzada, péchase a homilía, e con ela a obra.
E nembargantes o final tan breve e sen peroración retórica semella un pouco rudo e fai a impresión de deixa-lo texto dalgunha maneira incompleto. A razón pódese buscar, non tanto nunha perda de parte do texto, conforme algúns comentadores, senón na disposición numérica da seccións, debida á ensarillada e artificiosa construcción feita polo redactor, que traballaba literalmente sobre u texto previo, orixinalmente composto coma homilía par ser lida.

INTRODUCCIÓN Ó LIBRO DO ECLESIÁSTICO

O *"derradeiro en chegar a velar"* (**33,** 16) de entre os autores que deron á Sabedoría palestina o seu sobranceiro carácter instructivo e doutrinal, é un bo e sabido burgués de Xerusalén: Xesús, fillo de Sírah (coma reza o epígrafe do libro), ou ben Xesús, fillo de Elazar, fillo de Sírah (**50,** 27).Sen embargo, o título do libro que acadou un meirande espallamento, case que xeral en toda a tradición cristiá, non foi tanto o de *"Sabedoría de Ben Sírah"*, canto outro: o Eclesiástico. Dábaselle-lo nome de *"Ecclesiasticus"* (testemuñado xa na Vetus Latina, a máis antiga versión ó latín da Biblia, dos sec. II e III d. C.) a aqueles libros que eran lidos na Igrexa por motivos morais ou pedagóxicos, fundamentalmente no catecumenado, aínda que non estivesen daquela acollidos no canon das Escrituras Sagradas.

E de feito o proceso da aceptación do *"Ben Sírah"* no canon foi obxecto de vacilacións e revisións. Rexeitado polos rabinos no Sínodo de Iamnia, do ano 90 d. C., por máis que despois fose citado nos Midraxim e na Mixnah, a Igrexa antiga tivo algúns reparos e dúbidas en admitilo coma algo máis ca un libro edificante.

Parte non pequena desta actitude (defendida polo propio San Xerome, que non fixo del traducción nova), débese á circunstancia de se conservar e coñecer só a versión grega do libro, e non o seu orixinal hebreo. A consagración do libro en tanto que integrante da Biblia, foi lenta na Igrexa occidental, acorde co emprego máis e máis difuso que del se facía na liturxia, ata verse refrendada polo Concilio de Trento, que, coa súa decisión autoritativa, impuxo a liña do Canon amplo que defendera a antiga Igrexa Alexandrina.

Polo mesmo criterio de fidelidade filolóxica, máis ca polo seu contido doutrinal, as confesións protestantes, fieis ós textos hebreos orixinais, deixárono fóra das súas biblias. Só despois se procuraría unha fundamentación teolóxica (pietismo de observancias, relixión da lei) ó que de primeiras foi un paso de fidelidade ás orixes moi propio do espírito renacentista. Hoxe en día as Igrexas nacidas da Reforma tornan a da-lo seu valor ó testemuño relixioso e humano de Ben Sírah.

Non pouco inflúe nesta volta, e na recuperación teolóxica que del fai a Igrexa católica, o feito do seu posible influxo no Novo Testamento. Rastro das súas pegadas pódese enxergar no Evanxeo de San Xoán (**1,** 1-17, por exemplo), no de Mateo (Himno de Ledicia:**11,** 25-30), e sobre de todo na epístola de Santiago cunha chea de citas implícitas.

Foi, nembargantes, outro feito casual o que deu pulo decidido ó novo interese polo libro. 1896 é a data do recoñecemento de fragmentos do texto hebreo conservados na *"Guenizah"* (peza das Sinagogas onde se depositaban os libros sacros envellecidos polo uso) da Sinagoga Vella de O Cairo. Seguíronlles moitos da mesma procedencia, descubertos ata o ano 1960. As covas de Qumrân, cerca do mar Morto, e as excavacións na fortaleza de Masada (reducto da resistencia xudía contra os romanos despois do 70), forneceron no presente século novos fragmentos, algúns deles datables no s. I a. C. Por xunto recuperáronse dous tercios do libro no texto orixinal, se ben non todos do mesmo valor crítico. A composición dun texto ben seguro é unha das tarefas que aínda está a progresar, o que non é obxección ó intento de traducción desde o texto hebreo, que aquí se leva a cabo, completándoa nas súas ausencias coa axuda da grega breve e da siríaca.

Co gallo desta opción cómpre lembrar que na traducción grega, e nas latinas que dela dependen, trastocouse a orde dalgúns capítulos (do verso **30,** 25 ó **36,** 10a) e que, polo tanto, nesta versión galega, seguindo o orixinal hebreo, a secuencia é a seguinte verbo da numeración grega: **30,** 16b-**33; 34; 35; 36,** 1-10a; **30,** 25; **31; 32; 30,** 1-16a.

Da situación da época e do carácter do autor ofrécenos información indirecta o texto do libro: o autor foi nado de xentes de boa posición, como o amosan a súa familiaridade cos príncipes e funcionarios, as viaxes nacionais e internacionais ás que se refire, o ambiente dos banquetes e *"simposios"* nunha Xerusalén non helenizada mais certamente sometida ó impacto cultural grego. Nunha época de cousas pequenas que se deu en chamar o *"período do sono de Israel"*, Xesús Ben Sírah é un Sabio de novo cuño que xongue a experiencia e o estudio á piedade, nun novo xeito de Sabedoría relixiosa (cf **7,** 31) onde se mesturan o seu amor polo templo, o gusto polo cerimonial case que ritualista e o seu respecto polo sacerdocio (a realización da lei chégase a identificar cos actos máis venerados do culto: cf **35,** 1-10).

A súa formación lévao a tentar unha síntese entre a Sabedoría experimental da Escola, de

INTRODUCCIÓN Ó LIBRO DO ECLESIÁSTICO

raigame internacional, e a Historia do seu pobo, tirada das fontes dos libros santos, ós que se refire tácita ou expresamente de contino. As grandes figuras dos devanceiros (Noé, Xacob, Pinhás...) sérvenlle coma modelos exemplares. As alianzas de Iavé convértense en pactos coas familias (rexia ou sacerdotais) que fundamentan os privilexios duradeiros obtidos coma premio dun comportamento; os grandes milagres salvíficos trócanse en instrumental apoloxético que aguilloe, coa lembranza do magnífico pasado, a actuación nun presente gris e de espíritos febles.

O afastamento que Ben Sírah denota verbo da actitude crítica dun Xob ou dun Eclesiastés (téñanse en conta a súa visión resignada da morte e a aceptación da lei da retribución terreal), e a súa mínima apertura ó futuro dunha esperanza histórica que estaba a agromar no nacente mesianismo, fan clasificalo Eclesiástico na liña dos "Hasidim" (os piadosos) da época premacabea, e na disposición do que poderiamos chamar un Pre-Saduceísmo: aquela orientación de relixiosidade humanista un pouco contemporizadora que fraguou co cambio do século II ó I a. C.

Outra fonte de información privilexiada é o limiar do libro. Nel, o traductor, neto do autor, fainos saber da súa chegada a Exipto no ano 38 do rei Euerxetes II —Ptolomeo VII—, arredor do 132 a. C., o que fai data-lo orixinal arredor do 190 a. C., tempo no que era ben coñecido o Sumo Sacerdote Simón, fillo de Onías, do que se fai louvanza no c. 50 do libro. A circunstancia é, xa que logo, a do comezo da presión cultural grega en contra do Xudaísmo. Os láxidas, herdeiros de Exipto despois do pasamento de Alexandro Magno, e contemporizadores por natureza, cederan o poder de Palestina no 198 ós seléucidas sirios, militantes do helenismo. No tempo de Ben Sírah debía estar a comeza-la presión cultural que levaría, desde 175 a 163, á persecución relixiosa de Antíoco Epífanes e que motivaría no 166 a revolta guerrilleira dos Macabeos.

Son anos de apostasías e perigo para a relixión tradicional, e de medra para aquelas familias da nobreza xudía (coma a dos Tobíades) que facian o xogo á nova onda cultural, arrecadando con elo facenda e títulos (coma o de sumos sacerdotes). Nese contexto cómpre ve-lo esforzo do autor por destaca-lo valor instructivo e educativo da relixión dos pais, e identificar Sabedoría e Iavismo, Sabedoría e Temor de Deus, Sabedoría e Lei ou Revelación (cf **24**, 23-24).

Nun estilo epigonal, orfo xa da espontaneidade das coleccións antigas do libro dos Proverbios, escolle máximas e refráns amoreados por afinidade e sen orde aparente sobre temas morais como a amizade, a esmola, o trato das mulleres, os médicos. Na liña das autopresentacións metafóricas da Sabedoría, desenvolve o empezado por Pr **8** e Xob **28**, chegando á síntese teolóxica que pon ó mesmo nivel da Palabra o saber humano e a lei. Son frecuentes as instruccións de tipo tradicional e as amoestacións, fundamentadas agora en razóns relixiosas. Mais o distintivo neste libro é a introducción de xéneros que antes foran alleos ó mundo sapiencial: as Oracións (cf **36**, 1-17) e os Salmos de escritorio (cf **51**, 12ss). O escriba docto convértese en mestre de piedade.

Ainda que non é doado inducir unha estructura diáfana na disposición do libro, mentres non se acade unanimidade nos comentadores, seméllanos conveniente a distribución bipartita, que reparte a obra en dúas grandes seccións: A) "O Libro das Máximas" (**1**, 1-42, 14), á súa vez composto de dous volumes (**1**-**23**, e **24**, 1-42, 14), que, segundo algúns, puideron ter vida separada ou foron producto de épocas diversas do autor; e B) "O Libro da Grandeza de Deus" (**42**, 15-**50**, 29), onde se louva a Gloria de Iavé na creación (**42**, 15-**43**, 33) e na Historia de Israel (**44**, 1-**50**, 29), relembrando as figuras nobres da raza. Rematan a obra dous apéndices: O "Himno de Acción de Gracias" (**51**, 1-12), e mailo "Poema sobre a Busca da Sabedoría" (**51**, 13-30). O texto hebreo engade no c. **51** un salmo tradicional (**12**, I-XV).

LIMIAR

¹Xa que tantas e tan grandes ensinanzas nos foron transmitidas na Lei, nos Profetas e nos restantes que os sucederon —polo que ben merecen ser louvadas a Instrucción e a Sabedoría de Israel— e posto que non só cómpre que sexan doctos os escribas ⁵senón que estes amigos do saber poidan asemade ser útiles ós profanos cos seus discursos e escritos, o meu avó, Xesús, despois de se ter intensamente dedicado ó estudio da Lei, dos Profetas ¹⁰e dos outros libros recibidos dos nosos devanceiros, e acadando neles unha ampla habelencia, quixo el pola súa banda compor algunha cousa sobre a Instrucción e a Sabedoría para que os que teñan degoiros de aprender, someténdose a estas disciplinas, puidesen tanto mellor progresar no xeito de vida segundo a Lei.

¹⁵Prégovos, xa que logo, que o leades cunha atención benévola e que excusedes aqueles pasos nos que dea a impresión ²⁰de non traducir ben algúns xiros, a pesar dos nosos esforzos de interpretación. Pois de feito non teñen a mesma forza as cousas ditas no seu propio idioma, que é o hebreo, cando se verquen noutra lingua. E isto non só na presente obra, senón que a mesma Lei, as Profecías ²⁵e os libros restantes difiren non pouco do seu texto orixinal.

Pois ben, chegado eu a Exipto no ano 38 do finado rei Euerxetes, mentres facía alí moradía, como tivese boa ocasión de me instruír, ³⁰coidei que sería moi necesario empregar algo do meu traballo e esforzo en traducir este libro; dediqueille daquela moitas vixilias e ciencia co obxecto de rematar e dar á publicidade este libro para uso daqueles emigrados que anceien instruírse ³⁵e estean dispostos a mante-los bos costumes vivindo de acordo coa Lei.

PARTE PRIMEIRA

O Libro das Máximas (1,1-42, 14)

Volume I

Louvanza da Sabedoría

1 ¹Toda Sabedoría vén do Señor
e fica onda El para sempre.
²A area dos mares, as pingas da chuvia
e os días da eternidade ¿quen poderá contalos?
³O alto do ceo, o grande da terra,
o fondo do abismo ¿quen os sondará?
⁴Antes de todo foi creada a Sabedoría,
a intelixencia prudente desde a eternidade.

⁶A raiceira da Sabedoría ¿a quen se lle revelou?
E os seus planos secretos ¿quen os coñeceu?
⁸Non hai máis ca un que sexa Sabio e moi terrible
cando asenta no seu trono:

1, 1 Amais de fornece-la posibilidade de precisar con grande exactitude a data da composición do libro (cf Introducción), o limiar amosa a existencia, xa para aquel tempo, da distinción no A.T. da tripartición da obra en "Lei, Profetas, Demais Escritos", que chegaría a tornarse clásica para a Biblia hebrea. Cómpre dicir que o prólogo non se considera coma inspirado, por non pertencer ó núcleo da obra en canto tal.

1, 1-10 En dúas estrofas de catro versos (vv 1-4; 6. 8-10) o autor presenta a Sabedoría coma confidente e cooperadora de Deus. Na traducción omítese o v 5 ("A fonte da Sabedoría é a palabra de Deus no máis alto, e as súas canles son os mandamentos eternos") e o v 7 ("A ciencia da Sabedoría ¿a quen foi amosada? E a súa inxente experiencia ¿quen a comprendeu?"); ámbolos dous, testificados soamente por algúns manuscritos gregos e latinos, son patentes glosas amplificativas. Igualmente destacamos no v 9 *¡O Señor!* coma pertencente ó remate do v 8, e mantense a traducción *ós seus amigos* no v 10 contra a corrección coa versión siríaca "ós que o temen", preferida dalgúns; o tópico da Sabedoría amiga é constante e repetirase ó longo do volume.

⁹¡O Señor!
Foi El quen a creou, mirou e mediu;
e esparexeuna sobre tódalas súas obras,
¹⁰entre tódolos seres vivos, conforme a súa xenerosidade;
e déullela en agasallo ós seus amigos.

A actitude relixiosa

¹¹O temor do Señor é boa sona e motivo de orgullo,
gozo e coroa de xúbilo.
¹²O temor do Señor dá folgos ó corazón,
procúralle gozo, ledicia e vida longa.
¹³Para quen teme ó Señor todo remata ben,
no día do seu pasamento será bendicido.
¹⁴O principio da Sabedoría é teme-lo Señor;
xa no seo materno foi creado xunto cos fieis.
¹⁵Entre os homes fixo un niño, alicerce eterno,
e hase manter leal a carón da súa caste.
¹⁶Plenitude da Sabedoría: teme-lo Señor;
pois dos seus froitos embebédaos;
¹⁷énchelles todo o casal de tesouros
e os piornos dos seus productos.
¹⁸Coroa da Sabedoría é o temor do Señor
que fai florece-la paz e a cura saudable.
¹⁹Fai orballa-la ciencia e o coñecer intelixente
e agranda a sona dos que a posúen.
²⁰A raiceira da Sabedoría é teme-lo Señor;
e as súas pólas, a lonxevidade.

Ser sabio é ser paciente

²²Quen sen razón se alporiza non sairá impune
pois o pulo da paixón fará a súa ruína.
²³O paciente, sen embargo, mantense ata o momento oportuno,
e ó remate a ledicia recompénsao.
²⁴Contén por certo tempo as súas razóns
mais moitas bocas pregoarán o seu siso.

Ser sabio é ser piadoso

²⁵Entre os tesouros da Sabedoría atópase o modelo da prudencia,
mais para o pecador a relixiosidade é de aborrecer.
²⁶¿Cobiza-la Sabedoría? ¡Garda os mandamentos!
O Señor daracha a eito;
²⁷porque Sabedoría e instrucción é o temor do Señor
e quen o deleita son a sinceridade e a humildade.

1, 11-20 Nun pequeno tratadiño o autor presenta a actitude fundamental necesaria para acada-la Sabedoría: o temor do Señor.
Mantémo-la versión "temor do Señor", por fidelidade ó texto. Pero a súa evolución semántica é diversa segundo ás épocas: de temor nouménico que aínda se atopa no Pentateuco, pasou a significar rectitude relixiosa e rectitude moral. Aquí pódese traducir coma relixiosidade, incluíndo o sentimento de "pietas" para Deus e a práctica relixiosa co matiz da fidelidade.
Algúns manuscritos gregos e latinos glosaron ou amplificaron: No v 12: "O temor do Señor é un don do Señor, pois basea os seus vieiros sobre o amor"; no v 18: "Os dous son dons de Deus para a paz; a gloria fáiselles fácil ós seus amigos"; diante do v 19, "ollouna e mensurouna", e o v 21: "O temor do Señor refuga os pecados; cando se fai presente, afasta a carraxe".

Ser sabio é ser auténtico

²⁸Non andes con retrancas perante o temor do Señor
nin te achegues a El cun corazón dobre.
²⁹Non fága-lo hipócrita diante da xente
e pon tino nos teus labios.
³⁰Non te exaltes, non sexa que caias
e atráia-la infamia;
pois o Señor descubrirá os teus segredos
e botaríate por terra no medio da asemblea
por te achegares ó temor do Señor
levando o corazón cheo de engano.

Para chegar a sabio, resiste a adversidade

2 ¹Filliño, se te achegas a servi-lo Señor,
prepárate para a proba;
²ten firme o corazón, se constante,
non te axites no intre da conmoción;
³apégate a El, non te lle afastes
e ó remate serás exaltado.

⁴Canto che veña enriba, acéptao,
aínda na doenza e na pobreza, ten paciencia.
⁵Pois no lume próbase o ouro
e os homes elixidos, na forxa da humillación.
⁶Afiúnza nel, e hache axudar,
endereita os teus camiños e espera nel.

⁷Vós, que teméde-lo Señor, agardade a súa misericordia
e non vos extraviedes para non caer.
⁸Vós que teméde-lo Señor, afiunzade nel
non se vos negará a paga ó vi-la noite.
⁹Vós que teméde-lo Señor, esperade bens,
eterna ledicia e misericordia.

¹⁰Considerádevos das xeracións antigas e ollade:
¿quen afiunzou no Señor e foi avergonzado?
Ou ¿quen perseverou no seu temor e foi desatendido?
Ou ¿quen berrou por El e foi pasado por alto?
¹¹Pois o Señor é compasivo e piadoso,
perdoa o pecado e salva na hora da angustia.

¹²¡Malia os corazóns covardes e as mans febles
e o pecador que discorre por dobre vieiro!
¹³¡Malia o corazón que afrouxa porque non cre
pois ficará sen protección!
¹⁴¡Malia vós que desbotáste-la perseverancia!
¿Que faredes cando o Señor vos veña pedir contas?

¹⁵Os que temen o Señor non transgreden os seus mandados
e os que o aman gardan os seus camiños.

1, 28 O "achegarse" a Deus é término cúltico ou ritual: presentarse no templo para lle demandar un oráculo ou axuda.
1, 30 A *asemblea* refírese á congregación cúltica, reunida oficialmente para un acto público.
2, 5 Algunhas versións acrecentan a glosa "nas enfermidades e na pobreza afiúnza nel".
2, 14 *Perseverancia:* a verba "hypomoné" refírese a unha constancia activa no esperar, mellor cá paciencia.
2, 15-17 Especie de síntese dos dous primeiros cc. Equipara o temor do Señor co amor a El; esta idea de amar a Deus é nova e refírese a un amor persoal, non ó concepto de fidelidade de servicio.
Este texto puido inspirar algúns vv da epístola de Santiago (cf **1,** 2-4.12-15).

¹⁶Os que temen o Señor procuran compracelo
e os que o aman cumpren coa lei.
¹⁷Os que temen o Señor teñen o corazón disposto
e saben facerse pequenos diante del.

¹⁸¡Botémonos nas mans do Señor
que non nas mans dos homes!,
pois tal como é a súa maxestade
tamén é a súa piedade.

O cuarto mandamento

3 ¹Escoitade, fillos, a corrección paterna
e obrade de xeito que vos salvedes;
²pois o Señor honrou ó pai máis cós fillos
e afincou o dereito da nai sobre o dos nenos.
³Quen honra a seu pai redime as culpas.
⁴Quen enxalza a súa nai é coma quen atesoura.
⁵Quen honra a seu pai gozará dos fillos
e cando vaia pregar será atendido.
⁶O que respecta ó pai terá vida longa
e quen obedece ó Señor daralle consolo a súa nai
⁷e servirá coma a amos a aqueles que o enxendraron.
⁸Meu fillo, honra a teu pai de palabra e de obra
para que veña sobre ti toda clase de bendicións.
⁹A bendición dun pai fai botar raigaños,
a maldición dunha nai arrinca a planta.
¹⁰Non te glories coa deshonra de teu pai
pois non é para ti un motivo de honor.
¹¹A un home vénlle honor da honra de seu pai
mais quen maldí de súa nai fai un grave pecado.
¹²Meu fillo, persevera no honrar a teu pai,
non o desatendas nos días da túa vida.
¹³Aínda que perda o xuízo, tenlle miramento
e non o aldraxes todo o tempo que viva.
¹⁴O ben que se lle faga a un pai non será borrado,
hache valer coma compensación do pecado;
¹⁵no día da proba teráseche en conta;
coma coa calor a xeada esluíranse as túas culpas.
¹⁶É coma un blasfemo quen avergonza a seu pai
e provoca ó seu creador quen maldí de súa nai.

Humildade e teimosía

¹⁷Meu fillo, cando sexas rico procede modestamente
e virás a ser máis amado có que fai moitos agasallos;

2, 18 A primeira parte deste v gozou de ampla fortuna na tradición ascética da "devotio moderna".
3, 1-16 Con este tema comeza Ben Sírah unha serie de instruccións sobre situación e motivos concretos. É interesante constata-la presencia case constante do pai e da nai, que reflicte un cambio no contexto sociolóxico da muller e a súa posición na casa e na vida civil. O motivo da redención das culpas e a compensación do pecado polas boas obras, méntenos no contexto da relixiosidade de expiación, que tan fondamente influíu na liturxia xudía despois da reforma de Esdras e Nehemías e que aquí se adapta a unha espiritualidade individual. O tema da honra ós pais e a ética familiar é preocupación constante do autor (cf **7,** 27-28).
3, 7 A expresión "o que teme ó Señor honra o seu pai", non está suficientemente documentada, por máis que así a estrofa queda sen un hemistiquio.

¹⁸faite pequeno diante das grandezas do mundo
e encontrarás favor onda Deus;
¹⁹pois grande é a misericordia de Deus
que revela os seus segredos ós humildes.

²¹Non vaias á procura do difícil de máis para ti
nin pescúde-lo que te supera;
²²dedica a túa reflexión ó que está no teu poder
e non te ocupes do profundo e escondido.
²³Non te afanes no que te supera
pois amosáronseche cousas que non podes comprender.
²⁴Certamente moitas son as teimas dos humanos
mais as matinacións perversas desvarían.

²⁵Sen pupila falta a luz
e onde falta o coñecemento non hai Sabedoría.
²⁶Mente teimuda terá mal final
e quen ama os praceres neles será alindado.
²⁷Mente teimuda multiplica as súas coitas,
quen se atormenta engade culpa á culpa.
²⁸Non corras a sanda-la ferida do burlón;
non ten cura pois é grelo de planta cativa.
²⁹A mente sabia comprende os ditos dos Sabios,
o oído atento á Sabedoría aledarase.

Caridade co marxinado

³⁰Coma a auga mata o lume flamante,
a esmola encobre os pecados.
³¹Quen fai o ben, atópao nos seus camiños,
cando tropece encontrará un acougo.

4 ¹Filliño, non te burles da vida do coitado
nin atristes a quen sofre mágoas;
²non deixes que xema o necesitado
nin te escondas dos deprimidos.
³Non contúrbe-las entrañas do asoballado
nin causes mágoa no interior do miserento;
non negues unha dádiva ós mendigos.
⁴Non refúgue-las demandas do pobre,
⁵non lle deas motivo de te maldicir
⁶pois queixaríase o corazón amargurado da dor
e a súa Rocha escoitaría o son do seu laio.

⁷Fai que te queiran ben na comunidade
e abaixa a cabeza diante do maxistrado.

3, 19 Este v é unha variante do v 20, que só aparece na versión grega e na siríaca, ou en traduccións dependentes delas.
3, 22 Este v ten unha fonda semellanza co tema de Mt **11,** 25. 29, que en máis dunha ocasión parece ter lido a Ben Sírah.
3, 30 O tema da compaixón co pobre era común nas instruccións sapienciais, desde a Sabedoría de Ani e a corrente popular exipcia.
É nova a identificación ou insistencia na equiparación co atristado, cousa que amosa unha sensibilidade máis depurada e un senso maior de humanidade (cf Tob **4,** 7-11; **12,** 8-10; Dn **4,** 24). O termo que traducimos *esmola* é o de "sedaqah", que no hebreo anterior correspondía, ó menos para os libros sapienciais, ó concepto de "actuación conforme á orde das cousas, xustiza". De feito no aramaico tardío "sidgá" chegou a significar beneficencia, liberalidade, obras piadosas e meritorias, e coma tal hai que traducilo aquí.

⁸Párate a escoitar ó pobre
e devólvelle con modestia o saúdo.
⁹Ceiba ó asoballado do seu opresor
e non teñas reparo en defender unha causa xusta.
¹⁰Serás coma un pai para os orfos,
fai as veces de marido para as viúvas;
daquela Deus hate chamar fillo,
seraslle grato e ceibarate da cova.

A Sabedoría, pedagoga

¹¹A Sabedoría instrúe ós seus fillos
e exhorta ós que a estudian.
¹²Os que a aman, aman a vida,
os que a procuran, acadan beneplácito de Iavé.
¹³Os que a acaden, encontrarán gloria,
farán moradía na bendición de Iavé.
¹⁴Dan culto ó Santo os que a serven,
Deus en persoa ama ós que a aman.
¹⁵Quen me escoita, vive seguro;
quen me preste atención morará nas miñas cámaras.
¹⁶Se afiúnza en min, terame en herdanza
e a súa descendencia conservará a miña posesión,
¹⁷pois disfrazada, camiñarei ó seu carón:
de primeiras probareino con tentacións,
infundireille terror e medo,
e en tanto o seu corazón non se encha de min
poreino a proba cos meus exames;
¹⁸volverei entón a conducilo
e revelareille os meus segredos.
¹⁹Mais se se afasta refugareino,
e entregareino ás cadeas.

Respecto humano e sinceridade

²⁰Meu fillo, no tempo da fartura, gárdate con temor do mal
para non ter que te avergonzares de ti mesmo
²¹pois hai vergonza que leva aparellada a culpa,
como outra vergonza acarrexa boa sona e favor.
²²Non andes con miramentos que te prexudiquen
e non te rebaixes ante quen te quere humillar.
²³Non conteñas unha palabra ó seu tempo
nin agáche-la túa sabedoría,
²⁴pois falando dáse a coñece-la Sabedoría
e o discernimento na resposta da lingua.
²⁵Non lle léve-la contra a Deus;
sométete a Deus.
²⁶Non te avergonces de te converter da culpa:
non fagas fronte á corrente.
²⁷Non te sometas ó mal asisado

4, 10 Este v fai resoar Xob **29,** 12-17, e coa apelación "fillo de Deus" semella adianta-las fundamentacións das Benaventuranzas evanxélicas.
4, 11-19 Toda a pasaxe é unha paráfrase de Pr **1,** 22-23; **8; 9,** 1-6, o que queda patente desde o termo arcaizante "hokmot" co que se designa a Sabedoría, e na prolongación-duplicado do texto hebreo no v 19: "Se deixa de vir tras de min, desbotareino e abandonareino nas mans dos salteadores", que non reproducimos.
4, 26 A *corrente* refírese ó trebón ou enxurrada da xustiza de Deus, non á corrente dos homes.
4, 27 O texto hebreo acrecenta: "non asentes con xuíz perverso, pois terás que xulgar conforme ó seu gusto". Non vén nas versións, pero pode ser orixinal, pola súa concreción.

nin te revires contra os que gobernan.
²⁸Loita ata a morte pola xustiza
e Iavé combaterá do teu lado.
²⁹Non sexas de lingua fachendosa
nin frouxo nin remiso nos teus feitos;
³⁰non sexas coma un león no teu casal
mais tampouco afastado e tímido cos teus criados.
³¹Que a túa man non estea aberta para recibir
e pechada cando se trata de dar.

Fachenda

5 ¹Non te apoies nas túas riquezas
nin digas: —"Está no meu poder".
²Non te apoies na túa forza
seguindo os impulsos do teu devezo.

³Non digas: —"¿Quen poderá comigo?",
pois Iavé pide contas de canto sucede.
⁴Non digas: —"Pequei e ¿que me aconteceu?",
só porque Deus é paciente.
⁵Non contes co perdón
para engadires culpa á culpa
⁶dicindo: —"Grande é a súa misericordia
e perdoará a multitude dos meus pecados".
Pois nel van xuntas misericordia e ira
e sobre os malvados emborca a súa carraxe.
⁷Non tardes en volver a El,
nin o deixes dun día para outro,
pois xorde de súpeto o seu furor
e no día da vinganza perecerás.

⁸Non póña-la confianza nas riquezas inxustas
que non che han valer no día da carraxe.

Control da palabra

⁹Non aventes a todo vento
nin xires para onde vaian as espigas;
¹⁰tente firme nas túas conviccións
e sexa unha a túa palabra.
¹¹Se pronto para escoitares
e calmo ó responderes.
¹²Se podes, responde ó teu veciño;
e se non podes, pon a man na boca.

4, 28 A "sede de xustiza" ten nesta frase lapidaria un antecedente.

4, 31 Este v relémbrano-lo dito de Xesús que se conserva en Feit **20,** 35. O texto hebreo engade: "non te botes sona de hipócrita nin calumnies coa túa lingua", que duplica o v**5,**14.

5, 2 O hebreo engade: "non vaias tras do teu ánimo e dos teus ollos, camiñando segundo as túas paixóns", o que semella un duplicado á marxe do tema do poder e a riqueza.

5, 4 O texto hebreo repite cunha variante: "Non digas: o Señor é piadoso e borrará tódalas miñas culpas".

5, 8 "Día das contas", "da vinganza", *da carraxe:* semellan termos técnicos que van máis aló dunha mera retribución intramundana, polo que non é arriscado supor un influxo das concepcións da incipiente corrente apocalíptica.

5, 11 Cf Sant **1,** 19. A importancia dada ó tema da oratoria e á falsidade coa lingua no presente libro, pode ter que ver coa plétora de mestres e filósofos itinerantes que trouxo consigo o helenismo e que debeu chegar ata Palestina a pesar do seu aillamento.

5, 12 O xesto aludido supón reflexión e atención (cf Xob **29,**9).

¹³Honor e vergonza fican a carón do paroleiro
e a lingua do home é a súa ruína.

¹⁴Non collas sona de home dobrado
nin aldraxes coa túa lingua,
pois para o ladrón creouse a vergonza
e o escarnio severo para o de falar dobrado.
¹⁵Non fagas mal nin pouco nin moito,
non pases de ser amigo a ser inimigo,

6 ¹pois mal nome e aldraxe son producto da infamia
e tal sucede co malvado de lingua dobrada.

A paixón

²Non caias no poder da túa paixón
pois consumirá o teu vigor,
³devorará as túas follas, arrincará os teus froitos
deixarate coma unha árbore seca;
⁴xa que a paixón violenta abate ós que a posúen
e convérteos en motivo de troula dos seus inimigos.

A amizade auténtica

⁵Unha fala xeitosa multiplica os amigos,
uns labios graciosos atraen saúdos.
⁶Ten moitas relacións,
mais, coma confidente, un de entre mil.
⁷Se fas un amigo, faino despois da proba,
non fíes de contado nel.
⁸Pois amigos hai que van co tempo
e non resisten nos días difíciles.
⁹Amigo hai que se troca en inimigo
e descobre despois as túas liortas vergonzantes.
¹⁰Amigo hai, compañeiro de mesa,
que non se atopa no día da desfeita;
¹¹mentres teñas facenda, estará ó teu carón;
vaiche mal, e apártase de ti;
¹²se te atrapa a desgracia, vólvese en contra túa,
escóndese da túa presencia.
¹³Arreda dos teus inimigos,
ten coidado cos teus amigos.

¹⁴Amigo fiel, amigo seguro,
quen o atopa, encontra un tesouro.
¹⁵Amigo leal non ten prezo,
non hai quen pese o seu valer.
¹⁶Coma talismán para a saúde é o amigo leal,
quen teme a Deus acádao.
¹⁷Quen teme a Deus dirixe rectamente a súa amizade;
tal coma un é, tal é o seu amigo.

6, 2-4 Esta única e prolongada amoestación fala do "néfex" (apetito, anceio, devezo) sen máis concretar. Cómpre tomar nota do interese crecente por unha sicoloxía moral, que empeza en Ben Sírah e, a través de Qumrán e o rabinismo, chegará a San Paulo e Santiago, cos seus plantexamentos da concupiscencia.
6, 16-17 A ligazón do temor de Deus coa amizade fai dela unha gracia, efecto da actitude crente.

6, 16 Traducimos *talismán* o termo literal "bolsiña da vida"; de seu correspondía a un foleco pequeno que contiña obxectos considerados de influxo para a saúde ou de efecto apotropaico; no tempo de Ben Sírah se cadra xa se trataba dalgún obxecto relixioso (as letras da Xemá, cf Dt **6**, 4), que se levaba pendurado do pescozo.
6, 17 O texto hebreo engade: "...e coma as súas acciòns, o seu bo nome".

A iniciación á Sabedoría

¹⁸Meu fillo, desde a túa mocidade acolle a instrucción
e ata a ancianidade acadarás Sabedoría;
¹⁹achégate a ela coma quen ara ou sega
e espera colleita farturenta,
pois no seu cultivo terás que traballar un pouco
mais axiña xantarás dos seus froitos.
²⁰Ela é espiñenta para o necio
e insoportable para o mal asisado;
²¹afunde nel coma pedra pesada:
non tardará en desbotala;
²²pois a iniciación é coma o que amosa o seu nome,
inaccesible para moitos.

²³Escoita, meu fillo, e acolle o meu ensino
e non refúgue-lo meu consello.
²⁴Mete os pés nos seus cepos
e o pescozo no seu xugo;
²⁵baixa as costas e carga con ela,
que non te irriten as súas cordas.
²⁶Achégate a ela con toda a alma
e con toda a túa forza garda os seus camiños.
²⁷Procura, inquire, busca e encontrarás,
se pílla-la instrucción non a ceibes;
²⁸pois ó remate, atopara-lo seu acougo
e converteráseche en firme deleitamento,
²⁹aquelas redes súas trocaránseche en firme alicerce
e as súas ataduras en adobío de pan de ouro;
³⁰o seu xugo, en diadema dourada;
os seus lazos, en liñas de púrpura;
³¹vestiralas coma traxe de festa
cinguiralas coma coroa de luxo.

³²Filliño, se ti queres, podes chegar a Sabio,
se pos todo o teu tino, volveraste prudente;
³³se tes anceio de escoitar, aprenderás,
se prestas oído, haste instruír;
³⁴preséntate na xuntanza dos anciáns
e se hai algún Sabio, apégate a el;
³⁵atende gustoso calquera discurso
e non che fuxa un dito agudo;
³⁶observa quen é o intelixente e corre cedo a visitalo
e que os teus pés desgasten a soleira da súa porta.
³⁷Cavila no temor do Altísimo
e de contino medita os seus mandados.
El ilustrará a túa intelixencia,
farate Sabio canto anceies.

6, 18-37 Unha longa instrucción tenciona anima-lo discípulo a coller folgos ante a longa tarefa da aprendizaxe sapiencial. O texto, longo e un pouco retórico, artéllase en tres seccións, divididas pola chamada introductoria á escoita, acompañada da alocución "meu fillo". No v final (v 37) aparece de novo a actitude fundamental que Ben Sírah quere inculcar: o temor de Deus, a Sabedoría da lei, a recepción da Sabedoría coma gracia, aquel don dun "corazón sabio e intelixente" do que xa falaba 1 Re 3, 11s.

Integridade e bondade

7 ¹Non fága-lo mal
e non che virá o mal.
²Afástate da culpa
e ela apartará de ti.
³Non sementes nos sucos da inxustiza,
non teñas que recoller sete por un.

⁴Non pidas a Deus un mando
nin ó rei un posto honorífico.
⁵Non te gabes de xusto perante Deus
nin te fága-lo sabido diante do rei.
⁶Non areles gobernar
se non tes valor para controla-la fachenda,
non sexa que te intimides diante dun príncipe
e botes unha chata na túa integridade.

⁷Non deas motivo de ser condenado na reunión da porta
para non seres humillado na asemblea.
⁸Non te endurezas ata repetir un pecado
pois aínda cun só non fuxirás impune.

⁹Non digas: —"Terá El en conta a morea das miñas ofrendas;
cando lle faga un don ó Deus Altísimo, aceptarao".
¹⁰Non sexas impaciente na pregaria
nin déixe-la esmola para máis adiante.
¹¹Non aldráxe-lo home magoado,
pensa que hai quen exalta e humilla.
¹²Non matines violencia contra teu irmán
nin contra o veciño e compañeiro;
¹³non te afagas a dicir unha mentira despois doutra
pois o remate non sería feliz;
¹⁴non esbardalles na reunión dos príncipes
nin repitas verbas na pregaria.

¹⁵Non refúgue-la tarefa penosa
nin o traballo do campo, disposto por Deus.
¹⁶Non te deas aires de importante entre a xente da aldea:
ten en conta que a xenreira non tardaría.
¹⁷Abaixa todo o que poidas a túa fachenda,
que o que lle espera ó home son os vermes.
Non te apresures a falar e cambiar de opinión;
consulta a Deus e conténtate co que dispón.

¹⁸Non troques un amigo por unha fortuna
nin un irmán verdadeiro polo ouro de Ofir;
¹⁹non despreces unha muller discreta;
se por riba é xeitosa, vale máis do que as perlas.
²⁰Non asobálle-lo criado fiel
nin o xornaleiro que pon todo o seu esforzo;

7, 1-36 Nos capítulos a seguir, despois da referencia anterior ó esforzo sapiencial, enxértanse unha serie de amoestacións acerca de varias pautas de comportamento.
7, 7 Fai referencia ó tribunal dos anciáns que se xuntaba á porta da vila para dirimir problemas de convivencias e crimes menores.
7, 9 Amosa aquí o concepto de culpa persoal e non meramente cultual.

²¹ama coma a ti mesmo ó criado intelixente
e non lle denégue-la liberdade.
²²¿Tes gando? - Teno do teu ollo;
se che é útil, consérvao.
²³¿Tes fillos? - Edúcaos
e procúralles muller cando aínda son novos.
²⁴¿Tes fillas? - Vixía os seus corpos
e non lles amoses unha faciana condescendente.
²⁵Casa a filla e irase a preocupación,
mais cásaa con home asisado.
²⁶¿Tes muller? - Non a repudies;
mais se non a queres, non te fíes dela.

²⁷Honra a teu pai de todo corazón
e non esquéza-las dores de túa nai;
²⁸lembra que naciches gracias a eles;
¿con que lles vas poder compensa-lo que por ti fixeron?

²⁹Con todo o ánimo teme a Deus
e trata ós seus sacerdotes coma cousa santa.
³⁰Ama ó teu Facedor con tódalas túas forzas
e non abandóne-los seus ministros.
³¹Honra a Deus e respecta o sacerdote,
dálle a súa parte como está prescrito:
a carne dos holocaustos, a ofrenda das mans,
os sacrificios de rigor, e o tributo sagrado.

³²Tende tamén ó pobre a túa man
para que a túa bendición sexa cumprida.
³³Fai agasallos a tódolos viventes;
tampouco non lles négue-la piedade ós mortos.
³⁴Non fuxas dos que choran,
fai o pranto cos enloitados.
³⁵Que o teu ánimo non refugue ó doente
e serás amado del.

³⁶En tódalas túas accións lembra a fin
e endexamais non pecarás.

Discusións problemáticas

8 ¹Non teñas preito con home poderoso,
non vaias dar nas súas mans.
²Non rifes con home adiñeirado,
non vaia medi-lo teu prezo e te perdas;
pois o ouro fai finchados ós grandes
e a riqueza desvaría a mente dos príncipes.
³Non discutas co lingoreteiro
para non botares leña ó lume.
⁴Non teñas trato co necio
para que non se burle das xentes nobres.

7, 10-14 A brevidade na pregaria xa fora tocada por Qohélet e reaparecerá en Mt **6, 7**.
7, 29-31 Estes versos reflicten unha especie de pequeno catecismo do bo leigo israelita.
7, 32-35 Auténtica serie de "obras de misericordia", nas que non pode falta-la esmola, á que se engade a piedade cos mortos da que falaba, tamén polo mesmo tempo, o libro de Tobit.
8, 1 Na serie prolongada das amoestacións negativas, comezan a aparecer temas xa máis diversificados e non agrupables baixo un título complexivo ou motivo unitario.
8, 3 Este v puido inspirar Sant **3**, 5-6.

Desprezos inxustificados

⁵Non escarnezas a quen se converte do pecado,
lembra que todos somos culpables.
⁶Non poñas en apuros ó home de idade,
que tamén nós imos chegar a vellos.
⁷Non te aledes por un morto,
lembra que todos imos morrer.

Ciencia e tradición

⁸Non desbóte-las razóns dos sabios,
ataréfate nos seus enigmas;
pois neles aprendera-la tradición
e poderaste presentar diante de príncipes.
⁹Non descóide-las historias dos anciáns,
que eles pola súa banda escoitaron de seus pais,
pois con elas adquirirás prudencia
para saberes dar resposta cando cómpre.

Perigos nos homes

¹⁰Non atíce-las brasas dó pecador
para non te queimares coa súa labarada.
¹¹Non cedas diante do cínico
para que non prepare a emboscada ante ti.
¹²Non prestes a quen é máis forte ca ti;
se lle prestaches, teno por perdido.
¹³Non saias fiador por máis do que podes;
se xa te comprometiches, considérate debedor.
¹⁴Non fagas preito a un xuíz,
pois xulgará o que lle veña ben.

¹⁵Non fagas viaxe cun temerario
para non agranda-los teus males;
pois el vai dereito ó seu
e ti terás que pagar pola súa tolemia.
¹⁶Non sexas teimudo co irascible
nin viaxes á beira del polo camiño,
pois para el é cousa de nada o esparexer sangue
e desfarase de ti onde non teñas quen te acorra.
¹⁷Non consultes co inxenuo
pois non sabe gardar un segredo.
¹⁸Diante dun forasteiro non fagas nada sospeitoso
pois non sábe-lo que el pode deducir.
¹⁹Non descúbra-la túa mente a calquera
para non escorrenta-la felicidade de onda ti.

Perigos coas mulleres

9 ¹Non teñas ciúmes da túa propia muller
para non ensinarlle a ser maliciosa contigo.

8, 18 Nun mundo internacional de grandes trafegos de poboación, a figura do estranxeiro faise aínda máis sospeitosa para un pobo xa desconfiado de seu como era o israelita, sobre todo polo influxo negativo que tales homes chegaran a introducir no campo dos costumes e relixión.
9, 1-9 Perigos coas mulleres: a figura da "estranxeira", motivo de escándalo polos seus costumes e pola introducción en Israel de cultos politeístas, fora materia de reflexión en Prov (cf cc. **2, 5, 7**). A presencia na vida social de mulleres de vivir independente (cantantes, prostituta profesionais, etc...) falan dun cambio cultural que apo tou, xunto cunha certa relaxación de costumes, unh meirande liberdade e personalidade na muller, que pod participar na vida pública (nos banquetes e discusións t picas das sobremesas de triclinio), e encontrarse cos ho mes sen o control ríxido social anterior. A apreciación es tética da beleza e elegancia son tamén un elemento nov ó que Ben Sírah aludirá máis adiante (cf **26**, 17. 18).

²Non te entregues de todo á túa muller
para que non che pise as costas.
³Non te achegues á muller allea
para non caeres nas súas redes.
Non teñas tratos con prostituta,
non te vaia cazar coas súas mañas.
⁴Non lles botes piropos ás cantantes,
non te vaian queimar coas súas boquiñas.

⁵Non póña-lo ollo na moza nova
para non levares castigo por culpa súa.
⁶Non te entregues a unha prostituta
para non disipa-la túa herdanza
⁷ficando por tolo ós teus propios ollos
e arruinando por riba o teu casal.
⁸Afasta a vista da muller fermosa
e non olles para unha beleza que non é túa.
Por unha muller pérdense moitos,
e o seu amor queima coma o lume.
⁹Non xantes cunha muller casada
nin roldes bébedo na súa compaña,
para que non te arrastre a ela o corazón
e despois, sangrando, descendas á cova.

Outras clases de homes

¹⁰Non deixes amigo vello,
pois o novo non o iguala.
Amigo novo é viño novo:
cando envelleza, beberalo.

¹¹Non envéxe-lo perverso
pois ignoras cando lle virá o seu día.
¹²Non envéxe-la fachenda do afortunado;
pensa que no día da morte non ficará impune.
¹³Tente lonxe do home capaz de matar
e non terás terrores mortais;
se te lle achegas non fagas faltas
para que non che arrinque o alento da vida;
leva conta de que marchas entre trampas
e que camiñas sobre unha rede.

¹⁴Na medida en que poidas ten trato co veciño
e consulta cos sabios;
¹⁵sexa a túa conversa co asisado
e con eles, tódolos teus segredos.
¹⁶Sexan os teus comensais xente de ben
e pon no temor de Deus a túa gloria.

Do goberno

¹⁷Con mans hábiles mantense o dereito
e goberna ó seu pobo o home elocuente.
¹⁸Témenlle na cidade ó bardallas
e renegan das laretadas da súa boca.

9, 5 Depúrase o senso moral coa ética das intencións, cun sentimento do que xa temos testemuño en Xob 31, 1.

9, 9 O xuízo do adulterio faise aquí en base ó principio de fidelidade, xa non ó de propiedade.

10

¹Un maxistrado público instrúe ó seu pobo
e o goberno dun home asisado é ordenado.
²Como é o gobernante do pobo, así son os subalternos;
e coma o rexedor, os cidadáns.
³Un rei insensato arruína a cidade
pois a cidade asenta na prudencia dos xefes.
⁴Nas mans de Deus está o goberno do mundo
e suscita en cada momento o home que convén.
⁵Nas mans de Deus está todo poder humano
e ten en máis a súa gloria có gobernante.

Tratado sobre a soberbia

⁶Non devolvas mal ó veciño por unha inxuria calquera;
non te deixes ir polo camiño da soberbia.
⁷A soberbia é odiada do Señor e mais dos homes;
e de entrámbolos dous, o esforzo do que asoballa.
⁸Dun pobo a outro pasa a hexemonía
e razón da violencia e da soberbia.
⁹¿De que se gaba o po e maila cinsa
e quen, aínda de vivo, ten podres as entrañas?
¹⁰O ataque da doenza ri do médico:
"Rei hoxe, defunto mañá".
¹¹Cando morre o home herdan os vermes:
as lombrigas, as larvas e os insectos.
¹²O celme do orgullo está no home insolente
que aparta o seu pensar do Creador;
¹³pois manancial de orgullo é o pecado
e a súa fonte burbulla malicia,
por iso Deus castígao terriblemente
e bate nel ata esnaquizalo.
¹⁴Derruba Deus o trono dos soberbios
e asenta no seu posto ós humildes.
¹⁵Deus arrinca as raiceiras das nacións
e planta no seu lugar ós sinxelos.
¹⁶O Señor encobre as pegadas dos pobos
e talla os seus raigaños a ras do chan,
¹⁷várreos da terra e arríncaos
e borra do mundo a súa lembranza.
¹⁸¡Non di co home o orgullo
nin a carraxe co nado de muller!

Nobreza e temor de Deus

¹⁹¿Cal é a raza honrada? - A raza humana.
¿Cal é a raza honrada? - A que teme a Deus.
¿Cal é a raza desprezable? - A raza humana.
¿Cal é a raza desprezable? - A que viola o mandado.
²⁰Entre irmáns tense respecto ó vinculeiro,
mais o que teme a Deus vaille por diante.
²²Emigrante ou alleo, estranxeiro ou mendigo,
a gloria deles é o temor de Deus.

10, 4-5 Punto de grande importancia: o control e a non-posesión do poder por parte de quen goberna; é Deus o único que posúe ese atributo e que lle confire ó rei a súa maxestade.

10, 6-18 A reflexión, non lonxana dun certo matiz estoico, pode espellar acontecementos contemporáneos (lémbrese a mutación de poder dos Láxidas ós Seléucidas no 198 a. C.); en concreto os vv 9-10 semellan aludir á morte dalgún mandatario coñecido (cf 2 Mac **9**, 5-12).

10, 14 Este v. ten unha correspondencia expresa na composición antolóxica do "Magníficat" (cf Lc **1**, 52). Os vv 14-17 amosan a forma dun himno providencial (cf Sal **44**).

10, 21 O texto hebreo omite o v 21, testemuñado pola versión latina: "O temor do Señor é comezo do progreso; orixe de rechazo son a dureza e o orgullo".

²³Non é de rexeitar un pobre intelixente
nin ter por honrado a calquera home encumiado.
²⁴Ó príncipe, ó gobernante e ó maxistrado débenselles respecto
mais ninguén é meirande có que teme a Deus.
²⁵Ó escravo xuizoso servirano homes libres
sen que un home intelixente teña que obxectar.

Presunción e autorrespecto

²⁶Non te chufes de listo ó face-lo teu traballo
nin presumas no tempo da estreitura.
²⁷Máis vale un obreiro que abunda en facenda
do que o presuntuoso que non ten mantenza.

²⁸Meu fillo, con modestia respéctate a ti mesmo
e daráseche o alimento que che cómpre.
²⁹¿Quen declarará inocente a quen se di culpable?
¿Quen vai respectar a quen se rebaixa?
³⁰Pobres hai que son respectados por mor da súa prudencia
coma hai quen é honrado por causa da súa riqueza.
¿Honrado pola riqueza? - ¿Por canto tempo?
¿Aldraxado pola pobreza? - ¿Por canto tempo?
³¹Se o respectan na pobreza, canto máis na riqueza.
Se o aldraxan na riqueza, canto máis na pobreza.

11

¹A Sabedoría do pobre faille andar coa cabeza alta
e faino asentar entre os nobres.

Xuízo recto dos homes

²Non louves a un home pola súa beleza
nin o refugues por ser mal parecido.
³Ben pequena é a abella entre os volátiles
mais o seu froito é o producto máis exquisito.
⁴Non aldraxes a quen vai en farrapos
nin rías dos que sofren días tristes,
pois Iavé fai cousas sorprendentes
e o seu obrar fica escondido para o home.
⁵Moitos asoballados sentaron despois no trono,
xentes en quen ninguén pensaba cinguiron a diadema.
⁶Moitos homes importantes caeron moi baixo
e xente de prestixio foi entregada en mans alleas.

Sen présas, apúrate

⁷Non censures antes de te informares,
inquire primeiro e despois reprende.
⁸Meu fillo, non respondas antes de escoitares
e non interrompas no medio do discurso.
⁹Non te alporices polo que non che molesta
e non te entremetas no preito dos poderosos.
¹⁰Meu fillo, non acrecénte-las túas preocupacións:
quen moito bole a facer fortuna non o fará sen culpa.
Meu fillo, se non espertas, non chegarás;
se non procuras, non atoparás.
¹¹Hai quen se esforza, bole e corre
e nembargantes queda atrás.

2-3 A comparanza coa abella, típica dos sabios, é moi cuente na literatura proverbial grega, polo que é posi- que no v 2, coa súa mención da beleza corporal, atope- mos parte dunha polémica contra o modelo humano grego da fermosura externa e interna ("kalós kai agazós").

¹²E hai quen é pobre e coitado,
falto de todo e cheo de miserias,
mais a ollada de Iavé obsérvao con favor
para erguelo da lama que o lixa.
¹³Alzalle a cabeza e exáltao
e moitos admíranse por causa del.

Nas mans de Deus

¹⁴Ben e mal, vida e morte,
pobreza e facenda, veñen do Señor;
¹⁵Sabedoría e prudencia e o saber falar
veñen do Señor.
O erro e os camiños rectos
veñen do Señor.
¹⁶A necidade e a tebra foron feitos para os pecadores
e a desfeita failles compaña ós malvados.
¹⁷A recompensa do xusto vén do Señor
e a súa benevolencia faino feliz para sempre.

Retribución e traballo

¹⁸Hai quen se enriquece pasando estreituras,
a quen sempre lle é pouco o que gaña,
¹⁹e cando di: —"Xa podo acougar,
agora vou comer do que gañei"
non se decata de cando será o día prefixado
no que teña que deixa-lo seu a outros e morrer.
²⁰Meu fillo, mantente na túa tarefa e matina nela,
que poidas chegar a vello no teu labor.
²¹Non admires ós malvados;
afiúnza no Señor e agarda a súa luz
pois ben doado é ós ollos do Señor
enriquecer de súpeto a un pobre.
²²A bendición do Señor é a partilla do xusto
no momento oportuno florecerá a súa esperanza.

²³Non digas: —"¿Que proveito tirei de face-lo meu traballo?
¿De que me serve agora?".
²⁴Non digas: —"Teño o que me cómpre;
¿que mal me pode vir?".
²⁵O ben dun día fai esquece-la desgracia,
o mal dun día fai esquece-la felicidade.
²⁶Ben doado é para o Señor retribuír ó home
no día da súa morte segundo os seus feitos.

11, 12-13 Esta defensa da misteriosa liberdade de Deus, por riba dunha orde fixista do mundo, é o que diferencia esta síntese teolóxica das cosmovisións exipcias e mesopotámica e do estoicismo grego.
11, 14-17 Inducido polo tema tratado na sección anterior, Ben Sírah aborda nestes versos e na perícopa seguinte o enguedellado problema da retribución, defendendo as teses tradicionais de escola, que foran postas en cuestión por Xob e Qohélet.
11, 15 A segunda parte do v presenta unha lectura difícil, da que os traductores foxen acudindo ó grego, que lle "amor", ou interpretando "castigo". Aquí mantense o texto hebreo "erro", pois o autor non avoga por un determinismo fatal, senón polo feito da cooperación do Señor en toda acción humana; o efecto de seu pende da responsabilidade dos homes, como se pode deducir dos vv 16. 17.
11, 18-28 Ben Sírah sae ó paso dunha obxección: se todo pende de Deus, máis conta ten non facer nada. Desde ou tros presupostos vai repeti-la doctrina xa proposta po Ecl 11 sobre o senso da actividade presente, rexeitand por igual a ambición e maila cobiza e a pasividade, e de fendendo a perseverancia no esforzo e a esperanza.
11, 18-19 Propón un "caso", á maneira de "maxal" (exem plo tipificado); obsérvese a semellanza coa parábola d Lc **12,** 16-21.
11, 25-28 Fundamentación: o final do home e o xuízo d Deus dan o senso do traballo.
11, 26 Este v, cunha afirmación de retribución "ultraterre na", segundo parece, atópase soamente na versión gre e siríaca, e falta no hebreo; semella, logo, auténtico e d mandado para a unión dos vv 25 e 27.

²⁷Chega o tempo da desgracia e fai esquece-los goces:
é no remate cando un home amosa o que era.
²⁸Non chames a ninguén feliz
antes de inquirilo con certeza,
pois é no remate cando se mostra se o era de certo.

Estraño no casal

²⁹Non invites na túa casa a calquera
pois o moinante coñece moitos trucos;
coma gaiola chea de paxaros
así son eles por dentro, cheos de enganos.
³⁰Coma ave pechada no cesto
é o corazón do soberbio
e coma un lobo axexando a presa.
Moitos son os pecados do tratante:
é coma un can a engulir facendas;
violentamente chega o intermediario
poñendo preitos sobre tódolos bens.
Axexa o moinante coma un oso
o casal dos que o burlan
e procúrase unha fenda, como fan os espías.

³¹O calumniador troca o ben en mal;
atopa defectos no que ti máis apreces.
³²Cunha faísca multiplícanse as brasas
e o pérfido axexa para esparexer sangue.
³³Fuxe do malo porque enxendra o mal
¿para que tes que levar unha chata permanente?
Non xuntes co malvado para que non torza o teu camiño
e te afaste do teu compromiso.
³⁴¿Tes de hóspede un estranxeiro?
Trocará os teus costumes
e estrañarate dos teus.

Saber a quen se dá

12 ¹Se lle fas mal a quen é bo, ¿a quen farás ben
de xeito que tires proveito do beneficio teu?
²Faílle ben ó xusto e terás recompensa,
se non del, do Señor.
³Non hai proveito no acorre-lo malvado
pois nin así dará esmola;

De todos xeitos, a idea dun xuízo derradeiro e dunha esperanza baseada na fidelidade de Iavé co xusto, estaba a agromar nos círculos prefarisaicos e nos grupos apocalípticos. A non remota época das persecucións levaría á formulación expresa destes contidos (cf 2 Mac **7**, 9ss; Dn **7**, 18; etc...).

11, 28 Existe unha glosa ou duplicado: "Non chames a ninguén feliz antes de que morra, pois na fin coñécese o home".

11, 29-34 Este texto, difícil de reconstruir, vai recomposto de forma conxectural a partir do texto hebreo, e acordando co sentir máis unánime das versións modernas. Tratantes, espías, propagadores do helenismo, pasan pola casa do israelita medio, conmovendo o seu tranquilo modo de vida e poñéndoo en perigos; tales son os moinantes dos vv 29-30, os malintencionados críticos dos vv 31-33.

11, 34 Este v, de manifesto corte antihelenista (cf 1 Mac **1**, 11-15), parece recapitula-la actitude do israelita fiel fronte á invasión cultural.

12, 1-7: Saber a quen se dá: dos inimigos e do trato con eles falan esta sección e a seguinte. Ós nosos ollos e desde a realidade humana alumada por Cristo, o texto peca cando menos de inxenuo: pero non se debe esquece-lo nivel de saber popular e de prudencia social, que, por máis que corrixible, non deixa de te-lo seu punto. Lémbrese a xa aludida situación cultural e a crise na que estaba o iavismo ortodoxo.

⁴atoparás un mal dobrado cando peor che veña
por todo o ben que lle teñas feito.
⁵Non lle deas armas de guerra
para que non te ataque con elas,
⁶pois Deus en persoa rexeita os malvados
e volve sobre eles a vinganza.
⁷Dálle ó bo, négalle ó malvado,
axuda ó humilde, non lle deas ó fachendoso.

Desconfianza

⁸Non se recoñece un amigo na prosperidade
nin disimula un inimigo na desgracia.
⁹Cando un medra, mesmo o inimigo é compadre;
cando un vai mal, mesmo o veciño se afasta del.
¹⁰Endexamais non confíes no inimigo
porque a súa maldade enferruxa coma o bronce;
¹¹por máis que te escoite e se porte mainiño,
ti vixía e ten reparo del;
fai coma se descubrises un segredo
e saberás onde ía da-lo seu celo.
¹²Non o poñas á túa beira
para que non te chimpe e ocupe o teu posto;
non o deixes asentar á túa dereita
pois cobizará o teu asento;
daquela comprendería-las miñas razóns
e terías que xemer xunto comigo.

¹³¿Quen se apiada do encantador rillado
ou do que se achega á fera con dentes?
¹⁴Tal sucede co que se achega a home insolente
e se enguedella nas súas culpas.
¹⁵Mentres esteas de pé non deixa el ver quen é,
mais se tropezas non te manterá.
¹⁶O inimigo é todo dozura nos labios
mais no seu interior pensa en abismos profundos;
tamén pode o inimigo ter bágoas nos ollos,
mais, se atopa ocasión, non se dará farto de sangue;
¹⁷chégache unha desgracia: alí anda el,
semellando apoiarte porache un tropezo;
¹⁸despois, abanea a cabeza, bate coas mans
e todo é murmurar e demuda-la face.

Diferencias sociais: coidado co rico

13 ¹A quen toca o pez pégaselle a man,
quen se xunta co burlón aprende ó seu xeito.
²Non queiras erguer peso co que non podes
nin te asocies co máis rico ca ti,
non xúnte-la cunca co pote:
se este peta nela, esnaquízaa;
do mesmo xeito non se dan xuntado rico e pobre.

12, 14 O hebreo engade: "non cesa ata que o lume o teña consumido".
12, 15 Existe tamén un duplicado: "mentres vai contigo non se descobre, mais se caes non se abaixa a socorrerte".
12, 16 Este v é case unha paráfrase do que se di en Pr 26, 24 ss verbo do murmurador.

13, 2-7: Coidado co rico: a crueldade, utilitarismo e desprezo do rico co humilde quedan ilustrados cunha plástica e un vigor expresivos que vai do proverbial v 2 ó cadriño de costumes dos vv 6-7. Toda a perícopa é dunha perenne modernidade.

³O rico asoballa e aínda por riba gábase,
o pobre é humillado e aínda pide disculpas.
⁴Mentres lle sexas útil, servirase de ti;
cando afrouxes, prescindirá de ti.
⁵Mentres teñas do teu, falarache composto,
mais empobrecerate sen chisco de remorso.
⁶Se lle cómpres, farache as beiras,
rirá contigo, darache esperanzas,
dirache falangueiro: —"¿De que tes necesidade?".
⁷Cos seus banquetes confundirate.
Mentres lle es de proveito, entrámpate;
por dúas ou tres veces meterache medo;
despois, cando te vexa, pasará de largo
e abaneará a cabeza en contra túa.

Caciques e mandados

⁸Gárdate de face-lo fachendoso
para non semellares ós insensatos.
⁹¿Achégaseche un principal? - Ti afástate;
e canto máis, hate convidar.
¹⁰Non te aproximes para non seres apartado,
nin te arredes de xeito que te aborreza.
¹¹Non ouses falarlle abertamente
nin deas creto ás súas moitas razóns,
pois os seus numerosos discursos son para probarte
e entre sorrisos anda examinándote.
¹²Cruel é quen goberna
e non se apiada da vida de moitos.
¹³Cóidate e está atento,
non fagas compaña a homes violentos.

Cuestión de feito: a irreconciliabilidade

¹⁵Todo animal ama ós da súa caste
e así todo home ó seu semellante.
¹⁶Todo animal emparella cos da súa especie,
tamén o home se une á súa raza.
¹⁷¿Que é o que une ó lobo co año?
—O mesmo que une ó malvado co xusto.
¹⁸¿Como se van leva-la hiena e mailo can?
—Pois tampouco haberá paz entre o rico e o pobre.
¹⁹A presa do león son os asnos da estepa
e o pasto do rico son os pobres.
²⁰Para a soberbia a humildade é de aborrecer,
para o rico é de aborrece-lo pobre.
²¹Cando o rico tropeza, ten apoio no amigo;
se abanea o pobre: empúxano de veciño en veciño.
²²Discursea un rico: defendeo unha morea de xente;
por máis que diga parvadas danse por boas.
Fala un pobre e berran: ¡Veña, veña!;
xa pode ter razóns asisadas, que para el non hai posto.

13, 14 O texto hebreo e mailo grego omiten o v 14: "Cando escoites cousas tales entre soños, érguete, e toda a túa vida ama ó Señor, invocándoo para te salvares".
13, 15-24 ¿Leu Sirah con acedo desencanto as profecías isaianas sobre a felicidade do tempo escatolóxico? Os vv 17 e 18 semellan contradicilas. O que non deixa dúbida é o ton de condena e protesta que conleva, na función expresiva das súas verbas, a constatación dos feitos.

²³Un rico parola: faise silencio
e poñen polas nubes a súa discreción.
Fala o pobre e din: —"¿E quen será este?".
E se tropeza, aínda por riba o empuxan.
²⁴É boa a riqueza cando é sen pecado
e a pobreza é ruín se a produce a soberbia.

Conciencia

²⁵A conciencia do home trócalle a faciana,
sexa para ben, sexa para mal.
²⁶Sinal de boa lei é un rostro raiolante;
o xesto preocupado, sinal dun triste matinar.

14

¹Benia o home a quen non dá mágoa o que poida ter falado
e non xeme baixo o xuízo da súa conciencia.
²Benia o home a quen non lle faltan azos
nin o abandona a esperanza.

Cobiza e avaricia

³Ó tacaño non lle convén a riqueza
nin ó cobizoso o ouro;
⁴quen o nega para si, apaña para outro;
dos seus bens gozará un estraño.
⁵Quen para si mesmo é duro, ¿para quen será bo?,
se nin sequera el goza dos seus bens.
⁶Ninguén hai máis ruín có ruín consigo mesmo,
leva consigo a paga da súa maldade.
⁷Se fai un favor é sen se decatar
e ó cabo amosa a súa mesquindade.
⁸Mal home é o cobizoso
que volve a cara e despreza as vidas doutros.
⁹Para o ollo do avarento a súa parte sempre é pequena,
mais en tanto rouba a do veciño, perde a súa.
¹⁰O ollo do envexoso cobiza o pan,
en tanto, a súa mesa fica baleira.
¹¹Meu fillo, se tes con que, aprovéitao;
se tes con que, trátate ben.
¹²Lembra que no Xeol non hai disfrute
e que a morte non tarda
e que o momento fixado para ir á cova non cho dixeron.
¹³Antes de morreres trata ben ó amigo
e ofrécelle de acordo co que teñas.
¹⁴Non te prives da felicidade presente
nin deixes fuxi-lo anaco dun anceio lexítimo.

13, 25s *Conciencia:* o "macarismo" ou benaventuranza é unha das típicas formas literarias sapienciais. De seu o término hebreo "axré", que traducimos "benia", vale tanto coma dicir: "digno de envexa é...", ou "digno de louvanza...", facendo sempre relación a unha opinión pública. O xurdir da conciencia individual coma base da valoración moral foi sen dúbida obra dos Sabios xa desde a antigüidade exipcia e mesopotámica. A depuración sicolóxica da observación de Ben Sírah e a dimensión que nel acadan os procesos interiores do home son, pois, algo novo, paralelo ó proceso de interiorización da fe que amosa a súa relixiosidade.

14, 10 O texto hebreo engade: "o xeneroso multiplica o pan e mesmo dunha fonte seca tira auga para a mesa".

14, 12 O *Xeol* ó que se fai referencia no v 12 é o mundo da ultratumba no que acougan as sombras dos seres humanos, desprovistas de actividade e mesmo da posibilidade de louvar a Deus; non inclúe, nembargantes, un aspecto punitivo, pois é común a tódolos mortos (polo menos na época e mentalidade de Ben Sírah, non así na incipiente apocalíptica).

¹⁵¿Non vas deixar a outro a túa facenda
e o froito dos teus traballos ós que fan as partillas?
¹⁶Dálle a teu irmán e queda ti mesmo satisfeito
pois en van procurarás praceres no Xeol.
¹⁷Toda carne se vai estragando coma un vestido
pois o decreto perenne é: "Tes de morrer".
¹⁸Como agroman as follas nunha árbore vizosa,
e mentres unha murcha outra abrocha,
do mesmo xeito as xeracións de carne e sangue:
cando unha acaba, nace outra.
¹⁹Así perecen tódalas súas accións,
e as obras das súas mans seguirán despois del.

Feliz o Sabio

²⁰Feliz o home que cavila na Sabedoría
e se considera da intelixencia,
²¹que pon a atención nos seus camiños
e medita nos seus vieiros,
²²o que sae tras ela para axexala
e observa as súas cancelas;
²³olla polas súas fiestras,
escoita nas súas portas,
²⁴pon campo arredor do seu casal
e crava as estacas no seu muro;
²⁵estende a súa tenda a carón dela,
abofé, deu con boa moradía.
²⁶Pousa o niño na súa fraga,
acouga nas súas ponlas;
²⁷repara da calor á súa sombra
e habita nos seus refuxios.

15 ¹Deste xeito compórtase quen teme ó Señor
pois quen se aferra á lei, acádaa.
²Sairalle ó encontro coma unha nai
e acollerao coma a recén casada.
³Manterao co pan da prudencia,
daralle a beber auga de sinxeleza;
⁴se se apoia nela non abaneará,
afiunzará nela e non será confundido;
⁵soerguerao por riba dos seus compañeiros
para darlle a palabra no medio da asemblea;
⁶atoparase co gozo e a ledicia,
ela procuraralle sona perdurable.

⁷Non se fan con ela os homes vans
nin a albiscarán os fachendosos;

14, 15 Alúdese ó costume do testamento coma herdanza material legada de acordo cun documento xurídico, feito novo introducido sen dúbida polo influxo helenístico.
14, 16 O texto hebreo inclúe unha glosa de tipo xeral: "canto estea ben facer, faino na presencia de Deus".
14, 18 É particularmente interesante a inclusión desta comparanza que asemella a vida do home á caída das follas na outonada; unha figuración parella atópase, case coas mesmas verbas, en dúas pasaxes da Ilíada de Homero, e non é aventurado supo-lo coñecemento deste autor clásico, ó que o helenismo contribuíu a espallar por todo o mundo coñecido, por parte de Ben Sírah. Compárese co verso anterior, onde a mesma idea recolle un símil clásico no mundo semítico (cf Xob 13, 28).
14, 25 Neste v atopan algúns unha referencia recollida polo prólogo do evanxeo de Xoán (1, 14).
15, 2ss A metaforización da Sabedoría coma figura feminina que atrae ó discípulo, é xa coñecida por Proverbios. As variantes de noiva, esposa, nai, mestra, aparecen tamén noutros libros sapienciais, incluído o da Sabedoría de Salomón.

⁸fica lonxe dos burlentos,
   non se lembran dela os mentireiros.
⁹Non di ben a súa louvanza na boca do perverso
   pois Deus non lla concedeu.
¹⁰Pola boca do Sabio exprésase a súa louvanza
   e quen a domina, ensínaa.

O mal non vén de Deus

¹¹Non digas: —"De Deus vén o meu pecado"
   pois El non fai aquilo que aborrece.
¹²Nin digas: —"Foi El quen me fixo caer"
   pois non ten El que ver cos pecadores.
¹³O Señor odia a maldade e a abominación
   e non llelas propón ós que o temen.
¹⁴Desde o comezo Deus creou ó home
   e deixouno á súa libre intención.
¹⁵Se ti queres, podes garda-lo precepto,
   face-la súa vontade é sinal de intelixencia.
¹⁶Puxo diante de ti o lume e maila auga:
   bota a man ó que prefiras.
¹⁷Diante de cada home están a vida e a morte:
   o que anceie: iso daráselle;
¹⁸pois grande é a Sabedoría do Señor,
   El é potente e egrexio e todo o dexerga.
¹⁹Os ollos de Deus contemplan as súas creaturas
   e El penetra as accións de cadaquén.
²⁰Non lle mandou ó home que pecase
   nin deu pé ós homes falsos.

Deus xulga

16 ¹Non te deleites no bo parecer de mozos nugalláns
   nin goces en ter fillos impíos:
²aínda que fosen moitos, non te aledes neles
   se lles falta o temor do Señor;
³non confíes en que estean vivos
   nin esperes no seu porvir:
   non van ter unha boa posteridade;
   pois mellor é un que fai ó seu debido ca non milleiros,
   e morrer sen fillos mellor é que ter descendentes soberbios.
⁴Por un que tema a Deus xa se enche unha vila,
   mentres un fato de perversos a arruína.

⁵Moitos casos semellantes teño eu visto
   e o meu oído escoitou meirandes cousas:

15, 11-20 Dunha banda un certo iavismo tradicional ou popular, cunha interpretación mítica da retribución; e doutra o helenismo fatalista, favorecían a descarga da responsabilidade en Iavé. Perante este ataque á bondade e grandeza de Deus, Ben Sirah responde cun método característico da pedagoxía sapiencial, o dialogal: nos vv 11-13 expón a escapatoria sofista dos que declinan responsabilidades e pon o principio básico (v 13); nos vv 14-20 desenvolve a doutrina en maneira positiva.

15, 14 Traducimos por *intención* a verba "iéxer". Aquí aínda ten o senso do acto voluntario cara a unha banda ou cara á outra; máis adiante, nos escritos atopados nos covas de Qumrân, terá xa o sentido da tendencia ó mal, posta no corazón do home.

15, 15 O texto hebreo engade: "e crendo nel, tamén ti vivirás".

15, 20 O texto hebreo glosa: "non se conmove co que fai tolerías, nin con quen descobre un segredo".

16, 1-16: Deus xulga: temos diante outro modelo de argumentación: partindo dunha amoestación (vv 1-4), para rematar cunha exposición da doutrina dunha teodicea que se expresa en verbas máis abstractas.

⁶Contra unha morea de malvados foi prendido o lume,
  contra unha nación impía alampou a ira;
⁷non deixou impunes os xigantes antigos
  que se revolveron na súa arrogancia;
⁸nin perdoou os conveciños de Lot
  ó se excederen con fachenda;
⁹tampouco houbo piedade para o pobo danado,
  que foi desposuído pola súa culpa;
¹⁰tal aconteceu ós seiscentos mil de a pé
  exterminados polo seu ánimo orgulloso,
¹¹de xeito que aínda que fose un só o teimudo,
  milagre sería que ficase impune.
Verdade é que nel van xuntas misericordia e carraxe,
  e que transixe e perdoa,
  mais sobre os pecadores bota o seu furor.
¹²Grande coma a súa compaixón é o seu castigo
  e xulga a cadaquén de acordo cos seus feitos.
¹³Non fuxirá o malvado co seu furto
  nin constantemente será o xusto privado da súa esperanza.
¹⁴Para quen faga esmola haberá premio
  e cadaquén será tratado de acordo coas súas obras.
¹⁶As súas misericordias están á vista de tódalas criaturas,
  El reparte luz e tebra ós seres humanos.

Deus todo o ve

¹⁷Non digas: —"Escondinme de Deus,
  ¿quen se vai acordar de min alá arriba?
Entre tanta xente non me recoñecerán
  ¿que son eu entre tal multitude de persoas?
¹⁸Velaí os ceos e o máis alto dos ceos,
  o océano e maila terra:
  cando descende para eles, tremen,
  cando pasa revista, abanéanse.
¹⁹Tamén os raigaños dos montes e os alicerces do orbe
  conmóvense cando Deus lles bota unha ollada.
²⁰Pero en min non vai reparar,
  ¿quen descubrirá o meu proceder?
²¹Se peco, ninguén me verá
  se minto ás furtadelas, ¿quen o sabe?
²²E ¿quen lle vai ir conta-las miñas boas obras?
  ¿Que esperanza vou ter se cumpro co debido?"
²³Xente sen siso matina deste xeito,
  tal é o pensar dos parvos.

Deus creador é quen xulga

²⁴Escoitádeme e aprendede da miña discreción,
  poñede atención nas miñas verbas;

16, 15 Glosa, ou verso fóra do seu posto; este v falta nos testemuños do grego e da Vulgata, excepto algúns poucos códices: "Iavé endureceu o ánimo do Faraón para que non o coñecese, e deste xeito quedasen patentes as súas obras baixo o ceo".

16, 16 Tamén este verso falta, coma o 15, pero adáptase mellor ó contexto, se ben podería estar glosando o v 12 en ton de himno.

16, 17-23 Estes vv configuran unha pequena instrución na que se sae ó paso dunha obxección impía (vv 17. 20-22); respóndese dunha banda cun argumento en clave hímnica, tirado da lingua dos Salmos teofánicos (cf Sal **18**; **68**; **97**; **104**), que relembra o poderío de Deus sobre a súa creación; e doutra, cun xuízo de valor que pecha a discusión (v 23).

16, 24ss Proseguindo co tema suxerido nos vv 18-29, o autor vai remacha-la idea do poder do xuízo e do total coñecemento que Deus ten das accións humanas, apoiándose nunha teoloxía da creación.

²⁵vou expoñer con tino o meu pensamento
e a dar razón con xusteza do que eu sei:
²⁶Cando no comezo Deus creou as súas obras,
non ben existiron, distribuíulle-los papeis;
²⁷organizoulles para sempre as tarefas
e os seus elementos por xeracións.
Nin pasan fame nin cansan
nin fallan nos seus traballos,
²⁸ningunha molesta á súa veciña
e endexamais non desobedecen o seu mandado.
²⁹Despois ollou o Señor para a terra
e encheuna cos seus bens;
³⁰cubriulle a faciana con toda caste de viventes
que a ela deberán volver.

17

¹Da terra creou o Señor ó home
e de novo faino volver a ela.
²Concedeulles días contados, un tempo xusto
e deixou no seu poder canto hai sobre ela,
³revestiunos dunha forza coma a súa
e fixoos á súa imaxe,
⁴impuxo o temor do home en toda criatura
para que impoña o seu dominio nas bestas e nas aves.

⁶Dotounos de discernimento, lingua e ollos,
deulles oídos e unha mente para cavilar;
⁷encheunos de sabedoría e intelixencia,
mostróulle-lo ben e o mal;
⁸púxolle-la súa luz nos corazóns
para lles amosa-la magnitude das súas obras,
⁹de xeito que pregoen a grandeza dos seus feitos
¹⁰e louven o nome santo.
¹¹Engadíulle-la ciencia
e concedeulles en herdanza a lei da vida.
¹²Concluíu con eles unha alianza eterna
e deulles a coñece-las súas determinacións;
¹³cos propios ollos contemplaron a dimensión da súa gloria
e os seus oídos escoitaron a súa voz magnífica;
¹⁴e díxolles: —"Gardádevos de toda impiedade";
e deu a cadaquén mandatos verbo do seu próximo.

¹⁵A súa conducta tena sempre diante,
non se esconde ós seus ollos.
¹⁷A cada pobo púxolle un gobernante
mais Israel é a porción do Señor.
¹⁹Tódalas súas accións son para El manifestas coma o sol
e os seus ollos pousan decote nos camiños deles,

17, 5 Este v, conservado en poucos códices gregos, engadía unha glosa sicoloxizante de sabor estoico: "Recibiron do Señor o uso das cinco facultades, e coma sexta, foilles concedida a intelixencia, e a sétima foi a palabra, intérprete das facultades".

17, 15-24 Deus coñece o obrar dos homes. O texto é de non doada reconstrucción, pola multiplicación de glosas e de acrecentamentos israelizantes. Tres versos semellan ser só glosas da versión grega: v 16: "Pois os seus camiños tenden ó mal desde a mocidade, e non foron tales de troca-los seus corazóns de pedra en corazóns de carne"; v 18: "a quen coma vinculeiro acariña con disciplina, e, distribuíndolle a luz do seu amor, non o deixa da man"; v 21: "e o Señor, que é bo e sabe de qué están feitos, nin os refuga nin os deixa, senón que os perdoa". Ó comezo do v 17 a versión latina antiga engadía: "cando repartiu por toda a terra as nacións", sen dúbida coma intento de integración dese verso que está fóra de contexto, e o mesmo fai ó remate do v 22: "repartindo a conversión ós seus fillos e fillas".

²⁰nin lle foxen as inxustizas que fan
e tódolos seus pecados fican diante do Señor.
²²A esmola que un home fai vale para El coma un selo
e o favor feito gárdao coma a propia pupila;
²³erguerase polo tanto para recompensalos
e fará recaer sobre cadaquén o que lle cómpre.
²⁴Ós que se arrepintan permitiralles volver
e dará consolo ós que perdan a esperanza.

Chamada á conversión

²⁵Volve ó Señor e deixa os pecados
prega diante del e reduce as caídas;
²⁶torna para o Altísimo e afástate da inxustiza,
refuga con forte pulo a iniquidade;
²⁷pois ¿quen vai louva-lo Altísimo no Hades
igual que o fan os que viven confesándoo?
²⁸Para un morto que xa non existe rematou a louvanza;
é o vivo e quen ten saúde quen louva ó Señor.
²⁹¡Que grande é a piedade do Señor
e o perdón para os que voltan cara El!
³⁰Pois entre homes non todo é posible
xa que o ser humano non é inmortal.
³¹¿Que cousa hai máis resplandecente có sol?
Non obstante eclípsase.
³²El é quen pasa revista ó exército das alturas do ceo
mentres que os homes todos son terra e cinsa.

Deus, o home e a piedade

18 ¹Aquel que vive eternamente creou todo xunto.
²Só o Señor leva razón.

⁴A ninguén lle foi dado o poder proclama-las súas obras.
¿Quen pescudará as súas grandezas?
⁵¿Quen calculará o poderío da súa maxestade
ou quen poderá narra-las súas misericordias?
⁶Non se lle pode minguar nin engadir
nin é doado descubri-las marabillas do Señor.
⁷Cando o home remata, entón comeza El;
se un para a pensar, fica estantío.

Dar co corazón

⁸¿Que é o home? ¿Para que vale?
¿Que ten de bo ou de malo?
⁹O número dos días do home
coma moito son cen anos.

17, 22 A importancia do *selo* débese ó seu valor coma instrumento xurídico acreditador da propiedade; de tal valor vén o uso de levalo sempre consigo, xa pendurado cunha liña do pescozo ou a xeito de pulseira no brazo (cf Cant 8, 6).

17, 24 Repropón a imaxe do Deus misericordioso, trazo sobranceiro na teodicea de Ben Sírah.

17, 25-32 Ó remate do longo complexo instructivo comezado en **16,** 17, o autor pasa á amoestación en segunda persoa, para afinca-la actitude de "volta a Deus": tal é o senso da verba coa que o hebreo designa a conversión ("xub" = reface-lo camiño, voltar, afastarse dun vieiro).

17, 27 A verba *Hades* é a correspondente grega da hebrea "Xeol", o mundo inferior, como queda patente no v 28; sobre a non posibilidade de louvanza, cf Sal 30; 115.

17, 31 "E carne e sangue arelan o mal" semella ser un engadido.

18, 2 Algúns manuscritos amplifican, engadindo: "Non hai outro fóra del".

18, 3 A Vetus Latina inclúe o v 3: "El goberna o mundo cun xesto da man e todo obedece á súa vontade, pois co seu poder é Rei do universo, que dirime entre o sagrado e o profano", reiterativo e en exceso teórico.

¹⁰Coma unha pinga de auga do mar ou un gran de area,
así son os seus poucos anos perante o día eterno.
¹¹Velaquí por que Deus ten mesura con eles
e esparexe sobre eles a súa piedade;
¹²El ben sabe que o seu remate é miserento,
por iso fai medra-lo perdón.
¹³O home ten piedade do seu próximo
mais o Señor apiádase de todo canto vive
reprendendo, corrixindo, ensinando
e recuperando, coma o pastor a súa grea.
¹⁴Apiádase dos que acollen a corrección
e dos que aceptan as súas disposicións.
¹⁵Meu fillo, cando fagas beneficios, non os mestures con críticas
nin verbas molestas con dádivas.
¹⁶¿Non calma o orballo a quentura?
Pois a palabra fai mellora-la dádiva.
¹⁷Abofé, máis vale unha palabra ca un bo regalo;
ámbolos dous atópanse no home cortés.
¹⁸O insensato aldraxa de malas maneiras
e a dádiva do envexoso irrita os ollos.

A precaución

¹⁹Antes de falares, instrúete;
antes de caeres enfermo, cóidate;
²⁰antes de seres xulgado, examínate:
cando se che pidan contas serás perdoado;
²¹antes de enfermares, humíllate;
e cando peques, mostra que te arrepintes;
²²nada te demore en cumprir un voto ó seu tempo,
non espére-la morte para paga-la débeda.
²³Antes de faceres promesa, prepárate;
non sexas coma quen tenta ó Señor.
²⁴Pensa na carraxe dos últimos días,
no momento da vinganza, cando El torna a face.
²⁵Lembra a fame no tempo da fartura,
a pobreza e a miseria no tempo da riqueza.
²⁶Do mencer ó solpor o tempo cambia,
todo pasa axiña ante o Señor.
²⁷O home sabio mantense sempre presto,
no tempo de pecados presérvase da falta.
²⁸Todo home asisado coñece a Sabedoría,
quen dá con ela merece ser louvado;
²⁹tamén os de razóns sutís se fan sabios
facendo chover ditos axustados.

Control das paixóns

³⁰Meu fillo, non te deixes levar das túas paixóns,
frea os teus degoiros,

18, 13 A imaxe do *pastor*, que noutros contextos tiña orixe na terminoloxía rexia (reis coma pastores dos pobos), acada aquí o seu sentido natural de corte sapiencial e faínos acordar da parábola evanxélica.
18, 27 A alusión ó *tempo de pecados* pode ter que ver coa incipiente situación de apostasía diante da invasión cultural grega.
18, 28-29 O "saber" ten xa que ver coa actitude relixiosa, por máis que manteña a súa raiceira literaria.
18, 30ss A pedagoxía ética sapiencial non avogaba por unha "ataraxia" (carencia de paixóns), mais si tencionaba sofreala; neste caso, amosando os efectos toleiráns da gula (a bebida inmoderada) e a luxuria. O tema e motivacións desta instrución son frecuentes en Pr, e en concreto traen á memoria a instrucción real da nai de Lemuel (Pr **31,** 2-7). Cf tamén **23,** 19ss.

³¹pois se dás solta á satisfacción do teu desexo,
faraste motivo de riso para o teu inimigo.
³²Non te aledes por un momento de pracer
que vai dar nunha pobreza dobrada.
³³Non sexas lambón nin bébedo,
se te-lo peto baleiro.

19

¹Quen tal fai non chegará a rico,
quen desbota o pequeno arruínase ós poucos.
²O viño e as mulleres volven o ánimo lercho
e quen se xunta con rameiras faise máis desvergonzado aínda;
³a podremia e os vermes farán presa del,
pois o temerario será aniquilado.

Do falar e das faladurías

⁴O que axiña confía é un espírito lixeiro
e quen peca faise mal a si mesmo;
⁵quen se goza no mal será danado,
⁶quen aborrece as lerias diminúe en malicia.
⁷Non vaias repetindo unha faladuría
e ninguén te amolará;
⁸non leves contos a amigo nin inimigo
e se non é con dano teu, non o reveles,
⁹doutro xeito quen te escoite gardarase de ti
e chegará a odiarte.
¹⁰¿Escoitaches algo? —¡Que morra contigo!
Resiste, que non vas estoupar.
¹¹Diante dunha noticia o insensato entra en dores
coma a parturenta ó chega-lo neno.
¹²Coma unha frecha espetada na coxa
é unha noticia na entraña do parvo.
¹³Inquire do teu amigo; pode que non fixese nada,
e se fixo algo, para que non continúe.
¹⁴Inquire do veciño; pode que non dixese nada,
e se dixo algo, para que non o repita.
¹⁵Inquire do teu amigo: ¡dinse tantas calumnias!
¡Non deas creto a todo o que se fala!
¹⁶Tamén hai quen esvara sen pretendelo.
¿Quen hai que nunca pecase coa lingua?
¹⁷Inquire do teu veciño antes de chegares ás ameazas,
e deixa lugar á lei do Altísimo.

Falsas sabedorías

²⁰O temor de Deus é o celme de toda Sabedoría
e en toda Sabedoría hai cumprimento da lei.
²²Non é Sabedoría coñece-la malicia,
nin prudencia o matinar dos pecadores.

19, 4-5 A versión latina engade, ó remate do v 4 e ó comezo do v 5: "Quen refuga os praceres, coroa a propia vida; o que pon freo á lingua, vivirá en sosego".
19, 17 Insiste no tema de deixa-la xustiza a Deus; pero ó facelo citando a lei do Altísimo, algúns manuscritos enlazaron co tema do temor de Deus, co que dá principio a perícopa seguinte, engadindo dous versos (18.19): "O temor do Señor é o principio do progreso e a Sabedoría gaña o seu afecto. Coñece-los mandatos do Señor é unha disciplina da vida, os que cumpren co que lle agrada recolleitarán da árbore da inmortalidade". Estes versos están fóra de lugar, respecto do contexto anterior.
19, 21 Verso aducido por poucos manuscritos; conserva un refrán fóra de contexto: "O criado que lle di ó amo: 'non farei o que che peta', aínda que despois o faga, enfadou a quen o mantén".
19, 22-23 Hai unha sabedoría inmoral que non é Sabedoría auténtica: o lixeiro, o retranqueiro, o que "as sabe todas", o hipócrita, non son modelos de humanidade cumprida.

ECLESIÁSTICO

²³Hai unha habilidade que é abominable
como existe un parvo que carece de Sabedoría.
²⁴Mellor é o mermado de siso, máis temeroso
có que abonda en intelixencia e viola a lei.
²⁵Hai sagacidade sutil, mais inxusta:
a de quen recorre a manexos para se dar aires de recto.
²⁶Hai quen camiña cangado pola coita,
mais no seu interior está cheo de engano;
²⁷baixa a cabeza, faise o xordo,
mais cando non te decatas aprovéitase de ti;
²⁸e se por falta de forzas non pode pecar,
cando atope ocasión fará o mal.
²⁹Polo aspecto coñécese o home
e polo porte da faciana o sabio.
³⁰O atavío dun home, o riso dos seus labios
e o xeito de camiñar amosan o seu carácter.

A arte de corrixir

20 ¹Hai correccións fóra de tempo
e tamén hai quen, calando, amosa siso.
²Canto mellor é corrixir que alporizarse.
³O que confesa a culpa líbrase dun mal peor.
⁴Coma o eunuco que arela desflorar unha virxe
é quen quere impo-la xustiza pola forza.

Calar e calar

⁵Hai quen cala e pasa por sabio
e quen fala de máis e non hai quen o ature.
⁶Hai quen cala por non ter resposta
e quen cala porque agarda a súa quenda.
⁷O Sabio cala ata o momento xusto,
o parvo non ten en conta a ocasión.
⁸O paroleiro faise odioso
e quen se adxudica a autoridade será aborrecido.

Facendas, regalos, doazóns

⁹Un home en angustias pode acadar fortuna
mais tamén pode que unha ganancia traia ruína.
¹⁰Hai regalos sen proveito
e regalos polos que pagar dobrado.
¹¹Hai quen por certos honores queda humillado
e quen desde a humillación ergue a cabeza.
¹²Hai quen merca moito a baixo prezo
e quen paga sete veces polo mesmo.
¹³O Sabio con pouco faise amar,
os favores dos necios bótanse a perder.
¹⁴A dádiva do necio non che é de proveito
pois espera unha compensación sete veces meirande;
¹⁵o que el dá é pouco, mais bótao moito en cara,
abrindo a boca coma pregoeiro,
presta hoxe e reclama mañá;
un home así é de aborrecer.

20, 4 A graficidade deste verso sobrepasa o concreto tema e marcadamente actual.
da instrucción cunha máxima de sabedoría inmorredoira

ECLESIÁSTICO

¹⁶Di o parvo:— "Non teño amigos,
ninguén agradece os meus regalos";
¹⁷os que lle comen o pan son malas linguas;
¡cantas veces e cantos se burlan del!

Palabras fóra de tempo

¹⁸Trae máis conta esvarar no chan que esvarar coa lingua;
—tan axiña chega a caída dos perversos—.
¹⁹Un home sen xeito é coma unha saída a destempo:
atópase de contino na boca dos ignorantes.
²⁰Na boca do parvo o refrán estrágase:
nunca o dirá no momento xusto.

Ánimos febles

²¹Hai quen non pode pecar por pobreza
e así cando acouga non ten remorsos.
²²Hai quen se perde por respecto humano
e quen se perde por descaro.
²³Hai quen por timidez fai promesa a un amigo
e para si gaña un inimigo sen necesidade.

Mentiras danosas

²⁴Chata grave no home é a mentira,
atópase sempre na boca dos malvados.
²⁵Un ladrón é de preferir ó que mente a eito,
ámbolos dous herdarán a perdición;
²⁶o ámbito do mentireiro é a mala sona,
quédalle para sempre esa vergonza.

A condición do Sabio

²⁷Quen ten sabias razóns progresa
e un home asisado agrada ós grandes.
²⁸Quen traballa a terra acrece os seus monllos,
e a quen lles dá gusto ós grandes perdóano.
²⁹Regalos e agasallos cegan ollos sabios,
coma buceira na boca conteñen os reproches.
³⁰Sabedoría oculta e tesouro escondido,
¿para que serven entrambos?
³¹Máis vale o que esconde a súa tolemia
có que esconde a súa sabedoría.

Pecado e Sabedoría

21 ¹Se pecaches, meu fillo, non o fagas máis,
e pide perdón polas culpas pasadas;
²fuxe do pecado coma da cóbrega:
se te lle achegas, hate rillar,
os seus dentes son dentes de león
que tollen a vida dos homes.
³Toda transgresión é coma espada de dous fíos,
non ten cura a súa ferida.

20, 24-26 A mentira coma roubo e coma baldón xa foran recollidas en **1,** 14ss e **7,** 13.
20, 27-31 Ben Sírah incide nun aspecto que lle resulta particularmente importante: o saber non é unha capitalización de coñecementos, senón un instrumento de servicio.

21, 1-11 Os Sabios tradicionais trataran decote dos erros, da necidade, da tolemia; o pecado na súa vertente relixiosa non constituía motivo expreso do seu temario. Na presente instrucción, Ben Sírah, escriba piadoso de novo cuño, introduce o tema relixioso en canto tal.

⁴O terror e a violencia arrasan a facenda
e o casal do soberbio tamén será arrincado.
⁵O laio do pobre vai da súa boca ós oídos de Deus,
o seu veredicto chegará de súpeto.
⁶Quen refuga a corrección vai tralas pegadas do pecador,
mais quen teme ó Señor convértese de corazón.
⁷De lonxe descóbrese ó farfallán,
mais o asisado sabe cando esvara.
⁸Quen constrúe a súa casa co diñeiro doutros
é coma quen amorea pedras para o seu sartego.
⁹O fato dos impíos é un feixe de estopa
e o seu final, unha labarada.
¹⁰O carreiro dos pecadores está ben enlousado,
mais remata no abismo do Xeol.
¹¹O que garda a lei enxuga os seus instintos,
e o temor do Señor é o celme da Sabedoría.

O sabio e o necio

¹²Non se poderá instruír quen non sexa espilido,
se ben hai habelencia que enche de amargura.
¹³O saber do Sabio reborda coma a enxurrada,
o seu parecer é coma fonte viva.
¹⁴A mente do parvo é coma sella fendida:
non pode conter saber ningún.
¹⁵Se un home instruído escoita unha verba sabia
pode aprezala, e aínda lle engade do seu;
tamén a escoita o toleirán, mais búrlase dela
e bótaa ás costas.
¹⁶O relato do parvo é coma ter que facer camiño cun fardelo,
mais nos labios do intelixente atópase a gracia.
¹⁷Na reunión procúrase o parecer do prudente,
as súas razóns darán en que matinar.
¹⁸Para o necio a Sabedoría é coma un casal arruinado,
a ciencia do home sen siso son verbas sen xeito nin dereito.
¹⁹A disciplina é para o parvo coma pexas nos pés,
coma ter encadeada a man dereita.
²¹Orla de ouro é a instrucción para o asisado,
coma un brazalete no seu brazo dereito.
²⁰O necio ri ás gargalladas,
o sabio sorrí polo baixo.
²²ᵃO pé do necio entra nunha casa ás présas,
²²ᵇo home de boas maneiras agarda fóra.
²³ᵃO insensato desde a porta curiosea a casa,
²³ᵇa un home de mundo daríalle rubor.
²⁴É de mal educado andar escoitando tralas portas,
para o prudente sería unha vergonza.
²⁵Labios sen xeito argallan en cousas alleas,
mais as verbas dos prudentes sopésanse na balanza.
²⁶Na boca teñen os parvos a súa mente,
na mente teñen os sabios a súa boca.
²⁷Cando o impío maldí a Satanás
estase a maldicir a si mesmo.

21, 20-23 Recompoñémo-la orde dos versos segundo o sentido obvio.
21, 27 Este v, que se conserva só en grego, constitúe a primeira metáfora do mal personificado, non como mera figura metafórica dun acusador ou fiscal (que é o modo de xurdir "Satán" na lenda inicial do libro do Xob).

²⁸A si mesmo se lixa o murmurador
e aborréceno todos na bisbarra.

O preguiceiro

22 ¹O preguiceiro semella un pelouro emporcado,
todo o mundo lle asubía do noxo que dá.
²O preguiceiro semella unha bosta,
quenquera que a toque sacode a man.

Educar a tempo

³Vergonza é para un pai dar vida a un fillo malcriado,
tamén é boa perda que lle naza unha filla.
⁴A rapaza prudente é un tesouro para o seu marido,
a rapaza lercha dá mágoa a quen a enxendrou.
⁵A desvergonzada afronta ó pai e ó marido;
ámbolos dous a refugan.
⁶Botar un sermón a destempo é coma levar música a un velorio;
corrixir co fungueiro sempre foi boa sabedoría.

O necio é irrecuperable

⁹Ponse a pegar rachas quen instrúe a un necio;
é coma espreguizar a un dormichón dun sono profundo.
¹⁰Tanto ten darlle razóns a un necio e darllas a un sonámbulo,
ó remate dirá: —"¿que pasou?".
¹¹Chora por un morto: perdeu a luz;
chora por un necio: perdeu o siso.
Non chores tanto polo morto: xa acouga;
mais a vida do necio é peor aínda cá morte.
¹²O dó por un morto dura sete días
o do necio e do impío dura toda a súa vida.
¹³Co necio non fales moito
nin camiñes co parvo,
gárdate del para non ter molestias
para non te lixar cando zampulle;
evítao e terás acougo
e non te importunará coa súa teima.
¹⁴¿Que hai máis pesado có chumbo?
¿Como se chama? —O necio.
¹⁵A area, o sal, unha masa de ferro,
son máis doados de aturar ca un home sen siso.

Plans e riscos

¹⁶Entaboado de madeira encaixado no edificio
non se descompón co terremoto.
Do mesmo xeito, unha actitude afincada nun plan ben madurado
non se conmove co perigo.

22, 1-2 Cf Pr **24,** 30-34. As comparacións no seu naturalismo sen rodeos, descobren a orixe popular; de feito aluden ás funcións hixiénicas medievais de pedras e paus, propias tamén dos escritos de Qumrân.
22, 3-6 Educar a tempo: o tema voltará a aparecer máis adiante (**42,** 9-14). O binomio fillo-filla é novo respecto de Proverbios, o que denuncia un cambio nos costumes e estructura social. O consello dado insiste na corrección, por iso sobran os vv 7-8, aducidos por algúns manuscritos gregos: "Fillos que levan vida honrada e están ben mantidos fan esquece-la caste humilde dos pais; fillos que se gaban de aldraxar con malas maneiras, fan perde-la nobreza da súa familia".

¹⁷Actitude afincada no cavilar arguicioso
é coma adorno de pasta na parede de perpiaño.
¹⁸Seixos pequenos por riba do muro
non resisten ó vento;
mente timorata ante proposta tola
non resistirá ó medo.

A fráxil amizade

¹⁹Quen fere nun ollo arrinca bágoas,
quen fere no corazón fai xurdi-lo sentimento.
²⁰Quen tira pedras ós paxaros fainos fuxir,
quen aldraxa a un amigo destrúe a amizade.
²¹Por máis que teñas desenvaiñado a espada contra un amigo,
non desesperes; aínda hai retorno.
²²Por máis que teñas berrado cun amigo
non teñas medo; podédesvos compor.
Mais a aldraxe, o desprezo, o contar un segredo e ferir a traición:
iso é o que fai fuxir a un amigo calquera.
²³Acada creto ante o teu veciño namentres é pobre;
cando lle vaia ben tamén ti medrarás.
Mantente a carón del nos momentos difíciles
para teres parte con el na súa herdanza.
²⁴Na lareira, vapor e fume preceden ó sangue.
²⁵Non me avergonzarei de protexer a un amigo
nin fuxirei de encontralo.
²⁶Se por culpa del me viñese algún mal,
quen o saiba xa se gardará del.

Pregaria para comeza-lo ensino

²⁷¿Quen porá garda na miña boca
e nos meus labios o selo da prudencia
para non caer por causa deles
e para que a lingua non me bote a perder?

23 ¹ᵃSeñor, pai e dono da miña vida,
non me deixes caer por culpa deles.
²¿Quen zorregará nas miñas matinacións
e porá na miña mente unha disciplina sabia
que non pase por alto os meus erros
nin lle fuxan os meus pecados?
³Para que non medren as miñas ignorancias
nin se acrecenten as miñas culpas,
de xeito que vaia caer diante dos meus contrarios
e se alede á miña conta o meu inimigo?
⁴Señor, pai e Deus da miña vida,
¹ᵇnon me abandones ó seu antollo;
⁵non me consintas ter ollos altaneiros
e aparta de min a concupiscencia,
⁶non me asoballen a gula e a luxuria
nin me abandones a un espírito impuro.

22, 27ss Nestes vv (ata **23**, 27) trátase dunha verdadeira xoia arqueolóxico-literaria, case o resumo dunha lección de moral impartida por un sabio da época de Ben Sirah: pregaria (**22**, 27-**23**, 6); tema primeiro (**23**, 7-15); tema segundo (**23**, 16-27). A pregaria pertence a un xénero novo na escola sapiencial, e en nada se asemella ó mundo dos salmos cultuais. Importante é o feito de se dirixir a Deus chamándolle "pai" a título persoal e non en canto parte do pobo da alianza (vv 1 e 4), e a referencia individualizante "da miña vida". Curiosa é tamén a sicoloxía que liga a imaxinación ceibe ó erro, á ignorancia e á culpa (vv 2-3); e desde o punto de vista ascético, a relación da vaidade coa concupiscencia (vv 5-6).

O falar

⁷Escoitade, filliños, o ensino sobre o falar;
a quen o garde non o atraparán.
⁸Polos labios enguedéllase o pecador,
por eles tropezan o maldicente e o soberbio;
⁹non afága-la túa boca ó xuramento
nin adoites pronuncia-lo nome santo,
¹⁰pois así como o criado vixiado de contino
non fuxirá sen azoutes,
tamén quen xura e o nomea a cada momento
non ficará libre de pecado.
¹¹Home que moito xura abunda en impiedade
e non afastará a tralla da súa casa.
Se foi por descoido, leva enriba o pecado;
se o fai á lixeira, pecou dúas veces;
se xurou en falso, non o absolverán
e a súa casa encherase de desgracias.
¹²Verbas hai de tal caste que semellan a morte:
¡que non se dean na herdanza de Xacob!
As xentes piadosas refúganas
para non se revolcaren nos pecados.
¹³Non acostúme-la boca á grosería impura:
tamén nela se atopa motivo de pecado.
¹⁴Pensa no teu pai e na túa nai
cando sentes entre os grandes,
non sexa que o esquezas diante deles
e te comportes coma un tolo;
desexarías non nacer
e maldiciría-lo día do teu nacemento.
¹⁵Home afeito a aldraxar
non se corrixirá en toda a vida.

A inmoralidade

¹⁶Dúas castes de seres amorean pecados
e a terceira atrae a carraxe:
¹⁷a paixón ardente coma o lume aceso
que non esmorece ata ensumirse,
o home impúdico con alguén do seu sangue
que non cesa mentres o lume non o abrase
(para o home impúdico todo pan é doce,
non vai repousar ata que morra),
¹⁸o home que peca contra o propio leito
e di para o seu interior: —"¿Quen me ve?
Rodéame a sombra, encóbrenme as paredes,
non me ha de ollar ninguén, ¿de que vou ter medo?
Nin sequera o Altísimo lembrará ós meus pecados".
¹⁹Teme a ollada dos homes
sen se decatar de que os ollos do Señor
aluman mil veces máis có sol,
esculcan tódolos comportamentos humanos
e dexergan os recunchos máis recónditos;

23, 9 O *nome* refírese a Deus, que coma tal xa non era pronunciado na fala coloquial, por temor á falta de respecto.
23, 16-27 De saída enuméranse tres pecados (desexo malicioso, incesto e adulterio), pero a seguir coméntase soamente o caso terceiro; iso pódese deber ó feito de estar lendo un texto bíblico (por exemplo Lev **18**), que despois se aplica só ó problema que o mestre ten por máis urxente.

²⁰coñece El canto pasa antes de que suceda
e, do mesmo xeito, despois de rematar.
²¹Ese será polo tanto castigado na praza pública,
será atrapado onde menos o espere.
²²Parella sorte corre a muller que deixa ó marido
e lle dá por herdeiro un fillo alleo,
²³pois, primeiro, desobedece a lei do Altísimo;
segundo, fáltalle ó seu marido;
e, terceiro, lixouse cun adulterio
xerando fillos dun home estraño.
²⁴Esa será arrastrada diante da asemblea,
farase enquisa sobre seus fillos,
²⁵fillos semellantes non botarán raigaños
e as súas ponlas non darán froito;
²⁶deixará unha lembranza maldita,
non se limpará o seu escarnio;
²⁷entón decataranse os que veñen atrás
que nada vale máis có temor do Señor,
e que nada hai máis doce que garda-los seus mandados.

Volume II

Eloxio da Sabedoría

24 ¹A Sabedoría fai a propia louvanza
e gábase no medio do seu pobo;
²Abre a boca na asemblea do Altísimo,
proclama a súa gloria diante do seu exército:

³—"Eu saín da boca do Altísimo
e recubrín a terra coma a néboa;
⁴plantei a miña tenda no máis alto
e pousei o meu trono nunha columna de nubes.
⁵Eu soa rodeei o cerco dos ceos
e dei unha volta polo fondo dos abismos;
⁶tiven poder sobre as ondas do mar, sobre toda a terra
e en todo pobo e nación.
⁷Entre todos eles procurábame acougo
e a herdanza en que afinca-la miña moradía;
⁸foi entón cando o creador universal me ordenou
e o que me formou fíxome planta-la tenda
dicíndome: Afinca en Xacob,
colle por herdanza a Israel.
⁹Antes dos séculos, desde o comezo, creoume
e endexamais non deixarei de existir;

23, 27 Conclúe a lección de moral cunha consideración que torna a propo-la actitude básica que percorreu todo o primeiro volume e aquí ten o seu remate: o cumprimento da lei e o temor do Señor son o vieiro seguro na vida. Este ensino deben tirar sempre de cada caso os discípulos de Ben Sírah.

24, 1-22 Poema de autopresentación: dun total de vintedous versos (número do alfabeto hebreo) estructúranse outras dúas subseccións (vv 3-12 e 13-22), cada unha de once versos. Un xeito de artellamento tan requintado amosaba, na sensibilidade da época, a importancia do que se ía transmitir.
Ó tema é a orixe e destino da Sabedoría. Nos vv 3-12 preséntanse a súa universalidade e orixe divina con reminiscencias de Xén **1**, cando se fala dela coma unha palabra de Deus ou unha néboa; ou a Ex **13**, 21-22, na referencia á nube.

24, 5-6 A acción simbólica alude ó acto xurídico da toma do poder por parte dun novo gobernante, que debía percorre-los confíns da bisbarra ou país que administraba.

24, 7-8 A Sabedoría, cualidade do Cosmos, faise histórica e afinca en Israel por orde de Deus; "planta-la tenda" lémbranos, neste contexto creacional e histórico, o prólogo de Xoán (**1**, 14).

24, 9 Remacha a idea de que esta Sabedoría é creada por Deus, coma corrección da tendencia daquel tempo á divinización mítica das cualidades de Deus.

¹⁰oficiei na súa tenda santa, diante del,
e deste modo estableceume en Sión;
¹¹do mesmo xeito, fíxome acougar na súa cidade amada,
Xerusalén, onde goberno.
¹²Botei raiceiras nun pobo de moita sona
e teño a miña herdanza na parcela do Señor.
¹³Medrei coma o cedro no Líbano
e coma o ciprés nos montes do Hermón;
¹⁴crecín coma a palmeira en Engadí
e coma a roseira en Iericó,
coma a oliveira lanzal na chaira,
e medrei coma o plátano.
¹⁵Espallei un recendo coma o da canela e a lavanda
ou coma o da mirra refinada,
coma o gálbano, a ónix e o estacte
e coma a nube de incenso na tenda;
¹⁶alonguei as miñas ponlas coma o terebinto
e os meus ramos son maxestuosos e belidos;
¹⁷coma unha vide agromei xeitosa,
as miñas flores dan froito sonado e ricaz.

¹⁹Vinde onda min os que me anceiades
e enchédevos dos meus froitos,
²⁰pois a miña lembranza é máis dóce có mel
e a miña herdanza máis dóce có favo.
²¹Os que me coman aínda han ter fame;
e os que me beban aínda han ter sede;
²²quen me obedeza non terá que avergonzarse
e os que fagan as miñas obras non pecarán".

²³Isto todo non é mais có libro da alianza do Deus Altísimo,
a lei que Moisés nos promulgou
coma herdanza para as asembleas de Xacob.
²⁵Coma o Pisón, vai chea de Sabedoría,
ou coma o Tigris no tempo da enchente;
²⁶énchese de intelixencia coma o Éufrates,
coma o Xordán nos días da seitura;
²⁷coma o Nilo borbolla a instrucción,
coma o Guihón no tempo da vendima.
²⁸O primeiro aínda non a deu sabida,
tampouco o derradeiro non chegará a pescudala,
²⁹pois o seu pensamento é máis amplo có mar
e o seu consello meirande có océano.

24, 12 *Parcela do Señor* pode facer referencia ó concepto de "segulah", co que se chama a Israel "propiedade privada de Iavé" en Dt **32,** 9.
24, 13-17 A Sabedoría esténdese describindo o seu crecemento na terra de Israel: sete versos glosan, en sentido crecente, a metáfora vexetal que apareceu no v 12, desde a floración ó froito, e facendo un reconto das árbores e flores, dos aromas e dos froitos da terra da Palestina, do norte ó sur, incluída a chaira veciña ó mar.
24, 15 Inclúe tódolos productos empregados na elaboración do incenso.
24, 17 Metáfora da vide, símbolo profético de Israel (cf Is **5**). Despois do v 17 queda excluído coma glosa un verso aducido unicamente por algúns manuscritos gregos, e empregado, con todo, na tradición litúrxica, en senso mariolóxico: "Eu son a nai do amor puro e do temor, da ciencia e da santa esperanza; eu doume a tódolos meus fillos, segundo El desde a eternidade os chama". A versión latina engade igualmente: "En min está toda a gracia da vida verdadeira, en min repousa toda a esperanza da vida virtuosa".
24, 21 Esta idea da sede e da fame da verdade podería estar de fondo na pasaxe da Samaritana en Xn **4,** 23.
24, 23-34 Comentario: o autor interpreta o poema dándolle un senso novo e preciso, que supón unha síntese revolucionaria na teoloxía sapiencial: a Sabedoría da natureza, posta por Deus en Israel, non é outra cousa cá lei. O feito da presentación en primeira persoa vén coma pedido polo xénero do poema comentado, pero é tamén típico deste segundo volume, no que as intervencións persoais de Ben Sírah serán máis frecuentes. Cunha delas, de tema semellante ó destes versos, rematará toda a obra (**51,**13-30).

³⁰Eu tamén xurdín coma regueiro de río
ou coma unha canle que vai dar nun xardín,
³¹dicindo para min: —"Regarei a miña leira,
alagarei o meu horto";
mais velaquí: o meu regueiro volveuse río
e o meu río trocouse nun mar.
³²Aínda farei brilla-la ilustración coma o abrente,
fareina relucir ben lonxe.
³³Aínda hei de espalla-la miña doutrina coma unha profecía,
deixareina para as xeracións vindeiras.
³⁴Decatádevos de que non traballei só para min
senón tamén para tódolos que a procuran.

Gozos e dores de Ben Sírah

25 ¹Con tres cousas relouca o meu espírito,
cousas ben vistas do Señor e dos homes:
concordia entre irmáns, amizade co veciño,
muller e home que se levan ben.
²E tres castes de xente aborrece o meu espírito
sen que ature o seu xeito de vida:
o pobre orgulloso, o rico falso,
o vello godallo e sen siso.

Sabedoría da ancianidade

³O que non amoreaches na mocidade
¿como o queres atopar na ancianidade?
⁴¡Que ben di coas canas o bo tino
e cos anciáns o saber dar consello!
⁵¡Que ben vai a sabedoría nos anciáns
e o matinar ponderado nos homes venerables!
⁶A moita experiencia é coroa dos anciáns,
e o seu orgullo está no temor do Señor.

Decálogo da felicidade

⁷Véñenme á mente nove cousas felices ó meu ver
e coa lingua vou proclama-la décima:
Benia o home que goza de seus fillos
e quen vive para ve-la desfeita dos seus inimigos.
⁸Benia o casado con muller prudente
e quen non ten que arar cun boi xunguido co burro.
Benia quen non esvara coa lingua
e quen non ten que servir a un inferior.
⁹Benia quen atopa persoa comprensiva
e quen fala a oídos que escoitan.
¹⁰E ¡que grande é o que atingue a Sabedoría!
Mais non é meirande có que teme ó Señor.

24, 30-34 A imaxe dos ríos caudais e profundos dos versos precedentes, trócase en metáfora de regadío, que serve para ilustra-la función do Sabio, nova función profética, función de servicio.

25, 3-6 Sabedoría da Ancianidade: a interpelación inicial (v 3) semella suxerida polo v 2d, e dá pé ás exclamacións valorativas dos vv 4-5 e á máxima final (v 6). Podería ter de trasfondo a fábula da chicharra e a formiga, coñecida en todo o helenismo: ¿quere ser unha cita do remate moral da fábula? Entón teriámo-lo procedemento típico de citación dun texto e comentario do mesmo por parte do escolante.

25, 7-11 Decálogo da felicidade, que se basea sustancialmente nas realidades intramundanas dos valores familiares, económicos e de convivencia social, facendo, con todo, unha escala ascendente ata a Sabedoría e o temor do Señor. Este concepto, reiterado no segundo volume (cf **40,** 26b-27), non será tan frecuente coma no primeiro.

25, 8 Fai referencia a unha prohibición referida no Lev **19,** 19: alí, coma exemplo de pureza legal ante as mesturas de seres opostos; aquí, probablemente coma sinal de pobreza.

¹¹O temor do Señor sobreponse a todo;
¿con quen comparar a quen o acada?

Da muller

a) A esposa insoportable
¹³De feridas, calquera menos a do corazón;
de maldade, calquera menos a de muller;
¹⁴de agresións, calquera menos a dos que odian;
de vinganzas, calquera menos a dos inimigos.
¹⁵Non hai pezoña peor cá da serpente
nin carraxe peor cá da muller.
¹⁶Prefiro convivir con león ou dragón
a ter que habitar con muller perversa.
¹⁷A rabia da muller múdalle a cara,
ponlle a faciana fosca coma un oso,
¹⁸cando o marido senta cos amigos,
mal que lle pese fóxenlle os salaios.
¹⁹Toda maldade é pouca en comparanza coa da muller,
¡cáialle enriba a sorte do pecador!
²⁰Costa areosa para andar de vello
é a muller lingoreta para un home quedo.

b) A muller perversa
²¹Non te enguedelles en fermosura de muller
nin deas en arela-la súa facenda
²²pois é unha escravitude e unha vergonza
que unha muller manteña ó seu marido.
²³Ánimo coitado, faciana tristeira,
corazón ferido: muller perversa;
brazos cangados, xeonllos frouxos:
muller que non fai feliz ó marido.
²⁴Por unha muller comezou o pecado
e por culpa dela todos morremos.
²⁵Non deas paso á auga
nin deixes falar libremente á muller ruín;
²⁶se non se somete,
corta en seco e bótaa lonxe de ti.

26

c) A muller boa
¹Benia o marido de muller xeitosa:
vive días dobrados.
²A muller de valer engorda ó marido:
anos que viva, sempre andará ledo.
³Muller boa, boa partilla:
tócalle en sorte a quen teme ó Señor;
⁴sexa rico ou pobre sempre dá bo tempo
e en todo momento pon cara riseira.

d) A muller inmoral
⁵Tres cousas fanme treme-lo ánimo
e unha cuarta arrepíame:

25, 12 Algúns manuscritos da versión grega amplificaron o v 11 engadindo un v 12: "O temor do Señor é comezo do seu amor, mais a fe é o comezo da súa adhesión", de clara intención doutrinal e teolóxica á marxe do presente tema.
25, 13ss As cinco seccións seguintes (**25,** 13-**26,** 18) van xunguidas tematicamente, formando un tratadiño de varios aspectos acerca dun motivo clásico no programa da escola sapiencial: a muller.
25, 24 Alude a unha interpretación de Xén **3,** corrente xa na época do autor.
25, 26 Referencia ó divorcio (cf Dt **24,** 1-4), institución vixente no tempo de Ben Sírah.
26, 1-4 Semella un resumo do poema de Pr **31,** co que ten contactos verbais (compárese o comezo do v 2 con Pr **31,** 10).

calumnia de vila, xuntanza de turba,
falsa testemuña: todo peor cá morte.
⁶Dor de corazón e pranto é a muller que se cela doutra;
e a tralla da lingua ten que ver con isto todo.
⁷Muller perversa é coma un xugo frouxo
e quen a aferra pilla un alacrán;
⁸grande noxo dá a muller bébeda,
non lle será doado agacha-lo seu baldón.
⁹A imprudencia da muller nótaselle no ollar descarado,
coñéceselle ben no pestanexar.
¹⁰Diante dunha moza lercha reforza a garda,
non sexa que vendo debilidade se aproveite.
¹¹Garda ben os ollos ante unha descarada,
non te estrañes se despois che falta,
¹²pois abre a boca coma viaxeiro sedento
e bebe da primeira auga que atopa;
senta diante de calquera esteo
e a calquera frecha abre a súa alxaba.

e) A muller xeitosa
¹³O engado da esposa aleda ó marido
e o seu siso refórzalle os ósos.
¹⁴Don do Señor é a muller calada
e non ten prezo a ben educada.
¹⁵Gracia sobre gracia, a muller recatada,
nin se paga con nada a que se contén.
¹⁶Coma raiola o sol por riba dos cumios
así a beleza da muller na casa ben gobernada.
¹⁷Candea que aluma no santo lampadario
é unha cara belida sobre un corpo xeitoso.
¹⁸Columnas de ouro baseadas en prata
son as pernas lanzais sobre pés ben plantados.

Escándalos

²⁸Dúas cousas énchenme o ánimo de tristura
e unha terceira de carraxe:
o paladín impedido pola pobreza,
o desprezo de homes intelixentes,

26, 11 A muller *descarada,* da que se fala, non é xa a estranxeira, senón a muller antitipo (a maliciosa en todo, bébeda, lasciva).
26, 12 O verso está cheo de connotacións eufemísticas, típicas da ética verbal dos Sabios (cf Pr **5,** 15ss).
26, 13-18 Prudencia, modestia e fermosura son as virtudes femininas louvadas polo autor, que chega a compara-la beleza corporal a algo sagrado e ó sumo valor estético (ouro e prata). Lémbrese que para os hebreos a estética é de substancias, non de formas. No tratado contrasta a desproporción entre os aspectos negativos e os positivos. Cómpre ter en conta a orixe popular de tódolos refraneiros sobre a muller, reflexo de sociedades masculinas, e a característica de tópico de escola que o tema tiña (moito máis acusado por exemplo en Ecl 7, 26-29). O novo en Ben Sírah é a aprezación da fermosura e a elegancia física e a súa valoración positiva.
26, 18 O manuscrito grego 248 e a versión siríaca inclúen aquí nove versos non aducidos pola recensión grega breve, e dos que non existe texto hebreo; como tales, non son considerados orixinais nas traduccións máis modernas. Son os das notas seguintes.

26, 19 Filliño, conserva a flor da túa mocidade
e non deas a mulleres alleas o teu vigor.
26, 20 Despois de procurarte a leira máis fértil da bisbarra,
sementa a túa semente afiunzando na túa caste.
26, 21 Deste xeito os xermolos que te sucedan
medrarán orgullosos da súa liñaxe.
26, 22 Muller a prezo non vale un farrapo,
a casada é cadea perpetua para os que gozan dela.
26, 23 Muller impía, tóquelle en sorte ó pecador;
a piadosa dáselle a quen teme ó Señor.
26, 24 Muller sen vergonza practica o máis infame,
moza recatada mesmo co marido é delicada.
26, 25 A muller impúdica será tratada coma unha cadela,
a pudorosa temerá ó Señor.
26, 26 Muller que honra ó marido, a todos lles parece sabia;
á que o desprezo por soberbia, todos a terán por impía.
Benia ó marido de muller xeitosa:
o número dos seus anos será dobrado (cf **26,** 1).
26, 27 Muller chiona e lingoreteira
é trompeta de guerra que anuncia unha carga;
quenquera que se encontre en tales condicións
pasará a vida entre liortas.

e o que vira da virtude ó pecado:
o Señor resérvalle a espada.

Pecados do negociante

27

²⁹Dificilmente se libra de culpa o negociante
nin o tratante fica libre de pecado.
¹Moitos pecaron por culpa da ganancia
e quen procura encherse desvía os ollos.
²Entre a xuntura das pedras afíncase unha estaca,
entre a venda e a compra cóase o pecado.
³A quen non é firme no temor do Señor,
ben axiña se lle derrubará o casal.

A proba do home

⁴Tralo abaneo da peneira, queda o farelo;
tamén queda o refugallo do home cando o examinan.
⁵As potas do oleiro saen segundo arda o forno,
un home é o que é segundo o que pensa.
⁶Conforme o que se coide unha árbore serán os seus froitos,
e o raciocinio segundo a inclinación que un teña.
⁷Non louves a ninguén antes de que razoe
pois tal é a proba dos homes.

Vivir na verdade

⁸Se perségue-la rectitude, acadarala
e levarala vestida coma túnica de gloria.
⁹Os paxaros pousan xunto cos da súa especie
e a verdade achégase ós que a practican.
¹⁰O león axexa a presa
e o pecado ós que cometen inxustizas.
¹¹A conversa do home relixioso é sempre sabia,
o necio cambia coma a lúa.
¹²Demora o momento de ires cos insensatos,
cos intelixentes alonga a moradía.
¹³A conversa dos parvos é molesta,
as súas risadas deléitanse no pecado.
¹⁴A linguaxe do xurafaz dá arrepío,
cando rifa tes que pecha-los oídos.
¹⁵Liorta de fachendosos, derramamento de sangue:
dá noxo escoita-las súas inxurias.

Segredo e amizade

¹⁶Quen descobre un segredo perde o creto,
non atopará amigo ó seu gusto;
¹⁷gaña un amigo e afiúnza nel,
mais se descóbre-lo seu segredo, non corras tras el,

27, 6 Este v lembra o dito evanxélico: "polos froitos coñecerédelos".

27, 8-15 Vivir na verdade: o que é xusto "sédeq", o que é verdadeiro e firme "émet" (que posiblemente están debaixo das verbas da versión grega, dado que non se conserva o texto hebreo), eran términos teolóxicos consagrados para significa-lo obrar de Deus cos homes.

27, 9 A verdade coma algo de practicar, non de pensar, é un concepto que ben pode completarse coa idea cristiá de Ef **4**, 15.

27, 11 Pode que estea xustificada a traslación que algúns fan do v 11 para despois do 15, en razón do sentido e coma remate da instrucción.

27, 16-21 O tema do segredo, coa secuencia da máxima, amoestación e a comparación da ave que foxe, xa fora tratado en **22,** 19-22.

¹⁸pois coma quen botou a perde-la herdanza
botaches ti a perde-la amizade do teu amigo;
¹⁹como se deixases fuxir da man un paxariño;
ó deixares irse o amigo, xa non o recuperarás.
²⁰Non tenciones seguilo, xa vai lonxe,
escapou coma a gacela do lazo.
²¹É doado enfaixar unha ferida
e reconciliar tras unha liorta,
mais para quen descobre un segredo, finou a esperanza.

Comenencias

²²Quen chisca o ollo, traza cousa mala,
o que se decata diso afastarase del;
²³diante de ti endozará a súa boca
marabillándose das túas razóns;
despois muda a linguaxe
e dálles ás túas verbas un senso escandaloso.
²⁴Moitas cousas aborrezo, mais ningunha coma esta;
tamén o Señor o refuga e o maldí.

Onde as dan, lévanas

²⁵Quen tira a pedra ó alto, cáelle na cabeza,
quen bate a traición leva parte nas feridas.
²⁶Quen cava a cova irá a dar nela,
quen tende unha rede enmallarase nela;
²⁷a quen fai o mal háselle volver contra el
e non saberá de onde lle veu.
²⁸Escarnio e aldraxe son cousas do soberbio
mais a vinganza ándalle á espreita coma un león.
²⁹Os que gozan coa caída dos piadosos serán pillados na trampa,
a dor faralles compaña ata a morte.

Xenreira

28

³⁰Xenreira e asañamento son de aborrecer;
o pecador é quen os posúe.
¹Quen fai vinganza atoparase coa vinganza do Señor,
pediralle razón estreita dos seus pecados.
²Perdóalle a inxuria ó teu próximo
e entón ó pregares seranche perdoados os teus pecados.
³Home que lle garda a outro xenreira,
¿como lle vai pedir ó Señor que o cure?
⁴De alguén que é coma el non se apiada,
¿e vai rogar polos seus pecados?
⁵Se el, que é carne, mantén a ira,
¿quen lle vai expia-las súas culpas?

27, 22 O xesto de chisca-lo ollo non significaba, coma entre nós, pór en garda a alguén ou face-lo confidente do que se vai dicir por xogo ou con intención; era máis ben signo de maldade, e rexistraba a presencia de alguén de mal natural ou malintencionado (cf Pr 6, 13).
27, 25-29 Unha serie de máximas de comportamento, ilustra a doutrina sapiencial máis clásica da retribución inmanente: o feito malo libera unha forza maligna que recae sobre a cabeza de quen a produciu. Unha exemplificación é a relación soberbia-vinganza.
28, 2 O tema da relación directa entre perdón ó próximo e perdón de Deus é idea común nos escritos edificantes dos dous séculos anteriores á era cristiá (cf Testamentos dos XII Patriarcas); e na súa versión positiva atopámola en Mt 6, 12 e Lc 11, 4.

⁶Pensa na fin e deixa de asañarte,
recorda a corrupción e a morte e cumpre os mandamentos.
⁷Lembra os mandamentos e non rifes co próximo,
recorda a alianza co Altísimo e non deas valor á falta.

O lume das liortas

⁸Tente lonxe das rifas e minguara-los pecados
pois é o home iracundo quen acende as liortas
⁹e o home pecadento quen perturba ós amigos
metendo a disputa entre os que se levan ben.
¹⁰Segundo sexa a leña, alampa máis o lume;
segundo sexa a teimosía, agrándase a loita.
Conforme sexa a forza dun home, tanto máis se alporiza,
conforme sexa un rico, tanto máis se enrabexa.
¹¹Faísca súbita acende o lume,
liorta precipitada derrama o sangue.
¹²Sopras na muxica e alampa,
cóspeslle enriba e apágase,
e ámbalas dúas cousas saen da túa boca.

Linguas maliciosas

¹³Malia o murmurador e o de lingua dobrada:
ten estragado moita xente de paz.
¹⁴Lingua de terceiros exiliou a moitos
facéndoos pasar de nación en nación,
derrubou cidades fortificadas,
arruinou pazos principescos.
¹⁵Lingua de terceiros fixo repudiar mulleres de valía
privándoas do froito dos seus traballos;
¹⁶quen lle presta oídos non terá máis acougo
e xa non morará en paz.
¹⁷Un traballo deixa negróns,
a zoupada da lingua quebra os ósos.
¹⁸Moita xente morreu a fío de espada,
mais non tantos como pola lingua;
¹⁹feliz quen se furta dela,
a quen non alcanza o seu furor,
quen non tira do seu xugo
nin vai atado coas súas cadeas;
²⁰pois o seu xugo é de ferro
e as súas cadeas de bronce.
²¹Duro é morrer por culpa dela,
mellor ca ela é o Hades.
²²Sobre os piadosos, sen embargo, non ten poder,
non se queimarán na súa labarada;
²³caerán nela os que se afastan do Señor,
consumiraos sen esmorecer;
chimparase sobre eles coma un león.
esfaragullaraos coma unha panteira.

28, 12 Observación curiosa polo concreta; na boca do home está, unha vez máis, o poder de conte-las enerxías que desata a afectividade.
28, 14 *Lingua de terceiros* ("lixán telitá", no uso aramaico) fai probablemente alusión ó caso histórico da delación de Onías, que tivo que exiliarse baixo a presión seléucida.

28, 15 Pode referirse ós casos de divorcio precipitado, ocasionados polos procesos de puridade relixiosa e racial que seguiron á reforma iniciada por Nehemías.
28, 21-23 Amosan xa imaxes próximas ó mundo de representacións apocalípticas.
28, 22 Cf Sant 3, 5-6.

²⁴ᵃMira: cingue a túa leira con sebe de toxos
²⁵ᵇe pecha a túa boca con porta e ferrollo;
²⁴ᵇencerra ben a túa prata e o teu ouro
²⁵ᵃe ponlles ás túas verbas balanza e mais pesas.
²⁶Coida de non dares con ela un mal paso,
non vaias caer diante de quen te axexa.

Problemas de xenerosidade

29

a) O préstamo

¹Fai unha caridade quen empresta ó próximo,
quen bota unha man garda os mandamentos.
²Empresta ó teu próximo cando o precise
e pola túa banda devólvelle no prazo acordado.
³Cumpre coa palabra, selle honrado
e en todo momento atopara-lo necesario,
⁴porque moitos pensan que un empréstito é unha ganga
e enchen de preocupacións a quen os axudou.
⁵Ata conseguilo, todo é bicarlle as mans
e abaixa-la voz diante das riqueza do próximo;
ó tempo de devolver, todo é aprazar,
responder con mal humor
e bota-la culpa á situación.
⁶Se ten con que, coma moito recobrarase a metade
e xa sería un milagre;
se non ten, defráudalle os bens
e gaña por riba un inimigo
que retrucará con maldicións e insultos
e en vez de honra pagaralle con aldraxes.
⁷De xeito que moitos, non por mala vontade, néganse,
pois teñen medo de seren desposuídos sen razón.

b) A esmola

⁸Ti, non obstante, acorre ó pobre
e non lle demóre-la túa esmola.
⁹En razón do mandamento, acolle ó mendigo,
e segundo a súa necesidade non o despidas baleiro.
¹⁰Gasta o teu diñeiro por un irmán ou un amigo
e non se che perda enferruxado baixo a lousa.
¹¹Coloca o teu capital segundo os mandados do Altísimo
e producirache máis có ouro;
¹²nas túas arcas garda con chave a esmola
e librarate de todo mal;
¹³máis do que un rexo escudo e unha lanza pesante
loitará ó teu favor contra o teu inimigo.

28, 25b O xiro *porta e ferrollo* é un dos "tics" retóricos de Ben Sírah (cf **22,** 27; **42,** 6.11), cando se trata de fuxir dun perigo.

29, 1-20 Ben Sírah vive nun mundo de necesidade e mercantilismo (cf **8,** 12), onde a miseria prolongada ou a indixencia repentina son feitos cotiáns; e pola outra banda, o comercio pequeno e medio está exercido por homes das máis diversas procedencias non suxeitos a control ningún. Neste contexto inscríbense as tres instruccións seguintes, unidas polo fío dunha actitude común: o xogo entre o sentimento de humanidade e a prudencia. En tódalas tres ten un relevo especial a dimensión social do problema.

29, 7 No tempo do autor o empréstimo presentaba dúas facianas de non doada conciliación: dunha banda, os intereses demandados chegaban á usura en prazos esaxeradamente breves: doutra, dada a inseguridade política e a falta de estructuras xurídicas, tamén era arriscado emprestar. Ben Sírah concede algo á opinión popular que tiraba a consecuencia do v 7, pero tencionaba algo máis xeneroso dos seus discípulos, mesturando os consellos que animan a non pecharse ás necesidades, con outros que impoñen o respecto á propiedade do outro, e sempre dentro dos límites da prudencia.

29, 8-13 O tema querido de Ben Sírah afincase nunha argumentación nova para aquela época: dar esmola é o mellor modo de aforro (vv 11-13).

29, 9 Refírese ó precepto de Dt **15,** 7-11. Sobre a esmola e as súas virtudes, cf tamén Tob **2,** 14; **4,** 9.11.

c) A fianza

¹⁴Un home de ben dá fianza polo seu próximo
e só quen perde a vergonza retíraa.
¹⁵Non esquéza-lo favor de quen te afianzou
pois puxo a súa persoa ó teu favor.
¹⁶O pecador non ten en conta a bondade do fiador,
¹⁷e o de natural ingrato esquece a quen o salvou.
¹⁸A fianza perdeu a moitos que medraban,
abaneounos coma a onda do mar;
fixo emigrantes de homes poderosos
que andaron errantes por nacións alleas.
¹⁹O pecador trabúcase por culpa da fianza:
ó procurar proveito vai dar nun proceso.
²⁰Axuda ó próximo segundo os teus medios
mais gárdate de caeres ti tamén.

Vivir co necesario, pero libre

²¹O necesario para vivir é auga, pan, vestido
e unha casa para encubri-la nudez.
²²Máis conta ten vivir pobre baixo teito de táboas
ca banquete espléndido en casa allea.
²³Pouco ou moito que teñas, vive contento,
non terás que escoitar coma insulto: "forasteiro".
²⁴Vida dura a de andar de casa en casa,
onde sexas forasteiro non poderás abri-la boca;
²⁵darás comida e bebida e non cho agradecerán
e aínda por riba terás que escoitar verbas acedas:
²⁶—"ven acó, forasteiro, arranxa a táboa,
dáme a xantar do que teñas a man";
²⁷—"lisca, forasteiro, que hai xente importante:
chegou o meu irmán, cómpreme a casa".
²⁸Para un home asisado é cousa ben dura
ser burlado de "forasteiro" e aldraxado de "debedor".

Coidado dos fillos

30

¹Quen ama a seu fillo dálle coa vara arreo,
ó remata-la súa vida terá de que aledarse.
²Quen corrixe a seu fillo tirará del proveito,
terá de que gabarse entre os coñecidos.
³Quen instrúe a seu fillo dá envexa ó seu inimigo,
e gozarase del diante dos amigos.
⁴cando o pai fina é coma se non morrese
pois deixa despois de si un semellante a el.
⁵De vivo tivo contento en ollalo,
e non se entristeceu no seu pasamento.
⁶Deixou un vingador de fronte ós seus inimigos;
e de cara ós amigos, quen devolva os favores.

29, 14-19 A situación é aínda máis difícil de xulgar ca no caso do empréstito, e, de feito, Pr **6**, 1-5 e **22**, 26-27 (que recollera da Instrucción de Amen-emope) tomaban unha posición contraria. Ben Sírah consideráa coma un tipo de esmola, onde non xoga tanto o tema da seguridade coma o da caridade. De todos xeitos, se o v 14 indica o principio xeral, o v 18 pon en garda contra os perigos financieiros da época (xa Ez **27**, 25-36 comentara a desfeita producida en moitos pobos co gallo da quebra de Tiro).

29, 22-28 Exaltan o valor superior de vivir na propia terra, contraposto ás angurias e desprezos ós que se somete o emigrado por ambición (vv 25-28). Este escarnio dirixido ó "meteco" (inmigrado) revela un ámbito non semítico, lonxe das leis da hospitalidade.

30, 1-13 Os fillos eran o froito da vida, sinal de bendición e paz ("Xalom"), única maneira de supervivencia, continuadores do patrimonio e do "nome" na terra de Iavé, defensores da sona de seus pais e vingadores dos seus inimigos (cf a figura do "goel", vingador do sangue, no v 6; cf Sal **127**, 5).

⁷Quen moito aloumiña a un fillo xa lle vendará as feridas
e cada berro conmoveralle as entrañas.
⁸Besta non domeada sae testá,
fillo consentido sae teimudo.
⁹Afaga ó teu fillo, terás de que tremer;
anda a xogos con el e hate contristar.
¹⁰Non rías con el para non chorares por el
e para non ter ó remate que renxe-los dentes.
¹¹Non o deixes ó seu antollo na mocidade
nin pases por alto os seus malos costumes;
¹²faille baixa-la cabeza namentres é rapazote,
trabállalle os lombos mentres é pequeno,
non che veña plantar cara e revirarse
e se che troque en motivo de angustia.
¹³Corrixe a teu fillo, faille pesado o xugo
para que non se che opoña nunha das súas arroutadas.

Boa saúde

¹⁴Mellor é pobre san e rexo
ca rico coa eiva no corpo.
¹⁵Prefiro vida sa ó ouro puro
e o bo natural ás perlas.
¹⁶Non hai riqueza meirande ca un corpo rufo
nin outro ben coma o corazón bondadoso.
¹⁷Mellor é a morte ca unha vida coitada
e o acougo eterno cá doenza crónica.
¹⁸Lambetadas postas diante de boca pechada
son coma ofrendas de comida diante dun ídolo;
¹⁹¿para que levar ofrendas a ídolos pagáns
que nin comen nin olen?
Pois así vén sucedendo co que ten facenda
e non pode gozar dela;
²⁰óllaa coa vista e salaia
como salaia o eunuco que apreixa unha moza.

Procura da alegría

²¹Non te deixes dominar pola tristura,
non te abaixes por mor da túa culpa.
²²O corazón ledo é a vida do home
e a ledicia faino comprensivo.
²³Abre o teu ánimo, colle folgos,
afasta de ti a mágoa;
pois a moitos ten matado a señardade
e nada aproveita a coita.
²⁴Envexa e ira acurtan a vida
e as arelas avellentan antes de tempo.
²⁵Para un ánimo feliz, durmir é xa un banquete
e canto come aprovéitalle.

30, 8 Inclúe un refrán popular.
30, 11-13 Estes vv teñen de trasfondo a comparanza cun animal de carga, probablemente un boi. Verbo dos métodos drásticos na educación e ensino dos rapaces, cf Pr **13,** 24; **19,** 18; **23,** 13-14.

30, 18 Pode facer referencia ás ofrendas e libacións que se facían en Exipto ou ás que os pagáns realizaban na mesma Palestina ante os cenotafios.
30, 19-20 O enfermo, diante dos praceres da vida, remeda a impotencia do idólatra ou a do eunuco (cf **20,** 4).

Coidados da riqueza

31 ¹O insomnio do rico mírralle as carnes
e a preocupación pola mantenza escorréntalle o sono;
²a coita do sustento impídelle o descanso
e, máis ca unha grave doenza, non o deixa durmir.
³Ataréfase o rico para amorear facenda
e cando repousa é para se encher de praceres;
⁴o pobre fatígase e sempre andará escaso,
e se repousa, convértese en mendigo.

⁵Quen corre tralo ouro non quedará impune
e quen ama o lucro por culpa del extraviarase.
⁶Moitos foron víctimas do ouro
e afiunzaron nas perlas,
mais non foron tales de libralos da desgracia
nin de salvalos no día da ira;
⁷pois é un lazo para o necio
e todo inxenuo enmállase nel.
⁸Feliz o home que foi atopado íntegro
e non errou tralo diñeiro.
⁹¿Quen é este?, para agasallalo,
xa que fixo marabillas no medio do seu pobo.
¹⁰¿Quen foi tentado e permaneceu indemne?
Sexa para el motivo de gloria.
¿Quen podendo extraviarse non se extraviou,
podendo face-lo mal, non o fixo?
¹¹A súa felicidade estará a seguro
e a asemblea publicará a súa louvanza.

Educación á mesa

a) Urbanidade no banquete

¹²Filliño, se asentas á mesa dun magnate,
non ábra-la boca diante dela
nin digas: —"¡Canta fartura hai aquí!"
¹³Pensa no ruín que é o ollo malicioso
—Deus refuga o ollo retranqueiro,
non creou cousa peor ca el;
por iso chora adoito—.
¹⁴Considérate do veciño coma de ti mesmo;
ten en conta o que a ti non che gusta.
¹⁵Non bóte-la man ó que el ten de ollo,
nin tropeces con el na bandexa.
¹⁶Xanta coma un home do que che sirvan
e non o embullas ás présas para non dares noxo.
¹⁷Remata o primeiro coma ben educado
e non recunques para que non te desprecen.

31, 8 *Diñeiro*: cítase a verba aramaica Mammón, personificación divinizada das riquezas, coma en Roma a deusa Fortuna; a este propósito cf Mt **6,** 24; Lc **16,** 9-13.
31, 12ss A educación na mesa: coma diante dun tríptico apostámonos nestes versos da man de Ben Sírah de fronte ó triclinio dos israelitas benestantes e algo helenizados. O ensino das normas de comportamento na mesa fora materia de sempre nas escolas sapienciais desde instruccións datables no Imperio Antigo expcio. O escriba estaba chamado a ser home de mundo: no tempo do autor a frecuencia das viaxes e contactos con xentes variadas impoñían unha tal aprendizaxe; cumpría non facer figura de badoco nos banquetes de comensais e nos simposios onde, entre libacións de viños mesturados, se departía sobre temas de actualidade, divertimento ou filosofía, ó son de cántigas e instrumentos.
Desde o punto de vista formal o tratadiño vai disposto en tres seccións de 13-7-13 versos.
31, 14-15 A transposición dos vv 14 e 15 vén demandada polo senso.
31, 16 Ó pe da letra: "O que che poñan diante" pode aludir a un bocado especial enviado polo hóspede coma sinal de agasallo.

¹⁸E aínda que asentes con outros moitos
non te sirvas antes có compañeiro.
¹⁹Abofé, ó home asisado con pouco lle abonda
e despois no leito non rebuliga.
²⁰As dores, o insomnio, afogos, sofocos
e cólicos, tócanlle ó inmoderado;
en troques, un sono saudable ó de estómago baleiro:
erguerase de mañá ben aleuto.
²¹Se, nembargantes, te sentes cheo co xantar,
érguete, vomita, e acougarás.
²²Escoita, filliño, e non me despreces,
máis tarde comprendera-lo que che eu digo:
serás moderado en todo o que fagas
e non haberá mal que te alcance.
²³As bocas bendín ó hóspede xeneroso
e a sona da súa liberalidade permanece.
²⁴Do hóspede roñoso murmúrase polas rúas
e tamén dura a sona da súa avaricia.

b) O viño
²⁵Diante do viño non presumas de forte
pois o mosto ten feito tatexar a moitos.
²⁶A forxa pon a proba o traballo do ferreiro
e o viño as liortas dos barís.
²⁷¿Para quen é san o viño?
—Para o que bebe a modo.
¿Que sería da vida sen viño
se desde o comezo foi creado para a ledicia?
²⁸Ánimo xubiloso, troula e simpatía:
o viño bebido ó seu tempo e con tino;
²⁹resaca, tristura e vergonza:
viño bebido con rabia e carraxe.
³⁰O moito alcohol é unha trampa para o necio:
tóllelle as forzas e éncheo de feridas.
³¹Cando bebas non corríxa-lo veciño
nin o burles se se pon alegre;
non lle digas verbas inxuriosas
nin te poñas pesado con reclamacións.

32

c) O simposio
¹Se te invitan á presidencia non te enfonches
coma un deles,
ocúpate dos outros, despois ponte á mesa.
²Atende ó que lles cómpre,
só despois déitate no diván
para te deleitares cos seus honores
e amosares bo tino coa túa compostura.
³Se es un ancián, fala cando che toque,
agudo nas razóns, e non impída-lo canto.
⁴Cando cheguen os brindes non prolóngue-lo discurso
e aínda que non haxa música non presumas de sabio a contratempo.
⁵Broche de rubí engastado en ouro
é un cantar ben acordado nun banquete con viño.
⁶Colar de ouro con pedra de zafiro
é o son do cantar despois dun licor agradable.

31, 25 Sobre o viño, cf Xuí **9,** 13; Sal **104,** 15; Pr **23,** 19ss.

⁷Se es rapaz novo, fala se é necesario
despois de seres invitado con insistencia dúas ou tres veces.
⁸Serás breve: di moito en poucas verbas;
fai impresión de que, ben informado, sabes calar.
⁹Non interveñas cando falen os anciáns
nin te prodigues en explicacións cos magnates.
¹⁰Antes da sarabia brilla o lóstrego,
por diante do modesto fulxe o seu engado.
¹¹No intre de partires non te demores,
volta para a túa casa e fai alí o que che pete.
¹²Di entón o que che veña en mente
mais con temor de Deus e non sen siso;
¹³e, por riba de todo, dá gracias ó creador
que te fartou con tantas cousas boas.

Actitudes perante a Lei

¹⁴Quen consulta a Deus aprende a disciplina,
quen por El se ergue cedo atopará resposta.
¹⁵Quen pescuda na Lei tirará dela froito
mais quen a toma a xogo enmallarase nela.
¹⁶Quen teme ó Señor aprenderá o dereito,
do seu interior tirará as decisións axeitadas.
¹⁷O home arguicioso desvía as refutacións
e retorce a Lei conforme ó gusto seu.
¹⁸Un home sabio non agacha o seu saber
coma tampouco o insolente garda a lingua.
¹⁹Nada fagas sen aconselláreste
para non teres que te arrepentir despois do feito.
²⁰Non vaias por camiño cheo de trampas
nin batas por dúas veces nun tropezo.
²¹Non vaias confiado por camiño de bandoleiros
e garda as costas.
²²En tódalas accións vixíate a ti mesmo;
quen obra dese xeito garda a Lei.
²³Quen cumpre coa Lei, a si mesmo se garda;
e quen afiúza no Señor non será confundido.

33

¹A quen teme ó Señor non lle sucede mal ningún
pois aínda da tentación sairá salvo.
²Non chega a sabio quen refuga a Lei,
será abaneado coma a dorna na galerna.
³Un home asisado comprende a palabra do Señor,
o seu ensino é seguro coma os Urim.

Precipitación do parvo

⁴Prepara a túa razón e despois pasa ás obras,
pensa con calma, despois discutirás.

32, 13 A alusión pódese referir neste caso á recitación ritual de bendicións despois do xantar, ou ben ás pregarias privadas antes de se deitar, costume dos xudeus piadosos, do que existen testemuños desde o albor do rabinismo.
32, 14ss A pasaxe é claro reflexo da etapa relixiosa que estaba a vivir Israel. Procurar a Deus é procura-lo seu "Musar", a instrucción no estudio da Lei, na palabra de Deus escrita. A ausencia de novos feitos salvíficos e o silencio da profecía conducen á "relixión do libro". Pero un tal estudio é comparado a unha demanda oracular (v 4); e consulta-la Lei é afiuzar en Iavé (v 23); por conseguinte non se pode falar, ó menos para estes versos, dunha piedade legalista, pois a teoloxía que latexa no trasfondo destas afirmacións é a dunha fe na presencia dinámica da palabra de Deus, sempre cumprida de novo.
32, 18 Este v vai acrecentado no texto hebreo cunha glosa: "O home sabio non acepta suborno, o soberbio e burlón non garda a Lei".
33, 3 A seguridade da consulta ó libro dos mandatos de Deus é comparada ó oráculo feito coa axuda dos *Urim* e *Tummim*, as pedras sagradas que o Sumo Sacerdote levaba no peitoral e coas que se botaban as sortes (cf Lev **8,** 8; Dt **33,** 8).

⁵Coma a roda do carro é a mente do parvo
e coma o eixo a xirar, os seus pensamentos.
⁶Coma cabalo en celo é o amigo molesto,
monte quen o monte, rincha.

A lei das oposicións

⁷¿Por que un día non é coma o outro
se todo o ano lles vén a luz do sol?
⁸—A Sabedoría do Señor fíxoos distintos
de xeito que houbese días de festa;
⁹algúns de entre eles bendiciunos santificándoos
e ós outros fíxoos días correntes.
¹⁰Tamén os homes todos están feitos de arxila
—pois de terra foi formado Adam—
¹¹mais a Sabedoría do Señor distinguiunos
e diferenciou os seus camiños:
¹²bendí e honra a algúns,
a outros santificaos e adícaos a si;
a algúns deles maldíos e humíllaos
e guindaos fóra dos seus postos.
¹³Coma a arxila na man do oleiro,
que a manexa ó seu gusto,
así o home está nas mans do seu creador
que lle fixa un papel na súa presencia.
¹⁴De fronte ó mal, o ben;
de fronte á vida, a morte;
de fronte ó bo, o malvado;
de fronte á luz, a tebra.
¹⁵Considérate de tódalas obras de Deus,
todas elas feitas por parellas
e unha oposta á outra.

Autopresentación

¹⁶Tocante a min, eu cheguei derradeiro,
coma quen rebusca despois dos que vendiman,
¹⁷mais pola gracia de Deus saín avantaxado
e coma vendimante enchín o meu lagar.
¹⁸Considerade que non traballei para min só
senón tamén para quenquera que procura Sabedoría.
¹⁹Escoitádeme, gobernantes dun gran pobo,
prestade oídos, os presidentes da asemblea.

Testamentos, ó seu tempo

²⁰A fillo ou a esposa, a amigo e veciño,
non deas poder ningún mentres ti vivas.
²¹Mentres esteas en vida e teñas folgos
non te deixes dominar de ninguén.

33, 13-15 A metáfora do Deus oleiro ilustra a dependencia esencial de todo o creado (cf Sab **15**, 7-8; Xer **18**, 1-6). Dun pensamento semellante poderíase tira-la consecuencia dun dualismo maniqueo, tal coma aparecerá no Testamento dos XII Patriarcas ou en Qumrân. Ben Sírah, non obstante, conclúe cunha chamada á louvanza e á contemplación.
33, 16-19 No presente paso Ben Sírah xustifica o seu labor, aínda que serodio, coa conciencia de ser chamado a escribir e render un servicio. A alocución feita no v 19 a un público aristocrático (os príncipes —"sarim"— do pobo) dálle á sección un aire supraescolar de dedicatoria.
33, 20 O texto hebreo presenta un duplicado do v 20, se guido tamén polo grego, que con todo, semella ser unha glosa explicativa: "Nin cedas a outro a túa facenda, par non lle teres que reclamar se te arrepintes".

²²Mellor é que os teus fillos che pidan
que estar ti dependendo deles.
²³Serás ti quen decida en tódolos teus negocios
sen botares chatas na túa dignidade.
²⁴Cando remate a conta dos teus curtos días,
estando para morrer, distribúe a herdanza.

Escravos

²⁵Ó burro, penso, tralla e carga;
ó criado, mantenza e traballo arreo.
²⁶Atarefa ó criado para que non busque vagar,
como erga a cabeza háseche revirar.
²⁸Fai traballar ó criado para que non se subleve
²⁹pois o vagar acarrexa moitos males.
³⁰A criado torcido, moitas cadeas,
mais non te pases con ninguén
nin fagas nada sen xustiza.
³¹¿Tes soamente un criado? —Que sexa coma ti,
pois cando esteas feble terás necesidade del;
¿tes soamente un criado?— Trátao coma irmán,
non teñas celos do teu propio sangue.
³²Se o asoballas fuxirá, e pérdelo,
¿por que camiño habías de atopalo?

Vaidade dos soños

34 ¹Quen procura a vaidade atopa o erro
e os soños dan azos ós parvos.
²Apreixa sombras e persegue vento
quen lles dá creto ós soños.
³O soño é coma un espello:
reflicte o rostro, unha imaxe do rostro.
⁴¿Que pode haber de limpo no lixado?
¿Que pode haber de verdade na mentira?
⁵Adiviñacións, agoiros e soños son cousas vas:
andrómenas de mente parturenta.
⁶Se non foron enviados polo Altísimo nunha visión,
non acredites neles.
⁷Os soños teñen feito errar a moitos,
e afiuzando neles, pereceron.
⁸A Lei, en troques, cúmprese sen falsidade,
e a Sabedoría é íntegra cando a boca é veraz.

Seguridade nas viaxes

⁹Quen teña viaxado coñece moitas cousas,
quen ten moita experiencia fala asisadamente.

33, 25-32 Nunha sociedade na que as frecuentes guerras e invasións amais de liquidación das débedas fornecían mercados abundantes de man de forza humana sen consideracións para a dignidade do home, Ben Sírah repite dunha parte o refraneiro popular acerca de criados e servos (vv 25-29) e doutra tenciona atempera-la situación vital deles con consideracións fundadas, dunha banda en criterios de economía doméstica e oportunista, doutra na comunidade (vv 30-32). A casuística iniciada no v 31 remata no v 32 co problema do escravo fuxitivo sen chegar á formulación da entidade xurídica dos libertos. A regulación da escravitude na lexislación mosaica incluía o caso de escravos da propia raza (cf Ex 21; Dt **15**, 12-18), dos que no tempo de Ben Sírah non era permitida a existencia, por máis que se desen casos de criados e servos domésticos.

34, 1-8 Vaidade dos soños: o prestixio visionario dos soños na antigüidade non excluía a sospeita da súa realidade e interpretación (Dt **13**, 2-6; **18**, 9-14); a sospeita vai medrando co inicio da introspección e da observación sicolóxica. Ben Sírah sométeo a aguda crítica.

¹⁰Quen non pasou por probas, pouco coñece;
mais o que viaxou abunda en mañas.
¹¹Moito teño eu ollado nas miñas viaxes,
tenme pasado máis dunha aventura.
¹²En perigo de morte atopeime a miúdo
e salveime gracias ó feito seguinte:
¹³que o espírito dos que temen a Deus mantense en vida
pois a súa esperanza afinca no que os salva.
¹⁴Quen teme ó Señor non ten medo de nada
nin perde azos pois pon nel a súa esperanza.
¹⁵Feliz o espírito de quen teme ó Señor:
¿en quen afinca? ¿quen é o seu alicerce?
¹⁶Os ollos do Señor pousan naqueles que o aman
como potente escudo e rexo apoio,
reparo na calor e sombra ó mediodía,
defensa de tropezos e axuda contra os tombos,
¹⁷erguendo o ánimo e alumando os ollos,
dando a saúde, a vida e bendición.

Ética do culto

a) Culto viciado

¹⁸Sacrificar un ben mal adquirido é unha ofrenda impura
e os dons da xente sen lei non son aceptados.
¹⁹Non acolle o Altísimo donativos de impíos
nin lles perdoa as culpas polas moitas oblatas.
²⁰Coma inmolar a un fillo na presencia do pai
é ofrendar sacrificios cos bens dos pobres;
²¹dunha escasa mantenza depende a vida dos pobres,
quen os priva dela é un asasino.
²²Mata ó seu próximo quen lle colle o sustento,
esparexe sangue quen lle nega a paga ó obreiro.
²³Un a edificar e outro a demoler,
¿que proveito tiran se non é máis traballo?
²⁴Un a bendicir e outro a maldicir,
¿cal das dúas voces escoitará o Señor?
²⁵Quen se lava despois de tocar un cadáver e volve tocalo,
¿de que lle vale o baño?
²⁶Do mesmo xeito, a quen xexúa polos propios pecados
e torna a face-lo mesmo,
¿quen lle vai acolle-la súa pregaria
e de que lle valeu mortificarse?

b) O verdadeiro sacrificio

35 ¹Aquel que observa a Lei fai ofrendas cumpridas,
²o que garda os mandamentos fai sacrificio de comunión.
³Quen se amosa indulxente ofrece flor de fariña,
⁴e o que doa unha esmola fai sacrificio de louvanza.
⁵Se afastarse do mal comprace ó Señor,
fuxir da inxustiza é propiciación.
⁶Non te achegues ó Señor coas mans baleiras

34, 18ss A predicación profética interésase pola disposición interior esixida por un culto auténtico, celebración da xustiza, pasando do paradigma de pureza ritual ó de pureza ética. No pulo da restauración litúrxica iniciado pola reforma de Esdras e Nehemías o tema tornaba a facerse actual. Ben Sírah abórdao dun xeito máis concreto e casuístico nas tres seccións seguintes, vinculadas polo mesmo problema.
34, 20-22 A linguaxe faise categórica e dunha perenne actualidade (v 22). O pobre do que se fala nos vv 20-22 non é xa o colono rural explotado, senón o mendigo ci dadán e o obreiro.

⁷pois isto todo faise por mor do precepto.
⁸A ofrenda do xusto enche de graxa o altar,
o seu recendo atingue ó Altísimo.
⁹O sacrificio do xusto é ben acollido,
o seu memorial non será esquecido.
¹⁰Dá honor ó Señor con xenerosidade
e non andes a relear coas primicias das túas mans.
¹¹En todo canto doares, pon rostro amable
e consagra o teu décimo con ánimo ledo.
¹²Dálle a Deus segundo El che doou,
con xenerosidade e conforme ós teus posibles,
¹³pois Deus recompensaracho
devolvéndoche o séptuplo.

c) O que Deus, de feito, escoita
¹⁴Non lle vaias con subornos, que non os acepta,
non poñas esperanza na ofrenda extorsionada,
¹⁵porque El é un Deus xusto
e non ten preferencias de persoa;
¹⁶non tomará parte contra o pobre
mais presta oídos ás demandas do asoballado,
¹⁷non refuga os saloucos do orfo
nin da viúva que repite o seu laio
¹⁸en tanto lle esvaran as bágoas polas meixelas
¹⁹e salaia de fronte a aqueles que as fan correr.
²⁰Semellante laio acada o seu favor,
o seu berro chega ata as nubes.
²¹O grito do pobre traspón as nubes,
non apousa ata chegar á meta,
non cede ata que Deus o atende
e que o xuíz veraz faga xustiza;
²²tampouco Deus a retardará
nin, coma baril, hase deter
ata esfola-los lombos do cruel
e cumprir vinganza nas nacións,
²³ata elimina-lo cetro orgulloso
e esnaquiza-lo fungueiro impío;
²⁴ata retribuír a cadaquén segundo as súas obras,
e os feitos do home segundo as súas matinacións;
²⁵ata defende-la causa do seu pobo
aledándoo coa súa salvación.
²⁶Apreciada é a súa misericordia no tempo da opresión
coma a orballada no tempo da seca.

Pregaria da liberación

36 ¹Sálvanos, Deus do universo,
²espalla o teu terror en tódalas nacións;
³brande a túa man contra un pobo estranxeiro
para que experimenten o teu poderío.

35, 9 Verbo do "memorial", cf Lev **2,** 1-3; **24,** 7.
35, 10 Para as primicias, cf Lev **23,** 10-17 e Dt **18,** 4.
35, 13 O autor insiste na xenerosidade, ir máis alá dun mero cumprimento (vv 6.12), chegando entón a resposta do Señor a extremos non calculables: o séptuplo non se debe entender coma unha medición exacta, senón coma un cualificativo enfático.

36, 1-19 Suxerida sen dúbida polos derradeiros versos da sección precedente, xorde unha pregaria que, aínda manténdose en termos xerais e composta a maneira de mosaico polo procedemento de citacións libres e implícitas doutros textos escriturísticos, ten un grande poder evocador da situación de suxección concreta sufrida polo pobo xudeu baixo a dominación seléucida.

⁴Como te amosaches santo ós seus ollos a costa nosa,
   manifészate glorioso á nosa vista en contra deles,
⁵para que aprendan, como fixemos nós,
   que non hai Deus fóra de ti.
⁶Renova os prodixios, repite os milagres,
⁷honra a túa man, fai forte o teu brazo dereito,
⁸excita a carraxe, esparexe a ira,
⁹humilla ó opresor
   arreda ó inimigo,
¹⁰adianta o remate, ten en conta a data fixada
   pois ¿quen poderá dicirche: —"¿Que fas?".
¹¹Arda no alampar da túa carraxe o que tentou fuxir
   e que os que asoballaron ó teu pobo vaian dar na ruína.
¹²Abate a cabeza dos príncipes de Moab,
   dos que din: —"Non hai coma min".
¹³Reúne a tódalas tribos de Xacob
   e que reconquisten a herdanza coma nos vellos tempos.
¹⁴Ten piedade do pobo que leva o teu nome,
   de Israel a quen designaches primoxénito.
¹⁵Ten piedade da túa cidade santa,
   Xerusalén, lugar da túa moradía.
¹⁶Enche Sión coa túa maxestade;
   e o teu templo, de gloria.
¹⁷Dá testemuño a prol da mellor das túas obras,
   cumpre a visión proclamada no teu nome.
¹⁸Recompensa ós que en ti esperan
   para que se lles dea creto ós teus profetas.
¹⁹Escoita a pregaria dos teus servos
   segundo o que te compraces no teu pobo;
   recoñezan tódolos confíns da terra
   que ti e-lo Deus sempiterno.

Saber escoller

a) Que caste de muller
²⁰A gorxa acepta un xantar calquera,
   por iso uns alimentos son máis saborosos ca outros.
²¹O padal distingue o sabor dunha cousa,
   a intelixencia capta o sabor da mentira.
²²Un corazón arteiro procura mágoas,
   o home asisado retórceas contra el.
²³A muller acolle ó marido que sexa,
   sen embargo unhas mozas valen máis cás outras.
²⁴A beleza da muller aleda o rostro
   e supera canto anceia o ollo,
²⁵se por riba posúe unha doce fala
   o seu home xa non se conta entre os humanos.
²⁶Acadar muller é o sumo das ganancias,
   unha axuda, fortaleza e columna de apoio.
²⁷Onde non hai sebe estrágase a viña;
   onde falta a muller, ándase errante e ós tombos.

36, 20ss A nota común do discernimento e distinción oportuna xunta nunha unidade temática tres seccións sobre a muller, o amigo e o conselleiro, todas elas eleccións centrais na vida do home.

36, 23 A muller pasa de ser un obxecto de propiedade ou de pracer á figura de compañeira, axuda, comprensión se ben no cadro das relacións que a sociedade de entón ll permitía (cf v 23a).

²⁸¿Quen afiúza nunha banda armada
que anda ás correrías de vila en vila?
Pois tal é o home ó non ter niño,
que apousa onde o pilla a noite.

b) Que caste de amigo

37 ¹Calquera amigo di: —"Téñoche boa lei",
mais hainos só de nome.
²¿Non é por caso unha mágoa de morte
que un amigo íntimo se volva inimigo?
³¡Ouh maligna tendencia! ¿Para que fuches creada?
Para enche-la face da terra de engano.
⁴Amigo falso non quita ollo da mesa
mais no tempo de estreituras mantense lonxe.
⁵Un bo amigo loita contra o adversario
e apresta o escudo contra os agresores.
⁶Non esquéza-lo compañeiro na contenda
nin lle roubes ó recolle-la presa.

c) De quen pedir consello

⁷Todo conselleiro fai indicacións
mais hai conselleiros que suxiren para o seu proveito.
⁸Gárdate ben do conselleiro,
considera de primeiras cal é o seu interese,
pois tamén el está a pensar para si:
"¿Por que habería este de tira-lo proveito?"
⁹Non che vaia dicir: —"A túa idea é boa",
e se poña á parte para contempla-la túa desfeita.
¹⁰Non te aconselles con quen te envexa,
e esconde o teu plan de quen che ten ciúmes:
¹¹Nin con muller verbo da súa rival,
nin co adversario no tocante á guerra,
nin co tratante no tocante á compra,
nin co comprador no tocante á venda,
nin co malicioso sobre unha boa acción,
nin co cruel sobre o ser humano,
nin co asalariado no tocante ó seu traballo,
nin co que arrendou por un ano sobre o valor da colleita,
nin co criado preguiceiro no tocante a un traballo duro.
Non te apoies neles para proxecto ningún.
¹²Consúltate máis ben con quen é de sempre respectuoso,
que coñeces coma observante da Lei,
que teña o teu mesmo sentir
e que en caso de tropezo, che acorra.
¹³Por riba diso, atende ás suxerencias do teu corazón
pois ¿quen che vai ser fiel coma el?
¹⁴O corazón agóiralle ó home o momento oportuno
mellor ca sete astrólogos na atalaia.
¹⁵E ademais disto, suplicalle a Deus
para que afinque as túas pegadas na verdade.

Peneira dos sabios: o uso da palabra

¹⁶Comezo de toda acción é a palabra
e comezo de toda tarefa, a reflexión;

37, 12 O texto grego interpreta a verba *respectuoso*, de seu secular, como "piadoso, temeroso de Deus", sen dúbida pola vecindade da "Lei" no seguinte hemistiquio.

37, 16-25 Coma no volume primeiro, un xeito de interrupcións reflexivas do autor, que lle serven para separa-los diversos tratados da súa escolma.

¹⁷raiceira dos proxectos é a mente,
e dela despuntan catro pólas:
¹⁸o ben e o mal, a vida e a morte;
e a lingua domina totalmente sobre elas.

¹⁹Sabio hai que tal é para moita xente
e consigo mesmo é un imbécil,
²⁰e sabio hai desprezado polo seu falar
e excluído de todo banquete delicioso.
²²Sabio hai que o é para si
e nótaselle no corpo o froito da súa ciencia;
²³e sabio hai que é sabio para o seu pobo
e o froito da súa ciencia será perdurable.
²⁴Quen é sabio para si fártase de satisfaccións,
os que o ven felicítano.
²⁵Quen é sabio para o pobo herdará gloria
e a súa sona vivirá eternamente.
²⁶A vida dun home son días contados,
a vida do pobo de Israel son días innumerables.

Vida e morte

a) Control na comida
²⁷Meu fillo, mentres vivas controla a gorxa;
observa o que lle fai mal, para refugalo,
²⁸pois non todo é bo para todos
nin todo xantar lle vai ben a calquera.
²⁹Non devezas por toda lambetada
nin te botes sobre calquera peperete
³⁰pois nas moitas lambetadas aniña a enfermidade
e a inmoderación provoca a náusea.
³¹Moitos morreron por intemperancia,
mais o que se controla alonga a vida.

38

b) Eloxio do médico
¹Respecta ó médico pois é necesario,
a el tamén o creou Deus.
²De Deus recibiu o médico a habilidade,
e do rei os agasallos.
³A ciencia do médico faille ergue-la cabeza
e acobadarse cos príncipes.
⁴Deus fai que a terra produza as menciñas
e o home asisado non as desbota.
⁵¿Non foi adozada a auga cun leño
para que todos descubrisen a súa virtude?

37, 21 O texto hebreo e mailo siríaco omiten o v 21, testemuñado polo grego: "Pois o Señor non lle deu o seu favor, xa que el mesmo se priva de sabedoría".

37, 27ss Vida e morte. Unha temática común xongue a serie de seccións seguintes sobre a saúde (37, 27-31), o médico (38, 1-8), a enfermidade (38, 9-15) e a morte (38, 16-23), suxerindo as actitudes axustadas coa prudencia en cada caso.

37, 27-31 Control no xantar: o problema dos alimentos, sans ou non, e da regulación da comida, presupón unha sociedade xa desenvolta e benestante, onde, sen chegar ós excesos romanos descritos no banquete de Trimalción, os refinamentos culinarios son frecuentes. A preocupación hixiénica era unha nota constante na medicina dietética usual nos centros médicos gregos e alexandrinos. A referencia ás lambetadas fai supoñer un público discente de xente nova, e a tónica dos consellos descobre o influxo do ideal de moderación estoico.

38, 1-8 A teoloxía da creación elaborada polos sabios lévaos a suliña-los adiantos da técnica médica e a apreza-los homes que a practican. O feito é en parte novo pois motivacións relixiosas (sospeita de maxia ou de falta de confianza en Deus) tiñan verquido sospeitas sobre a profesión e uso da medicina (cf 2 Cro **16**, 12; Xob **13**, 4).

⁶Do mesmo xeito deulle ó home intelixencia
para se gloriar no seu poder.
⁷Con tales medicinas o médico mata a dor
e o boticario prepara as súas mesturas,
⁸de xeito que a creación de Deus non desapareza
nin a habelencia dos fillos de Adam.

c) Deberes na enfermidade
⁹Filliño, cando esteas enfermo non te deixes ir,
rógalle a Deus e El hate sandar;
¹⁰fuxe do mal e da parcialidade,
purifica o corazón de toda culpa,
¹¹ofrenda incenso e a oblación memorial
e sacrificios de unto segundo os teus medios,
¹²mais bota man por igual do médico
e que non se afaste, pois tamén el é preciso.
¹³Hai momentos en que o éxito está da súa man
¹⁴xa que tamén el prega a Deus
para que lle conceda atinar coa diagnose
e aplica-lo tratamento que cure.
¹⁵Peca contra o seu creador
quen fai resistencia diante do médico.

d) Deberes cos defuntos
¹⁶Filliño, derrama bágoas por un defunto;
amosa a túa mágoa e fai o pranto,
sotérrao despois segundo o uso que lle corresponda
e non o esquezas tralo pasamento.
¹⁷Chora tristeiro, salaia por el,
pon o loito que convén por el
un día ou dous para evitar faladurías;
despois consólate da coita
¹⁸pois, como coa mágoa xorde a desgracia,
tamén coa tristura medra a dor.
¹⁹Despois do pasamento cómpre deixa-la coita,
o ánimo maldí unha vida mísera.
²⁰Non volvas para el o teu maxín,
refuga o seu recordo e lembra a fin;
²¹non penses máis nel pois non ten esperanza,
para el non vai valer e a ti faiche mal.
²²Pensa na súa sorte que é tamén a túa:
"Onte a min, hoxe a ti".
²³Cando o morto repousa, repouse a súa memoria,
consólate ti tamén, unha vez que partiu a súa alma.

38, 14 Este v podería ser lido por Sant **5,** 14, que concede á pregaria polo enfermo outra dimensión comunitaria e sacramental.

38, 9-15 A instrucción demostra a conciencia que o autor ten da dobre vertente da enfermidade nos niveis espiritual e corporal. Como tal debe ser atacada desde as dúas bandas: coa purificación da culpa e a pregaria (vv 9-11; cf Sal **51,** 3-4.10.18-19) e co recurso ó médico e ó seu intento (vv 12-14). O médico non prega para demandar un milagre, senón a exactitude no prognóstico e na curación. Na versión grega ten outro senso, que non parece apropiado ó contexto: "Quen peca contra o seu creador, caia nas mans do médico".

38, 16-23 A fidelidade ó morto e a moderación rexen estes consellos sobre o pasamento. Os vv 16-18 prescriben os usos normativos da piedade no contexto antropolóxico palestino: bágoas, choro rítmico, Quiná ou canto mortuorio, enterramento ritual, pranto e loito (de un a dous días —en **22,** 12 sete días—), que podía incluír revestirse de saco e o laio público con derramamento de cinsa.

38, 19-23 Corrixen a dor inmoderada ou enfermiza, pensando nos que viven (v 21) e relembrando a inevitabilidade da morte (v 22); recórdase a actitude de David en 2 Sam **12,** 22.

Crítica de oficios e louvanza do escriba

a) Os oficios artesanais

²⁴A aplicación do escriba acrece o seu saber;
o libre de ocupación farase sabio.
²⁵¿Como vai chegar a sabio quen aferra a aguillada
ou quen dá aires de brandi-la lanza,
o que guía os bois repetindo unha cántiga
e non fai máis que falar dos xatos?
²⁶Ese ataréfase en ter gobernado o cortello,
pon todo o intento en facer sucos.
²⁷O mesmo se diga de calquera artesán ou obreiro
que non acouga noite e día:
os que gravan as figuras dos selos
e poñen a súa teima en varia-los relevos;
aplican a atención á reproducción do debuxo
e as súas vixilias a remata-la obra.
²⁸Outro tanto o ferreiro, asentado a carón da xunca,
obrando a conciencia trebellos de ferro;
a labarada sécalle as carnes
mentres se atafega á calor da forxa;
o son do martelo abóuralle os oídos,
ten os ollos fixos no modelo do aparello,
ocúpase en remata-la obra
e consome as súas vixilias en deixar todo ben acabado.
²⁹Tal acontece co oleiro, sentado ó seu traballo,
xirando cos pés a roda,
sempre a cismar no seu oficio,
pois da producción depende o seu labor.
³⁰Co brazo dálle forma á arxila
amolecéndolle a dureza coa axuda dos pés;
preocúpase por deixar ben vernizado
e todo o seu anceio é deixar limpo o forno.
³¹Estes todos poñen confianza nas súas mans
e cadaquén entende do seu oficio,
³²sen eles non é habitable unha cidade,
ninguén podería morar nin viaxar.
³³Mais non van á procura deles para o consello do pobo,
nin teñen asento de mérito na asemblea;
non asentan na sede do xuíz,
non cavilan sobre a lei e o dereito,
non amosan unha cultura penetrante
e de sentencias sutís non entenden;
³⁴empréganse só en tarefas profanas
e a súa teima esgótase no exercicio do seu mester.

b) O sabio de novo cuño

39

¹Aquel, en troques, que aplica o seu espírito
a cavilar na Lei do Altísimo,
esculca na Sabedoría dos devanceiros,
dá tempo ó estudio das profecías,

38, 24ss As críticas de oficios eran un xénero característico das literaturas sapienciais da antigüidade do Oriente Próximo, e floreceron especialmente na cultura exipcia (cf a Instrucción de Duauf do papiro Anastasi).
38, 25-34 É peculiar nesta sección o detalle de observación da artesanía cidadá e a insistencia no traballo nocturno e na inestabilidade económica, nun comercio totalmente ocasional coma era o do xuq (mercado, ou rúa do mercado) hebreo. En troques, Ben Sírah sabe da-lo aprezo que convén á función destes cidadáns na vida social, e non insiste en denigralos (cf vv 32.34).

²pescuda as disertacións de homes famosos
e penetra nas dificultades das sentencias;
³inquire o senso oculto dos proverbios,
cóllelle-las voltas ós enigmas das parábolas.
⁴Presta servicio ante os grandes,
comparece ante os príncipes;
viaxa por nacións estranxeiras
experimentando o que hai de bo e de malo entre os homes.
⁵Desde o amencer diríxese con todo o seu ánimo
ó Señor que o creou
e suplica na presencia do Altísimo;
abre a boca cunha pregaria
e roga perdón polos pecados.
⁶Se o grande Señor quixese,
será colmado dun espírito intelixente;
faralle orballar verbas sabias
de xeito que confese ó Señor na súa pregaria;
⁷dirixiralle o querer e o saber
para que abonde nos seus segredos;
⁸revelaralle a doctrina do seu ensino
para que teña o seu orgullo na Lei da alianza do Señor.
⁹Moitos louvarán a súa perspicacia
que non será endexamais esquecida;
non perecerá o seu recordo
e a súa sona manterase viva por xeracións.
¹⁰Comentarán as nacións a súa Sabedoría
e a asemblea proclamará a súa louvanza.
¹¹En canto viva será máis famoso ca moitos miles,
cando morra abondaralle co seu nome.

Deus todo o fixo ben

¹²Vou aínda prosegui-las miñas reflexións
pois estou delas cheo coma o luar a mes mediado:
¹³escoitádeme, fillos piadosos, e agromaredes
coma a roseira plantada á beira da corrente;
¹⁴recenderedes coma o incenso,
floreceredes coma o lirio.
Erguede a voz louvando a coro
e celebrade ó Señor por tódalas súas obras,
¹⁵engrandecede o seu nome,
proclamade a súa louvanza
ó son da cítola e toda clase de cántiga,
dicindo deste xeito, aclamando:
¹⁶as obras de Deus son todas boas,
todo canto cómpre dispono El ó seu tempo.
¹⁷Á súa voz detense a auga e embólsase,
xorde da súa cámara co mandado da súa boca;
¹⁸o seu parecer realízase de súpeto,
ninguén pode dete-lo seu triunfo;
¹⁹sonlle patentes as obras de todo vivente,
nada se esconde ós seus ollos;

39, 12ss O motivo ou título do fragmento vén dado nos vv 32-34: Ben Sírah colleu unha tese de teodicea e desenvolveuna, acudindo ós seus coñecementos da Biblia e co seu método circular de expor. Vanse tocando os temas da omnipotencia e omnisciencia divinas (vv 17-20), a oportunidade de cada obra ó seu tempo, a pesar das obxeccións propostas por un imaxinario contrincante (vv 21-24), a providencia (vv 25-31) no diverso efecto das cousas de primeira necesidade (vv 25-27) e na funcionalidade e uso que Deus pon nos elementos coma instrumentos do seu poder (vv 28-31).

²⁰olla da eternidade á eternidade,
nada hai extraordinario para el.
²¹Non se pode dicir: —"Isto ¿para que vale?"
pois cada cousa foi escolleita para o seu fin;
nin é doado dicir: —"Isto é peor ca aquilo"
pois cada cousa ten valor no seu tempo.
²²A súa bendición reborda coma o Nilo,
coma o Éufrates alaga o universo;
²³tamén a súa carraxe espolia as nacións
e troca en estepa de sal campías de rego.
²⁴Os seus vieiros son terreo chan para os íntegros,
por contra son fragosos para os impíos.
²⁵Desde o comezo fixo os bens para os bos
e para os malvados, bens e males.
²⁶De primeira necesidade para unha vida humana, son:
auga e lume, ferro e sal,
a flor do trigo, o leite, o mel,
zume de uva, aceite e vestido;
²⁷isto todo é de proveito para os bos
mais para os malvados trócase en mal.
²⁸Existen ventos creados para a vinganza
que na súa carraxe arrincan as montañas;
no tempo da ira amosan a súa forza
amainando a xenreira do seu creador;
²⁹lume e sarabia, fame e peste
tamén foron creados para o castigo;
³⁰bestas feras, alacrán e víbora,
e a espada vingadora, para a extinción de impíos.
Cada un deles foron creados para o seu propósito
e esperan no celeiro o seu tempo oportuno;
³¹cando lles dá un mandado alédanse,
non se reviran contra os seus decretos.
³²Velaquí o que desde o comezo tencionei cavilar,
o que examinei e deixei por escrito:
³³—"Tódalas obras de Deus son boas,
todo canto cómpre, dispono El ó seu tempo".
³⁴Non se pode dicir: —"Isto é peor ca aquilo"
pois cada cousa ten valor no seu momento.
³⁵Aledádevos, logo, de todo corazón
e bendicide o nome do Santo.

Da vida e da morte

a) Canseira da vida

40 ¹Deus distribuíu unha grande angueira
e un pesado xugo ós fillos de Adam,
desde o día no que saen do ventre materno
ata o día no que voltan para a nai de todo vivente:

39, 21 A cuestión do tempo oportuno retráenos á memoria o tema de Ecl 3, 11, se ben empregado nun senso providencialista positivo.
39, 22 Unha observación xeográfica sobre Exipto fai rememora-la historia bíblica (v 23a; cf Ex **12,** 35-36).
39, 26 A "decena da supervivencia" insiste na disponibilidade dos bens para todos, bos e malos e en como é o home quen␣retorce ó seu xeito.
39, 29-30 Estes vv fan de novo alusión ás pragas de Exipto.

39, 30 A imaxe dos piornos do ceo, onde se amorean os fenómenos meteorolóxicos e os decretos para a intervención dos seres encargados do castigo, é tradicional en Israel.
40, 1 Nótese a mención da terra "nai", de influxo helénico.
40, 1ss Un aire novo percorre as seccións seguintes. A dor, as aprensións, a anguria ante a morte, e, en contraste, a vida, a permanencia da sona e da descendencia coas súas ambigüidades, chegan a vincular un fato de estrofas con algunhas interrupcións.

²matinacións, tremor de corazón,
aprensión polo futuro, día da morte.
³Desde o que asenta no elevado trono
ata o que se deita sobre po e cinsa,
⁴desde o que cingue tiara e diadema
ata o que se acobilla no seu mantelo de pelexo:
soamente celos, degoiros e angustia,
terror á morte, xenreira e liortas.
⁵E cando procura repousar no leito
o sono nocturno túrballe o ánimo;
⁶acouga un momento, repousa un instante,
e xa o alporizan os pesadelos;
abafado polas imaxes internas
séntese coma o fuxido correndo diante do perseguidor;
⁷cando está para ceibarse, esperta
e decátase de que non tiña motivo o medo.
⁸Deste xeito ocórrelle a todo vivente sexa home ou besta,
e sete veces peor ós pecadores:
⁹peste e sangue, febre e seca,
desfeita e destrucción, fame e morte.
¹⁰En contra do malvado foi creado o mal,
por culpa súa non faltará a ruína.
¹¹Canto procede da terra volta para a terra,
canto provén do alto torna ó alto.

b) A lealdade permanece
¹²Todo regalo inxusto desaparecerá
mais a lealdade permanece para sempre;
¹³facenda mal adquirida é coma a crecida constante,
coma regato cheo co arroiar da treboada;
¹⁴co seu xurdir fai rolda-los penedos
e nun momento esmorece para sempre.
¹⁵O gromo da violencia non abrocha
pois é raiceira cativa sobre cumio de rocha,
¹⁶é coma os caneiros á beira do regato
que secan antes de calquera verdura,
¹⁷mentres que a lealdade non se conmove endexamais
e a esmola perdura sempre.

c) "Aínda mellor"
¹⁸Doce é a vida coma o viño forte;
mellor cós dous é atopar un tesouro.
¹⁹Fillos e cidades fundadas perpetúan a sona;
mellor cós dous é atopar Sabedoría;

Poderíase inferir destas reflexións un comentario libre a temas do Eclesiastés (cf **40**, 1.2.11.18; **41**, 4a), chegando mesmo á citación verbal do motivo "a vida é un sopro" (**41**, 11). Sen embargo, o tratamento irá adaptado ás claves relixiosas do autor, botando fóra a amargura de Qohélet e afincando no Temor de Deus e no comportamento moral para mante-la esperanza.
40, 5-7 Motivo do pesadelo (cf Xob **7** e Ecl **2**, 22s) coma ampliación do dominio do medo alén dos lindeiros da conciencia.
40, 8-10 A afirmación dos vv 8-10 é curiosa e típica de Ben Sírah: o mal atingue especialmente ó pecador; aínda máis, se existe o mal, é por causa del.

40, 11 Cf Ecl **12**, 7, afirmación que no contexto resoa estraña nos labios do presente autor.
40, 12-17 De fronte á sorte unívoca da morte dos homes, Ben Sírah fai un xuízo recuperador de valores parciais: hai cousas que permanecerán. Términos decisivos nesta sección son os conceptos conservados no v 12 (o grego "pistis", que podemos interpretar "verdade e fidelidade") e no v 17 (o hebreo "hésed" co seu correspondente grego "haris" = "gracia, favor"). Por máis que neste segundo caso o término semella recollido da lingua dos Salmos (cf Sal **136**: "A súa fidelidade, piedade..."), o contexto non fala directamente de Deus senón do home.

ceba de gando e plantacións fan célebre a un home,
pero máis cás dúas, unha muller sen chata.
²⁰Viño e licor aledan o corazón,
mellor cós dous é un amor garimoso.
²¹Frauta e harpa embelecen o canto,
mellor cás dúas é unha voz ben temperada.
²²Beleza e xeito engadan os ollos,
mellor cós dous é o verdecer da campía.
²³Amigo e compañeiro chegan no intre xusto,
mellor ca eles dous, a muller asisada.
²⁴Irmán e salvador chegan no tempo da angustia,
máis ca eles dous salva a esmola.
²⁵Ouro e prata afincan ben os pés:
mellor cós dous é un bo consello.
²⁶Riqueza e poderío exaltan o espírito,
mellor cós dous é o temor de Deus.
Co temor do Señor non hai falta de nada,
e téndoo non cómpre máis apoio.
²⁷O temor de Deus é coma un Edén de felicidade
e o seu dosel está todo cheo de gloria.

d) Vida sen dependencia

²⁸Filliño, non leves unha vida de mendigo,
máis conta ten morrer que andar a pedir,
²⁹quen ten que estar a ollar para a mesa allea
leva unha vida que non é vida;
pois un fica lixado cun xantar semellante,
a un home sabio revolveríalle o estómago.
³⁰A un home sen dignidade sábelle ben o mendigado
mais no interior quéimao coma o lume.

e) A morte: laio e bendición

41 ¹¡Ouh morte, que aceda é a túa lembranza
para quen mora quedo nos seus eidos,
para quen vive en paz e todo lle vai ben
e aínda ten folgos para gozar de pracer!
²¡Ouh morte, que bo é o teu decreto
para o home mísero e falto de vigor,
para quen tropeza e se ve atrapado por todas partes,
para quen abanea e perdeu a esperanza!
³Non teñas medo do teu destino mortal,
lembra que o mesmo vale para os que te precederon e te sigan.
⁴É a sorte que Deus impuxo a todo vivente,
¿como vas refuga-la Lei do Altísimo?
Vivas mil, cen ou dez anos,
non se protesta no Xeol polo que dura a vida.

40, 18-27 O medo da morte non é quen de facer desaparece-la bondade da vida. Quizais o influxo do Eclesiastés, co seu canto da felicidade posible e as súas series "mellor ca" (cf c. 7) suxiren a Ben Sírah unha chea de comparacións que salientan os valores humanos recuperables. É notable a constancia da valoración positiva da muller, o sentimento de solidariedade e a sensibilidade pola fermosura.
41, 1-4 O autor non esqueceu o tema iniciado no **40,** 1. A morte segue presente e ameazante. O consolo de Ben Sírah é pobre, por máis que baseado na vontade de Deus (v 4), pois busca unha solución filosófica na sicoloxía ou na idea da compensación xusta; na dimensión do alén non entra o pensamento da fidelidade persoal por parte de Iavé, pensamento que agromará na veciña "era dos mártires" (cf libros de Daniel e Macabeos), coma xa aparecera no Sal **63,** 4.

f) Descendencia e sona

⁵Descendencia desbotada é a dos malvados
que van a miúdo á casa dos impíos.
⁶Arrincaranlle o poderío ó fillo do perverso
e a aldraxe acompañará á súa prole.
⁷A un pai malvado maldío seu fillo
pois por culpa del sofre a deshonra.
⁸¡Ai de vós, impíos,
que abandonáde-la Lei do Altísimo!
⁹Se vos multiplicades será para a desventura,
se xerades será para a coita,
ó caerdes haberá escarnio permanente,
cando morrades será na maldición.
¹⁰Canto vén da nada volve á nada,
así o impío: do baleiro ó baleiro.
¹¹Un home no seu corpo é un sopro,
mais o nome do piadoso non perece.
¹²Coida do teu bo nome pois hache valer máis
do que un milleiro de tesouros prezados.
¹³A ledicia de vivir dura días contados;
a boa sona, anos sen fin.

Clases de vergonza

¹⁴ᵇSabedoría agachada e tesouro oculto
¿de que serven ámbolos dous?
¹⁵Máis vale quen agacha a súa tolemia
có que esconde a súa sabedoría.
¹⁴ᵃFilliños, escoitade a instrucción sobre a vergonza
¹⁶e confundídevos seguindo o meu xuízo;
póis non é valiosa unha vergonza calquera
nin é aceptable calquera rubor.
¹⁷Avergónzate da fornicación diante de teu pai e de túa nai,
e diante do principal e o maior, pola mentira;
¹⁸da falsidade ante o dono e a ama;
diante da asemblea do pobo, por un crime;
ante o compañeiro e veciño, pola traición;
¹⁹no lugar da túa moradía, por un roubo,
por non manter compromisos xurados,
por afinca-los cóbados na mesa,
por refugar un don que se che pide;
²¹ᵃpor non recoñecer a un amigo,
por impedi-lo reparto das partillas;
²⁰por face-lo xordo a quen te saúda,
por fitar muller allea
²¹ᶜou frecuenta-la súa criada;
²²diante do amigo, por verbas inxuriosas,
e despois de facer un don, por botalo en cara;

42 ¹de repetir unha verba que escoitaches
e descubrir un plano secreto.
Deste xeito avergonzaríaste de verdade
atopando favor ós ollos de todos.

41, 5-13 O pensamento dunha retribución inmanente só na terra, non no alén, leva ó Sabio a admitir unha diferencia no éxito das vidas, que se pode medir nos fillos. A brevidade da existencia procura compensación no nome e na sona que deixa tras de si e na súa familia, para bendición ou maldición. A ilusión e a esperanza que respella nos vv 11 e 13 non pode menos de facernos sentir un fondo respecto por quen non oíra aínda a mensaxe da "morte da morte" (1 Cor **15,** 55).
41, 14.21 Estes vv foron trastocados na súa orde natural no decurso da transmisión.

Mais do seguinte non te avergonces
nin teñas respectos pecaminosos:
²da Lei do Altísimo e do mandato,
do dereito, ata absolver un culpado,
³de face-las contas co socio e o patrón,
de distribuí-la herdanza e a facenda,
⁴de limpa-la balanza e os pratiños,
de comproba-la medida e o peso,
dun prezo de venda nin moi alto nin moi baixo,
⁵de axusta-lo mercado co tratante;
de corrixi-los fillos a miúdo
e de escorrerlle o sangue do lombo ó criado túzaro;
⁶de atrancar con ferrollo a muller viciosa
e botar chave onde anden mans lixeiras;
⁷de levar conta do que che deixan en depósito
e ter anotado no libro o debe e o haber;
⁸de corrixir ó desasisado e ó inxenuo
e ó vello decrépito que coa luxuria perdeu os cascos.
Dese xeito serás verdadeiramente sabido
e home de ben ante todo vivente.

Crianza das fillas

⁹Para un pai unha filla é un tesouro incerto,
coa preocupación lévalle o sono:
de moza, que se non vai casar,
de casada, que se a van repudiar;
¹⁰cando é virxe, por se lla violan,
vivindo no lar do marido, para que non sexa infiel;
no lar de seu pai, que non fique preñada,
no lar do seu home, que non sexa estéril.
¹¹Filliño, vixía a túa rapaza
non che vaia procurar mala sona,
murmurios na cidade, escarnio do pobo,
e che cause deshonra na asemblea da porta.
Na súa alcoba, nada de fiestras,
nin peza con accesos visible pola volta.
¹²Que non amose a súa beleza a home ningún
nin vaia comadrear no xineceo,
¹³pois, se dun vestido sae a couza,
dunha muller sae a malicia doutra.
¹⁴Mellor é malicia de home ca boas maneiras de muller,
e moza deshonrada acarrexa baldón.

42, 14 Máxima que se presta a unha crítica de antifeminismo. Cómpre lela en relación cos vv 12.13, coa súa referencia ó xineceo (a ″bet naxim″ hebrea), alcoba das mulleres na casa israelita cidadá, onde as pequenas e mozas podían escoita-las faladurías e conversas non sempre edificantes das criadas e mulleres casadas, únicas ás que era doado o ingreso na peza.

PARTE SEGUNDA
Libro da Grandeza de Deus
I A creación

Grandeza de Deus na creación

¹⁵Quero lembra-las obras de Deus,
contarei canto teño contemplado:
Pola palabra de Deus foron creadas
e foi instrucción del que fagan a súa vontade.
¹⁶Coma o sol do abrente resplandece sobre todo,
así a gloria do Señor sobre tódalas obras.
¹⁷Nin os santos de Deus foron tales
de narraren as marabillas do Señor.
Concede Deus a forza ós seus exércitos
para se manteren rexos na presencia da súa maxestade.
¹⁸El sondea o abismo ó igual có corazón
e inquire tódolos seus segredos,
porque o Altísimo coñece todo o coñecible
e albisca os signos do mundo futuro,
¹⁹manifesta o pasado e o vindeiro
e desvela o celme dos misterios.
²⁰Non lle foxe saber ningún,
non hai cousa que se lle esconda.
²¹A magnitude da súa Sabedoría está ben confirmada
desde a eternidade é o único
sen que se lle poida engadir ou quitar
e non precisa de sabidos.
²²¿Non son por caso admirables tódalas súas obras
sendo só unha faísca o que delas se ve?
²³El vive e permanece para sempre
e, en canto se precisa, escoita a todos.
²⁴Calquera cousa é diversa doutra
mais nada fixo en van.
²⁵Unha supera a outra na perfección
e ¿quen se dará farto de contemplar beleza tal?

As marabillas da creación

43 ¹Esplendor das alturas é o firmamento na súa enxebreza
e a fasquía dos ceos é un espectáculo maxestuoso.
²Érguese o sol espallando a calor,
—¡que admirable feitura do Señor!—
³ó mediodía abura a terra:
¿quen pode facer fronte á súa quentura?
⁴Forno ben atizado pon candente o metal fundido,
as raiolas do sol incendian os montes;
unha labarada do astro consome a terra habitada,
é un facho que deslumbra os ollos.

42, 15 Parte segunda: Libro da Grandeza de Deus (cc. **42, 15-50,** 29). Grandeza de Deus na creación (**42,** 15-**43,** 33). Comeza en **42,** 15 a segunda parte do libro, que se abre nun ton diverso ó dos dous volumes previos. Titulámolo "Libro da Grandeza de Deus", porque, na súa composición bipartita, ten por obxecto louva-la sabia obra de Deus na creación e na historia de Israel.
42, 18-20 Omnisciencia de Deus sobre o mundo creado, o tempo e as intelixencias. As reminiscencias de textos de Sal (**17,** 31; **139**), Pr (**15,** 11) e profetas (Is **45,** 21; **48,** 12ss), son frecuentes.
43, 1-29 Subxace á exposición o canon clásico da "lista sapiencial", especie de catálogo cosmolóxico que se descobre aínda en Xob **38-39;** Sal **104; 136; 148;** Dn 3, 52ss (adicións gregas), etc., e que ten a remota ascendencia na "Ciencia das listas" de Sumer e Exipto.

⁵Abofé, grande é o Señor que o fixo,
  coas súas verbas fai brilla-los seus seres poderosos.
⁶Tamén a lúa reloce en tempos sucesivos
  medindo os períodos coma sinal constante;
⁷ela determina festas e datas
  coa súa luz suave que vai esmorecendo;
⁸renóvase mes tras mes:
  ¡que admirable nas súas fases!
  Axuda para as caravanas, candea celeste
  que aluma o firmamento co seu esplendor.
⁹As estrelas son fermoso ornamento do ceo,
  a súa luz resplandece nas alturas divinas,
¹⁰ó mandado de Deus seguen quedas no seu lugar
  e non ceden dos seus postos de vixía.
¹¹Olla para o arco da vella e bendice a quen o fixo.
  ¡Que marabilloso no seu esplendor!
¹²Cingue o ceo cun círculo glorioso,
  é a man de Deus a que o tende.
¹³O seu poderío fai corusca-lo lóstrego
  e fulxi-las faíscas de acordo cunha orde;
¹⁴a este fin creou os seus piornos
  e fixo voa-las nubes coma voitres;
¹⁵a súa potencia condensa as nubes
  e esfaragulla as pedras da sarabia.
¹⁶O seu trebón bruante arrepía á terra
  e coa súa forza tremen as montañas;
¹⁷á súa orde érguese o vento do sur,
  o nordés, a treboada e a galerna;
¹⁸coma banda de paxaros esparexe a neve
  que cae coma cando apousan os saltóns;
  o brillar da súa brancura enfeitiza os ollos,
  ó farrapear fica o ánimo arroubado.
¹⁹Espalla a xeada coma o sal
  e as súas floriñas resplandecen coma zafiros.
²⁰Ceiba o frío xistral
  que conxela a lagoa coma unha codia,
  pon un cobertor sobre toda superficie de auga
  e reveste a fonte dunha coiraza;
²¹do mesmo xeito que a seca, queima a vexetación dos montes
  e os pasteiros da campía coma unha chama;
²²menciña disto todo é a súbita nube de orballo
  que se esparexe para amolece-lo sequeiro.
²³Co seu plan puxo orde no océano
  e plantou illas no mar;
²⁴os mariñeiros contan dos seus confíns
  e ó escoitalos cos nosos oídos ficamos abraiados;
²⁵nel atópanse as máis estrañas das súas criaturas,
  toda caste de bestas e monstros oceánicos;
²⁶gracias a el o mensaxeiro cumpre co seu mandado
  e as súas verbas levan a cabo o intento.

43, 23-26 O mar testemuña a curiosidade medoñenta do mundo antigo ante o seu misterio (cf os "Relatos do náufrago" e "Sinuhé" en Exipto e a "Odisea" grega); ó mesmo tempo aparece coma lugar dos monstros mariños, xa non mitificados (cf Xob 7, 12; Sal 104, 26), pero aínda estarrecentes.

²⁷Non é cousa de seguir repetindo outro tanto;
en conclusión: —"El éo todo".
²⁸Continuaremos a louvalo pois non é doado definilo,
El é meirande ca tódalas súas obras.
²⁹O Señor é digno de toda admiración
e as súas empresas son marabillosas.

Exhortación á louvanza

³⁰Vós que enxalzáde-lo Señor, erguede a voz
con tódolos azos, pois sempre será pouco;
os que entoades, renovade os folgos
sen darvos cansos, que non o esgotaredes.
³¹¿Quen o viu para poder describilo?
¿A quen lle é dado enxalzalo como é?
³²Moitas cousas hai máis arcanas ca estas;
eu só considerei un anaquiño das súas obras;
³³porque o Señor fixoo todo
e ós piadosos concédelle-la Sabedoría.

II Louvanza dos devanceiros

Introducción solemne

44 ¹Farei louvanza dos homes de ben,
dos nosos devanceiros, pola súa orde;
²o Altísimo concedeulles unha gloria inmensa
e engrandeceunos desde días antigos:
³a gobernantes do país, pola dignidade real,
a homes famosos, polos seus grandes feitos,
a conselleiros, pola súa habelencia,
a visionarios universais, polas súas profecías,
⁴a príncipes de nacións, pola súa perspicacia,
a maxistrados, pola súa profundidade,
a razoadores tribunos, pola súa elocuencia,
a relatores de sentencias, pola súa vixilancia da tradición,
⁵a compositores de cántigas segundo as normas,
a escolmadores de refráns por escrito,
⁶homes ricos e cheos de poder
que viviron pacíficos nas súas moradías;
⁷todos eles foron distinguidos entre os seus contemporáneos
e glorificados xa no seu tempo;
⁸máis dun deixou tras de si un nome
que vai unido á súa herdanza.
⁹Doutros non se conserva a lembranza,
ó eles finaren, acabouse,
e foron como se non existisen,
e outro tanto os seus fillos despois deles.
¹⁰Mais estes foron homes virtuosos
e a súa esperanza non tivo fin;
¹¹na súa prole mantense a felicidade
e a súa herdanza chega ata os seus netos;

43, 27-28 En dúas frases lapidarias resúmese toda a teoloxía do fragmento: Deus é todo, está en todo; Deus é meirande ca todo.

44, 1 Louvanza dos devanceiros (**44**, 1-50, 24): ó longo de sete prolixos capítulos o autor vai presenta-la actuación do Deus de Israel na historia. Con este obxecto bota man da súa lectura da Biblia, engadindo acá e alá elementos midráxicos (recollidos de tradicións libres) e noticias do seu propio coñecemento. Trátase de presentar ós lectores modelos de vida e de virtude, propostos coma exemplo de humanidade en Israel, e testemuño da Sabedoría da que se falou na parte primeira do libro. Unha mentalidade semellante atópase nos "Testamentos dos XII Patriarcas" e máis adiante nos rabínicos "Pirqé Abbot" ("Ditos dos pais").

¹²os descendentes manteñen os seus compromisos
e, polo medio deles, tamén os netos;
¹³a súa lembranza permanece eternamente,
non se borrará a súa caridade;
¹⁴o seu corpo foi enterrado en paz,
a súa sona vive por idades sen término;
¹⁵a súa Sabedoría cóntaa a comunidade,
o seu louvor repíteo a asemblea.

Os fundadores

a) Patriarcas no tempo do diluvio
¹⁶Henoc foi atopado íntegro no seu camiñar co Señor,
exemplo de mística para tódalas xeracións.

¹⁷Noé, home xusto, foi encontrado perfecto;
no tempo do exterminio foi coma un reabrochar,
por el subsistiu un resto,
polo seu pacto cesou o diluvio,
¹⁸concluído con el por medio dun sinal eterno
de xeito que non fosen aniquilados tódolos viventes.

b) Os pais da raza
¹⁹Abraham foi pai dunha chea de nacións,
no seu honor non se atopa chata
²⁰pois observou os mandatos do Altísimo
e estableceu con El unha alianza
tallando na súa carne o que lle fora prescrito
e amosándose fiel na proba.
²¹Por iso prometeulle con xuramento
bendici-las nacións na súa posteridade
multiplicándoo coma o po da terra
e exaltando ós seus descendentes coma astros,
concedéndolles unha herdanza de mar a mar
desde o Éufrates ata as lindes do mundo.

²²Tamén con Isaac fixo o mesmo
en razón de seu pai Abraham.
²³A alianza de tódolos devanceiros pousou
e a bendición descendeu sobre a cabeza de Israel.
Confirmouno na bendición
e deulle a súa herdanza.
Organizouno en tribos,
dividiuno nunha ducia de grupos.

44, 16 A figura citada para presenta-los patriarcas antediluvianos, Henoc, é sintomática da época. A súa presencia en libros posteriores coma no apócrifo do seu nome, no libro dos Xubileos, no da Sabedoría (**4**, 10), e máis adiante na carta ós Hebreos (**11**, 5), dá fe da profunda significación que acadou nunha tradición apocalíptica na que destaca coma o revelador de visións, cercano ós misterios de Deus, e encargado de chamar á penitencia ó seu pobo antes da fin do mundo. Na creación desta figura posiblemente se mesturou a cavilación sobre a breve noticia que del se dá en Xén **5**, 24 coma home "arrebatado por Iavé", cunha figura mítica de sabio escritor e astrónomo babilonio, chegada a Israel na época persa.

44, 17 Con Noé faise mención da primeira alianza e do reflorecer, por obra da xustiza dun home, da raza humana.
44, 19 A presencia de Abraham é concisa, mais lograda, nunha síntese completa dos seus feitos. Cómpre suliña-la citación da circuncisión coma causa da alianza por xuramento (non xa a fe nin o sacrificio de Isaac, v 21). Neste tempo estábase a loitar pola fidelidade a esta institución, que diferenciaba étnica e relixiosamente os helenizados e israelitas fieis (cf 1 Mac **1**, 15).
44, 23 Referencia a Xacob baixo o nome de Israel, coa súa estructura tribal. O sentimento nacional faise sentir en tódalas pasaxes desta composición.

45

c) Os pais da lei e do culto

¹Del saíu un home
que atopou favor ós ollos de todo vivente,
amado de Deus e dos homes:
Moisés, de feliz lembranza.
²Constituíuno Elohim
e fíxoo potente entre os ilustres;
³á súa palabra acelerou os signos,
enforteceuno diante do rei,
púxoo ó mando do seu pobo
e reveloulle a súa gloria.
⁴Pola súa fidelidade e sinxeleza
escolleuno de entre tódolos viventes;
⁵fíxolle escoita-la súa voz
e deixouno aproximarse á mesta nube;
puxo na súa man o mandato,
a lei da vida e a comprensión dela,
para que ensinase a Xacob os seus decretos
e os seus preceptos e dereito a Israel.
⁶Soergueu a outro santo, Aharón, da tribo de Leví,
⁷instituíndoo cun decreto eterno,
impoñéndolle a dignidade
para que fixese o servicio da súa gloria;
cinguiuno coa forza do búfalo,
vestiuno co manto de honor.
⁸Revestiuno de ornamentos magníficos,
adornándoo con alfaias preciosas,
cos calzóns, a túnica e o manto;
⁹púxolle, todo en torno, campaíñas
cunha morea de granadas arredor
que repinicasen harmoniosas ó camiñar,
de xeito que a súa música se oíse no Santo dos Santos,
coma memorial para os fillos do pobo;
¹⁰vestimentas sagradas de ouro e púrpura
e vermellas, traballo de bordador,
o peitoral do xuízo, o Efod e o cinto,
o pano escarlata, feitura do tecedor;
¹¹as xoias sobre o folequiño peitoral,
as tallas nos selos engastados,
cunha inscrición incisa para a lembranza
segundo o número das tribos de Israel;
¹²a coroa de ouro no turbante
e a lámina coa inscrición: "Santo",
dignidade gloriosa, poderosa nobreza,
delicia para os ollos, fermosura perfecta.

45, 1ss As figuras de meirande renome no pensar do autor son os portadores da lei e os celebradores da liturxia do pobo. En consecuencia, adícalles un longo capítulo, no que a mesma distribución é xa sintomática: vv 1-5: Moisés; vv 6-22: Aharón; vv 23-25d: Pinhás.
45, 1 Moisés queda religado ós patriarcas (cf v 1; o v 1a.b, na traducción grega, súmase ó v 26 coma remate do capítulo anterior), e preséntase coma un escriba encargado da transmisión e interpretación da lei, ó modo de Esdras (v 5). A dimensión de "elohim", ou "pertencente á esfera do divino" (v 2) vénlle da súa proximidade a Deus e ó seu poder.
45, 6-7 Aharón recibe o tratamento máis longo da sec-
ción: queda patente a preocupación cúltica de Ben Sírah e a súa admiración polo ritual.
45, 8-13 Descrición dos pormenores das vestimentas cúlticas (cf Ex **28**). O valor que tales símbolos tiñan na antigüidade e as súas interpretacións (elementos do universo, presencia do pobo, presencia de Deus), foxen á nosa sensibilidade. As campaíñas (v 9) avisaban da presencia e preparaban á reverencia. O selo sobre o peito (v 11) levaba os nomes das doce tribos. O Efod, placa metálica ou pano bordado, tiña remotas orixes cananeas. A referencia "Qódex" (= santo), sobre a fronte, recordaba a dedicación a Deus.

¹³Antes del non houbo nada semellante,
endexamais non as vestira un profano;
soamente un de seus fillos
e os fillos deles conforme as xenealoxías.
¹⁴As súas oblacións consómense totalmente,
dúas veces no día sen interrupción.
¹⁵Consagrouno Moisés
unxíndoo co aceite sacro;
isto foi para el un compromiso eterno
e para a súa proxenie, mentres o ceo dure
de xeito que sirvan a Deus e fagan de sacerdotes,
e bendigan ó pobo no seu nome.
¹⁶Escolleuno de entre tódolos viventes
para que presente o holocausto e as graxas,
para fumega-lo aroma suave e o memorial
e para expiar polos fillos de Israel.
¹⁷Encargouno dos seus mandamentos,
deulle poder sobre decretos e dereito,
para que ensinase ó seu pobo o prescrito
e a súa lei ós fillos de Israel.
¹⁸Algúns profanos acendéronse contra el,
envexándoo no deserto:
xentes de Datán e Abirán
co grupo dos de Coré, cheos de carraxe.
¹⁹O Señor, ó velo, encheuse de ira
e exterminounos na súa ardente xenreira;
fíxolles vir enriba un prodixio,
a labarada do seu lume que os engulipou.
²⁰En troques a Aharón acreceulle o honor
determinándolle a súa herdanza
e asignándolle por xantar as primicias sagradas
²¹para que coman das ofrendas do Señor:
o pan da presentación é a súa parte,
don para el e para a súa descendencia.
²²Soamente na terra non terán herdanza
nin percibirán posesións de entre eles;
partilla e herdanza súa son as oblacións do Señor
no medio dos fillos de Israel.

²³Tras el vén Pinhás, fillo de Elazar,
coma terceiro en sona polas súas fazañas;
no seu celo polo Deus do universo
mantívose na brecha a favor do seu pobo,
e co seu nobre corazón
fixo expiación polos fillos de Israel.
²⁴Con el estableceu tamén un decreto,
o contrato pacífico de mante-lo Santuario
de xeito que fose del e da súa prole
o Sumo Sacerdocio para sempre;
²⁵pois se ben a alianza con David,
o fillo de Iexé, da tribo de Xudá,

45, 23-25 Figura en aparencia de segunda liña: Pinhás (cf Núm **25,** 7-13; Sal **106,** 30-31), pero de grande valor para Ben Sírah. Sae ó paso dunha obxección proposta polos novos Sumos Sacerdotes, de que a promesa de Deus a Aharón era título persoal e non privilexio sucesorio. Ben Sírah é lexitimista e na "sucesión" recta ve unha das garantías da presencia de Deus en Israel.
45, 25 O autor non comparte ningunha sorte de mesianismo davídico; a ausencia de reis e líderes no seu tempo daba base a tal actitude: cf **47,** 1-12.

é herdanza individual en razón da súa dignidade,
a herdanza de Aharón pasa a tódolos descendentes.

E agora, bendicide ó Señor, o bo,
que vos coroou de gloria.
²⁶Déavos El a Sabedoría do corazón
para gobernardes con xustiza ó seu pobo
e para que El non se esqueza da nosa felicidade
e da vosa grandeza por xeracións sen conta.

Heroes, reis e profetas

46
a) Tempo da posesión da terra
¹Heroico guerreiro foi Xosué, fillo de Nun,
axudante de Moisés no oficio profético,
creado para acadar nos seus días
unha grande victoria a prol dos elixidos
vingándose dos inimigos
e distribuíndo a herdanza a Israel.
²¡Que glorioso cando tendía o brazo
ou cando brandía a lanza en contra dunha vila!
³¿Quen foi tal de lle facer fronte
cando loitaba as guerras do Señor?
⁴¿Non se detivo o sol ó seu mandado
trocando un día en dous?
⁵Pois invocou ó Deus Altísimo
cando arredor o envolvían os inimigos
e o Deus Altísimo respondeu
con pedras de sarabia e de xelo,
⁶dando con elas sobre o pobo adversario
e destruíndo na "Baixada" ós rebeldes,
de xeito que todo este pobo consagrado ó exterminio
soubese que era Iavé quen dirixía as súas batallas.
⁷E por riba diso, dado que seguira a Deus en todo
e se mantivera fiel no tempo de Moisés
xunto con Caleb, fillo de Iefuné,
resistindo á subversión da asemblea
para afastaren a ira da comunidade
e facer cesa-la maliciosa murmuración,
⁸foron gardados só os dous
de entre seiscentos mil homes de a pé
para seren introducidos na súa herdanza
nunha terra que deita leite e mel.
⁹A Caleb concedeulle Deus un tal pulo,
que lle había durar ata a vellez,
para facelo subir ata os altos do país
e que a súa posteridade conservase tamén a herdanza,
¹⁰e para que deste xeito toda a descendencia de Xacob se decatase
de que é boa cousa dedicarse de cheo ó Señor.

46, 1ss Coa serie tripla dos fundadores o autor vai repasando os diversos personaxes de máis relevo. O ritmo da historia, a escolma detense sobre todo nas persoas creativas, reflexivas ou críticas, salientándoas segundo o seu valer individual.
Segundo a análise do autor, e lendo entre liñas, a comunidade do seu tempo pode estar pervertida (v 7); o libera-
dor só poderá ser alguén que sirva ó lexislador e participe do espírito profético (cf v 1). Soamente deste xeito, indirectamente, algúns comentadores descobren en Ben Sírah o agromar dunha preocupación de lonxe parella ó mesianismo. No v 1c a versión grega le: "creado para ser conforme o seu nome", xogando coa etimoloxía de Xosué (= "Iavé salva").

b) Tempo dos Xuíces

¹¹Doutra banda están os Xuíces con cadanseu nome,
todos persoas que non deixaron perverte-lo seu ánimo
e non se apartaron de Deus:
¡Bendita sexa a súa lembranza!
¹²¡Que os seus ósos reflorezan na cova
e a súa sona se renove nos seus fillos!
¹³Querido do pobo e predilecto do seu facedor,
chamado desde o ventre da súa nai,
consagrado do Señor para profeta,
foi Samuel, xuíz e sacerdote.
Por mandado de Deus instituíu a monarquía
e unxiu príncipes sobre o pobo.
¹⁴Gobernou a comunidade segundo os mandamentos do Señor
inspeccionando as tendas de Xacob;
¹⁵pola súa fidelidade foi consultado coma vidente
e pola súa palabra deuse fe a un pastor.
¹⁶Tamén el invocou a Deus
cando o envolvían os seus inimigos
ó tempo que sacrificaba un año mamote;
¹⁷tronou o Señor desde o ceo
e a súa voz oíuse cun estrondo terrible;
¹⁸esnaquizou os caudillos adversarios
e destruíu a tódolos príncipes filisteos.
¹⁹Cando xacía no seu leito
puxo por testemuñas ó Señor e ó seu Unxido:
—"¿De quen xamais aceptei un regalo ou un par de sandalias?"
e ninguén lle puido responder.
²⁰Aínda despois do seu pasamento fixéronlle consultas
e prediciulle ó rei o seu futuro,
facendo xurdir da terra a súa voz profética.

47

c) Forza e febleza da Monarquía

¹Despois del xurdiu Natán
para servir a David,
²pois o mesmo que se reserva a graxa do sacrificio
así foi escolleito David entre Israel.
³Xogaba cos leonciños coma con cabuxas
e cos osos coma con años.
⁴De rapazote matou un xigante
afastando así a infamia do pobo,
xirando coa man a fonda
para destruí-lo orgullo de Goliat,
⁵xa que invocara a Deus Altísimo
que reforzou a súa destra
para que derrubase a un experimentado guerreiro
e refixese o vigor do seu pobo;
⁶por iso cantábanlle as rapazas
celebrándoo polos "dez mil".

46, 19 A cita une datos de 1 Sam **12,** 3 e 1 Sam **25,** 1. O texto hebreo engade despois do v 19: "Ata a súa fin foi tido por prudente ós ollos do Señor e de todo vivente".
46, 20 Cf 1 Sam **28,** 3-20.
47, 1ss A monarquía, inexistente no tempo do autor, era sospeitosa desde o xuízo histórico deuteronomista, pero recibira un tratamento diverso na teoloxía dos autores de Esdras e Nehemías, e en 1 e 2 Crónicas. Na mesma liña ca estes últimos, Ben Sírah tende a presenta-los reis famosos coma instrumentos idealizados dun obrar de Deus, sempre supeditados á lei, e actuando no afianzamento do culto coma tarefa primordial.
47, 1-11 De David cóntanse os feitos curiosos e lexendarios (vv 1-6; cf 1 Sam **17-18**), e a súa organización e participación no culto (vv 7-11), pasando ás présas polo feito do seu pecado (v 11) e centrando a sucesión lexítima en Xerusalén.

⁷Cinguida a coroa, seguiu loitando
pois someteu tódolos inimigos ó seu arredor,
desbaratando ós filisteos
que ata o día de hoxe non se refixeron.
⁸Por tódolos seus feitos daba as gracias
ó Deus Altísimo, proclamando a súa gloria;
amaba de todo corazón ó seu facedor
e tódolos días lle cantaba himnos.
⁹Dispuxo instrumentos musicais diante do altar
e harmonizou co salterio o canto dos himnos;
¹⁰deu grande brillo ás festas
e regulou as solemnidades anuais;
cando louvaba o seu santo Nome
antes do amencer facía resoa-lo Santuario.
¹¹Deste xeito o Señor perdoou a súa culpa
e exaltou eternamente o seu poderío,
concedeulle a institución monárquica
fundándolle o trono en Xerusalén.
¹²Por mor del sucedeulle
un fillo sabio que viviu en tranquilidade,
¹³Salomón, que reinou en tempos prósperos.
Deus concedeulle paz ó seu arredor
para que erguese unha casa ó seu Nome
e fundase un templo perenne.
¹⁴¡Que sabio fuches na túa mocidade
rebordando instrucción coma un Nilo!
¹⁵Enchíche-lo país coa túa intelixencia
cubríndoo coa sublimidade do teu canto.
¹⁶A túa sona viaxaba ata as apartadas illas
e fuches desexado polo teu reino pacífico.
¹⁷Cos teus cantos, refráns, enigmas
e ditos agudos deixaches abraiados ós pobos,
¹⁸e déronche un nome glorioso
que aínda se invoca a prol de Israel.
Mais amoreaches ouro coma ferro
e acugulaches prata coma chumbo;
¹⁹entregáche-los teus lombos ás mulleres
e permitiches que dominasen no teu corpo;
²⁰botaches unha chata ó teu honor
profanando o teu leito,
atraendo a ira sobre a túa descendencia
e saloucos sobre a túa cama;
²¹dividindo ó pobo en dúas estirpes
e soerguendo en Efraím un reino rebelde.
²²Deus, non obstante, non retirou a súa piedade
nin deixará caer ningunha das súas promesas;
non extingue a prole nin a caste dos seus elixidos
nin aniquila a descendencia dos seus amigos,
senón que concedeu a Xacob un resto
e a David unha raiceira da súa caste.
²³Salomón repousou desilusionado.
Deixou tras si un fillo,

47, 12-23 Salomón lémbralle ó autor o "xalom", a prosperidade, que glosa nos vv 12. 13, pero sobre todo a súa sabedoría (vv 14-18).
47, 23-25 Roboam e Ieroboam (cf 1 Re **12-16**) son presentados coma "tolos" e "sen siso" (v 23), afeitos a toda clase de maldades (v 25), consecuencia dun comportamento sen "musar", sen disciplina.

home de grande tolemia e desasisado,
que coa súa política revoltou ó pobo.
Entón xurdiu —nin se faga lembranza del—
o que, pecando, fixo pecar a Israel
introducindo o escándalo en Efraím
²⁴ata facelo deportar do seu país.
O seu pecado foi enorme
²⁵dándose a tódolos vezos.

48

d) Os profetas taumaturgos

¹Ata xurdir un profeta semellante ó lume,
con verbas que foron coma un forno aceso.
²Este quitóulle-lo sustento do pan
e no seu celo decimounos;
³coa palabra de Deus pechou os ceos
e fixo descender lume por tres veces.
⁴¡Que terrible fuches, Elías!
¡Gloria a quen te semelle!
⁵Ti soerguiches da morte un cadáver
tirándoo do Xeol co favor do Señor;
⁶reis fixeches baixar para a cova
e principais desde os seus leitos.
⁷Ti escoitaches no Sinaí as reprensións
e no Horeb os xuízos de vinganza;
⁸ti unxiches reis que levasen a cabo o desquite
e deixaches no teu posto un profeta que te sucedese;
⁹ti fuches arrincado no alto por un trebón
entre escuadróns de lume, ata o ceo;
¹⁰ti estás reservado —segundo a Escritura— para o instante xusto
de proclama-la carraxe antes de que chegue o día do Señor,
para reconcilia-los pais cos fillos
e restaura-las tribos de Israel.
¹¹¡Feliz quen te poida ver antes de morrer!
Con todo, máis feliz aínda ti, que vives.

¹²Cando Elías desapareceu no trebón
quedou Eliseo, cheo do seu espírito;
este multiplicou por dous os signos
e todo canto saíu da súa boca foi prodixioso.
De vivo non cedeu ante ninguén
nin houbo quen dominase no seu espírito.
¹³Nada lle foi imposible
e mesmo se reanimaban os corpos debaixo del;
¹⁴mentres viviu fixo milagres
e de morto, cousas sorprendentes,
¹⁵e nembargantes o pobo non se converteu
nin cesou de pecar
ata que foron arrincados do país
e espallados por toda a terra.
Pouco quedou de Xudá
cun príncipe da casa de David.

48, 1-16 Elías (vv 1-11) e Eliseo (vv 12-16) comparten a función de chamada á conciencia colectiva, pondo por diante o xuízo de Deus. As súas vidas están compostas cos materiais dos ciclos correspondentes nos libros dos Reis (1 Re **17**ss; 2 Re **2**ss), pero a referencia ós dous versos finais do profeta Malaquías (Mal **3**, 23-24), nos que Elías vén ser considerado coma unha figura do tempo escatolóxico, avisador do cercano xuízo de Deus (v 10), resitúannos na época do autor (cf a mesma tradición en Mt **17**,11-12).

¹⁶Algúns deles actuaron rectamente,
mais outros fixeron maldades insospeitadas.

e) Reformadores e profetas
¹⁷Ezequías fortificou a súa cidade
levando as augas ó seu interior;
furou co bronce as rochas
e fixo represas entre os montes para construír encoros.
¹⁸No seu tempo xurdiu Senaquerib
que enviou ó seu Rab-Saqué
para que tendese o brazo contra Sión
blasfemando de Deus na súa fachenda.
¹⁹Daquela cederon na soberbia dos seus corazóns
ó se retorceren coma muller en parto
²⁰e invocaron ó Deus Altísimo
tendendo cara a El as mans.
Escoitou o Señor a súa pregaria
e salvounos por medio de Isaías,
²¹batendo no campamento de Asur
e aniquilándoos coa peste,
²²pois Ezequías fixo o ben
manténdose nas vías de David
segundo a recomendación de Isaías, o profeta,
grande e preciso nos seus presaxios;
²³polo seu medio o sol recuou
prolongándolle ó rei a vida,
²⁴co seu espírito potente viu o futuro
e deu consolo ós abourados de Sión;
²⁵anunciou as cousas vindeiras ata a fin dos tempos,
e o máis oculto antes de que sucedese.

49 ¹O nome de Ioxías é coma incenso recendente,
ben mesturado, arte de perfumista;
a súa lembranza é doce coma o mel no padal
coma unha cántiga nun banquete,
²pois entristeceuse cos nosos extravíos
e fixo cesa-las vas abominacións;
³dedicou a Deus por enteiro o seu corazón
e en tempos de violencia foi piadoso;
⁴fóra de David, Ezequías
e Ioxías, todos prevaricaron;
abandonaron a Lei do Altísimo,
os reis de Xudá, ata o derradeiro,
⁵que cedeu o seu poder a outro
e a súa dignidade a un pobo estranxeiro,
⁶que meteu lume á santa cidade
e baleirou as súas rúas

48, 17ss Reformadores e profetas (**48,** 17-**49,** 7): a parella rei-profeta, que apareceu con David-Natán, retorna nas dúas sobranceiras figuras dos reis "santos", salvadores e iniciadores de reformas relixiosas.
48, 17-25 En 2 Re **18-20** e Is **36-39** recóllense os feitos a que se alude nestes versos, entre eles a construcción da canle (v 17c.d) confirmada pola arqueoloxía contemporánea.
48, 17 O xogo etimolóxico *fortificou* (Ezequías + = "Iavé fortifica") é típico da ciencia escriturística dos Sabios.

48, 20 Cf v 17.
48, 24-25 A idea dunha profecía dos tempos finais testemuña o tipo de lectura que se comezaba a facer dos textos de Is **40-66,** así coma do profeta Ezequiel.
49, 1-7 Ioxías (2 Re **22-23**), o rei piadoso e firme na fe, é considerado (v 2) coma unha especie de servo sufrinte á maneira do Deuteroisaías (cf Is **53**). Con el péchase o número dos reis imitables (v 4), e deste xeito remata unha enumeración que cita a Xeremías na súa función de profeta da desfeita e restauración (v 7).

⁷conforme o de Xeremías cando o asoballaron,
quen xa desde o ventre foi formado para profeta,
para demoler, arrincar e derrubar,
mais tamén para destruír, plantar e restaurar.

f) Outras figuras
⁸Ezequiel tivo unha aparición
e describiu a fasquía do carro;
⁹tamén fixo lembranza de Xob
que foi consumado nas xeiras da xustiza.

¹⁰Dígase o mesmo dos doce profetas
—¡reflorézanlle-los ósos na cova!—
Eles sandaron a Xacob
e salvárono coa súa rexa esperanza.

¹¹¡Que grande foi Zerubabel!
Foi coma selo na man dereita.
¹²Outro tanto Iexúa, fillo de Iosédec;
no seu tempo reconstruíuse o altar
e reedificouse o santo templo
destinado a unha gloria perdurable.

¹³Nehemías, ¡como brilla a súa lembranza!
El soergueu as nosas ruínas,
reparou as fendas dos nosos muros,
repuxo portas e ferrollos.

¹⁴¡Poucos houbo na terra coa feitura de Henoc!
Tamén el foi arrebatado en persoa.

¹⁵Non naceu ningún semellante a Xosé;
mesmo o seu corpo foi gardado con veneración;
primoxénito entre os irmáns, honra do seu pobo.

¹⁶Xem, Xet e máis Enox foron enxalzados,
mais a sona de Adam sobrepuxa a de todo vivente.

Simeón

50

¹Simeón, fillo de Onías o sacerdote, foi grande:
na súa xeración reparouse o templo
e nos seus días reforzouse o santuario;

49, 8-10 O autor ten o espacio limitado, ou ben o tempo; con todo, non quere deixar personaxes de primeira importancia sen percorrer. Dedica, logo, tres versos (vv 8-10) a recapitula-los profetas que lle faltan, cunha mención pobre en exceso de Ezequiel, habida conta da súa vertente cúltica. Os doce profetas non son considerados, se non é coma testemuñas de esperanza.
49, 11-13 Estes vv falan dos restauradores.
49, 14-16 Heroes antigos, próximos a Deus e pais da raza humana. Recupera de pasada a figura esquecida de Xosé (v 15; cf Xén **50,** 24), e pecha xenealoxicamente a visión histórica coa lembranza dos inicios dun "adamismo" universal, que espella unha vez máis a tendencia humanista do Sabio.

50, 1ss *Simeón* (1-24): chegados a este intre na louvanza dos devanceiros, Ben Sírah lembra de súpeto os "bos días antigos" que el mesmo viviu. No centro deles érguese a figura nobre e exemplar do Sumo Sacerdote Simeón II (220-195 a. C.), cheo de piedade e magnificencia na celebración da festa de Expiación (cf Lev **16**). Xusto cando Onías III, fillo do anterior, comeza a sufri-los primeiros abalos de parte da facción pro-helenista que secunda a política de Seleuco IV de Siria e anceia o poder e a riqueza do templo, o autor presenta o modelo do que debe ser un mandatario de Deus, responsable da pervivencia da comunidade, xeneroso e culto, firmemente afincado na lei.

²tamén no seu tempo se construíu o muro
cos torreóns reforzados coma un pazo real;
³na súa época cavouse o estanque,
unha poza capaz coma o mar.
⁴Protexeu ó seu pobo contra a bandidaxe
e fortificou a capital contra o inimigo.
⁵¡Que maxestuosa a súa aparición na tenda,
ó saír do pavillón!
⁶Era coma o luceiro por entre as nubes,
coma a lúa chea nos días de festa,
⁷coma o sol raiolando sobre o pazo real,
coma o arco da vella aparecendo no neboeiro,
⁸como a flor na ponla pola festa da primavera,
coma o lirio á beira das correntes,
coma o abrochar do Líbano polo verán,
⁹como a lumerada do incenso sobre a ofrenda,
coma vaso de ouro macizo
engastado con pedras preciosas,
¹⁰coma vizosa oliveira ateigada de olivas,
coma acivro de mestas gallas,
¹¹cando vestía a roupa de gala
e se puña as vestimentas magníficas,
cando subía ó glorioso altar
e ornaba o recinto do santuario,
¹²cando recibía da man dos irmáns as porcións,
de pé, a carón do feixe da leña,
arredor del a coroa dos seus fillos,
semellantes ós gromos dos cedros do Líbano,
e cando —coma salgueiros dos regatos— o cinguían
¹³tódolos fillos de Aharón na súa gloria,
tendo nas mans as ofrendas do Señor
perante toda a asemblea de Israel.

¹⁴Ó remata-lo servicio do altar
e dispo-los sacrificios do Altísimo
¹⁵tendía a man ó cáliz
e libaba o zume da uva
esparexéndoo ó pé do altar
coma recendente aroma para o Altísimo;
¹⁶entón aclamaban os fillos de Aharón, os sacerdotes,
coas súas trompetas metálicas,
resoaban e facían oír un clamor potente
para anuncia-la presencia do Altísimo.
¹⁷Toda a xente por xunto dábase présa
a se botar rostro en terra
postrándose diante do Altísimo
na face do Santo de Israel,
¹⁸mentres o coro entoaba,
espallándose o canto pola multitude.
¹⁹Alegrábanse tódalas xentes do país
pregando diante do Misericordioso

50, 5 Coa verba *pavillón* traduce o termo "casa do veo", no que se fai recordo do grande veo do Santo dos Santos, que sería roubado por Epífanes (cf 1 Mac **1,** 21-24).

ata que remataba o sacrificio do altar
dándolle o culto debido.
²⁰Entón baixaba el, erguía os brazos
sobre toda a asemblea de Israel
coa bendición do Señor nos beizos,
e gloriábase do nome do Señor.
²¹Nese intre voltaban eles a se postrar
para recibir del a bendición.

Epílogo

²²Bendicide, logo, ó Señor, Deus de Israel,
que fai marabillas na terra,
que engrandece ó home desde o seo
e fórmao segundo a súa bondade.
²³Que El vos dea a Sabedoría do corazón
e haxa paz entre vós.
²⁴Que sosteña o seu favor a Simeón
e lle manteña o pacto de Pinhás;
que non llo retire a el nin ós seus descendentes
namentres dure o ceo.

Pobos infames

²⁵Hai dúas nacións que aborrezo
e unha terceira que nin pobo é:
²⁶os habitantes de Seir e Filistea
e o pobo de tolos que mora en Xequem.

Colofón primeiro

²⁷Instrucción prudente e proverbios rimados
de Iexúa, fillo de Elazar, fillo de Sírah,
difundidos segundo a súa mente os cavilaba
e esparexidos con intelixencia.
²⁸Benia quen neles matine;
quen a eles se aplique farase sabio,
²⁹o que os practique sempre terá éxito
pois o temor do Señor é a vida.

Apéndice primeiro: Himno de Acción de Gracias

51

¹Quero louvarte, meu Deus, meu salvador,
e darche as gracias, Deus de meu pai,
celebra-lo teu nome, refuxio da miña vida,
²pois liberáche-la miña alma da morte
e preserváche-lo meu corpo da cova
librando os meus pés do poder do Xeol,

50, 20-21 O texto da bendición debía de se-lo da bendición aharónica, que se atopa en Núm **6,** 22 ss.
50, 25-26 Fóra de contexto, e posibelmente posto aquí para recuperalo do esquecemento, aparece un dito numérico de polémica nacionalista atacando as nacións que historicamente se opuxeron a Israel: Edom e Filistea, nos tempos antigos; hoxe, os samaritanos. Coma en tódolos ditos numéricos, o acento vai no final e revela as tensións existentes entre a capital relixiosa xudía e os "herexes" do norte.
50, 27-29 Igual ca noutros libros (cf Ecl **12,** 9-14), ó remate deste, un epígono ou discípulo escribe o título da obra, nome do autor e finalidade do libro. Nova é a dicción "proverbios rimados", e sintomático o resume de temas que suxire o v 29b *(O temor do Señor é a vida)* que coma tema constante tenciona dar co máis nuclear da obra.
51, 1ss Os apéndices foron adosados ó libro, non sabemos en que data.
51, 1-12 Salmo de agradecemento individual inspirado ou composto polo método antolóxico a base de referencias a escritos anteriores. Un deles podería se-lo Salmo recollido ou adaptado en Xon **2,** 3-11.

librándome da zorregada da lingua
e dos labios que propagan mentiras;
puxécheste a meu carón contra os meus adversarios.
³Acorréchesme coa túa grande piedade
salvándome da trampa dos que espreitaban trala rocha
e do poder dos que atentaban contra a miña vida,
e de angustias sen número,
⁴da estreitura das labaradas que me rodeaban,
do incendio dun lume inextinguible,
⁵do ventre profundo do océano,
dos labios malintencionados e argalladores de mentiras,
das frechas dunha lingua falsa.
⁶Xa estaba eu a morrer
e afundido no Xeol,
⁷volvíame arredor sen ninguén que me acorrese,
procuraba un apoio e non o había,
⁸cando lembrei a piedade do Señor
e as súas bondades permanentes
de quen salva a cantos a El se acollen
rescatándoos de todo mal.
⁹Lancei o meu berro desde a terra,
pedín axuda desde as portas do inferno;
¹⁰gritei: —"Señor, ti e-lo meu pai,
es ti o meu heroe salvador,
non me deixes no día da angustia,
no tempo da desfeita e da destrucción;
¹¹louvarei de contino o teu nome,
lembrareite na miña pregaria".
Daquela escoitou o Señor a miña voz
e oíu a miña súplica;
¹²libroume de todo mal,
salvoume no día da angustia;
por iso doulle gracias e lóuvoo
bendicindo o nome do Señor.

Salmo de louvanza

ᴵLouvade o Señor porque é bó
porque a súa bondade non ten fin;
ᴵᴵLouvade o Deus das gabanzas
porque a súa bondade non ten fin;
ᴵᴵᴵLouvade o protector de Israel
porque a súa bondade non ten fin;
ᴵⱽLouvade o creador do universo
porque a súa bondade non ten fin;
ⱽLouvade o redentor de Israel
porque a súa bondade non ten fin;
ⱽᴵLouvade o que xunta os dispersos de Israel
porque a súa bondade non ten fin;
ⱽᴵᴵLouvade o constructor da súa cidade e Santuario
porque a súa bondade non ten fin;

51, 12 Salmo de louvanza: o texto hebreo engade estes quince versos xurdidos dunha relectura do Sal **136** aplicada á situación da época. A ausencia na versión grega pódese explicar polo feito da desaparición dos Sadoquitas e a substitución destes polos Sumos Sacerdotes Haxmoneos para o tempo en que se fixo a transmisión da traducción. A proximidade no estilo e os títulos cos escritos das covas de Qumrân, foron xa considerados polos investigadores. Nótese a insistencia na reunión dos emigrantes (v VI), na reconstrucción da cidade santa (v VII) e no problema sucesorio dos sacerdotes (v IX). *Rei de reis,* no v XIV, é un título novo que aparecerá tamén en Qumrân.

^{VIII}Louvade o que fai remoza-la forza da casa de David
  porque a súa bondade non ten fin;
^{IX}Louvade o que elixe sacerdote de entre os fillos de Sadoc
  porque a súa bondade non ten fin;
^XLouvade o escudo de Abraham
  porque a súa bondade non ten fin;
^{XI}Louvade a rocha de Isaac
  porque a súa bondade non ten fin;
^{XII}Louvade o forte de Xacob
  porque a súa bondade non ten fin;
^{XIII}Louvade o que escolleu a Sión
  porque a súa bondade non ten fin;
^{XIV}Louvade o rei de reis
  porque a súa bondade non ten fin;
^{XV}El ergueu a nobreza do seu pobo
  para louvanza de tódolos seus santos,
  dos fillos de Israel, o pobo que lle é íntimo.
  ¡Aleluia!

Apéndice segundo: Poema da Busca da Sabedoría

¹³Cando eu era novo, antes de me pór a viaxar
  devecín por ela e procureina;
¹⁴veume arredor
  e eu seguireina ata a fin.
¹⁵Coma cando cae a flor ó madurece-los acios,
  aledouse nela o meu corazón;
  o meu pé seguiu fielmente as súas pegadas:
  desde a miña mocidade estudiei a Sabedoría.
¹⁶Tendinlle un pouco o meu oído
  e adquirín grande coñecemento;
¹⁷o seu xugo foi para min glorioso
  e doulle gracias a quen me ensinou.
¹⁸Resolvín procurala
  e non tiven que avergonzarme cando a atopei.
^{19ab}A miña alma apegouse a ela
  e xa non a deixei de vista.
^{20ab}Deime a seguila
  e xa non me afastarei dela endexamais
^{19cd}A miña man abriu a súa porta,
  contemplei a súa intimidade e atopeina pura.
^{20cd}No meu ánimo desposeina desde o comezo,
  e por iso xa non a abandonarei.
²¹Coma un forno ardían as miñas entrañas ó ollala,
  por iso conseguina coma posesión prezada.
²²Concedeume o Señor o éxito cos labios,
  coa miña lingua heille da-las gracias.

²³Achegádevos onda min, ignorantes,
  e instaládevos na miña escola.

51, 13ss Apéndice segundo: Exhortación autobiográfica: o autor percorre a súa iniciación na Sabedoría (vv 13-22), co obxecto de estimula-los discípulos no estudio dilixente da lei (vv 23-30). O motivo da primeira é a metáfora da Sabedoría coma mestra e amante, que xa coñecemos, e que nesta pasaxe asume xestos de grande intimidade e realismo (vv 19c-21).
A subsección segunda (vv 23-30) fai alusión á institución escolar que Ben Sírah rexenta. Por vez primeira na Biblia cítase no v 23b a "bet midrax" (a "casa do estudio") coma lugar onde se imparte o ensino, nome que máis tarde habería de emprega-la escola rabínica.

²⁴¿Por canto tempo seguiredes baleiros de tantas cousas
e as vosas almas tan sedentas?
²⁵Abro a boca e exhórtovos:
—"adquiride gratis Sabedoría,
²⁶sometede o pescozo ó seu xugo
e cargue a vosa alma co seu peso;
fica ela preto dos que a procuran
e quen se aplica atópaa".
²⁷Ollade vós mesmos que, sendo eu ben pouco,
púxenme á súa beira, e atopeina.
²⁸Escoitade o meu ensino por pequeno que sexa
e con el adquiriredes prata e ouro.
²⁹Alédase o ánimo nos meus alumnos;
non teredes de que vos avergonzar co meu canto.
³⁰Facede con xustiza as vosas obras
e Deus darávo-lo premio ó seu tempo.

Bendito sexa o Señor para sempre,
e louvado o seu Nome de xeración en xeración.

Ata aquí, as verbas de Simeón, ben Iexúa, de sobrenome Ben Sírah.
Sabedoría de Simeón, fillo de Iexúa, fillo de Elazar, fillo de Sírah.
O Nome do Señor sexa bendito desde agora e para sempre.

51, 26 Motivos do xugo e da carga, que puideron influír en Mt **11,** 29-30.
51, 30 No texto hebreo, ten un novo colofón composto de bendición, noticias sobre a autoría do libro e unha derradeira euloxía ou invocación final.

INTRODUCCIÓN Ó I ISAÍAS (Is 1-39)

1. Cuestión crítica

O *"Libro do profeta Isaías"* recolle os escritos dunha escola profética e máis tarde apocalíptica, que tivo a súa actividade entre os anos 740 e 485 a. C. Ó longo destes 255 anos, os discípulos de Isaías, ollando para os acontecementos da época en que viviron, alumáronos coa fe en Iavé e nas súas promesas, e marcaron os propios escritos coa terminoloxía teolóxica herdada do mestre do século VIII.

A tradición xudía e tamén a cristiá, atentas á actualización das palabras do profeta, consideraron toda a obra coma froito de Isaías. Soamente no século XII (con Ibn Ezra coma pioneiro), e sobre todo desde o século XVIII, ó darlle importancia á interpretación histórica dos escritos proféticos, chégase a cuestiona-la paternidade isaiana de todo o escrito, especialmente por aludir a diferentes períodos da historia.

Na actualidade, distínguense tres grandes bloques de escritos, que responden a distintos períodos da historia de Xudá: a) cc. **1-39**, que teñen por autor a Isaías, o profeta do s. VIII (anque algunhas unidades literarias sexan posteriores). Esta primeira parte titúlase *"O Protoisaías"*, ou *"I Isaías"*; b) cc. **40-55**. O autor viviu en Babilonia, no último período da catividade. Chámaselle *"Deuteroisaías"* ou *"II Isaías"*; c) cc. **56-66**. Os autores deste terceiro bloque, chamado *"Tritoisaías"* ou *"III Isaías"*, viviron en Xerusalén á volta do exilio, entre os anos 539 e 520, antes da reconstrucción do templo.

Por estas razóns de crítica histórica, presentámo-los bloques separadamente, coma libros distintos, anque pertenzan á mesma escola profética.

2. O profeta e a súa escola

O nome hebreo *"Iexaiah"* significa *"Iavé salva"*. O seu apelido (cf **1**, 1) é *"ben Amós"* (=*"fillo de Amós"*). Seu pai —que non tiña nada que ver co profeta Amós—, debeu ser mestre da escola sapiencial da corte de Xudá, a xulgar pola liberdade inusitada coa que se dirixe o profeta ó rei Acaz (cf **7**, 3-17), e tendo en conta tamén os abondos xogos de palabras que emprega o profeta, e que atopan a mellor explicación na familiaridade coas técnicas literarias dos sabios.

A muller do profeta foi tamén profetisa (**8**,3), membro desta escola profético- sapiencial. Probablemente tamén pertenceran a esta escola profética os seus fillos, que, coma os do seu contemporáneo do reino de Israel, Oseas (**1**, 3-9), levaron nomes simbólico-proféticos (Is **7**, 3; **8**, 3).

O profeta debeu nacer no ano 760, e recibiría a vocación profética á idade de 20 anos (cf **6**, 1-13). A súa cidade era Xerusalén, a xulgar polos principios fundamentais do seu credo, que son as tradicións teolóxicas da cidade de David.

No tocante á data da súa morte, non se sabe de certo cando foi, aínda que debeu acontecer nos comezos do século VII. Algúns escritores cristiáns (Xustino, Tertuliano, Xerome; cf Heb **11**, 37) e outros xudeus, falan do seu martirio durante o reinado de Menaxés, morrendo aserrado; pero esta tradición é pouco consistente desde o punto de vista histórico.

O temperamento do profeta aparece nos seus escritos como desapaixoado e pouco emotivo. Impresiona nel a coidada elaboración das imaxes e os xogos verbais, pero non a paixón profética.

O profeta fixo escola, pero non conservamos escritos do tempo de Menaxés (687-643), cando os sucesores de Isaías deberon de ser apartados da corte. Outro tanto podemos dicir do reinado de Amón (642-640). Nos tempos de Ioxías, consúltase a Húldah sobre o libro da Lei que acaba de aparecer. A devandita profetisa debeu de ser xefa da escola isaiana. Outros membros da escola do profeta colaboraron na reforma de Ioxías e na reelaboración dos escritos deuteronómicos.

Na primeira deportación a Babilonia (ano 598), deberon de ser levados algúns membros da escola —polo carácter de membros cultos e conselleiros rexios—, que elaboran os textos de **13**, 2-22 e cc. **16-25**. Máis tarde —no período final do exilio—, escribirá o II Isaías; e, nos primeiros anos que seguen á volta do desterro, o III Isaías (entre o 538 e o 520).

Pero a actividade literaria isaiana continuará nas orixes da apocalíptica, na *"pequena apocalipse"* (Is **34-35**), teoloxizando a caída de Edom coma castigo das nacións inimigas en favor do pobo de Deus (anos 510-500); e a *"grande apocalipse"* (Is **24-27**), que trata do fracaso da rebelión de Babilonia ó final do reinado de Darío I (ano 485).

3. Isaías, testemuña de Deus na historia do seu tempo

—Durante o reinado de Iotam (740-735).

No ano da entronización deste rei, comeza a actividade profética de Isaías. Iotam fai *unha política favorable a Asiria, que promove o optimismo e a prosperidade material. Dáse entón un culto espléndido, que satisfai as inquedanzas relixiosas, pero que non é expresión do fiel cumprimento da vontade divina* (**1**, 10-20). *O profeta rexeita este tipo de culto, co que se queren tapa-las inxustizas que se fan cos máis necesitados, e chama á conversión, coma único vieiro que pode levar a un progreso que dure. Daquela, proclama un xuízo de castigo* (**1**, 21-26) *e os "Ais"* (**5**, 8-25; **10**, 1-4). *Nestas acusacións contra as inxustizas non faltan as críticas e ameazas contra as mulleres amantes do luxo e do pracer* (**3**, 16-4, 1), *contra tódolos que se deixan levar da soberbia* (**2**, 6-22), *e contra os que, baseándose no que teñen e no que poden facer pola súa conta, consideran a Deus coma algo inútil e inoperante* (**2**, 8-22).*Toda esta crítica profética sintetízase na cántiga do amigo (= profeta), do esposo (= Deus), o cantar da viña (= esposa = pobo), que, non obstante tódolos coidados con ela, non dá froito* (**5**, 1ss).

Nos últimos días de Iotam, nunha época de frialdade nas relacións con Asiria, estase a prepara-la coalición de Siria e Efraím contra Xudá. O profeta presenta aquela difícil situación coma un castigo divino polos pecados do pobo (**3**, 1-15).

—*Durante o reinado de Acaz (735-716).*

A coalición siro-efraimita intenta poñer en Xudá un descendente davídico favorable a tal coalición, de xeito que chegasen a liberarse dos impostos que viñan pagando a Asiria desde o ano 738 (cf 2 Re **15**, 19). *O profeta segue interpretando a situación coma un castigo divino polo mal comportamento* (**10**, 28-34), *ó mesmo tempo que dá ánimo e esperanza* (**7**, 1-9), *baseándose na elección de Xudá e de Xerusalén; unha esperanza que nace da fe en Deus* (**7**, 9; **8**, 5-8). *Non obstante o pecado idolátrico do rei, que ofrece en sacrificio ó seu primoxénito* (2 Re **16**, 3), *e o seu desprezo dos oráculos proféticos, recibe a promesa de que o fillo da súa favorita será sinal de liberación* (Is **7**, 10-17; **8**, 23-9, 6), *mentres que para os atacantes ten o profeta oráculos de castigo* (**7**, 18-25; **8**, 5-10. 11-15), *dos que o nome simbólico dun dos seus fillos é sinal e proclamación* (**8**, 1-14). *O profeta ve na coalición de Samaría e Damasco a fin do esplendor militar deses dous reinos* (**17**, 1-3), *coma correctivo de Deus pola falta de fe de Israel e polos seus pecados de idolatría* (**17**, 4-14).

O profeta, que nos dá conta das campañas de Teglatpeléser III contra Moab e Dedán (**16**, 1-5; cf **15**, 1-16, 14; **21**, 13-17), *canta con dor a caída de Samaría nas mans de Sargón (ano 721)* (**28**, 1-4; cf **10**, 5-19,*texto posterior ó ano 717). A caída de Samaría vén interpretada coma un castigo purificador, pois un resto volverá ó seu Deus* (**10**, 20-23).

—*Durante o reinado de Ezequías (716-687).*

Á morte de Acaz, os habitantes da Filistea son optimistas respecto dunha coalición con Xudá contra Asiria. Non obstante, o profeta ve moi mal a situación de Filistea, e proclama en troques a seguridade de Xudá (**14**, 28-33).

No ano 715, Sargón II conquista Axdod, e invade algunhas cidades do Baixo Exipto, que xa foran castigadas pola guerra civil do ano anterior. O profeta xa o anunciara, co único xesto simbólico-profético dos seus escritos (**20**,1-6).

No ano 705 morre Sargón II, e o profeta ve nese feito o castigo da soberbia humana (**14**, 4b-23). *Daquela, o faraón Xabaká pretende formar con Xudá unha liga antiasiria, á que se opón o profeta no nome do Señor* (**18**, 1-7). *Algo despois desta data debeu acontece-la enfermidade e curación de Ezequías* (Is **38** = 2 Re **20**, 1-11); *e nos anos 703/2 tivo lugar a visita do embaixador babilonio* (Is **39** = 2 Re **20**, 12-19). *Desta época tamén debe se-la condenación da soberbia individual do maiordomo real Xebná* (**22**, 15-25). *A devandita embaixada exipcia contra os oráculos do profeta tivo resultados positivos, e de feito Ezequías comezou a reconquista de parte da provincia samaritana, cousa que o profeta mirou con bos ollos* (**28**, 5-6), *a pesar de non ser favorable ás alianzas, polo que estas levan consigo de burla respecto do Deus de Alianza* (**28**,14-22).

O profeta anuncia a invasión de Xudá polos asirios, o que acontecerá no ano 702/1 (**29**, 1-12). *Unha vez sucedido o feito, dáse un cambio na actitude do profeta, ante o comportamento soberbio de Senaquerib* (Is **36-37** = 2 Re **18**, 17-19, 17). *O profeta promete a liberación, con tal que o pobo deixe a idolatría e confíe plenamente no Señor* (**30**, 18-26; cf **31**, 1-3. 4-9). *Esta actitude de conversión tivo que realizarse e mostrarse nunha liturxia penitencial* (**32**, 9-20), *á que debeu responde-lo profeta co canto teofánico de Iavé á fronte do seu exército na guerra santa contra as nacións (= Asiria)* (**30**, 27-33). *Pero o pobo, ó levantarse o asedio, non escoita xa ó profeta, senón que rompe en aclamacións de festa, esquecendo as esixencias de Deus, e facéndose acredor a un novo castigo* (**22**, 1-14).

Despois do asedio de Xerusalén fai o profeta unha revisión, na que se recordan os beneficios de Deus, a infidelidade do pobo, os castigos medicinais de Deus e a nova rebeldía do pobo, que provoca da man de Deus tal desastre. Non obstante, a perspectiva final é salvífica para un resto que cre na presencia protectora de Iavé (**1,** 2-9. 27-28). *Nesta perspectiva, recolle o profeta o tema mesiánico do Emmanuel, desprendido da circunstancia do nacemento de Ezequías. Un tanto desilusionado pola actitude deste rei, proxecta a un futuro indeterminado a figura teolóxica do Emmanuel, coma sinal de esperanza* (**11,** 1-9. 10-16) *para un futuro salvífico* (**12,** 1-5; **14,** 1-14).

4. Os continuadores de Isaías en Is 1-39

Prescindimos do II e III Isaías, que merecen un tratamento á parte, e tamén dos pequenos engadidos actualizantes.

a) Os redactores do suplemento histórico de Is **36-39,** *no que traballaron tamén os deuteronomistas (de aí a incorporación a* 2 Re **18,** 17-**20,** 19). *A finalidade da sección foi subliña-lo dinamismo da palabra profética como desencadeante dun cambio na situación histórica.*

b) O autor do oráculo contra Babilonia (Is **13,** 2-22), *un membro da escola isaiana, nos comezos do desterro, consideraba que a dinastía davídica non se podía restablecer máis que coa caída de Babilonia e a liberación do rei cativo Ioaquín. Probablemente este é un dos "profetas soñadores" ós que alude Xeremías* (cf **29,** 8). *Xa que a historia non lle deu a razón a este grupo profético, as súas obras desapareceron da tradición escrita, quedando soamente este texto, pola súa coincidencia cos principios isaianos da elección de Xerusalén e da dinastía davídica.*

c) O texto de **19,** 16-25 *provén doutra man, e dátase no séc. VI, antes do II Is (cf nota ós devanditos vv). Aínda que presenta temas comúns ó II Is, coma o universalismo salvífico de Iavé e a calzada sagrada desde Exipto a Babilonia (lit. "Asiria", coma tipificación da cidade opresora), non é atribuíble ó II Is, polas referencias que fai ó Exipto. Quizais sexa obra dun membro da escola que reside na colonia xudía de Elefantina. A perspectiva salvífica é moi parecida á do II Is, pero xorde máis ben dunha reflexión teolóxica ca da inminencia do avance persa.*

d) Is **21,** 1-10. 11-12 *pertence ó II Is. A súa colocación no libro, débese ó carácter de oráculo contra Babilonia (como nación prototipo de traidora e saqueadora). Xúntase así o devandito texto con outros oráculos contra as nacións.*

e) A "pequena Apocalipse" (Is **34-35**) *é posterior ós textos xa tratados. A única referencia histórica que contén é a caída de Edom en mans das tribos nabateas do deserto arábigo. Aínda que os datos históricos aluden ó ano 310, o asentamento nabateo en Edom, e o desprazamento dos edomitas ó sur de Xudá, deberon comezar polo ano 510 (cf Introd. a Abd). O devandito feito move ó autor a compoñe-la apocalipse, que trata do castigo das nacións pagás hostís a Xudá, e da glorificación de Xerusalén co poder de Deus, motivo este polo que entronca na escola isaiana.*

f) A sección máis serodia é a "grande apocalipse" (Is **24-27**), *sección datable no ano 485, cando o rei Xerxes —máis ben ca Darío— somete de novo Babilonia, que se sublevara contra os persas. As preocupacións teolóxicas da escola están de forma moi clara nos temas da tradición xerosolimitana: a elección de Xerusalén por Iavé, e a glorificación do pobo por obra de Deus, que vence os seus inimigos.*

5. Principais temas teolóxicos do I Is

a) Títulos de Deus

—*O título divino máis característico de Isaías é* "O Santo de Israel" (**1,** 4; **5,** 19. 24; **10,** 17. 20...). *Toda a terra está chea da gloria de Iavé, o que é tres veces Santo* (**6,** 3).

O devandito título aparece en contextos de castigo (**10,** 7), *en contextos de expresión de confianza en Deus* (**10,** 20; **17,** 7), *e tamén en cánticos de acción de gracias* (**12,** 6; **29,** 19).

Variantes deste título, son "Os Santos de Xacob" *e* "O Deus Santo".

—*Outros títulos empregados no libro, son:* "O Forte de Israel" (**1,** 24), *que aparece nun contexto de castigo contra Xerusalén;* "O Deus Forte" (**10,** 21), *nun contexto de conversión do "resto de Israel" ó Deus poderoso; e* "O Rei" (**6,** 5; **30,** 33), *que expresa a protección divina en favor do seu pobo..*

Variantes destes títulos, son: "O Rexedor", "O Lexislador" *e* "O Único Sabio".

—"A Luz de Israel" *quere expresa-la realidade salvífica de Deus, en contraste coa súa función purificadora e de castigo medicinal* (**10,** 17). *Ese mesmo contraste aparece nos títulos* "Deus da túa salvación", "Penedo do teu refuxio", "Penedo de Israel" *e* "Deus da xustiza", *alusivos á benquerencia de Deus polo pobo.*

—*A salvación divina ten a súa raíz na creación. Por iso emprega o profeta o título de* "O Creador" (**17,** 7; **29,** 16), *para significa-la producción da vida da humanidade e de cada home. Esta mesma concepción expresa o título* "O Maxestuoso" (**33,** 21).

—*Dous dos títulos divinos empregados no libro resultan sorprendentes. Son* "O que dá a chuvia" (**30**, 20) *e* "O Conspirador" (**8**, 13-14). *O primeiro é un título de Baal, aplicado a Iavé. O segundo quere expresa-la realidade do Deus que castiga a falta de fe e de confianza nel, que é a rocha onde pode apoiarse o home.*

b) A fe

É a única resposta válida a Deus, de xeito que non subsiste o que non cre, mentres que o modo de facerse é o apoiarse na forza que Deus ofrece (cf **7**, 9). *Poñe-la confianza nos pactos con Asiria e Exipto é menosprezar a Deus, o único capaz de soluciona-los problemas do pobo. O home que ten fe deixa de ter escuridade e angustia, pois ten a luz de Deus, e a súa esperanza está firme no* "Deus forte". *A firmeza da propia fe será unha cualidade típica do* "Resto de Israel" (**10**, 20).

c) O culto

A actitude do profeta ante o culto é negativa, debido a que o culto de entón non vai de acordo co ben que o home debía practicar. O profeta critica o rico e abundante culto da época de Iotam, cando as moitas festas e espléndidos banquetes cúlticos pretenden se-la expresión da fidelidade do pobo a Deus (cf **9**, 11-19).

Noutra época ben distinta (707-705) critica o seguimento dos consellos dos falsos sabios, e as alianzas que fan con Exipto, cando deberían máis ben ter posta a súa confianza en Iavé.

d) A creación

Deus é o creador do pobo (cf **17**, 7), *coma un oleiro que modela o cántaro* (cf **25**, 16) *ou un labrego que planta unha viña* (cf **5**, 1ss). *É El quen ofrece bens ó seu pobo* (cf **1**, 2. 21), *o mesmo que lle dá o templo* (**2**, 2) *e que está sempre atento a favorece-la xente* (cf **4**, 5).

e) Elección divina de Sión e Xerusalén

Este tema é central nos escritos de Isaías. O pobo de Xerusalén é "a filla de Sión" (**1**, 8; **3**, 16-17), *que goza da presencia de Deus. Por iso, aínda que Deus castigue ó pobo, quedará sempre un* "resto" (**1**, 9), *de xeito que as perspectivas de futuro son sempre positivas e salvíficas. Así, aínda que a cidade sexa desleal, volverá a chamarse cidade fiel, cidade de xustiza* (cf **1**, 21. 26).

f) Mesianismo davídico

A coalición siro-efraimita fracasará, pola presencia do Emmanuel (**8**, 10), *na persoa de Ezequías. Máis tarde, cando o rei non segue as orientacións do profeta, este anuncia un novo rei, un rei ideal, xusto e xeneroso* (**32**, 1-8), *no que acougará o espírito de Iavé, e que fará volta-los desterrados* (**11**, 10-16) *e acollerá ós que busquen alí refuxio* (**16**, 4-5).

g) As actitudes pecaminosas do pobo

A raíz dos pecados do pobo é a falta de convencemento no poder do Señor (**1**, 3) *e mailo afán de dominar a Deus mediante a actitude máxica dun culto non comprometido* (**7**, 13). *Únese a isto a procura dunha sabedoría humana cunha actitude soberbia* (**2**, 2-17; **3**, 16; **17**, 4...), *que provoca a ira de Deus* (**10**, 12-15; **14**, 11; **16**, 6ss).

h) O perdón do pecado e o "resto santo"

O poder do Señor vai dirixido ó perdón e á transformación interior do pobo, erradicando del o pecado (cf **1**, 18), *ata chegar a unha situación de verdadeira xustiza* (**1**, 1. 26).

O resto fiel, herdeiro das promesas divinas, será un "resto santo" (**4**, 3), *unha semente santa, pois hase de afianzar no Santo de Israel, voltando a El* (**12**, 20-23). *Este resto, que sae de Xerusalén* (**37**, 3), *participará nos bens dos tempos felices* (**7**, 22; **17**, 15).

INTRODUCCIÓN Ó II ISAÍAS (Is 40-55)

1. A época do II Isaías

A dinastía babilónica dos caldeos chega ó remate coa revolta de Nabónid, fillo dunha sacerdotisa do deus lunar Xin (o ano 555). O novo rei suplanta a Marduk (o deus tradicional dos caldeos), e constitúe coma deus nacional de Babilonia a Xin.

Nabónid emprende o sometemento de distintas tribos da Arabia, e deixa nas mans do seu fillo Baltasar (mencionado en Dn **5,** 1-6, 1) durante dez anos o goberno de Babilonia.

Mentres tanto, o persa Ciro, desde o ano 549, vai vencendo a medos, xonios e eolios, conquistando o ano 539 o imperio babilonio.

Sen infravalora-la inspiración profética do II Is, as esperanzas salvíficas que tiña eran comprensibles polo descontento que había en Babilonia ó depoñer a Marduk, pola distancia de Nabónid, e polos avances militares de Ciro. Estas esperanzas salvíficas eran compartidas polos outros pobos sometidos a Babilonia.

A data precisa da actuación do II Is non é fácil de determinar. O máis probable é que abranguese desde o ano 549 ó 539, polo menos.

2. Principais temas teolóxicos

a) Títulos divinos
O II Is continúa a teoloxía do I Is, expresándoa na acumulación de diversos grupos de títulos divinos.
—"O Santo de Israel" (**43,** 1. 14; **45,** 11...), coa variante de "O voso Santo" (**43,** 15).
—Os títulos máis característicos do II Is van na liña salvífica. Así, "O Redentor" (**43,** 1.14; **44,** 6. 22; **47,** 4), "O Salvador (**43,** 3; **45,** 15. 21), "O Rei" (**43,** 5; **44,** 6).
—Con todo, o atributo máis subliñado polo II Is é o de "Deus Creador", ó concebi-la restauración do pobo coma unha creación. Para chamar ó pobo á fe no poder restaurador de Iavé, recórdalle o profeta que Deus creou os extremos do mundo (**40,** 28), que convoca á existencia as xeracións desde o comezo (**41,** 9), que estende o ceo e asenta a terra (**44,** 24; **51,** 13), que fixo habitable a terra (**45,** 18), e que é Deus de toda ela (**54,** 5).
A creación non se considera coma un feito exclusivo das orixes, senón coma algo que abrangue toda a historia. Por iso, o II Is chámalle a Deus "O primeiro e o derradeiro" (**44,** 6; **48,** 12), e "O Deus da eternidade" (**40,** 28), subliñando a unicidade divina fronte ós ídolos, que non teñen consistencia ningunha (**44,** 6. 8). Esta concepción exprésase tamén co título de "O Deus escondido", que non se esquece do seu pobo (**49,** 14-15), senón que o acompaña sempre (**46,** 3-4) con amor compasivo e fiel (**54,** 10).

b) A salvación
É obra de Deus, que axuda eficazmente ó pobo (**41,** 13-14; **43,** 5). Trátase dunha salvación eterna (**44,** 17; **51,** 6. 8), simbolizada nas abondosas augas que Deus lle envía (**44,** 2-3), e que son coma un anuncio do Espírito do Señor, que revitaliza ó pobo. A salvación que Deus promete arrinca da elección de Israel (cf **41,** 8; **44,** 2), que continúa vixente (cf **40,** 10. 15; **50,** 1-3). O desterro foi un acto purificador de Deus (**48,** 10), semellante á corrección dun pai a seu fillo (cf **46,** 4).

c) A creación
A concepción que ten o semita da creación é moi distinta á do mundo grecolatino. Para o semita, o supremo valor é a orde, de xeito que a creación, máis que concebila coma a producción dunha existencia, entendíase como a realización dun todo harmónico e ordenado.
O II Is presenta a salvación escatolóxica coa terminoloxía propia da creación (**41,** 20; **48,** 7. 13), vinculando coa creación cósmica as realidades salvíficas do seu tempo: O Servo de Iavé (**42,** 5), o pobo da salvación (**44,** 2. 14), a misión de Ciro (**45,** 4.6), e a mesma situación salvífica escatolóxica (**45,** 6. 8; **48,** 6. 7).

d) A palabra do Señor
O medio do que se vale Deus para a creación é a súa palabra, que ten un dinamismo considerable. A palabra de Deus é firme, eficaz e irrevocable (**40,** 8; **43,** 6. 12; **44,** 26; **45,** 23; **48,** 3). A palabra de Deus, transmitida polo profeta, constitúe ós destinatarios en testemuñas eficaces do Señor (**43,** 12; **44,** 8). Polo contrario, os ídolos non teñen quen testemuñe en favor deles, pois non ven nin saben nada (**44,** 9-20).

e) O camiño sagrado polo deserto
O II Is anuncia a salvación escatolóxica coma unha repetición das marabillas de Deus ó longo do deserto no Éxodo de Exipto. Como o camiño do Éxodo ía polo deserto (cf **40,** 30) anúnciase agora outro camiño, feito por Deus (**43,** 16-20) coa colaboración do pobo (**40,** 3-4). Desde o punto de vista teolóxico este camiño vai polas fonduras do abismo (**51,** 10) e resulta beneficioso para os repatriados de Israel e para os outros pobos (**43,** 19-20; **49,** 10; cf Ex **17,** 1-7).

INTRODUCCIÓN Ó II ISAÍAS

f) O perdón e a consolación do pobo

O libro do II Is comeza cunha mensaxe de consolo para o pobo. Esta mensaxe vén de Deus, que redime os exiliados (**25**, 9), e olla, ó mesmo tempo, cara a unha restauración definitiva, semellante á que tiña o home no paraíso (**51**,2).

Este consolo de Israel non é posible sen o perdón divino dos pecados do pobo (cf **40**, 1-2). O pecado, que está presente nos comezos da historia da salvación (**43**, 27), e que prosegue nas rebeldías dos dirixentes, esixe un castigo (**43**, 27b; **44**, 24); pero este castigo xa está cumprido de abondo (**40**, 2).

Á parte do castigo medicinal, precísase a acción divina que o faga desaparecer (**44**, 22), ata esquecerse del (**43**, 25). Certo que esta purificación do pecado esixe a conversión ó Señor (**44**, 22).

g) O universalismo salvífico, como iluminación e luz

A pesar de que a masa do pobo segue cega e xorda (non quere seguí-los camiños que Deus lle marca), o Señor faraos camiñar por un vieiro que descoñecen (**42**, 16a), convertendo a escravitude en luz (**42**, 16c). Daquela valorarán a Alianza, que é fonte de vida.

A salvación do pobo hebreo volverase luz para os xentís, na medida en que estes comprendan a importancia do cumprimento da Lei de Deus. Deste xeito, o pobo de Deus, pregoando a lei divina coma fonte de salvación para os pobos (**55**, 4-5), fará que os xentís recoñezan a Iavé coma o único Deus (**54**, 14), poñendo nel a súa esperanza (**51**, 4), e o mesmo Israel será glorificado (**55**, 5).

h) O Servo de Iavé

Este título emprégase vintedúas veces no II Is. Aplícase ó pobo xudeu, a Ciro, e mais ó misterioso personaxe humillado, que expía os pecados de todos e se converte en luz dos xentís. O denominador común de tódolos "Servos de Iavé" é o estar ó servicio do plan salvífico e escatolóxico universal.

O pobo é o que máis a miúdo recibe este título (**41**, 8-9; **42**, 19; **43**, 10...). O servo de Iavé, que El elixiu (**41**, 8-9; **44**, 1-2), aínda que é mudo e cego (non comprende o valor e importancia da fidelidade á lei do Señor), é o seu servo, que El non rexeitou (**41**, 9), e por isto verterá sobre el o seu espírito (**44**, 4). Por este vieiro, os servos do Señor herdarán a prosperidade humana e material dos tempos escatolóxicos (**54**, 17).

Ciro vén presentado coma o pastor escollido por Deus para salva-lo pobo e manifestar así o poder divino, fronte á incapacidade dos ídolos.

O misterioso personaxe coñecido coma "O Servo de Iavé", aparece presentado en catro poemas: **42**, 1-9; **49**, 1-13; **50**, 4-11; **52**, 13-53, 12. Non é cego nin mudo coma o pobo (**42**, 19), senón que o Señor o elixiu (**42**, 1) e formou (**49**, 5). O Espírito de Iavé repousa sobre el: por iso o Servo fará voltar ós protexidos do Señor (**49**, 6-5), dictará a lei ás nacións (**42**, 2), sendo luz para elas (**49**, 6ss), de xeito que Deus conseguirá gloria por medio del (**49**, 3).

O Servo preséntase coma desprezado (**49**, 7; **53**, 2-3), abandonado (**52**, 14), ferido (**50**, 6-7) e morto en expiación polos pecados (**53**, 4-8. 10-12); pero conseguirá o éxito final (**49**, 7; **52**, 13. 15; **53**, 12).

O misterioso personaxe debeu se-lo mesmo profeta, predicador da lei (**50**, 4. 10), que, sen grandes proclamacións públicas (**42**, 2), anima a esperanza de liberación do pobo e proclama a fidelidade á lei (**42**, 3. 7).

INTRODUCCIÓN Ó III ISAÍAS (Is 56-66)

1. Autor e tempo de composición

Aínda que o ton literario de Is **56-66** *non é homoxéneo, as diferencias explícanse ben polos diversos xéneros literarios empregados, sen ter que acudir á intervención doutros autores na elaboración do escrito.*

A situación socio-político-relixiosa que presenta o texto, responde ó ambiente de Xudá á volta do desterro, entre os anos 538 e 485.

O autor é un continuador do II Is: a linguaxe que emprega ó longo dos once capítulos, reflicte a esperanza salvífico-escatolóxica do profeta do exilio.

2. A sociedade xudía do post-exilio

As catro deportacións, levadas a cabo entre os anos 592 e 582, provocaron o exilio dos dirixentes do pobo e dos profesionais máis relevantes, permanecendo no país a poboación máis inculta e pobre. Aquel estado de cousas complicouse coa ocupación progresiva do sur de Xudá polos edomitas, ó botalos do seu territorio as tribos árabes nabateas.

A falta de dirixentes espirituais, a situación ruinosa do templo, e a chegada do pobo xentil de Edom, provocan en Xudá o estado de miseria espiritual, relixiosa e moral que mostra o III Is. O retorno dos exiliados provoca tamén problemas de tipo social e moral, ó esixiren os seus bens, que pasaran a mans doutros donos.

O III Is constata a violencia reinante (**59,** 6; **60,** 18), *os crimes* (**59,** 3. 7), *a opresión do xusto* (**57,** 1; **58,** 3; **59,** 4), *o egoísmo asoballador* (**58,** 3-7), *a apostasía relixiosa e moral* (**59,** 13; **65,** 2), *a idolatría* (**63,** 3-10; **65,** 3. 7; **66,** 3. 17), *o desprezo do sábado* (**56,** 3. 4; **58,** 13-14), *e o aproveitarse dos días de xexún para face-lo mal* (**58,** 4). *Os mesmos dirixentes políticos eran coma vixiantes cegos e cans mudos, cheos de cobiza* (**56,** 10-11).

Para os que chegaban de Babilonia, ilusionados pola mensaxe do II Is, a situación de Xudá resultoulles tremendamente decepcionante (**59,** 9-11).

3. A mensaxe do III Isaías

Non obstante os problemas materiais e morais do pobo, a mensaxe teolóxica do III Is é unha proclamación da esperanza salvífica (**57,** 15-16; **59,** 17. 21), *condicionada ó exercicio da xustiza e da equidade* (**58,** 7. 10), *pois o xexún que lle gusta ó Señor é o respecto e a misericordia* (**58,** 3-12).

A esperanza salvífica que pregoa o III Is abrangue os eunucos, pagáns e estranxeiros (**56,** 4. 6), *que colaborarán ó progreso de Xerusalén e enriquecerán o templo* (**60,** 5-7. 10. 13), *á vez que a gloria do Señor os iluminará* (cf **60,** 1-4) *e os converterá en testemuñas dela* (**66,** 18-21), *e participarán tamén no culto e na ofrenda que se faga no templo* (**56,** 5. 7). *Desenvolverase así unha liña de universalismo, que leva a algúns xentís a exerce-lo ministerio levítico e mesmo o sacerdocio. Este xeito de proceder perderá vixencia coa reforma de Esdras* (Esd **9-10**), *anque será recollida polo N. T., e, nunha pequena parte, polos esenios de Qumrân.*

Outro tema que desenvolve o III Is é o do templo, que está aínda sen reconstruír, e que é obxecto das esperanzas do pobo (**56,** 5-7; **57,** 13; **62,** 9; **63,** 18; **65,** 21). *Sen embargo, a preocupación polo templo material non é óbice para que o autor aluda ó templo celeste de Iavé, e á presencia benéfica de Deus no abatido e humillado* (**57,** 15).

ISAÍAS

Título

1 ¹Visións que Isaías, fillo de Amós, viu acerca de Xudá e de Xerusalén, nos días de Ozías, de Iotam, de Acaz e de Ezequías, reis de Xudá.

Proceso de revisión da fidelidade de Xudá

²¡Escoita, ceo! ¡Oe, terra! Ollade, que fala o Señor:
"Engrandecín fillos, si, fíxenos grandes, pero eles rebeláronse contra min.
³Coñece o boi ó seu novo dono; e o burro, o cortello do seu amo:
Israel non me coñece, o meu pobo non ten xuízo".
⁴¡Ai, xente pecadenta, pobo cangado de iniquidade,
semente de pervertedores, fillos de corrompidos!
Deixaron o Señor, refugaron o Santo de Israel, volvéronlle as costas.
⁵Aínda que sempre se vos estivese castigando, aumentariáde-la vosa rebeldía.
¡Toda a cabeza é unha enfermidade!
¡Agoniza de todo o corazón!
⁶Desde a planta do pé ata a cabeza non hai nel nada bo:
feridas, mágoas e golpes sanguiñentos; nin os espremeron, nin os vendaron, nin os aliviaron con unturas.
⁷A vosa capital é unha desolación, as vosas cidades, brasas acesas.
As vosas terras devóranas diante de vós os estranxeiros.
¡Que desolación!, ¡que destrucción a dos estranxeiros!
⁸Velaí queda senlleira a filla de Sión. Velaí se esconde entre a viña.
Velaí dorme no cabazal. Velaí a cidade asediada.
⁹Se o Señor Todopoderoso non quedase connosco, ¡que resto tan pequeno seriamos!
Seriamos coma Sodoma, asemellariámonos a Gomorra.

Rexeitamento do culto concreto e esixencias de Deus

¹⁰Acollede as palabras do Señor, xefes de Sodoma.
Prestade atención á lei do noso Deus, pobo de Gomorra.
¹¹"¿Para que preciso eu os vosos moitos sacrificios? —di o Señor.
Estou farto dos holocaustos dos vosos carneiros,
e do sebo dos vosos cebóns:
non me gusta o sangue dos vosos becerros, carneiros e chibos.
¹²Entrades a contempla-la miña presencia, ¿pero quen vos pediu que piséde-lo meu sagrado?

1, 1 *Visións:* o termo hebreo "hazón" ten aquí sentido colectivo e é característico da época exílica e de Xeremías, para significa-la comunicación ou a percepción da mensaxe profética. En Is volve a aparecer soamente en **29,** 7, para significa-la visión nocturna.
O pai de Is non se debe confundir co profeta Amós; en hebreo teñen escritura distinta.
1, 2-9 Esta unidade, orixinaria do 701 despois do asedio de Xerusalén, ten a forma dun "rib", ou revisión da fidelidade do pobo á alianza, na que se recordan os beneficios de Deus e a infidelidade do pobo, os castigos medicinais de Deus e a nova rebeldía do pobo. Esta rebeldía é a causa da desolación de Xudá, a mans de Senaquerib, na data indicada. Con todo, a mensaxe profética non se reduce a interpreta-la historia, senón que está aberta á esperanza para o resto que queda, a condición da súa fe na presencia protectora de Deus sobre o pobo.
1, 2 *Ceo e terra* son as testemuñas da Alianza, que coma tales se chaman a revisión. De feito é un merismo, no que as partes extremas indican a totalidade. A imaxe de "Deus pai" é herdanza de Os **11,** 1-4 (cf Is **30,** 1-9). A rebeldía é rebeldía contra un pai.
1, 3 O boi e mailo burro que recoñecen ó amo, deron pé a un midrax cristián antigo, que os fai presentes no nacemento de Xesús, acontecido nunha corte de gando (Lc **2,** 7), para significa-lo pobo fiel que recoñece en Xesús ó seu amo, ó Señor. A este midrax contribuíu o texto de Iab 3,2.

1, 4 *Volvéronlle as costas* é unha glosa clarificadora do anterior.
1, 5-6 O castigo quere se-la forma educativa do pai (v 2) cos fillos, e é fortísimo, pero os fillos non o entenden coma tal castigo medicinal. Nos vv 7-8 pásase da imaxe á linguaxe directa.
1, 7 *Capital:* heb. "ares", que polo contexto de gradación (capital = Xerusalén - cidade - terras) e pola mesma frase, ten que se referir a Xerusalén. As cidades son as da Xefelah (cf Miq **1,** 8-16).
1, 10-20 Esta unidade literaria, semellante ás de Amós (cf Am **4,** 4-5; **5,** 21-23), podémola datar no próspero reinado de Iotam (740-735), que alimenta unha relixiosidade de espléndido culto e de inxustizas (v 13 c). O texto consta dun refugamento do culto descomprometido de fidelidade moral (11-15); dunha "torah" profética (16-17), que presenta as esixencias relixiosas de Deus; remata cunha requisitoria xudicial, na que se chama á conversión e se ofrece o perdón (vv 18-20).
1, 11-15 Pasa revista ós diferentes tipos de actos cúlticos sacrificiais, rexeitando o que neles consideran máis sagrado: holocausto, sebo, sangue, presencia de Deus, ofrendas de vexetais e diferentes festas semanais, mensuais, anuais, liturxia de lamentación individual ou colectiva (v 15), e dá razón do refugamento deste culto: a violencia criminal.
1, 12 *O sagrado:* son os patios do templo. Entre nós sería o adro.

¹³Non sigades traendo ofrendas vas:
o seu fume é abominación para min.
Non luxéde-la xuntanza na festa da Lúa
Nova e no sábado,
que non soporto a iniquidade e a
opresión.
¹⁴Aborrezo as vosas Lúas Novas e as vosas
festas;
son na miña presencia unha carga; xa
estou cansado de soportala.
¹⁵Si, cando alongáde-las vosas palmas,
tapo os ollos para non vos ver.
Cando, a forza de berros, aumentáde-la
vosa oración, non son eu quen vos
escoita.
As vosas mans están cheas de sangue.
¹⁶Lavádevos, purificádevos,
apartade dos meus ollos a ruindade dos
vosos feitos.
Deixade de berrar.
¹⁷Aprendede a face-lo ben, buscade a
xustiza
encamiñade ó avergonzado, facédelle
xustiza ó orfo, defendede a viúva.
¹⁸Agora vinde acá, e razoemos xuntos —di
o Señor:
Aínda que os vosos pecados fosen coma
o granate, coma a neve branquexarán;
aínda que fosen vermellos coma o
carmesí, coma lá se volverán.
¹⁹Se vos convertedes e facedes caso,
comeredes do mellor da terra.
²⁰Pero se non queredes e resistides, coa
espada seredes comidos.
Ollade que fala a boca do Señor.

Xuízo purificador contra a cidade infiel

²¹¿Por que se volve prostituta a cidade que
foi fiel?
Estaba chea de xuízo, a xustiza habitou
nela, mais agora habítana os asasinos.
²²As túas moedas de prata volvéronse
ferruxe, augáronse as túas bebidas.
²³Os teus xefes volvéronse rebeldes. Os teus
compañeiros, un fato de ladróns.
Pola calada aman o suborno, mira como
corren tralos regalos;
ó orfo non lle fan xustiza, e o preito da
viúva non chega onda eles.
²⁴É oráculo do Señor Todopoderoso, o
Forte de Israel:
¡Ai, voume vingar dos meus contrarios,
vou castiga-los meus inimigos!
²⁵Vou volve-la miña man contra ti,
purificarei como platino a túa escoura,
e quitareiche toda a ganga impura.
²⁶Volverei os teus xuíces coma no principio,
volverei os teus conselleiros coma antes.
Despois de suceder isto, chamaráseche
cidade da xustiza,
chamaráseche cidade fiel".

Redención de Sión

²⁷Sión será redimida con xusto xuízo,
con xustiza o Señor farao vir.
²⁸Libertará os transgresores, e os
pecadores alegraranse,
pero os que abandonan ó Señor perecerán.

Castigo dos cultos naturalistas

²⁹Avergonzarédesvos polas árbores que
tanto queriades,
poñerédesvos rubios polos xardíns que
tanto vos gustan.
³⁰Abofé que seredes coma o terebinto ó
que lle cae a folla,
e coma xardín que non ten auga.

1, 17 *Buscade a xustiza* equivale a axustarse á vontade de Deus expresada nos mandamentos, do mesmo xeito que "facer xustiza ó orfo" é darlle o que lle corresponde.
O avergonzado ou "amargurado" refírese ó home, ó que a vida lle é difícil por culpa das inxustizas ou maldades con el cometidas.
1, 18 O perdón dos pecados compárase a un baño, coma o bautismo cristián e os baños dos esenios no tempo do N. T.
1, 19 A conversión e obediencia a Deus e a súa lei (vv 16-17) é unha garantía de fartura, coma consecuencia da alianza; e a rebeldía contra El leva consigo o desastre da derrota a mans dos terribles asirios.
1, 21-26 Estes vv forman unha unidade literaria, marcada pola inclusión expresada coa "cidade fiel". Os vv 21-23 están compostos na forma literaria dunha lamentación (qinah), na que se describe a corrupción interna de Xerusalén (Samaría); e nos vv 24-26 preséntase un oráculo salvífico sobre a purificación que o poder de Deus vai realizar no seu pobo para volve-la cidade como era antes, a cidade fiel.
1, 21 A infidelidade que se comenta nos vv 21-23 concré-
tase nas inxustizas sociais, o que supón as circunstancias dos anos 740-736.
1, 24 Os inimigos e contrarios son os membros do pobo que son infieis ás esixencias de Deus; a purificación dos mesmos pasa por unha fase de castigo medicinal, tal coma se exemplariza na imaxe da purificación dos metais.
1, 27-28 Trátase dun oráculo salvífico, quizais da época posterior ó asedio de Xerusalén (ano 701), incluído aquí por afinidade do tema coa unidade anterior. Nótese o uso do pasivo divino (*será redimida*, en vez de "Deus redimiraa").
Farao vir: texto de interpretación discutida, alude probablemente á volta dos deportados das cidades da Xefelah. A volta lediciosa dos deportados é unha conclusión teolóxica dos principios proféticos do castigo purificador e da elección de Xudá.
1, 29-31 Os terebintos eran árbores sagradas nos cultos cananeos da fecundidade; estes nunca se viron desterrados totalmente durante o período da monarquía; foron favorecidos especialmente durante o reino de Acaz (735 715).

ISAÍAS 2, 11

³¹Velaquí, o valente vólvese estopa, e a súa soldada hase volver muxica: arderán os dous xuntos, e non haberá quen apague.

Título

2 ¹Palabras que en visión profética recibiu Isaías, fillo de Amós, acerca de Xudá e Xerusalén:

Canto a Sión, morada da lei e da paz para as nacións

²Vede: á fin dos días será creado o monte da Casa do Señor.
Vede: será levantado por enriba dos montes e máis cós petoutos,
xuntaranse nel tódalas xentes.
³Irán a el pobos numerosos que dirán:
"Vinde, subamos ó monte do Señor, á casa do Deus de Xacob,
para que nos mostre os seus camiños, e camiñemos polos seus vieiros.
Vede: de Sión sairá a Lei, a Palabra do Señor sairá de Xerusalén".
⁴Xulgará os preitos entre as xentes,
decidirá o que é xusto entre os pobos.
Coas espadas forxarán arados; coas lanzas, podadeiras.
Non levantará un pobo contra outro a espada,
nin aprenderán de novo a face-la guerra.
⁵¡Casa de Xacob, ven; vaiamos e camiñemos á luz do Señor!

Himno profético ó día do Señor contra toda soberbia humana

⁶¡Olla: vou destruí-lo teu pobo!
¡Destruirei a Casa de Xacob!
Está cheo de adiviños desde oriente ata os filisteos;
e sóbranlle fillos de estranxeiros.
⁷A súa capital está chea de prata e ouro, non teñen fin os seus tesouros.
A súa cidade está chea de cabalos, os seus carros non teñen fin.
⁸A súa cidade está chea de ídolos,
póstranse diante da feitura das súas mans,
diante do que fixeron os seus dedos.
⁹Abaixaranse os homes, humillaranse os varóns,
pero non os ergas.
¹⁰Métete entre as pedras, escóndete entre o po,
lonxe da presencia pavorosa do Señor, lonxe do esplendor da súa maxestade.
¹¹Os ollos orgullosos abaixaranse, serán dobrados os homes ergueitos,

---

1, 31 A imaxe da estopa, para califica-lo valente, quere expresa-la súa inconsistencia e debilidade, ó mesmo tempo cá facilidade para o seu castigo destructor; a valentía quizais se refira ó poder xenético e prosperidade; e a soldada refírese ós donativos feitos ós santuarios dos cultos naturalistas.

2, 1 Este título é introducción ós cc. **2-5**, que deberon ter algún tempo unha existencia á parte (por iso entendemos "datar" —palabra— coma colectivo).

2, 2-5 Os vv 2-4 teñen o seu paralelo case exacto en Miq **4**, 1-3, seguido dun v 4 máis axeitado ó contexto có v 5 de Is. Probablemente os dous textos dependen dun himno a Sión, cargado de tintas escatolóxicas sobre o triunfo do Señor no día da súa manifestación. Sión, centro do culto a Iavé e da administración sagrada da xustiza, ten que se-lo centro da lei de Deus, que crea a paz e prosperidade entre os pobos. Probablemente date da reforma de Ezequías.

2, 2 Entendémo-la raíz "kwn" no sentido de ser, crear (coma en ugarítico e noutros lugares do A. T.), pois o paralelo con "será levantado" —pasivo divino—, esixe este sentido. O monte é creado por Deus na súa nova forma de existencia salvífica; pero aquí a morte significa a lei e a revelación de "torah" pacificadora entre os pobos.

2, 6-22 Trátase dun himno profético caracterizado porque canta as obras de Deus nun futuro máis ou menos distante, caracterizado por unhas partes variables, que marcan un proceso xudicial: vv 6-8: acusación da soberbia idolátrica nas súas presentes manifestacións; 12-16: o día do Señor, contra todo o soberbio e erguido; 18: substitución dos ídolos, feita por Deus; 20: os homes rexeitan os ídolos; 22: prohibición de tratar con profetas extáticos. Estas partes variables van separadas por uns temas que se repiten con lixeiras variantes textuais e que se refiren á humillación e abaixamento do home: 9.11.17. O esconderse os homes lonxe da Maxestade divina que se mostra: 11.19.21; o enxalzamento do Señor a costa da humillación da soberbia humana: 11b. 17b. 21c. A situación histórica que supón este himno é a dos tempos de Iotam (740-735). Algúns pensan que o profeta dirixiu este himno a Israel e despois a Xudá en segunda lectura.

2, 6-9 Nótese que se poñen na mesma liña teolóxica de denuncia os adiviños, os estranxeiros, a prata, ouro e tesouros, os cabalos e carros e os ídolos coa súa adoración (v 9). Todos estes elementos están na liña da idolatría, xa que levan consigo o orgullo do home e a súa confianza nestes elementos que impiden a confianza e a fe en Iavé.

2, 6 Por razón de paralelismo, *Casa de Xacob*, non coma vocativo, senón coma balanzo paralelístico con *teu pobo*. *Sóbranlle*; outros traducen "chocan as mans" = fan alianza; preferimos "sóbranlle", por mor do paralelismo.

2, 7 *A súa capital... cidade*. O vocábulo heb. "ares", por razóns do contexto, ha de entenderse coma "capital", máis ben ca no senso de "terra".

2, 9 O sentido do texto é que os homes se abaixan para postrarse diante dos ídolos, e o profeta mándaselle que non o erga, pois sería inútil (**6,** 9-10). Será o Señor quen os erguerá, coa súa manifestación de castigo (vv 10ss).

2, 10 Dirixese o profeta ó pobo fiel, a quen ordena esconderse da teofanía primitiva de Deus.

2, 11 *Os ollos,* manifestación antropolóxica da cobiza; aquí, unha cobiza que leva ó orgullo e á grandeza; pero que será humillada por Deus.

soamente o Señor será enxalzado naquel día.
¹²Velaquí o día do Señor Todopoderoso:
contra todo o alto e levantado,
contra todo o ergueito e admirable.
¹³Contra tódolos cedros do Líbano altos e levantados,
contra tódolos carballos de Baxán.
¹⁴Contra tódalas altas montañas,
contra tódolos petoutos ergueitos.
¹⁵Contra toda torre esgrevia,
contra todo muro inaccesible.
¹⁶Contra tódolos barcos de Tárxix,
contra tódalas naos esperadas.
¹⁷O Señor dobrará o orgullo do varón,
humillará a soberbia dos homes.
Enxalzarase o Señor, El só, naquel día;
¹⁸El ocupará o lugar de tódolos ídolos.
¹⁹Entrade nas fendas dos penedos,
nas gretas do xabre e da barreira,
lonxe da cara do Señor,
lonxe do esplendor da súa maxestade,
cando El se levante para estarrece-la cidade.
²⁰Aquel día os homes botarán fóra os ídolos de prata,
e os ídolos que fixeron co seu ouro,
para adoraren toupeiras e morcegos.
²¹Entrade nas fendas dos penedos
e nas regañas das pedras,
lonxe da cara terrible do Señor,
lonxe do esplendor da súa maxestade,
cando El se levante para estarrece-la cidade.
²²Deixade de tratar entre vós co home
a quen esmagan o nariz:
foi el quen inventou de seu o culto dos altos.

Anarquía en Xerusalén: Xuízo da historia

3 ¹Si, velaí o Señor, Deus dos Exércitos:
retirará de Xerusalén e de Xudá bastón e apoio,
todo apoio de comida e todo apoio de bebida:
²capitán e soldado, xuíz e profeta, adiviño e senador;
³oficial e dignatario; conselleiro,
experto en bruxerías e coñecedor de feitizos.
⁴Poñereilles a rapaces por xefes,
gobernaranos uns meniños caprichosos.
⁵A xente atacará unha á outra,
cada un ó seu veciño;
o mesmo rapaz portarase aleivosamente co ancián venerable,
os ruíns cos nobres.
⁶Cada un usará a violencia contra o seu irmán, contra a propia familia:
"Tes un vestido, pois fai ti de xefe:
colle o mando desta ruína".
⁷O día aquel el erguerase para dicir:
"Eu non son albeite nin teño na miña casa pan nin vestido:
non me poñades de xefe do pobo".
⁸Velaí: derrúbase Xerusalén e cae Xudá,
velaí os seus ditos e os seus feitos contra o Señor,
rebelándose contra a súa presencia gloriosa.
⁹A estrañeza do semblante testemuña contra eles,
mostran coma Sodoma o seu pecado:
non o encobren.
¡Ai deles! ¡Como consuman a súa propia ruína!

2, 12 *O día* de Iavé = *do Señor*, é un tema importante no I Is, sexa nesta forma, sexa na forma do "día aquel." Aparece 45 veces (cf Am).

2, 20 Ante a presencia do invasor, que executa a sentencia de Deus, o pobo esconde os seus ídolos debaixo da terra ou nas paredes, como se fosen toupeiras ou morcegos, para que non axuden ó invasor e para volver adoralos.

2, 22 Outros entenden o texto deste xeito: "Desentendédevos do home, pois non é mais ca un sopro no nariz e ¿que vale?", e consideran o versículo coma unha glosa sapiencial. *Esmagan* (heb. "nixmah") alude ás incisións que se facían os profetas delirantes; "bamah" significa os altos, e o culto naturalista cananeo que neles se facía. Trátase dun texto auténtico, pois cadra ben co contexto de polémica antiidolátrica.

3, 1-15 Dúas unidades literarias (1-11 e 12-15) moi afíns, sexa pola temática, sexa pola época a que se refiren (ano 735), que constitúen unha verdadeira teoloxía da historia: á morte de Iotam xa se coñecen os preparativos de Is-rael e Siria para poren en Xudá ó fillo de Tabel coma rei interesado na liga antiasiria, que sen dúbida tiña partidarios na mesma Xerusalén (cf vv 2-3). Morre Iotam no ano 735 e sucédelle o seu fillo Acaz, de 20 anos, co influxo político da súa nai (v 12) e coa defección dos mandos opostos á política proasiria da corte. Isaías interpreta esta situación caótica coma un castigo de Deus polos pecados do pobo (vv 1. 8-9. 13-14).

3, 2 *Senador* (heb. "zaquén": ancián), que practicamente eran conselleiros rexios (cf Dt **25,** 5-10; 1 Re **21,** 8), e que xa viñan da organización tribal do pobo (cf Ex **3,** 16. 18; 2 Sam **5,**3).

3, 3 *Oficial:* lit. xefe de cincuenta.

3, 7 *Albeite:* compoñedor, mencieiro; alude á incapacidade para dete-la ruína do reino.

3, 8 *A presencia* (lit.os ollos): alusión á presencia de Deus no templo de Xerusalén.

3, 9 *A estrañeza do semblante:* alusión ás prácticas cananeas de prostitución sagrada especialmente favorecidas polo mozo Acaz (cf 2 Re **16,** 3-4).

¹⁰Ollade, ¡que feliz o xusto!
  ¡Como consome o froito dos seus
    traballos!
¹¹¡Ai do malvado! ¡Que desgraciado!
  ¡Como actuarán contra el as obras das
    súas mans!
¹² Meu pobo, os que o oprimen son xente
    caprichosa:
  gobérnano mulleres.
  Meu pobo, os teus directores fante andar
    descarriado,
  enredan a dirección dos teus vieiros.
¹³O Señor está de pé para preitear,
  está firme para xulga-lo seu pobo.
¹⁴O Señor entra en preito cos senadores e
    príncipes do seu pobo:
  "Vós arrasáste-la viña: tendes nas vosas
    casas o roubado ós pobres.
¹⁵¿Que facedes? ¿Esmagáde-lo meu pobo,
  e oprimíde-lo semblante dos pobres?"
  —Oráculo do Señor, Deus dos
    Exércitos—.

Contra o luxo das mulleres

¹⁶O Señor di:
  "Xa que se ensoberbecen as fillas de
    Sión,
  e camiñan co pescozo arrichado e ollos
    pintados de rubio,
  xa que camiñan a pasiños miúdos, e nos
    tobelos levan ariños",
¹⁷o Señor halles de apega-la sarna á súa
    cabeza,
  Iavé halles descubri-la súa fronte.
¹⁸O día aquel o Señor quitarálle-los seus
    adornos:
  ariños para os tobelos, diademas e
    medias lúas,
¹⁹pendentes, pulseiras e veos,
²⁰panos da cabeza, cadeíñas para os pés e
    cintos,
  caixas de talismáns e amuletos,
²¹aneis e ariños para o nariz,
²²vestidos de festa, abrigos, estolas e
    bolsos,
²³vestidos de gasa e vestidos de liño,
    turbantes e toquillas.
²⁴En vez de perfume haberá podremia; en
    vez de cinto, corda;
  en vez de penteado de trenzas, calva;
  en vez de lenzo fino, un cinguidor de
    saco.
  En vez de fermosura, vergonza.
²⁵Os teus homes caerán pola espada; e os
    teus escolleitos, na guerra.
²⁶As xuntanzas das súas portas
    lamentaranse e farán loito,
  e ela sentarase desolada no chan.

4 ¹O día aquel, sete mulleres collerán un
    só home.
  Diranlle: "Comerémo-lo noso pan e
    vestirémo-lo noso manto,
  con tal de que poidamos leva-lo teu
    apelido:
  quítano-la nosa deshonra".

Protección do Señor sobre o resto de Xerusalén

²O día aquel o retoño do Señor servirá de
  honra e gloria;

3, 10-11 Moitos autores consideran estes vv coma unha glosa sapiencial, pero non é nada improbable que o seu autor sexa I Is, formado nos círculos sapienciais da corte, e porque o texto cadra ben co contexto anterior.
3, 12 As *mulleres* poden se-la raíña nai e outras mulleres da corte, entre as que debía haber forte ambiente cananeizante, a xulgar pola política relixiosa de Acaz (cf 2 Re **16**,3-4).
3,14 A imaxe da viña para referirse ó pobo aparece en Is **5**,1ss.
3,15 Destáquese o paralelismo entre "o meu pobo" e "os pobres": o pobo do Señor son os pobres e os humildes, que confían no Señor.
3, 16-**4**, 1 Trátase dun oráculo de xuízo de castigo, pois a acusación está introducida por unha fórmula causal no v 16, e o anuncio do castigo empeza no v 17. Os vv 18-23 constitúen unha longa enumeración dos adornos das mulleres de Xerusalén, con moitos termos que soamente aparecen aquí e que hai que traducir por conxecturas, atendendo á súa etimoloxía. Algúns autores considéranos obra dun discípulo de I Is, xa que rompen o ritmo poético antitético, pero tamén hai razón para non excluílos pois historicamente responden mellor á época de Iotam ca a ningunha outra posterior. Nos vv **3**, 25-4, 1 temos unha segunda tipificación da situación de castigo, que supón unha invasión militar desastrosa, coas vergonzosas consecuencias para as refinadas mulleres de Xerusalén.
3, 17 No mundo semítico, descubrirlle a unha muller a fronte era deshonrala, xa que soamente se lle descubría ó marido.
3, 24 *Vergonza*: así e I Q. Is, e pensamos que é a lectura correcta. As traduccións grega e latina omitiron a frase por non lle colle-lo senso; por isto leron conforme ó texto hebreo masorético.
3, 26 *As xuntanzas das súas portas*: lit. "as súas portas". Nas portas da cidade tiñan lugar os xuízos, e parte da liturxia fúnebre do enterramento, que se facía fóra das portas da cidade (cf Lc **7**, 11-17).
4, 1 *Leva-lo teu apelido*: lit. "que o teu nome sexa invocado sobre nós". A falta de homes, por culpa da guerra (cf **3**, 25-26), converterá a estas refinadas mulleres en concubinas ou mulleres de segundo rango, pois a un home corresponderanlle sete (= moitas) mulleres, e así elas comerán o seu pan e vestiranse pola súa conta; o que buscan é librarse da vergonza da esterilidade e da solteria (cf **32**, 9-14; **54**, 1; Dt **25**, 5-6).
4, 2-6 Todo intento de situar esta unidade literaria no post-exilio parece incongruente, xa que o v 4 fai alusión a **3**, 16 - **4**, 1. Suposto o xuízo de castigo contra o luxo das mulleres de Xerusalén, quedará un resto que será o her-

e o froito da terra será o orgullo e honor dos escapados de Israel. ³Entón o que quede en Sión, e o resto de Xerusalén chamarase santo. Si, todo el será inscrito en Xerusalén no libro da vida. ⁴Cando o Señor limpe a sucidade das fillas de Sión, e cando lave do medio de Xerusalén o seu sangue, cun vento de xuízo e cun vento de desolación. ⁵Entón o Señor sobre o templo do monte de Sión e sobre a súa xuntanza creará de día unha nube; e de noite, fume e labarada esplendente coma un dosel sobre a Gloria do Santuario. ⁶Unha tenda que será sombra para o día contra a seca e refuxio e cuberto contra o trebón e maila chuvia.

Canción á viña do amigo do esposo

5 ¹Voulle cantar ó meu amigo a canción do meu amor á súa viña.
Tiña o meu amigo unha viña nunha das fértiles ladeiras.
² Cavou, quitoulle as pedras, e plantouna de cepa selecta;
construíu no medio dela unha torre e tamén dispuxo un lagar;
esperaba que dese boas uvas, pero só llas deu agraces.
³E agora, habitantes de Xerusalén e homes de Xudá,
facede, por favor, de xuíces, entre min e a miña viña.
⁴¿Que máis lle puiden facer á miña viña que non llo fixera?
¿Por que, esperando eu que dese boas uvas, deu tan só agraces?
⁵Pois agora vouvos dici-lo que lle vou facer á miña viña:
quitarlle o valado para que sirva de pasteiro,
romperlle a cerca e que se volva un torreiro.
⁶Convertereina nun ermo, non se podará nin cavará;
o cardo e maila silveira medrarán nela; ós mesmos trebóns mandareilles que non chovan sobre ela.
⁷Si, a viña do Señor dos Exércitos é a casa de Israel;
e os homes de Xudá, a súa preferida plantación.
Esperaba deles o cumprimento do dereito, e velaí: sangue vertido.
Esperaba deles xustiza, e velaí: berros de auxilio.

Serie de maldicións contra os grandes de Xudá

⁸¡Ai dos que xuntades unha casa e outra casa!
¡Ai dos que achegades un campo e outro campo de punta a punta,
para vivirdes vós sós no medio do país!
⁹Nos meus oídos resoa o xuramento do Señor dos Exércitos:

---

deiro das promesas de Deus e para el será a especial protección de Iavé. Trátase, polo tanto, dun oráculo salvífico, que supón a purificación primitiva de Deus (cf v 4).
O retoño: aquí non ten senso mesiánico, por estar en paralelismo con "o froito que dará a terra". Significa a colleita que, sen labranza, fai medra-lo Señor para os escapados da invasión purificadora do **3**, 25.
4, 3 Este resto chamarase santo, porque será de certo consagrado a Deus.
4, 5 *Templo:* o termo "makom" ten aquí un sentido de templo, e non soamente de lugar.
Dosel: ten aquí (e tamén en Sal **19**, 6; Xl **2**, 16) connotacións esponsalicias, e polo tanto de referencia á Alianza.
4, 6 *Tenda:* eran as chouzas que se facían nas viñas, para pórse á sombra nas horas de sol forte e para garda-las uvas.
5, 1-7 Este cantar á viña do amigo, aínda que aparentemente é un cantar á viña, na linguaxe simbólica poética é un cantar á esposa (Cant **1**, 6-14; **2**, 15; **8**, 12). O profeta preséntase coma o amigo do esposo. Realmente é un careo en clave poética: Deus-esposo pide contas á esposa (viña-pobo), dos inesperados froitos, cos habitantes de Xudá e Xerusalén coma testemuñas. Debe pertencer ós primeiros anos do profetismo de Is (740-735). Puido moi ben ser cantado por Is na festa das Tendas, despois da vendima. Deste xeito, a imaxe da viña para significa-lo pobo ten a súa razón de ser no simbolismo viña-esposa (cf Xén **15**; Os **10**, 1; **27**, 2-5; Xer **2**, 21... Mt **20**, 1; **21**, 33).
Agraces: uvas, que, por naceren tarde, non dan maduras e son acedas.
5, 6 *Ermo:* destrucción, desolación: cf Xer **19**, 8.
5, 8-25 Os "Ais", desde o punto de vista literario, son de moi diversos tipos: nalgúns soamente aparece a acusación (18. 20. 21); e noutros aparece a acusación e o anuncio de castigo (8. 11. 22); a estes seis habería que engadir ó final **10**, 1-4, con acusación e anuncio de castigo, que tivo que pertencer nun comezo a esta serie, formando un septenario. Nótese a semellanza con Am **6**, 1-7. Esta serie de Ais pertence á primeira época (740-735).
5, 8-10 Acaparar casas e eidos quebranta o equilibrio da economía tribal, e oponse á teoloxía da propiedade divina dos bens, que ten a súa concreción na celebración da Alianza e na redistribución da terra (cf Introd. ó Dt). Esta teoloxía dos bens pertencía ás antigas tradicións relixiosas dos dous reinos.

ISAÍAS

"¡As moitas casas volveranse unha ruína,
as grandes e boas quedarán sen dono que
as habite!
¹⁰Si, ¡cinco xugadas de viña darán tres
olas,
vintecinco ferrados de semente darán
dous e medio!".
¹¹¡Ai dos madrugadores que xa de
mañanciña andan á procura do licor,
e dos retrasados ata alta noite, quentes
polo viño!
¹²A lira e a harpa, o pandeiro e maila
gaita,
acompañan o viño das súas bebedeiras,
pero nas obras do Señor non se fixan,
non ollan para o que fan as mans do
Señor.
¹³Por isto o meu pobo vai á cativiade, por
falta de siso:
a súa nobreza son homes con fame, a súa
plebe está reseca coa sede.
¹⁴Si, o Xeol ensancha a súa gorxa e abre
sen medida a súa boca,
a nobreza e maila plebe destinadas ó
Xeol baixarán a el,
ó Xeol baixarán o barullo e a ledicia.
¹⁵Así dobregarase o home e humillarase
cada un,
abaixaranse os ollos dos soberbios,
¹⁶mentres o Señor dos Exércitos se
enaltecerá co seu xuízo
o Deus Santo demostrará a santidade na
súa sentencia.
¹⁷Aquí pastarán os años coma na seara
e nas ruínas comerán as ovellas cebadas.
¹⁸¡Ai dos que terman da iniquidade con
trelas de ovella,
e do pecado con trelas de xuvenca!
¹⁹Eles din: "Que se apure: faga logo a súa
obra, para que a vexamos;
que chegue: veña o plan do Santo de
Israel para que o coñezamos".
²⁰¡Ai dos que lle chaman ó mal ben; e ó
ben, mal;
dos que consideran as tebras luz; e a luz,
tebra;
dos que consideran o amargo doce; e o
doce, amargo!
²¹¡Ai dos que ós seus propios ollos son
sabios;
e desde o seu punto de vista, intelixentes!
²²¡Ai dos valentes para beber viño,
e dos resistentes en mesturar licores,
²³dos que declaran ó culpable inocente por
un regalo
e apartan do inocente a sentencia
favorable!
²⁴ Como as linguas de lume devoran o
restrollo
e a chama destrúe a pallugada,
así a súa raíz volverase podre,
e os seus retoños voarán coma o coaño,
pois rexeitaron a instrucción do Señor
dos Exércitos
e desprezaron a palabra do Santo de
Israel.
²⁵Por isto arde a ira do Señor contra o seu
pobo
e estende a súa man para bater nel.
Tremen os montes, e os seus cadáveres
son carniza no medio das rúas.
Pero con todo isto non acouga a súa ira
e a súa man segue aínda estendida.

Chamada profética ós asirios

²⁶Desde lonxe érguelle unha bandeira a
unha nación
e asubíalle desde unha esquina do
mundo.
Velaí chega á présa e lixeira.
²⁷Nese pobo non hai ninguén canso nin
esmorecido,
ninguén adormece nin sonea.
Os cintos non se retiran de ningunha das

5, 10 *Tres olas:* lit. "un bat" = 45 litros; *vintecinco ferrados:* lit. un "ómer" = 450 litros de áridos; *dous e medio:* heb. un "efah" = 45 litros.
5, 14 *Gorxa:* "néfex", por paralelismo con boca, ten o sentido de gorxa. *O Xeol* non é soamente un lugar, senón que, coma o Hades da mitoloxía grega, é o Señor do mundo dos mortos, segundo a mitoloxía cananea asumida pola Biblia coma ambiente cultural. A situación de cativiade, fame e sede é un estar fóra do mundo da vida (= felicidade) e pertencer ós dominios do Xeol. Estas situacións provocarán nos homes unha actitude de humildade ante Iavé (cf **2,** 6-22).
5, 17 *Aquí:* refírese á Xerusalén arruinada.
5, 18-19 O sentido do v 18 é que o home está apegado á iniquidade e ó pecado, coma á corda coa que leva atrelada unha ovella ou unha xuvenca.

O v 19 preséntanos unha tipificación da iniquidade, que chega a despreza-lo poder de acción de Deus no seu día (cf **2,** 12).
5, 21 A actitude do sabio é a dunha constante busca relixiosa e humilde da sabedoría, e nunca a postura de crerse seguro do seu consello.
5, 25 *A man:* puño: cf nota a Ez **22,** 19.
5, 26-30 Trátase dunha chamada profética ó pobo invasor, para realiza-lo xuízo de Deus contra a inmoralidade de Xudá e Israel, posiblemente acompañada de xestos de chamada coa bandeira (v 36). É interesante este texto porque anota as innovacións militares asirias: exército de mercenarios fixos, calzado sexeito ata os xeonllos, carros lixeiros con seis ou oito radios con ferraxes de ferro, cabalos ferrados.

cinturas dese pobo,
nin se deslean os amallós das súas
sandalias.
¡Eilos coas súas frechas aguzadas e cos
seus arcos tensos!
²⁸As ferraduras dos seus cabalos son duras
coma seixos,
e as ferraxes das súas rodas semellan
unha treboada.
²⁹Ruxidos hai nel coma de leóns, ruxidos
como de leonciños.
Logo roxe e apreixa a presa, pona ben
segura e non hai quen a salve.
³⁰Aquel día o seu salvador ruxirá contra
el,
sairá de debaixo da terra coma o bruído
do mar.
Será angustiosa a escuridade:
escurecerase a luz coas nubes do
inferno.

LIBRO DO EMMANUEL (6-12)

Relato de teofanía vocacional

6 ¹O ano da morte do rei Ozías, vin o Señor sentado nun trono alto e levantado. A orla do seu manto enchía o santuario.
²De pé na súa presencia estaban dous serafíns; cada un tiña seis ás: con dúas tapaban a cara; coas outras dúas, os pés; e coas outras dúas voaban.
³Exclamaban un cara ó outro: "¡Santo, Santo, Santo, o Señor dos Exércitos: a terra toda está chea da súa gloria!".
⁴Estremecían os marcos das portas da entrada co seu clamor, e o santuario estaba cheo de fume.
⁵Eu dixen: "¡Ai de min! ¡Estou perdido!
Pois sendo un home de labios lixados,
e que vive entre un pobo de labios lixados,
vin cos meus ollos o mesmo Rei, o Señor dos Exércitos".
⁶Entón un dos serafíns voou onda min;
tiña na súa man unha brasa que collera de enriba do altar cunhas tenaces,
⁷e achegouna á miña boca, dicíndome:
"Olla: isto tocou os teus labios,
a túa culpa desapareceu, o teu pecado está perdoado".
⁸Entón escoitei a voz do Señor que decía:
"¿A quen mandarei? ¿Quen irá da nosa parte?".
Entón díxenlle: "Aquí estou, mándame a min".

5, 30 Este v resulta difícil, pero non hai por que separalo do v anterior, ó que o vincula o "ruxir" (a mesma palabra en hebreo): o suxeito, polo tanto, é Asiria. *Aquel día* refírese ó día da intervención de Asiria coma instrumento do castigo de Deus. *Sairá de debaixo da terra* = co sentido de saír fóra, deitar coma unha fonte; alude ás forzas infernais, que manarán contra o pobo de Deus, como suxire o verso que segue. *Nubes do inferno:* traducímo-lo sufixo polo nome ó que se refire, por mor da claridade de pensamento. As tebras que estarán presentes no día do Señor son tebras infernais, por seren destructoras da vida, aínda que sexan instrumento nas mans de Deus.
6, 1 A localización e datación da experiencia inicial profética ten a finalidade de presentala coma un feito histórico. *Santuario* = en hebreo, "hekal": a sala que estaba diante do sancta sanctorum = "debir" (cf 1 Re **6**, 1-38).
6, 2 *Os serafíns:* etimoloxicamente "ardentes", só se parecen no nome ás serpentes de Núm **21**, 6. 8; Dt **8**, 15 ou ó dragón voador de Is **14**, 29; **30**, 6. Hai que po-los serafíns en relación cos misteriosos seres que tiran do carro da gloria de Iavé en Ez **1** e ós que Ezequiel chama (en Ez **10**) "querubim". Constitúen a corte de Deus, e distinguiríanse dos querubíns de Ez polo número de ás: catro os querubíns e seis os serafíns. Na tradición posterior constituíron dúas clases distintas de anxos.
Os pés: eufemismo.
6, 3 O cantar dos serafíns debía estar xa en uso na literatura xudía, pois aparece en Exipto, e o nome divino "Santo de Israel" é anterior a I Is. Para Isaías este termo é o concepto da santidade divina, a superioridade absoluta de Deus sobre o home, que suscita no home un dobre movemento oposto: de fuxida, conciencia de pecado, medo sagrado, e de atracción e proximidade (cf Is **1**, 4; **5**, 19. 24; **10**, 20; **12**, 6; **17**, 7; **29**, 19; **30**, 11. 15; **31**, 1; **37**, 23). O título *Señor dos Exércitos* (heb. "Iavé seba'ot") ten un dobre senso: Señor dos Exércitos de Israel, ós que incita e fortalece coa súa presencia desde a Arca da Alianza; e Señor das constelacións de astros, que, debido ós influxos dos astros na vida, vén significar Señor da vida en tódalas súas manifestacións. Este último é o senso que aquí ten o nome divino, pois a *gloria* é a presencia dinámica de Deus: por isto traduciremos algunhas veces a expresión por Señor Todopoderoso.
6, 4 O estremecemento e o fume son manifestacións da teofanía de Iavé, pois, coma Señor da vida e da creación, esta sente con estremecemento a súa presencia, que se quere cubrir con fume para non velo, e así seguir con vida (cf Ex **19**, 16-19; Sal **18**, 8-14).
6, 5 Movemento de repulsa e fuxida do vidente, pola conciencia de pecado persoal e de pecado do pobo. Nótese que nas experiencias dos místicos se atopa esta mesma consciencia de pecado e o afán purificador. Os *labios lixados* queren prepara-lo rito purificatorio dos vv 6-7, pero realmente son a expresión da personalidade profética, que se manifesta na palabra que debe proclamar.
6, 8 A experiencia de Deus leva consigo sempre unha misión que realizar. O profeta, atraído por Deus na súa experiencia, séntese capaz de realizala.

⁹Respondeume: "Vai e dille a ese pobo:
Escoitade atentamente, que non entenderedes.
Ollade con todo o xeito, que non comprenderedes.
¹⁰Entulla o corazón deste pobo, endurécelle os oídos, cégalle coa luz os ollos;
que non vexa cos seus ollos, nin escoite cos seus oídos,
que o seu corazón non comprenda e non se arrepinta e o cure".
¹¹Entón eu pregunteille: "¿Ata que día, Señor?".
Respondeume: "Ata que se volvan desoladas as cidades
por falta de habitantes e as casas por falta de homes,
e a terra se arruíne e quede despoboada.
¹²Desterrará o Señor ó home e os ermos aumentarán no medio do país.
¹³E se aínda queda nel a décima parte, volverá a ser leña para o lume.
O mesmo que ó corta-la aciñeira e o carballo se lles deixa o coto,
así o coto do pobo será semente santa".

Para Acaz: mensaxe de esperanza e denuncia da incredulidade

7 ¹No tempo do rei de Xudá, Acaz, fillo de Iotán, fillo de Ozías, subiron a Xerusalén Resín, rei de Siria e Pécah, fillo de Remalías, rei de Israel, atacárona, pero non foron capaces de a conquistar.

²Daquela chegou a noticia á descendencia de David nestes termos:
"Os sirios están acampados en Efraím"; estremeceuse o seu corazón e mailo corazón do seu pobo, o mesmo que se estremecen as árbores do souto en presencia do vento.
³Entón díxolle o Señor a Isaías: "Saíde ó encontro de Acaz, ti e mailo fillo que se chama Un-Resto-Volverá, ó cruce da canle do Estanque de Arriba co camiño que vai ó campo do tundidor. ⁴Haslle dicir:
Atento: ten moita calma, non teñas medo e que o teu corazón non se afrouxe por eses dos dous tizóns que fumegan: a rabia de Resín de Aram e do fillo de Remalías. ⁵Porque Aram aconselloulles calamidades contra ti a Efraím e ó fillo de Remalías, dicíndolles:
⁶Subamos contra Xudá e infundámoslle pavor; abramos brecha contra ela e constituamos rei nela ó fillo de Tabel".
⁷Así fala o Señor Iavé: "Isto non se cumprirá nin sucederá,
⁸pois Damasco é a capital de Aram, e a cabeza de Damasco é Resín
(ó cabo de sesenta e cinco anos Efraím deixará de ser un pobo);
⁹a capital de Efraím é Samaría, e a cabeza de Samaría é o fillo de Remalías.
Vós non credes. ¡Pois non subsistiredes!"

Para Acaz: o Emmanuel, final de esperanza

¹⁰O Señor volveulle falar a Acaz nestes termos:

6, 9-10 Aínda que a experiencia vocacional data do 740, a redacción deste texto é posterior ó ano 735, e o profeta xa ten comprobado a falta de acollida do súa mensaxe profética: por iso retroproxecta a vocación ó fracaso da súa misión inmediata, alomenos no referente á mensaxe de fe que solicita no momento da guerra sirio-efraimita; por isto neste texto emprega a ironía literaria. Neste mesmo senso está citado este texto no N. T. (Mt **13,** 14-16 par.; Xn **12,** 40; Feit **29,** 26-27).
6, 10 *Entulla:* lit. "enche de graxa": a graxa e a gordura son unha manifestación da actitude de soberbia e de negativa á fe; o corazón é a sede dos plans, intencións. O refuxo da mensaxe profética débese sempre a unha actitude de soberbia e autosuficiencia.
6, 11-13 O profeta, home de fe, non se resigna á constatación da incredulidade, senón que anuncia o castigo purificador do pobo incrédulo, que o reducirá a menos da décima parte; pero este décimo converterase en semente santa, semente dun pobo consagrado a Deus e fiel á alianza.
6, 13 *Aciñeira e carballo:* as árbores sagradas e vellas, terebintos.
7, 1-9 Os vv 1-3 preséntanno-las circunstancias históricas nas que se sucede o oráculo: a razón destas loitas dos arameos de Damasco (= Siria) e israelitas contra Xudá deben se-los intentos dunha coalición anti-asiria, pois tratan de pór no trono de Xudá ó fillo de Tabel (un personaxe de orixe davídica favorable á coalición), en lugar do fillo de Iotam, o mozo Acaz. Algúns pensan que as razóns son disputas pola fronteira, pois xa Iotam tivera enfrentamentos con eles (cf 2 Re **15,** 37). O profeta acompáñase do seu fillo "Un Resto Volverá", que ten nome de castigo (reducción do pobo a un resto) e ó mesmo tempo de esperanza (pois o resto "volverá" a ser pobo). Por isto, a mensaxe oracular é de esperanza e invitación á fe, ó mesmo tempo que de denuncia de incredulidade e de castigo (v 9b).
7, 4 Debilitarse o corazón: dubidar dos propios plans, pensar que son un fracaso.
7, 6 O nome *Tabel* figura en Esd **4,** 7 e significa "Deus é bo"; pero os masoretas fixeron un midrax, vocalizando Tabal = non bo, bo para nada...
7, 7 A paréntese do v 8 é unha glosa posterior que nos leva ó ano 670, momento no que reina en Asiria Asarhadón quen, segundo Esd **4,** 2, instalou no país de Israel estranxeiros, levando deportado quizá ós restos efraimitas.
7, 9 O texto de 9b —bina enfática usual en hebreo—, é unha dura denuncia da incredulidade de Acaz, dos seus cultos ó xeito dos de Baal e das lóxicas consecuencias da súa actitude relixiosa (cf 2 Re **16,** 3). A ofrenda sacrificial do seu primoxénito tivo que ter lugar neste tempo, e o feito non puido deixar indiferente ó profeta.

¹¹"Pide para ti un sinal de parte do Señor, o teu Deus, nas profundidades do Xeol ou arriba nas alturas".
¹²Respondeu Acaz:
"Non o pido, pois non quero poñer a proba ó Señor".
¹³Entón dixo Isaías:
"Escoitade vós, casa de David: ¿Non vos é pouco domina-los homes, que aínda queredes domina-lo meu Deus? ¹⁴Por isto, o meu Señor daravos El mesmo un sinal: Velaí a doncela: está en cinta e dá a luz un fillo, ó que lle pon de nome *Deusconnosco;* ¹⁵comerá nata e mel, xa que saberá rexeita-lo mal e escolle-lo ben. ¹⁶Aínda antes de que o meniño saiba rexeita-lo mal e escolle-lo ben, serán abandonados os países dos dous reis ante os que ti tremes.
¹⁷O Señor fará vir sobre ti, sobre o teu pobo e sobre a casa do teu pai, días que non viñeron desde que se apartou Efraím de Xudá.

Anuncio dunha invasión asiria

Coa axuda do rei de Asiria, ¹⁸sucederá o día aquel,
que o Señor lles asubiará ás moscas que están alá nas canles do Nilo en Exipto
e ás abellas que hai no país de Asiria;
¹⁹virán todas e apousarán nos regueiros das quebradas e nas fendas das penas, nas silveiras todas e nos abeberadoiros.

²⁰O día aquel afeitará o meu Señor, con navalla de aluguer de alén do Éufrates, ó rei de Asiria:
a cabeza e os pelos das pernas, e tamén a barba.
²¹Sucederá o día aquel, que cada un poderá manter
unha xuvenca de gado grande e un par de reses do rabaño.
²²Producirase tanto leite que se comerá nata.
Si, quen fique no país comerá nata e mel.
²³Sucederá o día aquel, que calquera viñedo,
con mil cepas por valor de mil moedas de prata,
volverase unha silveira e un toxal.
²⁴Entrarase dentro del con frechas e con arco:
todo o país será unha silveira e un toxal.
²⁵Tampouco se entrará nos soutos rozados coa sacha,
por medo ás silveiras e ós toxos;
todo quedará a monte: para meter bois e ser pisados das cabras".

Nacemento e nome simbólico dun fillo do profeta

8 ¹O Señor díxome:
"Colle unha táboa grande e escribe nela con buril ordinario: *Pronto Botín - Rápido Saqueo".*

7, 11-12 Pedir a Deus un sinal de que El recibiu a oración do home, non se consideraba tentar a Deus, pois na liturxia da lamentación individual era habitual que o profeta cúltico percibise e interpretase estes sinais; por isto, a resposta de Acaz débese entender coma un "non me interesan as revelacións de Iavé, abóndanme os sacrificios (do meu propio fillo) que eu fixen".
7, 13 *Dominar:* máis ben que "cansar", pois compárase o dominio despótico do rei sobre o seu pobo ó estilo cananeo, co dominio que quere exercer sobre Iavé sacrificando ó seu propio fillo (cf 2 Re **16,** 3). Esta interpretación explica o sinal que lle ofrece Is nos vv 14 ss.
7, 14 *Doncela:* heb. "almah", con artigo, que en ugarítico indica a esposa do rei, e aquí, por dirixirse á casa de David, ten que ter este sentido. Con todo, non se debe calar que a tradición xudía, polo menos en parte, desde o s. II a. C., entendeu que a nai do Mesías tiña de ser virxe, e que a primitiva comunidade cristiá así o recoñeceu, como se ve nas traduccións targumizantes dos LXX, Vg, Siríacas e Mt **1,** 23. O Targum, algunhas recensións gregas (A Ø) e o mesmo S. Xerome, entenderon o texto coma "moza", "doncela". O meniño mesiánico que é signo para Acaz, é, no plan histórico, o futuro rei Ezequías. A súa nai debeu ser unha piadosa iavista xercana ós círculos proféticos de Is., a xulgar polas súas reformas cúlticas (cf 2 Re **18-**20). O nome que lle impón ó neno é a síntese da teoloxía monárquica: instrumento da presencia dinámica de Deus no pobo: *Deus connosco,* que nunca foi nome persoal, senón quizais unha aclamación litúrxica no Sal **46** (cf Sof **3,** 15; Am **5,** 14; Miq **3,** 11).

7, 15 A *nata* e o *mel* eran alimento de pastores (= reis); *xa que:* o termo hebreo debe ter aquí sentido causal, por vincula-la comida con escolle-lo *ben.* Sería entón un comentario a Xén **2-3,** presentando o Mesías como un anti-Adam, ou Novo-Adam.
7, 16 O sinal que se lle ofrece a Acaz é que, antes de que saiba coñece-lo meniño o que é bo e malo, desaparecerán os ataques dos sirios e dos israelitas, que xa os prodigaban desde a fin do reino de seu pai.
7, 17 Este v é unha descrición do reino mesiánico, sen poder saberse ata que punto estaba ligado ó reino de Ezequías na mente do I Is.; sen dúbida estaría proxectado a un futuro indeterminado.
7, 18-25 Penso que este oráculo de castigo pertence á mesma época de Acaz, e refírese a Israel e Siria; a súa terra quedará feita un ermo impresionante nas mans do rei de Asiria.
7, 17 *Coa axuda do rei de Asiria.* Non é unha glosa incorrecta, como moitos din, senón que a preposición hebrea "et" ten aquí un valor instrumental.
7, 18 As abellas e moscas non son seres maléficos, senón que, neste caso, veñen ó ermo chamadas por Deus.
7, 20 A falta, ou afeitado do pelo e barba era sinal de degradación e perda de personalidade e liberdade; *pernas* é aquí un eufemismo.
8, 1-4 O nome *Pronto Botín-Rápido Saqueo* ten o carácter dunha proclamación solemne, indeterminada é principio, cousa que cadra ben coa interpretación de **7,** 9, e soamente despois de nove meses recibe senso concreto de liberación para Xudá.

²Eu collín como testemuñas a homes de creto: a Urías, o sacerdote, e a Zacarías, fillo de Ieberequías. ³Logo achegueime á profetisa: ela quedou en cinta e deu a luz un fillo. Entón o Señor díxome:
"Chámalle de nome *Pronto Botín - Rápido Saqueo*, ⁴pois antes de que o meniño saiba pronunciar meu pai e miña nai, levará á presencia do rei de Asiria as riquezas de Damasco e o botín de Samaría".

Máis oráculos acerca do Emmanuel

⁵Continuou o Señor falándome de novo nestes termos:
⁶"Porque este pobo rexeitou as augas de Xilóah que camiñan mansamente,
e porque ten a súa alegría con Resín e co fillo de Remalías",
⁷velaí que o meu Señor fará subir contra eles, as augas furiosas e crecidas do río Éufrates,
(o rei de Asiria e o todo o seu esplendor). Rebordará e arrasará toda a súa ribeira.
⁸Inundará Xudá, rebordará, invadirá e chegará ata o pescozo.
A estensión dos seus regatos encherá toda a túa terra, Emmanuel.
⁹Asociádevos, pobos; ides ser confundidos;
facede por escoitalo, tódolos confíns da terra:
Cinguídevo-las armas, que seredes confundidos.
¹⁰Trazade un plan, e será esnaquizado;
falade o asunto, e non se manterá;
pois connosco-está-Deus.

O Señor é o verdadeiro conspirador e pedra onde o pobo tropeza

¹¹Así dixo o Señor, cando me colleu da man e me apartou do vieiro deste pobo:

¹²"Non chamedes conspiración a todo o que este pobo chama conspiración;
non temáde-lo que el teme, nin lle teñades medo".
¹³O Señor dos Exércitos, El é o Conspirador,
El será a causa do voso temor e do voso medo:
¹⁴converterase, para as dúas casas de Israel, no Conspirador,
na pedra de tropezo, na pedra que fai caer,
en lazo e trampa para os habitantes de Xerusalén.
¹⁵Si, moitos deles tropezarán nelas, tropezarán moitos, caerán e esnaquizaranse,
quedarán atrapados e presos.

A palabra profética, testemuño perpetuo

¹⁶Envolvo o rolo da exhortación xunto cos meus discípulos, selo o ensino.
¹⁷Despois espero no Señor, que esconde da casa de Xacob a súa cara. Agardo por El.
¹⁸Velaí: eu e mailos fillos que o Señor me deu servimos de sinais e presaxios en Israel, de parte do Señor dos Exércitos, que reside no monte Sión. ¹⁹E cando vos digan: "Consultade os nigromantes e os adiviños que rosman e murmuran: ¿Non pode un pobo consulta-los seus deuses e os mortos en favor dos vivos?". ²⁰¡Velaí a exhortación! ¡Velaí o ensino! Esta é a palabra coa que se lles ha de responder, e que non ten forza máxica.
²¹Un atravesa o país deprimido e famento; cando lle dá fame, desespérase.
Empeza a maldici-lo seu rei e o seu Deus; volve a cara para o alto, ²²e olla para a terra:
todo, angustia e escuridade, negrura, opresión,

8, 3 O título de profetisa implica unha misión profética (cf **7**, 3; **8**, 18) semellante á doutras mulleres (cf Xuí **4**, 4; 2 Re **22**, 14; 2 Cro **34**, 22): para darlle ese título non bastaría con ser muller do profeta e nai de profetas.
8, 5-8 O tema da auga no v 6 simboliza as esperanzas políticas dunha parte dos xudeus favorables á liga sirio-efraimita e contraria á política de Acaz; as augas de que se trata son as augas dunha fonte que por tuneis Acaz meteu dentro dos muros da cidade de Xerusalén, para facela inexpunable; o refugar estas augas é sinal de falta de fe na elección divina de Xerusalén. *Ten a súa alegría* é paralelo coas augas, pois a auga é fonte de vida e esperanza. No v 7 as augas furiosas e abondosas simbolizan o arraso da invasión asiria. A paréntese é unha glosa clarificadora correcta. A profecía tivo cumprimento nos anos 734.
8, 9-10 É un oráculo de castigo contra os pobos (Siria, Israel...) pois o seu plan esquece o carácter teolóxico de Xudá, de Xerusalén, cidade elixida por Deus, e sobre a que estende unha especial protección (= "connosco está Deus", lit. "Emmanuel"). Esta lectura, avalada polo Targum, cadra mellor có T. M., que cambiou por dificultades teolóxicas o texto hebreo.
8, 16-20 Faise alusión ó enrolar e selar oficialmente un documento oficial, isto é, o texto profético que antecede, esperando o seu cumprimento. Os discípulos do profeta son testemuñas das palabras proféticas, e o testemuñarlle ó pobo realízase suficientemente co nome do profeta (que significa Iavé salva), e cos nomes simbólico-proféticos dos dous fillos (cf **7**, 3; **8**, 18).
8, 19 Sobre a nigromancia —adiviñación suscitando o espírito do defunto—, cf 1 Re **28**, 3-25.
8, 20 Este v é resposta do que consultan ós nigromantes e adiviños. *Non ten forza máxica:* a palabra de Deus non ten forza máxica, senón que é o xuízo anticipado de Deus, que se vai realizar na historia.

e profunda escuridade espallada por todo.
²³Pero non hai escuridade para o que foi afirmado.

Significado do nacemento do Emmanuel: alba de luz e paz

Así como nun primeiro momento humillou o país de Zebulón e o país de Naftalí, así no derradeiro glorificará o camiño do mar, a rexión do Xordán, a bisbarra dos xentís.

9 ¹O pobo que camiñaba na escuridade,
viu unha grande luz.
Unha luz brillou sobre os que habitaban no país das sombras da Morte.
²Multiplicáche-lo xúbilo, fixeches grande a ledicia.
Alegráronse coa túa presencia, como coa alegría da seitura,
o mesmo que saltarán de xúbilo ó repartiren o botín.
³Velaí o xugo da súa carga e o varal do seu ombreiro
—o bastón de quen o oprime—:
rompícheos coma o día de Madián.
⁴Pois toda bota que tropeza con ruído, e todo manto cuberto de sangue
serán para a queima, serán pasto de incendio.
⁵Pois velaí que nos naceu un meniño, déusenos un fillo:
a soberanía estará sobre o seu ombreiro,
e será invocado con estes seus nomes:
Marabilla de conselleiro, Heroe divino,
Pai eterno, Soberano da Paz.
⁶Oh, ¡que grande a súa Soberanía!
A paz non terá fin no trono de David e no seu reino,
para afincalo e para afirmalo, co dereito e coa xustiza,
desde agora e para sempre.
O celo do Señor dos Exércitos fará isto.

Sentencia divina contra Israel

⁷Unha palabra mandou o Señor contra Xacob, e caeu en Israel.
⁸Coñécea todo o pobo, Efraím e os habitantes de Samaría,
que dicían con orgullo e na soberbia das súas intencións:
⁹"Se caeron os ladrillos, construiremos con pedra labrada;
se foron cortados os sicómoros, cambiarémolos por cedros".

8, 21-23 Estes vv teñen a función de clarifica-lo feito de que a palabra profética contida no rolo selado dá sentido pleno ós feitos históricos que teñen que acontecer.
8, 23a *Foi afirmado:* alude á revelación divina que ó chegar a ser palabra profética, convértese para quen cre nela en algo tan firme e duro coma o bronce ou o ferro. Despois de darlles sentido ós feitos históricos incomprensibles.
8, 23b-9, 8 Cantar de acción de gracias polo nacemento do Mesías, feito que implica a extensión da presencia do Deus glorificador, luz, ata zonas moi xentilizadas (**8,** 23b), a forte ledicia provocada pola fartura xeneralizada (v 2), a supresión dos opresores (v 3) e das guerras (v 4). No v 5 aplícanselle unha serie de nomes significativos da súa misión mesiánica, xa que o nome para o semita é expresión do que a persoa é ou ten que ser. O v 6b concreta o tipo de reinado mesiánico (reino davídico afincado co dereito e a xustiza), para rematar coa significación teolóxica desta esperada realidade histórica (= será obra de Deus).
8, 23b: A alusión á humillación de Zebulón e Naftalí (a zona máis ó norte de Israel) debe referirse ás incursións de Xalmanasar III no 845, reinando Omrí. As referencias á glorificación aluden á recuperación da liberdade e independencia das tres provincias ou distritos nos que dividía Teglatpeléser III o territorio de Israel no 734/32, deixando como tributaria a Samaría e arredores co seu rei Pécah. *O camiño do mar* refírese ó distrito de Dor; *a rexión do Xordán,* á Transxordania; e *a bisbarra dos xentís,* a Meguido. Este v, e parte do seguinte, cítase en Mt **4,** 13-16 para describi-los comezos do ministerio de Xesús, pois enténdese targúmicamente a bisbarra (heb. "guelil") coma a Galilea.
9, 1 *O país das sombras da Morte* (lit. "de Mot", a divindade dos mortos). Considerábase que Mot habitaba "debaixo da terra", no país das tebras, no lugar onde faltaba a felicidade.
9, 2 A presencia de Iavé é benéfica, pois inclúe a fartura da colleita e do reparto do botín de guerra.
9, 3 O *xugo e varal* eran os fortes impostos e a falta de liberdade baixo a preponderancia asiria. Sobre o día de Madián, cf Xuí **7,** 15-25.
9, 4 A *bota que tropeza con ruído* é a bota asiria amarrada ata o xeonllo, o mesmo có *manto cuberto de sangue* que se refire á proverbial crueldade asiria.
9, 5 O sinal da presencia salvífica de Iavé exprésase co nacemento dun meniño descendente de David e herdeiro da promesa de Natán (2 Sam **7,** 14), e, por isto, fillo de Iavé. Os signos da soberanía ou realeza impúñanse *sobre o ombreiro:* sexa o manto (**6,** 1; 1 Re **20,** 10.30), sexa o cetro (Sal **45,** 7; **110,** 2), sexa a chave (Is **22,** 22). Nos títulos mesiánicos sintetízanse sublimadas as grandes tradicións monárquicas: o consello propio do sabio, refírese a Salomón; e a heroicidade, a David. *Pai e soberano da Paz,* refírense á función protectora e auxiliadora do rei. Os dous adxectivos "divino" e "eterno" póden se considerar coma formas de superlativo, semellantes ás que aparecen en Exipto na entronización dos faraóns.
9, 7-10, 4 Esta sección está composta de catro estrofas marcadas por unha fórmula fixa coma remate en 11b. 16c. 20b e **10,** 4b. Os vv 10, 1-4 formaron parte do septenario de Ais de **5,** 8-24, e por isto afastámolo das tres primeiras estrofas. Literariamente son oráculos de xuízo condenatorio contra Israel, anteriores á invasión asiria do ano 732.
9, 7 A palabra que o Señor *manda,* e que cae sobre Israel, é unha sentencia condenatoria cargada dun dinamismo inexorable, pois ten a forza de realiza-lo que significa, a non ser que o pobo cambie de actitude.
9, 9 O refrán refírese á construcción da cidade, sexa despois dun posible terremoto (Am **1,** 1; Zac **14,** 5), ou ben dos arrasos asirios nos tempos do rei Menahem (cf 2 Re **15,** 19-20).

¹⁰Si, o Señor protexeu ó seu inimigo Resín,
  azurrou ós seus adversarios,
¹¹a Aram por diante e ós filisteos por
    detrás,
  que devoran a Israel a boca chea.
  Por todo isto non se muda a súa ira
  e a súa man está aínda estendida.
¹²Pois o pobo tampouco non se converteu
    a quen o castigou,
  nin busca ó Señor dos Exércitos.
¹³Por isto o Señor cortoulle a Israel a
    cabeza e mailo rabo,
  a palmeira e o xunco no mesmo día.
¹⁴O ancián e o dignatario son a cabeza,
  o profeta que dá a coñecer imposturas é
    o rabo.
¹⁵Os conductores deste pobo foron os que
    o descarriaron,
  e os conducidos foron os destruídos.
¹⁶Por isto o meu Señor non será clemente
    coa xuventude do pobo,
  nin terá compaixón dos seus orfos e das
    súas viúvas,
  pois todos eles son malvados e ruíns,
  e tódalas bocas falan parvadas.
  Por todo isto non se muda a súa ira
  e a súa man está aínda estendida.
¹⁷A ruindade arde coma o lume
  que devora silveiras e espiños,
  prendeu lume na espesura do bosque,
  e lanzou en remuíño unha grande
    fumareda.
¹⁸Co paso do Señor dos Exércitos queda
    abrasado o país,
  e o pobo é pasto do lume,
  ninguén ten compaixón de seu irmán.
¹⁹Un recolle froitos pola dereita, e queda
    con fame;
  come pola esquerda, e non se farta;
  cadaquén ten que come-la carne do seu
    brazo.
²⁰Menaxés come a Efraím; Efraím, a
    Menaxés; os dous xuntos a Xudá.

Por todo isto non se muda a súa ira,
e a súa man está aínda estendida.

Sétimo Ai contra os xuíces inxustos (cf 5, 8-25)

10 ¹¡Ai dos que impoñen prescricións de
    iniquidade,
  e dos que ó escribiren, escriben para
    desgracia
²privando ós pobres do xuízo,
  roubándolle-la xusta sentencia ós
    oprimidos do meu pobo,
  convertendo as viúvas na súa presa e
    saqueando os orfos.
³¿Que faredes no día das contas,
  e no da devastación que xa vén desde
    lonxe?
  ¿Xunto a quen correredes a pedir socorro?
  ¿Onde deixaréde-las vosas riquezas?
⁴¡Non! Teredes que axeonllarvos entre os
    prisioneiros
  e caeredes entre os asasinados.
  Con todo isto non se muda a súa ira,
  e a súa man está aínda estendida.

Ai contra Asiria pola súa soberbia

⁵¡Ai!, Asiria, bastón da miña ira,
  e vara na man do meu furor.
⁶Vouna mandar contra o pobo impío,
  e voulle dar ordes contra o pobo da miña
    indignación,
  para saquealo e para roubalo,
  para convertelo nun pisadoiro, coma a
    lama dos camiños.
⁷Si, Asiria non imaxinaba a cousa así, o
    seu corazón non o planeaba deste
    xeito,
  pois no seu corazón estaba desolar, e
    arrasar non poucos pobos.
⁸Así pensaba: "¿Non son reis cada un dos
    meus príncipes?
⁹¿Non é Kalnó coma Kárkemix? ¿Non é
    Hamat coma Arpad?
  ¿Non é Samaría coma Damasco?

9, 10 O *seu inimigo Resín:* non os inimigos de Resín, como traducen outros.
9, 11 Deste dobre ataque sirio e filisteo contra Israel non temos outros datos históricos: pode referirse ós ataques sirios e filisteos contra Israel despois da dominación de Siria e da Filistea por Teglatpeléser, despois do 732.
9, 13 O dobre merismo *cabeza-rabo, palmeira-xunco* indican a totalidade, como se ve no v 15.
9, 19 *A carne do seu brazo:* a xulgar polo v 20, temos aquí a imaxe da totalidade do pobo de Deus (Israel e Xudá) coma un corpo humano.
9, 20 Estas tensións e loitas entre tribos aluden, sen dúbida, ós cambios dinásticos dos reinos do Norte e ós plans da coalición sirio-efraimita.
10, 1-4 Este Ai débese considerar coma o remate do septenario de Ais contra **5,** 8-25; e, o mesmo ca aqueles, diríxese contra Xudá. O refrán de 4b enlaza o texto coas tres estrofas que preceden, e prolonga o castigo máis alá da derrota e da deportación dos prisioneiros de guerra, pensando sen dúbida nas deportacións que prodigaban os asirios.
10, 5-19 Oráculo contra Asiria, composto despois do ano 717 (cf nota ó v 9).
A acusación fundamental é a de soberbia, pois Asiria non recoñece o seu carácter de instrumento da xustiza de Deus no castigo de Samaría. No fondo, o oráculo é un texto de teoloxía da historia.
10, 5 *Na man* = poder.
10, 9 Teglatpeléser conquista Kalnó no 739 e Damasco no 732; Kárkemix foi conquistada por Sargón no 717, e Hamat no 720; Arpad e Samaría, no 722/21. Por isto o texto ten que ser posterior ó 717.

¹⁰O mesmo que a miña man atopou os reinos dos ídolos
(e iso que os seus ídolos son máis cós de Xerusalén e Samaría),
¹¹¿non puiden facerlles a Samaría e ós seus ídolos
o mesmo que lles hei facer a Xerusalén e ós seus ídolos?"
¹²Si, cando o meu Señor remate a súa obra no monte Sión e en Xerusalén,
examinará os soberbios plans do rei de Asiria
e o altaneiro orgullo dos seus ollos,
¹³pois (Asiria) pensaba así:
"Fixeno coa forza da miña man e coa miña habilidade: ¡que lista fun!
Apartei as fronteiras das nacións, saqueei os seus almacéns,
como un heroe afundín os seus habitantes.
¹⁴A miña man deu, coma cun niño, coas riquezas das nacións;
como quen colle ovos abandonados, eu recollín tódolos países,
e non houbo quen batese as ás, nin quen abrise o pico e piase".
¹⁵¿Enorgullécese a machada ante quen corta con ela?
¿Engrandécese a serra ante quen a move?
¿Levanta a vara a quen a ergue a ela?
¿Ergue o pau a aquel que non é pau?
¹⁶Por isto o Señor Iavé dos Exércitos mandará enfraquecemento ós que El engordou.
E debaixo da súa opulencia acenderá unha fornalleira,
si, unha fornalleira de incendio.
¹⁷Resultará que a Luz de Israel se converterá en incendio,
e o seu Santo en chama, que queimará e devorará espiños e silvas no mesmo día,
¹⁸que consumirá totalmente o esplendor do seu bosque e do seu verxel.
Si, será coma o decaemento dun enfermo.
¹⁹O resto das árbores do bosque será tan pequeno
que un meniño as poderá cortar.

O resto de Israel volverá ó Señor

²⁰Sucederá no día aquel que o resto de Israel
e o que queda da casa de Xacob,
non volverá afiuzar no pobo que o castigaba,
senón que afiuzará con firmeza no Señor, o Santo de Israel.
²¹Un resto, o que queda de Xacob, volverá ó Deus Forte.
²²Aínda que o teu pobo, Israel, fose coma a area do mar,
soamente un resto volverá a El.
A destrucción está decidida, rebordante de xustiza.
²³Si, a destrucción xa se decidiu.
O meu Señor, o Deus dos Exércitos, vaina facer en todo o país.

Xudá, non lle teñas medo a Asiria

²⁴Por isto así fala o meu Señor, Deus dos Exércitos:
"Non lle teñas medo a Asiria, meu pobo, que habitas en Sión,
que cunha vara en ti bate e contra ti levanta o seu pau no camiño de Exipto,
²⁵porque un pouco, un pouquiño máis, e acabarase o meu noxo,
a miña ira pronto vai desaparecer totalmente".
²⁶Pero aínda mostrará o Señor dos Exércitos o seu látigo espido contra el,
como cando a derrota de Madián no penedo de Horeb

10, 10 A paréntese é o resultado dunha glosa-comentario de parte dun pío copista, que anticipa o xuízo contra Asiria, porque os seus ídolos son máis cós de Xudá ou Samaría.
10, 12 Este v é unha reflexión sobre esta actitude autosuficiente e soberbia de Asiria, contra a que se anuncia unha inspección de castigo. É preferible a lectura dos LXX ("examinará"), á do texto hebreo ("examinarei").
10, 17 Merece notarse o título ou nome de Iavé: "Luz de Israel", en paralelo co Santo de Israel, que se refire ó Deus da revelación salvífica para Israel. Este Deus que é Luz, converterase para Asiria en incendio que consome totalmente o bosque.
10, 20 *No pobo que o castigaba:* contrapón Isaías a confianza nos asirios, que mantivo no trono ó último rei de Israel, Pécah, coa confianza en Iavé.
10, 24 *No camiño de Exipto:* algúns autores consideran esta expresión coma unha glosa que provén do v 26. Certo que está en contraposición co v 26, pero non é unha glosa, senón unha clarificación teolóxica da imaxe de *levanta-lo pau*, pois trátase dun levanta-lo pau ó conduci-los cativos xudeus da Xefelah no ano 701, e contraponse a outro levanta-lo pau, no que se lle bate ó mar, elemento diabólico, para significa-la liberación.
10, 26 Sobre a alusión a Madián cf **9,** 3; Xuí **7,** 25. *O mar:* neste contexto é dubidoso que sexa simple alusión a Ex 14, 16; hase de considera-lo mar coma unha referencia á figura mítica cananea Iam (= Mar), autor principal do caos e desorde primordial; e tamén histórica: a deportación de parte dun reino é algo caótico, obra de Iam (= os cananeos), e por isto aquí son mallados por Deus (non polo novo Moisés) no camiño da saída da escravitude. Para o autor, a deportación do 701 é expresión da ira de Iavé, pero é algo pasaxeiro.

levantará o seu bastón contra o mar no camiño de Exipto.

²⁷Sucederá no día aquel que retirará a súa carga do teu ombreiro,
e o seu xugo de enriba da túa cerviz:
romperá o xugo pola presencia do seu Nome.

Sentencia divina contra a invasión sirio-efraimita

²⁸Está chegando a Aiat, pasa por Migrón,
e Micmax pasa revista ás súas armas;
²⁹cruzade polo desfiladeiro, Guebá sexa o voso cuartel de noite.
Xa treme Ramah, xa foxe Guibá, a de Xaúl.
³⁰Entoa os teus cantos de xúbilo, filla de Galim,
escoita, Laixah. Responde, Anatot.
³¹Xa escapou Madmenah, os habitantes de Guebim xa están a seguro.
³²Hoxe mesmo paran en Nob, move a súa man cara ó monte da filla de Sión,
cara ó outeiro de Xerusalén.
³³Velaí o Señor Deus dos Exércitos: vai corta-las ponlas con furor;
as ponlas do curuto xa están partidas; as máis altas caen;
³⁴a espesura do bosque vai ser sacudida co ferro, e o Líbano co seu esplendor caerá.

Oráculo do Emmanuel

11 ¹Sairá un retoño do pé da árbore de Ixaí
e un gromo brotará da súa raíz.
²Descansará sobre el o Espírito do Señor,
espírito de sabedoría e discernimento,
espírito de consello e fortaleza,
espírito de ciencia e temor do Señor.
³Sentirá a súa compracencia no temor do Señor.
Non xulgará conforme a aparencia dos seus ollos,
nin sentenciará conforme as faladurías dos seus oídos.
⁴Xulgará ó pobre conforme a xustiza,
e sentenciará con rectitude ós oprimidos da nación.
Castigará ó violento coa vara da súa boca,
e co espírito dos seus labios matará ó malvado.
⁵Será a xustiza o cinguidor da súa cintura
e a fidelidade o cinguidor do seu lombo.
⁶O lobo habitará co carneiro
e o leopardo deitarase co cabrito;
o becerro e o leonciño pacerán xuntos:
un meniño pequeno sacaraos ó pasto.
⁷A vaca e a osa pacerán xuntas, xuntas deitaranse as súas crías;
o león, o mesmo có boi, comerá palla.
⁸Un meniño de leite xogará no tobo da cobra,
e un neno destetado collerá a víbora coa súa man.
⁹Ningún será malvado nin fará o mal en todo o meu monte santo:
o país estará cheo de coñecemento do Señor,
o mesmo que as augas enchen o mar.

Volta dos desterrados de Israel e Xudá trala bandeira mesiánica

¹⁰Sucederá o día aquel que a raíz de Ixaí estará ergueita coma bandeira das nacións,

---

10, 27 *Do seu Nome:* o nome, e especialmente o nome de Deus, é a manifestación do seu dinamismo, salvífico neste caso.

10, 28-30 O texto descríbenos unha invasión, querida por Deus (v 33), cun itinerario que vén do norte camiño de Xerusalén e non se pode referir máis ca ó ataque sirio-efraimita do ano 734-32. (No asedio de Senaquerib do ano 701 el vén desde a Filistea cara ó nacente).

11, 1-9 Aínda que non se nomea o personaxe co título de Emmanuel, o texto refírese á mesma realidade, á esperanza mesiánica, pois trátase dun descendente de David (Ixaí foi o pai de David); aínda que sobre el descansa o Espírito do Señor, este espírito é espírito de sabedoría propia do perfecto gobernante: xulga xustamente ós pobres. No v 6 fálanos do pastoreo, que era imaxe da realeza. A data de composición deste oráculo haina que situar despois da invasión de Senaquerib no 701, momento no que 46 cidades de Xudá foron anexionadas ós gobernadores asirios da Filistea; e a isto ten que aludir o v 6 co pastoreo dun neno pequeno de animais inimigos entre si, coma o lobo e o carneiro, etc. O desprendemento dunha figura concreta, como puido ser para outros oráculos do Emmanuel o nacemento de Ezequías, está ben claro no texto, que deste xeito resulta un cantar de esperanza mesiánica puramente teolóxico, pois o seu único fundamento é a promesa de Natán, de 2 Sam **7,** 16.

11, 2 O Espírito de Iavé non é exclusivo do profeta, senón tamén do rei ó ser consagrado (cf 1Sam **16,** 13.14); as seis cualificacións do espírito refírense á sabedoría (cf Pr **8,** 12-14. 15-20) que se precisa para o exercicio do bo goberno rexio. A tradución dos LXX e a Vg engadiron o "espírito de piedade", de xeito que o conxunto constituíu a serie de dons do Espírito Santo na teoloxía católica.

11, 4 *Ó violento:* lemos "aris" en vez do T. M. "ares" = terra, nación, polo paralelismo con *malvado.* A vara da boca e o espírito (forza, dinamismo) dos labios refírense á sentencia xudicial.

11, 7 Asiria non recoñece a súa función de instrumento nas mans do Señor.

11, 8-9 Nestes vv as imaxes da convivencia dos elementos opostos no reino mesiánico son vv 6-7 evolucionan para a ausencia de todo tipo de mal neste reino cheo de "coñecemento de Deus". Esta expresión atópase en Oseas e nos máis antigos textos do Dt.

os pobos procurarana, e a gloria será o seu lugar de descanso.
¹¹Sucederá o día aquel que volverá o meu Señor a levanta-la súa man,
para redimi-lo resto do seu pobo, os poucos que quedaron de Asiria
(e de Exipto e de Patrós, de Cux e de Elam,
de Xinar, de Hamat e das illas do mar).
¹²Levantará a bandeira entre os pobos, xuntará os dispersados de Israel,
recollerá os esparexidos de Xudá das catro bandas do mundo.
¹³Cesará a envexa de Efraím, e Xudá deixará de oprimir;
Efraím xa non terá celos de Xudá, e Xudá xa non oprimirá a Efraím.
¹⁴Correrán cara ó mar ombreiro con ombreiro contra os filisteos;
xuntos saquearán ós pobos do nacente: Edom e Moab serán presa da súa man,
e os fillos de Amón estarán sometidos á súa obediencia.
¹⁵O Señor deixará seco o golfo do mar de Exipto,
e moverá a súa man contra o Éufrates;
co ardor do seu alento romperao en sete brazos,
e fará que se poida pasar con sandalias.
¹⁶Haberá unha calzada para o resto do seu pobo, para os que quedaron en Asiria,
o mesmo que a houbo para Israel, o día que subiu do país de Exipto.

Salmo profético de acción de gracias pola salvación

12 ¹O día aquel dirás:
"Douche as gracias, Señor. Estabas anoxado comigo,
pero calmouse a túa ira, e consoláchesme.
²Velaí, Deus é a miña salvación, terei confianza, e non medo.
El é a miña forza, por isto louvareino. Si, o Señor é a miña salvación".
³Sacaredes auga con gozo das fontes de salvación.
⁴O día aquel diredes: "Dádelle gracias ó Señor, invocade o seu nome.
Dade a coñecer entre os pobos os seus feitos,
facédelle a lembranza de que é grande o seu Nome.
⁵Cantádelle ó Señor. De verdade fixo cousas magníficas,
que serán coñecidas en toda a terra.
⁶Clamade con gozo e ledicia, habitantes de Sión:
Que grande é no medio de ti o Santo de Israel".

11, 10-16 Os comentaristas insisten na orixe exílica deste texto por causa do v 11c, que se ha de considerar coma unha glosa exílica, pero non toda a sección, pois no v 16a non aparece máis ca "o resto de Asiria"; por outra parte o v 13 non ten sentido ningún durante o exilio babilónico.
11, 10 *A raíz de Ixaí* é título mesiánico, e literariamente vincula este oráculo salvífico co anterior (cf **11,** 1). *As nacións e os pobos:* tendo en conta a historia, débese entender dos membros do pobo de Deus, que viven entre os xentís a consecuencia das deportacións asirias e das emigracións por culpa das liortas políticas do s. VIII, aínda que este senso histórico non impide unha interpretación cristiá de universalismo salvífico. A gloria refírese a Xerusalén, lugar da presencia de Iavé.
11, 11 *Redimir:* lit. comprar, rescatar. A paréntese é unha glosa exílica, xa que no v 16 só se fala de Asiria: Patrós está no Alto Exipto: Cux é a Etiopía; Elam é a Persia posterior; Xinar é Babilonia; Hamat está ó norte de Siria; e as illas ou costas do mar, veñen sendo o mundo grego.
11, 12 As *bandas,* os lados do cadrado terráqueo, e os puntos cardinais, que constitúen para os semitas o mundo habitable, son lugares de ben e bendición, mentres que os ángulos do cadrado —as esquinas— son lugares maléficos.
11, 13 Exprésase unha situación contraria á descrita en **7,** 1-9, e **9,** 20 conclusión do cisma entre o reino de Xudá e o de Israel, e dos cambios dinásticos en Israel.

11, 15 A referencia ó mar de Exipto (cf nota a **10,** 26) parece ser unha alusión teolóxica á volta dos deportados polos asirios, frecuente no II Is (**40,** 3-4; **41,** 17-20; **42,** 15-16; **43,** 16-21; **48,** 20-21). O Éufrates aquí está por Asiria, coas connotacións negativas de auga e mar. Os *sete brazos* son un número simbólico de multitude.
11, 16 O tema da *calzada* sagrada, ó estilo da do Éxodo, é típica do II Is (**40,** 3-4; **43,** 19...), aínda que xa aparece nos textos da última época do I Is (cf **19,** 23; **35,** 8).
12, 1-6 Salmo profético de acción de gracias, que non se pode homologar cos salmos litúrxicos nos que a salvación está xa realizada, pois aquí o cantar olla para un futuro: "dirás, louvarei, sacaredes, diredes". Os tempos pasados que aparecen no contexto, téñense que considerar futuros. Hai que remarcar tamén a presencia dun "ti" (vv 1-2) e dun "vós" (vv 3-5). O "ti" ten que referirse ó Emmanuel, o rei mesiánico, cabeza e instrumento de salvación para o seu pobo; e o "vós" refírese ós "habitantes de Sión" (v 6). Deste xeito o salmo profético serve de conclusión ó libro de Emmanuel.
12, 2 Cf Ex **15,** 2 e Sal **118,** 14: proclamación da fe no poder salvífico de Deus, que actuará en favor do rei Mesías, creando coma un novo Éxodo, unha era de ventura.
12, 3 Trátase dun rito da festa das Tendas (cf Mixnah, Sukká **4,** 9). Recollían auga de Xiloé (cf **8,** 6; Sal **36,** 99-10; Ez **47,** 1; Xl **4,** 18; Xn **9,** 11), coma símbolo da bendición de Deus.

ORÁCULOS DE XUÍZO DE CASTIGO CONTRA AS NACIÓNS

Contra Babilonia

13 ¹Oráculo que contra Babilonia recibiu en visión Isaías, fillo de Amós.
²No alto dunha montaña pelada, levantade a bandeira, berrádelles ben alto,
 movede os brazos para que entren polo portón dos nobres.
³Mandéillelo eu ós meus consagrados,
 a berros convoquei ós meus valentes ante min, ós que gozan coa miña grandeza.
⁴Ruído de axitación nas montañas, coma un exército numeroso.
 Ruído de tumulto dos reinos, dos pobos reunidos.
 O Señor dos Exércitos pasa revista ó exército de combate.
⁵Veñen de terras afastadas, do cabo do ceo,
 o Señor e os instrumentos da súa ira, veñen para arrasar toda a cidade.
⁶Gritade triunfantes: "¡Está preto o día do Señor!
 ¡Xa chega a devastación do Deus Devastador!".
⁷Por isto tódalas mans se tornarán febles e todo proxecto humano virá abaixo.
⁸Todos quedarán estarrecidos. ¡Angustias e dores posúenos,
 como as dores da muller que se retorce no parto!
 Cada un horrorízase do seu compañeiro: as caras de ambos volveranse coma o lume.
⁹Velaí chega cruel o día do Señor,
 velaí o arrebato e o incendio da súa ira,
 para converte-la cidade nunha desolación, e para borrar dela o seu pecado.
¹⁰As estrelas do ceo e as constelacións non emitirán a súa luz.
 O sol unha vez que saia escurecerase, e a lúa non brillará coa súa luz.
¹¹Castigarei o orbe pola súa maldade e os malvados pola súa iniquidade.
 Derrubarei a soberbia dos insolentes, e humillarei o orgullo dos que provocan medo.
¹²Os homes serán máis escasos có ouro fino,
 a humanidade máis có ouro de Ofir.
¹³Por isto o ceo tremerá e a terra moverase do seu sitio,
 polo arrebato do Señor dos Exércitos, polo incendio da súa ira.
¹⁴O mesmo que a gacela espantada e o rabaño que non ten quen o xunte,
 así cada un se encamiñará ó seu pobo, e fuxirá cara ó seu país.

¹⁵Todo o que encontren será atravesado, todo o que atrapen caerá pola espada;
¹⁶os seus meniños serán estrelados ante os propios ollos,
 as súas casas serán saqueadas, e as súas mulleres, violadas.
¹⁷Velaí: vou excitar contra eles os medos, que nin estiman a prata nin se compracen no ouro.
¹⁸Os arcos dos mozos serán esnaquizados, pois non terán compaixón do froito do ventre,
 nin os seus ollos terán piedade dos fillos.

Cc. **13-23** Esta sección constitúe o agrupamento dos oráculos contra as nacións pagás, seguindo a tradición dos compiladores dos grandes libros proféticos, tal como se reflexa en Xer **46-58** e Ez **25-32.** Non tódolos textos son de Is, senón que algúns tiveron por autores a outra xente da súa escola profética.
13, 1 *Oráculo:* (hebreo "massá"), o verbo do que procede significa levantar un peso, levanta-la voz: de aquí o sentido de oráculo de castigo (peso), ou simplemente oráculo en sentido amplo. Nesta frase témo-lo resto do título da sección 13-24, que soaría así: "Palabras que recibiu en visión Is, fillo de Amós" (cf **1,** 1; **2,** 1), e que foi cambiando durante o desterro.
13, 2-22 O oráculo non pode ser de Is, porque no s. VIII Babilonia non significa nada para un xudeu; tampouco é do II Is, que ten unha visión teolóxica dos feitos moi distinta. Pode tratarse dun membro da escola de Is, da primeira etapa do desterro; outros pensan nunha transformación dun oráculo de Is contra Asiria, realizada durante o desterro. O oráculo contén estes elementos: invasión de Babilonia, ordenada por Deus (vv 2-5. 14-16); descrición do día do Señor (vv 6-10); descrición da ruína da cidade (vv 12-22).
13, 5 *Cidade* (heb. "ares"): aquí co sentido de "capital de Babel", non de terra, mundo.
13, 6 *¡Xa... devastador!* Traducimos "xadday" por devastador, poderoso, polo xogo verbal hebreo con "xod" (= devastación).
13, 7 *Proxecto humano:* lit "corazón", coma sede dos plans e proxectos.
13, 8 A primeira frase é unha glosa clarificadora do anterior.
13, 17 *Os medos* foron tribos indoeuropeas primeiro aliadas de Babilonia contra Asiria (612) e logo dos persas contra Babilonia (539), pero no século VIII non significaban nada. O mesmo dato de que non aprezaban o ouro ofréceo Xenofonte na Ciropedia (V, 1. 20; cf Xer **51,** 11. 28).

¹⁹Si, Babilonia, a perla dos reinos, será
adorno do orgullo dos caldeos.
Si, será coma a destrucción total de
Sodoma e de Gomorra.
²⁰Non será habitada con esplendor, nin
repoboada por xeracións e xeracións;
ningún nómada plantará alí a súa tenda,
nin os pastores deixarán descansa-los
seus rabaños.
²¹Alí descansarán os gatos monteses e as
súas casas encheranse de mouchos;
habitarán alí os poliños da avestruz,
e darán brincos os sátiros;
²²desde os pazos ouvearán os cans
salvaxes, e os chacais desde os pazos de
luxo.
Si, a súa hora está próxima a chegar, os
seus días non se retrasarán.

Oráculo acerca da volta do desterro

14 ¹Certo, o Señor terá compaixón de
Xacob, volverá escoller Xerusalén
e faraos descansar na súa terra.
Estranxeiros xuntaranse con eles, e
asociaranse coa casa de Xacob.
²Eles collerán pobos e levaranos ó seu
lugar;
e a casa de Israel recibiraos en herdanza
coma servos e servas na terra do
Señor,
e os que a fixeron cativa serán os seus
cativos: eles dominarán os seus
opresores.
³E cando o Señor te faga descansar da túa
aflicción e do teu tormento
e da cruel escravitude coa que fuches
escravizado,
⁴entoarás este canto contra o rei de
Babilonia:

Reflexión acerca da morte dun tirano

″¡Como acabou o opresor, como acabou
o tirano!
⁵O Señor rompeu a vara dos malvados, o
pau dos dominadores,
⁶que nos pobos con furor mallaba sen
parar,
oprimía con carraxe as nacións,
perseguíaas sen sosego.
⁷Xa descansa e está tranquilo todo o
mundo:
¡Exaltade con cantos de alegría!
⁸Os cipreses gritan de gozo por ti, e tamén
os cedros do Líbano:
Desde que ti caíches xa non sobe onda
nós o leñador.

⁹Debaixo treme o Xeol por causa túa,
proclamando a túa chegada:
esperta ós defuntos, a tódolos xefes do
outro mundo.
Fai levantarse dos seus tronos a tódolos
reis dos pobos.
¹⁰Todos eles tomarán a palabra e diranche:
Tamén a ti che tocou a nosa febleza e te
volviches semellante a nós.
¹¹O Xeol fixo abaixa-la túa soberbia, deu
morte ás túas loucuras.
Debaixo de ti hai un leito de bechos, e a
túa manta son vermes.

13, 19 *Total*: lit. ″divina″. O hebreo usou o nome de Deus para forma-los superlativos. A devastación é unha manifestación divina na guerra santa, sobre a que merece notarse o v 3.
13, 20 *Nómada*: lit. ″árabe″, xente que nesta época constituía o fundamental das tribos nómadas.
13, 21 Os tres animais aquí nomeados simbolizan a destrucción (cf **43**, 20). Os sátiros son seres demoníacos asociados tamén á destrucción.
14, 1-4 Anque non todos están de acordo, este texto débese considerar verso, a xulgar polo constante paralelismo das distintas frases. A datación desta unidade haina que situar na última época de Isaías, na que Xerusalén queda privada das cidades da Xefelah e obrigada ó tributo, a partir do 701. O oráculo salvífico serviu de introducción á sátira que segue.
14, 1 *Escoller*, aquí significa mostra-la ″predilección por″; a partir do ano 701 Xerusalén precisa esta predilección de Iavé para devolve-los cativos as terras da Xefelah e unificar baixo Xerusalén ós deportados do Norte co seu territorio.
14, 2 Os estranxeiros que se asocian co Israel da volta do desterro serán servos dos israelitas, anque non piadosos iavistas.
14, 4 Babilonia aquí está por Asiria; o cambio foi realizado durante o exilio babilónico, no que se fixo a relectura

actualizada deste texto por parte dos membros da escola de Isaías.
14, 4b-23 O termo que en 4a traducimos por *canto* (″maxal″) expresa a idea de comparación sobre un tema axeitado a unha reflexión sapiencial, aspecto este que está presente nos vv 16-20. As alusións históricas son mínimas: soamente se pode pensar no v 19, no que aparece o tema da morte sen sepultura, posible alusión ó asasinato de Sargón II no ano 705 en Korsabad. O tema central é típico de Isaías: a humillación do soberbio, levada a cabo por Deus. A perícopa divídese deste xeito: Deus rompe a vara do tirano, dando descanso ó mundo (vv 4b-8); humillación do tirano no Xeol (vv 9-15); reflexión sapiencial sobre a súa humillación (vv 16-21). Engadido posterior son os vv 22-23, con referencias á caída de Babilonia, propias da escola de Isaías.
14, 5 *A vara* (= cetro), bastón de mando nas mans do tirano, convértese en pau de castigo que o Señor rompe.
14, 9ss O Xeol, na mitoloxía semítica, é o deus e señor de baixo-terra, onde está o espírito dos defuntos correctamente supultados. *Outro mundo*: heb ″ares″ ten aquí o senso de Xeol, lugar onde están os espíritos dos mortos; nótese que está en paralelo cos defuntos. A sepultura pertence ó dominio do Xeol (cf nota á **5,** 14).

¹²¡Como caíches do ceo, lúa en crecente,
 filla da alba!;
 ¡fuches abatido ó abismo, vencedor dos
 pobos!
¹³Si, ti dicías no teu corazón: subirei ó
 ceo,
 máis alto cás divinas estrelas levantarei o
 meu trono.
 Morarei na montaña da Asemblea divina
 no extremo norte,
¹⁴subirei ó máis alto das nubes,
 asemellareime ó Altísimo.
¹⁵¡Como baixas ó Xeol, ó fondo do
 Abismo!

¹⁶Os que ollen para ti, fixaranse
 atentamente, discorrendo:
 ¿Este é aquel que fixo estremece-la terra,
 abanea-los reinos,
¹⁷o que converteu o orbe nun deserto e
 arrasou as súas cidades,
 o que non lles abría o cárcere ós
 prisioneiros?
¹⁸Tódolos reis dos pobos, todos descansan
 con gloria, cada un na súa tumba,
¹⁹pero ti fuches botado lonxe da túa, coma
 un vástago abominable,
 —cuberto de mortos atravesados a
 espada,
 botado ás pedras do Abismo—, coma
 cadáver tripado.
²⁰Non te xuntarás con reis na sepultura,
 xa que destruíche-lo teu país e
 acoiteláche-lo teu pobo.
 A raza dos malvados non se nomeará
 xamais.
²¹Preparade para os seus fillos a degolación
 pola iniquidade de seus pais,
 non sexa que se levanten e tomen
 posesión da terra enchéndoa de
 cidades.
²²Levantareime contra eles —así fala o
 Señor dos Exércitos—
 e farei desaparecer de Babilonia o seu
 nome e o seu resto,
 a súa descendencia e a súa raza —así fala
 o Señor dos Exércitos—.
²³Convertereina en herdanza de ourizos
 cachos, en lameiro,
 e varrereina con vasoira de destrucción"
 —así fala o Señor dos Exércitos—.

Oráculo contra Asiria

²⁴O Señor dos Exércitos xurou nestes
 termos:
 "Tal como o planeei, así sucederá;
 tal como o decidín, así se fará:
²⁵esnaquizarei a Asiria no meu país,
 esmagareino sobre a miña montaña;
 retirarase o seu xugo de sobre eles; o
 fardo, do seu ombreiro".
²⁶Este é o proxecto decidido sobre toda a
 terra,
 esta é a man estendida sobre tódolos pobos.
²⁷Si, o Señor dos Exércitos teno decidido:
 ¿quen o fará fracasar?
 A súa man está estendida: ¿quen a fará
 volver atrás?

Aviso dirixido á Filistea

²⁸O ano da morte do rei Acaz tivo lugar
 este oráculo:
²⁹"Non te alegres, Filistea toda, de que xa
 rompeu a vara que te mallaba,
 porque da raíz da serpente sairá unha
 víbora,
 e o seu froito será un dragón voador.
³⁰Pero os pequenos pacerán onda min, e os
 pobres descansarán tranquilos,
 pois de fame farei morre-la túa raíz,
 matarei o que quede de ti".
³¹¡Xeme, porta! ¡Clama, cidade! ¡Treme ti,
 Filistea toda!
 que veu do norte unha fumareda e
 ninguén deserta dos seus escuadróns.
³²¿Que se lles responderá ós mensaxeiros
 do pobo?
 —Que o Señor fundou Sión
 e nela poden refuxiarse os oprimidos do
 seu pobo.

14, 19 Non ser enterrado cos pais era a maior maldición (cf 1 Re **13,** 21-22; Xer **22,** 19). Polo contrario, "descansar cos pais" (habitual en 2 Re, para referirse á sepultura dos reis de Xudá e Israel) era signo de bendición.
14, 22-27 Este oráculo de castigo hai que datalo no 701, durante o asedio de Senaquerib a Xerusalén (cf **10,** 24-27; **30,**27-33;**31,**4-9;**39,**22-29).
14, 28-33 A morte de Acaz tivo lugar no ano 716, e para a Filistea significa a posibilidade dun cambio de política favorable a unha coalición antiasiria co novo rei de Xudá, Ezequías; quizá este feito puido coincidir con algunha derrota de Sargón II (omitida nas crónicas), que favorecería a embaixada filistea. A resposta de Is é que as cousas irán para a Filistea de mal en peor, porque o inimigo do norte, Asiria, está ben organizado, e Sión será sempre refuxio de fuxitivos, porque Iavé foi quen fundou Sión.
14, 29 A *vara* que rompeu ten que referirse á derrota asiria e non á morte de Acaz (aínda que a tradición xudía interpretou as tres clases de serpes mesianicamente, o mesmo cá vara). Nótese a crecente perigosidade das serpes, que son un proverbio de que as cousas irán cada vez peor para a Filistea, xa entón dominada polos asirios.
14, 30 Os pobres e pequenos da Filistea vivirán seguros en Xudá e en Sión, pois a seguridade de Sión baséase en que foi Iavé quen a escolleu e fundou (cf v 33, e nota ós vv 28-33).

Lamentación de Moab polo seu desastre, e novo castigo divino

15 ¹Oráculo de castigo sobre Moab.
Si, de noite foi saqueada; Ar-Moab foi destruída.
De noite foi saqueada; Quir-Moab foi destruída.
²Subiu ó templo, a Dibón; ós santuarios dos outeiros para chorar,
no alto do Nebó e de Medebá Moab xeme,
con tódalas cabezas rapadas e tódalas barbas afeitadas.
³Polas súas rúas van vestidos de saco; sobre as súas terrazas
e nas súas prazas todo Moab xeme, desfacéndose en bágoas.
⁴Hexbón e Elaleh gritan, os seus berros óense ata en Iahas,
por isto se lle estremece o lombo a Moab, acora sen alento.
⁵O meu corazón clama auxilio para Moab;
os seus fuxidos chegan ata Soar, a terceira becerra.
Si, soben a costa de Luhit chorando, camiño de Horonaim lanzan berros esgazantes.
⁶Si, as augas de Nimrim vólvense un sequedal,
está seca a herba, murchan as plantas, xa non hai verdor.
⁷Por isto todo o que fixeron: as súas propiedades
lévanas ó outro lado do regato dos Salgueiros.
⁸Si, o clamor fai un círculo polas fronteiras de Moab:
ata Eglaim chega o seu xemido, a súa queixa está en Beer-Elim.
⁹As augas do Dimón están cheas de sangue.
Pois aínda máis lle engadirei ó Dimón: ¡Un león contra os fuxidos de Moab, e contra o que queda do país!

Os fuxitivos moabitas participarán no reino mesiánico en Xudá

16 ¹Mandade carneiros dos señores do país,
desde o Penedo do Deserto, ó monte da filla de Sión.
²Pois o mesmo cós paxaros espantados ou unha niñada escorrentada,
serán as fillas de Moab nos peares do Arnón.
³Presenta ti un plan, toma unha decisión.
Converte a túa sombra en noite á luz do mediodía,
esconde ó fuxido, ó escapado non o descubras.
⁴Que vivan contigo coma estranxeiros os fuxitivos de Moab.
Serás ti a súa protección ante o asolador.
Cando se acabe a opresión, desapareza o asolamento,
e o pisoteador desapareza

15, 1-16, 13 Forman unha complexa unidade temática sobre o Moab, na que hai que distinguir unhas partes moi relacionadas con Xer **48,** 29-38 (= Is **15,** 2c-7a; **16,** 6-11), das outras partes, exclusivas de Is. As partes relacionadas con Xer non supoñen unha dependencia directa de Xer respecto de Is, xa que a organización das frases é moi distinta. En Is **15,** 2c-7a supón un movemento de dor e calamidade que se estende desde o norte ata a fronteira sur, o regato dos Salgueiros. A outra sección **(16,** 5-11) refírese ó desastre causado polas viñas de Moab plantadas da exquisita planta de "Iorec", ben que nalgún momento a planta da viña é símbolo do mesmo pobo (cf **16,** 8d). A actitude do profeta non reflexa ningún resentimento contra Moab, senón compaixón (cf **16,** 11), aínda que a acusa de soberbia **(16,** 6) e non aparecen sentimentos de vinganza polos malfeitos históricos contra Xudá, causa lóxica se o texto fose exílico, ó ter axudado Moab a Nabucodonosor no asedio de Xerusalén. Máis ben Xudá aparece nas seccións non semellantes a Xer coma un refuxio para Moab (cf **16,** 1-5). Por isto pensamos que o texto é orixinario de Is., e que se refire a unha campaña de Teglatpeléser III (anos 744-727) na que somete a tributo o territorio, pois a crónica deste rei asirio fala do tributo do rei Salmano de Moab, o mesmo ca de Senaquerib (anos 704-681).
15, 1 As cidades Ar-Moab e Quir-Moab son distintas, aínda que "ar" e "quir" signifiquen cidade e muro de cidade; distaban entre si quince quilómetros e estaban ó norte do río Arnón.

15, 2-3 Describe o ritual de lamentación colectiva, usual entre os pobos do Medio Oriente para estas calamidades nacionais. Sobre o monte Nebó, cf Núm **32,** 3. 38; Dt **34;** Xer **48,** 10.22.
15, 4 *Hexbón,* antiga capital do amorreo Sihón (cf Núm **21,** 25). *Elaleh:* cf Núm **32,** 3.27. Lemos "lombos" e non, coma os masoretas, "soldados", por razón do paralelismo con "respiración", sendo ambos termos a sede da forza e da enerxía.
15, 5 *A terceira becerra:* é unha glosa explicativa de Soar: a terceira cidade do culto a Baal (cf 1 Re **12,** 28-29).
15, 9 *Dimón* explícase pola asonancia con sangue (heb "dam"). O oráculo de castigo do león mandado por Deus contra os fuxitivos, non se fundamenta nunha acusación concreta. Este león alude a unha futura invasión, que poderiamos datar na época de Senaqerib xa que a súa crónica nos fala do tributo de Kammusunabidi de Moab, que bicaron os seus pés.
16, 1 Os *carneiros* (colectivo) mandados a Xudá poden ser un signo de sumisión e demanda de axuda (cf 2 Re **14,** 7). O *Penedo* non é a futura cidade nabatea de Petra, que está moito máis ó sur, senón a cidade que aparece en Xuí **1,** 36.
16, 4-5 Nótese a afinidade destes vv cos textos do Emmanuel, tanto polo período de dificultades que antecede ó período mesiánico, coma polas calificacións do seu reino e xuízo. Ten especial interese teolóxico a incorporación dos moabitas fuxitivos ó reino mesiánico.

completamente do país,
⁵establecerase un trono de amor e reinará
con fidelidade na tenda de David
un que xulgue con xusto xuízo e que sexa
perito na xustiza.

Desastre político e agrícola
⁶Oímos falar da soberbia de Moab, da súa
soberbia que vén de antigo,
da súa altanería, do seu orgullo e do seu
furor,
das súas faladurías que non son verdade.
⁷Por isto xeme Moab, todo Moab xeme,
polas doces uvas de Quir Harés
quéixanse os aflixidos.
⁸Os campos de Hexbón están murchos e o
mesmo as viñas de Sibmah:
nas súas cepas selectas mallaron os
señores das nacións.
Chegaban ata Iazer, perdíanse no deserto,
as súas vides estendíanse, cruzaban o
mar.
⁹Por isto vou chorar, ó mesmo tempo ca
Iazer, polas viñas de Sibmah.
Vouvos regar coas miñas bágoas,
Hexbón e Elaleh,
porque as cántigas desapareceron da túa
seitura e da túa colleita.
¹⁰Desaparecen dos campos a alegría e o
xúbilo
e nas viñas non se brinca de ledicia, non
se danza co gozo.
As uvas nas tinallas xa non as pisa o
pisador,
vin desaparece-la canción da vendima.
¹¹Por isto as miñas entrañas tremen por
Moab, coma unha harpa,
e o meu interior treme por Quir Harés.
¹²Verase que se esforza Moab por subir ó
outeiro,
intenta ir ó seu santuario rezar, pero non
pode.
¹³Esta é a palabra que o Señor lle falou
desde antigo a Moab, ¹⁴pero agora o

Señor di así: "Dentro de tres anos, día
a día coma anos de mercenario, a
gloria de Moab xunto con toda a súa
xente volverase desprezable, e o seu
resto será pequeniño de todo e sen
poder".

Contra a liga sirio-efraimita

17 ¹Oráculo contra Damasco.

a) Reinos de Damasco e Efraím
Velaí Damasco: deixa de ser cidade, será
unha ruína derrubada.
²As súas cidades van ser abandonadas,
unha vez arrasadas, van ser para os
rabaños,
que se tumbarán nelas,
sen que ninguén os espante.
³Acabaránselle a Efraím as fortalezas,
e a Damasco, o reino,
e o resto de Aram será semellante
á gloria dos fillos de Israel.
—É o Señor dos Exércitos quen fala—.

b) Reino de Israel
⁴Sucederá no día aquel que a gloria de
Xacob será humillada,
o orgullo dos seus praceres quedará
humillado.
⁵Sucederá como cando o segador vai
apreixando o trigo que está de pé,
e logo o seu brazo sega as espigas.
Sucederá como cando un recolle as
espigas na veiga dos Refaím,
⁶e soamente queda nela un resto,
o mesmo que cando se varea a oliveira,
e quedan dúas ou tres olivas na puntiña,
catro ou cinco nas ponlas que dan froito.
—É o Señor, Deus de Israel quen fala—.

⁷No día aquel ollará o home para o seu
Creador,
os seus ollos mirarán para o Santo de
Israel;

16, 6-13 A lamentación de Moab pola invasión estranxeira (v 8b) e o desastre agrícola (vv 7-12) interprétase como un xuízo de castigo pola súa soberbia (v 6); pero a situación volverase moito peor segundo a palabra do Señor (v 13).
16, 11 As *entrañas* e o *interior* (= as vísceras do ventre), son, para os semitas, a sede dos sentimentos.
16, 13-14 Estes dous vv son prosa, e por isto pódense considerar coma unha glosa que alude á invasión de Nabucodonosor do 582 (cf Ez 25, 8-11). Os *anos de mercenario* son anos contados día a día.
17, 1 Aínda que o título do oráculo non abrangue máis ca Damasco, desde o v 3 en diante ten coma destinatarios a Efraím e mais ós fillos de Xudá. A data de todo este c. é o ano da guerra sirio-efraimita: o 734.

17, 2 *As súas cidades... unha vez arrasadas:* non "as cidades de Aroer", expresión que non ten senso.
17, 4-6 Esta estrofa refírese, con imaxes agrícolas e forestais, á merma futura da poboación e extensión de Israel, en castigo polo seu orgullo e culto idolátrico (cf v 8).
17, 4 *O orgullo dos seus praceres...:* lit. "A graxa da súa propia carne quedará enfraquecida".
A "graxa" significa a manifestación de orgullo e soberbia, e deste xeito está en paralelo con *gloria*. A carne era para o semita a sede do pracer.
17, 7-8 O profeta, fiel á dinámica da acción punitiva e purificadora de Deus sobre Israel, ve nun futuro máis remoto a conversión de Israel ó Deus Santo, e o abandono da causa do seu castigo: os ídolos = Axerah e Baal.

⁸non ollarán para os altares, obra das súas mans,
nin mirarán para o que os seus dedos fixeron:
símbolos de Axerah e estelas dedicadas a Baal.

⁹No día aquel as súas cidades de refuxio serán coma o abandono da bouza do bosque,
que queda abandonada polos fillos de Israel e vólvese unha desolación.
¹⁰Ti esquecícheste do Deus da túa salvación,
do Penedo do teu refuxio non te lembraches,
por iso plantaches plantas de delicias e enxertaches pugas estranxeiras.
¹¹De día medra o teu plantío, e pola mañá agroma o teu enxerto,
pero no intre de recolle-la colleita, desaparece. ¡Que dor incurable!

¹²¡Ai! Ruído de pobos numerosos; será coma o ruído dos mares.
Retumbar de nacións, coma o retumbar de augas poderosas.
¹³Si, nacións que retumbarán como o retumbar de moitas augas.
O inimigo ameázao co ruído, e foxe para lonxe,
é perseguido como a muíña das montañas ante a presencia do vento,
o mesmo cá poeira ante a presencia do vendaval.
¹⁴Ó chega-la tardiña, velaí o terror; antes da mañanciña, xa non existe.
Este é o lote dos nosos saqueadores, a sorte dos que nos queren roubar.

Oráculo acerca de Cux

18 ¹¡Ai do país de barcos voadores, que está ó longo dos ríos de Cux,
²que manda polo mar embaixadores, sobre a auga os manda en barcos de papiro!
Ide, áxiles mensaxeiros, ó pobo alto e relucente,
á nación temible aquí e mais alá, pobo poderoso, que pisotea;
pola súa terra corren ríos.
³Tódolos habitantes do orbe e os que vivides na terra,
ó levantaren a bandeira nos montes, tende medo,
e, ó soaren o corno, escoitade.

⁴Si, así me falou o Señor:
"Quedarei quieto e ollarei atento desde o sitio onde estea:
unha calor abrasadora vén do sol, unha nube de orballo na calor da seitura.
⁵Na hora da seitura, cando a floración do viño está completa,
e a flor se volve gran verde que vai madurar,
pódanse os sarmentos coa coitela, e esgázanse da cepa os gallos ladróns.
⁶Déixase todo xunto para os gabiáns das montañas
e para os bechos da terra:
os gabiáns han pasa-lo verán sobre a cepa;
e os bechos da terra, o inverno sobre ela".

17, 9-10 Esta estrofa volve ó tema da acusación e do castigo arredor de dúas imaxes: a do *refuxio,* o Penedo do teu refuxio, o Deus da salvación (vv 9-10); e a *do bosque* (v 11): xardín de plantas de delicias dedicado a Adonis-Baal-Tamuz cos seus enxertos. O abandono do bosque coma consecuencia do castigo divino, débese ós plantios idolátricos, e ós enxertos de pugas estranxeiras (un xeito de facer política ó estilo das nacións pagás: alusión á liga sirio-efraimita), pero todos estes traballos arborícolas, á hora da colleita, son infructuosos e penosos.
17, 12-14 A dificultade desta estrofa consiste posiblemente en que lle falta unha frase, despois de 13a, que dea sentido e faga paralelismo con 13b, onde tiña que aparecer-lo suxeito dos verbos.
17, 12 Pobos numerosos: pola presencia de mercenarios nos exércitos de Siria e Israel. Estes "exércitos" compáranse ó caos das augas primordiais.
17, 14 Siria e Israel non pillarán outro botín cá propia inexistencia, a súa desaparición.
18, 1-7 Este texto aparece sen título, e refírese a Cux, alto Exipto, na actual Etiopía. O faraón Xabaka (710-696), no ano da morte de Sargón II de Asiria (705), tivo plans de formar unha liga antiasiria, na que chegou a implicar a Xudá (cf 2 Re **18,** 21-24; **19,** 9). O texto divídese en tres partes: embaixadas da dinastía etiópica (vv 1-3); resposta divina negativa (vv 4-6); o v 7 (engadido posterior, en prosa): conversión de Exipto ó iavismo.
18, 2 *Ide, áxiles mensaxeiros:* non se refire ós embaixadores xudeus, senón ós mesmos etíopes e exipcios, ós que invita a volver para á súa terra. A expresión *aquí* e *mais alá,* significa "para os de preto e para os de lonxe".
18, 4 A resposta de Deus é permanecer na situación anterior do pobo xudeu, fiel ó tributo pactado con Asiria. A calor *abrasadora,* significa o perigo de tal coalición; a nube de orballo na seitura significa que é algo enganoso e inestable.
18, 5 Pásase da imaxe da seitura, á da limpa dos ladróns e gromos das cepas, contemporáneos coa seitura do pan. Se temos en conta que a viña é imaxe do pobo (cf **5,** 1ss), o que aquí se poda son os afáns expansionistas de Exipto.
18, 6 O carácter negativo do afán expansionista de Exipto exprésase coas imaxes dos animais impuros: aves de rapina e bechos da terra. Téñase en conta que os animais non soamente farán mal ós renovos da viña, senón á mesma cepa, a Exipto.

⁷Nesa hora no monte de Sión presentaranlle ó Señor dos Exércitos un regalo de parte dun pobo alto e relucente, dun pobo temible aquí e mais alá, unha nación poderosa, que pisotea; pola súa terra corren ríos.
Traerán o regalo para o Santuario do Nome do Señor dos Exércitos, ó monte de Sión.

Oráculo contra Exipto

19 ¹Oráculo contra Exipto.
Velaí o Señor montado nunha nube lixeira;
vai a Exipto, tremen os seus deuses por mor da súa presencia,
o corazón de Exipto derrétese nos seus adentros.

²Vou encirrar un Exipto contra o outro:
faranse a guerra, cada un co seu irmán,
cada un co seu veciño, cidade con cidade, reino con reino.
³Sobresaltarase o espírito de Exipto e destruirei o seu plan,
aínda que consulten ós deuses, ós bruxos, ós nigromantes e ós adiviños.
⁴Entregarei a Exipto no poder de donos severos e reinará nel un rei cruel
—é o Señor, Deus dos Exércitos, quen fala—.
⁵Secarán as augas da corrente, o río secará e estiñará;
⁶botarán fedor os canais, os brazos do río no Baixo Exipto baixarán e secarán,
a canivela e o xunco murcharán.
⁷As xunqueiras de onda o río e do esteiro, tódolos campos da ribeira secarán e desaparecerán: non serán.
⁸Suspirarán os pescadores, lamentaranse tódolos que botaban o anzol no río,
esmorecerán os que largaban a rede sobre a superficie da auga.
⁹Os que traballaban o liño avergonzaranse,
as cardadoras e os teceláns quedarán mirrados,
¹⁰as súas tecelás andarán humilladas,
e tódolos que traballan por xornal estarán co ánimo abatido.

¹¹¡Que loucos están os príncipes de Soán,
os sabios que aconsellan ó Faraón consellos estúpidos!
¿Como lle poderán dicir ó Faraón:
"Eu son fillo de sabios, fillo de reis orientais"?
¹²¿Onde están, logo, os teus sabios?
Que che mostren e dean a coñece-lo que ten planeado
o Señor dos Exércitos sobre Exipto.
¹³Puxéronse loucos os príncipes de Soán,
están enganados os príncipes de Nof,
os príncipes das súas tribos fan descarriar a Exipto.
¹⁴O Señor vértelles no seu interior un espírito de confusión;
por isto abanean Exipto con tódalas súas obras,
o mesmo que cambalea o borracho co seu vómito.
¹⁵Deste xeito non haberá para Exipto obra que poida face-la cabeza ou o rabo,
a palmeira ou o xunco.

Sinais da conversión de Exipto

¹⁶No día aquel Exipto será coma as mulleres,
abaneará e tremerá ante a man do Señor dos Exércitos,
que a vai mover contra el.

18, 7 Este engadido en prosa sobre a conversión iavista dos etíopes, á vista do cumprimento do oráculo profético, é máis propia dunha relectura feita nos tempos do exilio en Babilonia.
19, 1-15 A data de composición deste oráculo está arredor do ano 716, nunha época na que os cuxitas tratan de facerse co poder en todo o Exipto, dando así orixe á XXV dinastía con Pianqui e logo con Xabaka. O párrafo divídese nestas seccións: intervención de Iavé contra Exipto, provocando unha guerra civil e a victoria do Alto Exipto (vv 1-4); calamidades naturais que acompañan esta guerra civil (vv 5-10); causas destes males: a falta de sabedoría e de coñecemento dos plans de Iavé (vv 11-15).
19, 1 Isaías aplícalle a Iavé un título de Baal: "cabaleiro das nubes", facendo da nube a cabalgadura de Iavé para dirixilo a Exipto. O Exipto deste v refírese ó Baixo Exipto, a quen os plans (corazón) se lle desbaratan.
19, 2 O termo *Exipto* (en heb. "Misraim") é filoloxicamente un dual, cousa que aproveita o autor para referirse ó dobre Exipto: o Alto e o Baixo.
19, 3 Iavé é o único Señor da historia de tódolos pobos, que desfai os plans dos máis expertos.
19, 5-10 Esta serie de catástrofes naturais son en boa parte, consecuencia da guerra civil.
19, 11 *Soán* era Tanis, a antiga capital dos hiksos, no delta do Nilo, con quen tivo sempre relacións Xudá. O faraón de que aquí se trata é o sucesor da XXIV dinastía, o non cuxita Pianqui. *Os reis orientais* deben se-los edomitas, proverbiais pola súa sabedoría.
19, 12 A sabedoría pagá non chega ó coñecemento dos plans de Iavé, mentres que a eles chega a sabedoría do profeta.
19, 13 *Soán* cf v 11. *Nof* = Menfis, a capital das antigas dinastías, no Baixo Exipto.
19, 15 *Cabeza-rabo, palmeira-xunco,* indican os extremos sociais: as clases sociais máis altas ou as máis baixas; pero, por tratarse dun merismo, indícase que ninguén poderá facer obra útil para Exipto.

¹⁷E a terra de Xudá converterase en causa de vergonza para Exipto,
todo aquel que lla lembre a Exipto sentirá temor
ó ve-lo que o Señor dos Exércitos dispuxo contra Exipto.
¹⁸No día aquel haberá cinco cidades no país de Exipto,
que falarán a lingua de Canaán,
e que farán os xuramentos polo Señor dos Exércitos:
a unha chamaráselle a cidade do Sol.
¹⁹No día aquel haberá un altar consagrado a Iavé no medio de Exipto,
e unha estela adicada ó Señor ó lado da súa fronteira,
²⁰serviralle ó Señor dos Exércitos de sinal e testemuño no país de Exipto.
Cando eles clamen ó Señor pola presencia dos opresores,
o Señor mandaralles un salvador e un xefe para que os libre.
²¹O Señor daráselle a coñecer a Exipto,
e os exipcios recoñecerán o Señor no día aquel;
daranlle culto con sacrificios e oblacións,
e farán ó Señor votos, que cumprirán.
²²O Señor ferirá a Exipto con ferida curable,
pois converteranse ó Señor, que se lles mostrará propicio
e os curará.
²³No día aquel haberá unha calzada desde Exipto a Asiria,
Asiria irá a Exipto e Exipto a Asiria,
Exipto dará culto xunto con Asiria.
²⁴No día aquel Israel será igual ca Exipto e Asiria,
será causa de bendición no medio da terra,
²⁵pois o Señor dos Exércitos hao bendicir nestes termos:
"Bendito o meu pobo, Exipto, a obra da miña man, Asiria,
e a miña herdanza, Israel".

Isaías espido e descalzo, sinal para Exipto

20 ¹No ano no que veu o xeneral en xefe a Axdod, cando o mandou Sargón, rei de Asiria, a atacar Axdod e conquistala, ²entón falou o Señor por medio de Isaías, fillo de Amós, nestes termos:
"Vai e solta o saco da túa cintura e quita as sandalias dos teus pés".
El fíxoo así, camiñando espido e descalzo.
³Logo dixo:
"O mesmo que o meu servo Isaías camiñou espido e descalzo, durante tres anos, como sinal e imaxe referente a Exipto e a Cux, ⁴así o rei de Asiria levará os prisioneiros de Exipto e os deportados de Cux, rapaces e vellos, espidos e descalzos, e coas nádegas en coiro: a vergonza dos exipcios. ⁵Estarán confundidos e avergonzados por causa de Cux, a súa esperanza, e por causa de Exipto, a súa gloria. ⁶E dirán os habitantes daquela costa no día aquel: Vede como quedou a nosa esperanza, a onde corriamos por axuda para nos librarmos da presencia do rei de Asiria, e ¿como escaparemos nós?".

19, 16-25 Esta unidade marcada pola expresión "no día aquel" que encabeza os vv 16.18.19 (21) 23.24, divídese en cinco estrofas, de extensión desigual. O texto hebreo está en prosa poética, onde o paralelismo e o número de acentos non é ben cumprido. A primeira trata do temor de Exipto ante a man ameazadora do Señor; a segunda, da presencia de xudeus en Exipto en cinco cidades; a terceira trata da conversión de Exipto ó Señor, pola presencia de xudeus en Exipto; a cuarta trata da calzada sagrada de Exipto a Asiria (Babilonia), que se xunta en Xerusalén; e a quinta é unha actualización da bendición de Abraham de Xén 12, 3 referida a Exipto e Asiria (= Babilonia). Este universalismo salvífico está máis preto do II Is ca do I Is. Por outra parte a referencia do v 19 ó altar de Iavé en Exipto non ten outra explicación cá referencia ó altar da colonia de soldados xudeus, ás ordes de Babilonia, en Elefantina, preto de Asuán, no Alto Exipto, que nos é coñecida polos papiros aí atopados. A datación deste texto ten que cadrar co segundo cuarto do século VI, antes do II Is, e de man distinta do II Is, aínda que da mesma escola isaiana.
19, 18 As cidades de que aquí se trata, teñen que ser Elefantina e Heliópolis, ("cidade do sol"), e tres máis, non concretadas.
19, 20 Os opresores son os caldeos de Babilonia.
19, 21 Nótese a presencia enfatizante e teolóxica da expresión "no día aquel", que se refire ó momento da intervención salvífica de Deus.
19, 23 *Dará culto:* de acordo co contexto, o culto será a Iavé en Xerusalén.
19, 24 Lit. "Será un tercio con respecto a Exipto e Asiria".
20, 1-6 Trátase do único xesto simbólico de Is. Acontece no ano 711. O comportamento externo do profeta ó estilo dos prisioneiros de guerra, interprétase no oráculo como sinal para Exipto, que sufrirá a mesma sorte.
20, 1 *Xeneral en xefe* é a traducción do vocábulo "tartán", que designa o cargo máis importante do exército asirio (cf 2 Re **18,** 17).
20, 3-4 *Espido e descalzo:* os vestidos eran seña distintiva da persoa libre e da súa profesión. Así, Isaías quita o saco (tea áspera feita de esparto), porque os prisioneiros de guerra ían espidos e descalzos, en sinal de falta de liberdade e personalidade.
20, 6 A presencia da Filistea e de Xudá, favorables a Exipto, significaba a protección de Exipto respecto das potencias asiáticas.

Caída de Babilonia

21 ¹Oráculo contra o Deserto Marítimo:
Como o furacán atravesa polo sur, vindo do deserto, da terra terrible,
²así déuseme a coñecer unha visión cruel.
O traidor está traizoando, o saqueador está saqueando:
"¡Sube, Elam, asedia, Media, que xa acabei con toda a súa soberbia!"
³Por isto os meus riles retórcense de angustia,
aprétanme dores coma as da parturenta.
Retórzome polo que vin, estou estarrecido polo que oín.
⁴Túrbaseme o sentido, cólleme un tremor,
a mesma frescura da tardiña, tan agradable, vólveseme terror.
⁵A prepara-la mesa, a estende-lo mantel, a comer e a beber:
Póndevos de pé, príncipes, untade os escudos.
⁶Si, díxome así o meu Señor:
"Vai e fai estar de pé ó vixiante, que dea a coñece-lo que vexa.
⁷Cando vexa carros, tiros de cabalos, carros de burros, carros de camelos,
que espreite con atención, con moita atención".
⁸Entón o vixiante exclamou:
"Na vixilancia, meu Señor, manteñome de pé durante o día,
na miña garda eu estou firme tódalas noites;
⁹e, velaí vén: un carro, tiros de cabalos".
Entón un colleu a palabra e dixo: "Caeu, caeu Babilonia,
e tódalas imaxes dos seus deuses esnaquizáronse contra a terra".
¹⁰¡A miña malla e o froito da miña eira!
O que oín de parte do Señor dos Exércitos, Deus de Israel,
déivolo a coñecer.

A liberación de Dumah

¹¹Oráculo sobre Dumah.
Alguén berra por min desde Seir:
"¿Sentinela, que tal a noite? ¿Sentinela, que tal a noite?".
¹²A sentinela responde: "Chegou a mañanciña e tamén a noite.
Se queredes preguntar, preguntade; dade a volta, vide".

A sorte das cidades e tribos árabes

¹³Oráculo sobre o deserto.
Entre a bouza da estepa pasade a noite, caravanas de dedanitas.
¹⁴Levade auga ó encontro do sedento, habitantes da cidade de Temá;
ofrecédelle ó fuxido o seu pan.
¹⁵Si, foxen da presencia das espadas, da espada desenvaiñada,
afástanse do arco, escapan do fragor da guerra.
¹⁶Pois así falou o meu Señor:
"Despois dun ano, día a día, toda a gloria

21, 1-10 Toda a pasaxe vén presentada coma unha visión espiritual profética (vv 2.9) sobre a caída de Babilonia, ante medos e persas (= Elam). O traidor (v 2) é o mesmo pobo de Babilonia, que se opuxo ás reformas relixiosas do último rei, Nabónid. Seguen (vv 3-5) unha serie de expresións de dor e angustia pola caída, que se compara a un banquete xa servido: por iso únese o banquete co untamento dos escudos. Nos vv 6-10 a visión vólvese dramática, pois intervén un vixiante e mais un mensaxeiro, que transmite o oráculo cume dos vv 9b-10. A datación e autoría do oráculo é a do II Is.
21, 1 O *deserto marítimo* probablemente era a ribeira do Éufrates, ó sur de Babilonia.
21, 3-4 Sorprenden estas expresións de angustia, pois a caída de Babilonia é algo moi positivo para o pobo deportado; con todo, hai que ter en conta a sensibilidade especial do profeta, para quen a ruína leva consigo mortes e outros sufrimentos.
21, 9 O que na visión colle a palabra é un anxo que transmite a mensaxe de Deus.
21, 10 *A miña malla...* son dous vocativos, que se refiren ós piadosos desterrados xudeus, que son a colleita de Deus, froito da conversión interior realizada coa axuda dos distintos grupos proféticos e da liturxia sinagogal, que entón comezaba. Estes grupos son os destinatarios da mensaxe divina de liberación.
21, 11-12 A cidade-reino de *Dumah* era unha das vilas do deserto arábigo próximas a Edom. Toda a rexión montañosa de Edom chamouse "campo de Seir"; e, na mesma rexión desértica —máis para o leste—, Dumah. Aínda que a historia desta cidade estivo mesturada coas campañas asirias, tamén o estivo coa dominación babilónica, pois o seu último rei —Nabónid—, deixando a seu fillo Baltasar no reino, dedicouse ás campañas militares máis ó sur, residindo en Temá. Nos tempos de Isaías a referencia a esta Dumah non tiña sentido; pero, coa caída de Babilonia, tiña todo o seu sentido de liberación, e era ben coñecida polos deportados; por outra parte, a proximidade no estilo e vocabulario cos vv 1-10, aconsella esta datación.
21, 12 *Dade a volta, vide:* posible chamada á conversión e á escoita da mensaxe profética, e cando menos, á liberación da tiranía babilónica (pois as persas deron liberdade ás poboacións sometidas).
21, 13-17 Trátase de dúas pezas literarias moi diferentes das anteriores e entre elas mesmas. A primeira (vv 13-15), en verso, supón unha incursión asiria de sometemento respecto das caravanas árabes de Dedán: os fuxitivos terán que recibi-los auxilios habituais da cidade de Temá. Estas incursións asirias tiveron lugar no 732, despois de que Teglatpeléser tomou Damasco, aínda que Sargón II, no 715, repite esta mesma batida contra as tribos (cidades) árabes. A segunda peza é prosa rítmica, e diríxese ás tribos beduínas de Quedar, ó NO das cidades indicadas. Os beduínos destas tribos eran xeralmente mercenarios asirios: por isto, a datación do oráculo resulta insegura, podendo acontecer no 732, no 721 ou no 711. A finalidade das dúas pezas é mostrar a Iavé como Señor da historia.
21, 16 *Día a día:* lit. "coma ano de mercenario"; cf nota a **16,** 13-14.

de Quedar desaparecerá. ¹⁷E o resto dos arqueiros, fillos de Quedar, será ben pequeno. Si, díxoo o Señor, Deus de Israel".

Xerusalén, librada por Deus do perigo, expiará a súa iniquidade coa morte

22 ¹Oráculo do Val da Visión.
¿Que che pasa agora, que con tódolos teus estás subido nas terrazas?
²Está chea de ruído a cidade rebuldeira, a vila festeira.
Os teus caídos non son acoitelados coa espada, nin mortos na guerra.
³Tódolos teus xefes fuxiron á vez, foron collidos co arco.
Tódolos que te pillaron, foron collidos xuntos, escapaban lonxe.
⁴Por isto dixen: "Non olledes para min, que vou amargurar con choros, non vos empeñedes en consolarme pola desolación da filla do meu pobo,
⁵porque o día da confusión, do esmagamento e do escarnio vén do meu Señor, Deus dos Exércitos.
No Val da Visión derrúbase unha muralla, os berros diríxense á montaña.
⁶Elam levantou a alxaba, homes en carros de cabalos,
Quir destapa os escudos.
⁷Carros e cabalos encheron o mellor da túa barxa,
tomaron posición xunto á porta,
⁸e puxeron ó descuberto a defensa de Xudá".

No día aquel ollastes para o arsenal da Casa do bosque,
⁹víste-las brechas da cidade de David
—¡cantas eran!—
e xuntáste-las augas do estanque de abaixo.
¹⁰Contáste-las casas de Xerusalén e botastes algunhas abaixo,
para facer inaccesible a muralla.
¹¹Fixestes unha presa entre os dous muros, para a agua do estanque antigo;
pero non ollastes para quen a facía, nin vistes a quen desde lonxe a ideaba.

¹²No día aquel o meu Señor, Deus de Israel,
fixo unha chamada ó pranto e á lamentación,
a raparse e vestirse de saco.
¹³Pero velaí: vós, xúbilo e ledicia:
matar becerros, sacrificar reses, comer carne e beber viño.
"A comer e beber, que mañá imos morrer".
¹⁴Pero o meu Señor, Deus dos Exércitos, reveloume ó oído:
"Esta iniquidade non vos será expiada ata que morrades",
—díxoo o meu Señor, Deus dos Exércitos—.

Caída de Xebná e subida de Eliaquim, coa conseguinte caída

¹⁵Así falou o meu Señor, Deus dos Exércitos:
"Ponte de camiño e entra onda ese maiordomo, Xebná,
que está á fronte da casa do rei, e dille:
¹⁶¿Que tes ti aquí? ¿A quen tes ti aquí, pois cavaches aquí unha sepultura para ti?
Eu estou cavando no alto a miña sepultura,
estou tallando na pedra o meu lugar de descanso".
¹⁷Velaí: o Señor vaite estender ben estendido,
valente, e logo vaite envolver,

22, 1-14 Este texto haino que datar pouco despois da retirada de Senaquerib do asedio de Xerusalén, no 701. É unha acusación da falta de acollida da mensaxe penitencial de Isaías coma resposta espiritual á liberación da cidade. A ledicia festiva non é xusta cando se viu a man de Deus (v 11) e cando se precisa a conversión. O texto conclúe cun oráculo de anuncio de castigo (v 14). No texto distingueanse verbos en pasado, que relatan a situación calamitosa do asedio de Xerusalén, e verbos en presente, que expresan a ledicia da cidade. No medio dos dous tempos está a chamada á penitencia, do v 12, que non ten resposta e remata co oráculo de castigo do v 14.
22, 1 O título: "Oráculo do Val da Visión", tomado do v 5, é, sen dúbida, o nome profético dalgún dos vales que rodean Xerusalén. Alí probablemente tivo lugar o oráculo-visión dos vv 5-7, relativo ó asedio de Xerusalén, que, en acabando, se vai incorporar a estoutra unidade de oráculo de castigo (v 14).
22, 8b-11 Constitúe unha nova estrofa que recolle o tema dos vv 4-8a, encabezada pola expresión "no día aquel", e que presenta a Deus coma o autor de toda a obra defensiva da cidade.
22, 12-14 Esta estrofa presenta tres situacións relacionadas entre si: a) chamada divina á liturxia penitencial; b) desobediencia á chamada de Deus, cun certo cariz materialista e hedonista; c) para concluír co oráculo no que se di que o pecado do pobo se ten que expiar coa morte.
22, 15-25 Trátase do único texto de Isaías que contén oráculos de xuízo de castigo individual. Xebná e Eliaquim pertencen os dous ó reinado de Ezequías. Xebná quedou reducido a secretario do rei, mentres que Eliaquim foi o maiordomo do palacio (cf 2 Re **18**, 26. 37; **19**, 2 par., xunto con Is **36**, 3. 11. 22; **37**, 2).

¹⁸vaite enrolar ben, e facerte rolar,
coma unha pelota cara a un país de
anchas fronteiras.
Alí vas morrer, alí irán as túas gloriosas
carrozas,
vergonza do pazo do teu Señor.
¹⁹Chimpareite do teu posto encumiado,
botareite abaixo do teu pedestal.
²⁰Sucederá no día aquel, que chamarei ó
meu servo, Eliaquim, fillo de Hilquías.
²¹Farei que vista a túa túnica, e
fortalecereino co teu cinguidor
e porei na súa man o teu posto de
mando:
será un pai para os habitantes de
Xerusalén e para a casa de Xudá.
²²Porei a chave da casa de David sobre o
seu ombreiro:
abrirá, e non haberá quen feche; e
fechará, e non haberá quen abra.
²³Cravarei a caravilla da súa tenda nun
lugar seguro,
e será trono de gloria para a casa de seu
pai.
²⁴Colgarase nel todo o peso da casa de
seu pai —ramas e follas—, tódolos cacharros pequenos, desde as tazas ata os pucheiros.
²⁵No día aquel —é o Señor dos Exércitos
quen fala— abaneará a caravilla cravada en lugar seguro, fallará e caerá, e esnaquizarase todo o peso que estaba sobre ela, porque o dixo o Señor.

Lamentación e senso teolóxico da caída de Tiro

23 ¹Oráculo contra Tiro.
Facede lamentación vós, barcos de
Tárxix,
que o porto de refuxio quedou
destrozado.
De volta do país de Kitim foille revelado
isto a Tárxix.
²Chorade, habitantes da costa, traficantes
de Sidón.
Os teus mensaxeiros cruzan por augas
abundantes;
³a semente de Xihor viña da colleita do
Nilo,
a súa ganancia era o comercio cos pobos.
⁴Avergónzate Sidón, que fala o mar, o
refuxio de Iam, nestes termos:
"Non me retorcín de dor nin te dei eu á
luz:
nin criei fillos xa mozos, nin saquei
adiante fillas mozas".
⁵Cando pasa a noticia ós exipcios,
retórcense de dor, coa noticia de Tiro.
⁶Cando pasa a Tárxix, os habitantes da
costa fan lamentación.
⁷¿É isto causa de alegría para a vosa
cidade que ten a orixe nos días
remotos,
e pés que a levarán lonxe a vivir de
emigrante?
⁸¿Quen planeou isto contra Tiro, que
distribuía coroas,

22, 18 *Vergonza*, pois mostran o abuso na administración da casa real.
22, 21 Os vestidos distintivos na antropoloxía semítica son sinais de poder ou de clase social. *Pai:* tanto en Akad como en Exipto era título do rei, que tiña a obrigación de protexe-los súbditos. Aquí é función e título delegados polo rei.
22, 22 A chave do pazo do rei significa o poder delegado sobre o pazo e o reino, pois pode abrir e pechar. Mt **16,** 19 aplícallo a Pedro; e Ap **3,** 7 aplícallo a Xesús resucitado.
22, 23 A *caravilla da tenda* de beduíños e pastores é aquí símbolo da seguridade de Eliaquim, pois é a que sostén a tenda do pastor-rei.
22, 24 Empeza aquí un texto en prosa, que empalma co anterior; pero a caravilla que sostén a tenda convértese en gancho onde se colgan os útiles da cociña, ademais das ramas e follas aromáticas empregadas no condimento das comidas; pero todo isto vén ser un símbolo do nepotismo levado a cabo por Eliaquim, que foi a causa da súa caída.
23, 1-18 Este c. está formado por unha lamentación á caída do grande porto de Tiro no 587/86 a mans de Nabucodonosor, pois chámaselle no v 13 "a cidade dos caldeos". Asiria (v 13) equivale a Babilonia, pois é Babilonia quen se fai co imperio asirio. A Tiro considéraselle relacionada con Iam (o Mar, v 11) e con Canaán. Sidón aquí non equivale á cidade, senón á nación fenicia. O Tárxix (barcos dos que se fala) debe se-lo Tartesos hispano da beira do Guadalquivir, pois dise que os pés dos de Tárxix levan lonxe a vivir como emigrante. Todas estas referencias xeográficas, ademais das referencias a Exipto e a Kittim (= Chipre, nas costas do mar Exeo), aluden ó espléndido comercio de Tiro con estes pobos, e as ganancias destes provocan en Tiro unha actitude de orgullo, que o Deus da historia castigará (vv 8-12). Os vv 15-18 son un engadido en prosa do final do exilio babilónico, pois os 70 anos do v 15 teñen que aludir a esta experiencia compartida con Xudá. O cantar da prostituta serve para introduci-lo tema da volta ó comercio cos pobos pagáns; pero as ganancias dese comercio serán para o templo de Iavé, Deus único que dirixe a historia de tódolos pobos.
23, 3 O nome *Xihor*, en paralelo co Nilo, é un segundo nome do rei exipcio.
23, 4 *O mar é refuxio de Iam*. O vocábulo hebreo traducido por mar é "iam". O segundo "Iam" do texto refírese á divinidade cananea Iam, monstro das augas do mar, que ten o seu, refuxio en Tiro. Nega este deus que Tiro sexa fillo seu, e polo tanto inexpugnable.

cando os seus comerciantes eran príncipes e os seus traficantes honrados no mundo?

⁹O Señor dos Exércitos foi quen o dispuxo, para humilla-lo orgullo do seu esplendor, para facer desprezables a tódolos nobres do mundo.

¹⁰Pasa ó teu país, que eu lle puxen emboscada a Tárxix e xa non hai porto de refuxio.

¹¹A miña man estaba estendida contra Iam, fixo treme-los reinos.
O Señor ordenou que a Canaán lle destruísen as prazas fortes,

¹²e dixo: "non volverás a alegrarte, moza maltratada (filla de Sidón; aínda que vaias a Kitim, tampouco alí haberá descanso para ti.

¹³A mesma cidade dos caldeos non será para ti. Asiria fundouna para os barcos.
Ergueron as torres de asalto, arrasaron os seus castelos, volvérona unha ruína.

¹⁴Facede lamentación, barcos de Tárxix, que o voso porto de refuxio quedou destrozado".

A liberación de Tiro

¹⁵Sucederá no día aquel, que Tiro quedará esquecida durante setenta anos. Pero nos anos doutro rei, ó cabo dos setenta anos, sucederalle a Tiro coma no cantar da prostituta:

¹⁶"Colle a harpa, dálle a volta á cidade, prostituta esquecida.
Toca ben a harpa, alonga o teu cantar para que sexas recordada".

¹⁷E sucederá ó cabo dos setenta anos que o Señor visitará Tiro, e Tiro volverá a face-la súa ganancia de prostituta. Prostituirase con tódolos reinos que hai sobre a superficie da terra. ¹⁸A súa ganancia no comercio e a súa paga de prostituta consagraralla ó Señor. Non se almacenará nin amoreará, senón que a súa ganancia será para os que habitan ante a presencia do Señor: comerán e fartaranse e vestirán esplendidamente.

APOCALIPSE GRANDE

I. Deus fai xustiza arrasando o mundo:

A) *Xuízo cósmico de Deus*

24 ¹Velaí o Señor: arrasa a terra e desvástaa,
revolve a súa superficie e dispersa os seus habitantes:

²Acontecerelles isto ós sacerdotes o mesmo ca ó pobo,
ó servo o mesmo ca ó seu señor, á serva o mesmo ca á súa señora,
a quen compra coma a quen vende, a quen presta coma a quen recibe prestado,
ó debedor o mesmo ca ó acredor.

³A terra quedará totalmente asolada e saqueada.
Si, o Señor decidiu estas cousas.

Lamentación polo asolamento do mundo e da cidade da nada

⁴Está de loito, murcha a terra; está reseco e murcho o orbe,

---

24 Os cc. **24-27** sóense intitular "grande apocalipse de Is", para distinguilos dos cc. **34-25**, chamados "pequena apocalipse". Algúns autores evitan este título, porque aínda non se ven nel tódalas señas da apocalíptica posterior, tales coma a vida no máis alá, a organización da anxoloxía; pero o coidado na composición do texto, a temática da esperanza nunha época histórica salvífica, a contraposición entre a cidade inimiga que cae e a cidade de Xerusalén (= o reino de Deus), a alusión á resurrección dos membros do pobo de Deus, o ambiente de humillación do pobo de Deus e as perspectivas de esperanza de seren liberados por Deus, son razóns que xustifican este título. Dividimos a obriña en tres partes, cunha primeira sección A) de castigo purificador; e unha segunda parte B) de celebración litúrxica deste castigo que resulta liberador para o pobo de Deus:
I) **24**, 1-25, 8; A) **24**, 1-23; B) **25**, 1-8.

II) **25**, 9-26, 19; A) **25**, 9-26; B) **26**, 7-19.
III) **26**, 20-27, 13; A) **26**, 20-27, 1; B) **27**, 2-13.
A data desta composición podémola situar pouco despois da caída de Babilonia nas mans do rei persa Xerxes I, no ano 485, aínda que parece haber partes moi antigas que foron reelaboradas para esta composición litúrxicosinagogal. As partes máis antigas indícanse nas notas. O seu autor debeu vivir en Babilonia, a xulgar polos textos de **26**, 2. 15. 20.
24, 1-3 Anuncio de castigo contra a terra, decidido por Deus (v 3b), ante a maldade humana (v 5). Este arraso refírese á terra e ós seus habitantes, pois a sorte do cosmos está vinculada á moralidade do home.
24, 4-13 Literalmente é unha lamentación ou descrición das calamidades. A razón das mesmas ponse na inmoralidade da sociedade, e, máis en concreto, da "cidade da nada" (a cidade pagá e idolátrica): cf nota ó v 10.

están resecos tanto o que está arriba
coma a terra.
⁵A terra está profanada baixo os pés dos
seus habitantes,
porque quebrantaron leis, pasaron por
enriba dos preceptos,
romperon a alianza eterna.
⁶Por isto a maldición devorou a terra, e
son culpables os que habitan nela,
por isto se consomen os habitantes da
terra: queda só un pequeno resto.
⁷Está de loito o viño novo, murchou a viña,
laméntanse tódolos de alegres ilusións.
⁸Acabouse o xúbilo dos pandeiros,
rematou o ruído dos lediciosos,
acabouse o son xubiloso da harpa.
⁹Co canto xa non beberán viño,
o licor xa non fará tusir ós que o beben.
¹⁰Quedou asolada a cidade da nada,
tódalas casas quedaron pechadas,
ninguén entrou nelas;
¹¹a lamentación polo viño resoou nas rúas,
desapareceu toda a ledicia, o xúbilo da
cidade foi deportado.
¹²Soamente quedou na cidade a
desolación, a porta está arrasada.
¹³Certo, así acontecerá no medio da terra,
no medio dos pobos,
coma no vareo da oliva, coma nos
rebuscos cando acabou a vendima.

Cantos de louvanza ó Deus Xusto.

¹⁴Eles levantarán a súa voz, aclamarán a
grandeza do Señor,
exultarán desde o mar,
¹⁵por isto glorificarán ó Señor no nacente
do sol;
nas costas do mar o Nome do Señor,
Deus de Israel.
¹⁶Desde as beiras da terra oímos alegres
cantares: ¡Gloria ó Xusto!

Repercusión universal da maldade humana

Pero eu pensei: "¡Pobre de min! ¡Pobre de
min! ¡ Ai de min!
¡Os impíos seguen cometendo maldades;
si, seguen cometéndoas!".
¹⁷¡Terror, cova, trampa están sobre ti,
habitante da terra!
¹⁸E sucederá que o fuxitivo do terror caerá
na cova,
e quen sae do medio da cova caerá na
trampa.
Si, as xanelas que hai na altura féchanse
e abalan os alicerces da terra.
¹⁹Estoupando, rómpese a terra; parte en
anacos, estremécese toda.
²⁰Cambalea a terra coma un borracho,
móvese dun lado para outro,
coma se fose unha tenda improvisada,
pois pesa sobre ela a súa rebeldía:
caerá e non se volverá a erguer.

Xuízo de Deus sobre os reis e reinado de Deus en Sión

²¹Sucederá no día aquel que o Señor lles
pedirá contas
arriba ó exército de arriba, e na terra ós
reis da terra;
²²serán amoreados presos no pozo e
pechados no cárcere,
e despois de moitos días pediránselles
contas.
²³A lúa chea virará rubia de vergonza,

24, 5 *A alianza eterna:* non é a mosaica, senón a que ten a súa orixe nos comezos, e que afecta a toda a humanidade (cf Xén **9**, 1-17). Por iso o xuízo é cósmico.

24, 10 *A cidade da nada:* pódese referir a Babilonia (arrasada no 485 polo rei persa Xerxes), pois de feito Babilonia seguiu na tradición apocalíptica sendo a cidade inimiga (Ap **17,** 5). Outros autores pensan en Tiro, conquistada polos gregos no 332. Esta cidade é a mesma de **25,** 2; **26,** 5, en oposición a Xerusalén, citada en **26,** 1; **27,** 10.

24, 13 A colleita e o rebusco foron na literatura profética e apocalíptica imaxes do xuízo de Deus.

24, 14-16 *Eles:* refírese á comunidade xudía total, sexa a que, coma o autor, segue vivindo en Babilonia —"no nacente do Sol"—, sexa a que vive en Xudá. As expresións *desde o mar* (o poñente) e *desde as beiras da terra* , aluden ós deportados de Israel ó norte de Asiria e ás colonias de Exipto. O *Xusto* é o Deus de Israel, que mostra a súa grandeza castigando o pobo opresor.

24, 16b-20 Coa caída de Babilonia non se acaban as maldades de rebeldías. Iso terá repercusións terroríficas nos mesmos xustos, e conseguintemente, no cosmos asociado ós homes.

24, 18 A alusión en merismo ás fiestras na altura, alude á choiva; e o abaneo dos alicerces da terra refírese ós terremotos. Con todo, no merismo están incluídas tódalas convulsións humanas e sociais, coma consecuencia da rebeldía do home.

24, 20 *Improvisada:* lit. "para pasa-la noite".

24, 21-23 Esta sección é unha tipificación apocalíptica, pois distínguese o dobre plano *de arriba* e *da terra*, de xeito que as realidades humanas terreas teñen un arquetipo paralelo no mundo celeste. Estes reis da terra son pechados no *cárcere,* no *pozo,* onde esperan as contas de Deus. Este cárcere parécese máis ó inferno ca ó Xeol, pois esperan o xuízo de Deus que se ten de manifestar na historia.

24, 23 A lúa e o sol non se nomean cos termos habituais hebreos, senón cos termos propios das divinidades astrais inimigas do reino de Deus (cf Dn **10,** 13.20.21), que se poden identificar co "exército de arriba", do v 21. O reinado do Señor supón a humillación destes valores pseudorrelixiosos.

e o sol do mediodía quedará branco de
estupor.
O Señor dos Exércitos reinará no monte
de Sión e en Xerusalén:
e a gloria aparecerá ante os seus anciáns.

B) *Himno á acción de Deus na transformación do seu pobo*

25 ¹Señor, ti e-lo meu Deus: enxálzote,
louvo o teu Nome,
porque realizaches plans marabillosos,
a túa fidelidade vén de lonxe.
²Si, convertéche-la cidade nunha morea de
pedras; a fortaleza, nunhas ruínas;
a cidadela dos soberbios desapareceu,
endexamais non será reconstruída.
³Por isto un pobo forte hate glorificar,
a capital de pobos poderosos
mostrarache o seu respecto,
⁴pois fuches refuxio para o pobre, e para o
miserable na súa angustia
acubillo para escapar da tormenta,
sombra para se librar da calor.
Pois o resoprido dos poderosos é como a
tormenta no inverno,
⁵coma forte calor na terra reseca.
Acabarás co tumulto dos soberbios,
coma nube espesa coa calor:
o canto de triunfo dos poderosos será
humillado.

O banquete do Reino de Deus

⁶Nesta montaña o Señor dos Exércitos
ofreceralles a tódolos pobos
un banquete de boas talladas, de viños
anellos,
carnes ben condimentadas, viños
refinados.
⁷Destruirá nesta montaña o veo que tapa
a tódolos pobos, a cuberta que cobre a
tódalas nacións.
⁸O meu Señor, Deus dos Exércitos,
destruirá a morte para sempre,
enxugará as bágoas de tódalas caras,
afastará de todo o país a vergonza do seu
pobo.
Si, díxoo o Señor.

II. A esperanza do crente

A) *A caída de Moab é signo apocalíptico*

⁹No día aquel dirase:
"Ollade, este é o noso Deus, esperamos
nel: El hanos salvar.
Este é o Señor, esperamos nel, gozaremos
e alegrarémonos coa súa salvación".
¹⁰Si, a man do Señor descansa sobre esta
montaña;
Moab será esmagada no seu sitio, coma
palla no montón de esterco.
¹¹O Señor estenderá no medio del as súas
mans, como fai o nadador cando nada.
Así humillará o seu orgullo, aínda que el
erga as mans.
¹²O empinado e a altura das súas murallas
abaixarase, virase abaixo, será tirado
por terra, estrado no po.

A vila forte de Deus

26 ¹No día aquel cantarase este cantar
no país de Xudá:
"Temos unha vila forte, El ponlle de
defensa parede e muralla.
²Abride as portas e que entre un pobo
xusto, que garde a fidelidade.
³Con plan firme ti créa-la felicidade dos
que confían en ti.
⁴Confían no Señor para sempre, si, no
Señor;

25, 1-5 Cantar litúrxico-apocalíptico á acción de Deus de reinar en Sión, pois contraponse a cidade fortificada, convertida en ruínas (v 2), coa capital dos pobos poderosos, composta de pobres e miserables (vv 3-4). O poder e grandeza do reino de Deus non provén dos elementos humanos, senón da acción de Deus neles. A grandeza das obras humanas pasará pola ruína, para que Deus poida face-la súa obra.
25, 6-8 Nestes vv preséntanse en forma de oráculos salvíficos o reino de Sión: dun xeito positivo, coa imaxe dun banquete espléndido e para tódolos pobos (v 6); e de xeito negativo, coa destrucción por parte de Deus do veo de loito e de dominio do deus mítico Mot ó que se lle atribúe todo o que fai chorar e avergonza a un (vv 7-8).
25, 6 *As boas talladas*, lit. "carnes gordas": eran as preferidas para os semitas, ata o punto de que a graxa dos sacrificios estaba reservada á divindade.
25, 7 O *veo* e *cuberta* que cobre as nacións é a expresión do sufrimento, persecución e morte segundo os grupos apocalípticos, de xeito que o termo "apocalipse" significa retira-lo veo, o sufrimento e a persecución.
25, 9-12 A alusión ó esmagamento de Moab (vv 10b-12) é un oráculo de castigo contra Moab da época postexílica (cf as diferencias con Is **15,** 1-16, 13 e notas). O autor apocalíptico incorporouno a este lugar, pola participación de Moab a carón de Babilonia na caída de Xerusalén, e para contrasta-la caída de Moab coa vila forte (= Xerusalén: **26,** 1 ss). Os vv 9-10a son do autor apocalíptico, pois a esperanza e a ledicia pola salvación, así coma a alusión a "esta montaña", é característica da grande apocalipse de Isaías.
26, 1-6 Esta unidade é continuación de **25,** 9-10a, e ten a misión de contrasta-la vila forte (Xerusalén), aberta a un pobo xusto, que confía en Iavé, coa caída da "cidade inimiga" (Babilonia e Moab xuntas).
26, 2 *Fidelidade* (heb. "emunim") refírese á fidelidade de Deus no cumprimento das promesas que lle fixera ó pobo.
26, 3 Felicidade (heb. "xalom"), non soamente significa paz, senón tamén fartura, plenitude, felicidade.

o Señor é Rocha para sempre.
⁵Pois abate os habitantes da altura, á
cidade alta faina abaixar,
faina abaixar ata a terra, déixaa estrada
no po.
⁶Pisarana os pés; os pés do oprimido, as
pisadas do pobre".

B) *Salmo sapiencial - apocalíptico*

⁷O vieiro do xusto é a rectitude,
ti achánza-lo camiño dereito do xusto.
⁸Camiñando nos teus xustos decretos,
Señor, esperamos en ti,
a nosa arela é o teu Nome e a túa
lembranza.
⁹O meu alento ancéiate de noite, o espírito
nas miñas entrañas madruga por ti.
Cando os teus xustos decretos se
cumpren na terra,
aprenden xustiza os habitantes do
mundo.
¹⁰Aínda que o malvado se vexa favorecido,
non aprende a xustiza,
no país da rectitude obra mal e non
recoñece a grandeza do Señor.
¹¹Señor, a túa man está levantada, pero
non a ven;
que se avergoncen ó veren o celo polo teu
pobo.
Si, o lume destinado ós teus inimigos,
consumiraos.
¹²Señor, concederásno-la paz, pois tódalas
nosas empresas
es ti quen as leva a bo termo.
¹³Señor, noso Deus, señores alleos a ti
mandaron en nós;
pero soamente de ti nos lembraremos, do
teu Nome.
¹⁴Os mortos non vivirán, os defuntos non
se levantarán.
Pedícheslles contas, fixéchelos
desaparecer, borráche-la súa lembranza.
¹⁵Señor, ti aumentáche-lo pobo,
aumentáche-lo pobo e engrandecícheste
ti,
ancheaches tódalas fronteiras do país.
¹⁶Señor, na angustia buscámoste: a
angustia e a humillación foron a túa
lección para nós.
¹⁷O mesmo que a muller que está para dar
a luz se retorce e berra nas dores,
así fomos nós por causa da túa presencia,
Señor.
¹⁸Concebimos, retorcémonos, e damos a
luz vento;
pero non producímo-la salvación do país,
nin damos a luz reis do orbe.
¹⁹Revivirán os teus mortos, o meu cadáver
resucitará,
espertarán e brincarán de alegría os
habitantes do po.
Rosada de nacementos é a túa rosada, o
Xeol dará a luz os mortos.

III. **A salvación chega xa**

A) *Protección do pobo de Deus e castigo da cidade inimiga*

²⁰Ven, meu pobo, entra nas túas habitacións
e pecha as portas detrás de ti,

26, 7-19 Esta unidade literaria á un comentario ós vv 1-6, en clave sapiencial e con importantes anotacións apocalípticas: o xusto é sabio (pois aprende as leccións que Deus lle ensina na historia da salvación), pero o malvado é incapaz de aprender da historia. O xusto espera no Señor e ancéiao con tódalas súas forzas; pero os malvados, unha vez mortos, non revivirán (v 14), pois están privados da verdadeira vida e da felicidade, ó revés do que acontecerá cos que acollen a sabedoría de Deus e confían nel.
26, 9 Nótese o paralelismo entre *o meu alento* —a nosa arela—(= "néfex") e o meu *espírito*. O espírito ten aquí o senso da tensión persoal do sabio-xusto cara a Deus.
26, 10 *O malvado* é necio, porque, na súa visión materialista e egoísta, é incapaz de descubri-la manifestación de Deus a través da historia e de percibir na angustia da humillación a grandeza do poder de Deus. (vv 16-18).
26, 14 Os *mortos* de que trata son os "señores que mandaron en nós" (v 13). Éses non se levantarán, porque soamente a xustiza e a sabedoría, que vén de Deus, dá a inmortalidade. Téñase en conta que, para o semita, a existencia simple e pura non é a vida, senón que a vida é a existencia feliz e ordenada.
26, 16-18 A situación de angustiosa opresión a través da historia do pobo compárase coas dores e co retorcerse da muller no parto, pero este parto é estéril. O verdadeiro parto é a acción de Deus (v 15).
26, 19 Aínda que o contexto esixe unha interpretación da resurrección coma un novo período de esplendor na historia do pobo, a letra do texto pide unha interpretación personalista da resurrección. *Rosada de nacementos:* a rosada de Deus considérase fonte de vida. *O Xeol:* traducimos así o vocábulo "ares" (= terra), que ten aquí o senso de "mundo dos mortos".
26, 20-27, 1 Estes tres vv do autor apocalíptico conteñen un oráculo divino no que se lle ordena ó pobo protexerse na vila de Xerusalén mentres pasa a ira de Deus, que purifica a cidade inimiga. O autor interpreta o sufrimento dos fieis coma un anuncio do castigo dos poderes inimigos. Nese momento angustioso terán os fieis a protección da cidade do Santuario de Deus, mentres que os inimigos quedarán ó descuberto. O v **27,** 1 é a expresión deste castigo dos inimigos, en clave mítica, considerando a Iavé coma o auténtico Baal (Señor, Deus da vida), que mata ó monstro da desorde e do caos. O texto alude ás expresións dun poema ugarítico. Na apocalíptica hai un proceso de remitoloxización, de volta aos mitos cananeos, pois xa o paganismo non ofrece perigo relixioso, e por outra parte, esta técnica serve ós gustos apocalípticos polas formas imaxinativas.

escóndete rapidamente un pouquiño ata que pase a ira.
²¹Porque, velaí o Señor que sae do seu santuario,
para castiga-la iniquidade, a débeda do que reina na cidade.
A cidade descubrirá o sangue que verteu e non agachará de novo os seus asasinados.

27

¹No día aquel o Señor castigará coa súa espada dura, grande e poderosa,
a Leviatán, a serpente fuxidía,
a Leviatán, a serpente retorcida,
matará o dragón que hai no mar.

B) *Canto á protección divina sobre a súa viña (Israel)*

²No día aquel cantádelle á viña deliciosa:
³Eu, o Señor, son o seu gardián, regareina decote,
non se castigarán as súas débedas.
Protexereina de día e de noite, ⁴non precisarei alpendre de garda.
¿Quen ma encheu de silvas e espiños?
Eu avanzarei en guerra contra el e consumirao o meu lume.
⁵Ou, se non, que se aferre á miña protección
e que faga a paz comigo, que a paz comigo faga.
⁶Chega o día no que enraizará Xacob,
florecerá e botará gromos Israel,
e as súas vides encherán a face do mundo.

A dispersión de Xacob e o seu castigo purificador

⁷¿Dá Deus un golpe coma o que feriu a Xacob?
¿Ou mata con puñalada, coma a dos que o feriron?
⁸Axotándoos, botándoos fóra, fa-lo teu xuízo contra eles;
espállalos por causa da súa crueldade,
nun día de vento leste.
⁹Con isto quedará expiada a iniquidade de Xacob,
este será o seu froito, que afastará o seu pecado:
cando El deixe en anacos as pedras dos seus altares,
cando non se levanten imaxes de Axerah nin estelas cúlticas.

Desolación da cidade inimiga

¹⁰A cidade fortificada quedará soa,
un lugar despoboado e abandonado coma o deserto,
alí pacerá o xato e alí se tumbará e destruirá os retoños.
¹¹Cando sequen os seus retoños,
fenderanos as mulleres
que anden a buscar con que prende-lo lume.
Certo, non é un pobo intelixente,
por iso o seu creador non ten compaixón del,
o que o formou non ten piedade del.

Volta de tódolos fillos de Israel a Xerusalén

¹²Sucederá no día aquel que o Señor empezará a dar paus desde o curso do Éufrates ata o regato de Exipto,
e vós seredes reunidos un por un, fillos de Israel.
¹³Sucederá no día aquel que se tocará cun corno grande,
e virán os abandonados no país de Asiria,
e os dispersados polo país de Exipto,
e postraranse diante do Señor na montaña santa, en Xerusalén.

27, 1 *No mar*: o mar é a morada de Leviatán, monstro caótico e mortífero, pois, cando non é divindade do caos e do mal, é signo da inseguridade, de perigo, do mal e do diabólico.

27, 2-6 Este cantar suscita nos participantes das liturxias apocalípticas un senso de seguridade na protección divina, ó mesmo tempo ca de esperanza nun futuro glorioso de alcance universal. Os vv 4b-5 son unha chamada á conversión dos membros do pobo que plantan no medio da viña plantas inconvenientes (silvas e espiños). Chaman á conversión coa ameaza (v 4) e mais coa invitación á confianza e á paz co Señor. Sobre a imaxe, cf Is **5,** 1-7.

27, 7-9 Estes vv parecen ser da última época de Is, pois a alusión ós símbolos idolátricos non ten explicación na época apocalíptica. Por outra banda, Is espera a reunificación de Israel, pois considera que o seu pecado xa está expiado coa dispersión e co rexeitamento do seu culto idolátrico. O texto insertouse aquí como unha proba profética do contido dos pertencentes ó cantar anterior (vv 4-5).

27, 10-11 Este oráculo de castigo é apocalíptico, e serve de comentario a **26,** 21.

27, 12-13 A esperanza apocalíptica céntrase no castigo de Deus para os inimigos do pobo, e na bendición divina para os deportados ou emigrados, que se xuntarán na montaña santa, en Xerusalén.

ORÁCULOS CONTRA ISRAEL E XUDÁ

Ai contra a coroa fermosa que é Samaría

28 ¹¡Ai da coroa arrogante dos borrachos de Efraím!
¡Ai da grilanda murcha, o seu fermosísimo adorno,
que está na cabeceira do seu fértil val,
na cabeza dos soberbios atordoados co viño!
²Velaí o Señor poderoso e valente, coma unha tormenta de pedrazo.
Coa man tirará por terra, ³cos pés pisará a coroa arrogante dos borrachos de Efraím.
⁴A grilanda murcha, o seu fermosísimo adorno,
a que está na cabeceira do seu fértil val,
será como un figo temperán, de antes do tempo da seitura:
quen o ve cólleo, devórao sen o reter na man.
⁵O día aquel o Señor dos Exércitos será a fermosa coroa
e a diadema de adorno do resto do seu pobo,
⁶espírito de xuízo para o que se senta no tribunal,
e forza para os que retiran as tropas da porta da cidade.

Contra os profetas do templo

⁷Tamén estes cambalean co viño e tropezan co licor.
O profeta e o sacerdote cambalean co licor,
están devorados polo viño, tropezan por causa do licor,
cambalean coa bebida, beben mestura alcohólica a fartar.
⁸Tódalas mesas están cheas de vómito,
a sucidade xa non cabe.
⁹¿A quen lle vai ensina-la mensaxe,
a quen lle vai facer comprende-lo que oíu?
¿Ós recén apartados do leite? ¿Ós recén retirados do peito?
¹⁰Así ten que ser: b, a: ba; b, a: ba; c, a: ca;
c, a: ca; un pouco alí, un pouco alá.
¹¹Si, con labio burlón e en lingua estraña vaille falar a este pobo.
¹²Díxolles así: "Este é o lugar de descanso,
facede descansa-lo fatigado.
Este é o voso lugar de tranquilidade".
Pero non quixeron facer caso.
¹³Así soará para eles a palabra do Señor:
"b, a: ba; b, a: ba; c, a: ca; c, a: ca
un pouco alí, un pouco alá",
para que anden e caian para atrás,
partan o lombo e sexan cazados e collidos.

Contra as falsas seguridades das alianzas políticas

¹⁴Por isto escoitade a palabra do Señor,
xente burlona,
mestres de contos para este pobo que está en Xerusalén.

28,1-4 Trátase dun Ai contra Samaría, á que se asemella poeticamente a grilanda de flores que levaban na cabeza os ricos da cidade nos banquetes, pois é a cidade fundada por Omrí (cf 1 Re 16, 24), na cima dun outeiro que dá a un fértil val. A grilanda está murcha, e o furacán de Deus botaraa ó chan. Este Ai é algo anterior á caída de Samaría (722/21);
28, 4 A imaxe do figo céntrase nese devora-lo que un ten na man (no seu poder), pois, aínda que os asirios teñen sometida a Samaría, non se conformarán con iso, e hana devorar.
28, 5-6 Este oráculo salvífico é unha transposición da imaxe da coroa do v. 1: Iavé será a coroa do resto do seu pobo de Israel, conferíndolle enerxía para establecer unha orde social xusta, e a forza militar necesaria para defende-las portas da cidade. O oráculo pode provir da época na que Ezequías intenta a recuperación do reino do Norte.
28, 7-13 Oráculo de xuízo de castigo contra os profetas oficiais do templo e da corte. Estes polemizan contra Isaías, tratándoo de profeta para meniños; respóndelles que lle fala cun ton de dobre sentido primeiro, e logo con ton ameazador (vv 11-13) . O oráculo é anterior á invasión de Senaquerib no 701.
28, 7-8 A descrición destes profetas e sacerdotes responde realmente ó profeta cúltico que, coma sacerdote, se farta de comer no templo.
28, 9 O suxeito de "vai" é Isaías: a súa mensaxe de non acudir a Exipto, renunciando a forma-la alianza antiasiria, só serve para meniños.
28, 10 O texto recolle a forma de ensino da lectura ós meniños na escola sapiencial: lit. "sau con sau, sau con sau, qau con qau...".
28, 11 Este v contén a orde divina de proferir un oráculo.
28, 12 O oráculo tivo nun pasado sentido positivo: a oposición de Isaías á alianza antiasiria, pois a elección do templo e da cidade era a tranquilidade e descanso do pobo; pero, como non fixeron caso, segue o profeta cun oráculo de castigo (v 13).
28, 14-22 Este oráculo de xuízo de castigo preséntanos unha acusación xeral dos dirixentes políticos coma xente que se burla do Deus da Alianza, ó faceren alianzas políticas que dan máis seguridade cá alianza con Iavé (vv 14-15). Os vv 16-17a presentan en forma oracular o verdadeiro refuxio de seguridade en Sión e na edificación sobre Sión, expresada cos instrumentos de traballo que Deus ordenara. Os vv 17b-22 conteñen o anuncio do castigo. A data do oráculo é a dos anos da alianza con Exipto para constituí-la coalición antiasiria (entre o 711 e o 701).
28, 14 Ós dirixentes políticos acúsaos Isaías de "burlóns" e "mestres de contos", pois as súas pretensións de prosperidade e liberdade van resultar frustradas.

¹⁵Porque vós dixestes: "Fixemos un pacto
  coa Morte
e co Xeol fixemos un trato:
O castigo da inundación chegará, pero
  non nos alcanzará,
porque nos refuxiamos na Mentira e nos
  agachamos no Engano".
¹⁶Por isto o meu Señor Deus fala así:
"Velaquí estou: poño de alicerce de Sión
  unha pedra;
unha pedra de granito, de fundamento;
unha esquina pesada, asentada polo
  que sabe afincar e non se apura.
¹⁷O cordel será o dereito; a chumbada a
  xustiza, o pedrazo varrerá o refuxio da
  Mentira, as augas arrasarán o seu
  toco.
¹⁸A vosa alianza coa Morte será fendida,
  e o voso pacto co Xeol non se manterá.
O castigo da inundación chegará, e
  ficaredes esmagados.
¹⁹Sempre que pase, levaravos a vós.
Si, pasará de mañá en mañá, de día e de
  noite,
e non haberá máis ca terror ó
  comprende-la noticia.
²⁰Porque a cama é moi curta para se
  estirar,
e a manta moi estreita para se envolver.
²¹Pois o Señor erguerase coma o monte
  Perassim
e moverase coma o val de Gabaón
para executa-la súa obra, a estraña obra
  súa,
e para face-lo seu traballo, estraño
  traballo o seu.
²²Pois agora non vos burledes tanto que
  caiades na vosa trampa,
porque oín do meu Señor, o Deus dos
  Exércitos,
unha destrucción segura, decretada
  contra todo o país.

Parábola da sabedoría do labrego

²³Prestade atención e escoitade a miña voz,
  atendede e facede caso ó meu discurso.
²⁴¿Ara o labrador tódolos días?
  ¿Sen sementar sacha e grada a súa terra?
²⁵Tan só cando achanza a superficie da
  terra,
esparexe a nichela e bota o comiño;
sementa o trigo, o millo, a cebada e o
  centeo
e a avea na beira.
²⁶O seu Deus instrúeo, ensínao como é
  debido.
²⁷Certo, non se trilla a avea co trillo,
nin a roda do carro dá voltas sobre o
  comiño,
senón que coa vara se varea a avea e o
  comiño co pau.
²⁸O trigo tríllase, pero non sen nunca
  parar,
tríllase coa trilla precisa.
Se o machica coa roda do seu carro e cos
  seus caballos, non o trilla.
²⁹Isto tamén sae do Señor dos Exércitos,
que dá o consello axeitado e fai grande o
  éxito".

Ai contra Ariel (= Xerusalén)

29 ¹¡Ai Ariel, Ariel, cidade onde
  acampou David!
¡Engadide un ano a outro ano, e que as
  festas corran o seu ciclo!
²Entón eu asediarei a Ariel, e haberá
  lamentación sobre lamentación,
e Xerusalén será de verdade a miña Ariel.
³Acamparei, aldea, arredor de ti,
cercareite con campamentos

28, 15 As palabras tipificantes, aínda que se poñen na boca dos políticos, son de Isaías, e implican xa un xuízo sobre o resultado das alianzas. Sobre as divindades do mundo subterráneo (Mot e Xeol), cf a literatura ugarítica. As expresións dos políticos refírense ás alianzas con Exipto. A inundación alude ós castigos asirios, pola infidelidade á alianza con eles. A Mentira e o Engano, son personificacións da traición xudía ós asirios, realizada na nova alianza cos exipcios.
28, 16 O oráculo de contraste preséntanos a Deus coma o mestre de cimentacións, establecendo en Sión a verdadeira seguridade (a alianza, implícita na escolla divina de Sión), construcción que o pobo ten que seguir realizando cos instrumentos que Deus decide: a xustiza e o dereito, a fidelidade ás disposicións e decretos divinos.
28, 20 A imaxe poética da cama e da manta demasiado curtos para se tapar, expresa a insuficiencia e ineficacia das alianzas políticas.

28, 21 A comparación da acción de Deus co monte Perasim e co val de Gabaón refírese ás victorias de David nestes lugares, gracias á axuda divina (2 Sam **5,** 20. 25; cf tamén Xos **10**). Aquí a acción de Deus calificase de estraña e allea, pois é a acción de castigo contra o seu pobo infiel.
28, 23-29 Parábola sobre a orixe divina da sabedoría do labrego, que o leva ó éxito dos seus traballos. O profeta aplícaa ós plans salvíficos do oráculo dos vv 16-17a, que terán o seu cumprimento.
28, 24 En Palestina, ata hai pouco tempo, sementábanse os cereais antes de face-la decrúa da terra.
28, 25 *O millo* non é o noso millo (mainzo), senón un cereal semellante ó paínzo, ou millo miúdo.
29, 1-12 Trátase dun Ai contra Xerusalén (chamada aquí Ariel), datable preto do 701, cando o profeta anuncia a maldición e o castigo divino da invasión de Senaquerib.

e levantarei ó teu arredor obras de asedio.
⁴Falarás baixiño desde debaixo da terra,
e o teu falar soará apagado desde o po,
a túa voz será como un espírito de debaixo da terra,
e o teu falar será un gorxeo desde o po.
⁵A tropa dos estranxeiros será para ti coma o po fino,
coma arganas que voan será a tropa dos estranxeiros.
Sucederá de repente nun abrir e pechar de ollos,
⁶que serás visitada polo Señor dos Exércitos,
con trono, con derrubamento e con grande barullo,
con ciclón, con vento e chama de lume devoradora.
⁷Coma un soño será a visión nocturna:
tropa de tódolos pobos facendo a guerra contra Ariel,
si, tódolos que loitan contra ela póñenlle sitio e asédiana.
⁸Sucederá coma cando un soña que ten fame;
come, pero ó espertar ten a gorxa baldeira;
e coma cando un soña que ten sede:
bebe, pero ó espertar está reseco e a súa gorxa sedenta.
Así será a tropa de tódolos pobos que fan a guerra contra o monte Sión.
⁹Pasmádevos, quedade pasmados;
cegádevos, quedade cegos,
vós que estades borrachos, pero non de viño,
cambaleades, pero non de licor,
¹⁰porque o Señor verteu dentro de vós un espírito de sono profundo:
pechou os vosos ollos, profetas; e cubriu as vosas cabezas, videntes.
¹¹Entón a visión de todo será para vós coma palabras dun rolo selado: cando llo dan a un que sabe ler, dicíndolle: "Olla, le isto", el di: "Non son capaz, está selado"; ¹²cando se pon o libro diante dun que non sabe ler, dicíndolle: "Olla, le isto", el responde: "Non sei ler".

Oráculo contra o culto formalista

¹³O meu Señor dixo:
"Este pobo achégase a min coa súa boca,
hónrame cos seus labios,
pero o seu corazón está lonxe de min:
a súa adoración é un ritual de homes,
algo que aprendeu.
¹⁴Por isto, velaí: eu volverei a asombrar este pobo, facendo marabillas e prodixios:
a sabedoría dos seus sabios perecerá
e a intelixencia dos seus intelixentes quedará enterrada".

Ai contra os falsos sabios, e xurdir duns novos sabios

¹⁵¡Ai dos que manteñen o seu plano en lugar secreto,
ben enterrado, lonxe do Señor!
¡Ai daqueles que fan as obras na escuridade,
e pensan: "¿Quen nos ve? Si, ¿quen nos coñece?"
¹⁶¡Perversidade a vosa!
¿O oleiro é coma o pote que el modela?

29, 6 Compárase a invasión cun grande ciclón e tormenta.
29, 7-10 Descríbese a invasión coa imaxe dun soño, que vai variando de tema: invasión-fame e sede da alianza antiasiria-falsos profetas. Todo é soño, pois están aparvados e cegos.
29, 11-12 Estes vv, escritos en prosa, poden moi ben ser un comentario "post factum" á falta de conexión entre o profeta e o pobo, por non saber (desconexión co círculo profético) ou ben por falta de fe na mensaxe de Isaías (libro selado).
29, 13-14 Oráculo de xuízo de castigo contra o tipo de culto que lle dá o Iavé o pobo: un culto formalista e ritualista, pero sen o compromiso interior da fe e da fidelidade a Deus e á súa palabra. Por iso o castigo que se lles anuncia é a desaparición da palabra de consello do sabio. A crítica profética sobre o culto é moi distinta da que se fai en **1,** 10-19, polo que a datación debe corresponder ó final do século VIII, momento no que o culto non pode ser moi rico en víctimas, senón no aspecto ritual (cf **28,** 7ss). O castigo que se inflixe é a desaparición da sabedoría, pois esta ten a súa orixe en Deus e na piedade ("temor") relixioso-cúltica.
29, 15-24 O texto constitúe unha unidade literaria composta dun Ai con xuízo condenatorio (vv 15-16. 20-21) e dous oráculos salvíficos (vv 17-19. 22-24). A pesar desta conxunción de xéneros literarios, o texto forma unha unidade temática e supón unha situación ben concreta: os dirixentes políticos (sabios) organizan a política sen ter en conta que a sabedoría ten a súa raíz na relixiosidade e na fe e fidelidade a Deus. Isaías anuncia a desaparición deste tipo de sabios, ó mesmo tempo có xurdimento, co impulso de Deus, duns novos sabios —os pobres—, que reverenciarán o Señor.
29, 15 O *plano:* é propio do sabio, pero o comezo ou raíz da sabedoría é o temor do Señor, isto é, a relixiosidade, a fe e o culto ó Señor. A *escuridade* é a ausencia da luz da revelación divina, que recibe na fe e na fidelidade o revelado.
29, 16 A *criatura:* lit. "o obxecto modelado", coma o barro do cacharreiro. Aquí se refire á persoa do sabio, polo que o v constitúe un comentario a Xén **2,** 7 (cf Sal **103,** 14; Xer **18,** 1-6).

¿De quen a modelou dirá a obra: "El non
  me fixo"?
Pero a criatura dixo do seu creador: "El
  non entende".
¹⁷Velaí: dentro dun pouco, ben pouquiño,
  o Líbano converterase nun verxel
  e o Carmelo será considerado un bosque.
¹⁸No día aquel os xordos oirán a lectura
  dun rolo
  e desde a escuridade e as tebras os ollos
  dos cegos verán.
¹⁹Entón os pobres aínda se alegrarán máis
  no Señor,
  e os campesiños miserables brincarán de
  gozo polo Santo de Israel,
²⁰porque se acabará o tirano, desaparecerá
  o burlón,
  e tódolos que intentan face-la iniquidade
  serán exterminados:
²¹os que declaran culpable a un home con
  calumnia,
  e poñen lazos ós que deciden nas portas
  da cidade
  para botaren o inocente ó deserto.
²²Por isto así fala acerca da casa de Xacob
  o Señor Deus, o que redimiu a Abraham:
  "xa non se avergonzará Xacob, xa non
  virará branca a súa cara,
²³porque cando vexa no medio del os seus
  fillos, froito das súas entrañas,
  eles santificarán o meu Nome".
Santificarán o Santo de Xacob e
  revenciarán o Deus de Israel.
²⁴Entón os de espírito extraviado
  coñecerán o que é ter siso,
  e os murmuradores aprenderán a
  instrucción que se lles dá.

Ai contra a rebeldía idolátrica de facer alianza con Exipto

30 ¹¡Ai, fillos que se rebelan —é o Señor
  quen fala—,
  facendo un ídolo de pau sen que isto saia
  de min,
  e vertendo metal nun ídolo de fundición,
  sen contar co meu Espírito,
  engadindo así pecado sobre pecado!
²Sen consulta-la miña boca, baixan de
  présa a Exipto,
  para buscaren refuxio no poder do
  Faraón e se refuxiaren á sombra de
  Exipto.
³Pero o poder do Faraón volveráselles
  vergonza,
  e o refuxio á sombra de Exipto
  volveráselles desgracia.
⁴Aínda que os seus xenerais están en
  Soán,
  e os seus mensaxeiros chegan a Hanés,
⁵todos están humillados por causa do
  pobo,
  que non saca proveito para si nin axuda
  nin utilidade,
  senón a vergonza e mailo oprobio.
⁶A carga das bestas de Arabia que chegou
  por terra de angustia e perigo,
  con leoas e leóns ruxintes, con víboras e
  serpentes voadoras,
  eles lévana sobre os lombos de burros,
  pois son as súas riquezas;
  sobre a xiba dos camelos levan os
  tesouros
  para un pobo do que non sacan
  proveito.
⁷Si, Exipto é aire: va é a súa axuda,
  por isto deille este nome: Ráhab,
  "ruído-inactivo".

Oráculo de xuízo de castigo, testemuñado por escrito

⁸Agora vai, escríbeo nunha táboa, ven e
  grávao nunha lousiña,
  que sirva para os días futuros, de
  testemuña para sempre,
⁹porque son un pobo rebelde, fillos
  traidores,

29, 17-19 Coa imaxe da transformación do mundo vexetal (v 17), quérese significa-la transformación prodixiosa dos pobres e humildes en sabios (xordos que oen as palabras dun rolo-libro, coma os alumnos das escolas sapienciais, e cegos que chegan a ver e comprender). Esta sabedoría recoñécese obra de Deus (v 19) en oposición á sabedoría dos falsos sabios (v 15).
29, 20 *O tirano e o burlón* son tipificacións do falso sabio, que non está aberto á escoita da sabedoría, senón que cre falsamente posuíla.
29, 21 *Nas portas da cidade* tiñan lugar os xuízos en primeira instancia.
29, 23 *Entrañas*: eufemismo.
30, 1-7 Trátase dun Ai contra a alianza política con Exipto e contra Asiria, que hai que datar no último decenio do século VIII. Califica esta alianza de idolátrica, acarrexadora de vergonza e desgracia, de inútil e gravosa.
30, 1ss Sorprende a consideración da alianza política coma un feitío de ídolos, pero o xeito de describi-la tal alianza (vv 2-3) realízase cos termos usuais da fe e confianza en Deus: *refuxio no poder... e á sombra*. O monoteísmo profético esixe pór soamente en Deus o propio refuxio no perigo.
30, 4 *Soán*: Tanis, sede do faraón exipcio; *Hanés*: Heraképolis, a 100 kms. ó sur do Cairo, desde onde os militares mandan mensaxeiros a Tanis.
30, 7 *Ráhab* era un monstro mitolóxico. Fóra do A. T., aparece en inscricións de encabezamento de camiños do sur de Arabia, polo que podemos pensar nun monstro do deserto.

fillos que non lle queren facer caso á lei do Señor,
¹⁰que lles din ós videntes: "Non teñades visións"
e ós que reciben mensaxes: "Non teñades para nós mensaxes da verdade.
Comunicádenos palabras moles, tende visión de cousas agradables.
¹¹Apartade do noso camiño, quitade do noso vieiro,
retirade de diante de nós ó Santo de Israel".
¹²Por isto, así fala o Santo de Israel:
"Por rexeitárde-la miña palabra,
confiando no tirano máis perverso, e descansando fiados nel,
¹³por isto esa iniquidade estará contra vós,
como unha greta nun muro alto,
que alomba ameazando ruína.
Cando de repente chega a súa ruptura,
¹⁴rompe coma cacharro de oleiro, cando o escachan sen compaixón
e non se atopa entre os seus anaquiños un cacho
para coller lume do fogar ou para sacar auga do pozo".
¹⁵Porque así fala o meu Señor, Iavé, o Santo de Israel:
"Seredes salvados con só sentarvos á espera,
a vosa forza está en quedarvos quietos e tranquilos";
pero, non quixestes, ¹⁶senón que dixestes:
"¡Non! ¡Fuxiremos a cabalo!".
"¡De verdade que fuxiredes!".
"¡Montaremos cabalos rápidos!"
"¡Rápidos serán tamén os vosos perseguidores!".
¹⁷Co bramido dun só fuxiredes mil,
co bramido de cinco fuxiredes: só quedará un, coma o mastro na cima do monte, coma bandeira nun outeiro.

Oráculo salvífico para Xerusalén

¹⁸Certo, o Señor está esperando mostrárvo-lo seu favor,
o Altísimo está esperando ter compaixón de vós.
O Señor é Deus da Xustiza: felices tódolos que esperan nel.
¹⁹Ai, pobo de Sión, que habitas en Xerusalén, non chores máis:
o seu favor acollerá o teu berro de auxilio;
cando El o escoite, responderache;
²⁰o Señor darache o pan na hora da angustia e auga na hora do asedio;
e o que che dá a chuvia non volverá a marchar,
os teus ollos volverano a ver,
²¹os teus oídos escoitarán unha palabra:
"Este é o vieiro, camiñade por el",
cando vos desviedes para a dereita e cando vos desviedes para a esquerda.
²²Entón profanaréde-lo revestimento de prata dos vosos ídolos, e botaredes fóra os adornos de ouro das vosas imaxes:
coma pano ensanguentado, declararédelas unha inmundicia.
²³Entón daralle a chuvia para a sementeira que sementedes na túa terra,
e o gran, producto da túa terra, será abundante e gordo.
No día aquel o teu rabaño pacerá en pasteiros anchos,
²⁴e os bois e os burros que aren a túa terra, comerán forraxe ben sazonada, aventada coa galleta e a forquita.
²⁵Sobre todo monte alto e todo outeiro erguido
haberá auga, correrá a regos,
no día da grande matanza, cando caian as torres.
²⁶Entón a luz da lúa será coma a luz do sol
e a luz do sol será sete veces maior,
cando o Señor sande a ferida do seu pobo
e cure a chaga do seu castigo.

30, 8-16 Este texto está constituído por un oráculo de xuízo de castigo (vv 12-14), precedido por unha tipificación da acusación, agravada pola orde divina de escribi-lo tal oráculo nunha táboa de arxila coma testemuño e coma expresión do dinamismo futuro da palabra profética (vv 8-11). Conclúen o oráculo unha "torah" profética condicionada (v 15) e unha nova tipificación da acusación e do anuncio de castigo, contrastadas cunha forte ironía (vv 16-17). A data do texto debe ser moi próxima ó ano 701.
30, 12 O tal tirano pervertido non é o rei, senón un conselleiro que recomenda prescindir da revelación profética (e de Iavé) e segui-lo que é humanamente máis recomendable.
30, 15 A "torah", comunicación profética, era seguir pagando o tributo a Asiria e deixar de lado as manobras políticas das alianzas.
30, 18-26 Oráculo salvífico para Xerusalén no momento do asedio de Senaquerib (cf v 20a). Para acada-la salvación esixe a confianza en Iavé (vv 18-20a) e o refugo da idolatría (vv 20b-22).
30, 20 *O que che dá a chuvia* é un título de Baal, o cabaleiro das nubes, aplicado a Iavé. O Señor —e non Baal—, é quen lle dá ó pobo asediado o pan e a auga.
30, 23-26 Os dous títulos salvíficos de Iavé eran realmente os atributos de Baal, deus das chuvias e da fecundidade. Soamente o último (v 26) alude á luz, que aquí é imaxe da salvación, sen especiais vínculos co culto a Baal.

Teofanía de castigo contra Asiria

²⁷Velaí o Nome do Señor: está chegando desde lonxe,
arde o seu nariz e o seu fígado bota fume,
os seus labios están cheos de carraxe, a súa lingua é coma o lume devorador,
²⁸a súa respiración coma un río desbordado que chega ata o pescozo:
xunguirá ás nacións co xugo da destrucción,
un freo aniquilador estará na boca dos pobos.
²⁹O voso canto será como o da véspera das festas e a ledicia do voso corazón será
como cando un marcha coa frauta para entrar na montaña do Señor Deus,
o Penedo de Israel.
³⁰Entón o Señor fará oí-lo esplendor da súa voz,
mostrará o golpe do seu brazo,
co resoprido do seu nariz e a chama do lume devorador,
coa tempestade, a tormenta e o pedrazo.
³¹Pois co pau da voz do Señor Asiria será esnaquizada:
³²cada azoute da vara con que o Señor a castigue, estará acompañado de tambores e de liras,
de danzas de guerra e de ritos de loita contra ela.
³³Si, Deus preparou o Tófet contra ela, preparouno para o rei;
afondou, ancheou o seu pozo, amoreou paus e lume,
o alento do Señor, coma un río de xofre, prendeu lume nel.

Ai contra os que poñen a súa confianza na axuda de Exipto

31 ¹¡Ai dos que baixan a Exipto por axuda!
Apóianse nos cabalos, confían nos moitos carros,
e nos tiros de cabalos, ¡tantísimos son!,
pero non ollan para o Santo de Israel nin buscan ó Señor.
²El é o único Sabio, que leva adiante o seu plan,
e non deixa que fallen as súas palabras:
levantarase contra a nación dos malvados
e contra a axuda dos que cometen a iniquidade.
³Exipto é home e non deus,
os seus cabalos son carne e non espírito,
por isto, o Señor estenderá a súa man;
e caerá quen axuda xunto co axudado:
os dous xuntos perecerán.

O Señor é o protector de Sión e do seu pobo fiel

⁴Díxome así o Señor:
"Como roxe o león, o cachorro do león, pola súa presa,
cando acode contra el o grupo de pastores,
que cos seus berros non o asustan nin co seu barullo o espantan,
así baixará o Señor dos Exércitos para facer guerra
sobre o monte Sión, sobre o seu outeiro.
⁵Coma bandadas de paxariños en voo,
así botará o Señor dos Exércitos o seu escudo sobre Xerusalén,
botará o escudo e salvará; estará de garda e rescatará".
⁶Volvédevos a Aquel de quen tanto se apartaron os fillos de Israel.
⁷Porque no día aquel cada un rexeitará
os ídolos de prata e os ídolos de ouro
que as vosas mans de pecado fixeron para vós.

30, 27-33 Esta peza literaria ten tódalas señas dunha teofanía antropomórfica do Deus dos Exércitos en guerra santa contra as nacións, concretadas no exército asirio; a Iavé acompáñano os cantares da festa do seu pobo por mor da liberación que lle supón. Debeuna compoñer Isaías durante o asedio do ano 701.
30, 27 *Nariz / fígado*: coma sede dos sentimentos de ira (fígado) e expresións dos mesmos, o nariz que arde, labios / lingua, coma expresión das maldicións (lume) contra os opresores do seu pobo.
30, 29 *Véspera*: lit. "noite da consagración".
30, 30 A ira do Señor convértese nunha tormenta destructora.
30, 33 O *Tófet* era un lugar do val de Ben Hinnón, onde sacrificaban os meniños (cf Lev **19,** 21ss; 2Re **23,** 10; Xer **7,** 31; **19,** 6. 13). O *rei* aquí debe referirse ó deus Mot.
31, 1-3 Este Ai data do último decenio do s. VIII. A razón desta maldición é dobre: a confianza posta nos medios humanos (os carros e cabalos exipcios), e prescindir da palabra e plan de Deus comunicado por Isaías. *Non buscan ó Señor* quere dicir que non consultan a palabra profética co desexo de fiarse dela.
31, 2 *Sabio*, título de Deus, que comunica o seu conselle (plan) ó pobo e está atento a cumprilo (cf **20,** 8).
31, 3 *Deus / espírito*, referíndose ó poder de Deus, para levar a cabo o seu plan.
31, 4-9 Oráculo salvífico no momento do asedio asirio contra Xerusalén; a razón última dásenos no v 9b. Os v 6-7 rompen un pouco o ritmo do resto, pero non son alle os á esixencia isaiana da conversión e fe no Señor para salvación. Moitos críticos considéranos unha comple mentación dos editores.
31, 5 *Estar de garda*: heb. "pésah", raíz da que se deriva nome Pascua (cf Ex **12,** 13. 23. 27).

⁸Asiria caerá coa espada daquel que non é home,
será devorada pola espada daquel que non é humano.
Asiria andará fuxida por medo á espada
e os seus mellores irán a traballos forzados.
⁹O seu Penedo escapará co terror
e os seus xenerais abandonarán a bandeira
—quen fala é o Señor que ten o fogar en Sión,
e o forno en Xerusalén.—

O rei xusto e xeneroso, ben diferente do rei louco

32 ¹Velaí un gran rei: reinará con xustiza
e príncipes gobernarán con xustos decretos.
²Entón cada un será como un refuxio contra o vento,
un pendello para o temporal,
coma regos de auga nun sequedal,
coma a sombra dun penedo nunha terra reseca.
³Se os ollos dos que ven, queren ver;
se os oídos dos que escoitan, queren estar atentos;
⁴se a mente dos intelixentes trata de coñecer;
e se a lingua dos tatexos quere falar con claridade,
⁵entón ó louco non se lle volverá a chamar xeneroso,
nin á súa loucura se lle chamará sabedoría.
⁶Porque o louco fala loucuras
e co seu corazón inventa a iniquidade,
facendo sacrilexios e falando blasfemias contra o Señor,
deixando baleira a gorxa do famento
e negándolle a bebida ó sedento.
⁷O máis íntimo da súa entraña é malo,
el inventa plans
para arruina-los pobres con discursos mentireiros
e calumnia-lo necesitado no tribunal.
⁸Mentres que o xeneroso planea plans xenerosos
e mantense firme neles.

Chamada ás mulleres para a liturxia penitencial

⁹Mulleres compracentes, póndevos de pé,
escoitade a miña voz.
Fillas presumidas, prestade oídos ó meu dito.
¹⁰No ano que vén, tremeredes vós, presumidas,
porque desaparecerá a vendima e a seitura non virá.
¹¹Espantádevos, compracentes; treme ti, presumida,
íspete e queda en coiros, cingue o saco sobre a cintura;
¹²sobre os peitos que fan lamentación polos campos deleitosos,
pola viña fructuosa, ¹³pola terra do meu pobo.
Medran silvas e cardos en tódalas casas de pracer da vila alegre.
¹⁴Porque o pazo estará abandonado,
a cidade rebuldeira quedará deserta.
Ofel e Bahan quedarán para sempre baleiros,
serán lugar de pracer para burros salvaxes, pasteiro de rabaños,

---

31, 9 *Penedo:* é a miúdo un título divino co matiz do Deus no que apoiarse; pero aquí alude a aquilo no que os asirios poñen a súa confianza. O feito de aparecer en paralelo cos *xenerais*, fai pensar que se refira ás tácticas de guerra: exército de mercenarios especializados, carros lixeiros, todo isto con carácter sacral.

32, 1-8 Toda a sección semella unha mestura dos ideais mesiánicos do profeta coas súas preocupacións sapienciais propias da escola na que se formou. Literariamente é un oráculo salvífico cos contrastes da actuación do louco, que se pode referir ó rei Ezequías ou ós seus conselleiros, a propósito da alianza antiasiria con Exipto.

32, 1-3 A principal condición do rei e dos príncipes (gobernadores) parece ser a de protector e a de xenerosidade e procura do benestar.

32, 4 *Mente:* lit. "corazón", sede dos plans e intencións.

32, 6 Os *sacrilexios* e *blasfemias* do conselleiro ou rei louco, refírense ó carácter idolátrico da alianza antiasiria (cf Is 30, 1-8; 31, 1-3).

32, 7 *O máis íntimo da súa entraña:* lit. "os riles dos seus riles". O ril é a sede dos sentimentos.

32, 9-20 Esta unidade literaria está composta de dúas estrofas complementarias: a) 9-14; contén unha chamada á liturxia de lamentación colectiva dirixida ás mulleres (cf Is **3,** 16-24) no ano 702 (cf v 10); e b) 15-20: oráculo salvífico sobre a efusión do espírito (forza) desde o alto (de Deus), que suscitará un rexurdir da xustiza, expresado en imaxes literarias de tipo vexetal, e nas consecuencias: a paz (fartura) e a seguridade e tranquilidade. Os dous elementos vincúlanse na liturxia penitencial.

32, 11-12a: Descrición da liturxia de lamentación colectiva.

32, 14 O *Ofel* era un outeiro ó sur do templo, asento da cidade antiga. *Bahan* é un nome descoñecido, que debe referirse a algún outro barrio de Xerusalén.

¹⁵ata que sobre vós se verta o espírito
desde o alto,
e o deserto se volva verxel e o verxel
pareza un bosque.
¹⁶Entón o xuízo xusto habitará no deserto
e a xustiza morará no verxel;
¹⁷o froito da xustiza será a paz,
e o seu resultado vivir tranquilo e seguro
para sempre.
¹⁸Entón o meu pobo vivirá nun campo de paz,
en casas seguras e en mansións tranquilas,
¹⁹e demoucará o bosque cunha machada,
e coa súa caída caerá aquela cidade.
²⁰Felices vós que sementaredes á beira de
tódalas augas,
e deixaredes andar soltos os cascos do
boi e do burro.

A liberación da Xerusalén asediada
I. O saqueador é saqueado

33 ¹¡Ai saqueador, ti non es saqueado!
¡Ai traidor, a quen non traicionan!
Cando ti acabes de saquear, serás saqueado;
cando remates de facer traición,
traicionarante a ti!
²Señor, móstrano-lo teu favor; a ti
chamamos esperanzados.
Serás ti a nosa forza cada mañá, a nosa
salvación na hora do asedio.
³Que co ruído das túas tropas escapen os pobos,
que co ruido dos teus soldados
desaparezan as nacións.
⁴O botín será amoreado, como se
amorean os saltóns:
como ataca a lagosta saltarán eles no botín.

⁵Enxalzado sexas, Señor, pois moras no
máis alto.
Que se encha Sión de rectitude e de xustiza,
⁶e que o Señor sexa a seguridade do seu templo.
O tesouro da súa salvación é sabedoría e coñecemento;
a súa riqueza, o temor do Señor.

II. Xuízo contra os mensaxeiros da fartura
⁷Velaí os xefes clamando polas rúas, os
mensaxeiros da fartura chorando
amargamente.
⁸Están desertas as calzadas, o paseante da
rúa non camiña,
romperon a alianza, rexeitaron os
garantes do pacto,
non teñen respecto para ningún home.
⁹O país anda de loito, está estéril,
o Líbano vólvese pálido, está sen forza,
o Xarón é coma un deserto,
o Baxán e o Carmelo quedan espidos.
¹⁰"Agora voume levantar —dixo o Señor—,
vou estar ben alto, voume erguer.
¹¹Vou concebir herba e vou dar a luz palla,
coma o lume o meu Espírito vaivos devorar;
¹²o meu pobo será unha queima con cal,
coma silvas cortadas arderá no lume.

III. O xusto librarase do castigo de Deus
¹³Vós, que estades lonxe, escoitade o que
eu fixen;
coñecede, os que estades preto, a miña valentía".
¹⁴Que os pecadores se estremezan en Sión,
e o terror apreixe os impíos:
¿Quen habitará entre nós nun lume
devorador?

32, 15 A estrofa forma parte da frase do v 14, poñéndolle un prazo límite á desolación da cidade. É moi probable que Isaías coñecese profeticamente o fracaso da expedición do rei asirio no 701, cando aquela xa estaba en curso (cf 37, 1-7). Esta segunda parte salvífica é reflexo da fe do profeta na perpetuidade de Xerusalén, coma consecuencia da elección divina.
32, 19 *Aquela cidade:* refírese a Nínive.
33, 1ss Todo este c. é un comentario profético-misterioso á liberación de Xerusalén do asedio de Senaquerib. A complexidade de xéneros literarios é clara, pero encáixanse ben para remarca-lo triunfo de Deus e dos xustos.
33, 1-6 Esta complexa unidade literaria consta dun Ai contra Senaquerib e os asirios (v 1) e de elementos propios dun salmo de lamentación colectiva, súplicas e descricións do triunfo esperado (vv 2-4), ó mesmo tempo que de acción de gracias (v 5a), para concluír con referencias á xustiza e á sabedoría (vv 5b-6).
33, 2 *Cada mañá:* cando comezaba o asedio.
33, 3 O profeta presenta a resistencia dos asediados coma unha guerra santa.
33, 7-12 Estes vv son unha descrición poética da desilusión e fracaso da alianza antiasiria feita con Exipto, expresado en clave vexetal, para concluír no xuízo purificador de Deus, que tan poeticamente expresan as imaxes da queima con cal (desinfectante) e con silvas (plantas improdutivas e inútiles).
33, 7 *Xefes:* eran os directores da política do momento, promotores da alianza antiasiria (v 8), que para Isaías ten carácter paganizante e idolátrico (cf **30,** 1. 11. 12; **31,** 1-3).

¿Quen habitará entre nós nas chamas eternas?
[15]O que se comporta con xustiza e fala o que é correcto,
o que rexeita as ganancias da opresión,
o que sacode a súa man para non coller subornos,
o que pecha os seus oídos para non verter sangue,
o que pecha os seus ollos para non favorece-la maldade.
[16]Este morará no máis Alto,
a Praza forte do Penedo será o seu refuxio,
o seu pan seralle dado, e a súa auga estará asegurada.

IV. Canto ó Sión liberado

[17]Os teus ollos verán o Rei na súa fermosura,
verán a cidade remota.
[18]O teu corazón contemplará unha visión terrible:
¿U-lo que conta? ¿U-lo que pesa? ¿U-lo que enumera as torres?
[19]Non verás un pobo estranxeiro, un pobo de lingua misteriosa de oír,
de lingua burlona que non se entende.
[20]Velaí Sión, a cidade da nosa solemne asemblea;
os teus ollos verán Xerusalén, morada tranquila,
tenda que non cambiará,
os seus cravos nunca se arrincarán,
nin se romperán as súas cordas.
[21]Si, olla para o Maxestuoso, o Señor,
o noso encoro de ríos,
de regos anchos ás dúas bandas:
non pasará por el barco de remos,
nin barco grande o poderá cruzar.
[22]Si, o Señor será o noso Rexedor,
o Señor será o noso lexislador,
o Señor, o noso Rei, El só nos salvará.
[23]As súas cordas afrouxaranse,
non erguerán o mastro nin izarán a bandeira.
Entón será dividido o botín, o riquísimo botín;
os coxos poderán colle-la súa parte,
[24]quen alí reside non dirá: "Estou impedido".
O pobo que resida alí quedará libre da iniquidade.

PEQUENA APOCALIPSE

A caída de Edom, vista como xuízo de Deus sobre as nacións

34 [1]Pobos, acercádevos a escoitar;
nacións, prestade atención;
escoita, terra e o que a enche; o orbe, e o que sae del.
[2]A ira do Señor está contra tódolos pobos,
o seu noxo contra os seus exércitos,
consagrounos ó exterminio, entregounos á matanza.
[3]Os mortos pola espada serán tirados fóra,
o fedor subirá dos seus cadáveres,
[4]os montes desfanse co dó, e féndense as chairas.

33, 13-16 Esta sección vén sendo un comentario ó "xuízo de castigo" de Deus dirixido ós que viven en Xerusalén e ós fuxitivos ou deportados de Xudá no 711. Salienta o poder do Señor que castiga os pecadores e idólatras (favorables á alianza con Exipto), pero que salva os xustos. Nos vv 14-16 o profeta imita o estilo do Sal **15**, que é unha "torah" de entrada no santuario. Soamente o xusto terá a seguridade que vén de Deus.
33, 16 *O máis Alto, Praza forte*: son referencias á presencia de Deus, da que o templo de Xerusalén era soamente un símbolo. O *Penedo* é o título de Iavé referido á seguridade. O *pan* e a *auga*: alimento no asedio.
33, 17 *O Rei* é un título de Iavé de tradición moi arcaica. A *cidade remota* é Xerusalén. Califícase de remota, pois a súa liberación é obra do que está no máis Alto (v 16). Coa devandita imaxe anticipa Isaías o tema apocalíptico da cidade que baixa do ceo.
33, 18 Quen pesa e quen conta as torres é o asirio.

33, 21 As imaxes da auga abundante queren expresa-las bendicións de Deus. Os barcos simbolizan aquí o dominio estranxeiro.
33, 22 Este v é unha glosa, pois rompe a imaxe literaria dos barcos.
34-35 Podemos data-lo texto destes cc. nos últimos anos do s. VI, cando empezan as presións belicosas das tribos nabateas sobre Edom, e xorde unha teoloxía renovada da gloria e triunfos de Xerusalén (cf Intr. a Abd 3). Este castigo contra Edom envólvese na perspectiva apocalíptica do castigo contra os xentís coma feito de afirmación do poder universal de Iavé.
34, 3 Os cadáveres insepultos profanan o cosmos, que os recibe con dó, ó verse violentado na súa bondade primitiva.
34, 4 *Féndense as chairas. Velai...* (lectura dos documentos de Qumrân). O texto hebreo masorético le: "disólvese o exército do ceo".

Velaí todo o exército do ceo:
enrólase coma un rolo de escribir,
e todo o seu exército cae murcho,
como cae murcha a folla da viña,
e coma o figo mirrado da figueira.
⁵A súa espada aparece no ceo,
velaí baixa sobre Edom,
sobre o pobo consagrado ó exterminio,
furiosa para o xuízo.
⁶A espada do Señor está chea de sangue,
está engraxada de sebo,
do sangue de carneiros e chibos,
de sebo dos riles dos carneiros.
Velaí, en Bosrah, o sacrificio en honor do Señor,
a grande matanza no país de Edom.
⁷Si, un exército presenta búfalos,
un exército de valentes presenta becerros:
o seu país emborracharase co seu sangue,
e o seu pobo engrosará coa súa graxa.
⁸Porque é o día da vinganza do Señor,
o ano das contas do xuíz de Sión.
⁹Os seus regueiros serán de pez,
e o seu po será xofre,
a súa terra volverase brea ardente,
¹⁰non se apagará de día nin de noite,
eternamente subirá a súa fumareda,
de xeración en xeración quedará unha desolación,
por eternidade de eternidades ninguén cruzará por ela.
¹¹Collerana en posesión o pelícano e o ourizo cacho,
a ibis e mailo corvo morarán nela.
O seu enterrador estenderá sobre ela o cordel da Devastación,
e as pedras da Nada.
¹²Alí non quedará nada que se chame reino,
e tódolos seus príncipes terán fin.

¹³O espiño medrará nos seus palacios,
a estruga e mailo cardo nas súas torres.
Alí estará o campo de chacais e o cercado para os pitos da avestruz.
¹⁴Alí atacarán os gatos monteses ás hienas,
e o sátiro chamará polo seu compañeiro.
Tamén Lilit se establecerá alí,
e dentro dela atopará lugar de acougo.
¹⁵Alí fixo o niño a serpente agatuñadora e logo escapou,
pero chocará os ovos, xuntándoos no seu escondedoiro.
Tamén alí se axuntarán os voitres,
cada un co seu compañeiro.
¹⁶Buscade no libro do Señor e lede:
"Ningún deles se perderá,
cada un mirará polo seu compañeiro".
Si, ordenouno a boca do Señor, e o seu espírito xuntounos.
¹⁷El mesmo botou as sortes para eles,
e a súa man fixo o reparto co cordel de medir,
para sempre posuirán eles o país,
habitarán nel de xeración en xeración.

Transformación gloriosa de Xerusalén

35 ¹¡Que se alegren o deserto e maila terra reseca,
que brinque de ledicia a estepa e que floreza!
¡Que, coma a lis, ²floreza abundantemente,
que brinque en exultante danza!
Concédeuselle a gloria do Líbano,
o esplendor do Carmelo e do Xarón.
Eles mesmos verán a gloria do Señor,
o esplendor do noso Deus.
³Fortalecede as mans adormecidas,
e ponde firmes os xeonllos que tremen.
⁴Dicídelles ós de corazón tímido:

34, 5-7 As mortes dos edomitas a mans dos nabateos considéranse coma o exterminio sagrado do día da ira do Señor e coma salvífico en honor de Iavé, pois Edom participou cos exércitos de Nabucodonosor na caída de Xerusalén no 587 (cf **63**, 1; Sal **137**, 7; Lam **4**, 21-22; Ez **25**, 12; Abd 10-16).
Bosrah era unha cidade importante de Edom.
34, 5 *Aparece:* (lectura dos documentos de Qumrân e dos Targum); o texto hebreo le: "está borracha".
34, 11-12 *O seu enterrador* ou *excavador*. Aquí, "o enterrador de Edom" é un calificativo de Iavé, coma expresión do seu poder de castigo. O cordel e o nivel, que serven para construír, aquí úsaos Deus para destruír.
34, 13-14 Os animais que se citan son os animais impuros, que viven nas ruínas. *Lilit* era un demo feminino propio de Mesopotamia, probablemente o demo da tempestade. No ambiente hebreo puido se-lo demo da noite, pola proximidade fonética co heb. "*láilah*" (= noite). Así o entenden en Qumrân.

34, 15-17 Esta cita comentada dun texto anterior é característica dos textos apocalípticos. Refírese a Is **13**, 20-22, aínda que non responde fielmente a este texto por mor da cita, comentario e aplicación. Arredor do ano 500 aínda non existía un culto ó texto sagrado. O texto quere remarcar como a destrucción de Edom é algo decretado por Deus, pois o voitre vive da carniza.
35, 1-10 Literariamente é un himno profético. As imaxes e boa parte dos termos están tomados do II Is, pero nada no texto alude á volta dos exiliados, senón que todo se centra na transformación de Xudá e Xerusalén.
35, 1 *O deserto, terra reseca* e *estepa:* imaxes da triste situación de Xudá, que se cambiarán na leda imaxe do verdor.
35, 3-4 A transformación presenta aspectos máis humanos: a vinganza de Deus sobre Edom é sinal da intervención de Deus en favor do seu pobo.

"Collede ánimo, non temades.
Velaí o voso Deus.
Chega a vinganza, a recompensa de Deus.
Chega El mesmo, e salvaravos".
⁵Entón abriranse os ollos dos cegos,
e os oídos dos xordos destaparanse.
⁶Entón o coxo saltará coma un corzo
e a lingua do mudo cantará xubilosa.
Si, saen á luz augas no deserto e ríos na estepa:
⁷a terra reseca convértese nunha lagoa,
e a terra sedenta en manantiais de auga.
No campo onde os chacais se tumban,
a herba converterase en canivelas e xuncos.

⁸Alí haberá unha calzada, unha verea,
e á calzada chamaráselle Vía Sacra.
Nada impuro pasará por ela:
o mesmo Señor camiñará con eles,
e os homes non se desviarán.
⁹Non haberá alí león, e ningún animal salvaxe subirá,
ningún se atopará.
Por alí camiñarán os redimidos,
¹⁰e os rescatados do Señor volverán por ela,
entrarán en Sión con xúbilo,
felicidade eterna sobre as súas cabezas.
Conseguirán ledicia e felicidade,
pois o sufrimento e o pranto fuxirán.

COMPLEMENTO HISTÓRICO

Ameaza de Senaquerib contra Xerusalén

36 ¹No ano catorce do rei Ezequías subiu Senaquerib, rei de Asiria, contra tódalas cidades fortificadas de Xudá, para apoderarse delas. ²O rei de Asiria enviou o ministro do tesouro desde Láquix a Xerusalén, onda o rei Ezequías, cun grande exército. Este tomou posición xunto ó canal do estanque de arriba, no camiño do campo do batanerio. ³Entón saíron a xunto del o ministro do pazo real Eliaquim, fillo de Hilquías, o escriba Xebná e o chanceler, Ioah, fillo de Asaf. ⁴O ministro do tesouro díxolles:

"Dicídelle a Ezequías: Así fala o grande rei, o rei de Asiria: ¿Que clase de confianza é esa na que ti confías? ⁵¿Pensaches que as meras palabras dos labios son o plan e a forza para a guerra? ¿En quen confías, xa que te rebelaches contra min? ⁶Olla, ti confías en Exipto, no apoio desa canivela rota e a quen se apoia nel penétralle a man e atravésalla; asi é o rei de Exipto para tódolos que confían nel.

⁷Pero certo que me vas dicir: ¡É no Señor, o noso Deus, en quen confiamos!

¿Acaso non foi El a causa de que Ezequías retirase os seus santuarios e os seus altares dos outeiros, e de que lles dixese a Xudá e a Xerusalén: Diante este altar habedes de postrarvos en adoración? ⁸Pois ben, aposta agora co meu señor, o rei de Asiria: douche dous mil cabalos, se es capaz de pór pola túa conta soldados de equipamento sobre eles.

35, 5-6 Unha serie de feitos milagrosos serán unha clara mostra da intervención salvífica de Deus. Nesa perspectiva hai que entende-los milagres de Xesús (cf Mt **11**, 5; Feit **3**, 8).

35, 6b-7 A imaxe da transformación volve ó tema vexetal, coa auga que fai do deserto un oasis.

35, 8-10 *A Vía Sacra* non é a calzada do retorno dos exiliados, senón a calzada ou calzadas que levan a Sión. Nótese a coincidencia con Axeo e Zacarías no tema da pureza cúltica.

35, 10 *Sobre as súas cabezas:* a ledicia acompañaraos ó templo, coma os sacos na cabeza dos camiñantes.

36-39 Estes cc. están tomados de 2 Re **18**, 17-20, 19, a non ser Is **38**, 9-20 (a oración de Ezequías, que non aparece en 2 Re). O texto de 2 Re é máis longo có de Is, pero en realidade trátase de dúas recensións diferentes dun único texto. A preocupación fundamental deste complemento é presentárno-las máis importantes intervencións de Is na historia literaria do seu tempo, coma remate da súa obra. A orde na que se presentan estas intervencións non é a do desenvolvemento dos feitos, que sería este: a) enfermidade e curación de Ezequías (entre os anos 705-702): Is **38**, en paralelo con 2 Re **20**, 1-11 e 2 Cro **32**, 24; b) visita do embaixador babilonio (anos 703-702): Is **39**, en paralelo con 2 Re **20**, 12-19; cf 2 Cro **32**, 26. 31; c) as dúas ameazas de Senaquerib (ano 701): Is **36-37**, en paralelo con 2 Re **18**, 17-19, 37.

36, 1 O nome do rei de Xudá "Hizqíah" é o mesmo que aparece na primeira parte como "Iehizqíah". Nós chamámoslle sempre Ezequías.

36, 2 *Ministro do tesouro* (lit. "Grande escanciador", "Copeiro"). O nome do título ten resonancias das funcións primitivas do cargo.

36, 5 *As meras palabras* refírese á alianza con Exipto contra Asiria (cf v 6).

36, 6 A imaxe da *canivela rota* emprégaa Is en **30**, 3. 7; **31**, 3. Sobre o preanuncio do fracaso desta alianza, cf Is **19**, 1-15; **28**, 14-22; **30**: **31**, 1-3.

36, 7 O redactor prepara unha razón teolóxica, que responde á historia dos feitos, para basea-lo fracaso da expedición asiria. A unificación do santuario feito por Ezequías supón a teoloxía dos sacerdotes de Xequem emigrados a Xudá (cf Introd. ó Dt).

36, 8 *Cabalos*, cos carros e demais equipamento para os carros de combate. A aposta é clara, pero o ministro do tesouro conta soamente coas forzas naturais coñecidas por el, e non cos plans de Deus.

⁹¿De que xeito, pois, poderás facer recua-lo ataque dun só gobernador de entre os máis pequenos servidores do meu señor? ¿É aínda pola túa confianza en Exipto e nos seus carros e cabalos? ¹⁰E ademais, ¿acaso subín eu a este país para arrasalo sen o consentimento de Iavé? O Señor díxome: Sube a ese país, e arrásao".

¹¹Entón Eliaquim, Xebná e Ioah dixéronlle ó ministro do tesouro:

"Fálalles, por favor, ós teus servos en arameo, que nós entendemos, e non nos fales en xudeu ós oídos do exército que está sobre a muralla".

¹²O ministro do tesouro respondeu:

"¿Acaso o meu señor me mandou soamente onda o teu señor e onda ti para pronunciar estas palabras? ¿Acaso as palabras non van tamén para os homes que están sentados sobre a muralla, comendo o seu propio esterco e bebendo o seus propios ouriños a canda vós?".

¹³Entón o ministro do tesouro púxose de pé e berrou con grandes voces en xudeu e dixo:

"Escoitade as palabras do grande rei, do rei de Asiria. ¹⁴Así fala o rei: Que non vos engane Ezequías, que el non é capaz de salvarvos. ¹⁵Que non vos faga confiar en Iavé dicindo: Certo, o Señor hanos salvar; esta cidade non será entregada nas mans do rei de Asiria. ¹⁶Non lle fagades caso a Ezequías, que así fala o rei de Asiria: Facede comigo un pacto de bendición. Saíde para onda min; comede cada un da súa viña e cada un da súa figueira, e que beba cada un da auga do seu pozo, ¹⁷ata que eu veña e vos colla para vos levar a un país coma o voso país, terra de trigo e de mosto, terra de gran e de viñas. ¹⁸Que non vos engane Ezequías dicindo: O Señor hanos salvar. ¿Acaso os deuses das nacións salvaron cada un ó seu país da man do rei de Asiria? ¹⁹¿Onde estaban os deuses de Hamat e de Arpad? ¿Onde estaban os deuses de Sefarvaim? ¡Que! ¿Algúns deles salvaron Samaría da miña man? ²⁰¿Quen foron entre tódolos deuses destes países os que puideron salva-lo seu país da miña man? ¿Será precisamente Iavé quen libre a Xerusalén da miña man?" ²¹Entón eles quedaron calados e non lle responderon nin palabra, pois a orde do rei era nestes termos: "Non lle respondades".

²²Logo o ministro do pazo real Eliaquim, fillo de Hilquías, o escriba Xebná e o chanceler Ioah cos vestidos rachados volveron onda Ezequías e déronlle a coñece-las palabras do ministro do tesouro.

Consulta a Isaías

37 ¹Cando o rei Ezequías viu isto, rachou os seus vestidos, cubriuse de saco e entrou no templo do Señor. ²Logo mandou ó ministro do pazo real Eliaquim, ó escriba Xebná e ós máis vellos de entre os sacerdotes, cubertos de sacos, onda o profeta Isaías, fillo de Amós, ³a dicirlle:

"Así fala Ezequías: O día de hoxe é día de angustia, de castigo e de desprezos, pois os fillos chegan á saída da matriz e non hai forza para parir. ⁴Quizais o Señor, o teu Deus, oíu as palabras do ministro do tesouro que o rei de Asiria mandou para insulta-lo Deus vivente e o queira castigar polas palabras que o Señor, o teu Deus, escoitou. Fai, pois, subir unha oración polo resto que aínda queda".

⁵Entón os servidores do rei Ezequías foron onda Isaías, ⁶e Isaías díxolles:

"Así lle habedes dicir ó voso señor: Así fala o Señor: non teñas medo das palabras que oíches, coas que blasfemaron contra min os mozos do rei de Asiria. ⁷Olla: eu vou pór nel un espírito, oirá un dito e voltará ó seu país; logo, no seu país, fareino caer coa espada".

⁸Cando o ministro do tesouro deu a volta, atopou ó rei de Asiria facendo a guerra contra Libnah, xa que oíra que marchara de Lá-

---

36, 10 Neste v volve o ministro do tesouro a colle-lo argumento teolóxico do v 7: é vontade de Deus o ataque a Xerusalén, pois Ezequías ofendeu a Iavé (cf **10**, 5-15).

36, 18-20 A diferencia radical entre a teoloxía asiria e a xudía, á parte do monoteísmo, é que, para o xudeu, Iavé intervén e mostra o seu poder a través da historia, mentres que para os asirios as divindades coñecen o futuro da historia, pero non interveñen nela, senón que esta se rexe por puras leis de poder. Esta oposición segue con valor para a fe cristiá.

37, 1-2 A actitude do rei e dos ministros e sacerdotes é a dunha liturxia de lamentación colectiva.

37, 3 *Os fillos chegan... para parir:* quizais sexa un refrán para expresa-la situación especialmente angustiosa (cf **13**, 8; **26**, 17; Xer **4**, 3; Os **13**, 13, relativos ás dores do parto).

37, 4 Ó profeta pídeselle a oración de intercesión coma home de Deus que é, e espérase del que reciba unha resposta oracular.

37, 6-7 O oráculo de Is é simplemente unha resposta sen elaborar poeticamente. *Un espírito* significa aquí unha decisión firme e inquebrantable, tomada a raíz dunha noticia que lle chegou.

37, 8-9 A retirada do ministro do tesouro asirio débese á axuda que precisa Senaquerib ante o ataque do exipcio Tirhacah. Quizais retire parte do exército de asedio, pero non todo.

quix. ⁹Entón oín esta mensaxe acerca de Tirhacah, rei do Alto Exipto: "Saíu a pelexar contra ti", e fíxolle caso ó dito.

Segunda embaixada de Senaquerib

A continuación enviou mensaxeiros a Ezequías: ¹⁰"Así lle falaredes a Ezequías, rei de Xudá, dicíndolle:

Que non te engane o teu Deus en quen ti confías, ó pensares que Xerusalén non será entregada na man do rei de Asiria. ¹¹Ti xa escoitáche-lo que os reis de Asiria lles fixeron a tódolos países, entregándoos ó exterminio. ¿E ti vaste salvar? ¹²¿Os deuses dos pobos que meus pais arrasaron salváronse acaso? Gozán, Harán, Resef e xente de Edén que vivía en Telasar. ¹³¿Onde está o rei de Hamat, o rei de Arpad e o rei de Lair, de Sefarvaim, de Hená e de Ivah?".

Oración de Ezequías

¹⁴Entón colleu Ezequías o escrito da man dos mensaxeiros e leuno. Logo subiu ó templo do Señor e Ezequías mesmo o estendeu diante do Señor, ¹⁵e Ezequías rezoulle ó Señor nestes termos:

¹⁶"Señor dos Exércitos, Deus de Israel, que tes trono de querubíns.
Ti creáche-lo ceo e maila terra.
¹⁷Achega, Señor, o teu oído, e escoita.
Abre, Señor, os teus ollos, e mira.
Si, escoita tódalas palabras de Senaquerib,
coas que mandou xente para insulta-lo Deus vivente.
¹⁸¡É verdade, Señor! Os reis de Asiria destruíron
tódolos países e as capitais de cada un deles,
¹⁹e botaron no lume os seus deuses, pois eles non son deuses,
senón feitío de mans do home, pau e pedra,
e por isto destruíronos.
²⁰Pero agora, Señor, noso Deus, sálvanos da súa man
e tódolos reinos da terra recoñecerán que ti, soamente ti, e-lo Señor".

Intervención de Isaías

I. *Oráculo contra Senaquerib*

²¹Logo Isaías, fillo de Amós, mandou a dicirlle a Ezequías:

"Así fala o Señor, Deus de Israel, a quen ti lle rezaches por causa de Senaquerib, rei de Asiria.
²²Estas son as palabras que acerca del dixo o Señor:
A virxe, filla de Sión, desprézate, búrlase de ti.
A filla de Xerusalén move a cabeza por detrás de ti.
²³¿A quen ofendiches e insultaches?
¿Contra quen levantáche-la voz
e levantaches cara arriba os teus ollos?
Contra o Santo de Israel.
²⁴Por mediación dos teus servos ofendíche-lo Señor,
pois dicías: coa multitude dos meus carros de guerra,
eu mesmo subín ó alto das montañas, ós mesmos cumes do Líbano.
Cortei os troncos dos seus cedros, o máis escollido dos seus cipreses.
Si, cheguei ó máis alto do seu cume, ó máis espeso da súa foresta.
²⁵Eu mesmo cavei e bebín augas estranxeiras,
e sequei coa planta dos meus pés tódolos brazos do Nilo de Exipto.
²⁶¿Acaso non oíches? Hai moito tempo que o veño facendo,
desde os tempos de antes véñoo planeando, agora fíxeno chegar;
e ti fuches quen arrasou: ¡moreas de pedras que proveñen de cidades

---

37, 9b-38 Non parece tratarse dun segundo relato do mesmo feito, senón dunha segunda embaixada, aínda que 2 Cro **32** as simplifique nun só relato, pois tiveron que suceder nun curto espacio de tempo, xa que a finalidade da embaixada é desmoraliza-los asediados.
A actitude de Ezequías é a do rei responsable, que cre no poder de Deus (v 20) e simplemente reafirma a súa fe. A intervención do profeta é unha profundización no oráculo dos vv 6-7, resultando un oráculo contra o rei asirio (vv 22-29. 33-34), quedando coma oráculo salvífico para Xerusalén soamente os vv 30-32. 35.
37, 10-13 No discurso de desgaste psíquico de Senaquerib xa non se fala da axuda exipcia, senón do absurdo da esperanza na divindade, pois a oposición do etíope Tirhacah xa non existe.

37, 14-20 A oración de Ezequías non se encadra na liturxia da lamentación colectiva, senón que é un reforzarse da fe do rei no oráculo salvífico do v 7.
37, 21-35 A intervención de Is ten todo o xeito de ser un desenvolvemento do oráculo dos vv 6-7, ó que o profeta dá estructura tripartita: I) vv 22-29: oráculo contra Senaquerib; II) vv 30-32: sinal salvífico para Xudá; e III) vv 33-35: síntese dos dous oráculos anteriores, relacionados entre si. Esta elaboración é froito do talento e meditación poética de Is, e busca confirmar e enfortece-la fe do rei e do pobo na palabra de Deus. Nótese a importancia destes textos para a comprensión e coñecemento da relación entre a experiencia profética e a elaboración poética dos oráculos.
37, 25 *Estranxeiras:* lemos así, con 2 Re **19**, 24 e cos documentos de Qumrân.

fortificadas!
²⁷e os seus habitantes, impotentes, aterrorizáronse e avergonzáronse; foron herba do campo, verdume das leiras, herba tenra dos tellados abrasada coa presencia do vento leste.
²⁸O teu reinar, o teu saír e o teu entrar das campañas militares, eu coñecino, e tamén o teu arrepoñerte contra min.
²⁹Porque te arrepuñeches contra min e porque a túa soberbia chegou ós meus oídos, porei o meu anel de ferro no teu nariz e o meu freo nos teus beizos, e fareite volver do vieiro por onde andaches.

II. *Sinal salvífica para Xudá*

³⁰Este será para ti o sinal: comeredes neste ano o que brota de seu, e o ano que vén comeréde-lo que volva a brotar; pero no terceiro ano sementade e colleitade, plantade viñas e comede o seu froito.
³¹Si, os escapados da casa de Xudá que queden, volverán a enraizar por abaixo e darán froito por arriba.
³²De Xerusalén sairá un resto, o escapado do monte Sión.
O celo do Señor dos Exércitos fará isto.

III. *Síntese dos dous oráculos anteriores*

³³Velaí: así fala o Señor acerca do rei de Asiria: non volverá a esta cidade nin lanzará aquí frechas, non estará diante dela con escudos, nin levantará contra ela terrapléns.

³⁴Polo camiño por onde veu, volverá; pero nesta cidade non entrará —é o Señor quen fala—.
³⁵Eu protexerei esta cidade, salvándoa, por mor de min mesmo e do meu servo, David".
³⁶Entón o anxo do Señor saíu e feriu a 185.000 homes no campamento de Asiria, e cando chegou a mañá, todos eles eran corpos mortos. ³⁷Entón Senaquerib, o rei de Asiria, púxose en movemento, marchou e volveu reinar en Nínive. ³⁸E, cando estaba postrado en adoración no templo de Nisrok, o seu deus, os seus fillos Adramelec e Saréser matárono coa espada. Eles escaparon para o país de Ararat e logo, no seu posto, subiu ó trono o seu fillo Esar-Hadón.

Enfermidade e curación de Ezequías

38 ¹Naqueles días Ezequías caeu enfermo de morte, e o profeta Isaías, fillo de Amós, foi onda el para dicirlle: "Así fala o Señor: dá ordes á túa casa, que estás morrendo e non seguirás vivindo".
²Entón Ezequías volveu o seu rostro cara á parede e rezoulle ó Señor:
³"Ah, Señor, lémbrate por favor, de que camiñei na túa presencia con fidelidade e con corazón enteiro, e de que fixen o que está ben ós teus ollos".
E chorou Ezequías con grande pranto.
⁴Logo veulle a palabra do Señor a Isaías nestes termos:
⁵"Vai e dille a Ezequías: así fala o Señor, Deus de teu pai David: fíxenlle caso á túa oración e ollei compracido para as túas bágoas. Eu engado sobre os teus días quince anos. ⁶Librareite a ti e esta cidade do puño do rei de Asiria, e protexerei esta cidade. ⁷Si, este será da parte do Señor o sinal de que

---

37,27 *Vento leste:* lemos así, cos documentos de Qumrân.
37,28 *Entrar e saír das campañas militares* quere expresa-la totalidade da actividade do reinado de Senaquerib.
37, 29 Pola soberbia de Senaquerib, Deus amansarao coma a un becerro (argola no fuciño) e coma a un cabalo (freo).
37, 36 A intervención do anxo hai que entendela coma unha peste, que, por outra banda, entra dentro das máis obvias eventualidades dun longo asedio. Herodoto (en II, 141), refire unha praga de ratas que roen as cordas dos arcos.
37, 38 Estes datos, que no fondo coinciden cos documentos asirios e babilónicos, queren presenta-la impotencia da divindade asiria para salva-lo seu piadoso rei. As pequenas diferencias entre o relato bíblico e os documentos asirios e babilonios, afectan ós nomes dos fillos de Senaquerib e ó templo de Nisrok (= Marduk).
38, 1-22 Os vv 1-8. 21-22, teñen un paralelo máis extenso en 2 Re **20,** 1-11, que probablemente é un desenvolvemento do texto de Is; non obstante Is contén coma sección propia o salmo de da-las gracias individual (vv 9-20). 2 Cro **32,** 24 resume todo este episodio nun v, sen referirse á intervención de Is.
38, 1 Esta intervención de Is non é unha misión profética, senón un consello de amigo onde se lle vén dicir que faga testamento.
38, 3 Este v resume a lamentación individual do enfermo no momento de perigo (cf Introd. ós Salmos).
38, 5 Tendo en conta que o rei morreu entre o 690 e o 687, a data da enfermidade debeu ser entre o 705 e o 703. Coincidiu coa liberación do perigo asirio (cf v 6).
38, 7 O coñece-la aceptación da lamentación individual era exclusivo dos profetas cúlticos e aquí do profeta carismático, que ofrece ó enfermo un verdadeiro sinal do seu oráculo. Arqueoloxicamente non consta a existencia de reloxos de sol nesta época. O sentido do sinal é que, o mesmo que Deus é capaz de alonga-lo día, é tamén capaz de alonga-los días da vida de Ezequías.

cumprirá esta palabra que falou: ⁸Velaí: vou facer cea-la sombra os mesmos chanzos que baixou pola escaleira de Acaz: dez chanzos para atrás".

Entón o sol ceou dez chanzos para atrás, os chanzos que baixara.

Oración de Ezequías

⁹Escrito de Ezequías, rei de Xudá, de cando estivo enfermo e reviviu da súa enfermidade:

¹⁰Eu pensaba: teño que marchar na metade dos meus días,
estou posto ás portas do Xeol para o resto dos meus anos.
¹¹Pensei: xa non poderei ve-lo Señor, o Señor que está no país da vida,
xa non volverei contempla-la terra, estarei cos que moran no mundo dos mortos.
¹²A miña morada éme arrancada e enrolada, coma a miña tenda de pastor.
Estendín coma unha tea a miña vida, pero córtanme a urdime.
Abandonáchesme desde o día ata a noite,
¹³pido auxilio ata a mañanciña.
Igual ca un león, alguén esnaquiza os meus ósos, desde o día ata a noite abandonáchesme.
¹⁴Coma unha andoriña, así estou piando, arrulo coma unha pomba.
Os meus ollos levantáronse cara ó Altísimo, pero o meu Señor oprimiume, cubriume de escuridade.
¹⁵¿Que direi? —pensei para min—. Se foi El quen o fixo.
Amareino tódolos meus anos, a pesar das amarguras da miña vida.
¹⁶Ti, Señor, estás por enriba das amarguras; volveranse felicidade,
e a felicidade do meu espírito será superior a todo o que hai nelas.
Si, volverasme san e farasme feliz:

¹⁷velaí: o meu amargo sufrimento volverase felicidade.
Ti mesmo preserváche-la miña vida do pozo da destrucción,
pois botaches sobre o teu lombo tódolos meus pecados.
¹⁸Porque o Xeol non che dá gracias, nin a Morte louvanza,
non esperan a túa fidelidade os que baixan ó Xeol.
¹⁹O que vive, e vive feliz, é quen te louva, o mesmo ca min hoxe.
O pai ensinaralles ós fillos a túa fidelidade.
²⁰Señor, ti salváchesme: tocarémo-las miñas harpas
tódolos días da nosa vida no templo do Señor.
²¹Entón dixo Isaías:
"Collede unha cataplasma de figos e póndella sobre o tumor, e vivirá".
²²Entón dixo Ezequías:
"¿Cal é o sinal de que subirei ó templo do Señor?".

Embaixada babilónica e xuízo acerca dela

39 ¹No tempo aquel o rei de Babilonia Merodak-Baladán, fillo de Baladán, mandou funcionarios e regalos a Ezequías xa que oíra que estivera enfermo e se puxera bo. ²Ezequías alegrouse moito con eles, e mostróulle-la casa do tesouro, a prata e mailo ouro, o bálsamo e mailos aceites preciosos, e toda a súa adega; e todo o que se atopaba nos seus almacéns; non houbo cousa que non lles ensinase no seu pazo e en todo o seu dominio. ³Entón foi o profeta Isaías onda o rei Ezequías e díxolle:
"¿Que dixeron eses homes? ¿De onde viñeron onda ti?"
Contestoulle Ezequías:
"Viñeron onda min dun país afastado, de Babilonia".
⁴El volveulle preguntar:

38, 9-20 Trátase dun salmo de acción de gracias individual, sen dúbida composto por Is. Non deben facer dificultade os vv 10-15, pois o característico destes salmos é que o orante recorde a historia pasada e repita a súa confianza en Deus, para proclamar publicamente a grandeza do feito liberador de Deus.

38, 9 *Reviviu:* xa que a enfermidade para o semita é xa unha morte, ó considerar "vida" soamente a "vida feliz".

38, 18 *O Xeol* ten aquí dobre sentido: o de divindade mítica do mundo subterráneo (Mot), e o de lugar onde moran os mortos cunha vida incapaz de felicidade (segundo as concepcións do VIII a. C.; cf nota a **5,** 14).

38, 21-22 Desprazáronse estes vv do seu lugar lóxico, (despois do v 8), para englobar dentro do relato a súa parte culminante —a curación de Ezequías—, coma signo da liberación da cidade.

39, 1-2 A intención da embaixada é a constitución da liga antiasiria, como o deixan ve-las cousas que Ezequías lles mostra.

39, 3-8 A finalidade desta premonición do saqueo e deportación de Babilonia, que pode moi ben provir da escola isaiana, ten a finalidade de vincula-lo I Is co II Is, e quizais esta sexa a razón da transposición dos cc. **38-39** despois dos **36-37**, que refiren feitos historicamente posteriores.

"¿Que viron no teu pazo?"
Respondeu Ezequías:
"Viron todo o que hai no meu pazo; non houbo cousa nos meus almacéns que eu non llela mostrase".

⁵Entón Isaías díxolle a Ezequías:
"Escoita a palabra do Señor dos Exércitos: ⁶velaí chegan días nos que será levado a Babilonia todo o que hai no teu pazo e todo o que amorearon os teus pais ata o día de hoxe; non quedará cousa ningunha desas. Díxoo o Señor. ⁷Tamén collerán algúns dos teus fillos, ós que ti enxendraras, e serán oficiais no pazo do rei de Babilonia".

⁸Entón díxolle Ezequías a Isaías:
"É boa a palabra que o Señor pronunciou".
Pois pensaba: "Cando menos que haxa paz e seguridade nos meus días".

DEUTEROISAÍAS (II Is)

Poema vocacional: chamada á consolación

40 ¹Consolade, consolade o meu pobo:
—dío o voso Deus.
²Faládelle ó corazón de Xerusalén; si, dicídelle ben alto
que a súa milicia está cumprida, que a pena pola súa culpa está aceptada.
Si, xa recibiu da man do Señor o dobre por tódolos seus pecados.
³Unha voz clama:
"No deserto preparádelle o camiño ó Señor.
Endereitádelle na estepa a calzada ó noso Deus.
⁴Que todo val sexa levantado, que todo monte e outeiro sexa rebaixado;
que a terra fragosa se volva unha chaira; e as ladeiras, un val achanzado.
⁵Pois vaise revela-la gloria do Señor, e toda carne verá o Único.
Falou a boca do Señor".
⁶Unha voz di: "Clama". El responde:
"¡Que vou clamar!".
"Toda a carne é herba; e toda a fidelidade da carne, flor do campo.
⁷Seca a herba, murcha a flor, cando o alento do Señor sopra nela.
(Si, o pobo é a herba).
⁸Seca a herba, murcha a flor, pero a palabra do noso Deus mantense firme para sempre".
⁹Sube a un monte alto, mensaxeira de Sión,
levanta con forza a túa voz, mensaxeira de Xerusalén,
levántaa, non teñas medo.
Dilles ás cidades de Xudá: "Velaí o noso Deus".
¹⁰Velaí o meu Señor Iavé que chega con poder; si, o seu brazo domina.
Velaí a súa paga con el,
o seu xornal diante del.
¹¹Igual ca un pastor, pastorea o seu rabaño, recólleo co seu brazo,
leva ós añiños no seo e protexe os que aínda maman.

40, 1-11 Poema de catro estrofas, sobre a vocación do profeta á misión consoladora do pobo deportado. O grupo de discípulos, arredor do profeta, participan da súa misión.
40, 1-2 Chamada á consolación do pobo. O pagamento das culpas considérase coma un servicio militar forzoso, e coma pagamento merecido por un roubo, debendo satisface-lo dobre (cf Ex **22,** 2. 5. 8; Xer **16,** 18).
40, 2 *Faládelle ó corazón*. Esta expresión aparece case sempre nun contexto de planificación dun futuro matrimonio (cf Xén **34,** 2; **50,** 21; Xuí **19,** 3; Rut **2,** 13; Os **2,** 16). Refírese, máis ben ca ós sentimentos, ós plans e decisións, concretándose neste caso no restablecemento da alianza entre Deus e o pobo (cf Os **2,** 16).
40, 3-5 Invitación divina a preparárselle o camiño ó Señor, que vén a Xerusalén en ruínas para revela-la súa gloria, en presencia salvífica. O autor toma pé dos percorridos cúlticos precesionais babilónicos. Deus válese de Ciro na súa obra de liberación.
A misión profética do Bautista prepara a definitiva manifestación salvífica en e por Xesús. Por ese motivo os evanxeos sinópticos, lendo o texto de Is nos LXX, consideran a Xoán coma ese mensaxeiro que prepara os camiños do Señor.
40, 5 *Toda carne*. A liberación non afecta soamente a Israel, senón a tódolos pobos sometidos ó dominio babilónico.
40, 6-8 Danse aquí unha voz —que substitúe á teofanía—, e o diálogo, propio dos relatos vocacionais proféticos. Constátase a debilidade e caducidade da herba e da flor, coa perenne firmeza e estabilidade da palabra de Deus que transmite o profeta.
40, 9-11 Mensaxe para Xerusalén e para as outras cidades de Xudá, anunciándolle-la chegada do Señor, que domina, e que pastorea con agarimo o seu pobo.
40, 9 *Mensaxeira* (heb. "mebaséret"). Trátase dunha forma feminina. Tamén os verbos están en feminino. Ten que se referir ó grupo de mulleres que esperaban a chegada do rei victorioso para celebra-la victoria. Os LXX traduciron "euangelistes", alusivo ó soldado que corría para anuncia-la victoria e preparar así o recibimento triunfal.
40, 11 En toda a cultura oriental, incluída a grega, o pastor é símbolo do rei que protexe e coida d seu pobo (c Xer **23,** 1-6; Ez **34;** Mt **18,** 12-14 e paral. de Xn **10,** 1-18).

Himno á grandeza de Deus ante os ídolos; e a crise de fe do seu pobo

¹²¿Quen mediu coa súa man a auga do mar? ¿Quen mantén fixo o ceo coa súa palma?
¿Quen colleu en tres puñados o po do mundo?
¿Quen pesou os montes coa romana e os outeiros coa balanza?
¹³¿Quen creou o espírito do Señor?
¿Quen é o seu conselleiro, que o instrúa?
¹⁴¿Con quen se aconsella para entender?
¿Quen lle fixo coller práctica en sentenciar con xustiza?
¿Quen lle ensinou a ciencia? ¿Quen o instruíu no camiño da intelixencia?
¹⁵Velaí as nacións: son coma pingotiña dentro da sella; son coma unha area na balanza.
Velaí as illas, pesan coma o po.
¹⁶O Líbano non chega para face-la queima, os seus animais non chegan para un holocausto.
¹⁷Tódolos pobos son nada en comparación con El,
son considerados nada e vacío en comparación con El.
¹⁸¿Con quen asemellaredes a Deus? ¿Que semellanza lle buscaredes?
¹⁹Un artista fonde co metal a imaxe dun deus, logo o ourive recóbrea de ouro, ó mesmo tempo que fonde unha cadea de prata.
²⁰O superintendente da ofrenda escolle un pau que non podreza,
busca un artista experto, para que del faga un ídolo que non se mova.
²¹¿Non o sabedes? ¿Non o oístes? ¿Non se vos anunciou desde un principio?
¿Non o entendestes desde que se fundamentou a terra?:
²²Que El reina sobre o orbe da terra, e que os habitantes da terra son coma saltóns;
que el estende coma unha cortina o ceo, esténdeo coma unha tenda onde habitar;
²³que converte ós xefes en nada, aniquila os árbitros do mundo.
²⁴Non están aínda plantados, non están aínda sementados, aínda o seu plantón non enraizou a terra,
sopra neles e secan, o vendaval levántaos coma ó coaño.
²⁵¿Con quen me asemellaredes, a quen serei comparable? —di o Santo—.
²⁶Levantade os vosos ollos ó alto, ollade: ¿Quen fixo esas cousas?
O que fai saír con orde o exército celeste, e a todo el o chama polo nome,
coa enormidade do seu poder, coa súa vigorosa forza, e non falta ningún.
²⁷¿Xacob, por que dis? ¿Israel, por que afirmas?:
"O meu comportamento está escondido para o Señor, ó meu Deus esqueceulle a sentencia ó meu favor".
²⁸Pero ti, ¿non o sabes? ¿Non o tes oído?:
O Señor é Deus da Eternidade, El creou os extremos do mundo
e non está canso nin fatigado, a súa intelixencia é insondable.
²⁹El dálle forza ó cansado, ó que non ten enerxía multiplícalle o vigor.
³⁰Os mozos cansan e fatigan, os atletas escolleitos tropezan e caen;
³¹pero ós que teñen esperanza no Señor renóvanselle-las forzas, soben con ás de aguia:
corren, e non se fatigan; camiñan, e non cansan.

40, 12-31 Toda esta sección é un himno á grandeza omnipotente de Deus, mostrada na creación. Ás repetidas interrogacións son a forma máis usada nos himnos, para enfatiza-los seus contidos. Nótese que o feito creacional non lle interesa ó autor coma feito arqueolóxico, senón en canto que é a base do dominio de Deus sobre a creación e a historia (vv 21-24). O himno está cortado por dúas estrofas alleas ó xénero, pero centrais para a súa comprensión: vv 19-20 (que tratan da fabricación dos ídolos con acentos de escarnio), e o v 27 (referencia á crise de fe en Iavé dos exiliados). Conclúe cunha invitación á esperanza en Iavé (v 31), que non é allea ós himnos. Este himno é unha preparación á páxina de teoloxía da historia do cabo do exilio, que segue no c. **41**: non son os ídolos (Marduk), que reciben a súa consistencia do artista, senón Iavé —o poderoso Señor da Historia—, que salva o seu pobo que pon nel a súa esperanza.

40, 12 *Tres puñados:* o hebreo soamente di "tres", pero con artigo determinado, que se refire ó "puñado" ou man.

40, 13 *Creou:* tal é o senso da forma causativa do verbo "kun".

40, 20 *Superintendente,* algo semellante a gobernador, administrador (cf Sal **139,** 3).

40, 21 O autor fai remonta-la fe no Deus creador ás orixes da creación mesma, co que expresa enfaticamente o seu carácter tradicional.

40, 31 Esta chamada á confianza en Iavé hai que póla en relación coa interpretación da historia do triunfo de Ciro, que segue en **41,** 1-7.

Deus suscita un xusto que trae consigo a paz

41 ¹Gardade silencio:
Eu fortalezo as nacións costeiras, as nacións renovan as forzas.
Que se acerque, e falarán; reunámonos para o xuízo.
²¿Quen suscita do oriente un xusto? ¿Quen o chamará ante o seu trono?
¿Quen lle pon diante os pobos? ¿Quen lle somete os reis?
¿Quen fixo as súas espadas numerosas coma o po e os seus arcos coma palla esparexida?
³¿Quen os persegue, deixando paz ó seu paso, sen toca-lo camiño cos seus pés?
⁴¿Quen obrou e fixo isto?
O que convoca á existencia ás xeracións desde un principio.
Eu, o Señor, o Primeiro. Tamén cos derradeiros estarei eu.
⁵As nacións costeiras veno e collen medo, os confíns da terra tremen,
pero acercaranse e virán.
⁶Cada un axudará ó seu próximo e diralle ó seu irmán: "¡Ten ánimo!"
⁷O tallista animará ó ourive, ó que pule co martelo, ó que malla na zafra;
diralle da lámina incrustada: "Está ben", e logo aseguraraa con cravos para que non se mova.

Oráculo salvífico: eu son quen te axuda e redime

⁸Ti, Israel, e-lo meu servo; Xacob, ti es quen eu elixín;
ti e-la descendencia de Abraham, que me amaba;
⁹ti es quen eu collín dos confíns da terra e a quen chamei desde os seus extremos.
Díxenche: "Ti e-lo meu servo, quen eu escollín e non rexeitei".
¹⁰Non teñas medo, que estou contigo; non mires con medo, que eu son o teu Deus.
Fortalecinte e axudeite, collinte coa miña destra xustificadora.
¹¹Velaí: avergonzarán e serán aldraxados tódolos que rabiaban contra ti,
serán coma nada e perecerán os homes que loitan contra ti;
¹²buscarás e non atopara-los homes que rifan contigo,
serán coma nada e nulidade os homes que guerrean contra ti,
¹³porque eu, o Señor, son o teu Deus, que te collo da man dereita.
Eu son quen che digo: non teñas medo.
Eu son quen te axuda.
¹⁴Non teñas medo, verme de Xacob, bechiño de Israel,
Eu son quen te axuda —é o Señor quen fala—; si, o que te redime, o santo de Israel.
¹⁵Eu convértote en carro de trilla, novo, con dentes:
trillara-los montes e volveralos po, convertera-los outeiros en coaño.
¹⁶Esparexeralos, botándoos ó vento, e o vendaval espallaraos.
Entón ti brincarás de ledicia por mor do Señor, alegraraste polo Santo de Israel.

41, 1-7 Estes vv, aínda que conceptualmente son un complemento do himno anterior, literariamente constitúen unha unidade distinta, pois son un himno profético. A idea central vén sendo esta: Iavé, o Señor da historia (vv 4ss), é quen suscita ó *xusto* (Ciro) e quen lle somete os pobos e os reis; esa divindade non pode ser Marduk, que depende da habilidade e seguridade que os homes lle dan (v 7; cf **40**, 19-20).

41, 1 *Eu fortalezo:* a forma verbal hebrea significa prevalecer, vencer, gañar. *Nacións costeiras:* refírese a Persia, que é costeira no golfo do seu nome.
O xuízo de que se fala é o plan de Deus de trae-la paz mediante o xusto (Ciro) que El suscita do Oriente.

41, 2 *Trono:* lit. "pés".

41, 3 Deus persegue mediante Ciro ós pobos, pero esta persecución trae detrás de si a paz e a fartura, pois quen persegue é a gloria de Deus, que nin sequera toca o camiño cos seus pés.

41, 5 Este medo non impide achegarse, senón que provoca esta cercanía, pois é a experiencia relixiosa da divindade, actuando salvificamente a través da historia de Ciro.

41, 8-20 Oráculo salvífico, composto poeticamente, presentando primeiro unha serie de títulos, nos que basea Deus a salvación do seu pobo (vv 8-9). Segue unha chamada á confianza nel (vv 10. 13. 14), o triunfo sobre os inimigos (vv 11-12. 15-16), e o esplendor da renovación do pobo sedento, que se ve convertido nun verxel (vv 17-20).

41, 8 O servo de Iavé é aquí o pobo, a quen El elixiu e amou: *servo* non ten senso pexorativo, senón que é un verdadeiro título, a persoa de máis cumprida confianza.

41, 9 A deportación do pobo non é sinal de rexeitamento por Deus, senón a ocasión histórica para mostrar que é o seu pobo preferido, co que mostrará o seu poder.

41, 10 A *destra* é a man do favor e do auxilio (cf v 13). *Xustificación* (lit. "xustiza"), entendida coma realidade dinámica do obrar salvífico de Deus.

41, 11-12 Os opositores dos desterrados son os babilonios, que non soamente foron os deportadores, senón os opresores da fe do pobo coas súas teoloxías triunfalistas.

41, 14 Cf Lev **25**, 23-28. 47-49; Núm **35**, 19-27; Rut **2**, 12-4.
14. Pola elección do pobo Iavé séntese membro da familia de Israel, pois é o Santo de Israel e por iso é o seu redentor (cf Rm **3**, 24).

41, 15-16 A imaxe da trilla alude ós inimigos vencidos e humillados; estaba baseada nos brutais castigos dos asirios ós vencidos.

¹⁷Os pobres e os necesitados buscan auga e
non a hai, a súa lingua seca coa sede.
Eu, o Señor, respondereilles; eu, o Santo
de Israel, non os abandonarei.
¹⁸Abrirei regueiros nas gándaras peladas; e
no medio dos barrancos, manantiais,
converterei o deserto nun pozo de auga, e
a terra seca en fontes.
¹⁹Porei no deserto cedros, acacias, buxos e
oliveiras,
porei xuntos na estepa amieiros, olmos e
cipreses,
²⁰para que todos vexades e saibades,
para que vos apliquedes e vos decatedes
de que a man do Señor fixo isto e o Santo
de Israel o creou.

Polémica contra os ídolos

²¹Presentade a vosa defensa, aducide as
vosas probas —dixo o Rei de Xacob—.
²²Alegade e mostrádeno-lo que vai
acontecer,
mostrádenos cales foron as cousas
pasadas e prestarémoslles atención.
Entenderiámo-las cousas futuras se
anunciaséde-lo que ha de vir.
²³Mostrádeno-lo que ha de vir para o
futuro, e recoñeceremos que vós sodes
deuses.
Facédenos, pois, algún ben ou algún mal,
que todos nós vos ollaremos con
respecto e terémosvos medo.
²⁴Velaí: non sodes ninguén, velaí os vosos
feitos, que non son nada;
elixirvos a vós é unha abominación.
²⁵Eu fágoo xurdir do Norte, e vén desde o
nacente do sol;
será chamado por causa do meu nome.
El esmaga os nobres coma se fosen
barro, o mesmo que o oleiro pisa o
barro.
²⁶¿Quen o deu a coñecer desde un
principio?, que o recoñeceremos.
¿Quen desde o tempo pasado?, que lle
diremos: "Este é o xusto".
Non, ninguén o deu a coñecer; non,
ninguén o anunciou; non, ninguén oíu
os vosos ditos.
²⁷O primeiro é Sión: velaí fala; si, deille a
Xerusalén un mensaxeiro de paz.
²⁸Ollei, e non había un; ollei entre aqueles,
e non había quen aconsellase.
Se lles preguntase, devolveríanme a
pregunta.
²⁹Velaí, todos eles son ninguén; os seus
feitos non son nada;
as súas imaxes fundidas, vento e nada.

Primeiro poema do Servo de Iavé. Oráculo salvífico

42 ¹Velaí o meu servo, a quen teño
collido da man;
velaí o meu escollido no que eu me
comprazo.
Teño posto sobre el o meu espírito:
dictaralles sentencia xusta ás nacións.
²Non berrará,
non levantará a súa voz nin a fará oír nas
rúas.
³Canivela fendida non a romperá,
e torcida esmorecente non a apagará.
Con fidelidade proclamará a xustiza,
⁴non desfalecerá nin crebará
ata establecer na terra a xustiza,
e a súa lei, que esperan as nacións.
⁵Así fala Deus, o Señor,
o que crea o ceo e o estende, o que
sustenta a terra e os seus productos,

41, 17-20 A sede do pobo esixe de Deus unha resposta: Deus enche o deserto de manantiais e de árbores de todo xeito: é así cómo presenta o autor a recreación do pobo na súa realidade salvífica nova, por obra do Señor.
41, 21-29 Texto da polémica antiidolátrica do II Is, no que o autor nega a validez da teoloxía babilónica, que recoñece en Marduk a divindade que suscita a Ciro e o novo período salvífico, pola razón de que os deuses babilónicos nada prediciron sobre Ciro, mentres que Iavé si. O argumento é o seguinte: dunha divindade que non preanuncia a historia futura, non se pode dicir dela que dirixe a historia, e polo tanto non é unha divindade salvífica, nin nada que se lle pareza.
41, 25 O profeta contrapón a acción de Iavé coa ineficacia dos ídolos babilónicos.
41, 27 *Mensaxeiro da paz* (heb. "mebasser"): o que anuncia a victoria (cf nota a **52,** 7).
41, 28 A quen o profeta olla é ós ídolos babilónicos e ós seus profetas. Os razoamentos do profeta lévano a un monoteísmo, pois soamente Deus se revela a través da historia.
42 1-9 Segundo a moderna tradición esexética, temos aquí o primeiro cantar do *Servo de Iavé*, do que se di que cumpre as antigas prediccións (cf **41,** 21-19), e sobre o que se anuncian outras novas. É difícil entender este oráculo salvífico en dúas estrofas (1-4; 5-9) sen referilo dalgún xeito a Ciro e ós seus primeiros avances victoriosos. Con todo, as trazas do Servo fano unha figura ideal ó servicio do plan salvífico de Deus, que non impide unha eséxese xudía que o refira ó pobo xusto e ós grupos ou escolas proféticas (LXX); a eséxese cristiá ve nel a Xesús (cf Mt **12,** 18-21), coma revelador do plan salvífico de Deus.
42, 1 *Servo* é aquí un título que se refire a que este personaxe secunda o plan de Deus, que amorosamente o escolleu para tal misión. O Espírito de Iavé móveo a realiza-la xustiza, como fixera antes cos xuíces de Israel (Xuí **3,** 10) e co rei Mesías (**11,** 2). Se entendemos esta figura ideal referida ós grupos proféticos do exilio, non debemos esquece-las referencias do Espírito de Iavé ó carisma profético (cf; **48,** 16; **61,** 1; Núm **11,** 24-30; Os **9,** 7; Xl **3,** 1-2).
42, 3 As referencias á *canivela fendida* e á *torcida esmorecente do candil*, poden aludir ás poucas esperanzas de prosperidade do resto do reino babilonio, que revivirán e prosperarán.

o que lle dá alento ó pobo que hai sobre ela, e espírito ós que camiñan por ela: ⁶Eu, o Señor, chameite por causa da xustiza, collinte pola man e protexinte, e convertinte en Alianza dun pobo e en luz das nacións, ⁷para que lles ábra-los ollos ós cegos, para que libres do cárcere ós presos, da prisión ós que viven na escuridade. ⁸¡Eu, Iavé, este é o meu Nome! A miña gloria a outro non lla dou; nin a miña louvanza ós ídolos. ⁹As antigas prediccións xa chegaron, e as novas estounas a anunciar: antes de que despunten, fágovolas oír.

Himno pofético ó Deus salvador

¹⁰Cantádelle ó Señor un cántico novo; a súa louvanza, desde o confín da terra. Serán humillados o mar e todo o que o enche, as ribeiras e os seus habitantes. ¹¹Serán enaltecidos o deserto e as súas cidades, as fondas veigas onde habita Quedar. Exultarán os habitantes de Sela, berrarán lediciosos desde o cume dos montes. ¹²Daranlle gloria ó Señor, e pregoarán nos países costeiros. ¹³O Señor sae coma un heroe, coma un guerreiro excita a súa bravura, berra, bota aturuxos de guerra, contra os seus inimigos mostra o seu poder: ¹⁴″Levo quedo desde hai moito, estou en silencio, conténome. Coma a muller que está no parto, berro, suspiro e acaso todo ó mesmo tempo. ¹⁵Vou asola-los montes e os outeiros, vou secar todo o seu verdor;

vou converte-los ríos en barrancos e vou reseca-las lagoas. ¹⁶Farei camiña-los cegos por un vieiro que non coñecen, por corredoiras descoñecidas fareinos ir. Converterei diante deles a escuridade en luz, e as revoltas do camiño en dereitura. Estas cousas fareillas; si, non os abandonarei″. ¹⁷Eles deron a volta cara atrás. Avergonzaranse os que confían nos ídolos, os que lles din ás imaxes fundidas: ″Vós sóde-lo noso deus″.

Israel é o servo cego e mudo para comprende-lo plan de Deus

¹⁸¡Escoitade vós, mudos! ¡Fixádevos ben para ver, vós, cegos! ¹⁹¿Quen é o cego, senón o meu servo? ¿Quen é o mudo, senón o mensaxeiro que eu enviei? ¿Quen está cego? —O meu enviado. ¿Quen está mudo? —O servo do Señor. ²⁰Olla moito, pero non cumpre; abre os oídos, pero non fai caso. ²¹Por amor á súa xustiza, o Señor quere engrandecer e glorifica-la súa lei. ²²Pero este é un pobo saqueado e arruinado. Todos eles están pechados en covas, e presos no cárcere. Serviron de botín, e non houbo quen os librase; serviron de pillaxe, e non houbo quen dixese: ″Devólveos″.

42, 6 Este v. pode aludir ás tradicións que nos refire Herodoto (I, 107-129) sobre a orixe rexia medo-persa do Ciro, o mesmo ca ó perigo da súa vida e á chegada a fusiona-los dous reinos. No texto de Herodoto hai elementos míticos, pero non pode poñerse en dúbida a historicidade global do relato.
42, 7 A referencia ós cegos e presos alude ós exiliados, tanto xudeus coma xentís.
42, 8-9 A importancia teolóxica do oráculo é que presenta toda a obra liberadora e pacificadora de Ciro como obra de Iavé que fai resplandece-la súa gloria, mentres que a dos ídolos queda fendida (cf Introd. ó II Is).
42, 10-17 Himno profético que quere canta-la salvación inminente de Deus en favor do pobo: por iso xónguense-lle elementos propios de oráculos salvíficos (vv 13-16).
Un cántico novo: novo, non no tempo, senón na calidade, aludindo á nova creación do pobo e a unha nova situación.
42, 10 O tema creacional (v 5) reaparece coa súa resonancia mítica do mar e dos elementos costeiros coma desorde caótica, e co deserto e a terra firme coma cosmos.
42, 11 *Quedar* era unha tribo nómada do deserto; e *Sela*

era unha cidade edomita.
42, 13 A intervención militar de Ciro contra Babilonia considérase coma guerra santa, na que toma parte principalmente Iavé, e con ela vai construír unha nova orde cósmica, semellante a unha segunda creación (v 15), que traerá consigo a reforma das actitudes morais e relixiosas dos homes.
42, 18-25 A unidade destes vv, que abranguen diversos xéneros literarios, vén dada polo tema da incomprensión do pobo de Deus sobre o seu plan salvífico. Os vv 18-20 son unha acusación contra o pobo pola súa falta de comprensión do plan salvífico de Deus, que despunta co xurdir da figura de Ciro. O v 21 é unha exposición do plan de xustiza salvadora de Deus, que levará á glorificación da lei ou revelación de Deus. Os vv 22-25 son unha confirmación da incomprensión do plan salvífico á volta do exilio, mediante a incomprensión da deportación mesma.
42, 18-19 O pobo, mensaxeiro de Deus, é o seu embaixador da salvación ante os pagáns oprimidos por Babilonia. O cego é o mudo, que non fai caso á revelación de Deus, e por iso é coma un servo cego e mudo.

ISAÍAS

²³¿Quen de entre vós escoitará isto,
prestará atención e fará caso para o futuro?
²⁴¿Quen entregou Xacob á pillaxe e Xerusalén ó saqueo?
¿Acaso non foi o Señor contra quen nós pecamos?
Si, non quixeron camiñar polo seu vieiro nin fixeron caso da súa lei,
²⁵por isto o Señor verteu sobre o pobo o furor da súa ira e a súa forza de guerra,
que o consumiron de todo sen que se decatase, e que prenderon nel sen que o advertisen.

O plan salvífico e de autorrevelación de Deus

43 ¹Pois agora, así fala o Señor, o teu creador, Xacob, o que te formou, Israel:
"Non teñas medo, que eu son o teu redentor; impóñoche o meu nome: ti-es-meu.
²Cando pases a través das augas, eu estarei contigo; cando pases a través dos ríos, non te engulirán.
Cando pases a través do lume, non te queimarás; cando pases por entre as chamas, non prenderán en ti.
³Porque eu son o Señor, o teu Deus, o santo de Israel, o teu salvador.
Porei a Exipto de expiación túa; a Cux e a Sebá poreinos no teu lugar.
⁴Porque ti fuches ben querido ós meus ollos; fuches glorificado, o meu predilecto; e
por isto, farei que a humanidade expíe no teu lugar; e que os pobos paguen pola túa vida.
⁵Non teñas medo, que eu estou contigo; traerei desde o nacente a túa descendencia, e desde occidente xuntareite,
⁶direille ó Norte: Dámos, e ó Sur: Non os reteñas;
tráeme os meus fillos desde lonxe, e as miñas fillas desde o cabo da terra,
⁷todo o que se chama co meu Nome, e todo o que creei para a miña gloria, pois eu o formei e o fixen".
⁸Que saia un pobo cego, pero con ollos; xordo, pero con oídos.
⁹Os pobos todos xúntanse a un tempo, e congréganse as nacións.
¿Quen entre eles dá a coñecer isto e nos fai oí-las antigas predicións?
Que presenten testemuñas e xustifiquen a súa postura, que se oia e se teña que dicir: "¡É verdade!"
¹⁰Vós sóde-las miñas testemuñas —é o Señor quen fala—; si, o meu servo que eu escollin,
para que me coñezades e creades en min, e para que recoñezades que só eu son.
Antes de min non foi formado ningún deus, e despois de min non existe ningún.
¹¹Eu, eu son o Señor, e fóra de min non hai outro salvador.
¹²Eu anunciaino e púxeno a salvo, fíxeno oír e non fun un estraño entre vós,
e vós sóde-las miñas testemuñas —é o Señor quen fala—, mentres eu son Deus.
¹³Si, desde hoxe eu seguireino sendo, e ninguén estará desprotexido da miña man.
O que eu realizo, ¿quen o fará cambiar?
¹⁴Así fala o Señor, o voso Redentor, o santo de Israel:
"Por causa vosa envíoo contra Babilonia e farei caer tódolos seus ferrollos;
en canto ós caldeos, transformarei con lamentacións os seus berros de alegría.
¹⁵Eu son o Señor, o voso Santo, o Creador de Israel, o voso Rei".

42, 22c-23 O profeta preséntase coma o primeiro profeta salvífico do período do desterro; pero o pobo en xeral, asimilándose ó culto e á fe babilónicos, non comprende a mensaxe do II Is.

43, 1-15 Debemos considerar como formando un corpo o oráculo salvífico dos vv 1-8, a autorrevelación do Señor mediante a predicción e conseguinte salvación dos exiliados (vv 9-13), e maila caída de Babilonia, que o Señor vai levar a cabo (vv 14-15). Cf o paralelismo con **41,** 1-29, agrupando os dous temas coa polémica anti-idolátrica.

43, 1 A razón última da acción salvífica de Deus para o seu pobo é a elección divina, que se considera coma a súa creación e constitución.

43, 2 As alusións ás augas e ó lume pódense considerar coma alusións ó Éxodo (cf Núm 11, 1-3 e Sal 66, 12), ou ben coma graves perigos dos que o Señor librará ó seu pobo.

43, 3 *Cux* e *Sebá* son rexións do Sur de Exipto (cf **45,** 14). Estes pobos, remotos para os desterrados, preséntanse en xeral como os que expían os pecados do pobo de Deus.

43, 9 *As nacións* convócanse para que presenten testemuños das prediccións das súas divindades sobre a liberación da opresión babilónica (cf **41,** 21-24).

43, 10 O pobo de Iavé, aínda que "cego e xordo", sérvelle a Deus de testemuño das súas prediccións, e revelando así a divindade única de Iavé, pódelle El chamar "meu servo".

43, 12 *Non son estraño entre vós:* outros traducen "non hai deus estraño entre vós", cousa que está fóra do contexto, pois esta frase ten de responder a "Eu púxeno a salvo".

Actualización renovada da liberación do Éxodo

¹⁶Así fala o Señor, que fixo un camiño polo mar e unha verea polas augas impetuosas,
¹⁷que fixo saír carros e cabalos, un exército moi poderoso.
Eles deitaranse e non se levantarán, apagáronse coma a torcida dun candil, extinguíronse.
¹⁸¿Non vos lembrades das cousas pasadas? ¿Non comprendéde-las cousas antigas?
¹⁹Ollade: eu estou facendo algo novo; xa agroma: ¿non vos dades conta?
Si, vou abrir un camiño no deserto, ríos na estepa.
²⁰Os animais do campo honraranme, os chacais e os poliños da avestruz,
porque porei augas no deserto, ríos no ermo,
para darlle de beber ó meu pobo, ó meu escollido,
²¹ó pobo que eu criei para min, e que contará a miña louvanza.

Careo de Deus co seu pobo, con finalidade purificadora

²²Pero ti, Xacob, non me invocaches, senón que te cansaches de min, Israel.
²³Non me trouxéche-las reses para os teus holocaustos, nin me honraches cos teus sacrificios,
aínda que non te obriguei a darme culto coa ofrenda, nin te carguei coa obriga do incenso.
²⁴Non me compraches perfumes con cartos, nin me fartaches coa graxa dos teus sacrificios;
ó contrario, cos teus pecados obrigáchesme a actuar, e cansáchesme coas túas iniquidades.
²⁵Eu, eu mesmo, pola miña bondade son quen limpa as túas rebeldías, e dos teus pecados non me lembro.
²⁶Fai acordo, cando botémo-las contas: cóntaos ti mesmo para probáre-la túa xustiza.
²⁷O teu pai primeiro pecou, e os teus farsantes dirixentes rebeláronse contra min,
²⁸por isto deshonraba eu os xefes do Santuario, entregaba Xacob á destrucción e Israel ás burlas.

Autorrevelación de Deus a través da historia salvífica, e polémica antiidolátrica

44 ¹Agora, pois, escoita, Xacob, meu servo; Israel, a quen eu escollín.
²Así fala o Señor, que te creou, e que te formou, quen desde o seo te vén axudando:
"Non teñas medo, meu servo Xacob; Iexurún, a quen eu escollín,
³porque eu verterei auga sobre o sedento, e regueiros sobre a reseca.
Verterei o meu espírito sobre a túa descendencia, e a miña bendición sobre os teus retoños,
⁴e brotarán coma entre xuncos, como os amieiros xunto ás correntes de auga.
Este dirá: Eu son do Señor; e aquel chamarase co nome de Xacob;
⁵este escribirá na súa man: Pertenzo ó Señor; e será titulado co nome de Israel".
⁶Así fala o Señor, Rei de Israel, o seu Redentor, o Señor dos Exércitos:

43, 16-21 Aínda que se alude nos vv 16-17 ós prodixios de Éxodo, a salvación que se presenta coma inminente calificase de algo novo, algo de calidade moi superior, e así o mar e as augas impetuosas do Éxodo, de senso negativo na mitoloxía semítica, convértense nun camiño polo deserto e en ríos que dan vida ó pobo de Deus no seu camiñar e ós mesmos animais salvaxes. O carácter de novidade márcao tamén o canto de louvanza ó Señor.

43, 22-27 Literariamente trátase dun "rib" ou careo contra Israel, o pobo do exilio, ó que se acusa de non invocar a Iavé e cansar del, de non lle ofrecer sacrificios, ós que Deus non o obrigara, mentres que o pobo obrigou a Deus a purifica-las súas iniquidades co exilio e a destrucción de Xudá (= Israel), para deste xeito poder recrea-lo seu pobo. Estas acusacións refírense ó período preexílico (v 22b) e buscan que o pobo recoñeza a necesidade dos actos xustificadores de Deus (vv 25-26).

43, 27 *O primeiro pai* é Xacob, segundo a tradición recollida por Xer **9,** 3 e Os **12,** 3-4. *Os farsantes dirixentes:* alusión ós falsos profetas.

44, 1-8 Podemos distinguir dúas unidades, introducidas pola fórmula "así fala o Señor" (vv 2 e 6). A primeira é un oráculo salvífico (vv 1-5); e a segunda é un texto da polémica anti-idolátrica (vv 6-8). Os dous textos están entrelazados: xa que a revelación profética da salvación é a razón que o autor ofrece coma base da divindade de Deus, e por outra parte a polémica preséntase coma oráculo divino, por iso pensamos nunha unidade de chamada á fe no Deus único e na salvación que El realizará.

44, 1s A acción salvífica de Deus ten a súa base na elección, creación ou constante axuda de Deus ó seu pobo. *Iexurún,* en paralelo con Xacob, equivale a Israel, e en semellante paralelismo aparece en Dt **32,** 15; **35,** 5. 26 (cf nota destes lugares).

44, 3 A auga aquí é símbolo da vida que o Espírito de Iavé comunica a todo o pobo.

44, 6 Os títulos *Primeiro e Derradeiro,* neste contexto concreto (v 7), refírese a que Iavé planifica a sorte do seu pobo, comunícallela ós seus profetas, e logo realízaa (cf **41,** 4; **48,** 12; Ap **1,** 17; **22,** 13).

"Eu son o Primeiro, e tamén o Derradeiro; non hai outro Deus fóra de min.
⁷¿Quen é coma min? Que o diga, que o manifeste e que se compare comigo, porque eu establecín un pobo eterno e cousas que han vir: comprenderano cando cheguen.
⁸Non teñades medo nin pavor. ¿Acaso non volo fixen oír e volo manifestei desde entón?
Vós sode-las miñas testemuñas: ¿hai acaso un Deus fóra de min?
Non, non hai Penedo: eu non o coñezo".

Sátira contra a fabricación de ídolos

⁹Os escultores de ídolos, todos eles, son nada: para nada serven as súas cousas preciosas.
Si, eles mesmos son testemuñas, pero non o queren ver nin recoñecer, porque se avergonzarían.
¹⁰¿Quen esculpiu un deus e fundiu un ídolo, sen esperar unha ganancia?
¹¹Velaí: tódolos seus devotos avergónzanse, ós seus artistas sáenlle-las cores.
Xúntanse todos, fican quedos, atérranse, avergónzanse.
¹²O artista corta o ferro co cicel, quéntao co carbón;
co martelo dálle forma, tráballao coa forza do seu brazo.
Por veces ten fame e non ten forza; non bebe auga e está canso.
¹³Corta madeira, estende o cordel,
fai unha marca co lapis, traballaa coa garlopa,
logo trázaa co compás, e faina á semellanza dun home,
conforme a fermosura dun humano, para que habite no templo.
¹⁴Si, corta para si uns cedros ou colle un toro de aciñeira ou de carballo,
déixao endurecer entre as árbores do bosque,
e planta no seu lugar un cedro que a chuvia fará medrar.

¹⁵A madeira sérvelle ó home para queimar,
colle parte dela e acende o lume; quenta o forno e coce o pan.
Tamén pode traballar un deus e postrarse ante el, pode facer un ídolo e adoralo.
¹⁶A metade da árbore quéimaa no lume, sobre a outra asa carne, come o asado e fártase.
Tamén se quenta e di: "¡Ah, quéntome, vexo o resplandor!"
¹⁷O que lle sobra é para un deus, fai o seu ídolo, adórao e póstrase ante el,
rézalle ó seu deus e dille: "Sálvame, que ti e-lo meu deus".
¹⁸Non saben nada nin entenden, están ofuscados;
os seus ollos non ven, e a súa mente non pensa.
¹⁹Non medita, non ten saber nin intelixencia ó dicir:
"Queimo a metade no lume, e sobre as súas brasas cozo o pan,
aso a carne e cómoa, e do resto del fago algo abominable:
adoro a ponla da árbore".
²⁰A quen mancha a cinsa, engánao o corazón e extravíao:
non porá a salvo a súa vida,
pois non pode recoñecer: "O que teño na miña dereita é unha mentira"

Chamada a converterse ó Deus Salvador

²¹Lémbrate de Deus, Xacob; Israel, ti e-lo meu servo: eu te formei, o meu servo es ti, Israel: non te esquezas de min.
²²Fixen desaparece-las túas rebeldías coma unha nube, e como a néboa espesa os teus pecados.
Convértete a min, que eu son o teu Redentor.
²³Xubilade, ceos, porque o Señor actuou; gritade alegres, profundidades da terra.
Montes, estalade de ledicia: o bosque e toda árbore que hai nel,
porque o Señor redime a Xacob, vai mostra-la súa gloria en Xerusalén.

44, 8 *Penedo:* cf notas a **31,** 9; **33,** 16 e **51,** 1.
44, 9-20 Os autores discuten a autoría do II Is para esta sátira, por razóns métrico-poéticas e sobre todo teolóxicas, que son de ordinario moito máis serias cás que aquí se ofrecen.
44, 12 *O artista:* non aparece explicitamente no texto, pois quizais para o xenio lingüístico hebreo non sexa necesario, por derivarse da mesma raíz do verbo "cortar".
44, 21-23 Estes vv forman unha inclusión cos vv 1-8, e son un oráculo de chamada á conversión e á confianza en Deus, despois de anuncia-la expiación dos pecados do pobo, coa conseguinte salvación e a desbordante ledicia cósmica.
44, 21 *Deus:* non "estas cousas", traducción que non fai senso e que rompe o paralelismo.
44, 23 *Profundidades da terra:* o Xeol —o mundo dos defuntos—, que se asocian á ledicia da glorificación de Xerusalén.

O Deus creador e Señor da historia presenta a Ciro

²⁴Así fala o Señor, o teu Redentor, o que te formou desde o seo.
Eu son o Señor que o fago todo:
estendo o ceo eu só e expando a terra.
¿Quen está comigo?
²⁵Frustro os sinais dos agoireiros e volvo loucos os adiviños,
fago volver para atrás os sabios e converto a súa ciencia en tolemia.
²⁶El fai firme a palabra do seu servo, e completa o plan dos mensaxeiros.
Di: "Xerusalén, serás habitada; cidades de Xudá, seredes reedificadas,
que volverei levanta-las súas ruínas".
²⁷Di: "Océano, seca; vou seca-los teus ríos".
²⁸Di: "Ciro é o meu pastor, cumprirá tódolos meus gustos,
anunciando:Xerusalén, serás reedificada; templo, serás cimentado".

Misión de Ciro

45 ¹Así fala o Señor acerca do seu unxido,
Ciro, a quen eu collín da man dereita:
el someterá ante si ós pobos, eu descubrirei ante el o lombo dos reis.
El abre ante si os portóns dobres, as portas non se pecharán ante el.
²Eu camiñarei diante de ti e fareiche favorables os presaxios,
romperei os batentes de bronce e farei anacos as trancas de ferro.
³Dareiche os tesouros pechados e as riquezas dos lugares ocultos,
para que recoñezas que eu son o Señor, quen te chamou polo teu nome,
son o Deus de Israel que te chamou
⁴por causa do meu servo, Xacob, e de Israel, o meu elixido.
Si, chameite polo teu nome; creeite, aínda que non me coñecías.
⁵Eu son o Señor e non hai outro, fóra de min non hai deus.
Ameite, aínda que non me coñecías,
⁶para que se saiba desde o nacente ó solpor que non hai cousa sen min.
Eu son o Señor e non hai outro,
⁷o que forma a luz e crea a tebra, o que fai a felicidade e crea a desgracia.
Eu, o Señor, o que fago todas estas cousas.
⁸Ceo, fai caer desde arriba; bóveda celeste, bota para abaixo a xustiza,
que a terra se abra e dea como froito a salvación, que a xustiza faga brota-la felicidade.
Eu, o Señor, son quen a crea.
⁹¡Ai do que preitea con quen o formou!
¡Ai do cacharro que preitea con quen o fixo do barro!
¿Dille a ola a quen a formou: "¿Que fas?
¡A túa obra non ten xeito!"
¹⁰¡Ai de quen lle di ó pai: "¿Que enxendraches?", e á sua nai: "¿Que deches a luz?!"
¹¹Así fala o Señor, o Santo de Israel, o que o formou:
"¿Ídesme pedir contas do futuro dos meus fillos, e ides dar ordes sobre a obra das miñas mans?
¹²Eu fixen a terra e creei o home sobre ela.
Eu, coas miñas propias mans estendín o ceo, deilles ordes a tódalas súas constelacións.
¹³Eu suscitei a Ciro por causa da xustiza e achanceille tódolos seus vieiros.

44, 24-28 Esta unidade literaria constitúe un "oráculo de encargo de misión", variación poética do oráculo-visión vocacional profético.
44, 24-25 Estas afirmacións das obras de Deus preséntano coma autor da creación e Señor e dominador da historia. Remárquese o impresionante da autoapreciación de Deus.
44, 25 *Agoireiro:* sacerdote-adiviño, que actuaba na liturxia de lamentación individual.
44, 26 *O seu servo,* en paralelo cos seus *mensaxeiros,* non se refire a Ciro, senón ó grupo de profetas.
44, 26-27 Nótese como se mesturan as expresións de poder do Señor sobre o cosmos (*océano* ten connotacións negativas na mitoloxía semítica) coas expresións de señorío sobre a historia, pois o feito creacional é a base do seu señorío sobre a historia.
44, 28 *Pastor* é en toda a cultura oriental, incluída a grega, sinónimo de "rei " (cf nota a **11,** 1-9).
45, 1-3 Estas tipificacións da misión aparecen nos oráculos vocacionais (cf Is **6,** 10-13; Xer **1,** 11-19; Ez **3,** 16-21) e aquí se precisan especialmente polo carácter especial desta vocación dun pagán (vv 4c. 5c), a quen se constitúe rei coma instrumento da realeza de Iavé, ó estilo dos reis de Xudá e Israel.
45, 1 *Unxido* aquí significa rei coma instrumento da realeza de Iavé. Descubri-lo lombo dos reis era un antigo costume de remata-la victoria, pisando o rei victorioso o lombo dos reis vencidos.
45, 2 *Fareiche favorables os presaxios.* Outros traducen "achanzareiche as ladeiras", pero esta interpretación é allea ó contexto e á filoloxía semítica, favorable á nosa interpretación.
45, 4 A razón teolóxica da misión victoriosa de Ciro é o pobo de Israel, que é servidor especial de Deus.
45, 9-10 Estes Ais, emparentados coas series de maldicións, son unha chamada á fidelidade e aceptación do plan salvífico de Deus.
Non ten xeito; lit. "non ten as dúas mans en sí".
45, 13 *Xustiza:* adecuación ós plans salvíficos de Deus.

El reconstruirá a miña cidade e mandará alí os meus exiliados, sen prezo nin regalo".

O preanuncio e cumprimento das promesas salvíficas provoca a conversión dos pagáns ó Señor

[14] Así fala o Señor:
"A man de obra de Exipto, os traficantes de Cux, os sebaís, homes de grande estatura,
virán onda ti e serán teus, camiñarán detrás de ti con cadeas,
virán postrarse ante ti e confesarán: Soamente contigo está Deus e non hai outro; non hai máis deuses".
[15] Certo, ti e-lo Deus escondido, o Deus de Israel, o Salvador.
[16] Avergonzaranse, cubriranse de oprobio todos eles, camiñarán con oprobio os tallistas de ídolos.
[17] Israel será salvado polo Señor con salvación eterna:
Non vos teredes que avergonzar e endexamais non vos cubriredes de oprobio.
[18] Si, así fala o Señor, o Creador do ceo, El é Deus,
o formador da terra e o seu facer, El creouna,
non a creou coma un caos, formouna para ser habitada.
"Eu son Iavé e non hai outro.
[19] Non falei en secreto, nun lugar do inferno, na escuridade.
Non lle dixen á descendencia de Xacob: buscádeme no abismo.
Eu, o Señor, proclamo a xustiza, dou a coñece-la rectitude".

[20] ¡Xuntádevos! ¡Vinde! Achegádevos a un tempo, escapados das nacións:
Que non o saiban os que levan en alto ese pau, o seu ídolo,
e os que lle rezan a un deus que non é capaz de salvar.
[21] Expoñede, presentade as vosas probas; aconselládevos uns cos outros.
"¿Quen fixo oír isto desde antigo? ¿Quen o fixo saber desde o tempo pasado?
¿Acaso non fun eu, o Señor? ¡Si, non hai outro Deus fóra de min!
Eu son Deus, o Xusto e o Salvador, non hai outro fóra de min.
[22] Volvédevos cara a min e salvádevos, tódolos confíns da terra,
que eu son Deus, e non hai outro.
[23] Xúroo por min mesmo: da miña boca sae —para cumpri-lo que é xusto— unha palabra que non se volve atrás:
ante min dobrarase todo xeonllo, por min xurará toda lingua.
[24] De min dirase: Si, no Señor están a xustiza e o poder".
Onda El virán, avergonzados, tódolos que se levantaron contra El.
[25] Toda a descendencia de Xacob recibirá a xustiza de parte do Señor e nel se gloriará.

Polémica contra os ídolos: só Iavé é o Señor

46 [1] Caeu Bel, derrubouse Nebó: foron os ídolos deles.
As cousas que vós portabades en alto son levadas por bechos e animais,
son carga para un animal cansado.
[2] Derrubáronse e caeron a un tempo, non foron capaces de salvar a quen os levaba.

45, 14-25 Esta unidade temática sobre o tema do título constitúese por tres seccións, nas que o tema se vai clarificando: a) os vv 14-17 preséntanno-los afastados pobos de Exipto e Etiopía (Cux e Sebá), que veñen onda Iavé cargados coas cadeas da propia escravitude idolátrica, pois soamente Iavé é o Salvador. Estes estranxeiros avergónzanse da súa idolatría, pero Israel non se avergonzará; b) os vv 18-19 consisten nunha autoproclamación do Deus creador único, que proclama a rectitude e a xustiza a todos; c) os vv 20-25 constitúen a sección culminante de chamada ó ingreso na comunidade de Deus —cousa que exclúe a idolatría— e repítese o principal argumento deuteroisaiano do preanuncio e cumprimento da salvación, que leva á unicidade de Deus en Iavé e, conseguintemente, a conversión e culto a El e á súa glorificación.

45, 14 *Con cadeas*: non veñen de cativos de guerra —que irían diante—, senón que veñen detrás, pero escravizados polas prácticas idolátricas (cf v 19).

45, 18 *Caos*: usa aquí o autor o termo de Xén **1, 2**, co que se expresa o caos primordial, que para o semita é increado.

46 Este texto (**46**, 1-13), de polémica antiidolátrica, data do ano 555, momento en que o novo rei Nabónid, fillo dunha sacerdotisa do deus lunar Sin, de Harán, no norte de Mesopotamia, introduce esta divindade en Babilonia e constitúea en divindade do imperio, desterrando os deuses Bel (=Marduk, deus supremo) e Nebó, fillo e intérprete de Bel e por isto deus da sabedoría e da escritura. Estas divindades son levadas ó deserto polos seus devotos e sacerdotes. O texto divídese en catro párrafos. a) vv 1-2: caída destes deuses, que son levados ó lombo de animais; b) vv 3-4: Iavé é quen vén levando sobre si a casa de Israel, e seguirao para salvalos; c) vv 5-7: salienta o autor o modo de comportarse na fabricación, colocación e adoración dos ídolos, con certas notas sarcásticas; d) vv 8-11: o autor conclúe co seu principal argumento antiidolátrico: Deus é o creador e Señor da historia, pois planea, dío e logo cúmpreo. Conclúen os vv 12-13, cunha chamada á confianza en Deus e na salvación que Deus promete.

Si, eles mesmos van á catividade.
³Escoitádeme, casa de Xacob, e todo o
que queda da casa de Israel,
vós que fostes levados desde o ventre, vós
que fostes levantados desde o útero:
⁴eu son quen vos leva ata a ancianidade,
quen vos levantará ata a vellez.
Eu fíxeno e eu seguireino a facer. Si,
levareivos e salvareivos.
⁵¿A quen me igualaredes e compararedes?
¿A quen me asemellaredes coma a un
igual?
⁶Algúns sacan ouro da bulsa e pesan a
prata na balanza,
e páganlle ó ourive para que ó seu xeito
faga un deus,
póstranse ante el, e adórano.
⁷Levántano no ombreiro, e lévano;
póñeno no seu lugar, e está firme no seu
santuario, e non abanea.
Algún clama cara a el, pero non
responde, non o libra da súa angustia.
⁸Lembrádevos disto e animádevos,
rebeldes; facede volver isto ó corazón.
⁹Lembrádevos das cousas primeiras desde
antigo:
de que eu son Deus e non hai outro, de
que son Deus e non hai coma min.
¹⁰Eu son quen manifesta desde o principio
o que ha vir;
desde antigo, as cousas que aínda non se
fixeron.
Eu son o que digo: o meu plan manterase
firme, realizarei canto decidín.
¹¹Eu son quen chamo do nacente unha
aguia, da terra afastada ó home do
meu plan.
Si, díxeno, e farei que suceda; planeeino,
e cumprireino.
¹²Facédeme caso vós, duros de corazón,
que estades lonxe da xustiza:
¹³Eu aproximo a miña xustiza, que non
está lonxe,
e a miña salvación, que non tardará.

Si, eu poño en Sión a salvación, en
Xerusalén o meu esplendor.

Lamentación pola caída de Babilonia

47 ¹¡Baixa e senta no po, virxe, filla de
Babilonia!
¡Senta na terra, que non hai trono, filla
dos caldeos!
Que non volverás a ser chamada: "A
doce, a delicada".
²Colle as pedras do muíño e moe o gran,
envólveo no teu veo, remanga a túa saia,
descubre as nádegas, cruza os ríos.
³Descubre a túa nudez, mostra as túas
vergonzas.
Vou tomar vinganza, e non se me
apoñerá ninguén.
⁴O noso Redentor chámase o Señor
Todopoderoso: é o Santo de Israel.
⁵Reina no inferno, entra na escuridade,
filla dos caldeos,
xa que non se che volverá a chamar:
"raíña de raíñas".
⁶Anoxeime co meu pobo, profanei a miña
herdanza,
por iso entregueichos na túa man, non
tiveches compaixón deles,
sobre ancián cargaches moi pesado o
teu xugo,
⁷e dixeches: "Para sempre serei a raíña
perpetua".
Non tomaches isto en consideración,
nin te lembraches do que había
vir.
⁸Pois agora escoita isto, ti, amante do
pracer, a que reinabas na seguridade,
a que pensabas no teu corazón: "Son eu,
e non hai outra,
non reinarei viúva, non saberei o que é
quedar sen fillos".
⁹Estas dúas cousas aconteceranche de
repente nun só día:
quedares sen fillos e viúva; ambas cousas
viñeron sobre ti,

47, 1-15 Trátase da única lamentación ou "quinah", frecuente nos oráculos contra as nacións e, metricamente, nos oráculos contra Xerusalén. Pódese dividi-lo texto en cinco estrofas: a) vv 1-4: A caída do trono de Babilonia, a fuxida da cidade á desbandada, a vinganza do Señor Todopoderoso; b) vv 5-7: desde agora Babilonia reinará entre os mortos, pois, aínda que foi instrumento de castigo nas mans do Señor, ensoberbeceuse pensando que o castigo non tiña límite; c) vv 8-9: actitude de Babilonia, de soberbia e falsa seguridade, baseada nos seus feitizos e embruxos; d) vv 10-12: fracaso da súa seguridade, pois coa súa ciencia e sabedoría non puido esconxurar nin expia-lo inminente desastre; e) vv 13-15: os seus agoireiros astrais non valen para nada, xa que son coma coaño que nin serve para coce-lo pan nin para quentarse. Esta lamentación data do ano 539.
47, 1 Habitualmente a muller, e en especial a moza virxe, simboliza na Biblia unha nación ou a súa capital (cf **37,** 22. 23; 2 Re **19,** 12; Xer **14,** 17; **46,** 11; Lam **1,** 15; **2,** 13).
47, 2 O *moe-lo gran* nun pequeno muíño de dúas pedras era traballo das mulleres, aínda que aquí a muller que moe e leva gardada no manto a fariña é símbolo do pobo que escapa. Nesa situación, co apuro, levaban a saia moi remangada, mostrando as pernas.
47, 5 O reinado no inferno é unha burla, xa que reina alí a divindade de Xeol.

pola multitude dos teus feitizos, polo
poder dos teus moitos embruxos.
¹⁰Estabas segura coa túa ruindade,
pensabas: "Non hai quen me vexa".
A túa sabedoría e a túa ciencia foron a
túa perdición,
pois pensabas no teu corazón: "Son eu, e
non hai outra".
¹¹Por isto virá sobre ti unha desgracia, que
non saberás esconxurar,
caerá sobre ti unha maldade, que non
serás capaz de expiar,
virá sobre ti de repente unha ruína, que ti
non previas.
¹²Monta garda cos teus embruxos, coa
multitude dos teus feitizos,
nos que es mestra desde a túa mocidade;
tal vez sexas capaz de conseguir éxitos,
quizais poidas meter medo.
¹³Estás xa cansa coa chea de consellos que
recibes.
Que se presenten diante de ti e que te
salven os que len no ceo,
os que ven presaxios nas estrelas,
os que anuncian cada lúa nova o que che
vai acontecer.
¹⁴Velaí: son coma o coaño: queimaraos o
lume:
non salvarán as súas vidas do poder da
chama,
non serán brasa para coce-lo pan, nin
lume para sentarse a carón.
¹⁵Velaí o que eles foron para ti,
xa que te exercitaches cos feiticeiros
desde a túa mocidade.
Cada un andou extraviado polo seu
camiño, non houbo quen te
salvase.

Anuncio profético da liberación de Xacob

48 ¹Escoitade isto, casa de Xacob,
os que se chaman co nome de Israel e
saíron do sangue de Xudá,
os que fan o xuramento polo nome de
Iavé
e nomean o Deus de Israel, sen verdade e
sen xustiza.
²Chámanse a si mesmos co nome da
cidade santa e apóianse no Deus de
Israel, que ten de nome Señor
Todopoderoso.
³As cousas pasadas hai tempo que volas
manifestei, da miña boca saíron e
fíxenas oír,
realiceinas en seguida, e aconteceron.
⁴Xa me decatei de que ti es obstinado, a
túa testa é un nervo de ferro, a túa
fronte é de bronce;
⁵por isto fíxencho coñecer desde antigo;
antes que sucedese, fíxencho oír,
non fose que dixeses: "Fíxoo o meu ídolo,
ordenárono a miña imaxe e a miña
talla".
⁶Ti oíches: "Ollade todo isto". ¿E como é
que non o destes a coñecer?
Desde agora fareiche oír cousas novas,
encubertas, que antes non coñecías.
⁷Agora —non antes— son creadas: antes
de hoxe non as oíches; se non, dirías:
"Certo que as oín".
⁸Non, non as oíches, non as coñeciches:
nunca as escoitou o teu oído,
pois ben sei que ti es un grande traidor, a
quen se chama "Rebelde desde o seo da
nai".
⁹Por causa do meu Nome, refreei a miña
ira ante ti,

48, 1-22 Estes vv constitúen unha unidade literaria sobre o preanuncio profético da redención dos deportados que se consideran o verdadeiro Israel. Está composta de oito estrofas desiguais, nas que se desenvolve unha verdadeira teoloxía da palabra profética: a) vv 1-2: invitación a escoitar, na que en forma de himno se expoñen os títulos e razóns polas que Iavé proclama boas novas para o seu pobo; b) os vv 3-6a constitúen unha exposición de teoloxía da palabra de Deus, que preanunciou os seus feitos antes de realizalos, para que o pobo saiba que son obra de Deus e non dos ídolos; c) Os vv 6b-8 son un preanuncio de cousas novas, de boas novas, ás que seguirá a súa execución, sen dicirnos de que se trata, pero insistindo na súa novidade e no seu carácter salvífico, non obstante a rebeldía do pobo; d) Os vv 9-11 continúan o tema da rebeldía do pobo co castigo purificador e comedido de Deus, motivando na gloria, louvanza e Nome divino de Iavé; e) Os vv 12-14 son unha chamada á fe do pobo que se ha salvar, en Iavé, coa finalidade de que a salvación sexa posible: por iso refire o autor dous títulos de Iavé: "O Primeiro" (o creador de tódalas cousas), e "O Derradeiro", (aquel a quen todo lle obedece, polo que pode preanuncia-lo futuro); f) Os vv 15-16 constitúen dous oráculos paralelos: o do v 15, referido a Ciro; e o do v 16, referido á presencia de Deus nos éxitos de Ciro e á comunicación pública oracular desta presencia. O v 16c constitúe unha verdadeira fórmula de misión profética de parte de Iavé e do Espírito de Iavé; g) Os vv 17-19 son unha exhortación de ton sapiencial a seguí-la revelación de Deus e os seus mandamentos, propóndolle-los bens que de alí se sigan, para acabar coa orde divina de deixar Babilonia; h) Os vv 20-22, fan ve-lo contraste coa desgracia dos impíos, que non fan caso.

48, 6 *Cousas novas:* non se trata dun restablecemento do pasado, senón de algo de cualidade especial e superior ós vellos tempos.

48, 7 A proclamación profética destas cousas novas é xa unha creación das mesmas, pois a palabra profética é palabra de Deus, que, ó mostrarse, crea.

48, 9 *Gloria* aquí significa louvanza, que, por paralelismo con *Nome*, quere expresa-la proclamación da presencia dinámico-salvífica (= O Nome) de Deus.

contívenme por mor da miña gloria, para non te facer desaparecer.
¹⁰Velaí: refineite, pero non coma a prata; purifiqueite no forno da aflicción.
¹¹Por min, fágoo por min, porque ¿cómo se vai profana-la miña gloria, que a ningún outro darei?
¹²Escoitame, Xacob; Israel, por quen son invocado.
Eu son o Señor, eu son o Primeiro e tamén o Derradeiro.
¹³A miña man cimentou a terra e a miña dereita estendeu o ceo;
chámoos eu, e ámbolos dous comparecen.
¹⁴Xuntádevos todos vós e escoitade: ¿quen entre eles fixo coñecer estas cousas?
O Señor, movido polo seu amor, fai o que quere con Babilonia,
e tamén cos caldeos, coa forza do seu brazo.
¹⁵Eu fixen vir a aquel a quen chamei e lle falei, terá éxito nos seus plans.
¹⁶Achegádevos a min e escoitade isto:
nunca desde o principio falei en secreto; e desde o tempo en que aquilo sucedeu, eu estiven alí.
Agora o Señor Iavé envioume tamén o seu Espírito.
¹⁷Así fala o Señor, o teu Redentor, o Santo de Israel:
Eu son o Señor, o teu Deus, o que te ensina para que saques proveito,
quen te fai camiñar polo camiño por onde debes ir.
¹⁸Oxalá tiveses feito caso dos meus preceptos:
entón a túa prosperidade sería coma un río, e o teu triunfo coma as ondas do mar,
¹⁹a túa descendencia sería coma a area, e o froito das túas entrañas como os grans da area.
Non se acabaría nin desaparecería o teu nome da miña presencia.
²⁰Saíde de Babilonia, fuxide de onda os caldeos,
con berros de xúbilo manifestade isto, facédeo oír,
levádeo ata o cabo da terra,
dicide: o Señor redime ó seu servo, Xacob,
²¹e os que marchen polos sequedais non terán sede:
fará brotar para eles augas do penedo, fenderá un penedo e correrán áugas.
²²Para os impíos —dixo o Señor— non haberá fartura.

Segundo poema do Servo de Iavé: luz das nacións

49

¹Escoitádeme, pobos da costa, facédeme caso nacións afastadas.
O Señor chamoume desde o seo, desde as entrañas da miña nai repetiu o meu nome.

48, 10 *Non coma a prata:* a negación quere expresar que a purificación non foi completa, pois no v 8 fálase da rebeldía do pobo.
48, 11 *A gloria* (heb. "kabod") aquí ten senso de cousa aprezada, propiedade, o que a un lle pertence.
48, 13 *Ámbolos dous* refírese ó merismo *ceo* e *terra,* que inclúe a totalidade das cousas creadas, entre as que está o que os ídolos representan: fenómenos naturais ou forzas cósmicas que están ás ordes de Deus.
48, 14 *Eles* refírese ós ídolos aludidos no merismo do v 13. *Movido polo seu amor:* a razón dos feitos salvíficos de Deus é o amor.
48, 16 *Envioume tamén o seu Espírito:* o Espírito é suxeito (non instrumento nin obxecto), que realiza a misión do profeta, pois está en paralelo con Iavé. O espírito é neste v o dinamismo salvífico e transformante de Deus que, invadindo o espírito do profeta, o transforma en portador da súa palabra creadora (cf nota ó v 7). Todo o v alude á misión do profeta ou profetas.
48, 18 *Triunfo:* lit. "xustiza", alusivo ós froitos da xustiza, á bendición divina do home ou do pobo xusto.
48, 19 A primeira parte do v alude ás promesas feitas a Abraham (cf Xén **13,** 16; **15,** 5ss; **17,** 6ss; **22,** 17). O *seu nome* —o do pobo—, refírese á actividade cúltica e lediciosa do pobo na presencia de Iavé no templo de Xerusalén.
48, 21 Aínda que traducímo-los verbos en futuro, en hebreo están en perfecto, pero é un perfecto histórico profético, que quere expresar que, desde o momento da proclamación salvífica, a salvación é xa un feito realizado e consumado.
49, 1-12 Parece ser que o cantar chega ata o v 12, e non soamente ata o v 6, pois as expresións dos vv 7. 8bc. 9 dificilmente se poden entender ditas de todo o pobo, e si dun profeta (ou grupo de profetas) elixido por Deus, que serve de mediador da alianza e que proclama a liberdade dos deportados. A unidade está composta destes elementos: a) v 1a: unha invitación solemne a escoita-la mensaxe do profeta; b) vv 1b-3: unha descrición poética autobiográfica da súa misión profética, pola que mostrará Deus a súa grandeza; c) vv 4 e 5c presentan o refuxio ou desánimo do profeta a quen non se lle fai caso, ó mesmo tempo que a súa seguridade no éxito que Deus lle asegura na experiencia profética, para chegar no punto central; d) vv 5-6, a proclamación divina do profeta coma luz, revelador da salvación universal de Deus. e) O v 7 é un oráculo engadido, no que remarca o contraste entre o desprezo do profeta ó que se insulta coma un servidor dos persas (servo dos gobernantes) e o profundo respecto dos reis e príncipes; f) Os vv 8-12 son outro oráculo, no que se presenta a misión do servo entre os deportados, anunciándolle-la saída e asegurándolle-la protección divina na volta a Sión, que se deixou xa anunciada nos vv 5-6.

²Puxo na miña boca coma unha espada
afiada, escondeume na sombra da súa
man,
converteume en frecha escolleita,
gardoume na súa alxaba,
³e díxome: "Ti e-lo meu servo, Israel, de ti
virame a sona".
⁴Pero eu dicía: "Cansei en balde,
consumín a miña forza para nada,
pero a miña sentencia está onda o Señor,
e a miña recompensa onda o meu
Deus.
⁵ᶜSerei glorificado coa presencia do Señor,
e o meu Deus será a miña forza".
⁵Pois agora —fala o Señor que desde o
seo da nai me formou para se-lo seu
servo,
para facer voltar onda El a Xacob e para
que Israel se xunte con El—:
⁶"é moi fácil para ti se-lo meu servo,
restablecendo as tribos de Xacob e
facendo volta-los protexidos de Israel,
pois convértote en luz das nacións,
e sera-la miña salvación ata o confín da
terra".
⁷Así fala o Señor, o Redentor de Israel, o
seu Santo:
"A ti, o desprezado da xente, abominado
do pobo, servo dos gobernantes,
verante os reis e levantaranse; os
príncipes postraranse ante ti,
porque a ti te escolleu o Señor que é fiel,
o Santo de Israel".
⁸Así fala o Señor:
"Nun momento de amor respondinche e
no día da victoria axudeite:
escollinte, e convertinte en alianza dun
pobo,
para que levánte-lo país e repárta-las
herdanzas arrasadas,
⁹dicíndolle: ¡Presos, saíde! ¡Os que estades
na escuridade, mostrádevos!
Pastarán á beira dos camiños e nos
montes pelados terán os seus pasteiros,
¹⁰non terán fame nin sede, non lles dará o
soán nin o sol:
quen ten compaixón deles guiaraos e
conduciraos ás nacentes augas.
¹¹Converterei as miñas montañas en vieiro,
construiranse as miñas calzadas.
¹²Velaí chegan de lonxe: do norte, do
poñente, e do país de Sinim".

Canto á consolación de Sión

¹³Exulta, ceo; brinca de ledicia, terra; que
se fendan os montes coa alegría,
pois o Señor consolou o seu pobo, e
compadeceuse dos seus pobres.
¹⁴Sión di: "Iavé non me abandonou, o
Señor non se esqueceu de min".
¹⁵"¿Esquécese unha muller do seu meniño?
¿Non se compadece do fillo das súas
entrañas?
Ainda que ela se esqueza, eu non me
esquecerei de ti.
¹⁶Velaí, estás escrito nas palmas das miñas
mans,
as túas murallas están sempre ante min.
¹⁷Que apuren os que te reconstrúen, que
marchen os que te arruinaron e
arrasaron.
¹⁸Levanta os teus ollos arredor e olla:
Todos eles se xuntan, veñen a ti.
¡Pola miña vida —é o Señor quen fala—
que os vestirás a todos con mantos,
e que os cinguirás coma a unha noiva!
¹⁹Velaí as túas desolacións e as túas ruínas,
velaí a túa capital destruída:
¡agora serás demasiado pequena para os
teus habitantes!
Os mesmos que te devoraron farante
máis grande.
²⁰Os fillos que che quitaron volverán dicir
ós teus oídos:
Non teño sitio: apretádevos por min,
para que poida vivir aquí.

49, 2 *Puxo na boca coma unha espada*, non se pode referir a outra cousa senón á palabra dinámica e creadora de Deus, que o profeta comunica co seu poder: por iso fálase da protección (sombra) do poder (man) de Deus sobre o profeta e de frecha escollida por Deus.
49, 3 *Israel* é unha glosa interpretativa posterior.
49, 4 *Cansei en balde:* supón que non estamos diante dun relato de vocación, senón diante dun oráculo salvífico de alcance universal para os pobos sometidos por Babilonia (vv 5-6).
49, 8 *Convertinte en alianza dun pobo:* pola frase que segue, ha de entenderse coma mediador ou instrumento para que o pobo dividido se xunte en alianza e reparta, segundo ela, a herdanza (a terra), entón arrasada e abandonada por mor das deportacións. Esta función non a pode te-lo pobo, senón un individuo ou un grupo.
49, 12 *Sinim:* a localización deste país non é coñecida; por iso algúns len, cos manuscritos de Qumrân, Seveniim (cf Ez 29, 10; 30, 6), que estaba situado no Alto Exipto, e de onde conservámo-los manuscritos ditos de Elefantina (cf Xer 4, 4. 11).
49, 13-26 Este cantar profético a Sión consta dunha introducción de invitación universal (ceo-terra) á ledicia pola consolación de Sión (v 13), á que seguen tres bloques (14-20; 21-23; 24-26), compostos no mesmo esquema: palabras de Sión, que teñen a súa resposta nun oráculo salvífico de Deus, aínda que no primeiro bloque non aparece a fórmula oracular.

²¹E ti pensarás no teu corazón: ¿Quen me deu estes?
Pois eu quedei sen fillos e estéril, desterrada e apartada. ¿A estes quen os criou?
Velaí: eu quedei soa; estes ¿de onde son?"
²²Así fala o Señor Iavé:
"Velaí: eu ergo a miña man cara ós pobos, e levanto cara ós pobos a miña bandeira,
para que traian os meus fillos no colo, e as miñas fillas ó lombo.
²³Entón reis serán os teus titores; e as súas princesas, as túas amas de cría.
Diante de ti postrarán o rostro na terra, e lamberán o po dos teus pés.
Entón recoñecerás que eu son o Señor, porque non se avergonzarán os que esperan en min.
²⁴¿Pódeselle quita-la presa a un heroe?
¿Poderá escapa-lo cativo de quen o ten preso?"
²⁵Porque así fala o Señor:
"Aínda que a presa lle sea quitada ó heroe e o cativo escape do tirano,
eu preitearei con quen preitee contigo, e salvarei os teus fillos,
²⁶farei que os teus opresores coman a súa propia carne,
e que beban o seu propio sangue coma viño doce.
Entón toda carne recoñecerá que eu son o Señor que te salvo,
o teu Redentor, o Valente de Xacob".

Castigo e salvación

50

¹Así fala o Señor Deus:
"¿Onde está esa acta de divorcio da vosa nai, a quen eu despedín?
¿Quen dos meus prestamistas foi aquel a quen vos vendín?
Polas vosas iniquidades fostes vendidos, polas vosas rebeldías foi despedida a vosa nai.
²¿Por que cando eu cheguei non había ninguén e cando chamei ninguén respondeu?
¿Acaso é a miña man demasiado curta para non rescatar? ¿Acaso non hai en min forza para liberar?
Cando eu brúo, fago seca-lo mar, converto os ríos nun deserto,
feden os peixes por falta de auga e morren coa sede.
³Eu vestirei o ceo de escuridade, e poreille unha cuberta de saco".

Terceiro canto do Servo de Iavé: desprezado e maltratado, pero seguro da axuda do Señor

⁴O Señor Deus concedeume lingua de discípulo,
para saber instruí-lo cansado cunha palabra que o anime na mañá.
El espreguiza pola mañá o meu oído para escoitar coma discípulo.
⁵O Señor Iavé abriu o meu oído,
e eu non me rebelei, non me botei para atrás.

49, 21 Nótese que, para o II Is, a máis xenuína Xerusalén é a constituída polos deportados.

49, 26 As expresións de come-la propia carne e bebe-lo propio sangue —carne e sangue da propia familia—, responden á situación de asedio.

Toda carne recoñecerá: tódolos homes; pero emprégase sempre a expresión nun contexto salvífico e ledicioso, pois a carne era para os semitas a sede do gozo e do pracer.

50, 1-3 Aínda que esta unidade pode parecer un oráculo de xuízo de castigo en orde inversa: castigo (v 1) e denuncia-acusación (v 2), de feito é un oráculo de teoloxía da historia. A razón do repudio de Xerusalén e da venda dos seus fillos está nas iniquidades e rebeldías dos fillos, e en concreto na falta dunha resposta de fe no poder salvífico de Deus (v 2), para acabar (vv 2c-3) coa destrucción dos poderes do mal, un anuncio da desaparición lamentable do culto astral babilónico.

50, 1 O *divorcio* non o podía pedi-la muller (Xerusalén), senón que é dereito do marido (Deus), que lle debía da-lo libelo de repudio (cf Dt **24**, 1-4).

50, 2 A falta de fe no poder de Deus preséntase coma unha falta de espera e esperanza, e coma unha falta de resposta ó Deus que interpela. Axiña comeza unha confirmación do poder de Deus (alusións ó paso do mar Rubio, ou dos Xuncos e ó don das augas no deserto), e mailo anuncio da manifestación de Deus que vai destruír totalmente os poderes do mal (o *mar,* morada dos monstros que causan a tempestade e a morte; e o *deserto,* morada dos demos).

50, 3 *O saco* era o vestido propio das lamentacións ou penitencias colectivas; a expresión quere dicir que os *ceos* (divindade babilónica) farán lamentación.

50, 4-11 Nos vv 4-5 o *Servo de Iavé* autodescríbese coma un discípulo da escola profética de Deus, que colle en serio a doutrina de Deus e a comunica. Os vv 6-8 contrastan os desprezos e malos tratos no Servo da parte dos seus oíntes coa confianza del na axuda e no favor de Deus. O v 9 constitúe a conclusión, presentando a ben diferente sorte do Servo e a dos seus oponentes. Os vv 10-11 constitúen unha resposta ó cantar do Servo, recollendo os contrastes entre a persecución (escuridade) e a confianza e apoio no Señor, o mesmo ca entre a escuridade do Servo e o lume (luz, orientación moral e sapiencial) dos seus oponentes, que se converterán en causa de sufrimentos provocados polo mesmo Deus.

50, 4 A palabra coa que o Servo instrúe o cansado (desanimado e desesperanzado da proximidade da volta, ou simplemente desinteresado de voltar), é algo que el recibe de Deus coma do seu mestre.

50, 5 A palabra oída supón un risco, non soamente polo posible castigo babilónico, senón pola mesma comunidade de xudía, tranquilamente asentada en Babilonia e sen anceios de voltar á Xerusalén arrasada.

⁶Ofrecín o lombo ós que me azoutaban, e a miña cara ós que me arrincaban a barba.
Non escondín a miña cara dos insultos e das cuspiñadas.
⁷Pero o Señor axudarame,
por isto non me sinto avergonzado, e poño a miña cara coma un diamante, pois sei que non me avergonzarei.
⁸O que defende a miña causa está cerca.
¿Quen litigará comigo, cando comparezamos ante a comunidade?
Quen traballa a miña xusta sentencia está detrás de min.
⁹O Señor Iavé axudarame: ¿quen será o que me declare culpable?
Velaí: todos eles se gastarán coma un vestido, serán comidos pola traza.
¹⁰Quen de entre vós respecte o Señor, que escoite a voz do seu servo,
pois camiña na escuridade e non hai claridade para el,
pero confía no Nome do Señor e apóiase no seu Deus.
¹¹En cambio todos vós estades prendendo o lume, rodeádelo de tizóns.
Camiñades co resplandor do voso lume e cos tizóns que prendestes.
Da miña man provén isto para vós: deitarádesvos nun lugar de sufrimentos.

Liturxia da consolación de Sión. Chamada á confianza no poder salvífico do Señor

51

¹Escoitádeme os que procuráde-la xustiza, os que buscáde-lo Señor.
Ollade para o penedo de onde fostes tallados e para o pozo de onde fostes excavados.
²Ollade para o voso pai Abraham e para Sara, a que vos deu a luz.
El era un só cando o chamei, pero bendicino e multipliqueino.
³Cando o Señor console a Sión e a tódalas súas ruínas,
fará do deserto coma o Edén e da estepa coma o xardín do Señor,
contento e ledicia haberá nel, acción de gracias e son de cántigas.

A miña salvación durará para sempre

⁴¡Aténdeme, pobo meu!
¡Poboación miña, escóitame!:
unha lei sae de onda min,
e a miña sentencia será a luz dos pobos.
⁵Poño en movemento a miña pronta victoria,
sae a miña salvación
e o meu brazo xulgará os pobos.
En min porán a esperanza as nacións costeiras,
e esperarán no meu brazo.

50, 8 *Comunidade:* xa que o termo "iahad" en Ugarit e Qumrân significa comunidade, asemblea, que dá mellor sentido có adverbio "xuntamente". Con esta interpretación queda claro o sentido individual do Servo e a oposición contra el de parte da comunidade xudía. Isto supón que o autor fala antes de Ciro, pois, do contrario, non se explicaría unha reacción contra el tan violenta.
50, 10 O *respecto* (lit. temor), a relixiosidade, han de levar ó recoñecemento do Servo, pois este recibe a súa mensaxe de Deus.
50, 11 O *lume* aquí é algo preparado polo pobo, que lle serve de luz para o seu camiñar (comportamento), pero que acabará en sufrimentos. Funciona no texto coma oposición ó v 4, a palabra que instrúe ó cansado e que o esperta pola mañá.
51, 1-52, 12 O v **50,** 4, relativo ós diferentes discípulos do profeta, dános pé para entender toda esta sección unitaria sobre o tema da salvación, pero complexa polas formas literarias, oráculos, palabras do profeta, oracións, invitacións, coma unha liturxia do grupo de discípulos e dos deportados, piadosos adictos ó profeta dentro da comunidade (**50,** 8). As razóns desta interpretación son:
1) Súplica de **51,** 9-11, que non ten senso fóra dunha liturxia.
2) A serie de imperativos cos que comezan as distintas unidades e os suxeitos a quen se dirixen, que nos levan á mesma conclusión.
3) As correspondencias entre as sete seccións en forma quiástica, centradas arredor de **51,** 12-15, que desenvolve o tema do Deus consolador do pobo deportado, tema que centra a liturxia que aquí descubrimos.
51, 1-3 Esta unidade é unha reflexión teolóxica sobre o poder salvífico e vivificador de Deus, centrado nos títulos de Deus "Penedo" e "Pozo de Augas vivas", na bendición de Abraham, e no tema mítico do xardín de Edén. Esta unidade responde a **52,** 7-12, sobre a toma de posesión do reino de Deus en Sión e as conseguintes mostras de xúbilo pola manifestación do poder de Deus.
51, 1 Advírtase o paralelismo de "procura-la xustiza" (adecuación á vontade de Deus = salvación), e "busca-lo Señor" (fórmula cúltica que expresa busca-la salvación de Deus), pois Deus é o garante de que á xustiza do home lle corresponde o éxito salvífico. Os títulos divinos *penedo* e *pozo* expresan o apoio firme da fe no Deus poderoso e nas súas promesas, e o poder vivificador de Deus. Por isto, no v 2 estes títulos refírense a Abraham, home de fe, do que sae todo un pobo, e a Sara, que é vivificada polo poder de Deus.
51, 3 Constitúe unha aplicación dos contidos dos títulos á restauración de Sión.
51, 4-8 Esta unidade está composta por tres oráculos (sen fórmula introductoria) dirixidos ó pobo fiel e seguidor do profeta: vv 4-5. 6. 7-8; e o tema unificante é a salvación de Deus, que durará para sempre e será esperada polas nacións remotas. Este mesmo tema clarifícase na segunda parte (**52,** 1), con dous oráculos salvíficos da redención dos deportados.
51, 4 O pobo de Deus non son os deportados simplemente, senón tódolos que esperan de Deus a salvación. *Sentencia* (heb. "torah"), que realmente significa o fallo ou decisión do tribunal. Os pobos que verán a luz (= salvación), son as diferentes nacións oprimidas polos caldeos.
51, 5 O xuízo dos pobos é un xuízo salvífico, pois está en paralelismo con *sae a miña salvación*.

ISAÍAS

⁶Levantade os vosos ollos cara ó ceo,
e ollade para a terra que está abaixo,
pois o ceo esvaecerá coma fumareda,
e a terra cambiará coma un vestido:
os seus habitantes morrerán coma
    mosquitos,
pero a miña salvación durará para sempre
e a miña xustiza non decaerá.
⁷Escoitádeme os que coñecéde-la xustiza,
pobo que te-la miña revelación no teu
    corazón:
Non lle teñades medo ó desprezo dos
    homes,
cos seus insultos non estarrezades,
⁸o carbuncho comeraos coma a un vestido,
e a traza devoraraos coma a lá,
pero a miña xustiza durará sempre,
e a miña salvación por xeracións de
    xeracións.

Súplica ó poder do Señor e resposta

⁹¡Esperta, esperta e revístete de poder,
brazo do Señor!
Esperta coma nos días de antes,
coma nas xeracións eternas.
¿Acaso non fuches ti quen matou a
    Ráhab,
e acoitelou ó Dragón?
¹⁰¿Acaso non fuches ti quen secou o Mar,
as augas do grande Abismo,
que converteu o profundo do mar nun
    camiño,
para o paso dos redimidos?
¹¹Si, os rescatados do Señor volverán
e entrarán en Sión con xúbilo.

Haberá ledicia eterna sobre as súas
    cabezas,
invadiraos o xúbilo e a alegría;
o tormento e os suspiros xa fuxiron.

Eu, Iavé, son o que te consola

¹²Eu, eu son quen te consola.
¿De que terás medo ti? ¿Dos homes?
    —Morrerán.
¿Do fillo do home?—Non é máis ca herba.
¹³Esquecícheste do Señor, o teu creador,
o que estendeu o ceo e fundamentou a
    terra,
por isto estiveches estarrecido todo o día,
pola furia do opresor, cando se decidiu a
    arrasar.
Pero ¿onde está a furia do opresor?
¹⁴O preso será librado axiña:
non morrerá no pozo nin lle faltará o seu
    pan,
¹⁵pois eu son o Señor, o teu Deus,
que axito o mar de xeito que braden as
    súas ondas.
    —Señor dos Exércitos é o meu nome—.
¹⁶Si, puxen as miñas palabras na túa boca,
e cubrinte coa sombra da miña man;
desde que plantei o ceo e fundamentei a
    terra,
díxenlle a Sión: "O meu pobo es ti".

A copa da ira do Señor pasa agora ós seus inimigos

¹⁷¡Esperta, esperta, levántate, Xerusalén!,
que xa bebiches da man do Señor a copa
    da súa ira:

51, 7 *Te-la revelación* ("torah"), cf v 4 *no corazón* é facer da revelación salvífica de Deus o obxecto das propias esperanzas e proxectos. Os homes que os desprezan e insultan non son os caldeos, que non estaban moi satisfeitos da política de Nabónid, senón os mesmos xudeus que primeiro apostataron do iavismo e se instalaron ben en Babilonia.
51, 9-11 Esta unidade consta dunha súplica propia das lamentacións colectivas (e individuais), remarcada por interrogacións que, recollendo temas míticos e da historia da salvación, pretenden fomenta-la fe "no poder de Deus" (vv 9-10), para acabar cun tema oracular en terceira persoa (v 11). Este esquema lévanos a situar esta liturxia do Servo de Iavé nunha liturxia colectiva na que o elemento da lamentación foi suplantado polo predominio dos elementos oraculares. Esta unidade ten o seu complemento nos vv 12-16 e 17-23.
51, 9 Cf Sal **44**, 21. 27; **74**, 22...: o brazo é sinónimo de poder salvífico.
Ráhab (cf Xob **9**, 13) e *o Dragón* (Tanín) son monstros-divindades primordiais mariñas (Xob **7**, 12).
51, 10 *O Mar* é a divindade mariña a quen somete Baal na mitoloxía cananea, e o Abismo (Tehom) que aparece coma o caos primordial nos mitos creacionais babilónicos. O autor salta do tema mítico ó tema do paso milagroso do Mar dos Xuncos, de Ex **14**, 5-31; Is **40**, 3; **63**, 13.

51, 12-16 Estes vv son un desenvolvemento do oráculo do v 11. Conclúe a unidade cunha referencia á alianza que esixe a protección divina, reclamada polo pobo na liturxia.
51, 15 *Señor dos Exércitos*: aquí "os Exércitos" teñen o dobre senso de constelacións e astros que inflúen na vida do universo, pois Deus bendí co pan (v 14) e libra do medo ós exércitos opresores, valéndose dos exércitos persas.
51, 16 O primeiro verso non se pode entender coma oráculo vocacional profético, senón que, por mor da referencia á alianza en 16b, hase de referir á invocación que fai o pobo na liturxia, das esixencias da alianza e da protección divina; por outra banda a "ti, túa" hai que referilo ó pobo (cf **59**, 21). *Plantei* refírese á imaxe dos ceos coma unha tenda.
51, 17-23 Esta unidade, marcada polos imperativos do v 17 e polos de **52**, 1, está constituída por un oráculo salvífico de consolación sen introducción oracular (vv 17-20) e por un oráculo de xuízo de castigo contra os pagáns (vv 21-23), que ten coma elemento de contraste e acusación a consolación de Xerusalén (a retirada da copa de castigo das mans de Xerusalén).
51, 17 A copa no senso de castigo xa aparece nos textos de Ugarit, o mesmo ca en Mc **14**, 36 e paral., e ten a súa orixe no cocido de herbas narcóticas que se lle daba ó axusticiado para lle facer máis levadeira a morte (cf Mc **15**, 36).

da borracheira, xa a bebiches ata o fondo.
¹⁸Entre tódolos fillos que deu a luz, non hai quen a guíe.
Entre tódolos fillos que ela criou, non hai quen a colla pola man.
¹⁹Estas dúas cousas acontecéronche: ¿Quen se doía de ti? Saqueo e caída, fame e espada. ¿Quen se doía de ti?
²⁰Os teus fillos non tiñan forzas, caeron nos cruces de tódalas rúas, coma o antílope na rede do cazador, esmagados pola ira do Señor, pola furia do teu Deus.
²¹Por isto, escoita ti, aflixida e borracha, aínda que non de viño.
²²Así fala o teu Señor, Iavé, o teu Deus que se querelaba co seu pobo:
"Velaí: xa collín da túa man a copa da borracheira, non seguirás bebendo o cáliz da miña ira,
²³pois o puxen na man dos que te aflixiron, dos que che dixeron a ti mesmo: Túmbate para que pasemos, pon o teu lombo como a terra, como a rúa para os que pasen".

Anuncio da liberación

52 ¹"¡Esperta, esperta, revístete do teu poder, Sión!;
¡viste os teus vestidos de esplendor, Xerusalén, Cidade Santa!, que non seguirán entrando en ti nin incircunciso nin impuro.
²¡Sacude o po, levanta, Xerusalén cativa!"
³Así fala o Señor: "fostes vendidos de balde: sen prata seredes redimidos".
⁴Así fala o Señor Iavé: "nun principio o meu pobo baixou a Exipto para vivir alí coma emigrante, e logo Asiria oprimiuno por nada.
⁵¡Pois ben! ¿Quen son eu aquí —é o Señor quen fala— para que se me colla ó meu pobo sen máis, e os seus dominadores berren triunfantes —é o Señor quen fala— e se ande a desprezar decote o meu Nome?
⁶Por isto o meu pobo recoñecerá de certo o meu Nome naquel día, cando eu diga: ¡Aquí estou!"

Anuncio da boa Nova: o teu Deus reina

⁷¡Que fermosos son sobre os montes os pés do mensaxeiro de boas novas, que anuncia a fartura, que proclama a felicidade, que pregoa a salvación, que di: Sión, o teu Deus reina!
⁸¡Un grito! Os teus vixías levantan a voz, berran xubilosos a un tempo: "Tódolos ollos contemplarán a volta do Señor a Sión".
⁹Berrade a coro con xúbilo, ruínas de Xerusalén, que o Señor consolou o seu pobo, redimiu Xerusalén.
¹⁰O Señor remangou o seu brazo santo ós ollos de tódolos pobos, e tódolos confíns da terra viron a salvación do noso Deus.
¹¹Apartade, apartade, saíde de aí, non toquedes cousa impura.

51, 18 Xerusalén coma nai do pobo queda abandonada, pois os seus fillos nin dela se coidan.
51, 19 A resposta á interrogación é soamente Deus. As dúas cousas pasan a ser catro, por mor do paralelismo: saqueo = fame; caída = espada.
51, 23 Desde o desterro os oráculos contra as nacións constrúense en contraste coa salvación do pobo de Deus. *Túmbate...*: desde a época asiria o sinal de dominio sobre os vencidos era camiñar sobre eles, como o mostran os baixorrelevos históricos.
52, 1-6 Esta unidade é unha chamada á liberdade, composta de tres oráculos: o primeiro, sen introducción redaccional (vv 1-2), é de tipo práctico xeral; o segundo (vv 3-4) e terceiro (vv 5-6), con introducción, describen aspectos desta liberación: a súa gratuidade e o protagonismo divino é a automanifestación do dinamismo de Deus.
52, 1 Vestirse e revestirse expresan a condición de homes libres, pois o escravo e o cativo ían espidos. A santidade de Sión impide que se permita a entrada do incircunciso e impuro.
52, 2 Sacudi-lo po dos pés era rito de maldición contra os habitantes da cidade.

52, 3 A deportación do pobo considérase unha venda (**50, 1**), da que Deus —o seu dono—, non sacou proveito; por iso tamén serán rescatados sen violencias e sen gastos, sen que lle custe a Deus nin ó pobo.
52, 5 Nótese que o autor non motiva a liberación na expiación realizada polo pobo, senón na ofensa e desprezo do Nome de Deus por maltrataren o seu pobo.
52, 7-12 Esta unidade ten coma centro o "mebasser" (mensaxeiro) e a súa mensaxe da inauguración do reinado de Deus en Sión (vv 7-10), para acabar coas normas que o mesmo personaxe dá para a saída cara a Sión (vv 11-12).
52, 7 "Mebasser": mensaxeiro de boas novas, eran os soldados que se anticipaban ó exército para anunciarlle á cidade a victoria e preparar así a festa do triunfo. Pero o termo é aquí un calificativo do profeta (cf **40, 9**; **41, 27**; **60, 6**; **61, 1**), que non pode ser outro có Servo de Iavé. Os pés expresan aquí a axilidade e dilixencia da persoa.
52, 8 *Os vixías:* non son os vixías de Sión, senón os membros do grupo profético ou os participantes na liturxia, que clarifican e explican a mensaxe do "mebasser".
52, 11 As preocupacións pola pureza cúltica xa afloraron no v 1.

Saíde do medio dela, mantédevos limpos,
os que leváde-los vasos do Señor.
¹²Non saiades de présa nin marchedes á
escapada,
que diante de vós camiña o Señor, e a
vosa retagarda é o Deus de Israel.

Cuarto poema do Servo de Iavé

¹³Velaí: o Excelso, o Sublime, o Altísimo
daralle éxito ó seu Servo.
¹⁴A grande multitude quedará abraiada
ante el,
pois o seu aspecto non parecía o dun
home,
a súa figura non parecía a dun fillo de
Adam.
¹⁵Pero agora fará conmover a pobos
numerosos:
por causa del os reis pecharán a súa
boca,
porque contemplarán o que nunca se lles
contou, e comprenderán o que nunca
escoitaron.

53 ¹¿Quen creu o que lle dixemos?
¿A quen se lle revelou o brazo do
Señor?
²El subiu coma tenro gromo na súa
presencia,
coma raíz en terra reseca.
Non tiña beleza nin esplendor;
vímolo, e o seu aspecto non era atraente.
³Desprezado, o máis rexeitado dos homes,
varón de sufrimentos, familiarizado coa
dor.
Coma alguén de quen se esconde a cara,
desprezado, non lle tivemos aprezo.
⁴El cargou coas nosas dores,
el soportou os nosos sufrimentos.
Nós considerámolo ferido,
castigado por Deus e aflixido.
⁵Pero foi ferido por causa das nosas
rebeldías,
foi esmagado polas nosas iniquidades.
O castigo que nos trouxo a paz caeu
sobre el,
a súa ferida foi a nosa curación.
⁶Todos nós coma rabaño andabamos
perdidos,
cada un polo seu camiño.
Pero o Señor puxo nel a iniquidade de
todos nós.
⁷Foi oprimido, foi aflixido;
pero el non abriu a súa boca.
Foi levado coma unha res á matanza,
e, coma ovella muda ante o tosquiador,
non abriu a súa boca.
⁸Foi levado cun xuízo perverso,
ninguén se preocupou da súa vida.
El foi arrincado do mundo dos vivos,
para o noso ben foi ferido pola rebeldía
do seu pobo.
⁹Puxeron a súa sepultura entre os
malvados,
e a súa tumba entre os ricos,
aínda que non cometeu violencia,
nin houbo fraude na súa boca.
¹⁰O Señor quixo esmagalo co seu
sufrimento:
Si, entrega a túa vida en expiación polo
pecado.

52, 12 A presencia de Deus acompaña a comitiva dos que voltan coma nunha procesión sagrada ben organizada.
52, 13-53, 12. Este cantar diferénciase dos tres anteriores en que quen fala non é o Servo, senón que fala un "nós" (**53**, 1), que non pode ser máis có grupo de discípulos e adictos, que sen dúbida foron os seus autores, despois da morte violenta do profeta. O cantar consta dunha primeira manifestación do plan de Deus sobre o seu Servo: o que el anunciaba hase cumprir, conmovendo a pobos e reis (**52,** 13-15). Dúas cuestións retóricas introducen unha nova descrición do xurdir humilde do Servo protexido pola presencia de Deus, e insistindo nos aspectos de desprezo e de dor (vv 2-3), para clarificarse estes sufrimentos co senso expiatorio dos pecados do grupo ("nós", vv 1-8). Nos vv 9-11 insiste o autor na función expiatoria das súas dores, pero xa non se refiren a un "nós", senón a "moitos" (v 11). Conclúe o poema cun oráculo (v 12) sen introducción, no que se fala do seu éxito a través da expiación e da súa intercesión polos malvados.
52, 15 Pecha-la boca, ou tapa-la boca coa man, era o xesto da persoa contrariada polos feitos e que non sabe responder (cf Xob **40,** 4). Esta actitude supón que a liturxia de **51,** 1-**52,** 12 ten coma autor o Servo de Iavé, e que por ela é castigado e martirizado.
53, 1 A revelación do poder (brazo) do Señor realízase nas victorias de Ciro sobre medos e caldeos, o que data o poema polo ano 539.
53, 2 As imaxes do gromo tenro e da terra reseca refírense á desprotección humana do Servo, soamente amparada por Deus *(na súa presencia).*
53, 3 O esconderlle a cara ou a mirada a un desgraciado e desafortunado debíase a que se cría que o tal era obxecto da ira de Deus, e que esta ira podía estenderse a quen o miraba.
53, 4 *Cargou coas nosas dores* : cargou coas dores que nós merecíamos coma castigo polos nosos pecados.
53, 5 *Paz:* a bendición divina e a liberacion do exilio.
53, 9 Se o pobre é sinónimo de xusto, o malvado ten que ser sinónimo de rico; no contexto histórico do desterro isto ten todo o seu valor, pois os ricos teñen que estar a favor dunha política pro-persa, xunto con boa parte da poboación babilónica máis tradicionalista e oposta ás reformas de Nabónid.
53, 10 A descendencia e o alongamento da vida hase de entender nun senso profético-espiritual, pois os discípulos do profeta chamábanse seus fillos, e espiritualmente prolongan o seu pensamento, como se ve nalgunhas partes do II Is e neste mesmo texto dos discípulos do Servo de Iavé.

Pero el verá descendencia, alongará os
  seus días
e por medio del cumprirase a salvación
  do Señor.
¹¹Polos traballos da súa vida verá a luz,
  alcanzará a sabedoría.
O Xusto volverá xusto o seu Servo
  para o ben de moitos
e as iniquidades destes el soportará.
¹²Por isto repartirei con el xunto cos
  grandes,
e cos poderosos terá parte no botín,
porque entregou a súa vida á morte
e foi contado cos malvados.
Si, el foi o que cargou co pecado de
  moitos
e fai a intercesión polos malvados.

Restauración gloriosa de Sión

A) *Restauración humana*

54 ¹Berra lediciosa ti, estéril,
  a que non deches a luz,
rompe en aclamacións,
exulta ti, a que non sentíche-las dores do
  parto,
porque os fillos da abandonada serán
  moitos máis
cós fillos da casada —dixo o Señor—.
²Alonga o espacio da túa tenda,
estende as cortinas das túas moradas,
non te negues;
alonga as túas cordas, afinca as túas
  ferraxes,
³que terás que estenderte para a dereita e
  para a esquerda,
pois a túa descendencia herdará nacións
e volverá habitar cidades arrasadas.

⁴Non teñas medo, que non te
  avergonzarás,
non teñas vergonza, que non terás que
  arrubiarte,
pois esquecera-la vergonza da túa
  mocidade,
e do oprobio da túa viuvez non te
  lembrarás máis.
⁵Pois velaí o teu Facedor, o teu Creador,
Señor Todopoderoso é o seu nome.
Certo que o teu Redentor é o Santo de
  Israel,
chámase Deus de toda a terra.
⁶Si, o Señor chamoute
coma a esposa abandonada e aflixida no
  espírito,
e coma a esposa da xuventude,
que de certo foi rexeitada;
o teu Deus díxoche:
⁷"Durante un pouco tempo abandoneite,
pero con inmensa compaixón
  recollereite.
⁸Por un arrebato de ira escondín a miña
  cara de ti algún tempo
pero con amor eterno teño compaixón de
  ti
—dixo o Señor, o teu Redentor—.
⁹Si, nos días de Noé aconteceume isto:
xurei que as augas de Noé non volverían
  cruzar sobre a terra,
así tamén xurei que non me enfadaría
  contra ti nin te ameazaría.
¹⁰Pois os montes moveranse e os outeiros
  abanearán,
pero o meu amor non se moverá de onda
  ti
e a miña alianza de paz non cambaleará

53, 11 O termo *luz* vai en paralelo con "ciencia", función salvífica e vieiro para o éxito, que será a súa revelación profética. Luz significa a revelación ou manifestación salvífica. Este texto deixa ver unha luz de pervivencia en vida plena para o Servo, pois soportará as iniquidades de moitos, cousa que ou ben hai que entender no senso da intercesión do v 12c ou no senso dos seus merecementos, que impiden o posible castigo de Deus.
53, 12 Os *malvados* son os rebeldes á orde establecida en Babilonia. *Moitos* = multitude que inclúe o pobo xudeu e os demais pobos escravizados por Babilonia.
54, 1-55, 9 Esta unidade literaria está composta por tres seccións, que se organizan cada unha con dous oráculos, apartados entre si por palabras do profeta e que desenvolven o tema de restauración de Sión nos seus diferentes aspectos, aínda que os aspectos gloriosos e de protección divina salientan nas tres seccións.
54, 1-10 Esta unidade compose de dous oráculos (vv 1-3; vv 6-10). Aínda que o primeiro non ten introducción, ofrece unhas palabras de ánimo do profeta para promove-la esperanza do pobo (vv 4-5). Non obstante este esquema, hai no texto un tratamento progresivo do restablecemento de Xerusalén coma esposa de Deus. *Estéril*, viúva e abandonada, por ser rexeitada.
54, 1-3 Neste primeiro oráculo teoloxízase a restauración da Xerusalén do exilio coa restauración de Sara na súa maternidade, pois a abandonada do v 1 é abandonada por mor da súa esterilidade. No v 3 atopamos unha referencia á bendición de Abraham en Xén.
54, 2 O paralelismo Xerusalén-Sara fai pensar en Xerusalén coma na dona dun pastor que vive en tendas.
54, 4-5 As referencias á vergonza da mocidade do pobo (Xerusalén), infidelidades a Deus no Éxodo, das que son unha continuación as que provocaron a súa viuvez (o desterro en Babilonia), contrástase cos títulos divinos que mostran o seu poder creador e redentor, chamando o pobo á fe e á esperanza.
54, 6 *A esposa* (= pobo, Xerusalén) abandonada non ten o mesmo senso ca no v 1, senón que é a esposa repudiada por Deus por mor da súa infidelidade (alusión ó desterro); aquí é destinataria do oráculo de compaixón, de amor eterno e dunha alianza e paz inmutables.
54, 10 O amor e a alianza de Deus serán máis estables e firmes cós montes e os outeiros.

—dixo o Señor, que ten compaixón de ti—.

B) *Restauración material*

¹¹Aflixida, azoutada polos ventos, non es compadecida.
Olla que eu asento con cordel de color as túas pedras
e ciméntote con zafiros.
¹²Asento as túas torres con rubís, e as túas portadas con pedras de cuarzo.
Toda a túa muralla con pedras preciosas.
¹³Tódolos teus fillos son discípulos do Señor,
e mestres da paz son os teus fillos,
¹⁴(e) estabas ben afincada na xustiza.
Gárdate lonxe da opresión. ¡Non teñas medo!
E lonxe do terror. ¡Que a ti non se arrime!
¹⁵Se alguén te atacase, non o fará da miña parte,
quen te atacase, caerá por causa túa.
¹⁶Olla: eu creei o ferreiro que sopra nos carbóns do lume,
e fabrica ferramentas para o seu traballo;
pero eu tamén creei o Destructor para arruinar.
¹⁷Toda arma que se faga para ir contra ti, non terá éxito,
e toda lingua que se levante contra ti no tribunal,
ti probarás que é culpable.
Este é o quiñón da herdanza dos servos do Señor.
Si, a xustiza deles vén de min,
—é o Señor quen fala—.

C) *Restauración espiritual: a alianza eterna e o mesianismo universal*

55 ¹¡Ouh, sedentos todos, vinde por auga!
Os que non tedes prata, vinde, comprade comida e comede,
vinde e comprade comida;
sen prata e sen diñeiro (comprade) viño e leite.
²Porque cambiades prata polo que non é pan
e o voso xornal polo que non farta.
Escoitádeme ben:
comede ben e que a vosa gorxa se alegre coa graxa.
³Baixade o oído e vinde onda min,
facédeme caso e revivirán as vosas ilusións,
pois pactarei convosco unha alianza eterna,
os beneficios de David que se manteñen firmes.
⁴Velaí: fareino pregoeiro das nacións,
príncipe e lexislador das nacións.
⁵Convocarás un pobo que non coñeces,
e un pobo que non te coñece correrá onda ti,
polo Señor, o teu Deus, e polo santo de Israel,
que ¡tanto te glorificou!
⁶Buscade o Señor mentres se deixa atopar,
invocádeo mentres está cerca.
⁷Que o malvado deixe o seu vieiro,
e que o home pecador (deixe) os seus plans,
que se volva ó Señor para que teña

54, 11-17 O mesmo cá sección anterior, consta de dous oráculos (vv 11-12 e 15-17), separados por unhas palabras de conforto e de invitación a fiarse do Señor (vv 13-14).
54, 11 Aínda que a expresión *aflixida* e *non compadecida* se refire a Xerusalén coma esposa de Deus, a expresión *azoutada polos ventos* refírese á cidade coma lugar xeográfico arrasado. As pedras preciosas queren mostra-lo espléndido da reconstrucción que Deus fará.
54, 13 O v 13 pode entenderse coma continuación do oráculo dos vv 11-12, por se-lo fundamento da exhortación do v 14 b, que está en paralelo cos vv 4-5. Estes vv 13-14 deben entenderse coma partes da exhortación, pois a docilidade ó maxisterio do Señor e o ensino da paz ou fartura que vén do Señor, son a xustiza na que o pobo está afincado, e por isto non ha de ter medo á opresión.
54, 16 *O Destructor* ou Exterminador era, nas antigas concepcións dos pastores de rabaños, un espírito axente de morte, o que celebraba o antigo ritual da Pascua (cf Ex **12,**13.23).
54, 17 Os servos de Iavé son aquí os que reciben en herdanza a protección de Iavé na Xerusalén reconstruída por Deus.
55, 1-9 Esta sección tamén está composta de dous oráculos (vv 1-5; vv 8-9), unidos por unha exhortación profética (vv 6-7), que liga o tema da alianza celebrada no culto (vv 1-5) cos plans do Señor (vv 8-9).
55, 1-5 A invitación ó banquete gratuíto e ledo é un símbolo da alianza de Deus co seu pobo, concretada na alianza de bendición coa descendencia davídica, pois as alianzas concluíanse cun banquete, e os mesmos banquetes sacrificiais tiñan carácter de banquetes de renovación da alianza. Os vv 4-5 estenden a alianza mesiánica ós pobos, convertendo ó mesías no pregoeiro de paz para as nacións.
55, 2 A *graxa* era a comida máis prezada para os semitas: por iso ofrendábase e queimábase en honor de Iavé nos sacrificios.
55, 3 A *alianza eterna*, en paralelo cos *beneficios de David*, non se refire soamente á alianza mesiánica, senón tamén á renovación da alianza sinaítica co pobo, na que se engloba a alianza davídica e a alianza cos pobos.
55, 6-7 A exhortación a busca-lo Señor, refírese ó culto expiatorio, e sublíñanse as súas esixencias de conversión moral.
55, 7-9 *Tanto engrandece...* O obxecto de *engrandecer* pode ser Deus mesmo, ou mellor, o pecador a quen Deus perdoa. O oráculo dos vv 8-9 é un comentario ó engrandecemento co perdón, pois os plans e vieiros de Deus son precisamente o perdón e a misericordia.

misericordia del,
que (se volva) ó noso Deus
que ¡tanto engrandece ó perdoar!
⁸Pois si, os meus plans non son os vosos
plans,
nin os vosos vieiros son os meus vieiros
—é o Señor quen fala—.
⁹¡Canto máis altos son os ceos cá terra!
Así son máis altos os meus plans cós
vosos plans,
e os meus vieiros do que os vosos vieiros.

Conclusión de II Isaías

¹⁰Velaí: como a chuvia e a neve baixan do
ceo
e non voltan alá sen enchoupa-la terra,
fecundala e facela brotar,
para que lle dea semente ó que sementou
e pan ó que come,
¹¹así tamén será a miña palabra que sae da
miña boca:
non voltará a min en van,
senón que fará o que eu queira,
e conseguirá aquilo para o que a mandei.
¹²Si, sairedes con ledicia e seredes traídos
con fartura,
os montes e os outeiros estalarán de
xúbilo na vosa presencia,
e tódalas árbores do campo baterán as
palmas.
¹³En vez de silvas medrará o ciprés,
en vez de estrugas medrará o buxo,
e isto serviralle ó Señor de renome,
de sinal eterno que non desaparecerá.

TRITOISAÍAS (III Is)

A fidelidade ó sábado e á Alianza acercan a salvación

56 ¹Así fala o Señor:
cumpride o dereito e practicade a
xustiza,
que a miña salvación está próxima a
chegar
e a miña xustiza (está próxima) a
mostrarse.
²Benaventurado o home que cumpra isto
e o fillo de Adam que se manteña nisto
firme,
gardando o sábado sen profanalo
e gardando a súa man de facer calquera
maldade.
³Que o fillo de estranxeiro que se apega ó
Señor non fale nestes termos:
"O Señor apártame totalmente do seu
pobo".
Que o eunuco tampouco diga: "Son a
penas unha árbore seca".
⁴Porque así fala o Señor:
Ós eunucos que gardan os meus
sábados,
e elixen o que a min me gusta
e que se manteñen firmes na miña
Alianza,
⁵dareilles no meu templo e dentro dos
meus muros
ración de comida e renome,
mellor do que fillos e fillas.
Dareilles un nome eterno que non
desaparecerá.
⁶E ós fillos de estranxeiro que se apegan ó
Señor,
servindo e amando o Nome do Señor,
sendo os seus servos,
a todo o que garde o sábado sen profanalo
e ós que se manteñan firmes na miña
Alianza,

55, 11-13 Estes dous oráculos (vv 10-11; vv 12-13) constitúen unha inclusión con **40,** 1-8, en forma quiástica: o tema do dinamismo da palabra de Deus (**40,** 8-**55,** 10-12) e o tema do vieiro sagrado para voltar do desterro (**40,**3.4; **55,**12-13).
55, 13 Sobre o buxo, cf nota a Zac **1,** 8. Tanto o buxo coma o ciprés son árbores de folla perenne e símbolos da vida gloriosa.
56, 1-8 Esta primeira unidade está composta de tres oráculos (1-2; 4-7; 8), dos que o segundo vén introducido por unha exhortación do profeta, que o mesmo oráculo xustifica. O primeiro oráculo, aínda que en segunda persoa de plural, é tan xeral (o home, o fillo de Adam) que dificilmente se pode referir soamente ós xudeus, senón que tamén se refire ós prosélitos ou estranxeiros casados con xudeus; a observancia sabática dos vv 2 e 6 recomenda engloba-los tres oráculos. A data do texto está entre o ano 515 —pois o templo funciona xa—, e o 445, momento en que Esdras prohibe os matrimonios mixtos.
56, 2 A garda do descanso sabático era expresión relixiosa da fe e esperanza no poder salvífico de Deus, que permite ó home crente tal descanso.
56, 3 Os eunucos estaban proscritos da comunidade cúltica en Dt **23,** 1-8; pero, se teñen fe e esperanza no poder de Iavé e son fieis á alianza, pertencen en plenitude á mesma.
56, 5 *Ración de comida* (lit. "man"): man coa que se recibe a ración de comida repartida no templo, e, por metonimia, a ración mesma.

⁷traereinos ó meu monte santo
e alegrareinos na miña casa de oración.
Os seus holocaustos e os seus sacrificios
servirán de ofrenda de amor sobre o meu altar.

A crise da volta do desterro

Pois o meu templo chamarase casa de oración para tódolos pobos.
⁸Así fala o Señor, Iavé,
quen reúne ós dispersados de Israel:
"Volverei congregar arredor de Israel ós que se lle xunten".
⁹Tódalas súas feras do campo, vinde comer,
tódalas súas feras do bosque.
¹⁰Os seus vixías están todos eles cegos, non coñecen,
todos eles son cans mudos, non son capaces de ladrar,
dormen, déitanse, son amigos de sestear.
¹¹Velaí os cans de poderosa gorxa, que non se saben fartar.
Velaí os pastores que non saben distinguir:
Todos eles van polo seu vieiro, cada un tras da súa ganancia sen límite.
¹²Vinde, que eu collo o viño, e emborrachémonos de licor,
que mañá será coma hoxe, abundancia moito maior.

57

¹O xusto perece e non hai un que o considere.
Si, os homes de ben desaparecen, sen ninguén que o note.
Cando o xusto desaparece da presencia do malvado, ²chégalle a paz.
¡Que descanse nos seus lugares de repouso,
pois cada un deles camiñou dereito polo seu camiño!

Contra as prácticas idolátricas

³¡Eh, vós, achegádevos aquí, fillos da adiviña!
¡Raza adúltera, como te prostitúes!
⁴¿De quen vos burlades? ¿A quen lle abríde-la boca, (e) lle sacáde-la lingua?
¿Acaso non sodes vós, fillos da rebeldía, descendencia da mentira?
⁵Vós, que vos excitades sexualmente entre os terebintos,
debaixo de toda árbore enramada,
que degoláde-los fillos nos regueiros,
debaixo das fendeduras dos penedos.
⁶Os coios do río son o teu quiñón,
eles mesmos son a túa sorte,
tamén sobre eles vertíche-la libación
e presentáche-la ofrenda.
¿Voume consolar eu con estas cousas?
⁷Sobre o monte alto e levantado puxéche-lo teu leito,
tamén alí subiches para ofrece-lo sacrificio.
⁸Si, detrás da porta e do marco puxéche-lo teu memorial,
pois mil veces te espiches e subiches ó teu leito para anchealo.
Si, fixeches con eles un pacto,
amáche-los seus leitos, víche-las súas vergonzas.
⁹Ti marchaches onda Mélec co teu aceite,
aumentaches os teus perfumes,
mandáche-los teus mensaxeiros ata moi lonxe, fixécheos baixar ata o Xeol.
¹⁰Co teu longo camiño cansaches, (pero) non dixeches: "Isto é desesperante".
(Logo) atopáche-la vitalidade do teu sexo, por isto non estabas enfermo.
¹¹¿De quen amedoñaches e temiches, por lle seres desleal?
¡Porque de min non te lembraches, nin sequera en min pensaches!

56, 7 Nótese que o templo se considera lugar de oración máis ca de sacrificios, e que os mesmos sacrificios son expresión dunha relación interpersoal de amor de Deus.
56, 9-57, 2 Esta unidade comeza cunha invitación ás feras do campo (nacións veciñas, especialmente as tribos árabes nabateas e os edomitas) a que veñan enguli-lo pobo, dándono-la razón disto na irresponsabilidade e avareza dos dirixentes, que non saben cumpri-la súa misión de defensa dos intereses do pobo ante os persas. O texto conclúe en linguaxe directa coa oposición do xusto (o que defende os xustos dereitos) e o malvado (que non busca a paz senón polo camiño do egoísmo).
57, 1 *Considere:* lit. "poña sobre o corazón".
57, 2 *Cada un deles:* quere se-la solución do participio (con senso distributivo, en singular), que segue ó verbo *descansen* (en plural). *Dereito... camiño:* non é aquí camiño xusto, senón camiño que leva directamente á xustiza a quen é xusto e á maldade a quen é malvado.
57, 3-13 Esta unidade literaria é a continuación da crítica da anterior en forma de oráculo, acabando no v 12 cun oráculo salvífico. O v 12, aludindo ó "monte do Señor", supón unha situación de proximidade á volta do desterro.
57, 3 A *adiviña* aquí é Xerusalén, e literalmente refírese o termo á adiviñación pola forma e movemento das nubes. Recorda as falsas profecías, coma falsos profetas eran os deuses que as inspiraban.
57, 4 *Rebeldía* e *mentira* son sinónimos dos ídolos.
57, 5 Alusión ós cultos naturalistas de fertilidade e sacrificios humanos (cf Xer **7**, 3; **32**, 35; tamén Lev **18**, 21; **20**, 2-4; 2 Re **23**, 10).
57, 9 *Mélec* ("rei") era un dos nomes de Baal. Tamén se lía "Moloc".
57, 11 *Pensaches:* lit. "puxeches sobre o teu corazón" (cf **57**, 1 e nota).

¿Acaso non foi porque estiven en
    silencio,
si, desde sempre, e por isto non me
    respectaches?
¹²Eu farei ve-la túa xustiza e as túas obras,
    que non che axudarán.
¹³Cando ti clames para que te salven os
    que se xuntaron ó teu lado,
a todos eles levaraos o vento, un sopro
    arrebataraos.
Pero quen confíe en min herdará a cidade
    e posuirá o meu monte santo.

A salvación para os humildes e abatidos

¹⁴(O Señor) di:
    "Amontoade, amontoade terra,
    achanzade o camiño,
    levantade os atrancos do camiño do meu
        pobo".
¹⁵Porque así fala o Altísimo, o Excelso,
    o que reside na sala do seu trono, que ten
        de Nome o Santo:
    "Eu resido no templo celeste,
    (pero) tamén co humillado e co de
        espírito abatido,
    para reanima-lo espírito dos abatidos,
    e para revitaliza-lo corazón dos
        humillados.
¹⁶Certo que non me querelarei sempre,
    nin estarei enfadado constantemente,
    senón o espírito languecería lonxe da
        miña presencia
    e os viventes que eu creei.
¹⁷Alporíceime pola iniquidade da súa
        cobiza
    e castigueino escondéndome no meu
        noxo,

¹⁸eu observaba o seu comportamento
    e el, rebelde, seguía no comportamento
        do seu corazón.
Pero curareino e dareille descanso,
    enchereino de consolacións,
    e para os seus enloitados ¹⁹crearei un
        canto de louvanza:
Paz, paz, para os de lonxe e mais para os
    de cerca
    —fala o Señor—,
    si, curareino".
²⁰Pero os malvados serán coma o mar
        axitado,
    que non é capaz de estar quedo,
    con augas que botan lama e lodo.
²¹"Para os malvados —fala o meu Deus—
    non haberá paz".

O xexún que ó Señor lle gusta

58

¹Clama coa túa gorxa, non pares,
    levanta a túa voz coma unha
        trompeta.
Denúncialle ó meu pobo a súa rebeldía,
    e á casa de Xacob os seus pecados.
²Día tras día búscanme a min
    e comprácense no coñecemento dos meus
        vieiros,
    coma se fosen un pobo que practicase a
        xustiza
    e non abandonase a lei do seu Deus.
Pregúntanme polos preceptos da xustiza
    e comprácense coa proximidade de Deus.
³¿Por que xexuamos, se ti non o ves?
¿Por que aflíximo-la nosa gorxa, se ti non
    te decatas?
Velaí: no día do voso xexún atopáde-lo
    voso negocio,

57, 13 *Cidade* (heb. "ares" = terra, país), aquí co senso de capital do país, Xerusalén, que fai bo paralelismo co "meu monte santo" (cf nota a **1,** 7 e **2,** 7).

57, 14-21 Toda esta sección constitúe un oráculo salvífico, aparecendo por contraste soamente elementos dun oráculo condenatorio (vv 17 e 20-21). A situación que supón o texto é a que seguiu á volta dos primeiros desterrados (cobiza, rebeldía: v 17): aínda non existe o templo reconstruído, pois o autor sitúa a Deus no templo celeste (v 15). O ton de esperanza salvífica depende do II Is.

57, 14 Este v é un oráculo que nos fala da vía sacra, que é o camiño do pobo do Señor, e que debe referirse ás dificultades dos que retornaron dos desterros para o seu asentamento en Xudá: ocupación de casas e terras.

57, 15 *Templo celeste:* o autor contrasta a transcendencia divina (trono e templo celeste) cos azos divinos ós que volveron do desterro, os que se ven desposuídos e desanimados (referencias ó espírito e ó corazón, sede dos plans e proxectos).

57, 17 Este v contén a explicación teolóxica das dificultades dos que retornaron: a súa cobiza e rebeldía á vontade divina no reparto de bens. Mantíñanse nas súas apetencias e anceios.

57, 19 *Canto de louvanza:* (lit. "froitos dos labios") refírese á acción de gracias pola restauración.
Paz aquí significa bendición, fartura, para os deportados que alá quedaron (= os de lonxe), para os que retornaron e para os que non foron deportados (= os de cerca).

57, 20 Este oráculo de condenación ten a función de esixi-la conversión da maldade, para que o pobo poida percibi-la paz salvífica. O mar axitado non é aquí un contraste coa tranquilidade da paz, senón que o contraste está entre o positivo da paz (bendición e fartura) e o carácter perigoso, mortífero e caótico do mar.

58, 1-12 Literariamente o texto é unha exhortación profética en resposta ás cuestións de xexún (v 3a), coa que o autor trata de descubri-lo verdadeiro senso deste: cumprir coas esixencias da xustiza (3b-4. 6) e da caridade (vv 7-10), para que se mostre a acción salvífica de Deus (vv 8. 10b-12). Aínda que no v 2c se fala da proximidade de Deus, non é preciso entendela coma sinal da reconstrución do templo, que segundo Ax **1,** 4 permaneceu abondos anos derrubado, mentres que a cidade xa a tiñan reedificada. Esta situación fai comprende-la actitude de inxustiza no último tercio do s. VI.

e oprimíde-los vosos traballadores.
⁴Velaí: xexuades para a querela e para a disputa,
si, para darlle pancadas ó malvado.
Non xexuedes coma hoxe, para facer oír no ceo a vosa voz.
⁵¿É acaso coma este o xexún que eu quero no día en que o home aflixe a súa gorxa,
dobra a súa cabeza coma un xunco
e estende saco e cinsa para se deitar?
¿A isto chamas xexún e día agradable para o Señor?
⁶¿Non é estoutro o xexún que eu quero?
Rompe-las cadeas inxustas, deslea-las sogas do xugo,
mandar libres os oprimidos e romper todo xugo.
⁷¿Non é acaso reparti-lo teu pan co famento
e acoller na túa casa os pobres sen pobo?
Cando véxa-lo espido, vísteo
e non te escondas da túa propia carne.
⁸Entón resplandecerá a túa luz coma a alba
e a carne nova da túa ferida brotará logo.
Si, a túa xustiza camiñará diante de ti
e a gloria do Señor pechará a marcha.
⁹Entón clamarás ó Señor e responderache,
pedirasle axuda e dirache: "Aquí estou".
Se apartas do medio de ti o xugo,
o sinalar co dedo e a palabra mala,
¹⁰se lle quitas ó famento a gana que ti sentes,
e fárta-la gorxa aflixida,
entón a túa luz brillará na escuridade
e a túa tebra será coma o mediodía.
¹¹E o Señor conducirache constantemente
e fartará a túa gorxa nas sequidades,
fortalecerá os teus ósos
e serás coma un horto ben regado.
Si, como un manantial de augas que non deixan de manar.
¹²Reconstruiranse contigo as ruínas eternas,
e ti erguera-los cimentos de xeracións e xeracións,
a ti chamaráseche "Albanel de gretas",
"Restaurador das vereas da antigüidade".
¹³Se apárta-lo teu pé do sábado,
de facére-lo que ti queres no meu día santo,
se lle chamas ó sábado: "Delicia";
ó día santo do Señor: "Venerable",
e se o veneras, deixando de face-las túas viaxes,
de atopa-los teus negocios e de trata-los teus asuntos,
¹⁴entón atopara-lo teu pracer no Señor
e eu fareite montar a cabalo das alturas da terra,
e dareiche a come-la herdanza de Xacob, teu pai.
¡Si, falou a boca do Señor!

O pecado impide a chegada da Salvación, que virá certamente

59 ¹Velaí a man do Señor:
non é tan curta que non poida salvar,
nin o seu oído tan duro que non oia,
²senón que as vosas iniquidades foron as que vos separaron do voso Deus,
e os vosos pecados tapáronlle a cara para non vos escoitar.
³Certamente as palmas das vosas mans están lixadas de sangue vertido,
e os vosos labios falan mentiras
e a vosa lingua murmura maldades.
⁴Non hai quen clame pola xustiza,
nin hai quen sexa xulgado con verdade,
confíase no caos e fálase a falsidade;
estase preñado de ruindade e párese a

58, 4 *Facer oír... a súa voz:* a voz que de feito fan oír é a das querelas, disputas e puñetazos, non a da súplica e clamor propio da liturxia penitencial.
58, 6 O xugo é símbolo da opresión, na relación cos outros membros do pobo.
58, 7 *Túa casa:* o posesivo *túa* sobreeténdese, por paralelismo. *Carne* ten aquí senso de tribo, familia.
58, 9 *Sinalar co dedo* era un xesto insultante.
58, 10 Nótese o dobre senso de "néfex", no mesmo v: gana e gorxa.
58, 11 *Os ósos,* coma a sede máis íntima do espírito humano (Ecl **11,** 5), queren expresa-las esperanzas frustradas de felicidade do home ou do pobo, que recibirán fortaleza do mesmo Deus (cf Ez 37).
58, 12 *Contigo:* a partir de ti, sacando de ti, pois refírese á reconstrucción xenética do pobo.
59, 1-20: O v 1 parece a resposta do profeta a unha cuestión proposta polo pobo postexílico: ¿Por que non se cumpren as profecías de esperanza do II Is? A resposta contén unha afirmación teolóxica do poder de Deus e da súa atención ó pobo (v 1). Nos vv 2-4, o autor culpa ós pecados do pobo de entorpece-lo cumprimento das promesas; os vv 5-8 desenvolven o tema das consecuencias mortíferas e inútiles do pecado (primeiro con comparacións: vv 5-6a; e logo en linguaxe directa: vv 6b-8). Nos vv 9-15a aplícase o pobo ("nós") o exposto nos vv 2-8 en forma xeral. A función desta autoconfesión colectiva é a de servir de contraste ó oráculo salvífico que segue (vv 15b-17), no que se remarca a iniciativa e protagonismo divino na obra salvífica; o castigo pola débeda do pecado non cae sobre o pobo, senón sobre os adversarios e inimigos (v 18), para que tódolos pobos respecten o Nome do Señor, que se mostra bendicente e vivificador en Sión (vv 18-20).
O v 21 é un desenvolvemento do v 20, recollendo o tema da alianza eterna co seu pobo, actuando o Espírito de Iavé e as súas palabras coma mediadores da alianza.

maldade.
⁵Chocan ovos de víbora e tecen teas de araña:
quen come eses ovos morre,
e quen creba un deses ovos choca unha víbora.
⁶As súas teas non serven para vestidos,
pois non tapan os seus feitos:
os seus feitos son traballos da maldade,
e obra da violencia hai nas súas mans.
⁷Os seus pés corren para o mal,
e apuran para verter sangue inocente.
Os seus plans son plans de maldade,
nos seus vieiros hai saqueo e arraso.
⁸O camiño da paz non o coñecen
e nos seus vieiros non hai xustiza,
torcen as súas vereas para o seu proveito,
todos corren a onde non se coñece a paz.
⁹Por isto a xustiza afastouse de nós,
e a moralidade non nos alcanzou.
Esperámo-la luz e velaí a escuridade,
esperámo-lo esplendor e camiñamos nas tebras.
¹⁰Andamos coma cegos apalpando a parede,
si, coma o que non ten ollos andamos apalpando.
Tropezamos ó mediodía coma na escuridade,
estando entre os sans coma estando entre mortos.
¹¹Todos nós bruamos coma osos, coma pombas arrolamos.
Esperámo-la xustiza e non a hai,
esperámo-la moralidade e afastouse de nós.
¹²Si, multiplicamos diante de ti as nosas rebeldías,
e os nosos pecados que testemuñan contra nós,
porque as nosas rebeldías están connosco
e as nosas iniquidades coñecémolas:
¹³Rebelarse, renegar do Señor,
retirarnos de seguir ó noso Deus,
falar da opresión e da apostasía,
estar preñado de maldade
e rosmar no corazón palabras mentireiras.

¹⁴A xustiza foi rexeitada para atrás,
e a moralidade está de pé lonxe,
pois a xustiza tropezou na praza
e a rectitude non é capaz de entrar,
¹⁵e a fidelidade está faltando
e o que se retira da maldade está sendo saqueado.
O Señor viuno e pareceulle mal que non houbese xustiza.
¹⁶Viu que non había ningún,
e admirouse de que ninguén intercedese,
pero foi o brazo do Señor quen o salvou,
e a súa xustiza foi quen o asistiu,
¹⁷pois revestiuse de xustiza ó xeito de coiraza
e a salvación foi o casco da súa cabeza;
puxo de vestido as roupas da vinganza
e cubriuse de celo coma mantón.
¹⁸Segundo a débeda dos feitos,
así impoñerei o castigo pola débeda:
noxo para os seus adversarios,
represalias para os seus inimigos,
as nacións costeiras castigaraas coa represalia.
¹⁹Desde o occidente respetarán o Nome do Señor,
e desde o nacente do sol a súa gloria,
pois virá como río apretado, que dirixe o Espírito do Señor.
²⁰Virá para rescatar Sión,
e mailos de Xacob que se convertan da súa rebeldía —oráculo do Señor—.
²¹Olládeme aquí:
esta é a miña Alianza convosco —fala o Señor—:
o meu Espírito está sobre ti,
e as miñas palabras, que roxen na túa boca, non desaparecerán
da túa boca
nin da boca da túa descendencia
nin da boca da descendencia
da túa descendencia,
desde agora e para sempre —fala o Señor—.

A glorificación escatolóxica de Xerusalén

60 ¹Levantate, brilla, que a túa luz xa chegou;

59, 9 *Moralidade:* lit. "xustiza".
59, 10 A escuridade equivale ó mundo dos mortos, onde os vivos tropezan facilmente con eles.
59, 13 Algúns autores suprimen "estar preñado de maldade", pero de feito esta expresión compensa as expresións da primeira parte do v.
59, 15 *Pareceulle mal:* lit. "foi mal ós seus ollos".
59, 16 *O brazo do Señor:* o poder salvífico de Deus que librará ó pobo do caos moral e humano no que se atopa durante o post-exilio.

60, 1-22 Este c. constitúe unha unidade en seis estrofas, organizadas deste xeito: a) vv 1-4: é a introducción temática, pois anticipa os temas que van seguir, organizándoos, arredor do tema da luz e da gloria de Deus: luz, luz de Xerusalén, que aluma e atrae os pobos e os fillos e fillas de Xerusalén; b) vv 5-7: os pobos xuntan as súas riquezas en Xerusalén, para louva-lo Señor no seu templo; c) vv 8-9: os fillos de Xerusalén van devotos, cargados de ouro, ó templo, para glorificar a Xerusalén; d) vv 10-14: son unha ampliación da estrofa dos vv 5-7, en contraste coa

ISAÍAS

si, a gloria do Señor resplandece sobre ti.
²Pois, olla, a escuridade encobre a terra
e a negrura os pobos,
pero sobre ti resplandece o Señor
e a súa gloria faise ver sobre ti.
³Certo que os pobos camiñarán coa túa
   luz
e os reis co resplandor do teu
   alborexar.
⁴Levanta os teus ollos arredor,
todos estes xuntáronse, viñeron a ti.
Os teus fillos veñen de lonxe
e as túas fillas son traídas no colo.
⁵Entón, cando o vexas,
estarás radiante
e o teu corazón latexará e ensanchará,
pois as riquezas do mar traeránchese a ti
e os bens dos pobos virán para ti.
⁶Estarás cuberta dunha chea de camelos,
de dromedarios novos de Madián e de
   Efah.
Todos eles virán de Sabá.
Virán cargados de ouro e incenso,
e proclamarán lediciosos a louvanza do
   Señor.
⁷Tódolos rabaños de Quedar xuntaranse
   en ti,
os castróns de Nebaiot estarán ó teu
   servicio,
subirán ó meu altar por amor,
e eu glorificarei o meu preciado templo.
⁸¿Quen son estes que voan como unha
   nube,
si, coma pombas cara ós seus pombais?
⁹Certamente, xuntaranse onda min as
   nacións costeiras
e os barcos de Tárxix estarán á cabeza,
para traeren de lonxe os teus fillos,
(e) a súa prata e o seu ouro con eles,
para o Nome do Señor, o teu Deus,
e para o Santo de Israel, que en verdade
   te enche de gloria.
¹⁰Os fillos do estranxeiro reconstruirán as
   túas murallas,
e os seus reis estarán ó teu servicio,
pois pola miña ira castigueite,
pero polo meu amor tiven compaixón de
   ti.
¹¹As túas portas estarán sempre abertas,
non se pecharán nin de día nin de noite,
para que che traian as riquezas dos
   pobos,
traídas polos seus reis.
¹²Porque o pobo e o reino que non te
   sirvan a ti perecerán,
e os pobos serán totalmente arrasados.
¹³A riqueza do Líbano virá a ti,
o ciprés, o amieiro e o buxo xuntos,
para adorna-lo lugar do meu santuario,
o lugar onde eu piso cos meus pés.
¹⁴Virán postrarse ante ti os fillos dos que te
   oprimiron,
e postraranse ante a planta dos teus pés
tódolos que te desprezaron,
e chamaranche "Cidade do Señor",
"Sión do Santo de Israel".
¹⁵En vez de estares abandonado, aborrecido,
e sen xente que por ti pase,
convertereite en esplendor eterno,
en causa de gozo por xeracións e
   xeracións.
¹⁶Mamara-lo leite dos pobos
e do peito dos reis mamarás,
entón recoñecerás que eu son o Señor, o
   teu Salvador,
si, o teu Redentor, o Forte de Xacob.

dos vv 8-9, pois estranxeiros reconstruirán as murallas e estarán ó servicio da cidade, a onde traerán día e noite as súas riquezas para adorna-lo santuario e glorificar a Xerusalén; e) os vv 15-18 deixan o xénero hímnico para converterse nun oráculo sen encabezamento, no que Deus proclama á súa transformación glorificadora de Sión; f) os vv 19-22 constitúen o remate, que fai inclusión coa primeira estrofa, desenvolvendo o tema da luz, calificándoa de eterna e identificándoa con Deus, —a quen se lle chama Sol e Lúa—, expresando no oráculo dos vv 21-22, en linguaxe directa, o que a imaxe da luz quere dicir.
60, 2 A escuridade é a situación calamitosa xurdida dunha oposición do pobo a Deus e á súa vontade.
60, 3 Nótese neste v e nos seguintes a contraposición literaria de "os pobos" e "ti, teu, túa" referido a Xerusalén, que acabará na imaxe materna do amamantamento de Xerusalén no peito dos pobos e dos reis (v 16).
60, 4 A glorificación de Xerusalén inclúe a volta dos deportados xudeus e israelitas; este v anticipa as estrofas dos vv 8-9, 15-18, e, en especial, os vv 18-22.
60, 5 O latexar e ensancharse do corazón quere expresa--los novos plans que se farán en Xerusalén, e que deixa-

rán marabillados a todos, pola súa maxestuosidade.
60, 6 Madián (heb. "Midián") atopábase ó nacente do golfo de Áqaba e eran tribos de arrieiros (Xuí 6, 1-6); Efah era un clan emparentado cos madianitas (Xén 25, 4); Sabá era un clan do Sur de Arabia (1 Re 10; Sal 72, 10-15).
Proclaman lediciosos: anuncian a victoria (cf 52, 7 e nota).
60, 7 Quedar: tribo de árabes nómadas (cf 21, 16-17; 42, 11). Nebaiot: aparece sempre en relación cos fillos de Ismael (árabes); e alí, con Quedar (Xén 25, 13), quizais sexan os devanceiros dos Nabateos.
60, 13 A riqueza: o termo hebreo "kabod" ten tamén a acepción de "riqueza", e o contexto pide aquí este senso.
60, 14 Os nomes de Xerusalén non soamente queren expresa-la pertenza da cidade a Iavé, senón tamén a idea de que a súa renovación é obra de Deus.
60, 15 O oráculo introduce a novidade do carácter eterno da restauración de Xerusalén.
60, 16 O leite e o peito dos reis queren expresa-lo precioso sustento de Xerusalén, traído polos pagáns. O título Redentor quere expresa-la obriga do "goelato" (leviratro) que Deus contraeu na alianza co seu pobo e con Xerusalén.

¹⁷En vez de bronce traereiche ouro;
e en vez de ferro traereiche prata;
en vez de madeira, bronce; e en vez de pedras, ferro.
Converterei a Paz no teu inspector
e a Xustiza no teu rexedor.
¹⁸Non se volverá a oír falar de violencia no teu país,
nin de saqueo e de arraso dentro dos teus confíns.
"Salvación" será o nome dos teus muros
e o das túas portas "Louvanza".
¹⁹Non che volverá a servi-lo sol de luz durante o día,
nin te alumará o resplandor da lúa,
senón que o Señor será a túa luz eterna
e o teu Deus será a túa luminosa gloria.
²⁰Non se volverá a po-lo teu Sol e a túa Lúa non desaparecerá.
Si, o Señor será a túa luz eterna
e acabaranse os días do teu loito.
²¹Tódolos do teu pobo serán xustos
e posuirán a terra eternamente,
(serás) retoño dos seus plantíos,
obra das súas mans para que se mostre a súa gloria.
²²O máis pequeno volverase un millar,
e o máis miúdo, un pobo poderoso.
Eu, Iavé, dareime présa para realizalo ó seu tempo.

O profeta, portador da boa nova da restauración e do universalismo salvífico

61 ¹O Espírito do Señor, Iavé, está sobre min,
porque o Señor me unxiu.
Mándame anuncia-la boa nova ós pobres,
cura-los de corazón destrozado,
proclamarlles ós cativos a liberdade
e ós presos que abran os ollos,
²para proclamar un ano de gracia do Señor
e o día do rescate do noso Deus,
para consola-los entristecidos,
³para agasalla-los tristes por Sión,
para darlles xoias en vez de po,
perfume de ledicia en vez de loito,
vestido de festa en vez de espírito amoucado.
Chamaráselles terebintos da lexitimidade,
plantío do Señor para mostra-la súa gloria.
⁴Reconstruirán as ruínas antigas
e levantarán os entullos doutro tempo,
renovarán cidades en ruínas,
entullos de xeracións e xeracións.
⁵Presentaranse estranxeiros
e pastorearán os vosos rabaños
e os fillos do estranxeiro serán os vosos xornaleiros e viñadores.
⁶Pero vós seredes chamados sacerdotes do Señor,
dirásevos servidores do noso Deus.
Comeréde-los bens dos pobos
e coas súas riquezas fortaleceredésvos.
⁷A cidade nova está amedoñada pola vosa vergonza,
e o conxunto deles refúxiase na aldraxe.
(Pero) certo que a cidade nova posuirá a súa terra,
e haberá para eles ledicia perpetua.
⁸Pois eu son o Señor, que amo a xustiza,
(e) aborrezo o roubo malvado:
Si, eu daréille-la súa recompensa lealmente

60, 17 A *Paz* e a *Xustiza* son personificacións literarias da fartura e da salvación ou poder xustificador de Deus.
60, 20 *Sol* e *Lúa* son nomes divinos que condensan a imaxe da gloria-luz da revelación salvífica de Deus.
60, 21 Traducimos *terra,* por mor de Mt **5,** 4, aínda que o senso é de "país".
61, 1-11 Este c. está construído en forma de quiasmo arredor do tema central do universalismo salvífico, orientado ó culto a Iavé: os seus sacerdotes serán os xudeus (vv 5-6); o tema da reconstrucción da cidade (v 4); os vv 7-9 son consecuencia da concentración de riquezas na cidade sagrada de Xerusalén; a referencia profético-vocacional ó Espírito e á mensaxe salvífica dos vv 1-3 serve de introducción; para acabar coa reacción lediciosa do mesmo profeta (vv 10-11).
61, 1 O *Espírito de Iavé* é o dinamismo salvífico que consagra (lit. "unxe") ó profeta e o converte en instrumento do feito liberador e restaurador.
Curar: lit. "vendar", repara-los plans e proxectos destrozados. Abri-los ollos ós presos ou cativos, pois estes viven na tebra (cf **42,** 7).
61, 2 *O ano de gracia* debe referirse ó ano sabático (cf Lev **25,** 1ss; Dt **15,** 1ss), co que se resolverían boa parte das irregularidades económico-sociais para os repatriados.
61, 5 O universalismo salvífico supón a integración na relixiosidade e no culto xudeu de poboación pagás —edomitas e moabitas—, que ocuparon Xudea durante o exilio.
61, 7 A *cidade nova,* que aparece en 2Re **22,** 14; 2 Cro **34,** 22, refírese á zona onde vivían os que regresaran do desterro, desposuídos dos seus bens por culpa do egoísmo dos que quedaron, de quen recibiron as correspondentes aldraxes coma malditos de Deus. A estes conflictos responde o profeta con promesas salvíficas (v 7b) e cun oráculo (vv 8-9), no que Deus di que vela polo cumprimento da xustiza para os descendentes dos deportados, e que estes dereitos serán recoñecidos polos persas (as nacións), ó mesmo tempo que se lle promete ó pobo a alianza eterna, que supere estas diferencias.

e pactarei con eles unha alianza eterna.
⁹Será recoñecida entre os pobos a
descendencia deles
e os seus renovos no medio das
nacións.
Tódolos que os vexan recoñeceranos,
pois eles son a descendencia que o Señor
bendiciu.
¹⁰Exultarei ledicioso polo Señor,
e a miña alma brincará de xúbilo polo
meu Deus,
xa que me fixo vestir roupas da salvación
e envolveume co manto da xustiza,
coma o noivo que veste solemnemente o
turbante,
e coma a noiva que se adorna coas súas
xoias.
¹¹Pois, como a terra fai saí-los seus
gromos,
e como un horto fai brota-las súas
sementeiras,
así o Señor Iavé fará brota-la
xustiza,
e a louvanza ante tódolos pobos.

Canto ó restablecemento da alianza de Deus con Sión

62 ¹Por Sión non quedarei en silencio,
e por Xerusalén non ficarei quedo,
ata que a súa xustiza saia como un
resplandor
e a súa salvación alume coma unha
lámpada.
²Os pobos verán a túa xustiza e tódolos
reis a túa gloria,
chamaráseche cun nome novo, o que
indique a boca do Señor.
³Serás coroa preciosa na man do Señor
e turbante rexio na palma da man do teu
Deus.

⁴Non se che volverá chamar
"Abandonada",
nin á túa cidade se lle volverá dicir
"Ruína",
senón que a ti se che chamará "Ti e-lo
meu amor"
e á túa cidade se lle chamará "A casada".
Si, o amor do Señor estará en ti,
e a túa cidade casará.
⁵Como casa un mozo cunha virxe,
así casará contigo o teu Constructor.
O gozo que sente o noivo pola noiva,
sentirao o teu Deus por ti.
⁶Sobre as túas murallas, Xerusalén,
fixen poñer vixiantes,
que durante todo o día e durante toda a
noite,
non estarán calados un momento,
son os que fan que o Señor se lembre,
e non descansan no voso favor.
⁷Si, non o deixaredes descansar ata que
cree,
si, ata que converta a Xerusalén na
louvanza do mundo.
⁸O Señor xurou pola súa destra e polo seu
poderoso brazo:
"Certo que os fillos do estranxeiro non
beberán o teu viño novo
polo que ti te fatigaches,
⁹senón que os que colleiten o gran
comerano e louvarán o Señor,
e os que vendimen
beberán o viño nos adros do meu
santuario".
¹⁰Cruzade e cruzade polas portas,
achanzade o camiño da cidade,
amontoade, amontoade terra para o
camiño,
enlousádeo con laxes,
erguede a bandeira para os pobos:

61, 10-11 Este cantar do profeta é un cantar á alianza eterna, expresada nas imaxes do noivo e da noiva, e da que Deus fai xurdi-la xustiza entre os repatriados e os que non saíron do país.
62, 1-13 Este cantar constitúe unha unidade, como o deixa ve-la inclusión dos títulos de Xerusalén dos vv 3. 4. 12, que se refiren á alianza matrimonial de Deus coa cidade. Esta unidade está constituída por catro estrofas desiguais: a primeira (vv 1-5) é un cantar de esperanza polo restablecemento da alianza matrimonial; a segunda (vv 6-7) refírese ós vixiantes-orantes que de cotío suplican a chegada da acción creadora e transformadora de Deus respecto a Xerusalén, acción na que se mostrará a efectividade da alianza. Esta súplica dos vixiantes prepara a resposta oracular dos vv 8-9, que constitúen o centro do poema e que se refiren á especialísima protección de Deus sobre Xerusalén, que resulta se-la expresión visible da alianza. A estrofa final (vv 10-12) é unha invitación a preparar esta vinda do Señor, que está a *chegar*.

62, 1 A *xustiza,* en paralelo coa salvación, é a xustiza salvífica ou a acción xustificante de Deus, coma en Rm **1,** 17; **3,** 22. As imaxes literarias do resplandor e da lámpada que aluma, refírense á acción liberadora e salvífica da acción divina.
62, 3 A Xerusalén renovada despois das dificultades da volta do desterro será a expresión externa da realeza de Iavé (coroa e turbante rexio) sobre o pobo e o mundo.
62, 4 *Ti e-lo meu amor:* lit. "o meu amor está en ti".
62, 5 *Como casa:* seguímo-la lectura de Qumrân, coincidente coa dos LXX, cos Targum e coas traducións siríacas.
62, 6 *Non descansan:* os vixiantes aquí son orantes que lle lembran constantemente a Deus as súas promesas salvíficas.
62, 7 A nova situación (*nome novo:* v 2) esixe unha acción creadora de Deus.
62, 10 *Cidade:* o termo "am" ten aquí o senso de cidade, e non de pobo ou exército.

ISAÍAS 63, 7

¹¹Velaí o Señor que se fai oír ata o cabo do mundo.
"Dicídelle á filla de Sión:
Velaí chega o teu Salvador.
Velaí a súa paga con El,
e a súa recompensa diante del".
¹²Entón chamaráselles: "Pobo santo",
"Os redimidos do Señor",
e a ti chamaráseche "Buscada",
"Cidade non abandonada".

APOCALIPSE FINAL

Castigo das nacións, tipificadas en Edom

63 ¹"¿Quen é este que chega de Edom, de Bosrah con vestidos tinxidos de vermello?
¿Quen é este que está adornado cos seus vestidos,
cangado co peso do seu moito poder?"
"Eu, que falo da xustiza, que son Señor para salvar".
²"¿Por que está vermella a túa roupa e os teus vestidos
coma os do que pisa no lagar?"
³"Eu só pisei na pía
e non houbo do meu pobo quen estivese comigo.
Si, piseinos coa miña ira
e esmagueinos coa miña furia.
E o zume deles salpicou as miñas roupas
e lixou tódolos meus vestidos.
⁴Velaí o día da vinganza: está no meu corazón
e o ano do meu desquite xa chegou.
⁵Si, mirei con atención e non houbo quen axudase,
asombreime de que non houbese quen apoiase,
pero o meu brazo salvoume,
a miña furia foi a que me apoiou.
⁶Esmaguei os pobos coa miña ira, e emborracheinos coa miña furia,
fixen baixar á terra o seu propio zume".

Grande súplica a Deus Pai pola restauración de Xudá

⁷Voume lembrar dos favores do Señor,
das louvanzas do Señor:
Velaí toda a débeda que nos pagou o Señor,
si, un montón de bens para a casa de Xacob,
que El nos concedeu segundo a súa misericordia,

62, 11 *Salvador*: lit. "salvación": emprego do abstracto polo concreto.
A paga e a recompensa son o premio de Deus á fidelidade dos fillos dos deportados que voltan a Xerusalén e se atopan con serias dificultades.
63 Esta parte final é unha apocalipse composta destes elementos: a) xuízo das *nacións* inimigas, tipificadas en Edom (**63**, 1-6); b) seguido dunha oración (**63**, 7-64, 11); e c) acabado por tres seccións paralelas: I) **65**, 1-25; II) **66**, 1-14; III) **66**, 15-24, integradas por acusacións e anuncios de castigo a un grupo do pobo (os idólatras e infieis a Deus), e promesas salvíficas para os xustos (que gozarán do mundo novo e das glorias de Xerusalén). As nacións pagás, que comezan sendo castigadas na apocalipse (en **63**, 1-6), integraranse no culto a Iavé e nos goces da Xerusalén gloriosa e no mundo novo (**66**, 18-21).
63, 1-6 Esta unidade de corte dialogal é un comentario ou celebración apocalíptica ós cc. **60-62**, pois a salvación de Xerusalén ha de pasar pola humillación e o castigo dos pobos inimigos, dos que Edom é o prototipo, debido á súa colaboración cos caldeos na caída de Xerusalén e a subseguinte ocupación do Sur de Xudea. O texto organízase na forma dun diálogo de revelación (o que supón unha visión profético-apocalíptica) entre Deus e o profeta, no que Deus se presenta coma o que fai xustiza castigando a Edom, coa imaxe literaria de guerreiro que pisa con ira os seus inimigos coma o vendimador pisa as uvas no lagar.
63, 1 *Cangado*: lit. "inclinándose co peso do seu moito poder". Os LXX leron "andando".

63, 6 *Emborracheinos*: algúns manuscritos hebreos leron "piseinos"; pero esta lectura facilitante non está avalada polas traduccións antigas nin polos escritos de Qumrân. A borracheira é expresión de confusión creada polo castigo.
63, 7-64, 11 Nesta longa unidade atopamos unha serie de elementos diferentes, ós que dá senso o v introductorio (**63**, 7), coa invitación a escoita-las louvanzas de Deus, polas liberacións do Éxodo e do exilio e ás que se xuntan a súplica feita durante o exilio (**63**, 15-64, 2a) e, coma elemento culminante, a súplica pola total restauración do pobo (**64**, 8-11).
Trala introducción de **63**, 7 segue a louvanza a Deus pola elección gratuíta do pobo e a constante axuda liberadora nas épocas pasadas, que inclúe a época patriarcal e o Éxodo (**63**, 8-9). O v **63**, 10 é un contraste de rebeldía e pecado do pobo, co seu correspondente castigo que se refire ó exilio en Babilonia, do que sae o pobo pola lembranza (= fe) das obras salvíficas do Éxodo (**63**, 11-14). Coma exemplarización desta lembranza-fe, introduce o autor unha súplica ó estilo da súplica da lamentación colectiva (**63**, 15-64, 2a), do mesmo xeito que na acción de gracias individual tamén se repetía a súplica da lamentación individual precedente. Os vv **64**, 2b-4a, describen a baixada salvífica de Deus en linguaxe teofánica e o seu encontro cun pobo fiel, que espera a salvación, preparando deste xeito os contrastes (vv **64**, 4b-7), do que foran durante o preexilio e o exilio, coa súa sorte agora, despois da intervención de Deus. A unidade **64**, 8-11 conclúe coa súplica final pola restauración de Xudá.

segundo a abundancia dos seus favores.
⁸El dixo: "Si, son o meu pobo, os fillos
que non traicionan",
e convertéuselles no seu Salvador ⁹en
calquera angustia.
Non houbo mensaxeiro nin enviado:
a súa presencia salvounos:
polo seu amor e a súa compaixón
redimiunos,
si, levantounos e levounos enriba de si en
tódalas épocas pasadas.
¹⁰Pero eles rebeláronse e entristeceron o
seu Espírito Santo,
que se voltou inimigo deles, facéndolle-la
guerra.
¹¹Pero o seu pobo lembrouse das épocas
pasadas, de Moisés.
¿Onde está o que os fixo subir do mar
xunto co pastor do seu rabaño?
¿Onde está o que puxo no interior do
peso o seu Santo Espírito?
¹²O que fixo avanza-lo seu glorioso brazo
por medio da destra de Moisés,
o que partiu as augas diante deles,
construíndose para si un renome
eterno.
¹³O que os fixo camiñar polos abismos,
coma cabalos polo deserto, sen tropezar.
¹⁴Como baixa o gando para o val,
así o Espírito do Señor nos fixo
descansar.
Asi, conducíche-lo teu pobo,
construíndote para ti un renome
glorioso.
¹⁵Olla atentamente desde o ceo e mira
desde a túa santa e gloriosa morada.
¿Onde está o teu poderoso celo, o
conmoverse das túas entrañas?
¿Onde está a túa compaixón, meu Deus,
que se viu coaccionada?
¹⁶Pois ti e-lo noso Pai.
Certamente Abraham non nos recoñece,
nin Israel nos entende,

(pero) ti, Señor, e-lo noso Pai,
o "noso Redentor desde sempre" é o teu
Nome.
¹⁷¿Por que, Señor, nos deixaches extraviar
lonxe dos teus vieiros,
e fixeches endurece-lo noso corazón
apartándose do teu respecto?
¡Cambia de actitude por amor dos teus
servos,
por amor das tribos da túa herdanza!
¹⁸¿Por que unha banda de mozos se
apoderou da cidade do teu santuario?
¿Por que os nosos opresores esmagaron o
teu santuario?
¹⁹Fomos desde hai tempo xente na que ti
non mandaches,
(e) sobre os que non se invocou o teu
nome.
¡Ai, se racháse-lo ceo (e) baixases!
Coa túa presencia rebulirían os montes,
¹o mesmo que se lle prende lume á
bouza
e o lume fai burbulla-la auga,
para lles facer coñece-lo teu nome ós teus
inimigos,
para que estremezan os pobos coa túa
presencia,
²ó faceres cousas temibles que non
esperamos.
Baixaches, (e) coa túa presencia tremeron
os montes:
³unha cousa que desde antigo nunca se
oíra,
(pero) certo que se nos fixo escoitar:
O ollo non viu fóra de ti ningún deus,
que tal lle faga a quen espera nel.
⁴Atopácheste co que se alegraba e
practicara a xustiza,
cos que se lembraban de ti nos teus vieiros.
Velai: estabas enfadado porque
pecaramos,
(pero) estaremos sempre nos teus vieiros
e salvarémonos.

63, 8 A relación entre Deus e o seu pobo nesta unidade literaria exprésase en termos de paternidade e filiación (cf **63,** 16; **64,** 7), unha paternidade protectora e salvífica.
63, 9 *Mensaxeiro:* lémo-lo hebreo "sir" (mensaxeiro), e non "sar "(angustia).
63, 10 Aquí o Espírito Santo de Iavé é o poder protector e salvífico de Deus coma Pai do pobo da Alianza.
63, 11 Nótese o senso da expresión de fe que contén o verbo "lembrar", coma no evanxeo de S. Xoán, o mesmo cás relacións do Espírito Santo de Iavé e as actitudes de fe do pobo.
63, 12 O brazo glorioso equivale ó poder salvífico.
63, 14 O camiñar polo deserto cara á alianza do Sinaí é un camiñar cara ó descanso do pobo no compromiso que Deus contrae con el.
63, 15 O autor considera a presencia de Deus no ceo, non no santuario como en **66,** 1, elemento característico da apocalíptica. *Poderoso celo:* lit. "o teu celo e a túa heroicidade" (= poder).
63, 16 As referencias a Abraham e a Israel (Xacob) remiten ás expresións dos vv 8-9.
63, 19 A intervención de Deus que se pide na oración exprésase en termos teofánicos.
64, 3 Lemos "la" (= certo), en vez de "lo" (= non), pois a negación aquí non ten senso, e si, en troques, o paralelismo antitético que ofrecemos.

⁵Todos nós fomos coma un impuro,
e toda a nosa xustiza como a roupa da menstruante.
Todos nós murchamos coma a folla,
e as nosas iniquidades leváronnos coma o vento.
⁶Non había quen invocase o teu nome,
quen espertase para acollerse a ti,
porque ti escondícheno-la túa cara,
e alagáchesnos co lote das nosas culpas.
⁷Pero agora, Señor, ti e-lo noso Pai.
Nós sómo-lo barro e ti e-lo oleiro,
pois obra das túas mans somos todos nós.
⁸Señor, non te enfades aínda máis,
non te lembres para sempre da iniquidade.
Olla, fíxate ben: todos nós sómo-lo teu pobo.
⁹As túas santas vilas están feitas un deserto,
Sión quedou feita un deserto,
Xerusalén unha desolación.
¹⁰O noso santo e glorioso templo,
onde te adoraron os nosos pais,
volveuse unha fornalleira de lume,
e tódalas nosas cousas aprezadas resultaron unha ruína.
¹¹¿Ante estas cousas vaste seguir contendo, Señor,
seguir calado e oprimirnos aínda máis?

Primeiro desprégue apocalíptico: resposta oracular á oración: acusación e anuncio xeral de castigo

65 ¹Eu deixei que me buscasen os que non me consultaban,
(e) deixei que me atopasen os que non me procuraban.
Díxenlle a unha nación que non se chamaba co meu nome:
"¡Aquí estou!" "¡Aquí estou!".

²Boteille unha man todo o tempo a un pobo rebelde,
ós que camiñaban por un vieiro non bo,
seguindo os seus propios plans,
³o pobo que me provocaba
continuamente ante a miña presencia,
ofrecendo sacrificios nos xardíns
e queimando incenso sobre os ladrillos;
⁴viven nas sepulturas e pasan a noite nas covas,
comen carne de porco
e talladas de carnes abominables nos seus pratos.
⁵Din: "Arreda, non me toques, que te podería consagrar".
Estas cousas son fume nos meus narices,
lume que arde todo o tempo.
⁶Velaí: isto está escrito na miña presencia.
Non podo calar,
senón que lles teño que bota-la paga na abada do seu manto,
⁷as súas abominacións
e as abominacións dos seus pais, todo xunto
—fala o Señor—,
porque queimaron incenso no cume dos montes
e aldraxáronme nos outeiros.
Si, botareilles na abada do manto a paga do seu pasado.

Do castigo quedará un resto, portador das bendicións

⁸Así fala o Señor:
"O mesmo que se atopa mosto no acio,
e se di: non o destrúas,
que hai bendición dentro del,
así farei cos meus servos: non os destruirei a todos.
⁹Farei saír de Xacob descendencia
e de Xudá (farei saír) o herdeiro dos meus montes:

64, 7 *Obra das túas mans:* non se refire á acción creacional, senón á restauración do pobo no postexilio e na escatoloxía.

65, 1-66, 24 Estes tres despregues apocalípticos (cf nota a 63) teñen unha estructura paralela: anuncio de castigo pola idolatría do pobo "xudeu", pero oráculos salvíficos para os xustos do mesmo pobo, para acabar coas glorias dos xustos no mundo novo ou nas bendicións da Xerusalén renovada pola acción de Deus. Esta apocalíptica aínda ten unhas dimensións intraterrenas e, non obstante a consideración da presencia de Deus no templo celeste (**65,** 1; **66,** 1), non esquece a presencia de Deus no templo de Xerusalén (**66,** 20), do que algúns pagáns serán sacerdotes.
65, 1 A busca e o encontro do Señor refírese á oración anterior pola reconstrucción do templo e a Xudá (**64,** 9-10). Non obstante a especial axuda de Deus ó pobo, non se chama co nome de Iavé, pois practica cultos idolátricos non iavistas.
65, 2 *Vieiro,* plans, son a orde moral e cúltica.
65, 4 A referencia ás sepulturas e covas ten a finalidade de expresa-la impureza ritual do pobo.
65, 6 *Abada:* lit. "seo". Refírese á parte dianteira do manto do hebreo, na que se levaban tamén cousas, como a nosa campesiña as leva na abada do mandil. Aquí a abada é onde o pagán leva o seu merecido.
65, 8-15 Esta sección está composta de dúas unidades: a) un oráculo de salvación para os servos e elixidos, portadores da herdanza do Señor, non obstante o castigo do que se falou nos vv 6-7 (vv 8-10); e b) un oráculo de xuízo condenatorio, dirixido a un "vós" (o pobo de Xudá), que se distingue das bendicións dos servos do Señor (vv 11-15).

os meus elixidos herdarán isto
e os meus servos morarán alí.
¹⁰O Sarón será o pasteiro do rabaño,
e o val de Acor será o curral do gando,
para o meu pobo, que me buscou".
¹¹Pero vós sóde-los que abandonáde-lo
  Señor,
os que vos esquecedes do monte do meu
  santuario,
os que preparáde-la mesa para (ir a)
  Gad,
os que enchéde-la bota de viño
  mesturado para (ir a) Mení.
¹²Pois eu destínovos para a espada
e todos vós caeredes na matanza,
porque eu clamei e vós non respondestes,
eu falei e vós non fixestes caso,
senón que fixéste-lo mal ós meus ollos
e escolléste-lo que non me gustaba.
¹³Por isto, así fala o Señor Iavé:
"Velaí os meus servos: eles comerán e vós
  pasaredes fame.
Velaí os meus servos: eles beberán e vós
  pasaredes sede.
Velaí os meus servos: eles alegraranse e
  vós avergonzarédesvos.
¹⁴Velaí os meus servos: eles exultarán con
  corazón ledicioso,
e vós clamaredes con corazón triste
e con espírito destrozado
  lamentarédesvos.
¹⁵Deixarédeslle-lo voso nome ós meus
  elixidos para un xuramento:
¡Que o Señor Iavé te faga morrer!,
e chamarán ós meus servos cun nome
  diferente".

Os elixidos do Deus Amén, no mundo novo escatolóxico

¹⁶O que queira ser bendito coa felicidade
  na terra,
ha de ser bendito polo Deus Amén.
E o que queira facer un xuramento na
  terra,
ha de xurar polo Deus Amén.
Si, que se esquezan das aflicións pasadas,
e certamente estarán escondidas da miña
  percepción.

¹⁷Pois velaí: eu creo ceos novos e terra
  nova,
e non serán lembradas as cousas vellas,
nin pasarán á consideración de
  ninguén,
¹⁸senón que: exultade e brincade de ledicia
  para sempre,
coa felicidade que eu creo,
pois eu creo Xerusalén: "A
  Exultación";
e o seu pobo: "A Ledicia".
¹⁹E eu brincarei de ledicia por Xerusalén,
e exultarei pola miña cidade,
e non se volverá a oír nela ruído de
  choros nin ruído de berros.
²⁰Non volverá a nacer nela meniño falto de
  días
nin vello que non os cumpra de cheo,
senón que o que morra ós cen anos será
  un rapaz,
e o que consiga os cen anos será un
  maldito.
²¹Construirán casas e habitaranas
e plantarán viñas e comerán os seus
  froitos.
²²Non construirán para que outro
  habite,
nin plantarán para que outro coma,
senón que os días do meu pobo serán
  coma os días dunha árbore,
e os meus elixidos disfrutarán da obra
  das súas mans.
²³Non se fatigarán en van, nin darán a luz
  para calamidade,
pois eles son a raza dos benditos do
  Señor,
e os seus descendentes serán coma eles.
²⁴Aínda antes de que chamen, eu
  respondereilles;
mentres eles volven falar, eu xa lles farei
  caso.
²⁵O lobo e o año pacerán xuntos,
e o león comerá palla coma o boi,
pero a serpente terá de comida o po.
Non farán mal
nin provocarán matanza en todo o meu
  santo monte
—dío o Señor—.

65, 11 Estas divindades: *Gad* = "Sorte" (Xén **30**, 11) e *Mení* = "Reparto" da Sorte, eran veneradas en Canaán, de onde pasaron a nomes de persoas ou xeográficos. Equivalen á deusa Fortuna ou Sorte.
65, 16-25 Esta sección é un comentario escatolóxico-apocalíptico ás bendicións que Deus dará ós seus servos nun mundo novo e na Xerusalén dos últimos tempos. Esta apocalíptica aínda non pode concebi-la escatoloxía espiritual anímica, estraña á tradición hebrea.
65, 16 *Amén* é aquí un título divino que se refire ó cumprimento das promesas, realizado por Deus (cf o comentario cristolóxico que fai 2 Cor **1**, 18ss).
65, 17 *Ceos e terra* é un merismo para significa-la totalidade. O adxectivo *novos* indica unha cualidade excelente, non un dato temporal.

Segundo despregue apocalíptico: o Señor desde o seu trono celeste olla para os que tremen ante as súas palabras

66 ¹Así fala o Señor:
"O ceo é o meu trono e a terra é o estrado dos meus pés.
¿Cal é a casa que me ides construír?
¿Cal é o lugar do meu descanso?
²Si, todas estas cousas fixoas a miña man.
¡Aí están todas elas!
—é o Señor quen fala—.
Pero hei de ollar por este, polo pobre, polo abatido de espírito
e que treme ante as miñas palabras".

Xuízo de castigo contra os idólatras

³Sacrifícase un touro e tamén se mata a un home,
sacrificase un año e tamén se descroca un can.
Presentase en ofrenda o sangue de porco,
faise unha lembranza con incenso
e tamén se bendí un ídolo.
Certo que eles escolleron os seus vieiros,
e o seu gusto compraceuse nas abominacións.
⁴Certo que eu escollerei os malos tratos para eles,
e traereilles terrores para eles,
porque chamei e ninguén respondeu,
falei e non fixeron caso,
senón que fixeron o mal ós meus ollos,
e escolleron o que non me gusta.

Sión dá a luz un pobo nun só día

⁵Escoitade a palabra do Señor,
os que tremedes coa súa palabra.
Os vosos irmáns que vos aborrecen
e que vos rexeitan por causa do meu nome
dixeron:
"Que o Señor mostre a súa gloria
para que vexámo-la vosa ledicia",
pero eles quedarán avergonzados.

⁶Berros de tumulto saen da cidade,
berros saen do templo.
¡Berros! O Señor estalles pagando a débeda ós seus inimigos.
⁷Antes de se retorcer de dor, deu a luz,
antes de que lle chegasen as dores do parto,
deu a luz un home.
⁸¿Quen oíu cousa como esta?
¿Quen viu cousas como estas?
¿Párese unha cidade nun só día?
¿Dáse a luz un pobo dunha soa vez?
¡Sión, si que estivo de parto,
certo que deu a luz os seus fillos!
⁹¿Vou eu facer abri-la matriz
e non vou facer que paira?
—fala o Señor—.
¿Eu, o que fai parir, vou pecha-la matriz?
—fala o teu Deus—.

As glorias e bendicións de Xerusalén

¹⁰Alegrádevos con Xerusalén,
e brincade de ledicia por ela,
tódolos que a amades.
Exultade con xúbilo con ela
tódolos que vos enloitastes por causa dela,
¹¹porque mamaredes
e fartarédesvos do peito das súas consolacións,
porque zugaredes e gozaredes do seo da súa riqueza.
¹²Porque así fala o Señor:
"Ollade que eu estendo ata ela a fartura coma un río,
si, coma un río desbordado a riqueza das nacións.
Vós mamaredes, no colo seredes levados,
sobre os xeonllos seredes aloumiñados.
¹³Coma un neno, a quen súa nai consola,
así vos consolarei eu.
Si, en Xerusalén seredes consolados.
¹⁴Entón veredes que se alegra o voso corazón

66, 1-2 O texto supón que o templo aínda non está reconstruído (anos 537-520); e, por outra banda, mantense fiel á teoloxía do pobre, entendido coma a persoa que respecta ó máximo as palabras do Señor, o que foi característico do II Is. Estes pobres son os servos elixidos, do primeiro despregue apocalíptico.

66, 2 *Estas cousas* refírense ós sacrificios que se seguiron realizando nas ruínas do templo.

66, 3 O heb. "néfex" ten aquí o senso de *gusto,* tal como o esixe o contexto de ofrendas e banquetes sacrificiais.

66, 5-9 O autor contrasta a actitude dos que quedaron en Xudá coa dos pobos que tremen ante as palabras do Señor, esperando o cumprimento das promesas. Estes verán a gloria de Sión, ó aumenta-lo seu pobo de repente.

66, 9 *Abri-la matriz* equivale a facer concebir; mentres que pecha-la matriz significa impedi-lo parto.

66, 10-14 Nótese como a imaxe do parto dos vv 5-9 se continúa no amamantamento do pobo da parte da Nai Sión-Xerusalén.

66, 12 O heb. "xalom", ademais de paz, significa *fartura.* Ese é o senso que ten aquí.

66, 14 O corazón, en paralelo cos ósos, son a raíz dos plans e proxectos (corazón), e a raíz do espírito ou enerxías, ilusións, esperanzas para realizar eses plans.

e que os vosos ósos florecen coma un campo".

A man do Señor daráselles a coñecer ós seus servos e o noxo do Señor daráselles a coñecer ós seus inimigos.

Terceiro despregue apocalíptico: xuízo de castigo divino contra os idólatras

[15]Pois velaí o Señor, chega coma o lume, e os seus carros coma o furacán, para converte-la súa ira en furia e o seu noxo en chamas de lume.
[16]En verdade o Señor móstrase xusto xuíz respecto de toda carne co lume e coa espada e multiplicaranse os abatidos polo Señor,
[17]os que se santifican e se purifican (indo) ós xardíns detrás dun que está no medio, comen carne de porco, animais abominables e ratos, as súas obras e os seus plans perecerán a unha —é o Señor quen fala—.

As nacións pagás serán as testemuñas e os pregoeiros da gloria do Señor

[18]Eu chego para xuntar tódolos pobos e as linguas, para que veñan e vexan a miña gloria.
[19]Porei no medio deles un sinal e mandarei os superviventes de entre eles ás nacións: a Tárxix, a Pul e a Lud, ós que tensan o arco, a Tubal e a Iaván, ás remotas nacións costeiras que non oíron o meu renome, nin viron a miña gloria. Eles manifestarán a miña gloria entre os pobos. [20]Eles traerán a tódolos seus irmáns coma ofrenda para o Señor, en cabalos e en carros, en liteiras, en mulos e en dromedarios, ata o meu santo monte de Xerusalén —dío o Señor—, así como os fillos de Israel traen ó templo do Señor a ofrenda en vasillas limpas. [21]Tamén collerei a algúns deles para sacerdotes e levitas —dío o Señor—.

No novo mundo todos se postrarán na presencia do Señor

[22]Así, o mesmo que o ceo novo e a terra nova que vou crear permanecerán na miña presencia —é o Señor quen fala—, así permanecerá a vosa descendencia e o voso nome.
[23]Resultará que desde a lúa nova ata a outra lúa nova e desde o sábado ata outro sábado, virá todo o mundo postrarse na miña presencia —dío o Señor—.
[24]Eles sairán e verán nos cadáveres dos homes que se rebelaron contra min que o seu verme non morre e que o seu lume non se apaga, e serán o noxo de todo o mundo.

66, 17 *Un que está no medio:* referencia a un sacerdote idolátrico nun ritual para nós descoñecido (cf Ez **8,** 11). *As súas obras e os seus plans,* palabras escollidas do v 18, onde están fóra de lugar no texto hebreo masorético.
66, 19 *Tárxix:* son os Tartesios de Andalucía (Xén **10,** 4; Is 60, 9). *Pul e Lud:* refírense á poboación africana do Sudán e Somalia (Xén **10,** 6. 13; Xer **46,** 9); *Tubal* era a costa do sur do mar Negro (Xén **10,** 2) e *Iaván* eran os xónicos ou gregos (Xén **10,** 2. 4).
66, 20 A conversión dos pagáns ó culto iavista ten para o autor un carácter cúltico lexítimo, para o que son escollidos sacerdotes dos mesmos pobos pagáns.
66, 24 O castigo escatolóxico dos membros do pobo infieis ó Señor non terá fin.

INTRODUCCIÓN Ó LIBRO DE XEREMÍAS

1. O profeta Xeremías: nome, familia, e lugar de nacemento

O vocábulo "Xeremías", en hebreo "Irmeiahu" significa "Iavé exalta", "Iavé ergue".
O profeta Xeremías debeu de nacer polo ano 650. Descendía da familia sacerdotal de Abiatar, que fora retirada das funcións cúlticas nos tempos de Salomón, e desterrada a Anatot, por ser partidaria de Adonías (cf 1 Re 1, 25s; 2, 26). A devandita Anatot pertencía ó Reino de Xudá, e á tribo de Benxamín, ainda que estaba moi preto de Xerusalén (7 kms. ó norte). Nos seus escritos refléxanse con claridade as tradicións teolóxicas do Reino do Norte: as de Raquel e Efraím (31, 15-18), as do santuario de Xiloh (7, 14; 26, 6), e as do Éxodo, do deserto, e da entrada no país. En troques, as grandes tradicións xudías (elección divina de Xerusalén e da dinastía davídica), teñen ben pouca importancia para este profeta.

2. Períodos da súa actividade profética

Xeremías recibe a vocación ó profetismo sendo mozo (cf 1, 4-10), no ano décimo terceiro do reinado de Ioxías (627/626 a.C.).

a) Primeiro período de actividade: reinado de Ioxías (627-609)

O rei Ioxías, fillo de Amón, tiña oito anos cando morreu seu pai, no 640 a.C. Durante o tempo de rexencia (640-632), sendo xa vello Asurbanipal, decae o poderío de Asiria. Esta falta de poder hexemónico estranxeiro, xunto cun auténtico renacemento cultural e coa valoración das antigas tradicións, levarán ó mozo monarca Ioxías a emprende-la reforma de afirmación nacionalista, volvendo ás formas cúlticas do máis puro iavismo. En plena euforia reformista, no ano 622, atopan os sacerdotes do templo de Xerusalén unha copia do libro da Lei —o Deuteronomio—; e, informado o rei, manda consulta-la profetisa Hulda, que recoñece o carácter normativo de tal libro sagrado. O feito de consulta-la profetisa Hulda, en vez de acudir a Xeremías, fai pensar que o profeta de Anatot colaboraba entón na reforma de Ioxías no antigo Reino do Norte (fálase de Ioxías en 22, 15ss, e dise ademais que Xeremías tiña amizade coa familia de Xafán: cf 26, 24; 29, 3...), sen que por iso se poida considerar coma profeta oficial da Monarquía.

Os temas fundamentais da súa predicación son a loita contra a idolatría e contra o sincretismo relixioso, e tamén a exhortación ó cumprimento da alianza, á observancia do sábado e á xustiza social, temas característicos da reforma de Ioxías. Posiblemente haxa que situar no comezo deste período o texto de **11**, 18ss, que trata do complot dos seus paisanos contra o profeta por participar na reforma da centralización do culto, reforma que levaba á desaparición do santuario local de Anatot. Probablemente pertencen ós últimos anos deste período as denuncias de falta de entusiasmo pola reforma. Quéixase o profeta das inxustizas, cobiza desenfreada e descoido das auténticas esixencias relixiosas, todo iso encuberto cun falso ritualismo cúltico (cf **5**, 19; **6**, 13-21; **7**, 21-28...). A situación á que se refire o texto de **7**, 1-15, datada nos comezos do período seguinte, non se improvisa de contado, e por iso, ainda que a morte inesperada do piadoso rei Ioxías tivo que supor un trauma relixioso, xa os derradeiros anos do seu reinado deberon ser de enfriamento relixioso e moral (doutro xeito, non se explicaría o texto de **7**, 1-15).

A actividade de Xeremías no antigo Reino do Norte, da que quedan sínteses nos cc. **2-3** e **30-31**, ainda que sufrisen unha relectura de adaptación ó Reino de Xudá, hase situar no Reino do Norte, neste período da reforma, pois 2 Re **23**, 15-20 constata que Ioxías estendeu a súa reforma ó territorio do antigo Reino de Israel, desaparecido no 722/21.

b) Segundo período de actividade: reinado de Ioacaz e Ioaquim (609-598)

A morte de Ioxías aconteceu en Meguido, cando este rei se opuxo co seu exército a que o faraón Nekó se dirixise ó derradeiro reducto asirio de Kárkemix, na beira do Éufrates, para facerse dominador das antigas posesións asirias. O pobo de Xudá elixiu coma rei o fillo primoxénito de Ioxías, Ioacaz, piadoso iavista, coma seu pai; pero o faraón Nekó, que viña de establecer un pequeno imperio en Siria e Palestina, coa capital en Riblah, levouno prisioneiro a Exipto. Deixa entón coma rei a outro fillo de Ioxías —Eliaquim—, a quen lle cambia o nome por "Iehoiaquim" (que transcribimos por Ioaquim), home despiadado e tirano.

Pertence a esta época o discurso contra a fiúza temeraria, fundada no feito de te-lo templo, e con el a garantía da asistencia divina. Do devandito discurso existen dúas formulacións: unha en **7**, 11-15, e outra no c. **26**.

A este período corresponde tamén o texto de **22**, 13-19, que é unha denuncia contra o rei, por construír un novo pazo co froito das inxustas extorsións.

Anteriores ó ano 605 son os cc. **4-6**, e tamén **1**, 13-14, textos nos que se anuncia unha invasión que vén do Norte, cando o inimigo dominador estaba a ser Exipto. No ano 605, cando os caldeos de Babilonia vencen o imperio exipcio en Kárkemix (cf **46**, 2-12), daquela concrétase o nome do inimigo do Norte (**2**, 4-6; **25**, 11). Son tamén dese ano a acción simbólica de **19**, 1-2.10-11, e o discurso dos vv 14-15, que se agranda en **25**, 1-11. O profeta remata na cadea, ó considerar que as súas verbas provocaban o desastre que anunciaban. Xa na cadea, díctalle os discursos a Baruc, para que os lea no templo, diante das autoridades (c. **36**), cousa que leva á cadea tamén a Baruc.

Desta situación do profeta e do seu discípulo encadeados, son as chamadas confesións, pertencentes ó xénero literario de "lamentacións individuais": **15**, 10-11.15-21; **17**, 14-18; **18**, 18-23; **20**, 7-11.13-18.

Pertencen tamén a este período os "oráculos contra as nacións" (**25**, 15-38; cc. **46-49**), e outros textos nos que, seguindo as tradicións dos profetas do Norte, denuncia os pecados dun pobo que esquece a palabra de Deus, preferindo segui-la dos falsos profetas, e que ofrecen un culto inadecuado a Deus, ó mesmo tempo que practica outro de tipo idolátrico á raíña do ceo, ademais de deixarse levar pola cobiza (cf **5**, 12-13; **6**, 10-17; **7**, 16-34; **9**, 1-10; **13**, 1-11; **14**, 1-15, 9; **17**, 5-13; **18**, 1-17; **19**, 3-5; **23**, 9-32; **45**, 35).

Neste período, recolle tamén o profeta as tradicións mesiánicas de Xudá (**23**, 1-8), considerando ó futuro Mesías coma "Iavé, a nosa Xustiza".

c) Terceiro período de actividade: reinado de Ioaquín e Sedecías (597-587)

Este período ábrese coa morte de Ioaquim e a sucesión do seu fillo Ioaquín, quen ós tres meses se rebela contra Nabucodonosor. Como consecuencia da rebelión, Xerusalén é asediada, e o rei e mailos seus conselleiros son deportados a Babilonia. A Ioaquín sucédelle seu tío Sedecías, fillo de Ioxías, que reinará desde o 597 ata o 587/6.

Neste tempo de deportación, xorde un problema teolóxico con complicacións económicas e humanas. Trátase da cuestión de saber quen son os que forman o verdadeiro pobo elixido: se os deportados ou os que quedaron en Xudá. O profeta inclínase polos deportados, ós que identifica co cesto dos figos bos (cf c. **24**), e ós que chama "verdadeiro pobo de Deus" na carta de **29**, 16-20.

A coalición anticaldea formada por Edom, Moab, Amón, Tiro e Sidón no ano 593, recibe palabras de condena e ameaza de parte do profeta, no c. **27**. Tamén é do devandito ano a acción simbólica que o profeta lle manda realizar a Seraías, ó acompañar a Babilonia ó rei Sedecías (cf **51**, 59-64). Pertence tamén a esta época o altercado con Hananías (**28**, 1ss).

O tempo do que se conservaron máis oráculos e información foron os meses do asedio de Xerusalén, no ano 588/7. O asedio foi provocado polas instigacións de Exipto ó impago dos tributos de vasalaxe a Babilonia, ó mesmo tempo que os conselleiros do indeciso rei Sedecías eran todos favorables a esta política de alianza con Exipto. Nos comezos do asedio, o profeta anúncialle ó rei que caerá prisioneiro (**34**, 1-6).

O asedio interrómpese ó chegar tropas de axuda exipcias. Daquela, os amos que manumitiran escravos nos primeiros momentos do asedio, ó veren retirarse os caldeos, escravizan de novo os manumitidos, o que provoca o anuncio da deportación de tales amos (**34**, 8-20). A pesar da interrupción do asedio, o profeta segue a proclama-la victoria babilónica (**37**, 3-10).

Neste momento de tranquilidade, antes de retomaren o asedio, o profeta intenta ir a Anatot para repartirlle-la herdanza ós seus familiares, pero é denunciado coma desertor, e é encadeado (**37**, 11-16).

A tranquilidade vaille durar pouco a Xerusalén, pois os babilonios, ó derrotaren ós exipcios, retoman o asedio da cidade. Neste momento de confusión, o rei Sedecías consúltalle ó profeta a súa sorte futura, e o profeta repítelle o que xa dixera: encadeamento do rei e arrasamento da cidade e do templo. O profeta, que está na cadea, aproveita para pedirlle ó rei algo de liberdade, e este alivíao, trasladándoo ó curro da garda (**34**, 24-28; **37**, 11-21). Aínda no patio da garda, o profeta segue anunciando a súa mensaxe, animando a entregarse ós caldeos. Por esta razón os príncipes quéreno matar e méteno nunha cisterna sen auga, pero chea de lama. Consegue sacalo de alí, con autorización do rei, o seu amigo Ébed-Mélec, que recibe do profeta un oráculo salvífico (**38**, 1-13; **39**, 15-18).

No momento máis crítico do asedio, o profeta realiza un xesto simbólico, cheo de esperanza: cómpralle a seu curmán Hananel unha leira, deixando entrever que as cousas van cambiar (cc. **32-33**).

No momento final do asedio fala o rei co profeta, e este aconséllalle que se renda; pero *o rei non segue o seu consello, por debilidade verbo do partido pro-exipcio* (**38,** 14-23). *Ó pouco tempo debeu caer Xerusalen* (**39,** 1-10).

A mensaxe do profeta no momento da caída de Xerusalén é unha lección de teoloxía da historia: é vontade de Deus entrega-lo pobo nas mans de Babilonia, de xeito que o verdadeiro camiño de salvación está en obedecer ós caldeos (**27,** 5-11).

Despois da caída de Xerusalén, o profeta non vai a Babilonia —cousa que lle ofrecían os caldeos (**39,** 11-14; **40,** 2-16)—, senón que queda co resto do pobo en Xudá. Por este motivo non se lle pode acusar de traidor ou desertor, senón que é un home capaz de ler no presente algo que vai mais alá do que outros ven.

d) Cuarto período de actividade: desde a caída de Xerusalén ata a súa morte.

Segundo **40,** 1-6, o profeta, xa vello, seguiu entre o pobo que quedara en Xudá, compartindo a sorte daquela xente que non fixera caso ós seus oráculos (**40,** 7-**44,** 30).

Durante a súa vida, Xeremías foi o profeta do fracaso humano total; pero en morrendo, a súa obra foi moi aceptada, como se ve polas fontes do libro e por tantos textos de narración histórica, que sitúan os seus oráculos e nos presentan a vida do profeta de Anatot.

3. Fontes do libro de Xeremías

Segundo W. Rudolf —a quen seguen a maior parte dos estudiosos—, pódense distinguir no libro tres fontes:

a) A fonte A, que inclúe textos orixinais do profeta: relatos autobiográficos; outros que reflexan sentimentos propios (as "confesións") ou alleos; discursos en verso ou en prosa onde se emprega o diálogo sen presenta-los interlocutores; textos literariamente recargados, con moitas metáforas; tamén outros que son curtos e concisos, pero que están cheos de enerxía.

Pertencen a esta fonte as seguintes unidades literarias: cc. **1** e **2; 4,** 5-**6,** 26; c. **13; 14,** 1-**15,** 3; **21,** 11-**23,** 8; **23,** 9-40; **25,** 15ss; cc. **27. 30-31.32** e **46-49.**

b) A fonte B, que recolle textos de Baruc, discípulo e escribán de Xeremías, probablemente reelaborados na catividade. Estas unidades presentan o seguinte esquema literario: a) introducción, con data, lugar e circunstancias; b) elemento literario central: palabras do profeta e reacción dos presentes, en forma de diálogo; c) conclusión.

Pertencen a esta fonte, seguindo a orde cronolóxica: c. **26; 19,** 1-**20,** 6; cc. **36** e **45; 51,** 59-64; **39,** 1-7; cc. **37-44.**

c) A fonte C é debida ós deuteronomistas do desterro, que recolleron oráculos do profeta e os adaptaron á nova situación. Os textos comezan por unha introducción cronolóxica e de circunstancias, seguida dunha exhortación á obediencia e unha descrición ou enumeración dos pecados, para rematar co anuncio de castigo. Este esquema literario é unha das formas do "rib" ou repaso das relacións entre as dúas partes da alianza. A razón pola que Rudolf e os seus seguidores introducen esta fonte é o emprego de fórmulas feitas, propias dos deuteronomistas. Sen embargo, comeza a poñerse en dúbida esta separación entre os textos de Xeremías e os que reelaboraron os deuteronomistas (compañeiros ou discípulos seus, cos que colaborara na reforma de Ioxías). Por este motivo, o terceiro grupo de textos (a fonte C) é discutible.

As unidades literarias desta suposta fonte, son: **7,** 19-27; **18,** 1-12; **22,** 1-5; **25,** 1-14; **34,** 8-22; **35,** 1-19.

XEREMÍAS

Título

1 ¹Historia de Xeremías, fillo de Hilquías, que pertencía ós sacerdotes que había en Anatot, na bisbarra de Benxamín, ²a quen lle veu a palabra de Deus desde o tempo de Ioxías fillo de Amón, rei de Xudá, desde o ano trece do seu reinado, ³e continuou desde o tempo de Ioaquim, fillo de Ioxías, rei de Xudá, ata acabar ós once anos do reinado de Sedecías, fillo de Ioxías, en Xudá, e ata o quinto mes do desterro de Xerusalén.

I. ORÁCULOS CONTRA XUDÁ

Vocación do profeta

⁴A palabra do Señor veume dicir:
⁵—Antes de que te sacara do seo da túa nai, mireite;
antes de lle saíres das entrañas, consagreite;
constituínte profeta para as nacións.
⁶Entón eu dixenlle:
—¡Ai, meu Señor, Deus!
Repara en que non sei falar,
que son un rapaz.
⁷Logo o Señor respondeume:
—Non digas: "son un rapaz",
pois a onde eu te mande, irás;
o que eu che ordene, dirás.
⁸Non lles teñas medo,
Eu estou contigo para te salvar —é o Señor quen fala—.
⁹Alongou o Señor a súa man e tocou con ela na miña boca; logo díxome:
—Fíxate: poño a miña palabra na túa boca,
¹⁰mira que hoxe te fago inspector
sobre as nacións e sobre os reinos,
para arrincar e derrubar,
para destruír e arruinar,
para construír e plantar.
¹¹A palabra do Señor veume de novo:
—¿Que estás a ollar, ti, Xeremías?
Repuxen:
—Unha vara de amendoeira é o que estou ollando.
¹²Volveume dici-lo Señor:
—Viches ben: eu estou alerta coa miña palabra
para a cumprir.
¹³Volveume de segundas a palabra do Señor:
—¿Que estás a ollar?
Repuxen:
—Vexo un pote co lume atizado,
coa boca do tiro cara ó norte.

1, 1-3 Estes vv son unha introducción a Xeremías, e non tanto ó oráculo vocacional dos vv 4ss. Nestes vv contrástase a personalidade de Xeremías e da súa familia de sacerdotes excluídos do servicio cúltico (cf 1 Re **2,** 26ss), anque coa situación calamitosa da monarquía e coa deportación de Xerusalén.
1, 1 *Anatot* situábase uns 5 kms. ó norte de Xerusalén, ainda que pertencía á tribo de Benxamín e a Israel; das súas tradicións farase portador Xeremías.
1, 2 *Desde o tempo de* (heb. "be"). Este sentido, presente en ugarítico e na poesía hebrea, impide que considerémolo v 3ab como unha glosa posterior. As datas entre as que exerce a súa actividade Xeremías van desde o ano 626 ó 587.
1, 4-19 O relato vocacional consta de dúas partes: A) Comunicación divina (v 5); a reacción negativa —de excusa— do profeta (v 6); un oráculo de conforto e promesa de asistencia (vv 7-8); un ritual consecracional do profeta coma home da palabra, realizado polo mesmo Deus (v 9a); e a investidura do profeta como instrumento do poder da palabra de Deus (vv 9b-10). B) Dúas visións proféticas coa explicación, que constitúe un comentario á investidura do profeta (vv 11-12) e ó oráculo de conforto (vv 13-19).
1, 5 A vocación considérase coma un plan divino desde a vida intrauterina de Xeremías, e exprésase nos termos de elección ("boteiche o ollo" = coñecinte), consagración e constitución en profeta. Se temos en conta que non presenta o texto unha data histórica (cf v 2), e que supón as tensións dos anos próximos á caída de Xerusalén (cf vv 8. 10), podemos pensar que a referencia á vocación durante a vida intrauterina é unha alusión ás tensións da súa familia cos reis e sacerdotes de Xudá.
1, 6-8 O diálogo destes vv subliña o dinamismo da palabra de Deus; diante dela o home non ten máis que deixarse invadir da súa forza.
1, 10 *Destruír e arruinar* é unha glosa de clarificación ás imaxes agrícola e da construcción: o reino é unha casa que se construe ou unha viña que se planta.
1, 11-12 A *amendoeira,* a árbore que primeiro bota flores, ten a mesma raíz filolóxica có verbo vixiar, polo que tal vocábulo é sinal da vixilancia de Deus sobre o cumprimento da palabra profética.
1, 13-19 A visión refírese a unha lareira que ten na parede da cara do norte unha abertura para atiza-lo lume co vento que vén do norte, o que supón que o lume e o fume teñen a dirección norte-sur. Esta escena é un sinal de que o castigo destructor (o lume) do reino vén do norte, referíndose ós caldeos que ameazan Xerusalén. Os vv 17-19 refiren esta visión profética ó relato vocacional, pois o profeta será quen lle mostre ó pobo a vontade de Deus nesta difícil situación.

¹⁴Díxome o Señor:
—Do norte atizarase a calamidade,
sobre tódolos habitantes do país.
¹⁵Velaquí, estou para chamar
a tódalas dinastías do norte —é o Señor
   quen fala—:
Virán, e cada unha afincará o trono
e abrirá as portas de Xerusalén
no círculo de tódolos seus muros,
en tódalas cidades de Xudá.
¹⁶Dictarei por medio deles as miñas
   sentencias
por causa da maldade dos que me
   abandonaron,
dos que adoraron a outros deuses,
dos que se postraron ante as obras das
   súas mans.
¹⁷Pero ti has cingui-lo teu van
has erguerte e dicirlles
todo o que eu che mande.
Non te acovardes por medo
   deles,
non sexa que eu te faga esmorecer diante
   deles.
¹⁸Fíxate: hoxe convértote en cidade
   cortada a pico,
en columna de ferro, en muralla de
   bronce, para todo o país,
para os reis de Xudá e para os seus
   príncipes,
para os seus sacerdotes e para a xente do
   campo.
¹⁹Faranche guerra, pero non poderán
   contigo,
pois contigo estou eu para te
   salvar —é o Señor quen fala—.

As contas que Deus pide

2 ¹Veume a palabra de Deus:
²—Vai e berra nos oídos de Xerusalén:
Así me ten dito o Señor:
quero recordarche o agarimo da túa
   xuventude,
o amor do teu namoro,
o teu camiñar tras de min polo deserto,
por terras sen sementeira.
³Israel era a propiedade escollida de
   Deus,
primicia da súa colleita;
sempre que calquera se atreva a comela,
   pagarao,
viralle enriba unha calamidade —é o
   Señor quen fala—.
⁴Escoitade a palabra de Deus, fillas de
   Xacob,
tódalas tribos descendentes de Israel:
⁵—Así ten falado o Señor:
¿Que cousa torta atoparon en min vosos
   pais,
para se afastaren de min?
Fóronse tras dos que son nada
e volvéronse nada.
⁶En vez de preguntar: ¿onde está o Señor
que nos sacou de Exipto e nos deu forzas
para camiñar polo deserto,
por terras ermas e fragas,
por terras requeimadas e sombras de
   morte,
por sitios que ninguén pasa
e onde o home non habita?
⁷Eu conducinvos ó país dos hortos,
para que comeséde-los seus froitos e os
   seus bens;

1, 14-16 A explicación da visión consiste nun oráculo de xuízo de castigo, pois o v 16 b-d é unha acusación que motiva a sentencia divina de castigo. Pero este oráculo de xuízo de castigo serve para pór en situación as palabras de encoraxamento e o enfortecemento do profeta, cansado pola súa vocación (vv 17-19).
1, 17 A vocación profética contén un risco de fracaso público, na posible infidelidade á misión de denuncia.
1, 18 *Cidade cortada a pico* é a cidade inexpugnable por mor do empinado do monte e porque asenta no seu cume: a experiencia vocacional é un enfortecemento interior que volve ó profeta invencible.
2, 1-4, 4 Toda esta sección ten coma elemento vinculante o "rib" (= careo), petición de contas da fidelidade á alianza, no que se busca non tanto a motivación dun castigo que se vai impor á parte infiel, canto a súa volta á fidelidade, cousa que o profeta procura cos seus interrogantes retóricos, e coas respostas ás disculpas da sección **2,** 23-3, 5 e coas chamadas á conversión (**3,** 6-22a), para acabar cunha confesión dos propios pecados (**3,** 22b-25), e coas promesas salvíficas condicionadas á conversión (**4,** 1-4). Aínda que tódolos elementos desta unidade non sexan da mesma época, a interconexión entre eles dificilmente dei-

xa pensar nunha tarefa redaccional posterior, excepto a introducción (**2,** 1-3), só que este unidade debeu formar parte do rolo do que fala o c. **36**.
2, 1-13 Constitúe a introducción a toda a unidade; hai que subliña-la insistencia na palabra de Deus (vv 2. 4), os contrastes entre os beneficios, froito da fidelidade do pobo, e as súas infidelidades idolátricas, por se esqueceren de Iavé, a pesar de que El foi sempre fiel á alianza (cf vv 2b-3. 6-7); teoloxía que reflexa a orixe israelita do profeta. Os vv 4ss dirixíronse primeiramente a Israel, e, no rolo do c. **36**, aplicáronse a Xudá.
2, 3 Propiedade escollida (heb. "qódex"), que literalmente significa "sagrada", separada do profano, que pertence a Deus. O aspecto da propiedade remarca o termo paralelo "primicia".
2, 5 *Os que son nada:* refírese ós ídolos. O home vólvese imaxe daquilo que adora (cf **10,** 1-16; Sal **115,** 8; **135,** 18).
2, 6-7 As referencias ó Éxodo e ó don da terra son aquí os artigos da fe iavista. Ó abandonalos o pobo, o don da terra volveuse impuro e noxento.
2, 7 *Eidiño* (lit. "herdanza"): o que Deus deu en propiedade ó seu pobo coma don de alianza.

pero vós entrastes e luxáste-la miña terra,
convertestes en algo noxento o meu eidiño.
⁸Os sacerdotes xa non preguntan:
¿Onde está o Señor?
Os que tiñan que conserva-la Lei,
xa non me coñecen,
os pastores aborrécenme,
os profetas profetizan en nome de Baal,
van tras deuses que de nada serven.
⁹¡Veña un trono, que vou preitear convosco!
—é o Señor quen fala—.
Si, cos fillos dos vosos fillos tamén preitearei.
¹⁰Ollade: atravesade ata as costas de Chipre e mirade,
mandade xente a Quedar e repasade desde antigo:
ollade: ¿hai algo coma esto?
¹¹¿Cambiou de deuses un pobo algunha vez?
(e iso que aqueles non son deuses).
Pero o meu pobo cambiou a miña adoración
pola dun deus que non serve.
¹²Os ceos véñense fixando nisto,
están estarrecidos e alporizados desde entón,
—é o Señor quen fala—,
¹³pois dúas maldades cometeu o meu pobo:
deixoume a min, viveiro de auga vivificadora,
polos pozos gretados que non reteñen a auga.

Amargas consecuencias do abandono do Señor

¹⁴¿É Israel un escravo ou é un fillo nado na familia?
¿Como é que se converteu en presa
¹⁵pola que roxen os leóns e lanzan os seus ruxidos?
Converten a súa terra en algo horrible,
as súas cidades están arrasadas sen habitantes.
¹⁶Con berros as xentes de Nof e de Tafnes excitan a túa altiveza.
¹⁷¿Acaso isto non che está pasando,
por abandonáre-lo Señor, o teu Deus,
aquel que te facía camiñar polo seu vieiro?
¹⁸Pois ¿que se che perde camiño de Exipto?
¿Acaso bébe-la auga do Nilo?
¿Que se che perde camiño de Asiria?
¿Acaso bébe-la auga do Éufrates?
¹⁹A túa maldade será quen te instrúa co seu castigo
e as túas apostasías serán as que te castiguen.
Recoñece o desastroso, o amargo
que che resulta abandona-lo Señor,
e non respecta-lo teu Deus
—é o Señor, Iavé todopoderoso, quen fala—.
²⁰Fíxate: desde antigo rompíche-lo teu xugo
e fixeches salta-las túas piogas,
e dixeches: "nunca máis serei servo".
Velaquí que sobre todo monte alto,
e baixo toda árbore frondosa,
ándaste agachando para dáreste á prostitución.

2, 8 A función do culto era buscar a Deus, a súa presencia (face) favorable, e por isto había de busca-la conversión, a fidelidade á alianza. Deste xeito ós sacerdotes competíalles conserva-la Lei coma expresión da vontade de Deus sobre o pobo, tanto nos fallos xudiciais coma nos sacrificios expiatorios ou de comuñón; pero eles converteron as súas funcións en algo casuístico. Os pastores son aquí os reis e gobernadores que non se preocupan da fidelidade a Deus.
2, 9 *Veña un trono:* léase "lakan ad", lectura que responde ó paralelismo e que semella a orixinal.
2, 11 *Adoración.* Anque o vocábulo hebreo é "Kabod" (= gloria), aquí ten o senso de "adoración".
2, 13 *Viveiro de auga.* A auga é aquí sinal da vida e felicidade que Deus procura ó seu pobo, en oposición ós ídolos, que non poden aportar nin vida nin felicidade.
2, 14-22 Estes vv continúan o "rib", desenvolvendo o mortífero abandono do Señor (v 13) e para isto introduce a contraposición escravo-fillo nado na familia. A data deste texto —o mesmo cá dos vv 4-13—, debeu coincidir coa época da decadencia asiria (anos 633-612), e con movementos independentistas apoiados por Exipto, despois da invasión escita no 625; por isto ben podemos pensar no ano 620.
2, 14 *Na familia* (lit. "na casa").
2, 16 *Nof* (en Os **9**, 6, Mof) é Menfis, a antiga capital do Baixo Exipto. *Tafnes* era unha cidade importante, ó leste do Delta.
Excitan a túa altiveza (lit. "levántanche o cranio"). Do verbo "ur" = excitar, levanta-lo cranio, ten aquí o sentido psico-antropolóxico de soberbia, orgullo. Outros traducen "rápanche o cranio".
2, 18 A auga ten aquí o mesmo senso ca no v 13: vida, prosperidade, felicidade. *Que se che perde:* lit. "que hai para ti".
2, 20 Aínda que no v 14 se considera o pobo coma fillo nado na familia de Deus, este fillo mantén uns deberes de sumisión e respecto que aquí se valoran como o xugo e piogas e coma unha escravitude. Sae dunha pretendida escravitude e métese noutra que é degradante, a da prostitución idolátrica.

²¹ Eu fixen de ti un plantío de cepa
  escollida,
todo el de patrón lexítimo,
¿con que dereito te me volviches cepa
  brava, dexenerada?
²² Se te lavas con lixivia
e se multiplíca-los teus lavados con
  xabrón,
a túa culpa será expiada ante min
—é o Señor, o teu Deus, quen fala—.

Respostas ás declaracións de inocencia do pobo

²³ ¿Como te atreves a dicir:
  "non estou manchada,
  non fun tras dos baales"?
Olla as túas pegadas polo val,
e recoñece o que fixeches,
lixeira poldriña de camela
que trotea o seu vieiro,
²⁴ burra salvaxe afeita ós ermos,
que no seu celo cheira o vento:
¿quen a volverá?
Quenquera que a busque
non se precisa cansar,
atópaa no seu celo.
²⁵ Deixa de andar sen ferraduras,
abandona a clareira onde pasas sede.
Ti respondes: "¡Non porfíes!
pois quixen sempre os estranxeiros,
e ireime tras eles".
²⁶ Como está avergonzado un ladrón cando
  o sorprenden,
así sorprendida hase avergonza-la casa
  de Israel,
ela e mailos seus reis e os seus príncipes,
os seus sacerdotes e mailos seus profetas.
²⁷ Eles son os que lle din a un anaco de
  madeira:
"ti e-lo meu pai",
e a unha pedra: "ti e-la que me pariu".
Eles vólvenme as costas, e non dan a
  cara.
Pero cando lles veña a desgracia,
aparecerán ante min a dicir:
"¡Ei, Señor, sálvanos!"
²⁸ E logo ¿onde están os teus deuses, os que
  para ti fixeches?
¡Que eles esperten, se te poden salvar
na hora da túa calamidade!
Olla, Xudá: o número das túas cidades
é o mesmo có número dos teus deuses.
²⁹ ¿Por que preiteaches comigo,
se todos vos rebelastes contra min?
—é o Señor quen fala—.
³⁰ Estou castigando os vosos fillos en van:
non aprenden;
a vosa propia espada devorou os vosos
  profetas
¡Vede que un león devorador vos anda
  arredor!
³¹ Tede coidado coa palabra do Señor.

¿Por acaso volvinme eu para Israel un
  ermo,
ou unha terra escurísima?
¿Por que entón di o meu pobo:
  "queremos ser libres,
non volveremos máis xunto a ti"?
³² ¿Acaso esquece a rapaza os seus enfeites,
e a esposa os seus lazos?
Pero o meu pobo esqueceuse de min,

2,21 *Cepa brava*. O autor cambia a contraposición escravo-fillo, pola da cepa de moi boa calidade, oposta á cepa brava e dexenerada.

2, 23-3, 5 Esta sección contén un sexenario de respostas de Deus ás declaracións do pobo no careo con Deus: 1ª (vv 23-25a): negación dos pecados de idolatría cúltica, á que responde o profeta con imaxes que, por mor dos verbos de movemento, supoñen unha idolatría de alianzas políticas; 2ª (vv 25b-26): recoñecemento da afección de Israel ás alianzas políticas, —que o profeta considera un roubo feito á fe exclusiva en Iavé—, e neste roubo será sorprendida Israel e terá que avergonzarse; 3ª (vv 27-31a): acusación de idolatría cúltica deixando a Iavé, quen non os escoitará cando clamen a El na lamentación colectiva do momento da desgracia. Os vv 28c-31a son unha aplicación a Xudá do texto dirixido a Israel; 4ª (vv 31b-33): recolle o tema da liberdade fronte a Deus (v 20), ó que responde o profeta co vínculo indestructible que crean os namoros dos noivos; pero Israel vén sendo unha noiva dexenerada e adúltera; 5ª (vv 34-37): despois da acusación de verter sangue dos pobres inocentes e o sangue dos propios fillos nos sacrificios a Baal, o pobo expresa a súa inocencia, ó que o profeta responde lembrándolle-las antigas prevaricacións e idolatrías. A 6ª resposta (3, 1-5) ten un preámbulo xurídico coa súa aplicación: do mesmo xeito que a muller divorciada do seu marido volve impura a terra, se volve co marido de antes (Dt **24,** 4), así o pobo de Deus profanou a cidade (Xerusalén) e a terra coa súa descomprometida profesión de fe (vv 4-5a), pois segue cometendo maldades e adulterando.

2, 25 Este v é unha chamada á conversión, a deixa-la vida salvaxe e a domesticarse, deixándose levar polas relacións familiares con Deus (cf v 14).

2, 27 ... *Os que lle din*... O verbo empregado ten aquí o senso de comparecer diante de alguén a pedir ou dicir: refírese á liturxia da lamentación colectiva, que resultará inútil por mor da idolatría.

2, 29-30 Este texto foi refundido durante a cativedade babilónica, e reflexa a nova situación.

Devorador: (heb. "maxhit"), é o nome do espírito destructor, contra o que se celebraba nun comezo a festa e o ritual da pascua (cf Ex **12,** 13). Por isto, o león é aquí o poder de tal espíritu destructor, e a única defensa contra el é a obediencia á palabra do Señor.

2, 31 Atopamos agora o dobre concepto de liberdade: coma liberación de toda norma, e coma fidelidade ós compromisos: neste caso, fidelidade ó amor de Deus vivido na alianza. Esa liberación de normas interiores acaba por escravizar.

desde tempo sen conto.
³³¡Que ben coñéce-lo teu camiño para procura-lo amor!
Para facére-lo mal ¡aprendiches ben os teus vieiros!
³⁴Nas túas mans sangue,
a vida dos pobres inocentes;
non o sangue dos que son sorprendidos furando nas paredes
senón o que saíu de todos estes.
³⁵Ti respondes: "pois eu son inocente,
e a ira de Deus apartouse de min".
Repara: eu estou litigando contigo,
por iso que dis: "non pequei";
³⁶pois ¡como te apartas desde tan antigo, como cámbia-lo teu vieiro!
Avergonzaraste de Exipto,
como estás avergonzada de Asiria:
³⁷A berros sairás entón un cento de veces
coas mans na cabeza.
O Señor rechazou os que che eran de confianza:
non terás sorte con eles.

3 ¹Dilles:
—Se un deixa a súa muller, e ela se vai de onda el,
e ela é doutro home, ¿volverá onda ela o primeiro?
¿Por acaso non está profanada esta cidade?
¿E ti non e-la prostituta de moitos amantes?
Pero volve a min —é o Señor quen fala—.
²Ergue os ollos para os teus dous amantes:
¿onde non fornicaron contigo?
Á beira dos camiños sentábaste agardándoos,
como fan os nómadas de Arabia no deserto.
Profanáche-la terra
coas túas prostitucións e coas túas maldades.

³Non se che dan as chuvias do ceo, non hai a chuvia do abril.
Ti tes cara de prostituta, e non queres avergonzarte.
⁴¿Acaso non viñeches onda min? ¿Acaso non me clamaches: "meu Pai,
ti e-lo amigo da miña xuventude"?
⁵¿Seguirá Deus enfadado para sempre,
ou gardarame rancor perpetuo?
Velaquí o que ti dis, pero segues facendo as maldades
e cada vez con máis forza.

⁶Nos tempos do rei Ioxías díxome o Señor:
—¿Non víche-lo que fixo a apóstata Israel, que subía a todo monte alto e se agachaba baixo toda árbore frondosa, para se dar alí á prostitución? ⁷Despois que ela fixo contra min todas estas cousas, eu dixen: "Converterase", pero non se converteu.
Ollouno Xudá, a pérfida da súa irmá.
⁸Mostrei quen son castigando a apóstata Israel por se dar ó adulterio: rechaceina e deille a acta de divorcio. Pero non colleu medo a pérfida da súa irmá Xudá, e vai e dáse á prostitución tamén ela. ⁹A súa lixeireza para a prostitución corrompe o país, xa que comete adulterio cos que son pedra e madeira. ¹⁰A pérfida de Xudá non se aparta converténdose a min de corazón, senón soamente na aparencia —é o Señor quen fala—.

Tres chamadas á conversión

¹¹Logo díxome o Señor:
—Máis xusta é a actitude da apóstata Israel cá da pérfida Xudá.
¹²Vai e proclama a berros este oráculo cara ó norte:
Volve, apóstata Israel —é o Señor quen fala—,
e non deixarei cae-lo meu enfado sobre vós;
ollade que eu son compasivo —é o Señor quen fala—

2, 34 *Furando nas paredes,* equivale a "roubando".
3, 1-2 Os pactos políticos impiden a alianza con Iavé, o mesmo que o matrimonio cun home impide casar con outro. A salvación, daquela, ou espérase da parte de Iavé ou das alianzas políticas.
3, 4 Tanto a imaxe divina de Pai coma a de Amigo-esposo, expresan a protección divina sobre o pobo.
3, 6-22 Estes vv conteñen tres chamadas á conversión: vv 6-11; 12-19; 20-22, que cadran ben coa finalidade do "rib" ou careo.
3, 6-11 Esta chamada á conversión é sinal da colaboración de Xeremías na reforma de Ioxías. Trátase de que Xudá escarmente co castigo da apostasía de Israel.
3, 9 *...Cos que son pedra e madeira:* lit. "coa pedra e coa madeira", como referencia ós ídolos.
3, 10 *Converterse de todo corazón:* orientar a Deus tódolos seus plans e proxectos, para asegura-la súa saúde.
3, 11 A actitude de Xudá considérase menos xusta, pois non aparta de si a fe idolátrica, nas alianzas políticas.
3, 12-19 Esta chamada á conversión diríxese ó resto das tribos do Norte nos tempos da reforma de Ioxías, nos que renacen os ideais de restauración do reino davídico. Chámase ó pobo para a "volta ó Señor" (vv 12-15) engádense promesas salvíficas (vv 16-19).

e non me quero enfadar contra a vosa rebeldía.
¹³Recoñece a túa impiedade,
pois pecaches contra o Señor, teu Deus,
dirixiche-los teus camiños a deuses estranxeiros
baixo calquera árbore frondosa
e non quixeches escoita-la miña voz
—é o Señor quen fala—.
¹⁴Arrepentídevos, fillos apóstatas
—é o Señor quen fala—,
velaquí, eu serei o voso defensor:
collereivos a un de cada cidade, e a dous de cada tribo
e traereivos a Sión.
¹⁵Dareivos pastores conforme a miña idea
que vos gobernen con sabedoría e sexan prudentes.
¹⁶Habédesvos de multiplicar
e aumentar no país naqueles días —é o Señor quen fala—.
Ninguén falará da arca da alianza do Señor,
nin se lles virá á cabeza, nin se lembrarán dela,
nin a botarán de menos, nin farán unha nova.
¹⁷No tempo aquel chamaranlle a Xerusalén "trono de Deus"
e xuntaranse nela tódolos pobos
polo poder do Señor e por mor de Xerusalén,
e xa non volverán a segui-los desexos do seu ruín corazón.
¹⁸Desde aqueles días xuntaranse
o reino de Xudá co reino de Israel
(e xuntos virán da rexión do norte ó país que eu lles dei en herdanza a seus pais).
¹⁹Velaquí que eu xa teño dito:
—¡Con que amor te conto entre os meus fillos
e che dou un país precioso,
e herdas unha gloria superior ás demais nacións!
¡Con que gusto eu repito: chamarédesme "meu Pai",
endexamais non deixaredes de seguirme!
²⁰O mesmo que unha muller traiciona o seu marido,
así vós me traicionades a min, reino de Israel
—é o Señor quen fala—.
²¹Escóitanse berros nos petoutos,
choros suplicantes dos fillos de Israel.
Velaquí que perderon o seu camiño,
esqueceron o Señor, seu Deus.
²²—Volvede, fillos apóstatas,
eu fareivos abandona-las vosas apostasías.

Autoconfesión dos pecados do pobo

—Míranos aquí, que vimos xunto a ti,
xa que ti, Señor, e-lo noso Deus.
²³En verdade, ¡que engano hai nos outeiros,
que confusión nos montes!
En verdade, no Señor noso Deus,
está a salvación de Israel.
²⁴Cousas vergonzosas consumiron os aforros dos nosos pais
desde a nosa xuventude
(as súas ovellas e vacas, os seus fillos e fillas).
²⁵Deitámonos coa nosa desvergonza e tapounos a nosa ignominia;
pecamos contra o Señor, o noso Deus,
nós e nosos pais,
desde a nosa xuventude ata hoxe;
non fixemos caso da palabra do Señor, noso Deus.

Promesas salvíficas condicionadas

4 ¹Se te volves, Israel —é o Señor quen fala—, volve a min;
se deixas a un lado as túas ignominias,
non andarás vagabunda lonxe de min;
²se xuras "¡Vive o Señor!"
(con verdade, con xustiza e con dereito),
El bendicirá por ti os pobos e cubriraos de gloria.

3, 15 *Conforme a miña idea:* lit. "o meu corazón", sede dos plans e proxectos salvíficos de Deus.
3, 16 A falta da arca da alianza non supón o tempo do exilio, pois debeu desaparecer en pillaxes anteriores (cf 1 Re **14,** 26; 2 Re **14,** 14).
3, 17 *Xerusalén* será quen substitúa as funcións da arca da alianza coma trono de Iavé.
3, 18b A paréntese é unha glosa deuteronomista do tempo do desterro, como se ve polo segundo versíon.
3, 19 As expresións son características de Os e do Dt, aínda que isto non supón nega-la autoría de Xer, que, coma herdeiro da teoloxía israelita, está fortemente entroncado con estes libros.
3, 20-22a Esta chamada á conversión (v 22a) vai precedida dunha acusación e do seu correspondente castigo, que ben se pode referir á invasión dos escitas.
3, 22a *Fareivos abandonar:* nótese a primacía da acción de Deus na conversión do pobo, que anticipa a teoloxía paulina e xoanea da gracia.
3, 22b-25 Esta autoconfesión vai ben co "rib" (cf nota a **2,** 1-4,4).
4, 1-2 O "rib" conclúe cun oráculo salvífico condicionado á conversión ó Señor, acorde coa intención deste xénero literario.
4, 2 O xuramento é unha expresión de fe no Deus vivente e vivificador, e por isto testemuña dos feitos da nosa vida. A paréntese é unha glosa posterior, pois rompe o paralelismo (cf **5,** 11-14).

II. SERIE DE ORÁCULOS, SEGUIDOS DE COMENTARIOS DO PROFETA

³Ollade o que lles di o Señor ós homes de Xudá e de Xerusalén:
—Desarmádevos a vós mesmos, que sodes campos ermos,
e non sementedes cardos.
⁴Circuncidádevos en ofrenda ó Señor
sacade do voso corazón os impuros prepucios,
homes de Xudá e veciños de Xerusalén,
senón a miña ira saltará coma lume
e queimará sen ter quen o apague,
á vista da maldade dos vosos feitos.
⁵Facédello saber a Xudá,
facédello escoitar a Xerusalén e dícídelle:
tocan o corno polo país, chaman a formar, a porse en filas,
tomémo-las cidades do Inexpugnable,
⁶collede a bandeira de Sión, fuxide sen parar.
Ollade, eu estou traendo do norte unha desgracia,
unha grande ruína,
⁷está subindo o león da frondosidade,
bótase fóra o devorador de pobos,
sae do seu tobo para converte-lo teu país en algo horrible,
para que as túas cidades sexan arruinadas
polo aniquilador dos seus veciños.

⁸Por iso vestídevos de saco,
facede loito e lamentádevos,
ollade que non se apartan de nós
a ardente indignación e a ira do Señor.

⁹No día aquel —é o Señor quen fala—
esvaecerá o corazón do rei e mailo dos príncipes,
aparvarán os sacerdotes, e pasmarán os profetas.
¹⁰Entón eu dixen:
—¡Ai, Señor, meu Deus!
En verdade enganaches a este pobo e a Xerusalén,
dicíndolle: "Teredes fartura e paz",
Velaquí a espada que nos chega á gorxa.
¹¹No tempo aquel diranlle a este pobo e a Xerusalén:
—Un vento quente de arriba vén do deserto,
camiño da capital do meu pobo;
non é vento de erguer nin de limpar;
¹²coma ese vento, un espírito forte de maldición apodérase de min.
Agora eu dictarei a berros sentencia contra eles:
¹³"Velaquí que sobe coma unha nube,
os seus carros coma unha poeira,
os seus cabalos máis veloces cás aguias.
¡Ai de nós, que nos esnaquizan!"
¹⁴—Limpa da ruindade o teu corazón, Xerusalén,
para que poidas salvarte,
¿Por canto tempo durmirán no teu peito
os plans da túa desgracia?
¹⁵Velaquí que se está oíndo unha voz que vén de Dan,
escoitade unha desgracia que vén dos montes de Efraím:

4, 3-5, 14 Septenario de oráculos divinos, seguido cada un deles dun comentario profético. Pon o remate a unidade **5,** 11-14, na que se subliña a misión do profeta coma portador da palabra de Deus. A función deste bloque é chamar á conversión do pobo; por isto debeu de formar parte fundamental do rolo do que fala Xer 36. As sete unidades son: **4,** 3-8. 9-14. 15-21. 22-26. 27-31; **5,** 1-6. 7-10. Nótese que, despois do final desta serie (**5,** 11-14), non aparece máis o esquema oráculo + comentario profético.

4, 3-8 Esta unidade está constituída por un oráculo de chamada á conversión, en imaxes agrícolas e rituais (circuncisión: vv 3-4a), cunha ameaza de castigo (v 4b), que se desenvolve nunha descrición anticipada do desastre (vv 5-7), para pecharse cunha mensaxe do profeta, na que se repite en linguaxe directa a chamada á conversión e a ameaza.

4, 3 A conversión ha de ser sincera, para poder dar froitos bos, e non cardos.

4, 4 A circuncisión non é soamente un sinal externo de pertenza ó pobo de Iavé, senón que ha de leva-lo pobo á conversión interior. Así, fala Xer dos oídos incircuncisos (**6,** 10), do corazón incirciunciso (**9,** 24-25); e San Paulo, considerará verdadeiro israelita ó circunciso de *corazón* (Rm **2,** 15-29; 1 Cor **7,** 19; Gál **5,** 6; **6,** 15...).

4, 6 A visión do desastre refírese a unha invasión que veu do norte, que ben puido se-la dos escitas e logo tivo actualidade no tempo das invasións caldeas. O oráculo subliña o que é Deus o que trae tal invasión, molesto polo comportamento do pobo.

4, 9-14 Ó oráculo de castigo (v 9) responde o profeta cunha obxección probada pola mensaxe dos falsos profetas (v 10), á que volve a responde-lo oráculo divino desenvolvendo a descrición do castigo (vv 11-13b), para acabar cunha chamada do profeta á conversión (vv 13b-14).

4, 9 *Corazón*: asento dos plans e proxectos, como o esixe o paralelismo de entontecer, pasmarse.

4, 10 *Fartura e paz*: dous aspectos do termo hebreo "xalom", que se emprega repetidamente.

4, 11-12 Xoga o autor co dobre sentido do vocábulo "rúah": vento, espírito, coma expresión de poder e forza. Emprégase aquí un forte antropomorfismo, pois é de Deus de quen se apodera este espírito de maldición: é El quen decide firmemente maldici-lo pobo.

¹⁶Acordádellelo ós pobos: "¡Eilos aquí!";
facédello escoitar a Xerusalén:
"Os atacantes chegan dun país remoto,
xa lanzan os seus gritos de guerra contra as cidades de Xudá".
¹⁷—¡Os gardas do Poderoso están arredor contra ela,
pois ela está contra min! —é o Señor quen fala—.
¹⁸O teu comportamento e os teus feitos trouxéronche isto,
ésta é a calamidade que te aflixe. ¡Que amargura!
¡Como chega ó teu corazón!
¹⁹—¡As miñas entrañas! ¡As miñas entrañas retórcense de dor!
Chamo ó meu corazón; anda solto: non son capaz de atalo.
Estou oíndo o rouquido do corno, o estrondo dos gritos de guerra:
o barullo das gorxas da guerra,
²⁰un arrasamento chama por outro, todo o país está estragado,
dun golpe estragan as miñas tendas, dun empurrón os meus campamentos.
²¹¿Ata que día ollarei a bandeira
e oirei o rouquido do corno?
²²—Que aparvado está o meu pobo: a min non me recoñece;
son fillos aparvados, non as pensan;
son espabilados para face-lo mal, non saben face-lo ben.
²³Enxergo o país, e vexo un caos,
enxergo o ceo, e non ten a súa luz;
²⁴enxergo os montes, e están tremendo,
enxergo os petoutos e todos estarrecen;
²⁵miro atentamente, e nin cultivo hai,
tódolos paxaros do ceo voaron;
²⁶miro, e o horto volveuse un deserto,
tódalas cidades do meu pobo están arrasadas,
ante a presencia do Señor, polo ardor da súa ira.
²⁷Ollade o que di o Señor:
—Todo o país se volverá un estrago,
a estragueira serei eu quen a faga;
²⁸por iso a terra volverase erma,
e o ceo escuro, por causa de tanto delito;
ollade que o dixen, penseino ben,
non me arrepinto nin retiro a miña palabra.
²⁹Soamente co ruído dos xinetes e dos arqueiros
foxe toda a cidade, métense na espesura, ruben ós penedos;
toda a cidade está abandonada; non queda sequera un veciño.
³⁰¡Olla para ti, como estás arrasada!
¡Que fas! ¿Como te vestes de seda?
¿Como te enfeitas con adornos de ouro?
¿Como estendes con negro a raia dos teus ollos?
¡Poste bonita para nada;
os teus amantes desprézante,
buscan acabar coa túa vida!
³¹Xa houbo berros coma de quen se retorce no parto,
angustias coma dunha primeiriza;
é o grito da filla de Sión que xeme,
é ela quen estende as súas mans:
"¡Ai de min, xa non teño forzas!
¡Ai da miña vida, que me matan!"

5

¹Percorrede as rúas de Xerusalén, ollade ben e fixádevos,

4, 14-21 No mesmo ton das dúas descricións postas na boca de Deus, a desgracia aproxímase. Vén de Dan e de Efraím, e escóitase en Xerusalén (vv 15-16). Segue a interpretación teolóxica de tales feitos: os atacantes son os gardas do Poderoso, porque contra o Poderoso está Xerusalén (vv 17-18). No v 19 comeza a reacción do profeta coma representante máis sensible do mesmo pobo, o que se sente solidario.
4, 18 *Chega ó (teu) corazón:* a calamidade, a invasión inimiga escurece a mente do pobo, que non pensa nunha sincera conversión a Deus para evita-lo desastre.
4, 19 *As entrañas* son a raíz dos sentimentos, e, neste caso, do fondo pesar (dor); nin o corazón do profeta nin o do pobo atinan coa forma de acada-la liberación da tal calamidade.
4, 21 A *bandeira* e o corno son aquí os do inimigo, que está en avance cara a Xerusalén.
4, 22-26 O v 22 é un oráculo —aínda que sen introducción—, pois esíxeno as expresións "meu pobo" e "non me recoñeceu". Recolle o tema do corazón errante, do v 19. O ton do oráculo é de acusación polo atontamento do pobo para entende-las cousas de Deus e recoñece-la súa acción. Os vv 23-26 son un comentario descriptivo do profeta á situación aludida nos vv 15-16, presentando a invasión preanunciada coma unha teofanía da ira do Señor, pois o mundo inanimado —país, ceo, montes, petoutos, paxaros, terra de cultivo—, estarrecen e desaparecen ante a ira de Deus.
4, 27-31 Os vv 27-28 son un oráculo de castigo, no que se subliña o carácter irrevocable, ó que segue o comentario do profeta, que primeiro (v 29) é unha explicitación de castigo, para volver á inutilidade dos amoríos do pobo cos amantes (alianzas políticas), recordando as acusacións (v 30). Acaba o profeta con expresión de forte dor, en chamada de socorro.
5, 1-6 Os vv 1-2 poñen na boca de Deus o carácter irrevocable da sentencia (cf **4, 28**). Os vv 3-6 son un comentario profético ó oráculo anterior: Deus non pode perdoar, porque non hai ningún xusto: non aprenderon co castigo divino, non coñecen o xeito de comportarse (= camiño) o Señor, nin sequera os dirixentes o coñecen. O v 6 é o anuncio do castigo, seguido da acusación, postos na boca do profeta.
5, 1 *Busca-la verdade* (="emunah"), é comportarse esperando de Deus a propia seguridade e felicidade; equivale á xustiza, pero subliña o aspecto de confianza e esperanza na fidelidade de Deus ás súas promesas.

esculcade as súas prazas por se atopades a alguén,
por se hai quen faga o que é xusto, quen busque a verdade,
así eu perdoarei a cidade.
²Se din: "¡Vive o Señor!",
é para xuraren en falso.
³—¿Acaso non é a verdade o que enxergan os teus ollos, Señor?
Batícheslles e non lles doeu,
esnaquizácheles e non aprenderon a lección;
puxeron caras máis duras cá pedra,
refugaron converterse.
⁴E eu pensaba para min: que ignorantes, que loucos,
non coñecen o camiño do Señor,
o precepto do seu Deus.
⁵Irei eu mesmo onda os grandes e falareilles,
pois eles coñecen o camiño do Señor,
o precepto do seu Deus.
—Velaí, todos a unha partiron o xugo, fenderon os cancís.
⁶por iso feriraos o león que sae da selva,
devoraraos o lobo que sae da carpaceira,
unha pantera está á espreita das súas cidades,
esnaquizará a tódolos que saian delas,
porque multiplicaron os seus pecados
e as súas apostasías.
⁷¿Como che podo perdoar isto,
se os teus fillos me seguen abandonando
e xuran polos que non son deuses?
¿Como os podo fartar se seguen facendo adulterio
e indo en manada á casa da prostituta?
⁸Son cabalos cebados e en celo,
cada un rincha trala muller do veciño.
⁹¿Acaso de todo isto non vos ou pedir contas?
—é o Señor quen fala—.
¿Acaso non me vou vingar eu mesmo dun pobo coma este?
¹⁰Subide ás súas viñas e destruídeas;
facede a desfeita máis completa,
facédelle desaparece-las vides,
pois xa non lle pertencen ó Señor.
¹¹Si, fóronme infieis a casa de Israel e a casa de Xudá
—é o Señor quen fala—;
¹²renegaron do Señor, e dixeron: "El non é ninguén,
por iso non nos pode vir ningunha calamidade,
non sentirémo-la espada nin a fame.
¹³Os seus profetas son vento,
a súa palabra non está neles".
Pero todo iso lles pasará.
¹⁴Por isto, así fala o Señor, Deus dos exércitos:
—Xa que vós dixestes estas cousas,
vede que converterei en lume as palabras que eu poño na túa boca:
consumirás este pobo coma un montón de leña.

III. SERIE DE ORÁCULOS DE CASTIGO

Anuncio de castigo

¹⁵Ollade que eu estou traendo contra vós,
un pobo remoto, casa de Israel —é o Señor quen fala—:
é un pobo imperecedeiro, un pobo que vén de moi antigo,
un pobo ó que non lle coñéce-la fala, nin compréndo-lo que di;

Perdoarei a cidade: o perdón de Deus para un pobo, débeselles ós xustos dese pobo (cf Xén **18**, 20-23; Is **53**; Ez **22**, 30).
5, 5 O *xugo* e *os cancís* son aquí sinais da alianza con Iavé, baseados na fidelidade á súa vontade e na confiada esperanza na súa protección (cf v 1).
5, 6 *Multiplicaron*, radicalizaron: bina que aparece en ugarítico e que significa literalmente "multiplicar por 10.000" e "volver poderoso, forte".
5, 7-10 O oráculo desta sección (vv 7-9) é unha ampliación do oráculo anterior: Deus non pode perdoar tanto desprezo de si mesmo e da súa lei. O anuncio de castigo ponse na boca do profeta e é unha chamada a arrasa-la viña (= pobo), pois xa non lle pertence a Iavé.
5, 7 O perdón de Deus ten a súa expresión externa na abundancia de bens. A idolatría que aquí se considera é o culto a Baal e Axerah con prostitución sagrada.
5, 10 *Vides:* o vocábulo hebreo ten senso de viña e máis de medida agraria. Aquí o contexto esixe o senso de viña. *Completa,* pois o "al" do texto hebreo, ha de lerse "el", e ten sentido de adxectivo superlativo: divina, poderosísima, moi completa.
5, 11-14 O v 11 é unha acusación posta na boca de Iavé, á que segue unha tipificación da acusación na boca do profeta (vv 12-13) que proclama o castigo (v 14).
5, 15-17 Oráculo de castigo, na forma dunha descrición dos inimigos que Deus manda contra Xudá e da enumeración dos males que lle causará.

¹⁶as súas alxabas son coma sepulturas abertas,
a súa destrucción é a dos heroes.
¹⁷Comerán as túas colleitas e o teu pan,
devorarán os teus fillos e as túas fillas,
comerán as túas ovellas e as túas vacas,
comerán as túas viñas e as túas figueiras,
arrasarán coa espada as túas cidades inexpugnables,
nas que ti pos tanta confianza.

Deportación do pobo de Xudá

¹⁸Velaquí o que ben alto vos di o Señor:
—Naqueles días eu provocarei entre vós a destrucción.
¹⁹E se preguntan:
—¿Por que o Señor, noso Deus, nos inflixiu todos estes males?
Ti responderaslles:
—O mesmo que vós me abandonastes a min, para servirdes deuses alleos no voso país, así tamén serviredes vós os estranxeiros nun país que non é o voso.

Oráculo de acusación

²⁰Comunicádelle isto á casa de Xacob,
proclamádello a Xudá, dicindo:
²¹—Escoitade isto, pobo louco e sen xuízo:
teñen ollos e non ven,
teñen oídos e non escoitan.
²²¿A min non me tedes respecto? —é o Señor quen fala—.
¿Non tremedes ante a miña presencia?
Eu son o que puxen a area de lindeiro para o mar:
marxe eterna que el non traspasa;
enfurécense as súas ondas, pero non son capaces,
revólvense, pero non traspasan a marxe.

²³Este pobo ten un corazón duro e aparvado,
apartouse e marcha para lonxe.
²⁴Nin sequera pensa no seu corazón:
"Respectémo-lo Señor, o noso Deus,
ollade que nos está instruíndo,
ó dárno-la chuvia de cedo e a chuvia de tarde ó seu tempo,
ó manter para nós as semanas xustas para a seitura".
²⁵As vosas iniquidades impedirán estas cousas,
os vosos pecados apartarán a chuvia de vós.
²⁶Velaquí que no meu pobo hai malvados;
están, coma cazadores, alerta contra o teu remedio,
levantan firme a ruína, cazan homes.
²⁷Como un cesto cheo de paxaros
así están as súas casas cheas de roubos;
²⁸así medran, fanse ricos,
crecen gordos e lustrosos.
A berros proclaman a sentencia inxusta,
non xulgan conforme o dereito;
o xuízo do orfo endexamais non ten éxito,
nin sentencian o dereito dos pobres.
²⁹Destas cousas ¿non vou pedir contas? —é o Señor quen fala—;
dun pobo coma este ¿non me vingarei eu mesmo?
³⁰Cousas horribles e vergonzosas pasan no país:
³¹os profetas profetizan con mentira,
os sacerdotes asoballan ó levantaren as súas mans,
e o meu pobo está contento vivindo deste xeito.
¿Que fará cando chegue o desenlace?

5, 16 *Alxaba* (heb. "axfat"): en ugarítico é paralelo con "arco", e por iso significa "alxaba".
5, 18-19 Oráculo de castigo, que no v 19, por mor da pregunta que o profeta dirixe a Deus, convértese nun oráculo de xuízo (acusación) de castigo, no que se anuncia a deportación do pobo.
5, 20-31 Este oráculo está firmado por unha serie de acusacións: loucura e falta de xuízo, falta de respecto a Deus —non obstante o seu sabio poder—, obstinación nos criterios de prescindir de Iavé, furtos e inxustizas nos preitos, falsos profetas e asoballamentos nas actuacións xudiciais. Soamente se pode considerar coma anuncio de castigo o v 29.
5, 22 "Iam" era a principal divindade mariña. Este nome quedou en hebreo para nomea-lo mar, pero aquí o texto enténdeo no senso da mitoloxía cananea.
5, 24 A consideración dos dons da chuvia e do bo tempo para os labores do campo deberían levar ó pobo ó respecto a Iavé e a deixa-la súa obstinación en prescindir del. Esta obstinación fará que Deus os prive mesmo da chuvia.
5, 25 *Chuvia:* o termo "tob" (= bo), significa aquí "chuvia", por razón do contexto (cf v 24).
5, 26 *O teu remedio:* léase no hebreo "queca", planta medicinal orixinal da India, pero empregada no Medio Oriente e Exipto desde o sec. XVII a.C. En Ugarit está en paralelo co aceite, que tiña usos medicinais. Traducímola por *remedio*. O sentido do v é: os malvados agardan a chuvia que falta, á espreita coma os cazadores, pero cazan homes, e deste xeito levantan ben alta a súa ruína.
5, 28 A gordura, ten o valor de orgullo e soberbia.
5, 31 O xesto de levanta-las mans acompañaba o fallo na sentencia xudicial, que en tribunal de última instancia realizaban os sacerdotes no templo.

Ameazas divinas, co preanuncio do asedio de Xerusalén

6 ¹Fuxide do medio de Xerusalén,
descendentes de Benxamín:
tocade o corno da desbandada desde Tecoa,
facede señas desde o alto de Bet-ha-Quérem;
ollade que o desastre xa se ve vir desde o norte,
unha enorme desgracia.
²Eu estou a cortar da casa de Sión o bo pasto:
³van entrar nela pastores cos seus rabaños,
plantarán arredor dela as tendas,
cada un pastoreará polo seu lado.
⁴Declarade a guerra santa contra ela;
erguédevos, subamos contra ela ó mediodía:
mágoa que se nos vai o día,
que se estenden as sombras da tardiña.
⁵¡En pé! Subamos de noite,
destruámo-los seus palacios.
⁶Ollade o que di o Señor dos Exércitos:
—Cortádelle as árbores, e construíde con elas
un terraplén de asedio contra Xerusalén.
Ela é a cidade merecente de castigo;
no seu interior toda ela é opresión.
⁷Como unha cisterna recolle as súas augas,
así ela xunta a súa maldade,
óense nela violencias e opresións,
na miña presencia sempre se oen xemidos e golpes.
⁸Faime caso, Xerusalén,
senón eu apartareime de ti,
e convertereite nunha desolación, en cidade deshabitada.

A ira de Deus, para os ladróns da cepa de Israel

⁹Así fala o Señor dos Exércitos:
—Que medre forte coma unha cepa o resto de Israel,
que a túa man, coma de vendimador, limpe os seus sarmentos.
¹⁰—¿A quen llo direi?
¿A quen porei por testemuña para que me escoiten?
Teñen o oído incircunciso,
non son capaces de poñer atención.
Velaquí a Palabra de Deus: é para eles palabra de censura que non lles agrada.
¹¹Eu estou cheo da ira do Señor,
xa non a podo reter máis.
—Bótaa sobre os rapaces na rúa,
bótaa dunha vez sobre a xuntanza dos mozos,
pois irán cativos o home xunto coa muller,
o vello e mailo cangado de anos.
¹²Deste xeito as súas casas pasarán a estranxeiros,
xunto coas súas tenzas e mulleres,
pois eu estenderei a man contra os habitantes do país
—é o Señor quen fala—.
¹³Xa que desde o máis pequeno ata o máis grande
se consomen cobizando o alleo,
e desde o profeta ata o sacerdote devecen por facer enganos.
¹⁴Queren cura-la ruína do meu pobo, dun xeito fácil, dicíndolle:
"Paz, felicidade". Pero non hai paz.
¹⁵Que se avergoncen, pois fixeron o que é abominable.
Pero nin se avergonzan, nin saben o que é a vergonza.

6, 1-8 Oráculo de xuízo de castigo (vv 1-7), acabado en exhortación divina a facer caso (v 8). Mándase ós benxaminitas abandonar Xerusalén, pois Deus está cortando a herba para os pobos que, cos seus reis (pastores) á fronte, van asediar Xerusalén. Deus mesmo califica esta guerra como guerra santa, pois El é o que a dirixe e dá ordes. Os vv 6b-7 constitúen a acusación deste oráculo de xuízo de castigo.

6, 1 *Tecoa* era unha aldea a poucos quilómetros ó sur de Xerusalén (cf Am **1,** 1).

Bet-ha-Quérem, lit. "casal do horto", pobo difícil de localizar.

6, 8 *Cidade:* heb. "eres", co senso de capital dun país.

6, 9-15 Este texto consta dun oráculo de castigo (v 9), contrastado cun de bendición (v 9a) dirixido ó *resto de Israel,* que, por ser unha fórmula teolóxica dos herdeiros da bendición de Deus, hemos de entendelo referido a Xudá. O contraste opérase dentro da imaxe da cepa: Pobo de Deus; as súas vides (= resto de Israel) han de medrar, mentres que os ladróns da cepa (que por saíren no corpo da cepa teñen máis forza cás vides e por isto arruinan a cepa) han de ser cortados polo profeta. O profeta cortaraos coa palabra, e por isto intervén nos vv 10-11a, mostrando a dificultade de ser escoitado polos dirixentes e de botar neles a ira do Señor, da que está cheo. No v 11b recóllese a orde divina de falarlles ós rapaces e ós mozos. Esta orde vólvese oráculo de xuízo condenatorio co anuncio de castigo, nos vv 11c-12, e coa acusación nos vv 13-15a, repetindo no 15b o anuncio de castigo coas imaxes da caída e da ruína.

6, 12 *Do país:* quizais o senso mellor é o de cidade, capital do país.

6, 13 Refírese á actividade dos falsos profetas.

Por iso caerán cos que han de caer:
cando eu lles pida contas, irán á ruína
—fala o Señor—.

O castigo do pobo e a chamada á conversión

[16] Así fala o Señor:
—Mantédevos nos vieiros doutros tempos e observade,
consultade as normas antigas:
¿Onde está o Deus do Bo Camiño?
Camiñade por el,
e deste xeito atoparedes tranquilidade para a vosa vida.
Pero eles responderon:
"Non queremos camiñar".
[17] Púxenvos sentinelas:
"Estade atentos ó toque do corno".
Pero responderon:
"Non queremos estar atentos".
[18] Por isto escoitade, pobos;
dáte conta, xuntanza dos pobos,
do que hai para eles;
[19] escóitao, terra enteira.
Mirade que estou traendo a desgracia
para este pobo,
o froito dos seus proxectos;
pois non puxeron atención ás miñas palabras
e mesmo rexeitaron a miña Lei.
[20] ¿Por que me traedes entón o incenso desde Sabá,
e a cana recendente desde terras remotas?
Os vosos holocaustos non son do meu agrado,
nin os vosos sacrificios me contentan.
[21] Por isto, fala o Señor deste xeito:
—Velaquí que estou a pór atrancos a este pobo,
para que tropecen pais e fillos xuntos,
para que morran o do país
e mailo seu veciño.
[22] Así fala o Señor:
—Ollade: do norte vén un pobo,
desde a outra esquina do mundo
avanza un gran pobo;
[23] empuñan o arco e a lanza curta,
son crueis e non teñen compaixón,
os seus berros resoan coma o mar,
montan cabalos;
coma un só home
están formados para a guerra
contra ti, filla de Sión.
[24] —Ó escoita-la grande sona deste pobo,
estremecen as nosas mans,
aprétano-la anguria,
unha dor coma de muller no parto.
[25] —Non saias ó campo, non síga-lo camiño,
pois eu infesto coa espada:
todo o entorno é terror
e o terror está por todo o arredor.
[26] —Filla do meu pobo, vístete de saco,
cúbrete de cinsa.
Fai por ti un loito coma por un fillo único,
entristece e chora polo teu ben;
axiña chega contra nós o destructor.

O Señor dálle autoridade divina ó xuízo negativo do profeta

[27] —Eu constitúote
en examinador do meu pobo,
para que examíne-la miña cidade
cortada a pico,
para que próbe-lo seu comportamento.
[28] —Todos eles son os máis rebeldes,
impuros coma o bronce e o ferro:
son un fato de desnaturados.

6, 16-26 Esta complexa unidade comeza por dúas acusacións na forma de oráculo: desobediencia ó Deus do Bo Camiño, e falta de atención ós profetas postos por Deus coma vixías (vv 16-17). Logo segue o anuncio xeral de castigo (v 19a), resumindo en 19b as acusacións dos vv 16-17. O v 20 (rexeitamento do culto) é unha tipificación do castigo do v 19a, e hase de entender no contexto da acusación repetida do v 19b. Os vv 21 e 22-25 son concrecións cada vez máis claras do castigo xeral do v 19a, e para subliñalas introdúcense coa fórmula dos oráculos. O v 26 é unha chamada ó pobo de Xerusalén á conversión co ritual da lamentación pública, coma camiño único para librárense do devandito castigo.

6, 16 *O Deus do Bo Camiño* (lit. "o do Bo Camiño"), que, a xulgar por expresións semellantes, presentes nos salmos e nos textos de Ugarit, é un título de "Iavé", que significa o Deus da revelación dun comportamento moral que leva ó pobo á felicidade.

6, 17 A imaxe do vixía para referirse ó profeta, aparece en Is **21**, 6-12; Ez **3**, 16-21; **33**, 1-9; Os **9**, 8; Hab **2**, 1.

6, 19 O paralelismo *miñas palabras - miña Lei*, non exclúe entende-las palabras como referidas ós oráculos proféticos, pois, segundo as tradicións do Dt, ben coñecidas por Xer, a figura de Moisés era fundamentalmente profética.

6, 20 Se Deus refuga o culto, é porque o pobo rexeita a Lei e a palabra profética.

6, 27-30 Esta sección está composta dun oráculo vocacional, expresión da conciencia colectiva clarísima de Xer (v 27) e do seu xuízo negativo sobre o comportamento do pobo de Xerusalén (vv 28-30). Ten coma paralelo o texto de **5.** 11-14; e, como este texto, ten a función de acabar toda a serie de oráculos de xuízo de castigo desde **5**, 15 ata **6**, 26, ó mesmo tempo que lles dá autoridade divina.

6, 28 Lit. "seguen o camiño do bronce...": naquela época estes metais eran impuros.
Os máis rebeldes: lit. "rebeldes de rebeldes".

²⁹Moven con forza o fol para fundi-lo chumbo;
pero en van fonde o fundidor: os malvados non se purifican.
³⁰Prata de refugallo hai que chamarlles, xa que o Señor os refuga.

IV. DISCURSO NA PORTA DO TEMPLO

O feito de te-lo templo non ofrece seguridade ós malvados

7 ¹Ordes que de parte de Deus recibiu Xeremías:
²—Ponte de pé onda a porta do templo,
e proclama alí este discurso:
¡Escoitade a palabra do Señor,
todo Israel,
os que entrades por estas portas
para adoura-lo Señor!
³Así fala o Señor dos Exércitos,
Deus de Israel:
—Mellorade o voso comportamento
e os vosos feitos,
e consentirei en que plantéde-la tenda
neste sagrado.
⁴Non vos fiedes das palabras mentireiras
que se repiten:
"Velaquí o templo do Señor,
o templo do Señor, o templo do Señor".
⁵Se melloráde-la vosa conducta
e os vosos feitos,
se facedes xustiza
entre un home e o seu próximo,
⁶se non explotáde-lo estranxeiro,
o orfo e a viúva,
se non vertedes sangue inocente
neste lugar santo,
e se non vos ides tras deuses alleos,
para a vosa desgracia,
⁷eu morarei convosco neste lugar santo,
no país que lles dei a vosos pais
desde hai tanto tempo e para sempre.
⁸Fiádesvos, en cambio,
desas palabras mentireiras sen proveito.
⁹¿E logo non matades, roubades,
cometedes adulterios e xurades en falso?
¿Acaso non ofrendades incenso a Baal
e ides tras deuses alleos
que antes nin coñeciades?
¹⁰¡E aínda vides presentarvos
diante de min neste templo
no que se invoca o meu Nome,
e dicides: "Estamos salvados",
coa intención de seguir facendo
todas estas abominacións!
¹¹¿Acaso é unha cova de bandidos
este templo,
onde se invoca en alto
o meu Nome ós vosos ollos?
Ollade que eu o estou vendo
—é o Señor quen fala—.
¹²Ide ó meu templo de Xiloh
onde nun principio
fixen mora-lo meu Nome
e mirade o que lle fixen
por causa da ruindade
do meu pobo Israel.

6, 29 A imaxe do lume para significa-lo castigo divino, matiza o castigo como medicinal ou purificador; isto mesmo o confirma o v 26, no conxunto dun oráculo de xuízo de castigo.

7, 1-8, 3 Este discurso sobre a falsa confianza no templo de Iavé como razón da seguridade de Xudá, ten o seu complemento de referencias históricas no c. 26, onde os elementos do discurso están moi resumidos. Aquí o discurso enriqueceuse con textos que viñeron doutros lugares (por exemplo 7, 28).

7, 1-15 Este texto contén unha introducción que se ha de complementar co c. **26**, onde se indican a súa data (outono do ano 609 ou inverno do 609/8), e a orde divina (v 2), que nos inclina a pensar na festa das Tendas do ano 609. A primeira parte do discurso é exhortativa (vv 3-7). No v 9 comeza a acusación de imoralidade e idolatría, subliñada polos interrogantes, que volve inútil e prexudicial o culto e a esperanza no Nome de Iavé. O anuncio de castigo (vv 12-15) comeza co exemplo histórico da destrucción do santuario de Xiloh no ano 1050 polos filisteos (cf Sal **78**, 56-67) e a aplicación do exemplo ós oíntes, para acabar co anuncio da caída do templo de Xerusalén e co rexeitamento do pobo. O texto, aínda que se estructura como un oráculo de xuízo de castigo, ten un ton de discurso en frases paralelísticas, semellante ós discursos do Dt, nos que Xeremías se formou na súa mocidade.

7, 3 *Plantéde-la tenda:* sentido etimolóxico do verbo hebreo e probable referencia á festa das Tendas que están celebrando.

Sagrado: o termo "maqom" significa, a máis de lugar, "santuario"; e aquí, os patios ou prazas fortificadas do templo de Xerusalén (cf v 6).

7, 4 A realidade da alianza cos seus compromisos, que tanta importancia tiña en Israel e no Dt, é o fallo que ten a concepción teolóxica oficial de Xudá, cunha teoloxía da elección e das promesas divinas irrevocables: elección de Sión, da monarquía davídica do pobo.

7, 10 O *Nome* é o dinamismo ou a presencia e actuación poderosa e salvífica de Iavé, que responde deste xeito á invocación do seu Nome. O profeta recórdalles que a actuación salvífica de Iavé supón unha actitude de obediencia e fidelidade á alianza.

¹³Pois agora por facerdes vós todas esas maldades —é o Señor quen fala—
e por non me escoitardes, a pesar dos meus oportunos e serios consellos,
e por non me responderdes,
aínda que vos berrei;
¹⁴por todo iso a este santuario,
no que se invoca o meu Nome,
no que vós poñéde-la vosa confianza,
e a este templo que vos dei
a vós e a vosos pais,
eu fareille o mesmo
que antes lle fixen ó templo de Xiloh.
¹⁵Rexeitareivos da miña presencia,
o mesmo que rexeitei
a tódolos vosos irmáns,
e a toda a descendencia de Efraím.

Oráculo para prohibirlle ó profeta a intercesión

¹⁶Ti, non intercedas por este pobo,
nin levantes por eles
súplica fervente nin oración,
pois non me atoparías;
eu non estou presente para escoitarte a ti.
¹⁷¿Acaso non estás vendo o que eles fan
nas cidades de Xudá
e nas rúas de Xerusalén?
¹⁸Os fillos xuntan os cangos,
e os pais préndenlles lume;
as mulleres fan a masa,
para lle faceren bicas á Raíña dos ceos;
ofrecen libacións a deuses alleos
para me anoxaren a min.
¹⁹¿Acaso é a min a quen anoxan?
—é o Señor quen fala—.
¿Non é máis ben a si mesmos
a quen deshonran,
para vergonza das súas caras?
²⁰Por iso Iavé, o noso Señor Iavé,
fala deste xeito:
—Ollade que a miña ira e a miña carraxe
se van verter neste templo,
nos homes e nos gandos,
nas árbores do campo
e nos froitos da terra,
o meu noxo e a miña ira
arderán sen apagarse.

O culto, sen obediencia, non agrada ó Señor

²¹Así fala o Señor dos exércitos,
o Deus de Israel:
—Engadide holocaustos ós vosos sacrificios:
comede a súa carne.
²²Ollade que cando saquei os vosos pais do país de Exipto,
non lles falei, nin lles impuxen ningunha obrigación de holocaustos e de sacrificios,
²³senón que foi este o precepto que lles impuxen:
"Escoitade a miña voz:
Eu serei o voso Deus,
e vós seréde-lo meu pobo;
camiñade polo vieiro que vos mando,
para que vos vaia ben".
²⁴Pero non fixeron caso,
nin prestaron atención,
senón que se comportaron
conforme ós seus plans,
conforme á dureza do seu ruín corazón:
déronme as costas, e non a cara.
²⁵Desde o día en que saíron de Exipto
os vosos pais ata hoxe,
estívenvos mandando
os meus servos, os profetas:
mandéivolos cedo e a tempo,
²⁶pero non fixeron caso,
nin me prestan atención,
senón que endureceron a súa testa,
volvéndose peores cós seus pais.
²⁷Xa lles podes repetir todo este discurso,
que non te escoitarán;
xa lles podes berrar,
que non che responderán.
²⁸Haslles dicir: "Este é o pobo,
que non fixo caso da voz do Señor,
o seu Deus,

7, 13 *Oportunos e serios consellos:* ese é o sentido dos dous infinitivos absolutos que se empregan.
7, 16-20 A festa das Tendas era a festa de acción de gracias polas últimas colleitas, e de esperanza na bendición de Deus (cf Dt **16,** 15b). Por isto a intercesión do profeta é lóxica, por ser un dos seus cometidos. Pero Deus prohíbello, e o profeta dío como introducción dun oráculo de castigo.
7, 18 *Raíña dos ceos,* título babilónico da deusa Ixtar, que equivale á Axerah cananea, de onde vén o culto grego a Afrodita.
7, 21-28 Esta unidade é un oráculo de acusación do falso culto do pobo, pois o v 28c dificilmente se pode considerar un anuncio de castigo, xa que a fidelidade de que se trata é a fidelidade á Lei e á palabra profética (cf v 25). O texto comeza cunhas ordes divinas imperativas en ton sarcástico, pois a carne dos holocaustos non se podía comer. O profeta fundamenta o seu sarcasmo nos feitos teolóxicos do Éxodo: Deus non impuxo obrigación de sacrificios, senón de obediencia á norma moral revelada por El (vv 21-23); pero o pobo nin lle fixera caso á voz de Deus nin ás palabras dos profetas: por iso tampouco lle farán caso a Xeremías. Os sacrificios do pobo non son relixiosamente válidos, porque non son expresión da fidelidade do pobo ó Señor.
7, 28 *Nin dá aprendido:* refírese a que o pobo non acepta como chamada á conversión a interpretación profética das dificultades e desastres.

nin dá aprendido.
Perdeuse a fidelidade,
arrincáronllela da boca".
²⁹Corta os cabelos da túa consagración
e bótaos fóra,
entoa unha elexía
ante os dous traveseiros da túa lareira,
porque o Señor refugou e abandonou,
enfadado, a xeración esta.
³⁰Fixeron o mal á miña vista
os fillos de Xudá —é o Señor quen fala—.
Profanaron con cousas abominables
o templo onde se invoca o meu Nome;
³¹ergueron os altares de Tófet,
no val de Ben Hinnom,
para queimar no lume
os seus fillos e fillas,
algo que nin eu mandei,
nin me pasou pola cabeza.
³²Por isto, ollade que están chegando os días —é o Señor quen fala—
nos que xa non se nomeará o Tófet, nin o val de Ben Hinnom:
chamarase o val da Morte, pois faranse enterramentos en Tófet, por falta de sepultura.
³³Os cadáveres deste pobo serán carniza,
para os paxaros do ceo e para as bestas da terra,
sen que ninguén os espante.

³⁴Nas cidades de Xudá e nas rúas de Xerusalén,
farei cala-los aturuxos de ledicia e os berros de felicidade,
os cantos do mozo e mailos da moza,
pois o país volverase un deserto.

8 ¹No tempo aquel
—é o Señor quen fala—
sacarán das súas sepulturas os ósos
dos reis de Xudá e dos seus príncipes,
os ósos dos sacerdotes e dos profetas,
e mailos ósos
dos habitantes de Xerusalén,
²estenderanos á luz do sol
e ó claror da lúa,
e ó brillo de tódalas estrelas do ceo,
ás que tanto quixeron,
ó servicio das que se puxeron,
tralas que camiñaron,
as que espreitaron e adoraron.
Os ósos non se xuntarán
nin serán enterrados,
servirán de esterco por riba da terra.
³A morte será preferible á vida
para todo o resto:
para os superviventes
desta caste perversa,
e para os de tódolos lugares
a onde eu os expulso
—é o Señor dos Exércitos quen fala—.

V. SERIE DE PEQUENAS UNIDADES LITERARIAS

Refugan converterse

⁴Haslles dicir:
—Así fala o Señor: ¿Caen e non se erguen?

¿Apostata o pobo e non se converte?
⁵¿Por que apostata este pobo?
¿Por que Xerusalén se pon á fronte da apostasía?

7, 29-8, 3 O v 29 é un anaco dunha elexía, na que o profeta se dirixe a unha muller, que non pode ser outra cá personificación de Xerusalén, considerada coma "nazir" ou consagrada ó Señor. Ha de corta-lo cabelo (sinal da súa consagración e dignidade), pois ha de facer dó polo desastre que está a vir. A función deste v é expresa-la magnitude do desastre, o que ha de face-lo loito máis radical. O texto que segue é un oráculo de xuízo de castigo: acusación (vv 30-31) e anuncio de castigo dobre (vv 32-34 e 8, 1-3), marcados polas frases "están chegando os días" (v 32) e "no tempo aquel" (**8**, 1).

7, 31 *Tófet:* lareira ou altar, como lugar de culto a Baal. O val de Ben Hinnom comeza debaixo do monte Sión cara ó leste de Xerusalén, e nel practicáronse cultos a Baal (cf 2 Re **23**, 10).

7, 32 O val do culto pagán volverase val da Morte, e polo tanto execrado: máis ca de enterramentos trátase do abandono de cadáveres.

7, 33 Deixa-lo cadáver insepulto era a maior desgracia que podía acontecer, pois nos ósos conservábase o "rúah" nunha vida de letargo, e onde hai "rúah" hai esperanza de vida e hai existencia persoal. A mesma expresión de desgracia inseparable aparece a miúdo na Ilíada.

8, 1-3 Este segundo anuncio de castigo pódese considerar unha ampliación de 7, 33, pois desenterrar é turba-lo letargo do "rúah", equivalía a profana-lo cadáver e facer desaparece-lo "rúah" persoal. Aínda que esta concepción é común ó mundo semita e homérico, o A. T. asumiuna como base filosófica das súas concepcións da vida do máis alá, e está na base da fe na "resurrección da carne".

8, 4-9, 24 Esta sección recolle pequenas unidades pouco vinculadas entre si, nas que os temas máis frecuentes son a impenitencia culpable do pobo e as súas tráxicas consecuencias, e tamén os tons de terror, desesperación e desgarrada lamentación.

8, 4 Oráculo de acusación da impenitencia ou falta de conversión do pobo. O texto ten tres partes: a) vv 4-5, introducidos pola fórmula oracular; b) v 6, onde o profeta di escoita-lo comentario do mesmo Iavé no "sod" ou asemblea divina; e c) vv 6-7, que veñen ser un comentario do profeta, con imaxes collidas do mundo animal.

8, 4 O pecado considérase coma unha caída, ou como colle-la dirección oposta á debida. Por iso, a conversión é un erguerse ou un volver.

Empéñanse en traicionarme,
refugan converterse.
⁶Prestei atención e escoitei:
falan o que non é,
non hai quen se arrepinta
da súa ruindade,
non hai quen diga: "¡Que fixen!".
Ollade: ninguén volve ó seu fervor,
como non dá volta o cabalo
lanzado á guerra.
⁷As cigoñas do ceo coñecen todas
o tempo da súa volta,
as rulas, as andoriñas e os grous
volven no seu tempo;
pero o meu pobo non recoñece
o mandato do Señor.

Ó rexeitaren a Palabra do Señor, a sabedoría e a Lei vólvense mentira

⁸¿Con que dereito dicides: "Somos sabios,
temos connosco a Lei do Señor?".
Ollade: vólvese mentira a realidade da Lei,
pois os seus peritos pregoan a falsidade.
⁹Avergónzanse os sabios,
empavorecen e caen prisioneiros.
¡Velaquí,
rexeitaron a Palabra do Señor!
¿Que clase de saber é o que teñen?

Oráculo de castigo contra os dirixentes

¹⁰Por isto entregarei as súas mulleres ós estranxeiros,
as súas tenzas ós conquistadores;
xa que do máis pequeno ata o máis grande consómense cobizando o alleo,
desde o profeta ata o sacerdote consómense facendo enganos.
¹¹Queren cura-la ruína do meu pobo
dun xeito fácil, dicíndolle:
"Paz, felicidade". Pero non hai paz.
¹²Que se avergoncen,
pois fixeron o abominable;
pero nin se avergonzan,
nin saben o que é a vergonza.
Por isto caerán cos que han caer;
cando eu lles pida contas, irán á ruína
—é o Señor quen o di—.

Elexía do círculo profético polo castigo contra Xerusalén

¹³Teño que facer neles a colleita —é o Señor quen fala—:
non hai acios na viña
nin figos na figueira;
teñen as follas secas;
entregareinos e fareinos desaparecer.
¹⁴—¿Que facemos nós aquí sentados?
Xuntémonos,
subamos ás cidades amuralladas,
fagamos loito alí
porque o Señor, noso Deus,
nolo manda facer;
mándanos bebe-las bágoas
dos nosos ollos,
xa que pecamos contra El.
¹⁵Esperamos confiados a paz,
e non hai ningún ben;
esperámo-lo tempo da cura,
e chega o terror.
¹⁶Desde Dan óese o rincho dos seus cabalos;
cos rinchos dos seus corceis
estremécese toda a capital;
entran e devoran
a capital e os seus moradores,
a cidade e mailos seus habitantes.
¹⁷—Ollade: eu mando contra vós serpentes velenosas,
para as que non hai encantamento posible,
senón que vos morderán
—é o Señor quen fala—.

8, 6 *Ninguén volve ó seu fervor:* ninguén se arrepinte, buscando o seu propio ben.

8, 7 Os animais migratorios saben cando voltar, pero o pobo está peor: non recoñece que Deus lle manda volver a El.

8, 8-9 Coidamos que trata da polémica entre o profeta (home da palabra de Iavé) e os escribas, que aplicaban a Lei do Señor ós casos de apelación e se consideraban sabios. A historia é a que resolve a cuestión: a pura aplicación da Lei volve a Lei unha mentira, un fracaso, pois os escribas avergónzanse. Ó rexeita-la obediencia á Palabra de Deus, o seu saber perde a raíz (o temor do Señor), e por isto é unha mentira.

8, 10-12 Este texto é paralelo de **6,** 12-15, onde ten un contexto máis axeitado. Posiblemente foi traído aquí para concreta-lo fracaso dos sabios da Lei ou escribas; pero téñase en conta que o texto dos vv 8-9 non é unha acusación oracular: por isto non lle cae moi axeitada a secuencia dun oráculo de castigo.

8, 13-17 Este texto é unha elexía do grupo de discípulos do profeta (vv 14-16) enmarcado polos vv 13 e 17, que forman dous oráculos: o do v 13, de xuízo de castigo; e o v 17, de castigo (sen acusación).

8, 13 O tema da colleita, vendima ou seitura, é tradicional na literatura profética e apocalíptica para indica-lo xuízo de Deus; aquí non soamente non teñen froitos, senón que teñen as follas secas.

8, 14 *Bágoas dos nosos ollos:* lit. "auga da cabeza", que, polo contexto anterior, se refire ás bágoas.

Elexía do profeta pola deportación do ano 598/97

¹⁸—Do meu fígado sobe a tristeza,
sobe do meu corazón o desacougo.
¹⁹Berros de socorro
para a filla do meu pobo
veñen da capital dos estranxeiros:
¿E logo non está o Señor en Sión?
¿Acaso non está alí o seu Rei?
¿Por que me aldraxaron cos seus ídolos,
coas vaidades do culto estranxeiro?
²⁰Pasou a seitura, acabouse o verán,
pero nós non fomos salvados.
²¹Ando eu aflicto pola angustia
da filla do meu pobo,
estou triste, o pavor atenállame.
²²¿Non hai bálsamo en Galaad?
¿Non hai alí curandeiro?
¿Como é que non cerra
a ferida da filla do meu pobo?
²³¡Quen lle dera bágoas ó meu rostro,
ós meus ollos unha fonte de bágoas!,
para chorar día e noite
as profanacións da filla do meu pobo.

Tentación de Xeremías de abandona-lo pobo

9 ¹Quen me dera no deserto
unha pousada de arrieiros,
para deixa-lo meu pobo
e afastarme deles,
pois son todos uns adúlteros,
unha banda de traidores.
²Manexan coma un arco a súa lingua,
a mentira prevalece sobre a verdade,
e dominan o país,
pois dunha maldade pasan a outra,
pero e a min non me recoñecen
—é o Señor quen fala—.
³Gardádevos cada un do seu veciño,
non confíe ninguén no seu irmán,
pois tódolos irmáns enganan
e tódolos veciños calumnian.
⁴Os veciños adúlanse entre eles,
pero ninguén di a verdade;
adestran as súas linguas para a mentira,
cánsanse de cometer iniquidades.
⁵Devolven inxuria por inxuria,
traición por traición,
refugan recoñecerme a min
—é o Señor quen fala—.
⁶Por isto así fala o Señor dos Exércitos:
—Ollade: eu heinos de castigar e probar.
¡Como os tratarei
diante da filla do meu pobo!
⁷A súa lingua é frecha mortífera,
cada un di traicións coa súa boca,
e saúda coa "paz" ó seu veciño,
pero no seu corazón
estalle poñendo unha emboscada.
⁸Destas cousas ¿non lles vou pedir contas?
—é o Señor quen fala—;
dun pobo coma este
¿non vou eu tomar vinganza?

Elexía pola futura ruína do pobo

⁹Desde o alto dos montes entoarei
pranto e lamento,
desde as carpaceiras do descampado
entoarei elexías,
pois mesmo os paxaros marcharon,
fuxiron os animais.
¹⁰Converterei Xerusalén
nun montón de ruínas,
en cova de serpentes monstruosas,
arrasarei as cidades de Xudá;
non quedará un habitante.

8, 18-23 Trátase dunha elexía de Xeremías, que supón a deportación dalgúns xudeus a Babilonia (v 19a-b), quizais a deportación do 598/7 (cf **35**, 11; 2 Re **24**, 2). O texto comeza con expresións da dor do profeta por mor desta deportación (vv 18-19b). A dor do profeta ten unha resposta divina en forma de pregunta: ¿por que...? (v 19c), na que se motiva o desastre na idolatría do pobo. No v 20 óense os deportados do seu desastre; e nos vv 21-23, segue a elexía profética.

8, 18 O balanceo paralelístico do fígado (raíz dos sentimentos de tristeza) co corazón (raíz dos plans e proxectos) quere significar que o mal do profeta é consecuencia de non lle ver saída ó desastre que vai anunciar, pois os deportados piden o auxilio do Señor, que non chega por mor da idolatría xeneralizada.

8, 22 *Non cerra a ferida:* lit. "non sobe a carne nova da ferida".

8, 23 *Profanacións:* o profeta expresa claramente que a raíz do desastre da deportación está no desprezo feito a Iavé coa idolatría e coa falta de obediencia.

9, 1-8 Elexía profética polo pobo, na que o profeta expresa a tentación de abandonalo, acusándoo de falsidade, mentira e traición xeneralizadas (vv 1 b-5). O v 6 é o anuncio de castigo, expresado en termos de purificación, mediante o sufrimento. No v 7, o profeta volve ás mesmas acusacións de corrupción social, para acabar no v 8 cun anuncio de castigo.

9, 2 *Prevalece:* en vez de ler no hebreo "weló" (= "e non"), débese ler "welaá", co senso de prevalecer, ser forte, poderoso.

9, 6 *A filla do meu pobo* refírese aquí á cidade de Xerusalén, como complexo urbán, non á poboación.

9, 9-10 Esta unidade está composta dunha elexía do profeta (v 9) e dun anuncio de castigo (v 10). A falta de fórmula oracular para introduci-lo anuncio de castigo, fai supor que o devandito anuncio é obra da palabra do profeta, cargada de dinamismo divino.

9, 10 *Serpentes monstruosas:* o termo heb. "tannim" aparece en ugarítico en paralelo co Leviatán, a serpente mariña autora da desorde cósmica, e por isto considérase máis axeitado ó contexto dunha cidade esborrallada a presencia de serpentes, non a dos chacais, como outros autores supoñen.

¹¹¿Quen é o sabio? ¿Quen entende disto?
¿A quen lle falou a boca do Señor? Que
    responda:
¿Por que se arruína o país? ¿Por que está
    feito unha desolación,
un deserto polo que ninguén pode pasar?
¹²Repuxo o Señor, o Altísimo:
—Eles abandonaron a Lei,
que eu puxen ante os seus ollos,
non fixeron caso da miña voz,
nin camiñaron conforme ela;
¹³antes ben, seguiron a teima
do seu corazón,
seguiron tralos baales,
que seus pais lles aprenderan.
¹⁴Por isto así fala o Señor dos Exércitos,
o Deus de Israel:
—Velaquí que eu lle hei dar a este pobo
o asente por comida,
heilles dar bágoas por bebida.
¹⁵Dispersareinos entre pobos
que nin eles nin seus pais coñeceron;
mandarei tras eles a espada,
de novo os destruirei.

Elexía pola ruína do pobo
¹⁶Así fala o Señor dos Exércitos:
—Avisade, chamade ás pranxideiras,
¡que veñan!
mandádelles recado polas mulleres máis
    sabias, ¡que veñan!
¹⁷Que veñan a toda présa
e entoen un pranto por nós,
que os nosos ollos se desfagan coas
    bágoas,
que as nosas pálpebras chorreen auga.
¹⁸Escóitase o canto dunha elexía desde Sión:
"¡Que arruinados estamos!
¡Que vergonza tremenda para nós!
Velaquí , temos que deixa-lo país,
    bótannos dos nosos lares".
¹⁹Escoitade, mulleres, a palabra de Deus,
achegade o oído ás palabras da súa boca,
aprendédelles ás vosas fillas
un canto de loito,
cada unha apréndalle á súa veciña
o pranto.
²⁰Subiu a Morte polas nosas fiestras,
entrou nos nosos torreóns,
para arrinca-los rapaces das rúas,
e os mozos das prazas.
²¹Cantade así —é o Señor quen fala—:
—Hai un estrume de cadáveres de
    homes,
coma o esterco na herdade,
coma os monllos detrás dos segadores;
non hai quen os recolla.

A soberbia humana e a estima do Señor
²²Así fala o Señor:
—Que non se ensoberbeza o sabio da súa
    sabedoría,
que non se ensoberbeza o forzudo da súa
    forza,
que non se ensoberbeza o rico da súa
    riqueza.
²³Se alguén se quere ensoberbecer, que se
    ensoberbeza disto:
de aprezarme e terme en estima a min,
pois eu son o Señor que obra a
    misericordia,
e exerce o xuízo e a xustiza na terra.
Nestes é en quen eu me comprazo —é o
    Señor quen fala—.

9, 11-15 Esta unidade comeza cunha serie de interrogantes (v 11), que teñen por finalidade enfatiza-la transcendencia do coñecemento que Deus comunica ó profeta, pois soamente o profeta no nome de Deus responde ó por que se arruína o país. Os vv 12-13 constitúen a acusación, froito da revelación divina; e os vv 14-15 son o anuncio de castigo.
9, 12 *O Altísimo:* heb. "al", que, coma "elion", é un título divino que subliña a transcendencia de Iavé.
9, 15 *De novo:* preferímo-la lectura "od" (= de novo) á dos masoretas ("ad" = ata).
9, 16-21 Esta unidade é unha elexía, que vén posta na boca das carpideiras ou chorens (vv 16-17. 18); pero é Iavé quen manda que as chamen (no oráculo do v 16). A vontade divina deste canto, responde ó desexo do grupo profético (o profeta e os seus discípulos) de correr a carón delas (vv 17-18a). Os vv 18b-21 constitúen o canto da elexía, remarcando no v 21 a consonancia da elexía coa vontade de Deus (cf tamén o v 13).
9, 20 *Morte:* non é o feito de morrer, senón a divindade mítica portadora da morte, que penetra nas familias, ás que priva dos rapaces e dos mozos máis escollidos.
9, 22-23 Este texto é froito dunha reflexión profético-sapiencial sobre a sorte dos membros do seu pobo no momento da deportación do 598/7. Os que confiaban nos seus haberes e na súa sabedoría, pero non no seu aprezo e estima do Señor, fracasaron; pero os piadosos, que confiaban no poder do Señor, eses tiveron éxito.
9, 23 *Aprezarme:* un dos sensos do verbo "sakal", na forma causativa. O compracemento do Señor nos que estiman o modo de comportarse Deus é o que xustifica a súa seguridade.
10, 1-16 Este texto é moi próximo ós textos exílicos de Is **40**, 18-20; **41**, 6-7; **44**, 9-20; **46**, 5-7 e ós textos postexílicos do Sal **115**, 4-8 e Bar **6**. O texto debe ser obra dos discípulos deuteronomistas que organizaron os escritos de Xeremías durante o desterro babilónico. Comeza cunha introducción oracular (vv 1-2a), presentando coma divina a prohibición da idolatría; logo seguen alternándose textos da polémica antiidolátrica (vv 2b-5. 9. 14-15) e elementos característicos dos himnos a Iavé (vv 6-7; 10-13. 16) nos que non se esquece a polémica antiidolátrica. O texto dos LXX é un fragmento de 4 Q Xer. Omite os vv 6-8.10 e pon o v 5 despois do 9, o que nos fai ver que o texto sufriu diferentes recensións e elaboración.

²⁴Mirade: están chegando os días
—é o Señor quen fala—
nos que lles pedirei contas a tódolos circuncisos das súas impurezas,
²⁵a Exipto, a Xudá e a Edom, ós ammonitas e a Moab,
a tódolos que teñen a cabeza rapada polos lados e viven no deserto,
(pois todos estes pobos son incircuncisos, pero todo Israel ten sen circuncida-lo corazón).

10

¹Escoitade as palabras que vos di o Señor, casa de Israel:
²Así fala o Señor;
—Non aprendáde-lo comportamento dos xentís,
non lles teñades medo ós sinais do ceo;
os xentís si que lles teñen medo.
³A relixión dos xentís: ¡que cousa baleira!
Cortan unha árbore na bouza, tráballana con gubia as mans dun artista,
⁴adórnana con prata e con ouro,
asegúrana con cravos e martelo,
para que non se mova.
⁵Fan abominacións na súa presenza,
pero eses deuses
non responden co castigo;
levántanos, pero non camiñan;
non lles teñades medo,
porque non fan mal,
e tampouco nada lles fai ben.
⁶O seu aniquilador es ti, Señor,
ti es grande, e grande é o teu Nome.
Polo teu poder ⁷¿quen non te respectará a ti, Rei dos xentís?
¡Que ben che acae o teu poder!
Entre os sabios dos xentís
e entre tódolos reis,
¿que aniquilador hai coma ti?
⁸Son todos necios e aparvados;
insensatos ós que congrega unha madeira.
⁹Traen follas de prata de Tárxix,
e ouro de Ofir
traballo de artistas,
mans de fundidor,
vestidos de púrpura violeta
e púrpura vermella,
todos eles obra de expertos.
¹⁰En troques, Iavé é o Deus da firmeza,
El é o Deus da vida eterna,
o Rei eterno;
coa súa ira estremécese a terra,
os pobos non son capaces
de aguanta-lo seu noxo.
¹¹Por iso habédeslles dicir:
"Os deuses que non fixeron o ceo
nin a terra
desaparecerán da terra
e de debaixo do ceo".
¹²Fixo a terra co seu poder,
fixo existi-los campos coa súa sabedoría,
e coa súa intelixencia estendeu o ceo.
¹³Dá el un berro, e retumban
as augas no ceo,
fai subi-las nubes desde o cabo da terra,
fai que os lóstregos se volvan chuvia
e fai saír das súas arcas o vento.
¹⁴Queda abraiado todo home
polo que está vendo,
todo fundidor se avergonza
dos seus ídolos,
pois as súas imaxes son mentira,
non teñen espírito en si,
¹⁵son unha cousa va,
producto dunha burla,
perecerán o día que se lles pidan contas.
¹⁶Non é coma elas o Deus
que lle tocou a Xacob,
pois El é o creador de todo;
Israel é a tribo da súa herdanza.
O seu nome é Señor dos Exércitos.

Lamentación e oración no momento do asedio

¹⁷Xunta xente na cidade humillada,
pois vivirás no asedio.

10, 2 *Os sinais do ceo,* son referencia ó culto astral babilónico.
10, 6 *Aniquilador:* resulta un título de Iavé, como no v 7 "Rei dos Xentís".
10, 10 *Vida eterna* (heb. "haiim"), non é un plural (= viventes), senón o substantivo "hai" con mimación e co senso de "vida eterna", como o pide o título divino "Rei eterno", que segue.
10, 11 Este v está en lingua aramea, e é unha glosa posterior, que recolle a profesión de fe antiidolátrica.
10, 14 *Está vendo.* O vocábulo hebreo empregado, ten aquí o senso de coñecemento de algo concreto: por iso traducimos *estar vendo.*
10, 16 *O Deus que lle tocou...:* lit. "A parte de Xacob". O creador de todo: o verbo hebreo "iasar" significa "formar", e equivale a da-la vida, a existencia.
10, 17-25 Aínda que os xéneros literarios que aparecen no texto son diferentes, hai entre eles un ensamblamento que lles dá unidade: o asedio e caída de Xerusalén, presentado nun oráculo de castigo (vv 17-18), provoca unha elexía de parte da mesma cidade personificada (vv 19-20); e de parte do profeta unha acusación dirixida contra os responsables do pobo (v 21) e logo un anuncio de castigo (v 22), para acabar cunha oración posta na boca de Xerusalén (vv 23-25), na que se supón que o castigo está presto a executarse. Por iso parece que o texto puido moi ben ser unha liturxia de lamentación, se non colectiva, ó menos realizada no círculo profético.

¹⁸Así fala o Señor:
—Velaquí que esta vez tirareilles pedras
ós habitantes da cidade,
farei que os cerquen ata que os collan.
¹⁹¡Ai de min! Quebranto é a miña paga,
a ferida é a miña herdanza.
Mais dixen para min: coidarei a ferida,
soportareina.
²⁰A miña tenda está destruída,
tódalas súas cordas están arrincadas,
os meus fillos escaparon de min,
e xa non existen;
non hai quen estenda de novo
a miña tenda,
quen erga as miñas lonas.
²¹—Velaquí os pastores: están parvos,
xa non buscan a Deus,
por isto non dan tino,
e todo o seu rabaño anda disperso.
²²Velaquí: está chegando
o ruído que oístes,
o grande boureo desde o país do Norte,
para converter en desolación
as cidades de Xudá,
en escondedoiro de serpentes.
²³Xa sei, Señor, que o home
non é dono do seu camiñar,
e que ninguén é capaz de marchar
e asegura-los seus pasos.
²⁴Corríxeme, Señor, pero con xeito,
non con ira; se non, vólvesme á nada.
²⁵Desafoga a túa ira contra os pobos
que non te recoñecen,
contra as tribos
que non invocan o teu Nome;
pois quixeron devorar a Xacob,
devoralo e facelo desaparecer,
e esnaquizaron os seus lares.

Xeremías, portavoz e defensor da Alianza

11 ¹Palabra que de parte do Señor recibiu Xeremías:
²—Escoitade os termos desta alianza,
proclamádeos a cada un dos xudeus,
e ós habitantes de Xerusalén.
³Haslles dicir:
—Así fala o Señor, o Deus de Israel:
Maldito o home que non fai caso
dos termos desta alianza,
⁴que eu mandei a vosos pais,
o día en que os saquei do país de Exipto,
dun forno de fundir ferro, dicíndolles:
"Facédelle caso á miña voz, e poñede por obra o que vos indico;
conforme a todo o que vos mandei:
así seredes para min o meu pobo,
e eu serei para vós o voso Deus".
⁵Deste xeito cumprirei a promesa que con xuramento fixen a vosos pais,
de darlles para eles a terra que deita leite e mel, coma o día de hoxe.
E eu repuxen dicindo:
—De acordo, Señor.
⁶Logo o Señor díxome:
—Proclama todas estas palabras nas cidades de Xudá,
e nas rúas de Xerusalén, dicíndolles:
"Facédelles caso ós termos desta alianza e poñede por obra o que vos indico.
⁷Ben lle-lo declarei solemnemente ós vosos pais,
desde o día en que os fixen subir do país

10, 18 *Tirareilles pedras,* no senso de tirárllelas coa funda.
10, 20 A correspondencia "cidade (Xerusalén) - tenda de nómadas", pasa pola imaxe da cidade coma nai do seu pobo.
10, 21 *Os pastores* son os dirixentes do pobo.
10, 23 O senso deste v foi ben empregado pola teoloxía católica para afirma-la necesidade das gracias actuais en orde ó cumprimento moral, pois camiñar e "marchar" polos camiños de Deus, equivale ó cumprimento dos mandamentos.
10, 25 O texto deste v aparece no Salmo 79, 6-7, que data do exilio, polo que algúns autores consideran o v coma un engadido exílico.
11, 1-17 Os vv 1-5 forman un oráculo no que o Señor constitúe o profeta en portavoz da alianza para os xudeus nos seus termos de maldición (vv 3-4a), e bendición ou cumprimento da promesa (vv 4b-5). Os vv 6-8, cun oráculo, repiten a encomenda do Señor ó profeta, na que se deixa claro que a execución da maldición xa foi histórica na vida dos pais, o que sen dúbida se refire á desaparición do reino de Israel como confederación de tribos. Os vv 9-10 recollen unha acusación de idolatría dirixida contra Xudá e Xerusalén, pola que segue o correspondente anuncio de castigo dos vv 11-12; pero a exemplarización ou tipificación da acusación e do castigo realizanse nos vv 13 e 14, en vez de seguir á acusación e ó anuncio de castigo. Sorprende que a tipificación do anuncio do castigo sexa a prohibición feita ó profeta de interceder polo pobo, (cf **7**, 16; **14**, 11; Ex **32**, 10), cousa que, tendo en conta a concepción semítica e xudía do valor da intercesión profética, resulta clara. Por outra banda, o texto no que se lle prohibe ó profeta interceder polo pobo prepara a inserción da nova acusación do v 15 (en forma poética), na que con enfatizantes interrogacións se fai sarcasmo co culto van do pobo, seguindo un anuncio de castigo (vv 16b-17a) co seu contraste de bendicións divinas (v 16a), para acabar repetindo as mesmas acusacións de idolatría. Os vv 1-14, son do mesmo estilo dos discursos do Dt, nos que Xeremías se formou.
11, 3 *Maldito.* A conclusión ou renovación da Alianza acaba cunha serie de bendicións e maldicións (cf Dt **27**, 15-26; **28**, 1-69).
11, 4 *O que vos indico.* Refírese ós dez mandamentos, dados ó saír de Exipto, no Sinaí.
11, 5 *Que deita leite e mel:* calificativo da terra prometida, para significar que é don e agasallo de Deus ó seu pobo.

de Exipto e ata o día de hoxe
encargándolles e recomendándolles
que me escoiten.
⁸Pero non me escoitaron
nin me fixeron caso,
senón que cada un seguiu as apetencias
do seu corazón ruín.
Por isto eu trouxen contra eles
tódalas maldicións desta alianza,
que lles mandei poñer por obra
e non puxeron".
⁹Díxome o Señor:
—Hai confabulación contra min entre cada un dos xudeus e dos habitantes de Xerusalén. ¹⁰Volveron ás iniquidades dos seus pais, que refugaron facer caso ás miñas palabras. Fóronse tras deuses alleos para lles daren culto. O reino de Xudá e mailo reino de Israel romperon a miña alianza, a que eu fixen cos seus devanceiros.
¹¹Por isto así fala o Señor:
—Velaquí que eu mandarei contra eles un desastre do que non serán capaces de fuxir;
a gritos pediranme axuda, pero eu non os hei escoitar.
¹²Entón as cidades de Xudá e mailos habitantes de Xerusalén irán pedir axuda ós deuses, ós que ofrendaron sacrificios de incenso; pero eses deuses non serán capaces de salvalos da súa situación de desastre.

¹³Velaquí o número das túas cidades: ese é tamén o número dos teus deuses, Xudá; segundo o número das rúas de Xerusalén, así erguestes altares das vergonzas, para ofrecer sacrificios de incenso a Baal.
¹⁴E ti non intercedas en favor deste pobo,
nin eleves clamores nin oracións en favor deles.
Sabe que non serei eu quen faga caso,
cando ti clames a min en favor deles,
mentres siga a súa ruindade.
¹⁵¿Que fai a miña amiga no meu templo?
¿Cumpri-los seus propósitos?
¿Acaso a graxa e maila carne sacrificada
farán desaparece-las túas débedas?
Mira o mal que fixeches.
¡Valo celebrar entón con solemnidade!
¹⁶"Oliveira frondosa e bonita,
froito que brilla";
chamouche Deus con ese nome,
anuncio dun pobo grande.
O lume prende na súa follaxe,
e rómpense as ramas.
¹⁷O Señor dos Exércitos que te plantou,
anuncia contra ti unha calamidade,
por causa da maldade do reino de Israel
e do reino de Xudá,
maldade que fixeron contra si mesmos;
si, anoxáronme a min
ofrecéndolle o incenso a Baal.

SIMBOLISMO TEOLÓXICO DA CONFABULACIÓN CONTRA XEREMÍAS

1. O Señor decóbrelle ó profeta a confabulación contra el

¹⁸O Señor mostroumo, e entón comprendino, fíxome ve-los seus feitos.

¹⁹Eu era coma año manso levado á morte,
e non me daba conta de que tramaban maquinacións contra min:
"Cortémo-la árbore no seu vigor,

11, 13 *Vergonzas*: eufemismo, en paralelo con Baal, a divinidade masculina da fecundidade.
11, 15 *A miña amiga*, de feito é un título do pobo na boca de Deus, que se refire á alianza entre Iavé e o seu pobo. Aquí ten un ton irónico.
11, 16 *Oliveira frondosa* é un título do pobo que serve a Iavé no culto, pois, segundo Sal **52**, 10 e **92**, 13, había nos patios do templo oliveiras que representaban o pobo que alí se facía presente.
11, 18-12, 6 O problema principal é a razón da confabulación dos parentes de Xeremías contra el. Pensouse na colaboración do profeta na reforma cúltica de Ioxías, o que suprimiría o culto no santuario de Anatot para os seus parentes —sacerdotes rexeitados do templo de Xerusalén—, pero o ambiente do texto supón a proximidade ás datas das invasións caldeas. Por outra banda, o profeta fala, en **11**, 20, do seu pleito ("rib"), que dificilmente se pode entender da unificación do lugar de culto. ¿Que preito pode te-lo profeta coa súa familia?: de herdanza de bens, pois en **32**, 6ss trátase tamén do rescate dunhas fincas que lle pertencen a el por dereito; de feito,

nas pretensións dos parentes (**11**, 21), o que se lle pide é que deixe de profetizar, para evita-la súa morte: o que queren é que traballe as terras, cousa que supón que non o fai, pois é solteiro (cf **16**, 2ss) e dedícase á vida profética; sen dúbida a razón é que lle cedeu as fincas a algún parente contra as pretensións do seu irmán (**12**, 6), ou polos dereitos de primoxenitura (cf **32**, 6ss). A razón fundamental desta interpretación é que uns textos de marcado carácter autobiográfico (**11**, 18-12, 6) están vinculados cun texto (**12**, 7-13), no que o sufrimento do profeta pola perda da súa herdanza é sinal do sufrimento de Iavé pola perda da súa, pois o vocabulario metafórico case sempre ten este dobre significado.
11, 18-23 O Señor revélalle ó profeta que se están confabulando contra el (vv 18-19). Segue unha oración imprecatoria do profeta (v 20), e a resposta do Señor, anunciando o castigo dos veciños de Anatot (vv 21-23).
11, 19 As dúas imaxes, a da árbore e a da terra vital, aluden ó feito de aparta-lo profeta das súas posesións e da súa casa.

arrinquémola da súa terra vital,
que non se lembre o seu nome endexamais".
²⁰Señor dos Exércitos,
ti que xulgas con xustiza,
ti que pós á proba as entrañas
e mailo corazón;
que eu vexa a vinganza
que ti tomas contra eles,
pois a ti che confiei o meu preito.
²¹Por isto, así fala o Señor
contra os homes de Anatot:
—Estes están buscando matarte
dicíndoche:
"Deixa de profetizar
no nome do Señor dos Exércitos,
e así non morrerás nas nosas mans".
²²Por isto así fala o Señor dos Exércitos:
—Sabédeo: eu voulles pedir contas:
os mozos morrerán a espada,
os seus fillos e fillas morrerán de fame;
²³deles non quedará nin resto,
pois heilles mandar unha desgracia
ós homes de Anatot,
o ano en que lles pida as contas.

2. Cuestións do profeta sobre o éxito dos malvados

12 ¹Señor, se eu che poño preito,
ti tes sempre razón,
pero quero expoñerche unhas cuestións:
¿Por que ten éxito o comportamento dos malvados?
¿Por que viven tranquilos tódolos traidores?
²Ti plántalos, e eles botan raíces,
medran e dan froitos;
ti estás preto dos seus labios,
pero lonxe dos seus sentimentos.
³En troques, ti coñécesme ben,
estasme vendo,
ti pescúda-la miña actitude contigo.
Ponos á parte
coma cordeiros para a matanza.
Sepáraos para o día da desfeita.
⁴¿Canto tempo aínda estará en tristura a cidade
e as herbiñas de tódolos campos requeimados?
Pola ruindade dos seus habitantes
a cidade está privada de gando e de paxaros,
pois din: o Señor non pode ve-la nosa fin.
⁵Se correndo cos soldados de infantería,
eles véncente,
¿como vas competir cos de cabalería?
Se nunha cidade tranquila vives confiado,
¿como te comportarías no alto do Xordán?
⁶Pois ei-la razón: o teu irmán e maila familia do teu pai
traiciónante abertamente,
a gritos chaman tras ti, si, a gritos.
Non te fíes deles, aínda que che dean boas palabras.

Resposta a "¿canto tempo aínda?"

⁷Abandonei a miña casa,
deixei a miña herdanza,
entreguei o amor da miña vida
na man dos seus inimigos.

11, 20 O home relixioso ten posta a súa confianza en Deus. El é o xusto xuíz, que compensa as consecuencias dos erros e ruindades dos homes.
12, 1-6 O profeta, nun campo intermedio entre a oración e a discusión con Deus, presenta o problema do éxito dos malvados, con motivo do seu caso (v 3), fronte ós dirixentes impíos; posta a súa causa, está a mesma terra recibindo castigo (v 4). Nos vv 5 e 6, preséntase a resposta ó problema persoal do profeta, primeiro en imaxes e logo en linguaxe directa (v 6), deixando a resposta ó problema xeral para o poema que segue.
12, 1 *Ti tes sempre razón:* lit. "ti es xusto", "ti apareces xusto".
12, 2 *Medran:* o verbo "halak" ten ás veces esa acepción (cf Os **14,** 7).
Sentimentos: lit. "entrañas", que son para o semita a raíz dos sentimentos. A acción das causas segundas non conta, ante o primordial da causa primeira, Deus.
12, 3 *Actitude:* lit. "corazón". *Sepáraos:* heb. "qadax", no senso primitivo de retirar, pór á parte, non de santificar.
12, 5 *Véncente:* raíz hebrea que aparece no ugarítico co senso de prevalecer, ser forte. O que Deus lle veu dicir ó profeta é que eles son máis e máis fortes. A resposta de por que Iavé intervén, daralla nos vv 7-13.
Alto: lit. "orgullo".
12, 6 A resposta en linguaxe directa parece da-la razón ás cuestións do profeta. Nas palabras de Deus, intúe o profeta a verdadeira resposta: a dor que experimenta el mesmo ó abandona-la súa querida casa e herdanza, é a mesma que sente Deus ó castiga-la súa herdanza e abandona-lo seu templo.
12, 7-13 Cf nota anterior. Subliñarémo-lo dobre senso dos termos neste poema no que o "eu" do profeta e o "Eu" de Deus se xuntan.
12, 7 *A casa:* a do profeta é a casa de seus pais, pois é o primoxénito (cf nota a **11,** 18-12, 6). A casa de Iavé é o templo de Xerusalén. *A herdanza:* para Iavé é o pobo de Israel e Xudá, mentres que para o profeta é o seu quiñón de primoxénito (que recibía dobre lote cós seus irmáns).
O amor da miña vida: para o profeta é a casa paterna e a herdanza recibida coma don sagrado de Deus, Señor das terras, mentres que para Deus é o seu pobo, que vive na súa terra.

⁸A miña herdanza volveuse para min
   coma unha leoa na selva,
que lanza contra min o seu brado,
   por isto renego dela.
⁹A miña herdanza volveuse para min un
      paxaro pinto,
   outros paxaros andan arredor contra ela:
Vinde, xuntádevos tódalas feras do
      monte,
   traede a alguén que devore.
¹⁰Moitos pastores arruinaron a miña viña,
   triparon a miña parte,
   converteron a parte dos meus amores
      nun ermo estragado;
¹¹fixérona un estrago lamentable;
   contra min é o estrago.
Todo o país está estragado,
   ninguén o ten en consideración.
¹²Por tódolos outeiros do deserto viñeron
      os saqueadores;
   pois a espada de Deus devora
   dunha punta á outra do país,
   non hai paz para ningún dos vivos.
¹³Sementaron trigo e colleitaron cardos,
   cansaron e non sacan proveito,
   avergónzanse da colleita:
   amoreouse o furor da ira do Señor.

A promesa salvífica para Israel segue en pé se ten fe no Señor

¹⁴Así fala o Señor Altísimo:
   —En canto ós ruíns, veciños que atacaron
a miña herdanza,
   a que eu lle dei ó meu pobo Israel.
   eu mesmo os arrincarei das súas terras,
   e á casa de Israel arrincareina do medio deles,
¹⁵e despois de arrincalos, volverei a compadecerme deles

e farei volver a cada un
   á súa herdanza e á sua terra.
¹⁶E sucederá que se aprenden ben a se
comportar coma o meu pobo,
   xurando polo meu Nome, ¡vive o Señor!,
igual que eles lle ensinaron ó meu pobo a
xurar por Baal,
   entón serán constituídos en pobo meu.
¹⁷Pero se non fan caso hei de arrincar e
destruír este pobo —é o Señor quen fala—.

Xesto simbólico da faixa que podrece: corrupción total do pobo

13 ¹Así me dixo o Señor:
   —Vai mercar unha faixa de liño, e
pona sobre os cadrís;
pero na auga non a metas.
²Eu merquei a faixa, conforme o mandato
do Señor, e cinguín con ela os cadrís.
³Volveu de segundas falarme o Señor:
⁴—Colle a faixa que mercaches, a que tes
sobre os cadrís; colle o camiño do Éufrates e
esconde alí a faixa na fendedura dunha pena.
⁵Eu fun, e escondina no Éufrates conforme o Señor me mandou.
⁶E ó cabo de moito tempo díxome o Señor:
   —Colle o camiño do Éufrates e recolle alí
a faixa no lugar onde cha mandei esconder;
⁷eu fun ó Éufrates, cavei un pouco e recollín
a faixa no lugar onde a escondera: a faixa
estaba podre, non servía para nada.
⁸Veume de novo a palabra do Señor nestes
termos:
⁹—Así fala o Señor:
Do mesmo xeito farei podrece-la gloria de
Xudá,
   e a grande gloria de Xerusalén.

12, 8 Referido a Deus (cf **11,** 9), e referido ó profeta (cf v 6).
12, 10 Referido a Deus, os pastores son os reis "caldeos"; referido ó profeta, son os pastores de rabaños que, durante os primeiros anos, pastan as viñas e eidos ermos da partilla de Xeremías. *Parte*, no senso de partilla.
12, 14 A segunda parte é unha glosa, pois rompe o paralelismo poético e o ritmo, ó mesmo tempo que fala da "espada do Señor" nun texto no que é o Señor quen fala.
12, 13 A última frase debe ser glosa, por falta do paralelismo, e por falar "da ira do Señor".
12, 14-17 Este texto encaixa ben co anterior, no que se expresaba que o amor de Deus polo seu pobo é a razón de non castigar de seguida ós malvados; e este mesmo amor de Deus é de onde xorde a promesa salvífica.
12, 14 *Altísimo*: heb. "al", que, coma preposición, non encaixaría aquí, mentres que coma título de Iavé, vai ben ó contexto dun amor que está por enriba da historia e que a dirixe.
13, 1-11 Trátase dun xesto simbólico cunha parte narrativa (vv 1-7), e con outra oracular (vv 8-11). Na parte narrativa, subliñase o feito de cinguirse o profeta coa faixa que non foi mollada (non ten xermes que a fagan podrecer) e o seu podrecemento na beira do Éufrates (onde vivían os deportados de Israel ós que o profeta visitaría para anuncialle-las promesas salvíficas (cf **30,** 31), constatando a súa corrupción. No oráculo explicativo, subliñase en forma quiástica a corrupción de Xudá (quizais primeiro dicía Israel) por mor da súa idolatría (vv 9-10), coa que se pon en contraste o compromiso persoal do Señor co seu pobo (v 11).
13, 1 Hoxe coñecemos ben a duración das faixas de liño non molladas, chegando ata os 6.000 anos.
13, 9 Nun primeiro momento referíase á corrupción dos deportados de Israel; pero ó pó-lo texto neste contexto de confabulación dos parentes e veciños de Anatot, cambiouse Israel por Xudá, e, o que era un oráculo de acusación pasou a ser un oráculo de castigo (v 9), seguido dun de acusación.

ⁱ⁰Este pobo malvado que non querescoita-las miñas palabras,
que se comporta segundo os antollos do seu corazón,
e que vai tras deuses alleos para lles dar culto e os adorar,
será coma esa faixa que xa non serve para nada.
¹¹Así como a faixa cingue os cadrís, así quixen eu cinguirme de Israel e coa casa toda de Xudá, de xeito que fose o meu pobo, o meu renome, a causa da miña louvanza e da miña gloria; pero non me fixeron caso.

Os dirixentes son pelexos cheos da ira do Señor

¹²Haslles anunciar este oráculo:
—Así fala o Señor, o Deus de Israel: "Tódolos pelexos han de se encher de viño". E responderanche: "¿Acaso non o sabemos de abondo, que tódolos pelexos se han encher de viño?". ¹³Ti responderaslles: "Así fala o Señor:
Ollade: eu estou enchendo de viño da borracheira
a tódolos habitantes deste país:
ós reis, sucesores de David, que sentan no seu trono;
ós sacerdotes e ós profetas,
e mais a tódolos habitantes de Xerusalén.
¹⁴Hei facer que os escachicen,
cada un contra o seu irmán,
os pais e mailos fillos volveranse agresivos
—é o Señor quen fala—,
xa non teño compaixón nin sinto lástima nin me compadezo de acabar con eles".

Exhortación á debida adoración ó Señor, baixo a ameaza do desterro

¹⁵Oíde, escoitade, non sexades soberbios,
que é o Señor quen fala:
¹⁶Dádelle ó Señor, o voso Deus, a debida adoración,
antes de que apareza a escuridade,
antes de que tropecen os vosos pés contra os montes das sombras;
vós esperades con ansia a luz do nacente,
e velaí a escuridade mortífera que se volve espesa nube.
¹⁷Se non lle facedes caso, eu chorarei ás agachadas,
por causa da vosa soberbia correrán as miñas bágoas,
bágoas baixarán dos meus ollos,
xa que vai cativo o rabaño do Señor.

Exhortación ó rei e á raíña nai

¹⁸Dilles ó rei e á raíña:
—Humilládevos, sentádevos no chan,
pois está caendo das vosas cabezas
a coroa da vosa gloria.
¹⁹As cidades do sur están pechadas xa,
e non hai quen as abra;
levan a Xudá ó desterro, a todo el,
depórtano en masa.

Interpretacións teolóxicas da historia daquel momento

²⁰Levanta os teus ollos,
olla para os que veñen do norte.
¿Onde están as ovellas que se che deron,
o rabaño da túa gloria?

13, 11 *Renome:* lit. o Nome, isto é, a forma de expresión do poder salvífico e bendicente de Deus.
13, 12-14 Temos de novo un xesto simbólico, consistente en feitos que non realiza o profeta, senón outra xente (algún bodegueiro de Xerusalén), ó encher ben os pelexos do viño. Na resposta oracular (vv 13-14), os pelexos son as clases dirixentes de Xerusalén; o viño da borracheira da que o Señor os enche é a ira de Deus, que provoca neles agresións, mesmo entre pais e fillos. Deste xeito, o oráculo é un oráculo de castigo.
13, 15-17 Trátase dunha exhortación á conversión ó Señor, reforzada por un anuncio de castigo, primeiro en imaxes simbólico-míticas (v 16), e logo en linguaxe directa (v 17b). A súa data está preto do ano 598.
13, 16 *Adoración:* heb. "kabod", que aquí non ten sentido de gloria, nin de riqueza, senón de adoración, que inclúe a fe e a conversión.
Montes das sombras: lit. "montes do serán", nos que primeiro hai sombras, que no texto que segue se volverán sinal das sombras do Xeol e do reino de Mot (= Morte), as sombras mortíferas.
13, 17 As *bágoas* do profeta son sinal dunha forte calamidade (a cativitade) que está para vir.
13, 18-19 No mesmo contexto e data o profeta exhorta ó rei e á raíña nai á conversión, ameazándoos coa perda da coroa e co desterro. O rei debe ser Ioaquín, fillo de Ioaquim; e a súa nai é Guebirah Nehuxtá.
13, 18 *Sentarse no chan* era rito de liturxia penitencial ou de lamentación colectiva.
13, 19 A referencia ás cidades do Sur, collidas polos edomitas desde o ano 602, é sinal da proximidade ó desterro de Xudá.
13, 20 Os imperativos están en feminino, o que supón que o profeta se dirixe a Xerusalén, personificada nunha muller-raíña pola referencia ás ovellas. *As ovellas* son a xente do pobo, que, como tropa vasalo de Exipto, debeu participar na batalla de Kárkemix.
13, 20-27 Estes vv están formados por dúas unidades: 20-22 e 25-27. Ofrecen a interpretación teolóxica dunha situación histórica á luz da doutra xa pasada, coa súa correspondente acusación (vv 20-22a) e tipificación da acusación (vv 22b-27b). Os vv 23-24 recollen un oráculo de xuízo de castigo, posterior ó primeiro texto, que o actualiza para un momento histórico distinto.
Este texto debe referirse á batalla de Kárkemix (no ano 605), na que Nabucodonosor acaba co poder do faraón Nekó en Asia. O profeta recorda o perigo que vén do norte, e ve este perigo á luz do forte imposto que o fa-

XEREMÍAS

²¹¿Que dirás cando che pidan contas das
  túas débedas?
Ti xa lles ensináche-la túa débeda:
  dúas mil moedas por cabeza.
¿Acaso non che van quita-los rabaños?
¿Como é que te desesperas
  por culpa da débeda?
²²¿E como é que non pensas
  para os teus adentros:
"Por que berran estes comigo"?
Polos teus moitos pecados
  levántanche as faldas,
  tratan con violencia os teus calcañares.
²³¿Poderá cambia-la súa pel o etíope?
O leopardo ¿poderá cambia-la súa pelaxe
  pintada?
O mesmo vós, ¿seredes capaces de obrar
  ben, estando afeitos á ruindade?
²⁴Pois eu esparexereinos coma a palla,
  que desaparece co vento do deserto.
²⁵Ésta será a túa sorte,
  a paga que recibes da miña parte polas
    túas mans —é o Señor quen fala—.
A ti que me deixaches a min a un lado
  e confiaches na mentira,
²⁶tamén eu che levantarei
  as faldas ata a túa cara,
  para que se vexan as túas vergonzas,
²⁷os teus adulterios,
  os teus rinchos de luxuria,
  os proxectos da túa fornicación.
Nos outeiros do campo
  vin as túas abominacións.
¡Ai de ti, Xerusalén,
  que non queres purificarte!
¡Apúra-la túa morte eterna!

A gran seca

14 ¹Palabras do Señor que lle viñeron a Xeremías acerca do asunto da seca:

Súplica de lamentación colectiva

²Xudá morre de sede,
  os gardas das súas portas están
    esmorecidos,
  viven entre escuridades no país,
  soben os clamores de Xerusalén.
³Os máis grandes de entre eles mandan ós
  seus rapaces por auga,
  van ata os pozos, non atopan auga,
  traen de volta as suas olas baleiras,
  están avergonzados e confundidos,
  pola burla cobren a cabeza.
⁴Cando se atravesan as terras,
  estas son algo terrible,
  pois non hai chuvia no país.
Están avergonzados os labregos que
  labraron,
  cobren a cabeza.
⁵Velaquí que tamén a corza pariu na
  camposa
  e deixou abandonada a súa cría,
  pois non hai herba verde.

---

raón Nekó impuxera a Xudá. Pero o castigo será moi superior: vanlle quita-lo *rabaño*, o pobo (v 21c), nos tempos de Ioaquín.

13, 21 *As túas débedas:* heb. "al", na acepción de débeda, como en ugarítico, posto como preposición non encaixa. Estas débedas refírense ás posibilidades económicas de pago de tributo de Xudá, pois, segundo 2 Re **23**, 33, pagaron os 605 a Nekó, 100 talentos de prata e 10 talentos de ouro, o que dá unha cifra de 2.000 siclos por cabeza de familia entre os terratenentes.

13, 22 O texto acaba cunha interpretación teolóxica destes tratados de paz humillantes, pois as faldas levantadas e os calcañares descubertos son símbolos das alianzas humillantes e vergonzosas.

13, 23-24 Estes vv constitúen unha acusación de impenitencia, subliñada coas interrogacións (v 23) e cun anuncio de castigo (v 24). O texto pasa da 2.ª persoa fem. sing. á 2.ª de plural masculino, referíndose ó pobo, para seguir nos vv 25-27 coa 2.ª sing. fem. Por isto, e por tratarse dun xénero literario completo —oráculo de xuízo de castigo—, débense considera-los vv 24-29 como unha inserción do tempo inmediatamente anterior ó exilio.

13, 25-27 Estes vv foron continuación do v 22 (cf "as faldas", no v 22 e 26), sendo unha tipificación do castigo e da acusación do v 22; pero, ó enxertárselle-los vv 23-24, resultaron unha tipificación destes vv, isto é, do anuncio de castigo do exilio pola impenitencia. O v 27c é un Ai de acusación, que enfatiza a función de chamada á conversión, que contén os oráculos de xuízo de castigo que preceden.

13, 26 A nudez era para o semita unha deshonra, e expresión da sumisión do escravo ó señor.

14, 1-15, 4 Toda esta unidade está organizada arredor de dúas súplicas de lamentación con motivo da seca: **14**, 2-9 e **14**, 17-22. A primeira ten dobre resposta: para o pobo, un anuncio de castigo (v 10); e para o profeta, a prohibición de interceder polo pobo, para o que se anuncian novos castigos (vv 11-12). Xeremías consulta o Iavé (v 13) sobre a mensaxe dos profetas oficiais do culto, contra os que dirixiu o discurso á porta do templo (**7**, 1ss), recibindo un oráculo de xuízo de castigo contra eles e contra o pobo (vv 14-16). A segunda súplica de lamentación colectiva, feita polo profeta, non fala da seca, senón da conseguinte fame (vv 17-22), e ten como remate o rexeitamento absoluto de toda intercesión polo pobo (**15**,1), e un oráculo de castigo para o pobo (v 15).

14, 2-9 Á súplica consta, como nos salmos de lamentación colectiva, a) dunha parte descritiva (vv 2-6); b) dunha confesión dos propios pecados, xunto coa expresión de confianza no poder de Iavé, baseada na alianza (vv 7-9a); e c) dunha súplica directa (vv 7 e 9b).

14, 3 *Cubri-la cabeza* era sinal de dó, pois a barba e o cabelo longo eran sinais da dignidade da persoa, que no dó se esconde.

⁶Os burros do monte páranse nos altos,
ventan o aire coma os chacais,
teñen os ollos cansos,
pois non hai herba verde.
⁷As nosas iniquidades falan contra nós;
Señor, actúa por mor do teu Nome;
certo que son moitas as nosas
   perversidades,
ofendémoste a ti, ⁸Esperanza de Israel,
Saúde no momento da angustia.
¿Por que es ti coma un forasteiro no país,
coma o que vai de viaxe e se aparta do
   camiño para pasa-la noite?
⁹¿Por que es coma un que se retira,
coma un soldado que non é capaz de
   salvar?
Pero ti, Señor, estás entre nós,
e o teu Nome invócase sobre nós,
non nos abandones.

Resposta divina para o pobo

¹⁰O Señor respóndelle así a este pobo:
—¡Ben que lles gustou ir en romaría,
non lles aforraron traballos ás pernas!
Pero o Señor non os ollou con amor.
Agora acórdase das súas iniquidades,
pídelles contas dos seus pecados.
¹¹E o Señor díxome a min:

Resposta divina ó profeta

—Non intercedas por este pobo para o seu
ben,
¹²aínda que xexúen,
non serei eu quen escoite a súa clamorosa
súplica;
aínda que ofrezan holocaustos e ofrendas,
non serei eu quen se lles mostre favorable,
senón que acabarei con eles pola espada,
a fame e a peste.
¹³E eu repuxen:

Consulta de Xeremías acerca da mensaxe dos falsos profetas

—¡Ai, meu Señor Iavé!
Velaquí o que lles anuncian os profetas:
Non habedes ve-la espada, nin pasaredes
fame,
é a paz o que vos hei dar neste lugar santo.
¹⁴Volveume dici-lo Señor:

Resposta divina contra os falsos profetas e o pobo

—É mentira o que os profetas profetizan
no meu Nome:
Eu nin os mandei, nin lles dei ordes,
nin lles falei;
o que eles lles profetizan son falsas visións
e adiviñanzas,
ouveos e pantasmas da súa mente.
¹⁵Por isto, así fala o Señor Altísimo:
—Os profetas que profetizan no meu
   Nome,
sen que eu os teña mandado,
os que din: "nin espada nin fame haberá
neste país",
eses profetas pola espada e pola fame acabarán.
¹⁶E o pobo ó que eles profetizan,
xacerá pisado nas rúas de Xerusalén,
por causa da fame e da espada,
e non terán quen lles dea sepultura
a eles, ás súas mulleres, ós seus fillos e ás
súas fillas;
deste xeito farei vir sobre eles a súa ruindade.

Nova súplica de lamentación colectiva

¹⁷Proclámalles este oráculo:
—Os meus ollos chorrean bágoas,
¡de día e de noite moito choran!
pois a Mociña, a filla do meu pobo,
arruinouse cun enorme desastre,
está completamente deshonrada cunha
   grande ferida.
¹⁸Saio ó campo e velaquí:
asasinados a espada;
entro na cidade e velaquí:
esmorecidos coa fame.
Olla para o sacerdote e para o profeta:
andan á deriva polo país e nin conta se
dan.
¹⁹¿Refugaches definitivamente a Xudá?
¿Tes noxo de Sión?
¿Por que nos feriches e non hai remedio
   para nós?
¿Por que se está á espera da paz, e non
hai cousa boa,
e no momento do remedio se presenta o
   terror?

14, 10 *As romarías*. As festas de romaría non lle agradaron ó Señor, por non ser expresión da conversión do pobo. *Acordarse Deus das iniquidades*, equivale a castigalas.
14, 11 A intercesión é unha das funcións propias do home de Deus, o profeta; e o prohibirlle o Señor esta función supón un castigo irrevocable para o pobo (cf nota a **7**, 16-20).
14, 14 *Ouveos*: refírese ás expresións e clamores inintelixibles dos profetas cúlticos na súa éxtase.
14, 15 Altísimo: heb. "al" , que aquí non tería senso coma preposición.
14, 16 Sobre a falta de sepultura, cf nota a **7**, 33.
14, 17 *Deshonrada cunha grande ferida*. Outra posible interpretación sería: "cunha ferida, herdanza desde antigo".

²⁰Señor, recoñecémo-la nosa impiedade,
a iniquidade dos nosos devanceiros,
pois temos pecado contra ti.
²¹Por mor do teu Nome, non rexeites,
non trates a golpes o trono da túa gloria;
fai memoria e non rómpa-la túa alianza
connosco.
²²¿Acaso hai entre os deuses inútiles dos
pagáns algún que poida da-la chuvia?
¿Acaso é o ceo quen dá as chuvias
benfeitoras?
¿Acaso non es ti, o Señor, noso Deus?
En ti poñémo-la nosa esperanza,
pois ti sempre nos deches todo isto.

Resposta final do Señor

15 ¹Díxome o Señor:
—Aínda que Moisés e Samuel
intercedesen ante min,
eu non estaría por este pobo.
Bótaos fóra da miña presencia, que se
vaian.
²E se che preguntan: "¿A onde imos?",
dilles:
Así fala o Señor:
o que está destinado á morte irá á morte,
o que está destinado á espada, irá á
espada,
o que está destinado á fame, irá á fame;
o que está destinado á catividade, irá á
catividade.
³Póñolles de verdugos para eles catro
tipos de castigo —é o Señor quen
fala—:
A espada para matar,
os cans para arrastrar polo chan,
os paxaros do ceo e os animais de
debaixo da terra
para devorar e destruír.
⁴Heinos converter en algo que faga
estremecer tódolos reinos da terra,
por causa de Menaxés, fillo de Ezequías,
rei de Xudá,
polo que el fixo en Xerusalén.

Interpretación profética da capitulación do 598/7

⁵Olla, Xerusalén, ¿quen vai ter compaixón
de ti?
¿Quen te consolará?
¿Quen fará unha viaxe para preguntarche
como vas?
⁶Ti refugáchesme a min
—é o Señor quen fala—,
recuaches para atrás;
e eu estendín a miña man contra ti para
destruírte,
estaba canso de ter compaixón.
⁷Erguinos coma o trigo coa forquita da
limpa, nas portas da capital;
deixei sen fillos e destruín o meu pobo,
pois do seu comportamento non se
arrepentían.
⁸Multipliquei as súas viúvas
máis cá area do mar,
fixen vir sobre eles a débeda de súa nai,
o soldado que destrúe ó mediodía.
Fixen caer de repente sobre elas
a súa débeda,
o pavor e mailo terror.
⁹Desfaleceu a que podía parir sete veces,
expirou a súa vida;
púxose o sol para os seus días,
morreu de vergonza e confusión.
E o resto deles heino entregar á espada,
na presencia dos seus inimigos —é o
Señor quen fala—.

Crise vocacional do profeta. Oración e confirmación na súa vocación

¹⁰¡Ai de min, miña nai tróuxome ó mundo
para ser home de preitos,

15, 3 *De debaixo da terra,* pois o termo "ares" ten aquí senso de "o que está debaixo da superficie da terra".
15, 4 A idolatría de Menaxés foi proverbial neste período histórico (cf 2 Re **21,** 11-16; **23,** 26-27; **24,** 4).
15, 5-9 Neste texto aparecen os verbos en primeira persoa referidos a castigos divinos do pasado. Soamente no v 9c aparece un verbo de castigo en futuro: por isto habemos de considera-lo texto unha interpretación teolóxica dos acontecementos do ano 598/7, pois aínda queda un resto que o Señor entregará á espada. Esta interpretación profética serve de dato de cumprimento de boa parte das profecías anteriores, ó mesmo tempo que nos dá a razón histórica das confesións de Xeremías: todos o maldín porque, ó anuncia-los castigos, estes cúmprense.
15, 5 Estes *quen* refírense ás nacións coas que fixo Xudá alianzas. *¿Como vas?,* lit. "paz contigo ou para ti", a fórmula habitual de saúdo.
15, 6 *Recuaches para atrás:* refuga-lo Señor foi algo prexudicial para o pobo, como é malo ir para atrás en vez de adiantar.
15, 7 A imaxe da limpa do gran (trigo, centeo ou cebada) está polo xuízo de castigo divino, co que se purifica o pobo, volvendo á fe en Iavé.
Capital: o vocábulo hebreo "eres" refírese aquí a Xerusalén coma capital e non ó país, pois a limpa do gran facíase fóra das portas da cidade.
15, 8 *A débeda de súa nai:* refírese ós pecados dos antepasados da cidade, os pecados de Menaxés (cf v 4). Compárase no paralelismo a débeda co seu castigo = o soldado que destrúe durante a forza do día.
15, 9 *Sete veces:* moitas veces, un número cumprido de veces, pois o sete indica plenitude.

home de litixios contra todo o país!
Nin prestei nin me prestaron,
pero todos eles me maldín.
¹¹Pois falan: "Señor, ¡eu sírvote fielmente,
eu non te ofendo!:
a calamidade encherá de terror o
inimigo, invadirao a angustia".
¹²Pero acaso ¿vai quebra-lo ferro, o ferro
que vén do norte, ou o bronce?
¹³As túas posesións e mailos teus tesouros
dounos ó saqueo,
dounos de balde, por culpa de tódolos
teus pecados en tódalas túas
montañas.
¹⁴Eu fareite pasar ó poder dos teus
inimigos,
a un país que ti non coñeces,
pois o lume inflamou a miña ira,
pola vosa causa segue ardendo.
¹⁵Ti ben o sabes:
Señor, lémbrate de min e faime xustiza,
víngame dos que me perseguen.
Revístete da túa paciencia, cólleme coma
cousa túa,
sabe que eu por ti aguanto inxurias.
¹⁶Cando había palabras túas, eu
devorábaas,
as túas palabras eran para min unha
alegría,
e a ledicia do meu corazón;
olla que Ti mesmo invocáche-lo teu
Nome sobre min,
Señor Deus dos Exércitos.
¹⁷Eu non me sentei na xuntanza dos que o
pasan ben nin me alegrei,
senón que, pola presencia do teu poder,
sentei senlleiro, pois enchérasme da túa
ira.
¹⁸¿Por que se volve crónica a miña dor?
¿E por que a miña dorosa ferida se resiste
a curar?
A ferida si que se volveu para min coma
un regueiro enganoso,
coma a auga que non é segura.
¹⁹Por isto así fala o Señor:
—Se volves, eu fareite volver a min,
estarás comigo na miña presencia;
se apárta-lo que é correcto do que é
baixo,
ti sera-la miña boca.
Que volvan eles a ti, pero ti non volvas a
eles.
²⁰Eu constitúote a ti en muralla de bronce
indestructible para este pobo:
loitarán contra ti pero non te
poderán.
Eu estou contigo para salvarte e librarte
—é o Señor quen fala—.
²¹Heite librar das mans dos malvados,
heite rescatar do puño dos opresores.

A vida do profeta é sinal do castigo

16 ¹Recibín a palabra do Señor, que me dixo:
²—Non cases con muller deste lugar,
nin teñas fillos nin fillas neste lugar,
³porque deste xeito lles fala o Señor ós fi-
llos e fillas
nados neste lugar,
ás nais que os pariron, e ós pais que os
enxendraron neste país:
⁴Morrerán da morte máis adoecida,
non serán chorados nin sepultados,
quedarán de esterco na terra,
perecerán a espada e de fame;
os seus cadáveres servirán de comida
ós paxaros do ceo e ós animais de
debaixo da terra.

15, 10-21 O cumprimento dos oráculos de xuízo de castigo, trae a crise da cidade (**15,** 5-9), e, como consecuencia, unha forte crise vocacional para o profeta, pois el, o home da palabra de Deus para o pobo (v 16), vese rexeitado e maldito polo mesmo pobo. O v 10 é un Ai de maldición sobre si mesmo, ó que seguen unhas palabras de declaración de inocencia e fidelidade do pobo, que reclaman o castigo do inimigo (v 11). O v 12 é unha resposta negativa e irónica do profeta a eses que reclaman o castigo do inimigo. Os vv 13-14 son de anuncio de castigo para os xudeus, coa acusación no v 13b. Os vv 11-14 son a expresión do porqué da desgracia do profeta. Nos vv 15-18 fai Xeremías unha lamentación individual, composta de súplica, recomendación da súplica (inxurias soportadas polo Señor, amor á súa Palabra, vocación, ledicia do profeta por ser instrumento do poder do Señor que o aílla do pobo e que resulta unha dor e ferida que non cura) e un oráculo do Señor (vv 18-21) confirmando ó profeta na súa misión vocacional.

15, 13 *Montañas.* Están en paralelo cos *pecados.* Nos seus cumes exércese o culto idolátrico.

15, 16 ...*Invocáche-lo teu nome:* lit. "invocouse", un pasivo teolóxico, para mante-la distancia respecto a Deus.

15, 19 *Apartas:* distingues, diferencias.

16, 1-13 Esta sección continúa o paralelismo entre a sorte de Xerusalén (**15,** 5-9) e a sorte do profeta (**15,** 10-21), mediante tres prohibicións estrañas: a de casar e ter fillos (v 2), a de participar no dó fúnebre (v 5) e a de entrar na taberna (v 8). Estas prohibicións, por mor dos oráculos de castigo que as explican, converten a persoa do profeta en sinal do castigo que o Señor vai mandar ó seu pobo (vv 4. 6-7. 9). As tres unidades paralelas conclúen cunhas preguntas do pobo (v 10), ás que o profeta responderá cun oráculo de xuízo de castigo, que consta de acusación (vv 11-12) e de xuízo de castigo (v 13).

16, 4 O oráculo deixa entender que os posibles fillos do profeta serían fillos de maldición, coma os do pobo, e destinados a desaparecer totalmente, por falta dunha sepultura onde acouguen os seus ósos e o seu "rúah".

⁵O Señor fala deste xeito:
—Non entres en casa onde se faga o banquete do enterro,
nin vaias formar parte do dó,
non lles déa-lo pésame,
pois eu retiro deste pobo a miña paz
—é o Señor quen fala—; retiro a miña fidelidade e misericordia.
⁶Morrerán grandes e pequenos neste país,
non se enterrarán nin se fará dó por eles,
non se farán incisións nin raparán o pelo por eles.
⁷Non haberá quen comparta con eles a tristeza,
non haberá quen console por un morto,
non haberá quen lles dea a bebe-la copa da consolación
polo pai ou pola nai.

⁸Ti non entres na taberna para facelos deixar de comer e beber.
⁹Así fala o Señor omnipotente, o Deus de Israel:
—Velaquí que eu estou facendo desaparecer deste lugar,
ós vosos ollos e nos vosos días,
o canto da alegría e as tonadas de ledicia,
o canto do esposo e a voz da esposa.

¹⁰Cando lle anuncies a este pobo todos estes oráculos, hanche dicir:
"¿Por que decretou o Señor contra nós toda esta enorme calamidade?
¿Cal é a nosa culpa? ¿Cal é o noso pecado, o que cometemos contra o Señor, o noso Deus?"
¹¹Ti responderaslles:
"Porque vosos pais me abandonaron a min —é o Señor quen fala—
para iren tras deuses alleos, dándolles culto e adorándoos;
si, abandonáronme a min e non cumpriron a miña lei.

¹²E vós obrastes peor ca vosos pais,
pois cada un de vós segue os apetitos do seu perverso corazón,
sen me facer caso a min.
¹³Por isto heivos botar desta terra para outro país,
que nin coñecedes vós nin vosos pais;
alí adoraredes, día e noite, os deuses alleos,
porque eu non vos concederei favor ningún".

Oráculo salvífico: volta dos desterrados ó país

¹⁴Certo, velaquí veñen os días —é o Señor quen fala—
en que xa non se dirá:
"Vive o Señor, que sacou os israelitas da terra de Exipto".
¹⁵Senón que se dirá:
"Vive o Señor, que sacou os israelitas do país do norte,
e de tódalas terras a onde os dispersara".
E fareinos volver á terra deles,
á terra que lles dei a seus pais.

Purificación do país cos invasores

¹⁶Velaquí, eu mando moitos pescadores,
para que os pesquen —é o Señor quen fala—;
e despois mandarei moitos cazadores,
para que os cacen por tódolos montes e por tódolos outeiros,
e polas fendeduras das penas.
¹⁷Os meus ollos están sobre o seu comportamento,
que non ten reparo da miña presencia,
e a súa iniquidade non se agacha diante dos meus ollos.
¹⁸Saldarei por primeira e segunda vez a súa iniquidade e mailo seu pecado,
porque profanaron a miña terra cos cadáveres das súas abominacións
e coas súas execracións encheron a miña herdanza.

16, 7 *A copa da consolación:* eran copas de licor que os veciños ofrecían ós da casa do morto para levantárlle-lo ánimo: costume que, en diferentes formas, se conserva en toda Europa nos banquetes fúnebres e nos velorios.
16, 8-9 Non será o profeta quen acabe coas ledicias da comida do pobo, senón o Señor, que o fará de xeito máis radical.
16, 13 As referencias ó desterro son abstractas, de xeito que non se pode precisar a que deportación se refiren; non é improbable que aludan á primeira, a do ano 598/7.
16, 14-15 A función deste oráculo salvífico, fóra de lugar, é redaccional, e pretende relativizar no tempo a última frase do v 13. O texto introdúcese coa fórmula de oráculos salvíficos de futuro indeterminado ("velaquí veñen os días"), á que seguirá unha fórmula nova dos xuramentos, coa explicación dos feitos (en 1.ª persona, divina).
16, 14 *Certo* (heb. "laken"). Non é aquí conxunción ("por iso"), senón que neste contexto ten valor enfático.
Vive o Señor... é unha expresión composta da fórmula de xuramento "vive Iavé", maila profesión de fe consignada no primeiro mandamento (cf Ex **20**, 2; Dt **5**, 6).
16, 16-18 Estes vv constitúen a tipificación do anuncio de castigo do v 13, do que se viu separado polo enxerto redaccional dos vv 14-15. O v 18b é unha nova acusación, que fai inclusión literaria coas referencias ó país no v 13.

Himno ó Señor: a corrección dos xentís

¹⁹Señor, ti e-la miña forza e o meu refuxio,
ti e-lo lugar seguro para os días de aflicción.
A ti virán os xentís, desde o cabo da terra
e diranche:
"Lerias son o que herdaron os nosos pais,
deuses vans, que de nada lles servían".
²⁰¿Pode, acaso, o home facer para si os deuses?
Pero estes non son deuses.
²¹Por isto, ollade o que eu lles mostro esta vez:
eu móstrolle-lo meu poder e maila miña forza,
e saberán que o meu nome é "Iavé".

O pecado de Xudá é xa vello, pero será castigado co desterro

17 ¹O pecado de Xudá está escrito cun punteiro de ferro,
cunha punta de diamante está ben gravado na táboa do seu corazón,
e nos cornos dos vosos altares.
²Os fillos lembraranse dos seus altares e das súas estelas,
seguirán correndo polo agro onda as árbores ramudas,
onda os altos outeiros.
³As túas riquezas e tódolos teus tesouros entregareinos ó saqueo;
polo teu pecar, sairás dos teus altos e dos teus lindeiros;
⁴e pola túa propia culpa, sairás da túa herdanza, a que eu che dei.
Fareite servo dos teus inimigos, nun país que non coñecías,
pois o lume encéndese na miña cara,
e arde para sempre.

TEXTOS SAPIENCIAIS

I. A confianza no home e a confianza en Deus

⁵Así fala o Señor:
—Maldito o home que confía no home:
pon a súa forza na carne, e retira do Señor o seu corazón.
⁶Será coma un cardo no ermo, non verá vi-la fartura;
habitará nas pedras do deserto, terra salobre e inhabitable.
⁷Bendito o home que confía en Deus:
a súa esperanza é o Señor.
⁸Será coma unha árbore trasplantada xunto á auga,
que bota as súas raíces para o regueiro;
non notará cando veña a seca,
e a súa follaxe estará frondosa;
nos anos de seca non terá preocupacións,
pois non deixará de dar froito.

II. Soamente Deus coñece as intencións e os sentimentos

⁹O máis persoal e propio de todo é o corazón;
é o máis íntimo: ¿quen o coñecerá?
¹⁰Eu, o Señor, son quen escruto as intencións,
quen examina os sentimentos,
para lle dar a cada un conforme o seu comportamento,
conforme o froito das súas obras.

III. As riquezas inxustas abandonarán o home

¹¹O macho da perdiz choca o ovo que non puxo,
o mesmo é quen xunta riquezas, pero non con xustiza;
á metade da súa vida abandónano, e ó final queda coma un parvo.

16, 19-21 Literariamente este texto é un himno profético, no que se expresa o dinamismo de Iavé como refuxio do aflixido, o que provocará entre os xentís un abandono do paganismo e a conseguinte conversión a Iavé. Non hai razóns suficientes para nega-la autenticidade xeremiana do texto, pois os seus pensamentos son unha vella tradición recollida nos salmos e presente nos deuteronomistas do seu tempo; e, por outra banda, as frases responden ó estilo do profeta (cf **4,** 1-2).

17, 1-4 Trátase dun oráculo de xuízo de castigo en forma poética: a) acusación (vv 1-3a); e b) xuízo de castigo (vv 3b-4), aínda que repetindo a acusación.

17, 1 *A táboa do seu corazón:* as máis íntimas intencións da persoa, que marcan o xeito do seu obrar; se o corazón é a raíz dos plans e pensamentos, compréndese o falar dunha táboa onde estean escritos.

17, 2-3a Referencias ós cultos idolátricos de Baal e Axerah.

17, 4 *Na miña cara:* o vocábulo hebreo ten senso de cara e mais de ira; e o texto reflexa unha cara encarnada pola ira.

17, 5-11 O redactor xuntou tres textos sapienciais en nada alleos ás inquedanzas teolóxicas de Xeremías. Téñanse en conta os seus contactos co Dt e con Os coma herdeiros de sabedoría teolóxica de Israel.

17, 5 *A carne* é, para o semita, a raíz do pracer (en xeral) e mais da debilidade.

17, 10 *Intencións:* lit. "o corazón", sede das intencións. *Os sentimentos:* lit. "os ríles", raíz dos sentimentos humanos. *Comportamento:* lit. "camiño", comportamento moral. Sobre o título divino, cf **11,** 20; **20,** 12; 1 Re **8,** 39; Sal **139,** 23; Rm **8,** 27).

O Señor é a única fonte de esperanza

¹²O trono da gloria é a montaña primordial, o sitio do noso santuario.
¹³Ti, Señor, e-la esperanza de Israel:
tódolos que te abandonan, hanse avergonzar;
a min foime dito que todos estes se han escribir debaixo da terra,
porque deixaron a fonte das augas da vida: o Señor.

Oración de súplica e imprecación

¹⁴Sándame, Señor, e quedarei san,
sálvame e quedarei salvo:
para ti é a miña louvanza.
¹⁵Velaquí que eles me están a dicir:
¿Onde está a palabra do Señor? ¡Que se cumpra!
¹⁶Pero eu, si, apureime a correr tras de ti por mor da desgracia,
eu desexei para min días tranquilos.
Ti sábelo ben:
a manifestación dos meus labios está ante a túa cara.
¹⁷Non me deas un susto,
ti, o meu amparo no día da desgracia.
¹⁸Que se avergoncen os que me perseguen, e non me avergonce eu,
que se empavorezan eles e non me empavoreza eu.
Fai que veña contra eles o día da desgracia,
quebrántaos con dobre quebranto.

Garda-lo descanso sabático é condición para a salvación de Xudá

¹⁹O Señor faloume deste xeito:
—Vai e ponte na porta dos Fillos do pobo, por onde entran e saen os reis de Xudá, e en tódalas portas de Xerusalén. ²⁰Dilles: Escoitade a palabra do Señor, reis de Xudá, todo Xudá, e tódolos habitantes de Xerusalén que entrades por estas portas. ²¹Así fala o Señor: Pola vosa vida, gardádevos de levar cargas no sábado e de metelas polas portas de Xerusalén. ²²Non saquedes cargas das vosas casas o sábado, nin fagades ningún traballo; máis ben santificade o día do sábado conforme lles mandei ós vosos pais. ²³Pero non escoitaron nin prestaron atención, senón que endureceron a súa testa, obstináronse na desobediencia e en non aprender.

²⁴En cambio se me facedes caso —é o Señor quen fala—, non metendo cargas polas portas desta cidade no sábado, e santificando o sábado sen facer durante el ningún traballo, ²⁵entón entrarán polas portas desta cidade os reis e príncipes, que sentan no trono de David, montados en carros e cabalos, acompañados dos seus oficiais, e maila xente de Xudá e os habitantes de Xerusalén; e esta cidade durará para sempre. ²⁶Virán das cidades de Xudá e dos arredores de Xerusalén, da terra de Benxamín, da Xefelah, da Montaña e do Négueb, traendo holocaustos, sacrificios, ofrendas e incenso, e eles serán os que ofrezan a acción de gracias no templo do Señor. ²⁷Pero se non me facedes caso nisto de santifica-lo sábado e de non levar cargas e metelas polas portas de Xerusalén en sábado, entón prendereilles lume ás portas de Xerusalén, lume que consumirá os seus palacios e non se apagará.

Parábola do oleiro

18 ¹Esta é a orde que recibiu Xeremías da parte do Señor:

17, 12-13 Estes dous vv constitúen un pequeno himno á realeza (trono) de Iavé no templo de Xerusalén, onde é fonte de vida para os que nel confían. Este tema encaixa ben coa oración de lamentación individual que segue.
17, 13 Os que abandonan o Señor pertencen ó reino de Mot (Morte) e do Xeol ("eres" ten aquí este sentido), non ó reino de Iavé, o Deus da vida, simbolizado nas augas da vida.
17, 14-18 Este texto ten as características dos salmos de lamentación individual dun perseguido. O ambiente vital vénlle preparado polos vv 12-13.
17, 14 *Para ti é a miña louvanza:* lit. "ti es (o obxecto de) a miña louvanza".
17,16 *Si:* lémo-lo hebreo "la" (= afirmativo), pois a vocalización masorética (= negación) vai contra o contido dos vv 17s.
Días tranquilos: o mesmo termo que traducimos no v 9 por íntimo e familiar.
17, 19-27 Este discurso preséntase con rasgos autobiográficos, e libre das tensións de finais do século VII e comezos do VI. Por isto, e polo estilo, semellante ó dos discursos do Dt, debe situarse no ambiente histórico de colaboración do profeta na reforma de Ioxías (vv 25-26). O texto vai ben co contexto anterior, no que se subliña a esperanza posta en Iavé; e a observancia do sábado é expresión de fe no poder de Iavé (cf vv 13.17).
18, 1-20, 18 Estes tres cc. constitúen un bloque redaccional, con dúas partes en paralelo: **18**, 1-23 e **19**, 1-20, que comezan por relatos biográficos con contido significativo (parabólico ou de xesto simbólico), ós que seguen os correspondentes oráculos de xuízo de castigo, explicativos. As dúas partes acaban con atentados contra o profeta, en vez de oracións de lamentación individual. Na segunda delas (**20**, 14-18), atopamos, máis ben ca unha lamentación individual, unha maldición da propia sorte de Xeremías, que ademais é todo un símbolo da situación desastrosa que cae sobre Xerusalén, pois en **20**, 4-5, acaba de anuncia-la deportación da Babilonia.

²—Anda, baixa ó taller do oleiro, pois alí che comunicarei as miñas palabras. ³Eu baixei ó taller do oleiro e vin que estaba no torno co seu traballo. ⁴Cando ó oleiro lle saía mal o cacharro que estaba facendo, co barro que tiña na súa man transformábao noutro cacharro distinto, segundo lle parecía que o barro servía mellor. ⁵Veume de novo a palabra do Señor nestes termos: ⁶—¿Acaso non serei eu capaz de facervos a vós, casa de Israel, como fai este oleiro? —é o Señor quen fala—. Como está o barro na man do oleiro, así estades vós na miña man, casa de Israel. ⁷De pronto falo contra un pobo e contra un reino, de arrincalo, arrasalo e destruílo; ⁸pero, se este pobo contra quen eu falei se volve da súa iniquidade, eu arrepíntome do mal que pensei facerlle. ⁹E de repente fálolle ó pobo e ó reino de edificalo e plantalo. ¹⁰Pero se comete a iniquidade ós meus ollos, non facendo caso da miña chamada, entón arrepíntome do ben con que falei de o favorecer. ¹¹E agora fálolles ós xudeus e ós veciños de Xerusalén:
Así fala o Señor:
—Ollade, eu son o oleiro e estou dándolle forma a un desastre contra vós,
estou maquinando algo contra vós.
Volvédevos, por favor, cada un do seu camiño de maldade,
mellorade o voso comportamento e as vosas obras.
¹²Pero eles din: —¡Fóra! Seguirémo-las nosas ideas,
cada un de nós obrará conforme o seu corazón obstinado na maldade.

Comportamento relixioso e castigo

¹³Por iso, así fala o Señor:
—Preguntádelles ós pagáns: ¿quen oíu tales cousas coma estas?
Vergonzosamente se espiu a virxe de Israel.
¹⁴¿Deixa o Poderoso de ser Rocha?
¿Deixa a neve o Líbano?
¿Minguan as augas alleas? ¿Minguan as fontes que corren?
¹⁵¡Como se esquece de min o meu pobo,
como ofrece incenso a Nada,
como tropeza nos seus camiños,
para camiñar por corredoiras, por carreiros sen construír,
¹⁶convertendo así a súa terra nunha desolación,
nun noxo para sempre!
Todo o que a atravese quedará pasmado,
daralle á cabeza para un lado e para outro.
¹⁷Coma cun aire soán heinos esparexer na presencia dos inimigos;
veréille-las costas, non a cara, o día da súa desgracia.

Atentado contra Xeremías, lamentación e imprecación

¹⁸Eles dixeron:
—Ollade, tramemos plans contra Xeremías,
pois a Lei non lle faltará ó sacerdote, nin o consello lle faltará ó sabio,
nin a palabra ó profeta;
vinde, castiguémolo pola súa lingua,
e non fagamos caso das súas verbas.
¹⁹—Aténdeme, Señor,
escoita a voz dos meus inimigos.

18, 1-12 Constan dun relato biográfico: a visita á olería do oleiro e a observación do seu traballo (vv 2-4), e un oráculo no que, ó xeito dunha parábola, se salienta a importancia do comportamento do pobo (barro) para a realización dos plans de Deus (vv 5-10); acábase nos vv 11-12, coa aplicación da parábola á situación concreta: plan de Deus de castiga-lo seu pobo, do que o pobo se podería librar polo seu comportamento, se quixese.
18, 4 Quen decide o destino do barro é o seu comportamento nas mans do oleiro. Paralelamente o dominio de Deus sobre o seu pobo depende da resposta do pobo mesmo.
18, 12 *Corazón obstinado:* lit. "a firmeza do seu corazón malo".
18, 13-17 Este texto é literariamente un oráculo de xuízo de castigo, no que a acusación dos vv 13-15 alude á idolatría e cambio de relixión, que se presenta como algo innatural, e se enfatiza coas interrogacións. O anuncio de castigo xa está presente en parte nos vv 16 e 17.

18, 13 *Espiu:* alusión ás novas alianzas cos deuses pagáns e ó seu culto naturalista, que incluía xa de antigo a prostitución sagrada.
18, 14 *Rocha:* título de Deus que reflexa a súa protección e a firmeza das súas promesas. *Minguan as augas alleas:* refírese ás augas da chuvia recollidas na cisterna. Todo o v 14 expresa que Deus non deixa de se-lo protector firme do seu pobo, facendo chover, para que teñan auga.
18, 18-23 Esta unidade está composta de prosa poética (v 18) —que nos presenta o atentado contra o profeta por boca dos seus inimigos—, e dunha oración de lamentación individual do perseguido (vv 19-20), seguida dunha oración de imprecación contra os seus inimigos (vv 21-23).
18, 18 A mensaxe do profeta resulta incómoda, e os seus inimigos non ven necesaria a súa presencia entre eles. Os estamentos orientadores do pobo —sacerdotes, sabios e profetas—, neste caso están en contra de Xeremías.

²⁰¿Págase, acaso, mal por ben?
Velaquí que cavaron para min un pozo.
Lémbrate de que estiven ante ti,
para falar ben a favor deles,
para apartar deles o teu noxo.
²¹Por iso, entrega os seus fillos á fame,
fainos desangrar coa forza da espada;
queden as súas mulleres sen fillos e
 viúvas,
sexan os seus homes mortos pola peste,
os seus mozos feridos con espada na
 guerra.
²²Que se oian saír das súas casas os berros,
cando de repente traias contra eles
 bandas de asasinos,
porque cavaron un pozo para collerme
e esconderon alí trampas para os meus
 pés.
²³Pero ti, Señor, coñeces ben tódolos seus
 plans de morte contra min:
non lles perdóe-la súa iniquidade;
o seu pecado non o borres da túa
 presencia.
Sexan eles quen tropecen e caian ante ti;
na hora da túa ira actúa contra eles.

Xeremías, cunha ola na man, vai denuncia-lo culto idolátrico ó Val de Ben Hinnom

19 ¹O Señor falou deste xeito:
—Vai, mércalle unha ola a un oleiro, e toma contigo algún dos vellos do pobo e algún dos vellos sacerdotes. ²Logo saes para o Val de Ben Hinnom, que está onda a porta das Telleiras, e pregoa alí as palabras que eu che direi. ³Dilles: ¡Escoitade a palabra do Señor, reis de Xudá e veciños de Xerusalén! Así fala o Señor dos Exércitos, o Deus de Israel:

"Velaquí que eu estou a traer contra este lugar unha tal desgracia que a quen a oia retumbaranlle os oídos, ⁴xa que me abandonaron a min e volveron estraño este lugar, queimando nel sacrificios a deuses alleos, que nin coñeceron eles nin seus pais nin os reis de Xudá, enchendo este lugar de sangue de inocentes. ⁵Construíron o santuario a Baal para queimar no lume os seus propios fillos en holocausto a Baal, cousa que nin eu lles mandei nin lles dixen nin se me pasou pola cabeza. ⁶Por isto, velaquí veñen os días —é o Señor quen fala— nos que xa non se chamará este lugar o Tófet nin o Val de Ben Hinnom, senón o Val da Morte.

⁷Frustrarei neste lugar o plan de Xudá e de Xerusalén, e fareinos caer coa espada diante dos seus inimigos e nas mans dos que axexan a súa vida; dareinos de comida ós paxaros do ceo e ós bechos da terra.

⁸Converterei esta cidade nunha desolación e nun noxo,
todo o que a atravese quedará pasmado,
sentirá noxo pola aldraxe da súa devastación.

⁹Si, farei que eles coman a carne dos fillos,
e a carne das fillas,
e cada un comerá a carne do seu compañeiro,
por mor do cerco e da estreitez
con que os oprimirán os seus inimigos,
e os que buscan a súa morte".

Xeremías rompe a ola: anuncio de castigo para Xerusalén

¹⁰Logo esnaquiza a ola na presencia dos homes que te seguen,
¹¹e dilles: así fala o Señor dos Exércitos:
"Deste xeito hei de esnaquizar este pobo e esta cidade, o mesmo que se esnaquiza o cacharro do oleiro, que non se pode recompoñer.

Han enterrar en Tófet por falta de sepultura para enterrar.

¹²Do mesmo xeito lles hei facer a esta cidade e ós seus veciños, hei facer desta cidade coma un Tófet.

¹³As casas de Xerusalén e mailos palacios dos reis de Xudá serán coma o Tófet;
inmundas están tódalas casas, onde queimaron incenso nas terrazas a toda a milicia celeste,
e onde verteron libacións a deuses alleos".

18, 20 En ton oracional lémbralle o profeta ó Señor a ingratitude do pobo. *Velaquí...pozo:* aínda que aparece tamén no v 22, non por isto hai que pensar que sexa unha glosa. O pozo é imaxe dunha trampa ou emboscada.
19, 1-9 Aínda que **19,** 1-20, 6 constitúe un relato seguido, por mor da importancia dos oráculos explicativos divídimolo en tres partes: **19,** 1-9, 10-13; **19,** 14-20, 6. A ola comprada a un ancián ou a un vello sacerdote é sinal da destrucción da cidade; lévaa ó lugar dos cultos pagáns para denuncialos (vv 4-5) e para significar que por mor deles será sitiada e caerá a cidade (vv 6-9). Nótese a correspondencia entre o v 5 e o v 9 sobre o tema dos *fillos.*
19, 2 Sobre Tófet e Ben Hinnom, cf notas a **7,** 31-33.
19, 10-13 O esnaquizamento da ola comprada a un dos dirixentes do pobo é un xesto simbólico-profético que anuncia o esnaquizamento do pobo de Xerusalén e de Xudá. A idolatría volve inmundos os lugares, e esta inmundicia móstrase en que é nos cemiterios onde se exerce a idolatría.

Xeremías leva unha tunda: anuncio do exilio de Babilonia

¹⁴Volveu Xeremías do Tófet, a onde o mandou o Señor a profetizar, e parou no adro do templo do Señor a dicirlle a todo o pobo:
¹⁵—Así fala o Señor dos Exércitos, o Deus de Israel:
"Ollade que eu estou facendo vir contra esta cidade e as súas vilas
toda a calamidade que contra ela anunciei,
porque endureceron as súas testas para non facer caso das miñas palabras".

20 ¹Paxhur, fillo de Imer, sacerdote e inspector xefe do templo do Señor, oíu a Xeremías cando profetizaba estes oráculos. ²Paxhur fixo que lle desen unha tunda ó profeta Xeremías e meteuno no cepo que hai no templo do Señor xunto a porta maior de Benxamín. ³Ó día seguinte Paxhur sacou a Xeremías do cepo e entón díxolle Xeremías:
—O Señor non te chama Paxhur, senón Magor Misabib. ⁴Así fala o Señor: "Olla que eu te constitúo en terror para ti e para tódolos teus amigos, que caerán debaixo da espada dos seus inimigos e os teus ollos hano de ver, e entregarei a todo Xudá no poder do rei de Babilonia, que os levará cativos a Babilonia e os matará a espada. ⁵Entregareille tódalas riquezas desta cidade, todo o froito do seu esforzo, tódalas súas cousas aprezadas e tódolos tesouros dos reis de Xudá: entregaréillelos ó poder dos seus inimigos, que os saquearán, roubarán e levarán a Babilonia. ⁶E ti, Paxhur, e tódolos que viven na túa casa iredes á catividade; ti entrarás en Babilonia, onde morrerás e serás enterrado, ti e mais tódolos teus amigos para os que profetizaches en falso".

Lamentación individual: profunda crise do profeta

⁷Señor, seducíchesme e deixeime seducir;
collíchesme e puideches comigo.
Sirvo a cotío de burla;
a destrucción é o meu pan.
⁸Sempre que falo, teño que proclamar:
¡Desastre!;
teño que clamar: ¡Destrucción!
A palabra do Señor volveuse para min
un escarnio, unha burla continua.
⁹Se digo: "Non me vou acordar máis del,
non falarei máis no seu Nome",
entón a súa palabra vólvese coma un
lume abrasador no meu corazón,
un lume prendido nos meus ósos;
fago forza por apagalo, pero non son capaz.
¹⁰Xa estou oíndo a sentencia,
aumenta o terror ó arredor:
"Denunciádeo, denunciémolo".
Tódolos que se fiaban da miña mensaxe de paz,
agardan a miña caída:
"A ver se se deixa seducir: poderemos con el, e vingarémonos del".
¹¹Polo Señor suspiro, como por un forte loitador;
por isto os meus perseguidores caen, non me poden.
Quedarán cubertos de vergonza porque non tiveron éxito,
non deixarán esquecida esta vergonza perpetua.

19, 14-20, 6. Os dous primeiros vv teñen a función de prepara-la escena seguinte, e posiblemente sexan redaccionais. Os vv **20,** 1-2 son o relato do prendemento do profeta, da tunda e da tortura, presentándonos ó autor moral de todo isto: un sacerdote-profeta coa función que despois do exilio terá o sumo sacerdote: por tanto, un home en boas relacións coa monarquía. Nestas experiencias de dor e humillación, o profeta recibe un oráculo, a concreción dos castigos de Xerusalén e Xudá: a deportación a Babilonia, por isto o oráculo de castigo individual a Paxhur. O cambio de nome (v 3) refírese a que Paxhur será causa de terror (o novo nome significa etimolóxicamente "Terror Arredor"), pois coa actitude de apoio en falsas seguridades, acabarán na catividade e na morte violenta, no saqueo do templo e do pazo do rei. É este un exemplo de oráculo de castigo, individual e colectivo ó mesmo tempo.

20, 7-13 Este salmo de lamentación individual, do máis forte e atrevido que contén a Biblia, quizais fose froito das reflexións e sentimentos do profeta na noite que pasou no cepo (v 2). O salmo comeza cunha dorida queixa (vv 7-9) —que ós oídos dun cristián case pode soar a blasfemia—, coa que o profeta se queixa contra Deus por entende-la súa vocación coma un violentamento. Xeremías pensa entón en abandona-lo profetismo, pero, porque está en oración, a palabra de Deus resúltalle algo irresistible (lume abrasador), e os seus plans (= corazón: v 9), coma o seu espírito (= ósos), enardécenselle. No v 12 presenta a crise provocada polos seus mesmos seguidores, que o abandonan. Os vv 11-12 son unha súplica chea de esperanza en Deus. A lamentación individual conclúe cun pequeno canto de louvanza a Deus, sen dúbida despois de recibi-lo oráculo dos vv 3-6.

20, 7 *Seducíchesme:* O mesmo vocábulo serve en Ex **22,** 15 para expresa-la seducción sexual dunha moza, cousa que volve a expresión próxima á blasfemia, pois supón en Deus violencia e engano. O home santo, cando ora, non mide as palabras coma un xurista ou un filósofo, pois a confianza con Deus autoriza estas liberdades.

20, 9 A mesma violencia que vimos no v 7, aparece aquí referida á palabra de Deus, que embarga o corazón (pensamento) e o espírito (ósos) do home que recibe na oración a comunicación divina.

¹²Señor dos Exércitos, que pos a proba o xusto,
que ve-los sentimentos e mailas intencións,
eu hei ver como te vingas deles,
pois a ti encomendei o meu preito.
¹³Cantádelle ó Señor,
louvade o Señor,
pois libra a vida dun pobre do poder dos malvados.

Elexía pola propia sorte

¹⁴¡Maldito o día en que nacín!
¡O día en que me pariu a miña nai non sexa bendito!
¹⁵Maldito o home que lle deu boas novas a meu pai:
"Naceuche un fillo varón". ¡Que alegría lle deu!
¹⁶Oxalá se volvese este home coma as cidades que sen piedade destruíu o Señor;
oxalá oíse berros de mañá e o fragor da loita ó mediodía.
¹⁷¿Por que non me matou cando estaba no ventre?
A miña nai sería a miña sepultura;
o seu ventre, unha preñez para sempre.
¹⁸¿Por que saín do ventre para ver traballos e afliccións?
¿Por que os meus días se consomen na vergonza?

Anuncio da caída de Xerusalén

21 ¹Palabra que da parte do Señor lle veu a Xeremías, cando o rei Sedecías mandou a onda el a Paxhur, fillo de Malaquías, e ó sacerdote Sefanías, fillo de Maseías, para lle dicir:
²—Por favor, consúltalle ó Señor da nosa parte, porque Nabucodonosor, rei de Babilonia, estanos atacando. ¡Quen nos dera que o Señor nos tratase segundo as súas intervencións prodixiosas e o volvese incapaz de nos atacar!
³E Xeremías díxolles:
—A Sedecías transmitídelle isto: ⁴así fala o Señor, Deus de Israel:
"As armas que tendes nas vosas mans e coas que loitades, devólvolas eu ó rei de Babilonia e ós caldeos que vos cercan desde fóra da muralla, e heinas de xuntar no medio desta cidade. ⁵Eu en persoa loitarei contra vós, coa man estendida e con brazo forte, con ira, con noxo e con grande rabia. ⁶Farei feri-los habitantes desta cidade, homes e animais, que morrerán dunha grande peste.
⁷Despois disto —é o Señor quen fala— hei entregar a Sedecías, rei de Xudá, os seus servidores, o pobo, e os que nesta cidade queden con vida da peste, da espada e da fame, heinos de entregar nas mans de Nabucodonosor, rei de Babilonia, nas mans dos seus inimigos, e nas mans dos que atentan contra a súa vida. El pasaraos polo fío da espada, sen piedade, nin respecto, nin compaixón".

Invitación á deserción do pobo sitiado

⁸A este pobo haslle dicir: —Así fala o Señor:
"Vede que poño diante de vós o camiño da vida
e o camiño da morte:
⁹o que siga vivindo nesta cidade morrerá de espada, de fame e de peste; o que saia e se renda ós caldeos, que vos están sitiando, vivirá: así, cando menos, conservará a súa vida como botín.
¹⁰Poño a miña ira nesta cidade para mal e non para ben —é o Señor quen fala— e entrégoa na man do rei de Babilonia, para que a queime con lume".

20, 12 Cf nota a **11,** 20.
20, 13 Esta conclusión dos salmos de lamentación individual con elementos hímnicos supón que antecede un oráculo salvífico, que aquí non pode ser outro có dos vv 3-6; aínda que é un oráculo de castigo para un grupo, debeu te-la súa parte de oráculo salvífico para o profeta.
20, 14-18 Estes vv son unha elexía á propia mala sorte do profeta; non se nos indican as circunstancias nas que o profeta a compuxo. Un cristián, ó ler estes textos, ha de lembrarse de que a revelación é un proceso que acaba na morte e resurrección de Xesús e na súa vida de resucitado na primeira Igrexa; pero pode observar que, ante o problema da dor (aquí moral), o home non maldí a Deus, senón que maldí o seu vivir, Un texto semellante é o de Xob **3.** Sobre a resposta a Xeremías, cf **15,** 19-21.
20, 17 *Unha preñez para sempre:* lit. "empreñado para sempre".

21, 1-7 Este oráculo, coa súa introducción, data do ano 588, durante o asedio de Xerusalén, e colocouse aquí polas referencias a Paxhur, fillo de Malaquías (e non de Imer como en **20,** 1). Os sitiados esperan a axuda de Exipto, que non dá chegado: por isto consultan o profeta (vv 1-2). A resposta (vv 3-7) é un oráculo de castigo, no que non se acusa, senón que simplemente se anuncia o futuro desastroso. Aquí o profeta presenta a caída de Xerusalén coma obra do poder de Iavé (vv 5-7).
21, 8-10 Este oráculo debe considerarse colectivo, aínda que contén un delito de alta traición, confirmado por **38,** 2-4. Aínda máis: o vocábulo "am", do v 8, que traducimos por "pobo", pode ter aquí o senso de "exército", coma noutros lugares. Por outra parte, a elexía de **20,** 14-18 ten que ter unha base moi seria. No fondo a intención deste oráculo é salvífica.

A MONARQUÍA DE XUDÁ

Principais obrigacións da casa real

[11] Ollade, casa do rei de Xudá, escoitade a palabra do Señor:
[12] —Casa de David, así fala o Señor:
"Examinadores, administrade a xustiza, librade o oprimido da man do opresor; se non, a miña ira xurdirá coma lume, queimará e non haberá quen a apague, por mor da maldade dos seus feitos.
[13] Velaquí estou contra ti,
que dominas nos fortes e e-la rocha dos xustos —é o Señor quen fala—:
vós sóde-los que dicides:
¿quen baixará contra nós? ¿Quen entrará nos nosos casais?
[14] Eu castigareivos
conforme o froito das vosas accións
—é o Señor quen fala—.
Prendereille lume ó seu bosque, e o lume consumirá todo no arredor".

22 [1] O Señor díxome isto:
—Baixa ó palacio do rei de Xudá, e proclama alí esta palabra: [2] Dilles:
—Escoita a palabra do Señor, rei de Xudá, que sentas no trono de David, ti, os teus servidores, e o pobo que entra por estas portas. [3] Así fala o Señor:
"Practicade o dereito e maila xustiza, librade o oprimido da man do opresor; non oprimades nin tratedes con violencia o estranxeiro, o orfo e a viúva;
non vertedes sangue inocente neste lugar. [4] Ollade que se de verdade cumprides este precepto, entón poderedes entrar polas portas deste palacio os reis que, despois de David, vos sentades no seu trono, montados en carrozas e en cabalos, acompañado cada un dos seus servos e do seu pobo. [5] Se non facedes caso destas recomendacións, xuro por min mesmo —é o Señor quen fala— que este palacio se converterá nun palacio en ruínas".
[6] Así fala o Señor contra o palacio real de Xudá:
—Ti es para min coma Galaad, coma o cume do Líbano;
pero olla que te vou converter nun deserto,
en cidade deshabitada;
[7] vou consagra-los destructores que virán contra ti,
a cada un e mailo seu armamento:
eles cortarán o mellor dos teus cedros
e botaranos ó lume.
[8] Pasarán diante desta cidade moitos pobos xentís, e cada un diralle ó seu compañeiro: "¿Por que lle fixo isto o Señor a esta gran cidade?". [9] E responderanlles: "Porque abandonou o pacto do Señor, seu Deus, para adorar e dar culto a deuses alleos".

Elexía polo desterro de Xalum

[10] Non choredes por quen está morto,
nin poñades loito por el;
chorade a lágrima viva polo que marcha,
sabede que non volverá outra vez
nin volverá ve-la terra onde naceu.
[11] Pois isto é o que lle di o Señor a Xalum, fillo de Ioxías, rei de Xudá, que sucede a seu pai, Ioxías, no reinado: "O que saíu deste lugar, non volverá aquí outra vez, [12] pois morrerá no lugar a onde o desterraron e non volverá ver esta terra".

21, 11-23, 8 Nesta sección xuntou o redactor unha serie de oráculos individuais ou de grupo, relativos ás funcións rexias, ós reis contemporáneos e ás perspectivas de futuro da monarquía en Xudá. Os textos son de épocas distintas, aínda que o redactor organizou cronoloxicamente os que teñen elementos datables.
21, 11-22, 9 Estes textos serven de introducción a toda a sección, presentando as obrigacións da monarquía, sen personalizar en ningún rei. Consta de dúas unidades: a) **21**, 11-14, en poesía, presenta as súas obrigacións de se-lo medio elixido por Deus para o que o pobo viva fiel á alianza (= Xustiza) e non exista a opresión, cousa que recomenda con ameazas; b) **22**, 1-9, en prosa (excepto os vv 6-7), e con frases máis próximas ó ton exhortativo do Dt.
21, 12 *Por mor da maldade dos seus feitos:* glosa explicativa que falta no texto grego.

21, 13 *Contra ti:* refírese ó colectivo da casa real (= familia do rei), que son oíntes: os fortes, os poderosos.
Rocha dos xustos: tamén é aquí un título da casa real, e significa o que protexe e dá seguridade ós xustos (tamén colectivo).
21, 14 *O bosque:* algúns refíreno ás columnas do palacio real e do templo, pero pode ser unha imaxe para significa-lo rei, os principais responsables, pois está en contraposición con "o arredor", referido ó pobo.
22, 2 *Que sentas:* as funcións rexias simbolízanse no estar sentado no trono.
22, 7 *Consagrar:* aquí ten o sentido de os converter en instrumentos da acción punitiva de Deus.
22, 10-12 Este texto está composto dunha elexía (v 10) e un oráculo de castigo, introducido coas circunstancias históricas (v 12).

Contra Ioaquim

¹³Ai do que construe a súa casa inxustamente,
e as habitacións de arriba inicuamente;
usa coma escravo gratuíto o seu próximo,
a quen para el traballa non lle dá o seu.
¹⁴Este é o que di: "Voume facer unha casa ben grande,
unhas habitacións ben anchas";
alóngalle as súas fiestras, faina de cedro e píntaa de encarnado.
¹⁵¿Acaso vas ser rei por superar ós demais no cedro?
O teu pai ¿acaso non comeu e bebeu?;
practicou o dereito e a xustiza, e por isto lle foi ben.
¹⁶Xulgou a causa do coitado e do pobre e entón foille ben.
¿Non consiste nisto coñecerme a min?
—é o Señor quen fala—.
¹⁷Pero ti non tes ollos nin corazón máis que para a túa tallada;
para o sangue inocente co fin de vertelo,
para a opresión e para a violencia co fin de practicala.
¹⁸Por iso así lle di o Señor a Ioaquim, fillo de Ioxías, rei de Xudá:
—Non chorarán por el: "¡Ai, meu irmán, ai miña irmá!".
Non se lamentarán por el: "¡Ai Señor! ¡Ai, Maxestade!".
¹⁹Enterrarase co enterro dun burro,
será arrastrado e botado fóra das portas de Xerusalén.

Anuncio da caída de Xerusalén antes do ano 598

²⁰Sube ó Líbano e berra, dá gritos en Baxán,
berra desde Abarim, porque esnaquizaron os teus amantes.
²¹Faleiche cando a túa prosperidade, e respondíchesme:
"Non quero escoitar".
Este é o xeito de te comportares desde a túa mocidade:
non escoitáche-la miña voz.
²²O vendaval apacentará a tódolos teus pastores,
e os teus amantes irán á catividade;
entón si que te vas avergonzar,
vaste sentir aldraxada por toda a túa ruindade.
²³Eu habito no Líbano, eu teño o niño nos cedros:
¿como aguantarás cando che veñan as dores
e o retorcéreste coma no parto?

Oráculos e elexía acerca de Ieconías

²⁴Pola miña vida —é o Señor quen fala—
aínda que Ieconías, fillo de Ioaquim, rei de Xudá, fose o anel da miña dereita, si que te sacaría de aí ²⁵e te entregaría nas mans dos que atentan contra a túa vida, nas mans ante as que ti sentes angustia, na man de Nabucodonosor, rei de Babilonia e nas mans dos caldeos. ²⁶Logo botareite a ti e maila túa nai, a que te pariu, a outro país, onde non nacestes, e morreredes alí. ²⁷Pero á terra onde con toda alma anceian volver, nunca volverán.
²⁸Este tal Ieconías ¿é acaso unha vasilla artística desprezable e escacharrada?
¿É unha xerra onde non hai arte?
¿Por que o botaron fóra a el e maila súa descendencia?
¿Por que os afastaron nun país que non coñecían?
²⁹¡Cidade, cidade, cidade, escoita a palabra do Señor!

22, 13-19 O texto consta dun Ai de maldición ou acusación (vv 13-17): refírese ás construccións dos primeiros anos do reinado de Ioaquim, que realizou con prestación persoal obrigatoria para o pobo de Xerusalén. O profeta contrasta esta actitude do rei coa de seu pai Ioxías, rei xusto e celoso da reforma relixiosa, na que colaborou o profeta. A acusación acaba co anuncio de castigo da súa morte sen sepultura. En 2 Cro 36, 6, lese que o levou Nabucodonosor para Babilonia, cargado de cadeas.
22, 20-23 Trátase dunha elexía pola caída de Xerusalén, personificada na figura feminina que o texto hebreo reflexa mellor; a súa presencia nesta sección relativa ós reis de Xudá débese á referencia ós pastores (= reis) do v 22. Pola súa posición entre o oráculo para Ioaquim e o de Ieconías (Ioaquín), a catividade hase de referir á deportación do 597.
22, 20 A subida e os berros queren indica-la proclamación xeral da dor de Xerusalén polo desastre dos seus aliados (lit. "amantes").
22, 22 O *vendaval apacentará*: aquí o vento ten o senso de *vendaval*, que apacentará serándoos sen rumbo.
22, 23 A referencia ó Líbano e ós cedros quere expresa-la seguridade na que confía Xerusalén, o seu carácter de cidade inexpugnable pola súa xeografía e pola presencia do templo. A elexía responde a estes pensamentos da cidade, anunciándolle angustias coma as do parto.

³⁰Así fala o Señor:
—Inscribide este home coma
"sen fillos",
home que na súa vida non ten sorte,
pois non consegue un da súa
descendencia
para que se poida sentar no trono de
David,
para que poida mandar de novo en
Xudá.

Os pastores escorrentan o rabaño, pero o Señor reunirao

23 ¹¡Ai dos pastores que deixan que se perda o rabaño
e que o espantan do meu pasteiro! —é o Señor quen fala—.
²Por isto, así lles fala o Señor, Deus de Israel,
ós pastores que apacentan ó meu pobo:
—Vós espantáde-las miñas ovellas,
escorrentádelas e non coidades delas;
ollade que eu vos pedirei contas da maldade dos vosos feitos —é o Señor quen fala—.
³Eu xuntarei o resto das miñas ovellas,
traéndoo de tódolos países a onde as esparexín,
e fareinas volver ós seus pasteiros,
onde criarán e se multiplicarán.

⁴Para elas constituirei pastores que as apacenten,
de xeito que xa non volvan ter medo, nin se espanten,
nin se perda ningunha —é o Señor quen fala—.

⁵Ollade que chegan os días —é o Señor quen fala—
en que farei abrollar de David un retoño lexítimo,
será rei de verdade e comportarase con prudencia,
administrará o dereito e a xustiza no país.
⁶Desde os seus días Xudá vivirá a salvo,
e Israel vivirá en paz.
O título que se lle dará será este: "O Señor é a nosa xustiza".

⁷Por iso velaí chegan os tempos —é o Señor quen fala—,
cando xa non se dirá: "Vive o Señor, que fixo subi-los fillos de Israel do país de Exipto", ⁸senón: "Vive o Señor, que fixo subir e que trouxo a descendencia da casa de Israel, desde o país do norte e desde tódolos outros países a onde os botara, para que vivan na súa terra".

SECCIÓN ACERCA DOS FALSOS PROFETAS

Os profetas falsos, responsables dos males do país

⁹¡Profeta! Desfáiseme o corazón dentro do peito,
tremen tódolos meus ósos;
estou coma un borracho,
coma un home a quen se lle subiu o viño,
por mor do Señor, por mor dos seus santos preceptos.

22, 30 O oráculo quere expresar, non que non tivo fillos, senón que os seus fillos non terán máis relación con Xudá e non serán reis.
23, 1-8 Os dous primeiros textos deste grupo (vv 1-4 e 5-6), e probablemente o terceiro (vv 7-8), proveñen do tempo do rei Sedecías (anos 597-587). O primeiro está constituído por un oráculo salvífico (vv 3-4), contrastado cun Ai e un oráculo de xuízo de castigo contra os pastores que espantan as ovellas (vv 1-2).
23, 1 *Do meu pasteiro:* o pasteiro vén se-la relixiosidade que leva á fidelidade á alianza, pois é da fidelidade a Iavé —o Deus que "fai ser" e que dá a vida—, de onde provén a vida do seu pobo.
23, 4 O pensamento da persistencia da monarquía davídica, aínda que non é tan capital para Xeremías como para Isaías ou Miqueas, coexiste cos oráculos de castigo contra a monarquía do seu tempo.
23, 5-6 Constitúen un oráculo salvífico e mesiánico, no que se cumprirá o ideal monárquico e será a realización perfecta do que significa o nome do rei reinante Sedecías ("Iavé é a xustiza").
23, 5 *Será rei de verdade:* lit. "un rei será rei", "un rei reinará".
23, 6 *En paz:* na fartura, pois o que el realizará servirá de medio para que Iavé xustifique ó seu pobo.
23, 7-8 Estes vv atópanse literalmente en **16,** 14-15; pero non hai razón válida para excluí-los da autoría de Xeremías.
23, 9-12 Oráculo de xuízo de castigo contra os falsos profetas, ós que se fai responsables dos males do país, e se lles anuncia o fracaso. O v 9 é expresión do celo e obsesión do profeta polo cumprimento dos preceptos de Iavé. A fidelidade a El serve para introduci-la acusación.
23, 9 *Desfáiseme... meus ósos:* o corazón, coma raíz dos pensamentos, e os ósos coma asento do espírito (Ecl **11,** 5) e da enerxía interior do home, tremen e desfanse, o que é sinal da furia interior, coma a dun borracho, que o profeta experimenta polo respecto ó Señor e polo cumprimento dos mandamentos (cf nota a **17,** 10).

¹⁰Velaí o país cheo de adúlteros.
Pola presencia dunha maldición o país
   está reseco,
secan os pasteiros do deserto.
Porque o seu xeito de comportarse é a
   maldade,
e a súa forza é o que non existe.
¹¹Tanto os profetas coma os sacerdotes son
   uns impíos,
mesmo na miña casa atopei a súa
   ruindade —é o Señor quen fala—.
¹²Por iso, o seu camiño converteráselles
   nun escorregadoiro:
serán empurrados ó barranco e caerán
   nel,
pois eu traerei contra eles a
   desgracia,
o ano en que lles pida contas —é o Señor
   quen fala—.

Xuízo contra os profetas de Xerusalén

¹³Nos profetas de Samaría observei unha
   loucura:
profetizaron no nome de Baal
e deste xeito extraviaron o meu pobo,
   Israel.
¹⁴Nos profetas de Xerusalén estou vendo
   algo máis horrible:
quebrantan a súa fe e seguen ós que son
   mentira,
apoian o partido dos malvados,
para que ninguén se volva da súa
   maldade.
Considéroos a todos eles coma a
   Sodoma,
e ós veciños de Xerusalén coma a
   Gomorra.
¹⁵Por iso, así lles fala o Señor dos Exércitos
   ós profetas:
—Vouvos dar asente para comer,
e bágoas para beber,
porque dos profetas de Xerusalén
é de onde sae a irrelixiosidade para todo
   o país.

Exhortación a abandona-los falsos profetas

¹⁶Así fala o Señor dos Exércitos:
—Non lles fagades caso ós profetas que
   vos están profetizando,
son eles os que vos enganan.
Anuncian visións que saen da súa
   cabeza,
non mensaxes da parte do Señor.
¹⁷Repítenlles unha e outra vez ós que
   desprezan a palabra do Señor:
"Teredes fartura",
e a todos cantos seguen a obstinación do
   seu corazón:
"Non vos virá desgracia ningunha".
¹⁸Pois, ¿quen estivo presente no concello
   do Señor,
para percibir e escoita-la súa palabra?
¿Quen puxo atención á súa palabra, para
   lle facer caso?
¹⁹Ollade a tormenta do Señor:
irrompe a calor da súa ira,
arremuíñase a tormenta,
dá voltas sobre a cabeza dos
   malvados.
²⁰Non se retirará a ira do Señor,
ata que poña por obra os plans da súa
   mente e os cumpra.
Soamente ó final destes días caeredes ben
   na conta.
²¹Eu non mandei estes profetas a
   profetizar, pero eles correron;
eu non lles falei, pero eles
   profetizaron.

23, 10 A proliferación da idolatría (lit. "adulterio") trae sobre o país unha maldición con forza de signo: a seca.
23, 11 *Profetas e sacerdotes* aparecen aquí vinculados, o que nos fai pensar nos profetas cúlticos, e en concreto nos profetas oficiais do templo e da monarquía (cf v 15).
23, 13-15 Oráculo de xuízo de castigo.
23, 14 *Quebrantan a súa fe* (lit. "adulteran"): referencia á idolatría. *Os que son mentira:* os ídolos.
Partido, en senso político, referíndose ós que procuran a salvación do país con alianzas políticas.
23, 15 *Bágoas:* lit. "augas da cabeza". As bágoas son amargas (salgadas), física e moralmente, coma o asente.
23, 16-22 Estes vv forman un poema de exhortación ó pobo a deixa-los falsos profetas. O Señor non os mandou nin lles falou, aínda que eles corren a profetizar (v 21); a súa mensaxe non vén de parte de Deus, senón do seu interese (v 16). Non estiveron presentes na asemblea de Iavé cos anxos (v 18), pois se estivesen, afastarían o pobo do seu mal camiño e proclamarían a palabra (mandamento) do Señor (v 22). Anuncian a fartura ós que desprezan a palabra do Señor, cousa imposible segundo a alianza (v 17); pero o castigo do Señor sobre eles descubrirá os verdadeiros plans de Deus (vv 19-20).
23, 16 *Que saen da súa cabeza:* lit. "visións do seu corazón" (cf notas a **17,** 10 e **23,** 9).
23, 18 *Concello do Señor:* é unha imaxe mítica do concello dos deuses, que se conserva na poesía hebrea para significa-las decisións divinas. Nesta asemblea participaban os anxos, e a ela era admitido o profeta na súa experiencia místico-profética.
Súa palabra: non "miña palabra", como traducen outros.
23, 19 O profeta xoga coa imaxe da tormenta que xorde despois da calor, para expresa-la ira de Deus, pois o termo hebreo ten o dobre senso de ira e calor. Traducímo-lo por "a calor da ira".
23, 21 *Mandei* ir. O vocábulo hebreo empregado é o termo técnico da misión profética ou dun embaixador.

²²Se estivesen presentes no meu concello,
faríanlle oír ó meu pobo a miña palabra,
e arredaríano do seu mal camiño,
e da ruindade dos seus feitos.

Oráculo de acusación contra os falsos profetas

²³¿Acaso son eu soamente Deus dos de cerca
—é o Señor quen fala—
e non tamén Deus dos de lonxe?
²⁴¿Acaso non son eu
quen enche o ceo e maila terra?
—é o Señor quen fala—.
²⁵Escoitei o que din eses profetas que profetizan mentiras no meu Nome, cando claman: "Tiven un soño profético, tiven un soño". ²⁶¿Acaso o destino da miña xente está no corazón destes profetas que profetizan a mentira e vaticinan os enganos do seu corazón? ²⁷Estes son os que cos seus soños —que cada un lle conta ó seu veciño— proxectan facer que o meu pobo esqueza o meu Nome, o mesmo que os seus pais esqueceron o meu Nome polo de Baal. ²⁸O profeta que ten un soño, que conte o seu soño; e o que recibe a miña palabra, que a proclame con exactitude.
¿Que ten que ve-la palla co gran? —é o Señor quen fala—.
²⁹O que a miña palabra transmite é coma o lume —é o Señor quen fala—;
é coma o martelo que esnaquiza un penedo.
³⁰Por iso, aquí estou eu —é o Señor quen fala— contra estes profetas que se rouban uns ós outros as miñas palabras. ³¹Aquí estou eu —é o Señor quen fala— contra estes profetas que exercitan a súa lingua para vaticinar oráculos. ³²Aquí estou eu —é o Señor quen fala— contra os profetas de soños mentireiros, que eles contan para extravia-lo meu pobo coas súas mentiras e toladas. Pois nin eu os constituín profetas nin os mandei, nin lles valen absolutamente de nada a este pobo —é o Señor quen fala—.

³³Cando este pobo ou o profeta ou o sacerdote che pregunta: "¿Cal é a carga do Señor?", ti haslles responder: "Vós sóde-la carga, e eu vouvos abandonar" —é o Señor quen fala—. ³⁴Se o profeta ou o sacerdote ou este pobo volven dicir: "a carga do Señor", eu pedireille contas a ese tal e á súa casa. ³⁵Habedes de falar así, cada un co seu veciño ou co seu irmán: "¿Que responde o Señor? ¿Que di o Señor?". ³⁶Non repitades nunca máis "a carga do Señor", porque a carga de cada un de vós será a súa propia palabra para terxiversárde-las palabras do Deus da vida, o Señor todopoderoso, o noso Deus.
³⁷Ó profeta fálalle así: "¿Que che respondeu o Señor? ¿Que che dixo o Señor?".
³⁸Pero se repetides *carga do Señor*, entón, así fala o Señor: "Por dicirdes esta palabra *carga do Señor*, sendo así que eu vos mandei dicir: *Non digades carga do Señor*, ³⁹velaquí que vos hei levantar en peso e arrebolar lonxe da miña presencia a vós e esta cidade que vos dei a vós e a vosos pais, ⁴⁰e hei mandar sobre vós un escarnio e un castigo perpetuo que non se esquecerá".

A visión das dúas cestas de figos: o verdadeiro pobo de Deus é o dos deportados

24 ¹Aparecéuseme o Señor, e vin dous cestos de figos que eran as súas testemuñas diante do templo do Señor. Foi despois de que Nabucodonosor, rei de Babilo-

---

23, 23-32 Nestes vv atopamos un oráculo onde a acusación dos falsos profetas o abrangue todo. Soamente aparece coma anuncio de castigo a fórmula, repetida nos vv 30-32, "aquí estou eu contra os profetas", e seguen novas acusacións. Os vv 23-26 fannos pensar que este oráculo pertence ó tempo de Sedecías, pois xa hai "os de lonxe" e hai "a miña xente". O autor insiste nas diferencias entre a experiencia do verdadeiro profeta-místico, que experimenta o lume purificador e a forza irresistible (martelo...: v 29) da palabra de Deus e os soños dos falsos profetas (v 25.32), que buscan que o pobo se esqueza de Iavé, déstranse en vaticinar oráculos (preocupación literaria), róubanse os oráculos uns ós outros, descoidando a fidelidade á palabra.

3, 26 *O destino da miña xente:* lemos: "od metai", en vez e "ad matai", que non ten senso.

3, 28 ¿*Que ten que ve-la palla co gran?:* proverbio popular, traído para destaca-la importancia do contido sobre forma ou expresión.

23, 33-40 Chámaselle "carga" ó oráculo (v 33), pois os oráculos de Xeremías viñan sendo, desde finais do s. VII, oráculos de castigo.

24, 1-10 Trátase literariamente dunha visión profética con base física: figos que se vendían no mercado do templo. A referencia cronolóxica (v 1b) quere expresa-lo fondo do problema: dúas comunidades sen testemuñas da presencia e acción de Iavé no santuario. No v 3 comezan as preguntas clásicas, que buscan matiza-lo aspecto simbólico da visión que constitúe a base do oráculo. Nos vv 5-10 témo-la clarificación oracular da visión, con dous oráculos paralelos: un salvífico, para os deportados (vv 5-7); e outro de castigo, para Sedecías e para o resto do pobo que quedou en Xudá e en Exipto. A visión é unha resposta teolóxica a un problema dos anos 597-588: ¿quen é o verdadeiro pobo de Deus, herdeiro das promesas e bendicións divinas?

24, 1 *Testemuñas:* os figos diante do templo son testemuñas da presencia e da acción de Iavé.

nia, fixo deportar de Xerusalén a Ieconías, fillo de Ioaquim rei de Xudá, ós principais de Xudá, ós ferreiros e zarralleiros, e os levou a Babilonia. ²Un dos cestos contiña figos mellores cás brevas, e o outro cesto contiña figos tan malos que non se podían comer. ³Entón díxome o Señor:
—¿Que estás vendo, Xeremías?
Repuxen:
—Dúas clases de figos. Os figos bos son moi bos, e os ruíns son tan ruíns que non se poden comer. ⁴Veume entón a palabra do Señor e díxome: ⁵—Así fala o Señor, Deus de Israel: Igual que estes figos son bos,
así tamén eu me preocuparei dos desterrados de Xudá,
que botei deste lugar á terra dos caldeos.
⁶Poñerei neles os meus ollos para o ben,
volvereinos traer a esta terra:
edificareinos, e non os hei destruír;
plantareinos, e non os hei arrincar.
⁷Dareilles corazón para me coñecer:
eu serei o Señor, e eles serán o meu pobo.
Eu serei o seu Deus,
e volverán a min con todo o seu corazón.
⁸Coma estes figos ruíns,
que de tan ruíns non se poden comer
—así fala o Señor—,
igual tratarei eu a Sedecías, rei de Xudá,
ós seus principais e ó resto de Xerusalén,
que quedou neste país,
e ós que viven en Exipto.
⁹Heinos converter en algo arrepiante,
desgraciados ante tódolos reinos da terra,
obxecto de aldraxes e de coplas,
tema de escarnios e maldicións,
en tódolos lugares a onde os dispersei.
¹⁰Mandarei contra eles a espada, a fame e a peste,
ata que desaparezan de sobre a terra,
que lles dei a eles e a seus pais.

Interpretación dos sinais dos tempos: castigo divino por mans dos caldeos

25 ¹O ano cuarto de Ioaquim fillo de Ioxías, rei de Xudá, que foi o ano primeiro de Nabucodonosor, rei de Babilonia, veulle a Xeremías este discurso para todo o pobo. ²O profeta Xeremías anunciuollo a todo o pobo de Xudá e a tódolos veciños de Xerusalén, dicíndolles: ³—Desde o ano trece de Ioxías, fillo de Amón, rei de Xudá, ata hoxe estame vindo a palabra do Señor e véñovos falando, madrugo para falarvos; pero non facedes caso. ⁴O Señor mandóuvo-los seus servos, os profetas, madrugou para mandárvolos; pero non fixestes caso nin prestáste-lo voso oído para escoitar. ⁵Véñovos dicindo: "Volvédevos cada un do seu mal camiño e da ruindade dos vosos feitos e vivide na terra, que desde sempre e para sempre vos deu o Señor a vós e a vosos pais. ⁶Non vos vaiades tras deuses alleos, nin os sirvades e adoredes, nin me enchades de ira coas obras das vosas mans, e deste xeito non vos farei mal". ⁷Pero non me fixestes caso —é o Señor quen fala—, e enchéstesme de ira coas obras das vosas mans, para a vosa desgracia.

⁸Por iso, así fala o Señor dos Exércitos:
—Xa que non fixestes caso da miña palabra, ⁹velaquí que eu pola miña conta —é o Señor quen fala— envíovos tódalas tribos do norte e mais a Nabucodonosor, rei de Babilonia, o meu servo; heinos de traer contra esta cidade e os seus habitantes e contra tódolos pobos que están ó seu arredor, e consagrareinos á destrucción total; heinos converter nunha vergonza, nunha burla e nunha ruína para sempre.

¹⁰Farei desaparecer entre eles os berros de alegría e os berros de gozo, as cántigas dos mozos, as cántigas das mozas, o ruído das pedras de moer e a luz do candil. ¹¹Todo este país será unha desolación e un estrago, e tódos estes pobos serán servos do rei de Babi-

---

24, 6 *Poñerei... os meus ollos.* Os ollos son expresión do interese ou cobiza (cf **6,** 22; Dt **16,** 9. 18).

25, 1-14 A data á que se refire o v 1 é o ano 605, no que acontece a batalla de Kárkemix, que lles dá o dominio de Medio Oriente ós caldeos; nesta mesma data, Xeremías compón e dá a coñece-lo rolo, que constituíu o primeiro elemento do libro que conclúe neste capítulo. O discurso consta dunha acusación (vv 3-7) de falta de fe e obediencia ás palabras de Xeremías e dos outros profetas (v 4), ás chamadas á conversión (v 5) e á prohibición dos cultos idolátricos; segue o anuncio de castigo, interpretando teoloxicamente os sinais dos tempos: a victoria caldea (vv 8-11). Os vv 12-13a anuncian o castigo de Babilonia, despois de 70 anos (símbolo dun período completo de purificación). Os vv 13b-14 constitúen a introducción oracular ó libro que seguía: a serie de oráculos contra as nacións pagás, pois nos LXX seguen a este c. os cc. **46-51**.

25, 3 *O ano trece* : a mesma data do relato vocacional (cf 1 2).

25, 9 *Pola miña conta envíovos* (lit. "envío e collo"): dous perfectos proféticos, algo decidido no pasado, que se está cumprindo.
Consagrareinos á destrucción total: refírese á destrucción que Deus decreta contra o seu pobo e contra Xerusalén, ó xeito da destrucción na guerra santa.

25, 11 O número 70 non se debe coller coma data fix pois para os semitas, ten valor simbólico de número perfecto, cantidade completa: ata purificar totalmente o se pobo.

lonia durante setenta anos. ¹²Pero cando se cumpran os setenta anos, heilles pedir contas ó rei de Babilonia e ó seu pobo das súas iniquidades, o mesmo que ó país dos caldeos, que converterei nunha desolación para sempre. ¹³E cumprirei con este país tódalas ameazas que contra el pronunciei.

Cumprirei todo o escrito neste libro, que contén o que Xeremías profetizou contra tódolos pobos. ¹⁴Xa que eles escravizaron a moitos pobos e a grandes reis, tamén eu lles pagarei conforme os seus feitos e as obras das súas mans.

O profeta failles bebe-la taza do viño envelenado ás nacións

¹⁵O Señor, Deus de Israel, díxome isto:
—Cólleme esta taza de viño, colle da miña man este veleno:
fáillelo beber a tódolos pobos, ós que eu che mando.
¹⁶Que beban, que vomiten a borracheira, que enlouquezan ante a espada que eu boto entre eles.
¹⁷Collín a taza da man do Señor,
e deilles de beber a tódolos pobos ós que o Señor me mandou.
¹⁸Deilles de beber a Xerusalén e ás cidades de Xudá, ós seus reis e ós seus nobres, para os converter nunha ruína desoladora, en mofa e en maldición tal como hoxe están.
¹⁹Deilles de beber ó Faraón, rei de Exipto, ós seus criados, ós seus principais, a todo o seu pobo, ²⁰e a tódolos seus sacerdotes; a tódolos reis do país de Us, a tódolos reis de Filistea: a Axquelón, a Gaza, a Ecrón e ó que quedaba de Axdod.
²¹Deilles de beber a Edom, a Moab e ós amonitas: ²²a tódolos reis de Tiro, a tódolos reis de Sidón e ós reis da illa que está ó poñente do mar; ²³a Dedán, a Temá e a Buz e a tódolos que levan a cabeza rapada polos lados. ²⁴A tódolos reis da Arabia, e a tódolos reis do poñente que viven na estepa; ²⁵a tódolos reis de Zimrí, a tódolos reis de Elam e a tódolos reis de Madai. ²⁶A tódolos reis do norte, ós de preto e ós de lonxe. A cada un despois do outro, e a tódolos reinos que viven na superficie da terra, pero o rei de Xexac beberá despois deles.

²⁷Haslles dicir: —así fala o Señor dos Exércitos, o Deus de Israel:
"Bebede, emborrachádevos, vomitade e caede,
sen serdes capaces de vos ter de pé,
á vista da espada que eu estou lanzando no medio de vós".
²⁸E se refugasen colle-la taza da túa man para beber, dilles:
—Así fala o Señor dos Exércitos:
"Beber si que haberedes beber".
²⁹Pois se eu comezo a castigar empezando pola cidade onde se invoca o meu Nome, ¿ides quedar vós libres? Non quedaredes libres, pois eu estou reclamando a espada contra tódolos habitantes do mundo —é o Señor dos Exércitos quen fala—.

Xuízo do Señor contra as nacións e elexía polos pastores e os seus pobos

³⁰—Ti proclama contra eles todos estes oráculos e dilles:
"O Señor roxe desde o alto,
lanza a súa voz desde a súa santa morada;
roxe contra as súas posesións,
lanza berros, coma os dos que pisan no lagar,
a tódolos habitantes do mundo".
³¹A devastación chega ó cabo da terra,
xa que o Señor ten un preito cos pobos,
está xulgando a tódolos homes,
e os culpables entregaraos á espada
—é o Señor quen fala—.

25, 15-29 Algúns autores consideran este texto coma unha visión profética, pero fáltanlle os elementos literarios da visión (cf **24**, 1ss). Máis ben "a taza do viño, este veleno" é unha imaxe literaria da morte violenta (cf Mt **26**, 39-42 e paral.) que xa aparece en Ugarit, e que ten coma base o feito de darlles ós axusticiados un cocido amargo para evitárlle-la dor e facerlles máis levadeira a morte. O texto organízase así: a) orde de Deus, comunicada ó profeta (vv 15-16); b) execución da orde, comezando por Xerusalén e Xudá, e pasando por tódolos pobos do ámbito bíblico, para acabar co rei de Xexac (= Babilonia), que beberá despois deles (vv 17-26); c) un oráculo de castigo, no que se explica que a taza é a espada que Deus lanza no medio dos pobos, o imperio caldeo (vv 27-29).

25, 15 *Este veleno:* chámaselle así porque é a espada (vv 16. 27), referida concretamente á dominación caldeobabilónica.
25, 23 *Dedán...,* tribos sedentarias do norte de Arabia.
25, 25 *Zimrí:* lugar aínda non localizado.
25, 26 *Xexac:* criptograma equivalente a Babilonia, a xulgar polo valor numérico das letras dos dous nomes.
25, 27 A borracheira significa aquí a falta total de facultades humanas.
25, 30-38 Estes vv conteñen dúas unidades poéticas, vinculadas polas introduccións oraculares: 30-31 e 32-38. A primeira é un canto ó xuízo de Deus, que se anuncia nos vv 15-29, presentando a Deus coa imaxe do león que roxe contra a súa presa. A segunda, non obstante o seu carácter de oráculo de castigo, ten un ton máis de elexía polos desastres do xuízo de Deus, insistindo nas calamidades que chegarán ós pastores, ós reis (vv 34-37).

³²Así fala o Señor dos Exércitos:
—Velaí a desgracia que salta dun pobo a outro pobo,
unha gran tempestade ponse en camiño desde os extremos da terra.
³³No día aquel os feridos de morte polo Señor
estenderanse dun cabo ó outro da terra;
non se fará loito por eles,
non serán retirados nin enterrados;
quedarán de esterco sobre a tona da terra.
³⁴¡Ouveade, pastores! ¡Dade gritos!
¡Enzoufádevos na lama, xefes do rabaño!
Velaí cumpridos os vosos días para serdes degolados;
eu fíxenvos nadar na fartura,
pero vós caedes coma un vaso precioso.
³⁵Perdeuse todo refuxio para os pastores,
e todo escriba para os xefes do rabaño.
³⁶Óense berros de desesperación dos pastores,
ouveos dos xefes do rabaño:
é o Señor quen está arruinando os seus pasteiros.
³⁷Desaparecen os pasteiros da fartura,
por causa do furor da ira do Señor.
³⁸Coma o león deixa a súa cova,
así o país vólvese unha desolación,
por causa do furor do Poderoso,
por causa do furor da súa ira.

ORÁCULOS SALVÍFICOS E EPISODIOS DA VIDA DO PROFETA

Discurso contra o templo e proceso de Xeremías. Martirio de Urías

26 ¹No comezo do reinado de Ioaquim, fillo de Ioxías, rei de Xudá, veu de parte do Señor este oráculo:
²Así fala o Señor: —Ponte de pé no adro da Casa do Señor, e pronuncia contra tódalas cidades de Xudá, que veñen adorar na Casa do Señor, cantas palabras che mandei comunicarlles sen deixar ningunha. ³Quizais che fagan caso e se converta cada un do seu mal comportamento, e así tamén eu me arrepentirei do mal que teño pensado facerlles por mor da ruindade dos seus feitos.
⁴Haslles dicir deste xeito: así fala o Señor:
"Se non me facedes caso cumprindo a Lei que vos puxen diante, ⁵escoitando as palabras dos meus servos os profetas, que vos mandei ben de madrugada e sen parar —pero non lles fixestes caso—, ⁶entón eu volverei este templo coma o de Xiloh e converterei esta cidade nunha sorte de maldición para tódolos pobos do mundo".
⁷Os sacerdotes, os profetas e todo o pobo escoitaba a Xeremías, mentres el proclamaba no templo estas palabras. ⁸Logo, cando Xeremías acabou de dicir todo o que o Señor lle mandara dicir a todo o pobo, colléronse os sacerdotes, os profetas e todo o pobo e dixéronlle: "Meréce-la condena á morte, ⁹porque te atreves a profetizar no nome do Señor, dicindo que este templo se volverá coma o de Xiloh e que esta cidade se quedará nas ruínas e sen habitantes". Todo o mundo se puxo arredor, contra Xeremías, no templo.

25, 33 Sobre os caídos insepultos, cf nota a **7,** 33.
25, 38 Aquí o león non é un título de Iavé, senón que se comparan os ósos descarnados que o león deixa na súa cova, coa devastación que deixa o xuízo do Señor no país: cadáveres desenterrados e descarnados (cf v 33).
26, 1-24 Este texto é da obra histórica de Baruc, na que os discursos se resumen e aténdese ó factor narrativo. O episodio sitúase no ano 608 e é o primeiro que coñecemos. Nos vv 2-3 temos un oráculo no que se lle manda ó profeta predicar contra Xudá, subliñando a finalidade da conversión do pobo. Os vv 4-6 son un resume do discurso de **7,** 2-15. Nos vv 7-9 témo-la reacción dos sacerdotes e profetas do templo, así coma a do pobo que asiste ós cultos. Declárano reo de morte por predica-la destrucción do templo, obxecto da elección divina, o mesmo ca monarquía davídica. No v 10 comeza o xuízo, no que os acusadores son os sacerdotes e profetas (v 11). Tencionáse condenar a Xeremías por blasfemo —ó ser Xerusalén a cidade de Deus—, ou por falso profeta (cf Dt **18,** 20). O profeta deféndese insistindo na súa "misión divina", e na boa disposición de Deus se se converten. Remata cunha chamada a non verter sangue inocente, para non cargar con outra culpa.
Os vv 17-20 mostran a reacción favorable das autoridades, ó escoita-las palabras de Miq **3,** 12, dirixidas contra a cidade.
Os vv 20-23 son o relato do martirio dun profeta quizais da escola de Xeremías, que morre sentenciado polo rei, despois de pedi-la súa extradición, pois ó estilo de Elías (1 Re **19**), fuxira a Exipto. A intención deste relato é presentárno-la situación de perigo na que se ato pou o profeta, e ó mesmo tempo subliña-la nova figura do profeta, que non foxe senón que proclama a súa mensaxe ás autoridades. O máis probable é que o martirio de Urías fose posterior ó episodio do discurso do templo, que acontece no primeiro ano de Ioaquim. O v 24 é unha explicación histórica da liberación de Xeremías.

¹⁰As autoridades de Xudá, cando souberon estas cousas, subiron desde o palacio real ó templo do Señor e sentáronse á entrada da porta nova do templo do Señor. ¹¹Entón os sacerdotes e os profetas dixéronlles ás autoridades e a todo o pobo:

—Este home merece a pena de morte, xa que profetizou contra esta cidade, segundo vós mesmos oístes cos vosos oídos. ¹²Logo Xeremías respondeulles a tódalas autoridades e ó pobo todo:

—O Señor mandoume a profetizar contra este templo e contra esta cidade tódolos oráculos que vós oístes. ¹³Agora ben, mellorade o voso comportamento e os vosos feitos, e facédelle caso á chamada do Señor, voso Deus, e o Señor arrepentirase das ameazas que proferiu contra vós.

¹⁴E en canto a min, velaquí estou, no voso poder: tratádeme o mellor e máis xusto que vos pareza. ¹⁵De verdade, tede ben aprendido, que, se vós me facedes morrer, facedes culpables da morte dun inocente a vós mesmos, a esta cidade e ós seus habitantes, xa que, sinceramente, foi o Señor quen me mandou a vós, a anunciar todos estes oráculos de xeito que os entendades.

¹⁶As autoridades e todo o pobo dixéronlles ós sacerdotes e ós profetas:

—Este home non merece a pena de morte, vede que nos fala no nome de Iavé, o noso Deus.

¹⁷Logo uns homes dos anciáns da cidade erguéronse para lle dicir a toda a asemblea do pobo:

¹⁸—Miqueas, o de Moréxet, que foi profeta durante o reinado de Ezequías, rei de Xudá, faloulle a todo o pobo de Xudá, dicíndolle: así fala o Señor dos Exércitos: Sión será arada coma un campo. Xerusalén será un montón de ruínas e o monte do templo volverase un outeiro.

¹⁹¿Acaso trataron de matalo Ezequías, rei de Xudá, e todo o seu pobo? ¿Acaso non trataron de respecta-lo Señor, e de aplaca-lo seu rostro irado, para que o Señor se arrepentise do mal que lles anunciara? Nós imos cometer semellante barbaridade, que pagaremos coas nosas vidas.

²⁰Había entón outro home que profetizaba no nome do Señor: Urías, fillo de Xemaías, natural de Quiriat Iearim. Predicaba contra esta cidade e contra este país oráculos do mesmo xeito cós de Xeremías. ²¹Logo que o rei Ioaquim, toda a súa garda e os seus ministros escoitaron os seus oráculos, o rei buscábao para matalo; pero sóuboo Urías, e cheo de medo fuxiu para Exipto. ²²O rei Ioaquim mandou homes a Exipto: a Elnatán, fillo de Acbor e o seu destacamento. ²³Sacaron a Urías de Exipto e leváronllo ó rei Ioaquim. O rei fíxoo morrer pola espada e botou o seu cadáver na fosa común.

²⁴Pero Ahicam, fillo de Xafán, protexeu a Xeremías, para que non caese nas mans do pobo, que o quería matar.

SUMISIÓN Ó REI DE BABILONIA: contra os falsos profetas

Acción simbólica do envío das cangas e mensaxe ós reis dos pobos veciños

27 ¹Nos comezos do reinado de Ioaquim, fillo de Ioxías, rei de Xudá, veulle de parte do Señor a Xeremías este oráculo. ²Así me falou o Señor:

—Faite cunhas cangas e cuns cancís e ponos no teu pescozo; ³logo mándallelos ó rei

---

26, 11 Os sacerdotes e profetas acusan a Xeremías, ó pensar que a palabra profética non soamente comunica, senón que é unha forza divina que desprega a historia posterior: por isto o profeta precisa que a súa predicación é unha chamada á conversión.

26, 15 *Entendades:* lit. "para dicilo ós vosos oídos".

26, 16 Entre as autoridades hai que contar a Ahicam e, en xeral, á familia de Xafán, secretario de Ioxías (cf 2 Re 22, 8-14), con quen colaborou Xeremías.

26, 19 *Que pagaremos coas nosas vidas:* lit. "débeda das nosas almas" (néfex): "al" no senso de débeda, como en ugarítico, e como o pide o contexto; "néfex" non ten o senso de alma, senón de vida.

27, 1 Este v está tomado do **26**, 1 por erro, pois nos LXX falta, e as correccións de Sedecías por Ioaquim, que aparecen en tres manuscritos siríacos e nalgúns árabes, non son máis ca un intento de dar sentido ó texto. A data correcta é a de **28**, 1.

27, 2-22 O texto comeza cun mandato divino de realizar un xesto simbólico (vv 2-4a; cf **13**, 1-11; **19**, 1-13); pero a explicación do xesto simbólico constitúe tres dicursos, introducidos en forma de relato autobiográfico (vv 4b-11; 12-15; 16-22). A situación que reflexan é a do ano 594, no que os embaixadores dos pequenos pobos estados citados no v 3 se reúnen en Xerusalén para planea-la liberación do xugo babilónico. A mensaxe profética é relixiosa: Iavé, creador do mundo, é o Señor del, e entrégallo a Nabucodonosor (vv 5-7). Por iso, o que non se lle someta será castigado; e o que se someta a el, vivirá tranquilo na súa terra (vv 8. 11). Os vv 9-10 introducen un tema que ocupará os cc. 27-

de Edom, ó rei de Moab, ó rei dos amonitas, ó rei de Tiro e ó rei de Sidón polos embaixadores que veñen de Xerusalén onda Sedecías o rei de Xudá.

⁴Mándalles que lles digan ós seus señores:
—Así fala o Señor dos Exércitos, o Deus de Israel;
así lles habedes dicir ós vosos señores:
⁵"Eu son quen creou o mundo,
cos homes e cos animais que hai sobre a superficie da terra,
co meu enorme poder e co meu poderoso brazo;
e doullo a quen me parece ben.
⁶Agora eu poño todas estas nacións na man de Nabucodonosor, o rei de Babilonia, o meu servo;
tamén lle dou tódolos animais salvaxes para que o sirvan.
⁷Hano servir tódalas nacións, a el, ó seu fillo e ó seu neto;
testemuña da chegada do período de gloria da súa nación serao tamén el,
cando pobos numerosos e reis poderosos sexan os seus vasalos.
⁸Ó pobo ou ó reino que non o sirva a el, a Nabucodonosor, rei de Babilonia,
a ese pobo que realmente non poña o seu pescozo baixo o xugo do rei de Babilonia,
eu pedireille contas
coa espada, coa fame e coa peste
—é o Señor quen fala—
e acabarei con eles, servíndome de Nabucodonosor.
⁹Pero vós non lles fagades caso nin ós vosos profetas,
nin ós vosos adiviños, nin ás vosas soñadoras,
nin ós vosos agoireiros, nin ós vosos feiticeiros,
xa que eles vos repiten a cotío:
Non vos sometades ó rei de Babilonia.
¹⁰Sabede que é mentira o que eles vos están profetizando,
para vos afastaren a vós da vosa terra.

Si, heivos facer desaparecer, e vós pereceredes.
¹¹Pero ó pobo que poña o seu pescozo baixo o xugo do rei de Babilonia,
e se someta a el,
eu fareino vivir tranquilo na súa terra
—é o Señor quen fala—,
traballará e vivirá nela".

Mensaxe a Sedecías

¹²A Sedecías, rei de Xudá, dígolle isto mesmo:
"Sometede o voso pescozo ó xugo do rei de Babilonia;
servídeo a el e ó seu pobo, e deste xeito, viviredes.
¹³¿Por que queredes morrer, ti e o teu pobo,
pola espada, de fame e de peste,
tal como lles dixo o Señor ós pobos que non se queren someter ó rei de Babilonia?
¹⁴Non lles fagades caso ós consellos dos profetas que vos din:
Non vos sometades ó rei de Babilonia;
é falso o que eles vos profetizan,
¹⁵pois eu non os mandei —é o Señor quen fala—,
e por iso o que eles profetizan no meu Nome é mentira,
de sorte que eu vos vou facer desaparecer
e pereceredes vós e os profetas que profetizan para vós".

Mensaxe ós profetas e ó pobo

¹⁶Ós profetas e a todo este pobo eu dígolles: —Así fala o Señor:
Non fagades caso das palabras dos vosos profetas que vos profetizan dicindo: "Velaquí os utensilios do templo do Señor que van ser traídos de volta de Babilonia agora, de seguidiña"; é mentira o que eles vos están profetizando. ¹⁷Vós non lles fagades caso. Sometédevos ó rei de Babilonia e viviredes; ¿para que converter esta cidade nun montón de ruínas?

29: os falsos profetas, que aconsellan a rebeldía contra o rei babilónico.
Os vv 12-15 e maila última mensaxe ó pobo (vv 16-22) son unha polémica contra os falsos profetas, ós que invitan á intercesión para que os males do 598/7 non empeoren nunha deportación e saqueo do templo que acabe co que aínda quedaba entón.
27, 5 *Creou:* lit. "fixo", que ten o sentido de organizar e dar forma, pois para o semita o caos primordial, non pode ser obxecto da acción de Deus.
Poderoso brazo: lit. "brazo estendido", imaxe semítica de poder.

27, 7 *Testemuña:* vocalizamos "ed" (= testemuña), en vez da vocalización masorética "ad" (= "ata"), que non ten senso.
27, 8-11 A intervención do profeta na política está motivada por razóns teolóxicas, e polas revelacións divinas. A separación actual de política e relixión non ten base no A. T., onde o home se concibe como unha unidade na que se integran todo o que é seu, e maila súas manifestacións.
27, 9 A documentación extrabíblica da época, recolle abondos testemuños da intervención dos profetas pagáns na política, ofrecendo os resultados das súas adiviñacións.

¹⁸Se eles son profetas, se a palabra do Señor está da súa parte, que intercedan ante o Señor dos Exércitos para que non vaia a Babilonia o resto dos utensilios que quedaron no templo do Señor, no palacio do rei e en Xerusalén. ¹⁹En efecto, así fala o Señor dos Exércitos acerca das columnas, do Mar e das bases con rodas e do resto dos utensilios que quedan nesta cidade, ²⁰os que non colleu Nabucodonosor, rei de Babilonia, cando el deportou, de Xerusalén a Babilonia, a Ieconías, fillo de Ioaquim rei de Xudá, e a toda a nobreza de Xudá e de Xerusalén.

²¹Así fala o Señor dos Exércitos, Deus de Israel, acerca dos utensilios que quedan no templo do Señor e no palacio do rei de Xudá e de Xerusalén:

²²"Levaranos a Babilonia e quedarán alí ata o día en que eu me ocupe deles —é o Señor quen fala— para os facer subir e volver a este lugar sagrado".

Polémica entre Xeremías e Hananías: revelación do verdadeiro profeta

28 ¹Despois deste ano, o do comezo do reinado de Sedecías, rei de Xudá, no ano cuarto e no quinto mes, o profeta Hananías fillo de Azur, natural de Gabaón, díxome no templo do Señor, en presencia dos sacerdotes e de todo o pobo:

²—Así fala o Señor dos Exércitos, o Deus de Israel:

Estou disposto a rompe-lo xugo do rei de Babilonia, ³Dentro de dous anos completos eu farei volver a este lugar os utensilios do templo do Señor, que o rei de Babilonia, Nabucodonosor, colleu deste sitio e levou a Babilonia. ⁴Tamén traerei eu a este lugar —é o Señor quen fala— a Ieconías, rei de Xudá, fillo de Ioaquim e tódolos cativos de Xudá levados a Babilonia, xa que romperei o xugo do rei de Babilonia.

⁵Entón Xeremías, o profeta, respondeulle ó profeta Hananías en presencia dos sacerdotes e de todo o pobo que se atopaba no templo do Señor. ⁶O profeta Xeremías dixo:

—¡Amén, que o Señor o faga deste xeito! Que o Señor cumpra a profecía que ti acabas de profetizar, traendo de Babilonia a este lugar os utensilios do templo do Señor e a tódolos cativos. ⁷Pero fai o favor de escoitarme estas palabras que vou dicir para ti e para todo o pobo: ⁸"Os profetas que, coma min e coma ti houbo desde sempre, profetizaban guerras, calamidades e peste a nacións numerosas e a grandes reinos. ⁹Se o profeta anunciaba fartura, ó cumprirse a súa palabra profética, o profeta era recoñecido como verdadeiramente mandado polo Señor".

¹⁰Entón o profeta Hananías colleu o xugo que o profeta Xeremías tiña posto ó pescozo e rompeuno, ¹¹e diante de todo o pobo dixo:

—Así fala o Señor: deste mesmo xeito hei romper dentro de dous anos completos o xugo que Nabucodonosor, rei de Babilonia, ten sobre o pescozo de tódalas nacións.

O profeta Xeremías colleu o seu camiño e marchou.

¹²Despois que o profeta Hananías rompeu o xugo que Xeremías o profeta tivo ó pescozo, veulle a Xeremías esta palabra do Señor:

¹³—Vaille dicir ó profeta Hananías: Así fala o Señor:

Ti rompiches xugos de madeira, pero despois destes hei facer xugos de ferro, ¹⁴pois así fala o Señor dos Exércitos, o Deus de Israel: "Eu poño un xugo de ferro ó pescozo de todas estas nacións, para que sirvan a Nabucodonosor, rei de Babilonia, e sexan os seus vasalos, e aínda os mesmos animais salvaxes doullos a el".

¹⁵Logo Xeremías, o profeta, díxolle ó profeta Hananías:

—Escóitame, Hananías; o Señor non te mandou, senón que ti es quen fai que este

---

27, 18 Xeremías invita ironicamente ós falsos profetas a proba-la verdade do seu profetismo coa intercesión que impida o cumprimento do seu oráculo de castigo do v 22.
27, 20 Este v é unha glosa de clarificación.
27, 22 Este oráculo cumpriuse no 587/6: cf 2 Re 25, 13-15.
28 Este c. é unha narración biográfica de Baruc, que concentra a problemática e os xestos simbólicos do c. 27, vinculándoos co tema dos criterios para distingui-lo verdadeiro profeta (cf 23, 16-22). A narración desenvólvese cunha serie de diálogos, dos que algúns son oráculos salvíficos (o de Hananías: vv 2-4. 11); outros, de castigo (o de Xer: vv 13-14-15-16). Os vv 6-9 non forman un oráculo, senón a resposta reflexiva de Xeremías, na que expresa o seu desexo persoal de que se cumpra o oráculo salvífico de Hananías, pero desconfía da autenticidade profética do seu autor, pois soamente será probado profeta cando se cumpran os seus oráculos. Prepara o narrador a confirmación da autenticidade do profetismo de Xeremías; o seu oráculo cúmprese no v 17. Subliña tamén a narración que Xeremías fala coma profeta só cando ten comunicación do Señor; cando non a ten, vaise (v 11d).
28, 10 Nótese que no c. 27, non se dicía que Xeremías levase o xugo ó pescozo.
28, 13 Hei facer: seguímo-lo texto grego. O texto hebreo di "has facer". O senso do hebreo é que, se Hananías quixese simboliza-la situación, tería que facer xugos de ferro.
28, 15-16 Trátase dun oráculo de xuízo de castigo individual, no que se lle acusa de usurpa-las funcións proféticas.

pobo se fíe de ilusión. ¹⁶Por iso, así fala o Señor: "Voute expulsar de sobre a superficie da terra: este mesmo ano morrerás, xa que predicáche-la oposición ó Señor".

¹⁷E o profeta Hananías morreu o sétimo mes dese mesmo ano.

Escrito de Xeremías ós deportados no ano 598

29 ¹Estas son as palabras do escrito que desde Xerusalén mandou Xeremías, o profeta, ó resto dos anciáns desterrados, ós sacerdotes, ós profetas e a todo o pobo, que deportou Nabucodonosor de Xerusalén a Babilonia, ²despois de que o rei Ieconías, a raíña nai, o persoal da corte, os principais de Xudá e de Xerusalén, os técnicos e os ferreiros deixaron Xerusalén. ³Mandouno a Nabucodonosor, rei de Babilonia, por Elasah fillo de Xafán, e por Guermarías, fillo de Hilquías, ós que Sedecías, o rei de Xudá mandaba a Babilonia.

⁴—Así fala o Señor dos Exércitos, o Deus de Israel, a tódolos desterrados que eu deportei de Xerusalén a Babilonia:

⁵Construíde casas e habitádeas,
plantade terreos e comede os seus froitos.
⁶Casade e tende fillos e fillas,
tratade de casar ós vosos fillos e ás vosas fillas,
para que vos dean netos e netas;
multiplicádevos aí, e non mingüedes.
⁷Procurade a fartura da cidade a onde eu vos desterrei,
rezade ó Señor por ela,
xa que a súa fartura será a vosa fartura.
⁸Así fala o Señor dos Exércitos, o Deus de Israel:

Que non vos enganen os profetas que están entre vós,
nin os vosos adiviños:
Non lles fagades caso ós vosos soños, que vós mesmos provocades.
⁹Ollade que vos profetizan ilusións no meu Nome,
Eu non os mandei —é o Señor quen fala—.

¹⁰—Así fala o Señor: tan axiña como se lle cumpran a Babilonia os setenta anos, heivos facer unha visita, para cumprir convosco
a miña promesa de vos traer outra vez a este lugar.
¹¹Soamente eu coñezo os proxectos que eu planeo para vós
—é o Señor quen fala—,
proxectos de fartura e non de desgracia,
de darvos un porvir e unha esperanza.
¹²Habédesme invocar e viredes onda min;
rezarédesme a min, e eu escoitareivos.
¹³Andaredes á miña procura e habédesme atopar.
Buscarédesme de todo corazón,
¹⁴e eu deixarei que me atopedes —é o Señor quen fala—
para cambia-la vosa sorte:
xuntareivos de entre tódalas nacións e lugares
a onde vos dispersei —é o Señor quen fala—
e fareivos volver de novo a este lugar de onde vos levei cativos.
¹⁵Si, vós dicides: "O Señor suscitounos profetas en Babilonia".

29, 1-15.21-23 Aínda que este escrito non leva a data concreta (cf v 2), as indicacións do v 3 son suficientes para data-lo no ano 594, despois dos plans de sublevación (cf Xer **27,** 3). Este plan fracasou, quizais pola morte do faraón exipcio Nekó —a quen sucede Psamético II (594-589)—, e quizais por non acordar un plan conxunto. Sedecías ten que dar explicación en Babilonia, e faino polos mesmos que levan a carta, xa que un deles —Elasah—, é fillo do seu vello amigo Xafán (pode que a carta xogase un papel político ante as autoridades babilónicas). O texto pertence á biografía feita por Baruc, e está constituído por unha introducción (vv 1-3) e unha serie de catro oráculos (vv 4-7; 8-9; 10-14; 15.20-23). No primeiro, mándalles que se amolden ó novo xeito de vida, porque a cousa vai para lonxe. No segundo, que non lles fagan caso ós falsos profetas, que din no nome do Señor que a volta do desterro está a chegar, pero sen teren a misión divina. No terceiro (vv 10-14) dá resposta ás esperanzas do pobo, pero despois dun longo momento (setenta anos) anunciando unha intervención salvífica segundo os plans de Deus.

Dálles unha serie de normas, nas que se superan os esquemas relixiosos rituais do culto no templo como medio para facer posible a acción salvífica de Deus. O último oráculo, introducido polo v 15, é un oráculo de xuízo de castigo para dous falsos profetas do desterro.

29, 7 *Rezade ó Señor por ela* (Babilonia). Aquí comeza un fío teolóxico da valoración da vida relixiosa xudía entre os xentís e da oración por eles, que levará ó II Isaías considerar ós xudeus desterrados coma luz —revelación de Iavé para os pagáns—, e que dará paso ós prosélitos, aínda que a razón que dá Xeremías non esquece o interese persoal dos propios deportados.

29, 10 Cf nota a **25,** 11.

29, 12-13 Estes verbos en futuro queren expresar unha orde de presente-futuro, un desde agora, de xeito que os verbos, rezar, andar á procura, buscar... non teñen senso cultual litúrxico referido ó templo, senón ás actitudes oracionais persoais e colectivas que deron orixe ó xurdir da sinagoga (opinión convincente dos historiadores xudeus actuais): cf Ez **1,** 1. 4ss.

¹⁶Así fala o Señor acerca do rei que senta no trono de David e de toda a xente que vive nesta cidade, os vosos irmáns que non saíron convosco para a cativitade. ¹⁷Así fala o Señor dos Exércitos: —Vede: vou mandar contra eles a espada, a fame e a peste e vounos volver coma figos pasados, que de malos non se poden comer.

¹⁸Vounos perseguir coa espada, coa fame e coa peste,

e convertelos en algo arrepiante para tódolos reinos da terra,

que se nomeará nas maldicións:

desolación, burla e vergonza entre tódalas nacións a onde os dispersei.

¹⁹Xa que non escoitaron as miñas palabras —é o Señor quen fala—

aínda que eu lles mandei os meus servos, os profetas:

madruguei a mandalos, pero non fun escoitado

—é o Señor quen fala—.

²⁰E vós, tódolos deportados que eu mandei de Xerusalén a Babilonia, escoitade a palabra do Señor:

²¹—Así fala o Señor dos Exércitos, o Deus de Israel, acerca de Acab, fillo de Colaías e de Sedecías, fillo de Maseías, que profetizan mentiras no meu Nome: "Mirade que os entrego no poder de Nabucodonosor, rei de Babilonia, para que os axusticie diante dos vosos mesmos ollos. ²²Tódolos desterrados de Xudá que viven en Babilonia recollerán da súa historia esta maldición: que o trate o Señor coma a Sedecías e coma a Acab, a quen o rei de Babilonia asou no lume. ²³Pola súa culpa cometeuse unha deshonra en Israel: cometeron adulterio coa muller do seu próximo e dixeron cousas falsas no meu Nome, cousas que eu non lles mandei. Quen o sabe e é testemuña son eu —é o Señor quen fala—".

Anuncio de castigo contra un falso profeta do desterro

²⁴Dille a Xemaías, o de Nehelam:

²⁵—Así fala o Señor dos Exércitos, o Deus de Israel: ti mandaches no teu nome uns escritos a toda a poboación que reside en Xudá e ó sacerdote Sefanías, fillo de Maseías, e a tódolos sacerdotes, dicíndolles: ²⁶"O Señor constitúete sacerdote, sucesor do sacerdote Iehoiadá para sére-lo responsable do templo e de todo aquel que se considere profeta da destrucción: a este tal méteo no cepo e na cadea. ²⁷Entón ¿por que non reprendiches a Xeremías, natural de Anatot, quen se considera o voso profeta? ²⁸¡Canta culpa ten! Chegou a nos mandar dicir en Babilonia: A cousa vai para lonxe: facede casas e vivide nelas, plantade terreos e comede os seus froitos".

²⁹O sacerdote Sefanías leulle esta carta a Xeremías, o profeta. ³⁰E veulle a Xeremías esta palabra do Señor:

³¹—Mándalles dicir a tódolos deportados: Así fala o Señor acerca de Xemaías, o nehelamita:

"Xa que Xemaías vos anunciou oráculos sen que eu o mandase,

e deste xeito vos fixo confiar en ilusións, inxustamente,

³²así fala o Señor:

Velaquí que eu lle pedirei contas a Xemaías, o nehelamita, e á súa descendencia,

non terá ningún descendente que habite con este pobo,

compracéndose do ben que eu lle farei ó meu pobo,

—é o Señor quen fala—

xa que predicou a rebeldía contra o Señor".

Oráculos salvíficos para o Reino de Israel e Xudá

30 ¹Palabra que de parte do Señor lle veu a Xeremías nestes termos:

29, 16-20 Este texto falta nos LXX. Sen embargo, non se pode considerar alleo ó profeta, pois as frases e os termos son habituais nel. Trátase dun oráculo de castigo contra os que quedaron en Xerusalén no ano 598/7 (vv 17-19), adaptado aquí ós vv 16 e 20. O senso que lle dan os adaptadores, vén se-lo mesmo có da visión dos dous cestos de figos (cf **24,** 1ss).

29, 18 *Que se nomeará nas maldicións:* lit. "cando eles vos nomeen na maldición".

29, 22 *Esta maldición:* lit. "unha maldición, dicindo".

29, 24-32 Este texto, non obstante o seu sentido ben claro á simple lectura, resulta literariamente incorrecto, xa que a introducción oracular do v 25 non ten senso, ó non seguir ningún oráculo ata o v 31, que ten a súa propia introducción oracular. Os vv 24-29 son unha presentación de feitos, co interrogante anacolutivo de acusación no v 27. Os vv 30-32 constitúen un oráculo de xuízo de castigo individual. Nótese que as comunicacións entre os deportados e os que quedaron en Xerusalén debían ser frecuentes.

29, 26 *Profeta da destrucción:* profeta que anuncia —e conseguintemente causa— a destrucción.

29, 32 Nótese a calificación da actitude de Xemaías coma rebeldía contra Iavé.

30, 1-31, 40 O núcleo fundamental desta sección é o froito da primeira actividade do profeta, cando colabora na reforma deuteronomista de Ioxías no reino do Norte, de onde o profeta é oriundo (cf 2 Re **23,** 15-19), aínda que despois da deportación de Xudá os textos foron ampliados e glosados, para anunciarlles ós deportados o plan salvífico de Iavé.

²Así fala o Señor, o Deus de Israel:
—Escribe para o teu servicio tódalas palabras que eu che dicte.
³Velaquí veñen os días —é o Señor quen fala— nos que eu cambiarei a sorte do meu pobo Israel e Xudá —dío o Señor— e volvereinos traer ó país que lles dei a seus pais, para que o reciban en herdanza.
⁴Estas son as palabras que o Señor lles di a Israel e a Xudá.

Angustias dun parto de esperanza

⁵Así fala o Señor:
—Estamos oíndo berros de angustia,
de pavor sen acougo.
⁶Preguntade, ollade:
¿Están de parto os varóns?
¿Como é que vexo a tódolos homes
coas mans nos riles coma a muller que está de parto,
tódalas caras desfiguradas?
¡Ai, que palidez!
⁷¡Que día tan grande ese!
¡Non o hai coma el!
Momentos de angustia para Xacob,
pero verase libre dela.

Esnaquizarei o xugo de Xacob

⁸Aquel día —é o Señor dos Exércitos quen fala—
esnaquizarei o xugo de Xacob que ti levas sobre a cabeza,
e romperei as túas piogas,
e os estranxeiros xa nunca máis o someterán á escravitude,
⁹senón que se someterán ó Señor, o seu Deus, e a David, o seu rei,
a quen eu constituirei sobre eles.

Voute traer a salvo de terras remotas

¹⁰E ti, meu servidor Xacob, non teñas medo —é o Señor quen fala—
Israel, non te sintas abatido.
Mira que te vou traer a salvo desde terras remotas,
e vou traer a salvo a túa descendencia
desde o país do seu desterro.
Volverá Xacob e vivirá tranquilo,
estará ó seguro e non haberá quen o atemorice.

¹¹Atende: eu estou contigo —é o Señor quen fala—
para terte a salvo.
Provocarei a destrucción entre tódolos pobos,
a onde te dispersei,
pero a ti non te destruirei:
soamente che farei aprender con castigos o que é xusto,
sen deixar nada sen corrección.
¹²Así fala o Señor:
profundo é o teu quebranto,
incurable é a túa ferida,
¹³non hai quen faga xustiza na túa causa:
¡que desangramento!

30, 2 A orde divina de escribir (cf **36,** 2) deixa entendelo interese que terán estes oráculos uns vinte anos máis tarde, logo da deportación de Xudá a Babilonia, o que explica as referencias a Israel e Xudá (vv 3. 4...).

30, 5-7 Todo o vocabulario fai referencias ó parto coma realidade dorida: un parto misterioso de homes. Pero no v 7c a angustia vólvese esperanza. Máis ca unha lembranza dos desastres do ano 722 é unha descrición poética da situación de crise do pobo de Israel nos anos 627-615, con Asiria que está a caer e cun pobo dividido entre o desterro e o propio país, e con novos elementos pagáns traídos doutras terras.

30, 7 O Ai que figura no v 6c pertence ó v 7. É paralelo coa admiración enfática ("¡Que!") do v 7. Estas expresións resaltan a situación dorida presentándoa coma un momento de purificación no día do Señor (cf Xl **1,** 15; **2,** 1; Am **5,** 18; Sof **1,** 14-18), e que prepara a chegada da salvación.

30, 8-9 Estes dous vv en prosa rítmica constitúen un oráculo que serve de comentario ó día do Señor coma día de liberación da escravitude ós estranxeiros e de sumisión a Iavé e ó Mesías davídico.

30, 8 *O xugo de Xacob:* referencia á servidume de Xacob a Labán (Xén **30,** 25ss) actualizada na sumisión dos seus descendentes ós asirios. "Ti" e "túas" refírense ó poder de Israel, que foi o primeiro destinatario do oráculo.

30, 9 O singular colectivo "Xacob", do v anterior, vólvese aquí plural de terceira persoa: advírtese a unificación dos dous reinos no descendente davídico, propia da reforma relixiosa de Ioxías e persistente nas esperanzas proféticas. A sumisión ó rei davídico non é escravitude, senón sumisión a Iavé.

30, 10-11 Oráculo de conforto e de esperanza na acción salvífica do Señor, dirixido ós desterrados de Israel do ano 722. Data dos anos 615-612 (caída de Asiria).

30, 11 Na destrucción de Asiria Israel quedará a salvo. A última frase "soamente..." é un engadido de época exílica, de cando o oráculo se leu aplicado a Xudá.

30, 12-17 Estes vv refírense a Xudá —representada en figura feminina—, e constitúen un oráculo salvífico (vv 16-17a), no medio dunha lamentación profética (vv 12-15. 17b) posterior ó ano 587.

30, 12-13 A imaxe da muller ferida, cos ósos partidos e sangrante, quere expresa-la situación de Xudá totalmente sometida ós caldeos despois do 587. Os seus amantes (os países que con ela buscaban alianzas político-militares: cf **27,** 3) abandónana.

Non hai remedio para ti: ¡que rego de
   sangue!
¹⁴Esqueceronte tódolos teus amantes,
   a ti xa non te buscan,
   castigueite con castigo de inimigo,
   con corrección cruel;
   os teus pecados multiplican a débeda
   da túa moita ruindade.
¹⁵¿Por que berras polo teu quebranto,
   pola túa profunda ferida?
   Si, os teus pecados son os que
   multiplicaron a débeda da tua moita
   ruindade,
   son eu quen che fixen isto.
¹⁶Con todo, tódolos que te devoran serán
   devorados,
   e tódolos que te perseguen irán ó
   desterro,
   os que te rouban servirán de botín,
   e a tódolos que te saquearon
   entregareinos ó saqueo.
¹⁷Restablecerei a túa saúde,
   curareite das túas feridas
   —é o Señor quen fala—.
   Chamáronte "a desaparecida",
   "Sión non ten quen a busque".
¹⁸Pero, así fala o Señor:
   —Eu son o que transformarei o desterro
   das tendas de Xacob,
   e terei piedade do seu xeito de vivir;
   cada cidade será construída no seu
   petouto,
   e cada pazo asentará no seu lugar
   propio.
¹⁹Sairán deles cántigas de agradecemento,
   e os aturuxos dos que están de festa.
   Multiplicareinos e non minguarán,
   fareinos xente de ben e non serán
   desprezables.
²⁰Os seus fillos terán os privilexios de
   antes,
   e a súa asemblea manterase firme na
   miña presencia.
   Eu castigarei a tódolos seus opresores.
²¹O xefe será un dos seus,
   e o soberano nacerá deles;
   eu fareino achegarse, e achegarase a min,
   pois ¿quen é o que pola súa conta se
   achegaría a min?
   —é o Señor quen fala—.
²²E deste xeito volveredes ser para min o
   meu pobo,
   e eu serei para vós o voso Deus.
²³Velaí a tormenta do Señor:
   sae o seu furor,
   a súa tempestade vólvese ameazadora,
   dá voltas sobre a testa dos malvados.
²⁴Non cederá o ardor da ira do Señor
   ata que realice e cumpra os proxectos do
   seu corazón.
   Ó que pasen estes días, entenderédelo.

31 ¹E entón —é o Señor quen fala—
   eu serei Deus para tódalas tribos de
   Israel,
   e eles serán o meu pobo.

Quíxente con amor eterno: por isto volverei reconstruírte, virxe de Israel

²Así fala o Señor:
   —No deserto atopa ó Bondadoso
   o pobo dos que fuxiron da espada;
   Israel vai á procura do seu acougo,
³de lonxe apareceselle o Señor.
   Quíxente cun amor eterno,
   por iso mantiven moito tempo a miña
   fidelidade.
⁴Volverei construírte e quedarás
   construída,
   virxe de Israel;
   volverás a arranxa-los teus pandeiros,
   e sairás á danza cos que están de festa.
⁵Volverás a plantar viñas nos montes de
   Samaría;

30, 14-15 Subliña o profeta que esta situación se debe ós pecados e á ruindade de Xudá.
30, 16 A curación de Xudá supón o castigo dos seus opresores.
30, 17 As expresións son unha referencia ó v 14. Aínda que os amantes se esqueceron de Xudá, o seu esposo Iavé curaraa.
30, 18-22 Estes vv constitúen un oráculo salvífico dirixido ós desterrados de Israel (= Xacob), expresado coma acción divina no v 18a e exemplarizado nunha serie de melloras, que van desde as reconstruccións materiais ata o restablecemento da alianza con Iavé (v 22).
30, 23-31, 1 Estes vv deben constitui-lo sinal da proximidade do cumprimento do oráculo salvífico, de xeito que resultan unha presentación teolóxica das conquistas caldeas do imperio asirio. Hanse de relacionar co oráculo anterior, como deixa ve-lo paralelismo de **31,** 1 con **30,** 22.
31, 2-6 Este oráculo salvífico para Israel ábrese cunha referencia ó Éxodo, que se ve coma un encontro de Israel co Deus Bondadoso, que lle revela o seu amor fiel (vv 2-3). Sobre esta base teolóxica, fórmase o oráculo salvífico en termos de reconstrucción dun novo pobo (v 4a), para tipificarse o feito salvífico nunha serie de expresións que se refiren á festa das Tendas (vv 4b-5), para acabar coa referencia á romaría desta festa que se vai celebrar en Sión (referencia clara ó santuario único da reforma deuteronómica de Ioxías).

os mesmos que as plantan, danzarán.
⁶Pois chegará o día en que berren os vixías
desde o monte de Efraím:
"¡En pé! Subamos a Sión,
onda o Señor, o noso Deus".

⁷Así fala o Señor:
—Aclamade a Xacob con gritos de alegría,
gritádelle á primeira das nacións.
Pregoade, louvade, clamade:
"Salva, Señor, o teu pobo,
salva o resto de Israel".
⁸Vede: vounos traer do país do norte,
vounos reunir desde os cabos do mundo.
Entre eles haberá cegos e coxos,
a que está en cinta xunto coa parida,
volverán en enorme multitude.
⁹Velaí, chegarán chorando;
pero entre aclamacións de agradecemento,
heinos conducir, heinos levar ós regueiros de auga
por un camiño seguro onde non han tropezar.
Si, volvereime pai de Israel,
e Efraím será o meu primoxénito.

Participación dos rescatados en banquetes

¹⁰Escoitade a palabra do Señor, pobos,
facédea coñecer nas illas de lonxe, anunciádea:
—O que dispersou a Israel, xuntarao,
e gardarao coma un pastor o seu rabaño.
¹¹Certo, rescatará o Señor a Xacob,
librarao dunha man máis forte.
¹²Chegarán para festexalo á cima de Sión,
correrán cara ós bens do Señor,
tralo trigo, o mosto e o aceite,
tralas crías do rabaño e do gando.
As súas vidas serán coma un horto ben regado,
xa nunca máis volverán a enfraquecer.
¹³Entón a virxe alegrarase na danza,
os mozos e os vellos andarán ledos;
eu cambiarei o seu loito en ledicia,
consolareinos e alegrareinos
despois da súa aflicción.
¹⁴Enchouparei en graxa a gorxa dos sacerdotes,
e o meu pobo fartarase dos meus bens
—é o Señor quen fala—.

Oráculos salvíficos

¹⁵Así fala o Señor:
—Óense berros en Ramah, cantos de loito,
choros de amargura:
Raquel está a chorar polos seus fillos,
non se quere consolar.
¡Polos seus fillos, velaí o noso loito!
¹⁶Así fala o Señor:
—Non déa-la túa voz ó pranto,
nin os teus ollos ás bágoas,
que os teus traballos terán recompensa
—é o Señor quen o di—:
os fillos volverán do país inimigo.
¹⁷O teu porvir está cheo de esperanza
—é o Señor quen o di—:
os fillos volverán á súa patria.
¹⁸Escoitar estou escoitando
como se lamenta Efraím:
"Para que eu fose ben ensinado,
ti ensináchesme con castigo,
a min, becerro que non se doma.
Para que eu me convertese,
fixéchesme converter ti, Señor, o meu Deus.

31, 7-9 Este novo oráculo sobre a volta do desterro de Israel (vv 8-9), que acaba cunha expresión da alianza en termos de paternidade-filiación do primoxénito, comeza cunha invitación á aclamación de Israel (v 7a) e unha súplica clamorosa pola súa salvación. Os LXX entenderon ou interpretaron esta súplica coma unha proclamación, cousa que tería máis senso despois do oráculo: por isto seguímo-la lectura do texto hebreo.
31, 9 As bágoas son aquí, por paralelismo, expresión da ledicia e agradecemento. *Os regueiros de auga* significan a bendición divina e a súa especial protección.
31, 10-14 Este oráculo encabézase cunha proclamación ás nacións pagás da obra de Iavé, para seguir cun oráculo de afirmación de fe (v 11), e a tipificación do oráculo salvífico describindo a ledicia da participación dos repatriados nos "bens do Señor" —os sacrificios de comuñón—, no templo de Xerusalén.
31, 14 *A graxa* era nestes pobos máis cobizada cá febra: por isto a maior parte dela queimábase no altar, coma ofrenda a Deus.
31, 15-20 Esta unidade está composta de dous oráculos salvíficos. O primeiro (vv 16-17) responde a unha elexía (v 15) posta na boca da avoa epónima Raquel (cf Xén **48**); o segundo (v 20) responde a unha lamentación cólectiva, posta na boca de Efraím (vv 18-19).
31, 15 *Ramah* era unha importante cidade de Efraím, que aquí equivale a todo o reino de Israel.
31, 16 O oráculo é unha resposta ó espírito de Raquel, que na súa vida de ultratumba chora polos seus descendentes. Deus promételle un porvir doado na súa terra.
31, 18 O "ser ben ensinado" consiste no castigo que provoca a conversión.

¹⁹Desde que me convertín,
   sentinme consolado,
   e despois de me dar conta
   empecei a petar nos cadrís:
   cubrinme de vergonza e de ignominia,
   de ter que soporta-lo oprobio da miña
       xuventude".
²⁰¿Non é Efraím para min o fillo tan
       estimado,
   non é o fillo do meu contentamento?
   Cantas veces falo contra el,
   outras tantas o teño que relembrar,
   por iso conmóvense as miñas entrañas
       por el,
   teño que compadecerme del
   —é o Señor quen fala—.

Chamada a voltar do desterro e á conversión

²¹Levanta os marcos de sinal nos teus
       camiños,
   pon os teus indicadores,
   pon moita atención ó vieiro,
   á verea por onde vas.
   Volve, virxe de Israel,
   volve a estas túas cidades.
²²¿Ata que día andará de aquí para alí
   esta filla divorciada?
   Cando o Señor cree o novo pacto no
       país,
   a muller volverá ó seu home.

Restauración de Xudá

²³Así fala o Señor dos Exércitos, o Deus de
       Israel:
   —Cando eu traia os desterrados,
   volveranse repetir
   no país de Xudá e nas súas cidades estas
       verbas:

   "Que o Señor te bendiza,
   rexión de lexítima morada, monte do
       santuario".
²⁴Alí morarán Xudá e tódalas súas
       cidades,
   alí se xuntarán os xornaleiros
   para saíren canda o rabaño.
²⁵Eu saciarei de auga súa gorxa esgotada,
   encherei toda gorxa esmorecente.
²⁶E, nisto, espertei e deime conta
   de que o meu soño resultaba ledo.

Reconstrucción de Xudá e nova orde de xustiza

²⁷Velaquí están os días
   —é o Señor quen fala—
   nos que sementarei a casa de Xudá
   e a casa de Israel
   con semente de homes e semente de
       animais.
²⁸E do mesmo xeito que os tiven en
       vixilancia
   para arrincar e derrubar,
   para aniquilar, para destruír e para
       danar,
   así tamén montarei vixilancia sobre
       eles
   para construír e para plantar
   —é o Señor quen fala—.
²⁹Nos días que están a chegar,
   xa non se volverá dicir:
   "Os pais comeron as uvas verdes, e os
       fillos teñen os dentes limados",
³⁰senón que cada un morrerá pola súa
       propia culpa.
   Se alguén come uvas verdes,
   será el quen perda os dentes.

31, 19 A conversión a Iavé leva consigo a participación das súas bendicións, e o recoñecemento da loucura de abandona-lo Señor.
Petar nos cadrís era un xesto de arrepentimento, propio do ritual de lamentación colectiva. O oprobio da mocidade refírese, en imaxe poético-erótica, ás infidelidades á alianza divina.
31, 20 *As entrañas* son a raíz dos sentimentos, especialmente da compaixón.
31, 21 *Marcos de sinal.* O paralelismo con "indicadores" recomenda esta interpretación. Por outra banda o vocábulo traducido aparece no arameo targúmico con sentido de "sinal indicador dun camiño", ou da proximidade dun lugar.
Indicadores. A raíz do vocábulo hebreo traducido aparece na lingua ugarítica co senso de "conducir". O senso deste v é o da chamada ós deportados de Israel para que volvan ó seu país.
31, 22 Este v interpreta a volta ó país coma unha volta da filla, divorciada de Iavé, onda o primeiro marido: por isto fala dun "pacto novo". *Filla divorciada:* ou apóstata. Esta referencia fai que entendámo-lo verbo "hamaq" coma expresión de coqueteo nas alianzas dos desterrados de Israel con Asiria e máis tarde cos babilonios.
31, 23-26 Oráculo de restauración, recibido nun soño profético (cf v 26). O texto débese probablemente ós deuteronomistas do desterro babilónico.
31, 23 *Santuario:* o artigo, que acompaña o adxectivo "qódex" —e non o nome—, dálle un senso concreto: por iso hase de entender como "santuario", referindo toda a frase ó monte Sión e ó templo de Xerusalén.
31, 25 *Gorxa* (heb. "néfex"): as frases refírense ás comidas e bebidas dos banquetes sacrificiais (cf nota ós vv 10-14).
31, 27-30 Estes vv constitúen literariamente dous oráculos salvíficos, dos que o primeiro (vv 27-28) é un comentario a **1, 10**, aplicado ás esperanzas de restauración dos reinos de Xudá e de Israel, que deben ter orixe no desterro babilónico, pois o v 28 é semellante a Is **49**, 19-20; e o segundo (vv 29-30) tamén debeu de ser obra dos discípulos deportados, por referirnos un refrán dos desterrados da segunda xeración, ofrecido tamén por Ez **18**, 2, e que reflexa o novo estilo de retribución divina individual.

A nova alianza

³¹Velaquí os días
—é o Señor quen fala—
nos que pactarei coa casa de Xudá e co reino de Israel
unha alianza nova;
³²non coma a alianza que pactei cos seus pais,
o día no que os collín pola man
para os sacar do país de Exipto;
pois eles quebrantaron o meu pacto,
aínda que eu seguín sendo o seu Señor
—é o Señor quen fala—.
³³Velaquí o pacto que eu hei pactar coa casa de Israel
despois deses días —é o Señor quen fala—:
Hei mete-la miña lei nas súas entrañas,
escribireina nos seus corazóns,
serei para eles o seu Deus,
e eles serán para min o meu pobo.
³⁴Xa ninguén terá que instruí-lo compañeiro,
xa ninguén terá que instruí-lo seu irmán,
dicíndolle: "Respectade o Señor";
senón que todos eles me farán caso,
desde o máis noviño ó máis grande
—é o Señor quen fala—,
pois eu perdoaréille-la súa iniquidade,
e xa non me lembrarei máis dos seus pecados.

Inquebrantable fidelidade do Señor á alianza nova

³⁵Así fala o Señor, que establece o sol para luz do día,
que establece as leis da lúa e das estrelas para luz da noite;
o que alporiza ó mar e braman as súas ondas;
o seu nome é Señor dos Exércitos:
³⁶Cando fallen todas estas leis
na miña presencia —é o Señor quen fala—,
tamén a raza de Israel deixará
de ser pobo na miña presencia para sempre.
³⁷Así fala o Señor:
Cando se cheguen a medi-los ceos desde o alto,
cando se exploren os alicerces da terra no profundo,
tamén eu rechazarei a toda a estirpe de Israel,
por todo o que fixo —é o Señor quen fala—.

Reconstrucción de Xerusalén

³⁸Veñen días —é o Señor quen fala—
nos que se construirá a cidade para o Señor
desde a Torre de Hananel á Porta da Esquina.
³⁹E o seu cordel de medir continuarase estendendo
en presencia do Señor pola ladeira de Gareb
e dará a volta na dirección de Goat.
⁴⁰Todo o barranco será para os ósos e para a cinsa
das graxas dos sacrificios,
e tódolos campos ata o nacente

31, 31-34 Oráculo salvífico da última época da vida de Xeremías, pois supón unha reflexión teolóxica sobre a traxedia da súa vida profética: predica —sen éxito— a renovación da alianza para os desterrados de Israel; predica a fidelidade á alianza en Xudá coma único medio de conseguir seguridade no tráxico momento no que vive; e, por outra banda, ten a experiencia positiva da fidelidade dos seus discípulos. Todo isto o leva a comprender que a Alianza salvífica é unha alianza que non é novo código (coma o do Sinaí: v 32), senón unha alianza nova (de calidade distinta e superior), na que Deus mesmo interiorice na experiencia da fe os compromisos (coma o compromiso vocacional do profeta) e na que El, por benevolencia, perdoe os pecados e cambie as situacións. Aínda que o texto non conteña as mesmas palabras de Xeremías, soamente el podía chegar a estes fondos pensamentos.

31, 31 *Alianza nova:* o adxectivo "hadax" non significa acabada de facer, senón que expresa unha cualidade distinta, unha superioridade nos valores.

31, 32 *Seguin sendo o seu Señor:* non obstante a infidelidade da xente, Deus seguiu sendo o "marido fiel" do pobo.

31, 33 *As entrañas:* son as vísceras, o interior do home, e equivalen na nosa concepción do home á psicoloxía do ser humano. *O corazón* é asento dos plans, proxectos e intencións. A novidade da alianza (serei o seu Deus... serán o meu pobo) que Deus promete, está nestas interiorizacións e marcaxe psicolóxica do pobo: por isto compréndese ben o que di o v 34a.

31, 34 *Respectade o Señor:* lit. "coñecede a Iavé": un coñecemento que supón obediencia e respecto (cf **2**, 8; **4**, 22; **9**, 2; **22**, 16; **24**, 7). O perdón dos pecados non é algo anterior nin posterior a esta experiencia de Deus, senón algo concomitante, pois o pecado non vén tanto dos feitos, canto das actitudes das que xorden os feitos.

31, 35-37 Estes vv, en forma de oráculo, constitúen un comentario sapiencial ó compromiso de fidelidade de Iavé, na nova alianza co seu pobo, pois as hipóteses que se propoñen, eran, para o estado da ciencia daquel momento, absolutamente irrealizables.

31, 38-40 Estas preocupacións pola reconstrucción da cidade tamén son propias de Ezequiel.

A Torre de Hananel estaba ó N.E. da muralla. *A Porta da Esquina,* ó N.O. (cf 2 Re **14**, 13). *A Porta dos Cabalos* estaba ó S.E. De *Gareb* non se coñece a ubicación; e *Goat* debe se-la conxunción dos tres vales: Guehenna, Tiropeón e Cedrón.

ata o regato Cedrón e ata a esquina da Porta dos Cabalos serán cousa sacra dedicada ó Señor, que nunca máis volverá ser destruída nin arrasada.

A merca dun campo durante o asedio, sinal e anticipo da Salvación

32 ¹Esta é a palabra que de parte do Señor lle veu a Xeremías no ano décimo de Sedecías, rei de Xudá, o que corresponde ó ano décimo oitavo de Nabucodonosor.

²Naquel entón os exércitos do rei da Babilonia estaban a cercar Xerusalén, mentres o profeta Xeremías estaba preso no patio da garda que había no palacio do rei de Xudá. ³Prendérao Sedecías, o rei de Xudá, acusándoo:

—¿Por que profetizas ti dicindo: así fala o Señor: "Eu entrego esta cidade ó poder do rei de Babilonia, para que a conquiste? ⁴E Sedecías, o rei de Xudá, non se escapará das mans dos caldeos, senón que será entregado de certo no poder do rei de Babilonia, e falarán cara a cara, e veranse fronte a fronte. ⁵El conducirá a Babilonia a Sedecías, quen quedará alí ata que eu me ocupe del —é o Señor quen fala—. Aínda que resistades contra os caldeos, non sairedes con éxito".

⁶Entón dixo Xeremías:

—A palabra do Señor veu a min nestes termos: ⁷Velaí vén Hanamel, fillo do teu tío Xalum, onda ti, a dicirche: "Merca para ti o campo que eu teño en Anatot, xa que es ti o que ten dereito de rescate para adquirilo". ⁸E, efectivamente, segundo a palabra do Señor, chegou Hanamel, o meu primo, o fillo do meu tío, ó patio da garda, e díxome: "Mércame o campo que teño en Anatot, na rexión de Benxamín, xa que ti te-lo dereito de herencia e a ti correspóndeche rescatalo: cómprao para ti". E eu comprendín que aquilo era unha orde de Deus, ⁹e merqueille a Hanamel, fillo do meu tío, o campo que el tiña en Anatot e peseille a prata: dezasete siclos foi o prezo. ¹⁰Escribín o documento de compra, seleino e cerreino, fixenlle lo asinar ás testemuñas e pesei a prata na balanza. ¹¹Logo collín a escritura da compra, o texto selado e cerrado coa lei e coas determinacións, e o texto aberto, ¹²e entregueille o documento de compra a Baruc, fillo de Nerías, fillo de Maseías, á vista de Hanamel, o meu primo, á vista das testemuñas, que asinaran a escritura da compra, e á vista de tódolos xudeus que estaban presentes no patio da garda: ¹³á vista deles, deille a Baruc esta orde: ¹⁴"Así fala o Señor dos Exércitos, o Deus de Israel:

Colle estes documentos, a escritura desta compra, a escritura cerrada e selada e esta escritura aberta, e ponos nunha ola de barro para que duren moito tempo, ¹⁵pois así fala o Señor dos Exércitos, o Deus de Israel: Aínda se volverán mercar casas, campos e viñas neste país".

¹⁶Despois de lle dar a Baruc, fillo de Nerías, o documento da compra, dirixinlle ó Señor esta oración:

32, 1-44 Este xesto simbólico-profético comeza cunha introducción de carácter biográfico (vv 1-5), na que se ofrecen: a datación (ano 588/7), as circunstancias da vida en asedio do profeta, preso no patio da garda do rei, e a razón da prisión. Os seus oráculos proféticos resultan unha invitación á deserción (vv 3-5). No v 6 comeza o relato autobiográfico: comunicación divina da chegada do primo Hanamel para que o profeta exerza os seus dereitos de "goel", comprándolle un campo que precisa vender; cumprimento da palabra de Deus, que o profeta entende coma unha orde, polo que compra o campo (vv 6-13); e, por orde divina, coma explicación do valor simbólico, entrégalle o documento a Baruc, o escribán e discípulo seu, para que o garde ben, pois é un sinal profético de tempos mellores. Os vv 16-44 son unha oración do profeta, coa que, despois de lembrar tódolos dons de Deus (vv 17-23a), pasa a falarlle ó Señor da desobediencia do pobo coma resposta desagradecida ós dons e amor de Deus. Esta desobediencia xustifica o asedio coma castigo que está sufrindo o pobo (vv 23b-24), para acabar subliñando a súa sorpresa ante unha inversión con perspectivas de tan pouco rendemento. A oración do profeta ten a resposta oracular nos vv 26-44: un oráculo de xuízo de castigo, cunha longa acusación (vv 28-35), para acaba-la explicación da pretendida perplexidade do profeta cun longo oráculo salvífico (vv 36-44). Parece que o agrandamento do tema (vv 17-44) non é orixinal de Xeremías, senón dos discípulos, porque abundan as referencias a outros lugares de Xeremías, e porque tenciona clarificar e case dramatiza-lo tema da merca simbólica, suficientemente expresada nos dezaseis primeiros vv.

32, 3 *Ó poder:* lit. "na man", signo antropolóxico da liberdade de acción.

32, 4 *Falarán... fronte a fronte:* lit. "a súa boca falaralle á boca del, e os seus ollos verán os ollos del".

32, 5 *Aínda que... non sairedes con éxito:* estas frases faltan na versión dos LXX, e deben ser unha glosa, que completa o texto coa historia posterior.

32, 8 Sobre o dereito de rescate das fincas dos familiares, cf Lev **25,** 25. A finalidade desta lei, que reflexa a solidariedade familiar dos antigos beduínos, é que os bens non saian da familia (cf Rut **2,** 20 e nota).

32, 9 *O prezo:* lit. "a prata", que aquí, por mor do artigo, ten o valor de prezo.

32, 10 Os documentos escribíanse con tódalas estipulacións legais que autorizaban a compra, e asinábanse e selábanse; logo, cerrábase o escrito e atábase con dous cordeis; e, na parte de abaixo, que quedaba en branco, copiábase o seu contido, que sempre se podía comprobar na parte cerrada.

¹⁷—¡Ai, meu Señor, meu Deus! Ti fixéche-lo ceo e maila terra
co teu grande poder e co teu brazo estendido,
nada hai demasiado difícil para ti.
¹⁸Ti usas de fidelidade con miles e miles,
mentres que devólve-la iniquidade dos pais
ó seo dos fillos que os suceden.
Este é o gran Deus, o guerreiro valente;
Señor dos Exércitos é o seu Nome.
¹⁹¡Grandeza a deste plan, sublimidade a destes feitos!
Pois os teus ollos están ben abertos
sobre o comportamento de tódolos homes,
para darlle a cada un conforme a súa conducta
e os froitos das súas obras.
²⁰Mostrácheste realizando sinais e prodixios
no país de Exipto ata o día de hoxe,
e deste xeito en Israel e en todo o mundo
adquiriches un renome coma o que hoxe tes,
²¹xa que sacáche-lo teu pobo Israel
do país de Exipto con sinais e con prodixios,
con man forte e brazo estendido,
con impresionante poder,
²²e décheslles esta terra
que lles xuraras dar a seus pais,
terra que deita leite e mel.
²³Entraron e tomaron posesión dela,
pero non escoitaron a túa voz,
nin seguiron as túas normas,
non fixeron o que ti lles mandaras facer.
Por isto fixeches que lles acontecese toda esta desgracia.
²⁴Velaquí as rampas de asedio que chegan á cidade para conquistala,
a cidade entrégase ó poder dos caldeos,
que a estiveron asediando coa espada, a fame e a peste.
Está a suceder o que eu dixen, e ti estalo a ver.
²⁵Pero, ti, meu Señor, Deus, acábasme de dicir:
"Merca o campo con prata, fai asinar ás testemuñas",
cando a cidade está sendo entregada ós caldeos.
²⁶Entón veulle a Xeremías a palabra do Señor nestes termos:
²⁷—Eu, o Señor, son o Deus de tódolos homes:
¿acaso hai algo imposible para min?
²⁸Por isto, así fala o Señor:
—Vou entregar esta cidade ó poder dos caldeos, ó poder de Nabucodonosor, rei de Babilonia, que a conquistará.
²⁹Os caldeos que están asediando esta cidade entrarán nela e prenderanlle lume; incendiarán as casas onde, nas terrazas, queimaron incenso en honor de Baal e verteron libacións a deuses alleos para anoxarme a min. ³⁰Pois foron os fillos de Xudá e mailos fillos de Israel os que xa desde a súa mocidade estiveron cometendo maldades ós meus ollos; certo, os fillos de Israel estanme a ofender coas prácticas idolátricas —é o Señor quen fala—. ³¹A pesar da miña ira e a pesar do meu furor, esta cidade está contra min desde o día en que a construíron ata o día de hoxe. ¡Que se aparte da miña presencia, ³²por toda a maldade dos fillos de Israel e dos fillos de Xudá que me fixeron enfadar: eles, os seus reis, os seus principais, os seus sacerdotes, os seus profetas, os homes de Xudá, os habitantes de Xerusalén! ³³Volvéronme as costas e non deron a cara. Ensinéille-la sabedoría, pero eles non aprenderon a lección do castigo. ³⁴Poñen as súas abominacións no templo sobre o que se invoca o meu Nome para profanalo. ³⁵Ollade: nos outeiros do val de Ben-Hinnom construíron os altares de Baal para pasar polo lume os seus fillos e mai-las súas fillas en honor de Molok, cousa que nin eu lles mandei; nin se me veu á cabeza que fixesen semellante horror, extraviando deste xeito a Xudá. ³⁶Pois ben, agora así fala o Señor, Deus de Israel, encol desta cidade, que vós vedes que está á mercede do poder do rei de Babilonia, da espada, da fame e da peste.
³⁷"Vede que os vou xuntar de tódolos países a onde os dispersei por causa da miña

---

32, 18 *Fidelidade*: refírese aquí á fidelidade á alianza.
32, 21 *Con impresionante poder*: lit. "con grande temor"; pero o temor bíblico non sae do medo, senón que é o sentido de impotencia que o home sente ante a manifestación do poder de Deus.
32, 22 *Deita*: no senso de manar.
32, 27 *Tódolos homes*: lit. "toda carne", subliñando o matiz da debilidade do home.

32, 30 *Prácticas idolátricas*: lit. "obras das súas mans", referidas á construcción dos ídolos e ós actos de culto idolátrico praticados.
32, 33 *Ensinéille-la sabedoría*: aquí ten o valor de mostrarlles co castigo cal era a verdadeiro camiño do éxito.
32, 36 *Vós vedes*: o verbo hebreo "amar", ten aquí, como no acádico, o senso primitivo de "ver", e non o de "dicir".

ira, da miña furia e do meu grande noxo, e farei que volvan a este lugar e que vivan con toda a seguridade. ³⁸Eles serán o meu pobo e eu serei o seu Deus. ³⁹Daréille-la mesma mentalidade e o mesmo comportamento, de xeito que me respecten sempre. ¡Que ben será para eles e para os fillos que os sucedan! ⁴⁰Pactarei con eles unha alianza eterna; non me apartarei deles para lles facer ben e porei o meu respecto no seu corazón, de xeito que non se aparten da miña presencia. ⁴¹Alegrareime neles facéndolles ben e na miña fidelidade heinos plantar nesta terra con todo o meu corazón e con tódalas miñas forzas".

⁴²Así fala o Señor: —O mesmo que trouxen sobre este pobo toda esta grande calamidade, así tamén lles traerei todo o ben que lles estou prometendo. ⁴³Mercarase o teu campo neste país que vós estades vendo feito unha desolación por falta de homes e de animais, que está sendo entregado ó poder dos caldeos. ⁴⁴Mercarán campos con prata, redactarase a escritura, asinarana e cerrarana e firmarán as testemuñas na rexión de Benxamín, nos arredores de Xerusalén, nas cidades de Xudá, nas cidades da montaña, nas cidades da Xefelah e nas cidades do Négueb, xa que eu farei volve-los seus cativos —é o Señor quen fala—.

Oráculos salvíficos para Xudá e Xerusalén

33 ¹A palabra do Señor veulle de segundas a Xeremías nestes termos, mentres continuaba aínda preso no patio da garda.

²Así fala o Señor, que o fará; o Señor, que lle dará forma;

o Señor daralle o ser;

o seu nome é Iavé:

³—Chámame e respondereiche,

e mostrareiche cousas grandes e inaccesibles:

ti non as coñeces.

⁴Así fala o Señor, Deus de Israel, acerca das casas desta cidade e dos palacios dos reis de Xudá que están para ser arrasados. A forza das rampas de asedio e a forza da espada ⁵veñen loitar xunto cos caldeos: encheranos a eles de cadáveres de homes que eu ferín coa miña ira e co meu furor, xa que lle escondín a miña cara a esta cidade por toda a súa maldade. ⁶Pero velaquí que eu lle poñerei á cidade remedios e curas, e curareina; descubriréille-las riquezas da paz e da fidelidade. ⁷Farei volve-los cativos de Xudá e os cativos de Israel, e restablecereinos coma no principio. ⁸Purificareinos de toda a súa iniquidade, coa que pecaron contra min; perdoarei tódalas iniquidades coas que pecaron contra min e coas que se rebelaron contra min. ⁹Isto será para min un alegre renome, un motivo de louvanza e de gloria ante tódolos pobos da terra, que oian todo o ben que eu lles fixen a Xudá e a Israel; os pobos saltarán e brincarán de ledicia por todo o ben e toda a paz que eu lles fixen.

¹⁰Así fala o Señor: neste lugar que vós vedes que está devastado por falta de homes e por falta de animais; nas cidades de Xudá e nas rúas de Xerusalén, desoladas por falta de homes, por falta de habitantes e por falta de animais, aínda se volverán oír ¹¹berros de alegría e voces de gozo, o cantar do esposo e a cántiga da esposa, e a salmodia dos que, ó presentaren o sacrificio de acción de gracias no templo do Señor, dirán: "Louvade o Señor dos Exércitos ¡Que bo é o Señor! ¡Eterna é a súa fidelidade!".

32, 40 *Alianza eterna* (cf Is **24**, 5), porque a fidelidade de Deus é eterna. O hebreo entende a alianza coma unha relación de presencia: por isto "o temor" non ten o senso de medo que fai fuxir, senón o de respecto e veneración. Nótese que o corazón está polas intencións e plans da persoa, non polos sentimentos.

32, 41 *Forzas:* é o matiz que ten aquí o vocábulo hebreo "néfex".

33, 1-13 As circunstancias destes oráculos son as mesmas de **32,** 1ss. O texto ábrese cun primeiro oráculo referido á revelación profética (v 3), presentado cunha fórmula de introducción especialmente solemne, pois ó nome de Iavé engadíronselle fórmulas hímnicas que subliñan o poder creacional de Deus. O primeiro oráculo de revelación (vv 4-9) é un oráculo salvífico sobre Xerusalén, Xudá e Israel, que servirá de revelación de Iavé ante os pobos. O segundo oráculo (vv 10-11) alude ó templo e ás rúas de Xerusalén, a onde volverán a salmodia e as cántigas de amor co retorno dos cativos. O terceiro oráculo (vv 12-13) contempla os campos do país, que se volverán encher de rabaños. Nos tres oráculos, o elemento de contraste antecede os oráculos, e ten a función de presentárno-las circunstancias históricas, que coinciden co v 1.

33, 2 *Fará, dará forma...:* son termos creacionais, pero referidos ós feitos salvíficos dos que acaba de falar e segue falando. *Daralle o ser:* verbo en forma causativa, que equivale a "facer ser", "darlle o ser".

33, 5 *Escondín á miña cara:* signo antropomórfico da presencia benévola.

33, 9 Esta ledicia dos pobos xorde do recoñecemento do poder salvífico e da divindade de Iavé, preparándose deste xeito a doutrina do universalismo salvífico.

33, 10 *Neste lugar:* o heb. "maqom" debe ter aquí sentido de santuario, aínda non arrasado, pero si falto de fieis e de reses para os sacrificios (cf a referencia ós sacrificios de acción de gracias do v 11, que está en paralelismo con esta referencia inicial).

XEREMÍAS

33, 12

Si, eu farei volve-los cativos desta nación coma nun principio —dío o Señor—.

¹²Así fala o Señor dos Exércitos: neste país desolado por falta de homes e por falta de animais, e en tódalas súas cidades, aínda volverá haber pasteiros de pastores que fagan descansa-los seus rabaños. ¹³Nas cidades da montaña, nas cidades da Xefelah, nas cidades de Négueb, na rexión de Benxamín, nos arredores de Xerusalén e nas cidades de Xudá, aínda volverán pasa-las reses ante as mans do que as conta —di o Señor—.

Fidelidade de Deus á Alianza

¹⁴Velaquí os días —é o Señor quen fala— nos que cumprirei a promesa
que lles fixen á casa de Israel e á casa de Xudá.
¹⁵Nos días aqueles e no intre aquel
farei abrollar de David un retoño lexítimo,
que practicará o dereito e a xustiza no país.
¹⁶Nos días aqueles
salvarase Xudá,
e Xerusalén descansará na seguridade,
e este lugar chamarase: "¡Iavé, nosa xustiza!".

¹⁷Certo, así fala o Señor: non será privado David dun que sente no trono da casa de Israel, ¹⁸nin ós sacerdotes levíticos os privarán de que me sirvan na miña presencia ofrecendo holocaustos, queimando ofrendas e celebrando o sacrificio de tódolos días.

¹⁹Veulle a palabra de Deus a Xeremías nestes termos: ²⁰Así fala o Señor: —Cando quebrantan a miña alianza de día e cando a quebrantan de noite, o meu corazón estarrece día e noite polo seu matinar; ²¹de certo que rompe o meu pacto co meu servo David, que non lle faltaría un fillo que fose rei no seu trono, e rompe o meu pacto cos sacerdotes levíticos, meus servidores. ²²Pero o mesmo que non se contan as estrelas do ceo, nin se dá medido a area do mar, así hei de multiplica-la descendencia de David, o meu servo, e a dos levitas que me serven a min.

²³Logo veulle a palabra do Señor a Xeremías nestes termos:
²⁴—¿Acaso non viches o que este pobo di? "As dúas familias que o Señor escollera, rechazounas". Así rexeitan o meu pobo e non o consideran pobo ante eles.

²⁵Así fala o Señor:
Tan certo como cumpro a miña alianza co día e coa noite, e teño establecidas as leis do ceo e da terra, ²⁶así non rexeito a descendencia de Xacob e de David, o meu servidor, nin deixarei de coller dela os xefes para a descendencia de Abraham, Isaac e Xacob. Certo, eu rescatarei a súa cativade e compadecereime desta descendencia.

Oráculos sobre Sedecías

34 ¹Cando Nabucodonosor, rei de Babilonia e o seu exército, tódolos reinos da zona do seu dominio e todos estes pobos estaban en guerra contra Xerusalén e contra tódalas súas cidades, a palabra de parte do Señor veulle a Xeremías nestes termos: ²así fala o Señor, Deus de Israel:

—Vai e dille a Sedecías, rei de Xudá: Así fala o Señor: eu entrego esta cidade nas mans do rei de Babilonia que a incendiará. ³Ti non escaparás da súa man; ben certo que serás arrestado e entregado á súa disposición; os teus ollos verán os ollos do rei de Babilonia e el en persoa falará contigo, e irás a Babilonia. ⁴Con todo, escoita Sedecías, rei de Xudá, a palabra do Señor: así fala o Señor acerca de

---

33, 14-26 Esta sección recolle tres oráculos, que deben datarse nos días da caída de Xerusalén, en tempos de Sedecías (ano 587). Trátase neles do rexeitamento divino das dúas familias escollidas, a de David e a de Leví. Os oráculos afirman a fidelidade de Iavé ás súas promesas. O primeiro (vv 14-18), despois do título xeral da sección (v 14) afirma que a promesa feita a David (2 Sam **7,** 16) mantén en pé a súa liña de descendencia, e que se cumprirá o significado do nome do rei Sedecías (= Iavé é a xustiza). No v 18 afírmase a vixencia da promesa feita a Leví. O segundo oráculo (vv 19-22) resolve o problema da deportación do rei Sedecías e dos sacerdotes, pola abundancia dos seus descendentes, aceptando o feito de que, ante a infidelidade humana á alianza, Deus rompe o pactos cos individuos concretos. O terceiro oráculo (vv 23-26) contrasta o dito do pobo de que Deus rexeitou ás dúas familias (levítica e davídica), cunha afirmación enfática

da vixencia da alianza de Deus con David, que se fai remontar á alianza con Xacob.
33, 15-16 O mesmo texto aparece, en función redaccional, en **23,** 5-6.
33, 26 *Nin deixarei de coller:* seguirei collendo. Xeremías considera a promesa feita a David como continuación e consecuencia das promesas feitas ós patriarcas.
34, 1-7 Este texto contén dous oráculos: o primeiro (vv 2-3) é de anuncio de castigo para a cidade e para o rei; mentres que o segundo (vv 4-5) é máis ben un oráculo relativamente salvífico, pois supón unha suavización do castigo anunciado nos vv 2-3. O texto oracular está introducido no v 1 e rematado nos vv 6-7 por unhas notas redaccionais, que subliñan datos diferentes da mesma situación histórica, o asedio do ano 588/7.
34, 4 *Con todo:* dálle ó oráculo salvífico que introduce un senso restrictivo de oráculo de castigo.

ti: non morrerás a espada. ⁵Morrerás en paz e o mesmo que se queimaron perfumes polos teus pais, os primeiros reis, teus antepasados, así tamén os queimarán por ti e chorarán por ti: "Ai, Señor". Son eu quen che dou a miña palabra —é o Señor quen fala—.

⁶E o profeta Xeremías díxolle a Sedecías, o rei de Xudá, todas estas cousas en Xerusalén, ⁷mentres as forzas do rei de Babilonia estaban loitando contra Xerusalén e contra as cidades de Xudá que aínda resistían: contra Laquix e Azecah, pois elas eran, entre as cidades de Xudá, as cidades fortes que quedaban.

⁸Esta é a palabra que lle veu a Xeremías de parte do Señor, logo que o rei Sedecías fixo con todo o pobo, que se atopaba en Xerusalén, o pacto de proclamaren a liberdade dos escravos; ⁹o pacto de que cada un mandaría libres o seu escravo e a súa escrava, hebreo ou hebrea, de xeito que por eles —por hebreos— non fose servido ningún irmán seu. ¹⁰Fixéronlle caso tódalas autoridades e todo o pobo que entrara no pacto de que cada un mandaría libres o seu servo e maila súa serva, de xeito que non serían máis servidos por eles. Mantiveron a palabra e deixáronos ser libres. ¹¹Despois volvéronse da palabra dada e fixeron retorna-los servos e servas que deixaran libres, e fixeron que os servisen coma servos e coma servas.

¹²Entón veulle de parte do Señor a Xeremías a palabra do Señor nestes termos: ¹³Así fala o Señor, Deus de Israel:

—Eu son quen fixo un pacto con vosos pais o día que os saquei do país de Exipto, da casa de escravos, nestes termos: ¹⁴"Ó cabo de sete anos, cada un de vós liberará o seu irmán hebreo que lle fora vendido. Servirate seis anos, logo mandaralo libre de onda ti". Pero os vosos pais non me fixeron caso, nin prestaron oído. ¹⁵E vós hoxe xa vos converterades e fixeráde-lo que é xusto ós meus ollos, ó proclamardes cada un a liberdade para o seu irmán e facerdes un pacto diante de min, na casa onde se invoca o meu Nome. ¹⁶Pero volvéstesvos atrás e profanáste-lo meu Nome, facendo cada un de vós volve-lo seu servo e a súa serva, que mandarades libres, e sometéstelos a ser servos e servas vosos.

¹⁷Por iso, así fala o Señor: vós non me fixestes caso ó proclamardes cada un a liberdade para o seu irmán e para o seu compañeiro. Eu estou a proclamar contra vós a liberdade da espada, da peste e da fame, e convertereivos en algo que fará estremecer a tódolos reinos da terra —é o Señor quen fala—. ¹⁸Os homes que quebrantaron o meu pacto, que non mantiveron os compromisos que eles pactaron, a estes entregareinos ás maldicións pronunciadas na presencia do becerro que cortaron en dous, pasando por entre os anacos.

¹⁹Ás autoridades de Xudá e ás autoridades de Xerusalén, ós eunucos e ós sacerdotes e a tódolos campesiños, que pasaron entre os dous anacos do becerro, ²⁰entregareinos ó poder dos seus inimigos e ó poder dos que andan á busca da súa vida, e o seu cadáver servirá de carniza para os paxaros do ceo e para os animais da terra. ²¹E a Sedecías e ós seus ministros entregareinos ó poder dos seus inimigos, ó poder dos que andan ó axexo da vida e ó poder dos exércitos do rei de Babilonia que se están retirando da vosa presencia. ²²Eu dou unha orde —é o Señor quen fala—, e fareinos volver a esta cidade: loitarán contra ela e prenderanlle lume; converterei as cidades de Xudá nunha desolación sen habitantes.

34, 5 Sobre a queima de perfumes no ritual funerario, cf 2 Cro **16,** 14; **21,** 19.

34, 8-22 Esta unidade consiste fundamentalmente nun discurso (vv 13-22), composto no esquema dun oráculo de xuízo de castigo, coa acusación nos vv 13-16, e co xuízo de castigo nos vv 17-22. Os vv 8-12, e especialmente os vv 21-22, preséntanno-las circunstancias. Indo xa avanzado o asedio de Xerusalén, polo tanto na primavera do 587, as autoridades entenden que é mellor manumiti-los escravos hebreos, cumprindo así a lei do Dt **15,** 12-13 (cf vv 9 e 14), pois na angustia pénsase en Deus e na súa lei. Por outra banda, os escravos de nada servían para os intereses da familia, e, cando menos, non había que mantelos; con todo, dáselle ó rito un carácter relixioso (cf vv 15.18-19), sacralizando o pacto cun sacrificio e coas bendicións e maldicións; pero, cando na primavera do mesmo ano as tropas caldeas levantan o asedio, ó acudiren exipcios en axuda dos asediados (vv 21-22), entón os que manumitían escravos vólvenos a someter á escravitude.

34, 8 *De proclamaren:* lit. "de que a liberdade dos escravos sería proclamada por eles".

34, 14 Dt **15,** 12-13.

34, 16 *Libres:* lit. "libres no seu néfex"; pero aquí o "néfex" significa a libre disposición dun mesmo.

34, 18 *Compromisos:* lit. "palabras", "preceptos". *Na presencia do becerro:* referencia ó ritual do pacto (cf Xén **15,** 17ss).

Xesto simbólico cos recabitas: discurso

35 ¹Esta é a palabra que de parte do Señor lle veu a Xeremías no tempo de Ioaquim fillo de Ioxias, rei de Xudá, nestes termos:
²—Vai á familia dos recabitas e trata con eles de que veñan ó templo do Señor, a un dos comedores, e logo dálles de beber viño.
³Eu fun buscar a Iazanías, fillo de Xeremías, fillo de Habasinías, ós seus irmáns, a toda a súa familia e a toda a familia dos recabitas, ⁴e tróuxenos ó templo do Señor, ó comedor dos fillos de Hanán, fillo de Igdalías, o home de Deus; ese comedor está ó lado do das autoridades e enriba da alcoba de Maseías, fillo de Xalum, garda da entrada. ⁵Puxen diante dos fillos do clan dos recabitas xarras cheas de viño e tazas, e díxenlles:
—Bebede viño.
⁶Pero eles responderon:
—Nós non beberemos viño, xa que Ionadab, fillo de Recab, o noso pai, deunos estas normas: "Non bebades viño nunca máis nin vós nin os vosos fillos; ⁷non construades casa, nin sementedes semente, nin plantedes viñas nin as teñades, xa que habitaredes en tendas toda a vosa vida, para deste xeito vivirdes moitos días na terra onde viviredes peregrinos". ⁸E nós vimos obedecendo as instruccións que Ionadab nos deu, tocantes a non bebermos viño durante toda a nosa vida, nin nós nin as nosas mulleres, nin os nosos fillos, nin as nosas fillas; ⁹e tocantes a non construírmos casas para vivir, nin termos viñas, nin campos, nin sementes, ¹⁰e vivirmos en tendas. Nós obedecemos e facemos todo o que nos mandou Ionadab, noso pai. ¹¹Pero cando Nabucodonosor, rei de Babilonia, subiu a este país, nós dixemos: "É mellor entrar en Xerusalén para fuxir do exército dos caldeos e do exército dos arameos", e por isto vivimos en Xerusalén.

¹²Logo veulle a Xeremías a palabra do Señor nestes termos:
¹³—Así fala o Señor dos Exércitos, Deus de Israel: vai dicirlle a cada home de Xudá e ós habitantes de Xerusalén: ¿Non aprendéde-la lección para obedecérde-las miñas palabras? —é o Señor quen fala—. ¹⁴Eles gardan as palabras de Ionadab, fillo de Recab, quen lles deu ós seus fillos instruccións para que non bebesen viño, e non o beben ata o día de hoxe; eles si que obedecen o mandato de seu pai. Pero a min, aínda que madruguei a dicirvolo e o fixen insistentemente, non me fixestes caso; ¹⁵aínda que madruguei a mandárvo-los meus servos os profetas, e repetidas veces volos mandei a dicirvos: "Arrepentídevos cada un de vós do seu mal vieiro, mellorade o voso comportamento, non vaiades tras deuses alleos para lles dar culto, e así viviredes na terra que vos dei a vós e a vosos pais", vós non prestastes oído, nin me fixestes caso. ¹⁶Os fillos de Ionadab, fillo de Recab, si que manteñen o precepto que seu pai lles ordenou, pero este pobo non me fai caso. ¹⁷Por iso, así fala o Señor dos Exércitos, o Deus de Israel: "Ollade: vou traer contra Xudá e contra tódolos habitantes de Xerusalén a enteira calamidade que lles anunciei, porque lles falei e non escoitaron, berreilles e non me responderon".

¹⁸Polo contrario, ó clan dos recabitas, díxolle Xeremías:
—Así fala o Señor dos Exércitos, o Deus de Israel:
"Visto que obedecéste-lo precepto de Ionadab, voso pai, e observáste-lo seu mandado, e fixestes todo o que el vos mandou ¹⁹—así fala o Señor dos Exércitos, o Deus de Israel—: non lle faltarán a Ionadab, fillo de Recab, descendentes que se manteñan na miña presencia tódolos días".

35, 1-19 Este texto, despois dunha introducción redaccional de datación imprecisa (v 1), preséntanos un xesto simbólico: a invitación a beber viño no templo, feita ós recabitas (vv 2-5), que prepara unha longa resposta negativa deste clan (vv 6-11), na que expoñen o seu xeito de vida nómada ou seminómada, soamente interrompido polas graves razóns de bandas armadas caldeas e arameas. Nos vv 12-19 contense a explicación do simbolismo ó xeito dun discurso organizado no esquema dun oráculo de xuízo de castigo, no que a acusación de desobediencia ás ordes de Deus contrasta coa obediencia dos recabitas ás ordes de seu pai (vv 13-16), e o anuncio de castigo (v 17) contrasta tamén cun oráculo salvífico para o clan dos recabitas (vv 18-19). A datación desta acción simbólica depende do v 11: a presencia do exército dos caldeos e dos arameos (cf 2 Re **24**, 14ss), que se ha de situar entre o 601 e o 598, momento de insubordinación de Ioaquim a Nabucodonosor, despois da súa derrota en Exipto. Esta tribo nómada era iavista, pois o seu devanceiro Ionadab ben Recab axuda a Iehú no seu golpe de estado contra a impía casa de Ahab (2 Re **10**, 15-17).

35, 14 *Eles gardan:* a expresión hebrea aparece en diversas linguas orientais co senso de protexer, gardar, abrigar, coidar.

35, 18 A fidelidade ás tradicións paternas preséntase como algo sacral e relixioso, pois merece a bendición divina.

PAIXÓN DE XEREMÍAS

O rolo inicial dos oráculos de Xeremías

36 ¹No ano cuarto de Ioaquim, fillo de Ioxías, rei de Xudá, veulle a Xeremías esta palabra de parte do Señor:
²—Colle un rolo limpo, e escribe nel tódolos oráculos que eu che comuniquei acerca de Xerusalén e de Xudá e de tódolos pobos, desde o día que che empecei a falar nos tempos de Ioxías ata o día de hoxe. ³Tal vez escoiten os de Xudá toda a desgracia que estou pensando causarlles, de xeito que se arrepintan cada un deles do seu mal comportamento, e eu lles poida perdoa-las súas iniquidades e mailos seus pecados.

⁴Entón Xeremías chamou a Baruc, fillo de Nerías, e Baruc escribiu no rolo limpo, ó dictado de Xeremías, tódolos oráculos que o Señor lle dixera. ⁵Logo Xeremías deulle esta orde a Baruc:

—Eu estou preso, non podo entrar no templo do Señor. ⁶Vai ti e le no rolo o que escribiches ó meu dictado, tódolos oráculos do Señor, na presencia de todo o pobo que se atopa no templo do Señor nun día de xexún; leralos tamén en voz alta na presencia de tódolos xudeus que veñen das súas diferentes cidades. ⁷Tal vez a súa oración caia ben na presencia do Señor e se arrepintan cada un do seu mal comportamento, porque terrible é a cólera e furor que o Señor anunciou sobre este pobo.

⁸Baruc, fillo de Nerías, fíxoo todo tal como lle mandou o profeta Xeremías; unha vez no templo do Señor leu no rolo tódolos oráculos do Señor.

⁹No ano quinto de Ioaquim, fillo de Ioxías, rei de Xudá, no mes noveno, convocouse un xexún na presencia do Señor para todo o pobo de Xerusalén, e para todo o pobo que, procedente das cidades de Xudá, se xuntaba en Xerusalén. ¹⁰Unha vez no templo do Señor e na presencia de todo o pobo leu Baruc no libro tódolos oráculos de Xeremías na sala do notario Guemarías, fillo de Xafán, no patio de arriba, á entrada da Porta Nova do templo do Señor.

¹¹Miqueas, fillo de Guemarías, fillo de Xafán, escoitou tódolos oráculos do Señor que estaban no escrito, ¹²e, de seguido, baixou ó palacio real, á sala do notario e alí estaban en sesión tódalas autoridades: Elixamá, o notario, Delaías, fillo de Xemaías, Elnatán, fillo de Acbor, Guemarías, fillo de Xafán, Sedecías, fillo de Hananías e tódalas restantes autoridades. ¹³Miqueas contoulles tódalas cousas que lle oíra ler a Baruc, cando este lía o libro na presencia do pobo. ¹⁴Entón o consello de ministros mandou onda Baruc a Xehudí, fillo de Netanías, fillo de Xelemías, fillo de Cuxí, a que lle dixese: Colle na túa man o rolo que liches en presencia do pobo e ven. Colleu Baruc, fillo de Nerías, na súa man o rolo, e entrou onda os ministros.
¹⁵Eles dixéronlle:

—Senta e leo diante de nós.

E Baruc leuno diante deles. ¹⁶Ó oíren tódolos oráculos, cheos de pánico, miraron uns paras os outros e dixéronlle:

—Ben certo, Baruc, que lle comunicaremos ó rei todos estes oráculos.

¹⁷E a Baruc preguntáronlle:

—Indícanos como recolliches por escrito da súa boca todos estes oráculos.

¹⁸Respondeulles Baruc:

—El en persoa dictábame todos estes oráculos e eu escribíaos no libro con tinta.

36, 1-32 Deste relato biográfico interesa subliña-la posta por escrito dos oráculos de xuízo de castigo dos que é autor Xeremías. O mesmo profeta preocúpase deles con todo coidado (vv 2-4.17.18), engadindo no segundo dictado outros semellantes (v 32), pois en Xer témo-la maior e máis completa colección de textos proféticos. O relato subliña a intención salvífica da colección: provoca-la conversión (vv 3.7), cousa que conseguiu alomenos nalgúns dos oíntes (v 16). Tamén se subliña o perigo que supón ser portador da palabra de Deus (v 19); pero neste perigo está presente a asistencia divina (vv 26-27) e a prevalencia do dinamismo da palabra (vv 29-32). O momento no que o profeta recibe a orde divina de que compoña o rolo é o ano 605, data da batalla de Kárkemix, que lles dá a hexemonía do Medio Oriente ós babilonios, despois do curto dominio exipcio (609-605). O xexún do ano 604, que foi o momento no que o rolo foi coñecido polas autoridades, debeu ter como motivo a angustiosa situación da sumisión dos babilonios, pois neste mesmo ano cae Axquelón e isto pode explica-lo feito de que o rei queime os anacos do rolo (v 23), pois xa se someteu ós babilonios.

36, 2 *Rolo limpo:* lit. "rolo de libro"; pois os hebreos escribían en rolos moi longos (10-15m), en columnas verticais, con paus nas puntas do rolo, para ir envolvendo ou desenvolvendo.

36, 5 *Estou preso.* En **23,** 1 e **39,** 15 significa que está na cadea; pero aquí non está claro que se refira ó cárcere, pois non hai datos paralelos que o proben; quizais signifique soamente que lle está prohibida a entrada no templo, polos incidentes do discurso contra o templo (**26,** 1-24) e pola discusión con Paxhur (**20,** 1-6).

36, 18 *En persoa dictábame:* lit. "desde a súa boca clamaba cara a min".

XEREMÍAS

[19] Logo, os ministros dixéronlle a Baruc: —Vai e escóndete ti xunto con Xeremías, e que ninguén saiba onde estades. [20] Eles, logo que puxeron o rolo na oficina de Elixamá, o notario, entraron no patio onda o rei e contáronlle a el en persoa tódalas cousas que pasaran. [21] Entón o rei mandou a Iehudí busca-lo rolo. El colleuno na oficina de Elixamá, o notario, e o mesmo Iehudí o leu na presencia do rei e na presencia de tódalas autoridades que estaban de pé ante o rei. [22] O rei estaba sentado no palacio de inverno —estaban no noveno mes— e cun braseiro aceso diante del. [23] E cando Iehudí tiña lidas tres ou catro columnas, o rei rachábaas cun coitelo de escribán, e botábaas ó lume do braseiro, ata consumir todo o rolo no lume do braseiro. [24] Nin o rei nin os seus servidores ó escoitaren todos estes oráculos se amedoñaron nin racharon os seus vestidos. [25] E aínda que Elnatán, Delaías e Guemarías lle insistían ó rei para que non queimase o rolo, el non lles fixo caso. [26] E o rei mandoulles a Ierahmel, príncipe real, a Seraías, fillo de Azriel, e a Xelemías, fillo de Abdel, que arrestasen a Baruc, o escribán, e mais a Xeremías, o profeta. Pero o Señor mantívoos escondidos.

[27] Despois que o rei queimara o rolo e mailos oráculos que Baruc escribira ó dictado de Xeremías, veulle a palabra do Señor a Xeremías nestes termos: [28] —Volve a facerte con outro rolo e escribe de novo nel tódolos oráculos de antes, os que había no primeiro rolo que queimou Ioaquim, rei de Xudá. [29] E a Ioaquim, rei de Xudá, haslle dicir: así fala o Señor: ti queimaches aquel rolo, dicindo: ¿Por que escribiches nel "virá o rei de Babilonia e destruirá esta capital e fará desparecer dela homes e animais?". [30] Por isto, así fala o Señor acerca de Ioaquim, rei de Xudá: —Non terá quen sente no trono de David, e o seu cadáver quedará exposto á calor durante o día e ó frío durante a noite. [31] Pedireille contas a el, á súa descendencia e ós seus servidores das súas iniquidades; e traerei contra eles, contra tódolos habitantes de Xerusalén e contra cada un dos xudeus, toda a desgracia que lles anunciei e da que non fixeron caso.

[32] Entón Xeremías colleu outro rolo e deullo a Baruc, fillo de Nerías, o escribán, que escribiu nel, ó dictado de Xeremías, tódolos oráculos do libro que Ioaquim, rei de Xudá, queimara no lume. E aínda se lles engadiron a aqueles outros moitos oráculos semellantes.

Sedecías. Introducción: xuízo xeral sobre el

37 [1] O rei Sedecías, fillo de Ioxías, reinou en vez de Ieconías, fillo de Ioaquim, xa que Nabucodonosor, rei de Babilonia, o constituíu rei no país de Xudá. [2] Pero ninguén fixo caso das palabras que o Señor comunicou por medio do profeta Xeremías: nin el nin os seus ministros nin os terratenentes.

[3] O rei Sedecías mandou a Iehucal, fillo de Xelemías, e ó sacerdote Sefanías, fillo de Maseías, a dicirlle a Xeremías: —Se fa-lo favor, reza ó Señor, noso Deus, por nós. [4] Naquel entón Xeremías andaba libremente entre o pobo, pois aínda non o meteran no cárcere.

Resposta do profeta á embaixada de Sedecías

[5] Daquela as tropas do Faraón saíron de Exipto, e tan pronto como os caldeos, que estaban cercando Xerusalén, oíron a noticia, levantaron o cerco de Xerusalén. [6] Entón veulle a palabra do Señor ó profeta Xeremías nestes termos:

[7] —Así fala o Señor, Deus de Israel: así tedes que lle falar ó rei de Xudá, que vos mandou onda min para que eu consultase: velaquí as tropas do Faraón que saíron para axudarvos, pero volveran ó seu país de Exipto. [8] E os caldeos darán volta e loitarán contra esta cidade, tomarana e prenderanlle lume. [9] Así fala o Señor: Non levantéde-los vosos ánimos dicindo: "De seguro que os

---

36, 22 O *noveno mes*: o correspondente a novembro / decembro.
36, 26 *Príncipe real*: lit. "fillo do rei", pero non de Ioaquim, o rei entón de trinta anos (cf 2 Re **23**, 36), que non pode ter un fillo con misións policiais.
36, 29 *Esta capital*: o termo hebreo "eres" con artigo, debe referirse a Xerusalén coma capital do estado.
36, 30 Sobre a referencia ós ósos do rei, cf nota a **22**, 13-19.
37, 1-4 Parece que estes catro vv constitúen unha introducción redaccional a toda esta sección biográfica sobre os sufrimentos do profeta por mor da súa misión, remarcando a desobediencia do rei e dos seus conselleiros e homes de poder, a pesar da fe do rei na oración do profeta.
37, 3 Os embaixadores pídenlle ó profeta que rece, o que hai que entender no senso de consultar mediante a oración; pero o autor puido emprega-lo verbo consultar (hebreo "darax"), como non v 7.
37, 4 A posición deste v despois da embaixada e a descrición da circunstancia histórica do v 5, confirman a intención redaccional de título deste v.
37, 5 Sobre a situación histórica, cf nota a **34**, 8-22.
37, 7-10 A resposta profética dáse en dous oráculos, dos que o primeiro (vv 7-8) é de castigo, e o segundo (vv 9-10) é unha enfatización do mesmo.

caldeos marchan da nosa presencia". Porque non marcharán. ¹⁰Aínda que derrotasedes a tódolos exércitos dos caldeos que loitan contra vós, de xeito que non quedasen máis ca soldados acoitelados, cada un deles ergueríase da súa tenda e prenderíalle lume a esta cidade.

Xeremías na cadea

¹¹Cando o exército dos caldeos levantou o cerco de Xerusalén a causa da presencia do exército do Faraón, ¹²saíu Xeremías de Xerusalén para ir á rexión de Benxamín, a fin de asistir ó reparto dunha herencia entre o pobo. ¹³Ó chegar el á porta de Benxamín, xa estaba tamén alí o xefe da inspección, chamado Ierías fillo de Xelemías, que prendeu ó profeta Xeremías, dicíndolle:

—Ti estaste pasando ós caldeos.

¹⁴Xeremías repuxo:

—¡Mentira! Non me estou pasando ós caldeos.

Pero Ierías non lle fixo caso e prendeu a Xeremías, e levouno xunto ás autoridades. ¹⁵As autoridades anoxáronse con Xeremías, fixérono azoutar e metérono na cadea, na casa de Ionatán, o escribán, pois tiñana convertida en cárcere. ¹⁶Así entrou Xeremías no interior da cisterna, nas bóvedas. Alí estivo vivindo Xeremías moito tempo.

Consulta secreta de Sedecías e mellora da prisión do profeta

¹⁷O rei Sedecías mandouno buscar, e interrogouno en secreto na súa casa:

—¿Hai algunha palabra de parte do Señor?

Respondeulle Xeremías:

—Si.

E engadiu:

—Serás entregado no poder do rei de Babilonia.

¹⁸Díxolle Xeremías ó rei Sedecías:

—¿Que delito cometín contra ti, ou contra os teus servidores ou contra este pobo, para que me metades no cárcere? ¹⁹¿Onde están os vosos profetas que vos profetizaron dicindo: "O rei de Babilonia non virá contra nós nin contra este país"? ²⁰Pois agora, meu señor, meu rei, escóitame, por favor. Que a miña súplica sexa ben acollida na túa presencia, non permitas que volva á casa de Ionatán, o escribán, non permitas que eu morra alí.

²¹Entón o rei Sedecías deu a orde de que detivesen a Xeremías no patio de garda e de que lle desen ó día unha bola de pan —da Rúa dos Panadeiros—, ata que se acabase o pan da cidade. Deste xeito viviu Xeremías no patio da garda.

Xeremías, no pozo. Intercesión de Ébed-Mélec

38 ¹Xefatías, fillo de Matán, Guedalías, fillo de Paxhur, Iucal, fillo de Xelemías e Paxhur, fillo de Malaquías, oíron estes oráculos que Xeremías lle dicía a todo o pobo:

²—Así fala o Señor: quen siga vivindo nesta cidade morrerá de espada, de fame e de peste; quen se pase ós caldeos vivirá, terá como ganancia a súa respiración e a súa vida.

³Así fala o Señor: esta cidade será de certo entregada ó poder dos exércitos do rei de Babilonia, que a conquistará.

⁴Entón as autoridades dixéronlle ó rei:

—Fágase morrer a este home, pois deste xeito está a afrouxa-los ánimos dos homes de guerra que quedan na cidade e os ánimos de todo o exército, dicíndolles cousas coma estas. Certamente este home non anda a busca-lo benestar para o pobo, senón que está a busca-la súa desgracia.

37, 12 Este reparto da herdanza quizais aluda a un posible ano sabático ou xubilar, no que tamén se facía a manumisión dos escravos (cf **32**, 1-15; Lev **25**, 1-17; Dt **15**, 1-11).

37, 14 Os que o castigan son as autoridades, e non o rei, pois este trata con el en secreto, e respéctao canto pode (cf vv 20-21).

38, 1-13 Algúns críticos consideran que este episodio pertence a unha tradición diferente, referida ó mesmo feito de **37**, 11-21, por mor das coincidencias de prisión nun pozo, intercesión ante o rei, que mellora a situación do prisioneiro e o libra da morte, acusación de deserción ou traición. Pero este hipercriticismo esquece que se trata de dous relatos da mesma fonte autobiográfica, entre os que non se ven diferencias de estilo que fagan pensar en dúas mans. Por outra banda, o relato de **37**, 11ss quizais sexa un pretexto para o abandono do seu posto profético (cf **20**, 7.9), e a situación das acusacións de traición por desmoraliza-lo pobo (**38**, 2-4) están abondo reflexadas en **20**, 8.10, pois soamente unha fortísima experiencia do seu compromiso profético explica as palabras de desánimo e traición que infunde ós soldados que pasan ó seu lado no patio da garda. Nótese o paralelismo destas dúas escenas con feitos acontecidos en Xetsemaní, entre Xesús e as autoridades nos xuízos civil e relixioso.

38, 2 Nótese o paralelismo de respiración ("néfex") e vida ("hai"). Por iso o sufixo vale para os dous termos.

38, 4 *Ánimos*: lit. "mans", "forzas", "ganas de loitar", referidas a todo o exército: pois o profeta non ten acceso ó pobo en xeral, senón ós soldados cos que vive.

⁵O rei Sedecías repúxolles:

—Aí o tendes no voso poder, pois o rei non pode nada contra vós.

⁶Eles colleron a Xeremías e botárono na cisterna de Malaquías, príncipe real que estaba no patio da garda, baixando a Xeremías con cordas. No pozo non había auga, senón lama, e Xeremías enterrouse na lama.

⁷Ébed-Mélec, o etíope, eunuco, que vivía no palacio do rei, oíu que puxeran a Xeremías na cisterna. Mentres o rei estaba sentado na porta de Benxamín, ⁸saíu Ébed-Mélec do palacio real e faloulle ó rei nestes termos:

⁹—Meu señor, meu rei, estes homes cometeron unha inxustiza con todo o que lle fixeron a Xeremías, o profeta, e con botalo na cisterna; vai morrer onde está por falta de pan, xa que non hai pan na cidade.

¹⁰Entón o rei deulle esta orde a Ébed-Mélec, o etíope:

—Colle ás túas ordes tres homes destes, e sube da cisterna ó profeta Xeremías, antes de que morra.

¹¹Ébed-Mélec colleu ás súas ordes os homes e entrou no palacio real, onde estaba o tesouro, e colleu alí farrapos de estopa e de sacos, e con cordas botoullos na cisterna a Xeremías.

¹²E díxolle Ébed-Mélec, o etíope, a Xeremías:

—Pon os farrapos de estopa e de sacos nos sobacos por debaixo das cordas.

Xeremías fixoo así. ¹³Tiraron de Xeremías coas cordas e subírono da cisterna; e Xeremías seguiu vivindo no patio da garda.

TRIUNFO DO PROFETA

Derradeira consulta de Sedecías a Xeremías en secreto

¹⁴O rei Sedecías mandou buscar a Xeremías, o profeta, na terceira entrada do templo do Señor. Díxolle o rei a Xeremías:

—Eu quero preguntarche unha cousa: non me escondas nada.

¹⁵Xeremías repúxolle a Sedecías:

—Se cha digo, vasme matar; se che dou un consello, non me vas escoitar.

¹⁶O rei Sedecías xuroulle en secreto a Xeremías deste xeito:

—¡Vive o Señor que está a chegar, e que nos dá a vida que temos, que non te deixarei matar nin te entregarei nas mans destes homes que buscan acabar coa túa vida!

¹⁷Entón Xeremías díxolle a Sedecías:

—Así fala o Señor, Deus dos Exércitos, Deus de Israel: se te rendes ós xenerais do rei de Babilonia, salvara-la túa vida, e esta cidade non será queimada; vivirás ti e maila túa familia. ¹⁸Pero se non te rendes ós xenerais do rei de Babilonia, entregarei esta cidade nas mans dos caldeos, que lle prenderán lume, e ti non fuxirás das súas mans.

¹⁹O rei Sedecías, repúxolle a Xeremías:

—Téñolles medo ós xudeus que se pasaron ós caldeos; poida que os caldeos me entreguen no seu poder e se burlen de min.

²⁰Respondeulle Xeremías:

—Non te entregarán; faille caso á voz do Señor, á sorte que eu che comunico, e irache ben e conservara-la túa vida. ²¹Pero se non queres ti saír, esta é a escena que me mostrou o Señor: ²²velaquí: as mulleres que queden no palacio real de Xudá serán entregadas ós xenerais do rei de Babilonia e isto é o que cantarán:

"Enganáronte e puideron contigo
os amigos da túa intimidade;
enterráronche os pés na lama
e volvéronse atrás".

²³Entregaranlles ós caldeos tódalas túas mulleres e os teus fillos, e ti non fuxirás das súas mans, senón que serás apresado polo rei de Babilonia, que lle prenderá lume a esta cidade.

38, 14-28a Este relato constitúe a glorificación ou exaltación do profeta, pois a escena ten lugar no templo, onde lle estaba prohibido ir, e onde o levan a entrevistarse co rei (v 14). O rei xúralle en secreto e recoñece a autenticidade da mensaxe profética (v 16). O mesmo rei móstralle o xeito de seguir con vida, e os seus inimigos non saben que facer (vv 26-27). Os vv 17-18 presentan un oráculo en forma de consello sapiencial (cf 15b) no que se anuncian as consecuencias da actitude que se asuma. O diálogo dos vv 19-23 ten a finalidade de anima-lo rei a toma-la decisión favorable para a cidade e para si mesmo, acabando cunha visión dramática das desgracias que virán se o rei non se rende.

38, 16 *Que está a chegar*. A expresión falta en moitos manuscritos e versións, e os mesmos masoretas deixaron o termo sen sinais vocálicos. Non obstante, débese conservar esa expresión por se-la lectura máis rara e porque, doutro lado, resulta un título de Iavé, manifestación da fe máis tradicional hebrea no Deus que intervén na historia, coincidindo en paralelismo coa oración relativa que segue. O rei recoñece nos acontecementos a intervención de Deus, que o profeta vén anunciando; pero non será capaz de segui-la senda que Deus lle quere dar á historia.

²⁴Entón Sedecías díxolle a Xeremías:
—Que ninguén saiba desta conversa e ti non morrerás. ²⁵E se se enteiran as autoridades de que falei contigo, e se logo van onda ti e che din: "cóntano-lo que lle dixeches ó rei, non nolo ocultes, que non te mataremos: ¿que lle dixeches ó rei?", ²⁶ti hasllés dicir: "Estívenlle presentando ó rei a miña petición para que non me levasen á casa de Ionatán a morrer alí".

²⁷En efecto, tódalas autoridades viñeron xunto a Xeremías e preguntáronlle; pero il contestoulles en todo conforme estas instruccións que lle dera o rei. E eles quedaron mudos diante del, pois a conversa non se soubo.

²⁸Desde entón Xeremías viviu no patio da garda ata que foi tomada Xerusalén.

Coa caída de Xerusalén e de Sedecías cúmprense as palabras de Xeremías

39 Velaí que, cando foi tomada Xerusalén, ¹no ano noveno de Sedecías, rei de Xudá, no mes décimo, veu Nabucodonosor, rei de Babilonia, e tódolos seus exércitos a Xerusalén, e rodeárona. ²No ano undécimo de Sedecías no mes cuarto, o nove do mes, abriron brecha na cidade. ³Tódolos xenerais do rei de Babilonia entraron nela, e sentáronse na porta central: Nergal —príncipe de Éser—, Samgar-Nebú —príncipe de Sequim, gran xefe de eunucos—, e todo o resto dos xenerais do rei de Babilonia. ⁴E sucedeu cando os viron Sedecías, rei de Xudá e tódolos homes de guerra, fuxiron a correr da cidade de noite, a través do xardín do rei, pola porta entre os dous muros, e saíron camiño da Arabah. ⁵Pero os exércitos dos caldeos perseguíronos e déronlle alcance a Sedecías nas chairas de Iericó; collérono e leváronno a Riblah, na rexión de Hamat onda Nabucodonosor, rei de Babilonia, quen dictou sentencia contra el. ⁶O rei de Babilonia fixo matar a tódolos fillos de Sedecías na súa presencia, en Riblah; e a tódolos nobres de Xudá tamén os fixo morrer o rei de Babilonia. ⁷Tamén cegou os ollos de Sedecías e o atou con dúas cadeas de bronce para levalo a Babilonia. ⁸Os caldeos prendéronlles lume ó palacio real e ás casas do pobo, e botaron abaixo as murallas de Xerusalén ⁹e ó resto do pobo que quedaba na cidade, e ós desertores que se pasaran a Nabucodonosor e a tódolos restantes, levounos cativos a Babilonia Nebuzardán, xefe da garda persoal. ¹⁰Pero ós pobres de entre o pobo, que non tiñan nada, deixounos quedar Nebuzardán, xefe da garda persoal, no país de Xudá, e entregoulles aquel día as viñas e os campos.

Especial consideración de Nabucodonosor co profeta

¹¹Nabucodonosor, rei de Babilonia, deulle estas ordes a Nebuzardán, xefe da garda persoal, acerca de Xeremías:
¹²—Cólleo ó teu cargo e mira por el; non lle fagas nada malo: máis ben cúmprelle o que che pida.

¹³Nebuzardán, xefe da garda persoal, Samgar-Nebú, xefe dos eunucos, Nergal, príncipe de Éser e xeneralísimo, e tódolos xefes do rei de Babilonia ¹⁴mandaron buscar a Xeremías ó patio da garda e entregáronllo a Guedalías, fillo de Ahicam, fillo de Xafán, para que o deixase ir á súa casa e vivir entre o pobo.

Oráculo salvífico de agradecemento para Ébed-Mélec

¹⁵Cando estaba preso Xeremías no patio da garda veulle a palabra do Señor nestes termos:

38, 28b - **39**, 18 Esta sección forma un conxunto centrado no tema do triunfo do profeta, pois en **39**, 1-19 vemos cumprida a súa palabra profética sobre a cidade e sobre Sedecías, quedando probada, deste xeito, a súa autenticidade profética. Na sección **39**, 10-14 o mesmo rei Nabucodonosor dá ordes favorables ó profeta, que queda en liberdade, despois de sacalo do patio da garda e de recomendáreno os mesmos babilonios ó gobernador Guedalías. A intención de exaltación do profeta está moi subliñada respecto ó texto semellante de **40**, 1-6. Os vv 15-18 están fóra de contexto, pois refírense ó agradecemento do profeta ó eunuco que o librou do pozo (cf **38**, 1-13). Con todo, o desprazamento do texto non pode ter outro senso có o argumento "a fortiori": se a quen auxiliou ó profeta, Deus o bendice coa vida, moito máis a quen expuxo tantas veces a súa vida e tanto sufriu, Deus ten que bendicilo co triunfo. Por outra banda, en **40**, 1ss aparece o profeta unido ó seu pobo, encadeado cos que van a Babilonia (v 1) e despois de darlle liberdade de movementos, o profeta prefire quedar co pobo (vv 5-6), de xeito que a glorificación do profeta acaba en **39**, 18.

39, 1-2 Estes vv son redaccionais, e interrompen o senso lóxico da frase de **38**, 28b + **39**, 3. A función desta glosa é a de facernos segui-la historia.

O mes décimo do ano noveno de Sedecías era o decembro do ano 589, ou xaneiro do 588.

O mes cuarto do ano undécimo era xuño ou xullo do 587.

39, 3 *Sequim* aparece en textos ugaríticos coma termo referido a un tipo de vestidos ou teas: quizais haxa que pensar nunha localidade ou rexión mesopotámica, famosa polas teas, e que lles dá nome ás mesmas.

Gran xefe: o hebreo emprega as mesmas palabras có acádico; é en acádico un título dun funcionario ou oficial do exército.

39, 10-14 As diferencias con **40**, 1-6 non din nada contra a historicidade dos dous textos, pois nestes vv aparece en liberdade, pero puido ser collido polas tropas babilónicas en Anatot ou noutro sitio, e, por ser home importante, ser encadeado cos cativos.

¹⁶—Vai, e dille isto a Ébed-Mélec, o etíope: Así fala o Señor dos Exércitos, Deus de Israel: Eu vou trae-las miñas palabras a esta cidade, para mal e non para ben: o día aquel cumpriranse na túa presencia.

¹⁷Pero a ti salvareite no día aquel —é o Señor quen fala—, non serás entregado ó poder dos homes ós que lles tes medo; ¹⁸seguro que te salvarei e non caerás pola espada, e a túa vida será o teu botín, pois confiaches en min —é o Señor quen fala—.

XEREMÍAS E O POBO NON DEPORTADO, DESPOIS DA CAÍDA DE XERUSALÉN

Xeremías decide quedar co pobo

40 ¹Palabra que de parte do Señor lle veu a Xeremías, despois que Nebuzardán, xefe da garda persoal, o mandou desde Ramah, cando o colleu ó seu cargo, pois el estaba preso con cadeas entre tódolos cativos de Xerusalén e de Xudá, que eran levados cativos a Babilonia. ²O xefe da garda persoal colleu a Xeremías ó seu cargo e díxolle:

—O Señor, o teu Deus, anunciou este desastre contra este lugar; ³o Señor fixoo vir e realizouno tal como El predicira; fostes vós os que pecastes contra o Señor e non fixestes caso da súa voz, e por iso sucédenvos estas cousas. ⁴E agora, eu solto hoxe as cadeas que tes nas túas mans. Se prefires vir comigo a Babilonia, ven, que eu mirarei por ti; se non queres vir comigo á grande Babilonia, velaí todo o país diante de ti: vai a onde che pareza que é mellor e máis xusto que vaias. ⁵Se o noso xeito de vida non che gusta, vólvete xunto a Guedalías, fillo de Ahicam, fillo de Xafán, a quen o rei de Babilonia constituíu gobernador das cidades de Xudá, e vive con el entre o pobo; ou a onde che pareza máis xusto ir, vaite.

E logo de darlle o xefe da garda persoal provisións para o camiño e regalos, despediuse del. ⁶E Xeremías foi onda Guedalías, fillo de Ahicam, a Mispah, e residiu xunto con el entre o pobo que quedara no país.

Reorganización da comunidade xudía baixo Guedalías, en Mispah

⁷Cando tódolos capitáns das tropas que había no campo xunto cos seus homes souberon que o rei de Babilonia constituíra gobernador do país a Guedalías, fillo de Ahicam, e que lle confiara o goberno dos homes, das mulleres, dos meniños e dos máis pobres do país —os que non foran levados cativos a Babilonia—, ⁸foron onda Guedalías a Mispah: Ismael, fillo de Netanías, Iohanán e Ionatán, fillos de Caréah; Sedacías, fillo de Tanhúmet, os fillos de Ofai o netofaíta, Iezanías, fillo de Macateo, todos eles e mailos seus homes. ⁹Entón Guedalías, fillo de Ahicam, fillo de Xafán, xuroulles a eles e ós seus homes nestes termos:

—Non teñades medo de vos someterdes ós caldeos; vivide neste país someténdovos ó rei de Babilonia, para que vos vaia ben. ¹⁰Pois eu, velaquí que teño que vivir en Mispah, para representa-lo país ante os caldeos que veñan visitarnos; pero vós recollede viño e trigo, e poñédeo nas vosas olas; vivide nas cidades que escolledes.

¹¹Tódolos xudeus que estaban en Moab entre os amonitas, en Edom e en tódolos países, tamén souberon que o rei de Babilonia lle deixara un resto a Xudá, e que constituíra gobernador deste resto a Guedalías, fillo de Ahicam, fillo de Xafán. ¹²Tódolos xudeus volveron desde os sitios a onde fuxiran, e viñeron ó país de Xudá, onda Guedalías, a Mispah, e colleitaron viño e trigo en moita cantidade.

Atentado de Ismael contra Guedalías, apoiado polos moabitas

¹³Iohanán, fillo de Caréah, e tódolos xefes das tropas que había no campo, viñeron onda Guedalías en Mispah, ¹⁴e dixéronlle:

—¿Acaso ti non sabes que o rei dos amo-

39, 16 A destrucción de Xerusalén é literalmente o elemento de contraste do oráculo salvífico.
40, 1-6 Cf notas a **38**, 28b - **39**, 18 e **39**, 10-14.
40, 5 *Guedalías* é neto do vello amigo de Xeremías, Xafán, e toda esta familia estivo sempre moi vinculada ó profeta (cf **26**, 24s).
40, 7-12 O relato, da man de Baruc, narra a reorganización da comunidade (cf v 15), en Mispah, a uns 13 quilómetros ó norte de Xerusalén. Mispah fora santuario importante na época dos Xuíces (Xuí **21**, 1; 1 Sam **7**, 5; **10**, 17). Este goberno, non monárquico nin davídico, supón un sinal de esperanza para os fuxidos, e vese bendicido por unha relativa prosperidade.
40, 13-16 Nestes vv sulíñase a figura confiada e pacificadora de Guedalías quen non quere máis violencia e se fía das boas formas. Os plans magnicidas de Ismael, descendente de David (cf **41**, 1), obedecen a instigación e apoios dos moabitas —aínda non sometidos ós caldeos—, e a certas pretensións persoais. Non obstante, o texto subliña a lexitimidade do goberno de Guedalías, pois á súa inspiración de sumisión a Babilonia é conforme co plan de Deus comunicado polo profeta.

nitas, Balís, mandou a Ismael, fillo de Netanías, a que te matase? Pero Guedalías, fillo de Ahicam, non lles deu creto.

¹⁵Entón Iohanán, fillo de Caréah, díxolle en secreto a Guedalías en Mispah:
—Déixame ir, que eu matarei a Ismael, fillo de Netanías; ninguén o saberá. ¿Por que vai matarte e dispersarse todo Xudá, que se xuntou ó teu lado, e por que vai perece-lo resto de Xudá?
¹⁶Guedalías, fillo de Ahicam, respondeulle a Iohanán, fillo de Caréah:
—Non fagas iso. O que ti me contas de Ismael é mentira.

Asasinato de Guedalías polo príncipe davídico Ismael

41 ¹No sétimo mes, Ismael, fillo de Netanías, fillo de Elixamá, de caste rexia e un dos xefes do rei, veu con dez homes onda Guedalías, fillo de Ahicam, a Mispah; e, mentres comían xuntos en Mispah, ²levantáronse Ismael, fillo de Netanías, e os dez homes que estaban con el, e golpearon coa espada a Guedalías, fillo de Ahicam, fillo de Xafán, e déronlle morte a quen o rei de Babilonia constituíra gobernador do país. ³E a tódolos xudeus que estaban con el, con Guedalías, en Mispah, e a tódolos caldeos que se atopaban alí, os homes de guerra, tamén os matou Ismael.

⁴Dous días despois de matar a Guedalías, aínda ninguén sabía nada, ⁵e uns homes de Xequem, de Xiloh e de Samaría, uns oitenta, cada un coa barba rapada, cos seus vestidos rachados, e con incisións rituais, viñan traendo ofrendas e incenso nas súas mans para o templo do Señor. ⁶Ismael, fillo de Netanías, saíu de Mispah ó seu encontro, chorando mentres camiñaba. Cando se xuntou con eles, díxolles:
—Vinde onda Guedalías, fillo de Ahicam.

⁷Cando chegaron ó centro da cidade, Ismael, fillo de Netanías, fíxoos espertar da éxtase e botounos ó fondo do pozo, axudado polos homes que estaban con el. ⁸Pero dez homes, que se atopaban entre eles, dixéronlle a Ismael:
—Non nos mates, pois temos riquezas escondidas no campo: trigo, cebada, aceite e mel.
E el deixounos, e non os matou coma a seus irmáns.
⁹O pozo onde Ismael botou tódolos cadáveres dos homes que matou con Guedalías, foi o pozo que fixo o rei Asá por medo a Baxá, rei de Israel. Ismael, fillo de Netanías, encheuno de cadáveres.

Iohanán libera os cativos de Mispah que Ismael quere pasar a Amón

¹⁰Ismael levou cativo a todo o resto do pobo que estaba en Mispah, as princesas e a todo o pobo que alí quedaba, e que Nebuzardán, xefe da garda persoal, confiara ó goberno de Guedalías, fillo de Ahicam. Ismael, fillo de Netanías, levounos cativos e marchou coa idea de pasarse ós amonitas. ¹¹Cando Iohanán, fillo de Caréah, e tódolos capitáns das tropas que estaban con el, oíron todo o mal que fixera Ismael, fillo de Netanías, ¹²colleron a tódolos homes e foron loitar contra Ismael, fillo de Netanías, e alcanzárono xunto á grande lagoa que hai en Gabaón. ¹³Así que todo o pobo que estaba con Ismael viu a Iohanán, fillo de Caréah, e a tódolos capitáns das tropas que estaban con el, encheuse de alegría. ¹⁴E todo o pobo que Ismael levaba cativo desde Mispah deu media volta, e, cambiando de dirección, pasouse a Iohanán, fillo de Caréah. ¹⁵Ismael, fillo de Netanías, escapou con oito homes do alcance de Iohanán, e foise xunto ós amonitas. ¹⁶Entón Iohanán, fillo de Caréah, e tódolos capitáns das tropas que estaban con el, recolleron a todo o resto do pobo, oriundo de Mispah, que trouxeran de xunto a Ismael, fillo de Netanías, despois que este matara a Guedalías, fillo de Ahicam: homes valentes, homes de guerra, mulleres, meniños e eunucos, foi o que trouxeron de Gabaón; ¹⁷puxéronse ó camiño e pararon nun refuxio de perseguidos que hai ó lado de Belén, para logo continua-lo camiño e penetrar en Exipto, ¹⁸lonxe da presencia dos caldeos,

---

41, 1-9 Estes dous textos resaltan a actitude criminal, avara e traidora, do pretendente davídico. O segundo relato (vv 4-9) refire a oposición do usurpador ós movementos proféticos, pois os oitenta homes son profetas extáticos que veñen ofrecer sacrificios ó solar do templo de Xerusalén, onde nunca se deixou de realiza-lo culto a Iavé.
41, 1 O aniversario desta data celebrábase con lamentación e xexún (cf Zac 7, 5; **8,** 19). A data responde a setembro de 585..., pois xa houbera colleitas boas.
41, 2 O número *dez* ten valor simbólico: moitos, os principais, pois o resto que queda, nin fai resistencia.
41, 5-7 *Incisións rituais:* propias dos profetas extáticos.
41, 12 *Lagoa de Gabaón* (cf 2 Sam **2,** 13) a uns 10 quilómetros o N.O. de Xerusalén.
41, 17 *Refuxio de perseguidos:* a orixe do nome refírese a costumes cananeos, pois non se coñece no A.T. tal lugar coma cidade refuxio.

pois tíñanlles medo, xa que Ismael, fillo de Netanías, matara a Guedalías, fillo de Ahicam, a quen o rei de Babilonia constituíra gobernador do país.

Súplica xuramentada, dirixida a Xeremías

42 ¹Entón tódolos xenerais das tropas, en especial Iohanán, fillo de Caréah, e Iezanías, fillo de Hoxaías, e todo o pobo desde o máis pequeno ata o máis grande, achegáronse ²a Xeremías, o profeta, para lle dicir:

—Que a nosa súplica sexa ben recibida por ti; reza por nós ó Señor, o teu Deus, por este resto, pois de moitos quedamos uns poucos, como os teus ollos están a ver. ³Que o Señor, o teu Deus, nos mostre o camiño que temos que seguir, e as cousas que debemos facer.

⁴Entón Xeremías, o profeta, repúxolles:

—De acordo. Vou interceder ante o Señor, o voso Deus, de acordo coas vosas súplicas, e todo canto o Señor vos responda, héivolo de comunicar; non vos gardarei oculto nada.

⁵E eles dixéronlle a Xeremías:

—Que o Señor sirva de testemuña verdadeira e fiel contra nós, se nós obramos conforme a tódalas palabras que o Señor, o teu Deus, che comunique a ti para nós: ⁶Sexa favorable ou desfavorable, farémoslle caso á voz do Señor, noso Deus, o digno de confianza a quen nós te mandamos, para que a sorte nos sexa boa. De certo, farémoslle caso á voz do Señor, o noso Deus.

Oráculos de resposta profética

⁷E ó cabo de dez días veulle a palabra do Señor a Xeremías, ⁸quen chamou a Iohanán, fillo de Caréah e a tódolos xenerais das tropas que estaban con el e a todo o pobo desde o máis pequeno ata o máis grande, ⁹e díxolles:

—Así fala o Señor, Deus de Israel, a quen vós me mandastes presentarlle a vosa súplica:

¹⁰Se volvedes habitar neste país,
eu construireivos e non vos destruirei,
plantareivos e non vos arrincarei;
¡Moito sinto o mal que vos fixen!
¹¹Non lle teñades medo ó rei de Babilonia,
a quen agora estades temendo;
non lle teñades medo —é o Señor quen fala—:
vede: eu estou convosco
para salvarvos e para librarvos da súa man.
¹²Infundireille misericordia para vós e compadecerase de vós e deixaravos habitar na vosa terra.
¹³Pero vós estades a dicir: "Non viviremos neste país"—desobecendo a voz do Señor, o voso Deus—. ¹⁴Isto é que dicides: "Resistamos, pois iremos ó país de Exipto,
onde nin verémo-la guerra, nin escoitarémo-la voz da trompeta, nin pasaremos fame de pan e onde viviremos". ¹⁵Por iso, escoitade agora a palabra do Señor, resto de Xudá:
Así fala o Señor dos Exércitos, o Deus de Israel:
se vós vos empeñades en ir a Exipto,
e se ides para habitar alí,
¹⁶a espada da que vós tendes medo estará alí,
alcanzaravos a vós no país de Exipto;
e a fame, que tanto medo vos dá,
perseguiravos deica Exipto, e morreredes alí.

¹⁷Alí estarán tódolos homes que decidiron marchar a Exipto,
para viviren alí,
morrerán pola espada, de fame e de peste,
e non quedará deles supervivente,
nin escapado da presencia do desastre que eu mandarei contra eles.

¹⁸Así fala o Señor dos Exércitos, o Deus de Israel:
O mesmo que a miña ira e o meu noxo se verteron
sobre os habitantes de Xerusalén,
así tamén se verterá a miña ira sobre vós,
cando entredes en Exipto;
servíredes de fórmula de imprecación
e de exemplo de desolación, de maldición e de inxuria,

42, 1 - 43, 7 Todo este bloque forma unha unidade redaccional e de contido, estructurada en diferentes unidades máis pequenas; na súa organización quérese expresar como a verdadeira oración (vv 1-6) ha de levar consigo unha actitude de apertura á revelación divina comunicada polo profeta (vv 7-22), sen a actitude de desprezo e crítica negativa do medio da oración (**43,** 1-7).

42, 2 O profeta non só é o home da revelación, senón o mediador da oración do pobo, que recibirá a revelación como resposta á súa oración.

42, 7-22 Esta sección presenta unha serie de oráculos: a) vv 10-12: salvífico condicional; b) vv 13-17: oráculo de xuízo de castigo, coa acusación de prescindir da revelación divina ó toma-las decisións (vv 13-14), e o anuncio do castigo (vv 15-17); c) vv 18-19: oráculos de castigo, suposta no pobo a decisión de marchar a Exipto. Os vv 20-21 expresan a reacción persoal do profeta, que se sente burlado pola petición enganosa do pobo: por iso acaba cunhas palabras de maldición, recollidas nos vv 16. 17.22.

42, 13-14 Estes dous vv recollen palabras literais do pobo, que son a negación da apertura á aceptación da vontade de Deus (dos vv 3-6) e da confianza que deberían poñer nel.

e non volveredes ver este lugar.

¹⁹O Señor divos a vós, resto de Xudá: Non vaiades a Exipto.

Que vos quede ben sabido, que eu me converto hoxe en testemuña contra vós.

²⁰Certamente fun enganado por vós mesmos, pois mandásteme onda o Señor, o voso Deus, dicindo: "Intercede por nós ante o Señor, o noso Deus, e todo canto o Señor o noso Deus che diga, móstranolo, que o faremos". ²¹Mostréivolo hoxe, pero vós non lle facedes caso nin á voz do Señor, o voso Deus, nin a todo o que El mandou dicirvos. ²²Pois agora tende ben sabido que morreredes pola espada, de fame e de peste no lugar onde quixestes ir vivir.

Marcha cara a Exipto, en aberta desobediencia ós oráculos proféticos

43 ¹Cando Xeremías acabou de anunciar ó pobo enteiro tódalas palabras do Señor, o seu Deus, porque o Señor o seu Deus o mandara a xunto deles con tódalas devanditas palabras, ²Azarías, fillo de Hoxaías, e Iohanán, fillo de Caréah e tódolos homes soberbios tomaron a palabra para lle dicir a Xeremías:

—Ti estasnos comunicando mentiras. O Señor o noso Deus non mandou que digas: "Non entredes a Exipto para vivirdes alí", ³senón que Baruc, fillo de Nerías está a incitarte contra nós, a fin de que ti nos entregues ó poder dos caldeos, para que nos maten ou nos deporten a Babilonia.

⁴E deste xeito nin Iohanán, fillo de Caréah, nin ningún dos xenerais da tropa, nin ninguén do pobo lle fixo caso á orde do Señor de continuar vivindo no país de Xudá; ⁵senón que Iohanán, fillo de Caréah e tódolos xenerais da tropa, puxéronse á fronte de todo o resto de Xudá que volvera vivir no país de Xudá de entre tódolos pobos a onde se dispersara: ⁶os homes e as mulleres, os meniños e as princesas e todos cantos Nebuzardán, xefe da garda persoal, confiara ó coidado de Guedalías, fillo de Ahicam, fillo de Xafán, e tamén o profeta Xeremías e Baruc, fillo de Nerías; ⁷e marcharon ó país de Exipto, pois non lle fixeron caso á voz do Señor, senón que chegaron ata Tafnes.

Acción simbólica e oráculo: invasión de Exipto por Nabucodonosor

⁸En Tafnes veulle a palabra do Señor a Xeremías nestes termos:

⁹—Na presencia dalgúns xudeus colle coas túas mans unhas pedras grandes e entérraas no barro que hai na telleira que se atopa en Tafnes á entrada do palacio do Faraón, ¹⁰e dilles: así fala o Señor dos Exércitos, o Deus de Israel: —Vou mandar buscar a Nabucodonosor, rei de Babilonia, o meu servo, e poñerei o seu trono enriba destas pedras que enterrei, e el estenderá sobre elas o seu baldaquino.

¹¹Virá castiga-lo país de Exipto;

a quen ten o destino para a morte, coa morte;

a quen ten o destino para o desterro, co desterro;

a quen ten o destino para a espada, coa espada.

Poñeralles lume ós templos dos deuses de Exipto,

¹²queimará os deuses ou levaraos cativos, espiollará o país de Exipto, coma un pastor espiolla o seu manto,

e sairá de alí en paz.

¹³Esnaquizará os obeliscos do templo do Sol, que hai en Exipto,

e prenderalles lume ós templos dos deuses de Exipto.

Derradeiro discurso oracular contra a idolatría practicada polos xudeus en Exipto

44 ¹Esta é a palabra que lle veu a Xeremías para tódolos xudeus que vivían no país de Exipto, en Migdol, en Tafnes, en Nof, e no país de Patrós:

42, 20 *Vós mesmos*: lit. "polos vosos néfex": pretensións ou manifestacións persoais (vv 3-6).

43, 1 *Devanditas palabras:* refírese ós oráculos de **42,** 7-19.

43, 6 O profeta, aínda que se opón á ida a Exipto, segue co seu pobo baixo as autoridades soberbias —rebeldes á vontade de Deus— (v 2), pois a súa misión cúmprese entre o pobo.

43, 7 *Tafnes:* cf nota a **2,** 16.

43, 8-13 A acción simbólica fronte ó palacio do Faraón (en Tafnes, sede do goberno, anque non capital do reino), significa a invasión e o dominio caldeo sobre Exipto. O feito simbólico de enterra-las pedras no barro significa a dureza da tal invasión e dominio. No oráculo explicativo (vv 10-13) da acción simbólica, a invasión de Exipto convértese nun feito divino de castigo purificativo da idolatría exipcia.

43, 11 Cf paralelo en **15,** 2.

43, 13 *Templo do Sol:* traducimos así por paralelismo coa frase que segue. O texto refírese á cidade de Heliópolis, cercana ó Cairo. O seu nome —coma o hebreo Bet-Xémex— significa "Casa do Sol", ou "Templo do Sol".

44, 1-30 Este c. contén un longo discurso (vv 1-14), composto na forma e no esquema dun oráculo de xuízo de castigo. A finalidade do discurso é arreda-lo pobo do culto idolátrico: por isto a acusación dos vv 7-10 enfatízase con interrogantes que queren ser unha chamada á refle-

²—Así fala o Señor dos Exércitos, o Deus de Israel: —vós ollastes toda a desgracia que trouxen sobre Xerusalén e sobre tódalas cidades de Xudá: védeas aí hoxe: unha desolación e sen un habitante nelas. ³Por causa da maldade que cometeron, anoxándome a min, ó ir queimar incenso e dar culto a deuses alleos, que nin eles nin vós nin vosos pais coñeciades. ⁴Por isto eu, ben cedo e decote, mandéivo-los meus servos os profetas a dicirvos: "Por favor, non cometades estas abominacións que eu detesto". ⁵Pero nin fixeron caso nin prestaron atención para se arrepentiren da súa maldade deixando de queimar incenso a deuses alleos. ⁶Por isto a miña ira e mailo meu noxo vertéronse e abrasaron as cidades de Xudá e as rúas de Xerusalén, que se volveron unha morea de ruínas e unha desolación, tal coma hoxe están. ⁷Pois agora, así fala o Señor, Deus dos Exércitos, Deus de Israel: ¿Por que seguides facendo tan grande mal para vós mesmos, exterminando do medio de Xudá a homes e mulleres, a meniños e nenos de peito, para a vosa desgracia, de xeito que non vos quede nin resto? ⁸¡Moito me enfadan as obras das vosas mans, ó queimardes incenso a deuses alleos no país de Exipto, onde viñestes vivir, acabando así convosco e converténdovos nunha fórmula de maldición e inxuria para tódalas nacións da terra! ⁹¿Xa esquecéste-las maldades dos vosos pais, as maldades dos reis de Xudá, as maldades dos príncipes de Xudá, as vosas maldades e as maldades das vosas mulleres: maldades cometidas no país de Xudá e nas rúas de Xerusalén? ¹⁰Ata o día de hoxe non sentiron arrepentimento nin respecto, nin se comportaron conforme as miñas leis nin os preceptos que eu promulguei na vosa presencia e na dos vosos devanceiros. ¹¹Por iso, así fala o Señor dos Exércitos, o Deus de Israel:

Eu estou volvendo a miña cara irada contra vós para mal,
para exterminar a todo Xudá.
¹²Collerei o resto de Xudá, que se decidiu a ir residir no país de Exipto,
e perecerán todos no país de Exipto;
caerán pola espada e coa fame,
perecerán desde o máis pequeno ó máis grande,
pola espada e coa fame morrerán,
e volveranse unha fórmula de imprecación, e unha desolación,
unha maldición, unha vergonza.
¹³Castigarei os que viven no país de Exipto,
o mesmo que castiguei a Xerusalén coa espada, coa fame e coa peste.
¹⁴Non haberá sobrevivente nin escapado de entre o resto de Xudá
que veu para residir no país de Exipto,
e para logo volverse á terra de Xudá, onde eles anceian volver vivir.
pero non volverán, a non ser algúns fuxidos.

Reacción do pobo polo discurso

¹⁵Tódolos homes que sabían que as súas mulleres ofrecían incenso ós deuses alleos, e tódalas mulleres que estaban presentes —unha grande asemblea—, e todo o pobo que vivía en Patrós, no país de Exipto, respondéronlle a Xeremías nestes termos: ¹⁶—Non queremos volver escoitar de ti este oráculo,
que nos proclamaches no Nome do Señor.
¹⁷É ben certo que faremos todo o que prometemos coa nosa boca:
ofrecerlle incenso á Raíña do ceo,
e verterlle libacións,
como xa o fixemos nós e nosos pais, os nosos reis e as nosas autoridades,
nas cidades de Xudá e nas rúas de Xerusalén,
e entón fartabámonos de pan, estabamos felices e non viámo-la desgracia.
¹⁸Pero desde que deixamos de ofrecer incenso

---

xión e ó escarmento nos feitos recentes da caída de Xerusalén. Este tema do escarmento coa sorte de Xerusalén ocupa tódolos elementos do discurso: a introducción á acusación (vv 2-6), a mesma acusación (vv 7-10); e o anuncio de castigo (vv 11-14). A resposta do pobo (vv 15-19) é unha referencia á historia do mesmo durante o reino de Menaxés (687-642), momento de paz e prosperidade e ó mesmo tempo de culto idolátrico (2 Re 21, 1-18). Con Ioxías, en troques, prohibíronse estes cultos pagáns, e a cousa acabou mal coa derrota de Meguido (609), e desde entón as cousas foron de mal en peor. Na primeira resposta (vv 21-23) o profeta retorce o argumento do pobo, pois os fillos continuaron as costumes dos pais e a caída de Xerusalén foi provocada polas idolatrías de todos eles (vós, vosos pais...). A segunda resposta (vv 24-29) denuncia a vontade decidida do pobo de seguir coa idolatría, e anúncialles un castigo irreparable. O v 30 é literariamente un oráculo de castigo contra o faraón Hofrá, pero no conxunto dos textos é a tipificación do anuncio de castigo do oráculo de xuízo de castigo (vv 24-29), que serve de segunda resposta.

44, 1 Había neste momento colonias xudías en lugares ben espallados: *Tafnes* (cf nota a **2,** 16); *Migdol* (cf nota a **46,** 14); *Nof* (Menfis), entón a capital, preto do actual O Cairo; *Patrós*, no Alto Exipto.

á Raíña do ceo e de lle verter libacións, faltounos todo e morremos pola espada e de fame. ¹⁹Ben certo que nós lle ofrecemos incenso á Raíña do ceo e lle vertemos libacións.

¿Acaso lle fixemos bicas para representala ou vertemos libacións no seu honor sen o consentimento dos nosos homes?

Resposta do profeta ó pobo

²⁰Entón Xeremías díxolle a todo o pobo, ós homes e ás mulleres e a tódolos que lle responderan deste xeito: ²¹—¿Acaso das ofrendas de incenso, que nas cidades de Xudá e nas rúas de Xerusalén ofrescestes vós e vosos pais, os vosos reis e as vosas autoridades, e os vosos terratenentes, non se acordou o Señor e non lle viñeron á súa cabeza? ²²O Señor xa non puido soporta-la maldade dos vosos feitos, as abominacións que cometestes, e por isto o voso país volveuse unha morea de ruínas, algo que dá medo e que se maldice por falta de habitantes, tal como está hoxe. ²³Polo feito de que pecastes contra o Señor, ofrecendo incenso e non fixestes caso da voz do Señor e non vos comportastes conforme a súa lei, os seus preceptos e as súas prescricións, por isto aconteceuvos esta desgracia, tal coma hoxe.

²⁴Entón Xeremías díxolle a todo o pobo e a tódalas mulleres:

—Escoitade a palabra do Señor, tódolos xudeus que estades no país de Exipto: ²⁵así fala o Señor dos Exércitos, o Deus de Israel: vós e mailas vosas mulleres, o que falades coa vosa boca

cumprídelo coas vosas mans, dicindo:
"Certo que temos que cumpri-las nosas promesas
de ofrecer incenso á Raíña do ceo e de lle verter libacións".
De seguro que manteréde-las vosas promesas,
de seguro que cumpriréde-los vosos votos.

²⁶Por isto escoitade a palabra do Señor tódolos xudeus que vivides no país de Exipto: xuro polo meu grande Nome —dío o Señor— que non volverá ser invocado o meu Nome en todo o país de Exipto pola boca de ningún xudeu, dicindo: "Vive o meu Señor, Iavé". ²⁷Sabede que eu estou en vela sobre vós para facervos mal e non ben. Tódolos xudeus que están no país de Exipto perecerán pola espada e de fame ata o seu exterminio. ²⁸Os escapados da espada, poucos en número, volveranse do país de Exipto ó país de Xudá e entón saberá todo o resto de Xudá que veu habitar no país de Exipto, se a palabra que se cumpre é a miña ou a deles. ²⁹Tende para vós este sinal —é o Señor quen fala—: que eu vos hei castigar neste lugar, para que saibades de verdade que as miñas palabras contra vós se han cumprir para mal.

³⁰Así fala o Señor: eu entrego o Faraón Hofrá, rei de Exipto, no poder dos seus inimigos, no poder dos que buscan acabar coa súa vida, o mesmo que entreguei a Sedecías, rei de Xudá, no poder de Nabucodonosor, rei de Babilonia, o seu inimigo, que buscaba acabar coa súa vida.

Oráculo salvífico para Baruc

45 ¹Este é o oráculo que lle dirixiu o profeta Xeremías a Baruc fillo de Nerías, cando, no ano cuarto de Ioaquim, rei de Xudá, Baruc escribía estes oráculos nun rolo ó dictado de Xeremías: ²Isto diche o Señor, Deus de Israel, a ti, Baruc:
³Ti dis: ¡Ai de min! O Señor engade
aflicións á miña dor;
estou canso de tanto chorar, e non atopo
acougo.
⁴Respóndelle deste xeito: así fala o Señor:
O que construín, vouno destruír eu,
e o que plantei, vouno arrincar,
(e tamén a todo este país).

44, 14 As últimas palabras faltan na versión dos LXX, e teñen tódalas señas dunha glosa posterior.
44, 19 *A Raíña do ceo* é a Axerah ou Axtarté babilónica; o seu culto estivo sempre en vixencia no Medio Oriente antigo, de onde pasou a Grecia (culto a Afrodita), e a Roma (culto a Venus).
44, 30 O cumprimento desta profecía realizouse no ano 568/7 co faraón Amasis, aínda que foi un ataque de sumisión e castigo, máis ca de conquista.
45, 1-5 Este texto, datado no ano 604, cando Baruc copiaba por segunda vez o rolo queimado por Ioaquim (cf **36**, 1ss), é coma a sinatura, autentificada e confirmada polo oráculo divino da tarefa divulgadora do escribán coa obra de Xeremías. Deus gárantelle a Baruc a conservación da súa súa vida, que xa non é pouco, no momento de calamidade no que lle tocou vivir.
45, 1 *Baruc* era de familia distinguida, pois era escribán, formado na escola sapiencial da corte de Xerusalén, onde un irmán seu chega a ocupar un cargo de importancia, no reino de Sedecías (cf **51**, 59). Pero a súa vocación persoal é a de discípulo e escribán do profeta.
45, 3 As aflicións que se engaden á súa dor son os novos oráculos de castigo de Xeremías que se suman ó primeiro rolo, e que lle veñen enriba da dor da súa persecución (cf **36**,26).

⁵¿Seica ti buscas grandes cousas para ti?
—Non as busques.
Porque eu vou trae-la desgracia sobre tódalas criaturas

—é o Señor quen fala—,
pero a ti, coma despoxo, fareiche o don da túa propia vida,
en tódolos lugares a onde vaias.

ORÁCULOS ACERCA DAS NACIÓNS

Escarnio pola desfeita exipcia en Kárkemix

46 ¹Circunstancia na que lle comezou a vir a Xeremías a palabra do Señor contra as nacións. ²Sobre Exipto, contra as tropas do faraón Nekó, rei de Exipto, cando se atopaba xunto ó río Éufrates, en Kárkemix, cando o derrotou Nabucodonosor, rei de Babilonia, no ano cuarto de Ioaquim, fillo de Ioxías, rei de Xudá:
³—Preparade os escudos e os petos, marchade á guerra.
⁴Aparellade os cabalos, montade os corceis.
Mantédevos na vosa posición cos cascos, afiade as lanzas,
vestide as coirazas.
⁵¿Que é o que estou a ollar?
Eles están cheos de pavor, retíranse para atrás,
os máis valentes de entre eles son tallados en anacos,
escapan ó refuxio,
non volven a cara,
terror por todo o arredor
—oráculo do Señor—.
⁶O máis lixeiro non pode fuxir,
o máis valente non pode escapar polo norte,
contra un brazo do río Éufrates tropezan e caen.
⁷¿Quen é este que sobe coma o Nilo,
este con augas que medran coma as dos ríos?
⁸É Exipto que sobe coma o Nilo,
coma ríos engordan as súas augas.
Dicía: "Subirei e alagarei o país,
destruirei a cidade e os seus habitantes".
⁹Subide, cabalos;
que saian os máis valentes:
os de Etiopía e os de Libia que embrazan o escudo,
e os luditas que agarran e tensan o arco.
¹⁰O día aquel será, para o noso Señor Deus dos Exércitos,
o día da vinganza para se vingar dos seus inimigos.
A espada devora e fártase,
está borracha do seu sangue.
¡Que sacrificio para o noso Señor, Deus dos Exércitos,
no país do norte, xunto ó río Éufrates!
¹¹Sube a Galaad a buscar bálsamo,
virxe, filla de Exipto:
en van multiplíca-las curas,
non hai remedio posible para ti.
¹²As nacións decátanse da túa vergonza,
os teus berros enchen a terra:
Velaquí, un valente tropeza contra outro valente,
e os dous caen xuntos.

¹³Esta é a palabra do Señor que lle veu ó profeta Xeremías, cando

---

46, 1-12 Despois dunha introducción redaccional de carácter histórico á sección de oráculos contra as nacións (cc. **46-51**), estes vv constitúen un sarcasmo sobre a desfeita exipcia en Kárkemix (ano 605): tres series de imperativos (vv 3-4.9.11) invitan ás tropas exipcias á resistencia, á loita e a buscar remedio para a desfeita. A estas invitacións, seguen: a) a descrición da derrota introducida como unha visión profética a distancia (vv 5-6), que se desenvolve coa imaxe das augas da crecida do Nilo, que soben e destrúen (vv 7-8); b) no corpo central (v 10), a vinganza de Iavé contra Exipto por asasina-lo piadoso rei Ioxías, amigo do profeta, catro anos antes (v 609) e na que o profeta chega a considera-la desfeita exipcia coma un sacrificio litúrxico; c) a consideración da vergonza exipcia, xeneralizada entre as nacións (v 12).

46, 1 *Circunstancia.* Lémo-lo hebreo "aser" = paso, lugar, sitio: pois a consideración como relativo ("axer") non ten senso.

46, 7 As augas da crecida do Nilo teñen o senso negativo da destrucción, propio do carácter mítico das augas provocadoras do caos (cf Ez **32,** 2ss).

46, 9 *Etiopía, Libia e os luditas* eran pobos asociados a Exipto.

46, 10 Este v constitúe o centro teolóxico do conxunto, pois a caída de Exipto é vinganza de Iavé, e coma un sacrificio de reparación no seu honor.

46, 11 *Bálsamo de Galaad:* cf **8,** 22; Xén **37,** 25.

Virxe é a imaxe do pobo, presentada coma moza ou muller.

Remedio: lit. curación, cicatrización, "carne que sobe".

46, 13-24 Este oráculo hai que datalo no 568/7, no reinado do faraón Amasis (cf **43,** 10-13). Literariamente é un oráculo de castigo, cunha introducción (vv 14-17) na que se escarnece a decisión exipcia de resistencia (v 14) coa fraqueza dos seus ídolos: Apis (v 15), o faraón (v 17) e os seus mercenarios que foxen (v 16). Con esta inutilidade da idolatría exipcia contrasta a solemne fórmula oracular de xuramento (v 18), á que segue a presentación da invasión e conseguinte catividade (v 19) e da fuxida ante os invasores (vv 20-23), para acabar coa vergonzosa sumisión ó pobo do norte, Babilonia (v 24).

Nabucodonosor, rei de Babilonia, veu castiga-lo país de Exipto:
¹⁴Comunicádeo en Exipto, pregoádeo en Migdol,
pregoádeo en Menfis e en Tafnes,
dicide: ¡En posición, firme, ti!,
que a espada devora no teu arredor.
¹⁵¿Por que foxe Apis?,
¿Por que o teu touro non se ten de pé?
Velaí o Señor, que o empurrou,
¹⁶tropeza moito, caeu ruidosamente.
Cada un diralle ó seu compañeiro:
"¡En pé! Volvamos co noso pobo,
á terra da nosa orixe,
por causa da espada poderosa".
¹⁷Invocade o nome do Faraón, rei de Exipto;
ó seu poder xa lle pasou o momento.
¹⁸Pola miña vida —oráculo do Rei
que ten por nome Señor dos Exércitos—,
que así como o Tabor está sobre as montañas,
e como o Carmelo está sobre o mar,
así virá.
¹⁹Axeita os teus útiles para a cativadade,
poboación, filla de Exipto;
velaí Menfis que se volverá unha desolación,
quedará devastada, sen habitantes.
²⁰Coma xuvenca bonita preséntase Exipto:
desde o norte velaí vén un tabán.
²¹Velaí os seus mercenarios no medio dela:
son coma xatos de ceba.
Tamén eles lle volven a cara,
corren todos xuntos sen parar,
o día da desgracia vén sobre eles,
a hora do seu castigo.
²²A súa voz é coma a da serpente que asubía,
porque veñen con forza;
con machadas veñen contra el,
coma os que cortan as árbores;
²³cortan a súa foresta —é o Señor quen fala—
aínda que é impenetrable;
multiplicáronse máis cós saltóns
non teñen número.
²⁴A filla de Exipto está chea de vergonza,
entrégase ó poder do pobo do norte.

O castigo da falsa confianza de Exipto traerá a salvación para Israel

²⁵O Señor dos Exércitos, Deus de Israel, di:
—Hei castiga-lo deus Amón de Tebas, o Faraón e Exipto, os seus deuses e os seus reis, o Faraón e os que confían nel, ²⁶e entregareinos ó poder dos que buscan acabar coa súa vida, ó poder de Nabucodonosor, rei de Babilonia, e ó poder dos seus servidores. Despois disto, Exipto vivirá tranquilo, coma nos tempos pasados —é o Señor quen fala—.
²⁷Pero ti, meu servo, Xacob, non teñas medo,
non te asustes, Israel,
pois eu voute salvar traéndote dun país remoto,
e a túa descendencia desde o país da súa cativadade.
Xacob volverá e vivirá tranquilo,
estará en paz e non haberá quen o moleste.
²⁸Ti, meu servo, Xacob, non teñas medo
—é o Señor quen fala—,
mira: eu estou contigo;
realizarei a destrucción entre tódolos pobos,
onde te dispersei,
pero a ti non te destruirei,
senón que te castigarei como é debido,
pois non te puiden declarar inocente.

46, 14 *Migdol:* ó N.E. do Delta, preto de Tafnes (cf Ex **14**, 2; Núm **33**, 7).
Ti, referido a Exipto, en figura de muller.
46, 15 *Apis* —o Touro— era unha divinidade exipcia da fecundidade, especialmente venerada en Menfis. O nome Apis é grego; en hebreo e exipcio dise "haf".
46, 16 O que *moito tropeza:* é un epíteto do Touro-Apis, baseado na observación do xeito de camiñar do gando vacún.
Diralle...: refírese ás palabras de desánimo dos mercenarios de Exipto.
46, 17 *Invocade o nome:* fórmula característica da chamada de auxilio ó poder (= nome) dunha divinidade.
46, 18 Nótese o contraste entre os títulos do faraón e os de Iavé, enfatizados polo xuramento.
46, 20 *Xuvenca* fai referencia ó Touro Apis (do v 15), pero o senso é sarcástico e antiidolátrico.
46, 21 *Volven a cara:* ten o senso de arredarse da propia tarefa.
46, 22 *A súa voz:* refírese a Exipto. Os que veñen son os invasores babilónicos.
46, 23 Os que... *multiplicáronse:* refírese ós invasores.
46, 25-28 Estes textos sen datación deben situarse antes do ano 605, pois a desfeita exipcia diante de Babilonia, en Kárkemix (vv 25-26) supón o final do imperio asirio, e a esperanza da volta dos deportados do reino de Israel (vv 27-28).
46, 26 *Coa súa vida* (heb. "néfex"): anceios de prosperidade e grandeza, en contraste coa tranquilidade na que vivirá despois do castigo.
46, 27-28 Estes vv son unha repetición de **30**, 10-11.

Oráculo contra os filisteos

47 ¹Circunstancia na que a palabra do Señor lle veu ó profeta Xeremías acerca dos filisteos; foi antes de que o Faraón castigara a Gaza.
²—Velai que desde o norte están a subir augas
que se volven un río alagador,
alagan a capital do país e os que a enchen,
a cidade e os que nela habitan.
Gritan os homes e laméntase
todo o que vive na capital.
³Pola troupelada dos cascos dos seus cabalos,
polo retumbar dos carros, polos rechíos das rodas.
Os pais xa non miran polos fillos,
polo cansazo dos seus brazos,
⁴ante o día que chega para acabar con tódolos filisteos,
para apartar de Tiro e de Sidón
a tódolos fuxitivos que poden axudar.
Si, o Señor destrúe os filisteos, o resto da illa de Creta.
⁵Chégalle a Gaza o día de rapa-la cabeza,
o lamentarse chega para Axquelón.
Resto da chaira filistea,
¿por canto tempo aínda farás incisións en ti mesma?
⁶¡Ai! ¡A espada do Señor!
¿Xa nunca non estarás quieta?
Recóllete na vaíña,
descansa e para queda.
⁷¿Como vas estar queda,
se o Señor che mandou dominar?
A Axquelón e á beira do mar,
aí foi onde te destinou.

Xuízo de castigo divino contra Moab

48 ¹Acerca de Moab, así fala o Señor dos Exércitos, o Deus de Israel:
—¡Ai do poder de Nebó! Está arrasado.
¡Ai da súa capital! Está arrasada e conquistada.
¡Ai da súa fortaleza, desolada e desfeita!
²Xa desapareceu o renome de Moab.
Desde Hexbón proxectaron desgracias contra el:
"Vaiamos e eliminémolo de entre os pobos".
Desde Dimón chorarás a berros,
pois perséguete a espada.
³Desde Horonaim veñen gritos pedindo socorro,
grande ruína e devastación.
⁴Moab está devastada,
os seus aflixidos fan oír grandes clamores.
⁵Quen excita as súas meixelas
con choro aumenta o choro.
Ó rebelarse contra os seus vieiros angustiosos,
escoita os gritos de desolación:
⁶¡Correde e salvade a vosa vida!
Sede no deserto coma o burro salvaxe.

47, 1-7 A dificultade principal do texto está en conxuga-lo v 1 (o faraón que castiga a Gaza) e o v 2 (as augas alagadoras que soben do norte). Os autores supoñen que o invasor é o mesmo Faraón Nekó, o que ataca a Gaza e a Axquelón, ó retirarse de Riblah despois da desfeita de Kárkemix no ano 605 e deste xeito entenden o texto de Heródoto **2**, 159 (victorias de Magdolos ou Meguiddo e Coditis ou Gaza). Pero aínda non queda claro cal foi a intención do profeta con este oráculo no que non hai alusión a Xudá. Sen dúbida o texto é un oráculo de castigo para as cidades filisteas por non participaren na política de Ioxías de impedi-la alianza de Exipto co morrente reino asirio, que, de ter éxito, botaría por terra a independencia de toda Palestina (Xudea e Filistea). Os vv 2-4b describen a invasión arrasadora: o v 4c teoloxiza a invasión coma o día no que o Señor destrúe; o v 5 describe as lamentacións dos filisteos; e o v 7 volve ó tema teolóxico.
47, 1 *Circunstancia na que:* cf nota a **46**, 1.
47, 2 As *augas...:* senso mítico de desorde caótica, invasión.
47, 3 *Cansazo dos seus brazos:* lit. "das súas mans", coma expresión de incapacidade.
47, 4 *O día que chega:* é o día do Señor Iavé, que destrúe os filisteos (cf vv 6.7).
47, 5 *Rapa-la cabeza* e facerse *incisións* pertence ó ritual de lamentación colectiva por un desastre nacional. *Lamentarse:* lit. "chorar".

48, 1-47 Este texto non ten data, pero si un final no que se califica coma un oráculo de xuízo de castigo ("mixpat"), executado por Nabucodonosor (v 8), en data descoñecida. A caracterización do texto coma xuízo de castigo, xustifícase pola presencia de acusacións e anuncios de castigo nos vv 7-12.14-16 e 40-47. Con todo, no texto fan presencia elementos de lamentación (vv 1-6); elementos de invitación á lamentación (vv 17-20) e da descrición da amplitude do castigo (vv 20-26); lamentación oracular do profeta e de Deus, e lamentación de Moab (vv 31-39). Toda a sección forma un bloque, non obstante a fórmula oracular do v 40, pois os tres Ais do v 1 recóllense en inclusión literaria no v 46; e ó anuncio da conversión de Moab da súa idolatría (v 13) corresponde no v 47 un oráculo de restauración.
48, 1 *Nebó* é aquí a cidade (Núm **32**, 38), e non o monte (cf Dt **32**, 49; **34**, 1).
48, 2 *Dimón:* así entendeu o termo S. Xerome; actualmente chámase "Kirbet" Dimá.
48, 5 *Meixelas:* outros len un nome propio de cidade (Luhit), cousa que non é posible, pola presencia do artigo e polo paralelismo de "luhot" (texto consonántico) con "bekii" (= choro). Tanto este verso coma o que segue refírense á liturxia penitencial colectiva.
Vieiros angustiosos: lit. "o seu vieiro da súa angustia": vieiro, coma sinónimo de comportamento soberbio e de autosuficiencia.

⁷Velaí: por fiarte das túas obras
e dos teus tesouros,
tamén ti serás conquistada.
E Kemox irá ó desterro,
xunto cos seus sacerdotes e os seus
  príncipes.
⁸O conquistador entrará en tódalas
  cidades,
e ningunha cidade escapará.
Perderase a veiga,
será devastada a chaira
—é a sorte que dixo o Señor—.
⁹Dádelle sal a Moab,
pois certo que se renderá.
As súas cidades volveranse unha
  desolación,
por falta de quen habite nelas.
¹⁰Maldito quen cumpre o encargo do
  Señor con pouco xeito,
maldito quen retén a súa espada
  apartada do sangue.
¹¹Moab está en paz desde a súa xuventude,
descansa tranquilo coma o viño nas súas
  borras,
pois non foi trafegado dunha cuba a
  outra;
ó desterro non foi;
por isto permanece nel o sabor,
e o aroma non se alterou.
¹²Pois ben, velaí chegan días
—é o Señor quen fala—
nos que lle mandarei trafegadores que o
  trafeguen;
derramarán as cubas
e esnaquizarán as cántaras de barro.
¹³Moab avergonzarase de Kemox,
como a casa de Israel se avergonzou de
  Betel,
o motivo da súa confianza.
¹⁴¿Como vos atrevedes a dicir: nós somos
  valentes,
homes fortes para a guerra?
¹⁵O devastador do Moab e das súas
  cidades sobe,
o escollido dos seus soldados baixa ó
  matadeiro
—oráculo do Rei, que ten por nome
  Señor dos Exércitos—.

¹⁶A desgracia de Moab está a punto de
  chegar,
o seu desastre vén á présa desde as augas
  abismais.
¹⁷Chorade por el tódolos seus veciños,
tódolos que coñecéde-lo seu renome.
Dicide: ¡como se partiu a vara de mando,
o cetro da gloria!
¹⁸Baixa do trono, senta no chan seco,
poboación da filla de Dibón,
porque o devastador de Moab sobe
  contra ti,
destrúe as túas cidades ben muradas.
¹⁹Mantente firme no camiño,
e estate en vela, poboación filla de Aroer,
pregúntalles ó fuxitivo e ó que escapa, e
  dilles:
"¿Que pasou?"
²⁰Moab está avergonzada, está tan
  horrorizada:
Laméntate, pide auxilio;
anunciádeo no Arnón:
¡Moab está arrasada!
²¹Xa vén o xuízo de condenación sobre a
  terra cha:
Sobre Holón, Iasah, Mofeat,
²²sobre Dibón, Nebó e Bet-Diblataim,
²³sobre Quiriataim, Bet Gamul, Bet Meón,
²⁴sobre Queriot e Bosrah,
e sobre tódalas cidades do país de Moab,
as de lonxe e as de cerca.
²⁵Partiu o corno de Moab,
e o seu brazo rompeu —é o Señor quen
  fala—.
²⁶Emborrachádea, pois a súa débeda co
  Señor fíxose grande;
que caia Moab no seu vómito,
que se converta en obxecto clamoroso de
  riso para ti.
²⁷¿Acaso Israel non foi para ti o mesmo
  obxecto de riso,
cando se atopou entre ladróns?
¿Acaso non abaneáche-la cabeza
  burlonamente,
todas cantas veces as túas verbas se
  dirixiron a ela?
²⁸Deixade as cidades e vivide entre os
  penedos,

48, 7 *As túas obras:* refírese ós ídolos coma Kemox e ós tesouros gardados nos templos idolátricos.
48, 9 *Sal:* sal mineral, a cousa máis necesaria para os asediados, que precisaban mante-las enerxías.
48, 10 Estas maldicións, dirixidas ós babilonios, comentan a desolación das cidades de Moab.
48, 11-12 A imaxe da traxedia do viño de Moab, abundante e famoso, serve para expresa-la devastación das súas cidades.
48, 13 *Kemox* era o deus idolátrico nacional de Moab, e un título de Baal, como o subliña a comparación con Betel, onde Israel dera culto sincretista a Baal baixo o nome de Iavé.
48, 16 *Desde as augas abismais.* A expresión refírese ó aspecto caótico infernal do arrasamento de Moab.
48, 17 *Vara..., cetro:* símbolos do poder. *Gloria* equivale aquí a esplendor.
48, 26 *Débeda:* polo pecado de soberbia e autosuficiencia respecto de Deus.
48, 27 *Entre ladróns:* referencia ós rexicidios no reino de Israel.

habitantes de Moab;
sede coma as pombas que aniñan ó outro lado dun barranco.
²⁹Estamos sabedores da soberbia do orgulloso Moab,
crecen a súa insolencia e o seu orgullo,
a súa presunción e maila altivez do seu corazón.
³⁰Eu coñezo a súa arrogancia —é o Señor quen fala—:
inxustiza é o que fan coas súas mans.
³¹Por isto lamentareime por Moab,
clamarei por todo Moab,
haberá pranto polos homes de Quir-Heres.
³²Máis cós choros por Iazer,
chorarei eu por ti, viña de Sibmah:
os teus sarmentos traspasan o mar,
máis aló do mar chega a túa axuda;
pero o devastador caerá sobre a túa colleita e a túa vendima.
³³Desaparecerá o gozo e a alegría
das viñas e das chairas de Moab.
Acabarei co viño das súas cubas;
o trono da tormenta si que o avolverá,
un trono e mais dous tronos.
³⁴Os berros de auxilio de Hexbón chegan ata Elaleh, ata Iahás.
Lanzan os seus gritos desde Soar ata Horonaim, a xuvenca de tres anos; pois mesmo as fontes de Nimrim se volven unha desolación.
³⁵En Moab acabarei —é o Señor quen fala—
con quen ofrece holocaustos
nas ermidas dos outeiros,
e con quen queima incenso ós seus deuses.
³⁶Por isto o meu corazón axítase por Moab coma unha frauta
e coma unha frauta xeme o meu corazón polos homes de Quir-Heres,
por isto o máis precioso da arada volverase un ermo.
³⁷Velaí as cabezas peladas e tódalas barbas rapadas;
en tódalas mans, incisións; e sobre os riles, os sacos;
³⁸en tódalas terrazas de Moab e en tódalas súas prazas
todo é unha lamentación,
pois eu esnaquicei a Moab coma cacharro inútil
—é o Señor quen fala—.
³⁹¡Que horrorizada está! ¡Lamentádevos!
¡Como volve as costas Moab avergonzada!
Converteuse na burla e no escarnio de tódolos seus veciños.
⁴⁰Así fala o Señor:
Velaí, coma unha aguia voa e estende as súas ás contra Moab.
⁴¹As súas cidades serán conquistadas, e as súas fortalezas tomadas.
No día aquel o corazón dos soldados de Moab
será coma o corazón dunha muller nas angustias do parto.
⁴²Moab deixará de ser un pobo,
porque se ensoberbeceu contra o Señor,
⁴³O terror, o pozo e o cepo están ante ti,
habitante de Moab —é o Señor quen fala—.
⁴⁴Quen escapa da presencia do terror, cae no pozo;
e quen sobe do pozo é collido no cepo.
Eu fago vir sobre el, sobre Moab,
o ano das súas contas —é o Señor quen fala—.
⁴⁵Ó amparo de Hexbón detéñense os fuxitivos sen forzas,
de Hexbón sae lume,
e as lapas saen do neutral Sihón,
devoran a cabeza de Moab polos dous lados
e o cráneo dos fillos da destrucción.
⁴⁶¡Ai de ti, Moab! ¡Está perdido o pobo de Kemox!
Os teus fillos son levados á catividade,
e as túas fillas ó desterro.
⁴⁷Pero ó cabo duns anos volverei a trae-los desterrados de Moab
—é o Señor quen fala—.
Ata aquí o xuízo de Moab.

48, 33 *O trono da tormenta:* é un epíteto de Baal, o deus do trono e da chuvia.
48, 34 *Horonaim:* poboación non localizada, pero que aparece na estela do rei Mesa. Probablemente está formada coas augas de Nimrim (preto do Mar Morto): por isto a aposición "xuvenca de tres anos" vén explica-los gritos da poboación.
48, 36 *O máis precioso da arada volverase un ermo.* Esta expresión é un comentario ó nome da cidade Quir Heres ("cidade da arada").
48, 37 Refírese ó ritual de lamentación colectiva.
48, 40 *O planeo da aguia* —ave de rapina— é símbolo aquí da invasión dos conquistadores caldeos.
48, 43-44 *O pozo* designa aquí o cárcere (cf **38,** 6-7; Is **24,** 17).
48, 45 *Fillos da destrucción:* xente destinada á catividade.

Oráculo de castigo contra os amonitas

49 ¹Acerca dos amonitas, así fala o Señor:
—¿Acaso Israel non ten fillos?
¿Acaso non ten herdeiro?
¿Por que Milkom herdou Gad
e o seu pobo vive nas cidades de Gad?
²Por isto: velaí veñen días
—é o Señor quen fala—
nos que farei oír berros de guerra
contra a capital dos amonitas,
que se converterá nun outeiro de desolación,
e as súas cidades filiais serán incendiadas con lume,
mentres Israel herdará dos herdeiros deles
—dío o Señor—.
³Fai lamentacións, Hexbón, pois, Ai, está devastada;
gritade, cidades filiais da capital, Rabah,
vestídevos de saco, facede loito,
andade dun lado para o outro entre muros.
Pois Milkom vai á catividade
xunto cos seus sacerdotes e xefes.
⁴¿Por que te glorías da túa forza?
A túa forza amolece, filla rebelde
que confía nas súas riquezas:
"¿Quen virá contra min?".
⁵Eu traerei contra ti o terror
de parte de tódolos teus veciños
—quen fala é o Señor, Deus dos Exércitos—.
Seredes expulsados, cada un pola súa parte,
e non haberá quen reúna os que escapan.
⁶Pero despois disto volverei a trae-los desterrados, fillos de Amón
—é o Señor quen fala—.

Oráculos de castigo contra Edom

⁷Acerca de Edom, así fala o Señor dos Exércitos:
—¿Xa non hai sabedoría en Temán?
¿Faltoulles ós intelixentes o consello?
¿Corrompeuse a súa sabedoría?
⁸—Escapade, dade a volta, cavade foxos onde morar,
habitantes de Dedán;
é a calamidade de Esaú o que traio contra Dedán,
é o tempo no que eu lle pedirei contas.
⁹Cando entren en ti os vendimadores,
non deixarán acio ningún;
cando entren de noite os ladróns,
destruirán canto lles cumpra.

49, 1-6 Esta sección é un oráculo de xuízo condenatorio, en dous despregues (1-3; 4-6). As acusacións conservan a forma do interrogatorio xudicial (vv 1 e 4), referíndose a primeira ás inxustizas contra Israel, e a segunda á actitude interna de soberbia e autosuficiencia. O primeiro dos anuncios de castigo (v 2) acaba coa promesa de salvación para Israel; mentres que o segundo (v 5a) é puro anuncio de castigo. A primeira tipificación (v 3) consiste nunha invitación á lamentación colectiva por mor da inminente catividade; e a segunda (v 5b) refírese á expulsión dos amonitas do seu territorio. O v 6 é o final de toda a unidade, na que se anuncia a restauración de Amón, cousa que converte o oráculo nun castigo purificador das inxustizas.

49, 1 O terreo da tribo de Gad era parte do antigo territorio amonita que xa Iefté tivo que recuperar (cf Xuí **11,** 4-33). Pero na campaña do 734, o rei asirio Tiglatpeléser deportou a Gad, e os amonitas ocuparon a súa terra. O oráculo do profeta é anterior á morte de Ioxías, e responde ós seus plans mesiánicos de restaura-lo reino de David.
Milkom (= rei) era un título de Baal, e tamén era o nome do deus nacional amonita.

49, 2 *A capital* (heb. "rabah"). Aquí non é o nome propio da capital amonita —a actual Rabat—, senón nome común, oposto ás cidades filiais, do v 3.
Israel: Trátase das tribos de Xacob. Designa aquí os descendentes do patriarca no século VIII, e os que vivían polos anos 612 a 609.

49, 3 *Hexbón:* cidade moabita, probablemente conquistada entón polos amonitas.

49, 7-22 Esta sección está composta de dous oráculos de xuízo de castigo (vv 7-11; e 12-22). O primeiro comeza coa acusación en forma interrogativa (v 7); e o anuncio de castigo (vv 8-11) ábrese cunha invitación a fuxir (v 8a), para logo descubrirlles Iavé os escondedoiros ós invasores (v 10a). O oráculo acaba cunha promesa salvífica para os oprimidos (orfos e viúvas) que abandonen Edom e se xunten a Xudá e a Iavé; pero esta promesa é expresión de que a salvación está na asimilación a Xudá. O segundo oráculo (vv 12-22) comeza co anuncio de castigo (vv 12-15). A acusación (v 16a) é de soberbia polo seu poder militar e de temeridade polos seus plans políticos. O anuncio de castigo, introducido por unha invitación a fuxir (v 16b), chega ata o v 18. O v 19 constitúe unha repetición da acusación de soberbia en imaxes pastorís (o león que sobe da selva) e do anuncio de castigo. Este anuncio de castigo, do v 19, enfatízase nos vv 20-22 coa solemne introdución oracular do v 20.

49, 7 *Edom* e os edomitas son descendentes de Esaú; e as tensións entre os dous irmáns continuaron entre os seus descendentes. Os feitos que provocaron o oráculo profético foron as incursións arameas do ano 601/600 —das que fala 2 Re **24,** 2—, e a rebelión de Ioaquim contra os caldeos. A acusación de falta de sabedoría (= habilidade e sentido prático) refírese á oposición entre pobos irmáns que se opoñen entre eles cunha grande potencia por medio. A sabedoría dos edomitas era proverbial no A.T.: cf 1 Re **5,** 10-11; Xob **2,** 11; Pr **31,** 11; Bar **3,** 22-23. Tamén é expresión poética de Edom: cf Xén **36,** 11.15.42; Ez **25,** 13; Am**1,**2.

49, 8 *Dedán:* no sur de Edom (cf **25,** 23; Xén **10,** 7; Is **21,** 13; Ez**25,**13).

49, 9 *Os vendimadores* son os babilonios, executores do castigo divino.

XEREMÍAS

¹⁰Serei eu quen descubra a Esaú,
quen poña á vista os seus escondedoiros,
de xeito que non se poida ocultar.
Está destruída a súa descendencia e a súa
  parentela,
os seus veciños xa non os ten.
¹¹—Abandona os teus orfos, que eu os
  farei vivir,
e as túas viúvas confiarán en min.
¹²Certo, si, así fala o Señor:
Os que non teñen a condena de bebe-la
  copa,
certo que a beberán:
¿e vas ser ti quen se libre do castigo?
Non te librarás, senón que sen remedio a
  beberás.
¹³Pois xuro por min mesmo
  —é o Señor quen fala—
que Bosrah se converterá nunha
  desolación,
nunha morea de ruínas, nun ermo e nun
  obxecto de maldición,
e tódalas súas cidades se converterán nun
  ermo perpetuo.
¹⁴Oín unha mensaxe de parte do Señor,
e un mensaxeiro foi mandado ás nacións:
  —Xuntádevos, subide contra ela;
¡en pé, á guerra!
¹⁵Velaí: convértote no máis pequeno dos
  pobos,
no máis desprezable da humanidade.
¹⁶O espanto que produces enganoute,
a temeridade do teu corazón.
¡Vive nas fendeduras das penas!
¡Agárrate á cima dos montes!
Aínda que levantes coma a aguia o teu
  niño,
heite baixar de alí —é o Señor quen
  fala—.

¹⁷Edom volverase unha desolación: todo o
  que pase por el
suspirará e asubiará en presencia das
  súas feridas,
¹⁸igual que en presencia da destrucción de
  Sodoma e Gomorra
e das súas cidades veciñas —dío o
  Señor—.
Ninguén vivirá alí,
ningún fillo de home morará nela.
¹⁹Velaí un león que sobe da fraga do
  Xordán:
á súa morada heino volver,
heino espantar e facer correr desde alí.
¿Cal é o escollido de entre o seu exército,
  que o hei castigar?
Pois ¿quen hai coma min? ¿Quen me
  desafía a un xuízo?
¿Quen é o pastor que se mantén de pé na
  miña presencia?
²⁰Por isto, escoitade o plan do Señor,
o que El formulou contra Edom,
e as decisións que tomou contra os
  habitantes de Temán.
É ben certo que os arrasarán os
  pastoriños do rabaño,
si, a súa morada quedará destruída ante
  estes.
²¹Co estrondo da súa caída tremerá o país,
  que clamará
e desde o mar dos Xuncos se oirá o seu
  clamor.
²²Velaí unha aguia que subirá e
  planeará,
estenderá as súas ás sobre Bosrah;
o corazón dos soldados de Edom
  volverase no día aquel
coma o corazón dunha muller nas
  angustias do parto.

49, 10 *Parentela:* lit. "irmáns", pois "a irmandade" incluía a parentela: primos, sobriños, e outros membros da mesma tribo.
49, 11 Coa reducción do territorio de Xudá, causada polos babilonios e polas incursións árabes en Edom, os edomitas pobres ocupan o sur de Xudá, no que o profeta descobre a man de Iavé.
49, 12 *A copa:* o sinal do castigo dorido, xa desde o segundo milenio, pois acompañaba coma analxésico as dores do axusticiado. A primeira expresión é un dito relativo á situación de invasións, nas que sofren os mesmos inocentes.
49, 13 *Bosrah,* cidade ó SE do mar Morto (cf Is **33,** 6; **63,** 1; Am**1,** 12).
49, 14 O profeta quere transmiti-lo que recibiu: unha orde divina de ataque contra Edom. As nacións son os caldeo-babilonios, e os pobos que lles estaban sometidos.
49, 15 *Humanidade:* o termo "adam" case sempre ten senso colectivo, e aquí especialmente, por paralelismo con "pobos".
49, 16 *Espanto:* é o terror que infundían os bravos edomitas. *Temeridade do corazón:* dos plans de ocupación do territorio de Xudá.
49, 17 *Asubiará:* xesto de horror e desprezo: cf **19,** 8; **50,** 13; Lam **2,** 15; Ez **27,** 36; Sof **2,** 15.
49, 19 A imaxe do león que sobe da fraga do Xordán para ataca-las reses hebreas aplícaselle aquí a Edom, que sae do seu territorio para ocupar Xudá. A imaxe quere expresa-la soberbia e autosuficiencia de Edom, que se enfronta co mesmo Iavé. As interrogacións teñen función enfatizante.
49, 20 *Os pastoriños* son os reis das nacións: Nabucodonosor, e os pobos sometidos a el.
49, 21 *O mar dos Xuncos:* probablemente o golfo de Áqaba (cf 1 Re **9,** 26).
49, 22 *A aguia:* cf nota a **48,** 40.

Oráculo de castigo contra Damasco

²³Sobre Damasco:
—Están cubertos de vergonza Hamat e Arpad,
pois oíron unha mala noticia,
asustounos o Monstro mariño,
a angustia que non se pode calmar.
²⁴Quedou sen forzas Damasco,
dá volta para escapar,
o terror apodérase del,
angustias e dores apodéranse del coma dunha muller en parto.
²⁵¡Como estará abandonada a cidade renomada, a vila alegre!
²⁶Certo, caerán os seus soldados nas súas prazas,
e tódolos homes de guerra perecerán no día aquel
—oráculo do Señor dos Exércitos—.
²⁷Prendereilles lume ás murallas de Damasco,
e consumirá os palacios de Ben-Hadad.

Oráculo de castigo contra Quedar e os árabes

²⁸Así fala o Señor acerca de Quedar e dos reinos de Hasor,
que destruíu Nabucodonosor, rei de Babilonia:
—¡En marcha! Subide contra Quedar,
devastade as tribos de Oriente.
²⁹Collan as súas tendas e mailos seus rabaños,
as súas cidades e tódolos seus útiles;
apodérense dos seus camelos e bérrenlles:
"Pavor por todas partes".
³⁰—Fuxide, escapade da calamidade,
cavade moradas, habitantes de Hasor
—é o Señor quen fala—,
pois Nabucodonosor, rei de Babilonia,
maquinou un plan contra vós,
tomou decisións contra eles.
³¹¡En marcha! Subide contra o pobo descoidado,
que vive na tranquilidade
—é o Señor quen fala—,
sen dobre porta e sen ferrollo;
viven sós.
³²Os seus camelos servirán de botín,
e a multitude dos seus rabaños servirá de ganancia;
dispersareinos a tódolos ventos coas tempas rapadas
e de tódalas rexións traeréille-la súa calamidade
—é o Señor quen fala—.
³³Hasor converterase en morada de serpes monstruosas,
nunha desolación para sempre.
Ninguén habitará máis alí,
e non residirá nela home ningún.

Oráculo de castigo contra Elam

³⁴Cando lle veu a palabra do Señor a Xeremías acerca de Elam nestes termos, foi no comezo do reinado de Sedecías, rei de Xudá.
³⁵—Así fala o Señor dos Exércitos:
Velaí vou eu rompe-lo arco de Elam,
o mellor das súas forzas varonís;
³⁶vou traer contra Elam os catro ventos dos catro cantos do ceo:
dispersareinos con tódolos ventos,

49, 23-27 Oráculo de castigo, composto de dúas seccións. A primeira (v 23) refírese a unha mala noticia que chega a dúas poboacións costeiras, e de alí pasa a Damasco, provocando profunda angustia e terror. Esta noticia tivo que se-la derrota expicio-asiria de Kárkemix (ano 605). A segunda parte é un preanuncio da caída de Damasco, que entón se vía vir (vv 24-27).
49, 23 *Asustounos... mariño:* lit. "foron axitados por Iam". Iam é aquí a divinidade mariña cananea, provocadora do caos primordial, que quere anuncia-lo carácter diabólico--caótico da dominación caldea.
49, 27 *Ben-Hadad:* rei de Damasco no 840 (cf 2 Re **13,** 24; Am**1,**4).
49, 28-33 O v 28a preséntano-los destinatarios do oráculo. *Quedar:* tribos nómadas do deserto sirio-árabe (cf Xén **25,** 13; Is **21,** 16-17). Os reinos de *Hasor:* tribos de Oriente, seminómadas, do deserto de Arabia (cf Xén **25,** 16; Is **42,** 11). A referencia á invasión de Nabucodonosor aconteceu nos anos 604-603. Literariamente o texto comeza cunha orde divina de marcha militar, dirixida ó exército de Nabucodonosor (vv 28b-29), á que segue outra, dirixida ós invadidos, para que fuxan do invasor (v 30). O v 31 repite as ordes divinas para os babilonios, acabando cun oráculo de castigo (vv 32-33).
49, 30 *Cavade moradas:* refuxios subterráneos e covas onde protexerse dos invasores. *Contra vós:* os habitantes de Hasor; *contra eles:* os árabes do deserto.
49, 31 *Dobre porta:* non é a porta —as dúas follas encaixadas na muralla—, senón dúas portas, unha detrás da outra.
49, 32 *Tempas rapadas* (lit. "rapados nas tempas"). Segundo Heródoto **3,** 2, os árabes "cortaban o cabelo arredor", rapando as tempas.
49, 33 *Serpes monstruosas:* cf nota a **9,** 10.
49, 34-39 Comeza a sección (v 34) coa data e circunstancias do ano 597, no que Xudá é humillado por Babilonia, que lle deporta a seu rei Ioaquín. O profeta percibe, por revelación divina, a ruína do imperio caldeo, pola invasión dos medos e persas, que conquistan Elam arredor do ano 590. O imperio de Elam estaba situado no golfo pérsico, con Babilonia ó poñente, Media ó N. e Persia ó nacente. Literariamente o texto é un oráculo de castigo. No v 38 fálase do *meu trono* (o trono de Iavé), referencia profética á capitalidade do novo imperio medo-persa en Xuxán, cidade de Elam. Con este novo imperio, vaise estende-lo reinado de Iavé no mundo dos deportados.
49, 35 *O arco* é imaxe do poder militar.
49, 36 *Catro ventos dos catro cantos do ceo* (NO, NE, SO, SE): son forzas maléficas e de destrucción.

e xa non existirá máis este pobo,
porque non volverá máis alí,
desterrado para sempre.
³⁷Farei tremer a Elam ante os seus
  inimigos,
ante os que buscan acabar coa súa vida;
traerei sobre eles unha desgracia,
o incendio da miña ira
—é o Señor quen fala—.

Mandarei tras eles a espada,
ata que eu acabe con eles.
³⁸Poñerei o meu trono en Elam,
farei desaparecer de alí o rei e os
  ministros
—é o Señor quen fala—.
³⁹Pero, ó andar dos días, volverei do revés
a catividade de Elam
—é o Señor quen fala—.

A CAÍDA DE BABILONIA E A SALVACIÓN DE ISRAEL: ORÁCULOS E LAMENTACIÓNS

Título

50 ¹Esta é a palabra que o Señor dirixiu a Babilonia, o país dos caldeos, por medio do profeta Xeremías.

Primeiro oráculo de castigo para Babilonia, e salvífico para Israel e Xudá

²—Facédeo saber entre as nacións,
  anunciádellelo,
levantade a bandeira, anunciádellelo,
non o ocultedes, dicide:
Foi conquistada Babilonia,
quedou avergonzado Bel,
quedou horrorizado Marduk;
avergonzadas quedaron as súas imaxes,
  horrorizados os seus ídolos.
³Velaí: desde o norte sobe contra ela un
  pobo
que converte a súa terra nunha
  desolación;
xa non haberá quen habite nela;
desde os homes ós animais fuxiron á
  desbandada.

⁴Nos días aqueles e naquela hora,
—é o Señor quen fala—
virán os fillos de Israel canda os fillos de
  Xudá,
camiñarán decididos e esbagullando,
e buscarán o Señor, o seu Deus.
⁵Preguntarán por Sión,
polo camiño que leva alí, que está diante
  deles.
"Camiñade e levemos a termo, ante o
  Señor,
unha alianza eterna que nunca se
  esqueza".
⁶Un rabaño de ovellas perdidas é o meu
  pobo;
os seus pastores escorrentáronas da miña
  montaña,
camiñan extraviadas de montaña en
  outeiro,
esqueceron o seu redil.
⁷Tódolos que as atopan, devóranas,
e os seus opresores din:
"Nós non temos culpa,

49, 38 Advirtámo-la función enfatizante da expresión "é o Señor quen fala" (lit. "oráculo do Señor"). O profeta presenta o castigo de Elam coma un xeito de conseguilos plans salvíficos-universalistas de Deus. Nisto, Xeremías anticípase ó Déutero-Isaías.

50, 1 - **51,** 58 O texto de **50,** 1 introduce oito seccións de oráculos de xuízo de castigo ou de castigo para Babilonia, nos que se intercalan oráculos salvíficos para Israel e Xudá, como é característico nos oráculos contra as nacións. Estas seccións de castigo sepáranse con sete lamentacións pola caída de Babilonia. Con esta disposición literaria, o redactor quere mostrar que, coa caída de Babilonia, comeza un período escatolóxico co número oito como clave.

50, 2-10 Esta primeira sección consta dun oráculo de castigo, no que o profeta percibe o anuncio como un feito xa acabado na decisión divina, e que ha de ser proclamado entre as nacións, para verse libre dos opresores (v 2). Segue unha concreción do castigo (v 3). Os vv 4-5 constitúen un oráculo salvífico para Xudá e Israel, que volverán do desterro cara a Sión, e recibirán en resposta ás súas preguntas a orde de voltar a Sión, e concluír co Señor unha alianza eterna. Os vv 6-10 serven de contraste e desenvolvemento do oráculo salvífico, ó mesmo tempo que enlazan o oráculo salvífico co de castigo, que se repite nos vv 9-10.

50, 2 Bel é título humano ou nome da principal divindade babilónica. *Marduk* equivale a Baal. É o nome acádico do hebreo Merodac. Na corte de Iavé o profeta descobre a caída de Babilonia e a humillación dos seus deuses.

50, 4 *Decididos e esbagullando:* referencia á liturxia penitencial, na que buscan a prosperidade que lle vén de Iavé.

50, 5 *Camiñade...* En resposta á pregunta polo camiño, o profeta mándalles que tranformen a volta a Sión e a liturxia penitencial nunha renovación da alianza definitiva e escatolóxica. *Levemos a termo:* cf Is 33, 1.

50, 6-7 O oráculo salvífico precisa da descrición do estado de desgracia e da súa xustificación.

Os pastores son os reis e dirixentes do pobo anterior ó exilio. *Lugar lexítimo* (lit. "morada de xustiza"): sitio que lles pertence.

xa que eles pecaron contra o Señor;
o seu lugar lexítimo e a esperanza dos
   seus pais é o Señor".
⁸Fuxide da presencia de Babilonia,
saíde do país dos caldeos,
sede coma castróns á fronte do rabaño.
⁹Eu estou suscitando e facendo subir
   contra Babilonia unha xuntanza de
   grandes pobos,
desde a terra do norte alinearanse contra
   ela,
e desde alí conquistarana.
As súas frechas son coma un guerreiro
   que deixa pais sen fillos,
que non volve da guerra en van.
¹⁰Caldea converterase en presa,
tódolos ladróns fartaranse con ela
—é o Señor quen fala—.

Primeira lamentación pola caída de Babilonia

¹¹¡Alégrate! ¡Brinca de ledicia,
   arrasadora da miña herdanza!
¡Brinca coma xuvenca arrasadora en
   celo!
¡Rincha coma os cabalos da parada!
¹²A vosa nai estará avergonzada por culpa
   da calamidade,
estará alporizada a que vos deu a luz;
védea: será o último dos pobos,
un deserto, terra reseca e unha estepa.
¹³Por causa da ira do Señor non será
   habitable,
toda ela se volverá unha desolación.
Todo o que pase xunto a Babilonia
   suspirará,
e asubiará á vista de tódalas súas chagas.
¹⁴Alinéadevos en círculo contra Babilonia,
tódolos que tensáde-lo arco,
tirádelle a ela, non aforredes frechas,
xa que pecou contra o Señor.
¹⁵Lanzade berros en todo o arredor contra
   ela:

o seu poder réndese, caen as súas
   columnas,
derrúbanse os seus muros.
Esta é a vinganza do Señor, vingádevos
   dela;
como ela fixo, facédelle a ela.
¹⁶Exterminade en Babilonia o sementador
e o que colle a fouce no tempo da sega.
Que, lonxe da espada opresora,
cada un se dirixa ó seu pobo,
que cada un fuxa ó seu país.

Segundo oráculo de castigo contra Babilonia e de salvación para Israel

¹⁷Ovella extraviada era Israel,
perseguírona leóns:
o primeiro que a devorou foi o rei de
   Asur,
e o derradeiro que lle rompeu os ósos
foi Nabucodonosor, rei de Babilonia.
¹⁸Por isto, así fala o Señor dos Exércitos,
   Deus de Israel:
Eu vou castiga-lo rei de Babilonia e o seu
   país,
o mesmo que castiguei o rei de Asur.
¹⁹Traerei a Israel ó seu pasteiro
e pastará no Carmelo e en Baxán,
nas montañas de Efraím e en Galaad;
fartarase a súa gorxa.
²⁰No tempo aquel e naquel intre
—é o Señor quen fala—
buscarase a iniquidade en Israel e non
   existirá,
buscarase o pecado de Xudá e non se
   atopará,
pois eu perdoarei a cantos deixe quedar
   vivos.

Segunda lamentación

²¹Sube ó país de Merataim,
sube contra el e pasa pola espada os
   habitantes de Pecod,

50, 8-10 Orde de fuxir de Babilonia. Quérese vincula-lo oráculo salvífico coa caída de Babilonia: por isto repítese nos vv 9-10 o tema do xuízo de castigo contra Babilonia. Esta orde diríxese ós responsables do pobo exiliado, que han de tirar del coma os castróns que van diante do rabaño.
50, 11-16 Primeiro cantar á caída de Babilonia. Comeza en ton de escarnio: Babilonia, coma muller chea de anceios pola posesión de Xudá, queda avergonzada pola desolación da súa cidade (vv12-13a), e desprezada polos que a contemplan (v 13b). Seguen unhas ordes divinas de ataque á cidade, en vinganza polos seus pecados contra Iavé e polas súas maldades cos pobos, para acabar coa orde de que cada pobo desterrado a abandone, volvendo ó seu país (vv 14-16).
50, 11 *Arrasadora:* refirese a Babilonia, en figura de muller. *En celo:* expresión da cobiza pola posesión.
50, 17-20 Este bloque consta dun oráculo de xuízo de cas-

tigo contra Babilonia (vv 17-18), máis dous oráculos salvíficos para Israel (vv 19-20).
50, 19 A imaxe pastoril do v 17 continúa neste oráculo de restauración.*Gorxa* (heb "néfex), raíz das apetencias. As referencias xeográficas ó país de Xudá eran famosas polos pastos.
50, 20 *Iniquidade:* aínda que é algo interior, ten a súa expresión externa nas calamidades sociais e persoais.
50, 21-30 Esta lamentación está organizada en tres parágrafos (21-25; 26-28; 29-30) que se abren con ordes divinas dadas ós invasores, ás que segue a descrición penosa da caída de Babilonia e a interpretación teolóxica desta caída, como vinganza do Señor, pola insolencia do home.
50, 21 *Merataim,* e *Pecod,* son nomes que teñen un valor etimolóxico simbólico, que expresan "amargura" e "castigo", respectivamente.

consagra á destrucción o resto deles
—é o Señor quen fala—
e failles conforme o que eu che
   mando.
²²¡Gritos de guerra no país,
un gran fracaso!
²³¡Como se rompe e se esnaquizou
o martelo de toda a terra!
¡Como se converteu Babilonia
nunha desolación entre as nacións!
²⁴Púxenche unha trampa, Babilonia,
e caíches nela sen te dares conta,
fuches encontrada e ben apresada,
pois rebeláchestes contra o Señor.
²⁵O Señor abriu os depósitos
e sacou as armas da súa ira,
pois na capital dos caldeos ten traballo
o Señor, Deus dos Exércitos.

²⁶Despois, á volta da seitura, entrade nela,
limpade o seu gran como é debido,
amoreádeo en montóns,
e consagrádea á destrucción:
que non quede nin resto.
²⁷Acoitelade tódolos seus touros,
que os baixen ó matadeiro.
¡Ai deles! Certo, chegou o seu día,
a hora de lle pedir contas.
²⁸¡Un estrondo! O dos que foxen e escapan
do país de Babilonia,
para anunciar en Sión a vinganza do
   Señor, o noso Deus,
a vinganza polo seu templo.
²⁹Recrutade contra Babilonia
   arqueiros,
a tódolos que tensan o arco;
acampade en círculo contra ela,
que non haxa escape.
Tratádea conforme o seu
   comportamento:
tal como ela fixo, facédelle a ela;
ben certo que foi insolente co Señor,
co Santo de Israel.
³⁰Por isto caerán os seus soldados nas súas
   prazas,
e tódolos seus guerreiros perecerán o día

aquel
—é o Señor quen fala—.

Terceiro oráculo de castigo contra Babilonia e salvífico para Israel

³¹Velaquí estou contra ti, "Insolencia"
—é o Señor quen fala, o Deus dos
   Exércitos—,
chegouche o día,
a hora de pedirche contas.
³²A Insolencia tropezará e caerá,
e non haberá quen a erga;
eu préndolles lume ás súas cidades,
consumo tódolos seus arredores.
³³Así fala o Señor dos Exércitos:
Na opresión están os fillos de Israel,
o mesmo cós fillos de Xudá:
tódolos que os deportaron retéñenos,
impídenlles marchar.
³⁴Pero o seu Salvador é forte:
Señor dos Exércitos é o seu nome.
El defenderá enerxicamente a súa causa,
poñendo en calma o seu país,
pero facendo estremece-los habitantes de
   Babilonia.
³⁵Unha espada está sobre os caldeos
—é o Señor quen fala—
e sobre os habitantes de Babilonia,
sobre os seus principais e sobre os seus
   sabios.
³⁶Unha espada está sobre os sacerdotes
que pronuncian oráculos,
que xa non o quererán facer.
Unha espada está sobre os seus soldados
que estarán estarrecidos.
³⁷Unha espada está sobre os cabalos de
   cada un deles,
e sobre os carros de cada un deles,
e sobre a colleita que está diante de
   Babilonia,
pois todo isto quedará para as mulleres.
Unha espada está sobre as súas
   provisións,
que serán roubadas.
³⁸Unha espada está sobre as súas augas,
que estarán secas.

50, 26 As referencias á seitura e á limpa do gran fan alusión ó xuízo de Deus, que pide contas ós homes no día sinalado (cf v 27).
50, 31-40 Esta terceira sección consta dun oráculo de xuízo de castigo contra "a Insolencia", personificación literaria da soberbia do poderío babilónico (vv 31-32), seguido dun oráculo salvífico para Israel e Xudá (vv 33-34). Acaba a sección cun oráculo de castigo (vv 35-40), que desenvolve a última frase do v 34. Os vv 35-38 explicitan o tema do castigo divino co símbolo da espada, deixando para os vv 39-40 as consecuencias do castigo divino.
50, 34 *Salvador* (heb. "go'el") é aquí un título de Iavé, que subliña as obrigas especiais que o vinculan co seu pobo, e que o moven a castiga-los opresores.
50, 37 A guerra (carros e cabalos), e maila seitura e a malla da colleita serán para as mulleres, porque o castigo do Señor acabará cos homes.
50, 38 *As augas* teñen aquí o valor simbólico de fartura e prosperidade na vida. Xa que esta vida está sustentada por seres mortos (ídolos), non pode senón desaparecer.

É un país de ídolos
que enlouquece con figuras
   monstruosas.
³⁹Habitarán nela os vampiros xunto cos
   faunos,
e morarán nela as fillas da avestruz;
non servirá de morada para nunca
   xamais,
nin será habitable de xeración en
   xeración.
⁴⁰Sucederá coma cando o Señor destruíu
   Sodoma,
Gomorra e as cidades veciñas
—é o Señor quen fala—,
que ninguén habitará en Babilonia,
nin residirá nela ningún humano.

Terceira lamentación: o Señor decidiu a caída de Babilonia

⁴¹Velaí un pobo que vén do norte,
unha grande nación e numerosos reis
   pónense en movemento,
desde os recantos do mundo.
⁴²Empuñan o arco e a fouce longa,
son crueis e non teñen compaixón;
os seus berros resoan, retumban coma o
   mar,
montan cabalos adestrados para a
   guerra,
coma un só home contra ti, filla de
   Babel.
⁴³Soubo o rei de Babilonia a noticia:
tremen as súas mans,
a angustia apoderouse del,
retórcese coma a muller no parto.
⁴⁴Velaí un león: sobe da profundidade do
   Xordán,
á súa morada heino de volver,
heino espantar e facer correr desde onde
   subiu.

¿Cal é o escollido de entre o seu exército
   que o hei de castigar?
Pois ¿quen hai coma min? ¿Quen me
   desafía?
¿Quen é o pastor que se mantén de pé na
   miña presencia?
⁴⁵Por isto, escoitade o plan do Señor
que El formulou contra Babilonia,
as decisións que tomou contra o país dos
   caldeos:
É moi certo que os arrasarán os
   pastoriños do rabaño,
é moi certo que a súa morada quedará
   destruída ante eles.
⁴⁶Co estrondo da toma de Babilonia
   retumba a terra,
o clamor da toma de Babilonia óese entre
   as nacións.

Cuarto oráculo de castigo contra Babilonia e salvífico para Israel e Xudá

51 ¹Así fala o Señor:
—Vou suscitar contra Babilonia
e contra os habitantes do niño
dos que se levantan contra min, unha
   forza destructora.
²Mandarei a Babilonia uns ventos,
que a aventarán e deixarán baleira a súa
   terra.
De todo o arredor caerán sobre ela
no día da desgracia.
³Que o exército avance, avance,
que o exército teña garbo da súa
   armadura;
non teñades compaixón dos seus
   soldados,
consagrade á destrucción todo o seu
   exército.
⁴Que caian feridos de morte na capital dos
   caldeos,

50, 39 *Vampiros,.. faunos* reflexan ben a idea que o autor quere expresar: seres diabólicos que viven nos lugares desertos, volvéndoos impuros, coma a avestruz.
50, 41-46 Os vv 41-42 describen a invasión persa; e o 43, a reacción de angustia do rei babilónico, que se tipifica na imaxe pastoril do v 44. Con esta, anuncia Iavé que botará da súa gorida e escorrentará ó león (= rei de Babilonia) que sobe da espesura do Xordán. O v 45 é a presentación do "plan de Iavé" de que outros reis (os medos e persas) destrúan ós caldeos. O v 46 presenta con expresións cósmicas as consecuencias históricas da caída de Babilonia.
50, 42 *Fouce longa*. O termo hebreo designa unha arma cortante, en forma de fouce, fixada na punta dun pau.
50, 44 Os interrogantes subliñan o poder de Iavé, coma nos himnos.
51, 1-6 O texto comeza cun oráculo de castigo (vv 1-4) para o que serven de tipificación as ordes divinas dadas ós invasores no v 34. Este oráculo non se fundamenta nunha acusación de Babilonia, senón nas relacións da alianza de Iavé con Israel e Xudá (v 5), que permanecen vivas non obstante a culpabilidade de Samaria e Xerusalén. Esta referencia á alianza duradeira explica a orde divina, dirixida ó pobo, de deixar Babilonia. Os vv 5-6 constitúen un oráculo salvífico, aínda que falto da forma literaria normal.
51, 1 *Niño dos que se levantan contra min*. De feito é un nome ou título acusador de Babilonia. Traducímo-lo termo "corazón" por "niño", ó ser aquí a base dos plans e proxectos contra o Señor, algo semellante ó que representaría un niño de víboras para o home.
51, 2 *Caerán:* así coma ó vento non hai quen o pare, do mesmo xeito tampouco os babilonios non serán capaces de frea-los invasores.
51, 3 *Exército:* lémo-lo termo "eres", co senso de cidade —capital do país— por paralelismo con "rúas".

que caian atravesados pola espada nas
  súas rúas.
⁵Pois nin Israel nin Xudá están viúvas
  do seu Deus, do Señor dos Exércitos,
  aínda que as súas capitais están cheas de
    culpa
  ante o Santo de Israel.
⁶Fuxide do medio de Babilonia,
  que cada un salve a súa vida,
  non perezades por causa da súa
    iniquidade,
  pois é o momento da vinganza para o
    Señor,
  é o momento do desquite para quen lle
    paga o seu merecido.

Cuarta lamentación pola caída de Babilonia

⁷Na man do Señor, Babilonia era unha
  copa de ouro
  que emborrachaba a todo o mundo:
  do seu viño beberon as nacións
  e por isto todas se volveron tolas.
⁸Babilonia caeu de repente e esnaquizouse:
  lamentádevos por ela.
  Collede bálsamo para a súa dor,
  ¡quizais cure!
⁹Nós tratamos de curar a Babilonia,
  pero non curou.
  Abandonádea e marchemos cada un ó
    seu país,
  pois a súa sentencia chega ó ceo,
  e érguese ata as nubes máis finas.
¹⁰O Señor sacou á luz os nosos dereitos:
  Vinde e cantemos en Sión a obra do
    Señor noso Deus.

Himno profético ó Señor que xulga a Babilonia

¹¹Limpade as frechas, enchédeas de
    veleno.
  O Señor espertou o espírito dos reis de
    Media.
  Contra Babilonia está o seu plan de
    destruíla.
  Si, a vinganza do Señor
  é a vinganza polo seu templo.
¹²Fronte ás murallas de Babilonia
  levantade a bandeira,
  reforzade a garda,
  poñede postos de sentinelas,
  colocade xentes para emboscadas.
  Si, tal como o Señor dixo dos habitantes
    de Babilonia,
  tal como o planeou, así o fai.
¹³Ti, señora de riquezas,
  vives entre moitas augas,
  chegou a túa fin,
  a medida da túa existencia.
¹⁴O Señor dos Exércitos xura pola súa
    vida:
  Heite encher de homes coma de saltóns,
  que clamarán contra ti: "¡Victoria!".
¹⁵El fixo a terra co seu poder,
  creou a terra de labor coa súa
    sabedoría,
  estendeu o ceo coa súa intelixencia.
¹⁶¡Un trono! El pon no ceo un fragor de
    augas
  e fai subir nubes do cabo da terra,
  produce os lóstregos para a chuvia,
  e saca o vento dos seus depósitos.

51, 5 *As súas capitais:* Samaría e Xerusalén. Anque algúns cambien a orde dos vv 3 e 5, non parece procedente.
51, 7-10 A lamentación contrasta a función de Babilonia como instrumento de castigo nas mans de Iavé (v 7) coa sua caída irremediable (vv 8-9a). A lamentación acaba cunha orde divina dirixida a tódolos pobos deportados de abandonaren a cidade, e en especial ós xudeus, que han de dar gracias en Sión.
51, 7 *Copa de ouro:* a copa é aquí sinónimo de castigo, pois, aínda que contén viño, emborracha e enlouquece o mesmo cós cocidos de herbas dados ós axusticiados. A referencia ó ouro faise por ser instrumento nas mans do Señor. Na Ap **17**, 4 ten distinto senso.
51, 9 *Marchemos:* o texto reflexa que o seu autor é un dos desterrados, pertencente á escola deuteronomística.
51, 11-26 Este texto é unha ampliación da lamentación anterior (cf v 10b). Literariamente é un himno profético, que presenta a futura victoria de Ciro coma obra de Deus. O himno profético comeza con dúas ordes do Señor, dirixidas ós exércitos de Ciro (vv 11-12), ás que seguen referencias ó cumprimento do plan do Señor. Este proxecto exprésase en forma directa no v 13 dirixíndose a Babilonia, e enfatízase no v 14 cun solemne xuramento divino, que proclama a victoria dos invasores. Segue un elemento hímnico (vv 15-16) que subliña o poder creacional de Iavé, en contraste coa vaidade e escarnio dos ídolos (vv 17-18), para desenvolver despois o tema da grandeza de Deus e do seu nome (v 19). Os vv 20-24 presentan a Ciro coma instrumento do poder de Iavé contra Babilonia, pola súa actuación en Xerusalén. Esta sección constitúe un elemento central da peza literaria (cf nota a **50**, 1 - **51**, 58).
51, 11 *Veleno:* o mesmo termo hebreo aparece en ugarítico coma calificativo do monstro mariño Leviatán. Algúns autores enténdeno coma "maldito"; outros coma "poderoso"; quizais a traducción máis axeitada sexa a de "venenoso", ou mesmo "veneno".
O espírito: raíz das decisións impulsadas por unha acción divina.
51, 13 *Moitas augas:* referencia ós canais de Babilonia, pero con valor simbólico de abondas riquezas, como obriga o paralelismo con "Señora" (en heb. "rabbat" = Gran Señora).
51, 14 *Victoria.* O termo hebreo aparece en **48**, 33 co senso de "trono". Aquí ten o de victoria que, loxicamente, conduce á posesión do trono.
51, 16 Preséntase aquí a Iavé cos atributos de Baal. As frases do texto, responden ás concepcións xeofísicas do tempo, coas que se quere subliña-lo poder de Iavé.

¹⁷Embrutécese o home coa súa suor,
avergónzase o fundidor cos seus
   ídolos,
pois as súas imaxes son mentira,
e non hai espírito nelas,
¹⁸son cousa va, obra de burla:
o día en que lles pidan contas, perecerán.
¹⁹Non é coma elas o Lote de Xacob,
pois é o que crea todo;
nin é coma elas o Cetro da súa herdanza
que ten por nome o Señor dos Exércitos.
²⁰Ti e-lo meu martelo, a miña arma de
   guerra:
contigo esmagarei pobos, contigo
   destruirei reinos.
²¹Contigo esmagarei os cabalos e os seus
   cabaleiros,
contigo esmagarei os carros e os seus
   aurigas.
²²Contigo esmagarei o home e a muller,
contigo esmagarei a vellos e rapaces,
contigo esmagarei a mozos e mozas,
²³contigo esmagarei o pastor e o seu
   rabaño,
contigo esmagarei o arador e a súa
   xugada,
contigo esmagarei os rexedores e os
   maxistrados.
²⁴E deste xeito volvereille a Babilonia e ós
   caldeos
tódalas atrocidades que ós vosos ollos
   cometeron contra Sión,
—é o Señor quen fala—

Quinto oráculo de castigo

²⁵Velaquí vou contra ti, Montaña da
   Perdición,
—é o Señor quen fala—,
que extermina-la terra toda.

Estendo a miña man contra ti,
bótote a rolos desde os penedos,
e convértote na Montaña da Queima.
²⁶E xa non collerán de ti pedras de ángulo,
nin pedras para alicerces,
pois serás eterna desolación
—é o Señor quen fala—.

Quinta lamentación: a Guerra Santa contra Babilonia

²⁷Levantade a bandeira nas capitais,
tocade o corno entre as nacións,
declarade a guerra santa das nacións
   contra ela,
convocade contra ela os reinos:
a Ararat, a Miní e a Axquenaz;
constituíde contra ela oficiais de
   recrutamento,
mandade contra ela cabalos coma
   horribles saltóns.
²⁸Declarade a guerra santa das nacións
   contra ela:
os reis dos medos, os seus gobernadores
e tódolos seus rexedores e tódalas cidades
   do seu imperio.
²⁹Tremerá a cidade e retorcerase,
pois o pecado de Babilonia mantén
   firmes os plans do Señor:
converte-la cidade de Babilonia nunha
   desolación
por falta de habitantes.
³⁰Os heroes de Babilonia deixan de loitar,
sentan nas fortalezas;
afrouxan a súa valentía,
vólvense mulleres.
Queimaron as moradas de Babilonia,
están rotos os seus ferrollos.
³¹Un correo corre ó encontro doutro
   correo,

51, 17 Co paralelismo entre "a suor" e "os ídolos", quere expresa-lo autor que os ídolos son só un froito da suor do artista.
51, 19 *Lote de Xacob,* e *Cetro da súa herdanza,* son dous títulos de Iavé, cos que se expresa o seu dominio sobre o pobo, por mor da alianza.
51, 20 *Martelo.* O vocábulo é ambiguo; pero o contexto esixe o senso de "martelo".
51, 25-26 Quinto oráculo, que é de xuízo de castigo, coa acusación de exterminar a toda a terra (v 25a), o anuncio do castigo (v 25b), e maila tipificación do mesmo (v 26).
51, 25 *Montaña da Perdición.* O termo Montaña expresa o especial poder e grandeza. "Perdición" é o nome do espírito maléfico contra o que se celebraba no ambiente nómada o ritual da Pascua (cf Ex **12,** 23). O cambio de nome polo de "Montaña da Queima" expresa a total desaparición da mesma.
51, 27-32 Esta unidade consta dunha orde divina dirixida ós reinos para declararlle a Babilonia a guerra santa (vv 27-28), e da descrición das consecuencias da guerra (vv 29-32). O texto é contemporáneo coa caída de Babilonia, pois reflexa detalles que non é fácil supor nunha predicición profética, como a ausencia de Nabónid, e a falta de resistencia dos babilonios.
51, 27 *Nas capitais:* O termo empregado ten aquí, por paralelismo con nacións, o senso colectivo de capitais de nacións.
Ararat: o reino Urartu (Xén **8,** 4; 2 Re **19,** 37). *Miní,* na beira do lago Van. *Axquenaz,* son os exquitas (Xén **10,** 3; 1 Cro **1,** 6).
51, 29 *Cidade:* lit. terra (heb "eres"), que, por paralelismo, é a cidade de Babilonia.
51, 30 Referencia á falta de resistencia de Babilonia, descontenta das reformas relixioso-políticas do usurpador Nabónid, quen se dedicaba entón ás conquistas en Arabia, deixando o reino nas mans de seu fillo Belxasar (ou Baltasar.)

un mensaxeiro ó encontro doutro
mensaxeiro,
para anunciarlle ó rei de Babilonia
que a súa cidade foi tomada dun cabo ó
outro.
³²As pasaxes están tomadas,
ás defensas dos fortíns prendéronlles
lume,
e os combatentes están estarrecidos.

Sexto oráculo de castigo contra Babilonia
³³Si, así fala o Señor dos Exércitos, o Deus
de Israel:
—A capital de Babilonia é coma unha
eira no tempo de achanzala,
dentro dun pouco virá o tempo da
malla.
³⁴Nabucodonosor comeunos e
chupóuno-lo sangue,
o rei de Babilonia deixounos coma un
prato ben arrepañado,
enguliunos coma o Tanín,
encheu a súa panza, ó seu pracer,
fixonos desaparecer.
³⁵"A opresión que sufriu e a vinganza do
meu sangue está sobre Babilonia",
—di a poboación de Sión—
"O meu sangue está sobre os habitantes
de Caldea"
—di Xerusalén—.
³⁶Por isto así fala o Señor:
—Eu defenderei o teu preito,
e voume encargar da túa vinganza;
vou seca-lo seu mar, vou enxuga-las súas
fontes.
³⁷Babilonia volverase unha morea de
ruínas,
unha morada de serpentes,
un horror e unha burla, por falta de
habitantes.
³⁸Roxen en moreas coma leóns,
roxen coma cachorros de leóns:
³⁹cando estean excitados, eu
prepararéille-lo seu banquete,
emborrachareinos para que estean
alegres,
e durmirán un sono eterno,
non espertarán
—é o Señor quen fala—.
⁴⁰Fareinos baixar ó matadeiro, coma años,
coma carneiros e castróns.

**Sexta lamentación pola caída de Babilonia e
orde de abandona-la cidade**
⁴¹¿Como? ¿Foi conquistada Xexac,
foi capturado o esplendor de toda a
terra?
¿Como? ¿Volveuse unha desolación
Babilonia entre os pobos?
⁴²Subiu o mar sobre Babilonia,
está cuberta polo tumulto das ondas do
mar;
⁴³as súas cidades vólvense unha desolación,
terra reseca e erma,
cidades nas que ninguén habita,
polas que ningún humano pasa.
⁴⁴Pídolle contas a Bel en Babilonia,
e quítolle da boca o seu bocado;
as nacións xa non volverán onda el,
mesmo caerá a muralla de Babilonia.
⁴⁵Sae, meu pobo, do medio dela,
salvade cada un a vosa vida
do incendio da ira do Señor.
⁴⁶Que non se vos intimide o corazón,
non teñades medo ás noticias que se oen
no país:

51, 33-40 Esta sección contén un oráculo de xuízo de castigo completo contra Babilonia, coa acusación (v 34) e a súa tipificación (v 35), o anuncio de castigo (v 36) e a tipificación do castigo (v 37). O oráculo está introducido pola imaxe do xuízo divino (a malla da colleita: v 33), e está acabado por unha presentación poética do castigo divino (vv 38-40).

51, 33 *Capital de Babilonia:* lit. "a filla de Babilonia". *Eira no tempo de achanzala:* referencia ó apisonamento da eira de malla-lo trigo.

51, 34 *O sangue:* é aquí a vida, no senso de prosperidade na liberdade, que se lle acabou a Xudá coa deportación a Babilonia.

Tanín, monstro mítico, especialmente voraz (cf Xob **7,** 12; Sal **74,** 13; **89,** 11; Is **51,** 9).

51, 36 *O seu mar:* non ten aquí o senso caótico e negativo da mitoloxía cananea e grega, senón o de abundancia de auga do Éufrates, e a prosperidade, polo paralelismo con fontes.

51, 39 *O banquete* no que os reis (= leóns: aquí os dirixentes de Babilonia) se emborrachan e pasan ó sono eterno, é expresión poética do castigo divino, pois a borracheira é de narcóticos estupefacentes, que acompañaban os sufrimentos, que ironicamente se presentan nun banquete.

51, 41-46 A sección consta dunha lamentación (vv 41-43), á que se engade un v (o 44) de clarificación teolóxica da caída de Babilonia, para acabar nos vv 45-46 coa orde divina de que o seu pobo deixe Babilonia.

51, 41 *Xexac:* criptograma de Babilonia, polo método que consiste en le-las letras desde o lugar oposto na orden alfabética.

51, 42 *Mar:* ó revés do que acontece no v 36, ten aquí o senso mítico de elemento destructor e caótico.

51, 46 *Non se vos intimide o corazón:* pois o corazón, coma asento dos plans e intencións, pode fraquear. As noticias refírense á usurpación do trono feita por Nabónid e ás súas reformas relixiosas contra a vontade dos babilonios, o mesmo ca ós seus triunfos en Arabia.

nun ano corre unha noticia,
despois disto noutro ano, outra
  noticia:
opresión no país,
un tirano contra outro tirano.

Sétimo oráculo de castigo contra Babilonia e de liberación para Xudá

⁴⁷¡Pois ben! Velaí chegan os días
nos que lles pedirei contas ós ídolos de
  Babilonia,
e todo o seu país se avergonzará,
e tódolos seus feridos de morte caerán no
  medio dela.
⁴⁸Entón cantarán sobre Babilonia un canto
  de triunfo
o ceo e a terra e todo o que hai neles,
pois do norte vén cara a ela o que a vai
  destruír
—é o Señor quen fala—.
⁴⁹Certo, caerá Babilonia por causa dos
  mortos de Israel,
así como por causa de Babilonia caeron
  mortos do mundo enteiro.
⁵⁰Os que escapedes da espada,
marchade e non vos deteñades,
desde lonxe invocade o Señor,
que Xerusalén se afinque no voso
  corazón.
⁵¹Sentímo-la confusión ó oí-los
  insultos,
a vosa cara cubriuse de vergonza,
ó entraren estranxeiros
nos lugares santos do templo do
  Señor.
⁵²¡Pois ben! Velaí chegan os días
—é o Señor quen fala—
nos que lles pedirei contas ós seus
  ídolos,
e os feridos queixaranse en todo o seu
  país.
⁵³Aínda que Babilonia suba ata o ceo,
aínda que faga máis esgrevia a altura do
  seu refuxio,
baixo as miñas ordes entrarán nela os
  devastadores
—é o Señor quen fala—.

Sétima lamentación pola caída de Babilonia

⁵⁴Alaridos de socorro veñen desde
  Babilonia,
prantos angustiosos desde o país dos
  caldeos.
⁵⁵É o Señor que está a destruír
  Babilonia,
que fai desaparecer dela todo grito.
Retumba o fragor das súas ondas coma a
  mar océana,
resoa o tumulto dos seus gritos:
⁵⁶é que vén contra ela, contra Babilonia, o
  destructor;
ela é a que fai rompe-los seus
  arcos,
pois o Señor é o Deus da retribución:
devolve ben ás claras.
⁵⁷Eu emborracho os seus grandes e os seus
  sabios,
os seus rexedores, os seus maxistrados e
  os seus soldados:
durmirán un sono eterno,
e non espertarán
—Oráculo do Rei que ten por nome
  Señor dos Exércitos—.

Oitavo oráculo: oráculo de castigo definitivo contra Babilonia

⁵⁸Así fala o Señor dos Exércitos:
—As anchas murallas de Babilonia serán
  arrasadas,
as súas altas portas serán
  queimadas.
Para nada traballaron as
  nacións,
para o lume cansáronse os pobos.

51, 47-53 A sección consta de oráculos de castigo para Babilonia e os seus ídolos (vv 47.49), e dun canto de triunfo con resonancias cósmico-universais (v 48), así como das ordes do Señor de voltar a Xerusalén (v 50). O v 51 mostra a acusación que prepara o anuncio de castigo dos vv 52-53.
51, 47 *Velaí chegan os días*: expresión característica dos oráculos salvíficos (cf v 42). Converte o oráculo de castigo para Babilonia en oráculo salvífico para Xudá e para as outras nacións sometidas ós caldeos (v 48).
51, 50 *Se afinque*: lit. "suba", pois o corazón, coma asento dos plans, era para os semitas algo elevado.
51, 51 Referencia á caída de Xerusalén no ano 587, lembrada polos deportados en liturxias penitenciais, no aniversario da data.

51, 54-57 Os vv 54-56b conteñen a descrición da caída de Babilonia, en forma de lamentación; mentres que os vv 56c-57 dan a interpretación teolóxica do feito.
51, 55 A referencia ás ondas e á mar océana, coma imaxe dos berros de Babilonia, expresa o carácter caótico e mítico negativo da situación (o mar con resonancias do mito de Iam).
51, 57 *Emborracho*: cf nota ó v 39.
51, 58 De feito este oráculo non corresponde á realidade histórica, pois Babilonia non foi arrasada, senón que se lle abriron as portas a Ciro. O oráculo vén significar para Babilonia un castigo que abre camiño a un período de liberdade. Ó ser este o oitavo dos oráculos, quere expresar estructuralmente a apertura a un novo período, definitivo e escatolóxico.

Xesto simbólico de Xeremías contra Babilonia

⁵⁹Este foi o encargo que lle ordenou o profeta Xeremías a Seraías, fillo de Nerías, fillo de Maseías, cando este marchou a Babilonia con Sedecías, rei de Xudá, no ano cuarto do seu reinado (Seraías era o xefe das provisións).

⁶⁰Xeremías escribira nun libro toda a desgracia que ía vir sobre Babilonia; todos estes oráculos escritos contra Babilonia. ⁶¹Xeremías díxolle a Seraías: —Cando chegues a Babilonia trata de ler todos estes oráculos. ⁶²Entón dirás: "Señor, ti mesmo declaraches acerca deste lugar que os destruirías de tal xeito que non quedase nel habitante, nin home nin animais: volverase unha eterna ruína". ⁶³E cando acabes de ler este libro, haslle atar unha pedra e botaralo no Éufrates, ⁶⁴dicindo: "Deste xeito hase afundir Babilonia e non se levantará, por causa da desgracia que eu vou traer sobre ela".

Ata aquí chegaron os oráculos de Xeremías.

APÉNDICE HISTÓRICO

Sedecías de Xudá

52 ¹Sedecías tiña vinteún anos cando empezou a ser rei, e foi rei once anos en Xerusalén. A súa nai chamábase Hamital, filla de Xeremías, natural de Libnah. ²Portouse mal ante o Señor, o mesmo que se portara Ioaquim.

³Tal provocación da ira do Señor houbo en Xerusalén e Xudá, que El os botou de diante da súa presencia.

Sedecías rebelouse contra o rei de Babilonia.

Sitio e caída de Xerusalén. Prendemento de Sedecías

⁴E sucedeu que no ano noveno do seu reinado, no décimo mes, o dez dese mes, veu Nabucodonosor con todo o seu exército contra Xerusalén; plantaron os campamentos fronte a ela, e por todo o arredor construíron terrapléns de asedio contra ela. ⁵A cidade quedou en estado de sitio ata o ano once do reinado de Sedecías. ⁶No cuarto mes, o día nove, arrexou a fame na cidade, de xeito que xa non tiñan pan nin os terratenentes. ⁷Entón abriuse brecha na cidade e tódolos combatentes fuxiron, saíndo da cidade de noite pola porta que estaba entre as dúas murallas, fronte ó xardín do rei, mentres os caldeos estaban a cerca-la cidade; marcharon polo camiño da Arabah.

⁸As tropas caldeas perseguiron ó rei e alcanzaron a Sedecías nas chairas de Iericó, mentres as súas tropas se dispersaban, abandonándoo. ⁹Entón prenderon o rei e leváronno a Riblah, na comarca de Hamat, onda o rei de Babilonia, quen dictou sentencia contra el.

51, 59-64 Despois dunha datación que responde ó ano 593 momento no que Sedecías lle vai explicar a Nabucodonosor o porqué da visita dos reis veciños de Xudá a Xerusalén (cf **27**, 3), e demais circunstancias (v 59), o redactor quere deixar en claro que a caída de Babilonia se debe ó dinamismo das palabras proféticas proferidas en Babilonia contra ela: elemento que é unha verdadeira acción profética, reforzada coa de tira-lo libro no Éufrates de xeito que se afunda, como se afundirá Babilonia.

51, 60 A intención do redactor é a de presenta-la autoría xeremiana, ó menos de parte dos oráculos dos cc. **50-51**, cousa que, para a primeira parte, é moi probable, e non tanto para a segunda.

51, 62 Este v é unha oración na que se expresa a fe no dinamismo da palabra de Iavé contra a cidade opresora, e que tivo que anima-las esperanzas dos piadosos desterrados.

51, 64 *Chegaron*: o senso do termo hebreo é o de correr, subir, e aquí, mellor aínda, *chegar*. Esta conclusión quere darlle a Xer **52** o carácter de apéndice.

52, 1-34 Os redactores do libro de Xeremías acabaron a súa obra con este texto, collido de 2 Re **24**, 18-**25**, 30, con algunhas variantes. A versión dos LXX ofrece certas diferencias respecto do hebreo, ó falta-los vv 2.3.15.17b-30 do texto hebreo. A intención deste apéndice é presenta-lo cumprimento das palabras proféticas tanto das de castigo (vv 4-30) como das salvíficas (vv 31-34).

52, 1 *A súa nai*: referencia á "guebirah", título e función da nai do rei, característica do reino de Xudá, e que nos dá fundamento histórico-teolóxico da marioloxía do N.T. O avó de Sedecías é homónimo do profeta e natural de Libnah, ó S.E. de Xudá.

52, 4 A data corresponde ó final de decembro do 589.

52, 6 A data corresponde ós principios de xullo do 587.

Terratenentes: lit. "pobo", ou "forza da terra"; pero o senso é o de propietarios de terras.

¹⁰O rei de Babilonia degolou os fillos de Sedecías ante os seus propios ollos, e tamén degolou en Riblah a tódalas autoridades de Xudá. ¹¹O rei de Babilonia cegou a Sedecías e atouno con dúas cadeas de bronce, levouno a Babilonia e meteuno no cárcere ata o día da súa morte.

Arrasamento de Xerusalén e roubos no templo

¹²No quinto mes, o dez do mes do ano dezanove do reinado de Nabucodonosor, rei de Babilonia, entrou en Xerusalén Nebuzardán, xefe da garda e membro do servicio persoal do rei de Babilonia. ¹³Púxolles lume ó templo do Señor, ó palacio do rei e a tódalas casas de Xerusalén: tódalas casas grandes queimounas. ¹⁴As tropas dos caldeos, que estaban co xefe da garda, botaron abaixo tódalas murallas que había o arredor de Xerusalén. ¹⁵Nebuzardán, xefe da garda, levou cativos unha parte da xente humilde do pobo, o resto do pobo que se quedara na cidade, os desertores que se pasaran ó rei de Babilonia e o resto dos artesáns. ¹⁶Outra parte da xente humilde deixouna quedar Nebuzardán, xefe da garda, para que traballasen as viñas e arasen as terras.

¹⁷Os caldeos fixeron anacos as columnas de bronce que había no templo do Señor, as tinas con rodas e o mar de bronce, que había no templo do Señor, e levaron todo o bronce da Babilonia. ¹⁸Tamén colleron as olas, as pinzas e as tenaces de avivece-lo lume, os caldeiros e os cazos para as aspersións e tódolos demais utensilios de bronce que se empregaban no culto. ¹⁹O xefe da garda tamén colleu as barreñas, os braseiros, os caldeiros para as aspersións, e as bandexas das ofrendas, tanto de ouro coma de prata. ²⁰Tendo en conta as dúas columnas, o único mar, os doce bois en bronce, que estaban debaixo das tinas rodantes, que fixo o rei Salomón para o templo do Señor, é incalculable o peso do bronce de todos estes obxectos. ²¹En canto ás columnas, cada unha medía de alto dezanove cóbados, cinguíaa ó arredor un cordel de doce cóbados, e o seu espesor era de catro dedos, pois eran furadas. ²²Sobre cada unha delas había un capitel de bronce, e a altura dun capitel era de cinco cóbados; sobre toda a superficie do capitel había unha rede e granadas, todo de bronce; na segunda columna había cousas coma estas e granadas. ²³As granadas eran noventa e seis en baixorrelevo; o total das granadas de todo o arredor en altorrelevo entre a rede eran cen.

Execucións e deportacións

²⁴O xefe da garda colleu a Seraías, sumo sacerdote, a Sefanías, segundo sacerdote, e a tres gardas da entrada. ²⁵Tamén colleu na cidade un eunuco que era o inspector da tropa e sete homes do servicio persoal do rei, que se atopaban na cidade, o secretario do xefe do exército, que recrutaba para o exército os terratenentes, e sesenta homes de entre os terratenentes, que se atopaban na cidade. ²⁶Nebuzardán, xefe da garda, prendeunos e levounos a Riblah, ó rei de Babilonia. ²⁷O rei de Babilonia castigounos, e logo condenounos a morte en Riblah, comarca de Hamat; deportou a Xudá da súa terra. ²⁸Esta foi a poboación que deportou Nabucodonosor no ano sétimo: 3.023 xudeus; ²⁹no ano dezaoito de Nabucodonosor deportou de Xerusalén 832 persoas; ³⁰no ano vintetrés de Nabucodonosor, deportou Nebuzardán, o xefe da guardia, 745 persoas; o que fai un total de 4.600 persoas.

Liberación do rei Ioaquín

³¹No ano trinta e seis da cativade de Ioaquín rei de Xudá, o mes décimo se-

---

52, 10-11 Estas prácticas están confirmadas polos documentos da época e polos baixorrelevos conmemorativos das victorias asirias e caldeas.

52, 12 A data responde ó mes de xullo do ano 587. Nebuzardán aparece de primeiro nas listas de altos funcionarios caldeos, co nome Nebu-zer-iddín (= Nebú deu unha prosperidade). Nebú era unha divinidade caldea.

52, 18 *Tenaces:* por paralelismo con pinzas, teñen que ser "tenaces para avivece-lo lume".

52, 20 *É incalculable... obxectos:* lit. "non hai peso para o bronce destes obxectos".

52, 23 *En baixorrelevo:* lit. "para intuír", "en insinuación", oposto ó altorrelevo, expresado coa preposición "sobre", "por riba". O senso simbólico das granadas énos descoñecido.

52, 26 *Riblah:* a actual Rablé, na fronteira entre o Líbano e Siria, onde tiña o seu cuartel xeral o rei caldeo no occidente (cf **39,** 5; 2 Re **25,** 6. 20-21).

52, 29 Esta deportación do ano 598 debeu ser con motivo das campañas contra os moabitas e amonitas, das que fala Xosefo (Ant. Xud. **10,** 9.7).

52, 30 Para os babilonios, que nos ofrecen estas datas, o tempo que queda do ano da entronización non se contaba como un ano: por isto hai un ano menos respecto ó cómputo dos xudeus. O número de deportados é mais pequeno có de 2 Re **24** e **25,** pois os caldeos debían contar soamente os personaxes importantes.

52, 31 A data é o ano 561; e o rei Evil-Merodak era fillo e sucesor de Nabucodonosor. Esta liberación e dignificación de Ioaquín é redaccionalmente un símbolo do cumprimento en Israel e Xudá das promesas salvíficas que se viñeron desenvolvendo nos cc. **50-51.**

gundo, o vintecinco deste mes, Evil-Merodak, rei de Babilonia, no ano da súa entronización, concedeulle o indulto a Ioaquín.

³²Falaba con el amigablemente; colocou o seu trono por riba do trono dos reis que estaban con el en Babilonia; ³³cambioulle os seus vestidos da prisión e comía na súa mesa tódolos días da súa vida. ³⁴A súa comida, a de cada día, dábaselle coa do rei de Babilonia; a ración do día ata o día da súa morte, tódolos días da súa vida.

INTRODUCCIÓN Ó LIBRO DAS LAMENTACIÓNS

Título e forma literaria

Esta pequena obra, composta de cinco capítulos, figura na Biblia hebrea entre os "Rolos" (heb. Meguillot), que se lían nas cinco principais festas xudías, o que fai pensar nunha orixe e destino fundamentalmente litúrxicos. Na Biblia hebrea chámase ekah (= ¡Ah, como!), exclamación característica coa que comezan os cantares de lamentación colectiva (cf **1**, 1; **2**, 1; **4**, 1). Pero a antiga tradición xudía deulle a este rolo o título de "Lamentacións", que puido se-lo nome orixinal, reflexado na versión dos LXX e na Vulgata.

Debido ás referencias á autoría do profeta Xeremías, na Biblia dos LXX, Vulgata e versións Sirias, as Lamentacións copiáronse despois de Xer, mentres que na Biblia hebrea figuraron entre os chamados "rolos", por teren un uso litúrxico o día 9 do mes de Ab (= Xullo-Agosto). A obra compónse de cinco cc., que conteñen cadansúa unidade literaria pechada, tal coma o deixa ve-la súa forma de composición acróstico-alfabética nos catro primeiros cc. e a mesma estructura literaria no último c. A composición acróstico-alfabética consiste en que cada un dos versos da estrofa empeza por unha letra hebrea, seguindo a orde do alefato, o abecedario hebreo. Dáse unha excepción, ó inverte-la orde das letras Ain e Pé (**2**, 16-17), cousa que, segundo as lousetas ugaríticas, responde á distinta orde do alfabeto ugarítico, cananeo, e — loxicamente— hebreo antigo.

A comezos deste século pensouse nunha intención máxica no uso acróstico do alefato; pero despois de atopar isto mesmo en ugarítico cunha finalidade de fixación memorística, viuse nesa forma literaria bíblica unha intención semellante á que tiña en Ugarit.

Xénero literario

O A. T. coñece tres tipos de lamentacións: 1) a lamentación fúnebre por un parente ou amigo (cf 2 Sam **1**, 17; **2**, 33; Xer **9**, 17; Am **5**, 16-17), que se acompañaba con instrumentos musicais, especialmente coa frauta (cf Mt **9**, 23), sen referencia explícita a Deus; 2) a lamentación individual, na que o individuo presenta angustiosamente a Deus o seu problema, e, cheo de confianza, espera a súa resposta, no momento dos sacrificios da mañá ou da tarde: e 3) a lamentación colectiva, que tiña lugar na celebración penitencial do xexún. Exprésase nela a situación de calamidade colectiva, en choros, gritos, fame, levantando as mans cara ó ceo ou cara ó santuario, rachando os vestidos, espíndose e revolcándose no chan. Con todo isto, coma final da conversión espérase que Deus se compadeza do pobo, ó mesmo tempo que o pobo profesa a súa única esperanza en Iavé, con ardentes súplicas, e comprométese a ser fiel á Alianza. Nestas liturxias interveñen os profetas, como se ve en Xer **9**, 7-22; **10**, 18-19; **14**, 2-6; Am **5**, 2..., e en especial os profetas cúlticos, autores dunha serie de salmos (**74.79.80.89**...). A primeira noticia histórica de lamentación colectiva aparece en 1 Re **21**, 9 (anos 874-853).

Os cinco cantares do libro son todos eles lamentacións colectivas, compostas para conmemora-lo aniversario do incendio e caída do templo e da cidade de Xerusalén o nove de Ab do 587/6. Non obstante, algúns intérpretes descompoñen o c. **3** en seccións de lamentación individual e seccións de lamentación colectiva.

O ambiente no que naceron estas lamentacións foi a liturxia penitencial colectiva que se continuou celebrando despois da caída de Xerusalén nas ruínas do templo (cf Xer **41**, 5s; Zac **7**, 1ss; **8**, 18-19). Exemplos de lamentacións colectivas para conmemora-la destrucción dun templo ou cidade aparecen en sumerio sobre o santuario de Ur, onde o oráculo que se espera e se dá é semellante a **4**, 22, amais doutros moitos paralelos na lamentación propiamente dita.

A situación histórica e o autor

A situación histórica que deu orixe a estas lamentacións foi a caída da cidade e do templo no ano 587/6 e non tanto a primeira deportación do 598, pois as expresións empregadas aluden á cidade deserta, á falta de culto, á fame e atrocidades inhumanas dos sitiados na cidade, ó derrubamento das portas, ó rei e xefes (= príncipes) exiliados, ó fracaso das alianzas con Exipto, á persecución dos fuxidos. Todos estes datos fan considerar coma a máis doada a devandita situación histórica.

O dato bíblico de que Xeremías compuxo unha lamentación fúnebre á morte de Ioxías, e de que a súa e as dos cantores e cantoras están escritas entre as Lamentacións (2 Cro **35**, 25), levou á tradición xudía e cristiá a atribuí-lo libro canónico das Lamentacións a Xe-

INTRODUCCIÓN Ó LIBRO DAS LAMENTACIÓNS

remías, cando en realidade non aparece tal lamentación fúnebre á morte de Ioxías neste libro. A citada referencia ten que aludir a un rolo de lamentación perdido. O feito resultante de aquí é que, tanto os encabezamentos de Lamentacións nos LXX, Vulgata e Siríaco, coma a tradición xudía e cristiá antiga (Oríxenes, S. Hilario, S. Epifanio, S. Xerome), atribuían as Lamentacións a Xeremías, e puxéronas inmediatamente despois do libro de Xeremías.

É verdade que existen certos contactos literarios entre Xer e Lam, tales coma "a virxe, filla de Sión" (Lam **1**, 15; **2**, 13 = Xer **8**, 21; **14**, 17); o xugo posto no pescozo (Lam **1**, 14 = Xer **27**, 2); os ollos que chorrean auga (Lam **1**, 16; **2**, 11. 18; **3**, 48. 49 = Xer **9**, 1. 18; **13**, 17; **14**, 17), *pero estas expresións son imaxes literarias normais na literatura hebrea e cananea.*

Por outra banda, resulta imposible que Xeremías se sorprenda da caída do templo e da cidade, pois esta foi a súa ameaza profética, tan angustiosa como firme e convencida (Lam **1**, 10; **2**, 6-7); e resulta sorprendente que fale da gloria de Sión e do templo nos termos de Lam **4**, 1, e que espere algo positivo das alianzas coas nacións (Lam **5**, 6). Tamén resulta estraña a afirmación de que o mal que aflixe ós israelitas é consecuencia do pecado dos seus pais (v 7).

O autor de Lam tivo que ser unha persoa pertencente ós círculos profético-cúlticos do templo de Xerusalén, que escapou da deportación a Babilonia. Xeremías non puido se-lo autor de Lam, pois logo da caída de Xerusalén estivo afastado, morrendo no deserto de Exipto. Ademais, o autor do devandito libro considera xustos os profetas e sacerdotes (cf **4**, 13. 16 e nota), *que foran precisamente os maiores adversarios dos oráculos de Xeremías.*

A teoloxía de Lam

A teoloxía desta obra parte da análise duns feitos (incendio do templo, caída da cidade e deportacións da dinastía davídica) que contradín os principios teolóxicos da elección divina de Sión e da dinastía davídica, que pertencen ás tradicións teolóxico-proféticas máis antigas do reino de Xudá. A piedade xudía apoiábase moito nestes principios, e celebrábaos no culto (cf Sal **48**, 2-14; **76**, 2-4), lembrando gozosa a prodixiosa retirada do asedio de Senaquerib, nos tempos de Ezequías. A presencia de Deus no templo de Sión, convertía a cidade en inexpugnable: de aquí a reacción ante os oráculos de Xeremías, e a fe iavista nun grupo de desterrados (cf Ez).

O autor de Lam ten soamente unhas oracións de imprecación ó final das lamentacións (**1**, 21c-22; **2**, 22a; **3**, 64-66; **4**, 22b). A súa resposta profética ante os males é considerar a Deus coma o autor desta destrucción, provocada polo pecado do pobo (**1**, 5b. 8. 12c-14; **2**, 1-9. 17; **3**, 1-18. 34-36. 42-45; **4**, 16; **5**, 16); o pecado cometido contra os sacerdotes e profetas (**4**, 13. 16); o pecado dos falsos profetas (**2**, 14), o pecado da cidade (**1**, 8. 14), o de consentir nela as inxustizas (**3**, 34-36), e o de verter sangue inocente (**4**, 13).

Para que melloren as cousas, chámase ó pobo á conversión (**3**, 40-41), e pídeselle a Deus (**5**, 21), que pode move-los corazóns.

Deste xeito, busca o pobo a restauración da súa vida, nunha perspectiva escatolóxica, que está implícita en **1**, 9c. 11c; **2**, 20; **3**, 55-59; e explícita en **4**, 22; **5**, 21-22.

A liturxia católica latina emprega estes textos na liturxia da Semana Santa para vivi-lo drama do Calvario coa esperanza da restauración, da que xurdirá o auténtico templo de Deus: o corpo de Xesucristo resucitado.

LIBRO DAS LAMENTACIÓNS

Primeira lamentación

1 Álef¹ ¡Ah, como senta soíña a cidade, señora dun pobo!
Está coma unha viúva, a señora dos pobos,
a princesa das cidades está en traballos forzados.

Bet ²Chora, chora, durante a noite,
e as súas bágoas están sobre a súa meixela.
De entre tódolos seus amantes non ten un que a
     console,
tódolos seus amigos a traicionaron, volvéronselle
     inimigos.

Guímel ³Xudá foi á cativdade despois da humillación e
     da moita servidume.
Ela, que reinaba entre as nacións, non atopa lugar de
     descanso.
Tódolos que a perseguen pódena coller entre as
     cercas.

Dálet ⁴Os vieiros de Sión están de loito, por non haber
     quen vaia á festa.
Tódalas súas portas están desoladas,
choran os seus sacerdotes,
as súas mozas están aflixidas; ela mesma ten
     amargura.

He ⁵Os seus opresores están victoriosos, os seus
     inimigos están felices,
pois o Señor aflixiuna pola multitude das súas
     rebeldías.
Os seus meniños van á cativdade diante do opresor,
Vau ⁶e sairá da filla de Sión todo o seu esplendor.
Os seus príncipes son coma corzos que non atopan
     pasteiro,
e camiñan sen forzas diante do perseguidor.

1, 1-22 Esta unidade literaria, tal como se deduce da súa estructura acróstico-alfabética, está composta de dúas partes: a) vv 1-11b, onde o poeta describe a situación de Xerusalén, presentada baixo a imaxe tradicional da matrona; e b) vv 11c-22 onde é a mesma Xerusalén quen fala, empregándose por iso a primeira persoa. Hai que exceptuar da primeira parte o v 9c, no que fala Xerusalén en primeira persoa en ton de oración; e da segunda, o v 17, no que se fala da actitude orante de Xerusalén e da negativa de Deus a escoita-la súa oración. A razón destas excepcións, está no interese por resalta-la culpabilidade de Xerusalén e dos conseguintes choros que son oracións (v 9c). No v 16 fálase dos choros ós que non responde o consolador; e este contraste é o que remarca o v 17 en ton descritivo, preparando deste xeito o recoñecemento da xusta actuación de Deus ó castiga-las rebeldías de Xerusalén.
Traducímo-los perfectos hebreos por presentes galegos, pois o perfecto hebreo expresa unha acción acabada que segue presente nos resultados da mesma.

1, 1 *¡Ah, como...!*: expresión que traduce un termo introductorio característico das lamentacións (cf **2**, 1; **4**, 1s; Is **1**, 21; Xer **48**, 17). *Senta* mantén as resonancias rexias de sentar no trono, como o indican os títulos "señora dun pobo", "señora de pobos" e "princesa". Nótese o contraste angustioso destes títulos con "soíña", "viúva", e estar "en traballos forzados".
1, 2 *Os amantes* e *amigos* son os pobos aliados (Exipto), que agora se volven inimigos. Consolar inclúe funcións xurídicas e efectos salvíficos (cf Sal **71**, 21; **86**, 17; Is **12**, 1; **40**, 1).
1, 3 *Despois da humillación...* A humillación e a moita servidume alude ós fortes impostos cos que gravaron os babilonios o Reino de Xudá. *Os que a perseguen* son probablemente os edomitas, que se dedicaron á pillaxe despois da caída de Xerusalén.
1, 4 *As portas* da cidade era o lugar onde se celebraban os tratos e os xuízos, e onde se facía o mercado.
1, 5 *Victoriosos* (lit. "á cabeza"). Traducimos así por se-la cabeza o asento do dominio e da autoridade.

Zain ⁷Xerusalén conmemora os días da súa humillación, a perda da súa patria, a falta de tódalas preciosidades que tivo desde antigo, cando o seu exército caía no poder do inimigo sen que ninguén lle axudase.
Vena os inimigos e rin da súa desaparición.
Het ⁸Pecou, pecou Xerusalén, por isto vólvese cousa abominable.
Tódolos que a honraban, desprézana, pois están vendo a súa nudez.
Ela chora en voz alta e vírase de costas.
Tet ⁹A súa impureza estaba nas súas saias, non se decataba do que lle viña enriba.
Si, caeu desastradamente; non hai quen a console.
"Olla, Señor, para a miña miseria ¡Como a aumenta o inimigo!"
Iod ¹⁰O opresor estendeu a súa man sobre as cousas apetecidas.
Si, ve como os xentís entran no seu santuario, si, aínda que ti mandaches que non entrasen na túa asemblea.
Kaf ¹¹Todo o seu pobo se lamenta, busca pan, entregan as súas alfaias por comida para cobrar folgos.
"Olla, Señor, fíxate ben ¡Que miserable estou!".
Lámed ¹²¡Fixádevos ben, tódolos que pasades polo camiño!: observade e ollade, se hai pena coma a miña pena, coa que o Señor me aflixiu no día da súa ira.
Mem ¹³Mandou lume do ceo e fixo baixa-los meus ósos.
Estendeu unha rede ós meus pés e fíxome voltar para atrás.
Deixoume desolada, tódolos días na impureza.
Nun ¹⁴Xa está formado o xugo que as miñas rebeldías consolidaron na súa man.
O seu xugo está sobre o meu pescozo, fai tropeza-las miñas forzas.
O Señor sométeme ó xugo, non aguanto de pé.
Sámek ¹⁵O Señor botou do medio de min a tódolos meus valentes.

1, 7 O segundo verso é probablemente unha glosa posterior (aínda que figura nas traduccións antigas) pois rompe o número de versos da estrofa. *Conmemora:* pois non é un simple recordo, senón unha reactualización litúrxica.
1, 8 O pecado tráelles ós hebreos o fracaso, pola reacción divina ante unha ofensa que lle fai o pobo. *A nudez* da Señora-Xerusalén é a falta de protección, de axuda e de dereitos.
1, 9a Ó concluí-las alianzas políticas con outras nacións, (impurezas que están nas saias), non imaxinaba o pobo o que lle ía vir enriba. O verso remata esta primeira parte cunha oración.
1, 10 *As cousas apetecidas.* Tales cousas, de ámbito sexual, están en relación co santuario de Xerusalén, cousa nada estraña, tendo en conta a concepción sacral do sexo.
1, 11 *Folgos* (heb. "néfex") ten aquí o senso de alento, esperanza de vida, vida.
1, 12 *Da súa ira:* lit. "do incendio da súa ira". *A miña pena:* lit. "a miña pena que me foi inflixida".
1, 13 O *lume* que queima os ósos (Xer **20, 9**) deixa a persoa sen esperanza humana de vida feliz (cf Ez **37,** 1ss). *Na impureza* (lit. "menstruante"). Implica unha distancia entre marido e muller (entre Deus e o pobo), pois coa muller menstruante non se podía ter relación sexual.
1, 14 *O seu xugo.* O xugo que o Señor lles impón é a sumisión total ós babilonios.
1, 15 *Asemblea:* é a tropa de Babilonia presentada coma unha asemblea cúltica en festa.

Convocou contra min a asemblea, para esnaquiza-los meus soldados;
pisou o Señor no lagar á virxe, filla de Xudá.

Ain ¹⁶Por isto eu estou chorando, e o meu ollo é unha fonte,
porque está lonxe de min o consolador, o que me devolve o alento.
Os meus fillos están desolados, porque o inimigo é forte.

Pé ¹⁷Sión estende as súas máns, non ten quen a console.
O Señor ordena ós veciños de Xacob que sexan os seus inimigos.
Xerusalén vólvese cousa abominable entre eles.

Sade ¹⁸O Señor é xusto, porque eu me rebelei contra a súa palabra.
Escoitade, pobos todos, e ollade a miña dor:
as miñas mozas e os meus mozos foron á catividade.

Qof ¹⁹Chamei ós meus amantes, pero eles traicionáronme.
Os meus sacerdotes e os meus profetas faleceron na cidade.
Si, buscade comida para nós, para devolvérno-los folgos.

Rex ²⁰Olla, Señor, como estou angustiada; ferven as miñas entrañas.
O meu corazón retórcese dentro de min, por culpa da miña rebeldía.
Fóra, a espada deixa sen fillos; na casa está a mesma morte.

Xin ²¹Escoitade como choro eu; non teño quen me console.
Tódolos meus inimigos escoitaron a miña desgracia, alegráronse de que ti o fixeses.
Fai ti vi-lo día que proclamaches e volveranse igual ca min.

Tau ²²Toda a súa maldade veña á túa presencia e trátaos a eles
tal como me trataches a min por tódalas miñas rebeldías.
Certo, os meus prantos son moitos, e o meu corazón é un noxo.

1, 16 Os ollos aquí son fontes, o mesmo que reflexan as expresións galegas: "o ollo da fonte", "ten unha fonte nun ollo..." O pranto era unha das expresións máis características da lamentación.

1, 17 Estende-la man era sinal ritual da súplica na oración, como segue sendo na liturxia católica.

1, 18 A oración chega aquí ó seu cume teolóxico: recoñecemento do xusto actuar de Deus e confesión do propio pecado coma rebeldía contra Deus. *A súa palabra:* lit. "a súa boca".

1, 19 *Folgos:* cf v 11 e nota. A traducción grega engade ó final do v "pero eles non se atopan".

1, 20 A situación de angustia descríbese con referencia ós sentimentos (que se asentan nas entrañas), e ós plans de Deus (asentados no corazón), pois a rebeldía de Xerusalén contra Deus e a correspondente mortandade provocan sentimentos de culpabilidade persoal e de compaixón e dor, que traen bágoas.

1, 21-22 A única saída a esta situación é suplica-la chegada do día do Señor, no que El lles devolverá ás nacións as calamidades que agora lle inflixen a Xerusalén.

Segunda lamentación

2 Alef[1]¡Ai! O Señor coa súa ira envolveu en nubes á filla de Sión.
Tirou do ceo na terra o esplendor de Xerusalén.
Si, no día da súa ira, non se acordou do estrado dos seus pés.
Bet [2]O Señor devorou, sen ter compaixón, tódolos pasteiros de Xacob,
destruíu co seu noxo as prazas fortes da casa de Xudá,
emborcallou na terra e profanou o seu reino e os seus príncipes.
Guímel [3]No ardor da súa ira arrincou todo o poder de Israel,
fixo voltar para atrás a súa dereita, lonxe da presencia do inimigo,
e incendiou a Xacob con lume flamexante, que devora todo arredor.
Dálet [4]Tensou o seu arco coma un inimigo, puxo en posición a súa dereita, coma un adversario matou
a tódolos que antes eran preciosos ós seus ollos,
tamén na tenda da filla de Xudá verteu o lume da súa ira.
He [5]O Señor mesmo foi o inimigo que devorou a Israel,
destruíu tódolos seus pazos, arrasou as súas prazas fortes
e multiplicou na filla de Xudá o choro e o lamento.
Vau [6]Arremeteu violentamente contra a súa tenda coma contra un escudo,
destruíu a tenda do seu encontro,
o Señor fixo esquecer en Sión festas e sábados,
e rexeitou co furor da súa ira ó rei e ó sacerdote.
Zain [7]Profanou o Señor o seu altar, desprezou o seu santuario,
abandonou no poder do inimigo as paredes dos pazos de Xudá.
Lanzouse un berro no templo do Señor coma nun día de lamentación.
Het [8]Decidiu o Señor destruí-la muralla da filla de Sión.
Estendeu o cordel (a súa man), non apartou a destrucción.

2, 1-22 Esta segunda lamentación, divídese en tres partes: a) vv 1-12. Dáselle un repaso á desolación provocada pola acción destructora do Señor. Soamente aparece a actitude persoal do profeta orante no v 11; polo demais, trata de resalta-los estragos provocados nos rapaciños e meniños. b) Os vv 13-19 presentan o testemuño persoal do autor en beneficio de Xerusalén, que poida levar á súa curación. Así, denuncia ós falsos profetas (v 14), presenta o testemuño dos que pasan polo camiño (v 15) e o dos mesmos inimigos (v 16), e mesmo o que dera o Señor noutros tempos (v 17), para remata-lo do propio autor, no que invita a Xerusalén á participación na liturxia penitencial (vv 18-19). c) Os vv 20-22 recollen a oración da liturxia penitencial: chamada de atención a Deus, polos feitos que están acontecendo, e oración imprecativa de vinganza contra os inimigos destructores.

2, 1 *Envolveu en nubes.* Posto en paralelo con "tirou... o esplendor de Xerusalén", ten o senso de cubrir de escuridade. *Xerusalén* (= filla de Sión) é o estrado dos pés de Iavé, por mor do templo.
2, 2 *Os pasteiros* fan referencia ó pastoreo, que é unha imaxe tradicional semítica e grega da realeza.
2, 3 *Arrincou todo o poder:* lit. "cortou todo o corno de Israel" (cf nota ó v 17).
2, 4 O suxeito destes verbos é o Señor.
2, 6 *A tenda* e "a tenda *do seu encontro"* son alusións a Ex 30, 16. 18. 26..., e refírense ó templo de Xerusalén.
2, 8 *Estende-lo cordel,* aínda que nalgúns contextos ten o valor de edificación, aquí ten o senso de destrucción (cf 2 Re **21**, 13; Is **34**, 11), pois é o cordel para nivela-lo que se arrasa, aínda que coa perspectiva de reedificación futura.

El fixo que o terraplén e a muralla dobrasen,
derrubáronse a un tempo.
Tet ⁹As súas portas afundíronse debaixo da terra,
os seus ferrollos desfixéronse e romperon,
o seu rei e os seus príncipes están entre os pagáns.
Non hai oráculo ningún.
Tampouco os seus profetas atopan revelación do
Señor.

Iod ¹⁰Os anciáns da filla de Sión están sentados no
chan, choran,
botan po sobre a cabeza, véstense de saco,
as mozas de Xerusalén abaixan a cabeza ata a terra.

Kaf ¹¹Os meus ollos consómense en bágoas, férvenme
as entrañas,
o meu humor está polo chan, por causa da ruína da
filla do meu pobo,
cando vexo os rapaciños e os meniños de peito
esmoreceren nas prazas da cidade.
Lámed ¹²Dinlles ás súas nais: "¿Onde está o pan e mailo
viño?";
mentres quedan sen folgos, asasinados, nas prazas da
cidade,
mentres expiran no seo das súas nais.

Mem ¹³¿Que testificarei a teu favor? ¿Con que te
comparerei, filla de Xerusalén?
¿A que te asemellarei para consolarte, virxe, filla de
Sión?
¡É grande, grande coma o mar a túa ruína! ¿Quen te
curará?
Nun ¹⁴Os teus profetas proclaman coma revelacións a
falsidade e a impostura,
non denuncian a túa iniquidade para que poidas
voltar da cativdade.

Si, anúncianche coma revelación oráculos de
falsidade e seducción.
Sámek ¹⁵Tódolos que pasan polo camiño baten as
palmas contra ti,
asubían e moven a cabeza cara a ti, filla de Xerusalén:
"Esta é a cidade da que se debería dicir: fermosura
perfecta, alegría de toda a terra".
Pé ¹⁶Abren a súa boca contra ti tódolos teus
inimigos,
asubían e renxen os dentes, din: "¡Tragámola!"

2, 9 *Debaixo da terra:* "Ares" ten aquí o valor do que está debaixo do chan. *Oráculo* (heb. "torah"), refírese aquí ás sentencias ou fallos dados polos sacerdotes nos xuízos ou consultas. O verso cuarto desta estrofa rompe o ritmo ternario de toda a unidade, debe ser unha glosa moi antiga, que anticipa nesta sección o v 14.
2, 10 É unha descrición da liturxia de lamentación colectiva, referida ós anciáns e ás mozas.
2, 11 Tanto as entrañas coma o *humor* (lit. "o fígado") son o lugar de asento dos sentimentos. Por iso din os ugaritas que "as bágoas saen do fígado".
2, 12 *Expiran:* lit. "o seu alento vérteselles", pois para os semitas a vida está no sangue e no alento (cf Xén **2,** 7).
2, 15 *Bate-las palmas,* asubiar e move-la cabeza, son xestos de depresión: por iso os que pasan polo camiño non son inimigos, senón piadosos xudeus, que se senten defraudados coa actitude dos dirixentes.

¡Ah, este é o día que esperabamos: xa chegou, xa o vemos!
Ain [17]O Señor fixo o que se propuxera, cumpriu o seu dito,
o que El mandou desde os tempos antigos.
Destruíu e non tivo compaixón.
O teu inimigo alegrouse de ti, ergueuse o poder dos teus adversarios.
Sade [18]Que o teu corazón lle pida axuda ó Señor,
porque lle falta a muralla á filla de Sión:
Verte lágrimas coma un río de día e de noite.
¡Non cedas ante o teu cansazo! ¡Que non descanse a meniña dos teus ollos!
Qof [19]Levántate, berra durante a noite, ó comezo do cambio da garda.
Verte coma auga os teus coidados diante da presencia do Señor.
Levanta cara a El as túas palmas, pola vida dos teus meniños,
que están esmorecidos de fame nas praciñas de tódalas rúas.

Rex [20]Olla, Señor, e considera a quen tratas deste xeito:
¡as mulleres teñen que devora-los seus fillos, os meniños que aínda maman!
¡O sacerdote e o profeta son asasinados no templo do Señor!
Xin [21]O rapaz e o vello déitanse por terra nas rúas;
as miñas mozas e os meus mozos caen pola espada.
No día da túa ira asasinas e degolas sen teres compaixón.
Tau [22]Convocarás a tódolos que me encheron de pavor, coma no día da asemblea,
pois no día da ira do Señor non houbo fuxido nin escapado:
o meu inimigo acabou cos que eu alimentei e criei.

Terceira lamentación

3 Álef[1]Eu son o home que probou a humillación, o pau da ira do Señor.
[2]Conduciume e fíxome camiñar na escuridade e non na luz.

2, 17 *Poder:* lit. "o corno", símbolo do poder.
2, 18 *O teu corazón* significa aquí a decisión da vontade reflexiva do pobo. Xerusalén vén simbolizada por unha muller, a filla de Sión.
2, 19 *Os teus coidados* (lit. "o teu corazón"). Tódolos xestos dos vv 18-19 son propios da liturxia penitencial. O último verso desta estrofa rompe o ritmo ternario, polo que se considera unha glosa (cf v 11), anque antiga, pois aparece no texto dos LXX.
2, 20-21 O máis importante da oración de lamentación é o informe sobre o calamitoso estado do pobo.
2, 22 *Convocarás:* chamada ós inimigos de Xerusalén, para realizar con eles a vinganza dos seus crimes e sacrilexios.

3, 1-66 Consideramos todo este conxunto coma unha lamentación colectiva, coa seguinte estructura:
vv 1-18: Lamentación en primeira persoa singular, pero con significación colectiva; vv 19-39: reflexión na que, partindo do recoñecemento da propia culpabilidade do pobo, se lle dan ó pobo esperanzas no Señor; vv 40-42: invitación á conversión interior; vv 43-54: lamentación colectiva (os vv 43-51 en forma "nós"; e os vv 52-54, en forma "eu"); vv 55-63: proclamación da boa acollida da oración e da liberación de Deus; vv 64-66: oración imprecatoria contra os inimigos.
3, 1 *Probou:* lit. "viu", co valor de experimentar.

LIBRO DAS LAMENTACIÓNS 3, 25

³Si, volve e revolve tódolos días contra min a súa man.
Bet ⁴Consome a miña carne e a miña pel, rompe os meus ósos.
⁵Crea a miña ruína e asedia a capital e a súa altura.
⁶Faime morar nas tebras coma os mortos dos tempos pasados.
Guímel ⁷Encérrame cun muro arredor e non podo saír, volve pesada a miña cabeza.
⁸Clamo en voz alta e pido axuda; El córtalle o paso á miña oración.
⁹Pecha o meu camiño con pelouros, volve intransitables as miñas corredoiras.
Dálet ¹⁰El é para min o oso que axexa, o león nos escondedoiros,
¹¹que dá voltas arredor dos meus camiños para esnaquizarme e volverme unha desolación.
¹²Tensa o seu arco e faime se-lo branco das súas frechas.
He ¹³Fai entrar nos meus riles os dardos da súa alxaba.
¹⁴Eu son a burla para tódolos pobos, a súa copla de cada día.
¹⁵Fártame de amargura e emborráchame de asente.
Vau ¹⁶Límame os dentes con croios, esmágame contra o chan.
¹⁷Afasta a miña vida da fartura, esquézome da felicidade,
¹⁸e digo: "Acabouse a miña superioridade e a miña esperanza no Señor".

Zain ¹⁹Lémbrate da miña miseria e do meu desterro, que son asente e veleno.
²⁰Lémbrate de que a miña culpa está mandando ó abismo a miña vida.
²¹Isto traio no meu corazón, por isto teño esperanza:
Het ²²as bondades do Señor non se acabaron, nin tampouco desapareceron as súas misericordias,
²³pois son novas cada mañá, a túa fidelidade é grande.
²⁴O Señor é o quiñón da miña herdanza —di o meu corazón—, por isto teño esperanza nel.
Tet ²⁵Bo é o Señor para quen espera nel, para aquel que o busca.

3, 4 A carne é asento do pracer; a pel é o esplendor da persoa; e os ósos, a raíz máis íntima da esperanza de vida e de pracer. Desde o v 3 case tódolos verbos están en perfecto, aínda que os traducimos por presentes (cf nota a **1**, 1-22).
3, 5 Outros traducen: "crea contra min", para asediarme, veleno e dificultades. Preferimos entende-lo texto coma referido ó asedio de Xerusalén polos caldeos. *A altura* (heb. "tell") é a fortaleza que se constrúe nun outeiro.
3, 6 *As tebras* son unha variación do Xeol, onde non é posible a felicidade, por non haber carne. O semita ve o Xeol presente nas situacións dorosas e angustiosas desta vida.
3, 8 *En voz alta.* A pesar diso, Deus detén a oración do seu pobo, pois a súa actitude é a mesma.
3, 10 Cf Os **13**, 7-8; Xob **10**, 16.
3, 12 Cf Xob **16**, 12-13.

3, 13 Os *riles* son na antropoloxía semítica a base dos sentimentos: aquí, os sentimentos de burlas amargas de que é obxecto. *Os dardos da alxaba* son as frechas (cf Sal **127**, 5).
3, 15 O *asente* é unha planta medicinal especialmente amarga, empregada en infusións para abri-lo apetito. Aquí é símbolo da amargura pola burla.
3, 19 A situación mísera dos que viven sen patria, refírese á poboación que quedou en Xudá.
3, 20 *Culpa* (lit. "débeda"). A esperanza no Señor xorde ó tomar conciencia da propia culpa.
3, 23 O facerse novas cada mañá as bondades e misericordias do Señor, alude ós sacrificios nas ruínas do templo, que tiñan lugar cada mañá e cada tarde (cf Xer **41**, 5ss; Zac **7**, 1ss; **8**, 18ss).
3, 25 *Aquel que*: lit. "a alma do que" (heb "néfex"), no senso de esperanzada ilusión da vida feliz.

²⁶É bo que un espere en silencio a salvación do Señor.
²⁷Élle bo ó home cargar co xugo desde a súa xuventude;
  Iod ²⁸que se sinta só e que estea calado cando o ten que aguantar;
²⁹que poña a súa boca no po: ¡quizais haxa aínda esperanza!;
³⁰que ofreza a meixela ó que lle bate e que se farte de oprobios.
  Kaf ³¹Certo, o Señor non se afasta para sempre (...);
³²se aflixe, compadécese conforme á abundancia das súas bondades;
³³non oprime de corazón nin aflixe os fillos do home.
  Lámed ³⁴Cando un esmaga debaixo dos seus pés a tódolos prisioneiros do país,
³⁵cando se torcen os dereitos dun home ante a presencia do Altísimo,
³⁶cando se lle prexudica a un home no seu xuízo, ¿o Señor non o vai ver?

  Mem ³⁷¿Quen é este que falou, e aconteceu? ¿Non llo mandou o Señor?
³⁸¿Non sae o mal e o ben da boca do Altísimo?
³⁹¿De que se queixa o home? ¿Da vida feliz? ¿De que se queixa o home? ¿Do castigo dos seus pecados?

  Nun ⁴⁰Investiguémo-lo noso comportamento e examinémolo. Convertámonos ó Señor.
⁴¹Levantémo-lo noso corazón, non as palmas das nosas mans,
  ó Deus que está no ceo.
⁴²Nós pecamos e rebelámonos. ¡Ti non nos perdoaches!

  Sámek ⁴³Cubrícheste de ira e perseguíchesnos, mataches sen teres compaixón.
⁴⁴Cubrícheste coa túa nube, para que non pasase a oración.
⁴⁵Convértesnos en varredura e esterco, no medio dos pobos.

  Pé ⁴⁶Tódolos nosos inimigos abren as súas bocas contra nós.
⁴⁷A nós tócano-lo terror e o foxo, a destrucción e a ruína.

3, 26 *En silencio*. Esta actitude de silencio meditativo e confiado ante a dor é propia de Xob (cf Xob **2**, 13), de Is e do Servo de Iavé.

3, 27 O xugo simboliza aquí a sumisión, o sufrimento que provén do Señor.

3, 28-30 As expresións destes vv refírense á liturxia penitencial ou de lamentación colectiva.

3, 31 Os puntos equivalen a un acento, unha palabra que falta no texto hebreo e nas traduccións antigas, pero que tivo que existir para completa-lo número de acentos.

3, 34-36 Estes vv refírense a situacións de inxustiza dos caldeos con Xudá (v 34), ou duns caldeos con outros.

3, 37-38 O home bíblico atribúe todo a Deus, de xeito que ata o perxurio no xuízo é mandato persoal de Deus (non distinguen entre mandato e permisión), aínda que para eles esta afirmación non nega a responsabilidade humana (cf vv 20. 40-41). O mal que sae da boca do Altísimo é o mal inmediato e físico, non o mal coma última intención (cf v 33).

3, 39 Aínda que traducimos nos dous versos *home*, o hebreo emprega dous termos distintos: no primeiro "adam", o home fráxil, feito de barro vermello; e no segundo "guéber", o de incomprensión dos plans históricos de Deus na caída de Xerusalén, que ó mesmo tempo serve para introduci-la chamada á conversión (vv 40-42).

3, 40-42 Estes versos están en cohortativo, co que se quere expresa-la chamada. A conversión parte dun exame do propio comportamento (lit. "vieiro") e consiste nun movemento de da-la volta no vieiro ata chegar ó Señor.

3, 44 A *nube* é aquí unha imaxe literaria da ira divina, que impide que a oración do pobo chegue a Deus (cf nota a **2**, 1).

3, 47 *Foxo* fai pensar nunha vida triste, semellante á do Xeol.

⁴⁸O meu ollo verte regueiros de bágoas pola ruína da filla do meu pobo.
Ain ⁴⁹Os meus ollos esbagullan, sen pararen, non teñen acougo,
⁵⁰ata que o Señor olle desde arriba e vexa desde o ceo.
⁵¹Os meus ollos quítanme a respiración por causa de tódalas fillas da miña cidade.
Sade ⁵²Os meus inimigos cazáronme coma un paxariño, sen razón.
⁵³Quixeron perde-la miña vida no pozo, botaron dentro pedras contra min.
⁵⁴Cubríronme de auga ata enriba da cabeza. Dixen: "Estou perdido".
Qof ⁵⁵Invoquei o teu Nome, Señor, desde o pozo do abismo.
⁵⁶Ti escoitáche-la miña voz; non tapáche-lo teu oído á miña liberación, ó meu clamor de auxilio.
⁵⁷Acercácheste o día que eu clamaba a ti. Dixeches: "Non teñas medo".
Rex ⁵⁸Ti, Señor, defendíche-la causa da miña existencia, redimíche-la miña vida.
⁵⁹Ollaches, Señor, a miña opresión, a miña sentencia foi dictada con xustiza.
⁶⁰Viches toda a súa vinganza, tódolas súas matinacións contra min.
Xin ⁶¹Escoitaches, Señor, os seus insultos, tódalas súas maquinacións contra min,
⁶²os discursos dos meus adversarios e os seus complots contra min tódolos días.
⁶³Olla atentamente a súa conducta, que eu son a súa cántiga.
Tau ⁶⁴Devólvelles, Señor, o merecido conforme a obra das súas mans.
⁶⁵Dálle-la cegueira do corazón, que a túa maldición sexa para eles.
⁶⁶Persígueos con ira e fainos desaparecer de debaixo do ceo, Señor.

Cuarta lamentación

4 Alef ¹¡Ah, como se enferruxou o ouro, como escureceu o ouro máis fino!
¡As pedras do templo están esparexidas na cabeceira das rúas!

3, 51 *Quítanme a respiración:* lit. "oprimen o meu alento" (heb. "néfex"). As *fillas da miña cidade* son as vilas dependentes de Xerusalén.
3, 52-54 A situación da caída da cidade exemplarízase con dúas imaxes, a da caza dos paxariños con lazo, e a de botar nun pozo ó home que simboliza a Xerusalén.
3, 59 *Foi dictada:* lit. "foi xulgada".
3, 63 *Conducta:* lit. "o sentarse deles e o seu erguerse": merismo para indica-la totalidade da acción: as burlas contra Xudá.
4, 1-22 Esta lamentación acróstica ten dous versos en cada estrofa, dos que soamente é acróstico o primeiro. Consta de tres partes desiguais. A primeira (vv 1-16) describe a calamitosa situación na que se atopa a comunidade postexílica, enumerando os seus diferentes elementos (o templo, o pobo, os meniños, os ricos, e os nazireos), e referíndose a feitos dorosos que aconteceron durante o asedio. O tema culminante é a acusación de culpabilidade e de pecado, co seu correspondente castigo, a mans de Deus. A segunda parte (vv 17-20) está composta como unha lamentación na forma "nós", que se refire á comunidade, coas súas esperanzas e frustracións no tocante a Exipto e ó seu rei. A terceira parte (vv 21-22) contén un oráculo de castigo en forma sarcástica contra Edom e un oráculo salvífico para a filla de Sión.
4, 1 O *ouro* alude ás pedras do templo, que no Santo dos Santos estaban pintadas.

Bet ²Os fillos de Sión, gloriosos (e) merecentes de
  aprezo coma o ouro fino,
¿como son considerados olas de barro, obra das mans
  do oleiro?
Guímel ³Si, os chacais ofrecen os peitos para que
  mamen as súas crías,
(pero) a filla do meu pobo, ¡cruel!, ¡que avestruz do
  deserto!
Dálet ⁴A lingua dos meniños de leite pégaselles ó ceo
  da boca coa sede,
os rapaciños piden pan, non hai quen llelo reparta.
He ⁵Os que comían manxares saborosos, alentan
  inando nas rúas,
os que foron criados sobre a púrpura, abrazan
  (agora) o esterco.
Vau ⁶A iniquidade da filla do meu pobo era máis
  grande có pecado de Sodoma,
foi aniquilada nun instante coma ela, sen que nela se
  movesen as mans.
Zain ⁷Os seus nazireos eran máis puros cá neve, eran
  máis brancos có leite,
o seu corpo era máis vermello cós corais, a súa figura
  era zafiro.
Het ⁸(Agora) o aspecto deles é máis negro cá ferruxe,
  non se recoñecen nas rúas,
a súa pel está pegada ós seus osos, está reseca coma
  un pau.
Tet ⁹Foron máis ditosos os mortos pola espada cós
  mortos da fame.
Si, aqueles foron máis valentes sendo acoitelados (cós
  que) careceron dos productos do campo.
Iod ¹⁰As mans das piadosas mulleres coceron a seus
  propios fillos,
que lles serviron de alimento durante a caída da filla
  do seu pobo.
Kaf ¹¹O Señor esgotou a súa furia, librou o incendio da
  súa ira,
prendeu o lume (da súa ira) en Sión, que devorou os
  seus cimentos.
Lámed ¹²Non creron os reis da terra, nin tódolos que
  reinan no mundo,
que o adversario e inimigo entrase polas portas de
  Xerusalén.
Mem ¹³Por causa dos pecados contra os seus profetas,
  (e) da iniquidade contra os seus sacerdotes,
por verteren no medio dela sangue de xustos,

4, 2 Contrasta o aprezo debido á poboación de Sión e o humillante manexo que fan dela os caldeos.
4, 3 A *filla do meu pobo*. É Xerusalén (cf vv 6-10). O pobo é comparable á avestruz, que abandona os seus ovos con perigo de seren pisados (cf Xob 39, 16). Dun xeito semellante, as mulleres de Xerusalén non dan de mamar ós seus meniños durante o asedio (cf v 4).
4, 5 *Abrazan*. Anceian poder comer do recollido nas esterqueiras.

4, 7 *Nazireos*: homes consagrados a Deus, fosen de orixe rexia (Xén **49,** 26; Dt **23,** 16) ou do común do pobo (Núm **6,** 2; Xuí **13,** 5). *Corpo* (lit. "óso"), ten aquí, o mesmo ca en Sal **35,** 10 ; Pr **16,** 24 o senso de *corpo* forte e cheo de vida.
4, 11 *O lume* refírese aquí á actitude anoxada de Deus, non ó lume co que destruíron o templo os caldeos.
4, 13 *Pecados contra os seus profetas* (cf v 16b): cometidos polo pobo ó delataren ós profetas cúlticos e ós sacerdotes que eran favorables a unha política pro-exipcia.

Nun ¹⁴andaron cegos polas rúas, lixáronse co sangue
   vertido,
sen que se lles puidese toca-los vestidos.
Sámek ¹⁵"¡Apartade! ¡Un impuro!" dicíasenos.
   "¡Apartade! ¡Apartade! ¡Non toquedes!"
Cando fuxiron tamén andaron errantes. Dicían os
   pobos: "Non continuarán de emigrantes (aquí)".
Pé ¹⁶A presencia do Señor mandounos ó abismo (para)
   non seguir contemplándoos,
(pois) non respectaran os sacerdotes, non tiveran
   piedade dos anciáns.
Ain ¹⁷Os nosos ollos consumiranse de novo,
   procurando a nosa axuda en van.
Desde as nosas atalaias outeamos por un pobo que
   non nos poderá salvar.
Sade ¹⁸Espreitan os nosos pasos, sen podermos
   camiñar polas nosas prazas.
Está preto a nosa fin, cúmprense os nosos días. Si,
   chega a nosa fin.
Qof ¹⁹Os nosos perseguidores son máis lixeiros cás
   aguias do ceo,
polos montes perséguennos, no deserto póñennos
   emboscada.
Rex ²⁰O perfume dos nosos narices, o unxido do Señor,
   está preso nos calabozos de eles,
del pensabamos: "Á súa sombra viviremos entre os
   pobos".
Xin ²¹Exulta e énchete de ledicia, filla de Edom, que
   habitas no país de Us,
tamén onda ti chegará a copa, beberala ata espirte de
   borracha.
Tau ²²El completou o castigo da túa iniquidade, filla de
   Sión, non volverá a levarte á cativdade.
El pasa revista á túa iniquidade, filla de Edom, á
   débeda do teu pecado.

Quinta lamentación

5 ¹¡Lémbrate, Señor, do que nos aconteceu: mira
   atentamente, si, olla a nosa vergonza!
²A nosa herdanza pasou a estranxeiros; as nosas casas,
   a xentes de fóra.
³Quedamos orfos, non temos pai, as nosas nais son
   viúvas.

4, 14-15 Estes delatores, que terían que emigrar por mor da oposición do pobo, levarán sempre consigo a maldición polos seus feitos.
4, 16 *O abismo* é o Xeol; segundo os hebreos, Deus non contempla os que viven no Xeol.
4, 20 *Perfume:* o aceite virxe co que se facía a consagración do rei era aromático.
4, 21 *Edom* —o mesmo ca Moab e Amón— participou cos caldeos na caída e saqueo de Xerusalén: por isto anúnciaselle a *copa* da ira de Deus. Sobre *Us,* cf Xén **36,** 28; Xob**1,**1.
4, 22 Completa-lo castigo da iniquidade ten un senso positivo, pois, vingada a culpa, está xa aberto o camiño da restauración.

5, 1-22 Esta derradeira lamentación non é acróstica coma as catro primeiras; literariamente consta das seguintes partes: unha oración en forma "nós", dirixida a Iavé (v 1); descrición, en primeira e en terceira persoa, da situación de calamitosa angustia (vv 2-18), que acaba cunha frase relativa á devastación de Sión, en paralelismo antitético coa afirmación do reinado eterno de Iavé e, coma remate, o recoñecemento de que a distancia de Deus (vv 20-22) débese á condición pecadora do pobo (cf vv 7.16).
5, 1 Esta primeira oración expresa a finalidade teolóxica da liturxia penitencial: recordarlle a Deus o que lle pasa ó pobo, dicindolle tamén que o pobo se avergonza do seu pecado (v 16), e que están dispostos a se converter (v 21).

⁴Bebémo-la nosa auga a prezo de prata, traémo-la nosa leña con cartos.
⁵Co xugo nos nosos pescozos somos perseguidos, estamos cansos, (e) non se nos deixa descansar.
⁶Estendémo-la man ante Exipto, ante Asiria, para fartarnos de pan.
⁷Os nosos pais pecaron, xa non existen; nós cargamos coas súas iniquidades.
⁸Os servos mandan en nós, non hai quen (nos) libere das mans deles.
⁹Para a nosa gorxa sacámo-lo noso pan ó deserto lonxe da presencia da espada.
¹⁰A nosa pel está quente coma un forno pola presencia da fame arrabiada.
¹¹Violan ás mulleres en Sión, ás virxes nas cidades de Xudá.
¹²Os príncipes son pendurados das súas mans, non se respecta a presencia dos anciáns.
¹³Os mozos levan a moa do muíño e os rapaces cambalean coa leña ó lombo.
¹⁴Os anciáns deixan os xuízos das portas; os mozos, os cantos da cítara.
¹⁵Acabouse a ledicia do noso corazón, a danza cámbiase en luto.
¹⁶Caeu a coroa da nosa cabeza. ¡Ai de nós, certo que pecamos!
¹⁷Por isto está triste o noso corazón, por estas cousas escurécense os nosos ollos.
¹⁸Sobre o monte Sión produciuse devastación, as raposas camiñan por el.
¹⁹Pero ti, Señor, reinarás eternamente, o teu trono por xeracións e xeracións.
²⁰¿Por que te esqueces de nós para sempre, (e) nos abandonas ó longo dos días?
²¹Fainos voltar a ti, Señor, e voltaremos; renova os nosos días, coma noutros tempos.
²²¿Ou rexeitáchesnos completamente, estás anoxado contra nós ata mil veces?

5, 4 Paga-la auga e a leña indica que estes bens xa non son comunais, senón que os hai que pagar ó novo propietario, o caldeo.
5, 5 O *xugo* pode se-lo molido do que un se vale para trae-las cargas (v 4), ou ben a dominación estranxeira (v 6).
5, 6 *Estendémo-la man:* xesto de súplica, non de pacto. Asiria aquí equivale a Babilonia (coma en Xer **2,** 18).
5, 7 A teoloxía retributiva deste v é contraria á de Xer **21,** 29-30 e Ez **17**, aínda que se recoñece a propia culpabilidade (cf v 16).

5, 13 Este v e o seguinte supoñen unha situación de deportación. Non se pense nas nosas moas de muíño, senón máis ben nas moas de muíños de man, duns 40-50 cms. de diámetro, furadas no medio.
5, 14 *Os xuízos das portas:* cf nota a **1, 4**.
5, 19 Non obstante a devastación de Sión e do templo e a desaparición do rei (v 16), Deus segue reinando no templo celeste. Esta idea desenvolveuse moito no tempo do exilio.
5, 21 A conversión do pobo é algo que o mesmo pobo solicita de Deus, e que o levará a unha renovación semellante á dos mellores tempos.

INTRODUCCIÓN A BARUC

1. Historia do Libro

Os cinco cc. que forman o libro de Baruc consérvanse soamente en grego e nas traduccións antigas feitas a partir da versión dos LXX. S. Xerome non o traduciu, xa que "o libro de Baruc (o amanuense de Xeremías) non se le nin foi conservado entre os hebreos". Sen embargo foi incluído na Vulgata o texto existente na Vetus Latina. A orde de colocación deste libro nos mellores manuscritos dos LXX, é Bar., Lam. e Carta de Xeremías. A mesma orde aparece nos Padres gregos (S. Cirilo de Xerusalén, S. Atanasio) e nos canons do concilio de Laodicea. Nos manuscritos da Vg aparecen seguidos Xer, Bar, e Lam, considerando a Carta de Xeremías coma o c. VI de Bar, aínda que, polo título ou encabezamento da carta, se distingue claramente do libro de Bar. Por estes motivos separámo-la Carta de Xeremías do libro de Baruc.

2. Contido e lingua na que se escribiu

O libro, ademais do título (1, 1-2) e da introducción (1, 3-14), ten tres partes. A primeira (1, 15-3, 8) é unha composición para unha liturxia penitencial. Emprégase nela un grego tan cargado de hebraísmos, que a maior parte dos autores consideran que o libro foi orixinariamente escrito en hebreo, e que a traducción foi feita por un bo coñecedor do grego dos LXX. Nas notas ó texto, deixamos constancia dos casos nos que o recurso ó texto hebreo é preciso para unha exacta traducción e interpretación.

A segunda parte (3, 9-4, 4) contén unha exhortación sapiencial que culmina na identificación da sabedoría transcendente coa revelación, e en concreto coa revelación da Lei (4, 1). Aínda que para moitos autores é dubidosa a lingua orixinaria, inclinámonos por pensar que foi o hebreo.

A terceira parte (4, 5-5, 9) é de carácter exhortativo-consolatorio. Como as dúas anteriores, reflexa a situación da Diáspora. Está fortemente influída polo II e III Isaías nos contidos e na forma literaria dos oráculos. O emprego de partículas e de termos gregos con resonancias soamente comprensibles no hebreo, deixa ver detrás un escrito hebreo. As semellanzas co Salmo de Salomón 11 (composto en hebreo no ano 64 a. C.) soamente afectan á última estrofa (5, 5-9), e aínda aquí se presenta o problema de quen depende de quen. O máis probable é que dependan ámbolos dous do II e III Isaías, a través dun texto anterior.

3. A problemática autoría de Baruc

Aínda que o título e a introducción á primeira parte (1, 3-14) o atribúen a Baruc, a proliferación dos escritos pseudonímicos a partir do período persa e no grego, xunto coa análise interna do texto, fai que os críticos modernos estean practicamente de acordo en negarlle a paternidade do libro ó amanuense de Xeremías.

De feito no libro de Baruc confúndense as dúas principais deportacións (a do 597, na que se deporta ó rei Ioaquín —chamado tamén Ieconías—, e a do 586, na que, despois da destrucción do templo e da cidade, ten lugar unha forte deportación). Esta confusión non a tería nunca Baruc, que viviu estes tráxicos feitos. Ademais dáse o caso de que, despois de constata-la caída e o incendio de Xerusalén (1, 2), fala do exercicio normal do culto na cidade (1, 10). Certo que nas ruínas do templo se celebrou algún tipo de culto; pero, segundo Xer 41, 5ss e Zac 7, 1ss, este culto non puido ser nunca o que se describe en Bar 1, 10.

Por outra banda, o autor de Bar descoñece claramente a historia do imperio babilónico durante o período de vida de Baruc, pois di que Baltasar é fillo de Nabucodonosor (1, 11), cando en realidade é fillo do usurpador do trono, Nabónid, de xeito que nin é fillo nin sucesor inmediato.

Hai outras razóns que fan desaconsellable a atribución do libro a Baruc:

O sacerdote Ioaquim (de 1, 7) é descoñecido nesta época. O costume de rezar polo rei pagán dominante (1, 11), incrible durante o exilio, foi introducida no pacífico período persa (cf Esd 6, 10; 7, 23). No momento do exilio, —ou cando menos na data pretendida polo autor do libro— o escribán de Xeremías non estivo en Babilonia, senón que permaneceu co profeta de Anatot (cf as seccións históricas de Xeremías).

4. ¿Un autor ou tres? ¿Un libro ou unha antoloxía?

Dificilmente se pode soste-la unidade de autor para as tres partes de Baruc, pois pertencen a tres xéneros literarios ben diferenciados: a) unha liturxia penitencial, característica dun ámbito cúltico sinagogal ou do templo; b) unha composición sapiencial, froito da reflexión sobre os textos sagrados tradicionais, e a aplicación ós problemas concretos dun pobo disperso e sen liberdade política; e c) unha composición profética, que olla para a situación do desterro con esperanza, pois as promesas de Deus hanse cumprir.

Resulta difícil acepta-la existencia dun personaxe que manexe tan axeitadamente os recursos destes tres xéneros literarios e que compuxese estas tres pezas. Certo que a situación histórica (a Diáspora), a finalidade (conversión á observancia da Lei) e as esperanzas de tempos mellores, son comúns ás tres partes. Esta conxunción dos tres xéneros literarios na finalidade, deixa ve-la harmonía e a unidade interna da obra.

Bar **1,** 14 ponnos na pista do ambiente vital que puido levar á conxunción das tres pezas literarias: a liturxia da festa das Tendas. Non obstante, sorprende que nunha festa tan lediciosa tivese lugar unha liturxia penitencial. Anque a composición penitencial non tivese o desenvolvemento de xexún colectivo na festa, a súa recitación ou canto, xunto coas outras dúas, puido moi ben ser acollida no ritual da liturxia sinagogal da devandita festa, pois o conxunto das tres composicións ten un ton festivo, ó chamar á esperanza en días mellores e proclamala. Esta hipótese da utilización do libro de Baruc no culto sinagogal da Diáspora, explicaría que o libro se conservase tan só en lingua grega.

A atribución da autoría do libro a Baruc debeu considerarse indicada pola conxunción do amanuense de Xeremías co momento do desterro a Babilonia, e por ser Baruc un personaxe histórico importante, anque non de abondo coñecido. Por outra banda, a súa profesión foi a dun escribán, a mesma dos escritores sapienciais, ó estilo do Sirácida, que deducían a súa sabedoría da reflexión sobre os antigos textos sagrados. Os sucesores da escola de escribáns do noso autor compuxeron tamén outras dúas obras, que atribuíron a Baruc: dúas apocalipses do século II despois de Cristo.

5. Data de composición

Hai críticos actuais que o datan no século I da era cristiá, despois do ano 70. Esta hipótese fai incomprensible que os cristiáns o aceptasen coma libro canónico do A. T. Máis verosímil é que na era cristiá se fixesen certos retoques redaccionais ou de tradución.

A base fundamental para datalo ha de se-la comparación con outros escritos do mesmo xénero e de datación máis segura.

Así, sobre a sección penitencial, o paralelo máis próximo é Dn **9,** 4-17 (aínda que o texto de Bar está máis desenvolveito, omite as alusións á destrucción do templo, e engade referencias á situación dos exiliados). Se o libro de Daniel é da primeira metade do s. II a. C., non temos por que considerar doutra época o texto de Baruc.

A segunda unidade (sapiencial) é anterior a Eclo **24,** 23ss, e o Sirácida morreu entre o ano 200 e o 180 a. C.

A terceira unidade (profética) á primeira vista parece máis serodia, polo paralelismo da súa última estrofa co 2.° dos Salmos de Salomón (64 d. C.); pero a súa dependencia do II e III Isaías non impide a anterioridade desta estrofa, xa que o método de síntese dunhas reflexións sobre textos antigos está ben testemuñado no Sirácida. Certo que tamén a devandita estrofa podería ser un engadido; pero non por iso tería que ser serodio todo o escrito profético.

Por outra banda, estamos na época da loita macabea contra Antíoco IV Epífanes, cousa que se deixa entrever nas referencias mesiánicas, tal coma aparece na nota a **1,** 1-14. Quizais poida sorprende-la oración por "Nabucodonosor e polo seu fillo Baltasar" de **1,** 12, que significarían a Antíoco IV Epífanes e o seu fillo Antíoco V Eupátor; pero este costume vénse arrastrando desde a época persa, e ademais é probable que os xudeus da Diáspora —máis abertos ó mundo grego—, non simpatizasen cos plans de levantamento armado dos Macabeos.

BARUC

Introducción

1 ¹Este é o texto do libro que Baruc, fillo de Nerías, fillo de Maseías, fillo de Sedecías, fillo de Asadías, fillo de Hilquías, escribiu en Babilonia, ²no ano quinto, o sete do mes, na época en que os caldeos tomaron Xerusalén e lle prenderon lume. ³Baruc leu o texto deste libro ante Ieconías, fillo de Ioaquim, rei de Xudá e ante todo o pobo que viñera escoita-lo libro; ⁴e ante as autoridades, os fillos dos reis, e os anciáns; ante todo o pobo, desde o máis pequeno ata o máis grande, e ante tódolos que habitaban en Babilonia xunto ó río Sur. ⁵Todos choraban, xexuaban e rezaban diante do Señor.
⁶Despois xuntaron diñeiro segundo lles permitían os haberes de cadaquén, ⁷e mandáronlle a Xerusalén, a Ioaquim, fillo de Hilquías, fillo de Xalum, e ós sacerdotes e a todo o pobo que con el se atopaba en Xerusalén. ⁸(Porque Baruc collera os utensilios do templo do Señor, que foran levados do santuario, para devolvelos ó país de Xudá, no día dez do mes de Siván; eran os utensilios de prata que fixera Sedecías, fillo de Ioxías, rei de Xudá, ⁹despois de que Nabucodonosor, rei de Babilonia, deportou de Xerusalén a Ieconías e o levou a Babilonia, xunto cos xefes, os cativos, as autoridades e o pobo do país).
¹⁰Díxolles:
—Ollade que vos mandamos diñeiro, a fin de que compredes con el víctimas para os holocaustos e os sacrificios expiatorios, e tamén incenso, e para que fagáde-la ofrenda, presentando os sacrificios sobre o altar do Señor, noso Deus. ¹¹Rezade tamén pola vida de Nabucodonosor, rei de Babilonia e pola de Baltasar, seu fillo, a fin de que os seus días sexan coma os do ceo sobre a terra. ¹²Entón o Señor daranos forza e iluminará os nosos ollos e viviremos felices á sombra de Nabucodonosor, rei de Babilonia, e á sombra de Baltasar, o seu fillo, e servirémolos durante moitos anos, alcanzando favor diante deles. ¹³Habedes rezar tamén por nós ante o Señor, noso Deus, porque fixemos pecados contra o Señor, noso Deus, e ata o día de hoxe o furor e maila ira do Señor non se apartaron de nós. ¹⁴Habedes de ler este libro que vos mandamos para que o leades en público no templo do Señor, o día da festa e os días xa marcados. ¹⁵Diredes:

1, 1-14 Esta sección introduce a oración penitencial (**1, 15-3, 8**); e, aínda que se atribúe a Baruc, o ambiente vital é postexílico, de boas relacións coas autoridades pagás dominantes. A inclusión de Ieconías á fronte dos membros da comunidade da Diáspora é un sinal dos anceios mesiánicos da mesma, e quizais unha das probas históricas do pecado do pobo, do que xa estaban arrepentidos.
1, 1 A alusión ó rei non é soamente unha ficción literaria, senón que reflexa a esperanza mesiánica (cf 2 Re **25**, 27; Xer **52, 31**).
1, 2 *O sete do mes:* do mes de Ab (= xullo-agosto) do ano 582. Nesta data celebrábase a liturxia penitencial conmemorativa da caída e do incendio de Xerusalén e do templo (cf Introd. a Lam; Zac **7**, 3. 5; **8; 19**).
1, 3-4 A comunidade que celebra esta liturxia, está perfectamente organizada, como non puido esta-la comunidade dos exiliados, a xulgar polos datos de defección que nos dá Ez. *Ieconías* é o rei Ioaquín, deportado no 598 (cf 2 Re **24**, 12), e liberado despois de trinta e sete anos de prisión (cf 2 Re **25**, 27; Xer **52, 31**).
1, 6 *Os haberes:* lit. "man", co valor de "disposición", "disponibilidade". O costume de mandar diñeiro dende o culto de Xerusalén fixose común nas comunidades da Diáspora.
1, 7 Este sumo sacerdote resulta descoñecido, non só no tempo de Xeremías, senón tamén posteriormente.
1, 8 A devolución dos vasos sagrados nesta época é estraña e descoñecida, pois xa os devolvera Ciro no ano 537 (cf Esd **1**, 7-11). A preocupación polos vasos sagrados é moi propia da época macabea (cf 1 Mac **1**, 21-24; **4**, 49-51; 2Mac **2**, 4-12; Dn **1**, 2; **5**, 2-4). Aínda que o culto se seguiu facendo nas ruínas do templo (cf Xer **41**, 5), non era o culto perfectamente organizado que supón o v 10 (cf Introd. 3). O mes de Siván era o terceiro mes (= maioxuño). A traducción siria le o día 10 de Nisán —o primeiro mes— (= marzo-abril). Os vv 8-9 son unha paréntese que rompe o fío do relato da colecta e do encargo, polo que se consideran engadidos.
1, 10 *A ofrenda.* Os LXX traduciron "maná", termo hebreo que significa ofrenda, o que supón unha interpretación teolóxica do maná de Ex **16**, 35 coma un pan cúltico, do que se participaba, xunto coas ofrendas vexetais, en ambiente sacral.
1, 11 *Baltasar* non foi fillo de Nabucodonosor, senón de Nabónid, o usurpador do trono caldeo, a quen Ciro venceu.
1, 12 *Viviremos felices* (lit. "viviremos") pero o aspecto de felicidade está incluído no transfondo semítico do texto. Hai que supor unha época de boas relacións coas autoridades pagás. A *sombra* é imaxe tradicional da protección e amparo dos reis sobre os súbditos: cf Xuí **9**, 15; Is **30**, 3; Lam **4**, 20; Ez **31**, 1. 2. 6; Dn **4**, 9. 18.
1, 14 *A festa* é a das "Tendas" (cf Introd. 4), que se chama así en 1Re **8**, 2, 65; Ez **45**, 25. *Os días xa marcados* son os días da liturxia penitencial.
1, 15-3, 8 Esta unidade divídese en dúas partes: a) **1**, 15-**2**, 10; e b) **2**, 11-**3**, 8. A primeira delas recolle o espírito penitente do pobo, que confesa o seu pecado e se lamenta pola falta de autonomía política. Esta falta de soberanía, indigna e vergonzosa para o pobo de Deus, faille suspirar decote pola vinda do Mesías. Sobre a segunda parte, cf nota a eses vv.
1, 15 *A xustiza* de Deus, en oposición á vergonza do pobo, é o poder salvador de Iavé (cf nota a **2**, 9).

Oración penitencial: A) Confesión dos pecados

Ó Señor, noso Deus, perténcelle a xustiza, pero a nós perténceno-la vergonza das nosas caras, como lles pasa hoxe ós homes de Xudá e ós habitantes de Xerusalén, [16]ós nosos reis e ós nosos xefes, ós nosos sacerdotes e ós nosos profetas, e ós nosos pais. [17]Porque pecamos contra o Señor, [18]fómoslle infieis e non fixemos caso á orde do Señor, noso Deus, de nos comportarmos segundo os mandamentos que o Señor puxo na nosa presencia. [19]Desde o día no que o Señor sacou os nosos pais do país de Exipto ata o día de hoxe, fomos infieis ó Señor, noso Deus, e seguímo-lo noso capricho, sen facer caso das súas ordes. [20]Por isto, tal coma hoxe acontece, perseguíronnos as desgracias, os males e a maldición que o Señor lle prediciu ó seu servo Moisés, na época en que sacou os nosos pais do país de Exipto para nos dar unha terra que deita leite e mel. [21]Tampouco lle fixemos caso á voz do Señor, noso Deus, de acordo con tódalas mensaxes dos profetas que El nos mandou, [22]senón que cada un de nós se comportaba conforme ó capricho do seu ruín corazón, dándolles culto a deuses alleos, facendo así o mal ós ollos do Señor, noso Deus.

2 [1]Por isto o Señor executou a sentencia que pronunciara contra nós e contra os xuíces que xulgaban a Israel e contra os nosos reis, os nosos xefes e os homes de Israel e de Xudá. [2]Non se fixo debaixo do ceo cousa semellante á que se fixo en Xerusalén, como xa se escribira na Lei de Moisés, [3]cando comemos cada un de nós a carne do seu propio fillo e a da súa propia filla, [4]porque o Señor os entregara nas mans de tódolos reinos que estaban ó noso arredor, para que servisen de vergonza e maldición entre tódolos pobos circundantes, a onde o Señor os dispersou. [5]Si, quedaron por baixo e non por riba, porque pecaramos contra o Señor, noso Deus, non lle facendo caso á súa voz.

[6]Ó Señor, noso Deus, perténcelle a xustiza, pero a nós e a nosos pais perténceno-la vergonza das nosas caras, coma o día de hoxe. [7]Todo o que o Señor nos revelou, todas estas calamidades viñeron sobre nós, [8]porque nós non invocarámo-lo rostro do Señor, para que cada un se apartase dos plans do seu ruín corazón. [9]Por isto o Señor lembrou estas calamidades e mandounas contra nós. O Señor é xusto en tódalas accións que nos mandou cumprir, [10]pero nós non lle fixemos caso á súa voz para que camiñasemos conforme os preceptos que o Señor puxo ante a nosa presencia.

B) Súplica

[11]Pero agora, Señor, Deus de Israel, ti que sacácheo-lo teu pobo do país de Exipto con man poderosa, con sinais, con prodixios e con grande poder e con brazo en alto, e conseguiches para ti mesmo un renome, coma o que hoxe se ve: [12]nós, Señor, noso Deus, temos pecado e cometido impiedades e inxustizas contra tódolos teus decretos. [13]Apártese o teu furor de nós, porque quedamos uns pouquiños, abandonados entre as nacións onde nos dispersaches. [14]Escoita, Señor, a nosa oración e a nosa súplica, e líbranos por ti mesmo. Concédenos atopar favor ante a presencia dos que nos deportaron, [15]para que toda a terra recoñeza que ti e-lo Señor, noso Deus, porque o teu Nome foi invocado sobre Israel e sobre a súa raza. [16]Señor, olla para abaixo desde a túa santa Casa, e pensa en nós. Achega o teu oído, e

---

1, 18 As expresións deste v son características do Dt (**4,** 8. 30; **11,** 26. 32) e de Xer (**3,** 13. 25; **7,** 23).
1, 20 Alusión ó cumprimento das maldicións pola infidelidade á alianza (cf Dt **27,** 15-26; **28,** 15-68; Dn **9,** 11).
Terra que deita leite e mel: terra paradisíaca e don gratuíto de Deus.
2, 2 *Na Lei de Moisés:* alusión a Lev **26,** 27-29 e Dt **28,** 53-57. Situación semellante á descrita en 2Re **6,** 28. 29; Xer **19,** 9; Lam **2,** 20s; Ez **50,** 10. Segundo Xosefo, repítense no asedio de Xerusalén, o ano 70 d. C.
2, 5 O autor sente que o pecado da súa comunidade é continuación do pecado dos xudeus do século VI, aínda que o castigo sexa distinto.
2, 8 *Rostro de Señor:* alude á presencia salvífica de Deus.
2, 9 *Xusto:* ten aquí o senso de xustiza salvífica (igual ca en **1,** 15 e **2,** 6).
2, 11-3, 8 Esta longa súplica apóiase nos seguintes motivos teolóxicos: o plan de Deus en favor do seu pobo, quedaría ensombrecido se non depón a súa ira (**2,** 11-13). Como froito da actuación de Deus, os máis necesitados daranlle gloria recoñecendo a súa forza salvadora (**2,** 18; cf **2,** 15) e tamén a súa fidelidade á promesa feita a Moisés (**2,** 29-35). Esta súplica, á parte de acada-lo perdón dos pecados e a conversión, trata de conseguir de Deus o favor da potencia dominante, por unha certa dignidade, a pesar da sumisión (**2,** 14. 24-25). A súplica conclúe cunha rápida oración (**3,** 1-8), na que se recollen desordenadamente os motivos expostos en **2,** 11-35.
2, 11 *Brazo en alto:* o autor ou traductor grego interpreta o tradicional "brazo estendido" (= sinal antropomórfico do poder omnipotente de Deus), coma brazo en alto, quizais por influxo das imaxes relixiosas gregas (Zeus, Palas-Atenea...).
2, 13 *Uns pouquiños:* é a traducción grega da noción hebrea do "resto" (cf Is **1,** 9; **4,** 2-3; Am **5,** 15).
2, 16 *A túa santa Casa* non é o templo de Xerusalén, senón o templo celeste de Deus, do que é unha copia o da terra (cf Dt **26,** 15; 1 Re **8,** 29. 30-32. 49).

escoita. ⁱ⁷Abre, Señor, os teus ollos e mira, porque non serán os mortos, no Hades, a quen o espírito lles foi quitado das entrañas, os que recoñecerán a gloria e as accións do Señor; ¹⁸serán, máis ben, os de ánimo moi entristecido, os que camiñan encollidos e enfermos, os ollos que escurecen e a gorxa que pasa fame, os que recoñezan, Señor, a túa gloria e a túa acción salvadora. ¹⁹Pois non é polas obras de xustiza dos nosos pais e dos nosos reis polo que nós suplicamos compaixón ante ti, Señor, noso Deus, ²⁰xa que lanzáche-lo teu furor e a túa ira contra nós, tal como o anunciaras por medio dos teus servos, os profetas, dicindo:

²¹"Así fala o Señor: inclinade o voso lombo e servide o rei de Babilonia, e asentádevos na terra que eu lles dei a vosos pais. ²²Pero se non facedes caso da voz do Señor, servindo o rei de Babilonia, ²³eu farei que desapareza das cidades de Xudá e de Xerusalén o canto de alegría e o canto de pracer, o canto do noivo e o canto da noiva, e todo o país se volverá algo intransitable, sen habitantes".

²⁴Pero nós non lle fixemos caso á túa orde de servi-lo rei de Babilonia, e ti cumpríchelas túas palabras, que revelaras por medio dos teus servos os profetas, de deporta-las persoas dos nosos reis e as persoas de nosos pais, dos seus lugares. ²⁵E velaí están tirados os seus ósos á calor do día e á xeada da noite, pois morreron con terribles sufrimentos: coa fame, coa espada e coa separación. ²⁶A Casa onde se invoca o teu Nome volvíchela tal como está o día de hoxe, por culpa da ruindade da casa de Israel e da casa de Xudá.

²⁷Non obstante, ti, Señor, noso Deus, comportácheste connosco conforme á túa inmensa indulxencia e á túa grande compaixón, ²⁸tal como o dixeras por medio do teu servo Moisés, cando ti lle mandaches escribi-la túa Lei diante dos fillos de Israel:

²⁹"Se non lle facedes caso á miña voz, esta grande e numerosa multitude volverase pouca cousa entre as xentes onde os hei de dispersar, ³⁰porque sei ben que non me farán caso, pois son un pobo de cabeza dura. Pero converterase o seu corazón no país do seu desterro, ³¹e recoñecerán que eu son o Señor, o seu Deus, e eu dareilles corazón e oídos para que poidan facer caso; ³²louvaranme no país do seu desterro e lembraranse do meu Nome. ³³Apartaranse da súa obstinación e dos seus malos feitos, pois lembraranse do comportamento de seus pais; de como pecaron contra o Señor. ³⁴E eu fareinos volver á terra que lles prometín con xuramento a seus pais, a Abraham, Isaac e Xacob, e serán os señores dela. ¡Si, multiplicareinos e non minguarán de ningún xeito! ³⁵Establecerei con eles unha alianza eterna, de modo que eu sexa o seu Deus e eles sexan o meu pobo, e non volverei a mover ó meu pobo da terra que lle dei".

3 ¹Señor todopoderoso, Deus de Israel, un ánimo angustiado e un espírito esmorecido está clamando a ti.

²Escoita, Señor, e ten piedade, pois pecamos contra ti.

³Ti es Rei para sempre, pero nós para sempre estamos perdidos.

⁴Señor todopoderoso, Deus de Israel, escoita a súplica dos desgraciados de Israel, dos fillos que pecaron contra ti,

---

Para o semita, o espírito infúndeselle ó home antes de nacer, nos ósos (Ecl **11**, 5), e pervive neles despois de morto; pero quítaselle entón das entrañas (base dos sentimentos e emocións).

2, 17 *As accións* do Señor: lit. "xustiza", no senso de xustificación (cf Rm **4**, 20), e en paralelo con gloria (=presencia salvífica de Deus).

2, 21-23 O autor, servíndose dos escritos de Xeremías (**27**, 12 e **7**, 34; cf **33**, 10-11), xustifica o desterro e mesma a diáspora pola culpa do pobo; o texto deixa entreve-la existencia dalgún movemento de oposición violenta ás autoridades pagás, ó estilo dos Macabeos, ó que o autor se opón.

2, 24 Outros traducen neste v "as persoas" por "os ósos"; e "os seus lugares" por "as súas sepulturas", considerando o texto coma unha alusión a Xer **8**, 1ss e **36**, 30. Esta interpretación non ten en conta o contexto (v 25), onde se supón que os ósos son enterrados, nin o feito de que o vocábulo hebreo que está por debaixo significa, ademais de ósos, a mesma persoa —o máis íntimo e sacral da persoa—, pois son a base estable do espírito (cf nota ó v 15).

2, 25 O termo que traducimos por *separación* refírese ó exilio, anque podería ter tamén o senso de peste (cf Xer **32**, 36).

2, 26 O autor, que presenta o libro coma obra de Baruc, ten que situarse na época da deportación, e presenta-lo templo destruído.

2, 29-35 Este discurso divino, composto de frases do Pentateuco (Lev **26**, 14-45; Dt **4**, 25-31; **28**, 58-68; **30**, 10), acaba cunha referencia clara á alianza eterna anunciada polos profetas (Xer **31**, 31-34; **32**, 40; **33**, 20-21; cf Ez **36**, 37). A súa mensaxe é que a situación que lle seguirá o desterro será unha situación nova e definitiva, os tempos mesiánicos (cf nota a **1**, 1-14).

3, 1-8 Esta súplica final, preparada polo discurso divino de **2**, 29-35, resume os temas de toda a oración penitencial.

3, 3 *Es Rei:* lit. "estás sentado" ou "entronizado".

3, 4 *Desgraciados de Israel:* lit. "mortos", pero no senso de estaren privados dunha vida feliz. Algúns traducen "defuntos", pensando nunha lectura incorrecta do texto hebreo; pero esta hipótese esquece o paralelismo de morte-pecado, e o senso amplo da morte na antropoloxía semita (cf Is **59**, 10; Lam **3**, 6; Ez **37**, 11).

que non fixeron caso da voz do Señor, o seu Deus, e, por isto, nos perseguiron desgracias.
⁵Non te lembres das inxustizas dos nosos pais, lémbrate nesta hora do teu poder e do teu Nome,
⁶porque ti e-lo Señor, noso Deus, e louvarémoste, Señor.
⁷Para isto puxéche-la fe en ti no noso corazón,
para que o teu Nome fose invocado e para que te louvasemos no noso desterro.
Apartamos xa do noso corazón toda a iniquidade dos nosos pais, que pecaron contra ti.
⁸Óllanos aquí no noso desterro, onde nos dispersaches,
convertidos no escarnio, na maldición e no pago de toda a iniquidade de nosos pais, que se apartaron do Señor, noso Deus.

Meditación sapiencial: A) Exhortación a escoitar para aprende-la Sabedoría

⁹Escoita, Israel, mandamentos de vida; atende ben, para aprender a discernir.
¹⁰¿Que sucede, Israel? ¿Por que estás no país dos inimigos,
e avellentaches nun país estranxeiro?
¹¹¿Por que te volviches impuro cos seus cadáveres,
e fuches contado cos que van ó Hades?
¹²Abandonáche-la fonte da sabedoría.
¹³Se camiñases polo vieiro de Deus, habitarías en paz para sempre.

¹⁴Aprende onde está o discernir,
onde está a forza,
onde está a intelixencia para coñecer;
aprende tamén onde está a vida longa e a felicidade,
onde está a luz dos ollos e a paz.

B) A Sabedoría é inaccesible ó home

¹⁵¿Quen atopou o seu lugar?
¿Quen entrou nos seus tesouros?
¹⁶¿Onde están os xefes das nacións
e os señores das feras da terra?
¹⁷¿Os que xogan cos paxaros do ceo
e fan os seus tesouros con prata e con ouro
—o ouro no que os homes tiñan posta a súa confianza—,
aqueles dos que a cobiza non ten fin?
¹⁸¿U-los que labran con todo coidado o ouro,
e nin sequera hai invención ningunha nas súas obras?
¹⁹Desapareceron e baixaron ó Hades,
e outros ocuparon o seu posto.
²⁰Outros máis novos viron a luz
e habitaron na terra,
pero o camiño da sabedoría non o coñeceron,
²¹nin fixeron caso dos seus vieiros,
nin se preocuparon dela;
os seus fillos quedaron atrás dos mesmos pais.
²²Non se oíu en Canaán,
nin se viu en Temán,

3, 5 *Poder:* lit. "man", con senso salvífico, en paralelo con "Nome", o que equivale ó dinamismo salvífico de Deus.
3, 7 *Fe en ti:* lit. "o teu temor"; que é a resposta do home á revelación, o que hoxe chamamos fe, que nos move a invocar a Deus.
3, 9-4, 4 Esta unidade é unha meditación sobre a sabedoría revelada coma fonte de vida e felicidade, que contrasta coa suposta situación de desterro ou diáspora. Consta de dúas partes, ás que precede e segue unha exhortación: a) **3, 9-14:** *exhortación* a escoitar para aprende-la sabedoría, e así acada-la felicidade, resolvendo a triste situación do desterro-diáspora; b) **3, 15-31:** Estes vv, despois de presentar unha serie de falsas sabedorías (a dos ricos e xefes de nacións, a dos ourives, a dos pobos veciños, a dos xigantes) conclúen que a auténtica sabedoría, ó ser transcendente, élle inaccesible ó home; c) **3, 32-4,** 1: Deus coñece a sabedoría e inventaa na súa obra creadora, ó mesmo tempo que na alianza lla ensina a Xacob. A verdadeira sabedoría vén, pois, de Deus e identifícase coa Lei e os mandamentos. Esta sabedoría leva á vida feliz; d) **4, 2-4:** exhortación á conversión, de xeito que un pobo da Diáspora, acollendo a sabedoría revelada, supere as súas amarguras e fracasos.
3, 9 *Escoita, Israel* (cf Dt **5,** 1; **6,** 4). Deste xeito comeza a "Xemá" ou profesión de fe de Israel, e dun modo semellante comezan as leccións do mestre da sabedoría ("escoita, meu fillo").
Mandamentos de vida: mandamentos que dan a felicidade e o éxito.
3, 11 O contacto cos pagáns na Diáspora volve ritualmente impuros os xudeus (Am **7,** 17), o mesmo có contacto cos cadáveres (Lev **16,** 29; **23,** 27). Viven en terra estraña, e viven sen felicidade, coma mortos (cf Ez **37**).
3, 12 *A fonte da sabedoría* (= vida) é Deus (cf Eclo **1,** 1-4; Is **8,** 6; Xer **2,** 13; **17,** 13).
3, 13 *Paz,* no senso de fartura, felicidade, éxito, pois estes son os froitos da sabedoría, como expresa o v 14.
3, 14 *Felicidade:* lit. "vida" (cf nota ó v 4). *A luz dos ollos* é aquí o desexo de bens materiais, como se deduce de Dt **28,** 54. **56** e Mt **6,** 22 e paral. Con este senso encaixa ben o vocábulo "paz" no mundo semita (cf v 13 e nota).
3, 16s Trata a frase de distintas mostras de sabedoría, no senso de habilidade para a doma dos animais, para o dominio dos pobos ou para conseguí-las riquezas, pero a todas elas as declara falsas, por fomenta-la cobiza.
3, 18 *Invención.* Algúns traducen "traza", rastro, entendendo o v coma referido á desaparición sen rastro das obras de arte; pero o senso de "invención" vén requerido polo v 21: as técnicas dos pais non foron seguidas polos fillos, que, lonxe de progresar, quedaron atrás dos seus devanceiros.

²³nin os fillos de Agar que procuran o saber sobre a terra,
nin os arrieiros de Merrán e de Temán,
os expertos en mitos e os que buscan o saber,
non coñeceron o camiño da sabedoría
nin se lembraron dos seus vieiros.
²⁴Israel, ¡que grande é a Casa do teu Deus!
¡Que ancho é o lugar dos seus dominios!
²⁵Grande, e non ten fin;
alto, e non ten medida.
²⁶Alí foron xerados os famosos xigantes dun tempo,
foron grandes, expertos na guerra.
²⁷Pero a estes non os escolleu Deus,
nin lles ensinou o camiño da ciencia,
²⁸e pereceron por non teren discernimento,
pereceron por falta de reflexión.
²⁹¿Quen subiu ó ceo para colle-la sabedoría
e facela baixar desde as nubes?
³⁰¿Quen pasou á outra beira do mar,
para buscala e traela a prezo de ouro precioso?
³¹Non hai quen coñeza o seu camiño,
nin quen discorra o seu vieiro.

C) Tan só Deus a coñece e, coa Lei, deulla a Israel

³²Pero o que o sabe todo, coñécea,
invéntaa co seu saber.
O que formou a terra para a eternidade,
encheuna de animais de catro patas.
³³O que lle manda á luz que veña,
chamouna e ela obedeceu con temor.
³⁴As estrelas lampexaron lediciosas nos seus escondedoiros,
³⁵El chamounas e respondéronlle:
"¡Aquí estamos!"
Lampexaron con ledicia para o seu Creador.
³⁶Este é o noso Deus,
non hai outro a El comparable.
³⁷El inventou todo o camiño da sabedoría
e ensinoullo a Xacob,
o seu servo, e a Israel, o seu benquerido.
³⁸Despois disto, a sabedoría apareceu sobre a terra
e viviu entre os homes.

4 ¹Ela é o libro dos mandamentos de Deus,
a Lei que permanece para sempre.
Tódolos que a aprezan terán a vida,
e os que a deixan a un lado perecerán.

Exhortación á conversión e a camiñar á luz da Lei

²Convértete, Xacob, e abrázaa;
camiña cara á claridade, ó encontro da súa luz.
³Non lle deas ó outro a túa gloria;
nin os teus privilexios a unha nación estranxeira.
⁴Somos felices, Israel,
porque o que agrada a Deus déusenos a coñecer.

Exhortación e consolación profética de Xerusalén: A) Exhortación ós exiliados

⁵¡Ten coraxe, meu pobo, memorial de Israel!
⁶Fostes vendidos ás nacións,
pero non para a perdición;
por anoxardes a Deus

3, 22-23 Coas referencias a Canaán (Filistea), a Temán (cidade de Edom), ós fillos de Agar (os ismaelitas, tribos do norte de Arabia), a Merrán (que algúns interpretan Madián, ó sur de Edom e ó nacente do golfo de Áqaba), quere o autor nega-la validez da sabedoría, tan famosa entón, daqueles pobos veciños.
3, 29-31 Expresións tomadas de Dt **30**, 11-14, onde se refiren á Lei e que expresan a imposibilidade do home de chegar a conseguir-lo coñecemento da Lei revelada. Expresan aquí a transcendencia da verdadeira sabedoría. Prepárase así a identificación da sabedoría coa Lei revelada (**4**, 1).
3, 32 Deus, significado polo título "O que o sabe todo", é o autor ou inventor da sabedoría, da que deu mostras claras na creación.
3, 33-35 Non se fala aquí da luz coma obra creada por Deus (v 35b), senón coma símbolo da sabedoría. Así como a luz guía ó home no seu camiñar, tamén a sabedoría guía ó sabio no seu comportamento. Deste xeito, o Deus creador da luz vólvese autor e creador da sabedoría (v 37).
3, 37 A revelación divina ós patriarcas interprétase coma revelación da sabedoría transcendente.

Algunhas versións e algúns escritos eclesiásticos antigos entenderon este v en senso mesiánico, tomando pé das expresións "o seu servo" e "o seu benquerido". Con todo, o contexto esixe considerar coma suxeito a sabedoría, e esas expresións como referidas a Xacob-Israel, o pobo.
4, 1 Esta identificación da sabedoría revelada (que aluma o camiño dos homes) coa Lei e co libro dos mandamentos, vén preparada pola cita de Dt **30**, 10-14 (cf nota a **3**, 29-31). A mesma identificación aparece no Sirácida (**24**, 24). Constitúe o cume da súa exposición sapiencial e prepara a chamada á conversión e a camiñar na claridade da súa luz (vv 2ss).
4, 3 A *gloria* de Xudá é a Lei que lle foi dada, e que constitúe a razón da súa esperanza de felicidade.
4, 5 *Memorial:* era a parte da ofrenda de vexetais que se consumía no altar dos perfumes en honor de Deus. Paralelamente, o exilio e a diáspora son ofrenda expiatoria por Israel.
4, 5-5, 9 Esta última sección de Baruc é de estilo profético, ó xeito do II e III Is (cf Introd., 2). Consta de diversas partes: a) na estrofa introductoria (vv 5-8) o profeta consola os deportados ou os da Diáspora, dicíndolles que a súa situación é consecuencia dos seus pecados contra

fostes entregados ós vosos inimigos,
⁷pois enchestes de ira ó voso creador,
ofrecendo sacrificios ós demos e non a Deus.
⁸Esquecéste-lo Deus eterno que vos deu de comer,
e entristecestes a Xerusalén, que vos alimentou.

B) Xerusalén exhorta e consola os seus fillos

⁹Velaí, Xerusalén viu a ira
que viña contra vós de parte de Deus, e dixo:
"Escoitade, veciñas de Sión,
Deus trae sobre min unha gran dor,
¹⁰pois vin a deportación dos meus fillos e das miñas fillas,
que o Eterno fixo vir sobre eles.
¹¹Crieinos con gozo,
pero mandeinos con xemidos e con dores.
¹²Que ninguén se alegre por min,
viúva e abandonada de todos.
Volvinme un deserto polos pecados dos meus fillos,
porque se apartaron da Lei de Deus
¹³e non coñeceron os seus preceptos,
nin camiñaron polos camiños dos seus mandamentos,
nin marcharon polos vieiros da educación conforme a súa xustiza.
¹⁴¡Que veñan as veciñas de Sión!
Si, lembrádevos da cativadade dos meus fillos e das miñas fillas,
da cativadade que o Eterno lles botou enriba,
¹⁵pois trouxo contra eles unha nación de lonxe,
unha nación fachendosa, e de lingua estraña,
que non tivo respecto ó ancián
nin piedade co meniño,
¹⁶que levou os fillos queridos da viúva
e que a deixou soa, privada das súas fillas.
¹⁷E eu, ¿en que vos podo axudar?
¹⁸Pero o que trouxo estas calamidades sobre vós,
libraravos das mans dos inimigos.
¹⁹Camiñade, filliños, camiñade,
que eu quedei feita un deserto.
²⁰Xa quitei a roupa da fartura
e vestín o saco da miña súplica,
clamarei ó Eterno durante os meus días.
²¹Tede ánimo, filliños.
Clamade a Deus,
que El vos librará da tiranía, da man dos inimigos,
²²pois eu puxen no Eterno a esperanza da vosa salvación,
e xa me veu do Santo unha ledicia,
pola misericordia
que moi logo vos virá do voso eterno Salvador.
²³Pois mandeivos con dor e xemidos,
pero Deus devolveravos a min
con ledicia e gozo para sempre.
²⁴Como as veciñas de Sión viron o voso desterro,
así verán axiña a salvación que vén do voso Deus;
salvación que vos virá coa grande gloria e co esplendor do Eterno.
²⁵Filliños, aguantade con paciencia a ira de Deus que veu sobre vós.
O teu inimigo perseguiute,
pero ben logo vera-la súa ruína
e camiñarás sobre as súas cabezas.
²⁶Os meus meniños mimados marcharon por camiños esgrevios,
fóronme arrebatados coma un rabaño roubado polos inimigos.
²⁷Ánimo, meniños: clamade a Deus,
que o que vos castigou lembrarase de vós.

Deus e contra Xerusalén, e que terá remedio; b) seguen seis estrofas (vv 9-13; 14-18; 19-20; 21-24; 25-26; 27-29), nas que Xerusalén se queixa, exhorta e consola as cidades veciñas e seus fillos, anunciándolles que a situación rematará cando Deus depoña a súa ira. Xerusalén aparece coma inocente fronte ós seus fillos culpables, e está simbolizada nunha matrona-nai que leva esperanzas ós seus fillos deportados; c) acaba a sección con catro estrofas (**4**, 30-35. 36-37; **5**, 1-4. 5-9), nas que o profeta anima e consola a Xerusalén coa volta dos seus fillos desde o nacente e o poñente (o que supón un ambiente de Diáspora, e non de exilio en Babilonia).

4, 10 *O Eterno:* nome divino usado por Baruc nesta sección para expresa-la inmutabilidade do plan de Deus, que traerá salvación, unha vez purificado polo castigo.

4, 12 *De todos.* O grego "pol-lón", correspondente ó hebreo "rabbim", significa moitos por oposición a "poucos", e vén equivaler a "todos".

4, 17 *Eu.* Refírese a Xerusalén.

4, 18 *Trouxo sobre.* O verbo empregado ten o senso de levar, pero en Baruc ten máis ben o de traer sobre alguén unha calamidade, castigar (cf v 27).

4, 20 *Roupa da fartura:* lit. "da paz", no senso reflexado na nota a **3**, 13. Vai contraposto a "saco da miña súplica", alusivo á roupa feita con febras vexetais moi ásperas (esparto normalmente), e que se vestía para a lamentación colectiva.

4, 23 *Ledicia e gozo,* reflexan a disposición de ánimo dos que voltan para a súa terra, desde a Diáspora (**4**, 29. 36) ou desde o exilio (Is **51**, 3-11; **52**, 9; **55**, 12; **60**, 15; **61**, 3).

4, 25 *Camiñar sobre as cabezas:* era un xesto para humilla-lo vencido, implantado polos asirios no século VIII a. C.

²⁸Como discorrestes para vos apartardes de Deus,
así, unha vez convertidos a El, buscádeo con moitos máis azos.
²⁹Porque o que vos mandou estas desgracias,
mandarávo-la alegría eterna xunto coa vosa salvación".

O profeta consola a Xerusalén

³⁰¡Ánimo, Xerusalén!
Que o que che deu o seu nome consolarate.
³¹Malditos os que che fixeron mal e se alegraron coa túa caída.
³²Malditas as cidades ás que serviron teus fillos,
maldita a que recibiu os teus fillos,
³³pois, o mesmo que se alegrou da túa caída
e se encheu de gozo pola túa ruína,
así entristecerá por quedar erma ela mesma.
³⁴Certo, quitareille a alegría á súa poboación numerosa,
e a súa fachenda converterase en dor.
³⁵Pois o Eterno fará vir sobre ela un incendio durante moitos días,
e estará habitada polos demos durante moito tempo.
³⁶Mira para o nacente, Xerusalén,
e olla a ledicia que vén de Deus.
³⁷Velaí veñen os teus fillos, os que ti deixaches marchar,
veñen desde o nacente ata o poñente,
reunidos pola palabra do Santo,
alegrándose coa gloria de Deus.

5 ¹Xerusalén, quita o vestido da túa dor e da túa desgracia,
e viste para sempre o esplendor da gloria que vén de Deus.
²Envólvete no manto glorioso da xustiza que vén de Deus:
pon na túa cabeza a diadema da gloria do Eterno.
³Deus vai mostra-lo teu esplendor a toda cidade baixo o ceo,
⁴pois Deus fará que o teu nome sexa para sempre "paz da Xustiza e Gloria da Piedade diante de Deus".
⁵Ponte de pé, Xerusalén, ponte de pé no alto,
e mira cara ó nacente,
olla ós teus fillos reunidos pola palabra do Santo,
alegres pola lembranza do Señor
desde o poñente ata o nacente.
⁶Saíron de onda ti,
levados a pé polos inimigos,
pero Deus devólvechos en andas de gloria,
coma un trono de realeza.
⁷Pois mandou o Señor que se rebaixasen os montes altos e os vellos outeiros
e que os barrancos se enchesen volvéndose chairas,
para que Israel camiñe con paso seguro, guiado pola gloria de Deus;
⁸e por orde de Deus as árbores do bosque e as plantas recendentes
déronlle sombra a Israel.
⁹Si, Deus conducirá a Israel con alegría á luz da súa gloria,
coa misericordia e a xustiza que están con El.

4, 30 Coa expresión "cidade de Iavé" (implícita no texto), expresábase a pertenza a Iavé da cidade de Xerusalén, lugar onde Deus habitaba (cf Is 60, 14; 62, 4. 12; Xer 33, 16).
4, 35 *Estar habitada polos demos* equivale a quedar deserta, pois o deserto era a morada dos demos.
4, 36 *O nacente* é no II Is o lugar de onde vén a Salvación (cf Is 41, 2. 25; 46, 11; Mt 2, 2). Non obstante, neste caso veñen de todas partes (cf v 37) por onde estaban dispersados.
5, 4 O nome de Xerusalén ten o valor da súa futura significación: paz (fartura, prosperidade), que vén da acción salvífica de Deus, verdadeira xustiza e gloria do pobo.
5, 9 Esta última estrofa, moi próxima ó Sal 11 do libro apócrifo dos Salmos de Salomón, describe a volta da Diáspora coma un segundo Éxodo, ó estilo do II e III Is.
5, 6 *En andas de gloria*: lit. "levantados con gloria"

INTRODUCCIÓN Á CARTA DE XEREMÍAS

Como deixamos dito na Introducción ó libro de Baruc, esta peza literaria, ausente da Biblia hebrea, constituíu para a tradición grega unha unidade independente do libro de Baruc. A mesma traducción "Vetus Latina", que pasou á Vulgata, aínda que a coloca coma o 6.° c. de Baruc, conservou o prólogo da Carta, para significa-la súa independencia. Por estas razóns, tratámo-la Carta de Xeremías coma unha obra independente.

A obriña preséntase coma unha carta de Xeremías ós exiliados, tomando ocasión do dato ofrecido en Xer **29**; pero, se atendemos ó contido, non podemos pensa-lo mesmo, pois é unha homilía expositiva e exhortativa, na que se critica sarcasticamente a vacuidade e inutilidade dos ídolos e do seu culto. Cada párrafo conclúe cunha fórmula exhortativa, repetida con pequenas variacións nos vv 4.14. 22.39.44.50.51.56.64.68.71. A finalidade de tal homilía era, sen dúbida, a liturxia sinagogal (a súa estructura expositiva e exhortativa é semellante á da Carta ós Hebreos).

O escrito non está pensado para a polémica contra os babilonios —aínda que parte da identificación dos ídolos coas súas imaxes—, senón que é un reforzamento das conviccións hebreas, que prohibían o uso cúltico das imaxes. Este sermón non é de Xeremías, pois aínda que teña coma antecedente Xer **10**, 1-16, depende tamén do II Is (cf Is **40**, 19-20; **41**, 67; **44**, 9-20; **46**, 1-9), e vai continuar en Sab **13-15** e Rm **1**, 18-32.

A descrición das prácticas idolátricas é moi detallada e plástica, o que dá pé para o coñecemento das mesmas. Na súa ficción de carta de Xeremías ós deportados a Babilonia, é lóxico que se refira ás prácticas caldeas, con alusións ó culto de Marduk (= Bel) e de Ixtar, divinidades que teñen o seu paralelo no culto siro-fenicio en Hadad (= Baal e Axtarté), con formas cúlticas moi semellantes ás babilónicas. En Homero estas divinidades pasan ó culto grego, especialmente Ixtar, que é a Afrodita protectora dos troianos, asumindo Zeus as prerrogativas de Baal.

Con todo, as referencias ó culto babilónico non ofrecen dúbida, e veñen coincidir cun florecemento destes cultos na época helenística, no tempo dos seléucidas. Así, a Carta de Xeremías resulta ser unha homilía para evita-los perigos deste culto tentador. A homilía foi escrita probablemente en hebreo ou en arameo; cando menos, depende do hebreo, pois o v 69 é paralelo co hebreo de Xer **10**, 5, que debeu destinarse ás comunidades hebreas da diáspora babilónica durante a época seléucida. O texto semita orixinario perdeuse, e soamente se conservou o texto grego, que é anterior ó século I a.C., pois atopouse en Qumrân un fragmento cos vv 43-44, que data do ano 100 a.C.

Téñase en conta que o helenismo supuxo un renacemento e internacionalización das diferentes culturas tradicionais dos diversos pobos. Este feito cultural dificulta a fixación dos destinatarios, pois atópanse en Siria, na época seléucida, formas cúlticas moi semellantes. Sen embargo, as referencias ó culto pagán, presentes na Carta, resultan máis claras referíndoas ó culto babilónico de Bel (= Marduk), o deus da guerra (v 14), da fortuna (v 34), da xustiza (v 13) e da chuvia (v 52), e tamén ó culto da deusa Ixtar, deusa do amor e mais da guerra, cun sacerdocio feminino (vv 28-29) e con prostitución sagrada (vv 42-43).

CARTA DE XEREMÍAS

Copia da carta mandada por Xeremías ós deportados a Babilonia, que ían ser castigados polo rei de Babilonia, para lles anuncia-lo que lle foi mandado por Deus.

1 [1]Polos pecados cos que pecastes contra Deus, unha vez levados cativos a Babilonia, seredes aflixidos por Nabucodonosor, rei de Babilonia. [2]Cando entredes en Babilonia, estaredes alí moitos anos e longo tempo, ata sete xeracións; despois disto, sacareivos de alí con fartura. [3]Durante ese tempo ides ver en Babilonia deuses de prata, de ouro e de madeira, levados ós ombreiros, que lles infunden terror ós xentís. [4]Tede coidado, pois, de non vos asemellardes en nada a eles imitando ós doutras razas, e de que o terror ante eses deuses non vos afecte a vós, [5]vendo a multitude que por diante e por detrás os adora. Tede sentido, e dicide: "A ti, Señor, hai que adorar". [6]Pois o meu anxo está convosco, e el é o que pedirá contas das vosas vidas.

[7]A boca dos ídolos está limada polo escultor, están recubertos de ouro e de prata; son falsos e non poden falar. [8]Coma se fose para unha moza presumida, estas xentes preparan coroas de ouro para pór na cabeza dos seus deuses. [9]E mesmo acontece ás veces que os sacerdotes lles collen ás agachadas ouro e prata ós seus deuses, para gastaren no seu propio proveito, e chegan a dárllelo ás prostitutas que están na terraza. [10]Tamén os adornan con vestidos, coma se fosen homes, sendo así que son deuses de ouro, de prata e de madeira, que non se libran da traza e da ferruxe. [11]Están vestidos de púrpura, pero teñen que lles limpa-la cara, por causa do po do templo que se amontoa sobre eles. [12]É xuíz da rexión, e ten un cetro, pero non é capaz de eliminar a quen o insulta. [13]Ten na man dereita un puñal e unha machada, pero non se defende dunha agresión, nin dos ladróns.

[14]Con isto deixan ver claramente que non son deuses; non lles teñades respecto. [15]O mesmo que un cacharro da casa, ó romper, resulta inservible, así son os seus deuses, unha vez que os poñen nos seus templos. [16]Os seus ollos están cheos do po dos pés dos que alí entran. [17]O mesmo que a un que inxuriou a un rei o pechan seguro no cárcere coma ós condenados a morte, así os sacerdotes fortifican os seus templos con portóns, ferrollos e trancas, para que non sexan roubados polos ladróns. [18]Os sacerdotes prenden máis lámpadas das que eles mesmos precisan, aínda que os deuses non poden ver ningunha delas. [19]Resulta que son coma unha trabe das do templo, das que se di que o seu interior ten a traza, pero eles non senten os vermes que os devoran a eles e os seus vestidos. [20]Teñen a cara ennegrecida co fume do templo. [21]Sobre os seus corpos e as súas cabezas, voan morcegos, andoriñas e paxaros, e por alí andan os gatos.

[22]Con isto comprenderedes que non son deuses; non lles teñades respecto. [23]Pois eles non farían brilla-lo ouro que coma adorno os recobre, se alguén non lles limpase o ferruxe, pois nin se daban de conta cando os forxaban. [24]Foron comprados a moito prezo, pero nin sequera hai espírito neles. [25]Por non teren pés, son levados nos ombreiros, mostrándolles así ós homes a súa propia deshonra; e mesmo os que os axudan senten vergonza, porque, se algunha vez caen ó chan, teñen que ser levantados por eles; [26]e porque, se un o pon dereito, non se pode el inclinar por si mesmo, e, se se inclina, xa non se pode erguer. Pois as ofrendas preséntanselles a eles o mesmo ca ós mortos.

1, 2 As *sete xeracións* (= un montón de tempo), reforma o dato de Xer **27,** 7 (tres xeracións), e o dos 70 anos, de Xer **25,** 11-12; **29,** 10; cf 2 Cro **36,** 21; Dn **9,** 2. A razón do cambio é que, para o noso autor, o exilio continúa teoloxicamente coa diáspora, non obstante a reconstrucción do templo e da cidade de Xerusalén a partir do 538.
1, 3 *Levados nos ombreiros:* referencia á procesión da festa do Ano Novo en Babilonia (cf v 5).
1, 9 *Terraza.* Segundo Heródoto (I. 181-182), o templo de Zeus-Bel, construído en forma de zigurat, tiña no último piso unha capela para unha sacerdotisa, esposa de Zeus, que alí durmía. O mesmo costume existía en Tebas (Exipto), e en Patara de Licia (Heródoto II. 182).
1, 12 *Xuíz.* En grego, sen artigo, ten o valor dun título da divindade, e expresa a súa función protectora e punitiva.
1, 17 Esta comparación dos deuses pechados no santuario, cos malfeitores no cárcere, atópase tamén en Filón de Alexandría ("De Decalogo", 74).
1, 17 *Cárcere.* A palabra grega significa *"patio".* Pero o patio do pazo do rei era cárcere (cf Xer **37,** 21).
1, 24-26 Recollen os temas habituais da polémica contra os ídolos: falta de espírito (Sal **135,** 17; Xer **10,** 14; Hab **2,** 19) e incapacidade para se moveren (Sal **115,** 7; Is **46,** 7; Xer**10,**5).
1, 25 *Mesmo os que os...:* cf nota ó v 5.
1, 26 *As ofrendas* de comida non tiñan cabida no ritual fúnebre hebreo (cf Dt **26,** 14; Tob **4,** 18; Eclo **30,** 18). Por iso as ofrendas idolátricas considéranse coma inútiles, feitas ós mortos.

²⁷Os seus sacerdotes venden as carnes dos sacrificios e sacan proveito; e as mulleres dos sacerdotes non reparten co pobre e co enfermo, senón que poñen esas carnes en salmoira. A muller menstruante e a recén parida tócanlles ás carnes sacrificiais. ²⁸Sabedes, pois, que non son deuses; non lles teñades respecto.

²⁹¿De onde vén, logo, que se chamen deuses? Son simples mulleres as que presentan a ofrenda a deuses de ouro, de prata e de pau; ³⁰os sacerdotes que están nos seus templos conducen os carros coas túnicas rachadas e coas cabezas e barbas rapadas, ³¹e, como se fai no banquete por un morto, berran coa cabeza descuberta, clamando diante dos seus deuses; ³²cos vestidos que os sacerdotes lles quitan ós deuses, visten as súas mulleres e os fillos.

³³Se non senten o ben nin o mal de parte dun calquera, non poderán devolver conforme o merecido; nin poden pór nin quitalo, ³⁴o mesmo que non poden dar riqueza nin diñeiro. Se un que fai un voto non o cumpre, non lle piden conta ningunha. ³⁵Non poden en absoluto salvar un home da morte, nin libra-lo débil do poderoso. ³⁶Non lle poden devolve-la vista a un cego, nin libra-lo que está non apreto. ³⁷Non poden sentir compaixón da viúva nin lle farán ben ó orfo. ³⁸Esas cousas de madeira recubertas de ouro e de prata son semellantes ás pedras traídas do monte; e os que lles dan culto hanse avergonzar. ³⁹¿Como se pode, pois, pensar e confesar que eles son deuses?

⁴⁰E aínda máis; os mesmos caldeos deshonran a estes deuses, pois, cando ven a un mudo que non é capaz de falar, lévano onda Bel e pídenlle que o mudo fale, coma se Bel fose capaz de escoitar. ⁴¹Non son capaces de discorrer para deixaren estas cousas, porque non teñen intelixencia. ⁴²Tamén as mulleres, cinguidas cunha corda, sentan nos camiños a queima-lo farelo; ⁴³e, cando algunha delas, solicitada por algún dos que pasan ó lado, se deita con el, despreza á súa compañeira porque non foi escollida e porque a súa corda non foi rompida. ⁴⁴Todo o que fan na súa honra, é mentira. ¿Como, pois, se pode crer e afirmar que eles son deuses?

⁴⁵Estes ídolos foron fabricados por artistas e ourives; por iso non son outra cousa do que os artistas queren que sexan. ⁴⁶E eles, os que fabrican estes ídolos, non duran moito tempo: ¿como poderán ser deuses as cousas fabricadas por eles?

⁴⁷Mentira e vergonza é o que lles deixaron ós seus descendentes. ⁴⁸Cando sobreveñen guerras e calamidades contra estes ídolos, os sacerdotes deliberan entre si onde esconderse cos ídolos. ⁴⁹¿Como, pois, non teñen a capacidade de comprender que non son deuses os que non son capaces de librarse a si mesmos da guerra e das calamidades? ⁵⁰Pois, sendo como son, anacos de madeira recubertos de ouro e prata, comprenderase que son mentira; quedaralles claro a tódolos xentís e ós seus reis que non son deuses, senón feitío das mans dos homes, e que non hai neles nada de divino. ⁵¹¿Quen non se decatará de que non son deuses?

⁵²Eles non poden suscita-lo rei da rexión, nin darlles ós homes a chuvia, ⁵³nin falla-los preitos entre eles, nin defende-lo inxuriado, sendo impotentes como son, pois son coma corvos voando entre o ceo e a terra. ⁵⁴Cando prenda o lume nos templos dos deuses de madeira recuberta con ouro e prata, entón os seus sacerdotes fuxirán para se salvar; pero eles arderán completamente, o mesmo cás trabes do teito. ⁵⁵Tampouco son capaces de lle facer fronte ó rei, nin ós inimigos. ⁵⁶¿Como, pois, se pode admitir ou crer que son deuses?

1, 27 En Israel o pobre e o enfermo eran invitados oficiais dos sacrificios (Dt **14,** 28-29; **26,** 12-14). O poñer en salmoira as carnes sacrificiais está prohibido en Israel, pois esas carnes santificaban o que tocaban. A muller en estado de impureza ritual (menstruación ou parto) execraba o sacrificio (Lev **12,** 2-3; **15,** 19-20).
1, 29 As *mulleres* nunca exerceron funcións sacerdotais, sen dúbida por razóns de pureza ritual e de falta de forza física.
1, 30 *Conducen...*: alusión ós carros das procesións cúlticas de Babilonia e Siria. O texto latino interpretou o grego no sentido de "están sentados", en vez de "conducen". As vestiduras rachadas e o rapado de pelo e da barba son ritos de dó fúnebre, que lles estaban prohibidos ós sacerdotes hebreos (Lev **21,** 5-6.10). O texto alude ós ritos fúnebres da festa do Ano Novo, na que se celebraba a morte e resurrección do deus Bel (cf Ez **8,** 14).
1, 33 Iavé nomea e rexeita o rei, en Israel (Xaúl, David, Roboam...) e incluso fóra de alí (cf Is **45,** 1-7: Ciro).
1, 35-37 Estas mostras da vitalidade de Iavé pertencían ós aspectos fundamentais da fe e do culto hebreo.
1, 42 Alusión ás prácticas da prostitución sagrada realizadas en Babilonia en honor de Axtarté (= Afrodita), das que nos informa con detalle Heródoto (Her I, 199). A corda cinguida á cabeza e o queimar farelos tiñan unha finalidade máxica e afrodisíaca.
1, 45-47 Estes vv son paráfrase de Is **44,** 11 e Xer **10,** 9. Aparecerán aínda máis ampliados en Sab **15,** 7-9.16-17.
1, 50 *Feitío* (obra) *das mans dos homes:* expresión habitual para nomea-los ídolos (cf Dt **4,** 28; 2 Re **19,** 18; Sal **115,** 4; **135,** 15; Sab **13,** 10).

⁵⁷Os deuses de madeira recuberta de ouro e prata nin sequera se poderán librar dos ladróns e dos salteadores, pois estes poden máis ca eles; arrincan o ouro e a prata, collen os vestidos que os cobren, e marchan; os deuses nin sequera se poden axudar a si mesmos. ⁵⁸É mellor ser un rei que presume da súa propia valentía ou mesmo un utensilio caseiro que lle fai servicio a quen o comprou, ca eses deuses falsos. Tamén é mellor ca eses deuses falsos a porta da casa, que garda as cousas que hai nela; ou mesmo unha columna de madeira nun pazo. ⁵⁹O sol, a lúa e as estrelas, que brillan e teñen unha función que cumprir, son obedientes; ⁶⁰do mesmo xeito, o lóstrego, cando se produce, é ben visible, e o mesmo vento sopra en toda a rexión; ⁶¹igualmente, cando Deus lles manda ás nubes que camiñen por toda a terra, elas cumpren o mandado; o lume, que é enviado desde arriba para consumi-los montes e os bosques, fai o que se lle mandou. ⁶²Pero aqueles ídolos nin no aspecto nin no poder se lles parecen; ⁶³por iso nin se han recoñecer nin proclamar coma deuses; non son capaces nin de fallar un xuízo nin de lles facer ben ós homes. ⁶⁴Pois sabedes que eles non son deuses, non lles teñades respecto.

⁶⁵Nin son capaces de maldici-los reis nin de bendicilos. ⁶⁶Tampouco non son capaces de lles mostrar ós xentís sinais no ceo, nin de resplandecer coma o sol, nin de alumar coma a lúa. ⁶⁷As feras do monte son superiores a eles, xa que son capaces de axudarse a si mesmas refuxiándose nunha cova. ⁶⁸De ningún xeito, pois, se nos mostran coma deuses; non lles teñades respecto.

⁶⁹O mesmo ca un espantallo no cabazal, que non garda nada, así son os seus deuses de madeira recuberta de ouro e prata. ⁷⁰Eses deuses parécense, polo seu aspecto, a unha silveira nun horto, onde pousa toda a paxarada, e tamén a un morto, posto nun lugar escuro. ⁷¹Pola púrpura e o luxo que van perdendo o brillo enriba deles, poderedes recoñecer que non son deuses; e ó cabo consumiranse e serán a vergonza do país. ⁷²Mellor, pois, ser un home xusto que non ten ídolos, pois estará lonxe da vergonza.

1, 57-58 Contrasta a inutilidade dos ídolos para se defender a si mesmos, coa utilidade dos outros elementos da creación: o rei, a porta da casa, ou a columna dun pazo.
1, 59-67 Son unha ampliación de Is **44,** 1-**46,** 13; Xer **10,** 10-13, onde se opón a inutilidade dos ídolos ó poder de Deus, demostrado na obediencia da creación ás súas ordes.

1, 69 *Cabazal:* lit. "plantación de cogombros", que é unha cita de Xer **10,** 15, segundo o hebreo (o que fai supoñer que o autor usou o texto hebreo de Xeremías).
1, 71 *Luxo.* O vocábulo grego empregado non soamente significa mármore, senon tamén brillantez, esplendidez, luxo.

INTRODUCCIÓN Ó PROFETA EZEQUIEL

1. Ezequiel e a súa personalidade

Ezequiel, segundo a cronoloxía interna do libro, tiña 30 anos cando recibiu a vocación profética no desterro; era o ano 593/2, que corresponde ó ano 5° da deportación de Ioaquín ou Ieconías, acontecida no ano 598/7. Era fillo do sacerdote Buzí, do templo de Xerusalén, que foi deportado xunto co devandito rei Ioaquín e os principais do reino. A profesión sacerdotal de seu pai e del mesmo refléxase no texto, especialmente nas fórmulas declaratorias propias da instrucción cúltica, nos oráculos en forma de "torah" profética, e no interese polo templo e a lexislación sagrada, dos cc. **40-48**.

Estaba casado e profundamente namorado da súa muller (**24**, 16.18), pero enviúva de repente, pouco antes da caída de Xerusalén (587/6).

A súa personalidade profética resulta un pouco especial, porque nel son frecuentes as visións profético-místicas de tipo dramático, que tanto influirán na apocalíptica, ata o punto de que moitos autores o consideran o pai da apocalíptica (cf **1**, 1-3, 15; **3**, 16ss; **3**, 22ss; **8-11**; **37**, 1-14; **40-48**). Son frecuentes tamén en Ezequiel as accións simbólicas e case mímicas, nas que deberon influí-la súa orixe sacerdotal e maila observación atenta do culto babilónico (cf a visión do carro da gloria de Iavé, inspirado no carro procesional de Marduk, na festa de Ano Novo). Tamén se percibe en Ezequiel unha certa propensión ó abatemento e insensibilidade, que o levan a quedarse mudo por tempadas (**3**, 26ss; **24**, 27; **33**, 22).

O feito de que algúns psicólogos consideren a súa personalidade coma a dun cataléptico (pois perde a fala) ou dun esquizofrénico (devora o rolo **3**, 8-10; **4**, 12-17), débese ó esquecemento do carácter simbólico da linguaxe profética e da función eminente de comunicación que corresponde ás accións simbólicas. Baixo o punto de vista literario, en Ezequiel atópase unha certa tendencia intelectual a compoñer grandes unidades perfectamente artelladas, elemento este no que se anticipa a arquitectura literaria propia da apocalíptica.

Baixo o punto de vista formal, atopamos en Ezequiel o verso libre e a prosa rimada con repetición dos mesmos termos claves.

2. Lugar da actividade do profeta

Segundo unha serie de referencias do texto, o profeta actúa entre os deportados en Babilonia, pois é aquí onde recibe a vocación profética (cf **1**, 2.3; **11**, 24.25...).

A pesar destas afirmacións do texto, boa parte dos oráculos dos cc. **1-24** diríxense a Xerusalén e ós seus habitantes; e neles, o profeta deixa ver ás claras que coñece a fondo os seus problemas relixiosos e de fe, mentres que silencia a presencia de Sedecías en Babilonia e os problemas dos desterrados. A meirande parte dos comentaristas sosteñen que o lugar da actividade é só Babilonia, pois a comunidade dos deportados está perfectamente informada dos problemas de Xerusalén; non obstante, este problema do lugar único da actividade do profeta está sen resolver definitivamente.

3. Actividade de Ezequiel por épocas

a) Desde a súa vocación (593/2) ata a caída de Xerusalén (587/6).

Os anos que preceden á vocación do profeta en Babilonia, están marcados polas tensións político-militares, pois segundo as crónicas babilónicas, no 596/5 Nabucodonosor ten que loitar cun rei descoñecido, e sometelo; despois disto ten que afogar uns intentos de rebelión no propio exército. Estes feitos son aproveitados polos falsos profetas e profetisas do exilio (**13**, 1-23) para proclamar no nome de Iavé a volta do rei Ioaquín e dos que foran deportados con el. Un testemuño destas falsas esperanzas é a carta de Xer **29**, 5-7. O mesmo relato vocacional de Ezequiel é unha resposta a esta problemática: a gloria de Iavé está cos deportados xunto ó río Quebar, onde se lle aparece; por isto non é tan urxente voltar a Xerusalén, senón que hai que purificarse dos pecados con castigos aínda maiores, cousa que trata nos cc. **4-7**: o castigo do asedio de Xerusalén (**4**, 1-2); da fame (**4**, 9-11); da morte e deportación (**5**, 1-2.5ss); do día do Señor (c. **6**). Con todas estas prediccións pretende desartella-las falsas esperanzas dos deportados na inminente volta a Xerusalén. O fundamento teolóxico destes castigos é sempre algo xeral: a rebeldía, as abominacións, os ídolos, etc. Con todo, isto responde ás prácticas idolátricas realizadas no templo de Xerusalén, sen que poidamos concretar se se trata de actos de culto ós ídolos, ou da fe e esperanza postas polos magnates na alianza con Exipto.

O ano seguinte da súa vocación (591) négase a que os anciáns do pobo deportado o consulten, e, en resposta, lémbralles toda a

historia de pecados que lles antecederon (c. 20), o mesmo que na alegoría dos cc. **16** e **23** expresa en clave matrimonial a falta de fe, esperanza e amor do pobo en Deus.
Os seus destinatarios rexéitano con burlas (**12,** 22.27), pero el contrapón a súa mensaxe á dos falsos profetas e profetisas (**13,** 1-23) que lle anuncian ó pobo a paz, para que non se converta. Ezequiel criticaos por motivos teolóxicos: sacralizan o templo e mailas outras institucións, pero esquecen o ambiente teolóxico onde xorden (as Alianzas do Sinaí e con David), e non son fieis ás estipulacións das Alianzas (**14,** 1-10).
No ano 588, denuncia o profeta a torta política de Sedecías de abandona-la confianza en Iavé e na súa alianza (**22,** 1-22), para fiarse de Exipto (**17,** 1-10), e anuncia a inminencia do desastre que vén de Babilonia (**21,** 23-32; **24,** 1-10).
No ano 587 pronuncia unha serie de oráculos contra Exipto, denunciando o seu orgullo (**19,** 1-6; **31,** 1-18) e anunciando a súa derrota militar (**30,** 20-26).
No ano 586 (antes da caída de Xerusalén: o 19 de xullo), acontece a acción simbólica na que colaboran Deus (mandándolle a morte repentina á esposa do profeta) e o propio profeta (con xestos simbólicos: **24,** 15-24). Na data da caída de Xerusalén, o profeta queda inmobilizado ata o 5 de xaneiro que segue (**33,** 21-22), para expresar simbolicamente a situación de morte e falta de esperanza na que caen os deportados do 598/7.
b) A partir do 5 de xaneiro do 585.
Recobrada a fala, pronuncia oráculos contra as nacións pagás que colaboraran ó gran desastre: Amón, Moab, Edom, a Filistea (c. **25**), Tiro (**26,** 1-6) e Exipto (c. **32**). Denuncia ós responsables teolóxicos do gran desastre: príncipes, nobres, profetas, sacerdotes e terratenentes (**22,** 23-31.34).
Despois deste primeiro pronunciamento para pedir responsabilidades, trata de resolver un problema teolóxico: supera-los vellos esquemas da retribución colectiva por unha teoloxía da retribución individual: todos fracasan porque todos e cada un son pecadores (**18; 22,** 18-22; **33,** 12-20).
O remate da súa predicación son palabras de esperanza, pois as promesas divinas feitas ós patriarcas non poden fallar. A chamada que fai á conversión e á esperanza vén determinada polas antigas institucións e realidades salvíficas, levadas á súa perfección; e deste xeito, Deus en persoa apacentará o seu rabaño (**34,** 11-16), que será un pobo formado polos dous reinos (**37,** 15-24), cos que se concluirá unha alianza nova e definitiva. Nos tempos esperados, a mesma natureza será renovada (c. 36), de xeito que o pobo de Deus recibirá do Señor un corazón novo e un espírito novo (**11,** 16-21).
Ezequiel, seguindo a tradición profética, recolle de Is e Xer o tema do dinamismo da palabra, tal como se percibe na visión dos ósos secos, que recobran vida ó esconxuro da palabra profética. Apoiado na concepción hebrea do home, da que é un elemento clave a resurrección dos ósos mortos, procura leva-la esperanza ós exiliados.
A obra de Ezequiel remata facendo inclusión literaria co comezo: a visión do novo templo, que recibirá a gloria de Deus ó voltar do desterro, para constituír unha sociedade centrada arredor do culto e da Monarquía, e cun novo esquema organizativo (**40-48**). Aínda que nesta derradeira parte da obra de Ezequiel tiveron boa parte os seus discípulos, non se lle pode nega-la inspiración e autoría ó profeta do desterro.

EZEQUIEL

Relato da vocación profética. Data e circunstancias

1 ¹Desde os trinta anos, no día quinto do mes cuarto, cando eu me atopaba entre os deportados onda o río Quebar, véuseme abrindo o ceo e veño tendo visións de Deus. ²O día cinco deste mes era o ano cinco da deportación do rei Ioaquín. ³Veulle a palabra do Señor a Ezequiel, fillo de Buzí, o sacerdote, no país dos caldeos xunto ó río Quebar, e foi alí onde a man do Señor pousou sobre el.

Visión da teofanía vocacional

⁴Tiven unha visión, e velaí que un vento de tormenta viña desde o norte, unha nube enorme, un lostregueo continuado, un resplandor arredor da nube, e do medio da nube baixaba coma un gran resplandor de ouro branco. ⁵Tamén baixaba a figura de catro seres viventes. O seu aspecto era este: tiñan semellanza de homes; ⁶cada un deles tiña catro caras e catro ás; ⁷as súas pernas eran rectas, e a planta dos seus pés era coma o casco do pé dun becerro e brillaban coma o resplandor do bronce brunido. ⁸De debaixo das súas ás botaban vermello de sangue para os catro lados, e as súas caras e as súas ás miraban para os catro lados. ⁹As súas ás xuntábanse cada unha coa súa compañeira. Non se volvían ó camiñaren: cada un marchaba de fronte. ¹⁰A forma das súas ás era a de caras de home e de caras de leóns, á dereita dos catro; de caras de touros, vistas desde a esquerda dos catro; e de caras de aguias, os catro. ¹¹¡Tales eran as súas caras! As súas ás estaban estendidas cara arriba: cada un deles tiña dúas ás que se xuntaban e dúas que lle cubrían o corpo. ¹²Cada un marchaba de fronte, cara onde o Espírito o movía a camiñar, e camiñaba; non se volvía ó camiñar.

¹³Velaí a forma dos seres viventes: o aspecto deles era coma o de carbóns ardendo en labarada; coma unha luminaria que se movía; a visión relucía por mor da labarada, e da labarada saían lóstregos.

¹⁴Os seres viventes corrían para un lado e volvíanse para o outro coma lóstregos. ¹⁵Ollei para os viventes e velaí unha roda no chan a carón dos viventes, ós catro lados. ¹⁶O aspecto das rodas e a súa feitura era coma o resplandor dunha perla de crisólito, e a mesma forma era a das catro. O aspecto e a feitura delas era coma se unha roda estivese

---

1, 1-3, 15 Todos estes textos constitúen o relato vocacional cos seus elementos: data e circunstancias, teofanía, encargo da misión divina, e o rito consecracional: a comida do rolo que se lle dá en visión (**2,** 8- **3,** 2), e fin da visión teofánica.

1, 1 O termo hebreo ƀ do comezo é unha preposición que hai que traducir por "desde cando". Os trinta anos refírense á idade do profeta. Este v é a introducción autobiográfica a todo o libro, presentándono-la idade desde a que vén tendo comunicacións celestes e visións.

1, 2-3 Son vv redaccionais de introducción ó relato vocacional, coa datación habitual por referencia ó ano do rei en funcións.

A man do Señor pousou sobre el. Esta expresión quere mostra-lo enforteecemento interior que confire a vocación profética.

1, 4-8 Visión teofánica que xorde dunha tormenta (v 4), e que se compón dunha serie de elementos que vai describindo en orde ascendente: os catro viventes con aspecto de homes, con catro ás cada un (vv 5.6.11), que camiñaban de fronte e non se volvían (vv 12-13). Sobre as cabezas dos querubíns, había unha plataforma (v 22), e, sobre ela, unha pedra de zafiro en forma de trono; e sobre o trono, sobresaía coma unha figura de home (v 26), que tiña o aspecto da forma da gloria de Iavé, polo que o profeta cae rostro en terra (v 27-28). Estes elementos son o relato orixinal da visión teofánica, de onde resulta que a mensaxe da teofanía é que Iavé está presente para os deportados a Babilonia, pois reside no seu templo celeste, do que o de Xerusalén é unha imaxe (Ex **25,** 40; cf Heb **8,** 5). Os catro viventes deberon ser dous na forma orixinal, pois responden ós dous querubíns do propiciatorio. A visión subliña a transcendencia divina, coas expresións "coma, o aspecto, forma, semellanza...".

O texto orixinal sufriu modificacións (vv 7-10.15-21.23-25) sobre os seres viventes: as pernas, as caras, as rodas, a conxunción de movementos dos viventes e das rodas e do ruído das rodas. Neste engadido de carácter simbólico preapocalíptico, o espazo de debaixo da plataforma convértese nun símbolo mítico das formas cósmicas, transformadas e glorificadas pola gloria de Iavé, que está sobre a plataforma.

1, 4 *Vento de tormenta:* característico da teofanía do Sinaí (cf Ex **19,** 16ss; **24,** 15ss; Sal **18,** 29). A teofanía vén do norte, coma en Xob **37,** 22; Sal **48,** 3; Is **14,** 13.

1, 7 *O casco do pé dun becerro:* referencia mítica ó deus El, pai dos deuses, que se representaba coma un touro en Ugarit, con referencia ó poder xenético xeral.

1, 8 *Botaban vermello de sangue:* na tipificación simbólica dos catro viventes, refírese á necesidade dunha purificación, para que as forzas naturais participen da gloria de Iavé.

1, 10 Os catro tipos de cara aluden ás catro divindades cananeas (cf Ap **4,** 6-7).

1, 11 *Dúas ás que se xuntaban:* as ás que precisaban para voar.

1, 13 Co aspecto luminoso quérese expresar que participan da gloria de Iavé.

1, 15 As rodas a carón dos viventes queren ser expresión da harmonía da natureza e quizais da técnica humana, que é tamén expresión da gloria de Deus.

1, 16 O *crisólito* era unha das pedras do peitoral ou efod do sumo sacerdote (Ex **28,** 20; **39,** 13).

encaixada na outra. ¹⁷Ó camiñaren nas catro direccións camiñaban de fronte, non se volvían ó camiñaren. ¹⁸Velaí as súas lamias: ¡eran sublimes e impresionantes! Pois as catro lamias estaban cheas de resplandor por todo arredor. ¹⁹Ó se moveren os seres viventes, movíanse tamén as rodas xunto con eles; ó se levantaren os seres viventes da terra, levantábanse tamén as rodas sobre o sitio. ²⁰O Nome era o Espírito do camiñar; camiñaban cara ó mesmo sitio, o Espírito do camiñar e mailas rodas, que se levantaban a un tempo, pois o Espírito de cada vivente estaba nas rodas. ²¹Ó camiñaren, camiñaban a un tempo; ó pararen, paraban a un tempo; e ó levantárense da terra, levantábanse a un tempo, pois o Espírito de cada vivente estaba nas rodas.

²²Sobre as cabezas de cada un dos viventes había algo parecido a unha plataforma, coma o resplandor dun cristal abraiante, estendida por riba das súas cabezas. ²³Por debaixo da plataforma estaban as súas ás estendidas, unha cara á outra; cun par tapaban a cara e co outro tapaban os seus corpos. ²⁴Escoitei o ruído das súas ás, ¡fragor de augas caudalosas!, ¡ruído do Todopoderoso! Ó camiñaren, ¡ruído dunha multitude! ¡Barullo dun exército! Ó pararen deixaban quedas as súas ás. ²⁵Do alto da plataforma que estaba sobre as súas cabezas veu un estrondo. Ó pararen, deixaron quedas as súas ás. ²⁶No alto da plataforma que estaba sobre as súas cabezas, velaí a visión dunha pedra de zafiro da forma dun trono e sobre esta especie de trono sobresaía cara arriba unha figura co aspecto dun home.

²⁷Desde o que parecía a súa cintura para arriba, vin coma o resplandor do ouro branco, coma unha especie de lume que lle servía de marco arredor; e desde o que parecía a súa cintura para abaixo, vin coma unha especie de lume e resplandor ó seu arredor. ²⁸Coma o aspecto do arco que hai nas nubes un día de chuvia, así era o aspecto e resplandor que había ó arredor. Era o aspecto da forma da gloria de Iavé.

Ó ollala, caín rostro en terra e oín unha voz que falaba.

Misión profética

2 ¹Díxome:

—Fillo de Adam, ponte de pé, que che vou falar.

²Entón, mentres me estaba a falar, entrou en min un espírito que me puxo de pé, e escoitei o que estaba a falar.

³Díxome:

—Fillo de Adam, eu voute mandar onda os fillos de Israel, onda un pobo de rebeldes que se reviraron contra min —eles e mailos seus pais—, que pecaron contra min, ata o mesmo día de hoxe. ⁴Estes fillos, ¡que duros son de cara! ¡Que obstinados de corazón! Voute mandar onda eles, e vaslles dicir: "Así fala o Señor, Iavé". ⁵Deste xeito, eles —escóitente ou rexéitente, pois son casa rebelde— han saber de certo que hai un profeta no medio deles. ⁶E ti, fillo de Adam, non teñas medo a eles nin ó que eles che digan. Certo que se reviraron contra ti e que te rexeitaron, pero aínda que sentes sobre alacráns, non teñas medo ó que che digan, nin te sintas acovardado ante eles, pois son casa rebelde. ⁷Dirásle-las miñas palabras, escóitente ou rexéitente, pois son rebeldes.

Rito de consagración profética: visión

⁸E ti, fillo de Adam, escoita o que eu che digo: "¡Non sexas rebelde coma a casa rebelde! Abre a túa boca e come o que eu che dou".

1, 18 *Resplandor:* lit. "ollos".
1, 20 O *Nome:* heb."xem", non "xam". O "Nome" é un título de Iavé, a súa manifestación operativa. Por iso o Espírito refírese ó dinamismo divino que move harmonicamente as expresións vitais (ós catro viventes) e as rodas (técnica-harmonía), polo que o espírito ou manifestación de poder dos viventes está nas rodas.
1, 23 *A cara* é a suprema expresión da realidade persoal. *Os seus corpos:* eufemismo.
1, 24 O movemento das ás dos viventes é unha teofanía divina, tal como deixan ve-las exclamacións.
1, 26 Ezequiel subliña a transcendencia divina cos termos *forma, especie* e *aspecto.*
1, 28 Os vocábulos *aspecto* e *forma* reflexan a manifestación da gloria de Iavé, que provoca a adoración do profeta.
2, 1 *Fillo de Adam.* Esta expresión aparece en Ez unhas 87 veces, referida ó profeta mesmo. Serve para subliña-la baixeza e pouquedade do profeta diante da gloria de Iavé. Adam, ten aquí sabor a terra, ó chan (heb."adamah"): por isto precisa do espírito do dinamismo divino, para estar de pé e poder percibi-la Gloria de Iavé que se lle está manifestando (cf **3,** 12.14.24; **8,** 3; **11,** 1.24; **43,** 5).
2, 4 *A cara* é aquí expresión da actitude fronte a Deus; o corazón é o asento dos plans e proxectos persoais. A obstinación e dureza indican o refuga-la conversión.
2, 5 A finalidade da misión profética non é o éxito, senón o facer presente a palabra de Deus, aínda que sexa rexeitada.
2, 6 Sentar sobre alacráns equivale a poñerse en perigo inminente de morte.
2, 8 A obediencia do chamado ó que convoca, está vinculada ós relatos de vocación: Ex **3,** 7 - **4,** 17; Is **42,** 18-20; Xer **12,** 1-3... Nos relatos vocacionais proféticos faise referencia á purificación da boca (Is **6,** 5-7; Xer **1,** 9). Aquí a boca ha de asimilar uns contidos que logo terá que comunicar.

⁹Entón tiven unha visión, e velaí unha man estendida cara a min, e, na man, un libro en forma de rolo. ¹⁰Estaba escrito por unha cara e mais pola outra; estaban escritas nel elexías, prantos e mais lamentacións.

3 ¹Logo díxome:
—Fillo de Adam, o que tes diante, cómeo: come este rolo, e vai logo falarlle á casa de Israel.
²Entón eu abrín a miña boca e deume a comer este rolo, ³dicíndome:
—Fillo de Adam, alimenta o teu ventre, enche as túas entrañas con este rolo que che dou.
Comino e volvéuseme na boca doce coma o mel. ⁴E díxome:
—Fillo de Adam, marcha á casa de Israel e fálalle coas miñas palabras, ⁵pois non se te manda a un pobo de ininteligible falar e de lingua difícil; mándasete á casa de Israel, ⁶non a pobos numerosos de ininteligible falar e de lingua difícil, dos que ti non compréndelo seu falar. Certo, se te mandase onda eles, eles farianche caso; ⁷pero a casa de Israel non quererá escoitarte, porque non me quere facer caso a min, pois toda a casa de Israel é dura de cabeza e obstinada de corazón. ⁸Mira que eu volvo a túa cara tan dura coma a súa cara e a túa cabeza tan dura coma a súa. ⁹Eu volvo a túa testa coma o diamante, que é máis duro ca un croio. Non lles teñas medo nin te amedoñes diante deles, pois son casa rebelde.
¹⁰E díxome tamén:
—Fillo de Adam, tódolos oráculos que eu che diga, apréndeos de memoria e escóitaos atentamente. ¹¹Vai onda os deportados, onda os fillos do teu pobo e —así te escoiten, así te rexeiten— dilles: "Así fala o Señor".

Remate da visión

¹²O Espírito colleume en arroubo e escoitei detrás miña o ruído dun gran terremoto.

"¡Bendita a gloria do Señor no seu templo!". ¹³Despois, o ruído das ás dos seres viventes, ó se daren o ósculo as dun contra as do outro, e ó mesmo tempo o ruído das rodas: o ruído dun gran terremoto. ¹⁴O Espírito colleume en arroubo, e marchei fortalecido polo ardor do meu espírito, pois a poderosa man do Señor estaba sobre min. ¹⁵E fun onda os deportados de Tel Abib, os que vivían xunto ó río Quebar, pois era alí onde eles vivían, e quedei alí sete días, sendo un horror entre eles.

O profeta, sentinela responsable do malvado

¹⁶E ó cabo de sete días sucedeu que me veu esta palabra do Señor:
¹⁷—Fillo de Adam, constitúote sentinela para a casa de Israel. Cando escoites unha palabra da miña boca, avísaos da miña parte. ¹⁸Se eu lle digo ó malvado "vas morrer", e ti non o avisas —isto é, non falas avisando ó malvado de que deixe o seu ruín comportamento, para que el viva—, el, sendo malvado, morrerá por culpa da súa iniquidade; pero a ti pedireiche contas do seu sangue. ¹⁹Pero se ti avísa-lo malvado, e el non deixa a súa ruindade nin o seu comportamento malvado, el morrerá por culpa da súa iniquidade; pero ti salvara-la túa vida. ²⁰Se o xusto deixa a súa xustiza, e comete iniquidades, eu poñerei diante del un tropezo e morrerá, porque ti non o avisaches; morrerá polo seu pecado e non se recordarán as obras de xustiza que fixo, pero a ti pedireiche contas do seu sangue. ²¹Pero se ti avísa-lo xusto, para que non peque e el non peca, de certo vivirá, porque foi avisado, e ti salvara-la túa vida.

Xesto simbólico: o profeta atado e mudo

²²Estando alí, púxose sobre min a man do Señor, que me dixo:

2, 8 - 3, 11 Esta sección está composta dunha visión dramática (**2, 8 - 3, 3**), clarificada por un oráculo de misión profética (**3**, 4-11), no que se subliña a orixe divina e o dinamismo interno dos oráculos proféticos.
2, 9 Sobre o libro en forma de rolo, cf Xer **26**; Lc **4**, 17.20. O normal era escribilo por unha soa cara, pero neste rolo abundan por todas partes as chamadas á conversión.
3, 3 O *ventre* e as *entrañas*, ademais das súas funcións fisiolóxicas, son, no mundo semítico, a base dos sentimentos. Non obstante a tristura dos contidos, a asimilación da mensaxe divina vólveselle doce ó profeta.
3, 6 *Certo*. O contexto esixe ler "la" (que traducimos "certo"), onde outros len "lo" (= non). O v ten unha grande carga de ironía.
3, 8 *Cabeza* (lit. "fronte") e *cara* son expresión das actitudes persoais. Deus volve ó profeta aínda máis tenaz, pola

rebeldía do pobo contra Iavé.
3, 12 *Colleume en arroubo*: lit. "levantoume". *No seu templo*: o hebr. "maqom" (lugar) ten aquí o senso de santuario celeste, onde o profeta é transportado en visión.
3, 13 *Ósculo*. Ordinariamente nas Biblias lese "bate-las ás"; pero a palabra hebrea significa "bicar", é dicir, neste contexto "darse o ósculo", (cf 1 Re **19**, 18; Xob **31**, 27; Sal **2**, 12; Os **13**, 2).
3, 14 O espírito profético, que provoca un ardor que fai reaccionar a Ezequiel, é a expresión do poder de Iavé sobre o profeta.
3, 16-21 Oráculo co que Deus manifesta unha ensinanza de tipo moral. O tema repetirase en **14**, 13-12; **18**, 2-31; **33**, 12-20.
3, 17 A imaxe da sentinela, referida ó profeta, aparece ademais en **33**, 7; Is **56**, 10; Xer **6**, 17; Hab **2**, 1.

—Levántate e sae cara ó val, que che vou falar alí.

²³Entón levanteime e fun cara ó val, e velaí a Gloria do Señor, a mesma Gloria que eu vira xunto ó río Quebar; e entón caín rostro en terra. ²⁴Entrou en min un espírito que me puxo de pé, faloume e díxome:

—Vai cerrarte dentro da túa casa. ²⁵Escoita ti, fillo de Adam, velaí que che porán cordas e atarante con elas, de xeito que non poidas saír de entre elas. ²⁶Eu farei que se che apegue a lingua ó padal e volveraste mudo, de xeito que xa non serás para eles o home que os reprende, pois son casa rebelde. ²⁷Pero cando eu che fale, abrira-la túa boca e diraslles: "Así fala o Señor Deus". O que che faga caso, que cho faga; e o que te rexeite, que te rexeite, pois son casa rebelde.

SERIE DE XESTOS SIMBÓLICOS ACERCA DA CAÍDA DE XERUSALÉN

O asedio da vila, marcado nun ladrillo

4 ¹—Oe ti, fillo de Adam, colle un ladrillo,
pono diante de ti e grava nel unha cidade: Xerusalén;
²pon contra ela un asedio,
constrúe contra ela muros de asalto,
levanta contra ela rampas;
pon contra ela campamentos militares,
e coloca contra ela arietes todo ó arredor.
³E ti, colle unha tixola de ferro
e pona de muro entre ti e esta cidade;
dirixe a túa face cara a ela;
quedará en asedio, pois ti montarás asedio contra ela.
Isto é un sinal para a casa de Israel.

O profeta expía a iniquidade do pobo

⁴—Oe ti, déitate para o teu lado esquerdo,
e pon para este lado as iniquidades da casa de Israel:
cantos días te deites para este lado,
outros tantos soportara-las súas iniquidades.
⁵Pero eu sináloche en número de días os anos das súas iniquidades:
trescentos noventa días,
que ti cargarás coa iniquidade da casa de Israel.
⁶Ó acabares estes días, déitate de novo para o lado dereito,
para cargares coas iniquidades da casa de Xudá
durante corenta días, día por ano:
márcoche o tempo, día por ano.
⁷Mantén a túa cara e mailo teu brazo
do lado do asedio de Xerusalén
e profetizarás contra ela.
⁸Velaí que che poño cordas
e non poderás da-la volta dun lado para o outro,
ata acabáre-los días de estares atado.

3, 22-27 Esta unidade ten o dobre cometido de clausura-la sección vocacional (cf vv 22-23) e de introduci-la serie de accións simbólicas de **4**, 1ss. Polas referencias á mudez do profeta (**24, 27; 33,** 22) o xesto simbólico refírese ó período de asedio de Xerusalén (anos 588/7), ó mesmo tempo que serve coma sinal de castigo para os deportados, por seren rebeldes á palabra profética.
3, 25 A inmobilidade do profeta e a súa mudez poden entenderse da súa inactividade, tanto en xestos simbólicos coma en oráculos (cf o contexto: vv 26b-27).
4, 1-3 Nesta acción simbólica, na forma dunha pantomima, o profeta representa o papel de Iavé, que monta asedio contra a cidade. No v 3, vese que continúa o asedio, simbolizado na tixola de ferro (= iniquidades do pobo: cf Is **59,** 2), que lle impide ó profeta ve-la cidade.
4, 3 *Sinal:* manifestación sensible de algo que aínda non aconteceu.
A casa de Israel: son os membros do reino do Norte que quedaron asimilados relixiosamente a Xudá, aínda que non se exclúen os deportados a Asiria no ano 722.

4, 4-8 Esta unidade está en relación con **3,** 22-27 e con **4,** 9ss, que se refiren ó asedio de Xerusalén; pero a acción do profeta ten aquí un senso expiatorio, case penitencial. Os vv 4-5 refírense a Israel. A súa purificación de 390 días (6 x 65) ten tódolos sinais de imperfección, dunha expiación non completa (polo simbolismo do número seis, e de non chegar a 70), co que o profeta quere expresar que a restauración do reino de Israel non se realizará, o que se ratifica coa colocación no lado esquerdo. Os vv 6-8 refírense a Xudá; a expiación deste levará a un restablecemento do seu dominio cósmico sobre a terra. En Núm **13,** 25, emprégase o número 40 (4 x 10), que é o número dos catro elementos do cosmos e dos catro ventos, o número dos catro lados e esquinas da terra (cf Xén **7,** 4.12.17; **8,** 6). Por outra banda, o número 10 indica perfección, multitude (cf 1 Sam **17,** 4-16). O carácter expiatorio e purificatorio dos 40 días, aparece en Xén **7, 4-8,** 6; Núm **14,** 23; 1 Re **19,** 8, é ó mesmo tempo o senso de comunicación con Deus aparece subliñado en Ex **24,** 18; **34,** 28; Dt **9,** 9.11.18; **10,** 10.

A comida impura e taxada do profeta, símbolo do asedio

⁹—Oe ti, colle para ti trigo e mais cebada,
fabas e lentellas, millo e centeo mocho:
pon todo nunha ola
e logo con todo isto farás para ti pan,
que has comer tódolos días que estarás deitado de lado:
trescentos noventa días.
¹⁰E a túa comida, que ti comerás taxada,
será de vinte siclos por día,
comerala de día en día.
¹¹A auga beberala taxada:
un litro e cuarto,
beberala de día en día.
¹²Unha bola de pan de cebada é o que ti comerás;
cocera-la bola na presencia deles
con excrementos humanos.
¹³E dixo o Señor:
—Deste mesmo xeito comerán os fillos de Israel
o seu pan impuro
nas nacións onde eu os dispersarei.
¹⁴E repuxen:
—¡Ai, meu Señor, Deus! Fíxate: a miña gorxa nunca estivo lixada,
nunca comín carne morta nin res matada por unha fera
desde a miña nenez ata hoxe,
nin entrou na miña boca carne impura.
¹⁵El respondeume:
—Pois ben, permítoche bosta de vacas
en vez de excremento humano,
para facére-lo teu pan sobre ela.
¹⁶Logo díxome:
—Fillo de Adam, velaí que vou suprimi-lo suministro de pan a Xerusalén:
van come-lo pan taxado e con preocupacións,
e van bebe-la auga racionada, e con medo
¹⁷de que lles falte o pan e maila auga;
deste xeito vivirán atemorizados uns e outros,

e consumiranse por culpa da súa iniquidade.

O rapado e afeitado do profeta, sinal da destrucción de Xerusalén

5 ¹—E ti, fillo de Adam,
colle unha coitela ben afiada,
colle unha navalla barbeira,
e pásaa pola túa cabeza e máis pola túa barba.
Despois colle unha balanza de pesar e distribúe o pelo en partes.
²Unha terceira parte quéimaa no lume no medio da cidade,
cando se acaben os días do asedio;
logo colle outro tercio e dálle cortes coa espada
todo ó arredor da cidade;
e o outro tercio esparéxeo ó vento:
certo, eu desenfundarei a espada tras eles.
³Destes últimos pelos collerás unha pequena cantidade
e meteralos ben apretados na dobrez do teu manto;
⁴logo volverás coller algúns deles
e botaralos no medio do lume e queimaralos nel,
e deste lume sairá un incendio para toda a casa de Israel.
⁵Isto di o Señor, Iavé:
—¡Esta é Xerusalén!
Púxena no medio dos pobos,
arredor dela puxen países;
⁶pero rebelouse contra as miñas ordes,
é máis desleal cós pobos pagáns;
rebelouse contra os meus preceptos
é máis desleal cós países
que hai ó seu arredor.
Rexeitaron as miñas ordes,
non se comportaron conforme os meus preceptos.
⁷Por isto así fala o Señor, Iavé:

4, 9-17 A comida do profeta vólvese impura ó mesturar diferentes especies de gran (cf Lev **19,** 19), e tamén polo contacto co esterco no que se cocen (vv 12.14-15). Por outra banda, redúcese á mínima cantidade, pois os vinte siclos fan 228 gramos de pan (= 11,4 gr x 20); "un litro e cuarto" de auga (lit. "un sexto de "hin", pois o "hin" = 7,5 l., polo tanto 1/6 de "hin" = 1,25 l.). Este panorama era típico da vida dos asediados, como o expresan os vv 16-17. Os vv 12-15 son un enxerto, que converte o sinal profético en preanuncio da deportación (tal como o reflexa o v 13, pois a vida entre os pagáns, para a mentalidade sacerdotal, era vivir en estado de impureza).
4, 9 *Centeo mocho:* parece ser ese o cereal ó que se refire o vocábulo empregado.
5, 1-17 Unidade literaria formada por dúas perícopas: a "acción simbólica" do rapado e afeitado do profeta (vv 1-

4), co que se quere expresa-la perda da dignidade e liberdade (cf Núm 6; Is **15,** 2; Xer **41,** 5); e un "oráculo de xuízo de castigo" (vv 5-17), que explica o senso da acción simbólica. O oráculo comeza coa lembranza da benevolencia de Deus co pobo (v 5), para presentar logo o contraste, e subliña-la acusación xeral (v 6). O v 7 é unha tipificación da acusación. Os vv 8-17 constitúen o anuncio do castigo divino, no que se fai referencia á acción simbólica (v 12). O recargado que resulta o texto dos vv 8-17 fai pensar que se trata dun texto composto.
5, 4 Estes *algúns* que o profeta mete na dobrez do manto, significan a causa do incendio da cidade e da deportación do ano 587, ós que se refiren os vv 14-17.
5, 7 *Seguridade.* Buscala nos pactos coas nacións pagás provoca a ruptura da alianza con Iavé.

—Xa que a vosa seguridade proviña das nacións
que se atopaban ó arredor voso,
non seguíste-los meus preceptos,
nin cumpríste-las miñas ordes,
e nin sequera vos comportastes de acordo cos costumes
dos pobos que están ó arredor voso.
⁸Por isto así fala o Señor, Iavé:
—Olla: eu estou contra ti, eu mesmo,
para facer en ti xustiza á vista dos pobos.
⁹Farei en ti o que nunca fixen,
nin volverei facer cousa semellante,
por causa de tódalas túas abominacións.
¹⁰Pois os pais devorarán os fillos no medio de ti
e os fillos devorarán a seus pais;
e executarei a sentencia en ti,
ó esparexer ós catro ventos o que queda de ti.
¹¹Pois, pola miña vida —é o Señor, Iavé, quen fala—,
por teres profanado o meu santuario cos teus ídolos
e coas túas abominacións,
xuro que tamén eu te rexeitarei,
e que o meu rostro non terá compaixón de ti
e eu tampouco non te perdoarei.
¹²Unha terceira parte de ti morrerá pola espada
e consumirase de fame no medio de ti;
o outro tercio caerá pola espada ó arredor de ti;
e ó último tercio esparexereino ós catro ventos
e logo desenfundarei a espada tras eles,
¹³e a miña ira chegará á fin,
desabafarei o meu furor contra eles,
e quedarei tranquilo
cando o meu furor contra eles chegue á fin:
entón daranse conta de que eu son o Señor que falei coa paixón dos meus celos.
¹⁴Pois eu á vista de tódolos que pasan
convertereite nunha morea de ruínas
e nunha vergonza entre tódolos pobos que están ó teu arredor,
¹⁵e serás para tódolos pobos que están ó teu arredor
obxecto de vergonza e de escarnio,
de escarmento e horror,
cando faga en ti xustiza con ira e furor,
con furiosos castigos.
Son eu, o Señor, quen o digo.
¹⁶Cando eu lance as fatídicas frechas da fame,
vós seredes destruídos por elas,
que se converterán no destructor,
pois son eu quen as lanzarei.
Aumentaréivo-la fame e privareivos da abundancia de pan.
¹⁷Mandarei contra vós fame e animais salvaxes:
deixarante sen fillos,
pois a peste e mailo sangue pasarán por ti,
e mandarei a espada contra ti.
Eu, o Señor, son quen o di.

A devastación dos montes idolátricos levará ó recoñecemento do Señor

6 ¹Veume a palabra do Señor nestes termos:
²—Fillo de Adam, dirixe o teu rostro cara ás montañas de Israel
e profetiza contra elas.
³Dilles: ¡Montañas de Israel, escoitade a palabra do Señor, Iavé!
Así lles fala o Señor Deus ás montañas e ós outeiros,
ós regueiros e ás veigas:
—Velaquí que eu mando a espada contra vós
e destruirei os santuarios dos vosos outeiros;
⁴serán arrasados os vosos altares de sacrificios,
esnaquizados os vosos altares de queimar incenso,
e farei que caian os vosos mortos diante dos vosos ídolos.

5, 11 *O rostro de Iavé* é a súa presencia e manifestación dinámica, que aquí se volve impasible.
5, 16 *Destruídos por elas.* O destructor era, na mitoloxía, un demonio maléfico portador da morte (cf Ex **12,** 23).
5, 17 Os *animais salvaxes* ou depredadores son unha imaxe literaria dos efectos da peste, morte (= sangue) e espada.
6, 1-14 O v 1 é unha fórmula coa que se lle ordena ó profeta realizar un xesto simbólico de ameaza contra os montes, por culpa do culto idolátrico practicado neles (cf **13,** 17; **21,** 7; **25,** 2...). O xesto simbólico vai acompañado dun oráculo de castigo (vv 3-7), no que a acusación provocará un recoñecemento da soberanía de Iavé. Os vv 8-10 veñen sendo unha descrición do proceso que leva á confesión de fe: o resto protexido por Iavé, o lembrarse de Iavé (reviva-la conciencia de fidelidade de Deus ás súas promesas salvíficas), o rexeitamento dos plans idolátricos e da cobiza que levou ó culto idolátrico, o sentimento de vergonza, o recoñecemento da soberanía de Iavé, que cumpre as ameazas, coma tamén as promesas salvíficas. Os vv 11-14 presentan doutra forma a mensaxe dos vv 3-7. Dáselles así o lugar central da estructura do c. ós vv 8-10, subliñáse o valor medicinal do castigo, que leva á confesión de fe en Iavé.

⁵Poñerei os cadáveres dos fillos de Israel
diante dos seus altares.
Esparexerei os vosos ósos ó arredor dos
vosos altares.
⁶En tódalas vosas bisbarras
as cidades quedarán devastadas,
e os santuarios dos vosos outeiros
quedarán destruídos,
de xeito que os vosos altares de sacrificio
queden arrasados, esnaquizados os vosos
ídolos,
desfeitos os vosos altares para queimar incenso
e desaparezan os que son obra vosa.
⁷No medio voso caerán mortos os homes
e vós recoñeceredes que eu son Iavé.
⁸Cando de vós non queden máis cós que escaparon da espada
por entre as nacións, eu manterei un resto;
cando vos vexades esparexidos por entre os países,
⁹os que de vós escaparon lembraranse de min
nas nacións onde sexan deportados,
pois eu farei que se rompa o seu corazón prostituído
que se apartou de min,
e os seus ollos prostituídos que se foron tralos ídolos;
sentirán nas súas caras a vergonza
polas maldades que cometeron,
por tódalas súas abominacións.
¹⁰Entón recoñecerán que eu son o Señor,
non en van lles dixen que lles causaría tal desgracia.
¹¹Así fala o Señor, Iavé:
—Bate as túas palmas, patea cos teus pés e di:

¡Ai de tódalas malignas abominacións
da casa de Israel!
¡Por fin! A casa de Israel caerá pola espada,
de fame e mais de peste.
¹²Os que están lonxe morrerán de peste,
os que están cerca caerán pola espada,
os que queden asediados morrerán de fame:
eu chegarei ó colmo da miña ira contra eles.
¹³Coñeceredes que eu son o Señor
cando os seus mortos estean entre os seus ídolos,
ó arredor dos seus altares,
sobre todo outeiro elevado,
en toda cima de montaña,
debaixo de toda árbore ramuda
e debaixo de toda aciñeira retorta,
lugares onde eles ofrecen recendentes perfumes ós seus ídolos.
¹⁴Estenderei o meu brazo contra eles
e converterei esta terra nunha desolación:
unha desolación en tódalas súas bisbarras
desde o deserto ata Diblah.
Entón recoñecerán que eu son o Señor.

A chegada do día do Señor levará a recoñecelo

7 ¹Veume a palabra do Señor nestes termos:
²—Oe ti, fillo de Adam:
Así lle fala o Señor, Iavé, á terra de Israel:
¡A fin! ¡Chega a fin
polas catro esquinas do país!
³Agora chega a fin para ti,
pois mandarei a miña ira contra ti
e xulgareite conforme o teu comportamento comigo,

6, 5 Este v refírese á execración dos lugares de culto cos cadáveres que neles caen, pois, na mentalidade xudía, o cadáver contamina, ó estar fóra da sepultura familiar, onde repousa.
6, 6 "Obras das vosas mans": *os ídolos*, símbolos e obxectos do culto idolátrico.
6, 9 *O corazón* e *os ollos* teñen aquí valor antropolóxico dos proxectos, plans, manías, e da cobiza (cf Dt **16**, 16.18; Xer **24**, 6ss).
6, 10 O anuncio de castigo, aínda que no momento non se lle faga caso, ten a función de ser unha chamada á memoria dos destinatarios, cando se realice o castigo.
6, 11 O "bate-las palmas" e "patear" son aquí un xesto profético de alegría polo castigo purificador da casa de Israel. O Ai contrasta en paralelismo antitético co "¡Por fin"! (lemos "oxer" e non "axer" ; cf nota a Xer **43**, 11).
6, 13 Nótese o paralelismo cos vv 5-6.
6, 14 *Diblah:* case tódolos autores len Riblah (cf 2 Re **23**, 33; **25**, 6.20s), non obstante a lectura do T.M., coa que coinciden os LXX e a Vulgata. Posiblemente foi unha lectura variante antiga.
7, 1-27 Esta unidade, introducida pola fórmula redaccional do v 1, está composta de tres estrofas marcadas pola súa mesma fin (o recoñecemento de Iavé), polas fórmulas oraculares dos vv iniciais (vv 2-3), e polo "velaí" do v 10. A primeira estrofa (vv 2-4) trata da chegada da fin coma xuízo divino do comportamento abominable de Israel: a segunda (vv 5-9) explicita a fin coma unha desgracia e coma un día, un instante: a vez ou turno da teofanía de xuízo de castigo divino; e a terceira (vv 10-27) trata da chegada do día do Señor coma expresión desbordante da súa ira, que levará ás compras e ás vendas forzadas, á imposibilidade de defenderse na guerra desastrosa e portadora de peste e fame, á debilidade e á vergonza da escravitude (v 18), ó saqueo dos propios tesouros e aínda do mesmo Iavé (v 22), e todo isto por mor da idolatría (v 20) e das inxustizas e violencias (v 23). No v 26b introdúcese a súplica dunha visión (comunicación oracular ó profeta), pois das outras institucións non se pode esperar nada.
7, 2 Co xogo de palabras *Adam* e "adamah" (= terra) quérese remarca-la vinculación e solidariedade do profeta co seu pobo. Das esquinas do mundo veñen os ventos maléficos e aquí vén a fin.

e cargareite coas túas abominacións.
⁴Os meus ollos non terán piedade de ti,
nin me compadecerei de ti,
senón que te cargarei co teu mesmo comportamento
e as túas abominacións estarán diante de ti.
Entón recoñeceredes que eu son o Señor.
⁵Así fala o Señor, Iavé:
—¡Unha desgracia única! ¡Unha desgracia!
⁶Velaí chega a fin, a fin chega,
espértase contra ti, velaí chega.
⁷A túa vez chega, habitante do país,
chega a hora, aproxímase o día do pánico,
e o estrondo é máis forte cás montañas.
⁸Agora, de seguida, vou verte-lo meu noxo sobre ti,
vou desfoga-la miña ira contra ti;
voute xulgar conforme o teu comportamento,
vou presentar cargos contra tódalas túas abominacións.
⁹Os meus ollos non terán compaixón,
nin eu me compadecerei;
consonte o teu comportamento
vou presentar cargos contra ti,
e as túas abominacións estarán á vista na túa presencia.
Entón recoñeceredes que eu son o Señor, que castiga.
¹⁰Velaí o día do Señor, velaí chega,
tócalle a vez.
Xermina a inxustiza,
florece o orgullo,
¹¹a violencia érguese sobre a inxustiza dos ruíns,
e será máis forte ca eles,
será máis forte có seu exército,
será máis forte có seu barullo;
a gloria do Señor prevalecerá sobre eles.
¹²Chega a hora, aproxímase o día:
o que merca, que non estea ledo;
o que vende, que non se poña triste,
pois a ira do Señor alcanza toda a súa riqueza.
¹³O que vende xa non ollará para o que vendeu
e, aínda que viva entre os vivos,
non voltará a súa vista a toda a súa riqueza,
e por culpa da súa dignidade ninguén conservará a vida.
¹⁴Tocarán a trompeta e todo estará preparado;
pero non haberá quen vaia á guerra,
pois a miña ira alcanzará toda a súa riqueza.
¹⁵A espada está fóra, a peste e maila fame saen da casa:
quen estea nas terras, morrerá pola espada;
ó que estea na cidade, devoraranno a fame e a peste.
¹⁶Os seus fuxitivos escaparán, estarán nas montañas;
coma as pombas no val, todos eles andarán escorrentados,
cada un por culpa da súa iniquidade.
¹⁷Tódolos brazos se debilitarán
e tódalas pernas perderán a forza;
¹⁸vestiranse de saco e cubriraos o terror,
en tódalas caras haberá vergonza
e en tódalas cabezas, calvicie.
¹⁹Botarán nas rúas a súa prata,
e considerarán o seu ouro unha vasura;
nin o seu ouro nin a súa prata serán capaces de os salvar
o día da ira do Señor;
non se fartarán as súas gorxas,
nin se encherá o seu ventre,
pois o ouro e maila prata foron a causa da súa iniquidade.
²⁰Foi precisamente o esplendor das xoias
o que converteron en motivo de orgullo,
e nelas esculpiron as súas abominables imaxes

7, 4 *Os meus ollos:* expresión hebrea en singular, traducida en plural por mor do galego. Os ollos son a raíz da piedade e compaixón divinas.
7, 7 *A vez:* o turno, o momento especial. *Estrondo.* Con este vocábulo quere pórse en relación a manifestación da ira do Señor coas teofanías nas que Iavé se revelou.
7, 9 *Presentar cargos:* senso da expresión xurídica "natanal".
7, 10 *Inxustiza:* en heb."muttah", da raíz "nth" (= dobrar, perverte-lo dereito), cf v 11.
7, 11 *Dos ruíns:* en heb. un abstracto (= ruindade), que está polo concreto. Aquí, a violencia provocada pola ira de Deus é a gloria ou manifestación de poderosa presencia de Iavé.

7, 12 *A súa riqueza:* nos momentos de anguria por unha guerra, nin o que vende nin o que compra quedan satisfeitos.
7, 16 *Andarán escorrentados:* infinitivo de "qal" pasivo, traducible por "estar inquedo", "andar dun lado para o outro...".
7, 17 *Tódalas pernas:* lit. "tódolos xeonllos pingarán vigor".
7, 18 As frases deste v refírense á deportación dos prisioneiros, pois o rapado da cabeza e o saco, eran característicos dos escravos e prisioneiros.
7, 19s As xoias —ouro e prata—, non só foron os seus deuses (o motivo do seu orgullo), senón que nelas esculpiron ós mesmos ídolos pagáns.

e mailos seus ídolos;
por isto lles converto as xoias en vasura.
²¹Convertereinas en botín nas mans dos estranxeiros,
daréillelas en ganancia ós peores do mundo,
que as profanarán.
²²Retirarei deles os meus ollos,
para que sigan profanando o meu tesouro escondido;
estraños entrarán nel e profanarano,
²³facéndoo encadear,
pois a capital está chea de xuízos sanguinarios
e a cidade está chea de violencia.
²⁴Traerei os pobos máis malvados
para que se apoderen das súas casas,
e acabarei co orgullo dos poderosos,
e os que eles consideran sagrados serán profanados.
²⁵Chega a angustia do castigo,
buscan a paz, pero non a hai.
²⁶Virá desastre tras desastre,
unha mala noticia seguirá a outra mala noticia;
pediranlle oráculos ó profeta,
faltaralle a normativa ó sacerdote,
e o consello ó ancián.
²⁷O rei porase de loito,
o príncipe vestirase de desolación,
e ós campesiños tremeránlle-las mans;
trataréinos conforme o seu comportamento,
e xulgareinos conforme os seus inxustos xuízos.
Recoñecerán que eu son o Señor.

RESPOSTA DE EZEQUIEL Á CUESTIÓN SOBRE O VERDADEIRO ISRAEL

Visión da idolatría no templo de Xerusalén

8 ¹No ano sexto, no mes sexto, o cinco deste mes, estando eu sentado na miña casa e estando sentados os anciáns de Xudá diante de min, caeu alí sobre min a man do Señor, Iavé. ²Entón tiven unha visión: e velaí unha forma, coma o aspecto dun home: desde o que parecía a súa cintura para abai-

---

7, 22 *Tesouro escondido:* o termo "tesouro" é masculino en hebreo, pero refírese aquí a un nome feminino, presente nos sufixos pronominais que seguen, e non pode ser outro ca Xerusalén, a cidade onde mora Iavé, a cidade do templo e os seus tesouros. Deus non quere que a siga profanando o pobo: prefire que o fagan os estranxeiros.
7, 24 *Os que eles consideran sagrados:* refírese ós santuarios pagáns, ós ídolos e ó mesmo templo (sacerdotes e utensilios do culto de Xerusalén).
7, 26 Nos momentos de crise é a palabra profética a que salva as situacións, pois nin a pura aplicación da lei nin o consello prudente valen, senón a revelación inspirada do profeta, que lles dá senso ós feitos históricos e mostra o camiño salvífico.
8, 1-11, 25 A visita que lle fan ó profeta as autoridades relixiosas dos deportados recibe a súa resposta en **11,** 14-21, e máis na sección conclusiva (**11,** 22-25). Este feito literario obríganos a considerar toda a serie de visións que segue coma unha unidade, subliñada en **11,** 25. O carácter visionario e de contemplación no arquetipo divino de **8,** 2-11.13 lévanos a pensar no nacemento prematuro da apocalíptica, que se confirma coa perfecta organización das unidades máis pequenas e co dinamismo crecente dos temas, a medida que vai aumentando a redacción. A mensaxe central é que o verdadeiro Israel non o constitúen os habitantes de Xerusalén (idólatras: cf **2,** 3-16), que terán pronto o seu castigo (**9,** 1), pois nunha visión dramática celeste aparece a execración do templo cos cadáveres dos mesmos habitantes de Xerusalén (**9,** 2-7). O tema do castigo divino ten un duplicado en **9,** 8-10, na forma dun oráculo de xuízo de castigo, que enlaza literariamente coa visión dramático-apocalíptica mediante o v 11, con referencia ó escribán da visión. Ó mesmo tempo, este v intro-
duce o tema da unidade seguinte (**10,** 1-22). Estes vv centrais na sección enlazan dous temas: o do castigo da cidade con lume purificador, e o da gloria de Iavé, que deixa o templo (vv 18-19; cf **9,** 1-7).
A gloria de Iavé que abandona o templo de Xerusalén é a mesma que se lle mostrou ó profeta xunto ó río Quebar (cc. 1-3), polo que mora entre os desterrados (**10,** 20-22). O mesmo tema recóllese na conclusión (**11,** 22-25). O texto de **11,** 1-12, vinculado á sección anterior, constitúe unha visión dos dirixentes do pobo e dos seus iníquos consellos de esperar da situación xeográfica de Xerusalén seguridade, o que, para o profeta, resulta falso. Este oráculo de anuncio de castigo acaba coa morte instantánea dun dos dirixentes (**11,** 13), que ten a dobre función de sinal de eficacia e veracidade das palabras proféticas e ó mesmo tempo que introduce o tema central do resto de Israel (tema da última sección: **11,** 14-21). Estes vv reflexan a opinión dos que quedaron en Xerusalén de sentírense o verdadeiro resto de Israel (v 15), que serve de contraste ó oráculo salvífico, no que se declara que o son os deportados, pois o Señor en persoa vólvese para eles un santuario espiritual nos países onde foron (vv 16-20). O oráculo salvífico acaba cunha chamada a librarse da idolatría (v 21). A conclusión da sección está constituída polos vv 22-25. Recóllese neles o tema da sección central (**10,** 1-22), da ida da gloria de Iavé a Caldea (Babilonia), camiñando sobre o profeta que volta alá en visión, e coa referencia ós desterrados, que reciben a comunicación profética.
8, 1 *O ano sexto:* seis anos despois da primeira deportación (598). Corresponde ó ano 592. O día 5º do 6º mes: o día 2 de setembro. A vocación profética acontecera no ano 593.
8, 2 A descrición responde á da gloria de Iavé na visión ou teofanía vocacional (**1,** 16).

xo era lume; e desde a súa cintura para arriba tiña coma o aspecto do fulgor, coma o brillo do electro. ³Alongou unha especie de man e colleume polas guedellas da cabeza; entón o Espírito levantoume entre a terra e o ceo, e en visións divinas levoume a Xerusalén, á entrada da porta interior, que dá ó norte, onde está o sitio da imaxe dos celos, a imaxe do creador.

⁴E alí estaba a gloria do Deus de Israel, semellante á visión que eu tivera na chaira. ⁵Entón díxome:

—Fillo de Adam, levanta os teus ollos, en dirección ó norte. Eu levantei os meus ollos en dirección ó norte, e velaí que ó norte da porta do altar estaba a imaxe dos celos, a que estaba na entrada. ⁶Logo engadiu:

—Fillo de Adam, ¿non estás a olla-lo que eles fan: as grandes abominacións que comete aquí a casa de Israel ó apartarse do meu santuario? Aínda volverás ver abominacións maiores.

⁷Logo levoume á porta do adro; ollei, e vin unha físgoa na parede. ⁸Díxome:

—Fillo de Adam, fai que a físgoa se abra no muro.

Eu fixen que a físgoa se abrise no muro, e había unha abertura.

⁹Logo díxome:

—Entra e olla as perversas abominacións que eles están facendo aquí.

¹⁰Entrei e ollei, e vin todo xeito de reptís e animais, as abominacións e tódolos ídolos da casa de Israel esculpidos sobre o muro ó arredor. ¹¹E alí, tamén ó arredor, setenta homes dos anciáns da Casa de Israel, con Iezanías, fillo de Xafán no medio deles; estaban de pé cara ás imaxes; cada un tiña o seu incensario na man e o perfume da nube de incenso subía. ¹²Díxome:

—¿Non ves, fillo de Adam, o que están a face-los anciáns da Casa de Israel na escuridade, cada un no camarín da súa imaxe? Oe o que están a dicir: "O Señor non é capaz de nos ver, o Señor abandonou o país".

¹³E seguiume dicindo:

—Aínda volverás a ve-las abominacións máis grandes que eles fan.

¹⁴Entón levoume á entrada da porta do templo do Señor que dá ó norte, e vin as mulleres sentadas chorando por Tamuz. ¹⁵Díxome:

—¿Non ves, fillo de Adam? Aínda volverás ver abominacións máis grandes ca estas.

¹⁶Entón levoume ó adro interior do templo do Señor, e vin na porta do templo do Señor, entre a entrada e mailo altar, coma uns vintecinco homes, de costas para o templo do Señor e coa cara para o nacente: eles estaban postrados cara ó nacente adorando o sol. ¹⁷Díxome:

—¿Víchelo, fillo de Adam? ¡Parécelle pouco á Casa de Xudá comete-las abominacións que está a cometer aquí, que enche o país de violencia e volve enfadarme! ¡Ve-laí que envían tropa forzuda, a súa forza irada!

¹⁸Pois eu tamén obrarei con carraxe,
nin o meu rostro terá compaixón deles,
nin os perdoarei;
clamarán a grandes berros ós meus oídos,
pero eu non os escoitarei.

Visión do anuncio de castigo contra Xerusalén

9 ¹Unha gran voz resoa nos meus oídos, dicindo:

—Xa chegan os verdugos da cidade, cada un ten na propia man a súa arma de destrucción. ²Velaí seis homes que entran polo camiño da porta de arriba, que dá ó norte, cada un ten na propia man a súa arma de esmagar. No medio deles, un home vestido de liño, co tinteiro de escribán á súa cintura. Entraron e puxéronse de pé ó lado do altar de bronce. ³Entón a gloria do Deus de Israel levantouse de enriba dos querubíns, sobre os que estaba, camiño da soleira do templo, e chamou ó home vestido de liño, que tiña na

---

8, 3 Describe o arroubo místico e o traslado en visión a Xerusalén, realizada a imaxe da gloria de Iavé.

8, 4-16 Estes vv presentan en visión catro estilos diferentes de culto idolátrico: o do culto a Tamuz, practicado polos babilonios (vv 4-6); o dos reptís e outros animais, típico de Exipto, e practicado ocultamente polos xefes do pobo que non teñen unha política de confianza en Exipto (vv 7-12); o das mulleres que choran a Tamuz, no ritual da morte-resurrección dese deus, equivalente a Baal (v 13-14); e o dos homes, símbolo dos dirixentes do pobo que adoran o Sol e negan a adoración a Iavé (cf **11,** 11s).

9, 1-11 Esta sección está composta dunha visión dramática (vv 1-7) e dun oráculo de xuízo de castigo (vv 9-10),
unidos por unha lamentación oracional profética polo resto de Israel (v 8) coma herdeiro das promesas salvíficas, para acabar coas contas que lle dá a Deus o escribán da visión (v 11).

9, 1 *Unha gran voz:* é a voz dinámica de Iavé. *Os verdugos:* son os executores do castigo divino. O ser seis (v 2) quere dicir polo simbolismo do devandito número que o castigo non será completo.

9, 2 *Un home vestido de liño:* disposto a exerce-lo ministerio sacerdotal (cf Ex **28,** 42; Lev **16,**13; 1 Sam **2,** 18...). O Sancta Sanctorum, onde estaba a Arca da Alianza cos querubíns, foi construído por Salomón (cf 1 Re **8,** 64; 2 Cro **4,** 1).

cintura o tinteiro de escribán, ⁴e díxolle o Señor:

—Atravesa a cidade, cruza Xerusalén e pon unha marca na fronte dos homes que fan dó e suspiran por causa de tódalas abominacións que se cometen no medio dela.

⁵E ós outros díxolles ós meus oídos:

—Percorrede a cidade detrás del e dade golpes,
que o voso rostro non se apiade, nin teñades compaixón.
⁶Ós vellos, ós mozos e mozas,
ós meniños e ás mulleres,
matádeos ata o exterminio;
pero non vos arrimedes a ningún home que leve a marca.
Comezade polo meu santuario.
E eles comezaron cos homes vellos que estaban diante do templo.
⁷Seguiulles dicindo:

—Profanade o templo, enchede os adros de cadáveres, e saíde.

Eles saíron a matar pola cidade. ⁸Resultou que cando eles mataban, quedei eu só con vida. Entón caín rostro en terra e berrei deste xeito:

—¡Ai, meu Señor Iavé! ¿Vas ti acabar con todo o resto de Israel, lanzando a túa ira contra Xerusalén?

⁹Respondeume:

—A iniquidade da Casa de Israel e de Xudá
é grande, grande abondo;
o país está cheo de sangue
e a cidade está chea de inxustiza;
pois din: "O Señor abandonou o país,
o Señor xa non ve".

¹⁰Pero, pola miña parte, o meu rostro non se apiadará, nin terei compaixón; o comportamento deles volvereino sobre a súa cabeza.

¹¹E o home vestido de liño, que tiña o tinteiro na cintura, deu contas nestes termos:

—Fíxeno tal como ti me mandaches.

A gloria de Iavé deixa o templo e vaise cos deportados

10 ¹Entón tiven unha visión: enriba da plataforma que estaba sobre a cabeza dos querubíns había coma unha pedra de zafiro, cun aspecto parecido ó dun trono, que se vía por enriba deles. ²E faloulle ó home vestido de liño nestes termos:

—Entra no sitio que hai entre as rodas, no sitio que hai debaixo dos querubíns e enche os teus puños de brasas ardentes, das que hai entre os querubíns, e logo esparéxeas pola cidade. El entrou á miña vista. ³Cando el, o home, entrou, os querubíns detivéronse á dereita do templo e a nube encheu o adro interior. ⁴Entón a gloria do Señor levantouse de enriba dos querubíns, camiño da soleira do templo; o templo encheuse da nube e o adro estaba cheo do resplandor da gloria do Señor. ⁵Entón o ruído das ás dos querubíns oíuse ata o adro exterior: era coma a voz de Deus todopoderoso, cando fala.

⁶Cando El lle deu ordes ó home vestido de liño, dicíndolle: "Colle lume de entre as rodas, de entre os querubíns", el foi e púxose ó lado dunha das rodas; ⁷un dos querubíns alongou o seu brazo por entre os querubíns cara ó lume que había no medio dos querubíns; levantouno e púxoo nos puños do que estaba vestido coa roupa de liño, que o colleu e saíu. ⁸Ós querubíns aparecíalles debaixo das ás unha especie de man de home. ⁹Ollei, e vin catro rodas ó lado dos querubíns. O aspecto das rodas era coma o brillo do crisólito. ¹⁰Este era o aspecto delas: a mesma forma era a das catro, pois unha roda estaba encaixada no medio da outra; ¹¹ó camiñaren, camiñaban cara ós catro lados; non se volvían ó camiñaren, pois camiñaban cara ó lugar a onde se dirixía a cabeceira, sen se volveren ó camiñar. ¹²Todo o seu corpo e as súas costas, as súas mans e as súas ás e mailas rodas estaban cheas de resplandores ó arredor, nas catro caras das súas rodas.

9, 4 A marca facíase gravando na fronte unha tau, a última letra do alfabeto hebreo. A marca salvífica pónselles ós que fan lamentación penitencial polos pecados de Xerusalén (cf Ex **21**, 6; Dt **15**, 17; Ap **7**, 3s; **13**, 16; **14**, 1).

9, 6 Para o semita o ser non é un valor, senón a existencia ordenada e harmónica nunha comunidade; por isto, a persoa que falla nesta orde debe ser exterminada. A purificación comeza polo templo —profanado cos cadáveres—, e pola cidade.

9, 8 O exterminio dos habitantes de Xerusalén é total: por isto, os herdeiros das promesas salvíficas non poden ser outros cós desterrados.

Caer *rostro en terra* é a resposta do home ante a manifestación de Deus, que aquí se realiza en visión e leva a unha oración de lamento.

9, 10 A cabeza é a base da dirección persoal, e, polo tanto, da responsabilidade.

10, 1-22 Sobre a estructura literaria e o sentido desta sección central, cf a nota a **8**, 1-11, 25.

10, 4 *O templo* é o "Sancta Sanctorum". A *nube* que enche *o templo* é sinal do ocultamento e escurecemento da presencia ou vista, que abandona o tal templo.

10, 8-17 Sobre o simbolismo da descrición dos querubíns e das rodas, cf notas a Ez **1**, 4-28.

¹³A oídas miñas, eles ás rodas chamábanlles "A Roda". ¹⁴Cada un tiña catro caras; as primeiras caras eran caras de querubín, as segundas eran caras de home, as terceiras eran caras de león, e as cuartas de aguia, ¹⁵pois os querubíns podíanse levantar. Estes eran os catro animais que eu vira xunto ó río Quebar. ¹⁶Ó camiñaren os querubíns, camiñaban as rodas ó seu lado, e nin sequera ó levantaren os querubíns as súas ás para se alzaren de sobre o chan, non se apartaban as rodas do seu lado. ¹⁷Ó parárense eles, tamén elas se detiñan, e ó levantárense eles, levantábanse tamén elas, porque o espírito dos viventes estaba nelas.
¹⁸A gloria do Señor saíu de enriba da soleira do templo, e púxose sobre os querubíns. ¹⁹Os querubíns ergueron as súas ás e levantáronse do chan, diante dos meus ollos, eles e mailas rodas xunto con eles; logo pararon á entrada da porta do templo do Señor; a gloria do Deus de Israel sobresaía por enriba deles. ²⁰Estes eran os viventes que eu vira por debaixo do Deus de Israel, xunto ó río Quebar, e deime conta de que eran querubíns. ²¹Os catro tiñan catro caras cada un, e cada un catro ás, e forma de mans de home debaixo das súas ás. ²²A forma das súas caras era a mesma có aspecto e sinal das que eu vira xunto ó río Quebar. Cada un camiñaba de fronte.

Anuncio de castigo contra as falsas seguridades dos dirixentes de Xudá

11 ¹O Espírito arrebatoume e levoume á porta oriental do templo do Señor, que dá ó nacente, e vin á entrada da porta vintecinco homes; no medio deles vin a Iezanías, fillo de Azur e mais a Pelatías, fillo de Benaías, xefes do exército. ²Entón o Señor díxome:

—Fillo de Adam, estes son os homes que están a maquinar iniquidades e a dar malos consellos nesta cidade. ³Están a dicir: "Certo, antes de que se aproxime o tempo de construír casas, a cidade será a pota e nós serémo-la tallada".
⁴Por isto, profetiza contra eles, profetiza, fillo de Adam. ⁵Entón caeu sobre min o Espírito do Señor e díxome:

—Dilles: así fala o Señor: Deste xeito falades vós, Casa de Israel; o que se vos sobe á cabeza seino ben eu. ⁶Multiplicáste-los vosos caídos nesta cidade e enchéste-las rúas de víctimas. ⁷Por isto, así fala o Señor, Deus: as vosas víctimas, as que vós puxestes no medio da cidade, elas son a tallada e a cidade é a pota; pero a vós fágovos saír da cidade. ⁸Tédeslle medo á espada, pero a espada traereina contra vós —é o Señor Iavé, quen fala—.
⁹Heivos facer saír do medio da cidade,
heivos entregar no poder de estranxeiros
e hei facer convosco xustiza.
¹⁰Á espada caeredes,
sobre o territorio de Israel heivos xulgar,
e deste xeito recoñeceredes que eu son o Señor.
¹¹A cidade non vos servirá de pota
nin vós serviredes de tallada no medio dela:
heivos xulgar sobre o territorio de Israel.
¹²E deste xeito recoñeceredes que eu son o Señor,
do que non seguíste-los preceptos
senón que obrastes segundo os costumes dos pobos
que están ó voso arredor.
¹³Mentres eu profetizaba, Pelatías, fillo de Benaías, morreu. Entón eu caín rostro en terra e gritei con forte berro:
—¡Ai, meu Señor, Iavé! ¿Vas ti exterminá-lo resto de Israel?

10, 18-19 Estes dous vv constitúen o elemento central da unidade. A gloria ou presencia salvífica de Iavé deixa o templo de Xerusalén, coma consecuencia da falta de fe do pobo de Xerusalén (cf **8,** 12; **9,** 9). Por isto, o verdadeiro "resto de Israel", os herdeiros das promesas salvíficas divinas, están entre os deportados.
10, 20-22 Son referencias á experiencia salvífica divina entre os deportados, pois Iavé volveuse un santuario espiritual para eles (**11,** 16).
11, 1-13 A sección está constituída por unha visión dramática (vv 1.13) e polo oráculo clarificador da mesma. Este vén sendo un oráculo de xuízo de castigo, coa súa acusación (v 2), a tipificación da acusación (v 3) e o oráculo de castigo (vv 4-11), seguido dun recoñecemento da intervención de Iavé que pretende subliña-la función salvífica do castigo (v 12), para acabar cun sinal e anticipación dese castigo divino (v 13).
11, 1 *Xefes do exército*. As referencias á seguridade (v 3)

recomendan aquí entender "am" coma *exército*, e non coma "pobo".
11, 3 Aínda que a cidade está en perigo de incendio polas brasas que o escribán bota nela (cf **10,** 2. 6), os xefes militares e relixiosos considéranse libres de perigo, o mesmo cá tallada na pota, pois a eles non chegará o lume, ó te-la cidade unha boa defensa xeográfica e de murallas.
11, 5 *O que se vos sobe á cabeza:* lit. "as cousas que soben ó voso espírito". O espírito é a categoría antropolóxica das decisións entusiásticas do home, e aquí en concreto son as simpatías polos babilonios, ou mellor, polos pro-babilonios (cf v 6).
11, 7 A aplicación do dito popular do v 3 ós caídos nestas loitas partidarias, supón que estes pro-babilonios están de acordo coa vontade de Deus e que descansan seguros no Xeol, mentres que eles —os dirixentes pro-exipcios—, non recibirán a conveniente sepultura, servindo de esterco sobre a tona da terra, o que equivale á aniquilación da persoa.

O verdadeiro resto de Israel

¹⁴Entón veume a palabra do Señor nestes termos:
¹⁵—Fillo de Adam, os teus irmáns, os teus propios irmáns, os homes da túa familia e toda a Casa de Israel desapareceron, pois os habitantes de Xerusalén dinlles a eles: "Quedádevos lonxe do Señor; é a nós a quen se nos deu esta terra en herdanza". ¹⁶Por iso dilles: así fala o Señor, Iavé:

—Certo que os fixen apartar entre os pobos,
certo que os esparexín polos países;
pero por un pouquiño eu fun para eles un santuario nos países a onde foron.
¹⁷Por isto, así fala o Señor Iavé:
—Heivos reunir de entre os pobos,
heivos xuntar de entre os países
a onde fostes esparexidos,
e heivos da-la terra de Israel.
¹⁸Entrarán nela e retirarán dela
tódolos seus ídolos e tódalas súas abominacións.
¹⁹Heilles dar un só corazón
e infundirei en vós un espírito novo:
arrincarei da súa carne o corazón de pedra
e dareilles un corazón de carne,
²⁰para que se comporten conforme os meus preceptos,
garden os meus mandamentos e os cumpran;
eles serán o meu pobo
e eu serei o seu Deus.
²¹Pero se o seu corazón se apega
á crenza dos ídolos e das súas abominacións,
eu farei recae-lo seu comportamento sobre as súas cabezas,

—é o Señor, Iavé, quen fala—.

A gloria do Señor abandona o templo e vai a Caldea sobre o profeta

²²Entón os querubíns levantaron as súas ás, estando as rodas xunto a eles; a gloria do Deus de Israel sobresaía sobre eles. ²³A gloria do Señor levantouse do medio da cidade e detívose sobre o monte que está ó nacente da cidade. ²⁴Logo o Espírito arrebatoume e, en éxtase baixo o efecto do Espírito do Señor, levoume a Caldea onda os desterrados, e a visión que eu vira subiu por enriba de min. ²⁵Eu conteilles ós desterrados tódalas cousas que o Señor me concedera ver.

Xesto simbólico da deportación para o príncipe e para os dirixentes

12 ¹Veume a palabra do Señor nestes termos:
²—Fillo de Adam, ti estás vivindo no medio da Casa Rebelde:
teñen ollos para ver, e non ven;
teñen oídos para escoitar, e non escoitan,
pois son Casa Rebelde.
³—Oe ti, fillo de Adam, prepara o teu fardelo de desterrado,
e marcha ó desterro en pleno día, ante os seus propios ollos;
marcha do teu lugar a outro lugar á vista deles,
a ver se o ven, pois son Casa Rebelde.
⁴Colle o teu fardelo, fardelo de deportado, en pleno día á vista deles;
e sairás polo serán e á vista deles,
como os que saen para o desterro.
⁵Á vista deles fura o muro e saca por el o fardelo.

11, 14-21 O v 15 presenta o xeito de pensar dos habitantes de Xerusalén, e a súa interpretación teolóxica das esperanzas salvíficas sobre o resto de Israel (v 13). A introducción oracular do v 14 fai que teñamos que entende-lo v 15 coma elemento de contraste co oráculo dos vv 16-21.

11, 16-17 Contrástese o tema primitivo da dispersión do pobo, co tema salvífico de Deus coma santuario espiritual dos mesmos desterrados. Esta espiritualización do tema do santuario é, pola data de **8,** 1, anterior á caída de Xerusalén, e á reunión dos deportados, verdadeiro resto de Israel.

11, 19 O futuro salvífico preséntase coma unha transformación da interioridade do pobo: corazón (raíz dos plans e proxectos) e espírito (base da animación carismática ou diabólica do home). Os adxectivos "só" e "novo", son paralelos, e queren expresa-la calidade superior da nova situación salvífica. O contraste entre o corazón de carne e o de pedra, subliña o contraste entre o arrepentimento e a obstinación, que levan ó fracaso (pedra coa que un se manca ó caer: cf **3,** 7-9; Xer **5,** 3; Zac **7,** 12).

11, 20 A transformación interior é previa a unha vida de fidelidade, cara á renovación da alianza, expresada na fórmula "eles serán... seu Deus".

11, 21ss Cf nota a **8,** 1-**11,** 25.

12, 1-16 Acción simbólica do profeta (vv 3-7), introducida por unha acusación xeral da dureza e rebeldía do pobo ante a palabra profética (cf **2,** 5.8; **17,** 12; **24,** 3). A acción simbólica tivo lugar en Tel Abib (Babilonia), aínda que se refire ó rei Sedecías e á súa deportación no ano 587. Os destinatarios inmediatos son os deportados, pois no oráculo de explicación (vv 8-16) alude a eles en terceira persoa. O castigo da casa real e dos seus dignatarios ten unha función salvífica despois de que os dispersos recoñezan á Iave e de que o resto de Israel vexa no pecado a causa do castigo (vv15-16).

12, 3 *Fardelo:* lit. "obxectos útiles", equipaxe que levaba o deportado. Nos vv 3-6, repítense as mesmas fórmulas.

⁶Á vista deles bótao ás costas, sácao de noite,
cubre a túa cara para non ve-lo país,
fíxate: fago de ti un sinal para a casa de Israel.
⁷Eu fixen tal como se me mandara:
collín en pleno día o meu fardelo coma fardelo de desterrado,
furei polo serán no muro coa man, saquei o fardelo na escuridade
e cargueino ó lombo á vista deles.
⁸A mañá seguinte veume a palabra do Señor nestes termos:
⁹—Fillo de Adam, ¿acaso non che preguntou a Casa de Israel, a Casa Rebelde, que era o que estabas a facer? ¹⁰Dilles: así fala o meu Señor, Iavé: —Este oráculo é para o príncipe que hai en Xerusalén e para toda a Casa de Israel que está no medio dela. ¹¹Dilles:
Eu fun un sinal para vós:
o mesmo que eu fixen, así se lles fará a eles:
Irán deportados ó desterro.
¹²O príncipe que vive entre eles cargará ó lombo o seu fardelo na escuridade e sairá polo muro que furaron para poderen saír por el, tapará a súa cara para non ver cos seus ollos o país. ¹³Eu estenderei a miña rede sobre el, e será cazado na miña trampa; levareino a Babilonia, país dos caldeos, pero el non a verá, aínda que morrerá alí. ¹⁴E a tódolos que están ó seu arredor, ós seus axudantes e ás súas tropas esparexereinos ós catro ventos, e desenfundarei a espada tras eles. ¹⁵E recoñecerán que eu son o Señor, cando os esparexa por entre os pobos e os disperse polos países.
¹⁶Pero deixarei de entre eles un resto, uns poucos homes escapados da espada, da fame e da peste, para que conten as súas abominacións nos pobos a onde vaian. Entón recoñecerán que eu son o Señor.

Xesto simbólico contra Xerusalén

¹⁷Veume a palabra do Señor nestes termos:
¹⁸—Fillo de Adam, come o teu pan con estremecemento,
bebe a túa auga con tremor e aprensión.
¹⁹Haslle dicir á xente do país:
—Así fala o Señor Iavé acerca dos habitantes de Xerusalén,
dos que viven na terra de Israel:
Comerán o seu pan con aprensión
e beberán a súa auga con medo,
pois a súa terra estará feita unha desolación
chea da violencia de tódolos que habitan nela;
²⁰as cidades que agora están habitadas, estarán devastadas,
e o país será unha desolación.
Entón recoñecerán que eu son o Señor.

Dinamismo e eficacia das visións e palabras de Iavé contra os ditos populares

²¹Veume a palabra do Señor nestes termos:
²²—Fillo de Adam, ¿que significa para vós este dito na terra de Israel, cando dicides: "Os días alónganse, e perde forza a visión?"
²³Pois ben, dilles: así fala o Señor Iavé: —Eu acabo con este dito que non se volverá a usar máis en Israel. Máis ben, dilles ti estoutro: "Están cerca os días do cumprimento de toda visión profética".
²⁴Certo, non volverá a haber visións vas nin adiviñanzas mentireiras na Casa de Israel. ²⁵Pois eu, Iavé, falarei o que teña que falar, unhas palabras que se cumprirán e non se volverán a demorar; si, nos vosos días, Casa Rebelde, falarei unha palabra e cumprireina —é o Señor Iavé quen fala—.
²⁶Veume a palabra do Señor nestes termos:

12, 6 *Fíxate.* Mostra a razón teolóxica do sorprendente comportamento do profeta desterrado.
12, 9 O interrogante subliña como esta acción simbólica esixe a explicación do oráculo.
12, 10 *No medio dela:* en Xerusalén.
12, 12-14 Estes vv son engadidos redaccionais que recollen as circunstancias históricas do cumprimento das palabras proféticas (cf 2 Re **25,** 4-7).
12, 13 A *rede* non é unha metáfora, senón algo moi real. Empregábase para cazar correndo ós fuxitivos, xa desde a época sumérica (3° milenio): cf **17,** 20; **32,** 3; Xob **19,** 6; Hab **1,**15-17).
12, 14 *Ós catro ventos:* é un merismo (en hebreo e en galego), e equivale a "en tódalas direccións".
12, 17-20 Contén unha acción simbólica (vv 17-18) e o correspondente oráculo clarificador (vv 19-20), e refírese ós veciños de Xerusalén en xeral, deixando ve-la situación de asedio e do perigo de asalto da cidade. A data e situación do profeta é a mesma cá da unidade anterior. O oráculo é un oráculo de xuízo de castigo, en orde inversa: anuncio de castigo + acusación + anuncio de castigo, para acabar co anuncio salvífico do recoñecemento do Señor.
12, 21-28 Este texto está composto de dúas respostas divinas, negando a verdade de dous ditos populares dos habitantes de Xudá (vv 21-25; 26-28), corrixíndoos por outro e por oráculos que suliñan o dinamismo interno da palabra. Os termos *visións, adiviñanzas, palabras,* teñen senso colectivo e por isto van en plural.
12, 22 O termo *visión* ten dende o século VII o senso de revelación, ou comunicación oracular, recibida ou non en visión profética.

²⁷—Fillo de Adam, velaí a Casa de Israel que anda a dicir: "As visións deste van para longo, este profetiza para tempos remotos".
²⁸Pois ben, dilles: así fala o Señor, Iavé:
—Ningunha das miñas palabras se demorará, pois eu digo unha palabra e cúmprese —é o Señor Iavé quen fala—.

Oráculos reelaborados contra os falsos profetas de Xerusalén

13 ¹Veume a palabra do Señor nestes termos:
²—Fillo de Adam, profetiza contra os profetas de Israel, profetiza e dilles ós que profetizan desde o seu propio corazón: escoitade a palabra do Señor:
³Así fala o Señor Iavé:
—¡Ai dos profetas que profetizan
e seguen o seu propio espírito,
pero sen veren!
⁴Coma as raposas entre as ruínas
son os teus profetas, Israel.
⁵Non subistes ás brechas,
non erguestes un muro
ante a Casa de Israel,
para que resistise firme na guerra,
o día do Señor.
⁶Viron cousas ilusorias,
e adiviñaron mentiras
os que dicían "oráculo do Señor",
cando El non os mandou,
aínda que agardaban que lles confirmase a palabra.
⁷¿Acaso non vistes vós visións ilusorias,
e acaso non dixestes adiviñanzas mentireiras,
cando diciades "oráculo do Señor",
pero eu non falara?
⁸Por iso, así fala o Señor Iavé:
—Por falardes en van
e terdes visións mentireiras,
por isto estou eu contra vós,
—é o Señor, Iavé quen fala—:
⁹A miña man estará contra os profetas
que profetizan visións ilusorias
e adiviñanzas mentireiras;
eles non formarán parte da asemblea do meu pobo,
nin serán inscritos no censo da Casa de Israel,
nin entrarán na terra de Israel.
Así recoñeceredes que eu son o Señor, Iavé.
¹⁰Polo feito de que eles extravían o meu pobo,
dicíndolle: "Haberá paz", cando non haberá,
e cando o meu pobo construe un muro,
eles danlle o recebo;
¹¹por isto dilles ós que fan o recebo:
Caerá de certo,
haberá unha tormenta arrasadora,
farei que caian bolas de pedrazo
e que irrumpa un vento de furacán.
¹²E velaí: caerá o muro. ¿Non se vos preguntará entón:
"Onde está o recebo que vós destes?".
¹³Por isto, así fala o Señor Iavé:
—Desencadearei un vento de furacán coa miña ira,
coa miña ira haberá unha tormenta arrasadora,
e co meu noxo haberá pedrazo para a destrucción.

13, 1-6 Este texto contén un Ai de oráculo de xuízo de castigo contra os falsos profetas anteriores á caída de Xerusalén do ano 587. Está formado polos vv 3-4.6.9. (acusación) e polos vv 10.11 (16) (xuízo de castigo), onde se fala destes profetas en terceira persoa, para logo —unha vez que foron desterrados—, engadir unhas acusacións directas (en 2.ª persoa: vv 5.7-8.12-15). O autor engadidos, foi o mesmo profeta, que tivo problemas no desterro cos que anunciaban mensaxes de prosperidade.
13, 1-3 *Ós que profetizan desde o seu propio corazón.* Eses son os que non recibiron a palabra do Señor, senón que falan do que xorde dos seus plans e proxectos políticos. A expresión coméntase no v 3 con "seguen o seu propio espírito" (coma raíz da enerxía interior e da fonte de inspiración interna).
13, 3 *Sen veren,* sen recibir comunicacións divinas.
13, 5 As imaxes das fendas e das murallas simbolizan a fidelidade á alianza, o único que dá seguridade diante do Señor.
13, 7 *Vistes... visións.* Equivale a recibir comunicacións, que aquí son vas (cf notas ó v 3, e a **12,** 22).

13, 9 *A asemblea.* Era a xuntanza do pobo con finalidade cúltica, civil ou militar. Aquí expresa a pertenza ó pobo. Este oráculo de xuízo de castigo, ten unha función salvífica (cf nota a **12,** 17-20).
13, 10 *Paz* (heb."xalom") indica a fartura, a abundancia e a felicidade. A imaxe da construcción do muro hai que relacionala coa da casa (v 9), co senso de tribo, pobo. Aquí, o muro simboliza os plans de independencia respecto de Babilonia, apoiados en alianzas políticas, e contra a fidelidade á alianza con Iavé (cf cc. **16** e **23**; Os **1, 3**s...), anque teñen aparencias de conformidade coa vontade de Deus, que ofrecen os falsos profetas.
13, 11 Na edificación das casas non se buscaban os alicerces, senón que se achanzaba o terreo, polo que a tormenta, a saraiba e o furacán provocaban desastres que non tiñan solución.
13, 12 Despois de expresa-la caída dos plans dos falsos profetas no ano 587, Ezequiel encárase cos seus adversarios, desenvolvendo a imaxe dos vv 10-11, mostrando como o desastre aínda non acabou, pero sen esquece-la función salvífica do mesmo (cf v 14).

¹⁴Eu tirarei o muro ó que vós lle destes recebo,
e fareino vir á terra;
os seus alicerces quedarán ó descuberto;
caerá, e vós pereceredes debaixo del.
Entón recoñeceredes que eu son o Señor.
¹⁵Eu levarei ó extremo a miña ira contra o muro,
e contra os que lle deron o recebo,
e logo direivos: "Xa non hai nin muro
nin os que lle deron o recebo.
¹⁶Os profetas de Israel profetizan sobre Xerusalén,
e ven acerca dela visións de paz,
pero non hai paz",
—é o Señor, Iavé, quen fala—.

Oráculos de xuízo contra as falsas profetisas

¹⁷—Oe, fillo de Adam, encárate coas fillas do teu pobo, que profetizan o que lles sae do seu corazón, e profetiza contra elas. ¹⁸Dilles: así fala o Señor Iavé:
—¡Ai das que cosedes lazos en tódolos pulsos
e facedes carapuchos para as cabezas de calquera medida
para caza-la vida!
Declarades cazada a vida do meu pobo,
mentres mantedes viva a vosa propia vida.
¹⁹Profanádesme a min diante do meu pobo
por un puñado de cebada, por un bocado de pan,
sentenciando á morte a vida que non debía morrer,
e mantendo viva a vida que non tiña dereito a vivir,
embelecando o meu pobo que escoita os vosos embustes.
²⁰Por iso, así fala o meu Señor Iavé:
—Velaí que eu estou contra os vosos carapuchos,
cos que vós cazáde-las vidas coma paxaros;
arrincareinos dos vosos brazos,
e deste xeito deixarei libres as vidas que vós cazades,
a vida dos paxaros. ²¹Racharei os vosos carapuchos
e librarei das vosas mans o meu pobo,
que non volverá a ser presa das vosas mans.
Deste xeito recoñeceredes que eu son o Señor.
²²Por aflixírde-lo corazón do xusto con mentiras,
sen que eu o aflixa;
e por apreixardes forte as mans do impío,
para que non se retire do seu mal comportamento
e deste xeito poida vivir;
²³por isto, non volveredes ter máis visións ilusorias,
non volveredes adiviñar máis adiviñanzas mentireiras;
librarei o meu pobo das vosas mans.
Entón recoñeceredes que eu son o Señor.

Esixencia de pureza da fe para consulta-lo profeta

14 ¹Viñeron onda min uns homes de entre os anciáns de Israel,
que sentaron en fronte de min. ²Entón veume a palabra do Señor nestes termos:

13, 17-23 Literalmente o texto contén un Ai de xuízo de castigo, coa acusación (vv 18-19) e o anuncio do castigo (vv 20-21). Os vv 22-23 constitúen un novo oráculo de xuízo de castigo, que recolle o tema sapiencial do xusto e do impío. Os dous oráculos acaban coa función salvífica de recoñecemento do Señor (vv 21. 23).
13, 17-18 A estas mulleres non se lles chama profetisas, senón que se di que profetizan ou que se consideran a si mesmas profetisas. Son máis ben feiticeiras, que acompañan o seu feitizo con mensaxes que cren recibir en visións ou adiviñacións (cf v 23). O feito de coser lazos no pulso da man do que as consulta, ten que ter un sentido de malfeitizo, pois expresa a rixidez da morte; mentres que o poñer carapuchos na cabeza dos clientes ten un senso de benfeitizo —anuncio de prosperidade e ascenso político—, pois a cabeza ten un valor simbólico de mando e dirección libre dos demais. O termo *vida* ten aquí o senso de prosperidade. Caza-la vida, significa arruinala; mantémo-la expresión, porque se repite en sentido contrario no anuncio de castigo do v 20.
13, 19 A profanación de Iavé débese a que se invocaba o seu nome nestas declaracións. As acusacións de venalida-
de nas declaracións preparan o tema do segundo oráculo sobre o xusto e o impío (vv 22-23).
13, 20 *Cazáde-las vidas.* Equivale a apoderarse dos bens alleos e de facer que as situacións de relativa prosperidade dos dirixentes pro-expicios se estraguen cos seus xestos simbólicos de éxito, expresados polos carapuchos.
13, 22 *Apreixar forte as mans:* dar azos e alenta-las obras do impío.
14, 1-11 O texto presenta un feito histórico localizable en Babilonia, pois alude ós anciáns de Israel, dirixentes da comunidade do desterro. O profeta recibe da parte do Señor a clarividencia do seu interior idolátrico, sobre o que no formulario do "torah" profética (formulación en condicións hipotéticas: vv 4.7.9), presenta o rexeitamento divino da tal acción, sexa respecto ó profeta, sexa respecto ó que consulta. Non obstante, o castigo divino non é aniquilador, senón salvífico, a xulgar pola exhortación á conversión (cf v 6), polo recoñecemento do Señor (v 8) e polo escarmento xeral (v 8), que levará á plena fidelidade á alianza (v 11). A pureza da fe como total confianza no poder de Iavé é condición esencial para realizar con éxito a consulta que o profeta fai a Iavé.

³—Fillo de Adam, estes homes traen os ídolos no corazón, poñen diante deles o que os fai caer nas súas iniquidades, ¿voume deixar consultar?, ¿voume deixar consultar por eles? ⁴Por isto fálalles e dilles: así fala o Señor, Iavé:

—Calquera home da casa de Israel que traia os seus ídolos no corazón, e que traia diante del o que o fai caer nas súas iniquidades, se vén onda o profeta, eu, Iavé, virareime contra o profeta por culpa del, por culpa da multitude dos seus ídolos. ⁵Deste xeito, sorprenderei á casa de Israel nos seus pensamentos, pois apartáronse de min por culpa de tódolos seus ídolos. ⁶Por isto, dille á casa de Israel: así fala o Señor, Iavé. Arrepentídevos e convertédevos das vosas idolatrías, e retirade a cara de tódalas vosas abominacións, ⁷pois, se un calquera da casa de Israel ou dos forasteiros que residen en Israel se aparta de min e trae os seus ídolos no corazón e pon diante de si o que o fai caer nas súas abominacións, e logo vén a xunto do profeta consultarme por medio del, eu, Iavé, virareime contra o profeta por culpa súa. ⁸Encarareime con el, convertereino nun escarmento proverbial e arrincareino do medio do meu pobo. Deste xeito vós recoñeceredes que eu son o Señor. ⁹En canto a ese profeta, se se deixa seducir e pronuncia un oráculo, eu, o Señor, seducirei a ese profeta, estenderei a miña man contra el e extirpareino do medio do meu pobo, Israel. ¹⁰Os dous cargarán coa súa culpa, pois a culpa do profeta é a mesma cá culpa do que fai a consulta. ¹¹Deste xeito a casa de Israel non volverá apartarse de min, nin volverá profanarse con tódalas súas infidelidades, senón que serán o meu pobo e eu serei o seu Deus —é o Señor, Iavé, quen fala—.

Irremediable castigo contra Xerusalén

¹²Veume a palabra do Señor nestes termos: ¹³—Fillo de Adam, poñámo-lo caso dunha cidade: se peca contra min e comete un sacrilexio, entón eu estendo a miña man contra ela, córtolle as provisións de pan, mando contra ela a fame e retiro dela homes e animais. ¹⁴Se estivesen no medio da cidade estes tres homes, Noé, Daniel e Xob, eles salvarían a vida por mor da súa xustiza.

¹⁵Ou se non, se eu soltase feras salvaxes nesa cidade deixándoa sen fillos, volveríase unha desolación por falta de quen pasase por ela a causa das feras; ¹⁶aínda que estes tres homes estivesen no medio dela, xúroo pola miña vida —é o Señor, Iavé, quen fala— que nin salvarían os seus fillos nin as súas fillas, senón que soamente eles se salvarían e a cidade quedaría feita unha desolación.

¹⁷Ou se non, se mandase a espada contra esa cidade e dese ordes de que a espada atravesase a cidade, e deste xeito eu eliminase dela homes e animais, ¹⁸aínda que estivesen dentro da cidade estes tres homes, ¡xúroo pola miña vida! —quen fala é o Señor, Iavé— que non salvarían os seus fillos nin as súas fillas, senón que se salvarían eles sós.

¹⁹Ou se non, se eu mandase peste a ese país e contra el vertese o meu noxo en sangue, eliminando dese país homes e animais, ²⁰aínda que Noé, Daniel e Xob estivesen no país, ¡xúroo pola miña vida! —quen fala é o Señor, Iavé— que non salvarían nin fillo nin filla, aínda que por mor da súa xustiza eles salvarían a vida.

²¹Velaí o Señor Iavé, que fala así: —Aínda que eu mande contra Xerusalén os meus catro terribles castigos: a espada, a fame, as feras salvaxes e maila peste para eliminar dela homes e animais, ²²dela quedarán só os fuxidos, os fillos e mailas fillas que puideron escapar. Ollade que virán onda vós, e vós comprobarédelo seu comportamento e os seus feitos; deste xeito consolarédesvos da desgracia que eu trouxen contra Xerusalén, de todo o que trouxen contra ela. ²³Os mesmos fuxidos vos consolarán, pois comproba-

---

14, 3 *Poñen diante deles:* expresión relativa ós ídolos que adoran, e nos que poñen a confianza.
O corazón está aquí polas intencións, as crenzas nos poderes salvíficos, transcendentes.
14, 4 *Virareime* contra o profeta (lit. "contra este"). O profeta, na súa clarividencia, percibe a ira de Deus contra si mesmo, por se deixar consultar.
14, 5 *Pensamentos:* lit "corazón" (cf nota ó v 3).
14, 12-20 Esta sección está composta de dúas partes: a) vv 12-20, en torah profética (ó estilo da resposta casuística dos sacerdotes-xuíces), na que o xuízo de castigo contra Xerusalén se subliña co tema da retribución individual; e b) os vv 21-23: un dobre oráculo de consolación polo cumprimento do xusto xuízo de Deus, un dirixido ós babilonios e outro ós primeiros deportados.
14, 13 *Cidade:* cf nota a Xer **6**, 8.
14, 14 Dos tres xustos lexendarios, soamente Daniel é alleo ás vellas tradicións biblicas, pero non así ás tradicións cananeas (cf a lenda de Daniel en ugarítico, de onde o colle Ez para pasalo despois, coa pseudonimia, ó Dn bíblico).
14, 15 Aínda que o tema da retribución individual non é o obxecto fundamental da exposición, está presente no texto coma a razón do inexorable xuízo de Deus: os fillos non se ven protexidos pola xustiza dos seus pais.
14, 22 A consolación dos babilonios está na base dun universalismo iavista, que se desenvolve no desterro.

réde-lo seu comportamento e mailos seus feitos. Vós recoñeceredes que non sen razón fixen eu todo o que fixen nela —quen fala é o Señor Iavé—.

A parábola das vides: oráculo contra Xerusalén

15 ¹Veume a palabra do Señor nestes termos:
²—Fillo de Adam,
¿que é a madeira da vide
comparada coa de tódalas árbores?
As vides ¿que lugar teñen
entre as árbores do bosque?
³¿Cóllese, por acaso, dela a madeira
para facer algo útil?
¿Cóllese dela un gancho
para colgar calquera cousa?
⁴Velaí, bótase no lume para que a consuma,
e o lume consómelle as dúas puntas,
e o seu centro arde en labarada;
¿servirá, aínda, para algunha cousa?
⁵Se cando estaba enteira
non se empregaba para cousa ningunha,
¡moito menos, cando a consome o lume e arde en labarada,
se poderá volver a empregar en obra útil!
⁶Por iso, así fala o meu Señor, Iavé:
—O mesmo que entre a madeira do bosque
eu destinei a madeira da vide para pasto do lume,
así destinarei ó lume os habitantes de Xerusalén
⁷e dirixirei contra eles o meu noxo:
escaparon do lume,
pero o lume consumiraos.

E vós recoñeceredes que eu son o Señor,
cando dirixa contra eles a miña cara irada,
⁸e converta a súa terra nunha desolación,
xa que se comportaron perfidamente
—é o Señor quen fala—.

Alegoría dos amores culpables de Xerusalén

16 ¹Veume a palabra do Señor nestes termos:
²—Fillo de Adam,
faille saber a Xerusalén as súas abominacións,
³dille: así fala o meu Señor, Iavé:
—¡Xerusalén! As túas orixes e mailos teus devanceiros
proveñen do país dos cananeos:
teu pai é o amorreo e túa nai é hitita.
⁴Tales son os teus devanceiros:
O día que naciches,
non che ataron o cordón do embigo,
non te lavaron con auga por pura compaixón,
nin te lavaron con auga salgada,
nin te enfaixaron.
⁵Ninguén se apiadou de ti
facéndoche algunha destas cousas,
por compaixón de ti,
senón que dabas noxo,
e fuches botada ó campo
o día que naciches.
⁶Pero pasei eu onda ti, e olleite
no teu propio sangue,
e a ti, que estabas no teu propio sangue, repetinche:
"Vive ⁷e medra, vólvete coma as herbas do campo".

15, 1-8 Parábola que recolle o paralelismo das videiras, que non valen máis que para o lume (vv 2-5), co xuízo de castigo divino contra Xerusalén (vv 6-8), no que a cidade e os habitantes son destinados á ira de Deus, a un lume devorador. O texto dirírxese ós desterrados, pois o castigo serviralles para recoñece-lo señorío de Iavé.

16, 1-63 Esta longa unidade non é unha parábola, pois a imaxe do pobo coma unha matrona esposada con Deus é habitual para o A. T., e porque ademais o centro teolóxico do texto está na triple acusación e anuncio de castigo que se ve presente xa na historia (aínda que, desde a segunda acusación, se introduza a perspectiva salvífica). Resulta este esquema: A) 1) Contraste dos beneficios de Deus en favor do pobo (vv 3-14), que subliñan a importancia da 2) acusación de infidelidade a Deus, esposo benfeitor (vv 15-26). 3) Castigo, xa presente na insatisfacción das súas apetencias (vv 27-29). B) 1) Nova acusación: ser peor cás outras prostitutas (vv 30-34). 2) Anuncio de castigos xa presentes (vv 35-36) e futuros (vv 37-41a). 3) Anuncio de salvación (vv 41b-42). C) 1) Despois dunha curta acusación e anuncio de castigo (v 43), aparece: 1) a tipificación da acusación, e o desenvolvemento da mesma (vv 44-52). 2) O anuncio do castigo (vv 53-54). 3) Promesa salvífica para un futuro (vv 55-57). Conclusión: Chamada a soporta-lo castigo, pois, aínda que Iavé rompeu a alianza co pobo (vv 58-59), vai restablecela de cheo (vv 60-63). Esta conclusión vén preparada en A) 1) (vv 3-14), onde se subliña o poder creador de Deus, sen colaboración por parte do pobo.

16, 3-5 Todas estas referencias ás orixes da señora (Xerusalén) son negativas. Queren salienta-la total gratuidade da acción vivificadora de Iave (v 6ss).

16, 3 Amorreo (cananeo), pois tales eran os iebuseos, moradores de Xerusalén antes da conquista de David, onde se mesturaban con xentes de orixe hitita (indoeuropeos): cf 2 Sam **11,** 3; **23,** 39; **24,** 16-18.

16, 4 *Ataron o cordón do embigo:* lit. "cortou o fluxo de sangue do embigo". *Por pura compaixón:* o vocábulo hebreo hai que poñelo en relación cunha raíz ugarítica, que significa ofrenda, regalo. Lavar *con auga salgada:* para secar ben a pel.

16, 5 *Ninguén:* lit. "non houbo ollo", coma raíz da piedade e compaixón).

16, 7 *Ledicia do teu crecemento* (lit. "dobre inchamento"): referido á aparición dos seos na mociña. As referencias á menstruación, que fan algúns, non son correctas, xa que a menstruación é considerada polo semita coma impureza.

E ti medraches e fixécheste moza,
chegaches á ledicia do teu crecemento:
os dous peitos afirmáronseche
e naceuche o teu pelo,
pero estabas espida e en coiros.
⁸Volvín pasar onda ti e fixeime en ti:
Velaí, a túa idade era a idade do namoro;
estendín o meu manto sobre ti
e cubrín a túa nudez;
comprometinme contigo con xuramento,
e entrei en alianza contigo
—é o meu Señor, Iavé, quen fala—
e fuches miña.
⁹Logo laveite con auga, limpeiche o sangue de enriba de ti
e unxinte con aceite.
¹⁰Despois púxenche roupas bordadas,
calceite con pel de coiro fino,
púxenche un cinto de liño ben curado,
e cubrinte cun mantón de seda.
¹¹Engalaneite de xoias:
puxen pulseiras nos teus brazos
e colares no teu pescozo.
¹²Puxen un anel no teu nariz,
pendentes nas túas orellas
e unha coroa preciosa na túa cabeza.
¹³Engalanábaste con ouro e prata,
os teus vestidos eran de liño ben curado,
seda e bordados;
comía-la flor da fariña, mel e aceite;
estabas moi fermosa e conseguiches ser raíña.
¹⁴O teu nome correu entre as nacións por mor da túa beleza,
co esplendor que eu puxera en ti,
¡tan perfecta era a túa beleza!
—é o meu Señor, Iavé, quen fala—.
¹⁵Fiácheste da túa beleza
e afincada no teu renome,
décheste á prostitución.
Ofreciches a cantos pasaban os teus engados de prostituta
—é ben certo que así segue sendo—.
¹⁶Collíche-los teus vestidos
e fixeches con eles prostíbulos de cores,
para fornicar fóra sobre os vestidos;
e deste xeito segue sendo.
¹⁷Collíche-las túas preciosas xoias,
feitas co ouro e a prata que eu che regalara,
e facías para ti imaxes de homes
para prostituírte con elas.
¹⁸Collía-los teus vestidos bordados
para as cubrires, e ante elas
ofrecía-lo meu aceite e mailo meu incenso.
¹⁹A comida que eu che daba
—a flor da fariña, o aceite e mailo mel con que eu te alimentaba—
ofrecíchela ante elas coma perfume agradable:
así segue sendo,
—é o meu Señor, Iavé, quen fala—.
²⁰Collía-los teus fillos e fillas,
os fillos que ti me deras,
e ofrecíalos en sacrificio ás imaxes para que os comesen.
¿Acaso isto é menos grave cá túa prostitución?
²¹Degolába-los meus fillos,
e facíalos pasar polo lume en honra delas.
²²Ante as túas abominacións e prostitucións
non te lembrabas dos días da túa mocidade,
cando estabas espida e en coiros,
a rebolos no teu propio sangue.
²³E velaí, ademais de toda a túa ruindade,
¡Ai, ai de ti! —é o meu Señor, Iavé, quen o di—
²⁴construía-los teus altares,
e facía-los teus enganos en tódalas prazas.
²⁵Por tódolos camiños máis importantes
construía-los teus enganos;
emporcallába-la túa fermosura;
ofrecendo o teu corpo a todo aquel que pasa,
multiplicando así as túas prostitucións.
²⁶Décheste á prostitución cos exipcios, os teus veciños,
de robusta natureza;
e tanto multiplicáche-las túas prostitucións,

16, 8 Estende-lo *manto*, cubri-la *nudez*, son expresións relativas ó matrimonio (cf 27, 20; Dt 23, 1; Rut 3, 9). A nudez é aquí a desprotección e o desamparo, que se resolve co matrimonio.
16, 10 *Coiro fino*. A pel á que alude o vocábulo hebreo debe de se-la da vaca mariña ou a dunha especie de golfiño.
16, 15 Nótese o contraste tráxico no feito de que, facéndolle Deus regalos á súa esposa, ela os empregue para darse á prostitución. Este mesmo contraste encóntrase na oposición entre a segunda persoa dos verbos (vv 15-21) e o posesivo "meus", referido ós dons de Deus.
16, 17 *Prostituírte* (lit. "fornicares"). Vén sendo o culto idolátrico, no que era habitual a prostitución sagrada.
16, 20-21 Da ofrenda dos fillos a Baal, fálase tamén en **20**, 25-26; cf Xer **7**, 30-31; **19**, 5; **32**, 35. Nótese a especial ofensa da vida humana, que se pon á mesma altura có culto lexítimo debido a Iavé.
16, 22 *Lembrarse...*: É a meditación reflexiva sobre as tradicións da constitución do pobo e da historia da salvación, que alimenta a fe do pobo.
16, 25 *Máis importantes*: lit. "da cabeza", por se-la base da dirección.
16, 26 A *robusta natureza*: eufemismo.

que me anoxaches a min.
²⁷E así eu estendín a miña man contra ti,
e cortei as túas pretensións;
entregueite ás apetencias das túas inimigas,
as fillas dos filisteos,
que estaban avergonzadas do teu comportamento infame.
²⁸Fornicaches cos fillos de Asur sen te fartares,
e volviches fornicar con eles
e tampouco te fartaches.
²⁹Multiplicáche-las túas fornicacións con Caldea,
no país de Canaán,
e nin con isto te fartaches.
³⁰¡Que ardoroso estaba o teu furor sexual
—é o Señor, Iavé, quen fala—
cando facías todas estas cousas,
feitos de esposa prostituta e dominante!
³¹Cando construía-los teus altares
nos camiños máis importantes,
e facía-los teus enganos en tódalas prazas,
non eras coma as outras prostitutas.
¡Ti burlábaste da paga!
³²¡E-la muller adúltera, que en vez de ó seu esposo,
acolle a alleos!
³³A tódalas prostitutas lles dan regalos,
pero ti dábaslle-lo teu regalo de voda
ós teus amantes, e agasallábalos
para que viñesen a ti de todo o arredor
por mor das túas prostitucións.
³⁴Pasaba contigo, nas túas prostitucións,
o contrario das outras mulleres:
detrás de ti non ía ninguén,
ti dába-lo teu regalo,
pero regalo a ti non che daban,
e deste xeito ti andabas ó revés.
³⁵Por iso, ti, prostituta, escoita a palabra do Señor:
³⁶Así fala o meu Señor, Iavé:
—Xa que a lisura da túa pel se murchou,
e a túa nudez se descubriu nas fornicacións
cos teus amantes e con tódolos teus abominables ídolos,
polo sangue dos teus fillos,
que ti lles ofreciches;
³⁷por isto vou eu reunir
a tódolos que odias, a tódolos teus amantes,
os que ti compraciches,
a tódolos que lles querías ben:
vounos reunir na túa presencia de todo o contorno
e vou descubri-la túa nudez diante deles,
para que miren toda a túa nudez.
³⁸Xulgareite coa sentencia das adúlteras
e das que verten sangue
e lamentaraste baixo o meu furor e os meus celos.
³⁹Poñereite nas súas mans, para que destrúan os teus prostíbulos
e rompan os teus enganos,
para que che quiten os vestidos
collan as túas preciosas alfaias,
e te deixen espida e en coiros.
⁴⁰Farán subi-la xente contra ti,
para que te acantacen con pedras
e te esnaquicen coas súas espadas.
⁴¹Queimarán as túas casas con lume
e cumprirán contigo a sentencia
á vista de moitas mulleres;
farei que deixes de ser unha prostituta,
e non volverás facer regalos.
⁴²Aplacarei a miña ira contra ti,
os meus celos apartaranse de ti
e quedarei tranquilo para non volver irarme.
⁴³Por non te dares acordado dos días da túa mocidade,
e mostra-lo teu enfado contra min con todas estas cousas,
tamén eu farei recae-lo teu comportamento sobre a túa cabeza,
—é o meu Señor, Iavé, quen fala—
e realizarei de certo o meu plan,
á vista de tódalas túas abominacións.

⁴⁴E tódolos que fan refráns,
din este acerca de ti:
"De tal nai, tal filla".
⁴⁵Es ben filla de túa nai,
que renega do seu home e mais dos seus fillos;

16, 27 *Os filisteos*, dependentes de Babilonia, anexionaran unha boa parte de Xudá nese momento histórico (cf **25,** 15ss).
16, 28-29 Coa imaxe da insatisfacción sexual exprésase o fracaso rotundo das alianzas con Asiria e Babilonia. Posiblemente Asur aquí é o símbolo do dominio opresivo de Babilonia (= Caldea). *No país de Canaán.* Non se refire a Babilonia, senón a Filistea, onde se facían os pactos cos caldeos ou babilonios.
16, 36 *Lisura da túa pel:* en paralelo con nudez. *Murchou* (lit. "verteu"): no senso de perde-la lisura, refírese á perda de territorios (cf nota ó v 27) e de poboadores, pola deportación do ano 598.
16, 37 A *nudez* é a privación da dignidade e da liberdade política, coa conseguinte vergonza.
16, 38 *Lamentaraste:* lamentación causada "polo meu furor".

es ben irmá das túas irmás
que renegaron dos seus homes e mais dos seus fillos.
A vosa nai era hitita
e o voso pai amorreo.
⁴⁶A túa irmá maior é Samaría e mailas súas fillas,
vive á túa dereita;
e a túa irmá máis nova,
a que vive á túa esquerda,
é Sodoma e mailas súas fillas.
⁴⁷Non imitaches moderadamente o seu comportamento
nin só cometíche-las súas abominacións,
senón que con todo o teu comportamento pecaches máis ca elas.
⁴⁸Xuro pola miña vida —é o meu Señor, Iavé, quen fala—
que Sodoma, a túa irmá, e mailas súas fillas,
non se comportaron como vos comportastes ti e mailas túas.
⁴⁹Ei-lo delito de Sodoma:
soberbia, fartura de pan e tranquilidade imperturbable
tiñan ela e mailas súas fillas,
pero non sostiveron o poder do desgraciado e do pobre.
⁵⁰Ensoberbecéronse e cometeron abominacións na miña presencia,
e entón eu refugueinas tan pronto como as vin.
⁵¹E Samaría non cometeu nin a metade dos teus pecados;
ti multiplicáche-las túas abominacións máis ca ela,
de xeito que coas abominacións que ti cometiches
fixeches parecer xustas as túas irmás.
⁵²Pois ti soporta logo a túa vergonza,
xa que cos teus pecados fas de mediadora en favor das túas irmás.
Xa que te fixeches máis abominable ca elas,
son elas máis xustas ca ti.
Avergónzate, pois, e soporta a túa vergonza,
xa que fas parecer xustas as túas irmás.
⁵³Trocarei a súa catividade:

a catividade de Sodoma e das súas fillas,
e maila catividade de Samaría e das súas fillas.
Catividade será a túa en comparanza coa delas,
⁵⁴para que sopórte-la túa vergonza e te avergonces
de todo canto fixeches,
servíndolles así de consolación a elas.
⁵⁵As túas irmás, Sodoma e mailas súas fillas,
volverán ó seu estado anterior,
e Samaría e mailas súas fillas
volverán ó seu estado de antes;
pero tamén ti e mailas túas fillas
volveredes ó voso estado de antes.
⁵⁶Sodoma, a túa irmá, serviu de burla na túa boca
o día do teu orgullo, ⁵⁷antes de que se descubrise a túa ruindade.
Certo, está chegando a vergonza das fillas de Aram
e tódalas súas veciñas, e as fillas dos filisteos,
vanse burlar de ti por todo o arredor.
⁵⁸Soporta, pois, a túa depravación e mailas túas abominacións
—é o Señor quen fala—.

⁵⁹Pois, así fala o meu Señor, Iavé:
—Comportareime contigo tal coma ti fixeches comigo,
pois desprezáche-lo xuramento
e rompíche-la alianza.
⁶⁰Pero eu lembrareime da miña alianza,
do sinal que che dei desde os días da túa mocidade,
e manterei contigo unha alianza eterna.
⁶¹E ti lembraraste do teu comportamento
e avergonzaraste, cando ti acólla-las túas irmás,
a máis vella e a máis nova,
pois dareichas a ti por fillas,
e farei firme a túa alianza.
⁶²Porque eu manterei a miña alianza contigo,
e ti recoñecerás que eu son o Señor,
⁶³para que te acordes e te avergonces
e nunca máis teñas que abri-la boca con vergonza,

16, 46 A dereita é o S.; e a esquerda, o N.: pois os semitas orientábanse mirando ó nacente. A relación familiar con Sodoma ten valor de autonomasia de cidade pecadora e severamente castigada (cf Xén **18,** 16-**19,** 29).
16, 49 *Poder:* lit. ″man″.
16, 57 A expresión *fillas de Aram* alude Xerusalén e ás cidades de Xudá. Chámanse deste xeito, por mor do arameo Abraham.
16, 59 O *xuramento:* as bendicións e maldicións anexas á alianza con Iavé (cf Dt **28**).
16, 61 A esperanza na volta das tribos de Israel (deportadas no ano 722) para forma-lo novo reino mesiánico, perdura no ano 587.

Alegoría de xuizo de castigo e de salvación

17 ¹Veume a palabra do Señor nestes termos:
²—Fillo de Adam propón un enigma,
imaxina unha parábola para a casa de Israel,
³dille: así fala o meu Señor, Iavé:
—A aguia grande, de grandes ás,
de longa envergadura,
de espesa plumaxe,
de cor pintada,
voou ata o Líbano;
e colleu a copa do cedro,
⁴esgazou a punta do seu gromo,
levouna a unha cidade de traficantes,
e púxoa nunha cidade de arrieiros.
⁵Logo colleu parte da semente da cidade
e sementouna en terra de labradío,
á beira de augas abundantes,
xunto a un remanso.
⁶Prendeu e converteuse
nunha cepa opulenta, de baixa altura,
dirixía as súas ramas cara ó cedro,
e as súas raíces puxéronse debaixo del,
e converteuse nunha cepa.
Botou vides e sacou abrochos,
e agromou cos sarmentos.
⁷Logo apareceu unha aguia grande,
de grandes ás
e de moita plumaxe,
e, velaí, a cepa estendeu avidamente as súas raíces cara á aguia
e dirixiu cara a ela as súas ramas,
para beber dela máis ca no bacelo do seu plantío,
⁸aínda que estaba plantada nun terreo chuvioso,
xunto a augas abundantes,
para botar vides e para dar froito,
para ser unha cepa excelente.
⁹Dille: así fala o meu Señor, Iavé:
—¿Seguirá adiante?
¿Non a arrincará de raíz a aguia
e non lle esgazará o froito e secará?
Tódolos renovos da súa medra secarán,
pois ela con brazo forte e cun pobo numeroso
é forte abondo para a levantar de raíz.
¹⁰Olládea, a plantada cepa,
¿seguirá adiante?
¿Acaso non secará cando a azoute
o vento soán?
¿Acaso non secará no bacelo onde foi plantada?

¹¹Veume a palabra do Señor nestes termos:
¹²—Dille á casa rebelde:
¿Non sabédelo que quere dicir isto?
Dille: vede, o rei de Babilonia veu a Xerusalén,
colleu o seu rei e mailos seus príncipes,
e levounos a xunto del a Babilonia.
¹³Colleu un de estirpe real
e fixo con el un pacto
comprometéndoo con xuramento;
levou os nobres do país,
¹⁴para que fose un rei humilde
e deste xeito non se levantase,
para que gardase a súa alianza
e que esta fose estable.
¹⁵Pero rebelouse contra el,
mandando mensaxeiros a Exipto,
para que lle desen cabalos e moitos soldados.
¿Terá éxito?
¿Librarase o que fixo tales cousas?
Quebrantou o pacto, ¿e librarase?

17, 1-25 O texto unitario preséntase coma unha fábula. Interveñen animais, —dúas aguias— e plantas —o cedro e a vide—, pero con referencias a personaxes e institucións humanas (vv 3-10. 22-25). Esta linguaxe de fábula clasifícase nunha sección (vv 11-21) de linguaxe directa, que se considera oráculo divino, aínda que os oráculos tamén se presentan nas seccións parabólicas dos vv 9-10. 22-25. As dúas aguias son símbolos do poder de dous grandes reis: Nabucodonosor (vv 3. 9) e o faraón exipcio (v 7). O cedro vén simboliza-la casa real de Xerusalén, herdeira da bendición divina, coa que se identifica o Líbano. A vide equivale ó pobo de Deus. O terreo chuvioso xunto a augas abundantes é a terra da bendición divina, na que está o templo de Iavé. O centro teolóxico do texto está constituído polos dous oráculos de xuízo de castigo contra Sedecías (vv 16-21), e polo oráculo mesiánico dos vv 22-25, que acaba cunha afirmación solemne de señorío do Iavé sobre a historia.

17, 4 *Cidade de traficantes.* O hebreo "eres" ten o senso de cidade, por mor do paralelismo con 4c (cidades de arrieiros). Refírese a Babilonia.

17, 5 A *semente da cidade* equivale a un home da cidade. Aínda que se trata de "un de estirpe real" (cf v 23), a teoloxía hebrea nunca considerou a Sedecías coma rei davídico, a pesar de que el pretendía selo (cf v 6).

17, 7 *Avidamente:* con devezo de prosperidade e de fartura.

17, 9 *A aguia.* Refírese aquí á primeira, a do v 3 (= Nabucodonosor).

17, 10 *O vento soán* é un símbolo do castigo divino, do que falan os vv 15-21.

17, 14 *Rei* (lit. "reino"): metonimia, designando o concreto mediante o abstracto.

¹⁶Xuro pola miña vida, —é o meu Señor, Iavé, quen fala— que no país do rei que o fixo reinar a el, o do xuramento que el desprezou e o do pacto que el quebrantou, nese país, el morrerá, no medio de Babilonia. ¹⁷Pero o Faraón non se fará ver na guerra cun grande exército e cunha numerosa multitude, cando se levanten terrapléns e se construan muros de asedio para segar moitas vidas. ¹⁸Desprezou o xuramento, quebrantando o pacto. Pois xa que deu a súa man, pero fixo todas estas cousas: non se librará.

¹⁹Por iso, así fala o meu Señor, Iavé:
—Xuro pola miña vida que o xuramento que desprezou,
e o pacto que quebrantou,
llos volverei de certo sobre a súa cabeza.
²⁰Botarei sobre el a miña rede,
e cazareino na miña trampa;
conducireino a Babilonia
para preitear con el no xuízo da deslealdade
que contra min cometeu.
²¹A tódolos fuxitivos
dos seus exércitos decapitaranos,
e os fuxitivos dispersaranse ós catro ventos:
así saberedes que eu, o Señor, fun quen falou.
²²Así fala o meu Señor, Iavé:
—Eu collerei das ramas do cedro a máis alta e fixareina;
dos gallos máis novos arrincarei un retoño,
e plantareino nun monte alto e elevado,
²³no monte elevado de Israel plantareino;
botará gromos e dará froitos
e volverase un cedro magnífico;
aniñarán debaixo del tódolos paxariños,
tódalas aves aniñarán á sombra das súas ramas.
²⁴Entón tódalas árbores do monte
caerán na conta de que eu, o Señor,
derreo a árbore ergueita
e levanto a árbore derreada;
seco a árbore verde
e fago florece-la árbore seca.
Eu, o Señor, díxeno e fareino.

O Deus xusto e a retribución individual

18 ¹Veume a palabra do Señor nestes termos:
²—¿Que vos pasa a vós, que andades repetindo este dito na terra de Israel:
"Os pais comeron as uvas verdes
e os fillos sofren a denteira"?
³Pola miña vida —é o meu Señor, Iavé quen fala—
xuro que vós non volveredes repetir este dito en Israel.
⁴Pois, de certo, tódalas vidas son miñas;
o mesmo cá vida do pai,
tamén a vida do fillo é miña;
a persoa que peque, esa é a que morrerá.
⁵Se un home é xusto,
e practica o dereito e maila xustiza:
⁶non come banquetes sacros nas montañas
nin levanta os seus ollos
cara ós ídolos da casa de Israel;
non profana a muller do seu próximo,
nin se achega á muller menstruante;
⁷se o tal non explota a ninguén,
devolve a fianza da súa débeda,
non comete roubo,
dálle o seu pan ó famento

17, 17 *Non se fará ver:* lit. "non fará ve-lo seu sinal".
17, 18 O profeta non insiste aquí na falta de confianza do rei Sedecías en Iavé (ó revés do que fai Ez 16), senón na infidelidade ó xuramento feito ó rei de Babilonia (cf vv 13-19).
17, 23 Nótese o universalismo salvífico do momento da restauración mesiánica, e o recoñecemento de Iavé por parte de tódolos reis (= as árbores do v 24).
18 O texto comeza propoñendo o problema teolóxico tradicional da retribución colectiva (v 2), máis especialmente sentido por mor dos rapaces que foron deportados e polos nados no desterro, cargando así con culpas alleas (cf vv 25-29). O profeta, seguindo a Xer **31**, 30, afirma enfaticamente o principio de retribución individual (v 4 d), que vai explicitar nunha serie de catro formulacións de leis hipotéticas no estilo do código da santidade (Lev **10**, 20; **22**, 21; **24**, 17.19...) e do código sacerdotal (Lev **2**, 1; **4**, 2; **5**, 21), nas que ó final se dá o fallo do caso. Nas dúas primeiras formulacións (vv 5-9. 10-20), déixase senti-lo estilo iterativo da catequese moral do sacerdote, mentres que nas dúas últimas fálase da conversión, do cambio para o ben (vv 21-23) ou para o mal (v 24), preparando deste xeito a síntese final, que en dúas seccións (vv 25-28.29-32) responde ó reproche do proceder inxusto de Deus, castigando os fillos polos pecados dos pais. Nestas dúas seccións finais, o profeta considera pecadores os seus oíntes queixosos, e chámaos á conversión para poderen vivir felices, pois Deus non quere a morte deles.
18, 4-5 *A persoa que peque:* aínda que o verbo hebreo empregado ten o senso etimolóxico de falla-lo tiro ó branco, aquí ten o senso de transgredi-la vontade de Deus, tal como o deixan ve-los termos "xusto", "xustiza" e "dereito".
18, 6 *Nas montañas* persistía un culto sincretista, no que se mesturaba o culto a Iavé con formas do culto naturalista á fecundidade e fertilidade de orixe cananea e babilónica, neste momento en auxe. Levanta-los *ollos* é unha expresión de esperanza cobizosa. Estaba prohibido achegarse á muller menstruante (cf Lev **15**, 24; **18**, 19; **20**, 18), por mor do contacto co sangue, que se consideraba execrante fóra do rito sacrificial.

e cobre ó espido con vestidos;
⁸se non presta con usura
nin cobra os intereses;
se aparta a súa man da iniquidade,
e xulga conforme o dereito e a verdade entre home e home;
⁹se camiña conforme os meus preceptos
e garda os meus mandamentos,
practicando a verdade e a xustiza:
este certamente vivirá.
—é o meu Señor, Iavé, quen fala—.

¹⁰Pero se un enxendra un fillo asasino,
ou se o familiar comete algunha destas cousas
¹¹aínda que el non faga ningunha:
tal coma comer banquetes sacros nas montañas
e profana-la muller do seu próximo;
¹²explota-lo desgraciado e o pobre,
roubar e non volve-lo peñor da fianza,
ergue-los seus ollos cara ós ídolos
e cometer abominacións;
¹³prestar con usura, cobrar intereses,
¿acaso vivirá? —Non vivirá:
cometeu todas estas abominacións
e morrerá sen remedio;
o sangue dos seus crimes volverase contra el.
¹⁴Pero, velaí, un ten un fillo
que ve os pecados que fai seu pai,
veos pero non se comporta conforme a eles;
¹⁵non come banquetes sagrados nas montañas,
non ergue os seus ollos cara ós ídolos da casa de Israel;
non profana a muller do seu próximo;
¹⁶non explota, nin retén o peñor da fianza;
non rouba, dálle o seu pan ó famento
e veste ó espido;
¹⁷aparta a súa man de provocar afliccións,
non cobra intereses nin usura;
cumpre os meus mandamentos
e camiña polos meus preceptos:
este non morrerá polos pecados de seu pai,
ben certo que vivirá.
¹⁸O seu pai, xa que oprimiu e roubou ó irmán
e xa que non fixo no medio do seu pobo o que está ben,
morrerá de certo pola súa iniquidade.
¹⁹Pero vós dicides: "¿por que non carga o fillo coa iniquidade do pai?"
—Porque se o fillo observou o dereito e a xustiza,
e se gardou tódolos meus preceptos e se os puxo en práctica,
vivirá certamente.
²⁰O que peque será quen morrerá;
o fillo non cargará coa iniquidade do pai,
o pai non cargará coa iniquidade do fillo;
sobre o xusto reverterá a súa xustiza,
sobre o malvado reverterá a súa ruindade.

²¹Se o malvado se converte de tódolos pecados que cometeu,
e garda tódolos meus preceptos
e practica o dereito e a xustiza,
vivirá de certo, non morrerá;
²²Tódalas maldades que cometeu non se lle terán en conta:
por mor da xustiza que practicou, vivirá.
²³¿É acaso verdade que sinto eu pracer coa morte do malvado,
—é o meu Señor, Iavé, quen fala—
e non en que se converta do seu camiño
e que viva?

²⁴Cando o xusto se aparta da xustiza
e comete a maldade,
e se comporta e vive segundo tódalas abominacións que comete o malvado,
tódalas obras boas que fixo non se terán en conta:
polas infidelidades que cometeu
e polos pecados que fixo,
por eles morrerá.
²⁵E vós respondedes: "Non é xusto o pro-

18, 8 O empréstito con interese estaba prohibido entre os membros do pobo de Deus (Ex **22,** 24; Lev **25,** 36-37; Dt **23,**20).
18, 9 *Verdade* (heb. "émet") é a resposta fiel á bondade de Deus, mostrada no cumprimento da alianza. *Vivirá:* é moito máis ca seguir con vida: é "vivir feliz", do mesmo xeito que "morrer" non supón necesariamente a morte física, senón que indica ás veces unha existencia amargurada e tristeira.
18, 17 Estas *afliccións* son as dos réditos do empréstito e as da usura.
18, 18 A retribución individual non leva a unha desaparición da comunidade, senón a unha máis forte integración no pobo.
Irmán ten senso de parente ou membro da mesma tribo ou do mesmo pobo.
18, 21-23 A conversión dos pecados é fonte de felicidade para o home pecador. Isto é xustamente o que lle agrada a Deus.
18, 24 Tódolos merecementos do home que se aparta da xustiza, desaparecen ante Deus, de xeito que ese home queda abocado á morte (= amargura, castigo). Pero Deus chámao á conversión (cf vv seguintes).

ceder do Señor".

Escoitade, Casa de Israel:

—¿Non é xusto o meu xeito de comportarme?

¿Non é máis ben o xeito de vos comportardes vosoutros o que é inxusto?

²⁶Cando o xusto se aparta das súas obras de xustiza

e comete iniquidades e morre debido a elas,

morre debido ás iniquidades que el cometeu.

²⁷Cando o malvado se aparta da maldade que cometeu

e practica o dereito e a xustiza,

entón el consegue a vida.

²⁸Se cae na conta e se aparta da maldade que cometeu,

vivirá de certo, non morrerá.

²⁹E responde a Casa de Israel:

"Non é xusto o xeito de se comporta-lo Señor".

—¿Non é xusto o meu comportamento, Casa de Israel?

¿Non é mais ben o voso comportamento o que é inxusto?

³⁰Por isto, xulgareivos a cada un de vós conforme o propio comportamento, Casa de Israel,

—é o meu Señor, Iavé, quen fala—.

Convertédevos e apartádevos das vosas ruindades,

e non teréde-lo tropezo para caer na iniquidade.

³¹Quitade de diante de vós as vosas maldades

coas que pecastes,

e facédevos un corazón novo e un espírito novo.

¿Por que queredes morrer,
Casa de Israel?

³²Non sinto eu pracer pola morte do que morre

—é o meu Señor, Iavé quen fala—
¡Convertédevos e viviredes!

Elexía polos reis de Xudá

19
¹—Ti entoa unha elexía polos
príncipes de Israel,

²dilles:
¡Que leoa foi a túa nai no medio de leóns!

Tumbada no medio dos leóns,
criaba a súa camada.

³Criou un dos seus cachorros,
que se volveu un leonciño,
aprendeu a esnaquiza-la presa,
devorou homes.

⁴Souberon del as nacións:
cazárono nas súas foxas
e levárono con ganchos ó país de Exipto.

⁵Ela, ó ver que a súa esperanza
e a súa ilusión estaban perdidas,
colleu outro dos seus cachorros
e constituíno nun leonciño.

⁶El daba voltas entre os leóns,
feito un xove león;

⁷aprendía a esnaquiza-la presa,
devoraba homes;
abusaba das súas viúvas e desolaba as súas vilas;
o país e os seus habitantes estaban amedoñados
polo ruído dos seus ruxidos.

⁸Pero os países de toda a volta viñeron contra el,
desde as provincias estenderon sobre el as súas redes
e atrapárono nas súas foxas.

⁹Metérono con ganchos na gaiola
para o levaren xunto ó rei de Babilonia;
levárono a Babilonia, para que non se volva a oí-la súa voz
nos montes de Israel.

18, 26 *Iniquidades:* traduce un vocábulo hebreo colectivo.
18, 31 A conversión non é algo negativo, senón que leva consigo uns plans e proxectos e unha enerxía de calidade superior ós que un tiña (cf nota a **11,** 19).
19, 1-14 Este c. é unha elexía ("qinah") (cf 1.14c), caracterizada literariamente polo número desigual de acentos das dúas partes do verso (3+2; 4+3), nas dúas seccións (vv 2-9.10-14) en que se canta. Na primeira, os vv 2-4 describen as extorsións económicas e a sorte desastrosa do rei Ioacaz, deportado no ano 609 a Exipto, onde morreu (cf 2 Re **23,** 33). Segue (vv 5-9) coas extorsións do rei Ioaquim (a 609-598) para paga-los tributos a Exipto e logo a Babilonia, e co problema da deportación do seu fillo Ioaquín a Babilonia. Na segunda sección (vv 10-14) xa

non se fala do "león" (= o rei), pois a Sedecías non o consideran rei os deportados, pois vive aínda seu sobriño, o rei Ioaquín. Cántase a situación de extrema miseria, coa imaxe da vide arrincada e plantada no deserto, facendo referencia ós deportados. O texto pode ser do reinado de Sedecías ou posterior ó 587.
19, 2 *Leoa* - nai: alude a Xerusalén, cidade de reis, pois creceron á calor dela.
19, 4 O rei é Ioacaz, cf nota ós vv **19,** 1-14.
19, 7 *Abusaba das viúvas:* aquí traducímo-lo verbo "coñecer" co senso de unión sexual.
19, 9 Aínda que gramaticalmente o metido na gaiola é o leonciño do v 5 (Ioaquim), quen seguiu conservando en Babilonia o título de rei de Xudá, foi o seu fillo Ioaquín.

¹⁰Túa nai era semellante a unha vide da túa caste
plantada xunto á auga:
daba froito e estaba chea de ramas
por mor da abundante auga.
¹¹Daba bacelos de tal poder
que servían para cetros de reis;
a súa altura sobresae por entre as nubes;
é imponente pola súa altura
e pola multitude das súas ramas.
¹²Foi arrincada con carraxe
e foi tirada por terra,
o vento do nacente
secou o seu froito
que se desprendeu; e secou as súas ramas poderosas
e o lume consumiunas.
¹³E agora está plantada no deserto,
en terra reseca e sedenta.
¹⁴Saíu lume dunha das ramas
e consumiu os bacelos e os seus froitos.
Xa non hai nela ramas poderosas,
báculos para reinar.
Esta é unha elexía, e cántase coma unha elexía.

Historia das infidelidades de Israel

20 ¹No ano sétimo, o dez do mes quinto, viñeron algúns dos anciáns de Israel consulta-lo Señor e sentáronse diante de min.
²Veume entón a palabra do Señor nestes termos:
³—Fillo de Adam, fálalles ós anciáns de Israel e dilles:
Así fala o meu Señor, Iavé:
—¿Seica vindes consultarme a min?
Xúroo pola miña vida que non deixarei que me consultedes
—é o meu Señor, Iavé, quen fala—.
⁴¿Non os vas xulgar ti?: ¿non os vas xulgar, fillo de Adam?
Móstralle-las abominacións de seus pais;
⁵has de lles dicir: así fala o meu Señor, Iavé:
—O día no que eu escollín a Israel,
xureille coa miña man erguida á liñaxe da Casa de Xacob,
cando me dei a coñecer a eles, xureilles coa man levantada:
Eu son o Señor, o voso Deus.
⁶No día aquel xureilles coa man erguida,
que os sacaría do país de Exipto,
para a terra onde eu me aparecera a eles,
terra que deita leite e mel,
terra que é a máis gloriosa de tódalas terras.
⁷Tamén lles dixen:
Cada un de vós botade fóra as abominacións que vos levan os ollos,
e non vos lixedes cos ídolos de Exipto.
Eu son o Señor, o voso Deus.
⁸Pero eles revoltáronse contra min,
e non me quixeron facer caso.
Ninguén deles botou fóra as abominacións que lles levan os ollos,
nin abandonou os ídolos de Exipto.
Entón véuseme ó pensamento verter contra eles o meu noxo,

19, 10 A imaxe da vide (viña, cepa) para significa-lo pobo é tradicional na Biblia (cf Sal **80,** 9s; Is **5,** 1-7; **27,** 2-5; Xer **2,** 21; **12,** 10; Os **10,** 1). *A auga* é sinal da bendición divina, que inclúe a categoría rexia para o tal pobo. *Da túa caste:* lit. "do teu sangue" (= vida, raza, caste): cf Xén **49,** 11; Dt **32,** 14).
19, 12-14 O contraste coa bendición divina exprésase coas imaxes do desarraigo e do abandono (v 12), co ser plantada no deserto, e co incendio que queima as ramas e os froitos, anque non a cepa, que non chega a morrer.
20, 1-44 O texto comeza coa datación que corresponde ó 12 de agosto do ano 591, e coas circunstancias da vida do profeta no desterro (v 1). Os vv 2-4 conteñen unha revelación ó profeta na que considera a idolatría dos deportados coma continuación da dos seus devanceiros. Deste xeito, este oráculo de xuízo de castigo serve de introducción á análise do enraizamento da idolatría na historia da salvación, presentado coma un oráculo (vv 5-29). Esta sección está dividida en catro unidades (5-8; 9-13; 14-21; 22-29), marcadas polo contraste entre a decepción divina e o seu obrar de acordo co seu Nome, que se repite con fórmulas case fixas (vv 8. 9. 13. 14. 21. 22).
Estas unidades teñen o mesmo esquema, composto dos elementos: 1) Os diferentes artigos do credo hebreo: elección e liberación de Exipto, promesa da terra, don da terra. 2) Orde divina de deixa-la idolatría. 3) Rebeldía e non seguimento (desobediencia) do Señor. 4) Decepción divina. Soamente na cuarta unidade (vv 22-29) cambia esta orde, para insistir na ameaza de dispersalos entre os pobos, por rexeita-lo precepto do Señor. O texto acaba con dous oráculos salvíficos. No primeiro (vv 30-38) recóllese o contraste entre a infidelidade do pobo (vv 30-32) e a nova acción salvífica (vv 33-38), aínda que a acción salvífica aquí é purificatoria, e de revivencia espiritual das experiencias do deserto. No segundo (vv 39-44) supónse a perda dunha parte do pobo coa idolatría, pero anúnciase o restablecemento dos dons do culto, na terra, para os que sexan fieis ó Señor.
20, 3 Os *anciáns de Israel* son as autoridades relixiosopolíticas do desterro. Sobre o obxecto da consulta, cf nota ós vv 31-32. Un texto semellante témolo en **14,** 1-4.
20, 4 As interrogacións realzan a imperiosa obriga do profeta, e teñen senso afirmativo.
20, 5 Xurar *coa man erguida:* é expresión dunha promesa na que Iavé empeña todo o seu poder, que se pon en acción; a promesa é a de concluír co pobo a alianza, segundo o expresa a fórmula "o voso Deus".
20, 6 *Onde eu me aparecera:* alusión ás teofanías ós patriarcas. Os calificativos da terra reflexan a súa condición de don de Deus.
20, 7 *Abominacións que vos levan os ollos:* lit. "abominación dos vosos ollos": a cobiza.

e desfogar contra eles a miña ira en pleno país de Exipto.
⁹Pero obrei de acordo co meu nome,
de xeito que non fose profanado á vista dos pobos
no medio dos que vivían,
e na presencia dos cales me dera a coñecer a eles,
sacándoos do país de Exipto.
¹⁰Saqueinos da terra de Exipto
e leveinos ó deserto.
¹¹Déille-los meus preceptos
e fíxenlles coñece-las miñas leis,
que dan vida ó home que as cumpre.
¹²E tamén lles dei os meus sábados
para que sirvan de sinal entre min e eles,
para que se saiba que eu son o Señor que os consagra.
¹³Pero rebelouse contra min a Casa de Israel no deserto:
non seguiron os meus preceptos,
senón que rexeitaron os meus mandamentos,
que dan vida ó home que os cumpre,
e profanaron os meus sábados desde antigo.
Eu vinme tentado de verter contra eles o meu noxo para os exterminar.
¹⁴Pero obrei por mor do meu Nome,
para que non fose profanado
á vista dos pobos,
á presencia dos cales os saquei.
¹⁵Pero volvín xurarlles no deserto,
coa man levantada,
que non os levaría á terra
que lles dera,
que deita leite e mais mel,
e que é a máis gloriosa de tódalas terras;
¹⁶por rexeitaren as miñas leis
e por non se comportaren conforme ós meus preceptos,
e por profanaren os meus sábados,
pois iaselle-lo corazón tralos seus ídolos.
¹⁷Pero o meu ollo tivo compaixón de facerlles mal,
e así non os exterminei no deserto.
¹⁸Ós seus fillos díxenlles no deserto:
Non sigáde-los preceptos de vosos pais

nin gardéde-las súas leis,
nin vos contaminedes cos seus ídolos.
¹⁹Eu son o Señor, o voso Deus:
seguide os meus preceptos,
gardade as miñas leis e cumprídeas,
²⁰santificade os meus sábados:
que sirvan de sinal entre min e vós,
para que se saiba que eu son o Señor, o voso Deus.
²¹Pero os fillos rebeláronse contra min:
non seguiron os meus preceptos,
nin gardaron as miñas leis, nin as cumpriron,
pois o home que as cumpre ten a vida por elas,
e profanaron os meus sábados.
Entón véuseme ó pensamento verter contra eles o meu noxo,
e desfoga-la miña ira contra eles no deserto.
²²Pero retirei a miña decisión de forza
e entón decidín obrar de acordo co meu Nome,
de xeito que non fose profanado á vista dos pobos,
á presencia dos cales eu os fixera saír.
²³Volvín xurar coa man levantada contra eles no deserto
que os dispersaría entre os pobos e que os esparexería entre os países,
²⁴por non cumpriren as miñas leis e por rexeitaren os meus preceptos,
por profanaren os meus sábados,
e por írenselle-los seus ollos
tralos ídolos de seus pais.
²⁵Por iso ¿non fun tamén eu quen lles dei preceptos que non son bos,
e leis que non os fan vivir?
²⁶¿Non fixen eu que se contaminasen coas súas ofrendas,
ó faceren pasar polo lume a tódolos primoxénitos,
para volvelos unha desolación
e para que así recoñezan que eu son o Señor?
²⁷Por isto, fillo de Adam, fálalle á Casa de Israel e dille:
Así fala o meu Señor, Iavé:
—Aínda así me inxuriaron vosos pais,

20, 9 Entre a ira punitiva divina e o Nome (a manifestación do seu poder salvífico) prevalece o plan salvífico.
20, 12 A lei do descanso sabático é sinal da pertenza do pobo a Deus. Este non precisa traballar sempre, pois o Deus todopoderoso coida del en virtude da consagración a El (cf v 20).
20, 16 *O corazón* non é aquí a raíz dos sentimentos e afectos, senón dos plans e proxectos. Os israelitas coidaban que lles eran mellores os ídolos.
20, 17 *O meu ollo,* coma fonte da compaixón e das bágoas.
20, 19 *Eu... voso Deus:* fórmula da alianza, pois as leis e preceptos son estipulacións da alianza.
20, 25-26 As frases interrogativas son irónicas e fortemente enfatizantes.

coa súa infidelidade, coa que me traicionaron.
²⁸Eu tróuxenos ó país que, coa miña man levantada,
xurara llelo dar a eles;
pero eles, ó veren calquera outeiro elevado
ou calquera árbore enramallada,
ofreceron alí os seus sacrificios,
deron alí as súas ofrendas provocadoras,
puxeron alí os perfumes que, segundo eles, aplacan
e verteron alí as súas libacións.
²⁹Eu díxenlles:
"¿Que é ese outeiro onde ides?".
E quedoulle de nome o "outeiro" ata o día de hoxe.

³⁰Por isto dille á Casa de Israel:
Así fala o meu Señor, Iavé:
—¿Non é verdade que vós vos lixades
segundo o vieiro dos vosos pais,
e que vos ides prostituír cos seus mesmos ídolos?
³¹Cando vós levantáde-las vosas ofrendas,
cando facedes pasa-los vosos fillos polo lume,
estádesvos lixando con tódolos vosos ídolos ata hoxe,
¿e voume deixar eu consultar por vós, Casa de Israel?
Pola miña vida —é o meu Señor, Iavé, quen fala—,
que non me deixarei consultar por vós.
³²O que se vos vén á cabeza
non sucederá de ningún xeito,
pois vós pensades:
"Debemos ser coma os demais pobos e razas dos outros países,
dando culto ó pau e mais á pedra".
³³Pola miña vida —é o Señor, Iavé, quen fala—
xuro que con man forte,
con brazo estendido,
e con noxo rebordado,
hei reinar sobre vós,
³⁴pois con man poderosa,
con brazo estendido,
e con noxo rebordado,
heivos facer saír de entre os pobos,
e heivos xuntar,
traéndovos dos países onde estades esparexidos,
³⁵e heivos levar ó deserto dos pobos,
para preitear alí convosco cara a cara.
³⁶O mesmo que preiteei cos vosos pais,
no deserto do país de Exipto,
así preitearei convosco,
—é o meu Señor, Iavé, quen fala—,
³⁷fareivos pasar por debaixo do cetro,
e fareivos entrar no compromiso da alianza;
³⁸separarei de entre vós os que se rebelen e pequen contra min:
a estes fareinos saír do país do seu desterro,
pero non entrarán nas terras de Israel.
Deste xeito recoñeceredes que eu son o Señor.
³⁹¡Decatádevos, Casa de Israel! Así fala o meu Señor, Iavé:
—Uns ide, e adorade os vosos ídolos;
e os demais, que ninguén de entre vós
deixe de me facer caso,
e non volvades profana-lo meu santo Nome
coas vosas ofrendas e cos vosos ídolos.
⁴⁰Que no meu monte santo,
no alto monte de Israel,
—é o meu Señor, Iavé quen fala—
que alí me adore toda a Casa de Israel,
toda ela no país.
Alí me sentirei compracido deles,
alí pedirei os vosos tributos,
as vosas ofrendas,
e todo o que vós consagredes.
⁴¹Coma do perfume que aplaca, sentireime compracido de vós,
cando vos faga saír de entre os pobos
e vos xunte traéndovos dos países
onde estades esparexidos:

20, 28 Referencia ós cultos sincretistas nos santuarios cananeos, que, coma cultos dunha relixión naturalista, se realizaban nas copas das árbores.
20, 29 *Outeiro* (heb."bamah"), sen referencia a ningún lugar concreto, pois deses "bamot" había moitos.
20, 31-32 A referencia á consulta do v 1 clarifica os contidos da consulta, e trátase dos plans do pobo do desterro de dar culto a Iavé representado en imaxes, tal como facían os babilonios e os pobos alí deportados. As tentacións do emprego de imaxes veían agrandada polo feito de que lles faltan as formas tradicionais do culto no santuario (festas, sacrificios e rituais). Por outra banda, a apostasía debeu ser forte, pois o profeta recoñece que o destino dalgúns son os ídolos (v 39). Unhas simples liturxias da palabra non podían enche-lo senso relixioso e festivo do pobo.
20, 33 *Reinar* ten aquí o senso de protexer e auxiliar, como consecuencia da alianza (cf v 37).
20, 35 O *deserto dos pobos* é unha categoría teolóxica de lugar da revisión e restablecemento da alianza. Por iso a xuntanza dos desterrados (v 34) non acaba nas terras de Israel (v 38), senón no deserto da conversión ó Señor.
20, 39 O v 39 opón "uns" a "os demais". Estes son o "resto" de Israel, purificado pola proba do desterro.
20, 41 *A santidade* de Deus é a transcendencia ou superioridade sobre as forzas cósmicas e sobre os espíritos.

entón mostrarei por medio voso a miña santidade
á vista dos pagáns.
⁴²E vós recoñeceredes que eu son Iavé,
cando vos faga entrar na terra de Israel,
no país que, coa man levantada, lles xurara dar a vosos pais.
⁴³Unha vez alí, lembrádevos do voso comportamento
e de tódalas obras coas que vos lixastes,
e sentiredes noxo de vós mesmos
por tódalas maldades que cometestes.
⁴⁴Entón recoñeceredes que eu son Iavé,
cando me comporte convosco conforme o meu Nome,
non segundo o voso mal comportamento
e segundo as vosas obras perversas, Casa de Israel,
—é o meu Señor, Iavé, quen fala—.

Catro oráculos de castigo con lamentación simbólica sobre Xerusalén e Xudá

21 ¹Veume a palabra do Señor nestes termos:
²—Fillo de Adam, pon a túa cara mirando para o sur,
e profetízalle ó mediodía,
profirelle oráculos ó bosque do campo do Néqueb.
³Dille: ¡Bosque de Néqueb,
escoita a palabra do Señor!
Así fala o meu Señor, Iavé:
—Velaquí, vouche prender lume,
que devorará tódalas túas árbores verdes
e tódalas túas árbores secas.
A ardente chama non se apagará,
senón que con ela se queimarán tódalas terras,
desde o Néqueb ata o norte.
⁴E todo mortal verá que son eu, o Señor,
quen o prendín e non se apagará.
⁵Entón eu respondín:
—¡Ai, meu Señor Iavé! Eles están dicindo de min:
"¿Non é el o que conta contos?"
⁶Entón veume a palabra do Señor nestes termos:
⁷—Fillo de Adam, pon a túa cara mirando a Xerusalén,
e profetiza contra o santuario,
e profire oráculos contra a terra de Israel,
⁸e di: terra de Israel, así fala o Señor:
—Vede, estou contra ti,
e saco a miña espada da súa vaíña,
para exterminar de ti xustos e pecadores.
⁹Porque teño que exterminar de ti xustos e pecadores,
por isto sae a miña espada da súa vaíña
contra todo mortal desde o Négueb, ata o norte.
¹⁰Deste xeito recoñecerá todo mortal
que eu, o Señor, saquei a miña espada da súa vaíña,
e que a ela non volverá.
¹¹E ti, fillo de Adam, fai lamentacións
dobrando a cintura,
e con amarguras fai lamentacións na súa presencia.
¹²Cando eles che pregunten: "¿Por que fas ti lamentacións?",
ti has de lles responder:
Por causa dunha noticia que chega sen remedio,
e entón todo corazón fraqueará,
tódolos brazos se debilitarán,
todo espírito desfalecerá,
e tódolos xeonllos se desfarán en auga.
Velaí chega e xa se fai realidade,
—é o meu Señor, Iavé, quen fala—.
¹³Tamén me veu a palabra do Señor nestes termos:
¹⁴—Fillo de Adam, profetiza e di:
Así fala o Señor:

21, 1-22 Esta sección está constituída por catro oráculos de castigo (vv 1-5; 6-11; 13-16; 17-22), introducidos os tres primeiros con palabras moi semellantes, mentres que o cuarto ten unha longa introducción (vv 17-19a), que fai referencia á sección central (vv 11-12).
21, 2-4 O destinatario é simbólico, pois non é probable que no Négueb houbese bosque, por ser un deserto. Sen embargo, por se-lo sur da Terra Santa, que na orientación dos puntos cardinais corresponde á man dereita e de bendición, ten que referirse a Xerusalén. De feito, o incendio do bosque, a desfeita de Nabucodonosor no 587, afecta a tódalas terras.
21, 5 É o único oráculo de castigo que presenta a incredulidade dos oíntes ante as palabras proféticas.
21, 6-10 Este oráculo ten coma obxecto a espada de Iavé, que non é senón a do instrumento de castigo, a dos caldeos. A expresión "xustos e pecadores" non está contra a doutrina da retribución individual de Ez **18**, senón que é un merismo no que os extremos indican a grande masa, a totalidade, sen xulga-la súa xustiza.
21, 12 A lamentación sen causa ameazante para os deportados é bo sinal profético, que esixe a súa pregunta.
O corazón é a raíz dos plans e proxectos de liberación do perigo; os brazos, da forza e poder militar; o espírito, da ilusión e entusiasmo guerreiro; e os xeonllos, da forza para manterse firmes na resistencia. A *auga* é aquí expresión de debilidade.
21, 13-16 Non se trata da espada de Iavé, senón da dos invasores. A espada está relacionada co cetro: o rei Nabucodonosor, que arrasa o país, coa espada na man.

—¡Unha espada, unha espada afiada
e para máis brunida!
¹⁵Afiada para executa-la gran matanza,
brunida para que escintile.
¡Ai! ¡Levantan un cetro contra o meu
  fillo,
un cetro que rexeita a tódalas
  árbores!
¹⁶Entregan a espada a brunir
para despois a apreixaren coa man;
xa está a espada afiada,
xa está brunida,
para a poñer na man do matador.
¹⁷Berra e desfaite en gritos, fillo de
  Adam,
que xa está contra o meu pobo,
xa está contra tódolos príncipes de
  Israel;
os horrores da poderosa espada están co
  meu pobo,
por isto date golpes nas nádegas.
¹⁸¡Que proba! Pero ¿que non sería
  aínda,
se eu non rexeitase o cetro?
—é o meu Señor, Iavé, quen fala—.
¹⁹E ti, fillo de Adam, profetiza e bate puño
  con puño:
—Que se duplique a espada,
que se triplique:
é a espada dos atravesados,
a espada do gran traspaso,
a que os ten acurralados;
²⁰para que lles desmaie o corazón
e se multipliquen os caídos;
contra tódalas súas portas puxen a
  ameaza da espada,
feita irmá do lóstrego,
disparada para a matanza.
²¹Revóltate, espada, á dereita,
ponte cara á esquerda,
a onde os teus dous fíos se volven.
²²Tamén eu baterei puño con puño
e desfogarei a miña ira.
Eu, o Señor, fun quen falei.

Xesto simbólico de castigo, na marcha de Nabucodonosor contra Xerusalén

²³Veume a palabra do Señor nestes termos: ²⁴—Oe ti, fillo de Adam, traza ti mesmo dous vieiros para que vaia a espada do rei de Babilonia; os dous sairán da mesma metrópoli. Marca un sinal no comezo do camiño da cidade, márcaa. ²⁵Indica un vieiro para que entre a espada en Rabah dos amonitas e en Xudá, na inaccesible Xerusalén. ²⁶Velaí o rei de Babilonia, que se para na encrucillada, no comezo dos dous camiños para consulta-las sortes: baralla as frechas, consulta os deuses familiares, observa o fígado. ²⁷Xa ten na súa man dereita a sorte: ¡A Xerusalén! ¡A emprazar arietes, a prorromper en alaridos, a lanzar gritos de guerra, a emprazar arietes fronte ás portas, a encher rampas, a construír torres de asalto! ²⁸Isto resultaralles a eles coma un vaticinar en balde ós seus propios ollos, fartos dos seus propios xuramentos de fidelidade; pero el lembrarase da inicua infidelidade para a castigar.

²⁹Velaí, así fala o meu Señor, Iavé:
—Para que vos lembredes das vosas iniquidades
ó descubrírense as vosas rebelións,
ó vérense os vosos pecados en tódolos vosos feitos,
para que os lembredes,
habedes ser apreixados con man forte.
³⁰Oe ti, malfeitor infame,
príncipe de Israel,
a quen lle chega o seu día no intre da iniquidade final,
³¹así fala o meu Señor, Iavé:
—¡Saca o turbante,
quita a coroa!
As cousas xa non son como eran:
o baixo é alto,
e o alto é baixo;
³²¡Ruína, ruína! Unha ruína hei facer.
Pero isto non sucederá ata que chegue aquel que ten o poder

21, 15 *Levantan:* As árbores designan aquí as familias, os homes.
21, 17-19a Desenvolvemento da acción simbólica: un feito angustioso vaise abater contra o pobo.
21, 19 *Puño con puño:* Son os puñetazos que o profeta se dá a si mesmo nas nádegas (cf v 17) ou no peito, ritual de lamentación.
21, 22 *Puño con puño.* Agora é Deus quen, en forte antropomorfismo, desboca a súa ira, dando puñetazos ó seu pobo infiel.
21, 23-32 O texto contén un xesto simbólico, ó que se xunta unha visión profética do futuro (vv 24-27), acabando coa reacción de desprezo do pobo de Xerusalén. O xesto simbólico acaba con dous oráculos de castigo das infidelidades do pobo ós xuramentos (v 29) e outro dirixido a Sedecías, a quen só se considera príncipe, e non rei (vv 30-32).
21, 25 O profeta, residente en Babilonia, coñecía a campaña. A incógnita do seu destino, que lle resulta aclarada na visión profética.
21, 26 *Baralla... o fígado:* métodos de adiviñación moi estimados na corte caldea e empregados en todo o Medio Oriente.
21, 31 *As cousas... eran* (lit. "isto xa non é isto"). O proverbio refírese á actitude de Sedecías, que antes desprezaban os babilonios. Agora as cousas cambiaron.

de xulgar, que eu lle darei.
³³—Oe ti, fillo de Adam, anuncia este oráculo:

Ameaza contra os amonitas.

Así fala o meu Señor, Iavé, contra os amonitas e contra a súa violación do xuramento, dilles:
—¡Unha espada, espada desenfundada para a matanza!
¡Espada afiada para collela e lanzar lóstregos!
³⁴Cando acerca de ti hai xa quen ten visións vas,
cando acerca de ti hai quen adiviña mentiras,
póñente sobre os pescozos de infames malfeitores,
ós que lles chega o día,
a fin, na hora da iniquidade.
³⁵Retira o poder do seu gume do lugar onde fuches creada,
da terra da túa orixe, onde te vou xulgar:
³⁶Verterei en ti o meu noxo,
soprarei o incendio do meu furor contra ti,
e entregareite ó poder de xentes salvaxes, artífices de destrucción.
³⁷Ti volveraste unha rima de leña para o lume,
o teu sangue caerá no medio do país.
Nunca máis serás lembrada,
porque eu, o Señor, son quen falei.

O castigo de Deus, chamada á conversión

22 ¹Veume a palabra do Señor nestes termos:
²—Oe ti, fillo de Adam,
¿acaso non vas condenar,
si, condenar, a cidade sanguinaria,
e facerlle ver tódalas súas abominacións?
³Dille: así fala o meu Señor, Iavé:
—Á cidade que verte sangue en medio de si
chegaralle de certo o seu momento:
e a que se construe ídolos diante de si
volverase de certo impura.
⁴Co sangue que ti vertiches
volvícheste culpable,
e cos ídolos que ti fixeches
volvícheste impura,
e deste xeito aveciñáche-la túa hora,
e chegaches á fin dos teus anos,
por isto convértote en escarnio
para os pobos, e en burla para tódolos países.
⁵Países veciños e países remotos
burlaranse de ti,
famosa pola túa impureza,
grande na consternación.
⁶Fíxate: os príncipes de Israel
están dentro de ti para verteren sangue,
cada un canto lle dá o seu brazo.
⁷Dentro de ti trátase con desprezo a pai e nai,
dentro de ti trátase con violencia ó emigrante,
dentro de ti son oprimidos o orfo e a viúva.
⁸Ti despréza-las miñas santas institucións,
e profána-los meus sábados.
⁹En ti hai xente que calumnia
a fin de que se verta sangue;
en ti cómense banquetes sacros na cima dos montes,
e dentro de ti fanse cousas infames.
¹⁰En ti hai quen destapa a nudez que pertence ó pai,
en ti abusan da muller na impureza da regra.
¹¹En ti uns cometen abominacións coa muller do irmán,

21, 33-37 Exhortación ameazante dirixida ós amonitas, que se estaban deixando arrastrar á rebeldía contra os xuramentos de fidelidade a Babilonia. O v 33c-d é unha presentación de Babilonia baixo o símbolo ameazador da espada. O v 34 refírese a Amón, simbolizado por unha imaxe dunha muller casada a quen seducen os adiviños mentireiros, arrastrándoa a unha política suicida. O v 35 é unha exhortación a retirar de si a ameaza babilónica (a espada: v 33c-d) reforzada por ameazas do xuízo divino, que se concreta nos vv 36-37.
21, 33 *Violación do xuramento*. O profeta é aquí o vixiante da fidelidade dos pagáns ó xuramento.
21, 34 *Póñente sobre os* (lit. "póñente nos"). A imaxe alude ós homes que arrastran a aludida muller polo pescozo.
21, 37 *Teu país*. O artigo ten aquí valor demostrativo, que soamente se reflexa polo posesivo galego. A ameaza divina, o seu falar, ten a forza desencadeante dun proceso histórico destructor, se non se lle fai caso.
22, 1-16 Este texto, anterior á caída de Xerusalén, é un oráculo de xuízo de castigo. Ten a forma dun discurso moralizante, pois está moi desenvolta a acusación —un repaso do código moral—, mentres que o anuncio de castigo ocupa en contraste parte do v 3, o final do v 4 e o comezo do v 13. Os vv 14-16 non son un anuncio de castigo, senón que desenvolven o tema do dinamismo salvífico do castigo divino, tal coma o dá a ve-la interrogación do v 14 e o final do 16.
22, 2 *Cidade sanguinaria*: lit. "cidade do sangue vertido", título acusador de Xerusalén.
22, 4 As referencias en paralelo ó sangue vertido e á idolatría fan pensar nos sacrificios humanos ós ídolos.
22, 6 O verte-lo sangue ten aquí o senso dos asasinatos dos opositores á política pro-exipcia do reinado de Sedecías.
22, 9 Nótese o paralelismo entre os banquetes sacros de culto idolátrico (no que estaba vixente a prostitución sagrada) e as cousas infames que serven de introducción ós pecados contra a orde sexual, dos vv 10-11.
22, 10 *Nudez:* eufemismo.

outros manchan con impureza a propia nora,
e outros abusan da irmá, filla de seu pai.
¹²En ti acéptanse regalos para verter sangue,
ti cobras intereses de usura
e enriquéceste violentamente á conta dos teus próximos;
pero a min esquecéstesme,
—é o meu Señor, Iavé, quen fala—.
¹³Velaí, vou bater en ti cos meus puños
por tódolos inxustos negocios
que estás facendo,
e polo sangue que se está vertendo en medio de ti.
¹⁴¿Manterase firme o teu corazón?
¿Seguirán fortes os teus brazos
os días que eu proceda contra ti?
Eu, o Señor, son quen o digo e quen o farei.
¹⁵Hei de dispersarte entre as nacións,
hei de esparexerte por entre os países,
hei de levar ata o colmo a túa impureza
por culpa túa,
¹⁶e deste xeito ti recibirás de ti mesmo a herdanza
á vista de tódalas nacións.
Entón recoñecerás que eu son o Señor.

Deus purificará a Xerusalén coa súa ira

¹⁷Veume a palabra do Señor nestes termos:
¹⁸—Fillo de Adam,
a Casa de Israel resulta escoura para min;
todos eles son bronce e estaño,
ferro e chumbo;
no medio do forno resultan escoura de prata.
¹⁹Por iso así fala o meu Señor, Iavé:
—Volvéstesvos todos escoura,
por isto, vede, vouvos xuntar
no medio de Xerusalén.
²⁰Xa xuntei a prata e o cobre,
o bronce, o chumbo e o estaño:
aticei neles o lume para fundilos;
así vos xuntarei a vós,
na miña ira e no meu noxo,
si, metereivos e fundireivos.
²¹Heivos xuntar,
e atizar contra vós o lume do meu noxo
onde vos fundiredes.
²²O mesmo que se fai a fundición de prata
no medio do forno, así habédesvos de fundir
no medio do meu furor, e saberedes que
eu, o Señor, son quen vertín a miña ira sobre vós.

Interpretación teolóxica da caída de Xerusalén

²³Veume a palabra do Señor nestes termos:
²⁴—Fillo de Adam, dille a Xerusalén:
Ti es terra non lavada,
non tes chuvias fortes desde o día do enfado.
²⁵No medio dela hai unha confabulación
dos seus profetas;
coma un león ruxidor que esnaquiza unha presa,
devoran vidas, apodéranse de riquezas e obxectos de valor,
e fan aumentar na cidade o número das súas viúvas.
²⁶Os seus sacerdotes violan a miña lei
e profanan as miñas institucións santas,
non distinguen o sacro do profano,
non fan nota-la diferencia entre o impuro e o puro,
pechan os seus ollos para os meus sábados,
e deste xeito eu son profanado entre vós.
²⁷Os seus xefes estan no medio dela
coma lobos que esnaquizan a presa,
vertendo sangue e acabando coa xente para se enriqueceren.

22, 12 *Pero a min:* o non respecta-los dereitos de xustiza dos próximos é faltarlle á fidelidade a Iavé (cf Dt **8**, 14; Is **17**, 10...).
22, 13 *Puños:* cf nota a **21**, 19 e **21**, 22.
22, 15-16 A perda da terra e da liberdade é consecuencia teolóxica da infidelidade á alianza. Outro castigo de Deus é deixa-lo home egoísta a disposición dos seus instintos, dos que recibirá unha herdanza ben diferente da de Deus. Esta situación extrema será unha chamada á conversión.
22, 17-22 Este texto é un oráculo de xuízo de castigo ó que a imaxe tradicional do prateiro que refina a prata lle presta a linguaxe (cf **1**, 22.25; Xer **6**, 28-30; Zac **13**, 19; Mal **3**, 2-3), ó mesmo tempo que marca a unidade literaria. O texto é anterior á caída de Xerusalén. O v 18 é a acusación, que se resume no 19a; e os vv 19b-22 son o anuncio de castigo.
22, 21 *O lume do meu noxo.* Esta imaxe, relacionada coa da fundición, serve para expresa-lo castigo divino.
22, 23-31 Este texto, aínda que a primeira vista pareza un oráculo de xuízo de castigo, hai que consideralo coma unha xustificación da acción punitiva de Iavé contra Xerusalén. Os vv 23-30 dan conta dos delitos cometidos polas institucións do pobo (profetas, sacerdotes, xefes e donos da terra). O v 31 é a xustificación teolóxica do castigo da cidade.
22, 24 Na climatoloxía adversa móstrase a ira de Deus, ó ser El o Señor do cosmos.
22, 25 Os profetas oficiais do templo, confabulados coa política pro-exipcia (cf v 28), declaran culpable a xente inocente, de ideas distintas ás deles.
22, 26 Os sacerdotes tiñan as funcións xudiciais do tribunal de apelación.

²⁸Os seus profetas caleáronos de branco,
anunciándolles visións ilusorias,
e profetizándolles mentiras, dicíndolles:
"Así fala o meu Señor Iavé",
cando o Señor non falara.
²⁹Os donos da terra practican a violencia
e cometen roubos,
oprimen o humilde e mailo pobre,
e maltratan o emigrante coa inxustiza.
³⁰Eu busquei entre eles un que volva a levanta-la muralla,
que se manteña na brecha diante de min,
por mor do país, para que eu non o destrúa,
e non o atopo.
³¹Por iso vertín sobre eles a miña ira,
destruínos co lume do meu furor,
volvín sobre a súa cabeza
o castigo do seu comportamento,
—é o meu Señor, Iavé, quen fala—.

Castigo de Samaría e Xerusalén pola súa infidelidade

23 ¹Entón veume a palabra do Señor nestes termos:
²—Fillo de Adam, había dúas mulleres, fillas da mesma nai;
³déronse á prostitución en Exipto;
sendo mociñas xa se deron á prostitución.
Alí apalpáronlle-los seos,
apretáronlle-los seus peitos de virxes.
⁴Velaí os seus nomes: Oholah, a máis grande;
e Oholibah, súa irmá.
Despois foron miñas
e déronme a luz fillos e mais fillas.
Velaí os seus nomes: Oholah chámase Samaría
e Oholibah, Xerusalén.
⁵Oholah, en lugar de ser miña, deuse á prostitución
e namorouse dos seus amantes, dos asirios:
⁶guerreiros vestidos de púrpura,
gobernadores e correxedores;
todos eles novos, bos mozos,
xinetes montados en cabalos.
⁷Os encantos da súa prostitución
entregóullelos a eles,
a toda a flor dos asirios,
e lixouse con tódolos que eran a súa paixón
e con tódolos seus ídolos volveuse impura.
⁸Non retirou de Exipto as súas fornicacións,
xa que se viñan deitando con ela desde a mocidade,
e eles foron quen lle apalparon os seus peitos de virxe
e quen puxeron nela os anceios de fornicación.
⁹Por isto entregueina ó poder dos seus amantes,
ó poder dos asirios de quen ela estaba namorada.
¹⁰Eles destapáronlle as súas vergonzas,
colléronlle os fillos e as fillas,
e a ela matárona coa espada.
Ela converteuse nun nome simbólico para as nacións,
pois os asirios executaron a súa sentencia condenatoria.
¹¹Viu isto a súa irmá Oholibah,
e degradou o seu namoro máis ca ela,
e degradou a súa fornicación máis
cá fornicación da irmá.
¹²Namorouse dos asirios:
gobernadores e correxedores,
guerreiros vestidos de luxo,
xinetes montados en cabalos,
todos eles novos, bos mozos.
¹³Eu vin como se volvía impura:
as dúas colleran o mesmo camiño.

22, 28 Coa imaxe do caleado de branco, quérese expresa-lo apoio sacral da institución dos profetas á política dos xefes, como o confirma a polémica de Xeremías contra os falsos profetas.

22, 29 Este v supón un desequilibrio na propiedade da terra —fonte principal de riqueza—, e denuncia os abusos dos propietarios.

23 Unidade literaria, composta por oráculos de xuízo de castigo contra Xerusalén, poñendo en paralelo o seu comportamento co de Samaría. Os oráculos dos vv 1-30.31-34.35.36-49, que presentan o tema central no v 30, intentan de Xerusalén o recoñecemento da súa culpa e a volta a Iavé (v 49).

23, 2 A muller coma símbolo dun pobo era unha imaxe frecuente entre os semitas.

23, 3 O tema da prostitución designa a falta de fe en Deus ata o punto de poñe-la confianza nos ídolos e darlles culto. Respectámo-la forte linguaxe sexual do profeta, por fidelidade ó texto sagrado.

23, 4 Os nomes, aínda que poderían ser reais, empréganse aquí simbolicamente. *Oholah* significa "a tenda dela"; e *Oholibah,* "a miña tenda está nela". Tenda equivale a casa, familia. Os devanditos nomes aluden á "Tenda do Encontro" (Ex 26, 9.12.13) e resaltan a ilexitimidade dos templos e do culto de Samaría. A expresión "déronme a luz" presupón a Alianza de Deus con Samaría e Xerusalén.

23, 6-8 As prostitucións non son outra cousa cós pactos políticos con Asiria e con Exipto, que constituíron as esperanzas de Israel desde o 738 ata o 722.

23, 10 *Destapáronlle as súas vergonzas:* eufemismo que expresa a privación de dignidade persoal e de liberdade.
Nome simbólico: lit. "nome", que ten aquí o senso de escarmento. A deportación de Israel a Asiria serviu de escarmento para outros pobos.

¹⁴Aumentou as súas fornicacións
vendo as esculturas de homes sobre as paredes
e as figuras dos caldeos pintadas en vermello,
¹⁵cun cinto polo van
e con turbantes que lles agrandaban a cabeza,
parecían todos eles xenerais,
tiñan o aspecto de babilonios de Caldea,
a terra da súa orixe.
¹⁶Coa soa visión dos seus ollos namorouse deles
e mandoulles mensaxeiros a Caldea.
¹⁷Os babilonios viñeron onda ela,
ó leito dos amoríos,
volvérona impura coas súas fornicacións,
e ela sentiuse impura con eles,
e a súa gorxa sentiu noxo deles.
¹⁸Descubriu os seus xeitos de prostituta
e descubriu as súas vergonzas,
e entón a miña gorxa sentiu noxo dela,
o mesmo que sentira noxo da súa irmá.
¹⁹Pero ela aumentou as súas prostitucións
lembrándose dos días da súa mocidade,
cando se prostituíra no país de Exipto.
²⁰Ela seguiu namorada daqueles mancebos,
a carne deles era de burros,
a súa semente era semente de cabalos.
²¹Por isto eu castiguei a lascivia da túa mocidade,
de cando os teus peitos eran apalpados por Exipto
por causa dos teus seos de moza.
²²Por isto, Oholibah, así fala o meu Señor:
—Velaí, estou incitando contra ti os teus amantes,
eses dos que a túa gorxa sente noxo,
e fareinos vir contra ti de todo o arredor.
²³Os babilonios e tódolos caldeos, anoxados dela,
visitan en demanda de axuda a tódolos asirios,
a eles, novos, bos mozos,
gobernadores e correxedores todos eles,
ós xenerais e oficiais, montados en cabalos todos eles.
²⁴Virá contra ti un exército de xinetes e carros,
con multitude de tropas;
e porán diante de ti todo ó arredor
as forcadas, os escudos e mailos elmos;
eu expoñerei diante deles a causa
e eles xulgarante segundo a súa xustiza.
²⁵Verterei contra ti os meus celos
e tratarante con rabia;
arrincaranche o nariz e as orellas
e o que che quede caerá a espada;
prenderán os teus fillos e as túas fillas
e o que che quede será consumido polo lume.
²⁶Quitaranche os teus vestidos
e arrebataranche as túas xoias.
²⁷Farei desaparecer de ti a túa lascivia
e da terra de Exipto a túa fornicación de prostituta;
non volverás levanta-los teus ollos cara a eles
nin te volverás lembrar máis de Exipto.
²⁸Pois así fala o meu Señor, Iavé:
—Velaí, entrégote ó poder dos que ti odias,
ó poder daqueles dos que a túa gorxa sente noxo.
²⁹Tratarante con odio
e apoderaranse de tódalas túas riquezas,
deixarante espida e en coiro,
e quedarán ó descuberto as túas vergonzas de prostituta.
³⁰A túa lascivia e as túas prostitucións trouxéronche isto,
por te prostituíres indo tralas nacións,
e por te volveres impura cos seus ídolos.
³¹Colliche-lo camiño da túa irmá,
e por isto eu porei na túa man a súa mesma cunca.

23, 14-15 Destas pinturas e esculturas hai abondos testemuños asirios e babilonios, especialmente baixorrelevos asirios.
23, 17 Sobre esta embaixada, cf 2 Re **20,** 12-19 e Is **39,** 1-8.
A súa gorxa (heb. "néfex"): respiración, vida ou tamén gorxa, coma órgano da respiración e do gusto.
23, 19 A referencia a Exipto non é soamente teolóxica, senón tamén histórica, pois, fronte á opresión babilónica, Xudá fai pactos con Exipto, nos anos 598-588.
23, 20 *Carne:* eufemismo.
23, 21 A finalidade deste v é expresar que os pecados do pasado, coas súas consecuencias, están presentes na historia do pobo. Prepara así o anuncio do castigo, que segue.
23, 23 Os territorios do antigo imperio asirio pertencen agora ós caldeo-babilonios, e deles recrutan xente para os seus exércitos.
23, 25 O exército invasor é instrumento dos celos de Deus pola infidelidade do seu pobo. A falta do nariz e das orellas —onde as mulleres portan adornos—, expresa a perda de toda posibilidade de esplendor (cf **10,** 26, e nota ó v 10).
23, 27 *Os ollos:* asento da cobiza, designan aquí as apetencias sexuais.
23, 30 A *lascivia* e a *prostitución* son expresión da falta de fe no poder de Deus (cf nota ó v 3).
23, 31 *A cunca.* Ten aquí senso de castigo. Toma pé do costume humanitario de darlle ó axusticiado un caldo de herbas para suavizarlle a dor (cf Xn **19,** 19).

³²Así fala o meu Señor, Iavé:
—Bebera-la cunca da túa irmá,
ben fonda e ben ancha.
Servirá para rir e para burlarse
pola súa grande cabida.
³³Ti encheraste de borracheira e de
  pesares,
¡cunca de horrores e de desolación é a
  cunca da túa irmá Samaría!
³⁴Beberala e deixarala baldeira,
rillara-lo seu barro,
e logo rachara-los teus peitos,
pois son eu quen falei,
—é o meu Señor, Iavé, quen fala—.

³⁵Por isto así fala o meu Señor, Iavé:
—Por te esqueceres de min
e por me dáre-las costas,
por isto, ti soporta
o castigo da túa lascivia e da túa prostitución.

³⁶O Señor díxome:
—Fillo de Adam, xulga a Oholah e a Oholibah,
bótalles na cara as súas abominacións.
³⁷¡Si que cometeron adulterios!
Teñen sangue nas súas mans
e cometeron adulterios cos seus ídolos;
e ademais os seus propios fillos,
que para min deran a luz,
servíronlles en comida ós ídolos.
³⁸E aínda me fixeron isto:
contaminaron o meu santuario o día
  aquel
e profanaron os meus sábados.
³⁹Ó ofreceren os seus fillos ós ídolos en sacrificio,
o día aquel entraron no meu santuario,
profanándoo.
Velaí o que fixeron dentro da miña Casa.
⁴⁰Aínda máis, fanlles regalos
a homes que veñen de lonxe,
ós que mandaron mensaxeiros;
e velaí que viñeron con sorte:
ti bañácheste, pintáche-los ollos
e engalanácheste con xoias.

⁴¹Logo deitácheste en diván pomposo,
cunha mesa preparada diante do diván,
e puxeches fronte ó diván
o meu incenso e os meus perfumes aceitosos.
⁴²No diván oíase o griterío dunha multitude leda,
e un exército de homes, que foron invitados a vir do deserto,
—unha abundancia de homes— enchíanse
de beber.
Entón eles puxeron brazaletes nos brazos
delas
e unha diadema espléndida nas cabezas.
⁴³Eu dixen: ¡Certo, agora adulterios!
¡Ai, prostituta, lasciva tamén ela!
⁴⁴¡Veñen onda ela,
como se vai xunto dunha prostituta!
Así viñeron onda Oholah e Oholibah,
esas mulleres impúdicas.
⁴⁵Velaí os homes xustos que as han xulgar
coa sentencia das adúlteras
e coa sentencia das asasinas,
pois elas son adúlteras
e teñen sangue nas súas máns.
⁴⁶Pois así fala o meu Señor, Iavé:
—Fai subir contra elas unha multitude
e entrégaas á aldraxe e ó saqueo.
⁴⁷Que a xente lance pedras contra elas
e que as esnaquicen coas súas espadas,
que maten ós seus fillos e ás súas fillas,
e que queimen co lume as súas casas.
⁴⁸Farei desaparece-la lascivia do país,
e escarmentarán tódalas mulleres,
que non volverán imita-la vosa infamia.
⁴⁹Farase caer sobre vós a vosa lascivia
e soportaréde-los vosos pecados de idolatría.
Entón recoñeceredes que eu son o Señor,
Deus.

Anuncio do asedio de Xerusalén: a ola enferruxada

24 ¹O ano nove do mes décimo, o dez deste mes, veume a palabra do Señor nestes termos:
²—Fillo de Adam, escribe ti mesmo a data de hoxe, a data deste preciso día. Neste pre-

---

23, 32-34 As dimensións da cunca, o rilla-lo seu barro e a expresión "rachara-los teus peitos", mostran a dureza do castigo.
23, 35 Da-*las costas:* comportamento moral de infidelidade á alianza con Deus.
23, 37 *Servíronlles* (lit. "fixéronos pasar"). O sacrificio dos propios fillos ós ídolos vén preparado pola referencia a "ter sangue nas mans". Os fillos perténcenlle a Deus; pero o pobo ofréndalleos ós ídolos.
23, 46-47 Nestes vv aparecen algúns sufixos pronominais masculinos, mesturados cos femininos por concordancia segundo o senso. Traducimos sempre 'elas' porque o galego non o admitiría doutro xeito.
23, 49 A perspectiva salvífica non a esquece o profeta nin sequera neste contexto de castigo.
24 Esta sección comeza presentando as circunstancias do oráculo: asedio de Xerusalén o 4 de xaneiro do ano 588 (vv 1-2). Distínguense no texto dúas partes, ademais da introducción: a) Un "maxal" ou parábola (vv 3-5); b) Xuízo de castigo contra a cidade, desenvolvendo a parábola anterior (vv 6-14).

ciso día o rei de Babilonia atacou Xerusalén. ³Proponlle á Casa Rebelde unha parábola, dicíndolles:

Así fala o meu Señor, Iavé:
—Pon, pon no fogón unha ola,
e bótalle dentro auga;
⁴bota nela os anacos de carne,
tódalas talladas mellores,
pernil e solombo.
Enchea dos mellores ósos.
⁵Colle o mellor do rabaño.
¡Que un feixe de ósos debaixo dela
fagan ferve-lo seu cocido!
¡Que cozan os ósos que ten dentro!
⁶Por isto, así fala o meu Señor, Iavé:
—¡Ai da cidade lixada de sangue!
¡Ai da ola emporcallada e enferruxada,
da que non sae a ferruxe!
¡Que a baleiren tallada a tallada,
pois non houbo sorte con ela!
⁷O seu sangue está no medio dela;
púxoo sobre un penedo pelado,
non o verteu na terra,
para que o po o tape.
⁸Para aumenta-lo meu noxo
para toma-la miña vinganza,
deixeina poñe-lo seu sangue sobre un penedo pelado,
para que non se cubra.
⁹Por isto así fala o meu Señor, Iavé:
—¡Ai da cidade lixada de sangue!
Eu mesmo farei máis grande a rima de leña,
aumentarei a leña,
¹⁰prenderei o lume e farei que se consuma a carne,
botareille graxas recendentes
e queimaranse os ósos.
¹¹Logo poñerei a ola baleira sobre as brasas
para que o seu bronce se requeime
e se poña relucente;
e derreterase a porcaría que ten dentro,
consumiráselle á súa ferruxe.
¹²Aínda que multiplicase os meus traballos,
non lle sairía a súa moita ferruxe,
nin con lume sairía a ferruxe.
¹³Na túa impureza hai lascivia;
por máis que te limpei,
ti non quedaches limpa da túa impureza,
e non volverás estar limpa
ata que desfogue contra ti a miña ira.
¹⁴Eu, o Señor, dixen:
Chega a miña ira, e fareino,
non o descoidarei,
non me apiadarei, nin me compadecerei;
serás xulgada conforme o teu comportamento
e conforme as túas accións
—é o meu Señor, Iavé, quen fala—.
¹⁵Veume a palabra do Señor nestes termos:
¹⁶—Fillo de Adam, velaí, vouche arrebatar de repente
a alegría dos teus ollos.
Non fagas dó nin chores
e que non che veñan as bágoas.
¹⁷Quéixate en silencio pola túa morta,
non fagas dó;
cingue o teu turbante
e calza nos pés as túas sandalias;
non cúbra-la barba
nin comas pan doutros homes.
¹⁸Pola mañá faleille ó pobo,
e polo serán morreu a miña muller
e á mañá seguinte
fixen tal como se me mandou.
¹⁹Entón díxome a xente:
—¿Acaso non nos vas mostrar
que queren dicir estas cousas?
¿Que é o que estás facendo?
²⁰Logo, díxenlles:
—Veume a palabra do Señor nestes termos:
²¹Dille á Casa de Israel: isto di o meu Señor, Iavé:

24, 6-7 *Lixada de sangue:* en paralelo con "emporcallada e enferruxada", ten que referirse ó sangue menstrual, que a volve impura; son tódalas súas impurezas e idolatrías. O "poñe-lo seu sangue" (as prendas lixadas) sobre o penedo, quere expresa-la ostentación idolátrica.

24, 9-12 Estes vv desenvolven as imaxes dos vv 3-5. Co castigo porase fin á vida feliz ("carne") e á esperanza de prosperidade ("os ósos"). E, a pesar do intento de quitar-lle a ferruxe á ola, esta segue enferruxada.

24, 15-27 O texto consta das partes seguintes: a) Prohibición ó profeta de facer mostras de dó pola morte da súa muller, coma xesto simbólico (vv 15-17); b) Realización da orde divina, e explicación do profeta ó pobo (vv 18-19); c) Aplicación do xesto simbólico á situación da caída inminente de Xerusalén (vv 20-27).

24, 16 *A alegría dos teus ollos.* Era a súa dona, que o comprendía e animaba. O anuncio da súa morte faise aínda máis duro ó non permitirlle facer dó por ela.

24, 17 O que se lle manda facer ó profeta é o contrario do ritual fúnebre. Non podendo expresa-la dor, aparece sen dignidade. (cf nota a **23,** 10). *O pan* (= comida), non se facía na casa do defunto, pois o cadáver volvía impura a casa: aceptábase o pan que ofrecían os veciños.

24, 21 *Instrumento de expiación.* O vocábulo empregado ten o valor de compadecerse, "ter misericordia, ou perdoar", máis ben có de "anceio", senso que, por outra banda, non é paralelo coa ledicia que precede.

—Sabede que eu vou profana-lo meu santuario,
o orgullo da vosa cidadela,
a alegría dos vosos ollos,
e instrumento de expiación polas vosas vidas.
Os fillos e as fillas que deixastes
caerán pola espada.
²²Entón faredes tal como eu fixen:
Non taparéde-la barba
nin comeredes pan doutros homes.
²³Seguiredes cos turbantes nas vosas cabezas
e coas sandalias nos vosos pés;
non faredes dó nin choraredes,
consumirédesvos por culpa das vosas iniquidades,
e lamentarédesvos cada un polo seu irmán.

²⁴E cando isto veña,
Ezequiel serviravos de sinal admirable:
faredes todo tal coma el fixo
e recoñeceredes que eu son o Señor, Iavé.
²⁵E ti, fillo de Adam,
o día que eu lles arrebate a súa fortaleza,
a alegría da súa gloria,
a ledicia dos seus ollos,
e o rexurdir das súas vidas,
os seus fillos e as súas fillas,
²⁶o día aquel
irá onda ti o que puido fuxir,
para trae-la noticia ós teus oídos.
²⁷E o día aquel a túa lingua soltarase
e falarás co fuxitivo;
non volverás estar mudo,
senón que serás para eles un sinal admirable.
Recoñecerán que eu son o Señor.

ORÁCULOS CONTRA AS NACIÓNS

Contra os amonitas

25 ¹Veume a palabra do Señor nestes termos:
²—Fillo de Adam, ponte cara ós amonitas e profetiza contra eles,
³dilles ós fillos de Amón:
Escoitade a palabra do meu Señor Iavé:
—Por dicirdes contra o meu santuario:
"¡Ei, que sexa profanado!"
E contra a terra de Israel:
"¡Que vaian á catividade!",
⁴por isto velaquí que eu te entrego en herdanza
ós fillos do Nacente,
que asentarán en ti as súas cercas de pedra,
e chantarán en ti os seus campamentos;
eles comerán os teus froitos,
e beberán o teu leite;
⁵converterei a Rabah nun pasteiro de camelos
e as construccións de Amón nun curral de ovellas.
Deste xeito recoñoceredes que eu son o Señor.
⁶Así fala o meu Señor, Iavé:
—Por bateres palmas e pateares cos pés,
e por te alegrares con todo o teu desprezo
polas terras de Israel,
⁷por isto estendo a miña man contra ti:
entregareite en botín ás nacións
e exterminareite de entre os pobos;

24, 22-24 O que fixo o profeta farao tamén o pobo ó capitular Xerusalén, de xeito que o xesto simbólico de Ezequiel servirá de sinal de que todo iso é un castigo de Deus.

24, 25-27 Explicitación do xesto simbólico, indicando o remate dun período de mudez, que coincide coa caída do templo, no que tiñan posta unha confianza temeraria. O templo vén descrito cos mesmos calificativos cá muller de Ezequiel (vv 15-21.25).

25, 1-17 Con este c., comeza a sección de oráculos contra as nacións pagás (cc. **25-32**). Hai no c. **25** catro oráculos contra os veciños inmediatos de Xudá. Os oráculos manteñen a estructura típica: encargo, invitación a escoitar, acusación, e anuncio de castigo, para acabar co recoñecemento de Iavé por parte do pobo.

25, 2 *Os amonitas* son, segundo Xén **19**, 30-38, descendentes da unión incestuosa da filla máis nova de Lot co seu pai. Ocuparon o Nacente do Xordán no seu tercio inferior, desde Xenesaret ó Mar Morto; a súa capital foi Rabat-Amón (a actual Ammán). Estiveron sempre en tensións cos hebreos (cf Xuí **10**, 6-11, 40), especialmente no reinado de Ioaquim (2 Re **24**, 2), e despois da caída de Xerusalén (cf Xer **40**, 14; **41**, 10-15).

25, 3-7 Desde o punto de vista literario, hai dous oráculos de xuízo de castigo (vv 3-5 e 6-7), aínda que as acusacións veñen coincidir: o desexo e ledicia pola caída de Xerusalén —pola cobiza do seu territorio—, o mesmo cós anuncios de castigo.

25, 4 Os *fillos do Nacente* son as tribos árabes do deserto.

25, 5 Entendemos Rabah coma paralelo con Amón, referíndose á mesma cidade (a capital dos amonitas).

25, 6 Os tres xestos (bate-las palmas, patear e alegrarse con desprezo) expresan a ledicia cobizosa dun terreo sen donos, e mellor có propio, que se abre ás posibilidades de emigración.

fareite desaparecer de entre os países e devastareite.
Deste xeito recoñecerás que eu son o Señor.

Contra Moab

⁸Así fala o meu Señor, Iavé:
—Por dicirdes, Moab e Seir: "Velaí a Casa de Xudá,
é igual ca tódalas nacións",
⁹por isto, fíxate: vou abrir un costado a Moab,
por falar burlescamente;
de entre as súas cidades quitareille a xoia do país,
o Casal da Desolación, o Casal de Baal, Meón e Quiriataim:
¹⁰entregareina ós fillos do Nacente
en herdanza ante os fillos de Amón,
para que nunca máis sexan lembrados os fillos de Amón entre os pobos.
¹¹Farei xustiza en Moab.
Entón recoñecerán que eu son o Señor.

Contra Edom

¹²Así fala o meu Señor, Iavé:
—Por mor do comportamento de Edom
ó practica-la vinganza contra a Casa de Israel,
e se facer culpable da súa vinganza contra ela,
¹³por isto así fala o meu Señor, Iavé:
—Estendo o meu brazo contra Edom:
exterminarei del homes e animais,
convertereino nunha desolación,
desde Temán ata Dedán caerán á espada.
¹⁴Descargarei a miña vinganza contra Edom
pola man do meu pobo Israel,
que tratará a Edom conforme o meu xenio e a miña ira.
Entón coñecerán a miña vinganza
—é o meu Señor, Iavé, quen fala—.

Contra os Filisteos

¹⁵Así fala o meu Señor, Iavé:
—Por obraren os filisteos a traición
e por se vingaren con profundo desprezo persoal
dunha morte que trouxo odio secular,
¹⁶por isto así fala o meu Señor, Iavé:
—Vede que vou estende-la miña man contra os filisteos,
vou extermina-los quereteos,
vou arruina-los que queden da beira do mar.
¹⁷Vou facer neles unha terrible vinganza,
con castigos despiadados.
Entón, cando eu me vingue deles,
recoñecerán que eu son o Señor.

Oráculo de castigo contra Tiro

26 ¹Sucedeu no ano undécimo, no primeiro do mes, que me veu a palabra do Señor nestes termos:

25, 8 *Moab* é descendente da unión incestuosa de Lot e da súa filla máis vella. Os moabitas instaláronse ó leste da costa oriental do Mar Morto. A súa inimizade con Xudá viña de antigo (cf Xuí **3**, 12-30; 1 Sam **14**, 47).
25, 8-11 A acusación é o non recoñece-lo posto especial de Xudá na historia (v 8). O anuncio de castigo (vv 9-11) consistirá en desprotexe-las cidades de defensa, abríndolles camiño ós beduínos de Arabia, que acabarán co país.
25, 9 *Casal da Desolación* (hebreo: "bet-ha-ieximot"): cidade a dous quilómetros e medio ó norte da desembocadura do Xordán (cf Núm **33**, 49; Xos **12**, 13; **13**, 20). *Baal Meón:* A 8 kms. ó N. O. de Dibón (cf Núm **32**, 38; Xer **48**, 10).
25, 12 Os edomitas, situados ó sueste de Xudá, eran descendentes de Esaú. As tensións entre os dous fillos de Isaac non acabaron nunca, no Éxodo non se comportan coma tribos irmás (cf Núm **20**), continuando así na época da monarquía (cf 1 Sam **14**, 47; 2 Sam **8**; 1 Re **11**; 2 Re **14**). As tensións chegaron ó cume despois da caída de Xerusalén (cf Sal **137**, 7. 13; Lam **4**, 21-22; Xl **4**, 19; Abd 10-16), pois de feito ocuparon o sur de Xudá, dando orixe á "Idumea Romana", empuxados polas tribos nabateas.
25, 12-14 Acúsase a Edom de vinganza contra Israel, con referencias ás tradicións patriarcais do Xén **27**; **33**, 1-17, e máis á ocupación do sur de Xudá ante a deportación do 588. Deus sairá en axuda de Israel.
25, 13 Sobre *Temán*, cf Xén **36**, 11; Xer **49**, 7.20; Am **1**, 12. *Dedán* estaba situado ó sueste do territorio, en lugar non identificado (cf nota a **27**, 20)
25, 15 Este oráculo contra os filisteos (heb. "pelixtim") está centrado ó arredor do termo "vingar". O devandito pobo chegou desde o occidente ó sur da Palestina, instalándose alí.
25, 15 A acusación de traición e vinganza ten que referirse á anexión de terras despois das deportacións do ano 598 e 588/7. A referencia a unha morte debe aludir á morte de Goliat (cf 1 Sam **17**, 40-54).
25, 16 *Quereteos:* debe ser unha poboación chegada de Creta, que ocupou a mesma zona cós filisteos e que se asimilou con eles (cf Dt **2**, 23; Xos **13**, 2s; 2 Sam **8**, 18; Xer **47**, 4; Am **9**, 7).
26, 1-2 Con este c. comeza unha sección que acaba no **28**, 18. A perícopa de **26**, 1-21 constitúe un oráculo de xuízo de castigo contra Tiro, coa acusación de cobiza da posesión de Xerusalén unha vez caída, que se presenta en forma de tipificación da acusación (v 2). O anuncio de castigo (v 3) e a súa tipificación (v 4) teñen este desenvolvemento: Deus levantará os pobos contra Tiro para que destrúan as súas murallas e defensas (anuncio de castigo: 4b; e tipificación: vv 5-6); Deus varrerá a cidade da illa sobre a que está construída e o seu terreo será asolado (anuncio de castigo: v 7; tipificación: vv 8-12); a invasión das cidades satélites da terra firme, e o asedio de Tiro por Nabucodonosor (anuncio de castigo: v 13; tipificación: v 14). Os vv 15-21 son un probable engadido con inversión da orde (tipificación na que se inclúe unha curta elexía: vv 15-18; e anuncio de castigo: vv 19-21).

²—Fillo de Adam:
Xa que Tiro dixo acerca de Xerusalén:
"¡Eis!, están esnaquizadas as portas da cidade,
e pasa ó meu poder:
fartarei nela a miña espada".
³Por isto, así fala o meu Señor, Iavé:
—¡Óllame aquí contra ti, Tiro!
Levanto contra ti os pobos en masa
o mesmo que o mar levanta as súas ondas.
⁴Destruirán as murallas de Tiro
e botarán abaixo as súas fortalezas;
eu varrerei dela o mesmo po
e deixareina na nudez do penedo.
⁵Será un secadeiro de redes no medio do mar.
¡Son eu quen o dixo! —oráculo do Señor—.
E servirá de botín para as nacións.
⁶As súas vilas que están en terra firme
serán traspasadas coa espada.
Entón recoñecerán que eu son o Señor.

⁷Pois así fala o meu Señor, Iavé:
—Velaí, eu traio contra Tiro
a Nabucodonosor, rei de Babilonia;
desde o Norte traio o rei de reis,
con cabalos, con carros e con cabaleiros,
cun exército de moita xente.
⁸As túas vilas que están na terra firme
serán traspasadas coa espada,
construirá contra ti un muro de asedio,
levantará contra ti un terraplén
e erguerá contra ti un teito de protección.
⁹Dirixirá os golpes dos seus arietes
contra as túas murallas,
e derrubará as túas fortalezas coas súas machadas.
¹⁰Coa multitude dos seus cabalos
cubrirate de po.
E co ruído dos animais de arrastre, das rodas e dos carros,
bambearán as túas murallas,
cando el entre polas túas portas,
coma quen entra nunha cidade onde se abriron brechas.
¹¹Cos cascos dos seus cabalos irá esmagando
tódalas túas rúas.
Coa espada atravesará ó teu pobo,
e as túas poderosas estelas caerán por terra.
¹²Saquearán o teu tesouro
e farán botín das túas mercancías.
Botarán abaixo as túas murallas
e derrubarán os teus suntuosos palacios.
As túas pedras, as túas madeiras e as túas ruínas
botaranas ó medio do mar.
¹³Eu farei para-lo son dos teus cantares
e a música das túas liras non se volverá oír.
¹⁴Deixareite na nudez do penedo,
serás un secadeiro de redes,
non volverás ser reedificada,
pois eu, o Señor, son quen falei,
—é o meu Señor, Iavé, quen fala—.

¹⁵Así fala o meu Señor, Iavé:
—Tiro, escoita: as costas estremeceranse
co ruído da túa caída,
co lamentarse dos teus acoitelados,
coa matanza das víctimas dentro de ti.
¹⁶Baixarán dos seus tronos tódolos príncipes mariñeiros,
despoxaranse dos seus mantos
e quitaranse os seus vestidos bordados;
vestiranse de estremecemento,
sentarán no chan, tremerán horrorizados
sentiranse estarrecidos por mor de ti.
¹⁷Entoarán unha elexía por ti, dicindo:
"¡Como desapareciches e fuches esnaquizada
no mar, vila renomada!
¡A que era máis forte có Mar,
ela e mailos seus reis,
os que sementaban o terror en seu favor,
si, tódolos reis!
¹⁸Agora as illas tremen no intre da túa caída,
as illas que hai no mar están aterrorizadas
por causa da túa desfeita".

¹⁹Pois así fala o meu Señor, Iavé:
—Cando eu te converta en cidade asolada,

26, 2 *Cidade* (lit. "fortaleza"): Xerusalén.
26, 6 *As súas vilas:* lit. "as súas fillas". Estas vilas estaban situadas no continente, pois Tiro era unha vila pretiño da costa.
26, 7 O asedio de Nabucodonosor comezou no ano 585 e durou ata o 572, pero sen éxito, como sabemos por **29,** 17-21. Quen destruirá Tiro será Alexandre Magno no ano 332.
26, 15 *As costas:* son as colonias fenicias que dependían de Tiro no tocante ó comercio.
26, 17 O *Mar* ten aquí resonancias da divindade mítica Iam, o monstro mariño da mitoloxía primordial, expresión da provocación do caos económico e comercial.
26, 19 *O Abismo* (heb. "tehom"): é o caos primordial, no que se supón a actividade desordenadora de Iam.

coma as cidades onde xa non se habita;
cando eu erga o Abismo sobre ti,
e te cubran as grandes augas,
²⁰entón fareite baixar onda os que
  baixaron ó Foxo,
onda os pobos doutros tempos,
e fareite habitar nas profundidades,
  nas eternas ruínas,
cos que baixaron ó Foxo,
para que non volvas reinar,
nin volvas encher de esplendor a terra
  dos vivos.
²¹Convertereite en espanto,
  e xa non existirás;
buscarante e non te atoparán nunca
  máis,
—é o meu Señor, Iavé, quen fala—.

Elexía sobre a caída de Tiro

27 ¹Veume a palabra do Señor nestes termos:
²—Oe ti, fillo de Adam, entoa sobre Tiro unha elexía:
³Tiro, a ti que sentas rexiamente á entrada do mar,
que a moitas costas vas traficando cos pobos,
así fala o meu Señor, Iavé:
—Tiro, ti pareces un barco de acabada
  fermosura,
⁴os teus lindeiros están no corazón do
  mar,
os que te construíron consumaron a túa
  fermosura;
⁵de cipreses de Senir fixéronche todo o teu
  casco,
colleron un cedro do Líbano
  para face-lo mastro para ti;
⁶con carballos de Baxán fixeron os teus
  remos,

fixeron os bancos de almafí;
os cuartos, de cedro traído das costas de
  Chipre;
⁷de liño curado de Exipto con bordados
  era a tea que che servía de vela;
de púrpura azul e de púrpura vermella
  das costas de Elixah era o teu toldo.
⁸Príncipes de Sidón e de Arvad eran os
  teus remeiros,
sabios de Tiro estaban en ti: eran os teus
  mariñeiros.
⁹Expertos de Biblos e os seus sabios
estaban en ti tapando as túas fendas;
tódolos barcos do mar e mailos seus mariñeiros
aparecen en ti para facer comercio coa túa
  carga;
¹⁰persas, lidios e mais libios
estaban no teu exército, eran os teus homes de guerra;
escudos e elmos colgaban en ti, dábanche esplendor.
¹¹Os de Arvad eran o teu exército, dos teus muros todo ó arredor,
e os gamaditas estaban nas túas fortalezas;
colgaban os seus escudos nos teus muros
  todo ó arredor,
e consumaban a túa fermosura.
¹²Tárxix era o teu arrieiro pola abundancia da túa riqueza;
por prata, bronce, estaño e chumbo cambiaban a túa mercadoría.
¹³Iaván, Tubal e mais Méxec eran os teus mercaderes,
por escravos e útiles de bronce cambiaban
a túa mercadoría.
¹⁴Os do estado de Togarmah cambiábanche a túa mercadoría
por cabalos, corceis e mais mulos.

26, 20 O *Foxo* ten aquí o mesmo senso có Xeol. O recurso do profeta a motivos míticos ten unha finalidade expresiva e poética, ó mesmo tempo que de ensinanza teolóxica (as forzas abismais fenderán Tiro: cf v 19).
27, 1-36 Este c. é literariamente unha elexía polo desastre de Tiro (cf v 2). Comeza o texto comparando Tiro cun fermoso barco, pois está no mar e dedícase ó comercio marítimo (v 3). Descríbese a súa espléndida construcción e o seu persoal de a bordo (vv 4-9), pasando a presenta-las orixes dos seus soldados (vv 10-11). Os vv 12-25a describen o seu fecundo comercio cos pobos máis diferentes, para chegar ó naufraxio simbólico do barco (vv 25b-28) e ás consecuencias de paro e lamentación dos mariñeiros (vv 29-31). Conclúe cun canto de elexía (vv 32-36), no que se vai facendo un repaso das mercadorías, do naufraxio, dos habitantes das colonias comerciais, e dos traficantes.
27, 5 *Senir:* nome amorreo do monte Hermón (cf Dt **3,** 9; 1 Cro **5,** 23; Cant **4,** 8).

27, 6 *Baxán:* rexión do río Iarmuc, na Transxordania (cf Is **2,** 13; Zac **11,** 2).
27, 7 *Elixah:* na costa oriental de Chipre (cf Xén **10,** 4).
27, 8 *Arvad:* cidade-illa ó norte de Sidón. Hoxe chámase Ruad.
27, 9 *Biblos* (lit. "Guebal"): outra cidade fenicia.
27, 10 *Persas* (heb. "parás"): eran os habitantes do actual Irán, a antiga Persia. *Lidios* (lit. "Lud") en África, preto dos libios (Neh **3,** 9; Xer **46,** 9; Ez **30,** 5), ou en Asia Menor. *Libios ou etíopes* (lit. "Put"), ó sur do mar Rubio, en África (Xén **10,** 6; Neh **3,** 9; Ez **30,** 5; **38,** 5).
27, 11 *Gamaditas:* colonia fenicia non identificada.
27, 12 *Tárxix:* referencia ós tartesios, do norte de Cádiz, en España.
27, 13 *Iaván:* son os xónicos, da Asia Menor. *Tubal* e *Méxec* son tamén pobos da Asia Menor (cf Xén **10,** 2; **32,** 26; **38,** 2).
27, 14 *Togarmah,* segundo **38,** 26, está situado nos lindeiros do norte (Armenia): cf Xén **10,** 3.

¹⁵Os homes de Rodas eran os teus traficantes;
os de moitas costas eran comerciantes intermediarios teus,
dábanche en paga dentes de almafí e mais madeira de ébano.
¹⁶Aram era o teu mercader pola abundancia da túa producción;
por granate, púrpura, fío, corais e rubís cambiaban parte da túa mercadoría.
¹⁷Xudá e o país de Israel eran os traficantes;
por trigo de Minit e por bicas doces, mel, aceite e bálsamo
cambiaban as túas mercadorías.
¹⁸Damasco era quen traficaba, coa abundancia dos teus productos,
coa abundancia das túas riquezas,
polo viño de Helbón, pola lá de Sahar,
¹⁹e polas xerras de viño de Izal cambiaban parte da túa mercadoría;
ferro forxado, canela e canivela aromática eran parte das túas mercadorías.
²⁰Dedán era o teu mercader en mantas de montar a cabalo.
²¹Arabia e os príncipes de Quedar eran traficantes dos teus haberes
en años, carneiros e castróns;
eran os teus traficantes nestas mercadorías.
²²Os traficantes de Sabá e de Ramah eran os que traficaban contigo;
polo mellor de tódalas especias, pedras preciosas e ouro
cambiaban as túas mercadorías.
²³Harán, Caneh e Edén eran os que traficaban
con Sabá, Asur e Kilmad a túa mercadoría;
²⁴estes eran os teus traficantes en vestidos elegantes,
en mantos de púrpura e bordados, en alfombras de lá de varias cores,
en cordas ben torcidas e fortes;
eran os teus traficantes nestas mercadorías.
²⁵Os barcos de Tárxix eran os que che transportaban a túa mercancía;
enchícheste e pesabas moito no corazón do mar;
²⁶os que te traían a maltraer, leváronte a alta mar,
e o vento do leste esnaquizoute no corazón do mar.
²⁷As túas riquezas, as túas mercadorías e o teu comercio,
os teus mariñeiros e os teus homes do mar,
os que tapan as túas gretas e os que trafican coa túa mercadoría,
tódolos teus homes de guerra que había en ti,
e toda a túa tripulación que está dentro de ti
caerán ó corazón do mar no intre da túa caída.
²⁸O grito de auxilio da túa tripulación estremecerá o espacio remoto:
²⁹entón tódolos que empuñan o remo baixarán dos seus barcos,
mariñeiros e tódalas tripulacións do mar quedarán en terra.
³⁰Levantarán a súa voz e berrarán amargamente por ti,
botarán po nas súas cabezas e revoltearanse na cinsa.
³¹Raparán a súa cabeza por ti, e vestiranse de saco.
Chorarán por ti con amargura persoal, con lamentos amargos.
³²E no seu dó entoarán por ti unha elexía, cantarán por ti esta elexía:
"¿Quen foi coma Tiro, coma a Fortaleza no medio do mar?".
³³Coa exportación das túas mercadorías polo mar

27, 15 *Rodas:* heb. "Dedán" (que aparece tamén no v 20). Desde o punto de vista crítico, parece máis aceptable a lectura que ofrece o texto grego, e que facemos nosa.
27, 16 *Aram.* Outros prefiren "Edom".
27, 17 *Minit:* no país dos amonitas (cf Xuí **11**, 33).
27, 18 *Helbón:* ó N. de Damasco (actualmente Habbún). *Sahar:* ó N. O. de Damasco.
27, 19 *Izal.* Lemos así, en vez do hebreo Uzal, pois aparece así nos textos neobabilónicos. Famoso polo seu viño, sitúase ó N. E. de Nisibín.
27, 20 *Dedán.* Pode situarse en Arabia (segundo Xén **10**, 7; Is **21**, 13; Xer **25**, 23), ou en Edom (seguindo a Ez **25**, 13 e Xer **49**, 8).
27, 21 *Quedar:* no deserto de Siria-Arabia (cf Xén **25**, 13; Sal **120**, 5; Is **21**, 16; **42**, 11; **60**, 7).
27, 22 *Sabá e Ramah:* no actual Iemen, ó sur de Arabia (cf Xén **10**, 7; 1 Re **10**, 1s; 1 Cro **1**, 9; Sal **72**, 15).
27, 23 *Harán:* na alta Mesopotamia (Xén **11**, 31; **12**, 5; 2 Re **19**, 12).
Edén: no Éufrates central (cf 2 Re **19**, 12; Is **37**, 12; Am **1**, 5).
Asur é aquí a cidade, non a nación asiria.
27, 25 *Os barcos de Tárxix:* os mellor equipados de entón, pois facían a travesía máis longa coñecida (ata Cádiz). *Corazón do mar* (cf vv 4-26): A alta mar, no senso do mar do que non se coñece o fondo (en paralelo cos secretos plans e intención do corazón).
27, 27 *Caerán ó corazón do mar:* entrará en fonda crise, fundamentalmente económico-laboral (pois a imaxe é a dun barco que se afunde).
27, 30-31 Estes ritos son propios dunha lamentación colectiva, e tamén dun pranto fúnebre.

fartába-los pobos das túas riquezas;
coa abundancia dos teus bens e das túas
   mercadorías
enriquecía-los reis do mundo.
³⁴Agora ti estás desfeita polo mar,
estás nos profundos do mar;
as túas mercadorías e a túa tripulación
   naufragaron.
³⁵Tódolos habitantes das costas están
   estarrecidos por causa túa,
e os seus reis están horrorizados,
   conmóveselle-lo semblante.
³⁶Os traficantes entre as nacións asubían
   por ti:
¡volvícheste algo horrible,
deixaches de existir para sempre!

Contra o príncipe de Tiro: 1. Oráculo de castigo

28 ¹Veume a palabra do Señor nestes termos:
²—Fillo de Adam, dille ó príncipe de Tiro:
Así fala o meu Señor, Iavé:
   —Dado que se ensoberbeceu o teu corazón
e pensaches: "Son un deus,
estou sentado nun trono de deuses
no corazón do mar",
sendo ti un home, non un deus;
aínda que ti pensaches que tiñas unha
   sabedoría
coma a dos deuses.
³¡Seica ti es máis sabio ca Daniel e
ningún misterio se che resiste!
⁴Coa túa habilidade e coa túa agudeza
conseguiches ouro e prata entre os teus
   tesouros.
⁵Con aguda listeza nos teus tratos
aumentáche-la túa fortuna,
e coa riqueza o teu corazón volveuse
   orgulloso.
⁶Por isto así fala o meu Señor, Iavé:
   —Porque consideráche-la túa sabedoría
coma a sabedoría dun deus,
⁷por isto, velaí que eu vou traer contra ti
os bárbaros, os máis tiranos dos pobos;
desenfundarán as súas espadas contra a
   túa preciosa sabedoría
e acoitelarán o teu esplendor.
⁸Farante baixar ó Abismo, e no corazón
   do mar
morrerás coa morte do acoitelado.
⁹¿Aínda te atreverás a dicir: "Eu son un
   deus"
na presencia dos que te van matar?
Pois ti es un home, non un deus,
nas mans dos que te van acoitelar.
¹⁰Nas mans dos bárbaros morrerás coa
   morte dos castrados,
pois eu son quen falei,
   —oráculo do Señor—.

2. Elexía

¹¹Veume a palabra do Señor nestes termos:
¹²—Fillo de Adam, entoa unha elexía sobre o rei de Tiro:
Así fala o meu Señor, Iavé:
   —Ti e-la serpente da perfección,
cheo de sabedoría, e perfecto en
   fermosura;
¹³ti vives no Edén, o xardín de Deus,
toda sorte de pedras preciosas son o teu
   valo:
cornalina, topacio, augamariña,
crisólito, berilo e ónice;
zafiro, rubí e esmeralda,

27, 34 No tocante ás resonancias míticas do mar, cf nota a **26,**17.
28, 1-19 Sección con dúas partes:
a) A primeira (vv 1-10) é un oráculo de castigo individual, no que se acusa a Tiro de ensoberbecemento pola súa sabedoría, actitude absurda, que levará ó seu rei a quedar mal parado.
b) A segunda (vv 11-19) forma unha elexía, anque, pola súa métrica, non o pareza. Contrástase un pasado de bendicións divinas coa situación presente e cun futuro de castigo, que rematará con Tiro e co seu rei.
No texto refléxase unha situación de crise na cidade, provocada polo asedio.
28, 2 *Ensoberbeceu o teu corazón:* pola súa autodivinización, a pesar de que o trono dese rei está no mar, lugar da desorde e do caos (cf nota a **26,** 17).
Sabedoría: lit. "corazón", pero coma sinónimo de sabedoría (cf 1 Re **5,** 9; Xob **12,** 3; **34,** 10; Pr **19,** 4; **8,** 5).
28, 3 *Daniel:* figura da lenda ugarítico-cananea, prototipo do sabio, de onde o recolleu o autor do libro canónico dese nome.
28, 4 *Habilidade:* lit. "sabedoría", que non é puramente especulativa, senón práctica. *Agudeza* (heb. "tebunah"): capacidade de diferenciar, para conseguí-lo éxito.
28, 8 As referencias ó Abismo e ó corazón do mar, refírense ó carácter caótico e mortífero de Iam, onde o rico cobizoso ten o seu trono (cf nota a **26,** 17).
28, 9 A privación dos bens descóbrenlle ó rico o seu corazón humano e feble.
28, 10 A referencia á morte dos castrados quere resalta-la falta de descendencia.
28, 12 *Serpente da perfección:* a relación da serpente coa perfección (= sabedoría) déixase ver en Xén **3,** 1 e Mt **10,** 16. Os fenicios coidaban que, ó abri-los ollos as serpentes divinas, enchían de luz e fermosura o lugar. A serpe (ou espada de lume) e o querubín gardaban a entrada dos templos babilónicos (cf tamén Xén **3,** 24). Do mesmo xeito, o rei de Tiro protexe a súa prosperidade, con intento de autodivinización. Sobre o paralelismo semítico sabedoría-fermosura, cf 1 Sam **25,** 3.
28, 13 *Edén* (cf Xén **2,** 10; **4,** 16). As riquezas da morada de Deus son comúns ás diferentes relixións. A súa concepción coma xardín aparece en 1 Re **6,** 29.32 (cf Xén **2,** 8ss).

e o ouro que hai en ti é por causa da túa fermosura,
e do teu esplendor; foi preparado para ti o día que fuches creado.
¹⁴Ti eras un querubín coas ás estendidas, púxente de gardián, estabas no monte santo dos deuses,
e movíaste por entre carbóns ardendo.
¹⁵Ti eras perfecto polo teu comportamento,
desde o día en que fuches creado ata o día no que se atopou en ti a iniquidade.
¹⁶Coa abundancia do teu comercio íaste enchendo
por dentro de violencia e pecados,
por isto eu destituínte da categoría sacra, lonxe da montaña de Deus,
e elimineite a ti, querubín protector, de entre os carbóns encendidos.
¹⁷O teu corazón ensoberbeceuse por mor da túa fermosura,
e ti destruíche-la sabedoría
a causa do teu esplendor;
eu boteite no Xeol e púxente diante dos reis
para que te contemplasen.
¹⁸Coa multitude das túas iniquidades
e a inxustiza do teu comercio
profanáche-lo teu santuario;
por isto farei saír lume do medio de ti, que te devorará, e convertereite en cinsa, sobre a terra, na presencia de tódolos que miren.
¹⁹Tódolos teus amigos entre as nacións estarán horrorizados por causa túa;
ti serás algo horrible,
e nunca máis volverás existir.

Oráculo de castigo contra Sidón

²⁰Veume a palabra do Señor nestes termos:
²¹—Fillo de Adam, dirixe a túa ollada cara a Sidón e profetiza contra ela:
²²Así fala o meu Señor, Iavé:
—Velaquí, eu estou contra ti, Sidón,
e vou ser glorificado dentro de ti.
Entón recoñecerán que eu son o Señor,
cando execute nela a sentencia
e mostre nela a miña santidade.
²³Mandarei contra ela a peste
e o sangue ás súas rúas;
caerá o asasino sobre ela,
coa espada subirá a Sidón de todo o arredor.
Entón recoñecerán que eu son o Señor.
²⁴E xa non volverá haber para os da Casa de Israel
espiño que se crava nin aguillón que fura
de parte de tódolos veciños que os desprezan.
Entón recoñecerán que eu son o Señor, Deus.

Restauración de Israel e castigo contra os seus veciños

²⁵Así fala o meu Señor, Iavé:
—Cando eu reúna a Casa de Israel
de entre os pobos onde están esparexidos,
mostrarei a miña santidade neles á vista de tódolos pobos
e asentarán na terra que eu lle dei ó meu servo, Xacob.
²⁶Asentarán nela con tranquilidade, construirán casas e plantarán viñas
e vivirán na tranquilidade,
cando eu execute as sentencias
contra tódolos que ó seu arredor os desprezan.
Entón recoñecerán que eu son o Señor, o seu Deus.

28, 14 O xardín de Deus é equivalente ó monte santo dos deuses e ó Olimpo semítico. Por isto, os *carbóns ardendo* (lit. "pedras de lume") son equivalentes ás pedras preciosas do v 13.
28, 16 O autor percibe a perigosidade moral do comercio, que pode levar ó afastamento de Deus.
28, 17 *O Xeol* (lit. "a terra", ou "baixo-terra"). Para os semitas, no Xeol hai vida, anque non felicidade plena.
28, 18 O *santuario* incluía tódalas dependencias anexas ó mesmo (cf Xer **51,** 51).
28, 20-24 Oráculo de castigo (non de xuízo de castigo, pois a única acusación é o v 24c, ó que lle faltan as marcas literarias dunha verdadeira acusación). Co castigo dos inimigos de Israel mostrará Iavé a súa transcendencia, ó mesmo tempo que libera ó seu pobo.
28, 22 A glorificación de Deus e o seu recoñecemento realízase mediante unha manifestación de poder, co que Deus fai xustiza contra o opresor. Deste xeito, mostrará a súa santidade, respecto dos poderes humanos.
28, 23 *Caerá o asasino:* refírese a Babilonia. A data do oráculo pode ser despois do ano 573, momento no que Sidón colle importancia, ó prolongarse o asedio de Tiro.
28, 25-26 Este oráculo salvífico, semellante ó anterior nas expresións, salienta o carácter salvífico da manifestación da santidade de Iavé, que traerá o castigo para os pagáns, e a salvación ó seu pobo, restaurando así a situación "primitiva", en cumprimento das promesas. Esta acción salvífica de Iavé ten a súa perspectiva universalista no recoñecemento dos propios pagáns.

Tres oráculos de castigo contra Exipto

29 ¹O ano dez, o día doce do mes décimo, veume a palabra do Señor nestes termos:
²—Fillo de Adam, dirixe a túa ollada cara ó Faraón, rei de Exipto, e profetiza contra el e contra todo o Exipto.
³Fala e dille:
Así fala o meu Señor, Iavé:
—Velaí, eu estou contra ti, Faraón, rei de Exipto,
grande monstro, deitado entre as canles do Nilo,
que di: "De min sae o meu Nilo,
e eu prodúzoo para min".
⁴Poñerei dous ganchos nas túas queixadas,
e apegarei os peixes do Nilo ás túas escamas;
farei que subas do medio do Nilo,
e leves pegados tódolos peixes do Nilo nas túas escamas.
⁵Arrastrareite ó deserto
a ti e a tódolos peixes do Nilo;
morrerás sobre a superficie do campo,
sen que te recollan nin te enterren.
Poñereite de pasto para os bechos de debaixo da terra
e para os paxaros do ceo;
⁶entón tódolos habitantes de Exipto recoñecerán que eu son o Señor.
Por seren eles un bastón de canivela, para a Casa de Israel,
⁷cando ti os apretes coa túa man, sentiraste débil
pero romperás ante eles todo apoio;
cando eles se apoien en ti, romperaste,
pero farás que tódalas túas forzas se restablezan para o ben deles.

⁸Por isto así fala o meu Señor, Iavé:
—Velaí, vou trae-la espada contra ti
e exterminar de ti homes e animais,
⁹e o país de Exipto volverase desolación e ruína.
Entón recoñeceredes que eu son o Señor.
Por dicires: "O Nilo sae de min,
eu son quen o fixen",
¹⁰por isto, velaí, eu estou contra ti
e contra o teu Nilo;
eu vou converte-lo país de Exipto en ruínas,
nunha ruína desértica desde a Torre das Caravanas
ata a fronteira de Etiopía.
¹¹Non o atravesará pé de home
nin casco de animal o cruzará;
nin será habitado durante corenta anos.
¹²Converterei o país de Exipto nunha desolación
maior cós países que están desolados:
as súas cidades que foron arruinadas, durante corenta anos.
Esparexerei a Exipto entre os pobos
e espallareino entre os países.

Oráculo salvífico para Exipto, subordinado a saúde espiritual de Israel

¹³Velaí o que di o meu Señor, Iavé:
—Ó cabo de corenta anos reunirei a Exipto
de entre os pobos a onde foi esparexido;
¹⁴deste xeito cambiarei a sorte da catividade de Exipto
e fareinos volver ó país do Sur,
a súa terra de orixe,
e formarán alí un reino humilde,
¹⁵que será máis humilde cós outros reinos;
e non se volverá levantar contra os outros pobos,
fareino miúdo para que non oprima ós demais pobos.

29, 1-12 Esta sección, datada no xaneiro do 587, consta de tres oráculos de xuízo de castigo: vv 3-6a; 6b-9a; 9b-12. O primeiro e o terceiro presentan coma acusación a autodivinización de Exipto (que se ten polo creador do Nilo), e coma castigo, a súa morte e destrucción (en linguaxe simbólica e real). O segundo oráculo presenta unha acusación que cadra coa circunstancia histórica: a pouca firmeza do apoio exipcio, en contraste coa estricta fidelidade de Xudá.
29, 3 *Monstro,* (lit. *"Tanim"*): monstro mariño ou acuático. *De min sae.* Crían que dos monstros míticos saía a auga (cf Ap 12, 15).
29, 4 Os *peixes* pegados ás *escamas* do monstro son a poboación exipcia que depende do Nilo e do faraón.
29, 5 A morte no deserto era considerada coma o supremo desastre, ó queda-los ósos á intemperie.
29, 6 *Bastón de canivela* reflexa o apoio inseguro e fráxil, e refírese á insegura alianza con Exipto, que levou a Xudá á rebelión contra Babilonia.
29, 7 Este v enfronta, en paralelismo antitético, a estricta fidelidade de Xudá á alianza con Exipto (que para Xudá é idolatría, pois aparta da fe exclusiva en Iavé) coa infidelidade de Exipto. *Forzas:* lit. *"riles",* que aquí son a raíz das forzas, máis cá dos sentimentos.
29, 9b A afirmación resulta un intento de autodivinización, na que se basea o anuncio de castigo que segue (cf nota ós vv 1-12).
29, 10 *Torre das Caravanas.* Hai que situala na "vía maris", á entrada de Exipto.
29, 13-16 Oráculo salvífico, referido a Exipto. A salvación de Exipto está subordinada á saúde de Israel, que non pedirá máis axuda a Exipto, porque este reino será humilde, e porque Israel verá en Exipto a man de Iavé.
29, 13 *Corenta anos:* período de aprendizaxe da revelación divina, coma os corenta anos do Éxodo.

¹⁶Exipto nunca máis será para a Casa de Israel a seguridade,
que fai lembra-la iniquidade de cando Israel se volvía tras el,
senón que a Casa de Israel recoñecerá que eu son o Señor, Iavé.

Deus entrégalle Exipto a Nabucodonosor, en paga dos seus servicios

¹⁷O ano vintesete, o un do primeiro mes, veume a palabra do Señor nestes termos:
¹⁸—Fillo de Adam: Nabucodonosor, rei de Babilonia, fixo traballar ó seu exército en dura campaña contra Tiro;
tódalas cabezas quedaron peladas,
e tódolos ombreiros quedaron sen pel;
pero nin el nin o seu exército sacarán proveito de Tiro,
a pesar da campaña que contra el fixeron.
¹⁹Por isto, así fala o meu Señor, Iavé:
—Velaí, voulle entrega-lo país de Exipto a Nabucodonosor, rei de Babilonia,
que collerá os tesouros de Exipto, roubará as súas ganancias
e arrebatará o seu botín,
e así terá salario para o seu exército.
²⁰En paga da esforzada campaña que fixeron contra Tiro,
eu entregaréille-lo país de Exipto, pois fixérono por min,
—é o meu Señor, Iavé, quen o di—.
²¹O día aquel medrará a puxanza da Casa de Israel,
e a ti concedereiche o poder abri-la boca no medio deles.
Entón recoñecerán que eu son o Señor.

O día do Señor: oráculos de castigo contra Exipto

30 ¹Veume a palabra do Señor nestes termos:
²—Fillo de Adam, profetiza e di: así fala o Señor, Iavé:
—Facede esta lamentación:
¡Ai do día aquel!
³¡Chega o día,
chega o día do Señor!:
¡Será un día de nubes,
será o instante das nacións!
⁴Unha espada penetrará en Exipto,
e o estremecemento chegará ata Etiopía,
cando caian os acoitelados en Exipto;
arrebataranlle os seus tesouros,
e derrubaranlle os seus alicerces.
⁵Etiopía, Put, Lud e toda a Arabia,
Cub e xente do país aliado,
caerán mortos pola espada xunto con eles.

⁶Así fala o Señor:
—Caerán os que sosteñen a Exipto,
e derrubarase o seu orgulloso poder;
desde a Torre das Caravanas todos caerán en Exipto,
—é o meu Señor, Iavé, quen o di—.
⁷Exipto quedará máis desolado cós países desolados,
e as súas cidades quedarán máis arrasadas ca cidade ningunha.
⁸E recoñecerán que eu son o Señor,
cando lle poña lume a Exipto
e sexan desbaratados tódolos que o axudan.
⁹O día aquel sairán, en barcos, mensaxeiros de onda min,
para aterroriza-la tranquila Etiopía;
haberá angustia entre os etíopes o día de Exipto,
si, ¡velaí chega!
¹⁰Así fala o meu Señor, Iavé:
—Eu poreille fin á riqueza de Exipto,
por medio de Nabucodonosor, rei de Babilonia.
¹¹El e mailas súas tropas con el, as máis poderosas das nacións,

---

29, 17-21 Estes vv conteñen un oráculo salvífico para Babilonia, motivado por un servicio ós plans de Deus de castigar a Tiro; e, xa que non conseguiron compensarse con Tiro, Iavé entrégalles Exipto. O oráculo, con todo, vén resultar unha promesa de salvación para Israel, que servirá de árbitro entre os dous pobos (v 21). Deste xeito, o oráculo, salvífico para Babilonia, resulta tamén salvífico para Israel.
29, 17 A data do oráculo corresponde ó mes de marzo do ano 571, aínda que o seu cumprimento acontecerá no ano 568, segundo Xer **43**, 12.
30, 1-9 Esta sección consta de catro oráculos de castigo contra Exipto. Nos dous primeiros, o tema teolóxico é o *día do Señor,* que chega para Exipto e para a súa alianza (vv 2-5); e o *día de Exipto,* día de castigo que está a chegar (vv 6-9). Os dous últimos oráculos expresanse en linguaxe máis directa, referíndose á invasión e saqueo de Exipto (vv 10-12) e á destrucción dos seus ídolos e das cidades importantes, centros de idolatría (vv 13-19).
30, 2 *Lamentación.* Non se refire a unha elexía, senón que é a imaxe dos berros no día da lamentación colectiva. *O día do Señor* é o día no que el fará xustiza e castigará as infidelidades. Non hai acusación de infidelidades concretas, ó ser oráculos de castigo, e non de xuízos de castigo.
30, 3 *Día de nubes* (cf Xon **2**, 2; Sof **1**, 15): de traxedia e castigo.
30, 6 *Torre das Caravanas:* cf nota a **29**, 10.
30, 8 O recoñecemento de Iavé salienta aquí o carácter salvífico para as nacións pagás, que se esconde no castigo divino.
30, 9 *O día aquel* é o día de Exipto, o día que lle chega ó Señor (v 3): a etapa de castigo.

serán levados para destruí-lo país;
desenvaiñarán as súas espadas contra
    Exipto,
e encherán o país de mortos.
¹²Farei un sequedal dos Nilos,
e entregarei en venda o país na man dos
    malvados,
por man de bárbaros arrasarei o país e
    canto o enche.
Eu, o Señor, son quen falei.
¹³Así fala o meu Señor, Iavé:
—Eu vou destruí-los seus ídolos,
e facer desaparecer de Menfis os deuses
    importantes,
e da capital de Exipto o príncipe,
que nunca máis volverá haber.
Impoñerei respecto sagrado no país de
    Exipto.
¹⁴Destruirei o país do Sur,
poñereille lume a Tanis
e executarei a sentencia contra Tebas.
¹⁵Desafogarei o meu noxo en Pelusio,
praza forte de Exipto;
e destruirei as riquezas de Tebas;
¹⁶prendereille lume a Exipto,
Pelusio retorcerase de dor,
e a muralla de Tebas estará para fenderse,
e Menfis terá o seu asedio no seu día.
¹⁷Os escollidos de One e de Pibéset caerán
    a espada;
e as mulleres irán á cativirade.
¹⁸En Tafnes deterase o día,
cando eu rompa alí os cetros de Exipto,
e se acabe nela o orgullo do seu poderío.
A ela cubriraa unha nube,
e as súas fillas irán á cativirade.
¹⁹Entón eu executarei sentencia contra
    Exipto,
e recoñecerán que eu son o Señor.

O Señor dirixe os procesos históricos

²⁰O ano once, o sete do primeiro mes, veu-me a palabra do Señor nestes termos:

²¹—Fillo de Adam, rompín o brazo do Fa-
raón, rei de Exipto,
e velaí que non está recomposto para po-
ñerlle medicamentos
e aplicarlle vendaxes, non está atado nin
    colle forza
para empuña-la espada.
²²Por isto, así fala o meu Señor, Iavé:
—Velaí, eu estou contra o Faraón, rei de
    Exipto;
voulle rompe-los brazos, o brazo san e
    mailo quebrado,
e vou facer cae-la espada da súa man.
²³Vou espallar a Exipto entre as na-
    cións,
e a dispersalo entre os países.
²⁴Dareilles forza ós brazos do rei de Babi-
    lonia,
e entregarei a miña espada na súa man;
pero romperei os brazos do Faraón,
que lanzará diante del xemidos de acoite-
    lado.
²⁵Farei fortes os brazos do rei de Babilo-
    nia,
mentres que os brazos do Faraón caerán;
recoñecerán que eu son o Señor
cando poña a miña espada na man do rei
    de Babilonia,
para que a manexe contra o país de Exip-
    to.
²⁶Dispersarei a Exipto entre as nacións,
e espallareino entre os países.
Entón recoñecerán que eu son o Señor.

Grandeza, caída e lugar de Exipto

31 ¹O ano once, o primeiro día do mes terceiro, veume a palabra do Señor nestes termos:
²—Fillo de Adam, dilles ó Faraón, rei de Exipto, e á súa tropa:
¿A quen te pareces na túa grandeza?
³Velaí unha exuberante ramaxe,
    ramallada umbrosa, impoñente altura,

30, 12 Os *Nilos:* en hebreo é un dual —Alto e Baixo Ni-lo—, o mesmo que pasa con Exipto (heb. "misráim"), e que dá pé a falar no v 18 de "os cetros de Exipto".
30, 13 O triple paralelismo de *ídolos, deuses, príncipe,* sub-liña o carácter idolátrico do faraón.
30, 14 *O país do Sur* (lit. "Patros"): o Alto Exipto.
30, 17 *One* é a Heliópolis grega. *Pibéset* é a Bubastis grega, hoxe Basta.
30, 20-26 Este texto leva a data do mes de abril do ano 587, algúns meses antes da caída de Xerusalén. Con ima-xes militares exprésase un oráculo de castigo contra o fa-raón Hofra, contrastado con outro de bendición para o rei de Babilonia (vv 24-26).
30, 21 *Recomposto* (lit. "atado"). Non se refire ás vendaxes, senón a compo-lo brazo quebrado. O brazo é sinal e ex-presión de poder.
30, 25-26 A victoria de Nabucodonosor sobre Exipto será sinal da credibilidade do profeta e do recoñecemento de Iavé coma dono dos destinos da historia.
31 Ofrece unha data, que corresponde a maio do 587 (v 1), quizais cando a desfeita do faraón Hofra, ó saír en de-fensa de Xerusalén sitiada. O texto presenta tres partes: a) A grandeza do faraón compárase a un cedro alto, fer-moso, divino (vv 2-9). b) Unha lamentación, na que se descobre a súa culpabilidade e o castigo que o Señor lle inflixiu, que servirá de lección perpetua para outros rei-nos (vv 10-14). c) O loito universal pola súa caída ó Abis-mo, para acabar co consolo das árbores do Edén pola súa caída (vv 15-18).

as súas pólas están entre as nubes. ⁴As augas da chuvia fano medrar, e as aguas de baixo terra fano crecer, a súa raizada camiña por todo o arredor cara ás correntes de baixo terra, que manda os seus regos onda tódalas árbores do campo. ⁵Por isto a súa altura supera a tódalas árbores do campo, as súas pólas multiplicáronse, o seu talo ensanchou, ó lanzarse el onda as augas abundantes. ⁶Nas súas pólas aniñaban tódolos paxariños do ceo, debaixo da súa ramallada parían tódolos animais do campo, e á súa sombra descansaban tódolos pobos ricos. ⁷¡Que fermoso era coa súa grandura e coa anchura da súa ramaxe! ¡Como alongaba as súas raíces cara ás augas abundantes! ⁸No xardín dos deuses os cedros non eran máis altos ca el, nin os cipreses se podían comparar á súa ramaxe, nin os plátanos eran coma as súas ramas; ningunha árbore do xardín dos deuses se podía comparar con el na súa beleza. ⁹Espléndido o fixen, coa abundancia da súa ramaxe, ¡Como lle tiñan envexa tódalas árbores do Edén, que está no xardín dos deuses!

¹⁰Pois ben, así fala o meu Señor, Iavé: —Por ensoberbecerse da altura, e por poñe-la súa ramaxe entre as nubes, e por enorgullécerense os seus pensamentos coa altura, ¹¹eu entregueino ó poder do xefe das nacións, que o ha tratar conforme á súa maldade,

¹²Deixeino para que o corten os bárbaros, os máis tiranos de entre os pobos, e o abandonen no monte, e as súas pólas caian por tódolos barrancos, e a súa ramaxe sexa esnaquizada polos máis valentes do mundo, e tódolos poderosos do mundo saian da súa sombra e o rexeiten. ¹³Nas súas pólas caídas pousáronse tódolos paxariños do ceo e tódolos animais do campo estiveron na súa ramaxe. ¹⁴Deste xeito ningunha árbore ben regada se enorgullecerá coa altura, nin poñerá a súa ramaxe entre as nubes, nin ningunha árbore ben regada se manterá firme na súa soberbia fronte ás outras, pois todas elas están destinadas á morte, ás profundidades da terra, a estaren cos fillos de Adam, cos que baixan ó abismo.

¹⁵Así fala o meu Señor, Iavé: —O día que o cedro baixou ó reino dos mortos, eu fixen que o Abismo fixese loito por el, e que o cubrise: parei a súa corrente e detivéronse as augas caudalosas. Fixen que o Líbano se puxese de loito por el, e cubríronse de loito por el tódalas árbores do campo. ¹⁶Fixen que co estrondo da súa caída se estremecesen as nacións, cando o fixen baixar ó reino dos mortos cos que baixaban ó Abismo; consoláronse nas profundidades da terra tódalas árbores do Edén, e o escollido e o mellor do Líbano, tódalas árbores ben regadas de auga.

31, 4 O semita pensa que a terra fluctúa sobre as augas do abismo.
31, 6 Coa imaxe do cedro, que acubilla os paxariños e outros animais, exprésase a protección de Exipto sobre moitos pobos.
31, 8 X*ardín dos deuses:* aínda que para o A. T. a morada de Iavé é o ceo (suxerindo así a transcendencia), recóllese tamén o tema mítico da morada dos deuses, da que aparecen restos en **28,** 13 e Xén **2,** 8-17.
31, 9 *Edén:* o xardín dos deuses (cf v 8; **28,** 13; Xén **2,** 8).
31, 10 *Os seus pensamentos* (lit. "o seu corazón"). A soberbia é o principal delito de Exipto na súa relación cos ou-

tros pobos.
31, 13 Pousarse *nas pólas caídas* significa aproveitarse deles, enriquecéndose a conta deles.
31, 14 Interesante teoloxía das relacións internacionais, deducida da caducidade de todo imperio.
31, 15 *Reino dos mortos* (heb. "xeol"), que equivale ó "hades" da mitoloxía grega. O Abismo é o Xeol; e, tanto para os gregos coma para os semitas, ten correntes de auga no fondo.
31, 16 As *árbores do Edén.* Son os pobos destinados ó Abismo (cf v 14), que sentirán o consolo da caída de Exipto.

¹⁷Pois tamén baixaron elas xunto co cedro
ó reino dos mortos,
o exército dos atravesados pola espada e
os renovos do cedro,
que vivían á súa sombra no medio das na-
cións.
¹⁸E, así, ¿a quen te parecías en gloria e
grandeza
entre as árbores do Edén?
Farante baixar xunto coas árbores do
Edén
ás profundidades da terra,
e deitaraste no medio dos incircuncisos,
xunto cos pasados pola espada.
Tal será o Faraón e todo o seu exército
—é o meu Señor, Iavé, quen fala—.

Elexía polo Faraón, crocodilo do Nilo

32 ¹O ano doce, no mes doce, o primeiro
do mes, veume a palabra
do Señor nestes termos:
²—Fillo de Adam, entoa unha elexía sobre
o Faraón, rei de Exipto, e dille:
Parecías o leonciño das nacións,
pero eras coma crocodilo nas canles do
Nilo,
a rebolos atoldába-la auga cos pés e
alodába-las correntes.
³Así fala o meu Señor, Iavé:
—Estenderei sobre ti a miña rede:
cando se xunten as nacións populosas,
sacarante na miña rede varredeira;
⁴botareite contra a terra,
e contra a superficie do chan
esnaquizareite,
farei pousar sobre ti a tódalas aves de
rapina do ceo,
e farei que se farten de ti tódolos animais
carnívoros da terra.
⁵Porei a túa carniza sobre as montañas
e encherei os vales da túa carne
podrecida.
⁶Dareille de beber á terra,
verténdote a ti co teu sangue sobre as
montañas,
e os barrancos encheranse de ti.
⁷Cando ti te apagues, cubrirei o ceo
e porei de loito as súas estrelas,
o sol tapareino con nubes
e a lúa non alumará coa súa luz.
⁸A tódolos astros luminosos que hai no
ceo,
poreinos de loito por ti,
e porei as tebras sobre a túa terra,
—é o meu Señor, Iavé, quen fala—.
⁹Perturbarei o corazón dos pobos ricos,
cando leve os teus despoxos a nacións,
a países que non coñecedes.
¹⁰Farei que se sintan desolados por ti os
pobos ricos,
e ós seus reis poránselle-los pelos de punta
por ti,
cando eu faga voa-la miña espada na súa
presencia;
tremerán conturbados cada un pola súa
vida,
o día da túa caída.

¹¹Pois, así fala o meu Señor, Iavé:
—Chegará sobre ti a espada do rei de
Babilonia,
¹²farei cae-la túa tropa por espadas de
valentes,
que en conxunto forman o máis tirano
dos pobos:
eles arrasarán o orgullo de Exipto
e quedará devastada toda a súa tropa.
¹³Farei desaparecer tódolos seus
animais
da presencia do caudaloso río,
e nin pé de home o volverá a alodar,
nin casco de animal o atoldará.

31, 17 *Os renovos do cedro* son aquí os exipcios que escaparon da morte por viviren noutros pobos.
31, 18 *No medio dos incircuncisos:* en Exipto practicábase a circuncisión.
32, 1-16 Esta sección, datada en febreiro do 585, calificase coma unha elexía sobre o faraón e sobre Exipto (vv 2.16), que será cantada cando Nabucodonosor fenda o orgullo de Exipto. Esta elexía é un canto ó futuro desastre anunciado e desencadeado polas palabras proféticas. Consta: a) Dunha introducción na que se contrasta a aparencia do faraón coma rei poderoso (león) e a súa realidade, un crocodilo perturbador que atolda as augas (v 2). b) Segue despois unha primeira parte da elexía (vv 3-10), na forma dun anuncio de castigo na que se describe a caza do crocodilo, a súa morte, o loito do ceo e da terra e o pavor dos pobos, por mor da caída de Exipto. c) Un segundo oráculo de castigo (vv 11-15) continúa o anuncio de castigo anterior: castigo do orgullo de Exipto a mans do rei de Babilonia, dirixido polo Señor, e desolación do río (vv 11-13); castigo do río que se volverá un río do Abismo e infernal (v 14) e desertización de Exipto (v 15). d) Acaba o poema recollendo o tema da elexía, e formando así o v 16 unha inclusión literaria co v 2.
32, 2 *Crocodilo:* fera acuática, con caracteres da divindade mítica Iam.
32, 4-5 As alusións ás aves de rapina e ós animais carnívoros reflexan unha morte desastrosa e con aniquilación da personalidade, o que contituía para os gregos e semitas o máximo desastre (cf Ilíada I, 4-5).
32, 7-8 As referencias ó dó cósmico queren subliña-las profundas repercusións desta caída no mundo de entón (v 9), pois o cósmico forma un conxunto co humano.
32, 13 O *caudaloso río* designa a Exipto, subliñando o seu carácter maléfico e de perigo para a vida.

¹⁴Entón lanzarei ó Abismo as súas augas,
e farei correr os seus afluentes de cor amarela,
—é o meu Señor, Iavé quen fala—.
¹⁵Cando se converta o país de Exipto nun deserto,
entón quedará despoxado de todo o que o enche;
cando eu fira a tódolos seus habitantes,
entón recoñecerán que eu son o Señor.
¹⁶Esta será a elexía que cantarán,
cantarana as cidades das nacións,
cantarana por Exipto e por toda a súa tropa
—é o meu Señor, Iavé, quen fala—.

Lamentación profética sobre a baixada do Faraón ó Abismo

¹⁷O ano doce, o quince do mesmo mes, veume a palabra do Señor nestes termos:
¹⁸—Fillo de Adam, entoa unha lamentación pola tropa de Exipto;
fai baixa-la tropa cos seus anceios de poder,
e as cidades das nacións poderosas ata as profundidades da terra,
xunto cos que baixan ó abismo.
¹⁹¿Foi acaso Exipto máis agraciado cós máis?
Pois anda vagabundo e cae xunto cos incircuncisos,
²⁰que caen canda os acoitelados pola espada.
Entréganse espadas que dispersan a Exipto e a toda a súa tropa.
²¹Un exército de valentes persegue a tropa de Exipto,
persegue ata o medio do Xeol os reforzos da tropa:
os incircuncisos baixarán a descansar no Abismo,
acoitelados con espada.
²²Alá está Asur e todo o seu exército,
arredor da tropa de Exipto,
arredor das súas sepulturas,
todos eles acoitelados, caídos a espada.
²³Pois a sepultura de Asur está posta no máis fondo do Abismo,
e o seu exército está arredor da súa sepultura;
todos eles caeron acoitelados con espada,
pois puxeron terror no mundo dos vivos.
²⁴Alí está Elam e tódalas súas tropas arredor da súa sepultura:
todos eles caeron acoitelados con espada,
e así baixaron incircuncisos ó profundo da terra,
pois puxeron terror no mundo dos vivos;
levaron a súa deshonra xunto cos que baixaban ó Abismo.
²⁵Entre os acoitelados puxéronlle o leito a Elam,
con toda a súa tropa arredor do leito,
arredor da súa sepultura.
Todos eles foron incircuncisos, acoitelados con espada,
pois o seu terror estendeuse polo mundo dos vivos,
por isto levaron a súa deshonra xunto cos que baixaron ó Abismo,
e foron colocados entre os acoitelados.
²⁶Alí está Méxec, Tubal e todo o seu exército arredor do leito,
arredor da súa sepultura:
todos eles incircuncisos, acoitelados con espada,
pois estenderon o seu terror polo mundo dos vivos.
²⁷Pero non están deitados xunto cos heroes
que caeron separados dos incircuncisos
e que baixaron ó Xeol coas súas armaduras de guerra,
que puxeron as súas espadas debaixo das súas cabezas

32, 14 *Lanzarei ó abismo* (en heb. = "farei baixar"), que, referido a un río, e segundo a concepción xeolóxica antiga, significa bota-las súas augas ás correntes do Abismo. *Afluentes de cor amarela* (lit. "os seus brazos de río coma amarelos"): referencia a un dos ríos do Abismo, que, segundo Platón (Fedón 113), era de cor amarela, o "Lirifleguezón". En ugarítico, o termo "smn" ten o valor de "amarelo" e de aí debe provi-lo mito de Platón.
Esta sección ofrécenos unha data posterior en quince días á da sección anterior (v 17).
32, 17-32 Desde o punto de vista literario esta é unha lamentación que, co dinamismo da palabra profética, provocará a baixada do faraón e do seu exército ó abismo (v 18). A lamentación vén demarcada pola inclusión literaria de Exipto e da súa baixada ó Xeol (vv 19-21 e 31-32).

O corpo da lamentación contén cinco seccións referidas a cinco pobos, dos que os xefes e tropa desapareceron e que serven de exemplo e tipo teolóxico: Asiria (vv 22-23); Elam, situado ó NE do golfo pérsico e ó E de Babilonia (vv 24-25). Méxec e Tubal: en Asia Menor, na rexión do Cáucaso (vv 26-28); Edom (v 29); os Príncipes do Norte, os fenicios (v 30). As frases repítense nas cinco seccións, suliñando a fatal sorte que lle espera a Exipto.
32, 21 *Incircuncisos,* ten aquí o valor teolóxico de infieis ós pactos (pois os exipcios circuncidábanse).
32, 22-23 O profeta ve a Exipto no Abismo, rodeado do exército máis cruel que se podía imaxinar (por iso pono no fondo do Abismo).
32, 25 *O leito.* Vén sendo a sepultura, o lugar do descanso despois da morte.

e os seus escudos sobre os seus esqueletes,
pois o terror dos heroes estendérase polo mundo dos vivos.
²⁸Pero ti iraste descompoñendo entre incircuncisos
e descansarás cos acoitelados con espada.

²⁹Para alá van Edom, os seus reis e tódolos seus príncipes,
que coas súas poderosas mulleres foron sepultados
xunto cos acoitelados con espada;
eles mesmos descansan xunto cos incircuncisos
e cos que baixan ó Abismo.

³⁰Para alá van os príncipes do Norte,
todos eles e tódolos sidonios,
que, apartados das súas poderosas mulleres,
polo seu propio terror baixaron ó Abismo
xunto cos acoitelados,
e, incircuncisos, descansaron xunto cos acoitelados a espada;
e levaron á súa deshonra xunto cos que baixaron ó Abismo.

³¹Ó ver a estes, o Faraón consolarase de toda a súa tropa,
pois os mortos a espada son o Faraón e todo o seu exército
—é o meu Señor, Iavé, quen fala—.
³²Pois eu deixei que provocase o terror no mundo dos vivos,
para que o Faraón e toda a súa tropa se deitase entre incircuncisos,
cos acoitelados a espada,
—é o meu Señor, Iavé, quen fala—.

PARÁBOLA DOS VIXÍAS

Responsabilidade do profeta e do pobo

33 ¹Veume a palabra do Señor nestes termos:
²—Fillo de Adam, fálalles ós fillos do teu pobo e dilles:
—Se eu traio contra unha cidade un exército,
a poboación da cidade colle a un dos seus
e pono ó seu servicio coma vixía;
³e el, ó ver que vén o exército contra a cidade,
toca o corno e avisa á poboación.
⁴Se alguén oe o toque do corno e non fai caso nin avisa,
cando chegue o exército e o colla
será responsable da propia vida.
⁵Oíu o toque do corno e non colleu o aviso,
é responsable do seu propio sangue.
Quen colle o aviso salva a propia vida.
⁶Pero se o vixía ve que vén o exército e non toca o corno,
e a poboación non está avisada,
se cando chega o exército mata a algún deles,
este morre pola culpa súa,
pero do sangue pediránselle contas ó vixía.
⁷¡Eh ti, fillo de Adam!: a ti constituínte vixía para a Casa de Israel,
vas escoitar da miña boca as palabras,
e valos avisar da miña parte.

33, 1-20 Este texto é unha parábola sobre a responsabilidade individual, tanto do profeta coma de cada un dos membros do pobo, dependendo así a prosperidade do pobo dunha suma de responsabilidades individuais. Os vv 2-3 presentan un feito da vida real: en perigo de ataque ponse un vixía que avise; pero a eficacia da súa función depende da responsabilidade de cada membro do pobo (vv 4-5), coma da súa propia (v 6). A aplicación da parábola segue unha orde cruzada: o profeta, como vixía posto por Deus, responde coa súa vida da fidelidade á súa misión de avisa-lo malvado (vv 7-9); pero tamén cada membro do pobo é responsable da ruína da comunidade nacional (v 10), que soamente se pode salvar mediante a conversión individual querida e pedida por Deus (v 11). Os vv 12-20 constitúen un desenvolvemento da responsabilidade individual ante a conversión asentada coma principio no v 12 e exposta segundo o estilo da "torah casuística sacerdotal" nos vv 13-16. O v 17 afronta unha falsa obxección do pobo, acusando o proceder de Deus coma inxusto, ó esquece-lo propio pasado. Nos vv 18-19 responde o profeta á obxección, reafirmando os mesmos principios da morte —por mor da perversión do xusto— e da vida feliz —por mor da conversión do malvado—, para acabar contrapoñendo a acusación do pobo contra Deus ó xuízo divino segundo a responsabilidade individual.

33, 2 *Un exército:* lit. "unha espada"; pero aquí "espada" é colectivo, e, por metonimia, significa un exército.

33, 4-5 *Será responsable da propia vida:* lit. "o seu sangue sobre a súa cabeza". O sangue é a base e o sinónimo da vida; e a cabeza é asento da dirección e da responsabilidade das propias decisións.

33, 7 *¡Eh, ti!,* e *¡Oe ti!* (vv 10-12), son expresións que marcan as diversas partes da aplicación da parábola.

⁸Cando eu lle diga ó malvado:
"Malvado, vas morrer",
se ti non lle falas para avisalo do seu destino,
el, o malvado, morrerá pola súa culpa;
pero a ti pediránseche contas do seu sangue.
⁹Pero se ti avísa-lo malvado do seu destino
para apartalo del, e el non cambia de conducta,
el morrerá pola súa culpa
pero ti salvara-la túa vida.

¹⁰—Oe ti, fillo de Adam, dille á Casa de Israel:
Así vindes dicindo:
"Velaí, as nosas rebeldías e os nosos pecados
están contra nós, e con eles estámonos consumindo:
¿como poderemos seguir vivindo?"
¹¹Dilles, ¡pola miña vida! —é o meu Señor, Iavé, quen fala—
que non me dá gusto que morra o malvado,
senón que o malvado se converta da súa conducta e viva.
¡Convertédevos, cambiade a vosa conducta depravada!
¿Por que queredes morrer, Casa de Israel?
¹²Oe ti, fillo de Adam, dilles ós fillos do teu pobo:
—A xustiza do xusto non o salvará o día da súa rebeldía,
e a maldade do malvado non o fará caer
o día en que el se arrepinta da súa maldade;
nin o xusto será capaz de vivir na súa xustiza o día do seu pecado.
¹³Se eu lle digo ó xusto: "Certo que vivirás"
e el, porque confía na súa xustiza, comete iniquidade,
tódalas súas obras xustas non se terán en conta,
senón que, pola iniquidade que cometeu,
por ela morrerá.
¹⁴Cando eu lle digo ó malvado: "Certo que morrerás",
pero logo el convértese do seu pecado,
e practica o dereito e a xustiza,
¹⁵devolve a fianza inxusta, restitúe o roubado,
e compórtase conforme os preceptos de vida,
de xeito que non comete iniquidade,
ben certo que vivirá, non morrerá.
¹⁶Tódolos pecados que cometeu non se lle terán en conta;
practicou o dereito e a xustiza, pois certo que vivirá.
¹⁷Entón responderán os fillos do teu pobo:
"Non é xusto o comportamento do Señor",
cando é o comportamento deles o que non é xusto.
¹⁸Cando o xusto se aparta da súa xustiza,
e comete iniquidades, entón morre por culpa delas.
¹⁹Cando o malvado se aparta das súas maldades
e pon en práctica obras conforme o dereito e a xustiza,
por mor destas obras é polo que el vive.
²⁰Vós dicides: "Non é xusto o comportamento do Señor".
Pois eu xulgareivos a cada un, Casa de Israel,
conforme o seu comportamento.

A terra non pertence ós que quedaron en Xudá

²¹O ano doce da nosa deportación, o día cinco do mes once,
veu onda min un escapado de Xerusalén dicirme:

33, 10 Na autoconfesión do pobo coma pecadores móstranse as consecuencias destructoras do pecado nos ámbitos persoal e social.
33, 11 A mensaxe teolóxica preséntase coma irrevocable, ó poñer nela dobre énfase: a fórmula do xuramento, e a verificación de que vén de Iavé.
33, 13 O profeta ataca a falsa concepción da teoloxía dos méritos que levan a unha falsa seguridade e ó esquecemento das esixencias da xustiza de modo perenne.
33, 17 A doutrina tradicional dos méritos dos devanceiros, herdados polos fillos, é a dificultade que senten os destinatarios. *Comportamento:* lit. "camiño", "proceder"...
33, 21-29 Despois da referencia á historia da caída de Xerusalén, e da indicación dun novo período profético (vv 21-22), o profeta propón un problema teolóxico, importante para os desterrados: ¿Quen é o pobo con dereito á herdanza das promesas? (v 24). Xa Xeremías dera unha resposta, dez anos antes (cf Xer **29,** 1-23); pero Ezequiel, na mesma liña teolóxica, converte a pregunta nunha acusación (vv 25-26) e nun anuncio de castigo para os que quedan en Xudá (vv 27-29).
33, 21 *O ano doce*. O texto grego e o siríaco sinalan o ano 11, que responde á cronoloxía exacta (desde o 598 ó 587); pero Ezequiel, segundo o modo de contar dos caldeos, conta tamén a parte do ano no que aconteceu a deportación primeira. Anque para os caldeos o ano da coroación non se contaba na cronoloxía dos seus reis coma o primeiro, senón coma o ano da coroación, aquí non se trata de coroación, senón de estancia en Babilonia, e o anaco do ano 598 era o primeiro da deportación.

"A cidade foi abatida". ²²A man do Señor estivo sobre min a tarde aquela, antes de que chegase o escapado, e abriu a miña boca tan pronto como el chegou onda min pola mañá; abriuse a miña boca e non volvín estar mudo. ²³Entón veume a palabra do Señor nestes termos:
²⁴—Fillo de Adam, os habitantes desas ruínas sobre a superficie de Israel andan falando deste xeito:
"Se Abraham era un só
e tomou posesión desta terra,
¡canto máis a nós, que somos moitos,
nos deron esta terra en posesión!
²⁵Por isto dilles: así fala o meu Señor, Iavé:
—Vós andades facendo banquetes sobre o sangue vertido,
levantando os vosos ollos cara ós vosos ídolos
e vertendo sangue,
e ¿ides ter en posesión esa terra?
²⁶Vós mantédesvos firmes, confiados nas vosas espadas.
Vós, mulleres, cometedes delitos abominables
e cada un de vós, homes, profana a muller do seu próximo,
e ¿ides quedar en posesión desa terra?
²⁷Dilles isto: así fala o meu Señor, Iavé:
—Pola miña vida que os que estean nas ruínas caerán a espada,
a quen estea no campo entregareino en pasto ás feras,
e os que estean nas fortalezas e refuxios morrerán de peste.
²⁸Eu converterei esa terra nunha soidade deserta,
e acabaráselle o orgullo do seu poderío;
os montes de Israel volverán ser un deserto sen que haxa quen pase por eles.

²⁹E entón recoñecerán que eu son o Señor, cando converta esa terra nunha soidade desértica
por mor de tódalas abominacións que cometeron.

Mala acollida da palabra profética

³⁰—Oe ti, fillo de Adam, os fillos do teu pobo cánsanse falando de ti á beiriña das paredes, ás portas das casas, e din cada un ó seu veciño, deste xeito: "Imos escoitar cál é a palabra que nos vén da parte do Señor".
³¹Veñen onda ti coma ás xuntanzas do pobo.
Así os do meu pobo sentan na túa presencia;
escoitan as túas palabras,
pero cumprir, non as cumpren;
coas súas bocas están facendo promesas de amor,
pero os seus corazóns van tralas inxustas ganancias.
³²Velaí, ti es coma un canto de promesas de amor,
coma unha voz temperada e que se acompaña ben cun instrumento de corda.
Escoitan as túas palabras,
pero entre eles non hai quen as cumpra.
³³Cando se cumpran —e velaí que se están cumprindo—
recoñecerán que hai un profeta no medio deles.

Os pastores de Israel, o Pastor divino e o Pastor mesiánico

A) *Xuízo divino contra os pastores*

34 ¹Veume a palabra do Señor nestes termos:

33, 22 *A man do Señor*. É o poder de Iavé, que se mostra ó profeta e que actúa mediante a súa palabra. Non é preciso pensar que o profeta estaba mudo: máis ben que comezou un novo período profético (cf **3**, 24; **24**, 27).
33, 24 A referencia a Abraham serve para reclamaren o dereito á posesión da terra os descendentes que viven nela, en vez de corresponderlles ós desterrados nas dúas deportacións do 598 e do 587.
33, 25 *Banquetes sobre o sangue vertido:* o sangue no A. T. é sempre sangue vertido. Esta práctica de banquetes sobre o sangue vertido, aparece coma rito de nigromancia en Lev **19**, 26; 1 Sam **14**, 32.
33, 30-33 É difícil calificar literariamente estes vv. Certo que teñen acentos de acusación, pero non dirixida ó pobo. O profeta desvela as actitudes do pobo ante a palabra de Deus.
33, 31 *As xuntanzas do pobo.* Aínda que o xuntarse non é termo técnico da asemblea litúrxica, o texto fai pensar nas orixes dunha liturxia sinagogal profética, na que hai unhas promesas de fidelidade a Deus, que se han de cumprir e uns anuncios salvíficos (promesas de amor), que a penas lle importan ó pobo. Nótese a antítese entre a boca (que promete falsamente amor) e o corazón (que se interesa polas ganancias inxustas). O texto é propio do exilio xa avanzado.
34, 1-31 Toda esta complexa unidade está enlazada polo tema do pastoreo, imaxe tradicional semítica e grega da realeza (cf Xer **2**, 8; **10**, 21...; Zac **10**, 3; **11**, 8...; Xn **10**, 1ss). O texto comeza cun ¡Ai! de acusación contra os malos pastores de Israel (= Xudá), onde non só hai que ve-los reis individuais, senón tamén os dirixentes político-relixiosos, que se aproveitan do rabaño, extraviándoo. Este ¡Ai! de acusación está relacionado cunha fórmula oracular que introduce un oráculo de xuízo de castigo (vv 8-10). O anuncio de castigo para os pastores consiste en retirárlle-lo pastoreo das ovellas, mediante unha acción directa de Deus (v 10c), preparándose deste xeito o oráculo salvífico dos vv 11-16. No v 17 encontramos un cambio: o xuízo divino dirixese ós problemas entre as ovellas do rabaño, e segue unha acusación (vv 17-19) que

²—Fillo de Adam, profetiza contra os pastores de Israel,
profetiza e dilles:
Pastores, así fala o Señor Deus:
—¡Ai dos pastores de Israel
que se están apacentando a si mesmos!
¿Non é o rabaño o que teñen que apacenta-los pastores?
³Comédeslle a manteiga,
vestídesvos da súa lá;
matáde-la res gorda,
pero o rabaño non o apacentades.
⁴Non fortalecéste-la res débil
nin curáste-la enferma,
nin vendáste-la da pata partida;
nin fixestes volve-la extraviada,
nin buscáste-la perdida,
senón que as dominastes
¡e con qué opresión!
⁵Espalláronse por falta de pastor
e convertéronse en pasto de tódalas feras do monte,
¡e como se descarreiraron!
⁶Andaron perdidas as reses do meu rabaño
por tódalas montañas, por tódolos altos outeiros;
e por toda a superficie da terra erraron as reses do meu rabaño,
por falta de quen lles seguise as pisadas
e por falta de quen as buscase.
⁷Por isto, pastores, escoitade a palabra do Señor:
⁸—¡Pola miña vida! —é o meu Señor, Iavé, quen fala—
por converterse o meu rabaño en presa
e por se-lo meu rabaño pasto de tódalas feras do monte, por falta de pastor,
pois os meus pastores non seguiron o rastro do meu rabaño,
senón que os meus pastores se apacentaron a si mesmos,
e o meu rabaño non o apacentaron;
⁹por isto, pastores, escoitade a palabra do Señor:
¹⁰Así fala o meu Señor, Iavé:
—Vede, eu estou contra estes pastores:
voulles reclamar a eles as reses do meu rabaño
e retirarei o meu rabaño do seu poder,
pois estes pastores non se volverán apacentar a si mesmos;
vou salva-las miñas reses das bocas dos pastores,
e non lles servirán máis de comida.
¹¹Pois así fala o meu Señor, Iavé:
—Velaí, eu en persoa virei
seguírlle-las pisadas ás miñas reses e buscalas.
¹²O mesmo que mira o pastor polos años,
o día en que el se atopa diante do rabaño dispersado,
así eu vou mirar polas miñas reses,
e vounas salvar, sacándoas de tódolos sitios
por onde se espallaron un día de nubes e escuridade.
¹³Vounas sacar de entre os pobos,
vounas reunir dos países,
e vounas facer volver á súa terra
e pastorealas nos montes de Israel,
nos vales e en tódolos lugares habitables do país.
¹⁴Fareinas pastar en bos pasteiros,
e nos montes do alto Israel estarán as súas pradeiras,
acougarán alí en boas camposas
e pastarán en pasteiros fértiles nos montes de Israel.
¹⁵Eu mesmo apacentarei o meu rabaño,
e eu en persoa fareino acougar
—é o meu Señor, Iavé, quen fala—.
¹⁶Buscarei a ovella perdida,
farei volve-la extraviada,
vendarei a que ten a pata partida,
fortalecerei á feble,
pero farei que perezan a gorda e a forte.
Apacentarei o meu rabaño conforme a xustiza.

---

acaba cun anuncio de xuízo de castigo (v 20). No v 21 seguen as acusacións con diversas imaxes pastorís, para acabar cun oráculo salvífico para o rabaño de Deus (vv 22-31). Neste oráculo introdúcese o tema mesiánico: un pastor único, David, que será o instrumento divino da concreción da alianza de Deus co seu pobo, que será alianza de paz e bendición.

34, 3 *Manteiga* (lit. "leite"). Por mor do paralelismo con "lá", hai que ler "halab" (= leite), e non "héleb" (= graxa).

34, 6 A referencia ás montañas e outeiros deixa entreve-lo extravío idolátrico propio dos santuarios situados nos altos.

34, 11 *Eu en persoa:* quere ser traducción dunha expresión fortemente enfatizante que indica a primacía da acción divina no feito salvífico.

34, 13 Este v expresa ás claras o que o v 12 presenta en imaxes pastorís, sinal de que a deportación do ano 587 e a fuxida xa acontecerán.

34,16 A contraposición da ovella feble coa forte e gorda prepara a sección do xuízo entre as ovellas. As versións antigas fan paráfrases interpretativas que non cadran co contexto.

B) *Xuízo divino entre as ovellas*

¹⁷¡Oíde vós, meu rabaño! Así fala o meu Señor, Iavé:
—Vede, eu vou xulgar entre ovella e ovella, entre carneiros e castróns.
¹⁸¿Aínda vos é pouco o pastárde-lo pasto mellor,
que, por enriba, esmagades cos vosos pés o que vos sobra dos pastos?
¿Aínda vos é pouco bebérde-la auga clara,
que, por enriba, cos vosos pés alodáde-la que vos sobra?
¹⁹E logo as ovellas do meu rabaño teñen que pacer
do estragado polos vosos pés,
e teñen que bebe-lo alodado cos vosos pés.
²⁰Por iso, así lles fala o meu Señor, Iavé:
—Velaí, eu mesmo en persoa vou dictar sentencia
entre as reses gordas e as reses fracas.
²¹Xa que empurrastes de lado no lombo,
e turrastes cos vosos cornos contra tódalas débiles
ata que as fixestes espallar por fóra do pasteiro,
²²por isto eu vou salva-lo meu rabaño,
para que non volva servir de presa,
e vou dictar sentencia entre ovella e ovella.
²³Vou suscitar á fronte deles un pastor único,
que os apacente: será o meu servo David;
el mesmo os apacentará: el en persoa será para eles o seu pastor.
²⁴Eu, o Señor, serei para eles o seu Deus,
e o meu servo David será príncipe no medio deles
—son eu o Señor, quen o dixen—.
²⁵Pactarei con eles unha alianza de paz,
e farei desaparecer do país os animais feroces,

para que poidan vivir con tranquilidade no deserto,
e adormecer na foresta.
²⁶Entón farei deles
e do que hai arredor do meu monte unha bendición,
e farei baixa-la chuvia no seu tempo
e serán chuvias de bendición.
²⁷As árbores do campo darán froito
e a terra dará a súa colleita;
estarán na súa terriña con tranquilidade.
Entón recoñecerán que eu son o Señor,
cando rompa os cancís do seu xugo
e os libre do poder dos que os están escravizando.
²⁸Nunca máis volverán servir de botín para as nacións
nin as feras do país os devorarán,
senón que vivirán na tranquilidade
sen que ninguén lles meta medo.
²⁹Eu fareinos medrar nun plantío de sona
e xa non volverá haber no país mortos de fame
nin volverán soporta-la vergonza das outras nacións.
³⁰Entón recoñecerán que eu, o Señor, son o seu Deus,
que estou con eles, e que eles son o meu pobo, a Casa de Israel,
—é o meu Señor, Iavé, quen fala—.
³¹Vós seréde-lo meu rabaño, o rabaño dos pastos da miña terra seredes vós.
Eu serei o voso Deus —é o meu Señor, Iavé, quen fala—.

Oráculos de xuízo de castigo para o monte Seir e oráculos salvíficos para os montes de Israel

35 ¹Veume a palabra do Señor nestes termos:

34, 18-19 As desigualdades entre os membros do pobo da alianza levan á profanación da mesma, polo que se fará unha nova (vv 24-31).
34, 21-22 As reses gordas botan as outras fóra do pasteiro; pero son estas —as que serven de presa, as máis fracas— as que constitúen o rabaño do Señor. Exprésase así en imaxes a pertenza dos pobres ó reino mesiánico (v 23).
34, 23 O rabaño de Deus precisa dun pastor único: David. Será un descendente seu —Xesús—, quen pastoree o reino mesiánico.
34, 24 Trátase de poñer en relación a alianza entre Deus e o pobo co rei mesiánico, que vincula o pobo entre si e con Deus. Estas funcións realízanse en plenitude, por medio de Xesús, morto e resucitado.
34, 25 *Alianza de paz.* O termo "xalom", ademais da paz, expresa a fartura e a plenitude tranquila de Deus. Por iso, poderiamos traducir tamén "Alianza perfecta", que inclúe a bendición dos vv 26-29.
O deserto ten aquí sentido de descampado, pois a imaxe pastoril continúa.

34, 27 A imaxe dos cancís do xugo alude á sumisión a outro país, expresada no pago dos tributos (cf v 28).
34, 30 A realidade nova creada por Deus será motivo do recoñecemento de Iavé coma Deus da alianza.
Que estou con eles: expresión da axuda eficaz e protectora de Iavé.
34, 31 *Da miña terra:* non debemos imitar aquí ós LXX, suprimindo o termo: máis ben debemos ler "adamah", equivalente á superficie de terra cultivable.
35, 1-36, 15 Estes textos constitúen unha unidade redaccional, pois os oráculos contra as nacións pagás nunha sección de oráculos salvíficos dirixidos a Israel, teñen a función de servir de contraste (como pode verse en **36,** 2.3.5). No c. **35** encontramos catro oráculos contra Edom, acabados todos eles coa fórmula de recoñecemento de Iavé: o primeiro (vv 2-4) —un oráculo de castigo—, fai de introducción; o segundo (vv 5-9) é un oráculo de xuízo de castigo, acusando a Edom de iniquidade contra Israel e de colaboración cos babilonios na caída de Xeru-

²—Fillo de Adam, dirixe a túa mirada cara ó monte Seir
e profetiza contra el:
³Así fala o meu Señor, Iavé:
—Velaí estou contra ti, monte Seir,
e estendo contra ti a miña man;
voute converter en desolación e soidade.
⁴E as túas cidades converteréinas en ruínas,
e ti serás unha desolación.
Entón recoñecerás que eu son o Señor.
⁵Por manteres inquina perpetua
e por atacáre-los fillos de Israel
coa forza da espada no tempo do seu desastre,
no tempo en que a súa iniquidade chegou á fin,
⁶pois ben, ¡pola miña vida!
—é o meu Señor, Iavé, quen fala—
deixo que ti fagas grande sangría,
pero o sangue perseguirate.
¿Certo que aborréce-la sangradura?
Pois o sangue perseguirate.
⁷Converterei o monte Seir en desolación e soidade,
e retirarei del a quen alí vai
e a quen de alí vén.
⁸Encherei os seus montes cos acoitelados;
nos teus outeiros e petoutos
e en tódalas túas veigas caerán os acoitelados pola espada.
⁹Convertereite en desolación perpetua
e as túas cidades non serán habitadas.
Entón recoñeceredes que eu son o Señor.
¹⁰Por dicires: "O que resulte dos dous pobos,
e o que resulte dos dous países será para min,
recibirémolo en herdanza",
cando era o Señor quen estaba alí,
¹¹por isto, ¡pola miña vida!
—é o meu Señor, Iavé, quen fala—
que obrarei conforme a túa ira
e conforme o noxo
que ti, levado do teu odio, exerciches contra eles,
e serei recoñecido por eles
polo xeito como te xulgarei.
¹²Entón ti recoñecerás que eu son o Señor.
Escoitei tódolos desprezos que ti dicías
contra os montes de Israel:
"Son unha desolación: fóronnos dados a nós
para os devorarmos".
¹³Encoraxástesvos contra min pola vosa boca,
e inzaron máis da conta as vosas palabras contra min,
—e eu estábao oíndo—.
¹⁴Así fala o meu Señor, Iavé:
—Xa que todo o país está alegre,
eu voute converter nunha desolación.
¹⁵O mesmo que te alegraches
da herdanza da Casa de Israel
por volverse unha desolación,
o mesmo farei contigo:
serás unha desolación, monte Seir,
e todo o Edom, todo enteiro.
Entón recoñecerán que eu son o Señor.

36

¹—Fillo de Adam, profetiza sobre os montes de Israel e di:
Montes de Israel, escoitade a palabra do Señor:
²Así fala o meu Señor, Iavé:
—Por diciren os vosos inimigos:
"¡Que ben! O outeiro perpetuo
queda para nós en posesión",
³por iso, profetiza e di:
Así fala o meu Señor, Iavé:
—Xa que de propio intento vos desolaron
e vos esmagaron por todo o arredor,
para que vós fosedes posesión do resto dos pobos,

---

salén. O terceiro (vv 10-12a) é outro oráculo de xuízo de castigo, no que se acusa a Edom de plans anexionistas dos dous pobos (Israel e Xudá), aínda que soamente ocuparon os edomitas o sur de Xudá (a Idumea do N. T.). O cuarto (vv 12b-15) é outro oráculo de xuízo de castigo, no que Edom xustifica os seus dereitos á posesión de Xudá e Israel (v 12). No v 15 aparecen en contraste Edom e Israel, anticipando a función que se lles dará máis adiante a estes oráculos de xuízo de castigo (**36**, 2.3.5).
A perícopa **36**, 1-15 está constituída por dous oráculos salvíficos (vv 6-11 e 12-15), que terminan ámbolos dous cunha fórmula de recoñecemento do Señor.
35, 2 *A túa mirada:* lit. "a túa cara", coma expresión de valoración negativa e de condena.
35, 3 *A miña man:* expresión do poder divino que vai actuar contra Edom, nación representada polo monte Seir.
35, 5 *Inquina perpetua:* referencia á inimizade entre Esaú e Xacob (cf Xén **25**, 23-24; **27**, 41-42), que continuou nos descendentes (cf Sal **137**, 7; Am **1**, 11).
35, 6 *Grande sangría.* Refírese á matanza de xudeus cando a caída de Xerusalén no 587. Úsase o presente profético, con valor de pasado.
35, 10 *O que resulte dos dous pobos.* Despois da caída de Xerusalén, Edom sentíase con dereitos a herda-las terras de seus irmáns Xudá e Israel.
35, 12 *Fóronnos dados a nós.* Emprégase a pasiva, para non pronuncia-lo nome de Deus. Equivale a "Deus entregóunolos".
36, 2 *O outeiro perpetuo:* o monte Sión, antigo santuario iebuseo (Xén **14**, 17ss), e logo santuario da cidade de David e morada única de Iavé.

e xa que andastes nas linguas difamadoras e calumniadoras dos pobos,
⁴por iso, montes de Israel, escoitade a palabra do meu Señor, Iavé:
Así lles fala o meu Señor, Iavé, ós montes e ós outeiros, ás veigas e ós vales, ás ruínas desoladas e ás cidades abandonadas,
que serviron de botín e de escarnio ó refugallo dos pobos do arredor:
⁵Ben certo que así fala o meu Señor, Iavé:
—Xuro que no incendio dos meus celos falei contra o resto dos pobos e contra todo o Edom,
porque lles entregaron a miña terra en posesión
con alegría de tódolos corazóns e con desprezo de todo anceio lexítimo,
xa que a superficie da miña terra lles servía de botín.
⁶Si, profetiza acerca da terra de Israel e dilles ós montes e ós outeiros, ás varcias e ós vales:
Así fala o meu Señor, Iavé:
—Velaí: nos meus celos e na miña ira dixen que cargasedes coa vergonza que vos causaron as nacións.
⁷Pero así fala o meu Señor, Iavé:
—Eu xuro coa miña man levantada que as nacións que están ó voso arredor, elas cargarán coa súa ignominia.
⁸E vós, montes de Israel, floreceréde-las vosas pólas e darédeslle-los vosos froitos ó meu pobo Israel, porque el está para chegar.
⁹Pois sabede que eu vou cara a vós e me volvo cara a vós:
seredes traballados e seredes sementados.
¹⁰Multiplicarei sobre vós a poboación da casa de Israel, toda ela,
e as cidades serán habitadas e as ruínas serán reconstruídas.
¹¹Multiplicarei sobre vós a poboación e o gando
que se multiplicará e dará crías,
e fareivos habitar coma noutros tempos vosos,
e fareivos mellores ca nos vosos comezos.
Entón recoñeceredes que eu son o Señor.
¹²E farei camiñar sobre vós unha poboación,
o meu pobo Israel;
eles apoderaranse de ti e ti volveraste herdanza deles
e nunca máis os volverás privar de fillos.
¹³Así fala o meu Señor, Iavé:
—Porque dixeron de vós: "Ti es quen devora a poboación,
ti e-la que deixa sen fillos ó teu pobo".
¹⁴Por isto, non volverás devora-lo teu pobo,
nin o volverás deixar sen fillos
—é o meu Señor, Iavé, quen fala—.
¹⁵Eu farei que non se volvan oí-las burlas entre as nacións contra ti,
e ti non volverás soporta-los insultos dos pobos,
e o teu pobo non volverá quedar sen fillos
—é o meu Señor, Iavé, quen fala—.

Teoloxía da historia en perspectiva salvífica: o santo Nome do Señor

¹⁶Veume a palabra do Señor nestes termos:
¹⁷—Fillo de Adam, cando a Casa de Israel habitaba na súa terra,
volvérona impura co seu comportamento e cos seus feitos;
o seu comportamento foi na miña presencia
coma a impureza dunha muller na menstruación.
¹⁸Pero eu desafogueí o meu noxo neles polo sangue
que verteron sobre a terra,
e polos feitos cos que a mancharon.
¹⁹Entón eu esparexinos por entre os pobos e dispersáronse polos países;
xulgueinos conforme o seu comportamento
e conforme os seus feitos.

36, 5 O *incendio dos meus celos:* os celos de Deus polo seu pobo vólvense aquí contra os pobos pagáns que os escravizaron. *Alegría de tódolos corazóns:* entre os vencedores do ano 587 trázanse alegremente plans sobre Xudá e Israel, desprezando os lexítimos anceios dos xudeus sometidos.
36, 7 A *man levantada* é unha expresión do poder omnímodo de Iavé, que se anuncia con xuramento.
36, 8s A presencia de Iavé nos montes de Israel é a razón última de seren traballados e de que dean abondosas colleitas, que levarán ó aumento da poboación.
36, 12 Aínda que Israel ten xénero masculino (o nome teolóxico de Xacob) represéntase aquí coma unha muller que non privará de fillos ó pobo de Deus.
36, 16-38 Este texto consta dunha reflexión teolóxica sobre a historia do desterro e das motivacións que ten Iavé para a restauración (vv 17-21), e de tres oráculos salvíficos (vv 22-32.33-36.37-38). Aínda que moitos autores relacionan este texto coa sección anterior, a falta de referencias a Edom aconsella consideralo independente.
36, 17-19 A acusación do v 17 e o anuncio de castigo do v 18 non son tales, ó tratarse de verbos en tempo pasado, cos que se quere expresar un xuízo teolóxico da actuación de Deus co seu pobo.

²⁰Ó entraren nas nacións onde foron, profanaron o meu santo Nome, e dicíase deles:
"Estes son o pobo do Señor, e tiveron que saír da terra del".
²¹Entón eu tiven consideración co meu santo Nome, o que profanara a Casa de Israel entre os pobos onde fora.
²²Por isto, dille á Casa de Israel:
Así fala o meu Señor, Iavé:
—Casa de Israel, non por vós vou eu actuar, senón por mor do meu santo Nome, que vós profanastes entre as nacións onde fostes.
²³Pois vou facer que se recoñeza a santidade do meu grande Nome, profanado entre as nacións nas que vós o profanastes.
Entón recoñecerán estas nacións que eu son o Señor
—é o meu Señor, Iavé, quen fala—, cando eu vos faga recoñece-la miña santidade na súa presencia.
²⁴Pois recollereivos das nacións, xuntareivos de tódolos países e traereivos á vosa terra.
²⁵Asperxerei sobre vós auga purificadora e quedaredes puros; de tódalas vosas impurezas e de tódalas vosas idolatrías heivos purificar.
²⁶Dareivos un corazón novo e poñerei nas vosas entrañas un espírito novo;

sacarei da vosa carne o corazón de pedra e poreivos un corazón de carne.
²⁷Porei nas vosas entrañas o meu espírito e farei que camiñedes conforme os meus preceptos
e que gardéde-los meus mandamentos e os cumprades.
²⁸Viviredes no país que lles dei a vosos pais:
seréde-lo meu pobo e eu serei o voso Deus.
²⁹Librareivos de tódalas impurezas, chamarei polo pan, e farei que o haxa abondo:
non vos impoñerei a fame.
³⁰Farei que abunden os froitos das árbores e os productos dos campos, para que non volvades recibir de parte das nacións
o desprezo de pasar fame.
³¹Ó lembrarvos do voso comportamento perverso
e dos vosos feitos nada bos, sentiredes noxo en vós mesmos das vosas iniquidades e das vosas abominacións.
³²Que vos quede sabido que non é por vós que eu vou actuar; sentide a vergonza e a confusión do voso comportamento,
Casa de Israel.
³³Así fala o meu Señor, Iavé:
—O día que vos purifique das vosas iniquidades,
farei que as cidades se habiten e que as ruínas se reconstrúan.

36, 20 De feito non son os desterrados os que profanan o Nome de Iavé, senón que son a causa de que os xentís o profanen. *O santo Nome* de Iavé: o Nome é, para o semita, a esencia da persoa. Por isto designa a máis íntima realidade persoal de Deus, e ten que se-la motivación última de tódalas actuacións de Deus. O calificativo de "Santo" fai referencia á busca divina da verdadeira experiencia relixiosa do home, na que se dá o dobre movemento de temor sagrado ante o transcendente e de atracción transformante do home, ó recoñece-la santidade do gran Nome (v 23).
36, 22 *Non por vós.* A motivación última do obrar divino nunca pode se-la criatura, o que suporía o carácter absoluto do creado: pero, a un nivel máis inmediato, a criatura é a motivación do obrar divino e do seu amor, aínda que sempre exista en Deus a finalidade de transformación do home segundo a súa imaxe.
36, 24 Na restauración divina duns homes espallados polo mundo (Asiria, Babilonia, Palestina, Exipto), a primeira acción divina é a de reunilos na terra das promesas ós patriarcas, pois sen terra non hai pobo.
36, 25 *Asperxerei:* expresión cultual referida ó sangue dos sacrificios (cf Lev **2,** 5.11; Ez **43,** 18). Nun senso espiritual, cf Heb **10,** 22; **12,** 24; 1 Ped **1,** 2. *Auga purificadora:* para o profeta a vida comunícase pola renovación interior (vv 26-27). O ritual de purificación redúcese a elimina-las *impurezas* dos cultos idolátricos.

36, 26-27 A renovación interior exprésase coa transmisión dunhas intencións e ideais superiores ("novo" expresa no heb. unha cualidade superior, e non algo simplemente recente). As entrañas recibirán unha forza renovadora que vén do espírito de Deus ("rúah"). A carne —raíz do pracer e dos desexos de felicidade— recibirá azos, ó mesmo tempo que lle desaparecerán as actitudes de insensibilidade (corazón de pedra). Esta transformación interior só se dará plenamente pola fe en Xesús de Nazaret. O espírito, coma categoría antropolóxica, resídenos ósos (Ecl **11,** 5), pero abre ó home á comunicación con outros espíritos, polo que Deus pon o seu Espírito nos sentimentos humanos, de xeito que o home poida ser fiel ós compromisos da alianza.
36, 28 *Viviredes:* a felicidade do home depende da fidelidade á lei da alianza, que o leva á posesión da terra.
36, 29 A purificación interior das impurezas (= idolatrías) leva consigo recibir de Deus abondosos alimentos, pois non hai felicidade con fame.
36, 31 Refírese á conducta contra a lei (cf **20,** 43).
36, 32 Este v fai inclusión literaria co v 12, pechando o oráculo.
36, 33-36 Este oráculo é un desenvolvemento do anterior nos aspectos de reconstrucción das cidades antigas e da volta ó cultivo das terras, de onde xurdirá o recoñecemento de Iavé coma o restaurador do seu pobo, entre as nacións coas que este convive.

³⁴O país que estea desolado
será traballado despois de estar ermo,
á vista de tódolos que o cruzaban.
³⁵Velaí o que estes dicían:
"O país este, antes desolado, é agora coma o xardín do Edén;
e as cidades, arruinadas, desoladas e esborralladas,
son agora fortalezas inaccesibles".
³⁶As nacións que queden ó voso arredor
recoñecerán que eu son o Señor,
que reconstrúo o esborrallado
e replanto o desolado,
eu o Señor, díxeno e fareino.
³⁷Así fala o meu Señor, Iavé:
—Volverei deixar que me busquen para isto, para lles facer ben;
multiplicareinos coma un rabaño humano.
³⁸Coma os rabaños do templo,
coma os rabaños de Xerusalén na súa asemblea pola festa,
así as cidades arruinadas estarán cheas de rabaños humanos.
Entón recoñecerán que eu son o Señor.

O Espírito do Señor fai revivi-los ósos resecos

37 ¹A man do Señor apousou sobre min e fíxome saír coa forza do seu espírito, e púxome no medio do val, que estaba cheo de ósos. ²Fíxome pasar ante eles dando voltas: e velaí que había moitísimos sobre a superficie do val, e estaban totalmente resecos. ³Entón díxome:

—Fillo de Adam, ¿poderán revivir estes ósos?
Eu repuxen:
—Señor, Iavé, ti sábelo.
⁴Logo díxome:
—Pronuncia un oráculo sobre estes ósos e dilles:
—Ósos resecos, escoitade a palabra do Señor:
⁵Así lles fala o meu Señor, Iavé, a estes ósos:
—Velaí: vou traer sobre vós o alento
e reviviredes.
⁶Porei sobre vós tendóns
e farei que criedes carne;
cubrireivos con pel, porei en vós o alento,
e reviviredes.
Entón recoñeceredes que eu son o Señor.
⁷Eu pronunciei o oráculo tal como se me mandara; e mentres eu pronunciaba o oráculo, houbo un trono e logo un terremoto, e os ósos xuntáronse cada un co seu compañeiro.
⁸Logo ollei e vin que sobre eles había tendóns, a carne ía medrando e a pel íaselle estendendo por riba. Pero non había neles alento. ⁹Logo díxome:
—Pronúncialle un oráculo ó espírito,
pronúnciao, fillo de Adam,
e dille ó espírito:
Así fala o meu Señor, Iavé:
—Desde os catro ventos, vén, espírito,
e sopra nestes cadáveres, para que revivan.
¹⁰Eu pronunciei o oráculo, conforme me mandara.

36, 37-38 Este oráculo trata da restauración humana da poboación, que é concebida como unha comunidade cúltica que "busca a Iavé" mediante a oblación, o culto e a reflexión meditativa. As cidades repoboadas compáranse cos rabaños sacrificiais.

37, 1-14 Representación simbólica da situación espiritual dos desterrados (vv 1-2), dos que as posibilidades de vida feliz se poñen en dúbida (v 3). Dous oráculos divinos (vv 4-6 e 8) fan revivi-la situación esmorecente da comunidade exílica. O v 11 explica e aplica a representación simbólica á situación dos desterrados, tratando de revitalizala mediante un oráculo reanimador (vv 12-14). O home aparece coma un todo que se expresa polos diferentes elementos que o contitúen: *os ósos*, sede do espírito humano (Ecl **11**, 9), que abren o home á comunicación vivificadora co Espírito de Deus e con outros espíritos, ó mesmo tempo que son sede da esperanza de vida plena; *a carne*, asento da felicidade do home; *os tendóns*, raíz e instrumentos da mobilidade e da actividade; *a pel*, base do esplendor externo; a comunicación do Espírito de Deus (vv 9-10) que lle dá a todo o conxunto humano mobilidade e tensión, cara á busca dunha vida feliz. Aínda que o texto non se refire á resurrección corporal, os presupostos antropolóxicos nos que se funda supoñen e explican a mesma.

37, 1 *A man do Señor:* o poder de Deus —posto en paralelo co Espírito do Señor—, que saca ó profeta da súa casa e lle fai comprende-la situación en que vive o pobo. O *val*, segundo **3**, 22, é o lugar onde viven os desterrados a carón do río Quebar.

37, 2 Os ósos *resecos* expresan as mínimas posibilidades de esperanza dunha vida feliz.

37, 3 *Revivir:* no v 12 a vida dos desterrados considérase coma a duns cadáveres sepultados. As amarguras da vida poñen o home na sepultura, aínda que siga andando polo mundo.

37, 4-5 *Os ósos resecos,* por teren o espírito humano, poden recibi-la forza vivificadora do Espírito do Señor.

37, 7 *O trono* e mailo *terremoto* son expresións teofánicas. Intentan resaltar que, na comunicación oracular, se fai presente a acción vivificadora do Espírito de Iavé.

37, 8 *Non había neles alento* (lit. "espírito"). Trátase aquí da forza que provén de Deus, que pon en movemento ó home e que o move cara á felicidade.

37, 9 *Desde os catro ventos* (lit. "catro espíritos"). Xogo de palabras que quere subliña-lo carácter dinámico da manifestación do Espírito, que é o Espírito de Iavé. Os ventos que se reclaman son os dos catro puntos cardinais (vivificadores), pois os das esquinas (NO, SO,...) son maléficos.

Entón o espírito entrou neles,
e reviviron, e tíñanse de pé sobre as súas pernas:
era un exército enormemente grande.
¹¹Entón díxome:
—Fillo de Adam, estes ósos son a Casa de Israel enteira.
Velaí o que din: os nosos ósos están resecos,
a nosa esperanza está perdida;
estamos esnaquizados.
¹²Por iso profetiza e dilles: así fala o meu Señor, Iavé:
—Velaí que eu vou abri-las vosas sepulturas,
e vouvos facer subir das vosas sepulturas, meu pobo,
e vouvos levar á terra de Israel.
¹³Recoñeceredes que eu son o Señor,
cando eu abra as vosas sepulturas,
e cando vos faga subir das vosas sepulturas, meu pobo.
¹⁴Vou poñer en vós o meu espírito
e vouvos facer revivir na vosa terra.
Así recoñeceredes que eu, o Señor, o digo e o fago
—é o Señor quen fala—.

Xesto simbólico da unión dos dous paus

¹⁵Veume a palabra do Señor nestes termos:
¹⁶—Oe ti, fillo de Adam, colle un pau
e escribe nel "Xudá e os fillos de Israel, os seus aliados";
logo colle outro pau e escribe nel "Xosé, pai de Efraím
e toda a Casa de Israel, os seus aliados".
¹⁷E que alguén chos empalme un co outro
para que formen un só pau
e dos dous resulte na túa man un só pau.

¹⁸Cando che digan os fillos do teu pobo:
"¿Non nos explicas que queren dicir para ti estas cousas?",
¹⁹respóndelles: —Así fala o meu Señor, Iavé:
—Velaí que eu vou colle-lo pau de Xosé,
que está na man de Efraím, e os cetros de Israel, os seus compañeiros,
e poreinos sobre o cetro de Xosé, xunto co pau de Xudá,
e convertereinos nun só pau,
para que resulten un só pau,
para que resulten un só na miña man.
²⁰Os dous paus, nos que escribas,
teralos na túa man á vista deles,
²¹e haslles dicir:
Así fala o meu Señor, Iavé:
—Sabede que eu recollerei os fillos de Israel
de entre os pobos onde marcharon,
xuntareinos do arredor,
e traereinos á súa terra.
²²Convertereinos en nación única no seu país, nos montes de Israel,
e un único rei fará de rei para todos eles,
e ese pobo non se volverá converter en dous,
nin se volverá dividir en dous reinos nunca máis.
²³E nunca máis se volverán manchar cos seus ídolos,
nin coas súas abominacións,
nin con tódolos seus pecados,
senón que os librarei de tódolos lugares onde viven, nos que pecaron.
Purificareinos e serán para min o meu pobo,
e eu serei para eles o seu Deus.
²⁴E o meu servidor David será o seu rei,
o pastor único de todos eles,

37, 11 Nótese o paralelismo e sinonimia de "ósos" con "esperanza" (cf nota ós vv 1-14).
37, 12-14 As esperanzas de vida feliz inclúen a presencia na propia terra, o que equivale á liberdade política, con institucións propias e monarquía única (vv 15-28).
37, 15-28 Desde o punto de vista literario este texto é un xesto simbólico da unión de dous paus (vv 15-17); o pobo tencionará coñece-lo seu senso (v 18). Segue o oráculo explicativo da unión dos reinos de Xudá e Israel (v 19). O v 20 é un desenvolvemento de acción simbólica: os dous paus, na man do profeta, que vai proclama-lo oráculo salvífico. Os vv 21-23 resaltan a protección e enforetecemento divino en favor do seu pobo, que terá un único rei, David (vv 24-25), e que vivirá no país das promesas como consecuencia da alianza perfecta e eterna (v 26). Os vv 27-28 desenvolven o tema do outro sinal da alianza con Deus: o santuario.
37, 16 *Xosé, pai de Efraím*. Efraím e Menaxés, fillos de Xosé, constitúen dúas tribos do Reino do Norte; e, estando as dúas no sitio de Xosé, axudan a completa-lo número 12, ó non ter territorio a de Leví.

37, 17 *Alguén*. A construcción indeterminada quere expresar que a realidade significada pola unión dos paus (= cetros), será obra de Deus.
37, 19 *Os cetros de Israel*, contrapostos ó cetro de Xosé, aluden ó cetro de Xudá. A calificación de "Israel" quere facer referencia á lexitimidade exclusiva do reinado de David e dos seus descendentes sobre Israel. *Na miña man:* no poder de Deus (cf nota á **33,** 22 e **35,** 3).
37, 22 *No seu país*. O artigo ten aquí valor dun pronome posesivo. Estes artificios lingüísticos indican a importancia da posesión da terra no momento da restauración.
37, 23 A purificación dos *ídolos* e dos *pecados* está ligada á liberación dos lugares de deportación, e fructificará na renovación da alianza, deixando clara a pertenza do pobo a Deus.
37, 24 *O pastor único* do v 22 concrétase no mesías davídico, que non só será rei, senón que, coma pastor, guiará o pobo segundo as leis da alianza. Este anuncio cúmprese á perfección na realeza de Xesús, resucitado e entronizado á dereita do Señor (cf Mt **22,** 41-46).

e camiñarán conforme as miñas leis,
gardarán os meus preceptos e cumpriranos.
²⁵Entón habitarán no país
que eu lle dei ó meu servidor Xacob,
no que habitaron vosos pais,
e habitarán nel para sempre,
eles, os fillos e os fillos de seus fillos;
e o meu servidor David será o seu príncipe para sempre.
²⁶Establecerei con eles unha alianza perfecta,
e o sinal que eu lles darei
é que a alianza será eterna,
e farei que se multipliquen.
Porei para sempre o meu santuario no medio deles,
²⁷e a miña morada estará no medio deles;
serei o seu Deus e eles serán o meu pobo.
²⁸E cando o meu santuario estea no medio deles para sempre,
recoñecerán que eu son o Señor,
o que consagra a Israel.

Sección escatolóxica: oráculos contra Gog, do país de Magog

38 ¹Veume a palabra do Señor nestes termos:
²—Fillo de Adam, ponte de cara a Gog,
oriundo do país de Magog, gran príncipe de Méxec e de Tubal,
e profetiza contra el.

Primeiro oráculo de castigo contra Gog, que atacará a Israel

³Di: así fala o meu Señor, Iavé:
Velaí que eu veño contra ti, Gog,
grande príncipe de Méxec e de Tubal:
⁴voute sacar fóra e pór
ganchos nas túas meixelas;
fareite saír a ti e todo o teu exército:
cabalos e cabaleiros,
vestidos esplendidamente todos eles,
unha grande multitude militar de rodelas e de escudos,
todos eles empuñando espadas.
⁵Persia, a Nubia e Put irán con eles;
todos eles con escudo e elmo.
⁶Gómer e tódalas súas formacións militares,
Bet-Togarmah, no remoto norte,
con tódolos seus exércitos
valentes e numerosos, estarán contigo.
⁷¡Certo! Estate ben preparado
ti e toda a túa multitude militar,
reunida ó teu lado,
pois serviraslle de protección.
⁸Ó cabo de moitos días recibirás unha orde miña;
ó remate deses anos entrarás nunha nación,
rescatada da espada, de entre moitos pobos.
Congregada sobre os montes de Israel,
foi unha continua desolación,
pero logo foron sacados de entre as nacións
e por último todos eles viviron na tranquilidade.
⁹Ti subirás coma o nubrado dunha tormenta,
entrarás coma unha nube a cubrir esta nación,
ti, tódolos teus exércitos,
e os moitos exércitos que están contigo.

37, 25 O tema da terra (vv 21-22) relaciónase co da realeza mesiánica perpetua.
37, 26 *Alianza perfecta* (lit. "de paz"): cf nota a **34,** 25.
37, 26c-28 O tema do santuario coma sinal da alianza, serve de introducción teolóxica ós cc. **40-48**, quedando así vinculado á restauración prometida.
38, 1-39, 29 Esta sección, centrada no nome de Gog, forma un conxunto de oito oráculos, todos eles introducidos pola fórmula "así fala o Señor", menos o sexto, que emprega a expresión típica dos oráculos salvíficos "sucederá no día aquel que eu...". O oitavo oráculo reflexa o carácter escatolóxico do conxunto: a salvación definitiva, na que espera Israel. Aínda que o último oráculo (**39,** 25-29) pode inducir a pensar que a súa data é próxima á vida do profeta, máis ben debe ser dunha época posterior, pois a volta dos desterrados de Xudá non foi completa —e menos aínda a dos israelitas—, e por outra banda, os profetas postexílicos suspiran aínda pola volta á terra prometida. Todo o conxunto destes dous cc. reflexa a situación dunha época postexílica, con Israel xa repoboado.
38, 2 *Gog*. Nome lexendario pola súa grandeza, epónimo dun pobo, e presente xa en Núm **34,** 7, segundo a lectura do Pentateuco Samaritano, e dalgunhas versións latinas e gregas. En Xén **10,** 2 aparece Magog coma fillo de Iafet, aínda que, máis ben ca nome persoal, representa un país.
38, 3-9 Á vista dos pobres resultados da restauración de Israel despois do edicto de Ciro, o autor presenta a saída do lexendario rei Gog cun grande exército formado polos pobos máis distantes, para saquear Israel. Esta saída ten as señas dun castigo destructor (vv 3-4a).
38, 4 *Sacar fóra e pór ganchos nas meixelas* quere significa-la victoria persoal de Deus contra os grandes riquezas e grandezas das nacións (que se explicita na descrición do exército).
38, 5 *Put:* ó sur do mar Rubio (cf nota a **27,** 10).
38, 6 *Gómer:* os comercios do Cáucaso, segundo Xén **10,** 2 e 1 Cro **1,** 5.
Bet-Togarmah: os armenios (cf **27,** 14; Xén **10,** 3; 1 Cro **1,** 6).
38, 7 Esta orde divina, non libre de ironía, quere prepara-la manifestación da gloriosa victoria de Iavé.
38, 8 *Recibirás unha orde.* O verbo "paqad" (= inspeccionar) ten na pasiva o senso de executa-las ordes do rei.
Nación. O vocábulo "eres" ten aquí o senso de "nación", formada polos pobos repatriados.
38, 9 As imaxes do nubrado da tormenta e da nube significan a invasión de Israel polo poderoso inimigo.

Segundo oráculo: Fracaso do ataque de Gog

¹⁰Así fala o meu Señor, Iavé:
—Sucederá no día aquel,
que se che subirán os proxectos á cabeza,
e cismarás en matinacións de destrucción.
¹¹Pensarás: "Subirei contra un país de chairas,
entrarei a xunto das xentes pacíficas,
que viven todas elas na tranquilidade,
que viven sen murallas, nin trancas,
e nin sequera portas teñen".
¹²Entrarei a saquear e a conseguir botín,
a facer que a túa man se volva contra as ruínas repoboadas,
e contra un pobo reunido de entre as nacións,
que conseguiu gando e bens, e que vive no embigo do mundo.
¹³Sabá e Dedán, os traficantes de Tárxix
e tódolos seus moradores, diranche:
"¿É a saquear ó que viñeches?
¿Xuntáche-lo teu exército para conseguir botín,
para levar prata e ouro,
para roubar gando e bens,
para facer un grande saqueo?".

Terceiro oráculo: orde divina de atacar a Israel

¹⁴Si, por iso, profetiza, fillo de Adam,
e dille a Gog: así fala o meu Señor, Iavé:
—No día aquel, cando o meu pobo Israel
viva na tranquilidade,
¿non te vas dar conta?
¹⁵Virás desde o teu lugar, desde o remoto norte,
ti, e contigo numerosos exércitos, todos eles montados a cabalo,
unha multitude enorme, un exército numerosísimo.
¹⁶E subirás contra o meu pobo Israel,
coma unha nube que cobre o seu país;
ó cabo deses días estarás alí
e eu fareite entrar en ataque contra o meu pobo,
para que as nacións me recoñezan a min,
cando ti, Gog, me recoñezas por santo á vista deles.

Cuarto oráculo de castigo contra Gog: teofanía no terremoto

¹⁷Así fala o meu Señor, Iavé:
—¿Es ti aquel de quen eu falei nas épocas antigas
por medio dos meus servidores, os profetas de Israel,
que veñen profetizando desde aquelas épocas e aqueles anos
que eu te traería contra eles?
¹⁸Pois sucederá o día aquel,
o día que veña Gog contra a terra de Israel
—é o meu Señor, Iavé, quen fala—,
que o noxo subirá á miña cara.
¹⁹Movido polos celos
e polo lume da miña ira, dixen:
Ben certo que o día aquel
haberá un grande terremoto no territorio de Israel.
²⁰E tremerán ante a miña cara anoxada
os peixes do mar, os paxariños do ceo,
os animais salvaxes, tódolos bechos que serpean pola terra,
e tódolos homes da superficie da terra;
estomballaranse os montes, e derrubaranse as fragas,
e caerán as murallas da capital: virán ó chan.
²¹Por tódolos meus montes chamarei a espada contra el
—é o meu Señor, Iavé, quen fala—
e a espada de cada un volverase contra seu

38, 10-13 A fórmula introductoria *sucederá no día aquel*, característica dos oráculos salvíficos, convirte o oráculo de castigo contra Israel nun oráculo salvífico, anticipando o castigo dos invasores (vv 17-23), e dándolle ó oráculo un ton irónico: os proxectos e matinacións de Gog están provocados por Iavé, para leva-las potencias pagás ó fracaso total. As preguntas dos pobos (v 13) reflexan a mesma ironía.

38, 12 *No embigo do mundo*. Na mente dos hebreos está alí Xerusalén, lugar da morada do Deus de todo o mundo.

38, 13 *Sabá:* cf nota a **27,** 22. *Dedán:* cf nota a **27,** 20. *Tárxix:* cf nota a **27,** 12. *Moradores:* lit. "aldeas".

38, 14-16 Este oráculo de castigo contra Israel ten a finalidade principal de que, tanto Israel coma Gog, recoñezan a santidade de Iavé, que dirixe os procesos da historia.

38, 17-23 Oráculo de castigo contra Gog (símbolo de poder das nacións pagás), provocado polos celos e pola ira de Iavé. O castigo contra os pagáns preséntase como unha teofanía no terremoto (vv 19b-20), coa que Deus lles mostrará ós pobos a súa grandeza e santidade.

38, 17 A referencia ós antigos profetas pretende xustifica-la invasión dos poderes pagáns da terra de Israel. O "ti" deste v refírese a Gog; e o "eles" alude ó pobo da alianza. Esta escatoloxía pretende ser unha clave de interpretación dos textos proféticos, na perspectiva das esperanzas de cumprimento da salvación definitiva.

38, 18-19 *O noxo, celos, lume da ira* de Iavé, teñen coma resultado o esmagamento dos poderes das nacións pagás e a chegada dun período salvífico, xa definitivo, para Israel. *O terremoto*, sinal teofánico, quere expresar unha intervención definitiva, tal como o interpreta Mt **27,** 51, aplicándolo á morte de Xesús Cristo.

38, 20 Estas descricións queren expresa-la reacción da natureza ante a nova e definitiva manifestación de Deus.

irmán.

²²Executarei a sentencia contra el coa peste e co sangue;
e unha chuvia de diluvio e pedrazo,
lume e xofre, farei chover sobre el, sobre as súas tropas
e sobre os numerosos exércitos que estarán con el.
²³Deste xeito mostrarei a miña grandeza e a miña santidade,
e dareime a coñecer na presencia de pobos numerosos.
Recoñecerán que eu son o Señor.

Quinto oráculo de castigo contra Gog e de salvación para Israel

39 ¹—Oe ti, fillo de Adam,
profetiza contra Gog e di:
Así fala o meu Señor, Iavé:
—Velaí, eu estou contra ti, Gog,
grande príncipe de Méxec e de Tubal,
²vou conducirte fóra e facerte saír,
fareite subir desde o remoto norte,
e levareite ós montes de Israel.
³A golpes farei que sólte-lo arco da túa man esquerda,
e farei cae-las frechas da túa man dereita.
⁴Nos montes de Israel caerás ti e tódalas túas tropas,
e os exércitos que estarán contigo.
Entregareite en pasto ás aves de rapina,
ós paxariños, ós paxaros de toda clase
e ós animais salvaxes.
⁵Caerás no campo raso,
pois eu son quen o dixen
—oráculo do meu Señor, Iavé—.
⁶Mandarei lume contra Magog
e contra os que viven nas illas con tranquilidade.
Entón recoñecerán que eu son o Señor.
⁷Darei a coñece-lo meu santo Nome entre o meu pobo Israel,
e non deixarei que volvan profana-lo meu santo Nome.
Recoñecerán as nacións que eu son Iavé,
o Santo de Israel.
⁸Velaí que isto chega, que acontece
—oráculo do meu Señor, Iavé—:
é o día do que falei.
⁹Entón os que viven nas cidades de Israel sairán
e prenderán lume e queimarán as armas:
rodelas e escudos, arcos e frechas grandes,
mazas e lanzas.
Con isto terán para facer lume durante sete anos.
¹⁰Xa non levarán dos montes a madeira,
nin cortarán leña para a traer desde a touza,
senón que coas armas farán lume.
Saquearán ós seus saqueadores,
e roubarán ós seus ladróns
—é o meu Señor, Iavé, quen fala—.

Sexto oráculo salvífico: a purificación do país

¹¹Sucederá no día aquel que eu lle darei a Gog sepultura alí,
unha tumba en Israel, no Val dos Camiñantes,
ó nacente do mar Morto,
o val que lles cerra o camiño ós camiñantes.
Alí enterrarán a Gog e a toda a súa tropa,
por isto lle chamarán o val das tropas de Gog.

38, 21-22 Estes vv son a expresión do castigo de Gog, no que se fai referencia á destrucción de Sodoma con lume e xofre (cf Xén 19, 24 e Sal 11, 6).

39, 1-10 Este oráculo é un desenvolvemento do anterior. Está formado por unha primeira parte de castigo contra Gog (vv 1-6a), e unha segunda de oráculo salvífico para Israel (vv 8-10), enlazadas ámbalas dúas polo tema da automanifestación do nome do Señor (vv 6b-7).

39, 1 *Grande príncipe* (lit. "príncipe-cabeza"). Por se-la cabeza a raíz da responsabilidade persoal, o termo cabeza quere expresa-lo suxeito responsable do ataque pagán contra Israel.

39, 3 *A golpes*: lit. "farei que se te golpee". A desfeita de Gog será consecuencia da acción poderosa de Iavé.

39, 4 Ser *pasto* dos animais era, para os semitas, a peor desgracia que lle pode acontecer ó home, pois supón a aniquilación da persoa, da que non quedan nin os ósos, perdendo así toda esperanza de pervivencia.

39, 6 O *lume*. É sinal do castigo divino (cf v 9). A referencia ás illas ou costas supón que o reino de Gog está nas beiras do mar Negro.

39, 7 Esta victoria de Iavé sobre os poderes pagáns é unha automanifestación do poder de Deus transcendente, que conducirá os mesmos pagáns ó recoñecemento de Iavé coma o autor e creador da nova realidade.

39, 9 O destino das armas pagás será serviren de combustible para Israel, pois na nova etapa histórica xa non haberá guerra.

39, 11-16 Este oráculo salvífico (cf nota a **38,** 1-**39,** 29) recolle na fórmula oracular o tema do v 8: o día da victoria definitiva de Iavé. O tema do oráculo é a purificación do país, coma elemento previo á restauración definitiva do novo pobo, no que entrarán tódolos que foron deportados (vv 25-29).

39, 11 *O Val dos Camiñantes* (ou "Val dos Abarim") está situado en Moab, ó leste do mar Morto (cf Núm 21, 11; 33, 47; Xer 22, 20). O val das tropas de Gog pode ser unha referencia teolóxica ó Torrente Ben-Hinnom, ó sur de Xerusalén, onde se realizaran sacrificios de meniños en honor a Molok (cf Lev 18, 21; Xer 32, 35; Ez 16, 21; 32, 27). *Sepultura*: heb. "maqom". Ó estar en paralelo con "tumba" ten este senso, pois etimoloxicamente significa "o que se mantén de pé", "o que se mantén erguido".

¹²A Casa de Israel enterraraos
para face-la purificación do país en sete meses.
¹³Enterraraos toda a xente do país,
e o día no que eu me cubra de gloria seralles memorable
—é o meu Señor, Iavé, quen fala—.
¹⁴Os membros da confraría dos medidores da terra
escollerán ós que percorran o país,
para enterraren —eles que percorren o país—
ós que queden sobre a superficie da terra,
e deste xeito a limpen.
Ó cabo de sete meses empezarán a inspección.
¹⁵Os corredores percorrerán o país,
e quen ollare uns ósos humanos,
poralles ó lado, de sinal, unha pedra dereita.
De tanto enterraren ósos os sepultureiros
no val das tropas de Gog,
¹⁶empequenecerá a cidade coas sepulturas da tropa,
pero limparán o país.

Sétimo oráculo: a victoria definitiva sobre Gog e o recoñecemento da gloria de Iavé

¹⁷—Oe ti, fillo de Adam:
Así fala o meu Señor, Iavé:
—Dilles ós paxariños de toda clase de pluma,
e a tódolos animais do campo:
—Xuntádevos, vinde, reunídevos de todo o arredor
para a matanza coa que vos vou convidar,
unha grande matanza nos montes de Israel.
Comeredes carne e beberedes sangue.
¹⁸Comeréde-la carne dos heroes,
e beberéde-lo sangue dos príncipes da terra;
todos eles serán os carneiros, os años, os castróns,
os xatos e os becerros de Baxán.
¹⁹Comeredes graxa ata fartarvos
e beberedes sangue ata emborracharvos:
tal será o banquete que vos teño preparado.
²⁰Na miña mesa fartarédesvos de cabalos e de cabaleiros,
de heroes e de todos cantos interveñen na guerra
—é o meu Señor, Iavé, quen fala—.
²¹Porei a miña gloria no medio das nacións
e tódalas nacións verán a sentencia que eu executarei
e a miña man, que eu porei sobre eles.
²²Desde o día aquel e de alí para adiante
recoñecerá a Casa de Israel
que eu son o Señor, o seu Deus.
²³E as nacións recoñecerán que a Casa de Israel
marchou ó desterro pola súa culpa,
porque se rebelaron contra min,
e entón eu escondínlle-la miña cara,
e entregueinos na man dos seus inimigos:
todos eles caeron pola espada.
²⁴Trateinos de acordo coas súas porcalladas,
e conforme as súas rebeldías,
e escondínlle-la miña cara.

Oitavo oráculo: a restauración definitiva de Israel, realizada coa efusión do Espírito

²⁵Pero, fixádevos, así fala o Señor:
—Agora eu fago volve-los desterrados de Xacob
e compadézome de toda a Casa de Israel,

39, 12 O enterramento dos cadáveres é preciso para a nova etapa definitiva, pois, para os semitas, os corpos insepultos execran a terra.
39, 14 *Os membros da confraría dos medidores da terra:* son os repartidores da terra, na nova situación, escatolóxica.
39, 17-24 O oráculo ten dúas partes. A primeira (vv 17-20), de castigo definitivo para Gog e para a súa tropa, coa invitación ós paxaros e animais salvaxes a devora-las carnes dos caídos, desenvolvendo o tema do v 4. A segunda (vv 21-24) trata da manifestación da gloria de Iavé e do recoñecemento da súa actuación salvadora por Israel e mais polos outros pobos.
39, 17-20 Aínda que no oráculo precedente xa se falou do enterro dos cadáveres para purifica-la terra, vólvese agora ó tema do v 4 coma nun canto de victoria definitiva, pois "os cadáveres devorados polas feras" son signo claro da total desaparición dos inimigos de Deus, cousa previa á definitiva etapa salvífica.

39, 20 *Cabaleiros.* Seguimos aquí o texto grego (dos LXX). O texto hebreo di "*carros*", o que non ten sentido. Os dous vocábulos teñen as mesmas consoantes, polo que se comprende o erro.
39, 21 *Gloria* (= manifestación salvífica), *sentencia* (= de castigo para Gog) e *a man* (expresión antropomórfica do poder divino), son termos que aparecen en paralelo.
39, 23 O recoñecemento de Iavé por parte dos pagáns inclúe, ademais da acción salvífica de Iavé co seu pobo, o castigo das súas infidelidades e idolatrías que levou os hebreos ó desterro, onde se ve unha chamada ós pagáns a deixa-la idolatría. *Escondínlle-la miña cara:* retireille-lo favor e a protección.
39, 25-29 Oráculo salvífico no que se desenvolven os motivos polos que Deus actúa: compaixón e celo polo seu santo Nome, de xeito que recoñezan a Iavé e non sexan privados do seu favor, senón ó contrario, que reciban o Espírito e se unifique o pobo.

pois sinto celos polo meu santo Nome. ²⁶Esquecerán a súa vergonza e a súa rebeldía
coa que se rebelaron contra min, cando vivan na súa terra con tranquilidade e sen haber quen os atemorice. ²⁷Cando os faga volver de entre os pobos e os reúna traéndoos dos países dos seus inimigos,
mostrarei a miña santidade neles, na presencia doutros pobos grandes e numerosos. ²⁸E recoñecerán que eu son o Señor, o seu Deus,
pois, aínda que os levei deportados a outras nacións,
xuntareinos na súa terra e non deixarei que volva quedar alá ningún deles. ²⁹Nin lles volverei esconde-la miña cara porque vertín o meu espírito sobre a Casa de Israel
—é o meu Señor, Iavé, quen fala—.

A RECONSTRUCCIÓN E REORGANIZACIÓN EXTERNA DO ISRAEL ESCATOLÓXICO

Introducción

40 ¹O ano vintecinco despois de que nos levaron desterrados, no comezo do ano, o día dez do mes, catorce anos despois da caída da cidade, nese mesmo día, veu sobre min a man do Señor e levoume alá. ²En éxtase levoume ó país de Israel e deixoume nun monte altísimo e na cima del, cara ó sur, había coma as construccións dunha cidade. ³Levoume alí, e vin un home: o seu aspecto era coma o aspecto do bronce; tiña na súa man un cordel de liño e unha cana de medir. Estaba de pé á porta. ⁴Entón o home díxome:
—Fillo de Adam, olla cos teus ollos, escoita atentamente cos teus oídos, e pon toda a túa atención en todo o que eu che vou mostrar, pois fuches traído aquí para que vexas. Cóntalle á Casa de Israel todo o que ti vas ver.

O novo templo: o muro exterior

⁵E velaí: unha muralla exterior do templo en todo o arredor. A cana de medir que o home tiña na man, era de seis cóbados (en cóbados vellos, de cóbado e palmo). El mediu a anchura da construcción: unha cana; e a altura, unha cana.

A porta do nacente

⁶Logo foi á porta que mira cara ó nacente e subiu polos seus escalóns e mediu a entrada da porta: unha cana de fondo; e cada entrada, unha cana de ancho. ⁷As garitas eran dunha cana de longo por unha cana de ancho; entre as garitas había cinco cóbados; a entrada da porta, desde o lado de dentro da porta polo lado do santuario, era dunha cana. ⁸E mediu o interior da porta, desde o que xa é santuario: unha cana. ⁹Logo mediu o portal interior: oito cóbados; e as súas pi-

---

40, 1-48, 35 Esta sección constitúe un anuncio profético (40, 1-4) do templo, que se vai reconstruír para a etapa da restauración definitiva, tal coma se anunciou en 37, 28. Os cc. 40-42 tratan dos planos da construcción do novo templo, aínda que son máis planos horizontais ca de alturas. A súa finalidade é constituír unha serie de filtros que marquen o paso do terreo profano exterior ó interior do santuario. Este plano nunca se realizou materialmente, senón que foi unha profecía teolóxica da santidade de Iavé e do seu templo e culto. O c. 43 trata da presencia da Gloria de Iavé no novo templo, despois de abandona-lo anterior (cf 10, 18-19; 11, 22-23), e tamén da construcción e consagración do altar. Este c. constitúe o elemento central da sección. Os cc. 44-46 conteñen a lexislación sobre o persoal do templo, sobre o culto e sobre as distintas solemnidades. E os cc. 47-48 tratan do reparto e organización das tribos da Terra Santa, ideado polo profeta para o momento da restauración. Estas divisións xeométricas perfectas expresan o carácter lineal e teolóxico de tódalas divisións: organización en perfecta xeometría arredor do santuario, realidade que sacraliza a terra e os membros do novo pobo.
40, 1 A data responde ó ano 573 (25 despois da primeira deportación e 14 despois da caída de Xerusalén), nos primeiros días de outubro, pois o ano civil comezaba no outono. Neste momento, celebraban o xexún que precedía á festa das Tendas (cf Lev 16, 29; 23, 24; 25, 9; Núm 29,1).
Veu sobre min a man do Señor e levoume: éxtase e traslado en espírito desde Babilonia a Xerusalén.
40, 2 *En éxtase:* lit. "en visión de Deus". *Monte altísimo:* non tanto xeograficamente (menos de 900 m.), canto teoloxicamente, por mor da elección divina (cf Sal 68, 16-17; Is 2, 2; Ez 40, 1-2).
40, 3 *Un home.* Pola descrición que del fai, e pola súa función de guía e intérprete da visión, é un anxo (cf 8, 16; 9, 21s; 10, 5s; Zac 1, 8s; Ap 10, 1-11s).
40, 4 *A túa atención:* lit. "o teu corazón".
40, 5 O cóbado vello, do que fala 2 Cro 3, 3, medía 0,52 m. (= 7 palmos), mentres o cóbado novo ou ordinario medía 0,450 m. (= 6 palmos). Este muro separaba o lugar sagrado do profano, e tiña unha altura e espesor de 3,15 m.
40, 6-16 A edificación interior á porta do nacente era duns 31,5 x 13,65 m., incluídas garitas, pilastras e o oco da portada. As garitas servían para vixia-la entrada.

lastras: dous cóbados. Tal era a soleira da porta polo lado do santuario. ¹⁰As garitas da porta que daba ó nacente eran tres dun lado e tres do outro lado. As tres tiñan a mesma medida e tamén as pilastras dun lado e máis do outro tiñan a mesma medida. ¹¹Logo mediu a anchura do oco da portada: dez cóbados; e o longo, trece cóbados. ¹²Había un adro diante das garitas dun cóbado por un lado, e un cóbado de adro polo outro lado; e cada garita medía seis cóbados por un lado e seis cóbados polo outro. ¹³Logo mediu a entrada, desde o teito dunha garita ó teito da garita oposta: un ancho de vintecinco cóbados; cada entrada estaba fronte á outra entrada. ¹⁴Fixo a medición das pilastras: sesenta cóbados; e diante das pilastras, todo arredor, o adro da entrada. ¹⁵Enfronte estaba a fachada da porta; había un corredor de cincuenta cóbados, ata a fachada interior do vestíbulo da porta. ¹⁶E nas garitas e nas súas pilastras de cara ó interior da portada, todo arredor, había fiestras enreixadas; tamén había a barreira para a morte con fiestras todo arredor cara a dentro, e sobre as pilastras había adornos en forma de palmeira.

O adro exterior: medidas e salas

¹⁷Logo levoume ó adro exterior, e velaí as salas e un enlousado; había no adro todo arredor unha construcción: trinta salas ó lado do enlousado. ¹⁸O enlousado estaba a carón mesmo das portas, en proporción coa lonxitude das portas: tal era o enlousado de máis abaixo. ¹⁹Logo mediu a anchura desde fronte á porta de abaixo ata a porta interior, por fóra da porta: cen cóbados. Isto polo nacente.

A porta do norte

E polo norte, ²⁰velaí a porta que dá cara ó norte: no adro exterior mediulle o longo e maila anchura. ²¹As súas garitas —tres dun lado e tres do outro—, as súas pilastras e a súa entrada tiñan as mesmas medidas cá primeira porta: cincuenta cóbados de longo e vintecinco cóbados de ancho. ²²As súas fiestras, a súa entrada e os adornos en forma de palmeira eran das mesmas medidas cá porta que miraba cara ó nacente; subíase a ela por sete banzos, e o vestíbulo estaba fronte a eles. ²³Había unha porta no adro interior enfronte da porta que daba ó norte, o mesmo que cara ó nacente; mediu de porta a porta: cen cóbados.

A porta do sur

²⁴Logo levoume cara ó sur, e velaí unha porta cara ó mediodía. Mediu as súas pilastras e o seu vestíbulo: o mesmo cás medidas das outras portas. ²⁵As súas fiestras e o seu vestíbulo todo arredor eran da mesma medida cás outras fiestras: cincuenta cóbados de longo e vintecinco cóbados de anchura. ²⁶As súas escaleiras eran de sete banzos e tiñan o seu vestíbulo enfronte delas; e sobre as pilastras había esculturas en forma de palmeira, unha nunha cara e outra noutra. ²⁷Había unha porta no adro interior cara ó sur; mediu de porta a porta cara ó sur: cen cóbados.

O adro interior: a porta sur

²⁸Logo fíxome entrar no adro interior pola porta do sur, e logo mediu a porta do sur: as mesmas medidas cás outras. ²⁹As súas garitas, as súas pilastras e o seu vestíbulo tamén tiñan as mesmas medidas cás outras; tiña fiestras e o seu vestíbulo todo arredor medía cincuenta cóbados de longo; e de ancho, vintecinco cóbados. ³⁰Había vestíbulos todo arredor de vintecinco cóbados de longo por vintecinco cóbados de ancho. ³¹O seu vestíbulo daba ó adro exterior, e tamén había palmeiras esculpidas nas súas pilastras; as súas escaleiras eran de oito banzos.

Adro interior: porta do nacente

³²Logo fíxome entrar no adro interior pola entrada do nacente, e mediu esta porta, que deu as mesmas medidas cás outras. ³³As súas garitas, as súas pilastras e o seu vestíbulo deron as mesmas medidas cás outras; tamén tiña fiestras, e o seu vestíbulo todo arredor media cincuenta cóbados de longo por vinte-

---

40, 15 Entre esta entrada e a entrada exterior ó adro seguinte, había un espacio de 26, 25 m.
40, 16 *A barreira para a morte*. Interpretámo-lo vocábulo hebreo empregado coma un sustantivo co senso de parar, e que traducimos por "barreira". Era un valo que obrigaba ó control policial, para impedi-la entrada ó templo de carnes mortas ou de persoas espiritualmente mortas polos pecados ou idolatrías.
40, 17-19 Este adro exterior tiña unha anchura de 52, 5 m., medindo de muro a muro.
40, 20-23 Esta porta é semellante á porta do nacente (vv 6-16): por iso non se detén moito nela.
40, 28-31 Aínda que a portada que dá ó adro interior recibe o nome de adro interior, de feito está construída cara a fóra (v 31), buscando non só a simetría das construccións, senón tamén servindo de novo control de entrada ó adro interior, máis sagrado.

cinco cóbados de ancho. ³⁴O seu vestíbulo daba ó adro de fóra, e tamén había palmeiras esculpidas nas súas pilastras dun lado e do outro; as súas escaleiras eran de oito banzos.

Adro interior: porta do norte

³⁵Logo levoume á porta do norte, e mediuna: as mesmas medidas cás outras. ³⁶Tiña as súas garitas, as súas pilastras, o seu vestíbulo e as fiestras todo arredor: cincuenta cóbados de longo por vintecinco de ancho. ³⁷O seu vestíbulo daba ó adro de fóra, e tamén había palmeiras esculpidas nas súas pilastras dun lado e do outro; as súas escaleiras eran de oito banzos.

Complemento á descrición das portas do adro interior

³⁸Había unha sala, e a súa porta daba ó vestíbulo desta porta; nela era onde se lavaban as víctimas dos holocaustos. ³⁹No vestíbulo desta porta había dúas mesas a un lado e dúas mesas ó outro, para sacrificar sobre elas as víctimas dos holocaustos e as víctimas dos sacrificios polos pecados e as ofensas. ⁴⁰Polo lado de fóra das escaleiras da entrada da porta norte había dúas mesas e polo outro lado, isto é, no vestíbulo desa porta, había outras dúas mesas. ⁴¹Catro mesas a un lado e catro mesas ó outro. Ó lado desta porta, oito mesas, sobre as que sacrificaban. ⁴²As catro mesas para as víctimas dos holocaustos eran de pedras de labra; tiñan un cóbado e medio de longo, un cóbado e medio de ancho, e un cóbado de alto; sobre elas tamén puxeran as ferramentas coas que sacrificaban as víctimas dos holocaustos e as dos sacrificios. ⁴³Dúas repisas dun palmo estaban amarradas no interior todo arredor; sobre as mesas estaba a carne das ofrendas.

⁴⁴Fóra da porta interior, no adro interior, estaban as salas dos xefes: a que estaba ó lado da porta do norte, tiña a súa fachada cara ó sur; a outra estaba ó lado da porta do nacente, e tiña a fachada de cara ó norte. ⁴⁵Entón díxome: —Esta sala que ten a fachada cara ó sur é para os sacerdotes que atenden o servicio do santuario. ⁴⁶A sala que ten a súa fachada cara ó norte é para os sacerdotes que atenden o servicio do altar; eles, fillos de Sadoc, son os que de entre os fillos de Leví están cerca do Señor para o serviren.

Medidas do adro interior

⁴⁷Logo mediu o adro: cen cóbados de longo e cen cóbados de ancho: un cadrado. O altar estaba fronte ó santuario.

O Santuario: a) O vestíbulo

⁴⁸Logo fíxome entrar no vestíbulo do santuario e mediu as pilastras do vestíbulo: cinco cóbados dun lado e cinco cóbados do outro; o ancho da porta era de tres cóbados dun lado e tres cóbados do outro. ⁴⁹O longo do vestíbulo era de vinte cóbados, e o ancho, de doce cóbados; por dez banzos subíase ata el, e tiña columnas xunto ás pilastras: unha dun lado e outra do outro.

O Santuario: b) A sala santa: o "Hekal"

41 ¹Logo fíxome ir cara ó santuario, e mediu as pilastras: seis cóbados de ancho dun lado e seis cóbados de ancho do outro; este era o seu ancho. ²O ancho da porta era de dez cóbados e o das paredes laterais da entrada era de cinco cóbados dun lado e cinco cóbados do outro; logo mediu o longo do santuario: corenta cóbados; e o ancho, vinte cóbados.

O Santuario: c) O lugar máis santo: o "Debir"

³Despois entrou dentro, e mediu a pilastra da entrada: dous cóbados; a entrada: seis cóbados, e o ancho da entrada: sete cóbados. ⁴Logo mediu o longo do santuario: vinte cóbados; e o ancho: vinte cóbados; estaba cara á fachada do santuario. Logo díxome: —Este é o lugar máis santo.

⁵Logo mediu a parede do Santuario: seis cóbados, e o ancho das salas laterais: catro cóbados, todo arredor do Santuario.

40, 38 Deste lavado das víctimas fálase en Lev **1**, 9 e 2 Cro **4**, 6. Vese que lavaban as patas e mailas entrañas.

40, 44 *Xefes:* no heb. "cantores"; pero ten máis senso cambiando de lugar un punto, co que resultaría "xefes", "reis", "príncipes", e aquí "sacerdotes", pois das mesmas salas fálase no v que segue, nesa liña.

40, 46 Sobre este privilexio de seren os xefes do santuario os fillos de Sadoc, cf **1**, 8; 2 Cro **31**, 10.

40, 47 Deste altar falarase en **43**, 13-17.

40, 48-41, 4 Esta sección trata do santuario, chamado en 40, 47 "báiit" (= edificación). A primeira parte do edificio chámase "hekal" (= santuario), o "Santo" (cf vv 1-2). A parte máis interior do santuario, da que se ofrecen as medidas, considérase o lugar máis santo, e vén nomeada "debir" ou "Santo dos Santos" (**41**, 3-4). Este edificio é igual ó do santuario de Salomón (1 Re **6**), polo que o profeta non se para a describilo.

As salas laterais, a columnata do Santuario e o lugar sen edificar

[6]As salas laterais, sala sobre sala, eran tres pisos de trinta; as mesmas salas laterais seguían todo arredor, todo ó longo do muro do templo, para serviren de apoios, e para que os apoios non estivesen no muro do templo. [7]A anchura ía aumentando nas salas laterais conforme ían subindo, pois o contorno do edificio ía aumentando por todo o arredor do edificio; por isto a anchura do templo ía crecendo, e desde a sala terrea subíase á de riba pola do medio. [8]A columnata do templo era alta todo arredor; a cana de seis cóbados chegaba cumpridamente desde os fundamentos das salas laterais ata a cima. [9]A anchura do muro das salas laterais por fóra era de cinco cóbados; e o lugar sen edificar entre os espacios de entre as columnas laterais do templo [10]e as salas, era de vinte cóbados todo arredor do templo. [11]As salas laterais tiñan entrada ó lugar sen edificar: unha entrada cara ó norte e unha entrada cara ó sur, o ancho do espacio sen edificar era de cinco cóbados todo arredor.

O edificio do poñente

[12]Enfronte do patio, no lado que daba cara ó poñente, había un edificio de setenta cóbados de ancho; o muro deste edificio tiña cinco cóbados de ancho todo arredor; e a longura do edificio era de noventa cóbados.

Dimensións do Santuario

[13]Logo mediu o santuario; cen cóbados de longo. O patio, o edificio e os seus muros, median de longo cen cóbados. [14]A anchura da fachada do templo e do patio que daban cara ó nacente, era de cen cóbados. [15]Despois mediu o longo do edificio, pola cara que dá ó patio que estaba detrás do edificio, e as súas galerías dun lado e do outro: deu cen cóbados. Táboas de madeira recubrían por todo o arredor o interior do santuario e mailos vestíbulos que daban ó adro, [16]as entradas e as fiestras enreixadas, e as galerías por todo o arredor das tres caras de fronte á entrada; tamén recubría a madeira desde o chan ata as fiestras. As fiestras estaban tamén recubertas [17]ata por cima da abertura; e tamén o interior do santuario, por fóra e por todo o arredor do muro; por dentro e por fóra había paneis [18]e esculturas de querubíns e palmeiras, unha palmeira entre un querubín e outro querubín. Os querubíns tiñan dúas caras: [19]unha cara de home en dirección á palmeira, dun lado; e outra cara de león en dirección á palmeira, do outro lado. As esculturas estaban sobre todo o santuario por todo o arredor. [20]Desde o chan ata o van da entrada había querubíns e palmeiras esculpidas. ¡Tal era a parede do santuario! [21]O santuario tiña os marcos da porta cadrados e de fronte ó santuario había coma unha especie [22]de altar de madeira de tres cóbados de alto e dez cóbados de longo; tiña de madeira as súas esquinas, a sua táboa de arriba e as paredes. Entón díxome:
—Esta é a mesa que está diante do Señor.
[23]A sala santa tiña porta dobre; e o santuario [24]tamén tiña porta dobre. Cada porta tiña dúas follas. Un portal tiña dúas portas; e outras dúas portas tiña o outro portal. [25]Nelas, isto é, nas portas da sala santa, había esculturas de querubíns e de palmeiras, do mesmo xeito cós esculpidos sobre o muro. Tamén había un cobertizo de madeira fronte á fachada do vestíbulo, polo lado de fóra. [26]Así como fiestras enreixadas e palmeiras, dun lado e do outro, sobre as paredes dos lados do vestíbulo e sobre os lados do templo e do cobertizo.

Habitacións do edificio

42 [1]Entón fíxome saír ó adro exterior polo corredor do norte, e levoume ás

---

41, 6-7 Estas salas laterais, ás que non se lles asigna ningunha función, teñen no texto a finalidade de protexe-lo santuario, cousa que se expresa arquitectonicamente coa altura de tres pisos e cada vez máis anchas.
41, 8 *A columnata do templo*. Traducimos así, interpretando a transcrición que fan os LXX do termo hebreo. A finalidade desta columnata era ornamental.
41, 9 Co espacio sen construcción quérese subliña-la santidade do templo. *Os espacios de entre as columnas* (lit. "as salas"): o termo ten que referirse ós espacios entre as columnas exteriores do lugar sagrado e do lugar máis santo, e estas columnas debían de estar separadas do muro, formando estas salas, impedindo así que as pingueiras da chuvia tocasen o muro do templo.
41, 12 Deste edificio fálase en **42,** 1-14.
41, 13 O templo inclúe aquí o edificio santo e as salas da edificación lateral.
41, 19 A dobre cara dos querubíns significa o carácter rexio, pois o león é símbolo da realeza, e ó mesmo tempo, o rostro humano é símbolo de Iavé; que mostra o seu benquerer ó pobo, no templo. A palmeira é símbolo da vida perenne.
41, 22 Neste altar poñíanse "pans da proposición", sacrificio vexetal e duradeiro, que anticipa o carácter sacrificial da Eucaristía e do Tabernáculo cristián.
41, 23 As dúas portas de dobre folla da sala santa e do lugar máis santo, queren expresa-lo esplendor rexio do santuario.
42, 1-14 Estas habitacións en tres pisos teñen xa finalidade de cúltica e non soamente de protección do lugar santo, aínda que a falta de galerías e portas para o nacente se deba ó carácter sacral da proximidade do santuario.

habitacións que están fronte ó adro e fronte ó edificio que dá ó norte: ²a fachada era de cen cóbados de longo, coa porta cara ó norte, e a súa anchura era de cincuenta cóbados. ³Diante do altar das libacións que está no adro interior, fronte ó enlousado que está no patio exterior, había galerías, unha sobre outra, en tres pisos. ⁴Diante destas habitacións había un camiño de dez cóbados de ancho, e no interior das habitacións un corredor dun cóbado, e as portas das habitacións daban ó norte. ⁵As habitacións de arriba estaban acurtadas, pois as galerías collían máis edificios ca elas, máis cás habitacións de abaixo, e máis cá do medio; ⁶e pola outra banda, aínda que as habitacións formaban tres pisos, non tiñan columnas coma as columnas dos outros adros; por isto, as habitacións de arriba comparadas coa planta do edificio eran máis pequenas cás de abaixo e cás do medio.

⁷Había un muro polo lado de fóra das habitacións, polo adro exterior, e estaba ó lado da fachada das habitacións, e medía cincuenta cóbados de longo. ⁸A lonxitude das habitacións que había no adro exterior era de cincuenta cóbados; e a das habitacións que había fronte á fachada do santuario era de cen cóbados. ⁹Por debaixo destas habitacións estaba a entrada que viña do nacente, e que daba entrada a elas desde o adro exterior. ¹⁰Todo ó ancho do muro do adro, en dirección do nacente, fronte á fachada do adro e fronte á fachada do edificio, había habitacións, ¹¹e mais un corredor diante delas. Tiñan o mesmo aspecto cás salas que había contra o norte; tiñan o mesmo longo ca ancho, tódalas súas saídas e as súas distribucións e as súas portadas eran do mesmo xeito. ¹²O mesmo cás portas das habitacións que daban ó mediodía, había unha porta no comezo do corredor; era o corredor que había na fachada do muro de protección, o corredor do nacente ó que as habitacións daban paso.

¹³Entón díxome: —As habitacións do norte e mailas habitacións do mediodía que están nas fachadas do adro son as habitacións do templo, onde os sacerdotes que se chegan xunto ó Señor comen comidas santísimas. É alí onde se poñen as cousas santísimas, as ofrendas, as víctimas dos sacrificios polos pecados e mailas víctimas para sacrificios de reparación; ben certo que o lugar é santo.

¹⁴Cando os sacerdotes entran alí non saen do santuario ó adro exterior, senón que deixan alí as vestiduras coas que oficiaron, pois son vestiduras santas. Han de vestir outras roupas para se achegaren ó lugar que lle corresponde ó pobo.

Medición exterior do conxunto do templo

¹⁵Cando acabou a medición do interior do santuario, fíxome saír pola porta que dá ó nacente, e logo mediu o templo todo arredor. ¹⁶Mediu o lado do nacente coa cana de medir: cincocentas canas, en cana de medir. Deu a volta e ¹⁷mediu a cara norte: cincocentas canas con cana de medir. Deu a volta ¹⁸ó lado do mediodía, e mediu cincocentas canas con cana de medir. ¹⁹Deu a volta para o poñente, e mediu cincocentas canas con cana de medir. ²⁰Mediu o templo polas catro caras: tiña un muro todo arredor de cincocentas canas de longo por cincocentas de ancho, para separa-lo santo do profano.

Volta da gloria do Señor ó santuario

43 ¹Entón El levoume cara á porta, a porta que mira en dirección do nacente, ²e vin que a gloria do Deus de Israel chegaba da parte do nacente, e o seu ruído era como o ruído de augas caudalosas e a cidade resplandecía coa súa gloria.

³¡Velaí a visión! A visión que eu vin foi como a visión que tivera cando a gloria de Deus viñera destruí-la cidade. ¡Velaí a visión! Fora coma a que tivera xunto ó río Quebar. Entón postreime en adoración, ⁴e a gloria do Señor entrou no santuario pola porta que mira ó nacente.

⁵O espírito arrebatoume e fíxome entrar no adro interior, e velaí que a gloria do Señor enchía o templo. ⁶Entón oín un que me

---

42, 3 *Altar das libacións*. O vocábulo heb. "srym" (= vinte) deriva da raíz ugarítica "sr", que significa "dar de beber", de onde o senso de altar das libacións.

42, 7 Este muro separa do adro exterior o edificio, no que se gardan cousas santas.

42, 15ss O santuario — lit. "casa"— inclúe aquí todo o conxunto das edificacións do templo, desde o adro exterior, co seu muro.

43, 1-12 Este texto, que é central na sección dos cc. **40-48**, consta dunha visión teofánica en espírito do proxecto do templo, onde chega a gloria de Iavé (vv 1-5). O texto está relacionado co da teofanía da visión vocacional (**1,** 1-3), e cos da saída da gloria do antigo santuario (**10,** 18-22; **11,** 22-25). Os vv 6-8 son un oráculo no que se proclama a función do trono da gloria, da perennidade e da santidade do templo de Iavé. Remata o texto cunha orde divina que constitúe ó profeta en lexislador das ordenanzas cúlticas (vv 10-11), e coa lei da santidade do santuario (v 12).

falaba desde o templo, mentres que o home seguía de pé ó meu lado, ⁷e díxome:

—Fillo de Adam, aquí te-lo lugar do meu trono,
velaquí o sitio do estrado dos meus pés,
onde eu habitarei entre os fillos de Israel para sempre.
Xa non volverán profana-lo meu santo Nome
nin a Casa de Israel nin os seus reis,
coas súas fornicacións e cos cadáveres dos seus reis,
e mais cos seus sepulcros.
⁸Poñendo eles a súa portada xunto á miña portada
e os marcos das súas portas ó lado dos marcos das miñas portas,
e maila parede entre min e eles,
profanaron o meu santo Nome
coas abominacións que cometeron;
por isto os consumín levado do meu noxo.
⁹Agora puxeron lonxe de min as súas fornicacións
e mailos cadáveres dos seus reis,
e por isto eu habitarei entre eles para sempre.
¹⁰Ti, fillo de Adam, descríbelle este santuario á Casa de Israel, e que se avergoncen das súas abominacións. Que midan o plano do templo, ¹¹e se avergoncen de todo o que fixeron. A organización do santuario e a súa estructura, as súas entradas e as súas saídas, tódalas súas ordenacións e tódolos seus preceptos, tódalas súas ordenacións e as súas leis, fáillelas coñecer e escríbelle-las perante os seus mesmos ollos para que observen tódalas ordenacións e tódalas leis do santuario e as poñan por obra. ¹²Esta é a lei do santuario: na cima do monte, todo terreo que lle corresponde ó santuario, todo arredor, é santísimo. ¡Certo! Esta é a lei do santuario.

Descrición do altar

¹³Estas son as medidas do altar en cóbados (este cóbado era dos de cóbado e palmo). Había unha foxa dun cóbado destes e un cóbado de ancho; e a altura do altar na súa beira era dunha cuarta todo arredor: esta era a foxa do altar. ¹⁴Desde o fondo da foxa ata o zócalo máis baixo había dous cóbados, e un cóbado de ancho; e desde o zócalo máis pequeno ata o zócalo máis grande había catro cóbados, e un cóbado de ancho. ¹⁵A sagrada elevación da ara tiña catro cóbados; e do divino fogón saían os catro cornos. ¹⁶O divino fogón tiña doce cóbados de longo por doce cóbados de ancho. Era cadrado polos seus catro lados. ¹⁷O zócalo tiña catorce cóbados de ancho por catorce de longo polos seus catro lados, e o reborde que tiña arredor medía medio cóbado. O zócalo tiña unha foxa dun cóbado todo arredor. As escadas do altar miraban ó nacente.

Consagración do altar

¹⁸Entón díxome:

—Fillo de Adam, así fala o Señor:
—Estes son os preceptos acerca do altar:
Cando se acabe de facer, para poder ofrecer holocaustos nel e verter sangue sobre el, ¹⁹ti haslles presentar ós sacerdotes levíticos, que son da estirpe de Sadoc, e que se achegan a min para me daren culto —é o meu Señor, Iavé, quen fala—, un becerro, fillo de vaca, para sacrificio polos pecados. ²⁰E ti collerás do seu sangue, e untarás con el os catro cornos do altar e os catro lados, o zócalo e o reborde todo arredor, para facer sobre o altar a expiación e maila súa propiciación. ²¹Collera-lo becerro do sacrificio de expiación e queimaralo no lugar do templo axeitado para isto, fóra do santuario. ²²O segundo día presentarás en ofrenda un chibo, sen defecto, e farase a expiación sacrificial o mesmo que se fixo co becerro. ²³Cando acabes co sacrificio de expiación, presentara-la ofrenda dun becerro, fillo de vaca, sen defecto, e mais un carneiro do rabaño, sen defecto; ²⁴presentaralos en ofrenda ante o Señor, e os sacerdotes botaranlles sal e

---

43, 7 O nome de Iavé resulta profanado pola prostitución sagrada e as alianzas políticas no palacio real, e pola colocación dos sepulcros rexios á beira do templo (cf 2 Re **21,** 18-26).

43, 8 A cercanía do palacio de David ó templo de Deus (1 Re **7,** 8) considéraa Ezequiel coma unha profanación do santuario.

43, 12 Esta lei nunca se cumpriu, e o proxecto grandioso do templo de Ezequiel endexamáis non se realizou. Por este motivo, os xudeus da época cristiá tiveron reparos en acepta-lo libro de Ezequiel no canon hebreo.

43, 13-17 Esta descrición do altar pertence ó relato das medidas do anxo que acompaña ó profeta, e este altar non se parece a ningún dos que se describen no A. T. (cf Ex **20,** 24-26; **27,** 1-8; 1 Re **8,** 64; 2 Re **16,** 15). Asemellábase ós zigurates de Babilonia, máis ben ca a calquera outro tipo de edificación.

43, 13 *A foxa* tiña a misión de separa-lo altar do adro.

43, 15 *A sagrada elevación da ara:* lit. "a divina montaña". Os *cornos* nas esquinas eran sinal do poder de Iavé, a quen o altar representa.

43, 20 Sobre o novo altar hai que face-la expiación polas posibles contaminacións o construílo ou antes. Co sangue vertido sobre el, vólvese sinal e instrumento da vida e da vivificación divina, da propiciación.

43, 24 O sal que se empregaba nas oblacións coma sinal da alianza renovada con Iavé (cf Lev **2,** 13; Núm **18,** 19; 2 Cro **13,** 5) aparece aquí no holocausto, o que é estraño.

ofreceranllos en holocausto ó Señor. ²⁵Durante sete días, cada día fara-lo sacrificio de expiación co chibo e tamén se fará o sacrificio de expiación co becerro, fillo de vaca, e co carneiro do rabaño, todos eles sen defecto.

²⁶Durante sete días farase a propiciación do altar e purificarase e consagrarase. ²⁷Ó pasaren estes días, o día oitavo e os seguintes, os sacerdotes farán sobre o altar os vosos holocaustos e mailos vosos sacrificios de reconciliación e eu aceptaréivolos benevolamente —é o meu Señor, Iavé, quen fala—.

A porta do santuario, soamente para o príncipe

44 ¹O home fíxome volver en dirección á porta exterior do santuario que mira ó nacente, e estaba pechada. ²Entón o Señor díxome:

—Esta porta seguirá pechada, nunca se abrirá.

Ninguén poderá entrar por ela porque o Señor, Deus de Israel, entrou por ela.

Seguirá pechada.

³Pero cando chega un príncipe, se é príncipe, porá o seu trono ante ela para come-la súa comida diante do Señor. Entra polo vestíbulo desta porta e sae polo mesmo sitio.

Normas de admisión no santuario, e os seus responsables

⁴Logo fíxome entrar pola porta do norte ata a fachada do templo. Ollei, e velaí que a gloria do Señor enchía o templo do Señor, e entón postreime en adoración. ⁵O Señor díxome:

—Fillo de Adam, fixa a túa atención, mira cos teus ollos, escoita cos teus oídos todo o que eu che vou dicir acerca de tódolos preceptos do templo do Señor e de tódalas súas leis; pon a túa atención na entrada do templo e en tódalas saídas do santuario. ⁶Dilles ós rebeldes, á Casa de Israel: así fala o meu Señor, Iavé: —Xa hai abondo en contra vosa, con tódalas vosas abominacións, Casa de Israel. ⁷Pois trouxestes estranxeiros, xentes sen circuncidar nin na carne nin no corazón, para que estivesen no meu santuario, para que profanasen a miña mesma casa; ofrecéstesme a miña comida, graxa e sangue, ó mesmo tempo que rompiáde-la miña alianza con tódalas vosas abominacións. ⁸Non observáste-los meus preceptos cúlticos, senón que ó voso antollo puxestes no meu santuario oficiantes do servicio cúltico.

⁹Así fala o meu Señor, Iavé: —Ningún estranxeiro, home sen circuncidar no corazón e na carne, poderá entrar no meu santuario; si, ningún estranxeiro dos que viven entre os fillos de Israel. ¹⁰Canto ós levitas, que vos apartaron da miña presencia, cando Israel se perdeu, e que se extraviaron da miña presencia índose tralos ídolos, cargarán coa súa iniquidade. ¹¹Eles serán no meu santuario os encargados da vixilancia fronte ás portas do santuario e os servidores do santuario. Eles mesmos lle matarán ó pobo as víctimas dos holocaustos e dos sacrificios, e eles mesmos estarán de pé diante do pobo para o serviren.

¹²Xa que veñen servindo ó pobo no culto ós ídolos e están servindo de incitamento á Casa de Israel para caer no pecado, xuro contra eles coa miña man —é o meu Señor, Iavé, quen fala— que cargarán coa súa iniquidade. ¹³Non se poderán achegar a min oficiando coma sacerdotes meus e arrimándose a tódalas miñas cousas santas no lugar santísimo, senón que soportarán a súa vergonza e as abominacións que cometeron. ¹⁴Eu fágoos encargados do servicio do templo en tódolos oficios do templo e en todo o que se fai nel.

43, 26 Os *sete días* de sacrificios queren expresa-la plenitude da purificación e consagración, conferida ritualmente ó altar (cf Lev **8**, 33-35).

44, 1-13 Toda esta sección legal sobre as normas cúlticas emprega dous termos para significa-lo templo, que diferenciamos na traducción: "miqdax" (= santuario), referido á edificación que contén a sala santa, o lugar máis santo ou santuario e as salas laterais; e o termo "báiit" (= casa, templo) que abrangue tódalas edificacións e patios do templo, e que traducimos por "templo".

44, 1-2 *Esta porta* ten que ser unha das que dá entrada á sala santa. O feito de quedar pechada realza a santidade do Señor: ninguén ha de entrar por onde El entrou.

44, 3 Xa que o príncipe será sinal e instrumento da realeza divina, terá o seu posto para celebra-lo banquete sacrificial no vestíbulo de entrada á sala santa.

44, 4 A presencia salvífica do Señor (= gloria) que enche tódalas dependencias do templo (patios, salas...) serve de introducción teolóxica ós oráculos dos vv 5.6.9, nos que sobresae a importancia das leis cúlticas (v 5), e denúncianse as inmoralidades cometidas no santuario e na elección dos oficiantes do culto (vv 6-8), para acabar cun oráculo que introduce as leis dos levitas (vv 9-13).

44, 7 *Circuncidar... no corazón:* é apartar dun tódalas intencións e plans inmorais. As ofrendas sacrificiais son expresión da fidelidade persoal á alianza; pero, non cumprindo esta, as ofrendas non fan senón profana-lo templo.

44, 10 O extravío do pobo, provocado polos levitas, alude á función que tiveran coma sacerdotes dos santuarios locais con culto sincretista, cousa que movera a Ioxías a privalos dos seus plenos dereitos sacerdotais (cf 2 Re **23**, 8-9).

O sacerdocio sadoquita

[15] Os sacerdotes levíticos, fillos de Sadoc, que respectaron os preceptos cúlticos do meu santuario, cando os fillos de Israel se afastaban lonxe de min, só eles se achegarán a min para me dar culto, e estarán de pé diante de min para me ofrecer graxa e mais sangue —é o meu Señor, Iavé, quen fala—. [16] Só eles entrarán no meu santuario e só eles se arrimarán á miña mesa para me daren culto, e observarán os meus preceptos cúlticos. [17] Cando entren nas portas do adro interior, han de ir vestidos con vestidos de liño; e cando actúen dentro das portas do adro interior e dentro do templo, non levarán sobre eles roupa de lá. [18] Levarán nas súas cabezas turbantes de liño; e nos cadrís faixas de liño. Non levarán faixa que transpire a suor. [19] Cando eles saian ó adro exterior, onda a xente, mudarán os vestidos cos que oficiaron, e deixaranos nas habitacións do templo; vestiranse con outros vestidos, para non sacraliza-lo pobo cos seus vestidos. [20] Non raparán a súa cabeza, nin andarán guedelludos; cortarán decentemente o seu cabelo. [21] Ningún sacerdote beberá viño cando vaia entrar no adro interior. [22] Nin viúva nin divorciada poderán coller para eles como muller, senón virxes da liñaxe de Israel; tamén poderán escoller unha viúva, pero viúva dun sacerdote.

[23] Han de lle aprender ó meu pobo a diferencia entre o sacro e o profano, e han de lle ensina-la diferencia entre o impuro e o puro. [24] Nos preitos serán eles os que autoritativamente presidan para xulgar; conforme ó meu dereito é como han de xulga-los preitos. Gardarán as miñas leis e mailos meus preceptos acerca de tódalas miñas festas, e santificarán os meus sábados. [25] Non entrarán xunto ó home morto, por mor da impureza; pero poderanse volver impuros co pai ou coa nai, cun fillo ou cunha filla, cun irmán ou cunha irmá que non teña marido.

[26] Despois de purificarse este tal, contaránselle sete días, [27] e o día que entre no santuario, no adro interior para oficiar no santuario, ofrecerá un sacrificio de expiación polo seu pecado —é o meu Señor, Iavé, quen fala—. [28] Non terán ningunha propiedade herdada: eu son a súa herencia. Non se lles dará posesión en Israel: eu son a súa posesión. [29] Eles comerán da ofrenda e das víctimas dos sacrificios polo pecado e das víctimas dos sacrificios de expiación; e todo o que se consagra ó Señor en Israel será para eles. [30] O mellor das primicias de todo, e o mellor das contribucións sobre todo —de tódalas vosas contribucións— será para os sacerdotes; tamén lle daredes ó sacerdote o mellor da vosa muiñada, para que a bendición descanse na túa casa. [31] Os sacerdotes non poderán comer carne morta nin ningunha carne escalazada por fera, trátese de paxaro ou de animal.

Partilla da terra: a parte do Señor

45 [1] Cando repartades en porcións a terra, reservade para o Señor unha parte de ofrenda, unha parte sacra separada do resto da terra, de vintecinco mil cóbados de longo e dez mil cóbados de ancho. Será un lugar sagrado, con todo o seu muro de separación arredor.

[2] Disto deixarase para o santuario un cadrado de cincocentos por cincocentos cóbados todo arredor, e o santuario terá arredor unha eira de cincuenta cóbados. [3] E despois destas medicións, mediredes vintecinco mil cóbados de longo por dez mil de ancho, pois aquí estará o santuario, o lugar máis santo,

---

44, 15 O pleno sacerdocio dáselles ós membros da tribo de Leví que descenden do sacerdote Sadoc, a quen Salomón escolle para o templo despois de rexeitar a Abiatar (1 Re **2,** 27.35). Descríbense nesta sección tódalas súas funcións, privilexios e obrigas.
44, 17 A prohibición de roupas de lá débese á suor que causa (cf v 18), e que podía provoca-la impureza ritual.
44, 18 Os vestidos rituais e litúrxicos considéranse sagrados, pois están en contacto coas carnes dos sacrificios e coas ofrendas, e poden sacralizar ritualmente ó pobo, incluso con perigo de vida para o mesmo pobo (2 Sam **6, 7**). A santidade considerábase coma unha forza sagrada que Deus comunicaba ás persoas e cousas do ámbito cúltico, pero que podía causa-la morte a quen non estaba preparado por medio de certos ritos.
44, 23 O sagrado é o que pertence ó ámbito exclusivo do templo, e non se pode mesturar co profano, mentres que o puro e o que pode pasar ó ámbito sagrado por razóns da súa perfección. O impuro, en troques, non pode pasa-lo muro exterior do templo.
44, 25 O cadáver invade ó home, ritualmente impuro, que o toca ou mesmo o contempla.
44, 27 *Polo seu pecado*. O pecado ten aquí o senso ritual de algo que impide o paso ó ámbito sagrado, e non o senso de pecado moral.
44, 31 Esta prohibición é xeral para todo o pobo (Lev **7,** 24) e en especial para os sacerdotes, pois comerían o sangue do animal, que, por ser asento da vida, era considerado sagrado de vivo e profanante de morto.
45, 1ss Este reparto da terra comeza polo solar do santuario, a súa eira, que salienta o seu carácter sagrado (v 2), e o solar para os sacerdotes (vv 3-4), para os levitas (v 5) e para o pobo (v 6), todo con enormes dimensións. Esta distribución crea dúas cidades, separadas a cada lado do corpo do templo (v 7): a dos levitas, e a da casa de Israel, pois as vivendas dos sacerdotes, aínda que moi afastadas do templo, constitúen un conxunto co templo.

⁴o máis sagrado do país; e isto será para os sacerdotes que son ministros do santuario, os que se acercan a dar culto ó Señor. Deste xeito terán un lugar para casas e máis un lugar sagrado para santuario. ⁵Vintecinco mil cóbados de longo por dez mil de ancho serán para os levitas, ministros oficiantes do templo; eles posuirán a súa cidade para habitar. ⁶E como propiedade de tal cidade, concederédeslle cinco mil cóbados de ancho por vintecinco mil cóbados de longo, ó lado da parte destinada ó santuario; isto será de toda a Casa de Israel. ⁷Ó príncipe tocaralle a un lado e ó outro do lugar do templo e da parte da cidade, enfronte ó lugar do templo e enfronte ó lugar da cidade, polo lado do poñente, cara ó mar; e polo lado do nacente, cara ó nacente, e a longura será do mesmo xeito para cada unha das partes: desde a fronteira do poñente ata a fronteira do nacente ⁸do país. Esta será a súa propiedade en Israel, e os meus príncipes xa non volverán oprimi-lo meu pobo, senón que lle repartirán a terra á Casa de Israel segundo as súas tribos.

⁹Así fala o Señor, Deus:

—¡Xa hai abondo convosco, príncipes de Israel!

Deixade a opresión e a violencia;
practicade o dereito e a xustiza;
retirade as vosas explotacións de sobre o meu pobo

—é o Señor, Deus, quen fala—.

¹⁰Usade balanzas fieis e fanegas xustas e canadas xustas. ¹¹Que o *efah* e o *bat* teñan a mesma cabida: o *bat* que levante a décima parte do *hómer,* e o *efah* que levante tamén a décima parte do *hómer:* que a súa proporción se faga con *hómer.* ¹²O siclo son vinte *gueras;* vinte siclos máis vintecinco siclos máis quince siclos serán para vós unha mina. ¹³Este será o imposto que vós recolleredes: seis *efáhs* por *hómer* de trigo e outros seis *efáhs* por *hómer* de centeo. ¹⁴Velaí o precepto do aceite, do *bat* de aceite: a décima parte dun *bat* por cada *kor,* pois dez *bates* fan un *hómer* e tamén dez *bates* fan un *kor.* ¹⁵Tamén unha res do rabaño por cada duascentas reses do ben regado chan de Israel será para a ofrenda, para o holocausto, para o sacrificio de comunión, para face-la expiación sobre eles —é o meu Señor, Iavé, quen fala—.

¹⁶Toda a poboación do país terá parte nesta contribución a favor do príncipe de Israel, ¹⁷pois o príncipe é o responsable dos holocaustos, da ofrenda, das libacións nas festas, nas lúas novas, nos sábados e en tódalas romarías da Casa de Israel. El mesmo fará o sacrificio polos pecados, a ofrenda, o holocausto e os sacrificios de comunión para face-la expiación en favor da Casa de Israel.

¹⁸Así fala o meu Señor, Iavé:

—O día primeiro do primeiro mes collerás un becerro, fillo de vaca, sen defecto, e purificarás de pecados o santuario. ¹⁹O sacerdote collerá o sangue do sacrificio de purificación dos pecados, e untará con el os marcos do santuario, as catro esquinas do zócalo do altar e os marcos da porta do adro interior. ²⁰O mesmo has de facer o día sete dese mes, por mor do home que pecou por descoido ou por ignorancia, e así facéde-la expiación do templo. ²¹O día catorce do mes primeiro celebraréde-la Pascua, unha festa de sete días, nos que se comerá pan sen fermento. ²²Ese día, o príncipe ofrecerá un becerro en sacrificio de expiación por si mesmo e por toda a poboación do país. ²³Durante os sete días de festa, ofreceralle ó Señor, cada día, un holocausto de sete becerros e sete carneiros, sen defecto. Durante os sete días tamén ofrecerá, cada día, un sacrificio de expiación polo pecado, un chibo, ²⁴e fará a ofrenda dun *efah* de fariña por becerro e doutro *efah* por carneiro e dun *hin* de aceite por cada *efah* de fariña.

²⁵Na festa do día quince do sétimo mes farase o mesmo que nestes sete días: os mesmos sacrificios de expiación polo pecado, os mesmos holocaustos, a mesma ofrenda e o mesmo aceite.

45, 5 *A súa cidade para habitar:* texto reconstruído segundo a versión grega.
45, 7-12 O texto comeza coa indicación da parte de terras para o príncipe (v 7), de xeito que este non explote ó pobo (v 8). No v 9 comeza un oráculo de exhortación á xustiza para os príncipes futuros, no que se expresan as proporcións entre as diferentes unidades de medida que han de empregar nos impostos destinados ó culto (vv 13-17).
45, 7 Non se menciona o rei, senón o príncipe, pois a realeza é exclusiva de Iavé, volvendo así á tradición teolóxico-profética de Samuel (1 Sam **8,** 1-21) e ós antigos costumes de Israel.
45, 13-16 O *príncipe*, lonxe de abrasa-lo pobo con impostos, será só o responsable das ofrendas e do culto nesta nova sociedade cultual. Téñase en conta que o mesmo pobo, especialmente os pobres, participan nas comidas sacrificiais destas ofrendas.
45, 18-46, 15 Esta sección relativa ás festas non é un catálogo, senón a concreción dos sacrificios que o príncipe ten que ofrecer obrigatoriamente no nome do pobo.
45, 21 A festa dos Ázimos aparece vinculada coa da Pascua, que volve ser festa de romaría.

46 ¹Así fala o meu Señor, Iavé:

—A porta do adro interior que dá ó nacente estará pechada os seis días de traballo; pero o sábado e o día da lúa nova abrirase, ²para que desde fóra entre o príncipe polo vestíbulo da porta e se quede de pé xunto ós marcos desta porta. Logo, os sacerdotes ofrecerán o seu holocausto e o seu sacrificio de comunión, e el postrarase no vestíbulo da porta, e logo sairá. A porta non se pechará ata o serán. ³Os sábados e pola lúa nova a xente toda do país postrarase diante do Señor, á entrada desta porta. ⁴O holocausto que ofrecerá o príncipe ó Señor será este: os sábados, seis años sen defecto e un carneiro sen defecto, ⁵e maila ofrenda dun *efah* de fariña; polo carneiro e polos años, a ofrenda da súa libre vontade; e un *hin* de aceite, por cada *efah* de fariña. ⁶Os días da lúa nova constituirán o holocausto do príncipe un becerro, fillo de vaca, sen defecto, seis años e un carneiro, sen defecto. ⁷O príncipe tamén fará a ofrenda dun *efah* de fariña polo becerro e un *efah* polo carneiro e polos años, segundo libremente queira, e mais un *hin* de aceite por *efah* de fariña.

⁸Cando entre o príncipe, entrará polo vestíbulo da referida porta, e logo sairá polo seu mesmo camiño. ⁹Pero cando, durante as festas, a xente toda do país entre diante do Señor, os que entren pola porta do norte para postrarse en adoración, sairán pola porta do sur; e os que entren pola porta do sur, sairán pola porta do norte: non se volverán atrás pola mesma porta pola que entraron, sairán por enfronte desta porta. ¹⁰O príncipe entrará con eles, cando eles entren; e, cando saian, sairán xuntos.

¹¹Nas festas de romarías e nas solemnidades, a ofrenda consistirá nun *efah* de fariña polo becerro; e un *efah*, polo carneiro; e polos años, segundo a súa libre vontade; e un *hin* de aceite, por *efah* de fariña.

¹²Cando o príncipe queira ofrecer ó Señor un holocausto da súa libre vontade ou un sacrificio de comunión da súa libre vontade, abriráselle a porta que mira ó nacente e fará o seu holocausto e o seu sacrificio de comunión como o fai os sábados; logo sairá e pecharase a porta, despois de que el saia.

¹³Ofrecerás ó Señor en holocausto diario un año, fillo de ovella, sen defecto; ofreceralo tódalas mañás. ¹⁴Como ofrenda, ti ofrecerás tódalas mañás a sexta parte dun *efah* de fariña e a terceira parte dun *hin* de aceite para molla-la fariña: será unha ofrenda ó Señor de obrigación perpetua para sempre.

¹⁵Ofrecerán tódalas mañás o año, a ofrenda e o aceite en holocausto perpetuo.

¹⁶Así fala meu Señor, Iavé:

—Cando o príncipe lle faga un regalo a algún dos seus fillos, ese regalo será para os seus fillos; a súa parte de herdanza e o dereito de propiedade deles será por herencia. ¹⁷Cando o príncipe lle faga un regalo, do que lle pertence como herdanza, a un dos seus servidores, o regalo será del ata o ano da liberación: entón volverá ó príncipe; a súa herdanza só será para os seus fillos: é a eles a quen lles pertence. ¹⁸O príncipe non collerá nada do que é xa herdanza do pobo, expropiando as súas posesións. Das súas posesións só fará herdeiros ós seus fillos, para que ninguén do meu pobo se disperse, privado da súa propiedade.

¹⁹Pola entrada que está ó lado da porta, fíxome entrar nas habitacións do santuario reservadas ós sacerdotes, as que miran ó norte. E velaí que alí había un local na parte de atrás, cara ó poñente. ²⁰Entón díxome:

—Este é o local onde os sacerdotes farán ferve-las víctimas dos sacrificios de expiación e dos sacrificios polo pecado, e onde cocerán no forno a ofrenda, para, deste xeito, non saíren ó adro exterior e non consagraren o pobo.

²¹Logo fíxome saír ó patio exterior e fíxome pasar polas catro esquinas do adro, e había un patio nunha esquina do adro e outro patio na outra esquina do adro. ²²Nas catro esquinas do adro había patios cercados, de corenta cóbados de longo por trinta de ancho: os catro patios das esquinas medían o mesmo. ²³Os catro tiñan unha fila de claraboias todo ó redor delas, e cociñas preparadas por debaixo das claraboias todo arredor. ²⁴Entón díxome:

—Estas son as cociñas, onde os servidores do templo cocerán os sacrificios do pobo.

46, 5 *Da súa libre vontade* (lit. "da súa man").
46, 16-18 A parte de terras do príncipe é inalienable: a herdanza non pode saír da familia; esta rescata, no ano xubilar, as posibles doazóns do pai (cf Lev **25,** 2-7).
46, 22 *Patios das esquinas:* é unha traducción non moi segura dun termo descoñecido, que os LXX, a Vulgata e as versións sirias omitiron, e que os masoretas marcaron con puntos por riba.
46, 23 *Claraboias.* O termo hebreo "tor" (" = tirah") non ten senso claro. Polo contexto, deben de ser unhas saídas para o fume.

47 ¹Logo fíxome volver á entrada do templo, e velaí que debaixo do vestíbulo do templo saía auga cara ó nacente, pois a fachada do templo daba ó nacente e a auga baixaba polo lado dereito do templo, ó sur do altar. ²Logo fíxome saír pola porta do norte e da-la volta polo exterior ata a porta exterior, que mira ó nacente, e velaí que a auga ía correndo pola ladeira dereita. ³Cando o home saíu cara ó nacente, levaba un cordel na súa man e mediu mil cóbados; logo fíxome atravesar pola auga, que me chegaba ós nocelos. ⁴Volveu medir mil cóbados, e fíxome atravesar polas augas, que me chegaban ata os xeonllos; volveu medir mil cóbados, e fíxome atravesar: ¡a auga ata a cintura! ⁵Volveu medir mil cóbados: era un río que eu non era capaz de cruzar. Tanto subiran as augas, que eran augas de nadar, un río que non se podía cruzar. ⁶Entón díxome:

—¿Viches, fillo de Adam?

Logo fíxome da-la volta, e levoume á beira do río. ⁷E cando dei a volta, velaí, á beira do río, unha enorme arboreda dun lado e do outro. ⁸Entón díxome:

—Esta auga está correndo cara á bisbarra do nacente, e baixará sobre a Arabah e entrará no mar Morto; estas augas conducidas cara ó mar, quedarán de certo saneadas. ⁹E todo ser vivente, que rebula en calquera lugar onde vai tal río, vivirá; peixes haberaos abondo, pois estas augas chegarán alí e farán revivir todo o lugar: onde desemboque o río haberá vida.

¹⁰E os pescadores estarán de pé á beira do río:

desde En-Guedí ata Eneglaim
haberá secadeiros para as redes;
os seus peixes serán por especies
tan abundantes coma os peixes do Mediterráneo.

¹¹Nas súas marismas e nas súas lagoas
non haberá saneamento,
senón que se deixarán para ter sal.

¹²Á beira do río, nunha marxe e noutra,
medrará toda clase de árbores froiteiras:
a súa follaxe non murchará,
e a súa froita non acabará,
senón que cada mes dará unha nova colleita,
pois as augas do río
son as que saen do santuario;
por isto a súa froita servirá para comer,
e as súas follas servirán para remedios.

¹³Así fala o Señor, Deus:

—Estas son as marxes, dentro das que vós repartiréde-la propiedade da terra entre as doce tribos de Israel: a Xosé tocaranlle dúas partes de terra. ¹⁴Repartiréde-la terra, tocándolle a cada un o mesmo có seu irmán, xa que eu xurei coa man levantada, que llela daría ós vosos pais, e por iso esta terra tocaravos a vós en partes de herdanza.

¹⁵Estes son os lindeiros do país: polo lado do norte: desde o mar Mediterráneo, polo camiño de Hetlón, entrando en Sedadah, ¹⁶Hamat, Berotah, Sibraim —entre a marxe de Damasco e a marxe de Hamat—, Haser do medio que está cerca do territorio de Haverán. ¹⁷Así esta fronteira irá desde o mar ata Haser Enón, lindando co territorio de Damasco polo norte, e ó norte tamén o territorio de Hamat. Tal será o lado norte. ¹⁸Ei-lo lado do nacente: medide vós entre Haverán e Damasco, e entre Galaad e a terra de Israel, logo o Xordán será a linde ata o mar do nacente. Tal será o lado do nacente. ¹⁹Velaí o lado do Négueb, cara ó sur: desde Tamar ata o oasis de Meribah de Cadex, na dirección do río e ata o mar Mediterráneo: tal será o lado do sur, na dirección do Négueb. ²⁰Velaí o lado do poñente: o mar Mediterráneo serve de marxe fronte á entrada de Hamat: este é o lado do poñente.

47, 1-12 A presencia dunha fonte na beira dos santuarios era obrigada por causa de impedir que o sangue secase e volvese impuro o santuario. Por iso, en Xerusalén había a de Guihón (1 Re **1**, 33-40) e a de Xiloé. Estas fontes tiveron o valor simbólico de sinais do poder vivificador do Señor (cf Xn **9**, 6-7). Nesta construcción ideal das realidades novas o profeta fai saí-la fonte de debaixo do santuario onde habita a gloria do Señor (vv 1-2). Esta convértea en río caudaloso (vv 3-6), que vivifica o país ata nos seus elementos máis esmorecentes.

O mar Morto e a estepa desértica da Arabah (vv 7-10) han de ser vivificadas por esas augas (cf Ap **22**, 1ss).

47, 1 *Templo* (lit. ″casa″). Refírese aquí ó edificio da sala do Santo.

47, 8 Entendémo-la Arabah no senso xeográfico, pois leva artigo: a depresión xeolóxica que deu orixe ó mar Morto ou mar da Arabah.

47, 9 *Farán revivir* (lit. ″curarán″). A moita salinidade do mar Morto impide a vida dos peixes e todo tipo de vida mariña.

47, 13-23 A terra prometida que se ten que repartir redúcese á Cisxordania, pois soamente nesta terra houbo santuarios e contactos coas tradicións patriarcais (cf Xos **22**). Esta separación xeográfica aparece en Núm **32**. As marxes inclúen a Filistea e a Fenicia. Aínda que algúns lugares non están localizados, a terra prometida está entre o mar Mediterráneo e a liña do mar Morto (mar do Nacente), e desde o Xordán ata a fronteira de Damasco. Polo norte, a fronteira de Hamat e de Damasco; e polo sur, o ″wadi″ de Exipto e o deserto do Négueb.

²¹Vós repartirédesvo-la terra esta entre as tribos de Israel, ²²pero farédelo botando ás sortes as partes da herdanza para vós e para os estranxeiros que viven entre vós, os que xa tiveron fillos entre vós; serán para vós coma nativos entre os fillos de Israel, e con eles botaredes ás sortes as partes da herencia no medio das tribos de Israel. ²³Será na tribo na que resida o estranxeiro onde lle daréde-la súa parte de herdanza —é o Señor, Deus, quen fala—.

48

¹Estes son os nomes das tribos: Desde o extremo norte, seguindo cara á comarca que se atopa camiño de Hetlón, á entrada de Hamat, seguindo cara a Masar-Enán, e a fronteira de Damasco cara ó norte, e á comarca de Hamat: todo desde o lado do nacente ata o poñente, esta será a parte de Dan. ²Á beira do territorio de Dan, desde o lado do nacente ata o lado do poñente, estará o territorio de Axer. ³Á beira do territorio de Axer, desde o lado do nacente ata o lado do poñente, estará o territorio de Naftalí. ⁴Á beira do territorio de Naftalí, desde o lado do nacente ata o lado do poñente, estará o territorio de Menaxés. ⁵Á beira do territorio de Menaxés, desde o lado do nacente ata o lado do poñente, estará o territorio de Efraím. ⁶Á beira do territorio de Efraím, desde o lado do nacente ata o lado do poñente, estará o territorio de Rubén. ⁷Á beira do territorio de Rubén, desde o lado do nacente ata o lado do poñente, estará o territorio de Xudá. ⁸Á beira do territorio de Xudá, desde o lado do nacente ata o lado do poñente, estará a ofrenda de terra que vós ofrendaredes, de vintecinco mil cóbados de longo e de ancho, desde o lado do nacente ó lado do poñente, o mesmo que cada unha das outras partes. No medio dela estará o santuario. ⁹A ofrenda de terra que vós ofrendaredes ó Señor será de vintecinco mil cóbados de longo e dez mil de ancho.

¹⁰A ofrenda da terra para o santuario será para estes:

Para os sacerdotes: vintecinco mil cóbados de longo ata o norte; cara ó poñente, dez mil cóbados de ancho; cara ó nacente, dez mil cóbados; e cara ó sur de ancho, vintecinco mil cóbados; e no medio estará o santuario do Señor. ¹¹Para os sacerdotes, os consagrados de entre os fillos de Sadoc, que cumpriron as miñas prescricións cúlticas —pois non se desviaron, cando se extraviaron os fillos de Israel, como se desviaron os levitas—, ¹²eles terán unha parte ofrecida da ofrenda da terra, a parte máis santa, ó lado do territorio dos levitas. ¹³En canto ós levitas, o seu territorio será parello ó dos sacerdotes: vintecinco mil cóbados de ancho e dez mil de longo. En total, o ancho da ofrenda da terra será de vintecinco mil cóbados e dez mil ó longo.

¹⁴Non poderán vender nada, nin se poderá cambiar nin traspasar nada desta parte da terra, pois é cousa consagrada ó Señor.

¹⁵Os cinco mil cóbados que quedan de longo ó lado dos vintecinco mil, serán a zona profana da cidade, para solares e pasteiros comunais; e no medio estará a cidade. ¹⁶As súas dimensións serán estas: pola banda do norte, catro mil cincocentos cóbados; e pola banda do sur, catro mil cincocentos cóbados; pola banda do nacente, catro mil cincocentos cóbados; e pola banda do poñente, catro mil cincocentos cóbados.

¹⁷Os pasteiros comunais da cidade terán: cara ó norte, douscentos cincuenta cóbados; cara ó sur, douscentos cincuenta cóbados; cara ó nacente, douscentos cincuenta; e cara ó poñente, douscentos cincuenta cóbados.

¹⁸O que queda dentro da anchura proporcional á ofrenda da terra do santuario, serán dez mil cóbados cara ó nacente e dez mil có-

---

47, 22-23 A asimilación do estranxeiro concorda coa lexislación de Ex **12,** 48s e Dt **23,** 3-8, pois, ó circuncidarse, pode participar na Pascua cos membros do pobo.

48, 1-35 Tan artificial e afastada da historia coma as fronteiras de Israel, é a distribución dos territorios das súas tribos. Esta artificialidade responde a un plan teolóxico: as partes das sete tribos do Norte (vv 1-7) queren expresa-la total defensa da parte ofrendada ó Señor (vv 8-22), pois o perigo sempre vén do Norte. As outras cinco tribos sitúanse ó Sur (vv 23-29), e todas elas en franxas de terra do mesmo ancho, desde o Mediterráneo ata o mar Morto, ó Xordán e á fronteira de Damasco. A parte central é a parte da ofrenda para o Señor; no seu centro está o templo; a cidade dos sacerdotes e a dos levitas é a única cidade para tódalas tribos, quedando o resto da parte central para o príncipe (vv 8-22). O carácter central da ci-

dade sublíñase coa conclusión (vv 30-35), pois as súas doce portas están adicadas a cada unha das tribos patriarcais, e o nome da cidade expresa o seu carácter teolóxico (a cidade da presencia do Señor).

48, 1 *Os nomes:* inclusión literaria con "o nome da cidade" (do final do v 35). Esta inclusión quere expresa-la relación das tribos con Iavé, mediante partes na herdanza e a realidade da presencia salvífica de Deus no templo. Os nomes (presencia dinámica) das tribos concrétanse na posesión da terra, que reciben do Señor.

48, 4-5 Figuran aquí os nomes dos fillos de Xosé —Efraím e Menaxés—, procreados por el en Exipto (cf Xén **48**), mentres que nos nomes das portas aparece o de Xosé e o de Leví (vv 31-32).

48, 8-22 Cf notas a **44,** 1-31 e **45,** 1ss.

bados cara ó poñente, e será proporcional á ofrenda da terra do santuario; e co que produza comerán os empregados da cidade. ¹⁹Os empregados da cidade, procedentes de tódalas tribos de Israel, serán os que traballen este resto.

²⁰O total da ofrenda da terra será de vintecinco mil cóbados por vintecinco mil, e a cuarta parte dela ofrecerédela en ofrenda sacra para a propiedade da cidade. ²¹O resto será para o príncipe, a un lado e ó outro da terra ofrendada ó santuario e da propiedade da cidade: desde a fronteira de vintecinco mil cóbados da ofrenda da terra ata a fronteira do nacente; e polo poñente, desde a fronteira de vintecinco mil cóbados ata a fronteira do poñente. Ó príncipe corresponderalle igual cás outras partes, pero terá no medio a ofrenda da terra para o santuario e o santuario do templo. ²²Desde a propiedade dos levitas e desde a propiedade da cidade, no medio dos terreos para o príncipe, entre a fronteira de Xudá e a parte de Benxamín, estarán os terreos para o príncipe.

²³Resto das tribos: desde o lado do nacente ata o lado do poñente estará o territorio de Benxamín. ²⁴Á beira do territorio de Benxamín, desde o lado do nacente ata o lado do poñente, estará o territorio de Simeón. ²⁵Á beira do territorio de Simeón, desde o lado do nacente ata o lado do poñente, estará o territorio de Isacar. ²⁶Á beira do territorio de Isacar, desde o lado do nacente ata o lado do poñente, estará o territorio de Zebulón. ²⁷Á beira do territorio de Zebulón, desde a banda do nacente ata a banda do poñente, estará o territorio de Gad. ²⁸Á beira da fronteira estará Gad, cara á fronteira do Négueb cara ó sur; e a fronteira será desde Tamar, e o oasis de Meribah de Cadex, seguindo o río cara ó mar Mediterráneo. ²⁹Esta será a terra que vos repartiredes ás sortes de entre a herdanza que lles pertence ás tribos de Israel, e estas son as partes —é o Señor, Deus, quen fala—.

³⁰Estas serán as saídas da cidade: pola cara do norte, catro mil cincocentos cóbados de medida, ³¹e as portas da cidade serán motivo para lembranza das tribos de Israel. Polo norte tres portas: a porta de Rubén, a porta de Xudá e a porta de Leví. ³²Pola cara do nacente catro mil cincocentos cóbados e tres portas: a porta de Xosé, a porta de Benxamín e a porta de Dan. ³³Ó lado sur terá catro mil cincocentos cóbados de medida e tres portas: a porta de Simeón, a porta de Isacar e a porta de Zebulón. ³⁴A cara do poñente terá catro mil cincocentos cóbados e tres portas das tribos: a porta de Gad, a porta de Axer e a porta de Naftalí. ³⁵A volta será de dezaoito mil cóbados.

E desde ese día o nome da cidade será "O Señor está alí".

48, 35 *O Señor está alí* é unha expresión que reflexa o carácter escatolóxico do novo templo e da restauración postexílica. En Ap **22**, 20-21, o dito Marana tha expresa unha realidade teolóxica, pero coma esperanza da súa chegada: nisto diferénciase fundamentalmente a escatoloxía de Ezequiel da apocalíptica cristiá (cf libro da Ap).

INTRODUCCIÓN Ó LIBRO DE DANIEL

O libro de Daniel naceu no medio dunhas circunstancias socio-culturais ben distintas das do noso entorno; primeiramente precisamos coñece-la problemática que moveu ó escritor, o obxectivo que desexou acadar para os seus lectores coa súa obra e ver qué método xulgou máis axeitado para se facer comprender dos seus contemporáneos. Cumpridos estes requisitos, será fácil chegar ó miolo deste escrito inspirado, aparentemente tan complicado, pero de latexante actualidade.

A data e o autor

As grandes aportacións da moderna crítica histórica e literaria contribuíron de maneira decisiva a desfacer algúns erros moi xeneralizados durante moitos séculos acerca deste libro: case todo o mundo coidaba que fora escrito por un notable profeta dos tempos do exilio de Babilonia (s. VI a. C.) que se chamaría Daniel; tíñanse tamén por históricas as narracións que describen toda unha variedade de episodios da súa vida exemplar.

Esta tese tradicional deixaba sen resposta un bo número de interrogantes que se desprenden dunha análise crítica:

—Se o autor escribe no tempo do exilio, ou axiña despois do mesmo, non é fácil explicar certas inexactitudes históricas, tales coma:

...Que houbese unha deportación no ano terceiro de Ioaquim (605). Si que as houbo nos anos 598 e 587.

...Que fose Baltasar o último rei de Babilonia, sendo que historicamente consta que o último foi seu pai, Nabónid.

...Que Darío sucedese a Baltasar, pois quen colleu o dominio de Babilonia coincidindo co remate do exilio dos xudeus foi Ciro de Persia (539).

Por outra banda, resulta convincente pensar que o escritor do libro tivo que ser un xudeu do século segundo antes de Cristo, polo feito de que coñece con todo detalle a historia dos reis tolomeos e seléucidas. A esta proba engádense outras non menos importantes:

Doutrinalmente o libro de Daniel amosa unha evolución notable con certos aspectos, coma a anxeloloxía, a resurrección individual e a retribución na outra vida. Lingüisticamente pódese comprobar que, tanto o hebreo coma o arameo do texto orixinal, son propios dos últimos séculos vétero-testamentarios. Nótese, finalmente, que o libro de Daniel figura na Biblia hebrea dentro da colección máis recente dos libros inspirados: os *"Escritos"* (heb. Ketubim), o que quere dicir que non existía tal escrito cando se considerou clausurada a colección dos libros proféticos. É mesmo significativo que non se faga alusión a Daniel na lembranza dos grandes personaxes da historia israelita que fai o Eclesiástico (cc. **44-49**) arredor do ano 180 a.C.

O autor insiste moito na tremenda persecución relixiosa desencadeada por Antíoco IV Epífanes; todo fai supór que escribiu naquel intre crítico que vai do 167 ó 164 a. C., ano en que Israel recobra certo acougo coa relativa victoria dos Macabeos e se volve adica-lo templo profanado ó Señor (decembro do 164). A maneira inexacta de anuncia-la fin tráxica de Antíoco Epífanes é sinal de que o libro estaba xa escrito cando el faleceu en Persia no 163.

Non se pode descarta-la posibilidade de que o autor usase distintas fontes escritas para a composición da súa obra; ata puido ser escrita en etapas sucesivas. O máis importante é que podemos constatar unha verdadeira unidade ó longo de todo o escrito, percorrido como está todo el por unha mesma finalidade e un idéntico criterio teolóxico; non é obstáculo, nin a duplicidade de xéneros literarios empregados —que veremos de contado— nin sequera a estraña triplicidade de linguas en que está escrito o texto antigo: en hebreo, **1**, 1-2, 4a, e mais do c. **8** ó **12**; en arameo, do **2**, 4b ó **7**, 28; en grego, **3**, 24-90 e mailos cc. **13** e **14**.

Panorama histórico

Un repaso do período histórico que vai mostrar Daniel parece útil e mesmo necesario.

1. **O desterro en Babilonia.** *No ano 598/7, Nabucodonosor conquista Xerusalén e deporta xente a Babilonia. Uns anos máis tarde (587/6 a. C.) causa a máis terrible humillación ó pobo de Deus: o templo queda saqueado e arrasado, as casas desfeitas, houbo moitos mortos e a xente máis útil foi deportada a Babilonia; todo un pobo esnaquizado física e moralmente..*

2. **A dominación persa (538-333).** *Babilonia —o imperio dominador— foi perdendo consistencia, e o rei persa Ciro acabou por absorbelo totalmente. A sorte de Palestina mellorou: Ciro (538) decretou inmediatamente o libre retorno dos exiliados a Palestina, e a reconstrucción do templo de Xerusalén á conta do Estado (cf Esd* **1-6**) *e devolveu*

os obxectos do mesmo, roubados por Nabucodonosor.

3. O período helénico (333-63 a. C.). O dominio persa chegou ó seu remate cando Alexandre, rei de Macedonia-Grecia, invade o Medio Oriente e inflixe unha forte derrota ós persas en Isos (Siria). Conquista de contado Exipto e mais Palestina e, seguidamente, o resto dos territorios persas. Pero no 323 falece sen deixar herdeiro. Na Palestina mandarán os tolomeos ou láxidas.

No ano 198 o imperio seléucida, baixo o mando do rei Antíoco III, venceu a Tolomeo V e apoderouse de Palestina; os xudeus acolleron o cambio de amo con certo agrado, pero a euforia non lles ía durar moito. En efecto, os reis seléucidas —movidos por intencións políticas— trataron axiña de impo-los costumes e maila relixión grega a Israel, sen se decataren da transcendencia desta medida. Todos eles tiveron pouco en conta a sensibilidade relixiosa dos pobos sometidos. Antíoco IV Epífanes —o máis atroz de todos eles— despoxou varios templos pagáns, e tampouco deixou a salvo o templo de Xerusalén: no 169, en retornando dunha campaña victoriosa contra Exipto, arrincou as láminas de ouro da fachada do templo e levou consigo cantos obxectos tiña de valor (cf 2 Mac **5**, 5-10).

Destituíu a Onías III do sumo sacerdocio e deullo a quen máis lle ofreceu por el: primeiro a Iasón e despois a Menelao, cada un máis acérrimo defensor da helenización. A tensión irreconciliable entre a corrente xudaica tradicional e a helenizante levou a Antíoco —sempre moi preocupado por consolida-la unidade dos seus dominios— a dictar unha lei catastrófica: a prohibición total da relixión xudaica coas conseguintes observancias e maila destrucción das copias da Lei (1 Mac **1**, 41-64; 2 Mac **6**, 1-11). Para colmo de todo, en decembro do ano 167, adicou o templo de Xerusalén ó culto de Zeus Olímpico (2 Mac **6**, 2).

A reacción dos xudeus, empeñados na fidelidade ós seus principios relixiosos, foi dobre:

1. Un sector importante coidou que era necesario o recurso ás armas, e, capitaneados por Xudas Macabeo, botáronse contra o poder opresor coma feras abouradas.

2. Outro sector de xudeus máis piadosos consideraron improcedente o recurso á violencia e optaron por poñe-lo asunto nas mans de Deus; coidaron que era unha dura proba que Deus lles mandaba para os purificar e que a debían aceptar con espírito resignado e confiando en que Deus os sacaría adiante. Esta é a tese exposta pola literatura apocalítica; neste caso concreto o portavoz será o libro de Daniel.

Xéneros literarios

O libro de Daniel presenta unha combinación de dous xéneros literarios moi de moda nos derradeiros séculos do A. T.

1. Hai unha parte narrativa de carácter didáctico (Dn **1-6** e **13-14**) que, polo procedemento empregado, se pode dicir típica da cultura bíblica; coñécese co nome de "midrax haggádico". Consiste no emprego de relatos tomados de tradicións antigas ou da mesma revelación escrita anterior, que poidan dar luz para descubri-lo sentido dunha problemática concreta. Para actualizar unha tradición oral ou escrita, de xeito que ilustre o mellor posible a lección ético-relixiosa ofrecida, o escritor pode introducir eventuais modificacións no relato. Desde logo que cae fóra da intención do autor midráxico examinar criticamente o valor histórico das tradicións que emprega: só pretende adoutrina-los lectores, inculcando uns valores relixiosos. Non se exclúen neste xénero nin sequera posibles elementos lexendarios: poden incluso aproveitarse estes para matiza-lo obxectivo perseguido. Polo tanto, non vén a nada chatar ó autor de mentireiro ou de ignorante por inexactitudes históricas ou esaxeracións que de feito poden conter escritos desta clase. Os relatos do libro de Daniel pretenden edificar espiritualmente: confortar e soste-la fe dos xudeus que están sufrindo as consecuencias da persecución de Antíoco Epífanes, facéndolles ver como Deus protexe sempre ós que se manteñen fieis na proba. A conducta de Daniel e mailos seus compañeiros é un exemplo a seguir (cf Dn **1-6**); o orgullo dos pagáns, algo que Deus non tolerará endexamais (Dn **4-6**); a idolatría, unha mentira que se debe desenmascarar para a deixar en evidencia (Dn **14**).

2. O libro ten outra parte que é propiamente apocalíptica (Dn **7-12**). Cómpre notar que a literatura apocalíptica foi moi popular e abundante na tradición xudía-cristiá; a súa época principal cubriu os dous derradeiros séculos do A.T. e os dous primeiros do N.T. Con todo, a Biblia só ten dous libros escritos, neste xénero literario: Daniel e a Apocalipse de Xoán. Non naceu este tipo de literatura por xeración espontánea: é herdeira da profecía; o parecido pode verse sobre todo en Ezequiel, Zacarías e Malaquías. Caracterízase especialmente polo emprego sistemático

do símbolo e das imaxes alegóricas (cf Intr. á Ap). É polo que se nos fai necesario coñecer algo a simboloxía coa que estaban moi familiarizados os xudeus daquel entón. Os números acostuman ter un valor máis cualitativo ca cuantitativo: o sete, por exemplo, significa plenitude ou perfección; mentres que, a súa metade (3,50) significa a imperfección, o sufrimento e a persecución. Hai tamén un simbolismo cromático: a cor branca simboliza a victoria e a alegría; a cor negra, a morte e a tristura; a escarlata e maila púrpura, o luxo e a magnificencia. A miúdo os imperios aparecen representados por certos animais, e os seus cornos fan alusión ós seus reis. Xeralmente válese o escritor presentando visións extáticas ou soños que encarreiren a súa mensaxe; o significado de tales escenas expono case sempre un anxo. Nestes escritos a anxeloloxía experimenta un desenvolvemento notable: cada anxo ten unha misión específica que cumprir, secundando a soberana vontade de Deus.

Coma tódolas apocalipses, nace Daniel nun ambiente de profunda crise e persegue un obxectivo concreto: animar e conforta-lo pobo de Deus, para que viva conforme ós principios da súa fe. O escritor coñece ben as constantes da historia pasada, sabe que o seu pobo xa viviu noutros tempos situacións moi críticas e sobreviviu a todas elas. Haino que dicir: Deus é o Señor absoluto da natureza e da historia, nada acontece sen ser permitido e mesmo sen estar dirixido por quen ten nas súas mans o destino de canto existe. E ese Deus orienta a historia a favor dos crentes, pois é fiel ás promesas.

A percepción máis grandiosa da maxestade divina queda reservada para o momento vindeiro da implantación definitiva do reino de Deus. A perspectiva escatolóxica é decote elemento esencial e suscita unha visión esperanzada e optimista do crente, a pesar dos sufrimentos presentes. A fe ve seguro e próximo o triunfo decisivo da causa de Deus e a conseguinte destrucción do mal.

Case tódalas apocalipses empregan a técnica da pseudonimia, é dicir, o autor atribúe o seu libro a un personaxe distinguido do pasado, que poida ter algunha relación coa problemática actual. Por esta razón, o escritor do libro de Daniel pensa nun xudeu cumpridor que está vivindo no desterro babilónico; fai un resume dos catro séculos transcorridos desde aquela dura proba vivida por Israel ata o momento de se escribi-lo libro, e preséntao ós lectores coma unha revelación recibida no tempo do exilio por Daniel, co encargo de que non se dea a coñecer a ninguén ata chega-lo tempo final do cumprimento de tódalas cousas preditas, ou sexa, a época en que se escribe o libro. Deste xeito predispón ó lector a ler na historia a realización do proxecto de Deus, séntese en condicións de intuir cal vai se-lo seu proceder naquel momento tan crítico para o seu pobo, e albisca o desenlace final da historia: a era mesiánica.

Concluindo: Deus non é alleo a ningunha vicisitude que experimentan os seus. Os sufrimentos de Israel non son unha cousa absurda, senón que tamén eles forman parte do plan de Deus para o purificar e preparar a recibi-la salvación total. Polo tanto, fe inquebrantable nos designios de Deus e esperanza firme nas súas promesas; detrás da morte está a resurrección e o gozo perenne.

DANIEL
EPISODIOS DA HISTORIA DE DANIEL (cc. 1-6)

Daniel e mailos seus compañeiros en Babilonia

1 ¹No ano terceiro de Ioaquim, rei de Xudá, chegou a Xerusalén Nabucodonosor, rei de Babilonia, e asediouna. ²O Señor puxo nas súas mans a Ioaquim, rei de Xudá, e mais boa parte dos vasos da casa de Deus, que fixo levar para o país de Xinar. Os vasos depositounos na casa do tesouro dos seus deuses.
³O rei ordenou a Axpenaz, xefe dos oficiais, que trouxese de entre os israelitas de estirpe real ou de familia nobre, ⁴algúns rapaces que non tivesen ningunha tara, fosen de bo parecer e instruídos en toda clase de sabedoría, cultos e intelixentes e xeitosos para serviren no pazo real. Tamén ordenou que lles ensinasen a lingua e maila literatura caldeas. ⁵O rei fixoulles unha ración diaria da comida e mais do viño da mesa real. A súa crianza debía durar tres anos; despois pasarían a servi-lo rei.
⁶Entre eles atopábanse uns xudeus: Daniel, Hananías, Mixael e Azarías. ⁷O xefe dos oficiais trocóulle-los nomes: a Daniel púxolle Baltasar; a Hananías, Xadrac; e Mixael, Mixac; e a Azarías, Abednegó.
⁸Daniel propúxose non se contaminar compartindo a comida do rei e mailo viño da súa mesa, e suplicoulle ó xefe dos oficiais que non o obrigase a se contaminar. ⁹Deus fixo que o xefe dos oficiais tivese dó e consideración de Daniel, ¹⁰e díxolle:
—Eu teño medo do meu señor, o rei, polo feito de que el determinou o que habiades de comer e beber, e, se vos vise cun aspecto máis raquítico có dos rapaces da vosa idade, poñeriades en perigo a miña cabeza diante do rei.
¹¹Díxolle entón Daniel ó garda posto polo xefe dos oficiais ó coidado de Daniel, de Hananías, de Mixael e mais de Azarías:
¹²—Por favor, ponnos a proba durante dez días: que nos sirvan legumes para comer e auga para beber. ¹³Despois podes comproba-lo noso aspecto en relación co dos mozos que se alimentan cos manxares do rei, e fas connosco conforme vexas.
¹⁴El aceptou a proposta, e someteunos á proba durante dez días. ¹⁵Ó cabo dos dez días tiñan mellor aspecto e estaban máis gordos ca tódolos mozos que comían dos manxares do rei. ¹⁶Desde entón o garda retiráballe-la ración da comida e mais do viño que debían tomar, e dáballes legumes.
¹⁷Deus concedeulles a estes catro mozos ciencia e intelixencia en toda clase de letras e sabedoría. Daniel tamén sabía interpretar visións e soños.
¹⁸Cando se cumpriu o tempo sinalado polo rei para seren presentados os mozos, o xefe dos oficiais levounos ante Nabucodonosor. ¹⁹O rei conversou con eles, e non encontrou entre todos ningún coma Daniel, Hananías, Mixael e Azarías. Quedaron, pois, ó servicio do monarca. ²⁰En tódalas

---

1, 1-21 Este c., escrito orixinariamente en lingua hebrea, pretende facer unha presentación dos catro personaxes xudeus que van entrar en escena: é a preparación das historias que vai conta-lo escritor.
1, 2 *Xinar:* nome empregado no texto hebreo referíndose a Babilonia; así se lle chama a este país no relato sobre a torre de Babel (Xén **10,** 10).
1, 3 *Oficiais:* lit. "eunucos". Polo contexto vese a intención de se referir á profesión máis ca ó requisito fisiolóxico imposto daquela a determinados cortesáns.
Israelitas: lit. "fillos de Israel". A lingua hebrea usa a miúdo a expresión "fillo de" seguida do nome de lugar para se referir ós habitantes dun país (cf Dn **13,** 48).
1, 4 O termo "caldeo" aparece repetidas veces en Dn, non co usual significado étnico, senón indicando —por derivación— unha xente culta que se adicaba a descifrar enigmas e prever certos acontecementos pola adiviñanza.
1, 7 O feito de cambiar de nome a unha persoa supón, na mentalidade semítica, ter dominio sobre ela. Moitos personaxes bíblicos reciben un nome novo cando son destinados a desempeñar unha nova función. No noso caso prevalece a idea de entrar a depender do rei.
1, 8 A lei xudaica non permitía comer certa clase de alimentos, tales coma o sangue e a carne de determinados animais (cf Lev **7,** 27; **11,** 2-45; Dt **4,** 3-21, etc.). Esta veda tomouse con moito rigor no século II a. C., indicio orientador acerca da data deste libro (cf 1 Mac **1,** 65 e 2 Mac **7**).
1, 17-20 Estes mozos vense recompensados pola fidelidade ás súas obrigas relixiosas. Desde o primeiro c. ata o derradeiro móstrase ben a inquedanza fundamental do autor: anima-los seus compañeiros para se manteren fieis a Deus no medio da proba. Hai un convencemento que o escritor expresa reiteradamente, dunha maneira ou doutra, a base de exemplos. Cando está a piques de remata-la súa obra, pono expresamente en boca de Daniel, cheo de gratitude e recoñecemento: "¡Meu Deus, lembrácheste de min! Ti non desamparaches ós que te aman" (Dn **14,** 38); forma, pois, unha especie de inclusión coa idea deste c. **1,** e pódese dicir que é a síntese da mensaxe do libro.

cuestións de sabedoría e intelixencia que o rei lles propuxo, atopounos dez veces superiores a tódolos meigos e adiviños que existían en todo o seu reino.

²¹Daniel permaneceu alí ata o ano primeiro do reinado de Ciro.

O soño misterioso do rei

2 ¹No ano segundo do seu reinado, Nabucodonosor tivo un soño, e o seu espírito quedou tan turbado que non puido continuar a dormir. ²O rei mandou chama-los meigos, astrólogos, agoireiros e adiviños, para que lle explicasen o soño. Eles viñeron e presentáronse ó monarca. ³Díxolles o rei:

—Tiven un soño, e o meu espírito sente desacougo tratando de comprender.

⁴Respondéronlle os adiviños ó rei, en arameo:

—¡Que viva o rei para sempre! Conta o soño ós teus servidores, que nós che exporémo-la súa interpretación.

⁵Respondeu o rei advertíndolles ós adiviños:

—¡Xa teño a miña decisión tomada! Se non me decíde-lo soño e maila súa interpretación, vós seredes cortados en anacos e as vosas casas quedarán reducidas a esterqueiras; ⁶en troques, se me expoñéde-lo soño e mailo seu significado, recibiredes de min regalos, agasallos e grandes honores. Polo tanto contádeme o soño e maila súa interpretación.

⁷Respondendo eles por segunda vez, dixéronlle:

—Que o rei diga o soño ós seus servidores, e nós darémo-la interpretación do mesmo.

⁸Replicou o rei:

—Ben vexo que estades a gañar tempo, porque xa sabedes que a miña palabra está dada. ⁹Pero se non me dades a coñece-lo soño, haberá para todos vós unha mesma sentencia. Xuntástesvos para me contar mentiras e falsidades en tanto non mudan os tempos. Así que contádeme o soño e quedarei convencido de que o sabedes interpretar.

¹⁰Os adiviños respondéronlle ó rei nestes termos:

—Non hai home na terra que poida manifesta-lo que pide o rei; polo mesmo, endexamais ningún monarca —por máis grande e poderoso que el sexa— esixe cousa semellante a ningún meigo, astrólogo ou adiviño. ¹¹A cousa que o rei pide é difícil e non existe máis ninguén que llo poida dicir ó rei, a non seren os deuses; pero a súa morada non está entre os mortais.

¹²Con tal motivo, o rei púxose moi alporizado e ordenou matar a tódolos sabios de Babilonia. ¹³Promulgouse o decreto e os sabios ían ser executados. Tamén andaban á procura de Daniel e mais dos seus compañeiros para os mataren. ¹⁴Entón Daniel tivo unha entrevista sabia e asisada con Arioc, xefe da garda real, quen saíra co plan de matar ós sabios de Babilonia. ¹⁵Tomou a palabra e díxolle a Arioc, oficial do rei:

—¿Por que un decreto tan severo de parte do rei?

Entón Arioc explicoulle o asunto a Daniel. ¹⁶Daniel acudiu onda o rei e suplicoulle que lle concedese un prazo para lle dar a coñece-la interpretación.

¹⁷Voltou Daniel á súa casa e informou acerca do caso á Hananías, Azarías e Mixael, os seus compañeiros, ¹⁸rogándolles que implorasen misericordia do Deus do ceo para que lles revelase aquel segredo e non tivesen que perecer Daniel e mailos seus compañeiros co resto dos sabios de Babilonia.

¹⁹O segredo foille revelado a Daniel nunha visión nocturna, polo que Daniel bendiciu o Deus do ceo, ²⁰dicindo:

"Bendito sexa o nome de Deus
polos séculos dos séculos,
pois El ten a sabedoría e mailo poder.

2, 1 O *soño*, na antiga literatura pagá e tamén na mesma Biblia, aparece moitas veces coma un medio empregado pola divindade para se revelar ós homes ou darlles a sabe-lo que vai acontecer. É interesante nota-la semellanza existente no uso deste artificio literario polo que respecta a Xosé en Exipto. Hai unha dependencia literaria na presentación do personaxe de Dn (cf Xén **40-41**).

2, 2 *Meigos, astrólogos...* Non é fácil determina-lo contido exacto destes nomes; a enumeración destes profesionais da adiviñanza repítese (con pequenas diferencias) noutras pasaxes: Dn **2**, 10. 27; **4**, 4; **5**, 7. 11. 15. Parece indicar sinxelamente que se acudiu a toda clase de expertos relacionados co problema.

2, 4 O texto orixinal de Dn está escrito en arameo desde este v ata o remate do c. 7. O arameo foi lingua empregada na diplomacia internacional dos países do Medio Oriente desde o século VIII a. C.; e foi tamén o medio de expresión dos xudeus no desterro de Babilonia.

2, 5 *Xa teño a miña decisión tomada:* ou mesmo "tede ben presente a miña decisión".

2, 9-10 O rei quere comproba-la competencia profesional dos intérpretes, esixíndolles que eles mesmos lle describan o soño que tivo.

2, 11 Os adiviños recoñecen a súa incapacidade para cumpriren o encargo do rei; o relato apunta a salientar como Deus fai triunfa-los seus superando calquera perigo ou dificultade (cf v 19).

2, 20-23 Himno de acción de gracias co que Daniel canta a grandeza e mailo señorío de Deus sobre a creación e a historia.

²¹El é quen fai muda-los tempos e mailas estacións,
depón os reis e entronízaos.
El dá sabedoría ós sabios
e ciencia ós que entenden.
²²El é quen revela as cousas profundas e mailas ocultas,
coñece o que está nas tebras,
pois a luz está onda El.
²³Lóuvote e douche as gracias, Deus de meus pais,
porque me deches sabedoría e mais forza,
e agora mostráchesme o que che pediramos,
reveláchesme o asunto do rei".

²⁴Despois Daniel foi onda Arioc, a quen o rei encargara o exterminio dos sabios de Babilonia, e díxolle:

—¡Non fagas perece-los sabios de Babilonia! Ti lévame a xunto do rei, que eu lle indicarei a interpretación.

²⁵Arioc introduciu a toda présa a Daniel na presencia do rei, e díxolle:

—Achei un home de entre os deportados de Xudá que lle vai indica-la interpretación ó rei.

²⁶O rei tomou a palabra e preguntoulle a Daniel, a quen se lle chamaba Baltasar.

—¿Ti serás capaz de contarme o soño que tiven e maila súa interpretación?

Explicación do soño

²⁷Daniel respondeu ante o rei:

—O segredo que quere sabe-lo rei non son capaces de llo indicar nin os sabios, nin os astrólogos, nin os bruxos, nin os adiviños; ²⁸pero no ceo hai un Deus que revela os segredos e El tivo a ben dar a coñecer ó rei Nabucodonosor canto vai suceder no decorrer dos tempos. O teu soño e mailas visións da túa cabeza que tiveches estando na cama, eran estes: ²⁹Mira, maxestade; as matinacións que acudiron á túa mente no leito versaban sobre canto vai acontecer no futuro, e aquel que revela os segredos deuche a sabe-lo que vai suceder.

³⁰En canto a min, non é que eu teña unha sabedoría maior que tódolos viventes, senón que me foi revelado este segredo unicamente coa fin de lle manifestar ó rei a interpretación e, de tal xeito, compréndalas cavilacións da túa mente. ³¹Ti, rei, estabas vendo, e velaquí, unha estatua grande. A estatua era enorme, e o seu brillo extraordinario; erguíase diante de ti, e o seu aspecto era terrible. ³²A cabeza da estatua era de ouro puro; o peito e mailos brazos, de prata; o ventre e mailos cadrís, de bronce; ³³as pernas, de ferro; e os pés, parte de ferro e parte de barro. ³⁴Seguías fitándoa, cando se desprendeu unha pedra sen a tocar ninguén, foi bater contra os pés da estatua, que eran de barro e mais de ferro, e esnaquizounos. ³⁵Nun instante volvéronse po o ferro e mailo barro, o bronce, a prata e mailo ouro; tornáronse coma a palla miúda das eiras no verán; o vento arramplou con eles sen deixar rastro. Pola súa banda, a pedra que desfixo a estatua creceu e transformouse nunha montaña tan grande que enchía toda a terra.

³⁶Este foi o soño; agora imos expoñer ante o rei o seu significado: ³⁷ti, maxestade, rei de reis, a quen o Deus do ceo concedeu o imperio, a forza, o poder e maila maxestade, ³⁸a quen deu poder sobre os homes, onde queira que eles habiten, sobre os animais do campo e as aves do ceo, para que reines sobre todos eles: ti e-la cabeza de ouro. ³⁹Despois de ti alzarase outro imperio, inferior ó teu; e, máis adiante, un terceiro imperio que será de bronce e dominará sobre a terra toda. ⁴⁰Máis tarde haberá un cuarto imperio, forte coma o ferro; do mesmo xeito que o ferro destroza e tritura todo, tamén el ha destrozar e triturar a tódolos outros.

⁴¹Os pés e mailos dedos que viches, de ferro mesturado con barro de oleiro, representan un reino dividido, aínda terá algo da consistencia do ferro, tal como víche-lo ferro mesturado co barro. ⁴²Conforme eran as dedas dos pés, en parte de ferro e en parte de barro, así, unha parte do imperio será forte e outra parte será fráxil.

⁴³O feito de ve-lo ferro mesturado co ba-

2, 29-45 O soño e maila súa interpretación patentizan o dominio de Deus, que marca as directrices da historia. Todo está previsto: o proxecto de Deus —aínda que por veces resulta escuro para os homes— hase cumprir con toda fidelidade. A estatua é toda ela unha verdadeira alegoría; cómpre prestarmos atención ós diversos elementos simbólicos.

2, 34 *Sen a tocar ningu*én: lit. "sen man".

2, 38-40 Os catro imperios relacionados coa estatua son: Babilonia, Media, Persia e Macedonia. O último dos catro foi consolidado por Alexandre Magno; desde que implantou o seu dominio nos países do Medio Oriente, a cultura grega proxectou un influxo progresivo e irreversible no mundo xudeu.

2, 41 *Un reino dividido*. Tras morrer Alexandre Magno, o seu gran imperio foi dividido entre catro dos seus xenerais. Alusión ás dinastías dos tolomeos e dos seléucidas, que se disputaron a posesión de Palestina.

2, 43 Faise referencia a matrimonios concertados entre tolomeos e seléucidas, que non serviron para acadar unha verdadeira unidade no seo das dúas dinastías.

rro quere dicir que se mesclarán as liñaxes, pero sen se fusionaren unha coa outra, como tampouco o ferro se amalgama co barro. ⁴⁴No tempo deses reis, o Deus do ceo suscitará un reino que endexamais non será derrubado nin cederá o poder a outro pobo; máis aínda: destruirá e acabará con todos estes reinos, e el subsistirá para sempre, ⁴⁵tal e como viches que se desprendeu a pedra do monte, sen intervención de ningunha man, e esnaquizou o ferro, o bronce, o barro, a prata e mailo ouro.

O Deus grande deu a coñecer ó rei canto vai acontecer no futuro. O soño é verdadeiro e a súa interpretación, digna de creto.

⁴⁶Entón o rei Nabucodonosor postrouse rostro en terra e rendeulle homenaxe a Daniel, e mandou que lle ofrecesen sacrificios e mais perfumes. ⁴⁷O rei dirixiuse a Daniel e díxolle:

—Sen dúbida que o voso Deus é o Deus dos deuses e mailo Señor dos reis; El revela os segredos, pois ti fuches capaz de me explicar este segredo.

⁴⁸Despois o rei ascendeu a Daniel e outorgoulle numerosos e importantes regalos, nomeouno gobernador da provincia de Babilonia e tamén presidente de tódolos sabios de Babilonia. ⁴⁹A petición de Daniel, o rei encargou da administración da provincia de Babilonia a Xadrac, Mixac e Abednegó. Daniel permaneceu na corte real.

A estatua de ouro

3 ¹O rei Nabucodonosor fixo unha estatua de ouro: a súa altura era de sesenta cóbados, e a súa anchura, seis cóbados. Ergueuna na chaira de Dura, na provincia de Babilonia. ²Despois o rei Nabucodonosor mandou convoca-los sátrapas, gobernadores, prefectos, conselleiros, tesoureiros, letrados, maxistrados e xuíces, e tódalas autoridades provinciais para que acudisen á inauguración da estatua que erixira o rei Nabucodonosor. ³Reuníronse, pois, os sátrapas, prefectos, gobernadores, conselleiros, tesoureiros, letrados, maxistrados e mailas restantes autoridades provinciais para a inauguración da estatua que erixira o rei Nabucodonosor, e, estando colocados na fronte dela, ⁴o pregoeiro berrou con voz forte:

—A tódolos pobos, nacións e linguas, fáisevos saber: ⁵no momento en que oiades o son do corno, da frauta, da cítola, da lira, do salterio, da zanfona e dos restantes instrumentos musicais de toda clase, postraréde vos e adoraréde-la estatua de ouro que erixiu o rei Nabucodonosor. ⁶O que non se postre en adoración, será botado inmediatamente no medio dun forno co lume aceso.

⁷Con tal motivo, exactamente no momento de oíren toca-lo corno, a frauta, a cítola, a lira, o salterio, a zanfona e toda clase de instrumentos musicais, tódolos pobos, nacións e linguas postráronse e adoraron a estatua de ouro que erixira o rei Nabucodonosor.

Os tres mozos hebreos no forno

⁸Naquel momento presentáronse algúns caldeos para denunciaren ós xudeus. ⁹Tomaron a palabra e dixéronlle ó rei Nabucodonosor:

—¡Que viva o rei eternamente! ¹⁰Ti, rei, ordenaches que todo home, en canto oia o son do corno, da frauta, da cítola, da lira, do salterio, da zanfona e das restantes clases de instrumentos musicais, se axeonlle e adore a estatua de ouro; ¹¹e o que non se postre para adorala será botado nun forno co lume aceso. ¹²Pois hai uns xudeus, Xadrac, Mixac e Abednegó —a quen encargaches da administración da provincia de Babilonia—, que nin fan caso de ti, maxestade, nin serven os teus deuses; tampouco adoran a estatua de ouro que ti erixiches.

¹³Entón Nabucodonosor púxose furioso e mandou traer a Xadrac, Mixac e Abednegó, que foron levados á presencia do monarca. ¹⁴Nabucodonosor tomou a palabra e díxolles:

—Xadrac, Mixac e Abednegó, ¿é certo que vós non servíde-los meus deuses nin adoráde-la estatua de ouro que eu erguín? ¹⁵Agora, pois, se estades dispostos ó oírde-lo son do corno, da frauta, da cítola, da lira, do salterio, da zanfona e mais dos restantes instrumentos musicais, porédesvos de xeonllos e adoraréde-la estatua que eu erixín. Como non a adoredes, seredes botados ó forno co lume aceso; e ¿que deus haberá que vos poida librar das miñas mans?

2, 44-45 A pedra destructora da estatua suxire a lembranza de pasaxes bíblicas nas que Deus aparece denominado coma rocha: Dt **32,** 4-10; Is **17,** 10; **26,** 4...

3, 1 A versión grega dos LXX sinala que isto sucedeu no ano 18 do seu reinado.

3, 8-12 A denuncia contra os tres mozos xudeus parece estar provocada pola envexa que tiñan do seu prestixio os caldeos.

¹⁶En resposta, Xadrac, Mixac e Abednegó, dixéronlle ó rei Nabucodonosor:

—Sobre este asunto nós non temos por que che contestar. ¹⁷Se o noso Deus, a quen servimos, quere librarnos do forno do lume abrasador e mais das túas mans, hanos salvar, rei. ¹⁸E aínda que non o fixese, ouh rei, que che conste que nós non servirémo-los teus deuses, nin adorarémo-la estatua de ouro que erixiches.

¹⁹Entón Nabucodonosor, cheo de furia contra Xadrac, Mixac e Abednegó e co aspecto do seu rostro alterado, tomou a palabra e ordenou que se acendese o forno sete veces máis forte do que se acostumaba acender. ²⁰Seguidamente ordenou a algúns dos homes máis fortes do seu exército que atasen a Xadrac, Mixac e Abednegó para os botar ó forno co lume acendido. ²¹De modo que estes homes foron atados, vestidos cos seus calzóns, túnicas, puchas e demais roupa e botáronos no medio do forno co lume ardente.

²²Como a orde do rei era tan severa e o forno estaba tan extraordinariamente aceso, a lapa do lume causóulle-la morte ós que meteron a Xadrac, Mixac e Abednegó. ²³Entre tanto os tres homes, Xadrac, Mixac e Abednegó caían atados no medio do forno en chamas.

Oración de Azarías

²⁴*Paseaban polo medio das chamas,*
louvando a Deus e bendicindo o Señor.
²⁵*Entón Azarías, ergueito no medio do lume,*
abriu a boca e dixo:
²⁶*"Bendito sexas, Señor, Deus de nosos pais,*
louvado e glorificado sexa o teu nome por sempre.
²⁷*Pois estás xustificado en todo canto fixeches connosco,*
tódalas túas obras son verdadeiras,
rectos os teus camiños,
tódolos teus xuízos son verdade.
²⁸*Tomaches decisións conforme á verdade*
traendo todo isto sobre nós
e sobre a cidade santa de nosos pais,
Xerusalén;
si, con verdade e xustiza provocaches todo isto,
por causa dos nosos pecados.
²⁹*Pois pecamos, procedemos mal afastándonos de ti.*
Temos cometido toda clase de pecados,
non obedecémo-los teus mandamentos,
³⁰*nin os tivemos en conta, nin puxemos en práctica*
o que se nos mandaba para o noso ben.
³¹*Todo canto fixeches que nos sobreviñese,*
todo o que fixeches connosco
foi un castigo merecido.
³²*Entregáchesnos nas mans dos nosos inimigos,*
xente sen lei, pésimos renegados,
e dun rei inxusto, o máis perverso de toda a terra.
³³*Agora nós non ousamos abri-la boca;*
vergonza e oprobio premen os que te serven e adoran.
³⁴*¡Por mor do teu nome!,*
non nos abandones para sempre,
non rómpa-la túa Alianza,
³⁵*non afastes de nós a túa misericordia,*
por Abraham, o teu benquerido;
por Isaac, o teu servo;
por Israel, o teu santo;
³⁶*a quen prometeras multiplicárlle-la súa descendencia*
coma as estrelas do ceo
e coma as areas na praia do mar.
³⁷*Por causa dos nosos pecados, Señor,*
somos hoxe a máis pequena das nacións,
humillada por toda a terra.
³⁸*Agora xa non temos nin príncipe, nin profeta,*
nin xefe, nin holocausto, nin sacrificio,
nin oblación, nin incenso, nin lugar
onde che presenta-las primicias e acadar misericordia.
³⁹*Pero que, alomenos, con corazón contrito e espírito humillado*
encontremos acollida,
como se fosen holocaustos de carneiros e bois,
de milleiros de años cebados.

3, 19 *Sete veces máis.* Cómpre subliñar aquí o valor simbólico de "sete", que é plenitude, totalidade; quérese indicar que quentaron o forno máis que nunca.

3, 24 Os vv 24-90 non están escritos en arameo coma o resto do c., senón en grego; probablemente se trate da traducción dun texto arameo ou hebreo, como testemuñan certas expresións de traza semítica. Aquí traducimos segundo a versión grega de Teodoción, que no libro de Daniel foi tradicionalmente preferida pola Igrexa á versión dos Setenta.

3, 26 A terminoloxía de "bendicir" abonda moito nestas oracións; en boca do que pretende aclamar a Deus é sinónimo de "louvar" e "dar gracias".

3, 26-45 A oración de Azarías ten moito parecido cos salmos penitenciais. O orante séntese portavoz dos sentimentos do seu pobo confesando os seus pecados e pedindo a Deus o perdón deles (cf **9,** 4-19).

3, 39-40 Foi durante o tempo do exilio —lonxe do templo de Xerusalén— cando o pobo de Deus tomou clara conciencia do esencial valor dos sacrificios espirituais que xorden do mesmo corazón do home. A predicación profética insistiu ben neste punto (cf Sal **51,** 19).

⁴⁰*Ese vai ser hoxe o noso sacrificio ante ti,
para te aplacar plenamente,
porque os que confian en ti non quedan
defraudados.*
⁴¹*Por iso agora seguímoste de todo corazón,
temémoste e buscámo-lo teu rostro: non
nos defraudes,*
⁴²*trátanos conforme a túa bondade,
e segundo a túa gran misericordia.*
⁴³*Líbranos co teu poder prodixioso
e dá gloria ó teu nome, Señor.*
⁴⁴*Sexan abafados os que maltratan os teus
servos,
fiquen avergonzados, véxanse privados de
todo poder
e sexa quebrantada a súa forza;*
⁴⁵*saiban eles que Ti e-lo Señor, o Deus único
e glorioso sobre toda a terra".*
⁴⁶Os criados do rei que os botaran no forno non paraban de aviva-lo lume a base de betume, pez, estopa e mais leña miúda. ⁴⁷A chama sobresaía por enriba do forno corenta e nove cóbados. ⁴⁸Ó estenderse abrasou os caldeos que se achaban arredor do forno. ⁴⁹Pero o anxo do Señor baixou ó forno onda Azarías e os seus compañeiros, afastou as chamas para fóra do forno, ⁵⁰e introduciu dentro del un vento húmido; de tal xeito que non lles tocou o lume o máis mínimo, nin os mancou, nin tan sequera lles fixo estorbo.

O canto dos tres mozos

⁵¹*Entón os tres, ó unísono, louvaban,
glorificaban e bendicían a Deus no
forno, dicindo:*
⁵²*"Bendito es Ti, Señor, Deus de nosos
pais,
digno de gloria e da meirande louvanza
polos séculos.
Bendito o teu nome, santo e glorioso,
moi digno de gloria e moi enxalzado polos
séculos.*
⁵³*Bendito es Ti no templo da túa santa
gloria,
moi digno de gloria e moi enxalzado polos
séculos.*
⁵⁴*Bendito es Ti sobre o trono do teu reino,
moi digno de gloria e moi enxalzado polos
séculos.*
⁵⁵*Bendito es Ti que sondéa-los abismos
sentado sobre querubíns,
moi digno de gloria e moi enxalzado polos
séculos.*
⁵⁶*Bendito es Ti no firmamento do ceo,
louvado e cheo de gloria para sempre.*
⁵⁷*Tódalas obras do Señor, bendicide o
Señor,
louvádeo, exaltádeo polos séculos.*
⁵⁸*Anxos do Señor, bendicide o Señor,
louvádeo, exaltádeo polos séculos.*
⁵⁹*Ceos, bendicide o Señor,
louvádeo, exaltádeo polos séculos.*
⁶⁰*Tódalas augas que estades por enriba do
ceo, bendicide o Señor,
louvádeo, exaltádeo polos séculos.*
⁶¹*Tódolos exércitos, bendicide o Señor,
louvádeo, exaltádeo polos séculos.*
⁶²*Sol e lúa, bendicide o Señor,
louvádeo, exaltádeo polos séculos.*
⁶³*Estrelas do ceo, bendicide o Señor,
louvádeo, exaltádeo polos séculos.*
⁶⁴*Toda chuvia e orballo, bendicide o Señor,
louvádeo, exaltádeo polos séculos.*
⁶⁵*Tódolos ventos, bendicide o Señor,
louvádeo, exaltádeo polos séculos.*
⁶⁶*Lume e calor, bendicide o Señor,
louvádeo, exaltádeo polos séculos.*
⁶⁷*Friaxe e quentura, bendicide o Señor,
louvádeo, exaltádeo polos séculos.*
⁶⁸*Orballos e nevadas, bendicide o Señor,
louvádeo, exaltádeo polos séculos.*
⁶⁹*Carazo e frío, bendicide o Señor,
louvádeo, exaltádeo polos séculos.*
⁷⁰*Xeadas e neves, bendicide o Señor,
louvádeo, exaltádeo polos séculos.*
⁷¹*Noites e días, bendicide o Señor,
louvádeo, exaltádeo polos séculos.*
⁷²*Luz e tebras, bendicide o Señor,
louvádeo, exaltádeo polos séculos.*
⁷³*Lóstregos e nubes, bendicide o Señor,
louvádeo, exaltádeo polos séculos.*
⁷⁴*Bendiga a terra o Señor,
lóuveo, exálteo polos séculos.*
⁷⁵*Montes e outeiros, bendicide o Señor,
louvádeo, exaltádeo polos séculos.*
⁷⁶*Tódalas plantas da terra, bendicide o
Señor,
louvádeo, exaltádeo polos séculos.*
⁷⁷*Fontes, bendicide o Señor,
louvádeo, exálteo polos séculos.*
⁷⁸*Mares e ríos, bendicide o Señor,
louvádeo, exaltádeo polos séculos.*

3, 51-90 O canto dos tres mozos é un himno litúrxico moi semellante ós salmos **136** e **148**. É unha invitación colectiva á louvanza do Creador e Señor do Universo, dirixida particularmente a tódalas súas criaturas. No texto grego chaman a atención diversos verbos reduplicativos que pretenden facer énfase no ton laudatorio: "super-louvado", "super-exaltado", "super-glorificado", "super-celebrado"... A aclamación ó Señor que crea, protexe e salva os que lle son fieis, vai de máis en máis; finalmente queren poñer por coroa do himno o pregón do prodixioso sinal que eles mesmos experimentan, abraiados, na súa propia carne.

⁷⁹*Cetáceos e toda a fauna acuática,*
bendicide o Señor,
louvádeo, exaltádeo polos séculos.
⁸⁰*Tódalas aves do ceo, bendicide o Señor,*
louvádeo, exaltádeo polos séculos.
⁸¹*Tódolos animais salvaxes e domésticos,*
bendicide o Señor,
louvádeo, exaltádeo polos séculos.
⁸²*Tódolos homes, bendicide o Señor,*
louvádeo, exaltádeo polos séculos.
⁸³*Israel, bendicide o Señor,*
louvádeo, exaltádeo polos séculos.
⁸⁴*Sacerdotes do Señor, bendicide o Señor,*
louvádeo, exaltádeo polos séculos.
⁸⁵*Servos do Señor, bendicide o Señor,*
louvádeo, exaltádeo polos séculos.
⁸⁶*Espíritos e almas dos xustos, bendicide o*
Señor,
louvádeo, exaltádeo polos séculos.
⁸⁷*Santos e humildes de corazón, bendicide o*
Señor,
louvádeo, exaltádeo polos séculos.
⁸⁸*Hananías, Azarías e Mixael, bendicide o*
Señor,
louvádeo, exaltádeo polos séculos:
Porque El nos sacou do abismo,
salvounos do poder da morte,
librounos do forno de chama abrasadora,
arrincounos do medio do lume.
⁸⁹*Dádelle gracias ó Señor, porque é bo,*
porque é eterna a súa misericordia.
⁹⁰*Tódolos que o adorades, bendicide o Deus*
dos deuses,
louvádeo e exaltádeo,
porque é eterna a súa misericordia".

Nabucodonosor recoñece o milagre de Deus

²⁴O rei Nabucodonosor ficou pasmado e, levantándose a toda présa, preguntoulles ós seus ministros:

—¿Non eran tres os homes que botamos atados ó medio do forno?

Respondéronlle:

—Sen dúbida, maxestade.

²⁵Replicou el:

—Pois eu vexo catro homes desatados que pasean polo medio do lume sen sufriren ningún dano, e o aspecto do cuarto semella o dun ser divino.

²⁶Entón Nabucodonosor aproximouse á boca do forno aceso, tomou a palabra e dixo:

—Xadrac, Mixac e Abednegó, servos do Deus Altísimo, saíde fóra e vinde aquí.

Xadrac, Mixac e Abednegó saíron entón do medio do lume. ²⁷Estando xuntos os sátrapas, os ministros, os prefectos e mailos conselleiros do rei, observaron a estes homes: o lume non lles producira ningún dano nos seus corpos, nin sequera tiñan chamuscados os pelos da súa cabeza, os pantalóns estaban intactos e nin daban cheiro a queimado.

²⁸Entón Nabucodonosor dixo:

—Bendito sexa o Deus de Xadrac, Mixac e Abednegó, que mandou un anxo a salva-los seus servos, que, confiando nel, desobedeceron o decreto real e entregaron os seus corpos por non serviren nin adoraren outros deuses fóra do seu Deus. ²⁹Polo que a min toca, eu dispoño que o que blasfeme contra o Deus de Xadrac, Mixac e Abednegó —sexa do pobo, nación ou lingua que sexa—, será tallado en anacos e a súa casa quedará arrasada, porque non existe outro deus capaz de salvar de tal modo.

³⁰O rei fixo prosperar a Xadrac, Mixac e Abednegó na provincia de Babilonia.

A visión da árbore

³¹O rei Nabucodonosor, a tódolos pobos, nacións e linguas que habitan por toda a terra:

"Que a vosa paz sexa grande. ³²Teño o gusto de vos conta-los signos e prodixios que fixo comigo o Deus Altísimo.

³³¡Que grandes son os seus signos,
que poderosos os seus prodixios!
O seu reinado é un reinado eterno,
o seu poder dura de xeración en
    xeración.

4 ¹Eu, Nabucodonosor, estaba tranquilo na miña casa, e satisfeito no meu pazo. ²De repente tiven un soño que me asustou. As imaxinacións que tiven no leito e mailos pensamentos da miña mente deixáronme arrepiado. ³Mandei que se me presentasen tódolos sabios de Babilonia, para que me desen a coñece-la interpretación do soño. ⁴Viñeron entón os meigos, os adiviños, os astrólogos e os agoireiros; contei o soño diante deles, pero non foron capaces de me explica-lo seu

---

3, 24 Rematado o inciso grego, volvemos ó texto arameo, e seguímo-la numeración do mesmo (vv 24-33).
3, 25 Un *ser divino:* lit. "un fillo de deuses". Tal expresión parece referirse a un anxo; así o testemuña a versión dos LXX: "un anxo de Deus".

4, 1 A versión dos LXX —a diferencia do texto arameo— concreta a data na que Nabucodonosor tivo este novo soño alegórico: no ano dezasete do seu reinado.
4, 2 *Da miña mente:* lit. "da miña cabeza".

significado. ⁵Ata que, por fin, se presentou Daniel —a quen se lle chama Baltasar en relación co nome do meu deus—, home no que mora o espírito dos santos deuses. E conteille o meu soño:

⁶—Baltasar, xefe dos meigos, ben sei que te-lo espírito dos santos deuses e que ningún misterio che ofrece dificultade; velaquí o soño que tiven, ti vasme da-la súa explicación. ⁷Estando deitado, observei as visións da miña cabeza: había unha árbore no medio da terra, a súa altura era enorme. ⁸A árbore foi medrando e robusteceuse, chegando a súa altura ata o ceo, e víase desde tódolos extremos da terra. ⁹A súa ramallada era fermosa e o seu froito abundante; había nela alimento para todos, debaixo dela acubillábanse os animais do campo; nas súas ponlas aniñaban as aves do ceo; mantíñanse dela tódolos seres viventes. ¹⁰Eu observaba no meu leito as visións da miña cabeza; nisto descendeu do ceo un vixiante, un santo. ¹¹Berrou con voz forte e dixo así:

—Derrubade a árbore, cortade as súas ponlas, arrincádelle as follas, ciscade os seus froitos, fuxan os animais de debaixo dela, e as aves das súas ramas. ¹²Pero deixade na terra a cepa coas súas raíces, con cadeas de ferro e bronce, entre a herba do campo. Que sexa bañada polo orballo do ceo, que cos animais comparta a herba da terra. ¹³Que se lle cambie o corazón de home e que lle dean un corazón de animal; e pasen por ela sete anos. ¹⁴Por decreto dos Vixiantes pronúnciase esta sentencia; é a cuestión decidida polos Santos, para que todo ser vivente recoñeza que o Altísimo é o dono da realeza humana, que lla dá a quen lle comprace e pode elevar a ela o máis humilde dos homes.

¹⁵Este é o soño que tiven eu, o rei Nabucodonosor; ti, Baltasar, explícame o seu significado, pois ningún dos sabios do meu reino foi capaz de mo interpretar; pero ti es competente, porque o espírito dos deuses santos está en ti".

Daniel explica o soño

¹⁶Entón, Daniel, chamado Baltasar, quedou desconcertado por un momento, turbárono os seus pensamentos. O rei tomou a palabra e díxolle:

—Baltasar, que non te asusten o soño e maila súa interpretación.

Replicou Baltasar:

—Meu Señor, que o soño sexa para os teus inimigos e a súa interpretación para os teus adversarios.

¹⁷—A árbore que viches, que se fixo grande e vigorosa, cunha altura que chegaba ata o ceo e resultaba visible desde toda a terra, ¹⁸que tiña unha ramallada fermosa e os seus froitos eran abundantes, de maneira que nela había alimento para todos, e debaixo dela acubillábanse os animais do campo, e nas súas ponlas aniñaban as aves do ceo, ¹⁹es ti mesmo, maxestade, que te fixeches grande e forte, a túa grandeza creceu ata toca-lo ceo, e o teu poder dilátase ata as extremidades da terra.

²⁰—En canto ó que viches, maxestade: un Vixiante, un Santo que baixou do ceo e dixo: "Derrubade a árbore, destruídea, pero deixade na terra a cepa coas súas raíces, atada con cadeas de ferro e bronce no medio da herba do campo, que se molle co orballo do ceo e comparta a sorte dos animais do campo ata que pasen sobre ela sete anos", ²¹este é o seu significado, maxestade: é o decreto do Altísimo que lle afecta ó meu Señor, o rei. ²²Afastarante da xente, e morarás cos animais do campo. Manteraste de herba o mesmo cós bois, e mollarate o orballo do ceo; pasarán así sete anos sobre ti, ata que recoñezas que o Altísimo domina sobre a realeza dos homes e lla dá a quen El quere. ²³Mandouse deixa-la cepa e mailas raíces da árbore, porque che vai conserva-la realeza

---

4, 5 Bel (= señor) era o nome do deus principal de Babilonia, Marduk. Beltxasar (transcrito "Baltasar") etimoloxicamente quere dicir "Bel conserve a súa vida".

4, 6 *O espírito dos santos deuses*. O rei pagán fai unha afirmación acorde coa súa mentalidade.

4, 7-14 A descrición do soño da árbore parece estar inspirada na alegoría do cedro do Líbano, de Ez **31**, 2-14, referente á soberbia do Faraón de Exipto. Ámbalas dúas condenan a soberbia do home que coida que non depende de Deus.

4, 10 *Un vixiante, un santo:* títulos que caracterizan o interese do anxo de Deus pola fiel realización dos designios divinos.

4, 13 Na mentalidade semita antiga coidábase que o corazón do home era o centro da vida intelectual, afectiva e moral da persoa, así coma que o corazón do animal era quen gobernaba os seus instintos.

4, 13 *Sete* anos: lit. "sete tempos". A expresión pódese entender tamén nun senso simbólico: durante moito tempo.

4, 22 Alude á tolemia que sufrirá o rei, consistente en crer que é un boi e comportarse coma tal.

4, 23 *Vén do ceo*. A idea é: "vén de Deus". O xudaísmo, desta época en adiante, gustará de facer esta sustitución polo gran respecto que sente ante o nome divino; así, acomodándose á linguaxe rabínica, Mateo dirá "reino dos ceos", en vez de "reino de Deus" (cf Mt **3**, 2; **5**, 3. 10).

tan axiña como recoñezas que todo poder vén do ceo. ²⁴Polo tanto, maxestade, acepta o meu consello: redime os teus pecados con esmolas, e as túas iniquidades con misericordia cos pobres; así alongarase a túa prosperidade.

Humillación de Nabucodonosor

²⁵Todo isto aconteceulle ó rei Nabucodonosor. ²⁶Ó cabo de doce meses achábase paseando polo terrado do pazo real de Babilonia. ²⁷O rei fixo o seguinte comentario:

—¿Non é esta, logo, a grande Babilonia, que eu edifiquei para residencia real co meu inmenso poder e para honra da miña maxestade?

²⁸Aínda ben non acabara de fala-lo rei, cando baixou unha voz do ceo:

—Fáiseche saber, rei Nabucodonosor, que che queda retirada a realeza: ²⁹afastarante da xente, vivirás cos animais salvaxes, daranche de comer herba coma ós bois, e vas pasar así sete anos, ata que recoñezas que o Altísimo é o dono da realeza dos homes e lla outorga a quen El quere.

³⁰Naquel momento cumpriuse a sentencia contra Nabucodonosor: afastárono da xente, pacía herba coma os bois, o orballo do ceo mollaba o seu corpo; mesmo medraron os seus cabelos coma plumas de aguia e as súas unllas coma as das aves.

³¹Ó remate do tempo sinalado, eu, Nabucodonosor, erguín os ollos cara ó ceo, e recobrei a miña razón; entón bendicín o Altísimo, louvei e glorifiquei o que vive eternamente. O seu reino é un reino eterno, o seu imperio subsiste por tódalas xeracións. ³²Tódolos habitantes da terra diante del non contan nada: fai canto quere co exército do ceo e cos habitantes da terra. Non hai quen lle poida dete-la man e dicirlle: "¿Que estás facendo?".

³³Naquel momento recobrei a razón, tamén se me devolveu —para gloria do seu reino— a miña maxestade e mailo meu esplendor. Reclamáronme os conselleiros e mailos dignatarios, fun reposto no meu reino e foime outorgado un poder moito meirande.

³⁴Agora, eu, Nabucodonosor, louvo, exalto e glorifico ó rei do ceo, porque son verdade tódalas súas obras; e xustiza os seus vieiros; El ten poder para humilla-los que proceden con soberbia.

O convite de Baltasar

5 ¹O rei Baltasar ofreceu un gran banquete ós seus mil dignatarios, e púxose a beber viño en compaña de todos eles. ²Despois de proba-lo viño, Baltasar mandou trae-los vasos de ouro e prata que seu pai, Nabucodonosor, collera do templo de Xerusalén, para que bebesen neles o rei e mailos seus dignatarios, as súas mulleres e as súas concubinas. ³Tan pronto como trouxeron os vasos de ouro e prata, levados do santuario do templo de Deus en Xerusalén, brindaron con eles o rei e mailos seus dignatarios, as súas mulleres e mailas concubinas. ⁴Beberon viño e louvaron os seus deuses de ouro, prata, bronce, ferro, madeira e pedra.

O escrito misterioso

⁵De repente apareceron os dedos dunha man de home, que, por detrás do candeeiro, se puxeron a escribir no cal da parede do pazo real. O rei así que viu a palma da man que escribía, ⁶virou de cor e os seus pensamentos conturbárono, afrouxáronselle os músculos dos riles e os seus xeonllos batían un contra o outro. ⁷O rei pediu a berros que fixesen vir ós astrólogos, meigos e adiviños. Tomando a palabra, díxolles ós sabios de Babilonia:

—O que lea este escrito e me mostre a súa interpretación, será vestido de púrpura, poñeráselle ó pescozo un colar de ouro e será o terceiro no goberno do meu reino.

⁸Acudiron tódolos sabios do reino, pero non foron capaces de le-lo escrito nin de lle explicar ó rei o seu significado. ⁹Entón o rei Baltasar ficou moi alarmado e virou de cor; tamén os seus dignatarios se sentiron des-

---

4, 24 Propóñense claramente as obras de caridade coma medio axeitado para expia-los pecados (cf Tob **12, 9; 14,** 11).

5, 1 É probable que o relato do convite, que remata co terror e a propia ruína de Baltasar, teña moito que ver co que din os historiadores gregos Heródoto e Xenofonte a propósito dun banquete celebrado na véspera da toma de Babilonia por Ciro.

En realidade, Baltasar non foi fillo de Nabucodonosor, senón do último rei de Babilonia, Nabónid. Nos derradeiros anos do reinado deste, parece que Baltasar participou no goberno da nación con seu pai, pero non chegou a ser rei propiamente tal. Por esta razón traducen algúns o termo 'ab por "devanceiro" ou "avó" en vez de "pai": ambas acepcións están rexistradas na literatura e son válidas; a palabra repítese co mesmo sentido nos vv 11, 13 e 18.

5, 2 Os babilonios botaron man dos tesouros do templo, alomenos en dúas ocasións: a primeira, no reinado de Ioaquim (cf Dn **1,** 2); e a segunda, uns nove anos máis tarde, no reinado de Sedecías.

5, 7 Daquela o poder vestir de púrpura era un privilexio para os orientais.

concertados. ¹⁰A raíña, enteirada das palabras do rei e dos dignatarios, entrou na sala do banquete, tomou a palabra e dixo:

—¡Viva o rei eternamente! Non te turben os teus pensamentos nin pérda-la cor. ¹¹Hai no teu reino un home en quen mora o espírito dos deuses santos. Xa en tempos de teu pai se achou nel unha mente lúcida e unha sabedoría semellante á dos deuses; tanto que o rei Nabucodonosor, teu pai, nomeouno xefe dos meigos, astrólogos, agoireiros e adiviños. ¹²Xa que Daniel, a quen o rei chamaba Baltasar, deu probas de ter un espírito extraordinario de ciencia e intelixencia, capacidade para interpreta-los soños, descifrar enigmas e resolver problemas, que se chame a Daniel, pois el indicará a interpretación. ¹³Trouxeron de seguida a Daniel ante o monarca. Este, tomando a palabra, preguntoulle a Daniel:

—¿Es ti Daniel, un daqueles desterrados que trouxo o rei, meu pai, de Xudá? ¹⁴Teño oído contar que mora en ti o espírito dos deuses, e que en ti se descubriu unha intelixencia despexada e unha sabedoría extraordinaria. ¹⁵Pois ben, acaban de ser introducidos ante a miña presencia os sabios e mailos meigos para que lesen este escrito e me desen a sabe-la súa interpretación, pero non foron capaces de me explica-lo seu significado. ¹⁶Oín dicir que ti sabes interpreta-los soños e descifrar enigmas; pois, se consegues ler este escrito e me dás a sabe-la súa interpretación, serás vestido de púrpura, levarás ó pescozo un colar de ouro, e sera-lo terceiro no goberno do meu reino.

¹⁷Daniel tomou a palabra e dixo en presencia do rei:

—Queda cos teus regalos e dálle a outro os teus agasallos; eu lerei igualmente o escrito para o rei, e dareille a coñece-la súa interpretación.

¹⁸Maxestade: o Deus Altísimo concedeulle a Nabucodonosor, teu pai, o imperio, a grandeza, a gloria e maila magnificencia; ¹⁹e polo poder que lle deu, tódolos pobos, nacións e linguas temíano e respectábano. Mataba a quen quería e deixaba con vida a quen lle parecía, exaltaba a quen el quería e humillaba a quen lle daba a gana. ²⁰Pero en canto se ensoberbeceu o seu corazón e se obstinou o seu espírito na insolencia, foi deposto do seu trono real e despoxado da súa gloria. ²¹Tivo que vivir arredado da xente, o seu corazón tornouse semellante ó dos animais, e conviviu cos onagros; comeu herba coma os bois, e o seu corpo foi mollado polo orballo do ceo, ata que recoñeceu que o Deus Altísimo domina sobre a realeza dos homes e coloca no trono a quen quere. ²²Pero ti, Baltasar, seu fillo, non humilláche-lo teu corazón, a pesar de saber todo isto; ²³rebeláchaste contra o Señor do ceo, fixeches trae-los vasos do seu templo, e ti e mailos teus dignatarios, xunto coas túas esposas e mailas túas concubinas, bebestes viño neles. Louváste-los deuses de prata e ouro, de bronce e de ferro, de madeira e de pedra, que non ven nin oen, nin entenden; en cambio non glorificáche-lo Deus que ten nas súas mans o teu alento e de quen dependen tódolos teus proxectos. ²⁴Por ese motivo foi enviada por El esa man que trazou este escrito.

Lectura e interpretación do escrito

²⁵Esta é a escritura que foi trazada: "Contado, Pesado, Dividido". ²⁶A interpretación de tales palabras é esta: "Contado": Deus ten contados os días do teu reinado, e púxolles fin. ²⁷"Pesado": fuches pesado na balanza e atopado falto de peso. ²⁸"Dividido": o teu reino foi dividido e entregado ós medos e ós persas.

²⁹Baltasar mandou de contado que se lle puxese a Daniel un vestido de púrpura e se lle colgase un colar de ouro ó pescozo, e que pregoasen que el ocuparía o terceiro posto no reino.

³⁰Naquela mesma noite foi asasinado Baltasar, rei dos caldeos.

5, 10 A raíña que entra aquí en escena debe se-la nai de Baltasar, pois coñece ben a Daniel desde os tempos de Nabucodonosor, mentres que Baltasar ignora a súa personalidade. Daquela a raíña nai estaba en moi alta consideración.

5, 14-16 O autor non perde oportunidade de insistir na pouca categoría dos sabios pagáns, incapaces de resolver problema ningún; pola contra, Daniel, prototipo de bo xudeu, supera felizmente tódalas dificultades, pola sabedoría e prudencia que Deus dispensa a quen ten a súa lei por norma de vida.

5, 25 No texto arameo lese: "Mené, Mené, Tequel, Uparsín". As versións gregas, LXX e Teodoción, e maila latina Vulgata omiten a repetición da primeira palabra. Tal como interpreta seguidamente Daniel o texto, trátase de tres participios verbais; o suxeito destas oracións é Deus e o obxecto das mesmas, o reino de Baltasar. De feito o texto consonántico préstase para facer unha lectura distinta, con referencia a tres moedas: unha mina, un siclo e media mina; pero compre mante-lo sentido fixado pola interpretación de Daniel.

6 ¹Darío, o medo, tomou o mando do reino á idade de sesenta e dous anos.

Daniel na cova dos leóns

²Tivo a ben Darío nomear cento vinte sátrapas para que gobernasen todo o seu reino, ³baixo o mando de tres ministros, a quen debían render contas os sátrapas, a fin de que non resultase prexudicado o rei. Un deles era Daniel.

⁴Daniel sobresaía entre os ministros e os sátrapas, porque tiña un talento extraordinario, de xeito que o rei xa concebira o proxecto de o pór á cabeza de todo o reino. ⁵Entón os ministros e mailos sátrapas trataron de encontrar algo de que acusar a Daniel no tocante ós asuntos do reino, pero non daban encontrado ningún motivo de acusación nin culpa ningunha, pois el era home leal, e non se achou nel ningún erro nin descoido. ⁶Dixeron entón aqueles homes: —Nisto non imos dar encontrado materia de acusación contra Daniel, trataremos de buscala no tocante á Lei do seu Deus. ⁷Foron, pois, a toda présa os ministros e mailos sátrapas onda o rei, e dixéronlle:

—¡Que viva eternamente o rei Darío! ⁸Tódolos ministros do reino, os prefectos, os sátrapas, os conselleiros e mailos gobernadores aconsellan de común acordo que sexa promulgado un edicto real para impo-la seguinte veda: quenquera que no prazo de trinta días lle rece a calquera deus ou home —a non seres ti, rei— será botado á cova dos leóns. ⁹Polo tanto, maxestade, promulga o decreto e sela o documento para que non se modifique, de acordo coa lei dos medos e persas, que é irrevocable. ¹⁰E, así, o rei Darío asinou o documento coa prohibición.

¹¹Tan axiña como soubo Daniel que fora firmado o edicto, entrou na súa casa, que tiña as ventás do sobrado orientadas cara a Xerusalén. Tres veces a diario poñíase de xeonllos e rezaba dando gracias ó seu Deus, tal como viña facendo antes. ¹²Viñeron de contado aqueles homes e sorprenderon a Daniel que estaba a rezar e a pregar ó seu Deus. ¹³Entón foron onda o rei e faláronlle da prohibición real:

—Maxestade, ¿non asinaches ti unha prohibición segundo a cal todo aquel que nun espacio de trinta días lle rece a calquera que sexa, deus ou home, salvo a ti, rei, será botado na cova dos leóns?

Respondeu o rei:

—Así está decretado como lei de medos e persas, que é irrevocable. ¹⁴Entón replicaron eles en presencia do rei:

—Pois, Daniel, un dos deportados de Xudea, non che fai caso a ti, maxestade, nin á prohibición que asinaches: el fai oración tres veces por día.

¹⁵En oíndo estas palabras, o rei ficou moi contristado e propúxose salvar a Daniel. Estivo ata o solpor tratando de salvalo. ¹⁶Pero aqueles homes precipitáronse na casa do rei, e dixéronlle:

—Maxestade, ben sabes que, segundo a lei dos medos e persas, ningunha prohibición ou edicto confirmado polo rei pode ser modificado.

¹⁷Entón o rei mandou que trouxesen a Daniel e que o botasen na cova dos leóns. Tomou a palabra o rei e díxolle a Daniel:

—Que te salve o teu Deus, a quen serves con tanta constancia.

¹⁸Trouxeron unha lousa e colocárona na entrada da cova, e o rei selouna co seu anel e mais co dos seus dignatarios, para que non se puidese cambia-la sorte de Daniel. ¹⁹Despois o rei volveu para o seu pazo, e pasou a noite en xexún. Non permitiu que lle trouxesen concubinas nin puido dormir. ²⁰Pola mañá cediño, ó raia-la aurora, ergueuse o rei e dirixiuse de contado á cova

---

6, 1 Historicamente nada se sabe deste tal Darío de Media; ben pode ser un personaxe finxido polo escritor. Nestas narracións non hai ningunha pretensión de facer historia, senón de moralizar e dar azos ós xudeus para que venzan a proba que lles toca vivir. O obxectivo deste relato é idéntico ó do c. **3**: igual que os tres mozos preferiron a morte, máis ben que traicionar a seu Deus, Daniel, irreprochable ata no máis pequerrecho detalle, tampouco non quere faltar ós principios esenciais da súa fe.

6, 6 *No tocante á Lei do seu Deus*. Aquí, Lei enténdese no seu sentido máis xeral: o conxunto de observancias relixiosas que rexen a vida do xudeu, é dicir, canto prescribe Deus ó pobo da Alianza.

6, 8 Segundo esta lei pagá, só se podería rezar ó rei durante aquel tempo. O escritor ten na súa mente o caso abraiante de Antíoco IV Epífanes, que pretendía ser recoñecido coma divindade.

6, 11 Os xudeus tiñan por norma face-los rezos orientados cara a un lugar determinado: os que vivían ou se achaban en Xerusalén rezaban mirando cara ó templo; os residentes en calquera outro lugar de Israel situábanse en dirección a Xerusalén; finalmente, os residentes no estranxeiro facían oración orientados cara a Israel (cf Sifré,**71**).

6, 14 Todo xudeu debía recitar unhas oracións en tres momentos determinados do día: pola mañá, ó mediodía e pola tarde (cf Sal **55**, 18).

6, 15 *Ata o solpor*, probablemente cumpríase a execución do reo á mesma hora do día en que se dictara a condena.

dos leóns. ²¹Estando xa próximo á cova, púxose a gritarlle a Daniel con voz angustiada:

—¡Daniel, servo de Deus vivo! O teu Deus, a quen serves con tanta fidelidade, ¿deute salvado dos leóns?

²²Contestoulle Daniel:

—¡Que viva para sempre o rei! ²³O meu Deus mandou o seu anxo a pecha-la boca dos leóns, e non me fixeron ningún mal, porque fun atopado inocente ante El. Tampouco cometín falta ningunha contra ti, maxestade.

²⁴O rei alegrouse moito e mandou sacar a Daniel da cova. Sacaron a Daniel da cova, e non lle encontraron ningunha ferida, porque tivera confianza no seu Deus. ²⁵Despois o rei mandou traer a aqueles homes que calumniaran a Daniel e que fosen botados na cova dos leóns, non só eles, senón tamén as súas mulleres e mailos seus fillos. Aínda ben non chegaran ó fondo da cova, cando os leóns xa os tiñan agarrados e trituráronlles tódolos ósos.

Darío recoñece a gloria do verdadeiro Deus

²⁶Entón o rei Darío escribiu a tódolos pobos, nacións e linguas que moraban sobre toda a terra: "¡Que a vosa paz sexa grande! ²⁷Eu dou orde de que en tódolos dominios do meu reino se tema e se respecte o Deus de Daniel, pois El é o Deus que subsiste por sempre. O seu reino endexamais non será destruído, o seu imperio durará sen fin. ²⁸El salva e libra, obra prodixios e marabillas no ceo e mais na terra; El foi quen librou a Daniel do poder dos leóns".

²⁹Así foi prosperando este Daniel durante o reinado de Darío e tamén durante o reinado de Ciro de Persia.

AS VISIÓNS DE DANIEL (cc. 7-12)

Visión dos catro animais simbólicos

7 ¹No ano primeiro de Baltasar, rei de Babilonia, Daniel tivo un soño —visións da súa cabeza— mentres estaba na cama. Despois escribiu o soño nas súas liñas esenciais. ²Daniel tomou a palabra e dixo:

—Eu estiven vendo as miñas visións durante a noite. Vin que os catro ventos do ceo axitaban o mar grande, ³e catro animais enormes, distintos uns dos outros, saíron do mar. ⁴O primeiro era coma un león, e tiña ás de aguia. Estíveno ollando ata que lle arrincaron as ás, erguérono do chan, puxérono dereito sobre os seus pés coma un home, e déronlle un corazón de home. ⁵Nisto apareceu un segundo animal, semellante a un oso; estaba ergueito dun lado e tiña tres costelas na boca, entre os dentes. Dixéronlle: "Érguete e come carne abondo".

⁶Despois disto, eu seguín mirando e vin outro animal, coma un leopardo con catro ás de ave no lombo. O animal tiña catro cabezas e foille dado o dominio.

⁷Máis tarde continuei a olla-las miñas visións nocturnas, e vin un cuarto animal, terrible, abraiante e extraordinariamente forte; tiña uns dentes de ferro enormes, comía e trituraba, o que lle sobraba esmagábao coas patas; era diferente dos animais anteriores e tiña dez cornos. ⁸Eu púxenme a observa-los cornos, e vin xurdir outro corno pequeno no medio deles, e tres dos cornos precedentes

---

6, 21-23 A escena da liberación de Daniel da cova dos leóns foi un motivo teolóxico moi empregado na iconografía do cristianismo primitivo para simboliza-la resurrección e maila salvación.

7, 1 Con este c. comeza a segunda parte do libro de Daniel, a parte propiamente apocalíptica (cc. **7-12**). Aquí faise uso sistemático da imaxe para manifesta-lo que vai acontecer. A visión dos catro animais que saen do mar explica con outros símbolos o mesmo que quixo dici-lo escritor no c. **2** coa estatua do soño de Nabucodonosor: o ouro, a prata, o bronce e o ferro simbolizaban idénticos reinos que agora os catro animais (cf vv 15-28): Babilonia (= león), Media (= oso), Persia (= leopardo) e Grecia (= o terrible animal non identificado).

7, 2 *O mar grande*. Non se trata dun mar determinado; o escritor válese dun elemento da cultura mitolóxica de Babilonia que presenta o mar coma morada das forzas do mal encarnadas nos monstros mariños. Todo se reduce a un recurso literario para subliña-la maldade dos reinos que precederán ó implantado polo mesmo Deus.

7, 4 O león con ás, figura frecuente na iconografía babilónica, fai alusión á monarquía de Babilonia. A indicación de arrincarlle as ás e darlle corazón de home parece querer aludir á loucura e recuperación de xuízo de Nabucodonosor.

7, 6 As catro ás e catro cabezas do animal que representa a Persia, simbolizan a universalidade do seu imperio.

7, 7 Os dez cornos da cuarta fera, que representa ó poderoso imperio fundado por Alexandre Magno, posiblemente están en referencia a dez reis consecutivos da dinastía seléucida.

7, 8 O *corno pequeno* é Antíoco IV Epifanes (175-164 a. C.), que acadou o trono eliminando ós seus rivais.

foron arrincados en fronte deste. Aquel corno tiña ollos que semellaban os dun home, e unha boca que dicía insolencias.

A visión do ancián e maila do fillo de home

[9] Eu estaba fitando, cando se colocaron uns tronos e un ancián tomou asento. O seu vestido era branco coma a neve, e os cabelos da súa cabeza coma pura lá; o seu trono eran labaradas de lume; as súas rodas, lume ardente. [10] Un río de lume corría e derramábase por diante del; miles de milleiros servíano, e dez mil miríadas estaban de pé diante del. O tribunal abriu a sesión, e abríronse os libros. [11] Seguín mirando, atraído polas insolencias que profería o corno; estiven observando ata que mataron o animal e esnaquizaron o seu corpo e despois botárono ó lume. [12] Ós outros animais foilles quitado o poder, pero concedéuselles vida por un certo tempo.

[13] Proseguín ollando as visións nocturnas, e, velaquí, sobre as nubes do ceo viña alguén semellante a un fillo de home, que se dirixiu cara ó ancián e presentouse diante del. [14] Foille outorgado poder, maxestade e imperio, e servírono tódolos pobos, nacións e linguas. O seu poder é un poder eterno, que non pasará nunca, e o seu reino endexamais non será destruído.

Explicación da visión

[15] En canto a min, Daniel, o meu espírito quedou profundamente turbado por este motivo; aterrábanme as visións da miña cabeza. [16] Aproximeime a un dos que estaban alí de pé e pedinlle que me explicase todo aquilo. El respondeume e deume a coñece-la interpretación destas cousas:

[17] —Estes catro animais enormes representan catro reis que xurdirán sobre a terra; [18] pero os santos do Altísimo recibirán o reino e conservarano no seu poder por tódolos séculos, eternamente.

[19] Entón quixen saber tamén a verdade acerca do cuarto animal, que era diferente de tódolos demais: extraordinariamente terrible, con dentes de ferro e gadoupas de bronce, que devoraba e trituraba e esmagaba coas patas o sobrante; [20] e acerca dos dez cornos da súa cabeza, e mailo outro corno que lle saíra e fixera caer outros tres cornos; este corno tiña ollos e unha boca que dicía insolencias, e o seu aspecto figuraba máis grande cós outros. [21] Eu tiña observado como este corno loitaba contra os santos e os vencía. [22] Ata que veu o ancián para impór xustiza en favor dos santos do Altísimo, e chegou o tempo en que os santos tomaron posesión do reino.

[23] Despois díxome así:

—O cuarto animal será un cuarto reino que vai haber na terra, diferente de tódolos reinos; devorará toda a terra, mallará nela e trituraraa. [24] Os dez cornos son dez reis que xurdirán deste reino. Despois deles alzarase outro, que será diferente dos precedentes e abaterá a tres reis; [25] pronunciará palabras contra o Altísimo, tratará de extermina-los seus santos e pretenderá cambia-lo calendario e maila Lei. Eles serán entregados nas súas mans por un tempo, dous tempos e medio tempo. [26] Pero cando o tribunal decida, seralles quitado o imperio para ser destruído e exterminado para sempre. [27] O imperio, a soberanía e maila grandeza dos reinos todos que existen debaixo do ceo serán entregados ó pobo dos santos do Altísimo. Será un rei-

---

7, 9 Deus é presentado aquí coma un *ancián* (lit. "vello en días"). O seu vestido branco e cabelos tamén brancos patentizan o seu esplendor e maxestade. O trono de labaradas de lume dá a entender que todo o purifica coa súa presencia.

7, 13 *Un fillo de home*, é unha expresión semítica equivalente a "un home". Optamos por conserva-lo co seu enxebrismo por ser un dos principais títulos que reclama para si Xesucristo na súa predicación. Segundo se conclúe do v 18, a expresión refírese directamente a unha realidade colectiva (o pobo dos santos) aínda que non se exclúe a referencia a un personaxe individual: o pobo de Deus verase efectivamente representado a través polo Mesías, que levará plenamente a termo o cumprimento da profecía. O escritor fai entreve-la transcendencia e mailo carácter misterioso de tal personalidade, e o Apocalipse (**1**, 7) reproduce esta pasaxe aplicándolla a Xesús.

7, 16 Na literatura apocalíptica é cousa normal a intervención dun anxo —ou doutro personaxe similar— que entra en escena para lle explicar ó vidente o senso da visión.

7, 18 *Os santos do Altísimo* é unha das diversas designacións bíblicas do pobo da Alianza, un pobo óntica e fundamentalmente consagrado a Deus (cf Ex **19,** 6). A índole teocrática de Israel vén se-lo elemento básico da súa unidade nacional.

7, 25 Alude á persecución provocada por Antíoco Epífanes que trataba de impo-las leis e os costumes gregos, coa conseguinte abolición das prácticas propiamente xudías.

O calendario (lit. "os tempos"). Non contento con veda-las festas relixiosas tradicionais do pobo de Deus, Antíoco impón a obriga de celebra-las festas pagás.

Un tempo, dous tempos e medio tempo, quere dicir que a persecución máis forte durará tres anos e medio. En efecto, Antíoco adicou a Zeus un altar no templo de Xerusalén na primavera do ano 167 a. C., e faleceu polo outono do 164. Na expresión cabe unha intención simbólica: tres e medio é a metade de sete (número perfecto) e ten un significado negativo, neste caso, un momento no que prevalecerá a iniquidade (cf Dn **9,** 27).

no eterno e tódalas soberanías lle mostrarán respecto e sumisión.

²⁸Aquí remata o informe. No tocante a min, Daniel, eu quedei moi asustado polos meus pensamentos; mesmo cambiou de cor o meu rostro; pero gardei o asunto no meu corazón.

A visión do carneiro e do macho cabrún

8 ¹No ano terceiro do reinado do rei Baltasar, eu, Daniel, tiven unha visión, despois da que tivera ó principio. ²Observei durante a visión, e parecíame que estaba en Xuxán, a fortaleza situada na provincia de Elam; na visión decateime de que me atopaba á beira do río Ulai. ³Alcei a vista e ollei: había un carneiro ergueito a carón do río. Tiña dous cornos, os dous eran altos, pero un era máis có outro, o máis alto nacera máis tarde. ⁴Observei que o carneiro acometía contra o poñente, contra o norte e contra o sur; ningún animal lle podía facer cara, ningún se libraba da súa furia; facía canto lle viña en gana e andaba runfando. ⁵Mentres eu estaba cavilando, apareceu un macho cabrún que viña de occidente, percorrendo a terra enteira sen toca-lo chan. Este macho cabrún tiña un corno ben visible entre os ollos. ⁶Aproximouse ó carneiro dos dous cornos, que eu vira ergueito a carón do río, e botou a correr cara a el con toda a súa furia. ⁷Vino chegar á beira do carneiro e revirarse contra el; turrou contra o carneiro e rompeulle os dous cornos. O carneiro non tivo forzas para resistir ante el; botouno por terra e tripouno coas patas. Non houbo quen puidese libra-lo carneiro do seu poder. ⁸O macho cabrún fixose moi grande, pero cando estaba na plenitude do seu poder, rompeulle o gran corno, e no sitio del saíronlle outros catro cornos ben visibles e orientados cara ós catro ventos do ceo. ⁹Dun deles saíu ademais un corno pequeno que creceu moito, apuntando cara ó sur, cara ó oriente e cara ó País do Esplendor. ¹⁰Fíxose grande incluso respecto do exército do ceo, pois botou por terra parte do mesmo e parte das estrelas, ás que pisou coas patas. ¹¹Levantouse contra o mesmo xefe do exército, suprimiulle o sacrificio cotián e derrubou o lugar do seu santuario. ¹²O exército foille entregado, así coma o sacrificio expiatorio; a verdade foi tirada por terra; actuou así, e deulle resultado. ¹³Oín entón a dous santos que estaban a falar entre si. Preguntaba un deles:

—¿Ata cando vai durar iso da visión: o sacrificio cotián e mailo expiatorio abolidos, a desolación do santuario e o exército esmagado cos pés?

¹⁴Contestoulle o outro:

—Dúas mil trescentas tardes e mañás. Despois o santuario será reivindicado.

Explicación da visión

¹⁵Mentres eu, Daniel, observaba a visión e trataba de comprendela, apareceu de pé, diante de min, unha figura humana. ¹⁶Oín tamén unha voz de home na beira do Ulai, que berrou: —Gabriel, explícalle a visión a este.

¹⁷Veu el cara a onde estaba eu e, en canto se me acercou, eu fiquei abraiado e caín sobre o meu rostro; pero el díxome:

—Home, debes comprender que a visión fai referencia ó tempo final.

7, 28 Neste caso a palabra "corazón" refírese á memoria: quere dicir que non lle esqueceron estas cousas.
8, 1 A presentación e mailas peripecias dos animais simbólicos que seguen, contribúen a facer máis diáfano o informe dado no c. precedente. Os cc. **8-12** de Dn foron escritos en hebreo, o mesmo ca **1, 1-2, 3**.
8, 2 *Xuxán* fora noutro tempo a capital do Elam; despois pertenceu ó imperio babilónico.
8, 3 O corno máis alto e recente do carneiro representa a Persia, que venceu e absorbeu o reino medo, dando orixe ó chamado imperio medo-persa.
8, 4 O novo imperio medo-persa fixo grandes conquistas por todo o seu arredor. A versión dos LXX alude tamén ás súas incursións cara a oriente.
8, 5 O *macho cabrún* simboliza o imperio grego que tanto agrandou Alexandre Magno, representado aquí polo único corno do animal.
8, 8 Alexandre Magno acadou un gran imperio; pero foi sorprendido pola morte no momento do seu meirande esplendor e o imperio ficou dividido en catro partes, que gobernaron catro dos seus xenerais (= os catro cornos).
8, 9 Un dos catro xenerais, Seleuco, recibiu Siria; naceu así a dinastía dos seléucidas; pero a preocupación do escritor céntrase nun dos seus sucesores, o gran perseguidor dos xudeus, Antíoco IV Epífanes, representado aquí polo corno que xurdiu doutro corno. Fixo expedicións contra Exipto (= o Sur), contra oriente (Persia, en concreto), e contra Palestina, nomeada aquí coa expresión "País do Esplendor".
8, 10 A soberbia e maila teima do poder fixeron que Antíoco Epífanes causase moitas aldraxes (cf vv 24-25) ós xudeus empeñados na fidelidade á súa fe.
8, 11-12 O perseguidor atreveuse a inxuriar directamente ó mesmo Deus: suprimiu o culto que lle tributaban no templo de Xerusalén e mandou adorar nel a Zeus. Por iso engade o escritor: "a verdade foi tirada por terra".
8, 14 *Dúas mil trescentas tardes e mañás*, é dicir, 1150 días enteiros. Fálase expresamente das dúas partes do día para facer alusión ós dous sacrificios diarios —matutino e vespertino— que se ofrecían no templo; deixaron de ser ofrecidos 2.300 sacrificios ó Deus verdadeiro.
8, 15 *Unha figura humana*: no v seguinte dise quen vén se-lo anxo Gabriel.
8, 17 *Home*: lit. "fillo de home".

¹⁸Mentras el me falaba, eu perdín o coñecemento, e seguín co rostro na terra; pero el agarroume e púxome de pé. ¹⁹Despois díxome:

—Heiche explica-lo que vai acontecer no tempo final da ira; porque o prazo derradeiro está fixado. ²⁰O carneiro de dous cornos que viches, representa os reis de Media e Persia; ²¹o macho cabrún é o rei de Grecia, e o corno grande que tiña entre os seus ollos é o primeiro rei. ²²O que rompeu e mailos catro cornos que saíron no seu lugar son catro reinos que xurdirán desta nación, pero non terán a súa forza. ²³Ó remate dos seus reinados, cando teñan chegado ata o colmo as súas atrocidades, xurdirá un rei insolente, experimentado en astucias. ²⁴Chegará a ter moito poder, aínda que non pola súa forza: causará ruínas nunca oídas e prosperará nas súas empresas. Destruirá os poderosos e o pobo dos santos. ²⁵Pola súa habilidade, o fraude triunfará nas súas mans e cubrirase de soberbia o seu corazón; arruinará a moitos con sangue frío. Mesmo se alzará contra o Príncipe dos príncipes, pero será destruído sen intervención humana ningunha. ²⁶A visión referente ás tardes e ás mañás é verdadeira; pero ti mantén secreta a visión, porque se refire a días afastados.

²⁷Eu, Daniel, desfalecín e caín enfermo por algúns días. En canto me erguín, púxenme a atende-los asuntos do rei, pero seguía alarmado por causa da visión, sen podela comprender.

A profecía das setenta semanas

9 ¹No ano primeiro de Darío, fillo de Axuero, da caste dos medos, que fora constituído rei do reino dos caldeos, ²no ano primeiro do seu reinado, eu, Daniel, tratei de comprobar nos libros da palabra de Deus dirixida ó profeta Xeremías, o número de anos que tiñan que pasar sobre as ruínas de Xerusalén: setenta anos. ³Despois volvín o meu rostro cara ó Señor Deus, pregándolle con oracións e súplicas, con xexún, saco e cinsa. ⁴Rogueille ó Señor, meu Deus, e fíxenlle a miña confesión, dicindo:

—Señor, Deus grande e terrible,
que consérva-la alianza e a benevolencia cos que te aman e observan os teus mandamentos.
⁵Nós pecamos, cometemos crimes, fomos impíos,
rebelámonos, afastándonos dos teus mandamentos e preceptos.
⁶Non fixemos caso dos teus servos os profetas,
que lles falaron no teu nome ós nosos reis, ós nosos xefes, ós nosos pais
e a toda a poboación do país.
⁷Ti, Señor, te-la razón,
pero nós témo-la cara chea de vergonza, como lles pasa hoxe ós homes de Xudá, ós habitantes de Xerusalén
e a todo Israel, vivan preto ou lonxe, en tódolos países por onde os espallaches a causa das infidelidades que cometeron contra Ti.
⁸Señor, a vergonza canga sobre nós, sobre os nosos reis, os nosos xefes e os nosos pais,
porque pecamos contra Ti.
⁹Pero é propio do Señor, noso Deus, ter misericordia e perdoar,
aínda que nos teñamos rebelado contra El.
¹⁰Non fixemos caso do Señor, noso Deus, de obedece-las instruccións que El nos deu por medio dos profetas, os seus servos.
¹¹Todo Israel incumpriu a túa lei
e afastouse dela sen escoita-la túa voz, por iso caeron enriba de nós a maldición e maila imprecación escritas na Lei de Moisés, servo de Deus,
pois pecamos contra El.
¹²El cumpriu a palabra que pronunciara contra nós
e contra os xefes que nos gobernaban, traendo sobre nós unha calamidade tan grande
que nunca houbo outra debaixo do ceo como a que acaeceu en Xerusalén.
¹³Tal como está escrito na Lei de Moisés, sobreveunos toda esta desgracia;
con todo, nós non tratamos de aplaca-lo Señor, noso Deus,
converténdonos dos nosos crimes
e recoñecendo a túa verdade.
¹⁴O Señor estivo atento a esta calamidade e tróuxoa sobre nós, porque o Señor, noso Deus,

---

8, 21 *O primeiro rei:* Alexandre Magno.

8, 26 É frecuente na literatura apocalíptica o encargo de gardar en secreto unha visión. Cando o contido da visión está para se cumprir de contado, entón faise publicar.

9, 2 En Xer **25,** 11 e **29,** 10 dise que a desolación de Xerusalén non desaparecerá ata que pasen setenta anos. Refírese ó tempo da catividade e á data do retorno do exilio de Babilonia.

9, 4-19 A longa oración de Daniel semella a de Azarías (cf **3,** 24-45). Abundan nela sentimentos moi propios da fe xudaica sobre os atributos do seu Deus, manifestados na historia da salvación.

é xusto en tódalas obras que fai;
pero nós non escoitámo-la súa voz.
¹⁵E agora, Señor, noso Deus,
que fixeches saí-lo teu pobo do país de Exipto
con man forte, acadando tal sona que dura ata hoxe:
nós pecamos, procedemos inicuamente.
¹⁶Señor, en conformidade coa túa xustiza,
prégoche que se afaste a túa ira e mailo teu furor
da túa cidade, Xerusalén, o teu monte santo.
Pois por causa dos nosos pecados e polos delitos de nosos pais
Xerusalén e mailo teu pobo son obxecto de escarnio
para tódolos pobos veciños.
¹⁷Agora, pois, noso Deus, escoita
a oración e mailas súplicas do teu servo,
e fai brilla-lo teu rostro sobre o teu santuario desolado,
¡en atención a ti mesmo, Señor!
¹⁸Meu Deus, inclina o teu oído e escóitame,
abre os ollos e mira a nosa desolación
e a cidade sobre a que se invoca o teu nome,
porque non presentamos ante Ti as nosas súplicas
apoiados nas nosas obras de xustiza,
senón ná túa gran misericordia.
¹⁹Escoita, Señor; perdoa, Señor;
atende e actúa, Señor; non tardes máis,
¡por mor de Ti mesmo, meu Deus!,
pois o teu nome é invocado sobre a túa cidade
e sobre o teu pobo.

O anxo explica a profecía

²⁰Estaba eu falando aínda, pregando e confesando o meu pecado e mailo do meu pobo Israel, e presentando a miña súplica ó Señor, meu Deus, en favor do seu monte santo. ²¹Aínda estaba pronunciando a miña oración, cando Gabriel, o personaxe que eu vira na visión ó comezo, chegou voando onda min no momento da oblación vespertina. ²²En chegando, falou comigo; díxome:

—Daniel, acabo de saír para ilustra-la túa intelixencia. ²³Ó comezáre-las túas súplicas, tomouse unha decisión, e eu vin para te informar dela, pois ti es un predilecto. Polo tanto, presta atención á palabra e fai por entende-la visión:

²⁴Foron fixadas setenta semanas
para o teu pobo e a túa cidade santa
coa intención de facer cesa-lo delito,
pórlle fin ó pecado
e expia-la iniquidade,
para dar cabida á xustiza eterna,
para sela-la visión e maila profecía
e unxi-lo lugar santo dos santos.

²⁵Trata de saber e comprender: desde o momento en que saíu a orde de reconstruír Xerusalén ata o Príncipe unxido pasarán sete semanas. Durante sesenta e dúas semanas construiranse de novo as prazas e mailos foxos, con seren tempos difíciles. ²⁶Despois das sesenta e dúas semanas matarán o unxido inocente. O pobo do príncipe que vai vir destruirá a cidade e mailo santuario. O seu remate virá por unha inundación, pero ata o final están decretadas guerra e devastacións. ²⁷Fará unha alianza firme con moitos durante unha semana, e no medio da semana fará cesa-lo sacrificio e maila oblación. E no tem-

---

9, 24 A profecía das setenta semanas alude ós faustos acontecementos que terán lugar cando desapareza o perseguidor e cese aquela traxedia (ano 164 a. C.). Anúnciase un cambio preferentemente moral-espiritual, que no proxecto divino só se cumprirá coa vinda do Mesías. O senso fondo da profecía é claramente mesiánico. Cómpre lembrar que aquí se fala de "semanas" no senso de septenarios, é dicir, períodos de sete anos.
O *lugar santo dos santos* (lit. "o santo dos santos"), é unha expresión semítica equivalente a un superlativo: "o lugar santísimo", ou "o lugar máis santo".
9, 25-27 Esta gran profecía distingue tres etapas no desenvolvemento dos sucesos: 1° Desde a destrucción de Xerusalén ata que se dea orde de reconstruíla pasarán sete septenios, é dicir, corenta e nove anos (do 586 ata o 538). 2° Durante sesenta e dúas semanas (62 x 7 = 434 anos), concretamente, desde que Ciro decrete a reconstrucción do templo (538 a. C.) ata o principio do período dos macabeos, o pobo de Deus atravesará tempos de relativa serenidade. 3° A época dos macabeos sinala o momento fi-nal da profecía: aqueles sete anos de loita, rematados coa victoria do ben sobre o mal (171-164), representan os rasgos máis enxebres dos tempos mesiánicos. Cando todo semella estar envolto pola descrenza e a maldade satánica, Deus fai senti-la súa voz, e a súa luz arreda toda escuridade.
9, 25 Aínda con ser un rei pagán, Ciro de Persia foi chamado "príncipe unxido" (cf Is **45**, 1). O seu cometido foi providencial para Israel: tras derrota-lo poder opresor (a Babilonia), decreta a reconstrucción do templo e permite o retorno do exilio.
9, 26 *Unxido inocente.* O adxectivo dálle concreción ó sustantivo, pero non é unha referencia directa ó Mesías. Aquí alúdese ó asasinato do sumo sacerdote Onías III, que tivo lugar no 170 a. C., tal como se describe en 2 Mac **4**, 30-38.
9, 27 *Unha alianza firme:* os acordos entre Antíoco IV e os xudeus. Estes últimos cederon ante as esixencias do rei e abandonaron os seus deberes relixiosos (cf 1 Mac **1**, 43-66).

plo porá a abominación da desolación, ata que a ruína decretada veña sobre o devastador.

A visión dos tempos derradeiros

10 ¹No ano terceiro de Ciro, rei de Persia, a Daniel, chamado Baltasar comunicóuselle unha palabra. A palabra era certa, un exército enorme. El comprendeu a palabra e entendeu a visión.

²Naquel tempo, eu, Daniel, estiven de loito durante tres semanas. ³Non comín manxares selectos, non probei carne nin viño, nin me perfumei mentres non pasaron as tres semanas enteiras. ⁴O día vintecatro do mes primeiro estaba eu na beira do río grande, é dicir, o Tigris. ⁵Alcei a vista e mirei: vin un home vestido de liño e cinguido cun cinto de ouro puro. ⁶O seu corpo era coma crisólito; o seu rostro tiña o aspecto dun lóstrego; os seus ollos eran coma fachos acesos; os seus brazos e mailas súas pernas, coma o fulgor do bronce brunido; e o son das súas palabras, coma o murmurio dun xentío.

⁷Tan só eu, Daniel, vin a aparición; os homes que estaban comigo, aínda que non vían a visión, colleron moito medo e fuxiron a se esconderen. ⁸Quedei eu só contemplando esta gran visión, pero fallaronme as forzas, quedei sen cor, desfigureime e perdín todo o meu vigor. ⁹Entón oín o son das súas palabras, e no momento de oílas, caín de bruzos desmaiado no chan. ¹⁰Nisto tocoume unha man, e sacudiume facéndome erguer sobre os xeonllos e as palmas das miñas mans. ¹¹Despois díxome:

—Daniel, home predilecto: fíxate nas palabras que che vou dicir, e ponte dereito, pois acabo de ser mandado onda ti.

En canto me dicía estas palabras erguinme tremendo. ¹²Logo díxome:

—Non teñas medo, Daniel, pois desde o primeiro día en que trataches de comprender e te humillaches ante o teu Deus, as túas palabras foron escoitadas, e vin precisamente con motivo das túas palabras. ¹³O príncipe do reino de Persia opúxoseme durante vinteún días, pero Miguel, un dos xefes principais, acudiu a auxiliarme; foi polo que me detiven onda os reis de Persia. ¹⁴Vin para che dar a coñece-lo que lle vai pasar ó teu pobo nos tempos derradeiros, pois aínda queda unha visión para aqueles días.

¹⁵Mentres me dicía estas palabras, eu inclinei o rostro cara ó chan, e gardei silencio. ¹⁶Unha figura humana tocoume os labios; entón eu abrín a boca e falei co que estaba diante de min; díxenlle:

—Señor, debido a esta visión, eu síntome moi angustiado e estou sen forzas. ¹⁷E, ¿como vai poder falar este servo con tal Señor, se me encontro sen forzas e mesmo sen alento?

¹⁸Entón a figura humana tocoume outra vez e reconfortoume. ¹⁹Díxome:

—¡Non teñas medo, home predilecto! ¡Está tranquilo! Ten valor e anímate.

Mentres me falaba, recobrei forzas, e díxenlle:

—Agora podes falar, Señor, xa que me reconfortaches.

²⁰Entón dixo el:

—¿Sabes por que vin onda ti? Teño que volver e loitar contra o príncipe de Persia. Tras partir eu, chegará o príncipe de Grecia. ²¹Pero vouche comunica-lo que está escrito no libro da verdade. Ninguén me presta axuda contra eles, a non se-lo voso príncipe, Miguel.

A guerra entre Persia e Grecia

11 ¹Eu, pola miña parte, estiven onda el no ano primeiro de Darío, o medo, para apoialo e defendelo. ²Agora vouche comunica-la verdade:

—Mira, en Persia vai haber aínda tres reis. O cuarto amoreará máis riqueza ca tódolos outros; pero cando se considere poderoso pola riqueza, encirrará a todos contra o reino de Grecia. ³Xurdirá un rei valente, que reinará con moito poder e actuará conforme a súa vontade. ⁴Pero tan pronto se consoli-

---

10, 1 *Un exército enorme* (segundo o texto hebreo); outros, mirando ó contexto seguinte, traducen: "unha grande calamidade", ou "unha grande loita".
10, 2-3 Daniel estase a preparar para recibir outra visión, co xexún e outras privacións voluntarias.
10, 13 Nos escritos apocalípticos móstrase a crenza de que cada nación ten no ceo un anxo protector que mira polos seus intereses. Neste caso faise referencia a un enfrontamento entre o anxo protector de Persia e o que fala con Daniel, auxiliado por Miguel, o anxo protector do pobo de Deus (cf **12,** 1). A Apocalipse de Xoán describe tamén unha loita de Miguel e mailos seus anxos contra o dragón e mailos seus (Ap **12,** 7-12).

10, 21 *O libro da verdade,* un libro celeste no que está escrito canto vai suceder na terra. É un recurso empregado nesta clase de literatura para subliñar que todo está previsto por Deus.
11, 1 Este c. presenta unha síntese dos aconteceres vividos por Israel desde o dominio de Persia e pasando polo período helenista ata o reinado de Antíoco IV.
11, 3 Describe a Alexandre Magno (336-323 a. C.), o fundador do grande imperio helénico.
11, 4 Alude á división do reino de Alexandre entre os seus catro xenerais, por non ter quen o herdase na familia (cf nota a **8,** 8).

de, o seu reino será fraccionado e dividido entre os catro ventos do ceo; non o herdará a súa posteridade nin terá tanto poder, porque o seu reino será desmembrado e pasará a outros distintos destes.

Rivalidade entre Siria e Exipto

⁵O rei de Mediodía farase poderoso, pero un dos seus xefes chegará a ser máis forte ca el, e prevalecerá; terá un imperio moi grande. ⁶Ó cabo dalgúns anos concertarán unha alianza, e a filla do rei do Mediodía virá onda o rei do Norte, para establece-los acordos; con todo, ela perderá a forza do seu brazo; tampouco subsistirá a súa descendencia, pois ela mesma, o seu séquito, o seu fillo e mailo protector serán entregados por certo tempo. ⁷Pero xurdirá no seu lugar un renovo saído das súas raíces; el avanzará cun exército e penetrará na fortaleza do rei do Norte, loitará contra eles e triunfará. ⁸Levará consigo para Exipto tamén os seus deuses coas súas imaxes de metal fundido e tamén os obxectos preciosos de prata e ouro. Por uns poucos anos deixará en paz ó rei do Norte. ⁹Este fará unha incursión no territorio do rei de Mediodía, pero logo retornará para o seu país. ¹⁰Os seus fillos volverán ás hostilidades, reunirán exércitos moi grandes, cos que avanzarán coma unha inundación; darán volta para atrás, pero repetirán os ataques contra a súa fortaleza. ¹¹Ó rei do Mediodía, exasperado, sairá a loitar contra el, contra o rei do Norte, quen mobilizará un exército numeroso; pero tal exército caerá nas mans daquel. ¹²Tras aniquilar este exército, o corazón do rei encherase de soberbia, e fará perecer a milleiros de homes; pero non triunfará. ¹³En efecto, o rei do Norte voltará a mobilizar un exército aínda maior có anterior; pasados uns anos volverá cun exército ben fornecido. ¹⁴Por aquel tempo alzaranse moitos contra o rei do Mediodía. Rebelaranse tamén homes violentos do teu pobo, tencionando dar cumprimento á visión; pero fracasarán. ¹⁵Virá o rei do Norte, construirá unha trincheira e conquistará unha das cidades fortificadas. As tropas de Mediodía non darán resistido, nin sequera os máis valentes terán valor abondo para resistiren. ¹⁶Aquel que vai avanzar contra el procederá ó seu antollo, non haberá quen lle faga fronte. Hase establecer no País do Esplendor, levando a destrucción na súa man. ¹⁷Posto no plan de se apoderar de todo o seu reino, concertará alianzas con el e daralle unha filla por esposa para arruinalo; con todo, o proxecto non lle dará resultado. ¹⁸Entón dirixirase ás illas, e conquistará moitas delas; pero un xefe porá fin ás súas aldraxes, aínda que non lle poida da-la paga delas. ¹⁹Despois porá a súa mira nas fortalezas da súa propia terra, pero sufrirá un tropezo e caerá sen deixar rastro de si. ²⁰Alzarase outro sobre o seu posto, un que mandará un saqueador a requisa-lo tesouro do reino; pero ós poucos días acabará esnaquizado, en circunstancias non de rancor nin de guerra.

Antíoco IV Epífanes

²¹Ocupará o seu lugar un home desprezable, a quen non se lle concederá a dignidade real; el empezará con acenos de paz, pero apoderarase do reino a base de intrigas. ²²As forzas armadas serán derrotadas e esbandalladas por el, así coma o xefe da alianza. ²³Obrará con engano despois do pacto feito por el, e, a pesares de dispor de pouca xente, medrará e farase forte. ²⁴Con moito disimulo

---

11, 5 O primeiro rei que goberna Exipto ("Mediodía") trala morte de Alexandre, foi Tolomeo Lagos (323-285 a. C.). Un dos seus xenerais, Seleuco I Nicátor, acadará un grande imperio en Asia. Con el comeza a dinastía dos seléucidas.
11, 6 Refírese a Antíoco II de Siria, que casou con Berenice, filla do seu inimigo Tolomeo II de Exipto. Estes dous reis morreron no mesmo ano (246); e Laódice, que fora a primeira muller de Antíoco II, matou a Berenice e o fillo desta.
11, 7 Tolomeo III declarooulle a guerra a Seleuco II de Siria (fillo de Laódice) para vinga-la morte de súa irmá Berenice e mais do seu sobriño. Venceu o rei de Exipto.
11, 13 Antíoco III reconquista Palestina no 198.
11, 16 O *País do Esplendor*, é dicir, Palestina, cae en poder de Siria no ano 197, e permanecerá baixo o poder dos seléucidas ata o ano 142 a. C.
11, 17 Coa mira de se apoderar de Exipto, Antíoco III deulle a Tolomeo V por esposa a súa filla Cleopatra.
11, 18 *Illas:* as cidades costeiras do Mediterráneo, particularmente as de Asia Menor. Despois de conquistar varias delas, Antíoco III foi derrotado en Magnesia polo romano Escipión (190 a. C.).
11, 19 Antíoco III pereceu no ano 187, cando intentaba roubar un templo de Bel en Elimaida para pagar unha débeda.
11, 20 O *tesouro do reino* (lit. "a gloria —o esplendor— do reino"). Seleuco IV tratou de se apoderar do tesouro do templo de Xerusalén, pero morreu envelenado polo seu ministro Heliodoro.
11, 21 *Un home desprezable:* Antíoco IV (175-164). Era irmán de Seleuco IV e usurpoulle o reino ó fillo deste, Demetrio.
11, 22 *O xefe da alianza:* Onías III, Sumo Sacerdote.

irase adentrando nas bisbarras máis fértiles da provincia, e fará o que nunca ousaron facer seus pais nin seus avós: distribuirá ós seus o botín, os despoxos e mailas riquezas, planeará estrataxemas contra as fortalezas; pero tan só por certo tempo. ²⁵Empregará a súa forza e maila súa fogaxe contra o rei do Mediodía cun gran exército; o rei de Mediodía disporase para a guerra cun exército tamén moi grande e poderoso; pero non lle poderá facer fronte, pois será victima de conspiracións. ²⁶Os mesmos que comen á súa mesa serán a súa desgracia; o exército quedará afundido e moitos caerán feridos de morte.

²⁷Os dous reis, co corazón ateigado de maldade, sentarán á mesma mesa para se intercambiaren mentiras, pero non lles vai valer de nada, pois a fin chegará no tempo fixado. ²⁸O rei do Norte tornará á súa terra con moitas riquezas; pero, tendo proxectos hostís contra a alianza santa, realizaraos e despois volverá ó seu país. ²⁹No tempo determinado invadirá novamente o Mediodía, pero esta vez non lle dará resultado coma a vez anterior. ³⁰Virán contra el os barcos de Chipre, e el desistirá. Entón descargará de novo a súa furia contra a alianza santa; tras actuar, regresará e terá consideración dos desertores da alianza santa. ³¹Tropas mandadas por el farán acto de presencia para profanaren o santuario e maila fortaleza, abolirán o sacrificio cotián e porán alí a abominación da desolación. ³²Ós violadores da santa alianza corromperaos a base de gabanzas; con todo, o pobo, coñecedor do seu Deus, manterase firme e obrará con consecuencia. ³³Os sabios de entre o pobo adoutrinarán a moitos, aínda que por algún tempo teñan que sufri-la espada, o lume, o desterro e maila confiscación dos bens. ³⁴Cando caian, recibirán unha pequena axuda, e moitos uniranse a eles con finximento. ³⁵Algúns dos sabios sucumbirán, para someteren a proba, acrisolar e branquear ós outros para o tempo final, pois o prazo está fixado.

³⁶O rei actuará á súa maneira, ensoberbecerase e aprezarase por enriba de tódolos deuses, e dirá insolencias contra o Deus dos deuses. Prosperará en tanto non chega o momento do furor, pois hase cumprir o que foi decretado. ³⁷El non venerará os deuses dos seus devanceiros, nin o predilecto das mulleres; non respectará a ningún deus, pois coidará ser superior a todos eles. ³⁸En troques, honrará ó deus das fortalezas; ofrecerá ouro e prata, pedras preciosas e xoias a un deus a quen seus pais non coñeceron. ³⁹Adicará as cidades fortificadas a un deus estranxeiro; a cantos o recoñezan ateigaraos de gloria, outorgaralles autoridade sobre moitos e distribuirálle-la terra como recompensa.

⁴⁰Nos tempos derradeiros loitará contra el o rei do Mediodía, pero o rei do Norte lanzarase contra el con carros de guerra, xinetes e moitas barcas; invadirá as súas terras e atravesaraas coma unha inundación. ⁴¹Penetrará no País do Esplendor. Moitos caerán, pero hanse librar das súas mans os seguintes: os de Edom, os de Moab e os máis selectos dos habitantes de Ammón. ⁴²Tamén estenderá a súa man sobre outros territorios, nin sequera se librará Exipto. ⁴³Apoderarase dos tesouros de ouro e prata e de tódolos obxectos preciosos de Exipto. Ós libios e ós etíopes halles pasa-lo mesmo. ⁴⁴Pero quedará turbado polas noticias chegadas de oriente e mais do norte, e marchará cheo de furia, disposto a acabar con moitos. ⁴⁵Plantará as tendas reais entre o mar e o monte santo do Esplendor. Entón chegará o seu final e ninguén lle prestará axuda.

11, 25 Antíoco IV lanza un primeiro ataque contra Exipto, estando no poder Tolomeo VI Filométor (173 a. C.).
11, 29 No ano 168 volve Antíoco contra Exipto, pero esta vez fracasou (cf 2 Mac **5,** 1-14).
11, 30 *Os barcos de Chipre:* unha flota romana impediu que Antíoco arremetese contra Chipre e Exipto. Despois desta campaña foi cando Antíoco Epífanes teimou helenizar pola forza o pobo xudeu, dando ocasión á grande persecución (167-164 a. C.).
11, 31 Fai cesa-lo culto a Deus no templo de Xerusalén e adica este templo a Zeus Olímpico; sobre o altar dos sacrificios coloca un altar pagán (cf notas a **7,** 25 e **8,** 11-12). Este feito é calificado polo escritor como *abominación da desolación* (cf 1 Mac **1,** 39-40. 54).
11, 36 Que Antíoco IV non só quixese aboli-la relixión xudía, senón que pretendese ser recoñecido el mesmo coma un deus, tivo que anoxar moito ós bos xudeus. As moedas mostran ben as súas aspiracións: "Antíoco, deus manifestado".
11, 37 O ídolo predilecto das mulleres era Tammuz Adonis (cf Ez **8,** 14).
11, 41 *Edom, Moab* e *Ammón* eran inimigos de Israel.
11, 44-45 Por esta vez, o plan de Antíoco Epífanes de destruír Palestina non se realizou, pois sorprendeuno a morte en Raba (Persia), por causa dunha enfermidade (cf Dn **8,** 25). Que o autor non concrete detalles acerca da morte de Antíoco, pode ser debido a que escribiu o libro antes de que acontecese. Sobre o final de Antíoco, véxase 1 Mac **6,** 1-13 e 2 Mac**9**.

Os tempos mesiánicos e a retribución

12 ¹Naquel tempo alzarase Miguel, o gran príncipe que protexe os fillos do teu pobo. Será época de angustia, tal que nunca a houbo coma ela desde que as nacións existen ata aquel tempo. Mesmamente naquel tempo salvarase o teu pobo: tódolos que se atopen inscritos no libro. ²Moitos dos que dormen no po da terra espertarán: uns para a vida eterna, outros para a ignominia, para a reprobación eterna. ³Os sabios brillarán coma o fulgor do firmamento, e os que educaron na xustiza ós demais serán coma as estrelas por toda a eternidade. ⁴Pero ti, Daniel, mantén secretas estas palabras e ten o libro selado ata o momento final. Moitos correrán de aquí para acolá e aumentarán o seu saber.

⁵Eu, Daniel, ollei e vin outros dous homes que estaban de pé, un na beira de acá do río e outro na beira de alá. ⁶E preguntéille ó home vestido de liño que estaba sobre as augas do río:

—¿Cando acabarán estas cousas prodixiosas?

⁷O home vestido de liño, que se achaba sobre as augas do río, levantou a man dereita cara ó ceo, o mesmo cá esquerda, e sentinlle xurar por aquel que vive eternamente:

—Por un ano, dous anos e maila metade dun ano. Cando quede totalmente extinguida a forza do pobo santo, entón cumpriranse todas estas cousas.

⁸Eu oín, pero non cheguei a comprender. Entón preguntei:

—Meu señor, ¿cal será o resultado destas cousas?

⁹El respondeume:

—Vaite, Daniel, que estas cousas son secretas, e quedan seladas deica o momento final. ¹⁰Moitos tornarán puros, branqueados e acrisolados; pola contra, os malvados seguirán a facer mal; ningún impío comprenderá nada, pero os sabios daranse conta. ¹¹Desde o tempo en que sexa abolido o sacrificio cotián e instalen a abominación da desolación, pasarán mil douscentos noventas días. ¹²Benaventurado quen poida agardar ata que pasen mil trescentos trinta e cinco días. ¹³Pero ti vaite e descansa. Xa te levantarás para recibíre-lo teu destino no remate dos días.

OUTROS EPISODIOS DA VIDA DE DANIEL

Historia de Susana

13 ¹En Babilonia vivía un home que se chamaba Ioaquim. ²Casou cunha muller chamada Susana, filla de Quelcías; era moi fermosa e devota do Señor. ³Seus pais eran honrados e instruíran a súa filla segundo a Lei de Moisés. ⁴Ioaquim era moi rico e tiña un parque a carón da súa casa. Co-

---

12,1 Nas apocalipses fálase a miúdo dun libro ou rexistro existente no ceo no que están anotados os nomes dos que se han salvar, é dicir, algo así coma unha lista onde constan os nomes dos xustos por estaren destinados a formar parte da Xerusalén celeste (cf Lc **10**, 20; Ap **3**, 5; **13**, 8; **17**, 8; **20**, 12).

12, 2 Por primeira vez no Antigo Testamento achamos aquí unha afirmación concreta e luminosa sobre a futura resurrección individual dos mortos (cf 2 Mac **7**, 9; Mt **25**, 46; Xn **5**, 29).

Os que dormen no po é un eufemismo equivalente a "os que morreron".

Espertarán: resucitarán.

12, 3 As imaxes empregadas polo escritor subliñan esa transformación que experimentarán os homes de ben na vida ultraterrena, en concepto de premio. Vese o empeño de dar azos ós que predicaban a constancia da fe.

12, 4 Como en Dn **8**, 26 insiste na consigna de gardar segredo sobre a revelación recibida ata o momento sinalado. Tal momento é en realidade ese tempo difícil en que escribe o autor e mailos primeiros lectores do escrito.

12, 5-6 A alusión ó río (Ulai) fai lembra-lo contexto de lugar que nos mostrou ó principio desta longa visión (cf **8**, 2), tal vez para matiza-la súa unidade, aínda que esta fase final sexa máis espiritual.

12, 7 *Un ano, dous anos e maila metade dun ano:* lit. "un tempo, dous tempos e medio tempo". Tres anos e medio é o período de tempo que os libros apocalípticos atribúen á actuación do poder do mal (do "anticristo", como dirá Xoán). Buscando unha variedade expresiva, empréganse distintas frases: igual que esta, en **7**, 25 e Ap **12**, 14; media semana de anos (= tres anos e medio), en **9**, 27; un número de días aproximadamente equivalente, en Dn **8**, 14; **12**, 11 e Ap **11**, 3; por último, o número de meses que comprenden os tres anos e medio: 42 meses (Ap **11**, 2).

12, 13 Alude ó premio derradeiro que lle está reservado polo fiel cumprimento da súa misión.

13, 1 Os cc. **13** e **14** son narracións didácticas polo estilo de Dn **1-6**. Están escritas en grego: con todo, certas expresións fan pensar nun texto orixinal semítico que non se conservou.

Seguímo-la versión grega de Teodoción; no tocante ó relato da historia de Susana hai que lembrar que esta versión colócao ó comezo do libro de Daniel, por referir unha intervención de Daniel sendo aínda rapaz.

13, 1 *En Babilonia,* detalle engadido por Teodoción.

13, 3 Móstrase un aspecto propio da literatura sapiencial que predispón ó lector a adiviña-lo bo resultado final da protagonista; aínda así, o narrador sabe mante-la intriga ata chegar ó desenlace do episodio.

mo era o home de máis prestixio entre todos eles, os xudeus acostumaban acudir cabo del. ⁵Naquel ano foran designados xuíces dous anciáns do pobo, deses dos que ten dito o Señor: "En Babilonia a iniquidade saíu dos anciáns, que eran xuíces e finxían ser guías do pobo". ⁶Estes ían a cotío pola casa de Ioaquim, e todos cantos tiñan preitos viñan onda eles.

⁷Ó mediodía, cando o pobo se retiraba, Susana saía a pasear polo parque do seu marido. ⁸Os anciáns víana a diario cando saía a pasear, e chegaron a sentir paixón por ela. ⁹Perverteron a súa mente e desviaron os ollos para non ollaren de cara a Deus nin teren en conta os seus xustos xuízos. ¹⁰Ámbolos dous entolecían de paixón por ela, pero non se manifestaban un ó outro a súa inquedanza, ¹¹pois dáballes vergonza descubri-lo seu anceio, pois arelaban ter relacións sexuais con ela. ¹²Un día tras outro buscaban devecidos ocasión de a veren. ¹³Un día díxolle un ó outro:

—Ímonos para a casa, que xa é hora de xantar.

Ó saíren, separáronse; ¹⁴pero, dando un rodeo, volveron a se encontrar no mesmo lugar, e, tras preguntarse mutuamente por que motivo, confesaron a súa paixón. Entón, de común acordo, trataban de buscar un momento axeitado para a sorprenderen estando soa. ¹⁵Aconteceu que, estando eles á espera dun día axeitado, unha vez saíu ela —coma en días anteriores— acompañada só por dúas criadas, e sentiu ganas de se bañar, pois ía calor. ¹⁶Alí non había ninguén, de non seren os dous vellos que a estaban axexando escondidos. ¹⁷Susana díxolles ás criadas:

—Traédeme o aceite e mailos perfumes e pechade as portas do parque, para que me poida bañar.

¹⁸Elas, tal como lles indicara, pecharon as portas do parque e saíron pola porta lateral para traeren o que ela pedira; non se decataron de que os vellos estaban escondidos. ¹⁹Tan pronto como saíron as criadas, erguéronse os dous vellos, correron para onda ela, ²⁰e dixéronlle:

—Mira, as portas do parque están pechadas, non nos ve ninguén; ademais nós estamos desexosos de ti, así que, dáno-lo teu consentimento e entrégate a nós. ²¹Se non, daremos testemuño contra ti de que estaba contigo un mozo e que por iso mandaches marchar ás criadas.

²²Susana xemeu e dixo:

—Véxome acurrada por tódalas partes; pois, se fago isto, agárdame a morte; e, se non o fago, non darei fuxido das vosas mans. ²³Pero éme preferible non o facer, aínda que caia nas vosas mans, antes que pecar contra o Señor.

²⁴Entón Susana púxose a gritar a toda voz, pero os vellos berraron tamén contra ela. ²⁵Un deles botou a correr e abriu as portas do parque. ²⁶A xente da casa, tan axiña como oíu os gritos no parque, veu correndo pola porta lateral para ver que pasara. ²⁷E cando os vellos contaron a súa historia, os criados quedaron moi avergonzados, porque Susana nunca dera que falar cousa semellante.

Sentencia inxusta contra Susana

²⁸Ó día seguinte, cando o pobo se xuntou na casa do seu marido, de Ioaquim, acudiron tamén os dous vellos, obcecados co propósito criminal de condenar á morte a Susana. ²⁹Dixeron diante do pobo:

—Mandade buscar a Susana, filla de Quelcías, a muller de Ioaquim.

Fórona buscar. ³⁰Veu ela con seus pais, os fillos e tódolos seus parentes. ³¹Susana era moi fina e fermosa. ³²Aqueles malvados mandáronlle quita-lo veo —pois ela ía cuberta— para se fartaren da súa beleza. ³³Pero tódolos seus e cantos a contemplaban, choraban. ³⁴Entón os dous vellos levantáronse do medio da xente e puxéronlle as mans sobre a cabeza. ³⁵Ela, chorando, levantou a vista cara ó ceo, pois o seu corazón confiaba no Señor. ³⁶Os vellos declararon:

—Cando nós estabamos paseando sós polo parque, entrou esta con dúas criadas, pechou as portas do parque e mandou marchar ás criadas. ³⁷Entón veu cabo dela un mozo que estaba escondido, e deitouse con ela. ³⁸Nós, que estabamos nunha esquina do parque, en vendo o delito, corremos cara a eles. ³⁹Vímolos abrazados, pero ó mozo non

---

13, 15 *Coma en días anteriores:* lit. "coma a véspera e a antevéspera".
13, 22 Á muller adúltera era castigada na Lei de Moisés coa lapidación (cf Lev **20,** 10; Dt **22,** 22-23).
13, 28 A versión de Teodoción di que se celebrou o xuízo na mesma casa de Ioaquim; pero parece máis verosímil que tivera lugar na sinagoga, como din os LXX.
13, 34 Estaba mandado ás testemuñas impo-las mans sobre a cabeza do acusado (cf Lev **24,** 14). O rito, nesta circunstancia, indica a que responsabilidade pesa sobre o culpable.

o puidemos apreixar, porque era máis forte ca nós, e, tras abri-las portas, fuxiu. ⁴⁰Pero a esta apreixámola e preguntámoslle quen era o mozo, ⁴¹pero non nolo quixo dicir. Disto somos nós testemuñas.

Como eran anciáns do pobo e xuíces, a asemblea creu neles e condenaron a morte a Susana. ⁴²Susana berrou con voz forte, dicindo:

—Deus eterno, que coñéce-los segredos, que o sabes todo antes de que pase, ⁴³ti ben sabes que declararon en falso contra min,

e, velaí, vou morrer, sendo que non fixen nada

de canto estes argallaron perversamente contra min.

⁴⁴O Señor escoitou a súa voz.

Daniel salva a Susana

⁴⁵Cando a levaban camiño da morte, Deus suscitou unha santa inspiración nun rapaz chamado Daniel, ⁴⁶quen exclamou con voz forte:

—¡Eu non son responsable do sangue desta!

⁴⁷A xente toda volveuse cara a el, e díxolle:

—¿Que significan esas palabras que dixeches?

⁴⁸El, poñéndose de pé no medio deles, respondeu:

—¿Tan parvos sodes, fillos de Israel? Condenastes a unha filla de Israel sen investigar e sen ter comprobado o caso. ⁴⁹Volvede ó lugar do xuízo, porque estes testemuñaron en falso contra ela.

⁵⁰A xente toda volveu de seguida, e os anciáns dixéronlle a el:

—Ven, séntate no medio de nós e declárano-lo teu parecer, porque Deus concedeuche o privilexio da ancianidade.

⁵¹Daniel díxolles:

—Separádeos lonxe un do outro, que os vou interrogar eu.

⁵²Logo que estiveron separados un do outro, chamou a un deles e díxolle:

—¡Avellentado polo tempo e a iniquidade! Agora voltaron sobre ti os pecados que cometías a miúdo no pasado: ⁵³dabas sentencias inxustas condenando os inocentes e absolvendo os culpables, sendo que o Señor ten dito: "Non matara-lo inocente nin o xusto". ⁵⁴Polo tanto, se a viches, dime: ¿debaixo de que árbore os viches abrazados?

Respondeu el:

—Debaixo dun lentisco.

⁵⁵Replicou Daniel:

—Verdadeiramente mentiches contra a túa propia cabeza, porque o anxo de Deus, que xa recibiu a sentencia divina, vaite partir polo medio.

⁵⁶Despois de mandar retirar a este, deu orde de trae-lo outro, e díxolle:

—¡Raza de Canaán e non de Xudá! A fermosura seduciute e a paixón perverteu o teu corazón. ⁵⁷Así faciades coas fillas de Israel, e elas, por medo, deitábanse convosco; pero unha filla de Xudá non tolerou a vosa maldade. ⁵⁸Pois logo, dime: ¿debaixo de que árbore os sorprendiches abrazados?

Respondeu el:

—Debaixo dun carballo.

⁵⁹Replicou Daniel:

—Exacto; tamén ti mentiches contra a túa cabeza, pois o anxo de Deus está agardando coa espada para te fender polo medio, e así acabará convosco.

⁶⁰Entón a asemblea enteira berrou a toda voz bendicindo a Deus, que salva a cantos esperan nel. ⁶¹Despois lanzáronse contra os dous vellos, a quen Daniel puxera en evidencia —mesmo por boca deles— de seren testemuñas falsas. ⁶²Procedendo en conformidade coa Lei de Moisés, aplicáronlle-lo castigo que eles tiñan previsto contra o seu próximo, e matáronos. Deste xeito salvouse aquel día unha vida inocente.

⁶³Quelcías e maila súa muller louvaron a Deus pola filla, o mesmo ca Ioaquim, o seu marido, e tódolos seus parentes, pois non se atopara nela nada vergonzoso.

⁶⁴Desde aquel día en diante Daniel gañou moito creto entre o pobo.

13, 45 *Suscitou unha santa inspiración nun rapaz:* lit. "suscitou o espírito santo dun rapaz". Trátase probablemente dalgún carisma especial outorgado por Deus a aquel rapaz de especial talento (cf Dn **5**, 12).

13, 47 Na mentalidade semítica ser responsable do sangue de alguén equivale a dicir que é responsable desa vida en concreto.

13, 48 *Fillos de Israel:* cf nota a **1**, 3.

13, 50 *O privilexio da ancianidade*, ou "as prerrogativas dos anciáns", tales coma unha autoridade moral e un prestixio propios dunha persoa madura e asisada.

13, 53 Cf Ex **23**, 7.

BEL E MAILO DRAGÓN

Daniel e os sacerdotes de Bel

14 ¹O rei Astiaxes foise xuntar con seus pais, e Ciro, o persa, recibiu o seu reino. ²Daniel convivía co rei, e era o máis honrado de tódolos seus amigos. ³Tiñan os babilonios un ídolo chamado Bel; cada día levábanlle medio quintal de fariña peneirada, corenta ovellas e cento trinta litros de viño. ⁴Tamén o veneraba o rei e ía adoralo cada día, en cambio Daniel adoraba o seu Deus. ⁵O rei preguntoulle:

—¿Por que non adoras a Bel?

El respondeu:

—Porque eu non venero ídolos feitos pola man dos homes, senón o Deus vivo, que creou o ceo e maila terra e ten poder sobre todo vivente.

⁶Replicoulle o rei:

—Entón, ¿ti non cres que Bel é un deus vivo? ¿Non ves todo o que come e bebe cada día?

⁷Contestou Daniel sorrindo:

—Non te enganes, maxestade, porque este por dentro é de barro e por fóra de bronce, endexamais non comeu nin bebeu.

⁸O rei, alporizado, chamou ós seus sacerdotes e díxolles:

—Se non me dicides quen é o que come este gasto, morreredes; pola contra, se me demostrades que o come Bel, morrerá Daniel por blasfemar contra Bel.

⁹Daniel díxolle ó rei:

—Que se faga conforme dixeches.

¹⁰Os sacerdotes de Bel eran setenta, sen conta-las mulleres nin os fillos. O rei foi con Daniel ó templo de Bel. ¹¹Os sacerdotes de Bel dixéronlle:

—Mira, nós imos saír para fóra. Ti, maxestade, deposita os alimentos, pon o viño despois de mesturalo, pecha a porta e séláa co teu anel. Se cando volvas mañá cedo descobres que Bel non comeu todo, morreremos nós; en caso contrario, morrerá Daniel, que mentiu contra nós.

¹²Eles estaban despreocupados, porque fixeran unha entrada secreta por debaixo da mesa, pola que entraban decote e comían as ofrendas.

¹³En canto tiveron saído aqueles, o rei depositou os alimentos diante de Bel. ¹⁴Daniel mandou ós seus criados que trouxesen cinsa e a esparexesen por todo o templo; só estaba presente o rei. Tras saíren, pecharon a porta, selárona co anel do rei e marcharon. ¹⁵Pola noite, segundo o seu costume, viñeron os sacerdotes coas súas mulleres e mailos fillos, e comeron e beberon todo.

¹⁶O rei madrugou moito, e Daniel foi con el. ¹⁷Preguntou o rei:

—¿Están intactos os selos, Daniel?

El respondeu:

—Intactos, maxestade.

¹⁸Tan pronto como abriu a porta, o rei botoulle unha ollada á mesa e exclamou con voz forte:

—¡Que grande es, Bel! ¡En ti non hai engano!

¹⁹Daniel riu e, detendo o rei para que non entrase dentro, díxolle:

—Olla o chan e procura averiguar de quen son estas pegadas.

²⁰Repuxo o rei:

—Vexo pegadas de homes, de mulleres e de nenos.

²¹Entón o rei, cheo de furor, mandou prende-los sacerdotes, as súas mulleres e os seus fillos. Eles mostráronlle a porta secreta pola que entraban e comían o que había sobre a mesa.

²²O rei mandounos matar e a Bel púxoo nas mans de Daniel, quen o desfixo xuntamente co templo.

Daniel mata o dragón

²³Tamén había un dragón enorme, que veneraban os babilonios. ²⁴O rei díxolle a Daniel:

—Non podes dicir que este non é un deus vivo. Así que, adórao.

²⁵Replicou Daniel:

—Eu adoro o Señor, meu Deus, porque El é o Deus vivo. Pero ti, maxestade, dame permiso e eu matarei o dragón sen espada e sen caxato.

²⁶Contestou o rei:

—Estache concedido.

14, 1 O episodio de Bel e mailo dragón son unha forte sátira contra a idolatría. A Biblia ridiculiza adoito a parvada de adora-los deuses de mentira e subliña a súa evidente impotencia (cf Sal 115, 4ss; **135**, 15ss; Sab **15**; Is **2**, 21; Xer **2**, 11; **10**, 3; Os **8**, 6; Hab **2**, 18).

14,1 *Foise xuntar con seus pais,* é dicir, morreu.
14, 3 Véxase nota a **4**, 5; cf Is **46**, 1; tamén Xén **50**, 2.
Medio quintal: lit. "seis metretas".
14, 11 Nos sacrificios ós ídolos o viño mesturábase con mel e outras sustancias.

²⁷Entón Daniel colleu pez, graxa e mais pelos, coceu todo xunto, fixo unhas bolas e meteullas na boca ó dragón. O dragón comeunas e rebentou. E dixo Daniel:
—Mirade o que estades venerando vós.

Daniel na cova dos leóns

²⁸Sucedeu que cando se enteiraron os babilonios, puxéronse moi rabiosos, e manifestáronse contra o rei, pois dixeron: "O rei fíxose xudeu; derrubou a Bel, matou o dragón e degolou os sacerdotes". ²⁹Foron onda o rei e dixéronlle:
—Entréganos a Daniel; se non, mataremoste a ti e maila túa familia.
³⁰O rei, ó ver que o ameazaban gravemente, cedendo ante a necesidade, entregoulles a Daniel. ³¹Eles botárono na cova dos leóns, onde pasou seis días. ³²Na cova había sete leóns, cada día botábanlles dous corpos humanos e mais dúas ovellas; pero naquela ocasión non se lles deu nada, para que devorasen a Daniel.
³³En Xudea vivía o profeta Habacuc; acababa de preparar un cocido e de esmiuzar pan nun prato, e marchaba para o agro a llelo levar ós segadores. ³⁴Pero o anxo do Señor díxolle a Habacuc:

—Leva esa comida que tes, a Babilonia, a Daniel, que está na cova dos leóns.
³⁵Habacuc respondeu:
—Señor, nunca vin Babilonia e non coñezo a cova.
³⁶Entón o anxo do Señor colleuno polo curuto e, levándoo agarrado polo pelo da cabeza coa forza do seu espírito, trasladouno a Babilonia, en fronte da cova.
³⁷Habacuc gritou:
—Daniel, Daniel, toma a comida que Deus che envía.
³⁸Respondeu Daniel:
—¡Meu Deus, lembrácheste de min! Ti nunca desamparaches ós que te aman.
³⁹Daniel ergueuse e púxose a comer. E o anxo de Deus volveu levar de contado a Habacuc ó seu lugar.
⁴⁰Ó sétimo día veu o rei para chorar a Daniel. Aproximouse á cova e ollou cara a dentro, e viu a Daniel sentado. ⁴¹Entón, berrando con toda a voz, dixo:
—¡Que grande es, Señor, Deus de Daniel, fóra de Ti non hai outro!
⁴²Fíxoo sacar, e ós causantes do atentado botounos na cova, e nun instante foron devorados na súa presencia.

14, 32 *Corpos humanos:* lit. "corpos". O sentido da palabra aparece concretado na versión dos LXX, que di: "dous corpos de condenados á morte".
14, 33 Os LXX omiten a palabra "profeta", que Teodoción aplica a Habacuc. Realmente non se trata dunha referencia ó profeta menor que leva este nome, pois este é moi anterior (s. VI a. C.).

INTRODUCCIÓN Ó LIBRO DE OSEAS

1. A personalidade de Oseas e a súa circunstancia histórica

O editor da obra ofrécenos uns datos cronolóxicos (**1**,1) sorprendentes: presenta ó profeta actuando durante os reinados de Ozías (767-740), Iotam (740-735), Acaz (735-716) e Ezequías (716-687), mentres que do reino do Norte non nos presenta máis ca un rei (Ieroboam II: 781-753), prescindindo da serie de seis reis que seguen ata a desaparición do reino de Israel (cf 2 Re **15**, 8-31; **17**, 1-6). Para o profeta este rápido sucederse de reis en Israel, froito de rexicidios e de divisións entre as tribos, atenta contra a súa concepción teolóxica da Alianza (cf **11**, 1), polo que prefire non menciona-los devanditos reis.

Sen dúbida que as rivalidades de Efraím, co resto das tribos —agravadas polas matanzas de Tapúah (Efraím), e a falta de unidade esixida pola alianza—, foi a principal circunstancia histórica do período de actividade de Oseas, que debeu abarcar desde o ano 750 ata o ano 722. Oseas coñeceu a caída de Samaria, coa que tanto ameazou e que tratou de impedir con tódolos seus esforzos. Este feito non deixou moitos sinais na súa obra, que é unha constante chamada ó cumprimento da Alianza, entendida coma fidelidade ó Deus da revelación histórica, e tamén coma un sólido vínculo entre as tribos.

Sobre as lacras relixiosas, morais e sociais do primeiro período de Oseas, cf Introducción a Amós. O sincretismo relixioso mestura de iavismo e de culto ós deuses cananeos, nos santuarios nacionais israelitas de Dan e Betel, é o principal problema relixioso que implicará a Oseas tanto a nivel persoal coma no seu matrimonio. Por orde de Deus vai casar con Gomer, unha rapaza iniciada na sexualidade matrimonial cun ritual propio do culto a Baal (como era costume en Siria), pois pensaba que así o seu poder xenético sería bendicido mediante a unión sagrada cun sacerdote, instrumento da divindade, antes de unirse ó seu marido Oseas. Este recibe de Deus a orde de aceptala coma esposa e de xerar dela tres fillos, ós que imporá nomes simbólicos, que expresan a denuncia contra as infidelidades do pobo: o primeiro nome —Iezrael— será unha protesta contra os rexicidios e cambios dinásticos, que el remonta xa ó rexicidio de Iehú, un home da mesma dinastía de Ieroboam II. O segundo será unha meniña, á que lle porá o nome de Non-compadecida coma sinal da retirada do amor e compaixón de Deus da casa real. O terceiro recibe o nome de Non-Meu-Pobo, que é expresión do rexeitamento do pobo na súa xeneralidade, coma sinal constante da ruptura da alianza entre Deus e o seu pobo. Esta situación acéptaa por orde divina, e sobre ela fai unha teoloxía de denuncia, de chamada á conversión e de promesa divina de restauración, que máis tarde expresará mudándolle-los nomes ós seus fillos.

Pero neste momento Oseas, movido polos celos, rexeita a súa muller, divorciándose dela (**2**, 4). Motivo tíñao máis ca suficiente, pois non era virxe cando casou con el. E agora ela ten un amigo —é dicir, volve ó culto idolátrico—, e adultera con el. Aínda así, o profeta recibe a orde divina de volver a querela (**3**, 1). O asunto lévao Oseas ós tribunais de Xequem, pois está contra Dt **24**, 1-4. Impónselle unha sanción a Oseas asimilando o caso ó da calumnia contra a esposa (Dt **22**, 13-21), por considerar que Gomer está sendo un xoguete nas mans de Oseas (polos celos e polas ordes que recibe de Deus), ata chegar a ser víctima dunha difamación pública. Despois de todo isto, volven a convivir e a quererse, mostrándose ela coma unha muller fiel.

Detrás desta escura biografía do profeta, escóndense uns celos e un amor profundo pola súa muller, como o deixa entrever **2**, 8-9. A grande teoloxía de Oseas está vinculada con este drama familiar: Deus ama ó pobo coma un marido celoso ama a súa muller infiel, e fai o indicible por recuperala, impedíndolle-lo acceso ós seus amantes (os deuses cananeos do culto dos santuarios de Betel e Guilgal). Oseas, natural probablemente da tribo de Efraím (onde é frecuente o seu nome e onde está situado o santuario de Xequem), herdou da teoloxía elohista e xequemita o senso da alianza e da vida relixiosa coma resposta a Deus ó longo da historia (cf Introducción ó Dt). Por isto une os dous temas, que experimenta reflexados na súa amarga vida: Deus ama coma el, disposto a perdoar e facendo o indicible por ser correspondido con fidelidade. Deste xeito, a teoloxía de Oseas aproxímase ós cumes da historia da revelación neotestamentaria (os escritos paulinos e xoánicos), ó mesmo tempo que enlaza coa máis pura tradición teolóxica de Israel (a reflexada no Dt).

2. Oseas e o Deuteronomio

En confirmación da hipótese proposta na introducción ó Dt e renovada aquí, imos expoñer algunhas coincidencias temáticas e metodolóxicas entre Oseas e o Dt.

Antes de nada, temos que referirnos ás coincidencias metodolóxicas, e sobre todo ó xeito de facer teoloxía da historia. Para o autor deuteronómico, a historia do Éxodo segue condicionando a fe e a moral do pobo fiel dos séculos IX e VIII: Moisés segue sendo quen exhorta o pobo á fidelidade á alianza que se vai renovar (cf discursos e moitos preceptos do Dt fundaméntanse con feitos do Éxodo); Oseas continúa vendo a liberación da escravitude de Exipto coma algo pasado (**11**, 1) e coma algo que vai revivir na deportación do pobo polos asirios (**8**, 13; **9**, 3; **11**, 5); o deserto, pola súa parte, vén ser unha categoría teolóxica de amor esponsalicio de Deus co seu pobo fiel (**2**, 16; **12**, 10...). A rivalidade entre a tribo de Efraim e Samaría (que representa ó resto das tribos), teoloxízase coa figura de Xacob, que segue presente e vivo cos seus pecados nos seus fillos do século VIII (**12**, 3. 13).

Esta mesma constatación metodolóxica reflíctese no dito de "coñece-lo Señor", ou "coñecemento do Señor". Estas expresións parece que aluden ós beneficios de Deus na Historia da Salvación (Éxodo), que o mesmo Deus renovará no pobo, se lle é fiel (cf **4**, 1; **6**, 6). Certo que o amor de Deus polo seu pobo non é algo limitado ó Éxodo, senón que esta Historia salvífica segue actualizándose no presente do s. VIII, e interpretándose á luz do Éxodo e da Alianza. Estas mesmas consideracións teolóxicas están presentes nos primeiros discursos do Dt.

Á parte desta metodoloxía teolóxica ofrécense ideas dignas de terse en conta, entre as que destacan a consideración de Moisés coma profeta (**12**, 14 = Dt **18**, 18), o emprego do título divino "o Deus vivente" (**2**, 1 = Dt **5**, 6; **14**, 1; **32**, 19), e a importancia que nas súas obras ten a renovación da alianza-matrimonio (**2**, 16-25; **3**, 1- 3.9-13...).

Merece especial consideración a referencia constante, propia do Dt, "ó lugar que o Señor escolle para pór alí o seu Nome", en paralelo coa crítica negativa de Oseas ós santuarios de Israel (menos ó de Xequem, ó que defende: cf **6**, 8ss).

# OSEAS

1 ¹Palabra do Señor que lle veu a Oseas, fillo de Beerí, durante os reinados de Ozías, Iotam, Acaz e Ezequías, reis de Xudá, e durante o reinado de Ieroboam, fillo de Ioax, rei de Israel.

I. SIMBOLISMO DO MATRIMONIO E FAMILIA DE OSEAS

Datos históricos e o seu simbolismo

²Comezo da palabra do Señor a Oseas.
Díxolle o Señor a Oseas:
"Vai, escolle para ti unha muller dada á prostitución,
e xera fillos de prostitución,
pois o país estase prostituíndo,
deixando de ir tralo Señor".

³Entón foi e colleu a Gomer, filla de Diblaím, que concebiu, e deulle a luz un fillo. ⁴Daquela, díxolle o Señor:

"Ponlle de nome Iezrael, porque dentro de pouco
pedireille contas á casa de Iehú do sangue vertido en Iezrael
e porei fin ó seu reinado na casa de Israel.
⁵Sucederá no día aquel,
que romperei o arco de Israel,
no val de Iezrael".

⁶Volveu ela a concebir, e deu a luz unha meniña, e o Señor díxolle a el:
"Ponlle de nome *Non-Compadecida*,

1, *Oseas.* Conservámo-la grafía tradicional, aínda que a transcrición literal do nome hebreo debería ser "Hoxea". O xeito de comeza-lo libro é usual nos escritos proféticos, e ten a finalidade de presenta-los oráculos coma auténticos e relativos a un momento concreto da historia, aínda que, por ser revelación divina, teñan valor para tódolos tempos. Na lista faltan os últimos reis de Israel (cf Introd. 1).
1, 2-3, 5 As "accións simbólicas" son frecuentes nos profetas coma unha forma de proclama-la mensaxe con feitos rechamantes, ó mesmo tempo que comezan a realizarse os seus contidos con feitos que os proclaman (cf Is **8**, 1ss; **20**, 2ss; Xer **27**, 2ss; Ez **4**, 1ss; **12**, 1ss). O feito simbólico de Oseas ten especial importancia por ser un simbolismo da propia vida (cf algo semellante en Xer **16**, 1-9). Este feito simbólico, lonxe de ser un truco inventado polo profeta, ten toda a realidade dunha traxedia. A orde divina de casar cunha muller dada á prostitución sacra, e o conseguinte namoramento dela, a loita de celos, o divorcio, a separación, os novos celos e amores, o adulterio por parte dela, a reconstrucción gravosa do matrimonio e da fidelidade futura..., son símbolos da traxedia de Deus no plano divino de salvación do seu pobo.
A historia de Oseas está contada partindo do simbolismo establecido por Deus, que o mesmo profeta proclamou e os seus discípulos recolleron. Por outra banda, a revelación do misterio de Deus revístese dunhas dimensións humanas moi fondas, e incluso atrevidas: un profeta que denuncia unha relixión que sacraliza o sexual, e se atreve a expresar, mediante símbolos humanos sexuais e de filiación pouco ortodoxa, a actitude de Deus co pobo e do pobo con Deus. Con todo, en ningunha outra parte do A. T. se chegou a descubri-lo dinamismo e profundidade do amor de Deus polo seu pobo coma nestes tres cc. de Oseas: Deus, que por amor e celos de amor busca e atrae ó seu pobo infiel. Continúan esta tradición Is, Xer, Ez, o II Is, e o III Is (cf Is **1**, 21; Xer **2**, 2; **3**, 1. 6-12; Ez **16**, 23; cf Is **50**, 1; **54**, 6-7; Is **62**, 4-5). O mesmo N. T. segue esta tradición nas vodas mesiánicas (cf Mt. **22**, 1-14; **25**, 1-13) e na imaxe de Xesús-Esposo (cf Xn **3**, 29; 1 Cor **6**, 15-17; 2 Cor **11**, 2; Ef **5**, 25-33; Ap **21**, 2).
Esta sección está formada por tres grupos de dous oráculos cada un. Os primeiros de cada grupo son de acusación e anuncio de castigo (**1**, 2-8; **2**, 4-15; **3**, 1-2), mentres que os segundos son oráculos salvíficos (**2**, 1-3; **2**, 16-25; **3**, 3ss).
1, 2 *Dada á prostitución.* Non é exactamente unha prostituta, senón a prostitución sagrada coma elemento característico do culto idolátrico, ou a mesma idolatría. A prostituta sagrada en Dt **23**, 18 e en Os **4**, 14 dise "qedoxah"; e o comeren elas do ofrendado ós sacerdotes, fai pensar que son oficiais dos templos, pero este non é o caso. Existía en Babilonia, e probablemente en Siria, o rito da ofrenda á deusa Ixtar da virxinidade das mozas núbiles: un rito no que a divindade masculina (sacerdote do santuario de Baal, o Deus da vida), abría o seo maternal da núbil baixo a bendición da deusa nai. Este parece se-lo caso de Gomer, símbolo e realidade dun pobo dado á idolatría. Os fillos de Gomer e de Oseas serían os fillos da prostitución, no sentido de que o poder xerador da nai era coma un don ou bendición de Axerah (= Ixtar). Nun sentido real, non deberían ser fillos de prostitución, xa que Oseas impónlle-lo nome, cousa propia do pai. Nos vv 2. 4. 7..., que hai que entender na devandita bivalencia muller-pobo, podemos ve-la tensión entre a relixión oficial coa prostitución sagrada (**4**, 13-14), e o culto puramente iavista do santuario de Xequem, que Gomer non acepta. Isto aumenta os celos e dá base para falar de prostitución, adulterio e divorcio.
1, 4 *Iezrael* (heb. Iizreel): "Deus sementa", "Deus recolle". Nome das rexións onde os reis de Israel teñen un pazo, no que Iehú matou a Iezabel, muller de Ahab e ós seus fillos (cf 2 Re **9**, 15-10, 14). O xuízo de Oseas sobre os feitos de Iehú é distinto en 2 Re **9**, 15ss. A casa de Iehú acaba co asasinato do fillo de Ieroboam II, Zacarías, no ano 734, data na que comezan unha serie de magnicidios e cambios dinásticos.
1, 5 *No día aquel...*: fórmula de futuro, que introduce un oráculo frecuentemente salvífico, pero que aquí é un anuncio de desastre. Tamén se usa no N. T. (Mt **7**, 22; Mc **2**, 20; Lc **6**, 23; Xn **14**, 20; 2 Tim **1**, 18...). *O arco* é símbolo do poder (1Sam **2**, 4; Xob **29**, 20). *O val de Iezrael* é lugar tradicional de guerras, especialmente a vila de Meguido, por onde pasaba o camiño de Mesopotamia a Exipto (cf Xuí **4**, 12-16; 1 Sam **28**, 4; 2 Re **23**, 29). O devandito val era, por iso, símbolo do combate escatolóxico (Zac **12**, 11; Ap **16**, 16).
1, 6 A *meniña,* con nome feminino, é símbolo do pobo, representado por unha filla, unha virxe.

pois non volverei seguir
compadecéndome da casa de Israel,
senón que lles retirarei completamente (a
miña compaixón).
⁷(Pero compadecereime da casa de Xudá
e farei que se salve gracias ó Señor, seu
Deus,
e non gracias ó arco,
nin gracias á espada, nin gracias á guerra,
ós cabalos e cabaleiros)".

⁸Cando ela destetou a *Non-Compadecida,*
concebiu e deu a luz un fillo.

⁹Entón o Señor díxolle:
"Ponlle de nome *Non-meu-pobo,*
porque vós non sóde-lo meu pobo,
e eu son *Non-estou-aquí-para-vós".*

A salvación á fin dos tempos

2 ¹O número dos fillos de Israel será coma
a area do mar,
que non se pode medir nin contar.
E sucederá que no santuario no que se
lles dicía "Vós non sóde-lo meu pobo"
diráselles "Fillos do Deus vivente".
²Entón xuntaranse os fillos de Xudá cos
fillos de Israel,
e constituirán para si un xefe único,
e rexurdirán do mundo da morte.
¡Velaí o grande que será o día de
Iezrael!
³Dicídelles ós vosos irmáns: "Meu-pobo"
e ás vosas irmás: "Compadecida".

Proceso xudicial contra Israel, a esposa adúltera

⁴Póndelle preito á vosa nai, póndello,
pois nin ela é a miña muller, nin eu son o
seu marido.
Que retire da súa cara os signos de
prostituta
e de entre os seus peitos as pinturas de
adúltera;
⁵se non, deixareina en coiros, poreina
coma o día en que naceu,
volvereina coma deserto, fareina un
pardiñeiro,
e matareina de sede.
⁶Si, non terei compaixón dos seus fillos,
pois son fillos de prostitución.
⁷Si, a súa nai prostituíuse, a que os xerou
cometeu desvergonzas.
Certo, dicía: "Voume tralos meus
amantes,
que me dan o meu pan e a miña auga,
a miña lá e o meu liño,
o meu aceite e o meu viño".

⁸Por isto: velaí, voulle pór sebe de silvas ó
seu camiño,
vou atranca-lo seu muro,
para que non atope as súas corredoiras.
⁹Correrá tralos seus amantes, pero non os
atopará,
buscaraos, e non os encontrará. Entón
dirá:
"Volvo ó meu primeiro marido,
pois era máis feliz antes ca agora".

1, 7 Glosa que actualiza o texto anterior referido a Xudá, pero con sentido positivo. Sen dúbida é obra dos discípulos de Oseas, refuxiados en Xudá.

1, 9 *Non-meu-pobo:* é a negación da Alianza, e conseguintemente o segundo membro ten que se-la mesma negación vista desde a perspectiva do pobo: "Deus non está para eles" = non ten compromiso de auxilio para o seu pobo. Outros traducen "nin eu existo para vós" ou "nin eu son o que son para vós". Estas solucións esquecen o contexto de alianza.

2, 1 *Santuario.* Os diversos comentarios afirman o valor local do vocábulo hebreo, pero non dan pista ningunha para recoñece-lo lugar onde se lles dicía "non sóde-lo meu pobo". Parece que o tal lugar non pode ser outro ca Xequem (cf o uso de "Deus vivente" en Dt **5**, 6; **14**, 1; **32**,19).

2, 2 A xuntanza dos dous reinos (cf Dt **33**, 7) a impulsos do "Deus que sementa" (= Iizreel), do Deus vivente, hase de entender coma o rexurdimento do mundo subterráneo, do mundo dos mortos ("eres" significa a terra, o mundo, o país, a capital do país; pero aquí equivale ó Xeol, ó mundo dos mortos).

2, 4ss Neste proceso ("rib") contra a esposa (Israel), faltan as testemuñas normais da alianza, que neste intre se revisa, e que sendo os seus fillos non se-los ceos e maila terra. Aquí o preito dirixese contra a nai-pobo, e chámanse coma testemuñas os fillos, para separalos dela. Aínda que no "rib" hai acusación e anuncios de castigo, todo iso vai dirixi-do á conversión, e pode o profeta concluír, coma neste caso, con oráculos salvíficos (**2**, 18-19), ou condenatorios (**4**, 1-19).

2, 4-5 As fórmulas "ela non é a miña muller" e "eu non son o seu marido", son nos textos xurídicos de Nuzi (Asiria) fórmulas de divorcio; o mesmo que o quitarlle os vestidos e botala da casa é unha forma xurídica de divorcio (cf Is **47**, 2-3; Xer **13**, 22; Ez **16**, 37-39; Ap **17**, 16). Despois de referirse á esposa, métese coa terra, que, con tantas riquezas, se volveu infiel (cf Dt **8**, 11ss; Xer **2**, 6).

As prostitutas —sagradas ou non—, usaban bandas na fronte (Xer **42**), aneis e colares (cf v 15; Xén **35**, 4; Ex **32**, 2).

2, 7 Irse *detrás dos amantes,* é linguaxe propia do mundo da prostitución e idolatría, o mesmo ca "irse tras de", "camiñar tras de", é fórmula relativa o comportamento moral. Os amantes son aquí Baal e Axerah (deuses masculino e feminino da vida, da chuvia, da vexetación e da fecundidade).

2, 8 Nin o profeta nin Deus se resignan coa situación de divorcio: buscan impedir que ela atope os lugares de cita cos amantes, para que recapacite. O *seu camiño:* así os LXX e as versións Sirias; "o teu camiño": di o texto hebreo.

2, 9 *Non os atopará:* non encontrará a bendición de Baal nas boas colleitas. Atopar a Deus é experimenta-la súa acción nos beneficios que del se reciben; por isto, a decisión de fe faise depender da felicidade que un experimenta.

¹⁰Ela non sabía que eu era quen lle daba
   o trigo e o mosto e o aceite
   e dáballe prata en abundancia,
   e ouro que empregaban para Baal.
¹¹Por isto volverei, e quitareille
   o meu trigo ó seu tempo,
   e o meu mosto no seu momento,
   collerei a miña lá e o meu liño,
   que habían de tapa-la súa nudez.
¹²Pero agora vou destapa-la súas
      vergonzas
   ós ollos dos seus amantes,
   e ninguén ma quitará das miñas mans,
¹³e farei cesar tódalas súas ledicias: as súas
      festas, os seus novilunios
   e os seus sábados, e tódalas súas
      asembleas de festa.
¹⁴Tamén arrasarei as súas videiras e as súas
      figueiras, das que ela dicía:
   "Elas son a miña paga, a que me deron os
      meus amantes":
   convertereinas nun matogueiro que
      comerán os animais salvaxes.
¹⁵Tamén lle pedirei contas polos días de
      festa en honor dos Baales
   cando lles facía ofrendas de incenso
   e se adornaba cos seus aneis e coas súas
      alfaias
   e ía tralos seus amantes
   mentres se esquecía de min —é o Señor
      quen fala—.

Fin do proceso: Anuncios de Salvación

¹⁶Por isto, velaí, eu mesmo a vou seducir:
   levareina ó deserto e falareille ó seu
      corazón,
¹⁷e desde alí dareille as súas viñas,
   e convertereille o val da Aflicción en
      porta da Esperanza,
   e alí hame responder coma nos días da
      súa mocidade,
   coma o día en que subiu de Exipto.
¹⁸E o día aquel —é o Señor quen fala—
   chamarasme "Meu marido", e non me
      volverás chamar "Baal-Meu-Dono"
¹⁹Eu retirarei da súa boca os nomes dos
      Baales,
   que non volverán ser nomeados cos seus
      nomes.
²⁰No día aquel farei unha alianza en favor
      deles,
   cos animais salvaxes, cos paxaros do ceo
      e cos reptís do chan:
   romperei o arco e a espada e maila
      guerra, arredándoos do país,
   e fareinos durmir na tranquilidade.
²¹Casarei contigo para sempre.
   Casarei contigo a prezo de xustiza e de
      dereito,
   de bondade e de misericordia.
²²Casarei contigo porque me fío de ti
   e entón recoñecera-lo Señor.

2, 10 Contrapón os dons de Iavé co emprego que a esposa-pobo lles dá no culto a Baal.

2, 12 As *vergonzas* que Deus destapa son a falta dos bens que lle tiña que dar. A expresión "ninguén ma quitará das miñas mans", ten sentido de castigo inexorable (cf Xob **10**, 7; **19**, 21; **38**, 7), ou ben de protección (Xn **10**, 28).

2, 13 Por falta de bens materiais das colleitas, o pobo non pode celebra-las súas festas de romaría.

2, 14 A videira e a figueira son os símbolos da vida sedentaria segura e tranquila (1 Re **5**, 5; Miq **4**, 4; Zac **3**, 10); pero aquí vólvense en paga de prostituta (cf Dt **23**, 19), polo que o Señor as devasta, rematando así coa paga dos amantes.

2, 16 *Seducir*. A mesma raíz úsase para significa-la violación ou engano dunha mociña, en Ex **22**, 12; Xuí **14**, 15; **16**, 5. A expresión falar *ó corazón* dunha muller, úsase coma diálogo amoroso e íntimo (Xuí **19**, 3; Rut **2**, 13; Xer **34**, 3). *O deserto* ou descampado, deshabitado, era o lugar lóxico das seduccións, pero aquí equivale a revivi-la experiencia da Pascua, do Horeb, dos coidados e amores de Deus; por isto é o lugar da renovación da Alianza e relembra o tempo de fidelidade de moza enamorada (**11**, 1-14; **12**, 10; Xer **2**, 2-3; Am **5**, 21).

2, 17 *Desde alí:* alude ó deserto, no senso da renovación do amor entre os dous que conclúen a Alianza. A renovación da Alianza supón a renovación do don da terra (cf Dt **31**, 9-13). A liturxia da renovación da Alianza, en relación con Dt **15**, 1-2, implica o perdón das débedas e a devolución das terras que cambiaran de dono. *O val da Aflicción* (= "Val de Acor", cf Xos **7**, 24-26 e nota) xa non terá resonancias lúgubres, senón que será digno de esperanza.

2, 18 *Marido*. Subliña aquí o senso de nivelación coa esposa (cf Xer **2**, 23), mentres que Baal (= Dono), indica a superioridade do home, señor, e dono da esposa (Xén **20**, 3; Ex **21**, 3; Dt **24**, 4) A nova situación da alianza será niveladora, e non escravizante como era a idolátrica con Baal. O amor (Xer **31**, 31-33) busca a igualdade no plano relixioso e familiar, mentres que o interese económico (motivo da idolatría) escraviza.

2, 19 Alude sen dúbida ó costume dos nomes teofóricos de persoas, compostos do nome de Baal, como Exbaal (= home de Baal) de 1 Cro **8**, 33; **9**, 39. O nome teofórico implica a consagración á divindade.

2, 20 Este pacto cos animais salvaxes e a supresión das armas é característico dos textos escatolóxicos (Is **2**, 4; **11**, 6-8; **65**, 25; Ez **34**, 25. 28; Zac **9**, 10).

2, 21s *Casarei:* o vocábulo designa o feito de contraer matrimonio, entregándolle o dote ("mohar") ó pai da noiva (cf 2 Sam **3**, 14). *A prezo de,* equivale ó "mohar". Os substantivos que seguen expresan as actitudes de Deus na conclusión da Alianza, a súa fidelidade ás promesas, o seu amor gratuíto co débil ("hésed"), a compaixón emotiva e a indulxencia co culpable (Sal **51**, 3). Aínda que as actitudes de Deus son tales, esixen a correspondencia do pobo (a propia fe).

2, 22 "Recoñecer ó Señor" significa experimenta-los seus beneficios no futuro (v 23), porque se fía un del, ó coñece-los seus beneficios do pasado (cf reflexión teolóxica sobre a historia, nos discursos do Dt).

²³O día aquel —é o Señor quen fala— eu escoitarei ó ceo,
o ceo escoitará á terra, ²⁴e a terra escoitará ó trigo, ó mosto e ó aceite,
e eles escoitarán a Iezrael.
²⁵Eu sementareino a el —"a sementeira de Deus"— para min no país,
e compadecereime da Non-Compadecida,
e direille ó "Non-meu-pobo":
"Ti e-lo Meu-pobo", e el responderame: "Meu-Deus".

A súa reconciliación onerosa, símbolo do amor do Señor

3 ¹Díxome o Señor:
"Volve outra vez, e ama unha muller que ten un querido e comete adulterio".
Así é o amor do Señor ós fillos de Israel, mentres eles se están
volvendo ós deuses alleos, deléitanse ofrendando tartas de uvas.
²Entón compreina por quince moedas de prata e por un *ómer*
e máis un *létek* de cebada ³e díxenlle:
"Durante moitos días vivirás séndome fiel,
non te prostituirás nin serás doutro home,
e tamén eu mandarei en ti".
⁴Por moitos días vivirán os fillos de Israel sen rei e sen príncipe,
sen sacrificios e sen estelas, sen *efod* nin *terafim*.
⁵Despois disto volverán os fillos de Israel, a busca-lo Señor, o seu Deus, e a David, o seu rei,
e volveranse tremendo de ledicia cara ó Señor e cara ós seus bens ó final dos días.

II. OS PREITOS DO SEÑOR

Contra os que mandan no país

4 ¹Escoitade a palabra do Señor, fillos de Israel.
Velaí o preito do Señor cos que mandan no país,
pois non hai fidelidade nin amor nin coñecemento de Deus no país.
²Os perxurios, a mentira, o asasinato, o roubo e o adulterio están difundíndose,
e imaxes de ídolos están tropezando con imaxes de ídolos.
³Por isto reseca o país e morre de sede todo o que vive nel,
o mesmo os animais salvaxes cós paxaros do ceo,
e ata os peixes do mar desaparecen.

2, 23-25 Neste último párrafo sobre o día escatolóxico ("o día aquel"), dáse coma no primeiro unha clarificación anti-idolátrica, xa que todo el está construído arredor do verbo "anah" (= escoitar, responder), que fai senti-lo nome da deusa cananea "Anat", deusa da escoita e da resposta ás súplicas. Esta semellanza pode explica-la longa lista de intermediarios —Iavé, o ceo, a terra, o trigo, o mosto e o aceite, e Iezrael—, que debían figurar no ritual máxico de fertilidade e fecundidade. Iezrael é neste verso o val fértil de Israel; pero no seguinte vaise clarificar segundo o seu sentido etimolóxico (= Deus semente, *sementeira de Deus*).

3, 1-2 A explicación deste feito histórico —á parte do valor simbólico—, consiste en que o tribunal de Xequem lle impón a Oseas a obriga de recolle-la súa muller (segundo a lei de Dt **22**, 13-21) despois de divorciarse dela. O querido, sería Baal, ou Iavé-Baal; a reducción da multa, de 100 moedas de prata a 15 máis un *ómer* (= 450 litros) e un *létek* (= 225 litros) de cebada, obedecería ó feito de que o costume indicado na nota a **1**, 2 non se podía invocar coma caso concreto de aplicación da lei de Dt **22**, 13ss, aínda que fose un atenuante. Outros autores pensan que se trata do valor do rescate dunha serva, tal como se establece en Ex **21**, 32 e Lev **27**, 4.

3, 1 *Que ten un querido*: lit. "que ama" (así di o texto grego dos LXX, e a Vulgata latina); "amada" (segundo o texto hebreo).

3, 4 O senso da frase é que o pobo será de tal xeito fiel ó Señor, que non precisará xa dos signos da presencia e da acción do Señor. Outros autores ven nesta frase un senso de castigo polas infidelidades a Deus no culto; pero este valor está fóra da lóxica interna propia dunha acción simbólica de fidelidade matrimonial. O *efod* e os *terafim* eran instrumentos para consultar a Deus e para coñece-la resposta de Deus sobre o futuro.

3, 5 Esta frase é consecuencia dunha relectura do texto anterior, feita polos discípulos de Oseas despois da experiencia desastrosa da caída de Samaría. Neste momento entendeuse o v 4 coma alusivo á deportación, e déuselle a esta un valor purificatorio previo á definitiva intervención salvífica de Deus.

4, 1ss Máis ca de oráculos de xuízo condenatorio, trátase de preitos, ou procesos ("rib") coa conclusión condenatoria, pero que non teñen aínda a altura técnica e unha estructura tan marcada como no século VI, durante o exilio.

4, 1 *Cos que mandan*. Poderíase traducir "cos que viven no país", pois o verbo "iaxab" significa morar, vivir, sentarse no trono, mandar. Polo contexto que segue, hai que traducir *os que mandan*, xa que é ós dirixentes a quen se refire toda a sección: ó pobo máis ben se lle disculpa o seu pecado, en boa parte irresponsable (cf vv 13-14). A acusación abrangue sobre todo os aspectos que o pobo de Deus debía coidar, coma a fidelidade e a intimidade con Deus e o bo comportamento respecto dos demais. Pero a súa actitude é a contraria da que debía ter (cf **2**, 21-22).

4, 2 Estes catálogos de pecados debían ser parte da ensinanza impartida no santuario de Xequem.

Contra os sacerdotes e profetas

⁴Certo, con lume sentencia Deus; si, Deus castiga con lume;
pero contigo precisamente é o meu preito, sacerdote.
⁵Tropezarás de día, e contigo tamén tropezará o profeta de noite;
si, reducireinos poderosamente ó silencio;
certo, ⁶o meu pobo será reducido ó silencio por falta de coñecemento.
Xa que refugáche-lo coñecemento de seres sacerdote para min;
ti esquecíche-la lei do teu Deus: así tamén eu
me esquecerei dos teus fillos.
⁷Canto máis ricos son, máis pecaron contra min.
Cambiarei a súa gloria pola ignominia.
⁸Aliméntanse do pecado do meu pobo.
abren a gorxa anceiando as súas culpas.
⁹sucederalle ó pobo o mesmo ca ós sacerdotes:
pedireille contas do seu comportamento
e farei volver contra el as súas obras:
¹⁰comerán e non se fartarán; fornicarán, e non se saciarán,
porque abandonaron o Señor, para venera-la prostitución.
¹¹O viño e mailo mosto quítanlle o xuízo
¹²ó meu pobo,
que consulta a unha árbore, infórmao unha ponla de árbore,
pois un espírito de prostitución descarríaos, e fornican abandonando o seu Deus.

¹³Sacrifican no cume das montañas,
e sobre os outeiros ofrendan incenso,
debaixo do carballo e do amieiro e do terebinto,

¡Que agradable é a súa sombra!
Por isto as vosas fillas daranse á prostitución,
e as vosas noras cometerán adulterio.
¹⁴Non lles pedirei contas ás vosas fillas por se prostituíren
nin ás vosas noras por se daren ó adulterio;
pois os mesmos sacerdotes van á parte coas prostitutas,
comparten os banquetes sacrificiais coas prostitutas sagradas;
por isto o pobo, que non entende, vai á ruína.
¹⁵Aínda que ti, Israel, es unha prostituta,
que non se volva culpable Xudá.
Si, non vaiades a Guilgal,
non subades a Bet-Aven,
nin xuredes alí: "Vive o Señor".
¹⁶Se Israel escorna coma unha xuvenca, que escorne;
agora o Señor vainos deixar pacer coma os carneiros na chaira do Xeol.
¹⁷Efraím está asociado ós ídolos,
el transmite en herdanza ¹⁸a apostasía dos que beben no templo;
dáse de cheo á prostitución, a fornicar:
¡aman as vergonzas do seu protector!
¹⁹Un vendaval envólveos nas súas ás,
e así avergónzanse dos seus sacrificios.

4, 3 En vez dunha prosperidade de vexetación e da vida material (cf **2,** 23-24), preséntase unha situación de seca e de morte coma un signo de castigo ou coma castigo real.
4, 4 *Sacerdote* equivale aquí á corporación de sacerdotes dos templos oficiais, non preocupados polas tradicións iavistas, senón máis ben polas paganizantes.
4, 5 O tropeza-lo *profeta de noite* é un indicativo dunha das formas máis habituais da recepción da palabra: a visión nocturna, o soño.
Reducir *ó silencio* significa privar da actividade propia a estes profetas e sacerdotes. O pecado profesional de non ofrecer-lo coñecemento de Deus é a causa de seren rexeitados eles e maila súa descendencia.
4, 7 *A súa gloria* é a adoración de Iavé, ou o mesmo Iavé, mentres que a ignominia son os Baales e o seu culto.
4, 8 Os sacerdotes recibían parte de certas ofrendas sacrificiais (Lev **6,** 19-22; **7,** 7), e por isto alimentábanse do froito dos pecados idolátricos do pobo. *Abren a gorxa anceiando:* lit. "levantan a gorxa" (heb. "néfex"), raíz do apetito e do degaro.
4, 10-12 Estes vv mostran o castigo nos mesmos feitos idolátricos que ofenden a Deus: os banquetes sacrificiais con bo viño, prostitución sagrada, consultas ós ídolos, e adiviñación polo movemento das follas das árbores ou nos bosques sagrados (v 13 e 2 Sam **5,** 24). No v 12, a prostitución ten dobre sentido: o ordinario e mailo de ruptura da alianza con Iavé.
4, 14 *Prostitutas sagradas:* o vocábulo hebreo indica vínculo ou consagración permanente destas mulleres ó culto da fertilidade de Baal e Axerah. Todo o v mostra unha propensión a atenua-la culpabilidade, por mor do mal exemplo.
4, 15 *Guilgal* era o santuario da zona de Iericó (cf Xos **5,** 2-9); *Bet-Aven* ("casa ou templo de iniquidade") é unha paronomasia despectiva de Betel ("casa ou templo de Deus"). O xuramento por Iavé era un acto de culto iavístico lícito; pero, no ambiente destes santuarios, resulta sincretista e pagán.
4, 16 A imaxe da *xuvenca que escorna* ten a súa base no nome Iexurún de Dt **32,** 15 e **33,** 5. 26. Aquí o becerro (heb. "xur") pasa a ser unha xuvenca que escorna, e logo un rabaño de carneiros que Iavé, coma Mot (= A Morte), vai apacentar na chaira do Xeol (cf Sal **49,** 15).
4, 19 *O vendaval* (heb. "rúah") é un espírito que, coma forza interna, arrastra á prostitución sacra, cousa que lle agrada ó pobo (cf **5,** 4). Oseas, en troques, valora o culto sacrificial.

Contra os sacerdotes e os dirixentes políticos

5 ¹Escoitade isto, sacerdotes;
prestade atención, os da casa de Israel;
oíde, os da casa do rei, pois a sentencia é para vós,
xa que fostes unha trampa en Mispah,
e unha rede tendida no Tabor.
²Si, sentíanse profundamente afeccionados a sacrificar ás imaxes,
pero eu serei quen os castigue a todos eles.
³Eu coñezo ben a Efraím,
e Israel non se me esconde.
Certo que ti, Efraím, te dás agora á prostitución,
si, emporcállase Israel;
⁴as súas obras non lle permiten apartar dos seus deuses,
xa que teñen dentro deles un espírito de prostitución,
e ó Señor non o coñecen.
⁵A soberbia de Israel testemuña contra el mesmo,
Israel e mais Efraím están a punto de caer pola súa iniquidade,
e con eles cae tamén Xudá.
⁶Coas súas reses e vacas van busca-lo Señor,
pero non atopan o seu liberador.
⁷Velaí: traicionaron ó Señor,
e enxendran fillos bastardos;
por iso un Novo Baal devoraralles a cada un a súa herdanza.

Anuncios de castigo acerca da guerra Siro-efraimita

⁸Tocade o corno en Guibah, a trompeta en Ramah,
dade a alarma en Bet-Aven: "Olla para os perseguidos, Benxamín".
⁹Efraím converterase nunha desolación o día do castigo.
Contra as tribos de Israel anuncio eu o que é seguro.
¹⁰Os xefes de Xudá son os que mudan os marcos:
sobre eles verterei o meu noxo coma auga.
¹¹Efraím está oprimido, quebrantada está a xustiza,
aínda que quere persegui-lo seu dereito;
¹²pero eu son para Efraím coma un tumor,
coma podremia para a casa de Xudá.
¹³Cando viu Efraím a súa enfermidade, e Xudá a súa chaga,
foi Efraím a Asiria, e mandou emisarios ó gran rei,
pero este non será capaz de curarvos, nin vos quitará a chaga.
¹⁴Si, eu serei coma un león para Efraím
e coma un cachorro de león para Xudá;
eu, eu en persoa, esgazarei e marcharei;
apresarei, e non haberá quen salve.

Retirada do Señor e denuncia da falsidade da liturxia penitencial de Israel

¹⁵Voume volver ó meu santuario, ata que se sintan culpables,
entón buscarán o meu rostro, cando estean na angustia;
na angustia desexaranme ardentemente.

6 ¹Vinde e volvámonos ó Señor.
É El quen nos desgarra e quen nos curará,

5, 1 No A. T. hai moitos lugares indicados co nome de *Mispah,* polo que é imposible identifica-lo lugar ó que se refire o texto. Sobre o Tabor, cf Dt 33, 19, que alude á presencia dos pobos no monte de Zebulón e Isacar, aínda que no Dt se fala de sacrificios lexítimos, cousa que non sucede no tempo de Oseas.
5, 4 O home é espírito: ten a capacidade de ser movido por Deus, polo espírito de Deus e por espíritos malos, coma neste caso. Os malos feitos impiden que o home e o pobo coñezan o Señor e acepten a súa revelación a través da historia. A actitude de segui-lo propio xuízo relixioso-moral por impulso das propias obras, chámase soberbia (v 5).
5, 6 A busca do Señor realízase mediante sacrificios rituais, que non bastan para atopa-lo seu liberador.
5, 7 A traición ó Señor realizábase na prostitución sagrada, da que saían os fillos bastardos (no dobre senso: físico e relixioso). Por isto, ó se multiplicaren os adoradores de Baal o Novo (= o rexurdido en cada primavera), a terra será devorada por Baal, en vez de ser herdanza do pobo de Iavé.
5, 8-14 Aparecen aquí (v 8) unhas motivacións expansionistas de Xudá a costa de Benxamín (Ramah e Guibah pertencen a Efraím). Unha acusación concreta contra Xudá: que muda *os marcos.* Efraím (= Israel) é oprimido, busca o seu dereito, pero será castigado cun tumor (idolatría e sincretismo relixioso) que o envelena. Manda unha embaixada ó rei de Asiria, que lle resulta nociva. Detrás de toda esta historia, o profeta ve a actuación de Deus na imaxe do león que castiga irremisiblemente (vv 11-14). Hai aquí unha visión da guerra siro-efraimita distinta da que se soe dar.
5, 16-6, 11 Estes textos forman unha unidade temática, e soamente nesa unidade teñen senso. O v 15 é un anuncio oracular da retirada de Deus e dos sinais da súa presencia benévola, posiblemente verificada con ocasión dunha seca **(6,** 3). Os vv 1-3 conteñen unha chamada á participación na liturxia penitencial, con expresións de fe e de agradecemento pola escoita divina, pero tamén cunha tal seguridade, que chega ata a concepción máxima do ritual penitencial.
Os vv 4-11 conteñen unha serie de denuncias da falta de fidelidade ós compromisos da Alianza, e presentan, en forma de oráculo, as esixencias concretas do Deus da Alianza (v 6).

quen nos fere, e nos vendará,
²faranos revivir despois de dous días,
ó terceiro día restableceranos, e
  viviremos felices na súa presencia.
³Nisto recoñecerémolo.
Esforcémonos por coñece-lo Señor:
a súa irrupción é segura coma a alba.
Viranos á terra certamente unha chuvia
  forte,
si, a chuvia da primavera
e a chuvia do outono.

⁴¿Que che vou facer, Efraím? ¿Que che
  vou facer, Xudá?
O voso amor é coma a nube da mañá,
coma o orballo da madrugada, que
  pasa.
⁵Por isto ferín co meu terrible oráculo,
matei coas palabras da miña boca,
e a miña sentencia brilla coma o sol,

⁶pois quero amor, e non sacrificios,
prefiro o coñecemento de Deus ós
  holocaustos.
⁷Pero velaí: pisaron coma a terra a miña
  Alianza,
e traicionáronme.
⁸Galaad é unha cidade de malfeitores con
  pisadas de sangue.

⁹Como espreita unha banda de bandidos,
así é a comunidade dos sacerdotes,
asasinan polo camiño que vai a Xequem.
¡Que maldades cometen!

¹⁰Na casa de Israel vin cousas horribles:
Velaí a prostitución de Efraím,
emporcállase Israel.
¹¹Tamén para ti, Xudá, está preparada a
  seitura.

XUÍZO SOBRE A HISTORIA CONTEMPORÁNEA

Introducción: os golpes de estado

Cando eu queira cambia-la sorte do meu
  pobo,

7 ¹cando eu queira curar a Israel,
entón revelarase a culpa de Efraím
a ruindade de Samaría,
pois practican a falsidade.
O ladrón entra dentro,
a banda dos malfeitores vaga pola rúa.

²Non miran para os seus adentros,
que eu me lembro de toda a súa maldade.
Agora as súas accións téñenos envoltos,
e están diante do meu rostro.
³Coa súa maldade alegran ó rei
e coas súas falsidades ós xefes.
⁴Todos eles son dados ó adulterio,
eles son coma un forno que arde,
no que o panadeiro deixa de o atizar,
desde que se fai a masa

6, 2 Os *dous días* e o *terceiro día:* cantidade de tempo precisa, que polo contexto parece ser curto. Na frase "ó terceiro día restableceranos e viviremos felices", foi onde Xesús e a primitiva Igrexa perciberon a resurrección ós tres días, segundo as Escrituras (cf 1 Cor **15,** 4; Lc **24,** 6), seguindo as leis esexéticas daquel momento histórico.
6, 4 *O voso amor* ("hésed") é aquí a resposta ó amor de Deus mostrado na historia da salvación, que debería levar ó cumprimento da Alianza. O amor a Deus ponse en paralelo co coñecemento de Deus (v 6).
6, 6 Os sacrificios do A. T. non teñen outro valor có de seren signos e expresión de fidelidade ó amor de Deus, concretada no cumprimento dos seus mandamentos. Doutro xeito, non teñen valor relixioso, e menos aínda coa mentalidade máxica do culto que Oseas ve nos seus destinatarios. Na nova Alianza, en troques, o sacrificio de Xesús obediente ata a morte ten valor salvífico absoluto.
6, 7 O texto di "adam", que ha de entenderse coma "adamah" (superficie da terra, o chan). Nótese tamén o paralelismo entre "a miña Alianza" e "a min" (= Deus mesmo).
6, 8 Sobre a localización do antigo santuario de Galaad, cf Xén **31,** 46-48. Os crimes poden se-los indicados en 2 Re **15,** 25.
6, 9 Esta comunidade de sacerdotes sincretistas, que asasinan ós que van camiño de Xequem, vese contraposta ó sacerdocio levítico, celoso gardador e promotor das máis puras tradicións teolóxicas en Israel (cf Introd. ó Dt).
6, 11 *Seitura,* Este termo, coma o da vendima, significa o xuízo de Deus e o correspondente castigo purificador. O presente v é unha glosa referida a Xudá.
7, 1ss Para a mellor comprensión do texto, débense ter en conta as seguintes observacións: Efraím é poucas veces sinónimo de Israel ou Samaría (**7,** 3; **11,** 8); en **13,** 1 aparece Efraím coma unha parte e Israel coma o todo; o máis frecuente é que haxa bloques referidos a Israel (**8,** 1-9a) e bloques referidos a Efraím (**7,** 8-16; **8,** 9b-13; **9,** 3-17).
Estas observacións obríganos a recordar algúns datos de 2 Re **15,** 16-17, 6, relativos á historia deste turbulento período de tempo: Zacarías, da dinastía de Iehú, é asasinado por Xalum, e Xalum por Menahem, que sae de Tirsah, na tribo de Menaxés, e arrasa Tapúah e o seu territorio, na tribo de Efraím, por non lle abri-las portas. Na campaña de Teglatpeléser III contra Siria, Menahem págalle 1.000 talentos de prata a Teglatpeléser para asegurarse no trono. A conclusión é lóxica: Xalum é natural da poderosa tribo de Efraím, que quere pórse á cabeza de Israel. A Menahem sucédelle o seu fillo Pecahías, que ós dous anos é asasinado por Pécah (presumiblemente galaadita, pois acompáñano 50 homes de Galaad). Por falta de apoio, ós dous anos desta campaña asasínao Oseas, un home ó parecer efraimita.
7, 4 *O adulterio* significa a alianza oposta á verdadeira alianza; aquí, a alianza golpista, sempre disposta a outras alianzas con Exipto e Asiria (cf **7,** 11; **8,** 3...). A situación seméllase a un *forno,* do que non pode saír pan bo, pois xa non ten calor ó mete-lo pan.

ata que leveda.
⁵De día os reis enferman de repente,
os xefes teñen a calentura do viño,
e dánlle-la súa man incluso ós bandidos.
⁶Si, levan dentro de si coma un forno,
pois o seu corazón está na trama.
Toda a noite dorme a súa paixón;
pola mañá está ardendo coma un lume en labarada.
⁷Todos eles arden coma un forno,
para devora-los seus soberanos,
caen tódolos seus reis,
sen haber entre eles quen acuda a min.

A actitude de alianzas políticas de Efraím

⁸Efraím está entre as nacións, mestúrase con elas.
Efraím é un freixó, ó que non se lle deu a volta.
⁹Estranxeiros devoran a súa forza, e el non se dá de conta.
Xa lle veñen pouco a pouco as canas, e el non se dá de conta.
¹⁰A soberbia de Israel testemuña contra el mesmo,
pero non se volveu ó Señor, o seu Deus,
nin o busca coa súa conversión.
¹¹Efraím é coma unha pomba, que se deixa seducir, sen xuízo:
chaman ás portas de Exipto, corren a Asiria.
¹²Así que se vaian, eu estenderei sobre eles a miña rede;
coma os paxaros do ceo, fareinos baixar,
castigareinos conforme ó anuncio feito na súa asemblea.
¹³¡Ai deles! Pois fuxiron de onda min.
¡Desgracia para eles! Pois rebeláronse contra min.
Si, eu debería rescatalos, pero eles falaron contra min falsidades
¹⁴e non clamaron cara a min desde o seu corazón, cando se lamentaban nos seus leitos.
Fixéronse clientes de Dagán e de Tirox, e apartáronse de min,
¹⁵aínda que eu os instruín,
fortalecínlle-los seus brazos,
mentres maquinaban o mal contra min.
¹⁶Volvéronse ó que non é Altísimo, e foron coma un arco falso.
Caeron á espada os seus xefes, por culpa da maldición da súa lingua.
Isto é a súa burla, que trouxeron de Exipto.

Xuízo sobre Israel e a súa política

8 ¹¡Fai da túa boca unha trompeta: unha aguia está sobre a casa do Señor!
Porque transgrederon a miña Alianza e revoltáronse contra a miña lei.
²A min claman eles: "¡Deus de Israel, nós recoñecémoste!"
³Israel rexeitou ó Bo, seguiron ó inimigo.
⁴Eles constituíron reis, pero sen contar comigo,
constitúen xefes, pero non os recoñezo.
Da súa prata e do seu ouro fixeron ídolos,
para se aniquilaren eles mesmos.
⁵Certo que rexeitei o becerro de Samaría,
a miña ira arde contra eles.
¿Ata que día serán incapaces da pureza?

7, 7 *Soberanos* (heb. "xofetim"). A miúdo significa xuíces; pero aquí, en paralelo con reis, equivale a soberanos, pois soamente a eles correspondía a función xudicial de premiar. O rei era un personaxe sacro, debido a súa función de representante de Deus, polo que a súa morte violenta clamaba vinganza.
7, 8ss O texto débese referir ós preparativos do golpe de estado de Xalum, no que se condenan as alianzas coas nacións e os regalos a estas mesmas nacións (Exipto e Asiria), e sobre todo o seu culto cananeizante, que busca os intereses materiais en contra da alianza co Señor.
7, 9 *As canas* son símbolo da sabedoría, xa que esta é froito da experiencia e da reflexión, que vén cos anos.
7, 10 O primeiro verso deste v está tomado de **5**, 5. Por esta razón, e máis por rompe-lo oráculo relativo a Efraím, ten de considerarse unha glosa.
7, 11b Os cambios dinásticos interprétanse coma unha posible vontade divina de progreso relixioso e humano: pero resultan un desvelamento da ruindade dos promotores: Efraím e a clase dirixente de Samaría, situada na tribo de Menaxés, que aquí representa ó resto das tribos.

7, 12 Os que se van son os emisarios efraimitas que reclaman o arbitrio das grandes potencias sobre o golpismo de Menahem e dos menaxitas. O castigo é o esmagamento que realiza Menahem (cf 2 Re **15**, 14. 16ss).
7, 14 *Dagán* era a divindade dos cereais (Ceres, na mitoloxía latina). *Tirox* era a divindade protectora da viña, (o Baco latino). Son deuses do panteón cananeo.
8, 1ss Resposta profética condenatoria da subida ó trono de Menahem, facendo referencia ó tributo que pagaba a Asiria (vv 7-9a).
8, 1 A trompeta usada na guerra é aquí signo de perigo: unha ave de rapina ameaza ó reino do Señor.
8, 3 A alianza con Asiria (= o inimigo) supón a ruptura da alianza con Iavé (= "o Bo").
8, 5 Oseas, fiel ó espírito do Dt **4**, 15-20 e **5**, 8-10, é o primeiro que rexeita coma idolátrico o becerro de Samaría, símbolo do trono de Iavé que, naquel ambiente sincretista, se prestaba a identificacións coa divindade "El" (en ugarítico "touro") ou con Baal, deus de fertilidade e fecundidade, simbolizada polo poder xenético do Touro. A *pureza* é aquí o fiel seguimento da lei do Señor.

⁶Si, é cousa que veu de Israel:
faino un artista, por iso non é Deus;
en anacos será convertido o becerro de
Samaría.
⁷Abofé, sementan vento e colleitan
tempestades.

Xuízo sobre Efraím e o seu rei Oseas

A anada non ten froito, non produce
gran,
se producise algún, devoraríano
estranxeiros.
⁸Devoran a Israel:
agora está entre os pobos coma un
obxecto sen valor.
⁹Velaí soben a Asiria;
Efraím é un asno salvaxe: non é fecundo,
pero dánselle os amoríos.
¹⁰Si, dánselle ben os amoríos coas nacións,
pero vouno agarrar: retorcerase algún
tempo
baixo o peso do rei de príncipes.
¹¹Si, Efraím multiplicou os seus altares
para se desempecatar,
pero os altares servíronlle para pecar.
¹²Escríbolles con abundancia as miñas leis,
e consideráranas coma cousa allea.
¹³Ofrecen sacrificios, por amor a min e
comen a súa carne,
pero o Señor non se comprace neles.
Agora El lembra as súas culpas
e castiga os seus pecados.
Si, teñen que voltar a Exipto.
¹⁴Israel esqueceu o seu Creador
e construíu palacios.

Xudá multiplicou as cidades nas alturas.
Pero eu mando lume contra as súas
cidades,
que devorará os seus palacios.

O reinado do efraimita Oseas

9 ¹¡Non te alegres, Israel!
¡Non brinques de xúbilo, meu pobo!
Pois prostituícheste apartándote do teu
Deus,
e amáche-la paga da prostituta,
sobre tódalas eiras de Dagán,
²sobre a eira e o lagar de quen non é forte.
O tronador e cambaleante Tirox está
entronizado en Israel,
³pero non reinará no país do Señor.
Por isto Efraím terá que voltar a Exipto,
e en Asiria terán que comer alimentos
impuros.

⁴Non ofrendaron ó Señor libación do seu
viño,
nin lle presentaron os seus sacrificios.
Terá un pan de loito; tódolos que o
comen se volverán impuros.
Pois o seu pan servirá para as súas
gorxas,
pero non entrará na casa do Señor.
⁵¿Que preparedes para o día da
xuntanza,
para o día da festa do Señor?
⁶Aínda que queiran escapar da ruína,
xuntaraos Exipto, enterraraos Menfis.
Aínda que a prata lles resulta cousa
preciosa,

8, 7-9 As escasas colleitas e o tributo que teñen que subir a Asiria, considéraos o profeta coma un castigo pola idolatría de Israel.
8, 9-14 Baixo a forte imaxe do onagro salvaxe, infecundo pero cachoeiro, expresa o profeta a triste política de alianza de Efraím que produce os froitos negativos da deportación de Asiria (vv 9. 10 e final do 13).
Como razóns teolóxicas sinala Oseas a multiplicación do culto idolátrico e a desobediencia á lei do Señor. O momento histórico deste texto cadra mellor co reinado do efraimita Oseas, que rematará na deportación a Asiria.
8, 10 O *rei de príncipes* é o rei de Asiria Xalmanasar V.
8, 13 *Voltar a Exipto:* cf nota a **9,** 3. A expresión ten un valor simbólico-teolóxico: un novo desterro e escravitude.
8, 14 Todo este v é un engadido para aplicar a Xudá os oráculos ditos de Efraím (que neste caso é sinónimo de Israel, por estar Israel rexido polo efraimita Oseas).
9, 1-17 Todo o c. se refire á ruptura do pacto con Asiria, no reinado de Oseas (2 Re 17, 4), e anuncia as consecuencias da deportación, ó mesmo tempo que indica as causas teolóxicas da mesma. O texto desenvólvese en cinco estrofas ou seccións: a) vv 1-3: a ledicia por non paga-lo tributo terá coma resposta a escravitude en Asiria; b) vv 4-6: a falta de culto ó Señor é a causa da deportación a Asiria, coa conseguinte perda da esperanza; c) vv 7-9: axuste de contas, por despreza-lo profeta, tratándoo de louco e delirante; d) vv 10-14: o culto a Baal, deus cananeo da vida, terá coma castigo a esterilidade e a privación de varóns; e) vv 15-17: a rebeldía dos reis vén desde sempre: por isto o castigo será a esterilidade e o desterro. Hai que notar que o estilo e xénero literario non son os dos oráculos de xuízo de castigo, senón os dos discursos de reflexión teolóxica sobre a historia, propia do Dt.
9, 1 A ledicia de Israel vén provocada pola negación do tributo a Asiria. Israel designa aquí a tódalas tribos e practicamente equivale ó Efraím do v 3, por reinar en Israel un efraimita. A prostitución e a paga de prostituta aluden ó pacto con Exipto (cf 2 Re **17,** 4).
9, 2 *Quen non é forte. O tronador e cambaleante:* cualificativos referidos ás divindades cananeas (cf nota a **7,** 14), que consideran o pacto con Exipto coma algo interesante e utilitario, ó mesmo tempo que describen a situación idolátrica na que vive o país.
9, 3 *Voltar a Exipto:* non se trata dun novo pacto con Exipto, senón da deportación a Asiria, concebida a semellanza da escravitude en Exipto.
9, 4 *Pan de loito* é aquí o pan do desterro, pan de aflicción.
9, 5 No desterro non se celebra a festa das Tendas (festa de moita alegría), ó non ter santuario (cf Ex **23,** 14ss).

as estrugas recibirana en herdanza
e as silvas medran nas súas tendas.

⁷¡Chegaron os días das contas,
chegaron os días do desquite. Sábeo ti,
Israel.
O profeta está tolo, o home do espírito
delira.
Polo enorme da túa iniquidade,
e por multiplicarse a túa hostilidade,
⁸é o profeta, a sentinela de Efraím, quen
está con Deus:
(cos seus oráculos) fanlle trampa ó
comportamento de Efraím,
pon hostilidades no templo da súa
divindade.
⁹Corrompéronse profundamente coma
nos días de Guibah
pero (o Señor) lembra a súa iniquidade
e pídelles contas dos seus pecados.

¹⁰Coma un bacelo no deserto atopei eu a
Israel,
coma o primeiro figo maduro da figueira,
vin eu os seus pais.
Pero eles foron a Baal-Peor, e
consagráronse á Vergonza,
e volvéronse tan abominables coma o
que eles amaban.
¹¹Efraím é coma un paxaro, desaparecerá
voando a gloria
do seu parto, da súa matriz e da súa
preñez.
¹²Aínda que críen ós seus fillos, eu
privareinos de homes.
Si, ¡ai deles! cando eu deles me aparte.
¹³Vin a Efraím marchar xunto á concubina
instalada no campo,
pero así entregará os seus fillos ós
asasinos.
¹⁴¡Dálles, Señor! ¿Que lles vas dar?
Dálles úteros sen fillos e peitos enxoitos.

¹⁵Toda a súa maldade vén desde Guilgal,
desde entón aborrecino,
pola maldade das súas accións boteinos
da miña casa,
non os volverei amar, pois tódolos seus
xefes son rebeldes.
¹⁶Efraím está ferido, a súa raíz está reseca,
sen froito;
aínda que dea a luz, farei morre-lo froito
querido das súas entrañas.
¹⁷O meu Deus rexéitaos, pois non lle
fixeron caso,
e por isto andarán escapados entre as
nacións.

Efraím e Israel xuntan os seus crimes: perecerá o rei de Israel

10 ¹Israel está regada coma un bacelo,
madúralle o froito;
igual que a chuvia cae sobre o seu froito,
así multiplica el os altares;
como as precipitacións caen sobre a súa
terra, así mellora el as estelas.
²O seu entendemento está morto; están
perdidos.
O Señor mesmo vai descabeza-los seus
altares,
vai arrasa-las súas estelas.
³Si, agora xa poden dicir: "Non temos rei,
pois non respectámo-lo Señor.
E o rei, ¿que pode facer en favor noso?"
⁴Si, falan cousas, fan xuramentos en falso,
conclúen alianzas,

9, 7 O pobo despreza o profeta, e o profeta acusa ó pobo de ruindade e corrupción. Deus pídelle contas ó pobo.
9, 9 *Guibah:* cf nota a Xuí **19,** 13.
9, 10 *Vergonza* (heb. "bóxet") é un calificativo de Baal, empregado despectivamente (cf 2 Sam **4,** 4s). No culto a Baal practicábase a prostitución sagrada, intentando multiplica-la descendencia, por iso o castigo de Deus é privar a Efraím de fillos varóns (cf nota a **9,** 1-17).
9, 13 Este texto presenta o culto a Baal coma os amores coa segunda esposa ou concubina.
9, 15 *Toda a súa maldade vén desde Guilgal:* desde os tempos de Xaúl (cf 1 Sam **13,** 7-15; **15,** 12-13; cf nota a **4,** 15).
10, 1-15 Este c. está composto por tres unidades: a) vv 1-7: suponse aquí a situación política dun rei —Oseas— sometido ó poder asirio e menosprezado polo pobo. Parece un oráculo de castigo dirixido contra Samaría; b) vv 9-10: reflexión de teoloxía da historia, vendo no ano 720 unha continuidade co crime de Guibah (Xuí **19**), ó mesmo tempo que se anuncia o castigo polo dobre pecado; c) vv 11-15: coa imaxe de Efraím coma unha xuvenca amansada e xunguida, quérese expresa-la sumisión a Asiria. Aínda así, debería practica-la xustiza e a fidelidade á Alianza; así, os seus froitos son a maldade e a iniquidade. Confían nas súas propias forzas, e por iso Betel será arrasado, e o rei desaparecerá. Esta denuncia do pecado de Efraím conclúe co mesmo tema cá sección dos vv 1-7, motivo este polo que hai que considera-las dúas seccións como formando unha unidade.
10, 1 A imaxe literaria da viña, aquí bacelo non regado, é frecuente no A. T. para designa-lo pobo de Deus (Sal **80;** Is **5,** 1ss; Xer **2,** 21; cf Mt **20**). O carácter de viña regada expresa a especial calidade e riqueza do pobo, pero esta riqueza emprégase tristemente nos cultos á fertilidade e fecundidade.
10, 2 *O seu entendemento* (lit. "o seu corazón") *está morto* (cf 1 Sam **25,** 27). O corazón é a raíz dos planos, proxectos, e ideas.
10, 3 Non parece que o texto se refira á desaparición do rei Oseas, senón á súa inutilidade para as tribos do Norte, debido á sumisión total a Asiria, e ó tributo que tiñan que pagar. Esta inutilidade explícase no v 4.

medran os preitos coma a herba velenosa
   nos sucos do campo.
⁵Os habitantes de Samaría estremécense,
   por mor do becerro de Bet-Aven,
   pois por el fai lamentación o seu pobo,
   por el fan lamentación os seus
      sacerdotes,
   revólcanse pola riqueza do becerro
   que marchou ó desterro, lonxe del.
⁶Tamén o levarán a Asiria, coma tributo
   para o gran rei.
   Efraím recollerá a vergonza, e Israel
   avergonzarase do seu plano.
⁷Desaparecerá Samaría, o seu rei será
   coma escuma sobre a auga
⁸e serán destruídos os outeiros da
   iniquidade, o pecado de Israel.
   Cardos e silvas medrarán sobre os seus
      altares;
   entón diranlles ás montañas:
   "Esmagádenos",
   e ós outeiros: "Caede sobre nós".

⁹Desde os días de Guibah pecaches, Israel;
   permaneciches no pecado.
   De certo, a guerra collerate en Guibah.
¹⁰Cando eu desexe mal contra os fillos da
   Maldade, fareinos desaparecer,
   e xuntaranse os pobos contra eles,
   porque xuntaron os seus dous crimes.
¹¹Efraím é unha xuvenca amansada, á que
   lle gusta trillar,
   por isto eu póñolle o xugo por riba e
   xungo o seu fermoso pescozo;
   Efraím barbeita, Xudá ara, ¡oh, Xacob!
¹²Sementade para vós conforme a xustiza,
   colleitade segundo a fidelidade á
      Alianza.
   Decruade para vós a anovada,
   si, e tamén un suco para busca-lo Señor,
   ata que veña e teñades a chuvia ó seu
      tempo.
¹³Aráste-la maldade, colleitáste-la
      iniquidade,
   e coméste-lo froito da falsidade.
   Por poñére-la confianza no teu poder,
   na multitude dos teus valentes soldados,
¹⁴un clamor levántase contra a fortaleza
   e tódolos teus fortes son arrasados,
   o mesmo que Xalmán arrasou a
      Bet-Arbel,
   o día da batalla, cando estrelaron a nai
   contra os seus fillos.
¹⁵Así farán convosco, Betel,
   por culpa das vosas enormes maldades:
   Á alba perecerá aniquilado o rei de
      Israel.

REFLEXIÓN TEOLÓXICA SOBRE A HISTORIA

Perspectivas salvíficas de futuro

11 ¹Cando Israel era escravo, eu ameino,
   e de Exipto chamei ós seus fillos.
²Cando máis os chamaba, máis
   marchaban de onda min.
   Ofrecían sacrificios ós Baales,
   ofrendaban incenso ós ídolos.
³Pero eu ensináralle a Efraím a
   camiñar,
   tíñao collido nos meus brazos,

10, 5 O *becerro,* imaxe ou piar de Iavé en Betel (= Bet-Aven: cf nota a **4,** 15). Aínda non foi o desterro, pois no v 8 dise que será destruído "o pecado de Israel", que é xustamente esta imaxe do templo de Betel; e no v 6, afirmase que será levado a Asiria.
10, 8 As expresións *esmagádenos, caede sobre nós,* expresan o desexo da fin do mundo, entendido coma unha situación caótica total.
10, 11 A imaxe literaria da xuvenca amansada e afeccionada á trilla, expresa o interese pola fartura e prosperidade (cf Dt **25, 4**). A imaxe do xugo expresa a submisión e o tributo que hai que pagar a Asiria.
10, 12 *Suco.* O suco convértese en camiño para busca-lo Señor e o seu don, a chuvia. O camiño é a xustiza e a fidelidade á Alianza.
10, 13 A confianza nos propios medios e recursos considérase unha idolatría e infidelidade á alianza.
10, 14 *Xalmán:* rei moabita que atacou Galaad arredor do ano 730. En Galaad atópase a cidade de *Bet Arbel* ou Bet Irbid.
10, 15 *A alba* era o momento de comeza-la pelexa; por iso

fálase na Biblia da victoria á alba (Xuí **9,** 34-37; 2 Cro **20,** 16-20; Sal **46, 6**; Is **17,** 14).
11, 1-11 Consideramos estes vv coma unha soa unidade literaria con dúas partes, de xeito que a actitude de amor e salvación dos cinco primeiros vv ten a súa expresión máis clara nos vv 8-11. Os elementos de refuxamento dos vv 2-3 e os de castigo dos vv 5-7, teñen a función de prepara-lo oráculo de salvación e de revelación do amor de Deus. Os vv 10-11, a xulgar polo estilo, saen un tanto da tonalidade dos vv 8-9, polo que algúns os consideran independentes ou secundarios na composición, non precisamente alleos a Oseas.
11, 1 O amor de Deus como causa da elección e liberación de Exipto é un tema que Oseas comparte coa teoloxía deuteronómica de Xequem (cf Dt **4,** 37; **7,** 7-9; **10,** 15). *Os seus fillos.* Por razón do contexto, hai que entende-lo texto en plural, como fixeron os LXX e os Targum.
11, 3 Belas imaxes para expresa-lo don dos mandamentos ("ensinar a camiñar") e da protección ("tíñao collido en brazos") e curación divinas, que deixaron entreve-la función case maternal de Deus.

e non quería saber que eu era o seu
médico.
⁴Coas cordas das miñas mans acollinos,
con brazos de amor,
e fun para eles coma quen lles levanta o
xugo do pescozo,
ligueinos a min e dáballes de comer.
⁵Certo que volverá ó país de Exipto,
e ó rei de Asiria, que será o seu rei,
pois non quixeron arrepentirse.
⁶Así a espada dirixirase contra os seus
príncipes,
e acabará cos sacerdotes que profiren
oráculos,
e devorará parte dos seus conselleiros.
⁷E o meu pobo persistirá na súa caída,
ó Supremo El invocará
e non celebrará ó Deus Unico.
⁸¿Como te vou entregar, Efraím? ¿Como
te vou deixar, Israel?
¿Como te vou entregar igual ca
Ademah?
¿Como te vou volver igual ca Seboim?
O meu corazón revólvese contra min,
ó mesmo tempo que a miña compaixón
se conmove.
⁹Non provocarei o incendio da miña ira,
non volverei a destruír a Efraím,
pois son Deus, e non un home,
o Santo no medio de ti: non te volverei a
destruír.
¹⁰Camiñarán tralo Señor, que ruxirá coma
un león.
Si, el ruxirá e os seus fillos virán
tremendo desde occidente.
¹¹Virán tremendo desde Exipto coma
paxariños,
e coma pombas desde o país de Asiria:
fareinos voltar ás súas casas —é o Señor
quen fala—.

Efraím despreza a mensaxe profética coa súa idolatría e os seus crimes

12 ¹Efraím tenme rodeado de mentira;
e de falsidade, a casa de Israel.
Tamén Xudá segue índose co deus El,
e segue confiando nos ídolos.
²Efraím pastorea o vento
e segue tralo vento leste todo o día,
a Mentira e os demonios multiplícanse.
Por iso conclúen alianza con Asiria,
e levan aceite a Exipto.
³Velaí o preito do Señor con Israel
para lle pedir contas a Xacob do seu
comportamento,
para lle devolve-la paga das súas accións.
⁴No ventre da nai suplantou a seu irmán,
e sendo xa maduro loitou con Deus.
⁵Tamén loitou contra un anxo e venceuno.
Chorou e pediulle que tivese compaixón.

11, 4 *Levanta o xugo do pescozo*. Outros, seguindo os LXX, len "coma quen levanta un meniño contra a súa meixela".
11, 5 A volta a Exipto é unha categoría teolóxica da escravitude (cf nota a **9**, 3), mentres que o resto do v é a expresión do futuro histórico próximo.
11, 7 *El* era a divindade suprema do panteón cananeo, coma Xúpiter e Zeus no latino e no grego. *Deus Único:* nome de Iavé.
11, 8 *Ademah* e *Seboim* son nas tradicións de Israel coma Sodoma e Gomorra nas de Xudá (cf nota a Dt **29**, 12).
11, 9 A transcendencia e a santidade divina son aquí a razón para a actitude de perdón e de amor salvífico de Deus. Xa que Deus está por riba do home, tamén o seu amor está por riba das miserias humanas.
11, 10-11 Coma no v anterior se falaba da santidade de Deus nun senso pouco transcendente, os discípulos de Oseas colocaron este texto aquí, para sintonizaren un pouco máis coa concepción tradicional da santidade divina coma algo tremendo (cf Ex **19**, 2ss; 2 Sam **6**, 6-8; Is **6**, 3).
12 Dentro dunha unidade de fondo, presenta este c. diversas unidades menores: a chamada á conversión (vv 6-8) e o oráculo exhortativo (vv 10-11), en contraste con outras unidades literarias que reflicten a desobediencia polo mal comportamento coas outras tribos (vv 3-5), polo enriquecemento inxusto de Efraím (v 9), e pola idolatría (vv 1-2. 12-13). A unidade conclúe cunha consideración teolóxica do Éxodo (v 14), mostrando a acción liberadora de Deus e a mala resposta do pobo, ofendendo a Deus coa idolatría, co sangue vertido e con inxurias.
O texto diríxese a Efraím, aínda que non exclúe as outras tribos de Israel nin a Xudá (v 1b). O suplanta-lo irmán (v 4) supón a situación histórica do rei Oseas, aínda que no sangue vertido (v 15) se pode ver tamén unha referencia ó rexicidio de Xalum. Por outra parte, a alusión ás alianzas con Asiria e Exipto responden mellor ó reinado de Oseas. O autor fai unha teoloxía da historia ó estilo do Dt., e mostra a repercusión dos feitos pasados na época en que vive.
12, 1 *Mentira* e *falsidade* refírense ó culto sincretista idolátrico. A casa de Israel eran os magnates do reino de Oseas. No paralelismo vese a equivalencia entre "casa de Israel" e Efraím. *Xudá:* probable introducción posterior, froito dunha relectura do texto no reino de Xudá (cf v 3). *El* era o deus supremo do panteón cananeo. *Os ídolos* (lit. "santos") son aquí as divindades menores, ás que se lles daba culto o mesmo cós demonios do v 2, aínda que poderían ser tamén os "prostitutos sagrados".
12, 2 O aceite —símbolo da bendición, das riquezas e da vida—, debía entrar no ritual de conclusión das alianzas no s. VIII, tal coma o deixa ve-lo paralelismo. Estas alianzas considéranse idolátricas, porque exclúen a confianza total en Iavé (v 7).
12, 3 *Israel.* O paralelismo con Xacob esixe que se diga no texto "Israel" e non "Xudá". A alusión ó reino do Sur non se xustifica máis ca pola tendencia a facer unha relectura da palabra profética, destinada a Xudá. O autor búscalle unha xustificación ás rebeldías do Efraím daquela época no mal comportamento dos seus devanceiros.
12, 4-5 Cf Xén **25**, 26ss; **32**, 24-28.
12, 5 *Chorou e pediulle...* Aínda que esta expresión non aparece en Xén **32**, 24-28, inclúese aquí por mor da equivalencia entre Xacob e o pobo, ó ter este participado nunhas liturxias penitenciais.

En Betel atopouno e alí falou con el:
⁶"O Señor é o Deus dos Exércitos, Iavé é o seu tratamento.
⁷Pero ti, vólvete ó teu Deus,
garda a fidelidade e a xustiza,
confía sempre no teu Deus.
⁸Canaán ten na súa man unha balanza falsa, gústalle estafar".
⁹Entón Efraím respondeu: "Xa me volvín rico,
conseguín riqueza para min;
tódalas miñas ganancias abondan para me acusar de culpa e pecado".
¹⁰"Eu son o Señor, o teu Deus, desde o país de Exipto:
obrigareite a vivir en tendas coma nos días do encontro.
¹¹Falareilles ós profetas, e eu mesmo lles multiplicarei as visións
e por medio dos profetas falarei en parábolas".
¹²Si, Galaad foi unha mentira idolátrica,
certamente eles foron unha falsidade.
En Guilgal ofrecían sacrificios de touros,
por iso os seus altares vólvense moreas de pedras nos sucos do campo.
¹³Xacob fuxiu ó campo de Siria,
e Israel serviu coma servo por causa dunha muller,
e por unha muller gardou rabaños.
¹⁴Pero o Señor fixo subir a Israel de Exipto mediante un profeta,
e por medio dun profeta foi pastoreado Israel.
¹⁵Efraím provocoulle ó Señor unha amarguísima pena,
pero El esparexerá sobre Efraím o sangue vertido,
o meu Señor devolveralle as súas inxurias.

CHAMADA Á CONVERSIÓN E Á PENITENCIA

Oráculos de condenación

13 ¹Cando Efraím falaba, daba medo,
era sublime en Israel;
pero fíxose culpable con Baal, e mereceu morrer.
²Pois agora continúa pecando, fai ídolos de fundición,
da súa prata fai con habilidade ídolos.
Todo iso é obra de artistas.
Din eles: "Ofrecédelles sacrificios a eles,
que os homes biquen os becerros".
³Por isto volveranse coma néboa mañanceira,
e coma orballo que pasa á madrugada,
coma a muiña que voa da eira, coma fume que escapa polo ventanuxo.
⁴Si, eu son o Señor, o teu Deus, desde o país de Exipto,
e deuses fóra de min non debes recoñecer, pois non hai outro salvador, senón eu.
⁵Eu pastoreeite no deserto, na terra do sequedal.
⁶Si, fixenos pacer e fartáronse; fartáronse e ensoberbeceuse o seu corazón,
por isto esquecéronse de min.
⁷Si, eu serei para eles coma un tigre que apresa,

Este v é a conclusión da exhortación: unha chamada a confiar sempre no Deus da alianza, arredándose de todo trato cos arrieiros e traficantes cananeos, pois as riquezas procuradas coas prácticas relixiosas e mercantís dos cananeos non conducen a nada bo (cf v 9).

12, 9 A resposta de Efraím recoñecendo as súas riquezas e que estas constitúen *pecado,* vén significar non soamente un recoñecemento do seu cananeísmo, senón a ruptura do equilibrio entre os tribos, e o afán de dominio absolutista sobre elas, contrario ó espírito da Alianza (cf v 10).

12, 10 *O encontro:* experiencias da conclusión da alianza no Monte Horeb, no Sinaí (Ex **33,** 7).

12, 11 Oseas séntese vinculado cun grupo de profetas iavistas, que son os que viven arredor do templo de Xequem. Descoñece os falsos profetas.

12, 12 Sobre Galaad, cf nota a **6,** 8. Sobre Guilgal, cf nota a **4,** 15 e **9,** 15.

Sacrificios de touros. Outros len, corrixindo o texto consonántico, "sacrificios ós demonios".

12, 13 Cf Xén **29,** 15-30.

12, 14 Moisés é considerado coma profeta en Dt **18,** 18. O pastoreo é imaxe da realeza.

13, 1-2 Estes vv forman un oráculo de xuízo condenatorio colectivo, precedido dunha explicación histórica da acu-

sación (v 1): a grandeza e prestixio de Efraím no pasado, foi a causa da súa idolatría, que segue practicando.

13, 2 Esta acusación de idolatría con becerros coma signos cúlticos débese a que no terreo desta tribo estaba o santuario nacional de Betel. Alí dábase culto a Iavé, que residía sobre un touro ou becerro, coma en Xerusalén, sobre as ás dos querubíns que cubrían a arca da alianza. Pero, por mor do sincretismo relixioso, o becerro confundíase con *El* (o Xúpiter cananeo) e con Baal, o deus da vida, da que o touro era un símbolo, polo seu especial poder xenético.

13, 4-11 Estes vv constitúen outro oráculo de xuízo condenatorio colectivo, cun longo contraste introductorio da acusación, que queda reducida a dúas frases (v 6b). O anuncio de castigo presenta ó Deus castigador con imaxes da vida campesiña e beduína (vv 7-8). As interrogacións dos vv 9-11 danlle ó oráculo un ton de discurso de chamada á conversión, ó mesmo tempo que recordan os beneficios do pasado.

13, 4-6 A superposición dos planos históricos —o actual e o do Éxodo—, explican este longo contraste da acusación. Ensoberbecéronse... *esquecéronse de min:* alusión a Efraím (cf v 1).

coma un leopardo estarei á espreita á
beira do camiño.
⁸Atacareinos coma un oso a quen lle
quitaron as crías,
e arrincaréille-la caixa do corazón,
alí devorareinos coma unha leoa,
os animais salvaxes esgazaranos en
triscos.
⁹Voute destruír, Israel; si, ¿quen virá na
túa axuda?
¹⁰¿Onde está o teu rei, para que te auxilie
a ti e ás túas cidades?
¿E onde están os teus soberanos dos que
dixeches: "Dáme un rei e uns
príncipes"?
¹¹Concedinche un rei, movido polo meu
noxo; e retireino, movido pola miña
ira.

Reflexión acerca da vida e da morte

¹²Envolta está a iniquidade de Efraím,
escondido o seu pecado.
¹³As dores do parto chéganlle a Efraím,
pero el é un fillo parvo:
chegou a hora, non entra por onde
rompen os fillos.
¹⁴Vou libralos do poder do Xeol, vou
rescatalos da Morte.
¿Onde está, Morte, o teu aguillón?
¿Onde está, Xeol, a túa aguillada?
A misericordia está escondida dos seus
ollos.
¹⁵Si, mentres el está medrando entre a
herba, vén o vento do leste,
o vento do Señor que sobe do
deserto,
e fai seca-la súa fonte, reseca o seu
viveiro.
O Señor vai saquea-los tesouros, tódolos
obxectos preciosos.

14 ¹Samaría vai ser arrasada, pois
rebelouse contra o seu Deus;
caerán a espada, os seus meniños serán
escachizados,
as súas mulleres en cinta serán
rebentadas.

Chamada á conversión e á liturxia penitencial

²Vólvete, Israel, ó Señor teu Deus, xa que
caíches por culpa da túa iniquidade.
³Discorrede un discurso, volvede ó Señor
e dicídelle:
"Perdoa totalmente a culpa;
si, acólleno-la palabra; queremos
agradecercho co froito dos nosos labios.
⁴Asiria non nos pode salvar, non
queremos montar a cabalo,
non queremos volver a chamar *Deus
noso* á obra das nosas mans.
Pois en ti o orfo atopa compaixón".
⁵Eu curarei a súa apostasía, e querereilles
de boa gana,
si, apartarei deles a miña ira.
⁶Serei coma orballo para Israel,
florecerá coma o lirio
e chantará as raíces coma o bosque do
Líbano.
⁷Os seus retoños medrarán e será coma a
oliveira a súa beleza
e o seu perfume coma o do bosque do
Líbano.

13, 11 Non é necesario data-lo texto despois da caída de Samaría (722), pois o refugamento do rei explícase suficientemente polas razóns dadas en **8,** 4.
13, 12-14, 1 Esta unidade literaria é unha reflexión sapiencial proxectada no mesmo Deus revelador. Trata do problema de Efraím, que na súa angustia, non se decata do seu pecado ou non valora o poder salvífico de Deus, moi superior á dos deuses míticos Mot e Xeol.
13, 13 A Efraím represéntao o autor coma unha muller embarazada que pare e lle dá vida ó seu pobo; pero o fillo vén atravesado e non dá saído á vida, porque é parvo: a súa parvada está en non recoñece-lo poder de Deus, superior ó do deus da Morte.
13, 14 *Seus ollos:* os ollos de Efraím. Este v recibe unha interpretación cristolóxica en 1 Cor **15,** 55.
13, 15 *Herba,* por razón do valor do termo "ah" en ugarítico. *O vento do leste* é imaxe do poder de Iavé que fai seca-la fe salvífica e vivificadora.
14, 1 Os castigos que se anuncian, eran os habituais nas incursións asirias. Este xeito de castigos está confirmado polos baixorrelevos asirios que apareceron.

14, 2-9 Esta perícopa é a conclusión lóxica da sección precedente. Ó mesmo tempo, dá sentido á chamada á conversión dos oráculos de xuízo condenatorio de **13,** 1-11. Está composta por unha exhortación ó cambio de actitude, expresada na liturxia penitencial que o profeta pide (vv 2-3a), unha oración e profesión de fe no poder de Iavé (vv 3b-4), e un oráculo salvífico (vv 5-9).
14, 3 *Discurso.* Polo contexto, vese que alude á oración penitencial ou de lamentación colectiva que segue. Os profetas tiñan unha función especial nestas liturxias, xa coma orantes, xa coma voceiros da posible aceptación divina. *O froito dos labios* é a louvanza a Deus pola salvación que El realizará ou que está realizando.
14, 4 *Montar a cabalo* é aquí sinónimo da salvación que Asiria ofrece ó pobo, formando parte do seu exército e recibindo a correspondente paga, polo que no v seguinte se presenta coma idolatría. A frase final é unha glosa, pois non encaixa no paralelismo literario.
14, 6 Volve o autor ás imaxes vexetais. Antes (**13,** 15) empregounas nun senso negativo; agora, en troques, faino en senso positivo.

⁸Volverán a habitar á miña sombra,
 cultivarán o trigo,
lembrándose de min florecerán coma a
 viña, coma o viñedo do Líbano.
⁹A Efraím, ¿para que lle volverán a
 servi-los ídolos?
Eu son, eu, quen o escoito e teño coidado
 del.
Eu son coma o ciprés sempre verde,
en min atópase froito para ti.

Conclusión sapiencial

¹⁰¿Quen é o sabio que entenda estas cousas,
 o entendido que as coñeza?
Pois son rectos os camiños do Señor e os
 xustos camiñan por eles,
mentres que os que renegan tropezan
 neles.

14, 8 *A sombra* é, neste caso, a protección divina. *Lembrándose* (lit. "co memorial sobre min"): refírese ó memorial cúltico, que ten lugar especialmente nas festas, e en xeral en todo o culto.
14, 9 *Froito para ti.* O ciprés, como árbore de folla perenne, de tamaño grande e de longa vida, é símbolo de Deus,
fonte eterna de vida para o seu pobo.
14, 10 Esta conclusión é un resume de Dt **4,** 3-5, e atopa ecos en Is **8,** 14; Lc **2,** 34; **20,** 17ss; Rm **1,** 22; 1 Cor **1,** 18; 1 Pe **2,** 6. Non parece tan seguro que este v sexa unha glosa posterior, pois o tema anticípase en forma negativa en **13,** 14.

INTRODUCCIÓN Ó LIBRO DE XOEL

1. Problemática

A cuestión sobre o tempo do autor e o momento de composición deste escrito profético é do máis complexo e discutido, propoñéndose datas que van desde o s. IX ata o s. IV. Na busca dunha solución, o camiño máis indicado parece se-lo da análise dos contidos globais do libro, nunha visión unitaria do texto.

2. Contido da obra

O autor do libro parte da experiencia histórica dunha praga de saltóns e de lagostas, que trae efectos demoledores (**1**, 4-7). Esta praga, contemplada nas diferentes fases do crecemento do insecto (**1**, 4), evoca no espírito do profeta outra moito máis perigosa: a invasión dun pobo que vén do norte (**1**, 6; **2**, 20). A visión física da praga e a comprensión espiritual profética do exército invasor provocan a insistente chamada á celebración dunha liturxia penitencial. O texto da mesma ofrécese en **1**, 15-20. As expresións "un lume" e "un incendio" (v 19) refírense á seca do verdume provocada pola praga de saltóns.

No c. **2** desenvólvese o tema do "Día do Señor", tema familiar a Amós e Sofonías. Introducido xa en **1**, 5, este tema vén se-lo símbolo da intervención de castigo e da intervención salvífica de Deus. Tomando ocasión da liturxia penitencial, Xoel presenta a praga coma anticipo do día do Señor, cando Deus, valéndose do inimigo do norte (**2**, 20; cf **2**, 5.7.8.9), vai realiza-la súa manifestación exemplar de castigo. Deste xeito, clarifícase o senso da praga (**2**, 1-11) e faise unha chamada á conversión auténtica e sincera (vv 12-14), exhortación que se repetirá máis adiante (**2**, 15-17). Ofrécese despois a resposta oracular da aceptación da liturxia penitencial por parte de Deus, manifestada no anuncio das boas colleitas que terá o pobo (**2**, 18-27).

Partindo da experiencia salvífica de Iavé, o día do Señor deixa de ser castigo para os que invoquen o seu nome. Estes recibirán del o seu espírito profético, con manifestacións en soños e visións (**3**, 1-5); pero seguirá sendo momento de castigo para os pobos xentís por culpa do asoballamento de Xudá e Xerusalén, do seu territorio e da poboación, á que trataron coma se fosen escravos (**4**, 1-8). Anúnciase o "Día do Señor" (**4**, 9-17) coma unha guerra santa das nacións contra Iavé e "os seus valentes", que baixan de Xerusalén ó val simbólico de "O Señor que xulga" (heb. Ioxafat: lit. "Iehoxafat"). Estes valentes de Iavé son o seu pobo (**4**, 16). O xuízo de Deus preséntase coas imaxes da seitura e da vendima, que, aínda que terán grande uso na apocalíptica posterior, non son exclusivas dela.

Conclúe Xoel esta sección sobre o "Día do Señor" cun contraste entre a prosperidade de Xerusalén e a desfeita dos seus inimigos (**4**, 18-21; cf **4**, 4).

3. O profeta no seu ambiente histórico (hipótese máis probable)

O editor presenta o libro coma obra de Xoel, fillo de Petuel (**1**, 1), pero non ofrece ningunha referencia cronolóxica. Da análise interna pódese deducir que era un profeta vinculado ó culto do templo de Xerusalén. Non hai datos suficientes para podelo considerar un profeta cúltico —un profeta oficial—, pois non fala nada do rei, cousa obrigada se fose profeta oficial no tempo da monarquía. Promove e predica a necesidade da liturxia penitencial, pero está formado na teoloxía da alianza do Dt e en Sof **1**, 2-2, 3, esixindo detrás do rito unha sincera conversión ó Señor (**2**, 12s); certo que, ó revés de Sofonías, non especifica as esixencias morais e sociais da conversión.

O lugar da súa actividade é Xerusalén e Xudá, sen nomear sequera a Israel, que, no momento en que vive o profeta, xa non debe de existir como reino. Unha serie de coincidencias temáticas con Sofonías parecen dar a entender que os dous profetas son contemporáneos. Velaí algunhas delas:

a) Os dous falan do "Día do Señor" nun senso negativo de castigo (Xl **1**, 15; **2**, 1.2.11; **3**, 4; **4**, 14; Sof **1**, 7.14ss; **2**, 2), anque en Xoel é ademais salvífico e de perdón para aqueles que invoquen o Nome do Señor (**3**, 5).

b) Tanto en Xoel coma en Sofonías, as nacións inimigas son fundamentalmente Tiro e Sidón, Edom, Exipto e tódalas provincias da Filistea (Xl **4**, 4.19). Tamén se fala dos "inimigos do norte", ós que acusa de pillaxe, de tráfico de escravos xudeus para vendelos ós xónicos, de anexión de partes do país, e de roubos de prata e ouro para os seus templos. Estes inimigos parecen se-los escitas do norte, que, desde a beira do Mar Negro, invadiron Asia Menor e toda a costa do Mediterráneo occidental, ata entrar en Exipto. A referencia que fai Xoel do "inimigo do norte", presentándoo no deserto, lonxe de Xudá, coa retagarda cara ó mar do nacente (o Caspio) e coa vangarda cara ó mar do poñente (o Mediterráneo) (Xl **2,** 20), responde ós datos de Herodoto (**1,** 106), que dá conta da desaparición dos escitas a mans dos medos (cf Introd. a Sof).

c) Nos dous profetas faise unha chamada á conversión, con efectos positivos: en Xoel, de forma clara (cf Introd. 2); e en Sofonías, algo máis velada (Sof **2,** 1-3; **3,** 9-12).

As semellanzas de tipo histórico e teolóxico entre Xoel e Sofonías moven a considera-los devanditos profetas coma coetáneos. Por outra banda, a efusión do espírito profético sobre a mocidade e os anciáns ten boa comprensibilidade histórica no movemento deuteronomístico de apoio á reforma de Ioxías, nun ambiente de volta ás antigas formas culturais e relixiosas en todo o Medio Oriente. Non cabe dúbida de que este movemento tivo que ter na mocidade e nos vellos os seus entusiastas promotores. Esta proximidade ós deuteronomistas e ó Dt confírmase ó presenta-lo xuízo de Deus contra as nacións no "Día do Señor" coma unha "guerra santa", tan importante no Dt (**4,** 9-17; cf Introd. ó Dt).

Por todo isto, a actividade de Xoel debe datarse entre o ano 625 e o 618, pois aínda non se notan os problemas que crea a reforma de Ioxías, e a desilusión pola pouca eficacia que tivo.

XOEL

Título

1 ¹Palabra do Señor, que lle veu a Xoel, fillo de Petuel.

I. A LITURXIA PENITENCIAL

Chamada á participación litúrxica

²Escoitade isto, vós, os anciáns,
oídeo tódolos gobernantes do país.
¿Sucedeu algo semellante durante a vosa vida,
ou durante a vida de vosos pais?
³Contádellelo ós vosos fillos,
e vosos fillos a seus fillos,
e seus fillos á xeración seguinte.
⁴Aquilo que lle sobrou á larva devoradora,
comeuno a lagosta que roe;
e o que lle sobrou á eiruga que destrúe,
comeuno o saltón voador,
e o que lle sobrou ó saltón voador,
comeuno a eiruga que destrúe.

⁵Espertade, borrachos, e póndevos a chorar,
facede lamentacións, tódolos que bebedes viño,
por mor do viño novo, pois quítasevos da boca.
⁶Velaí, un pobo sobe contra o meu país,
poderoso e incontable,
os seus dentes son dentes de león,
e ten poutas de leoa.
⁷Converteu a miña viña nunha desolación,
e a miña figueira nun cango seco;
escascouna completamente e botouna ó chan,
as súas vides quedaron brancas.

⁸¡Laméntate ti, coma virxe vestida de saco
polo marido da súa mocidade!
⁹Suprímase do templo do Señor a ofrenda e a libación;
que fagan dó os sacerdotes, servidores do Señor.
¹⁰O campo está arrasado, a terra de cultivo está de loito.
Si, está arrasada a colleita, os acios están secos,
resecan as oliveiras.

¹¹Volvédevos resecos de tristura, campesiños,
lamentádevos, viñadores,
polo trigo e pola cebada
pois perdeuse a colleita do campo.
¹²A viña está seca e a figueira murcha,
a romaceira, tamén a palmeira e maila maceira,
tódalas árbores do campo están murchas.
Si, secou a ledicia dos fillos de Adam.

¹³Vestídevos para facer loito, sacerdotes,
facede lamentacións, servidores do altar.
Vinde pasa-la noite vestidos de saco, servidores do meu Deus,
porque a casa do Señor está privada da ofrenda e mais da libación.

1, 1 O título redaccional é un dos poucos que aparece sen datación (coma Abd, Xon, Hab e Mal). Sobre a data, cf Introd. O nome do profeta é iavista puro, pois significa "Iavé é El" = Iavé é divindade, e aparece en 1 Sam **8**, 2; 1 Cro **4**, 35; **5**, 4.12; **6**, 18.21; **7**, 3...
1, 2 A chamada de atención aparece no canto de Lámec (Xén **4**, 23), nos oráculos de xuízo condenatorio (Is **1**, 2.10; **28**, 23; **33**, 9; Os **5**, 1), o mesmo ca nos salmos de lamentación colectiva (**17**, 1; **55**, 23; **61**, 2; **102**, 1-3).
1, 4 Dos catro nomes de saltóns, en hebreo soamente un é o xeralizado; os outros parecen ser nomes do mesmo insecto nas súas fases de evolución; traducímolas completando co significado etimolóxico do nome hebreo.
1, 6 O pobo que sobe, debe se-lo dos escitas, que veñen en plan de saqueo (cf Introd.); por isto compáranse co león e a leoa.
1, 7 A *viña* é un símbolo das riquezas e felicidades do pobo (cf 1 Re **5**, 5; Miq **4**, 4; Zac **3**, 10); por isto invítase ó pobo, coma a unha moza, a lamentarse e participar na liturxia penitencial polo Deus da Alianza, o marido da súa mocidade.
1, 8 O vestido de *saco* era feito de esparto (por isto empregámo-lo termo saco, coma os de esparto), ou dun material semellante e moi áspero, e poñíase na liturxia penitencial pública.
1, 9 A ofrenda consistía en fariña (Lev **2**), e a libación en viño e aceite (Ex **29**, 28-42; Núm **28**, 34). Durante os días de lamentación colectiva non se realizaban sacrificios, e nin sequera a ofrenda e libación diaria.
Aquí a orde de supresión é expresión do xexún polo desastre da lagosta e dos saqueos escitas.
1, 11-12 Invitación á participación penitencial dirixida ós campesiños, para expresaren a tristura por culpa do arraso das colleitas.
1, 13-14 Invitación dirixida ós sacerdotes, que son os que han de convoca-lo xexún ou liturxia penitencial.

¹⁴Decretade un período sacro de xexún,
  convocade a asemblea,
  xuntade os anciáns, a tódolos que viven
    no país,
  no templo do Señor, o voso Deus, e
    pedídelle auxilios ó Señor.

Texto da participación do profeta na liturxia penitencial. Lamentación e oración

¹⁵¡Ai dese día!
  Si, xa está preto o día do Señor,
  chega coma a ruína que vén do
    Omnipotente.
¹⁶¿Acaso de diante dos nosos ollos non
    falta a comida
  e do templo do noso Deus a ledicia e
    maila festa?

¹⁷Murchou a semente debaixo dos seus
    sucos;
  están baleiras as arcas, están no fondo as
    tullas do gran,
  porque o trigo secou.
¹⁸¡Como brúa o gando! ¡Coma andan
    descarriados os fatos de vacas!
  Si, non teñen quen as pastoree, si, os
    fatos de ovellas perecen.
¹⁹A ti, Señor, pídoche auxilio,
  pois un lume consome os pasteiros do
    monte,
  e un incendio queima as árbores do
    campo.
²⁰Mesmo as feras do campo suspiran por
    ti,
  pois están secos os regueiros de auga,
  e o lume consome os pasteiros do monte.

Chamada a unha nova liturxia penitencial polo día do Señor

2 ¹Tocade o corno en Sión, dade a alarma
  no meu santo monte,
  que estarrezan tódolos habitantes do país,
  pois chega o día do Señor.
  Si, está preto
²o día da escuridade e dos trebóns,
  o día trubado e de escuras nubes,
  coma o Luceiro da Alba estendido sobre
    as montañas,
  forte, enorme e poderoso,
  coma el non o houbo xamais, e despois
    del non se volverá contar
  no sucederse de xeracións en xeracións.
³Diante del un lume devora, detrás del un
    incendio consome.
  Antes del o país era coma un xardín de
    recreo,
  despois del, un deserto desolado,
  onde nin sequera haberá refugallo.
⁴O seu aspecto é coma o dos cabalos, que
    corren coma corceis.
⁵Coma o zumbido dos carros de guerra,
  corren sobre os cumes dos montes,
  coma o estalar do lume no incendio que
    consome o restrollo,
  coma un pobo poderoso, preparado para
    a guerra.
⁶Ante a súa presencia tremerán os pobos,
  tódolos rostros se xuntarán ante esa
    maldición.
⁷Pois soldados corren, guerreiros
    agatuñan pola muralla,
  cada un marcha polo seu camiño, non
    dan rodeos as súas filas.
⁸Ningún lle estorba ó seu compañeiro,
  cada un dos soldados vai polo seu
    camiño.
  Aínda que sexa no medio de frechas, non
    caerán,
  nin romperán a fila.
⁹Asaltan a cidade, corren pola muralla,
  soben ás casas, entran coma ladróns
    polas fiestras.
¹⁰Na súa presencia treme a terra,
  estremécese o ceo,

1, 14 *Decretade:* lit. "consagrade o xexún". Este período sagrado tiña que se marcar ritualmente, pois non se podía profana-lo santuario con toda a serie de impurezas físicas que alí concorrían.
1, 15-20 A intervención do profeta (ou sacerdote) tiña dúas partes: a lamentación ou descrición da calamidade presente (vv 15-18); e a súplica *ó Señor,* na que, coma neste caso, se podía amplia-la descrición da calamidade (vv 19-20).
1, 15 Aínda que o tema da lamentación é a seca provocada polos saltóns, a alusión ó día do Señor fai estende-la lamentación ó período da catástrofe escita, que aínda será maior.
2, 1-11 O texto é unha nova chamada á penitencia por mor do día do Señor (v 1), que se presenta nos vv 2-3 baixo as imaxes dun día de negra escravitude, comparada na súa extensión co Luceiro da Alba = o Sol, poderoso e enorme, e cun incendio arrasador; mentres que nos vv 4-11 se clarifica coma un exército terrible no que vén o Señor para castigar. Parece que o autor pensa na invasión dos escitas (cf Introd.).
2, 2 *O Luceiro da Alba.* Os textos ugaríticos preséntano coma fillo de El, a divindade suprema, e irmán de Xalim (= o crepúsculo). Trátase da divindade da Alba (= o Sol). Deste xeito, comprúndese a imaxe do incendio (v 3).
2, 7 A descrición é abondo detallada para consideralaa unha imaxe literaria. Hai que pensar nas estratexias de razzias dos escitas, que para o profeta son o exército de Iavé no seu día de castigo (v 11). O profeta debeu coñecer estes feitos nas súas incursións pola costa filistea.
2, 10 Estes sinais cósmicos son imaxes da presencia de Deus nos feitos históricos, como explica o v 11.

o sol e maila lúa escurecen, as estrelas
perden o seu resplandor.
¹¹Si, o Señor levanta a súa voz, diante do
seu exército.
¡Que enorme é o seu campamento!
¡Que poderoso é o exército que cumpre o
seu plan!
¡Que grande é o día do Señor e
enormemente terrible!
¿Quen o soportará?

Oráculo acerca das esixencias da proximidade do día do Señor

¹²Pero, agora —é o Señor quen fala—,
convertédevos a min de todo corazón,
con xexún, con lágrimas e con loito.
¹³Esgazade o voso corazón, e non os vosos
vestidos,
convertédevos ó Señor, voso Deus,
pois El é compasivo e misericordioso,
é calmoso para o enfado e abondoso en
bondade,
e ten compaixón da desgracia.
¹⁴Quizais cambie e teña compaixón,
e deixe tras de si a súa bendición,
a ofrenda e maila libación, para o Señor, o
voso Deus.

Continúa a chamada á participación na liturxia penitencial

¹⁵Tocade o corno en Sión,
dedicádelle un tempo sagrado ó xexún,
convocade a asemblea.
¹⁶Xuntade o pobo, consagrade a asemblea,
reunide os anciáns, xuntade os rapaces,
tamén os meniños de peito.
Que saia o marido do seu cuarto,
e a muller da súa alcoba.
¹⁷Que choren entre o adro e o altar os
sacerdotes,
que digan os ministros do Señor:
"Perdóalle, Señor, ó teu pobo,
non entregues á burla a túa herdanza,
de xeito que a dominen pobos alleos.
¿Por que se vai dicir entre as nacións:
Onde está o seu Deus?"

Resposta oracular da acollida da liturxia penitencial

¹⁸Entón ó Señor entráronlle celos do seu
país,
e perdoou ó seu pobo.
¹⁹Respondeu o Señor dicíndolle ó seu pobo:
"Velaí: vouvos manda-lo trigo, o mosto e
mailo aceite novo
para que vos fartedes de todo iso,
e non vos volverei entregar para servir de
burla entre os pobos alleos,
²⁰senón que porei lonxe de vós o inimigo do
norte,
e botareino para un país reseco e deserto:
coa súa vangarda cara ó mar do nacente,
e coa súa retagarda cara ó mar do
poñente;
subirá o seu fedor, seguirá subindo a súa
pestilencia,
xa que quixo facer grandes cousas".
²¹Non teñas medo, terra de cultivo,
brinca de ledicia e alégrate,
pois o Señor fai grandes cousas.
²²Non teñades medo, feras do campo,
que retoñan os pasteiros da estepa.
Si, as árbores dan o seu froito,
e a figueira e maila vide agroman con
forza.
²³Vós, fillos de Sión, brincade de alegría,
alegrádevos polo Señor, o voso Deus,
pois déuvo-la chuvia conforme o seu
compromiso,
mandouvos chuvia abundante;
a temperá e a serodia coma noutros
tempos.
²⁴As eiras énchense de trigo e nos lagares
reborda o mosto e o aceite novo.
²⁵Así compénsovos polos anos nos que as
colleitas foron comestas
pola eiruga que roe,
a voadora, a que destrúe, e mailo saltón,
o meu grande exército, que mandei contra
vós.
²⁶Si, comeredes ata fartarvos, e
louvaréde-lo Nome do Señor, o voso
Deus,
que actuou convosco facendo milagres,
deste xeito o meu pobo non se
avergonzará endexamais.
²⁷Entón recoñeceredes que eu estou no
medio de Israel.
Si, eu, o Señor, o voso Deus, e ninguén
máis ca min,
e o meu pobo non se avergonzará
endexamais.

2, 13 Esgaza-lo *corazón* significa deixar a un lado os planos, proxectos e sentimentos que o animan e poñe-la confianza no Señor.
2, 16 O mesmo que todo o pobo padece ou padecerá a situación calamitosa do día do Señor, así todo el xexúa, aínda os meniños de peito e mesmo os animais.
2, 19-20 Os feitos da praga e da ameaza escita deberon suceder
se en dous anos; quizais esta sexa a razón histórica do desvío das razzias escitas cara ó país de Moab e ó de Edom ou ó de Siria. O fedor e pestilencia aluden á desaparición dos escitas, que consta por Herodoto.
2, 25 Aínda que aquí os saltóns se consideren un exército, isto non impide a interpretación do v 20 coma o exército ou bandas escitas (cf vv 4-10.17).

II. O DÍA DO SEÑOR

Tempo salvífico pola efusión do Espírito

3 ¹Despois disto sucederá
que verterei o meu Espírito sobre toda
   carne,
e os vosos fillos e mailas vosas fillas
   converteranse en profetas.
Os vosos anciáns soñarán soños,
os vosos mozos verán visións.
²Tamén sobre os servos e mailas servas
   verterei naqueles días o meu Espírito.
³Farei prodixios no ceo e mais na terra:
   sangue, lume e columnas de fume.
⁴O sol cambiarase en escuridade
e a lúa en sangue,
ante a chegada do día do Señor,
do día grande e terrible.
⁵Pero sucederá que todo aquel que
   invoque o nome do Señor se salvará,
pois no monte Sión e en Xerusalén será
   dado o perdón
—tal como o prometeu o Señor—
e tamén para os fuxitivos que chame o
   Señor.

Tempo de xuízo contra as nacións

4 ¹Si, velaí: naqueles días e naquel intre
   cando eu cambie a sorte de Xudá e
   Xerusalén,
²xuntarei a tódalas nacións
e fareinas baixar ó val de Ioxafat
e unha vez alí, entaboarei xuízos cos
   pobos,
por mor do meu pobo e da miña
   herdanza, Israel,
a quen eles dispersaron entre as nacións.
Repartiron o meu país,
³e sortearon o meu pobo,
trocando un rapaz por unha prostituta,
vendendo unha rapaza por viño para se
   emborrachar.
⁴¿E que é o que tiñades en contra miña,
   Tiro e Sidón,
e tódalas provincias da Filistea?
¿Quixestes levar a cabo un desquite
   contra min?
¿Quixestes vós facerme algo?
Pois ben, dun golpe rápido farei volver
   os vosos feitos sobre as vosas cabezas.
⁵Xa que me roubáste-lo meu ouro e a
   miña prata,
e levastes para os vosos templos
os meus tesouros preciosos,
⁶Xa que ós fillos de Xudá e ós fillos de
   Xerusalén
os vendestes ós da Xonia,
para os afastar da súa terra:
⁷vede: eu vounos arrincar do lugar
onde vós os vendestes,
e farei volve-los vosos feitos
sobre as vosas cabezas.

3, 1-5 A mensaxe deste oráculo salvífico consiste na promesa da efusión do espírito profético no día do Señor, considerado coma momento salvífico. A situación histórica que debeu dar ocasión a esta profecía debeu se-la reforma de Ioxías, no 622 (cf Introd.).
3, 1 *Verterei o meu Espírito*. Do Espírito de Deus, forza ou poder de penetración, dise no A.T. que Deus verte, pois o home tamén é espírito, e como tal ten a posibilidade de abrirse a outros espíritos, neste caso ó Espírito de Deus. *Sobre toda carne*. Carne é o home en canto capaz de pracer e dor, o home débil. A debilidade do home vese fortalecida e enriquecida coa forza do Espírito, que xorde la palabra profética. *Soños* e *visións* son formas clásicas de recepción da comunicación profética. Feit **2**, 17-21 interpreta á luz destas palabras o fenómeno de Pentecostés, vendo nel o cumprimento do anunciado por Xoel. En xeral podemos dicir que a historia de Xesús e os sucesos que a seguen son o cumprimento pleno destas palabras.
3, 3-5 Estes prodixios son sinais literarios da presencia teofánica de Deus, características do profetismo, e por isto son expresión concreta do día do Señor. A fe que suscitará a palabra profética e a invocación do nome do Señor traerán a salvación e o perdón.
4, 1-8 Este xuízo contra as nacións divídese en dúas partes: a) vv 1-4: anuncio xeral do xuízo contra tódalas nacións e a acusación: dispersar a Israel entre as nacións, repartirse o país e sortealo, o mesmo que facer intercambios con persoas. b) vv 5-8: aínda que do mesmo estilo, concreta as nacións nas poboacións xentís da costa mediterránea: a Filistea, Tiro e Sidón, con acusacións máis concretas: roubos sacrílegos, venda de escravos.
4, 1 O cambia-la *sorte de* non implica necesariamente alusión á catividade, aínda que filoloxicamente se podería traducir: "Cando eu faga volta-la catividade de Xudá e Xerusalén". De entendelo deste xeito, non se explica o v 3. A sorte que cambia é a situación conseguinte ás razzias escitas.
4, 2 O *val de Ioxafat* non é un val xeográfico concreto, senón que ten valor teolóxico: o val de "Iavé que xulga". A identificación co val do Cedrón, a carón de Xerusalén, data do século IV d. C. Os xuízos celebrábanse ás portas das cidades, pero, para xulgar a tódodos pobos, pénsase nun val. *Israel* aquí significa o reino do norte repartido entre os novos pobos que o veñen colonizando a partir da deportación asiria no 722, ou pode referirse á reducción do territorio de Xudá (= Israel), con motivo da morte de Amón (a. 640), levada a cabo polos antiasirios (2 Re **21**, 19ss).
4, 3 Estes intercambios de persoas compréndense mellor nas razzias escitas (cf Introd.).
4, 4 As referencias a Tiro, Sidón e a Filistea enténdense coma lugar desde onde os escitas fan as súas incursións cos conseguintes roubos sacrílegos (v 5).
4, 6 A venda de escravos xudeus ós xónicos compréndese ben desde o suposto de incursións dos escitas, que reinaron vintecinco anos no centro de Asia Menor. Nas costas occidentais da mesma habitaron, segundo Herodoto, os xónicos.

⁸Os vosos fillos e mailas vosas fillas
vóullelos vender ós fillos de Xudá,
que llelos venderán ós xabeos, un pobo remoto.
Si, díxoo o Señor.

A guerra santa do día do Señor

⁹Comunicade este pregón entre os pobos:
—Declarade a guerra santa,
poñede en pé de guerra os soldados,
que se xunten e suban
tódolos homes de guerra.
¹⁰Batede na zafra as rellas dos vosos arados,
para convertelas en espadas,
e as vosas podadeiras
para convertelas en lanzas,
que o medoso diga: "Eu son un soldado valente".
¹¹Dádevos présa, saíde, tódalas nacións de arredor,
e xuntádevos alí:
Señor, fai baixa-los teus valentes.
¹²Espertade e subide, nacións, ó val de Ioxafat
xa que alí vou sentar para xulgar a tódolos pobos veciños.
¹³Botade a fouce, que o gran xa está maduro;
vinde e pisade, que a moxega xa está chea.
Facede reborda-las cubas, que é grande a súa ruindade.
¹⁴¡Xentíos e xentíos no val da sentencia!
Si, está preto o día do Señor,
no val da sentencia.
¹⁵O sol e maila lúa escurecen
esmorece o resplandor das estrelas.
¹⁶O Señor brama desde Sión,
El lanza o seu berro desde Xerusalén:
tremen o ceo e maila terra.
Pero El será refuxio para o seu pobo,
e fortaleza para os fillos de Israel:
¹⁷así recoñeceredes que eu son o Señor, o voso Deus,
que habita en Sión, o monte de meu santuario,
e será Xerusalén un santuario,
por onde non volverán a pasar estranxeiros.

Conclusión: bendicións divinas para Xudá e Xerusalén, e desolación para as nacións inimigas

¹⁸E sucederá no día aquel:
os montes rezumarán mosto e os outeiros deitarán leite;
tódolos corgos de Xudá deixarán corre-la auga;
unha fonte sairá da casa do Señor,
e verterá a súa auga no río das Mimosas.
¹⁹Exipto volverase unha desolación,
Edom volverase un ermo asolado,
a causa da opresión contra os fillos de Xudá,
por verteren sangue inocente no país.
²⁰Xudá estará habitada para sempre,
e Xerusalén por xeracións e xeracións.
²¹Vingareime do sangue daqueles, certo que o farei,
si, eu o Señor, que habita en Sión.

4, 8 Conforme á Lei do Talión (Ex **21**, 25s), tamén os xudeus venderán os fillos de Tiro, Sidón e da Filistea ós xabeos, pobo do Sur de Arabia (Xob **6**, 19; Xer **6**, 20).
4, 9-17 Nesta guerra actúan, por unha parte, as nacións en plan de guerra santa (vv 9-11a), e, por outra, os "valentes do Señor" (v 11b). O Señor séntase para xulga-los pobos do arredor (v 12). Os imperativos do v 13 diríxense ós valentes do Señor (cf v 11), coma instrumento de execución da sentencia contra as nacións. Os vv 14-16b son unha descrición do xuízo de Deus, vinculando diversos temas: o do día do Señor, o da sentencia de condenación e o da presencia do Señor no xuízo.
Os vv 16c-17 serven de contraste cos anteriores, presentando a actitude protectora e auxiliadora de Deus co seu pobo.
4, 10 No día do Señor as actitudes paradisíacas de paz de Is **2, 4; 11,** 6s inverteranse de parte das nacións na súa guerra santa contra o Señor.
4, 13 A seitura e a vendima son imaxes do xuízo de Deus, e a pisa das uvas con rebordante mosto simboliza o castigo divino (Is **17,** 5; **63,** 1-6; Mc **4,** 29; Ap **14,** 14-20).
4, 14 *Sentencia* enténdese de condenación: é outro nome teolóxico para califica-lo xuízo de Deus. O mesmo termo ("harus") significa fallo xudicial e tamén trillo dentado, que é imaxe do castigo divino. Nótese como Xoel volve á concepción do día do Señor que tiñan os destinatarios de Amós: de castigo para os pagáns e de bendición para o pobo de Deus.
4, 15 Estes fenómenos astronómicos son sinais da chegada do castigo divino. Do mesmo xeito que o cosmos mostra a teofanía salvífica con sinais luminosos, así tamén mostra a súa manifestación para castigar con escuridade.
4, 16-17 Reaparece o tema de Xerusalén e do templo (introducido no v 11b, ó falar dos valentes do Señor, que El fai baixar de Xerusalén para executa-lo seu castigo). Nótese o carácter de oráculo salvífico do v 17.
4, 18-21 Esta conclusión é un engadido post-exílico ó oráculo do v 17, onde se concreta a protección divina sobre Sión e Xudá nunhas imaxes de auga abundante, que producirá fartura de mosto e leite (cf Os **2,** 24s; **14,** 6-8; Am **9,** 13). Alúdese claramente ó post-exilio no v 20.
4, 18 *Mimosas*. Os LXX traduciron "xuncos", por influxo de Ez **47.** Quizais este sentido non sexa alleo a Xoel, por cadrar mellor coa abundante auga.
4, 19 *No país.* Outros traducen "no seu país", por paralelismo con "os fillos de Xudá".

INTRODUCCIÓN Ó LIBRO DE AMÓS

1. Tempo e lugar da actividade de Amós

Por entre o concerto unísono e triunfal das fazañas reais (2 Re **14,** 15), as grandes celebracións relixiosas (Am **4,** 4ss; **5,** 5ss. 21ss), o luxo das construccións e nivel de vida (**6,** 1ss), a fachenda dos militares (**6,** 13s), as voces falangueiras das donas ricas (**4,** 1ss) da sociedade acomodada da Samaría do século VIII a. C., érguese senlleira e tráxica a voz dun agoireiro de desfeita (que anuncia o "día de Iavé"), o máis antigo dos profetas que nos deixaron escrita a súa obra.

Amós naceu en Técoa, lugar próximo a Belén. Non descendía de profetas (**7,** 14), nin era pobre; era gandeiro e cultivador de froitos do sicómoro. Formado na sabedoría do clan (cf 2 Sam **14,** 2) e bo coñecedor das nacións veciñas, sente no seu espírito a necesidade de anuncia-la palabra de Iavé ó Reino do Norte.

Sucede isto arredor do ano 760 a. C. nos tempos de Ieroboam II, nunha época de expansión territorial e de despegamento mercantil de Israel (cf 2 Re **14,** 23-29).

2. Problemática e destinatarios da palabra profética.

Naquela situación conviven os logreiros e acumuladores de terras e edificacións (**3,** 15) cos pequenos propietarios desposuídos e reducidos á mendicidade (2 Re **14,** 26). Ó converte-lo rendemento e o proveito persoal na base do éxito, bendito polas instancias relixiosas, afóndense no esquecemento as institucións seculares iavistas coma o dereito común da terra, a igualdade diante do tribunal das portas (**5,** 10), e a prohibición de reducir á escravitude a un membro da comunidade de Israel (**2,** 6).

Naquela situación, diríxese Amós a un público moi diverso, constituído por gobernantes delegados estranxeiros, e pobo raso, reunido para asistir ás solemnidades relixioso-estatais. Lugares probables das súas prédicas e oráculos son a capital do estado —Samaría— e o templo de Betel.

3. A composición do libro

A súa actividade debeu durar arredor dun ano. Mais as súas punxentes palabras perduraron na lembranza dun grupo de discípulos adictos, sendo conservadas e posteriormente comentadas en épocas diversas, ata a redacción dos derradeiros fragmentos do libro, no s. VI.

O libro de Amós non é unitario, nin escrito dun pulo. O método morfocrítico e o estudio da linguaxe teolóxica empregada nas diversas partes, permiten hoxe descubrir unha chea de formas literarias, de unidades maiores e de adaptacións redaccionais de tempos máis tardíos.

Poden ser palabras de Amós a meirande parte dos oráculos dos cc. **3-6,** o ciclo das visións sobre Israel (**7,** 1-8; **8,** 1-2; **9,** 1-4), e unha parte do ciclo das nacións (cc. **1-2**). Obra dos discípulos ou seguidores poden ser —no mesmo século VII— o título do libro (**1,** 1), a interpelación do Sumo Sacerdote Amasías (**7,** 10-17) e os fragmentos **8,** 4-7.8-14; **9,** 7-10, agás pequenos retoques nos que se mostra un interese biográfico ou unha considerable preocupación polo culto.

No século VII, coa centralización do culto por orde de Ioxías (cf 2 Re **23**) e a conseguinte destrucción dos vellos santuarios, cobraron de novo actualidade as palabras do profeta sobre Betel, e con elas a elaboración da teolóxía sobre a fin do templo (**3,** 14b; **5,** 5b.6). Poida que a introducción de tipo homilético (**4,** 6-12) e os fragmentos de himno, de claro tallo deuteronómico, espallados polo libro (**4,** 13; **5,** 8-9; **8,** 8; **9,** 5-6), se deban a esta etapa.

Con posterioridade, a vivencia do exilio e a teoloxía da historia que fan os deuteronomistas, provocan a inclusión dos ditos contra Xudá, Tiro e Edom (**1,** 9-12; **2,** 4ss), referencia ás tradicións do deserto (**2,** 10), e outros textos que reflicten o interese pola profecía (**2,** 11. 12; **3,** 7).

Finalmente, unha voz postexílica xulgou que o castigo non fora a derradeira palabra de Iavé, e engadiu, no século VI, a palabra de salvación que lemos en **9,** 11-15, e probablemente corrixiu **5,** 22a, dado o auxe que acadaron os sacrificios no templo restaurado.

4. Xénero literario da obra

Amós empregou para a transmisión da súa mensaxe xéneros adaptados ós modos de expresión máis solemnes e populares do seu tempo. Para a comunicación do aviso de castigo implacable de parte de Iavé, usou do modelo diplomático das cartas e tratados dos soberanos de dúas nacións (cf "así di N. e N."; "así dixo N."), enmarcando dese xeito os anuncios e pormenores do Xuízo divino.

Outro módulo é a versión dunha testemuña presencial das decisións dun consello ou dunha autoridade ("Escoitade esta palabra..."). De orixe literaria son as narracións das visións; de escola sapiencial, as preguntas didácticas, os ditos numéricos, os xogos verbais; finalmente, son formas os laios e os Ais ou maldicións, así coma moitas das imaxes de caza, sementeira e seitura.

5. Mensaxe teolóxica

Nestas últimas enmárcase un reproche tan duro coma verdadeiro: a desigualdade social e a inxustiza acabaron coa pureza do iavismo ata o punto de quedar reducido ó meramente cúltico e hipócrita. Iavé non é un Deus de celebracións baldeiras de senso, senón o revelador en favor da irmandade e da igualdade. Israel rematou a súa historia como pobo de Iavé. A idea do "resto", tal como se mostra no libro, non ten en boca de Amós o significado de pequeno grupo recuperable e portador da promesa que terá máis adiante; senón ó contrario, reflicte a reducción a un mínimo grupo daqueles que, pouco antes, se consideraban un pobo numeroso (cf **6**, 9-11).

Nunha versión universalista de novo cuño, Israel vén equiparado ós demais pobos, sexa en canto obxecto da providencia de Iavé (cf **9**, 7), sexa no castigo, se cabe máis duro có doutros pobos, pois meirande era a súa responsabilidade (cc. **1-2**). Nos dous primeiros cc. de Amós queda claro que, para Iavé, o futuro de Israel e o das nacións xentís dependerá da propia actitude fronte ós asoballados da terra, de xeito que a verdadeira fidelidade a Deus se mide pola defensa do dereito e da xustiza (cf **5**, 12-15): velaquí o valor permanente da mensaxe de Amós.

AMÓS

1 ¹Palabras de Amós, que pertenceu ó gremio dos pastores de Técoa, do que viu no tocante a Israel en tempos de Ozías, rei de Xudá, e en tempos de Ieroboam, fillo de Ioax, rei de Israel, dous anos antes do terremoto.
²Velaquí o que dixo:
"Brama Iavé desde Sión,
desde Xerusalén ergue a súa voz
e murchan os pasteiros dos pastores,
seca o cumio do Carmelo".

³Así di Iavé:
"Por causa de tres delitos de Damasco
e mais por catro non me hei domear:
Por mallar co mallo de ferro a Galaad,
⁴heille meter lume ó casal de Hazael,
que engulipe os pazos de Ben-Hadad.
⁵Quebrarei os ferrollos de Damasco,
exterminarei o soberano de Val de Vans
e o que leva o cetro de Vila Leda
e o pobo de Aram será deportado a Quir":
dixo Iavé.

⁶Así di Iavé:
"Por causa de tres delitos de Gaza
e mais por catro non me hei domear:
Por facer deportacións masivas;
para entregalas a Edom
⁷heille meter lume á muralla de Gaza
ata que engulipe os seus pazos.
⁸Exterminarei o soberano de Axdod
e o que leva o cetro de Axquelón,
tornarei a miña man contra Ecrón
e o resto dos filisteos perecerá",
dixo o meu Señor Iavé.

⁹Así di Iavé:
"Por causa de tres delitos de Tiro
e mais por catro non me hei domear:
Por entregar deportacións masivas a Edom

1, 1-2 Os dous primeiros versos presentan o título e a época do libro, e o nome e a orixe de Amós, ó tempo que indican, nunha síntese dos oráculos, posterior a eles, o motivo fundamental de todo o libro (v 2). É probable que o título orixinal encabezase soamente a colección dos cc. **3-6**, e que consistise no texto: "Palabras de Amós de Técoa; o que viu tocante a Israel, dous anos antes do terremoto". A versión actual sería obra dos discípulos do profeta, que verían no terremoto o cumprimento do seu anuncio. A inclusión dos reis de Xudá pódese deber a unha relectura do texto para ese reino, o que supón un acrecentamento posterior, probablemente da época deuteronomista. Amós vén caracterizado como "noqued", pastor propietario (citando libremente **7, 14**).
Quirbet *Técoa*: 17 km ó sur de Xerusalén.
1, 3-2, 16: Ciclo dos oráculos contra as nacións.
O autor enmarca unha serie de xuízos condenatorios contra as nacións veciñas, que rematan co oráculo contra Israel. O número dos oráculos, no texto actual, é de oito, pero orixinalmente foran cinco (contra Damasco, Gaza, Amón, Moab e Israel), como se deduce do carácter repetitivo dos oráculos de Tiro e Edom (**1,** 9-10. 11-12) e da brevidade e senso teolóxico do de Xudá (**2,** 4-5). Engadiuse ademais, nun segundo momento, o "Ciclo das visións" (**7,** 1-8; **8,** 1-2; **9,** 1-4). A estructura é común a todos eles, con pequenas variantes: un dito numérico (de orixe sapiencial, mais empregado aquí literariamente), encabeza a acusación, á que segue a promesa de castigo: todo isto enmarcado pola fórmula do mensaxeiro. Téñense procurado paralelos a estes ditos nos "textos de execración" exipcios, pero máis ben poden ter de fondo cerimonias rituais de maldición israelitas. Con anterioridade a Amós, a maldición dos pobos inimigos non fora estraña entre os profetas no contexto da guerra santa, mais o clímax de **2,** 6-16 supón a inauguración dunha "profecía de xuízo", insospeitada ata daquela.
1, 3-5 No tempo inmediatamente anterior ó do profeta Amós, o reino arameo de Damasco disputaralle a Israel, con toda cruelidade, a zona de Galaad, ó leste do Xordán (cf 2 Re **10,** 32s). Hazael, fundador da dinastía damascena (842-806 a. C.) e Ben-Hadad (cf 2 Re **8,** 12) quedaron coma prototipos dos soberanos arameos.
Os ferrollos fan alusión á pechadura con trabe de ferro da porta da muralla exterior das cidades. Traducimos por Val de Vans "Bicat-Aven" (=val de pecados, val de vaidade), e por Vila Leda o nome "Bet-Eden". O primeiro nome xoga co nome auténtico dun val; mentres que o segundo, alude a algunha cidadela real empregada para o descanso. "Quir" era, na tradición, o lugar de orixe dos devanceiros dos arameos (cf **9,** 7), o que supón que o castigo os fará retroceder na historia ó seu comezo, ata desapareceren.
1, 6-8 Os *filisteos,* representados no título pola cidade de Gaza, son os destinatarios dunha acusación de delitos contra a humanidade, dos que se constata a deportación en masa dunha poboación con ánimo de lucro, para a venda de escravos. As cidades-estado filisteas (das que non se cita Gat) tiñan un goberno persoal de "xuíces", rexedores e caudillos militares; ó morreren eles, derrubaríase a estructura da confederación dos "Pobos do mar", asentados na costa mediterránea.
1, 9-10. 11-12 Os dous oráculos contra Tiro e Edom (como máis adiante o de Xudá, en **2,** 4-5), diferéncianse dos demais pola ausencia do "dixo Iavé" final, e mais pola brevidade, ambigüidade e fixeza das acusacións e promesa de castigo. Son obra dunha man que, en época posterior (probablemente na metade do s. VI, trala caída de Xudá e do exilio), recorda o comportamento colaboracionista deses dous países veciños. **1,** 3b. 6b e 13b parece que serviron coma base para a redacción dos oráculos. O "pacto de fraternidade" (v 9) e a "persecución do irmán" (v 11) aluden ó título de irmán co que se nomeaba ó contraente dun pacto estatal entre monarcas de pobos veciños e do mesmo poder. Ez **26-28** e **35,** 5s son testemuños da xenreira que os hebreos gardaban contra estas nacións traidoras ós pactos xurados. Temán —a rexión central—, e Bosrah —a capital do deserto edomita—, sufrirán os efectos do castigo.

esquecendo o pacto de fraternidade,
¹⁰heille meter lume á muralla de Tiro
ata que engulipe os seus pazos".

¹¹Así di Iavé:
"Por causa de tres delitos de Edom
e mais por catro non me hei domear:
Por perseguir a seu irmán coa espada
e matar sen compaixón,
porque a súa carraxe depreda sen acougo
e mantense a cotío a súa ira,
¹²heille meter lume a Temán
que engulipe os pazos de Bosrah".
¹³Así di Iavé:
"Por causa de tres delitos dos amonitas
e mais por catro non me hei domear:
Por fende-lo ventre das embarazadas de Galaad
co gallo de amplia-las súas fronteiras,
¹⁴heille meter lume á muralla de Rabah
ata que engulipe os seus pazos
entre o ouvear do día da batalla
e o balbordo do día da galerna,
¹⁵e o seu rei partirá deportado,
el xunto cos seus ministros":
dixo Iavé.

2 ¹Así di Iavé:
"Por causa de tres delitos de Moab
e mais por catro non me hei domear:
Por queima-los ósos do rei de Edom ata volvelos cal,
²heille meter lume a Moab
ata que engulipe os pazos de Queriiot,
e morrerá con estrondo Moab
entre o balbordo, ó son do corno;
³exterminarei do seu medio o gobernante
e xunto con el matarei a tódolos seus ministros":
dixo Iavé.

⁴Así di Iavé:
"Por causa de tres delitos de Xudá
e mais por catro non me hei de domear.
Por rexeita-la lei de Iavé
e non observa-los seus mandatos,
xa que os seus falsos deuses os extraviaron,
eses tralos que xa correran seus pais,
⁵heille meter lume a Xudá
ata que engulipe os pazos de Xerusalén".

⁶Así di Iavé:
"Por causa de tres delitos de Israel
e mais por catro non me hei domear:
Por venderen o honrado por diñeiro
e o necesitado pola débeda dun par de sandalias.
⁷Refregan contra o po a cabeza dos mendigos
e desviaron o vieiro dos pobres;
pai e fillo xúntanse coa mesma moza
para profana-lo meu santo nome;

1, 13-15 Os nómadas da Transxordania, con capital en Rabah ("a Grande", a actual Amán), son censurados igualmente por crimes de lesa humanidade, cometidos durante as razzias expansionistas á procura do cobizado altiplano de Galaad (cf **1**, 3).
2, 1-3 O delito de Moab supón unha profanación gravísima para a sensibilidade do tempo: a cremación dun cadáver e o probable emprego dos ósos para facer cal eran un insulto degradante para unha nación, personificada no seu rei.
2, 4-5 O oráculo contra Xudá non enumera crimes contra os homes, senón transgresións ético-relixiosas. A referencia a Iavé en terceira persoa salienta tamén a diferencia deste dito con relación ós oráculos orixinais de Amós. *Falsos deuses* (lit. "mentiras"), expresión de fondo significado na obra histórica deuteronomista, na que están redactados estes versos. A fin predita xa chegara a Xudá cando se redactaba este oráculo (cf 2 Re **25**, 9).
2, 6-16 A invectiva contra Israel, orixinal de Amós (fóra dos vv 10-12 e pequenos retoques), abrangue os versos 6-9 e 13-16, mostrando o carácter definitivo e concluínte que xoga no ciclo dos oráculos contra as nacións. A estructura varía ó introducir despois da acusación (vv 6-8) a contraposición cos beneficios recibidos de Iavé (v 9), á que segue un anuncio de castigo máis pormenorizado ca nas unidades anteriores (vv 13-16). Os crimes detallados non son xa de "dereito internacional", senón de orde social: 1) venda de necesitados coma escravos (ás veces coma compensación de débedas impagadas, algunha delas ridículas, coma un par de sandalias); 2) asoballamento dos pobres; 3) transgresión das leis do incesto (cf Lev **18**) ou de relacións sexuais desarregradas (cf Dt **22** e **23**); 4) a utilización das prendas de débeda, deixadas en depósito, valor sagrado que non se podía tocar (Ex **22**, 25; Dt **24**, 12s). De feito os versos 7c-8 sufriron pequenos axustes, quizais recollendo motivos ou palabras de Oseas (cf **4**, 14), polo que o texto actual parece aludir á prostitución sagrada dos cultos da fertilidade, coa que as rapazas casadeiras ofrendaban a súa virxinidade nos templos, para asegura-la fecundidade no matrimonio. Ese uso non só era rexeitado eticamente polo iavismo, senón que supuña unha implícita idolatría (pois a fecundidade, no iavismo, é unha bendición de Iavé —Xén **1**, 28—, non secuela dun rito máxico).
O v 9 relembra a "gracia da conquista" (cf Núm **13**, 28). Os vv 10-12 difiren dos de Amós polo seu estilo homilético, por estar escritos en prosa, e polo punto de interese, que é o da escola deuteronomista (insiste nos temas do Éxodo e do deserto, temas que non se atopan en Amós). Agora ben o v 12b pode moi ben estar a relembrar unha lectura de **7**, 16. Os *nazireos* (separados, abstinentes) eran homes consagrados a Iavé por votos, probablemente reminiscentes da época do deserto (considerada coma a época máis pura do iavismo). Non cortaban a barba nin o pelo, e non bebían viño (cf Núm **6**; Xuí **13**, 16).

⁸estran o leito con roupas collidas en
  prenda
a carón dun altar calquera,
beben viño cos cartos requisados
  no templo do seu deus.
⁹Cando fora eu o que exterminara por
  causa deles os amorreos,
que eran altos coma cedros e fortes coma
  carballos,
destruíndo o seu froito por riba
e as súas raiceiras por baixo.
¹⁰Eu fixenvos subir desde o país de Exipto
guiándovos pola estepa corenta anos
para darvos en posesión a terra dos
  amorreos;
¹¹fixen xurdir profetas de entre os vosos
  fillos
e nazireos de entre os vosos mozos,
¿non si, israelitas? —Oráculo de Iavé—.
¹²E vós, en troques, fixestes beber viño ós
  nazireos
e ordenastes ós profetas: ¡Non
  profeticedes!
¹³Pois, velaquí, eu vou facer regos no chan
  debaixo vosa
coma os que fai un carro ateigado de
  monllos.
¹⁴Daquela non vai poder fuxi-lo áxil,
nin a forza sosterá ó forte
nin o soldado de avangarda salvará a
  vida;
¹⁵o arqueiro non se vai ter en pé,
o de pés lixeiros non escapará
nin o que vai de a cabalo salvará a vida;
¹⁶o máis valente de entre os paladíns
fuxirá espido naquel día" —Oráculo de
  Iavé—.

3

¹Escoitade esta palabra que Iavé
  pronuncia contra vós, israelitas, contra
  toda a caste que fixen subir do país de
  Exipto:
²"A vós sós elixín
de entre as familias da terra,
por iso vouvos pedir contas
de tódalas vosas maldades".

³¿Camiñarán dous xuntos
se antes non se deron cita?
⁴¿Bramará o león no mato
se aínda non ten a presa?
¿Ergue a voz o leonciño desde a súa cova
se aínda non cazou?
⁵¿Cae o paxaro por terra
se non o alcanzou a trapela?
¿Salta a rede do chan
se non pillou nada?
⁶¿Tócase a trompeta na vila
sen que o pobo se altere?
¿Pasa unha desgracia na vila
sen que Iavé a cause?
⁷Abofé que o Señor Iavé nada fai sen
  descubri-lo seu propósito
ós seus servos, os profetas.
⁸Berrou o león, ¿quen non tremerá?
Falou o Señor Iavé, ¿quen non
  profetizará?

⁹Pregoádeo nos pazos de Axdod e nos
  pazos do país de Exipto,
dicide: xuntádevos sobre os montes de
  Samaría
e contemplade a confusión enorme que
  nela impera
e os asoballados no medio dela.

Os vv 13-16, promesa de castigo, teñen coma trasfondo a descrición do terremoto, que inutiliza a forza guerreira (no v 15 alúdese á técnica do carro de guerra, cunha dotación de dous homes —conductor e arqueiro—; o cabalo daquela aínda non era empregado singularmente para cabalgalo.
Oráculo de Iavé (v 16) é unha formulación tirada dos antigos oráculos sacerdotais nos santuarios. Amós emprégaa con frecuencia no remate dos ditos divinos, para conferirlles solemnidade e transcendencia. Na teoloxía deuteronomista volverá a empregarse con profusión.
3, 1-2 Este breve dito testimonial debeu se-lo comezo dalgunha advertencia, ou a síntese dunha colección de oráculos. Tal coma hoxe o atopamos é unha chamada á responsabilidade, polo feito da elección, o que relembra o dito evanxélico de Lc **12**, 48. A referencia a Exipto (v 1) pode ser un engadido da redacción deuteronomista (cf **2**, 10). A chamada de atención (v 1), típica dos sabios, queda matizada polo ton xudicial. No v 2 supón o dominio de Iavé sobre tódolos pobos da terra.
3, 3-8 A cadea de preguntas formaba parte da metodoloxía escolar sapiencial, e intentaba suxerir unha analoxía de natureza ou comportamento. Aquí Amós emprégaa retoricamente, para saír ó paso dunha disputa: probablemente os seus inimigos se burlaban del ou desconfiaban da súa lexitimación coma profeta, xa que non pertencía ó gremio (cf **7**, 14). O clímax do v 8 sublíña a forza da chamada de Deus, que tamén mostra noutras vocacións proféticas e acredita contra tódolos ataques (cf Xer **20**, 7-9; **23**, 18-22; 1 Cor **9**, 16s). Os temas das comparacións están sacados da sabedoría dos pastores e mais de experiencias cidadás (o v 5b pode aludir a un aparello empregado na caza de aves e testemuñado polae arqueoloxía). O v 7 é secundario, dado o seu estilo prosaico e mentalidade deuteronomista, e comenta o texto previo xa completo (cf linguaxe semellante en 2 Re **17**, 13. 23).
3, 9-11 Unha declaración de xuízo de Deus vai introducida pola convocatoria ós representantes das potencias estranxeiras, testemuñas dos feitos relatados. Os filisteos, representados pola cidade de Axdod (non "Asur"), e os exipcios, contemplan á vista de paxaro a cidade, na que rexe a ausencia de paz, a loita constante e a opresión de todo costume social. Os pazos non son máis ca monumentos ó roubo e ó asasinato (v 10). O lugar da opresión será o lugar do castigo, descrito aquí coma invasión dun inimigo descoñecido e devastador (v 11).

¹⁰Non saben obrar rectamente
—Oráculo de Iavé—.
Atesouran violencia e rapina nos seus pazos.
¹¹Por iso así di o Señor Iavé:
"Un inimigo vai cerca-lo país,
vai abate-la túa fortaleza
e vai asola-los teus pazos".

¹²Así di Iavé:
"Como salva o pastor das fauces do león
dúas patas ou un anaco de orella,
dese xeito hanse salva-los israelitas
que moran en Samaría,
coma un pé de diván ou un cabezal de leito.

¹³Escoitade e sede as miñas testemuñas
contra a casa de Xacob
—Oráculo do Señor Iavé, Deus dos Exércitos—.

¹⁴Pois o día no que eu faga contas con Israel polos seus delitos,
hei de pasar tamén revista ós altares de Betel,
daquela serán tronzados os cornos do altar
e caerán por terra.
¹⁵Derrubarei a residencia de inverno
xunto coa residencia de verán
hanse arruina-las casas de almafí,
afundiranse innumerables construccións"
—Oráculo de Iavé—.

4 ¹Escoitade esta palabra, vacas de Baxán
que morades sobre o monte de Samaría,
as que asobálláde-los necesitados, as que esfoláde-los pobres,
mentres lles dicides ós vosos maridos:
"¡Botádenos de beber!"
²Xurou o Señor Iavé pola súa santidade:
"Havos chega-lo tempo
no que vos arrastren con adivais
e o resto de vós con garfos.
³Teredes que saír polas gretas
tirando cara adiante,
para serdes levadas ás partes do Hermón,
—Oráculo de Iavé—.

⁴Ide en romaría a Betel para pecar,
ou a Guilgal, e amoreade delitos;
levade de mañá os sacrificios
e ó día terceiro os vosos décimos.
⁵Queimade parte do levedado en acción de gracias,
anunciade ben alto as ofrendas voluntarias
xa que así vos peta, israelitas,
—Oráculo do Señor Iavé—.

⁶Eu, da miña banda, déravos dentes limpos
en tódalas vosas vilas
e carencia de pan
en tódolos vosos casais,
mais non volvestes a min
—Oráculo de Iavé—.

⁷Deneguéivo-la chuvia
cando faltaban aínda tres meses para a colleita,
fixen que chovese nunha vila si e noutra non;
unha leira foi regada
e outra, onde non choveu, murchou.

⁸Dúas vilas e ata tres foron a tombos
ata a veciña por beber auga,

3, 12 O tema do saqueo (v 11) atrae outro pequeno oráculo, dirixido contra a clase acomodada do país. O residuo recuperable das grandes construccións serán partes mínimas do mobiliario de moda, os diváns de banquete e os leitos estrados luxosamente. A comparanza faise cunha imaxe de dereito pastoril: o pastor que coida do gando alleo, se cadra que unha fera mata unha res, ten que presentar un mínimo do corpo da víctima para demostrar que loitou por ela e non ter así que aboa-lo seu prezo (cf Ex **22,** 12).
3, 13-15 A fórmula solemne de convocatoria de testemuñas serve de cadro a un oráculo de destrucción dun pobo orgulloso polas súas edificacións, santuario e vilas decoradas con luxo requintado, en especial as vilas de verán (cf 1 Re **21,** 1. 18; **22,** 39). O título do v 13b "Deus dos Exércitos", provén seguramente do contexto da guerra santa, e semella introducido neste lugar con posterioridade. O mesmo se diga da referencia a Betel (v 14), que pode datar do tempo de Ioxías (cf 2 Re **23,** 15. 17).
Os "cornos do altar" eran as catro esquinas salientes, e gozaban do dereito de asilo (cf 1 Re **1,** 50). A expresión oracular remata a peza literaria (e posiblemente o c., desde o v 3) coma colección de oráculos do comezo da misión de Amós.
4, 1-3 A cidade de Samaría convértese en escenario dunha nova declaración de xuízo, encamiñada agora contra as donas da alta sociedade. *Vacas de Baxán* : tanto ten coma dicir entre nós vacas suízas. Baxán era unha zona do leste do Xordán, cunha altitude de 500 m., famosa polo seu gando (cf Ez **39,** 18). As mulleres ricas, ben cebadas, nugallás, esixentes cos maridos, saen responsables do asoballamento dos pobres (cf Is **3,** 16-24). O seu castigo será a deportación sen remedio nin volta (cf **5,** 27; **6,** 7; **7,** 11. 17) alén do Hermón (150 km ó norte, derradeiro enclave desde o que se pode contempla-la terra de Israel).
4, 4-13 Esta perícopa é unha unidade artificiosa, feita de materiais diversos: unha parodia da Torah sacerdotal (vv 4-5), unha reconvención en cinco seccións (vv 6-11) e un fragmento hímnico (v 13), precedido dun verso de transición (v 12).

mais non se deron saciado
e aínda así non volvestes a min
—Oráculo de Iavé—.

⁹Ferinvos co caruncho e co mildeu,
mandei a seca ós vosos hortos e viñas;
as vosas figueiras e oliveiras comeunas o saltón,
mais non volvestes a min
—Oráculo de Iavé—.

¹⁰Mandei sobre vós unha peste semellante á de Exipto,
pasei pola espada os vosos mozos
ó tempo que capturaban os vosos cabalos,
fixen subir ós vosos narices o fedor do campamento,
mais non volvestes a min
—Oráculo de Iavé—.

¹¹Derrubeivos coma derrubara Deus a Sodoma e Gomorra
e quedastes coma muxica saída dun incendio,
mais non volvestes a min
—Oráculo de Iavé—.

¹²Por iso voute tratar deste xeito, Israel;
e porque te vou tratar así
aparéllate para o encontro co teu Deus".
¹³Pois olla:
Quen moldeou os montes e creou o vento,
quen lle descobre ó home o que está a matinar,
quen fai o abrente e mailas tebras,
quen camiña sobre os lombos da terra,
Iavé, Deus dos Exércitos, é o seu nome.

5

¹Escoitade esta palabra, este pranto que eu entoo contra vós, casal de Israel:
²Caeu, non rexurdirá, a doncela de Israel,
tirada polo seu propio chan, non haberá quen a erga;
³pois así di o Señor Iavé:
"Vila que recrutou un milleiro, recupera cen,
e a que recrutou cen, recupera dez";
⁴pois así di Iavé ó casal de Israel:
"Buscádeme e vivíredes".
⁵Non busquedes a Betel,
non vaiades a Guilgal,
non vos acheguedes a Beerxeba,
pois Guilgal ha de ir deportada
e Betel quedará en nada.

⁶Procurade a Iavé e vivíredes, non vaia da-lo lume no casal de Xosé e o engulipe e ninguén o apague por causa de Betel.
⁷¡Ai dos que trocan o dereito en asentes
e botan polo chan a xustiza!
⁸Foi El quen fixo as Pléiadas e o Orión,
quen muda as tebras en abrente
e escurece o día en noite,
quen convoca as augas do mar

A parodia inicial pode proceder do mesmo Amós, dada a súa incisividade polémica. Arremeda as Instruccións que os sacerdotes daban nos seus santuarios coma resposta a unha indagación ou convocatoria a un deber. A ironía xoga coa proclamación da peregrinaxe a un lugar santo e coa finalidade desa peregrinaxe. Betel —40 km ó sur de Samaría—, era o templo nacional. Guilgal, un dos primeiros lugares sagrados desde o tempo da conquista, estaba situado 30 km ó sueste, a carón do Xordán.
A reconvención recolle temas das pragas e toca o motivo da chamada á conversión e o conseguinte endurecemento de Israel. A redacción é da escola deuteronómica de tallo homilético, e desde logo posterior a Amós; podería corresponder a unha prédica da liturxia de despois da destrucción de Betel. Sobre as pragas do campo (v 9), cf Dt **28**, 22; 1 Re **8**, 37; 2 Cro **6**, 28. A "peste" (v 10) rememora a praga de Ex **9**, 3-7. O verso 11 alude á caída de Samaría, no 722/21 a. C. A comparanza con Sodoma e Gomorra é tópico común para casos políticos (cf Is **13**, 19; Xer **50**, 40). Sobre o Himno (v 13), cómpre dicir que se trata do fragmento dun salmo dedicado ó Deus Creador; a súa situación vital sería litúrxica. A semellanza con **5**, 8s e **9**, 5s (quizais tamén haxa que incluír **8**, 8) fai pensar nunha peza única, espallada como remate parcial por diversas seccións do libro. Na actual situación fai función de louvanza ó Xuíz xusto, polo que toda a composición **4**, 4-13 adquire un matiz explícito de denuncia contra unha relixión falsificada: os israelitas adoran o que lles peta (vv 4-5), non recoñecen o Deus liberador (vv 6-11) e, polo tanto terán que se encarar con El (vv 12-13).
5, 1-17 Nova unidade literaria, composta de pequenas pezas ás que se uniron interpretacións posteriores. Nos vv 1-3, a chamada a escoitar introduce un canto mortuorio (v 2 no ritmo da "quinah", metro típico do pranto por un morto) ó que se xunta o oráculo sobre o exército decimado (v 3). *Doncela de Israel* é un colectivo clásico para designa-la nacionalidade; a mocidade e a virxinidade están a significa-la imperfección da vida que aínda non acadou a plenitude e a fecundidade.
5, 4-6 Unha amoestación polémica dirixida ó pobo retorce o senso da convocatoria sacerdotal de atender ás grandes festividades nacionais (cf **4**, 4-5), converténdoa en crítica ó culto. A referencia a Beerxeba, santuario do reino do sur do deserto do Néguev, débese a unha man posterior, probablemente dos discípulos de Amós. O v 6 é unha eséxese do tempo de Ioxías contra o santuario de Betel. O v 5 xoga coas palabras dun xeito retranqueiro (Guilgal ha de ir deportada: "Guilgal galoh iigleh"; Betel quedará en nada: ó pe da letra, "Casa de Deus será Casa do baldeiro".
5, 7 Comeza un membro dunha pequena serie de "ais" fúnebres (os outros atópanse en **5**, 18 e **6**, 1). Este v enlaza mellor, conforme o sentido, co v 10, polo que os vv 8 e 9 semellarán fóra de lugar.

e as verte sobre a superficie da terra:
Iavé é o seu nome.

⁹Quen dispón a desfeita contra o forte,
chegando o saqueo ata a cidadela.

¹⁰Odian ó fiscal no tribunal,
rexeitan a quen dá testemuño cumprido,
¹¹por iso:
Xa que esmagáde-los foros do pobre
e lle esixides tributos de trigo,
se construístes pazos de perpiaño
non os habitaredes,
se plantastes viñas farturentas
non beberedes do seu viño.
¹²Ben sei eu dos vosos innumerables delitos
e dos vosos enormes pecados,
asoballadores do honrado,
aceptadores de suborno
que torcéde-lo dereito do pobre no tribunal.
¹³Por iso o asisado cala neste tempo
pois é un tempo cativo.
¹⁴Buscade o ben e non o mal de xeito que vivades
e Iavé, o Deus dos Exércitos, quedará convosco,
segundo dicides.
¹⁵Rexeitade o mal, amade o ben,
que impere o dereito nos tribunais;
quizais se considere, Iavé, Deus dos Exércitos,
do resto de Xosé.
¹⁶Por iso así di Iavé, Deus dos Exércitos, o Señor:
"En tódalas prazas, loito,
en tódalas rúas berran: ¡Ai, ai!
Chaman ó xornaleiro para o laio
e para o pranto ás carpideiras
¹⁷e en tódalas viñas haberá loito
cando eu pase por medio de ti":
dixo Iavé.

¹⁸¡Ai daqueles que devecen polo día de Iavé!
¿Que vai significar para vós o día de Iavé?
Vai ser tebra; non vai ser luz.
¹⁹Vai ser coma cando foxe un do león
e vai dar co oso;
logra aínda chegar á casa,
apoia a man na parede,
e mórdeo a cóbrega.
²⁰¿Non vai ser acaso tebra o día de Iavé e non luz?
¡Abofé que o seu é a escuridade e non a claridade!

²¹"Aborrezo e rexeito as vosas festas,
non soporto o cheiro das vosas liturxias
²²(se non é cando me ofrendades holocaustos)
as vosas oblacións non me alegran,
o banquete sacrificial dos vosos xatos nin o vexo.
²³¡Arreda de min a charanga dos teus cantos!
Non estou para escoitar músicas das túas harpas.
²⁴O dereito é o que ten que fluír coma auga
e a xustiza coma manancial perenne.
²⁵¿Acaso ofrecestes sacrificios e ofrendas
no deserto durante os corenta anos, casal de Israel?
²⁶¿Levavades daquela a Sicut o voso rei
e a Kiiún, imaxes vosas, a estrela dos vosos deuses,
fabricados por vós mesmos?

A protesta recollida nos vv 7 e 10 érguese contra os que fan imposible a xustiza dos tribunais impedindo a función do patrucio que dá o veredicto na xuntanza á porta da vila e mais a das testemuñas cabais.
5, 11-17 O v 11 presenta unha declaración de castigo, e os vv 12. 16-17 compoñen unha palabra de xuízo que retorna ó tema da inxustiza nos tribunais e ameaza co castigo. Quizais o tema da xustiza e a mención das viñas atraese os dous oráculos (7. 10-11 e 12. 16-17). Unha man posterior —probablemente un discípulo do profeta que vivía a realidade dos efectos do castigo—, escribiu a frase sapiencial do v 13, sacando despois as consecuencias éticas de tal experiencia (vv 14-15). No estado actual, estes versos interrompen o segundo oráculo.
5, 18-20 O segundo Ai introduce unha pregunta didáctica que intenta abanea-la falsa seguridade dos israelitas. O "día de Iavé", na mentalidade israelita, era o día da intervención milagrenta a favor do pobo elixido. Amós nega esa interpretación e confirmaa cun exemplo (v 19), no que cada paso dun home que intenta fuxir o afonde aínda máis na desgracia: tal é, segundo el, a futura sorte do pobo.
5, 21-27 Apoiándose noutra forma litúrxica, e retorcendo a resposta do sacerdote ó recolle-las ofrendas, o oráculo arremete contra un culto non correspondido cunha vida xusta (vv 21-24). As ofrendas, o banquete, e danza sacra, semellan pertencer a algunha das grandes festividades, quizais á da colleita, ó inicio do outono. Tanto máis fortemente queda salientada a alienación relixiosa que supoñen accións en aberta contradicción coa praxe social. O v 22a, "se non é cando me ofrendades holocaustos", ten o aspecto dunha glosa posterior ó exilio, unha vez restaurado o templo. Outro glosador, da escola deuteronómica, introduciu os vv 25-27, nos que se alude a deidades astrais veneradas nos tempos da ocupación asiria, o que loxicamente xa supón a caída do reino. Os versos subliñan a ausencia de culto de santuarios no tempo idealizado de peregrinaxe polo deserto.

²⁷Eu si, eu vouvos levar deportados alén de
　Damasco",
dixo Iavé, que ten por nome Deus dos
　Exércitos.

6

¹"¡Malia os que viven no lecer en Sión,
os despreocupados no monte de
　Samaría,
a élite das primicias das nacións
ós que acode a xente de Israel!
²Ide ata Calno e ollade,
de alí pasade ó Gran Hamat,
baixade despois a Gat dos filisteos.
¿Valedes vós máis ca eses reinos?
¿É meirande o voso territorio?
³Intentan arreda-lo día funesto
favorecendo o dominio da violencia,
⁴déitanse en leitos de marfil,
vaguean nas súas camas,
xantando os carneiros do rabaño
e os xatos sacados da corte.
⁵Cantarexan ó son da harpa
e, coma novos Davides, inventan
　instrumentos.
⁶Beben viño nas grandes copas
e únxense coa esencia dos perfumes,
mais a desfeita de Xosé non os deprime.
⁷Por iso agora van partir para o exilio
á cabeza dos deportados,
pois rematou a esmorga dos nugalláns".
　—Oráculo de Iavé, Deus dos
　Exércitos—.
⁸Xurou o Señor Iavé por si mesmo:
"Dáme noxo a prepotencia de Xacob,
aborrezo os seus pazos e vou entrega-la
　cidade e canto a enche";
⁹e se nunha casa quedan dez homes,
　morrerán tamén;
¹⁰e cando alguén leve un parente ou
achegado para sacar da casa os ósos,
diralle a quen anda polo recuncho da
peza: "¿Quédache aínda alguén?"; e
responderalle "Ninguén". Entón aquel
dirá: "¡Cala!" (pois non se debe
menta-lo nome de Iavé).
¹¹Porque velaquí o que Iavé ten decretado:
Reducirá a casa grande a entullo e a
casa pequena a faragullas.

¹²¿Galopan os cabalos polos penedos
ou árase con bois o mar?
Pois vós trocáde-lo dereito en pezoña
e o froito da xustiza en asentes.

¹³Os que se alegran por Lo Debar e din:
"¿Non conquistamos Carnaim coas
　nosas forzas?"
¹⁴"Velaquí, vou facer xurdir contra vós,
　casal de Israel
—Oráculo de Iavé, Deus dos Exércitos—,
un pobo que vos asoballe desde
　Lebó-Hamat ata o torrente do
　Arabah".

7

¹Velaquí o que me fixo ve-lo meu Señor
　Iavé:
velaquí: estaba un a criar saltóns
cando comezaba a agroma-la herba tardía

6, 1-7 O terceiro Ai transfórmase en acusación contra as camadas dirixentes de Israel que viven no luxo e na despreocupación temeraria. O profeta, na súa reconvención en nome de Iavé, bótalles en cara a súa vida de esmorga e a soberbia do seu proceder (vv 4-6), rematando nunha ironía punxente: coidades se-las primicias das nacións (cf v 1), e ides se-los primeiros dos deportados (v 7). Os discípulos de Amós puideron xa constata-la realidade dos feitos e, na mesma liña do seu mestre, engadiron as comparanzas do v 2: Kalno, no norte da Siria, fora atacada por Teglatpeléser III no 738; Gat, da Filistea, na campaña costeira do 734. Samaría, que rexeitara a prédica de Amós, proseguía a crerse privilexiada entre os demais pobos. Unha man deuteronomista introduciu no v 1 a mención de Sión, alongando a ameaza ata o reino de Xudá. As palabras *Oráculo de Iavé, Deus dos Exércitos*, aparecen no texto hebreo no v 8, interrompendo o sentido. No texto proposto, van ó remate do v 7, que é o seu lugar.

6, 8-11 O xuramento de Iavé por si mesmo (cf v **4,** 2) é o máximo compromiso co que, nunha declaración xudicial, se decide a caída da cidade (v 8). O oráculo leva emparellado un pequeno relato no que se describe con viveza o desastre provocado por un terremoto durante a invasión (vv 9-11). A escena arrepiante da recollida de cadáveres pódese deber a unha testemuña presencial e, certamente, ós discípulos de Amós. O tempo da desfeita (da ausencia de "Xalom"), impide a proclamación do Nome Santo (v 10).

O v 11 corrobora a destrucción total (coa polaridade "grande-pequeno").

6, 12 A pregunta retórica, da escola sapiencial, refire casos de imposibilidade. A argumentación en paralelo salienta a imaxe da orde natural destruída e arrombada por culpa dos prepotentes.

6, 13-14 O oráculo semella incompleto ó comezo, e parece dirixido ós que festexan victorias pírricas, probablemente ós militares do estado expansionista de Israel. Lo Debar (= non-nada) e Carnaim (= dous cornos) refírese a nomes de pequenos lugares tomados en campañas contra os arameos e amonitas (cf Xos **13,** 26 e 2 Sam **9,** 4-5). Lebó-Hamat (no norte) e o torrente do Arabah (no deserto do sur do Mar Morto) presentábanse coma fronteiras nos tempos gloriosos de Israel (cf 2 Re **14,** 25).

7, 1-9 Con este c. encétase unha serie de cinco relatos que orixinalmente deberon compoñer un "Ciclo das visións". Todas elas (**7,** 1-3.4-6.7-9; **8,** 1-3; e **9,** 1-4) están escritas en forma autobiográfica e supoñen a experiencia persoal do profeta na procura do perdón para o pobo. Hai visións de acontecementos (**7,** 1-3.4-6; **9,** 1-4); visións simbólicas (**7,** 7-9); e de xogos verbais, (**8,** 1-3).

7, 1-3 Unha figura misteriosa prepara de entrada a primeira praga tradicional: os saltóns (cf Xl **1,** 4), que consumirán o derradeiro pasto do ano. Un glosista engadiu (v 1d) a precisión de tempo: despois da sega que se debe por foro ó rei (cf 1 Re **18,** 5). O castigo aprázase en razón da intercesión (cf Ex **32**).

(esta é a herba tardía que vén despois da sega do rei);
²e cando xa estaban para rillar a rentes toda a herba do chan, dixen eu:
"Meu Señor Iavé, perdoa por favor;
¿como se vai manter Xacob que é tan pequeno?"
³Iavé arrepentiuse diso: "Non sucederá tal": dixo Iavé.

⁴Velaquí o que me fixo ve-lo meu Señor Iavé:
velaquí: estaba un a convocar un trebón de lume
que engulipa o grande océano abisal
e cando xa estaba queimada a agra,
⁵dixen eu:
"Meu Señor Iavé, detente, por favor;
¿como se vai manter Xacob que é tan pequeno?"
⁶Iavé arrepentiuse diso: "Tampouco non sucederá": dixo o meu Señor Iavé.

⁷Velaquí o que me fixo ve-lo meu Señor Iavé:
velaquí: estaba un a carón dun muro
e tiña unha chumbada na man.
⁸E Iavé preguntoume: "¿Que ves ti, Amós?"
—"Unha chumbada"—, respondín.
E díxome entón o meu Señor:
"Velaquí: vou bota-la chumbada no medio do meu pobo Israel.
Non lles vou transixir máis.
⁹Serán arrasados os altos de Isaac.
Os santuarios de Israel serán destruídos,
vou atacar coa espada a caste de Ieroboam".

¹⁰Daquela, Amasías, sacerdote de Betel, mandou recado a Ieroboam rei de Israel, dicíndolle: "Amós está a conspirar contra ti no medio e medio do casal de Israel; o país xa non pode aturar por máis tempo as cousas que di.
¹¹Pois, velaquí o que di Amós:
Ieroboam vai morrer a espada,
Israel será deportado de certo da súa terra".
¹²Despois díxolle Amasías a Amós:
"Vidente, vaite, fuxe para a terra de Xudá;
come alí o teu pan, fai alí de profeta,
¹³mais en Betel non volvas profetizar
pois é santuario real, é templo nacional".
¹⁴Respondeu Amós e díxolle a Amasías:
"Nin eu son profeta, nin da caste dos profetas,
xa que son gandeiro e coidador de sicómoros,
¹⁵mais foi Iavé quen me colleu de trala grea
e foi Iavé quen me dixo: vai profetizar ó meu pobo Israel.
¹⁶E agora escoita a palabra de Iavé:
Ti dis: non profetices contra Israel,
non fagas agoiros contra o casal de Isaac;
¹⁷pois velaquí o que di Iavé:
A túa muller fará de prostituta en plena vila;
sobre os teus fillos e fillas caerá a espada;
as túas leiras partillaranse á liña,
ti mesmo irás morrer en terra impura
e Israel vai ser deportado dos seus eidos".

8 ¹Velaquí o que me fixo ve-lo meu Señor Iavé:
velaquí unha canastra de froitos madurecidos;
²e preguntoume: "¿Que ves ti, Amós?"
Eu respondinlle: "Unha canastra de froitos madurecidos".

7, 4-6 Coa mesma estructura da anterior, preséntase nestes versos a praga da seca: o sol, coma lume, vai deixar sen auga as grandes veas subterráneas e, en consecuencia, vai mata-la agra. Iavé déixase convencer, e desiste.
7, 7- 9 Iavé (o personaxe misterioso) vai comprobar se o muro se pode manter ou hai que derrubalo. O desenvolvemento desta visión cambia a forma literaria, que se troca en pregunta case catequética (v 8). O remate do verso inclúe unha ameaza inminente que se puido ver cumprida, ó tempo que serve de transición para a sección seguinte.
7, 10-17 O relato incluído nestes versos procede dun contemporáneo de Amós, testemuña dos acontecementos cos que quedaba ilustrada a derradeira etapa das intervencións do profeta. A narración ten paralelos na vida doutros "mensaxeiros de castigo" (cf Xer **20,** 11ss; **29,** 26), polo que se conclúe que a súa proclamación ética non deixou de ter repercusións socio-políticas. Os vv 14-15 recollen o testemuño dunha vocación persoal, contraposta ó ministerio de oficio dos "fillos de profeta", agrupacións máis estables e articuladas de vida e actividade relixiosa, xurdidas normalmente no seguimento dun gran carismático (Eliseo: cf 2 Re **4-5**). O novo profeta, chamado por Iavé, non o é de por vida nin está ligado a un determinado santuario por unha función cúltica: xorde do pobo, para levar unha mensaxe concreta nun momento histórico. A mensaxe de Amós atinxe, con todo o peso da palabra proferida coma maldición, ó reino de Ieroboam (cf 2 Re **15,** 10), ó pobo (destrucción de Samaría polos asirios) e ó sacerdote implicado na política do poder inxusto (vv 16-17).
8, 1-3 Trala interrupción narrativa, segue a cuarta visión do ciclo iniciado en **7,** 1. Trátase dun xogo coas palabras "Qaiis" (= froitos do outono ou da fin do verán) e "Qes" (= final, remate), posiblemente pronunciadas de forma semellante naquel tempo.
As *cantantes do pazo* (heb. "xirot") son as "cantoras" das festas paceiras, non as do templo (cf 2 Sam **19,** 36; Ecl **2,** 8), pois "Hekal" (en sumerio "gran casa") designaba toda a edificación do pazo, que certamente incluía as dependencias relixiosas no mesmo corpo de construcción.

Entón díxome Iavé:
"Madureceu a fin do meu pobo Israel,
xa non lle vou pasar máis por alto".
³Naquel día laiaranse as cantantes do pazo,
—oráculo do meu Señor Iavé—
amorearanse os cadáveres que
esparexerán por tódolos lugares ás caladas.

⁴Escoitade isto, vós que asoballáde-lo pobre
e exterminade-la xente humilde do país;
⁵vós que dicides:
"¿cando pasará o festivo da lúa nova
para vendérmo-lo trigo
e o sábado para fornece-lo gran
traficando ata co salvado,
para merma-la medida,
aumenta-lo prezo
e defraudar con balanza falsa,
⁶para mercarmos por diñeiro o mendigo
e o pobre pola débeda dun par de sandalias?"
⁷Xura Iavé pola soberbia de Xacob:
"Endexamais non esquecerei os seus delitos.
⁸¿Non haberá de treme-la terra por isto
e levar loito cantos nela moran?
¡Hase erguer toda coma o Nilo,
ha tremer e mirrar coma a corrente de Exipto!
⁹Sucederá naquel día —oráculo do meu Señor Iavé—,
farei que o sol se poña ó mediodía
e entebrecerei o país en pleno día,
¹⁰trocarei as vosas festas en loito;
tódalas vosas cántigas en laios;
cinguirei tódolos lombos de saco,
deixarei toda cabeza rapada,
vouno dispor coma o pranto polo vinculeiro
e o remate vai ser coma o dun día amargado.
¹¹Velaquí chegan os días —oráculo do meu Señor Iavé—
nos que vou manda-la fame ó país;
non fame de pan nin sede de auga,
senón de escoita-la palabra de Iavé.
¹²Vagarán de mar a mar,
andarán do norte ó leste
á procura da palabra de Iavé
e non a atoparán".
¹³Naquel día esmorecerán de sede
as rapazas belidas e mailos mozos,
¹⁴os que facían xuramento polo delito de Samaría
dicindo: "Por vida do teu Deus, Dan",
e "por vida da verea de Beerxeba";
caerán, e xa non se han erguer máis.

9 ¹Vin o meu Señor en pé sobre o altar,
que batía nos capiteis
facendo treme-los gonzos, e dixo:
"Vou quebra-las cabezas de todos eles
e o resto vouno atravesar coa espada;
non haberá de entre eles fuxitivo que fuxa
nin escapado que escape.
²Anque furen deica o Xeol,
de alí quitaraos a miña man;

8, 4-14 Unha serie de cinco ditos de diversa forma e de distinta época se xuntan na temática común da predicción da fin e do xuízo de Iavé.
Os vv 4-7 son unha referencia testimonial do decreto de Deus (v 7). O profeta pon por fundamento dese decreto final a ambición e o fraude dunha mentalidade mercantilista opresora. Transpoñémo-lo v 6c para despois do 5b, por ofreceren alí un senso máis completo.
A *medida* e o *prezo*, no texto orixinal, son o "efah" (para líquidos e gran), e o "siclo". O delito da venda no día de sábado relémbrano Neh **13**, 15-22 e Xer **17**, 21-27. A *balanza falsa* era tema constante de amoestacións sapienciais (cf Pr **11**, 1; **16**, 11; **20**, 10. 23), e xa se atopa nas máis antigas instruccións exipcias. Sobre a escravitude en compensación das débedas (v 6), cf **2**, 6. Cómpre traducir no v 7, "soberbia de Xacob" e non "orgullo de Xacob" ou "gloria de Xacob" —coma se fose un título divino—, pois Amós insiste neste defecto e non deixa de mostrar, ó facelo, unha fonda ironía.
O v 8, quizais de influxo hímnico, recolle con pregunta retórica o revoltarse da natureza no "día de Iavé". De trasfondo, pode esta-la visión do terremoto.
8, 9-10 Outro dito de desgracia que se refire ós efectos dunha eclipse (a tebra era imaxe do caos). En tempos próximos a Amós produciranse algunhas na Palestina: unha total (no 784); e outra parcial (no 763). De novo xoga con imaxes de dó e morte sentida. Sobre os usos do loito por un achegado, cf Xén **37**, 34.
8, 11-12 Oráculo teolóxico, centrado na Palabra de Iavé, ó estilo da predicación deuteronómica (cf Dt **8**, 3; **30**, 15s; **32**, 47) e, coma tal, posterior ó tempo de Amós. Coma **2**, 4; **2**, 11s e outros, semella ser un comentario posterior que procura aclara-lo senso profundo e tráxico dos oráculos precedentes.
8, 13-14 Esta pincelada dramática da fin débese probablemente ós discípulos de Amós, espectadores da desfeita. Os xuramentos citados refírense a unha imaxe idolátrica venerada no templo nacional de Betel (cf Os **8**, 5s). Acerca de Dan, cf 1 Re **12**, 28s.
9, 1-6 A quinta visión, que pecha o ciclo, acentúa o anuncio do final tráxico: ninguén se salvará. O centro da visión constitúe un feito e acción simbólica (v 1). O acontecemento final (¿terremoto?) afecta en primeiro lugar ó santuario; despois, de maneira enfática, a outras falsas esperanzas de salvación, que provocan o estar afastados (v 2) ou estar entobados (v 3) ou ir camiño do exilio (v 4). Nada de estar liberados dos axentes xusticieiros de Iavé, que pescuda todo e fai actuar ata ós monstros mariños (v 3). Iavé é un Deus universal presente ata en terra allea e no desterro (v 4).

anque suban deica o ceo,
de alí fareinos baixar;
³aínda que entoben no cumio do Carmelo,
alí os descubrirei e os pillarei;
aínda que se agachen da miña ollada no fondo do mar,
alí mandarei a serpente que os morda;
⁴aínda que saian deportados diante dos seus inimigos
darei orde á espada de que os fenda;
pois vou pousa-los meus ollos sobre eles para desfeita, non para ben".
⁵Pois o meu Señor é Iavé dos Exércitos
que se El toca a terra, esta derrétese
e fan loito cantos nela moran,
xa que se ergue toda coma o Nilo
e mirra coma a corrente de Exipto,
⁶que edificou no ceo o seu solio
asentando na terra a bóveda celeste,
que chama as augas do mar
e as esparexe sobre a superficie da terra:
Iavé é o seu nome.
⁷"¿Non sodes acaso vós para min coma cuxitas,
fillos de Israel? —oráculo de Iavé—.
¿Non fixen eu subir a Israel do país de Exipto
coma ós filisteos de Kaftor
e a Aram de Quir?"
⁸Velaquí os ollos do meu Señor Iavé que se volven contra o reino pecador:
"Vouno exterminar de sobre a face da terra,
mais non quero aniquila-lo casal de Xacob"
—oráculo de Iavé—.

⁹Velaquí: dou orde de abalar de entre tódolos pobos o casal de Israel
como se abala a peneira, sen que caia ó chan unha pedriña.
¹⁰Pola espada van perecer tódolos pecadores do meu pobo, os que din:
"Non nos atinxirá, non chegará ata nós a desfeita".

¹¹Naquel día erguerei a tenda derrubada de David,
repararei as súas fendas, restaurarei as ruínas
e reconstruireina coma nos tempos antigos,
¹²para que se apropien do resto de Edom
e de tódolos pobos sobre os que se proclamou o meu nome,
—oráculo de Iavé que fai tales cousas—.
¹³Velaquí veñen os días —oráculo de Iavé—
nos que o arador enlazará co segador
e o que pisa a uva con quen sementa,
e os montes destilarán mosto
e tódolos outeiros se derreterán.
¹⁴Daquela repatriarei ó meu pobo Israel,
reconstruirán as vilas devastadas e habitaranas,
plantarán vides e beberánlle-lo viño,
traballarán leiras e comeránlle-los froitos:
¹⁵vounos eu plantar no seu terreo
para nunca máis seren arrincados da súa terra,
a que eu lles dera:
dixo Iavé, o teu Deus.

9, 5-6 Estes vv son parte do salmo xa citado en **4**, 13 e **5**, 8. Quizais estean aquí por un intento de louvanza a Deus pola xustiza e poder dos seus xuízos. Os comentadores coidan que foron introducidos cando a destrucción de Betel, no tempo do rei Ioxías (s. VII a. C.).
9, 7-10 A visión precedente e a súa drástica afirmación de castigo contra Israel tiveron que soerguer perplexidades nun pobo que veneraba a Iavé no seu culto coma Deus nacional. A serie de "palabras de Iavé" que compoñen estes versos (vv 7. 8. 9-10) parecen comentar ou discuti-la quinta visión cun xeito universalista e cun concepto de culpa moral novos. Os "cuxitas" (nubios ou negros do sur de Exipto, os máis afastados habitantes da terra naquel tempo), os filisteos (tirados de Kaftor = Creta) e os sirios (protoinimigos do reino do norte), foran tamén efecto de conducción providente por parte de Iavé. A liberación de Exipto non é, desde logo, base de privilexios. No v 8, os discípulos de Amós comentan a destrucción de Samaría que lles tocara vivir. Recoñecen a caída do reino do norte, pero non a do casal de Xacob, a caída de toda a poboación. Da relectura deste dato, e non das citas anteriores da palabra "resto", puido xurdi-la teoloxía dun residuo fiel.
Os vv 9-10 comentan o xuízo purificador que supón o castigo divino, contra a falsa seguridade de Israel. Entre *tódolos pobos* (v 9) é un acrecentamento posterior, que xa coñece a vivencia do exilio.
9, 11-15 O ton de toda a profecía de Amós e da dos seus discípulos foi unha mensaxe de infortunio, non aliviado pola máis mínima esperanza: a historia de Israel en canto pobo de Iavé chegara ó seu remate. A desfeita ocorreu como estaba previsto: Samaría caeu, e con ela o reino; despois seguiría Xudá. Mais a xustiza vingadora non foi a derradeira palabra de Iavé: houbo un retorno de parte dos deportados; estábase a traballar na reconstrucción dos muros de Xerusalén, e a esperanza de volver construí-lo templo facíase presente. Nese espírito, o libro de Amós non podía rematar cos oráculos de desfeita total. Unha profecía de novo estilo fixo escribir (como aconteceu con Xl **4**, 18) unha declaración de salvación futura: máis alá da fin está a restauración por gracia de Iavé. O pensamento xudeu apareceu na referencia a David (v 11) e na xenreira contra o "irmán traidor", Edom (v 12). Iavé reclama o seu dereito de propiedade sobre o pobo, a quen toca coa súa man na historia. O oráculo dos vv 13-15, retrucando a Amós **5**, 11, fai unha descrición de fartura e "Xalom" que rememora a Ez **47**, 12 e Xl **4**, 1. 19ss. Deus fai a promesa, baseado na fidelidade da súa palabra. E ofrécelle así unha vez máis ó seu pobo a luz da esperanza.

INTRODUCCIÓN Ó LIBRO DE ABDÍAS

1. O texto de Abdías

A crítica histórica e literaria moderna non se pon de acordo no tocante a este libro dun só capítulo con 21 versículos. O desacordo afecta tanto ó número das unidades que o compoñen (oito ou cinco) como ás mans que elaboraron o rolo profético de Abdías.

Algúns críticos, querendo ver nos vv 15a. 16-18 e 19-21 un texto escatolóxico próximo case á apocalíptica, esquecen o feito de que os temas teolóxicos que nel se desenvolven están xa presentes nas tradicións proféticas dos ss. VIII e VII: **o día do Señor** (de castigo para as nacións e de triunfo e salvación para Xudá), e **o reino do Señor**. A lectura deste texto con mentalidade escatolóxico-apocalíptica do período persa e helenístico, sería unha negación implícita da capacidade de elaboración teolóxica por parte do profeta, que contaba coas tradicións do Éxodo, e con tradicións proféticas que se remontaban ata o século VIII.

Por outra banda, o tema de Edom cobre tódalas unidades que os críticos queren espallar a través da historia. Finalmente, o hebreo que emprega, clásico e limpo de arameísmos, aconsellan unha consideración unitaria do texto.

2. Edom e os edomitas

Os edomitas, descendentes de Esaú —e, polo tanto, irmáns de raza dos hebreos—, vólvense sedentarios no século XIII, ocupando a banda oriental das montañas de Arabah. O seu sedentarismo non exclúe unha serie de contactos comerciais co mundo dos beduínos (nabateos), o mesmo ca unha serie de tensións con Xudá, interesada polo paso ó golfo de Áqaba e ás minas desta zona xeográfica, mentres que os edomitas tencionaban ocupa-las terras fértiles da parte do monte Hebrón. Estas tensións edomitas afloran na crise monárquica de Xudá (anos 640-627), co magnicidio de Amón e coa minoría de idade de Ioxías, e cobran nova virulencia na crise xudía dos anos 600 ó 582. Os edomitas están entón ó lado dos invasores babilonios, como consta por Sal 137, 7; Xer 39, 7-22; Ez 25, 12, o mesmo ca por Abd 1-15. Esta traición entre irmáns foi o que provocou a reacción profética de Abdías, acudindo á antiga tradición de irmandade de pobos, o mesmo cá tradición de Xudá (Israel) coma pobo elixido por Iavé e destinado por El ó triunfo.

A indignada reacción de Abdías débese a que os edomitas non só axudaron ós babilonios contra Xudá, senón que, ó non repoboa-los babilonios as vilas dos deportados, ocupan eles o territorio de Xudá.

Neste desprazamento da poboación edomita e nestes intereses de migración cara ó poñente, inflúen tamén os seus contactos cos beduínos, que coma lei xeral acaban por destruí-lo sedentarismo ou o obrigan a emigrar despois de espolialo. Os devanditos beduínos son os nabateos que atopan en Petra os gregos no ano 312, pero que deberon presionar sobre Edom desde o ano 500. Este desprazamento de Edom dará como resultado a Idumea dos gregos.

3. O profeta e a súa mensaxe

O texto bíblico soamente nos dá o nome do profeta: "Abdías" (en hebreo "Obadíah"), un nome teofórico iavista, que significa "O servidor de Iavé". Fáltanlle ó texto a filiación e as referencias sobre o tempo da súa actividade, datos que se ofrecen na maior parte dos libros proféticos. Con todo, certas referencias históricas pódense deducir do texto, pois os vv 1-9 aluden sen dúbida ás infiltracións e opresión dos nabateos, acontecidas durante os anos 500, sen que poidamos concluír máis do estudio do texto. Tendo en conta o texto paralelo de Xer **49**, 7-22, podemos afirmar que o profeta Abdías viviu no primeiro cuarto do século VI.

O profeta descobre a causa do enraizamento de Edom nas súas montañas na súa participación na destrucción de Xerusalén, canda os babilonios (vv 10-15); polo tanto a destrucción de Xerusalén xa acontecera, e as súas circunstancias non son fáciles de esquecer, cousa que nos confirma na hipótese da data proposta.

Os vv 16-18 son unha mensaxe de esperanza, dirixida a Xudá, a un reino desfeito despois das deportacións. A teoloxía xudía, relembrando a elección de Xacob (= Xudá + Israel) e de Sión, agarda o momento da ira do Señor contra os pobos por culpa da destrucción de Sión. Chegará o tempo da vinganza sobre Edom, que xa se está realizando coa sedentarización dos nabateos. O texto parece dar pé ó apoio ós campesiños que quedaron en Xudá, na súa oposición a Edom, colaborando cos nabateos. Isto non parece a primeira vista moi aceptable, pero non deixa de se-

INTRODUCCIÓN Ó LIBRO DE ABDÍAS

lo, se temos en conta que a poboación edomita se está implantando na zona sur de Xudá, en Hebrón e na súa comarca. Que Abdías animase á poboación a esta oposición contra os edomitas e presentase a súa acción como obra da vinganza de Deus contra os pobos agresores, é o que se pode esperar dun profeta de Xudá, herdeiro das tradicións nacionalistas de Xudá e Israel.

ABDÍAS

Oráculo introductorio de castigo

¹Visión de Abdías.
Así lle di a Edom o meu Señor, Iavé:
Oímos unha mensaxe da parte do Señor,
un mensaxeiro que foi enviado ás nacións:
"¡Arriba! Poñámonos en pé de guerra contra Edom!"

Oráculo de castigo contra Edom

²Velaí: convértote no máis pequeno dos pobos,
e ben desprezable serás ti,
³pois seduciute o orgullo dos teus propósitos.
Edom mora no refuxio da Pedra,
vive na altura pensando para os seus adentros:
"¿Quen me fará baixar ó Abismo?"
⁴Pois aínda que subas coma unha aguia,
e póña-lo teu niño entre as estrelas,
fareite baixar de alá —é o Señor quen fala—.

Ruína de Edom a mans dos seus aliados

⁵Se entrasen en ti ladróns,
¿non che roubarían todo o que lles é preciso?
Se che entrasen os salteadores da noite,
¿non serías totalmente destruída?
Se entrasen en ti os vendimadores,
¿non che deixarían sen un acio?
⁶¡Como son pescudados os descendentes de Esaú,
e rebuscados os seus tesouros!
⁷Fante recuar ata a túa fronteira
tódolos homes que fixeron alianza contigo,
engánante e pódenche;
a xente que goza en paz da túa fartura devórate,
pon lazos debaixo de ti.
¡Non hai en Edom nin miga de intelixencia!

Causas desta ruína: a soberbia e a traición ós seus irmáns

⁸Pero o día aquel —é o Señor quen fala—
¿acaso non farei desaparece-los sabios de Edom,
e a intelixencia da montaña de Esaú?
⁹Estarrecerán os teus valentes, Temán,
desaparecerán todos da montaña de Esaú.
Por causa do asasinato
¹⁰e da violencia contra o teu irmán, Xacob,
a vergonza cubrirate e desaparecerás para sempre.
¹¹O día en que lle mantiña-la súa oposición,
cando estranxeiros levaban cativo o seu exército,
e cando estraños entraban polas súas portas
e botaban sortes sobre Xerusalén,
tamén ti eras coma un deles.

---

1 *Abdías*. Literalmente habería que transcribir "Obadíah": cf Introd. 3.
Visión. O termo arameizante "hazón" significa literalmente visión; pero na literatura profética perde os matices visuais, para significa-la comunicación recibida polo profeta, e equivale a "profecía".
Oímos. O plural parece incluír entre os destinatarios da comunicación a máis individuos có profeta. Quizais se trate do profeta e do seu pobo, que son invitados a loitar contra Edom.
3 *Para os seus adentros:* lit. "o seu corazón", xa que o corazón é a raíz dos propósitos, planos e decisións.
Pedra. É a versión do heb. "Hassela" ou "Sela", nome da capital edomita, que os gregos, na época nabatea, traduciron correctamente por Petra.
Abismo. O termo "eres" (lit. "terra") ten aquí, coma noutros lugares do A.T., o senso de abismo, Xeol, ou mundo dos mortos.
5-7 Toda esta descripción poética da ruína de Edom refírese á pillaxe, atracos e loita dos beduínos (neste caso os nabateos), os que sempre comerciou Edom e que neste momento se apoderan do seu territorio (cf Introd.).

6 *Os descendentes de Esaú:* pois o vocábulo "Esaú" ten senso colectivo, ó leva-lo verbo en plural.
7 *Paz da túa fartura:* lit. "paz", en paralelo con alianza. Alude ós tratos e compromisos cos mercadores beduínos, e á conseguinte prosperidade material, consecuencia deste comercio.
Devórate. Parece esta a traducción máis indicada, por mor da métrica e por paralelismo. Coa puntuación do texto masorético, en troques, habería que traducir: "O teu pai".
A sabedoría de Edom é proverbial no mundo da Biblia.
9 *Temán*. A cidade máis setentrional de Edom. Como nos vv 19.21, equivale á montaña de Esaú.
10-11 Alude á participación de Edom na caída de Xerusalén (cf Introd. 1). Na tradición bíblica é constante a afirmación da irmandade e oposición de Esaú e Xacob, coma epónimos de Edom e Israel: (cf Xén **25**, 22-28; **27**, 27-29; **32**, 4-33, 16; Núm **20**, 23; Dt **23**, 8).
A palabra "vergonza" está en paralelismo sinónimo con "desaparecerás para sempre", pois no ambiente semítico, a vergonza, moito máis ca un sentimento, é unha forza que paraliza as enerxías humanas e resulta peor cá morte (algo semellante á nudez, que é privación dos dereitos humanos, a reducción á escravitude: cf Xén **2**, 28).

O mesmo que fixeches con Xudá farache o Señor a ti

¹²Non olles con agrado para o día de teu irmán,
para o día da súa desgracia.
Non te alegres dos fillos de Xudá o día do seu desastre,
non abras demasiado a túa boca o día da súa angustia.
¹³Non entres pola porta do meu pobo o día da súa calamidade,
non olles tampouco ti
para o seu mal o día da súa calamidade.
Por favor non mandes coma escravos
ó teu territorio nada do seu exército
o día da súa calamidade.
¹⁴Non te plantes nas encrucilladas dos camiños
para acabar cos seus fuxidos,
non vénda-los que queden o día da angustia.
¹⁵Porque está preto o día do Señor contra tódolos pobos:
o mesmo que fixeches, faracho El a ti,
o teu merecido volverá á túa cabeza.

O día do Señor será salvífico para Israel e de castigo para Edom

¹⁶O mesmo que bebestes da miña ira sobre o monte do meu santuario,
así beberán da miña ira tódolos pobos por turno;
si, beberán e sorberán,
e serán coma se non fosen.
¹⁷Pero no monte de Sión haberá supervivencia
o monte será santuario,
a casa de Xacob recobrará a súa herdanza,
¹⁸a casa de Xacob será lume,
a casa de Xosé, labarada,
e a casa de Esaú servirá de estopa,
que prenderá neles e consumiraos,
e non haberá sobrevivente da casa de Esaú.
¡Si!, díxoo o Señor.

Estensión do reino do Señor

¹⁹A casa de Xacob e a casa de Xosé posuirán o Négueb,
a montaña de Esaú e mailas Terras Baixas, o territorio dos filisteos;
tamén posuirán os campos de Efraím
e os campos de Samaría, Benxamín e Galaad.
²⁰Os deportados, ese exército de fillos de Israel,
perseguirán ós cananeos ata Sarpat,
e os deportados de Xerusalén que viven en Sefarad
posuirán as cidades do Négueb,
²¹e subirán, libertadores, ó monte Sión,
para gobernar nas montañas de Esaú.
Entón o reino será para o Señor.

---

15 Cita aquí a Lei do Talión, de Ex **21,** 15, aplicándoa a Edom, o mesmo que se aplica a Babilonia en Xer **18,** 6-7; **50,** 29, e a Tiro e Sidón en Xl **4,** 4-7.
15a e 16-18 *O día do Señor* deixa de se-lo día de castigo para Israel e Xudá (Am **5,** 18), e pasa a se-lo día do triunfo e liberación de Israel, co conseguinte castigo para as nacións (cf Xl **3,** 4).
16 *Bebestes.* Quizais pense o profeta en Xudá e Israel, como deixa entender o v 18. *Da miña ira* é un complemento implícito. Bebe-la copa *da ira* do Señor: cf Sal **60,** 5; **75,** 9; Xer **25,** 15-29; Ez **23,** 32-34; Ap **14,** 10.
18 *Xacob* aquí está por Xudá; e *Xosé,* por Israel.
19-21 Preséntano-lo reino de Iavé coa extensión dos seus mellores tempos, durante o reinado de David, tradicións propias de Xudá, dentro da teoloxía da realeza, segundo a cal o rei davídico é un mero instrumento da realeza de Iavé.

INTRODUCCIÓN Ó LIBRO DE XONÁS

1. Xonás entre os profetas

Unha tradición xudía que se remonta ós anos 190-175 a. C. considera o libro de Xonás coma un libro profético, xa que o inclúe entre os doce profetas. Eclo **49**, 10 e a tradición cristiá seguiu a mesma liña de consideración. Con todo, saltan á vista as súas diferencias cos libros proféticos: a) nunca fala en primeira persoa, senón que se fala del coma dun profeta; b) o oráculo que proclama en **3**, 4 compónse de catro palabras; c) nos cc. **1** e **3** dá a impresión de que Xonás non é o home de Deus, mentres que os mariñeiros pagáns e os ninivitas son verdadeiramente sensibles á palabra ou ós feitos de Deus. A Xonás non o vemos empeñado en nada: tan só se preocupa de durmir (**1**, 5) e de busca-la sombra (**4**, 6-8).

A súa relixiosidade soamente se deixa ver en **2**, 2-9; pero a análise desta pasaxe fará ver que é un engadido posterior (cf notas), coa finalidade de cubri-lo espacio entre o castigo do profeta e a súa salvación, e de amañar un pouco esta caricatura profética.

Non obstante esta caricatura, o dinamismo da palabra de Deus constitúe a trama fundamental do libro. O encargo profético de Deus é tan forte que nin a vontade decidida do profeta, que foxe lonxe da presencia do Señor (**1**, 3), lle é impedimento. Esta palabra provoca a tempestade, salva prodixiosamente ó profeta, obrígao á misión que lle encomenda, e fai medra-lo ricino nunha noite. Non obstante a pobreza da súa mensaxe (**3**, 4) ós ninivitas, prototipo do pobo cruel e inimigo do pobo de Iavé, convértense de corazón, e fan unha penitencia exemplar na liturxia do xexún. Esaxerando as cousas, poderiamos dicir que nesta obra a palabra profética actúa por si mesma, sen que o profeta poña da súa parte máis nada cá pura instrumentalidade da palabra, de xeito que o dinamismo da palabra queda salientado ó máximo. Por iso, a tradición xudía-cristiá está no xusto ó considerar a Xonás coma un libro profético. Por outra parte, a finalidade última da mensaxe profética é a salvación. Este aspecto de instrumentalidade salvífica está tratado perfectamente en Xonás, como logo veremos.

2. Xonás e a historia

O protagonista do libro é "Ionah ben Amittai" (**1**, 1), oriundo de Gat Héfer (2 Re **14**, 25), no territorio de Zebulón (cf Xos **19**, 13). Viviu nos tempos de Ieroboam II (788-748), a quen lle anunciou o restablecemento das fronteiras da época gloriosa de David. Sorprende que no libro de Xonás non se faga alusión ningunha a esta profecía.

Algúns autores chegaron a pensar que a base do libro de Xonás sería unha viaxe feita polo profeta nos tempos de Ramanirani III para colaborar na reforma relixiosa en favor dun deus único (o deus Nabu). Con todo, é estraño que 2 Re silencie a viaxe; e, por outra parte, esta hipótese confunde o monoteísmo iavista co henoteísmo asirio do reinado de Ramanirani III.

Se o libro de Xonás respondese a un feito histórico, esperaríase unha descrición de Nínive menos fantástica e máis real cá que ofrece (cf **3**, 3; **4**, 11...).

Unha das razóns que se alegan en pro da historicidade é a referencia ó signo de Xonás nos Evanxeos (cf Mt **12**, 39; **16**, 4; Lc **11**, 29), coa afirmación de Xesús, de ser El máis ca Xonás (Mt **12**, 40-41; Lc **11**, 32). Dos dous últimos textos conclúen algúns que, o mesmo que é un feito histórico a morte e resurrección de Xesús, tamén debe selo o signo de Xonás. Con todo, os que así razoan esquecen o carácter acrítico da eséxese rabínica dos tempos de Xesús. Daquela, a distinción entre feito literario e feito histórico non existía, e o feito literario bíblico dáballes senso ós feitos históricos do presente (cf a eséxese que Heb **7**, 3 fai de Xén **14**, 17-20).

A eséxese católica actual está xeralmente de acordo en negarlle a historicidade á figura de profeta que presenta o libro de Xonás, cousa esta que non lle quita nada de importancia á obra, senón que a abre a unhas perspectivas de comprensión máis fondas.

3. Xénero literario de Xonás

A eséxese actual está fundamentalmente de acordo coa finalidade didáctica do libro, conclusión á que chega tamén o lector desapaixoado. O que o autor busca é transmitir, dun xeito intuitivo, o amor e a preocupación de Deus por tódolos pobos e a compaixón que sente polos homes descamiñados e mesmo polos animais (**4**, 11). Para acada-lo que se propón, constrúe o autor un relato cheo de elementos imaxinativos e fantásticos, ás veces caricaturescos, atribuíndolle todo o relato a un profeta distante (do s. VIII), e facendo prototipo de pobo desorientado ó pobo asirio, o máis cruel dos que atopou Israel no seu camiño. A súa capital —Nínive—, fora arrasada no ano 612 a. C.

A mensaxe salvífica universalista ponse na boca dun profeta que na tradición histórica pronunciara oráculos salvíficos para o pobo de Israel, anunciándolle a restauración das proverbiais fronteiras davídicas. Por isto a eséxese actual considera o libro un longo midrax sobre este profeta, que, por ser esquecido e escuro no tempo, pódese tratar con liberdade; e que, por ofrecer unha mensaxe salvífica, encaixa moi ben coas necesidades do pobo.

O vocábulo hebreo midrax (da raíz "derax") reflicte un procedemento esexético e actualizador das Escrituras Santas. O tema vén suxerido por dúas fontes confluentes: un texto bíblico, e as necesidades espirituais do pobo, percibidas por un sabio místico, neste caso inspirado por Deus. Os procedementos son os propios dunha exposición didáctico-popular: imaxinación forte e organización dos recursos en orde a deixar ben clara a súa mensaxe, que el considera indicada para o pobo. A forma pode ser de carácter homilético ou a dunha historia didáctica. Os segundos proliferaron durante a época post-exílica; e son en boa parte froito desa eséxese, entre outros, os libros de Xob, Daniel, Xudit e Tobías.

O xénero deráxico recolle símbolos bíblicos, que lle dan á obra un certo carácter alegórico ou simbólico. O mesmo nome de Xonás, que en hebreo significa pomba, é símbolo do pobo en Sal **74**, 19, e Os **7**, 11; **11**, 11; cf Os **9**, 11. A falta de sensatez da "pomba" leva a alianzas prexudiciais, pois supoñen a ruptura da confianza en Iavé. De feito, a figura caricaturesca de Xonás é símbolo da actitude particularista e egoísta do pobo xudeu, que se pecha á súa misión profética e salvadora cara ós pagáns: Xonás foxe da misión profética e salvadora que Deus lle encomenda (**1**, 2-3); e, forzado por Deus a cumprila, sente unha grande tristeza e enfado ó ve-la salvación de Nínive (**4**, 1). En troques, os mariñeiros pagáns están abertos á fe en Iavé a quen lle ofrecen sacrificios (**1**, 16). Os ninivitas pola súa banda responden axiña cunha actitude de fe na palabra profética, e o rei e os seus ministros fan do xexún de conversión un asunto de estado (**3**, 3-9). Esta tipificación da misión profética de Israel fronte ós pobos xentís na figura dun profeta, non é outra cousa ca un midrax de Núm **11**, 29; e deste xeito explicase a imaxe de Xonás comentado ó comezo: Xonás resulta unha caricatura de profeta, porque é un símbolo da misión profética do pobo cara ós pagáns, e porque no período de composición da obra o pobo vive de costas a este compromiso histórico, preocupado soamente dos seus intereses persoais (cf **4**, 6-9).

A oposición de Xonás á vontade de Deus (**1**, 4ss), o mesmo cá súa tristeza polo resultado da propia actividade profética (**4**, 1ss), é unha tipificación e símbolo da tardanza no cumprimento das profecías contra as nacións (Abd, Sof,...).

O relato do peixe que recolle a Xonás (**2**, 1) é un midrax de Xer **51**, 34. Neste texto o peixe é Babilonia, que deporta o pobo de Xudá a Babilonia, onde se lembrará do Señor e lle dará gracias pola súa salvación.

4. Data de composición

Ó non haber referencias expresas, a data do libro soamente se pode deducir da análise da linguaxe e da teoloxía expresada nel. No tocante á linguaxe, emprégase un hebreo narrativo da mellor feitura.

A utilización dalgúns termos usuais no arameo e no hebreo postexílico e doutros arameísmos semellantes ós de Esd e Dn, fan data-lo escrito nunha época post-exílica avanzada.

A obra estructúrase en catro escenas, que responde a cada un dos catro cc., correspondéndose entre si os pares e os impares.

A teoloxía do libro vén confirma-la similitude de léxico cos de Esdras e Nehemías, pero en certa polémica con esta obra, xa que en Xonás a tese central é a simpatía polos xentís e a chamada á responsabilidade profética do pobo de Deus fronte á salvación dos pagáns, mentres que en Neh (cf **13**, 23) a postura é a oposta, ó prohibírense os matrimonios mixtos.

A dependencia teolóxica e de vocabulario de Xer e Ez, confirma o carácter deráxico da obra, e maila pertenza do seu autor ós círculos proféticos de sabios postexílicos.

Concretando, o libro de Xonás debeu ser escrito entre os anos 400 e 350 a. C.

5. Contido teolóxico de Xonás

Podemos sintetizalo na misión profética do pobo de Deus cara ós pagáns. O pobo debe sentirse portador da palabra de Deus, dinámica e irresistible.

Deus sente profunda compaixón ante o extravío das nacións, e non quere o seu castigo, senón a súa conversión. Deste xeito, a obra vincúlase coa teoloxía de Rut, II Is, Is **60-62**...

INTRODUCCIÓN Ó LIBRO DE XONÁS

No N. T., á parte das alusións a Xonás nos Evanxeos, quizais haxa que pensar na formulación primitiva da fe (1 Cor 15, 4). A estancia de Xesús no sepulcro ponse en paralelo coa de Xonás no ventre do cetáceo. Do mesmo xeito que esta última foi salvífica para os pagáns, tamén o foi para eles a sepultura de Xesús.

XONÁS

A fuxida de Xonás

1 ¹Veulle a palabra do Señor a Xonás, fillo de Amitai, nestes termos:
²—Érguete e vai a Nínive, a gran cidade, e proclama contra ela oráculos de como subiu á miña presencia a ruindade dos seus habitantes.

³Pero Xonás ergueuse para fuxir a Tárxix lonxe da presencia do Señor. Baixou a Iafa, onde atopou un barco que marchaba para Tárxix. Pagou o billete do barco e colleuno para marchar nel a Tárxix, lonxe da presencia do Señor.

⁴Entón o Señor lanzou un forte vento contra o mar, e armouse unha grande tempestade de xeito que parecía que ía parti-lo barco.

⁵Colleron tal medo os mariñeiros, que cada un lles pedía auxilio a berros ós seus deuses; logo botaron ó mar tódolos obxectos que había a bordo, para alixeiraren o barco do seu peso. Mentres tanto, Xonás, que baixara ó fondo do barco, estaba deitado e durmía un sono profundo.

⁶Entón o capitán chegouse a xunto del e díxolle:
—¿Que che pasa a ti para durmires un sono profundo? Érguete e pídelle auxilio a berros ó teu Deus. Quizais ese Deus se preocupe de nós e non perezamos.

⁷E dicían entre eles:
—¡Veña! Botémo-las sortes, para podermos coñecer por causa de quen nos acontece esta desgracia.

Botaron as sortes e tocoulle a Xonás.
⁸Entón dixéronlle:

—Fai o favor de nos dicir: ¿Por causa de quen nos vén esta desgracia? ¿Cal é a túa misión? ¿De onde vés? ¿Cal é o teu país? ¿De que pobo es ti?

⁹Respondeulles el:
—Son hebreo e adoro a Iavé, o Deus do ceo, que fixo o mar e maila terra firme.

¹⁰Cheos de temor sagrado, os homes aqueles dixéronlle:
—¿Que é o que fixeches?
Pois dábanse de conta de que fuxía da presencia de Iavé (pois xa llelo dixera).

¹¹Preguntáronlle:
—¿Que faremos contigo para que o mar deixe de estar contra nós?
Pois o mar seguía embravecéndose.

¹²Respondeulles:
—Collédeme en peso e botádeme ó mar, pois eu ben sei que é culpa miña esta grande tempestade que está contra vós.

¹³Entón os homes aqueles remaban para voltar á terra firme, pero non eran capaces, xa que o mar seguía embravecéndoselles cada vez máis.

¹⁴Pero invocaron a Iavé con esta súplica:
—Ai, Señor, que non perezamos por culpa dos planos deste home. Non nos fagas responsables de sangue inocente, pois ti obras tal como queres.

¹⁵Levantaron en peso a Xonás, botárono ó mar, e o mar aplacou o seu embravecemento.

¹⁶Entón os homes sentiron un grande respecto polo Señor, fixéronlle un sacrificio e ofrecéronlle votos.

1, 3 *Tárxix:* a antiga cidade dos tartesos, na desembocadura do Guadalquivir (cf Heródoto IV, 52: desde o século VII comerciaban con Tárxix os gregos). En 1 Re **10,** 1ss e Sal **48,** 8, significa o cabo do mundo.
A expresión "lonxe da presencia do Señor" equivale a "negándose á súa misión de profeta". En troques "estar de pé na presencia do Señor" (Xer **15,** 1.19; **18,** 20) significa interceder por alguén ante Deus.
1, 4ss A tempestade do mar é interpretada polos mariñeiros politeístas coma unha manifestación de ira dalgunha das divindades. O texto quere contrapoñe-la profunda relixiosidade dos mariñeiros e do capitán (politeístas eles), co profundo sono de Xonás, que despreocupado e egoísta, dorme no fondo do barco.
1, 7 *Bota-las sortes* (cf Xos **7,** 19; 1 Sam **14,** 42) era nos pobos do Medio Oriente e en Grecia a forma de coñece-la vontade divina.
1, 8 ¿*Por causa... desgracia?* Estas palabras faltan en moitos manuscritos hebreos e gregos.
1, 9 Xonás declárase hebreo; pero, no sentido do midrax, é ademais símbolo do comportamento oficial do pobo hebreo.
O título *Deus do ceo* é de orixe persa, e característico da época postexílica (cf Esd **1,** 2; 2 Cro **24,** 23...; Xud **6,** 13.15; Dn **2,** 18.19.37.44). Á declaración de nacionalidade segue unha profesión de fe, en oposición á fe dos mariñeiros.
1, 10 A paréntese contén unha glosa clarificadora do contexto.
1, 14 A fe de Xonás é inoperante, ó non obedece-la chamada divina, e durmir; sen embargo, os mariñeiros, que non profesan a fe en Iavé, invócano cunha oración.
Planos. O termo hebreo "néfex" ademais de gorxa, vida..., significa tamén aspiracións, pretensións, anceios, intencións, planos.
1, 15-16 O comezo da tempestade interprétano coma enfociñamento dun dos deuses contra algúns dos pasaxeiros; e a calma posterior resulta unha manifestación teofánica de Iavé, a quen se lle ofreceron votos e un sacrificio contra tódalas normas cúlticas. Unha liberación do legalismo sacerdotal postexílico semellante á do libro de Xonás soamente se atopa no cristianismo.

O Señor salva a Xonás

2 ¹Mentres, o Señor dispuxo un grande peixe para que engulise a Xonás. Estivo nas entrañas do peixe tres días e tres noites.
²Desde as entrañas do peixe rezoulle Xonás ó Señor, o seu Deus:
³—Desde a miña angustia chamei ó Señor e escoitoume;
desde o ventre do abismo pedín auxilio, e escoitáche-la miña voz.
⁴Botáchesme nas profundidades, no corazón do mar; e envolvíame a corrente.
Os teus golpes de mar e mailas túas ondas pasaron todas sobre min.
⁵Pero eu pensei: apartáronme lonxe da presencia dos teus ollos; ¿como poderei seguir mirando cara ó teu santo templo?
⁶Asulagoume a auga ata a gorxa, envólveme o abismo; as algas ensaríllanse na cabeza,
⁷onde enraízan as montañas.
Baixei ó profundo da terra: o seu ferrollo pechouse tras de min para sempre.
Pero sacáche-la miña vida da foxa, Señor, meu Deus.
⁸Cando se debilitaban os meus folgos, lembreime do Señor,
e a miña oración chegou a ti, ó teu santo templo.
⁹Os fanáticos dos ídolos que nada son, abandonan a súa fidelidade.
¹⁰Pero eu ofrecereiche un sacrificio cantando a miña acción de gracias.
O que prometín cumprireino.
A salvación está no Señor.
¹¹Entón o Señor deulle orde ó peixe, e este vomitou a Xonás en terra firme.

Xonás en Nínive

3 ¹Veulle de segunda vez a palabra do Señor a Xonás:
²—Érguete, vai a Nínive, a grande cidade, e proclámalle a mensaxe que eu che dei.
³Xonás ergueuse e marchou a Nínive, conforme á palabra do Señor. Nínive era unha cidade enormemente grande, de tres días para atravesala.
⁴Xonás comezou a entrar na cidade o camiño dun día e predicaba así:
—Dentro de corenta días Nínive será destruída.
⁵Os homes de Nínive creron en Deus e proclamaron o xexún. Vestíronse de saco desde o máis grande ó máis pequeno.
⁶A mensaxe chegou tamén ó rei de Nínive, que se ergueu do seu trono, quitou os seus vestidos rexios, cubriuse de saco, sentouse no po, ⁷e fixo proclamar e impoñer en Nínive coma decreto do rei e dos seus grandes:
Homes e animais, vacas e ovellas non proben nada, non pazan nin beban auga;

2, 1 O número tres ten valor simbólico. Apoiándonos no Pentateuco, podemos concluír que ten o senso de "preparación para o encontro" con Deus. Son os días da espera (Ex **3**, 18; **5**, 3; **8**, 23), tres días de camiño polo deserto para ofrecer sacrificios a Deus (Ex **15**, 22; Núm **33**, 8; **19**, 15), días de espera para unha solución positiva ou negativa (Xén **40**, 10ss.16ss; **42**, 13; Lev **19**, 23; Núm **10**, 33). Os tres días da sepultura de Xesús interprétanse, despois das experiencias de encontro co Resucitado, segundo esta mesma clave simbólica.
O peixe é un símbolo deráxico tomado de Xer **51**, 34 (cf Introd. 3).
2, 3 A espera de acción salvífica de Deus desenvólvese rezando cunha oración ben axeitada á actitude relixiosa de Xonás: non é un encontro comprometido co encargo divino de predicación ós pagáns, senón cunha oración de fe no poder de Deus sobre o orante.
O salmo (vv 3-9) é un himno de acción de gracias, de corte postexílico (cf vv 5.8: alusión ó templo). Algúns autores pensan que é unha peza anterior, ó considerar que na boca dun náufrago encaixaría mellor un salmo de lamentación individual ca un himno de acción de gracias. Pero, tendo en conta o carácter midráxico do libro, vese que o salmo de acción de gracias cadra moito mellor coa relixiosidade autosuficiente e segura de Xonás (= pobo), que dorme no fondo do barco entre a tempestade, e que se cre seguro na súa postura. Trátase dunha relixiosidade interesada (v 10), e de desprezo pola oración dos pagáns, que ofrecen sacrificios no barco e no templo (**1**, 16).
2, 4-6 No contexto do libro, as alusións á estancia de Xonás no mar, no ventre do peixe, son as mesmas ca nos salmos de acción de gracias. Alude á presencia do orante preto da morte e do Xeol.
2, 7 *Baixei... terra*. O termo hebreo "eres" (lit. "terra") ten aquí, o senso de "baixo-terra", o Xeol, o Abismo (cf nota a Abd 3).
3, 1-3 A salvación de Xonás esixe unha docilidade ó mandato do Señor. Paralelamente, a liberación do desterro en Babilonia esixe do pobo unha resposta fiel ó mandato divino de proclama-la salvación ós pagáns, cousa que non lle entusiasma ó pobo.
3, 3 Os *tres días* de camiño expresan unha grande distancia, coma en Xén **30**, 36 (cf 1 Sam **9**, 20). Unha extensión tan grande, é símbolo do mundo pagán.
Enormemente grande: lit. "era unha cidade grande aínda para Deus".
3, 4 Os *corenta días* de espera recordan os corenta días do diluvio e os corenta anos do Éxodo (cf 1 Re **19**, 8).
3, 5 A liturxia do xexún era coñecida e practicada no culto de tódolos pobos semíticos. Nos salmos de lamentación colectiva participaban tamén os reis, e incluso os animais domésticos, pois a súa sorte estaba asociada á dos homes.

⁸cúbranse de saco homes e animais, e clamen con forza a Deus. Convértase cada un do seu mal camiño e da violencia que se lle apegou ás mans. ⁹¿Quen sabe? Quizais Deus cambie de parecer, se compadeza, apague o incendio da súa ira e así non perezamos. ¹⁰Viu Deus as súas obras, como se convertían do seu mal camiño, e arrepentiuse do mal que dixera que lles ía facer, e non llelo fixo.

Disgusto de Xonás e revelación de Deus

4 ¹Isto causoulle a Xonás un grande disgusto e enfadouno.
²Rezoulle así ó Señor:
—¡Ai, Señor! ¿Non é isto o que eu dicía, cando estaba na miña terra? Por iso me adiantei a primeira vez e fuxín a Tárxix: porque sabía que Ti es un Deus compasivo e misericordioso, lento para a ira e rico en bondade, e que te arrepintes da ameaza. ³Pois agora, Señor, tírame a vida, ¡pídocho!; porque para min é mellor morrer que vivir.
⁴Respondeulle o Señor:
—¿É xusto que te enfades?
⁵Xonás saíra xa da cidade e vivía ó leste dela, onde fixera para si unha cabana. Estaba sentado debaixo dela á sombra, esperando a ver que pasaba na cidade.
⁶Entón o Señor Deus dispuxo unha árbore de ricino, que medrou por enriba de Xonás para darlle sombra á súa cabeza e deste xeito libralo do seu mal xenio. Alegrouse inmensamente Xonás por mor do ricino. ⁷Cando subía a alba para o outro día, dispuxo Deus un verme que picou o ricino, e este secou. ⁸Cando o sol apretaba, mandou Deus un abrasador vento soán, e o sol deulle na cabeza a Xonás, que se sentía esmorecer. Entón desexou con ansia a morte e dixo: —Éme mellor morrer que vivir.
⁹Díxolle Deus a Xonás:
—¿É xusta a túa carraxe por mor do ricino?
Respondeulle:
—Si, é xusto que eu me enfade ata desexa-la morte.
¹⁰Repúxolle o Señor:
—Ti estás aflixido por un ricino que non traballaches nin o fixeches medrar, que durante unha noite se forma e durante outra noite perece. ¹¹¿E non me vou eu aflixir e compadecer da grande cidade de Nínive, onde hai máis de cento vinte mil persoas que non distinguen entre a súa dereita e a súa esquerda, a máis de moitos animais?

3, 8 O *mal camiño* é a conducta inmoral e a violencia, que se apega ás mans. Son os malos hábitos que o home ten que deixar. As mans designan a persoa en canto está acostumada a un determinado xeito de actuar.
3, 9-10 Depende de Xer **18,** 7-12; **25,** 5; **26,** 3... (cf Introd. 4).
4, 1 O pobo xudeu sente carraxe e disgusto pola conversión dos pagáns. Sorprende esta actitude do pobo xudeu da época postexílica, pero ten a súa razón de ser nos círculos sacerdotais e legalistas. Certo que se opoñen a eles os círculos sapienciais-proféticos, herdeiros e transmisores dos escritos dos profetas. No fondo son as eternas tensións da historia e do espírito humano: te-la seguridade nas normas e leis, fronte ó espírito crítico enraizado nas antigas tradicións, e que non se deixa atar por circunstancias cambiantes.
4, 3 Sorprende que Xonás pida a morte. Soamente se comprende na mentalidade semítica e hebrea, onde a "orde" é o supremo valor, por riba da mesma existencia do ser.
4, 11 O número 120.000 (= 12 x 10.000) é un número simbólico do novo Israel (12 tribos), pero cheo dunha multitude inmensa, que vén indica-la universalidade dos homes, ós que se asocian os animais, tamén coma obxecto da misericordia de Deus. Deste xeito, o libro prepara a revelación do amor universal de Deus, mostrada en Xesús, coa paralela superación do particularismo legalista dos fariseos e dos peritos da Lei.

INTRODUCCIÓN Ó LIBRO DE MIQUEAS

1. O problema crítico

Desde o ano 1926 algún que outro crítico vén descompoñendo os sete cc. de Miqueas en dúas partes (cc. **1-5** e **6-7**). Os cinco primeiros pertencen a Miqueas de Moréxet, na Xefelah, que predica contra Xudá e Samaría. Os dous últimos son obra dun autor anónimo, contemporáneo do primeiro, que predica no reino do Norte. Á parte destes dous grandes bloques, hai engadidos e glosas, pero quizais moitas menos das que algúns críticos propoñen. A nosa postura fundaméntase no que segue:

a) O I Miqueas parte dunha teoloxía típica de Xudá: a elección de Sión e a presencia de Iavé no templo (**1**, 3; **4**, 3.7), e a elección da dinastía davídica (**5**, 1ss) para reinar sobre todo Israel: por isto Xacob e Israel son nomes que lle indican ó pobo de Deus que debe estar sumiso ó rei davídico. Pola contra, para o II Miqueas os principios teolóxicos son as tradicións do Éxodo e da Alianza (**6**, 2-5. 7-15).

b) As referencias xeográficas e históricas do I Miq refírense ó reino do Sur. Así, en **1**, 10-15, tódolos nomes xeográficos localizados pertencen a Xudá, e máis en concreto á Xefelah, rexión da que era orixinario o profeta; e en **5**, 1 fálase de Belén de Efratah (cf **4**, 2.8). Polo contrario, no II Miq alúdese ó Baxán, a Galaad (**7**, 14), e a Tiro (**7**, 12), que pertencen ou están en relación co reino do Norte.

c) O I Miq ataca as inxustizas das clases dirixentes: xefes da casa real (**3**, 19), profetas (**3**, 5), sacerdotes que fallan nos casos legais (**2**, 11)... En troques, o II Miq ataca ó pobo de Iavé (**6**, 2), á tribo e á asemblea da cidade, responsable das inxustizas no trato comercial e do excesivo enriquecemento dalgúns (**6**, 9ss). Como se pode aprezar, non só hai diferente terminoloxía, senón diferente socioloxía: no II Miq fálase da cidade, o que supón a situación dun reino territorialmente restrinxido arredor de Samaría.

2. Miqueas de Moréxet: I Miq

O seu nome Mikah é unha abreviación de Mikaiehu ou Mikaiah (= "quen coma Iavé"); debeu ser de orixe humilde, pois era de Moréxet, nas ladeiras da Xefelah (30 km ó suroeste de Xerusalén). O editor dátao nos reinados de Iotam (740-735), de Acaz (735-716) e de Ezequías (716-687). Algúns críticos restrinxen a súa actividade ó reinado de Ezequías. Esa época bastaría para dar contexto histórico ós textos que nos presenta; pero non hai razón para nega-la historicidade dos datos que nos ofrecen os discípulos do profeta, e que recolle o editor. Algúns autores pensan no seu traslado de Moréxet a Xerusalén a raíz da invasión da Xefelah por Senaquerib (ano 701), con motivo do levantamento de Axquelón e Ecrón contra os asirios, sobre o que o profeta entoa a lamentación de **1**, 8-16. Con todo, o seu traslado debeu acontecer no ano 734, cando as tropas de Teglatpeléser III (745-727) chegaron ata o río de Exipto (non ó Nilo, senón a un regato máis ó sur de Gaza), na campaña contra a Filistea.

Desde Xerusalén predí e interpreta profeticamente a caída de Samaría. Con todo, a súa predicación fundamental é a crítica contra as inxustizas sociais e contra as clases dirixentes.

A súa aportación profética máis importante vai na liña da teoloxía da monarquía e da teoloxía de Sión, asemellándose ó seu contemporáneo I Is. Anque critica as autoridades políticas e relixiosas, os dirixentes da casa de Israel —que para el é a dinastía davídica—, nunca critica o rei. Ó contrario preséntano-la teoloxía dunha monarquía en situación angustiosa (**4**, 9-14), mostrando a esperanza de triunfo sobre as nacións, pois Iavé (**4**, 6-5) suscitará de Belén o soberano de Israel, o novo David, que reunirá os seus irmáns (o reinado do Norte agoniante ou xa desfeito) e será o Rei da Paz, facendo actual a acción salvífica e bendicente do mesmo Deus (**5**, 1-14).

Outro tanto se pode dicir da teoloxía de Sión. É ben sabido que o himno a Sión de **4**, 1-5 é común con Is **2**, 2-4; agora ben, pódese pensar con algúns críticos que é orixinario de Miq, pola importancia que lle dá este ó tema de Sión, moito meirande cá que lle concede Is.

3. O II Miqueas

Non coñecémo-la súa orixe, e sería unha coincidencia que se chamase Mikah. Haino que poñer en relación con Oseas, e sobre todo co centro cúltico e teolóxico de Xequem (cf Introd. ó Dt), pois recolle as esixencias da alianza nas críticas ás inxustizas económicas, na torah profética (**6**, 8), e no preito de revisión de Alianza (cf **6**, 1-9 e nota), que, coma xénero literario, quizá haxa que remontar á teoloxía de Xequem, e non ós deuteronomistas do exilio, como queren algúns críticos.

Sobre a data da morte deste profeta, pódese aventura-la hipótese de que non sobrevive ó reinado de Oseas —o último rei de Israel—, e que, polo tanto, non coñece a caída de Samaría, (ano 722/721). Esta hipótese atopa o seu fundamento na análise de **7,**8-17.

MIQUEAS

1 ¹Palabra do Señor que lle foi dirixida a Miqueas, natural de Mórexet, nos días de Iotán, Acaz e Ezequías, reis de Xudá: visión que el tivo encol de Samaría e Xerusalén.

I. ACUSACIÓNS E ANUNCIOS DE CASTIGO

²Escoitade, pobos todos; prestade atención, terra e o que a enche. O Señor Deus servirá de testemuña contra vós; o Señor, que virá do seu templo santo.
³Si, velaí o Señor que sae do seu santuario, baixará e camiñará sobre as alturas da terra.
⁴Os montes derreteranse por debaixo del e fenderanse os fondais dos vales.
Coma a cera pola presencia do lume, coma a auga que corre pola ladeira.
⁵Todo isto sucederá pola apostasía de Xacob e polo pecado da casa de Israel.
¿Quen é o causante da apostasía de Xacob? ¿Acaso non é Samaría?
¿Quen é o outeiro que fai pecar a Xudá? ¿Acaso non é Xerusalén?
⁶Converterei a Samaría nunha morea de pedras, nunha viña plantada de novo.
Farei corre-las súas pedras ata o val, e deixarei ó descuberto os seus alicerces.
⁷Tódolos seus ídolos serán machucados, e tódolos seus regalos serán queimados no lume.
Converterei tódalas súas imaxes nunha desolación, pois foron feitas xuntando ganancias das prostitutas e ganancias das prostitutas volverán ser.

Lamentación polas cidades da Xefelah

⁸Por isto, voume lamentar e chorar, vou camiñar descalzo e espido.
Vou facer unha lamentación coma os chacais e un canto de loito coma os poliños da avestruz.
⁹Incurable é o golpe que dá o Señor. Si, chega ata Xudá.
O Señor peta ata nas portas do meu pobo, ata en Xerusalén.
¹⁰En Gat, non o proclamedes, en Bocó non choredes.
En Bet Leafrah espoldrexade no po.
¹¹Que a poboación de Xafir faga resoa-la trompeta por medio de vós.
Si, que saia espida e avergonzada a poboación que habita en Caanán.
Hai dó en Bet Haésel, retíresevo-lo seu apoio.
¹²A poboación de Marot espera o ben, pero baixa a desgracia de xunto ó Señor ás mesmas portas de Xerusalén.
¹³Engancha os cabalos ó carro, poboación de Láquix.
É o comezo do fracaso, filla de Sión, pois en ti están as transgresións de Israel.
¹⁴A ti, Moréxet de Gat, impuxéronche o xugo os emisarios. Para os reis de Israel as casas de Aczib volvéronse un regueiro sen auga.
¹⁵Farei entrar de novo ó conquistador en ti, poboación de Marrexah.
E penetrará ata Adulam a gloria de Israel.
¹⁶Corta e arrinca o cabelo polos fillos dos teus praceres, agranda a túa calva

---

1, 2-7 Este texto tivo que ser anterior ó 722/721 (caída de Samaría). Por medio dun oráculo de xuízo condenatorio, preséntase o castigo divino coma unha teofanía que sae do santuario de Xerusalén. O v 5c é unha glosa posterior, que aplica o texto a Xerusalén.
1, 3 Do mesmo xeito que cando Deus se mostra ás súas criaturas estas conmóvense, así cando El condena a mesma terra, esta derrétese. Esta relación da teofanía co oráculo de xuízo de castigo expresa fortísimamente a transcendencia ou santidade de Deus (cf Is **6**, 1ss).
1, 6 A imaxe coa que se expresa a destrucción de Samaría está collida da cava que se fai para plantar unha viña nova: bótase a terra no fondo, xunto á raíz, e as pedras déixanse por riba, para que conserven a humidade durante o verán. O que lle interesa ó autor é a morea de pedras, os alicerces da cidade ó descuberto.
1, 7 Os *regalos* para os templos nacionais e para a cidade eran o pagamento da prostitución sagrada nestes mesmos templos, e os conquistadores asirios empregaran os metais preciosos para os seus cultos idolátricos e para a prostitución sagrada.
1, 8 A data desta lamentación é o ano 701, cando Senaquerib ataca a Axquelón e Axdod e parte de Xudá porque non se lle pagou o tributo tratado, confiados nunha alianza antiasiria con Exipto. As cidades están todas na Xefelah ou Terra Baixa, próxima á fronteira exipcia. Entre as cidades arrasadas e deportadas está a cidade natal do profeta, Moréxet. Ó estilo de Is **10**, 28-32, vai facendo xogos de palabras entre os nomes das cidades e o senso que teñen os devanditos nomes.
1, 10 *En Bocó*. Non se trata de ningunha corrupción do texto, xa que por 2 Sam **5**, 23ss coñecémo-la existencia da cidade "Bacá" na zona limítrofe coa Filistea. O verbo hebreo "bacah" significa "chorar".
1, 15 O cualificativo de Adulam, —"a gloria de Israel"—, é unha alusión a 1Sam **22**, 1ss e 2 Sam **23**, 13.
1, 16 Todas estas expresións aluden ós costumes de loito e dó fúnebre (cf Is **22**, 12; Xer **7**, 29). Trátase do voitre pelado, que, coma a aguia pelada e mesmo os pitos pelados, teñen parte do pescozo sen plumas.

Contra os explotadores

2 ¹¡Ai dos que maquinan iniquidade e obras de ruindade nos seus leitos!
Coa luz da alba póñenas por obra, pois están no poder das súas mans.
²Cobizan campos e róubanos; e tamén casas, e levántanse con elas.
Oprime ó home e maila súa familia, a unha persoa e maila súa herdanza.
³Por isto, así fala o Señor:
"Velaí: matino contra esta xeración unha desgracia,
e non poderedes aparta-los vosos pescozos,
nin poderedes camiñar dereitos, pois será a hora da desgracia.
⁴O día aquel entoarase contra vós unha sátira,
cantarase unha elexía —xa está feita— e dirase:
Róubannos completamente, levarán o quiñón do meu pobo.
¡Como se aparta de min! ¡Como fai o invasor as partillas dos nosos campos!"
⁵Por isto non teredes na asemblea do Señor,
quen bote o cordel sobre a porción.

Diálogo dos que se opoñen ó profeta

(Opositores):
⁶"Non embelequéde-los pasmarotes. (¡Eles son os que embelecan os pasmarotes!).
Non embelequéde-los pasmarotes con estas cousas.
A ofensa cesará. ⁷¿Ese oráculo é para a casa de Xacob?
¿Esgotouse o poderoso Espírito do Señor? ¿Son estes os seus feitos? ¿Acaso non lle prestan ben as súas palabras a quen se comporta rectamente?"

(Profeta):
⁸"Pero, vós non sóde-lo meu pobo, xa que vos erguedes coma inimigos.
A quen consente en deixa-lo manto ordinario, arrebatádeslle o vestido precioso.
Ós que pasan confiados, facédelos volver á guerra.
⁹Ás mulleres do meu pobo botádelas das súas casas.
Arrebatades para sempre ós meniños do meu pobo a gloriosa liberdade que eu lles dou.
¹⁰¡Levantádevos e marchade, que isto non está para descansos! Pola falta de pureza.
¹¹Pois se alguén andase embelecando con vento e mentira, eu faría que un, movido polo viño e polo licor, embelecase os pasmóns:
el sería o profeta que embelecase a este pobo.
¹²Reunirei a Xacob, a ti enteiro, recollerei o resto de Israel.
Xuntareinos coma as ovellas no curral, coma rabaño no seu pasteiro,
e non terán medo de ninguén.

2, 1-2 Denuncia das inxustizas sociais, común ós profetas do s. VIII Amós, Oseas e Isaías. A cananeización da monarquía, debida a Salomón en Xudá e ós omridas en Israel, trouxo consigo unha clase dominante e rica, pola acumulación de propiedades. Os profetas opóñense a estes abusos discriminatorios, porque o vello sistema está baseado na propiedade divina da terra e no equilibrio de propiedades entre os membros do pobo.
2, 3 *Aparta-los pescozos:* librarse do xugo da dominación estranxeira, e posiblemente da deportación. *Camiñar dereitos:* sucede cando hai liberdade política e dereito de propiedade sobre os bens agrícolas. A situación descrita polos vv 3 e 4 é moi distinta: os habitantes da zona costeira son deportados (ano 701), e os seus bens pasan ós estranxeiros.
2, 6 *Embeleca-los pasmarotes.* O verbo "nataf" significa gotear, babear. Na forma causativa úsase, na polémica contra o profeta, para expresa-lo desprezo contra el, polo seu parentesco cos profetas extáticos.
Aquí quere indica-la excesiva credulidade do pobo nas súas palabras; por isto traducímolo por *embeleca-los pasmarotes* (cf Ez **21,** 2. 7; Am **7,** 16).
2, 6-11 O pobo rico oponse ó anuncio de castigo, aludindo ó poder do Señor e á rectitude de comportamento do mesmo pobo, que reclama de Deus palabras de bendición. O profeta denuncia os feitos opresivos dos ricos (vv 8-11), para acabar volvendo á imaxe inicial do embelecador: se el fose un embelecador, faría que un embelecador e borracho fose o profeta destes ricos opresores.
2, 7 O dito refírese ó oráculo de condenación que antecede, e que tivo que ser habitual no profeta.
2, 9 *A gloriosa liberdade que eu lles dou:* lit. "a gloria de min"; pero, por se-lo xenitivo subxeitivo, "a gloria que eu lles dou". Neste contexto o termo gloria significa esplendor, grandeza, liberdade, que vén da posesión de bens.
2, 11 *Alguén* refírese a Miqueas ou a outro profeta semellante, que denuncia ós ricos opresores. *Eu:* é Deus, pois o profeta, no oráculo, vén falando en primeira persoa divina. Se o profeta, que non é ningún borracho, falase mentiras, Deus suscitaría un profeta borracho (extático) que profetizase o mesmo ca el.
2, 12-13 Estes dous versos parecen estar fóra de lugar. Quizais nun primeiro momento estivesen a continuación dos interrogantes dos vv 6-7. Durante o exilio en Babilonia, este texto foi desprazado do seu lugar, facendo del unha mensaxe salvífica para os exiliados (cf **1,** 5b).

¹³O que abre camiño sobe diante deles,
abrirán, pasarán pola porta e sairán.
O seu rei pasará diante deles. ¡O Señor, á cabeza!"

Contra os dirixentes de Israel que oprimen o pobo

3 ¹Entón, eu dixen:
"Escoitade, xefes de Xacob; vós, dirixentes da casa de Israel: ¿Non é cousa vosa o coñece-lo dereito? ²¿Vós, que odiáde-lo ben e amáde-lo mal?
¿Vós, que lles arrincáde-la pel, e tiráde-la carne dos seus ósos?
³Si, certo, comen a carne do meu pobo, e arríncanlle-la súa pel.
Rómpenlles en anacos os ósos,
para os poñer coma a carne no pote,
coma vianda no medio da cazola.
⁴Entón clamarán ó Señor, pero non lles responderá; ocultaralle-lo seu rostro naquela hora,
xa que cometeron crimes cos seus feitos".

Contra os profetas que explotan a súa misión

⁵Así fala o Señor contra os profetas que desorientan o meu pobo, que claman: "paz", se morden algo cos dentes; pero proclaman guerra santa contra quen non lles pon algo na boca.
⁶"Por isto, teredes noite en vez de visión, teredes que estar ás escuras en vez de adiviñar;

o sol porase para estes profetas e o día volverase escuro sobre eles.
⁷Os que teñen visións avergonzaranse, e os adiviños encheranse de vergonza.
Todos eles taparán o bigote, pois Deus non lles dá ningunha resposta".

O profetismo de Miqueas

⁸Pero eu gracias ó espírito do Señor estou cheo de forza, de sentencias de xuízo e de coraxe, para lle facer coñecer a Xacob a súa rebeldía, e a Israel o seu pecado.

Contra tódolos dirixentes de Xudá

⁹Escoitade, pois, isto, xefes de Xacob e dirixentes da casa de Israel, que volvedes abominable a sentencia xudicial, e facedes torto todo o que é dereito.
¹⁰"Construídes Sión co sangue vertido e Xerusalén con perversidades.
¹¹Os seus xefes emiten veredictos conforme ós regalos,
os seus sacerdotes dan a lei por un prezo, e os seus profetas adiviñan por diñeiro, e ademais apóianse no Señor, dicindo: ¿Non está o Señor no medio de nós? Ningunha desgracia nos acontecerá.
¹²Por isto, por culpa vosa, Sión será arado coma un campo,
Xerusalén converterase en ruínas,
e a montaña do templo un conxunto de outeiros a monte".

II. PROMESAS SALVÍFICAS

Canto a Sión, berce da lei de paz e fartura universais

4 ¹Velaquí: á fin dos días o monte da Casa do Señor

será creado no cume das montañas;
velaquí: será levantado por enriba dos montes,
xuntaranse nel tódalas xentes,

2, 13 *O que abre camiño* é Deus, que entra coma pastor á cabeza do seu rabaño.
3, 2-3 Nótese a gradación do exterior ó interior (pel, carne, óso), que teñen un valor antropolóxico moi concreto: a pel é a base da aparencia, da fama, da dignidade; e o óso é asento do espírito e da forza interior, da esperanza (cf Ecl **11**, 5; Ez **37**, 1-14).
3, 3 A acción destes dirixentes cobizosos e ladróns tende a quitarlle ó pobo toda posible esperanza (óso) de felicidade (carne) e de liberdade (pel).
3, 5 O termo "Paz" ten en xeral o senso de prosperidade, fartura, felicidade.
3, 7 Tapa-lo *bigote:* avergonzarse profundamente.
3, 8 O profeta contrasta a actitude cobizosa dos profetas da fartura, que non terán resposta á cuestións que se lles propoñan, coa súa experiencia de plenitude espiritual de sentencias de denuncia. Isto non debe servir de base para negarlle ó autor a paternidade dos cc. **4-5**, pois a denuncia profética ten coma finalidade a conversión e unha cha-

mada á esperanza en mellores situacións.
3, 12 É a primeira vez, historicamente, que atopamos un oráculo sobre a destrucción do templo de Xerusalén, do que se lembrarán os xentís, que escoitarán un século mais tarde a Xeremías (cf Xer **26**, 18).
4, 1-5, 4 Para moitos críticos, estes cc. **4** e **5** non son orixinais de Miqueas, senón postexílicos. Pensamos que, segundo a tradición que recolle Xer **26**, 18-19, os oráculos condenatorios provocaron a conversión do pobo, e os males non lles aconteceron. Loxicamente, Miqueas tivo que te-los seus oráculos salvíficos ante esta conversión, da que nos dá noticias 2 Cro **18**, 1-27 (cf nota a Is **2**, 2-5).
4, 1-5 (Cf Introd. 2). Literariamente é un himno a Sión coma nova sede da Lei para os pobos, dunha lei que creará a paz entre os pobos e a fartura e tranquilidade. Non se trata da conversión dos pobos ó iavismo (cf v 5), senón da Lei do Señor, coma forma de arbitrio. Este pensamento cadra ben coas lóxicas aspiracións asirias. A semellanza de imaxes con **2**, 12, é grande.

²e irán a el numerosos pobos, que dirán:
"Vinde, subamos ó monte do Señor,
á casa do Deus de Xacob,
para que nos mostre os seus camiños,
e camiñemos polos seus vieiros.
Ollade: de Sión sairá a Lei,
e a palabra do Señor sairá de Xerusalén".
³Xulgará os preitos entre numerosos pobos
e decidirá o que é xusto entre os poderosos ata lonxe.

Na forxa as súas espadas volveranse aixadas;
e as súas lanzas, podadeiras.
Non levantará a espada un pobo contra outro,
nin aprenderán de novo a face-la guerra.
⁴Cada un sentará debaixo da súa parra
e debaixo da súa figueira sen que ninguén o atemorice.
Así falou a boca do Señor dos Exércitos.
⁵Si, tódolos pobos camiñarán,
cada un no nome do seu deus,
pero nós camiñaremos no nome do Señor,
o noso Deus, para sempre xamais.

Deus Rei-Pastor, que xuntará o seu pobo en Sión

⁶No día aquel —é o Señor quen fala— arrecadarei as ovellas que coxean,
e atraerei as espantadas para lonxe, as que eu maltratei.
⁷E das que coxean farei un resto; e das dispersas, un pobo poderoso.
O Señor será rei sobre elas na montaña de Sión, desde agora e para sempre.
⁸E ti, Torre do Rabaño, montaña da filla de Sión,
a ti virá e entrará a soberanía de antano,
a realeza da filla de Xerusalén.

As angustias de Sión acabarán en triunfo sobre os pobos xentís

⁹Agora, ¿por que berras tan forte?
¿Non tes un rei onda ti? ¿Pereceu o teu conselleiro?
¿Embárgate unha dor coma a de quen está a parir?
¹⁰Retórcete de dor e xeme, filla de Sión, coma quen está a parir
pois agora vas saír da cidade, e vivirás no campo
irás a Babilonia, e de alí serás liberada;
irás alá e rescatarate o Señor da man dos teus inimigos.
¹¹Agora únense contra ti pobos numerosos, que din:
"Será execrado, que os nosos ollos se comprazan vendo a Sión".
¹²Pero eles non coñecen os planos do Señor,
nin comprenden a súa intención de vos amorear coma os móllos na eira.
¹³Ponte de pé e trilla, filla de Sión, que eu volvo de ferro o teu corno,
e os teus cascos vólvoos de bronce para que tritures a pobos numerosos,
e para que entregues ó exterminio as súas riquezas en honor do Señor,
a súa riqueza en honor do Señor de toda a terra.
¹⁴Agora faite incisións, filla de saqueadores; puxéronnos asedio;
coa vara vanlle bater no rostro ó xuíz de Israel.

5 ¹E ti, Belén de Efratah, tan pequeniña entre as familias de Xudá,

---

4, 8 *A soberanía de antano*. Tal realeza é fundamentalmente a realeza divina, pero non exclúe a realeza temporal da dinastía davídica (cf **5**, 1-5). Quen queda excluído desta realeza é o rei do Norte, pois todo se centra en Sión, e constantemente Xacob e Israel están aludindo a Xudá.

4, 9-14 Alude ó asedio de Xerusalén polas tropas de Senaquerib, momento no que o profeta ten palabras de confianza e perspectivas de esperanza salvífica.

4, 9 *Un rei*, neste contexto concreto, é símbolo da realeza de Iavé, da que acaba de falar.

4, 10 *Xeme* traduce as convulsións do parto. A imaxe de convulsionarse ten senso positivo, pois está antes do parto, e é intentado polo profeta.

4, 12 Coa imaxe da malla dos móllos quere Miqueas significa-lo castigo do exército de Senaquerib por unha peste á que se alude en 2 Re **19**, 35-37, e que silencian as crónicas asirias. Esta xesta cántana os vv 13-14.

4, 14 O termo *xuíz* significa xefe e libertador. As *incisións* poden se-las dos profetas extáticos, o que significaría entrar en trance profético, e anunciar que, por mala que sexa a situación, o rei de Israel e príncipe da paz vencerá. Deste xeito, os vv 13-14 sérvenlle de introducción histórica a **5**, 1-5.

5 Este dito profético, posterior á época de Ezequías, vén se-la resposta da fe a un problema teolóxico: un rei reformador, e piadoso iavista coma Ezequías, resulta politicamente un fracaso. ¿Onde está logo o artigo de fe xudaica da elección de David e da súa dinastía? O profeta proxecta nun futuro indeterminado a realidade deste soberano en Israel que será "o da Paz", e que vencerá definitivamente a Asiria.

5, 1 *Tan pequeniña*: lit. "demasiado pequena para estares entre...".

de ti vai saír un que será o soberano de
Israel;
a súa orixe é desde antigo, desde os días
do comezo.
²El seranos conservado para sempre,
mentres haxa muller que dea a luz;
o resto dos seus irmáns volverá,
e serán devoltos os fillos de Israel.
³Manterase firme e pastoreará co poder
do Señor,
coa gloria do nome do Señor, o seu
Deus,
e cando se instalen ata o mesmo cabo da
terra, estenderá a súa grandeza:
⁴"o da Paz" será o seu nome.
Asiria, entrará, así, na nosa terra e
penetrará no país,
pero de entre nós faremos xurdir contra
ela sete pastores e oito xefes,
⁵que pastorearán a terra de Asiria coa
espada
e o país de Nimrod coa lanza.
Si, eles liberarán a esa Asiria, que entrará
na nosa terra,
e penetrará nas nosas lindes.

O resto de Xacob, na época mesiánica

⁶Estará o resto de Xacob no medio das
nacións numerosas,
coma a rosada que vén de parte do Señor,
coma a chuvia forte sobre a herba.

Certo que El non confía no home nin
espera nada dos humanos.
⁷Estará o resto de Xacob entre os pobos, e
no medio de nacións numerosas,
coma o león entre as feras salvaxes, coma
o cachorro do león entre as reses dun
rabaño;
se entra, atrapa e esgaza, non hai quen salve.
⁸Ergue a túa man contra os teus
adversarios,
que desaparezan tódolos teus inimigos.

O Señor fará desaparecer tódolos falsos apoios humanos

⁹Velaí o que sucederá no día aquel —é o
Señor quen fala—:
farei desaparece-los teus cabalos
e vou destruí-los teus carros.
¹⁰Farei arrasa-las cidades do teu país,
e derruba-las túas fortificacións;
¹¹tamén farei desaparece-los teus bruxos,
xa non terás máis adiviños.
¹²Si, esnaquizarei os teus ídolos,
e as túas imaxes simbólicas,
de xeito que non volvas postrarte
ante o feitío das túas mans.
¹³Si, aniquilarei do medio de ti os símbolos
da túa Axerah,
e desfarei as túas imaxes espidas.
¹⁴Con ira e furor cobrarei a vinganza
contra os pobos que non obedezan.

III. PREITO E AMEAZAS CONTRA ISRAEL

Preito de revisión da Alianza

6 ¹Escoitade, pois, o que di o Señor:
"¡De pé! Convoca os montes a litixio,
e que os outeiros escoiten a túa voz".

²¡Escoitade, montes, o litixio do Señor,
escoitade a súa fidelidade, fundamentos
da terra,
pois o Señor ten un litixio co seu pobo,

5, 4 *O da Paz* aparece nos Salmos e nas taboíñas de Ugarit coma título "divino": dato moi importante, porque aquí é aplicado ó Mesías.
5, 3-4 Estes versos remarcan o carácter teolóxico do poder do soberano, que será instrumento do poder de Deus, dando esplendor e despregue ó poder salvífico de Iavé.
5, 4 *No país.* Por mor do paralelismo, lemos así, co texto frixio e co siríaco, en vez de "os nosos pazos", como o di o texto masorético.
Os números *sete* e *oito* teñen valor simbólico, como sucede tamén no ugarítico.
5, 5 *Nimrod* é símbolo de despotismo cruel, en Xén **10**, 8.
5, 6-8 O tema do *resto* de Israel é común con Isaías (cf Is **4**, 3...). Será un grupo reducido e purificado polas probas e sufrimentos, e cumprirase nel a bendición de Abraham (de Xén **12**, 3), expresada aquí cos símbolos da auga da chuvia e da rosada. A estrofa do v 7 desenvolve o tema do poder deste resto coa imaxe do león salvaxe. Conclúe o oráculo cunha invitación á loita, para terminar cos inimigos.
5, 9-14 A finalidade deste oráculo é indicar que a victoria non dependerá dos medios humanos, senón da pura fe do pobo e da manifestación do poder do Señor, que actuará a través deste resto, pois Deus quitará tódolos apoios humanos, de xeito que a fe limpa sexa posible no resto fiel.
5, 13 A arqueoloxía confirma a existencia de imaxes de Axerah espida en Palestina, o mesmo que sucede en Grecia con Afrodita, a mesma deusa importada dos ámbitos cananeos.
6, 1-9 O preito de Iavé é un careo xudicial ante as testemuñas da Alianza. Deus recorda a súa fidelidade a estes compromisos (vv 4-5...). Nos vv 6-7 presenta a resposta do pobo ós compromisos da Alianza: centrouse soamente no culto, e nun culto non sempre lexítimo. Pero o profeta, na forma literaria dunha torah profética, concreta as esixencias de Deus sobre o pobo.
6, 2 *Escoitade a súa fidelidade.* A raíz do vocábulo hebreo empregado ten o senso de firmeza, de inmutabilidade (cf Xén **49**, 24; Ex **14**, 27; Núm **24**, 21; Dt **21**, 4).
Montes alude sen dúbida ó Sinaí, lugar onde se concluíu a Alianza, e ó Ebal e Garizim, onde tiña lugar a liturxia da renovación da Alianza.

entra en disputa con Israel.
³"Meu pobo, ¿que che fixen?, ¿en que te quebrantei? ¡Respóndeme!
⁴Si, fíxente subir do país de Exipto, e rescateite da escravitude,
e mandei á túa fronte a Moisés, a Aharón e a Miriam.
⁵Meu pobo, lémbrate do que maquinaba Balac, rei de Moab,
e do que desde Xitim ata Guilgal lle respondeu Balaam, fillo de Beor,
para que recoñéza-la fidelidade do Señor".

Resposta do pobo, e oráculo

⁶¿Con que me presentarei diante do Señor?
¿Con que me postrarei ante o Deus Altísimo?
¿Presentareime diante del con holocaustos?
¿Con becerros, crías dun ano?
⁷¿Compracerase o Señor en miles de carneiros,
en millares de regueiros de graxa?
¿Deberei darlle o primoxénito en expiación polo meu delito?
⁸"Home, xa se che explicou, que é o bo, que é o que o Señor pide de ti:
practica-la xustiza, ama-la fidelidade
e comportarte humildemente co teu Deus".
⁹A voz do Señor bérralle á cidade:
"Deste xeito vera-lo triunfo".

Oráculo de castigo contra Israel polas súas inxustizas

Escoitade, tribo e asemblea da cidade:
¹⁰"¿Podo eu soporta-lo canado tramposo, tesouros inxustos e tega escasa e maldita?
¹¹¿Podo eu declarar lexítimas as balanzas inxustas e o saco con pesas falsas?
¹²Si, os ricos das cidades están cheos de violencia,
os seus habitantes falan mentiras e a súa lingua é falsa na súa boca.
¹³Velaí, tamén eu empecei a bater en ti, a volverte unha desolación por culpa dos teus pecados.
¹⁴Ti comerás e non te fartarás:
a túa ruína está no teu ventre.
Gardarás algo, pero non o salvarás,
e o que salves eu entregareino á espada.
¹⁵Sementarás, pero non colleitarás.
Pisara-las olivas, pero non te perfumarás co aceite;
pisara-las uvas, pero non bebera-lo viño.
¹⁶Si, obrigóusevos a cumpri-los decretos de Omrí,
e tódolos feitos da casa de Acab,
e comportástesvos conforme as súas ordes.
Por iso eu convertereivos nun horror;
e ós habitantes da cidade, nunha burla.
Teredes que atura-lo escarnecemento dos pobos".

Ai pola xeneralización da inxustiza

7 ¹¡Ai de min! Pois veño ser coma os que fan a colleita do verán,
coma as mulleres que rebuscan na vendima;
non hai nin un acio para comer,
nin figo temperán que satisfaga o meu gusto.

6, 5 *Fidelidade*. Emprégase aquí un nome en plural abstracto, que inclúe os aspectos de fidelidade ás promesas, e os actos salvíficos concretos.

6, 7 A alusión ós sacrificios dos propios fillos pode ser un costume cananeo practicado por algúns reis de Xudá (cf 2 Re **16,** 3; **21,** 6), e que proliferou entre o pobo de Israel no s. VIII (cf o testemuño de Amós e Oseas).

6, 8 As esixencias fundamentais da Alianza non son de tipo cúltico (cf Am **5,** 24-25), senón máis ben de exercicio da xustiza e do dereito, cumprindo os preceptos do Señor, correspondendo así á fidelidade e ó amor de Deus.

6, 9a *Vera-lo triunfo* (lit. "o éxito mostrará o teu nome"). Tendo en conta que o nome é a manifestación dinámica da propia personalidade, a bendición divina que acompañará o cumprimento da Alianza mostrará que o pobo é o pobo de Deus.

6, 9b-16 Este oráculo, dirixido á tribo e asemblea da cidade, pódese referir á situación histórica de Samaría durante o reinado de Oseas (732-722), cando o reino de Israel quedou reducido a pouco máis cá cidade de Samaría e o campo do seu arredor. Acúsaos de inxustizas no trato comercial, de falsidade e violencia. Supón xa unha situación de castigo anterior que sería a reducción do territo-

rio do ano 732, e anuncia un castigo máis grande, se non se converten.

6, 10 *Canado:* medida de líquidos, equivalente a 45 litros.

6, 11 *Declarar lexítimas*. O verbo empregado hai que entendelo en forma causativa, como fixo a Vulgata.

6, 14 O *ventre* é o asento da cobiza. Os impostos fortes que tiñan que pagar a Asiria fan á clase rica cobizosa e avarenta; pero esta avareza será inútil.

6, 15 O aceite virxe recende ben, e era naqueles tempos o principal perfume e cosmético.

6, 16 Estas alusións a Omrí (885-874) e a Acab (874-853) refírense ó cambio do tipo de monarquía en Israel, de constitucional e anfictiónica a monarquía absolutista, ó estilo cananeo e segundo o culto cananeo imposto (cf 1 Re **16,** 26.31-34; **21,** 26). Estas alusións a Omrí e Acab soamente son comprensibles nun profeta que estea ó tanto das tradicións e historia do reino do Norte; e o lugar lóxico da conservación destas tradicións ten que se-lo santuario de iavismo puro de Xequem, co que está en contacto o II Miqueas.

7, 1-2 As imaxes da recolleita das espigas que quedan nos campos e do rebusco da vendima sérvenlle ó profeta para remarca-la desaparición dos xustos.

²Desapareceu do país o home piadoso,
non hai na superficie da terra home recto,
todos eles axexan para verter sangue,
cada un caza con rede a seu irmán.
³As súas mans están adestradas para o mal:
o príncipe asoballa,
o xuíz extorsiona por diñeiro,
e o grande fala a palabra do seu propio apetito,
⁴por el a súa bondade dóbrase coma un espiño,
a súa rectitude, máis ca unha silveira.
O día das sentinelas, o día da túa inspección, xa chegou:
Agora será a desolación:
⁵Vós non confiedes no compañeiro,
non vos fiedes do amigo;
garda ben as portas da túa boca mesmo da que se deita no teu seo.
⁶Porque o fillo deshonra ó pai,
e a filla levántase contra súa nai,
a nora contra a súa sogra;
os inimigos serán os da propia casa.
⁷Pero eu mirarei atentamente para o Señor,
esperarei no Deus da miña salvación,
e o meu Deus escoitarame.

IV. ESPERANZA SALVÍFICA

Resposta esperanzada ós insultos da inimiga (Asiria)

⁸Non te rías de min, inimiga miña.
Se estou caído, levantareime.
Se habito na tebra, o Señor servirame de luz.
⁹Soporto a ira do Señor, xa que pequei contra El:
ata que xulgue a miña causa e execute a miña sentencia.
El sacarame á luz, para que vexa eu a súa salvación.
¹⁰Veralo, inimiga miña, e cubriraste de vergonza,
ti que me dis: "¿Onde está o Señor, o teu Deus?"
Os meus ollos gozarán contemplándote:
de seguida vas ser pisada coma a lama das rúas...

Oráculo de restauración para Israel, e de castigo para a inimiga

¹¹Chega o día de reconstruí-la túa muralla,
ese día alongarase a túa fronteira.
¹²O día aquel mesmo desde Asiria e Tiro virán onda ti,
e desde Tiro ata o Éufrates, desde un mar ó outro mar,
desde unha montaña á outra montaña.
¹³E a súa capital volverase unha desolación por culpa dos seus xefes polo froito das súas obras.
¹⁴Pastorea ó teu pobo co teu caxato, o rabaño da túa herdanza,
que vive solitario na foresta, no medio dunha fértil camposa.
Que pazan en Baxán e Galaad, coma nos días doutros tempos.
¹⁵Coma nos días da túa saída de Exipto, fainos ver marabillas.

7, 3 *A palabra* ten aquí o senso de "fallo xudicial". *Do seu propio apetito:* lit. do apetito da súa propia gorxa. *"Néfex"* mostra o dobre senso de apetito e gorxa. Refírese á actitude egoísta e cobizosa dos dirixentes.

7, 4 *A inspección* é a visita de Deus para salva-lo home xusto (cf v 7) e para castigar coa desolación ó impío.

7, 5 A situación de desconfianza xeneralizada é o signo da impiedade, que espera o seu castigo. O castigo foi, sen dúbida, a invasión do 732.

7, 6 Citado en Mt **10**, 35-36 e paralelos.

7, 7 *Mirarei atentamente:* coma o vixiante que espera o exército aliado. Contrástase a seguridade do profeta na salvación, coa desolación que lles espera ós egoístas e cobizosos.

7, 8-10 A *inimiga* é Asiria. Pero co golpe de estado de Oseas no ano 732, animado polos grupos proféticos e relixiosos de Xequem (cf 2 Re **17**, 2b), queda unha esperanza de restauración, o triunfo sobre o inimigo, polo poder de Iavé.

7, 11-17 Oráculo de restauración para Israel. Probablemente llo anunciou ó novo rei, Oseas. E, anque a nación foi ó fracaso dez anos máis tarde, o reino de Israel, purificado polo fracaso, esperará a restauración celeste.

7, 11 Invitación —dirixida ó rei Oseas e ó pobo—, a esperar na reconstrucción de Samaría e na recuperación das fronteiras tradicionais, tan recortadas pola invasión asiria do 732.

7, 13 *A súa capital* (da inimiga). O termo "eres" significa aquí a capital dun estado; e o artigo dálle un valor demostrativo. Polo contexto, soamente se pode referir a Nínive, a capital da inimiga Asiria.

7, 14 Oráculo que pode moi ben referirse á investidura do rei Oseas. O seu posto aparece coma continuación da realeza de Deus.

¹⁶Que os pobos o vexan e se avergoncen, a pesar de toda a súa forza,
que poñan a man na boca, e que os seus oídos enxordezan.
¹⁷Que lamban o po coma a cobra, coma os que se arrastran pola terra;
que saian tremendo dos seus buratos onda o Señor, noso Deus,
que estarrezan e che teñan medo a ti.

O perdón de Deus

¹⁸¿Que Deus hai coma ti, que quita a iniquidade,
e lle pasa por alto o pecado ó resto da súa herdanza,
que non se obstina para sempre na ira, senón que lle ten amor á misericordia?
¹⁹Cambiará de actitude, terá compaixón de nós,
esmagará as nosas iniquidades.
¡Si, ti botarás no fondo do mar tódolos nosos pecados!
²⁰Dálle a Xacob probas de fidelidade, a Abraham probas de amor:
así llelo xuraches ós nosos pais desde os tempos antigos.

7, 16 Poñe-la man na boca era signo de vergonza e confusión.

7, 18-20 As promesas feitas ós patriarcas seguen en pé, pois cos castigos do 732, os pecados están xa perdoados, e o castigo de Deus é inferior á súa misericordia.

INTRODUCCIÓN Ó LIBRO DE NAHÚM

1. O personaxe e a súa época

O pouco que nos refire o libro de Nahúm sobre o seu autor resulta escuro, pois en **1,** 1 cualifícase o autor cun adxectivo xentilicio (en heb. *"elqoxí"*), que traducimos por *"elcuxita"*; pero Élcox, de onde é natural o profeta, non aparece en ningún outro lugar da Biblia. S. Xerome identifícao con El Kanze ou Cafarnaúm, na Galilea. San Epifanio, en troques, pensa que a súa localización hai que buscala en Xudá. Os comentaristas de principio de século, fixándose no realismo e viveza con que Nahúm describe a caída de Nínive, identificaron o seu lugar de orixe con Alqus, ó norte de Nínive. As referencias a Nínive (3, 14...) e algúns termos con parecidos asirios púidoos coñecer Nahúm polos contactos con arrieiros que traficaban con Asiria. No caso hipotético de que o autor fose un israelita deportado, quedarían sen explicación algunhas pasaxes da súa obra, coma **2,** 1 (anuncio da salvación de Xudá). Con todo, hai que recoñecer que a súa mensaxe salvífica e de consolación tamén se estende ó reino do Norte, que sucumbira contra Asiria e que fora deportado. O nome do autor significa *"consolado"*, *"animado"*, o que encaixa ben co senso teolóxico da súa obra, que é unha mensaxe de alento e consolación para Xudá e Israel, e para o resto dos pobos sometidos ó durísimo xugo asirio. Nomes derivados da mesma raíz aparecen na Biblia: Menahem (2 Re **15,** 17; Feit **13,** 1); e Nehemías (Neh **1,** 1).

Sobre a época na que vive Nahúm ofrece o texto dúas datas: a caída de Nínive, acontecida no 612 a mans dos medos, aliados co primeiro rei neobabilonio, Nabopolasar (Nah **2,** 4-3, 19); e a outra data é a da caída de Tebas, chamada No-Ammón (= cidade de Amón), na segunda campaña de Asurbanipal contra Exipto, no 663 (3, 8-11). A actividade de Nahúm hai que situala entre os anos 650 e 640/39. O texto de Nah **2,** 4-3, 19 hai que consideralo verdadeira profecía, proclamada uns trinta e oito anos antes. As súas palabras non caían en saco roto. De feito, existía nesta segunda metade do sec. VII toda unha serie de signos dos tempos: o cambio dinástico en Exipto, o imperio escita —no centro norte da actual Turquía—, que fará unha incursión en Exipto no 625, (cf Introd. a Xoel e Sofonías) e que constituía un perigo para o imperio asirio; as inmigracións dos caldeos (tribos da desembocadura do Éufrates) a Babilonia, onde chegarán a facerse co poder, no ano 625, sendo Nabopolasar o rei de Babilonia; e a forza crecente dos pobos da Media, atentos ó que puidese pasar.

Por outra parte, con Asurbanipal comeza un movemento cultural de renacemento das vellas culturas dos antepasados (que vai ter coma expresión a grande biblioteca de Asurbanipal en Nínive), e que vai ser imitado en Exipto por Psamético I (663-609), ata promove-la afirmación independentista dos distintos reinos vasalos de Asiria.

A situación de Xudá é a seguinte: nos anos 650 reina Menaxés (687-642), rei impío e idólatra, que paga o tributo ó rei de Asiria. Ó morrer Menaxés (ano 642), o seu fillo e sucesor Amón ten fortes dificultades —descoñecidas para nós—, que o levan dous anos máis tarde á morte violenta (2 Re **21,** 23). O libro dos Reis califica a Amón coma un fiel seguidor dos pasos do seu pai (2 Re **22,** 20. 23). Pensamos que isto non soamente se refire ó exercicio da idolatría, senón tamén á submisión total a Asiria. En 2 Re **21,** 24 dise que o exército executou os conxurados contra o rei, sen precisar nomes. Non obstante, coidamos que entre este grupo debeu esta-lo profeta Nahúm.

Máis ca un profeta nacionalista, vemos en Nahúm o profeta da liberación do tirano e opresor dos pobos, e o fustigador de quen se somete ó tirano sen recoñece-lo valor de fe na palabra de Deus, comunicado polo profeta en forma de ameaza e chamada á conversión.

2. División do texto

Título: **1,** 1.
Himno ó Deus liberador dos inimigos: **1,** 2-8.
Oráculos dirixidos ós xefes de Xudá no ano 640: **1,** 9-**2,** 1.
Profecía sobre a caída de Nínive **2,** 2-3, 19.

NAHÚM

1 ¹Oráculo contra Nínive. Libro das visións de Nahúm, o elcuxita.

Himno ó poder do Señor, na súa ira e na súa bondade

Alef. ²Deus celoso e vingador é o Señor.
O Señor víngase dos seus adversarios,
El é quen se acende en ira contra os seus inimigos.
³O Señor vai de vagar para a ira, pero é grande en poder,
e non deixa sen castigo a ninguén.
Bet. Ten o seu vieiro no furacán e na tormenta,
as nubes son o po dos seus pés.
Guímel. ⁴Arremete contra o mar e faino secar,
e tódolos ríos quedan esteados.
Dálet. Murchan Baxán e o Carmelo, e tamén a flora do Líbano.
He. ⁵Os montes tremen diante del,
estremécense os outeiros.
Vau. A terra soérguese ante a súa presencia,
o mesmo có orbe e tódolos seus habitantes.
Zain. ⁶Na presencia do seu enfado, ¿quen se terá de pé?
¿Si, quen se levantará ante a indignación do seu rostro?
Het. O seu furor esténdese coma o lume,
os penedos esnaquízanse ante El.
Tet. ⁷O Señor é bondadoso, é refuxio no día da angustia,
Iod. El coñece os que confían nel,
⁸cando El pasa na inundación.
Kaf. Realiza a destrucción nos que se levantan contra El,
e ós seus inimigos perségueos na tebra.

Palabras dirixidas ós xudeus pro-asirios

⁹¿Que matinades vós contra o Señor?
El é quen realiza a destrucción: a angustia non se levantará dúas veces.
¹⁰O mesmo ca unha silveira revolta serán consumidos totalmente;
coma a palla seca tamén eles serán devorados,
¹¹pois de ti saíu o que maquina o mal contra o Señor,
o conselleiro do "que non aproveita".

Oráculo salvífico, dirixido a Xudá

¹²Así fala o Señor:
"Aínda que estean completos e sexan ben numerosos,
serán cortados e pasarán.
Humilleite, pero non te volverei humillar.
¹³Si, agora romperei o xugo que puxo sobre ti,
e rebentarei as túas cadeas".

1, 1 *Nahúm*: transcrición literal do nome hebreo. Este libro noméase tamén "Visión", para significa-la comunicación divina, feita ó profeta. A profecía de Nahúm sobre a caída de Nínive é toda unha visión profética, chea de realismo e de impresionismo (**2, 4-3,** 19).
1, 2-8 Esta unidade literaria é un himno, aínda que faltan as invitacións do pobo á louvanza. Pola súa intención ben se pode considerar coma un himno profético, pois, aínda que non describe as accións de Deus nun futuro, expresa en imaxes o poder de Deus (vv 3b-5), que arremete contra os inimigos (vv 2-3. 6), que protexe e axuda ós que confían nel (vv 7-8). Este himno (que algúns non consideran auténtico), serve de preludio teolóxico, e de experiencia vocacional profética.
1, 2 O poder do Señor ponse en acción polos celos amorosos polo seu pobo, e por se-lo vingador dos males que lle fan.
1, 3b-5 Estes vv describen o poder do Señor, coas imaxes con que os cananeos representaban a Baal: "o cabaleiro das nubes", e "o vencedor da divindade primordial acuática e diabólica" (Iam = o mar, símbolo da tiranía dos inimigos de Deus, os asirios). O v 5 refírese á tormenta e ós tronos, que eran os outros atributos de Baal. O verdadeiro Deus de todas estas manifestacións cósmicas é Iavé, que deste xeito nos mostra o seu poder.
1, 6 Ante tal poder, ¿quen pode se-lo home que se crea poderoso e tiranice, en vez de someterse a El, que é bondadoso e protector do débil?
1, 7-8 Contrastan a bondade e auxilio divino para os que confían nel, coa destrucción que levará a cabo contra os que se lle sublevan.
1, 9-11 Estes vv deben aludir á situación que segue á entronización de Amón no trono de Xerusalén. Os que maquinan contra o Señor son o rei e demais partidarios dunha política proasiria e idolátrica coma a de Menaxés. Os vv 9b-10 son referencias ó himno precedente e á destrucción e queima que Iavé inflixirá ós asirios. O pronome *ti* (coma no resto da sección) refírese a Xerusalén. Quen maquina o mal contra o Señor debe de ser Menaxès, pola súa política idolátrica e de total submisión a Asiria. Tamén podería referirse a algunha autoridade militar ou fiscal asiria.
1, 11 O *que non aproveita* ten un senso de poder maligno e diabólico, coma en Dt 13, 14; Sal 18, 5 e nas apocalipses (cf v 4 e nota a 3b-5). Deste xeito cualifícase a tiranía asiria coma manifestación do poder demoníaco.
1, 12-13 Conteñen un oráculo salvífico que se refire á liberación de Xudá do xugo asirio, ó mesmo tempo que, por contraste, alude ó poder asirio e á súa desaparición. A humillación de Xudá refírese ós fortes tributos e á submisión total, que incluía a idolatría no templo de Xerusalén.

Oráculo de castigo contra o rei Amón

¹⁴O Señor dá esta orde contra ti:
"Xa non se volverá a esparexe-la semente da túa familia;
dos templos dos teus deuses farei desaparece-las imaxes esculpidas e as fundidas.
Prepararei a túa sepultura, pois tes pouco peso".

Oráculo salvífico, dirixido a Xudá e Israel

2 ¹Velaí: polos montes corre un mensaxeiro de boas novas,
anuncia a paz:
Celebra as túas festas, Xudá, cumpre os teus votos,
que "o que non aproveita" xa non cruzará máis polo medio de ti;
está sendo aniquilado totalmente.

A CAÍDA DE NÍNIVE

Visión da caída de Nínive

²Unha forza de choque atácate de fronte.
Monta garda na praza forte, vixía o camiño,
cingue ben o teu lombo, fortalece ó máximo a túa forza.
³Certo, o Señor volverá á viña de Xacob;
si, á viña de Israel.
Tiñana arrasada os arrasadores, tiñan esgazadas as súas vides.
⁴Os escudos dos seus soldados están vermellos,
os seus soldados están vestidos de púrpura.
Os carros brillan co relucir dos ferros,
o día da súa formación axítanse coma as lanzas.
⁵Os carros dan voltas polas rúas,
corren dun lado para outro polas prazas,
parecen fachóns, lánzanse coma raios.
⁶El failles recordar algo ós seus capitáns,
tropezan entre si no camiño,
corren de présa cara ó muro da cidade,
e xa está preparado o refuxio.
⁷Ábrense as portas que dan ás canles
e o templo derrúbase.
⁸A imaxe da deusa é levantada e levada cativa,
laméntanse as súas sacerdotisas coma pombas que arrolan,
dan golpes sobre os seus corazóns.

Vanse as riquezas de Nínive

⁹¡Velaí Nínive!
Toda ela é unha poza: ¡como corre a auga!
"¡Para, detente!" Pero non hai quen a faga dar volta.
¹⁰¡Saqueade a prata, saqueade o ouro!
Non ten fin a súa riqueza, o esplendor das súas alfaias.
¹¹¡Pillaxe, saqueo, roubo! Os corazóns teñen quebrantos,

1, 14 Oráculo contra Amón, pola política idolátrica e de submisión a Asiria. Non se di que Deus arrasará os templos dos seus deuses (como sería lóxico se se referise a Asiria), senón que fará desaparece-las imaxes dos seus deuses, presentes nos templos de Iavé.
Da túa familia: lit. "do teu nome". O nome é a persoa no seu dinamismo, e aquí no seu poder xenético. Equivale a dicir que xa non terá máis fillos.
Prepararei a túa sepultura. Sen dúbida, foron estas palabras as que animaron ó grupo independentista e nacionalista a asasina-lo rei Amón.
2, 1-3 Dous oráculos salvíficos, dirixidos a Xudá (v 1) e a Israel (v 3), e maila visión da caída de Nínive (v 2; cf v 14).
2, 1 *O mensaxeiro de boas novas* (heb. "mebasser"; grego, "euanguelistes"), pode referirse a un mensaxeiro que trae noticias dos triunfos liberadores do faraón Psamético I contra a dominación asiria en Exipto. Tamén pode ser unha ficción poética do profeta, que quere anunciar unha nova situación de liberación. *A paz* (heb. "xalom") indica aquí a liberación. O mandato de celebra-las festas implica a acción de gracias a Deus e a purificación dos cultos pagáns, pois son as festas de Xudá. *Está sendo aniquilado:* non implica unha situación histórica actual, senón que o profeta ve nos planos de Deus a desfeita de Asiria. Este verso aplícase a Xesús en Feit **10**, 36; ós apóstolos, en Rm **10**, 15; e ós cristiáns, en Ef **6**, 15.
2, 2. 4-8 Visión profética da caída de Nínive, introducida por unhas ordes sarcásticas de prepararse para a defensa da cidade (v 2), e seguida dunha descrición do ataque invasor (vv 4-5). O v 6 refírese ás reaccións dos asediados e ás ordes dun rei ou capitán adurmiñado (cf **3**, 18). Os vv 7-8 non esquecen o ridículo do referido no v 2, pois a destrucción de Nínive exprésase co abrirse das súas portas ante os inimigos, co desmoronamento do templo de Ixtar, e coa imaxe da deusa levada cativa, mentres as sacerdotisas se lamentan. No fondo, é unha descrición da inutilidade do culto idolátrico.
2, 9-14 A auga —símbolo da vida e da riqueza— convértese nunha poza esborrallada que se vai como se van as riquezas de Nínive (vv 9-11). Emprégase ademais a imaxe do león, que durante o tempo da cría xunta presas para a leoa e para os cachorros; pero ese león (Asiria), atópase agora coa ira omnipotente de Iavé, simbolizada na queima e na espada (vv 13-14). Esta última é a estrofa que dá sentido teolóxico a toda a visión: a caída de Nínive, coa súa tiranía opresiva e amontoadora, será obra de Iavé, xusto xuíz da historia.
2, 11 *As caras de todos xúntanse:* míranse uns a outros, buscando unha solución.

tremen os xeonllos, estremecementos
por todo o corpo,
as caras de todos xúntanse ante tal
maldición.
¹²¿Onde está a gorida dos leóns?
¿Onde está o campo de presa para os
cachorros dos leóns?
¿Cara onde camiña o león para leva-los
cachorros da leoa,
sen que haxa quen os asuste?
¹³O león caza por causa dos cachorros,
destroza para as súas leoas;
a cova está chea coas súas presas, e o
cubil cos anacos de carne.
¹⁴Velaquí me tes contra ti —di o Señor dos
Exércitos—:
vou queimar na fumareda os teus carros
e a espada devorará os teus cachorros,
farei desaparecer da terra a túa cova,
e non se volverá a oí-la voz dos teus
mensaxeiros.

Oráculos de castigo contra Nínive

3 ¹¡Ai da cidade asasina! Toda ela é un
grande engano,
está chea de botíns, non para de rapinar.
²Estalos das trallas, ruído e estrépito de
rodas,
cabalos galopando, carros troupeleando,
³cabalos encabritados, relucir de espadas,
chispear de lanzas, miles de mortos,
moreas de cadáveres.

⁴Por culpa das moitas prostitucións da
prostituta,
tan fermosamente agraciada, mestra de
encantamentos,
a que trafica entre os pobos coas súas
prostitucións,
entre os países cos seus encantamentos.
⁵Velaquí me tes contra ti —di o Señor dos
Exércitos—:
Levantareiche as saias ata a cara,
para mostrarlles ás nacións a túa nudez,
e ós reinos as túas vergonzas.

⁶Tamén botarei por enriba de ti
inmundicias,
tratareite con desprezo, volvereite un
espectáculo.
⁷Sucederá que todo aquel que te vexa,
fuxirá de ti, e dirá:
"Nínive está arruinada, ¿quen sentirá
pena por ela?
¿De onde procurarei quen te console?"

Nínive non é mellor ca Tebas

⁸¿Acaso es ti mellor cá cidade de Amón,
asentada onda o Nilo, con auga ó seu
arredor?
O seu antemuro era o mar; a auga, as
súas murallas.
⁹Etiopía era a súa forza e tamén Exipto,
forza sen límites.
Put e os libios estaban no teu exército.

¹⁰Tamén a cidade de Amón foi ó exilio,
ela foi á cativdade;
os seus meniños foron esnaquizados nas
encrucilladas de cada rúa.
Sobre os seus nobres botáronse sortes,
e tódolos seus grandes foron atados con
cadeas.

¹¹Tamén ti te darás en aluguer, volverás a
ser moza de rúa;
tamén ti buscarás refuxio onda os teus
inimigos.

3, 1-7 O Ai serve aquí para introducir unha acusación contra Nínive, á que se lle engade o anuncio de castigo nos vv 2-3, sen fórmula de unión. Os vv 4-7 constitúen outro oráculo en forma máis clásica: acusación de prostitución (alianzas opresivas con outras nacións, e de encantamentos para explota-los pobos sometidos: v 4), e o anuncio de castigo (presenta a Iavé con intención de executar con Nínive o castigo das prostitutas: vv 5-7; cf Ez 16, 36-43; 23, 25-30; Os 2, 5).

3, 2 Os desastres que aquí se describen fan alusión a **2, 4**, polo que se han de considerar coma o castigo que Deus executará con Nínive, e non tanto a descrición das maldades das tropas e dominación asiria.

3, 4 A prostitución aquí non é a infidelidade idolátrica —pois Asur non ten feita unha alianza co Deus único—, senón que se refire ós pactos coas nacións sometidas, que levaban consigo fortes tributos. É a imaxe da prostituta que lle come ó querido canto ten, e que o escraviza deste xeito, como o deixa ve-la expresión paralela do embruxamento ou encantamento.

3, 8-11 Sobre as datas e situación histórica, cf Introd. O exemplo da caída de "No-Amon" (Tebas, a cidade do deus exipcio Amón), fainos ver que Nahúm nos di de Nínive unha auténtica profecía, pois a única finalidade desta alusión é facer crible ós xudeus a súa mensaxe de que ó poder de Deus non hai quen chegue.

3, 9 Etiopía ("Cux"). O faraón Tirhaka (o mesmo cós da dinastía XXV) era etiópico. *Put* debe se-la rexión costeira de Somalia (cf Is **66,** 19).

3, 10 Os castigos ós que se refire eran os que aplicaban os asirios ós pobos vencidos, segundo consta polos baixo-rrelevos asirios.

3, 11 *Daraste en aluguer.* O senso do vocábulo hebreo alude a entregarse a outro pobo para ser escravizado por el, senso oposto ó da prostituta embruxadora do v 4.

Inutilidade das defensas de Nínive

¹²Tódalas túas fortificacións son figueiras,
e as túas tropas figos temperáns;
se as abalan, caen na boca de quen os come.

¹³Velaí as túas tropas: son mulleres;
as portas da túa cidade ábrenselles ós teus inimigos,
e o lume consome as túas trancas.

¹⁴Saca as augas para o asedio, reforza as túas cidadelas.
Entra na telleira e pisa o barro, colle con forza os moldes para os ladrillos.

¹⁵Velaí o lume que te vai devorar,
a espada farate desaparecer,
vaite devorar como se fose unha larva de saltón.
Multiplícate coma a eiruga do saltón,
multiplícate coma o saltón crecido.

¹⁶Multiplica os teus mercadores, máis cás estrelas do ceo:
a eiruga do saltón deixa o casulo e voa.

¹⁷Os teus gardas son coma saltóns;
e os teus oficiais de recrutamento, coma as eirugas,
que se poñen nas murallas un día de frío.
Sae o sol, e vanse, e o seu lugar non se coñece.

A desfeita de Nínive será ledicia para os que sintan falar dela

¹⁸¿Onde están durmindo os teus pastores, rei de Asiria?
¿Onde están descansando os teus nobres?
A túa tropa expira sobre os montes,
e non hai quen a xunte.

¹⁹Non hai alivio para a túa fractura,
a túa ferida é incurable.
Tódolos que escoiten noticias túas,
baterán as palmas por ti,
pois ¿sobre quen non pasou de cotío a túa ruindade?

3, 12-17 Esta unidade insiste no mesmo tema da debilidade de Asiria (cf vv 8-11), indicando que o seu poder é tan débil coma o dos mercadores e militares interesados, que desaparecen ante as dificultades.
3, 12 A fraxilidade da seguridade asiria compárase coa fraxilidade do pao de figueira, que lle serve ó autor para insistir no pouco interese e apego das tropas mercenarias asirias por este imperio.
3, 13 A comparación das tropas coas mulleres alude á volubilidade, non ó medo: andan ó sol que máis quenta, polo que se renderán, e a cidade será incendiada.
3, 14 Se non hai cisternas, non hai onde depositar auga para resisti-lo asedio.
3, 15-16 Así coma os saltóns terminan con todo, así os mercadores acaban con Asiria.
3, 18-19 As inquedanzas culturais de Asurbanipal desde os anos 650 provocan un desinterese dos xenerais e dos nobres pola vida militar, o que, unido ás inxustizas, fere de morte ó imperio asirio.

INTRODUCCIÓN Ó LIBRO DE HABACUC

1. A persoa do profeta

O autor do libro preséntase sen datos de filiación nin de lugar de orixe. O seu nome pode proceder do hebreo e significar *"acariciar"* (cf 2 Re **4**, 16), ou derivar do asirio *"ambaququ"*, que designa unha planta, probablemente a casia (cf tamén Dn **14**, 33-39).

O texto de Daniel que acabamos de citar infórmanos de que Habacuc era levita, xa que a súa principal actividade está ligada a unha liturxia penitencial. Sen embargo a historicidade dese dato é sospeitosa, pois na liturxia penitencial interviña o profeta cúltico, coma orante e coma descubridor da palabra de Deus; e, por outra banda, a referencia de Dn **14**, 33ss pode estar en función do midrax de Hab **3**, 1ss.

Descoñecémo-lo procedemento ou tradición que levou ó autor de Dn **14**, 33-39 a presenta-lo noso profeta coma o portador de alimentos a Daniel, prisioneiro na cova dos leóns: quizais haxa que pensar no significado medicinal do seu nome, pois a casia era empregada desde moitos séculos antes coma menciña.

Non obstante a falta de datos, o protagonista do libro é un carismático que vivía fondamente a problemática do seu tempo, ata o punto de deixa-la actitude tradicional dos profetas (a de esperar quedos a palabra ou visión divina), para provoca-la resposta de Deus cunha actitude de oración de queixa, pola situación angustiosa que vive o seu pobo (cf **1**, 2-4.12-17).

2. Circunstancias históricas

Anque o florecemento dos caldeos comeza no ano 625, sen embargo naquel momento aínda están moi lonxe de Xudá e de Palestina en xeral. No 612, Nabopolasar arrasa Nínive. Tres anos máis tarde (o 609) o faraón Nekó diríxese a Harán para axudar a un grupo de asirios, cando Ioxías lle presenta batalla en Meguido e alí morre o rei de Xudá (2 Re **23**, 39). Esta morte provoca unha profunda crise en Xudá e a caída dos promotores da reforma de Ioxías. Ioacaz, fillo de Ioxías, sucédelle no trono só ata tres meses máis tarde, cando o faraón Nekó o levou encadeado a Exipto, onde morreu. No seu sitio, o faraón nomeou rei de Xudá a Eliaquim, outro fillo de Ioxías, ó que lle cambiou o nome por Iehoiaquim (que transcribimos por Ioaquim) (609-598). Entre o 609 e o 605 floreceu o imperio exipcio, que se estendeu ata as marxes do alto Éufrates, en Kárkemix, tendo a súa capital en Ríblah. Este dominio exipcio, que levaba consigo o pago de tributos por parte de Xudá, foi a fonte principal das inxustizas e rivalidades das que se queixa o profeta (**1**, 2-4).

No ano 605 o caldeo Nabopolasar delega os poderes militares no seu fillo Nabucodonosor, que o sucederá no mesmo ano, ó morrer seu pai. Sendo aínda príncipe-xeneral, Nabucodonosor derrota ós exipcios en Kárkemix, e perségueos ata Hamat, e probablemente ata Ríblah, acabando así co exército exipcio.

A devandita liturxia penitencial —verdadeiro núcleo do libro de Habacuc—, debeuse celebrar no verán do 605, pois xa os caldeos fixeran abonda manifestación de poder como para xustifica-las expresións de Habacuc e para significaren unha ameaza para Xudá, que neste momento queda sen potencia dominadora. É este xustamente o momento no que o profeta puido concebi-las súas esperanzas de liberación e protección para o Unxido, pois no 604 cae Axquelón, e daquela posiblemente quedara Xudá sometida xa ó tributo que lle impoñía Babilonia.

Aínda que a actividade literaria de Habacuc quede reducida a unha liturxia de tipo penitencial, iso non quere indicar que a súa actividade profética haxa que limitala a ese único momento recollido na tradición literaria.

3. Estructura e xénero literario da obra

—*Nome do profeta, e título da obra:* **1**, 1.
—*Oración de lamentación pola inxustiza de Xudá:* **1**, 2-4.
—*Oráculo de resposta divina ás queixas do profeta: os caldeos, instrumento do castigo das inxustizas de Xudá:* **1**, 5-11a.
—*Nova oración de queixa ou lamentación do profeta polas inxustizas, avareza e opresión caldea contra as nacións:* **1**, 12-17.
—*Oráculo de resposta divina, coa promesa de que o xusto vivirá pola súa fe, mentres que a soberbia e a riqueza non ofrecen ningunha seguridade:* **2**, 1-5.
—*Serie de cinco Ais (maldicións e motivación dos mesmos):* **2**, 6-20.
—*Oración, con motivo das lamentacións:* **3**, 1-19.
 a) Evocación das accións de Deus na natureza: **3**, 2-8a.
 b) Lembranza das accións de Deus na his-

toria do pobo: **3**, 8b-15.
   c) Chegada do día de angustia para os inimigos: **3**, 16-19.

En síntese, *parece que o factor unificante de toda a obra é a liturxia penitencial pola falta de colleitas, provocada por unhas xeadas tardías, pola praga de lagosta, ou por unha seca* (**3**, 17). *Pero o profeta, cunha ollada penetrante, ve na inxustiza que hai en Xudá a causa dos males do pobo* (**1**, 2-4). *Como adoitaba acontecer na liturxia penitencial, o profeta recibe un oráculo divino: os caldeos serán os que castiguen a inxustiza de Xudá* (**1**, 5-11). *Daquela, Habacuc continúa queixándose a Deus, por culpa dos caldeos, pois son idólatras, crueis e ladróns* (**1**, 12-17). *Chégalle entón unha nova resposta de Deus esixindo do seu pobo a fidelidade, ó mesmo tempo que anuncia o fracaso dos caldeos. Animados xa pola palabra de Deus, o pobo e o profeta entoan unha serie de Ais, converténdose así a liturxia penitencial nunha liturxia de maldición para os caldeos, que remata cunha oración ó Deus todopoderoso, para que interveña salvando o seu Unxido e a todo o pobo* (**3**, 13). *A oración conclúe cun canto de ledicia pola salvación, que está a chegar das mans de Deus.*

HABACUC

Título

1 ¹Oráculo que en visión lle foi encargado ó profeta Habacuc.

ORACIÓN DE LAMENTACIÓN POLA INXUSTIZA EN XUDÁ

²¿Ata que día, Señor, hei de estar pedindo auxilio,
sen que ti fagas caso?
¿Ata que día clamarei cara a ti:
"Violencia", sen que salves?
³¿Por que me fas ve-la iniquidade e me fas contempla-lo crime?
Rapina e violencia diante de min: hai rifas e suscítase a disputa.
⁴Por iso o fallo xudicial desvirtúase
e a sentencia non sae con esplendor.
Si, o ruín asedia ó xusto; por iso o veredicto sae pervertido.

Oráculo de resposta divina: os caldeos, instrumentos do castigo de Deus

⁵Ollade para os pobos e observade ben, estarrecede, asombrádevos,
que nos vosos días vou realizar unha obra:
non a creriades se volo contasen.
⁶Si, ollade que eu vou suscita-los caldeos, pobo violento e rapidísimo,
que vai percorre-las anchuras da terra,
para apoderarse dos lugares que non son seus.
⁷É terrible e temible,
non recoñece máis có seu dereito e a súa grandeza.
⁸Os seus cabalos son máis áxiles cás panteras,
máis mordedores cós lobos da tarde.
Os seus cabalos galopan,
si, os seus cabaleiros veñen de lonxe,
voan coma a aguia que se lanza a pico para devorar.
⁹Todos eles veñen para causar violencia,
o ardor das súas caras é coma o vento soán:
amorea cativos coma area.
¹⁰Si, búrlase dos reis, os príncipes son o seu riso.
Rise de tódalas prazas fortes;
fai terrapléns e apodérase delas.
¹¹Logo cámbialle o aire e vaise.
(É culpable, pois converteu a propia forza no seu deus).

Oración de lamentación colectiva: a inxustiza, cobiza e opresión dos caldeos contra as nacións

¹²¿Non es ti, desde os tempos antigos?
¿Non es ti o meu Deus, o meu Santo que non morre?
Ti, Señor, puxéchelo por executor da sentencia,
Ti, Penedo firme, establecíchelo para castigar.
¹³Os teus ollos son demasiado puros como para ve-lo mal,

1, 1 *Habacuc*. Transcribimos así o nome hebreo "Habaquq".
Oráculo: lit. carga, fardo que se lle bota enriba ó profeta (cf Is **13**, 1).
1, 2-4 Moitos comentaristas relacionan esta queixa profética coa opresión asiria ou exipcia dos anos 609-605, cando máis ben habería que referila ás inxustizas e crimes internos de Xudá, provocados pola fatal morte de Ioxías (609) e pola conseguinte dominación exipcia sobre Xudá (609-605). As inxustizas nas sentencias xudiciais non permiten outra interpretación.
1, 5-11 Novo estilo de profetismo, no que os oráculos se reciben nun ambiente oracional: sonlle pedidos a Deus na queixa litúrxica da lamentación pública, na que interviña sempre o profeta cúltico, e algunhas veces tamén o profeta carismático. O castigo das inxustizas realizarao Deus por medio dos caldeos, ós que fai xurdir poderosos e desgarradores.
1, 6 Os *caldeos* eran unhas numerosas tribos orixinarias da desembocadura do Éufrates. Quizais coma mercenarios do imperio asirio, instálanse en Babilonia. Nabopolasar chega a gobernador da provincia de Babilonia no ano 630, e proclámase rei no 625.
1, 10 As prazas fortes conquistábanse facendo terrapléns de acceso ós muros.
1, 11a A retirada de Nabucodonosor débese á morte de seu pai no ano 605.
1, 11b, semella unha glosa anticipadora dos vv 15-16.
1, 12 *Penedo firme* é un nome simbólico de Iavé, que alude ós inconmovibles proxectos de Deus; de feito, a orixe deste nome divino quere expresa-la sólida base na que se apoia a esperanza do pobo (cf nota a **2**, 4; cf Dt **34**, 4. 15. 18. 30. 37; Sal **18**, 32).
1, 13 Os *ollos* aquí son unha consideración estereométrica da persoa de Deus, que, coma Deus puro, non ten maldade nin malas intencións; por isto insístese en que non pode contempla-lo mal e a opresión: non se trata aquí do mal moral, senón do mal físico. Deus non pode acepta-lo mal físico, pois é un Deus puro e benfeitor; esta é a base da queixa. A comparación de 13b non se pode referir ó asedio de Xerusalén e á deportación de Ioaquim, senón que alude ás deportacións de soldados exipcios (entre os que habería xente de Xudá), e ás deportacións dos exipcios en xeral a Babilonia.

HABACUC

non podes contempla-la opresión.
¿Por que contémpla-los traidores, e
  quedas calado,
cando o malvado devora a quen é máis
  xusto ca el?
[14]Tráta-la humanidade coma ós peixes do
  mar,
coma ós vermes que non teñen quen
  mande neles.
[15]El levanta a toda a humanidade co anzol,
érgueos para arriba coa súa rede,
e xúntaos na súa cesta:
velaí como se alegra e danza.
[16]Velaí como ofrece sacrificios á súa
  rede;
e incenso, á súa cesta,
pois con elas está ben engraxada a súa
  ración,
e a súa comida, con carne exquisita.
[17]¿Seguirá baleirando constantemente a
  súa rede,
asasinando pobos sen compaixón?

ORÁCULO DE RESPOSTA DIVINA: O XUSTO VIVIRÁ POLA SÚA FE

2 [1]Seguirei de pé no meu posto de
  sentinela,
permanecerei ergueito sobre a muralla,
e espreitarei desde o alto,
para ve-lo que me di, o que responde ó
  meu interrogante.
[2]Respondeume o Señor e díxome:
—Escribe a visión e grávaa en taboíñas,
  para que se lea de corrido,
[3]pois aínda volverá ser unha visión no seu
  momento,
falará da fin e non mentirá.
Se tarda, espéraa, pois virá e non
  demorará.
[4]Velaí: o temerario faise forte,
o seu alento camiña con el,
pero o xusto vivirá pola súa fe.

[5]Velaí: a riqueza é traidora,
o varón soberbio non terá éxito,
el, que anchea a súa gorxa coma o
  Xeol,
e é coma a Morte que non farta,
arrecada para xunto a si tódolos pobos,
amorea ó seu lado tódalas nacións.

Serie de maldicións, en contexto cúltico de lamentación colectiva

[6]¿Logo non lle entoarán todos estes un
  proverbio,
non entoarán sátiras e epigramas contra
  el? Dirán:
—¡Ai do que xunta o que non é seu!
—¿ata que día?—
¡e do que carga sobre si fianzas!

1, 15-16 As imaxes da pesca serven para expresa-lo desequilibrio que na humanidade están provocando as deportacións de exipcios por Nabucodonosor. O Deus que establece unha harmonía na creación estase vendo contradito pola acción do tirano caldeo, que fai do mundo un caos. O semita concibe a creación como a transformación do caos primordial nun cosmos organizado, harmónico e adornado (cf Xén **1**, 1ss).
1, 16 O profeta denuncia aquí a adiviñación das forzas políticas e militares.
Engraxada. Os semitas daban máis valor á graxa có magro. Por esta razón, nos sacrificios ofrecíanlle á divindade a graxa.
2, 1-5 Toda a introducción (v 1) e a primeira parte do oráculo teñen a finalidade de sublíña-la importancia do núcleo do oráculo (v 4) e a súa progresión (v 5).
2, 1 *Sentinela.* Na tradición bíblica, o profeta vén sendo considerado coma a sentinela que espera as boas novas de parte de Deus, para comunicarllas ó pobo (cf Núm **23**, 3; Is **21**, 6. 11; Xer **6**, 17; Ez **33**, 1-9; Os **9**, 8).
2, 2-3 A escritura en taboíñas facíase cando se trataba de documentos importantes, coa finalidade de que se conservasen e se lesen ben (cf Ex **24**, 12; Dt **4**, 13; Pr **3**, 3; Is **30**, 8; Xer **17**, 1).
2, 4 Este texto vén ser un resumo en clave psicolóxica da queixa profética expresada nos vv 15-16. A terceira frase ("pero o xusto...") é un elemento de contraste, e central no oráculo: o xusto —o que se cingue á vontade de Deus—, cumprindo a súa lei, vivirá pola súa fe, no senso de confianza posta no poder vivificador de Deus (cf **3**, 2-19); Habacuc herda este pensamento da terminoloxía de Is **7**, 9b. Na eséxese do Rm **1**, 17; Gál **3**, 11, insistirase na fe coma apoio no poder xustificador de Cristo resucitado, en oposición á xustiza que vén do cumprimento da lei; mentres que en Heb **10**, 37-38 vaise insistir na confianza, polo que este texto resulta máis próximo ó orixinal de Habacuc. O vivir enténdese aquí coma a consecución da felicidade e do éxito.
2, 5 Este v é un comentario ás perspectivas do home ilusionado coas súas riquezas, estando estas marcadas co sinal da Morte. Morte e Xeol son aquí nomes da divindade mítico-cananea, que reina no mundo dos mortos e que leva para alá os seus adictos, os tiranos acaparadores e amontoadores de riqueza (= os caldeos).
2, 6a *Todos estes.* Non se refire ás nacións, senón ó pobo que participa na liturxia penitencial (cf Introd. 2).
2, 6b-20 Serie de cinco Ais. O primeiro (v 6b) olla para os que se aproveitan do diñeiro alleo. No segundo Ai (v 9) fanse unhas aplicacións que amplían esa inxustiza ó asoballamento dos pobos. O terceiro Ai (v 12) constitúe o centro teolóxico da serie, coa alusión á vontade de Deus e ó coñecemento da gloria do Señor. O cuarto Ai (v 15) olla para os que son inxustos co próximo. O quinto Ai (v 19) ten especial importancia polo contraste entre o mutismo dos ídolos e o mutismo cósmico universal que provoca a presencia de Iavé no seu templo.

⁷¿Non se levantarán de repente os teus acredores,
e non espertarán os teus opresores?
¿Non serás para eles unha presa fácil?
⁸Xa que ti saqueaches pobos numerosos,
todo o resto dos pobos te saquearán a ti,
por causa do sangue que vertiches,
pola túa violencia contra o país,
contra a cidade e tódolos seus habitantes.

⁹—¡Ai do que amorea ganancias inxustas para a súa casa!,
para pó-lo seu niño máis alto,
para librarse da man da desgracia.
¹⁰Vergonza foi o que ti decidiches para a túa casa,
abatendo a pobos numerosos,
si, pecaches contra ti mesmo.
¹¹A pedra clamará desde a parede,
a trabe responderalle desde o teito.

¹²—¡Ai do que constrúe unha cidade con sangue,
e do que fundamenta unha fortaleza no crime!
¹³Non é vontade do Señor dos Exércitos,
que os pobos traballen para o lume,
e que as nacións cansen en van.
¹⁴Pois toda a terra coñecerá a gloria do Señor,
como as augas enchen o mar.

¹⁵—¡Ai do que lles dá de beber ós veciños,
mesturándolles droga na bebida,
emborrachándoos para lles ve-las súas vergonzas.
¹⁶Fartácheste de ignominia máis ca de gloria;
¡bebe ti tamén, e mostra o teu prepucio!
A copa da dereita do Señor volverase contra ti,
e a ignominia volverase contra a túa gloria.
¹⁷A túa violencia contra o Líbano caerá sobre ti,
e a matanza de animais baixará sobre ti,
por causa do sangue que vertiches,
pola túa violencia contra o país,
contra a cidade e tódolos seus habitantes.

¹⁸¿Que vale unha imaxe esculpida? —É obra do seu artista.
¿Que vale unha imaxe de metal? —É un oráculo de mentira.
Confía nela o artista que a esculpiu,
facendo deuses mudos.

¹⁹—¡Ai do que lle di á madeira: "esperta",
e á pedra: "levántate"!
O silencio é o seu oráculo.
Óllao aí amarrado con ouro e prata,
pero ningún alento hai no seu peito.
²⁰O contrario, o Señor está no seu santo templo:
¡Silencio ante a súa presencia, terra toda!

ORACIÓN DO PROFETA NA LITURXIA DE LAMENTACIÓN COLECTIVA

3 ¹Oración do profeta Habacuc na ocasión das lamentacións.
²—Señor, oín o teu renome; venerei, Señor, as túas obras.
No decurso dos anos fainas revivir,
móstraas no decorrer dos tempos;
na ira lémbrate da misericordia.

Himno

³Deus vén de Temán; o Santo, do monte Parán.
A súa maxestade cobre o ceo, e a terra está chea da súa louvanza.
⁴O seu brillo é coma a luz, raios de luz saen da súa man.

2, 10 O aspecto do pecado que aquí se remarca é o do fracaso.
2, 13 O orixinal parece unha interrogación, pero trátase dunha ditografía.
2, 14 *A gloria do Señor* é a súa presencia salvífica, que o profeta descobre nos signos dos tempos.
2, 15 *Droga.* O mesmo vocábulo significa tamén "ira"; pero aquí ten o senso de droga, coma noutras linguas semíticas.
2, 16 A *copa* significa aquí o castigo ou morte violenta. Neste mesmo sentido aparece en ugarítico, e en Mc **14,** 36 e par. A *dereita do Señor* equivale ó poder do Señor.
2, 17 A referencia ó Líbano podería aludir á destrucción dos exipcios e de Ríblah, que está ó norte dos montes do Líbano; pero parece que aquí mostra a destrucción do extenso imperio asirio.
3, Este c. falta no comentario a Habacuc atopado en Qumrân; pero isto non debe considerarse coma un argumento contra a súa autenticidade, pois aparece nos LXX e encaixa perfectamente no senso da obra.
3, 1-19 Oración con motivo das lamentacións.
3, 2 *As túas obras:* as realizadas por Deus no Éxodo (cf Dt **7;** Sal **44,** 2-9; **77,** 12-13; **95,** 9).
3, 3 *Deus* (heb. "Elóah"), nome antigo de Deus, que non perdeu a tradición poético-relixiosa xudía.
Temán era unha provincia edomita situada entre o deserto do Sinaí e Xudá. É nesta provincia onde hai que situa-lo monte *Parán,* que aparece en Dt **33,** 2 asociado ó Sinaí e coma sitio da revelación de Deus.

¡Si, aquí está o segredo da súa forza!
⁵Diante del vai a Peste, e a Febre segue as
súas pisadas.
⁶Levántase El e estremece a terra, olla El e
tremen os pobos,
féndense as antigas montañas, afúndense
os outeiros eternos.
Os seus camiños permanecen para
sempre.
⁷Pola maldade vin axitarse as tendas de
Cuxán, tremer de medo o país de
Madián.
⁸¿É a ira do Señor a que arde contra os
ríos?
Si, contra os ríos a túa cólera. Si, contra
o mar o teu furor,
cando a salvación monta nos teus carros
e cabalos.
⁹Sáca-lo teu arco, farto de frechas, ó
falares.
Ára-la terra cos ríos; ¹⁰ó vérente, danzan
os montes,
pasa unha tromba de auga, e o Abismo
lanza a súa voz,
o sol levanta ó alto as súas mans, ¹¹a lúa
detén a súa carroza;
as túas frechas superan a luz; o escintilar
da túa lanza, o resplandor.
¹²Con ira fa-la túa marcha a través da
terra, con furor esmága-las nacións.
¹³Saes á campaña para salva-lo teu pobo,
para salva-lo teu Unxido.
Esmágaslle a cabeza á familia do impío,
íspeslle os alicerces ata o penedo.

¹⁴Atravesaches cos seus propios dardos
a cabeza dos xefes, que se lanzaban a
dispersarnos.
Alegrábanse coma se fosen devorar a un
pobre no seu refuxio.
¹⁵Ti pisáche-lo mar cos teus cabalos,
ti, que fas ferve-las augas abondosas.
¹⁶Oíno, e estremecéronseme as entrañas; co
fragor tremeron os meus labios,
a carie penetra nos meus ósos, debaixo de
min cambalean os meus pasos.
Espero quedo o día da angustia, cando se
erga contra o pobo que nos ataca.
¹⁷Velaí a figueira: non florece; e non hai
colleita nas viñas,
falta a froita da oliveira, e o campo non
produce alimento,
desaparecen as reses do curral, e non hai
gando nas cortes.
¹⁸Pero eu exultarei co Señor, reloucarei co
Deus da miña Salvación.
¹⁹Iavé, o meu Señor, é a miña forza, dáme
pés de gacela,
e faime camiñar sobre as alturas.

"Do mestre de coro. Para instrumentos
de corda".

3, 5 *Peste* e *Febre* son dúas divindades cananeas, que aparecen aquí desmitizadas, ó servicio de Iavé.
3, 6 *As antigas montañas* aparecen nas bendicións dos patriarcas e das tribos (cf Xén **49,** 26; Dt **33,** 15).
3, 7 *Cuxán* era posiblemente o nome dunha tribo de beduínos da península do Sinaí ou da mesma rexión de Temán. Soamente aparece aquí.
3, 8 *O mar* e os ríos teñen aquí unha connotación negativa de forzas do mal e da desorde, característica da mitoloxía cananea.
3, 10 Na mitoloxía babilónica *o Abismo* era unha personificación da divindade da desorde.
3, 12-15 A redacción é bivalente, pois alude ó paso do mar Rubio, e ó mesmo tempo á situación do ano 605. O unxido consagrado é o rei, pero ponse en paralelo co pobo.
3, 13 O *impío* é o Faraón do Éxodo, e, ó mesmo tempo, Nabucodonosor.

INTRODUCCIÓN Ó LIBRO DE SOFONÍAS

1. Contexto histórico

Aínda que hai algúns intentos recentes de situar a Sofonías nos anos 200 a. C. ou nos últimos anos da monarquía de Xudá (608-598), a referencia histórica que segue ó título do libro (**1**, 1), que sitúa ó profeta e á súa obra no tempo de Ioxías (640-609), resulta satisfactoriamente clarificadora do conxunto da obra.

O reinado de Ioxías comeza cando o rei tiña oito anos, nun dos momentos históricos máis escuros, o da invasión e dominio dos escitas en Asia Menor e na costa leste do Mediterráneo (entre o 639 e o 611: cf Heródoto, I, 103-106). Aínda que o faraón Psamético detenos "con súplicas e agasallos", os escitas sitúanse en Axquelón e noutras partes da rexión filistea, e dedícanse á pillaxe. Isto pódenos aclara-lo texto de **2**, 4-7.

Os oráculos contra Moab e Amón (**2**, 8-11) hai que entendelos no contexto da política antiasiria que formou Exipto, á que Menaxés e Amón (avó e pai de Ioxías) foron contrarios. As consecuencias pagounas Xudá na minoría de idade de Ioxías, que coincidiu co declinar do poderío asirio.

O oráculo contra Asiria (**2**, 13-15) cadra ben con este contexto, pois acaba de xurdir unha nova potencia: os neo-babilonios. Por outra parte, o ton de ameaza do profeta contra Xudá cadra ben neste momento da minoría de idade de Ioxías, xa que seu avó e seu pai, coa política pro-asiria, deron tódalas facilidades ó sincretismo relixioso e ós cultos idolátricos, así coma ós atropelos e asoballamentos, propios da forma de actuar dos asirios (cf 2 Re **21**, 1-26). A actividade de Sofonías compréndese ben nesta situación histórica, xa que sitúa a reforma de Ioxías dentro dun contexto internacional de renacemento cultural e relixioso das vellas tradicións dos diferentes pobos do Medio Oriente, cousa moito máis comprensible no tempo de decadencia do imperio asirio.

Algúns autores pensan que Sofonías debeu morrer antes do 622, pois ó aparecer-lo libro da Lei no templo de Xerusalén, fan unha consulta á profetisa Hulda (personaxe descoñecido), o que fai pensar que non vivía entón Sofonías.

Pero esta razón non é válida, xa que a corte e o templo tiñan os seus profetas oficiais, e Sofonías non debía ser visto con bos ollos pola casa real, debido á súa mensaxe.

O período dos primeiros anos da reforma de Ioxías é o mellor contexto histórico para as Promesas salvíficas de **3**, 9-20, nas que se retorna ó antigo título de Iavé coma Pastor-Rei do seu pobo.

2. O profeta

É sorprendente que o editor mencione os seus devanceiros ata o tataravó. Algúns autores pensan que a razón disto é presentár-no-la súa liñaxe rexia, facéndoo ser tataraneto do rei Ezequías (cf 2 Re **18**, 1ss), que reinou entre o 716 e o 687. Non obstante, a razón desta longa xenealoxía pode se-lo nome de seu pai Cuxí, que nos oídos hebreos soa a cuxita (nubio, etiópico e, por tanto, pagán): por iso ofrécense os nomes dos outros devanceiros, todos eles nomes teofóricos.

A xulgar pola súa obra, era xudeu, e probablemente de Xerusalén, onde actúa. Está en contacto coa terminoloxía e contidos teolóxicos dos seus devanceiros na misión profético-carismática, e non é un profeta institucionalizado ó servicio do templo e da monarquía, tal como se ve no concepto do "día do Señor" xa presente en Amós (**5**, 18-20) e en Isaías (**2**, 6-22). Non parece que poida pertencer a un círculo de profetas extáticos ó estilo dos que presentan os libros de Samuel. Certo que tivo que ter discípulos, pois foron eles quen nos transmitiron os seus escritos, pero non se ve claro que estes discípulos fosen os deuteronomistas, que xurdiron neste momento histórico animando a reforma de Ioxías.

3. Estructura literaria

O libro de Sofonías ten tres partes fundamentais: a) oráculos de xuízo condenatorio (**1**, 2-**2**, 3); b) oráculos contra as nacións e contra os dirixentes de Xudá, cunha chamada á responsabilidade universal de Xudá ante a lección dos castigos históricos contra as nacións (**2**, 4-**3**, 8); c) oráculos salvíficos nos que canta a gloria de Xerusalén rexida por Deus, o seu Rei (**3**, 9-20).

4. Mensaxe teolóxica

Sofonías é antes ca nada o profeta do día do Señor, do momento da súa intervención para o castigo polos pecados do seu pobo (**1**, 7.14ss; **2**, 2). A razón desta actitude condenatoria está fundamentada na postura de orgullo e soberbia do pobo, que non se somete á lei do Señor (**2**, 3; **3**, 11) e na actitude de indiferencia ante o fenómeno relixioso (**1**, 12; cf **3**, 1), o mesmo que na actitude de sincretismo relixioso (**1**, 4-6). A razón última deste orgullo, sincretismo e indiferencia relixiosa, radica para o profeta no materialismo económico (**1**, 13.18; **3**, 2-4).

Non obstante, o pobo das promesas da salvación será o resto de Israel (**2**, 13), que se cualifica coma un pobo pobre e humilde (**3**, 12), un pobo que experimentou a súa impotencia ante os castigos do Señor e que está decidido a busca-la xustiza e a humildade, someténdose á lei do Señor (**2**, 3).

As nacións pagás son castigadas polo Señor polos mesmos motivos: pola avareza económica dos mercadores filisteos (**2**, 5), e pola soberbia e o engrandecemento a costa doutros (**2**, 10.15).

Tema importante e tamén o do templo no "meu monte santo" (**3**, 11), que responde á tradición teolóxica xudía da elección do monte Sión. Alí ve o profeta a Deus coma Rei no medio do seu pobo (**3**, 15.17) e coma Pastor-Rei que coida das súas ovellas (**3**, 19).

Toda a preocupación do profeta polos acontecementos da historia que lle tocou vivir conclúe cunhas perspectivas de esperanza gozosa e triunfante, nunha etapa na que se deixará senti-la realeza divina en favor do pobo.

SOFONÍAS

1 ¹Palabra do Señor dirixida a Sofonías, fillo de Cuxí, fillo de Guedalías, fillo de Amarías, fillo de Ezequías, no tempo de Ioxías, fillo de Amón, rei de Xudá.

I. O DÍA DO SEÑOR

O xuízo do Señor contra o mundo

²Vou acabar con todo, borrareino da face da terra
—é o Señor quen fala—.
³Vou acabar co home e co animal,
vou acabar co paxaro do ceo e co peixe do mar
e coas cousas que fan descamiñar ós malvados.
Si, vou arrinca-lo home da face da terra
—é o Señor quen fala—.

O xuízo do Señor contra Xudá e Xerusalén

⁴Vou estende-la miña man contra Xudá
e contra tódolos habitantes de Xerusalén.
Vou arrincar deste santuario todo o que queda de Baal,
e o nome dos seus ministros, xunto cos sacerdotes:
⁵ós que se postran nos tellados adorando ó exército do ceo,
ós que se postran xurando por Iavé
e ó mesmo tempo xuran polo seu rei;
⁶ós que deixan de segui-lo Señor
e non buscan o Señor nin o procuran.
⁷¡Silencio ante a presencia do meu Señor, Deus!
Está preto o día do Señor.
Si, xa preparou o Señor o sacrificio, xa consagrou os invitados.

⁸O día dos sacrificios do Señor sucederá
que eu lles pedirei contas ós ministros e ós fillos do rei
e a tódolos que se visten con vestidos estranxeiros.
⁹Pedireilles contas no día aquel a tódolos que saltan ó estrado
ós que enchen de violencia e engano as casas dos seus señores.

¹⁰Sucederá o día aquel —é o Señor quen fala—:
Un fragor de berros de auxilio que sae da Porta dos Peixes;
un ruído de lamentos que vén da Vila Nova;
un estrondo de derrubamento que vén dos outeiros.
¹¹Lamentaranse os habitantes da Canteira,
porque quedou en silencio o fato dos mercadores,
desapareceron tódolos pesadores de prata.
¹²Sucederá naquela hora:
Pescudarei a Xerusalén con lámpadas,
pedireilles contas ós homes satisfeitos polos froitos que producen,
dicindo nos seus corazóns:
"O Señor nin fai ben nin fai mal".
¹³Certo, as súas riquezas serán para botín
e as súas casas para o arrasamento.
Si, construirán casas, pero non as habitarán,
plantarán viñas, pero non beberán o seu viño.

Tremede, que o día do Señor está cerca

¹⁴Está cerca o grande día do Señor,
próximo e a caer.

---

1 *Sofonías:* escribimos así ó nome hebreo "Sefaníah".

1, 2-3 O xuízo de Deus preséntase coma unha manifestación teofánica que acaba con todo aquilo que lle é contrario, ou que o aparta do culto. O momento histórico das invasións escitas interprétase coma o xuízo purificador de Deus.

1, 4-7 O xuízo de Deus, ou o día do Señor, é coma un banquete sacrificial (v 7) ó que son invitados os executores (escitas), ó mesmo tempo que se acusa o pobo de prácticas relixiosas propias do culto cananeo a Baal, e das prácticas cúlticas mesopotámicas ós astros, favorecidas polos reis Menaxés e Amón (cf 2 Re 21, 3-5.21-22).

1, 6 *Segui-lo Señor* ten connotacións morais de segui-la súa Lei, mentres que "buscalo, ou procuralo" ten connotacións litúrxicas, de lamentación individual ou colectiva.

1, 8 O v 8a é unha glosa clarificadora, tomada do v 7. O vestido, para o semita, era a expresión da súa personalidade concreta e da súa profesión, o mesmo cá nudez era sinal da reducción a un estado de perda da liberdade. O vestir coma estranxeiros equivalía a renunciar á condición de membro do pobo de Deus (cf 2 Mac **4**, 13-14).

1, 9 Os *que saltan ó estrado:* os que gobernan ou dirixen a política durante a minoría de idade do rei Ioxías.

1, 10 Os nomes propios deste v son nomes de diferentes lugares da Xerusalén do s. VII, difíciles de localizar.

1, 11 *Fato dos mercadores.* A palabra *fato* traduce un vocábulo hebreo que significa xente, tropa, forza organizada; pero aquí ten un senso despectivo.

1, 12 Ó pescuda-lo Señor o comportamento de Xerusalén, pediralle contas da súa indiferencia relixiosa e doutras actitudes reprobables.

Amargo é o día do Señor, berra de medo
o mesmo guerreiro.
¹⁵Día de furor será o día aquel, día de
angustia e apretos,
día de desastre e desolación, día de tebras
e escuridade,
día de nubes e trebóns,
¹⁶día de toques de corno e gritos de guerra,
contra as altas fortalezas, e contra as
torres ergueitas.

¹⁷Provocarei angustias na xente e
camiñarán coma cegos,
porque pecaron contra o Señor.
O seu sangue será estendido coma o po,
e as súas entrañas coma o esterco.
¹⁸Non os salvarán nin a súa prata nin o seu
ouro.
No día da ira do Señor, co incendio do
seu celo,
toda a terra será devorada:
vai face-lo exterminio —¡que terrible!—
de tódolos habitantes da terra.

Conclusión: buscade o Señor, para estar protexidos no día da súa ira

2 ¹Póndevos de acordo, xuntádevos, pobo
que non se anima,
²antes de que o furor dese día se estenda
coma a muíña,
antes de que veña sobre vós o ardor da
ira do Señor,
antes de que veña sobre vós o día da ira
do Señor.
³Buscade o Señor, tódolos pobres do país,
que cumpríste-los seus decretos,
buscade a xustiza, buscade a
humildade.
Quizais poidades escondervos no día da
ira do Señor.

II. XUÍZO DO SEÑOR CONTRA AS NACIÓNS DO MAR

⁴Si, Gaza quedará abandonada, e
Axquelón ficará arrasado.
A Axdod expulsarano á luz do mediodía,
e Ecrón será arrincado de raíz.
⁵Ai de vós, habitantes da beira do mar,
pobo dos cretenses,
a palabra do Señor vai contra vós,
cananeos;
país dos filisteos, si, voute arrasar
ata que non quede habitante.
⁶A beira do mar será lugar de festa para
os pastores e cercado para os rabaños.
⁷Si, a beira do mar será para o resto da
casa de Xudá.
Eles levarán a pastar á beira do mar,
e pola noite deitaranse nas casas de
Axquelón,
cando os visite o Señor, o seu Deus, e os
faga volver da súa cativdade.

Contra as nacións do nacente

⁸Escoitei os insultos de Moab e os
desprezos cos que os fillos de Amón
insultaron ó meu pobo, eles que se
engrandeceron a costa das miñas
fronteiras.
⁹Por isto, pola miña vida —oráculo do
Señor dos Exércitos, Deus de Israel—
xuro que Moab se volverá coma
Sodoma, e os fillos de Amón coma
Gomorra:
campo de silvas, pozo de sal e desolación
para sempre.
O resto do meu pobo saquearaos, os que
queden da miña nación herdaranos.
¹⁰Isto acontecerálles en paga pola súa
soberbia,
por insultaren e se engrandeceren
á costa do pobo do Señor dos Exércitos.

1, 14-15 O tempo, para o semita, non é unha categoría na que o home ha de entenderse a si mesmo e á historia, nin é un accidente do ser, senón que ten uns contidos e unha entidade propia que lle veñen dos feitos que acontecen. Por iso, "o día do Señor" é o do castigo que está para chegar, a non ser que o pobo se converta ó Señor (**2**, 1-3).
2, 1-3 Invitación a participar nunha liturxia penitencial, da que sairán comprometidos a cumpri-los preceptos do Señor.
2, 3 Os *pobres* son, de feito, os que cumpren os decretos ou mandamentos do Señor, xa que o pobre, ó precisar do Señor, élle fiel. *A humildade* é a aceptación da lei do Señor, á que o humilde axusta o seu comportamento.
2, 4-5 Ós habitantes da zona costeira chámaselles cretenses, por ser restos dos pobos do mar, expulsados do mundo grego no século XII e afincados nas costas de Israel. Agora chegan os escitas, e provocan unha desolación naqueles territorios (cf Introd. 1).
Este castigo da Filistea levará consigo a bendición de Xudá, que se aproveitará da situación, pois os escitas non ocuparon o territorio, senón que se dedicaban á pillaxe (cf Herodoto I, 103-106).
2, 8-9 Este engrandecemento de Moab e Amón a costa de Xudá, pódese comprender ben no momento histórico do magnicidio de Amón (a. 640), o que necesariamente supón a existencia de partidarios dunha política antiasiria vinculada a Exipto, a Moab e Amón. Co asasinato do devandito rei e coa elección e entronización de Ioxías polo "pobo do país", xunto coa debilidade de Asiria, é lóxico que os veciños se aproveiten do desconcerto de Xudá.

¹¹O Señor será terrible contra eles,
pois El debilita o poder de tódolos deuses da terra,
e tódalas nacións da costa, cada unha desde o seu sitio,
postraranse en adoración diante del.

Contra as do sur: Nubia

¹²Tamén, vós, cuxitas, seredes acoitelados coa miña espada terrible.

Contra as do norte

¹³Si, El estenderá a súa man contra o norte, e destruirá Asiria,
converterá Nínive nunha desolación, nun sequedal coma o deserto.
¹⁴No medio dela deitaranse os rabaños, os outros animais e maila xente.
Tanto o pelícano coma o moucho pasarán a noite nos seus capiteis.
O ruído pasa polas fiestras, a calor pola porta de entrada,
pois quedou destruída a madeirame de cedro.
¹⁵¿É esta a cidade ledamente ruidosa, a que reinaba na seguridade,
e que dicía no seu corazón: "Eu e ninguén máis"?
¿Como se volveu unha desolación, cubil de feras?
Todo o que pase por medio dela asubiará e axitará a súa man.

Contra a cidade rebelde: Xerusalén

3 ¹¡Ai da cidade opresora! É rebelde e está manchada.
²Non fai caso da chamada, non aprende a lección co castigo.
Non ten confianza no Señor, non se arrima ó seu Deus.
³Os seus xefes no medio dela son leóns que berran.
Os seis xuíces son lobos do serán que nin deixan os ósos para a mañá.
⁴Os seus profetas son fonchos e homes de traición,
os seus sacerdotes profanan o santuario e violan a lei.
⁵O Señor en cambio, é xusto, non comete nela inxustizas.
Mañá tras mañá dá a súa xusta sentencia,
e ó rompe-lo día non falta,
pero os malvados non coñecen a vergonza.

Conclusión: a lección do xuízo do Señor

⁶Acabei coas nacións, as súas fortalezas quedaron arrasadas,
destruín as súas rúas, sen que ninguén pase por elas,
as súas cidades quedaron destruídas, sen ninguén, sen teren habitantes.
⁷Pensei: "Certo, ti respectarasme, e aprenderá-la lección:
non desaparecerán do seu ollo tódolos castigos que che inflixín".
Pero, ó contrario, madrugaron para perverter tódalas súas accións.
⁸Por isto, esperádeme —é o Señor quen fala— no día que me levante para a sentencia,
que a miña sentencia será: reuni-las nacións e xunta-los reinos
para verter sobre eles a miña ira,
todo o ardor da miña carraxe.
Si, co incendio do meu celo toda a terra será consumida.

2, 12 Aquí os *cuxitas* —etíopes— designan ós exipcios, pois a XXV dinastía faraónica (anos 751-663) era etiópica. Aínda que Heródoto nos fala dos "rogos e agasallos" cos que o faraón Psamético detivo os escitas, isto non exclúe derramamentos de sangue.
2, 13ss A caída de Asiria (a. 612) ben puido prevela Sofonías, pois no 630 xa ten síntomas claros de debilidade, ó mesmo tempo que medran outros pobos (os escitas, os medos e os neobabilonios). Por outra banda, Asiria viña sendo desde un século antes o principal inimigo de Xudá. Este oráculo de xuízo de castigo ponse coma remate, para lle dar máis énfase.
2, 14 *A madeirame* é o entramado de madeira, recuberto de barro, co que estaban formados os tabiques interiores dos pazos de Nínive.

3, 1-5 Son acusados os xefes, xuíces, profetas e sacerdotes, pero non o rei, o que cadra ben coa minoría de idade de Ioxías. Contraponse a inxustiza dos homes coa xustiza de Deus.
3, 5 *Mañá tras mañá:* alusión á liturxia de lamentación individual, que tiña lugar pola mañá. A ela respondía un oráculo do profeta cúltico ("xusta sentencia").
3, 6-8 O castigo e destrucción das nacións pagás é unha lección para Xudá, clarificada polo profeta. Pero Xudá (v 7: "ti") non aprende a lección da xustiza punitiva de Deus, polo que se fai responsable dun novo castigo xeral das nacións e de todo o mundo. O texto é unha chamada á responsabilidade universal, que pesa sobre Xudá.

III. PROMESAS SALVÍFICAS: UN POBO POBRE E HUMILDE DARALLE CULTO Ó SEÑOR

⁹Daquela, certo, eu volverei puros os labios do meu pobo
para que todos eles invoquen o nome do Señor,
dándolle culto cun esforzo unánime.
¹⁰Desde o outro lado dos ríos de Cux, os meus adoradores,
a miña casa dispersa, traerán para min as ofrendas.
¹¹No día aquel non te avergonzarás de ningún dos feitos cos que me ofendiches,
porque entón eu farei que non te alegres do teu orgullo,
e non volverás a enorgullecerte no meu monte santo.
¹²Farei que quede no medio de ti un pobo pobre e humilde,
e no Nome do Señor terá o seu refuxio
¹³o resto de Israel.
Non farán maldades nin dirán mentiras;
non se atopará na súa boca lingua mentireira.
Si, eles pacerán e deitaranse sen que ninguén os espante.

Xúbilo de Xerusalén polo Señor, o seu Rei

¹⁴Exulta, filla de Sión; berra lediciosa, Israel,
alégrate e relouca con todo o corazón, filla de Xerusalén.
¹⁵O Señor retirou o teu castigo, botou para atrás os teus inimigos.
O Señor será o rei de Israel no medio de ti, non volverás a ter medo da desgracia.
¹⁶No día aquel diráselle a Xerusalén:
Non teñas medo, Sión, que as túas mans non afrouxen.
¹⁷O Señor, o teu Deus, está no medio de ti, é un heroe que salva.
El salta de alegría por ti, embrúxate co seu amor,
dá brincos de alegría por ti.
¹⁸Eu aparteite da asemblea festiva; retirei de ti o seu ¡Ai!;
o oprobio que pesa sobre esas asembleas.
¹⁹Velaí o que eu lles vou facer ós teus inimigos naquel intre:
vou salva-la ovella coxa e arrecada-la descarriada,
convertereinas en louvanza e renome en todo o país,
onde sentiron vergonza.
²⁰No intre aquel traereivos, cando vos teña xuntados.
Certo que vos converterei en renome e louvanza
entre tódolos pobos da terra,
cando eu vos cambie a sorte ante os vosos propios ollos
—díxoo o Señor—.

3, 9-20 Toda esta sección final de promesas salvíficas cadra ben coa reforma relixiosa de Ioxías.
3, 9 *Daquela*. Seguramente é unha glosa posterior, para lle dar ó texto un carácter apocalíptico. Parece tamén que a lectura "amim" (= ós pobos) obedece ás intencións actualizadoras propias do século II a. C.
Todos eles refírese ó colectivo "meu pobo", non ás nacións pagás, pois no v 10 clarifícanse os "meus adoradores" coa expresión "a miña casa dispersa".
Esforzo unánime: lit. "ombreiro único". O ombreiro significa o esforzo que con el se fai.
3, 10 *A miña casa dispersa* (lit. "a casa da miña dispersión") alude ós oficiais da corte e membros da familia real pertencentes á coalición anti-asiria, que asasinaron o rei Amón.

3, 11 *No día aquel* semella unha glosa.
3, 11-12 O *orgullo*, oposto á humildade e pobreza, leva á rebeldía contra a lei de Deus (cf nota a **2, 3**).
3, 18 Coa reforma de Ioxías, Deus aparta o pobo fiel da liturxia da resurrección de Baal, na que se proferían os Ais e na que tiñan lugar prácticas sexuais cúlticas.
3, 19 Os *inimigos* son os membros do pobo reacios á reforma de Ioxías, e apegados ós cultos pagáns e sincretistas.
3, 20 *Sorte*. Pode aludir á volta dos cativos do antigo reino do Norte, deportados polos asirios case cen anos antes. Isto cadra ben coas intencións expansionistas do reino de Ioxías a costa do reino de Israel, aproveitando a decadencia asiria.

INTRODUCCIÓN Ó LIBRO DE AXEO

1. O profeta

Sobre a persoa de Axeo, pouco máis se ofrece na presente obra có seu nome (Hagai, que significa "nacido un día de festa de romaría"), e a súa condición profética (**1**, 1.3.12...). Do que si nos informa con moita precisión é das datas dos seus oráculos. Esta precisión cronolóxica fainos sospeitar que a súa obra, máis que recolle-lo conxunto da súa actividade profética, o que pretende é ofrecer aqueles oráculos vinculados á reconstrucción do templo e ás esperanzas e promesas de restauración da monarquía, na persoa de Zerubabel, neto do rei Ioaquín (ou Ieconías), deportado a Babilonia no 598 (2 Re **24**, 8-17; **25**, 27-30).

O período de actividade que recolle a obra abrangue soamente tres meses e vintecatro días: desde o 27 de agosto ata o 18 de decembro do ano 520. A colocación da primeira pedra do templo ten lugar o 19 de setembro. A frase "o 24 do sexto mes" (**1**, 15), hase de unir con **2**, 15ss; e o derradeiro oráculo, de exclusión dos samaritanos da obra de reconstrucción, hai que datalo no 18 de decembro. É probable que Axeo tivese unha actividade profética antes destas datas; pero, se a tivo despois delas, non puido chegar ó ano 515 (ano da dedicación do templo rematado), pois na súa obra non se fala dese momento transcendental. O libro de Axeo, anque pequeno, recolle a intensa actividade do profeta para promove-la reconstrucción do templo, considerada por el como necesaria para que se cumpriran as esperanzas mesiánicas (cf **2**, 20-23).

Non foi Axeo un profeta cúltico, pois necesita preguntarlles ós sacerdotes sobre a pureza e impureza (cf **2**, 10-14).

2. A época de Axeo e os seus destinatarios

Axeo diríxese á primeira comunidade post-exílica, formada polos repatriados de Babilonia no 537 ó mando de Xexbasar (cf Esd **1**, 8; **5**, 14-16), e pola poboación que quedou en Xudá durante o exilio. Aínda que os primeiros repatriados tiñan intención de reconstruí-lo templo, as dificultades e choques coa poboación que quedara no país arredounos de emprende-las obras. Dos deportados, unha boa metade quedou afincada en Babilonia, onde continuou ó longo dos séculos, formando unha comunidade espiritual e literariamente florecente. O número de 50.000 repatriados, que nos dan Esd **2**, 64ss e Neh **7**, 66ss, inclúen certamente repatriacións voluntarias, posteriores ó ano 520 a. C. Boa parte das dificultades dos novos asentados debéronse ós choques cos descendentes do Reino de Israel, que por outra banda se entendían ben cos que quedaron na terra de Xudá. Pola súa banda, os repatriados, fieis herdeiros das tradicións da Alianza e da pureza ritual e relixiosa, non aturaban as mesturas de iavismo e paganismo. Probablemente a comunidade palestina seguiu practicando o culto no templo de Xerusalén en ruínas, pero un culto sincretista. Os que van chegando reconstrúen o altar dos holocaustos (cf Esd **2**, 1ss), para ofrece-lo sacrificio diario; pero os choques cos samaritanos, provocados polo culto, dificúltalle-la chegada de recursos, que dependían do gobernador de Samaría (Esd **4**, 4ss), de xeito que a reconstrucción do templo non se comezou ata o ano 520.

No feito da reconstrucción do templo influen unha serie de actos de alta política, alleos á vida da comunidade palestina. A Ciro sucédelle no trono o seu fillo Cambises (ano 529), home voluble e cruel, que asasina ó seu irmán Bardia. Tamén el morre asasinado (ano 522) e sucédelle Darío, que consegue vencer a Ganmata (quen se sublevara contra Cambises), pero aínda ten que sofocar outras rebelións, pois estas chegaron a xeneralizarse por todo o imperio.

Nestes aires independentistas hai que comprende-la promesa de restauración mesiánica dirixida por Axeo a Zerubabel (en **2**, 20-23), e tamén en boa parte o interese de Axeo pola reconstrucción do templo. O templo reconstruído levará a unha nova era de esplendor e de alianza universal (**2**, 7-9), baixo a monarquía davídica. Neste senso, o profetismo de Axeo depende do de Isaías e Miqueas.

Sen embargo, Axeo —o primeiro dos profetas post-exílicos—, distíngue se dos seus predecesores en que non chama ó pobo á fidelidade con ameazas nin con promesas salvíficas: tenciona soamente encoraxar a uns e outros para que leven adiante a restauración do templo.

INTRODUCCIÓN Ó LIBRO DE AXEO

*De todos xeitos, as esperanzas que suscitaba non se cumprirán á perfección máis que en Xesús de Nazaret, Rei mesiánico (cf Xn **19**, 17-23) e templo da Nova Alianza (cf Heb **3**, 1-4, 10).*

AXEO

1 ¹No ano dous do rei Darío, no mes seis, o día primeiro do mes, veu a palabra do Señor por medio do profeta Axeo a Zerubabel, fillo de Xealtiel, gobernador de Xudá, e a Iehoxúa, fillo de Iehosadac, o sumo sacerdote, nestes termos:

²Así fala o Señor, Deus dos Exércitos: "Este pobo anda dicindo: Aínda non chegou o momento de reconstruí-lo templo do Señor".

³Pero a palabra do Señor veu por medio do profeta Axeo nestes termos:

⁴"¿É xa tempo para vós de habitardes en casas ben rematadas,

mentres este templo está en ruínas?"

⁵Pois agora, así fala o Señor dos Exércitos: "Considerade ben o voso comportamento: ⁶Sementastes para recollerdes abundantemente,

pero recollestes pouco, comestes sen fartarvos,

bebestes sen saciarvos do licor,

vestístesvos sen sentirdes calor con iso,

e o xornaleiro recibiu o xornal en saco roto".

⁷Así fala o Señor dos Exércitos:

"Considerade ben o voso comportamento: ⁸Rubide ó monte, traede madeira e reconstruíde o templo,

que eu me compraza nel e nel mostre a miña gloria —di o Señor—.

⁹Esperastes facer moito: mirade que pouco; trouxéstelo para casa, pero eu boteino ó vento.

¿Por que isto? —é o Señor dos Exércitos quen fala—.

Por culpa do meu templo que está en ruínas,

mentres vós vos compracedes cada un na súa casa.

¹⁰Por isto, por culpa vosa, o ceo negou a chuvia

e a terra negou o seu froito.

¹¹Si, eu convoquei a seca sobre a terra e os montes,

sobre o trigo, o viño e o aceite, sobre o que a terra fai brotar,

sobre os homes e os animais e sobre tódolos traballos das mans".

¹²Zerubabel, fillo de Xealtiel, o sumo sacerdote Iehoxúa, fillo de Iehosadac, e todo o resto do pobo, fixéronlle caso á voz do Señor, o seu Deus, e ás palabras do profeta Axeo, tal como encomendara o Señor, Deus deles, e o pobo respectou a presencia do Señor.

¹³Axeo, o mensaxeiro do Señor, faloulle ó pobo conforme a mensaxe do Señor:

"Eu estou convosco" —é o Señor quen fala—.

¹⁴O Señor espertou o espírito de Zerubabel, fillo de Xealtiel, gobernador de Xudá, e o espírito do sumo sacerdote, Iehoxúa, fillo de Iehosadac, e o espírito do resto do pobo. Puxéronse á obra no templo do Señor dos Exércitos, o seu Deus.

O segundo templo será máis espléndido e rico có primeiro, a pesar das aparencias

¹⁵ᵇNo ano segundo de rei Darío

2 ¹no sétimo mes, o vinteún do mes, veu a palabra do Señor por medio do profeta Axeo nestes termos:

²Dille a Zerubabel, fillo de Xealtiel, gober-

1, 1-14 *Axeo*: lit. "Hagai". Esta unidade literaria é un relato no que se insiren oráculos que lles descobren ós destinatarios os signos dos tempos, as razóns teolóxicas dos feitos que acontecen. As malas colleitas e a fame e sede que pasan débense a non ter reconstruído o templo (vv 2-6). Por iso no oráculo seguinte (vv 7-8) exhórtase a poñerse á obra. Podemos chamarlle ó conxunto "oráculo dos signos dos tempos". A colaboración humana esixida distíngueos dos oráculos salvíficos, onde toda a actividade se deixa nas mans de Deus.

1, 1 A datación propia das vocacións proféticas pasa a estes oráculos post-exílicos. A data é a do 27 de agosto do ano 520 a. C. Neste momento xa existía a figura do sumo sacerdote coma investido do supremo poder relixioso.

1, 5 *Considerade ben o voso comportamento*: lit. "Poñede o voso corazón nos vosos camiños".

1, 9 *Boteino ó vento*: alude ó gran mal que non estaba ben logrado, e por isto o levou o vento, pois era soamente casca, xa que o calor e a seca o mirrou antes de botar fariña. O contraste da compracencia do pobo nas súas casas e o templo en ruínas é unha denuncia da actitude egoísta e irrelixiosa do pobo.

1, 12 *Respectou a presencia do Señor* quere traduci-la experiencia de conmoción relixiosa profunda, que move a pór en práctica as esixencias de Deus.

1, 13 *Eu estou convosco*: proclamación profética da axuda divina para a realización dunha obra en colaboración con Deus.

1, 15a Esta datación hai que unila con **2**, 15, como fan case tódolos críticos, ou pasar aquí **2**, 15-19, que resultaría máis lóxico cronoloxicamente. Por iso falta aquí o v 15a e aparece diante de **2**, 15.

1, 15b-**2**, 9 No momento ó que se refire o v 1 —o 17 de outubro, último día da festa das Tendas—, despois dun mes e unha semana de traballos, había unha certa desilusión, especialmente ó recorda-lo templo que viran de nenos. O profeta non só os anima (v 4), senón que proclama un oráculo dos signos dos tempos, anunciándolles de parte de Deus que o novo templo de Xerusalén será o santuario da era mesiánica, a onde virán tódalas nacións, pois

nador de Xudá, e ó sumo sacerdote Iehoxúa, fillo de Iehosadac, e ó resto do pobo:

³"¿Quen queda entre vós,
dos que viron este templo co seu esplendor primeiro?
¿Que estades vendo agora daquel esplendor?
¿Non é algo así coma se non existise ós vosos ollos?
⁴Pero agora ¡ánimo!, Zerubabel —é o Señor quen fala—.
¡Ánimo!, pobo todo do país —é o Señor quen fala—.
¡Ó traballo! Eu estou convosco —é o Señor dos Exércitos quen fala—.
⁵Chegou a promesa que pactei convosco cando saíades de Exipto,
o meu espírito mantense firme no medio de vós: non teñades medo.
⁶Pois así fala o Señor dos Exércitos: aínda un pouco máis,
entón eu conmoverei o ceo e a terra, o mar e o chan firme,
⁷conmoverei a tódolos pobos e virán aquí tódalas súas riquezas,
encherei este templo de esplendor —fala o Señor dos Exércitos—.
⁸Miña é a prata e meu é o ouro —é o Señor dos Exércitos quen fala—.
⁹O esplendor deste segundo templo será maior có do primeiro —fala o Señor dos Exércitos—,
e neste santuario eu concederei a fartura" —é o Señor dos Exércitos quen fala—.

Consulta acerca da impureza, que exclúe dos traballos ós samaritanos

¹⁰O día vintecatro do mes noveno, do segundo ano de Darío, veulle a palabra do Señor ó profeta Axeo nestes termos:
¹¹Así fala o Señor dos Exércitos: "Pídelles ós sacerdotes un dictame sobre esta cuestión: ¹²Se alguén leva carne consagrada na aba do seu manto e toca coa aba o pan, o guisado, o viño, o aceite ou calquera comida, ¿consagra estas cousas?"
Responderon os sacerdotes.
"¡Non!"
¹³Logo Axeo díxolles:
"Se unha persoa, impura por tocar un cadáver, toca calquera destas cousas, ¿vólveas impuras?"
Respondéronlle os sacerdotes:
"Vólveas impuras".
¹⁴Entón replicoulles Axeo:
"Así é este pobo, así é esta nación na miña presencia —oráculo do Señor—, así é toda obra das súas mans e o que presentan aquí: está impuro".

Os comezos da reconstrucción do templo, sinal da bendición divina

¹⁵ªEra o día vintecatro do mes sexto.
¹⁵Pois agora, aplicade o voso sentido desde o día de hoxe e para atrás:
antes de pordes pedra sobre pedra no santuario do Señor, ¹⁶¿que erades?
Cando iades á arca do gran por vinte medidas, soamente había dez.
Cando iades á pipa para quitar cincuenta olas, soamente había vinte.
¹⁷Tiñavos castigado coa praga do cornizó e coas meras;
co pedrazo tiña castigado tódalas obras das vosas mans,
e non estaba convosco o meu poder —é o Señor quen fala—.
¹⁸Aplicade o voso sentido desde o día aquel para atrás,
desde o día vintecatro do noveno mes, si, desde o día en que se puxeron os cimentos do santuario do Señor,

---

Iavé concederá alí a fartura e a paz.
Esta profecía realízase en parte co templo de Herodes, e chegará ó seu cumprimento pleno en Xesús de Nazaret, o novo templo a onde acode xente de tódalas nacións para recibi-los bens de Deus.
2, 2 Calquera home de setenta e dous anos podía lembrarse do templo de Salomón.
2, 5 *Promesa* (lit. "palabra"). Alude á asistencia divina en favor do pobo, simbolizada na columna de nube e na columna de lume (cf Ex **13,** 21-22; **14,** 19).
2, 6-8 Pensa o profeta no xurdimento da era mesiánica, que a xulgar polos cambios políticos, considerábase próxima.
2, 9 *Fartura* (heb. "xalom"). Máis ben ca paz, significa abundancia de bens, felicidade, plenitude de tódolos anceios humanos.
2, 10-14 A data á que se refire o texto é o 18 de decembro. As consultas ó sacerdote presentan o impuro coma algo contaminante para as cousas que toca; por isto Axeo declara impuro o pobo-nación, as obras das súas mans e o que ofrecen. Sorprende este oráculo, que non pode ter outra explicación cá de rexeita-la colaboración dos samaritanos, por culpa da súa inobservancia dos preceptos legais da pureza, e sen dúbida polo sincretismo relixioso.
1, 15a e **2,** 15-19 Este texto foi desprazado do seu lugar, sen dúbida para separar da construcción do templo ós samaritanos. Por iso a colocación da primeira pedra e o oráculo que acompañou esta fase importante da construcción, púxose despois da expulsión daqueles (**2,** 10-14), pois para a mentalidade levítica a impureza legal dos samaritanos contaminaría o templo. De feito, os vintecatro días que separan o primeiro discurso deste oráculo, ben cumprían para limpar entullos, traer madeira para andamios e organiza-la reconstrucción. No discurso salienta o profeta que desde ese día a situación agrícola vai cam-

aplicade o voso sentido.
¹⁹¿Poderá quedar aínda a semente na arca? ¿A viña, a figueira, o granado e a oliveira non deron foito?
Desde o día aquel quérovos bendicir.

Promesa de restauración mesiánica dirixida a Zerubabel

²⁰A palabra do Señor veulle por segunda vez a Axeo, o día vintecatro do mes, nestes termos:
²¹Fálalle así a Zerubabel, gobernador de Xudá:

"Eu vou conmove-lo ceo e maila terra,
²²vou botar abaixo os tronos dos reinos
e acabar co poder dos reinos nos pobos,
vou derruba-los carros que os conducen,
e baixarán os cabalos e os seus cabaleiros,
(cada un caerá coa espada do seu irmán).
²³No día aquel —é o Señor, Deus dos Exércitos quen fala—
collereite a ti, fillo de Xealtiel, o meu servo
—oráculo do Señor—,
e farei de ti coma un anel de selo,
porque é a ti a quen escollín"
—é o Señor dos Exércitos quen fala—.

---

biar: o gran non vai ter cornizó nin meras, elementos que provocaban o aborto ou partos prematuros. Ese día será o comezo da bendición de Deus, mandando chuvias a seu tempo, e en concreto as de outubro para a sementeira do gran.
2, 20-23 A datación deste oráculo é a mesma de **2,** 10-14, o que lle dá ó oráculo un senso de conformidade do pobo, coa segregación dos impuros (cf **2,** 10-14) e a elección divi-

na de Zerubabel (de descendencia davídica) coma servo de Deus en favor da comunidade. O anel, que se levaba pendurado do pescozo (Xén **38,** 18) ou no dedo (Xer **22,** 24) empregábase coma selo e sinatura autorizada, para recoñece-la autenticidade dos documentos.
Esta etapa considérase coma unha intervención especial de Deus, semellante á do retorno ó país.

I. INTRODUCCIÓN Ó PROTO-ZACARÍAS (Zac 1-8)

1. A cuestión crítica: Proto-Zacarías e Déutero-Zacarías

A mediados do século pasado, a eséxese católica comezou a pensar na separación entre Zac **1-8** e **9-14**, idea que na actualidade é compartida por tódolos estudiosos, que ven nesta obra unha antoloxía de textos de épocas diferentes. Os motivos desta separación son en síntese estes:

Iehoxúa, Zerubabel e Bet-el-Saréser, protagonistas da reconstrucción do templo no séc. VI a. C., que ocupan un posto relevante en Zac **1-8**, nin sequera aparecen en Zac **9-14**, pois a situación histórica e as preocupacións son distintas. Trátase, nesta segunda parte, do renacemento das ansias mesiánicas, nos tempos do rei macedonio Alexandro *(336-323)*, e especialmente no dos seus xenerais Ptolomeo I Soter *(láxida de Exipto)* e Seleuco I Nicanor *(de Babilonia e Siria)*, que loitan pola posesión de Palestina desde o ano 323 ó 312, data na que Ptolomeo se apodera de Xerusalén.

O mesianismo da primeira parte concrétase en personaxes ben definidos: Iehoxúa, sumo sacerdote; e Zerubabel, príncipe de ascendencia davídica e emisario dos persas. Na segunda parte, o mesianismo vai envolto en textos escatolóxicos e presenta unhas formas especiais: o rei pobre (**9**, 9-10); o pastor-profetarei rexeitado polo pobo (**11**, 4-17); o atravesado pola espada (**12**, 1-13, 1), chegando a aparecer algúns textos escatolóxicos, nos que a figura mesiánica desaparece ante o reino levado a termo por Deus mesmo (**9**, 11-17; **10**, 3-12; **14**).

Na primeira parte é determinante a reconstrucción do templo, mentres que na segunda o templo non ten función ningunha, pois o que preocupa son as relacións entre Xudá e Xerusalén.

Na primeira parte temos datas exactas e completas (cf **1**, 1 e **7**, 1), mentres que na segunda non hai ningunha data histórica.

En Zac **9**, 1 e **12**, 1 emprégase un vocabulario idéntico ó que usa Malaquías ó comezo da súa obra profética: sinal de que o editor de Zac era consciente do carácter composto da obra que tiña entre as mans.

2. A persoa de Zacarías

O tempo de actividade profética de Zacarías vai desde outubro/novembro do 520 (cf **1**, 1; Ax **2**, 10-20), ata o primeiro de novembro do ano 518 (cf **7**, 1). Sobre a situación histórica deste período, cf Intr. a Axeo **1**. e **2**.

Era fillo de Berequías e neto de Idó (**1**, 1). Este último (de quen se fala en Esd **5**, 1; **6**, 14), debeu ser aínda no ano 500 xefe da familia sacerdotal do seu nome (Neh **12**, 16). Polo tanto, Zacarías era de familia sacerdotal, e mais sacerdote profeta ou profeta cúltico, pois á pregunta sobre o xexún dá unha resposta que non é soamente unha torah sacerdotal, senón unha resposta profética (**7**, 1-3; **8**, 18-19). Por outra banda, a súa preocupación pola pureza da Terra Santa é característica ben clara da súa profesión sacerdotal ou de profeta cúltico (cf **2**, 16; **5**, 1-4.5-11).

Con todo, o seu profetismo non se pode encaixar nas tradicións e formas do profetismo cúltico, senón que se enraíza máis ben no profetismo carismático (do tipo dos profetas que deixaron escritos), pois a súa preocupación primeira é a chamada á conversión (cf **1**, 3-6; **7**, 4-14. 16-17). Tamén recolle da tradición profética *(Amós...)* formas literarias, coma o octonario e os septenarios de visións e o septenario de oráculos proféticos. As mesmas imaxes literarias están en boa parte tomadas dos profetas anteriores: por exemplo, a imaxe do rolo voador (**5**, 1-4) foi tomada de Ez **2**, 9-10. Zacarías reflicte ademais dun coñecemento profundo das tradicións proféticas, unha profunda estima pola actividade dos antigos profetas (cf **2**, 13.25; **4**, 9; **6**, 15).

A tradición xudía construíu a lenda do martirio de Zacarías, pola confusión da súa persoa cun sacerdote do mesmo nome e de quen se fala en 2 Cro **24**, 20.22.

3. Estructura da obra e contidos teolóxicos

3.1. A estructura da obra é moi sinxela: a) comeza cunha chamada á conversión; *séguelle un octonario de visións*, co esquema habitual de visión, explicación da mesma, e especie de oráculo con interpretación teolóxica das circunstancias nas que vive a comunidade *(o carácter mesiánico de Zerubabel e do sumo sacerdote Iehoxúa e o encoraxamento ós repatriados)*. O octonario é unha forma literaria de superperfección, pois engádelle algo ó número sete *(que xa é un número perfecto)*; *b) a segunda parte* (cc. **7-8**) *está formada por un septenario de oráculos salvíficos sobre a restauración*, con motivo da cuestión dos deportados sobre o sentido do xexún público ou lamentación colectiva. Estes xexúns non se ven necesarios, pois aqueles feitos que levaron á caída de Xerusalén xa se están superando coa reconstrucción. O profeta, non obstante, responde que se manteña o xexún, pois a restauración mesiánica aínda non chegou. Este momento virá cando o templo estea rematado e se abra ós pagáns.

3.2. A mensaxe teolóxica de Zacarías diríxese fundamentalmente en dous sentidos: o primeiro, salienta-la transcendencia de Deus mediante as visións, que interpreta un anxo, e a introducción doutros mediadores, celestes (anxos), ou terrestres (cabalos). Este xeito de profetismo desembocará na apocalíptica, que recollerá estas formas para a súa tarefa literaria.

O segundo aspecto é a esperanza no cumprimento das promesas mesiánicas e universalistas, que require a previa reconstrucción do templo e a restauración do culto lexítimo. O profeta ve case comezada a era mesiánica, pola presencia do príncipe davídico Zerubabel, a quen asocia outro príncipe mesiánico levítico, o sumo sacerdote Iehoxúa. Este dobre mesianismo terá toda a súa forza nas comunidades esenias do século primeiro, e levará ós cristiáns a recoñecer en Xesús non soamente o rei mesiánico, senón tamén o sumo sacerdote da Nova Alianza.

II. INTRODUCCIÓN Ó DÉUTERO-ZACARÍAS (Zac 9-14)

1. Cuestión crítica e histórica

En Zac **9**, 1 e **12**, 1 emprégase a palabra hebrea "massá" (= oráculo) en senso colectivo. Isto levou a moitos críticos da ciencia bíblica a distinguir dúas colecciós de escritos.

Para resolver esta problemática cómpre examina-los textos, tratando de descubri-los contrastes de preocupación e o momento histórico no que xurdiron, pois non temos datacións como en Zac **1**, 1 e **7**, 1. Esta aproximación xa se fai nas notas ás diferentes unidades literarias do texto, que aquí resumimos.

2. Estructura literaria e contido teolóxico do Dt-Zac

Distinguimos tres bloques:

Bloque I: **9**, 1-**11**, 17 e **13**, 7-9

Estes oráculos proceden da situación histórica que vai do ano 332 (cando Alexandro conquista Siria, a Filistea e Xudá) ata os anos seguintes á actuación opresora de Ptolomeo I Soter (323-285). Os ideais universalistas e de cultura foron asumidos polo autor (cf notas a **9**, 9-10) e proxectados ós ideais mesiánicos. As preocupacións do noso profeta son a harmonía e convivencia pacífica internacional, e a unión e harmonía teolóxica e relixiosa entre Xudá e Israel (a casa de Xosé: Efraím e Menaxés), harmonía que se viña rompendo desde a reforma de Esdras por culpa do desprezo ós samaritanos. O profeta, atento á teoloxía do pobo da Alianza, trata sen éxito de mante-la unidade entre as tribos de Xacob. Nesa época contrúese o templo samaritano no monte Garizim, preto do antigo santuario de Xequem.

O autor deste bloque I, de nome descoñecido, sintoniza coa teoloxía da tradición profética e ó mesmo tempo cos problemas da súa época, intentando resolvelos á luz das tradicións teolóxicas. É o home de Deus que sente na súa esperanza a proximidade do reinado de Deus, que chegará co seu Mesías. Este acabará coa guerra e anunciará a paz ás nacións (**9**, 9-10). Os mesmos deportados por Ptolomeo I a Alexandría e por Seleuco a Siria, han de volver, pois o Señor levará a termo a súa guerra contra os inimigos (os helenistas), para trae-los deportados e construí-lo seu reino, aberto a tódolos pobos. Mantén, coma os seus devanceiros dos séculos VIII e VII, a esperanza salvífica e mesiánica, que atopará o pleno cumprimento en Xesús de Nazaret.

O autor non soamente se sente un fracasado, senón que prevé a súa morte violenta, coma un novo Servo de Iavé (Is **52**, 13-**53**, 12), nunha loita escatolóxica e segundo os planos de Deus (**13**, 7-9), da que xurdirá a Nova Alianza de Deus co seu pobo. Á luz da revelación, o profeta entende a súa tarefa e maila súa morte violenta coma función mesiánicarexia, coma apacentador do pobo. Prepara así, sen intentalo directamente, as bases bíblicas para a comprensión da figura de Xesús de Nazaret coma Mesías, e da súa morte violenta na cruz coma función pastoral e mesiánica.

Bloque II: **12**, 1-**13**, 6

Así coma no bloque I encontramos tensións entre Xudá e Israel (= Samaría), aquí dáse a tensión entre Xerusalén e Xudá, desaparecendo completamente as anteriores. Para lo-

II. INTRODUCCIÓN Ó DÉUTERO-ZACARÍAS (Zac 9 - 14)

caliza-lo momento histórico no que aparecen estas tensións, dános luz o seguinte: a lamentación fúnebre que se converte en lamentación colectiva e penitencial é a lamentación polo "non poderoso" (cf nota a **12**, 10), *aquel "a quen atravesaron". Este personaxe non pode ser outro có pastor-profeta do bloque I, polo que o autor desta parte sería un discípulo do autor da parte anterior. A xulgar polo tratamento da devandita tensión interna no pobo, debeu ser oriundo dalgunha cidade de Xudá e, polo mesmo, sensible ás tensións causadas pola hexemonía cultural e mesiánica de Xerusalén. Esta mesma orixe explícanos abondo* Zac **12,** 7: *a primacía temporal da salvación de Xudá, para humilla-la soberbia de Xerusalén (fundada esta na elección de Sión e da familia davídica).*

A purificación dos cultos idolátricos no país (**13,** 2-6) *tamén se explica mellor se o autor procede dunha das pequenas cidades de Xudá, lugares onde volveron a florece-los antigos cultos cananeos, impulsados polos láxidas de Exipto, e o movemento helenista en xeral.*

Este bloque debeuse compoñer nos últimos anos do século IV.

Bloque III: **14,** 1-21

É característica desta unidade literaria a ausencia de rasgos mesiánicos, pois o reino de Deus aparece coma obra persoal do propio Iavé, que é Rei e Señor dos Exércitos. Estes títulos divinos arcaicos son tamén característica especial desta unidade literaria e están case ausentes do resto da colección.

A falta de referencias históricas nesta unidade fai que todo intento de datación resulte puramente hipotética. Con todo, as consideracións que deste c. fai a obra xudía precristiá do "Séder Olam", son un testemuño moi antigo da súa orixe independente do resto de Zacarías.

Sobre a teoloxía destes tres bloques, cf as notas introductorias ás distintas unidades literarias.

ZACARÍAS
PROTO-ZACARÍAS
PRIMEIRA PARTE: OCTONARIO DE VISIÓNS

Chamada á conversión

1 ¹No mes oitavo do ano dous de Darío, veulle a palabra do Señor a Zacarías, fillo de Berequías, fillo de Idó, nestes termos:

²"O Señor está moi anoxado contra vosos pais".

³Has de lles dicir: así fala o Señor dos Exércitos:

"Volvede cara a min —oráculo do Señor dos Exércitos—,

e eu volverei a vós" —díxoo o Señor dos Exércitos.

⁴Non sexades coma vosos pais, contra os que os profetas do pasado clamaron dicindo: "Así fala o Señor dos Exércitos: volvédevos dos vosos malos vieiros e das vosas obras ruíns". Pero non me fixeron caso nin me prestaron atención —é o Señor quen fala—.

⁵¿Os vosos pais onde están?; e os profetas, ¿vivirán eternamente?

⁶As miñas palabras e os meus decretos, que eu encarguei ós meus servos os profetas,

¿non lles chegaron ós vosos pais?

Eles convertéronse e dixeron: "Tal coma o Señor dos Exércitos pensou facernos a nós, conforme ós nosos vieiros e ós nosos feitos, así nolo fixo".

Primeira visión: o anxo e os cabalos que están entre os mirtos

⁷O día vintecatro do mes undécimo, o mes de Xebat, no ano segundo de Darío, veulle a palabra do Señor ó profeta Zacarías, fillo de Berequías, fillo de Idó, nestes termos:

⁸Tiven unha visión durante a noite e velaí un home montado nun cabalo vermello. Estaba de pé entre os mirtos, que teñen as raíces nas profundidades, e detrás del había cabalos vermellos, cardosos e brancos. ⁹Entón eu dixen: "Meu Señor, ¿que son estas cousas?" O anxo que falaba comigo díxome: "Eu vouche facer ve-lo que son estas cousas".

¹⁰E o home que estaba de pé entre os mirtos, respondeu: "Estes son aqueles a quen o Señor lles encargou que percoresen a terra". ¹¹Entón eles dirixíronse ó anxo do Señor que estaba de pé entre os mirtos, dixéronlle: "Xa percorrémo-la terra, e velaí que toda a terra está habitada e tranquila".

¹²Entón o anxo do Señor tomou a palabra, e dixo: "Señor dos Exércitos, ¿ata que día non te vas compadecer de Xerusalén e das cidades de Xudá, coas que levas enfadado setenta anos?"

¹³E o Señor respondeulle ó anxo, que falaba comigo, palabras boas e palabras consoladoras. ¹⁴Entón o anxo que falaba comigo díxome: "Proclama isto: así fala o Señor dos Exércitos.

Teño celos por Xerusalén e por Sión, grandes celos.

¹⁵Estou moi anoxado coas nacións, fachendosas da súa tranquilidade.

1, 1 A data refírese ó 520, no remate do mes de outubro e novembro, un mes antes da última profecía de Axeo.
Fillo de Berequías. Non é preciso considerar esta expresión coma unha glosa polo feito de que se diga tamén *fillo de Idó*. Probablemente haxa que entendelo coma descendente de Berequías e de Idó.
1, 2 O enfado contra os pais continúase cos fillos; cómpre, pois, que os fillos se convertan, para que o Señor se volva benévolo.
1, 4 Este v refírese á rebeldía dos devanceiros o comezo do exilio.
1, 5-6 Chamada a adopta-la mesma actitude de conversión que tiveron os pais, ó escoita-la voz dos profetas exílicos.
1, 7 A data e a introducción afecta a toda a serie de visións, consideradas coma palabra do Señor. A data concreta é o vinte de febreiro do ano 519.
1, 8 *O home montado no cabalo* e de pé entre os mirtos e o anxo (cf v 11), é o anxo xefe da inspección da terra, pois os outros cabalos, ou significan ou teñen sobre si anxos (a xulgar polo v 11).
Os *mirtos* empregados na festa das Tendas (Neh **8**, 14) son, segundo Isaías (**41**, 19; **55**, 13), símbolo da era mesiánica.
Estes mirtos enraízanse nas profundidades, pois o Abismo, unha vez dominado por Deus, está ó seu servicio.
Os LXX e moitos críticos engaden "brancos" e "negros" antes de "cabalos", harmonizando con **6**, 2 para completa-lo número de catro colores, número cósmico, ó se-la súa misión a de percorre-la terra.
1, 11 O informe do anxo sobre a tranquilidade da terra, que responde ben á historia da data do v 7, non dá esperanzas de que a era mesiánica estea á vista, pois deberán suceder primeiro guerras e tumultos (cf Ax **2**, 22).
1, 12 A cifra de 70 anos ten aquí un valor global de tres xeracións, coma en Xer **25**, 11; **27**, 7; **29**, 10. En 2 Cro **36**, 21 ten o valor numérico do período da catividade, considerándoa concluída coa dedicación do segundo templo (586-516 = 70).
1, 13 O anxo mediador da revelación serve tamén para resalta-la transcendencia de Deus.
1, 14-17 Oráculo explicativo da visión. Subliñanse os celos amorosos de Deus por Xerusalén, que culminarán na reconstrucción do templo e da cidade, e na ira de Deus contra as nacións pagás. Por atoparse estas aínda tranquilas, non se provoca a situación crítica da que xurdirá a era mesiánica (cf Ax **2**, 22ss e Hab **3**, 16-29).

Si, estaba un pouco anoxado, pero eles axudaron co seu mal".

¹⁶Por isto así fala o Señor:
"Volvereime a Xerusalén con misericordia, e o meu templo será reconstruído por ela, —oráculo do Señor dos Exércitos— e o cordel de medir estenderase sobre Xerusalén".

¹⁷Volve a clamar nestes termos:
"Así fala o Señor dos Exércitos: as miñas cidades volverán a fartarse de bens.

Si, o Señor volverase compadecer de Sión e volverá preferir a Xerusalén".

Segunda visión: os catro cornos e os catro ferreiros

2 ¹Erguín os ollos e tiven unha visión: e velaí catro cornos. ²Logo díxenlle ó anxo que falaba comigo: "¿Que é isto?" El contestou: "Estes son os cornos que espallaron a Xudá, a Israel e a Xerusalén". ³Logo o Señor fixome ver catro ferreiros. ⁴Eu dixen: "¿Que veñen facer estes?" El respondeume: "Aqueles son os cornos que espallaron a Xudá, de xeito que ninguén puido levanta-la súa cabeza e estoutros veñen para espanta-los, para botar fóra os cornos das nacións, que levantaron o seu corno contra o país de Xudá para o espallaren".

Terceira visión: Xerusalén será unha vila aberta

⁵Logo erguín os meus ollos e tiven unha visión: Velaí un home e na súa man un cordel de medir. ⁶Díxenlle: "¿Onde vas ti?" e el contestou: "Medir a Xerusalén, para ver cal é a súa longura e cal é a súa anchura". ⁷O anxo que falaba comigo saíu, e outro anxo veu ó seu encontro, ⁸e díxolle: "Corre e fálalle a ese mozo nestes termos:

Xerusalén debe seguir sendo cidade aberta.

Por mor do fato de homes e animais que haberá dentro dela.

⁹Eu voume converter —oráculo do Señor— na súa muralla de lume todo arredor

e convertereime na súa gloria no medio dela".

Chamada ós que quedaron en Babilonia

¹⁰¡Ai! ¡Ai!, fuxide do país do norte —é o Señor quen fala—,

que vos vou esparexer coma os catro ventos do ceo —é o Señor quen fala—.

¹¹¡Ai, Sión!: escapa,

ti que habitas na casa de Babilonia.

¹²Porque así fala o Señor dos Exércitos, quen despois da súa manifestación gloriosa me enviou

contra as nacións que vos teñen saqueado:

"Si, quen vos fere, fere a meniña do meu ollo.

¹³Velaquí que eu movo a miña man contra eles, e serán presa dos seus servos:

entón recoñeceredes que o Señor dos Exércitos me mandou".

Alégrate, filla de Sión

¹⁴"Exulta e alégrate, filla de Sión,

pois, velaí, eu chego, e habitarei no medio de ti

—é o Señor quen fala—.

¹⁵No día aquel pobos numerosos uniranse ó Señor, serán o meu pobo.

Habitarei no medio de ti, e entón recoñecerás

que o Señor dos Exércitos me mandou onda ti.

2, 1-4 Os *cornos* significan as potencias militares especialmente poderosas (cf Dt **23**, 17; 1 Re **22**, 11; Sal **92**, 11; Xer **48**, 25). O número *catro* é símbolo do carácter terreal destes exércitos, pois catro son os puntos cardinais, as esquinas maléficas da terra, os ventos. Por iso non se refire o texto a ningunha potencia concreta, senón a todas. Os *ferreiros* son tamén catro, e, polo tanto, son poderes terrenais, encargados de espanta-los cornos.
O *país*, heb. "eres", ten aquí o senso de "poboación dun país" (neste caso, Xudá).
2, 5-9 Esta visión recolle o tema da reconstrucción de Xerusalén (**1**, 16). Crea un contraste rechamante entre os planos do anxo intérprete que vai medir Xerusalén para construí-la muralla, e o outro anxo que lle comunica ó primeiro o plano divino de facer de Xerusalén mesiánica unha cidade aberta, sen murallas, pois Deus será a súa muralla. *De lume:* o lume é un dos signos da presencia gloriosa de Deus.
2, 10-17 A serie de visións interrómpese con dous comentarios: a) vv 10-13, un comentario ás dúas primeiras visións; e b) vv 14-17, comentario en forma de cantar profético a Sión, á Xerusalén da era mesiánica.
2, 10-13 Sucesión de dous Ais (vv 10. 11) que expresan a desgracia que afecta ás nacións entre as que viven os deportados: por isto exhórtaselles a escapar de alí. No momento en que vive Zacarías non se ve tal desgracia; polo tanto haina que buscar nas dúas primeiras visións (cf v 11b), que, como palabra dinámica de Deus, está xa facendo forza por realizarse na historia. *O país do norte* é unha expresión típica dos textos escatolóxicos (cf Is **14**, 30; Xer **1**, 14-4; **4**, 6; Ez **28**, 29; Xl **2**, 20). *Babilonia*, despois do exilio, veu ser símbolo de hostilidade contra o pobo de Deus.
2, 12 *Do meu ollo*. Algúns manuscritos din "o seu ollo", fuxindo dos antropomorfismos referidos a Deus.
2, 14-17 Este canto a Sión comenta un futuro profético: a reconstrucción da Nova Xerusalén. Une os temas da presencia de Deus no templo en reconstrucción, o universalismo salvífico cara ás nacións pagás, e a elección amorosa que Iavé volve facer de Sión e Xudá. Conclúe co anuncio dunha teofanía para todo o cosmos.

¹⁶O Señor collerá en herdanza a Xudá,
que é o seu quiñón na Terra Santa,
tamén volverá escoller a Xerusalén.
¹⁷¡Silencio, carne toda, por mor da
presencia do Señor!
¡Si, esperta e sae da súa Morada Santa!"

Cuarta visión

A) Restauración do sumo sacerdocio de Iehoxúa

3 ¹Apareceume en visión o sumo sacerdote Iehoxúa, de pé diante do anxo do Señor, e Satanás estaba á súa dereita para o acusar. ²O Señor díxolle a Satanás: "O Señor reprenderate, Satanás; reprenderate o Señor, que escolle a Xerusalén. ¿Acaso non é máis ca un tizón collido do lume?". ³Iehoxúa ía vestido con roupas lixosas e estaba de pé diante do anxo. ⁴Este colleu a palabra e díxolles ós que estaban diante súa: "Quitádelle as roupas lixosas". E a el díxolle: "Olla, retiro de sobre ti a túa iniquidade, pero trata de vestirte con vestidos limpos". ⁵E engadiu: "Póndelle unha tiara limpa na cabeza". Colocáronlle a tiara limpa na súa cabeza e puxéronlle os vestidos. O anxo do Señor estaba alí de pé. ⁶Logo o anxo do Señor fíxolle unha declaración a Iehoxúa nestes termos:

⁷"Así fala o Señor dos Exércitos.
Se camiñas polos meus vieiros e se gárda-
-los meus mandamentos,
ti gobernara-lo meu templo e gardara-los
meus adros
e dareiche entrada libre entre estes que están aquí.
⁸Escoita ben, Iehoxúa, sumo sacerdote,
ti e os teus compañeiros que sentan na túa
presencia porque eles son homes proféticos.

B) Restauración do sacerdocio e do templo na perspectiva mesiánica

Si, vede: vou trae-lo meu servo, o Refillo.
⁹Si, velaí a pedra que puxen diante de Iehoxúa:
sobre esta pedra única hai sete ollos:
nela vou esculpi-lo seu gravado
—é o Señor dos Exércitos quen fala—
e no mesmo día quitarei a iniquidade deste país.
¹⁰O día aquel —é o Señor dos Exércitos quen fala—
invitaredes cada un ó seu compañeiro,
debaixo da parra e debaixo da figueira".

Quinta visión: o candelabro, o sacerdote e o príncipe mesiánico

4 ¹O anxo que falaba comigo volveu e espertoume, como quen esperta do sono.

2, 16 *Terra Santa*. É a primeira vez que se emprega esta fórmula na Biblia. A santidade de Xudá é consecuencia da elección divina desta terra para lle dar culto nela, coma lugar especial da súa manifestación salvífica.
3, 1-10 Esta visión, ben distinta das outras, consta de dúas partes: a) vv 1-7: presentación de Iehoxúa nun xuízo celeste. Acusado por Satanás, é defendido polo anxo de Deus (1-2), que dá ordes ós outros anxos de entregarlle ó Sumo Sacerdote vestidos limpos para exerce-lo culto lexítimo (vv 3-5). Conclúe o relativo a Iehoxúa co estatuto do Sumo Sacerdote (vv 6-7); b) (vv 8-10): presaxio referente á chegada do *Refillo* ou Xermolo (= Mesías), á reconstrucción do templo coma morada de Deus e á chegada dos tempos mesiánicos.
3, 1 *Satanás* non é aínda a encarnación do poder das tebras o adversario acérrimo de Deus que aparece no N. T. A súa liña é evolutiva, indo desde o espírito que engana (1 Re **22**, 21), pasando polo espírito que fai mal pola súa conta, baixo o dominio de Deus (Xob **1**, 7; **2**, 2), ata chegar a se-la encarnación do inimigo, que emprega as súas facultades sobrenaturais para tenta-lo home (cf 2 Sam **24**, 1). En Zacarías aínda non chega a tentalo: soamente o acusa.
3, 2 ¿*Non é máis ca...*? Iehoxúa non é un tizón collido do lume (algo inútil e inservible, cf Am **4**, 11), senón que é o fundamento das esperanzas de restauración de Israel.
3, 3-5 A esixencia de limpeza é moi propia do culto post-exílico, sexa en referencia ás víctimas que han de ser lexítimas (Ax **2**, 14), sexa no tocante ós sacerdotes e ó pobo que participa no culto.
3, 7 *A entrada libre* refírese á capacidade do Sumo Sacerdote, de chegar coas súas ofrendas á presencia de Deus no ceo, onde acontece a visión (cf nota ós vv 1-10).
3, 8 *Homes proféticos* (lit. "homes de presaxio"), equivale a

un signo profético da vinda do Mesías (cf Is **8**, 18). A expresión *meu servo* é tamén mesiánica, segundo Is **49**, 5-6; **52**, 13. Aínda que o mesianismo non se pode identificar co sacerdocio, é sinal de inminente chegada do *Refillo* (= Mesías).
3, 9 *A pedra, pedra única*: por paralelismo con 8b hai que considera-la pedra única coma o poder mesiánico de Zerubabel (cf Lev **1**, 36; Dt **25**, 15; 2 Sam **14**, 26; Pr **11**, 1). Os *sete ollos* que hai sobre a pedra simbolizan a plenitude da compracencia divina sobre o poder mesiánico. O *gravado* sobre o tal poder refírese á imposición dun nome que consagra este poder a Iavé: "santo para Iavé".
3, 10 O "quita-la iniquidade do país" (v 9) e a "fartura e felicidade", expresadas pola invitación ó compañeiro debaixo da parra e da figueira (1 Re **5**, 5; 1 Mac **14**, 12; Miq **4**, 4), serán consecuencias do comezo da era mesiánica.
4, 1-14 Esta unidade literaria está constituída por unha visión co estilo das tres primeiras e das tres últimas da serie de sete, compostas no esquema clásico de visión (vv 1-3), diálogo (vv 4-6a) e clarificación da visión (vv 10b-14); pero o redactor, ou quizá o mesmo autor, puxo no centro da visión, e coma explicación da mesma, un, dous ou tres oráculos relativos a Zerubabel (6b-10a), unha das oliveiras da visión simbólica, na súa función de constructor do templo, que fai posible a realidade de tal visión. O *candelabro* coas *sete lámpadas e sete bicos* (v 2) simboliza a presencia benévola e salvífica ("sete ollos") de Deus entre o sumo sacerdote e o príncipe mesiánico, que co seu aceite fan posible a tal presencia. Certo, se Zerubabel non reconstruíse o templo, non sería posible esta presencia benévola de Deus, nin o sacerdocio.
4, 1 *Espertoume*. Non se presenta a visión coma un soño profético, senón coma algo que se realiza en estado de vixilia, para salienta-la importancia da visión.

² E díxome: "¿Que ves ti?" Contesteille: "Tiven unha visión, e velaí un candelabro todo el de ouro coa aceiteira na súa cima e sete lámpadas nel, e sete bicos nas lámpadas que tiña na súa cima. ³Ó lado había dúas oliveiras, unha á dereita da aceiteira e outra á súa esquerda". ⁴Logo collín a palabra e díxenlle ó anxo que falaba comigo: "Meu Señor, ¿que son estas cousas? ⁵E o anxo que falaba comigo respondeume: "¿Non sabes que son estas cousas? Eu díxenlle: "Non, meu Señor". ⁶El repúxome: "Esta é a palabra do Señor acerca de Zerubabel, nestes termos:

Non é polo poder, nin pola forza, senón polo meu Espírito —di o Señor dos Exércitos—.

⁷¿Quen es ti, grande montaña? —Diante de Zerubabel resultas ser unha chaira.

Si, el é quen coloca a pedra da clave do arco.

Hai clamores: ¡Que bonita! ¡Que bonita é!"

⁸Veume a palabra do Señor nestes termos: ⁹"As mans de Zerubabel puxeron os alicerces deste templo

e as súas mans rematáronon.

Así recoñeceredes que o Señor dos Exércitos

me encargou de vir a vós.

¹⁰¿A quen desprezou o día dos pequenos comezos?

Que se alegren ó ve-la pedra da chumbada na man de Zerubabel.

¹⁰ᵇEstes sete bicos son os ollos do Señor que percorren toda a terra". ¹¹Eu collín a palabra e preguntelle: "¿Que significan esas dúas oliveiras á dereita do candelabro e á súa esquerda?" ¹²Volvín colle-la palabra de segundas e díxenlle: "¿Que significan as dúas ponlas da oliveira, cos dous tubos de ouro que levan o aceite da primeira prensadura?" ¹³El díxome así: "¿Non sábe-lo que significa?" Contesteille: "Non, meu Señor". ¹⁴El dixo: "Estes son os dous que están marcados co aceite, e manténense de pé ó lado do Señor de toda a terra".

Sexta visión: o libro da maldición

5 ¹Volvín ergue-los meus ollos e tiven unha visión: velaí un rolo de escribir que voaba. ²El díxome: "¿Que estás vendo?" Eu contesteille: "Estou vendo un rolo de escribir que vai voando; o seu longo é de vinte cóbados, a súa anchura de dez". ³Entón el díxome: "Isto é a maldición que se estende por todo o país; conforme a ela todo o que roube será expulsado deste país, e todo o que perxura, será tamén expulsado. ⁴Fíxena saír —é o Señor dos Exércitos quen fala—, para que entre na casa do ladrón e na casa do que xura en falso polo meu nome para que quede dentro delas e se consuman as súas madeiras e as súas pedras".

Sétima visión: a muller posta na medida de efah

⁵Logo saíu o anxo que falaba comigo e díxome: "¡Ei! Abre os teus ollos, ¿que é iso que aparece?" ⁶Contesteille: "¿Que é?" E el díxome: "Iso é unha medida de *efah* que se apare-

---

4, 2 Non se trata do candelabro de sete brazos, senón dunha vasilla de aceite con sete bicos, ó estilo dos vellos candís de aceite e pingo feitos de ferro.
4, 6b A presencia e actividade de Zerubabel é obra do Espírito de Iavé, que deste modo suscita un mesianismo recoñecido e cantado polo profeta. O Espírito do Señor dirixe así a historia do mundo.
4, 7 *Coloca a pedra.* A grandeza de Zerubabel reflíctese na reconstrucción do templo o que o converte nun "novo Salomón".
4, 9-10 Estas segundas palabras son un cantar á obra de reconstrucción de Zerubabel.
4, 10b Os "sete ollos" de Deus (= a plenitude de visión de Deus) rexen todo o mundo desde o novo templo de Xerusalén, constituíndo a Xerusalén no centro cósmico do seu poder.
4, 12 As dúas oliveiras teñen sobre elas uns touros que levan o aceite para o candelabro, e deste xeito fan posible a presencia salvífica de Deus na historia. Quere isto dicir que, tanto o poder secular como o poder sacerdotal, coa súa consagración a Deus, fan posible a presencia salvífica do Señor na historia do mundo.
4, 7 *Marcados co aceite:* lit. "fillos do aceite". Son o sumo sacerdote —unxido na súa consagración, despois do exilio— e Zerubabel, o príncipe secular (quen debeu ser tamén unxido, segundo as esperanzas mesiánicas que aquí aparecen). *Manténense de pé:* é a actitude do servidor do rei (aquí, dos dous servidores de Deus).
5, 1-4 A finalidade desta visión é a de proclama-la pureza da terra santa, proferindo maldicións capaces de exterminar dela a todo ladrón e perxuro, e de impedirlle a entrada no santuario reconstruído (cf Sal 15; 24, 3-5), pois as medidas do rolo da maldición son as do primeiro pórtico do templo de Salomón (cf 1 Re **6**, 3).
5, 2 *Rolo de escribir.* Depende de Ez **2,** 9ss; **3,** 1-3. Probablemente considérase escrito polas dúas caras.
5, 3 *A maldición,* coma palabra sagrada da conclusión da alianza, ten un dinamismo destructor e exterminador que se funda na vontade divina de establece-la mesma alianza co seu pobo, polo que consumirá a madeira e as pedras das casas dos pecadores.
5, 5-11 Esta nova visión ten unha finalidade complementaria da visión anterior: a expulsión da iniquidade e maldade do pobo, e o seu traslado a Babilonia, onde se lle dedica un templo.
5, 6 O *efah* era unha medida de áridos, de corenta litros. *A iniquidade deles.* Anque o texto hebreo leu "os seus ollos", os LXX e a traducción siríaca leron "a súa iniquidade". A diferencia depende soamente do trazo dunha raia vertical. Esta iniquidade, a Maldade (v 8), fan referencia á idolatría. Segundo Ez **36,** 25, na restauración, o pobo debía ser purificado dos ídolos.

ce". E engadiu: "Isto é a iniquidade deles en todo o país". ⁷Daquela levantouse da terra un disco de chumbo, e onda el unha muller sentada na medida de *efah*. ⁸El dixo: "Esta é a Maldade". Logo botouna dentro da medida de *efah* e púxolle a lousa de chumbo á boca da medida de *efah*.

⁹Logo abrín os ollos e tiven unha visión: Apareceron dúas mulleres: tiñan espírito nas súas ás, e as ás eran coma as ás da cigoña. Levantaron a medida de *efah* entre a terra e o ceo.

¹⁰Entón pregunteille ó anxo que falaba comigo: "¿Onde están levando elas a medida de *efah*?". ¹¹El díxome: "Van construírlle unha casa no país de Xinar, e cando estea feita, será posta alí sobre o seu pedestal".

Oitava visión

A) Os catro carros e a volta dos exilados

6 ¹Volvín levanta-los meus ollos, e tiven unha visión: velaí, catro carros saían de entre as dúas montañas e as montañas eran de bronce. ²No primeiro carro había cabalos vermellos; no segundo, cabalos negros; ³no terceiro, cabalos brancos; e no cuarto, cabalos baios.

⁴Logo tomei a palabra e preguntelle ó anxo que falaba comigo: "¿Que é isto, meu Señor?". ⁵O anxo respondeu: "Estes catro saen na dirección dos ventos do ceo, despois de estaren na presencia do Señor de toda a terra. ⁶O carro no que están os cabalos negros sae para o país do norte; os brancos, para o occidente daqueles; e os baios, para o país do sur. ⁷Os cabalos baios saen e tratan de camiñar e despois de percorre-lo país". El díxoles: "Marchade e percorrede o país". E eles percorreron o país. ⁸El berrou e díxome: "Mira, os que saen para o país do norte fan repousa-lo espírito do Señor no país do norte. ¹⁵Os que están lonxe virán e construirán o santuario do Señor, e entón recoñeceredes que o Señor dos Exércitos me mandou onda vós. Isto sucederá, se vós facedes caso en serio da voz do Señor, o voso Deus".

B) A coroación de Zerubabel e Iehoxúa

⁹Veume a palabra do Señor nestes termos: ¹⁰"Recolle bens de entre os deportados de Heldai, de Tobías, de Iedaías. O día que volvas, traeralos á casa de Ioxias, fillo de Sefanías, que xa voltou de Babilonia. ¹¹Has de colle-la prata e o ouro, farás unhas coroas e poralas na cabeza do sumo sacerdote Iehoxúa, fillo de Iehosadac, e na de Zerubabel. ¹²E diraslle a este: Así fala o Señor dos Exércitos:

5, 9 Estas *dúas mulleres* non teñen máis relación coa Maldade que levala lonxe do país, pois a semellanza das súas ás coas dunha cigoña (en heb. "hasidah": "a fiel"), deixa ver que son instrumentos da purificación da terra santa na nova idade mesiánica.

Espírito nas súas ás. Espírito ten aquí o senso de forza, e non equivale a vento.

5, 11 O *país de Xinar* é, desde os comezos da Biblia, o símbolo dos anceios de dominio absolutista e da oposición á vontade de Deus, o mesmo ca da idolatría (Xén **10**, 10; **11**, 2; **14**, 1.9; Xos **7**, 21; Is **11**, 11; Dn **1**, 2). Refírese a Babilonia, tal como a interpretaron na Targum, a versión dos LXX e outras versións. A *casa* é aquí un templo, na forma dun zigurat, como deixa ve-la referencia ó pedestal. Este templo é un falso arremedo do recén construído en Xerusalén.

6, 1-15 Esta visión, a oitava da serie, e con semellanzas de contido respecto á primeira (os cabalos), refírese á chegada dos repatriados (cf Esd **1**, 5ss), pois os cabalos que están diante do Señor son os que levan o Espírito do Señor a Babilonia para alentar este retorno. O autor empregou un procedemento semellante ó do c. **4** (a visión central), para interpreta-lo texto relativo ás coroas de Zerubabel e Iehoxúa (vv 9-14), que contén os oráculos da coroación. A serie de oito visións (e non sete como é habitual) quere expresa-lo paso a unha nova situación salvífica na historia: o período mesiánico (cf o octonario das benaventuranzas de Mt **5**, 3-10), que nesa forma literaria quere expresa-la revelación da lei dos novos tempos.

6, 1 *As montañas... de bronce*: referencia ó mito xeolóxico das columnas que sosteñen a terra (as columnas de Hércules), que se consideraban en Babilonia coma a entrada no ceo. A súa localización en Tárxix (= Andalucía), e a abundancia de bronce nestas comarcas, foi a causa de consideralas "montañas de bronce".

6, 5 Estes carros de guerra teñen a misión de inspecciona-lo mundo e de leva-lo Espírito (forza ou dinamismo salvífico do Señor) onde o Señor lles manda, pois saen da súa presencia.

6, 7 Confúndense os cabalos vermellos (do v 2) cos cabalos baios (do v 3): faltan aqueles e repítense estes.

6, 8 *O país do norte* é Babilonia.

6, 15 Este v foi posto moi ben aí, polo sistema de englobar un texto dentro doutro para expresar que forma con el unha unidade. Constitúe de feito o último senso da visión dos carros.

6, 9-14 Estes vv forman parte da visión dos carros, e hanse de considerar coma visión profética de que os desterrados veñen para constituí-lo reino mesiánico: por isto fálase aquí da coroación do sumo sacerdote e de Zerubabel. O texto recibiu retoques (coma a supresión do nome Zenibabel no v 11), ante o fracaso das esperanzas mesiánicas postas no príncipe de ascendencia davídica. De feito, o tema central dos vv 12-13 é servir de oráculo profético para a entronización do príncipe mesiánico, que non pode ser outro ca Zerubabel, pois alúdese á reconstrucción do templo, e na última parte do v 13 dise que "entre os *dous*" (Iehoxúa e Zerubabel) "haberá un proxecto de paz". A coroa rexia, posta no santuario coma memorial das esperanzas mesiánicas (v 14), pertence ós retoques operados no texto primitivo.

6, 10 *Sefanías* era o sacerdote inimigo de Xeremías. Foi deportado no 587 (cf 2 Re **25**, 18; Xer **29**, 25.29; **37**, 3).

6, 11 *Unhas coroas*. A forma hebrea é plural; pero algúns autores danlle un sentido singular de coroa con varios círculos, por non querer introduci-la paréntese que o contexto esixe.

6, 12 *Refillo* (heb. "semah": cf **3**, 8) fai xogo verbal con *refillará por debaixo de si*.

Velaí un home, que ten por nome *Refillo*,
e por debaixo de si refillará,
e construirá o santuario do Señor.
Si, el reconstruirá o santuario do Señor.
¹³Levantará a maxestade rexia,
e sentarase para reinar sobre o seu trono, haberá un sacerdote sobre o seu propio trono,
e entre os dous traerán a prosperidade.
¹⁴No santuario do Señor a coroa servirá de memorial de Heldai, de Tobías e de Iedaías, e da xenerosidade do fillo de Sefanías".

SEGUNDA PARTE: SERIE DE ORÁCULOS SALVÍFICOS ACERCA DO XAXÚN

Primeira resposta ó pobo de Xerusalén

7 ¹No ano catro do rei Darío, veulle a palabra do Señor a Zacarías, o día catro do noveno mes de Casleu. ²Betel encargou a Saréser e ó oficial do rei e ós seus homes de iren implora-la presencia favorable do Señor, ³e dicirlles ós sacerdotes que había no templo do Señor dos Exércitos e ós profetas: "¿Hei de seguir facendo a lamentación no quinto mes, privándome de todo tal e como o veño facendo desde hai tantos anos?".

⁴Entón veume a palabra do Señor nestes termos:

⁵"Fálalles a todo o pobo do país e ós sacerdotes nestes termos:

Vós cando xaxuades e facedes lamentación no quinto e no sétimo mes,
xa hai disto setenta anos, ¿practicáde-lo xaxún precisamente por min?

⁶Cando comedes e bebedes, ¿non o facedes por vós, comellóns e bebedores?

⁷¿Acaso non coñecéde-las palabras que o Señor proclamou por medio dos antigos profetas,

cando Xerusalén estaba habitada e vivía tranquila

o mesmo cás cidades do seu arredor
cando o Négueb e a Xefelah estaban habitados?"

Razón polas que o xaxún aínda ha de continuar

⁸Veulle a palabra do Señor a Zacarías nestes termos:

⁹"Así fala o Señor dos Exércitos:
Sentenciade sentencia fiel.
Practicade cada un co seu irmán a bondade e a misericordia.

¹⁰Á viúva e ó orfo, ó emigrante e ó pobre, non os oprimades.

Non matinedes nos vosos corazóns o mal, cada un contra o seu irmán".

¹¹Pero vós rexeitastes facer caso, puxestes ombro rebelde e endurecéste-los vosos oídos para non escoitardes ¹²e volvéste-lo voso corazón un diamante, para non facerdes caso desta lei e destas palabras, que o Señor dos Exércitos enviou mediante o seu Espírito por obra dos antigos profetas.

Por isto houbo grande carraxe de parte do Señor dos Exércitos. ¹³E sucedeu que, o mesmo que eu chamaba e vós non faciades caso,

---

6, 13 *Entre os dous traerán a prosperidade*: lit. "entre os dous haberá un proxecto de paz".
Nótese o carácter rexio do sumo sacerdote, en colaboración co rei mesiánico en orde á paz, fartura e prosperidade do pobo (cf **3**, 7), aínda que na realidade soamente se manterá a función de gobernao do sumo sacerdote.
7, 1 - **8**, 23 Estes dous cc. constitúen unha unidade de conxunto, pois a cuestión inicial do senso do xaxún (**7**, 2-3) no momento da restauración, non ten resposta definitiva ata o oráculo de **8**, 12-22; e a exhortación sacerdotal de **7**, 9-10 nunha secuencia de xuízo sobre a historia, ten a súa resposta actualizada no oráculo salvífico de **8**, 14-17. O texto está ben organizado arredor da fórmula redaccional profética "veu a palabra do Señor", que aparece formando cinco unidades (**7**, 1.4.8; **8**, 1.18), en torno ó senso do xaxún na época da restauración (**7**, 1-3). Dáse unha primeira resposta nos vv 4-7, para ofrece-la resposta definitiva na unidade final (**8**, 18-23).
7, 1-7 Esta unidade literaria presenta a devandita cuestión do xaxún, coa data (o primeiro de decembro do ano 510), e unha resposta ó pobo e ós sacerdotes, ós que acusa polas súas actitudes egoístas e de refugamento da palabra de Deus.
7, 2 *Betel* era o xefe da sinagoga babilónica.
7, 3 O quinto mes era o mes de Ab (xullo-agosto). Este xaxún respondía á data da caída de Xerusalén no 587 (cf 2 Re **25**, 8). Non tiña moito senso chora-la caída de Xerusalén cando se estaba levantando o templo e estaba xa reconstruída, en boa parte, a cidade. A referencia a unha consulta ós profetas deixa entender que Zacarías debía ser un profeta cúltico, pois dá unha resposta, aínda que se dirixe ó pobo de Xerusalén.
7, 5 A lamentación do sétimo mes —o mes de Tixrí— responde á data do asasinato do gobernador Guedalías, segundo 2 Re **25**, 25 e Xer **41**, 1-3. A cifra de 70 anos é un número redondo (cf nota a **1**, 12).
7, 8-14 Exhortación sacerdotal á fidelidade á Alianza (vv 9-10), á que segue unha declaración do exilio, á luz da culpabilidade do pobo. Xustifícase ademais a necesidade do xaxún e da lamentación colectiva, facendo ver que a esixencia de fidelidade á alianza aínda continúa.

así tamén eles clamaban e eu non lles facía caso —di o Señor dos Exércitos—. ¹⁴Eu espalleinos entre as nacións que non coñecían, e o país quedou feito unha desolación detrás deles, sen haber quen o cruzase nin o habitase. Deste xeito converteron un país de delicias nunha desolación".

Septenario de oráculos de restauración

8 ¹Veu a palabra do Señor nestes termos: ²"Así fala o Señor dos Exércitos:
Sinto grandes celos por Sión, con grande paixón sinto celos por ela.
³Así fala o Señor:
Volvo a Sión, e habitarei no medio de Xerusalén;
Xerusalén chamarase *cidade fiel;*
e a montaña do Señor dos Exércitos, *Montaña Santa".*
⁴Así fala o Señor dos Exércitos:
"Volverán senta-los vellos e mailas vellas nas prazas de Xerusalén,
con cadanseu bastón na man durante moitos días.
⁵E as prazas da cidade encheranse de mozos e mozas,
xogando nas súas prazas".
⁶Así fala o Señor dos Exércitos:
"Se isto é admirable ós ollos do resto deste pobo, naqueles días
tamén será admirable ós meus ollos" —é o Señor dos Exércitos quen fala—.
⁷Así fala o Señor dos Exércitos:
"Velaí, eu serei quen salve o meu pobo do país do nacente
e tamén do país do solpor.
⁸Traereinos e habitarán no medio de Xerusalén,
serán para min o meu pobo, e eu serei para eles o seu Deus,
na fidelidade e na xustiza".
⁹Así fala o Señor dos Exércitos:
"Que as vosas mans se fortalezan,
vós que nestes días escoitades estas palabras da boca dos profetas;
nestes días nos que se poñen os alicerces do templo do Señor dos Exércitos para reconstruí-lo santuario.
¹⁰Certo que antes destes días,
non se atopaba xornal para os homes,
nin había xornal para os animais,
e tanto quen saía coma quen entraba non tiña paz por culpa do perseguidor,
pois botara a tódolos homes,
a cada un contra o seu próximo.
¹¹Pero agora eu non serei para o resto deste pobo,
coma nos tempos de antes"
—é o Señor Deus dos Exércitos quen fala—.
¹²"Velaí a sementeira da fartura:
a viña dará o seu froito,
a terra, o seu producto; e o ceo o seu orballo;
darei en herdanza todo isto ó resto deste pobo.
¹³Resultará que o mesmo que fostes maldición entre as nacións,
casa de Xudá e casa de Israel,
así tamén eu vos salvarei e seredes unha bendición.
¡Non teñades medo! ¡Que se fortalezan as vosas mans!".
¹⁴Así fala o Señor dos Exércitos:
"O mesmo que eu determinei a desgracia contra vós,
cando os vosos pais me anoxaran
—fala o Señor dos Exércitos—
e non tiven compaixón,
¹⁵así, me arrepentín e tracei nestes días facerlles ben a Xerusalén e á casa de Xudá.
¡Non teñades medo!
¹⁶Estas son as cousas que habedes de practicar:
Dicide a verdade cada un ó seu próximo.
Sentenciade con fidelidade e con xuízo de paz nas vosas portas.
¹⁷Non maquinedes cada un no voso corazón
o mal contra o seu próximo,
non lles collades gusto ós xuramentos falsos,
porque é precisamente todo isto o que eu aborrezo"
—é o Señor quen fala—.

8, 1-17 Estes sete oráculos salvíficos van separados da sección anterior polas fórmulas redaccionais de **8,** 1 e pola introducción oracular "así fala o Señor dos Exércitos". Constitúen unha unidade literaria na que se remarca o protagonismo divino no restablecemento da cidade e na reconstrucción do templo, que asegura unha época de prosperidade e bendición. Pero esta bendición dependerá sempre da fidelidade ás esixencias da alianza (vv 16-17; cf **7,**9-10).
8, 3 A presencia permanente de Deus no templo levará consigo un nome especial para Xerusalén e Sión, que implica unhas esixencias de fidelidade por parte do pobo.
8, 8 *Serán para min o meu pobo.* É a fórmula da alianza.
8, 9-13 A prosperidade material e a bendición entre as nacións (vv 10-13c), leva coma esixencia o colaborar nos traballos de reconstrucción do templo onde ha de habitar Iavé.
8, 14-17 Pequena unidade, composta dun oráculo salvífico (v 15) co seu contraste (v 14), e seguida dunha exhortación profético-sacerdotal á fidelidade á alianza (cf v 8).

O xexún converterase en festa de ledicia

¹⁸Veume a palabra do Señor nestes termos:
¹⁹″Así fala o Señor dos Exércitos:
O xexún do cuarto mes, o do quinto, o do sétimo e o do décimo
converteranse para a casa de Xudá en xúbilo,
en ledicia e en asembleas de festa gozosa.
Pero amade a fidelidade e a paz.
²⁰Certo, aínda virán aquí as nacións e os habitantes das grandes cidades
e os habitantes dunha cidade irán a outra para dicir:
²¹Marchemos a implora-la presencia favorable do Señor,
a busca-lo Señor dos Exércitos. Tamén vou eu.
²²Virán pobos numerosos e nacións poderosas,
busca-lo Señor dos Exércitos en Xerusalén,
e implora-la súa presencia favorable″.
²³Así fala o Señor dos Exércitos:
″Nos días aqueles collerán dez homes de tódalas linguas das nacións,
si, collerán a un xudeu pola beira do manto dicíndolle:
Queremos ir canda vós, porque oímos que Deus está convosco″.

DÉUTERO-ZACARÍAS
PRIMEIRA PARTE

Un resto dos pagáns entrará no clan de Xudá

9 ¹Oráculo.
A palabra do Señor está no país de Hadrac,
e Damasco é a súa residencia,
porque o mesmo Señor contempla a humanidade,
o mesmo ca a tódalas tribos de Israel,
²igual Hamat e a súa fronteira, Tiro e Sidón.
¡Que sabedoría tan grande!
³Tiro construíu unha fortaleza
e aumentou a súa prata coma a terra,
e o seu ouro coma a lama dos camiños.
⁴Velaí o Señor: apodéranse de Tiro
e castiga co mar a súa riqueza,
e con lume é consumido Tiro.
⁵Axquelón verá isto e terá medo,
e Gaza retorcerase de tanta dor,
e tamén a Ecrón se lle reseca a súa esperanza.
O rei desaparecerá de Gaza,
e Axquelón non será habitada,
⁶reinará un bastardo en Axdod.
Deste xeito acabarei coa soberbia da Filistea,
⁷retirarei da súa boca o sangue que ela verteu,

8, 18-23 Sección que pecha esta segunda parte (**7,** 1-**8,** 23), pois fai inclusión con **7,** 2-3 e forma unha unidade interna, marcada pola fórmula redaccional ″veume a palabra do Señor nestes termos″. O cambio do xexún en festa de ledicia supón o templo reconstruído (vv 20-23) e a fidelidade do pobo á alianza e ós bens que destes derivan.
8, 19 *O xexún do cuarto mes* recorda a ruptura das murallas de Xerusalén durante o asedio; *o do quinto mes,* a caída de Xerusalén (cf nota a **7,** 3); e *o do décimo mes* recorda o comezo do asedio (cf 2 Re **25,** 1-4).
8, 21 *Tamén vou eu:* é a resposta da cidade e do pobo xudeu.
8, 23 A fórmula oracular que introduce o v serve para lle dar forza ó texto, pois o v 23 non é máis ca unha exemplarización do contido dos vv 20-22: a reconstrucción do templo esixirá a apertura do mesmo ós pagáns, pois tamén son os pagáns persas os que costean as súas obras (cf Esd **1,** 2-4).
O termo *xudeu* —tardío na Biblia, aínda que usual en Esd e Neh— fainos pensar que este v é un engadido, posterior a Zacarías.
9, 1 *Oráculo:* cf Introd. ó Dt-Zac **1.**
9, 1-8 A orde das referencias ás distintas cidades —Hadrac, Damasco, Hamat, Tiro, Sidón, Axquelón, Gaza, Ecrón, Axdod— lévanos a pensar nas conquistas realizadas polas tropas de Alexandro Magno despois da batalla de Isos (no ano 332). O noso profeta ve nestes feitos militares a presencia da palabra e Sabedoría de Deus, que castiga a soberbia destas cidades, e purifícaas para que entren no pobo da Salvación. Este carácter salvífico concrétase na presencia protectora e defensora de Iavé no seu templo, mediante un oráculo salvífico (v 8) que continúa no oráculo mesiánico que segue.
9, 1b *Hadrac* era a capital da provincia persa de Laad, ó norte de Siria. *Damasco* era a capital de Siria, onde Darío puxera a seguro os seus tesouros e a súa familia, pero que foi conquistada polo xeneral macedonio Parmenion. Iavé, que é o Señor de tódolos pobos, válese dos exércitos de Alexandro para realiza-lo dinamismo da súa sabia palabra.
9, 3-4 O Dt-Zacarías cita de pasada a conquista de Sidón, pois non ofrecera resistencia ningunha, mentres que lle dedica dous vv á conquista de Tiro, asedio que durou desde xaneiro ata agosto do 332. Na toma da cidade mataron 8.000 homes e venderon 30.000 escravos, salvándose soamente os que se refuxiaran no templo de Melkart. A este dato faise referencia implícita no v 8, presentando a Iavé nunha situación non inferior á de Melkart.
9, 6 *Bastardo* ten aquí o senso de estranxeiro.
9, 7 Os iebuseos eran os poboadores da cidade-estado de Xerusalén antes da súa conquista por David (2 Sam **5,** 6-9), que despois formaron parte da tribo de Xudá (cf Xos **15,** 63; Xuí **1,** 21; **3,** 5). O universalismo preséntase aquí coma un proceso de pacífica integración.

e a abominación de entre os seus dentes.
Tamén dela quedará para o noso Deus un resto
que será coma un clan en Xudá,
e Ecrón será como foron os iebuseos.
⁸Eu acamparei no meu templo,
coma defensor contra o que vai e contra o que volve;
non volverá pasar por riba deles o opresor.
Si, agora vino cos meus ollos.

A chegada do Mesías, Rei humilde e pacificador

⁹Relouca, filla de Sión,
grita de ledicia, filla de Xerusalén.
Velaí chega o teu rei,
é xusto e protexido do Señor,
humilde e montado nun burro,
si, nun burriño fillo dunha burra.
¹⁰Eu acabarei cos carros de Efraím
e cos cabalos de Xerusalén,
acabarase o arco de guerra
e El anunciará a paz ás nacións,
reinará desde un mar a outro mar,
desde o Éufrates ós confíns da terra.

Restablecemento de Israel na unidade e prosperidade

¹¹Por ti, pola alianza pactada contigo con sangue,
librarei os teus prisioneiros do pozo
que non ten auga.
¹²¡Volvede á praza forte,
prisioneiros que tendes esperanza!
Si, hoxe declaro que vos devolverei o dobre.
¹³Tensarei a Xudá como se fose o meu arco,
cargarei a Efraím, o meu arco;
incitarei ós teus fillos, Sión,
contra os fillos de Iaván,
farei de ti a espada dun guerreiro valente.
¹⁴Si, o Señor farase ver contra eles
e a súa frecha sairá coma un lóstrego.
O Señor Deus tocará a trompeta,
camiñará sobre os furacáns do sur.
¹⁵O Señor dos Exércitos protexeraos,
pero as pedras da súa fonda devorarán e esmagarán;
si, beberán sangue coma viño,
e encheranse coma a copa dos sacrificios,
coma os cornos do altar.
¹⁶O día aquel o Señor, o seu Deus, salvaraos,
porque eles son o rabaño do seu pobo,
porque as pedras da súa diadema relocen sobre a terra.
¹⁷¡Que feliz será o seu pobo! ¡Que fermoso será!
O trigo fará medra-los mozos,
o viño novo fará medra-las mozas.

9, 8 *Templo* (lit. "casa") non se refire ó pobo de Xudá, senón á presencia de Deus no templo de Xerusalén (en contraste co templo de Melkart), que impide a entrada dos exércitos macedonios na cidade.

9, 9-10 Oráculo mesiánico no que se invita a Sión á ledicia, porque está a chega-lo seu rei-mesías, que será o instrumento da realeza divina. A introducción é propia dos Salmos á realeza de Iavé (cf Sal **47**, 2; **96**, 4.6; Sof **3**, 14).

9, 9 O que di Sof **3**, 12 do pobo futuro aplícallo Zacarías ó mesmo Mesías. Afondando na actitude helenística de acolle-las culturas dos outros pobos, o profeta presenta ó Mesías montando nun burriño, en paralelo con Xudá; do Mar Morto, ó Mediterráneo; e do Éufrates (ó norte) ata o extremo sur.

9, 11-17, 13, 7-9 Esta sección pertence ó período posterior á morte de Alexandro, e en concreto ó da dominación láxida sobre Xudá e Israel. As esperanzas de paz do imperio de Alexandro rómpense polas loitas dos xenerais que o sucederon, de xeito que as esperanzas de restauración e paz mesiánicas de **9**, 1-10 véñense abaixo. A incursión de Ptolomeo I Soter de Exipto contra Xerusalén e a deportación de xudeus a Alexandría (o ano 312), debeu ser cruel, a pesar da non resistencia. O profeta reacciona en dous sensos: esperanza na intervención salvífica de Deus nos tempos mesiánicos (**9**, 11-10, 1; **10**, 3b-11, 3), e denuncia das falsas confianzas postas en adiviñacións e non en Iavé, que provocaron a ira de Deus (**10**, 3-3a). Conclúe a obriña deste profeta anónimo cunha alegoría que resume a historia triste do período, dándolle senso de purificación e de esperanza.

9, 11-17 Oráculo salvífico no que Deus promete a liberación dos deportados, coa colaboración de tódalas tribos, que serán instrumentos da acción de Deus (vv 11-15). O remate comeza un oráculo escatolóxico, no que se canta a felicidade e a bendición que terá o pobo futuro (**9**, 16-17).

9, 11 *Alianza... con sangue:* cf Ex **24**, 1ss.

9, 12 *Devolverei o dobre.* Deus devolveralles en felicidade e bendición o dobre do que sufriron.

9, 13 A presentación de Xudá e Efraím en paralelo, mira ós tempos futuros, cando se supere a cisma consumado coa construcción dun templo no Garizim. *Os fillos de Iaván* son aquí o reino helenista dos láxidas de Alexandría e quizais tamén os seléucidas de Siria.

9, 14 *Sur* (lit. "Temán"). Nas teofanías antigas Deus vén do sur, onde está o Sinaí (cf Dt **33**, 2; Xuí **5**, 4; Sal **18**, 8-15; Hab **3**, 3-4). A vinda de Iavé do norte é máis recente e ten relación coa mitoloxía fenicia, que pon a morada dos deuses no norte (cf Is **14**, 13; Ez **1**, 4; **28**, 14).

9, 15 *A copa* ou vasilla na que se recollía o sangue *dos sacrificios,* e *os cornos do altar* —onde se vertía o sangue—, significan o lixarse co sangue dos inimigos caídos na batalla escatolóxica, pois a guerra santa tiña un carácter sacral coma os sacrificios.

9, 16 Deus intervén porque o pobo lle pertence, e aquelas persoas que son a súa diadema están sendo desprezadas por xente estraña.

10

¹Pedídelle ó Señor a chuvia no tempo da primavera.
O Señor produce os tronos e a chuvia abondosa,
daralle a cada un a herba no campo.

A infidelidade ó Señor é a causa da súa ira e das deportacións

²Os terafíns anuncian falsidade e os adiviños ven mentiras,
anuncian soños ilusos, consolan con falsidades.
Velaí por que o pobo anda descamiñado coma un rabaño,
está aflixido por non ter pastor.

A restauración de Xudá e de Efraím

³A miña ira incéndiase contra os pastores,
e pediralles contas ós carneiros-guías.
Si, o Señor dos Exércitos visitará o seu rabaño, a casa de Xudá,
e converterao no seu cabalo esplendoroso de guerra.
⁴De Xudá sairá o teito das tendas, del as caravillas,
del os arcos de guerra, del sairán tódolos xefes.
Xuntos ⁵estarán os heroes que na guerra esmagan
coma a lama dos camiños.
Si, loitarán, porque o Señor está con eles,
pero os que montan a cabalo quedarán avergonzados.
⁶Eu fortalecerei a casa de Xudá e salvarei a casa de Xosé.
Si, fareinos volver, porque teño compaixón deles
e serán coma se eu nunca os rexeitase,
pois eu son o Señor, o seu Deus, e heinos de escoitar.
⁷Os de Efraím serán coma heroes,
e o seu corazón alegrarase coma do viño,
e os fillos verano e alegraranse,
e o seu corazón brincará de ledicia polo Señor.
⁸Chamareinos co asubío e xuntareinos:
Si, rescatareinos e multiplicaranse coma antes.
⁹Sementareinos por entre as nacións,
e desde lonxe se lembrarán de min:
criarán aí os seus fillos, pero estes volverán.
¹⁰Fareinos volver do país de Exipto,
e arrecadareinos desde Asiria,
traereinos ó país de Galaad e ó Líbano,
tantos, que non haberá sitio para eles.
¹¹O Señor cruzará a marusía e petará nas ondas
e secarán tódalas profundidades do Nilo.
Humillará a soberbia de Asiria
e retirará o cetro de Exipto.
¹²Entón, fortalecereinos de parte do Señor,
e camiñarán coa forza do seu Nome
—é o Señor quen fala—.

Canto da victoria en forma de sátira contra os inimigos

11

¹Abre, Líbano, as túas portas,
que o lume devora os teus cedros.
²Fai lamentación, ti, ciprés,
que o cedro xa caeu:
as árbores espléndidas foron arrasadas.
Facede lamentacións, aciñeiras de Baxán,

10, 2 A adiviñación e os *terafíns,* imaxes de deuses da familia cos que se adiviñaba (cf Xén **31,** 19; Xuí **18,** 14-20; 1 Sam **19,** 13-16), estaban severamente prohibidos desde o momento da deportación babilónica, e considerados coma prácticas idolátricas que apartaban da confianza exclusiva en Deus.
10, 3b-12 Os vv 3b-7 repiten o tema da guerra santa escatolóxica, na que o pobo de Xudá e de Israel (Xosé ou Efraím) serán instrumento de guerra para o poder do Señor. Os vv 8-13 constitúen un oráculo salvífico en clave teolóxica dun novo éxodo, dunha volta dos deportados a Exipto e Siria (cf nota ó v 10), pois Palestina cambiou de dono cinco veces desde o ano 323 ó 301, coas conseguintes deportacións.
10, 4 *O teito das tendas:* lit. "o teito en ángulo das tendas". Refírese ós xefes do pobo (segundo Xuí **20,** 2; 1 Sam **14,** 38; Is **19,** 3), o mesmo que as caravillas da tenda de Xacob (Is **33,** 20; **54,** 2) simbolizan ós xefes que a sosteñen. Este senso confírmase polo segundo verso.
10, 6 *A casa* significa aquí tribo. Xudá e Xosé (Efraím e Menaxés) abranguen a totalidade do pobo da alianza, sen excluí-los samaritanos.
10, 8 O *asubío* divino é un antropomorfismo para indicar que Deus xuntará os pobres (Is **5,** 26; **7,** 18). Tomando coma base un costume pastoril, emprégase aquí para significa-la chamada ós que están na diáspora.
10, 10 *Asiria* está aquí por Siria. Este texto supón deportacións a Siria por parte dos seléucidas.
10, 11 O mesmo ca no II Is, Deus irá diante dos deportados, repetindo os prodixios do Éxodo.
10, 12 O *Nome* do Señor é a súa presencia dinámica, que se fai presente no dinamismo da palabra profética.
11, 1-3 Estes vv son o remate do oráculo salvífico de **10,** 3b-12; pero, por ser un xénero literario diferente (lamentación-sátira contra os inimigos), poñémolo á parte. Este texto é unha actualización de Xer **25,** 34-37, cambiando a imaxe do pastor pola das árbores altas, símbolo do poder dos inimigos (cf Is **10,** 33-34).
11, 1 O *Líbano* non é unha nación, senón uns montes famosos polas súas árbores: cedros, cipreses...
O *lume* pode significar aquí as lapas do castigo divino (cf Xer **25,** 32), ou a ira punitiva de Deus (cf Is **9,** 17.18; **10,** 17).
11, 2 O *ciprés* debe significar un poder máis pequeno. A invitación a facer lamentación é característica dos oráculos contra as nacións (cf Is **13,** 6; **14,** 31; **23,** 1.6.14).

que o bosque inaccesible se vén abaixo. ³¡Berros de lamentación dos pastores! Porque a súa gloria quedou arrasada. ¡Berros de ruxidos dos cachorros de león! Porque o esplendor do Xordán quedou arrasado.

Ledicia dos pastores

⁴Así fala o Señor, o meu Deus: "Pastorea o rabaño destinado á matanza. ⁵Os seus compradores vano matar, e non se sentirán culpables. Del dirán os seus compradores: ¡Bendito sexa o Señor, que me fago rico! En cambio os seus pastores non senten compaixón por el".

⁶"Certo, eu non volverei a ter piedade dos habitantes do país —é o Señor quen fala— e velaí entrego os homes na man de cadanseu pastor, na man do seu rei; arrasarei o país e non o librarei das súas mans".

⁷Entón eu pastoreei o rabaño destinado á matanza, en proveito dos seus traficantes.

Collín dous caxatos, e a un chameille: "Bondade"; e ó outro chameille "Unión", e pastoreei o rabaño. ⁸Logo fixen desaparecer a tres pastores nun só mes. Perdín a paciencia con eles, e eles tamén se anoxaron comigo.

⁹Entón dixen: "Xa non vos pastorearei: as ovellas que teñan que morrer, que morran; as que teñan que desaparecer, que desaparezan; e as que queden, que cada unha devore a carne da súa compañeira". ¹⁰Logo collín o caxato, a "Bondade", e partino, para rompe-la alianza que o Señor fixera con tódolos pobos, ¹¹e quedou roto no día aquel. Os tratantes do rabaño, que me observaban, recoñeceron que isto era palabra do Señor.

¹²Logo díxenlles: "Se vos parece ben, dádeme a miña soldada; e se non, deixádea". Pero eles pesaron a miña soldada: trinta moedas de prata. ¹³Logo o Señor díxome: "Botádella ó fundidor de metais; é o espléndido prezo no que fuches taxado por eles". Entón collín as trinta moedas de prata e boteillas no templo do Señor ó fundidor. ¹⁴Despois partín o segundo caxato, a "Unión", para rompe-la irmandade entre Xudá e Israel.

¹⁵E díxome o Señor: "Procura as ferramentas dun pastor que sexa aparvado. ¹⁶Pois, velaí, vou suscitar no país un pastor: das que van á ruína non se preocupará; pola descamiñada non buscará; á ferida, non a curará; da que aínda estea de pé non coidará, senón que comerá a carne da ovella gorda e arrincaralle as súas unllas".

Crise purificadora na que é ferido o pastor, e que remata na nova alianza

¹⁷"¡Ai do pastor de vento,
que abandona o rabaño!
Unha espada está contra o seu brazo
e contra o seu ollo dereito.
O seu brazo estase secando,
o seu ollo dereito estase apagando.
Espada, esperta contra o meu pastor,
contra o home do meu
    acompañamento".

11, 4-17 Esta unidade está composta por unha alegoría (**11,** 4-16), que conclúe cun Ai contra o pastor aparvado (v 17). As claves de comprensión da alegoría son estas: *o pastor* é o profeta; *os seus pastores* —pastores do pobo—, son os dirixentes político-relixiosos (o sumo sacerdote e todo o sanedrín do N. T.); *os compradores* son as potencias estranxeiras (os láxidas e os seléucidas); os *caxatos* son os instrumentos do pastoreo profético, as mensaxes dos seus oráculos, harmonía e paz entre os pobos. *Bondade:* harmonía internacional. *Unión:* solidariedade. Unión entre Xudá e as tribos do norte (Samaría). O prezo do pastoreo non está fixado de antemán, senón a vontade que expresa a estima do pobo polo profeta. É un prezo ridículo, que por orde de Deus se fai desaparecer, fundíndoo de novo. O pastor aparvado que non coida das ovellas, senón que as explota e arruína, é sinal dunha época de crise, que sen dúbida é a do autor; deste xeito, o Ai ou maldición do v 17 resulta actual para o profeta. O texto está composto da orde divina de pastoreo do rabaño, destinado ós traficantes, ós seléucidas e láxidas (vv 4-5), que conclúe cun oráculo de castigo (v 6). Segue a execución da orde de pastoreo profético, simbolizado en dous caxatos, e a manifestación do fracaso do profeta e do desprezo do pobo (vv 7-8). Os vv 9-13 constitúen a expresión do fracaso da liña profética de harmonía internacional, que o profeta recolle dos oráculos salvíficos antigos, que sintonizan coa ideoloxía helenística de Alexandro, pero á morte deste esquécense, como deixa ver Xosefo (Ant. Xud. LXII, I, 1). Esta liña de pensamento está de acordo co ideal mesiánico de Zac **9,** 9-10, pero rómpese coas ambicións dos diadocos e a alegoría significa este cambio, rompendo o profeta o caxato *Bondade.*
O v 14 constata a ruptura do caxato *Unión,* que significa a ruptura definitiva entre samaritanos e xudeus.
Os vv 15-16 expresan un cambio na marcha da historia, consistente na explotación das ovellas do rabaño, cousa que aconteceu durante o reinado de Ptolomeo I Soter. Ainda que no v 15 a orde divina é un "procura para ti", as ferramentas de pastor non son para o profeta, senón para outro pastor, que Deus suscitará, comprendéndose así a maldición do v 17.
11, 8a Glosa relativa á morte de tres sumos sacerdotes en pouco tempo, pois o suxeito na glosa é Deus, mentres que no contexto fala o profeta do seu fracaso.
11, 10 O autor recoñece a orixe divina dos ideais pacíficos de Alexandro.
11, 17 *Pastor de vento.* É o mesmo ca pastor de nada, da vaidade... *O ollo dereito* significa aquí a cobiza dese pastor (Ptolomeo).

¹³,⁷É o Señor dos Exércitos quen fala.
"Fire ó pastor e que se esparexan as ovellas!
Si, eu revolverei a miña man contra as súas crías.
¹³,⁸Sucederá en todo o país
—é o Señor quen fala—
que de tres partes del, dúas desaparecerán
e a terceira quedará.
¹³,⁹Eu farei pasar polo lume esta terceira parte,
purificareinos tal como se refina a prata,
limpareinos tal como se purifica o ouro.
El invocará o meu Nome e eu escoitareino.
Direi: "El é o meu pobo". E el dirá: "O Señor é o meu Deus".

DÉUTERO-ZACARÍAS
SEGUNDA PARTE

Salvación e purificación de Xerusalén e Xudá coa morte do "Traspasado"

12 ¹Oráculo. Palabra do Señor acerca de Israel.

Oráculo do Señor que estende os ceos e que cimenta a terra,
que forma o espírito dos homes no seu interior.

I. Castigo universal pola opresión contra Xerusalén

²Velaí: eu converto a Xerusalén en cunca que emborracha a tódolos pobos do arredor. Tamén lle tocará a Xudá, cando sexa o asedio contra Xerusalén.

³Sucederá no día aquel que converterei a Xerusalén en pedra de xogo: tódolos pobos andarán a levantala. Todo o que a queira levantar, ferirase, e uniranse a ela tódalas nacións da terra.

⁴No día aquel —é o Señor quen fala— atordoarei a golpes a tódolos cabalos; e ós seus cabaleiros, coa loucura. Cos meus ollos inspeccionarei a casa de Xudá, pero ferirei a tódolos cabalos das nacións coa cegueira. ⁵Entón os xefes de Xudá pensarán nos seus corazóns: a forza dos habitantes de Xerusalén está no Señor dos Exércitos, o seu Deus.

13, 7-9 Esta sección, en verso, está fóra de sitio entre seccións de prosa; e por outra banda, a alegoría do pastor na boca dun profeta non pode acabar cunha maldición (**11,** 17). Xa deixamos dito que "o meu pastor" na alegoría é o profeta, a quen lle acaen ben as expresións do v 17. A espada que fere ó profeta concorda co propio fracaso, que o profeta expresa en **11,** 8b, e que alude á súa morte violenta. A crise persoal provocará por parte de Deus unha crise comunitaria, que servirá de purificación dun tercio, co que se restablecerá a alianza (v 9c).
12, 1 - 13, 6 Esta unidade está precedida por unha fórmula redaccional de introducción oracular, na que se anticipa o carácter escatolóxico dos oráculos, ó insistir no feito creacional universal. Este carácter escatolóxico faise presente cos sucesivos "no día aquel" (vv 3.4.6.8.9.11; **13,** 1.2.4), aínda que esta fórmula non ten un valor estructural especial para o conxunto da unidade literaria. Os vv 2-6 forman unha serie de catro oráculos de castigo por mor da violencia causada contra Xerusalén. Os vv 7 e 8 constitúen dous oráculos salvíficos sobre Xudá e o que rexe en Xerusalén. Os vv 9-14 son un anuncio de purificación dos pobos (destruíndoos) e de Xerusalén (infundíndolle un espírito de lamentación), para acabar coa purificación da casa de David e de Xerusalén e de todo o país de Xudá (**13,** 1-6). Neste texto atópase unha contraposición sorprendente entre Xudá e Xerusalén (vv 2.5.6.7), chegando no v 5 a diciren os xefes de Xudá que Iavé é o seu Deus (o Deus de Xerusalén). Quizais tal contraposición teña debaixo de si unha idolatría máis ou menos estendida ás diferentes cidades de Xudá, como o deixa entender **13,** 2-6; cousa por outra banda nada rara, se atendemos ó renacer destas formas cúlticas con motivo do helenismo.
Estas formas relixiosas provocaron o desprezo de Xerusalén polas promesas divinas sobre o reino mesiánico e a elección do templo. Estas tensións resólveas o profeta coa purificación (v 6) e coa salvación (v 7; cf **13,** 2-6) de Xudá, coa protección do rei de Xerusalén (v 8), e mais coa súa lamentación purificadora, simbolizada na fonte, que purifica a casa de David e os habitantes de Xerusalén (**13,** 1). É esta unha lamentación fúnebre "polo que traspasaron"; pero esta lamentación leva a unha conversión interior purificadora, e o traspasado non pode ser outro có profeta de **11,** 4ss e **13,** 7-9, pois é "o meu Poderoso" o que desencadea o poder da palabra de Deus. Este feito debeu contribuír tamén á tradición do N. T. (cf Mt **5,** 12; **13,** 17; **23,** 34 e paral.) e das lendas xudías do martirio dos profetas.
12, 1 Israel é aquí nome teolóxico do pobo de Deus, equivalente a Xudá e Xerusalén (v 2).
12, 2 *Cunca que emborracha:* é a cunca que contén a ira de Deus que se dá a beber en castigo ós inimigos de Xerusalén, coma pócima embriagante (cf Is **51,** 22; Xer **25,** 17; Hab **2,** 15). O asedio contra Xerusalén é unha consideración teolóxica do castigo purificador previo á salvación escatolóxica: por estar Xerusalén protexida por Deus, converterase de asediada en victoriosa, e en instrumento de castigo, aínda para a mesma Xudá.
12, 3 San Xerome infórmanos destes xogos entre os xudeus do seu tempo.
12, 4 Os cabalos e cabaleiros son símbolos do exército inimigo asediante, que será espantado e cegado.

⁶No día aquel converterei os xefes de Xudá nun braseiro con paos acendidos, e nun fachuco de restrollo aceso: devorarán cara á dereita e cara á esquerda a tódalas nacións de arredor. Xerusalén volverá reinar no seu lugar, en Xerusalén.

II. Salvación de Xudá e Xerusalén

⁷O Señor salvará primeiro as tendas de Xudá, para que non se levante sobre Xudá o orgullo da casa de David e o orgullo dos que rexen en Xerusalén.
⁸No día aquel o Señor protexerá ó que rexe en Xerusalén. Aquel día o que máis cambalee de entre eles será coma David, e a casa de David será coma divina, igual có Anxo do Señor á fronte deles.

III. Purificación de Xerusalén coa lamentación polo "Traspasado"

⁹No día aquel tratarei de destruír a tódolos pobos que entran en Xerusalén.
¹⁰Estenderei sobre a casa de David e sobre os habitantes de Xerusalén un espírito de gracia e de súplica: mirarán atentamente ó meu Poderoso, a quen traspasaron. Farán lamentación por el, coma a lamentación diante do único Deus, e chorarán amargamente por el, coma o amargurarse por un primoxénito.
¹¹No día aquel será grande a lamentación en Xerusalén coma a lamentación de Hadad-Rimón no val de Meguido.
¹²O país lamentarase, familia por familia, separadamente:
a familia da casa de David, e as súas mulleres;
a familia da casa de Natán, e as súas mulleres,
¹³a familia da casa de Leví e as súas mulleres;
a familia de Ximí e as súas mulleres.
¹⁴Tódalas restantes familias, familia por familia,
e as súas mulleres separadamente.

13 ¹No día aquel haberá unha fonte de auga corrente para a casa de David e para os habitantes de Xerusalén, por culpa do pecado e da inmundicia.

IV. Purificación do país (Xudá)

²No día aquel —é o Señor quen fala— extirparei do país os nomes dos ídolos, e non volverán ser lembrados. Tamén farei desaparecer do país os profetas e o espírito de impureza. ³E sucederá que, se alguén volve a profetizar, o pai e a nai que o enxendraron, diranlle: "Non podes seguir vivindo, xa que falaches mentiras no nome do Señor". E cando el profetice, o pai e a nai que o enxendraron matarano a espada.
⁴Sucederá no día aquel que cada un dos profetas se avergonzará da súa visión, cando profetice en falso, e non vestirán manto de pelo para mentir. ⁵Dirá cada un: "Eu non son profeta, son un que traballa a terra, pois a terra é a miña posesión desde a miña mocidade". ⁶Pero diranlle: "¿Que son esas feridas entre as túas mans?" E responderá el: "Si, ferínme no templo dos meus amantes".

V. O pastor ferido e o rabaño disperso

⁷Érguete, espada, contra o meu pastor,
contra o home que está ó meu carón
—oráculo do Señor dos Exércitos—.
Fire ó pastor e que se escorrenten as ovellas.
Daquela voltarei a miña man contra as máis febles.
⁸E acontecerá en todo o país
—oráculo do Señor—,
que dous tercios serán exterminados
e de certo morrerán,
mais un tercio quedará nel.
⁹A ese tercio fareino pasar polo lume
e acrisolareino como se acrisola a prata
e probareino como se proba o ouro.
El invocará o meu nome
e eu escoitareino;

12, 6 A imaxe de Xudá, convertida nun braseiro e no incendio do restrollo, quere expresar que é obxecto da ira punitiva e purificadora de Iavé. Pero Xudá volverá reinar. E será en Xerusalén, a xulgar polo contexto escatolóxico.

12, 8 *Coma divina:* lit. "coma Elohim", que aquí significa un ser divino, pero non "Iavé". Sobre o *Anxo do Señor,* cf 2 Sam **14,** 7.

12, 11 *Lamentación de Hadad-Rimón:* choro do Baal fenicio da fertilidade, do que se celebraba a morte e resurrección, de forma especial na terra cha de Iezrael, onde estaba situado Meguido.

12, 12 Esta lamentación fúnebre asemellase á lamentación colectiva; e, deste xeito, a morte do traspasado convértese en factor salvífico.

12, 14 Estas separacións quizais fosen nese momento histórico leis rituais da lamentación pública.

13, 1 Esta fonte de auga corrente, consecuencia da morte violenta do profeta, é símbolo do valor salvífico e purificador da súa morte e da conseguinte liturxia penitencial.

13, 2 Fálase dos falsos profetas dos templos de Baal, que reviviron coa chegada do helenismo. Neste momento histórico teñen auxe os cultos a Venus, divindade equivalente a Axerah ou a Ixtar.

13, 4 *O manto de pelo* era o vestido característico dos profetas (cf 2 Re **1,** 8; Mt **3,** 4).

13, 6 *O templo* (lit. "a casa") *dos meus amantes* refírese ó templo dos deuses falsos.

direílle "ti e-lo meu pobo"
e el dirame "Iavé meu Deus".

Combate escatolóxico e instauración do reinado universal do Señor
I. Combate escatolóxico contra Xerusalén

14 ¹Velaí chegará o día do Señor, e o botín que hai no medio de ti quedará repartido.
²Xuntarei a tódolos pobos para a guerra contra Xerusalén,
a cidade será collida, as casas serán saqueadas e as mulleres violadas.
Media cidade sairá á deportación, pero o resto do pobo non será quitado dela;
³e sairá o Señor e pelexará contra aqueles pobos
como cando pelexaba no día do combate.

II. Iavé transforma os perigos idolátricos en refuxio do iavismo

⁴No día aquel os seus pés afincaranse no monte das Oliveiras,
que está cara a Xerusalén polo nacente,
e o monte das Oliveiras partirase en dúas metades.
Na dirección do nacente e na do poñente haberá un val moi grande,
pois unha metade do monte retirarase cara ó norte,
e a outra metade cara ó sur.
⁵Entón vós fuxiredes para o val das miñas montañas, xa que o val das montañas chega ata Asal. Si, fuxiredes como fuxistes ante o tremor de terra do tempo de Ozías, rei de Xudá.
¡Si, ven, Señor, meu Deus, e tódolos consagrados contigo!
⁶Sucederá no día aquel que non haberá Sol e
as cousas tentadoras perderán o seu encanto.
⁷Será un día único, querido polo Señor, sen día e sen noite, e na tardiña haberá luz.

III. Transformación de Xerusalén co reinado do Señor

⁸Sucederá no día aquel que sairán de Xerusalén augas vivas,
a metade delas para o mar Morto,
e a outra metade para o Mediterráneo.
Isto sucederá no verán e no inverno.
⁹O Señor será entón Rei sobre toda a terra.
No día aquel o Señor será Único e o seu Nome será único.
¹⁰Todo o país se volverá unha chaira, desde Gueba ata Rimón, ó sur de Xerusalén, que estará no alto, e toda ela habitada: desde a porta de Benxamín ata o sitio da antiga porta dos Ángulos; e desde a torre de Hananel ata as prensas do rei ¹¹habitarase nela. Non volverá haber destrucción sagrada: Xerusalén será habitada con seguridade.

IV. Castigo das nacións

¹²Este será o castigo con que o Señor castigará a tódalas nacións que combateron contra Xerusalén: facerlles podrece-la carne, que teñan que aguantar sobre os seus pés, que os ollos lles podrezan nas covas, que a súa lingua lles podreza na boca.
¹³Sucederá no día aquel que o pánico que o Señor provoque entre eles será grande: ca-

---

14, 1-21 Esta composición, claramente escatolóxica, preséntase segundo este esquema: a) vv 1-3: combate escatolóxico dos pobos contra Xerusalén e contra o Señor; b) vv 4-7: intervención divina que converte o Monte das Oliveiras, dedicado ós cultos idolátricos, en val de refuxio para Xerusalén, sen culto idolátrico —o sol e a fermosura das cousas—, e sendo Deus a luz perenne; c) vv 8-11: a realeza universal de Iavé converterá a Xerusalén en fonte de vida, que chegará ata os mares, enriquecéndose así Xudá a costa das rexións; d) vv 12-15: transformación cúltica universal, expresada na participación de tódolos pobos na festa das Tendas; e) vv 16-21: isto proporcionaralles a tódolos pobos a bendición divina.
14, 2 *Media cidade:* unha porcentaxe distinta dos dous tercios (cf **13,** 8). Isto, o mesmo cá escatoloxía sen Mesías (sendo Deus mesmo o Rei: cf v 9), basea a hipótese recollida na obra xudía precristiá, *Séder 'Olam,* que considera este c. coma unha obra distinta de Zacarías.
14, 4 No *Monte das Oliveiras.* O texto hebreo masorético, seguindo textos antigos alusivos a 2 Re **23,** 13 que falan do culto idolátrico practicado no devandito lugar, interpretou Monte das Oliveiras coma "Monte do Exterminador". Sobre o Exterminador, cf Ex **12,** 23; 2 Sam **24,** 16; Pr

18, 9; Is **54,** 6. Sobre o Monte das Oliveiras, cf 1 Re **11,** 7; 2 Sam **15,** 30; Neh **8,** 15; Ez **11,** 23. En sentido teofánico non aparece en ningún lugar, pois en Ez é o lugar a onde se dirixe a gloria de Iavé que abandonara o templo, para destruí-lo monte idolátrico e convertelo en refuxio.
14, 6 *Sol:* o deus expicio Rah, obxecto do culto idolátrico.
14, 7 Esta *luz* é a gloria do Señor (cf Ap **21,** 23).
14, 8 As *augas vivas,* ou de corrente constante, que saen de Xerusalén, son sinal da fertilidade que a realeza de Iavé provoca, e que reparte desde o Oriente (Mar Morto) ata o Occidente (Mar Mediterráneo).
14, 9 O paralelismo entre "o Señor" e "o seu Nome", quere mostra-lo dinamismo único e especialísimo de Iavé no seu reinado escatolóxico.
14, 10 *Gueba* está situada a 10 kms. ó norte de Xerusalén, na fronteira de Xudá con Benxamín. *Rimón* está na fronteira sur de Xudá, na comarca de Beerxeba. A extensión da cidade corresponde ás súas dimensións no tempo de Nehemías.
14, 13-14 Estes dous vv rompen a descrición da peste (dos vv 12 e 15), polo que deben ser un engadido posterior que recolle os temas da oposición violenta entre os que participarán no combate escatolóxico (tomado de Ez **38,** 21), o

da un collerá as mans do seu próximo e levantará contra el a súa man. ¹⁴E tamén Xudá pelexará en Xerusalén, e amorearanse as riquezas de tódolos pobos do arredor: ouro, prata, e vestidos en grande cantidade.

¹⁵E coma este andazo, así será a peste dos cabalos, das mulas, dos camelos e dos burros, e de tódolos animais dos seus campos.

V. Transformación cúltica universal

¹⁶Sucederá que todo aquel que quede de cada un dos pobos que viñeron contra Xerusalén, subirá de ano en ano a postrarse ante o Rei, o Señor dos Exércitos, e a celebra-la festa das Tendas.

¹⁷E resultará que as familias da terra que non suban a Xerusalén para postrarse ante o Rei, o Señor dos exércitos, non terán chuvia.

¹⁸E se algunha familia de Exipto non sobe ou non vén, virá tamén contra ela a peste coa que o Señor fere os pobos que non soben a celebra-la festa das Tendas. ¹⁹Este será o castigo polo pecado de Exipto e polo pecado dos pobos que non soben a celebra-la festa das Tendas.

²⁰No día ese, nos chocallos dos cabalos estará esta inscrición: "Consagrado ó Señor" e os potes do templo do Señor estarán como a copa da aspersión, diante do altar. ²¹E tódolos potes que haxa en Xerusalén e en Xudá, serán sacrificados ó Señor dos Exércitos; tódolos que queiran ofrecer un sacrificio, virán e colleranos para cocer neles. Xa non volverá haber traficantes no templo do Señor no día aquel.

---

da unificación de Xudá e Xerusalén (de Zac **12,** 1-**13,** 6), e o da participación de Xerusalén e Xudá no botín.
14, 16ss Estes vv amplían o tema da realeza universal de Iavé, coa participación de tódolos pobos na festa das Tendas, coma acción de gracias, ó mesmo tempo que se aseguran a bendición divina.
14, 20 Os cabalos e os potes, elementos profanos, intégranse no ámbito sacro, na Xerusalén escatolóxica.

INTRODUCCIÓN Ó LIBRO DE MALAQUÍAS

1. Época á que se refire o libro

No libro de Malaquías non se fai ningunha referencia explícita ó tempo no que viviu o profeta. Para conseguir algún dato, precisamos facer unha análise interna da obra.

Tampouco se fai alusión ningunha no libro ós reis de Xudá nin ós de Israel; en cambio, fálase do "pehah", gobernador ou alto comisario (1, 8), cousa que nos move a situar a Malaquías na época persa. Por outra parte, o templo xa está reconstruído e celébrase nel un culto regular, aínda que con defectos e escasez de víctimas sacrificiais (cf 1, 8. 10; 3, 1. 10); e hai no templo uns sacerdotes levitas organizados (2, 3-9). Por isto temos que pensar nunha data posterior á dedicación do templo post-exílico (no ano 515). Confirmanos na data proposta a referencia á caída de Edom, provocada polas tribos árabes, caída da que Edom espera levantarse (1, 3s). Estas incursións árabes e o seu definitivo asentamento no territorio de Edom foi un proceso que durou moitos anos, e da súa cronoloxía estamos pouco informados. Sabemos que comeza durante o exilio babilónico (598-538), e que os macedonios de Alexandro Magno atopan o reino nabateo asentado no territorio de Edom no ano 333.

A obra de Malaquías reflicte unha comunidade cos mesmos problemas relixiosos, morais e sociais cós libros de Esdras e Nehemías: hai unha clase social que explota á dos homes pobres e piadosos (3, 5; cf Neh 5, 1-13), que á súa volta se senten desilusionados ó non ver cumpridas as promesas de prosperidade anunciadas polo II e III Is, e por isto critican a Deus e desanímanse, despreocupándose dos deberes cúlticos, coma os décimos e as primicias (2, 17; 3, 7; cf Neh 10, 32ss). Esta falta de inquedanza relixiosa leva ó pobo a problemas morais, ós matrimonios con pagáns, e ó divorcio (2, 10ss; cf Esd 9; Neh 10, 28ss; 13, 23ss). Se temos en conta que a actividade de Esdras comezou, cando máis pronto no ano 458, e a de Nehemías no 445/443, temos de concluir que o período de actividade de Malaquías hai que situalo entre o 515 e o 458, sendo a data máis probable entre os anos 480 e 460.

Confirma esta hipótese unha nova observación: que Malaquías non tivo contactos literarios nin teolóxicos co código ou fonte sacerdotal (Fonte P: cf Introd. ó Pentateuco), mentres que tivo claros contactos co Dt., a lei en vigor ata a reforma de Esdras, que a sustituíu pola Fonte Sacerdotal ou documento P.

2. O autor

Para algúns autores, o nome hebreo de Malaquías (Malakí), é unha retroposición do editor da obra, convertendo "ó meu mensaxeiro" ("malakí": 3, 1) nun nome de persoa descoñecido no resto do A. T. Pero é curioso de abondo que o nome dun autor que se enfronta tan duramente co pobo e clero de Xerusalén, se esquecese tan de présa. Figura na traducción dos LXX (antes do ano 250) coma un título; título que tanto o Targum ós profetas coma San Xerome entenderon coma un xeito de se referir a Esdras. Esta forma de nome moi ben puido ser unha abreviación dun nome teofórico que significa "Iavé é o meu Anxo", procedemento por outra parte bastante común (cf 1 Sam 25, 44; 2 Sam 3, 15; 2 Re 18, 2; 2 Cro 29, 1).

Non obstante todo isto, podemos chegar ó personaxe pola análise da súa obra: é un profeta de talante clásico, que anuncia o castigo de Deus para o día da súa manifestación (cf Am 3, 12-21), ó mesmo tempo que chama á conversión (3, 7), seguindo a liña dos profetas anteriores (3, 10-12).

Unha característica da súa formación atópase nas denuncias proféticas que lles fai ós sacerdotes e ó pobo, pois tipifica a acusación cun diálogo que recorda as discusións de escola.

Por este motivo non se deixa levar do ritualismo, senón que as súas denuncias contra o culto arrincan da infidelidade á relixión mesma (= falta de "temor de Iavé") e á alianza, e non a unhas leis cúltico-rituais.

A súa escatoloxía, pola reflexión sobre os antigos libros relixiosos, evoluciona cara á apocalíptica, pois os xustos asócianse a Deus na execución do castigo contra os soberbios e malvados (cf 3, 21), aínda que, por mor da tranquilidade política internacional e por simpatía pola relixión persa (cf notas a 1, 11), non recolle o tema do triunfo dos xustos sobre as nacións pagás.

MALAQUÍAS

1 ¹Oráculo. Palabra do Señor dirixida a Israel, por medio de Malaquías.

Elección gratuíta de Israel e reprobación de Edom

²Quérovos ben —di o Señor—. Pero vós dicides:

"¿En que nos móstra-lo teu amor?"

"¿Non era Esaú irmán de Xacob? —é o Señor quen fala—

e eu amei a Xacob ³e menosprecei a Esaú:
convertín as súas montañas nunha desolación

e déille-la súa herdanza ós chacais do deserto".

⁴Si, Edom di: "Estamos destruídos, pero volveremos reconstruí-las ruínas".

Así fala o Señor dos Exércitos: "Eles reconstruirán, pero eu destruirei,

e chamaráselle: *Terra da ruindade e Pobo co que o Señor está sempre enfadado*.

⁵Si, os vosos ollos verano; entón pensaredes:

O Señor é mais grande cós lindeiros de Israel.

Esixencias dun culto perfecto

⁶O fillo venera ó pai, e o servo ó señor.

Pero, se eu son o Pai, ¿onde está a miña veneración?

E se eu son o Señor, ¿onde está o meu respecto?

—dívolo o Señor dos Exércitos a vós, sacerdotes que desprezáde-lo meu Nome.

E vós dicides: "¿En que desprezámo-lo teu Nome?"

⁷Ó presentardes sobre o meu altar ofrendas lixosas,

dicides: "¿En que te lixamos a ti?"

Cando dicides: "a mesa do Señor é desprezable",

⁸e entón ofrecedes un animal cego para sacrificar: ¿non está isto mal?

Ofrecedes animal coxo e animal enfermo: ¿non está nada mal?

Preséntallo ó teu gobernador. ¿Sentirase agasallado da túa parte

---

1, 1 *Malaquías:* lit. "Malakí". Emprégase coma nome propio, non coma título (cf Introd. 2).
Oráculo. (heb. "massá") é o título da colección.
1, 2-5 O autor presenta nestes vv a elección gratuíta de Israel (= Xudá) e a reprobación de Edom (= Esaú), que vén sendo asolado polas incursións das tribos árabes nabateas. O oráculo contrasta esta situación, que resultará definitiva, co amor de Deus para Xudá, que despois da deportación a Babilonia chegou a ser un pobo co seu culto e a súa particularidade étnica, relixiosa e cultural. O xénero literario é o dunha disputa sapiencial, na que as respostas do profeta son oráculos.
1, 2 O pobo dubida do amor de Deus, pois ás promesas salvíficas de prosperidade e grandeza (do II Is) non se lles ve cumprimento; pero o profeta confirma a súa afirmación do amor de Deus e da elección gratuíta de Xacob (= Xudá) co refugo de Edom (= Esaú): cf Dt **3,** 8. 13; **23,** 6; I Re **10,** 9; Is **43,** 8; Xer **32,** 3.
1, 3 *Menosprecei* (lit. "odiei"), que non ten o senso que nós lle damos, senón que indica a non elección gratuíta de Deus. Os acontecementos dos epónimos seguen marcando no presente a historia dos seus descendentes; por isto, a elección e a non elección dos fillos de Isaac condicionan a situación actual dos seus descendentes Xudá e Edom (cf Xén **25,** 33; Rm **9,** 13). Neste momento Edom estaba asentado na parte sur da tribo de Xudá, deixando o seu territorio por culpa das incursións nabateas e buscando terras máis productivas.
Os *chacais do deserto.* O entregarlles a eles un lugar simboliza deixa-lo lugar desolado. Aquí alude directamente ás incursións dos beduínos-árabes-natabeos contra Edom, que as comezaron no s. VI, para írense establecendo pouco a pouco no pobo.
1, 4 O nome imposto aquí a Edom será maldición desencadeante dunha historia fatal (pois o nome representa o ser da persoa, e mesmo a súa historia).
1, 5 *Entón pensaredes.* Responde á obxección da ocupación de parte do territorio de Xudá polos edomitas. A frase ten dobre senso: nos pensamentos do pobo desanimado é unha acusación contra Deus, que permite que o territorio de Iavé estea nas mans dos edomitas, mentres que para o profeta quere dicir que o poder de Iavé se estende máis alá do territorio de Xudá (= Israel), e que fará que as súas cidades en Xudea desaparezan.
1, 6-2, 9 Esta unidade consta dunha serie de acusacións dirixidas ós sacerdotes e ó pobo por aceptaren e ofreceren no seu culto animais ilexítimos (cegos, coxos, enfermos). O texto está recargado polas consideracións da ilexitimidade de tal proceder (**1,** 6. 8b. 11. 14b) e polas tipificacións de tal acusación, recollendo frases da disputa cos sacerdotes (como se fose unha disputa de sabios: **1,** 6c. 7). Máis adiante as acusacións vólvense ameazas condicionais de maldición, de imposibilidade e de impureza total dos sacerdotes, para que estes se animen a mante-la vella alianza de Deus (**2,** 1ss). Estas dúas seccións conteñen no medio un elemento positivo (**1,** 11): o ideal do culto perfecto e da alianza levítica (**2,** 5-7).
1, 6 A afirmación inicial está collida de Ex **20,** 12; Dt **5,** 16. *Respecto:* lit."temor", pero un temor reverencial unido coa veneración e o afecto, que vén equivaler ó que chamamos hoxe relixiosidade (cf Dt **6,** 2. 13. 24; **10,** 12. 20). O *Nome* de Iavé é a súa presencia dinámica, salvífica e bendicente no culto e no templo.
1, 7-8 A ofrenda *lixosa*, que lixa ó mesmo Iavé e fai desprezable a súa mesa sacrificial, é o animal con algún defecto físico: coxo, cego ou enfermo. Non é o profeta un rubricista ó estilo dos fariseos do N. T., senón que as súas esixencias arrincan do mesmo concepto da relixión: o home precisa ofrecer algún froito dos seus traballos, para expresa-la súa dependencia de Deus. Estes froitos deben ser dos mellores, pois Deus merece iso e moito máis (cf o paralelismo cos regalos ó gobernador).
1, 8 *Mostrarache o seu favor:* lit. "levantará a túa casa", coma resultado da confianza que o superior dá ó inferior.

ou mostrarache o seu favor? —fala o Señor dos Exércitos—.
⁹Pois agora intentade abranda-lo rostro anoxado de Deus, ¿mostrarásevos benévolo?
Isto está na vosa man, ¿retirará por iso de vós o seu rostro anoxado?
—fala o Señor dos Exércitos—.
¹⁰¿Quen hai de entre vós que queira pecha-las dúas portas
para non prenderdes en van o lume no meu altar?
Non teño ningunha compracencia en vós
—fala o Señor dos Exércitos—;
non me sinto a gusto coa ofrenda que provén das vosas mans.
¹¹Certo, desde a saída do sol ata a súa posta
é grande o meu Nome entre os pobos,
e en tódolos lugares arde unha oblación no meu Nome e unha ofrenda pura,
porque grande é o meu Nome entre os pobos
—fala o Señor dos Exércitos—.
¹²Pero vós profanáste-lo meu Nome ó dicirdes:
"A mesa do Señor está lixosa e a súa comida é desprezable".
¹³Si, vós dicides: "¡Ollade, que traballo!"
e desprezáde-la comida —fala o Señor dos Exércitos—,
pero traedes do que collestes.
Si, o animal coxo e enfermo, ese é o que traedes de ofrenda.
¿Podo eu recibila con gusto das vosas mans? —fala o Señor—.

¹⁴Maldito sexa o tramposo, que ten no seu rabaño un macho,
pero cando fai voto, ofrécelle en sacrificio ó seu Señor algo desprezable.
Pois eu son o grande Rei —fala o Señor dos Exércitos—,
e o meu Nome é temible entre os pobos.

2 ¹Agora esta orde vai para vós, sacerdotes:
²Se non facedes caso e se non colledes a peito darlle gloria
ó meu Nome —fala o Señor dos Exércitos—, botarei contra vós a maldición
e maldicirei a vosa bendición. Si, xa a maldicín porque non houbo entre vós quen o collese a peito.
³Vede: eu romperéivo-lo brazo e tirarei bosta contra as vosas caras,
a bosta das vosas festas. Seredes tirados na bosta.
⁴Entón recoñeceredes que eu vos tiña enviado esta orde
para que fose realidade a miña alianza con Leví
—fala o Señor dos Exércitos—.
⁵A miña alianza con el fora vida e fartura
e tamén lle tiña concedido o temor,
para que me respecte
e fose humilde ante a presencia do meu Nome.
⁶Na súa boca houbo sentencia verdadeira
e falsidade non se atopou nos seus labios.
Con paz e con rectitude camiñou comigo,
e a moitos fíxoos apartar da iniquidade.

1, 9 *Abranda-lo rostro anoxado* é aplaca-la ira, referido aquí a Deus. Os sacrificios dignos procuraban isto (cf v 8).
1, 10 Trátase das portas de entrada ó patio do templo de Xerusalén, onde se facían os sacrificios. O profeta quere denuncia-la escasez de sacrificios.
1, 11 Moitos autores consideran este v un engadido posterior, pois aínda que Iavé era coñecido entre os pagáns (Xos **2**, 9-12; **5**, 1; Sal **76**, 11-13; **83**, 9s), resulta incomprensible que o autor considere o culto pagán coma unha ofrenda pura dirixida a Iavé. É novidade do oráculo o que misteriosa oblación se ofreza "en tódolos lugares" e en tódolos pobos pagáns. Certo que esta ofrenda se dirixe a Iavé (por iso quéimase), o que supón unha previa conversión dos pobos a El. A expresión "desde o nacente do sol ata a posta", tómase dos textos escatolóxicos-proféticos (Mal **1**, 1; Is **45**, 6; **59**, 19). Por outra banda, hai que notar que ningún dos termos sacrificiais permiten pensar en sacrificios cruentos, senón na ofrenda do incenso (oración) e nas ofrendas vexetais. Puido influír aquí a relixión persa, de Zoroastro. Tanto a Didaxé coma os Padres da Igrexa e o Concilio de Trento, aplicaron este texto ó sacrificio eucarístico, no que atopa un senso de plenitude.

1, 14 A razón da profanación do Nome do Señor está no egoísmo, que leva a quedarse co mellor, mentres se ofrece o máis cativo (cf nota ós vv 7-8).
2, 2 *Se non colledes a peito*: lit."se non pónde-lo corazón". Entendendo o corazón coma raíz dos planos e proxectos da persoa. A maldición de Deus para os sacerdotes converte a súa bendición en maldición, facendo destructor o seu ministerio, por culpa de non procura-la gloria do Señor no seu exercicio cultual (v 3) e de comportamento na vida (vv 6-7).
2, 3 *Romperéivo-lo brazo*. O romperlle-lo brazo ós sacerdotes imposibilitábaos para a ofrenda e para o sacrificio dos animais. Ó se lixaren coa bosta dos animais volvíanse temporalmente inhábiles para o sacrificio, ritualmente impuros. O lixárselles de bosta a cara significa a inhabilitación definitiva de tal persoa para o exercicio sacrificial.
2, 5-7 Estes vv son unha tipificación nova da alianza con Leví, sen cometido sacrificial, deixando o sacerdocio coma unha función de "mensaxeiro do Señor", con humilde relixiosidade, coa función xudicial (segundo a verdade) e cunha actitude moral no seu comportamento.
2, 6 *Camiñou comigo*. Alusión ó comportamento moral, seguimento das directrices divinas (cf v 7: "ensinanza", en paralelo con "lei").

⁷Si, os labios do sacerdote son fieis á ensinanza
e búscase a lei na súa boca:
é o mensaxeiro do Señor dos Exércitos.
⁸Pero vós apartastes a moitos do vieiro,
desviástelos do cumprimento da lei,
violástela alianza con Leví —fala o Señor dos Exércitos—.
⁹Tamén eu vos volverei desprezables e viles para tódolos pobos, na medida en que vós non gardásteles meus vieiros,
e na medida en que non considerastes estimable a lei.

Contra os matrimonios mixtos e o divorcio

¹⁰¿Non temos todos nós un único Rei?
¿Non vos criou a todos o único Deus?
¿Por que traicionamos cada un ó seu irmán,
violando a alianza de nosos pais?
¹¹Xudá obra a traición; cométese en Israel e en Xerusalén unha abominación.

Certo, Xudá profana o santuario do Señor,
ama e casa coa filla dun deus estranxeiro.
¹²O Señor fará desaparece-lo home que tal cousa fixo,
ó promotor e á testemuña:
faraos desaparecer das tendas de Xacob
e do grupo que presenta a ofrenda ó Señor dos Exércitos.

¹³Velaí, esta segunda cousa fixestes:
cubrir de bágoas o altar do Señor,
de choros e de pranto,
porque xa non fai caso da vosa ofrenda,
nin recibe con gusto o que sae das vosas mans.
¹⁴Vós dicides: "¿Por que?"
Polo feito de que o Señor fixo de testemuña entre ti
e a muller da túa mocidade, porque ti a traicionaches,
aínda que ela foi a túa compañeira e a muller da túa alianza.
¹⁵Certo, o Señor fixo unha unidade,
e a unidade ten carne e espírito.
E ¿que busca a unidade? —Unha descendencia santa.
Tende, pois, coidado do voso espírito,
e non lle fagas traición á esposa da túa mocidade.
¹⁶Se alguén repudia con odio —fala o Señor, Deus de Israel—,
cobre de violencia o seu manto —fala o Señor dos Exércitos—.
Tende, pois, coidado do voso espírito e non fagades traición.

O día da vinda do Señor

¹⁷Vós cansáde-lo Señor coas vosas palabras,
e dicides: "¿En que o cansamos?"
Cando dicides: "Tódolos que obran mal son bos ós ollos do Señor:
El sente amor por eses";
ou: "¿Onde está o Deus dos xustos xuízos?"

3 ¹Velaí: eu envío o meu mensaxeiro,
para que limpe o camiño diante de min.
Nun momento entrará no seu santuario
o Señor a quen vós estades buscando,

2, 10-16 Exhortación reforzada por unha serie de acusacións. Desenvólvese o tema da alianza quebrantada polo pobo ó levarse mal entre eles e profanar ademais o santuario de Deus contraendo matrimonios con pagáns (vv 10-12). Nesa situación, xa non lle agradan a Deus as ofrendas do pobo nin a liturxia penitencial (v 13), pola ruptura desa alianza que se explicita en termos de matrimonio entre Deus e o pobo de Israel (vv 14-16).
2, 10 Deus é o único pai do pobo, pois constituíuno e fixo ademais alianza cos seus devanceiros.
2, 11b Contraendo matrimonio con xente allea a esta relación entre Israel e o seu Deus, esquécese facilmente a razón de ser do pobo (cf 1 Re **11,** 1-13).
2, 12 Maldición do profeta, excluíndo da participación no culto ós que promoven e dalgún xeito participan nestes matrimonios profanadores da unidade e da santidade do pobo.
2, 13 Hai tamén unha ruptura da alianza por parte de Deus, en canto que xa non recibe con agrado nin a liturxia penitencial nin a das ofrendas. A razón é a infidelidade da muller que Deus desposara e protexera, (cf nota ós vv 10-16).
2, 15 A unidade matrimonial ten *carne e espírito*. A carne alude ó pracer, ó sexo, mentres que o espírito é a apertura humana a ser movido por Deus ou por outros espíritos. Esta unidade vai dirixida cara a unha descendencia divina. O autor quere precave-la xente contra o seguimento dos ídolos e o conseguinte abandono de Deus, a "esposa" da súa mocidade.
2, 16 *Repudia con odio* (lit. "odia repudiando"). O manto significa o leito matrimonial ou o exercicio sexual, pois "cubrir co manto" (ou coa esquina do manto) é un eufemismo para significa-las relacións sexuais.
3 Unidade literaria que ofrece unha resposta ó problema da retribución, provocado polo progreso material dos impíos, mentres que os xustos pasan dificultades (cf Sal **37,** 1; **49,** 17). Un oráculo salvífico (3, 1), a presentación do Día do Señor (**3,** 2-4), e un oráculo condenatorio (**3,** 5), constitúen a devandita unidade literaria.
3, 1 O *velaí* expresa a prontitude da intervención de Deus; pero esta intervención estará preparada polo mensaxeiro de Deus, que lle fai o camiño. Este mensaxeiro parece ser Elías (v 23; cf 2 Re **2,** 11-13), a quen Deus enviará ó remate dos tempos. O N. T. ve esta volta de Elías realizada en Xoán o Bautista (Mt **11,** 7-14; **17,** 1-13).
A *Alianza*, ó leva-lo artigo, debe se-la Nova, xa anunciada (cf Xer **31,** 31; **32,** 40; Ez **34,** 25).

o mensaxeiro da Alianza, a quen vos lle tendes amor:
vede que chega —fala o Señor dos Exércitos—.

²¿Quen aguantará o día da súa chegada?
¿Quen se manterá de pé cando El apareza?
Si, El será coma o lume do fundidor,
coma a lixivia dos que lavan.
³Sentarase coma o fundidor que refina a prata,
refinará os fillos de Leví e purificaraos;
coma a prata e coma o ouro, así serán para o Señor
os que presenten a ofrenda con xustiza.

⁴Entón seralle agradable ó Señor a ofrenda de Xudá e Xerusalén,
coma nos días remotos, coma nos anos antigos.

⁵Entón acercareime a vós para o proceso xudicial,
e serei acusador aleuto
contra os feiticeiros e contra os adúlteros,
contra os que xuran en falso
e contra os que abusan do pagamento do xornaleiro,
da viúva e do orfo, e rebaixan os dereitos do emigrante.
Pero non me teñen medo —fala o Señor dos Exércitos—.

A paga das débedas cúlticas, sinal de fidelidade e bendición

⁶Eu son o Señor, non cambiei,
pero vós, fillos de Xacob (do que engana) aínda non acabastes.
⁷Si, desde os días de vosos pais vídesvos apartando dos meus preceptos,
e non os gardades.
Volvede a min, e eu volverei a vós
—fala o Señor dos Exércitos—.
Pero vós dicides: "¿En que temos que volvernos?"
⁸¿Pode un home roubar a Deus? Pois vós estádesme roubando a min.
E dicides: "¿En que che roubamos?" "Nos décimos e nas primicias".
⁹Coa maldición estades sendo malditos,
pero seguides roubándome vós, o pobo enteiro.
¹⁰Traede todo o décimo á casa do tesouro.
Para que haxa comida no meu templo.
Si, poñédeme a proba —fala o Señor dos Exércitos—,
para ver se eu non vos abro as comportas do ceo,
para librar sobre vós a bendición ata que nada quede na miña man.
¹¹Rifaríalle en favor voso ó saltón,
para que non vos destruíse o froito da terra,
e para que a viña no campo non vos quedase sen uva
—fala o Señor dos Exércitos—.
¹²Entón proclamaríanvos ditosos tódolos pobos,
pois sodes un país de felicidade,
—fala o Señor dos Exércitos—.

O día do Señor será de triunfo e ledicia para os seus servidores

¹³Os vosos ditos contra min son duros —fala o Señor—.
Preguntades: "¿Que dixemos nós contra Ti?"
¹⁴Dicides: "¡É cousa inútil servir a Deus!
¿Que proveito quitamos de garda-los seus mandamentos,
e de camiñarmos en penitencia na presencia do Señor dos Exércitos?
¹⁵Agora nós declaramos felices os soberbios:
Si, os que cometen maldades prosperan,
poñen a proba a Deus, líbranse".

¹⁶Deste xeito falan entre eles os que respectan o Señor,
cada un co seu próximo,

3, 2-4 A chegada do mensaxeiro da Alianza ten caracteres teofánicos de temor sagrado. A purificación que realizará exprésase coas imaxes de refinado dos metais preciosos, e comezará polos sacerdotes do templo, para que as súas ofrendas sexan do agrado de Deus.
3, 5 A purificación tamén afectará ó resto do pobo, castigando os seus feitizos e inxustizas (cf **2,** 17).
3, 6-12 Nos vv 6-10a confirmase a permanencia do amor de Deus ó pobo (Xacob), que non atopa correspondencia, pois a xente engana e rouba a Deus. Malaquías xoga cos vocábulos "Xacob-enganar-roubar", en hebreo moi semellantes ("iaqob-aqab-qabá").
Os vv 10b-12 presentan con fina ironía a invitación a unha aposta con Deus: se o pobo lle dá a Deus o que lle debe, verán se Deus é capaz de proporcionarlles boas colleitas.
3, 13-21 Esta unidade consta dun diálogo no que Deus recolle as queixas do pobo (vv 13-15), gravadas no libro das lembranzas (v 16). Conclúe a perícopa cun oráculo de perdón para os fieis —anque murmuren—, e de castigo para os malvados, no "día do Señor".
3, 16 Sorprende que estes murmuradores dos planos de Deus sexan a comunidade dos xustos, que, aínda que precisan purificación e perdón, serven ó Señor. Constitúen a comunidade fiel, servidora de Deus, non obstante os desánimos. A fe bíblica implica a Deus no acontecer histórico, e son normais as queixas dirixidas a acada-la benevolencia do Señor.

pero o Señor préstalles atención e escóitaos,
pois o libro das lembranzas estase escribindo na súa presencia,
por mor dos que temen o Señor e estiman o seu Nome.

¹⁷Serán para min —fala o Señor dos Exércitos—
propiedade persoal no día en que eu actúe,
porque lles perdoarei o mesmo que un home perdoa o fillo obediente.

¹⁸Entón veredes de novo a diferencia entre o xusto e o malvado,
entre quen serve ó Señor e quen non o serve.
¹⁹Pois velaí chega o día: abrasará coma un forno,
e os soberbios e tódolos que cometen a maldade serán palla.
Si, o día que chega será a vosa queima —fala o Señor dos Exércitos—:
non vos deixará raíz nin ponla.
²⁰Brillará para vós, os que respectáde-lo meu Nome,
un sol de xustiza, que trae saúde nas súas ás.
Vós sairedes e brincaredes coma becerros ceibos:
²¹esmagaréde-los malvados, pois serán po baixo a planta dos vosos pés,
no día en que eu actúe —fala o Señor dos Exércitos—.

Suplementos: mirando ós tempos novos

²²Lembrádevos da lei de Moisés, o meu servo,
lei que eu lle ordenei no Horeb,
preceptos e decretos para todo Israel.

²³Vede: eu vouvos manda-lo profeta Elías
antes de que chegue o día do Señor grande e temible:
²⁴El fará volve-lo corazón dos pais cara ós fillos,
e o corazón dos fillos cara ós pais,
non sexa que eu me vexa obrigado a vir
para castiga-lo país co exterminio sagrado.

3, 19 A imaxe do xuízo de castigo polo lume leva ó aniquilamento da esperanza de vida e felicidade no máis alá, pois sen ósos onde resida o espírito humano non hai posibilidade de esperanza de vida e felicidade. A imaxe da queima do restrollo ou do gran complétase coa da queima do bosque, sen deixar raíz nin ponla: os cadáveres dos malvados e soberbios serán reducidos a po (cf v 21).
3, 20 A expresión *sol de xustiza,* única en toda a Biblia, refírese a Deus. A imaxe do sol con ás é propia de todo o Medio Oriente antigo. *Xustiza* significa aquí a salvación que vén da alianza con Deus, a xustiza salvífica (cf Is **44,** 23ss; **46,** 3; tamén Sal **22,** 32; **36,** 7). A *saúde* que vén nas ás do sol é a realidade salvífica anunciada en Is **53,** 5; **57,** 18-19; e Xer **33,** 6.
3, 23; cf **3,** 1 e nota. En Eclo **48,** 10 esta volta de Elías terá a misión de reuni-lo Israel desperdigado; na literatura rabínica Elías ten a importancia que tiveran noutros tempos Abraham ou Moisés.
3, 24 *Os pais* son os devanceiros: Abraham, Isaac, Xacob, Moisés. Os seus planos, actitudes internas e méritos, teñen que reverter en beneficio dos seus descendentes nos tempos novos. Tamén as actitudes internas e comportamento dos fillos deben segui-lo exemplo dos Patriarcas. A consideración dos tempos antigos coma ideais está presente en **3,** 4.

NOVO TESTAMENTO

INTRODUCCIÓN Ó NOVO TESTAMENTO

1. A formación do Novo Testamento

A segunda e derradeira parte da Biblia noméase Novo Testamento ou, con maior propiedade, Nova Alianza. A Alianza feita no monte Sinaí entre Deus e o pobo escolleito rompérona decote os continuos erros do pobo; Deus foi anunciando outra máis profunda, froito da introducción da Nova Lei no mesmo corazón do home (Xer **31**, 31-34). Con todo, sendo Deus o autor e inspirador dos dous Testamentos, quixo que os libros do Antigo encontrasen o seu senso máis pleno no Novo. A dependencia e harmonía entre os dous grupos de libros é tan grande que non podemos entender ben o Antigo sen coñecérmo-lo Novo, e viceversa. S. Agostiño di que no Antigo latexa o Novo e que no Novo se fai patente o Antigo.

A mensaxe apostólica proclama o cumprimento da Antiga Lei: o que predicaran os profetas faise realidade en Xesús. Así, despois de Xesús morrer, o Pai restableceuno e, dándolle o Espírito Santo, repartíullelo ós seus discípulos. Deste xeito cúmprense os tempos anunciados polo profeta Xoel (cf Feit **2**, 14-21; **3**, 1-5).

A doutrina fundamental da Igrexa nacente non se puxo de contado por escrito. Se aínda hoxe os orientais citan longas pasaxes de memoria, ¡canto máis saberían naqueles tempos, nos que a meirande parte da xente non sabía ler nin escribir! Nas escolas dos rabinos, empregando técnicas retentivas baseadas no ritmo e na rima, lendo en voz alta, aprendíanlles ós alumnos a Lei e maila súa aplicación á vida (Mixnah). Dun xeito semellante, os apóstolos e discípulos, afrontados á vivencia concreta da súa fe e ós problemas prácticos das comunidades, foron interpretando á luz do Espírito o que lle viran e lle oíran ó Mestre ou mesmo o que recibiran por tradición; e transmítenllelo de palabra ós que van ingresando na comunidade.

Con todo, non por iso deixan de poñerse por escrito pequenos relatos, tales coma os que menta Lc **1**, 1-4, destinados probablemente ó uso litúrxico da comunidade e á proclamación misioneira. Porque, anque nun primeiro momento os cristiáns continuaron asistindo ó Templo de Xerusalén (cf Feit **3**, 1), tamén tiñan xuntanzas nas súas casas, para faceren oración (Feit **12**, 12). E, pouco e pouco, tal vez por culpa das persecucións e polo aumento da comunidade, tal vez por se reuniren no nome de Xesús, vanse distanciando dos xudeus (1 Cor **10**, 16ss), celebrando eles o seu propio culto. Por outra banda, a predicación dos apóstolos vai creando outras comunidades. Nesas celebracións cristiás co tempo chegaron a desexar le-los ditos ou feitos do Señor, igual que lían as Escrituras da Antiga Alianza. Foi así como empezaron a existir escritos da Nova Alianza.

Contra o que vulgarmente se pensa —motivado tal vez pola disposición dos libros nas edicións do N. T.—, non foron os Evanxeos os primeiros en apareceren escritos: foron algunhas das epístolas paulinas. Paulo, o apóstolo dos xentís, fora escribindo cartas ás comunidades cristiás que el fundara, para se comunicar con elas e confirmalas na doutrina recibida, que eles aceptaran "non como palabra de homes, senón como de verdade é: como palabra de Deus" (1 Tes **2**, 13). Os destinatarios acolleron estas cartas con veneración e, cando se escribe a 2ª Carta de Pedro, xa se lles dá ás de Paulo e ós outros escritos a mesma categoría das Escrituras da Antiga Alianza (cf 2 Pe **3**, 14-16). As outras unidades literarias, que andaban dispersas polas distintas comunidades, vanse recollendo, seguindo o criterio de dependencia da doutrina apostólica e da aplicación ó medio vital ó que se dirixen. Nas introduccións ós diversos libros —e mellor nunha boa introducción á Biblia—, o lector pode seguir con máis detalle o seu proceso de formación.

Os libros, que nun longo e vital camiño de discernimento a Igrexa foi aceptando como propios e normativos para a súa fe, constitúen o Canon dos libros do N. T. Practicamente pódese considerar establecido o Canon desde fins do século II, anque só a fins do s. IV se produce a fixación definitiva. Componse de 27 obras, que podemos clasificar deste xeito:

—Evanxeos *(4): Mateo, Marcos, Lucas, Xoán.*
—Feitos dos Apóstolos *(1).*
—Cartas *(21).*
  • *14 pertencentes ó* Corpus Paulinum *(= orixinais de Paulo ou baseadas nos seus escritos);*
  • *7 epístolas* católicas *(= dirixidas á comunidade cristiá en xeral).*
—Apocalipse (1).

2. O mundo da Igrexa nacente

a) Situación xeográfica, política e administrativa

Palestina —como se pode observar nos mapas adxuntos no Apéndice— estaba formada polas seguintes rexións:

1) Galilea; 2) Traconítide, Iturea, Batanea, Gaulanítide e Auranítide; 3) Samaría; 4) Xudea; 5) Perea.

Lindaban con Palestina: Fenicia, Abilene, Siria, a Decápolis, Idumea e Nabatea.

A relativa independencia que conseguiran os xudeus coa revolución macabea (cf 1° e 2° libro dos Macabeos), pérdese no ano 63 a. C., cando Pompeio conquista Xerusalén. Desde entón Palestina é unha parte da provincia romana de Siria.

Con Herodes o Grande (37-4 a. C.) unificase Palestina. O rei goza da benevolencia do emperador romano; e ademais sabe aparentar ben diante dos xudeus. Nos derradeiros anos do seu reinado é cando nace Xesús. Fóra a súa condición sanguinaria, podemos afirmar que Herodes foi o rei máis grande que tivo Israel.

Ó morrer Herodes, o reino dividiuse en tres partes, quedando Filipo como tetrarca da zona norte da Transxordania (Iturea e Traconítide: cf Lc **3**, 1); Antipas como tetrarca da Galilea (cf Lc **23**, 6-7) e Arquelao queda como etnarca da Xudea e da Samaría.

Arquelao rematou no desterro. Desde aquela (6 d. C.), Xudea e Samaría quedaron como anexos da provincia de Siria e os romanos mandáronlles procuradores para os gobernaren. Dentro da primeira serie de procuradores romanos (anos 6-41), cómpre salientar a Poncio Pilato, gobernador da Xudea nos tempos da vida pública de Xesús (anos 26 ó 36).

Con Agripa I, no ano 41, vólvese unificar Palestina, quedando coma nos tempos de Herodes o Grande; pero, ó morrer Agripa no ano 44, desígnanse novos procuradores para goberna-la Xudea. Desta segunda serie interesa mencionar a Fiz e a Festo, porque diante deles tivo que comparecer San Paulo (cf Feit **24**, 1ss; **25**, 1ss). Tamén cómpre constatar que, entre o goberno de Festo e o do seu sucesor —Lucelio Albino—, estando vacante o posto de procurador, o Sumo Sacerdote Ananías axusticiou a Santiago, o parente de Xesús (cf Feit **12**, 57ss; 1 Cor **15**, 7; Gal **1**, 19; Sant **1**, 1).

O ano 66 comeza a guerra entre os xudeus e os romanos. Estes conquistan Xerusalén no ano 70; e no 74 remata a guerra coa toma da fortaleza de Masada, ocupada daquela polos zelotas, os sicarios e outros que loitaban contra Roma.

Militarmente, *os procuradores dependían de Siria, onde había un exército regular (tres rexións). En Xudea tiñan un exército local (seis cohortes, de 500 soldados cada unha).*

Administrativamente, *o procurador encargábase de nomea-lo Sumo Sacerdote, quen, xunto co Sanedrín, debía custodia-la orde interior, porque o pretor, que vivía en Cesarea, só ía a Xerusalén polas festas.*

Os bens da coroa eran do emperador e administrábaos o representante do imperio. O sistema tributario encamiñábase a enche-las arcas dos romanos e a sufraga-los gastos da provincia. Para recolle-los impostos, buscábase xente rica —os publicanos ou recadadores—, que, en calquera caso, facían chegar a Roma o estipulado pero que normalmente xuntaban moito máis.

Xudicialmente, *o gobernador tiña o poder supremo. Reservábase o dereito á pena de morte e mailos procesos dos que atentaban contra Roma. Fóra destes casos, era competente o Sanedrín.*

Relixiosamente, *os xudeus tiñan unha autonomía total. No civil, disfrutaban, por mor das súas crenzas, certas exencións, coma a de non daren culto ó emperador, a de non faceren o servicio militar, a de non traballaren en sábado e cousas semellantes. Interviñan na vida pública por medio do* Sanedrín. Este era o senado do pobo de Israel. En tempos de Xesús e da Igrexa apostólica, estaba constituído polo Sumo Sacerdote, os Sacerdotes Xefes, os escribas e os representantes da nobreza leiga. O total dos membros era de 71 (70 e mailo Sumo Sacerdote).

b) A clase dirixente de Israel

1. O clero. *Tendo en conta que o goberno de Israel en tempos de Xesús era de carácter teocrático, o clero tiña que formar parte da nobreza. Entre os sacerdotes había diversas xerarquías:*

—A máxima categoría tíñaa o Sumo Sacerdote —*oficialmente santo—, que conservaba o título para sempre (xa que "a súa santidade era eterna") anque só exercese unha vez, mesmo substituíndo a outro. El era o único que tiña o dereito de entrar na parte máis oculta e sagrada do templo* (Sancta Sanctorum) *o día da Expiación, para recibi-las comunicacións divinas e expia-los pecados da comunidade* (cf Ex **30**, 10). *A súa propia morte tiña a virtude de expia-los pecados do pobo. En non habendo rei nin pretor, el era a máxima autoridade.*

—Tamén tiñan verdadeira importancia os Sacerdotes Xefes *do templo. Cando os evanxeos fan mención dos* Sumos Sacerdotes, *refírense ó Sumo Sacerdote e ós Sacerdotes Xefes conxuntamente. Tamén estes forman parte do Sanedrín.*

—Aínda había outra clase sacerdotal, a dos simples sacerdotes. *Adicábanse ó servicio do templo e tiñan á vez outros traballos, porque o ministerio non lles daba para vivir.*

—Por debaixo dos sacerdotes, anque formando parte do clero, estaban os levitas, en número de 10.000, de moi distinto rango. Os privilexiados entre eles eran os cantores e os músicos; os de ínfima categoría eran os servidores do templo, que facían as funcións de sancristáns.

2. Os escribas. *Chamábanlles tamén* Doutores da Lei, Mestres *e* Rabinos, *porque oficialmente eran os coñecedores da ciencia oculta sagrada. Tíñanse como semellantes ós profetas, e aínda máis avantaxados, porque non necesitaban presentación. Calquera que vise pasar un escriba, se non estaba traballando, debíase erguer en sinal de respecto. Nas asembleas correspondíalles ocupa-los postos de honra* (cf Mc **12,** 39); *e, cando se falaba con eles, habíalles que chamar* rabbí, pai, ou mestre. *Os escribas constituían, xunto cos sacerdotes xefes e os anciáns, o Sanedrín, como constatamos máis arriba.*

3. A nobreza leiga. *Tiña un posto no Sanedrín, a carón da nobreza do clero e dos escribas. Os representantes da nobreza leiga eran os nomeados* Anciáns, *e eran xefes das familias influíntes. No N. T. fálase deles cando se di* os primeiros do pobo (Lc **19,** 47). *Flavio Xosefo dálle-los títulos de* os primeiros da cidade, os xefes do pobo, os notables, os poderosos. *A literatura rabínica chámalles* os grandes da xeración, os grandes de Xerusalén, as xentes de Xerusalén de alto rango. *Preocupábanse da asistencia ós pobres e mais do culto, á parte do seu labor de cada día.*

A nobreza leiga estaba constituída, na súa meirande parte, por saduceos, grupo que, segundo Xosefo, estaba peor visto cós fariseos.

c) O Templo e as Sinagogas

1. *Os precedentes do Templo están na tenda que levaban os israelitas polo deserto —camiño da terra prometida—, e que constaba de dúas estancias:* O Santo *e* O Santo dos Santos. *Salomón construíu o primeiro templo, que tivo especial relevancia na época de* Ioxías, *e que Nabucodonosor destruíu no ano* 587/6 a. C. *Restaurado por Zerubabel á volta do desterro (515 a. C.), continúa ata o momento en que Herodes o Grande fai outro máis suntuoso.*

O templo de Herodes constaba das seguintes estancias:

— Adro dos xentís.
— Adro das mulleres.
— Adro dos homes ou de Israel.
— Adro dos sacerdotes.
— O Santo *(co altar do incenso, a mesa cos bolos de pan da proposición e o candelabro dos sete brazos).*
— O Santo dos Santos *(coa Arca da Alianza, ata o exilio).*

No Templo facíanse oracións comunitarias (cf Feit **3,** 1) *e máis que nada sacrificios: holocaustos, ofrendas de gran, sacrificios de comuñón e sacrificios expiatorios.*

2. *A* Sinagoga *recibe o nome do feito de reunirse, e naceu probablemente no tempo do desterro babilónico, ó falta-lo templo. É un edificio rectangular orientado cara a Xerusalén, e que ten un estrado para proclama-las lecturas, asentos ou alfombras para sentar e un armario para garda-los libros sacros.*

A celebración sinagogal comeza cunha profesión de fe (cf Dt **6,** 4); *seguen unhas lecturas bíblicas; e, en tempos de Xesús, unha traducción aramea* (targum) *e mailo comentario do presidente da asemblea* (midrax). *Remata o acto coa bendición.*

A Eucaristía cristiá nace nese ambiente xudeu da celebración da palabra (na Sinagoga), e dos sacrificios (que tiñan lugar no templo), especialmente o sacrificio de comuñón.

d) As festas

No antigo Israel tiñan un carácter agrario, que se foi perdendo pouco e pouco, ata se converter en conmemoracións de acontecementos salvíficos. As tres máis importantes son a dos Ázimos *(festa da Pascua), a das* Semanas *(Pentecostés) e a das* Tendas. *Os israelitas piadosos en tempos de Xesús peregrinaban a Xerusalén nesas festas.*

1. A festa da Pascua, *que se celebra na Primavera, relembra a liberación da escravitude en que viviron en Exipto* (cf Ex **12,** 1ss. 43 ss; **13,** 3 ss). *Inmólase o año pascual, que se come un día máis tarde, o día grande da festa. O ritual da cea pascual axúdanos a comprender algúns textos do N. T.* (Xn **19,** 33-36; 1 Cor **10,** 16...), *e ofréceno-lo contexto vital que dá orixe ás palabras do ofertorio da Eucaristía cristiá, ó uso do pan ázimo e á mestura da auga co viño nas nosas celebracións.*

2. *A festa das Semanas,* chamada tamén de Pentecostés, *celébrase pasadas sete semanas despois da Pascua, ós cincuenta días da festa.* Ofrécense a Deus as primicias da recolleita e relaciónase coa chegada dos israelitas ó Sinaí, no camiño da terra prometida, facendo así a renovación da Alianza (cf Dt **26,** 9-10; 2 Cro **15,** 10). *No Novo Testamento celébrase nesa data a vinda do Espírito Santo, que enfortece e sensibiliza os corazóns dos apóstolos* (Feit **2,** 1ss; cf Xer **31,** 31-34; Xl **3,** 1-5).

3. *A festa das Tendas* ou *da recolleita celébrase no outono e dura unha semana. Pásase a festa en tendas, relembrando a peregrinaxe de Israel polo deserto. Dáselle gracias a Deus pola auga que fixo fructifica-los campos e pídeselle a chuvia para a sementeira. A auga que se verque nesa festa ofrécenos luz para a comprensión dalgunhas pasaxes neotestamentarias,* coma a de Xn **7,** 37-38. *E os ramos de palmeira, salgueiro e mirto, que axitaban na festa ó tempo que entoaban o* ¡Hosanna! (Sal **118**), *dánno-la clave para interpreta-los textos de* Zac **9,** 9-10 *e* Xn **12,** 12-16. *Por outra banda, o feito de encende-los candeeiros do adro das mulleres, nun ambiente de espera do Mesías (cousa que acontecía sempre nesa festa), axúdanos a comprende-las palabras de* Xn **8,** 12, *coas que Xesús se presenta coma a luz do mundo.*

4. *O "Iom Kippur"* ou Día da Expiación *aparece na Mixnah entre as festas, a pesar do seu ton penitencial. Celébrase cinco días antes da Festa das Tendas* (cf Lev **23,** 27-32; Núm **29,** 7-11). *É o único día do ano no que os xudeus teñen verdadeira obriga de xexuar.*

Só nesa data podía entra-lo Sumo Sacerdote no Santo dos Santos, para hisopa-la Arca da Alianza, o altar de ouro e toda a sala co sangue dun carneiro e dun xuvenco, ó mesmo tempo que pedía a Deus o perdón dos pecados (cf Lev **16,** 1-34). *Tamén descargaba os pecados do pobo sobre outro carneiro que facían caer por un barranco no deserto. Se non coñecesémo-la existencia ou o senso desa xornada penitencial, non poderiamos comprender algúns textos do N. T.* (2 Cor **5,** 21; Heb **7,** 26-29; **9,** 1-28; **10,** 19-20...) *e, en xeral, a obra redentora de Cristo.*

5. *O Día da Dedicación ou* Festa das Luces *relembra a purificación do Templo, despois de que Xudas o Macabeo atinxiu a victoria contra os seléucidas* (1 Mac **4,** 54ss; 2 Mac **2,** 20). *Celébrase no inverno* (cf Xn **10,** 22) *e dáse gracias a Deus pola providencia que exerce co pobo escolleito. Encéndense candeas e isto ofrécelle a Xesús un contexto vital moi axeitado para se presentar tamén coma a luz do mundo* (Xn **9,** 1ss).

6. *O Sábado é un día consagrado a Deus, no que se imita ó Creador, deixando de traballar despois de seis días de esforzos. O descanso sabático vén esixido tamén como recoñecemento, por parte do crente, da liberación de Exipto, onde os xudeus tiveran que traballar coma escravos* (cf Dt **5,** 15). *O sábado forma parte da Alianza con Deus. Moitos xudeus deixáronse matar por non profanalo* (cf 1 Mac **2,** 32-38; 2 Mac **6,** 11). *Comeza o venres ó serán e remata ás vintecatro horas. Xesús, ó ve-las esaxeracións que cometían algúns membros destacados do pobo, sen ir El contra o descanso sabático, relativízao moito* (cf Mt **12,** 2; Mc **3,** 4; Lc **13,** 15).

7. *Hai outras festas —coma as do Ano Novo e a dos Purim—, que non comentamos aquí, por teren menos incidencia no N. T.*

e) **Grupos relixiosos e políticos nos tempos de Xesús e da Igrexa apostólica**

É difícil distinguir naquela sociedade teocrática que grupos tiñan matiz político e cales o tiñan relixioso. Por esta razón tratarémolos conxuntamente destacando os aspectos máis relevantes de cada un deles. Farémolo con certo vagar porque unha orientación clara neste punto é indispensable para entender moitos pasos do N. T.

1. Os fariseos. Saíran do movemento asideo, que xurdira no tempo dos macabeos, como oposición ás tendencias innovadoras gregas. Eran leigos. Daban verdadeiro culto á Lei mosaica e opoñíanse á xerarquía sacerdotal saducea. Pero esquecéulle-lo verdadeiro espírito da Lei e convertíana nunha casuística, coidando que a xustificación do home ante Deus lle vén polo cumprimento dos 613 preceptos (cf Lc **18,** 9-14): *248 mandatos e 365 prohibicións. Como comprendían que era imposible cumprir tódalas miudezas da Lei, facían obras de caridade ou xexúns, para compensaren os erros. Desprezaban a xente vulgar, que ignoraba as minucias da Lei* (cf Xn **7,** 49), *xa que, deste xeito, eles coidaban que non podía coñece-la vontade de Deus, e menos aínda, cumprir con ela* (cf Lc **18,** 9-14).

2. Os saduceos. Desde moito tempo atrás exercían o Sumo Sacerdocio e a eles pertencían principalmente as clases sacerdotais máis altas. Eran moi estrictos na interpretación da Escritura pero eran abertos, en troques, ó mundo grego. Pensaban nunha certa autonomía no tocante ós romanos; pero estaban comprometidos con eles, e trataban de afogar calquera intento de sublevación (Xn **11**, 47-53; cf Mt **26**, 1-5).

3. Semellante á liña relixiosa dos saduceos, era a dos herodianos, dos que non sabemos con certeza se eran secuaces de Herodes ou empregados da corte. O que si sabemos é que eran inimigos de Xesús, xunto cos fariseos. Fálasenos deles en Mt **22**, 16 e en Mc **3**, 6 e **12**, 13.

4. Outra secta xurdida dos asideos era a dos esenios. Molestos polo uso do calendario lunar e polo nomeamento de Ionatán como Sumo Sacerdote non sendo de estirpe sadoquita, romperon co templo e retiráronse ó deserto. Considerábanse o Resto de Israel, *os elixidos do Señor*, e vivían agardando a intervención divina que rematase coa victoria dos fillos da luz *sobre os* fillos das tebras (cf Mt **13**, 25-30). Amábanse entre eles pero desprezaban ós outros. Agardaban a tres personaxes que habían de vir ó remate dos tempos: un sacerdote de verdade, un Mesías descendente de David (Miq **5**, 1-7; cf Mt **2**, 5-6) e un profeta semellante a Moisés (cf Dt **18**, 18).

Na zona de Qumrân, á beira do Mar Morto, onde se estableceran, atopáronse en tillas, nunhas covas pretiño de onde vivían, moitos documentos, en papiros e pergamiños, escritos en sete linguas distintas. Algúns exemplares son libros da Biblia hebrea (da que só falta o libro de Ester) ou da grega; outros son libros apócrifos, targums, comentarios bíblicos e libros referentes á vida da comunidade esenia. No tocante ó estudio da Biblia, eses documentos ofrecen luz para fixa-lo texto orixinal do A. T. e para interpretar con máis propiedade as expresións do Novo.

Os esenios desapareceron arredor do ano 68, data da caída de Iericó diante dos romanos.

5. Os samaritanos. O pobo xudeu considerábaos cismáticos desde os tempos de Ieroboam, e máis aínda desde que se cruzaran cos asirios, despois do ano 722/1. Cando os xudeus se puxeron a reconstruí-lo templo, á volta do exilio, non lles deixaron colaborar ós samaritanos, por consideralos impuros. Daquela estes construíron un templo no monte Garizim (cf Xn **4**, 20), que os xudeus botaron abaixo no século II a. C. Pola súa banda, os samaritanos en tempos de Coponio (6-9 d. C.) entraron no templo de Xerusalén con ósos de defuntos o día da vixilia pascual, para contaminalo e impedirlles ós xudeus celebra-la Pascua. En tal estado de cousas, xudeus e samaritanos non se levaban (Xn **4**, 9; cf Lc **9**, 52-56). Xesús escolleu para algunha das súas comparanzas xente samaritana protagonista de obras boas, para afirmar ante o pobo xudeu que tamén os samaritanos eran fillos de Deus (cf Lc **10**, 29-37; **17**, 11-19).

6. Os zelotas. Viñan sendo celadores da gloria de Deus. Caracterizábaos un certo fanatismo relixioso, que podía levalos a asumir actitudes semellantes á de Fineés (cf Núm **25**, 6-13) e á dos Macabeos (cf 1 Mac **2**, 25-26). Non obstante, ó revés do que se pensaba ata hai pouco, os zelotas non formaban un grupo de resistencia contra os romanos nos tempos de Cristo. Flavio Xosefo emprega por vez primeira o termo zelota referido a un grupo, para aludir a Menahem e os seus, ó chegaren a Xerusalén, no ano 66. Nese mesmo ano e ó longo de todo o ano 67, refíreo a unha morea de guerrilleiros que loitaban contra Roma. Para os romanos os zelotas eran bandidos, ladróns (cf Mc **15**, 27; Lc **23**, 33; Xn **18**, 40). Despois da capitulación de Xerusalén refúxianse con outros grupos contrarios a Roma na fortaleza de Masada. Capitaneados por Elazar, resisten alí ata o ano 74. Daquela, non podendo xa máis, decidiron matarse entre eles, de xeito que, cando Silva e o seu exército conseguen entrar na fortaleza, só atoparon cadáveres, coma no Medulio e en Numancia.

7. Os sicarios. Reciben o seu nome do latín sica —*puñal de folla curva*— que empregaban para asasinar a algúns romanos e ós colaboracionistas con Roma. Os seus precedentes remóntanse ó nacionalista Ezequías (axusticiado por Herodes no 47/46 a. C.) e ó seu fillo Xudas o Galileo. Tiveron moita actividade nos tempos inmediatamente anteriores á guerra xudía contra Roma. Sendo Fiz o procurador (anos 52-60), Roma crucificou a 4.000 deles (cf Feit **21**, 38). Ó caer Xerusalén, unha parte dos sicarios refúxianse en Masada e outros foxen para a Alexandría e Cirene.

8. Os bautistas. Hai nos tempos de Xesús algúns grupos que teñen como común denominador o rito da inmersión na auga, vinculado á idea do perdón dos pecados, pola chegada dos tempos finais. Destacan, por unha banda, o grupo de Xoán Bautista e o de Xesús e, por outra, os bautistas da mañá, os bautistas cotiás, os masbeos, sabeos e mandeos. O coñecemento da existencia das devanditas prácticas bautismais é de moita axuda para comprender algunhas pasaxes neotestamentarias.

3. O mundo da dispersión cristiá

Por causa da persecución producida cando a morte de Estevo, membros da comunidade de

Xerusalén fuxiron de alí e foron predicar a Chipre e a Siria, dirixíndose só ós xudeus (Feit **11**, 19). Os xudeus, como é sabido, andaban espallados polo mundo adiante en número de catro ou cinco millóns, ben coma antigos deportados, ben coma emigrantes por conta propia. No tempo de Xesús había moitos xudeus en Siria, e tamén había ben deles en Alexandría e en Roma.

O Libro dos Feitos (**11**, 20-26) dinos tamén que algúns de Chipre e de Cirene lles predicaban o evanxeo ós gregos en Antioquía. Aquí comezou a predicación ós xentís, e aquí recolléronse os primeiros froitos entre eles. Bernabé vai buscar a Paulo e alí quedan os dous durante un ano enteiro. Máis tarde, coa caída de Xerusalén, as comunidades cristiás de orixe xudía perderán importancia e vana coller as formadas por cristiáns procedentes do paganismo.

Os cristiáns de fóra de Palestina forman o mundo da dispersión cristiá: un mundo constituído xeograficamente polos sitios visitados máis que nada por Paulo e os seus acompañantes, ós que temos que engadir Bitinia, Ponto e Capadocia, comunidades ás que dirixe Pedro a súa primeira Carta (1 Pe **1**, 1).

Relixiosamente era un mundo politeísta con deuses romanos, gregos ou orientais. Entre eles destacan os doce deuses do panteón romano e de por parte Mitra, Asclepio, Isis, Serapis e Adonis. En Grecia proliferaban o politeísmo (Feit **17**, 22s), a maxia, a astroloxía e maila mántica ou adiviñación.

Politicamente, como dixemos en **2.** a), todo era parte do Imperio Romano. Dentro del había moitos xudeus que tiñan o privilexio da cidadanía romana, especialmente en Roma, a capital.

Con este mundo, formado por xudeus e xentís, por servidores de Iavé e por adoradores de moitos deuses, vaise encontrar Paulo nas súas viaxes misioneiras. Pola gracia de Deus e os traballos do apóstolo, irán nacendo as comunidades cristiás de Siria e Cilicia, Listra, Iconio... (cf Feit **15**, 41; **16**, 2); e, máis tarde, para lles dar azos ás comunidades que se fan formando, escribiría Paulo algunhas cartas que enriquecen os datos revelados e que nos poñen ó tanto da vida daquelas comunidades primitivas.

4. Os influxos culturais no N. T.

Anque é Palabra inspirada, o N. T. aparece encarnado na cultura do seu tempo. Para o entender no seu auténtico significado cómpre, logo, coñece-los diversos factores que configuran o ambiente cultural onde nace. Sinalémo-los principais:

a) O rabinismo. O N. T. escribírono xudeus, formados nunha mentalidade xudía e que utilizaban as técnicas de interpretación dos mestres de Israel. Como, por outra banda, no Israel dos tempos de Xesús só sabía hebreo a xente culta, é doado pensar que os apóstolos coñeceron a Biblia hebrea a través da traducción aramea que se facía nas sinagogas, unha traducción adoito parafraseada, o chamado Targum. Hai ademais unha serie de procedementos rabínicos que teñen reflexo no N. T. Por citar un fundamental, sinalarémo-lo derax —actualización dun texto bíblico—, proxectado nunha peza literaria que, conseguintemente, se nomea midrax. Véxase a introducción á Apocalipse. Tendo en conta estas influencias na formación do N. T., está claro que o coñecemento da literatura targúmica é de vital importancia para comprende-lo alcance da revelación que nos ofrece o N. T.

b) Os esenios de Qumrân. Como xa deixamos dito, á beira do Mar Morto, en Qumrân, descubríronse a partir do ano 1947 unha morea de documentos pertencentes á secta dos esenios, algúns deles bíblicos, outros que son froito dunha reflexión sobre a Biblia e outros que tratan do espírito e da disciplina da comunidade. Estes documentos, escritos entre o século III a. C. e o I d. C., ofréccennos elementos moi importantes para interpretar con propiedade as expresións e o contido xeral do N. T.

c) O helenismo. Anque o mundo xudeu tivo máis influxo nos escritos do N. T. có greco-romano, nós non podemos perder de vista: 1) que os romanos, que adoptaran para si a cultura grega, mandaban en tódolos países da costa mediterránea; e 2) que a Igrexa dos tempos que seguiron á morte de Estevo se desenvolveu nuns lugares nos que se falaba o grego e había un xeito de vida e unhas institucións eminentemente gregas. Por iso, os predicadores da mensaxe de salvación tivérona que expoñer nunhas categorías semellantes ás dos destinatarios, para que os entendesen ben: categorías que se reflicten dalgún xeito nos escritos. Coñecelas, axúdanos a interpreta-la mensaxe con xeito.

d) O gnosticismo. Non é tampouco estraño atopar paralelismos entre as concepcións gnósticas e certas afirmacións do N. T. A procedencia desas expresións neotestamentarias non se coñece con seguridade, porque vestixios das mesmas ideas hainos tamén no xudaísmo. Dentro dos libros pertencentes ó

N. T. temos que facer unha distinción: nos Evanxeos Sinópticos case non damos atopado pasaxes gnósticas, en cambio nas cartas paulinas máis recentes si que hai trazas desas ideas, anque o máis probable é que se trate de coincidencias comúns e de interferencias dentro dunha linguaxe relixiosa que xorde conxuntamente. En calquera caso, o coñecemento do mundo da gnose aporta moita luz ó intérprete do N. T.

5. O texto do N. T.

Os documentos orixinais (autógrafos) do N. T. perdéronse; pero o texto recollido neles chegou a nós escrito en papiros, pergamiños e leccionarios, así como nas citas dos autores cristiáns e nas traduccións. Hai unha morea de manuscritos do N. T.: ó pé dun cento de papiros, varios centos de códices maiúsculos e milleiros de códices minúsculos e leccionarios.

Coma en tódolos textos antigos, as variantes entre as diversas copias son numerosas. Débense sobre todo a erros materiais dos copistas e ós diversos intentos da facer máis comprensible unha expresión a xente distinta daquela á que antes se dirixira. Mesmo así cómpre advertir que o N. T. constitúe o conxunto de textos máis privilexiado de todo o Mundo Antigo, tanto polo número como pola calidade e antigüidade dos documentos. Feita xa unha referencia ó número, digamos algo agora, no tocante á antigüidade. Mentres os manuscritos máis antigos das obras dos literatos e filósofos da Grecia Imperial son catorce ou quince séculos posteriores a eles, conservamos aínda moi bos manuscritos do N. T. do século III.

Aínda máis: hai anacos de papiros que cobren practicamente todo o s. II, sendo o p^{52} —que contén algúns versículos do Evanxeo de Xoán— de comezos dese século.

Ó longo da historia, pero con máis rigor no s. XIX, foise tratando de purifica-lo texto do N. T., buscando a lectura primitiva. No s. XIX aparecen as grandes edicións críticas que nos ofrecen, xunto co texto considerado como primitivo, as variantes. Fixéronse tamén unhas edicións menores que presentan só as variantes máis significativas.

No noso traballo de traducción do texto orixinal grego, seguimos normalmente a edición de ALAND-METZGER, separándonos dela só nalgún caso, e por motivos solidamente fundados.

Xosé Fernández Lago

INTRODUCCIÓN ÓS EVANXEOS SINÓPTICOS

1.- O Evanxeo e os Evanxeos

O contido fundamental da predicación apostólica é o chamado "kerigma" (cf Feit **2**): Xesús de Nazaret, que tanto ben fixera á xente, foi cravado na cruz; pero, resucitado e entronizado á dereita de Deus, enviou o seu Espírito. Esta mensaxe, por ser unha nova que anuncia a salvación, chámase "Evanxeo".

Ó proclama-la mensaxe nas comunidades que os Apóstolos van formando, acádase unha tradición evanxélica cos ditos e feitos de Xesús que os Apóstolos testemuñan. Dese xeito, ainda prevalecendo a transmisión oral, vanse formando pequenos relatos, requeridos polas necesidades do culto e da catequese. Moi pronto chegou a confeccionarse o relato da paixón, a sección literaria mellor conservada polos catro evanxelistas.

Tendo en conta o que é o Evanxeo, podemos dicir que temos un Evanxeo e catro xeitos de presentación do mesmo. Os tres primeiros, ó te-lo mesmo enfoque, chámanse "sinópticos"; o cuarto, en troques, sepárase da liña dos anteriores, polo que se pensa que está inspirado en fontes distintas das utilizadas polos outros tres.

2.- O xénero literario "evanxeo"

Os evanxeos queren anuncia-la "Boa Nova" de Xesús a través da narración da súa vida. Isto quere dicir que os evanxelistas non tencionaban facer unhas "biografías" senón máis ben espertar e madurece-la fe do lector en Xesús de Nazaret, provocando unha verdadeira conversión da súa vida. De aí que os evanxelistas resalten aqueles aspectos que eles consideraban máis significativos, dentro da súa persoal visión teolóxica, para lograren o efecto pretendido no lector concreto ó que se dirixían e que tan presente tiñan.

Naturalmente, as inexactitudes desta "historia kerigmática" non nos poden extrañar, cando os mesmos feitos de hoxe, aínda cunha pretendida obxectividade, son tan diversamente expostos e clarificados polos historiadores contemporáneos. Nós, coma crentes, sabemos que o Espírito está tras destes traballos inspirados por Deus para manter e arrequece-la vida cristiá da comunidade.

3.- Evanxeos canónicos e evanxeos apócrifos

Os "apócrifos" tencionaron enche-las lagoas da vida de Xesús. Con todo, a comunidade cristiá foinos rexeitando, ainda aqueles que non pertencían a grupos disidentes. Máis que nada considerábanos demasiado imaxinativos e pouco verídicos. En troques, a comunidade primitiva foi vendo nos devanditos catro evanxeos, de orixe apostólica, a expresión da súa fe e moi adecuados para a edificación cristiá, polo que os foi empregando nas celebracións litúrxicas, e máis adiante os considerou "canónicos".

4.- O feito sinóptico

Por presentar unhas características tan semellantes na cronoloxía, no estilo e na concordancia de moitas pasaxes, os evanxeos de Mateo, Marcos e Lucas forman o bloque de "Evanxeos Sinópticos".

Os tres presentan as ensinanzas e os feitos realizados por Xesús en Galilea (na bisbarra do Lago de Tiberíades) e ó longo dun camiño ata chegar a Xerusalén, onde acontecerán a paixón, a morte e maila resurrección de Xesús.

A necesidade de explica-la razón das semellanzas e diverxencias entre os tres evanxeos sinópticos, fai que teñamos que falar non só do "feito", senón tamén do "problema" sinóptico. No intento de clarexa-lo que estaba escuro, ata o séc. XVIII acollíase ben a teoría de Agostiño: cada evanxelista coñecía o que escribiran os anteriores, o que xustificaría tanto as semellanzas coma as diverxencias.

Na actualidade gozan de recoñecemento estas dúas teorías:

1) O Evanxeo de Mc e mais outro documento (a Fonte Quelle:Q), independentes entre si e de calquera outro escrito, serían as bases onde se apoiarían o Evanxeo de Mt e o de Lc.

2) Marcos non sería tan independente, polo que cómpre pensar
—nunha sistematización aramea, de onde beberían tódolos evanxelistas; ou
—máis ben nalgúns escritos parciais, dos que recollerían o material os evanxelistas, para confecciona-los seus traballos.

INTRODUCCIÓN Ó EVANXEO SEGUNDO SAN MATEO

1.- Autor e data

Este evanxeo debeu ser escrito orixinariamente en grego; e o autor, difícil de identificar, debeu facer uso da pseudoepigrafía, tan común naquel entón.

Tendo en conta a precisión con que se anuncia a caída de Xerusalén e os temas que trata, que denotan un momento xa evolucionado da Igrexa, aberta ós xentís, e unha situación dos xudeus moi mellorada respecto dos anos 70, pódese pensar que o Evanxeo de Mateo foi escrito entre os anos 80 e 90.

2.- Destinatarios e lugar

O uso repetido do argumento da Sagrada Escritura e do cumprimento das profecías en Xesús Cristo, fan pensar que os destinatarios eran cristiáns necesitados de argumentos fronte ós xudeus. Esta circunstancia move a moitos a coidar que foi escrito en Antioquía de Siria, na Asia Menor. Alí mesturáranse os cristiáns procedentes do xudaísmo cos que viñeran da xentilidade e mesmo cos xudeus, que tiñan alí ben organizada a sinagoga. A autoridade de Pedro, que era grande en Antioquía, traslócese neste evanxeo.

A comunidade a quen se dirixe o evanxeo semella formada, pois, por xente cristiá aberta ó xudaísmo, pero enfrontada con el; unha comunidade que busca na doutrina de Xesús uns criterios para a súa vida, e nos discípulos uns exemplos a seguir; unha comunidade organizada, que vive a súa fe nun ambiente hostil.

3.- Carácter literario

O autor emprega moitos vocábulos e procedementos semíticos; o seu estilo é claro, solemne e hierático.

Repite abondas veces a expresión "Reino dos Ceos", conforme coa tendencia xudía de evita-la pronunciación do nome de Deus.

Recolle moitos ditos de Xesús, que agrupa formando cinco grandes discursos.

4.- Teoloxía de Mt

4.1.- Referente a Xesús.

É "Fillo de David", aínda que superior ó seu devanceiro (cf **22,** 42-46); Mesías, pero nun senso sufrinte, distinto do esperado (cf **26,** 63-66); é tamén "Fillo de Abraham" e "Novo Moisés", moi distinto dos doutores da Lei daquel entón; ó longo do evanxeo preséntao o autor coma "Fillo de Deus", "Señor resucitado" presente na comunidade, e Deus connosco ata o remate dos tempos. Como indica o seu nome, é "o Salvador" (**1,** 21). As Escrituras cúmprense nel, e El séntese co dereito de ofrece-la interpretación auténtica da Lei. É tamén o xuíz que ha de vir xulga-lo mundo.

4.2.- No tocante ó Reino Deus.

Xesús veu para anuncialo. A presencia de Xesús e maila súa acción liberadora son o sinal de que o Reino está presente (**12,** 28). Para acada-lo Reino cómpre ser coma os nenos (**18,** 1-4) e coma os pobres e os perseguidos (**5,** 3-10), e ser máis xustos cós escribas e fariseos (5,20).

O Reino é coma unha semente (**13,** 31-32a), que se fai grande árbore (**13,** 32b); ou unha leira onde medran xuntos o trigo e mailo xoio ata a fin dos séculos (**13,** 24-30).

O Reino ten de ser anunciado a tódolos homes (**28,** 19). Isto deberao face-la Igrexa, constituída pola comunicade dos Doce discípulos ós que Xesús constituíu herdeiros das doce tribos de Israel, na espera de que dean froitos axeitados ó Reino (**21,** 43).

4.3.- As dúas etapas da historia da salvación.

Mateo concrétaas no tempo de Israel —o período que remata coa misión do Bautista— e o tempo da Igrexa. Este, na presentación que fai Mateo, xa comeza nos días de Xesús coa comunidade de discípulos do Mestre.

5.- Estructura.

Simplificando, podemos considerar no Evanxeo de Mt as partes seguintes:
—Presentación de Xesús: **1,** 1-**4,** 16.
—Xesús anuncia o Reino: **4,** 17-**16,** 20.
—Paixón, morte e resurrección de Xesús: **16,** 21-**28,** 20.

EVANXEO SEGUNDO SAN MATEO
NACEMENTO E INFANCIA DE XESÚS

Xenealoxía de Xesús (Lc 3, 23-38)

1 ¹Libro da xenealoxía de Xesús Cristo, fillo de David, fillo de Abraham. ²Abraham enxendrou a Isaac. Isaac enxendrou a Xacob. Xacob enxendrou a Xudá e mailos seus irmáns. ³Xudá, de Tamar, enxendrou a Peres e mais a Zarán. Peres enxendrou a Esrón. Esrón enxendrou a Arán. ⁴Arán enxendrou a Aminadab. Aminadab enxendrou a Naasón. Naasón enxendrou a Salmón. ⁵Salmón, de Rahab, enxendrou a Booz. Booz, de Rut, enxendrou a Obed. Obed enxendrou a Iexé. ⁶Iexé enxendrou ó rei David.

David, da que foi muller de Urías, enxendrou a Salomón. ⁷Salomón enxendrou a Roboam. Roboam enxendrou a Abías. Abías enxendrou a Asá. ⁸Asá enxendrou a Ioxafat. Ioxafat enxendrou a Ioram. Ioram enxendrou a Ozías. ⁹Ozías enxendrou a Ioatán. Ioatán enxendrou a Acaz. Acaz enxendrou a Ezequías. ¹⁰Ezequías enxendrou a Menaxés. Menaxés enxendrou a Amón. Amón enxendrou a Ioxías. ¹¹Ioxías enxendrou a Ieconías e mailos seus irmáns, en tempos da deportación a Babilonia.

¹²Despois da deportación a Babilonia, Ieconías enxendrou a Xealtiel. Xealtiel enxendrou a Zerubabel. ¹³Zerubabel enxendrou a Abiud. Abiud enxendrou a Eliaquim. Eliaquim enxendrou a Asor. ¹⁴Asor enxendrou a Sadoc. Sadoc enxendrou a Aquim. Aquim enxendrou a Eliud. ¹⁵Eliud enxendrou a Elazar. Elazar enxendrou a Matán. Matán enxendrou a Xacob. ¹⁶Xacob enxendrou a Xosé, esposo de María, da que naceu Xesús, chamado Cristo.

¹⁷Foron, logo, catorce as xeracións desde Abraham ata David, catorce tamén desde David ata a deportación de Babilonia, e catorce desde a deportación de Babilonia ata Cristo.

Nacemento de Xesús (Lc 1, 27-35; 2, 1-7)

¹⁸O nacemento de Xesús Cristo foi así: María, a súa nai, estaba prometida a Xosé; e antes de viviren xuntos apareceu ela embarazada por obra do Espírito Santo. ¹⁹Xosé, o seu prometido, home xusto, non a querendo aldraxar, decidiu repudiala secretamente. ²⁰Tal era a súa resolución, cando o anxo do Señor se lle apareceu en soños, dicíndolle:

—Xosé, fillo de David, non repares en levar contigo a María, a túa prometida; que o que nela se concebiu é obra do Espírito Santo. ²¹Dará a luz un fillo, e ti poñeraslle de nome Xesús, porque salvará o seu pobo de tódolos seus pecados.

²²Todo isto aconteceu para que se cumprise o que dixera o Señor por boca do profeta: ²³*Mirade: a virxe concebirá e dará a luz un fillo,*
e poñeranlle de nome Emmanuel
(que quere dicir "Deus connosco").

²⁴Acordou Xosé do seu soño, e fixo tal como lle mandara o anxo do Señor, levando consigo a súa prometida; ²⁵e sen que a tocase, ela deu a luz un fillo. E el púxolle de nome Xesús.

Adoración dos magos

2 ¹Xesús naceu en Belén de Xudea, en tempos do rei Herodes. E nisto uns magos de Oriente chegaron a Xerusalén preguntando:

²—¿Onde está o Rei dos xudeus que acaba de nacer? Porque vimos saí-la súa estrela alá no Oriente, e vimos para lle rendermos homenaxe.

³Oíndo isto, o rei Herodes alporizouse, e con el toda Xerusalén. ⁴Convocou a tódolos sacerdotes e letrados do pobo, para lles preguntar onde tiña que nace-lo Mesías. ⁵Eles responderon:

1, 1 A xenealoxía de Mt, dinástica e legal, remata con Xosé: é un intento de vincular a Xesús con Abraham e David, principais depositarios das promesas mesiánicas. Lucas, máis universalista, vincúlao con Adam, cabeza da humanidade (cf Lc **3**, 38). O autor, baseándose no valor numérico das consoantes hebreas de David (**14**), fai unha lista de tres grupos de catorce nomes: catorce, ata David; catorce, de David ata o desterro; e catorce, desde o desterro ata Cristo. Pero, como á terceira serie lle faltaba un nome, repite o de Ieconías (tamén chamado Ioaquín).
1, 3 *Peres:* lit. "Fares", pero o seu verdadeiro nome era o hebreo Peres, que significa "burato, fenda" (cf Xén **38,** 29).
1, 21 *Xesús* —en hebreo Iexúa— quere dicir "Iavé salva". O vocábulo "Cristo", tradución do hebreo "Mesías", significa "unxido", e aplícase no A. T. ó Sumo Sacerdote e mais ós reis, especialmente ó Mesías, que é o rei por excelencia. No N. T. aplícase exclusivamente a Xesús. En determinados contextos —poucos— traduciremos Mesías.
1, 23 Is **7,** 14.
2, 1 A adoración dos Magos ten moita importancia, porque ven se-la epifanía ou manifestación do mesianismo de Xesús ós pagáns, mesmo antes dos xudeus, que, aínda que sabedores do seu nacemento, quedan indiferentes. Unha tónica persistente en todo o evanxeo de Mateo.

—En Belén de Xudea, que así o deixou escrito o profeta:

[6] *E ti Belén, terra de Xudea,*
de ningún xeito e-la máis pequena,
entre as vilas de Xudea,
que de ti ha saí-lo guía
que será o pastor do meu pobo Israel.

[7] Entón Herodes, ás agachadas, chamou ós magos, para se informar ben de cando lles aparecera a estrela. [8] Logo mandounos a Belén, dicíndolles:

—Ide e informádevos ben do que hai dese neno; e unha vez que o atopedes, avisádeme, para ir eu tamén a lle render homenaxe.

[9] Eles, despois de oíren ó rei, puxéronse en camiño. E, velaí, a estrela que viran saír no Oriente foinos guiando ata se deter enriba de onde estaba o neno. [10] Grande alegría sentiron ó veren saír de novo a estrela.

[11] E cando entraron na casa atoparon o neno con María, súa nai. Postráronse e rendéronlle homenaxe; logo, abrindo os seus tesouros, ofrecéronlle coma regalo ouro, incenso e mirra. [12] Logo, avisados en soños de que non volvesen por onda Herodes, saíron para a súa terra por outro camiño.

Exilio en Exipto e matanza dos inocentes

[13] En canto se foron, un anxo do Señor apareceulle a Xosé en soños e díxolle:

—Érguete, colle o neno e maila nai e fuxe para Exipto. Non te movas de alí ata que eu te avise, porque Herodes vai busca-lo neno para acabar con el.

[14] Xosé ergueuse, colleu o neno e maila nai, pola noite, e alá se foi para Exipto. [15] Alí permaneceu ata a morte de Herodes, cumpríndose así o que dixera o Señor por medio do profeta:

Chamei o meu fillo para que saíse de Exipto.

[16] Daquela Herodes, decatándose de que fora burlado polos magos, incomodouse moito. E, botando contas polos datos dos magos, mandou matar a tódolos nenos de dous anos para abaixo, de Belén e da bisbarra. [17] Daquela cumpriuse tamén o dito polo profeta Xeremías:

[18] *Oíuse un berro en Ramah,*
choros e moito lamento:
é Raquel que chora polos seus fillos,
e non se quere consolar porque xa non existen.

Volta para Nazaret

[19] En morrendo Herodes, o anxo do Señor aparecéuselle en soños a Xosé en Exipto [20] e díxolle:

—Érguete, colle o neno e maila nai e volve para a terra de Israel, que xa morreron os que querían acabar co neno.

[21] Ergueuse Xosé, e collendo o neno e maila nai, foise para a terra de Israel. [22] Pero, ó saber que Arquelao reinaba en Xudea, en lugar de seu pai, sentiu medo e non se atreveu a ir alá. Avisado en soños, marchou para a banda de Galilea, [23] indo vivir a unha vila chamada Nazaret. Cumpriuse así o que dixeran os profetas: que se chamaría nazareno.

PREPARACIÓN DA PREDICACIÓN DE XESÚS

Xoán Bautista (Mc 1, 2-8; Lc 3, 1-18)

3 [1] Naqueles días apareceu Xoán Bautista no deserto, proclamando:

[2] —Convertédevos, que xa chega o Reino dos Ceos.

[3] El era de quen dixera o profeta Isaías:
Unha voz clama no deserto:
Preparade o camiño do Señor,
endereitade os seus vieiros.

[4] Xoán ía vestido con pelos de camelo e cun cinguidor de coiro no van, e mantíñase de saltóns e mel bravo. [5] Ía onda el xente de Xerusalén, de toda Xudea e mais da banda do Xordán. [6] Confesaban os seus pecados e el bautizábaos no Xordán.

[7] Como se decatara de que moitos fariseos e saduceos viñan a que os bautizase, díxolles:

2, 6 Miq **5**, 1.
2, 15 Os **11**, 1.
2, 18 Xer **31**, 15. Raquel chora os mortos e deportados polos asirios. Poida que o feito de aplicar este texto de Xeremías se deba a que Raquel, segundo unha tradición, estaba enterrada preto de Belén.
3, 2 Conversión (metánoia) significa cambio de vida, de mentalidade, conforme a vontade de Deus. Véxase nota a Lc **18**, 14.
3, 3 Is **40**, 3.
3, 4 Detalles típicos dun profeta (2 Re **1**, 18; Zac **13**, 4).

3, 6 O bautismo de Xoán non era máis ca un xeito externo de manifesta-lo arrepentimento, un símbolo de purificación, ós que tan afeitos estaban os xudeus. Específico de Xoán é, con todo, que era el —ou os seus discípulos— quen bautizaba (nos demais casos era o mesmo suxeito quen se mergullaba na auga). O bautismo cristián, en troques, é un xeito de comuñón de Deus co home "no Espírito Santo", lume "purificador" (cf **3**, 2).
3, 7 Fariseos e saduceos: véxase Introducción ó N.T., **2** e), 1 e 2.

—¡Raza de víboras! ¿Quen vos ensinou a fuxir do castigo que está a chegar? ⁸Dade froitos dignos dunha verdadeira conversión, ⁹e non vos fagades ilusións dicindo entre vós: "Somos fillos de Abraham", porque vos aseguro que Deus pode sacar fillos de Abraham mesmo destas pedras. ¹⁰Xa está a machada posta contra a raíz das árbores, e toda árbore que non dea froito cortarase e botarase ó lume.

¹¹Eu bautízovos con auga para que vos convertades. Pero o que vén detrás miña é máis forte ca min, e nin tan sequera son digno de lle leva-las sandalias. El havos bautizar co Espírito Santo e con lume. ¹²Porque trae a forcada na man, para limpa-la súa eira e na hucha recolle-lo trigo; e ha queima-la palla nun lume que nunca se apaga.

Bautismo de Xesús (Mc **1**, 9-11; Lc **3**, 21-22)

¹³Entón apareceu Xesús, que viña desde Galilea ó Xordán, para que Xoán o bautizase. ¹⁴Xoán trataba de impedilo dicindo:

—¿Como vés ti onda min, se es ti quen me tes que bautizar a min?

¹⁵Xesús respondeulle:

—Deixa agora, pois convén que cumprámo-la vontade de Deus.

Xoán accedeu. ¹⁶Tan pronto como foi bautizado, Xesús saíu da auga. E velaí que se abriron os ceos, e viu o Espírito de Deus baixar como unha pomba ata se pousar enriba del. ¹⁷E oíuse desde o ceo unha voz que dicía:

—Este é o meu fillo benquerido, o predilecto.

As tentacións (Mc **1**, 12-13; Lc **4**, 1-13)

4 ¹Foi entón cando o Espírito conduciu a Xesús ó deserto, para que Satán o tentase. ²Despois de xexuar corenta días e corenta noites, acabou por ter fame. ³O tentador, achegándose a el, díxolle:

—Se es Fillo de Deus, manda que estas pedras se convertan en pan.

⁴Pero el respondeu:

—Está escrito: *Non soamente de pan vive o home, senón de toda palabra saída da boca de Deus.*

⁵Levouno logo o Satán á cidade santa, e púxoo na atalaia do templo, ⁶dicíndolle:

—Se e-lo Fillo de Deus, bótate de aquí embaixo, que está escrito: *Mandará os seus anxos para que te coiden e te leven nas súas mans; e os teus pés non se mancarán nas pedras.*

⁷Xesús respondeu:

—Tamén está escrito: *Non tentará-lo Señor, o teu Deus.*

⁸Pero aínda o levou o Satán a un monte moi alto e, mostrándolle os reinos todos do mundo enteiro, cheos de esplendor, ⁹díxolle:

—Heiche dar todo isto se te postras e me adoras.

¹⁰Entón replicoulle Xesús:

—Arreda, Satanás, porque está escrito: *Só ó Señor, o teu Deus, adorarás, e só a El darás culto.*

¹¹Deixouno o Satán, e achegáronse os anxos para o serviren.

3, 9 Como a descendencia de Abraham era o obxecto das promesas de Deus, os fariseos e saduceos confiaban de máis nesta salvación "racial" ou de "casta", como a que Xoán ataca.

3, 16 *E viu o Espírito de Deus;* aquí —igual ca en Mc— é Xesús só quen o ve; en Lc e Xn veo tamén o Bautista.

3, 17 Frase do profeta Isaías (**42**, 1), que vén mostrarnos a Xesús coma un verdadeiro Mesías que evoca ó Servo de Iavé. A comunicación do Espírito significa posesión por Deus; Xesús é, sobre todo, mensaxeiro. No seu bautismo manifástase dun xeito patente a súa vocación.

4, 1 Xesús, para levar adiante o anuncio da Boa Nova, tamén sufriu a tentación de utiliza-lo poder, a riqueza e maila seducción. Parece ser que esta posibilidade apareceulle cando empezou a ter éxito entre a xente, e houbo intentos de o faceren líder político. Pero el rexeitou todo camiño que non fose o de total desprendemento e o da pura invitación, como se pode observar ó longo de tódolos textos bíblicos. O *deserto* biblicamente ten grandes resonancias de proba e camiño cara á terra prometida.

Satán: lit. "diabo"; pero esta palabra é pouco usada en galego, e, ademais, carece da forza semántica propia do orixinal, que si ten Satán: personificación individual e principal do demo, inimigo de Deus e do home, de quen é o "acusador". Por outro lado, en hebreo "satán" significa practicamente o mesmo ca no N. T. o grego "diábolos": a

Apocalipse chega mesmo a os identificar expresamente (cf Ap **12**, 9; **20**, 2). Usaremos, logo, Satán por "diábolos", reservando Satanás para cando aparece así literalmente no orixinal; o mesmo ca Belcebú por "Beelzebul".

"Demonio": empregarémolo nos demais casos ("daimonion" no orixinal); e "demo" ("daimon") no único caso en que aparece (**8**, 31), e nas expresións "te-lo demo".

4, 2 *Corenta días* é un número simbólico. O xexún significa un acto de desprendemento polo que o penitente bíblico manifesta o seu achegamento sincero a Deus.

4, 3 *Fillo de Deus;* este texto, coma outros semellantes, non significa de por si unha filiación divina en senso estricto. Así, aplícase tamén ós anxos (Xob **1**, 6), ó pobo elixido (Ex **2**, 22), etc. Naturalmente, hai textos que pretenden mostra-la filiación estricta, como Mt **11**, 27; Lc **10**, 22; Xn **20**, 27.., onde se establecen unhas relacións tan íntimas, que non se explican doutro xeito. Non sempre resulta doado distinguir as palabras auténticas de Xesús, da interpretación teolóxica da comunidade.

4, 4 Dt **8**, 3.

4, 6 Sal **91**, 11-12.

4, 7 Dt **6**, 16.

4, 10 Dt **6**, 13.

4, 11 A victoria sobre Satán indica o inicio do tempo da salvación.

EN GALILEA

A Boa Nova (Mc **1**, 14-15; Lc **4**, 14-15)

¹²Cando soubo Xesús que encadearan a Xoán, retirouse a Galilea. ¹³Deixando Nazaret, foise establecer en Cafarnaúm, na beira do mar, en terras de Zebulón e Naftalí, ¹⁴para que se cumprise o dito polo profeta Isaías:
¹⁵*Terra de Zebulón, terra de Naftalí,*
camiño do mar na outra ribeira do Xordán.
Galilea dos pagáns.
¹⁶*O pobo que xacía na escuridade*
viu unha gran luz:
Para os que habitaban no escuro país da morte
brillou unha alborada.
¹⁷E desde aquela empezou Xesús a predicar, dicindo:
—Arrepentídevos, que o Reino dos Ceos xa está aí.

Os primeiros discípulos (Mc **1**, 16-20; Lc **5**, 1-11)

¹⁸Camiñando pola ribeira do mar de Galilea, viu a dous irmáns: Simón, tamén chamado Pedro, e Andrés; os dous, que eran pescadores, estaban largando o aparello no mar. ¹⁹Díxolles:
—Vide comigo, e fareivos pescadores de homes.
²⁰Eles deixaron de contado o aparello, e seguírono. ²¹Máis adiante atopou outros dous irmáns: Santiago e mais Xoán, fillos de Zebedeo, que estaban co seu pai na barca arranxando o aparello. Tamén os chamou, e ²²eles coa mesma deixaron a barca e mais a seu pai e seguírono.

²³Xesús percorría a Galilea enteira ensinando nas sinagogas e anunciando a Boa Nova do Reino, curando canta doenza padecía o pobo. ²⁴Falábase del en toda Siria e traíanlle enfermos con toda clase de doenzas e padecementos, endemoniados, epilépticos, tolleitos; e a todos curaba. ²⁵Eran moitos os que o seguían, un mundo de xente chegada de Galilea, Decápolis, Xerusalén, Xudea e da outra banda do Xordán.

Anuncio da verdadeira dita (Mc **9**, 50; Lc **6**, 20-23)

5 ¹Vendo Xesús a multitude, subiu ó monte e sentou. Achegáronselle os seus discípulos, ²e el, tomando a palabra, ensinábaos dicindo:
³—Ditosos os que teñen espírito de pobres,
porque deles é o Reino dos Ceos.
⁴Ditosos os que choran,
porque eles serán consolados.
⁵Ditosos os non violentos,
porque eles herdarán a terra.
⁶Ditosos os famentos e sedentos de xustiza,
porque eles ficarán fartos.
⁷Ditosos os misericordiosos,
porque eles acadarán a misericordia.
⁸Ditosos os de corazón limpo,
porque eles verán a Deus.
⁹Ditosos os que traballan pola paz
porque eles serán chamados fillos de Deus.
¹⁰Ditosos os perseguidos por causa da xustiza,

4, 16 Is **8,** 23; **9,** 1.
4, 17 *O Reino dos Ceos:* era para os xudeus o Señorío de Deus sobre Israel no tempo presente e, ó final, sobre tódolos pobos. Xesús proclama que "xa está en medio de vós" (Lc **17**, 20). O Reino está plenamente vinculado a Xesús, á "súa causa" (Lc **18**, 29), ó "seu nome" (**19**, 29). As outras características descóbrense tanto nos ditos (Sermón do monte, parábolas...) coma nos feitos (curacións,..) de Xesús.
4, 23 *Anuncia-la Boa Nova* é o equivalente a evanxelizar. A Boa Nova é a chegada do Reino. E as curacións son un sinal do cumprimento das promesas mesiánicas (**11,** 4).
As *sinagogas* eran os lugares de reunión para ler e comenta-las Escrituras.
5, 1 Todo o Sermón do monte vén ser seguramente unha "didaxé" ou ensino cristián, que seguía á proclamación do "kerygma" e mais ó bautismo. Aínda que non é un código completo, parece ser unha formulación que segundo Mateo e maila fontes era a máis oportuna.
5, 2 As benaventuranzas representan un auténtico programa do que é o Reino, que se completa en xeral con todo o "Sermón do monte". Este sermón comprende cinco grandes temas: 1) O espírito que debe animar ós fillos do Reino. 2) Como debe entenderse o cumprimento das leis xudías. 3) O desprendemento das riquezas. 4) Relacións co próximo. 5) Pertencer ó Reino supón unha praxe.
5, 3 *Os que teñen espírito de pobres;* Mt, a diferencia de Lc **6**, 20, que é o orixinal, non di soamente "pobres", senón "pobres no espírito", nun senso esencialmente relixioso, é dicir: os mendigos de Deus, e mesmo os que "optan" por ser pobres (cf Mt **6**, 24). Pero Mt, en **11**, 5, fala dos pobres en senso máis amplo, tal como Xesús lle debeu dar ó falar de que "anunciase a Boa Nova ós pobres" segundo cita de Is **61**, 1; os pobres, ou sexa tódolos famentos, oprimidos, aflixidos, etc., son os "máis pequenos" dos seus irmáns, os seus preferidos (**25**, 31-46). Non esquezamos que Mt falou contra a autosuficiencia (véxase nota a Lc **6**, 20) relixiosa dos fariseos, mentres Lc para unha Igrexa oprimida que precisa consolo.
5, 10 *Xustiza* debe entenderse coma fidelidade a Deus. Home "xusto" é, biblicamente falando, o home fiel a Deus. Claro que se, como sabemos por boca do mesmo Xesús (**6,** 24), ama-lo próximo vai unido ó amor de Deus, a xustiza fraternal é o mellor xeito de ser fiel a Deus (**25**, 31-46).

porque deles é o Reino dos Ceos.

¹¹Ditosos vós cando vos aldraxen, persigan e calumnien de calquera xeito pola miña causa: ¹²alegrádevos e reloucade, porque grande será a vosa recompensa nos Ceos; do mesmo xeito perseguiron ós profetas anteriores a vós.

Sal da terra, luz do mundo (Mc **4**, 21; **9**, 50; Lc **11**, 33-36)

¹³Vós sóde-lo sal da terra. Pero se o sal se volve insulso, ¿con que se vai salgar? Para nada vale xa, senón para tirar con el e que o pise a xente.
¹⁴Vós sóde-la luz do mundo. Non se pode agachar unha cidade afincada na cima dun monte. ¹⁵Tampouco se encende unha lámpada para poñela debaixo da artesa, senón sobre o candeeiro, para que alume a tódolos da casa. ¹⁶Alume así a vosa luz ós homes, para que, vendo as vosas boas obras, glorifiquen a voso Pai que está nos Ceos.

Nova interpretación da Lei

¹⁷Non pensedes que vin derroga-la Lei e os Profetas; non vin para derrogar, senón para dar cumprimento. ¹⁸Porque vos aseguro: mentres non pasen o ceo e maila terra non pasará nin unha letra nin un til da Lei ata que todo se cumpra. ¹⁹E quen falte a un destes mandamentos máis pequenos e así lle-lo ensine a facer ós outros, será declarado o máis pequeno no Reino dos Ceos; pero quen os cumpra e ensine será declarado grande no Reino dos Ceos. ²⁰Porque vos aseguro que se a vosa xustiza non é maior cá dos letrados e fariseos, non entraredes no Reino dos Ceos.

A ira

²¹Tedes oído que se lles dixo ós vosos devanceiros: *Non matarás,* e quen mate será reo ante o tribunal. ²²Pero eu dígovos: Todo o que se enrabeche co seu irmán será reo ante o tribunal; quen o alcume será reo ante o Sanedrín; e quen o aldraxe será reo do lume do inferno.

²³Se ó presentáre-la túa ofrenda no altar te acordas entón de que o teu irmán ten queixas contra ti, ²⁴pousa a ofrenda alí mesmo, diante do altar, vaite primeiro reconciliar co teu irmán, e logo volve a presenta-la túa ofrenda.
²⁵Ponte de acordo, canto antes, co teu preiteante mentres ides de camiño; non sexa que te entregue ó xuíz, o xuíz ó garda, e te boten na cadea. ²⁶Ten por seguro que non sairás de alí ata que deas pagado o derradeiro céntimo.

O adulterio (18, 8-9; Mc **9,** 43-49)

²⁷Tedes oído que foi dito: *Non cometerás adulterio.* ²⁸Pois eu dígovos: Todo aquel que mira a unha muller casada con desexo, xa cometeu adulterio no seu corazón.
²⁹Se o teu ollo dereito che é ocasión de pecado, arríncao e tira con el; que máis che vale que se perda un dos teus membros non que te boten todo enteiro no inferno. ³⁰Se a túa man dereita che é ocasión de pecado, córtaa e tira con ela lonxe de ti; que máis che vale que se perda un dos teus membros e non que te boten todo enteiro no inferno.

O repudio (19, 9; Mc **10,** 11-12; Lc **16,** 18)

³¹Ténsevos dito: *Quen repudie á súa muller, déalle acta de repudio.* ³²Pero eu dígovos: Todo o que repudia á súa muller, fóra o caso de estaren malvivindo, expona a ser adúltera e o que case cunha repudiada comete adulterio.

O xuramento

³³Tamén tedes oído que se lles dixo ós devanceiros: *Non xurarás en falso,* e *cumprira-las promesas feitas con xuramentos ó Señor*. ³⁴Pero eu dígovos: Non xuredes nunca: nin polo ceo, que é o trono de Deus; ³⁵nin pola terra, porque é escano para os seus pés; nin por Xerusalén, que é a cidade do gran Rei. ³⁶Tampouco xures pola túa cabeza, porque nin sequera lle podes virar branco ou negro un só pelo. ³⁷Falade, logo, deste xeito: "Si",

---

5, 17 *Dar cumprimento:* non só perfeccionar. Os libros da Antiga Alianza son un camiño para a Nova Lei: a da Nova Alianza, que se vén condensar no amor total e sen condicións.
5, 21 Ex **20,** 13.
5, 22 *Sanedrín:* Consello de 71 membros con sede en Xerusalén, distinto dos simples tribunais (de vintetrés membros), dos que había máis polo país. Máximo organismo de Israel (cf Introd. ó N.T., **2** a).
Inferno (lit. "guehenna"): lugar de castigos extraterrenos. Queda tamén ben clara a actitude cristiá ante a ofensa de calquera tipo.
5, 27 Ex **20,** 14.
5, 28 Lit. "muller", pero no senso de muller casada.
5, 31 Dt **24,** 1.
5, 32 *Malvivindo:* lit. "en caso de impudicia" ("porneia"). Pode significar: a) unión ilegal (cf Lev **18,** 6-18); b) adulterio; c) algo vergoñento. A afirmación orixinal de Xesús foi, con seguridade, de tipo absoluto, excluíndo todo repudio. Mt acomoda o texto a unha situación nova. En todo caso, a énfase está na indisolubilidade fundamental do matrimonio: ideal irrenunciable do cristián.

cando é si; "Non", cando é non; e todo o que pase de aí vén do Malo.

A vinganza (Lc 6, 29-30)

³⁸Tedes oído que se vos dixo: *Ollo por ollo e dente por dente.* ³⁹Pero eu dígovos: non volvades mal por mal. Ó contrario, se alguén che dá un lapote na túa meixela dereita, preséntalle a outra; ⁴⁰a quen queira preitear contigo e che leve a túnica, déixalle ir tamén o mantelo; ⁴¹a quen te obrigue a camiñar con el unha milla, acompáñao dúas. ⁴²A quen che pide, dálle; e non te vires de costas a quen che pida emprestado.

Amor ós inimigos (Lc 6, 27-28. 32-36)

⁴³Tedes oído que se vos dixo: *Amara-lo teu próximo e aborrecera-lo teu inimigo.* ⁴⁴Pero eu dígovos: amade os vosos inimigos, e pregade polos que vos perseguen. ⁴⁵Así seredes fillos de voso Pai que está no ceo, que fai saí-lo seu sol sobre malos e bos, e chover sobre xustos e inxustos. ⁴⁶Porque, se amáde-los que vos aman, ¿que recompensa ides ter? ¿Non fan o mesmo os recadadores de impostos? ⁴⁷E se saudades soamente a vosos irmáns, ¿que facedes de máis? ¿Non fan outro tanto os pagáns? ⁴⁸Daquela sede bos sen exclusivismos, coma o voso Pai celestial é totalmente bo.

A esmola

6 ¹Tede coidado de non practicárde-la vosa xustiza para que vos vexa a xente, que daquela o voso Pai celestial non vos dará recompensa ningunha.

²Cando deas unha esmola non o vaias proclamando diante de ti cunha trompeta, como fan os hipócritas nas sinagogas e nos rueiros para seren louvados polos homes; asegúrovos que xa recibiron a súa recompensa. ³Ti, en troques, cando deas unha esmola, que non saiba a túa man esquerda o que fai a dereita. ⁴Así a esmola será secreta e teu Pai, que ve o segredo, xa te recompensará.

Sobre a oración (Lc 11, 2-24)

⁵Cando recedes non fagades coma os hipócritas, que gustan de rezar moi ergueitos nas sinagogas e nos recantos das rúas para que os vexa a xente; asegúrovos que tamén recibiron a súa recompensa. ⁶Ti, pola contra, cando queiras rezar métete no teu cuarto, pecha a porta e rézalle a teu Pai que está no segredo; e teu Pai, que ve o segredo, hate recompensar.

⁷E cando vos poñades a rezar non sexades lareteiros coma os pagáns. Botan de conta que os van escoitar polo moito falar. ⁸Non sexades coma eles, porque voso Pai ben sabe o que precisades xa antes de que llo pidades. ⁹Vós, rezade así:

Noso Pai que estás no ceo,
santificado sexa o teu nome;
¹⁰veña o teu Reino,
fágase a túa vontade
así na terra coma no ceo.
¹¹Dános hoxe o noso pan de cada día.
¹²E perdoa as nosas débedas
como tamén nós perdoamos xa ós nosos debedores.
¹³E non nos sometas á tentación,
mais líbranos do Malo.

¹⁴Porque se vós perdoades ós outros as ofensas que vos fan, tamén voso Pai celestial perdoará as vosas; ¹⁵pero se non perdoades

---

6, 1 *Xustiza:* designa as prácticas fundamentais da relixión de Israel: a esmola, a oración e o xexún. Xesús estase especialmente dirixindo contra o exhibicionismo dos fariseos e chama ás verdadeiras actitudes relixiosas e fraternais.

Xesús oraba no marco litúrxico xudeu, que estaba moi regrado. Pero tamén moito en solitario, centrándose plenamente en Deus; e incluso fóra das formas litúrxicas sacrais, para emprega-la súa lingua materna (**15**, 34), situándose no medio da vida.

6, 9 *O Noso-Pai*, é sobre todo, unha petición do Reino no medio das probas.

Pai: velaí a gran novidade cristiá no xeito de expresa-la relación con Deus. Tal novidade chamou poderosamente a atención dos xudeus. Ademais a palabra usada por Xesús é "Abba", que implica unha especial intimidade e confianza infantil. Teriámolo que traducir por Papá. Era ademais tan profundo este trato, que o mesmo Xesús recomendou non abusar desta palabra respecto doutras persoas (**23**, 9).

"O ser fillos" dá a seguridade de participar na salvación futura do Reino (Lc **12**, 32), porque é vontade de Deus que ningún dos pequenos se perda (**18**, 10-14).

Tamén dá confianza no medio da vida, porque o Pai ben sabe o que precisan os fillos (**6**, 32), aínda nas circunstancias máis imprevisibles e máis irreparables, coma o sufrimento e a morte, pois nin un pardal cae ó chan sen o consentimento do Pai (**10**, 29).

6, 11 *De cada día*. Traducción difícil. Tamén cabe traducir: "de mañá", "de hoxe", "que precisamos"... Os Padres da Igrexa tamén o aplicaron ó pan eucarístico. Desde logo, pídese só o necesario para vivir, non a acumulación ambiciosa ou egoísta de bens. Como fixo o maná no deserto (Ex **16**), Deus dará para cada día.

6, 12 *Débedas*, no senso de débeda material, pero tamén, aquí, de pecado. Xesús uniu sempre os nosos deberes con Deus e co próximo; así tamén o perdón.

6, 13 Sete peticións. Mateo utiliza moito o número sete. Así: dúas veces sete xenealoxías en **1**, 17; sete benaventuranzas en **5**, 3; perdoar setenta e sete veces, en **18**, 22; sete parábolas no c. **13**.

ós outros, voso Pai celestial tampouco non perdoará as vosas ofensas.

O xexún

¹⁶Cando xexuedes non poñades caras tristeiras, como fan os hipócritas: desfiguran as súas caras para que a xente llelo note. Asegúrovos que xa recibiron a súa recompensa. ¹⁷Ti, en troques, cando xexúes, perfuma a cabeza e lava a cara, ¹⁸para que non che se note ante os homes, senón ante teu Pai celestial; e teu Pai, que ve o que está escondido, hate recompensar.

O verdadeiro tesouro (Lc 12, 33-34)

¹⁹Non amoreedes tesouros na terra onde a traza e maila ferruxe acaban con eles, e os ladróns asaltan as casas para roubalos. ²⁰Amoreade tesouros no ceo, onde non hai traza nin ferruxe que acaben con eles, nin ladróns que asalten e os rouben. ²¹Que onde está o teu tesouro está o teu corazón.

A luz do corpo (Lc 11, 34-36)

²²A luz do corpo é o ollo. Se o teu ollo está san, todo o teu corpo estará alumeado; ²³pero se o teu ollo está malo, todo o teu corpo estará na escuridade. E se a luz que hai en ti é escuridade, ¡canta escuridade!

Deus e o diñeiro (Lc 16, 13)

²⁴Ninguén pode servir a dous amos, porque ou lle ten lei a un e xenreira a outro, ou ben atende a un e menospreza ó outro. Non podedes servir a Deus e mai-lo diñeiro.

A Providencia (Lc 12, 22-31)

²⁵Por iso dígovos: non andedes agoniados pola vosa vida (o que ides comer, o que ides beber), nin polo voso corpo (o que ides vestir). ¿Non vale máis a vosa vida cá mantenza, e non vale máis o voso corpo có vestido? ²⁶Ollade para as aves do ceo: nin sementan, nin seituran, nin recollen nas arcas e, con todo, son mantidas polo voso Pai celestial. ¿Non valedes vós máis ca elas? ²⁷E ¿quen de vós, por máis que se angustie, pode engadir un anaco máis ó tempo da súa vida? ²⁸E polo vestido ¿por que vos angustiades? Aprendede dos lirios do campo: como medran, e non traballan, nin fían. ²⁹E asegúro-

vos que nin Salomón en toda a súa gloria se chegou a vestir coma un deles. ³⁰Pois se á herba do campo, que hoxe verdexa e mañá será botada ó forno, Deus así a viste, ¿canto máis non fará por vós, homes de pouca fe? ³¹Non andedes angustiados dicindo: "¿Que imos comer?" ou "¿que imos beber?" ou "¿que imos vestir?" ³²Por todas esas cousas andan angustiados os pagáns; e ben sabe voso Pai celestial que as precisades. ³³Procurade primeiro o Reino de Deus e maila súa xustiza, e todas esas cousas hánsevos dar de máis a máis. ³⁴Así que non vos angustiedes polo de mañá; mañá xa traerá a súa angueira. Cada día ten abondo cos seus pesares.

Non xulgar ós demais (Lc 6, 37-38. 41-42)

7 ¹Non xulguedes para que non vos xulguen a vós. ²Porque co xuízo que xulguedes hanvos xulgar a vós, e coa medida coa que midades hanvos medir a vós. ³¿Por que reparas no lixo que hai no ollo de teu irmán e non te decatas da trabe que hai no teu? ⁴E, ¿como lle vas dicir a teu irmán: "Deixa que che quite o lixo que tes no ollo", tendo ti unha trabe no teu? ⁵¡Hipócrita! Quita primeiro a trabe do teu ollo e logo verás mellor para quita-lo lixo do ollo de teu irmán.

⁶Non deáde-lo sagrado ós cans nin lle botéde-las vosas perlas ós porcos; non sexa que as esmaguen cos pés, e, virándose contra vós, vos esnaquicen.

Perseverar na oración (Lc 11, 9-13)

⁷Pedide e recibiredes, buscade e atoparedes, petade e abrirásevos. ⁸Pois quen pide, recibe; quen busca, atopa; e a quen peta, abriráselle.

⁹Ou é que hai alguén entre vós que, se o seu fillo lle pide pan, lle dá unha pedra? ¹⁰¿Ou se lle pide un peixe dálle unha cobra? ¹¹Pois se vós, que sodes ruíns, ben sabedes darlles cousas boas ós vosos fillos, ¿canto máis voso Pai celestial llelas dará ós que llas pidan? ¹²Así que tratade á xente en todo conforme queredes que vos traten a vós, porque esta é a Lei e mailos Profetas.

A porta estreita (Lc 13, 24)

¹³Entrade pola porta estreita. Porque ancha é a porta e espacioso o camiño que leva

---

7, 6 Seguramente se refire ós manxares ofrecidos no templo (cf Ex **22**, 30; Lev **22**). Do mesmo xeito a doutrina santa non se debe dar a aqueles que a van rexeitar.

7, 13 O tema da *porta* e dobre *camiño* —o da perdición e o da vida— responde ó esquema clásico das dúas vías. No A.T. está vinculado á liturxia da renovación da Alianza (Dt **30**, 15-20), de onde pasou á literatura sapiencial e ó N.T. (Feit **14**, 22).

á perdición, e son moitos os que entran por el. ¹⁴Pero ¡que estreita é a porta e que apretado o camiño que levan á vida, e que poucos dan con eles!

A árbore coñécese polos froitos (Lc 6, 43-44)

¹⁵¡Gardádevos dos falsos profetas que veñen onda vós con aparencia de ovellas, pero no fondo non son máis ca lobos rapineiros! ¹⁶Polos seus froitos coñecerédelos. ¿Ou é que se recollen uvas dos espiños ou figos dos abrollos? ¹⁷Así, toda árbore de boa caste produce froitos xeitosos, e toda árbore de mala caste produce froitos ruíns. ¹⁸Non pode unha árbore boa producir froitos ruíns, nin unha árbore ruín producir froitos de calidade. ¹⁹Toda árbore que non produce froitos bos, córtase e bótase no lume. ²⁰Así que polos seus froitos é como os coñecaredes.

A falsa piedade (Lc 6, 46; 13, 25-27)

²¹Non todo o que me di: "¡Señor! ¡Señor!" entrará no Reino dos Ceos, senón o que fai a vontade do meu Pai celestial. ²²Moitos hanme dicir naquel día: "¡Señor! ¡Señor!, ¿non profetizamos no teu nome, non botámo-los demos fóra no teu nome, e no teu nome non fixemos moitos milagres?" ²³Pero daquela eu heilles dicir abertamente: "¡Endexamais non vos coñecín: arredádevos de min os que praticáde-lo mal!"

A piedade auténtica (Lc 6, 47-49)

²⁴Así pois, todo aquel que escoita as miñas palabras e as pon en práctica será coma o home asisado que edificou a súa casa sobre rocha. ²⁵Caeu a chuvia, veu a riada, bruou o vendaval batendo na casa; pero non se derrubou porque estaba asentada na rocha. ²⁶Mais todo o que escoita as miñas palabras e non as leva á práctica, pórtase coma un tolambán que edificou a súa casa sobre area. ²⁷Caeu a chuvia, veu a riada, bruou o vendaval, e batendo na casa derrubouna, sendo grande a desfeita.

²⁸E resulta que, rematando o seu discurso, a xente quedou sorprendida pola súa doutrina; ²⁹porque lles ensinaba con autoridade e non coma os letrados.

Curación dun gafo (Mc 1, 40-45; Lc 5, 12-16)

8 ¹Cando Xesús baixou do monte foino seguindo moita xente. ²E nestas achegouse a el un gafo, que, postrándose ante el, díxolle:

—Señor, con só que queiras pódesme limpar.

³El estendeu a man e tocouno, dicindo:

—Quero, queda limpo.

E, coa mesma, quedou limpo da lepra. ⁴E díxolle Xesús:

—Mira, non digas nada; pero vai, preséntate ó sacerdote, e ofrece o donativo que prescribiu Moisés para que lles sirva de testemuño.

A fe do centurión (Lc 7, 2-10; Xn 4, 46-54)

⁵Ó entrar en Cafarnaúm achegóuselle un centurión que lle suplicou ⁶dicindo:

—Señor, o meu criado xace tolleito na casa e padece moito.

⁷Díxolle Xesús:

—Eu irei e curareino.

⁸Replicoulle o centurión:

—Señor, non son merecente de que entres baixo o meu teito, abonda cunha palabra túa para que o meu criado cure. ⁹Que eu, anque son un subordinado, tamén teño homes baixo as miñas ordes; e dígolle a este: "vai", e vai; a aqueloutro: "ven", e vén; e ó meu criado: "fai isto", e faino.

¹⁰A Xesús chamoulle moito a atención oír aquilo, e díxolles ós que o seguían:

—Asegúrovos que non atopei a ninguén cunha fe tan grande en todo Israel. ¹¹E dígovos que moitos de oriente e mais de occidente virán sentar na mesa de Abraham, Isaac e Xacob, no Reino dos Ceos. ¹²Pero ós fillos do Reino botaranos para fóra, á escuridade; alí será o pranto e o trisca-los dentes.

¹³E Xesús díxolle ó centurión:

—Vaite, que se cumpra segundo a túa fe.

E naquela hora curou o criado.

Outras curacións (Mc 1, 29-34; Lc 4, 38-41)

¹⁴En chegando Xesús á casa de Pedro atopou á sogra deste deitada con febre. ¹⁵Tocoulle na man e fóiselle a febre. Ela ergueuse e púxose a servilo.

7, 15 Cf 24, 4 ss.

8, 4 Nun ambiente sociolóxico tan sacralizado, consideraban o gafo como pecador, máis ben que como enfermo. De aí que debese ir, xa como "purificado", ó templo, para facerse constar como tal. Teñamos en conta que "lepra" se refire no N.T. a enfermidades da pel, de carácter deformante, que non sempre coinciden co que hoxe se entende por lepra.

8, 11 *Sentar* á *mesa* ou banquete: símbolo de liberación mesiánica, que arrinca de Is **26**, 29 (cf Mt **22**, 2-14; Lc **14**, 15). Tamén é moi usado na literatura apocalíptica e nos escritos de Qumrân.

8, 12 Refírese ós xudeus, os primeiros chamados.

¹⁶Contra a tardiña leváronlle moitos endemoniados, e coa súa palabra botoulles fóra os espíritos e curou os enfermos todos. ¹⁷Así cumpriuse o que deixara dito o profeta Isaías:

*Apandou coas nosas doenzas
e cargou coas nosas enfermidades.*

O seguimento de Xesús (Lc **9**, 57-62)

¹⁸Vendo Xesús que o rodeaba un mundo de xente, ordenou pasar para a outra banda. ¹⁹E achegándose a el un letrado díxolle:

—Mestre, seguireite vaias a onde vaias.

²⁰Respondeulle Xesús:

—As raposas teñen tobeiras e os paxaros niños, pero o Fillo do Home non ten onde pousa-la cabeza.

²¹Outro dos seus discípulos díxolle:

—Señor, deixa que vaia primeiro enterrar a meu pai.

²²Xesús respondeulle:

—Ti sígueme, e deixa que os mortos enterren ós mortos.

Temporal no mar (Mc **4**, 35-41; Lc **8**, 22-25)

²³Subiu á barca, e seguírono os seus discípulos. ²⁴De súpeto levantouse tan grande temporal no mar que as ondas tapaban a barca; pero el durmía. ²⁵Os discípulos fórono espertar, exclamando:

—¡Señor, sálvanos que afogamos!

²⁶El díxolles:

—¿Por que vos acovardades, homes de pouca fe?

E poñéndose de pé increpou os ventos e mailo mar, e veu unha grande calma. ²⁷Os homes, abraiados, dicían:

—¿Quen será este que mesmo os ventos e mailo mar lle fan caso?

Os endemoniados de Gadara (Mc **5**, 1-20; Lc **8**, 26-39)

²⁸En chegando á outra banda do mar, ó país de Gadara, saíronlle ó camiño desde uns sepulcros dous endemoniados, tan asañados que ninguén se atrevía a pasar por alí.

²⁹E berrando dicían:

—¡¿Que temos que ver contigo, Fillo de Deus? ¿Seica vés para atormentáresnos antes de tempo?!

³⁰Había lonxe de alí unha boa camada de porcos fozando, ³¹e os demos rogáronlle:

—Se nos botas, mándanos para a manada de porcos.

³²El díxolles:

—Ide.

Saíron, e fóronse para os porcos, que, guindándose barranqueira abaixo, foron dar ó mar, onde morreron afogados. ³³Os porqueiros, fuxindo, chegaron á vila e contaron todo, incluso o dos endemoniados. ³⁴E toda a vila saíu ó encontro de Xesús. E cando o atoparon, pedíronlle que abandonase aquela terra.

Curación dun paralítico (Mc **2**, 1-12; Lc **5**, 17-26)

9 ¹Subiu a unha barca, cruzou para a outra banda e chegou á súa vila. ²Nisto trouxéronlle un tolleito nunha padiola. Vendo a fe que tiñan, díxolle ó tolleito:

—¡Ánimo, meu fillo! Quédanche perdoados os teus pecados.

³Entón algúns letrados dixeron para si:

—Este home blasfema.

⁴Coñecendo Xesús o que pensaban, díxolles:

—¿Que cavilades nos vosos adentros? ⁵¿Que é máis fácil, dicir: "perdoados quedan os teus pecados"; ou dicir: "érguete e anda?" ⁶Pois para que vexades que o Fillo do Home ten poder na terra para perdoar pecados —díxolle ó tolleito—: "érguete, colle a padiola, e vai para a casa".

⁷E erguéndose foise para a súa casa. ⁸Vendo isto a xente, asombrouse e glorificaban a Deus por lles dar tal poder ós homes.

Vocación de Mateo (Mc **2**, 13-17; Lc **5**, 27-32)

⁹Ó pasar Xesús por alí, viu un home sentado ó mostrador da contribución, chamado Mateo, e díxolle:

—Sígueme.

El ergueuse e seguiuno.

¹⁰E resulta que, estando á mesa na casa, viñeron moitos recadadores e pecadores, e

---

8, 17 Is **53**, 5.
8, 20 *Fillo do Home:* título mesiánico que Xesús parece ter empregado moito. Por non ser popular, estaba libre das contaminacións mesiánicas contemporáneas. Por iso probablemente Xesús o empregou, para non identifica-lo seu mesianismo coas estampas en voga. Utilizouno tanto para falar das súas humillacións e paixón, coma da súa gloria, conforme se pode ver ó longo dos Evanxeos. Fora xa empregado por Dn **7**, 13 (anque en senso colectivo) e mais no libro de Henoc (extrabíblico) coma figura sobrehumana.
8, 22 *Que os mortos enterren ós mortos* é unha expresión proverbial, unha especie de refrán moi expresivo.
8, 23 Cf nota a Mc **4**, 36.
8, 29 *Antes de tempo:* refírese ó tempo de xuízo definitivo (Ap **9**, 5).
8, 32 Cf nota a Mc **15**, 13.
9, 9 *Mateo* era publicano, recadador de impostos. Respecto a eles, véxase Introducción ó N. T., **2a**).

puxéronse tamén á mesa con Xesús e mailos seus discípulos. ¹¹Cando tal viron os fariseos, dixéronlle ós discípulos del:

—¿Como é que o voso Mestre está a comer con recadadores e pecadores?

¹²El oíunos e dixo:

—Non son os sans senón os enfermos os que precisan de médico. ¹³Ide, pois, aprende-lo que significa aquilo de *Misericordia quero e non sacrificios*. Porque non vin chamar polos xustos, senón polos pecadores.

O xexún (Mc 2, 18-22; Lc 5, 33-39)

¹⁴Entón achegáronselle os discípulos de Xoán preguntando:

—Nós e mailos fariseos gardamos moito o xexún. ¿Por que non o gardan os teus discípulos?

¹⁵Respondeulles Xesús:

—¿Poden os compañeiros do esposo estar de loito mentres dura a voda? Xa chegará o día no que lles leven o esposo; entón si que xexuarán. ¹⁶Ninguén lle bota un remendo de pano aínda sen remollar a un vestido vello, pois o novo tiraría polo vello e a rachadura faríase máis grande. ¹⁷Tampouco se lle ocorre a ninguén botar viño novo en pelellos vellos, porque rebentarían os pelellos, iríase o viño e estragaríanse os pelellos; pola contra bótase o viño novo en pelellos novos para que ámbolos dous se conserven.

A filla de Xairo e a muller con hemorraxias (Mc 5, 21-43; Lc 8, 40-56)

¹⁸Mentres Xesús lles dicía estas cousas, velaí apareceu un xefe que, postrándose ante el, rogáballe:

—A miña filla acaba de morrer. Ven, impón a túa man sobre ela e vivirá.

¹⁹Erguéndose Xesús, seguiuno cos seus discípulos. ²⁰Nisto unha muller que padecía hemorraxias desde había doce anos, achegándose por detrás, tocoulle a orla do seu manto, ²¹falando para si:

—Se lle dou tocado a roupa, xa curo.

²²Xesús virouse e ó vela díxolle:

—¡Ánimo, filla, a túa fe sandoute!

E desde aquel instante a muller quedou salva.

²³Ó chegar Xesús á casa do xefe, vendo os frautistas e mailo barullo da xente, ²⁴dixo:

—Apartade, que a rapaciña non está morta; a rapaza dorme.

A xente facía riso del. ²⁵Pero el, en botando para fóra a xente toda, entrou e colleu a rapaza pola man. E ela ergueuse. ²⁶A noticia espallouse por toda a redonda.

Curación dos cegos (20, 29-34)

²⁷Cando saíu Xesús de alí, fórono seguindo dous cegos que berraban:

—Fillo de David, ten dó de nós.

²⁸E ó entrar na súa casa, os cegos achegáronselle. Preguntoulles Xesús:

—¿E vós credes que eu podo facer iso?

Responderon:

—Cremos.

²⁹Entón tocóulle-los ollos, dicindo:

—Fágase conforme a vosa fe.

³⁰E abríronselle-los ollos. Logo avisounos moi serio:

—¡Mirade que non o saiba ninguén!

³¹Pero, mal se foron, déronlle unha grande sona por toda aquela terra.

Curación dun mudo (Lc 11, 14-15)

³²Ó que se foron os cegos, presentáronlle un mudo endemoniado. ³³E así que lle botou o demo fóra, o mudo falou. A xente quedou coa boca aberta e dicía:

—Nunca tal cousa se viu en Israel.

³⁴Pero os fariseos dicían:

—Bota os demonios co poder do xefe dos demonios.

Percorre Galilea (Mc 6, 6b; Lc 8, 1)

³⁵Xesús percorría tódalas vilas e aldeas ensinando nas sinagogas, anunciando a Boa Nova do Reino e curando toda enfermidade e doenza. ³⁶Pero, vendo a multitude, sentiu unha fonda compaixón por ela, porque estaban todos derreados e esmorecidos coma ovellas sen pastor. ³⁷Entón díxolles ós discípulos:

—A anada é ben boa, pero os xornaleiros son poucos; ³⁸así que rogádelle ó dono da colleita que mande xornaleiros á súa ceifa.

9, 11 Mesturarse cos recadadores, política e administrativamente colaboracionistas coa potencia colonizadora, e relixiosamente marxinados, era moi mal visto, sobre todo polos fariseos, que se tiñan polos quimicamente puros.
9, 13 Os 6, 6.
9, 15 Cf nota a Mc 2, 19.

9, 16 Estas imaxes queren dicir que o Evanxeo non se pode mesturar co xudaísmo, o novo co vello: a mensaxe de Xesús non resiste esquemas vellos (cf nota a Mc 2, 21).
9, 27 *Fillo de David* era un título mesiánico popular, pois o Mesías era descendente de David.
9, 36 Imaxe bíblica: cf Núm 27, 17; 1 Re 22, 17.

Misión dos Doce (Mc 3, 13-19; 6, 7-13; Lc 6, 12-16; 9, 1-6)

10 ¹E chamando ós doce discípulos, deulles poder para botaren os espíritos malos e curaren toda enfermidade e doenza. ²Estes son os nomes dos doce apóstolos: o primeiro Simón, chamado Pedro, e mais Andrés seu irmán, Santiago o do Zebedeo e mais Xoán seu irmán, ³Felipe e Bartolomeo, Tomé e Mateo, o recadador de impostos, Santiago o de Alfeo e mais Tadeo, ⁴Simón o Zelota e Xudas Iscariote, o mesmo que o entregou.

⁵A estes doce mandounos Xesús con estas instruccións:

—Non vaiades a terra de pagáns nin entredes en vilas de samaritanos; ⁶ide máis ben ás ovellas perdidas da casa de Israel. ⁷E mentres caminades proclamade que xa chega o Reino dos Ceos. ⁸Curade enfermos, resucitade mortos, limpade gafos, botade os demos fóra. E xa que de balde recibistes, dade de balde tamén. ⁹Non levedes nin ouro, nin prata, nin cobre nas vosas faixas; ¹⁰nin alforxa para o camiño, nin dúas túnicas, nin sandalias, nin caxato; porque o traballador ben merece a súa mantenza. ¹¹En calquera vila ou aldea que entredes, informádevos se hai alguén de confianza e permanecede alí ata que marchedes. ¹²Ó entrar na casa, saudade. ¹³Se a casa é digna, veña a ela a vosa paz; pero se non é digna, que a vosa paz volva convosco. ¹⁴E se alguén non vos acolle nin escoita as vosas palabras, saíde daquela casa ou daquela vila e sacudide o po dos vosos pés. ¹⁵Asegúrovos que o día do Xuízo será máis levadeiro para Sodoma e Gomorra do que para aquela vila.

As persecucións (Mc 13, 9-13; Lc 21, 12-17)

¹⁶¡Vede que vos mando coma ovellas entre lobos! Así que sede prudentes coma as serpes e sinxelos coma as pombas. ¹⁷Tede coidado coa xente, porque entregaranvos ós tribunais e hanvos azoutar nas sinagogas. ¹⁸E pola miña causa hanvos levar ante gobernadores e reis, así daredes testemuño de min diante deles e dos pagáns.

¹⁹E cando vos entreguen, non andedes angustiados polo como ou polo que ides dicir, porque naquela hora hásevos inspira-lo que tendes que dicir. ²⁰Non sodes vós os que falaredes, senón que será o Espírito de meu Pai quen falará por vós. ²¹Haberá irmáns que entreguen a seus irmáns á morte; pais a fillos; fillos que denuncien a seus pais ata facelos matar. ²²Pola miña causa hanvos odiar, pero o que persevere ata o final hase salvar. ²³Cando vos persigan nunha vila fuxide a outra, porque de certo vos aseguro: non acabaredes de anda-las vilas de Israel antes de que veña o Fillo do Home. ²⁴Non é o discípulo máis có seu Mestre, nin o servo máis có seu Señor. ²⁵Abóndalle ó discípulo chegar a ser coma o seu Mestre; e ó servo coma o seu Señor. Se ó dono da casa o alcumaron Belcebul, ¡canto máis ós da súa casa!

A quen temer (Lc 12, 2-9)

²⁶Pero non lles teñades medo, que non hai cousa encuberta que non se acabe descubrindo, nin cousa oculta que non se acabe sabendo. ²⁷O que vos digo na escuridade faládeo á plena luz; e o que oídes ás agachadas pregoádeo desde as azoteas. ²⁸Non lles teñades medo ós que matan o corpo pero non poden mata-la alma; temede máis ben a aquel que pode arruina-lo corpo e a alma no inferno. ²⁹¿Non se venden un par de pardais por catro patacos? E non cae o primeiro no chan sen o consentimento do voso Pai. ³⁰Pois vós, mesmo tedes contados os pelos todos da cabeza. ³¹Así que non teñades medo, que vós valedes máis ca tódolos pardais xuntos.

³²Todo o que volva por min diante dos homes tamén eu hei volver por el diante de meu Pai celestial. ³³Pero quen me negue diante dos homes, eu negareino a el diante do meu Pai celestial.

Xesús, sinal de contradicción (Lc 12, 51-53; 14, 26-27)

³⁴Non vaiades pensar que vin traer paz á terra: non vin traer paz senón espada. ³⁵Por-

---

10, 2 *Apóstolo* significa "enviado" para prolonga-la misión de Xesús. O número *doce* quere simboliza-la totalidade (as doce tribos de Israel).
10, 4 *Zelota:* lit. "cananeo", vocábulo arameo que significa "celoso" (cf Introducción ó N.T. 2e), 6). *Iscariote* vén ser "home de Keriot", pobo de Xudá; algúns din que tamén podería ser "sicario", home da "sica" ou puñal (cf Introducción ó N. T., 2e), 7).
10, 6 Queda reducido o apostolado inicial á Galilea, rodeada de pagáns, e á Samaría. Os israelitas eran os primeiros depositarios das promesas mesiánicas.
10, 16 Bótase de ver claramente que este texto está escrito en tempos difíciles para a primitiva Igrexa, polas primeiras persecucións xudías.
10, 30 Palabras de ánimo para a Igrexa perseguida.
10, 34 *Espada.* Lucas fala da "división", en 12, 51. Pódese entender coma a Palabra que crea e provoca as decisións radicais, como se ve polo que segue.
10, 35 A esixencia do seguimento do Reino é absoluta. Iso é o que vén remarcar este xeito duro de falar, que nada

que vin enfronta-lo home *co seu pai, a filla coa súa nai, a nora coa súa sogra* ³⁶*e os propios familiares serán os inimigos de cada un.* ³⁷Quen ama a seu pai ou a súa nai máis ca a min, non é digno de min. E quen ame a seu fillo ou a súa filla máis ca a min non é digno de min. ³⁸E quen non carga coa súa cruz e me segue, non é digno de min. ³⁹Quen trate de conserva-la vida, perderaa; pero quen a perda por min, ese conservaraa. ⁴⁰Quen vos recibe a vós, recíbeme a min; e quen me recibe a min, recibe ó que me mandou. ⁴¹Quen recibe a un profeta por ser profeta, terá recompensa de profeta; quen recibe a un xusto por ser xusto, terá recompensa de xusto. ⁴²E quen dea de beber a un destes pequenos, anque soamente sexa un vaso de auga fresca, por ser discípulo meu, asegúrovos que non perderá a súa recompensa.

11 ¹En rematando de lles dar estas instruccións ós doce discípulos, partiu de alí para ensinar e predicar por aquelas vilas.

Pregunta de Xoán e louvanza de Xesús (Lc 7, 18-30)

²Xoán, oíndo falar na cadea das obras de Cristo, mandou os seus discípulos a lle preguntar:

³—¿Es ti o que ten que vir ou esperamos a outro?

⁴Respondeulles Xesús:

—Ide e contádelle a Xoán o que estades oíndo e vendo: ⁵os cegos ven e os coxos andan, os leprosos fican limpos e os xordos oen, os mortos resucitan e ós pobres estáselles anunciando a Boa Nova. ⁶¡E ditoso quen non se escandalice de min!

⁷Non ben se foron eles, comezou Xesús a falar de Xoán á xente:

—¿Que fostes ver ó deserto?: ¿unha cana abaneada polo vento?

⁸Pois logo, ¿que fostes ver?: ¿un home vestido con roupas finas? Pero os que visten roupas finas están nos pazos dos reis. ⁹Pois logo, ¿a que saístes?: ¿a ver un profeta? Si, e abofé que moito máis ca un profeta. ¹⁰Este é de quen está escrito:

Olla, mando o meu mensaxeiro diante de ti, para que prepare o teu camiño.

¹¹Tede por seguro que non naceu de muller ninguén meirande ca Xoán Batista, aínda que o máis pequeno no Reino dos Ceos é meirande ca el.

¹²Desde o tempo de Xoán Batista ata agora o Reino dos Ceos está a ser violentado, e os violentos arrepáñano. ¹³Pois ata Xoán profetizaron tódolos Profetas e maila Lei. ¹⁴El é Elías, o que tiña que vir; así que aceptádeo, se queredes. ¹⁵Quen teña oídos, que escoite.

Xesús xulga a súa xeración (Lc 7, 31-35)

¹⁶¿Con quen compararía eu esta xeración? Aseméllase a eses rapaces que, sentados no rueiro, rifan entre si ¹⁷dicindo:

*Tocámo-la frauta, e non bailastes;
fixémo-lo pranto, e non chorastes.*

¹⁸Porque apareceu Xoán, que nin comía nin bebía, e din: "ten o demo no corpo"; ¹⁹apareceu o Fillo do Home, que come e bebe, e din: "que larpeiro, que bebedor e que amigo de recadadores e pecadores". Con todo, a sabedoría quedou acreditada polas súas obras.

Xesús censura as cidades (Lc 10, 13-15)

²⁰Entón empezou a rifarlles ás vilas nas que fixera a maior parte dos milagres, pero que non se converteran.

²¹—¡Ai de ti, Corozaín! ¡Ai de ti, Betsaida! Porque se en Tiro e Sidón se fixesen os milagres que se fixeron en vós, hai xa tempo que facían penitencia cubertas de saco e de cinsa. ²²Por iso dígovos: O día do Xuízo será moito máis levadeiro para Tiro e Sidón do que para vós. ²³E ti, Cafarnaúm: *¿Seica pensas que vas chegar ata o ceo? ¡Asolagaraste no abismo!* Porque se en Sodoma se fixesen os milagres que se fixeron en ti, aínda duraba hoxe. ²⁴Por iso dígovos que Sodoma terá un día do Xuízo máis levadeiro ca vós.

---

ten que ver coa negación ou menosprezo do amor humano de todo tipo, como se pode ver en **19**, 19.
10, 36 Miq **7**, 6.
11, 5 Is **26**, 19; **29**, 18 ss; **35**, 5 ss; **61**, 1. Esta cita de Isaías recolle a verdadeira mostra da chegada dos tempos mesiánicos. *Pobres* en senso amplo, desde os "elixidos" ós "cativos", desde os "abatidos" ós "encadeados"..., (Is **61**, 2). Véxase nota a Mt **5**, 3.
11, 6 O ambiente de expectación mesiánica era distinto. Todos esperaban un Mesías fantástico, política e relixiosamente falando. Xesús resultou segui-lo camiño do Servo de Iavé, é dicir, o da cruz. Isto foi o gran escándalo.
11, 10 Mal **3**, 1.
11, 12 Algúns entenden que se refire á violencia hostil, que se fai contra o Reino. Outros á autoviolencia que require a esixencia do Reino.
11, 21 *Tiro e Sidón*: terra típica de pagáns para os xudeus (**15**, 20-28).
11, 23 Is **14**, 13-15.

Achegádevos a min (Lc 10, 21-22)

²⁵Naquel tempo dixo Xesús:

—Bendito sexas, meu Pai, Señor do ceo e mais da terra, porque lles escondiches estas cousas ós sabios e ós prudentes e llas revelaches á xente humilde. ²⁶Si, meu Pai, bendito sexas por che agradar iso así. ²⁷Meu Pai ensinoume tódalas cousas e ninguén coñece ó Fillo agás o Pai, nin coñece ó Pai agás o Fillo e aquel a quen o Fillo llo queira revelar.

²⁸Achegádevos a min tódolos que estades cansos e oprimidos, que eu vos aliviarei. ²⁹Cargade co meu xugo e aprendede de min, que son bo e humilde de corazón e atoparedes acougo para as vosas almas; ³⁰porque o meu xugo é levadeiro e a miña carga leviá.

O asunto das espigas no sábado (Mc 2, 23-28; Lc 6, 1-5)

12 ¹Naquel tempo pasou Xesús nun sábado por unhas leiras traballadas. Os seus discípulos sentiron fame e empezaron a arrincar espigas e comelas. ²Os fariseos, vendo aquilo, dixéronlle:

—Mira que os teus discípulos fan o que non está permitido facer no sábado.

³El contestoulles:

—¿Seica non sabéde-lo que fixo David cando sentiu fame el e mailos seus acompañantes? ⁴Entrou na casa de Deus e comeu pan do ofrecido, cousa que non lle estaba permitida a el nin ós seus acompañantes, senón só ós sacerdotes. ⁵¿E non tendes lido na Lei que os sacerdotes no templo quebrantan o sábado sen por iso seren culpables? ⁶Pois eu asegúrovos que aquí hai algo meirande có templo. ⁷Se entendesedes ben o que significa: *Misericordia quero e non sacrificios,* non condenabades a estes inocentes. ⁸Porque o Fillo do Home é Señor do sábado.

O home da man tolleita (Mc 3, 1-6; Lc 6, 6-11)

⁹E saíndo de alí foi á sinagoga deles. ¹⁰Había alí un home que tiña unha man tolleita e preguntáronlle para o tentar:

—¿E logo, está permitido curar en sábado?

¹¹El respondeulles:

—¿Quen de vós que teña unha soa ovella, se lle cae en sábado nun foxo, non a colle e a saca de alí? ¹²Pois un home vale moito máis ca unha ovella: polo tanto está permitido facer ben no sábado.

¹³E coa mesma díxolle ó home:

—Estende a túa man.

El estendeuna e púxoselle tan sa coma a outra. ¹⁴E con só saír, os fariseos empezaron a maquinar na maneira de acabar con el.

Xesús, o servo de Deus

¹⁵Xesús, ó sabelo, decidiu ir para outro lado, seguido por moitos e curando a todos. ¹⁶E mandoulles que non o descubrisen, ¹⁷para que se cumprise o que dixera o profeta Isaías:

¹⁸*Velaquí o meu servo, o meu elixido,*
o meu amado, a miña regalía.
Apousarei o meu Espírito sobre el,
para que anuncie o dereito ás nacións.
¹⁹*Non discutirá nin berrará,*
ninguén oirá a súa voz polos rueiros.
²⁰*Non crebará a canivela cascada,*
nin apagará a torcida que fumega
ata que faga triunfa-lo dereito:
²¹*El será a esperanza das nacións.*

Xesús e Belcebul (Mc 3, 22-30; Lc 11, 14-23; 12, 10)

²²Trouxéronlle, daquela, un endemoniado cego e mudo. El curouno e o mudo falaba e vía. ²³E todos pasmados dicían:

11, 25 *Xente...* (lit. "pequenos"): xeito de expresar unha vez máis os "pobres", porque eles son os verdadeiramente disponibles para o Reino de Deus. Coma os "nenos", é dicir, sen importancia sociolóxica, capaces de confiar espontaneamente sen ningún tipo de autosuficiencia.
11, 27 Afirmación central sobre a misión de Xesús. *Meu Pai ensinoume,* é dicir, reveloume tódalas cousas. A misión de Xesús é dar a coñece-lo Pai, con quen manifesta unha íntima relación (Véxase nota a **6,** 9).
11, 28 Os *cansos e oprimidos* son os pequenos e pobres, especialmente víctimas da concepción farisaica da Lei. O "Xugo da Lei" é unha expresión usada xa no A. T., coma en Is **14,** 25 e Xer **2,** 20.
11, 29 *Bo e humilde* ou, quizais, "manseliño e abaixado", pertence ó vocabulario dos "Pobres de Iavé" (cf Is **26,** 6).
12, 1 O *sábado* era día sagrado dos xudeus, no que non podían facer traballo ningún. Os fariseos, legalistas máximos, eran escrupulosos coa Lei ata faceren dela unha carga inhumana. A actitude de Xesús é clara: o home non está ó servicio da Lei, senón a Lei ó servicio do home

(Mc **2,** 27; cf Introducción ó N. T., **2**d) 6).
12, 5 O culto non entraba na prohibición.
12, 7 Os **6,** 6.
12, 17 Este texto de Isaías, reelaborado pola mentalidade cristiá, vén reafirma-lo chamado "segredo mesiánico", polo que se daba a entender que Xesús trataba de encubri-la súa verdadeira personalidade.
A razón de tal precaución —de non se declarar Mesías abertamente, ata o final da súa vida (cf **26,** 64)—, radicaría no medo de Xesús a ser mal entendido, dado que a imaxe de Mesías que tiña a xente era moi distinta da que el encarnaba. O tipo de Mesías que Xesús reclamaba debía pasar pola morte, e a través dela inaugura-lo Reino de Deus. Tal cousa naturalmente sería causa de escándalo. Recordémo-la reacción de Pedro ante tal anuncio (**16,** 26).
12, 18 *Dereito*: lit. "xuízo salvífico", "salvación".
12, 21 Is **42,** 1-4.
12, 23 *Fillo de David*: título mesiánico. Véxase nota a Lc **20,** 43.

—¿Non será este o Fillo de David? ²⁴Pero os fariseos, oíndo isto, dixeron:

—Este non bota os demos se non é co poder de Belcebul, xefe dos demos.

²⁵El, coñecendo os seus pensamentos, díxolles:

—Todo reino dividido contra si mesmo fica asolado; nin pode manterse en pé unha cidade ou unha familia dividida contra si mesma. ²⁶E se Satanás bota a Satanás, está dividido contra si mesmo. ¿Como se vai manter, logo, en pé o seu reino? ²⁷E se eu boto os demos co poder de Belcebul, ¿os vosos fillos co poder de quen os botan? Por iso eles mesmos serán os vosos xuíces. ²⁸Pero se boto os demos polo Espírito de Deus, vese que xa chegou a vós o Reino de Deus. ²⁹Pois ¿como poderá entrar alguén na casa dun home forte e roubarlle canto ten, se primeiro non ata ó home forte para logo arramplar con todo canto hai na casa?

³⁰Quen non está comigo está contra min; e o que non recolle comigo, derrama. ³¹Por iso asegúrovos que ós homes háselles perdoar calquera pecado e blasfemia, pero o pecado contra o Espírito non terá perdón. ³²E a quen fale contra o Fillo do Home poderáselle perdoar, pero a quen fale en contra do Espírito Santo non se lle perdoará, nin neste mundo nin no vindeiro.

A árbore e os froitos (Lc **6,** 43-45)

³³Se unha árbore é boa, dará froito bo; e se é mala, o seu froito será malo. Porque a árbore coñécese polo froito.

³⁴¡Raza de víboras! ¿Como ides falar ben sendo vós malos? Pois do que reborda o corazón fala a boca. ³⁵O home bo saca boas cousas do tesouro da súa bondade, pero o home ruín saca cousas ruíns do pozo da súa maldade. ³⁶Asegúrovos que toda palabra falsa que digan os homes háselles ter en conta no día do Xuízo. ³⁷Pois polas túas palabras declararante xusto e polas túas palabras condenarante.

O sinal de Xonás (Mc **8,** 11-12; Lc **11,** 29-32)

³⁸Entón, para replicar, algúns letrados e fariseos dixéronlle:

—Mestre, queremos ver un sinal teu.
³⁹Respondeulles el:

—¡Unha xeración perversa e adúltera reclama un sinal! Pois non se lle dará máis sinal có de Xonás o profeta. ⁴⁰Que así *como estivo Xonás no ventre do peixe,* así estará o Fillo do Home no seo da terra tres días e tres noites. ⁴¹Os habitantes de Nínive enfrontaranse no Xuízo con esta xeración para condenala, porque se converteron cando escoitaron a predicación de Xonás; pero aquí está quen é máis ca Xonás. ⁴²A raíña do Sur enfrontarase no Xuízo con esta xeración e fará que a condenen; porque ela veu desde o cabo do mundo para escoita-la sabedoría de Salomón e aquí está quen é máis ca Salomón.

Volta do espírito malo (Lc **11,** 24-26)

⁴³Cando o espírito inmundo sae do home vai polos ermos adiante buscando acougo sen atopalo. ⁴⁴Entón di: "Voltarei á casa de onde saín", e ó chegar atopa a casa desocupada, varrida e ordenada. ⁴⁵Entón vai, colle consigo outros sete espíritos aínda peores ca el e establécense alí; e o final daquel home acaba sendo peor có principio. Así lle vai pasar tamén a esta xeración malvada.

A nai e os irmáns de Xesús (Mc **3,** 31-35; Lc **8,** 19-21)

⁴⁶Mentres Xesús lle estaba falando á xente, súa nai e mailos seus irmáns presentáronse fóra buscando o xeito de falaren con el. ⁴⁷Díxolle un:

—Mira que túa nai e mailos teus irmáns están aí fóra, que te buscan para falaren contigo.

⁴⁸El respondeu ó que llo dicía:

—¿Quen é miña nai e quen son os meus irmáns?

⁴⁹E, sinalando coa man os seus discípulos, dixo:

—Velaí a miña nai e mailos meus irmáns. ⁵⁰O que cumpre a vontade do meu Pai celestial, ese é o meu irmán, a miña irmá e maila miña nai.

12, 32 No contexto catequético da primitiva Igrexa, *pecado contra o Espírito* é negarse a recoñece-la acción salvadora de Deus en Xesús, e no contexto concreto, cando se responsabiliza desta curación a Satanás.

12, 38 *Sinal* ou "signo", refírese a algún milagre aparatoso que probase que Deus estaba con Xesús.

12, 39 *Adúltera* é un eco da metáfora veterotestamentaria que designa a infidelidade de Israel a Deus: Xer 3, 1-5; Os 2,3-22.

12,40 Xon **2,** 1.

12, 46 *Irmán,* no mundo hebreo, ten un sentido moi amplo: aplícase tamén ós parentes. (cf nota a Xn **2,** 12).

Parábola do sementador (Mc **4**, 1-9; Lc **8**, 4-8)

13 [1]Naquel día Xesús saíu da casa e foise sentar á beira do mar. [2]Tanta era a xente reunida ó pé del, que tivo que subir e sentar nunha barca, mentres a xente toda ficaba na beira. [3]E faloulles de moitas cousas en parábolas. Dicía:
—Dunha vez saíu un labrego a sementar. [4]E ó bota-la semente, parte dela foi caendo polo camiño adiante; viñeron os paxaros e comérona. [5]Outra caeu entre as pedras, onde a penas había terra; e naceu de contado, porque a terra non tiña fondura; [6]pero non ben saíu o sol, queimouna, e, como non tiña raíz, secou. [7]Outra parte caeu na silveira, e ó medraren as silvas afogárona. [8]Outra caeu en boa terra, dando froito: unha, cen; outra, sesenta; outra, trinta. [9]¡Quen teña oídos que escoite!

O motivo das parábolas (Mc **4**, 10-12; Lc **8**, 9-10)

[10]E achegándose os discípulos dixéronlle:
—¿Por que lles falas en parábolas?
[11]El respondeulles:
—Porque a vós concedéusevos coñece-los misterios do Reino dos Ceos, pero a eles non. [12]Pois a quen ten daráselle ata sobrarlle; pero a quen non ten aínda o que ten se lle quitará. [13]Por iso fálolles eu en parábolas, porque mirando, non ven, e escoitando, non oen nin entenden. [14]Cúmprese así neles o que profetizara Isaías dicindo:
Oír, oiredes, pero non entenderedes;
ollar, ollaredes, pero non veredes.
[15]*Porque o corazón deste pobo está insensibilizado:*
endureceron os seus oídos
e pecharon os seus ollos,
para non veren cos ollos, nin oíren cos oídos,
nin entenderen co seu corazón nin se converteren
para que eu os cure.
[16]¡Ditosos, en troques, os vosos ollos, porque ven, e mailos vosos oídos, porque oen! [17]Pois asegúrovos que moitos profetas e xustos arelaron ve-lo que vós vedes, e non o viron, e oí-lo que vos oídes, e non o oíron.

Explicación da parábola do sementador (Mc **4**, 13-20; Lc **8**, 11-15)

[18]Escoitade, logo, vós a parábola do sementador: [19]Sempre que un escoita a Palabra do Reino e non a entende, vén o Maligno e arrepáñalle o sementado no seu corazón: esa é a que caeu no camiño. [20]O que caeu entre as pedras, vén ser aquel que, escoitando a Palabra, de seguida a recibe con alegría; [21]pero, ó non ter raíz e ser inconstante, así que veñen as dificultades ou a persecución por causa da Palabra, de seguida abandona. [22]O que cae na silveira, vén ser aquel que escoita a Palabra; pero as preocupacións do mundo e o engado das riquezas afogan a palabra e queda sen dar froito. [23]Pero o que foi sementado en boa terra, vén ser aquel que escoita a Palabra e a comprende: este si que dá froito e produce nun caso cento, noutro sesenta e noutro trinta.

Parábola do xoio no medio do trigo

[24]E contoulles outra parábola:
—Parécese o Reino dos Ceos a un home que sementou boa semente na súa leira. [25]Pero mentres todos durmían, o seu inimigo veu sementar xoio polo medio do trigo e marchou. [26]Cando espigou a planta e deu trigo, apareceu o xoio tamén.
[27]Os criados do dono fóronlle dicir: "Señor, ¿ti non sementaras boa semente na túa leira? ¿De onde lle vén, logo, o xoio?" [28]El contestoulles: "Isto é obra dun inimigo".
Os criados preguntáronlle: "¿Queres que o vaiamos arrincar?" [29]El respondeulles: "Non, non sexa que ó collérde-lo xoio arrinquedes tamén o trigo. [30]Deixádeos medrar xuntos deica a sega, que no tempo da sega heilles dicir ós segadores: Apañade primeiro o xoio, e atádeo en móllos para queimalo; e o trigo recollédeo na miña arca".

Parábola do gran de mostaza e mais do fermento (Mc **4**, 30-32; Lc **13**, 18-21)

[31]E contoulles outra parábola:
—O Reino dos Ceos é semellante a un gran de mostaza que un home sementou na súa horta. [32]A mostaza vén sendo a máis pequerrecha de tódalas sementes; pero cando medra chega a ser meirande ca tódalas

---

13, 11 A Igrexa primitiva ten que dar unha explicación da "cegueira xudía" ante a opción cristiá. Con ese fin acode a Is **14-15**, para manifestar que xa estaba profetizada de antes. Neste contexto explicanse estas escuras e discutidas palabras de Xesús, palabras que Mt suaviza algo respecto de Mc **4**, 12, aínda que con significado parecido.
13, 12 *A quen ten...* , é dicir, o que recibiu o Reino dos Ceos. *A quen non ten...*, ou sexa, o que rexeita o Reino; aínda se lle quitará, coma no caso de Israel a súa condición de pobo escollido.
13, 15 Is **6,** 9-10.

hortalizas, converténdose nunha árbore; de tal xeito, que mesmo os paxaros veñen face-lo niño nas súas ponlas.

³³Díxolles outra parábola:

—O Reino dos Ceos é semellante ó fermento que unha muller amasou en tres medidas de fariña ata que todo levedou.

³⁴Todo isto lle falou Xesús en parábolas á xente, e nada lle falaba que non fose por medio de parábolas. ³⁵De xeito que se cumprise o que dixera o profeta:

Abrirei a miña boca para dicir parábolas, proclamarei cousas escondidas desde que o mundo é mundo.

Explicación da parábola do xoio

³⁶Entón, deixando á xente, foise para a casa. Achegáronselle os seus discípulos e pedíronlle:

—Explícano-la parábola do xoio na leira.

³⁷El respondeu:

—O que sementa a boa semente é o Fillo do Home; ³⁸a leira é o mundo; a boa semente son os fillos do Reino; o xoio son os fillos do Malo. ³⁹O inimigo que a sementa é o Satán; a sega é a fin do mundo e os segadores son os anxos. ⁴⁰E así como se entrecolle o xoio e se bota no lume, así pasará na fin do mundo. ⁴¹Mandará o Fillo do Home os seus anxos, e quitarán do seu Reino tódolos escándalos e a tódolos que fan o mal; ⁴²e botaranos no forno do lume, onde será o pranto e o renxer dos dentes. ⁴³Entón, os xustos resplandecerán coma o sol no Reino de seu Pai. Quen teña oídos que escoite.

Parábola do tesouro, da perla e mais da rede

⁴⁴O Reino dos Ceos é semellante a un tesouro agachado nunha leira: o home que o atopou vólveo a agachar; e, cheo de alegría, vai vender canto ten para mercar aquela leira.

⁴⁵Tamén se parece o Reino dos Ceos a un tratante de perlas finas: ⁴⁶en atopando unha de grande valor, foi vender canto tiña e mercouna.

⁴⁷Do mesmo xeito é semellante o Reino dos Ceos a un aparello de rapeta largado no mar, que recolleu peixes de tódalas castes. ⁴⁸Unha vez cheo, tiran por el para a ribeira e, sentados, escollen os bos nun queipo e os malos tiran con eles. ⁴⁹Así será na fin do mundo: sairán os anxos e arredarán os malos dos xustos ⁵⁰para botalos no forno do lume; alí será o pranto e o renxer dos dentes.

⁵¹—¿Entendedes todo isto?

Eles responderon:

—Entendemos.

⁵²El concluíu:

—Por iso todo letrado que se fai discípulo do Reino dos Ceos parécese ó dono dunha casa que saca das súas arcas o novo e mailo vello.

Xesús en Nazaret (Mc **6**, 1-6; Lc **4**, 16-30)

⁵³E resulta que cando Xesús acabou de expoñer estas parábolas marchou de alí, ⁵⁴indo para a súa terra. Alí con tal xeito lles ensinaba na sinagoga que dicían abraiados:

—¿De onde lle veñen a este esa sabedoría e eses milagres? ⁵⁵¿Non é o fillo do carpinteiro? ¿Non se chama María súa nai; e seus irmáns Santiago, Xosé, Simón e Xudas? ⁵⁶E súas irmás ¿non viven connosco? Entón ¿de onde lle vén todo isto?

⁵⁷Estaban realmente escandalizados por causa del. Pero Xesús díxolles:

—A un profeta só o aceptan mal na súa terra e na súa casa.

⁵⁸E alí non fixo moitos milagres pola falta de fe daquela xente.

Morte do Bautista (Mc **6**, 14-30; **9**, 7-9)

14 ¹Naquel tempo chegou a sona de Xesús ós oídos de Herodes, o tetrarca. ²Este comentou cos seus cortesáns:

—Ese é Xoán Bautista, que resucitou de entre os mortos con poderes milagrosos.

³Pois Herodes prendera a Xoán, meténdoo na cadea por cousa de Herodías, muller de seu irmán Filipo. ⁴Porque Xoán non paraba de lle dicir:

—Non che está permitido vivir arrimado con ela.

⁵E anque Herodes o quería matar, tíñalle medo á xente, que o consideraba un profeta. ⁶Mais, cando Herodes celebrou o seu cumpreanos, a filla de Herodías bailou diante de todos. E tanto lle agradou a Herodes ⁷que lle prometeu baixo xuramento darlle o que lle pedira. ⁸Ela, encirrada pola súa nai, díxolle:

—Tráeme nunha bandexa a cabeza de Xoán Bautista.

⁹O rei entristeceuse, pero, como o xurara e por cousa dos convidados, ordenou que lla

---

13, 35 Sal **78**, 2.
13, 58 Cf Mc **6**, 5. Mt suaviza a expresión de Mc, que salienta aínda máis —"non puido facer ningún"— a conexión entre fe e milagres. Estes non son lucimentos sensacionalistas, senón "signos" amorosos da presencia eficaz do Reino.

trouxesen, ¹⁰e mandou que fosen decapitar a Xoán na cadea. ¹¹Trouxeron a cabeza nunha bandexa e entregáronlla á rapaza, que lla levou á nai. ¹²Logo viñeron os seus discípulos recolle-lo corpo e sepultalo. Despois foron informar a Xesús.

Primeira multiplicación do pan (Mc **6**, 30-44; Lc **9**, 10-17; Xn **6**, 1-14)

¹³Cando o soubo Xesús retirouse de alí nunha barca a un lugar deserto e arredado. En canto a xente o soubo, foino seguindo por terra desde as vilas. ¹⁴Así, cando desembarcaron, atopouse cun gran xentío. El, conmovido, curou a tódolos enfermos. ¹⁵Chegada a tarde, os discípulos foron onda el e dixéronlle:

—O lugar está moi arredado e a hora moi avanzada: será mellor que despída-la xente para que vaian ás aldeas e merquen comida.

¹⁶Xesús díxolles:

—Non precisan marchar, dádelles vós de comer.

¹⁷Eles responderon:

—Aquí non temos máis ca cinco bolos de pan e mais dous peixes.

¹⁸Pero Xesús replicoulles:

—Pois, traédemos aquí.

¹⁹E mandando recostar á xente na herba, colleu os cinco bolos e mailos dous peixes, ergueu a mirada ó ceo, dixo a bendición, partiu os bolos e déullelos ós discípulos, que á súa vez llos pasaron á xente. ²⁰E comeron todos ata se fartaren, enchendo coas sobras doce cestas. ²¹Os que comeron eran uns cinco mil, sen contar mulleres nin nenos.

Anda por riba da auga (Mc **6**, 45-52; Xn **6**, 16-21)

²²De seguida mandou ós seus discípulos que embarcasen e que fosen diante para a outra banda, mentres el despedía a xente. ²³Despois de despedila, subiu ó monte para orar el só, e alí colleuno a anoitecida.

²⁴E, xa a moitos metros no medio do mar, as ondas batían na barca, pois levaban o vento en contra. ²⁵Ó risca-lo día, Xesús foi cara a eles, camiñando polo mar. ²⁶E, os discípulos, véndoo camiñar polo mar, asustáronse dicindo: "é unha pantasma", e, cheos de medo, empezaron a berrar. ²⁷De seguida faloulles Xesús dicindo:

—Tranquilos, non teñades medo, que son eu.

²⁸Respondeulle Pedro:

—Señor, se es ti, mándame que vaia onda ti, camiñando pola auga.

²⁹El díxolle:

—Ven.

Baixou Pedro da barca, e púxose a camiñar pola auga, dirixíndose a Xesús. ³⁰Pero, ó senti-lo vento forte, colleu medo, empezou a afundirse e púxose a berrar:

—¡Señor, sálvame!

³¹Axiña Xesús, dándolle a man, agarrouno e díxolle:

—Home de pouca fe, ¿por que dubidas?

³²E ó subiren eles á barca, quedouse o vento. ³³Os que estaban na barca postráronse ante el dicindo:

—Realmente ti es Fillo de Deus.

Curacións en Xenesaret (Mc **6**, 53-56)

³⁴Rematada a travesía, chegaron á terra de Xenesaret. ³⁵Ó recoñecelo, os homes do lugar mandaron aviso a toda a comarca. Leváronlle tódolos enfermos, ³⁶rogándolle que lles deixase tocar tan sequera a orla do seu manto. E cantos o tocaron, curaron.

A tradición dos devanceiros (Mc **7**, 1-23)

15 ¹Entón achegáronse a Xesús un grupo de fariseos e letrados de Xerusalén e preguntáronlle:

²—¿Por que os teus discípulos quebrantan a tradición dos devanceiros e non lavan as mans antes de comer?

³El contestoulles:

—¿E logo por que quebrantades vós o mandamento de Deus por causa de vosa tradición? ⁴Porque Deus dixo: *Mira por teu pai e mais por túa nai,* e *quen abandone a seu pai ou súa nai é reo de morte.* ⁵Pero vós dispoñedes: "quen lle diga a seu pai ou a súa nai: *ofrézolle ó templo o sustento que teño para vós,* ⁶non ten por que coidar de seu pai"; así invalidáde-lo mandamento de Deus por mor da vosa tradición.

⁷¡Hipócritas! Ben profetizou de vós o profeta Isaías cando dixo:

14, 19 O cerimonial co que Xesús bendí e reparte o pan é anticipo da derradeira cea (**26,** 26).

14, 21 O número é esaxerado. A tradición tende a avulta-los números, ou a busca-los que teñen valor simbólico.

14, 25 *Ó risca-lo día:* lit. "pola cuarta vixilia da noite". A noite dividíase en catro vixilias de tres horas, e comezaban na posta do sol.

14, 33 Esta confesión tan explícita estraña contrastándoa coa de Mc **4,** 41. Hai un contexto simbólico xa incluso no símbolo da barca no medio do perigo. Hai que nota-lo protagonismo que vai tomando Pedro en Mateo.

15, 4 *Mira por,* en lugar de "honra": resulta máis axeitado no contexto (cf Ex **20,** 12; **21,** 17; Lev **20,** 9; Dt **5,** 16).

⁸*Este pobo hónrame cos labios,
pero o seu corazón está lonxe de min.
⁹Inutilmente me renden culto,
porque a doutrina que ensinan
non son máis ca costumes humanos.*

¹⁰E, convocando á xente, díxolles:

—Escoitade e procurade entender: ¹¹Non é o que entra pola boca o que mancha ó home; o que sae pola boca, iso si que mancha ó home.

¹²E, achegándoselle os discípulos, dixéronlle:

—¿Ti sabes que os fariseos se escandalizaron ó escoitaren a túa palabra?

¹³El contestoulles:

—Toda planta que non plantase meu Pai celestial arrincarase de raíz. ¹⁴Deixádeos: son cegos e guías de cegos. Se un cego guía a outro cego, ambos caerán na cova.

¹⁵Rogoulle Pedro:

—Explícano-la comparanza.

¹⁶El díxolle:

—¿Tamén vós estades aínda sen entender? ¹⁷¿Non comprendedes que todo o que entra pola boca vai dar ó ventre, e de alí ó escusado? ¹⁸Pero o que sae pola boca procede do corazón, e isto si que mancha ó home. ¹⁹Porque do corazón proceden os malos pensamentos, os asasinatos, os adulterios, as fornicacións, os roubos, os falsos testemuños, as blasfemias. ²⁰Isto é o que mancha ó home; pero comer sen lava-las mans, iso non mancha ó home.

Viaxe polos arredores de Galilea. A muller cananea (Mc 7, 24-30)

²¹Saíndo de alí foi Xesús para a comarca de Tiro e Sidón. ²²E apareceu unha muller cananea daqueles contornos, que berraba:

—Compadécete de min, Señor, Fillo de David: a miña filla está atormentada por un demo.

²³Pero el non respondeu palabra. Achegándoselle os seus discípulos, rogábanlle:

—Despídea, que vén berrando detrás de nós.

²⁴El contestoulles:

—Non fun enviado máis que ás ovellas extraviadas da casa de Israel.

²⁵Pero ela alcanzounos e, postrándose, suplicoulle:

—¡Señor, váleme!

²⁶El respondeulle:

—Non é ben quitárlle-lo pan ós fillos para llelo botar ós cadelos.

²⁷Pero ela contestou:

—Non é, Señor, non; pero tamén os cadelos comen das faragullas que caen da mesa dos seus amos.

²⁸Entón respondeulle Xesús:

—¡Muller, a túa fe é ben grande: fágase, logo, como desexas!

E a súa filla ficou sa naquela hora.

Máis curacións

²⁹Marchou Xesús daquela terra e chegou onda o mar de Galilea. Subiu a un monte e sentou alí. ³⁰E veu a pé del un mundo de xente, traendo consigo coxos, cegos, eivados, xordos e outros moitos; botábanos ós pés de Xesús e el curábaos a todos. ³¹De xeito que a xente ficaba pasmada vendo os mudos falar, curados os eivados, os coxos andar e os cegos ver; e glorificaban ó Deus de Israel.

Segunda multiplicación do pan (Mc 8, 1-10)

³²Chamou Xesús polos seus discípulos e díxolles:

—Dáme pena esta xente: hai tres días que veñen tras miña e non teñen que levar á boca. Non os quero despedir sen tomaren nada, porque poderían esmorecer polo camiño.

³³Dixéronlle os discípulos:

—¿E de onde imos sacar, nun lugar deserto, pan abondo para fartar tanta xente?

³⁴Pero el preguntoulles:

—¿E logo, cantos pans tedes?

Eles responderon:

—Sete e mais algúns peixes.

³⁵Mandou que a xente sentase no chan; ³⁶despois colleu os sete bolos e mailos peixes, rezou a acción de gracias, partiunos e déullelos ós seus discípulos; e os discípulos dábanllos á xente. ³⁷Comeu a xente a se fartar, e cos anacos que sobraron encheron sete cestas. ³⁸Os que comeron eran uns catro mil homes, sen contar mulleres nin nenos.

³⁹Despois, despediu a xente, subiu á barca e foise para a terra de Magadán.

15, 9 Cf Is **29**, 13. O problema é eterno. Aquí tamén os fariseos confunden as súas "tradicións humanas" coas divinas e impiden que a verdadeira tradición corra sen dificultade.

15, 17 Xesús contrasta a pureza legal coa moral que xorde do corazón do home.

15, 24 Xesús fala da súa misión persoal, necesariamente limitada.

15, 32 Probablemente esta é unha variante da xa narrada primeira multiplicación.

Pídenlle un sinal (Mc 8, 11-13; Lc 12, 54-56)

16 ¹Chegaron os fariseos e mailos saduceos, e, para o poñeren a proba, pedíronlle que lles mostrase un sinal do ceo. ²El respondeulles:

—Vós á tardiña dicides: "Vai vir bo tempo, porque hai roibéns no ceo"; ³e á mañanciña: "vai haber treboada, porque o ceo está sombrizo". ¿Así que sabedes discerni-lo cariz do ceo, e non sodes capaces de interpreta-los sinais dos tempos? ⁴¡Esta xeración malvada e adúltera reclama un sinal! Pois non se lle vai dar máis sinal có de Xonás. E deixounos coa palabra na boca.

O fermento dos fariseos e saduceos (Mc 8, 14-21)

⁵Ó pasaren para a outra banda, os discípulos esquenceron levar pan. ⁶E díxolles Xesús:

—Tede coidado. ¡Ollo co fermento dos fariseos e saduceos!

⁷Comentaban entre eles: "É que non trouxemos pan".

⁸Xesús decatouse e díxolles:

—¡Como, homes de pouca fe: así que estades aí debatendo que non tedes pan! ⁹¿Aínda non acabades de entender e non vos acordades dos cinco bolos de pan para cinco mil, e de cantas cestas enchestes? ¹⁰¿Nin dos sete bolos para catro mil, e de cantas cestas enchestes? ¹¹¿Como non entendedes que non era de pan do que eu vos falaba? ¡Coidado! ¡Ollo co fermento dos fariseos e dos saduceos!

¹²Entón comprenderon que non lles falara de que tivesen coidado co fermento do pan, senón da doutrina dos fariseos e saduceos.

Profesión de Pedro (Mc 8, 27-30; Lc 9, 18-21)

¹³Cando chegou á comarca de Cesarea de Filipo preguntoulles Xesús ós seus discípulos:

—¿Quen di a xente que é o Fillo do Home?

¹⁴Eles responderon:

—Uns, que Xoán Bautista; outros, que Elías; outros, que Xeremías ou algún dos profetas.

¹⁵Insistiu:

—E vós, ¿quen dicides que son?

¹⁶Respondeu Simón Pedro:

—Ti e-lo Mesías, o Fillo do Deus vivo.

¹⁷E Xesús contestoulle:

—Ditoso ti, Simón, fillo de Xonás; porque iso non cho revelou ninguén de carne e sangue, senón meu Pai que está no ceo. ¹⁸E eu aseguróche que ti es Pedro, a pedra; e sobre esta pedra vou edifica-la miña Igrexa; e as portas do Inferno non prevalecerán en contra dela. ¹⁹Dareiche as chaves do Reino dos Ceos: todo o que ates na terra, ficará atado nos ceos; e todo o que desates na terra, ficará desatado nos ceos.

²⁰E mandoulles ós discípulos que non dixesen nada de que el era o Mesías.

Anuncio da morte e da resurrección (Mc 8, 31-33; Lc 9, 22)

²¹Desde aquela empezou Xesús a aclararlles ós seus discípulos que tiña que ir a Xerusalén, e que alí o ían facer padecer moito os anciáns, os sumos sacerdotes e os letrados; que o ían executar e que ó terceiro día había resucitar.

²²Pedro, colléndoo á parte, empezou a rifar con el, dicindo:

—Deus te libre, Señor; a ti non che pasará nada diso de maneira ningunha.

²³Pero el, volvéndose, díxolle a Pedro:

—¡Arreda de min, Satanás! Ti es un tentador para min, porque non te deixas guiar por Deus senón polos homes.

Como seguir a Xesús (Mc 8, 34; 9, 1; Lc 9, 23-27)

²⁴Entón díxolles Xesús ós seus discípulos:

—Se alguén quere vir comigo, que renuncie a si mesmo, que cargue coa súa cruz e que me siga. ²⁵Porque quen queira poñer a salvo a súa vida, perderaa; pero quen a perda pola miña causa, poñeraa a salvo. ²⁶Pois

---

16, 9 Mateo suaviza a reprensión de Mc **8,** 17, incluso ó dicir que os discípulos "comprenderon".

16, 14 Nótase a confusión que entre a xente había verbo de quen era Xesús.

16, 17 A fe é un don de Deus, e non unha conquista persoal.

16, 18 *Pedro,* é dicir, Pedra; lit. só di "Pedro"; pero este é o xogo de palabras que está baixo toda a frase. En arameo é "Kefá" ("Cefas": "pedra, rocha"; tal é o nome, nunca antes usado, que Xesús escolle para sinala-lo rol de Simón. *Igrexa:* asemblea, comunidade da Nova Alianza, encamiñada a estende-lo Reino de Deus.

16, 19 A entrega das chaves é un eco de Is **22,** 22, onde aparece coma un símbolo dun cargo oficial, aquí particularmente relacionado co perdón dos pecados e que abre —ou pecha— o acceso ó Reino de Deus. A Igrexa aparece así dotada polo Señor dunha autoridade xerárquica no seo da comunidade (cf tamén Mt **18,** 18).

16, 22 O escándalo de Pedro é típico. Así reaccionou o pobo xudeu. Non comprendían como o "poder" de Deus se podía manifestar "morrendo", é dicir, negándose a todo poder.

16, 23 *Tentador:* lit. "escándalo", ocasión de caer, incitación a ceder á tentación de non segui-la vontade do Pai.

¿de que lle serve ó home gaña-lo mundo enteiro se perde a súa vida? E ¿que pode dar un home para recobra-la súa vida? ²⁷Porque o Fillo do Home ha vir coa gloria de seu Pai entre os anxos; entón pagará a cadaquén conforme á súa conducta. ²⁸Tende por seguro que algúns dos aquí presentes non morrerán sen veren antes o Fillo do Home vir no seu Reino.

A transfiguración (Mc 9, 2-13; Lc 9, 28-36)

17 ¹Seis días despois colleu Xesús a Pedro, a Santiago e a Xoán seu irmán, e subiu con eles sós a un monte alto. ²Alí transfigurouse diante deles; o seu rostro resplandecía coma o sol, e os seus vestidos viraron brancos coma a luz. ³Nisto apareceron Moisés e mais Elías falando con el. ⁴Pedro colleu a palabra e díxolle a Xesús:

—¡Señor, que ben estamos aquí! Se queres, farei aquí tres tendas, unha para ti, outra para Moisés e outra para Elías.

⁵E aínda estaba falando cando apareceu unha nube luminosa que os cubriu; e unha voz saíndo da nube dixo:

—Este é o meu Fillo benquerido, o meu predilecto: escoitádeo.

⁶Ó escoitaren isto, os discípulos caeron debruzados, cheos de temor. ⁷Xesús achegándose, tocounos e díxolles:

—¡Erguédevos, non teñades medo!

⁸E levantando os ollos, non viron a ninguén fóra de Xesús.

⁹Cando baixaban do monte, Xesús encargoulles:

—Non lle faledes desta visión a ninguén, ata que o Fillo do Home resucite de entre os mortos.

¹⁰E preguntáronlle os discípulos:

—¿Como é que din os letrados que primeiro ten que vir Elías?

¹¹El respondeu:

—Si, Elías tiña que vir e volver poñer todo en orde e restabelecelo todo. ¹²Pero eu asegúrovos que Elías xa veu, e non o recoñeceron, e fixeron con el o que quixeron; do mesmo xeito tamén o Fillo do Home padecerá nas súas mans.

¹³Entón comprenderon os discípulos que o dixera referíndose a Xoán Bautista.

O neno lunático (Mc 9, 14-29; Lc 9, 37-43)

¹⁴E cando chegaron a onde estaba a xente acercóuselle un home, que de xeonllos ¹⁵lle suplicou:

—Señor, ten compaixón do meu fillo, porque é lunático e sofre moito; xa ten caído no lume e na auga. ¹⁶Presentéillelo ós teus discípulos e non o deron curado.

¹⁷Respondeu Xesús:

—¡Xeración incrédula e perversa! ¿Ata cando vos terei que soportar? ¡Traédemo aquí!

¹⁸Entón Xesús increpou ó demonio e saíu del. E desde aquela hora ficou curado o rapaz. ¹⁹Entón achegáronselle os discípulos e preguntáronlle en privado:

—¿Por que non o demos botado nós?

²⁰El respondeulles:

—Pola vosa pouca fe. E asegúrovos que se tivésedes sequera unha fe coma un gran de mostaza, diriádeslle a este monte: "vai de aquí para alá", e o monte había ir. E nada sería imposible para vós.

Segundo anuncio da paixón (Mc 9, 30-32; Lc 9, 44-45)

²²Andando eles xuntos por Galilea, díxolles Xesús:

—Ó Fillo do Home van entregar nas mans dos homes, ²³que o matarán; pero ó terceiro día resucitará.

Eles ficaron moi tristes.

A contribución do templo

²⁴Cando chegaron a Cafarnaúm acercáronse a Pedro os cobradores da contribución do templo e preguntáronlle:

—¿Seica o voso Mestre non paga a contribución?

²⁵El respondeulles:

—Si que paga.

E cando chegaron á casa, Xesús adiantouse a dicirlle:

—¿Que che parece, Simón: Os reis da terra de quen cobran as taxas ou contribucións: dos fillos ou dos alleos?

16, 28 Probable referencia á destrucción de Xerusalén no ano 70, ou ben á Transfiguración de Xesús, que vai describir Mateo.

17, 3 *Elías e Moisés* representan a Lei e os Profetas. A súa presencia vén mostrar que Xesús está na súa liña, vindo a dar "cumprimento" (**5,** 18).

17, 4 Facer tres tendas: alusión á festa dos Tabernáculos, na que se conmemoraba a estancia dos israelitas ó pé do Sinaí, cando recibiron a Lei.

17, 5 Esta epifanía celestial confirma por segunda vez a efectuada no seu bautismo (**4,** 17), na que se garante a misión de Xesús.

17, 10 Malaquías tiña designado o papel de Precursor a Elías nunha segunda volta (Mal **3,** 23-24). Pero Xesús responde que xa se cumpriu en Xoán Bautista.

17, 20 Algún ms. engaden o v 21, tomado de Mc **9,** 29: "Porque esa caste non sae máis que con oración e xexún".

17, 25 *Fillos* equivale a súbditos. Recordemos que os cidadáns romanos non pagaban impostos, senón os membros das colonias.

²⁶Ó responder el que dos alleos, Xesús concluíu:

—Polo tanto, os fillos están exentos. ²⁷Sen embargo, para non ser ocasión de escándalo, vai ó mar, bota o anzol, colle o primeiro peixe que pique, e ábrelle a boca: alí atoparás unha moeda. Cóllea, e entrégaa por min e mais por ti.

O máis importante no Reino dos Ceos (Mc 9, 33-37; Lc 9, 46-48)

18 ¹Naquel momento acercáronse os discípulos a Xesús, para lle preguntar:

—¿Quen é o máis importante no Reino dos Ceos?

²El chamou por un meniño e púxoo no medio deles, ³e dixo:

—Asegúrovolo: se non cambiades e non vos facedes coma nenos, non entraredes no Reino dos Ceos. ⁴Quen se faga pequeno coma este cativo será o máis importante no Reino dos Ceos. ⁵E quen acolla un meniño coma este no meu nome, acólleme a min.

O escándalo (Mc 9, 42-48; Lc 17, 1-2)

⁶Pero quen escandalice a un destes pequenos que cren en min, máis lle valería que lle colgasen unha pedra de muíño ó pescozo, e que o largasen ó fondo do mar. ⁷¡Ai do mundo polos seus escándalos! É irremediable que haxa escándalos, pero ¡ai do home que provoca escándalos!

⁸Se a túa man ou o teu pé te pon en perigo, córtao e tírao lonxe de ti: máis che vale entrar na vida manco ou coxo e non que te boten coas dúas mans e cos dous pés no lume eterno. ⁹E se o teu ollo te pon en perigo, arríncao e tírao lonxe de ti: máis che vale entrar na vida cun ollo só e non que te boten cos dous no lume do inferno.

¹⁰¡Coidadiño con desprezar a un destes cativos! Asegúrovos que os seus anxos, no ceo, están sempre contemplando o rostro do meu Pai celestial.

A ovella perdida (Lc 15, 3-7)

¹²A ver: ¿que vos parece? Se un home ten cen ovellas e perde unha, ¿non deixará as outras noventa e nove no monte, para ir busca-la descarreirada? ¹³E se a atopa, asegúrovos que se alegrará máis con ela do que coas noventa e nove que non se perderon. ¹⁴Do mesmo xeito, a vontade do voso Pai celestial é que non se perda ningún destes pequenos.

A corrección fraterna (Lc 17, 3)

¹⁵Se teu irmán peca contra ti, vai e repréndeo; pero ti só con el. Se te escoita, conquistáche-lo teu irmán. ¹⁶Se non te escoita, leva contigo un ou dous, para que *por medio de dúas ou tres testemuñas quede resolto o asunto*. ¹⁷Se non vos fai caso, dillo á comunidade; e se tampouco lle fai caso á comunidade, sexa para ti como un pagán ou un recadador de impostos. ¹⁸Asegúrovos que o que atedes na terra será atado no ceo, e o que desatedes na terra será desatado no ceo.

Oración en común

¹⁹Asegúrovos tamén que se dous de vós se poñen de acordo na terra para pedir calquera cousa, conseguirano do meu Pai celestial. ²⁰Porque onde están dous ou tres reunidos no meu nome, alí no medio estou eu.

Perdón das ofensas (Lc 17, 4)

²¹Entón Pedro, achegándose, preguntoulle:

—Señor, ¿cantas veces terei que perdoar a meu irmán se me segue ofendendo? ¿Ata sete veces?

²²Respondeulle Xesús:

—Non che digo ata sete veces, senón ata setenta e sete.

17, 27 Esta pasaxe reflicte a problemática dos primeiros cristiáns de procedencia xudía, que cumprían a Lei de Moisés. Ó garda-las formas, evitaban escándalos.

18, 2 O neno, coma a muller, no aspecto relixioso-legal, era menosprezado no ambiente xudeu. Entraba na tríada de "xordomudos, parvos e menores de idade", coma outro tipo de "pobres". Con eles forman parte dos "pequenos", preferidos por Xesús e susceptibles de recibiren sen autosuficiencia o Reino (**18**, 13).

Os nenos son capaces de asombro e teñen confianza. Facerse coma nenos non é infantilizarse, senón recobra-la capacidade de confianza no Pai. Xesús mesmo usaba o nome de "Abba" para falar co Pai, nome utilizado polos nenos, e que poderiamos traducir por "Papaíño", que indica o grao de confianza e familiaridade que o neno ofrece (véxase nota a **6**, 9).

18, 12 Algúns ms. traen aquí un v 11: "porque o Fillo do Home veu salva-lo que estaba perdido". En realidade, está tomado de Lc **19**, 10.

18, 15 Pedagoxía seguida sen dúbida nos tempos da primitiva comunidade.

18, 16 Dt **19**, 15; cf Xn **8**, 7; 2 Cor **13**, 1; 1 Tim **5**, 19.

18, 18 Cf **16**, 19. Naturalmente neste contexto as palabras queren dicir absolver e condenar. Marcado senso eclesiolóxico da primeira comunidade, como aparece no versículo seguinte.

18, 22 Tamén se pode traducir: "setenta veces sete", número simbólico que quere dicir: "sempre".

Parábola do servidor que non perdoaba

²³Por iso, o Reino dos Ceos é semellante a un rei que quixo face-las contas cos seus servidores. ²⁴Cando empezaba, presentóuselle un que lle debía varios millóns. ²⁵E como non tiña con que pagar, o señor ordenou que o vendesen a el con muller, fillos e canto tiña, para que así lle pagase.

²⁶O servidor botóuselle ós pés e suplicáballe:

—¡Ten paciencia comigo, que cho hei pagar todiño!

²⁷O señor tivo dó daquel home e deixouno marchar, perdoándolle toda a súa débeda.

²⁸Pero, ó saír, o servidor aquel atopouse cun compañeiro que lle debía unha insignificancia e, agarrándoo pola gorxa, esganábao dicíndolle:

—Paga o que me debes.

²⁹Botándose ós seus pés, o compañeiro suplicáballe:

—Ten paciencia comigo, que cho hei pagar todo.

³⁰Pero non lle fixo caso e, aínda para máis, mandouno meter na cadea ata que lle pagase a débeda.

³¹Os compañeiros, ó veren tal cousa, moi apesarados, fóronlle contar ó seu señor todo o que pasara. ³²Entón o señor mandouno chamar e díxolle:

—¡Servidor malvado! Eu perdoeiche toda aquela débeda, porque mo pediches. ³³¿E logo non debías ti tamén compadecerte do teu compañeiro, como eu me compadecín de ti?

³⁴E todo anoxado, o señor entregouno ós verdugos ata que lle pagase toda a débeda.

³⁵Así tamén fará convosco meu Pai celestial, se non perdoades de corazón cada un a seu irmán.

CAMIÑO DE XERUSALÉN

O divorcio (Mc 10, 1-12)

19 ¹Cando terminou Xesús estes discursos, partiu de Galilea e veu para a terra de Xudea, na outra banda do Xordán. ²Seguiuno moita xente, e el púxose a lles curar alí os enfermos.

³Chegaron onda el uns fariseos e preguntáronlle para poñéreno a proba:

—¿É lícito repudia-la muller por un motivo calquera?

⁴El respondeu:

—¿Seica non sabedes que o Creador os fixo varón e femia desde o principio, ⁵e que dixo: *Por iso deixará o home a seu pai e mais a súa nai, unirase coa súa muller, e serán os dous unha soa carne?* ⁶De xeito que xa non son dous, senón unha soa carne. Polo tanto, o que Deus xuntou, que non o separe o home.

⁷Preguntáronlle:

—¿E logo como é que Moisés mandou *entrega-lo certificado de divorcio e repudiala?*

⁸El respondeu:

—Debido á dureza do voso corazón, permitiuvos Moisés repudia-las vosas mulleres; pero ó principio non era así. ⁹Asegúrovos que quen repudia a súa muller (sacado que estea malvivindo) e casa con outra, comete adulterio.

¹⁰Entón dixéronlle os discípulos:

—Pois se a situación do home respecto á muller é esa, casar non nos fai avío ningún.

¹¹El contestoulles:

—Non todos entenden esta linguaxe, senón aqueles a quen se lles concedeu. ¹²Hainos que non poden casar, porque naceron así do ventre da súa nai; outros, porque así os fixeron os homes; e outros, porque eles mesmos se fixeron así polo Reino dos Ceos. Quen poida entender, que entenda.

Bendí os nenos (Mc 10, 13-16; Lc 18, 15-17)

¹³Leváronlle entón uns nenos, para que lles impuxese as mans, e rezase por eles. Pero os discípulos rifábanlles. ¹⁴Mais Xesús díxolles:

—Deixade que os nenos se acheguen a min, non llelo privedes, porque deles é o Reino dos Ceos.

¹⁵E despois de lles impoñe-las mans, marchou de alí.

18, 24 *Varios millóns*: lit. "dez mil talentos". Era unha cantidade inmensa. Contrasta con "cen denarios" do v 28, que era unha cantidade insignificante. Xesús salienta así a inmensidade do perdón de Deus fronte á insignificancia do que se nos pide a nós, e a tremenda contradicción do que se pretende perdoado por Deus e non perdoa ó irmán.

18, 28 *Unha insignificancia*: lit. "cen denarios".
19, 5 Xen **1**, 27; **2**, 24. *Unha soa carne*, expresión intencionadamente vigorosa: un só ser.
19, 7 Dt **24**, 1.
19, 9 Cf nota a **5**, 32.
19, 12 Clara alusión ó celibato polo Reino.
19, 14 Véxase nota a **18**, 2.

O xove rico (Mc 10, 17-22; Lc 18, 18-23)

¹⁶Nisto acercouse un para lle preguntar:
—Mestre, ¿que teño que facer de bo para acada-la vida eterna?
¹⁷El contestoulle:
—¿Por que me preguntas acerca do bo? Soamente Un é Bo. E se queres entrar na vida, garda os mandamentos.
¹⁸El preguntoulle:
—¿Cales?
—*Non matarás, non cometerás adulterio, non roubarás, non darás falso testemuño;* ¹⁹*honra a teu pai e a túa nai, e ama ó teu próximo coma a ti mesmo.*
²⁰O mozo contestou:
—Todas esas cousas xa as gardo. ¿Que é o que me falta?
²¹Respondeulle Xesús:
—Se queres ser perfecto, vai, vende canto tes, e dállelo ós pobres, e terás un tesouro no ceo; e despois, ven e sígueme.
²²Oíndo estas cousas, o xove marchou moi aflixido: tiña moitos bens.

O perigo das riquezas (Mc 10, 23-31; Lc 18, 24-30)

²³Entón díxolles Xesús ós seus discípulos:
—Asegúrovos que lles vai ser difícil ós ricos entrar no Reino dos Ceos; ²⁴volvo a asegurarvos; é máis fácil para un camelo pasar polo ollo dunha agulla que para un rico entrar no Reino dos Ceos.
²⁵Oíndo aquilo, os discípulos aínda estaban máis abraiados e comentaron:
—Pero logo, ¿quen se vai poder salvar?
²⁶Mirando para eles fixamente, díxolles:
—Si, para os homes é imposible; pero para Deus todo é posible.
²⁷Entón interveu Pedro dicindo:
—Pois nós deixámolo todo, e seguímoste. ¿Que nos vai tocar?
²⁸Xesús respondeu:
—Asegúrovos que vós, os que me seguistes, cando chegue o mundo novo e o Fillo do Home sente no trono da súa gloria, sentaredes en doce tronos para xulgárde-las doce tribos de Israel. ²⁹E todo aquel que deixou casas ou irmáns ou pai ou nai ou fillos ou leiras, por causa do meu nome, recibirá cen veces máis e herdará a vida eterna.

Parábola dos xornaleiros da viña

³⁰E hai moitos que son os primeiros e serán os últimos; e moitos que son os últimos e serán os primeiros.

20 ¹Porque o Reino dos Ceos parécese a un propietario que saíu pola mañá cedo a contratar xornaleiros para a súa viña. ²Axustou con eles o xornal dun denario e mandounos á súa viña. ³Saíu outra vez á media mañá e atopou outros sen traballo na praza. ⁴E díxolles:
—Ide vós tamén á miña viña, e daréivo-lo xusto.
⁵Eles foron. De novo saíu polo mediodía, e pola tarde, facendo o mesmo. ⁶Pero aínda volveu saír á tardiña, e atopando outros parados na rúa, díxolles:
—Pero, ¿que facedes aquí, todo o día sen traballar?
⁷Eles responderon:
—É que ninguén nos contratou.
El díxolles entón:
—Ide vós tamén á miña viña.
⁸Anoitecendo xa, díxolle o dono da viña ó administrador:
—Chama os xornaleiros e págalle-lo xornal: empézasme polos últimos e acabas polos primeiros.
⁹Chegan os da derradeira hora e dálles un denario a cada un. ¹⁰Cando chegaron os primeiros coidaron que lles darían máis, pero tamén recibiron cadanseu denario. ¹¹Ó recibilo, murmuraban contra o propietario:
¹²—Eses, os derradeiros, traballaron unha hora só e trátalos igual ca nós, que aturámo-lo peso e a caloraza do día.
¹³Pero el replicoulle a un deles:
—Amigo, non che fago ningunha inxustiza. ¿Non axustamos un denario? ¹⁴Pois colle o teu, e vaite. E logo, se quero darlle ó último igual ca a ti, ¹⁵¿non teño dereito a face-lo que quero co que é meu? ¿Ou é que ti ves con mal ollo que eu sexa bo?
¹⁶Así, dese mesmo xeito, os últimos serán os primeiros, e os primeiros serán os últimos.

Terceiro anuncio da paixón (Mc 10, 32-34; Lc 18, 31-34)

¹⁷Segundo ía subindo a Xerusalén, chamou a un lado os Doce polo camiño e díxolles:

19, 19 Ex **20,** 12-16; Lev **19,** 18; Dt **5,** 16-20.
19, 21 Eco claro da práctica da Igrexa primitiva.
19, 30 Véxase nota a **20,** 16.
20, 15 Lit. *"¿Logo o teu ollo é malvado porque eu son bo?"*. O ollo é para o semita o asento da envexa e da cobiza.

20, 16 Parece que esta parábola vai dirixida ós xudeus (os xornaleiros primeiramente chamados, beneficiados da Alianza desde Abraham), máis ca ós pagáns e pecadores, que en realidade foron os que formaron xa a Igrexa primitiva. Estes serían os últimos, que viñeron ser coma os primeiros.

¹⁸—Vede que subimos a Xerusalén, e que alí lles van entrega-lo Fillo do Home ós sumos sacerdotes e mais ós letrados; condenarano a morte, ¹⁹e entregarano ós pagáns para que fagan riso del, o azouten e o crucifiquen; pero ó terceiro día resucitará.

Petición de Santiago e Xoán (Mc 10, 35-45)

²⁰Entón achegóuselle a nai dos fillos do Zebedeo cos seus fillos, postrándose para pedirlle algo. ²¹El preguntoulle:
—¿Que queres?
Respondeulle:
—Manda que estes dous fillos meus senten un á túa dereita e outro á túa esquerda no teu Reino.
²²Respondeulle Xesús:
—Non sabéde-lo que pedides. ¿Poderedes bebe-lo cáliz que eu teño que beber?
Respondéronlle:
—Podemos.
²³Xesús replicou:
—O meu cáliz beberédelo; pero o sentar á miña dereita ou á miña esquerda, iso non depende de min concedelo: é para quen o meu Pai o ten preparado.
²⁴Ó escoitaren isto os outros dez, anoxáronse todos cos dous irmáns. ²⁵Entón Xesús chamou por eles e díxolles:

—Xa sabedes que os xefes dos pobos os tiranizan, e os poderosos os asoballan. ²⁶Pero entre vós non pode ser así. Nin moito menos: quen queira ser importante, que sirva ós demais; ²⁷e quen queira se-lo primeiro, que sexa o máis servicial; ²⁸porque o Fillo do Home non veu a que o sirvan, senón a servir e a entrega-la súa vida en rescate por todos.

Cura a dous cegos (Mc 10, 46-52; Lc 18, 35-43)

²⁹E ó saíren de Iericó, seguiuno moita xente. ³⁰Sentados a carón do camiño, había dous cegos que, cando oíron que pasaba Xesús, puxéronse a berrar:
—¡Fillo de David, ten piedade de nós!
³¹A xente rifáballes para que calasen, pero eles berraban aínda máis alto:
—¡Señor, Fillo de David, ten piedade de nós!
³²Xesús parou, chamounos e preguntoulles:
—¿Que queredes que vos faga?
³³Eles responderon:
—Señor, que se nos abran os ollos.
³⁴Compadecido Xesús, tocóulle-los ollos, e de contado recobraron a vista; e foron tras el.

EN XERUSALÉN

Entrada triunfal en Xerusalén (Mc 11, 1-11; Lc 19, 28-40; Xn 12, 12-19)

21 ¹E cando se aproximaban a Xerusalén e chegaron a Betfagué, ó pé do Monte das Oliveiras, mandou Xesús a dous discípulos, ²dicíndolles:
—Ide á aldea que tendes aí de fronte, e de seguida atoparedes unha burra atada e un burriño con ela; ceibádeos e traédeos. ³Se alguén vos pregunta algo, respondédeslle que lle fan falta ó Señor, e que de seguida llos mandará de volta.
⁴Isto sucedeu para que se cumprise o que fora dito polo profeta:
⁵*Dicídelle á filla de Sión:*
Velaí o teu Rei que vén onda ti,
humilde e montado nunha burra,
nun burro, fillo de animal de carga.
⁶Foron os discípulos, e fixeron o que Xesús lles mandara. ⁷Trouxeron a burra e mailo burriño, botáronlle enriba os mantos, e Xesús montou. ⁸Moita xente estendeu os mantos no camiño; outros cortaron ponlas das árbores, e estendéronas tamén no camiño. ⁹E a xente que ía diante e mailos que o seguían gritaban:
—*¡Hosanna ó Fillo de David! ¡Bendito o que vén no nome do Señor! ¡Hosanna* nas alturas!
¹⁰E ó entrar en Xerusalén, toda a cidade conmovida preguntaba:
—¿Quen é este?

20, 19 *Resucitará:* lit."Será resucitado" (por Deus).
20, 22 *Bebe-lo cáliz:* "Pasa-lo mal trago". No A. T. "cáliz" simboliza decote o sufrimento (Esd **51**, 17-22; Sal **75**, 9; Xer **25**, 15; Ez **23**, 31-34); probablemente cunha alusión ó "cáliz" da paixón (cf nota a Mc **10**, 38).
20, 25 A actitude de Xesús ante os poderosos non varía. O servicio, pero sen a trampa do poder, é a verdadeira actitude cristiá: "entrega-la vida". Salvarse, cristianamente falando, quere dicir da-la vida na entrega, e non conquistar desde o poder.
21, 1 A entrada en Xerusalén debeu ser moi sinxela. A reflexión cristiá deulle un carácter solemne e mesiánico, máis claro en Lc **19**, 39-40, aplicándolle tamén o texto de Zacarías.
21, 5 Is **62**, 11; Zac **9**, 9.
21, 9 *Hosanna:* cf nota a Mc **11**, 9.

¹¹A xente respondía:
—Este é o profeta Xesús, o de Nazaret de Galilea.

Xesús bota os tendeiros fóra do templo (Mc **11,** 15-19; Lc **19,** 45-48; Xn **2,** 13-22)

¹²Entrou Xesús no templo, e botou fóra os tendeiros e compradores do templo, derrubando as mesas dos cambistas e os postos dos vendedores de pombas. ¹³E díxolles:
—Está escrito: *A miña casa será casa de oración;* pero vós convertédela en *cova de bandidos.*
¹⁴No templo rodeárono cegos e coxos, e curounos. ¹⁵Pero os sumos sacerdotes e os letrados, vendo os milagres que facía e os nenos que exclamaban no templo: "Hosanna ó Fillo de David!", indignáronse; ¹⁶e dixéronlle:
—¿Seica non óe-lo que estes nenos din? Xesús respondeulles:
—Si, ¿e logo nunca lestes aquilo: *Da boca dos meniños de peito fixeches saír unha louvanza?*
¹⁷E deixándoos, saíu da cidade cara a Betania, onde pasou a noite.

A figueira maldita (Mc **11,** 12-14. 20-24)

¹⁸Pola mañá cedo, cando regresaba á cidade, sentiu fame. ¹⁹Vendo unha figueira ó pé do camiño, achegouse a ela; pero nada atopou, fóra de follas. Entón dixo:
—Nunca mais darás froito.
E, de súpeto, secou a figueira. ²⁰Vendo aquilo os discípulos, preguntaron abraiados:
—¿Por que secou de súpeto a figueira? ²¹Xesús respondeu:
—Eu asegúrovos que se tendes fe, e non dubidades, non faredes soamente o da figueira, senón que se lle dixerdes a este monte: "arríncate de aí, e bótate no mar", mesmo iso se faría. ²²Todo canto pidades con fe na oración, recibirédelo.

A autoridade de Xesús (Mc **11,** 27-33; Lc **20,** 1-8)

²³Entrou no templo e mentres ensinaba, acercáronselle os sumos sacerdotes e mailos senadores do pobo, para lle preguntaren:
—¿Con que autoridade fas esas cousas? ¿Quen che deu tal autoridade?

²⁴Xesús respondeulles:
—Vouvos facer tamén eu a vós unha pregunta; e se respondedes, dígovos eu tamén con que autoridade fago estas cousas: ²⁵o bautismo de Xoán, ¿de onde era? ¿Era cousa de Deus ou dos homes?
Eles razoaban entre si dicindo: "se respondemos *de Deus,* preguntaranos: ¿entón por que non crestes nel? ²⁶Pero se respondemos *dos homes,* temémoslle ó pobo, porque todos teñen a Xoán por profeta". ²⁷E contestáronlle a Xesús:
—Non sabemos.
Xesús replicou:
—Pois eu tampouco non vos vou dicir con que autoridade fago estas cousas.

Parábola dos dous fillos

²⁸—Pero, ¿que vos parece? Un home tiña dous fillos. Foi onda o primeiro, e díxolle: "Meu fillo, vai traballar hoxe na viña". ²⁹El respondeu:
"Non quero"; pero despois, arrepentido, foi.
³⁰Foise onda o outro e díxolle o mesmo. El respondeu: "Vou, señor"; pero non foi.
³¹—¿Quen dos dous fixo a vontade do pai?
Respondéronlle:
—O primeiro.
Entón díxolles Xesús:
—Asegúrovos que os recadadores e mailas prostitutas entrarán no Reino de Deus antes ca vós. ³²Porque veu Xoán para vos ensina-lo camiño da xustiza, e non lle fixestes caso; en cambio, os recadadores e mailas prostitutas, si que llo fixeron. Pero vós, aínda despois de ver aquilo, nin vos arrepentistes nin crestes.

Parábola dos viñadores (Mc **12,** 1-12; Lc **20,** 9-19)

³³—Escoitade outra parábola:
Dunha vez había un propietario *que plantou unha viña; rodeouna dunha sebe, cavou nela un lagar e construíu un caseto para o garda.* Logo, arrendóullela a uns viñadores e marchou para lonxe.
³⁴Cando chegou o tempo da vendima, mandou os seus criados ós viñadores, para cobra-las rendas. ³⁵Pero os viñadores agardáronos, e a un zorregáronlle, a outro matá-

---

21, 13 Is **56,** 7; Xer **7,** 11.
21, 6 Sal **8,** 3.
21, 19 Difícil interpretación. Está na liña das "accións simbólicas" dos profetas. Moitos refiren a figueira a Israel.

21, 33 Is **5,** 1-7. Esta parábola vai dirixida ós xudeus (que acabaron cos profetas e co mesmo "Fillo de Deus"), como ben se bota de ver na reacción dos sumos sacerdotes e dos fariseos (vv 45-46)

rono e a outro apedráronos. ³⁶De novo mandou outros criados, máis numerosos; pero tratáronos do mesmo xeito.

³⁷Por último, mandóulle-lo seu propio fillo, dicindo para si: "Ó meu fillo hano respectar". ³⁸Pero os viñadores, ó veren o fillo, comentaron: "Este é o herdeiro: veña, matémolo, e a herdanza será nosa". ³⁹E agarráronno, botárono fóra da viña, e matárono.

⁴⁰—Ben, ¿e cando veña o señor da viña, que fará cos viñadores aqueles?

⁴¹Respondéronlle:

—A eses malvados faraos morrer de mala morte, e arrendarálle-la viña a outros viñadores, que lle paguen as rendas no seu tempo.

⁴²Díxolles entón Xesús:

—¿Seica non lestes nunca na Escritura:
A pedra que desbotaron os canteiros
é agora o esquinal:
esa pedra colocouna o Señor,
¡que regalía para nós!?

⁴³Por iso dígovos: quitarásevos a vós o Reino de Deus, e daráselle a un pobo que produza bos froitos. ⁴⁴Quen caia enriba desa pedra, esnaquizarase; pero aquel sobre quen ela caia, ficará esmagado.

⁴⁵Oíndo as súas parábolas, os sumos sacerdotes e mailos fariseos decatáronse de que ían por eles. ⁴⁶Quixérono prender, pero tivéronlle medo á xente, que o tiña por profeta.

Os convidados á voda (Lc 14, 15-24)

22 ¹E Xesús púxose de novo a falarlles en parábolas:

²—Parécese o Reino dos Ceos a un rei que celebrou o casamento de seu fillo. ³Mandou os seus criados ir chamar polos convidados á voda, pero estes non querían ir.

⁴Volveu mandar outros criados, encargándolles: "Dicídelles ós convidados: Mirade que teño preparado o banquete, xa están mortos os becerros e mailos demais animais cebados; todo está disposto: ¡vide á voda!" ⁵Pero eles, sen lles faceren caso, fóronse: un ás súas leiras, outro ós seus negocios. ⁶Os demais botáronse ós criados, maltratáronos e matáronos.

⁷Entón o rei, todo indignado, mandou os seus exércitos, que acabaron cos asasinos aqueles e prendéronlle lume á cidade. ⁸E díxolles ós criados: "A voda está preparada, pero os convidados non a merecían. ⁹Así que ide ás encrucilladas dos camiños; e a cantos atopedes, convidádeos á voda".

¹⁰Saíron ós camiños os criados e xuntaron a tódolos que atoparon, bos e malos, enchéndose de convidados a sala da voda.

¹¹Cando entrou o rei para olla-los convidados, viu un home que non vestía traxe de voda ¹²e díxolle: "Amigo, ¿como entraches aquí sen traxe de voda?" El ficou caladiño: ¹³Entón o rei díxolles ós camareiros: "Atádeo de pés e mans, e botádeo fóra, ás tebras, onde será o pranto e mailo renxer dos dentes".

¹⁴Porque os chamados son moitos, pero poucos os escollidos.

A contribución do César (Mc **12,** 13-17; Lc **20,** 20-26)

¹⁵Entón os fariseos fóronse reunir para veren o xeito de pillalo nalgún dito. ¹⁶E mandáronlle algúns dos seus discípulos e dos partidarios de Herodes, que lle preguntaron:

—Mestre, sabemos que es sincero: que ensína-lo verdadeiro camiño de Deus e que non andas con miramentos, porque non te deixas levar polos respectos humanos. ¹⁷Dinos, logo, ¿que che parece: está permitido pagarlle o tributo ó Cesar ou non?

¹⁸Xesús, catando a malicia, contestoulles:

—¿Por que me queredes comprometer, hipócritas? ¹⁹Mostrádeme a moeda do tributo.

Eles presentáronlle un denario. ²⁰E el preguntoulles:

—¿De quen é esta imaxe e de quen fala esta inscrición?

²¹Contestáronlle:

—Do César.

Entón replicoulles:

—Pois logo dádelle ó César o que é do César e a Deus o que é de Deus.

²²Ó oíren isto ficaron pasmados e, deixándoo, marcharon.

21,42 Sal **118,** 22-23.
21, 44 Moitos códices omiten este verso.
22, 2 Esta parábola é moi parecida á anterior. Os convidados primeiros —os xudeus— serán rexeitados, e chamados os pagáns e os oficialmente pecadores.
22, 11ss Esta viraxe da parábola refírese ó xuízo final, moi en consonancia coa crise que provoca nas diversas actitudes. A Igrexa primitiva engade esta parábola do vestido de voda, para lles recordar ós cristiáns que se pode ter recibido o bautismo e non acada-la vida eterna.
22, 16 *Partidarios de Herodes:* lit. "herodianos" (cf Introduc. ó N.T., **2e**) 3).
22, 20 A resposta de Xesús é moi sagaz e axeitada ás intencións dos interpeladores, que o único que querían era pillalo.

Acerca da resurrección (Mc 12, 18-27; Lc 20, 27-38)

²³Naquel día chegaron onda el uns saduceos, deses que din que non hai resurrección, ²⁴e preguntáronlle:

—Mestre, Moisés dixo: *Se un morre sen deixar fillos, que o seu irmán case coa viúva, para lle dar descendencia ó irmán.* ²⁵Pois este era o caso de sete irmáns que había entre nós. O primeiro casou, pero como morreu sen fillos, deixoulle a muller ó seu irmán. ²⁶O mesmo lle pasou ó segundo e mais ó terceiro. E así, ós sete. ²⁷Ó cabo, morreu tamén a muller. ²⁸Ora, cando resuciten, ¿de cal deles vai se-la muller, xa que estivo casada cos sete?

²⁹Respondeulles Xesús:

—Andades descamiñados porque non comprendedes nin a Escritura nin o poder de Deus. ³⁰Cando resuciten, non casarán nin eles nin elas, porque serán coma anxos do ceo.

³¹E volvendo á resurrección dos mortos, ¿non tendes lido o que vos deixou dito Deus: ³²*Eu son o Deus de Abraham, o Deus de Isaac, o Deus de Xacob?* Ben, pois El non é Deus dos mortos, senón dos vivos.

³³E a xente, ó escoitalo, estaba marabillada da súa doutrina.

O principal mandamento (Mc 12, 28-34; Lc 10, 25-28)

³⁴Os fariseos, ó se informaren de que Xesús lles tapara a boca ós saduceos, reuníronse; ³⁵e un deles, que era xurista, preguntoulle para poñelo a proba:

³⁶—Mestre, ¿cal é o mandamento máis importante da Lei?

³⁷El respondeulle:

—"*Amara-lo Señor, o teu Deus, con todo o teu corazón, con toda a túa alma e con todo o teu entendemento.* ³⁸Este é o mandamento primeiro e máis grande. ³⁹O segundo é semellante a el: *Amara-lo teu próximo coma a ti mesmo.* ⁴⁰Destes dous mandamentos dependen a Lei enteira e mailos profetas.

Fillo de David (Mc 12, 35-37; Lc 20, 41-44)

⁴¹Estando reunidos os fariseos, preguntoulles Xesús:

⁴²—¿Que pensades vós do Mesías?: ¿de quen é fillo?

Eles responderon:

—De David.

⁴³El replicoulles:

—¿Como é logo que David, movido polo Espírito, o chama Señor, dicindo:

⁴⁴*Díxolle o Señor ó meu Señor:*
senta á miña dereita,
que vou poñe-los teus inimigos
coma estrado dos teus pés.

⁴⁵Ora, se David o chama Señor, ¿como vai se-lo seu fillo?

⁴⁶E ninguén foi capaz de lle responder palabra; e desde aquel día ninguén se atreveu a facerlle máis preguntas.

Denuncia dos letrados e fariseos (Mc 12, 38-40; Lc 11, 37-52; 20, 45-47)

23 ¹Entón Xesús dirixiuse ós discípulos e mais á xente ²dicindo:

—Na cátedra de Moisés sentaron os letrados e mailos fariseos. ³Facede, logo, e cumpride canto vos digan, pero non imitéde-la súa conducta porque falan pero non cumpren. ⁴Atan fardos pesados e cánganos no lombo dos outros, pero eles nin un dedo poñen para os mover. ⁵Todo o que fan é para que os vexan: visten aparatosamente, ancheando as filacterias e as franxas dos seus mantos; ⁶buscan os primeiros postos nos banquetes e os primeiros asentos nas sinagogas; ⁷que lles fagan reverencias nos rueiros e que os chamen "mestre".

⁸Pero vós non vos fagades chamar "señor mestre", pois un só é o voso Mestre, e todos vós sodes irmáns. ⁹E a ninguén chamedes "pai" na terra porque un só é o voso Pai: o celestial. ¹⁰Nin tampouco vos fagades chamar "dirixentes", porque un só é o voso dirixente: Cristo. ¹¹O máis importante entre vós debe se-lo voso servidor. ¹²Porque quen se

---

22, 24 Cf Xén **38**, 8ss; Dt **25**, 5ss.
22, 28 Típico exemplo das leguleias discusións entre rabinos. Xesús atalla, indo ó fondo da cuestión.
22, 32 Ex **3**, 6.
22, 37 Dt **6**, 5.
22, 39 Lev **19**, 18.
22, 40 *A Lei enteira e mailos Profetas:* regra de ouro, que se refire á doutrina contida na Lei de Moisés e mais nos libros seguintes (cf Introd. á Biblia, 4.1).
22, 42 *Fillo... de David:* descendente de David. Véxase nota a Lc **20**, 43.
22, 44 Sal **110**, 1.
23, 2 Tremendo xuízo sobre os letrados e fariseos. A Igrexa primitiva, especialmente perseguida por estes dous grupos de xudeus puritanos, atopou nel unha gran resonancia das súas posturas ante eles.
23, 4 Chegaban a complicar de tal forma a Lei que a facían insoportable. Xesús presentábase coma "aliviador" desta carga, porque o seu "xugo é levadeiro" (**11**, 28-29).
23, 5 *Filacterias:* colgantes que contiñan unha caixiña con fragmentos de textos bíblicos (Ex **3**, 1-10; **13**, 11-16; Dt **6**, 4-9; **11**, 13-21).
23, 7 *Mestre.* Lit. "rabbí", título moi honorífico que se aplicaba ós Doutores da Lei.
23, 9 *Pai* título honorífico para certas persoas de respecto, coma os Mestres da Lei.

enaltece será rebaixado, e quen se rebaixa será enaltecido.

¹³¡Ai de vós, letrados e fariseos hipócritas, que lles pechades ós homes o Reino dos Ceos! Nin entrades vós nin deixades entrar ós que o intentan.

¹⁵¡Ai de vós, letrados e fariseos, hipócritas, que percorredes mar e terra para conseguir un prosélito; e cando o conseguides, facédelo fillo da perdición dúas veces máis ca vós!

¹⁶¡Ai de vós, guías cegos, que dicides: "Se alguén xura polo templo, non pasa nada; pero se xura polo ouro do templo, fica obrigado". ¹⁷¡Parvos e cegos! ¿Que é máis importante: o ouro, ou o templo que consagra o ouro? ¹⁸E tamén: "Se alguén xura polo altar, non pasa nada; pero se xura pola ofrenda que está enriba do altar, fica obrigado". ¹⁹¡Cegos! ¿Que é máis importante: a ofrenda, ou o altar que consagra a ofrenda? ²⁰Quen xura polo altar, xura por el e mais por todo o que hai enriba del; ²¹e quen xura polo templo, xura por el e mais por Aquel que o habita; ²²e quen xura polo ceo, xura polo trono de Deus e mais por Aquel que está sentado nel.

²³¡Ai de vós, letrados e fariseos hipócritas, que pagade-lo dezmo pola menta, o anís e mailo comiño, e descoidáde-lo máis importante da Lei: a xustiza, a misericordia e a fidelidade! Pero é isto o que hai que practicar, anque sen descoida-lo outro. ²⁴¡Guías de cegos, que coáde-lo mosquito e tragáde-lo camelo!

²⁵¡Ai de vós, letrados e fariseos hipócritas, que limpades por fóra a copa e mailo prato, e por dentro estades ateigados de roubos e vicio! ²⁶Fariseo cego, limpa primeiro o interior da copa para que o seu exterior fique tamén limpo.

²⁷¡Ai de vós, letrados e fariseos hipócritas, que vos parecedes ós sepulcros encalados, que por fóra parecen fermosos e por dentro están cheos de ósos de mortos e de impureza! ²⁸Tamén vós por fóra parecedes homes xustos, pero por dentro estades cheos de hipocresía e inxustiza.

²⁹¡Ai de vós, letrados e fariseos hipócritas, que lles construídes sepulcros ós profetas e adornáde-los monumentos dos xustos, ³⁰e dicides: "Se vivisemos no tempo de nosos pais, nós non seríamos cómplices deles no asasinato dos profetas". ³¹De xeito que contra vós mesmos testemuñades que sóde-los fillos dos que asasinaron ós profetas. ³²¡Pois veña! ¡Acabade tamén vós de enche-la medida de vosos pais!

³³¡Cobras, niñada de víboras! ¿Como ides escapar da condena do inferno? ³⁴Porque, ollade, eu mándovos profetas, sabios e letrados; a uns matarédelos e crucificarédelos, e a outros flaxelarédelos nas sinagogas, perseguíndoos de cidade en cidade. ³⁵Así recaerá sobre vós todo o sangue inocente vertido na terra, desde o sangue de Abel, o xusto, ata o sangue de Zacarías, fillo de Baraquías, ó que matastes entre o santuario e o altar. ³⁶Asegúrovos que todos estes crimes recaerán sobre esta xeración.

Laio por Xerusalén (Lc 13, 34-35)

³⁷¡Xerusalén, Xerusalén, que máta-los profetas e apédra-los que che son enviados! ¡Cantas veces quixen aconchega-los teus fillos, como a galiña aconchega os seus pitiños baixo as súas ás, e non quixeches! ³⁸Pois mirade: *a vosa casa fica desolada,* ³⁹e asegúrovos que xa non me volveredes ver desde agora ata que digades: *¡Bendito o que vén no nome do Señor!*

A destrucción do templo (Mc 13, 1-13; Lc 19, 41-44; 21, 5-19)

24 ¹Saíu Xesús do templo e, segundo ía camiñando, acercáronselle os discípulos e sinaláronlle as construccións do templo. ²El díxolles:
—¿Vedes todo isto? Pois eu asegúrovos que se derrubará ata que non quede pedra sobre pedra.

³Estando el sentado no Monte das Oliveiras, achegáronselle os seus discípulos, preguntándolle en privado:

23, 14 Algúns ms. introducen aquí un verso: "Desgraciados de vós, escribas e fariseos hipócritas, que devoráde-los bens das viúvas e aparentades longos rezos: recibiredes por iso a condenación máis rigorosa". Pero falta nos mellores manuscritos e obedece seguramente a unha interpolación baseada en Mc 12, 40 e Lc 20, 47.
23, 27 Os sepulcros encalábanse para chama-la atención, e así evitar que fosen tocados, cousa que equivalería a unha grave impureza legal.
23, 34 Nestas palabras sentíase reflectida a Igrexa, perseguida nos tempos nos que foi escrito o evanxeo.
23, 38 Xer 7, 14; 12, 7; 26, 4-6. *Casa desolada:* dada a partida de Xesús. A cita de Xeremías refírese ó abandono do templo de Xerusalén.
23, 39 Sal 118, 26. Referencia á volta de Xesús ó final dos tempos.
24, 2 Aínda que Xesús tamén lle dese a esta destrucción un senso simbólico —a fin da Antiga Lei e da Vella Alianza para dar paso á Nova—, os cristiáns déronlle sobre todo un senso histórico, por causa da destrucción total do templo por Tito, algúns lustros despois da morte de Xesús.
24, 3ss A todas estas expresións hai que lles da-lo senso que tiñan no estilo apocalíptico.

—Anda, dinos cando van pasar estas cousas, e cal será o sinal da túa chegada e da fin do mundo.

⁴Respondeulles Xesús:

—Estade atentos para que ninguén vos desoriente. ⁵Moitos virán dicindo: "Eu son o Mesías". E desnortarán a moita xente.

⁶Cando oiades falar de guerras ou de rumores de guerra, coidadiño con alarmarvos; pois teñen que vir, pero aínda non será a fin. ⁷Erguerase pobo contra pobo, reino contra reino; haberá fame e terremotos en diversos lugares; ⁸e todo isto non será máis có comezo das dores.

⁹Daquela entregaranvos ás torturas, mataranvos e odiaranvos tódolos pobos por causa miña. ¹⁰Entón moitos fallarán na fe, traicionaranse uns a outros e aborreceranse mutuamente. ¹¹Aparecerán moitos falsos profetas, enganando a moita xente. ¹²E, ó crece-la maldade, arrufiarase o amor da maioría. ¹³Pero o que persevere ata o final, salvarase.

¹⁴Proclamarase esta Boa Nova do Reino en todas partes para dar testemuño a tódolos pobos. Entón será a fin.

A destrucción de Xerusalén (Mc **13,** 14-24; Lc **21,** 20-24)

¹⁵E cando vexades que a abominación da desolación, anunciada polo profeta Daniel, está no lugar santo —enténdao ben o lector—, ¹⁶entón quen estea en Xudea que fuxa ó monte; ¹⁷quen estea na azotea que non baixe á casa nin para coller cousa ningunha; ¹⁸e quen estea na leira que non volva atrás a pola capa.

¹⁹¡Ai das que estean embarazadas ou criando naqueles días! ²⁰Rogade para que a vosa fuxida non cadre no inverno, nin nun sábado. ²¹Porque haberá unha *gran angustia, como non a houbo desde o principio do mundo,* nin nunca máis a haberá. ²²E, de non se abreviaren aqueles días, ninguén sairía con vida; pero por mor dos elixidos han ser abreviados.

²³Se entón vos dixer alguén: "Mirade, velaquí está o Mesías", ou "alí o está", non lle fagades caso. ²⁴Pois aparecerán falsos Mesías e falsos profetas, que farán grandes sinais e prodixios para desorienta-la xente, e, se fose posible, incluso os mesmos elixidos. ²⁵Mirade que quedades avisados.

²⁶E se vos dixer alguén: "Mirade, está no deserto", non saiades; "mirade, está agachado na casa", non fagades caso. ²⁷Pois, como o lóstrego sae do Oriente resplandecendo ata o Occidente, así será cando veña o Fillo do Home. ²⁸Onde estea o cadáver amoréanse os voitres.

A chegada do Fillo do Home (Mc **13,** 24-27; Lc **21,** 25-28)

²⁹Inmediatamente despois da calamidade daqueles días, *o sol hase escurecer, a lúa deixará de aluzar, as estrelas caerán do ceo e as potencias celestiais abalarán.* ³⁰Entón aparecerá o sinal do Fillo do Home no ceo. *E tódalas razas da terra daranse golpes no peito, vendo chega-lo Fillo do Home enriba das nubes,* con moito poder e gloria. ³¹E enviará os seus anxos cunha grande trompeta, para reuniren os elixidos desde os catro ventos, de cabo a cabo do mundo.

Exemplo da figueira (Mc **13,** 28-31; Lc **21,** 29-33)

³²Aprendede da figueira esta comparanza: cando reverdecen as súas ponlas e agroman as súas follas, botades de conta que o verán está preto. ³³Así tamén vós, cando vexades que pasan estas cousas, caede na conta de que está pretiño: á porta. ³⁴Asegúrovos que non pasará esta xeración sen que antes suceda todo isto. ³⁵O ceo e maila terra pasarán, pero as miñas palabras non pasarán.

O día e a hora (Mc **13,** 32-37; Lc **17,** 26-30. 34-36)

³⁶E en canto ó día aquel e á hora, ninguén sabe nada, nin os anxos do ceo, nin o Fillo; só o Pai.

³⁷Coma nos tempos de Noé, así pasará cando veña o Fillo do Home. ³⁸Antes do diluvio comían, bebían e casaban ata o día que Noé entrou na arca; ³⁹e de nada se decataron ata que veu o diluvio, e os enguliu a todos. O mesmo pasará cando veña o Fillo do Home. ⁴⁰Entón estarán dous homes no agro; levarán a un e deixarán ó outro. ⁴¹Estarán dúas mulleres moendo no muíño, levarán unha e

---

24, 8 Alusión ás "dores de parto": xeito xudaico de indica-las convulsións naturais e históricas que precederán inmediatamente á era mesiánica.

24, 9 Todas estas advertencias sobre as persecucións que Mateo coloca no discurso da "Misión" (**10,** 17-21), non parecen ter referencia á fin do mundo.

24, 15 *A abominación da desolación:* cf nota a Mc **13,** 14.

24, 21 Dn **12,** 1.

24, 29 Am **8,** 9. Cataclismos do máis puro estilo profético e apocalíptico.

24, 30 Dn **7,** 13-14.

24, 34 *Esta xeración.* Cando Xesús fala dela refírese con senso negativo ós contemporáneos incrédulos.

deixarán a outra.

⁴²Vixiade, porque non sabedes nada do día no que virá o voso Señor. ⁴³Entendédeo ben: se soubese o dono da casa a que hora vai chega-lo ladrón, estaría á espreita e non permitiría que lle asaltasen a casa. ⁴⁴Así tamén: estade vós preparados, porque na hora menos pensada preséntase o Fillo do Home.

Parábola do criado fiel (Mc 13, 33-37; Lc 12, 41-48)

⁴⁵¿Quen é o criado fiel e prudente, a quen o Señor encargou o coidado de dar de comer á servidume no seu debido tempo? ⁴⁶¡Ditoso o criado aquel a quen o seu amo, cando chegue, o atope cumprindo coa súa tarefa! ⁴⁷Tende por seguro que lle encomendará toda a súa facenda. ⁴⁸Pero se aquel mal empregado di para si: "O meu amo aínda non vén para agora", ⁴⁹e empeza a bourar nos seus compañeiros, comendo e bebendo cos borrachos, ⁵⁰o día menos pensado e á hora máis imprevista chégalle o amo ⁵¹e bótao fóra, cos hipócritas; alí será o pranto e mailo triscar dos dentes.

Parábola das dez mociñas

25 ¹Entón o Reino dos Ceos parecerase a dez mociñas que, collendo os seus candís, saíron recibi-lo noivo. ²Cinco eran parvas e cinco asisadas. ³As parvas colleron os candís pero non os encheron de aceite; ⁴as asisadas, en troques, cos candís levaron tamén as aceiteiras cheas. ⁵Como o noivo tardaba, pegóulle-lo sono, e botaron unha durmidela.

⁶Alá pola media noite oíuse berrar: "¡Veña, que chega o noivo, ídeo recibir!"

⁷Erguéronse todas aquelas mociñas e prepararon os candís.

⁸Entón dixéronlle-las parvas ás asisadas: "Dádenos un chisco de aceite, que os nosos candís esmorecen". ⁹Responderon as asisadas: "Non vaia ser que non chegue para vós e para nós; mellor será que vaiades á tenda e que o merquedes".

¹⁰No intre que elas ían mercalo, chegou o noivo, e as que estaban preparadas entraron con el no banquete de vodas, e pechouse a porta. ¹¹Máis tarde chegaron as outras mociñas chamando: "¡Señor, Señor, ábrenos!" ¹²Pero el respondeulles: "Asegúrovos que non vos coñezo".

¹³Vixiade, logo, xa que non sabedes nin o día nin a hora.

Parábola dos talentos (Lc 19, 11-27)

¹⁴Si, é tamén coma un home que, tendo que saír de viaxe, chamou polos seus criados e déulle-lo coidado da súa facenda. ¹⁵A un deulle cinco talentos, a outro dous e a outro un, a cadaquén segundo a súa capacidade; despois marchou.

¹⁶De seguida, o que recibira cinco talentos foi negociar con eles e gañou outros cinco. ¹⁷Do mesmo xeito o que recibira dous, gañou outros dous. ¹⁸Pero o que recibira un foi cavar un burato na terra e escondeu os cartos do seu amo.

¹⁹Ó cabo de moito tempo chegou o señor daqueles criados, pedíndolles contas. ²⁰Chegou o que recibira cinco talentos e presentoulle outros cinco dicindo: "señor, cinco talentos me entregaches, velaquí outros cinco que gañei". ²¹Díxolle o señor: "Ben, criado fiel e cumpridor; xa que fuches fiel no pouco, poñereite á fronte do moito: pasa a disfrutar da festa do teu señor". ²²Chegou o que recibira dous talentos e dixo: "señor, dous talentos me entregaches, velaquí outros dous que gañei". ²³E díxolle o señor: "Ben, criado fiel e cumpridor; xa que fuches fiel no pouco, poñereite á fronte do moito: pasa a disfrutar da festa do teu señor".

²⁴Chegou tamén o que recibira un talento e díxolle: "señor, sei moi ben que es un home duro, que seituras onde non sementaches e recolles onde non botas. ²⁵Por iso collín medo, e fun agachar na terra o teu talento; aquí te-lo que é teu". ²⁶Pero o señor respondeulle: "¡Mal criado, lacazán! ¿Conque sabías que seituro onde non semento e recollo onde non boto? ²⁷Pois, poñía-los meus cartos no banco e, así, cando eu volvese, podía colle-los cartos e mailos intereses. ²⁸Así que quitádelle o talento e dádello ó que ten dez. ²⁹Porque ó que ten, háselle dar e abondo; pero ó que non ten, aínda o que ten se lle ha

---

24,45 Por esta parábola resáltase o aspecto de "aviso" de todo o discurso anterior. Unha chamada urxente á perseverancia e fidelidade, que cando se escribiron os evanxeos, debido ás dificultades e persecucións que a Igrexa sufría, debían ter tanto valor.

24, 51 *Bótao fóra*: lit. "partirao pola metade", que tamén podería significar unha verdadeira mutilación física, segundo o cruel costume oriental.

25, 1 Parábola que, como a precedente, vai na liña de atención á vixilancia.

25, 14 Estoutra parábola da "vixilancia" ten carácter máis operativo. Vixiar non é estar man sobre man, senón que require o "servicio" do que tanto fala Xesús.

25, 15 Un *talento* era moito diñeiro, pois equivalía a uns 30 kg. de ouro.

25, 21 *Disfrutar da festa do teu señor*: textualmente "do gozo", pero con claras resonancias da participación no festín nupcial, é dicir, no banquete do Reino.

quitar. ³⁰E ó criado inútil botádeo fóra á escuridade, onde será o pranto e mailo renxer dos dentes".

O xuízo final

³¹Cando veña o Fillo do Home na súa gloria e tódolos anxos con el, sentará no seu trono glorioso. ³²Diante del xuntaranse tódalas nacións; e separará uns dos outros, como xebra o pastor as ovellas das cabras. ³³E poñerá as ovellas á súa dereita e as cabras á súa esquerda. ³⁴Entón dirá o Rei ós da súa dereita:

"Vinde, benditos do meu Pai; recibide a herencia do Reino preparado para vós desde a creación do mundo. ³⁵Porque tiven fame e déstesme de comer; tiven sede e déstesme de beber; fun forasteiro e acolléstesme; ³⁶estiven espido e vestísteme; enfermo e visitástesme; estiven na cadea e viñésteme ver".

³⁷Entón preguntaranlle os xustos:

"Señor, ¿cando te vimos famento e che demos de comer; ou sedento e che demos de beber? ³⁸¿Cando te vimos forasteiro e te acollemos; ou espido e te vestimos? ³⁹¿Cando te vimos enfermo ou na cadea e te visitamos?"

⁴⁰O rei contestaralles:

"Asegúrovos que canto fixestes cun destes irmáns meus máis pequenos fixéstelo comigo".

⁴¹E diralles logo ós da súa esquerda:

"Arredade de min, malditos; ide para o lume eterno preparado para o Satán e para os seus anxos. ⁴²Porque tiven fame e non me destes de comer; tiven sede, e non me destes de beber; ⁴³fun forasteiro e non me acolletes; estiven espido e non me vestistes; enfermo e na cadea e non me visitastes".

⁴⁴Eles replicaranlle:

"Señor, ¿cando te vimos famento ou sedento, forasteiro ou espido, enfermo ou na cadea e non che acudimos?"

⁴⁵El responderalles:

"Asegúrovos que canto deixastes de facerlle a un destes máis pequenos, deixastes de mo facer a min.

⁴⁶Daquela irán estes ó castigo eterno, e os xustos á vida eterna".

A PAIXÓN

Conspiración contra Xesús (Mc **14**, 1-2; Lc **22**, 1-2; Xn **11**, 45-53)

26 ¹Cando Xesús rematou este discurso díxolles ós seus discípulos:

²—Xa sabedes que pasado mañá é a Pascua e van entrega-lo Fillo do Home para que o crucifiquen.

³Entón reuníronse os sumos sacerdotes e mailos senadores do pobo no pazo do sumo sacerdote chamado Caifás, ⁴e ordenaron prender a Xesús á traición e matalo. ⁵Pero dicían: "Durante a festa non, para que non se arme un rebumbio cando hai aquí tanta xente".

Unción en Betania (Mc **14**, 3-9; Xn **12**, 1-8)

⁶Estando Xesús en Betania na casa de Simón o gafo, ⁷achegouse a el unha muller cun frasco de alabastro cheo dun perfume moi caro, e untoulle a cabeza mentres estaba recostado á mesa. ⁸Ó veren aquilo, os discípulos indignáronse dicindo:

—Pero, ¿a que vén este estrago? ⁹Podíase vender por moitos cartos e dárllelos ós pobres.

¹⁰Xesús, decatándose, díxolles:

—¿Por que molestades a esa muller? Ben está o que fixo comigo. ¹¹Ós pobres sempre os tendes convosco, pero a min non sempre me teredes. ¹²Unxindo con este perfume o meu corpo, preparoume para a sepultura. ¹³E asegúrovos que onde queira que se anuncie a Boa Nova, polo mundo enteiro, falarase, para honra dela, do que acaba de facer.

Traición de Xudas (Mc **14**, 10-11; Lc **22**, 3-6)

¹⁴Entón foi un dos Doce, chamado Xudas Iscariote, onda os sumos sacerdotes e ¹⁵díxolles:

—¿Canto me dades se volo entrego?

Eles acordaron darlle trinta moedas de prata. ¹⁶E desde entón andaba buscando o momento axeitado para llelo entregar.

25, 31 Nesta escenificación do xuízo final, vémo-la importancia do amor para a salvación. Naturalmente non se pode ama-lo que non se coñece, como a Xesús (ou Deus), sen ama-los que se coñecen (cf 1 Xn **4**, 20); pero ama-los seus pequenos (os pobres) é unha referencia, anque sexa inconsciente, a El. En definitiva, todo amor vén, e vai, dirixido por Deus.

26, 6 Mateo pon a escena na casa de Simón e non identifica a pecadora; Xoán (**12**, 1-8) pona na casa de Marta e María, e identifica a esta coma a pecadora.

26, 15 Zac **11**, 12; cf Ex **21**, 32.

Preparación da Pascua (Mc 14, 12-16; Lc 22, 7-13)

¹⁷No primeiro día dos Ázimos os discípulos fóronlle preguntar a Xesús:

—¿Onde queres que che preparémo-la cea pascual?

¹⁸El respondeu:

—Ide á cidade, á casa de fulano e dicídelle: "O Mestre di: O momento está preto; vou celebra-la Pascua cos meus discípulos na túa casa".

¹⁹Os discípulos fixeron tal como Xesús lles mandara e prepararon a Pascua.

Anuncio da traición (Mc 14, 17-21; Lc 22, 14. 21-23)

²⁰Chegado o solpor, púxose á mesa cos Doce. ²¹E mentres ceaban díxolles:

—Asegúrovos que un de vós me vai entregar.

²²Moi tristes empezaron a preguntarlle un por un:

—¿Non serei eu, Señor?

²³El respondeu:

—Un que meteu comigo a man no prato, ese entregarame.

²⁴O Fillo do Home vaise, como está escrito del; pero ¡ai daquel que entrega ó Fillo do Home! Máis lle valía non nacer.

²⁵Entón Xudas, o que o ía entregar, preguntoulle:

—¿Non serei eu, Mestre?

Respondeulle:

—Ti o dixeches.

A Eucaristía (Mc 14, 22-25; Lc 22, 15-20)

²⁶Mentres estaban a comer, Xesús colleu pan e, dando gracias, partiuno e déullelo ós seus discípulos, dicindo:

—Tomade e comede: isto é o meu corpo.

²⁷E collendo unha copa, dando gracias, déullela dicindo:

—Bebede todos dela. ²⁸Que isto é o meu sangue, o sangue da Alianza, vertido por todos para o perdón dos pecados. ²⁹E asegúrovos que desde agora non volverei beber este producto da viña ata o día que o beba, noviño, convosco no Reino do meu Pai.

Anuncio das negacións de Pedro (Mc 14, 27-31; Lc 22, 31-34; Xn 13, 36-38)

³⁰Despois de cantaren os Salmos, saíron para o Monte das Oliveiras. ³¹Entón díxolles Xesús:

—Esta noite todos ides tropezar na vosa fe por causa miña, conforme está escrito:

Ferirei o pastor e dispersaranse as ovellas do rabaño. ³²Pero cando resucite, irei diante de vós a Galilea.

³³Replicoulle Pedro:

—Anque todos tropecen pola túa causa, eu si que non tropezarei.

³⁴Respondeulle Xesús:

—Pois ti ten por seguro que esta mesma noite, antes de que cante o galo, hasme negar tres veces.

³⁵Díxolle Pedro:

—Anque teña que morrer contigo, endexamais non te negarei.

E o mesmo dixeron tódolos discípulos.

A oración en Xetsemaní (Mc 14, 32-42; Lc 22, 39-46)

³⁶Entón chegou Xesús cos seus discípulos a un terreo chamado Xetsemaní e díxolles:

—Sentade aquí, mentres eu vou orar.

³⁷E, levando consigo a Pedro e mais ós dous fillos do Zebedeo, empezou a poñerse triste e a sentirse fondamente angustiado. ³⁸E díxolles:

—Morro de tristura; quedade aquí, e vixiade comigo.

³⁹E avantando un pouco, caeu rostro en terra, mentres rogaba:

—Meu Pai, se é posible, arreda de min este cáliz. Pero non se faga o que eu quero, senón o que queres ti.

⁴⁰E, voltando onda os discípulos, atopounos durmindo. Díxolle a Pedro:

—¿Non puidestes velar comigo nin tan sequera unha hora? ⁴¹Estade á espreita e ora-

---

26, 17 A festa dos Ázimos, de orixe agrícola, e maila festa da Pascua, de orixe máis pastoril, caían, no primeiro plenilunio da primavera e formaban unha unidade ou ian seguidas. Durante os sete días dos "Ázimos" usábase pan sen levedar, que recordaba a présa da saída de Exipto, e ofrecíanse na ofrenda primaveral.
A Pascua era a principal festa xudía. Os fieis reuníanse en Xerusalén para sacrificar e come-lo año pascual, celebrando así a saída e liberación dos xudeus da escravitude de Exipto (cf Introd. ó N. T. 2 d) 1).
26, 28 Cando os xudeus celebraron a Alianza con Deus no Sinaí (Ex 24, 4-8) selárona co sangue dun año. O sangue de Xesús, novo año pascual, sela a Nova Alianza na cruz. A Eucarístía renova perennemente a Alianza.

26, 29 Clara alusión ó "banquete" do Reino, símbolo máis significativo, que fai entreve-la súa realidade, xa que o banquete era expresión de comunión fraternal.
26, 30 Seguramente a segunda parte do Hal-lel (Sal 115-118).
26, 31 Zac 13, 11. *Tropezar na fe*: lit. "escandalizarse", por ver sucumbir a quen eles esperaban Mesías todopoderoso (20, 21ss).
26, 36 *Xetsemaní*: "muíño do aceite", no Monte das Oliveiras.
26, 41 *Para que non entredes na tentación*: pois é precisa moita fe para poder resistila. De feito, só Xesús (e logo, detrás del, os crentes), a pode resistir.

de, para que non entredes na tentación. O espírito está disposto, pero a carne é débil. ⁴²E arredándose de novo, por segunda vez púxose a orar dicindo:

—Meu Pai, se este cáliz non pode pasar sen que eu o beba, fágase a túa vontade.

⁴³E, volvendo de novo, atopounos tumbados, porque lles caían os ollos co sono. ⁴⁴Deixounos e arredouse de novo, e púxose a orar por terceira vez, repetindo as mesmas palabras. ⁴⁵Despois voltou onda os seus discípulos e díxolles:

—¿Conque aínda durmides e descansades? Pois sabede que xa chega a hora e o Fillo do Home vai ser entregado nas mans dos pecadores. ⁴⁶¡Veña, erguédevos e vaiámonos, que xa está aquí o que me vai entregar!

Detención de Xesús (Mc **14**, 43-50; Lc **22**, 47-53; Xn **18**, 3-12)

⁴⁷Aínda estaba falando cando chegou Xudas, un dos Doce, acompañado dunha troupelada de xente con espadas e paos, mandada polos sumos sacerdotes e polos senadores do pobo. ⁴⁸O traidor déralles esta contraseña:

—A quen eu lle dea un bico, ese é, prendédeo.

⁴⁹De seguida achegouse a Xesús e díxolle:

—¡Saúde, Mestre!

E bicouno. ⁵⁰Xesús respondeulle:

—Amigo, ¿e para isto viñeches?

Entón, adiantáronse, botáronlle a man enriba a Xesús e prendérono. ⁵¹Pero un dos que estaba con Xesús, botando man á súa espada, desenvaiñouna, e feriu ó criado do sumo sacerdote, rabenándolle unha orella. ⁵²Pero Xesús díxolle:

—Volve a espada ó seu sitio, pois tódolos que levan espada pola espada perecerán. ⁵³¿Seica pensas que non podo acudir a meu Pai? El poñería á miña disposición, agora mesmiño, máis de doce lexións de anxos. ⁵⁴Pero, ¿como se ían entón cumpri-las Escrituras, que din que ten que suceder así?

⁵⁵E naquela hora díxolle á xente:

—Saístes prenderme con paos e espadas, coma se fose un bandido. A diario estiven sentado no templo ensinando e non me prendestes. ⁵⁶Pero todo isto pasa para que se cumpra o que escribiron os profetas.

Entón tódolos discípulos fuxiron, abandonándoo.

Xesús ante o Sanedrín (Mc **14**, 53-65; Lc **22**, 54-55. 63-71; Xn **18**, 12-14. 19-24)

⁵⁷Os que prenderon a Xesús levárono á casa de Caifás, o sumo sacerdote, onde estaban reunidos os letrados e mailos senadores. ⁵⁸Pedro seguiuno de lonxe ata o patio do sumo sacerdote e, entrando dentro, sentou cos criados para ver como acababa todo aquilo. ⁵⁹Os sumos sacerdotes e mailo Sanedrín teimaban por encontrar algún falso testemuño contra Xesús para o poderen condenar á morte. ⁶⁰Pero non o atopaban por moitas falsas testemuñas que comparecian. Ó fin, viñeron dúas ⁶¹que dícian:

—Este afirmou: podo destruí-lo templo de Deus e reconstruílo en tres días.

⁶²Entón ergueuse o sumo sacerdote e díxolle:

—¿Non respondes nada? ¿Que é o que estes testemuñan contra ti?

⁶³Pero Xesús calaba, e o sumo sacerdote dixo:

—Conxúrote polo Deus vivo que me digas se ti e-lo Mesías, o Fillo de Deus.

⁶⁴Xesús contestou:

—Ti o dixeches. E dígovos máis: A partir de agora ides ver *como o Fillo do Home senta á dereita do Todopoderoso e vén entre as nubes do ceo.*

⁶⁵Daquela o sumo sacerdote, rachando os vestidos, exclamou:

—¿Que necesidade temos de testemuñas? Vós mesmos oíste-la blasfemia. ⁶⁶¿Que vos parece?

Eles responderon:

—É culpable: merece a morte.

⁶⁷Entón cuspíronlle na cara e uns déronlle unhas trompadas; outros zorregábanlle ⁶⁸dicindo:

—¡Cristo, ora, adiviña quen che pegou!

Negacións de Pedro (Mc **14**, 66-72; Lc **22**, 56-62; Xn **18**, 15-18. 25-27)

⁶⁹Pedro estaba sentado fóra, no patio. Acercouse a el unha criada e díxolle:

—Ti tamén andabas con Xesús o Galileo.

⁷⁰El negouno diante de todos:

—Non sei de que me falas.

⁷¹Ó saír cara ó portalón viuno outra criada e díxolles ós que estaban alí:

26, 42 Bebe-lo cáliz ten o senso de "pasar un mal momento", "soportar un mal trago".
26, 52 Xesús desautoriza toda violencia. O Reino é pura invitación, e o seu seguimento debe ser froito da xenerosidade(**5**,39-42).

26, 64 *Ti o dixeches,* podería ter un senso evasivo —iso é o que dis ti—; pero máis ben parece afirmativo. Xesús non só afirma o seu mesianismo, senón que se aplica atributos divinos, cumprindo a visión de Daniel (**7**, 13) e proclamándose "Señor" (Sal **110**, 1).

—Este andaba con Xesús de Nazaret.
⁷²De novo volveu el negalo con xuramento:
—Non coñezo a ese home.
⁷³De alí a un pouco achegáronse os presentes, dicíndolle a Pedro:
—Si, ti tamén es deles; descóbrete a túa mesma fala.
⁷⁴Entón el empezou a maldicir e a xurar:
—¡Que non coñezo a ese home!
E coa mesma cantou o galo. ⁷⁵Pedro, acordándose das palabras que dixera Xesús: "Antes de que cante o galo hasme negar tres veces", saíu para fóra e chorou amargamente.

Xesús levado a Pilato (Mc 15, 1; Lc 23, 1; Xn 18, 28)

27 ¹Ó raia-lo día, tódolos sumos sacerdotes e mailos senadores do pobo celebraron consello contra Xesús, para condenalo á morte. ²Amarrárono e fóronllo entregar a Pilato, o gobernador.

Morte de Xudas

³Entón Xudás, o traidor, ó ver que o condenaran, cheo de remordementos, devolvéulle-las trinta moedas de prata ós sumos sacerdotes e mais ós senadores ⁴dicindo:
—Pequei entregando á morte a un inocente.
Eles contestaron:
—¿E a nós que nos contas? Alá ti.
⁵El, guindando as moedas no templo, marchou, e foise aforcar. ⁶Os sumos sacerdotes, apañando as moedas, dixeron:
—Non é lícito botalas no peto das ofrendas, xa que son prezo de sangue.
⁷Entón, despois de deliberar, compraron con elas o Agro do Oleiro, para enterrar nel os forasteiros. ⁸Por iso, aquel agro chámase aínda hoxe o "Agro do sangue". ⁹Cumpriuse así o que deixara escrito o profeta Xeremías: *Colleron as trinta moedas de prata, prezo co que taxaran a un home (pois esa era a taxa que poñían os fillos de Israel),* ¹⁰*pagando así o Agro do Oleiro, tal como mo mandara o Señor.*

Xesús ante Pilato (Mc 15, 2-15; Lc 23, 2-5. 13-25; Xn 18, 29-19, 16)

¹¹Compareceu Xesús ante o gobernador, que lle preguntou:
—¿Es ti o rei dos xudeus?
Xesús contestou:
—Ti o dis.
¹²E ós cargos que lle facían os sumos sacerdotes e mailos senadores, non respondeu nada. ¹³Entón preguntoulle Pilato:
—¿Seica non oes todo o que están testemuñando contra ti?
¹⁴Pero non respondeu a pregunta ningunha, deixando ó gobernador moi estrañado.
¹⁵Resulta que pola festa tiña o costume de ceiba-lo preso que a xente lle pedise. ¹⁶Tiñan daquela un preso de moita sona chamado Xesús Barrabás. ¹⁷Pilato dirixiuse ó pobo reunido:
—¿A quen queredes que vos solte, a Xesús Barrabás ou a Xesús, chamado o Cristo?
¹⁸Pois el ben sabía que llo entregaran por envexa.
¹⁹Mentres estaba sentado no tribunal, a súa muller mandoulle a dicir:
—Deixa en paz a ese xusto, que hoxe sufrín moito en soños por cousa del.
²⁰Pero os sumos sacerdotes e mailos anciáns persuadiron á xente, para que reclamasen a Barrabás e acabasen con Xesús. ²¹O gobernador insistiu:
—¿A quen queredes que vos libere?
Eles dixeron:
—A Barrabás.
²²Díxolles Pilato:
—¿E que fago eu con Xesús, chamado o Cristo?
E responderon todos:
—¡Que o crucifiquen!
²³El replicou:
—Pero, ¿que mal fixo?
Pero eles berraban máis forte dicindo:
—¡Que o crucifiquen!
²⁴Vendo Pilato que non conseguía nada, senón que, pola contra, o barullo ía a máis, tomou auga e lavou as mans diante de todos dicindo:
—Alá vós, eu non son responsable deste sangue.
²⁵Todo o pobo respondeu dicindo:
—Pois que recaia o seu sangue sobre nós e sobre nosos fillos.
²⁶Entón soltoulles a Barrabás, e a Xesús,

27, 2 O feito de levalo ó procurador romano implica a súa intención de o mataren, cousa que non se podía facer entón sen o veredicto do procurador.
27, 5 A morte de Xudas é confirmada, con variantes, en Feit **1,** 18-19.
27, 6 En realidade, non se coñece ningunha prohibición que impedise recoller aqueles cartos.
27, 9 A cita é máis ben de Zac **11,** 12-13.

27, 10 Xer **32,** 6-9.
27, 11 *Ti o dis*. Contestación moi irónica, dado que o mesmo Pilato declarou inocente a este "rei" (cf nota a **26,** 64).
27, 16 *Xesús Barrabás*. Moitos códices omiten "Xesús". O nome Xesús puido, certamente, ser omitido por respecto. Ademais, hai aínda outro xogo de palabras: Barrabás significa "fillo do pai". Toda a comparación era demasiado cruel, e puido feri-la posterior sensibilidade cristiá.

despois de o mandar azoutar, entregouno para que o crucificasen.

Coroación cos espiños (Mc **15,** 16-20; Xn **19,** 2-3)

²⁷Os soldados do gobernador levaron a Xesús ó Pretorio, e reuniron toda a compaña. ²⁸Espírono, botáronlle enriba un manto escarlata; ²⁹e, trenzando unha coroa de espiños, puxéronlla na cabeza, e na man dereita unha cana. Axeonllándose diante del, dicíanlle moqueándose:

—¡Saúde, rei dos xudeus!

³⁰Cuspíanlle e coa canivela dábanlle vergallazos na cabeza. ³¹Despois de faceren riso del, quitáronlle o manto e puxéronlle a súa roupa e quitárono para fóra para o crucificar.

Crucifixión (Mc **15,** 21-32; Lc **23,** 26-43; Xn **19,** 17-27)

³²Ó saíren atoparon un home de Cirene, chamado Simón; e obrigárono a leva-la cruz de Xesús. ³³Cando chegaron a un lugar chamado Gólgota, que quere dicir: "lugar da Caveira", ³⁴*déronlle de beber* viño mesturado con *fel.* Xesús probouno, pero non o quixo beber. ³⁵Crucificárono, *e repartiron entre eles a roupa botándoa a sorteo.* ³⁶Despois sentaron alí a ter conta del.

³⁷Puxéronlle tamén enriba da cabeza un escrito co motivo da condena: "Este é Xesús, o rei dos xudeus". ³⁸Tamén crucificaron con el dous bandidos, un á dereita e outro á esquerda.

³⁹Os que pasaban por alí, insultábano, *abaneando a cabeza* ⁴⁰e dicindo:

—¡Vaites, vaites, o que destrúe o templo e o reconstrúe en tres días! Ora, sálvate a ti mesmo e baixa da cruz, se es fillo de Deus.

⁴¹Do mesmo xeito os sumos sacerdotes, burlándose del xunto cos letrados e senadores, dicíanlle:

⁴²—¡Salvou a outros, pero non se pode salvar a si mesmo! ¡É o rei de Israel! ¡Que baixe agora da cruz e creremos nel! ⁴³*Confía en Deus: pois que o salve agora, se é que de verdade o quere;* ben que dixo: "Son fillo de Deus".

⁴⁴Tamén o aldraxaban os bandidos que estaban crucificados con el.

Morte de Xesús (Mc **15,** 33-41; Lc **23,** 44-49; Xn **19,** 28-30)

⁴⁵Chegado o mediodía, a escuridade cubriu a terra ata as dúas e pico da tarde. ⁴⁶E nesa hora Xesús berrou moi forte dicindo:

—Elí, Elí ¿lemá sabactaní?

Isto é: *Meu Deus, meu Deus, ¿por que me abandonaches?*

⁴⁷E algúns dos que estaban alí, oíndo aquilo, comentaban:

—Este chama a Elías.

⁴⁸Inmediatamente un deles foi correndo coller unha esponxa con *vinagre* e, espetándoa nunha cana, *deulle de beber.* ⁴⁹Pero os demais dicían:

—Deixade, a ver se vén Elías salvalo.

⁵⁰Pero Xesús, dando de novo un grande berro, entregou a alma.

⁵¹Entón o veo do Santuario rachouse en dous de arriba abaixo. Tremeu a terra, as rochas fenderon, ⁵²e abríronse os sepulcros. Moitos corpos dos santos que estaban mortos resucitaron. ⁵³E despois que el resucitou saíron dos sepulcros, entraron na cidade santa e aparecéronselles a moitos.

⁵⁴O centurión e mailos que con el gardaban a Xesús, vendo o terremoto e todo o que pasaba, dixeron aterrados:

—Verdadeiramente este era o Fillo de Deus.

⁵⁵Había alí, mirando desde lonxe, moitas mulleres que seguiran a Xesús desde Galilea para servilo. ⁵⁶Entre elas estaba María Magdalena, María a nai de Santiago e mais de Xosé, e a nai dos fillos do Zebedeo.

Sepultura de Xesús (Mc **15,** 42-47; Lc **23,** 50-56; Xn **19,** 38-42)

⁵⁷Á tardiña chegou un home rico de Arimatea chamado Xosé, que tamén era discípulo

---

27, 27 *Pretorio,* residencia oficial do gobernador romano.
27, 34 Sal **69,** 22. O viño con mirra dábanlle ós condenados, para os drogar en certo modo, e así alivialas das súas dores. Mt menciona o fel, que facía intragable a poción.
27, 38 *Bandidos* ("lestaí", "latrones"): é palabra clave do vocabulario militar romano: son os guerrilleiros "nacionalistas" e independentistas contrarios á ocupación romana. "Bandido" era Viriato (para a propaganda militar romana).
27, 39 Sal **22,** 8.
27, 43 Sal **22,** 9; Sab **2,** 18-20.
27, 45 O evanxelista refírese, posiblemente, a unha eclipse simbólica, dada a ausencia de reaccións dos presentes que pedían milagres.
27, 46 O Sal **22** é o salmo da confianza. Xesús supera a crise do abandono de Deus, poñéndose nas mans do Pai (Lc **23,**46).
27, 48 Cf Sal **69,** 22.
27, 51 O rompemento do veo simboliza a caída do templo e canto el significa. Mateo e mais Lucas aproveitan este simbolismo para indica-lo paso á nova relación con Deus, aberto en Xesús (cf Heb **9,** 1-14).
27, 52 Insistencia do evanxelista nos sinais proféticos do "día de Iavé" (cf vv 45. 51; Am **8,** 9).

de Xesús. ⁵⁸Foi onda Pilato e pediulle o corpo de Xesús. Pilato mandou que llo entregasen.

⁵⁹Collendo o corpo envolveuno nunha saba limpa ⁶⁰e púxoo no seu propio sepulcro novo, que tiña cavado nunha rocha; e, facendo rolar unha grande lousa na entrada do sepulcro, foise. ⁶¹Estaban alí María Magdalena e maila outra María, sentadas fronte ó sepulcro.

Vixilancia do sepulcro

⁶²Ó outro día, pasado o día da Preparación, os sumos sacerdotes e mailos fariseos foron xuntos onda Pilato ⁶³e dixéronlle:
—Señor, lembramos que aquel embeleaqueiro, cando estaba vivo, dixo: "Resucitarei despois de tres días". ⁶⁴Así que manda que vixíen o sepulcro ata o terceiro día; non vaia ser que cheguen os discípulos e o rouben e que lle digan á xente: "Resucitou de entre os mortos". E así a derradeira impostura sería peor cá primeira.

⁶⁵Díxolles Pilato:
—Ténde-la garda, ide, e vixiádeo como mellor saibades.

⁶⁶Eles foron e selaron a lousa, asegurando a vixilancia do sepulcro coa garda.

A Resurrección (Mc **16**, 1-8; Lc **24**, 1-12; Xn **20**, 1-10)

28 ¹Pasado o sábado, na alborada do primeiro día da semana, María Magdalena e maila outra María foron visita-lo sepulcro. ²Entón produciuse un grande terremoto, xa que o anxo do Señor, baixando do ceo, removeu a lousa e sentou enriba dela. ³Tiña o aspecto dun relampo e o seu vestido era branco coma a neve. ⁴Os gardas tremeron co medo, ficando coma mortos. ⁵Mais o anxo díxolles ás mulleres:
—Non teñades medo, ben sei que buscades a Xesús o crucificado. ⁶Non está aquí, resucitou tal como dixera. Vinde ve-lo sitio onde estaba. ⁷E ide axiña dicirlles ós seus discípulos: "Resucitou de entre os mortos e vai diante de vós para Galilea: alí o veredes". Iso é o que vos tiña que dicir.

⁸Elas marcharon do sepulcro con toda a présa, con temor pero cheas de gozo; e correron para llelo comunicaren ós seus discípulos.

⁹Entón Xesús saíulles ó encontro dicindo:
—Alegrádevos.

Elas, achegándose, abrazáronlle os pés e postráronse ante el. ¹⁰Xesús díxolles:
—Non teñades medo: ide avisar a meus irmáns de que marchen para Galilea, que alí me verán.

A versión dos gardas

¹¹Mentres elas ían, algúns da garda foran á cidade para informaren ós sumos sacerdotes de canto acontecera. ¹²Eles, reuníndose cos senadores, acordaron darlles unha boa presa de cartos ós soldados, ¹³encargándolles:
—Vós dicide: "os seus discípulos fórono roubar de noite, mentres nós durmiamos". ¹⁴E, se o gobernador chega a saber algo, xa o convenceremos nós, sacándovos do apuro.

¹⁵Eles, collendo os cartos, fixeron tal como lles mandaran. E así correu este rumor entre os xudeus ata o día de hoxe.

Misión dos discípulos (Mc **16**, 14-16; Lc **24**, 38. 46-48; Xn **20**, 19-23)

¹⁶Os once discípulos fóronse para Galilea ó monte onde Xesús os citara. ¹⁷E véndoo, postráronse ante el, anque algúns dubidaban. ¹⁸Xesús, achegándose, díxolles:
—Déuseme todo poder no ceo e mais na terra. ¹⁹Ide, pois, e facede discípulos meus a tódolos pobos, bautizándoos no nome do Pai e do Fillo e do Espírito Santo; ²⁰ensinándolles a gardar canto vos mandei. Asegúrovos que eu estarei sempre convosco ata a fin do mundo.

28, 2 *Un grande terremoto:* O evanxelista rodeou os acontecementos Morte-Resurrección de Xesús de todo o aparato teofánico, como correspondía á inauguración do novo tempo.
Marcos non fala dun anxo, senón dun mozo; Lucas, de dous homes.
28, 9 Os relatos das aparicións do Resucitado suscitan moitas dificultades polas súas diverxencias, se os relatos se toman á letra. Isto fai resalta-la sinxeleza narrativa das diversas tradicións, que os evanxelistas recolleron, e concentra a atención no significado teolóxico.

28, 10 Galilea é, principalmente para Mc, a patria do Evanxeo, onde o Mesías iniciou e espallou a súa Mensaxe. Significaba tamén un retorno despois de pasar por Xerusalén.
28, 12 Esta narración, manifestamente apoloxética, salienta a confabulación xudía, para mellor afirma-la súa cegueira, e, sobre todo, para deixar ben patente a realidade da resurrección.
28, 18 Podemos dicir que este é o punto cume do evanxeo de Mateo: a misión universal. A fórmula supón unha teoloxía e unha liturxia avanzada dentro xa da comunidade cristiá.

INTRODUCCIÓN Ó EVANXEO SEGUNDO SAN MARCOS

1.- Autor

Parece se-lo Xoán Marcos dos Feitos dos Apóstolos (**12**, 12-25) e da *1ª Carta de Pedro* (**5**, 13). Quezáis fora fillo de María (Feit **12**, 12) e curmán de Bernabé, o compañeiro de Paulo na primeira viaxe misioneira (cf Feit **13**, 13). Cando Paulo está encadeado, en Roma, cóntanos que tiña a Marcos con el (Col **4**, 10; Flm 24). No tempo intermedio parece que estivo con Pedro, que o chama "meu fillo" (1 Pe **5**, 13). Pola importancia que lle dá ó Apóstolo S. Pedro, hai quen pensa que se debería chamar este evanxeo "O Evanxeo de Pedro". Sexa ou non así, é ben certo que Marcos debeu recoller moito material das ensinanzas de Pedro, tal como nos di Ireneo, Bispo de Lión.

Non hai lugar á pseudoepigrafía, ó ser un evanxeo tan antigo e non aplicarlle a paternidade do mesmo a un apóstolo.

2.- Destinatarios

Tiñan que ser xentes de fóra de Palestina, pois traduce os vocábulos arameos que emprega, explica os costumes xudeus e non emprega o argumento da Sagrada Escritura.

3.- Tempo e lugar de composición

Pola súa simplicidade e por non facer mención da caída de Xerusalén, pódese datar entre os anos 65 e 70.

O lugar puido ser Roma, tendo en conta o testemuño dos escritores eclesiásticos antigos e o feito de empregar latinismos nun tempo en que o Latín estaba circunscrito á bisbarra do Lazio.

4.- Características literarias

Emprega vocábulos pouco cultos, e tende a usar diminutivos. Abusa das negacións, e son frecuentes os semitismos e tamén os latinismos. No tocante ó estilo, dentro da sinxeleza acada vivacidade nas súas expresións. Fai esquemas esteriotipados e une as frases por medio de conxuncións coordinadas. Algunhas perícopas úneas por medio de certos resumos da actividade de Xesús, nomeados "sumarios".

5.- Teoloxía de Marcos

5.1.- Para Marcos, "o Evanxeo é Xesús", de xeito que o feito de Xesús actualízase na comunidade, pola predicación. Xesús aparece como fondamente humano.

5.2.- O Reino de Deus preséntase como a irrupción do poder de Deus manifestado polos signos que fai Xesús. Marcos carga o acento nos feitos de Xesús, que o presentan coma máis forte que Satán, especialmente nas expulsións de demos.

5.3.- Os feitos de Xesús provocan a admiración da xente.

5.4.- Xesús non quere que se espalle a súa condición mesiánica, senón que prefire que quede no segredo, para que non sexa mal comprendido o seu mesianismo.

5.5.- Marcos gusta de presentar a Xesús rodeado dos seus discípulos. Quere salienta-lo grupo dos Doce, elixidos por el para compartí-la súa vida e para mandalos a predicar.

5.6.- O tempo de salvación comeza co Bautista, e continúase con Xesús e cos seus discípulos.

5.7.- Os lugares xeográficos teñen un valor teolóxico. Dicindo nos relatos da resurrección que Xesús volta a Galilea, vénse significar que o Reino de Deus prevalece sobre Israel (simbolizado en Xerusalén).

6.- Estructura

Tendo en conta os lugares por onde Xesús desenvolve o seu ministerio, podemos distribuí-lo evanxeo deste xeito:

—Prólogo: Á beira do Xordán: **1**, 1-13.
  1) Ministerio en Galilea, e mais aló das fronteiras: **1**, 14-**9**, 50.
  2) Subida a Xerusalén: **10**, 1-52.
  3) En Xerusalén: **11**, 1-**16**, 8.
—Apéndice: **16**, 9-20.

EVANXEO SEGUNDO SAN MARCOS
INTRODUCCIÓN

Predicación de Xoán Bautista (Mt **3**, 1-12; Lc **3**, 1-18)

1 ¹Comezo do Evanxeo de Xesús Cristo, Fillo de Deus.
²Como está escrito no profeta Isaías:
Mira: mándoche por diante un mensaxeiro,
para que prepare o teu camiño.
³*Unha voz clama no deserto:*
preparade o camiño do Señor,
endereitade os seus vieiros.
⁴Presentouse Xoán no deserto bautizando: pregoando un bautismo de conversión, para logra-lo perdón dos pecados. ⁵E ía onda el xente de toda a provincia de Xudea e de Xerusalén; confesaban os seus pecados e el bautizábaos no río Xordán.
⁶Xoán ía vestido con pelos de camelo e cun cinguidor de coiro arredor do van, e mantíñase de saltóns e mel bravo. ⁷E proclamaba:
—Detrás miña está a chegar o que é máis forte ca min, ante quen non son digno de postrarme para lle desata-los mallós do seu calzado. ⁸Eu bautizo con auga, pero el havos bautizar con Espírito Santo.

Bautismo de Xesús (Mt **3**, 13-17; Lc **3**, 21-22)

⁹E aconteceu por aqueles días que chegou Xesús desde Nazaret de Galilea, e Xoán bautizouno no Xordán. ¹⁰E de seguida, mentres saía da auga, viu abrirse o ceo e baixar sobre el, coma unha pomba, o Espírito Santo. ¹¹E unha voz deixouse oír desde o ceo:
—Ti e-lo meu fillo benquerido, o meu predilecto.

As tentacións (Mt **4**, 1-11; Lc **4**, 1-13)

¹²Axiña o encamiñou o Espírito ó deserto. ¹³Alí permaneceu corenta días, alí o tentou Satanás; vivía entre as feras, e servíano os anxos.

PREDICACIÓN EN GALILEA

A Boa Nova (Mt **4**, 12-17; Lc **4**, 14-15)

¹⁴Cando prenderon a Xoán, marchou Xesús a Galilea a anuncia-la Boa Nova de Deus, ¹⁵dicindo:
—O tempo está cumprido, e chega o Reino de Deus; convertédevos, e crede na Boa Nova.

Os primeiros discípulos (Mt **4**, 18-22; Lc **5**, 1-11)

¹⁶Camiñando pola ribeira do mar de Galilea, viu a Simón e mais a Andrés, seu irmán, largando o aparello no mar: eran pescadores. ¹⁷Díxolles Xesús:
—Vide comigo, e fareivos pescadores de homes.
¹⁸E deixando de contado o aparello, seguírono. ¹⁹Un pouco máis adiante viu a Santiago, fillo de Zebedeo e mais a Xoán, seu irmán; estaban arranxando o aparello na barca. E de seguida os chamou. ²⁰Eles, deixando a seu pai, Zebedeo, e mailos seus tripulantes na barca, seguírono.

Curación na sinagoga (Lc **4**, 31-37)

²¹Viñeron a Cafarnaúm, e, ó chega-lo sábado, púxose a ensinar na sinagoga.

1,1 Ese "Evanxeo" ou "Boa Nova", é o de Xesús, e é, despois da resurrección, Xesús mesmo, pois con El chega o Reino de Deus. Marcos, que ó longo do seu escrito, presentará a admiración da xente ante a personalidade de Xesús, constata no comezo da súa obra (**1**, 1) e case no remate (**15**, 39), a súa condición de "Fillo de Deus", desvelando así o "misterio" que invade a maior parte do seu escrito.
1, 2 Xoán Bautista, ademais de se-lo profeta do deserto, é o "Elías redivivo". Faise unha interpretación mesiánica de Mal **3**, 1, ó cambiar Mc "meu camiño" (en Mal referido a Deus), por *teu camiño* (referido ó Mesías), aplicándolle así a Xesús o que se dicía de Deus.
1, 3 Is **40**, 3.
1, 4 *Conversión* (metánoia) quere dicir cambio de vida, conforme a vontade de Deus.
1, 6 Posible alusión á vestimenta de Elías (2 Re **1**, 8). Cf II Zac.

1, 8 Respecto ó bautismo, véxase nota a Mt **3**, 6.
1, 10 O *abrirse o ceo* é un signo para significar unha comunicación divina (cf Ez **1**, 1), de cara a unha misión.
1, 11 O que se afirma ó comezo (**1**, 1) e tamén case no remate do evanxeo (**15**, 39), proclámao agora o Pai celestial (cf Is **42**, 1).
1, 12 O Espírito non arreda a Xesús dos problemas terreais, senón que o deixa participar das dificultades humanas. Así, calquera bautizado ten que afronta-las tentacións e tribulacións propias dos seres humanos.
1, 14 A diferencia do xudaísmo, que agardaba a chegada do Reino á fin do mundo, Xesús anuncia que ese Reino xa chegou.
1, 16-20 Un dos temas que desenvolve Mc ó longo do seu evanxeo, é o do seguimento de Xesús. A actitude dos apóstolos, que acompañan ó seu Mestre, é un exemplo para os crentes, que deben seguir tamén os vieiros de Xesús.

²²Todos estaban abraiados da súa doutrina, pois ensinaba coma quen ten autoridade, non coma os letrados. ²³E cadrou que había naquela sinagoga un home posuído por un mal espírito, e púxose a berrar:

²⁴—¿Que temos que ver contigo, Xesús de Nazaret? ¿Seica viñeches para acabar connosco? Ben sei quen es ti: ti e-lo Santo de Deus.

²⁵Xesús mandoulle:

—Cala, e bótate fóra dese home.

²⁶O espírito malo sacudiuno, pegou un berro moi alto e saíu del. ²⁷Todos ficaron pasmados, e discutían entre si, dicindo:

—¿Que é isto? Unha nova doutrina, e con autoridade; enriba, dálles ordes ós espíritos malos, e eles obedéceno.

²⁸E a súa sona espallouse de contado por toda a rexión de Galilea.

Curación da sogra de Pedro e doutros enfermos (Mt **8**, 14-17; Lc **4**, 38-44)

²⁹Despois de saír da sinagoga, foi á casa de Simón e mais de Andrés, con Santiago e Xoán. ³⁰A sogra de Simón estaba na cama con febre, e axiña lle falaron dela. ³¹E, achegándose, colleuna pola man e ergueuna; desapareceulle a febre e púxose a servilos.

³²Chegada a tardiña, xa de sol posto, leváronlle tódolos enfermos e endemoniados; ³³a vila enteira se amoreou na porta. ³⁴E sandou a moitos enfermos de varias doenzas e botou moitos demonios. Pero ós demonios non os deixaba falar, porque o coñecían ben.

³⁵Erguéndose moi cedo, aínda de noite, saíu para un lugar arredado, onde se puxo a orar. ³⁶Simón e mailos seus compañeiros fórono seguindo, ³⁷e cando o atoparon, dixéronlle:

—Todos te andan a buscar.

³⁸El respondeu:

—Vaiamos a outro sitio, ás aldeas veciñas, para predicarmos tamén alí, que para isto vin.

³⁹E foi predicando polas sinagogas de Galilea, botando fóra os demos.

Curación dun gafo (Mt **8**, 2-4; Lc **5**, 12-16)

⁴⁰Acercóuselles un gafo, e rogoulle de xeonllos:

—Ti, se queres, pódesme limpar.

⁴¹—Xesús, estremecido, alongou a man, e tocouno, dicindo:

—Pois quero, queda limpo.

⁴²E no instante desapareceulle a lepra, quedando limpo. ⁴³E despediuno, e, poñéndose moi serio, mandoulle:

⁴⁴—Mira, non lle vaias dicir nada a ninguén; preséntate ó sacerdote, e fai pola túa purificación as ofrendas mandadas por Moisés, para que lles conste.

⁴⁵Pero, mal se foi, aquel home botouse a pregoa-la nova, espallándoa de tal xeito que Xesús xa non podía entrar en vila ningunha, senón que quedaba fóra, nos arredores apartados. Pero aínda así acudían a el de tódalas partes.

Curación dun paralítico (Mt **9**, 1-8; Lc **5**, 17-26)

2 ¹De alí a uns días entrou de novo en Cafarnaúm, e sóubose que estaba na casa; ²tantos se xuntaron que nin diante da porta había xa sitio. El expoñíalle-la Palabra. ³Entón, entre catro, trouxeron un home tolleito. ⁴Pero, non podendo chegar ó pé del, pola moita xente que había, levantaron o teito onde el estaba, e abriron un furado ata poderen mete-lo leito co enfermo, e descolgalo. ⁵Xesús, vendo a fe que tiñan, díxolle ó tolleito:

—Meu fillo, quédanche perdoados os teus pecados.

⁶Pero alí sentados estaban algúns letrados, que matinaban para os seus adentros:

⁷"Pero, ¿que está a dicir este home? Está blasfemando. ¿Quen pode perdoa-los pecados, senón unicamente Deus?"

⁸Xesús, decatándose axiña do que estaban cavilando, díxolles:

1, 22 *Autoridade,* dado o carácter profético que lle atopaban; os letrados eran simples expositores.

1, 24 *Santo de Deus:* así é chamado Eliseo en 2 Re **4**, 9, como profeta carismático.

1, 28 Os feitos de Xesús provocan a admiración da xente, que se pregunta polas raíces da personalidade que mostra.

1, 34 As expulsións dos demonios manifestan que a chegada do Reino de Deus —coa conseguinte derrota dos poderes demoníacos— é un feito.

1, 41 *Estremecido* pode ser "compadecido" ou "irado", segundo outros ms. A ira de Xesús podería deberse: 1) Ó comportamento do leproso que transgredía a Lei de Moisés ó mesturarse coa xente, poñéndoa en perigo de contaxio; 2) á ira contra o espírito causante da lepra; 3) a ter que revelar antes de tempo o "segredo mesiánico".

1, 44 O chamado "segredo mesiánico" consiste na insistencia de Xesús en prohibir pregoa-las súas palabras e feitos. Algúns críticos interprétano coma un artificio dos evanxelistas, para xustificaren a non existencia da proclamación do propio mesianismo por parte de Xesús. Puidera ser máis ben unha medida de prudencia na ambigüidade interpretativa e persecutoria na que se movía. Mc daríalle a súa propia "coloración" teolóxica.

2, 7 O perdón é prerrogativa divina no A. T.: de aí o escándalo deles. Co milagre no seu nome, tamén atributo divino, confirma as súas palabras.

—¿Por que razoades así nos vosos adentros? ⁹¿Que é máis fácil: dicirlle a este tolleito: "quedan perdoados os teus pecados", ou dicirlle: "érguete, colle a padiola e vaite?" ¹⁰Pois para que vexades que o Fillo do Home ten poder para perdoa-los pecados ¹¹—dille ó tolleito—, colle a padiola, e vaite á túa casa.

¹²E así foi: no instante, ergueuse, colleu o leito, e foise diante de todos; de tal modo que todos ficaron pasmados, e daban gloria a Deus dicindo:

—Nunca tal cousa vimos.

Vocación de Mateo (Mt **9**, 9-13; Lc **5**, 27-32)

¹³Volveu saír para a beira do mar, e a xente toda seguía acudindo. E el ensinábaos. ¹⁴Ó pasar, viu a Leví, o de Alfeo, sentado no mostrador a cobra-la contribución, e dille:

—Sígueme.

El ergueuse, e seguiuno. ¹⁵Aconteceu que estando Xesús á mesa de Leví, acompañado dos seus discípulos e mais outros recadadores de impostos e pecadores —pois eran moitos os que o seguían—, ¹⁶os letrados e fariseos, véndoo comer con eles, dixéronlles ós discípulos:

—¿Como é que come cos recadadores e pecadores?

¹⁷Xesús sentiunos, e contestoulles:

—Non son os sans, senón os enfermos, os que precisan médico. Eu non vin chamar polos xustos, senón polos pecadores.

Discusión polo xexún (Mt **9**, 14-17; Lc **5**, 33-39)

¹⁸Un día no que os discípulos de Xoán e mailos fariseos gardaban o xexún, viñéronlle preguntar:

—¿Como é que mentres os discípulos de Xoán e mailos dos fariseos gardan o xexún, os teus non o gardan?

¹⁹Xesús contestoulles:

—¿Pero, logo, poden os convidados á voda xexuar mentres dura a voda? Mentres teñan consigo o esposo non poden xexuar. ²⁰Xa virá o día no que lles leven o esposo, e daquela si que xexuarán.

²¹Ninguén lle bota un remendo de pano novo a un vestido vello, porque o novo tiraría polo vello e a rachadura faríase máis grande. ²²Tampouco ninguén bota viño novo en pelellos vellos, porque o viño rebentaría os pelellos, e perderíanse pelellos e viño. Xa sabedes: a viño novo, pelellos novos.

Xesús defende os seus discípulos (Mt **12**, 1-8; Lc **6**, 1-5)

²³Un sábado cadrou que pasaron por uns terreos sementados; os seus discípulos, mentres ían de camiño, empezaron a arrincar espigas. ²⁴Entón dixéronlle os fariseos:

—Mira para aí, ¿por que fan o que non lles está permitido facer nun sábado?

²⁵El respondeulles:

—¿Seica non sabéde-lo que fixo David, cando el e mailos seus acompañantes se viron apurados e con fame? ²⁶No tempo do Sumo Sacerdote Abiatar entrou na casa de Deus e comeu o pan ofrecido —pan que só podían come-los sacerdotes— e repartiu incluso cos seus compañeiros.

²⁷E concluíu:

—O sábado fíxose para o servicio do home, e non o home para o servicio do sábado. ²⁸Así que o Fillo do Home é Señor incluso do sábado.

A curación nun sábado (Mt **12**, 9-14; Lc **6**, 6-11)

3 ¹De novo entrou na sinagoga; alí atopou un home que tiña a man tolleita. ²Todos estaban atentos, a ver se se atrevía a curalo en pleno sábado, para o poderen acusar. ³Entón díxolle Xesús ó home da man tolleita:

—Érguete e ponte no medio.

⁴E preguntoulles:

—¿Que está permitido no sábado: face-lo ben, ou face-lo mal; salva-la vida ou matar?

Pero ninguén falou palabra. ⁵E botándolles unha ollada, chea de carraxe e tristura,

---

2, 10 Sobre o *Fillo do Home*, véxase nota a **8**, 20.
2, 15 Respecto ós publicanos véxase Introduc. ó N.T. **2** a) e mais nota de **9**, 11.
2, 18 A obriga do xexún reducíase a unha vez no ano (o "Día da Expiación"); pero os fariseos xexuaban dúas veces cada semana (os luns e mailos xoves).
2, 19 Referencia á parábola do banquete. A Igrexa primitiva, para xustifica-lo seu xexún, refire a presencia do esposo á vida mortal de Xesús.
2, 21 A novidade que ofrece Xesús non encaixa en moldes vellos: non é abondo facer certas reformas na Antiga Alianza, senón que se precisa un cambio total de mentalidade.
2, 26 Trátase dos "pans de proposición" (cf Ex **25**, 23-30; Lev **24**, 5-9), que estaban enriba dunha mesa, na parte do templo nomeada "O Santo", á que tiñan acceso soamente os sacerdotes.
2, 27s Á afirmación de que o Fillo do Home ten poder para perdoa-los pecados (v 10), únese esta de ser "señor do sábado", tomando ocasión da posibilidade que ofrece o xogo de palabras "home" e "fillo do home".
3, 4 Como o sábado era día de absoluto descanso, "facer ben ou facer mal" equivalía a dicir: "¿Non se pode facer absolutamente nada?"

debido á dureza dos seus corazóns, díxolle ó enfermo:

—Estende a túa man.

El estendeuna, e a man curou. ⁶E xa ó saíren da sinagoga, os fariseos empezaron a maquinar cos herodianos no xeito de acabaren con el.

Novas curacións na ribeira do mar de Galilea (Mt **4,** 24-25; Lc **6,** 17-19)

⁷Xesús foi cos seus discípulos para a ribeira do mar, seguido por unha grande multitude, chegada de Galilea e Xudea. ⁸Tamén de Xerusalén, Idumea, da outra banda do Xordán e mais da comarca de Tiro e Sidón. Acudiron a el, despois de oíren as cousas que facía. ⁹El encargoulles ós seus discípulos que lle tivesen preparada unha lanchiña, para que a xente non se lle botase enriba; ¹⁰porque curara a tantos que todos o querían tocar e ficar así ceibos das súas doenzas. ¹¹Mesmo os malos espíritos, cando o vían, se postraban ante el, proclamando:

—Ti e-lo Fillo de Deus.

¹²Pero el ameazábaos, para que non o descubrisen.

A elección dos Doce (Mt **5,** 1; **10,** 1-4; Lc **6,** 12-16)

¹³E subindo ó monte, chamou os que el quixo, e xuntáronse con el. ¹⁴Logo designou Doce para que o acompañasen, e para envialos a predicar ¹⁵con poder de bota-lo demo fóra.

¹⁶Estes foron os Doce que designou: Simón, a quen lle puxo de nome Pedro; ¹⁷Santiago, o fillo de Zebedeo e mailo seu irmán Xoán, ós que lles puxo de sobrenome Boanerxes, que quere dicir fillos do Trebón; ¹⁸Andrés e Felipe, Bartolomeo e Mateo, Tomé e Santiago —o fillo de Alfeo—, Tadeo e Simón o Zelota, ¹⁹e Xudas Iscariote, o traidor.

Calumnias dos letrados, e desconfianza dos seus parentes (Mt **12,** 24-32; Lc **11,** 15-23; **12,** 10)

²⁰E foron para a casa; alí xuntouse de novo tanta xente, que nin podían comer. ²¹E cando o souberon os seus parentes, foron buscalo á forza; porque a xente dicía que perdera o sentido.

²²Os letrados que baixaran de Xerusalén, dicían: "ten dentro a Belcebú; bota fóra os demonios co poder do príncipe dos demonios". ²³El chamou por eles e púxolles estas comparanzas:

—¿Como pode Satanás botar a Satanás? ²⁴Se un reino está dividido en contra de si mesmo, non se pode manter en pé. ²⁵Se unha casa está dividida en contra de si mesma, non pode subsistir. ²⁶Así que, se Satanás está dividido e loita contra si mesmo, non pode subsistir e está perdido.

²⁷Ninguén pode entrar na casa dun home forte, e roubarlle canto ten, se primeiro non o amarra; só entón poderá arramplar con canto hai na casa.

²⁸Tede por seguro que todo se lles perdoará ós homes, os pecados e cantas blasfemias digan; ²⁹pero a quen basfeme contra o Espírito Santo, nunca se lle perdoará, e cargará eternamente co seu pecado.

³⁰Isto dicíao porque eles acusábano de que tiña dentro un espírito malo.

A nai e os irmáns de Xesús (Mt **12,** 46-50; Lc **8,** 19-21)

³¹Nisto chegan súa nai e mailos seus irmáns, e mandárono chamar desde fóra. ³²Era moita a xente que estaba sentada arredor del, e fóronlle dicir:

—Aí fóra están túa nai e mais teus irmáns, que te veñen buscar.

³³El respondeu:

—¿Quen é miña nai, e quen son meus irmáns?

³⁴E mirando os que estaban sentados arredor del, dixo:

—Velaí a miña nai e mailos meus irmáns: ³⁵pois o que cumpra a vontade de Deus, ese é o meu irmán, a miña irmá e miña nai.

Parábola da semente (Mt **13,** 1-9; Lc **8,** 4-8)

4 ¹E púxose de novo a ensinalos á beira do mar. Tanta era a xente reunida ó pé del, que tivo que subir para sentar nunha barca fondeada no mar, mentres o xentío es-

---

3, 8 A Idumea é o territorio de Edom, ó sur de Israel.
3, 11 Non só o Pai (**1,** 11; **9,** 7), Pedro (**8,** 29) e o centurión (**15,** 39) recoñecen a condición mesiánica de Xesús, senón tamén os propios demos.
3, 13 A elección dos Doce, xunto coa vocación dos primeiros discípulos (**1,** 16-20) e a misión prepascual (**6,** 6b-13) teñen importancia na estructura de Mc, para presenta-lo novo pobo de Deus, do que ofrece agora como as primicias, neses doce discípulos (o pobo do A. T. tiña as súas primicias nos doce fillos de Xacob).
3, 18 *Zelota*, lit. "cananeo"; cf nota a Mt **10,** 4.
3, 21 Tamén se podería traducir: "porque coidaban (os seus mesmos parentes) que perdera o sentido".
3, 29 A blasfemia refírese a atribuí-las obras do Espírito a Belcebul: sería pecharse a toda luz, o que conduce á obstinación.
3, 31 "Irmán" pode designar irmáns carnais ou parentes próximos (cf nota a Xn **2,** 12).

taba en terra, na ribeira. ²Ensinoulles moitas cousas en parábolas, e instruíaos así:

³—Escoitade: Dunha vez saíu un labrador a sementar. ⁴E resulta que, ó bota-la semente, parte dela foi caendo polo camiño adiante; viñeron os paxaros, e comérona. ⁵Outra caeu entre as pedras, onde a penas había terra; e naceu de contado, porque a terra non tiña fondura; ⁶pero non ben saíu o sol, queimouna, e, como non tiña raíz, secou. ⁷Outra parte caeu na silveira, e, ó medraren as silvas, afogárona, e non a deixaron dar froitos. ⁸Outra caeu en boa terra; naceu, creceu e chegou a dar froitos: o trinta, o sesenta, e aínda o cento por un.

⁹E concluíu:

—Quen teña oídos para oír, que escoite.

Motivo das parábolas (Mt **13**, 10-15; Lc **8**, 9-10)

¹⁰Máis tarde, cando ficou só, os que o acompañaban xunto cos Doce, preguntábanlle polas parábolas. ¹¹El respondeu:

—A vós concedéusevos coñece-lo misterio do Reino de Deus; pero ós de fóra soamente en parábolas, ¹²de tal xeito que

mirar miren, pero non vexan;
escoitar escoiten, pero non entendan:
non sexa que se convertan
e se lles perdoe.

Explicación da parábola (Mt **13**, 18-23; Lc **8**, 11-15)

¹³E continuou:

—Se non comprendedes esta parábola, ¿como ides comprender tódalas outras? ¹⁴O sementador sementa a Palabra. ¹⁵Os do camiño son aqueles nos que se sementa a Palabra, pero cando a escoitan vén Satanás e arrepáñallela. ¹⁶Da mesma maneira son aqueles que de seguida reciben a semente con alegría, pero pásalle-lo mesmo do que á sementada entre as pedras: ¹⁷por non teren raíces e seren inconstantes, mal veñen as dificultades ou a persecución por causa da Palabra, de seguida abandonan. ¹⁸A outros pásalles coma á semente caída entre as silvas: si escoitan a Palabra, ¹⁹pero moi axiña as preocupacións do mundo, o engano das riquezas e mailas ambicións, asolágana, afógana, e queda sen froito. ²⁰Pero os que son coma a boa terra, escóitana, acóllena e dan moito froito: uns o trinta, outros o sesenta, e outros o cento por un.

Outras comparacións: o candil (Mt **5**, 15; **10**, 26; Lc **8**, 16-18; **11**, 33; **12**, 2)

²¹E dicíalles tamén:

—Pero ¿é que se trae un candil para metelo debaixo dun cazolo ou debaixo da cama? ¿Non será para poñelo enriba do candieiro? ²²Porque se hai algo oculto, é para que se descubra; nin nada se fai en secreto, se non é para traelo á luz pública. ²³Quen teña oídos para oír, que escoite.

²⁴Dicíalles tamén:

—Atendede ben ó que estades escoitando. Coa medida que midades, hanvos medir a vós, e ben sobrado. ²⁵Porque ó que ten, háselle dar; pero ó que non ten, aínda o que ten se lle quitará.

A semente que crece

²⁶E dixo tamén:

—Así é o Reino de Deus: coma un home que bota a semente na terra, ²⁷e, durma ou estea desperto, sexa de noite ou de día, a semente agroma e medra, sen que el chegue a saber como. ²⁸A terra vai dando froito por si mesma: primeiro herba, logo espigas, e por último o gran ben abundante na espiga. ²⁹E cando xa está achegado o froito, de seguida se lle mete o fouciño por se-lo tempo da seitura.

A gran de mostaza (Mt **13**, 32-34; Lc **13**, 18-19)

³⁰E tamén dicía:

—¿Con que comparárémo-lo Reino de Deus? ³¹É coma o gran de mostaza, que cando se sementa na terra é a máis miuda de tódalas sementes. ³²Pero despois de sementala, medra ata se-la maior de tódalas hortalizas, chegando a botar unhas ponlas tan grandes

---

4, 12 Is **6,** 9-10. Outros traducen: "...a non ser que, converténdose, se lles perdoen os pecados". Marcos, ó revés de Mateo (véxase nota a Mt **13,** 11), pon a cegueira como consecuencia de falar en parábolas. Así as parábolas, claras por si, non eran ben interpretadas debido á mala disposición dos xudeus. Con isto a Igrexa primitiva xustificaba a pouca acollida do cristianismo entre os xudeus.

4, 13 Un bo número de estudiosos consideran que a interpretación da parábola (**4,** 13-20) non pertence a Xesús, senón á Igrexa primitiva, a xulgar polo vocabulario empregado, e tamén polo feito de non estar incluída no Evanxeo Apócrifo de Tomé.

4, 25 Algúns ditos coma o presente son máximas xerais, que atopan máis senso noutros lugares (cf Mt **13,** 12; **25,** 28-29; Lc **19,** 26)).

4, 30 O Reino de Deus xa chegou, pero a súa presencia no mundo non se fai sentir tanto coma no tempo futuro: xa está presente, pero medrará aínda, coma a semente da mostaza.

que na súa sombra poden vir aniña-los paxaros. ³³E así con moitas comparanzas coma estas, íalles mostrando a mensaxe, de xeito que puidesen entender. ³⁴Non lles falaba máis que en parábolas, pero logo explicáballelas ós seus discípulos.

Calma e tempestade (Mt **8**, 18. 23-27; Lc **8**, 22-25)

³⁵E naquel día á caída da noite, díxolles:
—Ora, vamos para a banda de alá.
³⁶Eles, deixando a xente, levárono no bote onde estaba sentado; e ían seguidos por outras barcas. ³⁷E formouse tal turbillón de vento que os salseiros caían enriba do bote e enchíano de auga. ³⁸El, entrementres, estaba na popa durmindo sobre un cabezal. Fórono espertar, berrándolle:
—Mestre, ¿seica non che importa que afoguemos?
³⁹Entón el, espertando, increpou ó vento, e díxolle ó mar: —¡Silencio, e acouga!
O vento amainou, e veu unha gran calma.
⁴⁰Despois díxolles:
—¿Por que tendes tanto medo? ¿Seica aínda non tendes fe?
⁴¹Eles, cheos dun medo enorme, comentaban entre si:
—Pero, ¿quen será este, que mesmo o vento e o mar o obedecen?

Curación dun endemoniado (Mt **8**, 28-34; Lc **8**, 26-39)

5 ¹Chegaron á outra banda do mar, ó país de Gadara. ²E conforme saltou da barca, un endemoniado saíulle ó encontro desde os sepulcros ³onde moraba, pois nin con cadeas o podían apreixar. ⁴Moitas veces xa intentaran termar del con cadeas e grillóns; pero rompía as cadeas e esnaquizaba os grillóns, e ninguén era capaz de o domear. ⁵Pasaba os días e as noites berrando polos sepulcros monte adiante, mancándose coas pedras. ⁶Axiña que viu a Xesús de lonxe, foi correndo postrarse ante el, ⁷gritando con toda forza:

—¿Que teño que ver contigo, Xesús, Fillo do Altísimo? Pídoche por Deus que non me atormentes.
⁸Pois Xesús mandáralle:
—Bótate fóra dese home, espírito malo.
⁹E preguntoulle tamén:
—¿Como te chaman?
El respondeulle:
—Chámanme lexión, porque somos moitos.
¹⁰E pedíalle con moita ansia que non os botase daquela terra. ¹¹E como había unha boa manada de porcos comendo pola aba do monte, ¹²todos aqueles demos rogáronlle a Xesús:
—Mándanos onda aqueles porcos, para entrarmos neles.
¹³El accedeu e, saíndo do home, fóronse meter nos porcos, que en número duns dous mil se chimparon pola barranqueira abaixo, e foron afogar no mar. ¹⁴Os porqueiros fuxiron, levando a nova á vila e ás aldeas. A xente ía ve-lo que pasaba. ¹⁵Chegaron onde estaba Xesús, e viron o endemoniado, o mesmo que tivera a lexión, sentado e cheo de xuízo; todos ficaron pasmados. ¹⁶Os que presenciaron aquilo contáronlle-lo que pasara co endemoniado e mais cos porcos. ¹⁷Entón empezaron a pedirlle que se afastara daquelas terras.
¹⁸E cando el se embarcara, o que estivera endemoniado rogáballe que o deixase ir con el. ¹⁹Pero Xesús non llo permitiu, senón que lle dixo:
—Vaite para a túa casa, onda os teus, e cóntalles todo o que o Señor, compadecido, fixo contigo.
²⁰El marchou e comezou a pregoar, pola Decápolis adiante, canto lle fixera Xesús. Todos ficaban pasmados.

A filla de Xairo e a muller con hemorraxias (Mt **9**, 18-26; Lc **8**, 40-56)

²¹Pasando de novo nunha barca para a banda de enfronte, xuntouse moita xente arredor del, que estaba na beira do mar. ²²Nisto chegou un dos xefes da sinagoga,

---

4, 36 Hai un gran simbolismo nesta pasaxe, na que a barca representa a Igrexa no medio das dificultades, das que a defenden os poderes de Xesús. É preciso ter fe e perseverar.
4, 41 Os discípulos quedan admirados polos feitos de Xesús. Deus válese desas actuacións de Xesús, para encamiñalos a fe. Isto fructificará no recoñecemento de Xesús coma Mesías (cf **8**, 29).
5, 1 Trátase do "país dos Xerasenos". Na pasaxe paralela, Mt di "dos gadarenos" (por iso algúns manuscritos de Mc len "gadarenos", por transposición do término de Mt). Trátase da rexión que está ó S. E. do lago, e que ten a

Xerasa como vila máis importante.
5, 10 Aquela terra era de pagáns. Xesús vai alí libera-lo home, e envía os demos ós porcos, animais considerados impuros polos xudeus. Mc aproveita unha narración popular, para aclarar un aspecto da misión de Xesús.
5, 15 Tamén os pagáns se admiran, polos poderes de Xesús (cf vv 20. 42).
5, 20 *Decápolis* significa "dez cidades": tratábase, por certo, de dez cidades pagás confederadas, as máis delas na outra banda do Xordán (cf mapas).

chamado Xairo, que, ó velo, botouse ós seus pés ²³suplicándolle:

—A miña filla está a piques de morrer; ven impor sobre ela as túas mans, para que sande, e viva.

²⁴E foise con el, seguido de moito xentío, que o estrullaba.

²⁵Había unha muller, que padecía hemorraxias desde doce anos atrás, ²⁶e levaba sufrido moito cos médicos, que lle acababan cos bens; total para nada, porque a cada paso ía a peor. ²⁷Como oíra falar do que facía Xesús, achegouse entre a xente por detrás e tocoulle o seu vestido, ²⁸dicindo para si: "Anque non sexa máis que tocarlle o seu vestido, ficarei sa". ²⁹E secándoselle a fonte da hemorraxia, sentiu no seu corpo que estaba curada do mal.

³⁰Axiña Xesús, decatándose da forza que saíra del, volveuse e preguntou:

—¿Quen me tocou na roupa?

³¹Os discípulos respondéronlle:

—Ti ben ve-la xente preméndote; ¿e aínda preguntas por quen te tocou?

³²Pero el seguía mirando arredor, para ver quen fora. ³³Daquela, a muller, amedoñada e tremendo, sabendo o que lle sucedera, veu caer ante el contándolle toda a verdade. ³⁴El díxolle:

—Filla, a túa fe sandoute, vaite en paz, curada para sempre da túa doenza.

³⁵Aínda estaba el falando, cando chegaron da casa do xefe da sinagoga a dicirlle:

—A túa filla acaba de morrer. ¿Para que andar xa molestando ó Mestre?

³⁶Pero Xesús, ó escoita-lo que estaban a falar, díxolle ó xefe da sinagoga:

—Non temas, abonda que teñas fe.

³⁷E non permitiu que ninguén o acompañase, fóra de Pedro, Santiago e Xoán, o irmán de Santiago.

³⁸Ó chegaren á casa do xefe da sinagoga, vendo o gran barullo que facían con choros e lamentos, ³⁹entrou e díxolles:

—¿A que vén tanto barullo e tanto chorar? A meniña non morreu, está a durmir.

⁴⁰E todos facían riso del. Pero botándoos a todos fóra e levando con el os pais da meniña e mailos seus acompañantes, entrou onde estaba a nena. ⁴¹Colleuna pola man e díxolle:

—*Talitha, qumi* (que quere dicir: "rapaza, érguete").

⁴²A rapaciña ergueuse de contado, e botouse a andar, que xa tiña doce años. E aquela xente quedou coa boca aberta. ⁴³El insistiulles en que non llo contasen a ninguén, e mandou que lle desen de comer.

Na sinagoga de Nazaret (Mt 13, 53-58; Lc 4, 16-30)

6 ¹Saíndo de alí, foise para a súa vila, acompañado polos seus discípulos. ²Cando chegou o sábado, empezou a ensinalos na sinagoga. E moita da xente que o escoitaba dicía abraiada:

—¿De onde lle veñen a este todas esas cousas? ¿Que sabedoría é esa que lle ensinaron, e como pode facer tantos milagres pola súa man? ³¿Non é este o carpinteiro, fillo de María e irmán de Santiago, Xosé, Xudas e mais Simón, e as suas irmás non viven aquí connosco?

Estaban realmente escandalizados. ⁴Pero Xesus díxolles:

—Non hai profeta máis desprezado que na súa terra, na súa casa, ou entre os seus parentes.

⁵E non puido realizar alí ningún milagre, fóra dalgunhas curacións, que fixo impoñendo as mans. ⁶Estaba sorprendido por aquela incredulidade. E adicouse a andar polas aldeas dos arredores, ensinando.

A misión dos apóstolos (Mt 10, 1. 9-15; Lc 9, 1-6)

⁷Entón chamou os Doce, e empezou a mandalos de dous en dous, dándolles poder sobre os espíritos malos. ⁸Recomendoulles que non levasen nada para o camiño, fóra dun caxato: nin pan, nin alforxas, nin cartos na faixa. ⁹Que calzasen sandalias, pero que non levasen máis ca unha túnica. ¹⁰E avisounos:

—Cando entredes nunha casa, permanecede nela ata que vos marchedes. ¹¹Se nalgún lugar non vos acolleren nin vos escoitaren, ídevos, sacudindo o po dos vosos pés, para que lles sirva de aviso.

¹²Marcharon, e predicaron a conversión. ¹³Botaban fóra moitos demonios, e curaban os enfermos, unxíndoos con aceite.

6, 1 Este episodio vén ser coma un final tráxico da predicación de Xesús en Galilea, que prefigura a repulsa de Israel, e marca unha nova etapa de adicación á formación dos Doce.

6, 3 Cf nota a Xn **2,** 12.

6, 5 Cf Mt **13,** 58.

6, 7 Trátase da chamada "misión prepascual": Xesús manda os seus discípulos a predica-la conversión e realizar obras semellantes ás do seu Mestre, testemuñando así a chegada do Reino de Deus.

6, 8 Marcos modifica o texto (tamén presente en Mt e Lc), e omite a prohibición de ir á terra de pagáns e mais ás vilas de samaritanos, o que fai entrever un estadio máis evolucionado da Igrexa primitiva.

Morte de Xoán Bautista (Mt **14**, 1-12; Lc **3**, 19-20; **9**, 7-9)

¹⁴Como a sona de Xesús se estendía por todas partes, chegou ós oídos do rei Herodes, xunto cos comentarios que facían: "é o mesmo Xoán Bautista resucitado de entre os mortos, e por iso actuaban nel eses poderes". ¹⁵Outros dicían que era Elías ou algún profeta. ¹⁶Pero Herodes dicía:

—É Xoán Bautista, a quen eu mandei decapitar, que está resucitado. ¹⁷Porque Herodes mandara encadear a Xoán por causa de Herodías, a muller de seu irmán Filipo, coa que el casara. ¹⁸Xoán non paraba de lle dicir:

—Non che está permitido vivir coa muller do teu irmán.

¹⁹Por iso Herodías colléralle xenreira a Xoán, e queríao matar. ²⁰Pero Herodes temía a Xoán, sabendo que era home xusto e santo, e protexíao; mesmo lle gustaba oílo falar, aínda que quedase desacougado.

²¹Pero chegou a ocasión axeitada, cando Herodes no día que facía anos deu un banquete ós ministros, oficiais e xente importante de Galilea. ²²Resulta que, entrando a filla da mesma Herodías, bailou moi ben, e gustoulle moito a Herodes e a tódolos convidados. Entón o rei díxolle á rapaza:

—Pídeme o que queiras, que cho hei dar.

²³E xurou:

—Dareiche o que me pidas, anque sexa a metade do meu reino.

²⁴Vaise a rapaza onda a nai e pregúntalle:

—¿Que lle pedirei?

Ela díxolle:

—Pídelle a cabeza de Xoán Bautista.

²⁵E voltando axiña onda o rei, díxolle:

—Quero que me deas de contado, nunha bandexa, a cabeza de Xoán Bautista.

²⁶O rei púxose moi triste, pero, polos xuramentos e mais polos convidados, non quería defraudala. ²⁷E de seguida mandou a un verdugo trae-la cabeza de Xoán; cortoulla, ²⁸tróuxoa nunha bandexa, para lla dar á rapaza, que non tardou en levarlla á súa nai. ²⁹Cando os seus discípulos o souberon, recolleron o cadáver e fórono enterrar.

Primeira multiplicación do pan (Mt **14**, 13-21; Lc **9**, 10-17; Xn **6**, 1-13)

³⁰Cando voltaron a reunirse con Xesús, os apóstolos contáronlle canto fixeran e ensinaran. ³¹El díxolles:

—Vide vós comigo a un lugar arredado, e descansade un pouco.

Eran moitos os que ían e viñan, e nin para comer atopaban tempo.

³²Fóronse sós na barca a un lugar arredado. ³³Pero, ó velos marchar, a xente foinos seguindo por terra desde tódalas vilas, e chegaron primeiro ca eles. ³⁴Así, cando desembarcaron, atopouse cunha grande multitude. El, conmovido, porque eran coma ovellas sen pastor, púxose a predicar ensinándolles moitas cousas.

³⁵Como se facía tarde, acercáronselle os discípulos e dixéronlle:

—Por aquí non hai casas e xa pasa moito da hora: ³⁶vai ser mellor que os despidas, para que vaian ás aldeas e vilas veciñas, e merquen algo de comer.

³⁷Pero el respondeulles:

—Dádelles vós de comer.

Contestaron:

—¿Imos, logo, mercar douscentos denarios de pan para lles darmos de comer?

³⁸El preguntoulles:

—¿E, logo, canto pan tendes?

Fixeron o reconto e dixeron:

—Por xunto temos cinco bolos e mais dous peixes.

³⁹El mandounos sentar en grupos na herba verde. ⁴⁰E fóronse sentando en grupos de cen ou cincuenta. ⁴¹El colleu os cinco bolos e mailos dous peixes, ergueu a vista ó ceo, bendiciunos, e partiu os bolos, e déulleos ós discípulos, para que os servisen; e repartiu tamén os dous peixes entre todos.

⁴²Comeron todos ata se fartaren ⁴³e recolleron de anacos e das sobras dos peixes doce cestos cheos. ⁴⁴E os que comeran os pans eran cinco mil homes.

Anda por riba da auga (Mt **14**, 22-33; Xn **6**, 16-21)

⁴⁵De seguida mandou ós seus discípulos que embarcasen e fosen indo diante para Betsaida, mentres el despedía a xente. ⁴⁶E cando rematou de se despedir, foi orar ó monte.

⁴⁷Fíxose noite, e a barca estaba no medio do mar, mentres el quedaba só en terra. ⁴⁸Vendo o fatigados que estaban de tanto vogar co vento en contra, ó raia-lo día foi cara a eles, andando polo mar. ⁴⁹Pero eles, ó

6, 18 Os evanxeos refiren que Herodes mandou matar a Xoán pola reprensión do adulterio; pero puido ser, como sinala Flavio Xosefo, por temer unha sublevación inducida por Xoán.

6, 37 *Douscentos denarios:* máis de medio ano de xornal.

6, 41 Os vocábulos empregados veñen sendo os mesmos cós da institución eucarística, na Última Cea (cf **14**, 22). O pan e mailos peixes convértense moi pronto en símbolos da Eucaristía.

6, 48 O texto grego di "arredor da cuarta vixilia da noite", o que vén equivaler a "ás tres da mañá".

velo andar polo mar, coidaron que era unha pantasma, e empezaron a berrar. ⁵⁰Mais el de contado faloulles:

—Tranquilos, que son eu. Non teñades medo. ⁵¹E subiu á barca, onda eles. Acougou o vento, e todos quedaron abraiados de vez, ⁵²porque non comprenderan o milagre do pan, ó teren aínda cerrado o entendemento.

Cura os enfermos de Xenesaret (Mt **14**, 34-36)

⁵³Cando atravesaron para a outra banda, chegaron a Xenesaret, e alí desembarcaron. ⁵⁴A xente de contado o recoñecía. ⁵⁵Percorrendo toda aquela comarca, levábanlle tódolos enfermos en leitos; ⁵⁶e en aldeas, vilas e cidades, cando oían que andaba por alí, pousaban os enfermos nas rúas, rogándolle que lles deixase tocar tan sequera a orla do seu manto. E cantos o tocaban, curaban.

Conflictos coas tradicións (Mt **15**, 1-20)

7 ¹Reuníronse con Xesús un grupo de fariseos con algúns letrados chegados de Xerusalén, ²e viron ós discípulos comer con mans impuras, é dicir, sen antes lavaren as mans. ³(É sabido que os fariseos e os xudeus todos non comen sen lavaren ben as mans, seguindo así as vellas tradicións; ⁴e cando chegan da rúa, tampouco comen sen se bañaren antes; tamén están moi apegados a outras tradicións, coma o lavar vasos, xerras e bandexas). ⁵Por iso os fariseos e mailos escribas preguntáronlle:

—¿Por que os teus discípulos non se portan conforme a tradición dos devanceiros, senón que comen con mans impuras?

⁶El contestoulles:

—¡Que ben profetizou Isaías de vós, hipócritas, como está escrito:
Este pobo hónrame cos labios,
pero o seu corazón está lonxe de min.
⁷*Danme un culto inútil,*
porque a doutrina que ensinan
non son máis que costumes humanos.
⁸Rexeitáde-los mandados de Deus e agarrádesvos ás tradicións dos homes. ⁹E dicíalles:

—¡Que ben quebrantáde-los preceptos de Deus, para conserva-las tradicións humanas! ¹⁰Porque Moisés dixo: *Coida de teu pai e mais de túa nai, e quen abandone a seu pai ou a súa nai é reo de morte.* ¹¹Pero vós dicides: Se un home dixese a seu pai ou a súa nai "o sustento que poderías recibir de min é *korbán,* é dicir, vai para o Templo coma ofrenda", ¹²xa non lles permitides facer nada por eles, ¹³invalidando o mandamento de Deus coa vosa tradición. E así facedes outras moitas cousas parecidas.

¹⁴E convocando á xente, dicíalles:

—Escoitádeme todos e procurade entender. ¹⁵Nada do que hai fóra do home pode manchalo ó entrar nel; pero o que sae do home, iso si que o mancha.

¹⁷E cando entrou na casa, despois de deixa-la xente, os discípulos preguntáronlle polo significado daquilo. ¹⁸Díxolles:

—¿E logo vós tampouco sodes capaces de entender? ¿Non comprendedes que todo o que vén de fóra e entra no home non o pode manchar, ¹⁹porque non penetra no seu corazón, senón no seu ventre, e de alí vai parar ó escusado?

Así declaraba puros tódolos alimentos. ²⁰E continuou:

—O que sae de dentro, iso si que mancha; ²¹porque de dentro, do corazón do home, xorden os malos pensamentos, as fornicacións, os roubos, os asasinatos, ²²os adulterios, as cobizas, as maldades, os fraudes, os desenfreos, as envexas, as blasfemias, a soberbia, os desatinos. ²³Todos eses males saen de dentro e manchan o home.

VIAXE POR FÓRA DE GALILEA

A muller cananea (Mt **15**, 21-28)

²⁴E foi cara á terra de Tiro. Alí meteuse nunha casa, porque non quería que ninguén o recoñecese. Pero non lle foi posible pasar inadvertido, ²⁵pois de seguida chegou unha mulleriña que tiña unha filla posuída por un

---

7, 7 Is **29**, 13.
7, 8 Os fariseos estaban moi aferrados ás tradicións transmitidas oralmente (a Mixná), e despois codificadas arredor do ano 200 d. C. Tiñan tanto aprezo desas tradicións, que ás veces deixaban en segundo lugar a Lei de Deus. Xesús quéixase desa valoración e, fronte a tantas prescricións rituais, avoga por unha relixión máis fonda, interior.

7, 10 Ex **20**, 12; Lev **5**, 16; Dt **5**, 13. *Coida,* por "honra", máis axeitado ó contexto.
7, 16 Algúns ms. introducen aquí o v 16: "Quen teña oídos para oír, que escoite"; está manifestamente tomado de **4**, 9.
7, 24 Algúns ms. poñen "de Tiro e Sidón", quizais por influxo de Mt **15**, 21.

espírito malo, e botóuselle ós pés. ²⁶Esta muller era pagá, unha sirio-fenicia, e rogáballe que lle librase a filla do espírito malo. ²⁷Pero el díxolle:

—Deixa que se farten primeiro os fillos, pois non é ben quitárlle-lo pan ós fillos, para botárllelo ós cans.

²⁸Ela contestoulle:

—Non é, Señor; non é; pero tamén os cadeliños apañan debaixo da mesa as faragullas que deixan cae-los fillos.

²⁹El díxolle entón:

—Vaite, que polo que acabas de dicir xa o demo saíu da túa filla.

³⁰E así foi: ó que chegou á casa, atopou a filla deitada na cama, libre do demo.

Curación dun xordomudo

³¹De novo, deixando Tiro, veu dar por Sidón ó mar de Galilea, atravesando a Decápolis. ³²Presentáronlle un xordomudo, e suplicáronlle que lle impuxese as mans. ³³Xesús, separándoo da xente, meteulle os dedos nas orellas, e tocoulle a lingua con cuspe. ³⁴Logo, erguendo os ollos ó ceo, suspirou e dixo:

—Effatá (ou sexa: "ábrete").

³⁵E no instante abríronselle os oídos, e falaba perfectamente. ³⁶Logo prohibiulles contalo a ninguén; pero canto máis llelo prohibía, máis o espallaban. ³⁷E a xente, totalmente abraiada, comentaba:

—¡Que ben o fai todo! Fai que os xordos oian e que os mudos falen.

Segunda multiplicación do pan (Mt 15, 32-39)

8 ¹Por aqueles días, como se xuntaba tamén moita xente arredor de Xesús e non tiñan que comer, chamou polos discípulos e díxolles:

²—Dáme pena esta xente: hai tres días que vén detrás miña e non ten nada que comer. ³Se os mando para as súas casas, sen que metan algo na boca, poden esmorecer polo camiño, que moitos deles véñenvos de ben lonxe.

⁴Os discípulos responderon:

—¿E de onde se pode quitar, en pleno descampado, pan abondo para fartalos?

⁵E preguntoulles:

—¿E logo canto pan tendes?

Responderon:

—Temos sete bolos.

⁶Foi el e mandou que a xente sentase no chan; despois colleu os sete bolos, rezou a acción de gracias, partiunos e déullelos ós seus discípulos, para que os repartisen entre a xente; e así o fixeron. ⁷Tiñan tamén algúns peixes; el bendiciunos e mandou que os repartisen. ⁸A xente comeu a fartar, e cos anacos que sobraron encheron sete cestas. ⁹Eran uns catro mil. Despediunos, ¹⁰e de seguida embarcou cos seus discípulos, marchando para a rexión de Dalmanuta.

Os fariseos piden un sinal (Mt 16, 1-4)

¹¹Uns fariseos saíronlle ó paso, e metéronse a discutir con el. Para probalo, pedíronlle un sinal do ceo. ¹²El deu un profundo suspiro, e dixo:

—¿Por que esta clase de xente reclama un sinal? Pois asegúrovos que a esta xente non se lle dará sinal ningún.

¹³Así, deixounos, volveu embarcar e foise para a outra banda.

O fermento dos fariseos (Mt 16, 5-12)

¹⁴Os discípulos esqueceran levar pan, e non tiñan máis ca un bolo na barca. ¹⁵Xesús recomendoulles:

—Tende coidado, e gardádevos do fermento dos fariseos e do fermento de Herodes.

¹⁶Pero eles latricaban entre si: "o caso é que non temos pan".

¹⁷Xesús decatándose díxolles:

—¡Como! ¡Así que estades a falar de que non tendes pan! ¿Seica non acabades de entender, nin caedes na conta do que quero dicir? ¿Tan cegos estades? ¹⁸¿*Tendes ollos, e non vedes; oídos e non oídes?* ¿Xa non vos acorda ¹⁹cantas cestas de sobras recollestes, cando repartín cinco bolos de pan entre cinco mil persoas?

Contestaron:

—Foron doce.

²⁰—E cando repartín sete bolos entre catro mil, ¿cantas cestas recollestes?

Responderon:

7, 27 Xesús fala da súa misión persoal, dirixida ós xudeus. Na Igrexa primitiva comezarán tamén polos xudeus, para dirixirse máis adiante, non sen dúbidas e discusións, ós samaritanos e xentís.

8, 1 Esta mutiplicación (vv 1-8) é con toda probabilidade, un duplicado da antes narrada (**6**, 34-44). Amplía, non obstante, o seu significado teolóxico. Ambas teñen unha clara resonancia eucarística; pero esta segunda indica como destinatarios ós "xentís"; mentres que a primeira indicaba ós "xudeus".

8, 12 Mateo (**16**, 4) fala do sinal de Xonás, referíndose ós tres días de morto baixo a terra antes de resucitar.

8, 17 Os discípulos entenderían seguramente ó pé da letra; pero Xesús referíase ó fermento da conducta e doutrina dos fariseos, que tan duramente atacou.

8, 18 Cf Xer **5**, 21; Ez **12**, 2.

—Recollemos sete.
²¹E concluíu:
—¿E logo aínda non comprendedes?

Curación dun cego

²²Chegaron a Betsaida, e trouxéronlle un cego, pedíndolle que o tocase. ²³El, collendo o cego pola man, sacouno para fóra da aldea; botoulle cuspe nos ollos, estendeu as mans sobre el, e preguntoulle:
—¿Ti ves algo?
²⁴El, que comezaba a albiscar algo, dixo:
—Vexo homes, anque me parecen árbores que andan.
²⁵Púxolle outra vez as mans nos ollos; entón empezou a enxergar ben: estaba curado, e vía todo claramente. ²⁶Logo mandouno para a casa, dicíndolle:
—Nin tan sequera entres na aldea.

A confesión de fe de Pedro, e o primeiro anuncio da paixón (Mt 16, 13-23; Lc 9, 18-22)

²⁷Ía Xesús cos seus discípulos cara ás aldeas de Cesarea de Filipo, e polo camiño preguntoulles:
—¿Quen di a xente que son eu?
²⁸Eles responderon:
—Uns, que Xoán Bautista; outros, que Elías; e outros, que algún dos profetas.
²⁹El preguntoulles a eles:
—¿E vós, quen dicides que son?
Respondeu Simón Pedro:
—Ti e-lo Mesías.
³⁰E prohibiulles diciren nada a ninguén.
³¹Entón, con toda claridade, empezou a adoutrinalos acerca de que era preciso que o Fillo do Home padecese moito, e que o rexeitasen os anciáns, os Sumos Sacerdotes e mailos letrados; que o ían matar, e que ós tres días había resucitar.
³²Explicoulles isto con toda claridade. Entón Pedro, colléndoo á parte, empezou a rifarlle. ³³Pero Xesús volvéndose cara ós discípulos, reprendeuno:
—¡Arreda de min, Satanás, que ti non te me deixas guiar por Deus, senón polos homes!

Como seguir a Xesús (Mt 16, 24-28; Lc 9, 23-27)

³⁴E chamando á xente onda os seus discípulos, díxolles a todos:
—Se alguén quere vir comigo, que renuncie a si mesmo, cargue coa súa cruz, e que me siga. ³⁵Pois o que queira poñer a salvo a súa vida, perderaa; pero quen perda a súa vida pola miña causa e pola do Evanxeo, ese poñeraa a salvo. ³⁶Pois ¿de que lle serve ó home gaña-lo mundo enteiro, se perde a súa vida? ³⁷E ¿que pode dar un home para recobra-la súa vida? ³⁸Porque quen se avergonce de min e das miñas palabras, nesta xeración idólatra e pecadora, tamén o Fillo do Home se avergonzará del, cando veña na gloria de seu Pai entre os santos anxos.

9 ¹E engadiu:
—Tede por seguro que algúns dos aquí presentes non han morrer sen veren antes chega-lo Reino de Deus con gran poder.

A transfiguración (Mt 17, 1-13; Lc 9, 28-36)

²Seis días despois colleu Xesús a Pedro, Santiago e Xoán, e subiu con eles sós ó coto dun monte. Alí transfigurouse na súa presencia. ³Os seus vestidos viráronse resplandecentes, brancos coma ningún bataneiro do mundo os podería branquexar. ⁴Nisto apareceron Elías e mais Moisés, e estaban a falar con Xesús. ⁵E Pedro, tomando a palabra, díxolle a Xesús:
—¡Mestre, que ben estamos aquí! Imos facer tres tendas: unha para ti, outra para Elías e a outra para Moisés.
⁶Tan asustado estaba, que non sabía o que dicía. ⁷E unha nube cubriunos coa súa sombra, mentres saía dela unha voz:

8, 26 Para que non faga publicidade.
8, 29 Mt **16,** 16 engade: "O Fillo do Deus vivo".
8, 31 Este é o primeiro anuncio da paixón. Hai outros dous, que Mc recolle en **9,** 31 e **10,** 32-34.
Os "anciáns" eran os cabezas de familias influentes. Formaban a "Nobreza Leiga"; e, cos Sumos Sacerdotes e os escribas, constituían o Sanedrín ou Senado de Israel.
8, 32 Pedro reacciona coma calquera xudeu: escandalizado, xa que tiña un concepto triunfalista do Mesías.
8, 33 Xesús acababa de louvar a Pedro polo que lle dixera movido por Deus. Agora, por actuar con criterios terreais, repréndeo.
8, 34 Carga-la *cruz:* frase dun ambiente xa cristián.
8, 35 Sentencia que se comprende ben nunha época de persecucións e martirios.

9, 1 Alusión escatolóxica difícil de interpretar, se se aplica temporalmente á fin do mundo. En ambiente xa cristián, posible referencia á transfiguración, e logo a Pentecostés, en que empeza a estenderse a Boa Nova (cf Mt **24,** 34).
9, 4 Moisés e mais Elías representan a Lei e mailos profetas. Xesús vén se-lo que lles dá cumprimento.
9, 7 A *nube,* na tradición bíblica, é símbolo da gloria de Deus e da súa presencia (cf Ex **13,** 21; **16,** 10; Núm **9,** 15. 17-18).
As palabras do Pai son semellantes ás do bautismo de Xesús. Sen embargo, a exhortación a escoitar a Xesús, feita no feito da presencia inmediatamente anterior a Moisés, e a referencia á vinda de Elías ó remate dos tempos, fai recoñecer a Xesús coma o "profeta escatolóxico", semellante a Moisés, a quen Deus había suscitar de entre eles (cf Dt **18,** 15-20).

—Este é o meu fillo benquerido, escoitádeo.

⁸E de súpeto, mirando arredor, xa non viron a ninguén, fóra de Xesús. ⁹Cando baixaban do monte, Xesús encargoulles que non contasen nada ata que o Fillo do Home resucitase de entre os mortos. ¹⁰Eles colleron ben o aviso; pero empezáronse a preguntar uns a outros o que quererá dicir aquilo de "cando resucite de entre os mortos". ¹¹E preguntáronlle:

—¿Como é que din os letrados que primeiro ten que vir Elías?

¹²El contestoulles:

—Elías ten que vir primeiramente a restablecelo todo. Pero entón, ¿como é que está escrito que o Fillo do Home ten que padecer moito e ser aldraxado? ¹³O que vos digo é que Elías xa veu e que fixeron con el canto lles petou, como estaba escrito del.

O neno epiléptico (Mt 17, 14-21; Lc 9, 38-43)

¹⁴Ó chegaren onde estaban os outros discípulos, atoparon moita xente arredor, e uns letrados discutindo con eles. ¹⁵En canto que a xente o albiscou, correu sorprendida a saudalo. ¹⁶El preguntoulles:

—¿De que estades a discutir?

¹⁷Un deles respondeu:

—Mestre, trouxen o meu fillo, que ten un espírito que non o deixa falar. ¹⁸Cando se apodera del, tírao no chan, o rapaz bota escuma pola boca, e renxe os dentes, e fica teso. Rogueilles ós teus discípulos que o librasen, e non puideron.

¹⁹El contestou:

—¡Ouh xeración incrédula! ¿Ata cando terei que estar convosco? ¿Ata cando terei que aturarvos? Traédemo acá.

²⁰Trouxéronllo, e, mal viu a Xesús, o espírito sacudiu violentamente o neno, que rolou polo chan, escumando pola boca. ²¹Entón preguntoulle Xesús ó pai:

—¿Desde cando anda así?

El respondeulle:

—Desde picariño. ²²E hai veces que mesmo o bota no lume ou na auga, para acabar con el. Pero se podes facer algo, ten dó do rapaz e bótanos unha man.

²³Xesús contestoulle:

—¿Como que "se podo"? Para quen ten fe non hai imposibles.

²⁴Inmediatamente, o pai do neno exclamou:

—¡Creo; axúdame no que lle falta á miña fe!

²⁵Vendo Xesús que a xente se amoreaba, increpou ó espírito malo:

—Espírito mudo e xordo, mándocho eu: sae deste rapaz e non voltes entrar nel nunca máis.

²⁶E dando berros e fortes sacudidas, saíu, deixando o neno coma morto; de tal xeito que moitos xa dicían que morrera. ²⁷Pero Xesús, colleuno pola man e ergueuno ata que se mantivo de pé.

²⁸Ó entraren con el na casa, preguntábanlle á parte os discípulos:

—¿E por que non o demos botado nós?

²⁹El respondeulles:

—Esta caste non sae se non é a forza de oración.

Novo anuncio da paixón (Mt 17, 22-23; Lc 9, 44-45)

³⁰E marcharon de alí, atravesando a Galilea sen enredar nela, porque non quería que o soubese ninguén; ³¹pois ía informando ós discípulos, dicíndolles:

—Ó Fillo do Home van entregar nas mans dos homes, que o matarán; pero, despois de morto, pasados tres días, ha resucitar.

³²Eles non entendían o que lles dicía, pero non se atrevían a preguntarllo.

¿Quen é o mais importante? (Mt 18, 1-5; Lc 9, 46-48)

³³Chegaron a Cafarnaúm, e, cando estaban na casa, preguntoulles:

—¿De que viñades discutindo polo camiño?

³⁴Eles calaron, porque no camiño discutiran entre si sobre quen era o máis importante. ³⁵Xesús sentou, chamou polos Doce e díxolles:

—O que queira se-lo primeiro, que sexa o derradeiro e o servidor de todos.

³⁶E, collendo un neno, púxoo no medio deles e abrazándoo, dixo:

³⁷—Quen acolle a un destes nenos no meu nome, acólleme a min; e quen me acolle a min, non é a min a quen acolle, senón a Aquel que me mandou.

9, 13 En certos ambientes xudeus esperábase a volta de Elías (cf Mal **3,** 23-24). Xesús identificao con Xoán. Algúns identificárono co mesmo Xesús (**8,** 28).
9, 29 Algúns manuscritos engaden: "e mais de xexún".

9, 37 O neno era menosprezado entre os xudeus. Para Xesús, en troques, representa os coitados e os humildes (véxase nota a Mt **18,** 2).

Quen non está contra nós, está connosco (Lc 9, 49-50)

[38] Díxolle Xoán:

—Pois vimos un que botaba demos no teu nome e quixémosllo privar porque non é dos nosos.

[39] Xesús contestoulle:

—Pois non llo prevedes, porque ninguén que faga milagres no meu nome fala despois mal de min. [40] O que non está contra nós, está connosco. [41] Ademais, todo aquel que vos dea un vaso de auga por serdes seguidores de Cristo, tende por seguro que non quedará sen recompensa.

O escándalo (Mt 18, 6-9)

[42] E a quen escandalizare a un destes pequeniños que cren en min, éralle mellor que lle colgasen do pescozo unha pedra de muíño, e o largasen ó mar. [43] E se a túa man te fai caer, córtaa: máis che vale entrar toco na vida que ir parar coas dúas mans ó inferno, no lume que nunca se apaga. [45] E se o teu pé te fai caer, córtao: mellor será que entres coxo na vida, que ir dar cos dous pés no inferno. [47] E se o teu ollo te fai caer, arríncao: máis che vale entrar cego no Reino de Deus e non que te boten dos dous ollos no inferno, [48] onde o *verme non morre nin o lume se apaga*.

[49] Pois todo se salga co lume. [50] O sal é bo, pero se o sal se volve insulso, ¿con que o salgaredes? Que non falte o sal entre vós, e vivide en paz.

O divorcio (Mt 19, 1-19)

10 [1] De alí foise para os lindeiros de Xudea, na outra banda do Xordán. A xente amoreábase de novo no seu camiño, e, coma sempre, púxose a ensinar.

[2] Achegáronselle algúns fariseos, preguntándolle para probalo, se lle está permitido ó home repudia-la muller. [3] El replicoulles:

—¿Que foi o que mandou Moisés?

[4] Respondéronlle:

—Moisés permitu *despedila, dándolle certificado de divorcio*.

[5] Díxolles Xesús:

—Tendo en conta a dureza de voso corazón, escribiu Moisés para vós esa norma. [6] Pero desde o principio da creación, *fíxoos varón e femia*. [7] *Por iso deixará o home a seu pai e mais a súa nai, unirase coa súa muller*, [8] *e serán os dous unha soa carne*. De xeito que xa non son dous, senón unha soa carne. [9] O que Deus uniu, non o separe o home.

[10] Xa na casa, os discípulos volvéronlle a preguntar acerca disto. [11] El díxolles:

—O que repudia a muller e casa con outra, comete adulterio contra a primeira. [12] E se a muller abandona o marido e casa con outro, comete adulterio.

Bendí os nenos (Mt 19, 13-15; Lc 18, 15-17)

[13] E leváronlle uns nenos para que os tocase. Pero os discípulos rifábanlles. [14] Mais a Xesús non lle gustou aquilo e dixo:

—Deixade que os nenos se acheguen a min; non llelo impidades, porque deles é o Reino de Deus. [15] Asegúrovos que aquel que non reciba coma un neno o Reino de Deus, non entrará nel.

[16] E abrazounos e bendiciunos e impúxolle-las mans.

O mozo rico (Mt 19, 16-22; Lc 18, 18-23)

[17] No preciso momento en que se puña en camiño, chegou un a correr, que se axeonllou diante del e que lle preguntou:

—Mestre bo, ¿que teño que facer para acada-la vida eterna?

[18] Xesús contestoulle:

—¿E por que me chamas bo? Ninguén e bo, fóra de Deus. [19] Xa sábe-los mandamentos: *Non mates, non cometas adulterio, non roubes, non deas falso testemuño, non defraudes, honra a teu pai e maila túa nai*.

9, 44.46 *Onde o verme non morre nin o lume se apaga*. Alguén engadiu este texto, formando os vv 44 e 46, iguais ó v 48.

9, 47 *Inferno:* o vocábulo hebreo "Gue-Hinnón" (grego "Geenna") significa "val de Hinnón", onde se facían sacrificios idólatras. No ambiente popular xudeu simbolizaba o lugar do castigo futuro.

9, 48 Is **66,** 24.

9, 49 Difícil interpretación. Parece referirse ós sacrificios rituais, nos que se empregaban o lume e mailo sal, que os facían agradables a Deus. Así debe ser agradable a Deus o discípulo de Xesús. Segundo Lucas (**14,** 34-35), o sal significa o cristián, a fidelidade.

10, 4 Moisés dera unha Lei que restrinxía os dereitos, ata entón case totais, do varón (cf Dt **24,** 1-4).

10, 8 Xesús elabora o seu argumento en favor da indisolubilidade matrimonial, apoiándose no que fixo Deus ó comezo (Xén **1,** 27; **2,** 27), indicando que a disposición de Moisés foi transitoria, pola maldade deles.

10, 11 A Lei de Xesús actualiza e trata por igual o home e a muller, cousa que non sucedía no xudaísmo.

10, 13 O neno é o coitado e necesitado, ademais de carecer da autosuficiencia e ter capacidade de confianza (véxase nota a Mt **18,** 2). Non se cre merecedor de nada.

10, 18 Xesús ten en conta a condición dos interlocutores e, aínda que Pedro xa o recoñecera coma Mesías (cf **8,** 29), el non manifestará publicamente o seu mesianismo e a cualidade do mesmo ata o xuízo diante do Sanedrín (**14,** 61-62), cunhas palabras que o levarán á morte.

10, 19 Ex **20,** 12; Dt **5,** 16-20; **24,** 14.

²⁰El respondeu:

—Mestre, todas esas cousas gardeinas desde a miña mocidade.

²¹Entón Xesús pousou nel a súa ollada chea de cariño e engadiu:

—Aínda che falta unha cousa: vai, vende todo o que tes, e repárteo entre os pobres, e terás un tesouro no ceo; e despois ven e sígueme.

²²Ante estas palabras mudóuselle o rostro e marchou moi apesarado, pois tiña moitos bens.

O perigo das riquezas (Mt 19, 23-30; Lc 18, 24-30)

²³Xesús mirando todo arredor, díxolles ós discípulos:

—¡Que difícil lles vai ser ós ricos entrar no Reino de Deus!

²⁴E os discípulos ficaron moi sorprendidos por estas palabras. Pero Xesús volveu a insistir:

—Fillos, ¡que difícil é entrar no Reino de Deus! ²⁵É máis doado para un camelo pasar polo ollo dunha agulla, do que para un rico entrar no Reino de Deus.

²⁶Eles, aínda moi asombrados, comentaban entre si:

—Entón, ¿quen se vai poder salvar?

²⁷Xesús, mirando para eles fixamente, dixo:

—Si, para os homes é imposible, pero non para Deus; pois todo é posible para Deus.

²⁸Colle Pedro e di:

—Pois nós deixámolo todo, e seguímoste.

²⁹Dixo Xesús:

—Tende por seguro que non hai ninguén que deixe casa ou irmáns ou irmás ou nai ou pai, ou fillos ou leiras por cousa miña e polo Evanxeo, ³⁰que pase sen recibir cen veces máis en casas, irmáns, irmás, nai, pai, fillos e leiras (aínda que con persecución) agora, e que no mundo futuro non reciba a vida eterna. ³¹E moitos que son os primeiros serán os últimos; e moitos que son os últimos serán os primeiros.

Terceiro anuncio da paixón (Mt **20**, 17-19; Lc **18**, 31-34)

³²Subían camiño de Xerusalén, e Xesús ía diante; os discípulos, aínda asombrados, ían tras el con medo. E levando á parte ós Doce, empezoulles a falar do que lle ía acontecer.

³³—Vede que subimos a Xerusalén, e ó Fillo do Home vano entregar ós sumos sacerdotes e mais ós letrados; condenarano a morte, e entregarano ós pagáns. ³⁴Burlaranse del, cuspiranlle, azoutarano, e logo matarano; pero ós tres días ha resucitar.

Petición de Santiago e Xoán (Mt **20**, 20-28)

³⁵Achegándose os fillos de Zebedeo —Santiago e mais Xoán—, dixéronlle:

—Mestre, nós queriamos que nos fixése-lo que che imos pedir.

³⁶El preguntou:

—¿E logo, que é o que queredes que vos faga?

³⁷Contestáronlle:

—Concédenos que na túa gloria sentemos un á túa dereita e outro á túa esquerda.

³⁸Respondeulles Xesús:

—Vós non sabedes ben o que pedides. ¿Seredes capaces de bebe-lo cáliz que eu teño que beber, e recibi-lo bautismo que eu teño que recibir?

³⁹Respondéronlle:

—Somos.

Xesús replicou:

—O cáliz que teño que beber, si que o beberedes, e tamén recibiréde-lo bautismo que eu teño que recibir, ⁴⁰pero o sentardes á miña dereita ou á miña esquerda, iso non depende de min o concedelo, senón que é para os que está reservado.

⁴¹Ó escoitaren isto, os outros anoxáronse con Santiago e con Xoán. ⁴²Entón Xesús chamounos e díxolles:

—Xa sabedes que os xefes dos pobos os tiranizan e que os poderosos os asoballan. ⁴³Pero entre vós non pode ser así. Nin moito menos, quen queira ser importante, que sirva os outros, ⁴⁴e quen queira se-lo primeiro,

---

10, 22 O home, que, seguramente seguindo a tradición xudía, consideraba a riqueza coma unha bendición do ceo, quedou moi estrañado. Cristianamente a riqueza de Deus é o Reino. Reparti-los bens entre os pobres é un signo tamén de acada-la maior riqueza: Deus (Mt **25**, 40).
10, 24 Algúns ms. engaden: "... para os que confían nas riquezas".
10, 37 Mateo pon a petición na boca da nai dos Zebedeos, facéndoa máis explicable. De todos xeitos, reflicte a mentalidade política-triunfalista dun mesianismo terreal anque "na túa gloria" sexa ambiguo.
10, 38 *Bebe-lo cáliz* é o mesmo que "pasa-lo mal trance". "Recibi-lo bautismo" tamén é o mesmo que "mergullarse no sufrimento"; segundo o uso do A.T., a auga tamén ten un senso simbólico de calamidade. Con toda probabilidade hai aquí referencias á paixón de Xesús (cf **14**, 24-36; Lc **12**, 50).
10, 43 Volve a aparecer claramente a repulsión que a Xesús lle provoca a arela de poder. O importante é o verdadeiro servidor.

que sexa o máis servicial. ⁴⁵Que o Fillo do Home non veu a que o sirvan, senón a servir, e a entrega-la súa vida en rescate por todos.

Curación dun cego (Mt **20,** 29-34; Lc **18,** 35-43)

⁴⁶E chegou a Iericó. Cando saía cos seus discípulos e outra moita xente, Bartimeo, o fillo de Timeo, un cego pobre de pedir, estaba sentado a carón do camiño. ⁴⁷Oíndo que pasaba Xesús o Nazareno, empezou a berrar:

—¡Xesús, Fillo de David, ten piedade de min!

⁴⁸Moitos mandábano calar; pero el berraba aínda máis alto:

—¡Fillo de David, ten piedade de min!

⁴⁹Deténdose Xesús, dixo:

—Dicídelle que veña aquí.

E chamaron polo cego, dicíndolle:

—¡Veña, érguete, que te chama!

⁵⁰El, ceibándose do manto, veu dando brincos ata onde estaba Xesús. ⁵¹Este preguntoulle:

—¿Que queres que che faga?

O cego respondeu:

—Mestre, que volva a ver.

⁵²Xesús díxolle:

—Ve, salvoute a túa fe.

E no instante comezou a ver, e seguiuno polo camiño.

XESÚS EN XERUSALÉN

Entrada triunfal en Xerusalén (Mt **21,** 1-11; Lc **19,** 29-40; Xn **12,**12-19)

11 ¹E cando se aproximaban a Xerusalén, cerca de Betfagué e de Betania, ó pé do Monte das Oliveiras, mandou a dous discípulos ²dicíndolles:

—Ide á aldea que tendes aí por fronte, e ó que entredes, ides atopar atado un burro que ninguén montou aínda; soltádeo e traédeo. ³Se alguén vos pregunta por que o facedes, dicídelle: "Precísao o Señor, pero de seguida o mandará de volta".

⁴Foron alá, atoparon o burro atado a un portal e desatárono. ⁵Algúns dos que andaban por alí, preguntáronlles:

—¿Que facedes aí desatando o burriño?

⁶Eles contestáronlle tal como Xesús lles mandara. ⁷E leváronlle o burro a Xesús, que montou nel así que o cubriron cos seus mantos. ⁸Moitos estendían tamén os seus mantos no camiño, para que lle servisen de alfombras; e outros, ramallos cortados nas chousas. ⁹E tanto os que ían diante coma os de detrás, exclamaban:

—¡Hosanna! *¡Bendito o que vén no nome do Señor!* ¹⁰¡Bendito o reino do noso pai David que chega! ¡Hosanna no ceo!

¹¹Entrou en Xerusalén e foi ó templo. E despois de dar unha volta por alí, como xa ía sendo tarde, saíu cos Doce para Betania.

Maldición da figueira (Mt **21,** 18-19)

¹²Ó outro día despois de saír de Betania, sentiu fame. ¹³Vendo de lonxe unha figueira cuberta de follas, achegouse por se acaso atopaba algo; pero non atopou nada fóra de follas, por non ser tempo de figos. ¹⁴Entón dixo:

—Nunca máis ninguén coma os teus froitos.

E os discípulos escoitárono.

Bota os tendeiros do templo (Mt **21,** 12-17; Lc **19,** 45-48; Xn **2,** 13-22)

¹⁵Chegaron a Xerusalén, e, entrando no templo, empezou a botar de alí os tendeiros e compradores, derrubando as mesas dos cambistas e os postos dos vendedores de pombas. ¹⁶E non permitía que ninguén pasase polo templo carrexando cousas. ¹⁷E púxose a ensinar, dicindo:

—¿Non está escrito: *a miña casa será a casa de oración para tódolos pobos?* Pois vós convertéstela en *cova de bandidos.*

¹⁸Ó que o souberon, os sumos sacerdotes e mailos letrados, buscaban o xeito de acabar con el, pois tíñanlle moito medo, porque todo o mundo estaba admirado de canto ensinaba. ¹⁹E á tardiña saíu da cidade.

11, 1 Véxase nota a Mt **21,** 1.
11, 8 Clara alusión á Festa das Tendas, na que os participantes vivían en cabanas.
Celebrábase no outono, e recitábase o Sal 118 —Salmo mesiánico—, ó mesmo tempo que se axitaba un ramo que levaban na man, formado de palmeiras, mirtos e salgueiros (cf Introd. xeral ó N.T. 2d) 3).
11, 9 O vocábulo "Hosanna" significa "Iavé salva", "salve Iavé", "dálle saúde" ou "sexa bendito" (cf Sal 118, 25-26).
11, 9s Sal **118,** 25-26.
11, 13 Posiblemente acción simbólica aplicada ó pobo xudeu (cf Mc **12,** 1-12), seguindo o estilo dos profetas (cf Xer **19,** 1-15).
11, 15 Outro xesto profético. A purificación do Templo esperábase que a fixese o Mesías. Xesús dá cumprimento ós anuncios proféticos (cf Zac **14,** 20-21).
11, 17 Is **56,** 7; Xer **7,** 11.

Outra vez a figueira (Mt 21, 20-22)

²⁰Ó pasaren pola mañá cedo, viron a figueira seca desde a raíz. ²¹Pedro acordouse e díxolle a Xesús:

—Mestre, mira para aí: a figueira que maldiciches, está seca.

²²Xesús respondeu:

—Tede fe en Deus. ²³Pois asegúrovos que se alguén lle di a este monte: "arríncate de aí e bótate no mar" sen dubidar no seu corazón, senón crendo que se cumprirá o que di, así se fará. ²⁴Por iso dígovos: canto pidades na oración, crede que o conseguiredes, e darásevos. ²⁵E cando esteades de pé facendo oración, perdoade, se algo tedes contra outros; para que tamén vos perdoe as vosas culpas o voso Pai que está no ceo.

A autoridade de Xesús (Mt 21, 23-27; Lc 20, 1-8)

²⁷Chegaron de novo a Xerusalén, e mentres andaba polo templo, foron onda el os sumos sacerdotes, letrados e senadores, ²⁸e preguntáronlle:

—¿Con que autoridade fas esas cousas? ¿Quen che deu tal autoridade?

²⁹Xesús respondeulles:

—Vouvos facer unha pregunta nada máis, respondédema e logo dígovos eu con que autoridade fago estas cousas. ³⁰O bautismo de Xoán, ¿era cousa de Deus ou dos homes? Veña, ide respondendo.

³¹Eles razoaban entre si, dicindo: "Se respondemos *de Deus,* vainos preguntar: e daquela ¿por que non crestes no que dicía? ³²¿Reponderemos entón: dos *homes* ?" (Pero tiñan que andar con moito tino co pobo, que consideraba profeta a Xoán).

³³E contestáronlle a Xesús:

—Non sabemos.

Xesús replicou:

—Pois eu tampouco non vos vou dicir con que autoridade fago estas cousas.

Parábola da viña (Mt 21, 33-46; Lc 20, 9-19)

12 ¹E comezou a falarlles en parábolas:

—Un home *plantou unha viña, rodeouna cun valado, cavou nela un lagar e construíu un caseto para o garda.* Logo arrendóullela a uns viñadores, e marchou para lonxe. ²No seu tempo, mandou un criado para cobrárlle-las rendas da viña ós viñadores. ³Pero eles, botáronse enriba del, zorregáronlle duro, e despedírono coas mans baleiras. ⁴Vaise el e mándalles outro criado, pero tamén mallaron nel e aldraxárono. ⁵Mandoulles outro, e matárono; e a outros moitos bouraron neles e matáronos.

⁶Pero aínda lle quedaba un a quen mandar, o seu fillo benquerido; e mandóullelo de último, dicindo para si: "El é fillo meu, e hano respectar". ⁷Pero os viñadores comentaron: "¡Oi! Este é o herdeiro: veña, matámolo e ¡herdanza para nós!". ⁸E agarrárono, matárono e botárono fóra da viña.

⁹¿Que fará o dono da viña? Voltará, acabará con estes viñadores e darálle-la viña a outros.

¹⁰¿Ou seica non lestes aquilo da Escritura:
*A pedra que desbotaron os canteiros
é agora o esquinal;*
¹¹*esa colocouna o Señor;
¡que regalía para nós!?*

¹²Decatándose de que a parábola ía por eles, quixérono prender, pero por medo á xente, deixárono e fóronse.

A contribución do César (Mt 22, 15-22; Lc 20, 20-26)

¹³Mandáronlle algúns fariseos e herodianos, para o pillaren nalgunha pregunta. ¹⁴Ó que chegaron onda el, preguntáronlle:

—Mestre, sabemos que es sincero, e non andas con miramentos, porque ti non te deixas levar polos respectos humanos, senón que ensína-lo verdadeiro camiño de Deus. ¿Está permitido pagarlle a contribución ó Cesar, ou non? ¿Pagámoslla ou non lla pagamos?

¹⁵Xesús, decatándose da súa hipocresía, contestoulles:

—¿E por que me queredes comprometer? A ver, traédeme un denario para que o vexa.

¹⁶Eles leváronllo, e el preguntoulles:

—¿De quen é esta imaxe e de quen fala esta inscrición?

Contestáronlle:

—É do César.

¹⁷Xesús replicoulles:

—Pois logo dádelle ó César o do César, e a Deus o de Deus.

11, 22 Esta resposta seguramente non corresponde a este lugar.
11, 26 Algúns manuscritos engaden o v 26: "pois se vós non perdoades, tampouco non perdoará os vosos pecados voso Pai que está nos ceos.
12, 1 Is **5,** 1-2.
12, 5 Cf Mt **23,** 34-35.
12, 10 Como se pode ver, esta parábola refírese ós xudeus, que *desbotaron* o fillo e maila pedra. Véxase o v 12.
12, 11 Sal **118,** 22-23.
12, 13 Seguramente Marcos tiña ós fariseos coma colaboracionistas e partidarios do tributo, mentres ós herodianos por todo o contrario. Velaí o lío.
12, 17 Entón estaban moi de moda estas dialécticas, como se ve en todo o evanxeo. Xesús trata de saír da trapela, na que facilmente podía caer, dado o grave problema, incluso relixioso, que suscitaba tal tributo.

E ficaron pasmados.

Acerca da resurrección (Mt 22, 23-33; Lc 20, 27-40)

¹⁸Chegaron uns saduceos —deses que negan que haxa resurrección—, e preguntáronlle:
¹⁹—Mestre, Moisés deixou escrito: *Se lle morre a alguén o seu irmán, deixando muller sen fillos, case coa viúva de seu irmán, para lle dar descendencia.* ²⁰Pois dunha vez había sete irmáns. O primeiro casou, e morreu sen fillos; ²¹o segundo casou coa viúva e morreu tamén sen deixar fillos; o mesmo lle pasou ó terceiro; ²²e ningún dos sete deixou descendencia. Ó cabo, morreu tamén a muller. ²³Ora, cando resuciten, ¿de cal deles vai se-la muller, se ela estivo casada cos sete?
²⁴Xesús contestoulles:
—¿Non será que andades descamiñados precisamente porque non comprendedes nin a Escritura nin o poder de Deus? ²⁵Pois cando resuciten nin casarán eles nin elas, porque serán coma anxos do ceo. ²⁶E volvendo á resurrección dos mortos, ¿non tedes lido no Libro de Moisés, no episodio da silveira, como lle falou Deus dicindo: *Eu son o Deus de Abraham, o Deus de Isaac e o Deus de Xacob?* ²⁷Ben, pois El non é Deus de mortos, senón dos vivos. Así que ides moi descamiñados.

O principal mandamento (Mt 22, 34-40; Lc 10, 25-28)

²⁸Un letrado, que oíra a discusión, decatándose do ben que lles respondera, preguntoulle:
—¿Cal é o mais importante de tódolos mandamentos?
²⁹Xesús respondeulle:
—O primeiro é: *Escoita, Israel: o Señor é o noso Deus, o Señor é único,* ³⁰*e amara-lo Señor, o teu Deus, con todo o teu corazón, con toda a túa alma, con todo o teu entendemento e con tódalas túas forzas.* ³¹O segundo é: *Amara-lo teu próximo coma a ti mesmo.* Non hai mandamentos máis importantes ca estes.

³²O letrado replicou:
—Moi ben, Mestre, estás no certo cando dis que El é *único e non hai outro fóra del;* ³³e que *amalo con todo o corazón, con todo o entendemento e con tódalas forzas, e o próximo coma a un mesmo,* é mais importante do que tódolos sacrificios e holocaustos.
³⁴Xesús, vendo que respondera con moito tino, díxolle:
—Non estás lonxe do Reino de Deus.
E ninguén se atreveu a facerlle máis preguntas.

Fillo e Señor de David (Mt 22, 41-46; Lc 20, 41-44)

³⁵Ensinando no templo, preguntou:
—¿Como din os letrados que o Mesías é fillo de David? ³⁶O mesmo David dixo, inspirado polo Espírito Santo:
Díxolle o Señor ó meu Señor:
senta á miña dereita,
que vou poñe-los teus inimigos
coma estrado dos teus pés.
³⁷Ora, se David o chama Señor, ¿como vai se-lo seu fillo?
E a numerosa multitude escoitaba engaiolada a Xesús.

Denuncia ós letrados (Mt 23, 1-36; Lc 11, 43; 20, 45-47)

³⁸El seguía ensinando:
—¡Coidado cos letrados! Gustan moito de se pasearen con vestidos fachendosos, e que lles fagan reverencias polas rúas; ³⁹buscan os primeiros postos nas sinagogas e mais nos banquetes. ⁴⁰E acábanlles cos bens ás viúvas, facéndose os piadosos. Pero serán xulgados como lles cómpre.

Xenerosidade da viúva pobre (Lc 21, 1-4)

⁴¹Sentado fronte por fronte da sala do tesouro, ollaba para a xente que botaba cartos no peto. E moitos ricos botaban con fartura. ⁴²E nisto viu unha viúva pobriña botar uns céntimos nada máis, unha miseria coma quen di. ⁴³Entón chamou ós seus discípulos, é díxolles:

12, 19 Dt 25, 5.
12, 24 Seguiu a dialéctica. A resposta de Xesús, que trata de basearse no texto do Ex 3, 6, segue o mesmo camiño, pois trátase dun texto moi forzado, anque indubidablemente fixo moi bo efecto contra os aparatosos e superficiais argumentos dos seus contrarios.
12, 26 Ex 3, 6.
12, 29s Dt 6, 4-5.
12, 31 Lev 19, 18.
12, 32s Dt 6, 4.
Xesús segue a liña profética, que antepoñía a irmandade e a xustiza ó mesmo culto.
12, 36 Sal 110, 1.
12, 37 Argumento contundente de Xesús, e onde se pode descubrir un vieiro da súa verdadeira personalidade.
12, 38 Os letrados ou escribas eran moi reverenciados polo pobo, e tiñan dereito ós postos de honor (cf Introd. Xeral ó N.T. 2b) 2).
12, 42 A cantidade sinalada neste v exprésase doutro xeito: veñen ser dúas moediñas, que forman a cuarta parte dunas.

—Asegúrovos que esa pobre viúva botou máis cós ricos todos. ⁴⁴Pois eles botaron o que lles sobraba, pero ela na súa pobreza, botou todo canto tiña para vivir.

A destrucción do templo (Mt **24,** 1-2; Lc **21,** 5-6)

13 ¹Conforme saía do templo, díxolle un dos discípulos:

—Mestre, mira para aí: ¡que cantería e que construcción! ²Xesús respondeu:

—¿Vedes eses grandes edificios? Pois han ser derrubados, ata que non quede pedra sobre pedra.

O comezo dos sufrimentos (Mt **24,** 3-14; Lc **21,** 7-19)

³Estando outra vez sentado no Monte das Oliveiras, en fronte do templo, preguntáronlle á parte Pedro, Santiago, Xoán e Andrés:

⁴—Anda, dinos cando van pasar esas cousas, e como imos saber nós que todo isto vai acabar.

⁵Xesús empezoulles a dicir:

—Estade atentos, para que ninguén vos extravíe. ⁶Moitos virán dicindo: "son eu", e extraviarán a moita xente.

⁷Cando oiades falar de guerra, ou de rumores de guerra, non vos alarmedes; *teñen que vir,* pero aínda non será a fin. ⁸Erguerase pobo contra pobo, reino contra reino; haberá terremotos e fame en diversos lugares; será o comezo de grandes sufrimentos.

⁹Vós tede moito coidado, porque vos entregarán ós tribunais e mais ás sinagogas, zorregaranvos duro e hanvos levar ante reis e gobernadores pola miña causa; así daredes testemuño ante eles. ¹⁰De por parte cómpre que a Boa Nova se anuncie a tódalas nacións.

¹¹E cando vos leven para vos entregaren, non andedes agoniados polo que ides dicir; falade como vos veña á idea no momento; porque non seredes vós, senón o Espírito Santo quen fale.

¹²Haberá irmáns que entreguen os seus irmáns á morte; pais, que entreguen os seus fillos; fillos, que denuncien a seus pais, ata os faceren matar. ¹³Pola miña causa seredes aborrecidos por todos, pero o que persevere ata o final, ese hase salvar.

A gran angustia de Xerusalén (Mt. **24,** 15-25; Lc **21,** 20-24)

¹⁴E cando vexáde-la abominación da desolación —enténdao ben o lector—, entón quen estea en Xudea, que fuxa para o monte; ¹⁵quen estea na azotea, que non baixe á casa nin para coller cousa ningunha; ¹⁶e quen estea na leira, que non volva atrás para colle-lo seu manto.

¹⁷¡Ai das que estean embarazadas ou criando naqueles días! ¹⁸Rezade para que a cousa non caia en inverno, ¹⁹pois van ser días de *angustia, como nunca os houbo ata agora, desde o principio do mundo* que Deus creou, nin nunca os haberá. ²⁰E se o Señor non atalla aqueles días, ninguén sairía con vida. Pero por mor dos elixidos, haos atallar.

²¹Se entón vos dixer alguén: "Mirade o Mesías, aquí está, ou está alí", non lle fagades caso ningún. ²²Pois han aparecer falsos mesías e falsos profetas, que farán marabillas e prodixios para desnortaren a xente, e, se fose posible, incluso ós mesmos elixidos. ²³Pero vós estade atentos; déixovolo todo avisado.

A chegada do Fillo do Home (Mt **24,** 29-31; Lc **21,** 25-28)

²⁴Pero naqueles días, pasada xa aquela angustia, *o sol hase escurecer, a lúa deixará de aluzar,* ²⁵*as estrelas caerán do ceo, abalarán as potencias do ceo.* ²⁶Entón verán vi-lo *Fillo do Home sobre as nubes* con grande poder e gloria. ²⁷E mandará os anxos *para reuniren* os elixidos *desde os catro ventos do cabo da terra ata o cabo do ceo.*

Exemplo da figueira (Mt **24,** 32-35; Lc **21,** 29-33)

²⁸Aprendede da comparanza da figueira. Cando lle saen os gromos e bota a folla, comprendedes que o verán está a chegar. ²⁹Así tamén vós, cando vexades que pasan

---

13, 5 Todo este discurso de ningún xeito debe entenderse literalmente, senón que Xesús segue o estilo apocalíptico, referíndose a unha nova era, moi relacionada co Reino de Deus.
13, 9 Referencia ás persecucións que a Igrexa sufría cando o evanxelista escribiu o evanxeo. Non parece ter relación coa fin do mundo. Véxase nota a Lc **21,** 9.
13, 14 *Abominación da desolación:* frase de Daniel (**9,** 17;

12, 11), referida á colocación dun altar pagán no templo (1 Mac **1,** 54-59). Máxima desgracia para o sentimento relixioso xudeu.
13, 19 Dn **12,** 1.
13, 24 Continúa o estilo simbólico apocalíptico (cf Is **34,** 4).
13, 26 Imaxe tomada de Dn **7,** 13-14, e que tivo moita acollida no libro apócrifo de Henoc.
13, 27 Dt **30,** 4; Zac **2,** 10.

estas cousas, sabede que xa está pretiño, á porta. ³⁰Asegúrovos que non pasará esta xeración sen que antes suceda todo isto. ³¹O ceo e maila terra pasarán, pero as miñas palabras non pasarán.

Hai que estar atentos (Mt 24, 36. 42; 25, 13-15; Lc 12, 35-40)

³²En canto ó día e maila hora no que isto vai acontecer ninguén sabe nada, nin os anxos do ceo, nin o Fillo; sábeo o Pai soamente. ³³Estade logo á espreita e atentos, que non sabedes cando será o momento. ³⁴É coma un home que foi ó estranxeiro, deixando a casa e maila facenda nas mans dos seus criados, encargándolles a cada un o que tiña que facer; e ó porteiro ordenoulle que velase. ³⁵Vixiade vós, polo tanto, pois non sabedes cando chegará o amo da casa: se á tardiña ou con noite cerrada, se co canto do galo ou no amencer. ³⁶Non vaia ser que chegue de repente, e vos atope durmindo. ³⁷E o que vos digo a vós, tamén llelo digo a todos: ¡Estade en vela!

Conspiración contra Xesús (Mt 26, 1-5; Lc 22, 1-2; Xn 11, 47-53)

14 ¹Faltaban dous días para a Pascua e os Ázimos. Os sumos sacerdotes e mailos letrados andaban buscando como colleo a traición, para matalo. ²Pero dicían: "Durante as festas non é ben, porque se pode armar un rebumbio cando hai aquí tanta xente".

Unción en Betania (Mt 26, 6-13; Lc 7, 36-50; Xn 12, 1-8)

³Estando Xesús en Betania, na casa do Simón o Gafo, recostado na mesa, chegou unha muller cun frasco de alabastro cheo de perfume de nardo puro, moi caro; rompeu o frasco, e uxniulle a cabeza. ⁴Algúns dos convidados comentaban indignados:

—¿Pero a que vén este estrago de perfume? ⁵Podíase vender en trescentos denarios, e repartírllelos ós pobres.

E alporizábanse contra ela. ⁶Pero Xesús dixo:

—Deixádea, ¿por que a molestades? Ben está o que fixo comigo. ⁷Ós pobres téndelos sempre entre vós, e podédelos axudar cando queirades; pero a min non me ides ter sempre. ⁸Ela fixo o que puido. Adiantouse a unxi-lo meu corpo para o enterro. ⁹Asegúrovos que onde queira que se anuncie a Boa Nova, polo mundo enteiro, falarase, para honra dela, do que acaba de facer.

Traición de Xudas (Mt 26, 14-16; Lc 22, 3-6)

¹⁰Xudas Iscariote, un dos Doce, foi onda os sumos sacerdotes, para lles entregar a Xesús. ¹¹Eles alegráronse moito do que lles propoñía, e prometéronlle cartos. E andaba buscando o momento axeitado para entregalo.

Preparación da Pascua (Mt 26, 17-19; Lc 22, 7-13)

¹²No primeiro día da festa dos Ázimos, cando se sacrificaba o año pascual, preguntáronlle os seus discípulos:

—¿Onde queres que vaiamos prepara-la Cea Pascual?

¹³El mandou a dous discípulos, dicíndolles:

—Ide á cidade, e havos saír ó paso un home, cunha sella de auga. ¹⁴Ide tras el e onde entre, dicídelle ó dono da casa: "O Mestre pregunta: ¿onde está o lugar no que podo come-la Pascua cos meus discípulos?" ¹⁵El havos mostrar no sobrado unha grande sala, xa disposta e arranxada. Vós preparade o que faga falta.

¹⁶Marcharon os discípulos e, chegando á cidade, atoparon todo tal como llelo el dixera. E prepararon a Pascua.

Anuncio da traición (Mt 26, 20-25; Lc 22, 14. 21-23; Xn 13, 21-30)

¹⁷Á tardiña, foi el cos Doce. ¹⁸E estando na mesa comendo, díxolles Xesús:

—Asegúrovos que un de vós me vai entregar, un dos que está comendo comigo.

¹⁹Eles, poñéndose tristes, empezaron a preguntarlle un por un:

—¿Non serei eu?

²⁰Pero el dixo:

—Un dos Doce, que está mollando no mesmo prato ca min. ²¹O Fillo do Home vaise, como está escrito; pero ¡ai daquel que

---

13, 30 Cf nota a Mt 24, 34.
13, 32 Aquel *día* é o "día de Iavé": designa nos profetas toda intervención especial de Deus: a ignorancia de Xesús, causa de controversias, haina que entender tendo en conta que sinala-lo "tempo" —cousa que el evita—, non pertence á súa misión. Xesús insiste na disposición persoal do home para a conversión e a acollida do Reino.
13, 35 Textos referidos á vixilancia, cos que o evanxeo anima a prepararse á vinda do Señor.
14, 8 Marcos subliña este texto coma prefiguración xa da paixón. Hai que facer notar que o corpo de Xesús non foi unxido normalmente antes de ir ó sepulcro.
14, 12 Sobre a festa dos Ázimos e maila Pascua, véxase nota a Mt 26, 17, e a Introd. ó N. T. 2. d) 1).
14, 18. 20 Cf Sal 41, 10; Xn 13, 18.

traiciona ó Fillo do Home! Máis lle valería non nacer.

A Eucaristía (Mt **26,** 26-29; Lc **22,** 15-20; 1 Cor **11,** 22-26)

²²Mentres estaban a comer, Xesús colleu pan, deu gracias, partiuno e déullelo, dicindo:
—Tomade, isto é o meu corpo.
²³E collendo unha copa, dando gracias, pasóullela, e todos beberon dela. ²⁴E díxolles:
—Isto é o meu *sangue, da Alianza,* vertido por todos. ²⁵Asegúrovos que xa non volverei beber do producto da viña ata o día que o beba, noviño, no Reino de Deus.

Predicción das negacións de Pedro (Mt **26,** 30-35; Lc **22,** 31-34. 39)

²⁶Despois de cantaren os Salmos, saíron para o Monte das Oliveiras. ²⁷Díxolles Xesús:
—Todos ides tropezar na vosa fe, como está escrito: *Ferirei ó pastor e espallaranse as ovellas.* ²⁸Pero cando resucite, irei diante de vós a Galilea.
²⁹Replicoulle Pedro:
—Anque tropecen todos, eu non caerei.
³⁰Xesús respondeulle:
—Ten por seguro que esta mesma noite, antes de que o galo cante dúas veces, ti hasme negar tres.
³¹Pedro insistiu aínda:
—Anque teña que morrer contigo, endexamais non te negarei. E o mesmo dicían os outros.

A oración en Xetsemaní (Mt **26,** 36-46; Lc **22,** 40-46)

³²Chegaron a unha finca chamada Xetsemaní, e díxolles ós discípulos:
—Sentade aquí, mentres eu vou orar.
³³E levando consigo a Pedro, Santiago e Xoán, empezou a sentir arrepío e angustia. ³⁴E díxolles:
—Morro de tristura; quedade aquí, e vixiade.
³⁵E avanzando un pouco, caeu no chan, rogando para que, se fose posible, pasase del aquela hora. ³⁶E dicía:
—*Abba,* meu Pai, ti pódelo todo, arreda de min este cáliz. Pero non se faga o que eu quero, senón o que queres ti.
³⁷E voltando onda eles, atopounos durmindo. Díxolle a Pedro:
—Simón, ¿dormes? ¿Seica non podes velar unha hora tan sequera? ³⁸Estade atentos e rogade, para que non se vos someta á tentación. O espírito está disposto, pero a carne é débil.
³⁹E arredándose de novo, volveu a pregar do mesmo xeito. ⁴⁰Ó voltar, outra vez os atopou durmindo, pois caíanlle-los ollos co sono; e non sabían que lle dicir. ⁴¹E por terceira vez, voltou Xesús dicindo:
—¿Conque durmides e descansades? Pois sabede que xa chegou a hora, e ó Fillo do Home vano entregar nas mans dos pecadores. ⁴²¡Veña!, erguédevos e vaiámonos, que xa está aquí o que me vai entregar.

Detención de Xesús (Mt **26,** 47-56; Lc **22,** 47-53; Xn **18,** 1-11. 20)

⁴³Estando aínda a falar, presentouse Xudas, un dos Doce, acompañado dunha troupelada de xente con espadas e paos, mandada polos sumos sacerdotes, letrados e anciáns. ⁴⁴O traidor déralles unha contraseña:
—Aquel a quen eu bique, ese é; prendédeo, e levádeo con tino. ⁴⁵E así que chegou, acercouse e díxolle:
—¡Mestre!
E bicouno. ⁴⁶Eles botáronselle enriba e prendérono. ⁴⁷Pero un dos presentes, desenvaiñando a espada, feriu a un criado do Sumo Sacerdote, rabenándolle unha orella.
⁴⁸Xesús reprendeunos dicindo:
—Víndesme prender con paos e espadas, coma se fose un bandido. ⁴⁹Estiven a diario no templo entre vós, e non me prendestes. Pero que se cumpran as Escrituras.
⁵⁰E todos fuxiron abandonándoo. ⁵¹Só o seguiu un mozo envolto nunha saba. Detivérono. ⁵²Pero el, desenleouse da saba, e fuxiu espido.

Xesús diante do Sanedrín (Mt **26,** 57-68; Lc **22,** 54-55. 63-71; Xn **18,** 12-15. 18)

⁵³Conduciron a Xesús á casa do Sumo Sacerdote. E xuntáronse tódolos pontífices,

---

14, 22 O mesmo que o pai de familia explicaba durante a celebración da Pascua o significado do "pan da aflicción" (Dt **16,** 3), tamén Xesús interpretou o pan que ía repartir.
14, 24 Cf Ex **24,** 8.
14, 26 Na Cea Pascual cantábase, e cantan hoxe os xudeus, o "Hal-lel" (Sal **113-118**).
14, 27 Zac **13,** 7.
14, 29 Repítese o "escándalo" dos apóstolos, que, segundo a mentalidade popular, non podían soportar que o Me-
sías triunfante que eles imaxinaban, puidese sucumbir (cf nota a **8,** 32).
14, 49 *Que se cumpran as Escrituras.* Seguramente un engadido do evanxelista. Quizais aluda ó cumprimento das Escrituras en Xesús, ó longo de toda a súa vida (cf Lc **24,** 44).
14, 51 Marcos é o único que reseña este detalle. É posible que fose el mesmo.

anciáns e letrados. ⁵⁴Pedro seguiuno de lonxe ata o pazo do Sumo Sacerdote, e sentou alí para quentarse cos criados, á beira do lume.
⁵⁵Mentres, os sumos sacerdotes e mailo Sanedrín enteiro teimaban por encontrar algunha testemuña contra Xesús, para o poderen condenar á morte; pero non a atopaban. ⁵⁶Moitos testemuñaban en falso contra el, pero non chegaban a porse de acordo. ⁵⁷Algúns, erguéndose, trataron de levantarlle un falso testemuño, dicindo:
⁵⁸—Nós mesmos oímoslle dicir: "eu destruirei este Templo, feito por homes, e en tres días construirei outro non feito por homes".
⁵⁹Pero nin así chegaban a se poñeren de acordo no testemuño. ⁶⁰Entón, erguéndose o Sumo Sacerdote e adiantándose ata o medio, interrogou a Xesús:
—¿Non respondes nada? ¿Que é o que estes testemuñan contra ti?
⁶¹Pero el calaba, e non respondeu palabra. De novo lle volveu pregunta-lo Sumo Sacerdote:
—¿Es ti o Mesías, o Fillo do Bendito?
⁶²Xesús contestoulle:
—Eu son. E habedes ve-lo *Fillo do Home, sentado á dereita do Todopoderoso, vir entre as nubes do ceo.*
⁶³Daquela o Sumo Sacerdote, rachando os vestidos, exclamou:
—¿Que necesidade temos xa de testemuñas? ⁶⁴Vós mesmos oíste-la blasfemia. ¿Que vos parece?
Todos o declararon culpable, e que merecía a morte.
⁶⁵Algúns empezaron a cuspir nel e tapándolle a cara, dábanlle labazadas, dicindo:
—¡Adiviña, profeta!
Mesmo os criados tamén mallaban nel.

Negacións de Pedro (Mt **26**, 69-75; Lc **22**, 56-62; Xn **18**, 17. 25-27)

⁶⁶Estando Pedro embaixo, no patio, chegou unha das criadas do Sumo Sacerdote. ⁶⁷Ó que viu a Pedro quentándose, quedou mirando para el e díxolle:

—Ti tamén andabas con Xesús de Nazaret.
⁶⁸El negouno, dicindo:
—Non sei nada, nin comprendo de que me falas.
E saíndo para fóra, cantou o galo. ⁶⁹A criada volveuno ver outra vez, e empezoulles a dicir ós presentes:
—Este évos un deles.
⁷⁰E de novo el volveu negalo. Pero de alí a pouco tamén os presentes empezaron a dicirlle:
—Si, ti es un deles, que es galileo.
⁷¹El, entón, empezou a maldicir e xurar, dicindo:
—Eu non coñezo a ese home de quen falades.
⁷²E, de contado, por segunda vez, cantou o galo. A Pedro acordáronselle as palabras de Xesús: "Antes de que o galo cante dúas veces, ti hasme negar tres"; e saíndo para fóra, rompeu a chorar.

Xesús ante Pilato (Mt **27**, 1-2. 11-26; Lc **23**, 1-5. 13-25; Xn **18**, 28-**19**, 16)

15 ¹Á mañanciña cedo, os sumos sacerdotes, os anciáns e mailos letrados —todo o Sanedrín—, despois dunha reunión do Consello, amarraron a Xesús e fórono entregar a Pilato.
²Pilato preguntoulle:
—¿Es ti o rei dos xudeus?
Respondeulle:
—Ti o dis.
³E os sumos sacerdotes acusábano de moitas cousas. ⁴Pero Pilato volveulle preguntar:
—¿Non respondes nada? Xa ves de cantas cousas te acusan.
⁵Pero Xesús non respondeu nada, deixando moi estrañado a Pilato.
⁶Polas festas tiña o costume de solta-lo preso que lle pedisen. ⁷Estaba daquela na cadea un tal Barrabás, xunto cos sediciosos que nunha revolta mataran a un home. ⁸Cando subiu o xentío, empezou a reclama-lo indulto tradicional. ⁹Pilato respondeulles:

14, 55 *Sanedrín:* Era o Consello composto polo Sumo Sacerdote, os Sacerdotes Xefes, a Nobreza anciá Leiga e os letrados do pobo. Trataban os asuntos internos dos xudeus, que non caían baixo a xurisdición do gobernador romano.
14, 58 Alusión ás críticas que Xesús fixo ó Templo, anque dun xeito esaxerado, pois Xesús nunca falou de destruí-lo Templo. Nótase o influxo da Igrexa primitiva, que se consideraba a si mesma o novo Templo.
14, 61 *O Bendito:* circunlocución para non menciona-lo nome de Deus.

14, 62 *Á dereita do Todopoderoso:* lit. "Á dereita do Poder". Xesús afirma o seu mesianismo coa frase de Dn **7**, 13 (cf Sal **110**, 1).
15, 2 *Rei dos xudeus:* título con pretensións revolucionarias para os romanos, pois as esperanzas mesiánicas estaban postas nel coma restaurador do Reino de Israel. Tal o fai constar o letreiro, sinalando a causa da condena.
15, 5 O silencio de Xesús sitúase no contexto do Servo de Iavé: "non abriu a boca" (Is **53**, 7).

—¿Queredes que vos solte ó rei dos xudeus? ¹⁰Pois el ben sabía que os sumos sacerdotes llo entregaran por envexa. ¹¹Pero eles encirraban á xente, para que lles liberase a Barrabás. ¹²Pilato respondeu:

—¿E que fago eu con ese ó que lle chamades rei dos xudeus?

¹³A xente volveu berrar:

—¡Crucifícao!

¹⁴Pilato replicou:

—Pero, ¿que mal fixo?

Mais eles berraban máis forte:

—¡Crucifícao!

¹⁵E Pilato, para compracer ó pobo, soltou a Barrabás; e a Xesús, despois de o mandar azoutar, entregouno para que o crucificasen.

Coroación cos espiños (Mt **27**, 27-31; Xn **19**, 2-3)

¹⁶Os soldados, leváronó, para dentro do pazo do gobernador, é dicir, do Pretorio, e chamaron a toda a compañía. ¹⁷Vestírono de púrpura, e trenzaron unha coroa con espiños e encaixáronlla. ¹⁸Empezáronlle a facer saúdos:

—¡Saúde, rei dos xudeus!

¹⁹E cunha canivela dábanlle golpes na cabeza, cuspían nel e, axeonllándose, rendíanlle homenaxe. ²⁰E despois de faceren riso del, quitáronlle a púrpura e puxéronlle a súa roupa. Despois leváronó fóra, para o crucificaren.

Crucifixión (Mt **27**, 32-44; Lc **23**, 26-43; Xn **19**, 17-24)

²¹Pasaba por alí Simón de Cirene, que volvía da leira —o pai de Alexandro e de Rufo— e obrigárono a cargar coa cruz. ²²Leváronó a un lugar chamado Gólgota, ou sexa, lugar da Caveira. ²³Alí dábanlle viño con mirra pero non o quixo. ²⁴Crucificárono e *repartiron a roupa, botando sortes* para sabe-lo que lle tocaba a cada un.

²⁵Era a media mañá cando o crucificaron. ²⁶Un letreiro anunciaba a causa da súa condena: "O rei dos xudeus". ²⁷Con el crucificaron tamén a dous bandidos, un á dereita e outro á esquerda.

²⁹Os que pasaban por alí, burlábanse del, abaneando as cabezas, e dicindo:

—¡Vaites, vaites, o que destrúe o Templo e o reconstrúe en tres días! ³⁰¡Anda, baixa agora da cruz, e sálvate!

³¹Do mesmo xeito, os sumos sacerdotes, burlándose entre eles cos letrados, dicían:

—¡Salvou a outros, pero non se pode salvar a si mesmo! ³²¡O Mesías, o rei de Israel! ¡Que baixe da cruz agora, para que vexamos e creamos!

Tamén os que estaban crucificados con el o aldraxaban.

Morte de Xesús (Mt **27**, 45-56; Lc **23**, 44-49; Xn **19**, 28-30)

³³Chegado o mediodía, a escuridade cubriu toda a terra, ata as dúas e pico da tarde. ³⁴E nesa hora, Xesús berrou moi forte:

—*Eloí, Eloí, lamá sabactaní* (que quere dicir: "Meu Deus, meu Deus, por que me abandonaches").

³⁵Oíndo aquilo, algúns dos presentes comentaban:

—¿Oístes? Está chamando por Elías.

³⁶E un deles, botando a correr, empapou unha esponxa en vinagre, espetouna nunha canivela, e *deulle de beber,* dicindo:

—Deixade, a ver, logo, se vén Elías baixalo.

³⁷Pero Xesús, dando un berro moi alto, expirou.

³⁸O veo do Templo rachou en dous de arriba abaixo. ³⁹O centurión, que estaba diante, oíndo o berro que deu ó morrer, dixo:

—Verdadeiramente este home era Fillo de Deus.

⁴⁰Tamén había mulleres, mirando desde lonxe; entre elas estaban María Magdalena, María a nai de Santiago o Menor e de Xosé, e mais Salomé, ⁴¹que o seguían e servían cando estaba en Galilea; e moitas outras que subiran con el a Xerusalén.

Sepultura de Xesús (Mt **27**, 57-61; Lc **23**, 50-56; Xn **19**, 38-42)

⁴²Á tardiña, como era o día da Preparación, ou sexa véspera de sábado, ⁴³Xosé de Arimatea, nobre conselleiro que tamén espe-

---

15, 23 *Viño con mirra:* cf nota a Mt **27**, 34.
15, 24 Sal **22**, 19.
15, 25 Lit. "á hora tercia".
15, 28 Algúns manuscritos inclúen o v 28: "E cumpriuse a Escritura, que di: E *foi contado entre os malfeitores*" (Is **53**, 12; cf Lc **22**, 37).
15, 33 Lit. "desde a hora sexta ... ata a hora nona".
15, 34 Lit. "e na hora nona". Xesús cita o Sal **22**, 2.
15, 36 cf Sal **69**, 22.
15, 38 A rachadura do veo do Templo ten un valor simbólico, dando a entender que tódolos homes —e non só o Sumo Sacerdote o Día da Expiación—, teñen acceso directo a Deus (cf Heb **9**, 6-8. 11-12).
15, 39 Na versión de Lucas di: "Este home era inocente". Anque, polo feito de ser pagán o centurión, parece historicamente máis verosímil o alcance que ten na versión de Lc, non obstante cómpre recoñecer que Mc lle dá á expresión un senso máis trascendente do que o centurión puidera darlle.

raba o Reino de Deus, foi onda Pilato con gran valor, para lle pedi-lo corpo de Xesús. ⁴⁴Pilato estrañouse de que xa estivese morto, e, chamando polo centurión, preguntoulle se xa morrerá; daquela, ⁴⁵informado polo centurión, entregoulle o cadáver a Xosé. ⁴⁶El, mercando unha saba, baixouno, envolveuno nela, e acomodouno nun sepulcro excavado na rocha; logo fixo rolar unha lousa sobre a entrada. ⁴⁷María Magdalena e mais María de Xosé enxergaban para ver onde o poñía.

A resurrección (Mt **28**, 1-8; Lc **24**, 1-9)

16 ¹Pasado o sábado, María Magdalena, María de Santiago e mais Salomé mercaron perfumes para iren embalsamalo. ²E moi cedo, no primeiro día da semana, despois da alborada, foron ó sepulcro. ³Ían comentando entre elas:
—¿Quen nos vai arreda-la lousa da entrada do sepulcro?
⁴Pero, erguendo a vista, descubriron que a lousa estaba arredada; iso que era moi grande.
⁵Entrando no sepulcro, viron un mozo vestido de branco, sentado no lado dereito, e quedaron espantadas. ⁶Pero el díxolles:
—Non vos espantedes. ¿Buscades a Xesús Nazareno, o crucificado? Non está aquí, resucitou. Mirade o lugar onde o puxeron. ⁷Agora ídelles dicir ós discípulos e mais a Pedro que el vai diante de vós a Galilea; alí o veredes, como vos ten dito.
⁸Elas saíron fuxindo do sepulcro, pasmadas e tremendo; e non lle contaron nada a ninguén, do medo que tiñan.

Aparición a María Magdalena (Mt **28**, 9-10; Xn **20**, 11-18)

⁹Xesús resucitou no abrente do primeiro día da semana, e aparecéuselle en primeiro lugar a María Magdalena, da que botara sete demos. ¹⁰Ela fóillelo dicir ós compañeiros del, que estaban chorosos e tristeiros. ¹¹Pero estes, oíndolle dicir que estaba vivo e que ela o vira, non llo creron.

Aparición a dous discípulos (Lc **24**, 13-35)

¹²Despois disto, aparecéuselles, en figura diferente, a dous que ían de camiño a un lugar. ¹³Estes fóronllelo contar tamén ós demais, pero nin a eles os creron.

Misión dos discípulos (Mt **28**, 16-20; Lc **24**, 36-49; Xn **20**, 19-23; Feit **1**, 6-8)

¹⁴Por último, aparecéuselles ós Once mentres estaban á mesa, botándolles na cara a súa incredulidade e a dureza de corazón, por non creren a aqueles que o viran resucitado de entre os mortos. ¹⁵E díxolles:
—Ide polo mundo enteiro, anunciando a Boa Nova a toda a creación. ¹⁶Quen crea e se bautice, salvarase; quen non crea, condenarase. ¹⁷Os que crean irán acompañados destes sinais: no meu nome botarán demos, falarán linguas novas; ¹⁸collerán serpes coas mans, e se chegan a beber algún veleno, non lles fará mal ningún; imporánlle-las mans ós enfermos, e estes curarán.

Ascensión de Xesús (Lc **24**, 50-53; Feit **1**, 9-11)

¹⁹O Señor, despois de lles falar así, elevouse ó ceo, e *sentou á dereita de Deus*. ²⁰Eles saíron a predicar por todas partes, contando coa colaboración do Señor, que confirmaba a súa palabra cos sinais que os acompañaban.

16, 1 No sábado, día sagrado, non se podía facer ningún exercicio. Remataba á caída do sol.
16, 2 Lit. "no primeiro día (despois) do sábado".
16, 5 Sobre as narracións das aparicións do resucitado, véxase nota a Mt **28,** 9.
16, 8 Este final primitivo (¿interrompido?) de Mc contrasta cos outros evanxeos, onde as mulleres si falan: Mt **28,** 8; Lc **24,** 9. O silencio podía ser expresión do terror sagrado a causa da revelación da resurrección.

16, 9 Os vv 9-20 que rematan o evanxeo de Mc, non son, con toda probabilidade, do mesmo evanxelista, a xulgar polo vocabulario pouco familiar a Mc, e por estar ausente dalgúns manuscritos moi importantes. Sen embargo, son canónicos; participan, polo tanto, da autoridade da revelación. Hai, polo demais, outras variantes deste final.
16, 17 Véxase Feit **2,** 43; **4,** 16-30.
16, 19 A ascensión está descrita con palabras tomadas da historia de Elías (2 Re **2,** 11) e mais do Sal **110,** 1.

INTRODUCCIÓN Ó EVANXEO SEGUNDO SAN LUCAS

1.- Autor

Non hai razóns serias para poder dubidar de que foi Lucas, compañeiro e colaborador de Paulo, que lle chama "médico querido", e a quen acompañou na súa catividade en Roma (cf Col **4**, 14; 2 Tim **4**, 9. 11). Non hai lugar á pseudoepigrafía, pois, de intentarse, aplicaríase a un apóstolo, e non a un varón apostólico. Este Lucas vén sendo tamén o autor do libro dos Feitos dos Apóstolos.

2.- Destinatarios

Vai dirixido a "Teófilo", que pode ser unha persoa concreta, ou calquera que "ame a Deus", como indica o seu nome. Tendo en conta o contido, vemos que se dirixe a cristiáns vidos do paganismo, pois suprime os temas propios dos xudeus e explica as institucións palestinas.

3.- Tempo e lugar

Semella posterior ó ano 70, pois a profecía da destrucción de Xerusalén aparece con moita precisión. De todos xeitos, tampouco non debería ir máis aló do 80.

Polo grego empregado, parece que puido ser escrito en Acaia, tal como o afirman abondos escritores antigos.

4.- Características literarias

Tende a substituí-los vocábulos semíticos por equivalentes gregos, máis elegantes cós dos outros evanxelistas, aínda que sexan menos eruditos cós dos clásicos. Procura a exactitude e a concisión, e foxe dos superlativos. As perícopas xóngueas por medio de xiros ou ben de circunstancias de tempo e de lugar.

5.- Teoloxía de Lucas

5.1. Xesús aparece coma obra do Espírito, que pousa sobre el e o constitúe coma o profeta anunciado para os tempos finais (cf Dt **18**, 15-18). Ademais é o Señor e tamén o Salvador, que vén busca-lo que estaba perdido.

5.2. O Evanxeo ten un carácter universal moi marcado: abrangue a todos, sexan ricos ou pobres, oficialmente pecadores ou xustos, xudeus ou pagáns. A xenealoxía de Xesús non engancha co "pai dos crentes" (Abraham), senón co "pai da humanidade" (Adam).

5.3. Todo o texto de Lc recende paz, gozo e louvanza. Tamén a filantropía de Deus, manifestada especialmente nas parábolas da misericordia (c. **15**).

5.4. Lucas é o evanxelista que máis alude á oración. Esta é, co amor, unha das cousas que cómpre facer para acada-la vida eterna (**10**, 38-**11**, 13). Xesús aparece orando nos momentos máis importantes da súa vida.

5.5. Para seguir a Xesús precísase renunciar a moitas cousas, e pospoñer todo.

5.6. O profundo senso social que anima o Evanxeo de Lc agroma por todas partes. Os pobres aparecen sempre nel coma os amigos e preferidos de Xesús. Así, non son os Magos senón os pastores os que van adora-lo neno (**2**,8); Xosé e María rescatan a Xesús coa ofrenda dos pobres (**2**, 24); Xesús enxalza ó pobre Lázaro (**16**, 20) maila viuva pobre (**21**, 35); e di que son ditosos os materialmente pobres (**7**, 22), mentres que Deus chimpa dos seus poderes ós poderosos (**1**, 52).

5.7. Ninguén pode considerarse xusto diante de Deus, ninguén pode atingui-la salvación polo cumprimento da Lei mosaica. Os homes deben pedir humildemente o perdón e a salvación, coma o publicano (**18**, 14). Quen se achega a Xesús con humildade acada esa salvación (**5**, 20; **7**, 50...).

5.8. O Reino de Deus, máis ca unha realidade xa actuante na terra (coma en Mt e Mc) preséntase coma algo futuro, que cómpre acadar preparándose nesta terra.

5.9. O tempo de Xesús é, para Lucas, o "centro do tempo". Segue ó de Israel, representado en Xoán Bautista, e precede ó da Igrexa, que vai desde a ascensión de Xesús ata a súa Vinda gloriosa ó remate dos tempos.

6.- Estructura

—Encabezamento: **1**, 1-4.

1) Entrada de Xesús na historia humana: **1**, 5-**3**, 20.
2) Ministerio en Galilea: **3**, 21-**9**, 50.
3) O camiño cara a Xerusalén: **9**, 51-**19**, 28.
4) Ministerio en Xerusalén: **19**, 29-**21**, 38.
5) Saída de Xesús da historia humana: **22**, 1-**24**, 49.

EVANXEO SEGUNDO SAN LUCAS

Prólogo

1 ¹Posto que moitos emprenderon a tarefa de narrar axeitadamente os feitos ocorridos entre nós, ²tal como nolos transmitiron desde o principio as testemuñas oculares e mailos predicadores da palabra, ³decidín eu tamén, despois de me informar con tino desde as orixes, escribirchos ordenadamente para ti, ilustre Teófilo, ⁴a fin de que coñezas ben a firmeza das ensinanzas nas que te instruíron.

INTRODUCCIÓN
NACEMENTO E VIDA OCULTA DE XOÁN BAUTISTA E DE XESÚS

Anuncio do nacemento de Xoán

⁵Houbo no tempo de Herodes, rei de Xudea, un sacerdote chamado Zacarías, do grupo de Abías, casado cunha muller descendente de Aharón, chamada Isabel. ⁶Ambos eran xustos ante Deus, pois gardaban sen fallas os seus mandamentos e preceptos.

⁷Non tiñan fillos, por ser Isabel estéril e estaren os dous moi entrados en anos. ⁸E resulta que, estando el exercendo o sacerdocio diante de Deus, segundo a quenda do seu grupo, ⁹entrou no Santuario do Señor, conforme o ritual, para ofrece-lo incenso, ¹⁰mentres a xente do pobo facía oración fóra. ¹¹Nisto, á dereita do altar do incenso, de pé, aparecéuselle un anxo do Señor. ¹²Zacarías, o velo, turbouse todo, cheo de temor. ¹³Mais o anxo díxolle:

—Acouga, Zacarías, que se escoitou a túa petición, e Isabel, a túa muller, vaiche dar un fillo, e vaslle chamar Xoán. ¹⁴Será para ti gozo e alegría, e moitos se alegrarán co seu nacemento. ¹⁵Será grande ante o Señor e *non beberá nin viño nin licor.* Desde o mesmo ventre da súa nai estará cheo do Espírito Santo. ¹⁶Converterá a moitos fillos de Israel ó Señor, o seu Deus. ¹⁷Camiñará diante del co espírito e poder de Elías, para *reconciliar pais con fillos,* ensinarlles ós rebeldes o proceder dos xustos e preparar así un pobo ben disposto para o Señor.

¹⁸Preguntoulle Zacarías ó anxo:

—¿*E como me constará iso a min,* que xa vou vello e a miña muller tamén xa pasa dos anos?

¹⁹O anxo respondeu:

—Eu son Gabriel, o que estou preto de Deus e mandoume para falar contigo e darche esta boa nova. ²⁰E fíxate ben: vas quedar mudo e non poderás falar ata o día no que aconteza todo isto, xa que non criches nas miñas palabras que se han cumprir no seu tempo.

²¹E, mentres, o pobo esperaba por Zacarías, sorprendido de que se demorase tanto dentro do Santuario. ²²Cando por fin saíu, sen lles poder falar, comprenderon que tivera algunha visión no Santuario. El facíalles acenos, permanecendo mudo. ²³E, cando rematou o tempo do seu ministerio, foise para a súa casa.

²⁴Días despois, concebiu a súa muller Isabel, que se ocultou durante cinco meses. E dicía para si:

²⁵—Isto é obra do Señor, que se dignou librarme desta vergonza diante da xente.

O anuncio do nacemento de Xesús (Mt **1,** 18-21)

²⁶Ós seis meses, Deus mandou o anxo Gabriel a unha vila chamada Nazaret, ²⁷onda unha mociña prometida a un home da casa de David, que se chamaba Xosé; o nome da mociña era María. ²⁸Entrando onde estaba ela, díxolle:

1, 2 Lucas, discípulo e acompañante de Paulo, non coñeceu a Xesús.
1, 3 *Teófilo.* Posiblemente fose un nobre antioqueno, que chegou a ser bispo da súa cidade. Non falta quen pense que se trata dunha personalización literaria da comunidade por parte do autor.
1, 9 O *Santuario* ("Santo") do templo só tiñan acceso os sacerdotes. Trátase dun lugar sagrado, pero menos có "Santo dos santos" (cf Introd. ó N. T. 2c) 1)).
1, 15 Cf Núm **6,** 3.
1, 17 A tradición xudía esperaba o retorno de Elías antes do "día do Señor" (Mal **3,** 23). Xoán Bautista será o "Elías que ha vir" (Mt **17,** 10-13). A cita do texto corresponde a Mal **3,** 24.

1, 18 Zacarías pide un signo conforme a toda a práctica bíblica: cf Xén **15,** 8; Xuí **6,** 36ss; 2 Re **20,** 8.
1, 25 A esterilidade era considerada coma unha deshonra; incluso coma un castigo: cf 2 Sam **6,** 23; Os **9,** 11.
1, 27 A palabra grega é "párthenos", que lit. significa "virxe"; así se traduce moitas veces e non é alleo á intención de Lc, que quere subliñar expresamente a virxindade de María (cf v 34); pero aquí remite directamente ó uso máis espontáneo da palabra, como podería ser "doncela". Con todo, máis natural e acorde co uso parece a traducción adoptada, paralela a moitas das mellores traduccións modernas.
1, 28 Algúns ms. engaden: "Bendita ti entre as mulleres", acaso por influxo do v 42.

—Alégrate, chea de gracia, o Señor está contigo.

²⁹Ela turbouse con estas palabras, cavilando no que podería significa-lo saúdo aquel. ³⁰O anxo continuou:

—Non teñas medo, María, porque ti atopaches gracia ante Deus; ³¹e, fíxate, *vas concebir no teu ventre e darás á luz un fillo, ó que lle poñerás de nome* Xesús. ³²Será grande e chamarase Fillo do Altísimo, e o Señor Deus daralle o trono de David, seu pai; ³³reinará por sempre na casa de Xacob, e o seu reinado non terá fin.

³⁴María respondeulle ó anxo:

—¿E como pode ser isto, pois eu son virxe?

³⁵O anxo replicoulle:

—O Espírito Santo baixará sobre ti e o poder do Altísimo cubrirate coa súa sombra; por iso o que vai nacer de ti será santo e chamarase Fillo de Deus. ³⁶Aí te-la túa curmá Isabel, que concebiu un fillo na súa vellez, e xa está de seis meses a que chamaban estéril, ³⁷*que para Deus non hai imposibles*.

³⁸María contestou:

—Velaquí a escrava do Señor: cúmprase en min o que dixeches.

E o anxo marchou de onda ela.

María visita a Isabel

³⁹Naqueles mesmos días saíu María con moita présa camiño da montaña, a unha vila de Xudá. ⁴⁰Entrou na casa de Zacarías e saudou a Isabel. ⁴¹E en oíndo Isabel o saúdo de María, o neno brincoulle no ventre. Entón, chea do Espírito Santo, ⁴²exclamou Isabel, a grandes voces:

—Bendita ti entre as mulleres e bendito o froito do teu ventre. ⁴³¿Quen son eu para que me visite a nai do meu Señor? ⁴⁴Pois ó que chegou o teu saúdo ós meus oídos, brincou de alegría a criatura no meu ventre. ⁴⁵¡Ditosa ti que criches que se cumpriría canto che anunciaron de parte do Señor!

O Magníficat

⁴⁶Entón María exclamou:
A miña alma proclama a grandeza do Señor,
⁴⁷*e alégrase o meu espírito en Deus, o meu Salvador,*
⁴⁸*porque reparou na súa humilde escraviña.*
Velai: desde agora
tódalas xeracións me van felicitar,
⁴⁹¡Marabillas o Poderoso fixo en min!
O seu nome é Santo;
⁵⁰*a súa misericordia chega xeración tras xeración*
a tódolos que o temen.
⁵¹Manifesta o poder do seu brazo,
desbaratando os plans dos soberbios.
⁵²*Derruba do seu trono ós poderosos,*
e fai subi-los humildes;
⁵³*ós famentos éncheos de bens,*
e ós ricos despídeos baleiros.
⁵⁴*Ampara a Israel, o seu* Servidor,
lembrándose da súa misericordia,
⁵⁵*conforme prometera a nosos pais,*
en favor de Abraham e da súa descendencia para sempre.

⁵⁶María permaneceu con ela tres meses, e logo volveuse para a súa casa.

Nacemento de Xoán Bautista

⁵⁷Cando se lle cumpriron os meses a Isabel, deu á luz un fillo. ⁵⁸En sabendo os parentes e veciños a bondade con que Deus a regalara, fórona felicitar. ⁵⁹Ós oito días leváronoa cincuncidar e queríanlle poñer Zacarías, coma seu pai. ⁶⁰Pero interveu a nai dicindo:

—¡Non, chamarase Xoán!

⁶¹Eles replicaron:

—¡Pero se non hai ninguén na túa parentela que se chame así!

⁶²Preguntáronlle por señas ó pai, como quería que se chamase. ⁶³El pediu con que

---

1, 31: cf Is **7,** 14.
1, 33 O Mesías, segundo o A. T. considérase herdeiro do trono de David (cf 2 Sam **7,** 12; Sal **89,** 36s).
1, 34 Lit. "Pois eu non coñezo varón". Aquí coñecer ten o senso bíblico de ter relacións conxugais: a traducción expresao máis directa e claramente.
1, 35 *Fillo de Deus:* en Lc, título que se refire ó misterio de Xesús na súa plenitude; só a el lle corresponde. Por iso non llo aplican os homes, senón Deus mesmo (**3,** 22; **9,** 35), un anxo (aquí), os demonios (**4,** 3.9.41; **8,** 28) ou o mesmo Xesús (**10,** 22; **22,** 70; cf nota a este verso).
1, 37 Cf Xén **18,** 14.
1, 38 Lit. "Fágase en min conforme a túa palabra".
1, 41 A Lei mandaba peregrinar a Xerusalén polas tres grandes festas: Pascua, Pentecostés e Tabernáculos (Ex **23,** 14; Dt **16,** 16). Pero o costume excusaba das dúas primeiras ós que vivían lonxe.
1, 46ss O "Magníficat" é un canto que segue o máis puro estilo hebraico e no que se recollen grandes ideas bíblicas: misericordia de Iavé, preferencia polos pobres, promesas ós patriarcas... Inspírase dun xeito especial no canto de Ana (1 Sam **2,** 1-10).
1, 47 Cf Hab **3,** 18.
1, 48 Cf 1 Sam **1,** 11.
1, 49 Cf Sal **111,** 9.
1, 50 Sal **103,** 17.
1, 52 Cf Eclo **10,** 14.
1, 53 Sal **107,** 9.
1, 54 Sal **98,** 3; Is **41,** 8-9.
1, 55 2 Sam **22,** 51; Miq **7,** 20.
1, 59 Circuncisión: sinal externa da Alianza de Deus co pobo de Israel.

escribir e puxo:
—Xoán é o nome do meniño.
Todos ficaron sorprendidos. ⁶⁴E de súpeto ceibóuselle a lingua, e empezou a falar bendicindo a Deus. ⁶⁵Os veciños quedaron todos abraiados, e por toda a montaña de Xudea non se falaba doutra cousa. ⁶⁶Tódolos que o oían, dicían moi impresionados: "¿Que vai ser deste neno?" Porque a man de Deus estaba con el.

⁶⁷Zacarías, o pai, cheo do Espírito Santo, profetizou dicindo:
⁶⁸—*Bendito sexa o Señor, Deus de Israel*
  porque veu visitar e *redimi-lo seu pobo,*
⁶⁹suscitando para nós unha forza de
    salvación
  na casa de David, o seu servo,
⁷⁰conforme prometera desde antigo
  por boca dos seus santos profetas:
⁷¹que nos salvaría dos nosos *inimigos*
  e das mans dos que nos *teñen odio;*
⁷²que tería *misericordia* dos *nosos pais,*
  tendo presente a súa Santa *Alianza,*
⁷³*tal fora a promesa que lle fixera a*
    Abraham, noso pai,
  concedéndonos ⁷⁴que, libres das mans do
    inimigo,
  o sirvamos sen temor,
⁷⁵en santidade e xustiza, diante del,
  tódolos días mentres dure a nosa vida.
⁷⁶E a ti, meu meniño, hanche chamar
    profeta do Altísimo,
  porque irás *por diante do Señor,*
  preparando os seus camiños,
⁷⁷anunciándolle a salvación ó seu pobo
  mediante o perdón dos pecados,
⁷⁸pois pola misericordia entrañable do
    noso Deus
  amencerá desde o ceo un sol para nós:
⁷⁹*luz para os que viven nas tebras*
  e xacen entre as sombras da morte
  para guia-los nosos pasos
  polos camiños da paz.
⁸⁰O meniño medraba, facéndose forte de espírito; e viviu no deserto ata o día no que se manifestou a Israel.

Nacemento de Xesús (Mt 1, 18-25)

2 ¹Saíu daquela un decreto do emperador Augusto, ordenando o empadroamento de todo o mundo. ²Foi o primeiro censo que se fixo; por entón era Quirino gobernador de Siria. ³E todos, en cadansúa cidade, fóronse empadroar.
⁴Tamén subiu Xosé desde Galilea, da vila de Nazaret, ata Xudea, á vila de David chamada Belén, pois pertencía á casa e familia de David, ⁵para empadroarse con María, a súa muller, que estaba embarazada. ⁶E resultou que, estando alí, chegoulle o tempo do parto, ⁷e deu á luz o seu fillo primoxénito. Envolveuno nuns capizos e deitouno nunha manxadoira, na corte das bestas, porque dentro da pousada non había lugar para eles.

Alegría de anxos e pastores

⁸Había naquela comarca uns pastores que pasaban a noite ó descuberto vixiando o seu rabaño. ⁹Presentóuselles un anxo do Señor, e a gloria do Señor rodeounos co seu resplandor. Eles levaron un gran susto. ¹⁰Pero o anxo díxolles:
—Non vos asustedes, que vos veño anunciar unha boa nova: vai haber unha gran alegría para todo o pobo. ¹¹Hoxe na vila de David naceuvos un Salvador, o Mesías, Señor. ¹²Este é o sinal: atoparedes unha criatura envurullada e deitada nunha manxadoira, nunha corte.
¹³E, de súpeto, arredor do anxo apareceu unha multitude do exército celestial, que louvaba a Deus dicindo:
¹⁴—¡Gloria a Deus no ceo
e na terra paz ós homes
que gozan do seu amor!
¹⁵Cando os anxos se retiraron marchándose ó ceo, comentaban os pastores entre eles:
—Vaiamos a Belén ve-lo que sucedeu e que o Señor nos manifestou.
¹⁶Foron a correr e atoparon a María e mais a Xosé, e á criatura deitada na manxadoira. ¹⁷Ó que o viron, contaron todo o que lles dixeran do meniño, ¹⁸deixando pasma-

---

1, 67 Profetizar é falar no nome de Deus e por virtude divina.
1, 68 Sal 41, 14; 111, 9.
Cántico que recolle grandes resonancias bíblicas: de Acción de Gracias (vv 68-75) e de visión do futuro (vv 76-79).
1, 72 Lev 26, 42; Sal 106, 45.
1, 76 Is 40, 3; Mal 3, 1.
1, 79 Is 9, 1; 42, 7.
2, 7 *Primoxénito* ten fortes connotacións en toda a Biblia; significa o herdeiro, o que continúa a estirpe, o portador das bendicións dos patriarcas (incluso con resonancias mesiánicas). Isto explica que Lucas, que tanto valoraba a unicidade de Xesús, non empregue a palabra "unixénito".
Nunha manxadoira, na corte das bestas: traducimos así a única palabra que ordinariamente se traduce por "presebe", porque, en realidade, a palabra grega (fatne) empregada por Lc ten neste contexto esa dobre valencia: 1) en canto non había lugar na "pousada", remítesenos á "corte" onde os viaxeiros gardaban as bestas; 2) en canto se nos di que María o "envurullou e deitou", suxíresenos lo lugar concreto, manxadoira ou cambeleira, que serviu de berce.

dos a cantos escoitaban o que tal dicían os pastores. [19]María, pola súa parte, conservaba todas estas cousas no seu corazón. [20]Os pastores voltaron, glorificando e louvando a Deus por canto viran e oíran, tal como lles fora anunciado.

Circuncisión e presentación do neno

[21]Ós oito días tocaba circuncida-lo neno e puxéronlle de nome Xesús, tal como o chamara o anxo antes da súa concepción.

[22]E cando chegou o tempo da purificación, conforme a Lei de Moisés, levaron o neno a Xerusalén, para llo presentaren ó Señor [23](pois así está escrito na Lei do Señor: *Todo varón primoxénito consagraredes ó Señor)*, [24]e tamén para faceren unha ofrenda, conforme se di na Lei do Señor: *Un par de rulas ou dous pombiños.*

[25]Vivía nese tempo en Xerusalén un home xusto e piadoso, chamado Simeón, que agardaba a restauración de Israel. O Espírito Santo, que estaba con el, [26]tíñalle prometido que non había morrer sen ve-lo Unxido do Señor.

[27]Movido polo Espírito, foi ó templo, e, cando entraban os pais do neno Xesús para cumpriren o mandado pola Lei do Señor, [28]el, colléndoo nos brazos, louvou a Deus dicindo:

[29]—Agora podes, Señor, segundo a túa promesa,
despedir en paz o teu servo,
[30]porque xa os meus ollos viron o teu Salvador,
[31]o que preparaches para tódolos pobos:
[32]luz de revelación para os xentís
e gloria do teu pobo Israel.

[33]O pai e maila nai do neno ficaron abraiados polo que tal dicía do neno. [34]Bendiciunos Simeón e díxolle a María, a nai:

—Mira, este está disposto para caída ou soerguemento de moitos en Israel, para ser bandeira de discusión; [35]e a ti mesma unha espada hache atravesa-la alma: así ficarán descubertas as cavilacións de moitos corazóns.

[36]Había tamén unha profetisa moi vella chamada Ana, filla de Penuel, da tribo de Axer, que vivira sete anos co seu marido desde que casara, [37]e logo como viúva ata os oitenta e catro. Non se apartaba do templo nin de noite nin de día, servindo a Deus con xexún e oracións. [38]Presentándose naquel intre no templo, glorificaba a Deus e falaba do neno a tódolos que esperaban a redención de Xerusalén.

[39]Cando remataron todo o ordenado pola Lei do Señor, volveron para Galilea, á vila de Nazaret. [40]O neno ía medrando lanzal, forte e intelixente; e a gracia de Deus estaba con el.

Xesús queda no templo

[41]Polas festas da Pascua seus pais ían tódolos anos a Xerusalén. [42]E así, cando o neno tivo doce anos, subiron á festa, conforme a tradición. [43]Pasados aqueles días, cando eles voltaban, o neno Xesús quedou en Xerusalén, sen que seus pais se decatasen. [44]Coidando que iría na comitiva, fixeron unha xornada de camiño; entón buscárono entre os parentes e coñecidos. [45]Pero como non deron con el, volveron a Xerusalén para buscalo. [46]E resulta que, ó cabo de tres días, atopárono no templo, sentado no medio dos doutores e dialogando con eles. [47]Tódolos que o escoitaban estaban asombrados do seu talento e das súas contestacións. [48]Ó velo, ficaron moi impresionados, e a súa nai preguntoulle:

—¡Meu fillo! ¿Como te portaches así connosco? Mira que o teu pai e mais eu andamos cheos de angustia en busca túa.

[49]El respondeu:

—¿E logo por que me buscades? ¿Seica non sabiades que eu teño que estar na casa de meu Pai?

[50]Pero eles non entenderon a resposta. [51]Baixou con eles a Nazaret, e vivía baixo a súa autoridade. A nai conservaba todas estas cousas no seu corazón.

[52]Xesús *medraba* en estatura, en sabedoría e en *gracia diante de Deus e mais dos homes.*

2, 20 *Os pastores* estaban mal vistos polas autoridades relixiosas de Israel, e eran contados entre os "pecadores".
2, 23 Ex 13, 2. 12.
2, 24 Lev 5, 7; 12, 8.
2, 35 *Espada:* algúns SS. Padres, como Oríxenes, Crisóstomo..., etc., interpretárona coma dúbida e vacilación da fe. Refírese máis ben á pesadume que pode experimentar unha persoa humilde ante as esixencias dunha vocación elevada, e sobre todo, a implicación de María no terrible drama da paixón do seu fillo.
2, 41 Cf nota a 1, 41.
2, 49 *Na casa de meu Pai...* Tamén podería traducirse: "Nos asuntos de meu Pai".
2, 52 Cf 1 Sam 3, 19; Pr 3, 4.

PREPARACIÓN DO MINISTERIO DE XESÚS

Predicación de Xoán Bautista (Mt 3, 1-12; Mc 1, 1-8; Xn 1, 19-28)

3 ¹No ano quince do reinado do emperador Tiberio César, sendo Poncio Pilato gobernador de Xudea e Herodes tetrarca de Galilea; sendo Filipo, o seu irmán, tetrarca de Iturea e mais da Traconítide, e Lisanias, tetrarca de Abilene; ²durante o pontificado de Anás e Caifás, chegoulle a Palabra de Deus a Xoán, fillo de Zacarías, no deserto. ³Entón el percorreu toda a rexión do Xordán, pregoando un bautismo de conversión, para acada-lo perdón dos pecados, ⁴conforme está escrito no libro do profeta Isaías:

Unha voz chama no deserto:
Preparade os camiños do Señor,
reparade os seus vieiros.
⁵*Toda barranqueira se cubrirá*
todo monte e outeiro se rebaixará,
os camiños tortos hanse endereitar
e os fragosos hanse achanzar
⁶*E todos verán a salvación de Deus.*

⁷Ía onda el moita xente a que os bautizase, e el diciálles:

—¡Camada de víboras! ¿quen vos ensinou a fuxir do castigo que está a chegar? ⁸Dade froitos dignos dunha verdadeira conversión, e non empecedes a dicir entre vós: "Somos fillos de Abraham". Asegúrovos que destas mesmísimas pedras pode sacar Deus fillos de Abraham. ⁹Xa está a machada posta á raíz das árbores, e toda árbore que non dea bo froito, será cortada e botada no lume.

¹⁰E a xente preguntáballe:
—¿E logo, que temos que facer?
¹¹El respondíalles:
—O que teña dúas túnicas, que as reparta con quen non teña ningunha; e que faga o mesmo o que teña que comer.

¹²Foron tamén uns recadadores a se bautizar, e preguntáronlle:
—Mestre, ¿que temos que facer?
¹³El contestoulles:
—Non esixades nada máis do que vos está mandado.

¹⁴Tamén uns soldados lle preguntaron:
—E nós, ¿que temos que facer?
El contestoulles:
—Non asobálledes nin saqueedes a ninguén, e contentádevos coas vosas pagas.

¹⁵Como o pobo estaba esperando polo Mesías, empezaba a pensar se acaso non o sería Xoán; ¹⁶pero el declarou diante de todos:

—Eu bautízovos con auga, pero está a chegar o que é máis forte ca min, e a quen eu non son digno de lle desata-los amallós do seu calzado. El havos bautizar con Espírito Santo e con lume. ¹⁷Porque trae a forcada na man, para limpa-la súa eira e recoller na hucha o seu trigo; pero a palla ha de a queimar no lume que nunca apaga.

¹⁸Con esta e outras moitas exhortacións anunciáballe a Boa Nova á xente.

¹⁹Pero Herodes, o tetrarca, a quen Xoán reprendía por causa de Herodías, a súa cuñada, e por outros crimes, ²⁰colmounos todos facendo aínda este: meteu a Xoán na cadea.

Bautismo de Xesús (Mt 3, 13-17; Mc 1, 9-11)

²¹Durante un bautismo xeral, e despois de se bautizar tamén Xesús, mentres oraba, abriuse o ceo ²²e baixou sobre el o Espírito Santo na aparencia corporal dunha pomba. Entón oíuse unha voz desde o ceo:

—*Ti e-lo meu fillo benquerido, o meu predilecto; en ti me comprazo.*

Xenealoxía de Xesús

²³Este era Xesús, que tiña trinta anos ó empezar; fillo, segundo se pensaba, de Xosé, que o era de Helí, ²⁴o de Matat, o de Leví, o de Melquí, o de Xanaí, o de Xosé, ²⁵o de Matatías, o de Amós, o de Nahúm, o de Eslí, o de Nagai, ²⁶o de Máhat, o de Matatías, o de Semein, o de Ioseh, o de Iodá, ²⁷o de Iohanán, o de Resá, o de Zerubabel, o de Xealtiel, o de Nerí, ²⁸o de Melquí, o de Adí, o de Casam, o de Elmadam, o de Er, ²⁹o de Xesús, o de Eliezer, o de Iozim, o de Matat, o de Leví,

---

3, 6 Is **40**, 3-5.
3, 11 A predicación de Xoán —seguindo a liña profética— reclama unha relixiosidade fraternal, non ritualista (cf Is **58**, 1-12).
3, 16 *Havos bautizar con Espírito Santo*. A Escritura atribúe frecuentemente a realización mesiánica ó Espírito (Ez **36**, 26; Is **44**, 3). *Con lume:* do mesmo xeito, o lume indica frecuentemente a presencia do Señor (Xén **15**, 17; Ex **3**, 1ss).

3, 22 Confirmación mesiánica. Alude ó Sal **2**, 7. A voz do Pai revela solemnemente o misterio de Xesús. En Mc e Lc a voz diríxese a Xesús.
3, 23 A xenealoxía que expón Lucas chega a Adam, como intento de universalizar a Xesús. Como na xenealoxía de Mt **1**, 1ss, tamén aquí transcribímo-los nomes coa forma hebrea do A. T.
Os trinta anos non era idade exacta, senón legal para cargos públicos.

³⁰o de Simeón, o de Xudá, o de Xosé, o de Ionam o de Eliaquim, ³¹o de Meleá, o de Mená, o de Matatá o de Natán, o de David, ³²o de Iexé, o de Iobed, o de Boaz, o de Salá, o de Naasón, ³³o de Aminadab, o de Admín, o de Arní, o de Esrón, o de Peres, o de Xudá, ³⁴o de Xacob, o de Isaac, o de Abraham, o de Tara, o de Nacor, ³⁵o de Seruc, o de Ragau, o de Pélec, o de Éber, o de Salá, ³⁶o de Cainam, o de Arfaxad, o de Xem, o de Noé, o de Lámec, ³⁷o de Metuxalem, o de Henoc, o de Iáret, o de Malelel, o de Cainam, ³⁸o de Enox, o de Xet, o de Adam, o de Deus.

As tentacións (Mt 4, 1-11; Mc 1, 12-13)

4 ¹Entón Xesús, cheo de Espírito Santo, voltou do Xordán, e o Espírito levouno deserto adiante, ²durante corenta días, onde o tentou o Satán. Naqueles días non probou bocado, pero ó cabo deles sentiu fame. ³E díxolle o Satán:
—Se e-lo Fillo de Deus, manda que estas pedras se volvan pan.
⁴Respondeulle Xesús:
—Está escrito: *O home vive de algo máis ca de pan.*
⁵Despois levouno a un outeiro e mostroulle nun intre tódolos reinos do mundo. ⁶Díxolle o Satán:
—Dareiche todo o seu poder e toda a súa gloria, porque mos entregaron a min e doullos eu a quen quero: ⁷Se me adoras todo será teu.
⁸Respondeulle Xesús:
—Escrito está: *Adorara-lo Señor, o teu Deus, e só a El darás culto.*
⁹Levouno logo a Xerusalén e plantouno no cumio do templo e díxolle:
—Se e-lo Fillo de Deus, bótate de aquí abaixo, ¹⁰que está escrito: *Mandará ós seus anxos para que te garden;* e tamén: ¹¹*Levarate nas súas mans para que non se manquen os teus pés nas pedras.*
¹²Xesús respondeulle:
—Está mandado: *Non tentara-lo Señor, o teu Deus.*
¹³E rematadas as tentacións, o Satán deixouno ata o tempo axeitado.

XESÚS EN GALILEA

Comeza a predicar. Xesús en Nazaret (Mt 4, 12-17; **13**, 53-58; Mc **1**, 14-15; **6**, 1-6)

¹⁴Coa forza do Espírito Santo, Xesús voltou a Galilea, e a súa sona estendeuse por toda a redonda.
¹⁵Ensinaba nas sinagogas, e todo o mundo dicía moito ben del.
¹⁶Chegou a Nazaret, onde se criara, e o sábado entrou, como estaba afeito, na sinagoga. Ergueuse para face-la lectura, ¹⁷e déronlle o libro do profeta Isaías. Abriuno e atopou unha pasaxe que dicía:

¹⁸*O Espírito do Señor está sobre min*
 porque El foi quen me unxiu
 para proclamárlle-la Boa Nova ós pobres.
 Mandoume para lles anuncia-la liberación
  ós secuestrados
 e a vista ós cegos,
 para lles dar liberdade ós asoballados,
 ¹⁹*e proclama-lo ano de gracia do Señor.*

²⁰Pechando o libro, devolveullo ó encargado, e sentou. Tódolos ollos da sinagoga enteira estaban fixos nel. ²¹Logo empezoulles a dicir:
—Hoxe cúmprese diante de vós esta pasaxe da Escritura.
²²E todos se lle puxeron á contra, estrañados polas palabras de gracia que saían da boca del. E dicían:
—¿Pero non é este o fillo de Xosé?

3, 33 *Peres:* lit. Fares (cf nota a Mt **1**, 3).
4, 1 *Espírito Santo:* espírito de Deus. A intención de Lucas parece ser: Xesús vive "segundo o Espírito", é dicir, en íntima comunión con Deus.
Lc presenta a Xesús deixándose levar polo Espírito de Deus desde o comezo da súa actividade.
4, 4 Dt **8**, 3.
4, 8 Dt **6**, 13.
4, 10s Sal **91**, 11-12.
4, 12 Dt **6**, 16.
4, 15 A celebración sinagogal comezaba coa expresión de fe de Israel, continuaba cunhas louvanzas a Deus, lecturas da Lei e dos outros escritos, traducción ó arameo (parafraseada) e ás veces comentario esexético. Aí están os precedentes da primeira parte da Misa (cf Introd. ó N. T.

2.c)2)).
4, 18 O texto de Isaías (**61**, 1-2) é claro. Non pode de ningún xeito entenderse "espiritualmente". Todo o Evanxeo de Lucas camiña neste senso. Véxase nota a **6**, 20.
4, 21 Esta curta pero axeitada "homilía" de Xesús vén dicir que nel se cumpre a palabra dos profetas e que a salvación se fai presente na súa persoa.
4, 22 *Á contra:* lectura dubidosa. Outros len: "a favor del". O texto grego é ambiguo: ordinariamente significa "a favor"; pero unha vez en Mt e seis nos Feitos (escrito lucano) significa "en contra". Os paisanos de Xesús estrañaríanse, entón, de que el predicase soamente a "gracia" e o "perdón", e non o "castigo" de Deus (iso certamente é típico da predicación de Xesús, ó contrario de tódolos demais, incluso do Bautista).

²³El díxolles:

—Seguramente me recordaredes aquel refrán: Médico, cúrate a ti mesmo; todo canto oímos que fixeches en Cafarnaúm, faino aquí na túa terra.
²⁴Pero el continuou:
—Asegúrovos que ningún profeta é ben recibido na súa terra. ²⁵Tede por seguro que no tempo de Elías había moitas viúvas en Israel, cando o ceo estivo pechado durante tres anos e seis meses e unha grande fame anegou todo o país; ²⁶e a ningunha delas mandaron a Elías, senón a unha muller viúva de Sarepta, en Sidón. ²⁷E moitos gafos había en Israel no tempo de Eliseo, o profeta, e a ningún deles curou, fóra de Naamán, o sirio.
²⁸Oíndo estas cousas, tódolos que estaban na sinagoga puxéronse feitos unhas feras; ²⁹así que, erguéronse, botárono fóra da vila, leváron ata o alto do monte no que está edificada, coa intención de o precipitaren embaixo. ³⁰Pero el botou a andar polo medio deles e marchou.

Curación dun endemoniado (Mc 1, 21-28)

³¹Baixou entón a Cafarnaúm, vila de Galilea, e os sábados adoitaba ensinar. ³²Todos estaban sorprendidos do ensino, porque falaba con autoridade. ³³E aconteceu que había na sinagoga un home posuído polo espírito dun demonio inmundo, que pegou a berrar dando grandes voces:
³⁴—¿Que temos que ver contigo, Xesús de Nazaret? ¿Seica viñeches para acabares connosco? Ben sei quen es ti: o Santo de Deus.
³⁵Xesús ordenoulle:
—¡Cala a boca e bótate fóra dese home!
E o demo tirou co home no medio e medio e saíu del sen lle facer mal. ³⁶Todos ficaron abraiados e falaban entre eles dicindo:
—¿Que terá a súa palabra? Con autoridade e poder manda nos espíritos malos, e eles fanlle caso.
³⁷E a sona de Xesús estendeuse por tódolos lugares daquela terra.

Curación da sogra de Pedro e doutros enfermos (Mt 8, 14-17; Mc 1, 29-34)

³⁸Ó que saíu da sinagoga, entrou na casa de Simón. A sogra de Simón tiña unha febre moi alta, e pedíronlle por ela. ³⁹Achegándose a onde estaba, ordenoulle á febre que a deixase, e deixouna. De seguida ergueuse ela, e púxose a servilos.
⁴⁰Á tardiña, cantos tiñan enfermos de calquera doenza leváronllos; el, impoñendo as mans sobre cada un deles, curounos a todos. ⁴¹De moitos saían os demos tremendo e dicindo: "Ti e-lo Fillo de Deus". Pero el berrábales e non os deixaba falar, porque sabían que el era o Mesías.

Xesús abandona Cafarnaúm (Mc 1, 35-39)

⁴²Ó abri-lo día, saíu para un lugar arredado. Pero a xente buscouno, indo tras el e tratando de retelo para que non os deixase. ⁴³Pero el díxolles:
—Tamén cómpre que anuncie o Reino de Deus noutras vilas, que para isto me mandaron.
⁴⁴E andou predicando polas sinagogas de Xudea.

Primeiros discípulos (Mt 4, 18-22; Mc 1, 16-20)

5 ¹Estando el á beira do lago Xenesaret, mentres a xente se amoreaba ó seu arredor, escoitando a Palabra de Deus, ²viu dúas lanchiñas que estaban na beira do lago. Os pescadores que desembarcaran delas lavaban o aparello. ³Subiu a unha barca, que era de Simón, rogoulle que se apartase un pouco da terra, e desde a barca, sentado, ensinaba á xente. ⁴Cando acabou de falar, díxolle a Pedro:
—Voga lago adentro, e larga o aparello para pescar.
⁵Respondeu Simón:
—Mestre, pasámo-la noite faenando e non demos collido un rabo de peixe, pero, xa que ti o dis, largarei o aparello.
⁶Así o fixeron, e colleron tal cantidade de peixe que o aparello rebentaba. ⁷Fixéronlles entón acenos ós compañeiros da outra lancha para que lles fosen botar unha man. Foron e encheron as dúas lanchas tanto que, a pouco máis, van a pique. ⁸Vendo isto, Simón Pedro botóuselle ós pés a Xesús, dicindo:
—Señor, arreda de min, que eu son un pecador.
⁹Porque tanto el coma os seus compañeiros quedaron parvos con tanto peixe como colleran naquel lance. ¹⁰O mesmo lles pasaba a Santiago e mais a Xoán, fillos de Zebedeo, que eran compañeiros de Simón. E díxolle Xesús a Simón:
—Tranquilo, desde agora vas ser pescador de homes.
¹¹Varando as barcas en terra e deixándoo todo, seguírono.

4, 25 Lc fai fincapé na resposta fiel dos pagáns, en contraposición á pouca fe dos membros do pobo.

5, 8 Exclamación xurdida dunha experiencia forte de temor relixioso ante aquel acontecemento.

Curación dun gafo (Mt 8, 2-4; Mc 1, 40-45)

¹²Dunha vez estaban nunha vila e un home todo cuberto de lepra, vendo a Xesús, botouse rostro en terra e rogoulle:

—Señor, ti, se queres, pódesme limpar.

¹³El estendeu a man e tocouno, dicindo:

—Pois quero, queda limpo.

E no intre desapareceu a laceira.

¹⁴Logo mandoulle que non lle dixese nada a ninguén, e engadiu:

—Vai, preséntate ó sacerdote e ofrece pola túa purificación o ordenado por Moisés, para que lles sirva de testemuño.

¹⁵Pero a súa sona espallábase a cada paso máis, xuntándose moita xente para escoitalo e para que lles curase as súas doenzas. ¹⁶Mais el retirábase ós lugares arredados para orar.

Cura a un tolleito (Mt 9, 2-8; Mc 2, 1-12)

¹⁷Un día que estaba ensinando, había sentados algúns fariseos e letrados que chegaran de tódalas aldeas de Galilea, de Xudea e tamén de Xerusalén. E, co poder do Señor, el facía curacións. ¹⁸Nisto uns homes trouxeron nunha padiola a un tolleito, mirando como metelo dentro para poñelo diante del. ¹⁹Pero, non atopando por onde o meteren, debido á moita xente que había, subiron ó tellado e baixárono co leito por entre as tellas, ata deixalo no medio, diante de Xesús. ²⁰Vendo a fe que tiñan, dixo:

—Home, quédanche perdoados os teus pecados.

²¹Os letrados e mailos fariseos empezaron a razoar:

—¿Pero quen é este, que así blasfema? ¿Quen pode perdoa-los pecados, senón unicamente Deus?

²²Decatándose Xesús do que pensaban, díxolles:

—¿Que cavilades nos vosos adentros? ²³¿Que é máis fácil dicir: "perdoados quedan os teus pecados", ou dicir: "érguete e anda". ²⁴Pois, para que vexades que o Fillo do Home ten poder na terra para perdoar pecados —díxolle ó tolleito—: érguete, colle a padiola e vaite para a casa.

²⁵E así foi: erguéndose no intre diante deles, colleu a padiola e foise para a súa casa, louvando a Deus. ²⁶Todos ficaron pasmados, e cheos de temor louvaban a Deus, dicindo:

—¡Hoxe si que vimos cousas nunca vistas!

Vocación de Mateo (Mt 9, 9-13; Mc 2, 13-17)

²⁷Despois disto, cando saíu, viu un recadador de impostos chamado Leví, sentado ó mostrador da contribución, e díxolle:

—Sígueme.

²⁸El, deixando todo, levantouse e seguiuno.

²⁹Leví ofreceulle na súa casa un gran banquete, e había moitos recadadores e outra xente sentados á mesa con eles. ³⁰E os fariseos e os seus letrados refungaban, dicíndolles ós discípulos:

—¿Por que comedes e bebedes cos recadadores e pecadores?

³¹Xesús respondeulles:

—Non son os sans, senón os enfermos, os que precisan médico. ³²Eu non vin chamar polos xustos, senón polos pecadores, para que se convertan.

Discusión acerca do xexún (Mt 9, 14-17; Mc 2, 18-22)

³³Mais eles replicáronlle:

—Os discípulos de Xoán xexúan e rezan a miúdo, como tamén fan os dos fariseos, pero os teus comen e beben.

³⁴Xesús contestoulles:

—¿E ides facer xexua-los convidados á voda, mentres está con eles o esposo? ³⁵Xa chegará o día no que lles leven o esposo; daquela si que xexuarán.

³⁶Tamén lles propuxo esta parábola:

—Ninguén racha un vestido novo para lle botar un remendo a un vestido vello, porque quedaría roto o novo, e no vello tampouco diría ben un remendo de pano novo. ³⁷E tampouco ninguén bota viño novo en pelellos vellos, porque rebentarían os pelellos, deitarían o viño, e estragaríanse os pelellos. ³⁸Xa sabedes: viño novo quere pelellos novos. ³⁹E ninguén que proba o viño vello, quere o novo, pois dirá: é mellor o vello.

O asunto das espigas no sábado (Mt 12, 1-8; Mc 2, 23-28)

6 ¹Pasando un sábado por unhas leiras sementadas, os seus discípulos arrincaban

---

5, 24 Cf Mt **8**, 20.
5, 29 Aínda que é Lc quen máis resalta o trato de Xesús cos oficialmente pecadores, esa realidade está presente en tódolos estratos da tradición evanxélica.
5, 35 Clara referencia a Xesús.
5, 36 Cristo trae algo novo que non resiste esquemas vellos (cf nota a Mt **9**, 17).
6, 1 A lei de respecta-lo sábado era sagrada. Pero Xesús dálle un senso fondamente humano á legalidade. "O sábado está feito para o home e non o home para o sábado", di en Mc **2**, 27.

espigas e comíanas despois de refregalas coas mans. ²Entón dixeron algúns fariseos:

—¿Como facéde-lo que non está permitido facer no sábado?

³Respondeulles Xesús:

—¿Seica non sabéde-lo que fixo David cando sentiu fame, el e mailos seus acompañantes? ⁴Entrou na casa de Deus e colleu o pan das ofrendas, comeu el e deulles ós seus acompañantes, iso que non lles estaba permitido comelos a eles, senón só ós sacerdotes.

⁵E engadiu:

—O Fillo do Home é o Señor do sábado.

O home da man tolleita (14, 1-6; Mt 12, 9-14; Mc 3, 1-6)

⁶Outro sábado entrou na sinagoga a ensinar, e atopou un home que tiña unha man tolleita, a dereita. ⁷Os letrados e mailos fariseos estaban á espreita a ver se se atrevía a curalo en pleno sábado, para o poderen acusar. ⁸Pero el, coñecendo os seus pensamentos, díxolle ó home que tiña a man tolleita:

—Érguete e ponte no medio.

El ergueuse e púxose no medio. ⁹Entón Xesús díxolles:

—Fágovos unha pregunta: ¿Que está permitido facer no sábado: o ben ou o mal; salva-la vida ou perdela?

¹⁰E botándolles a todos unha ollada chea de indignación, díxolle ó home:

—Estende a túa man.

El fíxoo e a man quedoulle curada. ¹¹Pero eles, todos enrabechados, discutían entre si o que poderían facer con Xesús.

Elección dos Doce (Mt 10, 1-14; Mc 3, 13-19)

¹²Por aqueles días foi orar ó monte, e pasou a noite orando a Deus. ¹³Cando se fixo de día, chamou ós seus discípulos e escolleu doce entre eles, ós que chamou apóstolos: ¹⁴Simón, a quen lle deu o nome de Pedro, e Andrés seu irmán, Santiago, Xoán, Felipe, Bartolomeo, ¹⁵Mateo, Tomé, Santiago o de Alfeo, Simón chamado o Zelota, ¹⁶Xudas o de Santiago e Xudas Iscariote, que logo sería o traidor.

¹⁷E baixando con eles, detívose nunha vagoada cun bo grupo de discípulos e numerosa xente de toda Xudea, de Xerusalén e mais de toda a ribeira de Tiro e Sidón, ¹⁸que viñan escoitalo e a que os curase das súas doenzas. Os atormentados por espíritos inmundos quedaban curados; ¹⁹e toda a xente intentaba tocalo, pois del saía unha forza que curaba a todos.

Bendicións e maldicións (Mt 5, 1-12)

²⁰Xesús coa mirada posta nos seus discípulos dixo:

—Ditosos vós os pobres,
porque voso é o Reino de Deus.
²¹Ditosos os que agora pasades fame,
porque Deus vos fartará.
Ditosos os que agora chorades,
porque riredes.
²²Ditosos vós, cando vos aborrezan os homes,
vos expulsen e vos aldraxen,
cando poñan nas listas negras o voso nome
por causa do Fillo do Home:
²³alegrádevos nese día, brincando de gozo,
porque grande será a vosa recompensa no ceo,
pois así mesmo foi como os pais deles lles fixeron ós profetas.
²⁴Pero, ¡ai de vós, os ricos,
porque xa acadaste-la vosa satisfacción!
²⁵¡Ai de vós, os que agora estades fartos:
xa pasaredes fame!
¡Ai de vós, os que agora rides:
xa choraredes e xa laiaredes!
²⁶¡Ai, cando todos falen ben de vós:
o mesmo fixeron os seus pais cos falsos profetas!

Amor ós inimigos (Mt 5, 38-48; 7, 1-2. 12)

²⁷Pero a vós, que me escoitades, dígovos: Amade os vosos inimigos, facédelles ben ós que vos odian, ²⁸bendicide ós que vos maldín e rogade polos que vos calumnian; ²⁹ó que che zoupe nunha meixela, preséntalle a outra; e ó que che leve o manto, non lle prives de levar tamén a túnica. ³⁰Ó que che pida,

---

6, 15s *Zelota* equivale a "celoso", "fanático". Nos tempos de Xesús eran fanáticos relixiosos; na guerra xudía formaron grupos contra os romanos (cf Introd. ó N. T. **2.**e) 6)). *Iscariote*, pode ter un significado semellante: "Sicario": o que levaba a "sica" ou puñal (cf Introd. ó N. T. **2.**e)7)).

6, 20 Mentres Mateo lles dá ós "pobres de espírito" (**5**, 3) un senso marcadamente relixioso (os mendigos de Deus,

é dicir, todo o contrario dos autosuficientes), Lucas, seguindo a súa liña profética, pensa —como se pode ver en todo o texto— no senso real da pobreza: asoballados, famentos, etc., que veñen ser "os máis pequenos" (**9**, 48), os preferidos de Xesús (Mt **25**, 31-46). Lucas pensaba nunha Igrexa oprimida e famenta, que precisaba consolo, mentres Mateo se dirixía principalmente contra a autosuficiencia farisaica. Véxase nota a Mateo **5**, 3.

dálle; e ó que che leve o teu, non lle reclames nada. ³¹Así que tratade á xente tal como queredes que vos traten a vós.
³²Se amáde-los que vos aman, ¿que facedes de máis? Os pecadores tamén aman a quen os aman a eles. ³³E se lles facedes ben ós que vos fan ben, ¿que mérito tedes? Os pecadores fan outro tanto. ³⁴E, se non emprestades máis que cando esperades cobrar, ¡poucas gracias! Os pecadores tamén se emprestan entre eles para cobraren despois outro tanto. ³⁵Vosoutros non; vós amade os vosos inimigos, facede o ben e emprestade sen esperardes nada a cambio. E así teredes unha gran recompensa e seredes fillos do Altísimo, pois El é bo cos malos e desagradecidos. ³⁶Sede compasivos coma o voso Pai é compasivo.
³⁷Non xulguedes, e non vos xulgarán; non condenedes, e non vos condenarán; perdoade, e hanvos perdoar. ³⁸Dade, e darásevos a vós: unha boa medida —acugulada, rebordada, apretada— seravos botada no voso regazo; pois coa medida que midades hanvos medir a vós.

Comportamento dos discípulos (Mt **7,** 3-5. 17-20; **12,** 33-35; **15,** 14)

³⁹E púxolles unha comparanza:
—¿Acaso poderá un cego guiar a outro cego? ¿Non caerán os dous na fochanca? ⁴⁰Non está o discípulo por enriba do mestre; anque todo discípulo que chegue a prepararse ben, será coma o seu mestre. ⁴¹¿Por que reparas no lixo que hai no ollo de teu irmán, e non te decatas da trabe que está no teu propio ollo? ⁴²¿Como lle poderás dicir a teu irmán: "Irmán, deixa que che quite o lixo que tes no ollo", sen reparar na trabe que tes no teu? ¡Hipócrita! Quita primeiro a trabe do teu ollo, e logo verás mellor para quita-lo lixo do ollo de teu irmán.
⁴³Non hai árbore boa que produza froitos ruíns, nin tampouco árbore ruín que produza froitos bos. ⁴⁴Así, cada árbore coñécese polos seus froitos. Pois dos toxos non se collen figos, nin das silveiras se vendiman uvas. ⁴⁵O home bo saca o ben da bondade do seu propio corazón, e o home malo saca o mal da súa maldade, pois do que reborda o corazón fala a boca.

Obras e non palabras (Mt **7,** 21. 24-27)

⁴⁶¿Por que me chamades ¡Señor, Señor!, e non facéde-lo que vos eu digo? ⁴⁷Todo aquel que, achegándose a min, escoita as miñas palabras e as pon en práctica, vouvos dicir a quen se parece: ⁴⁸Parécese a un home que, ó edificar unha casa, cavou fondo e puxo os alicerces sobre rocha. Cando o río foi por fóra, bateu a enchente contra aquela casa, pero non a puido abanear, porque estaba ben construída. ⁴⁹Pero quen as escoita e non as pon en práctica, é coma aquel home que edificou unha casa sobre terra, sen cimentos: ó romper contra ela a torrenteira, xa se derrubou e converteuse nunha grande ruína.

A fe do centurión (Mt **8,** 5-13; Xn **4,** 46-54)

7 ¹Cando lle acabou de falar á xente, entrou en Cafarnaúm. ²Había un centurión que tiña un criado enfermo, a quen estimaba moito e que estaba á morte. ³Como tiña oído falar de Xesús, mandou onda el uns anciáns dos xudeus, para lle rogaren que fose salva-lo criado. ⁴Eles, presentáronse a Xesús e suplicábanlle encarecidamente:
—Merece que lle fagas isto, ⁵pois ama o noso pobo, e el mesmo nos construíu a sinagoga.
⁶Xesús foi con eles; mais cando xa estaba preto da casa o centurión mandou uns amigos a dicirlle:
—Señor, non te molestes, pois non son digno de que entres baixo o meu teito; ⁷por iso coidei que non era digno de ir ó teu encontro. Abonda cunha palabra túa, e o meu criado quedará curado. ⁸Pois eu, anque son un subordinado, tamén teño homes baixo as miñas ordes, e dígolle a este "vai", e vai; a aqueloutro "ven", e vén; e ó meu criado "fai isto", e faino.
⁹Oíndo aquilo, Xesús ficou abraiado, e viránodse díxolle á xente que o seguía:
—Asegúrovos que nin en Israel atopei tanta fe.
¹⁰E, ó voltaren á casa, os mandados atoparon san o criado.

Resucita ó fillo dunha viúva

¹¹Despois disto foi a unha vila, chamada Naín, acompañado dos seus discípulos e outra moita xente. ¹²Cando estaba chegando á entrada da vila, sacaban a enterrar a un morto, fillo único da súa nai, que era viúva; ía acompañada por moita xente da vila. ¹³Ó vela, o Señor compadeceuse e díxolle:
—Non chores.

6, 37 Naturalmente non se refire a un xuízo crítico, senón condenatorio.

6, 39 As palabras que seguen parecen dirixidas ós discípulos; non pertencen a este contexto.

¹⁴E achegándose, tocou o cadaleito —os que o levaban pararon—, e el mandou:
—Rapaz, falo contigo: ¡érguete!
¹⁵O morto incorporouse e empezou a falar; e Xesús *entregoullo á súa nai*. ¹⁶Todos quedaron impresionados e louvaban a Deus, dicindo:
—Un gran profeta xurdiu entre nós; Deus visitou o seu pobo.
¹⁷E por toda a Xudea e a súa comarca correron estes comentarios.

Pregunta do Bautista e resposta de Xesús (Mt 11, 2-19)

¹⁸Os discípulos de Xoán informárono de todo isto. Entón Xoán, chamando a dous deles, ¹⁹mandounos onda o Señor a lle preguntar:
—¿Es ti o que ten que vir, ou esperaremos por outro?
²⁰Presentáronse, logo, onda el os dous homes e dixeron:
—Xoán Bautista mándanos a ti, para preguntarche: "¿Es ti quen ten que vir, ou esperaremos por outro?".
²¹Naquela mesma hora curou a moitos de doenzas, padecementos e malos espíritos, e devolvéulle-la vista a moitos cegos. ²²E logo déulle-la resposta:
—Ide e contádelle a Xoán o que acabades de ver e oír: *os cegos ven, os coxos andan, os gafos fican limpos e os xordos oen, os mortos resucitan e ós pobres estáselles anunciando a Boa Nova*. ²³E ditoso quen non se escandalice de min.
²⁴Ó que se foron os mensaxeiros de Xoán, comezou Xesús a falarlle de Xoán á xente:
—¿Que fostes ver no deserto? ¿Unha canivela abaneada polo vento? ²⁵¿Ou que fostes ver, logo? ¿Un home vestido con roupas finas? Pero os que visten elegantemente e con luxo están nos pazos reais. ²⁶Pois logo, ¿que fostes ver? ¿Un profeta? Si, e asegúrovos que moito máis ca un profeta. ²⁷Este é de quen está escrito:
Olla, mando o meu mensaxeiro diante de ti para que prepare o camiño ante ti.
²⁸E dígovos: aínda non naceu de muller ninguén meirande do que Xoán Bautista,
anque o máis pequeno no Reino de Deus é meirande ca el.
²⁹(A xente toda escoitábao, e mesmo os recadadores de impostos recoñecían a gracia de Deus, facéndose bautizar co bautismo de Xoán. ³⁰En troques os fariseos e mailos xuristas frustraron o plan de Deus ó refugaren o seu bautismo).
³¹¿Con quen vos compararei este tipo de xente? ¿A quen se asemellan? ³²Semellan eses rapaciños que, sentados nos rueiros, rifan entre eles dicindo:
"Tocámo-la frauta e non bailastes
fixémo-lo pranto e non chorastes".
³³Porque aparece Xoán Bautista, que non come nin bebe, e dicides: "Ten o demo no corpo". ³⁴E aparece o Fillo do Home, que come e bebe, e dicides: "Mira que larpeiro, que bebedor e que amigo de recadadores e pecadores". ³⁵Con todo, a sabedoría de Deus quedou ben acreditada por todos aqueles que son fillos dela.

O fariseo e a pecadora (Mc 14, 3-9; Xn 12, 3)

³⁶Un fariseo convidouno a comer; Xesús entrou na casa del e púxose á mesa. ³⁷Unha muller, coñecida como pecadora na vila, sabedora de que estaba alí, levou un frasco de alabastro con perfume de mirra, ³⁸botouse por detrás ós pés del chorando, e comezou a regarllos coas bágoas; secáballos cos cabelos da súa cabeza e bicáballos mentres llos unxía co perfume.
³⁹Vendo aquilo, o fariseo que o convidara dixo para si:
—Se este fose un profeta, coñecería quen é, e que caste de muller é a que o está a tocar, unha pecadora.
⁴⁰Xesús tomou a palabra e díxolle:
—Simón, teño algo que che dicir.
El contestou:
—Pois dío, Mestre.
⁴¹—Un prestamista tiña dous debedores, un debíalle cincocentos denarios, e o outro cincuenta. ⁴²Como non tiñan con que lle pagar, perdooulles ós dous. Ora, ¿quen deles o amará máis?
⁴³Respondeulle Simón:
—Supoño que aquel a quen máis lle perdoou.

7, 15 cf 1 Re **17,** 23.
7, 22 Xesús responde facendo referencia ó cumprimento dos textos de Isaías (cf **26,** 19; **29,** 18s; **61,** 1).
"*Ós pobres* anúnciaselle-la *Boa Nova*": é o trasfondo do Evanxeo de Lucas (véxase nota a **6,** 20).
7, 27 Mal **3,** 1.
7, 28 O Reino de Deus é a plena manifestación das relacións con Deus, en comparación coa vella situación.
7, 29-30 Estes vv pertencen á redacción do evanxelista Lc,
e interrompen o discurso de Xesús.
7, 31 *Tipo de xente*: lit. "Esta xeración".
7, 32 Así coma os nenos da comparanza se negaban, así tamén os xudeus.
7, 35 Os fillos da Sabedoría son sobre todo os pecadores e recadadores, é dicir, os marxinados, o pobo considerado infiel, que respondeu mellor que os que se tiñan por piadosos.

El contestou:
—Ben dito.
⁴⁴E volvéndose cara á muller, díxolle a Simón:
—¿Ti ves esta muller? Entrei na túa casa, e non me deches auga para os pés, pero ela regoumos coas súas bágoas e secoumos cos seus cabelos. ⁴⁵Non me déche-lo bico, pero ela desde que entrou non parou de me bica-los pés. ⁴⁶Non me unxíche-la cabeza con aceite, pero ela unxiume os pés con perfume. ⁴⁷Por iso dígoche: moitos pecados se lle perdoaron, cando mostra tanto amor; a quen pouco se lle perdoa, pouco amor mostra.
⁴⁸E díxolle a ela:
—Os teus pecados están perdoados.
⁴⁹Entón os demais convidados empezaron a comentar entre eles:
—¿Quen é este, que mesmo pretende perdoa-los pecados?
⁵⁰Pero el díxolle á muller:
—Salvoute a túa fe, vai en paz.

Acompañantes de Xesús

8 ¹Despois disto púxose a percorrer vilas e aldeas, predicando e anunciando a Boa Nova do Reino de Deus. Ían con el os Doce ²e mais algunhas mulleres que el curara de doenzas e de malos espíritos: María, chamada a Magdalena, curada de sete demos, ³Xoana, a muller de Cusa, administrador de Herodes, Susana e outras moitas que o servían cos seus bens.

Parábola do sementador (Mt **13**, 1-9; Mc **4**, 1-9)

⁴Como se xuntaba moita xente, chegada de moitas vilas, propúxolles esta parábola:
⁵—Unha vez saíu un labrador a sementar. E ó bota-la semente, parte dela foi caendo polo camiño adiante, a xente pisouna e os paxaros comérona. ⁶Outra caeu entre as pedras, pero anque xermolou, secou, por non ter lentura. ⁷Outra caeu entre silvas, pero ó medra-la silveira, afogouna. ⁸Outra caeu en boa terra, e xermolou dando o cento por un.
A continuación exclamou:
—Quen teña oídos para oír, que escoite.

O motivo das parábolas (Mt **13**, 10-17; Mc **4**, 10-12)

⁹Entón preguntáronlle os seus discípulos que significaba aquela parábola. ¹⁰El respondeu:
—A vós concedéusevos coñece-los misterios do Reino de Deus, pero ós outros unicamente en parábolas, de xeito que
vendo, non vexan
e escoitando, non entendan.

Explicación da parábola (Mt **13**, 18-23; Mc **4**, 13-20)

¹¹A parábola significa isto: a semente é a Palabra de Deus. ¹²Os do camiño son os que tan pronto como oen a Palabra, vén o Satán e arrepáñallela do seu corazón, non vaia ser que crean e se salven. ¹³Os das pedras son aqueles que cando a oen, acollen con alegría a Palabra; pero, como non teñen raíz, cren por certo tempo, mais, cando vén a tentación, abandonan. ¹⁴Os das silvas son os que a escoitan; pero por mor das preocupacións, riquezas e praceres da vida, non chega a madurecer. ¹⁵Os da terra boa, son aqueles de bo e xeneroso corazón, que escoitando a Palabra, reténena, producindo froito coa súa perseverancia.

Parábola do candil (**11**, 33; Mt **5**, 15; Mc **4**, 21-25)

¹⁶Agora ben, ninguén encende un candil para cubrilo cunha ola ou para o meter debaixo da cama, senón para poñelo nun candeeiro e alumar así a cantos entren. ¹⁷Porque non hai cousa oculta que non se chegue a saber nin segredo que non se chegue a descubrir e traer á luz pública. ¹⁸Atendede, logo, ben ó que estades escoitando, porque a quen ten, daráselle; pero a quen non ten, háselle quitar aínda o que cre ter.

A nai e os irmáns de Xesús (**11**, 27-28; Mt **12**, 46-50; Mc **3**, 31-35)

¹⁹Apareceron a súa nai e mailos seus irmáns, pero debido á moita xente non se podían achegar a el. ²⁰Entón avisárono:
—A túa nai e mailos teus irmáns están fóra, e quérente ver.
²¹El respondeulles:
—A miña nai e mailos meus irmáns son os que escoitan a Palabra de Deus e a levan á práctica.

O temporal (Mt **8**, 23-27; Mc **4**, 35-41)

²²Un día embarcou nun bote xunto cos seus discípulos e díxolles:

7, 47 Pódese interpretar de diversas maneiras: perdoóuselle moito porque ama moito, ou ama moito porque moito se lle perdoou, ou tamén das dúas á vez. Polo contexto parece mellor a traducción que seguimos.
8, 10 Is **6**, 9 Véxase nota a Mt **13**, 11.

8, 18 Forma paradóxica, moi típica no rabinismo xudeu: subliña á vez a seriedade do xuízo e a xenerosidade de Deus.
8, 19 Véxase nota a Mt **12**, 46.

—¡Veña! Imos para a banda de alá do lago. Desatracaron ²³e mentres navegaban botouse a durmir. Nisto caeu sobre o lago un gran turbillón de vento, e a lancha anegábase, poñéndoos en perigo. ²⁴Achegáronse a espertalo, dicíndolle:

—¡Mestre, que afogamos!

El espertou, e berroulles ó vento e ás ondas. Amainaron e veu unha gran calma. ²⁵Díxolles despois:

—¿Onde está a vosa fe?

Eles, sorprendidos e admirados, dicían entre eles:

—Pero, ¿quen é este, que manda nos ventos e na auga?

Curación dun endemoniado (Mt **8,** 28-34; Mc **5,** 1-20)

²⁶Arribaron ó país dos xerasenos, que está en fronte de Galilea. ²⁷Ó desembarcaren, saíulle ó paso certo home endemoniado da vila, que desde había tempo vivía sen roupa e sen casa. Moraba nos sepulcros. ²⁸Ó ver a Xesús, púxose a barullar e foi caer ó pé del berrando:

—¿Que teño eu que ver contigo, Xesús, Fillo do Deus Altísimo? Pídoche por favor que non me atormentes.

²⁹E era que el lle estaba mandando ó espírito malo saír daquel home, xa que en moitas ocasións se apoderara del e tíñano que atar con cadeas e grillóns para contelo; pero tronzaba os ferrollos, e o demo turraba por el cara ós campos ermos.

³⁰Xesús preguntoulle:

—¿Como te chamas?

El respondeu:

—Chámanme Lexión.

E é que eran moitos os demos que tiña no corpo. ³¹Suplicábanlle que non os mandase ir para o abismo. ³²E cadrou que andaba unha boa manada de porcos comendo polo monte; entón eles rogáronlle que lles permitise entrar neles; el accedeu. ³³E saíndo do home fóronse meter nos porcos, que se chimparon pola barranqueira abaixo, e foron afogar no lago.

³⁴Vendo os porqueiros tal cousa, fuxiron, levando a novidade pola vila e polas aldeas. ³⁵A xente veu ve-lo que pasara, achegándose a onde estaba Xesús. Alí atoparon o home, do que saíran os demos, vestido e cheo de xuízo, sentado ós pés de Xesús; e quedaron asustados. ³⁶Os que viran o feito contáronlles como salvara ó posuído. ³⁷Entón a xente toda da rexión veciña dos xerasenos rogoulle que saíse de alí, porque estaban cheos de pánico. El, embarcándose, deu volta. ³⁸O home que tivera os demos pedíalle que o deixase ir con el; pero Xesús despediuno, dicíndolle:

³⁹—Volve para a túa casa, e conta o moito que Deus fixo contigo.

E foise, pregoando pola vila enteira canto Xesús lle fixera.

A filla de Xairo e a muller con hemorraxias (Mt **9,** 18-26; Mc **5,** 21-43)

⁴⁰Ó voltar, Xesús foi recibido pola xente, pois todos estaban a agardar por el. ⁴¹Nisto chega un home chamado Xairo, que era o xefe da Sinagoga, bótase ós pés del e suplicáballe que entrase na súa casa, ⁴²porque tiña a súa filla única de doce anos ás portas da morte. E indo para alá, a xente non paraba de apretalo.

⁴³Unha muller que padecía de hemorraxias desde había doce anos, sen que ninguén a puidese curar, ⁴⁴achegouse por detrás, tocoulle a orla da roupa e no instante cortóuselle a hemorraxia. ⁴⁵Entón Xesús preguntou:

—¿Quen foi o que me tocou?

Todos dixeron que eles non foran, e Pedro replicou:

—Pero, Mestre ¡a xente estate apretando por tódolos lados!

⁴⁶Pero Xesús porfiou:

—Alguén me tocou, que eu ben me decatei de que unha forza saía de min.

⁴⁷Entón a muller, tremendo, veu caer ante el, manifestando diante de todo o pobo por que o tocara e como curara no instante. ⁴⁸El díxolle:

—Filla, a túa fe sandoute, vai en paz.

⁴⁹Estando aínda a falar, chegou un da casa do xefe da sinagoga a dicirlle:

—A túa filla morreu, non molestes máis ó Mestre.

⁵⁰Mais Xesús escoitou aquilo é díxolle:

—Non teñas medo: ti ten fe, e a rapaza hase salvar.

⁵¹Ó chegar á casa, non permitiu a ninguén entrar con el agás Pedro, Xoán, Santiago e o pai e maila nai da nena. ⁵²Todos choraban moi aflixidos por ela. Pero Xesús dixo:

—Non choredes: non morreu, está a durmir.

⁵³A xente facía riso del, sabendo ben que estaba morta. ⁵⁴Entón El, colleuna pola man

---

8, 31 *O abismo* era a prisión definitiva de Satanás, segundo Ap **20,** 3.
8, 31 *O abismo* era a prisión definitiva de Satanás, segun

e chamouna dicindo:
—¡Acorda, rapaza!
⁵⁵A rapaza recobrou o alento e coa mesma ergueuse; Xesús mandou que lle desen de comer á rapaza. Os pais quedaron admirados; ⁵⁶pero Xesús mandoulles non contar nada do sucedido.

Misión dos Doce (Mt 10, 1. 5-15; Mc 6, 7-13)

9 ¹Despois de convoca-los Doce, deulles autoridade e poder sobre tódolos demos e para curar doenzas. ²E mandounos a predica-lo Reino de Deus e a sandar enfermidades, ³avisándoos:
—Non levedes nada para o camiño, nin tan sequera un caxato, nin alforxa, nin pan, nin diñeiro, nin dúas túnicas por persoa. ⁴Na casa onde entredes, quedade ata que marchedes. ⁵Cando non vos acollan, saíde daquela vila e sacudide o po dos vosos pés, para que lles sirva de aviso. ⁶Eles pillaron camiño e percorreron as aldeas, anunciando a Boa Nova e curando en todas partes.

Desconcerto de Herodes (Mt 14, 1-2; Mc 6, 14-16)

⁷Ó saber Herodes, o tetrarca, todo o que pasaba, estaba perplexo, xa que algúns dicían:
—Resucitou Xoán de entre os mortos.
⁸E outros:
—Apareceu Elías.
E outros:
—Un profeta dos antigos resucitou.
⁹Pero Herodes dicía:
—A Xoán mandeino eu decapitar, ¿quen é, logo, ese de quen oio tales cousas?
E buscaba a maneira de ver a Xesús.

Multiplicación do pan (Mt 14, 13-21; Mc 6, 30-44; Xn 6, 1-15)

¹⁰Cando volveron os apóstolos, contáronlle todo canto fixeran. E, colléndoos consigo, retirouse a unha vila chamada Betsaida. ¹¹Pero cando a xente o descubriu, foino seguindo; el acolleunos, falábelles do Reino de Deus e curaba a cantos o necesitaban. ¹²E como empezaba a cae-lo día, achegáronse os Doce e dixéronlle:
—Despide a xente, para que vaian ás vilas e aldeas próximas en procura de sitio para se hospedaren e para que poidan tamén comprar algo que levar á boca, porque aquí estamos nun descampado.
¹³Pero el replicoulles:
—Dádelles vós de comer.
Eles contestaron:
—Pero ¡se non temos máis ca cinco bolos de pan e mais dous peixes! A non ser que vaiamos nós mercar mantenza para toda esta xente.
¹⁴Eran uns cinco mil homes. Mais el díxolles ós seus discípulos:
—Colocádeos en grupos de cincuenta.
¹⁵Dixéronllelo, e sentaron todos. ¹⁶El, colleu os cinco bolos e mailos dous peixes, ergueu a vista ó ceo, bendiciunos, partiunos e déullelos ós discípulos, para que lleos servisen á xente. ¹⁷Comeron todos a fartar, e coas sobras encheron aínda doce cestas.

Confesión de Pedro e primeiro anuncio da paixón (Mt 16, 13-23; Mc 8, 27-33)

¹⁸Unha vez que estaba en oración nun lugar apartado, acompañado dos seus discípulos, preguntoulles:
—¿Quen di a xente que son eu?
¹⁹Eles responderon:
—Uns, que Xoán Bautista; outros, que Elías; e outros, que algún dos profetas antigos que está resucitado.
²⁰Insistiu:
—¿E vós quen dicides que son eu?
Respondeu Simón Pedro:
—O Mesías de Deus.
²¹Entón el prohibiulles dicir nada a ninguén. ²²E engadiu:
—Cómpre que o Fillo do Home padeza moito, que o rexeiten os anciáns, os sumos sacerdotes e mailos letrados, e que o executen, e que ó terceiro día resucite.

Como seguir a Xesús (Mt 16, 24-28; Mc 8, 34-9, 1)

²³Despois dirixiuse a todos:
—Se alguén me quere seguir, que renuncie a si mesmo, que cargue coa cruz de cada día, e que me siga. ²⁴Pois o que queira poñer a salvo a súa vida, perderaa; pero quen perda a súa vida pola miña causa, ese poñeraa a salvo. ²⁵Pois ¿de que lle serve ó home gaña-lo mundo enteiro, se el se perde ou arruína? ²⁶Porque quen se avergonce de min e das miñas palabras, tamén o Fillo do Home se avergonzará del, cando veña na súa gloria, na do seu Pai e mais na dos santos anxos.

9, 16 cf nota a Mc 6, 41.
9, 18 No evanxeo de Lc vemos a Xesús en oración nos momentos máis importantes da súa vida (3, 21; 6, 12ss; 9, 28ss; 22, 41ss...).
9, 23 Tamén a renuncia ós propios bens é un tema que Lc resalta.
9, 26 Lc omite "vir con poder", evitando así a dificultade que supón a frase seguinte.

²⁷E tede por seguro que algúns dos aquí presentes non morrerán sen antes veren chega-lo Reino de Deus.

A transfiguración (Mt 17, 1-9; Mc 9, 2-10)

²⁸Oito días despois desta conversa, colleu a Pedro, a Xoán e mais a Santiago e subiu ó monte a orar. ²⁹Mentres estaba orando, cambiou o aspecto do seu rostro, e os seus vestidos viraron brancos e resplandecentes. ³⁰De súpeto apareceron dous homes falando con el; eran Moisés e mais Elías. ³¹Tiñan un aspecto glorioso e falaban do seu éxodo que remataría en Xerusalén. ³²Pedro e mailos outros caían co sono, pero, manténdose espertos, contemplaron a súa gloria e os dous homes que o acompañaban. ³³Cando eles se arredaban, díxolle Pedro a Xesús:

—Mestre, ¡que ben que esteamos nós aquí! ¿Queres que vos fagamos tres tendas, unha para ti, outra para Moisés, e outra para Elías?

Pero non sabía o que dicía. ³⁴E mentres falaba, unha nube cubriunos coa súa sombra; eles quedaron moi asustados ó entraren nela. ³⁵Entón unha voz dixo desde a nube:

—Este é o meu Fillo, o Elixido: escoitádeo.

³⁶Cando a voz acabou, Xesús apareceu só. E eles gardaron silencio. E non lle dixeron a ninguén nada do que viran naqueles días.

O neno epiléptico (Mt 17, 14-18; Mc 9, 14-27)

³⁷Ó outro día, baixando do monte, saíulle moita xente ó encontro ³⁸e un home exclamou:

—Mestre, suplícoche que repares no meu fillo, que é o único que teño. ³⁹Un espírito apodérase del, berrando e retorcéndoo entre escumallos, e cústanos moito que o deixe, e queda acorando.

⁴⁰Pedinlles ós teus discípulos que llo botasen fóra, pero non llo deron botado.

⁴¹El contestou:

—¡Ouh xeración incrédula e perversa! ¿Ata que día vou ter que estar convosco e aturarvos? Tráeme aquí ese teu fillo.

⁴²E cando llo levaban, o demo retorceuno e zapateouno no chan. Pero Xesús berroulle ó espírito inmundo e curou o neno, devolvéndollo a seu pai. ⁴³Todos quedaron abraiados da grandeza de Deus.

Novo anuncio da súa paixón (Mt 17, 22-23; Mc 9, 30-32)

Admirado por todos, polas cousas que facía, Xesús díxolles ós seus discípulos:

⁴⁴—Quédevos isto ben gravado: ó Fillo do Home vano entregar nas mans dos homes.

⁴⁵Pero eles non entendían o que dicía, porque lles estaba velado; e non ousaron pedirlle unha aclaración.

Quen é o máis importante (Mt 18, 1-5; Mc 9, 33-37)

⁴⁶Entón empezaron a discutir sobre quen deles era o máis importante. ⁴⁷Xesús léndolle-lo pensamento, achegou un neno a si ⁴⁸e díxolles:

—Quen acolle a este neno no meu nome, acólleme a min, e aquel que me acolle a min, acolle a quen me mandou; porque o que é máis pequeno entre vós, ese é o máis importante.

Quen non está contra vós, está convosco (Mc 9, 38-40)

⁴⁹Tomando entón a palabra Xoán, dixo:

—Mestre, vimos un que botaba demos fóra no teu nome, e tratamos de llo impedir, porque non é dos nosos.

⁵⁰Xesús contestoulles:

—Pois non llo privedes, que quen non está contra vós, está convosco.

CAMIÑO DE XERUSALÉN

Rexeitan a Xesús en Samaría

⁵¹Cando se ía cumpri-lo tempo de que o levantasen deste mundo, decidiu en firme ir a Xerusalén. ⁵²Mandou mensaxeiros por diante. Entrando estes nunha aldea de samaritanos, para lle prepararen pousada,

---

9, 27 Así matizada a frase anterior, pode interpretarse o Reino coma vivencia da Igrexa.
9, 35 Nova confirmación do mesianismo de Xesús.
9, 48 Véxase nota a **6,** 20.
9, 51 *Levantado deste mundo.* Na literatura da época significa unha especie de "asunción". Corresponde á última etapa da actividade dun profeta: coma no caso de Elías, pensábase que o levaran deste mundo onda Deus. Tratándose de Xesús, debe entenderse referido á morte e resurrección.

[53]non o recibiron, porque lle coñeceron que ían cara a Xerusalén. [54]Ó veren isto, os discípulos Santiago e Xoán dixeron:

—Señor, ¿queres que digamos que baixe do ceo un raio que os parta?

[55]Pero el volveuse e rifoulles. [56]E foron para outra aldea.

Seguir a Xesús (Mt 8, 19-22)

[57]Polo camiño, díxolle un:

—Seguireite, vaias onde vaias.

[58]Respondeulle Xesús:

—As raposas teñen tobeiras, e os paxaros teñen niños; pero o Fillo do Home non ten onde pousa-la cabeza.

[59]Díxolle a outro:

—Sígueme.

Pero el contestoulle:

—Déixame ir primeiro enterrar a meu pai.

[60]Respondeulle:

—Deixa que os mortos enterren os seus mortos: ti vai anuncia-lo Reino de Deus.

[61]Outro díxolle tamén:

—Señor, seguireite, pero deixa que primeiro me despida da miña familia.

[62]Contestoulle:

—Quen despois de pó-la man no arado, mira para atrás, non é apto para o Reino de Deus.

Misión dos setenta e dous (Mt 10, 1-2; 9, 37-38; 10, 9-16; Mc 6, 7-11)

10 [1]Despois disto designou o Señor a outros setenta e dous, e mandounos de dous en dous por diante del a tódalas vilas e aldeas onde tiña pensado ir. [2]Díxolles:

—A anada évos ben boa, pero os xornaleiros son poucos; así que rogádelle ó dono da colleita que mande xornaleiros á súa ceifa.

[3]Ide e sabede que vos mando coma años entre lobos. [4]Non levedes saco, nin alforxa, nin calzado, nin vos paredes a parolar con ninguén polo camiño. [5]Cando entredes nunha casa, antes de máis nada dicide: "Paz a esta casa". [6]E se alí hai xente de paz, sobre ela repousará a vosa paz; se non a hai, volverá convosco. [7]Permanecede na mesma casa, comendo e bebendo do que teñan, que o obreiro ten dereito ó seu xornal. Non andedes dunha casa para outra. [8]Cando entredes nunha vila e vos acollan, comede do que vos poñan, [9]curade os enfermos que haxa e dícidelles: "Xa chega a vós o Reino de Deus". [10]Pero cando non vos acollan na vila na que entredes, saíde ás prazas dicindo: [11]Non queremos levar da vosa vila nin o po que se nos pegou ós pés. Aí vos queda.

Pero sabede que xa chega o Reino de Deus. [12]Asegúrovos que o Día do Xuízo será máis levadeiro para Sodoma do que para aquela vila.

¡Ai das vilas impenitentes! (Mt 11, 20-24)

[13]¡Ai de ti, Corozaín! ¡Ai de ti, Betsaida! Porque se en Tiro e Sidón se fixesen os milagres que se fixeron en vós, hai ben tempo que facían penitencia, cubertos de saco e de cinsa. [14]Pero o día do Xuízo será moito máis levadeiro para Tiro e Sidón do que para vós. [15]E ti, Cafarnaúm, ¿seica pensas que vas chegar ata o ceo? ¡Alagaraste no abismo!

[16]Quen vos escoita a vós, escóitame a min, e quen vos rexeita a vós, rexéitame a min; pero o que me rexeita a min, rexeita a quen me mandou.

Regreso dos setenta e dous

[17]Entón voltaron os setenta e dous moi contentos dicindo:

—Señor, aínda os demos tamén se nos someten no teu nome.

[18]El replicou:

—Eu vía a Satanás caendo do ceo coma un raio. [19]Porque vos dei poder para pisardes cobras e mais alacráns e poder sobre toda forza inimiga, e nada vos fará mal. [20]Con todo, non vos alegredes de que os espíritos se vos sometan: alegrádevos, máis ben, de que os vosos nomes estean escritos no ceo.

O Evanxeo é para os sinxelos (Mt 11, 25-27; 13, 16-17)

[21]E naquel momento exclamou cheo de gozo do Espírito Santo:

—Bendito sexas, Pai, Señor do ceo e mais da terra, porque lles agachaches estas cousas ós sabios e prudentes, e llas revelaches á

9, 53 Os samaritanos eran unha especie de cismáticos que se levaban moi mal cos xudeus, que, á súa vez, os desprezaban moito. O Templo era un dos principais motivos de litixios (cf Introd. ó N. T. 2e) 5).

9, 54 Lit. "lume do ceo que os consuma"; cf 2 Re 1, 10-12.

10, 15 Is **14,** 13-15.

10, 21 Este texto, dos máis significativos de Lucas, expresa moi ben que Deus é un don puro, que só os "pequenos" (con toda a carga que Lucas pon nesta palabra) reciben con sinxeleza e sen autosuficiencia.

Xesús viviu con inmenso gozo esta realidade, sobre todo en certos momentos exultantes, coma este. A súa relación tan especialmente íntima con Deus, chamándolle "Abba" (Papaíño), introdúcenos nun mundo relixioso nunca sospeitado, e que precisamente tanto escandalizou ós sabios, puritanos e cridos fariseos. Véxase nota a Mt **6,** 9.

xente humilde. Si, meu Pai, bendito sexas por che agradar iso así.

²²Meu Pai ensinoume tódalas cousas, e ninguén coñece ó Fillo a non se-lo Pai, nin coñece ó Pai a non se-lo Fillo, e aquel a quen o Fillo llo queira revelar.

²³E volvéndose ós discípulos, díxolles á parte:

—Benia os ollos que ven o que vós vedes. ²⁴Porque é ben certo que moitos profetas e reis arelaron ve-lo que vós vedes, e non o viron; e oí-lo que vós oídes, e non o oíron.

O gran mandamento (Mt 22, 34-40; Mc 12, 28-31)

²⁵Ergueuse certo xurista e preguntoulle para o poñer á proba:

—Mestre, ¿que teño que facer para herda-la vida eterna?

²⁶El respondeulle:

—¿Que pon a Lei? ¿Que les?

²⁷Contestou:

—Amara-lo Señor teu Deus con todo o teu corazón, con toda a túa alma, toda a túa forza e con todo o teu entendemento, e o próximo coma a ti mesmo.

²⁸El díxolle:

—Contestaches perfectamente; cúmpreo e vivirás.

Parábola do bo samaritano

²⁹Pero o xurista, querendo xustificarse, preguntoulle a Xesús:

—¿E quen é o meu próximo?

³⁰Xesús replicou:

—Dunha vez un home baixaba de Xerusalén a Iericó, e asaltárono uns bandidos, que, despois de o roubaren e bouraren nel, deixárono medio morto. ³¹Cadrou a baixar polo mesmo camiño un sacerdote, que, ó velo, deu un rodeo e pasou de largo. ³²Igual fixo un clérigo, que pasaba por alí: ó chegar e velo, deu un rodeo. ³³Pero un samaritano, que ía de camiño polo mesmo lugar, ó velo, sentiu lástima; ³⁴e achegándose a el, curoulle as feridas con aceite e viño e vendoullas. Logo, montouno na súa cabalgadura, levouno a unha pousada e coidouno. ³⁵Ó outro día colleu dous denarios, deullos ó pousadeiro, e díxolle: "Coida del, e cando volva xa che pagarei o que gastes de máis".

³⁶—¿Quen dos tres che parece que foi próximo do que caeu nas mans dos bandidos?

³⁷El respondeu:

—O que practicou a misericordia con el.

Díxolle Xesús:

—Pois ti vai e fai outro tanto.

Visita a María e Marta

³⁸Cando ían de camiño, entrou en certa aldea, e unha muller chamada Marta acolleuno na súa casa. ³⁹Esta tiña unha irmá chamada María, que sentada ós pés do Señor, escoitaba as súas palabras. ⁴⁰Marta, en troques, estaba moi apurada co labor da casa; e achegándose a el, díxolle:

—Señor, ¿non che importa que a miña irmá me deixe a min o traballo? Dille que me bote unha man.

⁴¹Pero o Señor respondeulle:

—Marta, Marta, preocúpaste e desacóugaste con tantas cousas, ⁴²pero soamente unha é a necesaria. María escolleu a mellor parte, e esa nunca se lle vai quitar.

A Oración (Mt 6, 9-15; 7, 7-11)

11 ¹Dunha vez despois de estar el orando en certo lugar, un dos discípulos pediulle:

—Mestre, apréndenos a rezar, como lles aprendeu Xoán ós seus discípulos.

²Respondeulles:

—Cando recedes, dicide:

Pai, ¡sexa santificado o teu Nome!

Pai,

¡veña o teu Reino!

³Dános cada día o noso pan.

⁴E perdoa os nosos pecados,

como tamén perdoamos nós

a todo o que nos debe;

e non nos sometas á tentación.

⁵Logo continuou:

—Botade de conta que un de vós ten un amigo, que vos presentades na casa del pola noite, fóra, e que lle dicides: "Amigo, déixame tres bolos de pan, ⁶que me veu un amigo de viaxe, e non teño nada que lle poñer diante". ⁷E que aquel, desde dentro, responde:

10, 27 Lev 19, 18; Dt 6, 4-5.

10, 31 A razón de pasar de largo o sacerdote e mailo levita non é a falta de xenerosidade, senón o respecto escrupuloso á Lei, que prohibía tocar un cadáver (cf Núm 5, 2; 19, 2-13). A forza da parábola está precisamente nisto: que un samaritano —non cumpridor da Lei— resulta se-lo verdadeiro cumpridor do espírito da Lei, ó antepoñe-lo amor a calquera interese persoal.

10, 42 Outra lectura posible: "Poucas son as necesarias, por non dicir unha soa".

11, 3 *Dános cada día o noso pan*. É interesante notar que Lc —ó revés de Mt 6, 11— non insiste unicamente no pan escatolóxico (do último día do Reino), senón no necesario para a vida ordinaria, para cada día. Haí tamén, posiblemente, alusión á Eucaristía.

11, 4 *Non nos sometas á tentación:* Lc alude á proba decisiva do final dos tempos, namentres Mt pensa máis ben no "Malo", no demonio (Mt 6, 13).

"Non me amoles, está a porta pechada, eu e mailos nenos estamos na cama: non me podo erguer agora para chos dar". ⁸Desde logo que, se non se levanta para llos dar por se tratar dun amigo, alomenos por ser teimudo, erguerase e hallos dar.

⁹Por iso dígovos: "Pedide e recibiredes, buscade e atoparedes, petade a abrirásevos. ¹⁰Que todo o que pide, recibe; o que busca, atopa; e a quen peta, abriráselle".

¹¹Ou logo, ¿que pai hai entre vós que, se o seu fillo lle pide un peixe, lle dá unha cobra? ¹²¿Ou se lle pide un ovo, dálle un alacrán? ¹³Pois se vós, sendo ruíns, ben lles sabedes dar cousa boas ós vosos fillos, ¡canto máis o Pai celestial dará o Espírito Santo ós que llo pidan!

Xesús e Belcebul (Mt **9**, 32-34; **12**, 22-30. 43-45; Mc **3**, 22-27)

¹⁴Estaba botando un demo mudo; e cando saíu o demo, falou o mudo. A xente quedou abraiada, ¹⁵pero algúns deles dixeron:

—Este bota fóra os demonios co poder de Belcebul, xefe dos demos.

¹⁶Outros, para probalo, reclamábanlle un sinal do ceo. ¹⁷Pero el, coñecéndolle-lo que pensaban, díxolles:

—Todo reino dividido contra si mesmo fica asolado, caendo casa sobre casa. ¹⁸Pois ben, se Satanás está dividido contra si mesmo, ¿como se vai soste-lo seu reino? Vós dicides que boto os demos co poder de Belcebul. ¹⁹Pero se eu boto os demonios co poder de Belcebul, ¿co poder de quen os botan vosos fillos?

Por iso eles mesmos serán os vosos xuíces. ²⁰Pero se boto os demos co poder de Deus, é que xa chegou a vós o Reino de Deus. ²¹Mentres un home forte e armado garda o seu pazo, os seus bens están seguros. ²²Pero se chega un máis forte, e o vence, quitándolle as armas nas que confía, repartirá o botín. ²³Quen non está comigo está contra min, e quen non recolle comigo derrama.

Volta do espírito malo (Mt **12**, 43-45)

²⁴Cando o espírito malo sae do home, vai polos ermos adiante buscando acougo; se non o atopa, di: "Voltarei á miña casa de onde saín"; ²⁵e, ó chegar, atopa a casa varrida e ordenada. ²⁶Entón vai, colle consigo outros sete espíritos aínda peores ca el, e entrando todos, establécense alí; resultando que á fin aquel home acaba estando peor do que ó principio.

A verdadeira felicidade

²⁷Mentres el dicía estas cousas, unha muller de entre a xente exclamou en voz alta:

—¡Ditoso o ventre que te levou e os peitos que te criaron!

²⁸Pero el replicoulle:

—Ditosos máis ben os que escoitan a Palabra de Deus e a gardan.

O sinal de Xonás (Mt **12**, 38-42; Mc **8**, 12)

²⁹A xente xuntábase arredor del e Xesús púxose a dicirlles:

—Esta é unha xeración perversa; reclama un sinal, pero non se lle vai dar máis sinal có de Xonás. ³⁰Pois coma Xonás foi sinal para os ninivitas, así o será tamén o Fillo do Home para esta xeración. ³¹A reina do Sur enfrontarase no Xuízo con estes homes, e fará que os condenen, porque ela veu desde o cabo do mundo para escoita-la sabedoría de Salomón; e aquí está quen é máis ca Salomón. ³²Os habitantes de Nínive enfrontaranse no Xuízo con esta xeración e farán que a condenen, porque eles convertéronse cando escoitaron a predicación de Xonás; e aquí está quen é máis ca Xonás.

A lámpada (**8**, 16; Mt **5**, 15; **6**, 22-23; Mc **4**, 21)

³³Ninguén encende unha lámpada para metela nun recuncho ou debaixo dun cazolo, senón enriba dun candeeiro, para que cantos entren vexan a luz. ³⁴A luz do teu corpo é o teu ollo. Se o teu ollo está san, todo o teu corpo estará alumado; pero se está malo, tamén o teu corpo estará na escuridade. ³⁵Mira ben, logo, que a luz que hai en ti non sexa realmente escuridade. ³⁶Se o teu corpo está alumado, sen traza de escuridade, estará resplandecente coma cando a candea te aluma relucente.

Contra os fariseos e xuristas (**20**, 45-47; Mt **23**, 1-36; Mc **12**, 38-40)

³⁷Mentres falaba, un fariseo convidouno a comer na súa casa. Entrou e púxose á mesa. ³⁸Ó fariseo estrañoulle que non se lavase antes de comer. ³⁹Pero o Señor díxolle:

—Vós, os fariseos, limpades por fóra a copa e mailo prato, e por dentro estades atei-

---

11, 27 Velaquí unha louvanza para a nai de Xesús. Lc ten a preocupación de falar de María, non só nos Evanxeos da Infancia (cc. **1-2**), senón tamén ó longo de toda a súa obra.

gados de roubos e maldade. ⁴⁰¡Sodes parvos! O que fixo o de fóra, ¿non fixo tamén o de dentro? ⁴¹Pois logo, dade en esmolas o que hai dentro, e veredes como tódalas cousas serán limpas para vós.
⁴²¡Ai de vós, fariseos! Pagáde-lo dezmo pola menta, pola ruda e por tódalas verduras, e deixades a un lado a xustiza e mailo amor de Deus. Pero é isto o que hai que practicar, anque sen descoida-lo outro.
⁴³¡Ai de vós, fariseos, que devecedes polos primeiros postos nas sinagogas, e porque vos fagan reverencias nos rueiros!
⁴⁴¡Ai de vós, que sodes coma sepulcros que non se ven, e que a xente pisa sen se decatar!
⁴⁵Entón un xurista, tomando a palabra, replicoulle:
—Mestre, dicindo esas cousas, tamén nos aldraxas a nós.
⁴⁶El contestoulle:
—¡Ai tamén de vós, os xuristas, porque botades enriba dos homes fardos insoportables, e vós nin cun dedo os tocades!
⁴⁷¡Ai de vós, que lles facedes grandes panteóns ós mesmos profetas que asasinaron vosos pais! ⁴⁸Así aprobades co voso testemuño o que fixeron vosos pais: eles asasinaron e vós facéde-los panteóns.
⁴⁹Por iso dixo a Sabedoría de Deus: "Mandareilles profetas e apóstolos, e perseguirán a uns e asasinarán a outros"; ⁵⁰de xeito que a esta xeración se lle han pedir contas do sangue dos profetas vertido desde a Creación do mundo: ⁵¹desde o sangue de Abel ata o sangue de Zacarías, que morreu entre o Altar e o Santuario. Si, seguro que se lle han pedir contas a esta xeración.
⁵²¡Ai de vós, xuristas, porque levástela chave do saber! Nin vós entrastes nin deixastes entrar ós que querían entrar.
⁵³E saíndo de alí, os letrados e fariseos empezaron a encirralo, tirándolle da lingua, ⁵⁴para ver se o pillaban no que dicía.

Actitudes do discípulo (9, 26; **21,** 14; Mt **10,** 26-33; **12,** 32; **10,** 19-20; Mc **8,** 38; **3,** 29; **13,** 11)

12 ¹Tanta era a xente reunida arredor del que se pisaban uns a outros. El comezou a falar dicíndolles primeiramente ós discípulos:
—¡Coidadiño co fermento dos fariseos, que é a hipocresía! ²Non hai cousa encuberta que non se acabe descubrindo nin cousa oculta que non se acabe sabendo. ³Porque canto tedes dito na escuridade oirase a plena luz, e o que falastes ás agachadas nos dormitorios hase pregoar desde as azoteas.
⁴E a vós, amigos meus, tamén vos digo: non lles teñades medo ós que matan o corpo, pero xa non poden pasar de aí. ⁵Vouvos dicir a quen lle tedes que ter medo: temede a quen despois de matar pode meter no inferno. Así, repítovolo, temede a este. ⁶¿Non se venden cinco pardais por dous patacos? Con todo, Deus non esquece a ningún. ⁷E mesmo os pelos da vosa cabeza están contados. Por iso non teñades medo, que vós valedes máis ca tódolos pardais xuntos.
⁸E asegúrovos: todo o que volva por min diante dos homes, tamén o Fillo do Home volverá por el diante dos anxos de Deus. ⁹Pero a quen me negue diante dos homes, tamén o negarán ante os anxos de Deus. ¹⁰A todo aquel que fale en contra do Fillo do Home perdoaráselle; pero ó que blasfeme en contra do Espírito Santo non se lle perdoará. ¹¹Cando vos leven ás sinagogas, ante os maxistrados e autoridades, non vos preocupedes de como vos ides defender e do que ides dicir: ¹²xa vos ensinará o Espírito Santo naquela mesma hora o que é preciso dicir.

A cobiza: parábola do rico insensato (Mt **6,** 25-34; **19,** 21)

¹³Díxolle entón un que estaba entre a xente:
—Mestre, dille a meu irmán que reparta a herdanza comigo.
¹⁴El contestoulle:
—Home, ¿quen me nomeou xuíz ou albacea entre vós?
¹⁵E logo díxolle á xente:
—Atención: gardádevos da cobiza, que por moito que un teña non por iso a súa vida depende dos seus bens.
¹⁶E propúxolles unha parábola:
—As terras de certo home rico déranlle moito froito. ¹⁷Púxose entón a cavilar: "¿Como vou facer, que non teño onde mete-lo froito?" ¹⁸E dixo: "Xa o sei: vou desface-los meus celeiros, e construo outros máis grandes e alí meto o trigo todo e tódolos

---

11, 41 Verso escuro. O *que hai dentro:* puidera ser tamén *"o que tedes".* En definitiva, o Señor di que o amor é a fonte da pureza e da legalidade.
11, 43 Iso acontecía cos escribas, que nos tempos de Xesús eran na maior parte fariseos (cf **20,** 46-47 e nota).
11, 44 É dicir, estades cheos de podremia sen que se note, sorprendendo así e contaminando a boa fe dos demais.
11, 48 Pola hipocresía de mitifica-los profetas asasinados.
12, 10 "A blasfemia en contra do Espírito": para Lc, que escribe en contexto cristián, significa a apostasía. Mt fala nun contexto e cun significado distinto (cf nota a Mt **12,** 32).

meus bens. ¹⁹Logo direime a min mesmo: Amigo, xa tes aí reservas para moitos anos; descansa, come, bebe e ¡a vivir!" ²⁰Pero Deus díxolle: "Insensato, esta mesma noite váiseche raclama-la túa vida: ¿para quen será todo o que fixeches?"

²¹Así é quen atesoura riquezas para si, pero non é rico para Deus.

Confianza no Pai (Mt **6**, 19-21. 25-34)

²²E díxolles ós seus discípulos:

—Por iso dígovos: non andedes agoniados pola vosa vida (que ides comer) nin polo voso corpo (que ides vestir). ²³¿Non vale máis a vida cá mantenza? e ¿non vale máis o corpo có vestido? ²⁴Ollade para os corvos: nin sementan, nin seituran, nin tampouco teñen tullas e, mesmo así, Deus mantenos. ¡Pois, canto máis valedes vós cós paxaros!

²⁵¿E quen de vós, por moita ansia que poña lle pode engadir un cóbado á súa estatura? ²⁶Pois logo, se non podedes acada-lo máis pequeno, ¿por que andades tan agoniados polo resto? ²⁷Aprendede dos lirios, que nin fian nin tecen, e seguro que nin Salomón en toda a súa gloria chegou a vestir coma un deles. ²⁸Pois se a herba do campo, que hoxe verdexa e mañá a botamos no forno, Deus a veste así, ¡canto máis non fará convosco, homes de pouca fe! ²⁹Non vos angustiedes polo que ides comer ou beber; non andedes desacougados. ³⁰Que por esas cousas todas andan agoniados os pagáns; e ben sabe o voso Pai que é o que precisades. ³¹Procurade, máis ben, o seu Reino, e esas cousas todas hánsevos dar de máis a máis.

³²Non teñas medo, miña grea pequena, que o teu Pai compraceuse en darche o Reino. ³³Vendede os vosos bens e dádeos en esmola, facede bolsas que non se estraguen, un tesouro inesgotable no ceo, onde o ladrón non pode chegar e onde a traza non o bota a perder. ³⁴Pois onde está o teu tesouro, estache o teu corazón.

Estade preparados (Mt **24**, 42-51)

³⁵Tede posta a roupa de traballo e as lámpadas acesas; ³⁶sédeme coma os que agardan que volva o seu amo da voda, para que, cando chegue e chame, lle poidan abrir. ³⁷Ditosos os criados a quen o amo atope agardando cando chega. Tede por certo que poñerá a roupa de traballo, sentaraos na mesa e serviraos un por un. ³⁸Sexa pola anoitecida ou sexa pola alborada, se os atopa así, felices eles. ³⁹Entendede ben: se o dono da casa soubese a que hora vai chega-lo ladrón, non permitiría que lle asaltasen a casa. ⁴⁰Así tamén: estade vós preparados, porque á hora menos pensada ha vi-lo Fillo do Home.

⁴¹Díxolle Pedro:

—Señor, ¿a parábola que acabas de contar vai por nós ou por todos en xeral?

⁴²Contestoulle o Señor:

—¿Quen é, logo, o administrador fiel e prudente, a quen o seu señor encargará o coidado de dar no seu tempo a ración de trigo á servidume? ⁴³¡Ditoso o criado aquel, a quen o seu amo, cando chega, o atopa cumprindo coa súa tarefa! ⁴⁴Tede por seguro que lle encomendará toda a facenda. ⁴⁵Pero se o criado aquel di para si: "O amo aínda non vén para agora" e empeza a mallar nos criados, comendo e bebendo ata se emborrachar; ⁴⁶o día menos pensado e á hora máis imprevista, chegará o amo do criado aquel, e botarao fóra cos infieis. ⁴⁷O criado que, coñecendo as vontades do amo, non ten todo preparado nin feitas as cousas como a el lle gustan, levará moitos paos; ⁴⁸pero o que non os coñece, aínda que faga algo que mereza castigo, levará poucos. A quen moito se lle dá, moito se lle esixirá; e a quen moito se lle confía, moito se lle pedirá.

Xesús, causa de división (Mt **10**, 34-36)

⁴⁹¡Lume vin traer á terra: e que máis quería eu ca que xa estivese a arder! ⁵⁰Hanme bautizar cun bautismo e ¡xa me tarda a hora de que se cumpra! ⁵¹¿Pensades que vin trae-la paz á terra? Abofé que non: vin traer división. ⁵²Pois desde agora na casa onde haxa cinco, estarán divididos tres contra dous e dous contra tres. ⁵³Estarán enfrontados pai con fillo e fillo con pai, nai con filla e filla con nai, sogra con nora e nora con sogra.

Sinais dos tempos (Mt **16**, 2-3; **5**, 25-26)

⁵⁴Dicíalle tamén á xente:

12, 22 Texto moi lucano, no que se salienta a confianza no Pai e mailo desfacerse dos cartos para compartilos fraternalmente.

12, 33 *Dádeos en esmola:* para vivir de acordo co Reino de Deus. De feito, o que "atesoura para si" non é rico para Deus, non vive a mensaxe do Reino.

12, 35 Lit. "Tede cinguida a cintura".

12, 46 *Botarao fóra:* cf nota a Mt **24**, 51.

12, 49 Verso de moi difícil interpretación, pois só o trae Lc, e descoñecémo-lo seu contexto histórico. Outros traducen: "Que máis quero, se xa está a arder"; ou "que máis quero, senón que arda". O *lume* pode se-lo "xuízo" ou o "lume do Espírito" en Pentecostés (cf Feit **2**, 3-19), ou a "discordia" que Xesús provoca; quizais debamos pensar na "sacudida" de conversión que debe provoca-la súa presencia.

12, 50 Referencia á súa morte.

12, 53 Miq **7**, 5-6.

12, 54 *Do mar:* lit.: "de occidente".

—Cando vedes que da banda do mar vén unha nube, axiña decides: "Temos chuvia", e así é. ⁵⁵E cando venta do sur, decides: "Velaí vén o calmizo", e vén mesmo. ⁵⁶¡Hipócritas! Se sabedes interpreta-lo cariz da terra e mailo do ceo, ¿como non sabedes interpreta-lo momento presente?

⁵⁷E, ¿por que non xulgades por vós mesmos o que cómpre facer? ⁵⁸Cando vaias co teu contrario ó xuíz, mira de librarte del polo camiño; non sexa que te arrastre onda o xuíz e este te entregue ó garda para que te meta na cadea. ⁵⁹Que de alí seguro que non saes ata que págue-lo último céntimo.

Parábola da figueira

13 ¹Naquel intre presentáronse algúns para contarlle o caso aquel de cando Pilato mesturara o sangue duns galileos co dos sacrificios que ofrecían. ²El respondeulles:

—¿Coidades que eses galileos eran máis pecadores cós demais, porque acabaron así? ³Non tal, e asegúrovos que como non vos arrepintades acabades todos igual. ⁴¿Seica pensades que aqueles dezaoito que morreron esmagados pola torre de Siloé eran máis culpables cós outros habitantes de Xerusalén? ⁵Non tal, e asegúrovos que, se non vos arrepentides, todos acabaredes igual.

⁶E púxolles esta parábola:

—Un home tiña unha figueira plantada na súa viña; foi ver se tiña froitos e non llos atopou. ⁷Díxolle ó viñador: "Xa hai tres anos que veño buscar froito nesta figueira e non llo atopo. Córtaa, ¿para que vai cansar máis a terra?" ⁸El respondeulle:

"Señor, déixaa aínda un ano máis; vou ver se eu lle cavo un pouco arredor e lle boto esterco; ⁹a ver se así dá froito...; e, onde non, pódela cortar".

A muller dobrada

¹⁰Un sábado estaba Xesús ensinando nunha das sinagogas. ¹¹Había alí unha muller eivada por causa dun espírito: había dezaoito anos que estaba dobrada sen se poder endereitar. ¹²Xesús ó vela chamou por ela e díxolle:

—Muller, quedas ceiba da túa enfermidade.

¹³E impúxolle as mans. Ela ficou curada no momento e empezou a louvar a Deus. ¹⁴Entón o xefe da sinagoga, indignado de que Xesús curase nun sábado, díxolle á xente:

—Hai seis días para traballar, vide durante eses días para que vos cure e non precisamente no sábado.

¹⁵Replicoulle Xesús:

—¡Hipócritas! ¿Non ceibades vós, nos sábados, o voso boi ou o voso burro, para os levar a beber? ¹⁶E logo esta filla de Abraham, que leva dezaoito anos atada por Satanás, ¿non a imos poder ceibar por ser sábado?

¹⁷Cando tal lles dixo ós adversarios, todos viraron rubios diante del e toda a xente se alegraba das marabillas que facía.

Parábola do gran de mostaza e mais do fermento (Mt **13**, 31-33; Mc **4**, 30-32)

¹⁸E dicía tamén:

—¿Con que se parece o Reino de Deus, a que volo compararía eu? ¹⁹Évos coma un gran de mostaza que un home sementou na súa horta; medrou e converteuse nunha árbore e *os paxaros do ceo aniñaban nas súas pontas.*

²⁰E proseguiu:

—¿A que vos compararía eu o Reino de Deus? ²¹Évos coma o fermento que unha muller botou en tres medidas de fariña ata que todo levedou.

A **porta estreita** (Mt **7**, 13-14. 21-23; **25**, 10-12)

²²Atravesaba vilas e aldeas ensinando, camiño de Xerusalén.

²³Un preguntoulle:

—Señor, ¿e logo son poucos os que se salvan?

El respondeu:

²⁴—Loitade para entrardes pola porta estreita, porque vos aseguro que moitos intentarán entrar e non poderán. ²⁵Despois que o dono da casa peche a porta e empecedes os de fóra a petar nela dicindo: "Señor, ábrenos", el responderá: "Non sei quen sodes". ²⁶Entón empezaredes a dicir: "¡Se nós comemos e bebemos contigo e ti ensinaches polas nosas rúas!". ²⁷El repetirá: "Non sei quen sodes. *¡Arredade de min os que practicáde-la inxustiza!*"

²⁸Daquela habedes chorar e hanvos renxe-

13, 1 Este episodio é descoñecido polos autores pagáns; pero sábese de varios episodios sanguentos de Pilatos contra Xerusalén.
13, 7 *Tres anos...* Algúns esexetas cren que pode referirse ó tempo do ministerio público de Xesús.
13, 15 Cf Mc **3**, 4.
13, 19 Dn **4**, 9. 18.
13, 27 Sal **6**, 9.

-los dentes: cando vexades que Abraham, Isaac, Xacob e tódolos profetas están no Reino de Deus, e que a vós vos botan para fóra. ²⁹E chegarán de Oriente e Occidente, do norte e do sur a sentar na mesa do Reino de Deus. ³⁰Si, hainos que son últimos e serán os primeiros, e hainos primeiros que serán os derradeiros.

Un aviso da morte

³¹Naquel momento chegaron uns fariseos para lle avisar:

—Veña, vaite de aquí, que Herodes te quere matar.

³²El respondeulles:

—Ídelle dicir a ese raposo: eu hoxe e mañá estou a bota-los demonios fóra, e no terceiro día xa acabo. ³³Pero hoxe, mañá e pasado mañá cómpre que siga para diante, pois non é ben que un profeta morra fóra de Xerusalén.

Lamento sobre Xerusalén (Mt 23, 37-39)

³⁴¡Xerusalén, Xerusalén, que asasína-los profetas e apédra-los que mandan onda ti! ¡Cantas veces quixen aconchega-los teus fillos, como a galiña aconchega os seus pitiños baixo as ás e non quixeches! ³⁵Pois mirade: a vosa casa fica baleira e asegúrovos que non me volveredes ver ata que exclamedes: *¡Benia o que vén no nome do Señor!*

Outra curación en sábado (6, 6-11; Mt 12, 9-14; Mc 3, 1-6)

14 ¹Un sábado ía el comer, á casa dun xefe dos fariseos; e eles vixiábano. ²Entón apareceu diante del un home hidrópico. ³Xesús preguntoulles ós xuristas e fariseos:

—¿El está ou non está permitido curar no sábado?

⁴Pero eles non abriron a boca. Xesús colleu o enfermo, curouno e despediuno. ⁵E mirando para eles, díxolles:

—¿Quen de vós, se un fillo ou un boi lle cae nun pozo, non o tira do pozo no instante anque sexa sábado?

⁶A isto non lle souberon que contestar.

Os convidados

⁷Decatándose de que os convidados buscaban os primeiros postos, contoulles unha parábola:

⁸—Cando alguén te convide a unha voda, non te poñas no primeiro posto. Pode suceder que un máis distinguido ca ti tamén estea convidado ⁹e que veña o que vos convidou e che diga: "Déixalle o sitio a este", e cheo de vergonza teñas que ir para o derradeiro lugar. ¹⁰Ó revés, ti, cando te conviden, ponte de último, para que cando chegue o que te convidou che poida dicir: "Amigo, sube máis arriba". E quedarás moi ben diante de tódolos convidados. ¹¹Porque a quen se ten por moito, hano rebaixar e a quen se rebaixe hano enaltecer.

¹²E díxolle tamén ó que o convidara:

—E ti, cando deas un xantar ou unha cea, non cháme-los teus amigos, irmáns, parentes ou veciños ricos; non sexa que eles te recompensen convidándote tamén a ti. ¹³Cando deas un banquete, convida os pobres, eivados, coxos e cegos; ¹⁴e serás ditoso, porque non te poden recompensar; pero xa se che recompensará na resurrección dos xustos.

Os convidados que non acoden (Mt 22, 1-10)

¹⁵Despois de escoitar todo isto, díxolle un dos convidados:

—Ditoso o que coma pan no banquete do Reino de Deus.

¹⁶El propúxolle:

—Dunha vez un home deu unha grande cea e convidou a moitos. ¹⁷Así que chegou a hora, mandou un criado para que avisase ós convidados, dicíndolles: "Vide xa, que está todo preparado". ¹⁸Pero todos empezaron a escusarse. O primeiro dixo: "Merquei unha leira e teño que ila ver; por favor, descúlpame". ¹⁹Outro dixo: "Merquei cinco parellas de bois, e teño que probalas; descúlpame, por favor". ²⁰Outro dixo: "Acáboche de casar e non podo ir".

²¹Volveu o criado e contoulle todo isto ó amo. Entón o dono da casa, todo indignado, mandoulle ó seu criado: "Pois vai correndo ás prazas e rúas da vila e tráeme para acá os pobres, eivados, coxos e cegos".

²²O criado díxolle: "Xa está feito o que mandaches, e aínda hai sitio". ²³Entón o amo mandoulle: "Vai polos camiños e corredoiras e obriga á xente a entrar; quero que se encha

---

13, 29 A mención dos catro puntos cardinais dálle o ton de "xente vida de todas partes".
13, 30 Aquí a sentencia está máis matizada ca en Mt **19,** 30; **20,** 16 e Mc **10,** 31.
13, 32 *Raposo* pode significar "sen principios, inmoral", ou "sen importancia": un "ninguén de ningures" (coma o raposo comparado co león). *Hoxe* e *mañá* indica un tempo breve.
13, 35 Sal **118,** 26.
14, 15 A imaxe do banquete como signo do Reino é constante. O banquete —comparti-lo pan fraternalmente— é signo de comunión humana por excelencia, e tamén relixiosa.

a miña casa, ²⁴porque vos aseguro que ningún dos convidados probará a miña cea".

O seguimento de Xesús (Mt 10, 37-38)

²⁵Nunha ocasión que o seguía moita xente, volveuse a eles e díxolles:

²⁶—Se alguén me quere seguir e non está disposto a romper con seu pai e con súa nai, coa muller e mais cos fillos, cos irmáns e coas irmás, e incluso coa súa propia vida, non pode ser discípulo meu. ²⁷O que non carga coa súa cruz e me segue, non pode ser discípulo meu.

²⁸Pois ¿quen de vós, querendo construír unha torre, non se para a pensar no presuposto, a ver se a pode rematar? ²⁹Non vaia ser que bote os alicerces e non a dea rematado e a xente que o vexa faga riso del, dicindo: ³⁰"Este empezou a construír e non deu rematado".

³¹Ou ¿que rei, que sae á guerra contra outro, non se senta primeiro a cavilar se lle chegarán dez mil homes para loitar contra vinte mil? ³²E, se ve que non, cando aínda o ten lonxe, mándalle unha embaixada, pedindo condicións de paz.

³³Pois así, como non renunciedes a todo o que tedes, non hai de vós quen poida ser discípulo meu.

³⁴Ben está o sal; pero se o mesmo sal se volve insulso, ¿con que se pode salgar? ³⁵Xa non vale para nada: nin para a terra, nin para a esterqueira; hai que tirar con el. Quen teña oídos para oír, que escoite.

A ovella perdida (Mt 18, 12-14)

15 ¹Tamén os publicanos e pecadores se achegaban a el para o escoitaren. ²Por iso os fariseos e letrados murmuraban:

—Este acolle os pecadores e come con eles.

³Entón Xesús contoulles esta parábola:

⁴—¿Quen de vós, se ten cen ovellas e perde unha delas, non deixa as noventa e nove no descampado, e vai en busca da perdida, a ver se a atopa? ⁵E cando a atopa, volve todo contento ⁶para a casa, con ela no lombo; e, chamando por amigos e veciños, dilles: "Alegrádevos comigo, que atopei a ovella que perdera". ⁷Pois asegúrovos unha cousa: no ceo haberá máis alegría por un pecador que se converta que por noventa e nove xustos que non precisan conversión.

A moeda perdida

⁸E ¿que muller que teña dez moedas e perde unha, non encende a luz, e non varre a casa, buscándoa con coidadiño ata atopala? ⁹E cando a atopa, chama polos amigos e veciños para lles dicir: "Alegrádevos comigo, que atopei a moeda perdida". ¹⁰Asegúrovos que outro tanto se alegran os anxos por un só pecador que se converta.

O fillo estragador e o pai bo

¹¹E dixo tamén:

—Un home tiña dous fillos. ¹²O máis novo díxolle ó pai: "Papá, dáme a parte da herdanza que me corresponde". El repartíulle-los seus bens. ¹³Días despois, este fillo recibiu todo xunto e marchou para un país remoto, onde malgastou a súa fortuna vivindo coma un perdido.

¹⁴Despois de o gastar todo, houbo unha gran fame naquela terra, e empezou a pasar necesidade. ¹⁵Entón, acudindo a un natural do país, entrou a servir, e mandouno a unha granxa a coida-los porcos. ¹⁶Alí chegou a ter gana de enche-lo estómago coas landras que comían os porcos, pero ninguén llas daba.

¹⁷Recapacitando, pensou: "¡Hai que ver! Cantos xornaleiros do meu pai teñen pan a fartar, e eu morro coa fame. ¹⁸Si, vou volver á de meu pai e voulle dicir: Papá, pequei contra o ceo e contra ti; ¹⁹xa non son digno de que me trates coma un fillo, trátame coma un xornaleiro".

²⁰Levantouse e volveu onda seu pai. Aínda estaba lonxe cando este, enxergándoo, saíu emocionado a recibilo, e botándoselle nos brazos, bicouno garimosamente. ²¹O fillo exclamou: "Papá, pequei contra o ceo e contra ti, xa non son digno de que me trates coma un fillo".

²²Pero o pai díxolles ós seus criados: "Axiña, sacade a túnica mellor e vestídella; poñédelle un anel na man e calzado nos pés.

14, 24 *Convidados*: referencia ós xudeus.
14, 26 *Non está disposto a romper*, ou acaso "non me prefire" ou "quéreme menos": tal é o significado de "odia", que di literalmente o texto.
14, 34 *O sal* é símbolo da fidelidade. Sen fidelidade non pode haber seguimento. Véxase nota a Mc **9,** 49.
15, 1 Estas tres parábolas, chamadas "da misericordia", están moi ben motivadas; Xesús quere explica-la razón de andar cos publicanos e pecadores, cousa que escandalizaba ós fariseos, que pensaban que o Reino eran tan só para os que eles consideraban "bos".
15, 7 Ó transmitir esta parábola, Lc resalta a alegría que haberá no ceo, mentres Mt destacaba a preocupación dos pastores para que non se perdese "ningunha ovella". A alegría é unha realidade que aparece sempre ó longo do Evanxeo de Lucas.
15, 20s *Volveu onda seu pai.* Converterse é "volverse un neno" (Mt **18**, 3), é aprender a dicir "Abba", Papaíño; regresar confiadamente ós brazos paternos en plena reconciliación cos irmáns (Mt **5,** 23; Lc **17,** 4). Véxase nota a **18,** 14.

²³Preparade un cuxo cebado para comelo e facer unha gran festa. ²⁴Porque este fillo meu estaba morto e volve á vida, estaba perdido e atopámolo". E empezou a festa.

²⁵Pero resulta que o fillo máis vello estaba na leira e cando viña para casa, oíu a música e mailo baile. ²⁶Chamou por un criado e preguntoulle que pasaba. ²⁷Ó criado contestoulle: "Éche que volveu teu irmán, e teu pai mandou mata-lo cuxo cebado por recuperalo san e salvo". ²⁸Entón alporizouse moito, e non quería entrar.

Pero o pai, saíndo, intentouno convencer. ²⁹El díxolle: "Tantos anos como levo servíndote sen che faltar nunca en nada, e nunca un cabrito me deches para farrear cos meus amigos; ³⁰e agora resulta que vén ese teu fillo, que queimou os teus bens con mulleres de mala vida, e máta-lo cuxo cebado".

³¹O pai contestoulle: "Meu fillo, ti sempre estás comigo e todo o meu é teu, ³²¿que menos que celebrar unha festa cheos de alegría, xa que ese teu irmán estaba morto e volve á vida, estaba perdido e atopámolo?".

Parábola do administrador infiel

16 ¹E díxolles tamén ós seus discípulos:
—Dunha vez había un home rico que tiña un administrador, do que lle foron contar que estaba a lle acabar cos bens. ²Chamou por el e díxolle: "¿Que é iso que sinto falar de ti? Dáme conta da túa administración, que quedas despedido".

³O administrador púxose a cavilar: "¿E agora que vou facer, que quedo sen traballo? Cavar, non podo; e botarme a pedir, dáme vergonza. ⁴¡Ora! ¡Xa sei o que vou facer para que cando me despidan haxa quen me acolla na súa casa!".

⁵Vaise, e chama por cada un dos debedores do seu amo e pregúntalle ó primeiro: "¿Ti canto lle debes ó meu amo?". ⁶El respondeulle: "Débolle cen bocois de aceite". El díxolle: "Pois colle o teu recibo e escribe axiña cincuenta".

⁷Despois preguntoulle ó segundo: "¿Ti canto debes?". Respondeulle: "Debo cen ferrados de trigo". Díxolle el: "Pois colle o teu recibo e escribe oitenta".

⁸O amo louvou a aquel administrador inxusto pola renartería con que actuara, pois os fillos deste mundo son máis asisados nas cousas deles cós fillos da luz.

⁹Por iso eu avísovos:
—Facede amigos coas riquezas inxustas, para que cando vos falten, vos acollan nas moradas eternas. ¹⁰Quen é fiel no pouco, tamén será fiel no moito; e quen é inxusto no pouco, tamén será inxusto no moito. ¹¹Pois, se coa riqueza inxusta non sodes fieis, ¿quen vos vai confia-la verdadeira? ¹²E se no alleo non sodes fieis, ¿quen vos vai confia-lo voso? ¹³Ningún criado pode servir a dous amos, porque ou lle ten xenreira a un e ama o outro; ou ben atende a un e menospreza o outro. Non podedes servir a Deus e mailo diñeiro.

¹⁴Oíndo estas cousas, os fariseos, que tan amigos son dos cartos, facían riso del. ¹⁵El díxolles:
—Vós, moita fachenda de perfectos; pero Deus coñécevos por dentro; e o que loce ante os homes é noxento para Deus.

Outros consellos (Mt 11, 12-13)

¹⁶A Lei e mailos Profetas chegaron ata Xoán. Desde entón anúnciase o Reino de Deus, e todos utilizan a forza para entrar nel. ¹⁷Pero máis facilmente pasarán o ceo e maila terra do que caia un simple til da Lei. ¹⁸Todo o que repudia a súa muller e casa con outra, comete adulterio; e o que casa cunha repudiada polo seu marido, tamén comete adulterio.

O rico comellón e mailo pobre Lázaro

¹⁹Había un home rico que vestía roupa de púrpura e liño fino, e que celebraba tódolos días espléndidos banquetes. ²⁰Ó pé da súa porta xacía un pobre, chamado Lázaro, todo cuberto de chagas, ²¹que estaba desexando mata-la fame co que caía da mesa do rico; e incluso os cans se achegaban a lle lambe-las chagas.

²²Resulta que morreu o pobre, e leváronno os anxos ó seo de Abraham. Morreu tamén o rico, e enterráronno. ²³Estando no lugar dos mortos, no medio dos tormentos, erguendo os ollos viu a Abraham e máis a Lázaro no seu seo. ²⁴Entón suplicoulle dicindo: "Ai, pai Abraham, ten dó de min; mándame a Lázaro para que molle o seu

---

15, 28 Sorprende a actitude farisaica do irmán "bo", que carece de disposición para o perdón e para a reconciliación. Tal era a actitude dos escribas e fariseos (vv 1-2).
16, 9 Segundo o contexto de Lucas, as riquezas todas son inxustas, "enganosas". O menos que se pode facer con elas é aproveitalas facendo o ben, e repartilas **(12,** 33).
16, 15 Os valores farisaicos son, como se ve, o triunfo —mérito relixioso, cartos e bos postos— e maila autosuficiencia **(18,**10).
16, 16 Véxase nota a Mt **11,** 12, tendo en conta que Lc suaviza a expresión máis ca Mt.

dedo na auga e refresque a miña lingua, porque me atormenta o lume". ²⁵Pero Abraham contestoulle: "Fillo, recorda que ti recibiches bens na túa vida, mentres Lázaro recibiu males; agora el recibe consolo e ti tormento. ²⁶Ademais, entre nós e vós hai un abismo insalvable; de xeito que desde aquí non se pode pasar onda vós, nin desde aí se pode vir onda nós". ²⁷Entón el insistiu: "Suplícoche, pai Abraham, que o mandes a casa do meu pai, ²⁸onde teño cinco irmáns, para que lles fale claramente e non veñan dar a este lugar de tormentos". ²⁹Pero Abraham respondeulle: "Xa teñen a Moisés e os Profetas: que lles fagan caso a eles".

³⁰El volveu insistir: "Pero non llelo van facer, pai Abraham, non; se un morto vai onda eles, seguro que se converterán". ³¹Pero Abraham replicoulle: "Se a Moisés e mais ós Profetas non lles fan caso, tampouco llo farán nin a un morto resucitado".

Recomendacións ós discípulos (Mt **18,** 6-7. 21-22; Mc **9,** 42; **11,** 22-23)

17 ¹Díxolles ós seus discípulos:
—É irremediable que haxa escándalos; pero ¡ai de quen os provoca! ²Máis lle valía que lle colgasen unha pedra de muíño no pescozo e que o largasen ó mar antes que escandalizar a un destes pequeniños. ³Andade con coidado.

Se o teu irmán che fai mal, repréndeo; se se arrepinte, perdóao. ⁴E se te ofende sete veces no día e sete veces volve a ti dicindo: "Síntoo moito", perdóao.

⁵Rogáronlle os apóstolos ó Señor:
—¡Auméntano-la fe!

⁶O Señor respondeulles:
—Se tivesedes polo menos unha fe coma un gran de mostaza, diriádeslle a esta moreira: "Arríncate e plántate no mar", e seguro que vos obedecía.

⁷E ¿quen de vós que teña un criado arando ou pastoreando, lle di cando chega da veiga: "Entra axiña e ponte á mesa". ⁸¿Non lle dirá máis ben: "Prepara a cea, viste a roupa de traballo e ponme a comida; e cando eu remate de comer e beber, comerás e beberás ti?" ⁹¿Ou é que aínda lle vai ter que estar agradecido ó criado por face-lo que lle manda? ¹⁰Así tamén vós, cando fagades todo o que se vos mande, dicide: "Somos simples servidores: total, non fixemos máis do que tiñamos que facer".

Curación dos dez gafos

¹¹Indo camiño de Xerusalén, mentres pasaba entre Samaría e Galilea, ¹²ó entrar nunha aldea, saíronlle ó paso dez gafos. Pararon ó lonxe, ¹³e dando voces suplicáronlle:
—Xesús, Mestre, ten dó de nós.

¹⁴El, ó velos, díxolles:
—Ídevos presentar ós sacerdotes.

E aconteceu que cando ían para alá, quedaron limpos. ¹⁵E un deles, ó se decatar de que estaba curado, volveu louvando a Deus con grandes voces. ¹⁶E postrándose, rostro en terra, ós pés de Xesús, deulle as gracias. Era un samaritano. ¹⁷Xesús dixo:
—¿Non foron dez os que quedaron limpos? ¿Onde están os outros nove? ¹⁸¿Ninguén, fóra dun estranxeiro, volveu para lle dar gloria a Deus?

¹⁹E engadiu:
—Érguete e vaite: salvoute a túa fe.

A chegada do Reino de Deus (Mt **24,** 23-28. 37-41)

²⁰Preguntado polos fariseos cando chegaría o Reino de Deus, respondeulles:
—O Reino de Deus chegará sen deixarse sentir. ²¹De tal xeito, que non se dirá: "Velaquí, ou velaí está"; porque a verdade é que o Reino de Deus xa está entre vós.

²²E díxolles ós seus discípulos:
—Virán tempos nos que arelaredes pasar un só día co Fillo do Home e non poderedes. ²³E diranvos: "Mirádeo aí, ou aquí"; pero vós non vaiades nin corrades detrás. ²⁴Porque coma o lóstrego brilla refulxente desde un extremo a outro do ceo, así será o Fillo do Home no seu día. ²⁵Pero antes é preciso que padeza moito e que esta xeración o rexeite.

²⁶O que pasou no tempo de Noé pasará tamén no tempo do Fillo do Home. ²⁷Comían e bebían e casaban eles e elas, ata o día no que *Noé entrou na arca;* logo *veu o diluvio* e acabou con todos. ²⁸O mesmo pasou no tempo de Lot: comían, bebían, mercaban,

---

16, 29 *A Moisés e os Profetas.* Non se trata dos devanditos personaxes, senón dos dous primeiros bloques de libros sagrados, dos tres que ten o A. T. (cf Introd. á Biblia **4**).
17, 17 Unha vez máis é Lucas o único evanxelista que recolle as louvanzas que dalgúns marxinados fai Xesús (cf **10,** 33ss).
17, 21 Entre vós ou "dentro de vós" ou "ó alcance da vosa man". Aínda que non plenamente —por iso se adoita dicir:

"Xa, pero aínda non de todo"—, o Reino "está entre vós". A presencia de Xesús e maila súa acción salvífica é signo da presencia do Reino de Deus. Véxase nota a Mt **4,** 17.
17, 26 A chegada do Fillo do Home no día final está descrita con imaxes da literatura apocalíptica, moi de moda daquela.
17, 27 Xén **7,** 7.

vendían, plantaban, construían. ²⁹Pero cando saíu Lot de Sodoma, *choveu lume e xofre do ceo*, e acabou con todos. ³⁰O mesmo pasará cando se manifeste o Fillo do Home.

³¹Aquel día o que estea na azotea e teña as cousas dentro da casa que non baixe por elas; e o que estea na leira que tampouco non volva atrás. ³²Que vos acorde o caso da muller de Lot. ³³Quen intente salva-la súa vida perderaa; e quen a perda salvaraa. ³⁴Asegúrovolo: nesa noite estarán dous nunha mesma cama: levarán a un e deixarán ó outro. ³⁵Estarán dúas moendo xuntas; levarán a unha e deixarán a outra.

³⁷Eles preguntáronlle:

—¿Onde Señor?

Respondeulles:

—Onde estea o cadáver xuntaranse os voitres.

O xuíz e maila viúva

18 ¹Propúxolles tamén unha parábola acerca da necesidade de orar sempre, sen cansar:

²—Había nunha vila un xuíz que nin temía a Deus nin respectaba o home. ³Na mesma vila había tamén unha viúva, que acudía a el dicíndolle: "Faime xustiza fronte ó meu contrario". ⁴El durante moito tempo non lle fixo caso ningún; pero despois cavilou: "Anque non temo a Deus nin respecto o home, ⁵como esta viúva me está amolando, voulle facer xustiza, para que non me siga toleando toda a vida".

⁶E o Señor continuou:

—Escoitade o que di un xuíz inxusto. ⁷¿E logo Deus non lles vai *facer xustiza* ós seus elixidos, *que claman* día e noite, *e non vai ter paciencia con eles?* ⁸Asegúrovos que lles fará xustiza a tempo. Pero cando chegue o Fillo do Home, ¿el atopará fe sobre a terra?

O fariseo e mailo recadador de impostos

⁹Propuxo tamén esa parábola dirixíndose a uns que estaban moi seguros de si mesmos, créndose perfectos e desprezando os demais:

¹⁰—Dous homes subiron ó templo a orar; un era fariseo e outro recadador de impostos.

¹¹O fariseo, de pé, oraba para os seus adentros deste xeito: "Meu Deus, douche gracias porque non son coma os demais: ladrón, inxusto e adúltero; nin coma ese recadador. ¹²Gardo o xexún dúas veces por semana e pago o dezmo de todo canto gaño".

¹³O recadador, en troques, manténdose a distancia, non se atrevía nin a levanta-los ollos ó ceo, senón que petando no peito dicía: "Meu Deus, ten compaixón de min, que son un pecador".

¹⁴Asegúrovos que este baixou reconciliado con Deus para a súa casa e, en cambio, o outro non. Porque a todo o que se teña por moito rebaixarano e a todo o que se rebaixe enaltecerano.

Xesús e os nenos (Mt **19,** 13-15; Mc **10,** 13-16)

¹⁵E levábanlle tamén os meniños para que os tocase. Pero os discípulos rifábanlles. ¹⁶Entón Xesús chamounos e dixo:

—Deixade que os nenos se acheguen a min: non lelo privedes, porque dos que son coma eles é o Reino de Deus. ¹⁷Asegúrovos que aquel que non reciba coma un neno o Reino de Deus non entrará nel.

O rico (Mt **19,** 16-22; Mc **10,** 17-22)

¹⁸Un home importante preguntoulle:

—Mestre bo, ¿que teño que facer para acada-la vida eterna?

¹⁹El contestoulle:

—¿E por que me chamas bo? Ninguén é bo fóra de Deus. ²⁰Xa sábe-los mandamentos: *Non cometas adulterio, non mates, non roubes, non deas falso testemuño, honra a teu pai e maila túa nai*.

²¹El respondeu:

—Todas esas cousas gardeinas desde a miña mocidade.

²²Oíndo aquilo Xesús díxolle:

17, 35 Algúns engaden o v 36, tomado de Mt **24,** 40: "estarán dous home no agro; levarán a un e deixarán o outro".
18, 7 Eclo **35,** 12-19 ¿*Non vai ter paciencia?* Expresión difícil e escura. Tamén puidera ser: "Anque os faga esperar", ou "¿non os vai esperar?".
18, 8 Único caso no que unha parábola acaba en interrogación. Parece que a frase pertencía a outro contexto. Probablemente significa: ¿serán capaces os homes a manteren a confianza no Señor, a pesar das tribulacións e da escuridade da historia?
18, 12 Aínda que os xudeus tiñan a obriga de xexuar soamente unha vez ó ano (o Día da Expiación), os fariseos facíano dúas veces na semana.

18, 14 O exame farisaico é legalista e casuístico. O home que verdadeiramente ten fame de conversión vai máis ó fondo, e, aínda cumprindo a legalidade, séntese incapaz de ser plenamente fiel a Deus e ós homes. Desta incapacidade xorde a verdadeira conversión, que pide co salmista: "Renóvame por dentro" (Sal **51,** 12). Por iso, o verdadeiramente convertido non é autosuficiente e pide axuda. Logo, facéndose neno (Mt **18,** 13), confía no Pai, regresando ós seus brazos (Mt **15,** 20).
18, 16 Véxase nota a Mt **18,** 2.
18, 18 Lit. "un xefe". Mt **19,** 20 preséntao coma un mozo, pero parece unha modificación moi primitiva.
18, 20 Ex **20,** 12-16; Dt **5,** 16-20.

—Aínda che queda unha cousa: vende todo canto tes, e repárteo entre os pobres, e terás un tesouro no ceo; e despois ven e sígueme.
²³Ó que oíu estas cousas, o home aquel quedou moi apesarado, porque era moi rico.

O perigo das riquezas (Mt **19**, 23-30; Mc **10**, 23-31)

²⁴Xesús, ó velo así, comentou:
—¡Que difícil lles vai ser ós ricos entrar no Reino de Deus! ²⁵É máis fácil para un camelo entrar polo ollo dunha agulla, que para un rico entrar no Reino de Deus.
²⁶Tódolos que o escoitaban comentaron:
—Daquela ¿quen se vai poder salvar?
²⁷Pero el dixo:
—O que *para os homes* é *imposible,* é *posible para Deus.*
²⁸Entón díxolle Pedro:
—Pois nós, deixámolo todo, e seguímoste.
²⁹Xesús respondeulle:
—Tede por seguro que ninguén que deixa casa ou muller ou irmáns ou pais ou fillos polo Reino de Deus, ³⁰non pasará sen recibir agora cen veces máis, e no futuro a vida eterna.

Anuncia por terceira vez a súa morte (Mt **20**, 17-19; Mc **10**, 32-34)

³¹E levando á parte ós Doce, díxolles:
—Ollade que subimos a Xerusalén, e vaise cumprir todo o que está escrito polos profetas acerca do Fillo do Home. ³²Vano entregar ós pagáns, burlaranse del, aldraxarano e cuspirán nel, ³³azoutarano e matarano. Pero ó terceiro día resucitará.
³⁴Pero eles non entenderon nada disto. Resultábanlle enigmáticas estas palabras e non comprenderon o que lles quería dicir.

O cego de Iericó (Mt **20**, 29-34; Mc **10**, 46-52)

³⁵Cando chegaba a Iericó, un cego estaba a pedir sentado á beira do camiño. ³⁶Oíndo o barullo da xente que pasaba, preguntou que era aquilo. ³⁷Dixéronlle que era Xesús de Nazaret, que pasaba por alí. ³⁸El exclamou:
—¡Xesús, Fillo de David, ten mágoa de min!
³⁹Os que ían diante empezaron a rifarlle, para que calase pero el aínda berraba máis alto:
—¡Fillo de David, ten mágoa de min!
⁴⁰Deténdose Xesús, mandou que llo levasen. Cando se achegou, preguntoulle:
⁴¹—¿Que é o que queres que che faga?
El respondeu:
—Señor, que volva ver.
⁴²Xesús díxolle:
—Recobra a vista: salvoute a túa fe.
⁴³E no instante recobrou a vista, e foise detrás del, louvando a Deus. E todo o pobo, vendo aquilo, tamén louvaba a Deus.

Zaqueo

19 ¹Chegou Xesús a Iericó e pasaba atravesando a cidade. ²Había alí un home chamado Zaqueo, xefe dos recadadores e moi rico. ³Intentaba ver quen era Xesús; pero impedíallo a xente, porque el era pequeneiro. ⁴Entón botou a correr e subiu a unha figueira para velo, porque ía pasar por alí. ⁵Ó pasar Xesús por aquel lugar, levantou a vista e díxolle:
—Zaqueo, baixa de contado, que hoxe teño que parar na túa casa.
⁶El, baixando de contado, acolleuno moi contento. ⁷Pero vendo aquilo, a xente empezou a murmurar:
—Entrou a se hospedar na casa dun pecador.
⁸Zaqueo, posto de pé, díxolle ó Señor:
—Señor, darei a metade de todo canto teño ós pobres e, se algo roubei a alguén, devolvereille catro veces máis.
⁹Entón Xesús dixo:
—Hoxe chegou a salvación a esta casa, pois tamén este é fillo de Abraham. ¹⁰Porque o Fillo do Home vén buscar e salva-lo que estaba perdido.

Parábola das onzas (Mt **25**, 14-30)

¹¹Estando a xente escoitando estas cousas, engadiu unha parábola, por estar cerca de Xerusalén e por pensa-la xente que o Reino de Deus ía aparecer de contado. ¹²Dixo:
—Un home nobre marchou a un país distante, a que o coroasen rei, e volver despois.

18, 27 Cf Zac **8,** 6.
18, 34 *Non entenderon nada...,* sinal de que os discípulos, coma a gran maioría dos xudeus, esperaban un Mesías restaurador do Reino de Israel: cf **24,** 21.
19, 9 A salvación chegou á casa de Zaqueo, despois do seu encontro con Xesús. A conversión daquel home atopou unha expresión adecuada na práctica da xustiza e do amor.
19, 10 Cf Ez **34,** 16.

¹³Chamou logo por dez dos seus criados, repartiulles dez onzas, e encargoulles: "Negociade ata que volva". ¹⁴Pero os seus súbditos, que o odiaban, mandaron tras el unha embaixada, dicindo: "Non queremos que este sexa o noso rei".

¹⁵Cando volveu, xa coroado coma rei, mandou chamar polos criados aqueles, ós que lles dera as onzas, para saber canto gañara cada un.

¹⁶Presentouse o primeiro, dicindo: "Señor, a túa onza produciu outras dez". ¹⁷El contestoulle: "Ben, criado cumpridor: xa que fuches fiel en cousa pequena, serás rexedor de dez cidades".

¹⁸Chegou o segundo dicindo: "A túa onza, Señor, produciu outras cinco", ¹⁹Contestou-lle tamén a este: "Ti tamén serás rexedor de cinco cidades".

²⁰E chegou outro, dicindo: "Señor, aquí te-la túa onza; tíñaa gardada nun paniño, ²¹pois sabía que eras home esixente, que cólle-lo que non pos e seitúra-lo que non sementas". ²²El contestoulle: "As túas palabras condénante, criado inútil. Así que ti sabías que son home esixente, que collo o que non poño, e seituro o que non semento. ²³Pois logo ¿por que non deixaches nun banco os meus cartos? Así, ó chegar, eu podía recolle-los intereses".

²⁴E díxolles ós presentes: "¡Quitádelle a onza e dádella ó que ten dez!". ²⁵Eles replicaron: "¡Señor, se ese xa ten dez onzas!"

El seguiu: ²⁶"Asegúrovos que a todo o que ten, háselle dar; pero ó que non ten, aínda o que ten se lle ha de quitar. ²⁷E a todos eses meus inimigos, que non me querían por rei, traédeos aquí, e degoládeos na miña presencia".

²⁸E dito isto, botou a andar diante deles camiño de Xerusalén.

XESÚS EN XERUSALÉN

Entrada triunfal en Xerusalén (Mt **21**, 1-11; Mc **11**, 1-11; Xn **12**, 12-19)

²⁹E cando se aproximaban a Betfagué e a Betania, ó pé do chamado Monte das Oliveiras, mandou dous discípulos, ³⁰dicíndolles:

—Ide á aldea que tedes aí diante, e atoparedes atado un burriño que ninguén montou aínda nunca. Soltádeo e traédeo. ³¹E se alguén vos pregunta: "¿Por que o soltades?", respondédelle: "Precisao o Señor".

³²Foron os discípulos, e atoparon todo tal como lles dixera. ³³E cando ceibaron o burriño, preguntáronlle-los donos:

—¿Por que soltáde-lo burriño?

³⁴Eles contestaron:

—Precisao o Señor.

³⁵LeváronO onda Xesús, botaron os mantos sobre o burriño e axudárono a montar. ³⁶E ó pasar el, a xente estendía os mantos polo camiño. ³⁷Cando se aproximaban á baixada do Monte das Oliveiras, a multitude de discípulos, cheos de alegría, comezaron a louvar a Deus con grandes gritos, por tóda-las marabillas que tiñan visto. ³⁸Dicían:

—¡Benia o que vén, coma rei, no nome do Señor. Paz no ceo, e gloria no máis alto!

³⁹Algúns dos fariseos que estaban entre a xente, dixéronlle:

—Mestre, reprende a eses teus discípulos.

⁴⁰Pero el respondeulles:

—Asegúrovos que se estes calan, falarán as pedras.

Laio sobre Xerusalén (**21**, 6; Mt **24**, 2; Mc **13**, 2)

⁴¹E ó enxergaren a cidade, chorou sobre ela ⁴²dicindo:

—¡Ai, se ti tamén coñeceses neste día o que che podía traer paz! Pero os teus ollos non o dan visto. ⁴³E virán días nos que os teus inimigos te rodearán de trincheiras; asediarante, e apretarante por todas partes. ⁴⁴Esnaquizarante contra o chan a ti e mailos teus fillos. Non che deixarán pedra sobre pedra, por non recoñecére-la oportunidade de cando te visitaron.

19, 13 *Onzas*, en grego "minas": moeda de ouro, equivalente a unhas 100 dracmas. En Mt a cantidade, en "talentos", é moi superior. Comparando con Mt, vese que Lc combina aquí dúas parábolas: unha a das onzas, outra a da adquisición dun reino (que, baseándose na historia de Arquelao, alude á vinda de Xesús coma xuíz, para pedírlle-las contas ós que non o aceptaron como Mesías). A redacción de Mt reflexa, neste caso, un estadio máis primitivo cá de Lc.
19, 26 Cf Lc **8**, 18.
19, 38 Sal **118**, 25-26.
19, 44 Cf Sal **137**, 9.

Xesús bota os tendeiros fóra do templo (Mt 21, 12-17; Mc 11, 15-19; Xn 2, 13-22)

⁴⁵Despois entrou no templo, e empezou a botar fóra os tendeiros, ⁴⁶dicíndolles:

—Está escrito: *a miña casa ha ser casa de oración;* pero vós convertéstela *en cova de bandidos.*

⁴⁷Ensinaba tódolos días no templo. Daquela xa os sumos sacerdotes, os letrados e mailos notables do pobo buscaban o xeito de acabaren con el. ⁴⁸Pero non o atopaban, porque todo o pobo estaba moi atento ó que el dicía.

A autoridade de Xesús (Mt 21, 23-27; Mc 11, 27-33)

20 ¹Estando naqueles días ensinando ó pobo e anunciando a Boa Nova no templo, presentáronse os sumos sacerdotes, os letrados e mailos senadores, ²e preguntáronlle:

—¿Con que autoridade fas estas cousas? ¿Quen che deu tal autoridade?

³El respondeulle:

—Vouvos facer tamén eu unha pregunta. A ver, contestade: ⁴¿O bautismo de Xoán era cousa de Deus ou dos homes?

⁵Eles matinaban: "Se lle respondemos 'de Deus', vainos preguntar: 'E daquela ¿por que non lle fixestes caso? ⁶Pero se lle respondemos: 'dos homes', a xente toda vainos correr a pedradas, porque está convencida de que Xoán era un profeta". ⁷E acabáronlle dicindo que non o sabían.

⁸Xesús replicoulles:

—Pois eu tampouco non vos vou dicir con que autoridade fago estas cousas.

Parábola da viña (Mt 21, 33-46; Mc 12, 1-12)

⁹Entón púxose a contarlle á xente esta parábola:

—Un home *plantou unha viña,* arrendóullela a uns viñadores e marchou para lonxe. ¹⁰No seu tempo mandou un criado para cobrárlle-las rendas da viña. Pero os viñadores zorregáronlle duro e despedírono coas mans baleiras. ¹¹Volveulles mandar outro criado; pero eles mallaron nel, aldraxárono e despedírono coas mans baleiras. ¹²E volveulles mandar aínda un terceiro; pero eles tamén o malferiron e expulsaron.

¹³Entón dixo o dono da viña: "¿Que farei? Voulles manda-lo meu fillo benquerido: seguro que o respectan".

¹⁴Ó velo, os viñadores apalabráronse uns cos outros entre si: "Este é o herdeiro; matámolo, e a herdanza é para nós". ¹⁵E botárono fóra da viña e matárono.

¿Que fará o dono da viña? ¹⁶Voltará, acabará con estes viñadores, e daralle-la viña a outros.

Ó oíren isto exclamaron:

—¡Non pode ser!

¹⁷Pero el, mirándoos fixamente, díxolles:

—¿Que significa, logo, o que di a Escritura: *A pedra que desbotaron os canteiros é agora o esquinal?* ¹⁸Todo o que caia enriba desa pedra, esnaquizarase; pero aquel enriba do que ela caia, quedará esmagado.

¹⁹Decatándose de que ía por eles a parábola, os letrados e mailos sumos sacerdotes quixeron botarlle as mans naquel mesmo momento; pero tivéronlle medo á xente.

A contribución ó César (Mt 22, 15-22; Mc 12, 13-17)

²⁰Entón puxéronse á espreita e mandáronlle uns espías, que finxían hipocritamente seren boa xente, para ver se o pillaban nalgún delito, e así poderéno entregar á xurisdicción do gobernador. ²¹Así dixéronlle:

—Mestre, sabemos que falas e ensinas rectamente, e non xulgas polas aparencias, senón que móstra-lo camiño verdadeiro de Deus. ²²¿Está permitido paga-la contribución ó César ou non?

²³El coñecéulle-la mala intención e contestoulles:

²⁴—Mostrádeme un denario. ¿De quen é esta imaxe e de quen fala esta inscrición?

Contestáronlle:

—É do César.

²⁵Xesús replicoulles:

—Pois logo dádelle ó César o do César; e a Deus o de Deus.

²⁶Non puideron pillalo en ningún dito diante do pobo, e, pasmados da súa resposta, quedaron caladiños.

Acerca da resurrección (Mt 22, 23-33; Mc 12, 18-27)

²⁷Chegaron algúns saduceos —eses que negan que haxa resurrección— e preguntáronlle:

²⁸—Mestre, Moisés deixou escrito: "Se lle morre a alguén o seu irmán *sen deixar fillos,*

19, 45 Este acontecemento, mentres Xoán o pon nos comezos da vida pública de Xesús, os sinópticos colócano na Semana Santa: Lc no domingo e Mc no luns. De tódolos xeitos, é un feito moi importante, que enfrontaba a Xesús co Templo e que ía ter fatais consecuencias no seu proceso relixioso.

19, 46 Is **56,** 7; Xer **7,** 11.
20, 9 Cf Is **5,** 2.
20, 14 Referencia clara a Xesús, rexeitado polos xudeus.
20, 17 Sal **118,** 22.
20, 28 Dt **25,** 5.

que case coa viúva de seu irmán, para lle dar descendencia". ²⁹Pois dunha vez había sete irmáns. O primeiro casou, e morreu sen fillos. ³⁰Despois casou con ela o segundo; ³¹e logo o terceiro; e así os sete foron casando coa viúva, morrendo tamén sen deixar fillos. ³²Ó cabo, morreu tamén a muller. ³³Ora, cando resuciten, ¿de cal deles vai se-la muller, se estivo casada cos sete?

³⁴Xesús contestoulles:

—Neste mundo os homes e mailas mulleres casan entre eles. ³⁵Pero os que sexan dignos da vida futura e da resurrección de entre os mortos, non casarán nin eles nin elas, ³⁶pois non poden morrer. Son coma anxos, e son fillos de Deus por naceren na resurrección.

³⁷E que resucitan os mortos, ben o deixou indicado Moisés, cando dixo do Señor, no episodio da silveira: *O Deus de Abraham, o Deus de Isaac e o Deus de Xacob.* ³⁸E Deus non é un Deus de mortos, senón de vivos, para El todos están vivos.

³⁹E nisto algúns dos letrados dixéronlle:

—Ben falado, Mestre.

⁴⁰Pois xa non se atrevían a preguntarlle máis nada.

O fillo de David (Mt 22, 41-46; Mc 12, 35-37)

⁴¹Preguntoulles Xesús:

—¿Como din que o Mesías é fillo de David? ⁴²O mesmo David di no libro dos Salmos:

Díxolle o Señor ó meu Señor:
séntate á miña dereita,
⁴³*que vou poñe-los teus inimigos*
coma estrado dos teus pés.

⁴⁴Ora, se David o chama Señor, ¿como vai se-lo seu fillo?

Denuncia dos letrados (11, 37-54; Mt 23, 1-36; Mc 12, 38-40)

⁴⁵E diante de toda a xente, díxolles ós seus discípulos:

⁴⁶—¡Coidado cos letrados! Gústalles moito de se pasearen ben traxeados, e que lles fagan reverencias polas rúas; buscan os primeiros postos nas sinagogas e mais nos banquetes. ⁴⁷E acábanlles cos bens ás viúvas, co pretexto de faceren longos rezos. Pero hanos xulgar co máis severo castigo.

Xenerosidade da viúva (Mc 12, 41-44)

21 ¹Ergueu a vista e viu uns ricos que botaban os seus donativos na boeta do tesouro. ²E viu tamén unha viúva moi pobre, que botaba unha miseria. ³Entón dixo:

—Asegúrovos unha cousa: esta pobre viúva botou máis ca todos. ⁴Porque todos estes botaron do que lles sobra, pero ela na súa pobreza botou canto tiña para vivir.

Destrucción do templo e signos de Xuízo (Mt 24, 1-3; **10,** 17-22; Mc **13,** 1-13)

⁵Comentaban algúns a fermosa cantería con que estaba construído o templo, e os ex-votos que o adornaban. Pero el díxolles:

⁶—Todo isto que estades a contemplar, días virán nos que o derrubarán ata que non quede pedra sobre pedra.

⁷Eles preguntáronlle:

—Mestre, dinos, ¿cando van pasar estas cousas? ¿Cal será o signo de que van suceder?

⁸El empezoulles a dicir:

—Estade atentos, para non vos extraviar. Porque han vir moitos no meu nome, dicindo: "son eu" e "está a chega-lo momento", pero non os sigades. ⁹Cando oiades falar de guerras e desordes, non vos asustedes; que iso ten certamente que acontecer primeiro, pero aínda non será a fin.

¹⁰Entón díxolles:

—Erguerase pobo contra pobo, reino contra reino; ¹¹haberá grandes terremotos, pestes e fames en diversos lugares; cousas espantosas, e grandes sinais no ceo. ¹²Pero antes de todo isto botaranse sobre vós, perseguíndovos: levaranvos ás sinagogas e á cadea, ante reis e gobernadores por causa miña; ¹³así teréde-la oportunidade de dar testemuño. ¹⁴Metede ben na cabeza que non tedes que preocuparvos pola vosa defensa, ¹⁵que eu vos darei unha elocuencia e mais unha sabedoría que non poderán resistir

---

20, 37 Ex 3, 6.
20, 42s Sal 110, 1.
20, 44 *Fillo de David,* de seu, quere dicir descendente de David. Pero nos salmos mesiánicos acada unha tal superioridade respecto a David, que os xudeus non souberon nunca explicar.
20, 46 Cando pasaba un letrado (escriba) tíñanse que erguer e reverencialo os que non estivesen traballando. Ademais, tiñan un posto de preferencia nos actos públicos.

21, 2 *Unha miseria:* lit. "Dous leptóns": moedas pequenas de bronce, coma quen di: "Dous patacóns".
21, 6 Véxase nota a Mt **24,** 2.
21, 9 Todas estas advertencias sobre as persecucións que os cristiáns estaban a padecer no tempo en que se escribiu o Evanxeo, e que Mateo coloca no discurso da "Misión" (**10,** 17-21), non parecen ter relación coa fin do mundo.

nin replica-los vosos adversarios. ¹⁶Entregaranvos vosos mesmos pais, irmáns, parentes e amigos. Mataranvos a algúns de vós, ¹⁷e todos vos aborrecerán por causa miña, ¹⁸e mais non perderedes nin un pelo da vosa cabeza. ¹⁹Coa vosa perseverancia, salvaréde-las vosas vidas.

A destrucción de Xerusalén (Mt 24, 15-21; Mc 13, 14-19)

²⁰Cando vexades a Xerusalén sitiada polos exércitos, sabede que está a chega-la súa destrucción. ²¹Entón os que estean en Xudea, que fuxan para os montes; os que estean na vila, que se afasten; e os que estean no campo, que non entren na vila; ²²porque estes son días de escarmento, nos que se cumprirá canto está escrito. ²³¡Ai das que estean embarazadas ou criando naqueles días! Porque haberá unha grande apretura no país, e un terrible xuízo para este pobo. ²⁴Caerán baixo a espada, levaranos presos a tódolos países do mundo, e os pagáns esmagarán cos pés a Xerusalén, ata que se lles cumpra tamén o tempo ós pagáns.

A chegada do Fillo do Home (Mt 24, 29-31; Mc 13, 24-27)

²⁵Haberá sinais no sol, na lúa e nas estrelas; e na terra as nacións tremerán coa angustia ante o bruar do mar e das ondas; ²⁶os homes morrerán cheos de medo e de desacougo, polo que virá enriba do mundo, pois mesmo os astros abalarán. ²⁷Entón verán o *Fillo do Home vir sobre unha nube* con grande poder e gloria. ²⁸Pero cando empece a suceder todo isto, poñédevos de pé e erguede ben a cabeza, porque chega o día da vosa liberación.

O exemplo da figueira (Mt 24, 32-35; Mc 13, 28-31)

²⁹E púxolles esta comparación:
—Reparade na figueira e nas demais árbores: ³⁰cando as vedes agromar, sabedes por vós mesmos que está vindo o verán. ³¹Pois vós igual: cando vexades que pasan estas cousas, caede na conta de que xa está preto o Reino de Deus. ³²Asegúrovos que non pasará está xeración sen que antes aconteza todo isto. ³³O ceo e maila terra pasarán, pero as miñas palabras non pasarán.

Hai que estar atentos

³⁴Tede conta de vós mesmos; non sexa que vos atordoedes na borracheira, na libertinaxe e nas preocupacións da vida, e de súpeto caia sobre vós aquel día; ³⁵porque caerá coma un lazo sobre tódolos que habitan a terra. ³⁶Vós vixiade sempre, e pregade para que poidades escapar de todo o que está por vir, e comparecer así seguros diante do Fillo do Home.

³⁷Pasaba os días ensinando no templo; polas noites saía, e pasábaas no Monte chamado das Oliveiras. ³⁸E todo o pobo madrugaba para ir onda el ó templo, escoitalo.

A PAIXÓN

Complot contra Xesús (Mt 26, 1-5. 14-16; Mc 14, 1-2. 10-11; Xn 11, 45-53)

22 ¹Aproximábase a festa dos Ázimos, chamada tamén a Pascua.
²Os sumos sacerdotes e mailos letrados andaban buscando como quitalo do medio, porque lle tiñan medo á xente.
³Nisto Satanás apoderouse de Xudas, chamado o Iscariote, que formaba parte dos Doce, ⁴e foi falar cos sumos sacerdotes e cos oficiais da garda sobre o xeito de entregalo. ⁵Eles alegráronse, e acordaron darlle cartos.

⁶El aceptou, e andaba vendo a ocasión de entregárllelo sen que a xente se decatase.

Preparación da Pascua (Mt 26, 17-19; Mc 14, 12-16)

⁷Chegou o día dos Ázimos, e había que inmola-lo año pascual. ⁸Mandou a Pedro e a Xoán, dicíndolles:
—Ide prepara-la cea pascual.
⁹Eles preguntaron:
—¿Onde queres que a preparemos?
¹⁰El respondeu:

21, 20 Efectivamente Tito asediou e destruíu parte de Xerusalén no ano 70, algúns lustros despois da morte de Cristo (cf nota a Mt 24, 2). O Evanxeo de Lc escribiuse aínda máis tarde.
21, 22 Cf Dt 32, 35; Xer 25, 13.
21, 24 Lc fala de "kairoi", de épocas ou tempos históricos limitados: coa caída de Xerusalén (descrita con palabras de Zac 12, 3) acaba o tempo dos xudeus e empeza o dos xentís; pero tamén o tempo dos xentís terá a súa fin.
21, 25 Típico estilo apocalíptico, moi de moda nos tempos de Xesús (cf Mt 24, 3ss e nota).
21, 26 *Os astros:* lit."os poderes do ceo".
21, 27 Dn 7, 13-14.
21, 29 Véxase nota a Mt 24, 45.
22, 1 Sobre a festa dos Ázimos e maila Pascua, véxase nota a Mt 26, 17; cf Introd. ó N. T., 2-d) 1).

—Mirade, cando entredes na cidade, havos saír ó paso un home, levando unha ola de auga. Seguídeo ata a casa onde entre, [11]dicídelle ó dono da casa: "O Mestre mándanos preguntar: ¿Onde está o lugar no que poida come-la Pascua cos meus discípulos?". [12]El havos mostrar no sobrado unha sala grande, xa disposta: facede alí os preparativos.

[13]Foron eles, atoparon todo tal como lles dixera, e prepararon a Pascua.

A Eucaristía (Mt **26,** 26-30; Mc **14,** 22-26; 1 Cor **11,** 23-25)

[14]Cando chegou a hora, púxose á mesa cos seus apóstolos. [15]Díxolles:

—¡Moito levo desexado comer esta Pascua convosco antes de eu padecer! [16]Porque vos digo que xa non a volverei comer ata que chegue o seu cumprimento no Reino de Deus.

[17]E collendo unha copa, deu gracias e dixo:

—Tomade e repartídea entre vós, [18]pois asegúrovos que non volverei beber do producto da viña ata que chegue o Reino de Deus.

[19]E collendo pan, deu gracias, partiuno e déullelo, dicindo:

—Este é o meu corpo, que se entrega por vós; facede isto en memoria de min.

[20]E despois de cear, fixo o mesmo coa copa, dicindo:

—Esta copa é *a Nova Alianza,* selada co meu sangue, que se verte por vós.

[21]Pero mirade o que vos digo: a man do que me entrega está aquí, sobre a mesa, a carón meu. [22]Porque o Fillo do Home vaise, conforme o determinado; pero ¡ai daquel que o entrega!

[23]Entón empezaron a discutir entre eles, sobre quen podería se-lo que ía facer iso.

O máis importante (Mt **20,** 25-28; Mc **10,** 42-45)

[24]Armouse tamén unha discusión entre eles sobre a quen deles debían considerar máis importante. Pero el díxolles:

[25]—Os reis dos xentís asobállanos, e os tiranos fanse chamar benfeitores. [26]Pero vós non fagades iso; non: que o maior entre vós sexa coma o máis pequeno, e o que goberna, coma quen serve. [27]Pois, ¿quen é máis importante, o que está á mesa ou quen o serve? ¿Acaso non é o que está na mesa? Pero eu ando entre vós coma quen serve.

[28]Pois vós sóde-los que quedastes comigo nas miñas probas. [29]E, coma o meu pai o dispuxo para min, así eu teño disposto para vós un reino, [30]para que, cando eu sexa rei, comades e bebades na miña mesa, e sentedes en tronos para xulga-las doce tribos de Israel.

Anuncio das negacións de Pedro (Mt **26,** 31-35; Mc **14,** 27-31; Xn **13,** 36-38)

[31]¡Simón, Simón, mira que Satanás vos reclamou para vos peneirar coma o trigo! [32]Pero eu roguei por ti, para que a túa fe non falle; e ti, ó que se arrepintas, debes confirma-los teus irmáns.

[33]Díxolle el:

—Señor, estou disposto a ir á cadea e á morte contigo.

[34]Respondeulle Xesús:

—Ten por seguro que hoxe, antes de que o galo cante, negarás tres veces que me coñeces.

[35]E logo preguntoulles a todos:

—Cando vos mandei sen bolsa, alforxas e calzado, ¿sentistes falta de algo?

Eles responderon:

—De nada.

[36]El continuou:

—Pois agora quen teña unha bolsa, que a colla e que colla tamén unha alforxa; e quen non teña espada, que venda o seu manto e que merque unha. [37]Porque vos aseguro que é preciso que se cumpra en min aquilo que está escrito: "Foi contado entre os malfeitores". E o tocante a min vaise cumprir.

[38]Eles dixéronlle:

—Señor, temos aquí dúas espadas.

Contestoulles:

—Basta. Xa está ben.

No Monte das Oliveiras (Mt **26,** 36-46; Mc **14,** 32-42)

[39]Despois de saír, foise como facía sempre ó Monte das Oliveiras, seguido dos seus discípulos. [40]Cando chegaron ó sitio, díxolles:

—Rogade que non caiades na tentación.

22, 17 Esta primeira copa que entrega ós apóstolos corresponde ó rito da Pascua, é dicir, da Vella Alianza; a segunda copa (v 20) corresponde á Eucaristía, é dicir, á Nova Alianza.
Véxase nota a Mt **26,** 28.
22, 20 Cf Xer **31,** 31.

22, 21 Cf Sal **41,** 10; Xn **13,** 18-30.
22, 36 Clara expresión simbólica, que pide un gran coidado e fortaleza ante a hostilidade a que se verán sometidos.
22, 37 Is **53,** 12.

⁴¹E arredándose deles, coma un tiro de pedra, púxose a rogar axeonllado: ⁴²—Meu Pai, se queres, arreda de min este cáliz. Pero que non se faga a miña vontade, senón a túa.

⁴³E un anxo do ceo aparecéuselle para confortalo. ⁴⁴E cheo de angustia, pregaba con máis teima aínda, mentres suaba coma pingas de sangue que esvaraban ata o chan.

⁴⁵Erguéndose da oración, volveu onda os discípulos e atopounos durmidos por mor da tristeza. ⁴⁶Díxolles:

—¿Como é que estades a durmir? Erguédevos e rogade, para que non caiades na tentación.

Traición e arresto (Mt **26,** 47-56; Mc **14,** 43-50; Xn **18,** 3-11. 20)

⁴⁷Estaba aínda falando, cando apareceu xente; á fronte deles viña o chamado Xudas, un dos Doce; e achegouse a Xesús, para lle dar un bico. ⁴⁸Pero Xesús díxolle:

—Xudas, ¿cun bico entréga-lo Fillo do Home?

⁴⁹Entón os seus acompañantes, decatándose do que pasaba, preguntáronlle:

—Señor, ¿sacámo-las espadas?

⁵⁰E un deles feriu ó criado do Sumo Sacerdote, rabenándolle a orella dereita.

⁵¹Pero Xesús díxolle:

—Deixádeos facer.

E tocándolle a orella, sandoulla. ⁵²Entón díxolles ós que viñan contra el, sumos sacerdotes, oficiais da garda do templo e anciáns:

—Viñéstesme prender con paos e espadas, coma se fose un bandido. ⁵³Pero eu estiven a diario convosco no templo, e non me puxéste-las mans enriba. Ben: esta é a vosa hora, e o poder das tebras.

As negacións de Pedro (Mt **26,** 57-58. 69-75; Mc **14,** 53-54. 66-72; Xn **18,** 12-18. 25-27)

⁵⁴Prendérono e levárono á casa do Sumo Sacerdote. Pedro seguíao de lonxe. ⁵⁵Encenderon lume no medio do patio, e sentaron arredor; e Pedro sentou tamén no medio deles. ⁵⁶Pero unha criada, viuno sentado a carón do lume, cravou os ollos nel e dixo:

—Este tamén andaba con el.

⁵⁷El negouno dicindo:

—Muller, eu non o coñezo.

⁵⁸Pouco despois viuno outro criado, e dixo:

—Ti es deles tamén.

Pero Pedro exclamou:

—Non, home, non son.

⁵⁹Unha hora máis tarde, aínda volveu insistir outro criado:

—Si, seguro que andaba con el, que é galileo.

⁶⁰Pedro replicou:

—Pero home, eu non che sei de que falas.

E no intre, estando aínda el a falar, cantou o galo. ⁶¹O Señor, volvéndose, mirou a Pedro, e este acordouse das súas palabras: "antes de que o galo cante hoxe, ti hasme negar tres veces". ⁶²Saíu para fóra, e chorou amargamente.

Burlas e golpes a Xesús (Mt **26,** 67-68; Mc **14,** 65)

⁶³Os homes que o tiñan preso burlábanse del e mallábano; ⁶⁴tapábanlle a cara e preguntábanlle:

—Fai agora de profeta: ¿quen che zoupou?

⁶⁵E aldraxábano, dicíndolle outras moitas cousas.

Xesús ante o Sanedrín (Mt **26,** 59-66; Mc **14,** 55-64; Xn **18,** 19-24)

⁶⁶Cando se fixo de día, reuniuse o Consello dos anciáns do pobo, os sumos sacerdotes e mailos letrados, e acordaron levalo ó Sanedrín. ⁶⁷E dixéronlle:

—Se ti e-lo Mesías, dínolo.

El contestoulles:

—Se volo digo, non me ides crer; ⁶⁸se vos fago preguntas, non me ides responder. ⁶⁹Pero desde agora o *Fillo do Home estará sentado á dereita do Todopoderoso.*

22, 38 Os discípulos non entenderon o simbolismo.
22, 42 Outros len: "Pai, se queres arredar de min este cáliz... Pero que"...
22, 44 *Coma pingas de sangue,* segundo o texto pode ser un feito real ou unha comparación (suor tan abondosa e mesta coma sangue). Algúns ms. suprimen os vv 43 e 44, seguramente por lles pareceren "humanos de máis" estes aspectos de Xesús; pero iso equivale a non comprender que a divindade en nada diminúe a verdadeira humanidade do Salvador.
22, 52 *Anciáns:* cabezas de familia que eran membros do Sanedrín (cf v 66 e nota).
22, 66 *Sanedrín:* máximo organismo de Israel, composto polos anciáns, sumos sacerdotes e mailos letrados. O vocábulo que traducimos por "sumos sacerdotes" abarca o Sumo Sacerdote en funcións e os "sacerdotes xefes" (cf Introd. ó N. T., **2.** b) l)).
22, 69 *Á dereita do Todopoderoso.* Lit. "á dereita do Poder de Deus" (cf Sal **110,** 1). Lucas suprime o "veredes" de Mateo e Marcos, evitando toda referencia a Daniel e facendo a expresión máis intelixible. Desde agora, naturalmente, refírese á morte.

⁷⁰Preguntáronlle todos:
—¿Logo es ti o Fillo de Deus?
El respondeu:
—Vós o dicides: eu son.
⁷¹Eles exclamaron:
—¿Para que máis testemuñas? Xa llo oímos nós mesmos da súa boca.

Xesús ante Pilato (Mt 27, 1-2. 11-14; Mc 15, 1-5; Xn 18, 28-38)

23 ¹Cando se levantou a sesión, conduciron a Xesús ante Pilato. ²Alí empezárono a acusar, dicindo:
—Atopamos a este revolucionando ó pobo, impedíndolle paga-lo tributo ó César, e declarándose ademais Mesías e rei.
³Pilato preguntoulle:
—¿Es ti o rei dos xudeus?
Respondeulle:
—Ti o dis.
⁴Entón díxolles Pilato ós sumos sacerdotes e mais á xente:
—Eu non atopo delito ningún neste home.
⁵Pero eles teimaban dicindo:
—Anda encirrando á xente, ensinando por toda Xudea, desde Galilea ata aquí.

Ante Herodes

⁶Oíndo aquilo, Pilato preguntou se aquel home era galileo. ⁷Ó saber que pertencía á xurisdicción de Herodes, remitiullo a el, que casualmente estaba por aqueles días en Xerusalén. ⁸Herodes, ó ver a Xesús, alegrouse moito, porque había tempo que o quería ver, polo moito que tiña oído falar del; de por parte esperaba ver algún milagre. ⁹Fíxolle moitas preguntas, pero Xesús non dixo palabra. ¹⁰Tamén estaban alí os sumos sacerdotes e mailos letrados acusándoo arrufadamente. ¹¹Herodes e mailos seus soldados aldraxárono, e, para faceren riso del, vestírono cunha roupa fachendosa; e despois Herodes mandoullo de volta a Pilato. ¹²E desde aquel día Herodes e Pilato, que se levaban moi mal, quedaron amigos.

Condenado á morte (Mt 27, 15-26; Mc 15, 6-15; Xn 18, 39-19, 16)

¹³Pilato convocou os sumos sacerdotes, os xefes e mailo pobo ¹⁴e díxolles:
—Trouxéstesme este home coma se fose un revolucionario; pero eu, despois de o interrogar diante de vós, non atopei nel ningún delito deses dos que o acusades; ¹⁵nin tampouco Herodes, que nolo devolveu. Nada que mereza a morte cometeu; ¹⁶así que voulle pór un escarmento, e despois vouno soltar.
¹⁸Pero todos empezaron a berrar, dicindo:
—¡Fóra ese, solta a Barrabás!
¹⁹(Este estaba na cadea por unha revolta con asasinato, ocorrido na cidade).
²⁰Pilato volveulles falar, pois quería librar a Xesús. ²¹Pero eles berraban:
—¡Crucifícao, crucifícao!
²²Pilato replicou por terceira vez:
—¿Pero que mal fixo? Ningún delito de morte atopei nel. Dareille un escarmento e soltareino.
²³Pero eles porfiaban a berros e pedían a crucifixión, facendo cada vez máis algareo. ²⁴Por fin Pilato sentenciou tal coma eles querían. ²⁵Soltou ó que reclamaban —o encadeado por revolta e asasinato—, e a Xesús entregóullelo ó seu antollo.

Crucifixión (Mt 27, 32-44; Mc 15, 21-32; Xn 19, 17-27)

²⁶Cando o levaban, botaron man dun certo Simón de Cirene, que viña da leira, e cargáronlle a cruz, para que a levase detrás de Xesús. ²⁷Ía tras eles unha chea de xente e mulleres batendo no peito e laiándose por el. ²⁸Xesús volvéndose a elas, díxolles:
—Fillas de Xerusalén, non choredes por min: chorade máis ben por vós e polos vosos fillos. ²⁹Porque, mirade, veñen días nos que se dirá: "Afortunadas as ésteriles, os ventres que non enxendraron e os peitos que non criaron". ³⁰E pediranlles ós montes: ¡Caede enriba de nós!, e ós outeiros: tapádenos. ³¹Porque si isto fan coa árbore verde, ¿que lle pasará á seca?

22, 70 *Fillo de Deus:* aquí este título avanza sobre o de "Mesías" (v 67), mentres que en Mt **26,** 63 e Mc **14,** 61 parece idéntico. Sinala, logo, o misterio pleno de Xesús (cf no mesmo senso Lc **1,** 32.35; Xn **10,** 24-36).
23, 3 Como en **22,** 70, a resposta pode ser afirmativa: "Si, tal como o dis", ou evasiva: "Iso dilo ti"...
23, 4 Pilato debeu interpreta-la contestación de Xesús coma unha saída irónica ou como unha resposta negativa.
23, 16 Lc evita adrede falar da "flaxelación", quizais polo tremendamente cruel e humillante que era ese suplicio. Ten sempre a tendencia a esquiva-las situacións humillantes de Xesús ou dos seus discípulos.
23, 17 Algúns ms. engaden o v 17: "En cada festa tiña a obriga de soltarlles un preso" (tomado de Mc **15,** 6).
23, 27 Estas mulleres simbolizan ós que permanecen fieis a Xesús.
23, 30 Cf Os **10,** 8. Situación embarazosa, traducible pola expresión "terra, trágame".

³²Levaban con el tamén a outros dous bandidos, para executalos. ³³E cando chegaron ó lugar chamado "A Caveira", crucificárono alí; e con el os dous bandidos: un á dereita e outro á esquerda del.

³⁴Xesús dicía:

—Meu Pai, perdóaos que eles non saben o que fan.

E, *botando á sorte, repartiron a roupa del.* ³⁵A xente estaba a mirar, e os xefes moqueábanse del, dicindo:

—A outros salvounos. Pois que se salve agora el, se é o Mesías de Deus, o Elixido.

³⁶Tamén os soldados se burlaban del, e achegándose ofrecíanlle vinagre, ³⁷dicindo:

—Se ti e-lo rei dos xudeus, sálvate a ti mesmo.

³⁸E había un letreiro enriba del: "Este é o rei dos xudeus".

³⁹Un dos bandidos que estaban crucificados, insultábao tamén:

—¿Non es ti o Mesías? Pois sálvate ti e sálvanos a nós.

⁴⁰Pero contestoulle o outro, reprendéndoo:

—¿Seica non temes a Deus, ti que sófre-la mesma condena ca el? ⁴¹Nós, polo menos, recibímo-lo que merecemos, pero este non fixo mal ningún.

⁴²E dicíalle:

—Xesús, lémbrate de min cando volvas coma rei.

⁴³Xesús respondeulle:

—Asegúroche que hoxe estarás comigo no paraíso.

Morte de Xesús (Mt **27**, 45-56; Mc **15**, 33-41; Xn **19**, 28-30)

⁴⁴Chegado o mediodía, a escuridade cubriu a terra ata a media tarde. ⁴⁵Pois houbo unha eclipse de sol. E o veo do Santuario rachou polo medio. ⁴⁶Entón Xesús, pegou un berro moi alto e dixo:

—¡Meu Pai! *Nas túas mans entrego o meu espírito*.

E dicindo isto, morreu.

⁴⁷O centurión, vendo o que sucedera, glorificou a Deus, dicindo:

—Realmente este home era inocente.

⁴⁸E toda a xente que acudira ó espectáculo, ó ve-lo que pasaba, volvía batendo no peito. ⁴⁹Os seus coñecidos seguían todo de lonxe, e igual as mulleres que o acompañaran desde Galilea.

Sepultura (Mt, **27,** 57-61; Mc **15**, 42-47; Xn **19,** 38-42)

⁵⁰Un home bo e honrado, chamado Xosé, que era conselleiro ⁵¹—anque el non estivera de acordo co proceder do Consello—, natural de Arimatea, vila de Xudea, e que esperaba o Reino de Deus, ⁵²presentouse a Pilato e pediulle o corpo de Xesús. ⁵³Logo, despois de o baixar, envolveuno nunha saba e púxoo nun sepulcro cavado na rocha, que estaba sen estrear. ⁵⁴Era día da Preparación e xa despuntaba o sábado. ⁵⁵Tamén estiveron presentes as mulleres que o acompañaban desde Galilea, pois seguiron a Xosé, e viron o sepulcro e como o depositaba. ⁵⁶Cando regresaron, prepararon perfumes e bálsamos. Pero o sábado descansaron, conforme o mandado.

A RESURRECCIÓN

Anuncio da resurrección (Mt **28**, 1-10; Mc **16**, 1-8; Xn **20**, 1-10)

24 ¹Á madrugada do primeiro día da semana foron ó sepulcro, levando os perfumes que tiñan preparados. ²Pero atoparon quitada a lousa, arredada do sepulcro. ³Entraron, e viron que o corpo do Señor non estaba alí. ⁴Entón, mentres estaban todas perplexas por aquilo, apareceron dous homes con vestidos resplandecentes. ⁵Cheas de medo, miraban para o chan; pero eles preguntaron:

—¿Por que buscades entre os mortos a quen está vivo? ⁶Non está aquí; resucitou. Recordade o que vos dicía en Galilea: ⁷que cumpría que entregasen o Fillo do Home nas mans dos pecadores, que o crucificasen e que resucitase ó terceiro día.

⁸A elas acordáronlles aquelas palabras súas, ⁹e, volvendo do sepulcro, anunciáronllelo ós Once e a tódolos demáis. ¹⁰Eran elas: María Magdalena, Xoana, María a de Santiago. E tamén as outras que as acompañaban lles dicían o mesmo ós apóstolos; ¹¹pero

---

23, 34 Sal **22**, 19.
23, 36 Había o costume de ofrecerlles calmantes ós condenados, para aliviárlle-la dor.
23, 42 Outros traducen: "Cando entres no teu reino".
23, 43 Segundo a tradición xudía, os xustos estaban no "Seo de Abraham" (**16**, 23); segundo a tradición cristiá están na compaña de Xesús (Feit **7**, 59; Flp **1**, 23).
23, 45 Véxase a nota a Mt **27**, 45 e **27**, 51.
23, 46 Sal **31**, 6.

eles non lles daban creto: parecíalles un desatino das mulleres.
¹²Mesmo así, Pedro ergueuse e foi correndo ó sepulcro; abaixándose, viu as vendas soas; e, todo abraiado polo acontecido, volveu para a súa casa.

Camiño de Emaús (Mc 16, 12-13)

¹³Aquel mesmo día dous deles ían camiño de Emaús, unha aldea que está a uns dez quilómetros de Xerusalén. ¹⁴Ían falando de canto pasara. ¹⁵E resulta que mentres parolaban e discutían, Xesús en persoa, achegouse e camiñaba canda eles. ¹⁶Pero os seus ollos estaban incapacitados para o recoñeceren. ¹⁷Entón preguntoulles:
—¿De que ides falando polo camiño?
Eles pararon cun semblante moi tristeiro, ¹⁸e Cleofás, un deles, respondeulle:
—¿Seica es ti o único forasteiro en Xerusalén, que non sabe nada do que pasou alí durante estes días?
¹⁹El preguntou:
—¿De que, logo?
Eles contestaron:
—Do asunto de Xesús o Nazareno, que foi un profeta poderoso en obras e palabras, ante Deus e ante o pobo todo; ²⁰de como os nosos sumos sacerdotes e demais xefes o condenaron á morte e o crucificaron. ²¹Nós esperabamos que el fose quen liberase a Israel; pero xa van alá tres días desde que pasaron estas cousas. ²²Claro que algunhas mulleres das nosas déronnos un susto, porque foron ó risca-lo día ó sepulcro, ²³e, ó non atoparen o corpo, volveron falando dunha visión de anxos, que lles aseguraron que el vive. ²⁴E algúns dos nosos alá foron ó sepulcro, atopando todo como as mulleres dixeran; pero a el non o viron.
²⁵Entón díxolles:
—¡Que parvos e lentos sodes para crer todo o que anunciaron os profetas! ²⁶E logo ¿non cumpría que o Cristo padecese todo isto, antes de entrar na súa gloria?
²⁷E comezando por Moisés e tódolos profetas, foilles interpretando o que as Escrituras falaban del.
²⁸Ó entraren na aldea onde ían, fixo coma quen quería seguir para adiante. ²⁹Pero eles porfiáronlle, dicindo:
—Quédate connosco, porque se fai tarde, e a noite bótase enriba.
Quedou con eles. ³⁰E mentres estaban na mesa, colleu o pan, bendiciuno e partiuno e déullelo. ³¹Entón abrironselle-los ollos e recoñecérono; pero el desapareceu. ³²E dixeron:
—¿Non ardía o noso corazón, cando nos falaba polo camiño, interpretándono-las Escrituras?
³³E levantándose axiña, volveron a Xerusalén. Alí atoparon os Once reunidos cos seus acompañantes, ³⁴que dicían:
—É certo, o Señor resucitou e apareceuselle a Simón.
³⁵Eles tamén contaron o que lles pasara polo camiño, e como o recoñeceran no parti-lo pan.

Aparición ós apóstolos (Mt **28**, 16-20; Mc **16**, 14-18; Xn **20**, 20-23; Feit **1**, 6-8)

³⁶Estando eles comentando estas cousas, presentóuselles Xesús no medio e díxolles:
—¡A paz sexa convosco!
³⁷Sobresaltados e cheos de medo, coidaban contemplar un espírito. ³⁸Pero el díxolles:
—¿Por que estades asustados, e a que veñen esas dúbidas? ³⁹Mirade para as miñas mans e para os meus pés: sonvos eu. Palpade aquí e decatádevos de que un espírito non ten carne nin ósos, como vedes que teño eu.
⁴⁰E dicindo isto, mostróulle-las mans e mailos pés. ⁴¹Pero eles, tolos de contento e sen sairen do seu asombro, non acababan de crer. Xesús preguntoulles:
—¿Tedes por aí algo que comer?
⁴²Déronlle un anaco de peixe asado. ⁴³El colleuno e comeuno diante deles. ⁴⁴Logo díxolles:
—A isto referíame eu cando, estando aínda convosco, vos dicía que conviña que se cumprise todo o que está escrito na Lei de Moisés, nos Profetas e mais nos Salmos acerca de min.
⁴⁵E abriu os seus entendementos para que comprendesen as Escrituras. ⁴⁶E engadiu:
—Así está escrito: o Mesías padecerá e resucitará de entre os mortos no terceiro

---

24, 13 *Uns dez kms.:* lit. "sesenta estadios".
24, 21 Vese como os discípulos participan da mentalidade xeral dos xudeus, que esperaban un Mesías político e liberador de Israel. Tan só despois da resurrección foron purificando a súa fe.

24, 30 Parti-lo pan, termo co que na primitiva Igrexa se denominaba a Eucaristía (Feit **2**, 42; cf v 35).
24, 44 Segundo os Feitos dos Apóstolos, as aparicións estendéronse durante corenta días despois da Resurrección. No evanxeo, Lucas condensa todo nun só día.

día, ⁴⁷e predicarase no seu nome a conversión e mailo perdón dos pecados a tódolos pobos, empezando por Xerusalén. ⁴⁸Vós seredes testemuñas de todo isto. ⁴⁹E eu heivos mandar o don prometido por meu Pai. Mentres tanto seguide na cidade, ata que se vos revista co poder que vén de arriba.

Ascensión de Xesús (Mc 16, 19-20; Feit 1, 9-11)

⁵⁰Despois levounos para fóra, a un lugar preto de Betania, e alí, erguendo as mans, bendiciunos. ⁵¹E mentres os bendicía, foise separando deles, e foi elevado ó ceo. ⁵²Eles, despois de se postraren ante el, voltaron para Xerusalén cheos de alegría. ⁵³E seguían decote, no templo, bendicindo a Deus.

24, 52 Este terceiro evanxeo, que comeza coa alegría polo nacemento de Xoán o Bautista (**1,** 14), remata co mesmo sentimento, a pesar da marcha de Xesús.

INTRODUCCIÓN Ó EVANXEO SEGUNDO SAN XOÁN

1. Autor

A cuarta obra que nos presenta a Boa Nova da salvación pola fe en Cristo non aparece vinculada a ningún autor determinado. Fálase, sen embargo, dun discípulo que dá testemuño do que viu (**21,** 14), e que, por tódolos indicios, coincide co *"discípulo preferido de Xesús"*, de quen fala abondo o cuarto evanxeo (**13,** 23-25; **19,** 25-27; **20,** 2.4-8; **21,** 7.20-32). O mesmo personaxe ben podería se-lo non nomeado do primeiro capítulo (**1,** 37-42), e o que se designa coma *"o outro discípulo"* (**18,** 16; **20,** 2-10; cf **18,** 15).

Hai tres feitos esclarecedores á hora de identifica-lo autor deste evanxeo: se, por unha banda, temos en conta que o único Xoán mencionado nel é o Bautista; que, por outra, nos sinópticos un dos tres discípulos preferidos de Xesús se chama Xoán; e, aínda máis, pola gran importancia que este personaxe recibe nos primeiros tempos da Igrexa, é posible chegar á conclusión de que este discípulo anónimo —o máis amigo do Mestre— é Xoán, o fillo do Zebedeo.

Así o entenderon os escritores cristiáns dos primeiros séculos, que o consideran coma o autor do cuarto evanxeo, anque algúns teñan ós seus discípulos coma coautores. Esta última posibilidade, desde un punto de vista literario, non parece ir moi descamiñada. En efecto, a derradeira conclusión deste cuarto evanxeo (**21,** 24-25), que fala da testemuña presencial en terceira persoa, non puido ser escrita por el. Máis aínda, podemos afirmar con certa seriedade científica, utilizando os métodos da crítica literaria, que Xoán, a testemuña dos feitos, comunícalles ós seus discípulos o que viu e escoitou de Xesús, e que estes predican á xente e poñen por escrito algunha parte do evanxeo, aínda despois de morre-lo apóstolo. Como a doutrina a transmitira Xoán —e doutra parte os discípulos non tiñan demasiada sona—, a paternidade do evanxeo dáselle a Xoán, do mesmo xeito que se lle dá hoxe a un autor xa morto, cando outro recolle o seu material e o publica. Por estes motivos non podemos identificar simplemente o redactor final do cuarto evanxeo co apóstolo Xoán.

Tocante a Xoán, sabemos polos outros evanxeos que era fillo do Zebedeo e Salomé (Mt **4,** 22; **27,** 56; cf Mc **15,** 40), e irmán de Santiago o Maior. Era de Betsaida, vila situada á beira do lago de Tiberíades.

Se o apóstolo Xoán coincide co discípulo anónimo mencionado en **1,** 25-40, resulta que, antes de ser discípulo de Xesús, érao de Xoán o Bautista. Despois, foi un dos tres preferidos do Mestre (Mt **17,** 1; **26,** 36-37; Xn **13,** 23-25). Na paixón é o único que non abandona a Xesús (**19,** 26 s); e despois da Ascensión é protagonista, xunto con Pedro, das diversas actividades da Igrexa Apostólica (Feit **1,**13; **3,** 1-11; **8,** 14). No ano do Concilio de Xerusalén *(49/50 d. C.)*, residía na Cidade Santa. Despois, segundo a tradición, marchou a Éfeso, onde viviu ata que o desterraron á illa de Patmos. En tempos do emperador Nerva *(ano 96)* volveu a Éfeso, onde morreu, nos comezos do reinado de Traxano.

2. Motivo e finalidade

As razóns que moveron ó autor a escribi-lo evanxeo, puideron ser de moi diversa índole: facerlles fronte ás ideas dos secuaces de Xoán Bautista, dos gnósticos ou dos docetas, ou mesmo para confirma-los crentes na súa fe. O máis verosímil é que, tendo en conta todas esas razóns, escribise coa finalidade de proclamar e esclarece-la palabra salvadora nunhas circunstancias de mentalidade e problemática diferentes ás do mundo en que apareceran os sinópticos. Esta finalidade resulta non tanto misioneira canto dunha meirande profundación na fe.

3. Tempo, destinatarios e lugar onde se escribiu

A tradición histórica, na que se funda toda a obra, pódese datar entre o ano 40 e o 60. A primeira aparición dos escritos non é anterior á dos evanxeos de Mateo e Lucas (70-80); sendo o máis probable, a xulgar pola temática presentada no texto, que aparecese polos anos 85 ou 90, cando proliferaban as excomuñóns entre os xudeus.

O ton que utiliza para falar dos xudeus fainos pensar que non se dirixe a eles con preocupación misioneira. Por outra parte, a ignorancia que supón da topografía palestinense por parte dos destinatarios, ademais dunha serie de explicacións que fai de termos culturais e relixiosos coñecidos polos xudeus, favorecen a idea de que ía dirixido ós xudeus da Diáspora, o que vén confirmado pola ironía de **7,** 35. Concretando máis, o feito de que o No-

INTRODUCCIÓN Ó EVANXEO SEGUNDO SAN XOÁN

vo Testamento só localice os discípulos de Xoán Bautista en Palestina e en Éfeso (Feit **19**, 1-7), induce a pensar que Xoán o Evanxelista escribiu a súa obra para os cristiáns de Éfeso, que convivían con discípulos do Bautista.

Tocante ó lugar onde se escribiu, tanto a evidencia interna (exame do texto), coma externa (testemuño dos escritores antigos) están a favor de Éfeso.

4. Un evanxeo histórico-teolóxico

As preocupacións de Xoán e a súa finalidade son de tipo teolóxico. Sen embargo, non por isto descoida os datos históricos. Máis aínda, en moitos casos precisa con moita máis exactitude os datos dos sinópticos —tradición que parece coñecer—, anque non se ate demasiado a ela.

As escavacións feitas recentemente confirman a veracidade da topografía palestina tal como se expón no cuarto evanxeo. O autor quere facer teoloxía baseándose en feitos históricos, realizando unha interpretación teolóxica deles e presentando a súa dimensión espiritual.

5. Eclesioloxía, sacramentalidade e escatoloxía

Quen cre en Xesús é verdadeiro israelita, como era Natanael: ese tal naceu de Deus, non da carne nin do sangue. Por esa fe e por ese nacemento do Espírito, fórmase a comunidade. Esta é como unha viña, da que Xesús é a cepa e os cristiáns os sarmentos. A unión con Xesús —o mesmo cá duns cristiáns con outros (**17**, 22)—, é fundamental. Ademais desta imaxe da viña, no cuarto evanxeo atopamos tamén a da comunidade coma rabaño guiado por Cristo, o Bo Pastor (**10**). Xesús tamén se presenta coma rei que vén implantar na terra o Reino de Deus: un rei que exerce a súa soberanía desde a cruz. Sintetizando, logo, "viña", "rabaño" e "súbditos do rei", son expresións que conteñen o senso da Comunidade de crentes.

A salvación, que nos chega polo Fillo de Deus feito home, lógrase por medio dunhas realidades moi comúns, como son a auga, o pan e a palabra. Pola realidade sacramental, o home crente entra, mediante o Espírito, en relación con Xesús glorificado e, por este, co mesmo Pai.

As preocupacións deste evanxeo, miran máis a indica-lo froito espiritual do sacramento que a sinala-la institución do rito. Con todo, fanse afirmacións claras —especialmente no tocante ó Bautismo e á Eucaristía—; e non coma instruccións que dá Xesús ós discípulos no remate da súa vida (cf Feit **1**, 3), senón coma resultado da actuación de Xesús.

Xoán, a diferencia dos sinópticos, preséntanos unha "escatoloxía xa realizada" (**6**, 56: ten a vida eterna), anque non totalmente rematada. Deus manifístase en Xesús, e xa vímo-la gloria de Deus (**1**, 14). Pero, ó mesmo tempo, dáse un elemento futuro: algunhas cousas non sucederán ata que chegue a "hora de Xesús" (**7**, 39), ou aínda depois dela (**16**, 7), para te-lo seu remate definitivo na fin dos tempos (**6**, 40; **12**, 48).

6. Algúns temas fundamentais

A "hora de Xesús". Xesús vai camiñando ó longo de toda a súa vida, cara a un intre misterioso, a súa hora. Esta expresión permítenos dividi-lo cuarto evanxeo en dúas partes: a primeira, ata a chegada da hora; a segunda, a partir da chegada da hora. A "hora de Xesús" é a da súa paixón, concebida por Xoán como exaltación, pois nela comunica os bens mesiánicos, atraendo a todos cara a El (**12**, 32).

A fe. É unha resposta a Deus, que nos fala polo seu Fillo. Quen está nas tebras, non viu en Xesús o Fillo de Deus. Xesús fala do que viu e oíu onda o Pai (**3**, 11-13.32-34; **6**, 46; **8**, 26); díno-la verdade que del recibiu (**8**, 40). Quen cre en Cristo, cre no Pai, pois o Pai testemuña por medio del (**3**, 33; **8**, 26).

Signos e obras (cf **2**, 11 nota). As obras de Xesús non teñen, no evanxeo de Xoán, a función de facer ver que o poder de Satán foi destruído polos feitos marabillosos de Xesús, chegando entón xa o Reino de Deus. Os feitos de Xesús son máis ben unha continuación das obras salvadoras de Deus na historia. É o Pai quen quere seguir actuando e faino agora por medio de Xesús (**5**, 17; **14**, 10).

7. O Evanxeo de Xoán, os Documentos de Qumrân e mailos Targum

A idea dunha dependencia do evanxeo de Xoán do mundo gnóstico e helenista escapouse de abondo entre os estudiosos do cuarto evanxeo. Pero, cando se descubriron os Documentos de Qumrân (de ambiente xudeu) atopáronse significativos paralelos coa obra xoánica. Destes paralelos, podemos concluír, se non unha dependencia literaria directa, si polo menos uns puntos comúns que nos moven a pensar que Xoán non tivo que recolle-las súas ideas dun mundo alleo a Israel, pois xa as había alí. Podemos destaca-la oposición "verdade-mentira", "Luz-tebra"; a caracterización de Satán coma "o príncipe do mal", a existencia dun "espírito da luz", e a loita entre os principios do ben e do mal ata o momento en que o principio do ben venza ó outro totalmente.

Nos Targúms —traduccións da Biblia ó arameo, con paráfrases— tamén se atopa a idea da "gloria de Deus", "palabra de Deus", o "Espírito Santo", "o Pai que está no ceo", "o perdón dos pecados", "o día do xuízo" e outros temas e expresións. En xeral, podemos dicir que Xoán utiliza o Antigo Testamento á luz do Targum.

8. Estructura do Evanxeo

Prólogo: **1**, 1-18.
Libro dos Signos: **1**, 19-**12**, 50.
Libro da Gloria: **13**, 1-**20**, 29.
Epílogo: **20**, 30-31.
Apéndice: **21**, 1-25.

EVANXEO SEGUNDO SAN XOÁN

PRÓLOGO: 1, 1-18

1 ¹No principio existía a Palabra,
e a Palabra estaba onda Deus,
e a Palabra era Deus.
²Ela estaba no principio onda Deus.
³Todo foi feito por ela,
e sen ela non se fixo
nada do que foi feito.
⁴Nela estaba a vida,
e a vida era a luz dos homes;
⁵a luz aluma na tebra,
e a tebra non a deu apagado.
⁶Houbo un home
mandado por Deus:
o seu nome era Xoán.
⁷Este veu de testemuña
para dar testemuño da luz,
para que todos cresen por el.
⁸Non era el a luz,
senón que veu para dar testemuño da luz.
⁹(A Palabra) era a verdadeira luz
que aluma a todo home
que vén a este mundo.
¹⁰Ela estaba no mundo,
e o mundo foi feito por ela,
pero o mundo non a recoñeceu.
¹¹Veu á súa propiedade,
e os seus non a acolleron.
¹²Pero a cantos a recibiron,
—ós que cren no seu nome—
déulle-lo poder
de seren fillos de Deus.
¹³Estes, non naceron do sangue,
nin da vontade da carne,
senón de Deus.
¹⁴E a Palabra fíxose carne,
e plantou entre nós a súa tenda,
e nós vímo-la súa gloria,
gloria coma de Unixénito
que vén do Pai,
cheo de gracia e de verdade.
¹⁵Xoán dá testemuño del,
exclamando:
Este évos de quen eu dixen:
"O que vén detrás miña,
pasa diante miña,
pois existía primeiro ca min".
¹⁶E da súa abundancia
recibimos todos nós
gracia e máis gracia.
¹⁷Pois a Lei deuse
por medio de Moisés;
a gracia e a verdade
realizáronse por Xesús Cristo.
¹⁸A Deus ninguén o viu;
o Unixénito, que está no seo do Pai,
foi quen nolo revelou.

O LIBRO DOS SIGNOS: 1, 19-12, 50

Dobre testemuño do Bautista: 1, 19-28. 29-34
¹⁹E este é o testemuño de Xoán cando os xudeus lle mandaron de Xerusalén sacerdotes e levitas onda el, para lle preguntar:
—¿Ti quen es?
²⁰El declarou e non negou. Declarou:
—Eu non son o Cristo.
²¹Preguntáronlle:

1, 1 O autor desprega a doutrina da *Palabra* ("Logos", "Verbo") de Deus, usando coma telón de fondo o comezo da Biblia. Emprega nos catro primeiros vv unhas expresións que se atopan nos tres primeiros do libro da Xén, como son, entre outras: "no principio", "foi feito", "luz" e "tebra".
A Palabra de Deus existe desde sempre. Mentres que a Sabedoría foi creada nos comezos (Prov **8,** 22-23), a Palabra de Deus xa existía; mentres que todo o resto "chegou a ser" (Xén **1,** 3), a Palabra de Deus "xa era" (**1,** 1).
Xoán recibe a doutrina da Palabra a través dos "Targum" (cf Introd. **7**). Nestes dise que a Palabra de Deus era a luz que alumaba no intre da creación.
1, 3 Non soamente Xoán, senón tamén Paulo e mais Heb subliñan o papel da Palabra de Deus na creación (Col **1,** 16; Heb **1,** 1-3).
1, 6 Relacionándoo co tema da luz, introduce Xoán (vv 6-8) a figura do Bautista, pregoeiro que vai diante de Xesús, para dar testemuño del. Volverase falar do Bautista en **1,** 15. 29-37.
1, 9 *A Palabra*: lit. "ela". Despois do inciso do Bautista, volverase enlazar co v 5.
1, 12-13 Outra lectura dalgúns ms, pouco probable, di:
¹² "Pero a cantos a recibiron / déulle-lo poder de seren fillos de Deus. ¹³Ela nin naceu do sangue, nin da carne / senón de Deus".
1, 14 No A.T. Deus maniféstalles ós homes, en diversas ocasións, o seu poder (Ex **16,** 7-10; **24,** 17). Coa vinda de Cristo, a gloria de Deus móstrasenos dun xeito máis claro e duradeiro na Palabra de Deus encarnada, polos signos do poder de Deus que El fai (Xn **2,** 11; **11,** 40; **17,** 4). Esta gloria chega ó cumio na paixón e resurrección de Cristo (cf **12,** 27-32; **13,** 31-32; **20,** 19-23).
1, 17 Moisés fixo de mediador da Lei (Ex **33-34**) na Vella Alianza, pacto que a xente non respectou. Entón Deus anuncia por medio de Xeremías unha Nova Alianza, máis interior (Xer **31,** 33), de benevolencia, gracia e fidelidade, que se ofrecen agora ós homes por medio de Xesús Cristo
1, 19 **1,** 19-12, 50: O "Libro dos Signos", a primeira das partes principais do Evanxeo de Xoán.

—Entón ¿quen es ti? ¿Es Elías?
Contestou:
—Non son.
—¿E-lo profeta?
Respondeu:
—Non.
²²Daquela dixéronlle:
—¿E, logo, quen es? Para que lles poidamos dar unha resposta ós que nos mandaron. ¿Que dis de ti mesmo?
²³El dicía:
—Eu son a voz do que clama no deserto, "endereitade o camiño do Señor" (como escribira o profeta Isaías).
²⁴Algúns dos mandados eran fariseos ²⁵e preguntáronlle:
—Entón ¿por que bautizas, se non es ti o Cristo nin Elías nin o profeta?
²⁶Xoán respondeulles:
—Eu bautizo con auga; mais entre vós está quen vós non coñecedes; ²⁷o que vén detrás miña e eu non son merecente de lle desata-lo amalló da sandalia.
²⁸Todo isto pasou en Betania, pola outra banda do Xordán, onde estaba Xoán bautizando.
²⁹Ó outro día, vendo a Xesús, que viña cara a el, dixo:
—¡Velaí o Año de Deus, o que arrinca o pecado do mundo! ³⁰Este é de quen eu dixen: "Detrás miña vén un home que pasa diante miña, pois existía primeiro ca min". ³¹Eu non o coñecía, mais para iso vin eu bautizar con auga: para mostralo a Israel. ³²E Xoán seguiu testemuñando:
—Eu vin o Espírito baixar do ceo coma unha pomba e pousar enriba del. ³³Eu non o coñecía, pero o que me mandou bautizar con auga, díxome: "Cando véxa-lo Espírito baixar e pousar sobre un, ese é o que bautiza co Espírito Santo". ³⁴E eu vino e dou testemuño de que este é o Fillo de Deus.

Os primeiros discípulos de Xesús: Andrés e Pedro: 1, 35-42

³⁵Ó outro día estaba outra vez Xoán con dous dos seus discípulos ³⁶e, vendo a Xesús que camiñaba, dixo:
—Velaquí o Año de Deus.
³⁷Cando os dous discípulos oíron o que el falara, fóronse detrás de Xesús. ³⁸Volveuse Xesús e, vendo que eles o seguían, preguntoulles:
—¿Que buscades?
Eles respondéronlle:
—"Rabbí" (que quere dicir "Mestre"), ¿onde paras?
³⁹El díxolles:
—Vide e veredes.
E eles foron e viron onde paraba e quedaron con el aquel día. Era contra as catro da tarde.
⁴⁰Un dos dous que escoitaron a Xoán e seguiron a Xesús era Andrés, o irmán de Simón Pedro. ⁴¹Vai e ó primeiro que atopa é a Simón, o seu propio irmán, e dille:
—Encontrámo-lo Mesías (que quere dicir Cristo).
⁴²E levouno onda Xesús. Ó velo, díxolle Xesús:
—Tí es Simón, o fillo de Xoán. Ti haste chamar Kefas (que quere dicir Pedro).

Felipe e Natanael: 1, 43-51

⁴³Ó outro día decidiu Xesús saír para a Galilea; atopou a Felipe e díxolle:
—Sígueme.
⁴⁴Felipe era de Betsaida, da vila de Andrés e mais de Pedro. ⁴⁵Atopou Felipe a Natanael e díxolle:
—Encontramos a aquel de quen escribiu Moisés na Lei e mailos Profetas: a Xesús, o fillo de Xosé, o de Nazaret.
⁴⁶Contestoulle Natanael:
—¿E de Nazaret pode saír algo bo?
Felipe díxolle:

1, 23 Fai unha actualización do anunciado por Isaías (Is **40**, 3), aplicándollo ó Bautista.
1, 28 Esta *Betania* é outra distinta da aldea onde vivían Lázaro, Marta e María (cf **11**, 18 nota).
1, 31 Os Targum e mais algúns apócrifos do A.T. din que o Mesías ha de ser revelado. A función de revelador asúmea o Bautista.
1, 33 Xesús posúe o *Espírito* en plenitude, como estaba xa anunciado no A.T. (Is **11**, 2; **42**, 1). Por iso pódeo comunicar ós outros. Esa comunicación faina polo bautismo co Espírito Santo. Deste bautismo falarall Xesús a Nicodemo (Xn **3**, 5-6), inauguraraó o mesmo Xesús o día de Pentecostés (Feit **2**, 1-4; cf **1**, 4-5), e administrarano os apóstolos a partir dese día (Feit **2**, 38-41; **8**, 12-38).
1, 39 *As catro da tarde:* lit. "a hora décima".

1, 41 *Mesías* é un termo procedente do hebreo, mentres o vocábulo "Cristo" vén do grego. Ambos termos significan "Unxido" —aquel sobre o que se verte o óleo para o facer rei—. Na práctica, aplícase ó salvador que se espera en Israel e que se concreta na persoa de Xesús de Nazaret.
1, 42 Xesús cámbialle o nome a *Simón*, pois encoméndalle outra misión que ha comprometer toda a súa vida. O nome responde á realidade: *Kefas* (en arameo) que é o mesmo ca "Petros" (en grego): pedra, rocha. A razón dese nome é que Simón ha de se-la rocha sobre a que Xesús vai edifica-la súa Igrexa (cf Mt **16**, 18).
1, 44 *Betsaida* era unha das aldeas situadas a carón do lago de Xenesaret, na súa ribeira Norte.
1, 45 Xesús era considerado *fillo de Xosé*, pois Xosé e María estaban desposados e vivían na mesma casa.

—Ven e verás.

⁴⁷Viu Xesús a Natanael, que se achegaba, e dixo del:

—Aí tedes un verdadeiro israelita, en quen non hai dobrez.

⁴⁸Preguntoulle Natanael:

—¿E de que me coñeces?

Contestoulle Xesús:

—Antes de que Felipe chamase por ti, xa eu te vira, cando estabas debaixo da figueira.

⁴⁹Respondeulle Natanael:

—Rabbí, ti e-lo Fillo de Deus, ti e-lo rei de Israel.

⁵⁰Díxolle entón Xesús:

—¿Porque che dixen que te vin debaixo da figueira, xa cres? Pois cousas máis grandes has ver.

⁵¹E concluíu:

—Con toda verdade volo aseguro: habedes ve-lo ceo aberto, e os anxos de Deus subindo e baixando onda o Fillo do Home.

O primeiro signo nas vodas de Caná: 2, 1-11

2 ¹Ó terceiro día houbo un casamento en Caná de Galilea, e estaba alí a nai de Xesús. ²Tamén foi convidado Xesús e mailos seus discípulos ó casamento. ³Chegou a falta-lo viño e a nai de Xesús díxolle:

—Non che teñen viño.

⁴Replicoulle Xesús:

—Muller ¿que ten que ver iso comigo e contigo? Aínda non chegou a miña hora.

⁵Súa nai díxolles entón ós servidores:

—Facede o que el vos diga.

⁶Había alí seis tinas de pedra para as purificacións dos xudeus, que levaban ó pé de cen litros cada unha. ⁷E ordenoulles Xesús:

—Enchede de auga as tinas.

Eles enchéronas de todo.

⁸Díxolles entón:

—Collede agora e levádelle a proba ó mestresala.

Eles levárona. ⁹E, cando o mestresala probou a auga volta viño, sen saber de onda viña (os servidores si que o sabían, que eles colleran a auga) falou co noivo ¹⁰e díxolle:

—Todo o mundo pon de primeiras o viño bo e, cando xa están bébedos, o máis cativo; ti, en troques, deixáche-lo viño bo para agora.

¹¹Foi así como fixo Xesús o primeiro dos signos en Caná de Galilea; manifestou a súa gloria, e creron nel os seus discípulos.

Xesús en Cafarnaúm: 2, 12

¹²Despois disto baixou a Cafarnaúm, con súa nai, seus irmáns e mailos seus discípulos, e quedou alí uns poucos días.

1, 49 Con esas expresións vén significar que é El o salvador que o pobo de Israel estaba agardando: o Mesías, o Cristo. Algo lle descubriu Xesús a Natanael que lle fai ver no Mestre o profeta anunciado por Moisés (**1**, 45; cf Dt **18**, 18), o Mesías proclamado tamén polos profetas (Is **11**, 1-9; **42**, 1-12; Xer **23**, 5-6).

1, 51 *Con toda verdade volo aseguro*. Lit. "Amén, amén, dígovos". Expresión característica e exclusiva de Xoán (que a usa vintecinco veces). Tamén se podería traducir: "en verdade, en verdade vos digo (ou aseguro)". A traducción adoptada —que se empregará sempre— quere indicar: 1) a énfase da repetición e 2) a firmeza incluída na raíz hebrea do amén.

Os anxos de Deus...: Xén **28**, 12 cóntanos como subían e baixaban os anxos por unha escada na presencia de Xacob. O Targum Palestino sinala a razón desas subidas e baixadas: querían ver a Xacob. Xesús vénlle dicindo a Natanael, en termos daquela familiares, que o que admiran de Xacob hano ver tamén nel.

2, 1 *Caná de Galilea* era unha aldea identificada polos arqueólogos coma a actual Khirbet-Kaná ("ruínas de Caná"), a uns 10 km ó NE de Nazaret. Sen embargo, algúns pensan que se trata de Kefar-Kaná ("a aldea de Caná"), 14 km ó N de Nazaret.

2, 4 É ésta a primeira vez que aparece no cuarto evanxeo a palabra *hora* con senso teolóxico. A hora de Xesús terá lugar no momento sinalado polo Pai. Nin a nai de Xesús nin Xesús mesmo poden adiantar esa "hora" da plena revelación, que se fará realidade ó final da vida do Mestre; pero pode adiantarse "sacramentalmente", "prefigurándose" nos "signos".

Os profetas falaran dos tempos mesiánicos coma dun "casamento" de Israel co seu Deus (Is **54**, 4-8; **62**, 4-5); e tamén coma un "banquete" de auga, viño e leite (Is **55**, 1), un banquete onde habería viño abondo (Is **62**, 8-9; Am **9**, 13-14; cf Is **62**, 21). No libro dos Proverbios (**9**, 1-5) preséntase coma un banquete de pan e viño.

O viño que Xesús ofrece é un "viño" novo. Xoán critica, como fixera Xesús (Mc **7**, 1-24) as purificacións xudías, feitas con "auga", e expresado mediante a frase de María "non teñen viño". Xesús inaugura os tempos mesiánicos, ofrecendo viño abondo, un viño novo; viño que ata aquel momento non o había.

Mencionando o casamento e mailo viño novo, Xesús anuncia a chegada dos tempos mesiánicos.

2, 6 *Cen litros:* lit. "dúas ou tres metretas". Unha metreta é unha medida de 38 a 40 l. de capacidade.

2, 8 O *mestresala* era o entendido en cuestións gastronómicas. Nas vodas encargábase de que tanto a comida coma a bebida estivesen a punto.

2, 11 As obras que Xesús fai (**10**, 25) deben constituír para a xente signos acreditativos de que é o mandado do Pai. Por iso pode dicir: "se non me credes a min, crede ás obras" (**10**, 38; cf **14**, 11). Esas obras fainas o Pai por medio de Xesús (**5**, 36; **14**, 10). Sen embargo, Xesús non se conforma con que os homes recoñezan simplemente as marabillas que fai: quere que a xente se decate do significado dos signos, de xeito que crean nel (**4**, 53; **6**, 69; **9**, 38; **11**, 40). Esta fe é a que conduce á percepción da gloria de Xesús.

2, 12 *Cafarnaúm* era unha vila situada na banda NO do lago de Xenesaret. O seu nome significa "aldea de Nahúm", quizais por estar alí sepultado o profeta Nahúm.

A expresión *os irmáns* de Xesús vale para designa-los parentes do Mestre. Para os semitas, tódolos consanguíneos eran "irmáns". Ó longo da Biblia, atopamos moitas confirmacións deste feito. Así, Nadab e Abihú, fillos de Aharón, son nomeados "irmáns" de Misael e Elfasán, curmáns carnais de Aharón (Lev **10**, 1-4). Acerca de Lot, chamado "irmán de Abraham" (Xén **13**, 8; **14**, 14-16), sa-

Expulsa os mercaderes do templo: 2, 13-22

[13]Estaba a chega-la Pascua dos xudeus e subiu Xesús a Xerusalén. [14]Atopou no templo os que vendían bois, ovellas e pombas e mailos cambistas, sentados; [15]foi e fixo un vergallo con cordas de xunco, botounos a todos fóra do templo e as ovellas e os bois tamén; guindou os cartos e virou as mesas dos cambistas; [16]e ós que vendían as pombas, díxolles:

—Arredádeme de aquí estas cousas, non fagades da casa do meu Pai unha casa de negocio.

[17]Lembráronse os seus discípulos de que estaba escrito: "O celo da túa casa devórame".

[18]Pola súa parte, os xudeus preguntáronlle:

—¿Que sinal nos mostras, para faceres estes feitos?

[19]Respondeulles Xesús:

—Derrubade este templo e erguereino en tres días.

[20]Replicáronlle os xudeus:

—Corenta e seis anos levou edificar este templo ¿e halo erguer ti en tres días?

[21]Pero el dicíao referíndose ó templo do seu corpo. [22]Cando se ergueu de entre os mortos, lembraron os seus discípulos o que dixera e creron na Escritura e no dito de Xesús.

Fe imperfecta de moitos xudeus: 2, 23-25

[23]Estando Xesús en Xerusalén pola festa da Pascua, moitos creron nel, vendo os signos que facía. [24]Pero, pola súa parte, Xesús non se fiaba deles, porque os coñecía a todos. [25]Non precisaba de que ninguén lle dese informacións de ninguén, que ben coñecía el o que había no home.

Conversa de Xesús con Nicodemo: 3, 1-21

3 [1]Había entre os fariseos un home chamado Nicodemo, maxistrado dos xudeus. [2]Este veu onda el pola noite e díxolle:

—Rabbí: sabemos que viñeches de Deus coma mestre, pois ninguén pode facer estes signos que ti fas, non sendo que Deus estea con el.

[3]Respondeulle Xesús:

—Con toda verdade cho aseguro: como un non naza de novo, non pode ve-lo Reino de Deus.

[4]Replicoulle Nicodemo:

—¿Como pode un home nacer, sendo vello? ¿Pode entrar outra vez no seo da nai e nacer?

[5]Respondeulle Xesús:

—Con toda verdade cho aseguro: como un non renaza pola auga e o Espírito, non pode entrar no Reino de Deus. [6]O que naceu da carne, é carne; e o que naceu do Espírito, é espírito. [7]Non che estrañe que eu che dixe-

---

bemos que era fillo de Harán, un dos irmáns de Abrahán (Xén **11**, 27). Outro tanto podemos dicir de Betuel —pai de Rebeca— e Abraham: sendo sobriño e tío —pois Betuel era fillo de Nahor (Xén **24**, 24)— dise que son "irmáns" (Xén **24**, 27. 47-48), cando o irmán de Abraham era Nahor (Xén **11**, 27). As citas poderían multiplicarse.

E non soamente se chama "irmáns" ós consanguíneos, senón tamén ós membros da mesma tribo (Núm **8**, 26; **16**, 10; **36**, 2), e incluso ós da mesma nación, contrapoñéndoos ós forasteiros (Dt **1**, 16; **15**, 3).

Os evanxelistas, que, anque escribiron case todos eles en grego, pensaban coa mentalidade e a lingua dos hebreos, traduciron a palabra "aj" pola grega equivalente "irmán" ("adelfós"), e así témo-la expresión "os irmáns de Xesús", designando os seus parentes.

Mateo e Marcos dinnos que os devanditos eran Xacob, Xosé, Xudas e Simón, á parte das mulleres (Mt **13**, 55; Mc **6**, 3). Os dous primeiros son fillos doutra María, coñecida como "a nai de Xacobo e Xosé" (Mt **27**, 56; Mc **15**, 40), ou "a de Xacob" (Mc **16**, 1); dos outros dous, non se fala máis. Esta María, sería parente da nai de Xesús, identificable ou non como "a de Cleofás" (cf Xn **19**, 25 e nota).

2, 13 A *Pascua* celébrase o 15 de Nisán (mes de "Abib", ou das espigas). Era o primeiro mes e cae no noso mes de marzo ou abril.

2, 14ss Acción simbólica, que fai ve-lo cumprimento de Zac **14**, 21.

2, 17 Son palabras do Sal **69**, 10.

2, 19 Como se mostra moitas veces no cuarto evanxeo (**3**, 3.5; **4**, 10; **11**, 11; **13**, 36), Xesús fala coma en enigma, dándolle un senso máis profundo a expresións que semellaban obvias. No caso presente, sen deixar de facer referencia á destrucción do templo material (**2**, 20), anuncia a fin da antiga disposición e o comezo da nova, na que o corpo resucitado de Cristo será o novo templo, o centro de encontro entre Deus e os homes. Deste xeito, Xesús responde con autoridade á petición dos xudeus de que lles dea un signo do seu poder sobre o templo (**2**, 18).

Os fariseos representaban o grupo dos puritanos, dos celosos da Lei. Eles critican a Xesús porque se pon por riba da Lei. Pola súa parte, Xesús condena a hipocresía, o orgullo e mailo legalismo, así coma a cegueira en non o recoñecer coma o mandato de Deus.

3, 2 A "tebra" e maila *noite* teñen un valor simbólico: representan o ambiente propio do que fai obras ruíns (**3**, 19-21), ou do que camiña sen seguranza (**9**, 4; **11**, 10). Así, cando Xudas se ergueu da mesa e saíu co propósito de entregar a Xesús (**13**, 30), dinos Xoán que "era de noite". O senso que Xoan nos quere comunicar é que, deixando a Xesús, que é a Luz, vaise dar na noite, na tebra, no mal. Nicodemo, en troques, foi de noite, pois tiña medo; pero ó ir onda Xesús encontrou a luz, pois foi a ela (**3**, 20-21). Por iso, cando Xesús xa morrera, alí estaba Nicodemo coma fillo da luz (cf Xn **19**, 39).

Rabbí: palabra aramea que significa "meu Mestre".

3, 3 A palabra grega "anozen" significa *de novo* e *de riba*. Xesús, a xulgar polo que entende Nicodemo (v 4), comeza por falarlle dun novo nacemento, para rematar dicíndolle que este nacemento ten que vir de arriba, un renacemento que sexa obra do Espírito.

3, 5 Xesús menta o Bautismo, un bautismo superior ó de Xoán, pois o deste só era de auga.

se "é necesario que vós nazades de novo". ⁸O vento sopra onde quere e ti séntelo zoar pero non sabes de onde vén nin para onde vai. Así pasa con todo aquel que naceu do Espírito.
⁹Replicoulle Nicodemo:
—¿Como se pode facer isto?
¹⁰Respondeulle Xesús:
—¿Ti es mestre de Israel e non o sabes? ¹¹Con toda verdade cho aseguro: falamos do que coñecemos e testemuñámo-lo que vimos, pero vós non aceptáde-lo noso testemuño. ¹²Se dicíndovos cousas terreas, non credes, ¿como iades crer dicíndovos cousas celestiais? ¹³E ninguén subiu ó ceo, fóra do que baixou do ceo, o Fillo do Home.
¹⁴Coma Moisés alzou a serpente no deserto, así debe ser alzado o Fillo do Home, ¹⁵para que todo o que cre nel, teña vida eterna. ¹⁶Pois de tal xeito amou Deus o mundo, que lle deu o seu Fillo Unixénito, para que todo o que cre nel non se perda, senón que teña vida eterna.
¹⁷Non mandou Deus o Fillo ó mundo para que xulgue o mundo, senón para que por el se salve o mundo. ¹⁸O que cre nel, non é xulgado; mais o que non cre, xa está xulgado, porque non creu no Fillo Unixénito de Deus. ¹⁹Nisto consiste o xuízo: en que, vindo a luz ó mundo, os homes escolleron a tebra en vez da luz, pois as súas obras eran ruíns. ²⁰Pois todo o que fai o mal, odia a luz e non vén cara á luz, para que non o delaten as súas obras. ²¹Polo contrario, o que obra a verdade vén cara á luz, para que se vexan as súas obras porque están feitas como Deus quere.

Derradeiro testemuño de Bautista: 3, 22-30

²²Despois disto, foi Xesús cos seus discípulos á terra de Xudea, e alí vivía con eles e bautizaba. ²³Estaba tamén Xoán bautizando en Ainón, preto de Salén, porque había alí moita auga e viñan moitos a se bautizar ²⁴(pois aínda non meteran a Xoán na cadea).

²⁵Houbo entón unha porfía dos discípulos de Xoán cuns xudeus a propósito da purificación. ²⁶Foron onda Xoán e dixéronlle:
—Rabbí, fíxate, aquel que estaba contigo para alá do Xordán, de quen ti deches testemuño, está bautizando e todos van onda el.
²⁷Xoán contestou:
—Ninguén pode recibir nada, se non lle vén dado do ceo. ²⁸Vós mesmos sodes testemuñas de que eu dixen: "Eu non son o Cristo, senón que me mandaron diante del". ²⁹Á esposa tena o esposo; con todo, o amigo do esposo —que está presente e o escoita— alégrase de todo corazón coa súa voz. Así é a miña alegría, que agora chega ó seu máximo. ³⁰El debe medrar, e eu minguar.

Xesús completa as palabras de Xoán: 3, 31-36

³¹Quen vén de arriba, está por riba de todos; quen é da terra, á terra pertence e da terra fala. O que vén do ceo, está por riba de todos; ³²do que viu e oíu, disto dá testemuño; pero ninguén acepta o seu testemuño. ³³Quen acepta o seu testemuño, confirma que Deus é verdadeiro. ³⁴Porque aquel a quen Deus mandou, fala as palabras de Deus, que non dá o Espírito cunha medida limitada.
³⁵O Pai ama o Fillo e púxolle tódalas cousas nas súas mans. ³⁶Quen cre no Fillo, ten vida eterna; pero quen non obedece ó Fillo non verá a vida, que a ira de Deus pesa enriba del.

Xesús deixa a Xudea: 4, 1-3

4 ¹Xesús decatouse de que os fariseos oíran que el facía máis discípulos e bautizaba máis ca Xoán ²(anque a verdade era que non bautizaba Xesús mesmo senón os seus discípulos). ³Entón deixou a Xudea e partiu outra vez para Galilea.

Conversa de Xesús coa Samaritana: 4, 4-42

⁴Necesitaba pasar pola Samaría. ⁵Chegou, logo, a unha cidade da Samaría chamada Si-

---

3, 14 Debaixo da palabra grega "Hypsozenai" ("ser alzado"), está o vocábulo arameo "istallaq" ("istelaq"), que ten dobre senso: *ser alzado*, e morrer. Xesús, sen dúbida, pensa tanto na elevación coma na súa morte na cruz.
A *serpente* é símbolo de Cristo. Así coma ela curaba os feridos de morte no deserto (Núm 21, 4-9), así Xesús fai sandar ós que cren nel. No libro da Sabedoría (**16,** 7) dáse un paso máis, sinalando que a curación era obra de Deus, e non do que contemplaban. O Targum "Pseudo-Ionatan" dinos que nos chega a saúde cando vírámo-lo noso corazón cara á palabra de Deus. Por iso, crendo en Cristo, Palabra de Deus, elevado na cruz por nós, conseguirémo-la plena saúde, a salvación que vén de Deus.
3, 19 O *xuízo*, nos escritos de Xoán, ten o senso dunha obra merecente de condena. A dos xudeus —Xesús refírese máis ben ós dirixentes do pobo— foi ter unha actitude de tan ruín que, tendo a Cristo coma luz, preferiron seguí-los propios malos camiños.
3, 29 Xoán considérase *o amigo do esposo*.
3, 33 Se Xesús nos fala do que lle mandou o Pai e aceptámo-lo seu testemuño, estamos fiándonos de Deus, proclamando a veracidade de Deus.
3, 34 *Non... medida limitada*. Os profetas e o Bautista tiñan parte no Espírito; pero Xesús ten a plenitude: por iso pódeo dar sen medida e por iso as palabras que El fala "son de Deus".
4, 5 *Sicar* queda na Samaría, á baixada dos montes Garizim e Ebal, preto da actual Xequem. En Sicar existe un

car, preto do terreo que lle deixara Xacob a seu fillo Xosé. [6]Estaba alí o pozo de Xacob. E Xesús, canso do camiño, sentou onda o pozo. Era ó pé do mediodía. [7]Chegou unha muller da Samaría sacar auga. E Xesús díxolle:

—Dáme de beber.

[8](Os seus discípulos foran á vila, mercar comida).

[9]Preguntoulle entón a muller samaritana:

—¿Como é que ti, sendo xudeu, me pides a min, muller samaritana, que che dea de beber? (Porque os xudeus non se levan cos samaritanos).

[10]Respondeulle Xesús:

—Se coñecése-lo don de Deus e quen é o que che di "dáme de beber", ti mesma lle pedirías a el e el daríache auga viva.

[11]Replicoulle a muller:

—Señor, se ti nin sequera tes caldeiro e o pozo é fondo, ¿de onde pensas quitar esa auga viva? [12]¿Seica es ti máis có noso pai Xacob, quen nos deu este pozo, do que beberon el, seus fillos e mailo seu gando?

[13]Xesús contestoulle:

—Todo o que bebe auga desta, terá sede outra vez; [14]pero o que beba da auga que eu lle darei, nunca mais terá sede: a auga que eu lle darei, converterase dentro del nunha fonte que saltará ata a vida eterna.

[15]A muller suplicou:

—Señor, dáme, logo, desa auga para non ter sede nin ter que vir aquí por ela.

[16]Díxolle Xesús:

—Vai chamar polo teu marido e volve aquí.

[17]A muller contestou:

—Non teño marido.

Xesús díxolle:

—Falaches ben, dicindo "non teño marido"; [18]tiveches cinco homes e o que tes agora non é teu marido. Desta si que faláche-la verdade.

[19]A muller respondeu:

—Señor, vexo que ti es profeta. [20]Os nosos pais adoraron neste monte e vós dicides que é en Xerusalén onde hai que adorar.

[21]Xesús díxolle:

—Faime caso, muller: chega a hora en que nin neste monte nin en Xerusalén adoraréde-lo Pai. [22]Vós adoráde-lo que non coñecedes; nós adorámo-lo que coñecemos, pois a salvación vén dos xudeus. [23]Pero chega a hora —é xa agora— en que os verdadeiros adoradores adorarán o Pai en espírito e verdade, pois eses son os adoradores que procura o Pai. [24]Deus é espírito e cómpre que os que o adoran, o adoren en espírito e verdade.

[25]Respondeu a muller:

—Sei que está para vi-lo Mesías, o chamado Cristo. Cando el veña, hanos anunciar tódalas cousas.

[26]Díxolle Xesús:

—Son eu, o que está falando contigo.

[27]Nisto chegaron os seus discípulos e chamóulle-la atención que falase cunha muller. Pero ningún lle preguntou: "¿Que pretendes?" ou "¿De que falas con esa?"

[28]Entón, deixando a muller o seu cántaro, foi á vila e díxolles ós veciños:

[29]—Vide ver un home que me dixo todo canto eu fixen. ¿Non será el o Mesías?

[30]Eles saíron da vila e viñeron onda el.

[31]Mentres, os seus discípulos insistíanlle:

—Rabbí, come.

[32]Mais el díxolles:

—Eu teño para xantar unha comida que vós non sabedes.

[33]Dicíanse entón os discípulos, uns ós outros:

---

pozo, que nos tempos de Xesús se relacionaba con Xacob (4,12).

4, 6 *Mediodía:* lit. "a hora sexta".

4, 7 *Dáme de beber,* alude ás palabras, paralelas de Eliezer a Rebeca en Paddam-Aram (Xén **24,** 14).

4, 9 Ós *samaritanos* non os deixaran os xudeus participar na construción do templo á volta do desterro. No séc. IV separáronse totalmente dos xudeus, establecendo como lugar de culto un templo situado no monte Garizim. Os xudeus consideráronos coma cismáticos e, na guerra que librou Xoán Hircano no século II contra os seléucidas, destruíron o templo do monte Garizim. Por todas esas circunstancias, xudeus e samaritanos non se levaban (cf Lc **9,** 52-56, e a Introd. ó N.T. **2.** e) **5**).

4, 14 O relato da conversación de Xesús coa samaritana ten en conta a tradición targúmica, onde se di que, anque o pozo de Xacob era fondo, a auga veu para arriba e Xacob puido sacala durante os vinte anos que pasou en Harrán. Dun xeito semellante, estando Xesús en Sicar, sen ter que sacar auga, díxolle á samaritana que podía darlle auga viva (**4,** 10), facéndose nela unha fonte que deitara ata a vida eterna (**4,** 14). Faise plena realidade en Xesús o que en Xacob era só unha figura. A auga da vida será tema de Xesús outra vez na Festa das Tendas (**7,** 37-39).

4, 20 Refírese ó monte Garizim.

4, 23 A *adoración en espírito* equivale a unha actitude relixiosa independente dun lugar determinado, sexa este o templo ou unha montaña; dependente, en cambio, do Espírito, polo que rendemos ó Pai a veneración que merece. A adoración en verdade leva consigo unha fondura interior, que sobrepasa o culto oficial; algo que non se queda en exterioridades e que é froito do Espírito.

4, 25 O *Mesías* que agardaban os samaritanos era de tipo profético (cf Dt **18,** 15. 18ss): esperaban del un profeta que lles mostrase a verdade. Chamábanlle "ta'eb".

4, 26 Xesús declárase abertamente coma o Mesías esperado por todos, mesmo polos samaritanos.

—¿Traeríalle alguén de comer?
³⁴Xesús díxolles:
—A miña comida é face-la vontade daquel que me mandou e levar a remate a súa obra. ³⁵¿Non dicides vós que aínda faltan catro meses para que chegue a seitura? Ben, pois mirade o que vos digo: erguede os vosos ollos e veredes que os campos están brancos para a seitura. ³⁶O que sega recibe a paga e recolle froito para a vida eterna; de xeito que se alegran tanto quen sementa coma quen sega. ³⁷Pois nisto é verdadeiro o dito de que un é quen sementa e outro quen recolle. ³⁸Eu mandeivos recolle-lo que vós non traballastes: outros traballaron e vós recolléste-lo froito do seu traballo.
³⁹Moitos samaritanos daquela vila creron nel, pola palabra da muller, que declaraba: "díxome todo canto eu fixen". ⁴⁰Por iso os samaritanos chegados onda el, rogábanlle que quedase con eles; e quedou alí dous días. ⁴¹E creron aínda moitos máis polo que el lles dixo. ⁴²Diciánlle despois á muller:
—Xa non cremos polo que ti nos dixeches: nós mesmos o escoitamos e sabemos que este é de verdade o Salvador do mundo.

Xesús en Caná: curación do fillo dun oficial: 4, 43-54

⁴³Pasados os dous días, saíu de alí para Galilea ⁴⁴(pois o mesmo Xesús afirmara que ningún profeta é honrado na súa patria). ⁴⁵Entón, cando chegou á Galilea, fórono esperar-los galileos, pois, como tamén eles foran á festa, viran todo canto el fixera en Xerusalén ese día. ⁴⁶Volveu así de novo a Caná de Galilea, onde cambiara a auga en viño.

Había en Cafarnaúm un funcionario que tiña o fillo enfermo. ⁴⁷Oíndo que Xesús viña da Xudea cara á Galilea, foino esperar, e rogáballe que baixase a cura-lo seu fillo, que estaba á morte.
⁴⁸Díxolle entón Xesús:
—Se non vedes sinais e prodixios, non credes.

⁴⁹O funcionario insistiu:
—Señor, baixa antes de que morra o meu meniño.
⁵⁰Xesús contestoulle:
—Vaite, o teu fillo vive.
O home creu na palabra que lle dixera Xesús e foise. ⁵¹E, cando xa el baixaba, saíronlle ó encontro os seus servos, para lle dicir que o neno xa se puxera ben. ⁵²Entón preguntoulles a que hora empezara a nota-la melloría.
Eles respondéronlle:
—Onte, a iso da unha baixoulle a febre.
⁵³Decatouse entón o pai de que aquela fora a hora na que lle dixera Xesús "o teu fillo vive", e creu el e mais toda a súa familia.
⁵⁴Este segundo signo fixoo Xesús cando voltaba da Xudea para a Galilea.

Curación do paralítico da piscina: 5, 1-15

5 ¹Despois disto había unha festa dos xudeus. E Xesús subiu a Xerusalén. ²Hai en Xerusalén, onda a Porta das Ovellas, unha piscina, chamada en hebreo Bezsazá, que ten cinco pórticos. ³Neles había unha chea de enfermos, cegos, coxos, tolleitos, agardando o movemento da agua. ⁴(Pois de vez en cando baixaba un anxo á piscina e remexía a auga; entón, o primeiro que entrase despois da axitación da agua, quedaba curado de calquera mal que tivese).
⁵Había alí un home que levaba trinta e oito anos enfermo. ⁶Xesús, ó velo deitado e sabendo que levaba xa moito tempo, preguntoulle:
—¿Ti queres quedar san?
⁷Respondeulle o enfermo:
—Señor, eu non teño a ninguén que me bote na piscina cando se remexe a auga; e, mentres eu veño, sempre baixa outro máis axiña ca min.
⁸Xesús díxolle:
—Érguete, colle o teu leito e anda.
⁹No intre púxose bo aquel home, colleu a súa padiola e botou a andar. Pero aquel día

---

4, 34 É tal o amor de Xesús ó Pai, que cumpre a súa vontade, dirixida ó beneficio dos homes, anque lle leve a prescindir das súas máis elementais necesidades.
4, 35 Xa chegou o momento da plena revelación.
4, 46 O segundo signo faino Xesús en Caná de Galilea, coma o primeiro (**4,** 46-54).
4, 52 Lit. "á hora sétima", que é arredor da unha da tarde.
4, 54 De feito xa chegara á Galilea, anque aínda ía de camiño para o sitio onde vivía case sempre.
5, 1 Eran tres as principais "festas" no antigo Israel: a dos Ázimos, a das Semanas e a das Tendas (Ex **23,** 14-17; **34,** 22), as tres de labradores (cf Introd. ó N.T. **2.** d).

A festa á que se refire o texto de Xn **5,** 1, probablemente sexa a de Pentecostés.
5, 2 Situada ó norte da praza do templo, a *piscina de Bezsazá* tiña desde o séc. II a. C. dúas grandes covas, onde se xuntaba a auga da chuvia, que despois se empregaba para o servicio do templo.
Da *Porta das Ovellas* fálase no libro de Nehemías coma construída polos sacerdotes á volta do exilio (Neh **3,** 1), baixo a supervisión do gobernador Nehemías.
5, 3 Abondos especialistas neste evanxeo consideran o texto que vai desde a palabra "agardando" ata o remate do v 4, coma non orixinal.

era sábado. ¹⁰Entón dicíanlle os xudeus ó que quedara curado:

—É sábado, non tes dereito a leva-lo leito.

¹¹Mais el respondeulles:

—O que me curou, díxome el mesmo: "Colle o teu leito e anda".

¹²Eles preguntáronlle:

—¿Quen é o home que che dixo "colle e anda"?

¹³Pero o curado non o sabía, pois Xesús escapara do xentío que había naquel sitio. ¹⁴Máis tarde atopouno Xesús no templo e díxolle:

—Mira que estás san; non volvas pecar, para que non che veña algo peor.

¹⁵Foise o home e contoulles ós xudeus que fora Xesús quen o curara.

As razóns polas que actúa Xesús: 5, 16-29

¹⁶Por este motivo os xudeus perseguían a Xesús, por facer estas cousas en sábado. ¹⁷Xesús respondeulles:

—O meu Pai ata o presente está sempre a traballar; eu tamén traballo.

¹⁸Por iso os xudeus tiñan máis interese en matalo, porque non só violaba o sábado, senón que dicia que Deus era seu Pai, facéndose a si mesmo igual a Deus.

¹⁹Xesús saíulles ó paso dicindo:

—Con toda verdade volo aseguro: o Fillo non pode facer en por si nada: só o que lle ve facer a seu Pai. O que este fai, faino tamén o Fillo: ²⁰pois o Pai ama ó Fillo, e móstralle tódalas cousas que el fai, e mostraralle obras meirandes ca estas, para que vos pasmedes. ²¹Pois, así coma o Pai resucita os mortos e lles dá vida, así tamén o Fillo dá vida ós que el quere. ²²Pois nin sequera o Pai xulga a ninguén, senón que delegou no Fillo todo o poder de xulgar, ²³para que todos honren o Fillo como honran o Pai. O que non honra o Fillo, non honra o Pai, que o mandou. ²⁴Dígovo-la verdade: quen escoita a miña palabra e cre no que me mandou, ten vida eterna e non comparecerá a xuízo, senón que pasará da morte á vida.

²⁵Con toda verdade volo aseguro: chega a hora ou, mellor dito, xa é esta a hora en que os mortos escoitarán a voz do Fillo de Deus e os que a escoiten, vivirán. ²⁶Pois así coma o Pai ten vida en si mesmo así tamén lle deu ó Fillo ter vida en si mesmo; ²⁷e deulle tamén poder para xulgar, pois é o Fillo do Home. ²⁸Non vos pasme isto, porque chega o momento en que tódolos que están nos sepulcros escoitarán a súa voz; ²⁹e sairán os que fixeron o ben a unha resurrección de vida; e os que obraron o mal a unha resurrección de condena.

Testemuños en favor de Xesús: 5, 30-47

³⁰Eu nada podo facer pola miña conta: conforme oio, xulgo; e o meu xuízo é xusto, porque non procuro a miña vontade senón a vontade de quen me mandou. ³¹Se eu fose testemuña en causa propia, o meu testemuño non tería validez. ³²Pero é outro o que testemuña a favor de min e eu sei que é valedeiro o testemuño que dá de min.

³³Vós mandastes xente a preguntarlle a Xoán e el deu testemuño da verdade. ³⁴Non é que eu apele ó testemuño dos homes, pero lémbrovos isto pola vosa salvación. ³⁵Xoán era o facho que ardía e alumaba, e vós quixestes gozar un instante da súa luz. ³⁶Mais eu teño un testemuño máis importante có de Xoán, pois as obras que o Pai me encargou de levar a cabo, esas obras que eu fago, dan fe de que eu son un mandado do Pai. ³⁷E o Pai, que me mandou, dá testemuño en favor de min. Pero vós nin oístes nunca a súa voz, nin víste-lo seu rostro ³⁸e tampouco conserváde-la súa palabra en vós, porque non credes naquel que El mandou. ³⁹Estudiáde-las Escrituras, coidando que nelas tedes vida eterna: pois esas son as que testemuñan a favor meu ⁴⁰e vós non queredes vir a min, e así ter vida.

5, 10 A palabra *sábado*, procedente do verbo hebreo "xabbat", significa "descanso". O sábado é para os xudeus un día consagrado ó Creador. (cf Introd N.T. **2.** d) 6). Para os cristiáns o "día de sábado" (día de descanso) é o domingo, por celebra-la resurrección do Señor, acontecida no primeiro día da semana.

5, 14 O mal, en xeral, é consecuencia do pecado, aínda que non sempre (cf **9,** 1-2).

5, 16 Os xudeus perseguían a Xesús por curar en sábado. O Mestre defendía a tese de que o sábado estaba en función do home, máis ben que o home en función do sábado.

5, 18 Xesús, segundo o evanxelista, defínese coma Fillo de Deus. Por iso acúsano de blasfemo e, coma tal, quéreno condenar.

5, 24 *Xuízo* ten aquí, coma no v 29, o senso que adoita darlle Xoán: o de "condena".

5, 27 Xa no libro de Daniel (**7,** 13.22) e mais nalgúns apócrifos do A.T. se lle atribuía ó Fillo do Home esa potestade de que aquí Xesús reclama para si (cf Xn **5,** 22).

5, 34 Anque Xoán dá testemuño en favor de Xesús, ese testemuño, comparado co do Pai, pouco é. Xesús prefire apoiarse no que dá o Pai, encomendándolle unhas obras que falan por si mesmas.

5, 38 Permanecendo na palabra que Deus comunica por Xesús, conséguese a liberdade e a salvación: non hai máis camiño ca ese.

⁴¹Non é que eu espere gloria dos homes; ⁴²pero ben me decato de que vós non tedes dentro o amor de Deus. ⁴³Eu veño no nome do meu Pai e non me recibides; se outro vén no seu propio nome, a ese habédelo recibir. ⁴⁴¿Como ides poder crer vós, que vos dades honra uns a outros e non procuráde-la gloria que vén do único Deus? ⁴⁵Non coidedes que vos hei acusar ó Pai: quen vos acusa é Moisés, ese no que vós téde-la esperanza. ⁴⁶Pois se vós crerades a Moisés, habiades crer tamén en min, xa que de min escribiu el. ⁴⁷Mais se non fiades nos seus escritos, ¿como ides crer nas miñas palabras?

Multiplicación do pan e dos peixes: 6, 1-15

6 ¹Despois disto foi Xesús á outra banda do Mar de Galilea (o de Tiberíades). ²Seguíao unha chea de xente, porque viran os sinais que facía nos enfermos. ³Subiu Xesús ó monte e sentou alí cos seus discípulos. ⁴Estaba a chega-la Pascua, a festa dos xudeus. ⁵Levantou a vista Xesús e, vendo vir tanta xente cara a el, díxolle a Felipe:

—¿Onde imos mercar pan, para que coma esta xente? ⁶(Isto decíao para tantealo, que el ben sabía xa o que ía facer).

⁷Respondeulle Felipe:

—Nin medio ano de xornal chega para que cada un deles reciba un codelo.

⁸Un dos seus discípulos, Andrés, o irmán de Simón Pedro, díxolle:

⁹—Hai aquí un rapaz que ten cinco bolos de pan de cebada e dous peixes. Claro que, ¿que é iso para tantos?

¹⁰Xesús ordenou:

—Facede senta-la xente.

Había moita herba naquel sitio. E sentaron como uns cinco mil homes. ¹¹Entón colleu Xesús os pans e, dando gracias, repartiu ós sentados canto quixeron e o mesmo os peixes. ¹²Cando se fartaron, díxolles ós seus discípulos:

—Recollede os anacos sobrantes, para que non se estrague nada.

¹³Entón xuntáronse e encheron doce cestas cos anacos dos cinco bolos de pan de cebada, que lles sobraran ós que comeron. ¹⁴Ó veren aqueles homes o sinal que fixera, dicían: "Este si que é o profeta que había de vir ó mundo".

¹⁵Entón Xesús, decatándose de que o ían vir coller para proclama-lo rei, retirouse só outra vez ó monte.

Xesús camiña sobre o mar: 6, 16-21

¹⁶Como xa caera a tarde, baixaron os seus discípulos ó mar, ¹⁷e, montando nun bote, dirixíanse cara á outra beira, a Cafarnaúm. Xa era noite pecha e Xesús aínda non chegara onda eles. ¹⁸O mar empezouse a picar, porque ventaba rexo. ¹⁹Despois de levaren vogado unhas tres millas, viron a Xesús camiñando por riba do mar e, conforme se ía achegando ó bote, empezaron a coller medo. ²⁰Pero el díxolles:

—Son eu, non teñades medo.

²¹Entón querían facer subir ó bote, pero naquel instante o bote quedou varado no sitio onde ían.

O discurso do "pan da vida": 6, 22-71

²²Ó outro día, a xente que quedara na outra banda do mar, decatouse de que alí non había máis ca un bote e que Xesús non montara nel cos seus discípulos, senón que estes marcharan sós. ²³Nisto chegaron algúns botes de Tiberíades, de cerca do sitio onde comeran o pan despois de o Señor dar gracias a Deus. ²⁴Así que, en vendo a xente que Xesús non estaba alí, nin tampouco os seus discípulos, montaron nos botes e chegaron a Cafarnaúm buscando a Xesús. ²⁵Atopárono na outra banda do mar e dixéronlle:

—Rabbí, ¿cando chegaches aquí?

²⁶Xesús contestoulles:

—Con toda verdade volo aseguro: buscádesme non porque vistes sinais, senón porque comestes pan ata vos fartar. ²⁷Traballade non polo pan que se acaba, senón polo que dura deica a vida eterna, o que vos dará o Fillo do Home: pois el é a quen o Pai Deus marcou co seu selo.

5, 47 Se non cren no que di a Escritura, recoñecida por eles coma palabra de Deus, ¿como ían crer nel, a quen non recoñeceron nin sequera coma "celoso da Lei"?

6, 1 O "Lago de Xenesaret", de *Tiberíades* ou *Mar de Galilea*, atópase nesta última rexión. Á súa beira foi onde Xesús despregou a meirande parte da súa actividade. Tiberíades, Cafarnaúm, Corozaín e Betsaida, eran vilas situadas nas inmediacións do Lago de Tiberíades.

6, 4 *A Pascua*: (cf nota a **5,** 1).

6, 7 Lit. "douscentos denarios de pan". O "denario" era unha moeda de prata, acuñada polos romanos, e que se utilizaba entón en Palestina (cf Lc **20,** 24), por depender de Roma.

6, 14 Estaba anunciado que había vir un profeta semellante a Moisés (Dt **18,** 15.28; cf nota a **4,** 25). Estes galileos identificano co Mesías e recoñéceno en Xesús, pois El facía os sinais que se esperaban do personaxe anunciado.

6, 19 *Tres millas*: lit. "vintecinco ou trinta estadios". A equivalencia dun estadio é duns 190 m. O lago mide 25x11 km.

6, 20 *Son eu*: lit. "Eu son"; traduce á expresión hebrea "Eu son Iavé" (Ex **3,** 14; Is **43,** 25; **45,** 18; Os **13,** 4; Xl **2,** 27). No contexto ten o senso da presencia benévola de Deus.

6, 23 *Tiberíades* referíase no v 1 ó lago. Aquí non alude ó lago, senón á cidade de Tiberíades, situada á beira do lago que leva o seu nome.

²⁸Eles preguntáronlle:

—¿Que temos que facer para realiza-las obras de Deus?

²⁹Respondeu Xesús:

—Esta é a obra de Deus: que creades naquel que El mandou.

³⁰Replicáronlle:

—¿Que sinal fas ti, para que véndoo creamos en ti? ¿Que podes facer? ³¹Os nosos pais comeron o maná no deserto, conforme está escrito: *deulles a comer pan do ceo*.

³²Entón díxolles Xesús:

—Con toda verdade volo aseguro: non foi Moisés quen vos deu o pan do ceo; meu Pai é quen vos dá o verdadeiro pan do ceo; ³³pois o pan de Deus é o que baixa do ceo e que lle dá vida ó mundo.

³⁴Dixéronlle entón:

—Señor, dános sempre dese pan.

³⁵Xesús respondeulles:

—Eu son o pan da vida: quen vén onda min, non pasará fame e quen cre en min, endexamais non terá sede. ³⁶Pero xa vos dixen que, aínda que vistes, non credes. ³⁷Tódolos que o Pai me entregou, virán onda min; e a quen vén onda min, non o botarei fóra. ³⁸Pois eu baixei do ceo non para face-la miña vontade, senón a vontade daquel que me mandou. ³⁹Esta é a vontade daquel que me mandou: que non perda a ningún dos que me entregou, senón que os resucite no derradeiro día. ⁴⁰Esta é, polo tanto, a vontade do meu Pai: que todo aquel que ve ó Fillo e cre nel, teña vida eterna e eu resucitareino no derradeiro día. ⁴¹Entón os xudeus comezaron a murmurar del, porque dixera "Eu son o pan que baixou do ceo", ⁴²e dicían:

—¿Non é este Xesús, o fillo de Xosé? ¿Non lle coñecémo-lo pai e maila nai? ¿Como di, logo "Eu baixei do ceo"?

⁴³Xesús respondeulles:

—Non esteades aí a murmurar. ⁴⁴Ninguén pode vir onda min se non o trae o Pai que me mandou, e eu resucitareino no derradeiro día. ⁴⁵Está escrito nos Profetas: *todos serán ensinados por Deus*: todo aquel que escoita ó Pai e aprende, vén onda min. ⁴⁶Non porque alguén vise ó Pai; o único que viu ó Pai é o que estaba onda Deus. ⁴⁷Con toda verdade volo aseguro: quen cre, ten vida eterna. ⁴⁸Eu son o pan da vida. ⁴⁹Os vosos pais comeron o maná no deserto, pero morreron. ⁵⁰Este é o pan que baixa do ceo, para que quen coma del non morra. ⁵¹Eu son o pan vivo que baixou do ceo: se alguén come deste pan, vivirá para sempre; e o pan que eu darei, é a miña carne, para a vida do mundo.

⁵²Discutían entón entre eles os xudeus:

—¿Como pode este darnos a come-la súa carne?

⁵³Díxolles entón Xesús:

—Con toda verdade volo aseguro: se non coméde-la carne do Fillo do Home e non bebéde-lo seu sangue, non teredes vida en vós. ⁵⁴Quen come a miña carne e bebe o meu sangue, ten vida eterna e eu resucitareino no derradeiro día. ⁵⁵Pois a miña carne é verdadeira comida e o meu sangue é verdadeira bebida. ⁵⁶Quen come a miña carne e bebe o meu sangue, permanece en min e eu nel. ⁵⁷Así coma o Pai, que me mandou, vive e eu vivo polo Pai, así tamén quen me coma vivirá por min. ⁵⁸Este é o pan que baixou do ceo; non coma o que comeron os pais que mesmo así morreron: quen come este pan, vivirá para sempre.

⁵⁹Dixo estas cousas ensinando na sinagoga, en Cafarnaúm. ⁶⁰Cando tal oíron, moi-

---

6, 31 Alusión ó que se describe en Ex **16,** 4s e Sal **78,** 24.

6, 35-50. O discurso do pan da vida: Xesús, que utiliza unha vez máis a fórmula divina, identifícase co pan do ceo, que dá o Pai e que lles convén a eles. Anuncia así a Eucaristía en termos que xa se aplicaron en certo modo á Sabedoría (Pr **9,** 1 s), e que Xoán, continuando a tendencia a personifica-la Sabedoría, aplica a Cristo (**1,** 1).

6, 40 Para Xoán non abonda con mirar para o Fillo na vida pública, pois pódese mirar para El e non crer, non recoñecelo. É necesario darlle o asentimento da fe, crer nel. Esa fe, que é froito da gracia de Deus, coa cooperación do home, é a que conduce á resurrección.

6, 42 Os xudeus non recoñeceron a Xesús coma o Mesías esperado, pois coidaban que o Mesías había de "caer do ceo", sendo asistido polos anxos de Deus (Sal **91,** 11-12; cf Mt **4,** 6). En troques, Xesús nacera nunha familia que tiña por cabeza a Xosé.

6, 44 Á acción de Deus, que nos atrae cara a El, ha responde-la acción do home que acepta. Polo menos nos tempos mesiánicos, non hai home que non sexa chamado por Deus (v 45). Por iso basta escoita-lo Pai e darlle o asentimento do corazón e iremos dar a Cristo.

6, 45 Alusión a Is **54,** 13 e Xer **31,** 33-34.

6, 50 Xesús compara os froitos de come-lo "seu pan" cos de come-lo maná e compara o "seu pan" co maná. O pan que ha dar Xesús é logo unha verdadeira comida, algo real, e material. Se no prefacio do discurso falaba Xesús do pan da palabra (vv 32-33), nos vv 51-59 refírese á súa propia carne. É tal o realismo con que o di, que os seus interlocutores escandalízanse e moitos abandónano, por non concebir como poderían come-la súa carne (**6,** 52. 60-61. 66-69).

6, 51 Os vv 51-59 tratan do discurso do pan da vida, referido á Eucaristía. Nótese que Xn non inclúe no evanxeo a narración da institución da Eucaristía.

6, 57 O senso da expresión é que, coma o Pai —o Deus vivo— lle deu ó Fillo ter vida, do mesmo xeito o Fillo ós que o coman concédelles ter unha vida semellante á do Pai e á de Xesús.

tos dos seus discípulos dixeron:

—¡Que dura é esta doutrina! ¿Quen pode admitir tal cousa? [61]Comprendendo Xesús que os seus discípulos murmuraban do asunto, díxolles:

—¿Escandalízavos iso? [62]¿E logo se viséde-lo Fillo do Home subindo a onde estaba antes? [63]O espírito é quen dá vida, a carne non vale para nada; as palabras que eu vos falei, son espírito e son vida. [64]E, aínda así, hai algúns de vós que non cren.

Pois ben sabía Xesús desde o principio quen eran os que non crían e mais quen o había de entregar. [65]E proseguiu:

—Por iso téñovos dito que ninguén pode vir a min, se non llo concede o Pai.

[66]Desde aquela moitos dos seus discípulos botáronse para atrás, e xa non andaban con el. [67]Preguntoulles entón Xesús ós Doce:

—¿Vós tamén vos queredes ir? [68]Respondeulle Simón Pedro:

—Señor, ¿e onda quen imos ir? Ti tes palabras de vida eterna, [69]e nós cremos e recoñecemos que ti e-lo Santo de Deus.

[70]Xesús dixo aínda:

—¿Non vos escollín eu os Doce? E mais un de vós é un satán.

[71](Falaba de Xudas, o de Simón o Iscariote, pois este, sendo como era un dos Doce, habíao de entregar).

Incredulidade dos parentes de Xesús: 7, 1-9

7 [1]E despois disto, andaba Xesús pola Galilea, pois non quería andar pola Xudea, porque os xudeus queríano matar.

[2]Estaba a chega-la festa dos xudeus chamada "das Tendas". [3]Dixéronlle entón seus irmáns:

—Sae de aquí e vai para Xudea, para que tamén os teus discípulos vexan as obras que fas; [4]porque quen quere ser famoso non actúa ás agachadas. Se fas esas cousas, móstrate ó mundo. [5](Era visto que nin seus irmáns crían nel).

[6]Xesús contestoulles:

—O meu tempo aínda non chegou, pero o voso sempre está á man. [7]Non pode o mundo aborrecervos a vós; pero a min aborréceme, porque eu testemuño contra el que as súas obras son ruíns. [8]Subide vós á festa: eu non subo, que aínda non chegou o meu tempo.

[9]Despois desta conversa quedou na Galilea. [10]Pero cando seus irmáns xa subiran á festa, entón tamén el subiu, non manifestamente, senón en secreto.

Xesús na Festa das Tendas: 7, 10-52

[11]Entón os xudeus buscábano na festa, e dicían:

—¿Onde está ese? [12]E polo baixo a xente falaba moito del. Uns dicían: "é un bo home"; outros, ó revés: "nada, nada: é un embelequeiro". [13]Mais ninguén falaba del en público, por medo ós xudeus.

[14]A iso da metade da festa, subiu Xesús ó templo e púxose a ensinar.

[15]Admirábanse entón os xudeus, dicindo:

—¿Como é que este sabe todo o que sabe sen estudialo?

[16]—Respondeulles Xesús:

—A miña doutrina non é miña, senón daquel que me mandou.

[17]Se alguén quere face-la vontade de Deus, distinguirá se esta doutrina vén de Deus ou se é que eu falo pola miña conta. [18]Quen fala pola súa conta, busca a propia gloria; polo contrario, quen procura o prestixio de quen o mandou, ese é veraz e non hai inxustiza nel. [19]¿Non vos deu Moisés a Lei? E, con todo, ningún de vós a garda. ¿Por que me queredes matar?

[20]Respondeu a xente:

—¡Seica te-lo demo! ¿Quen te quere matar a ti?

[21]Xesús replicou:

—Fixen unha obra só, e todos vos maravillades. [22]Vexamos, logo, unha cousa. Moisés déuvo-la circuncisión (que, ben mirado, non vén de Moisés, senón dos Pais) e, anque sexa sábado, vós circuncidades un home. [23]E se circuncidades un home en sábado, sen quebrantárde-la Lei de Moisés, ¿como é que vos alporizades comigo, porque curei en sábado a un home enteiro? [24]Non xulguedes pola aparencia, non; xulgade conforme á xustiza.

6, 69 Os apóstolos recoñecen en Xesús o "Santo de Deus", de quen se dixera no A.T., entre outras cousas, que non podía quedar na tumba, senón que había de resucitar (Feit **2,** 27; cf Sal **16,** 10).

7, 2 A *Festa das Tendas* (cf Introd. N.T., **2.** d) 3).

7, 3 Temos outra vez en escena os *irmáns* de Xesús. Ver nota a **2,** 12.

7, 8 Subir *á festa,* é unha expresión basada na realidade xeográfica: para ir a Xerusalén, hai que subir.

7, 14 Subir ó *templo:* tamén o templo estaba máis elevado.

Quizais por iso, e por ter que subi-las gradas do altar, se diga "subir a ofrecer sacrificios".

7, 22 *Os Pais* son os patriarcas. A circuncisión é un dos preceptos da Lei de Moisés, pero xa se prescribía desde os tempos de Abraham (Xén **17,** 9-14).

7, 23 Se a circuncisión, tanto desde o punto de vista hixiénico coma espiritual, se encamiñaba á procura-la saúde e se podía facer en sábado, concede-la saúde total a unha persoa, deberíase poder facer tamén en sábado.

²⁵Algúns dos habitantes de Xerusalén comentaban:

—¿Non é a este ó que lle trataban a morte? ²⁶Pois mira como fala á vista de todo o mundo e mais non lle din nada. ¿Será que de verdade as autoridades chegaron a recoñecer que el é o Mesías? ²⁷O caso é que este sabemos de onde é; mentres que o Mesías, cando veña, ninguén saberá de onde é.

²⁸Gritou entón Xesús, mentres ensinaba no templo:

—¿Así que a min coñecédesme e sabedes de onde son? Pois non vos vin pola miña conta; a min mandoume o Veraz, a quen vós non coñecedes. ²⁹Eu coñézoo, que de onda El son e foi El quen me mandou.

³⁰Daquela trataban de prendelo; pero ninguén lle botou man: aínda non chegara a súa hora. ³¹Moita xente creu nel e dicía:

—¿E o Mesías, cando veña, fará máis sinais ca este?

³²Oíron os fariseos que o pobo andaba nestes falares e entón eles e mailos xefes dos sacerdotes mandaron gardas para o prenderen. ³³Dixo entón Xesús:

—Aínda estarei un pouquiño máis entre vós, e despois voume onda Aquel que me mandou. ³⁴Buscar buscarédesme, pero non me encontraredes, pois onde eu estea vós non poderedes vir.

³⁵Dixéronlles uns xudeus a outros:

—¿Para onde irá este, que non o poidamos atopar? ¿Irá quizais para onda os emigrantes en terras dos gregos, predicarlles a eles? ³⁶¿Que significará iso que dixo, "buscar, buscarédesme, pero non me encontraredes", e "onde estea eu vós non poderedes vir"?

³⁷No derradeiro día, o máis grande da festa, púxose Xesús de pé, e gritou:

—Se alguén ten sede, que veña onda min e beba quen cre en min. ³⁸Como di a Escritura, deitaranlle do seu ventre regueiros de auga viva. ³⁹(Isto dicíao do Espírito que habían recibir cantos creran nel: pois aínda non había Espírito, porque Xesús non fora aínda glorificado).

⁴⁰Cando oíron isto, algúns de entre a xente, dicían: "Este é verdadeiramente o Profeta". ⁴¹Outros: "Este é o Mesías". Outros, en cambio, dicían: "Pero ¿é que o Mesías vai vir da Galilea? ⁴²¿Non di a Escritura que o Mesías ha vir *da semente de David, e de Belén,* a vila de onde era David?"

⁴³ E houbo división no pobo, por causa del. ⁴⁴Algúns querían prender, pero ninguén lle puxo enriba as mans.

⁴⁵Foron entón os gardas onda os xefes dos sacerdotes e os fariseos. Eles preguntáronlles:

—¿Por que non o trouxestes?

⁴⁶Responderon os gardas:

—Nunca ninguén falou así coma este home.

⁴⁷Respondéronlles os fariseos:

—¿Seica vos engaiolou tamén a vós? ⁴⁸¿Vistes que algún dos maxistrados ou dos fariseos crese nel? ⁴⁹Non. E a xente esa, que non coñece a Lei, son uns malditos.

⁵⁰Un deles, Nicodemo, o que fora primeiro onda el, dixo:

⁵¹—¿Desde cando a nosa Lei xulga un home sen antes escoitalo e investiga-lo que fixo?

⁵²Respondéronlle:

—¿Tamén ti es da Galilea? Pois estudia e verás como da Galilea non sae profeta ningún.

Xesús perdoa a unha adúltera: 7, 53-8, 11

⁵³E fóronse cada un para a súa casa

8 ¹E Xesús saíu para o Monte das Oliveiras. ²Pero á alborada, presentouse outra vez no templo e toda a xente veu onda el; el sentouse e empezou a ensinar.

³Os escribas e fariseos trouxéronlle unha muller sorprendida no adulterio; puxérona no medio e medio e ⁴preguntáronlle:

—Mestre, a esta muller collérona en fla-

7, 37 As palabras de Xesús, aplicándose a si mesmo o cumprimento de Pr **13,** 14 e **18,** 4, teñen especial incidencia no momento en que as pronunciou. Na festa das Tendas facíanse libacións de auga, dando gracias a Deus pola colleita e pedindo chuvia para a próxima sementeira (cf Introd. N.T. **2.** d) 3). Xesús ofrece a auga da salvación (cf **4,** 10. 13-15).

7, 39 Aínda non se comunicara o Espírito dun xeito permanente. Darase cando a Xesús o ergan da terra e o traspase a lanza do soldado (**12,** 27-32; **19,** 34.37).

7, 42 A vinda de Cristo estaba anunciada no A.T. (Is **11,** 1; Xer **23,** 5; Miq **5,** 2). Miqueas sinalaba que había de nacer en Belén (**5,** 2; cf Mt **2,** 2-6).

7, 49 *Coñecer* ten na mentalidade semítica un senso moito máis profundo do que nas linguas occidentais: non se limita a unha información, senón que implica unha asimilación, que leva a unha praxe. Tocante á Lei, os máis desventurados eran os "pobos da terra" (os xentís, os pagáns), pois nin sequera tiñan oído falar dela (Xer **9,**4), mentres que o ideal do crente é meditar en todo momento a Lei do Señor (Sal **1,** 1-3; cf Dt **10,** 15-20).

7, 53 A pericopa **7,** 53-**8,** 11, anque na actualidade forma parte do cuarto evanxeo, non é xoánica, senón que pertence á tradición sinóptica. Probablemente nun principio formara parte do evanxeo de Lucas, en torno ós sucesos dos últimos días de Xesús en Xerusalén (Lc **20,** 1; **21,** 1.37; **22,** 53), cando Xesús residía no Monte das Oliveiras (Lc **21,** 37; cf Xn **8,** 1).

8, 1 O *Monte das Oliveiras* queda ó leste de Xerusalén, pasando o Cedrón (cf **18,** 1).

grante adulterio. ⁵Moisés, na Lei, mandounos apedrar a esta xente. ¿Ti que dis? ⁶Preguntábanllo á mala fe para teren así de que o acusar. Pero Xesús, abaixado, escribía co dedo na terra. ⁷Como lle seguían preguntando, ergueuse e díxolles:

—Quen de entre vós non teña pecado, que lle tire a primeira pedra, ⁸E, abaixándose outra vez, escribía na terra. ⁹Pero eles, ó que o escoitaron, foron liscando un a un, comezando polos máis vellos. Quedou el só coa muller, que seguía no medio. ¹⁰Ergueuse entón e preguntoulle:

—Muller ¿onde van? ¿Ninguén te condenou?

¹¹Ela respondeulle:

—Ninguén, Señor.

Díxolle Xesús:

—Tampouco eu non te condeno: vaite e desde agora non peques máis.

Xesús, a luz do mundo: 8, 12-20

¹²Xesús faloulles outra vez:

—Eu son a luz do mundo: quen me segue, non andará ás escuras, senón que terá a luz da vida.

¹³Dixéronlle entón os fariseos:

—Ti fas de testemuña en causa propia: o teu testemuño non vale.

¹⁴Xesús replicoulles:

—Anque eu faga de testemuña en causa propia, o meu testemuño é válido, porque eu ben sei de onde vin e a onde vou; mentres que vós non sabedes de onde veño nin onde vou. ¹⁵Os vosos xuízos seguen normas humanas, mentres que eu non xulgo a ninguén. ¹⁶E aínda que eu xulgase, o meu xuízo sería válido, porque non sería eu só a xulgar, senón eu e mais quen me mandou. ¹⁷E na vosa Lei está escrito que o testemuño de dúas testemuñas é valedeiro. ¹⁸Eu dou testemuño de min mesmo, pero tamén o dá o Pai que me mandou.

¹⁹Entón eles preguntáronlle:

—¿Onde está teu Pai?

Xesús respondeulles:

—Nin me coñecedes a min, nin a meu Pai; se me coñeceses a min, coñeceriades tamén a meu Pai.

²⁰Estas cousas díxoas el cando ensinaba no templo, no adro do tesouro; e ninguén o prendeu, porque aínda non chegara a súa hora.

A onde vou eu, vós non podedes vir: 8, 21-30

²¹Díxolles outra vez:

—Eu voume e habédesme buscar e morreredes no voso pecado: onde eu vou, vosoutros non podedes vir.

²²Dicían entón os xudeus:

—¿El irase matar, porque di "onde vou eu, vosoutros non podedes vir"?

²³El seguiulles dicindo:

—Vós sodes de aquí abaixo, eu son de alá arriba; vós sodes deste mundo, eu non son deste mundo. ²⁴Díxenvos que habedes morrer nos vosos pecados; como non creades que "Eu son", morreredes nos vosos pecados.

²⁵Preguntáronlle entón:

—¿Pero, logo, ti quen es?

Xesús contestoulles:

—O que vos veño dicindo desde o comezo. ²⁶Moito tería que falar de vós e xulgalo; mais quen me mandou é veraz e eu só lle falo ó mundo do que lle oín a El.

²⁷Pero eles non coñeceron que lles falaba do Pai. ²⁸Entón Xesús continuou:

—Cando ergáde-lo Fillo do Home, entón comprenderedes que "Eu son", e que non fago nada pola miña conta, senón que falo do que o Pai me ensinou. ²⁹E quen me mandou está comigo: non me deixou só, pois eu fago sempre o que a El lle agrada.

³⁰O dicir estas cousas, moitos creron nel.

A verdade faravos libres: 8, 31-38

³¹E ós xudeus que creran nel dicíalles Xesús:

—Se permanecedes na miña palabra, seredes de verdade discípulos meus; ³²e coñeceréde-la verdade e a verdade faravos libres.

³³Eles respondéronlle:

—Somos semente de Abraham e endexamais non fomos escravos de ninguén; ¿como, logo, dis ti "seredes libres"?

³⁴Respondeulles Xesús:

—Con toda verdade volo aseguro: quen comete o pecado é escravo. ³⁵E o escravo non queda para sempre na casa; o fillo queda para sempre. ³⁶Logo, se o Fillo vos libera,

---

8, 5 Dise en Lev **20,** 10 e Dt **22,** 22.
8, 12 Continúa Xesús na Festa das Tendas (**8,** 12-20.21-30.31-59).
8, 15 Lit. "Vós xulgades conforme a carne".
8, 16 O xuízo de Xesús e o que podería face-lo Pai habían de coincidir.
8, 17 Está escrito no Dt **17,** 6 e **19,** 15.

8, 20 *Aínda non chegara a súa hora:* cf Introd. **6** e nota a **2,** 4.
8, 21 Cf **7,** 34-36.
8, 24 Xesús repite aquí a expresión "Eu son" (cfr Ex **3,** 14), que alude á súa divindade (cfr nota a **6,** 20).
8, 28 Cf nota a **12,** 32.

seredes libres de verdade. ³⁷Ben sei que sodes semente de Abraham, pero tratades de me matar, porque a miña palabra non prende en vós. ³⁸Eu falo do que vin onda o Pai; e vós facéde-lo que oístes de voso pai.

Voso pai é o demo: 8, 39-48

³⁹Eles respondéronlle:

—O noso pai é Abraham.

Xesús replicoulles:

—Se fosedes fillos de Abraham fariáde-las obras de Abraham, ⁴⁰mais agora procurades matarme, a min, que vos dixen a verdade que oín de Deus: iso non o fixo Abraham. ⁴¹Vós facéde-las obras de voso pai.

Dixéronlle:

—Nós non nacemos da prostitución: temos un pai, Deus.

⁴²Contestoulles Xesús:

—Se o voso pai fose Deus, amariádesme a min porque eu de Deus saín e veño. Pois non vin por min mesmo, senón que El me enviou. ⁴³¿Por que non comprendéde-la miña fala? Porque non podedes escoita-la miña palabra. ⁴⁴Vós sodes de voso pai o Satán, e queredes realiza-los desexos de voso pai. Este foi asasino desde o comezo e non afincou na verdade, que nel non hai verdade. Se fala falsidade, fala do seu, pois é mentireiro e pai da mentira. ⁴⁵Polo contrario, a min, porque vos digo a verdade, non me credes. ⁴⁶¡Veña! ¡Que probe un de vós que estou en pecado! Se vos falo a verdade, ¿por que non me credes? ⁴⁷Quen é de Deus, escoita as palabras de Deus; por iso vós non escoitades, porque non sodes de Deus.

⁴⁸Os xudeus replicáronlle:

—¿Non dicimos con razón que ti es un samaritano e que te-lo demo no corpo?

Xesús, anterior a Abraham: 8, 49-59

⁴⁹Xesús respondeulles:

—Eu non teño demo ningún, eu respecto a meu Pai; e vós estádesme inxuriando. ⁵⁰Eu non procuro o meu prestixio: hai quen o fai xa, e El fará xustiza. ⁵¹Con toda verdade volo aseguro: quen fai caso da miña palabra, non morrerá endexamais.

⁵²Entón dixéronlle os xudeus:

—Agora si que vemos que te-lo demo: Abraham morreu e os profetas tamén, e ti dis "quen fai caso da miña palabra, non morrerá endexamais". ⁵³¿Seica es ti máis có noso pai Abraham, que morreu? E os profetas tamén morreron ¿Por quen te queres facer pasar?

⁵⁴Xesús respondeu:

—Se eu me dou gloria a min mesmo, a miña gloria nada vale: pero quen me dá gloria é meu Pai, de quen vós dicides que é voso Deus. ⁵⁵Pero non o coñecedes, mentres que eu si o coñezo. Se dixese que non o coñezo, sería un mentireiro, coma vós; pero eu coñézoo e axústome á súa palabra. ⁵⁶Voso pai Abraham encheuse de ledicia na esperanza de ve-lo meu día; viuno e alegrouse.

⁵⁷Dixéronlle entón os xudeus:

—¿Aínda non tes cincuenta anos e xa viches a Abraham?

⁵⁸Xesús contestoulles:

—Con toda verdade volo aseguro: antes que Abraham chegase a existir, "Eu son".

⁵⁹Entón colleron pedras para llas tiraren, pero Xesús agachouse e saíu do Templo.

Curación dun cego de nacemento: 9, 1-12

9 ¹Ó pasar, viu a un cego de nacemento. ²Entón preguntáronlle os seus discípulos:

—Mestre, ¿quen pecou, para que nacese cego: el ou seus pais?

³Xesús respondeu:

—Nin pecou el nin os seus pais, senón que está cego para que se mostren nel as obras de Deus. ⁴Precisamos face-las obras do que me mandou mentres é día; está a chega-la noite e daquela ninguén pode traballar. ⁵Mentres eu estou no mundo, son a luz do mundo.

8, 44 Na perícopa de Xn **8,** 31-47, comparada co texto paralelo da 1 de Xn (**3,** 4-15. 18-29), póñense en parangón os adversarios de Cristo con Caín. Uns e mailo outro son fratricidas. Vese claramente a correspondencia das obras coa paternidade: non sendo os xudeus quen queren matar a Cristo (**8,** 37 b. 40), seguindo ó demo —o pai deles, un homicida desde o comezo (**8,** 44)—, coma Caín que, sendo do Malvado, matou a seu irmán, porque as súas obras eran malas e as de seu irmán boas (1 Xn **3,** 12). A atribución a Caín da filiación diabólica recóllea Xoán dos Targums de Xén **4,** 1 e **5,** 3, onde se di que Eva se uniu á serpente despois do pecado e que así naceu Caín, non segundo a semellanza de Adán, senón da serpente.

8, 48 A meirande aldraxe que se lle podía facer a un xudeu era chamarlle samaritano (cf **4,** 9 nota).

8, 58 Xesús afirma a súa existencia onda o Pai antes de que Abraham chegase a vivir. Por iso, e mais pola expresión "Eu son", entenden as palabras de Xesús como blasfemas.

9, 2 Era crenza común entre os xudeus que todo mal é consecuencia dun pecado. Xesús vailles dicir que, se é verdade que o mal está no mundo polo pecado, non o é que todo mal físico veña dun pecado.

9, 4 Xesús xoga cos términos "día e noite", "luz e tebra" (cf nota a **3,** 2), utilizándoos primeiro nun senso natural, para leva-la xente ó terreo que lle interesa e sinalar así que El é a luz e que quen non a acepta vai por mal camiño.

⁶Dito isto, cuspiu na terra e fixo lama co cuspe e untouna polos ollos do cego, ⁷dicíndolle:

—Vaite lavar na piscina de Siloé (que quere dicir "enviado"). El foi, lavouse e volveu con vista. ⁸Entón os veciños e os que antes o viran andar a pedir preguntaban:

—¿Non é este o que estaba sentado pedindo?

⁹Uns decían: "éche o mesmo"; outros, "non, é un que se lle asemella"; e el dicía: "son eu". ¹⁰Entón preguntábanlle:

—Daquela ¿como se che abriron os ollos?

¹¹El respondeu:

—O home que se chama Xesús fixo lama, untoume os ollos, e díxome: "Vai a Siloé e lávate". Entón fun e, ó que me lavei, comecei a ver.

¹²Preguntáronlle:

—¿Onde está ese?

El contestou:

—Non o sei.

¹³Levaron onda os fariseos o que fora cego. ¹⁴(Era sábado o día que Xesús fixera lama e lle abrira os ollos). ¹⁵E outra vez lle preguntaban tamén os fariseos como chegara a ver. El respondeulles:

—Untoume lama polos ollos, laveime e vexo.

¹⁶Algúns dos fariseos dicían: "Este home non vén de Deus, que non garda o sábado". Outros, en cambio, dicían: "¿Como ía poder un home pecador facer estes sinais?" E había división entre eles.

¹⁷Entón preguntáronlle outra vez ó cego:

—¿A ti que che parece ese home que lles deu a vista ós teus ollos?

El contestou:

—Que é un profeta.

¹⁸Os xudeus non lle creron que fose cego e que chegase a ver, ata que chamaron polos seus pais ¹⁹e lles preguntaron:

—¿É este o voso fillo, o que vós dicides que naceu cego? Logo ¿como é que agora ve?

²⁰Os pais responderon:

—Nós sabemos que este é o noso fillo e que naceu cego: ²¹como é que agora ve, non o sabemos; nin sabemos tampouco quen lle deu a vista. Preguntádelle a el, que ten anos para falar en por si.

²²(Isto dixérono os pais, porque lles tiñan medo ós xudeus, pois xa se puxeran de acordo en que, se alguén o recoñecía coma Mesías, botábano da sinagoga. ²³Por isto dixeron seus pais: "Ten idade, preguntádelle a el").

²⁴Chamaron por segunda vez polo home que fora cego e dixéronlle:

—Dá gloria a Deus: nós sabemos que ese home é un pecador.

²⁵El entón respondeu:

—Eu non sei se é un pecador; só sei unha cousa: que eu antes era cego e que agora vexo.

²⁶Dixéronlle entón:

—Pero ¿que foi o que che fixo? ¿Como che deu a vista?

²⁷Respondeulles:

—Xa volo dixen e non me fixestes caso. ¿Por que queredes oílo outra vez? ¿Ou é que tamén queredes facervos discípulos del?

²⁸Eles enchérono de aldraxes e dixéronlle:

—Serás ti discípulo del; nós somos discípulos de Moisés. ²⁹Nós sabemos que a Moisés lle falou Deus; deste, polo contrario, non sabemos de onde é.

³⁰O home replicoulles:

—Pois nisto precisamente está o admirable: en que vós non sabedes de onde é e el déulle-la vista ós meus ollos. ³¹Sabemos que Deus non escoita os pecadores, pero se un é piadoso e fai a súa vontade, a ese escóitao. ³²Endexamais non se soubo de ninguén que dese vista a un cego de nacemento: ³³se este non viñese de Deus, non podía facer nada.

³⁴Respondéronlle eles:

—Ti naciches todo metido en pecados ¿e vasnos ensinar a nós?

E botárono fóra.

A cegueira espiritual: 9, 35-41

³⁵Oíu Xesús que o botaran fóra, buscouno e preguntoulle:

—¿Cres ti no Fillo do Home?

³⁶El respondeulle:

—¿E quen é, Señor, para que crea nel?

³⁷Díxolle Xesús:

—Éche o mesmo que estás vendo e que está a falar contigo.

9, 7 A palabra que significa *enviado*, máis ben cá grega *Siloé*, é a hebrea "Xilóah".
9, 19 A narración quere poñer en ridículo os xudeus, ata o punto de lles facer dicir que, se os pais afirmaban que nacera cego, estaban equivocados.
9, 33 Cf **3,** 2.

9, 36 Anque recoñece a Xesús coma un profeta (v 17) que vén de Deus (v 33) e mais que ten grandes poderes (v 32), non o recoñece coma "Fillo de Deus", pois non sabe que alcance ten a expresión. Sen embargo, acepta todo o que Xesús lle diga, pois ten plena confianza nel.

³⁸El dixo:

—Creo, Señor.

E postrouse diante del.

³⁹Entón dixo Xesús:

—Para realizar un xuízo vin eu a este mundo: para que os que non ven, vexan; e os que ven, se volvan cegos.

⁴⁰Oíron isto algúns dos fariseos que estaban onda el, e preguntáronlle:

—¿E, logo, nós tamén estamos cegos?

⁴¹Xesús contestoulles:

—Se estivesedes cegos, non teriades pecado; mais, como dicides que vedes, o voso pecado permanece.

Xesús, porta do curral e Bo Pastor: 10, 1-21

10 ¹—Con toda verdade volo aseguro: o que non entra pola porta no curral das ovellas, senón que sobe por outra parte, é un ladrón e un bandido. ²En cambio, quen entra pola porta é o pastor das ovellas. ³A ese ábrelle o porteiro, e as ovellas escoitan a súa voz. Chama as súas polo nome e lévaas a fóra. ⁴Cando as dá sacado todas, vai diante delas e as ovellas ségueno, pois recoñecen a súa voz. ⁵Pero a un alleo non o seguirán, senón que fuxirán del, pois non coñecen a voz dos alleos.

⁶Díxolles Xesús esta alegoría mais eles non coñeceron que era o que lles daba a entender. ⁷Entón dixolles de novo:

—Con toda verdade volo aseguro: eu son a porta das ovellas. ⁸Tódolos que viñeron antes ca min eran ladróns e bandidos; pero as ovellas non os escoitaron. ⁹Eu son a porta; se alguén entra por min, salvarase: entrará e sairá e atopará pasto. ¹⁰O ladrón non entra senón para roubar, matar e estragar. Eu vin para que teñan vida e para que a teñan de abondo.

¹¹Eu son o Bo Pastor. O Bo Pastor dá a súa vida polas ovellas. ¹²O criado, que non é pastor, de quen non son as ovellas, cando ve vi-lo lobo, deixa as ovellas e foxe e o lobo rapinaas e dispérsaas; ¹³porque el anda ó xornal e as ovellas non lle importan. ¹⁴Eu son o Bo Pastor: coñezo as miñas e as miñas coñécenme a min. ¹⁵Igual que o Pai me coñece a min e eu coñezo o Pai, e dou a miña vida polas ovellas. ¹⁶Teño ademais outras ovellas que non son deste curro: tamén a esas as teño que guiar, e escoitarán a miña voz e farase un único rabaño e un único pastor.

¹⁷Por iso ámame o Pai: porque eu dou a miña vida, para tomala de novo. ¹⁸Ninguén ma quita; non, eu douna voluntariamente. Teño poder para dala e teño poder para tomala de novo. Este mandato recibino do meu Pai.

¹⁹Fíxose de novo unha división entre os xudeus por estas palabras. ²⁰Moitos deles dicían:

—Ten o demo e está tolo. ¿Por que o escoitades?

²¹Pero outros replicaban:

—Estas palabras non son dun tolo endemoniado; ¿ou é que un demonio pode dárlle-la vista ós ollos dos cegos?

Xesús rexeitado polos xudeus na Festa da Dedicación: 10, 22-42

²²Era xa inverno e celebrábase daquela en Xerusalén, a Festa da Dedicación. ²³Xesús paseaba polo Templo no Pórtico de Salo-

---

9, 39 Xesús non veu para condena-la xente (3, 17); pero, pola súa actitude respecto da luz (3, 19), sepáranse os homes en dous bandos: os que aman a luz porque as súas obras son boas; e os que prefiren a tebra, porque as súas obras son ruíns.

9, 41 O peor que lle pode pasar a un home é considerarse xusto, pois ninguén o é en realidade ante Deus (Sal 14, 1-3; cf Rm 3, 10). Se os fariseos fosen coma o cego, era mellor, pois non terían o orgullo que lles impedía chegar a ver de veras. Non terían pecado, mentres agora están sepultados nel. Permanece o pecado de cegueira, porque non teñen o desexo de recibi-la luz que os salvaría, a luz de Cristo.

10, 8 *Ladrón* ten aquí o senso do que rouba ás agachadas. *Bandido* era o guerrilleiro de pretensións mesiánicas, ó xeito dos sicarios (cf **18**, 40 nota; Introd. ó N.T. **2**. e) 7).

10, 9 Xesús fai a aplicación do enunciado no v 1: a verdadeira vida encóntrase contando con Xesús, do mesmo xeito que se entra no curral pola porta: "Ninguén chega onda o Pai senón por min" (**14**, 6).

"Entrar e saír": expresión semítica que vén significar unha absoluta liberdade de movementos (cf Núm **27**, 17). Relacionado con Xesús, equivale á libre comuñón de vida con El: quen pasa pola porta e entra e encontrará alí pastos, no novo ámbito de vida con Xesús.

10, 11-18 Presenta Xesús a imaxe do Bo Pastor, contrapoñéndoa nos vv 11-13 á do pastor asalariado. Este non ten amor ás ovellas, pois non son súas, mentres que o verdadeiro dono quéreas, e dá libre e voluntariamente a súa vida por elas. Presentándose coma "o Bo Pastor", failles ver que é Deus, pois Ezequiel anunciara o pastoreo que Deus faría no seu pobo, farto xa dos pastores ruíns (Ez **34**, 1-16). Xesús reúne na súa persoa a promesa de Deus de que será El quen pastoree o seu pobo e a de que "David será o pastor do seu pobo" (Ez **34**, 23-34).

10, 14 De acordo co senso que ten a palabra "coñecer" para os semitas, dísenos que Xesús ten unha relación persoal —comuñón de vida— coas súas ovellas, a semellanza da que ten co Pai.

10, 16 A misión de Cristo é universal: non veu só para salva-la parte fiel do rabaño de Israel, senón tamén es outros rabaños para os que a voz de Deus era voz dun alleo. Esas ovellas deullas o Pai, pero cómpre aínda que escoiten a voz de Xesús. Cando Cristo sexa crucificado, entón os xentís serán atraídos a El (**12**, 32).

10, 18 Xesús dá voluntariamente a súa vida, porque o Pai o quere e porque tamén El é o Señor da vida. Pola contra, o home non é senón administrador dela e por iso non pode entregala, anque si arriscala polos demais.

món. ²⁴Rodeárono entón os xudeus e preguntáronlle:

—¿Ata que día nos terás en suspenso? Se es ti o Mesías, dínolo abertamente.

²⁵Xesús respondeulles:

—Xa volo dixen e mais non credes: as obras que eu fago no nome do meu Pai son o meu aval. ²⁶Pero vós non credes, porque non sodes das miñas ovellas. ²⁷As miñas ovellas escoitan a miña voz: eu coñézoas e elas séguenme; ²⁸eu doulles vida eterna, e non se perderán para sempre: ninguén mas quitará da man. ²⁹Meu Pai, que mas deu, é máis ca todos, e ninguén pode arrepañalas da man do Pai. ³⁰Meu Pai e mais eu somos un.

³¹Colleron outra vez pedras os xudeus, para o apedraren. ³²Xesús replicoulles:

—Moitas boas obras fixen diante de vós de parte do meu Pai. ¿Por cal delas me apedrades?

³³Respondéronlle os xudeus:

—Non te apedramos por ningunha obra boa, senón por blasfemia, pois ti, sendo home, faste Deus.

³⁴Xesús replicoulles:

—¿Non está escrito na vosa Lei *Eu dixen: sodes deuses?* ³⁵Se lles chamou deuses a aqueles sobre os que veu a palabra de Deus —e non se pode a Escritura perde-la súa forza—, ³⁶¿por que me acusades de blasfemia a min, a quen o Pai santificou e mandou ó mundo, por dicir que "Son Fillo de Deus"? ³⁷Se non fago as obras do meu Pai, seguide sen crerme. ³⁸Pero se as fago, anque non creades en min, crede nas obras, para que comprendades e recoñezades que o Pai está en min e eu estou no Pai.

³⁹Unha vez máis trataban entón de o prender; pero Xesús liscóuselles das mans. ⁴⁰E foi de novo á outra banda do Xordán, ó sitio onde estivera Xoán bautizando ó comezo e permaneceu alí. ⁴¹E acudiron moitos onda el e dicían: "Xoán non fixo ningún sinal, mais todo canto Xoán dixo acerca deste, era verdade". ⁴²E moitos comezaron a crer nel alí.

A morte de Lázaro: 11, 1-16

11 ¹Había un enfermo, Lázaro de Betania, da aldea de María e da súa irmá Marta. ²María fora a que unxira ó Señor con perfume e lle enxugara os pés cos seus cabelos; o seu irmán Lázaro era o enfermo. ³Por iso, as irmás mandaron a dicirlle a Xesús:

—Señor, mira, o que amas está enfermo.

⁴Ó oílo, dixo Xesús:

—Esta enfermidade non é para a morte, senón para a gloria de Deus, a fin de que por ela se glorifique o Fillo de Deus.

⁵Xesús queríalles moito a Marta, á irmá dela, e mais a Lázaro. ⁶Anque oíu que este estaba enfermo, deixouse estar aínda por dous días no sitio onde se atopaba. ⁷Despois disto, díxolles ós discípulos:

—¡Vaiamos outra vez á Xudea!

⁸Os discípulos respondéronlle:

—Mestre, aínda non hai nada que te querían apedra-los xudeus, ¿e vas ir outra vez alí?

⁹Xesús replicou:

—¿Non hai doce horas de día? Se alguén camiña de día, non tropeza, pois ve a luz deste mundo; ¹⁰mais se alguén camiña de noite, tropeza, pois non hai luz nel.

¹¹En dicindo isto, proseguiu:

—Lázaro, o noso amigo, dorme; pero eu vouno espertar.

¹²Dixéronlle entón os discípulos:

—Señor, se dorme, curará.

¹³Xesús dicíao da morte. Pero eles coidaban que falaba do repouso do sono. ¹⁴Entón Xesús díxolles abertamente:

—Lázaro morreu, ¹⁵e alégrome por vós de non estarmos alí, para que creades. ¡Así que vamos onda el!

10, 30 Xesús manifestase da mesma categoría có Pai, o que equivale a considerarse Deus. Así o interpretaron os seus interlocutores (v 33), que intentan apedralo por blasfemo.

10, 34 Os xudeus falaban ás veces da *Lei* referíndose a outros libros da Biblia que non pertencían ó Pentateuco. Nese senso, "Lei" era sinónimo de "Sagrada Escritura". Aquí alúdese ó Sal **82**, 6, no que Deus chama "deuses, fillos do Altísimo" ós xuíces, pois o xulgar pertence a Deus (Dt **1**, 17). Xesús colle esta frase da Escritura e aplícaa a si mesmo, concluíndo que, se eles se lles podía chamar deuses sen caer en blasfemia — polo feito de que Deus lles comunicaba a súa vontade para que fixesen xustiza—, tamén El pode aplicarse ese título, e con meirande razón, pois é o mandado do Pai (v 36).

10, 35 Ben sabían os xudeus que o que estaba anunciado na Lei se había de cumprir. Xesús emprega o que di a Biblia, seguro de que o argumento basado nela é, de certo, convincente.

10, 38 As obras que un fai, identifícano. Se quen obra mal demostra ser un "fillo da tebra", un "fillo do demo", quen obra ben demostra co seu actuar que é un "fillo da luz", un "fillo de Deus".

11, 1 Xesús vai camiño da súa hora. O episodio da resurrección de Lázaro, preparado nos vv 1-6, mostra como, mentres Xesús dá vida ós homes (**11**, 7-44), estes tratan de o matar (**11**, 45-54).

11, 7 Xesús decídese a ir á Xudea (**11**, 7-16), pois aveciñase a súa hora. A resurrección de Lázaro será un paso máis que acelerará as cousas de cara á glorificación de Xesús na cruz.

¹⁶Díxolles entón Tomé —o chamado Xémeo— ós outros discípulos:

—¡Vaiamos tamén nós morrer con el!

Xesús é a Resurrección e a Vida: 11, 17-27

¹⁷Cando chegou Xesús, atopouse con que Lázaro xa levaba catro días no sepulcro. ¹⁸Betania estaba preto de Xerusalén, a uns tres quilómetros: ¹⁹moitos dos xudeus foran onda Marta e María para lles daren o pésame polo irmán. ²⁰Cando oíu Marta que Xesús estaba chegando, saíulle ó encontro. María, en cambio, quedou na casa. ²¹Díxolle entón Marta a Xesús:

—Señor, se ti estiveses aquí, meu irmán non morrería; ²²pero eu sei que, aínda agora, Deus che concederá calquera cousa que lle pidas.

²³Xesús díxolle:

—Teu irmán resucitará.

²⁴Marta respondeulle:

—Ben sei que resucitará na resurrección, no día derradeiro.

²⁵Díxolle Xesús:

—Eu son a resurrección e a vida. Quen cre en min, anque morra, vivirá; ²⁶e todo o que vive e cre en min, non morrerá endexamais. ¿Cres ti isto?

²⁷Ela respondeu:

—Si, Señor: eu creo que ti e-lo Cristo, o Fillo de Deus, que había de vir ó mundo.

Conmoción e pranto de Xesús: 11, 28-37

²⁸E, ditas estas cousas, saíu e chamou por María, súa irmá, dicíndolle polo baixo:

—O Mestre está aquí e chama por ti.

²⁹Ela, ó oílo, ergueuse de contado e foi onda el. ³⁰(Aínda non chegara Xesús á aldea, senón que estaba no mesmo sitio onde o atopara Marta). ³¹Entón os xudeus que estaban con ela na casa para lle daren o pésame, vendo a María que se ergueu de contado e saíu, foron detrás dela, coidando que ía á sepultura para chorar alí. ³²María chegou onde estaba Xesús e, ó velo, caeu ós seus pés, dicíndolle:

—Señor, se ti estiveses aquí, non morrería meu irmán.

³³Ó ver Xesús que ela estaba chorando, e tamén os xudeus que viñeran con ela, apretóuselle o corazón e, profundamente conmovido, ³⁴preguntou:

—¿Onde o puxestes?

Contestáronlle:

—Señor, ven ver.

³⁵E Xesús botouse a chorar.

³⁶Entón comentaban os xudeus: "¡Ai que ver como o quería!"

³⁷Pero algúns deles dixeron: "E logo este, que deu vista ós ollos dun cego, ¿non podía facer que non morrese?"

Xesús devólvelle a vida a Lázaro: 11, 38-44

³⁸Xesús estremecéndose de novo, chegou á sepultura. Era unha cova, e tiña unha pedra por riba.

³⁹Xesús ordenou:

—Arredade a pedra.

Marta, a irmá do finado, díxolle:

—Señor, xa cheira, que leva catro días.

⁴⁰Xesús contestoulle:

—¿Non che dixen que se cres, vera-la gloria de Deus?

⁴¹Arredaron entón a pedra. Xesús ergueu os ollos e dixo:

—Meu Pai, douche gracias porque me escoitaches. ⁴²Eu ben sabía que ti sempre me escoitas, pero díxeno pola xente que está aquí, para que crean que ti me mandaches.

⁴³E dito isto, gritou con voz forte:

—¡Lázaro, ven para fóra!

⁴⁴Saíu o morto; tiña os pés e as mans atados con vendas e a cara envolta nun sudario. Xesús ordenoulles:

—Desenleádeo e deixádeo ir.

O Sanedrín decide quitarlle a vida a Xesús: 11, 45-53

⁴⁵Entón, moitos dos xudeus que viñeran onda María, vendo o que fixo, creron nel. ⁴⁶Pero algúns deles foron onda os fariseos, e contáronlle-lo que fixera Xesús. ⁴⁷Entón os sumos sacerdotes e os fariseos reuniron o Sanedrín e dicían:

—¿Que imos facer? Porque este home fai

11, 18 *Betania* queda a 3 km de Xerusalén (1 estadio = 190 m.), en dirección leste. Actualmente chámase "el-Azariyyé", nome árabe que fai alusión a Lázaro.

11, 25 Xesús non só resucita, senón que é a mesma resurrección. Os xudeus do tempo de Xesús louvaban a Deus por darlles vida ós mortos. Xesús vai máis alá: non só dá a vida, senón que se presenta como a mesma vida.

11, 40 Tamén é *gloria de Deus* unha marabilla do seu poder coma a resurrección dun morto.

11, 44 Xesús dá a vida corporal coma signo do seu poder para da-la eterna. Esta vida dánola agora como en xerme e hánola dar plenamente ó remate dos tempos.

11, 45 É o derradeiro dos signos de Xesús contados por Xoán. O primeiro, o de Caná (**2,** 1-11), servirá para que os seus discípulos crean nel; este sérvelle para que crean nel moitos xudeus.

11, 47 O *Sanedrín:* cf Introd. ó N. T., 2. a)

moitos signos. ⁴⁸Se o deixamos así, todos crerán nel e virán os romanos e quitaránno-lo noso lugar santo e maila nosa nación.

⁴⁹Pero un deles, Caifás, que era o Sumo Sacerdote aquel ano, díxolles:

—Non entendedes nada. ⁵⁰¿Non coidades que vos convén que morra un home polo pobo e non que pereza a nación enteira?

⁵¹Iso non o dixo pola súa conta, senón que, sendo Sumo Sacerdote aquel ano, profetizou que Xesús había de morrer pola nación; ⁵²e non só pola nación, senón tamén para reuni-los fillos de Deus que estaban dispersos. ⁵³Por iso, desde aquel día, decidiron matalo.

Xesús retírase á espera da "hora": 11, 54-57

⁵⁴En consecuencia, Xesús xa non andaba á vista entre os xudeus. Marchou para a rexión colindante co deserto, a unha vila chamada Efraím, e alí permanecía cos seus discípulos. ⁵⁵Estaba próxima a Pascua dos xudeus e subiron moitos daquela rexión a Xerusalén antes da Pascua, para se purificaren. ⁵⁶Andaban entón buscando a Xesús, e cando estaban no templo, preguntábanse entre eles: "¿Que vos parece? ¿Non virá á festa?". ⁵⁷Pero os sumos sacerdotes e os fariseos tiñan dada orde de que, se alguén sabía onde estaba, que o comunicase para lle botaren man.

María unxe a Xesús en Betania: 12, 1-11

12 ¹Seis días antes da Pascua, foi Xesús a Betania, onde estaba Lázaro, a quen resucitara de entre os mortos. ²Fixéronlle alí unha cea. Marta servía, mentres que Lázaro era un dos comensais.

³Entón María, collendo unha libra de perfume de nardo puro, de moito prezo, unxiu os pés de Xesús e enxugoullos cos seus cabelos. A casa quedou chea do recendo do perfume.

⁴Pero Xudas, o Iscariote, un dos seus discípulos, o que o había de entregar, dixo:

⁵—¿Por que non se vendeu ese perfume por trescentos denarios, e non se lles deron ós pobres?

⁶Dixo isto non porque tivese interese polos pobres, senón porque era ladrón e, tendo el a bolsa, botaba man do que se metía nela.

⁷Pero Xesús replicou:

—Déixaa estar: que garde isto para o día do meu enterro; ⁸pois ós pobres sempre os tedes entre vós, mentres que a min non sempre me ides ter.

⁹Unha chea de xente de entre os xudeus soubo entón que el estaba alí e viñeron non só por Xesús, senón tamén para veren a Lázaro, a quen resucitara de entre os mortos. ¹⁰Pero os sumos sacerdotes decidiron matar tamén a Lázaro, ¹¹pois moitos, por causa del, fuxían dos xudeus e crían en Xesús.

Entrada triunfal en Xerusalén: 12, 12-19

¹²Ó outro día, a xente que viñera á festa, oíndo que Xesús viña a Xerusalén, ¹³apañou ramas das palmeiras e saíulle ó encontro exclamando:

11, 48 *Lugar santo:* lit. "lugar". Debe se-lo templo, anque tamén podería referirse á Cidade Santa, Xerusalén.

11, 51 Este inciso dos vv 51-52, recolle a reflexión teolóxica do evanxelista. Se, como é probable, a idea de Caifás fora só que "era mellor a morte dun cá de todo o pobo", a de Xoán vai moito máis alá: dinos que Xesús morre por salva-lo "verdadeiro Israel".

11, 52 Xesús morre por tódolos fillos de Deus, e estes son os que o Pai lle deu (**8**, 42), non soamente de entre os xudeus, senón tamén dos xentís. Estes "estaban dispersos" e agora forman parte do Israel de Deus, desde o momento en que, coa morte de Cristo, o seu corpo é o "Novo Templo", que xunta persoas de tódalas nacións.

11, 54 Non coinciden os arqueólogos na localización da vila de *Efraím*. As dúbidas están entre as actuais "Et-Taiyibeh" e "Ain Sâmieh".

11, 55 É esta a terceira *Pascua* da que fala Xoán. A primeira fora un pouquiño despois das vodas de Caná (**2**, 13); e a segunda, pouco despois da multiplicación do pan (**6**, 4). Os xudeus tiñanse que purificar para ir a ela, aínda que non tivesen culpas persoais: abondaba o feito de vivir entre xentís ou outra serie de cousas que facían contraer impurezas legais.

12, 1-5 *María* aparece aquí coma irmá de Lázaro e mais de Marta. Nos sinópticos (Mt **26**, 6 ss; Mc **14**, 3 ss; Lc **7**, 36 ss) nárrasenos unha unción que fixo en Betania "unha muller" (Mt **26**,7; Mc **14**, 3) pecadora (Lc **7**, 37). Por isto, chegou a identificarse a María —a irmá de Lázaro e Marta— coa muller que unxiu a Xesús na casa de Simón, calificada por Lucas coma pecadora; e con María Magdalena, da que botara Xesús sete demos (Lc **8**, 2). Isto pasou por se mesturaren dous relatos distintos: a entrada dunha pecadora pública que chora ante Xesús, na casa de Simón o fariseo, en Galilea (Lc **7**, 1.11.36-50), e o da unción que lle fixo a Xesús unha muller chamada María, en Betania (Xn **12**, 1-3).

12, 7 Para un xudeu, que enterrasen sen as uncións rituais de costume era unha ignominia; e Xesús, morrendo na cruz, non tiña garantías de que o purificasen. Por iso, preparándoo adiantadamente para a súa sepultura, María fai unha obra de misericordia (cf Mt **20**, 10; Mc **10**, 6).

12, 12-16 A xente aclama a Xesús ó entrar en Xerusalén. O feito das palmas encaixaría ben na Festa das Tendas (cf Introd. ó N.T., **2.** d) 3), cando se recitaba o Sal **118**, mentres se axitaban o "lulav" (ramo de palmas, mirtos e salgueiros) e o "etrog" (unha especie de limón). O sitio onde montou Xesús no burriño era Betfagué (cf Mt **21**, 5), 2 km ó leste de Xerusalén, no camiño de Betania. Aínda hoxe, o domingo de Ramos, faise a procesión das palmas desde Betfagué ata a basílica de Santa Ana, en Xerusalén.

¡Hosanna!:
¡Bendito o que vén no nome do Señor,
o Rei de Israel!.

[14] Xesús atopou un burriño, e montou nel, conforme está escrito:

[15] *Non temas, filla de Sión,
mira que vén o teu rei,
montado nun burriño.*

[16] Ó comezo os seus discípulos non comprenderon estas cousas; pero cando Xesús foi glorificado, entón lembráronse de que estaban escritas del e que así llas fixeron.

[17] As persoas que estaban con el cando mandara a Lázaro saír da sepultura e o resucitara de entre os mortos, daban público testemuño. [18] Tamén lle saíu ó encontro a xente, pois oíran que el fixera este sinal. [19] Pero os fariseos dixeron entre eles: "Vedes que non conseguides nada; mirade para aí: todo o mundo foi detrás del".

Sinais da proximidade da hora: 12, 20-36

[20] Algúns dos que subían a adorar no día da Festa eran gregos. [21] Achegáronse a Felipe, o de Betsaida de Galilea, e pedíronlle:

—Señor, queremos ver a Xesús.

[22] Foi Felipe e díxollo a Andrés; Andrés e mais Felipe foron dicirllo a Xesús. [23] Xesús respondeulles:

—Chegou a hora de que sexa glorificado o Fillo do Home. [24] Évos ben certo: se o gran de trigo cae na terra pero non morre, quedará el só; pero se morre, dará froito abondoso. [25] Quen ama a súa vida, pérdea; mais quen aborrece a súa vida neste mundo, poñeraa a salvo para unha vida eterna. [26] Se alguén quere servirme, que me siga; e alí onde estou eu, estará tamén o meu servidor. Se alguén me serve, hao honra-lo Pai. [27] Agora o meu espírito está turbado. ¿E que hei de dicir: Pai, sálvame desta hora? ¡Pero se para iso cheguei a esta hora! [28] Pai, glorifica o teu Nome.

Chegou entón unha voz do ceo:

—Xa o glorifiquei, e glorificareino aínda de novo.

[29] Ó oílo o xentío alí presente, dicía que fora un trono; outros dicían: "faloulle un anxo". [30] Xesús interveu dicindo:

—Esta voz non foi por min, senón por vós. [31] Agora é o xuízo deste mundo; agora ó príncipe deste mundo vano botar fóra. [32] E eu, cando me ergan da terra, atraerei a todos cara a min.

[33] Dicía isto, indicando de que morte había de morrer. [34] Respondeulle entón a xente:

—Nós coñecemos pola Lei que o Mesías permanece para sempre; ¿como dis ti que ten que ser erguido o Fillo do Home? ¿Quen é ese Fillo do Home?

[35] Xesús contestoulles:

—Aínda por un pouco estará a luz entre vós. Camiñade mentres téde-la luz, para que a tebra non vos atrape: quen camiña na tebra, non sabe para onde vai. [36] Mentres téde-la luz, crede na luz, para que vos volvades fillos da luz.

Xesús en falando estas cousas, fuxiu e agachouse deles.

12, 16 Certo, o v 13 alude ó Sal **118**, 25-26; e o 15 a Zac **9**, 9. O senso do cumprimento destes anuncios de salvación é que Xesús é o Mesías esperado e mandado por Deus.

12, 20 Con estas palabras, confírmase o dito no v 19, de que todo o mundo se deixaba arrastrar por Xesús. Tamén Zac **9**, 9, citado un pouco máis arriba, facía referencia á salvación dos xentís; e aquí vemos como veñen uns gregos onda Xesús.

12, 22 Coa chegada dos gregos buscando por Xesús, chega a *hora* de Xesús. Esta hora é a da paixón, que é de certo unha glorificación, pois é o momento en que os dous mundos —xudeu e xentil— son chamados a formar parte dunha mesma comunidade de salvación; de xeito que sexan todos un en Cristo Xesús (cf Gál **3**, 28).

12, 25 Na linguaxe semítica os verbos opostos significan, máis ben có senso propio, a preferencia dunha das realidades sobre a outra. Así, neste caso, o "amar-aborrecer" equivale a "antepoñer-pospoñer".

12, 26 O "seguimento" de Xesús debe ser común a todo bo discípulo de Cristo. Pola súa parte, Xesús promete ós que o sigan un posto onde El estea.

12, 27 Anque Xesús veu para da-la súa vida polos demais, o feito de ser un home lévao a sentir repulsa da morte. De todos xeitos, a vontade do Pai é a súa norma suprema (cf Lc **22**, 42).

12, 31 A expresión *príncipe deste mundo*, semellante ás utilizadas polos esenios de Qumrân, refírese a Satanás, por ser este o inspirador das accións dos que seguen os criterios mundanos. Coa glorificación de Xesús na cruz vén a condenación do Malo e dos seus fillos, ó vencelo Xesús.

12, 32 Ser erguido *da terra* é unha expresión aramea, con dobre senso simultáneo: ser levantado e ser crucificado. A atracción de todos a Cristo é o cumprimento do anuncio feito por Xeremías (**31**, 1-40) acerca da reunión dos dispersos, nun senso máis universalista, abarcando a tódolos homes. Xesús atrae a todos, proclamando a súa realeza desde a cruz, revelándolle-lo misterio da súa persoa. Pola fe en Xesús, fórmase o novo pobo de Deus.

12, 34 Os contemporáneos de Xesús decatáronse ben do senso da expresión "ser erguido". O que non comprendían era como podía ser crucificado o Mesías, que Deus mandara precisamente para salva-lo pobo. A diferencia dos xudeus, que pensaban nun Mesías político, Xesús pensa nun mesianismo inspirado no Servo de Iavé (cf Is **52**,13-**53**,12).

12, 36 Para ser *fillos da luz* hai que "crer na luz e camiñar na luz". O senso destas expresións vén se-lo vivi-la nosa existencia no ámbito de Xesús, que é a verdadeira luz.

Conclusión do ministerio público de Xesús: 12, 37-50

³⁷Pero, mesmo facendo Xesús tantos dos seus signos diante deles, non creron nel, ³⁸de xeito que se cumprise a palabra que dixo o profeta Isaías:

Señor, ¿quen creu na nosa predicación?
¿E a quen se manifestou o brazo do Señor?

³⁹Por iso non podían crer, pois tamén dixo Isaías:

⁴⁰*Cegou os seus ollos*
e endureceu os seus corazóns,
non sexa que os seus ollos vexan
e a súa mente entenda e se convertan
e eu os salve.

⁴¹Dixo isto Isaías, pois viu a súa gloria e falou del.

⁴²Sen embargo, moitos, tamén de entre as autoridades, creran nel, mais por causa dos fariseos non o confesaban, para que non os apartasen da sinagoga, ⁴³pois preferiron a gloria dos homes antes cá gloria de Deus.

⁴⁴Xesús gritou:

—Quen cre en min, realmente non cre en min, senón naquel que me mandou; ⁴⁵e quen me ve a min, ve a quen me mandou. ⁴⁶Eu son a luz que veu ó mundo, para que todo o que cre en min non permaneza nas tebras.

⁴⁷Se alguén escoita as miñas palabras e non as garda, eu non o xulgo, pois non vin para xulga-lo mundo, senón para o salvar. ⁴⁸Quen me despreza e non recibe as miñas palabras, ten quen o xulgue: a palabra que eu falei hao xulgar no derradeiro día.

⁴⁹Porque eu non falei pola miña conta, senón que o mesmo Pai, que me mandou, deume a encomenda do que debo dicir e do que hei de falar. ⁵⁰E eu sei que a súa encomenda é vida eterna. Por iso, as cousas que eu falo, fálaas como mas dixo o Pai.

A DERRADEIRA CEA: 13, 1-17, 26

O lavado dos pés: 13, 1-20

13 ¹Antes da festa da Pascua, sabía Xesús que lle chegara a hora de pasar deste mundo para onda o Pai; e xa que amara ós seus que estaban no mundo, amounos ata a fin.

²E mentres ceaban —xa o Satán lle movera o corazón a Xudas, o de Simón Iscariote, para que o entregase—, ³sabendo que o Pai lle puxera todo nas mans, e que saíra de Deus e ía onda Deus, ⁴ergueuse da mesa e deixou a túnica; e collendo unha toalla, cinguiuse con ela. ⁵Despois, botou auga nunha palangana e comezou a lavárlle-los pes ós discípulos e a secárllelos coa toalla que levaba cinguida. ⁶Pero, cando chegou onda Simón Pedro, este díxolle:

—Señor, ¿vasme lava-los pés ti a min?

⁷Xesús respondeulle:

—O que eu fago, ti non o entendes agora; halo comprender despois.

⁸Pedro replicoulle:

—Ti non me lavara-los pés a min endexamais.

Xesús respondeulle:

—Se non te lavo, non terás parte comigo.

⁹Exclamou Simón Pedro:

—Señor, daquela os pés, as mans e maila cabeza.

¹⁰Dille Xesús:

—Quen se bañou, non precisa máis que lava-los pes, pois está todo limpo; e vós estades limpos, aínda que non todos.

12, 38 A cita é de Is **53**, 1.
12, 40 O evanxelista quere facernos ver que a falta de fe dos xudeus xa estaba anunciada no profeta Isaías (**6**, 9-10). A afirmación do profeta segue á serie de maldicións contra o pobo escolleito (**5**, 8-30), pola infidelidade ós seus compromisos.
12, 47 A misión de Cristo é salvadora, pois é a mesma misión do Pai. Pero o home pode aceptar ou non a palabra de Xesús. Se a acepta, será un "fillo da luz", e a salvación de Cristo farase realidade nel; pola contra, se non a acepta, será un "fillo da tebra", e a palabra rexeitada será un argumento contra el.
13, 1 Comeza o "Libro da Gloria" (**13**, 1-20, 31) coa narración da "Derradeira Cea" (**13**, 1-17, 26).
O evanxelista insiste no coñecemento que tiña Xesús do que lle ía pasar, e na súa liberdade para entrega-la propia vida coma testemuño de amor. O amor que Xesús ten "ata a fin" quere significar "a plenitude de amor", e mais "a continuidade do seu amor ata a fin da súa vida".
13, 4 O lavatorio dos pés ten nestes primeiros vv un valor simbólico, relacionado coa morte de Xesús, pois 1) faino despois de reparar en que, tanto o lavado dos pés coma a afirmación de que Xesús ía pasar deste mundo ó Pai.
13, 5 A laboura de lava-los pés exercíana os escravos cos seus amos e cos hóspedes, e tamén os discípulos cos seus mestres. Que Xesús se poña a facer ese traballo significa que os criterios da vida cristiá non poden coincidir cos criterios mundanos (cf vv 12-15; Lc **22**, 25-27 par).
13, 6-11 Diálogo entre Xesús e Pedro. O feito de deixarse lava-los pés por Xesús leva consigo a posibilidade de participar na vida que Xesús terá onda o Pai; e o non deixarse lavar, todo o contrario. Iso enténdese moi ben, se o lavatorio dos pés simboliza o Bautismo (cf **3**, 5-7).

[11] Sabía quen o había de entregar: por iso dixo "non todos estades limpos".
[12] Despois que Xesús lles lavou os pés e vestiu a súa túnica, sentou outra vez e preguntoulles:
—¿Comprendéde-lo que fixen convosco? [13] Vós chamádesme "Mestre" e "Señor" e dicides ben porque o son. [14] Logo, se eu, o Señor e o Mestre, vos lavei os pés, tamén vós debedes lavárvo-los pés uns a outros. [15] Deivos así un exemplo, para que, coma eu fixen convosco, así fagades tamén vós. [16] Con toda verdade volo aseguro: o servo non é meirande có seu Señor, nin o mensaxeiro é meirande ca quen o mandou. [17] Se sabedes estas cousas, seredes felices, con tal de que as cumprades.
[18] Non o digo por todos vós: eu sei ben a quen escollín; pero para que se cumpra a Escritura: *O que come comigo o pan, levantou contra min o seu pé*. [19] Dígovolo desde agora, antes de que suceda, para que cando suceda, creades que eu son. [20] Con toda verdade volo aseguro: quen acolla a aquel que eu mande, acólleme a min; e quen me acolle a min, acolle a quen me mandou.

Xesús anuncia a traición: 13, 21-30

[21] Dito isto, Xesús turbouse no seu interior e declarou abertamente:
—Con toda verdade volo digo: un de vós hame de entregar.
[22] Os discípulos miraban uns para outros, sen saberen de quen falaba. [23] Estaba recostado no peito de Xesús un dos seus discípulos, aquel a quen Xesús amaba. [24] Entón Simón Pedro fíxolle un aceno, para que lle preguntase a quen aludía. [25] Daquela el, así apoiado no peito de Xesús, preguntoulle:
—Señor, ¿quen é?
[26] Xesús respondeulle:
—É aquel a quen eu lle vou da-lo pan mollado.

E mollando o pan, deullo a Xudas, o de Simón Iscariote. [27] E naquel instante, xunto co pan, entrou nel Satanás. Entón díxolle Xesús:
—O que vas facer, faino axiña.
[28] Ningún dos que estaban sentados á mesa comprendeu por que lle dixera is o. [29] Algúns coidaban que, ó ter Xudas a bolsa do diñeiro, dicíalle Xesús: "merca o que precisamos para a festa", ou que lles dese algo ós pobres. [30] El, collendo o pan, saíu axiña. Era de noite.

O mandamento novo: 13, 31-35

[31] Cando saíu, dixo Xesús:
—Agora queda glorificado o Fillo do Home e Deus queda glorificado nel. [32] Se Deus queda glorificado nel, tamén Deus o glorificará a el e hao glorificar axiña. [33] Meus fillos: só un pouquiño estarei convosco. Habédesme buscar, pero, como lles dixen ós xudeus, dígovolo a vós agora: "onde vou eu, vós non podedes vir". [34] Douvos un mandamento novo: amádevos uns a outros; como eu vos amei, amádevos tamén entre vós. [35] Nisto coñecerán todos que sóde-los meus discípulos: se vos tedes amor uns a outros.

Predicción da negación de Pedro: 13, 36-38

[36] Simón Pedro preguntoulle:
—Señor, ¿onde vas?
Xesús respondeulle:
—Onde eu vou non podes ti seguirme agora, seguirasme despois.
[37] Pedro replicoulle:
—¿Por que non podo seguirte agora? Estou disposto a da-la miña vida por ti.
[38] Xesús respondeulle:
—¿Que ti dara-la túa vida por min? Con toda verdade cho aseguro: non cantará o galo, antes de que me negues tres veces.

13, 18 *Para que se cumpra a Escritura.* Non é que a Escritura determine o comportamento daquelas persoas das que fala, senón que anuncia as súas actuacións. Non é que Xesús destinase a un dos seus discípulos a se-lo que o traicionase, senón que un dos discípulos de Xesús traicionouno e deste xeito cumpriuse o anunciado no Sal **41,** 10 (cf Sal **55,** 13-15).
13, 19 A predicción que fai Xesús do que vai pasar, halles facer ver que "El é": fará que se decaten de que lle pertence o ser Deus.
13, 23 Esta é a primeira ocasión en que se fala do "discípulo amado de Xesús" que equivale na nosa terminoloxía ó "preferido" entre os doce. Volverase falar del en **19,** 25-27; **20,** 2-10; **21,** 7.20-23.
13, 27 Vese unha liña de empeoramento na conducta de Xudas: xa en **12,** 6 diciásenos que collía para si o que era de todos; en **13,** 2 dísenos que o demo lle meteu a idea de entregar a Xesús; e neste v o evanxelista dinos que o mesmo Satanás entrou nel.
13, 30 A constatación de que *era de noite* cando saíu Xudas vai máis alá do senso obvio (cf nota **3,** 2).
13, 34 Dise *mandamento novo*, porque é o mandamento da Nova Alianza, non porque non existise ese mandamento no antigo pobo de Deus (Lev **19,** 18.34). Mais Xesús dálle unha importancia máis relevante (Xn **13,** 35), sinálao coma necesario para cumprir co mandamento do amor a Deus (Mt **22,** 34-40; Mc **12,** 28-31) e dálle ademais un senso máis amplo á palabra "próximo" (Lc **10,** 29-37), anque no noso texto se refire directamente ós discípulos.
13, 38 Xesús quéixase da excesiva seguridade de Pedro, e aproveita a ocasión para lle anunciar que caerá. Contra esa excesiva seguranza, unha autosuficiencia que é froito do orgullo, prevennos tamén S. Paulo: "Quen pense estar seguro, mire ben, non caia" (1 Cor **10,** 12).

Xesús camiño cara ó Pai: 14, 1-14

14 ¹Non vos agoniedes: crede en Deus e mais crede en min. ²Na casa do meu Pai hai moitas moradas; doutro xeito, ¿teríavos dito que vos ía arranxar un lugar? ³E cando vaia e vos arranxe un lugar, voltarei e collereivos comigo, para que, onde estea eu, esteades vós tamén. ⁴E a onde eu vou, vós ben sabéde-lo camiño.

⁵Dille Tomé:

—Señor, se non sabemos onde vas, ¿como imos sabe-lo camiño?

⁶Xesús respondeulle:

—Eu son o camiño, a verdade e a vida: ninguén chega onda o Pai máis ca por min. ⁷Se me coñeceseds, coñeceriades tamén a meu Pai; anque xa desde agora o coñecedes e o tedes visto.

⁸Felipe díxolle:

—Señor, móstrano-lo Pai e abóndanos.

⁹Xesús replicoulle:

—Pero, Felipe, ¿levo tanto tempo convosco e aínda non me coñeces? Quen me viu a min, viu o Pai. ¿Como dis entón "móstrano-lo Pai"? ¹⁰¿Non cres que eu estou no Pai e o Pai en min? As palabras que eu vos digo non as falo pola miña conta; é o Pai, que permanece en min, quen fai as súas obras. ¹¹Crédeme que eu estou no Pai e o Pai en min. Se non, polo menos crede por esas mesmas obras. ¹²Con toda verdade volo aseguro: quen cre en min, fará el tamén as obras que eu fago, e faraas meirandes aínda, pois estou para irme onda o Pai; ¹³e o que pidades no meu nome, heino facer, para que o Pai sexa glorificado no Fillo. ¹⁴Se algo me pedides no meu nome, eu fareino.

A promesa do Espírito: 14, 15-31

¹⁵Se me amades, gardaréde-los meus mandamentos, ¹⁶e eu rogareille ó Pai, e daravos outro Paráclito para que decote estea convosco: ¹⁷o Espírito da Verdade. O mundo non o pode acoller, pois non o ve nin o coñece; mais vós coñecédelo, pois permanece onda vós e está en vós. ¹⁸Non vos deixarei orfos; logo volvo onda vós. ¹⁹Un pouquiño máis e o mundo xa non me verá; pero vós habédesme ver, que eu vivo e tamén vós habedes vivir. ²⁰Naquel día coñeceredes que eu estou en meu Pai, e vós en min, e eu en vós. ²¹Quen ten os meus mandamentos e os garda, ese ámame; e o que me ama será amado por meu Pai, e eu amareino e manifestareime a el.

²²Xudas, o outro, non o Iscariote, preguntoulle:

—¿Que pasou, para que ti vaias manifestarte a nós e non ó mundo?

²³Xesús respondeulle:

—Se alguén me ama, gardará a miña palabra, e meu Pai amarao, e viremos onda el, e faremos vida con el. ²⁴O que non me ama, non garda as miñas palabras; e a palabra que escoitades de min, non é miña, é do Pai que me mandou.

²⁵Díxenvos estas cousas mentres estaba convosco; ²⁶pero o Paráclito, o Espírito Santo que meu Pai mandará no meu nome, ese havos ensinar todo e traeravos á memoria canto eu vos dixen. ²⁷Déixovo-la paz, dóuvo-la miña paz: eu non vola dou coma o mundo a dá. Non vos angustiedes, nin teñades medo. ²⁸Oístes que vos dixen "voume e logo volvo onda vós". Se me amasedes, alegrariádesvos de que eu vaia onda o Pai, xa que o Pai é máis ca min.

²⁹Díxenvolo agora, antes de que suceda, para que, cando suceda, creades. ³⁰Xa non falarei moito convosco, pois está a vi-lo príncipe deste mundo. Sobre min non ten

---

14, 3 A segunda vinda de Cristo será gloriosa e terá como finalidade recoller a tódolos que o amaron, para que participen da súa gloria, estando con El eternamente.

14, 6 Xesús preséntase como o *camiño, a verdade e a vida*. É o *camiño*, como é a porta (**10**, 9), porque non se pode chegar ó Pai prescindindo de Xesús. É *verdade*, porque nos revela fielmente ó Pai, pois non está sometido ó "pai da mentira" (cf **8**, 44). Xesús é a *vida*, porque pode da-la súa e recollela (**10**, 17), dar vida eterna a quen quere (**5**, 21), e porque quixo o Pai que teña vida pola súa conta (**5**, 26).

14, 7 Quen ten verdadeira fe en Cristo, *coñece ó Pai*. Os discípulos de Xesús tiñan aínda unha fe moi endeble. Pero desde a chegada da "hora" —o momento da glorificación de Cristo—, a revelación será plena, e percibirán claramente a Verdade, pois coñecerán ben a Xesús e mais ó Pai (cf **16**, 25).

14, 13 Así coma no A.T. se lle pedía algo ó Pai "polo seu nome" (Sal **25**, 11), "pola súa gloria", así agora pódeselle pedir a Cristo, "no meu nome". E, ó escoitarnos Cristo, o mesmo Pai será glorificado no Fillo.

14, 16 O pai daranos outro *Paráclito*, outro intercesor. No Evanxeo de Xoán menciónase catro veces o Paráclito (**14**, 16.26; **15**, 26; **16**, 7), co senso doutra persoa divina.

14, 17 A ese Paráclito chámaselle *Espírito de Verdade*, pois pertence plenamente ó mundo da Verdade e dá testemuño da Verdade.

14, 26 O Paráclito, que aquí se chama *Espírito Santo*, ten tamén a misión de confirma-los discípulos nas ensinanzas de Xesús, iluminando a súa mente para que comprendan o mundo da Verdade.

14, 27 Xesús é o "príncipe da *paz*" (cf Is **9**, 5-6), e por iso nos deixa a paz. Con todo, unha paz distinta da que promete o mundo: Xesús non nos evita as tribulacións (**16**, 33), pero ó final participaremos da victoria de Cristo sobre o espírito mundano: a paz de Cristo refírese á salvación.

14, 28 Despois de ter falado abondo Xesús da súa igualdade co Pai, a afirmación de que *"o Pai é máis ca min"* haina que entender no seu senso da distinta misión entre o mandado e o que manda.

14, 30 Cf nota a **12**, 31.

nada; ³¹mais é para que saiba o mundo que eu amo ó Pai, e que, coma o Pai me mandou, así fago. Erguede, vámonos de aquí.

Xesús, a vide verdadeira: 15, 1-8

15 ¹Eu son a verdadeira vide, e meu Pai é o labrador. ²O sarmento que en min non leva froito, arríncao; e o que leva froito, límpao, para que leve máis froito aínda. ³Vós xa estades limpos, pola palabra que vos teño falado. ⁴Permanecede en min e eu en vós.

Así como o ramo non pode levar froito pola súa conta, se non permanece na vide, vós tampouco, se non permanecedes en min. ⁵Eu son a vide; vós os sarmentos. Quen permanece en min e eu nel, ese leva froito abondoso, pois fóra de min non podedes facer nada. ⁶Se alguén non permanece en min, é coma os ramos arrincados fóra, que secan; apáñanos, bótanos no lume e arden. ⁷Se permanecedes en min e as miñas palabras permanecen en vós, pedide o que queirades e hásevos facer. ⁸Nisto é glorificado meu Pai: en que levedes froito abondoso e vos mostredes coma discípulos meus.

Permanecer no amor: 15, 9-17

⁹Coma me amou o Pai, así vos amei eu: permanecede no meu amor. ¹⁰Se gardáde-los meus mandamentos, permaneceredes no meu amor, coma eu gardei os mandamentos de meu Pai, e permanezo no seu amor. ¹¹Díxenvos estas cousas, para que a miña alegría estea en vós, e a vosa alegría sexa plena.

¹²Este é o meu mandamento: que vos amedes uns a outros coma eu vos amei. ¹³Ninguén ten amor meirande ca este: que un dea a súa vida polos amigos. ¹⁴Vós sodes amigos meus, se facedes canto eu vos mando. ¹⁵Xa non vos chamo servos, que o servo non sabe o que fai o seu señor: a vós trateivos de amigos, pois todo o que lle oín a meu Pai déivolo a coñecer. ¹⁶Non me escollestes vós a min, senón que vos escollín eu a vós; e púxenvos para que vaiades e levedes froito e o voso froito permaneza; de xeito que todo o que lle pidades ó Pai no meu nome, volo conceda. ¹⁷Mándovos isto: que vos amedes uns a outros.

O odio do mundo: 15, 18-16, 4a

¹⁸Se o mundo vos aborrece, sabede que me aborreceu a min antes do que a vós. ¹⁹Se fosedes do mundo, o mundo amaríavos coma cousa propia; pero, como eu vos escollín do mundo, por iso o mundo aborréceos. ²⁰Lembrádevos da palabra que vos dixen: non hai servo maior có seu señor; se a min me perseguiron, hanvos perseguir tamén a vós; se gardaron a miña palabra, tamén gardarán a vosa.

²¹Todo isto hánvolo facer por causa miña, pois non coñeceron a quen me mandou. ²²Se eu non viñese e non lles falase, non terían pecado; mais agora non teñen escusa polo seu pecado. ²³Quen me aborrece a min, aborrece tamén a meu Pai. ²⁴Se non fixese entre eles as obras que ningún outro fixo, non terían pecado; mais agora víronas, e aborrecéronme a min e a meu Pai; ²⁵de xeito que se cumpra a palabra que está escrita na súa Lei: *Aborrecéronme sen razón*.

²⁶Cando veña o Paráclito que eu vos hei de mandar de onda o Pai, o Espírito da Verdade que vén do Pai, dará testemuño acerca de min; ²⁷e tamén vós daredes testemuño, pois levades comigo desde o comezo.

16 ¹Díxenvos estas cousas para que non vos escandalicedes.

²Hanvos expulsar das sinagogas; e mesmo chega a hora en que todo aquel que vos mate, coide que está dando culto a Deus. ³E farán iso, porque non coñeceron nin ó Pai nin a min. ⁴Mais díxenvos isto, para que, cando chegue a hora, recordedes que xa eu volo tiña dito.

A obra do Espírito: 16, 4b-15

Non vos dixen isto desde o comezo, porque estaba convosco. ⁵Pero agora voume onda o que me mandou e ningún de vós me

---

15, 1-6. O parágrafo **15**, 1-16, 33, trata da relación dos discípulos de Xesús co mundo, despois da marcha de Cristo. Os vv **15**, 1-17 recollen a alegoría da vide e os sarmentos ou renovos; os 6 primeiros vv enlazan despois coa temática do sermón da cea, despregando a alegoría.

Ó longo da historia da salvación, Israel considerouse "a viña do Señor", xa coma totalidade, xa coma "resto fiel". Parece que os viñadores eran os dirixentes do pobo. Estes foron os que mandaron matar a Xesús (Mt **21**, 33-46). Xesús preséntase como a verdadeira vide, que dá vida; o Pai llela quitará ós labradores que non a trataron como debían (Mt **21**, 40-46).

15, 19 Os discípulos non poden comparti-los criterios do mundo. Xesús segregounos da maldade, e transmitélle-los seus criterios. Polo tanto, se seguen fielmente as orientacións do Mestre, non poden menos que ser perseguidos, coma El o foi (cf **15**, 20).

15, 24 O senso dos últimos vv é que, facendo Xesús as obras que fixo, non teñen desculpa aqueles que non o recoñecen. Por outra parte, o non recoñecer a Cristo naquel Xesús que facía aquelas obras, equivale a non recoñecer ó Pai.

15, 25 A Escritura á que se refire é o Sal **35**, 16, salmo que recolle a súplica dun xusto perseguido.

pregunta: "¿Onde vas?" ⁶Ó contrario porque vos dixen estas cousas, a tristura encheu os vosos corazóns.

⁷Pero eu dígovo-la verdade: convenvos que eu me vaia; pois, se eu non me vou, non virá a vós o Paráclito; en cambio, se eu me vou, mandareino onda vós.

⁸E cando veña culpará ó mundo de pecado, xustiza e condena: ⁹pecado, porque non cren en min; ¹⁰xustiza, porque vou onda o Pai e xa non me veredes; ¹¹condena, porque o príncipe deste mundo xa resultou condenado.

¹²Aínda teño moitas cousas que vos dicir, pero non podedes con elas agora. ¹³Cando veña El, o Espírito da Verdade, havos encamiñar á verdade plena, pois non vos falará pola súa conta, senón que vos dirá o que escoitou e anunciarávo-lo que ha de pasar. ¹⁴El hame glorificar, pois recibirá do meu e interpretarávolo. ¹⁵Todo o que ten o Pai é meu, por iso díxenvos que recibirá do meu e volo interpretará a vós.

A tristura volverase alegría: 16, 16-24

¹⁶Un pouquiño e xa non me veredes; e outro pouquiño, e volverédesme ver.

¹⁷Comentaron entón algúns dos seus discípulos: "¿Que é isto que nos di *un pouquiño e xa non me veredes; e outro pouquiño, e volverédesme ver?* ¿E iso de *porque vou onda o Pai?*". ¹⁸E dicían: "¿Que é ese *un pouquiño*? Non sabémo-lo que quere dicir".

¹⁹Coñeceu Xesús que lle querían preguntar e díxolles:

—¿Matinades entre vós acerca disto que vos dixen, "un pouquiño e xa non me veredes, e outro pouquiño e volverédesme ver"? ²⁰Con toda verdade volo aseguro: choraredes e lamentarédesvos, mentres que o mundo se alegrará. Vós estaredes tristes, mais a vosa tristura volverase alegría. ²¹A muller, cando vai dar á luz, ten tristura, pois chegou á súa hora; pero cando deu á luz o neno, xa non lle acorda o apuro, pola alegría de que naceu un home para o mundo. ²²Así, tamén vós tedes agora tristura; pero heivos de ver de novo e o voso corazón alegrarase, e a vosa alegría ninguén vola poderá quitar. ²³E aquel día xa non me preguntaredes nada.

Con toda verdade volo aseguro: o que lle pidades ó Pai no meu nome, El hávolo dar. ²⁴Ata agora non pedistes nada no meu nome. Pedide e recibiredes, de xeito que a vosa alegría sexa plena.

Eu vencín o mundo: 16, 25-33

²⁵Díxenvos estas cousas en comparanzas. Vai chega-la hora en que xa non vos falarei en comparanzas, senón que vos falarei do Pai abertamente. ²⁶Naquel día pediredes no meu nome. E non vos digo que eu rogarei por vós ó Pai, ²⁷xa que o propio Pai vos ama, pois vós amástesme a min, e crestes que eu saín de Deus. ²⁸Saín do Pai e vin ó mundo; de novo deixo o mundo e vou onda o Pai.

²⁹Dixéronlle os seus discípulos:

—Mira, agora falas claro, sen andar con voltas. ³⁰Agora sabemos que o sabes todo, e non precisas que ninguén che pregunte: por iso cremos que saíches de Deus.

³¹Xesús respondeulles:

—¿Agora credes? ³²Mirade, vai chega-la hora, e xa chegou, en que vos espallaredes cada un pola súa banda, e a min deixarédesme só. Anque eu non estou só, pois está comigo o Pai.

³³Díxenvos estas cousas para que teñades paz gracias a min. No mundo haberedes ter apretos; pero tede ánimo: eu vencín o mundo.

Oración sacerdotal de Xesús: 17, 1-26

17 ¹Isto dixo Xesús. Logo, erguendo os ollos ó ceo, dixo:

—Pai, chegou a hora: glorifica ó teu Fillo,

16, 9 O *pecado* fundamental do mundo consiste en non crer en Xesús; o que leva consigo non crer no Pai (cf **5,** 23; **6,** 29; **8,** 19.42). Esa falta de fe a pesar dos signos que Xesús fixera (**12,** 37), foi consecuencia de preferi-las tebras á luz (**3,** 19). Por conseguinte o mundo é culpable (**15,**22-24).

16, 10 A *xustiza* de Deus manifestase aquí na exaltación do xusto condenado polos homes. Mentres estes o botaron fóra da cidade, por blasfemo, crucificándoo alí, o Pai recíbeo no seu seo e énchoo de gloria.

16, 11 Considerando a morte de Cristo coma unha acción do príncipe deste mundo contra Xesús, fai pensar que, na confrontación entre Xesús e Satanás, vencese este. Pero a morte de Xesús é un paso para a súa resurrección gloriosa, e na mesma morte na cruz Xesús está reinando e vencendo sobre o príncipe deste mundo, pois atrae a todos cara a El (**12,** 32); e os que o seguen vencen con Xesús (1 Xn **2,** 13-14; **4,** 4; **5,** 4-5).

16, 18 Unha certa resposta encóntrase dous cc. máis atrás (**14,** 19): "Un pouquiño máis, e o mundo xa non me verá; pero vós habédesme ver, que eu vivo e tamén vós habedes vivir". De todos xeitos, aínda falaba por comparanzas; un pouco máis adiante (**16,** 28) manifestará abertamente que el vai onda o Pai. Verán a Xesús no seu Espírito, que o fará presente a eles (**16,** 14) e non ó mundo, pois este non o merece.

16, 32 Despois da seguridade manifestada polos discípulos (**16,** 30) e cando Xesús lles revela que o abandonarán. De todos xeitos non perde Xesús a calma, pois ten sempre con el o Pai.

17, 1 A chegada da *hora* marca o momento máis importante da existencia terreal do Fillo de Deus. Este c. **17** noméase, ademáis de "A oración sacerdotal de Xesús", "a pregaria da hora".

de xeito que o fillo te glorifique a ti; ²conforme lle deches poder sobre todo home, para que dea vida eterna a tódolos que ti lle deches. ³(E nisto consiste a vida eterna: que te coñezan a ti, o único Deus verdadeiro, e a quen mandaches, Xesús Cristo). ⁴Eu glorifiqueite na terra, rematando a obra que me deches a facer. ⁵E agora, Pai, glorifícame onda ti, coa gloria que eu tiña onda ti, antes de que o mundo existira.

⁶Eu manifesteite ós homes que me escolliches do mundo. Eran teus, e déchesmos, e gardaron a túa palabra. ⁷Agora coñecen que todo canto me deches vén de ti, ⁸pois entreguéille-las palabras que ti me encomendaches e eles recibíronas; coñeceron verdadeiramente que saín de onda ti, e creron que ti me mandaches. ⁹Eu rógoche por eles; non che rogo polo mundo, senón polos que me deches, pois perténcenche; ¹⁰todo o meu é teu; e o teu, meu; e neles quedo eu glorificado. ¹¹Eu xa non vou estar no mundo; pero eles quedan no mundo, mentres que eu vou onda ti. Pai santo, coida ti mesmo dos que me entregaches, para que sexan un coma nós.

¹²Cando eu estaba con eles, coidábaos no teu lugar. Ti entregáchesmos; eu agariméinos, e ningún deles se perdeu, fóra do fillo da perdición, de xeito que se cumprise a Escritura. ¹³Mais agora estou indo a ti, e falo estas cousas no mundo, para que teñan eles a plenitude do meu gozo. ¹⁴Eu déille-la túa palabra, e o mundo aborreceunos, pois eles non son do mundo, como tampouco eu non son de mundo. ¹⁵Non che pido que os tires do mundo, senón que os gardes do malo. ¹⁶Eles non son do mundo, como eu tampouco non son do mundo. ¹⁷Conságraos na verdade: a túa palabra é verdade. ¹⁸Coma ti me mandaches ó mundo, así os mando eu a eles; ¹⁹e por eles conságrome eu, para que tamén eles sexan consagrados na verdade.

²⁰E non che rogo só por estes, senón tamén polos que han de crer en min pola palabra deles; ²¹que todos sexan un, coma ti, Pai, en min, e eu en ti; que tamén eles sexan un en nós, para que o mundo crea que ti me mandaches. ²²E a gloria que ti me deches, déillela a eles, para que sexan un coma nós somos un. ²³Eu neles e ti en min, para que cheguen á perfecta unidade, de xeito que o mundo recoñeza que ti me mandaches e que os amaches a eles, como me amaches a min.

²⁴Pai, os que me deches, quero que, onde estou eu, estean tamén eles comigo, para que contemplen a miña gloria, a que ti me concediches, porque me amabas xa antes da fundación do mundo. ²⁵Pai xusto, o mundo non te coñeceu, pero eu coñecinte, e estes coñeceron que ti me mandaches. ²⁶Eu manifestéille-lo teu nome e llelo seguirei manifestando, para que o amor co que me amaches estea neles, e tamén eu estea neles.

A PAIXÓN: 18, 1-19, 42

Xesús entrégase: 18, 1-12

18 ¹En dicindo isto, saíu cos seus discípulos para a outra banda do regueiro Cedrón, onde había unha horta, na que entrou el e mailos seus discípulos. ²Tamén Xudas, o que o había entregar, coñecía aquela horta, pois en moitas ocasións estivera alí Xesús cos seus discípulos. ³Xudas levaba a patrulla e a garda dos sumos pontífices e dos fariseos, chegou alí con farois, fachos e armas. ⁴Entón Xesús, sabendo todo o que lle viña enriba, adiantouse e preguntoulles:

—¿A quen buscades?

⁵Respondéronlle:

—A Xesús de Nazaret.

17, 3 Xoán, recollendo palabras de Xesús, dinos que a salvación nos vén polo "coñecemento de Deus", un coñecemento que non é só intelectual, senón toda unha comunidade de vida con Deus. Esta vida eterna, para Xoán, comeza xa aquí abaixo, pois xa aquí son salvados os que honran a Deus crendo en Xesucristo.

17, 8 Xesús é o "profeta semellante a Moisés", anunciado no libro do Dt (**18**, 18), que había de proclama-las palabras que Deus lle encargara. Cf notas a **4**, 25 e **6**, 14.

17, 9 Xesús roga polos "que creron" nel. Os que están sometidos ó "príncipe deste mundo", xa non teñen remedio, pois non quixeron escoitar a Xesús, preferindo as tebras á luz, vindo Xesús como viñera para salva-los homes polo amor que o Pai lles ten (cf **3**, 16).

17, 20 Na pregaria de Xesús estaban incluídos tamén tódolos homes que habían de crer pola súa palabra, transmitida polos seus discípulos: ¡nós!

17, 21 A unión existente entre o Pai e Cristo é o fundamento da unión que debe existir entre os cristiáns; e esta é consecuencia da unión que Cristo, intimamente relacionado co Pai, ten con eles. Tal unión fará cos homes comprendan que Xesús é o mandado do Pai e que este os ama de verdade.

17, 24 Fai alusión a Xén **45**, 13, na redacción do Targum Neophiti, onde se di que Xosé lles mandara ós seus irmáns que lle contaran ó pai toda a súa gloria en Exipto.

18, 1 O *regueiro Cedrón* bordea a Xerusalén davídica polo leste separando a Cidade Santa do Monte das Oliveiras. Tamén David cruzara o mesmo regueiro fuxindo do seu fillo Abxalom (cf 2 Sam **15**, 23).

18, 4 Xoán quere facer ver, unha vez máis, o coñecemento que Xesús tiña do que lle ía acontecer (cf **6**, 64; **13**, 1 nota), así coma a súa serenidade nos preludios da morte.

Díxolles El:
—*Eu son.*
Estaba tamén con eles Xudas, o que o entregaba. ⁶Cando lles dixo *Eu son,* botáronse para atrás e caeron ó chan. ⁷Entón, preguntoulles outra vez:
—¿A quen buscades?
Eles contestaron:
—A Xesús de Nazaret.
⁸Xesús respondeulles:
—Díxenvos que "son eu": así que, se me buscades a min, deixade marchar a estes.
⁹Así cumpriuse a palabra que dixera: "non perdín ningún dos que me deches".
¹⁰Entón Simón Pedro, que tiña unha espada, desenvaiñouna e feriu ó garda do Sumo Sacerdote, rabenándolle a orella dereita. O nome do garda era Malco. ¹¹Pero Xesús díxolle a Pedro:
—Mete a espada na vaíña; ¿e, logo, non hei bebe-lo cáliz que me deu o Pai?
¹²Entón a patrulla, o tribuno e mailos gardas dos xudeus, agarraron a Xesús e prendérono.

Interrogatorio de Xesús: 18, 13-27

¹³Leváronno primeiro onda Anás, que era sogro de Caifás, o Sumo Sacerdote daquel ano. ¹⁴(Era Caifás aquel que lles dera ós xudeus o consello: "Convén que un home morra polo pobo").
¹⁵Seguían a Xesús Simón Pedro e mais outro discípulo. Este discípulo, por ser coñecido do Sumo Sacerdote, entrou con Xesús no adro do palacio do Sumo Sacerdote. ¹⁶Pedro estaba fóra, na porta. Entón saíu o outro discípulo —o coñecido do Sumo Sacerdote—, falou coa porteira, e fixo entrar a Pedro. ¹⁷A porteira preguntoulle a Pedro:

—¿Non es tamén ti dos discípulos dese home?
El contestou:
—Non son.
¹⁸Estaban os criados e os gardas facendo unha fogueira, porque facía frío, e aquecíanse. Estaba tamén Pedro con eles, de pé, aquecéndose.
¹⁹Entón o Sumo Sacerdote interrogou a Xesús acerca dos seus discípulos e da súa doutrina. ²⁰Xesús respondeulle:
—Eu falei á vista do mundo, publicamente; eu sempre ensinei na sinagoga e no templo, onde se xuntan tódolos xudeus, e non falei nada ás agachadas. ²¹¿Por que me preguntas a min? Pregúntalles ós que me oíron de que lles falei: eles saben ben o que dixen.
²²Ó decir isto, un dos gardas alí presentes, deulle unha labazada a Xesús, dicindo:
—¿Así lle respondes ó Sumo Sacerdote?
²³Xesús replicoulle:
—Se falei mal, demóstrame en que; e se falei ben, ¿por que me pegas?
²⁴Entón Anás mandouno amarrado onda Caifás, o Sumo Sacerdote.
²⁵Estaba Simón Pedro de pé, quentándose, e preguntáronlle:
—¿Non es tamén ti dos seus discípulos?
El negouno, dicindo:
—Non son.
²⁶Un dos criados do Sumo Sacerdote, parente daquel a quen Pedro lle cortara a orella, replicoulle:
—¿E logo non te vin eu na horta con el?
²⁷Pedro negou outra vez; e naquel intre empezou a cantar un galo.

Xesús perante Pilato: 18, 28-40

²⁸Levaron entón a Xesús de onda Caifás ó Pretorio. Era a amañecida. Eles non entra-

---

18, 6 A expresión *Eu son* alude á divindade (cf notas a **6,** 20; **8,** 24; **13,** 19). Trátase do nome divino, revelado por Deus a Moisés, e que os xudeus non se atrevían a pronunciar, por medo a profanalo. Cando o profire Xesús, bótanse para atrás. De seguido, Xesús entrégase por propia vontade (**18,** 8). No A.T. dise que os perseguidores dos xustos bótanse para atrás (Sal **9,** 4; **56,** 9), e incluso tropezan e caen (Sal **27,** 1-2).
18, 8 Vémo-la solicitude de Xesús polos seus discípulos, en momentos de verdadeiro apuro. Compórtase así coma o Bo Pastor, que morre polas ovellas (cf **10,** 11-15).
18, 9 Xoán cita libremente as palabras de Xesús recollidas en **17,** 12.
18, 11 Simón Pedro, pensando facerlle unha cousa boa ó seu Mestre, interfírese unha vez máis no plan de Deus (cf Mt **16,** 22-23; Xn **13,** 6-9), sendo que a Xesús xa lle chegara a súa hora.
Bebe-lo cáliz significa apandar co sufrimento, asumi-la acción dolorosa, rexeitable desde o punto de vista humano.
18, 14 Cf **11,** 50.
18, 15 Aquí, e nos vv seguintes, fálase do *Sumo Sacerdote,*

referíndose a Anás; nos vv 13 e 14, atribuíase o título a Caifás, o seu xenro, de quen se dicía que era "o Sumo Sacerdote"; a Anás, como tiña prestixio ante eles, por ter sido Sumo Sacerdote, leváronlle a Xesús pola noite, para que o interrogase, á espera da sesión do Sanedrín, presidido por Caifás, á mañá seguinte.
18, 16 O *outro discípulo* do que se falaba xa no v anterior, parece identificarse co "discípulo amado" (cf **20,** 2), o que seguiu a Xesús ata a cruz (**19,** 25.27).
18, 28 O *Pretorio* era a residencia do pretor romano, oficial xefe posto polo emperador nos territorios dependentes de Roma. A ubicación do Pretorio é insegura: uns pensan que estaba na Torre Antonia, mentres outros o sitúan no pazo de Herodes.
Os xudeus contraen "impureza legal" por unha serie de relacións coas persoas e coas cousas (cf Lev **11,** 24-28; **22,** 4-8). No presente caso podía ser por estaren dentro dunha casa onde se condenou a morte, ou onde eran usuais os costumes pagáns, como ter fermento nos días da Pascua (Dt **16,** 4).
A constatación de que era entón *a amañecida* ten no cuarto evanxeo un senso teolóxico, dirixido a facer ver que

ron no Pretorio para non se contaminaren e así poderen come-la Pascua. ²⁹Saíu entón fóra Pilatos, onda eles, e preguntou:

—¿Que acusación traedes contra este home?

³⁰Eles responderon:

—Se este non fose un malfeitor, non cho entregabamos.

³¹Díxolles entón Pilatos:

—Collédeo vós e xulgádeo segundo a vosa Lei.

Os xudeus contestáronlle:

—Non nos é lícito matar a ninguén.

³²Así se cumpriu a palabra de Xesús, sinalando con que morte había morrer.

³³Entón entrou Pilatos outra vez no Pretorio, chamou por Xesús e preguntoulle:

—¿Es ti o Rei dos Xudeus?

³⁴Xesús respondeu:

—¿Dilo ti pola túa conta ou dixéroncho outros de min?

³⁵Pilato replicou:

—¿E logo son eu xudeu? A túa xente e os sumos sacerdotes entregáronte a min: ¿que fixeches?

³⁶Xesús contestoulle:

—O meu reino non é deste mundo; se deste mundo fose, os meus oficiais loitarían para que ninguén me entregase ós xudeus; pero o meu reino non é de aquí.

³⁷Díxolle entón Pilato:

—¿Logo ti es Rei?

Xesús respondeu:

—Tal como o estás dicindo, eu son Rei: para iso nacín e para iso vin ó mundo, para dar testemuño da verdade; todo o que está aberto á verdade, escoita a miña voz.

³⁸Pilato preguntoulle:

—¿Que é a verdade?

E, dito isto, saíu onda os xudeus e díxolles:

—Eu non atopo nel culpa ningunha. ³⁹Hai entre vós o costume de que eu vos solte alguén pola Pascua. ¿Queredes, logo, que vos solte ó Rei dos Xudeus?

⁴⁰Berraron entón outra vez, dicindo:

—Non. A ese non; a Barrabás.

(O tal Barrabás era un bandido).

Xesús condenado a morte: 19, 1-16a

19 ¹Entón Pilato colleu a Xesús e mandouno azoutar. ²Os soldados, tecendo unha coroa con espiños, puxéronlla na cabeza, vestíronlle un manto de púrpura, ³e, inclinándose diante del, dicíanlle: "¡Salve, Rei dos Xudeus!". E dábanlle labazadas.

⁴Pilato saíu outra vez fóra e díxolles:

—Mirade, tráiovolo fóra, para que vos decatedes de que non atopo nel culpa ningunha.

⁵Entón saíu fóra Xesús, levando a coroa de espiños e o manto de púrpura. Pilato díxolles:

—Ei-lo home.

⁶Cando o viron, os sumos sacerdotes e os gardas berraron:

—¡Crucifícao, crucifícao!

Pilato respondeulles:

—Collédeo vós e crucificádeo, que eu non atopo culpa nel.

⁷Os xudeus replicaron:

—Nós temos unha Lei, e conforme a Lei debe morrer, por se facer Fillo de Deus.

---

comezaba a victoria de Xesús para salvación dos homes (cf notas a **3**, 2; **9**, 4; **12**, 36).

18, 29 O xuízo de Xesús ante Pilato preséntase en sete escenas, marcadas por outras tantas entradas ou saídas de Pilato do Pretorio.

Os vv 28-32 forman a "primeira escena", que comeza coa saída de Pilato para falar cos xudeus.

18, 31 Non lles estaba permitido daquela, e por iso teñen que acudir ó pretor romano. A pena, inflíxese segundo os costumes e modo romano, que é a crucifixión.

18, 32 Cf **12,** 32-33.

18, 33 Os vv 33-38 forman a "segunda escena", que ten lugar dentro do Pretorio.

18, 34 A acusación que lle presentan a Pilato é que Xesús quixo facerse rei, rebelándose contra o César. Se fose así, non sería simplemente unha denuncia innecesaria, senón máis ben o afrontamento dun estado de cousas propicio para a represalia romana. Pero Xesús rexeitou sempre ser considerado rei (**6,** 15; **18,** 36), entendendo o seu mesianismo no senso do Servo de Iavé ou do fillo do Home, e rexeitando o título de "Mesías" e de "Fillo de Deus", aplicables ós reis.

18, 37 Xesús afirma a súa realeza, pero unha realeza distinta da humana: ten coma finalidade o dar testemuño da verdade, revelar a Deus na súa persoa.

Aberto á verdade Lit. "é da verdade": está nunha disposición de escoita de Deus, que se nos revela en Xesucristo.

18, 38 Pilato non atopa en Xesús a razón política para condenalo.

Os vv 38b-40 recollen a "terceira escena", e presentan a alternativa de liberar a Xesús ou a Barrabás.

18, 40 *Bandido* era todo home que procuraba un mesianismo político, apoiado por algúns (cf nota a **10,** 8). Xoán fainos ver como se deixan libres os que tiñan que ser condenados, e se condena ós que traballan pola verdade.

19, 1 Os vv 1-3 tratan do azoutamento de Xesús e da coroación con espiños. Forman a "cuarta escena".

19, 2 Xoán, facendo esta descrición, ten unha finalidade teolóxica, presentando a Xesús entronizado, coa indumentaria típica dos reis.

19, 4ss Os vv 4-7 mostran a Xesús, presentado ós xudeus. Forman a "quinta escena".

As palabras *Ei-lo home* denotan na boca de Pilato un certo desprezo polos xudeus, representados naquel home, xa incapacitado para todo. Na mente de Xoán, teñen, en troques, un senso transcendente, coma se se tratase do título "Fillo do Home". É un caso típico de "ironía xoánica".

[8]Cando Pilato oíu estas palabras, colleu moito medo, [9]entrou outra vez no Pretorio e preguntoulle a Xesús:

—¿De onde es ti?

Pero Xesús non lle deu unha fala. [10]Entón Pilato insistiu:

—¿Comigo non falas? ¿Non sabes que teño poder para soltarte e poder para crucificarte?

[11]Xesús respondeulle:

—Non terías ningún poder sobre min, se non cho desen de arriba. Por iso, o que me entregou a ti ten maior pecado.

[12]Despois disto Pilato procuraba liberalo. Pero os xudeus berraban:

—Se soltas a ese, non es amigo do César: todo o que se fai rei, oponse ó César.

[13]Pilato, oídas estas palabras, levou para fóra a Xesús e sentouno no tribunal, no sitio nomeado "O enlousado", en hebreo "gábaza". [14](Era o día da Preparación da Pascua, alá contra as doce do día).

Díxolles ós xudeus:

—Velaquí o voso rei.

[15]Pero eles berraban:

—¡Fóra, fóra! ¡Crucificao!

Pilato preguntoulles:

—Pero ¿como vou crucifica-lo voso rei?

Os sumos sacerdotes insistiron:

—Non temos máis rei có César.

[16]Daquela, entregóullelo para que o crucificasen.

Crucifixión de Xesús: 19, 16b-27

Entón colleron a Xesús. [17]Cargando el mesmo coa cruz, saíu para o lugar chamado da Caveira, que se di Gólgota en hebreo. [18]Alí o crucificaron, xunto con outros dous, un a cada lado, e Xesús no medio.

[19]Escribiu Pilato un título e púxoo na cruz. O escrito era: Xesús o Nazareno, o Rei dos Xudeus. [20]Moitos dos xudeus leron este título, porque o sitio onde Xesús foi crucificado estaba cerca da vila, e estaba escrito en hebreo, latín e grego. [21]Os sumos sacerdotes dixéronlle a Pilato:

—Non escribas "O Rei dos Xudeus", senón que el dixo "Son Rei dos Xudeus".

[22]Pilato respondeu:

—O escrito, escrito está.

[23]Entón os soldados, cando crucificaron a Xesús, colleron a roupa del —e fixeron catro partes, unha parte para cada soldado—, e maila túnica. Era a túnica sen costura, tecida dunha peza de arriba abaixo. [24]E falaron entre eles:

—Non a rachemos: sorteémola a ver a quen lle toca.

Así cumpriuse a Escritura, que di:

Repartiron entre eles a miña roupa e sortearon a miña túnica.

Tal fixeron os soldados.

[25]Ó pé da cruz de Xesús estaban súa nai e a irmá de súa nai, María a de Cleofás, e mais María a Magdalena. [26]Xesús, vendo a

---

19, 9 A "sexta escena" está constituída polo expresado nos vv 9-11.

Xesús non lle está pedindo a Pilato que o deixe ceibo, senón que conserva toda a súa serenidade. Máis aínda, Xesús ve aí a man do Pai que goberna a historia.

19, 12 Os vv 12-16b forman a "sétima e derradeira escena" do xuízo de Xesús.

19, 13 *Enlousado,* (á letra "lizóstrotos"): era unha praza laxeada, onde se celebraban os xuízos. "Gábaza" significa "outeiro"; pero a importancia da praza empedrada existente na parte alta da cidade, facía que se nomease comunmente "lizóstrotos".

Xoán constata que Pilato *sentou a Xesús no tribunal.* Isto, na mente de Pilato, podía significa-lo desprezo dun romano por un xudeu que, segundo os outros, quería ser rei. Pero na mente do autor significa a xustiza que fai aquí Pilato, sentando a Xesús "no seu sitio", outorgándolle a función do Fillo do Home, o de xuíz (cf **5,** 22.27; Dn **7,**13-14.22).

19, 14 A *Pascua* cadraba sempre o 15 de Nisán, para os que seguían o calendario do templo (calendario lunar); para os que seguían o calendario solar, cadraba sempre en mércores. No ano da Pascua de Xesús, a Pascua era en sábado, pois oficialmente seguíase o calendario do templo. Así que, segundo Xoán, o xuízo de Xesús foi o venres, á "hora de sexta", que corresponde ás *doce do día.* Constatando estes datos, e tendo en conta a súa intención teolóxica, podemos dicir que o evanxelista nos quere ensinar que naquela Pascua Xesús queda constituído rei e xuíz, causa de salvación para a humanidade.

19, 16 Os vv 16b-37 tratan do cumprimento da sentencia, desde que prenden a Xesús ata a súa morte. Trátase en cinco seccións, precedidas dunha introducción (vv 16b-18).

19, 17 O *lugar da Caveira* ou Calvario é o nome latino. Tanto o nome hebreo coma o arameo, teñen o mesmo senso.

19, 18 Crucificárono con outros dous, que estaban presos quizais por rebelión contra Roma, coma Barrabás (cf Mt **27,** 38; Mc **15,** 27; Lc **23,** 33).

19, 19 A "primeira sección" comenta o título que puxeron na cruz de Cristo. O título colocábase na cruz de tódolos condenados, para indicarlle á xente o motivo da condena. Pero na intención teolóxica de Xoán latexa a idea de que Xesús queda proclamado rei dos xudeus nas linguas máis importantes daquel tempo.

19, 23s A "segunda sección" está formada polos vv 23-24. Trata da roupa de Xesús e da *túnica.* No imperio romano os soldados tiñan o dereito de coller para eles os vestidos e demais obxectos dos axustizados. Feito isto polos soldados, cumpriuse o anunciado no Sal **22,** 19.

19, 25 A "terceira sección" (vv 25-27) mostra a entrega de María como nai ó discípulo amado. Como Xoán representa ós crentes, todos estes pasan a ser fillos de María. As mulleres que se mencionan aquí parece que son catro. Outros, sen embargo, identificando a María de Cleofás coa irmá da Virxe María, soamente contan tres.

19, 26 A escena da cruz representa o cume da obra de Cristo, cun marcado senso eclesiolóxico. Xesús chámalle *muller* á súa nai, por relacionala con Eva, nomeada na

súa nai e, onda ela, o discípulo a quen amaba, díxolle á nai:
—Muller, velaí o teu fillo.
²⁷Despois díxolle ó discípulo:
—Velaí a túa nai.
Desde aquela hora o discípulo acolleuna con el.

Morte de Xesús: 19, 28-37

²⁸Despois disto, sabendo Xesús que xa todo estaba acabado, para que se cumprise plenamente a Escritura, dixo: "Teño sede". ²⁹Había alí un xerro cheo de vinagre. Entón, atando unha esponxa empapada de vinagre a unha cana de hisopo, achegáronlla á boca. ³⁰Cando probou Xesús o vinagre dixo: *Está cumprido*. E, inclinando a cabeza, entregou o espírito.
³¹Entón os xudeus, como era o Día da Preparación, para que non permanecesen os corpos na cruz durante o sábado —pois era grande aquel día de sábado—, rogáronlle a Pilato que lles rompesen as pernas e os retirasen.
³²Viñeron, logo, os soldados, e rompéronlle-las pernas ó primeiro e mais ó outro que crucificaran con el. ³³Pero ó chegaren onda Xesús, como o viron xa morto, non lle romperon as pernas, ³⁴senón que un dos soldados traspasoulle o costado cunha lanza; e no instante saíu sangue e auga.
³⁵Quen o viu, dá testemuño e o seu testemuño é verdadeiro; el sabe que di a verdade, para que tamén vós creades. ³⁶Porque isto aconteceu para que se cumprise a Escritura: *"Non lle crebarán óso ningún"*. ³⁷E noutro lugar di: *Han mirar para quen traspasaron*.

Sepultura de Xesús: 19, 38-42

³⁸Despois disto, Xosé o de Arimatea, que era discípulo de Xesús —anque ás agachadas, por medo ós xudeus—, rogoulle a Pilato que lle deixase retira-lo corpo de Xesús. Pilato accedeu. Foi e retirou o corpo. ³⁹Foi tamén Nicodemo —aquel que primeiramente viñera onda Xesús de noite—, levando unha mestura de mirra e áloe de case cen libras.
⁴⁰Colleron o corpo de Xesús e, segundo é costume sepultar entre os xudeus, enfaixárono en panos, con aromas. ⁴¹No sitio onde crucificaran a Xesús había un xardín, e no xardín un sepulcro novo, que aínda non usara ninguén. ⁴²Puxeron alí a Xesús, por mor da Preparación dos xudeus, pois o sepulcro estaba cerca.

RESURRECCIÓN DE XESÚS: 20, 1-10

20 ¹O día primeiro da semana María a Magdalena foi ó sepulcro moi cedo, cando aínda era escuro, e viu que a pedra do sepulcro estaba quitada. ²Botou a correr e, chegando onda Simón Pedro e onda o outro discípulo a quen amaba Xesús, díxolles:
—Colleron do sepulcro ó Señor, e non sabemos onde o puxeron.
³Pedro e mailo outro discípulo saíron correndo cara ó sepulcro. ⁴Corrían os dous á par. Pero o outro discípulo correu máis lixeiro ca Pedro, e chegou primeiro ó sepul-

---

Xénese coma "a muller" e "a nai dos que viven". A María vénlle encomendada unha misión que pertence á obra mesiánica de Xesús. Por iso, a misión de María ten un senso eclesiolóxico: en María témo-lo prototipo da Igrexa. Xoán acolle a María na súa misión, e así nace a nova comunidade mesiánica.
19, 28 A "cuarta sección" (vv 28-30) presenta outro episodio de Cristo na cruz: Xesús dá cumprimento á Escritura. Esta Escritura é o Sal **69**, 22.
19, 30 O feito de *entrega-lo espírito* refírese á morte, pero leva tamén o senso da entrega do Espírito á Igrexa.
19, 31 A "quinta sección" (vv 31-37) presenta a fe dos crentes no Cristo exaltado.
19, 33 A razón de non lle creba-las *pernas* a Xesús era que estaba xa morto. Pero Xoán ve outro motivo máis profundo: o cumprimento da Escritura, e a presentación de Xesús coma Año Pascual. A ese año non se lle podían rompe-los ósos (Ex **12**, 46; Núm **9**, 12; cf Xn **19**, 36).
19, 34 Amais do senso natural de deitar *sangue e auga*, o evanxelista percibe un senso teolóxico: a morte de Cristo, simbolizada no sangue, trae consigo a eficacia espiritual, representada pola auga, que simboliza o don do Espírito (cf **7**, 38; **19**, 30). Secundariamente pode ter un senso sacramental: moitos Santos Padres viron na auga e no sangue a proclamación dos sacramentos do Bautismo e da Eucaristía.
19, 35 O que escribiu o evanxeo aparece aquí como testemuña presencial de todo o que lle aconteceu a Xesús.
19, 36: Ex **12**, 46; Sal **34**, 21.
19, 37 Alusión a Zac **12**, 10. O texto hebreo di: "E verán en min (Iavé) a aquel a quen traspasaron". Xoán usa deste texto para facer ver que ó mataren a Xesús, pola salvación que ven del, recoñecerán a Deus e doeranse do que fixeron. Verán entón a Xesús coma dador de vida, entregando a súa.
20, 1 Comeza a Terceira Parte do Libro da Gloria: Xesús Resucitado (**20**, 1-29).
Anque só se fala da *Magdalena* (**20**, 1), podemos afirmar que ían con ela outras mulleres. O feito de ir ela soa a un camposanto tan cedo sería moi mal visto. Por outra banda os outros evanxelistas sinalan a presencia doutras mulleres (Mt **28**, 1; Mc **16**, 1; Lc **24**, 1.10) Nótese ademais que María lles di ós apóstolos "non sabemos" (**20**, 2).
Tamén é posible que Xoán citase só a María por poñe-lo acento nela, importándolle menos a constatación de que fosen tamén outras unxir a Xesús.

cro. ⁵Abaixándose, viu que estaban os lenzos, pero non entrou. ⁶Entón chegou tamén Simón Pedro, que o seguía, e entrou no sepulcro. Viu os lenzos pousados alí. ⁷Pero o sudario que envolvera a súa cabeza, non estaba cos panos, senón á parte, enrolado noutro lugar. ⁸Entón entrou tamén o outro discípulo, que chegara primeiro, ó sepulcro; viu e creu. ⁹(Pois aínda non entenderan que, conforme a Escritura, era preciso que resucitase de entre os mortos). ¹⁰Entón os discípulos voltaron para a casa.

Aparición á Magdalena: 20, 11-18

¹¹Mentres tanto, María quedara ó pé do sepulcro, na parte de fóra, chorando. Sen deixar de chorar, abaixouse a ollar no sepulcro. ¹²Viu dous anxos de branco, sentados, un á cabeceira e outro ós pés do sitio onde xacera o corpo de Xesús.
¹³Eles preguntáronlle:
—Muller, ¿por que choras?
Ela respondeulles:
—Porque colleron ó meu Señor e non sei onde o puxeron.
¹⁴Dito isto, virouse cara atrás e viu a Xesús alí de pé, pero sen se decatar de que era Xesús. ¹⁵Xesús preguntoulle:
—Muller, ¿por que choras? ¿A quen buscas?
Ela, coidando que era o xardineiro, díxolle:
—Señor, se o levaches ti, dime onde o puxeches, que eu o collerei.
¹⁶Xesús díxolle:

—¡María!
Ela, virándose, exclamou en hebreo:
—¡Rabbuni! (que quere dicir "Mestre").
¹⁷Xesús díxolle:
—Sóltame, que aínda non subín onda o Pai; máis ben, vai onda os meus irmáns e dilles: "Subo onda meu Pai e voso Pai, o meu Deus e o voso Deus".
¹⁸María Magdalena foilles contar ós discípulos que vira o Señor, e que lle dixera estas cousas.

Aparición ós discípulos: 20, 19-23

¹⁹Naquel día, o primeiro da semana, ó serán, estando pechadas as portas onde estaban os discípulos, por medo dos xudeus, chegou Xesús, e, poñéndose no medio, díxolles:
—Paz convosco.
²⁰Dito isto, mostróulle-las mans e mailo costado. Os discípulos alegráronse, vendo o Señor. ²¹El díxolles outra vez:
—Paz convosco: coma o Pai me mandou a min, tamén eu vos mando a vós.
²²E dito isto alentou sobre eles, e díxolles:
—Recibide o Espírito Santo: ²³a quen lles perdoéde-los pecados, quedaranlles perdoados; a quen llelos reteñades, quedaranlles retidos.

Aparición a Tomé: 20, 24-29

²⁴Pero Tomé, un dos Doce, o chamado Xémeo, non estaba con eles cando chegou Xesús. ²⁵Dicíanlle entón os outros discípulos:

20, 6-7 O evanxelista conta os feitos detalladamente, quizais para saír ó paso de posibles comentarios sobre se os discípulos roubaran o corpo de Xesús. O feito de estar todo en orde é un sinal máis de que non se trataba dun roubo, pois uns ladróns non terían tempo nin humor para deixar todo tan ben colocado.
20, 8 Non se trata da verdadeira "fe", pois tiveron que ve-la realidade para daren o asentimento. Ven a sepultura baldeira, pero non van máis alá dese feito, pois non pensaban na Escritura.
20, 9 O Sal 16, 9-10 sinala que o amigo de Deus non había de quedar na cova (cf Feit 2, 25-28).
20, 12 A presencia dos anxos dá pé a S. Xoán para sinala-la resurrección de Xesús coma momento salvífico, pois no A.T. un dos elementos constitutivos das manifestacións de Deus (teofanías) eran os anxos.
20, 16 A expresión de María é aramea, a lingua que falaban daquela os hebreos.
20, 17 Á expresión *subir onda o Pai* aplícase para significa-la recepción do don do Pai, o Espírito Santo, para llelo mandar ós discípulos. A partir daquela a súa permanencia será constante, pois farao presente o Espírito. Mentres tanto, abondará coa aparicións esporádicas, pois a vida de Xesús xa non era a terreal.
Meu Pai e voso Pai, o meu Deus e o voso Deus: quizais faga alusión ás palabras de Rut a Noemí (Rut 1, 16). Da-

quela, sería coma dicir "meu Pai será no futuro voso Pai; e o meu Deus, o voso Deus", con todo o que iso leva consigo.
20, 21 A misión dos discípulos ten coma base e fundamento a de Cristo.
20, 22. O *Espírito Santo* aparece coma un don persoal de Deus (14, 16), que virá ós discípulos cando Xesús volte ó Pai (16, 7), que ensinará ós cristiáns (14, 26) conducíndoos á verdade (16, 13), e que dará testemuño do Mestre (15, 26). Este Espírito é o que nomeamos Espírito Santo, a terceira das divinas persoas.
20, 23 Xesús concédelles ós seus discípulos un poder reservado a Deus (cf Mc 2, 6-7). Máis aínda, fai depender ó Pai da decisión deles, pois os pecados que eles perdoen, perdoaraos tamén Deus, e os que eles reteñan, tamén Deus os reterá (cf Mt 16, 19; 18, 18). As expresións en pasiva "quedaranlles perdoados", "quedaranlles retidos" veñen provocadas pola tendencia dos xudeus de evita-la pronunciación do nome de Deus: equivalen a "Deus perdoarállelos", "Deus reterállelos".
20, 24 *Tomé* converteuse no tipo de home incrédulo, que ten que ve-los feitos para acepta-lo que lle din. Xesús aproveitará a oportunidade para louva-los que crerán sen veren (20, 29), os que, sen coñeceren persoalmente a Xesús, confían na palabra dos que o anuncian, ou nas Escrituras que falan del.

—Vímo-lo Señor.
Pero el contestoulles:
—Como non vexa nas súas mans as furas dos cravos e non meta nelas o meu dedo; como non meta a miña man no seu costado, non crerei.
²⁶Oito días despois estaban outra vez dentro os discípulos, e Tomé con eles. Chegou Xesús, estando pechadas as portas, e poñéndose no medio, dixo:
—Paz convosco.
²⁷Despois díxolle a Tomé:
—Trae aquí o teu dedo e mira as miñas mans; trae a túa man e métea no meu costado. Non sexas incrédulo, senón home de fe.
²⁸Tomé respondeulle:
—¡Meu Señor e meu Deus!
²⁹Xesús díxolle:
—¿Tes fe porque me viches? ¡Benia os que creron sen veren!

Remate do Libro da Gloria: finalidade do Evanxeo: 20, 30-31

³⁰Moitos outros signos fixo Xesús diante dos seus discípulos, que non se escribiron neste libro. ³¹Estes escribíronse para que creades que Xesús é o Mesías, o Fillo de Deus e, crendo, teñades vida nel.

APÉNDICE

Aparición de Xesús á beira do lago: 21, 1-14

21 ¹Máis adiante aparecéuselles outra vez Xesús ós seus discípulos onda o lago de Tiberíades. Foi deste xeito: ²estaban xuntos Simón Pedro, Tomé o chamado Xémeo, Natanael o de Caná de Galilea, os do Zebedeo, e mais outros dous discípulos seus. ³Simón Pedro díxolles:
—Vou pescar.
Eles contestaron:
—Imos nós contigo tamén.
Saíron, e subiron a bordo. Pero aquela noite non colleron nada. ⁴Xusto cando acababa de rompe-lo día, presentouse Xesús na ribeira do lago. Pero non se decataron os discípulos de que era Xesús. ⁵Xesús preguntoulles:
—Rapaces, ¿tedes algo que comer?
Eles responderon:
—Non.
⁶Díxolles entón:
—Largade o aparello por estribor e atoparedes.
Eles largárono, e xa non podían halalo a bordo, de tanto peixe. ⁷Daquela, aquel discípulo a quen amaba Xesús díxolle a Pedro:
—É o Señor.
Entón Simón Pedro, o escoitar que era o Señor, cinguiu o vestido —pois estaba espido— e botouse ó mar. ⁸Os outros discípulos chegaron no bote, porque non estaban lonxe de terra senón a menos de cen metros, remolcando o aparello cos peixes. ⁹Cando vararon en terra, viron que había unhas brasas cun peixe enriba, e mais pan.
¹⁰Xesús díxolles:
—Traede peixes dos que acabades de coller.
¹¹Simón Pedro subiu ó bote e arrastrou para terra o aparello cheo de cento cincuenta e tres peixes grandes; e, con seren tantos, non rachou o aparello.
¹²Xesús díxolles:
—Vinde comer.
Ningún dos seus discípulos se atrevía a preguntarlle "ti quen es", sabedores de que era o Señor. ¹³Foi Xesús, colleu o pan e déullelo, e igualmente o peixe.
¹⁴Esta foi a terceira vez que Xesús se manifestou ós seus discípulos resucitado de entre os mortos.

Misión de Pedro: 21, 15-19

¹⁵Cando xa comeran, preguntoulle Xesús a Simón Pedro:
—Simón de Xoán ¿ámasme máis ca estes?
El contestoulle:

20, 28 A confesión de Tomé é clara: nese instante recoñece a Xesús coma Deus, cumpríndose así o anuncio do Mestre (**8,** 28) de que, despois de que o crucificasen, caerían na conta de quen era.
20, 31 O autor dinos cal foi a finalidade que o moveu a escribir: presentar algúns feitos de Xesús que, excitando a fe nel coma Mesías e Fillo de Deus, nos leven a unha comuñón de vida con El.
O que se decía no comezo do Evanxeo —"a Palabra era Deus," e "nela estaba a vida" (vv 1-4)—, aplícase agora directamente ós homes: se credes na Palabra de Deus, lograréde-la vida nesa Palabra.
21, 1 Este c. engadiuno o mesmo evanxelista ou, máis probablemente, algún dos seus discípulos. O vocabulario e o estilo son típicos de Xoán, e parece que o evanxeo nunca circulou sen esta parte da obra.
21, 6 Un milagre semellante cóntanolo Lc **5,** 1-11. Se considerámo-lo feito narrado por Lucas coma posterior á resurrección, cousa moi probable, entón trataríase do mesmo acontecemento e encontraría, por outra banda, un marco axeitado, a primeira aparición de Xesús a Pedro, da que nos fala S. Paulo (1 Cor **15,** 5).
21, 8 *A menos de cen metros;* lit. "arredor de 200 cóbados". O "cóbado" equivale a 0,46 m.
21, 15-23 Diálogo de Xesús con Pedro, referíndose á constitución do apóstolo coma Pastor da Igrexa, e mais ó futuro de Pedro e do "discípulo amado".

—Si, Señor, ti sabes que te quero.
Xesús díxolle:
—Apacenta os meus años.
¹⁶E de novo preguntoulle por segunda vez:
—Simón de Xoán, ¿ámasme?
El respondeulle:
—Si, Señor, ti sabes que te quero.
Xesús díxolle:
—Apacenta as miñas ovellas.
¹⁷E preguntoulle por terceira vez:
—Simón de Xoán, ¿quéresme?
Entristeceuse Pedro de que lle preguntase por terceira vez "¿quéresme?", e respondeulle:
—Señor, ti sábelo todo, ti ben sabes que te quero.
Xesús díxolle:
—Apacenta as miñas ovellas. ¹⁸Con toda verdade cho aseguro: cando eras novo vestíaste ti e ías onde querías; cando te fagas vello, estendera-las túas mans, e vestirate outro e levarate onde non queres.
¹⁹Dixo isto para significar con que clase de morte había de dar gloria a Deus. E despois engadiu:
—Sígueme.

O discípulo amado: 21, 20-23

²⁰Virándose Pedro, viu que o seguía o discípulo a quen amaba Xesús, o que se recostara no seu peito na cea e lle preguntara "Señor, ¿quen é o que te ha de entregar?" ²¹Ó velo, preguntoulle Pedro a Xesús:
—¿E este, que?
²²Xesús contestoulle:
—Se quero que permaneza ata que eu veña, ¿a ti que che importa? Ti sígueme.
²³Espallouse entón entre os irmáns a voz de que o discípulo aquel non morrería. Pero non dixera Xesús que non había de morrer, senón: "se quero que permaneza ata que eu veña, ¿a ti que che importa?"

Conclusións: 21, 24-25

²⁴Este é o discípulo que dá testemuño destas cousas e o que as escribiu; e sabemos que o seu testemuño é verdadeiro. ²⁵Hai aínda moitas máis cousas que fixo Xesús, que, de escribilas unha por unha, coido que o propio mundo non podería conte-los libros que se habían escribir.

21, 19 A misión de pastoreo encomendada a Pedro por riba dos demais apóstolos, xa prometida durante a vida pública (cf Mt **16,** 16 ss), leva consigo a concesión dunha autoridade divina. Deus é o Pastor do pobo escolleito (Xén **49,** 24; Is **40,** 11; cf Xn **10,** 3-5), e no mundo daquel tempo a noción de autoridade forma parte do significado na palabra "pastor". Mais cómpre dicir tamén que a autoridade de pastor-guía do pobo de Deus ha de exercerse con sabedoría e entrega amorosa ás ovellas (Xer **3,** 15; Ez **34,** 10-11), ata chegar a da-la vida por elas, coma o Bo Pastor (Xn **10,** 11-15).
21, 25 Por medio desa afirmación hiperbólica, o redactor quérenos dicir que o expresado no evanxeo é só unha parte moi pequena do que Xesús dixo e fixo.

INTRODUCCIÓN ÓS FEITOS DOS APÓSTOLOS

1.- Título e orientación do libro

Máis có seu título de *Feitos dos Apóstolos* —posterior ó libro, pero usado xa desde o s. II— será o v **1**, 8 o que nos orientará mellor sobre o contido do relato: *"Recibiréde-la forza do Espírito Santo, que virá sobre vós e seréde-las miñas testemuñas en Xerusalén, en toda a Xudea e Samaría e ata os confíns da terra"*. En efecto, coma historia dos Apóstolos o libro resulta decepcionante polas inmensas lagoas que presenta; pero, en cambio, responde moi ben á expectativa citada; ademais aparece todo el impregnado pola presencia do Espírito e polarizado pola irrefreable expansión do evanxeo.

Espírito e misión universal son os dous grandes obxectos que centran o libro, os fíos que atravesan todo o relato e que constitúen o *"evanxeo"* dos Feitos, a súa boa nova: a Salvación en Xesús —aínda non plenamente manifestada— realízase xa agora pola comunicación do Espírito, o don definitivo de Deus para tódolos homes *de boa vontade*. De aí que o relato dos Feitos estea polarizado pola expansión do evanxeo e o don do Espírito, que arrinca de Xerusalén, capital do antigo pobo de Deus e chega a Roma, capital (cando menos simbólica) do mundo coñecido daquela. O acento recae sobre a universalidade do don e do novo pobo de Deus, ó que están chamados tanto os pagáns coma os xudeus. Precisamente coa incorporación dos pagáns —que suporá a universalización da Igrexa, saíndo da matriz xudía— acada o relato o seu clímax: a extensión e as repeticións da narración no episodio da conversión de Cornelio (c. **10**) son un claro sinal da importancia que o autor lle concede.

2.- Autor, valor histórico e mensaxe teolóxica

Desde o s. II (Ireneo, Clemente de Alexandría, Fragmento de Muratori) a paternidade dos Feitos dos Apóstolos atribúese ó autor do terceiro evanxeo, Lucas (cf Col **4**, 14; 2 Tim **4**, 11; Flm 24), e a crítica moderna recoñece entre as dúas obras unha fonda unidade, ata o punto de se consideraren coma dous tomos dunha obra única. Ambas están dedicadas ó mesmo personaxe, Teófilo, e fan clara referencia unha á outra, explícita (**1**, 1 fala do *"primeiro libro"*) e implicitamente, se atendemos á similitude de lingua, vocabulario, estilo, estructura e ideas teolóxicas (presencia do Espírito, universalismo, gozo, simpatía polos pagáns, Xerusalén centro xeográfico e teolóxico da obra, primeiro coma centro de atracción (Lc) e logo de irradiación (Feit).

Conforme a isto, a boa noticia do don do Espírito e da expansión universal do evanxeo haina que entender coma a culminación da obra de Cristo, e Lucas establece un paralelo entre o ministerio de Xesús no seu evanxeo e o ministerio da Igrexa nos Feitos: bautismo no Espírito (Lc **3**, 21 s; Feit **2**, 17); predicación sobre o Espírito (Lc **4**, 16-19; Feit **2**, 17); refugamento por parte dos xudeus (Lc **4**, 29; Feit **7**, 58; **13**, 50); curacións multitudinarias (Lc **4**, 40 s; Feit **2**, 43), etc.

O libro ten un gran valor histórico para recoñece-la vida da primitiva Igrexa, a súa fe, a catequese apostólica, a incipiente organización, a misión evanxelizadora que define o seu ser. A información é rica e moi detallada ás veces (os estudios históricos e arqueolóxicos contemporáneos confirman e reforzan o creto de Lucas coma historiador da súa época), froito da coidadosa información que o autor procurou (cf o prólogo ó terceiro evanxeo), enriquecida pola presencia ocular de Lucas nalgúns episodios da narración, tal como se bota de ver nas pasaxes contadas en *"primeira persoa"* e sinaladas nas notas.

3.- Data e lugar de composición

Sobre a data e o lugar exacto da composición dos Feitos non existe nin tradición nin acordo unánime entre os críticos, pero parece prudente sinala-los anos inmediatos ó 70, despois da morte de Paulo.

OS FEITOS DOS APÓSTOLOS

Prólogo

1 ¹O primeiro libro fíxeno, Teófilo, acerca de todo o que Xesús obrou e ensinou desde o comezo, ²ata o día que foi levado ó ceo, logo de ter dado instruccións polo Espírito Santo ós apóstolos que escollera.

Aparicións de Xesús resucitado e a súa ascensión

³Ós mesmos que tamén se lles amosara vivo, con moitas probas despois da súa paixón, aparecéuselles durante corenta días e falaballes das cousas referentes ó Reino de Deus. ⁴E comendo con eles, encomendoulles que non se retirasen de Xerusalén, senón que agardasen a promesa do Pai que me escoitastes a min: ⁵porque Xoán bautizou con auga, mais a vós bautizarásevos co Espírito Santo, de aquí a poucos días.

⁶Os que estaban reunidos preguntáballe:

—Señor, ¿é agora cando vas restablece-lo Reino de Israel?

⁷El respondeulles:

—Non vos acae a vós coñece-lo tempo ou a oportunidade que o Pai fixou co seu propio poder. ⁸Pero recibiréde-la forza do Espírito Santo, que virá sobre vós e seréde-las miñas testemuñas en Xerusalén, en toda a Xudea e Samaría e ata os confíns da terra.

⁹En dicindo isto, elevouse á vista deles e unha nube quitóullelo da súa vista. ¹⁰E estando eles fitando para o ceo mentres el marchaba, presentáronselles dous homes con vestidos brancos, ¹¹que dixeron:

—Galileos, ¿que facedes ollando para o ceo? Este Xesús que vos foi levado de entre vós ó ceo, ha volver do mesmo xeito que o vistes ir.

A Igrexa en Xerusalén

¹²Entón volveron para Xerusalén desde o chamado Monte das Oliveiras, que está cerca de Xerusalén: distante o camiño que se pode facer en sábado. ¹³Logo que chegaron, subiron ó cuarto de arriba, onde residían Pedro, Xoán, Santiago, Andrés, Felipe, Tomé, Bartolomeo, Mateo, Santiago o de Alfeo, Simón o Zelota e Xudas o de Santiago. ¹⁴E todos eles dedicábanse conxuntamente á oración, con algunhas mulleres e mais María a nai de Xesús e cos seus irmáns.

1, 1 Refírese ó evanxeo de Lucas, tamén dedicado a Teófilo (Lc **1**, 3).

1, 3 O número de *corenta días* seguramente é simbólico: estancia de Moisés no Sinaí, de Elías no deserto, e do mesmo Xesús no deserto antes da súa vida pública. Entre os rabinos xudeus os corenta días simbolizan o período máis ou menos longo que precisaban os discípulos para aprenderen o ensino dos seus mestres. Así, con estes "corenta días", máis que dársenos unha data da Ascensión, que por outra parte ningún evanxeo —nin o propio Lc **24**, 51— especifica, quere indicarnos que os apóstolos asimilaron máis claramente o significado da resurrección de Xesús, da súa obra e da propia misión cara ó Reino de Deus. Con este esquema literario, Lucas simboliza a plenitude da experiencia pascual.

1, 4 *Xerusalén* ocupa na obra de Lucas un lugar central: é o centro xeográfico da historia da Salvación, e para Lucas seguirao sendo no tempo da Igrexa. Subliña así a continuidade entre o tempo de Israel e o da Igrexa.

1, 6 Algúns autores consideran que a "restauración do Reino de Israel" significaba para os apóstolos a liberación "política", coa restauración definitiva da monarquía davídica na persoa do Mesías e a subseguinte liberación da opresión estranxeira.
Na tradición apocalíptica, moi abundante nos tempos de Xesús, a "restauración" tiña un carácter "escatolóxico" (último) e trascendente (Dn **2**, 44; **7**, 14. 27), que englobaba a tódolos outros, e a súa realidade pertencerá o "eón futuro", é dicir, que non será "deste" mundo; o que non quere dicir que sexa algo quimérico. Iría precedida do xuizo sobre as nacións (Sab **3**, 8; Dn **4**, 22). A pregunta dos apóstolos, máis ca un mesianismo nacionalista, revelaría a súa esperanza nunha parusía inminente coa "restauración" final de tódalas cousas, loxicamente evocada pola promesa do Espírito (v 5); a súa doazón segundo a tradición profética, estaba vinculada ós derradeiros días (Feit **2**, 10).

1, 8 O *pero* de Xesús vén ser outra parte da resposta que dá á expectativa escatolóxica dos apóstolos (v. 6): a primeira parte era implicitamente negativa (non é agora o momento da Parusía), a segunda é positiva (é agora cando se comeza a cumpri-la plenitude escatolóxica), e vai unida á efusión do Espírito. Dalgunha maneira o Espírito substitúe aquí a Parusía e unha significativamente á misión: *"non vos acae coñece-lo tempo... pero recibiréde-la forza* (o poder) *do Espírito... e seréde-las miñas testemuñas"*. Os apóstolos non así desviados dun *"estar pendentes do ceo"* (v 11) e emprazados a segui-lo mesmo camiño e no mesmo estilo de Xesús, servidor dos homes, movidos polo seu mesmo poder: o do Espírito (**10**, 38) e afianzados na realización da Promesa en Xesús resucitado e glorificado.

1, 9 Trátase do único texto bíblico que describe a volta de Xesús ó Pai coma unha ascensión visible ó ceo. Outros (Mc **16**, 19; Lc **24**, 51; Xn **20**, 17; Ef **4**, 10; 1 Tim **3**, 16; Heb **1**, 3.13; **4**, 14; **6**, 19-20; 1 Pe **3**, 22, etc.) recollen simplemente o feito da desaparición visible de Xesús resucitado, unido á sua glorificación expresada en fórmulas como a "entronización á dereita de Deus", a "elevación ó ceo", "a posesión do señorío", etc.: son expresións moi plásticas da linguaxe para comunicar algo esencial á fe: a ausencia visible definitiva de Cristo resucitado logo das aparicións; a súa glorificación, expresada maiormente aquí como o seu poder de comunica-lo Espírito de cabo do Pai (Feit **2**, 33); a misión da Igrexa, animada coma a de Cristo polo poder do Espírito e en liña do Servidor que foi Xesús, lonxe de todo triunfalismo e gloria visible.

Elección de Matías para o lugar de Xudas

[15]Por aqueles días, Pedro, erguéndose en medio dos irmáns (había alí un grupo de xente de case cento vinte persoas), dixo:
[16]—Irmáns, conviña que se cumprise a Escritura, onde por boca de David falou o Espírito Santo acerca de Xudas, que se fixo guía dos que prenderon a Xesús; [17]el, que foi un de nós e recibira parte neste servicio. [18]E velaí que comprou unha leira coa paga do crime, caeu de cabeza e, rebentando polo medio, saíronlle para fóra as entrañas. [19]A cousa foi coñecida por tódolos de Xerusalén, a tal xeito que a aquela leira quedoulle o nome (na súa lingua) de *haqueldamá*, que quere dicir "leira de sangue". [20]Porque está escrito no libro dos Salmos: *que fiquen a campo os seus bens e que non haxa quen os habite*; e tamén *que outro reciba o seu cargo*. [21]E, pois, cómpre que dos homes que nos acompañaron todo o tempo que o Señor Xesús estivo connosco, [22]comezando desde o bautismo de Xoán ata o día en que foi levado de entre nós, un deles sexa connosco testemuña da súa resurrección.

[23]E presentaron dous: Xosé, o chamado Barsabás e por sobrenome o Xusto, e mais Matías.

[24]Daquela oraron así: "Ti, Señor, que coñece-los corazóns de todos, amosa cal destes dous escolliches [25]para ocupar neste servicio do apostolado o lugar que Xudas deixou para ir ó sitio que lle correspondía".

[26]Sortearon e correspondeulle a Matías, que formou grupo cos Once apóstolos.

O día de Pentecostés os apóstolos reciben o Espírito Santo

2 [1]Cando se cumpriron os días de Pentecostés, estaban todos xuntos no mesmo sitio. [2]De súpeto, veu do ceo un ruído coma dun forte golpe de vento, que encheu toda a casa onde estaban; [3]e apareceron talmente coma linguas de lume, que, repartidas, foron pousando unha sobre cada un deles. [4]Quedaron cheos do Espírito Santo e puxéronse a falar noutras linguas, conforme lles concedía o Espírito.

[5]Había daquela en Xerusalén xudeus piadosos de tódalas nacións da terra. [6]Ó se producir aquel estrondo, xuntouse a xente e ficou moi desconcertada, porque cada un os sentía falar na súa propia lingua. [7]Pasmados e admirados, diciánlles uns a outros: "¡Olla! ¿E todos estes que están aí a falar non son galileos? [8]¿E logo como é que os sentimos falar cada un de nós no noso propio idioma nativo? [9]Partos, medos, elamitas, xente da Mesopotamia, Xudea, Capadocia, Ponto, Asia, [10]Frixia e Panfilia, do Exipto e da parte de Libia contra Cirene, forasteiros romanos tanto xudeus coma prosélitos, [11]cretenses e árabes, sentimos falar nas nosas linguas das grandezas de Deus".

[12]Estaban todos pasmados de admiración e diciánlles uns a outros: "¿Que será isto?" [13]Outros facían riso deles e dicían: "¡Están cheos de viño!"

Discurso de Pedro

[14]Pero Pedro, de pé cos Once, levantou a voz e díxolles:

—Xudeus e tódolos que habitades en Xerusalén: entendede ben e escoitade as miñas palabras. [15]Non é que estes estean bebidos, como vós pensades, sendo como son as nove da mañá; [16]senón que isto é o que dixera o profeta Xoel:

[17]*Acontecerá, nos derradeiros días, di o Señor,*

que espallarei o meu Espírito sobre toda carne:

1, 16 *Conviña*. A expresión literal (do verbo "dei") é máis forte: "cumpría", "era preciso", e abunda nos evanxeos, sobre todo no de Lucas (**2**, 49; **9**, 22; **13**, 33; **17**, 25; **22**, 37; **24**, 26. 44, etc.); tamén a usa repetidamente nos Feitos. Xa se usara na traducción do Antigo Testamento ó grego —os LXX— para expresa-lo cumprimento necesario da vontade salvífica de Deus. Neste contexto quere dicir simplemente: estaba previsto na Sabedoría de Deus, e o que parece escandaloso é camiño para a realización da salvación.
1, 20 Sal **69**, 26; **109**, 8.
1, 22 Se de todo cristián se pide que descubra pola resurrección que Xesús é o Señor e que o testifique, para pertencer ó grupo dos Doce, pilares da fe da Igrexa, esíxese a condición da convivencia con Xesús desde o comezo, que converte o seu testemuño da resurrección en algo único (**10**, 39-42).
2, 1 Xunto coa da Pascua-Ázimos e a das Tendas, a de Pentecostés era unha das tres grandes festas xudías, que

reunían en Xerusalén grande número de peregrinos. Comezou sendo unha festa de carácter agrícola: era a festa da sega (Ex **23**, 16). Máis tarde adquiriu un senso relixioso de tipo histórico, relacionado coa data da chegada ó Sinaí logo do Éxodo (Pascua), e así adquiriu importancia como conmemoración da alianza do Sinaí, coa recepción da Lei por Moisés (cf Introd N.T. **2.** d) 2.
2, 4 "Vento e lume", sinais externos do Espírito o gran don do tempo derradeiro (v 17) prometido por Xesús (**1**, 5.8), son propios das manifestacións de Deus no A.T. (Ex **19**, 16-19; 1 Re **19**, 11s). Espírito, xa en hebreo etimoloxicamente, quere dicir vento, aire en movemento, respiración (quizais por iso a alusión de Xoán en Xn **3**, 8; **20**, 22); en grego mantén mesmo unha semellanza fonética ("pnoé" e "pneuma") o lume significa a santidade divina (Ex **3**, 2s; Dt **4**, 12; **9**, 10; Is **6**; Ez **1**; Dn **7**, 10). Hai tamén unha alusión implícita a Babel.
O senso profundo do acontecemento será explicado por Pedro no seu discurso (vv 14-16).

*os vosos fillos e as vosas fillas profetizarán,
os vosos mozos terán visións
e os vosos vellos terán soños.
¹⁸Neses días espallarei o meu Espírito
sobre os meus servidores e servidoras
e profetizarán.
¹⁹Farei marabillas, enriba nos ceos,
e sinais embaixo na terra:
Sangue e lume e bafaradas de fume.
²⁰O sol converterase en tebras
e a lúa en sangue,
antes que chegue o día do Señor,
grande e glorioso;
²¹e todo o que invoque o nome do Señor
será salvo.*
²²Israelitas, escoitade: fálovos de Xesús de Nazaret, home acreditado por Deus ante vós por milagres, marabillas e sinais que Deus fixo por el entre vós, como vós mesmos sabedes; ²³a este, entregado conforme ó plan establecido e á previsión de Deus, matástelo crucificándoo por man de impíos. ²⁴Pero Deus resucitouno, librándoo das dores da morte, pois non era posible que ficase baixo o seu dominio. ²⁵Xa David di del:
*Eu vía decote o Señor diante miña,
xa que está á miña dereita, para que eu non vacile;
²⁶por iso alegrouse o meu corazón e aledouse a miña lingua,
e mesmo a miña carne acougará esperanzada;
²⁷porque non abandonara-la miña alma no sitio dos mortos
nin permitirás que o teu santo vexa a corrupción.
²⁸Déchesme a coñecer camiños de vida,
encherasme de gozo coa túa presencia.*
²⁹Irmáns, permitide que vos diga claramente que o patriarca David morreu e enterráronno e o seu sepulcro aínda está hoxe entre nós. ³⁰Pero, como el era profeta e sabía que Deus lle asegurara con xuramento que un descendente do seu sangue había sentar no seu trono, ³¹en visión profética falou da resurrección do Mesías, que nin quedou abandonado entre os mortos nin a súa carne viu a corrupción. ³²A este Xesús resucitouno Deus, cousa da que todos nós somos testemuñas. ³³E agora, engrandecido pola dereita de Deus e recibido do Pai o prometido Espírito Santo, espallouno, que é o que vós vedes e sentides. ³⁴Porque David non subiu ó ceo, e nembargantes di:
*Díxolle o Señor ó meu Señor:
senta á miña dereita,
³⁵ata que poña os teus inimigos
coma estrado para os teus pés.*
³⁶Saiba, logo, con certeza toda a casa de Israel que Deus fixo Señor e Mesías a este Xesús a quen vós crucificastes.

Primeiros bautizos

³⁷Ó sentiren isto, quedaron moi impresionados e dixéronlle a Pedro e ós outros apóstolos:

—Irmáns, ¿que debemos facer?

³⁸Pedro respondeulles:

—Arrepentídevos e cambiade, que cada un de vós se faga bautizar no nome de Xesús para o perdón dos seus pecados, e recibiréde-lo don do Espírito Santo. ³⁹Porque a promesa é para vós e mais para os vosos fillos e para tódolos que están lonxe, tantos como queira chamar o Señor noso Deus.

⁴⁰Con moitas outras palabras testificaba e animábaos, dicindo:

—Salvádevos desta xeración ruín.

Vida dos primeiros cristiáns

⁴¹Os que recibiron a súa palabra foron bautizados: e ese mesmo día xuntáronselles arredor de tres mil almas. ⁴²Eran perseverantes en escoita-la ensinanza dos apóstolos, na comuñón da vida, no rito de partiren o pan, e nas oracións. ⁴³Apoderouse de todos o respecto, pois os apóstolos facían moitas marabillas e sinais. ⁴⁴Tódolos crentes vivían unidos e tiñan todo en común: ⁴⁵vendían os seus bens e propiedades, e repartíanos entre eles, conforme ás necesidades de cada un. ⁴⁶Todos a unha asistían diariamente ó templo, partían o pan nas casas, comendo con alegría e sinxeleza de corazón; ⁴⁷louvaban a Deus, e eran ben vistos por todo o pobo. Cada día o Señor aumentaba o número dos salvos e xuntábaos ó grupo.

2, 17ss Cita a pasaxe do profeta Xl **3,** 1-5 que, xunto coa efusión escatolóxica do Espírito (**3,** 1-2), contén os sinais propios da apocalíptica, que precederían ó "día do Señor" (**3,** 3-5). A Pedro interésalle a segunda parte só pola súa conclusión: "todo o que invoque o nome do Señor será salvo"; para el, a partir de agora, o Señor (que para o A.T. era Iavé) é Xesús, rasgo tipicamente cristián: en efecto, antes de teren nome propio (Feit **11,** 26) os cristiáns eran "os que invocan o nome do Señor" (Feit **9,** 14-21; **22,** 16).

2, 25 Cita o Sal **16,** 8-11, interpretándoo coa clave da resurrección de Cristo, e a partir da traducción grega dos LXX (coma en tódolos discursos dos Feitos), que aquí é bastante libre respecto ó orixinal hebreo.

2, 34s Sal **110,** 1.

2, 36 Cf nota a **2,** 16.

2, 38 *Cambiade:* así traducimos "metánoia". Noutras pasaxes (**3,** 19; **5,** 13) facémolo polo usual "conversión".

2, 42 Resume da vida dos primeiros cristiáns, que se repetirá en **4,** 32-35; **5,** 12-16.

Curación dun tolleito

3 ¹Pedro e Xoán subían ó templo para a oración das tres da tarde. ²Había alí un home tolleito de nacemento, que levaban e poñían tódolos días cabo da porta chamada Fermosa, para que pedise esmola ós que entraban no templo. ³Vendo que Pedro e Xoán estaban para entrar, pediulles esmola. ⁴Pedro —e o mesmo fixo Xoán— reparou nel e díxolle:

—Mira ben para nós.

⁵El ollaba para eles, esperando recibir algunha cousa. ⁶Entón Pedro díxolle:

—Non teño prata nin ouro, pero douche o que teño: en nome de Xesús Cristo de Nazaret, érguete e anda.

⁷Colleuno pola man dereita e levantouno. No instante afirmáronselle os pés e os nocelos; ⁸dun brinco púxose en pé e camiñaba. Entrou con eles no templo, andando, choutando e louvando a Deus. ⁹Todo o pobo o viu camiñar louvando a Deus, ¹⁰e, recoñecendo que era o mesmo que se sentaba na porta Fermosa pedindo esmola, ficaron pasmados e desconcertados polo que lle acontecera. ¹¹Como el non deixaba a Pedro nin a Xoán, toda a xente, fóra de si, correu tras eles ó pórtico chamado de Salomón.

Pedro fálalle á xente

¹²Visto isto, Pedro dirixiuse ó pobo:

—Israelitas, ¿por que vos admirades disto? ¿Por que mirades así para nós, coma se fixésemos camiñar a este home polo noso propio poder ou santidade? ¹³O Deus de Abraham, de Isaac e de Xacob, o Deus de nosos pais, glorificou ó seu servo Xesús, a quen vós entregastes e negastes diante de Pilato, cando este estaba decidido a deixalo en liberdade. ¹⁴Pero vós rexeitáste-lo Santo e o Xusto; pedistes que indultasen a un asasino, ¹⁵mentres que matastes ó dono da vida, a quen Deus resucitou de entre os mortos; disto nós somos testemuñas. ¹⁶Pola fe no seu nome, ese mesmo nome enforteceu a este que vedes e coñecedes: esa fe que obra por el, restableceuno completamente diante de vós.

¹⁷Xa sei, irmáns, que obrastes por ignorancia, como tamén as vosas autoridades; ¹⁸pero Deus cumpriu así o que anunciara por boca dos profetas: que o seu Cristo padecería. ¹⁹Arrepentídevos, logo, e converté-devos, para que se borren os vosos pecados; ²⁰a fin de que veñan os tempos do conforto de parte do Señor, e mande o Mesías que vos destinou, Xesús. ²¹A El convén que o ceo o conteña deica o tempo da restauración de tódalas cousas, que Deus anunciou por boca dos seus santos profetas. ²²Moisés así o dixo:

O Señor Deus fará xurdir de entre vosos irmáns un profeta coma min: escoitarédelo en todo o que vos diga. ²³*E quen non escoite a este profeta, quedará excluído do pobo.*

²⁴E tódolos profetas que falaron, desde Samuel en adiante, anunciaron tamén estes días. ²⁵Vós sóde-los fillos dos profetas e da Alianza que Deus fixo con nosos pais, cando lle dixo a Abraham: *"na túa descendencia serán benditas tódalas familias da terra".* ²⁶Deus, resucitando ó seu servo, mándavolo primeiro a vós para que vos bendiga, se vos arredades cada un das vosas ruindades.

Pedro e Xoán diante das autoridades xudías

4 ¹Cando estaban a falarlle ó pobo, chegaron cabo deles os sacerdotes, o xefe da garda do templo e os saduceos, ²incomodados porque ensinaban ó pobo e anunciaban a resurrección dos mortos verificada en Xesús. ³Botaron man deles e metéronos na prisión ata o outro día, porque xa era tarde. ⁴Non obstante, moitos dos que sentiron a palabra, creron; só o número dos homes subiu a uns cinco mil.

3, 13 Alude ó poema do Servo de Iavé (Is **52**, 13-**53**, 12). A relectura deste poema axuda a comprender e facer aceptable para os oíntes xudeus o escándalo da morte de Xesús coma unha morte polos pecados (1 Cor **15**, 3). Os evanxeos están cheos de alusións directas ou veladas a esta figura do Servo (Mt **3**, 17; **11**, 29; **12**, 18-21; **20**, 26s; Mc **10**, 43ss; Lc **4**, 18s; **22**, 27; Xn **13**, 12-15) e no libro dos Feitos aplícaselle directamente (**3**, 13; **5**, 26; **4**, 27. 30) ou indirectamente (**8**, 35) ese título a Xesús.

3, 14 *Santo* e *Xusto* son títulos que o N.T. aplica a Xesús (Mt **1**, 20; Mc **1**, 24.35; Xn **6**, 69; Feit **7**, 52; **22**, 14), pero que na tradición do A.T. e en concreto na do II Is, a quen está aludindo esta pasaxe, estaban reservados a Iavé. O Servo só se lle aplica o título de *Xusto* (Is **53**, 11).

3, 15 O grego podería significar tamén "autor", "iniciador", "xefe", "príncipe": neste senso aplícao Pedro en Feit

5, 31, e faino tamén a Carta ós Hebreos (**2**, 10; **12**, 2).

3, 22s Palabras tomadas de Dt **18**, 15. 18-19, e moi libremente, neste caso, da versión dos LXX. A segunda parte (v 3) é de Lev **23**, 29. Este título de Profeta semellante a Moisés, que refugara o Bautista (Xn **1**, 21), asígnaselle a Xesús tamén en Feit **7**, 37.

3, 24 Cf nota a **1**, 16.

3, 25 Cita de Xén **12**, 3 segundo a versión dos LXX.

4, 1 Os saduceos negaban a resurrección (cf Mt **22**, 23-33 par).

4, 2 Cf **23**, 8. Nótese que non se presenta a resurrección de Xesús como basada na crenza da resurrección dos mortos, senón practicamente ó revés, esta coma esixencia nacida da resurrección de Xesús (cf **26**, 23; 1 Cor **15**, 20-23; Col **1**, 18).

⁵Ó outro día xuntáronse en Xerusalén os xefes dos sacerdotes, os anciáns e os mestres da Lei, ⁶así coma o gran sacerdote Anás, e Caifás, Xoán, Alexandro e tódolos que eran de nobreza sacerdotal. ⁷Trouxeron ós apóstolos diante deles e preguntáronlles:
—¿Con que poder ou en nome de quen fixestes isto?
⁸Entón Pedro, cheo do Espírito Santo, díxolles:
—Xefes do pobo e anciáns, ⁹xa que nos demandades polo favor feito a un enfermo e sobre o xeito como se curou, ¹⁰sabede todos vós e sáibao o pobo de Israel que é no nome de Xesús Cristo de Nazaret, a quen vós crucificastes e Deus resucitou de entre os mortos: por El está este home en pé e san diante de vós. ¹¹El é *a pedra que refugastes vós, os constructores, e que se converteu en pedra esquinal*. ¹²En ningún outro hai salvación, porque non hai ningún outro nome baixo do ceo, dado ós homes, no que nos poidamos salvar.
¹³Ó veren a ousadía con que falaban Pedro e Xoán, sendo como eran xente do pobo e homes sen cultura; e comprendendo que eran os que estiveran con Xesús quedaban admirados. ¹⁴E vendo onda eles o home que quedara curado, non podían contradicilos en nada. ¹⁵Mandáronos saír para fóra do consello e conferenciaron entre si, ¹⁶dicindo: "¿que imos facer con estes homes? Toda Xerusalén sabe que fixeron un milagre clarísimo, e non o podemos negar. ¹⁷Pero, para que non corra máis entre a xente, ameacémolos, e que en adiante non falen a ninguén máis nese nome".
¹⁸Chamáronos e prohibíronlles que baixo ningún pretexto falasen nin ensinasen no nome de Xesús. ¹⁹Pero Pedro e Xoán respondéronlles:
—Xulgade por vós mesmos se está ben diante de Deus obedecervos a vós antes ca a El, ²⁰porque non podemos deixar de falar do que temos visto e sentido.
²¹Por iso, logo de os ameazaren novamente, deixáronos ir, non vendo a maneira de os castigaren por causa do pobo, xa que todo o mundo glorificaba a Deus polo que sucedera, ²²pois tiña máis de corenta anos o home milagrosamente curado.

Oración da comunidade e baixada do Espírito Santo

²³Unha vez libres, foron onda os seus e contáronlles todo canto lles dixeran os xefes dos sacerdotes e os anciáns. ²⁴Cando tal sentiron, todos á vez elevaron a voz cara a Deus e dixeron:
—Señor, *ti fixéche-lo ceo, a terra, o mar e canto neles hai*. ²⁵Ti dixeches, polo Espírito Santo, por boca do noso pai David, o teu servo:
*¿Por que se levantan as nacións
e os pobos cavilan parvadas?*
²⁶*Aviñéronse os reis da terra
e os xefes aliáronse
contra o Señor e contra o seu Cristo.*
²⁷Porque a verdade é que nesta cidade se xuntaron contra o teu santo servo Xesús, a quen ti unxiches, Herodes e Poncio Pilato, cos pagáns e co pobo de Israel, ²⁸para faceren o que a túa man e a túa sabedoría tiñan disposto que sucedese. ²⁹E agora, Señor, olla para as súas ameazas e concédelles ós teus servidores proclamar con toda ousadía a túa palabra. ³⁰Estende a túa man para que se fagan curacións, sinais e prodixios polo nome do teu santo servo Xesús.
³¹Cando remataron de rezar, abalou o sitio onde estaban reunidos; todos quedaron cheos do Espírito Santo e anunciaban afoutos a palabra de Deus.

Vida da primera comunidade

³²A comunidade dos crentes tiña un só corazón e unha soa alma, e ninguén considera-

---

4, 7 O interrogatorio é ante o Sanedrín, o máis alto tribunal dos xudeus, que constaba de 71 membros. A el pertencían: os xefes dos sacerdotes ou pontífices; os escribas, xente preparada na Lei mosaica e que pertencían normalmente á secta dos fariseos; os anciáns ou representantes das familias aristocráticas máis distinguidas (cf Introd. N.T. **2.** a) b). Son os mesmos que protagonizaron os feitos da paixón.
4, 11 É cita do Sal 118, 22, que se lle aplica a Xesús repetidamente no N.T. (Mt **21,** 42-43; Mc **12,** 10; Lc **20,** 17; 1 Pe **2,** 4-5). Xa entre os xudeus tiña un claro senso mesiánico (Mc **8,** 31; Lc **19,** 35; Xn **12,** 3). Nel acharon os primeiros cristiáns unha canle para poderen asimila-lo feito de que a Xesús o refuxasen uns e o aceptasen outros, cousa que se remarca nesta mesma pasaxe (compara-lo v 2 co v 4); recordemos que outra foi a tradición sobre o Servo de Ia-
vé (cf nota a **3,** 13). Como nesta (cf nota a **3,** 14), hai unha ousada aplicación a Xesús (v 12) dunha fórmula xudía reservada ó nome de Iavé.
4, 13 A *ousadía* ("parresía") é un atributo da predicación apostólica, reseñado repetidamente: **2,** 29; **4,** 29-31; **9,** 27-28; **13,** 46; **28,** 31.
4, 24 Cf Ex **20,** 11.
4, 25s Aplicación do Sal **2,** 1-2 ó relato da paixón.
4, 27 O feito de conta-los romanos entre os que tiveron parte e responsabilidade na morte de Xesús, fai pensar que Lucas usa aquí un material moi primitivo sobre a paixón, posto que a súa tendencia é carga-las culpas sobre os xudeus (cf Lc **23,** 14-16; Feit **1,** 13-17; **5,** 28-30).
4, 31 Os sinais externos do Espírito son semellantes ós de Pentecostés, e o seu efecto fundamental —a ousadía na predicación—, o mesmo.

ba coma seu o que posuía, senón que tódalas cousas eran comúns. ³³Os apóstolos, con gran poder, daban testemuño da resurrección do Señor Xesús, e todos eles eran ben considerados. ³⁴Non había entre eles ningún necesitado, porque tódolos que tiñan bens ou casas vendíanos, levaban os cartos e depositábanos ós pés dos apóstolos, ³⁵que repartían a cadaquén segundo precisaba.

³⁶Así, Xosé, chamado polos apóstolos Bernabé (que quere dicir fillo da consolación), levita, natural de Chipre, ³⁷tiña un campo, vendeuno, levou os cartos e depositounos ós pés dos apóstolos.

Ananías e Safira: o fraude ó Espírito

5 ¹Un home chamado Ananías, de acordo con Safira a súa muller, vendeu unha propiedade, ²gardou unha parte do prezo, sendo ela sabedora, e o resto depositouno ós pés dos apóstolos. ³Pero Pedro díxolle:

—Ananías, ¿por que encheu Satanás o teu corazón, para lle mentires ó Espírito Santo e defraudares no prezo da propiedade? ⁴¿Non eras libre de a venderes ou non? E vendida, ¿non continuaba no teu poder? ¿Como se che ocorreu faceres isto? Non enganáche-los homes, enganaches a Deus.

⁵Ó sentir estas palabras, Ananías caeu morto. E apoderouse un gran temor de tódolos que sentiron isto. ⁶Levantáronse os máis novos, amortalláron e, levándoo para fóra, enterráron.

⁷Pasadas unhas tres horas entrou a súa muller, que non sabía nada do caso, ⁸e preguntoulle Pedro:

—Dime ¿vendéste-la propiedade en tanto? Ela contestou:

—Si, en tanto.

⁹Entón díxolle Pedro:

—¿Por que acordastes isto, para tentárde-lo Espírito do Señor? Mira, chegan á porta os pés dos que enterraron o teu home e vante levar a ti tamén.

¹⁰No instante, caeu ós seus pés e morreu. Cando entraron os mozos, atopárona morta e enterrárona a carón do seu home.

¹¹Un gran temor apoderouse entón de toda a Igrexa e de tódolos que sentiron estas cousas.

Milagres dos apóstolos

¹²Pola man dos apóstolos facíanse moitos sinais e prodixios entre o pobo. E todos se xuntaban de común acordo no pórtico de Salomón; ¹³dos outros ninguén ousaba xuntarse con eles, aínda que o pobo os tiña en grande estima. ¹⁴A cantidade dos que crían no Señor, homes e mulleres, medraba máis e máis. ¹⁵A tal punto que quitaban para as rúas os enfermos en camas e padiolas, para que cando pasase Pedro, polo menos a súa sombra cubrise algún deles. ¹⁶Viña moita xente das vilas veciñas de Xerusalén e traía enfermos e atormentados por espíritos impuros, e todos quedaban curados.

Os apóstolos na cadea. Liberados milagrosamente, interróganos as autoridades xudías

¹⁷Entón o gran sacerdote e tódolos seus, que formaban a secta dos saduceos, enchéronse de rabia; ¹⁸botaron man dos apóstolos e metéronos na prisión pública. ¹⁹Mais de noite, o anxo do Señor abriu as portas da prisión pública, fíxoos saír e díxolles:

²⁰—Ide, presentádevos no templo, e fáladelle ó pobo toda a mensaxe desa Vida.

²¹Sentindo isto, entraron no templo ó amencer e ensinaban.

Mentres, chegou o xefe dos sacerdotes cos seus, reuniron o Sanedrín e todo o Senado israelita e mandáronos ir buscar á prisión,

---

4, 35 Algúns autores coidan que a situación da comunidade está idealizada para subliñar que cumprían os ideais do A.T. (Dt **15**, 4). O feito de que a tradición conserve memoria dalgúns nomes concretos (Bernabé, Ananías, e Safira) fai pensar que, se cadra, os seus xestos eran algo excepcionais.

Aínda que é obvia a doutrina bíblica e cristiá sobre as riquezas, que deben estar ó servicio de todos (do Reino de Deus), especialmente dos máis humildes, este texto nunca pretendeu —nin o podía— presentarse coma solución técnica ós problemas do inxusto reparto dos bens. O texto apunta, si, cara ás implicacións do amor fraterno, que non debe acougar, nin ter reservas, na procura de resolve-lo problema que representa para a conciencia cristiá todo tipo de indixencia.

5, 5 Aparentemente a morte de Ananías, coma a da súa muller, son castigo divino, feito único (quizais coa excepción de **12**, 23) no N.T. O pecado consistiría non en reter unha parte dos cartos, senón en mentirlle ó Espírito, aparentando unha entrega total de bens (queda claro que non era obrigada), en realidade falsa. A narración parece coloreada polas características propias dos relatos populares. Lucas interpreta teoloxicamente: o Espírito é celoso da santidade da Igrexa.

5, 11 Aparece por primeira vez a verba "ekklesía", da que deriva "igrexa". En grego significa asemblea, xunta, concello, comunidade; pero no A.T. especializárase para designa-la asemblea convocada para un xesto relixioso, de xeito que podiamos traducir por "asemblea convocada por Deus". Aplícase tanto ás comunidades locais (**8**, 1; **9**, 31; **13**, 1; **15**, 41, etc.), coma ó conxunto do único pobo de Deus (**20**, 28; 1 Cor **10**, 32; Ef **1**, 22, etc), talmente o novo Israel de Deus (Gál **6**, 16).

para facelos comparecer. ²²Mais, chegados os gardas á prisión, non os encontraron; volveron e anunciáronllelo.

²³—Certamente o cárcere atopámolo pechado con toda seguranza, e as sentinelas montando garda diante das portas; pero, cando abrimos, non encontramos a ninguén dentro.

²⁴Ó que sentiron estas palabras, tanto o oficial da garda do templo coma os xefes dos sacerdotes, cavilaban perplexos como sucedera aquilo. ²⁵Nisto chegou un que lles dixo:

—Os homes que encarcerastes están no templo e ensinando ó pobo.

²⁶Entón foi o xefe da garda cos seus axudantes e trouxéronos; pero sen violencia, porque tiñan medo de que a xente lles tirase pedras.

²⁷En chegando presentáronos ó Sanedrín. O xefe dos sacerdotes interrogounos:

²⁸—Expresamente vos mandamos que non ensinasedes nese nome, e vós enchestes Xerusalén coa vosa doutrina. Vós queredes botar sobre nosoutros o sangue dese home. ²⁹Pedro e os apóstolos responderon:

—Cómpre obedecer a Deus antes cós homes. ³⁰O Deus de nosos pais resucitou a Xesús, a quen vós matastes *colgándoo dun madeiro*; ³¹pois a este enxalzouno Deus coa súa dereita, facéndoo Xefe e Salvador, a fin de lle outorgar a Israel a conversión e o perdón dos pecados. ³²E nós somos testemuñas destas cousas e tamén o Espírito Santo, que Deus dá ós que o obedecen.

³³Ó sentiren isto, rabiaban de carraxe e queríanos matar. ³⁴Pero erguéndose no consello un fariseo que se chamaba Gamaliel, mestre da Lei, aprezado por todo o pobo, ordenou que, por un pouco, levasen para fóra ós apóstolos. ³⁵Dixo:

—Israelitas: ¡coidadiño co que ides facer con eses homes! ³⁶Porque nestes últimos tempos ergueuse Teudas, dicindo ser alguén, e xuntóuselle un número duns catrocentos homes: pero, en canto o mataron a el, tódolos que o seguiron disolvéronse e non quedou nada. ³⁷Despois del nos días do empadroamento, alzouse Xudas o Galileo, que arrastrou xente tras el; tamén el morreu e tódolos que o seguían se dispersaron. ³⁸E agora dígovos: desentendédevos deses homes, deixádeos estar, que, se esta empresa ou esta obra é cousa de homes, desfarase por si mesma; ³⁹pero, se é de Deus, non a poderedes desfacer. ¡Non vaia ser, mesmo, que vos encontredes loitando contra Deus!

E cadraron de acordo. ⁴⁰Entón chamaron polos apóstolos, e, despois de os azoutar, ordenáronlles que non falasen no nome de Xesús, e deixáronos ir. ⁴¹Eles saíron de diante do consello moi alegres de resultaren dignos de sufrir por mor do Nome; ⁴²e cada día, no templo e nas casas non paraban de ensinar e de anuncia-la Boa Nova de que Xesús é o Mesías.

Institución dos sete diáconos

6 ¹Por aqueles días, como ía medrando o número dos discípulos, orixinouse un descontento dos helenistas contra os hebreos, porque se desatendía ás viúvas de fala grega no servicio diario. ²Entón os Doce reuniron a asemblea dos discípulos e dixeron:

—Non está ben que deixémo-la palabra de Deus para nos dedicarmos ó servicio das mesas. ³Polo tanto, irmáns, escollede de entre vós sete homes de bo creto, cheos de Espírito e sabedoría, e poñerémolos para este oficio. ⁴Nosoutros continuaremos dedicados a oración e ó servicio da palabra.

⁵A proposta gustou á asemblea, e elixiron a Estevo, home cheo de fe e do Espírito Santo, a Felipe e Prócoro, Nicanor, Timón, Pármenas e Nicolás, prosélito de Antioquía; ⁶presentáronlleos ós apóstolos, e, despois de orar, impuxéronlle-las mans.

5, 30 Cita Dt **21,** 22, como máis adiante en Feit **10,** 39. Paulo tamén alude a esta pasaxe (Gál **3,** 13), e tira a conclusión de que a morte de Xesús, o Xusto, anula a maldición do Dt (Dt **21,** 23); idea que, se cadra, está tamén implícita nesta pasaxe.
5, 31 É a primeira vez que se lle aplica a Xesús este título divino (Dt **32,** 15; Sal **25,** 5; Is **12,** 2; **45,** 22; Eclo **51,** 1) en Feitos (cf **13,** 23). O título, xunto co de xefe, é propio de Cristo exaltado, que ten a función de salvar (**2,** 21; **4,** 12).
5, 37 Estas novas sobre movementos políticos contemporáneos de Xesús indican que a Palestina do seu tempo estaba lonxe de ser un país tranquilo. No ano 66 produciuse a sublevación que culminaría coa destrucción do Templo por Tito no ano 70 (cf Introd. N.T. **2.** a).

5, 42 Ou: "a Boa Nova de Xesús o Mesías".
6, 1 Os *hebreos* eran xudeus de Palestina de fala hebrea (aínda que coñecesen o grego). Os *helenistas,* probablemente nados fóra de Palestina, vivían en Xerusalén, pero eran de fala grega e nesa lingua lían a Biblia.
6, 5 Que a Igrexa sexa xerárquica non quita que o pobo participe na elección dos diversos ministerios.
6, 6 A imposición de mans (aínda usada hoxe coma xesto de diversos sacramentos) non tiña un senso único para a primitiva Igrexa. Era un xesto ritual que expresaba comuñón e solidariedade, e podía te-lo senso amplo dunha bendición (cf Mt **19,** 15), de comunicación dun don espiritual (Feit **8,** 17; **19,** 6) ou a encomenda dunha función ou misión (Feit **6,** 6; **13,** 3).

⁷A palabra de Deus crecía, e medraba moito o número dos discípulos en Xerusalén e unha gran cantidade de sacerdotes aceptaban a fe.

Arresto e xuízo de Estevo

⁸Estevo, cheo de gracia e poder, realizaba grandes prodixios e sinais entre o pobo. ⁹Apareceron algúns da sinagoga chamada dos libertos, dos de Cirene, dos de Alexandría e dos de Cilicia e Asia, para discutiren con Estevo. ¹⁰Pero non lle daban replicado á ciencia e ó Espírito con que falaba. ¹¹Entón subornaron uns homes, para que dixesen: "Sentímoslle blasfemar contra Moisés e contra Deus".

¹²Así encirraron ó pobo, ós anciáns e ós mestres da Lei; e, arremetendo contra el, leváronno ó consello. ¹³Presentaron falsas testemuñas, que dicían: "este home non para de blasfemar contra este lugar santo e contra a Lei; ¹⁴sentímoslle dicir que ese Xesús de Nazaret destruirá este sitio e cambiará os costumes que nos transmitiu Moisés". ¹⁵Entón tódolos que estaban sentados no consello, fixaron a vista nel e o seu rostro pareceulles mesmamente o dun anxo.

Discurso e testemuño de Estevo

7 ¹Daquela o xefe dos sacerdotes preguntoulle:

—¿Son así as cousas?

²El respondeu:

—Irmáns e pais, escoitade: o Deus da gloria aparecéuselle ó noso pai Abraham, cando estaba na Mesopotamia, antes de se establecer en Harán, ³e díxolle: *Sae da túa terra e de onda os teus, e ven á terra que che indicarei*. ⁴Entón, saíu da terra dos caldeos, habitou en Harán e de alí, logo que finou seu pai, trasladouno Deus a esta terra na que vivides vós agora. ⁵E non lle deu nela herdanza ningunha, nin sequera un pé de terreo, mais prometeulle que lla daría en propiedade, e despois del á súa descendencia, aínda que non tiña fillos. ⁶E faloulle Deus: *A túa descendencia será peregrina en terra allea e hana escravizar e maltratar durante catrocentos anos*; ⁷*pero eu xulgarei a nación a quen sirvan como escravos*, dixo Deus, *e logo disto sairán e adoraranme neste sitio*. ⁸E deulle a alianza da circuncisión e así, ó lle nacer Isaac, circuncidouno ó oitavo día; e Isaac a Xacob, e Xacob, ós doce patriarcas.

⁹Os patriarcas, envexosos de Xosé, vendérono con destino a Exipto. Pero Deus estaba con el, ¹⁰librouno de tódolos seus traballos, e deulle gracia e sabedoría *diante do Faraón, rei de Exipto, que o constituíu gobernador do Exipto e de toda a súa casa*.

¹¹*Veu despois unha fame tan negra e tanta miseria sobre todo o Exipto e Canaán*, que nosos pais non achaban alimentos. ¹²Cando Xacob sentiu dicir que había trigo en Exipto, mandou alí a nosos pais por primeira vez. ¹³A segunda vez, Xosé deuse a coñecer ós seus irmáns, e o Faraón soubo a súa orixe. ¹⁴Entón Xosé mandou chamar a seu pai Xacob e a tódolos seus parentes, en total setenta e cinco persoas; ¹⁵e Xacob baixou a Exipto. Morreu el e mailos nosos pais, ¹⁶e leváronos a Xequem e puxéronos na sepultura que Abraham comprara con prata ós fillos de Hamor, en Xequem.

¹⁷A medida que se achegaba o tempo da promesa que Deus lle fixera a Abraham, o pobo medrou e inzou en Exipto, ¹⁸ata que subiu ó trono do Exipto outro rei, que non coñecía a Xosé. ¹⁹Obrando raposeiramente contra a nosa xente, maltratou a nosos pais, facéndolles abandona-los seus picariños para que non vivisen.

²⁰Nese tempo naceu Moisés, que atopou gracia diante de Deus. Criárono durante tres meses na casa do pai; ²¹e, cando o abandonaron, recolleuno a filla do Faraón e crious no coma se fose fillo dela. ²²Moisés educouse en toda a ciencia dos exipcios, e era poderoso en palabras e mais en obras. ²³Cando ía nos corenta anos, veulle o desexo de visita-los seus irmáns, os israelitas. ²⁴Vendo un que estaban maltratando, tomou a súa de-

---

6, 7 Lit. "obedecían á fe" (cf Rm **1**, 5; **16**, 26).
6, 9 É probable que se refira ós descendentes dos xudeus levados a Roma por Pompeio coma trofeo de guerra (o 63 a. C.), vendidos coma escravos e logo liberados (cf **2**, 10).
6, 14 Parecen resoar aquí as mesmas acusacións que presentaron contra Xesús (Mc **14**, 58; cf Mc **2**, 23; **3**, 6).
7, 2 A maneira de dirixirse ó sanedrín, *irmáns e pais*, indica que Estevo se sentía membro dun mesmo pobo con eles. Pero centra o seu discurso —que é un repaso da historia de Israel— naqueles elixidos por Deus que refugan os seus irmáns. O acento está posto na necesaria loita coa situación establecida (simbolizada na absolutización do templo, atacada por Estevo) por parte dos elixidos: Abraham, Xosé, Moisés, Profetas e Xesús. Aparece aquí unha reflexión bastante madura sobre a historia da salvación e, se cadra, unha catequese xudeu-helenista (os cristiáns hebreos mantiñanse na práctica dentro do xudaísmo: **2**, 46; **3**, 1; **5**, 12-42; **11**, 3; **15**, 1-3; **21**, 20.
7, 3: Xén **12**, 1.
7, 6s Xén **15**, 13-14 e Ex **3**, 12.
7, 10 Xén **39**, 21; **41**, 43; Sal **105**, 21.
7, 11 Xén **41**, 54.

fensa, matou ó exipcio, vingou ó oprimido. ²⁵Coidaba el que seus irmáns entenderían que pola súa man Deus lles ofrecía a salvación; pero non entenderon. ²⁶Para o outro día presentouse cando uns estaban a berrar e tratou de os poñer a ben, dicíndolles: "¡Sodes irmáns! ¿Por que pelexades un co outro?". ²⁷Pero o que ofendía ó seu próximo, refugouno dicindo: *¿Quen te nomeou a ti xefe e xuíz noso?*²⁸*¿Quéresme matar a min, como mataches onte ó exipcio?* ²⁹Cando tal sentiu, escapou e viviu coma estranxeiro na terra de Madián, onde tivo dous fillos.

³⁰Logo de corenta anos, *aparecéuselle un anxo no deserto do monte Sinaí, na lapa do lume dunha silveira*. ³¹Moisés, vendo isto, ficou admirado coa aparición. Ó se achegar para ver, sentiuse a voz do Señor: ³²*Eu son o Deus de teus pais, o Deus de Abraham, de Isaac, e de Xacob*. Pero Moisés, arrepiado, non ousaba mirar. ³³E díxolle o Señor: *Quita os zapatos dos teus pés, porque o lugar onde estás é terra santa;* ³⁴*vin a aflicción do meu pobo en Exipto, escoitei os seus laios e baixei para liberalos. Ven logo aquí, que te vou mandar a Exipto.*

³⁵A este Moisés, de quen renegaran dicindo: "¿quen te constituíu xefe e xuíz?", foi a quen Deus mandou coma xefe e liberador pola man do anxo, que se lle aparecera na silveira. ³⁶Foi el quen os fixo saír, obrando prodixios e sinais na terra de Exipto, no mar Rubio e no deserto, durante corenta anos. ³⁷Foi este Moisés quen lles dixo ós fillos de Israel: *Deus fará xurdir un profeta coma min de entre os vosos irmáns*. ³⁸Foi el quen na asemblea do deserto estivo coma mediador entre o anxo que lle falaba no monte Sinaí e os nosos pais; el foi quen recibiu palabras de vida para nolas transmitir. ³⁹Foi el a quen nosos pais non quixeron obedecer, senón que o refugaron e no seu corazón volvéronse a Exipto, ⁴⁰dicíndolle a Aharón: *Fainos deuses que vaian diante de nós, pois non sabemos que foi deste Moisés, que nos quitou da terra de Exipto.*

⁴¹E naqueles días fabricaran un becerro, ofreceran un sacrificio ó ídolo, e festexaran a obra das súas mans. ⁴²Pero Deus volvéulle-las costas, e entregounos ó culto dos astros, como está escrito no libro dos profetas: *¿Seica me ofrecestes víctimas e sacrificios durante corenta anos no deserto, casa de Israel?* ⁴³*Levástela tenda de Molok e a estrela do Deus Refán (imaxes que vós fixestes), para adoralas. ¡Pois eu deportareivos alén de Babilonia!*

⁴⁴Os nosos pais tiñan no deserto a tenda da Alianza, como ordenara aquel que lle dixo a Moisés que a fixese conforme ó modelo que vira. ⁴⁵Os nosos pais recibírona en herdanza e, con Xosué á fronte, introducírona na terra dos pagáns, que Deus expulsou diante deles. Así foi ata os días de David, ⁴⁶que achou gracia diante de Deus e que lle pediu permiso para lle facer unha morada ó Deus de Xacob. ⁴⁷Con todo, foi Salomón quen lla construíu. ⁴⁸Anque o Altísimo non habita en edificios feitos por mans de home; como di o profeta: ⁴⁹*O ceo é o meu trono e a terra o estrado dos meus pés: ¿que casa me construiredes, di o Señor, ou que sitio para o meu repouso?* ⁵⁰*¿Non foi a miña man a que fixo todo iso?*

⁵¹¡Duros de testa e incircuncisos de corazón e oídos! ¡Vós sempre resistéis-lo Espírito Santo! Sodes coma vosos pais. ⁵²¿A que profeta non perseguiron vosos pais? Mataron ós que anunciaron por adiantado a vinda do Xusto, do que vós agora vos fixestes traidores e asasinos: ⁵³¡vós que recibíste-la Lei por mandado dos anxos e non a gardastes!

Martirio de Estevo

⁵⁴Ó sentiren isto, adoecían e renxían os dentes contra Estevo. ⁵⁵Pero el, cheo do Espírito Santo e cos ollos cravados no ceo, viu a gloria de Deus e a Xesús de pé á dereita de Deus, ⁵⁶e dixo:

—Ollade, vexo o ceo aberto e o Fillo do Home, de pé, á dereita de Deus.

⁵⁷Entón pegaron a berrar, taparon os oídos, e todos á xunta arremeteron contra el; ⁵⁸quitárono fóra da cidade e comezaron a apedralo. As testemuñas deixaron os seus vestidos ós pés dun mozo chamado Saulo.

7, 27ss Ex **2**, 13-15.
7, 30 Ex **3**, 1-2.
7, 32 Ex **3**, 6.
7, 33s Ex **3**, 2-10.
7, 37 Dt **18**, 15.
7, 38 *O anxo*. Un modo bíblico antigo de nomear a Deus para salvagarda-la súa transcendencia era falar do "Anxo de Iavé". Aquí Estevo dá aínda un paso máis: distingue entre Iavé e o Anxo; só con este último se relacionaría Moisés de modo inmediato.
7, 40 Ex **32**, 1-23.
7, 42s Am **5**, 25-27 (LXX).
7, 49s Is **66**, 1-2.
7, 52 Alusión ó Servo de Iavé, cf Is **53**, 11.
7, 56 Paralelismo co xuízo de Xesús. Cf Mc **14**, 62.
7, 58 É o futuro Paulo, protagonista da segunda parte dos Feitos. A partir de **13**, 9 méntase só co seu nome romanizado.

⁵⁹Apedraban a Estevo, que invocaba así: "¡Señor Xesús, recibe o meu espírito!" ⁶⁰E posto de xeonllos, berrou con voz forte: "¡Señor, non lles teñas en conta este pecado!" Dito esto, adormeceu para sempre.

Persecución da Igrexa. Saulo entre os perseguidores

8 ¹Saulo aprobaba a súa morte. Aquel día levantouse unha grande persecución contra a Igrexa de Xerusalén, e todos, agás os apóstolos, dispersáronse polas terras da Xudea e da Samaría. ²Uns homes piadosos enterraron a Estevo e fixeron por el un gran pranto. ³En canto a Saulo, maltrataba a Igrexa: entraba polas casas, arrastraba homes e mulleres e mandábaos á cadea.

EXPANSIÓN DA IGREXA POR PALESTINA

Felipe evanxeliza Samaría

⁴Os que se dispersaron ían por todas partes, anunciando a Boa Nova da Palabra. ⁵Felipe baixou á cidade de Samaría e predicóulle-lo Mesías. ⁶O pobo, dun acordo, atendía ó que dicía Felipe, sentindo e vendo os sinais que facía; ⁷pois de moitos posuídos saían espíritos impuros a berros, e moitos paralíticos e coxos quedaban curados. ⁸A cidade encheuse de alegría.

⁹Había un home naquela cidade, chamado Simón, que exercía de meigo e pasmaba á xente de Samaría, dicíndolles ser alguén importante. ¹⁰Todos, desde o máis pequeno ó máis grande, facíanlle caso, porque dicían: "Este é a forza de Deus, chamada a Grande". ¹¹E facíanlle caso, porque había tempo que os tiña pasmados con meigueirías. ¹²Pero cando creron a Felipe, que anunciaba o Reino de Deus e o nome de Xesús Cristo, fixéronse bautizar homes e mulleres. ¹³O mesmo Simón tamen creu e, despois de bautizado, andaba sempre con Felipe e ficaba abraiado ó ve-los sinais e milagres que se facían.

¹⁴Ó sentiren dici-los apóstolos, que estaban en Xerusalén, que Samaría acollera a palabra de Deus, mandáronlles a Pedro e a Xoán. ¹⁵Baixaron logo alí, e oraron polos samaritanos, para que recibisen o Espírito Santo, ¹⁶pois aínda non baixara sobre ningún deles: só os bautizaran no nome do Señor Xesús. ¹⁷Entón, foronlles impoñendo as mans e recibiron o Espírito Santo.

¹⁸Vendo Simón que pola imposición das mans dos apóstolos se daba o Espírito, ofreceulles cartos, ¹⁹dicindo:

—Dádeme a min tamén ese poder para que aquel a quen lle impoña as mans, reciba o Espírito Santo.

²⁰Mais Pedro respondeulle:

—¡Así rebentes ti e mailo teu diñeiro! ¿Ti coidas que o don de Deus se pode adquirir con cartos? ²¹Non tes parte nin sorte neste asunto, porque o teu corazón non é recto diante de Deus. ²²Arrepíntete desa malicia túa, e pídelle ó Señor, a ver se che perdoa o sentir do teu corazón, ²³pois vexo que estás destinado á amargura do fel e ás cadeas dos malvados.

²⁴Simón respondeu:

—Rezade vós por min ó Señor, para que non me acaia nada do que acabades de dicir.

²⁵Eles entón, despois de testificaren e anunciaren a palabra do Señor, volveron para Xerusalén, evanxelizando en moitas aldeas de Samaría.

Felipe evanxeliza e bautiza un etíope

²⁶Un anxo do Señor faloulle a Felipe deste xeito:

—Anda, diríxete cara ó sur polo camiño que baixa de Xerusalén a Gaza, a través do deserto.

²⁷Púxose en camiño e dirixiuse cara alá. Un etíope, eunuco, funcionario de Candaces, raíña da Etiopía, que estaba encargado

---

8, 5 Despois da evanxelización en Xerusalén descrita nestes sete primeiros cc. comeza agora a realizarse o plan de expansión, anunciado en **1,** 8, a cargo dos helenistas contra os que se dirixirá a persecución. Parece que os hebreos gozaban de tranquilidade (**9,** 31).
8, 16 Parece que nos comezos o bautismo se realizaba no nome do Señor Xesús (**2,** 38; **8,** 16; **10,** 48; **19,** 5; 1 Cor **6,** 11), aínda que ben logo prevalecerá a fórmula trinitaria de Mt **28,** 19 (cf Didaxé **8,** 1-3).
8, 17 Non se trata de que o bautismo non sexa o sacramento polo que se recibía o Espírito. Xunto a el e vinculado a el aparece o outro rito, o da imposición das mans logo do bautismo, que semella significa-la comuñón coa Igrexa (mándanse dous dos Doce) e a comunicación dalgún carisma especial do Espírito (cf **19,** 5).
8, 18 Desta pasaxe derívase a verba "simonía" (compra ou venda de bens espirituais), pecado que nunca pode pasar do intento, pois o don de Deus é libre e só o concede a quen El quere.

de tódolos seus tesouros, fora a Xerusalén como peregrino. ²⁸De volta, sentado no seu carro, ía lendo no profeta Isaías. ²⁹Díxolle o Espírito a Felipe:
—Achégate e ponte a par dese carro.
³⁰Correndo Felipe, sentiu que ía lendo no profeta Isaías e preguntoulle:
—¿Enténde-lo que les?
³¹Contestoulle:
—¿Como o vou entender, se ninguén mo explica?
E convidou a Felipe a que subise a sentar con el. ³²A pasaxe da Escritura que lía era esta:
Coma ovella levárono ó matadoiro;
e coma año mudo diante de quen o rapa,
así El non abría a súa boca.
³³*Humilláfrono, negándolle a xustiza,*
¿quen contará a súa descendencia?
A súa vida foi arrincada da terra.
³⁴Diríxíndose a Felipe, díxolle o eunuco:
—Por favor ¿de quen di isto o profeta? ¿De si mesmo ou doutro?
³⁵Felipe entón tomou a palabra e partindo desa pasaxe da Escritura, anuncioulle a Boa Nova de Xesús. ³⁶De camiño, chegaron a un sitio con auga e dixo o eunuco:
—Aquí hai auga, ¿por que non me podo bautizar eu?
³⁸E mandou para-lo carro. Baixaron os dous á auga, Felipe e mailo eunuco, e Felipe bautizouno. ³⁹Cando subiron da auga, o Espírito do Señor arrebatou a Felipe. O eunuco xa non o viu máis, pero seguiu o seu camiño cheo de alegría.
⁴⁰Felipe atopouse en Azoto e evanxelizaba tódalas vilas por onde pasaba, ata chegar a Cesarea.

Conversión de Saulo

9 ¹Saulo, respirando aínda ameazas e morte contra os discípulos do Señor, presentouse ó Sumo Sacerdote ²e pediulle cartas para as sinagogas de Damasco, a fin de que, se encontraba algúns que fosen deste novo camiño, tanto homes coma mulleres, os puidese levar presos a Xerusalén.
³De camiño, cerca xa de Damasco, aconteceu que, de súpeto, unha luz do ceo o envolveu co seu fulgor. ⁴Caeu no chan e sentiu unha voz que lle dicía:
—Xaúl, Xaúl, ¿por que me persegues?
⁵El preguntou:
—¿Quen es ti, Señor?
Contestoulle:
—Eu son Xesús a quen ti persegues. ⁶Pero érguete, entra na cidade, e xa se che dirá o que tes que facer.
⁷Os compañeiros de viaxe quedaron parados, estantíos: sentían a voz, mais non vían ninguén. ⁸Saulo ergueuse do chan, pero, malia te-los ollos abertos, non vía nadiña. Levárono pola man, introducírono en Damasco. ⁹Alí botou tres días sen ver, sen comer e sen beber.
¹⁰Había en Damasco un discípulo, chamado Ananías, e o Señor díxolle nunha visión:
—¡Ananías!
El respondeu:
—Aquí estou, Señor.
O Señor volveulle falar:
¹¹—Vai á rúa Dereita, e procura na casa de Xudas a un home chamado Saulo de Tarso, que está orando. ¹²(En visión, viu Saulo a un home chamado Ananías entrar e impoñerlle as mans para que recobrase a vista).
¹³Ananías respondeu:
—Señor, teño oído falar moito dese home e do mal que lles ten feito ós teus santos en Xerusalén. ¹⁴E aquí ten poderes dos xefes dos sacerdotes, para prender a tódolos que invocan o teu nome.

8, 32s Cita de Is **53**, 7s segundo a versión grega dos LXX, referíndose á morte e ós sufrimentos do Xusto, é dicir, do Servo de Iavé (cf Feit **3**, 14; **7**, 52).

8, 37 Algúns ms. engaden o v 37: "Respondeu Felipe: se cres de todo o corazón, podes. El dixo: creo que Xesús Cristo é o Fillo de Deus". O texto non é uniforme; resulta, probablemente, dunha transcrición posterior de Feit **20**, 10 ou **26**, 14, ou dunha confesión bautismal.

9, 1 É a primeira das tres narracións sobre a conversión de Paulo que nos ofrecen os Feitos (cf **22**, 1-16; **26**, 9-18), e aínda Gál **1**, 13-17. Teñen entre si algunhas variantes, sobre todo no tocante ós sinais que percibiron os acompañantes, pero que non afectan ó núcleo central (*Xaúl, Xaúl ¿por que me persegues?* —*¿Quen es, Señor?*— *Eu son Xesús, a quen ti persegues*) e que poden depender das diversas fontes de información que utilizou Lucas.

9, 3 En 1 Cor **9**, 1; **15**, 5 Paulo daralle a esta aparición a mesma entidade cás que tiveron os apóstolos, e considerarase por iso testemuña directa de Cristo resucitado e por iso apóstolo (1 Cor **9**, 1; **15**, 8-9). Lucas marca un paralelismo entre a misión de Paulo e a dos apóstolos (comparar **9**, 15-17 con **1**, 9e **2**, 4-40), aínda que non chame apóstolo a Paulo (coa excepción de **14**, 4. 14, onde llo aplica tamén a Bernabé).

9, 4 O nome de Paulo aparece aquí na súa forma hebrea, *Xaúl*, repetida unicamente nas outras narracións da conversión. Falase aquí os Feitos chámanlle *Saulo* (**7**, 58; **8**, 1-3; **9**, 1), forma grega de Xaúl; a partir de **13**, 9 usará o nome de "Paulos", forma grega equivalente á latina "Paulus".

9, 5 Nótese a identificación entre Xesús e os seus, idea que logo Paulo desenvolverá nas súas cartas (cf 1 Cor **12**, 27; Ef **4**, 15s; Col **1**, 18) e que aparece tamén nos evanxeos (cf Mt **10**, 40; Xn **13**, 20).

¹⁵Pero o Señor díxolle:

—Vai, que ese home é un instrumento escollido por min, para leva-lo meu nome diante dos pagáns, dos seus reis e mais dos israelitas. ¹⁶¡Heille mostra-lo que ten que sufrir polo meu nome!

¹⁷Entón Ananías, poñéndose en camiño, entrou na casa, e impoñéndolle as mans, díxolle:

—Irmán Saulo, quen me manda é o Señor Xesús, que se che apareceu cando viñas polo camiño, para que recóbre-la vista e te enchas do Espírito Santo.

¹⁸No instante, repeláronlle dos ollos coma unhas escamas e recuperou a vista; ergueuse, e bautizouse. ¹⁹Despois comeu e volvéronlle as forzas.

Saulo en Damasco

Pasou algúns días cos discípulos de Damasco, ²⁰e axiña comezou a predicar a Xesús nas sinagogas, proclamando que era o Fillo de Deus. ²¹Tódolos que o sentían ficaban pasmados e dicían: "Pero ¿non é este o que en Xerusalén fixo estragos entre os que invocan ese Nome, e viñera aquí para os levar presos diante dos sumos sacerdotes?". ²²Pero Saulo con máis ánimos confundía ós xudeus de Damasco, demostrando que Xesús era o Mesías.

²³Logo de bastantes días, os xudeus ordenaron de o matar, ²⁴mais Saulo chegou a sabe-lo que andaban argallando. Día e noite vixiaban as portas da cidade, para lle daren morte. ²⁵Pero algúns dos seus discípulos colléronо de noite e descolgárono pola muralla metido nun cesto.

Saulo en Xerusalén e en Tarso

²⁶Chegado a Xerusalén, procuraba xuntarse cos discípulos; pero todos lle tiñan medo, non crendo que fose discípulo de verdade. ²⁷Pero Bernabé, colleuno consigo e levouno onda os apóstolos. Saulo contoulles que vira o Señor no camiño, que lle falara e que en Damasco predicara publicamente no nome de Xesús. ²⁸Conviviu con eles en Xerusalén, predicando con ousadía no nome do Señor. ²⁹Falaba e discutía tamén cos helenistas, pero estes queríano matar. ³⁰Ó sabelo, os irmáns leváronо para Cesarea e fixérono seguir a Tarso.

A Igrexa medra en toda Palestina

³¹Daquela, a Igrexa tiña paz en toda a Xudea, Galilea e mais Samaría. Crecía coma un edificio, progresaba na fidelidade ó Señor e coa asistencia do Espírito Santo ía aumentando en número.

Pedro visita as Igrexas: curación dun paralítico

³²Pedro, que as visitaba todas, baixou a visita-los santos que vivían en Lida. ³³Encontrou alá un tal Eneas, que xacía paralítico nun catre desde había oito anos. ³⁴Díxolle Pedro:

—¡Eneas, Xesús Cristo vaite curar! Érguete e fai ti mesmo o teu leito.

E no intre púxose en pé. ³⁵Tódolos habitantes de Lida e de Sarón virono e convertéronse ó Señor.

Pedro vólvelle a vida a Tabita

³⁶Había en Iope unha discípula de nome Tabita (que traducido quere dicir Gacela), chea de boas obras e de caridades. ³⁷Por aqueles días enfermou e morreu. Despois de a lavaren, puxérona no cuarto de arriba. ³⁸Como Lida está cerca de Iope, sentindo dici-los discípulos que Pedro estaba alí, mandáronlle dous homes con este recado: "non tardes en achegarte aquí". ³⁹Pedro foi con eles. Cando chegou leváronо á sala de arriba onde se lle presentaron chorando tódalas viúvas, amosándolle as túnicas e os mantos que facía a Gacela cando estaba con elas.

⁴⁰Pedro entón, mandou saí-la xente toda, púxose de xeonllos e orou; despois volveuse ó cadáver e dixo:

—¡Tabita, érguete!

Ela abriu os ollos e, ó ver a Pedro, incorporouse. ⁴¹Pedro colleuna pola man, levantouna e chamando os santos e as viúvas presentóullela viva.

⁴²Isto sóubose en toda a cidade de Iope e moitos creron no Señor. ⁴³Pedro, ficou bastantes días en Iope, na casa dun curtidor chamado Simón.

9, 15 Lucas sinala aquí a xente entre a que Paulo desenvolverá a súa a misión, da que dará conta nos Feitos. Paulo considerará que o seu será a evanxelización dos pagáns (cf Rm **1**, 5; **11**, 13; Gál **1**, 8).
9, 20 Lucas pon este título só en boca de Paulo (tamén en **13**, 33).

9, 23 Guiándonos polos datos que aporta o mesmo Paulo en Gál **1**, 17, hai que contar con que non foron só uns días (v 19), senón tres anos.
9, 36 É propio de Lucas valora-las esmolas ós pobres (cf **10**, 2.4.31; Lc **3**, 11; **6**, 30; **11**, 41; **12**, 33; **18**, 22; **19**, 8).

O Espírito abre as portas da Igrexa ós pagáns: conversión de Cornelio

10 ¹Había en Cesarea un home chamado Cornelio, capitán da compañía chamada italiana. ²Era piadoso e seguidor da relixión xudía, así como tódolos da súa casa. Dáballe moitas esmolas ó pobo e decote oraba a Deus.

³A iso das tres da tarde, tivo unha visión e viu claramente o anxo do Señor entrar cabo del e dicirlle:

—¡Cornelio!

⁴Cheo de medo, e mirando fixo para el, respondeu:

—¿Que é, Señor?

O anxo respondeulle:

—As túas oracións e as túas esmolas subiron diante de Deus e tenas presentes; ⁵manda, logo, uns homes a Iope e manda chamar por un certo Simón, tamén chamado Pedro. ⁶Está parando en cas dun tal Simón, curtidor, que ten a casa á beira do mar.

⁷Cando marchou o anxo, chamou a dous criados e un soldado piadoso dos que lle eran máis fieis, ⁸contoulles todo e mandounos a Iope.

⁹Para o outro día, indo eles de camiño e xa cerca da cidade, subiu Pedro á azotea a orar. Era polo mediodía, ¹⁰e sentindo fame quixo tomar algo. Mentres llo preparaban, tivo unha éxtase: ¹¹viu o ceo aberto e como un gran lenzo, que, pendurado polas catro puntas, baixaba cara á terra. ¹²Había nel toda clase de cuadrúpedes e reptís da terra e de tódolos paxaros do ceo. ¹³Unha voz díxolle:

—¡Érguete, Pedro, mata e come!

¹⁴Mais Pedro respondeu:

—De ningunha maneira, Señor, porque nunca comín cousa impura ou profana.

¹⁵De novo, por segunda vez, chegoulle unha voz:

—O que Deus purificou non o chames ti profano.

¹⁶Isto sucedeu por tres veces, e, de súpeto, aquel obxecto volveuse para o ceo. ¹⁷Estaba Pedro moi sorprendido cavilando que quería dicir aquela visión que tivera, cando os homes mandados por Cornelio, ó acertaren coa casa de Simón, presentáronse na porta ¹⁸e, dando un berro, preguntaron se paraba alí Simón, o chamado Pedro.

¹⁹Estando Pedro matinando na visión, díxolle o Espírito:

—Hai aí uns homes que te buscan; ²⁰baixa e vaite con eles sen escrúpulos, porque os mandei eu.

²¹Pedro baixou ó encontro deles e díxolles:

—Son eu o que buscades, ¿que é o que vos trae?

²²Eles responderon:

—O capitán Cornelio, home cabal e adepto ó xudaísmo, moi estimado por toda a nación xudía, recibiu aviso dun santo anxo para que te mandase chamar á sua casa e que te escoitase.

²³Entón Pedro fíxoos entrar e deulles pousada. Para o outro día levantouse e marchou con eles, acompañado por algúns irmáns de Iope, ²⁴e chegou a Cesarea ó outro día. Cornelio, que xuntara os seus parentes e amigos máis íntimos, xa os estaba agardando.

²⁵Cando Pedro ía entrar, foi Cornelio á porta e botándoselle ós pés, postrouse. ²⁶Pero Pedro levantouno, dicíndolle:

—Érguete, que eu tamén son un home.

²⁷E, falando con el, entrou. Encontrou moita xente xunta ²⁸e díxolles:

10, 1-48 A importancia desta pasaxe radica en que pola incorporación do pagán Cornelio e mailos seus á Igrexa, esta ábrese ó mundo dos xentís, comezando así a romperse os fortes vínculos que ataban a fe cristiá á práctica do xudaísmo. Era o principal problema en que se atopaba a primitiva Igrexa e que, resolto (cf **11,** 1-18; **15**), había de representa-lo inicio da súa catolicidade. As viaxes misioneiras de Paulo e Bernabé presentan doutro xeito a apertura cara a esa nova realidade. En ámbolos dous casos a iniciativa correponderá ó Espírito (**10,** 20. 44; **13,** 2. 4).

10, 14 Para a nosa mentalidade resultan estrañas as ideas de "pureza" e "impureza", tal como as vivían os xudeus: para eles non eran tanto uns conceptos morais, canto as situacións en que se podía acha-la persoa ou as cousas en relación co sagrado e co santo (en primeiro lugar Deus, as cousas do culto, e tamén o pobo de Israel que debía ser santo coma o seu Deus —Lev **19,** 2; **20,** 26—). A situación de "impureza", é dicir, de incapacidade non só para as funcións santas ou sagradas, mais tamén para as da vida normal (que na situación do pobo de Israel como pobo santo de Deus —Dt **7,** 6; **14,** 2— estaba toda ela chamada a ser santa), podía se-lo resultado do contacto con persoas, animais ou cousas impuras, mais tamén co sagrado, en si intocable.

Non sabemos exactamente as razóns polas que uns animais determinados os consideraban impuros os xudeus. Algúns, parece certo, porque os utilizaban os pagáns para os seus sacrificios ou prácticas de meigerías (caso do porco), outros por razóns que no seu comezo serían de hixiene ou noxo.

10, 15 O tema da visión recorda o problema dos alimentos (puros-impuros) entre os cristiáns xudeus (seguidores aínda das leis mosaicas) e os cristiáns que foran pagáns (cf Gál **2,** 11-14). En todo caso, a conclusión que se tira dela vai alén dese problema: a diferencia entre "homes" puros e impuros (cf nota anterior) non vale ós ollos de Deus (cf **10,** 28; **15,** 9). A fe, e nun senso máis amplo, a "presencia do Espírito", é a que purifica o corazón do home. Tamén no noso tempo os crentes estamos chamados a saber descubri-la presencia do Espírito alén das fronteiras da pertenza ó pobo de Deus que marcan as leis eclesiásticas externas.

—Vós sabedes que non se lle permite a un xudeu ter trato cun estranxeiro ou entrar na súa casa; pero Deus ensinoume que non se debe chamar profano ou impuro a home ningún. ²⁹Por iso, ó me chamardes, vin sen reparos. E pregúntovos, logo: "¿por que me mandastes chamar?".

³⁰Respondeulle Cornelio:

—Hai catro días, ás tres da tarde, estaba eu rezando na miña casa, cando se presentou un home con vestiduras brancas que relucían ³¹e dixo: "Cornelio, a túa oración escoitouse, e as túas esmolas recórdanse diante de Deus; ³²manda, logo, uns homes a Iope, e manda buscar un tal Simón, tamén chamado Pedro, que para en cas Simón o curtidor, a rentes do mar". ³³Mandeiche recado de contado e tivéche-la amabilidade de vir. Agora, todos nós estamos na presenza de Deus para oírmos todo o que o Señor che mandou.

³⁴Tomou entón Pedro a palabra e dixo:

—Abofé, vexo que Deus non fai distinción de persoas, ³⁵senón que acepta ó que lle é fiel e practica a xustiza, sexa da nación que sexa. ³⁶El mandóulle-la súa palabra ós fillos de Israel, anunciándolle-la Boa Nova da paz por Xesús Cristo: este é o Señor de todos. ³⁷Vós sabédelo que pasou en toda a Xudea, comezando desde Galilea, despois do bautismo que Xoán predicou: ³⁸como Deus unxiu con Espírito Santo e con poder a Xesús de Nazaret, que pasou facendo o ben e curando a tódolos que estaban asoballados por Satán; pois Deus estaba con el. ³⁹E nós somos testemuñas de todo o que fixo no país dos xudeus e mais en Xerusalén. Matárono, colgándoo dun madeiro. ⁴⁰A este resucitouno Deus ó terceiro día e concedeulle que se deixase ver, ⁴¹non de todo o pobo, senón das testemuñas escollidas de antemán por Deus: nós que comemos e bebemos con el, logo de que resucitou de entre os mortos. ⁴²E mandounos que predicásemos ó pobo e atestemos que el é quen foi constituído por Deus xuíz de vivos e de mortos. ⁴³El é de quen tódolos profetas dan este testemuño: tódolos que crean nel recibirán polo seu nome o perdón dos pecados.

⁴⁴Aínda Pedro estaba a dicir estas cousas, cando o Espírito Santo veu sobre tódolos que escoitaban a palabra. ⁴⁵Tódolos crentes da circuncisión, que viñeran con Pedro, ficaron cheos de asombro, ó veren que o don de Espírito Santo tamén se espallaba sobre os pagáns, ⁴⁶pois sentíanos falar en linguas e louvar a Deus. Entón Pedro dixo:

⁴⁷—¿Pode alguén negarlle a auga do bautismo ós que recibiron o Espírito Santo o mesmo ca nós?

⁴⁸E mandou que os bautizasen no nome de Xesús Cristo. Entón pedíronlle que quedase con eles algúns días.

A Igrexa de Xerusalén vence as súas reservas e acepta os pagáns conversos

11 ¹Os apóstolos e os irmáns da Xudea sentiron dicir que tamén os pagáns recibiran a palabra de Deus. ²Cando Pedro subiu a Xerusalén, os da circuncisión botábanlle na cara:

³—¡Ti fuches á casa de incircuncisos e comiches con eles!

⁴Entón Pedro explicóullelo punto por punto.

⁵—Estaba eu na cidade de Iope, orando, cando tiven en éxtase unha visión: era un obxecto talmente coma un gran lenzo, que baixaba do ceo pendurado polas catro puntas e chegou onda min. ⁶Mirando para el e observando con atención, vin os cuadrúpedes da terra, as feras, os reptís e os paxaros do ceo; ⁷e sentín unha voz que me dicía: "Érguete, Pedro, mata e come". ⁸Pero eu dixen: "De ningunha maneira, Señor, porque nunca levei á boca nada profano ou impuro". ⁹Por segunda vez sentín a voz do ceo: "O que Deus purificou, non o chames ti profano". ¹⁰Isto pasou tres veces, e despois retirouse todo para o ceo.

¹¹E, fixádevos, nisto preséntanse na casa onde estabamos tres homes que mandaran desde Cesarea en busca miña. ¹²Díxome entón o Espírito que fose con eles sen reparos. Viñeron tamén comigo estes seis irmáns, e entramos na casa do home, ¹³que nos contou como vira ó anxo presentárselle na súa casa e dicir: "manda alguén a Iope a por Simón, chamado Pedro; ¹⁴el hache dicir palabras polas que te salvarás ti e tódolos da túa casa". ¹⁵E cando comezaba eu a falar, veu o Espírito Santo sobre eles talmente como veu sobre nós ó comezo. ¹⁶Lembrei entón as palabras do Señor, cando dicía: "Xoán bautizou con auga, pero vos bautizarédesvos co Espírito Santo". ¹⁷E pois, se Deus lles conce-

---

10, 38 Clara alusión a Is **42**, 7 e **61**, 1 (cf Lc **4**, 16-21).
10, 44 É o Pentecostés dos pagáns, paralelo ó dos xudeus--cristiáns de **2**, 4.

11, 3 Cf notas a **10**, 14 e **10**, 15.
11, 16 Cf **1**, 5.

deu o mesmo don ca a nós, por creren no Señor Xesús Cristo, ¿quen era eu para me opoñer a Deus?

[18]Ó sentiren isto, acougaron e glorificaron a Deus, comentando; "¡De xeito que Deus tamén concedeu ós pagáns o arrepentimento, para acadaren a vida!".

EXPANSIÓN DA IGREXA FÓRA DE PALESTINA

Antioquía, primeira Igrexa de pagáns conversos. Unión coa Igrexa de Xerusalén

[19]Os que se dispersaran fuxindo da persecución orixinada por cousa de Estevo, chegaron a a Fenicia, Chipre e Antioquía, sen predicaren a ninguén a palabra, agás ós xudeus. [20]Con todo, houbo algúns de entre eles, homes de Chipre e de Cirene, que chegados a Antioquía comezaron a falar tamén cos gregos, anunciándolle-la Boa Nova do Señor Xesús. [21]A man do Señor estaba con eles e moitos creron e convertéronse ó Señor.

[22]Chegaran estas novas ós oídos da Igrexa de Xerusalén, e mandaron a Antioquía a Bernabé. [23]Cando chegou e viu a gracia de Deus, encheuse de alegría e animaba a todos a se conservaren unidos ó Señor co corazón firme, [24]pois era un home bo, cheo de Espírito Santo e de fe. E foi moita a xente que se uniu ó Señor.

[25]Daquela, Bernabé foi a Tarso en busca de Saulo [26]e, cando o atopou, levouno para Antioquía. Durante un ano enteiro estiveron xuntos naquela Igrexa, adoutrinando a moita xente. Foi en Antioquía onde por primeira vez ós discípulos lles chamaron "cristiáns".

[27]Por aqueles días baixaron a Antioquía uns profetas de Xerusalén. [28]Un deles, chamado Ágabo, ergueuse e, movido polo Espírito, anunciou que ía haber unha gran fame por toda a terra (foi a que houbo no tempo de Claudio). [29]Os discípulos ordenaron de mandar un auxilio ós irmáns de Xudea, cadaquén conforme ós seus posibles. [30]E así o fixeron mandándollelo ós responsables pola man de Bernabé e de Saulo.

Herodes persegue a Igrexa. Martirio de Santiago. Prisión e liberación de Pedro

12 [1]Por ese tempo o rei Herodes botou man dalgúns membros da Igrexa, para os maltratar. [2]Mandou matar coa espada a Santiago, o irmán de Xoán, [3]e, vendo que iso lles agradaba ós xudeus, mandou prender tamén a Pedro. Era a semana da Pascua. [4]Prendeuno, logo, e meteuno na cadea, gardándoo con catro piquetes de catro soldados cada un. Quería presentalo diante do pobo despois da Pascua. [5]Mentres Pedro estaba retido no cárcere, a Igrexa rezaba intensamente a Deus por el.

[6]A noite antes de que Herodes o presentase diante do pobo, estaba Pedro durmindo entre dous soldados, ligado con dúas cadeas, e unhas sentinelas facían a garda diante da porta da prisión. [7]De súpeto, presentouse o anxo do Señor, e unha luz resplandeceu na cela; e, tocándolle no costado, espertou a Pedro e díxolle:

11, 20 *Antioquía,* capital do antigo imperio sirio e, neste tempo, sede do gobernador romano, era unha populosa cidade, con case medio millón de habitantes, unha das máis importantes do imperio. Nela formaríase a primeira comunidade, integrada por cristiáns que viñan do xudaísmo e do paganismo; axiña se convertería en centro de irradiación para a evanxelización dos pagáns (cf **13,** 1-2; **14,**24-28;**15,**35-41).
11, 21 Polo contexto tódolos comentaristas están de acordo en que se trata de pagáns ("gregos") que se bautizaron sen pasaren pola circuncisión, isto é, polo xudaísmo.
11, 22 Como antes Pedro e Xoán (**8,** 14), tamén agora mandan un representante da Igrexa nai de Xerusalén a revisa-lo labor evanxelizador en Antioquía e establecer lazos de comuñón e unidade.
11, 26 *Cristiáns:* seguidores de Cristo; resulta importante, porque revela que a palabra Cristo (= Unxido, Mesías) pasara xa de ser un simple título de Xesús a aplicarse coma un nome propio (na súa orixe, probablemente, por parte dos pagáns).
11, 27 Se no A.T. profeta era o que comunicaba a mensaxe de Deus ós homes, os *profetas* cristiáns (cf 1 Cor**12,** 28-29; **14,** 29-33) eran os inspirados por Deus para animar, corrixir e consolar; eran, xa que logo, predicadores, que tiñan como función confirma-la Igrexa. No N.T. aparece como función propia do profeta a previsión do futuro (Feit**12,**27-28;**21,**9-11).
11, 28 *Claudio,* emperador romano entre os anos 41-54. Segundo o historiador xudeu Xosefo, en Palestina fixose senti-la fame entre os anos 44-48, probablemente o 46.
11, 30 *Responsables:* lit. "presbíteros" (cf nota a **14,** 23). Non é imposible que aquí se refira ós mesmos Doce (apóstolos). Por iso escollémo-lo termo amplo: "responsables".
12, 1 Trátase de Herodes Agripa I, neto de Herodes o Grande; gobernaba na Transxordania desde o ano 37 co título de rei, e, gracias as súas boas relacións cos emperadores romanos Calígula e Claudio, fóronlle encomendados tamén os territorios de Galilea e Perea (ano 39), e mailos de Xudea, Samaría e Idumea (ano 41); de xeito que o seu reino chegou a ser case tan extenso coma o de Herodes o Grande. Non se confunda con Herodes Antipas, tetrarca de Galilea en tempos do Bautista e de Xesús. Polas datas sinaladas, e, tendo en conta que morreu no ano 44, hai que situar esta persecución entre os anos 41-44.

—¡Érguete correndo!
E caéronlle as cadeas das mans. [8]Entón díxolle o anxo:
—Pon o cinto e calza as sandalias.
E así o fixo. Despois díxolle:
—Bota o manto por riba e sígueme.
[9]Pedro saíu e seguiuno, sen se dar conta que era realidade o que se facía por medio do anxo, pois coidaba que era unha visión. [10]Atravesaron a primeira garda e logo a segunda, e chegaron á porta de ferro que daba á cidade e abriuse ela soa. E ó saíren á rúa, logo o deixou o anxo.
[11]Entón Pedro, volvendo en si, dixo: "agora realmente vexo que o Señor mandou o seu anxo, para me librar das mans de Herodes e de todo o que esperaba o pobo xudeu". [12]E xa con todo o acordo, dirixiuse á casa de María, a nai do Xoán, chamado Marcos, onde había moita xente reunida rezando. [13]Petou na porta da entrada e unha criada, chamada Rode, foi ver quen era. [14]Recoñeceu a voz de Pedro e deulle tal alegría, que, se había de abri-lo portal, correu a avisar que Pedro estaba na porta. [15]"¡Estás tola!", dixéronlle. Mais ela aseguraba que era certo. Os outros dicían: "será o seu anxo".
[16]Pedro seguía petando. Entón abriron, e ó velo, ficaron pasmados. [17]Acenoulles coa man para que calasen e contoulles como o Señor o librara da prisión e díxolles:
—Mandádelle recado a Santiago e ós irmáns.
E liscou de alí para outro sitio, [18]Ó abri-lo día armouse un bo rebumbio entre os soldados, preguntándose que sería de Pedro. [19]Cando Herodes mandou por el e non o encontraron, interrogou ós gardas e mandounos executar. Despois baixou de Xudea a Cesarea e quedou alí.

Morte de Herodes Agripa I

[20]Herodes estaba aborrecido cos de Tiro e Sidón. Estes presentáronselle en comisión e, logo de gañaren para a causa deles a un tal Blasto, xefe da casa do rei, solicitaron a paz, pois o seu país dependía economicamente do territorio do rei. [21]No día sinalado, Herodes, revestido do manto real e sentado na tribuna, dirixiulles un discurso. [22]O pobo berraba: "¡é a voz dun deus, non a dun home!" [23]E no intre feriuno o anxo do Señor por non ter dado gloria a Deus. Morreu comesto dos vermes.

Bernabé e Saulo volven para Antioquía

[24]A palabra de Deus medraba e multiplicábase. [25]Bernabé e Saulo, cumprida a súa misión en Xerusalén, volvéronse levando con eles a Xoán, de sobrenome Marcos.

PRIMEIRA VIAXE DE PAULO

O Espírito e a Igrexa de Antioquía mandan a Bernabé e Paulo á primeira viaxe misioneira

13 [1]Había na Igrexa de Antioquía profetas e mestres: Bernabé, Simeón chamado Níxer, Lucio de Cirene, Menahén —compañeiro de infancia do tetrarca Herodes—, e Saulo. [2]Estando nunha reunión litúrxica con xexún, dixo o Espírito Santo:
—Apartade a Bernabé e Saulo para a obra á que os teño chamados.

[3]Entón, logo de xexuaren e oraren, impuxéronlle-las mans e despedíronos.

En Chipre. O meigo e a conversión do procónsul

[4]Por tanto, mandados polo Espírito Santo, baixaron a Seleucia e desde alí embarcaron para Chipre. [5]Chegados a Salamina, comezaron a anuncia-la palabra de Deus nas sinagogas dos xudeus, levando a Xoán de

---

12, 12 De Xoán *Marcos* dinno-las Escrituras que era parente de Bernabé (Col **4**, 10), compañeiro por algún tempo da primeira viaxe misioneira deste e de Paulo (**13**, 5. 13), e causa da diverxencia entre os dous (**15**, 37-39). Mais logo aparece coma "útil" colaborador de Paulo (2 Tim **4**, 11) e unido a Pedro, que o considera coma un fillo (1 Pe **5**, 13). Considérase autor do segundo evanxeo; para a tradición, moi unido á figura de Pedro.

12, 17 Trátase de *Santiago*, "irmán" do Señor (Gál **1**, 19), nome que os semitas empregaban en senso amplo para designar tamén a primos e parentes (Xén **13**, 8; Lev **10**, 4; cf Mc **6**, 3 e nota a Xn **2**, 12). Non se debe confundir con Santiago de Zebedeo ou o "Maior", nin con Santiago de Alfeo, ambos do grupo dos Doce. Aínda que non era do grupo dos apóstolos, fora testemuña das aparicións do resucitado (1 Cor **15**, 7) e representou desde o comezo un importante papel na comunidade de Xerusalén (Feit **12**, 17; **15**, 13; **21**, 28; Gál **1**, 18-19). Considérase autor da carta do seu nome.

12, 23 O historiador xudeu Xosefo describe a morte de Agripa I dun xeito semellante, pero sen a interpretación teolóxica que incorpora aquí Lucas.

13, 1 Cf nota a **11**, 27. Os mestres ou doutores serían os encargados da catequese, xente instruída no coñecemento das Escrituras e capaces de ensinar (cf 1 Cor **12**, 8-9).

13, 3 Sobre o rito da imposición de mans, cf nota a **6**, 6. Neste contexto parece ter un senso de bendición (cf Xén **48**, 8-14) e mandato misioneiro (cf **14**, 26; **15**, 40).

13, 5 O principio teolóxico (e se cadra tamén táctico) de evanxelizar primeiro ós xudeus, mantense ó longo dos Feitos (**13**, 14. 46; **14**, 1; **17**, 2. 10. 17; **18**, 4-9; **19**, 8; **28**, 17.23; cf tamén Rm **2**, 9s).

axudante. ⁶Despois de atravesaren toda a illa ata Pafos atoparon alí un xudeu, meigo e falso profeta, chamado Barxesús, ⁷que estaba co procónsul Serxio Paulo, home prudente. Este mandou chamar a Bernabé e Saulo, arelando escoita-la palabra de Deus. ⁸Pero Elimas, "o meigo" (que así se traduce o seu nome), opúxoselles, procurando arredar da fe ó procónsul. ⁹Entón Saulo, tamén chamado Paulo, cheo do Espírito Santo, fixando nel os seus ollos, ¹⁰exclamou:

—Estás cheo de andrómenas e de ruindade, fillo do demo, inimigo de todo o bo; ¿non deixarás de torce-los camiños rectos do Señor? ¹¹Pois agora vai vir sobre ti a man do Señor; ficarás cego, e non vera-la luz do sol por algún tempo.

E no instante caeron enriba del a escuridade e as tebras e, tentando ó arredor, buscaba quen o guiase pola man. ¹²Entón o procónsul, vendo o sucedido, abrazou a fe, impresionado pola doutrina do Señor.

¹³Paulo e os seus compañeiros embarcaron en Pafos, e dirixíronse a Perxe de Panfilia. Pero Xoán deixounos e deu volta para Xerusalén.

A predicación de Paulo ós xudeus en Antioquía de Pisidia

¹⁴Eles, desde Perxe, seguiron a Antioquía de Pisidia. Un día de sábado entraron na sinagoga e sentáronse. ¹⁵Despois da lectura da Lei e dos Profetas, os xefes da sinagoga mandáronlles dicir:

—Irmáns, se tedes algunha palabra para anima-lo pobo, falade.

¹⁶Paulo entón, levantándose, acenoulles coa man e dixo:

—Israelitas e os que seguides ó noso Deus, escoitade: ¹⁷o Deus deste pobo de Israel escolleu a nosos pais e engrandeceu este pobo durante o seu exilio na terra de Exipto; despois tirounos de alí coa forza do seu brazo. ¹⁸Durante corenta anos soportounos no deserto, ¹⁹e, despois de destruír sete nacións na terra de Canaán, deulles en posesión a súa terra: ²⁰isto durou uns catrocentos cincuenta anos. Despois diso deulles xuíces ata o profeta Samuel; ²¹logo pediron un rei e Deus deulles durante corenta anos a Xaúl, fillo de Quix, da tribo de Benxamín; ²²despois que o refugou, deulles por rei a David de quen testemuñou dicindo: *Atopei a David, fillo de Iexé, home conforme o meu corazón, que fará en todo a miña vontade.* ²³Da súa descendencia é da que Deus, segundo a promesa, mandou un Salvador para Israel: Xesús. ²⁴Antes da súa chegada, Xoán tiña proclamado a todo o pobo de Israel un bautismo de conversión, ²⁵e cando estaba rematando o seu camiño, dicía: "non son eu quen vós pensades; pero mirade, vén despois de min un de quen non son digno nin de desatarlle o calzado dos pés".

²⁶Irmáns, descendentes de Abraham e os que seguides ó noso Deus: é a nós a quen se nos manda esta mensaxe de salvación. ²⁷É certo que os veciños de Xerusalén e os seus gobernantes descoñeceron a Xesús e, condenándoo, cumpriron as palabras dos profetas, que se len tódolos sábados. ²⁸Aínda que non atoparon nel nada que merecese a morte, pedíronlle a Pilato que o mandase matar. ²⁹E, cando cumpriron todo o que acerca del estaba escrito, baixárono do madeiro e puxérono nun sepulcro. ³⁰Pero Deus resucitouno de entre os mortos; ³¹e durante moitos días apareceuse ós que subiran con El de Galilea para Xerusalén, que son agora as súas testemuñas diante do pobo.

³²E nós anunciámosvo-la boa nova de que a promesa feita ós nosos pais ³³a cumpriu en nós, os seus fillos, resucitando a Xesús, conforme estaba escrito no salmo segundo: *Ti e-lo meu Fillo: eu enxendreite hoxe.*

³⁴E que o resucitou de entre os mortos, para non voltar nunca máis á morte, díxoo

---

13, 8 Non está clara esta relación que establece Lc entre o nome propio *Elimas* e o seu significado *meigo*.
13, 12 Lucas quere poñe-lo acento da conversión na excelencia da doutrina, máis ca no medo.
13, 15 O culto na Sinagoga era semellante ó que chamamos hoxe a "celebración da palabra". Consistía en: 1) dúas oracións fixas: a tomada de Dt **6,** 4-9 (o famoso "Escoita, Israel"), na que se evocaban os principais mandamentos da Lei coa obriga de os transmitir, e a oración das dezaoito bendicións; 2) dúas lecturas, unha da Torá (Pentateuco) e outra dos Profetas; 3) a homilía, que podía facela calquera membro adulto —costume que seguiría na primitiva comunidade cristiá— (cf **20,** 2; 1 Cor **14,** 3. 31; 1 Tim **4,** 13-14) e a bendición sacerdotal.

13, 16 A Paulo convídano a face-la homilía, que se converte nun típico sermón misioneiro, dirixido ós xudeus. A primeira parte recorda o discurso de Estevo (vv 17-22); a segunda, a predicación de Pedro (vv 23-37 comparados con **2,** 22-32.38-39); a última (vv 38-41) é tipicamente paulina (cf Sal **3,** 10ss; Rm **3,** 20; **4,** 25).
13, 22 Combinación de frases tomadas de 1 Sam **13,** 14; Sal **89,** 21; Is **44,** 28.
13, 25 Paulo nas súas cartas nunca fará referencia ó Bautista. A súa aparición aquí declara moi posiblemente a man de Lucas.
13, 33 Sal **2,** 7.
13, 34 Is **55,** 3.

así: *Heivos concede-los beneficios asegurados a David.* ³⁵Por iso di noutra pasaxe: *Non permitirás que o teu Santo experimente a corrupción.* ³⁶Ora ben, David, logo de cumprir no seu tempo o plan de Deus, morreu, xuntouse cos seus pais e experimentou a corrupción, ³⁷mentres que aquel que Deus resucitou non coñeceu corrupción ningunha.

³⁸Sabede, logo, irmáns, que por medio del se vos anuncia o perdón dos pecados, e que de todo aquilo do que vós non vos puidestes xustificar mediante a Lei de Moisés, ³⁹pode, mediante El, xustificarse todo o que cre. ⁴⁰Moito coidadiño de que non vos pase o que din os Profetas:

⁴¹*¡Mirade, os escépticos,*
para que vos pasmedes e caledes,
vou facer nos vosos días tal obra,
que, se vola contan, non a credes!

⁴²Ó saíren, pedíanlles que para o outro sábado lles seguisen falando do mesmo asunto. ⁴³Cando se desfixo a asemblea, moitos xudeus e prosélitos practicantes seguiron a Paulo e Bernabé, que, falando con eles, os animaban a perseverar na gracia de Deus.

Paulo e Bernabé deixan os xudeus, e diríxense ós pagáns de Antioquía. Problemas

⁴⁴Para o outro sábado xuntouse case toda a cidade para escoita-la palabra de Deus, ⁴⁵pero os xudeus enchéronse de envexa, ó veren tanta xente, e opoñíanse cos insultos ó que Paulo dicía. ⁴⁶Entón Paulo e Bernabé dixeron ousadamente:

—Tiñamos que anunciárvo-la palabra de Deus primeiro a vós; pero, visto que a refugades e non vos considerades dignos da vida eterna, volvémonos cara ós pagáns; ⁴⁷pois así nolo mandou o Señor: *Púxente como luz das nacións, para leváre-la salvación ata os confíns da terra.*

⁴⁸Os pagáns, sentindo isto, enchíanse de alegría, louvando a mensaxe do Señor; e creron tódolos que estaban destinados á vida eterna. ⁴⁹Deste xeito a palabra de Deus espallábase por toda a bisbarra.

⁵⁰Pero os xudeus encirraron ás señoras de alta categoría que eran devotas e ós principais da cidade e promoveron unha persecución contra Paulo e Bernabé, expulsándoos do seu territorio.

⁵¹Estes, sacudindo contra eles o po dos seus pés, marcharon para Iconio, ⁵²mentres os discípulos ficaban cheos de alegría e do Espírito Santo.

Evanxelizan en Iconio. Perseguidos polos xudeus, teñen que marchar

14 ¹En Iconio sucedeu o mesmo: entraron xuntos na sinagoga dos xudeus e falaron de tal xeito que creron moitos xudeus e gregos; ²pero os xudeus que non creron, enlizaron e puxeron a mal ós pagáns contra os irmáns. ³Con todo botaron alí bastante tempo, e falaban con ousadía, pois confiaban no Señor que testemuñaba a mensaxe da súa gracia realizando por medio deles sinais e prodixios.

⁴Entón dividiuse a xente da cidade en bandos: uns estaban polos xudeus e outros polos apóstolos. ⁵Pero visto que se organizou unha manifestación de pagáns e xudeus, cos seus xefes á fronte, para os maltrataren e apedraren, ⁶eles, que se decataron, fóronse refuxiando nas cidades de Licaonia: na de Listra, na de Derbe e nos arredores; ⁷e alí anunciaban a Boa Nova.

Con palabras e obras evanxelizan en Listra e Derbe. Seguen os problemas cos xudeus

⁸Xacía en Listra, tolleito dos pés, un home que era coxo de nacemento e que nunca puidera andar. ⁹Estaba escoitando a Paulo, que falaba. Paulo, mirando para el e vendo que tiña fe para se curar, ¹⁰díxolle en voz alta:

—¡Érguete, e tente dereito sobre os teus pés!

El deu un brinco e botou a andar. ¹¹A xente, ó ve-lo que fixera Paulo, berraba en idioma licaonio: "Os deuses baixaron a nós en forma humana". ¹²E chamaban Zeus a Bernabé e a Paulo Hermes, porque era o que lles falaba.

13, 35 Sal **16,** 10.
13, 41 Hab **1,** 5.
13, 43 Prosélito: nome técnico para designa-los pagáns convertidos ó xudaísmo, circuncidados e plenamente integrados.
13, 47 Is **49,** 6.
13, 52 O resultado da predicación en Antioquía será típico do que lle ocorrerá a Paulo noutras cidades. Os relatos seguirán un esquema algo estereotipado: 1) predicación na sinagoga (con/sen acompañamento de sinais); 2) aceptación gozosa por parte dalgúns xudeus ou simpatizantes, e refugamento por parte doutros; 3) persecución, promovida case sempre polos xudeus; 4) marcha —moitas veces fuxida— a outra cidade, onde se volverá repeti-lo esquema (cf **14,** 1-6. 8-20; **16,** 16-40; **17,** 1-8.10-15; **18,** 4-18; **19,** 8-12. 23-41).
14, 4 É raro que Lucas chame apóstolos a Bernabé e Paulo, pois é un título que normalmente reserva para os Doce (a outra excepción en **14,** 14), o que fai pensar que se cadra usa material narrativo anterior a el.

¹³Entón o sacerdote do templo de Zeus, que estaba á entrada da cidade, levando ás portas touros e grilandas, de acordo coa xente, pretendía ofrecerlles un sacrificio. ¹⁴Os apóstolos Paulo e Bernabé, en canto se decataron, racharon os seus vestidos e correron cara á xente, ¹⁵berrando:

—¿Que facedes? Nós non somos máis ca homes coma vós, e o que vos predicamos é que deixedes eses falsos ídolos e vos convertades ó Deus vivo que fixo o ceo, a terra, o mar e todo o que hai neles. ¹⁶Nas xeracións pasadas permitiu a tódalas nacións seguiren os seus propios camiños; ¹⁷pero nin por iso deixou de dar testemuño de si coa súa regalía, dándovos desde o ceo chuvias e estacións fructíferas, enchendo de mantenza e de alegría os vosos corazóns.

¹⁸E con todas estas palabras, traballiño lles custou impedir que lles ofrecesen un sacrificio.

¹⁹Pero chegaron de Antioquía e de Iconio uns xudeus que convenceron á xente. Apedraron a Paulo e arrastrárono fóra da cidade, coidando que estaba morto. ²⁰Mais, cando o rodearon os discípulos, ergueuse e entrou na cidade. Para o outro día marchou con Bernabé cara a Derbe.

²¹Logo de anunciaren a Boa Nova naquela cidade e de faceren bastantes discípulos, volveron para Listra, Iconio e Antioquía, ²²enfortecendo o espírito dos discípulos e animándoos a perseveraren na fe, porque —dicíanlles— temos de pasar por moitos traballos, para entrarmos no Reino de Deus. ²³E despois de designarlles presbíteros en cada Igrexa, oraban, xexuaban e encomendábanos ó Señor, en quen creran.

Regresan a Antioquía de Siria

²⁴Atravesando a Pisidia, chegaron a Panfilia ²⁵e, logo de anunciaren a palabra en Perxe, baixaron cara a Atalía. ²⁶De alí embarcaron para Antioquía, desde onde foran confiados á gracia de Deus para a misión que viñan de cumprir. ²⁷Chegando, reuniron a Igrexa e contaron todo canto Deus fixera con eles e como lles abrira ós pagáns a porta da fe. ²⁸Botaron alí moito tempo cos discípulos.

O CONCILIO DE XERUSALÉN

A fe en Xesús e a Lei de Moisés: o problema preséntase en Antioquía

15 ¹Algúns que baixaron desde Xudea ensinaban ós irmáns: "se non vos circuncidades conforme á tradición de Moisés, non vos podedes salvar". ²Como se orixinou un desacordo e unha disputa non pequena de Paulo e Bernabé contra eles, acordaron que Paulo, Bernabé e algúns outros subisen a Xerusalén a trata-la cuestión cos apóstolos e os responsables. ³Así que a Igrexa déulle-lo preciso para a viaxe e eles atravesaron Fenicia e Samaría relatando como se convertían os pagáns e alegrando así a tódolos irmáns.

14, 15 *Deus vivo:* fórmula tomada do A.T. (2 Re **19,** 4. 16; Sal **42,** 3 e Os **1,** 10; moi usada tamén no N.T. (Mt **16,** 16; **26,** 63; 2 Cor **3,** 3; 1 Tim **3,** 15; Heb **3,** 12; **9,** 14; **10,** 31).

14, 17 O estilo da predicación ós pagáns é ben diferente do que se nos reseñaba máis arriba (Antioquía de Pisidia) como dirixida ós xudeus: o testemuño do único Deus vivo é presentado a aqueles na "natureza", tema por outra parte do A.T.: cf Sal **145,** 15-16; **147,** 8; Xer **5,** 24. Ós xudeus anúnciaselles a Deus presente na "historia" do pobo.

14, 23 *Presbíteros* (lit. "máis vellos") era un termo técnico xa entre os pagáns para designa-los que ostentaban un cargo, independentemente da súa idade. A institución dos presbíteros nas novas comunidades parece seguilo exemplo da Igrexa de Xerusalén (**11,** 30; **21,** 18). En **20,** 28 explicítase máis o seu papel de xefes relixiosos da comunidade. Polo contexto (cf tamén **6,** 6 e **13,** 3) parece evidente que a designación de presbíteros tiña lugar nunha cerimonia litúrxica con oración, xexún e imposición de mans, que neste caso tería o carácter de consagración (cf 1 Tim **4,** 14; **5,** 22; 2 Tim **1,** 6s).

14, 27 Metáfora usada tamén por Paulo (1 Cor **16,** 9; 2 Cor **2,** 12; Col **4,** 3).

15, 1-29 A cuestión presentada en Antioquía sobre a circuncisión dos cristiáns procedentes do paganismo supoñía moito máis cá disputa sobre un rito, pois coa circuncisión ía unida a observancia do xudaísmo (**15,** 5). Do que se trataba logo era de sumisión ou da emancipación da fe cristiá respecto da relixión xudía, e isto tiña un claro fondo doutrinal: ¿era a fe en Cristo a que salvaba (**15,** 11), ou era a práctica da Lei de Moisés (**15,** 5)? Dito doutra maneira: ¿a salvación é o resultado do mérito das obras humanas, resultado humano (salvación pola Lei), ou é o gran don gratuíto (gracia) de Deus, que coma Pai en Cristo e polo Espírito nos fai participar da súa mesma vida como auténticos fillos herdeiros (salvación "pola gracia do Señor Xesús": **15,** 11)? Ou, aínda: ¿a fe en Cristo queda reducida ó xugo dunha lei moral imposible de cumprir (**15,** 10), ou é unha boa nova (**15,** 8) capaz de purifica-lo corazón do home (**15,** 9), liberándoo para o amor creador? (Gál **5,** 6.13) Estes grandes temas doutrinais implicados na praxe da circuncisión e da fe en Cristo, serán tratados maxistralmente por Paulo nas súas cartas (de xeito sistemático en Rm e Gál). O Concilio de Xerusalén sancionou coa súa autoridade a práctica, xa iniciada, do bautismo sen circuncisión, e con iso salvou a fonda orixinalidade cristiá que nesa cuestión ía implicada.

15, 2 *Responsables:* lit. "presbíteros" (cf **14,** 23).

O concilio de Xerusalén resolve a cuestión da Lei

⁴Ó chegaren a Xerusalén, recibiunos a Igrexa, os apóstolos e os responsables e eles contaron todo o que Deus levaba feito con eles. ⁵Pero erguéronse algúns da secta dos fariseos, que creran, e dicían:
—Cómpre circuncidalos e mandarlles cumpri-la Lei de Moisés.
⁶Entón os apóstolos e os responsables xuntáronse para examinaren a cuestión. ⁷E, despois de moito discutiren, ergueuse Pedro e díxolles:
—Irmáns, ben sabedes que desde os primeiros días me escolleu Deus de entre vós, para que os pagáns oísen pola miña boca a palabra da Boa Nova e cresen. ⁸E Deus, que coñece os corazóns, testemuñou en favor deles, dándolle-lo Espírito Santo coma a nós. ⁹Non fixo ningunha discriminación entre eles e nós, pois purificou o seu corazón pola fe. ¹⁰¿Por que, logo, tentades a Deus, querendo cangar no pescozo dos discípulos un xugo que nin nosos pais nin nós fomos quen de aturar? ¹¹Non; nós cremos que nos salvamos pola gracia do Señor Xesús e que eles se salvan igualiño ca nós.
¹²Toda a asemblea ficou en silencio e escoitaban como Bernabé e Paulo contaban tódolos sinais e prodixios realizados por Deus entre os pagáns por medio deles.
¹³Cando calaron, falou Santiago dicindo:
—Irmáns, escoitádeme:
¹⁴Simeón contou como desde o principio Deus procurou entre os pagáns un pobo para si, ¹⁵e con isto cadran as palabras dos Profetas, conforme está escrito:
¹⁶*Logo disto hei volver*
e reconstruirei a tenda caída de David,
reedificarei as súas ruínas
e poñereina en pé,
¹⁷*para que o resto dos homes busquen o Señor,*
así como tódalas nacións que xa invocan o meu nome:
dío o Señor, ¹⁸*que deu a coñecer estas cousas desde tempos antigos.*
¹⁹Por iso coido que non se debe importunar ós que de entre os pagáns se converten a Deus; ²⁰chega con escribirlles que se absteñan das contaminacións dos ídolos, das unións deshonestas, das carnes afogadas e do sangue; ²¹pois Moisés ten desde tempos antigos predicadores en cada cidade e tódolos sábados o lemos nas sinagogas.

Resolución do concilio

²²Entón os apóstolos e os responsables de acordo con toda a Igrexa, decidiron elixir algúns de entre eles e mandalos a Antioquía, xunto con Paulo e Bernabé; Xudas, chamado Barsabás, e Silas, homes que destacaban entre os irmáns. ²³E por medio deles mandaron esta carta:
"Os irmáns apóstolos e responsables saúdan ós irmáns de orixe pagá, que están en Antioquía, Siria e Cilicia. ²⁴Somos sabedores de que algúns, saídos de aquí e a quen non demos mandato ningún, andan por aí desacougándovos coas súas palabras; ²⁵decidimos escoller uns delegados e mandárvolos, xunto cos nosos benqueridos Bernabé e Saulo, ²⁶que teñen dedicado a súa vida á causa de noso Señor Xesús Cristo; ²⁷mandámosvos, logo, a Xudas e Silas, que vos dirán de palabra as mesmas cousas. ²⁸Porque decidimos, o Espírito Santo e mais nós, non impoñervos máis cargas cás precisas: ²⁹absterse de carnes ofrecidas ós ídolos, do sangue, de animais afogados e da unión deshonesta; faredes ben en gardarvos destas cousas. Saúde".

15, 11 Cf este tema en Rm **3**, 24; **5,** 15; Gál **5,** 6; **6,** 15; Ef **1,** 6, etc.
15, 14 *Simeón* nome hebreo de Simón-Pedro.
15, 16ss Cita a Am **9,** 11-12, segundo os LXX.
15, 20 Para facilita-la convivencia entre os cristiáns procedentes do xudaísmo e do paganismo, Santiago manifesta o desexo, aceptado pola asemblea (v 22), de que os novos cristiáns garden aqueles antigos preceptos da Lei, que, se non se cumprían (sendo compatibles coa fe cristiá) producirían escándalo nos xudeus-cristiáns.
Contaminacións dos ídolos: comer carne ofrecida ós ídolos (v 29), prohibida en Lev **17,** 8-9, incluso ós estranxeiros que moraban en Israel. *Unións deshonestas:* algúns traducen "fornicación"; polo contexto de referencia a Lev **17-18,** hai que entendelo non coma prohibición —obvia— do desenfreo sexual, senón de unións carnais con parentes próximos (cf Lev **18,** 6-18).
Sangue: prohibido ós xudeus coma alimento (cf Lev **17,** 10-12; Dt **12,** 16;**15,** 23) porque o sangue, considerado a sede da vida (Lev **17,** 14), era pertenza de Deus, señor da vida.
Carnes afogadas: é dicir, sen desangrar (cf **17,** 15). Sobre a liberdade cristiá, restrinxida por estes preceptos, cf 1 Cor **8,** 10; 2 Cor **6,** 14.
15, 23 Moitos dos comentaristas modernos opinan que inicialmente o concilio de Xerusalén e o decreto apostólico foron dous feitos diferentes, —este posterior a aquel— unificados aquí por Lucas. Entre outras razóns apórtanse: 1) Parece que é en Feit **21,** 25 onde Paulo chega a saber do decreto. 2) De feito Paulo mantén silencio respecto ó decreto cando se enfronta ó problema dos alimentos (1 Rm **14;** 1 Cor **8,** 10). 3) Non menciona este decreto tampouco cando en Gál **2,** 1-10 relata a súa participación no "concilio" de Xerusalén. 4) Con estas normas xa dadas, non se entendería o incidente de Antioquía, narrado en Gál**2,** 11-14.

³⁰Déronlle-lo encargo e baixaron a Antioquía, onde reuniron a xente e entregaron a carta; ³¹ó que a leron, alegráronse con aquel consolo. ³²Xudas e Silas, que eran profetas, con moitas palabras animaban e enfortecían a fe dos irmáns. ³³Ó cabo dun tempo, os irmáns déronlle-la paz de despedida, pois volvían onda quen os mandaron. ³⁵Paulo e Bernabé quedaron en Antioquía, ensinando e predicando con moitos outros a palabra do Señor.

EXPANSIÓN DA IGREXA POLO MUNDO GREGO
SEGUNDA VIAXE DE PAULO

Separación de Paulo e Bernabé. Segunda viaxe misioneira

³⁶De alí a uns días, díxolle Paulo a Bernabé:

—Volvamos visita-los irmáns en tódalas cidades nas que anunciámo-la palabra do Señor, para vermos como lles vai. ³⁷Bernabé quería levar tamén a Xoán, o chamado Marcos; ³⁸pero Paulo coidaba que non o debían levar, porque se separara deles na Panfilia e non participara no traballo. ³⁹Alporizáronse a tal punto, que se apartaron un do outro: Bernabé colleu a Marcos con el, e embarcou para Chipre; ⁴⁰Paulo, pola súa banda, escolleu a Silas e, encomendado polos irmáns á gracia do Señor, marchou ⁴¹atravesando Siria e Cilicia e animando as comunidades.

Timoteo únese á misión de Paulo

16 ¹Chegou tamén a Derbe e Listra. Había alí un discípulo, chamado Timoteo, fillo dunha xudía crente e de pai grego, ²do que falaban ben os irmáns de Listra e de Iconio. ³Paulo quixo que fose con el e circuncidouno por mor dos xudeus daquela bisbarra, pois todos sabían que o pai era grego.

⁴Polas cidades que pasaban transmitíanlle-las decisións tomadas polos apóstolos e responsables en Xerusalén, para que as cumprisen. ⁵Deste xeito as Igrexas quedaban confirmadas na fe e medraban en número cada día. ⁶Impedidos polo Espírito Santo de predica-la mensaxe en Asia, atravesaron Frixia e a rexión de Galacia; ⁷chegados de fronte a Misia, tentaron de entrar en Bitinia; pero o Espírito de Xesús non llelo permitiu; ⁸así que, atravesando Misia, baixaron a Tróade.

⁹Durante a noite, Paulo tivo unha visión: estaba alí de pé un macedonio, suplicándolle: "¡Pasa a Macedonia e axúdanos!" ¹⁰Logo desta visión procuramos partir de contado para Macedonia, sabedores de que Deus nos chamaba a lles anuncia-la Boa Nova.

Conversión de Lidia

¹¹Embarcamos en Tróade, dereitos a Samotracia; para o outro día a Neápolis, ¹²e de alí a Filipos, que era das principais cidades da rexión de Macedonia. Alí aínda botamos uns días.

¹³O día de sábado saímos fóra da porta cara á beira dun río, onde supoñiamos que había un lugar de oración; sentámonos, e comezamos a falar coas mulleres que se xuntaban alá. ¹⁴Unha delas, que se chamaba Lidia, tratante en púrpura, da cidade de Tiatira, que seguía o xudaísmo, púxose a escoitar, e o Señor abriulle o corazón, para que fixese caso do que dicía Paulo. ¹⁵Despois de se bautizar cos seus, rogábanos así: "se me tedes por unha fiel do Señor, vide parar na miña casa". E obrigounos.

Prisión de Paulo e Silas

¹⁶Un día pasounos que, indo nós cara ó sitio da oración, atopamos unha escrava que tiña espírito de adiviña e dáballes moitos

---

15, 34 Algúns ms. engaden este verso: "Non obstante, a Silas pareceulle mellor quedar, e Xudas marchou só".

16, 3 Segundo o dereito xudeu, Timoteo, coma fillo dunha hebrea, era de nacionalidade xudía, polo que parece seguidor do xudaísmo desde neno (2 Tim **3,** 15). O feito da circuncisión de Timoteo non está en contradicción co tratado no concilio de Xerusalén, posto que el era xudeu, e Paulo era partidario de que estes non rompesen cos costumes xudeus (cf 1 Cor **7,** 18), sendo o mesmo xudeu piadoso (Feit **21,** 26).

16, 6 Cabe interpretar este impedimento do Espírito coma impedimento das circunstancias (cf 1 Tes **2,** 18).

16, 10 É a primeira pasaxe das que se chaman as "seccións nós", debido a que nelas a narración dos Feitos aparece escrita en primeira persoa. Estas seccións —**16,** 10-17; **20,** 5; **21,** 18; **27,** 1; **28,** 16— sinalan que os acontecementos nelas narrados viviunos persoalmente o autor dos Feitos, que, unido a Paulo en Tróade, o acompañou a Filipos, onde ficou; algúns anos máis tarde foi con el na súa derradeira viaxe a Xerusalén, acompañouno en Cesarea, cando estivo preso, e, máis tarde, na viaxe a Roma e na estadía nesa cidade.

16, 12 *Uns días* foron en realidade "bastantes" (v 18), e deulle tempo a Paulo a xuntar unha igrexa, especialmente querida do apóstolo (Flp **4,** 1), a única de quen admitiría axuda económica (Flp **4,** 15-16).

cartos ós seus amos coas súas adiviñacións. ¹⁷Seguíanos a Paulo e a nós, berrando: "estes homes son servos do Deus Altísimo, que vos anuncian o camiño da salvación". ¹⁸Levaba así moitos días. Entón Paulo, xa farto, volveuse e díxolle ó espírito: "ordénoche no nome de Xesús Cristo que saias desa muller". E no mesmo intre saíu.

¹⁹Vendo os amos que se lles ía a esperanza do negocio, botaron man de Paulo e Silas e arrastráronos á praza pública á presencia dos xuíces. ²⁰Presentáronos ás autoridades, dicindo: "estes homes andan perturbando a nosa cidade; son xudeus ²¹e predican uns costumes que coma romanos non podemos admitir nin practicar".

²²A xente arrepúxose en contra deles; e os pretores, despois de facer que os espisen, mandáronos azoutar con vergallos. ²³Cando xa lles deran moitos vergallazos, metéronos na prisión, ordenándolle ó carcereiro que os gardase con moito tino. ²⁴El, ó recibir tal orde, meteunos na cela de castigo e prendéulle-los pés co cepo.

Conversión do carcereiro. Liberación e partida

²⁵Pola media noite, Paulo e Silas oraban, cantando louvanzas a Deus. Os outros presos escoitaban. ²⁶De súpeto veu un terremoto tan grande que abalaron os alicerces da prisión; de golpe abríronse as portas todas e desprendéronse as cadeas de todos eles. ²⁷Cando acordou o carcereiro e viu abertas as portas da prisión quitou a espada para se matar, coidando que os presos xa fuxiran; ²⁸pero Paulo berroulle: "non te firas, que estamos todos aquí". ²⁹El pediu unha luz, entrou dentro e, tremendo, botouse ós pés de Paulo e de Silas, ³⁰levounos para fóra e díxolles:

—Señores, ¿que teño que facer para me salvar?

³¹Respondéronlle:

—Cre no Señor Xesús e salvaraste ti e mailos da túa casa.

³²E anunciáronlle a palabra do Señor, a el e mais a tódolos da súa casa. ³³E naquela mesma hora da noite levounos consigo, lavóulle-las feridas e seguidamente bautizouse el e tódolos seus. ³⁴Despois fíxoos subir á súa casa, preparóulle-la mesa, e celebraron unha festa por crer en Deus con tódolos da súa casa.

³⁵Ó ser día, os pretores mandaron os alguacís para lle dicir ó carcereiro: "ceiba a eses homes". ³⁶Entón o carcereiro transmitiu a Paulo a mensaxe:

—Os pretores mandan dicir que vos poña en liberdade; saíde, logo, e marchade en paz.

³⁷Pero Paulo replicoulles:

—Ou sexa, que primeiro nos azoutan á vista de todo o mundo, despois méternos no cárcere sen xuízo, a nós, que somos cidadáns romanos, ¿e agora querénnos botar ás agachadas? Pois non. Que nos veñan ceibar eles en persoa.

³⁸Os alguacís fóronlles da-lo recado ós pretores, que colleron medo ó sentiren dicir que eran cidadáns romanos. ³⁹Fóronlles pedir desculpas e, acompañándoos para fóra, pedíronlles que marchasen da cidade.

⁴⁰Ó saíren do cárcere, foron á casa de Lidia; viron os irmáns, animáronos e marcharon.

En Tesalónica. Problemas cos xudeus

17 ¹Atravesando por Anfípolis e Apolonia, chegaron a Tesalónica, onde había unha sinagoga dos xudeus. ²Como de costume, Paulo foi para onda eles e durante tres sábados discutiron. Apoiándose nas Escrituras, ³explicáballes que o Mesías tiña que sufrir e resucitar de entre os mortos, e que ese Mesías "é Xesús, a quen eu vos anuncio".

⁴Algúns deles convencéronse e uníronse a Paulo e Silas, así coma moitos gregos seguidores do xudaísmo e bastantes mulleres de categoría.

⁵Non obstante, os xudeus, cheos de envexa, xuntando algúns pillabáns dos peoriños, armaron un rebumbio na cidade, e presentáronse en casa de Iasón en busca deles, para levalos diante do pobo. ⁶Como non os encontraron, arrastraron a Iasón e algúns dos irmáns diante das autoridades locais, berrando:

—Eses, que andan revolucionando o mundo enteiro, tamén viñeron aquí, ⁷e Iasón recibiunos na súa casa. Todos van contra os decretos do emperador, dicindo que é rei un tal Xesús.

17, 2 Sobre este costume de Paulo, cf nota a **13,** 5. Aínda que aquí se nos fala de tres sábados, dos datos de Flp **4,** 16 e de 1 Tes **2,** 7-11 pódese colixir que Paulo botou en Tesalónica, importante porto comercial e capital da provincia de Macedonia, máis de tres semanas.

17, 4 Seguidores do xudaísmo: lit. di "terremotos de Deus", expresión técnica para designa-los simpatizantes no culto das sinagogas, pero sen plena integración na comunidade xudía e sen circuncidar, cousas estas polas que se diferenciaban dos prosélitos (cf **13,** 43).

A acusación é política: pretenden presenta-la predicación cristiá coma proselitismo político a prol doutro rei (Xesús) diferente do emperador.

⁸Con isto desconcertaron ó pobo e ás autoridades locais que tal oían. ⁹Pero, despois de recibiren unha fianza de Iasón e dos demais, soltáronos.

En Berea. Boa acollida

¹⁰E axiña, de noite, os irmáns fixeron marchar a Paulo e Silas cara a Berea. Ó chegaren, dirixíronse á sinagoga dos xudeus. ¹¹Estes eran máis nobres cós de Tesalónica e recibiron a palabra con todo interese, investigando tódolos días as Escrituras, para veren se aquilo era así. ¹²Moitos deles creron e tamén bastantes señoras gregas das máis distinguidas, así coma os homes. ¹³Cando os xudeus de Tesalónica souberon que tamén en Berea anunciara Paulo a palabra de Deus, foron alí enlizar e axita-la xente. ¹⁴Entón os irmáns, sen tardar, mandaron a Paulo cara ó mar. Silas e Timoteo ficaron alí.

Paulo en Atenas

¹⁵Os que conducían a Paulo leváron o a Atenas e volveron coa encomenda de que Silas e Timoteo fosen con todo o apuro onda el. ¹⁶Mentres Paulo agardaba por eles en Atenas, consumíase por dentro, vendo que a cidade estaba chea de ídolos. ¹⁷Comezou, logo, a discutir na sinagoga cos xudeus e os seguidores do xudaísmo e na praza tódolos días cos que aparecían por alí. ¹⁸Algúns filósofos epicúreos e estoicos conversaban con el; uns dicían: "¿que quererá dicir este lingoreteiro?". E outros: "parece ser un predicador de deuses estranxeiros". (É que anunciaba a Xesús e a resurrección). ¹⁹Entón leváron o con eles ó Areópago, dicíndolle:
—¿Podemos saber que é esa nova doutrina que ensinas? ²⁰Porque ti dis cousas que nos sorprenden e queremos saber de que se trata.

²¹(Os atenienses e estranxeiros que vivían alí pasaban o tempo contando ou escoitando a última novidade).

Discurso de Paulo no Areópago

²²Entón Paulo, de pé no medio do Areópago, dixo:
—Atenienses, vexo en todo que sodes moi relixiosos, ²³pois andando por aí e mirando para os vosos monumentos de culto, incluso atopei un altar con esta inscrición: "Ó deus descoñecido". Ben, pois o que venerades sen o coñecer, é o que eu vos anuncio: ²⁴o Deus que fixo o mundo e todo o que nel hai, o Señor do ceo e mais da terra, non habita en santuarios feitos pola man dos homes, ²⁵nin o serven mans humanas, coma se precisase de cousa ningunha El, que a todos dá vida e alento. ²⁶Dun só home quitou a raza humana, para que habitasen toda a terra, e estableceu os lindeiros dos seus tempos e mais dos seus territorios, ²⁷para que o buscasen a El e o encontrasen, aínda que fose atoutiñando. En realidade non está lonxe de cada un de nós, ²⁸posto que nel vivimos, nos movemos e existimos, como algúns dos vosos poetas dixeron: "porque somos incluso da súa caste". ²⁹Así que, sendo da liñaxe de Deus, non debemos pensar que a divinidade sexa semellante ó ouro, á prata ou á pedra, traballados pola maña e a imaxinación do home. ³⁰Ora ben, pasando por alto os tempos de ignorancia, agora manda Deus ós homes que todos en todas partes se arrepintan. ³¹Porque estableceu un día no que ha xulga-lo mundo con xustiza por medio do home que El determinou, dándonos a todos a garantía disto, resucitándoo de entre os mortos.

³²Ó sentiren falar de "resurrección de mortos", uns burlábanse e outros dicíanlle:
—Ben, home, ben. Diso xa te escoitaremos noutra ocasión.

17, 22 *Moi relixiosos*, lit. di "terremotos dos demos" (daimon), verba que na linguaxe grega se aplicaba a calquera poder sobrehumano. Nótese a diferencia coa expresión de **17, 4**.
17, 23 Tense dito que este discurso pode ser ben diferente dos outros de Paulo recollidos nos Feitos. Pero hai que considerar normal que o misioneiro se adapte ó ambiente e á cultura na que se encontra, recollendo desta as faíscas da verdade que el anuncia, cousa que fará Paulo: acolle ideas e vocabulario propio da filosofía grega —e sobre todo da estoica—. Os estudiosos sinalan neste senso particularmente vv (24 b. 25. 27 b. 28), purificándoo das súas ambigüidades (por exemplo, do panteísmo estoico: vv 24a 29. 31), sen renunciar ó núcleo histórico da fe: Xesús e a resurrección v 31.

17, 28 Paulo cita ó poeta grego Arato de Cilicia (s. III a. C.), da mesma rexión do apóstolo. Hai outros textos semellantes na literatura e na filosofía grega, que nos tempos de Paulo estaba moi familiarizada coa idea do parentesco entre o home e Deus. Algúns interpretábana nun senso panteísta: identificación Deus-Mundo-Home, pero para Paulo é só ocasión para insistir na cualidade espiritual de Deus (v 29), na súa proximidade (v 27, cf Sal **139**) e na posibilidade de atopalo v 27, cf Sal **145**, 18).
17, 31 A doutrina da resurrección é ben distinta da relativa á inmortalidade, moi estendida entre os filósofos gregos. A inmortalidade da esperanza cristiá é a inmortalidade de Xesús resucitado, don de Deus. Paulo, en 1 Cor **15**, intentará responder ás cuestións que presenta o "como" da resurrección.

³³Con estas, Paulo marchou do medio deles. ³⁴Mesmo así, xuntáronselle algúns homes e creron, entre eles Dionisio Areopaxita, unha muller chamada Dámaris e outros.

Paulo en Corinto. Problemas cos xudeus

18 ¹Despois disto Paulo deixou Atenas e foise para Corinto. ²Alí atopou un xudeu chamado Áquila, natural do Ponto, que acababa de chegar de Italia con Priscila, a súa muller, por cousa dun edicto de Claudio, que mandaba que tódolos xudeus marchasen de Roma. Xuntouse con eles, ³e como eran do mesmo oficio, quedou a traballar na casa deles (eran tecedores de lonas). ⁴Cada sábado discutía na sinagoga, tratando de convencer a xudeus e a gregos. ⁵Cando Silas e Timoteo chegaron de Macedonia, Paulo dedicouse de cheo á palabra, atestando perante os xudeus que Xesús é o Mesías. ⁶Pero como eles se lle repoñían xurando, díxolles, sacudindo a roupa:

—Que o voso sangue veña sobre a vosa cabeza; eu non teño culpa. De agora en diante voume ós pagáns.

⁷E marchando de alí, foi á casa dun tal Ticio Xusto, seguidor do xudaísmo, que vivía a carón da sinagoga. ⁸Crispo, o xefe da sinagoga, creu no Señor con toda a súa familia, e moitos corintios que escoitaban a Paulo abrazaron a fe e bautizáronse.

⁹Unha noite, en visión, díxolle o Señor a Paulo: "non recees, sigue falando e non cales; ¹⁰que eu estou contigo e ninguén arremeterá contra ti, que teño un pobo numeroso nesta cidade". ¹¹Entón botou alí ano e medio, ensinándolle-la palabra de Deus.

¹²Sendo Galión procónsul de Acaia, os xudeus todos á xunta foron contra Paulo e leváhono diante do tribunal, ¹³dicindo:

—Este home anda a convencer na xente para que dean culto a Deus dun xeito contrario á Lei.

¹⁴Aínda Paulo non abrira a boca e Galión díxolles ós xudeus:

—Se se tratase dalgunha inxustiza ou delito grave, sería de razón atendervos con paciencia; ¹⁵pero como é cuestión de palabras, de nomes e da vosa Lei, amañádevos vós. Eu non quero ser xuíz desas cousas.

¹⁶E mandounos saír do tribunal. ¹⁷Entón, botaron man de Sóstenes, o xefe da sinagoga, e déronlle unha malleira diante do tribunal, pero Galión non quixo saber nada.

Regreso a Antioquía por Éfeso

¹⁸Paulo aínda botou alí ben días. Despois despediuse dos irmáns e embarcou para Siria en compaña de Priscila e Áquila. En Céncreas rapou a cabeza, porque se ofrecera. ¹⁹Chegaron a Efeso e alí separáronse. Entrou na sinagoga e discutía cos xudeus; ²⁰pedíronlle que ficase máis tempo, pero el non quixo, ²¹e despediuse dicindo:

—Hei volver onda vós, se Deus quere.

E marchou de Éfeso. ²²Logo de desembarcar en Cesarea, subiu a sauda-la Igrexa e baixou a Antioquía.

TERCEIRA VIAXE DE PAULO

²³Pasado algún tempo, marchou e percorreu sucesivamente o país gálata e a Frixia, enfortecendo a tódolos discípulos.

Predicación de Apolo en Éfeso e Corinto

²⁴Chegou a Éfeso un xudeu chamado Apolo, natural de Alexandría, que falaba

---

18, 1 *Corinto:* capital da provincia de Acaia, era unha cidade importante, residencia do procónsul romano, cun gran porto comercial. A comunidade de Corinto, difícil de estender (vv 9-10), había de se-la que máis traballos cause a Paulo (1 Cor **2**, 3): así se bota de ver na carta que desde Corinto escribirá á Igrexa de Tesalónica (1 Tes **3**, 7).
18, 2 *Priscila,* a mesma persoa que nas cartas de Paulo aparece coma Prisca. Aínda que se di de Áquila que era xudeu, hai que entender polo contexto que se trataba —igual cá súa esposa— dun xudeu-cristián, convertido xa en Roma. Probablemente habería máis cristiáns en Corinto, procedentes coma el de Roma, logo do decreto de Claudio, promulgado no ano 49.
18, 3 Paulo recordará varias veces que durante o seu ministerio gañara o sustento traballando coas súas propias mans (cf **20**, 33-34; 1 Cor **4**, 12; **9**, 1-12; 1 Tes **2**, 9; 2 Tes **3**, 8), sen admitir doazóns das comunidades, coa excepción da de Filipos (Flp **4**, 15-16).

18, 6 O da roupa era un xesto simbólico que indicaba repulsa (outra semellante en **13**, 51) e rompemento con eles, feito acentuado coa fórmula "o voso sangue sobre a vosa cabeza" (cf Lev **20**, 9; 2 Sam **1**, 16; **3**, 19; 1 Re **2**, 33; Mt **27**, 24-25), propia do A.T., para cargar a alguén a responsabilidade, aquí da súa incredulidade, motivo polo que Paulo se dedicará ós pagáns.
18, 12 *Galión:* irmán do filósofo estoico Séneca, e coma el, procedente de Córdoba, na Hispania romana. Por unha inscrición descuberta en Delfos no 1905, procedente do templo de Apolo, na que se menciona a Galión, pódese data-lo seu proconsulado en Acaia entre os anos 51-53.
18, 22 Non especifica cal Igrexa, pero podemos deducir que é a de Xerusalén, se temos en conta que a altura da cidade (760 m. sobre o mar) converte en moi gráfico o verbo "subir", xa usado outras veces para indica-la mesma viaxe (cf **11**, 2; **15**, 2).

moi ben e dominaba as Escrituras. ²⁵Instruírase no camiño do Señor e con espírito afouto predicaba e ensinaba con exactitude no tocante a Xesús, aínda que só coñecía o bautismo de Xoán. ²⁶Púxose a falar barilmente na sinagoga. Priscila e Áquila, que o sentiran, levárono consigo e expuxéronlle con máis precisión o camiño de Deus. ²⁷Como el quería ir para Acaia, os irmáns animárono e escribíronlles ós discípulos, para que o acollesen. De chegado, foilles de gran axuda ós que pola gracia abrazaran a fe, ²⁸pois con forza refutaba en público ós xudeus, demostrando polas Escrituras que Xesús era o Mesías.

Paulo volve a Éfeso, onde bota dous anos evanxelizando

19 ¹En tanto Apolo estaba en Corinto, Paulo, logo de atravesa-lo ²interior do país, chegou a Éfeso. Encontrou alí a algúns discípulos, e preguntoulles:

—¿Recibíste-lo Espírito Santo, cando abrazáste-la fe?

Eles respondéronlle:

—Nin sequera sentimos dicir que haxa un Espírito Santo.

³Díxolles:

—E logo, ¿que bautismo recibistes?

Eles responderon:

—O bautismo de Xoán.

⁴Entón díxolles Paulo:

—Xoán bautizaba cun bautismo de conversión, dicíndolle ó pobo que cresen no que viña despois del, é dicir, en Xesús.

⁵Despois de sentiren isto, bautizáronse no nome do Señor Xesús; ⁶e logo que Paulo lles impuxo as mans, veu sobre eles o Espírito Santo e comezaron a falar en linguas estrañas e a profetizar. ⁷En total eran uns doce homes.

⁸Foi Paulo para a sinagoga e durante tres meses falou abertamente, discutindo e convencendo no tocante ó Reino de Deus. ⁹Pero, como algúns estaban endurecidos e non crían e falaban mal do Camiño diante da xente, arredouse deles. Tomando á parte os discípulos, falaba cada día na escola dun tal Tirano. ¹⁰Isto durou dous anos, de xeito que sentiron a palabra do Señor tódolos habitantes da Asia, xudeus e gregos.

¹¹Deus facía milagres extraordinarios polas mans de Paulo; ¹²a tal punto que poñéndolles ós enfermos os panos da man ou pezas del que tocaran o corpo, desaparecían deles as enfermidades, e marchaban os malos espíritos.

¹³Tamén algúns xudeus, exorcistas ambulantes, probaron a invoca-lo nome do Señor Xesús sobre os que tiñan os espíritos malos, dicindo: "esconxúrovos polo Xesús que Paulo predica".

¹⁴(Os que isto facían eran sete fillos dun certo Escevas, sumo sacerdote xudeu). ¹⁵Pero o mal espírito respondeulles: "coñezo a Xesús e sei quen é Paulo; ¿pero vós quen sodes?" ¹⁶E o que estaba posuído polo espírito malo botouse a eles dun brinco e fixo deles un pandeiro, de tal xeito, que tiveron que fuxir da casa aquela en coiro e cheos de feridas.

¹⁷Isto soubérono tódolos que vivían en Éfeso, xudeus e gregos. Todos tomaron moito respecto e recoñecían a grandeza do nome do Señor Xesús. ¹⁸Moitos dos que creran foron confesar e declara-las súas meigueirías ¹⁹e moitos dos que foran meigos levaban os libros e queimábanos diante de todos. Calcularon que valerían unhas cincuenta mil moedas de prata. ²⁰Deste xeito medraba e enfortecíase a palabra de Deus.

²¹Despois destas cousas, Paulo decidiu ir a Xerusalén, pasando por Macedonia e Acaia, declarando: "despois de estar alí, teño que visitar tamén Roma". ²²Entón mandou a Macedonia dous dos seus axudantes, Timoteo e Erasto, mentres el pasaba algún tempo aínda en Asia.

O Evanxeo choca cos intereses da industria pagá

²³Daquela armouse un gran balbordo por causa do Camiño. ²⁴O caso foi así: un prateiro chamado Demetrio, que fabricaba reproduccións en prata do santuario da deusa Artemisa e que proporcionaban ós artesáns non pouca ganancia, ²⁵reuniunos con outros da mesma arte e díxolles:

19, 2 Pasaxe difícil: polo contexto parecen ser cristiáns (v 2: "discípulos") xa convertidos (v 2: "abraza-la fe"), e, non obstante, non estaban bautizados no nome de Xesús nin coñecían a existencia do Espírito Santo. Puidera tratarse dun grupo de discípulos do Bautista (que aínda existían entrado o s. III). Con todo, a intención de Lucas é clara: trátase dunha escueta catequese sobre o Espírito, na que subliña que o coñecemento do Espírito Santo é un dato esencial da experiencia cristiá adulta.
19, 8 É dicir, sobre Xesús: **8**, 12; **28**, 23.31.
19, 24 *Artemisa*: a gran nai da Asia romana, deusa da fecundidade. O seu templo en Éfeso era considerado unha das sete marabillas do mundo antigo. Non se acharon reproduccións en prata, pero si en cerámica, do santuario de Artemisa.

—Compañeiros, ben sabedes que a nosa prosperidade depende desta industria; [26]pero estades vendo e sentindo que non só en Éfeso senón tamén en case toda a Asia, ese Paulo convenceu a bastante xente, dicíndolles que non son deuses os que se fan coas mans. [27]Isto pon en perigo non só o creto da nosa industria, senón incluso do mesmo templo da gran deusa Artemisa, acabando por desprestixiar a aquela a quen veneran Asia e o mundo enteiro.

[28]Ó sentiren isto, alporizáronse e deron en berrar:

—¡Viva a Artemisa dos efesios!

[29]Armouse unha algueirada por toda a cidade; a xente botouse en masa cara ó teatro, arrastrando consigo ós macedonios Gaio e mais Aristarco, compañeiros de viaxe de Paulo.

[30]Paulo quería presentarse naquela manifestación pero os discípulos non o deixaron, [31]e incluso algúns das autoridades que eran amigos del, mandáronlle aviso de que non aparecese polo teatro.

[32]Cadaquén berraba polo seu lado, pois a asemblea estaba revolta e a maioría nin sabía por que se xuntaran. [33]Entón, saíu de entre a xente Alexandro, animado polos xudeus, que, acenando coa man, pediu a palabra para darlle explicacións á xente. [34]Pero cando se decataron de que era xudeu, estiveron berrando todos á xunta case dúas horas:

—¡Viva a Artemisa dos efesios!

[35]Entón o maxistrado calmou á xente e dixo:

—Efesios, ¿quen non sabe que a cidade de Éfeso é a garda do templo da grande Artemisa e da súa imaxe baixada do ceo? [36]Sendo isto indiscutible, convén que teñades calma e non fagáde-las cousas ás toas, [37]porque trouxestes a uns homes que non son sacrílegos nin blasfemadores da nosa deusa. [38]Polo tanto, se Demetrio e os artesáns que van con el teñen queixa de alguén, xa hai audiencias e procónsules; que preiteen. [39]E, se queredes algunha outra cousa, xa se resolverá na asemblea regulamentaria. [40]Mesmo nos arriscamos a que nos acusen de insurrección polo que pasou hoxe, pois non hai motivo ningún que xustifique semellante rebumbio.

En dicindo isto, disolveu a asemblea.

Comeza o regreso de Paulo a Siria. Pasando antes por Macedonia

20 [1]Cando pasou o boureo, Paulo mandou chamar polos discípulos, animounos, despediuse deles e marchou cara a Macedonia. [2]Despois de percorrer aquela bisbarra, animándoos moito, chegou a Grecia, [3]onde botou tres meses. Cando estaba para embarcar cara a Siria, como os xudeus lle argallaran unha emboscada, resolveu volver por Macedonia. [4]Levaba de compañeiros a Sópatro, fillo de Pirro, natural de Berea, ós tesalonicenses Aristarco e Segundo, Gaio de Derbe, Timoteo e os asiáticos Tíquico e Trófimo. [5]Estes adiantáronse e esperaron polos outros en Tróade. [6]Pola nosa banda, embarcamos en Filipos despois das festas da Pascua, e logo de cinco días fomos dar con eles en Tróade, quedando alí sete días.

En Tróade. Episodio do rapaz accidentado

[7]O domingo estabamos reunidos para parti-lo pan. Paulo, que ía marchar para o outro día, comezou a falar con eles e prolongou a prédica ata a media noite. [8]Había moitas lámpadas no cuarto alto, onde estabamos reunidos.

[9]A un rapaz, chamado Eutiquio, que estaba sentado na ventá, foille pegando o sono, mentres Paulo alongaba a súa plática; e así que adormeceu de vez, caeu en baixo desde o terceiro piso e recolléron o morto.

[10]Paulo baixou, botouse sobre el e, apertándoo, dixo: "non vos asustedes, que aínda alenta". [11]Subiu, partiu o pan e comeuno e, despois de conversar aínda ben tempo ata o amencer, marchou. [12]Entón levaron o rapaz vivo e tiveron un gran consolo.

[13]Pola nosa banda, adiantámonos a embarcar rumbo a Asos, onde tiñamos que recoller a Paulo, pois el dispuxera face-la viaxe por terra. [14]Cando nos alcanzou en Asos, recollémolo a bordo, e chegamos a Mitilene; [15]de alí fixémonos á vela, e ó outro día chegamos fronte a Quíos. Para o outro día na-

---

19, 28 Lit. "¡É grande...!".
19, 33 Posiblemente lle interesaba poñer en claro que Paulo non era dos seus, é dicir, que non pertencía á comunidade xudía.
20, 1 É a proxectada viaxe a Macedonia e Corinto que había de culminar en Xerusalén (cf Rm **15,** 16; 1 Cor **16,** 5; 2Cor**9,** 4).
20, 3 Probablemente en Corinto (**19,** 21; 1 Cor **16,** 6), onde escribiu a carta ós Romanos.
20, 5 Comeza a segunda "sección nós" (cf **16,** 10), ata **21,** 18. Probablemente Lucas uniríase de novo a Paulo en Tróade.
20, 11 Interesante información sobre as celebracións da Eucaristía na Igrexa primitiva: o que hoxe chamariamos "liturxia da palabra" alóngase antes e despois da "partición do pan".

vegamos a Samos, e para o outro chegamos a Mileto.

Despedida dos presbíteros de Éfeso en Mileto

[16]Paulo tiña decidido pasar por Éfeso de largo, para non perder tempo en Asia. Apuraba por ver de estar en Xerusalén o día de Pentecostés.
[17]Desde Mileto, mandou chamar polos responsables da Igrexa de Éfeso. [18]Cando chegaron cabo del, díxolles:
—Ben sabedes como me portei convosco desde o primeiro día que cheguei a Asia, [19]servindo ó Señor con toda humildade no medio das bágoas e probas que me viñeron das maquinacións dos xudeus; [20]non tiven reparo en instruírvos e predicarvos, publicamente e polas casas, todo o que vos fose de proveito, [21]insistindo solemnemente a xudeus e gregos que se convertesen a Deus pola fe no noso Señor Xesús.
[22]E agora vouvos a Xerusalén, obrigado polo Espírito, sen sabe-lo que me espera; [23]só sei que o Espírito Santo me avisa de cidade en cidade que me agardan cadeas e tribulacións. [24]Pero non estimo en nada a miña vida, con tal que poida remata-la miña carreira e o servicio que me encomendou o Señor Xesús: dar testemuño da Boa Nova da gracia de Deus.
[25]Sei que ninguén de vós, entre os que pasei predicando o Reino, me volverá ver. [26]Por iso, asegúrovos hoxe que non me sinto responsable da perdición de ninguén, [27]porque non me gardei de anunciarvos todo o plan de Deus. [28]Coidade de vós e de todo o rabaño do que o Espírito Santo vos constituíu inspectores, para pastoréarde-la Igrexa que Deus comprou co sangue do seu propio Fillo.
[29]Xa sei que despois da miña marcha se han meter entre vós lobos carniceiros, que non terán mágoa do rabaño. [30]E incluso de entre vós mesmos sairán homes que ensinarán cousas perversas, para arrastraren os discípulos tras eles. [31]Por iso, vixiade, lembrándovos que, por tres anos, día e noite, non parei de vos aconsellar con bágoas a cada un de vós.
[32]Eu déixovos nas mans de Deus e da súa palabra de gracia: El ten poder para construír e dárvo-la herdanza entre tódolos santificados. [33]Non cobicei de ninguén prata, ouro nin roupa: [34]ben sabedes todos que para as miñas necesidades e as dos meus compañeiros gañaron abondo estas miñas mans. [35]En todo vos mostrei que é, traballando así, como cómpre valerlles ós necesitados, recordando as palabras do Señor Xesús, que dixo: "é máis felicidade dar que recibir".
[36]En dicindo isto, axeonllouse con todos eles, e rezou. [37]Todos choraron moito e, dábanlle apertas e bicos a Paulo, [38]aflixidos, sobre todo porque lles dixera que non o ían ver máis. E foron con el ata o barco.

A viaxe a Xerusalén

21 [1]Despois de nos separarmos deles, embarcamos e fomos dereitos cara a Cos; ó día seguinte, a Rodas; e de alí, a Pátara. [2]Encontramos un barco que ía face-la travesía a Fenicia, embarcamos nel e seguímo-la viaxe. [3]Chegando a dexergar Chipre, que deixamos á esquerda, navegamos para Siria e chegamos a Tiro, pois alí tiña que descarga-lo barco.
[4]Atopámo-los discípulos e paramos alí sete días. Eles, movidos polo Espírito, dicíanlle a Paulo que non subise a Xerusalén. [5]Pasados aqueles días, partimos. Todos, xunto coas mulleres e mailos fillos, nos acompañaron ata as aforas da cidade e, postos de xeonllos na praia, rezamos. [6]Despois de nos despedirmos uns dos outros, nosoutros embarcamos e eles volveron para as súas casas.
[7]Nós, rematando a travesía, fomos de Tiro a Tolemaida, saudámo-los irmáns e quedamos un día con eles. [8]Marchamos para o outro día. Chegamos a Cesarea e, entrando na casa do evanxelista Felipe, un dos Sete, paranos onda el. [9]Felipe tiña catro fillas virxes, que falaban inspiradas.

20, 17 O título de *responsables* (presbíteros), tomado das comunidades xudías, aparece sempre en plural (**11**, 30; **14**, 23; **15**, 2.4.6.22.23; **16**, 4; **21**, 18), o que indica a súa estructura de equipo ou "colexial": eran os pastores das igrexas locais que deixaban os misioneiros itinerantes. Noutros lugares chámaselles "inspectores" (bispos) (**20**, 28; Flp **1**, 1; 1 Tim **3**, 2; Tit **1**, 7), pero todo leva a pensar que os dous títulos indican a mesma realidade e a mesma función: coidar da comunidade cristiá.
20, 26 Lit. "estou limpo do sangue de todos" (cf nota a **18**, 6).

20, 31 Quizais son números redondos: en **19**, 10 diciánse que botara ensinando dous anos na escola de Tirano. Tres meses máis consígnaos Lucas para a predicación na sinagoga (**19**, 8). En 2 Cor **1**, 8-9, Paulo fala de dificultades imprevistas, que seguramente retrasaron o plan manifestado en 1 Cor **16**, 5-8, e que lle fixeron botar máis tempo en Éfeso.
20, 35 Palabras de Xesús que non se conservan nos evanxeos.
21, 8 Un dos Sete "diáconos" (**6**, 5), evanxelizador de Samaría (**8**, 5) e doutras cidades da costa (**8**, 40).

¹⁰Botamos alí bastantes días e baixou de Xudea un profeta, chamado Ágabo, ¹¹que nos veu ver e, tomando o cinto de Paulo, atouse de pés e mans, dicindo:
—Isto di o Espírito Santo: así atarán os xudeus en Xerusalén ó dono deste cinto e entregarano nas mans dos pagáns.
¹²Ó sentirmos isto, nós e os do lugar insistiámoslle a Paulo que non subise a Xerusalén. ¹³Daquela respondeu Paulo:
—¿A que vén tanto pranto? ¿Seica me queredes desmoralizar? Eu estou disposto non só a deixarme atar, senón tamén a morrer en Xerusalén polo nome do Señor Xesús.
¹⁴E, como non se deixaba convencer, desistimos, dicindo: "que se faga a vontade do Señor".

PAULO PRESO EN XERUSALÉN

¹⁵Pasados aqueles días e feitos os preparativos, subimos a Xerusalén. ¹⁶Viñeron connosco algúns discípulos de Cesarea, e leváronnos a pousar á casa dun certo Nasón, chipriota, discípulo desde o comezo. ¹⁷Chegados a Xerusalén, os irmáns recibíronnos con alegría.

Visita a Santiago

¹⁸Para o outro día, foi Paulo connosco cabo de Santiago, e estaban presentes tódolos responsables. ¹⁹Logo de os saudar, contoulles unha por unha as cousas que Deus fixera entre os pagáns polo seu ministerio. ²⁰Ó sentilo, glorificaron a Deus pero dixéronlle:
—Xa ves, irmán, os milleiros de xudeus que abrazaron a fe; e todos son celosos defensores da Lei; ²¹pero de ti sentiron dicir que ensinas a tódolos xudeus que están entre os pagáns a se apartaren de Moisés, dicindo que non circunciden os seus fillos nin sigan as tradicións. ²²¿Que imos facer agora? Todos saberán que chegaches. ²³Fai logo o que che dicimos: hai aquí catro homes que están ofrecidos; ²⁴lévaos canda ti, purifícate con eles e paga por eles para que rapen a cabeza e que todos saiban que non hai nada do que se di, senón que ti mesmo es un practicante da Lei. ²⁵No que toca ós pagáns que abrazaron a fe, mandámoslles por escrito a nosa decisión: que se garden das carnes sacrificadas ós ídolos, do sangue, das carnes sen desangrar e das unións deshonestas.
²⁶Entón Paulo, para o outro día, levou consigo aqueles catro homes, purificouse xunto con eles e entrou no templo para avisar cando acababan os días da purificación e tocaba presenta-la ofrenda por cada un deles.

Motín contra Paulo e detención

²⁷Cando estaban para se cumpri-los sete días, os xudeus da Asia, que o viran no templo, encirraron a todo o persoal e botáronlle as mans, ²⁸berrando:
—¡Israelitas, axudádenos! Este é o home que por tódolos sitios anda ensinando a todos en contra do pobo, da Lei e deste lugar; e para máis meteu uns gregos no templo, profanando este lugar santo.
²⁹(Viran o antes pola cidade co efesio Trófimo e coidaban que Paulo o metera no templo). ³⁰O boureo correuse por toda a cidade, e apareceu xente por tódalas partes. Agarraron a Paulo, arrastrárono fóra do templo e pecharon as portas.
³¹Estaban para o mataren, cando lle chegou a noticia ó xefe da garnición militar de que toda Xerusalén estaba en revolta. ³²De contado colleu soldados e oficiais e baixou correndo cara a eles. Estes, ó velos, deixaron de mallar en Paulo.

21, 10 Sobre os profetas, cf notas a **11,** 27. Era tradicional entre os profetas xudeus acompaña-la palabra cun xesto significativo (Is **20,** 2; Xer **13,** 1; **19,** 1ss; **27,** 2; Ez **4,** 1-3).
21, 14 Non só este v recorda a oración de Xesús en Xetsemaní (Lc **22,** 42): hai todo un paralelismo entre a subida de Xesús a Xerusalén (Lc **9,** 31.51; **13,** 22; **17,** 11; **19,** 11) e esta viaxe de Paulo, "obrigado polo Espírito" (**20,** 22); ó final da mesma repetidamente se lle profetizan cadeas e persecucións (**20,** 23; **21,** 4-11), previstas xa por Paulo (Rm **15,** 31).
21, 18 Sobre Santiago, cf nota a **12,** 17. Remata aquí a segunda "sección nós", que continuará en **27,** 1.
21, 21 Cf nota a **16,** 3. Paulo non obrigaba ós xudeus a deixaren a práctica da Lei (que gardaban celosamente os xudeus-cristiáns de Palestina: v 20), senón que proclamaba a liberdade dos cristiáns que viñan do paganismo, fronte á Lei: é o tema do concilio de Xerusalén (cf nota a **15,** 1). Os seus principios, non obstante, entrañaban ese paso (cf Rm **7,** 6; Gál **2,** 19; Col **2,** 20).
21, 24 Trátase dun voto de nazireos (cf Núm **6,** 1-21); durante o non bebían bebidas fermentadas nin cortaban o pelo. Rematában coa rapa do pelo e con diversos sacrificios (Núm **6,** 14-15), que debían resultar bastante caros: a Paulo invitano a facerse cargo dos gastos como sinal do seu respecto á Lei. Non tratándose dunha cuestión de principio, Paulo faise "xudeu entre os xudeus" (1 Cor **9,** 20), e acepta para disipa-la desconfianza.
21, 25 Paulo parece chegar a saber aquí do decreto apostólico de **15,** 23-29 (cf nota a **15,** 23).

³³Cando chegou, o tribuno colleuno, mandouno prender con dúas cadeas e preguntoulles quen era e o que fixera. ³⁴Pero de entre a xente cada un berraba súa cousa. Non podendo saber nada seguro, debido ó balbordo, mandouno levar para o cuartel. ³⁵Ó chegaren ás escadas, era tal a violencia da xente, que o tiveron que levar en peso os soldados, ³⁶pois a xente seguía a berrar: "¡que morra!".

³⁷Cando o ían meter no cuartel, díxolle Paulo ó tribuno:

—¿Podo falarche unhas palabras?

El preguntoulle:

—¿Sabes grego? ³⁸Entón ¿ti non e-lo exipcio que hai pouco sublevou e levou ó deserto catro mil guerrilleiros?

³⁹Respondeulle Paulo:

—Eu son un xudeu de Tarso, cidadán dunha coñecida cidade de Cilicia. Rógoche que me permitas falarlle á xente.

⁴⁰Deulle permiso, e Paulo, de pé nas escadas, acenou coa man pedíndolle silencio á xente. Fíxose un gran silencio e díxolles isto en lingua hebrea.

Discurso de Paulo ós xudeus de Xerusalén

22 ¹—Irmáns e pais, escoitade agora a miña defensa diante de vós. ²(O sentilo falarlles en hebreo, aínda gardaron máis silencio).

Paulo continuou:

³—Eu son xudeu, nado en Tarso da Cilicia, pero criado nesta cidade, instruído ós pés de Gamaliel en todo o rigor da Lei dos nosos pais, acérrimo defensor de Deus, coma vós agora.

⁴Eu perseguín á morte este Camiño, prendendo e metendo na cadea a homes e mulleres, ⁵tal como o poden atesta-lo Sumo Sacerdote e todo o Senado. De parte deles recibín cartas para os irmáns de Damasco e púxenme en camiño para traer presos a Xerusalén ós de alí, para castigalos.

⁶Pero sucedeu que cando ía de camiño, cerca de Damasco e polo mediodía, unha gran luz do ceo lostregou arredor de min. ⁷Caín ó chan e sentín unha voz que me dicía: "Xaúl, Xaúl, ¿por que me persegues?". ⁸Eu respondín: "¿Quen es, Señor?". E díxome: "Eu son Xesús de Nazaret, a quen ti persegues". ⁹Os que ían comigo tamén viron a luz, pero non sentiron a voz do que me falaba.

¹⁰Entón dixen: "¿Que debo facer, Señor?" E o Señor díxome: "Érguete, vai a Damasco e alí diráseche todo o que se che pide que fagas". ¹¹E como non vía cousa por culpa da fogaxe daquela luz, cheguei a Damasco pola man dos meus compañeiros.

¹²Entón un tal Ananías, home devoto conforme a Lei, aprezado por tódolos xudeus de alí, ¹³veume ver e, ó chegar onda min, díxome: "Saulo, irmán, recobra a vista" e naquel mesmo intre puiden velo. ¹⁴E díxome: "O Deus dos nosos pais destinoute para que coñecése-la súa vontade, para vére-lo Xusto e sentíre-la voz da súa boca; ¹⁵porque lle has ser testemuña diante de tódolos homes do que viches e sentiches. ¹⁶E agora ¿a que agardar? Érguete, recibe o bautismo e lávate dos teus pecados, invocando o seu nome".

¹⁷Xa de volta a Xerusalén, aconteceume que un día, rezando no Templo, tiven unha éxtase, ¹⁸e vino a El, que me dicía: "Sae axiña de Xerusalén, porque non recibirán o teu testemuño acerca de min". ¹⁹Eu dixen: "Señor, eles ben saben que eu andaba polas sinagogas a prender e azoutar nos que crían en Ti, ²⁰e que cando foi derramado o sangue de Estevo, a túa testemuña, eu tamén estaba alí, dándoo por ben feito e gardando os mantos dos que o mataban". ²¹Pero el contestoume: "Vai, que te hei de mandar lonxe, ós pagáns".

Paulo no cuartel romano

²²Fórono escoitando ata chegar a estas palabras; pero entón deron en berrar:

—¡Quita da terra a ese, que non merece vivir!

²³E como berraban, abaneaban os mantos e botaban po ó aire, ²⁴o tribuno mandou que metesen a Paulo no cuartel e ordenou que o interrogasen a vergallazos para dar sabido por que berraban así contra el. ²⁵Cando xa estaba ben atado polas correas, díxolle Paulo ó centurión que estaba alí:

21, 38 O historiador xudeu Flavio Xosefo dános novas deste exipcio, do motín que organizou e da sanguiñenta represión do gobernador Fiz e de que el escapou dela. De aí a confusión do comandante romano.

21, 40 Probablemente en arameo, idioma semítico —moi emparentado co hebreo— que se falaba nese tempo en Palestina: o mesmo que falou Xesús.

22, 1 É o mesmo encabezamento do discurso de Estevo. O título de *pais* non acaba de cadrar, a non ser que houbese entre o público membros de Sanedrín ou que Lucas converta literalmente o discuso nunha defensa diante de todo o pobo de Israel. O tema do discurso ten un paralelo máis resumido en Gál **1,** 13-24.

22, 15 Paulo enraíza a súa misión no mesmo Señor resucitado, igual cós Doce (**1,** 8).

22, 25 A lei romana prohibía usar tortura no interrogatorio dos cidadáns romanos (estaba en troques autorizada cos estranxeiros e escravos), e tamén o castigo sen previo xuízo. Recórdese o episodio de **16,** 35-38.

—E vós, ¿podedes azoutar a un cidadán romano que non foi condenado?

²⁶Ó sentir isto, o centurión foille avisar ó tribuno:

—¿Que vas facer? Ese home, disque é romano.

²⁷Foi entón o tribuno e díxolle:

—Dime unha cousa: ¿es romano ti?

El respondeulle:

—Son.

²⁸Engadiu o tribuno:

—A min esa cidadanía custoume moitos cartos.

Paulo replicoulle:

—Pois eu nacín con ela.

²⁹En seguida marcharon os que o ían interrogar e o tribuno, ó saber que era romano, colleu medo porque o tivera encadeado.

Paulo comparece diante das autoridades xudías

³⁰Para o outro día, querendo saber con certeza de que o acusaban os xudeus, desatouno, mandou reuni-los xefes dos sacerdotes e todo o Sanedrín e, levando a Paulo, presentóulleo.

23 ¹Paulo entón, ollando para o Sanedrín, dixo:

—Irmáns, ata hoxe en todo me comportei con boa conciencia diante de Deus.

²Pero o xefe dos sacerdotes Ananías, mandou ós que o custodiaban que lle batesen na boca. ³Entón Paulo díxolle:

—¡Hache pegar Deus a ti, parede encaleada!

¿Sentas para xulgarme conforme á Lei e mandas que me peguen violando a Lei?

⁴Os que o custodiaban díxéronlle:

—¿Insultas ó Sumo Sacerdote de Deus?

⁵Paulo respondeu:

—Irmáns, non sabía que fose Sumo Sacerdote. Si, a Escritura di: *Non dirás mal do xefe do teu pobo.*

⁶Sabendo Paulo que unha parte deles eran saduceos e outra fariseos, berrou en medio do Sanedrín:

—Irmáns, eu son fariseo, fillo de fariseos, e quero dicir que é por causa da nosa esperanza na resurrección dos mortos, polo que se me xulga.

⁷Cando dixo isto, armouse unha disputa entre os fariseos e os saduceos e dividiuse a asemblea, ⁸porque os saduceos non admiten nin resurrección nin anxos nin espíritos, mentres que os fariseos cren nestas tres cousas. ⁹Fíxose un gran rebumbio; erguéronse algúns escribas do partido dos fariseos e dicían afoutos:

—Non atopamos nada malo neste home: ¿e se é certo que lle falou un espírito ou un anxo?

¹⁰A liorta ía a maiores e o tribuno, temendo que esnaquizasen a Paulo, ordenou á tropa que baixase a quitalo do medio deles para o levar ó cuartel.

¹¹Á noite seguinte, aparecéuselle o Señor e díxolle:

—Ánimo, que así como deches testemuño de min en Xerusalén, cómpre tamén que o deas en Roma.

Conspiración dos xudeus para mataren a Paulo

¹²Ó raia-lo día, os xudeus fixeron unha conspiración e conxuráronse a non comer nin beber ata mataren a Paulo. ¹³Eran máis de corenta os conxurados ¹⁴e fóronse presentar ós xefes dos sacerdotes e ós senadores para dicirlles:

—Xuramos, baixo pena de maldición, non probar nada ata que matemos a Paulo. ¹⁵Vós, logo de acordo co Sanedrín, pedídelle ó tribuno que volo traia diante de vós, como para examinardes máis a fondo o seu caso; pola nosa banda, estamos dispostos a matalo antes de que chegue.

¹⁶Pero o fillo da irmá de Paulo, soubo da trapela, foi e entrou no cuartel e contoullo a Paulo. ¹⁷Este chamou ó centurión e díxolle:

—Acompaña a este rapaz cabo do tribuno, pois ten algo que lle comunicar.

¹⁸O centurión tomouno e levouno ó tribuno e díxolle:

—O preso Paulo chamoume para me pedir que che trouxese este mozo, que ten que falarche unha palabra.

¹⁹O tribuno colleuno pola man, levouno á parte e preguntoulle:

—¿Que tes para me dicir?

²⁰E díxolle:

—Os xudeus concordaron en pedirche que mañá baixes a Paulo diante do Sanedrín,

---

23, 2 Sumo Sacerdote que exerceu entre os anos 47-59. O historiador Xosefo fala del con moita dureza. Morreu asasinado polo ano 66, nos comezos da primeira revolta xudía contra Roma.

23, 5 Cita de Ex **22**, 27.
23, 14 Lit. "con anatema anatematizámonos", é dicir, puxémonos baixo anatema; isto é: invocamos sobre nós a maldición divina, caso de non cumprírmo-la promesa.

coa escusa de examinaren o caso con máis información. ²¹Ti non te fíes; máis de corenta homes deles prepáranlle unha celada e comprometéronse baixo xuramento a non comeren cousa nin beberen ata que o maten; e xa están dispostos, agardando polo teu consentimento.

²²O tribuno, entón, despediu ó rapaz, recomendándolle que non dixese que o avisara.

PAULO PROCESADO EN CESAREA

Proceso ante Fiz

²³Despois mandou chamar a dous dos centurións e díxolles:

—Tede preparados para iren a Cesarea douscentos soldados, setenta homes de a cabalo e douscentos auxiliares, a partir das nove da noite; ²⁴que haxa tamén cabalos para montar a Paulo e levalo san e salvo ó gobernador Fiz.

²⁵E escribiu unha carta nestes termos:

²⁶"Claudio Lisias ó moi excelente gobernador Fiz, ¡saúde! ²⁷A este home colléranos os xudeus e íano matar, cando aparecín eu coa tropa e libereino, ó saber que era romano. ²⁸Querendo saber de que o acusaban, fíxeno baixar diante do Sanedrín. ²⁹Resulta que as acusacións eran por cuestión da Lei deles, sen ningún cargo que merecese a morte ou a cadea. ³⁰Avisado de que preparan unha conxura para o mataren, remésocho sen agardar máis, e notifico ós seus acusadores que presenten no teu tribunal o que teñan contra el".

³¹Os soldados, tal como se lles ordenara, colleron a Paulo e levárono de noite a Antípatris. ³²Para o outro día, deixando que os de a cabalo fosen con el, volveron ó cuartel. ³³Chegados os cabaleiros a Cesarea, entregáronlle a carta ó gobernador e presentáronlle tamén a Paulo.

³⁴Lida a carta, o gobernador preguntou de que provincia era, e cando soubo que de Cilicia, díxolle:

³⁵—Escoitarei cando veñan os teus acusadores.

E mandou que o gardasen no pazo de Herodes.

24 ¹Cinco días despois baixou o xefe dos sacerdotes Ananías con algúns senadores e un tal Tértulo, avogado, e presentaron queixa ó gobernador contra Paulo. ²Citado Paulo, Tértulo comezou a acusación nestes termos:

—A gran paz que gozamos gracias a ti e ás reformas que este país debe á túa providencia, ³recoñecémola en todo e en todas partes, excelentísimo Fiz, con suma gratitude. ⁴Pero, para non te incomodar demasiado, pídoche que nos escoites brevemente coa túa benevolencia. ⁵Nós descubrimos que este home é unha peste: fomenta enlizos entre tódolos xudeus que hai polo mundo enteiro e é cabeza do partido dos Nazarenos. ⁶Incluso intentou profana-lo templo; entón nós prendémolo. ⁸Interrogándoo ti mesmo, poderás coñecer por ti todas estas cousas de que o acusamos.

⁹Os xudeus apoiárono, asegurando que as cousas eran así.

Paulo defé ndese

¹⁰O gobernador acenoulle para que falase e entón Paulo respondeu:

—Como sei que hai moitos anos es xuíz desta nación, vou facer confiadamente a miña defensa. ¹¹Ti mesmo podes comprobar que non hai máis de doce días subín a Xerusalén para adorar, ¹²e que nin no Templo, nin nas sinagogas nin pola cidade, ninguén me viu discutindo con ninguén nin revolvendo na xente. ¹³Eles non poden proba-las cousas de que agora me acusan. ¹⁴Non obstante confésoche o seguinte: é seguindo o Camiño, que eles chaman partido, como adoro ó Deus dos nosos pais, crendo todo o que está escrito na Lei e nos Profetas, ¹⁵tendo en Deus a esperanza que estes mesmos teñen:

23, 24 *Fiz,* liberto de Claudio, foi procurador de Xudea entre os anos 52-59/60. Tanto Tácito coma Flavio Xosefo concordan en salienta-la súa cobiza e crueldade.
24, 2 *Tértulo* gaba a Fiz, para gaña-la súa benevolencia. En realidade, Fiz usou unha política represora dos levantamentos populares, de grande crueldade: crucifixión dos rebeldes e dos paisanos que os apoiaban. Cando al marchou, o seu sucesor Festo atopou un país moi alterado polo terrorismo dos sicarios (cf Flavio Xosefo, Antigüidades, XX, **8, 5; 8,** 10).
24, 5 Intenta presentar a Paulo coma un dos rebeldes a Roma, tan perseguidos por Fiz.
24, 6 A profanación do Templo castigábase coa pena de morte. Nisto o dereito romano era respectuoso coa sensibilidade relixiosa dos xudeus, e, segundo Xosefo, permitía incluso que esa pena acadase tamén a cidadáns romanos.
24, 8 Algúns ms. engaden antes o v 7: "Quixemos condenalo conforme á nosa Lei. Pero presentouse o tribuno Lisias e tiróunolo das mans, con violencia, ordenando que os seus acusadores comparecesen diante de ti". As redaccións non cadran. Parece tratarse dun resumo de **21,** 30-34; **23,** 30.

que haberá resurrección de xustos e inxustos. ¹⁶Por iso, esfórzome sempre en ter unha conciencia sen lixo diante de Deus e diante dos homes. ¹⁷Despois de moitos anos, vin traer esmolas ós da miña nación e ofrendas. ¹⁸Uns xudeus de Asia acháronme no templo, xa purificado, sen xuntanza nin algueirada: ¹⁹eles son os que tiñan que presentarse diante do teu tribunal e acusarme, se tiñan algo contra min. ²⁰E, se non, que digan estes que crime descubriron cando comparecín diante do Sanedrín, ²¹como non sexa aquel berro que botei no medio deles: "é por causa da resurrección dos mortos, que se me xulga hoxe diante de vós".

Aprazamento do xuízo. Paulo segue preso dous anos máis

²²Entón Fiz, que coñecía bastante ben as cousas referentes ó Camiño, aprazóulle-la causa, dicindo:

—Cando baixe o tribuno Lisias, decidirei o voso asunto.

²³E ordenou ó centurión que o gardase, pero con consideración e sen o privar da asistencia dos seus.

²⁴Algúns días despois chegou Fiz coa súa muller Drusila, que era xudía. Mandou chamar a Paulo e escoitouno acerca da fe en Cristo. ²⁵Pero, como Paulo falaba da xustiza, do dominio de si e do Xuízo futuro, Fiz arrepiado dixo:

—Polo de agora vaite, cando teña máis tempo mandareite chamar.

²⁶Contaba que tamén Paulo lle dese cartos; por iso mandábao chamar adoito e conversaba con el. ²⁷Despois de dous anos, recibiu Fiz como sucesor a Porcio Festo. E querendo congraciarse cos xudeus, deixou preso a Paulo.

Co novo gobernador romano novo xuízo. Paulo apela ó emperador

25 ¹Ós tres días da súa chegada á provincia, subiu Festo de Cesarea a Xerusalén. ²Os sumos sacerdotes e os principais dos xudeus presentáronse ante el acusando a Paulo e pedíanlle ³de favor, con mala idea, que o fixese ir para Xerusalén, con mentes de prepararen eles unha trapela para o mataren no camiño.

⁴Pero Festo respondeu que Paulo estaba preso en Cesarea e que el mesmo marcharía axiña. ⁵E dixo:

—Que os principais de entre vós veñan comigo e, se hai algúns delito nese home, que o acusen.

⁶Logo de botar entre eles non máis de oito ou dez días, baixou a Cesarea e para o outro día sentou no tribunal e mandou traer a Paulo. ⁷Cando chegou, rodeárono os xudeus que baixaran de Xerusalén, presentando contra el moitas e graves acusacións, que non eran capaces de probar. ⁸Paulo, pola súa banda, defendíase dicindo:

—Non faltei en nada nin contra a Lei dos xudeus, nin contra o Templo nin contra o César.

⁹Entón Festo, querendo poñerse a ben cos xudeus, respondeulle a Paulo:

—¿Queres subir a Xerusalén e que te xulguen alí sobre todo isto na miña presencia?

¹⁰Pero Paulo respondeu:

—Estou diante do tribunal do César e é aquí onde se me debe xulgar. Non lles fixen mal ningún ós xudeus, como ti mesmo sabes ben. ¹¹Se son culpable e cometín algunha cousa que mereza a morte, non me nego a morrer; pero, se non hai fundamento en ningunha das cousas de que eles me acusan, ninguén ten o dereito de me entregar a eles. ¡Apelo ó César!

¹²Entón Festo, logo de consulta-los seus conselleiros, respondeu:

—¡Xa que apelas ó César, irás ó César!

O gobernador fálalle de Paulo ó rei Agripa

¹³Pasados algúns días, o rei Agripa e Berenice chegaron a Cesarea, a saudar a Festo. ¹⁴Como botaron alí días, Festo informou ó rei do caso de Paulo, dicíndolle:

—Hai aquí un home que Fiz deixou preso, ¹⁵a quen acusaron os sumos sacerdotes e os senadores dos xudeus, estando eu en Xeru-

---

24, 22 A designación do cristianismo como Camiño é común nos Feitos (**9,** 2; **19,** 9. 23; **22,** 4; **24,** 14).

24, 25 A reacción é normal, coñecendo a cobiza e o estilo de vida de Fiz. Drusila, filla de Herodes Agripa I (cf nota a **12,** 1), era a súa terceira muller; estivera casada co rei de Emesa (Siria), Azizo, e Fiz conseguira separala del con moitas intrigas.

24, 27 Procurador entre os anos 60-62. Flavio Xosefo considérao home íntegro.

25, 12 É dicir, a un tribunal imperial de máis categoría, en Roma. Paulo, para non ir a Xerusalén e que non o xulgase o Sanedrín, fará uso dos seus dereitos coma cidadán romano.

25, 13 Marco Xulio Agripa II e Berenice, ámbolos dous fillos de Herodes Agripa I (cf nota a **12,** 1). Agripa II foi o derradeiro rei dos xudeus, aínda que os seus dominios nunca chegaron a ser coma os de seu pai; así, en Xudea, só exercía a superintendencia do Templo, co poder de nomea-lo Sumo Sacerdote. Os procuradores romanos eran os que exercían o verdadeiro poder.

salén e pediron a súa condena. ¹⁶Respondinlles que non é costume romano entregar un home sen enfrontalo cos seus acusadores e dándolle a posibilidade de se defender da acusación. ¹⁷Viñeron comigo ata aquí e, sen demorarme nada, sentei para o outro día no tribunal e mandei trae-lo home. ¹⁸Os acusadores compareceron, pero non presentaron ningunha acusación dos delitos que eu sospeitaba; ¹⁹só tiñan en contra del unhas cuestións acerca da súa relixión e dun certo Xesús defunto, de quen Paulo afirma que vive. ²⁰Sen saber que decidir nestas cuestións, pregunteille se quería ir a Xerusalén para xulgalo alí; ²¹pero Paulo apelou, pedindo que o seu caso fose reservado ó xuízo do emperador e mandei que o gardasen ata mandarllo ó César.

²²Entón Agripa díxolle a Festo:

—Gustaríame a min tamén escoitar a ese home.

Respondeulle:

—Mañá sentiralo.

Paulo diante de Agripa

²³Ó día seguinte, viñeron Agripa e Berenice con grande pompa, e entraron na sala da audiencia, rodeados dos tribunos e dos principais da cidade. A unha orde de Festo, levaron a Paulo.

²⁴Festo dixo:

—Rei Agripa e tódolos que estades aquí presentes connosco: ese é o home contra quen tódolos xudeus viñeron onda min, tanto en Xerusalén coma aquí, berrando que non debería vivir máis. ²⁵Eu recoñecín que non fixera nada que mereza a morte; pero, como el apelou ó emperador, decidín mandarllo. ²⁶Pero non sei que lle hei de escribir en concreto do seu caso ó emperador. Por iso mandeino traer á vosa presencia, sobre todo á túa, rei Agripa, para que, feito o interrogatorio, teña algunha cousa que escribir, ²⁷pois paréceme que non ten xeito mandar un preso sen indica-los cargos que hai contra el.

Discurso de Paulo defendéndose diante do rei Agripa

26 ¹Agripa díxolle a Paulo:
—Tes consentimento para falares na túa defensa.

Entón Paulo, estendendo a man, principiou a súa defensa.

²—Considérome feliz, rei Agripa, de poderme defender diante de ti de todo o que me acusan os xudeus, ³maiormente por seres coñecedor de tódolos costumes e controversias que hai entre os xudeus. Por iso pídoche que me escoites con paciencia.

⁴A miña vida a partir da mocidade, que pasei desde o comezo entre o meu propio pobo, en Xerusalén, sábena tódolos xudeus. ⁵Eles coñécenme desde hai moito tempo e, se quixesen, poderían atestar que vivín como fariseo, o partido máis rigoroso da nosa relixión.

⁶Curiosamente é pola esperanza na promesa feita por Deus ós nosos pais polo que me atopo aquí en xuízo; ⁷promesa que as doce tribos esperan acadar servindo decote a Deus, noite e día. ¡Por esa esperanza, maxestade, acúsanme os xudeus! ⁸¿Por que coidades incrible que Deus resucite os mortos?

⁹En canto a min, crinme obrigado a combater con tódolos medios contra o nome de Xesús de Nazaret. ¹⁰Iso foi o que fixen en Xerusalén: co poder que me deran os sumos sacerdotes, eu mesmo metín no cárcere moitos cristiáns e, cando os mataban, dábao por ben feito. ¹¹Moitas veces, polas sinagogas, con torturas, obrigábaos a blasfemar e, cheo de carraxe contra eles, perseguíaos mesmo nas cidades de fóra.

¹²Foi así, que, indo a Damasco con poder e permiso dos sumos sacerdotes, ¹³á mediodía, maxestade, vin no camiño unha luz baixada do ceo e máis brillante có sol, que resplandecía arredor de min e dos meus compañeiros de viaxe. ¹⁴Todos caemos ó chan e sentín unha voz que me dicía en lingua hebrea: "Xaúl, Xaúl, ¿por que me persegues? Non gañas nada con dares couces con-

---

25, 21 *Emperador:* lit. "augusto", título dos emperadores.

25, 26 Lit. "ó señor", empregado de forma absoluta; era un título imperial que adoptara Calígula (37-41 d.C.) e con el os seus sucesores. Tiña un tinte social, de título divino, que axiña había chocar co aplicado polos cristiáns a Xesús resucitado, "único Señor" (cf Rm **16,** 8.11s; 1 Tim **6,** 16; Ap **17,** 14; **19,** 16).

26, 5 Lit. "desde o principio", é dicir, desde a mocidade.

26, 8 O verbo en presente é unha clara alusión á resurrección de Xesús. A acción divina non é hipotética, senón presente, é dicir, actuante (**26,** 23).

26, 9-18 Novo —e derradeiro nos Feitos— relato da conversión de Paulo (cf **9,** 3-18; **22,** 6-21).

26, 10 *Cristiáns:* lit. "santos".

26, 14 Non deixa de estrañar que, dirixíndose Xesús a Paulo en hebreo (é dicir, arameo), cite un coñecido proverbio grego ("Non gañas nada con dares couces..."), descoñecido na literatura hebrea. Dos tres relatos da conversión de Paulo, é este o único que o recolle. Quizais Paulo ou Lucas resuman así diante de Agripa, e dun xeito algo dramático, o senso máis fondo de cambio de rumbo que supuxo a aparición para Paulo; a persecución contra os cristiáns era resistencia inútil (cf **5,** 39), loita perdida de antemán contra o poder do amor.

tra o aguillón". ¹⁵Eu preguntei: "¿Quen es, Señor?". E o Señor respondeu: "Eu son Xesús, a quen ti persegues. ¹⁶Pero érguete e ponte dereito, pois aparecinme a ti para te poñer coma servidor e testemuña do que de min viches e do que che amosarei, ¹⁷librándote do pobo e dos pagáns ós que te mando, ¹⁸para que lles ábra-los ollos a fin de que volvan das tebras á luz e do poder de Satanás a Deus e, pola fe en min, reciban o perdón dos pecados e maila herdade entre os santos".

¹⁹E non desobedecín, rei Agripa, á visión celestial. ²⁰Ó contrario, primeiro ós de Damasco, despois ós de Xerusalén, e en toda a rexión da Xudea e por fin ós pagáns, predicueilles que se arrepintan e que se convertan a Deus e que vivan como corresponde á conversión. ²¹Por este motivo prendéronme os xudeus no Templo e tentaron de me matar. ²²Pero coa axuda de Deus manténome ata hoxe dando testemuño a pequenos e grandes, sen me saír do que prediciron Moisés e mailos Profetas: ²³que o Mesías tiña que padecer e que, resucitado o primeiro de entre os mortos, anunciaríalle-la luz ó noso pobo e ós pagáns.

²⁴Estando neste punto da súa defensa, exclamou Festo:

—¡Estás tolo, Paulo; tanto saber revirouche o xuízo!

²⁵Pero Paulo díxolle:

—Non estou tolo, excelentísimo Festo; as miñas palabras son verdadeiras e asisadas. ²⁶O rei sabe moito destas cousas e por iso fálolle francamente, pois non creo que as ignore, dado que non ocorreron nun recanto. ²⁷¿Cres nos profetas, rei Agripa? Ben sei que cres.

²⁸Agripa respondeulle a Paulo:

—¡A pouco máis convéncesme para me facer cristián!

²⁹E Paulo dixo:

—Deus queira que, en moito ou en pouco, non só ti senón tódolos que hoxe me escoitan se fixesen coma min, fóra estas cadeas, claro.

³⁰O rei, o gobernador, Berenice e os que estaban sentados con eles erguéronse. ³¹Ó se retiraren comentaban: "este home non cometeu cousa que sexa merecente nin de morte nin de cadeas". ³²E Agripa díxolle a Festo:

—Este home xa podía estar ceibo, se non apelase ó César.

LEVAN A PAULO PRESO A ROMA

Camiño de Roma

27 ¹Cando se decidiu que embarcasemos para Italia, confiaron a Paulo e outros presos a un centurión chamado Xulio, da cohorte Augusta. ²Embarcamos nunha nave de Adramitio, que estaba a punto de zarpar para as costas de Asia e saímos para o mar, levando connosco a Aristarco, macedonio de Tesalónica.

³Para o outro día chegamos a Sidón; e Xulio, tratando a Paulo con humanidade, permitiulle visita-los seus amigos e recibir atencións por parte deles.

⁴Desde alí saímos para o mar e navegamos ó abeiro de Chipre, porque os ventos eran contrarios; ⁵despois, atravesando os mares de Cilicia e da Panfilia, chegamos a Mira de Licia. ⁶Alí, o centurión atopou unha nave alexandrina, que se dirixía a Italia, e fíxonos subir a bordo. ⁷Durante moitos días navegamos lentamente, e con traballos chegamos fronte a Cnido; como o vento non nos era favorable, navegamos bolinando ó amparo de Creta por Salmona; ⁸logo de costeala con traballos, chegamos a un sitio chamado Bos-Portos, cerca da cidade de Lasea.

⁹Pasando bastante tempo e correndo perigo a navegación, pois xa pasara o tempo do xexún, Paulo ¹⁰avisounos:

—Amigos, paréceme que imos ter navegación perigosa e con mal para a carga e tamén para as nosas vidas.

26, 16 Alusión a Ez **2**, 1-2, onde se relata a vocación do profeta Ezequiel. Hai un claro paralelismo, reforzado máis adiante con novas alusións ós profetas, entre a presentación da vocación de Paulo, que aquí se fai, e a vocación profética.

26, 17 Alusión a Xer **1**, 7-8: outro texto de vocación profética.

26, 18 Eco de Is **42**, 7-16 e nova referencia a unha vocación profética.

26, 22 Falando a un xudeu, fai un esforzo por presenta-la fe cristiá coma o cumprimento de esperanza do A.T.

27, 1 Derradeira "sección nós" (ata **28**, 16). Todo o c. e parte do seguinte está dedicado á viaxe do apóstolo a Roma, en compañía de Lucas e Aristarco. Ó remate dos Feitos, esta viaxe presentarase coma a realización da misión encomendada ó comezo: "serédes-las miñas testemuñas ata os confíns da terra" (**1**, 8).

27, 9 O *xexún* é outro nome da festa xudía da Expiación (cf Lev **16**, 29ss). O xexún máis importante dos xudeus, que tiña lugar entre últimos de setembro e primeiros de outono. A referencia de Lucas é para sinalar que faltaba pouco para a época invernal (11 novembro-10 marzo), na que se suspendían as viaxes marítimas.

OS FEITOS DOS APÓSTOLOS

¹¹Pero o centurión fiábase máis do piloto e do patrón do barco ca das palabras de Paulo; ¹²e, como o porto non era axeitado para invernar, a maioría foi do parecer de largar de alí e ver de chegar a Fenice, porto de Creta volto cara ó suroeste e o noroeste. ¹³E levantándose un ventiño levián do sur, coidaron poder realiza-lo seu proxecto. Levantaron a áncora e comezaron a costear Creta sempre cerca de terra.

Tempestade e naufraxio

¹⁴Ós poucos, por iso, levantouse da illa unha ventada chamada euraquilón ¹⁵e arrastrou o barco; como non podiamos facerlle fronte ó vento, deixámonos levar por el. ¹⁶Avanzando protexidos por unha pequena illa chamada Cauda, conseguimos con moitos traballos apoderarnos do bote; ¹⁷izado a bordo, botaron man de recursos de emerxencia, cinguindo a nave con cables; por medo de bater contra os baixos de Sirte, arriaron velas e deixáronse ir á deriva. ¹⁸Como o temporal nos abalaba con furia, ó outro día alixeiraron a carga; ¹⁹e ó terceiro guindaron no mar os aparellos coas súas propias mans. ²⁰Por moitos días non vimos sol nin estrelas e, como a tempestade non amainaba, iamos perdendo a esperanza de nos salvarmos.

²¹Levabamos moito tempo sen comer, cando Paulo, de pé no medio deles, díxolles:

—Amigos, se me fixésedes caso, non saiamos daquela de Creta e aforrabamos agora este perigo e esta perda. ²²Pero agora pídovos que teñades azos, que ningún de vós vai perecer; só se perderá o barco; ²³esta noite presentóuseme un anxo do Deus a quen pertenzo e a quen sirvo, ²⁴dicindo: "non temas, Paulo, tes que te presentar diante do César e Deus concedeuche a vida de tódolos que navegan contigo". ²⁵Polo tanto, ¡ánimo!, que eu confío en Deus que sucederá como se me dixo. ²⁶Temos que ir dar nalgunha illa.

²⁷A décima cuarta noite de andarmos á deriva polo Adriático, no medio da noite, ventaron os mariñeiros que había terra cerca. ²⁸Botaron a sonda e eran vinte brazas; pouco despois, botárona de novo e xa eran quince. ²⁹Por medo de ir bater contra algúns cons, botaron catro áncoras por popa esperando con ansia pola chegada do día. ³⁰Os mariñeiros, co pretexto de iren bota-las áncoras de proa, arriaban o bote ó mar, querendo fuxir da nave. ³¹Entón díxolles Paulo ó centurion e ós soldados:

—Se eses homes non fican no barco, vós non vos poderedes salvar.

³²Daquela os soldados cortaron as amarras do bote e deixárono caer.

³³Paulo, conforme ía abrindo o día, ía animando a todos para que tomasen alimento, dicíndolles:

—Con hoxe son catorce días que estades á expectativa, en xexún, sen pasar bocado. ³⁴Recoméndovos que vos alimentedes: iso axudará á vosa salvación, pois ninguén de vós perderá un pelo da cabeza.

³⁵Dito isto, tomou pan, deu gracias a Deus diante de todos e partíndoo, comezou a comer. ³⁶Animáronse todos e tamén eles tomaban alimento. ³⁷Entre todos eramos no barco duascentas setenta e seis almas. ³⁸Logo de se fartaren, alixeiraron o barco, botando o trigo ó mar.

³⁹Cando se fixo día, non recoñeceron a terra. Só vían unha enseada cunha praia e decidiron varar alí a nave, se é que podían. ⁴⁰Soltaron as áncoras, que abandonaron no mar, e afrouxaron as amarras dos peltres que facían de temón; logo, izaron a vela de popa e puxeron proa á praia. ⁴¹Pero, indo bater nun baixo con mar por ámbolos lados, encallaron o barco; a proa, ben chantada, non se movía, pero a popa foise desconxuntando coa forza das ondas.

⁴²Os soldados tomaron a decisión de mata-los presos, para que non fuxise ningún a nadar. ⁴³Pero o centurión, querendo salvar a Paulo, impedíullelo e mandou que os que sabían nadar chegasen a terra, botándose a auga os primeiros; ⁴⁴e despois os restantes, uns en táboas e outros en restos do barco. Deste xeito, chegaron todos sans e salvos a terra.

Paulo cos navegantes na illa de Malta

28 ¹Xa a salvo en terra, soubemos que a illa se chamaba Malta. ²Os nativos

---

27, 14 *Euraquilón:* palabra de composición latina, que indica o vento do nordés.

27, 17 *Os baixos:* bancos de area movediza, que penetraban desde o norte de Africa na costa de Cirene. A expresión *arriaron velas* é unha interpretación: lit. di "tendo baixado o instrumento".

27, 24 Na visión de Lucas a viaxe non era a dun preso, senón a dun misioneiro, que debía testemuñar diante do César.

27, 27 Non é exactamente o actual Adriático. Entre os xeógrafos antigos (Ptolomeo), o Mediterráneo entre Creta e Sicilia recibía este nome.

27, 28 Unha braza equivale a 1,85 m.

28, 2 *Nativos,* lit. "os bárbaros", expresión que entre os gregos se aplicaba ós estranxeiros que non falaban o grego (cf 1 Cor **14,** 11).

tratáronos cunha humanidade pouco corrente: acenderon un lume e acolléronnos a todos, pois chovía e ía frío. ³Paulo xuntara algúns guizos de leña secos e ó botalos no lume, unha víbora que fuxía da calor enroscóuselle na man. ⁴Cando os indíxenas viron o animal pendurado na man dicían entre eles: "seguro que este home é un asasino: despois de se salvar do mar, a xustiza divina non o deixa vivir". ⁵Pero el botou o animal no lume e non sufriu mal ningún.
⁶Eles esperaban velo inchar ou caer morto de súpeto, pero logo de moito agardar, vendo que non lle pasaba nada novo, cambiaron de parecer e xa dicían que tiña que ser un deus.
⁷Nas proximidades de alí —por aquela parte— tiña unha propiedade o gobernador da illa, que se chamaba Publio, quen nos recibiu e nos hospedou amablemente durante tres días. ⁸Cadrou que o pai de Publio estaba encamado con febre e disentería. Paulo foino ver, rezou, impúxolle as mans e curou. ⁹A consecuencia disto, comezaron a vir tamén os outros enfermos que había na illa e quedaban curados. ¹⁰Eles, pola súa banda, enchéronnos de atencións e, cando decidimos partir, déronnos de todo.

Prosegue a viaxe a Roma

¹¹Tres meses despois embarcamos nun barco de Alexandría, que invernara na illa e que levaba a divisa dos Dióscuros. ¹²Atracamos en Siracusa, onde botamos tres días. ¹³Desde alí, costeando, chegamos a Rexio. Para o outro día levantouse o vento do sur e en dous días chegamos a Putéoli, ¹⁴onde atopamos irmáns que nos convidaron a pasar sete días con eles. E así chegamos a Roma. ¹⁵Os irmáns de alí, así que souberon de nós, viñéronnos recibir ata Foro Apio e Tres Tabernas. Paulo, ó velos, deu gracias a Deus e animouse.

Paulo entrevístase cos xudeus de Roma

¹⁶Cando entramos en Roma, a Paulo autorizárono a ter domicilio particular cun soldado que o vixiaba.
¹⁷Tres días despois, convocou os principais dos xudeus. Cando se reuniron, díxolles:
—Irmáns, sen ter feito nada contra o pobo nin contra os costumes paternos, entregáronme preso ós romanos en Xerusalén. ¹⁸Estes, logo de me interrogaren, queríanme ceibar, porque non había nada en min que merecese a morte. ¹⁹Pero, como os xudeus se opuñan, vinme obrigado a apelar ó César, sen pretender acusar en nada ó meu pobo. ²⁰Por este motivo pedín vervos e falarvos, pois é pola esperanza de Israel que levo esta cadea.
²¹Eles dixéronlle:
—Non recibimos de Xudea ningunha carta sobre ti e ningún dos teus irmáns que chegou nos falou mal de ti. ²²Pero si que nos gustaría sentir pola túa boca o que pensas, pois o que sabemos é que esa secta encontra oposición en tódalas partes.
²³Citáronse para un día e viñérono ver á súa casa bastantes máis. El comezou a súa exposición e daba testemuño do Reino de Deus, tentando de os convencer de quen era Xesús, partindo da Lei de Moisés e dos Profetas, desde a mañá á noite. ²⁴Uns deixáronse convencer polo que dicía, pero outros non crían.
²⁵Estando en desacordo uns cos outros, comezaban a separarse cando Paulo engadiu esta palabra final:
—Con razón díxolle-lo Espírito Santo a vosos pais, por medio do profeta Isaías, ²⁶dicindo:
Vai e dille a ese pobo:
escoitar escoitaredes, pero non comprenderedes,
ollar ollaredes, pero non veredes;
²⁷*porque está endurecido o corazón deste pobo;*
fixéronse duros de oído
e pecharon os ollos:

28, 11 Divindades gregas tutelares da navegación, esculpidas á dereita e esquerda da proa. Equivalían ós latinos Cástor e Pólux.
28, 15 Cidades situadas respectivamente a 60 a 48 kms. de Roma. Quérese resalta-lo bo acollemento de Paulo por parte da comunidade cristiá.
28, 17 Seguindo a súa norma (cf nota a **13,** 5), Paulo anúncialle-lo evanxeo antes ós xudeus.
28, 23 Resume da típica predicación de Paulo ós xudeus: o Reino de Deus (as promesas contidas na Lei e nos Profetas) realizado en Xesús, o Mesías (cumpridas agora en Cristo resucitado).
28, 24 O resultado da "división de opinións" é o mesmo ca noutras predicacións (cf **14,** 1-2; **17,** 4-5. 12-13; **18,** 6-8; **19,** 9).
28, 27 A cita é de Is **6,** 9-10 (segundo os LXX) e aparece tamén nos evanxeos, para "encaixar" e dar razón da oposición dos xudeus a aceptaren o evanxeo (cf Mt **13,** 14-15; Mc **4,** 12; Lc **8,** 10; Xn **12,** 40). *Entendesen coa intelixencia:* lit. "entendesen co corazón".

non fose que visen cos ollos,
sentisen cos oídos,
entendesen coa intelixencia
e se convertesen, para que eu os cure.
²⁸Sabede, logo, que esta salvación de Deus ofrécese ós pagáns, e eles si que escoitarán.

Actividade de Paulo en Roma

³⁰Paulo botou dous anos enteiros nunha casa alugada e recibía a tódolos que o viñan visitar, ³¹predicando o Reino de Deus e ensinando o que se refire ó Señor Xesús Cristo, con audacia e sen impedimento ningún.

28, 28 Algúns ms. engaden aquí o v 29: "Cando dixo isto, marcharon os xudeus discutindo acaloradamente entre eles". Parece un influxo de **28,** 25.
28, 30 Durante estes dous anos de "arresto domiciliario", Paulo escribiría (caso de ser el o autor) as chamadas "Cartas da Catividade": Filemón, Colosenses e Efesios.
28, 31 Aparentemente o final dos Feitos é algo xoto, súbito: non conta o final do proceso nin dá máis novas do apóstolo. Con todo, cómpre ter en conta que os Feitos non foron concebidos coma unha vida de Paulo, senón coma un relato da difusión do evanxeo desde Xerusalén ata os "confíns da terra" (**1,** 8); a Boa Nova de Xesús é a auténtica protagonista do libro, e a súa difusión en Roma (simbólica capital do mundo habitado) é a culminación da súa sucesiva expansión por Xerusalén, Samaría, e os "confíns da terra", segundo a orde anunciada en **1,** 8, que o libro seguirá de feito.

CARTAS DE SAN PAULO (CORPUS PAULINO)
INTRODUCCIÓN A SAN PAULO

1. Importancia e significado

O nome de Paulo en grego, como el se chamaba, era Paulos. En latín verteuse por Paulus. Ás veces aparece tamén Paulos, que equivale ó hebreo Xaúl, probablemente un segundo nome, que Paulo, de acordo co costume dos xudeus helenistas, usaría no ambiente xudeu. Nacido de Xesús o cristianismo, este home "da segunda hora" foi quen máis o influíu e quen con meirande forza marcou a súa orientación; máis do que calquera dos apóstolos e có mesmo Pedro. El foi o primeiro en escribir —antes dos mesmos evanxeos— sobre a experiencia cristiá. El fixoo cun pulo nunca superado despois. A novidade radical do cristianismo e a súa universalidade expresa teñen nel o seu xenial proclamador e o seu incansable promotor.

Con Paulo o cristianismo, sen romper coa súa tradición hebrea, entrou profundamente no mundo grego, creando esa síntese grandiosa e chea de dinamismo expansivo, que foi a primeira teoloxía cristiá. Ela configurou o mundo occidental e forma aínda parte constitutiva do noso presente e, seguramente, do noso futuro. Non que fose el o único, pero si o primeiro e o máis vital.

Pero todo isto dánolo en cartas. Cartas reais —non un procedemento artificioso, moi usado daquela—, situadas no tempo e no espacio, dirixidas a comunidades concretas e a necesidades moi definidas. Esa é a súa viveza e o seu engado perenne. Pero tamén a súa dificultade, cómpre recoñecelo. Por un lado, non forman unha "síntese", non poden organizarse coma partes exactas dun sistema: non hai máis síntese cá persoa mesma de Paulo e a súa convicción fundamental. Por outro, están suxeitas á súa época e á súa circunstancia; que non son as nosas e non nos resultan, por tanto, inmediatamente accesibles. As cartas de Paulo precisan interpretación para podelas ler e entender. Pero o esforzo vale a pena: a comunicación é posible e na lectura ou, mellor, na meditación, convértese nunha fonte inesgotable de vida e de vivencia.

A orde en que aparecen non é cronolóxica (nin, sen máis, a de importancia: posiblemente sexa só a do tamaño, de maior a menor). Para as entender ben, cómpre situalas na súa sucesión na vida de Paulo.

2. Vida e obra de Paulo

Anque non todo é seguro, Paulo é o autor do N.T. que mellor coñecemos. As súas Cartas, sobre todo, pero tamén os Feitos dos Apóstolos, e certos datos cronolóxicos da historia profana contemporánea, posibilitan un cadro seguro de referencias. Aquí, naturalmente, quedará reducido ó mínimo: o xusto para facer máis accesible a súa obra. O lector fará ben en ter diante dos ollos os mapas incluídos en apéndice.

Antes da conversión

Paulo nace a comezos da nosa era, non despois do ano 10. En Tarso de Cilicia, é dicir, nunha "cidade libre". O que significa que, anque xudeu nacido de xudeus, tiña desde o nacemento a cidadanía romana (cousa que influirá moito no seu destino). A súa familia viña da tribo de Benxamín (Rm **11**, 1; Fil **3**, 5) e tiña unha irmá e mais un sobriño (Feit **23**, 16).

O seu nacemento en Tarso, cidade enormemente culta, conferiulle unha sólida formación grega na lingua que dominaba e na mesma cultura filosófica. Pero estudiou tamén en Xerusalén con Gamaliel (Feit **22**, 3), da secta dos fariseos, con quen se preparou para ser rabino (¿chegou a selo?): tiña, por tanto, unha sólida cultura bíblica e falaba tamén arameo.

Non coñeceu a Xesús. E foi inimigo declarado e teimudo dos cristiáns; mesmo perseguidor. En calidade de tal foi nunha misión importante a Damasco. Era o ano 36. No camiño sucedeu a conversión (Feit **9**, 3-19; **22**, 6-16; **26**, 12-18; Gál, **1**, 13-17): "Saulo, Saulo, ¿por que me persegues? —¿Quen es ti, Señor?—. Eu son Xesús, a quen ti persegues"; este é o núcleo seguro. Desta experiencia decisiva o perseguidor fariseo saíu apóstolo de Cristo para sempre.

Etapa despois da conversión (**35-45** d.C., aproximadamente)

Trátase dunha longa etapa, dez anos, complicada e non sempre determinable nos detalles. En todo caso, fundamental: Paulo madura a súa conversión, descobre a súa misión, chega ás súas intuicións fundamentais e decide a orientación definitiva da súa vida.

Despois da visión pasa algúns días en Damasco, onde Ananías o recibe e o cura da cegueira. Logo marcha a "Arabia" (probablemente a actual Xordania); a estancia é breve —primavera do 37—; puido ser en plan de retiro, de peregrinación ou posiblemente xa de predicación. Volve a Damasco por tres anos; aquí hai dous datos importantes: 1, o posible contacto cos esenios *(os escritos paulinos mostran notables paralelos coa doctrina de Qumrân)*; 2, as primeiras liortas con xudeus que serán xa unha constante na súa vida *(aquí sitúase a famosa escena da escapada, descolgado da muralla nunha cesta)*.

Vai a Xerusalén, onde ten o primeiro contacto cos apóstolos Pedro e Xoán; ten problemas con helenistas *(outra fronte importante na súa vida)*; era polo ano 40 e a estancia durou corenta días. De alí marchou a Tarso, a súa cidade natal; a pesar de estar nela uns catro anos (40-44), non se sabe moi ben o que fixo; posiblemente aquí tivo a visión aludida en 2 Cor **12**, 2-4.

Aparece en escena Bernabé, que o leva a Antioquía, cidade fundamental na súa biografía, onde predica durante un ano.

As viaxes misionais (anos 45-58)

A partir de agora a personalidade de Paulo vai aparecer clara e destacada; emprende un vasto e pensado *(contra o que puidese parecer)* plan misioneiro; a súa vida convértese nunha impresionante peregrinaxe de apostolado. As cartas fan ver que houbo bastante máis de tres viaxes, pero a clasificación en tres grandes misións, *xeralmente adoptada*, resulta útil. Nesta etapa xorde a producción epistolar paulina: irémola destacando, para que o lector a poida situar na súa circunstancia concreta *(os detalles, na introducción a cada epístola)*.

Primeira viaxe (anos 45-49: Feit **13**, 3-**14**, 26)

Saíndo, igual ca nos outros dous, de Antioquía, Paulo percorre por mar e terra a esquina nororiental do Mediterráneo, incluída Chipre. Acompáñano Bernabé e Xoán Marcos, que os abandonará, con disgusto de Paulo. As conversións entre os xentís son moi numerosas. Xorde o gran problema: ¿tiñan que cumpri-la Lei de Moisés? Tal era a tese dos xudaizantes, que querían circuncidar a todos. Paulo faise campión da liberdade e do universalismo cristián, apoiándose únicamente na fe en Cristo. Provoca o Concilio de Xerusalén *(ano 49)*, que lle dá a razón: foi o acontecemento máis decisivo da primitiva historia cristiá. Pero aínda nese mesmo ano, Pedro, que o apoiara, cede en Antioquía ás críticas dos xudaizantes e deixa de comer cos incircuncisos: Paulo "resístelle na cara" (Gal **2**, 11), e, ó parecer, Pedro cede; anque a cuestión seguirá aínda remoéndose (cf Feit **15**, 13-29).

Segunda viaxe (anos 50-52; Feit **15**, 40-**18**, 22)

Enérxico, Paulo refuga a Xoán Marcos, que o abandonara, apártase de Bernabé e toma por compañeiro a Silas (Silván); no camiño (¿en Tróade?) xuntaráselle Lucas. Unha ollada ó mapa mostra a amplitude desta viaxe. Despois de percorre-las igrexas fundadas na anterior, Paulo pisa Europa: en Filipos funda a súa primeira comunidade europea; pasa por Atenas, onde fracasa *(a "sabedoría" grega non capta xa a novidade evanxélica)*; e establécese dezaoito meses en Corinto. Aquí funda unha igrexa vigorosa, moi querida por el e que lle dará moitas alegrías e disgustos *(as cartas que lle manda son boa proba)*. Desde Corinto escribe a 1.ª carta ós Tesalonicenses, o máis primitivo escrito de todo o N.T. (ano 51 aínda que algúns investigadores pensan que pode ser algo posterior a 2 Tes). Por mar, tocando algúns portos, volve por Xerusalén a Antioquía, onde *"descansou"* un ano ben completo *(outono do 52 - primavera do 54)*.

Terceira viaxe (anos 53-58: Feit **18**, 23-**21**, 17)

Esta viaxe ten moito de estancia en Éfeso, onde reside por tres anos. Aquí recibe noticias das alegrías e dos problemas das súas comunidades: a carta convértese en instrumento da súa presencia. Sucesivamente vai escribindo: Gálatas *(sobre o 55)*, Filipenses *(sobre o 56)* e 1.ª Corintios *(no 57)*. Esta carta non foi ben acollida, e Paulo diríxese persoalmente a Corinto, pero non serviu de nada. Regresou a Éfeso, de onde saíu logo a causa da "revolta dos prateiros", alporizados porque a predicación paulina lles arruinaba o negocio. Marcha a Macedonia, onde se encontra con Tito, e escribe a 2.ª Corintios *(outono do 57)*. Aínda fará unha terceira visita a Corinto, antes de se dirixir a Acaia, onde permanecería tres meses.

Aquí Paulo parece facer un reconto dos seus proxectos: quere completa-la súa misión, dirixíndose a España e Occidente; de camiño visitará Roma, por iso escribe Romanos *(sobre o 58)*. Pero antes quere facer unha colecta a favor dos pobres de Xerusalén e levala persoalmente. Alá se dirixe nunha longa viaxe —en Mileto ten o famoso discurso ós responsables da igrexa de Éfeso—, que trastocará tódolos seus plans.

INTRODUCCIÓN A SAN PAULO

Prisión e viaxe a Roma (anos 58-63: Feit **21, 15-28,** 31)

En Xerusalén preséntase a Santiago e ós responsables, que o acollen ben e o tratan de protexer dos xudaizantes. Pero estes levántanse contra el e quéreno matar. Interveñen os romanos, que o arrestan para o protexeren, e acaban mandándoo a Cesarea por máis seguranza. Alí está dous anos (58-60) na cadea, ata que, cansado, apela ó César.

Vai, logo, a Roma, preso e nunha accidentada viaxe por mar, con naufraxio en Malta. Chega a Roma na primavera do 61; pasa dous anos en arresto domiciliario, pero coa posibilidade de predicar. Aquí escribe as cartas da catividade: *Filemón*, certo, e, con moita probabilidade, *Colosenses* e *Efesios*. A partir deste tempo acábanse as certezas biográficas sobre Paulo.

O final

Os Feitos non contan máis: Paulo foi "de Xerusalén ata Roma" que é o que lles interesaba mostrar. ¿Morreu Paulo ó cabo desta prisión ou saíu aínda de Roma nunha derradeira etapa da súa actividade?

Se as Cartas Pastorais son auténticas, Paulo puido volver a Oriente, Éfeso, Macedonia e Grecia. En Macedonia escribirá 1.ª Timoteo e mais Tito (polo 65). A tradición eclesiástica di aínda que visitou España (Clemenzo Romano e Fragm. Muratori), que padeceu martirio baixo Nerón (Eusebio), morrendo decapitado (Tertuliano). Nesta definitiva prisión en Roma escribirá,

como unha especie de testamento, 2.ª Timoteo, arredor do 67, data posible da súa morte.

3. O "Corpus Paulino"

Así se chama o conxunto das cartas escritas por Paulo (que na realidade foron máis das que coñecemos; en troques, non son del tódalas que se lle atribúen). A pesar da súa irreductible orixinalidade, mostran a estructura común daquel tempo: saúdo, acción de gracias a Deus, mensaxe (cunha parte doutrinal e outra parenética ou exhortativa), conclusión e saúdos finais. Á parte das primeiras ós tesalonicenses, clasifícanse en: grandes cartas (Rm, 1 e 2 Cor, Gál), *pola súa estensión e importancia;* cartas da catividade (Ef, Flp, Col, Flm) *polas alusións á súa prisión;* e cartas pastorais (1 e 2 Tim, Tit), *pola súa temática de goberno e disciplina eclesiástica.*

Tradicionalmente considérase que o "corpus" consta de catorce cartas. Pero a crítica non asume a autenticidade paulina (¡o que non nega a súa canonicidade e inspiración!) de todas elas. Así Heb xeralmente considérase non paulina e sobre as Pastorais hai serias dúbidas; discuten algúns: 2 Tes, Col e Ef; e admiten practicamente todos: 1 e 2 Cor, Rm, 1 Tes, Flp e Flm.

Como queda indicado, a orde na que aparecen non é cronolóxica. Esta é moi probablemente a que se foi reseñando na vida de Paulo: 1 Tes, 2 Tes, Gál, Flp, 1 Cor, 2 Cor, Rm, Flm, Col, Ef, 1 Tim, Tit, e 2 Tim.

INTRODUCCIÓN Á CARTA ÓS ROMANOS

Anque aparece en primeiro lugar, esta carta non é a primeira que escribiu San Paulo. Pero si é quizais a máis importante e, por certo, a que máis influxo tivo na teoloxía posterior: xa na mesma Biblia (1 Pe, Heb, Sant), pero tamén despois, maiormente, a partir da Reforma. Cada nova lectura desta carta —non sempre fácil— constitúe unha auténtica sorpresa para o cristián sensible e atento.

1. Destinatarios

Contra o seu costume, Paulo non escribe esta vez a unha comunidade fundada por el (**15,** 20). Aínda hoxe non sabemos nin quen fundou a igrexa de Roma nin tampouco a data, anque todo indica que foi moi cedo. Estaba composta por xudeus-cristiáns e por pagáns conversos, sen que se poida determinar cal dos dous grupos predominaba numericamente. Como en todas partes, o choque das dúas mentalidades creaba problemas doutrinais e de convivencia. Pola súa vitalidade, polo seu número, e sobre todo, por estar en Roma, cabeza do imperio, a igrexa romana tiña xa sona universal na década dos 50.

2. Ocasión da carta

Paulo entra na etapa final da súa vida. Dá por rematado o seu apostolado no Mediterráneo Oriental (Asia Menor e Grecia), e quere completa-lo seu traballo, dirixíndose a Occidente, sobre todo a España (**15,** 24. 28). Para iso, deberá pasar por Roma, que xa tiña gana de coñecer (**1,** 15; **15,** 23). Na carta anuncia a súa visita. E de paso preséntase el e a súa doutrina. Sabe que tamén alí ten inimigos, que o calumnian e o acusan de mina-los fundamentos da Historia da Salvación, sobre to-

INTRODUCCIÓN Á CARTA ÓS ROMANOS

do pola súa equiparación de tódolos homes —pagáns igual ca xudeus— ante o misterio da salvación. Paulo expón, por tanto, as liñas fundamentais do *"seu Evanxeo"* (**2**, 16) e trata de refuta-las obxeccións que lle poñen (por iso notará moitas veces o lector que a carta adopta un ton polémico ou dialogante, de pregunta e resposta).

3. Contido

Estamos ante un auténtico traballo de síntese madura e grandiosa. (Isto nótase moi ben, comparándoo coa carta ós Gálatas, que trata os mesmos temas, pero cun ton máis polémico e circunstancial). *"Síntese"* non quere dicir *"resumo"* (hai moitos temas que Paulo non toca aquí; Eucaristía, resurrección, Parusía...), senón trazado da arquitectura fundamental do cristianismo e exposición do significado radical da experiencia cristiá.

O centro é: a humanidade, toda ela, está salvada pola misericordia de Deus, manifestada en Cristo Xesús. Deus xustifica, é dicir, por puro amor e por propia iniciativa, perdoa o pecado da humanidade, concedendo unha especie de *"amnistía xeral"*. Todo é gratuíto e, por iso, non existen privilexios: por si mesmos, tanto os pagáns (**1**, 18-32) como os xudeus (**2**, 1-**3**, 20), están entregados á *"ira"*. Só a fe na xustiza de Deus a través de Xesús abre a porta da salvación; xa foi así no A.T., como o mostra o exemplo de Abraham (**3**, 21-**4**, 25).

E porque xustifica, Deus salva: Cristo, ó se solidarizar connosco, transforma e vitaliza a nosa humanidade con moita máis forza cá que fixo o pecado de Adán para deformala e escravizala; o cristián está xa libre do pecado, da morte e mais da Lei (**5**, 1-**7**, 25). Por iso a vida cristiá é xa unha vida no Espírito, que o establece nunha relación de fillo con Deus, plena e confiada xa aquí, e destinada definitivamente á herencia da gloria (**8**, 1-39).

Nunha especie de digresión histórica, mostra entón Paulo que iso non contradí a acción de Deus na historia, a elección de Israel: o dominio de Deus, a liberdade da elección, a infidelidade de Israel (do home), a perspectiva final de salvación, exprésanse nunha visión tan grandiosa como misteriosa (**9**, 1-**11**, 36).

Finalmente, Paulo tira as consecuencias desta visión. O cristián debe vivir de acordo coa súa nova Vida, no servicio do Señor e no amor ós irmáns, con atención ós mais febles e necesitados (**12**, 1-**15**, 13).

O resto é xa conclusión e despedida.

4. Estilo

Escrita por mediación de Tercio (**16**, 22), a carta ten un estilo sobrio, sen moito adorno, ás veces lapidario, cheo de forza expresiva, en ocasións brillante. O grego utilizado non é o vulgar senón o usual entre as persoas cultas do seu tempo. Son frecuentes o paralelismo semítico e as conclusións —transicións, coas que remata un tema e inicia outro—. Utiliza tamén o diálogo ou diatriba, finxindo un interlocutor que fai obxecións e demanda explicacións. Así consegue mante-la atención e o interese do lector, que con facilidade se sente interpelado pola súa lóxica. Ás veces, a causa do fervor do razoamento, deixa incompleta a frase e resulta difícil de entender.

5. Autenticidade e integridade

Hoxe ninguén dubida de que sexa Paulo o autor desta carta. Só os cc. **15** e **16** ofrecen certas dificultades e, propiamente, só o **16**. Este c. ten dúas partes diferenciadas: **16**, 1-23 mostra unha certa desconexión co resto da carta e, sobre todo, alude a unha serie verdadeiramente excepcional de coñecidos: 28 persoas, e 26 polo seu nome. Isto levou a algúns críticos a pensar que o anaco se refería á igrexa de Éfeso, que, ó revés de Roma, coñecía moi ben Paulo. Pero non é imposible que se trate de vellos coñecidos, agora instalados en Roma, que, como capital do Imperio, atraía a moita xente.

A segunda parte, **16**, 25-27, que constitúe a doxoloxía —canto de louvanza— final, ofrece quizais máis dificultades: a inseguridade da súa ubicación (diversos manuscritos colócana en distintos lugares da carta), o estilo e o mesmo vocabulario, fan difícil, anque tampouco imposible, a súa atribución a Paulo.

6. Data e lugar

Entre o inverno do 57 e a primavera do 58, Paulo, á fin da súa terceira viaxe misional e, como diciamos, con grandes proxectos na cabeza, atópase en Corinto. Vai partir para Xerusalén a fin de lle levar a aquela comunidade a colecta que el fixera en Galacia, Macedonia e Acaia, como axuda material e como sinal de comuñón cristiá. É entón cando escribe a carta; a súa motivación e contido xa os coñecemos.

CARTA ÓS ROMANOS

Saúdo

1 ¹Paulo, escravo de Cristo Xesús, chamado para ser apóstolo, escollido para o Evanxeo de Deus, ²que El prometera antes por medio dos seus profetas nas Escrituras santas, ³e que trata do seu Fillo Xesús Cristo o noso Señor, que como home naceu da semente de David, ⁴pero que polo Espírito santificador foi constituído Fillo de Deus con pleno poder ó ser resucitado dos mortos.

⁵Por medio del recibímo-lo don de ser apóstolos, para promovermos entre tódolos pobos xentís a obediencia da fe, en honor do seu nome. ⁶Entre eles tamén vos contades vós, chamados por Xesús Cristo. ⁷A tódolos predilectos de Deus, que estades en Roma, chamados a serdes santos, deséxovos gracia e paz de parte de Deus noso Pai e do Señor Xesús Cristo.

Limiar

⁸Primeiro de todo, doulle gracias ó meu Deus por medio de Xesús Cristo, a causa de todos vós, porque a vosa fe ten sona no mundo enteiro. ⁹Deus, a quen dou culto no fondo do meu corazón anunciando o Evanxeo do seu Fillo, sabe moi ben que eu me estou a lembrar a cotío de vós ¹⁰en tódalas miñas oracións, rogando que, se é a súa vontade, eu teña por fin a satisfacción de vos ir visitar como sexa. ¹¹Teño moita gana de vos ver, para repartir convosco algún don espiritual que vos enforteza; ¹²é dicir, para nos animar mutuamente coa fe duns e doutros: a vosa e maila miña.

¹³Ademais quero que saibades, irmáns, que moitas veces me propuxen irvos visitar, coa intención de recoller algún froito tamén entre vós, coma entre os outros pagáns e polo de agora non puido ser. ¹⁴Estou en débeda con gregos, con estranxeiros, con sabios e con ignorantes; ¹⁵así que, en canto dependa de min, estou disposto a vos anuncia-lo Evanxeo tamén a vós, os de Roma.

A XUSTIFICACIÓN

Enunciación do tema

¹⁶Porque eu non me avergonzo do Evanxeo, que é unha forza de Deus para a salvación de todo o que cre; primeiramente do xudeu, pero tamén do grego. ¹⁷Porque nel a xustificación de Deus revélase desde a fe e para a fe, tal como está escrito: *o que é xusto pola fe, vivirá.*

Toda a humanidade pechada no pecado

¹⁸Ademais estase manifestando a ira de Deus desde o ceo sobre toda impiedade e in-

---

1, 1 *Escravo:* segundo tradición do A.T., Paulo aplícase a si mesmo este título para indica-la súa total disponibilidade no servicio de Cristo e do Evanxeo.
Apóstolo: en senso xeral, aplícase algunhas veces ós predicadores do Evanxeo (**16,** 7; 1 Cor **12,** 28; Ef **2,** 20; **3,** 5; **4,** 11); en senso estricto, son "os Doce", elixidos por Cristo e testemuñas da resurrección. Paulo pertencería en certo senso ós primeiros; pero a súa experiencia e misión excepcionais sitúano no segundo, en plano de igualdade cos Doce: tamén "viu o Señor" (1 Cor **9,** 1) e recibiu del a misión de ser testemuña (Feit **26,** 16; Rm **1,** 5; Gál **1,** 16).
1, 4 *Fillo de Deus con pleno poder.* Paulo sinala aquí os dous estadios fundamentais da misión de Cristo-Xesús: presencia normal e plenamente "humana" na súa misión terreal, e grandeza, potencia e mais esplendor "divino" a partir da resurrección (e por efecto dela).
1, 5 *Obediencia da fe:* ó revés do mundo grego, a fe non é unha opinión nin un mero proceso intelectual; nace dun "escoitar" a Deus, e realízase na "entrega" e no "compromiso" persoais.
1, 9 *Dou culto:* Paulo considera a predicación do Evanxeo coma un culto, ó que el se consagra plenamente.
1, 10 Primeiro anuncio da súa intención de ir visitar Roma, camiño de España e Occidente. Parece presenti-las dificultades.

1, 16-17 Enunciación do cerne temático da carta: o Evanxeo é a acción poderosa de Deus para salvar a tódolos homes, cunha primacía histórica para o xudeu, pero sen privilexios: non hai máis fundamento cá *fe,* é dicir, a acollida humilde, que non se apoia na propia suficiencia, senón unicamente en Deus.
Xustificación ou "xustiza" ("dikaiosyne"): unhas veces traduciremos dun xeito, outras doutro, sen que a distinción poida ser nunca clara. A "xustiza" é en Deus, a súa misericordia, o seu perdón, o seu amor salvador. A *xustificación* é esa xustiza "actuando e actuada" no home: cambio radical e profundo, que o home non pode conseguir, senón únicamente aceptar de Deus pola *fe.*
1, 17 *Desde a fe e para a fe:* lit. "de fe a fe", expresión que se podería traducir tamén: a medida que progresa a fe; pola fe e para a fe, exclusivamente pola fe; no ámbito da fe. Non sería imposible unha alusión velada ó verso anterior: "primeiramente do xudeu" (desde a fe, aínque imperfecta), "pero tamén do grego" (para a fe).
Como está escrito: a cita é de Hab **2,** 4, que aparece tamén en Gál **3,** 11 e Heb **10,** 38. Pode lerse tamén: "o que é xusto vivirá pola fe".
1, 18-3, 20 O tema central explícase agora negativamente: como a salvación vén só da fe, todo o que está fóra dela é só "condenación": tanto a cultura e relixión pagás (**1,** 18-32), coma a mesma Lei xudía (**2,** 1-3, 20).

xustiza dos homes, que coa inxustiza asoballan a verdade. ¹⁹Porque o que se pode coñecer de Deus téñeno ben a vista, que Deus llelo puxo diante dos ollos. ²⁰Porque o que de Deus é invisible, é dicir, a súa potencia eterna e a súa divinidade, resúltalle visible, desde que o mundo é mundo, a quen reflexiona sobre as súas obras; de xeito que non teñen escusa. ²¹Porque, cando coñeceron a Deus, non o louvaron coma tal, nin lle deron gracias; máis ben, parvearon con matinacións baleiras e o seu corazón insensato encheuse de tebras: ²²téndose por moi listos volvéronse parvos, ²³que trocaron a gloria do Deus inmortal por imaxes corruptibles de homes, de paxaros, de bestas e de reptís. ²⁴Por iso Deus abandonounos ás cobizas dos seus corazóns e chegaron a envilece-los seus propios corpos, ²⁵por trocaren o Deus verdadeiro por un falso, e por honraren e daren culto á criatura en lugar do Creador (¡Bendito e louvado polos séculos. Amén!). ²⁶Por iso abandonounos Deus ás paixóns degradantes: as súas mulleres cambiaron o uso natural polo que é contra a natureza. ²⁷E os homes, outro tanto: deixaron o uso natural da muller, arderon en cobizas duns polos outros, homes con homes, cometendo torpezas e recibindo o pagamento do seu extravío en si mesmos. ²⁸E, como lles pareceu inadmisible seguir recoñecendo a Deus, Deus abandonounos ó perverso pensamento de faceren o que non é decente. ²⁹Están ateigados de toda clase de inxustiza, maldade, cobiza, perversidade; cheos de envexa, de homicidios, de rifas, de enganos, de depravación; son detractores, ³⁰murmuradores, inimigos de Deus, inxuriadores, soberbios, fachendosos, inventores de males, rebeldes cos seus pais; ³¹sen xuízo, sen palabra, sen afecto, sen misericordia. ³²Eles coñecen ben a xustiza de Deus, que castiga coa morte ós que tal fan; pero, aínda así, eles fano e, por riba, apláudenlle a quen o faga.

Tamén os xudeus están no pecado

2 ¹Por iso, non tes escusa ti, home, quenquera que sexas, cando xulgas; pois ó dares sentencia contra outros, estaste condenando a ti mesmo, xa que fas aquilo mesmo que xulgas condenable. ²Pois sabemos que o xuízo de Deus contra tódolos que tales cousas fan está conforme coa verdade. ³¿Seica pensas, home, que por xulgáre-los que fan esas cousas (facendo como fas ti o mesmo) xa vas escapar por iso ó xuízo de Deus? ⁴¿Ou é que abusas da súa inesgotable bondade, do seu aguante e da súa paciencia, e non te decatas de que esa benignidade de Deus está tratando de te encamiñar cara á conversión? ⁵Na medida da túa dureza e do teu impenitente corazón estás amoreando ira contra ti mesmo para o día da ira e da manifestación do xusto xuízo de Deus. ⁶Pois El daralle a cadaquén conforme ós seus feitos: ⁷ós que perseveran nas boas obras e buscan a gloria, a honra e a inmortalidade, halles dar vida eterna; ⁸pero ós que só pensan no seu e non seguen a verdade, senón a inxustiza, halles dar castigo e ira. ⁹Tormento e estreitura para todos cantos cometen o mal, primeiramente para o xudeu, pero tamén para o grego; ¹⁰gloria, honor e paz para todo o que fai o ben, primeiro para o xudeu, pero tamén para o grego. ¹¹Pois Deus non é favoritista: ¹²os que pecaron sen estaren baixo a Lei, perecerán sen a Lei; e os que pecaron dentro da Lei serán xulgados por medio da Lei. ¹³Pois non abonda escoita-la Lei para estar a ben con Deus, senón que cómpre practicala para recibi-lo seu beneplácito. ¹⁴Cando os pagáns, con non

---

1, 18-20 Pasaxe tan famosa e importante como difícil e discutida. Paulo diagnostica a situación de feito do mundo pagán: a autosuficiencia que non se abre humildemente á presencia de Deus no mundo, acaba víctima de si mesma, na confusión mental e na degradación moral. Coma bo xudeu, o apóstolo ve en todo iso unha manifestación da "ira de Deus" contra o pecado.

1, 25 *...Ó Deus verdadeiro...*; tamén podería ser: "a verdade de Deus pola mentira".

1, 25-31 Paulo apoia a súa descrición nun "catálogo de vicios" non moi desemellante ó que usaban os mesmos filósofos gregos (sobre todo estoicos) e os mestres xudeus (sobre todo esenios).

1, 32 O colmo da corrupción maniféstase non xa na degradación por debilidade, senón na súa xustificación teórica.

2, 1 *Home...* Paulo usa aquí o estilo da "diatriba", é dicir, dialoga cun personaxe imaxinario, que fai preguntas e obxeccións. Neste caso é un xudeu, ó principio indirectamente, logo claramente indicado (v 17). Non por xulga-los demais queda a salvo o xudeu: nin a Lei (vv 12-16), nin a circuncisión (vv 25-29), nin as Escrituras (**3,** 1-8) poden sustituí-la fe.

2, 5 *Día da ira*: é o "día de Iavé" dos profetas (Xl **2,** 1-2; Am **5,** 18-20; Sof **1,** 14-18; Zac **1,** 14-17), e o "día do Señor" ou do xuízo final do N.T. Paulo, na súa diatriba contra o pecado, marca aquí máis o seu aspecto negativo.

2, 12-15 Unha clara mostra do universalismo paulino. Os xudeus pensaban que os que tiñan a Lei se salvaban, e que os que non a tiñan, se condenaban. Paulo vai máis fondo: sálvase quen é fiel á lei profunda do corazón, manifestada na propia conciencia no caso do pagán e na Lei mosaica no caso do xudeu.

teren Lei, practican naturalmente o que manda a Lei, entón aínda faltándolle-la Lei, eles son lei para si mesmos. [15]E así amosan que levan escrito nos seus corazóns o efecto da Lei; failles de testemuña a súa propia conciencia, e de acusadores ou defensores os seus razoamentos.

[16]Así será no día en que por medio de Xesús Cristo xulgue Deus as cousas escondidas dos homes conforme ó Evanxeo que eu predico.

A circuncisión exterior e a Lei non valen

[17]Imos ó caso: ti que te consideras xudeu e confías na Lei e te enorgulleces de Deus; [18]ti que coñéce-la súa vontade e, adoutrinado pola Lei, acérta-lo que é mellor; [19]que estás convencido de seres guía dos cegos, luz dos que están na escuridade, [20]educador dos ignorantes, mestre dos simples, porque tes na Lei a plasmación do saber e da verdade.

[21]Ben, pois ti, que adoutrinas ós outros, ¿non te adoutrinas ti? Ti, que predicas que non se roube, ¿roubas? [22]Ti, que dis que non se pode adulterar, ¿adulteras? Ti, que abominas dos ídolos, ¿roubas nos templos? [23]Ti, que te gabas de te-la Lei, ¿deshonras a Deus transgredindo a Lei?

[24]Por iso, como está escrito, *pola vosa culpa maldín os pagáns o nome de Deus*.

[25]Certo, a circuncisión é útil, se practica-la Lei; pero, se ti es un transgresor da Lei, a circuncisión convértese en incircuncisión. [26]Pois, se o que é incircunciso practica o que manda a Lei, ¿non é certo que a súa incircuncisión se volve circuncisión?

[27]Fisicamente non está circuncidado, pero, se cumpre a Lei, hate de xulgar a ti, que, con tére-la Escritura e a circuncisión, es transgresor da Lei.

[28]Porque non é xudeu quen o aparenta externamente, nin é auténtica a circuncisión só na carne; [29]senón que é xudeu quen o é por dentro: e a verdadeira circuncisión é a do corazón, por obra do Espírito, non pola letra: ese tal recibe a gabanza non dos homes, senón de Deus.

Obxeccións

3 [1]—¿Cal é, logo, a vantaxe do xudeu? ¿Para que vale a circuncisión?

[2]—Moita, en tódolos sentidos. En primeiro lugar porque se lle confiaron as palabras de Deus. [3]¿Que importa que algúns non cresen? ¿Ou é que a incredulidade deles vai anula-la fidelidade de Deus? [4]De ningunha maneira. Quede ben claro que Deus é veraz, e que todo home é mentireiro, como está escrito:

Os teus argumentos amosarán a túa inocencia e no xuízo sairás vencedor.

[5]—Pero se a nosa inxustiza fai salienta-la xustiza de Deus, ¿que diremos? Falando ó xeito humano: ¿non será inxusto Deus, descargando a súa ira?

[6]—De ningunha maneira. Se así fose, ¿como vai xulgar Deus ó mundo?

[7]—Xa, pero se, por contraste coa nosa mentira, a verdade de Deus queda destacada para a gloria súa, ¿por que por riba se me condena por pecador? [8]¿E por que non dicir xa (como algúns con calumnia din que dicimos nós): "Fagámo-lo mal para que resulte o ben?".

—Esa xente merece a condenación.

[9]—En resumidas contas, ¿temos algunha vantaxe?

—En definitiva, ningunha, pois acabamos de deixar convictos tanto ós xudeus coma ós gregos, de estaren todos baixo o pecado.

2, 19-20 Denominacións desprezativas coas que o imaxinario interlocutor xudeu pretende marca-la súa superioridade.
2, 24 Cita, un pouco acomodada, de Is **52**, 5, segundo os LXX; cf Ez **36**, 20-22.
2, 25-29 Posible obxección do interlocutor: a *circuncisión* garantiza a salvación. Paulo: si, se vai acompañada da conducta e mais da obediencia no Espírito. Iso é o que, en definitiva, xulga tanto ó xudeu como ó pagán.
3, 1 ss. Continúa a discusión. Antes era a circuncisión, agora son as "promesas": ¿non ten o xudeu asegurada a salvación gracias a elas, ou acaso é Deus infiel? —Deus non é infiel, pero o home é responsable: a salvación non é un proceso automático. Nos cc. **9-11** tratará sistematicamente a cuestión. O estilo da diatriba é vivo, pero non sempre claro: unhas veces Paulo discute co interlocutor imaxinario e outras consigo mesmo; nalgunha ocasión empeza cun argumento, que logo non continúa (por ex., o "En primeiro lugar" do v 2 non ten continuación). Parecen ecoar aquí as discusións reais de Paulo nas sinagogas.
3, 2 *Palabras de Deus:* a palabra profética e inspirada, que inclúe revelación, promesa e norma de conducta. Foi sempre para a Biblia prenda suprema de salvación.
3, 3-4 Que algúns falten a pesar destas palabras, non implica infidelidade de Deus —que non cumpriría a súa promesa de salvar—, senón a falsidade e infidelidade do home, que non acolle a salvación. A cita é do Sal **51**, 6 segundo os LXX.
3, 8 No cume da argumentación pon Paulo unha obxección que pretende apoiarse na súa autoridade (en realidade é pura calumnia, ou unha afirmación tirada do seu contexto: cf **5**, 20; Gál **3**, 22). Nin sequera a refuta: indignado, condena os que tal cousa din.
3, 9 A traducción é difícil e discutida. Tamén se podería ler: "¿estamos nós (os xudeus) en desvantaxe?" ou "¿estou eu (nós) escusándome?".
En definitiva, ningunha: tamén pode ser "Absolutamente non" ou "non moito", "en conxunto, non".

¹⁰Como está escrito:
Non hai nin sequera un xusto,
¹¹*non hai nin un ben asisado,*
nin un que busque a Deus.
¹²*Todos se extraviaron, xuntamente se perderon;*
non hai quen faga o ben,
non hai nin un.
¹³*Sartego aberto é a súa gorxa,*
coas súas linguas tecen dolos,
veleno de víbora hai nos seus beizos.
¹⁴*A súa boca está chea de maldición e amargura.*
¹⁵*Lixeiros son os seus pés para verter sangue,*
¹⁶*sufrimento e miseria deixan nos seus camiños,*
¹⁷*non atoparon camiño de paz.*
¹⁸*O temor de Deus non existe para eles.*
¹⁹Ora, sabemos que canto se di na Lei se refire ós que están baixo a Lei: para que toda boca quede pechada, e todo o mundo quede convicto ante Deus. ²⁰Porque *ninguén se poderá xustificar ante El* polas obras da Lei, xa que a Lei só serve para dar conciencia do pecado.

A xustificación só vén pola fe

²¹Mais agora, con total independencia da Lei, manifestouse a xustiza de Deus; a que atestaran a Lei e mailos Profetas. ²²Esta é a xustiza de Deus por medio da fe en Xesús Cristo, para tódolos que cren. Porque non hai distinción ningunha: ²³todos pecaron, e carecen da gloria de Deus. ²⁴Pero todos quedan xustificados, sen o mereceren, pola súa gracia, mediante a redención que se realizou en Cristo Xesús. ²⁵Pois Deus púxoo a El coma propiciatorio no que, pola fe, se expían os pecados mediante o seu sangue. Así mostra que era xusto cando deixaba sen castigo os pecados cometidos antes, ²⁶no tempo da paciencia de Deus, ó demostrar agora a súa xustiza no tempo presente; de xeito que se vexa que El é xusto e que xustifica a quen ten fe en Xesús.
²⁷—¿Onde está, logo, o orgullo?
—Quedou eliminado.
—¿Por que Lei? ¿Pola das obras? —Non; pola lei da fe. ²⁸Pois afirmamos que o home é xustificado pola fe, con independencia das obras da Lei.
²⁹—¿Ou é que Deus é Deus dos xudeus soamente? ¿Non o é tamén dos xentís?
—Certo, tamén dos xentís. ³⁰Porque hai un só Deus, que xustificará a ambos: ós circuncisos pola fe, e ós incircuncisos tamén pola fe.
³¹—¿Logo coa fe derogámo-la Lei? —De ningunha maneira, máis ben a convalidamos.

O exemplo de Abraham

4 ¹—¿Que diremos, entón, que conseguiu Abraham, o proxenitor da nosa estirpe? ²Porque, se Abraham foi xustificado polas obras, ten razón de se gabar.
—Si, pero non diante de Deus. ³Porque ¿que di a Escritura?: *Fiouse Abraham en Deus e iso valeulle a xustificación.* ⁴Ó traballador non se lle conta o xornal coma regalo, senón coma algo debido. ⁵En troques, ó que non traballa, pero que se fía daquel que xustifica ó impío, a súa fe válelle para xustificación. ⁶Xa David declara ditoso o home a quen Deus lle concede a xustiza sen as obras:

3, 10-18 Composición, a base de varias citas unidas: Sal **14**, 1-3; **5**, 10; **140**, 4; **10**, 7; Is **59**, 7-8; Sal **36**, 2.
3, 19 *Lei*, aquí é todo o A.T.
3, 20 Anúnciase un tema que será amplamente tratado máis tarde (**7**, 7ss): a Lei ó acabar mostrándose que o seu cumprimento estricto é superior ás forzas do home, enfronta a este coa súa culpabilidade e coa súa conciencia do pecado. Por iso a salvación vén da "misericordia" de Deus, acollida pola fe do home: é o que Paulo mostra a continuación (vv 21-31).
3, 21 *Agora:* indica a presente etapa histórica da salvación definitiva, inaugurada por Cristo: á Lei e á ira séguenas a misericordia e o perdón.
3, 25-26 Pasaxe de moi difícil traducción. O miolo parece ser: a salvación realízase, para os que teñen fe, mediante Xesús, quen co seu sacrificio ("no seu sangue") consegue o perdón dos nosos pecados; (*propiciatorio* parece aludir ó lugar sobre a arca na que residía Iavé, dentro do Santo dos Santos).
Á parte disto parece que Paulo indica que a plena manifestación actual ("no tempo presente") da xustiza salvadora de Deus, aclara e demostra que a súa paciencia cos pecados, que antes de Xesús ("no tempo da paciencia") deixou sen castigo, estaba xustificada: tamén a eles lles chega a salvación de Xesús (outras interpretacións son posibles).
3, 25-26 A cruz de Xesús demostra a paciencia de Deus, ó deixar sen castigo os pecados dos antigos, non era arbitraria no inxusta: a redención de Xesús xustifica todo e mostra que todo é gracia.
3, 28 *É xustificado*, "pasivo divino", é dicir: Deus xustificao. En definitiva a salvación é obra de Deus; o home só a pode acoller *pola fe*, e vivir en consecuencia.
3, 30 *Circuncisos, incircuncisos:* lit. circuncisión, incircuncisión.
4, 1 Outra lectura posible: "¿que diremos entón de Abraham, o noso devanceiro? ¿Que conseguiu segundo a carne?"
Trátase dunha obxección: a tradición xudía interpretara a Abraham coma prototipo do que se xustifica pola súa conducta exemplar. Paulo dálle a volta á argumentación e convérteo en modelo de xustificación pola fe.
4, 3 Cita de Xén **15**, 6 segundo os LXX.

⁷Benia aqueles a quen se lles perdoaron as súas iniquidades,
ós que lles enterraron os seus pecados.
⁸Benia o home a quen o Señor
non lle ten en conta o pecado.
⁹Ora, ¿esta benaventuranza tócalles só ós circuncisos ou tócalles tamén ós incircuncisos? Pois dicimos: *A Abraham a fe valeulle a xustificación.* ¹⁰Pero ¿como lle valeu? ¿Estando na circuncisión ou na incircuncisión?

—Non na circuncisión, senón na incircuncisión. ¹¹E recibiu o sinal da circuncisión como marca da xustificación que recibira pola fe, estando aínda na incircuncisión. Desa maneira chegou a ser pai de tódolos crentes incircuncisos, para que se lles conte coma xustificación; ¹²e pai tamén daqueles circuncisos que non só están circuncidados, senón que ademais seguen as pegadas da fe que o noso pai Abraham tivo antes de se circuncidar.

A promesa cúmprese por medio da fe

¹³Pois a promesa a Abraham ou á súa liñaxe, de que el herdaría o mundo, non se lle fixo pola Lei, senón pola xustificación da fe. ¹⁴Xa que se fosen herdeiros pola Lei, a fe quedaría baleira e a promesa non se cumpriría: ¹⁵porque a Lei o que fai é trae-la ira, dado que onde non hai Lei, tampouco hai infracción.

¹⁶Por iso a promesa depende da fe, para que sexa por gracia, e así se manteña firme para toda a liñaxe: non só para o que nace na Lei, senón tamén para o que nace pola fe de Abraham, ¹⁷conforme está escrito: *púxente como pai de moitas nacións*, el é pai de todos nós ante o Deus en quen el creu, o que fai vivi-los mortos e que chama á existencia mesmo ás cousas que non existen.

¹⁸Contra toda esperanza el creu na esperanza e así chegou a ser *pai de moitas nacións,* como se lle dixera: *así será a túa liñaxe.* ¹⁹E non abalou na fe, anque ben vía que o seu corpo xa estaba morto —tiña ó pé de cen anos— e que morto estaba tamén o seo de Sara. ²⁰Ante a promesa de Deus non dubidou por incredulidade, senón que se enforteceu na fe, dando gloria a Deus, ²¹plenamente seguro de quen é poderoso para cumpri-lo que promete. ²²*Por iso valeulle a xustificación.* ²³Estas palabras non se escribiron soamente por el, ²⁴senón tamén por nós. Pois tamén nos vai "valer" a nós que cremos naquel que resucitou dos mortos a Xesús, noso Señor, ²⁵que foi entregado por culpa dos nosos pecados e foi resucitado por mor da nosa xustificación.

A SALVACIÓN

A salvación, efecto da xustificación

5 ¹Xustificados, logo, pola fe, estamos en paz con Deus, por medio do noso Señor Xesús Cristo. ²Por El temos tamén entrada a esta gracia na que nos mantemos; e estamos orgullosos coa esperanza de logra-la gloria de Deus. ³E non só isto, senón que estamos orgullosos nas tribulacións, sabendo que a tribulación enxendra a paciencia, ⁴a paciencia proba a fidelidade e a fidelidade produce a esperanza. ⁵E a esperanza non falla, porque o amor de Deus vértese nos nosos corazóns mediante o Espírito Santo, que se nos deu.

⁶De certo, xusto cando nós aínda estabamos sen forzas, no tempo preciso, Cristo morreu polos impíos. ⁷Non é fácil, en verdade, que alguén queira morrer por un home xusto (anque por un home bo, quizais se atreva alguén a morrer); ⁸pero Deus demostróuno-lo seu amor no feito de que, sendo aínda nós pecadores, Cristo morreu por nós. ⁹Con máis razón logo, agora que xa estamos xustificados polo seu sangue, seremos

---

4, 7 *Se lles perdoaron:* lit. "se lles taparon", modo hebreo (en xeral do Antigo Oriente) de referirse ó perdón dos pecados por Deus. A cita é do Sal **32**, 1-2.
4, 9 Xén **15**, 6.
4, 11 *Marca* ou selo" ('sfraguís'), pasou despois a significar tamén o bautismo cristián.
4, 17 Cita de Xén **17**, 5.
4, 18 Contra tódalas "esperanzas" humanas Abraham agarrouse á esperanza na promesa de Deus.
4, 25 A morte-resurrección de Xesús forma unha unidade inseparable, na que se realizou a nosa salvación. Pero Paulo nesta fórmula magnífica relaciona especialmente a morte co pecado e a resurrección coa xustificación: tal é xustamente a visibilización da dobre cara da nosa redención.
5, 2 *Gracia* en senso complexivo: a esfera da gracia, o noso poder vivir en comuñón con Deus. *Esperanza da gloria:* aquilo que o cristián vive xa na gracia, espérao aínda na súa manifestación plena e gloriosa coma ben escatolóxico.
5, 5 *Amor de Deus:* o amor que Deus nos ten (non directamente o que nos lle temos a El). Paulo salienta de mil maneiras os efectos espléndidos (vv 1-5) e a gratuidade absoluta (vv 6-11) da salvación.

por El salvos da ira. ¹⁰Porque, se cando eramos aínda inimigos, fomos reconciliados con Deus mediante a morte do seu Fillo, moito máis, xa reconciliados seremos salvos pola súa vida. ¹¹Aínda máis: mesmo orgullosos estamos en Deus por medio do noso Señor Xesús Cristo, por quen agora recibímo-la reconciliación.

Adam e Cristo

¹²Isto enténdese cun exemplo: o pecado entrou no mundo por un home só, pero como polo pecado entrou a morte, a morte pasou a tódolos homes e, en consecuencia, todos quedaron incursos no pecado. ¹³Porque, de feito, antes da Lei había pecado no mundo; anque o pecado non se ten en conta cando non hai Lei; ¹⁴a pesar diso, a morte dominou desde Adam ata Moisés, mesmo sobre aqueles que non pecaron cunha transgresión semellante á de Adam. E Adam é unha figura arquetípica daquel que está para vir.

¹⁵Pero de ningún modo hai comparanza entre o delito e o don. Porque, se polo delito dun morreron tódolos demais, moito máis polo favor dun home, Xesús Cristo, a gracia e o don de Deus rebordaron sobre todos. ¹⁶Nin pasou co don o mesmo que coas consecuencias do pecado dun único home: porque o xuízo, partindo dunha soa transgresión, rematou en condena; en troques, o don, partindo de tantos delitos, rematou en absolución. ¹⁷Se, logo, pola transgresión dun home reinou a morte, e por culpa dun só, ¡canto máis os que recibiron a abundancia da gracia e do don da benevolencia reinarán na vida por medio dese un que é Xesús Cristo!

¹⁸Por tanto, como pola transgresión dun só veu a condenación sobre tódolos homes, así tamén pola xustificación doutro só vén para tódolos homes a xustificación que dá a vida. ¹⁹Como a desobediencia dun único home volveu pecadores a tódolos homes, así tamén a obediencia dun só volveu xustos a todos. ²⁰Porque a Lei entrou para que a transgresión abundase; pero onde abundou o pecado, sobreabundou a gracia, ²¹para que, como reinou o pecado traendo a morte, así tamén a gracia reinaría pola xustiza, que produce a vida eterna, por medio de Xesús Cristo noso Señor.

Mortos ó pecado, vivos en Cristo

6 ¹¿Que diremos logo? ¿Manterémonos no pecado, para que abunde a gracia? ²—De ningunha maneira. Os que xa morremos ó pecado, ¿como imos vivir aínda nel? ³¿Ou ignorades que a cantos nos bautizaron para Cristo Xesús, bautizáronos para unirnos á morte del? ⁴Enterrámonos, logo, con el polo bautismo para a morte, para que, como Cristo foi resucitado dos mortos pola gloria do Pai, así tamén nós camiñemos nunha vida nova. ⁵Pois se fomos enxertados nel pola semellanza dunha morte coma a del, seguro que tamén o seremos por unha resurrección semellante.

5, 12-21 Pasaxe difícil, discutida; pero de excepcional importancia. Tradicionalmente leuse aquí a doutrina do pecado orixinal. Pero hai que ter coidado de non meter no texto as preocupacións e os razoamentos posteriores.
O fundamental vén se-lo seguinte: o cristián experimenta que, a pesar da forza do *pecado,* a *gracia* é moito máis forte. *Cristo* é quen nola trae: El sálvanos a todos. Para explicalo, bota man dunha comparanza: *Adam* (que é, logo, algo secundario para salienta-la centralidade de Cristo). A argumentación procede así: "se Adam foi isto para o noso mal, *moito máis* Cristo para o noso ben".
5, 12 *Isto enténdese...:* traducimos algo libremente, interpretando que Paulo quere explica-lo anterior —a salvación de *todos* en Cristo— por unha comparación coñecida dos lectores: a de Adam e tódolos homes.
Pecado, en singular, para indica-lo poder maléfico que se opón a Deus e que incapacita o home para o ben pleno.
Morte, tamén en senso forte e complexivo: morte física, pero tamén, e sobre todo, morte espiritual, apartamento de Deus, fonte de verdadeira vida.
En consecuencia: outros traducen "por canto...", "dado que...". Punto moi difícil e discutido. Outras lecturas diferentes —anque non necesariamente opostas, senón complementarias— son posibles: "dado que todos pecaron", "sinal de que todos pecaron", "a proba é que todos pecaron". Tendo en conta os vv 13-14 (cf nota seguinte) a lectura adoptada parece bastante coherente.
5, 13-14 Demostración do "en consecuencia todos quedaron incursos no pecado": a proba é que había morte no mundo; pero esa morte non podía ser consecuencia de transgresións "concretas" ("semellantes á de Adam"), posto que non había Lei; só queda a anterior posibilidade: dalgún xeito os homes estaban incluídos na esfera do pecado pola súa solidariedade con Adam.
Figura arquetípica: lit. "tipo"; ter en conta que aquí é, máis ben, un "borrador", é dicir, un proxecto inferior á realidade definitiva. A partir deste momento, Paulo volve ó tema principal: a salvación plena por Cristo.
5, 20 Certos razoamentos teolóxicos e certas vivencias negativas da relixión non teñen en conta esta absoluta supremacía da gracia e das súas consecuencias sobre o pecado e os seus efectos.
6, 3 *Bautizados para Cristo:* a traducción quere indicar dúas cousas: 1) pertenza: para pertencer a Cristo, 2) dinamismo: para identificarse cada vez máis con El. *Para unirnos á morte del:* para Paulo o cristián participa no mesmo morrer de Cristo, destruíndo así tamén en si mesmo o poder do pecado.
Seguramente hai aquí unha comparanza, inspirada no bautismo primitivo, que normalmente era por inmersión; de aí que a traducción podería ser "bautizarse entrando en...".

⁶Tendo en conta isto, o noso home vello foi crucificado, para que fose destruído o corpo pecador, a fin de non servirmos máis ó pecado. ⁷Porque o que morre queda liberado do pecado.

⁸Se xa morremos con Cristo, cremos que tamén viviremos con El; ⁹e ben sabemos que Cristo, resucitando dos mortos, xa non morre máis, a morte xa non pode nada contra El. ¹⁰Porque o seu morrer foi un morrer ó pecado para sempre, mais o seu vivir é un vivir para Deus. ¹¹Así tamén, vós considerádevos mortos ó pecado, pero vivos para Deus en Cristo Xesús.

¹²Que non domine o pecado o voso corpo mortal, para obedecérde-las súas cobizas. ¹³Nin ofrezáde-los vosos membros coma armas da inxustiza ó servicio do pecado. Máis ben poñédevos á disposición de Deus, coma mortos que volvestes á vida. E ofrecede os vosos membros coma armas da xustiza ó servicio de Deus. ¹⁴Porque o pecado non vos dominará, que non estades xa debaixo da Lei, senón debaixo da gracia.

Liberados do pecado

¹⁵¿E logo, que? ¿Imonos pór a pecar, porque xa non estamos baixo a Lei, senón baixo a gracia?

—De ningunha maneira. ¹⁶Ben sabedes que se vos ofrecedes a alguén coma escravos para o obedecer, sodes escravos dese a quen obedecedes: se ó pecado, para acabar na morte; se á obediencia, para acada-la xustificación.

¹⁷Pero, gracias a Deus, vós, anque erades escravos do pecado, obedecestes de corazón a doutrina fundamental á que vos entregaron; ¹⁸e, liberados do pecado, fixéstesvos escravos da xustiza ¹⁹(falo á maneira humana por mor da vosa natural limitación). Así que, do mesmo xeito que antes puxéste-los vosos membros ó servicio da inmoralidade e da desorde para caerdes na anarquía moral, así agora poñede os vosos membros ó servicio da xustiza para chegardes á santidade. ²⁰Cando erades escravos do pecado, estabades ceibos fronte á xustiza. ²¹¿Que froito sacastes entón daquilo do que agora vos avergonzades? Porque a fin diso é a morte. ²²Agora, en troques, liberados do pecado e feitos escravos de Deus, tedes coma froito a santidade e coma fin a vida eterna. ²³Pois o xornal do pecado é a morte, pero o regalo de Deus é a vida eterna en Cristo Xesús noso Señor.

Liberados da Lei

7 ¹¿Ou descoñecedes, irmáns —falo para os que coñecéde-la Lei— que a lei domina no home unicamente mentres vive? ²Así a muller casada está sometida pola lei ó home mentres lle vive; pero, se morre o home, queda liberada da vinculación legal a el. ³Por iso, se mentres lle vive o home, vai con outro, será adúltera; pero, se lle morre o home, queda libre desa lei; de forma que xa non será adúltera se casa con outro home.

⁴Así que, meus irmáns, tamén vós quedastes mortos para a Lei mediante o corpo de Cristo, para pertencerdes a outro: a aquel que resucitou dos mortos; de xeito que deamos froitos para Deus. ⁵De feito, cando estabamos na nosa condición irredenta, os degoros do pecado suscitados pola Lei influían nos nosos membros, a fin de que fructificasemos para a morte. ⁶Pero agora, mortos a aquilo que nos encadeaba, quedamos liberados da Lei, de modo que poidamos servir na novidade do espírito e xa non máis na decrepitude da letra.

6, 6 *Home vello,* é dicir, nós tal como eramos sen a salvación de Cristo.
Corpo pecador ou "corpo de pecado", é dicir todo o noso ser (non só o corpo material), en canto dominado pola forza do mal e levando compulsivamente ó pecado.
6, 12-14 O cristián "morre" ó pecado: non é xa o seu escravo. Pero non nun proceso automático: queda liberado para "ser capaz" de vivi-la nova Vida. A continuación Paulo clarifica aínda máis estas ideas, partindo dunha posible consecuencia absurda (v 15).
6, 17 *Doutrina fundamental:* lit. "norma de doutrina", posiblemente un compendio de ensinanza cristiá; quizais o "credo" co que o neófito confesaba a súa fe ó se bautizar; en todo caso, o contido fundamental da primitiva ensinanza cristiá.
6, 21 Tamén se pode traducir: "¿Que froitos sacastes entón? ¿Uns, que agora vos avergonzades deles?". O senso é, de todos modos, moi semellante.
7, 1-25 O cristián, por estar morto ó pecado, queda liberado da Lei (vv 1-6). Iso non significa que a Lei sexa mala en si mesma (v 7), senón unicamente que para o home sometido aínda á escravitude do pecado —e polo tanto incapaz de a cumprir— convértese en instrumento de pecado. Este fracaso fai arela-la salvación (vv 7-25).
7, 1 *Lei* de Moisés. Tamén en absoluto, puidera ser lei, en xeral ("os que tedes coñecementos xurídicos": os romanos tiñan sona de xuristas).
7, 4 *Mortos para a Lei:* liberados da Lei.
7, 5 *Na nosa condición irredenta:* lit. "carne". Aquí aparece ben claro que non se refire ó "corpo", senón ó estado sen Cristo, sen redención; en contraposición a agora, que viven "no Espírito". En diante simplificarémo-la expresión: "condición mortal"; "condición pecadora", "baixos instintos", "nosa condición".

Relación entre a Lei e o pecado

[7] —¿Temos que concluír, logo, que a Lei é pecado?

—De ningunha maneira. Non obstante, eu non coñecín o pecado senón pola Lei, porque non coñecería a cobiza se a Lei non dixese *"non cobizarás"*. [8]O pecado, aproveitando a ocasión que lle ofrecía o mandamento, fixo inzar en nós toda clase de cobiza; fóra da Lei o pecado está morto. [9]De feito houbo un tempo no que eu non estaba baixo a Lei, e vivía; pero, ó aparece-la Lei, recobrou a vida o pecado [10]e morrín eu. Atopeime así con que o mandamento, que era para dar vida, daba a morte. [11]Porque o pecado, aproveitando a ocasión que lle ofrecía o mandamento, extravioume e, valéndose del, levoume á morte.

[12] —Por conseguinte, en si a Lei é santa e o mandamento santo, xusto e bo. [13]¿Resulta, logo, que o que era bo se fixo morte para min?

—Non, abofé. Pero o pecado, valéndose do que era bo, causoume a morte, mostrándose así no seu auténtico carácter de pecado; dese xeito, gracias ó mandamento, resalta extraordinariamente o carácter criminal do pecado.

[14]Certo que sabemos que a Lei é espiritual; pero eu son carnal, vendido coma escravo ó pecado. [15]Realmente, o que fago non o entendo: posto que non fago aquilo que quero, senón que fago precisamente aquilo que detesto. [16]E, se o que fago é o que non quero, con iso recoñezo que a Lei é boa.

[17]Pero entón xa non son eu o que obro, senón, máis ben o pecado que mora en min. [18]Pois sei que non é o ben o que mora en min, é dicir, na miña condición irredenta, porque o querer está dentro de min, pero o obra-lo ben, non. [19]Pois non fago o ben que quero, senón que fago o mal que non quero. [20]E se o que fago é xustamente o que non quero, non son eu quen o fai, senón o pecado que mora en min.

[21]Atopo, por tanto, en min esa lei: que, ó querer face-lo ben, o que me sae é o mal. [22]Na intimidade do meu ser comprázome coa Lei de Deus, [23]pero vexo outra lei no meu corpo, que lle fai a guerra á lei da miña razón, escravizándome á lei do pecado, que levo no meu corpo. [24]¡Pobre de min! ¿Quen me librará deste meu corpo instrumento da morte? [25]—¡Pero, si: gracias a Deus por medio de Xesús Cristo o noso Señor!

Así que eu mesmo coa razón sirvo á Lei de Deus, pero cos baixos instintos á lei do pecado.

A vida no Espírito

8 [1]Como consecuencia: nin resto de condenación hai agora para os que están unidos a Cristo Xesús. [2]Porque a lei do Espírito, que rexe a vida unida a Cristo Xesús, liberoume da lei do pecado e da morte. [3]Pois o imposible para a Lei, por estar incapacitada por culpa da nosa condición irredenta, realizouno Deus: mandando, por cousa do pecado, o seu propio Fillo nunha condición semellante á condición do pecado, condenou e pecado nesa propia condición. [4]Deste xeito o mandato da Lei pode cumprirse en nós, que non vivimos xa conforme a esa condición, senón conforme ó Espírito.

[5]Pois os que viven conforme os baixos instintos buscan as cousas dos mesmos, pero os que viven conforme o Espírito buscan as do Espírito. [6]A cobiza dos baixos instintos é morte, pero a arela do espírito é vida e paz. [7]Porque a cobiza da baixa condición é inimiga de Deus, posto que non se somete á Lei de Deus, nin sequera pode; [8]e os que viven

---

7, 7 *Eu:* Paulo sen se botar fóra do que di, non fai unha autobiografía: fala da experiencia humana en xeral, interpretada á luz da experiencia cristiá. Todos nos podemos atopar nestas profundas palabras.
Non cobizarás: cf Ex **20,** 17 e Dt **5,** 21.
7, 17 A contraposición é radical co estado de salvación en Cristo: "eu xa non vivo eu; é Cristo quen vive dentro de min" (Gál **2,** 20).
7, 22 *Na intimidade do meu ser:* lit. "no meu home interior", pero non o traducimos así, porque normalmente esta expresión significa en Paulo o "home novo", especificamente cristián. (Aquí refírese só á parte racional do home fronte á pasional).
Algo parecido sucede coa palabra *lei* —por iso con minúscula—, que aquí significa "norma" ou "principio" en xeral (non a Lei de Moisés).
7, 24 *Corpo instrumento da morte:* lit. "no corpo desta morte". Tamén cabe traducir: "destinado á morte". Neste grito culmina Paulo a súa descrición da situación do home baixo a prepotencia do pecado.

7, 25 A primeira parte do verso (25a) interrompe a secuencia normal do pensamento; de xeito que algúns autores a trasladan a despois da segunda (25b), pero non é absolutamente preciso: ben pode ser unha exclamación temperamental, que adianta o que xa está a punto de dicir a continuación.

8, 3 *Condición semellante á condición do pecado:* aquí está encerrada a doutrina paulina da salvación. "Carne" (así dí lit. o texto), refírese á condición humana, na súa debilidade, exposta sempre á tentación, a dar e ser pecado. *Semellante:* indica dúas cousas. 1: Xesús asume realisimamente a condición da nosa carne (senso "positivo" do "semellante"); 2: para non poder redimir, a carne de Xesús — permanecendo sufrinte e tentada — non está escravizada ó pecado (senso "restrictivo" do "semellante"), rompendo así o seu poder sobre el e sobre nós. Por iso nós agora estamos baixo a *lei do Espírito* (v 2), capaces xa de cumprilo senso profundo da Lei (v 4), vivindo no amor e esperando confiados a gloria.

conforme tal condición non poden agradar a Deus.

⁹Pero vós non vivides así, senón conforme o Espírito, posto que o Espírito de Deus habita en vós: se algún non ten o Espírito de Cristo, ese non é de Cristo. ¹⁰Se Cristo está en vós, o voso corpo certamente está morto por culpa do pecado, mais o Espírito é vida por causa da xustiza. ¹¹Se o Espírito do que resucitou dos mortos a Xesús habita en vós, o mesmo que resucitou a Cristo dos mortos vivificará os vosos corpos mortais polo seu Espírito que habita en vós.

¹²Polo tanto, irmáns, somos de certo debedores; pero non da baixa condición, para vivirmos segundo ela. ¹³Porque, se vivides segundo a baixa condición, teredes que morrer pero, se coa axuda do Espírito mortificádeslas obras do corpo, viviredes.

¹⁴Cantos se deixan guiar polo Espírito de Deus, eses son fillos de Deus. ¹⁵Pois non recibistes un espíritu de escravitude, para volverdes ó medo. Non. Vós recibistes un espírito de fillos adoptivos, gracias ó que podemos gritar: ¡"Abbá": Pai! ¹⁶Este mesmo Espírito, xuntamente co noso, dá testemuño de que somos fillos de Deus. ¹⁷E, se fillos, tamén herdeiros: herdeiros de Deus e coherdeiros con Cristo; xa que, se padecemos con el, é para sermos tamén despois glorificados con el.

A gloria vindeira

¹⁸Pois penso que non hai comparanza entre os padecementos da vida presente e a gloria vindeira, que se vai revelar en nós.

¹⁹Pois a esperanza viva da creación agarda arelante a revelación dos fillos de Deus. ²⁰Porque a creación está sometida ó fracaso; non pola propia vontade, senón polo poder daquel que a someteu, anque coa esperanza ²¹de que tamén a mesma creación será liberada da escravitude da corrupción e levada á salvación gloriosa dos fillos de Deus. ²²Pois sabemos que toda a creación vén xemendo ata hoxe e coma con dores de parto. ²³E non só isto, senón que nós mesmos, que temos xa as primicias do Espírito, xememos dentro de nós, degorando pola filiación, pola liberación do noso corpo. ²⁴Pois é en esperanza como estamos salvados. Ora, a esperanza do que se ve non é esperanza, pois o que un xa ve ¿como o pode esperar? ²⁵Pero, se esperámo-lo que non vemos, demostramos esperar con constancia.

O Espírito en nós

²⁶Do mesmo xeito, tamén o Espírito acode a axuda-la nosa debilidade. Nós non sabemos como debemos orar para pedi-lo que convén; pero o Espírito en persoa intercede por nós con xemidos máis fondos cás palabras. ²⁷E o Deus que escruta os corazóns, coñece a intención do Espírito, pois El intercede polos crentes, conforme á vontade de Deus.

²⁸Sabemos ademais que todo colabora para o ben dos que aman a Deus, dos que foron escolleitos segundo os seus designios. ²⁹Pois El distinguiunos primeiro e predestinounos a reproducírmo-la imaxe do seu Fillo, de tal maneira que el sexa o primoxénito

---

8, 9 *Espírito de Deus* e *Espírito de Cristo* aparecen intercambiables, pois indican a participación real do cristián na vida divina: a fonte desta vida é o "Espírito", que unhas veces se refire á vida de Deus *en nós,* e outras ó mesmo "principio divino" desa vida, que cada vez se vai revelando máis claramente coma unha persoa trinitaria.

8, 11 "A nosa resurrección" está íntimamente vinculada á de Cristo: é a súa consecuencia e, en certo modo, a súa continuación e realización plena.

8, 16 Tamén se poder ler: "dá testemuño no noso espírito", é dicir, é quen o fai consciente da filiación divina.

8, 17 A repetición do *con* (en grego forma palabras compostas: syn-) expresa vivamente a nosa participación real na vida e actividade salvadora de Cristo.

8, 19 *Creación:* o universo enteiro, anque algúns interpretan soamente a humanidade. A lectura adoptada abre unha perspectiva grandiosa sobre o proceso universal e totalizante da salvación. A outra no fondo diría o mesmo, dada a solidariedade que a Biblia sinala sempre entre o mundo material e o home.

8, 20 *Fracaso:* lit. vaidade, é dicir, impotencia e distanciamento de Deus. *Coa esperanza:* Deus, ó consentir unha creación sometida á impotencia, fixoo "coa esperanza" —é dicir, sabéndoo El e manifestándolo ó home, para que non desesperase— de que, en definitiva, sería liberada.

Cabe outra interpretación desta pasaxe: "Porque a creación enteira está sometida ó fracaso (non pola propia vontade, senón polo poder daquel que a someteu). Pero ten unha esperanza: que tamén...".

8, 24 Lit. "Pois en esperanza fomos salvados" (non xa, por ex., en visión ou experiencia presente). Paulo en toda a epístola marca a diferencia entre a salvación presente — xa empezada, pero só empezada— e a salvación plena que nos agarda no futuro.

8, 25 Tamén se pode interpretar en senso condicional-exhortativo: "se esperámo-lo que non vemos, temos que agardar con constancia".

8, 26-27 A oración cristiá nace das profundidades do "novo ser": é o Espírito mesmo de Deus quen promove os nosos mellores desexos e oracións, que son así conformes ó plan de Deus: a nosa salvación e felicidade.

8, 28 Hai unha variante posible: "...que en todo colabora Deus para o ben dos que aman"

8, 29 *Distinguiunos:* lit. coñeceunos, no senso bíblico, que inclúe amor, predilección.

Predestinounos: a salvación é iniciativa gratuíta de Deus, non mérito do home; o que non significa que o home non coopere, acolléndoo ou refugándoo. Paulo describe un proceso, o da Historia da Salvación: non fala de individuos, senón dos cristiáns coma "pobo".

entre moitos irmáns. ³⁰E a eses que predestinou, tamén os chamou; e a eses que chamou, tamén os xustificou; e a eses que xustificou, tamén lles deu a súa gloria.

O amor de Deus

³¹¿Que máis se pode dicir despois disto? Se Deus está connosco, ¿quen contra nós? ³²Aquel que non aforrou a seu propio Fillo senón que o entregou por todos nós, ¿como non nos vai regalar todo xunto con El? ³³¿Quen acusará ós escolleitos de Deus? —Sendo Deus o que perdoa, ³⁴¿quen os vai condenar? ¿Cristo Xesús, o que morreu, mellor, o que resucitou, o que está á dereita de Deus e que intercede por nós? ³⁵¿Quen nos pode arredar do amor de Cristo? ¿a tribulación, a angustia, a persecución, a fame, a nudez, o perigo, ou a espada? ³⁶Porque está escrito:

Por causa túa estamos ás portas da morte o día enteiro, parecemos ovellas listas para o sacrificio.

³⁷—Pero en todas estas cousas vencemos coa axuda daquel que nos amou. ³⁸Porque estou seguro de que nin a morte nin a vida, nin os anxos nin os principados, nin o presente nin o porvir, nin as potestades, ³⁹nin a altura nin o abismo, nin calquera outra criatura nos poderá afastar do amor que Deus nos ten en Cristo Xesús, noso Señor.

O MISTERIO DE ISRAEL

A elección de Israel

9 ¹Coma discípulo de Cristo digo a verdade, non minto, e dáme disto testemuño a miña propia conciencia, alumada polo Espírito Santo: ²que teño moi grande dor e o meu corazón sofre seguido. ³Quixera ser eu mesmo maldito, apartado de Cristo, por mor dos meus irmáns, os meus parentes de estirpe. ⁴Eles son israelistas e a eles pertencen a adopción filial, a gloria de Deus e as alianzas, a lexislación, o culto e as promesas; ⁵a eles pertencen os patriarcas; e deles vén Cristo coma home. O Deus que está sobre todo, sexa bendito polos séculos. Amén.

⁶Non é, de ningún xeito, que a palabra de Deus fallase. O que pasa é que non tódolos que veñen de Israel son israelitas, ⁷nin tódolos que nacen de Abraham son fillos seus. Máis ben: *en Isaac estará a túa descendencia;* ⁸isto é, non os fillos da carne son por iso fillos de Deus, senón que só os fillos da promesa son recoñecidos coma descendencia. ⁹Pois as palabras da promesa son: *Por este mesmo tempo virei e Sara terá un fillo.*

8, 31-39 Magnífica, sublime expresión de confianza en Deus: nada hai máis grande ou poderoso có seu amor, e ese amor está totalmente comprometido a favor noso.

8, 33-34 A segunda parte de cada un destes versos pode lerse tamén en senso interrogativo: "¿Quen acusará...? ¿Acaso Deus, o que perdoa?"; "¿Quen os vai condenar? —¿Acaso Cristo Xesús...?". É dicir, en ámbolos dous casos ninguén vai acusar nin condenar: o significado resulta exactamente o mesmo.

8, 36 Cita de Sal **44**, 23.

8, 38 *Anxos, principados...*: diversas categorías de espíritos, benéficos ou maléficos; en todo caso, superiores ó home. Pero sobre o cristián non teñen poder.

8, 39 *Altura, abismo:* forzas cósmicas que poderían dominalo home. Tampouco eles non teñen poder sobre o cristián. É dicir, a salvación é mais forte ca todo o real e o imaxinable: no amor de Deus en Cristo o cristián está, a "pesar de todo", seguro.

9, 1-32 Este c. trata o difícil tema da *elección divina.* Paulo fala dentro dunha mentalidade semítica. A nós, educados nun pensamento máis lóxico, resúltanos difícil entender ben a súa intención e corremos perigo de a deformar, se a tomamos, sen máis, á letra. Foi o que sucedeu na maior parte das famosas controversias sobre a predestinación.

A idea fundamental que Paulo quere subliñar é a da "gratuidade da salvación": só Deus a pode regalar, ninguén se pode sentir con dereito ou con máis dereito a ela. E as diferencias que de feito aparecen son inevitables, porque ó se encarnar na historia, a salvación ten que se realizar a través dun pobo e duns individuos concretos. Deus elixeos, non por "favoritismo", senón coma servicio ós demais. Por iso, a figura suprema do elixido é tamén a figura do máximo servidor: o Servo de Iavé, realizado plenamente en Xesús.

A esta luz cómpre le-lo razoamento e as expresións de Paulo, que por veces poden resultar duras para a nosa sensibilidade actual.

9, 3 *Maldito, apartado de Cristo:* lit. "anatema". Paulo estaría disposto ó máximo imaxinable pola salvación dos seus irmáns.

9, 5 Verso discutidísimo. Depende da puntuación. A adoptada no texto interpreta a parte final coma unha doxoloxía: "Deus" é así o Pai (segundo costume ordinario de Paulo e de todo o N.T.), a quen se louva despois da enumeración da súa obra salvífica.

Outra traducción probable: "... Cristo segundo a carne, o que está sobre todo, Deus bendito polos séculos. Amén." Aquí "Deus" referiríase directamente a Xesús, proclamando así solemne e expresamente a súa divindade.

Outra traducción posible: "deles é o Deus que está sobre todo, bendito por sempre. Amén." "Deus" referiríase ó Pai e sería o derradeiro e meirande dos privilexios de Israel.

Son aínda posibles outras traduccións.

9, 7 Cita de Xén **21**, 12.

9, 9 Cita de Xén **18**, 10.14.

¹⁰Pero isto non é todo. Tamén Rebeca tivo dous fillos dun só home, de Isaac, o noso pai. ¹¹E, cando aínda non naceran, nin puideran facer nada, nin bo nin malo —a fin de que continuase firme o plan de Deus, que depende da súa elección: ¹²non das obras senón del, que chama— xa se lle dixo a Rebeca: *o máis grande servirá ó máis pequeno*, ¹³tal como está escrito: *quixen a Xacob, preferino a Esaú.*

¹⁴¿Tiramos, logo, a conclusión de que Deus é inxusto?

—De ningunha maneira. ¹⁵Pois díxolle a Moisés:

Heime compadecer de quen eu queira,
e hei ter misericordia de quen eu queira.

¹⁶Polo tanto, non depende do querer ou do correr do home, senón de que Deus se compadeza. ¹⁷Pois di a Escritura ó Faraón: *Para isto te levantei: para mostrar en ti o meu poder e para que se proclame o meu nome en toda a terra.* ¹⁸En resumo: de quen quere compadécese, e a quen quere endurécelo.

Liberdade e misericordia de Deus

¹⁹Quizais me dirás: ¿por que aínda se queixa, logo? ¿Quen é capaz de contradici-la súa vontade?

²⁰¡Home! ¿E quen es ti para contradicires a Deus? *¿Poderalle dici-lo barro a quen o modela: por que me fas así?* ²¹Ou ¿non ten poder o oleiro para facer da mesma masa un cacharro nobre ou un cacharro para usos comúns? ²²¿E que, se Deus, querendo mostra-la súa ira e dar a coñece-lo seu poder, soportou con moita paciencia ós que eran obxecto de reprobación, listos xa para a destrucción; ²³e isto para dar a coñece-la abundancia da súa gloria en favor dos que eran obxecto de misericordia, que de antemán preparou para a gloria? ²⁴(Estes somos nós, que nos chamou non só de entre os xudeus, senón tamén de entre os xentís).

²⁵Pois iso é o que se di en Oseas:
Hei chamar "meu pobo" a quen non é o meu pobo,
e á non amada, "a miña amada"; ²⁶e no lugar onde se lles dixo:
"vós non sóde-lo meu pobo",
alí mesmo hanse chamar "fillos do Deus vivo".

²⁷E Isaías proclama a propósito de Israel:
Aínda que o número dos fillos de Israel sexa coma o das areas do mar,
hase salvar un resto soamente;
²⁸*Totalmente e sen tardanza cumprirá o Señor a súa palabra na terra.*

²⁹E conforme dixo tamén Isaías:
Se o Señor dos Exércitos
non nos deixase unha descendencia,
pasariámonos coma ós de Sodoma,
semellariámonos ós de Gomorra.

Israel seguiu a Lei

³⁰¿Temos que concluír, logo, que os pagáns, que non buscaban xustificación, conseguiron a xustificación? Si, pero a xustificación que vén da fe. ³¹Israel, en cambio, que buscou con gran esforzo unha lei que dese a xustificación, non conseguiu tal lei.

³²¿E por que? —Porque non a buscaron pola fe, senón polas obras: bateron na pedra ³³da que fala a Escritura:
¡Ollo! Que poño en Sión unha pedra de tropezo, un rebo que fai caer;
pero quen crea nel non quedará defraudado.

10 ¹Irmáns o anceio do meu corazón e a miña oración a Deus por eles é para

---

9, 12 Xén **25**, 23.
9, 13 Cf Mal **1**, 2-3. *Preferino a Esaú*: lit. "amei a Xacob e odiei a Esaú", expresión oriental para indica-la preferencia.
9, 15 Ex **33**, 19.
9, 17 Ex **9**, 16. Nótese: ó Faraón fálalle a Escritura; a Moisés, Deus mesmo: a revelación directa acontece só en Israel; só máis tarde se fará universal.
9, 18 Neste resumo culmina tamén a dureza da expresión paulina. Para salienta-lo principal —a primeira parte referente á misericordia—, eleva á categoría de principio o feito do endurecemento humano; en aparencia atribúe á acción directa de Deus o que é froito da libre conducta humana. Trátase dun xeito semítico de expresión, neste caso axudado pola circunstancia de que se atende, máis ca ó problema individual, ó papel na Historia da Salvación; así de paso, subliñase a soberanía de Deus sobre a historia.
9, 20 Cf Sab **15**, 7; Is **29**, 16; **45**, 9; **64**, 7; Xer **18**, 6. Imaxe, como se ve, moi usada e viva no mundo bíblico, para expresa-la capacidade e soberanía creadora de Deus. Quen contemple a actividade dun dos nosos oleiros, comprenderá moi ben esta imaxe.

9, 22-24 Toda a actividade de Deus na historia —incluso o soportar sobre a terra a presencia dos malvados e dos que oprimiron o seu pobo— foi en definitiva para mostra-la súa misericordia cos que se salvan: entre eles estamos tamén nós, os cristiáns. O novo e magnífico desta última afirmación experimentábase mellor naquel momento inaugural, sobre todo falando a pagáns.
9, 25s Os **2**, 25; **2**, 1 Ámbalas dúas citas están acomodadas por Paulo.
9, 27 Is **10**, 22-23 (segundo os LXX e resumindo). *Un resto*: nas grandes desgracias nacionais de Israel, coas seguintes apostasías en masa, brillaba sempre un raio de esperanza: había sempre un grupo pequeno —o resto— que se mantiña fiel; este resto mantiña a Alianza e levaba cara e diante a promesa.
9, 29 Is **1**, 9 (segundo os LXX).
9, 30-31 Unha vez máis: a salvación non se forza, é regalo. Por iso os pagáns, que non a buscaban, atópanse con ela; en troques os xudeus, que a quixeron conseguir polas propias obras, non a lograron.
9, 33 Is **8**, 14; **28**, 16.

que se salven. ²Eu dou fe en favor deles de que teñen fervor relixioso, pero non é un fervor ben entendido. ³Pois ignorando a xustificación de Deus, e procurando establece-la súa propia, non se someteron á xustificación de Deus. ⁴Porque a culminación da Lei é Cristo, para xustificar a tódolos que cren.

Salvación para todos

⁵Pois Moisés escribe da xustificación que vén pola Lei: *quen a practica, sálvase por ela.* ⁶Pero a xustificación que vén pola fe di asi: *Non digas no teu corazón, ¿quen subirá ó ceo?* (é dicir, para facer baixar a Cristo). ⁷Ou *¿quen baixará ó abismo?* (é dicir, para facer subir a Cristo de entre os mortos). ⁸¿Que di, logo, positivamente?
—*Cerca de ti está a palabra, na túa boca e no teu corazón.*
Esa é a palabra da fe que anunciamos. ⁹Porque, se confesas coa túa boca que Xesús é Señor e cres de corazón que Deus o resucitou dos mortos, serás salvo. ¹⁰Pois é crendo co corazón como se chega á xustificación; e é confesando coa boca como se chega a salvación. ¹¹Porque di a Escritura: *todo o que crea nel non quedará defraudado.* ¹²Pois non hai diferencia entre o xudeu e o grego, xa que un mesmo é o Señor de todos, rico para tódolos que o invocan; ¹³porque *todo o que invoque o nome do Señor será salvo.*
¹⁴Ora, ¿como han de invocar a aquel en quen non creron? ¿Como han de crer naquel de quen non oíron falar? ¿Como han de oír, sen alguén que anuncie? ¹⁵¿Como han de anunciar, se non os mandan? Por iso está escrito: *Benvidos os pés dos que anuncian o ben.*

A infidelidade de Israel

¹⁶Pero non todos aceptaron a Boa Nova. Pois xa di Isaías: "Señor, *¿quen fixo caso da nosa predicación?"*. ¹⁷Polo tanto, a fe é suscitada pola predicación, e a predicación vén pola palabra de Cristo. ¹⁸E digo eu: ¿Eles non oirían? —¡Por forza! *Por toda a terra se espallou a súa voz, e ata o cabo do mundo as súas palabras.* ¹⁹Pero insisto: ¿será que Israel non entendeu? —Moisés é o primeiro en dicir:
Eu vouvos meter celos por un pobo que nin tan sequera o é; por un pobo parvo vouvos enfurecer.
²⁰Isaías atrévese a dicir:
Atopáronme os que non me buscaban, e manifesteime ós que non preguntaban por min.
²¹E referíndose a Israel, di:
Todo o día estiven a estende-las miñas mans cara a un pobo desobediente e teimudo.

En Israel Deus reservou un "resto"

11 ¹Pero entón pregunto: ¿e non será que Deus rexeitou ó seu pobo?
—De ningunha maneira. Pois tamén eu son israelita, da proxenie de Abraham, pola tribo de Benxamín: ²*non rexeitou Deus ó seu pobo*, o pobo que El escolleu. ¿Ou é que non sabéde-lo que di a Escritura na historia de Elías? Como interpela a Deus en contra de Israel: ³*Señor, mataron ós teus profetas, desfixeron os teus altares; quedei eu soamente, e aínda buscan a miña vida.* ⁴Pero ¿que lle responde a voz divina?: *Reservei para min sete mil homes, que non dobraron o xeonllo perante Baal.*
⁵Da mesma maneira, tamén neste intre de agora, reservou un resto elixido por pura gracia. ⁶Ora, se foi por gracia, non foi polas

---

10, 5 Lev **18**, 5.
10, 6-8 Modo un tanto "escolástico" de argumentar, segundo o costume da época. Cítanse Dt **9**, 4; **30**, 11-14. Os comentarios targúmicos aludían a Moisés baixando do Sinaí e a Xonás subindo do abismo. O home non precisa —nin podería— subir ou baixar máis alá das súas forzas: todo iso xa o fixo Cristo para nós.
10, 10 Trátase dun paralelismo retórico, que subliña a necesidade da entrega completa —exterior e interior— á fe. Non —segundo se fixo en certas especulacións— que a fe leve á *xustificación*, e a *confesión* á *salvación*, como dimensións distintas e separadas.
10, 11 Is **28**, 16, acomodado por Paulo.
10, 12-21 Paulo vai graduar unha serie de obxeccións que podería facer un xudeu para desculparse da súa fe en Cristo. 1) vv 14-15: non creron os de fóra de Palestina porque ninguén lles predicou a Cristo. 2) v 16: non tódolos que (en Palestina) oíron, creron. 3) v 18: quizais en realidade non oíron. 4) v 19: anque oíron, se cadra, non entenderon. A contestación paulina é sempre a base de citas da Escritura; non sempre demasiado clara, pero en conxunto enténdense ben. No texto indicámo-las respostas cun guión.
10, 13 Xl **3**, 5.
10, 15 Is **52**, 7.
10, 16 Is **53**, 1.
10, 17 *Pola palabra de Cristo:* pode ser "pola palabra que trouxo Cristo" ou "pola palabra acerca de Cristo"; isto último parece máis probable, pero seguramente inclúe tamén o primeiro significado. Tamén se pode interpretar: "Por orde de Cristo".
10, 18 Sal **19**, 5.
10, 19 Dt **32**, 21.
10, 20 Is **65**, 1.
10, 21 Is **65**, 2, acomodado.
11, 2 1 Sam **12**, 22.
11, 3 1 Re **19**, 10, modificado.

obras; outramente a gracia xa non sería gracia.

⁷¿Entón que? —Que Israel non logrou o que andaba a buscar, mentres que o lograron os elixidos. Os demais endurecéronse, ⁸como está escrito:
Deulles Deus un espírito
aparvado, ollos para non veren e oídos para non oíren,
ata o día de hoxe.
⁹E David di:
Tróquese a súa mesa en gaiola e mais en rede,
en tropezo e mais en castigo para eles.
¹⁰Entebrezan os seus ollos para non veren.
Dóbrelle-lo lombo para sempre.

A salvación dos xentís

¹¹Sigo preguntando: ¿E eles tropezaron para non se ergueren máis? —De ningunha maneira. Ó contrario, pola súa caída véulle-la salvación ós xentís, a fin de espertar neles os celos. ¹²Ora, se a súa caída foi riqueza do mundo e a súa perda foi riqueza dos xentís, ¿que non será a súa plenitude?
¹³Isto dígovolo a vós, os xentís. E, coma apóstolo que son dos xentís, fago gala deste ministerio, ¹⁴por ver se esperto celos nos da miña xente e podo así salvar a algúns deles. ¹⁵Se a súa reprobación foi reconciliación do mundo, ¿que será a súa acollida, senón unha auténtica vida, que xorde de entre os mortos?
¹⁶Se as primicias son santas, tamén o será a masa restante; e se a raíz é santa, tamén o serán as ponlas. ¹⁷Esgallaron algunhas das ponlas e a ti (que es unha oliveira brava) enxertáronte nelas e fixécheste participante da raíz e da seiva da oliveira. ¹⁸Non te gabes de ser máis cás ponlas. Se te pos por máis, pensa que non es ti quen leva á raíz, senón a raíz a ti.
¹⁹Poida que digas: esgallaron as ponlas precisamente para me enxertaren a min. ²⁰—De acordo: esgalláronas pola incredulidade e ti, en troques, pola fe manteste en pé. Pero non te enchas de fachenda e anda con moito ollo. ²¹Que se Deus non perdoou as ponlas naturais, ¿vaite perdoar a ti?
²²Considera a bondade e a severidade de Deus: para os que caeron, severidade; en troques, para ti a bondade de Deus, con tal de que permanezas nesa bondade; do contrario, tamén a ti te esgallará. ²³E o mesmo eles; se non se afincan na incredulidade, reenxertaraos, porque Deus é poderoso para os volver enxertar.
²⁴Pois se a ti te tallaron da túa nativa oliveira brava e contra a natureza prendiches nunha boa oliveira, ¡canto mellor agromarán eles na oliveira da súa mesma caste!

Restauración de Israel

²⁵Non quero, irmáns, que descoñezades este misterio, a fin de que non vos fiedes da vosa sabedoría: que a cegueira dunha parte dos israelitas vai durar ata que entre a totalidade dos xentís ²⁶E así salvarase a totalidade de Israel, como está escrito:
Sairá de Sión o Salvador,
afastará de Xacob a impiedade,
²⁷e este será o meu pacto con eles,
cando lles arrinque os seus pecados.
²⁸Tocante ó Evanxeo, son inimigos en proveito voso; pero tocante á elección, son amados por causa dos patriarcas. ²⁹Pois os dons e a chamada de Deus son irrevocables. ³⁰Porque vós fostes noutrora desobedientes a Deus, pero agora conseguíste-la misericordia por desobediencia deles. ³¹Do mesmo xeito: tamén eles agora non creron, para que, con ocasión da misericordia usada convosco, tamén eles logren misericordia. ³²Porque Deus encerrou a tódolos homes na desobediencia, para se compadecer de todos.
³³¡Que fondos son a riqueza, a sabedoría e o coñecemento de Deus! ¡Que inescrutables son os seus xuízos e inexplorables os seus camiños! ³⁴Pois ¿quen coñeceu a mente do Señor? Ou ¿quen foi o seu conselleiro? ³⁵¿Quen lle emprestou algo, para que El llo teña que devolver? ³⁶Del saíron, por El e para El existen tódalas cousas. A El a gloria polos séculos. Amén.

11, 4, 1 Re **19**, 18.
11, 8 Dt **29**, 3; Is **29**, 10, unidos e acomodados.
11, 9 Sal **69**, 23-24.
11, 15 Verso difícil. Pode ser simplemente: tan grande como volver da morte á vida. Pero pode aludir tamén á resurrección: a conversión dos xudeus viría así a se-lo signo da chegada á plenitude da Historia da Salvación.
11, 16 *Primicias, raíz:* poden referirse ó "resto" que xa se converteu ou ós "patriarcas": ambos grupos garanten a salvación da totalidade de Israel. Tamén poden significar distributivamente: primicias = resto; raíz = patriarcas.
11, 26 Is **59**, 20-21; **27**, 9 Versículos unidos e acomodados. Mediante esta cita demostra Paulo a súa convicción firme e definitiva: a pesar da caída e do aparente fracaso, Israel hase salvar, "pois os dons e a chamada de Deus son irrevocables" (v 29).

A VIDA CRISTIÁ

A nova vida en Cristo

12 ¹Rógovos, logo, irmáns, pola misericordia de Deus, que ofrezáde-los vosos corpos coma sacrificio vivo, santo, grato a Deus: coma o voso culto espiritual. ²E non vos axustedes ó mundo presente. Transformádevos, máis ben, pola renovación da mente, para que poidades coñecer cal é a vontade de Deus: o bo, o que lle agrada, o perfecto.
³En virtude da gracia que se me deu, dígovos, por tanto, a todos e a cada un de vós: que ninguén se teña por máis do que convén, senón que un se teña no que se debe ter, conforme á medida da fe que Deus lle deu a cadaquén.
⁴De igual xeito que nun só corpo temos moitos membros, e non tódolos membros teñen a mesma función, ⁵así nós, con sermos moitos, somos un só corpo en Cristo; e individualmente somos membros uns dos outros. ⁶Pero, ó termos dons diferentes, hanse exercer conforme á gracia que se nos concedeu: se temos don de profecía, debe ser en harmonía coa fe; ⁷se de ministerio, no servicio; se de ensinanza, no ensino; ⁸se de consolación, no conforto; se de dar esmola, con xenerosidade; o que preside, con solicitude; o que se compadece, con alegría.

Leis da vida cristiá

⁹Que o amor non sexa finxido: afastádevos do mal e apegádevos ó ben; ¹⁰sede cariñosos uns cos outros, coma irmáns; competide na estima mutua; ¹¹no traballo non teñades preguiza; no espírito, afervoados; para o Señor, coma escravos. ¹²Alegres na esperanza, con constancia no sufrimento, afincados na oración; ¹³solidarios nas necesidades dos santos e practicando a hospitalidade.
¹⁴Bendicide ós que vos perseguen, bendicide e non maldigades. ¹⁵Alegrádevos cos que están alegres, chorade cos que choran. ¹⁶Tédevos na mesma estima uns a outros: non vos deades aires de grandeza, senón acomodádevos ós humildes. Non vos teñades por moi sabidos.
¹⁷Non volvades mal por mal a ninguén: que todo *o mundo vexa que procuráde-lo ben.*
¹⁸No posible, en canto dependa de vós, mantede a paz con tódolos homes. ¹⁹Meus queridos amigos, non tomedes por vós mesmos a vinganza; deixade máis ben que actúe a ira de Deus, pois está escrito: *miña é a vinganza, eu darei o merecido,* di o Señor. ²⁰*Pero se o teu inimigo ten fame, dálle de comer; se ten sede, dálle de beber: obrando así, amoreas brasas acesas enriba da súa cabeza.* ²¹Non te deixes vencer polo mal, senón vence o mal a forza de ben.

Hai que obedece-las leis

13 ¹Sométase toda persoa ás autoridades constituídas. Pois non hai autoridade senón por disposición de Deus; e as que existen, instituíunas Deus. ²De xeito que quen se opón á autoridade oponse á disposición de Deus; e os que se opoñen buscan o propio castigo.
³A autoridade non pon medo cando se obra ben, senón cando se obra mal. ¿Queres vivir sen medo á autoridade? Fai o ben, e tera-la súa gabanza. ⁴Pois ela é para ti servidora de Deus para o ben. Mas se fa-lo mal, tenlle medo, porque non en balde leva a es-

---

12, 1 *Sacrificio vivo:* é a propia vida, vivida na santidade e no amor —non un animal morto—, o que constitúe o auténtico sacrificio cristián. Resulta así un culto espiritual: non prendido no sacral do tempo e lugar determinado; e digno do home, pois guíase pola razón (Paulo di literalmente: "culto racional").
12, 5 *Corpo en Cristo:* aquí Paulo insiste non en que somos membros *de* Cristo, senón en que, pola nosa unión *en* Cristo, estamos unidos uns a outros, formando unha unidade de amor e de servicio. A idea complétase noutros lugares (cf 1 Cor **6,** 12-20; **10,** 16-17; **12,** 12-31) e culmina nas Cartas da Catividade.
12, 6 *Profecía:* predicación carismática e inspirada, para edificación da comunidade: ás veces predí o futuro (Feit **11,** 27-28; **21,** 10-11), anque iso non é fundamental.
En harmonía coa fe: "en analoxía", "en proporción", pode referirse á fe carismática do "profeta" ou á fe obxectiva da comunidade.
12, 17 Lit. "Procurando o ben diante de tódolos homes"; é unha cita acomodada de Pr **3, 4.**
12, 19 Dt **32,** 35.
12, 20 Pr **25,** 21-22 *Amoreas brasas:* pode ser unha simple metáfora: "pólo rubio" (de vergonza, polo contraste entre a malicia da ofensa e o perdón). Pero tendo en conta que Paulo está citando o A.T., ben pode te-lo seu senso normal, anque subordinado ó contexto cristián; coma quen di: ti fai ben e despreocúpate da vinganza, diso xa se ocupará Deus no xuízo.
13, 1-2 Visión de principio sobre a autoridade. O cristián, coma todo cidadán normal, ten que se someter a ela: iso entra na orde normal do mundo querida por Deus. Opoñerse significaría opoñerse á realización do mundo, e, en consecuencia, a Deus. Non se trata dunha "sacralización" do poder, senón de sinala-la lexitimidade da súa función.
Paulo dá por suposto que a autoridade goberna con xustiza e serve ó interese do pobo (vv 1-7). Outras pasaxes da Escritura (por ex., Ap **18**), saben da resistencia ó poder asoballante.

pada: ela é servidora de Deus, vingadora da súa ira contra o que practica o mal.

⁵Así, cómpre obedecer non só por medo ó castigo, senón por deber de conciencia. ⁶Por iso mesmo pagáde-los tributos, pois son funcionarios de Deus, decote dedicados a este oficio. ⁷Dádelle a cada un o que lle é debido: tributo, imposto, respecto ou honor, segundo o caso.

O amor fraterno

⁸A ninguén lle debades nada, fóra de amarvos uns a outros, porque o que ama o próximo, ten cumprida a Lei. ⁹Porque o *non adulterarás, non matarás, non roubarás, non cobizarás* e tódolos outros mandamentos, resúmense nestas palabras: *amarás ó teu próximo como a ti mesmo.* ¹⁰Quen ama o seu próximo non lle fai mal. Verdadeiramente, o amor é o pleno cumprimento da Lei.

Vixilancia e pureza

¹¹E con máis razón sabendo o tempo no que vivimos: xa é hora de que espertedes do sono, pois agora a salvación xa está máis cerca de nós que cando empezamos a crer. ¹²A noite vai andada, e o día está a chegar: rexeitémo-las obras das tebras e vistámo-las armas da luz. ¹³Coma en pleno día camiñemos decentemente, nada de lupandas nin borracheiras, nada de obscenidades nin libertinaxe, nada de liortas nin envexas. ¹⁴En lugar diso vestídevos do Señor Xesús Cristo, e non lles fagades caso ós baixos apetitos.

Non se pode xulga-los irmáns

14 ¹A quen ten a fe débil, acollédeo sen criticar opinións. ²Hai quen cre poder comer de todo, pero o feble non come máis ca verduras. ³O que come, non desprece ó que non come; e o que non come, non condene ó que come, pois tamén a este o acolle Deus. ⁴¿Quen es ti para xulga-lo criado alleo? Que siga en pé ou que caia, é cousa do seu Señor. Pero seguro que seguirá en pé, porque o Señor ten forza para o manter dereito. ⁵Hai quen dá máis importancia a un día ca a outro; en troques, outro considera tódolos días igual. Que cadaquén obre por plena convicción.

⁶Quen garda un día gárdao para o Señor; quen come de todo faino polo Señor e dálle gracias a Deus; e quen non come tamén o fai polo Señor e, a proba é que tamén lle dá gracias a Deus. ⁷Ningún de nós vive para si, e ningún de nós morre para si. ⁸Se vivimos, para o Señor vivimos; e, se morremos, para o Señor morremos; así que, vivamos ou morramos, somos do Señor. ⁹Por iso mesmo morreu e resucitou Cristo: para ser dono dos mortos e dos vivos.

¹⁰E ti ¿por que xulgas a teu irmán? E ti ¿por que desprezas a teu irmán? ¡Se todos temos que comparecer diante do tribunal de Deus! ¹¹Porque está escrito:
Pola miña vida, di o Señor:
todo xeonllo se dobrará diante de min,
e toda lingua ha de confesar a Deus.

Evita-lo escándalo dos irmáns

¹²Por tanto cada un de nós dará conta de si a Deus. ¹³Non nos xulguemos uns a outros, mais ben coidade de non lle pór ó irmán nin tropezo nin escándalo. ¹⁴Sei e estou seguro no Señor Xesús que non hai cousa impura de seu. As cousas son impuras para quen as ten por impuras. ¹⁵Polo tanto, se por causa de comeres unha determinada comida se entristece o teu irmán, xa non te portas con caridade. Que por culpa da túa comida non pereza alguén por quen Cristo morreu. ¹⁶Que o que é ben para vós non sexa ocasión de maledicencia. ¹⁷Pois o Reino de Deus non é comida nin bebida, senón xustiza, paz e alegría no Espírito Santo. ¹⁸Quen nisto serve a Cristo é agradable a Deus e considerado polos homes.

¹⁹Procuremos, logo, aquilo que leva á paz e á mutua edificación. ²⁰Por unha cuestión de comida non destrúa-la obra de Deus. To-

---

13, 9 Ex **20,** 13-17; Dt **5,** 17-21.
13, 10 Lev **19,** 18.
13, 11 *Tempo:* etapa na historia da salvación. O contexto implica que Paulo a considera como a derradeira e decisiva. En Cristo todo está xa realizado: o cristián ten que aproveita-lo tempo, deixar atrás a esfera do pecado e estar preparado para a responsabilidade definitiva. (Pouco importa se, como parece, Paulo pensaba que o xuízo final era xa inminente, e que as exposicións pertenzan á común linguaxe apocalíptica: o fundamental é a presencia definitiva da salvación e a súa urxencia).
14, 1-**15,** 13 Paulo trata aquí de cuestións morais que hoxe non nos parecen moi relevantes, pero daquela dividían á comunidade. Trátase sobre todo de certos alimentos e días festivos. Algúns cristiáns timoratos, influídos por certos ambientes gregos (pitagóricos) e xudeus (esenios, círculos próximos ós discípulos do Bautista), non se atrevían a comer carne nin a beber viño (**2,** 21), e gardaban certos días (v 5).
Paulo non comparte esta actitude (v 14) pero respéctaa, e pídelles ós demais cristiáns que a respecten. Predica a liberdade de conciencia (vv 5-6); pero esíxelle que se rexa polo amor ós demais (**14,** 19-21; **15,** 1-13), pola fe (vv 22.23), polo exemplo de Cristo (**9,** 15; **15,** 3.7-8) e pola autenticidade (v 23). Os motivos son circunstanciais, pero as normas teñen validez permanente.
14, 11 Is **45,** 23s.

do é certamente puro, pero está mal comer causando escándalo a outros. [21]É mellor non comer carne nin beber viño nin nada, se iso fai tropezar a teu irmán. [22]A convicción que ti tes, gárdaa para ti diante de Deus. ¡Benia quen toma a súa decisión sen complexos de culpabilidade! [23]Pero o que ten dúbidas, condénase se come, porque non o fai con boa conciencia, e todo canto non se fai con boa conciencia é pecado.

Facerlles ben ós demais

15 [1]Nós, os que estamos seguros, temos que atura-las feblezas dos inseguros, e non compracernos a nós mesmos. [2]Cada un de nós compraza ó seu próximo para o ben, con miras á edificación. [3]Pois tampouco Cristo non se compraceu a si mesmo; ó contrario, como está escrito: *as aldraxes dos que te aldraxaban a ti caeron enriba de min.* [4]Ora, todo canto antigamente se escribiu, escribiuse para a nosa instrucción: para que entre a nosa paciencia e o consolo que dan as Escrituras, manteñámo-la esperanza.

[5]Que o Deus da paciencia e do consolo vos faga ter un mesmo sentir entre vós, conforme o exemplo de Cristo Xesús. [6]Para que cun só corazón e unha soa boca louvedes a Deus, Pai do noso Señor Xesús Cristo.

[7]Por iso, acollédevos uns a outros, como tamén Cristo vos acolleu, para gloria de Deus. [8]Pois dígovos que Cristo se fixo servidor dos xudeus en razón da fidelidade de Deus, para lles mostra-la firmeza das promesas feitas ós patriarcas; [9]e tamén para que os xentís, pola súa parte, glorifiquen a Deus en razón da súa misericordia. Tal como está escrito:

*Por iso louvareite por medio das nacións e
cantarei himnos ó teu nome.*

[10]E de novo di:

Alegrádevos, nacións, xuntamente co seu pobo.

[11]E noutro lugar:

*Louvade o Señor tódalas nacións,
e celébreno tódolos pobos.*

[12]E tamén di Isaías:

*Abrollará a raíz de Xesé,
e xurdirá o que vai domina-las nacións,
e nel poñerán a esperanza os xentís.*

[13]Que o Deus da esperanza vos encha de alegría e de paz na vosa fe, para que rebordedes na esperanza pola forza do Espírito Santo.

EPÍLOGO

Ministerio apostólico de Paulo

[14]Eu sei moi ben, meus irmáns, que tamén vós estades cheos de bondade, ateigados de toda sabedoría, e capacitados para vos aconsellar uns a outros. [15]Con todo, escribinvos —cun chisco de atrevemento— para aviva-las vosas lembranzas. Fíxeno en virtude da gracia que me deu Deus, [16]para ser eu ministro de Cristo Xesús en favor dos xentís, exercendo de sacerdote en servicio do Evanxeo de Deus, a fin de que a ofrenda dos xentís sexa agradable, xa que a santificou o Espírito Santo.

[17]Por tanto, no tocante ó servicio de Deus, os meus motivos de orgullo están en Cristo Xesús. [18]Pois non me atrevería a falar de nada, fóra do que Cristo, para conseguila obediencia dos xentís, fixo por min de palabra e de obra, [19]a forza de milagres e prodixios e polo poder do Espírito. De maneira que desde Xerusalén e arredores ata o Ilírico, completei a predicación do Evanxeo de

---

14, 22 *A convicción:* lit. "a fe"; é dicir, o teu modo de entende-la fe; a túa convicción de fe, en canto libre e discutible.
14, 23 *Con boa conciencia:* lit. "desde a fe", é dicir, non obra a partir da súa convicción ante Deus. Magnífica expresión auténtica da liberdade cristiá: soberana pero sincera.
15, 2 *Edificación:* o crecemento na vida desde a fe. Pode referirse á edificación individual, pero é mais probable que se refira á da comunidade (que é o senso máis frecuente en Paulo).
15, 3 Sal **69,** 10 O salmo referíase ás queixas do xusto, que tivo que soportar aldraxes pola causa de Iavé.
15, 8-9 *Dos xudeus:* lit. "da circuncisión". O razoamento vén se-lo seguinte: Xesús "serviu" persoalmente ós xudeus, para demostra-la *fidelidade* de Deus ás súas promesas; pero "acolleu" os pagáns, para mostra-la súa *misericordia,* facendo así que estes louven a Deus. (Isto último Pablo demóstrao coas seguintes citas da Escritura).
15, 9 Sal **18,** 50.
15, 10 Dt **32,** 43, segundo os LXX.
15, 11 Sal **117,** 1.
15, 12 Is **11,** 10, segundo os LXX.
15, 14 *Tamén:* "case por demais atrevido" ou "demasiado atrevido nalgún punto". A sensación de atrevemento nace en que Paulo non foi o fundador da igrexa romana. Ben mirado, non tería dereito a facelo; pero atrévese pola "gracia que se lle deu", é dicir, por saberse el o "ministro dos xentís" (vv 15-16).
15, 16 Paulo usa intencionadamente termos litúrxicos, para indicar que toda a vida cristiá, principalmente o apostolado, é un auténtico culto a Deus.
15, 19 *...e arredores;* ou tamén "en tódalas direccións", "dando a volta ata...". Xerusalén e o Ilírico (costa occidental da Península dos Balcáns), sinalan os dous puntos extremos do apostolado de Paulo en Oriente.

Cristo. ²⁰De tal xeito que tiven a honra de evanxelizar onde nunca se falou de Cristo, para non edificar enriba de alicerces alleos; ²¹senón como está escrito:
Verano aqueles ós que aínda non se lles falara del,
e comprenderán aqueles que nunca oíran.

Proxecto de viaxe a Hispania pasando por Roma

²²Foi isto mesmo o que decote me impedira ir onda vós. ²³Mais agora, ó non me quedar xa lugar nestas rexións e, como hai moitos anos que estou con ganas de ir ata onda vós, ²⁴cando vaia a Hispania espérovos ver de paso e que vós me facilitéde-la viaxe; anque primeiro quero disfrutar un pouco convosco. ²⁵Arestora vou ir a Xerusalén para facer un servicio ós irmáns, ²⁶pois Macedonia e Acaia quixeron facer unha colecta a prol dos pobres que hai entre os crentes de Xerusalén. ²⁷Así o quixeron, e con razón, posto que están en débeda con eles. Porque, se os xentís tiveron parte nos seus bens espirituais, deben tamén á súa vez partillar con eles os materiais.

²⁸Rematado este asunto e entregada oficialmente esa colecta, viaxarei para Hispania, pasando por aí. ²⁹Sei que indo por onda vós irei coa plena bendición de Cristo.

³⁰E agora pídovos, irmáns, polo noso Señor Xesús Cristo e polo amor que inspira o Espírito, que loitedes comigo, dirixindo as vosas oracións a Deus por min; ³¹para que me vexa ceibo dos incrédulos de Xudea e que os irmáns acollan ben este meu servicio en Xerusalén.

³²Desa maneira poderei ir ledo onda vós e, se Deus quere, repousarei convosco. ³³Que o Deus da paz vos acompañe a todos. Amén.

Recomendacións e saúdos

16 ¹Recoméndovos a Febe, nosa irmá, que é diaconisa da Igrexa de Céncreas. ²Acollédea coma cristiáns dun xeito digno dos crentes e axudádea en todo canto lle cumpra, pois tamén ela axudou a moitos, empezando por min.

³Dádelles saúdos a Prisca e Áquila, os meus colaboradores na obra de Cristo Xesús. ⁴Todos eles estaban dispostos a pó-lo pescozo pola miña vida e a todos lles estou moi agradecido, non só eu, senón tódalas igrexas dos xentís. ⁵Saúdos á igrexa que se xunta na casa del. Saúdos a Epéneto, o meu amigo, que é a primicia da Igrexa de Asia para Cristo. ⁶Saúdos para María, que tanto se molestou por vós. ⁷Saúdos para Andrónico e Xunias, os meus parentes e compañeiros de cárcere. Eles son insignes entre os apóstolos, e creron en Cristo antes ca min.

⁸Saúdos para Ampliato, o meu querido no Señor. ⁹Saúdos para Urbano, colaborador meu na obra de Cristo e para o meu querido Eustaquio. ¹⁰Saúdos para Apeles, xenuíno discípulo en Cristo. Saúdos para tódolos da casa de Aristóbulo.

¹¹Dádelle saúdos ó meu parente Herodión. Saúdos para os de Narciso, que se conservan fieis ó Señor. ¹²Saúdos a Trifene e Trifosa, que traballan polo Señor. Saúdos á querida Pérside, que tanto traballou polo Señor. ¹³Saúdos a Rufo, escolleito do Señor, e á súa nai, que tamén é miña.

¹⁴Saúdos para Asíncrito, para Flegonte, para Hermes, para Patrobas, para Hermas e ós irmáns que viven con eles. ¹⁵Saúdos tamén a Filólogo, a Xulia, Nereo e á súa irmá, e a Olimpio e a tódolos santos que están con eles.

15, 21 Is **52**, 15, segundo os LXX.

15, 23 Non porque xa convertese a todos, senón porque el consideraba que a súa misión era poñe-los alicerces para que outros acabasen a construcción.

15, 24 ¿Chegou Paulo, de feito, a Hispania? Testemuños antigos din que si: San Clemenzo de Roma e o Fragmento de Muratori. Pero os datos non son seguros. Deixamos na traducción *Hispania*, non "España". A Hispania do tempo de Paulo non inclúe as Canarias, pero inclúe o actual Portugal e Marrocos.

15, 25 *Irmáns:* lit. "santos". Paulo leva persoalmente a colecta, pois atribúelle gran importancia: non só coma obra de xustiza (v 27), senón coma mostra e fomento da solidariedade entre a Igrexa nai de Xerusalén e as igrexas conversas.

15, 28 *Entregada oficialmente:* lit. "unha vez selado este froito", metáfora tomada da vida rural de entón: os froitos que entregaba o caseiro eran selados coa marca, para constancia.

15, 30-31 Vese que Paulo ten aínda os seus temores: hai inimigos declarados da súa actitude e teme algúns receos por parte dos apóstolos.

15, 33 Bendición final. Recórdese (cf Introd.) que para moitos críticos a carta finaliza aquí. O resto pertencería a outra carta mandada por Paulo á Igrexa de Efeso.

16, 1 *Febe,* a portadora da carta; descoñecida. *Diaconisa:* pode ser un título xenérico (= servidora), e pode ser xa un oficio especial na comunidade (= as "diaconisas", que aparecen a partir do s. II). *Céncreas:* lugar, un dos portos de Corinto.

16, 5 *A primicia:* é dicir, o primeiro converso.

16, 7 *Xunias:* pode ser nome de muller (de feito algúns ms. len: Xulia). Este dato reviste importancia, pois Paulo dálle-lo "título" de "insignes entre os apóstolos", é dicir, con toda probabilidade: apóstolos insignes (non: "estimados por aqueles que son apóstolos").

¹⁶Saudádevos uns a outros co ósculo litúrxico. Mándanvos saúdos tódalas igrexas de Cristo.

¹⁷Rógovos, irmáns, que vos gardedes dos que son causa de divisións e de escándalo en contra da doutrina que aprendestes, e arredade deles. ¹⁸Todos eses non serven a Cristo noso Señor, senón ó seu propio ventre, e con palabras amorosas e adozadas extravían os corazóns dos inocentes.

¹⁹A sona da vosa fe chegou a todas partes. Alégrome ben por vós. Pero quero que sexades listos para o ben e inocentes para o mal. ²⁰O Deus da paz esmagará a Satanás ben axiña debaixo dos vosos pés. A gracia do noso Señor Xesús vos acompañe.

²¹Mándanvos saúdos Timoteo, o meu axudante, e Lucio e Iasón e Sosípatro, os meus parentes. ²²Saúdovos no Señor, eu, Tercio, que pasei a limpo esta carta. ²³Mándavos saúdos Gaio, hospedeiro meu e de toda a igrexa. ²⁴Saúdavos Erasto, o tesoureiro da cidade e mailo noso irmán Cuarto.

Doxoloxía

²⁵A aquel que é potente para vos afiunzar no meu Evanxeo e no anuncio de Xesús Cristo, conforme a revelación do misterio escondido durante tempos eternos, ²⁶pero manifestado agora polas Escrituras proféticas, e por disposición do Deus eterno dado a coñecer a tódalas nacións para as levar á obediencia da fe, ²⁷a Deus, o único sabio, por medio de Xesús Cristo, sexa a gloria para sempre. Amén.

16, 16 *Ósculo litúrxico:* lit. "bico santo", que de seu pode ser tamén unha adaptación epistolar do saúdo corrente entre os rabinos.
16, 17-20 Amoestación xota, abondo distinta no estilo do resto da carta. Parece referirse a predicadores xudaizantes (cf Gál **5**, 7-12; **6**, 12-17; Flp **3**, 18-19).
16, 19 *Fe;* lit. obediencia; recórdese a expresión, tan paulina, "obediencia da fe" (cf **1**, 5 e máis adiante v 26).
16, 25-27 Doxoloxía diversamente colocada na epístola segundo os diversos manuscritos (por ex., ó final dos cc.

14 ou 15), e de autenticidade discutida.
Meu Evanxeo: a doutrina cristiá, como Paulo a comprende e anuncia.
Anuncio ("kérygma") *de Xesús Cristo:* a predicación acerca de Xesús Cristo. Pode interpretarse todo conxuntamente (hendíade): "o meu Evanxeo, que consiste no anuncio de Xesús Cristo".
Misterio: plan divino de salvación, que se desenvolve na historia e abarca tanto ós xudeus (é o que admitían todos) coma ós pagáns (aportación específica de Paulo).

INTRODUCCIÓN Á I CARTA ÓS CORINTIOS

1. Destinatarios e data

Corinto, fundada no s. IX antes de Cristo foi unha cidade de longa e accidentada historia. Gracias á súa favorable situación —no istmo que une a Grecia actual co continente— tiña un enorme pulo comercial. Nada menos que 600.000 habitantes formaban o seu censo. Nas rúas desta cidade cosmopolita mesturábanse romanos retirados do exército, gregos, xudeus, orientais... Sobre a situación social chega con citar un dato: as dúas terceiras partes da súa poboación eran escravos. Ese dato é interesante, pero seguramente noutras cidades ás que tamén escribe Paulo, a proporción de escravos non era moi distinta.

O tráfico de toda clase e o desfile continuo de forasteiros creaban un ambiente que se fixo proverbial pola licencia dos seus costumes: falábase de "vivir á corintia" ou de "moza corintia". A relixión pagá non axudaba moito: a deusa da cidade era Afrodita Pándemos, que tiña ó servicio do seu templo máis de 1.000 hieródulas ou prostitutas sagradas.

A esta cidade chegou Paulo na súa segunda viaxe, despois do seu fracaso en Atenas. Desanimado e sen diñeiro, ponse a traballar coma tecedor de lona, cun matrimonio de xudeucristiáns, Prisca e Áquila, deportados de Roma. A visita de Silas e Timoteo tráelle diñeiro e ánimos: pode dedicarse plenamente á predicación. Coma sempre, fracasa cos xudeus; pero escóitano ben os pagáns, sobre todo nas capas máis baixas da poboación. Cando marchou, despois de dezaoito meses (fins do 50 a mediados do 52), deixou alí unha comunidade florecente e chea de vida; tamén de tensións, como se verá.

Ausente Paulo, chegaron novos predicadores: Apolo, ¿Pedro?, e xudeus conversos. Oríxinanse bandos e discusións; xorden abusos e a comunidade é un fervedoiro. Esas son as noticias que lle chegan a Paulo durante a súa estancia en Éfeso na terceira viaxe. Escríbelles entón unha primeira carta (5, 9) que se perdeu (a chamada precanónica). Nela dálles normas para o trato cos cristiáns inmorais (5, 9-13).

Máis tarde chegaranlle consultas dos mesmos corintios sobre diversas cuestións; ó mesmo tempo ou algo despois seguen as noticias dos abusos e problemas na comunidade. Paulo decídese a escribir: reprenderá enerxicamente os abusos ($1.^a$ parte da carta) e responderá ás cuestións ($2.^a$ parte). É a I Corintios. Escrita probablemente na primavera do 57, da súa autenticidade ninguén dubida hoxe.

2. Contido

Por tratar de realidades tan vivas e concretas, esta carta constitúe unha interesantísima e realista pintura do que era por dentro unha comunidade cristiá. (Corinto é, de feito, con moito, a mellor coñecida entre tódalas igrexas primitivas).

Ó mesmo tempo, a xenialidade do Apóstolo permítelle ir moito máis alá das circunstancias particulares e dá normas perennes para a vida cristiá en xeral. Anque non se pode esperar un tratamento sistemático da doutrina evanxélica, moitas das cuestións fundamentais quedan aquí viva e maxistralmente tratadas para sempre. Aborda temas de carácter xeral: o da liberdade cristiá, tan lonxe do escrúpulo e da pusilanimidade coma da libertinaxe ou do desprezo ós demais, posto que ten como medida o amor e mailo servicio; o da unidade, superadora de partidismos e banderías, por basearse na unión vital con Cristo, con quen todos formamos un "corpo" (12, 12-31).

Toca ademais cuestións máis concretas, pero de vital importancia: matrimonio-virxinidade, Eucaristía, carismas coa primacía absoluta do amor (13, 1-13: o famoso canto da caridade) e resurrección. Nas cuestións máis prácticas, coma a regulación externa das asembleas litúrxicas, Paulo móstrase máis condicionado polo seu tempo. Ás veces de máis, para a nosa perspectiva actual: tal o caso da actitude e actividade das mulleres durante o culto. Pero el mesmo é consciente disto e distingue coidadosamente entre o que constitúe mandato do Señor e consello persoal seu (7, 10.12).

Trátase dun dos primeiros e máis importantes escritos do Cristianismo e bastante anterior ós Evanxeos: contén, por ex., a primeira narración da institución e do senso da Eucaristía: 11, 17-34. Tendo en conta o encadro xeral, este escrito é accesible por si mesmo gracias á súa linguaxe viva e concreta.

PRIMEIRA CARTA ÓS CORINTIOS

Saúdo e acción de gracias

1 ¹Paulo, chamado a ser apóstolo de Cristo Xesús pola vontade de Deus, así coma o irmán Sóstenes: ²á Igrexa de Deus que está en Corinto, ós que están santificados en Cristo Xesús, chamados a ser santos cos que en calquera lugar invocan o nome do noso Señor Xesús Cristo, Señor deles e noso, ³desexámosvos gracia e paz de parte de Deus, noso Pai, e do Señor Xesús Cristo.

⁴Non paro de lle dar gracias a Deus por vós, pola gracia de Deus que se vos deu por medio de Cristo Xesús. ⁵Porque por medio del quedastes ricos en todo, nos dons da palabra e do coñecemento: ⁶e así confirmouse solidamente entre vós o testemuño en favor de Cristo. ⁷De xeito que non carecedes de ningún don, mentres agardáde-la revelación do noso Señor Xesús Cristo. ⁸El é quen vos manterá firmes deica á fin, para que ninguén vos poida acusar de nada no día do noso Señor Xesús Cristo. ⁹Deus é fiel e foi El quen vos chamou á comunidade do seu Fillo Xesús Cristo, noso Señor.

CORRECCIÓN DOS ABUSOS EN CORINTO. DIVISIÓN NA COMUNIDADE

Partidos na Igrexa de Corinto

¹⁰Irmáns, polo nome do noso Señor Xesús Cristo: rógovos que vos poñades todos de acordo e que non haxa divisións entre vós; ó contrario, axeitádevos todos nun mesmo espírito e nun mesmo pensamento.

¹¹Pois, irmáns, polos de Cloe cheguei a saber que hai discordias entre vós. ¹²Refírome a que cada un de vós anda a dicir: "eu son de Paulo, eu de Apolo, eu de Cefas, eu de Cristo". ¹³¿Pero é que Cristo está dividido? ¿É que foi Paulo a quen crucificaron por vós? ¿Ou é Paulo o nome no que vos bautizaron?

¹⁴Dou gracias a Deus de non ter eu bautizado a ningún de vós fóra de Crispo e de Caio; ¹⁵así ninguén poderá dicir que vos bautizaron no meu nome. ¹⁶(Ai si, tamén bauticei a familia do Estevo; pero do resto, que eu acorde non bauticei a ninguén). ¹⁷Porque non me mandou Cristo a bautizar, senón a predica-lo Evanxeo; e isto sen habilidades retóricas, para que non quede desvirtuada a eficacia da cruz de Cristo.

A sabedoría do mundo e a sabedoría de Deus

¹⁸Porque a palabra da cruz é loucura para os que se perden, pero para nós, os que nos salvamos, é poder de Deus. ¹⁹Pois está escrito:

Desmontarei a sabedoría dos sabios
e derrubarei a intelixencia dos intelixentes.

²⁰¿Onde está o sabio? ¿Onde o letrado? ¿Onde está o investigador conforme ós criterios deste mundo?

¿É que non mostrou Deus que a sabedoría do mundo é unha parvada? ²¹Mirade, xa que o mundo con todo o seu saber non recoñeceu a Deus na súa Sabedoría, tivo Deus a ben salvar coa loucura da predicación ós que teñen fe. ²²Así os xudeus piden signos e os gregos buscan a sabedoría; ²³pero nós

---

1, 7 *Don:* lit. "carisma": gracia especial; pero non no preciso senso actual (cf **12, 4**).
1, 8 Este *día,* ó que tamén se refire o verso anterior, é o "Día de Iavé" anunciado polos profetas, que Cristo inaugura coa súa vinda e que se cumprirá plenamente na Parusía, no Xuízo Final.
1, 9 Escribimos —igual cós idiomas europeos máis coñecidos, agás o castelán— Xesús Cristo; tamén se podería escribir Xesús o Cristo. Porque en S. Paulo, coma nos Sinópticos e nos Feitos dos Apóstolos, *Xesús* é o nome propio, e Cristo ten aínda o significado orixinal de Mesías: vén a dicir *Xesús* o Mesías.
1, 10 Empeza aquí a "Primeira Parte" da carta. Nela Paulo trata de corrixir abusos que —de acordo coas noticias que lle ían chegando— abundaban na Igrexa de Corinto.
1, 12 *Apolo,* discípulo de quen se fala en Feit **18**, 24-28. *Cefas* é, como se sabe, Pedro. En realidade o xefe dos apóstolos chamábase Simón; pero Cristo cambioulle este nome polo de Cefas (Mt **16**, 18; Xn **1**, 42), palabra aramea (non hebrea), que significa "pedra"; e, con toda seguridade, no senso forte de pedra "firme": rocha, penedo.
1, 19 Is **29,** 14.
1, 20 *Sabio:* o filósofo grego. *Letrado:* o sabio xudeu, o escriba.
1, 21 O significado parece o seguinte: a sabedoría dos homes —"filosofía dos gregos" e "Lei" dos xudeus— non soubo descubri-la *Sabedoría de Deus* manifestada na creación (cf Rm **1,** 20).
Predicación: a palabra orixinal é "kérigma": anuncio, pregón, proclamación pública da Boa Nova, do Evanxeo da Salvación.
1, 22 *Signos:* no senso de sinais prodixiosos, milagres aparatosos (cf Mt **12**, 28). Noutros lugares, principalmente no evanxeo de Xoán, ten un significado máis rico: milagre que é imaxe ou prefiguración das realidades do Reino.
1, 23 *Mesías:* lit. "Cristo".

predicamos un Mesías crucificado: e isto para os xudeus é un escándalo e para os pagáns é unha loucura. ²⁴Pero para os chamados, tanto xudeus coma gregos, el é Cristo, marabilla do poder e da sabedoría de Deus. ²⁵Porque a loucura de Deus é máis sabia ca toda a sabedoría dos homes e a debilidade de Deus é máis forte ca toda a fortaleza dos homes.

²⁶E, se non, irmáns, reparade en quen sódelos chamados: entre vós, mirando as cousas con criterios deste mundo, non hai moitos sabios, nin moitos poderosos, nin moitos da nobreza. ²⁷Ó contrario, o que hai de parvo no mundo, iso foi escoller Deus para desconcerta-los sabios; e o que hai de débil no mundo, iso foi escoller Deus para desconcerta-lo poder; ²⁸o plebeo e mailo desprezado, iso foi escoller Deus: o que non é, para anula-lo que é; ²⁹de xeito que ningún mortal poida campar diante de Deus. ³⁰Por El é por quen existides vós en Cristo Xesús, quen se fixo para nós a sabedoría e maila xustiza, a santificación e maila redención que veñen de Deus. ³¹E así, como está escrito, "quen está orgulloso, que o estea do Señor".

A predicación de Paulo

2 ¹En canto a min, irmáns, cando cheguei onda vós, non cheguei exhibindo elocuencia nin saber para anunciárvo-lo misterio de Deus. ²Nada pretendín saber entre vós fóra de Xesús Cristo; e Cristo crucificado. ³E eu presenteime diante vosa cunha sensación de impotencia e tremendo de medo; ⁴e a miña palabra e maila miña predicación non se apoiaban en argumentos persuasivos e sabios, senón que constituían unha demostración do poder do Espírito; ⁵todo para que a vosa fe non se apoie na sabedoría dos homes, senón no poder de Deus.

A sabedoría cristiá

⁶E, mesmo así, o que predicamos entre os perfectos é sabedoría, pero non sabedoría deste mundo nin dos xefes perecedeiros deste mundo. ⁷Nós predicamos unha sabedoría de Deus, misteriosa, que permanecía gardada, que Deus tiña predestinada desde antes dos séculos para a nosa gloria. ⁸Ningún dos xefes príncipes deste mundo a coñeceu; pois se a coñecesen, non crucificaban o Señor da Gloria. ⁹Pero como está escrito:

O que o ollo non viu,
o que o oído non sentiu,
e o que non pasou pola mente do home:
iso preparou Deus para os que o aman.

¹⁰E a nós revelóunolo Deus polo Espírito; pois o Espírito esculca todo, mesmo as profundidades de Deus, ¹¹porque ¿que home coñece o que hai no home, se non é o espírito do home que está nel? Pois igual, o que hai en Deus ninguén o coñece, se non é o Espírito de Deus. ¹²Ora, nós non recibímo-lo espírito do mundo, senón o Espírito que procede de Deus, a fin de que coñezamos todo o que Deus nos outorgou pola súa gracia. ¹³E iso é o que tamén predicamos, non con palabras aprendidas de humana sabedoría, senón con palabras aprendidas do Espírito, explicando con verbas espirituais as realidades espirituais.

¹⁴O home "animal" non acolle o que é propio do Espírito de Deus, pois parécelle unha parvada; nin o pode coñecer, porque disto só se pode xulgar espiritualmente. ¹⁵Pola contra, o home "espiritual" xulga de todo, mentres que a el non o xulga ninguén. ¹⁶Porque ¿quen coñeceu o pensamento do Señor, como para se poñer a darlle leccións? Pero nós témo-lo Espírito de Cristo.

Inmadurez dos corintios

3 ¹E eu, irmáns, non puiden falarvos coma a homes "espirituais", senón coma a homes aínda "non espirituais", coma a meniños en Cristo. ²Alimenteivos con leite, non co alimento sólido, porque aínda non o podiades pasar. Claro que aínda agora non o pasades, ³porque aínda sodes "carnais" ¿Ou

---

1, 24 *Cristo, marabilla do...*: lit. "Cristo, poder de Deus e sabedoría de Deus"; a traducción intenta reflexa-la forza enfática do contexto orixinal.
1, 26 Nesta pasaxe (vv 17-26) Paulo alude, sen dúbida, ó seu fracaso cando predicou ós "sabios" de Atenas (cf Feit 17,16-34).
1, 31 Xer **9**, 22-23 (citado libremente); cf 2 Cor **10**, 17.
2, 1 *Misterio:* outros ms. len "testemuño".
2, 4 *Do poder do Espírito:* lit. "de Espírito e de poder".
2, 6 *Perfectos:* os cristiáns máis entregados e máis conscientes da súa fe. *Príncipes deste mundo:* autoridades humanas, ou, máis probablemente, os poderes do mal, os demonios que reinan no mundo. Ás veces poden equivalerse, cando os poderes terreais, ultrapasando os seus límites, esixen cousas contrarias ó Reino.
2, 9 Is **64**, 3 (cf **52**, 15): cita libre, non literal.
2, 13 Texto difícil. Tamén pode ser: "adaptando as cousas espirituais ás persoas espirituais".
2, 14 *Animal:* entre comiñas, coma logo "espiritual" e "carnal", para indicar que se toman en senso algo especial, claramente perceptible no contexto (que procede por un xogo semántico de oposición).
2, 16 Is **40**, 13; cf Rm **11**, 34.
3, 1 *Non espirituais:* en grego "sárkinos" sen a connotación pexorativa de "sarkikós", que traducimos por "carnal" (v 3).

non é certo que sodes "carnais" e que vos portades dun xeito meramente humano, se entre vós hai rivalidade e discordia? [4]Mentres un diga "eu son de Paulo" e outro "eu son de Apolo", ¿non sodes meramente humanos?

O verdadeiro papel dos predicadores

[5]Porque ¿que é Apolo? ¿Que é Paulo? Meros servidores por medio de quen aceptástela fe; e cada un obrou conforme ó que o Señor lle deu. [6]Eu plantei, Apolo regou; pero Deus foi quen vos deu o medro. [7]De maneira que nin o que planta nin o que rega son ninguén, senón Deus, que é quen fai medrar. [8]Quen planta e rega veñen face-lo mesmo, pero cadaquén levará a súa paga conforme ó seu traballo. [9]Porque nós somos xornaleiros de Deus; e vós sóde-lo agro de Deus, edificio de Deus.

[10]Na medida da gracia que Deus deu, coma un bo arquitecto, eu botei os alicerces. Outro edificou enriba. Que cadaquén olle como edifica. [11]Pois ninguén pode poñer unha cimentación distinta da que está posta, que é Xesús Cristo. [12]E sobre esta cimentación xa se pode edificar con ouro, con prata e con pedras preciosas ou con madeira, con feno e con palla, [13]e a obra que cadaquén faga ha quedar ben á vista, porque o Día fará que se vexa. Pois ese Día hase revelar con lume e o lume probará a calidade da obra de cadaquén. [14]Aquel a quen se lle aguante a obra que edificou, recibirá recompensa. [15]Aquel a quen lle quede ardida, quedará sen paga: el persoalmente hase salvar, pero só coma quen dá fuxido do lume.

[16]¿Non sabedes que sodes templo de Deus e que o Espírito de Deus habita en vós? [17]Se alguén destrúe o templo de Deus, Deus destruirao a el. Porque o templo de Deus é sagrado e iso sodes vós.

Consecuencias

[18]Que ninguén se engane. Se entre vós hai algún que se crea sabio ó xeito deste mundo, decátese de que é parvo para volverse sabio de verdade. [19]Porque a sabedoría deste mundo é parvada diante de Deus. Que está escrito: *El pilla os listos na súa propia astucia.* [20]E tamén: *O Señor coñece os pensamentos dos sabios e sabe que son vans.*

[21]De modo que ninguén apoie o seu orgullo nos homes. Porque todo é voso certamente: [22]tanto Paulo coma Apolo coma Cefas, tanto o mundo coma a vida e coma a morte, tanto o presente coma o futuro. Todo é voso; [23]pero vós sodes de Cristo e Cristo é de Deus.

Os ministros de Cristo

4 [1]Por tanto, que a xente vexa en nós uns servidores de Cristo e administradores dos misterios de Deus. [2]Ora, o que se lles pide ós administradores é que sexan de fiar. [3]Por min impórtame moi pouco que me pidades contas vós ou un tribunal humano; nin tan sequera eu me xulgo a min mesmo. [4]Certo que de nada me remorde a conciencia. Pero non por iso estou xa xustificado: quen me pide contas é o Señor. [5]De modo, que non xulguedes antes de tempo: agardade a que chegue o Señor. Xa se encargará El de sacar á luz os segredos das tebras e de descubri-los motivos dos corazóns. Entón quen o mereza recibirá do Señor o seu aprobado.

[6]En todo isto, irmáns, púxenme de exemplo eu e puxen a Apolo por causa vosa, para que nas nosas persoas aprendades aquilo de que *non hai que ir máis alá do que está escrito,* e non vos fagades fanáticos dun en contra do outro. [7]Porque ¿quen te fai máis distinguido? ¿Que tes ti que non o recibises? E se o recibiches, ¿a que vén gabarse coma se non o recibises? [8]¡Xa estades fartos, xa estades ricos: sen nós estades feitos uns reis! ¡Quen me dera que fose certo! Así podiamos nós reinar convosco.

[9]Porque paréceme a min que a nós, ós apóstolos, púxonos Deus no derradeiro lugar, coma os condenados á morte; de xeito que resultamos ser un espectáculo para o mundo: tanto para os anxos coma para os

---

3, 13 *Día:* cf 1, 8.
3, 15 *Lume* de seu é unha metáfora ou comparación: "dificilmente, polos pelos". Tradicionalmente atopouse aquí un fundamento para o dogma do Purgatorio.
3, 16 *Templo:* a verba grega indica a parte máis sacra do templo, o santuario. Esta verdade gaña así aínda máis importancia.
3, 19 Xob **5**, 13.
3, 20 Sal **94**, 11.
3, 23 Marabillosa expresión da unidade da creación: todo unido no home, e polo home en Cristo e por Cristo en Deus. Cf **15**, 23-28.
4, 6 A frase *en cursiva,* de interpretación escura, parece ser unha expresión proverbial, un refrán da época.
4, 8 *Feitos uns reis:* expresa ben o senso irónico da frase. Pero en Paulo "reis " pode ter unha alusión ó Reino escatolóxico. Coma quen di: xa conseguíste-lo Reino. De feito, unha tendencia en Corinto —os "entusiastas"— afirmaba que o cristián entrou xa no Reino final.

homes. ¹⁰Nós somos parvos por Cristo, vós ¡que cristiáns máis asisados! Nós somos débiles, vós fortes; a vós hónranvos, a nós desprézannos. ¹¹Mesmo na hora presente pasamos fame e sede, e andamos desfarrapados; recibimos malos tratos e non temos acougo. ¹²Matámonos a traballar coas nosas propias mans. Aldráxannos, e nós bendicimos; perséguennos e nós aturamos; ¹³calúmniannos e nós falamos ben. Ata o presente vimos sendo algo así como o refugallo do mundo, o lixo de todos.

¹⁴Non escribo isto para vos avergonzar: fágovo-la reprensión coma a fillos moi queridos. ¹⁵Coma cristiáns xa podedes ter milleiros de mestres, que pais non teredes moitos, pois fun eu quen por medio do Evanxeo vos enxendrei en Cristo Xesús. ¹⁶Así que vos pido por favor que tratedes de me imitar a min. ¹⁷Para iso vos mando aí a Timoteo, que é fillo meu moi querido e fiel no Señor. El havos face-lo acordo dos meus principios cristiáns que son os mesmos que decote ensino en tódalas igrexas.

¹⁸Pensando que eu non ía ir onda vós, algúns enchéronse de soberbia. ¹⁹Pero, se o Señor o quere, axiña chegarei aí e hei ter en conta non as palabras deses soberbios, senón a súa capacidade. ²⁰Porque o Reino de Deus non está no que se di, senón no que se é capaz de facer. ²¹¿Que queredes? ¿Que vaia onda vós cunha vara ou con cariño e espírito de mansedume?

ESCÁNDALOS NA COMUNIDADE

O incestuoso

5 ¹Non se oe falar doutra cousa que da indecencia que hai entre vós; e dunha indecencia tal, que nin entre os pagáns se viu cousa coma ela. Pois chega a darse o caso de que un vive coa muller de seu pai. ²¡E vós tan fachendosos, en lugar de poñervos de loito, para que desapareza do medio de vós quen tal cousa fai!

³Pois eu, fisicamente ausente pero presente en espírito, xa tomei unha decisión sobre o que tal fixo, coma se estivese aí: ⁴que xuntándonos no nome do noso Señor Xesús —vós en persoa e eu en espírito—, co poder do noso Señor Xesús, ⁵entreguemos a ese tal a Satanás: humanamente quedará destrozado, pero o seu "espírito" salvarase o Día do Señor.

⁶Non está ben a vosa fachenda. ¿Non sabedes que un pouco de fermento leveda a masa toda? ⁷Purificádevos do vello fermento, para serdes unha masa nova, coma pans ázimos que sodes. Pois o noso año pascual, Cristo, xa foi inmolado. ⁸Fagamos, logo, a festa pero non con fermento vello nin con fermento de malicia e perversidade, senón con pan ázimo de pureza e de verdade.

⁹Escribinvos na outra carta que non vos levarades cos indecentes; ¹⁰pero non me refería ós indecentes deste mundo, así sen máis, nin ós avaros ou ós ladróns ou ós idólatras, porque dese xeito tiñades que saír do mundo. ¹¹O que entón vos escribía foi que non vos levarades con aquel que ostentando o nome de irmán, sexa indecente ou avaro ou idólatra ou faltón ou borracho ou ladrón. Cun home así, nin sentar a comer. ¹²¿Por que vou xulgar eu os de fóra? ¿Non é os de dentro a quen vós xulgades? ¹³Os de fóra é Deus quen os xulga. *Botádeme o perverso do medio de vós.*

Preitos dos cristiáns nos tribunais pagáns

6 ¹Cando algún de vós ten un preito con outro, ¿como é que se atreve a ilo demandar diante dos pagáns e non dos cristiáns? ²¿Ou é que non sabedes que os cristiáns xulgarán o mundo? E, se vós ides xulga-lo mundo, ¿seredes incompetentes para xulgar unhas cousas de nada? ³¿Non sabedes que xulgaremo-los anxos? ¡Canto máis as cousas desta vida! ⁴Pois logo, ¿como é posible que, cando tedes preitos por cousas desta vida, vaiades poñer de xuíces a aqueles que a Igrexa desbota?

4, 17 *Timoteo:* cf Feit **16,** 1.
5, 5 Á "pauliña" excomuñón, engádese un castigo inflixido polo demo: entrégase o pecador ás forzas do mal. Mais todo é, en definitiva, para a súa salvación.
5, 6-7 Alusión ó costume xudeu de tirar con todo o fermento que haxa na casa, para celebra-la Pascua. Cómese aínda hoxe pan sen levedar: os "ázimos".
5, 8 Belida descrición da vida cristiá. O cristián, renunciando ó pecado e entregándose a Cristo, e con Cristo ó Pai, coma hostia pura e sincera, debe vivir nunha Pascua perenne.

5, 9 Na carta "precanónica" (cf Introducción), que desgraciadamente non se conserva.
5, 12 *Os de fóra:* os que non son cristiáns.
5, 13 Cf Dt **17,** 7; **19,** 19; **22,** 21. 24; **24,** 7.
6, 1 *Pagáns:* lit. "inxustos", que non teñen a xustiza de Deus, a santidade. Especie de xogo de palabras: ¿como lles van os inxustos administrar xustiza ós santos, é dicir, ós membros da comunidade e, polo tanto, xustos?
6, 3 Idea moi paulina: pola súa unión con Cristo, o cristián está por riba de tódalas realidades extradivinas: cósmicas ou persoais.

⁵¿Seica non tedes vergonza? ¿Ou é que non hai entre vós ningún home bo que poida facer unha avenza entre irmáns? ⁶Pero, non, van ó preito irmán contra irmán e iso diante dos non crentes. ⁷Desde logo, xa bastante baixeza é que haxa preitos entre vós. ¿Por que non aguantades, máis ben, a inxustiza? ¿Por que non vos deixades, máis ben, roubar? ⁸¡Pero non, sodes vós os que facedes inxustiza e roubades ós outros; iso que son irmáns!

⁹¿Non sabedes que os inxustos non herdarán o Reino de Deus? Non vos levedes a engano: nin os indecentes, nin os idólatras, nin os adúlteros, nin os afeminados, nin os homosexuais, ¹⁰nin os ladróns, nin os avaros, nin os borrachos, nin os faltóns, nin os caciques herdarán o Reino de Deus. ¹¹E iso erades algúns de vós. Pero xa vos lavastes, xa vos consagraron e xa quedastes xustificados no nome do Señor Xesús Cristo e no Espírito do noso Deus.

A pureza cristiá

¹²"Todo me está permitido" —pero non todo me presta; "todo me está permitido" —pero eu non me deixarei dominar por nada. ¹³Os alimentos son para o ventre e o ventre para os alimentos, ademais o Señor destruirá unha cousa e maila outra.

Pero o corpo non é para a fornicación, senón para o Señor; e o Señor é para o corpo. ¹⁴E Deus, que resucitou xa a Cristo, tamén nos ha resucitar a nós polo seu poder.

¹⁵¿Non sabedes que os vosos corpos son membros de Cristo? ¿E vou colle-los membros de Cristo e convertelos en membros dunha prostituta? —¡De ningunha maneira! ¹⁶¿Ou non sabedes que quen se achegue á prostituta, faise un mesmo corpo con ela? Porque está dito: *Faranse os dous unha soa carne.* ¹⁷Pola contra, quen se xunta ó Señor, é un mesmo espírito con El. ¹⁸Fuxide da fornicación. Calquera pecado que o home poida cometer, cae fóra do corpo; pero quen fornica peca contra o seu propio corpo. ¹⁹¿Ou non sabedes que o voso corpo é templo do Espírito Santo que está en vós, porque o recibistes de Deus e que polo tanto non sodes donos de vós? ²⁰Porque, en verdade, comprousevos a bo prezo. Glorificade, por tanto, a Deus co voso corpo.

RESPOSTAS ÁS CONSULTAS DOS CORINTIOS. MATRIMONIO E VIRXINDADE

O matrimonio: dereitos e deberes

7 ¹E agora falemos do que me escribistes. Ben lle está ó home non tocar muller; ²pero, para evita-la fornicación, que cada home teña a súa muller, e que cada muller teña o seu home. ³Que o home cumpra coa súa muller, e o mesmo a muller co seu home. ⁴A muller non é a dona do seu corpo, éo o home; e do mesmo xeito, o home non é o dono do seu corpo, éo a muller. ⁵Non vos privedes un ó outro, a non ser de común acordo por algún tempo, a fin de terdes vagar para a oración; despois volvede ó mesmo, para que non vos tente Satanás por culpa da vosa incontinencia.

⁶Isto que vos digo é unha concesión, non un precepto. ⁷Eu ben quixera que tódolos homes fosen coma min; pero cada un recibe de Deus a súa gracia particular: uns dun xeito, outros doutro.

⁸Ós solteiros e ás viúvas dígolles que lles era ben quedaren coma min. ⁹Pero, se non aguantan, que casen, que máis vale casar que abrasarse.

¹⁰Ós casados dígolles non eu, senón o Señor: que a muller non se separe do seu home. ¹¹En caso de que chegue a separarse, ou que siga sen casar ou que se poña a ben co home. E que o home non repudie á súa muller.

6, 11 San Paulo alude aquí ós sacramentos da iniciación cristiá, subliñando a súa dimensión trinitaria: cf Feit **22,** 16; Heb **10,** 22 (ser lavados); Ef **5,** 26 (ser santificados); Tit **3,** 4-5 (no Espírito).
6, 12-13 Paulo refuta algunhas desculpas —quizais adaxios, quizais ditos malinterpretados do propio Paulo— cos que algúns querían tapa-las súas faltas. Indicamos cun guión as respostas de Paulo.
6, 16 Xén **2,** 24; cf Mt **19,** 5.
7, 1 "Segunda Parte" da carta: Paulo contesta as consultas que os mesmos corintios lle fixeran chegar acerca de cuestións entón moi vivas.
Paulo vai tratar en xeral das relacións entre *matrimonio* e *virxindade*. Pódense sinalar tres puntos principais: 1° Quen non resista a concupiscencia, que case. 2° A virxindade, como estado, é máis perfecta có matrimonio. 3° Cada un que siga no estado que tiña cando Deus o chamou.
Cómpre dicir que este pensamento de San Paulo é o punto de vista tomado baixo a impresión da inminencia temporal da Parusía (cf **15,** 51). Máis tarde completará a súa ensinanza, sobre todo en Ef **5,** 22-33.

¹²Ós outros dígolles eu, non o Señor: se un irmán ten unha muller que non cre, pero que consente en vivir con el, que non a bote. ¹³E se unha muller ten un home que non cre, pero que consente en vivir con ela, que non o bote. ¹⁴Pois o home que non cre queda santificado pola súa muller; e a muller que non cre queda santificada polo marido crente. Se non fose así, os vosos fillos serían impuros, cando a verdade é que son santos. ¹⁵Pero, se o non crente se quere separar, que se separe. En tal caso o irmán ou a irmá non quedan escravizados: Deus chamouvos para vivirdes en paz. ¹⁶Porque ¿que sabes ti, muller, se vas salvar a ese home? ¿Ou que sabes, ti, home, se vas salvar a esa muller?

¹⁷Fóra disto, que cadaquén viva conforme o Señor lle asignou, no estado en que Deus o chamou. Tal é o que dispoño en tódalas igrexas.

¹⁸¿Que a chamada o colleu circuncidado? —Non o disimule. ¿Que a chamada o colleu incircunciso? —Non se circuncide. ¹⁹Nada vale a circuncisión, nada vale a incircuncisión; o que vale é cumpri-los mandamentos. ²⁰Que cadaquén siga no estado en que o chamaron. ²¹¿Que te chamaron sendo escravo? —Non teñas pena. E, anque puideses facerte libre, mellor aproveita a túa condición. ²²Porque aquel a quen sendo escravo chamou o Señor, é liberto do Señor. Igualmente, aquel a quen chamou sendo libre, é escravo de Cristo. ²³Mercáronvos a bo prezo: non vos fagades escravos dos homes. ²⁴Irmáns, que cadaquén siga ante Deus no estado en que o chamaron.

Os non casados e os viúvos

²⁵Polo que toca ós non casados non teño orde do Señor, pero dou un parecer coma persoa que, pola misericordia de Deus, é digna de creto. ²⁶Coido eu que, por culpa da calamidade presente, é ben que cadaquén quede como está. ²⁷¿Que estás ligado a unha muller? —Non teimes por librarte. ¿Que non estás ligado a muller? —Non busques muller. ²⁸Non obstante, anque cases, non pecas; e, anque case unha moza, tampouco peca. Pero os que casen terán tribulacións na carne, e eu quixera librarvos delas.

²⁹O que vos digo, irmáns, é que o tempo é contado. O que importa, é que os que teñen muller vivan coma se non a tivesen; ³⁰os que choran, coma se non chorasen; os que están alegres coma se non se alegrasen; os que comercian, coma se non tivesen nada; ³¹os que disfrutan no mundo, coma se non disfrutasen. Porque o mundo, na súa configuración actual, está a pasar.

³²Eu quixera vervos libres de preocupacións. O non casado preocúpase das cousas do Señor, da maneira de lle agradar. ³³Pero o casado preocúpase das cousas do mundo, da maneira de lle agradar á muller; ³⁴e así está repartido. A muller non casada, o mesmo cá rapaza solteira, preocúpanse das cousas do Señor, procurando seren santas de corpo e alma. Pero a casada preocúpase das cousas do mundo, da maneira de lle agradar ó seu home. ³⁵Dígovos isto polo voso propio interese, non para vos amarrar botándovos un lazo; ó contrario, para vos guiar no que é honesto e leva sen divisións ó Señor.

³⁶Pero se alguén se encontra en dificultade respecto da súa noiva, porque está moi apaixoado e xa non pode aguantar, que faga o que queira: non peca, que casen. ³⁷Pola contra, quen está firme no seu corazón e non sente unha compulsión irresistible, senón que permanece dono da súa vontade: se se decidiu no seu interior a respecta-la súa noiva, fai moi ben. ³⁸De maneira que quen casa coa súa noiva obra ben e o que non casa obrará aínda mellor.

³⁹A muller está ligada ó seu home mentres el viva. Pero, se o home morre, queda libre para casar con quen ela queira, sempre que sexa cun cristián. ⁴⁰Non obstante será máis feliz, se se deixa estar así. Ese é o meu parecer e paréceme que tamén eu teño o Espírito de Deus.

7, 14 San Paulo fala aquí dunha "santidade" e dunha "pureza" rituais que indican unha relación especial de pertenza a Deus. Pero xa os profetas insistiran en que esta pureza ritual debe fructificar nunha vida santa, para que sexa válida.

7, 15 Non é seguro —máis ben parece certo o contrario: cf 7, 11— que San Paulo diga que pode volver a casar. Sen embargo, unha antiga tradición entendeu que si. E a Igrexa, baixo certas condicións —en forza non deste texto, senón do seu poder sacramental— permíteo: é o "privilexio paulino".

7, 21 Outros traducen: "anque se podes consegui-la liberdade, mellor aproveitate" (e libérate).

7, 35 Aquí está indicado o auténtico senso da moral cristiá: non impedir ou frea-lo desenvolvemento e a felicidade da persoa; senón para o seu ben, para o seu desenvolvemento pleno e para a súa felicidade profunda.

7, 38 Pasaxe de moi difícil traducción. A que damos pode estrañar, pero parece a máis axeitada. San Paulo di que cada un permaneza no estado en que se fixo cristián. Isto era relativamente fácil para os casados, para os viúvos e incluso para os solteiros sen relacións. Pero podía ser moi difícil para certos namorados: uns poderán (vv 37-38), outros (v 36). Filoloxicamente esta traducción é po-

AS CARNES SACRIFICADAS ÓS ÍDOLOS

Os principios teóricos

8 ¹No que toca ás carnes inmoladas ós ídolos, é ben sabido que todos temos coñecemento. Pero o coñecemento incha, mentres que a caridade é constructiva. ²Se alguén cre que xa coñece algo, aínda non coñece como hai que coñecer. ³En troques, se alguén ama a Deus, Deus coñéceo a el.

⁴Así que verbo de come-las carnes sacrificadas ós ídolos, sabemos que ningún ídolo existe de verdade no mundo, nin deus ningún fóra do Único. ⁵Porque, anque haxa moitos deuses de nome, tanto no ceo coma na terra —e hai efectivamente moitos deuses e moitos señores—, ⁶para nós non hai máis ca un só Deus, o Pai, de quen todo procede e para quen nós estamos feitos; nin hai máis ca un só Señor, Xesús Cristo, por quen todo existe e por quen existimos nós mesmos.

O punto de vista da caridade

⁷Pero non todos teñen este coñecemento. Algúns, por estaren afeitos ata agora á mentalidade idolátrica, comen esa carne coma se fose sagrada; entón, a súa conciencia, por non estar segura, quédalles lixada. ⁸Desde logo, non é a comida o que nos achega a Deus: non imos ser menos por non comer, nin por comer imos ser máis. ⁹Pero tede coidado de que esa liberdade vosa non sexa tropezo para os débiles. ¹⁰Porque, se alguén te ve a ti, que tes coñecemento, sentado á mesa nun templo idolátrico, ¿non é certo que, a quen non está aínda seguro, o vai tenta-la conciencia a come-lo sacrificado ós ídolos? ¹¹Así, polo teu coñecemento pérdese o débil, ese irmán por quen morreu Cristo.

¹²Dese xeito, pecando contra os irmáns e ferindo a súa débil conciencia, pecades contra Cristo. ¹³Por iso, se unha comida escandaliza a un irmán meu, endexamais non probarei a carne, para non escandalizar a meu irmán.

O exemplo de Paulo

9 ¹¿Non son eu libre? ¿Non son apóstolo? ¿Logo non vin a Xesús, o noso Señor? ¿Non sodes vós a miña obra no Señor? ²Se para outros non son eu apóstolo, para vós si que o son; pois vós sodes, no Señor, o selo do meu apostolado.

³Esta é a miña defensa contra os que me demandan: ⁴¿Acaso non temos dereito a comer e beber? ⁵¿Non temos dereito a levar connosco unha muller irmá, o mesmo cós demais apóstolos e os irmáns do Señor e Pedro? ⁶¿Ou é que soamente eu e mais Bernabé carecemos do dereito de non traballar? ⁷¿Quen foi algún día á guerra gastando do seu? ¿Quen planta unha viña e non come o seu froito? ¿Quen coida un rabaño e non se alimenta do seu leite?

⁸¿Ou estou falando con criterios humanos? ¿Non di tamén a Lei iso mesmo? ⁹Pois é precisamente na Lei de Moisés onde está escrito: *Non lle póña-lo bozo ó boi que malla.* ¿Impórtanlle acaso os bois a Deus? ¹⁰¿Ou non está ben claro que o di por nós? Sen dúbida está escrito por nós, pois quen labra precisa labrar con esperanza e tamén o que malla: coa esperanza de leva-la súa parte. ¹¹Se nós sementamos en vós os bens espirituais, ¿é moito que fagamos colleita nos vosos bens materiais? ¹²Se outros teñen tal dereito sobre vós, ¿non temos nós máis? Pero nós nunca nos aproveitamos dese dereito. Ó contrario, aturamos todo para non lle poñer ningún tropezo ó Evanxeo de Cristo.

¹³¿Non sabedes que os que celebran o culto viven do templo, e que os que serven no altar teñen parte nel? ¹⁴Do mesmo xeito, o Señor prescribiulles ós que anuncian o Evanxeo que vivan do Evanxeo. ¹⁵Pero eu non me aproveitei de nada diso. Nin escribo estas cousas para aproveitarme agora: me-

---

sible. Outros pensan que se trata do pai que sente vergonza por non ter casada a súa filla á que lle está pasando o tempo. Outros finalmente, pensan nun "matrimonio espiritual".

8, 1 *"Idolozytos"*: carne das reses sacrificadas ós ídolos nas festas e cerimonias pagás. Os ídolos, os sacerdotes e os doantes recibían a súa parte. O resto comíase en banquetes públicos ou vendíase na praza. Así se explican as consultas e as dúbidas dos cristiáns, que San Paulo vai resolver a continuación. A norma que dá é: liberdade de espírito, pero sen escandalizar.

8, 3 *Deus coñéceo a el:* Deus ten sempre a iniciativa: o coñecemento é porque xa El nos "coñeceu" (o que implica tamén elección e amor).

8, 5 Refírese, naturalmente, ás crenzas pagás, non compartidas por el nin polos cristiáns.

8, 10 *Tentar:* Paulo, con ironía case sarcástica, di literalmente "edificar".

9, 5 *Muller irmá:* interpretouse tradicionalmente coma mulleres cristiás que coidaban e atendían as necesidades materiais dos apóstolos. Hoxe tende a interpretarse coma "esposa cristiá": como se sabe, é moi probable que os mesmos apóstolos —a excepción quizais de Xoán— estivesen casados; era natural que levasen consigo as súas mulleres.

9, 9 Dt **25**, 4; cf 1 Tim **5**, 18.

llor morrer que... Non, a miña gloria ninguén ma tirará. ¹⁶Porque o mero feito de predica-lo Evanxeo non é para min gloria ningunha: é unha necesidade que teño enriba de min. ¡Pobre de min se non predico o Evanxeo! ¹⁷Pois así: se fago isto polo meu gusto, xa teño premio; pero, se o fago a contragusto, é un simple cargo que estou obrigado a administrar. ¹⁸¿Onde está, logo, o meu premio? —En que, cando predico o Evanxeo, fágoo gratuitamente, renunciando ós dereitos que este Evanxeo me confire.
¹⁹Pois, sendo como son libre con respecto a todos, de todos me fixen escravo para gaña-los máis posibles. ²⁰Fíxenme xudeu cos xudeus, para gaña-los xudeus; suxeito a Lei cos que están baixo a Lei —eu que non o estou—, para gaña-los que están baixo a Lei. ²¹Cos que están sen a lei, fíxenme coma sen lei —non estando eu sen a Lei de Deus, tendo como teño a Lei de Cristo— para gaña-los sen lei. ²²Cos débiles fíxenme débil, para gaña-los débiles. Fíxenme todo con todos, para salvar algúns a toda costa. ²³Todo o fago polo Evanxeo, para ter algunha parte nel.
²⁴¿Non sabedes que os corredores no estadio, corren todos, pero soamente un leva o premio? Correde, logo, de maneira que levedes premio. ²⁵Tódolos que compiten impóñense unha disciplina total; iso que eles é para conseguiren unha coroa perecedeira; nós en cambio, unha imperecedeira. ²⁶Eu, pola miña parte, corro, pero non ó que saia; loito, pero non dando golpes ó aire. ²⁷Ó contrario, castigo duramente o meu corpo e trátoo coma un escravo: non vaia suceder que despois de lles predicar ós outros, quede eu descalificado.

O exemplo dos israelitas no deserto

10 ¹Porque eu non quero, irmáns, que ignoredes que os nosos pais estiveron todos baixo a nube; que todos pasaron polo medio do mar; ²que, na nube e no mar, todos recibiron o bautismo de Moisés; ³que todos comeron o mesmo alimento espiritual —⁴pois bebían da pedra espiritual que os acompañaba: e esa pedra era Cristo—. ⁵Pero, con todo, a maior parte deles non lle agradou a Deus, xa que os seus cadáveres ficaron estrados polo deserto.
⁶Isto sucedeu coma un exemplo para nós, a fin de que non teñamos degaros do mal, coma eles os tiveron. ⁷Nin vos fagades idólatras, o mesmo que algúns deles; como está escrito: *Sentou o pobo a comer e a beber, e logo levantáronse para se divertiren*. ⁸Nin nos entreguemos á impureza, como fixeron algúns deles, e nun día caeron vintetrés mil. ⁹Nin tentémo-lo Señor, coma algúns deles o tentaron e pereceron mordidos polas serpentes. ¹⁰Nin murmuredes, coma algúns deles e pereceron víctimas do Exterminador.
¹¹Isto sucedeulles a eles coma exemplo, pero escribiuse para o noso escarmento: para nós que vivimos na fin dos tempos. ¹²¡De xeito que o que crea estar de pé, teña coidado de non caer! ¹³E a vós non vos viñeron tentacións que superen as forzas humanas. Fiel é Deus, que non consentirá que teñades tentacións superiores ás vosas forzas: coa tentación havos dar tamén os medios para poder saír dela.

O banquete sagrado e os banquetes profanos

¹⁴Polo tanto, meus benqueridos, fuxide da idolatría. ¹⁵Fálovos como se lle fala á xente asisada: xulgade vós mesmos o que digo. ¹⁶A copa da bendición que bendicimos, ¿non é unha comuñón co sangue de Cristo? O pan que partimos, ¿non é unha comuñón co corpo de Cristo? ¹⁷E como hai un único pan, tamén nós, sendo moitos, formamos un único

---

9, 17-18 A traducción non é sempre fácil nos detalles, pero o senso xeral é claro: Paulo enfatiza a gratuidade na predicación do Evanxeo.
9, 22 *A toda costa;* outra trad. posible: "para polo menos salvar algúns".
9, 27 San Paulo emprega nesta pasaxe un vocabulario deportivo, cousa da que el era amigo.
10, 1-5 A Historia Sagrada foi sempre para os cristiáns unha lección viva. O acontecemento narrado aquí é quizais o de máis rica significación teolóxica. O maná e maila auga que saía da pedra son figuras da Eucaristía. A liberación de Exipto a través do mar Rubio, baixo a dirección de Moisés, evoca a nosa liberación do pecado por Cristo, mediante o Bautismo.

A pedra espiritual alude a unha tradición dos rabinos; conforme a ela o penedo de onde Moisés tirara auga, disque acompañou os israelitas polo deserto.
10, 6 *Exemplo:* á letra "tipo", prefiguración profética do que ha suceder máis tarde.
10, 7 Ex 32, 6.
10, 8 Alúdese á participación nos ritos sexuais de Baal Peor (cf Núm 25, 1-9). O vocábulo "porneia" equivale neste caso á comuñón cun deus alleo.
10, 16-17 Exposición sumaria pero profunda do significado da Eucaristía.
10, 17 Tamén é posible traducir: "Porque un só pan, un corpo sómo-los moitos, porque participamos...".

corpo, porque todos participamos dese único pan. ¹⁸Ollade para o Israel histórico: os que comen as víctimas ¿non están en comuñón co altar? ¹⁹¿Que quero dicir entón? ¿Que a carne inmolada ós ídolos é algo? ¿Ou que é algo o ídolo? ²⁰Ó contrario, digo que os sacrificios que ofrecen os pagáns honran ós demos e non a Deus; e eu non quero que entredes en comuñón cos demos. ²¹Non podedes bebe-la copa do Señor e a copa dos demos. Non podedes participar na mesa do Señor e na mesa dos demos. ²²¿Ou é que queremos desafia-lo Señor? ¿Ou somos nós máis fortes ca El?

Solucións prácticas

²³"Todo está permitido", —pero non todo me presta; "todo está permitido" —pero non todo é constructivo. ²⁴Que ninguén busque o seu propio interese, senón o dos demais. ²⁵Comede todo o que se vende na cortaduría, sen preguntar cousa ningunha por motivos de conciencia, ²⁶pois *do Señor é a terra e todo o que a enche*. ²⁷Se algún infiel vos convida e queredes ir, comede todo o que vos poñan e non preguntedes nada por motivos de conciencia. ²⁸Pero se un vos di: "isto foi sacrificado ós ídolos", daquela non comades: por causa de quen vos avisou e pola conciencia. ²⁹Refírome non á vosa conciencia, senón a do outro.

—Pero, ¿por que a miña liberdade vai ter de xuíz a conciencia doutro? ³⁰E, se eu cando participo nunha comida llo agradezo a Deus, ¿por que me teñen que criticar por algo que como dándolle as gracias?

³¹—Ollade: tanto que comades, como que bebades, coma calquera cousa que fagades, facédeo todo para gloria de Deus. ³²Non sexades tropezo nin para os xudeus, nin para os gregos, nin para a Igrexa de Deus.

³³Así tamén eu procuro agradar a todos en todo, non buscando a miña comenencia, senón a da maioría, para que se salven.

11

¹Procurade imitarme a min, como eu imito a Cristo.

NORMAS PARA AS ASEMBLEAS LITÚRXICAS

As mulleres e o pano da cabeza

²Felicítovos por vos lembrar de min en todo, e por mantérde-las tradicións tal como volas entreguei. ³Pero quero que saibades que a cabeza de todo home é Cristo, que a cabeza da muller é o home, e que a cabeza de Cristo é Deus. ⁴Todo home que reza ou profetiza coa cabeza cuberta deshonra a súa cabeza. ⁵E toda muller que reza ou profetiza coa cabeza descuberta deshonra a súa cabeza, pois é talmente igual coma se estivese rapada. ⁶Logo, se unha muller non se cobre, que se rape. Pero, se é unha deshonra para a muller corta-lo pelo ou raparse, que se cubra.

⁷O home non necesita, xa que logo, cubri-la cabeza, sendo como é a imaxe e reflexo de Deus. Mais a muller é o reflexo do home. ⁸Porque o home non procede da muller, senón a muller do home. ⁹Nin se creou o home para a muller, senón a muller para o home. ¹⁰Por iso debe a muller levar na cabeza un sinal de sumisión, por mor dos anxos. ¹¹ (Anque polo demais, no Señor nin a muller existe sen o home nin existe o home sen a muller; ¹²pois do mesmo xeito que a muller vén do home, o home vén por medio da muller; e todo vén de Deus).

¹³Xulgade por vós mesmos: ¿é decente que a muller rece a Deus coa cabeza descuberta? ¹⁴¿Non vos ensina a mesma natureza que é unha deshonra para o home deixar medra-lo pelo; ¹⁵e que, pola contra, cámprelle á muller o pelo longo? Pois a ela as guedellas déronselle coma pano da cabeza. ¹⁶Ademais, se alguén ten gana de discusións, saiba que

---

10, 18 *Israel histórico:* lit. "segundo a carne".
10, 26 Sal **24,** 1.
11, 1-5 As disposicións que San Paulo dá aquí hai que as considerar no seu condicionamento histórico. Ninguén fixo tanto coma o Cristianismo primeiro pola liberación e promoción da muller; mesmo daquela a muller cristiá era a que gozaba de máis liberdade. Desgraciadamente, parece que as reaccións dos pagáns obrigaron xa a Paulo a facer recortes; e a historia posterior ata hoxe non estivo á altura da proclamación inicial (Gál **3,** 28: en Cristo non hai diferencia entre home e muller). Algo que cómpre recuperar urxentemente no mundo de hoxe.

11, 3 *Cabeza* ten en grego o dobre senso de cabeza e xefe. Tendo isto en conta, non será difícil entender este v.
11, 4s *Profetiza:* proclama a palabra, movido polo Espírito.
11, 10 Verso de difícil interpretación. Parece ser: o pano da cabeza é un signo de submisión ó marido; a alusión ós anxos indicaría que se ofenderán se non se garda a orde debida nas funcións litúrxicas, ás que se pensaba que asistían (téñase en conta que eles aparecen descritos coa face velada diante de Deus).
11, 16 Corta polo san toda discusión, apelando á tradición das comunidades primitivas de Xudea.

non temos tal costume, nin tampouco as igrexas de Deus.

A Cea do Señor

[17]Ó facervos estas recomendacións, non podo aplaudi-lo feito de que as vosas reunións produzan máis mal ca ben. [18]O primeiro que oio é que cando vos xuntades en asemblea hai divisións entre vós e, en parte, créoo. [19]Pois é necesario que haxa bandos entre vós, para que se vexa quen entre vós é honesto.
[20]Deste xeito, cando vos xuntades en común, iso xa non é come-la Cea do Señor. [21]Ó poñervos a comer, cada un agárrase á súa propia comida e uns pasan fame mentres os outros se emborrachan. [22]¿Seica non tedes casas para comer e para beber? ¿Ou é que queredes despreza-la Igrexa de Deus e avergonzar ós que non teñen? ¿Que vos vou dicir? ¿Vouvos felicitar? —Non, nisto non vos felicito.
[23]Porque eu recibín do Señor, e transmitinvos tamén a vós, que o Señor Xesús, na noite en que o entregaron, colleu pan [24]e, despois de dar gracias, partiuno e dixo: "Isto é o meu corpo, que se entrega por vós; facede isto en lembranza miña". [25]Do mesmo xeito, despois de cear, tomou a copa dicindo: "Esta copa é a Nova Alianza, no meu sangue; cada vez que a bebades, facédeo en lembranza miña".
[26]Polo tanto, cada vez que comedes este pan e bebedes esta copa, anunciáde-la morte do Señor, ata que El volte.
[27]De maneira que quen coma o pan ou beba a copa do Señor indignamente, terá que responder do corpo e do sangue do Señor.
[28]Examínese cadaquén a si mesmo antes de come-lo pan e de bebe-la copa. [29]Porque quen sen recoñece-lo Corpo come e bebe, come e bebe a súa propia condenación. [30]Que por iso hai entre vós moitos achacosos e enfermos e mortos abondo. [31]Se nos examinasemos nós, non nos xulgaría ninguén.
[32]Anque, se nos xulga o Señor, é para educarnos, para que non nos condenemos co mundo.
[33]Pois logo, meus irmáns, cando vos xuntedes para comer, atendédevos uns a outros. [34]Se algún ten fame, que coma na casa, de modo que non vos xuntedes para condenación. O resto xa o arranxarei cando chegue.

Os dons do Espírito

12 [1]Acerca dos dons espirituais non quero, irmáns, que esteades na ignorancia.
[2]Ben sabedes que cando erades pagáns, sentiádesvos arrebatados á forza cara ós ídolos mudos. [3]Por iso declárovos que ninguén que diga "Arrenegado sexa Xesús", fala movido polo Espírito de Deus; e que ninguén é capaz a dicir "Xesús é o Señor", se non é baixo o influxo do Espírito Santo.

Variedade e unidade dos dons

[4]Hai diversidade de dons, pero un mesmo Espírito. [5]Hai diversidade de servicios, pero un mesmo Señor. [6]Hai diversidade de realizacións, pero un mesmo Deus, que é quen realiza todo en todos.
[7]A cadaquén dáselle a manifestación do Espírito para o ben común. [8]A un o Espírito dálle palabra de sabedoría; a outro dálle palabra de ciencia o mesmo Espírito; [9]a aqueloutro o mesmo Espírito concédelle fe. [10]A un este mesmo Espírito dálle o don de curacións; a outro, o don de facer milagres; a outro, o don da profecía; a outro, discernimento de espíritos. A un, don de falar distintas linguas; a outro, o saber interpretar esas linguas. [11]Pero todo isto é un e o mesmo Espírito quen o realiza, repartindo a cada un en particular, como a El lle parece.

A comparanza do corpo

[12]Porque igual que o corpo, sendo un, ten moitos membros e todos estes membros, con

---

11, 18 Non debemos esquecer que entón aínda non había igrexas-edificio. As asembleas cristiás facíanse nas casas particulares.
11, 21 En Corinto había o costume de ter unha comida en común antes de celebra-la Eucaristía. Nela era onde se daban os abusos que Paulo reprende.
11, 23-27 Esta é a primeira narración escrita que conservamos da institución da Eucaristía (uns 10 ou 12 anos antes có Ev. de Marcos). Forma paralelo con Lc **22,** 19-20, fronte ó outro paralelo Mt-Mc.
11, 29 *Sen recoñece-lo Corpo:* é dicir, sen tomar na debida consideración que está recibindo o Corpo do Señor.
11, 30 Paulo interpreta que en Corinto a irreverencia na Eucaristía era castigada por Deus con enfermidade e mesmo coa morte.
12, 4 *Dons:* lit. "carismas; pero o significado actual da palabra é máis restrinxido có que Paulo lle atribúe aquí. Eran dons espirituais extraordinarios, que o Espírito Santo concedía a algúns membros da comunidade, para testemuña-la súa presencia e axudar ó desenvolvemento da Igrexa. Os carismas non son privativos da igrexa primitiva, senón esenciais na Igrexa de tódolos tempos. O característico de entón é o seu carácter extraordinario e fervente, que é precisamente o que podía ocasionar confusións. Confusións máis fáciles e perigosas polo feito de que as funcións xerárquicas eran aínda pouco exercidas nas igrexas particulares. San Paulo trata de poñer orde e dar principios.
12, 12 San Paulo toma neste c. unha comparanza clásica, vivificándoa coa súa experiencia cristiá. A fecundidade desta comparanza para a vida cristiá expresaraa sobre todo nas Cartas da Catividade.

seren moitos, non fan máis dun corpo: así tamén Cristo. ¹³Porque a todos nos bautizaron nun único Espírito, para formarmos un único corpo: tanto xudeus coma gregos, tanto escravos coma libres. E a todos se nos deu a beber un único Espírito.

¹⁴Pois ben, o corpo non está formado por un único membro senón por moitos. ¹⁵Se o pé dixer: "como non son man, eu non son do corpo", non por iso deixaba de ser do corpo. ¹⁶E se o oído dixer: "como non son ollo, eu non son do corpo", non por iso deixaba de ser do corpo. ¹⁷Se todo o corpo for ollo, ¿onde estaría o oído? Se for todo oído, ¿onde estaría o ulido?

¹⁸Ora, foi Deus quen puxo os membros, colocando cada un deles no corpo coma El quixo. ¹⁹Se todo for un único membro, ¿onde estaría o corpo? ²⁰En realidade, hai moitos membros, pero un corpo só. ²¹O ollo non lle pode dicir á man: "Non preciso de ti", nin a cabeza ós pés: "non preciso de vós". ²²Todo o contrario: os membros do corpo que parecen máis débiles son os máis necesarios; ²³e os que temos por menos decorosos, cubrímolos con máis decoro; e os menos honestos tratámolos con máis recato; ²⁴cousa que non precisan os honestos. Deus dispuxo o corpo, dándolle máis honor ó máis privado del, ²⁵para que non haxa discordia no corpo; senón que, ó revés, os membros se preocupen por igual uns dos outros. ²⁶E así, cando padece un membro, todos padecen con el; cando a un membro o tratan ben, todos se alegran con el.

O corpo místico de Cristo

²⁷Ben, pois vós sodes corpo de Cristo e tamén membros, cada un pola súa parte. ²⁸Na Igrexa dispuxo Deus primeiro apóstolos, logo profetas, en terceiro lugar mestres. Despois os que teñen poder de facer milagres; finalmente os que teñen don de curacións, de asistencia, de goberno, de falar distintas linguas. ²⁹¿Ou é que todos son apóstolos? ¿Todos son profetas? ¿Todos son mestres? ¿Todos fan milagres? ³⁰¿Todos teñen o don de curar? ¿Todos falan en moitas linguas? ¿Todos saben interpretar?

³¹De todos modos, cobizade os carismas mellores. Pero, ademais aínda vos vou mostra-lo camiño por excelencia.

Himno ó amor-caridade

13 ¹Por moito que eu falase as linguas todas dos homes e as dos anxos, se non tiver amor, non sería máis ca un bronce que resoa ou un pandeiro que repenica.

²Por moito que eu falase inspirado e comprendese tódolos misterios e mais toda a ciencia e tivese tanta fe que movese os montes, se non tiver amor, non sería nada.

³Por moito que eu reparta todo o que teño e me deixe queimar vivo, se non tiver amor, non me sería de proveito ningún.

⁴O amor é de corazón grande, é servicial. O amor non ten envexa, non ten fachenda, non se ensoberbece; ⁵non é malcriado, non busca a súa comenencia, non se alporiza, non garda malicia; ⁶non simpatiza coa inxustiza, senón que se alegra coa verdade. ⁷Desculpa sempre, fíase sempre, espera sempre, atura sempre.

⁸O amor non pasa endexamais; mentres que as profecías desaparecerán, as linguas calarán, a ciencia acabará. ⁹Porque a nosa ciencia é limitada e limitada é a nosa inspiración: ¹⁰e cando veña o perfecto, desaparecerá o limitado. ¹¹Cando eu era neno, falaba coma un neno, pensaba coma un neno, razoaba coma un neno; cando cheguei a home, deixei de lado as cousas de neno. ¹²Igualmente: agora vemos nun espello, escuramente; pero daquela habemos ver cara a cara. Agora coñezo dun modo incompleto; pero daquela hei coñecer tan ben coma Deus me coñece a min. ¹³En resumo: hai tres cousas que permanecen: a fe, a esperanza, e o amor. Pero delas a meirande é o amor.

Finalidade dos carismas: a edificación da comunidade

14 ¹Buscade a toda costa o amor; cobizade tamén os dons espirituais e, máis que nada, o da profecía. ²Porque o que

---

13, 1 Este é un magnífico canto da caridade (no texto traducimos amor para evitar equívocos, pois a verba caridade ten hoxe algúns aspectos desprestixiados). A caridade, que é a esencia mesma de Deus (cf 1 Xn **4,** 7-8. 16), é posta por Deus nos nosos corazóns. Ó revés do amor natural, incapaz de vence-lo egoísmo e a autolatría, a caridade busca esencialmente o ben de outro: Deus e mailo próximo.

13, 13 *O amor* permanece eternamente; coma "esencia de Deus", éo tamén da realidade: pode crecer ata o infinito. En cambio nas outras dúas haberá un salto cualitativo: a *fe* converterase en "visión"; a esperanza en "posesión".

14,1Falar inspirados: lit. "profecía".

14, 2 *En linguas estrañas:* lit. "en linguas". Non é claro o que significaba ese don. Parece —como mostra o contexto— que se trataba dun xeito "entusiasta" de oración: algún cristián, cheo de fervor espiritual, rompía en louvanzas a Deus, que se convertían en palabras ou berros ininteblixies. Os demais vían niso a presencia do Espírito, pero non "entendían" nada: de aí a insistencia de Paulo na necesidade da "interpretación".

fala en linguas estrañas non fala para os homes senón para Deus, xa que ninguén o entende: o que fai é falar polo Espírito cousas misteriosas. ³Mentres, quen profetiza fala para os homes, edifica, anima, consola. ⁴Quen fala co don de linguas edificase a si, pero quen profetiza edifica a comunidade. ⁵Quixera que todos faledes en linguas, pero quero máis que faledes profeticamente. Porque quen fala inspirado é máis có que fala en linguas; a non ser que ó mesmo tempo as interprete, de maneira que sirva de edificación á comunidade.

⁶Porque supoñamos, irmáns, que eu chegase onda vós falando en linguas. ¿De que vos aproveitaría, se a miña palabra non vos aportase nin revelación, nin ciencia, nin inspiración, nin ensinanza? ⁷Pasa igual que cos instrumentos de música: unha frauta ou unha cítola, poñamos por caso. Se non dan as notas con precisión, ¿como un vai sabe-lo que tocan? ⁸Ou tamén: se unha trompeta toca sen xeito ningún, ¿quen se vai preparar para o combate? ⁹Pois igual vós: se co don de linguas non pronunciades palabras claras, ¿como se vai entende-lo que falades? Falaredes para o vento. ¹⁰No mundo hai linguas a barullo e ningunha carece de sentido. ¹¹Pero se non coñezo o significado das verbas, serei un estranxeiro para quen me fala; e estranxeiro será el para min. ¹²Pois logo, xa que desexades tanto os dons espirituais, procurade abundar neles, para edificación da comunidade.

¹³Por iso, quen fale co don de linguas, que pida o don de interpretalas. ¹⁴Porque, se rezo co don de linguas, reza o espírito; pero o meu entendemento queda sen froito. ¹⁵¿Entón que? —Rezarei co espírito, pero tamén rezarei co entendemento; cantarei himnos co espírito, pero cantareinos tamén co entendemento. ¹⁶Doutro xeito, se dás gracias co espírito, ¿como van responder *Amén* á túa acción de gracias os que aínda están no grupo dos simpatizantes?: eles non entenden o que dis. ¹⁷Ti fas, de certo, unha excelente acción de gracias, pero o outro non queda edificado.

¹⁸Gracias a Deus teño máis don de linguas ca todos vós. ¹⁹Pero na asemblea prefiro dicir cinco palabras contadas, pero que se entendan e que poidan instruír tamén ós demais, antes ca un discurso enteiro co don de linguas.

²⁰Irmáns, non sexades meniños no xuízo, senón só na falta de malicia: no xuízo tedes que ser homes. ²¹Está escrito na Lei:
*Por homes doutra lingua
e con labios alleos,
heille falar a este pobo;
e nin así me escoitarán,*
di o Señor. ²²De maneira que as linguas serven de sinal non para os crentes, senón para os incrédulos; a profecía, pola contra, serve para os crentes e non para os incrédulos. ²³Poñamos por caso que se reúne toda a comunidade en asemblea e que todos falan co don de linguas: se lles cadra entrar a algúns simpatizantes ou non crentes, ¿non dirán que toleastes? ²⁴Pero, se todos profetizades e entra un non crente ou un simpatizante, séntese argüido por todos, séntese enxuiciado por todos, e ²⁵quedan ó descuberto os segredos do seu corazón. Entón postrarase e adorará a Deus proclamando: "realmente Deus está no medio de vós".

Regras prácticas

²⁶¿Que facer, entón, irmáns? —Cando vos xuntedes, cada un pode cantar un himno, dar unha ensinanza, manifestar unha revelación, falar unha vez co don de linguas, facer unha interpretación. Que todo sirva de edificación. ²⁷No caso de que alguén fale co don de linguas, que sexan un ou dous soamente ou, como moito, tres e á rolda; e que haxa un intérprete. ²⁸Se non hai intérprete, entón quen teña ese don que cale na asemblea: que fale para si e para Deus.

²⁹Os profetas, que falen dous ou tres: os demais saquen as consecuencias. ³⁰Se algún dos que están sentados ten unha revelación, que cale quen está falando. ³¹Porque, un por un, todos podedes profetizar, de modo que todos aprendan e reciban ánimos; ³²e ademais o espírito dos profetas está baixo o control dos propios profetas, ³³porque Deus non é Deus de desorde, senón de paz.

Coma en tódalas igrexas dos santos, ³⁴as mulleres na asemblea que calen a boca, que non lles está permitido falar; que se mostren sumisas, coma a mesma Lei o di. ³⁵Se queren aprender algunha cousa, que llela pregunten na casa ós seus homes, pois non di ben nunha muller falar na asemblea.

14, 16 Que formaban grupo á parte na asemblea. Anque, se cadra, trátase dalgún que aínda non era cristián.
14, 19 *Un discurso enteiro:* lit. "dez mil" (palabras).
14, 21 Is **28**, 11-12; cf Dt **28**, 49. *Lei:* aquí equivale a A.T.
14, 25 Is **45**, 14; Dn **2**, 47; Zac **8**, 23.
14, 30 *Quen está falando:* lit. "o primeiro".
14, 34 Xén **3**, 16; cf 1 Cor **11**, 3; Ef **5**, 22; 1 Tim **2**, 12; Tit **2**, 5.

³⁶¿Acaso empezou por vós a palabra de Deus? ¿Ou chegouvos acaso soamente a vós? ³⁷Se algún se cre profeta ou inspirado polo Espírito, recoñeza que o que eu vos escribo é un mandato do Señor. ³⁸Se alguén o ignora, sinal de que tamén o ignorarán a el.

³⁹Así que, irmáns, aspirade a falar profeticamente e non lle privedes a ninguén de falar co don de linguas. ⁴⁰Pero que todo se faga con dignidade e con orde.

A RESURRECCIÓN DOS MORTOS

A resurrección de Cristo

15 ¹Quero que vos acorde, irmáns, o Evanxeo que vos prediquei, que vós aceptastes, no que ficades firmes ²e polo que vos estades salvando (se é que o gardades tal como volo anunciei; do contrario, a vosa fe sería inútil). ³Transmitinvos, xa que logo, antes de nada o que eu mesmo recibín: que Cristo morreu polos nosos pecados conforme ás Escrituras; ⁴que o sepultaron, que ó terceiro día resucitou conforme ás Escrituras ⁵e que se apareceu a Cefas e despois ós Doce. ⁶Máis tarde apareceuse dunha soa volta a máis de cincocentos irmáns; moitos deles aínda viven, algúns xa finaron. ⁷Despois apareceuse a Santiago e logo a tódolos apóstolos. ⁸En derradeiro lugar aparecéuseme tamén a min, coma ó nacido á deshora.

⁹Pois eu son o menor dos apóstolos, que nin son merecente de me chamar apóstolo, xa que perseguín a Igrexa de Deus; ¹⁰pero pola gracia de Deus son o que son, e esa gracia que fixo comigo non ficou baleira. Ó contrario, traballei máis ca todos eles; anque non precisamente eu, senón a gracia de Deus que está comigo. ¹¹Pero, en fin, que sexa eu ou que sexan eles, así predicamos e así crestes vós.

A resurrección de Cristo: garantía da nosa resurrección

¹²Ora, se se predica que Cristo resucitou dos mortos, ¿como é que andan algúns de entre vós dicindo que non hai resurrección dos mortos? ¹³Se non hai resurrección dos mortos, tampouco Cristo está resucitado. ¹⁴E, se Cristo non está resucitado, baleira é a nosa predicación, e baleira tamén a vosa fe.

¹⁵Resultaría, ademais, que nós acabamos sendo falsas testemuñas contra Deus, pois levantámoslle a Deus o testemuño de que resucitou a Cristo, sendo así que non o resucitou, caso de que efectivamente os mortos non resuciten. ¹⁶Pois, se os mortos non resucitan, tampouco Cristo está resucitado. ¹⁷E, se Cristo non está resucitado, a vosa fe é unha ilusión: estades aínda nos vosos pecados.

¹⁸Resultaría tamén que os que finaron en Cristo pereceron completamente. ¹⁹Ora, se a esperanza que temos en Cristo é soamente para esta vida, nós sómo-los máis dignos de compaixón entre tódolos homes.

²⁰Pero non: Cristo resucitou dos mortos, coma primicia dos que dormen. ²¹Porque xa que por un home entrou a morte, tamén por un home chegou a resurrección dos mortos. ²²Igual que todos morren por Adam, así tamén por Cristo todos revivirán. ²³Pero cada un no seu intre: primeiro, Cristo; logo, no Día da súa Vinda, os que sexan de Cristo; ²⁴despois será a fin, cando lle entregue o Reino a Deus Pai, unha vez destruído todo Principado, toda Potestade e toda Dominación. ²⁵Porque é necesario que El reine *ata que poña a tódolos seus inimigos por debaixo dos seus pés*. ²⁶A morte será o derradeiro inimigo destruído, ²⁷pois *todo o puxo por debaixo dos seus pé*s. (Anque cando di que "todo está sometido", é claro que con excepción daquel que lle someteu tó-

---

14, 38 *O ignorarán a el:* lit. "tamén el é ignorado". Texto difícil. Tamén se pode traducir: "se algún ignora, que tamén el sexa ignorado" (non recoñecido); ou incluso, "se ignora, que ignore".
15, 1 Neste c. témo-la descrición máis completa e fermosa do gran misterio da resurrección de Cristo e da nosa.
15, 5 *Ós Doce:* anque xa faltaba Xudas, o grupo dos Apóstolos seguía chamándose así, polo seu carácter corporativo e simbólico.
15, 8 *Nacido á deshora:* lit. "aborto", "froito abortivo". A traducción evita a rudeza da expresión, manténdose, non obstante, no seu campo semántico. Alude ó carácter ex-

traordinario, violento e serodio da aparición de Cristo no camiño de Damasco. De todos modos San Paulo sosterá, sobre todo na carta ós Gálatas, que esta aparición ten o mesmo valor cás outras, e que conseguintemente Paulo é tan apóstolo coma os Doce.
15, 23 *No Día da súa Vinda:* lit. "Parusía": a aparición derradeira de Cristo á fin dos tempos en plena gloria, poder e maxestade.
15, 24 É dicir, tódalas potencias hostís ó Reino.
15, 25 Cf Sal **110,** 1.
15, 27 Sal **8,** 7.

dalas cousas). ²⁸E cando lle teña todo sometido, entón tamén o propio Fillo se someterá a quen lle someteu a El todo: para que Deus sexa todo en todo.

Confirmación da verdade da resurrección

²⁹De non ser así, ¿que conseguen os que se bautizan polos mortos? Se os mortos non resucitan en absoluto, ¿por que entón se bautizan por eles? ³⁰E nós mesmos, ¿por que nos poñemos en perigo a toda hora? ³¹Tan certo, irmáns, coma o orgullo que por vós teño en Cristo o noso Señor, que estou tódolos días ás portas da morte. ³²Se con miras meramente humanas loitei coas feras en Efeso, ¿cal sería o meu proveito? Se os mortos non resucitan, *comamos e bebamos, que mañá morreremos,* ³³Non vos deixedes enganar, "malas compañías estragan bos costumes". ³⁴Volvede en vós á realidade normal e non pequedes; porque algúns perderon o coñecemento de Deus. Para a vosa vergonza volo digo.

Como será a resurrección

³⁵Pero algún preguntará: ¿como resucitan os mortos? ¿Con que clase de corpo volverán á vida? ³⁶—Insensato. O que ti sementas non prende na vida, se primeiro non morre. ³⁷Nin sementas xa o corpo que vai nacer, senón un simple gran de trigo, se cadra, ou de calquera outra semente. ³⁸Deus é quen lle dá o corpo que lle parece: a cada semente o seu.

³⁹Non tódalas carnes son as mesmas: unha cousa é a carne dos homes, outra a dos animais, outra a dos paxaros, outra a dos peixes. ⁴⁰Hai corpos celestes e corpos terrestres; pero o brillo dos celestes é distinto do brillo dos terrestres. ⁴¹Unha cousa é o brillo de sol e outra moi distinta o da lúa ou o das estrelas: mesmo entre estrela e estrela hai diferencia de brillo.

⁴²O mesmo pasa tamén coa resurrección dos mortos: seméntase na corrupción, resucítase na incorrupción; ⁴³seméntase no desprezo, resucítase na gloria; seméntase na debilidade, resucítase na forza; ⁴⁴seméntase un corpo natural, resucita un corpo espiritual. Se hai un corpo natural tamén hai un espiritual, ⁴⁵pois así está escrito: *o primeiro home, Adam, fixérono un ser vivo;* o último Adam, un espírito que dá vida. ⁴⁶Pero non foi primeiro o espiritual, senón o natural, e despois o espiritual. ⁴⁷O primeiro home, saído da terra, era terrestre; o segundo home veu do ceo. ⁴⁸Como era o terrestre, así son os terrestres: e como é o celeste, así son os celestes. ⁴⁹E o mesmo que antes levámo-la imaxe do terrestre, tamén levarémo-la imaxe do celeste.

⁵⁰O que vos digo, irmáns, é que a carne e o sangue non poden herda-lo Reino de Deus; nin a corrupción herdará a incorrupción. ⁵¹Vouvos revelar un misterio: non todos imos morrer, pero todos nos imos transformar; ⁵²nun instante, nun pecha-los ollos, ó toque da derradeira trompeta. Pois soará a trompeta e os mortos resucitarán incorruptibles e nós apareceremos transformados. ⁵³É necesario que isto corruptible se revista de incorrupción e que isto mortal se revista de inmortalidade.

⁵⁴E cando isto corruptible se revista de incorrupción e isto mortal se revista de inmortalidade, entón cumprirase a palabra que está escrita:

a morte foi tragada pola victoria
⁵⁵*Morte, ¿u-la túa victoria?*
Morte ¿u-lo teu aguillón?

⁵⁶O aguillón da morte é o pecado e a forza do pecado é a Lei. ⁵⁷Pero deámoslle as gra-

---

15, 28 Grandiosa visión do Cristianismo. A fin será a plenitude e a felicidade suma, na total unión con Deus en Cristo.
15, 29 Alusión a unha práctica de natureza difícil de determinar. Probablemente unha crenza dos corintios de que bautizándose en lugar dalgún morto non bautizado —¿catecúmeno?— podían contribuír á salvación del.
15, 32 *Coas feras:* non parece que poida ter significado literal (nada din os Feitos nin 2 Cor **11,** 23-29); alude á dura oposición que alí encontrou. *Comamos...:* proverbio que aparece xa no A.T.: Is **22,** 13; cf Sab **2,** 6ss.
15, 33 Verso do poeta Menandro, que se fixo proverbial.
15, 34 *Perderon o coñecemento:* lit. "non teñen coñecemento". A traducción conserva mellor a metáfora e expresa mellor a realidade: son cristiáns que tiñan coñecemento, pero deixáronse ofuscar: "perdérono". Paulo exhórtaos a que o recobren.
15, 44 *Natural:* á letra "psyquico". A psyqué é o principio vital que fai do home un ser vivo, na esfera das cousas naturais. Deus é quen nos dá o "pneuma", o espírito, principio divino que eleva a nosa vida ó plano sobrenatural. O pneuma é algo dinámico, que vai penetrándonos, corpo e alma, cada vez máis fondamente —se non lle facemos resistencia— ata a eclosión final da resurrección. Entón seremos "pneumáticos": incorruptibles, inmortais, "divinos" (outros matices en **2,** 14 e **3,** 1).
15, 45 Xén **2,** 7.
15, 51 Parece que Paulo indica que cando chegue a Parusía os que estean vivos serán "espiritualizados", sen pasaren pola morte. Neste tempo, ó parecer, coidaba que a Parusía estaba próxima e que el mesmo a viviría persoalmente. En todo caso, a súa afirmación é válida para o (futura) fin real da historia.
15, 54 Cita variante de Is **25,** 8; cf Ap **20,** 14.
15, 55 Posible alusión a Os **13,** 14 modificado.
15, 56 Cf Rm **7,** 7-25.

cias a Deus, que El nos dá a victoria por medio do noso Señor Xesús Cristo.

⁵⁸Así que, meus irmáns queridos, mantédevos firmes e inabalables; aplicádevos cada vez máis á obra do Señor, sabendo que os vosos esforzos coma cristiáns non son en balde.

CONCLUSIÓN

Colecta para os cristiáns de Xerusalén

16 ¹En canto á colecta a prol dos irmáns, facede o mesmo que dispuxen para as igrexas da Galacia. ²Que o primeiro día da semana cada un de vós vaia xuntando na súa casa o que poida aforrar, para que non haxa que face-la colecta cando vaia eu. ³E, cando chegue, mandarei a quen vós elixades, con cartas, para levaren a vosa caridade a Xerusalén. ⁴No caso de que pague a pena que vaia tamén eu, irían comigo.

Plans de viaxe

⁵Irei onda vós, cando atravese Macedonia, pois pola Macedonia teño que cruzar. ⁶Pero convosco quizais me deteña, e se cadra, aínda paso o inverno, a fin de que vós me preparéde-la viaxe para onde vaia. ⁷Porque esta vez non quero vervos só de paso: espero quedar algún tempo convosco, se o Señor o permite. ⁸Deica Pentecostés permanecerei en Éfeso, ⁹pois ábreseme alí unha porta grande e prometedora e son moitos os adversarios.

Recomendacións e noticias

¹⁰Se chega por aí Timoteo, mirade que non se sinta acovardado entre vós, pois traballa coma min na obra do Señor. ¹¹Que ninguén mo desprece. Arranxádelle a viaxe para que veña en paz onda min, porque estou á espera del cos irmáns.

¹²En canto ó irmán Apolo teimei moito nel para que fose onda vós cos irmáns; pero agora non quixo ir de maneira ningunha: irá cando se lle presente unha boa ocasión.

¹³Vixiade, afincádevos na fe, sede homes, sede rexos. ¹⁴Que todo o que fagades sexa con amor.

¹⁵Unha recomendación, irmáns: ben sabedes que a casa de Estevo é a primicia da Acaia, e que todos eles se puxeron ó servicio dos irmáns. ¹⁶Poñédevos tamén vós á súa disposición e á de todo o que colabore e traballe con eles.

¹⁷Estou moi alegre coa visita de Estevo, de Fortunato e de Acaico, pois eles enchéronme a vosa ausencia: ¹⁸tranquilizaron o meu espírito e mailo voso. Aprezade, logo, a homes coma eles.

Despedida

¹⁹Mándanvos recordos as igrexas de Asia. Mándanvos un caluroso saúdo cristián Áquila e Prisca e maila asemblea que se xunta na casa deles. ²⁰Saúdanvos tódolos irmáns. Saudádevos uns a outros co ósculo litúrxico.

²¹Este saúdo é da miña propia man, Paulo. ²²Se algún non ama ó Señor, botádeo fóra. *Marana ta*.

²³A gracia do Señor Xesús sexa convosco. ²⁴O meu amor está con todos vós en Cristo Xesús.

16, 1 Trátase dos fieis de Xerusalén, que moi axiña pasaron necesidade. Paulo deulle moita importancia a esta colecta, porque vía nela un símbolo da unidade das igrexas fundadas por el entre os pagáns e a igrexa xudía-cristiá de Xerusalén. Tamén quizais a continuidade dos dous Testamentos.

16, 2 Lembremos que o primeiro día non é o luns, senón o "domingo", o día do Señor, que xa entón desprazaba ó sábado como día consagrado a Deus. A colecta cobra así un senso máis fondo, máis cristián, máis eucarístico.

16, 9 Quere dicir que hai moitas posibilidades de apostolado.

16, 10 Timoteo era persoa tímida e ademais aínda moi novo (cf 1 Tim **4**, 12).

16, 11 *Estou á espera del cos irmáns*: Expresión ambigua:

ou Paulo e os irmáns de Éfeso agardan a Timoteo, ou agarda a Timoteo e mais ós irmáns que o acompañan.

16, 12 Probablemente non quere ir para non fomenta-las discordias de que tratou Paulo no c. **3**.

16, 20 *Ósculo litúrxico*: lit. "bico santo".

16, 21 A carta está, como de ordinario, escrita por un amanuense. Pero Paulo quere escribir do seu puño e letra o saúdo e maila bendición final.

16, 22 Expresión litúrxica aramea: "¡Señor, ven!". Como a liturxia primitiva era dunha intensa vivencia escatolóxica, significa ó mesmo tempo: "Señor, ven á fin dos tempos, para establece-lo teu Reino", e "ven xa agora ó medio de nós, que estamos xuntos para a Cea". Tamén se pode ler: "Marán atá". Entón, anque é menos probable, sería unha confesión: "O Señor vén".

INTRODUCCIÓN Á SEGUNDA CARTA ÓS CORINTIOS

1. Circunstancias históricas que provocaron a Carta

Na súa terceira "Viaxe Apostólica" tivo Paulo abonda correspondencia coa comunidade cristiá que el fundara na viaxe anterior. Dun primeiro escrito —a chamada "Carta Precanónica"— temos noticia só por 1 Cor.

Os dous documentos mandáronse desde Éfeso (cf Feit **19**, 8-10; **20**, 31).

Despois de mandar 1 Cor pensaba Paulo viaxar a Macedonia e visita-los corintios á volta (cf 1 Cor **16**, 5-8); pero eran tan preocupantes as novas que lle trouxo Timoteo de Corinto que o apóstolo xa desistiu de ir a Macedonia e foi directamente á capital de Acaia (cf 1 Cor **4**, 17; **16**, 10; 2 Cor **1**, 23-**2**, 1; **2**, 14; **13**, 1-2).

Xa alí, un membro daquela comunidade faltoulle a Paulo e o apóstolo voltou a Éfeso e escribiu unha carta "bañada en bágoas". O encargado de levala foi Tito, que volveu cheo de ledicia polo froito conseguido (cf **7**, 7-16). Pero Paulo, que, ó ter que abandonar Éfeso (cf Feit **19**, 23-40; 2 Cor **1**, 8-10), esperaba a Tito en Tróade, vendo que non chegaba, marchou impaciente para Macedonia (**2**, 13). Á fin atopouno alí (**1**, 12-13; **7**, 5-6).

A carta que agora nos ocupa (a 2 Cor) tenta prepara-lo ambiente, combatendo ós que negaban a condición apostólica de Paulo, ó se deixaren levar polos perturbadores xudaizantes. Paulo expón con firmeza as moitas angustias que soportou para anunciar a Cristo, a súa honestidade con eles, e mailas revelacións que Deus tivo a ben facerlle. Con estas e outras ideas, prepara a terceira visita á comunidade cristiá de Corinto (**9**, 5; **12**, 14; **13**, 1.10).

2. Autor e problemas de composición

—A paternidade paulina de 2 Cor é recoñecida globalmente polos especialistas, que ven nela a man do apóstolo dos xentís. Só hai algúns que fan excepción da perícopa **6**, 14-**7**, 1, por considerala moi próxima, desde o punto de vista teolóxico, ós escritos de Qumrân e maiormente por ver empregados bastantes vocábulos alleos á terminoloxía paulina.

—No tocante á unidade da Carta, a cuestión é máis problemática, de xeito que se dan opinións diverxentes:

-Algúns especialistas coidan que 2 Cor non se redactou coma un só escrito senón que sería o resultado de unirlle á verdadeira carta traballos escritos polo apóstolo noutras ocasións. Chegan a esta conclusión, ó ve-los diferentes estados de ánimo do autor e as numerosas repeticións e incisos que se detectan na obra.

-Outros, en troques, pensan que a carta é un escrito feito dunha vez, e que os cortes no desenvolvemento dalgunhas ideas, para facer un inciso máis ou menos estenso, explícanse moi ben pola liberdade de Paulo, amigo dos anacolutos; mentres que as repeticións son tamén comprensibles nun autor de temperamento apaixoado, que intenta dar saída ó lume que leva dentro.

3. Tempo e lugar de elaboración do escrito

—Para os que consideren a Carta coma unha recolleita de traballos paulinos, a tal recolleita faríase arredor do ano 90.

—Os que están pola unicidade do escrito, pensan que a carta a mandou Paulo ó remate do ano 57 desde Macedonia, probablemente desde a cidade de Filipos, onde estivo o Apóstolo no outono do 57 e pola Pascua do 58.

4. Contido e estructura

—O contido vén provocado polas circunstancias que moveron a Paulo a escribir: case toda a Carta procura xustifica-la súa misión apostólica e conseguir de seu xeito a sumisión da comunidade. Isto lévao a contárlle-las tribulacións que tivo que aturar e mailas revelacións que Deus lle fixera. Tamén trata no seu escrito do senso e das esixencias da colecta para a comunidade de Xerusalén, que era entón víctima da fame. Indirectamente tocará tamén outros temas: grandeza do ministerio apostólico, a redención por Cristo, a presencia do Espírito Santo no crente, a vida eterna, a Trinidade.

—Tendo en conta a temática tratada, descóbrese na carta a seguinte estructura:

-Encabezamento: **1**, 1-11.

-Autodefensa do ministerio apostólico paulino: **1**, 12-**7**, 16.

-Colecta en favor da Igrexa de Xerusalén: **8**, 1-**9**, 15.

-Polémica do Apóstolo cos seus inimigos: **10**, 1-**13**, 10.

-Exhortacións, saúdos e bos desexos: **13**, 11-13.

SEGUNDA CARTA ÓS CORINTIOS

Saúdo e acción de gracias

1 ¹Paulo, apóstolo de Xesús Cristo por designio de Deus, e o irmán Timoteo, á Igrexa de Deus que está en Corinto e a tódolos cristiáns da Acaia enteira deséxovo-la ²gracia e a paz de Deus noso Pai e do Señor Xesús Cristo.

³¡Bendito sexa Deus, Pai do noso Señor Xesús Cristo, Pai misericordioso e Deus de toda consolación! ⁴El anímanos en tódalas nosas mágoas, de xeito que poidamos nós anima-los outros en calquera aflicción, no consolo que recibimos de Deus. ⁵Pois, do mesmo modo que rebordan en nós os sufrimentos de Cristo, tamén gracias a Cristo reborda igualmente o noso ánimo.

⁶Se pasamos apretos, é para que vós teñades ánimo e vos salvedes; se estamos animados, é para que vós teñades ánimo e aturedes con paciencia os mesmos sufrimentos que padecemos nós. ⁷Sodes para nós motivo de firme esperanza porque sabemos que, se sodes participantes nas mágoas, tamén o seredes no ánimo.

⁸Non queremos que descoñezades, irmáns, as tribulacións que pasamos en Asia, cargados por riba das nosas forzas, ata perde-la esperanza de saírmos con vida. ⁹Porque tivemos sobre nós a sentencia de morte. Así aprendemos a non poñérmo-la confianza en nós senón en Deus, que resucita os mortos. ¹⁰El foi quen nos librou de tan evidente perigo de morte e hanos de seguir librando —confiamos nel, que nos librará no futuro—, ¹¹se colaborades tamén vós coa vosa oración en favor noso. Así, a gracia conseguida pola intercesión de moitos fará tamén que moitos dean gracias por cousa nosa.

Os motivos do seu comportamento

¹²O noso orgullo é o testemuño da nosa conciencia, de nos comportar no mundo —e non digamos convosco—, coa santidade e transparencia de Deus, non con sabedoría humana senón por gracia de Deus. ¹³Porque non vos escribimos outra cousa do que ledes e entendedes. Espero que comprendades de vez, ¹⁴xa que nos entendestes en parte, que sómo-lo motivo da vosa honra, como vós o ides ser para nós, o día do noso Señor Xesús.

¹⁵Precisamente con esta confianza propúñame comezar eu por visitarvos, para que tivesedes un dobre regalo: ¹⁶pensaba ir a Macedonia pasando por onda vós, e de Macedonia ir outra vez onda vós, para me arranxárde-la viaxe a Xudea.

¹⁷¿Actuei con lixeireza cando programei así? ¿Ou é que eu fago os meus plans con miras humanas, de xeito que non quede ben claro en min o si coma un si e o non coma un non? ¹⁸¡Ben sabe Deus que, cando trato convosco, non hai si e non, ¹⁹porque o Fillo de Deus, Cristo Xesús, que nós vos anunciamos —Silván, Timoteo e mais eu—, non foi si e non; nel non houbo máis ca si: ²⁰tódalas promesas de Deus encontraron nel o si; velaí o porqué de respondermos "amén" por el cando damos gloria a Deus. ²¹O que nos mantén firmes —a min e a vós— na adhesión a Cristo é Deus, que nos unxiu para si, ²²que tamén nos marcou co seu selo e infundiu nos nosos corazóns a garantía do seu Espírito.

²³Pola miña parte, poño a Deus por testemuña (e que me quite a vida se vos minto) que, se aínda non voltei a Corinto, foi por consideración convosco. ²⁴Non é que a vosa fe dependa de min; pero son colaborador da

---

1, 1 *Apóstolo de Xesús Cristo:* título que a Paulo lle gusta usar (1 Cor **1,** 1; Gál **1,** 1; Col **1,** 1) e que prepara nesta carta a apoloxía que vai facer do seu ministerio: Paulo non é un mandado polos homes senón por Deus.
Cristiáns: no texto orixinal, "santos", por seren membros da "comunidade santa", do pobo elixido por Deus e consagrado a El.
Acaia é a parte Sur da Grecia actual, que abranguía o territorio do Peloponeso. Desde o ano 31 a.C. tiña coma capital Corinto.
1, 2 *Gracia e paz:* saúdos grego e hebreo respectivamente, cos que o apóstolo manifesta os mellores anceios para os crentes: a benquerencia de Deus e toda clase de cousas boas para eles.
1, 8 *As tribulacións que pasamos en Asia.* Refírese probablemente á revolta provocada contra el en Éfeso (Feit **19,** 23-**20,** 1; cf 1 Cor **15,** 32), cidade pertencente á Asia Menor, na Turquía actual.
1, 12 Comeza aquí a primeira apoloxía que fai Paulo do seu labor cos corintios: tanto el coma Silván e Timoteo foron onda eles con transparencia e agarimo, servíndolle-lo Evanxeo tal coma Deus quere e non con presuncións humanas e enganos como fixeron outros, que foron aproveitarse do seu traballo e, por riba, foron arredar do apóstolo a comunidade corintia.
1, 20 O vocábulo hebreo *Amén* significa "certo", "de acordo".
1, 23 Na perícopa **1,** 23-**2,** 4 Paulo xustifica o feito de lles mandar unha carta en vez de os ir ver. Agora, como xa fixera un pouco antes, prefire escribirlles outra vez, para non atopalos tristes cando os vaia visitar (cf **12,** 14.20-21).

vosa alegría, pois, de certo, estades seguros na fe.

2 ¹E tomei a decisión de non ir outra vez onda vós con mágoas. ²Porque, se eu vos entristezo, ¿quen me vai alegrar a min, non sendo o que está magoado por causa miña? ³E escribinvos todo iso para que, cando eu chegase, non me causasen tristeza os que me debían producir alegría, confiado como estou en que todos facedes vosa a miña alegría. ⁴De tanta tribulación e angustia que sentía, escribinvos cheo de bágoas, pero non para vos poñer tristes, senón para que vos decatasedes do moito cariño que vos teño.

⁵Porque —sen esaxerar— se alguén me magoou, non me magoou a min, senón dalgunha maneira a todos vós. ⁶A ese tal, abóndalle a corrección aposta pola maioría da comunidade. ⁷Agora, en troques, é mellor que o perdoedes e que o animedes, non vaia sentirse o home amargado por tanta tristeza. ⁸Por iso recoméndovos que lle fagades sentilo voso agarimo. ⁹Pois para iso tamén vos escribín: para coñece-la vosa compostura, a ver se sodes obedientes en todo. ¹⁰A quen vós perdoades algo, tamén eu perdoo: que, ben mirado, o que eu perdoo —se algo teño que perdoar—, é por causa vosa, diante de Cristo, ¹¹para que Satanás non saque vantaxe de todo isto, pois non descoñecémo-las súas intencións.

¹²Cando cheguei a Tróade para anuncia-lo Evanxeo de Cristo, aínda que tiña as portas abertas para traballar coma cristián, ¹³non tiven acougo no meu espírito, por non encontrar alí o irmán Tito. Entón despedinme daquela xente e saín para Macedonia.

A salvación "en Cristo"

¹⁴Doulle gracias a Deus, que, unidos a Cristo, nos leva decote ó seu triunfo e que por medio de nós espalla por todas partes o perfume do seu coñecemento. ¹⁵Porque somos recendo de Cristo para Deus, tanto entre os que se salvan coma entre aqueles que se perden: ¹⁶para estes somos un cheiro de morte, para morte; para os outros, un recendo de vida, para vida. E nestas cousas, ¿hai alguén capaz abondo? ¹⁷Nós, de feito, non imos traficando coa mensaxe de Deus, coma tantos outros, senón que falamos con transparencia, coma quen é de Deus e fala diante de Deus, en Cristo.

O ministerio da Nova Alianza

3 ¹¿Comezamos outra vez a recomendarnos? ¿Será que, coma certos individuos, precisamos de cartas de recomendación para vós ou da vosa parte? ²A nosa carta sodes vós: unha carta escrita nos nosos corazóns, coñecida e lida por toda a xente. ³Nótasevos que sodes unha carta de Cristo, redactada por nós, e non escrita con tinta senón co Espírito do Deus vivo; e non en táboas de pedra, senón en táboas de corazóns de carne.

⁴Esta é a confianza que temos diante de Deus, gracias a Cristo. ⁵Non é que de noso teñamos aptitudes para poder apuntar nada na nosa conta coma cousa propia: a nosa capacidade vénnos de Deus, ⁶que nos capacitou para sermos axentes dunha alianza nova, non de letra, senón de Espírito; que a letra mata, mentres que o Espírito dá vida.

⁷Se aquela oferta de morte (letras gravadas na pedra) se volveu gloria, ata o punto que os israelitas non podían fita-lo rostro de Moisés, "polo resplandor do seu rostro" (efémero e todo como era), ⁸¡canto máis gloriosa non será a oferta do Espírito! ⁹Porque se a oferta da condena tivo gloria, ¡canta máis gloria vai te-la oferta da xustiza! ¹⁰De feito aquela gloria xa non é gloria, comparada con esta gloria rebordante. ¹¹Daquela se o efémero tivo o seu momento de gloria, ¡canta máis gloria terá o que é permanente!

¹²Tendo entón esta esperanza, comportámonos con moita afouteza; ¹³non coma Moisés, que puña un pano por diante da cara para que os israelitas non percibisen a fin do que era caduco. ¹⁴E embotóuselle-lo entendemento, porque ata o día de hoxe per-

---

2, 3-4 Refírese á carta escrita pouco despois de voltar de onda eles, unha carta bañada en bágoas, posterior á 1 Cor.
2, 5-11 Fai alusión a un corintio que ofendeu gravemente a Paulo e, como consecuencia, tamén á comunidade. O apóstolo pide agora que o perdoen, ratificándolle tamén el o propio perdón.
2, 12 *Tróade:* porto do Mar Exeo, a 15 kms. da antiga Troia, na actual Turquía.
2, 13 *Macedonia:* provincia romana, situada ó norte de Acaia, e que abrangue hoxe o norte de Grecia e partes de Iugoslavia e de Bulgaria.
3, 1ss Os xudaizantes tratan de desprestixiar a Paulo e conseguir así a adhesión dos corintios á Lei de Moisés. O Apóstolo ten que defenderse das acusacións que lle fan, anque non precisa de cartas de recomendación: a fe dos corintios, froito do seu traballo e da gracia de Deus, é a mellor comprobación da súa condición de apóstolo.
3, 3 Cf Ex **24**, 12; **31**, 18; **34**, 1.
3, 6 Xer **31**, 31-34; Ez **36**, 26-27; cf Heb **8**, 10; **10**, 15-17.
3, 7 Non é que a Antiga Lei fose mala; pero dicindo o que hai que facer sen da-la forza necesaria para cumprilo, convertíase para o home en "servicio de morte" (Rm **7**, 7ss).
3, 13ss Ex **34**, 33-35

manece aínda o mesmo pano cando len o Antigo Testamento, sen se decataren de que, con Cristo, esvaece. ¹⁵Aínda hoxe, sempre que len a Moisés, un pano cobre os seus corazóns. ¹⁶"Pero cando se convertan ó Señor, quitarase o pano". ¹⁷Ora, o Señor é o Espírito, e onde está o Espírito do Señor hai liberdade. ¹⁸E nós todos, coa cara descuberta, reflexando coma nun espello a gloria do Señor, a súa imaxe, ímonos transformando de gloria en gloria, pola acción do Espírito do Señor.

As tribulacións dos apóstolos e a forza do Evanxeo

4 ¹Por iso exercendo este servicio pola misericordia de Deus, non nos apoucamos; ²máis ben puxemos á parte todo tipo de simulación, deixándonos de intrigas e evitando falsea-la palabra de Deus. Ben ó contrario, manifestando a verdade, recomendámonos nós mesmos á conciencia que todo home ten diante de Deus.

³Se o noso Evanxeo continúa velado, é para aqueles que se perden: ⁴pola súa incredulidade o deus deste mundo cegóulle-lo entendemento para que non vexan o esplendor do Evanxeo da gloria de Cristo, que é imaxe de Deus. ⁵Porque nós non nos anunciamos a nós, anunciamos a Xesús Cristo como Señor; e a nós, coma servos vosos por causa de Xesús. ⁶Pois o Deus que dixo *brille a luz no medio das tebras,* alumeou nos nosos corazóns, para que se manifestase o coñecemento da gloria de Deus no rostro de Cristo.

⁷Mais levamos ese tesouro en vasos de barro. E así esa forza tan extraordinaria aparece coma forza de Deus, e non nosa. ⁸Aprétannos por todas partes, mais non nos esmagan; andamos en apuros mais non desesperados; ⁹andamos perseguidos pero non abandonados; derrúbannos pero non nos rematan. ¹⁰Por todas partes levamos no noso corpo a morte de Xesús, para que a vida de Xesús se manifeste tamén no noso corpo. ¹¹Porque a nós, estando vivos, entréganos decote á morte por causa de Xesús, para que tamén a vida de Xesús se manifeste na nosa carne mortal. ¹²E así a morte actúa en nós, e a vida en vós.

¹³Mantendo, sen embargo, o mesmo espírito de fe, segundo o que está escrito *creo e por iso falo,* tamén nós cremos e por iso falamos. ¹⁴Porque sabemos que Aquel que resucitou a Xesús nos ha resucitar tamén a nós con Xesús e nos ha colocar convosco onda el. ¹⁵Todo isto acontece por causa vosa, de modo que, ó estenderse a gracia, se multiplique o número dos agradecidos, para gloria de Deus.

¹⁶Por iso non nos apoucamos: aínda que o noso exterior vai esmorecendo, o interior, todo o contrario: renóvase de días a días. ¹⁷Os sufrimentos transitorios e leves prepáranos unha inmensa carga de gloria eterna por riba de toda medida. ¹⁸Non poñémo-las nosas olladas nas cousas que se ven, senón nas que non se ven; porque as que se ven son efémeras, mentres que as que non se ven son eternas.

Anceios de vida eterna

5 ¹Sabemos que, se a nosa morada terrestre —que vén ser coma unha cabana—, se derrubase, contamos cunha edificación de Deus, unha casa eterna no ceo, non feita por mans de homes. ²Por iso xememos na cabana actual, co anceio de vestírmo-la moradía celeste, ³pois así atoparémonos vestidos, non espidos. ⁴Os que vivimos nesta cabana, xememos oprimidos, porque non queremos quita-lo que temos posto, senón poñer outra roupa por riba, de xeito que o mortal quedase absorbido pola vida. ⁵Quen nos dispuxo para isto foi Deus, que nos deu como garantía o Espírito.

⁶Así que estamos sempre cheos de ánimo por sabermos que, mentres o corpo sexa o noso domicilio, vivimos coma desterrados lonxe do Señor, ⁷e seguimos camiñando guiados pola fe, non polo que se ve. ⁸E con este ánimo, preferimos desterrarnos do corpo e habitar a carón do Señor. ⁹En todo caso, ora continuemos neste domicilio ora nos afastemos del, anceiamos agradarlle. ¹⁰Porque todos teremos que comparecer tal como somos perante o tribunal de Cristo, para que cada un recolla o seu merecido

---

4, 4 As forzas do mal, coas súas ofertas, distraen a xente, de modo que non vexan a salvación que lles vén polo Evanxeo.
4, 6 Cf Xén **1,** 3
4, 7 De xeito que ninguén poida presumir, coma se o froito da predicación dependese del (cf **12,** 7), e así a gracia de Deus resplandeza na debilidade humana (**12,** 8-10).
4, 13 *O que está escrito:* o que se atopa na Biblia: neste caso, no Sal **116,** 10.

5, 16ss Aínda que o Apóstolo non procura o sufrimento, déixase purificar por el, coa alegre esperanza de acada-la gloria das realidades eternas.
5, 4 Despois de perde-la morada terrena, precisámo-la celestial, que colmará os nosos anceios.
5, 5 O Espírito é coma "a primeira entrega". Téndoo a El, sabemos que o Señor nos dará a plenitude, pasando de vivir da esperanza a acadar unha realidade eterna (cf Rm **8,** 15-17.23-25; Gál **4,** 6-7).

polo que teña feito mentres vivía no corpo: ben ou mal.

A reconciliación con Deus, por Xesús

[11]Por iso, sabendo o respecto que se lle debe ó Señor, procuramos convencer ós homes, e xa que para Deus somos transparentes, confío en que tamén o sexamos ante as vosas conciencias.

[12]Non queremos outra vez recomendarnos diante de vós: só dárvo-la oportunidade de presumir de nós, de modo que teñades resposta para os que presumen das aparencias e non do corazón. [13]Se perdémo-lo siso, foi por Deus; e, se agora estamos cordos, é por vós.

[14]É o amor de Cristo o que nos preme, cando pensamos que, ó morrer un por todos, morreron todos; [15]el morreu por todos, a fin de que os que viven xa non vivan para si, senón para o que morreu e resucitou por eles.

[16]Por iso, nós xa non aprezamos a ninguén conforme a criterios mundanos; aínda que teñamos coñecido a Cristo conforme a eses criterios, agora xa non o coñecemos así. [17]Polo tanto, quen estea en Cristo, é unha criatura nova: o que era vello, pasou. ¿Vedes? Hai unha realidade nova.

[18]E todo iso provén de Deus que nos reconciliou consigo por medio de Cristo e nos encomendou o servicio da reconciliación. [19]Pois Deus estaba en Cristo reconciliando o mundo consigo, non levando conta dos delitos dos homes e poñendo en nós a mensaxe da reconciliación. [20]Somos, logo, embaixadores de Cristo; e é coma se Deus vos exhortase por medio noso. Pedímovolo por Cristo: deixádevos reconciliar con Deus. [21]A aquel que non tiña nada que ver co pecado, Deus fixoo pecado por nós, para que nós, gracias a el, nos volvesemos nel xustiza de Deus.

Os apretos do ministerio apostólico

6 [1]Coma colaboradores seus, exhortámosvos a non desaproveita-la gracia de Deus.

[2]Pois di El: *no tempo oportuno, escoiteite; en día de salvación acudinche.*
Pois agora é tempo oportuno, agora é día de salvación.

[3]Nunca damos motivo de escándalo en nada, para que o noso ofrecemento non se poida censurar. [4]Ó contrario, acreditámonos decote coma servidores de Deus con tanto como sufrimos: tribulacións, adversidades, angustias, [5]golpes, prisións, tumultos, angueiras, noites en vela, días sen comer; [6]actuando con limpeza, con siso, con paciencia, con bondade, coa guía do Espírito Santo; con amor sincero, [7]coa mensaxe da verdade e a forza de Deus; empuñando na dereita e na esquerda as armas da honradez, [8]tanto na honra coma na afronta, tanto na boa coma na mala sona. Pasamos por falsarios, e mais dicímo-la verdade; [9]pasamos por descoñecidos, e ben que se nos coñece; pasamos por moribundos, e mais ben vivos que estamos; pasamos por destinados ó castigo, e mais nunca non nos executaron; [10]pasamos por xente triste, e ben alegres que estamos sempre; pasamos por pobres, e mais enriquecemos a moitos; pasamos por xente que non ten nada, e mais témolo todo.

[11]Falámosvos francamente, corintios; abrímosvos de todo o noso corazón. [12]Non é dentro de nós onde estades apretados; é, máis ben, nas vosas entrañas. [13]Pois correspondede vosoutros agora: xa que vos falo coma a fillos, sincerádevos tamén vós.

As relacións cos pagáns

[14]Nos vos xungades en parella desigual cos infieis. ¿Que ten que ve-la rectitude coa maldade? ¿Ou é que poden andar xuntas luz e escuridade? [15]¿Que sintonía pode haber entre Cristo e Beliar? ¿Pode o crente ser parceiro do infiel? [16]¿Que consenso pode haber entre o templo de Deus e mailos ídolos? Nós somos templo de Deus vivo; así o dixo Deus: *hei vivir e camiñar con eles; serei o seu Deus e eles serán o meu pobo.* [17]Por iso di o Señor:

5, 11 *O respecto que se lle debe ó Señor:* lit. "o temor do Señor". Equivale a sintonizar co que fai o home "temeroso de Deus", o que conta con Deus, para secunda-la vontade divina.

5, 14ss Polo Bautismo o cristián insírese en Xesús morto para erguerse con Él e vivi-la vida de resucitado (cf Rm 6, 1-11). Vén ser así coma unha nova criatura, xerada pola auga e o Espírito (cf Xn 3, 3-8) e froito do amor de Deus (Xn 3, 16-17).

5, 21 A morte expiatoria de Xesús vén presentada aquí en paralelo coa figura do "Servo de Iavé" empecatado sen ter culpa, pero que chegará a ve-la luz e que xustificará a multitudes (Is 53, 8-11).

6, 2 Is 49, 8

6, 14ss A perícopa **6**, 14-7, 1, parece estar fóra de sitio, pois interrompe despois de **6**, 13 unha narración que tería a secuencia lóxica en **7**, 2. Algúns intérpretes chegan á conclusión de que a devandita perícopa non é obra de Paulo, senón un escrito de carácter esenio, a xulgar pola semellanza na terminoloxía e nas ideas dos documentos de Qumrân (cf Introd. ó N.T.).

6, 15 *Beliar* é un dos nomes do demo, empregado na literatura qumránica e rabínica. Vén significar "cousa de nada" (do hebreo "beliiaal").

6, 16 Cf Lev **26**, 12; Ez **37**, 27.

6, 17 Cf Is **52**, 11; Ez **20**, 34.

saíde do medio desa xente, afastádevos, non toquéde-lo que é impuro, e eu acollereivos. ¹⁸*Serei un pai para vós e vós seredes para min fillos e fillas, di o Señor que todo o sostén.*

7 ¹Xa que tales promesas temos, meus amigos, limpémonos de toda inmundicia de corpo ou de espírito e completémo-la santificación no temor de Deus.

Cariño de Paulo polos corintios

²Facédenos un sitio no voso corazón: a ninguén ofendemos, a ninguén defraudamos, a ninguén explotamos. ³Non o digo para vos censurar; xa vos dixen que ides tan dentro dos nosos corazóns que estamos xuntos para vivir e mais para morrer. ⁴Teño moita confianza en vós e estou orgulloso de vós. Estou moi animado e rebordo alegría no medio de tódalas nosas tribulacións.

⁵Certo que tampouco ó chegar a Macedonia non tivemos acougo, senón ó contrario, tribulacións por todas partes: cara a fóra, loitas; e cara a dentro, temores. ⁶Pero Deus, que lles dá alento ós abatidos, consoloume coa chegada de Tito. ⁷Vaia, coa chegada e cos ánimos que traía de vós, contándome da vosa saúde, das vosas mágoas, da vosa ansia por min, o que me alegrou aínda máis.

⁸Por iso, a pesar de que vos contristei coa miña carta, non teño pena. Se o sentía —ó ver que aquela carta vos contristou, aínda que foi momentaneamente—, ⁹agora alégrome, non de que vos contristasedes senón de que esa tristeza vos levase ó arrepentimento. A vosa foi unha tristeza segundo criterios de Deus, así que non perdestes nada por culpa nosa. ¹⁰Pois unha tristeza segundo criterios de Deus produce un arrepentimento para a salvación, sen volta atrás; mentres que a tristeza por motivos mundanos produce a morte. ¹¹Velaí canta ansia provocou en vós o contristarvos segundo criterios de Deus e mesmo con que desculpas e con que indignación, con que temor, con que saudade, con que emulación, con que escarmento demostrastes de tódolos modos posibles que non tiñades culpas no asunto. ¹²Así que, se vos escribín, non foi en realidade nin polo ofensor nin polo ofendido; só quería que manifestasedes diante de Deus o interese que tedes por nós. ¹³E isto foi o que nos consolou.

Ademais desta satisfacción, alegrámonos moito máis aínda ó ve-la alegría de Tito, a quen tanto tranquilizastes. ¹⁴Se en algo presumín de vós, non quedei mal; do mesmo modo que vos dixemos sempre a verdade, así tamén as louvanzas que de vós lle fixen a Tito saíron certas. ¹⁵E o agarimo que vos ten medra aínda máis, ó lembrar agora a obediencia de todos vós, e como o recibistes con sumo respecto. ¹⁶Alégrome de poder contar convosco para todo.

Colecta para os cristiáns de Xerusalén: o exemplo dos macedonios

8 ¹Facémosvos sabedores, irmáns, da gracia que Deus lles concedeu ás igrexas de Macedonia. ²No medio de moitas e duras tribulacións, a súa abondosa alegría e a súa extrema pobreza rebordaron nun derramo de xenerosidade. ³Dou testemuño de que, segundo os seus posibles e por riba deles, espontaneamente e ⁴insistentemente pedíronno-lo favor de poderen contribuír a axudar ós outros cristiáns. ⁵E non só como esperabamos, senón que se ofreceron a si mesmos, ante todo ó Señor e despois a nós, por vontade de Deus, ⁶ata o punto de lle pedirmos a Tito que, xa que el a principiara, levase igualmente a bo termo entre vós esa obra de caridade.

⁷Xa que abundades en todo —en fe, en palabras, en ciencia, en interese por todo e en amor a nós—, que abundedes tamén nesta gracia. ⁸Non é unha orde; só que, pola solicitude doutros, quede probada a enxebreza do voso amor. ⁹Ben sabéde-lo xeneroso que é o noso Señor Xesús Cristo: sendo rico, fíxose pobre por vós, para que vós vos fixesedes ricos coa súa pobreza.

¹⁰Nisto douvos un consello, pois convenvos: dado que o ano pasado tomáste-la iniciativa —non só na execución, senón incluso na mesma decisión—, ¹¹levade a termo ago-

---

6, 18 Cf 2 Sam 7, 8.14; Is 43, 6. *Que todo o sostén:* lit. "Todopoderoso" (cf Ap **1**, 8 e nota).
7, 5ss S. Paulo non atopou en Macedonia (cf **2**, 13) o acougo que desexaba. Só cando encontrou a Tito en Filipos quedou tranquilo, ó recibir boas novas da comunidade cristiá de Corinto.
7, 8ss Nova alusión á "Carta das bágoas" (cf nota a **2**, 3-4), que viñera provocada polo comportamento ruín dun corintio que ofendera ó apóstolo (cf nota a **2**, 5-11).
8, 1ss A sección **8**, 1-9, 15 trata da colecta en favor dos cristiáns de Xerusalén.

As comunidades cristiás de Macedonia, rebordando ledicia do Espírito Santo, a pesar da pobreza na que vivían, pediron que se lles deixase axudar ós cristiáns de Xerusalén (cf Feit **11**, 29-30; 1 Cor **16**, 1-4), que estaban nunha situación económica aínda máis apretada.
8, 4 *Ós outros cristiáns:* lit. "...ós santos" (cf nota a **1**, 1).
8, 6 *Esa obra de caridade:* lit. "esa gracia". Trátase de algo bo en favor doutros: neste caso, da axuda ós cristiáns angustiados pola fame.
8, 9 Cf **5**, 21.

ra a execución da iniciativa, de modo que, á prontitude da decisión lle corresponda a prontitude na realización, conforme ás vosas posibilidades; ¹²pois se precede a boa disposición, acéptase con gusto o que se ten, non o que non se ten. ¹³Non se trata de que vós pasedes apretos por aliviardes a outros, senón de que exista igualdade. ¹⁴Neste momento a vosa abundancia pode remedia-la carencia deles, para que a abundancia deles poida vir en auxilio da vosa carencia. Así haberá igualdade, ¹⁵de acordo co que está escrito: *A quen recollía moito, non lle sobraba; e a quen recollía pouco, non lle faltaba.*

Os delegados

¹⁶Doulle gracias a Deus porque puxo no corazón de Tito o mesmo interese por vós, ¹⁷porque non só aceptou a miña petición senón que, con toda dilixencia, saíu para onda vós por decisión propia. ¹⁸Mandamos con el o irmán tan sonado en tódalas igrexas polo anuncio que fai do Evanxeo: ¹⁹e mesmo isto o elixiron as comunidades, para que fose o meu compañeiro de viaxe nesta obra de caridade, administrada por nós para gloria do Señor, e como proba da nosa dilixencia. ²⁰Así evitamos que ninguén nos poida criticar pola administración desta farturenta colecta. ²¹Pois *procurámo-lo que é bo*, non só *diante do Señor* senón *tamén* diante *dos homes*.

²²Mandámosvos tamén con eles outro irmán noso: del temos comprobado que é moi espilido en variados asuntos; e agora véselle aínda, se cadra, máis interese pola confianza que ten en vós.

²³No que se refire a Tito, é compañeiro meu e colaborador nos vosos asuntos; os outros irmáns son delegados das igrexas e honra de Cristo. ²⁴Dádelles, logo, probas do voso agarimo e xustificade ante eles e ante as súas comunidades o noso orgullo por vós.

Motivos de xenerosidade cristiá

9 ¹Excuso escribirvos máis sobre esta colecta en favor dos outros cristiáns. ²Coñezo a vosa boa disposición, da que me gabo diante dos macedonios, para a vosa honra, dicíndolles que Acaia ten feitos tódolos preparativos xa desde o ano pasado, e que a vosa ansia estimulou a moitos máis.

³Con todo, mándovo-los irmáns, para que o noso orgullo por vós non sexa desmentido nese particular senón que, como dicía, estedes preparados. ⁴Non sexa que, se os macedonios que vaian comigo vos atopan sen preparar, nós —e non digamos vós—, quedemos mal, por termos esa confianza. ⁵Por iso pareceume necesario pedirlles ós irmáns que fosen indo diante onda vós, para que teñan preparado de antemán o xeneroso donativo que prometestes, pois no caso de estar listo, será expresión de xenerosidade, e non de mesquindade.

⁶Lembrade aquilo: *quen sementa con mesquindade, tamén con mesquindade recolle; e quen sementa con xenerosidade, tamén con xenerosidade recolle.* ⁷Que cadaquén dea segundo o que teña decidido no corazón, non contra gusto nin por compromiso, que *Deus ama ó que dá con alegría.* ⁸Deus, pode, de certo, darvos con largueza toda clase de gracias, de xeito que, tendo sempre en todo o suficiente, aínda vos sobre para todo tipo de boas obras, ⁹pois está escrito: *reparte esmola ós pobres, a súa xustiza permanece para sempre.*

¹⁰O que fornece a semente ó sementador e proporciona pan para a comida, ha multiplicar tamén a vosa sementeira e fará medra-lo froito da vosa xustiza. ¹¹Seredes ricos en todo, para poderdes facer todo tipo de caridades, que producirán por medio de nós gratitude a Deus.

¹²Porque a prestación desta axuda non só dá remedio ás necesidades dos outros cristiáns, senón que fai ademais que moitos non cansen de darlle gracias a Deus. ¹³Pola comprobación deste servicio louvarán a Deus pola vosa obediencia ó profesa-lo Evanxeo de Cristo e pola expresión xenerosa da vosa solidariedade con eles e con todos. ¹⁴E, cando recen por vós, manifestarán a benquerencia que vos teñen, pola sobreabundante gracia de Deus en favor voso. ¹⁵Gracias sexan dadas a Deus, polo sublime regalo que nos deu.

A autoridade de Paulo

10 ¹Eu, Paulo en persoa, pídovos isto, pola paciencia e benignidade de Cristo: eu, que na vosa presencia parezo coitado pero que, ausente, son ousado convosco.

8, 13 Nisto fora exemplar a Igrexa de Xerusalén (cf Feit 2, 44-45; **4,** 32-35).
8, 15 Cf Ex **16,** 18.
8, 21 Pr 3, 4 (LXX).
9, 6 Pr **11,** 24-25.
9, 7 Pr **22,** 8 (na versión dos LXX).
9, 9 Sal **111,** 9.
9, 15 Ese regalo é a salvación que nos vén por Cristo e que resplandece nas boas disposicións que teñen os cristiáns.

²Pídovos que, cando vaia, non teña que poñerme atrevido coa firmeza que creo deber usar con algúns que nos acusan de camiñar con miras humanas. ³Aínda que camiñamos coma homes, non actuamos movidos por miras humanas. ⁴Porque as armas do noso combate non son terreais: son poderes de Deus, capaces de abater fortalezas; destruímos sofismas ⁵e toda altivez que se ergue contra o coñecemento de Deus; encadeamos todo pensamento á obediencia, someténdoo a Cristo; ⁶e estamos prontos a vingar toda rebeldía, unha vez que a vosa sumisión sexa cumprida.

⁷¡Mirade ben! O que estea convencido de ser de Cristo, que teña en conta tamén que nós somos tan de Cristo coma el. ⁸E, aínda que teña que alardear un pouco de máis da nosa autoridade (que o Señor nos concedeu para edificación e non para destrucción vosa), non me hei avergonzar; ⁹así non darei a impresión de quérervos amedrentar coas cartas. ¹⁰Porque algúns din: "por carta é duro e enérxico" pero en persoa é coitado e non fala ben". ¹¹Pense este tal que, como somos de palabra nas cartas estando ausentes, así imos ser de obra cando esteamos presentes.

¹²Xa non nos atrevemos a equipararnos ou a comparármonos con algúns deses que tanto se chufan. Pero a eses, con tanto se poñeren de modelos de si mesmos e con tanto se compararen consigo mesmos, xa non lles goberna a cabeza.

¹³Pola nosa parte, non nos queremos gabar de máis, senón conforme a medida que estableceu Deus para nós; a medida de chegar ata vós. ¹⁴Non é coma se non chegasemos a vós e tivesemos que nos estirar, pois fómo-los primeiros en chegar a vós co Evanxeo de Cristo. ¹⁵Nin nos gloriamos de máis nin nos gloriamos á conta de traballos alleos; pero tiñámo-la esperanza de que, segundo se ía espallando a fe entre vós, iámonos multiplicar máis e máis, conforme a nosa idea, ¹⁶para leva-lo Evanxeo alén dos vosos eidos, sen presumir do traballo alleo meténdonos en terreo xa cultivado.

¹⁷*O que presume, que presuma do Señor,* ¹⁸porque non queda aprobado o que se pon el unha alta calificación, senón aquel a quen lla pon o Señor.

Autodefensa de Paulo

11 ¹¡Ai, se me aturasedes un pouco de tolería! ¡Aturádema, veña! ²É que sinto ciúmes de vós, os ciúmes de Deus, pois quíxenvos desposar cun único marido, presentándovos a Cristo coma unha virxe pura. ³Temo que, así como a serpe seduciu a Eva coa súa astucia, así tamén se trastornen os vosos criterios, arredándovos da sinceridade que lle debedes a Cristo. ⁴Porque se vos vai alguén anunciar outro Xesús diferente do que vos anunciamos nós, ou se recibides un espírito diferente do que recibistes, ou un evanxeo diferente do que aceptastes, vós aturádelo coma se nada.

⁵Pois eu non me considero menos do que eses super-apóstolos. ⁶Terei pouca elocuencia pero non pouca ciencia e téñovolo demostrado en todo e de moitos xeitos. ⁷¿Ou é que fixen mal en abaixarme para elevarvos a vós, anunciándovos de balde o Evanxeo de Deus? ⁸Para podervos servir a vós, tiven que despoxar outras igrexas, aceptando unha paga. ⁹E, mentres estiven entre vós, por moitos apretos que pasase, non fun carga para ninguén: os irmáns que viñeron de Macedonia subvencionaron as miñas necesidades; gardeime e gardareime de servos gravoso en nada. ¹⁰Pola verdade de Cristo que hai en min: dígovos que esta honra non ma vai quitar ninguén nas rexións de Acaia. ¹¹¿Por qué? ¿Porque non vos quero? ¡Ben o sabe Deus!

¹²O que veño facendo seguireino a facer, a fin de privar a eses do pretexto que buscan para se poderen gloriar de ser iguais ca nós. ¹³Os tales son falsos apóstolos, traballadores trampulleiros, disfrazados de apóstolos de Cristo. ¹⁴Pero non é estraño, porque o mesmo Satanás se disfraza de anxo da luz; ¹⁵non é por demais que tamén os seus servidores se disfracen de servidores da xustiza. Pero a fin desa xente ha ser conforme as súas obras.

As súas tribulacións polo Evanxeo

¹⁶Repito: que ninguén coide que eu son un insensato. E, se non, se por insensato me te-

---

10, 2 *Camiñar con miras humanas:* lit. "camiñar segundo a carne".
10, 7 S. Paulo está queixoso dalgúns que tentan arredar do apóstolo a comunidade corintia (cf nota a **3,** 1ss). Este ton polémico vaino conservar ata o remate da carta.
10, 15 *Conforme a nosa idea:* lit. "conforme a nosa regra".
10, 17 Xer **9,** 22-23; cf 1 Cor **1,** 31.

11, 2 A idea da relación Cristo-Igrexa, que será tratada en Ef **5,** 21-31, ten os seus precedentes no "matrimonio espiritual" entre Deus e o pobo escolleito do Antigo Testamento (cf Is **50,** 1; Os **1-3**).
11, 5 *Super-apóstolos:* sarcasmo para designa-los xudaizantes, que desfán o seu traballo apostólico. O verdadeiro rostro deses amósase con transparencia no v 13.

des, deixade que tamén eu alardee un pouco. ¹⁷O que vou dicir, non o digo conforme o Señor, senón coma na tolería, no suposto da presunción. ¹⁸Xa que tantos se gaban de glorias humanas vou presumir eu tamén, ¹⁹que vós, tan sensatos, soportades con gusto ós insensatos. ²⁰Soportades que vos escravicen, que vos devoren, que vos exploten, que vos traten con arrogancia, que vos dean labazadas. ²¹Con vergonza dígoo: somos, de certo, demasiado febles...

Pero no que outro se atreva —e dígoo na tolería—, eu tamén me atrevo. ²²¿Que eles son hebreos? Eu tamén. ¿Que son israelitas? Eu tamén. ¿Que son eles da semente de Abrahán? Eu tamén. ²³¿Que son servidores de Cristo? Vou dicilo desvariando: pois eu sono máis ca eles.

Gáñolles en traballos, gáñolles en prisións; sen comparanza en malleiras e en perigos de morte. ²⁴Cinco veces recibín dos xudeus as corenta azoutas menos unha; ²⁵tres veces me flaxelaron, unha vez apedráronme; tres veces naufraguei, chegando a pasar unha noite e un día perdido no mar. ²⁶En camiñatas frecuentes: con perigos de ríos, perigos de salteadores, perigos da parte dos da miña raza, perigos da parte dos xentís, perigos na cidade, perigos no despoboado, perigos no mar, perigos entre falsos irmáns. ²⁷En traballos e canseiras, en abondas noites sen dormir, con fame e sede, a miúdo sen comer, con frío e sen roupa que vestir. ²⁸E amais doutras cousas, a miña angueira de cada día: a preocupación por tódalas igrexas. ²⁹¿Quen esmorece, sen que esmoreza eu? ¿Quen sofre escándalo, sen que eu me abrase?

³⁰Se hai que presumir, presumirei da miña fraqueza. ³¹O Deus e Pai do noso Señor Xesús —que é bendito polos séculos— ben sabe que non minto.

³²En Damasco o gobernador do rei Aretas tiña baixo vixilancia a cidade toda, para me prender; ³³pero descolgáronme por unha fiestra da muralla, metido nun cesto e así fuxinlle das mans.

As revelacións

12 ¹Xa que toca a presumir —aínda que non está ben facelo—, acudirei ás visións e revelacións do Señor. ²Sei dun cristián a quen hai catorce anos (se foi no corpo ou fóra do corpo, non o sei, iso sábeo Deus) o levaron ata o terceiro ceo. ³E sei que ese home (se foi no corpo ou fóra do corpo, non o sei, iso sábeo Deus) ⁴o levaron ó paraíso e oíu palabras inefables, que non se lle permiten pronunciar ó ser humano.

⁵De tal home presumirei. Pola miña parte, sen embargo, só me gabarei das miñas fraquezas. ⁶Ainda que, se eu quixer presumir, non sería un insensato, pois só diría a verdade. Mais desisto para que ninguén me valore por enriba do que ve ou oe de min.

⁷E, debido á grandeza das revelacións, por iso, para que non teña soberbia, espetóuseme un aguillón na carne: un emisario de Satanás, para que me pegue lapotes, e así non teña orgullo. ⁸Por tres veces pedinlle ó Señor que o arredase de min, ⁹pero respondeume: "Chégache coa miña gracia; a forza vese cumprida na fraqueza". Daquela presumirei con gusto das miñas debilidades, para que así resida sobre min a forza de Cristo. ¹⁰E por iso gózome nas fraquezas, nas afrontas, nas necesidades, persecucións e angustias que sufro por Cristo; porque, cando estou débil, entón é cando son poderoso.

¹¹Sei que acabo de falar aloucadamente: pero fostes vós os que me forzastes a iso. Era eu quen debía ser acreditado por vós, pois, aínda que eu non sexa ninguén, en nada fun menos do que eses super-apóstolos. ¹²Os signos do apóstolo realizáronse entre vós na constancia a toda proba e nos sinais, prodixios e milagres. ¹³¿En que fostes vós inferiores ás demais igrexas? Só nisto: en que non vos ocasionei gastos. E perdoádeme a palabra...

Preparando a próxima visita

¹⁴Ben. Xa estou preparado para ir por terceira vez onda vós, e tampouco agora non vos serei gravoso, que eu non busco as vosas cousas: eu búscovos a vós, pois non son os fillos os que teñen que xuntar para os pais, senón os pais para os fillos. ¹⁵Pola miña parte, con gusto me gastarei e desgastarei polas vosas vidas. Pero, por querervos eu máis da conta, ¿ídesme vós querer menos?

¹⁶"Ben —pensarán algúns—, efectivamente eu non vos fun gravoso; pero, como son

---

11, 22 Os adversarios de Paulo eran de raza xudía, a xulgar polas afirmacións do apóstolo.
11, 32s Cf Feit 9, 23-25.
12, 7 O *aguillón* que se lle espetou na carne é probablemente unha enfermidade que non o deixa en paz (cf Gál **4,**13-15).

12, 9s: Paulo, quen fora fariseo, ten na mente a postura xudaizante, de tipo fariseo, que busca a xustificación diante de Deus polo cumprimento da Lei mosaica. O home que vén cumprindo os 613 preceptos da Lei, vólvese orgulloso e seguro das súas forzas, quedando realmente na penumbra a gracia de Deus.

moi renarte, atrapeivos con engano". ¹⁷Vexamos. ¿É que eu vos explotei por medio dalgún dos que vos mandei? ¹⁸Pedinlle a Tito que fose e con el mandei outro irmán. ¿Será que Tito vos explotou? ¿Acaso non actuámo-los dous co mesmo criterio? ¿Non seguímo-los mesmos pasos?

¹⁹Seguro que hai xa un pouco que coidades que nos estamos xustificando diante de vós. —Pois non: falamos diante de Deus e coma cristiáns. E todo é, meus queridos, para a vosa edificación. ²⁰Temo que, ó chegar, non vos atope tal como eu quería, e que tampouco vós non me encontredes a min tal como desexades. Temo que haxa discordias, receos, incomodos, rivalidades, difamacións, murmuracións, soberbias, desordes. ²¹Teño medo de que, cando vaia, o meu Deus me aflixa outra vez aí diante vosa e teña que lamentar que moitos dos que xa antes pecaran, non se arrepentiron da súa inmoralidade, libertinaxe e desenfreo.

13 ¹Vou ir por terceira vez onda vós. *Todo asunto resolverase basándose na palabra de dúas ou tres testemuñas.* ²Xa antes volo dixen, cando estiven entre vós a segunda vez e repítovolo con tempo agora que estou ausente ós antigos pecadores e ós demais todos: cando vaia aí outra vez, non vou andar con miramentos. ³Será a proba que buscades de que fala por min Cristo, que non é débil convosco, senón que demostra o seu poder entre vós. ⁴A el crucificárono pola súa febleza pero agora vive polo poder de Deus. E nós, que compartímo-la súa debilidade, viviremos con el polo poder de Deus en favor voso.

⁵Examinádevos a vós mesmos, para ver se estades na fe; poñédevos a proba. ¿Ou non vos decatades de que Xesús Cristo está entre vós? A non ser que esteades reprobados... ⁶Espero, con todo, que recoñezades que a nós non nos reprobaron. ⁷Pedímoslle a Deus que non vos fagades mal ningún: non por quedarmos nós ben, senón para que vosoutros practiquéde-lo que é bo, aínda que nós quedemos reprobados. ⁸Porque contra a verdade non podemos nada pero si a favor da verdade. ⁹Por iso alegrámonos de ser febles, con tal de que vós sexades fortes. O que pedimos é a vosa perfección. ¹⁰Por iso mesmo vos escribo estas cousas mentres estou ausente, para non ter que ser tallante cando estea presente, coa autoridade que o Señor me deu para construír, non para derrubar.

Despedida

¹¹Do resto, irmáns, estade alegres, procurade a perfección, dádevos azos, andade de acordo, vivide en paz e o Deus do amor e da paz estará convosco. ¹²Saudádevos uns ós outros co ósculo santo. Mándanvos saúdos tódolos cristiáns.

¹³Que a gracia do Señor Xesús Cristo, o amor de Deus e a comuñón do Espírito Santo vos acompañen a todos.

12, 21 Os veciños de Corinto non eran, de certo, un exemplo de vida moral e algúns dos cristiáns caerían na tentación de considerar normal a vida licenciosa daquela vila. **13,** 1 Dt **19,** 15; cf Mt **18,** 16.

13, 3 A carta remata cunha expresión semellante á do comezo (**1,** 2), para significa-los desexos do apóstolo para os corintios: que gocen da paz e do amor que vén de Deus.

INTRODUCCIÓN Á CARTA ÓS GÁLATAS

1. Destinatarios

Gálatas *chamábanlles antigamente ós* Galos, *que na lingua deles se chamaban* Celtas. *Unha ponla da familia celta chegou de Centroeuropa no 279 a. C. a Delfos. Alí derrotáronos e eles espalláronse. Pouco e pouco na Asia Menor fóronse xuntando algunhas tribos, que lle puxeron á bisbarra o nome de* Galacia, *capital Ankyra, hoxe Ankara. Asoballados por Mitrídates VI, no 88 aliáronse con Roma, que crearía a Provincia Imperial de Galacia, na que metía terras que os gálatas foran conquistando (Frixia, Pisidia, Licaonia...); mais eles seguíronlle chamando Galacia só ó territorio inicial .*

Paulo levóulle-lo Evanxeo a uns e máis ós outros. Polo visto —anque non todos pensan igual— esta carta circular mandóullela ós gálatas enxebres entre o ano 54 e o 57 d. C.

A pureza racial entre eles era máis ben pouca. Livio di que xa levaban 200 anos recastados dos gregos: viaxaran moito; cadraban en camiño das grandes rotas comerciais; foran parar ó berce do culto de Attis e Cibeles; estaban a piques de entrar no xudaísmo; e agora son destinatarios dunha carta escrita en grego.

A tradicional relixiosidade e a fe céltica na inmortalidade, a fe dos indíxenas en ritos da veneración (nos que se falaba da anual resurrección de Deus), fixeron doada a predicación cristiá da resurrección, que, recibiron con grande entusiasmo (**4,** 13-15).

2. Ocasión da carta

Por unha antiga tradición os xudeus practicaban a circuncisión. Co tempo a circuncisión volvérase o rito de entrada nese pobo, o distintivo dos xudeus, o símbolo nacional do "Pobo de Deus".

Entre os gálatas cristiáns algúns andan a dicir que, para ser mellor cristián, cómpre circuncidarse todos: era unha proposta que facían os cristiáns de nacionalidade xudía e que lles viría moi ben, porque grupos de xudeus intransixentes (e Paulo fora un deles: **1,** 13-14; **6,** 12) *perseguían a este grupo que estaba a nacer, o grupo cristián. Perseguíano porque para eles era unha desviación do sistema político-relixioso que era o xudaísmo; porque era un "grupo revisionista", unha secta perigosa, unha deformación da verdadeira esencia xudaica.*

Algúns gálatas circuncídanse para estaren ben con todos, e ben calzados polo que poida pasar. Despois de todo, se Israel era o ".Pobo de Deus", tampouco era unha vergonza ser unha "tendencia" dentro do xudaísmo. E doutrina moi clara sobre isto non a había: Pedro e mailo Concilio de Xerusalén dixeran que se podía ser cristián sen ser xudeu; pero Pedro e os daquel Concilio eran xudeus; ser xudeu, se cadra, era unha maneira mellor de ser cristiáns. E, de parte, así librábanse de paos.

3. Doutrina

a) Pero a Paulo non lle van as componendas. El, que fora dos perseguidores da "herexía cristiá", sabía que o cristianismo deprezaba radicalmente o xudaísmo; pero comprendeu despois que a salvación estaba naquel e non neste: agora sabe mellor ca ninguén que no lerio da circuncisión se xoga moito máis ca unha tradición folclórica, por moi respectable que sexa; sabe que aquí xoga o cristianismo a consciencia que ten de si mesmo e, polo tanto, o seu futuro; agora sabemos que se xogaba o futuro da consciencia relixiosa no mundo, porque ¿salvan os ritos relixiosos ou salva Deus? ¿Conquista o ceo Prometeo ou vence Deus a nosa invencible miseria? E, como actitude nosa, ¿cómpre respectar un código ou cómpre ter fe?

Se salvarse é supera-las dúas grandes contradiccións humanas, a maldade (pecado) e a morte, nada salvará ó home; o home, preso na súa miseria conxénita, non se pode salvar a si mesmo. Só Deus o salvará. Toda relixión que chegue, como chegara a xudaica, a non ser máis ca un código de ritos, é un engano para que pique o peixe: crea a sensación de ser perfecto e, por tanto, acredor de Deus, crea a soberbia babilónica de salvarse "a pulso"; crea a prometeica esperanza de vence-la propia maldade e a propia morte.

Coloca-lo centro da relixión na fe é reformar tódalas relixións pasadas e futuras, non só a xudaica. Por iso o cristianismo é radicalmente novo e actual (a cultura actual asume moitas veces o papel das antigas relixións). Por iso a mensaxe cristiá é unha perenne reforma relixiosa.

Son falsas, falsas esperanzas, opio en definitiva, tódalas relixións (e mesmo o cristianismo), sempre que caen na tentación do rito máxico e "salvador" e na soberbia dos "santos" e escolleitos, porque arredan o home do verdadeiro camiño. Por esa constante devaluación de tódolos sistemas é subversivo o cristianismo, daquela coma hoxe.

Querer disimula-la ilegalidade do cristianismo, reducilo a "tendencia" da propia sociedade (xudaica ou non) para non ter problemas co Estado (6, 12) pode ser cómodo, pero é traiciona-la verdade. Ou perdémo-lo medo a dicir que o xudaísmo é inútil (2, 16) e mesmo un criadeiro de pecadores (3, 10. 13) ou perdémo-la ocasión de acertarmos co camiño polo que o home pode saír da súa miseria. Si, xudaísmo deformado e cristianismo puro son incompatibles. Tiña por que perseguilo, cando Paulo o perseguía, e ten por que impedi-la confusión, agora que a impide. Os que se circunciden, rompen con Cristo (5, 4). Se o cristianismo renuncia á súa orixinalidade, Cristo tería morto para nada (2, 21). Paulo é a conciencia da Igrexa nacente.

b) O home non pode saltar fóra das súas propias limitacións. Cristo, resucitando, saltou. Cómprenos unirnos a el pola fe.

Claro que a fe non é un novo mérito, nin un novo rito, senón unha actitude vital que ten coma síntoma o amor. E o amor dictará en cada caso, en cada época, en cada cultura, en cada país, en cada circunstancia o que cómpre facer de camiño da salvación. O resto son normas culturais que, coma a tradición xudaica, quedan devaluadas (5, 6), postas no seu sitio: por veces serán expresións do amor e está ben someterse a elas (como Cristo se someteu ás xudaicas: Mt 5, 17) e outras veces serán expresións da soberbia ou do odio e haberá que loitar para eliminalas.

4. Estilo

Carta entrambilicada por estar escrita con xenio, dunha sentada; por ser polémica; por estar dictada por un home de formación rabínica, afeito a discorrer con métodos moi pouco parecidos ós nosos, e por non te-lo ben tecido esquema dun ensaio. Disque lle serviu de boceto para a que lles mandaría despois ós de Roma: o mesmo e vital problema.

5. Lugar e data

Hai moitas hipóteses sobre ambas cuestións. Que a escribiu Paulo ninguén o dubida, practicamente. Parece seguro que foi en Éfeso, e que foi antes da carta ós Romanos (coa que ten moito parecido). A data probable parece se-lo ano 55/56, durante a súa terceira viaxe misional.

CARTA ÓS GÁLATAS

ENCABEZAMENTO

1 ¹Paulo, nomeado apóstolo non por homes nin por encomenda humana, senón por encomenda de Xesús Cristo e de Deus Pai, que o resucitou de entre os mortos, ²e mailos irmáns todos que están comigo, ás igrexas de Galacia:

³Desexámosvo-la gracia e a paz que veñen de Deus, Pai noso, e mais do noso Señor, Xesús Cristo, ⁴quen, conforme ó plan do noso Deus e Pai, se entregou polos nosos pecados, para nos arrincar deste mundo ruín en que vivimos. ⁵Que el sexa eternamente glorificado. ¡Amén!

PARTE APOLOXÉTICO-HISTÓRICA

Non hai máis Evanxeo ca un

⁶Chámame moito a atención que así, tan correndiño, desertedes de quen chamou por vós á gracia de Cristo, para vos facerdes doutro evanxeo. ⁷¡Non hai esoutro evanxeo! O que hai e que algúns vos andan a quenta-la cabeza coa idea de lle dar outro xeito ó Evanxeo de Cristo. ⁸Pois mirade: ¡Malia quen vos predique un evanxeo para engadir ó que vos temos predicado, anque fosemos nós mesmos ou un anxo baixado do ceo! ⁹E volvo dici-lo mesmo que vos dixen: a quen vos vaia cun evanxeo para engadir ó que recibistes, ¡botádeo fóra!

¹⁰¡Que! ¿Intento eu agora quedar ben cos homes ou con Deus? ¿Ou é que loito por compracer ós homes? Se a estas alturas aínda estivese procurando compracer ós homes, non sería un servo de Cristo.

PAULO DEFENDE A SÚA AUTORIDADE E A SÚA DOUTRINA

Porque o manda Cristo en persoa

¹¹Porque fágovos saber, irmáns, que o Evanxeo que eu predico non é cousa de homes, ¹²xa que nin o recibín nin o aprendín de home ningún, senón que mo revelou Xesús Cristo. ¹³Si: vós tedes oído falar das miñas andanzas de cando estaba no xudaísmo; do furor con que dera en persegui-la Igrexa de Deus; ¹⁴e de como adiantaba eu no xudaísmo máis ca moitos da miña raza e do meu tempo, porque era moito máis fanático das tradicións dos meus devanceiros.

1, 1-3 *Gracia e paz:* se o lector compara con outras cartas de Paulo (Rm **1**, 7; 1 Cor **1**, 2...) decatarase do frío e polémico comezo desta carta, porque xa de entrada vai ó miolo da cuestión, chantando diante a súa discutida autoridade de apóstolo.
Apóstolo: véxase a nota a Rm **1**, 1. Os xudaizantes desautorizaran a Paulo co gallo de que non convivira con Cristo —condición esixida para sustituír a Xudas: Feit **1**, 21-22— e que aínda o bautizara Ananías.
Por iso Paulo ten présa por clarexar que el é un mandado de Deus ("nomeado non por..."): foi Cristo resucitado (**1**, 11-16; 1 Cor **9**, 1) sen intermediarios ("non por encomenda de...") o que o mandou predica-la resurrección e a nosa vida. É tan apóstolo coma os máis.
1, 4 *Mundo:* para Paulo, que é semita, "mundo" non é un sitio (Cristo dixo "non che pido que os quites do mundo": Xn **17**, 15) como para un grego, senón un "tempo", unha situación. Neste senso hai dous "mundos", dúas maneiras de se situar ante o feito histórico de Cristo, dous "aiones" que loitan dentro do home: "o mundo de hoxe", é dicir, a situación do home que non comprendeu nin acolleu a Cristo, e "o mundo vindeiro", a situación do home ó que Cristo libera de tódalas contradiccións, incluída a morte. Cadaquén está no "mundo" que corresponda á súa postura ante Cristo que nos ven salvar. Nesta loita a victoria está da parte de Cristo, vencedor da morte; pero vivimos en tempo de merecer: xa somos fillos, pero aínda non herdeiros.
1, 7 *Algúns:* para falar dos que lle levan a contra, Paulo case sempre di "algúns", sen chamalos polo seu nome (Rm **3**, 8; **15**, 12). Eses "algúns" non deixaban de ser cristiáns. O único que facían era dar unha versión revisada do evanxeo oficial; algo moi parecido, un algo máis. Por iso o risco de confusión era meirande: ese "suplemento" acaba falseando tanto o evanxeo, que xa non é o Evanxeo de Cristo, senón algo híbrido que destrúe a orixinalidade cristiá (cf Introd.).
1, 10 A Paulo serialle moito máis doado non ter que se encarar con ninguén e levarse ben con todos. Pero "algúns" acusábano tamén de que era un compoñedor (2 Cor **3**, 1 e 1 Tes **2**, 4). Interpretando aquilo de "facerse grego cos gregos" non como o que é (desacralización das culturas: todas igualmente respectables), senón como que el era un oportunista, que todo lle daba igual con tal de te-la xente de man e facer seguidores. Con anatemas —di aquí— non se engaiola a ninguén.
1, 11 Primeira proba da afirmación do v 1: apóstolo por encomenda directa de Cristo. Foi Cristo o que se lle descubriu no camiño de Damasco (Feit **9**, 3-20). Mais agora di algo que non dixera: a miña doutrina non a recibín de ningún home. ¿Que doutrina? Que Cristo veu salvar a todos, xudeus ou non, con tal que teñamos fe nel.

¹⁵Mais cando a Aquel, que xa desde o seo da miña nai me puxera á parte e chamou por min pola súa gracia, ¹⁶lle prougo revelarme o seu Fillo, para que volo predicase ós non xudeus, eu —sen lle pedir consellos á carne nin ó sangue, ¹⁷sen tan sequera subir a Xerusalén onda os que en ser apóstolos xa me levaban anos—, de hoxe para mañá, retireime á Arabia, de onde volvín de novo a Damasco. ¹⁸De alí a tres anos subín a Xerusalén para ir coñecer a Pedro e cabo del fiquei uns quince días. ¹⁹E non vin a ningún apóstolo máis, fóra de Santiago, o parente do Señor. ²⁰¡Así Deus me salve, como nos vos minto nisto que vos escribo! ²¹Despois chegueime ás terras de Siria e Cilicia. ²²Ora, as comunidades cristiás de Xudea non chegaron a coñecerme de vista; ²³só sentiran dicir: "Disque o que antes nos perseguía, agora predica a fe que asoballaba"; ²⁴e, por isto meu, glorificaban a Deus.

Porque as autoridades de Xerusalén aproban o que predica

2 ¹Andando o tempo, á volta de catorce anos, subín outra vez a Xerusalén con Bernabé, levando tamén comigo a Tito. ²Deume a alma que tiña que ir alá. Daquela, a porta pechada, sometín o Evanxeo que vos predico ós non xudeus, ó xuízo dos que eran algo: non fose que estivese correndo ou tivese corrido ás toas. ³Mais nin tan sequera apremiaron a Tito, que ía na miña compaña e que era grego, para que se fixese circuncidar: ⁴a pesar dos falsos irmáns que solermiñamente se viñeron meter polo medio, para fiscalizaren a liberdade que nós temos en Cristo Xesús e para nos aferrollaren. ⁵Pois ben, para que esteades seguros na verdade, non lles baixámo-las orellas nin un instante.

⁶E dos que tiñan autoridade...(a min non me fai diferencia o que foron noutros tempos, que Deus non ten ningún aquel polo prestixio do home), pois tampouco eses que eran algo non me impuxeron cousa ningunha. ⁷Moi polo contrario, cando viron que a min se me encomendara a evanxelización dos non circuncidados, coma a Pedro a dos circuncidados ⁸(pois o que capacitou a Pedro para apóstolo dos circuncidados tamén me capacitou a min para apóstolo dos non xudeus), ⁹e cando recoñeceron a gracia que se me concedera, van Santiago, Pedro e mais Xoán (os pilares coma quen di) e déronno-la man a min e mais a Bernabé coma sinal de solidariedade. De xeito que evanxelizarvos ós non xudeus corrése pola nosa conta; e evanxelizar ós circuncidados, pola deles. ¹⁰Soamente nos mandaron que mirasemos polos pobres: cousa na que sempre eu procurei carga-la man.

Porque defendeu a súa doutrina, mesmo fronte a Pedro

¹¹Mais, cando Pedro veu a Antioquía, arrepúxenme a el na súa mesma cara, porque o merecera. ¹²Si, porque antes de chegaren uns poucos mandados de Santiago, Pedro comía cos non xudeus. Ah, mais nisto chegan os propios e el arredábase e poñíase á parte, por medo dos circuncidados. ¹³E os outros xudeus empezaron a aparentar coma el; tanto que o mesmo Bernabé se me deixou arrastrar naquela comedia.

¹⁴Así que cando vin que, conforme a enxebreza do Evanxelio, xa non camiñaban como é debido, díxenlle a Pedro á vista de todo o mundo: "Se ti, con seres xudeu, vives coma se non foses, ¿como é que lles fas seguilos costumes xudaicos ós que non son xudeus?" ¹⁵Nós somos de berce xudeu e non pecadores de devanceiros pagáns; ¹⁶así e todo, como sabemos moi ben sabido que ninguén se xustifica polas obras da Lei senón pola fe en Xesús Cristo, chegámonos tamén nós á fe en Cristo Xesús, para sermos xustificados pola fe en Cristo e non polas obras da Lei, porque polas obras da Lei *non se ha xustificar ninguén.*

¹⁷—Ben, pero se nós, que andamos procurando ser xustificados en Cristo, nos atopamos aínda pecadores, ¿será Cristo un criado ó servicio do pecado...?

¡Ca! ¹⁸Se despois de facer vir abaixo unha cousa me poño a recompoñela, estoume a

---

2, 5 *Seguros na verdade:* a grande orixinalidade do cristianismo —esa nova luz que ilumina o camiño do home, a idea de que o home non pode superar en por si as súas limitacións, que nin con ritos nin con nada se pode salvar, que é Deus o que o creou e o que o salvará— é unha rosa que está murchando nas mans dos que a teñen que cultivar precisamente. Os gálatas quérense circuncidar; e circuncidarse é dicir que o importante para se salvar son as cerimonias xudaicas: é mata-la rosa que abrocha. Non parecen os primeiros cristiáns estar á altura da súa misión. Paulo é a consciencia da Igrexa agora cos gálatas, como o fora antes en Xerusalén. Para que poidan estar seguros (**5**, 1), daquela loitou alí para que non fixesen circuncidar a Tito, e a súa doutrina quedou convalidada polo Concilio. Segunda proba da súa autoridade.

2, 11ss *Cando Pedro veu:* terceira proba da súa autoridade: a doutrina que Cristo lle revelou, medio llela tivo que meter na cabeza ós outros.

2, 16 Sal 143, 2.

confesar culpable. ¹⁹Porque precisamente pola Lei morrín á Lei, a fin de vivir para Deus. Fiquei crucificado con Cristo ²⁰e vivo: mais xa non vivo eu; é Cristo quen vive dentro de min. E anque agora vivo unha vida mortal, vivo na fe do Fillo de Deus, que me amou e que se deu en sacrificio por min. ²¹Eu non boto a perde-la gracia de Deus. Pero, iso si, se a xustificación nos viñese da Lei, Cristo tería morto para nada.

PARTE DOGMÁTICA

A xustificación vén pola fe e non polas obras

3 ¹E a vós, gálatas sen xuízo, ¿de Cristo crucificado non se vos escribira xa antes? ¿Seica vos botaron o mal de ollo? ²Só quero que me digades se recibíste-lo Espírito por terdes cumprido coa Lei ou pola predicación da fe. ³E logo ¿sodes tan tarabeleiros que, principiando no Espírito, vindes rematar agora no máis baixo? ⁴¿Seica experimentastes cousas tan grandes para nada? Daquela sería inútil, ¡e mais ben! ⁵Quen vos concede o Espírito e anda a facer milagres entre vós ¿faino porque cumprides coa Lei ou porque obedecestes á fe?

O caso de Abraham: a fe é o que conta

⁶¿Non vedes como *Abraham fiou en Deus e iso valeulle a xustificación*? ⁷Recoñecédeme, logo, que os que viven da fe, eses son os fillos de Abraham. ⁸E a Escritura, prevendo que Deus había xustifica-los non xudeus, anuncioulle xa con tempo a Abraham: *En ti han ser benditas tódalas razas*. ⁹De xeito que os que viven da fe son benditos xunto con Abraham, o crente.

¹⁰En cambio tódolos que viven das obras da Lei están baixo maldición. Porque está escrito: *¡Malia quen non se ateña a todo o que está escrito no libro da Lei para que se cumpra*. ¹¹Ora, que ninguén se pode xustificar diante de Deus gracias á Lei, está visto: porque *o que é xusto pola fe, vivirá*. ¹²Mais a Lei non procede da fe, senón que *quen cumpra eses preceptos vivirá por eles*. ¹³Cristo rescatounos da maldición da Lei, facéndosenos El mesmo maldición polo noso ben (lembrade que está escrito: *¡Malia quen está pendurado dun pao)*, ¹⁴para que en Cristo Xesús vos chegase ós non xudeus a bendición de Abraham e para que, por medio da fe, recibísemo-lo Espírito prometido.

Primeiro prometeuse a salvación e despois veu a Lei

¹⁵Irmáns, vouvos poñer un caso da nosa vida: nun testamento, con tal que estea outorgado como é debido, ninguén engade nin quita nada; iso que é cousa dun home. ¹⁶Ben, pois a Abraham e mais á descendencia del fixéronselle as promesas. Mais a Escritura non di *ós seus descendentes*, como se fosen moitos, senón *ó seu descendente;* coma quen di a un só, que é Cristo. ¹⁷E digo eu: un testamento que xa foi outorgado en condicións por Deus, non o vai invalida-la Lei (que veu de alí a catrocentos trinta anos), ata o punto de cancela-la promesa. ¹⁸Pois, se a herdanza viñese da Lei, xa non viría da promesa. Non obstante, Deus concedeu o seu favor a Abraham en forma de promesa.

Valor provisorio da Lei

¹⁹¿A que vén, logo, a Lei? —A Lei engadiuse para nos facer ve-los pecados mentres non viña o descendente, para quen se fixera a promesa; e promulgouse por medio dos anxos, por man dun mediador. ²⁰Ora, non pode haber mediador dun só: e Deus é único.

²¹¿Logo é que a Lei vén estar contra as promesas de Deus? —Nin moito menos.

2, 21 *Morto para nada:* se volvemos ó xudaísmo, Cristo sería unha revelación inútil. Argumentos polo absurdo, polémicos, dos que ía bebe-la mística cristiá. A realidade que acaba de descubrir —a vida transformada pola transcendencia— lévao a ter que inventar novas palabras. Hoxe vive, sofre e morre con Cristo. Mañá resucitará con el.

3, 1-5 Agora defende directamente a súa doutrina, co estilo da diatriba estoica (ve-la nota a Rm **2,** 1 e **3,** 1).

3, 3 *No máis baixo:* lit. "carne"; cf Rm **7,** 5.

3, 6-13 Con textos de Xén **15,** 6; Dt **27,** 26; Hab **2,** 4; Lev **18,** 5; Dt **21,** 23, respectivamente, adóbiase un razoamento moi rabínico e para nós embarullado. Abraham, pai do pobo escolleito, foi grande pola fe en Deus, mesmo en cousas humanamente imposibles (ter un fillo ós 99 anos dunha muller anciá e estéril) ou extremadamente dolorosas (mata-lo fillo milagroso, Isaac). Fillos de Abraham son, logo, os que teñan en Deus a fe que a Abraham o distingue doutros homes. Os que saian a el.

3, 11 Cf nota a Rm **1,** 17.

3, 15-18 A promesa da salvación é anterior e máis importante có trato (a Lei de Moisés) que se fixo despois.

3, 19 *A Lei engadiuse:* a Lei promulgouse despois para que, vendo os homes a súa incapacidade de seren bos, caesen na conta de que precisaban outro camiño: un Redentor. A Lei ilumina as nosas obrigas, pero non nos dá os medios de cumprir con elas.

Certo que, se nos desen unha Lei capaz de nos acada-la vida, a xustificación viría realmente da Lei. ²²Mais a Escritura pinta todo encadeado polo pecado, de maneira que a promesa se lles cumpra ós que cren en Xesús Cristo mediante a fe.

²³Pero antes que a fe chegase, estabamos todos baixo a Lei, agardando a fe que había ser revelada. ²⁴Por iso a Lei foi a que nos levou a Cristo (coma un criado que leva o meniño á escola) para que logo fosemos xustificados pola fe. ²⁵Por iso, de que chegou a fe, deixamos de estar baixo a tutela do criado.

²⁶Todos vós sodes fillos de Deus pola fe en Cristo Xesús, ²⁷porque ós que vos bautizaron en Cristo, vestíronvos de Cristo. ²⁸E todo iso de xudeus e gregos; de escravos e libres, de homes e mulleres, todo iso acabou, pois sodes coma un só en Cristo Xesús. ²⁹Vós, pola vosa condición de cristiáns, sóde-la "descendencia" de Abraham, herdeiros conforme a promesa.

O cristián, fillo de Deus e maior de idade

4 ¹E digo eu: mentres o herdeiro é pequerrecho, con se-lo dono de todo, medio parece un escravo; ²porque, total, está sometido a titores e administradores ata a data sinalada polo pai. ³Si. Connosco tamén pasou así: cando eramos uns rapaces, estabamos sometidos coma escravos ós elementos do mundo.

⁴Mais así que chegou a plenitude dos tempos, Deus mandóuno-lo seu Fillo, nacido de muller e suxeito á Lei, ⁵para rescata-los que estabamos baixo a Lei e para que recibisémo-la profillación. ⁶A proba de que sodes fillos del é que Deus mandou ós vosos corazóns o Espírito do seu Fillo que exclama *¡Abbá!* (que quere dicir *¡meu Pai!*). ⁷Polo tanto, ti xa non es escravo, senón fillo. E, por seres fillo, tamén, gracias a Deus, es herdeiro.

⁸É certo que daquela, como non coñeciades a Deus, erades escravos de deuses que, ben mirado, non eran deuses. ⁹Mais hoxe en día que, en cambio, coñecedes a Deus (ou, mellor dito, que Deus xa vos coñece a vós), ¿como é que volvedes ós laceirentos e pobres elementos e desexades facervos escravos deles? ¹⁰Andades a gardar certos días, meses, estacións e anos. ¹¹Total: non sei se non me estaría sacrificando por vós para nada.

Que os gálatas sigan a confiar en Paulo

¹²Meus irmáns, rógovos que vos fagades coma min, que tamén eu me fixen coma vós. Non me ofendestes en nada. ¹³Lembrade que, da primeira volta que vos prediquei o Evanxeo, eu andaba un pouco cativo; ¹⁴así e todo, vós non me desprezastes nin cuspistes no chan por mor daquela miña doenza (que para vós fora unha tentación), senón que aínda me acollestes coma se eu fose un anxo do ceo, coma se fose Cristo Xesús. ¹⁵¿Onde vai, logo, todo aquel voso contento? Porque vos podo asegurar que daquela, se for posible, erades capaces de vos arrincárde-los ollos para mos dar a min. ¹⁶¿Seica me volvín inimigo voso por vos dicir toda a verdade?

¹⁷Eses que tanto miran por vós, fano raposeiramente, porque o que queren é arredarvos de min, para que os rodeedes de atencións a eles. ¹⁸Pero, ben mellor será que me

---

3, 24 *A Lei foi a que nos levou a Cristo:* lit a "Lei foi o pedagogo". O pedagogo era un escravo encargado exclusivamente do fillo do amo, de levalo á escola e repasarlle as lecciós; estar baixo a Lei é ser menor de idade. Nos cc. **5** e **6**, en cambio, mostrará a fe ligada á liberdade.

3, 27 *Vestíronvos de Cristo:* metáfora na que Paulo alude ós devotos do deus Mitra (que os había na comarca), que poñían os hábitos do deus para colleren a súa forza. O bautismo cristián sería recibi-la forza de Deus para supera-las nosas limitacións.

3, 28 *Todo iso acabou:* fronte ó nacionalismo fariseico (do que Paulo fora activista) e fronte ó tribalismo relixioso que había en Grecia e Roma (un deus para cada aldea e un para cada familia) e que produciu as traxedias de Sócrates e Antígona, o cristianismo convoca ("igrexa") a todo o mundo, superando a nobre utopía do cosmopolitismo estoico. Paulo, escaldado do fariseísmo, teimou nesta idea máis veces (1 Cor **12**, 13; Col **3**, 11) e avisou a un amigo das consecuencias (Filemón). Desgraciadamente non se lle fai caso.

4, 6 *Abbá:* é a primeira fala que dan os meniños, e literalmente en arameo quere dicir "papá". *Abbá* chamáballe Xesús a Deus cando rezaba. Tan atrevido lles pareceu ós que llo oíron (sabido é o temor con que os xudeus se dirixían a Deus), que aínda cando escriben en grego conservan esta sorprendente palabra. O cristianismo quixo traer un novo clima relixioso ó mundo: o amor.

4, 9 *Que Deus xa vos coñece:* a iniciativa é sempre de Deus ou non é de Deus. El adiantouse a crearnos (non o inventamos nós): El adiantouse a salvarnos (Abraham non escolleu el a Deus —como dicía o Libro dos Xubileus—; foi Deus o que o escolleu a el, cousa que de entrada a aquel home de 99 anos lle deu moito riso). Tamén cos gálatas a iniciativa foi de Deus. Pero os gálatas volven ó ritualismo xudaico e á idolatría pagá, estragando así todo.

4, 12-16 Os tres únicos mandamentos que daban os druídas eran: dar culto ós deuses, non facer nada malo e ser homes feitos e dereitos. A virilidade entre os celtas era tan importante que un predicador enfermo debía ter pouco creto. Cando lles predicou, Paulo ía mal de saúde.

4, 17-20 Paulo tíñase por "nai" das comunidades que ía creando co seu traballo (1 Tes **2**, 7), por iso compara a evanxelización cun *parto* que ás veces compre "repetir".

Unhas palabriñas: refírese a que unha carta sempre é algo máis frío ca un diálogo persoal, no que a voz, a mirada, as mans teñen máis calor e convencen máis.

atendades con sinceridade e sempre, non só cando estou aí. ¹⁹¡Ai, meus filliños! Que me volven a aguilloa-las dores do parto por vós, mentres non vos conformedes segundo a fasquía de Cristo! ²⁰Convosco un xa non sabe que é o que ten que facer. ¡Quen me dera estar agora aí onda vós: a ver se dicíndovos unhas palabriñas ben ditas...!

A Lei non é a que salva

²¹Dicídeme os que vos queredes someter á Lei: ¿é que non oíde-la Lei? ²²Porque está escrito que Abraham tivo dous fillos: un da escrava e o outro da muller libre; ²³e o fillo da escrava naceu como nace todo o mundo, mentres que o fillo da muller libre naceu en virtude da promesa.

²⁴Todo isto vos quere dicir unha cousa: estas dúas mulleres veñen representa-los dous Testamentos. O primeiro concertouse no monte Sinaí; e é Agar ²⁵("agar" en árabe indica o monte Sinaí); ela dá á luz fillos escravos e corresponde á Xerusalén de hoxe, que vive de escrava coma os seus fillos. ²⁶En cambio a Xerusalén de arriba é libre. Esta é a nosa nai, ²⁷porque está escrito:

¡Alégrate ti, anque es erma e non dás á luz!
¡Aturuxa, anque non che dean vido dores de parto:
que a abandonada ha ter máis fillos cá que ten home!

²⁸Vós, irmáns, sodes fillos da promesa, coma Isaac. ²⁹Mais hoxe pasa coma daquela: o enxendrado normalmente anda a paus co enxendrado espiritualmente. ³⁰¡Ah! ¿E qué é o que di a Escritura?: *Bota fóra a esa escrava e mai-lo seu fillo: que o fillo da escrava non partillará a herdanza co da libre.* ³¹Así que, irmáns, nós non somos fillos da escrava, senón da libre.

PARTE MORAL

Cristo fíxonos libres

5 ¹Cristo liberounos para que vivamos en liberdade. ¡Estádeme, logo, ben firmes nel! ¡Que non vos canguen outra vez o xugo da escravitude!

²E mirade que eu, Paulo, xa vos deixo ben avisados de que, se vos facedes circuncidar, Cristo non vos vai servir de nada. ³E a todo o que se me faga circuncidar, eu vólvolle asegurar que queda obrigado a cumprir coa Lei enteiriña. ⁴Os que procurades na Lei a vosa xustificación, rompestes con Cristo, saístes da gracia.

⁵Porque a nós o Espírito móvenos a agardar da fe os bens da xustificación esperada. ⁶Porque en Cristo Xesús estar ou non estar circuncidados non importa para nada: o único que importa é a fe que actúa a través do amor.

⁷¡Tan ben como iades! ¿Quen vos poñería o pé diante para que xa non obedezades á verdade? ⁸Esta vosa idea non vén, de certo, do que vos chama: ⁹cun chisco de fermento abonda para leveda-la masa toda. ¹⁰Mais eu fío no Señor de que vós habedes pensar coma min. Iso si, ese que vos perturba ha leva-lo seu merecido, sexa quen sexa.

¹¹E eu, meus irmáns, se disque aínda predico a circuncisión, ¿como é que aínda me perseguen? Porque daquela estaría elimina-

---

4, 21-30 Cos textos de Is **54,** 1 e Xén **21,** 9ss fai unha comparanza alegórica. Cando Sara, a muller de Abraham, conseguiu te-lo fillo imprevisto, botou da casa á escrava Agar, que lle dera a Abraham un fillo, Ismael, que quedou sen herdanza ningunha. Os xudeus (que esperaban que o Mesías impoñería o xudaísmo no mundo enteiro) dicían que a Xerusalén que eles vían ("Xerusalén actual") era, de certo, pobre e escrava coma Agar, pero que, en vindo o Mesías ("Xerusalén futura"), ían ser libres e ricos.
Paulo coñece o argumento e dálle a volta devaluando o xudaísmo: a "Xerusalén actual" é a Sinagoga, a nación xudía que quere seguir na escravitude da Lei de Moisés, mentres que a "Xerusalén futura", "a do ceo" son os cristiáns, que entraron no mundo da liberdade e que son os verdadeiros descendentes de Abraham, porque, coma el, viven na fe.
5, 1 *Cristo liberounos:* o noso concepto de liberdade está moi lonxe do paulino. A submisión ás normas minuciosas da tradición xudaica era unha verdadeira escravitude do pecado pola soberbia con que se practicaba. Cristo inaugurou o novo clima relixioso do mundo, anunciado en Abraham e centrado na fe e no amor. Pero tamén aquí xurdiu o medo á liberdade e a ansiosa fuxida dela. Os gálatas buscan a quen entregarlla, cegándose en algo máis palpable e primitivo: un código, do que Paulo lles repite que está devaluado.
5, 6 *Fe que actúa a través do amor:* a fe tense que facer visible nun comportamento axeitado, porque, se non, sería unha fe morta (Sant **2,** 26), como unha árbore sen froitos ou unha árbore seca. Claro que as obras non son causa da salvación, senón consecuencia da fe. Cando Paulo opón a fe ás obras, non enxuíza o valor dunha crenza teórica fronte ó dunha forma de vivir (porque a fe non é un proceso intelectual nin unha opinión, como era no mundo grego), senón o valor de dúas formas de vivir: a do que espera salvarse propoñer, cumprindo, Deus non pode condenalo (novo Prometeo que conquista o ceo), e a do que se achega ó Outro, para superar con El as contradiccións dunha vida condenada á esperanza e burlada na morte. Postura arriscada, porque o éxito non ten comprobación humana. Iso é a fe.

do o escándalo da cruz. ¹²¡Vaites cos que vos andan a quenta-la cabeza! ¡Mágoa que non se castren eles!

Usar ben a liberdade

¹³Irmáns, a vós chamáronvos á liberdade. ¡Pero coidadiño con servir ós baixos instintos co gallo da liberdade! Habédesme ser escravos uns dos outros mediante o amor. ¹⁴Porque toda a Lei está completa neste precepto: *Amara-lo teu próximo coma a ti mesmo*. ¹⁵Pero, se vos adentellades e devorades, levade tento de non acabardes uns cos outros.

¹⁶Pois quérovos dicir que vivades conforme o Espírito e, que non lles deades polo pé ós proídos do instinto. ¹⁷Porque os baixos instintos cobizan contra o Espírito e o Espírito contra os baixos instintos: contraríanse entre eles tanto, que non facéde-lo que de verdade queredes. ¹⁸Mais, se vos guiades polo Espírito, xa non estaredes máis baixo a Lei.

¹⁹As obras dos baixos instintos tédelas ben á vista: fornicación, adulterio, libertinaxe, ²⁰idolatría, bruxerías, xenreiras, liortas, cobiza, retesías, discordias, faccións, ²¹envexas, bebedelas, enchentas e cousas polo estilo. Xa vos avisei ben avisados de que non herdarán o Reino de Deus os que tal fagan. ²²En cambio o froito do Espírito é o amor, alegría, paz, paciencia, agarimo, bondade, formalidade, ²³mansedume e dominio de si. Contra isto non hai Lei que valla.

Vivir no Espírito

²⁴Os de Cristo Xesús crucificaron os baixos instintos coas súas paixóns e cobizas. ²⁵Se vivimos no Espírito, sigamos coma norma o Espírito. ²⁶Non hai que ser farfalláns. Non se hai que encirrar uns cos outros. Non nos temos que envexar.

6 ¹Irmáns, se acaso colledes a alguén nunha falta, vós, coma homes do Espírito, reprendédeo polas boas, termando cada quen de si, que ti tamén podes ser tentado. ²Levade úns as cargas dos outros, que así cumpriredes coa Lei de Cristo. ³O que, así polas boas, coida que é algo, non sendo nada, a quen engana é a si mesmo. ⁴Bote contas cadaquén sobre os propios feitos, e daquela terá en si e non nos outros razón para estar satisfeito. ⁵Cadaquén ten que leva-lo seu fardel.

⁶Cando un vaia á doutrina onda outro, faga parceiro dos seus bens ó que lla ensina. ⁷Non vos levedes a engano, que de Deus non hai quen faga riso. Conforme sementes, recollerás. ⁸O que semente baixos instintos dos baixos instintos recollerá podremia; e o que semente no Espírito, do Espírito recollerá Vida eterna. ⁹Non cansemos de face-lo ben, que, coma esmorecer non esmorezamos, cumprido o tempo habemos ter boa colleita.

¹⁰Polo tanto, fagamos ben a todos, mentres temos tempo, maiormente ós nosos irmáns na fe.

Remate autógrafo

¹¹Mirade con que letras tan grandes vos escribo eu pola miña man. ¹²Os que queren quedar ben vistos no externo, son xustamente os que vos queren facer circuncidar, para que non os persigan a eles pola cruz de Cristo. ¹³Pero ¡se nin tan sequera os circuncidantes cumpren coa Lei! O que queren é que vos circuncidedes vós para se gabaren da vosa circuncisión. ¹⁴Pero a min Deus me libre de gabarme en algo que non sexa a cruz de Cristo, na que o mundo está crucificado para min como eu para o mundo. ¹⁵Pois tanto ten estar circuncidado coma estar sen circuncidar. O que importa é a nova creación.

5, 12 "Apokópsontai" pode ser "que se castren eles" ou que "se separen de nós". O segundo, metafórico, non cadra co natural de Paulo, dado a acoller, non a expulsar. O primeiro pode ser unha retranca dirixida ós entusiastas da circuncisión. ¿Alusión a certas mutilacións ás que se sometían os sacerdotes no entusiasmo da liturxia de Attis e Cibeles?

5, 14 *Amara-lo teu próximo* (Lev **19**, 18): se o amor é ter ansia pola vida e pola medra dos que amamos, o amor é un sentimento, senón unha decisión, unha promesa; e ese amor comeza só cando amamos a quen non precisamos para nada.

5, 16 *Instinto*: lit. "carne". Carne e espírito non son para Paulo corpo e alma (dualismo platónico alleo á mentalidade hebrea), senón dúas situacións en que se pode atopa-lo home: condición natural irredenta, sometida á forza do pecado, e situación salvada pola forza do Espírito.

5, 19-23 Catálogo de vezos e virtudes (ver Rm **1**, 25-31 e nota).

6, 1-10 O noso egoísmo é moi arteiro para entremeterse: chega con caer na tentación de nos compararmos cos outros, coma o fariseo de Lc **18**, 9-14. Por sorte a salvación non é unha competición na que todos perden menos un que triunfa. Terme cadaquén de si.

6, 11ss N v 11 a carta está medio rematada. Pero Paulo quere poñer algo da súa man (poñe-las últimas liñas era a sinatura daquel tempo) e fai unhas letras moi grandes, que era un xeito de subliña-lo que se dicía. Aproveita para teimar na mesma idea, rematando sen máis cortesías do que no principio. Anque hai quen ve nas "letras grandes" (ver 1 Cor **16**, 21-23) o indicio dunha doenza dos ollos (**4**, 13-15; Feit **9**, 9-18; **23**, 5).

¹⁶A paz e maila misericordia virán sobre tódolos que se axusten a esta norma e sobre o Israel de Deus. ¹⁷De hoxe en diante que ninguén me veña amolar, porque levo no meu corpo as marcas de Xesús. ¹⁸Irmáns, que a gracia do noso señor Xesús Cristo vaia convosco. Amén.

INTRODUCCIÓN Á CARTA ÓS EFESIOS

1. Destinatario

No texto considerado primitivo non se nomeaban os destinatarios desta carta, anque algúns manuscritos introduzan no encabezamento a expresión "en Éfeso" e anque uns poucos escritores dos primeiros séculos coiden que esta carta se mandou ós cristiáns de Laodicea.

En principio a recomendación paulina de que os colosenses deixen le-la súa carta ós de Laodicea e que lean tamén eles a que lles mandou a esta comunidade (Col **4,** 16), xunto co feito de que a tal Carta ós Laodicenos non apareza, non son razóns abondas para considerar que esta carta "ós efesios" se dirixiu realmente ós laodicenos.

Pero o feito de que a expresión "en Éfeso" falte dos manuscritos máis importantes e o feito de que o texto (en especial **1,** 15; **3,** 2; **4,** 21) amose unha falta de coñecemento directo da vida e actividade dos destinatarios xustifican a dúbida, porque coa comunidade de Éfeso Paulo conviviu case tres anos (Feit **20,** 31) e por ela tiña especial predilección.

As teorías multiplícanse. Algúns pensan nunha carta que servise para as diversas comunidades da Frixia e que, por iso, non levaría o nome dunha igrexa concreta no texto, senón na marxe. A expresión "en Éfeso" iríase incluíndo nas copias posteriores, o que explicaría a súa ausencia dos manuscritos máis antigos e a presencia nos máis serodios.

2. Autor

Ata o século pasado non se discutiu a autenticidade paulina do escrito. O feito de que 1Pe a teña en conta e que a utilice, e o feito de que a considerasen paulina moitos escritos da Igrexa primitiva, pesaban en favor da autenticidade paulina. Esta chegou a poñerse en dúbida ó analizar aspectos de tipo literario —lingua, estilo e pensamento do autor—, e comparala coa Carta ós Colosenses, da que parece, nalgunhas partes, un duplicado.

A carta "ós Efesios" pode ser un escrito pseudoepigráfico, no que un discípulo de Paulo aplicou a doutrina do apóstolo nunhas circunstancias novas, mantendo o nome de Paulo. Pode ser tamén unha carta do apóstolo, completada por un discípulo seu, ou ben un documento esbozado por Paulo e entregado a outro para que o redactase.

A difícil cuestión do autor, por tanto, segue aberta.

3. Finalidade, ocasión e data

Tampouco non se indican expresamente. Do texto pódese concluír que se intenta dar resposta a unhas tendencias espiritualistas de tipo gnóstico e xudaizante, espalladas tamén por Colosas e que deixaban na penumbra a primacía de Cristo.

Caso de ser Paulo o autor, podería mandala para axudar a Epafras, o evanxelizador e responsable das comunidades de Colosas, Laodicea e Hierápolis (cf Col **4,** 13). Daquela Tíquico levaría as cartas ás cristiandades da bisbarra, para que as intercambiasen e quizais tamén para que llelas pasasen a outras comunidades (cf Col **4,** 16).

Pola semellanza co contido e coa forma da Carta ós Colosenses, os que propugnan a autenticidade paulina da carta consideran que a escribiu no período da primeira catividade romana (anos 61-63), un pouco despois da dos colosenses.

4. Contido e estructura

O tema fundamental é o da Igrexa, considerada coma un Corpo.

O tema cristolóxico aparece tamén con claridade: Cristo é a cabeza e o Esposo da Igrexa, o redentor de xudeus e xentís. Domina a creación por riba de toda outra forza, enchéndoo todo.

O Espírito Santo vén presentado coma quen dá unidade ó Corpo e coma garantía da herdanza dos cristiáns.

Os cristiáns teñen que levar unha vida nova, "en Cristo", vivindo a fe, mantendo a esperanza e exercendo o verdadeiro amor.

—En grandes liñas, a estructura é a seguinte:

1, 1-2: *encabezamento.*
1, 3-**3,** 21: *parte doutrinal.*
4, 1-**6,** 22: *parte exhortativa e moral.*
6, 23-24: *conclusión.*

CARTA ÓS EFESIOS

Saúdo

1 ¹Paulo, apóstolo de Cristo Xesús por vontade de Deus, ós cristiáns e crentes en Xesús Cristo: ²deséxovo-la gracia e paz de Deus noso Pai, e do Señor Xesús Cristo.

O designio salvífico de Deus

³¡Bendito sexa o Deus e Pai do noso Señor Xesús Cristo, que por medio de Cristo nos bendiciu no ceo con toda clase de bendicións do Espírito! ⁴Porque nos escolleu antes da formación do mundo, para que fosemos santos e sen mancha perante El polo amor.

⁵El decidiu xa daquela profillarnos por medio de Xesús Cristo, para El, conforme o designio da súa vontade, ⁶para louvanza da súa gloriosa benquerencia, coa que nos agraciou no Fillo amado, ⁷quen co seu sangue nos acadou a redención e o perdón dos pecados, en proba da xenerosidade da súa gracia. ⁸E fíxoa rebordar sobre nós con toda sabedoría e intelixencia, ⁹ó nos descubri-lo misterio da súa vontade, conforme o designio que El tiña ¹⁰para leva-la historia á súa plenitude e, por medio de Cristo, levar a cabo a unidade do universo, do que hai no ceo e do que hai na terra.

¹¹Por El tamén nós tivémo-la sorte de resultar preelixidos segundo o designio daquel que activa todo conforme o proxecto da súa vontade, ¹²para sermos imaxe da súa gloria os que xa antes tiñámo-la esperanza en Cristo.

¹³Vós tamén, despois de escoitárde-la mensaxe da verdade, o Evanxeo da vosa salvación, e crerdes nel, quedastes selados co Espírito Santo prometido, ¹⁴que é garantía da nosa herdanza, para redención dos que chegamos a ser propiedade del, para louvanza da súa gloria.

A Igrexa, instrumento da salvación

¹⁵Por iso, tamén eu, tendo oído falar da vosa fe no Señor Xesús e do voso amor a tódolos crentes, ¹⁶non paro de lle dar gracias a Deus por vós, recordándovos nas miñas oracións, ¹⁷de xeito que o Deus do noso Señor Xesús Cristo, o Pai glorioso, vos conceda espírito de sabedoría e de revelación, para coñece-lo ben; ¹⁸que manteña iluminados os ollos da vosa alma, para que comprendade-las esperanzas que abre a súa chamada, a riqueza que supón a súa gloriosa herdanza destinada ós crentes, ¹⁹e o extraordinario portento que é o seu poder verbo de nós, os que cremos, en consonancia co vigor da súa potencia e da súa forza, ²⁰que exerceu con Cristo resucitándoo de entre os mortos e sentándoo á súa dereita nos ceos, ²¹por riba de toda soberanía, autoridade, forza e dominio, e por riba de todo título recoñecido neste mundo e tamén no vindeiro. ²²*Someteuno todo baixo os seus pés* e deullo por riba de todo como cabeza á Igrexa, ²³que é o seu corpo, a plenitude daquel que o enche todo en tódalas cousas.

1, 1 A carta comeza coa presentación e cos saúdos habituais do apóstolo (cf 1 Cor **1**, 1-3; Gál **1**, 1-3...).
O vocábulo que traducimos por "cristiáns" e, noutros lugares do escrito, por "crentes", é o de "santos". Designa os membros da "comunidade santa", do "pobo escolleito", realidade que se comprende mellor hoxe cos termos empregados na traducción.
Algúns manuscritos din "...os cristiáns que están en Éfeso"; e algúns escritores dos primeiros séculos coidaban que os destinatarios da carta eran os laodicenos (cf Introd. 1). Non obstante, ningunha destas lecturas conta co apoio da crítica textual.
1, 3 Comeza a parte doutrinal da carta, que rematará en **3**, 21.
A perícopa **1**, 3-14 é un himno de louvanza e acción de gracias a Deus, polo seu designio de salvación verbo de nós en Xesús Cristo e pola realización do devandito proxecto.
1, 6 *Benquerencia* e gracia, son termos que reflicten o mesmo vocábulo grego (háris). *No Fillo amado:* lit. "no amado".
1, 9 O *misterio* refírese ó designio de Deus de salva-los homes por Cristo. Tal proxecto era descoñecido no tempo anterior a Xesús (cf **3**, 4ss; **6**, 19-20).
1, 11ss O autor fai referencia a un dobre grupo de homes: os que xa antes de vir Cristo agardaban a súa chegada (os xudeus, entre os que se conta el) e os demais homes, dos que algúns chegaron a escoita-la mensaxe do Evanxeo (a estes diríxese co pronome "vós": cf v 13).
1, 14 *Garantía:* lit. "arras", "primeira entrega" (cf 2 Cor **1**, 22; **5**, 5).
1, 17 A finalidade da súplica é a de acada-la auténtica sabedoría (quen vén do Espírito de Deus e que nos move a actuar segundo os criterios divinos) e maila sensibilidade interior que nos faga sintonizar co mesmo Espírito e vivir fondamente o que El sementa no noso corazón.
1, 22 Sal **8**, 7; cf Heb **2**, 8. A imaxe da Igrexa coma corpo de Cristo aparece nas cartas ós Romanos e Corintios (Rm **12**, 4-5; 1 Cor **12**, 12-27), desenvólvese máis na dos efesios e colosenses, constatando que Cristo é a cabeza do devandito corpo (Ef **4**, 15s; **5**, 23; Col **1**, 18; **2**, 17.19).
Á Igrexa chámaselle tamén "plenitude" (grego, "pléroma"), en canto que abrangue toda a realidade, renovada por Cristo, que ten poder para enchelo todo (cf 1 Cor **12**, 6; **15**, 28; Col **1**, 19s; **3**, 11).

Traídos da morte á vida

2 ¹E tamén vós estabades mortos polos vosos delitos e pecados ²e neles camiñabades daquela seguindo os criterios deste mundo e seguindo ó príncipe do poder do aire, do espírito que agora actúa nos fillos desobedientes... ³Entre eles viviamos daquela tamén todos nós, satisfacendo os nosos baixos instintos, cumprindo os baixos desexos e os caprichos dos instintos, sendo naturalmente fillos da ira, coma os mais.

⁴Pero Deus, que é farturento en misericordia, polo grande amor que nos amosou ⁵cando estabamos nós mortos polos nosos pecados, fíxonos revivir con Cristo (salváronvos por pura benquerencia) e ⁶resucitounos con El e con El fíxonos sentar no ceo en Cristo Xesús, ⁷para mostrarlles ós séculos vindeiros a rebordante riqueza da súa gracia, manifesta na bondade que tivo connosco en Cristo Xesús. ⁸Porque vos salvaron por gracia, mediante a fe; e isto non vén de vós: é don de Deus; ⁹e non vén das obras, para que ninguén se dea méritos. ¹⁰Somos, logo, feitura del, creados en Cristo Xesús para facérmo-lo ben no que Deus dispuxo de antemán que camiñemos.

Un só pobo de salvados por Cristo

¹¹Por iso debedes lembrar que vós, os que hai algún tempo erades xentís no corpo —tratados de incircuncisos polos da chamada circuncisión (pura obra humana no corpo)—, ¹²estabades daquela sen Cristo, excluídos da cidadanía de Israel e alleos ás alianzas da promesa: viviades sen esperanza e sen Deus, no mundo.

¹³Pero vós, que antes estabades lonxe, agora gracias a Cristo Xesús estades cerca, no sangue de Cristo. ¹⁴El é a nosa paz: o que dos dous pobos fixo un só, derrubando a medianeira divisoria —a inimizade—, e abolindo na súa carne ¹⁵aquela Lei de mandamentos e normas, para crear en si mesmo cos dous unha nova humanidade, facendo a paz; ¹⁶e reconciliando con Deus ámbolos dous nun único corpo por medio da cruz, matando nel mesmo a inimizade. ¹⁷El veu e anunciou a paz: paz para vós —os de lonxe—, e paz para os que estaban cerca: ¹⁸porque por el temos uns e outros acceso ó Pai, nun mesmo Espírito.

¹⁹Por tanto, xa non sodes estranxeiros nin xente de fóra: sodes concidadáns dos crentes e membros da casa de Deus, ²⁰edificados sobre o alicerce dos apóstolos e dos profetas, sendo a pedra esquinal Cristo Xesús. ²¹Sobre el toda a construcción se vai erguendo ata formar un templo santo no Señor. ²²E nesa construcción tamén entrades vós, para formardes unha morada de Deus, no Espírito.

A misión de Paulo

3 ¹Por esa razón eu, Paulo, preso por mor de Cristo Xesús e por vos levar este ben a vós, os xentís... ²Coido que oístes falar da encomenda que a gracia de Deus me fixo en favor voso: ³xa que por medio dunha revelación se me deu a coñece-lo misterio, tal como escribín antes en poucas palabras; ⁴polo que, ó lelo, podedes esculcar como entendo eu o misterio de Cristo, ⁵que noutras xeracións non se lle dera a coñecer á humanidade como agora llelo manifesta o Espírito ós seus santos apóstolos e profetas: ⁶que os xentís son parceiros, membros do mesmo corpo e copartícipes da promesa en Cristo Xesús polo Evanxeo ⁷do que me fixo servi-

---

2, 1-10 Nesta perícopa temos resumida a mensaxe da carta ós Romanos: o pecado afectaba a toda a humanidade; pero salvóunolo a benquerencia de Deus, manifestada en Cristo, e que recibimos pola fe. Todo iso leva á gloria de Deus.
2, 1 Co pronome "vós" alúdese ós xentís (cf nota a **1**, 11ss), que levaban unha vida disoluta, pagá; pero tampouco os xudeus ("nós": v 3) non quedaban atrás deles no seu xeito de actuar.
2, 2 *O príncipe do poder do aire.* Refírese ó demo. O aire, e tamén o firmamento, considerábase coma a morada dos espíritos malos (cf **6**, 12).
2, 3 *Os nosos baixos instintos:* lit. "as tendencias da nosa carne"; cf Rm **7**, 5.
2, 9 Os xudeus querían acada-la salvación polo cumprimento da Lei mosaica; pero, ademais de non chegar a cumpri-la Lei, vivían orgullosos diante de Deus, esixindo polas súas obras o recoñecemento divino. Pero ninguén pode considerarse xusto pola súa conta diante de Deus (Gál **2**, 16; **3**, 10-14.21), a non ser que considere inútil a morte de Cristo... (Gál **2**, 21). Por iso a única postura correcta diante de Deus ha de ir na liña da humildade e do agradecemento.
2, 13 En *Cristo Xesús* é unha expresión paulina que reflexa o ámbito vital dos que, pola fe en Xesús, pertencen ó novo pobo de Deus, reciben os froitos do sangue de Cristo, e son herdeiros da promesa feita a Abraham.
2, 16 Emprégase aquí a imaxe que se deu en chamar "crucifixión mística": o Cristo cravado na cruz abrangue cos seus brazos os dous grandes grupos (o xudeu e o xentil), acollendo a todos e reconciliándoos entre eles e con Deus.
2, 17ss Anque os pagáns tiñan a consideración de ser xente máis afastada cós adoradores do "Deus vivo", agora todos, sen distinción, son membros da familia de Deus, de xeito que a procedencia dun ou doutro grupo xa non conta (cf Gál **3**, 28s).
3, 1 A misión de Paulo ten como destinatarios fundamentais os xentís, os pagáns: Gál **1**, 15-16; **2**, 8-9; cf Feit **15**, 12; Rm **15**, 17-19).
3, 4 *O misterio de Cristo:* cf nota a **1**, 9.

dor a xenerosa gracia que Deus me concedeu coa eficacia do seu poder. ⁸A min, o máis cativo de tódolos crentes, concedéuseme o honor de anunciarlles ós xentís a inimaxinable riqueza de Cristo ⁹e amosarlles a todos a realización do misterio escondido desde sempre en Deus, que creou tódalas cousas. ¹⁰Así desde o ceo e por medio da Igrexa dáselles a coñecer a principados e autoridades a variedade de formas da sabedoría de Deus, ¹¹contidas no proxecto eterno que se levou a cabo por medio de Cristo Xesús, noso Señor. ¹²Gracias a El témo-la liberdade de acceso confiado, pola fe nel. ¹³Por isto pídovos que non vos desmoralicedes polas tribulacións que paso por causa vosa, que precisamente elas son a vosa gloria.

Grandeza do amor de Cristo

¹⁴Por esta razón axeónllome perante o Pai, ¹⁵de quen toma nome toda paternidade no ceo e mais na terra, ¹⁶para que vos conceda —segundo a riqueza da súa gloria—, que se robusteza poderosamente en vós o home interior por medio do seu Espírito; ¹⁷que Cristo habite pola fe nos vosos corazóns e que teñáde-la vosa raíz e o voso alicerce no amor, ¹⁸de xeito que poidades comprender, con todo o pobo crente, o ancho, o longo, o alto e o profundo que é ¹⁹o amor de Cristo, que supera todo coñecemento; e así quededes cheos da plenitude total, que é Deus.

Doxoloxía

²⁰A aquel que, con esa potencia que actúa en nós, pode facer moito máis —inmensamente máis— do que nós poidamos pedir ou imaxinar, ²¹a El a gloria na Igrexa e en Cristo Xesús, por tódalas xeracións de séculos de séculos. Amén.

Normas xerais

4 ¹Por tanto, eu, preso polo Señor, pídovos que camiñedes segundo a dignidade da chamada que recibistes, ²con total humildade, sinxeleza e paciencia, aturándovos uns a outros con amor, ³esforzándovos por mante-la unidade do espírito no vínculo da paz. ⁴Hai un só corpo e un só Espírito, do mesmo xeito que se vos chamou a unha única esperanza na vosa vocación. ⁵Hai un só Señor, unha soa fe, un só bautismo, ⁶e un só Deus e Pai de todos, que está sobre todos, por todos e en todos.

⁷A cada un de nós déuseno-la gracia segundo a medida do don de Cristo. ⁸Por iso di a Escritura: *Subiu ó alto levando cativos; concedéulle-los dons ós homes.* ⁹Ese "subiu" ¿que quere dicir senón que tamén baixou ó fondo da terra?; ¹⁰e o que baixou foi o mesmo que subiu á cima do ceo para enchelo todo. ¹¹E a uns fíxoos apóstolos; a outros, profetas; a outros, mensaxeiros do Evanxeo; e a outros, pastores e mestres, ¹²para fornecer cristiáns cara á tarefa do ministerio, para a edificación do corpo de Cristo, ¹³ata que todos académo-la unidade na fe e no coñecemento do Fillo de Deus, a madurez do home perfecto, o desenvolvemento propio da plenitude de Cristo. ¹⁴Así xa non seremos nenos, batidos e levados á deriva polas ondas de calquera corrente de doutrina, á mercede do engano dos homes e de argucias demagóxicas, ¹⁵senón que, sendo auténticos no amor, medraremos en todo cara a Aquel que é a cabeza, Cristo. ¹⁶Del vén que o corpo todo —ben axustado e compacto por tódalas xunturas que o alimentan, coa actividade propia de cada unha das partes—, vaia medrando, construíndose el mesmo, no amor.

Vida pagá e vida cristiá

¹⁷Dígovos, por tanto, e recoméndovos en nome do Señor que non vivades máis coma os pagáns, coa mente baleira, ¹⁸coa intelixencia entebrecida, alleos á vida de Deus, pola ignorancia que hai neles, debido á cegueira do seu corazón. ¹⁹Os tales volvéronse insensibles, entregáronse ó vicio ata practicaren insaciablemente toda clase de inmoralidades.

²⁰Vós, sen embargo, non foi así como coñecestes a Cristo. ²¹Supoño que vos falaron

---

3, 16 *O home interior* é o que foi renovado pola auga e o Espírito no bautismo e que recibe decote do Espírito a esperanza e a forza necesarias para anunciar con liberdade a Boa Nova, anque o "home exterior" vaia esmorecendo (cf 2 Cor **4**, 16).
3, 20 A forma literaria dos vv 20-21 chámase "doxoloxía", por se tratar dunha exhoración a darlle *gloria* a Deus.
4, 1 Comeza aquí a parte exhortativa e moral da carta (**4**, 1-**6**, 20).

4, 5s Alusión trinitaria: Deus está por riba de todo; Xesús Cristo é o único Señor; que a súa comunidade —a Igrexa—, recibe o dinamismo do Espírito, que suscita carismas nela, en favor de todo o corpo.
4, 8 Sal **68**, 19.
4, 11 Os diversos servicios en favor de todo o corpo son os dons que Xesús procura para a súa comunidade, para ben de todos (cf nota ó v 5s).

del e que vos ensinaron o que responde á verdade en Xesús; ²²isto é, que vos ispades do home vello da vida anterior, que vai esmorecendo, seducido polos seus anceios; ²³que cambiéde-la vosa actitude mental, ²⁴e que vistáde-lo home novo, creado a imaxe de Deus, na xustiza e na relixiosidade auténticas.

Unha vida no amor

²⁵Por iso rexeitade a mentira e *dígalle cadaquén a verdade ó seu próximo,* porque somos membros uns dos outros. ²⁶*Anoxádevos, pero non cheguedes a pecar:* que o sol-por non vos colla no voso incomodo, ²⁷nin lle deades entrada ó demo.

²⁸O que antes roubaba, que non roube máis e que se esforce en traballar honradamente coas súas mans, para poder compartir co necesitado. ²⁹Que non saia da vosa boca unha palabra ruín: ó contrario, a palabra boa, para a edificación no momento preciso, para que faga ben ós que escoitan.

³⁰Non aflixades ó Santo Espírito de Deus, que vos selou para o día da redención. ³¹Arredade de vós toda retranca, carraxe, ira, berros ou aldraxes e calquera outra maldade; ³²máis ben sede bondadosos e misericordiosos uns cos outros, perdoándovos mutuamente, coma Deus vos perdoou en Cristo.

5 ¹Facédevos, logo, imitadores de Deus, coma fillos queridos, ²e camiñade no amor, igual ca Cristo, que vos amou e que se entregou por nós coma ofrenda e víctima a Deus de recendo agradable.

³De inmoralidades ou de cobizas que nin sequera se fale entre vós, como corresponde a cristiáns. ⁴Nin haxa tampouco groserías, estupideces ou choqueiradas: son cousas que non proceden. En vez diso dádelle gracias a Deus. ⁵Tede por certo que quen se dea á prostitución, á inmoralidade ou á cobiza (que é unha idolatría) non herdará o Reino de Cristo e de Deus.

Vivir "na luz"

⁶Que ninguén vos engaiole con palabras baleiras, que por estas cousas vén a ira de Deus sobre os fillos rebeldes. ⁷Non vos fagades cómplices delas; ⁸porque antes, si, erades tebras pero agora sodes luz no Señor. Así que andade coma fillos da luz, ⁹(porque a luz é toda bondade, xustiza e verdade), ¹⁰tendo en conta o que agrada ó Señor. ¹¹E non compartáde-las obras estériles das tebras; polo contrario, denunciádeas, ¹²que do realizado por eses tales ás agachadas dá vergonza mesmo falar. ¹³Pero todo iso, cando o delata a luz, queda ó descuberto, ¹⁴pois todo o que se manifesta é luz. Por iso dise:

Acorda, ti que estás a durmir,
érguete do medio dos mortos
e Cristo iluminarate.

¹⁵Mirade, logo, con tino como camiñades: non coma atolados senón coma sensatos, ¹⁶aproveitando ben este tempo, que corren días malos. ¹⁷Por iso, non sexades irreflexivos; ó contrario, tratade de comprender cal é a vontade do Señor.

¹⁸Non vos emborrachedes con viño, que leva á libertinaxe; en vez diso enchédevos de Espírito, ¹⁹falando entre vós con salmos, himnos e cánticos espirituais, cantando e salmodiando con toda a alma para o Señor ²⁰e dándolle gracias decote a Deus Pai, por todo, no nome do noso Señor Xesús Cristo.

As relacións domésticas

²¹Sede ben guiados uns cos outros por respecto a Cristo: ²²as mulleres sométanse ós propios maridos, coma se fose o Señor, ²³pois o marido é cabeza da muller, coma tamén Cristo é cabeza da Igrexa, o salvador do corpo. ²⁴E, coma a Igrexa se somete a Cristo, así tamén as mulleres ós seus maridos, en todo.

4, 22ss Empregando o simbolismo bautismal (o neófito deixaba a roupa que tiña e vestía unha túnica nova, de cor branca), exhórtase ós cristiáns a deixar de lado os criterios mundanos (propios do "home vello") e levar unha vida consecuente coa renovación bautismal (vida de "home novo": cf Col **3,** 9b-10).
4, 25 Zac **8,** 16.
4, 26 Sal **4,** 5 (LXX).
4, 30 A existencia cristiá, comezada no bautismo, é unha vida na alegría do Espírito. Cando as nosas actuacións non responden ós compromisos bautismais, provocámoslle mágoas ó Espírito, porque Deus non é insensible á actitude dos homes.
5, 2 ...*por nós.* Algúns manuscritos ofrecen a variante "por vós".

5, 13 Normalmente o que fai cousas malas foxe da luz (cf Xn **3,** 20-21 e nota a **3,** 2; cf l Tes **5,** 4-8). Desta actitude tómase ocasión para xustifica-la esixencia de desenmascara-las obras ruins feitas ás agachadas.
5, 14 Cf Is **26,** 19.
5, 19s Cf Col **3,** 16-17.
5, 21ss Nunha situación socioIóxica de preponderancia do home sobre a muller, na que segundo a Lei xudaica o home podía abandonala cando vía nela algunha inconveniencia (cf Dt **24,** 1-4), o autor da carta, fundamentándose na unión agarimosa de Cristo coa Igrexa, exhorta á compenetración do marido coa muller, transixindo no predominio do marido —daquela incontestable—, para esixir del un amor á muller semellante ó que Cristo ten á súa Igrexa.

²⁵Homes, amade as vosas mulleres, coma tamén Cristo amou a Igrexa e se entregou por ela ²⁶para santificala, purificándoa co baño de auga na palabra, ²⁷e para presentala deste xeito diante de si, radiante, sen lixo nin enruga nin cousa polo estilo senón santa e inmaculada. ²⁸Así deben tamén os maridos ama-las súas mulleres coma os seus propios corpos. Quen ama a súa muller, ámase a si mesmo, ²⁹porque ninguén odiou endexamais a súa propia carne senón que a mantén e aquece, como fai Cristo coa Igrexa, ³⁰porque somos membros do seu corpo.

³¹*Por iso deixará o home a seu pai e maila súa nai e unirase á súa muller e serán os dous un único ser.* ³²Grande misterio é este e eu refiroo a Cristo e á Igrexa. ³³En calquera caso, todos e cada un de vós, debe ama-la súa muller coma a si mesmo; e a muller, que respecte ó seu marido.

6 ¹Os fillos obedecede a vosos pais no Señor, que iso é de razón.

²*Honra a teu pai e a túa nai,* é o primeiro mandamento que trae emparellada unha promesa: ³*de xeito que todo che saia ben e vivas moitos anos na terra.* ⁴E vós, pais, non sexades rigorosos de máis cos vosos fillos; non: educádeos na disciplina e na doutrina do Señor.

Escravos e amos

⁵Escravos, obedecede escrupulosamente ós vosos amos neste mundo con sinceridade coma a Cristo; ⁶e non só para que vos vexan, para compracer ós homes, senón coma escravos de Cristo que cumpren de corazón a vontade de Deus, ⁷servindo de boa gana, coma se fose ó Señor e non a homes, ⁸sabendo que quen fai o ben, escravo ou libre, recibirá recompensa do Señor. ⁹E vós, amos, facede o mesmo con eles, prescindindo de ameazas, sabendo que eles e vós tedes un Señor no ceo, e que El non anda con favoritismos.

A vida cristiá como combate

¹⁰E remato. Enfortecédevos no Señor e na puxanza do seu poder. ¹¹Revestídevos da armadura de Deus, para que poidades resisti-las estrataxemas do demo. ¹²Porque non é a nosa loita contra homes de carne e óso senón contra os principados, contra as potestades, contra os que dominan neste mundo tenebroso, contra os espíritos do mal, que andan polo aire.

¹³Por iso, collede a armadura de Deus, para lles poder facer fronte no día malo, e, despois de superalo todo, quedar aínda en pé. ¹⁴Estade, logo, en pé: *cinguídevos co cinto da verdade, revestidos coa coiraza da xustiza* ¹⁵e calzados os pés *co afervoamento do Evanxeo da paz.* ¹⁶Tede sempre no brazo o escudo da fe, que con el poderedes apagar tódolos dardos incendiarios do maligno. ¹⁷Collede *o casco da salvación e a espada do Espírito,* que é *a palabra de Deus,* ¹⁸con toda clase de oracións e de súplicas, orando decote no Espírito e velando por iso con asiduidade e súplicas por tódolos cristiáns, ¹⁹e tamén por min, a fin de que se me dea a palabra en abrindo a miña boca, para anunciar abertamente o misterio do Evanxeo ²⁰do que son pregoeiro, mesmo na cadea; que teña valor para anuncialo abertamente, como debo.

Conclusión

²¹Para que tamén vós saibades que é de min e como me vai, informaravos de todo iso Tíquico, o noso irmán benquerido e axudante fiel no Señor. ²²Mándovolo para que saibades de nós e para que vos anime.

²³Paz ós irmáns e amor con fe, de parte de Deus Pai e do Señor Xesús Cristo. ²⁴Que a gracia acompañe a tódolos que aman ó noso Señor Xesús Cristo con amor indefectible.

5, 26 Alusión ó bautismo: a inmersión na auga ía precedida da evanxelización e acompañada da profesión de fe e da fórmula bautismal.
5, 31 Xén **2,** 24.
6, 1 Col **3,** 20-21.
6, 2 s Ex **20,** 12; cf Pr **6,** 20.
6, 5 Nunha situación na que os fillos pequenos non se diferenciaban dos escravos (cf Gál **4,** 1-2), Paulo pídelles a estes a submisión do corazón; e rógalles ós amos que os traten con agarimo, porque hai un Señor de todos no ceo, para quen son iguais escravos e libres (v 9; cf Flm 16-17).
6, 12 *Homes de carne e óso:* lit. "sangue e carne".
Que andan polo aire: lit. "que están nos ceos" (cf nota a **2,** 2).
6, 14 Cf Is **11,** 5; **59,** 17.
6, 15 Cf Is **52,** 7.
6, 17 Cf Is **59,** 17.
6, 19 *Se me dea:* pasivo teolóxico (para evita-lo nome de Deus), equivalente a "Deus me dea".

INTRODUCCIÓN Á CARTA ÓS FILIPENSES

1. Destinatarios

No nordés da Grecia de hoxe e da Macedonia de entón, a cidade de Filipos debe o seu nome a que no século IV a. C. a conquistara Filipo de Macedonia (pai de Alexandre Magno), tirándoa do poder dos naturais da veciña illa de Tasos. No 168 a. C. incluíuna no Imperio Romano o cónsul Paulo Emilio. No outono do 42 a. C. neste lugar costeiro librouse a famosa batalla de Filipos que, perdida polos asasinos de César (Bruto e Casio), sinala a desfeita definitiva do partido republicano romano.

Esta cidade macedónica parece se-la primeira de Europa que recibe a prédica evanxélica (Feit **16**, 6-40). Debeu de ser no 49 ou 50 d. C., na segunda viaxe de Paulo.

2. Data e lugar

Esta carta escribiuna Paulo na cadea, non —como adoitaba pensarse antes— en Roma, senón probablemente en Éfeso entre o 55 e o 57 (Feit **19**, 10) algo antes das cartas ós corintios. Os cristiáns de Filipos mandáronlle alí a Epafrodito, para que o atendese (**2**, 30) e lle levase algúns cartos (**4**, 10.14.18). No momento de escribir esta carta aínda non se deu a sentencia e non se sabe se o condenarán a morte ou se o ceibarán. Paulo, con todo, aproveita para espalla-lo Evanxeo e chega a facer prosélitos entre os militares que o custodian e que nesta carta mandan saúdos (**4**, 22).

3. Contido

Nesta cidade de Éfeso, que tiña a chave do comercio con Fenicia e Siria, Paulo sabe que por Filipos andan tamén os xudaizantes tratando de que os novos cristiáns se sometan á Lei xudaica. O mesmo perigo que, tamén nestes anos, axexa ós gálatas. Mesmo así, Paulo está máis seguro dos de Filipos que dos da Galacia (**1**, 3-7; **2**, 12; **4**, 1); e o aire da carta é aquí máis cálido.

Paulo aproveita para lembrarlles ós filipenses que deben corrixi-las súas pequenas divisións e enterra-lo espíritu de porfía.

Esta é, como se ten dito, a "carta da alegría cristiá" xa que nela se insiste, mesmo ante a perspectiva da morte que ameaza a este preso que a escribe.

CARTA ÓS FILIPENSES

Encabezamento

1 [1]Paulo e Timoteo, servidores de Xesús Cristo, a tódolos crentes en Cristo Xesús que vivides en Filipos e mais ós vosos encargados e diáconos [2]desexámosvo-la gracia e paz de Deus noso Pai e do Señor Xesús Cristo.

Paulo está satisfeito dos de Filipos

[3]Doulle gracias ó meu Deus por todo o que me acorda de vós. [4]Sempre que rezo por vós, fágoo con alegría, [5]pola parte que vides tomando na difusión do Evanxeo desde o primeiro día ata hoxe. [6]Eu fío en que o que encetou en vós un traballo bo, halle de ir dando cabo de aquí ó día de Cristo Xesús. [7]E é xusto que eu pense así, porque vos levo no corazón; a vós, que tanto que eu estea preso como que estea a defender e a afiunza-lo Evanxeo, participades todos na gracia da miña misión. [8]¡Ben sabe Deus con que morriña cristiá vos boto a faltar aquí! [9]E na miña oración pido que o voso amor reborde de penetración e de sensibilidade para todo; [10]así poderedes acertar co mellor para chegardes enxebres e sen chata ó día de Cristo Xesús, [11]e cheos do froito da xustiza que se consegue por medio de Xesús Cristo para gloria e louvanza de Deus.

Situación persoal de Paulo

[12]Quero que saibades, irmáns, que o que me está a pasar, máis ben aproveitou ó espallamento do Evanxeo. [13]Porque na residencia do gobernador e nos outros sitios todo o mundo sabe que estou preso por ser cristián, [14]e a maior parte dos irmáns, ó colleren da miña prisión azos para confiar no Señor, métense moito máis a anuncia-la palabra de Deus sen medo. [15]Hai, de certo, algúns que predican a Cristo por meteren envexa e por me faceren a competencia. Pero outros fano á boa fe. [16]Estes, porque me queren e saben que eu estou posto para a defensa do Evanxeo; [17]aqueles anuncian a Cristo á retesía, con mala intención, coa idea de me faceren máis amolado o meu encadeamento. [18]Pero ¿que máis ten? O importante é que, dunha maneira ou da outra, con retranca ou sen ela, vaise anunciando a Cristo: e diso alégrome. Máis aínda: continuarei alegrándome, [19]porque sei ben que, gracias ás vosas oracións e ó Espíritu de Xesús Cristo que me patrocina, "todo me ha de ser para ben". [20]Esta é a miña arela e a miña esperanza: que en nada vou saír fracasado, senón que, con toda seguridade, agora coma sempre, manifestarase a grandeza de Cristo na miña persoa, tanto que eu siga vivindo como que morra.

Esperanza de que o ceiben

[21]Porque para min a vida é Cristo; e morrer, unha ganancia. [22]Ora, como vivir neste mundo me permite traballar con proveito, non sei o que escoller. [23]As dúas cousas tiran por min: quería morrer para estar con Cristo, pois era moitísimo mellor. [24]Mesmo así, por vós, cómpre que eu fique neste mundo; [25]e así coido que vou ficar e seguir onda vós, para axudar a que adiantedes alegres na fe, [26]a fin de que o orgullo de serdes cristiáns reborde xa por causa miña, coa miña presencia outra vez cabo de vós.

A loita pola fe

[27]Unha cousa só: mirade de vos comportar conforme ó Evanxeo de Cristo, para que, tanto que vos vaia ver coma que quede lonxe, eu sinta falar de que vos mantedes firmes nun mesmo espírito e que, todos de acordo, loitades xuntos pola fe do Evanxeo, [28]sen vos deixardes acovardar polos que vos fan a contra: cousa que para eles é un sinal de condenacion e para vós é de salvación; e todo por obra de Deus. [29]Porque a vós, por Cristo, concedéusevo-lo privilexio, non só de crerdes nel, senón tamén de padecerdes por El, [30]enlizados como estades na mesma loita en que me vistes a min e na que agora sabedes de oídas que aínda ando metido.

1, 1 *Crentes:* cf nota e Ef **1**, 1. *Encargados e diáconos:* lit. bispos e diáconos: os "bispos" que aquí saúda non son aínda coma os nosos; son os que dirixen cada comunidade.
1, 6 *O día de Cristo Xesús* é o día do Xuízo Final. Repíteo en **1**, 10 e **2**, 16.
1, 7 *Na gracia da miña misión:* lit. "na miña gracia". Paulo considera ós filipenses particularmente unidos a el e ó privilexio da súa misión.
1, 13 Refírese ós empregados da residencia do gobernador (se escribe desde Efeso) ou á garda pretoriana (se escribe desde Roma, coma algúns supoñen).
1, 25 Paulo albisca que vai saír absolto deste proceso. Pero en **2**, 17 vólvenlle dúbidas.
1, 29-30 Parece indicar que dalgún xeito tamén os filipenses padecen algún tipo de persecución.

Evita-los bandos

2 ¹Así que, se vale de algo o alento que recibides en Cristo, se vos anima o amor mutuo, se hai comuñón no Espírito e se hai sentimentos en vós de agarimo e misericordia, ²facede completa a miña alegría, levándovos ben, tendo un mesmo amor, unha soa alma, unha mesma idea. ³Non fagades nada á retesía nin por fachenda. Que cadaquén pense humildemente que os outros son máis ca el. ⁴Non mirar cada un polo que lle ten conta a el, senón tamén polo que llela ten ós outros.

O exemplo de Cristo

⁵Tede entre vós a mesma actitude de Cristo Xesús.
⁶El, con ser de condición divina,
non se agarrou cobizosamente á súa categoría de Deus;
⁷senón que se espiu do seu rango,
asumiu a condición de escravo;
fíxose un home normal e presentouse coma tal
⁸abaixouse a si mesmo, facéndose obediente ata á morte,
¡e a morte na cruz!
⁹Por iso tamén Deus o exaltou sobre todo e lle concedeu un título que está por riba de calquera título
¹⁰para que ante o título de Xesús se dobre todo xeonllo
no ceo, na terra e mais no abismo,
¹¹e para que toda lingua proclame
para gloria de Deus Pai
que Xesús Cristo é o Señor.

Traballar pola salvación

¹²De maneira que, meus amigos, igual que sempre me fixestes caso, traballade con temor e tremor pola vosa salvación non só na miña presencia, senón moito máis agora na miña ausencia. ¹³Deus efectivamente é quen activa en vós tanto o querer coma o facer, conforme o seu bondadoso designio. ¹⁴Facede tódalas cousas sen rosmar nen discutir, ¹⁵para serdes sen chata e sinxelos, "fillos de Deus sen mancha no medio dunha xente raposeira e atravesada", onde vós relucides coma fachos no universo, ¹⁶presentando a palabra da vida. Dese xeito o día de Cristo eu voume poder gabar de que nin corrín ó tun-tun nin me cansei en balde. ¹⁷Mais, anque verta o meu sangue coma libación nun sacrificio ó servicio da vosa fe, estou alegre e asócíome á vosa alegría. ¹⁸Pois vós, igual: estádeme alegres e unídevos á miña alegría.

Timoteo

¹⁹Coa axuda do Señor Xesús espérovos mandar axiña a Timoteo, para me animar eu tamén recibindo noticias vosas; ²⁰que non teño niguén coma el que mire lealmente polas vosas cousas; ²¹que todos andan á súa comenencia, non á de Xesús Cristo. ²²En cambio el, xa sabemos ben cómo é: que se puxo comigo ó servicio do Evanxeo, coma un fillo co seu pai. ²³Así que, nada máis ver eu claramente que é o que vai ser de min, vóuvolo mandar. ²⁴Mesmo así, espero no Señor ir eu tamén axiña.

Epafrodito

²⁵Por outra parte, coidei que cumpría mandarvos de volta a Epafrodito, irmán, colaborador e camarada meu, que vós me mandastes para atenderme na miña necesidade. ²⁶El tiña morriña de todos vós e andaba amolado porque chegastes a saber da súa doenza. ²⁷Pois enfermou e mesmo houbo de morrer. Pero Deus tivo dó del. Vaia, non só del, senón de min tamén, para que non me viñese unha desgracia enriba da outra. ²⁸Así que volo mando ben axiña, para que, ó velo, volvades a estar alegres e eu me sinta máis acougado. ²⁹Recibídeo, logo, no Señor con toda alegría e estimade a homes coma el, ³⁰que estivo a piques de morrer pola causa de Cristo, arriscando a súa vida para me prestar na vosa ausencia os servicios que vós non me podiades prestar.

2, 2 Esta insistencia na unidade é indicio das divisións internas na comunidade de Filipos. Ver **4**, 2 e todo o c. **3**.
2, 3 Espírito de porfía, teima e rivalidade, que mina a unidade. Algo disto tamén pasa onde está Paulo: **1**, 15-18.
2, 5-11 Os vv 6-11 forman un himno, case con seguridade anterior a Paulo. Cristo non se agarrou á súa divindade coma algo que se cobiza, que se atrapa e que non se solta; El baleirouse: a palabra é forte e nela apoiáronse os que negaron a divindade de Xesús. Outros din que se trata da gloria que lle correspondería coma Deus, tal coma na Transfiguración (Mt **17**, 1-8). O fundamental é que Cristo, feito home, colleu o camiño da submisión e da obediencia.

2, 9 *Título:* lit. "nome"; cf Heb **1**, 4.
2, 10 Is **45**, 23; cf 2 Cor **7**, 15; Ef **6**, 5. Ceo, terra e abismo significan o universo enteiro. Moi probablemente coma aire, terra e lume no trisquel dos petroglifos galegos e bretóns; o Zeus, Poseidón e Hades dos gregos. Ver tamén Ap **5**, 3-13.
2, 17 Lit. "Anque me verta coma libación nun sacrificio". Paulo alude ó costume xudeu e grego das libacións nos sacrificios, aplicándoa ó culto espiritual dos tempos novos.
2, 25 *Epafrodito:* cristián de Filipos. Ver Introd. ¿É o Epafras de Col **1**, 7; **4**, 12 e Flm 23?

ATAQUE DOS XUDAIZANTES

O ideal que propoñen fora o de Paulo

3 ¹Do resto, meus irmáns, estade alegres no Señor. Repetírvo-lo dito noutras ocasións a min non me custa e a vós dávos seguranza. ²¡Ollo ós cans! ¡Ollo ós obreiros de moita parola e pouco traballo! ¡Ollo á falsa circuncisión! ³Porque a circuncisión verdadeira, esa sómola nós, que, impulsados polo Espírito, damos culto a Deus e poñémo-la nosa gloria en Cristo Xesús, sen confiarmos en criterios externos. ⁴Anque, por confiar, eu tiña de que confiar, incluso en criterios externos. Se alguén coida que el ten de que confiar conforme eses criterios, eu teño máis: ⁵circuncisión ós oito días; do pobo de Israel; da tribo de Benxamín, nacido e criado hebreo; en canto á Lei, fariseo; ⁶en canto a celo, perseguidor da Igrexa; en canto á xustiza que manda a Lei, home sen tacha.

Pero renunciou a el

⁷Mais todo o que daquela era para min un proveito, estimeino, por causa de Cristo, unha perda. ⁸Máis aínda, todo me parece perda comparado co grande que é coñecer a Cristo Xesús, o meu Señor. Por El tirei con todo e doulle tanto valor coma ó lixo con tal de gañar a Cristo ⁹e de vivir nel; non por ter unha xustiza miña propia por cumpri-la Lei, senón pola xustiza que se recibe coma resposta á fe.
¹⁰Así podereino coñecer a El, experimenta-la forza da súa resurrección e solidarizarme cos seus sufrimentos, reproducindo en min a súa morte, ¹¹para ver de chegar eu tamén á resurrección dos mortos.

¹²Non é que eu xa chegase á meta nin que xa teña chegado á perfección. Non. Eu aínda vou correndo, a ver se a alcanzo, xa que tamén eu fun alcanzado por Cristo Xesús. ¹³Irmáns, eu non boto de conta que a teña alcanzado. Ei-lo único que fago: esquezo o que quedou atrás, lánzome cara ó que está diante, ¹⁴bulo para pilla-lo premio ó que Deus desde arriba nos convoca en Cristo Xesús.
¹⁵Tódolos perfectos, polo tanto, pensamos así. E se nalgún punto pensades doutro xeito, Deus hávolo esclarecer. ¹⁶Fóra disto, a onde queira que teñamos chegado, sigamos na mesma liña.

Segui-lo exemplo de Paulo

¹⁷Irmáns, seguide todos o meu exemplo e reparade nos que camiñan conforme o modelo que tedes de nós. ¹⁸É que moitos —dos que xa vos teño falado e agora falo a chorar— pórtanse coma inimigos da cruz de Cristo. ¹⁹Esa xente vai acabar na perdición; o Deus dela é o bandullo; o orgullo dela está na vergonza: xente que só se interesa polas cousas terreais. ²⁰Pero a nosa patria está no ceo, de onde nós agardamos un salvador, Xesús Cristo, o Señor. ²¹El ha transforma-lo noso pobre corpo, reproducindo en nós a gloria do seu propio corpo con ese poder que lle permite someter incluso o mesmo universo.

4 ¹Polo tanto, meus irmáns tan queridos e por quen sinto saudades, miña alegría e coroa, ¡seguide así firmes no Señor, queridiños!

3, 1 Este c. ten unidade e coherencia. De xeito que hai quen pensa que se trata dun anaco doutra carta metido aquí. Policarpo de Esmirna fala de varias cartas ós filipenses. É natural que, se xa a Tesalónica lle mandaran unha axuda económica (**4,** 15-16), Paulo lles escribira "acusando recibo".
3, 2 O texto literalmente di: "ollo ós malos obreiros"; este senso témolo ampliado na versión. As tres chamadas de atención refírense ós cristiáns de orixe xudía que preconizaban a necesidade de se someter á circuncisión (Paulo di, un pouco despectivamente, "mutilación"; nós traducimos "falsa circuncisión", para salienta-la contraposición no verso seguinte) para se salvar: os xudaizantes. O apóstolo ten que loitar contra os mesmos na carta ós Gálatas: a necesidade da circuncisión devaluaría a mensaxe cristiá, porque indicaría que, a fin de contas, o que contaba sería ser xudeu.
3, 3 *A circuncisión* designaba ó pobo escolleito. Despois de Xesús o pobo escolleito son os cristiáns. Por iso: "a circuncisión sómola nós".

3, 4-6 *Criterios externos:* lit. "na carne". Paulo presenta o seu caso. El foi tan xudeu ou máis ca ninguén. E, a pesar diso, considera todo aquilo hoxe en día coma cousa sen valor.
A tribo de Benxamín tiña máis categoría porque no seu territorio estaban a capital e mailo templo (Xerusalén). Aínda que Paulo nacera en Tarso (Cilicia), de alí viña e alí se educou.
3, 9 A contraposición das dúas xustizas é o tema central das cartas a Romanos e Gálatas. A xustiza da Lei é "súa", pois baseábase no seu propio esforzo e dáballe esa insolente seguranza, tipicamente farisaica, de que Deus tiña que salvalo. A xustiza que predica agora Paulo é a xustiza de Deus, a que Deus dá coma resposta á nosa fe.
3, 12 Alusión a Damasco (Feit **9,** 3s) onde se converte de perseguidor en predicador.
3, 15-16 Os *perfectos* son os que chegaron a un nivel adiantado na vida cristiá sen que, por iso, sexan impecables (cf 1 Cor **2,** 6 e Heb **5,** 14).

CONSELLOS

Levarse ben

²Recoméndolles a Evodia e mais a Síntique que se entendan, como cristiás que son. ³E tamén a ti, meu leal compañeiro de traballo, pídoche que lles botes unha man: que elas loitaron canda min polo Evanxeo xunto con Clemenzo e outros colaboradores meus que teñen o seu nome no Libro da Vida.

Estar alegres

⁴Estade sempre alegres no Señor. Repítovolo: estade alegres. ⁵Que todo o mundo vexa o bos que sodes. O Señor está a chegar. ⁶Non desacouguedes por cousa ningunha. En todo presentádelle a Deus as vosas peticións con oracións de súplica e acción de gracias. ⁷E a paz de Deus, que supera toda intelixencia, custodiará os vosos corazóns e os vosos pensamentos en Cristo Xesús.

Solidarizarse con todo o bo

⁸Do resto, meus irmáns, todo o que sexa verdadeiro, todo o que sexa serio, todo o que sexa xusto, todo o que sexa enxebre, todo o que sexa estimable, todo o que sexa honroso, calquera virtude ou mérito que haxa, iso é o que debedes estimar. ⁹O que aprendestes, recibistes, oístes e vistes en min, iso é o que tedes que levar á práctica. E o Deus da paz irá convosco.

Agradecemento

¹⁰Moito me alegrei no Señor de que por fin abrollase o voso interese por min. Ter xa o tiñades, pero non tiñáde-la ocasión de o manifestar. ¹¹Non volo digo pola miña pobreza, que eu aprendín a gobernarme nas situacións en que estea. ¹²Hoxe sei vivir na miseria e na fartura. En calquera situación estou ensinado para estar farto e para pasar fame; para ter de abondo e para non ter nada. ¹³Teño forzas para todo gracias a quen me fai forte. ¹⁴Mesmo así, fixestes ben en tomardes coma vosa a miña dificultade.

¹⁵Vós, os de Filipos, sabedes tamén que de que saín de Macedonia, no comezo da evanxelización, ningunha Igrexa tivo comigo nada que anotar no libro de ingresos e gastos, fóra de vós: os únicos. ¹⁶Porque xa a Tesalónica me mandarades máis dunha vez algo para as miñas necesidades. ¹⁷Non é que eu ande á pedicha do agasallo; procuro tan só que os intereses se acugulen na vosa conta. ¹⁸Acuso recibo de todo e teño de abondo. Quedei ben provisto ó recibir de Epafrodito o que viña de vosa parte, agradable recendo, sacrificio aceptable e que prace a Deus. ¹⁹O meu Deus, pola súa parte, cubrirá tódalas vosas necesidades, conforme a súa riqueza con magnificencia en Cristo Xesús. ²⁰Gloria a Deus, noso Pai, polos séculos dos séculos. Amén.

Lembranzas e remate

²¹Moitos saúdos a tódolos crentes en Cristo Xesús. Recordos dos irmáns que están comigo. ²²Mándanvos un saúdo tódolos consagrados e, en especial, os que están ó servicio do César. ²³A gracia do Señor Xesús Cristo vaia convosco. Amén.

4, 2 *Evodia e Síntique* eran dúas mulleres cristiás de Filipos que non se levaban: Paulo pídelles que se poñan a ben.
4, 3 ¿A que compañeiro se refire: Epafrodito, Timoteo, Lucas...? A verba grega "Sidsigo", que quere dicir compañeiro, pode ser tamén nome propio. Paulo fai xogos de palabras deste por veces: cf Flm 11.
4, 5 A segunda vinda do Señor é tema constante da Igrexa primitiva: a Parusía: 1 Cor **16,** 22; 1 Pe **4,** 7.

4, 8-14 Son estas unhas palabras con recendo estoico. Ata se chegou a falar dunha correspondencia entre Paulo e Séneca, da que nada certo se puido saber.
4, 18 Utiliza un verbo da fala comercial daquel tempo. A segunda parte deste verso está, en cambio, tirada da linguaxe sacrificial do A.T.: Xén **8,** 21; Ez **20,** 41.
4, 22 Trátase de funcionarios civís e militares ó servicio do César. Posiblemente os seus gardas.

INTRODUCCIÓN Á CARTA ÓS COLOSENSES

1. Data

Xunto coas cartas ós Filipenses, ós Efesios e a Filemón, a carta ós Colosenses integra o conxunto das chamadas "Cartas da catividade", é dicir, as que aparecen escritas estando Paulo na cadea (Col **4**, 3-18). Discútese se era a de Roma (entre os anos 61-63), ou a de Éfeso (do 54 ó 57). E aínda hai quen coloca a Carta moito máis tarde, na xeración postapostólica (a fins do séc. I).

2. Ocasión e contido

Esta cidade, Colosas, era unha vila comercial de Frixia, emprazada moi preto de Hierapolis e de Laodicea, a uns 190 kms. de Éfeso. Paulo non estivera alí nin fundara a comunidade cristiá que funcionaba na vila (**2**, 1). Fora Epafras quen lles levara a Boa Nova (**1**, 7; **4**, 12-13).

Estando na cadea, Paulo recibiu novas da situación dos crentes de Colosas. Certamente non tiña moita queixa. O Evanxeo "dá froitos e medra, desde o día que escoitastes e coñecestes de verdade a gracia de Deus" (**1**, 6); podía choutar de ledicia "da boa orde que, polo que vexo, reina entre vós e da firmeza da vosa fe en Cristo" (**2**, 5). E non se pode pensar que fosen verbas baleiras e engaiolantes, non.

Non obstante, non todo facía sorrir con satisfacción. Como foi cousa corrente en tódalas comunidades cristiás dos primeiros tempos, tamén en Colosas xurdian certos feitos e doutrinas que podían botar por terra os esforzos do comezo e tallar ou torce-lo axeitado desenvolvemento na fe, no coñecemento e na práctica da vida cristiá.

Non é doado darlle un nome á corrente de "filosofías e sutilezas sen contido" (**2**, 8a) que alguén teimaba por introducir na comunidade. Poida que fose un pregnosticismo, no que se mesturaban tendencias de fondo xudeu con principios derivados de certas filosofías gregas. A tal corrente, baseada con "argumentos capciosos" (**2**, 4) nas tradicións dos homes, nos elementos deste mundo e non en Cristo" (**2**, 8b), ofrecía unha plenitude que se debía apreixar á forza de "culto ós anxos, visións de visionarios" (**2**, 18); a isto xunguíase un ascetismo ríspido —"non collas, non probes, non toques..." (**2**, 21)— cunha sensibilidade moi achegada ás tendencias xudías combatidas por Paulo noutras circunstancias (**2**, 16-20).

De por si, a cousa era engaiolante polo seu aquel de sabedoría, humildade e severidade (**2**, 23): non obstante arredaba e desprazaba a Cristo do posto central que debería ter na fe, no coñecemento, na plenitude do crente. Iso era moi serio. Paulo repúxose de seguida e ofreceu ós fieis de Colosas a única fonte onde eles podían calma-la sede de perfección que os aburaba: Cristo. Por El "fixéronse as cousas da terra e tamén as do ceo" (**1**, 16a), "de xeito que en todo sexa sempre o primeiro" (**1**, 18c), "porque nel quixo Deus habitar, coa súa plenitude" (**1**, 19) da que os cristiáns poden ser parceiros (**2**, 9-10), coa condición de se apegaren á cabeza (**2**, 19), Cristo, e de camiñaren nel, arraizados e construidos nel, enforteciods na fe que aprenderan (**2**, 7). Cunha terminoloxía nidiamente paulina, trátase de vivir conforme acaece a quen está "circuncidado" pero en Cristo (**2**, 11), a quen con el quedou sepultado e con el resucitará, a quen el gratuitamente fixo participar da vida que acadou polo triunfo na cruz (**1**, 20; **2**, 14-15).

No sitio da ascese proposta polos perturbadores de Colosas, Paulo amósalles unhas esixencias cristiás de seu (**3**, 1-17), camiño verdadeiro para chegaren a un coñecemento total (**3**, 10); a elas engade certos preceptos concretos, aplicables máis ben á vida de familia (**3**, 18-**4**,1).

3. Autenticidade

¿É ou non é de Paulo a carta? ¿É só en parte? Os argumentos que se propoñen contra a autenticidade paulina do escrito —estilo e vocabulario diferente, nova cristoloxía cósmica, ausencia do Espírito coma promotor da vida cristiá, etc— son fortes, de certo. Pero non exclúen a posibilidade da afirmación tradicional que ve en Paulo o autor da carta. O feito de que o apóstolo teña que facer fronte a novos movementos doutrinais que amosaban unha linguaxe típica, podería xustifica-las relativas novidades que na lingua e no contido ofrece esta carta ós Colosenses.

CARTA ÓS COLOSENSES

Saúdo e introducción

1 ¹Paulo, apóstolo de Xesús Cristo pola vontade de Deus e mailo irmán Timoteo, ²ós santos e fieis irmáns en Cristo Xesús que viven en Colosas: desexámosvo-la gracia e paz de Deus, noso Pai.
³Dámoslle gracias a Deus, o Pai do noso Señor Xesús Cristo, rezando decote por vós, ⁴desde que nos chegou a nova da vosa fe en Cristo Xesús e do amor que tedes a tódolos cristiáns, ⁵por mor da esperanza de quen vos agarda alá no ceo; esa esperanza da que oístes falar na palabra de verdade do Evanxeo ⁶que chegou ata vós. Tamén entre vós, coma en todo o mundo, o Evanxeo dá froitos e medra desde o día que escoitastes e coñecestes de verdade a gracia de Deus, ⁷tal coma volo ensinou Epafras, o noso benquerido compañeiro de servicio, fiel servidor de Cristo no noso lugar; ⁸tamén el nos deu novas do amor que pon en vós o Espírito.
⁹Por esta razón tamén nós, desde o día en que soubemos disto, non deixamos de rezar por vós. Pedímoslle a Deus que vos encha do coñecemento da súa vontade, con todo o saber e intelixencia que dá o Espírito. ¹⁰Así daredes coma froitos toda clase de obras boas e medraredes no coñecemento de Deus; ¹¹estaredes enfortecidos en todo coa súa potencia magnífica para serdes con ledicia pacientes e constantes a toda proba; ¹²e darédeslle gracias ó Pai que nos fixo merecentes de participar na herdade dos santos, na luz.

SECCIÓN DOUTRINAL

Cristo, misterio de Deus

¹³Porque El arrincounos da pouta das tebras
para nos pasar ó Reino
de seu Fillo querido,
¹⁴en quen nós atopamos
redención,
o perdón dos pecados.
¹⁵El é a imaxe do Deus invisible,
de toda criatura el é o primeiro nacido,
¹⁶e por medio del fixéronse as cousas,
as da terra e tamén as do ceo,
as vistas cos ollos,
as por eles non vistas;
señoríos sexan ou ben maxestades,
sexan principados, tamén potestades;
el é modelo e fin
do universo creado.
¹⁷Antes ca todo está el,
todo nel se cimenta aínda hoxe.
¹⁸É tamén a cabeza do corpo
—o corpo é a Igrexa—.
El é o principio,
o primeiro en nacer de entre os mortos,
de xeito que en todo
sexa sempre o primeiro.
¹⁹Porque nel quixo Deus habitar
coa súa total plenitude:
²⁰reconciliar así o universo
consigo, por el;
e no sangue da cruz
poñer paz entre os seres da terra
e do ceo, servíndose del.
²¹Tamén vós estabades noutro tempo afastados e manifestabades cos vosos feitos a vosa profunda hostilidade; ²²pero agora Deus reconciliouvos pola morte do corpo perecedeiro do seu fillo, para vos presentar

---

1, 4-5 *Fe..., amor..., esperanza:* triloxía de virtudes para enmarca-la vida cristiá, que ten as preferencias de Paulo e que se repite en diferentes lugares (1 Cor **13**, 13; Ef **1**, 15-18; 1 Tes **1**, 3).

1, 9 *Coñecemento, saber, intelixencia:* termos que adoitan aparecer na carta e que encerran contidos moi achegados, como se verá, ós problemas presentados en Colosas, ós que Paulo tenta poñer remedio co seu escrito.

1, 12 *Na herdade dos santos, na luz:* expresións relativamente sinónimas, aínda que con moi diferente forza suxestiva, coas que Paulo quere aludir á nova situación de gracia e salvación na que os crentes se encontran polo don de Deus.

1, 13-20 Estes vv forman o coñecido himno de Col., no que se contén o cerne máis requintado da doutrina que o apóstolo contrapón ás tendencias heterodoxas nacidas en Colosas. É moi probable que o himno xa formase parte da liturxia bautismal, aínda que poida que o retocase Paulo. O conxunto 15-20 formaría o corpo máis primitivo, no que se dexergarían dous dípticos paralelos: 15-17 e 18-20.
Na nosa traducción a forma lixeiramente poética quere lembra-lo carácter hímnico da pasaxe, o que xustifica pequenas variantes.

1, 15 Comeza a exposición da primacía de Cristo na creación, que non maiormente consiste soamente en ser creado o primeiro, senón maiormente na súa calidade de orixe fontal dos demais seres (vv 16-17), e a unión sen igual con Deus, do que é a imaxe, que o fai visible ós ollos da creación (v 15).

1, 18 Nesta segunda parte do himno descríbese a función salvífica de Cristo. Tamén nela actúa coma primoxénito, cunha primoxenitura dinámica na que a Igrexa atopa a posibilidade de plenitude na resurrección e reconciliación que Cristo lle participa. Cristo é o principio, a plenitude: dúas afirmacións que Paulo quere deixar ben claras fronte á pretensión das correntes que circulaban por Colosas.

1, 22 Lit. "reconciliouvos no seu corpo de carne".

santos diante del, sen tacha e irreprensibles ós seus ollos. ²³Unicamente que debedes seguir cimentados e firmes na fe e non vos arredar da esperanza que escoitastes no Evanxeo; ese Evanxeo que se lles predicou a tódalas criaturas, debaixo do ceo, e do que a min, Paulo, me fixeron servidor.

Paulo, servidor da Igrexa

²⁴Agora alégrome do que teño que padecer por vós; así completo na miña carne o que lles falta ás penalidades de Cristo polo seu corpo, que é a Igrexa. ²⁵Desta Igrexa fíxoseme servidor cando Deus me encomendou para o voso ben esta misión: predicar cumpridamente a palabra de Deus, ²⁶ese misterio escondido desde séculos e xeracións, pero que agora se manifesta ó seu pobo santo. ²⁷Á este pobo quíxolle Deus amosa-la espléndida riqueza que representa para os pagáns este segredo: ¡que Cristo, a gloria esperada, tamén é para vós! ²⁸El é a quen nós anunciamos, aconsellando a todos, adoutrinándoos o mellor que sabemos para facer cristiáns coma é debido. ²⁹Por isto é polo que eu peno e loito coa axuda da súa forza que traballa en min abondosamente.

2 ¹Pois quero que saibáde-la loita tan grande que sosteño por vós e polos de Laodicea e por tantos que non me coñecen persoalmente. ²Así atoparán consolo os seus corazóns, para que, ben unidos no amor, logren a gran riqueza dunha comprensión total e coñezan o misterio de Deus, Cristo, ³en quen están agachados tódolos tesouros de sabedoría e da ciencia. ⁴E dígovos isto para que ninguén vos engane con argumentos capciosos, ⁵pois aínda que corporalmente estou lonxe de vós, co espírito estou convosco, alegrándome da boa orde que, segundo vexo, reina entre vós e da firmeza da vosa fe en Cristo.

As doutrinas falsas

⁶Así que, do mesmo xeito que recibistes a Cristo Xesús coma Señor, camiñade agora coma cristiáns; ⁷enraizados nel, ídevos construíndo, enfortecéndovos na fe que se vos ensinou e rebordando de agradecemento.

⁸¡Ollo!, que ninguén vos enguedelle con filosofías e especulacións sen contido, fundadas nas tradicións dos homes, nos elementos deste mundo e non en Cristo. ⁹Porque nel habita corporalmente toda a plenitude da divindade ¹⁰e nel que é cabeza de tódolos principados e potestades atopades vós a vosa plenitude. ¹¹El foi quen vos circuncidou non cunha circuncisión feita coas mans dos homes senón librándovos dos vosos baixos instintos; esa foi a circuncisión de Cristo. ¹²Sepultáronvos con el no bautismo e tamén resucitastes nel pola fe na forza de Deus, que o resucitou de entre os mortos. ¹³E a vós que estabades mortos polos vosos pecados e por non ter circuncidado os vosos instintos, déuvo-la vida con el. El perdoounos tódolos pecados, ¹⁴anulando a cédula dos preceptos legais que ía contra nós: quitouna de diante e espetouna na cruz. ¹⁵El destituíu os principados e potestades converténdoos en espectáculo público levándoos coma cativos no séquito triunfal da cruz.

¹⁶Así, que ninguén vos xulgue por culpa da comida ou da bebida ou polas festas, as lúas novas ou os sábados. ¹⁷Estas cousas eran sombra do que estaba para vir; pero a

---

1, 24 Pasaxe ben coñecida que, pola súa mesma fondura, ten recibido variadas interpretacións complementarias. A obra salvadora de Cristo foi completa, certamente, pero non por iso os cristiáns teñen razón para escudi-lo sufrimento, que nas súas vidas vai facendo realidade a salvación total do corpo de Cristo.

1, 27 Cristo é o misterio de Deus, é dicir, a persoa na que se cumpre con claridade o plan cheo de agarimo que Deus tivo a ben artellar en prol dos homes. Deste xeito, Cristo convértese no baseamento de toda esperanza, aínda para aqueles que pola súa calidade de xentís, de marxinados, estaban totalmente arredados da salvación.

2, 2 O final do v ten variacións: "misterio de Deus", "misterio de Cristo", "misterio de Deus, de Cristo". Conforme a tradución adoptada o relativo da frase seguinte refírese ou ó "misterio" ou a Cristo coma obxecto do misterio (cf **1,**27).

2, 4 Paulo alude, por primeira vez, de maneira aberta ós perturbadores da boa orde na fe que actúan en Colosas.

2, 8 Con poucas verbas amosa o apóstolo as liñas fundamentais das novas correntes. Cuns razoamentos sutís, pero baleiros, queren engaiola-los fieis e así encadealos nunha suxección ás teorías dos homes ou a calquera tipo de criaturas, que os levaría a perder de novo a liberdade acadada en Cristo.

2, 9 *Corporalmente:* a natureza humana de Cristo asumiu-na o Verbo de Deus; deste xeito en Cristo atópase e revélase toda a plenitude humano-divina. O significado da expresión queda modificado, se por "corporalmente" poñemos "realmente", "corporativamente", opcións posibles.

2, 10ss Á circuncisión "na carne", de raigame xudaizante, opón Paulo a circuncisión "en Cristo", que consiste en se facer partícipe da morte e da resurrección de Cristo polo bautismo.

2, 11 *Baixos instintos:* lit. "corpo carnal"; cf Rm **7,** 5.

2, 14 Pasaxe de non doada interpretación. A Lei converteríase en instrumento de acusacións e de castigos. Coa súa morte na cruz, Cristo declara nulo o contido da cédula que nos acusaba.

2, 15 Tradución non fácil: Paulo usa a metáfora do xeneral romano victorioso, que leva os inimigos coma trofeo.

2, 16 Descríbense outros aspectos da "herexía" de Colosas. Despegarse da cabeza (Cristo) afiunzándose nunha ascese ríspida e material ou en supostas visións anxélicas, supón arredarse da fonte de toda perfección e medra verdadeiras.

realidade é Cristo. ¹⁸Que ninguén vos prive do premio coa súa humildade aquelada e o seu culto ós anxos: visións e visionarios que se ven enfonchados coma parvos polo seu entendemento egoísta, ¹⁹ese despréndese da cabeza que polas xuntas e tendóns alimenta e cohesiona o corpo enteiro, facéndoo coma Deus quere.

COMPORTAMENTO CRISTIÁN

Preceptos xerais

²⁰Se morrestes con Cristo ós elementos do mundo, ¿por que deixades que vos impoñan normas, coma se vivisedes conforme a vida do mundo? ²¹"Non collas, non probes, non toques...": ²²esas son cousas que se van desfacendo co uso, e que non pasan de seren preceptos e doutrinas de homes. ²³Isto ten, xa que logo, aparencia de sabedoría, pola piedade aquelada, pola humildade e severidade co corpo; pero de feito soamente vale para dar satisfacción ó instinto.

3 ¹Polo tanto, se resucitastes con Cristo, buscade as cousas de alá enriba, onde Cristo está sentado á dereita de Deus; ²arelade o de arriba e non o da terra. ³Vós morrestes e a vosa vida está agachada con Cristo en Deus. ⁴Cando se manifeste Cristo, que é a vosa vida, daquela tamén vós vos manifestades con El revestidos de claridade.

⁵Así que, dádelle morte a todo canto tedes de terreal: a fornicación, a inmoralidade, a paixón, os malos desexos e a cobiza, que é unha idolatría. ⁶Estas son as cousas polas que o noxo de Deus cae sobre os fillos rebeldes; ⁷e nelas andastes vós en tempos cando viviades emporcallados nelas. ⁸Pero agora deixádevos de todo iso: furor, carraxe, ruindade, aldraxes e palabras groseiras, lonxe dos vosos beizos. ⁹Non mintades uns a outros, xa que vos espistes do home vello cos seus malos feitos ¹⁰e vos revestistes do home novo, que se vai anovando, conforme a imaxe de quen o creou, para chegar a un coñecemento total. ¹¹Alí xa non hai máis nin grego nin xudeu, circuncisión nin non circuncisión, estranxeiro nin bárbaro, escravo nin libre, senón que Cristo é todo en todos.

¹²Vós, logo, coma elixidos de Deus, santos e benqueridos, revestídevos de sentimentos de misericordia, de bondade, de humildade, de sinxeleza, de tolerancia. ¹³Aturádevos uns ós outros e perdoádevos, cando un teña queixa doutro; coma o Señor vos perdoou, perdoádevos tamén vós. ¹⁴E, por riba de todo isto, cinguídevos co amor, que é o lazo que todo o une e leva á perfección. ¹⁵Que a paz de Cristo goberne os vosos corazóns, xa que a ela vos chamaron coma membros dun mesmo corpo. Sede tamén agradecidos.

¹⁶Que a palabra de Cristo habite en vós con toda a súa riqueza. Ensinádevos e alentádevos uns a outros o mellor que saibades. Co corazón cheo de agradecemento cantádelle a Deus salmos, himnos e cántigas inspiradas. ¹⁷E todo canto fagades, de palabra ou de obra, facédeo para honra de Xesús, o Señor, dándolle gracias a Deus Pai por medio del.

Preceptos concretos

¹⁸Mulleres, sede dóciles ós vosos homes coma lle acae a unha muller cristiá. ¹⁹Homes, amade as vosas mulleres e non sexades ríspidos con elas.
²⁰Fillos, sede ben guiados en todo cos vosos pais, que isto é cousa agradable ó Señor. ²¹Pais non asoballéde-los vosos fillos, para que non saian coitados.

2, 17 Así coma a sombra é sinal do corpo que a proxecta, así tamén Cristo é a realidade remotamente sinalada polos elementos materiais cos que se quería chegar ó contacto coa divindade.
2, 22 A quen morreu con Cristo ós elementos do mundo (v 20), non lle acae deixarse apreixar de novo por leis propias dos que viven na carne, no mundo e non na liberdade de Cristo (cf Gál 2, 4).
2, 23 Tamén se podería traducir: "pero de feito non ten valor ningún contra as satisfaccións da carne".
3, 1ss Nótese o realismo das afirmacións paulinas. O cristián xa morreu e resucitou con Cristo; só a condición presente agacha a realidade gloriosa na que está xa mergullado.
3, 5 A identidade cotiá coa morte de Cristo fai verdade o proclamado nos vv anteriores.

3, 11 *Estranxeiro nin bárbaro:* lit. "Bárbaro nin escita". Bárbaro era o que falaba unha lingua estranxeira; e os escitas, á beira norte do Mar Negro, pasaban por seren os máis atrasados de tódolos homes. Maravillosa situación a creada cando os homes se renovan á semellanza do seu creador; neste estado atopan a unidade radical, que só o desenvolvemento desaxeitado da historia chega a esnaquizar.
3, 14 Coa imaxe (o cinto é o que dá xusteza, figura, senso) chámase a atención sobre o carácter perfectivo propio do amor. Sen el todo se descompón.
3, 17 Cristo debe se-lo cerne da vida do crente, non só nun plano doutrinal, senón tamén no operativo; en todo o que o cristián faga, Cristo débese atopar presente.
3, 18 Comezan unhas orientacións para a vida familiar. A presencia, repetida ata seis veces, da palabra "Señor" dálle o matiz cristián a esas advertencias elementais e sinxelas.

²²Escravos, obedecede en todo ós amos que tedes na terra, non para busca-lo contento dos homes que ven o voso servicio, senón de corazón por respecto ó Señor. ²³Todo canto fagades, facédeo con toda a alma, como para o Señor e non para os homes, ²⁴tendo en conta que recibiredes do Señor a herdade coma recompensa. Servide a Cristo, o voso Señor. ²⁵Quen cometa inxustiza, recibirá o merecido pola súa inxustiza, que Deus non anda con favoritismos.

4 ¹Amos, dádelles ós vosos escravos o que é xusto e obrigado, decatándovos de que tamén vós tedes un amo no ceo.

Conclusión, saúdos e despedida

²Sede constantes na oración: vixiade nela con acción de gracias. ³Rogade ó mesmo tempo por nós, para que Deus abra unha porta á nosa predicación, a fin de anuncia-lo misterio de Cristo, polo que eu estou na cadea: ⁴que o expoña coma o debo expoñer.

⁵Cos de fóra andade con moito tino, aproveitando as ocasións. ⁶Que a vosa conversa sexa sempre agradable, cun chisquiño de sal, de xeito que saibades darlle a cadaquén a resposta axeitada.

⁷Das cousas que se refiren a min xa vos dará novas Tíquico, meu irmán benquerido, fiel auxiliar e compañeiro de servicio no Señor; ⁸mándovolo mesmamente para iso, para que teñades novas de nós e para que poña acougo nos vosos corazóns. ⁹Vai canda o querido e fiel irmán Onésimo, que é un dos vosos. Xa vos poñerán ó tanto de todo o que pasa por aquí.

¹⁰Saúdos de Aristarco, o meu compañeiro na cadea, e de Marcos, curmán de Bernabé (acerca deste xa recibistes algunhas instruccións: se chega onda vós, acollédeo). ¹¹Saúdos tamén de Xesús, a quen lle chaman o Xusto. De entre os xudeus só estes son os meus axudantes no traballo polo Reino de Deus, e abofé que me foron un bo alivio. ¹²Saúdos do servidor de Xesús Cristo, Epafras, que é dos vosos e que decote está loitando por vós coas súas oracións por mor de que perseveredes na perfección e no cumprimento de todo canto Deus quere. ¹³Douvos fe do moito que traballa por vós e polos que están en Laodicea e Hierápolis. ¹⁴Saúdos tamén de Lucas, o querido médico, e de Dimas.

¹⁵Dádelles saúdos ós irmáns de Laodicea, e a Ninfas e á Igrexa que ten as xuntanzas na súa casa. ¹⁶E cando leades esta carta, facede de xeito que tamén se lea na Igrexa dos de Laodicea; e a de Laodicea ledea vós tamén.

¹⁷Dicídelle a Arquipo: "Ten moito coidado co servicio que se che encomendou coma cristián e cúmpreo ben".

¹⁸Esta lembranza vai da miña man: Paulo. Lembrádevos das miñas cadeas. A gracia vaia convosco.

3, 22ss Xogo de palabras (a mesma verba significa "Señor" e "amo"). Cristo é o Señor de amos e escravos. E contraposición de feitos: os escravos a quen non lles estaba permitido herdar, recollerán a herdade da man do Señor (cf Rm **8,** 15-17; Gál **4,** 1-7).

4, 7ss Da maior parte dos colaboradores nomeados por Paulo nesta despedida temos coñecemento por outros escritos: Tíquico (Feit **20,** 4), Onésimo (Flm 10) Aristarco (Feit **19,** 29), Marcos (Feit **12,** 12), Bernabé (Feit **4,** 36), Xesús (non coñecido), Epafras (**1,** 7; Flm 23), Lucas (2 Tim **4,** 11; Flm 24), Ninfas (non coñecido) e Arquipo (Flm 2).

4, 16 Eran cousa corrente nas primeiras comunidades cristiás estes intercambios de cartas (2 Cor **1,** 1; 1 Tes **5,** 27); é probable que a carta de que dispuñan os de Laodicea fose a carta ós Efesios.

INTRODUCCIÓN ÁS CARTAS ÓS TESALONICENSES

1. Tesalónica e a súa evanxelización

Na súa segunda viaxe apostólica, Paulo predicou o Evanxeo en Europa despois de o facer en Asia. A segunda vila do noso continente que recibiu a palabra de Deus, foi Tesalónica.

Era Tesalónica a cidade máis importante da Macedonia. Situada ó final do Val do Vardar, a carón da antiga "Vía Egnatia", ten saída ó Mar Exeo polo Golfo de Tesalónica.

Fundada por Casandro no ano 316 a. C., baixo Alexandre Magno, conquistárona no 168 os romanos, que a fixeron despois, no ano 146, capital da provincia de Macedonia. No ano 42 a. C., Octavio, en agradecemento pola axuda que lle prestou na loita contra Casio e Bruto, concedeulle os dereitos de "cidade libre". Esta era a situación política na que se atopaba cando Paulo chegou a predicar alí o Evanxeo.

Por outra banda, algo que tiña verdadeira importancia na vida de Tesalónica era o comercio. O seu porto favorecía todo tipo de intercambios comerciais e culturais. Debido ó seu ambiente comercial, había alí un bo número de xudeus.

Desde o punto de vista relixioso era Tesalónica unha vila na que se daba unha gran variedade de cultos: honrábanse os deuses romanos, o Deus dos xudeus e aínda se adoraban algúns deuses locais.

Neste contexto, arredor do verán do ano 50, chegou Paulo a Tesalónica, acompañado de Silván e probablemente de Timoteo. Viñan de Filipos, amolados polos paus que levaran alí e mais polo terremoto (Feit **16,** 22-26). Pasaron en Tesalónica, polo menos, máis de dúas semanas (cf Feit **17,** 2) e, se cadra, dous meses, tendo en conta que deixaron bastante ben organizada aquela Igrexa e que chegaron a ter gran familiaridade con aquela xente, a pesar do traballo que tiñan (cf 1 Tes **2,** 9-12).

O resultado da predicación tivo dúas vertentes. No tocante ós xudeus, os máis deles rexeitaron o Evanxeo: só algúns creron. Polo contrario, moitos dos prosélitos e, sobre todo, dos procedentes da xentilidade, abrazaron a fe. Os xudeus non aturaban a Paulo, porque lles presentaba a Xesús coma o Mesías que estaban a agardar. Aproveitando que tiñan gran influencia, sublevaron a xente, ata o punto de que o Apóstolo tivo que saír da vila como puido e dirixirse a Berea (Feit **17,** 5-10).

2. As cartas

Paulo escribiu polo menos dúas cartas á comunidade cristiá de Tesalónica: as dúas que coñecemos. A primeira é o escrito mais antigo de todo o Novo Testamento. Escribíronse as dúas en Corinto. A primeira, pouco despois de chegar Timoteo coas novas de Tesalónica (cf 1 Tes **3,** 6), nos primeiros meses do ano 51. A segunda non debe ser moi posterior, pois intenta dar resposta a unha problemática moi semellante á da primeira.

3. Motivo, contido e estructura da 1ª carta

A razón que moveu a Paulo a escribirlles ós cristiáns de Tesalónica, foi dar contas das boas novas que lle trouxera Timoteo, no tocante á actitude daquela comunidade (cf **3,** 6). Pero aínda había unha razón de máis fondura, senón de tanta inmediateza: Paulo tíñalles amor de pai (cf **2,** 11) e, xa que non os puidera ver (**2,** 17-18), quería relacionarse con eles por escrito.

Ademais quere o Apóstolo darlles unha serie de consellos de vida cristiá e recordarlles que han de estar sempre preparados para a Vinda do Señor.

Finalmente, Paulo sae ó paso dunha preocupación daquela Igrexa. Había tristura nesta comunidade, porque se correra entre eles que os que ían morrendo xa non ían participar con Xesús na súa Parusía. O Apóstolo dálles azos, facéndolles ver que na Vinda do Señor participarán todos: os que aínda vivan e os que xa morreran.

1 Tes ten dúas partes principais, cun encabezamento e unha conclusión:
—Encabezamento: **1,** 1.
—I) Satisfacción polos tesalonicenses e agradecemento a Deus: **1,** 2-3, 13.
—II) Información e esconxuros: **4,** 1-5, 22.
—Despedida e saúdos: **5,** 23-28.

4. Motivo, contido e estructura da 2ª carta

As circunstancias cambiaran un pouco en Tesalónica: xa non tiñan que aturar só dificultades (cf 1 Tes **1,** 6; **3,** 3), senón tamén "persecucións" (2 Tes **1,** 4) e tamén malentendidos do dito na 1ª carta: así algúns, pensando que a Vinda do Señor estaba a caer, xa non traballaban.

INTRODUCCIÓN ÁS CARTAS ÓS TESALONICENSES

Paulo escríbelles coa finalidade de lles recordar que ninguén pode saber cando será a Parusía, pois o Señor chegará "coma o ladrón pola noite" e que, por conseguinte, han de vivir á espreita; pero á vez recórdalles que antes da Parusía teñen que darse uns signos que aínda non se deron (**2**, 1-4). *Polo tanto —dilles—, non deben vivir inquedos e menos aínda sen traballar. Esta mesma circunstancia leva hoxe a algúns especialistas a pensar que a carta sería dalgún discípulo de Paulo, que intentaría así evita-los malentendidos. O que explicaría os numerosos paralelismos e repeticións da 2ª* carta respecto da 1ª.

2ªTes ten dúas partes, ademais do encabezamento e da despedida:

—Encabezamento e acción de gracias a Deus: **1**, 1-4.

I) A segunda vinda de Xesús: **1**, 5-**2**, 17.

II) Consellos do Apóstolo: **3**, 1-15.

—Despedida: **3**, 16-18.

PRIMEIRA CARTA ÓS TESALONICENCES

1 ¹Paulo, Silván e mais Timoteo, á Igrexa dos tesalonicenses, en Deus Pai e no Señor Xesús Cristo: deséxanvos gracia e paz.

Alegría de Paulo pola fe viva dos tesalonicenses

²Decote damos gracias a Deus por todos vós, facendo memoria de vós nas nosas oracións. Continuamente ³nos lembramos diante de Deus, noso Pai, da actividade da vosa fe, do esforzo da vosa caridade e da firmeza da vosa esperanza no noso Señor Xesús Cristo. ⁴Ben sabemos, irmáns, benqueridos de Deus, que El vos escolleu. ⁵Porque o noso Evanxeo non quedou en palabras no voso caso senón que se volveu forza exuberante do Espírito Santo. Ben sabéde-lo que tal resultou se-la nosa actuación entre vós para o voso ben. ⁶E vós seguíste-lo noso exemplo e o do Señor e, anque houbo tantas dificultades, acolléste-la mensaxe coa alegría do Espírito Santo, ⁷ata chegardes a ser exemplo para tódolos crentes da Macedonia e da Acaia. ⁸Pois, partindo de vós, resoou a palabra do Señor non só na Macedonia e na Acaia, senón que a vosa fe en Deus resoou por todas partes, de xeito que non precisamos falar cousa. ⁹Eles mesmos contan cal foi a acollida que nos destes e como vos convertestes dos ídolos para servi-lo Deus vivo e verdadeiro, ¹⁰e para agardar desde o ceo, ó seu Fillo, a quen resucitou de entre os mortos, Xesús, quen nos libra da ira vindeira.

Predicación e apostolado de Paulo

2 ¹Vós ben sabedes, irmáns, que a nosa visita onda vós non resultou estéril, ²senón que, maltratados e aldraxados en Filipos —como sabedes—, tivémo-la coraxe, gracias ó noso Deus, de vos expoñe-lo Evanxeo de Deus no medio dunha gran loita, ³pois a nosa predicación non proviña do erro, de motivos inconfesables ou de mala idea, ⁴senón que, polo contrario, falamos así porque Deus nos considerou dignos de nos confia-lo Evanxeo sen intentarmos contenta-los homes, senón contentar a Deus, que pescuda os nosos corazóns. ⁵Nin actuamos endexamais con palabras solermiñas, como ben sabedes, nin con segundas intencións de comenencia —¡ben o sabe Deus!—; ⁶nin procurando honores dos homes: nin de vós, nin doutros, ⁷e iso que podiamos presentarnos con autoridade, coma apóstolos de Cristo. Non obstante, fixémonos tenros no medio de vós, coma unha nai que agarima os seus fillos. ⁸Polo cariño que vos tiñamos estabamos dispostos a entregarvos non só o Evanxeo de Deus, senón a nosa propia vida: tanto vos fixestes querer. ⁹Acordaravos, irmáns, o noso esforzo e fatiga: traballando noite e día, por non sermos unha carga para ningún de vós. Asi foi como vos predicámo-lo Evanxeo de Deus.

¹⁰Vós sodes testemuñas, e Deus tamén, de que nos comportamos convosco, os crentes, de xeito correcto, honrado e sen tacha. ¹¹Ben sabedes que eramos para cada un de vós coma un pai para os seus fillos: ¹²aconsellándovos cariñosamente ou con firmeza que vos comportasedes como merece o Deus que vos chamou ó seu Reino e gloria.

A resposta dos Tesalonicenses

¹³É tamén por isto polo que lle damos decote gracias a Deus: porque, ó recibirdes de

---

1, 1 *Igrexa* quere dicir comunidade, cun talante de comunidade relixiosa. Trátase da comunidade herdeira do antigo pobo de Deus, pero que, rescatada por Cristo, é "a Igrexa de Deus no Señor Xesús Cristo". A dos tesalonicenses é esa mesma Igrexa en canto formada polos cristiáns de Tesalónica.

1, 4 O pobo de Israel era o pobo escolleito e os seus membros, "os escolleitos". Cando Paulo di que Deus escolleu os tesalonicenses, quérelles dicir que son membros do pobo de Deus, coma antes o eran os xudeus.

1, 5 *O que tal resultou ser:* Paulo alude así á forza triunfante do Evanxeo, ó éxito e admiración do comezo da súa misión.

1, 6 É doado recibi-la palabra de Deus cando non compromete a nosa vida. Non foi este o caso dos tesalonicenses. Por causa da súa fe, quedaron mal vistos tanto ante os xudeus coma ante os xentís (Feit 17, 5-9). Con todo, superaron as dificultades con alegría, froito do Espírito que recibiran (Gál 5, 22).

1, 7 *Acaia* era unha provincia romana situada na actual Grecia. Estivo unida á Macedonia ata os tempos de Augusto en que se separou. Correspondía nos tempos de Paulo á parte sur da Grecia continental actual. *Macedonia,* despois da separación da Acaia, lindaba con esta ó sur. As dúas xuntas veñen significar: toda Grecia. Tesalónica estaba na Macedonia.

2, 3 Paulo fai unha autodefensa, explicando a idea expresada en 1, 5. Referíndose ó labor realizado con eles, quere demostra-la autenticidade da súa misión: as palabras de Paulo non estaban ó servicio do erro; nin tampouco da inmundicia, propia dos nicolaítas e outras sectas semellantes; nin de trabucamentos propios dos magos coma Elimas (cf Feit 13, 10), senón que son palabras que Deus transmite por medio del (cf v 13), e que polo tanto, son verdade; e sendo el o transmisor, estableceno coma verdadeiro apóstolo de Xesús.

2, 13 A maioría dos xudeus e dos xentís non recoñeceron a predicación dos apóstolos outra cousa ca palabras humanas; en troques, os tesalonicenses, ó escoitaren a predicación apostólica, recoñeceron nela a mesma palabra de Deus. Por iso Paulo rompe a dar gracias a Deus.

nós a palabra de Deus, acolléstela non coma palabra de homes senón coma o que verdadeiramente é: coma palabra de Deus, que actúa en vós, os crentes. ¹⁴Porque vós, irmáns, saídeslles ás comunidades cristiás que hai na Xudea, pois sufristes dos vosos propios paisanos as mesmas cousas que elas sufriron dos xudeus; ¹⁵eles, que mataron a Xesús e mais ós profetas, perseguíronnos tamén a nós; non agradan a Deus e van contra tódolos homes, ¹⁶porque nos privan de lles falarmos ós xentís e que así se salven, acugulando cada vez máis a medida dos seus pecados. Pero a ira de Deus caeu sobre eles ata o remate.

Desexo de os volver visitar

¹⁷Nós, irmáns, ó pouco tempo de nos separarmos de vós —separados físicamente non co corazón—, xa estivemos ben inquedos, de tanta morriña por vos ver. ¹⁸Quixemos ir onda vós —polo menos eu, Paulo— máis dunha vez; pero Satanás impedíunolo. ¹⁹Pois, ¿cal é a nosa esperanza, o noso gozo e maila nosa coroa de gloria diante do noso Señor Xesús Cristo, no día da súa vinda? ¿Ou non sodes vós? ²⁰Si, vós sóde-la nosa gloria e a nosa alegría.

3 ¹Por iso, non aguantando máis, ordenamos de quedar sós en Atenas ²e mandarvos a Timoteo, o noso irmán e colaborador de Deus no Evanxeo de Cristo, para vos enfortecer e vos dar azos na vosa fe, ³a fin de que ninguén se estremeza coas presentes dificultades: ben sabedes vós que para iso estamos. ⁴Cando estabamos aínda convosco xa vos avisamos que iades ter que aturar dificultades. E, como vedes, así foi. ⁵Por iso, eu tampouco non aguantei máis e mandeino a que se informase da vosa fe; non fose que vos seducise o tentador e o noso traballo resultase estéril.

⁶Pero agora, xa chegou Timoteo de onda vós e déuno-las boas novas da vosa fe e caridade e de que tedes sempre bo recordo de nós, anceiando vernos tanto coma nós a vós. ⁷Así, irmáns, en medio de tódalas nosas adversidades e tribulacións, vós coa vosa fe dádesnos ánimos, ⁸e agora sentímonos vivir sabendo que vós estades firmes no Señor. ⁹¿Con que acción de gracias lle poderemos pagar a Deus por vós, por toda a alegría que pola vosa causa temos diante do noso Deus? ¹⁰Rogámoslle con insistencia noite e día que poidamos visitarvos persoalmente e enche-las fallas que teña a vosa fe.

¹¹Que o mesmo Deus, noso Pai, e o noso Señor Xesús, endereiten o noso camiño cara a vós. ¹²E a vós, que o Señor vos faga medrar no amor duns cos outros e con todos, ata rebordar, como nos pasa a nós respecto de vós. ¹³Que El afinque os vosos corazóns nunha santidade sen tacha diante de Deus, noso Pai, cando veña o noso Señor Xesús con tódolos seus santos.

Instruccións e avisos

4 ¹Polo demais, irmáns, pedímosvos con insistencia coma cristiáns que, xa que aprendestes de nós como cómpre andar para contenta-lo Señor, que sigades así e que progresedes aínda máis.

²Porque ben sabedes que instruccións vos temos dado de parte do Señor Xesús. ³Pois esta é a vontade de Deus, a vosa santificación: que vos arrededes da fornicación, ⁴que cada un de vós saiba controla-lo seu propio corpo santa e respectuosamente, ⁵sen se deixar go-

---

2, 14 A maior aspiración das novas comunidades é imita-las primitivas; e os tesalonicenses asemellábanse ás igrexas da Xudea nas persecucións que sufriron dos propios paisanos por mor da súa fe en Cristo. Unha vez máis cumpriuse a palabra de Xesús, de que os inimigos dun habían de se-los da propia estirpe (Mt **10**, 36).

2, 18 Silván e Timoteo ficaron aínda máis tempo na Macedonia, mentres Paulo saía de alí como podía (Feit **17**, 13-15). Cando xa estaba en Atenas, chegou Timoteo; desde aquí, este partiu outra vez para Tesalónica, mandado por Paulo, para ver como estaban as cousas e tratar de as mellorar (cf **3**, 1-2; Feit **17**, 15-16; **18**, 5). Poida que nesta ocasión quixese o Apóstolo ir alá e non puido: o espírito do mal, valéndose das circunstancias, impedíullo.

2, 20 No día do xuízo —I Cor **3**, 13-14—, aparecerá claramente a obra de cada un; e, se esta se considera digna, recompensarase ó seu promotor. Por iso o Apóstolo que os cristiáns de Tesalónica son a súa gloria e alegría, xa que son froitos do seu traballo misioneiro.

3, 6 Destas palabras concluímos que I Tes se escribiu pouco despois de chegar Timoteo a Corinto (cf Feit **18**, 5). Alí viviu Paulo arredor dun ano e medio.

3, 12 *Os outros* designa os demais cristiáns. *Todos,* os non cristiáns. A actitude dos cristiáns non debe ser só amarse entre eles, que sería demasiado cómodo e pagán (cf Mt **5**, 45-46), senón amar a tódolos homes sen excepción.

3, 13 Anxos, arcanxos e santos, acompañarán o Señor na súa Vinda. Aquí os *santos* son os membros do pobo de Deus, que aínda vivos, ou xa mortos, se erguerán para saíren ó encontro do Señor (**4**, 16-17). Ós anxos e arcanxos refírese en **4**, 16.

4, 1-12 Este anaco está composto de varios consellos que Paulo lles dá para que progresen na autenticidade do seu cristianismo: consellos que non procedían del senón do Señor Xesús. Nos vv 1-3a expón a razón deles; logo nos vv 3b-12 vai explicalos máis.

4, 4 *O seu propio corpo:* outros traducen "a súa muller". O termo grego é ambiguo.

bernar pola paixón coma os xentís, que non coñecen a Deus. ⁶Que ninguén se sobrepase nin asoballe a seu irmán neste asunto, pois o Señor vinga todas estas cousas, como xa vos temos dito e redito. ⁷Que non nos chamou Deus á impureza, senón á santidade. ⁸Por iso, quen rexeita estas instruccións, non rexeita a un home senón a Deus, que é quen vos dá o seu Espírito Santo.

⁹Verbo da caridade non precisades que vos escriba porque Deus mesmo vos ensina a vos amardes uns a outros, ¹⁰cousa que practicades con tódolos irmáns ó longo da Macedonia; rogámosvos que sigades progresando: ¹¹que anceiedes vivir sosegados, ocuparvos dos vosos asuntos e traballar coas vosas mans, conforme vos temos mandado; ¹²deste xeito a vosa conducta será correcta ante os de fóra e non precisaredes de ninguén.

A Vinda do Señor

¹³Non queremos, irmáns, que esteades desinformados verbo dos mortos, para que non vos agoniedes coma os outros, os que non teñen esperanza. ¹⁴Porque, se cremos que Xesús morreu e que resucitou, do mesmo xeito Deus, por medio de Xesús, levará con El os que xa morreron. ¹⁵Iso é o que vos dicimos apoiados na palabra do Señor: que nós, os que vivimos, os que quedemos para a Vinda do Señor, non teremos vantaxe sobre os que xa morreron; ¹⁶pois a un sinal de mando, á voz do arcanxo e ó son da trompeta de Deus, o Señor en persoa baixará do ceo: entón os cristiáns defuntos resucitarán primeiro; ¹⁷despois, nós, os que quedemos vivos, seremos arrebatados xunto con eles nas nubes, para irmos ó encontro do Señor no aire e así estaremos sempre co Señor. ¹⁸Polo tanto, consoládevos uns a outros con estas palabras.

5 ¹Tocante ó tempo preciso, irmáns, tampouco non precisades que vos escriba, ²que vós mesmos sabedes á perfección que o "Día do Señor" chegará coma o ladrón pola noite. ³Cando anden dicindo: "paz e seguridade", daquela caerá de súpeto sobre eles a desfeita, do mesmo xeito que lle veñen as dores á muller embarazada; e, de certo, non han de escapar. ⁴Pero vós, irmáns, non estades nas tebras, para que ese día vos sorprenda coma o ladrón, ⁵xa que todos vós sodes fillos da luz, fillos do día: non somos da noite nin das tebras.

4, 9 O mandato do amor, fundamental na relixión de Xesús, estábase cumprindo moi ben naquela comunidade. Víase que os adoutrinara o mesmo Deus, segundo estaba anunciado nos tempos mesiánicos (Is **54**, 13; Xer **31**, 34; cf Xn **6**, 45). Por iso non precisan que lles insista, aínda que sempre se pode amar máis e mellor.
4, 11 A caridade non só ha de manifestarse no aprezo ós demais, senón tamén no propio traballo, para non ser gravoso ós outros. Por outra banda, facendo todo como se debe, serán exemplo para os non crentes (cf 1 Cor **14**, 23-25. 40).
4, 13-18 Neste anaco trata de lles aclara-lo que pasa cos mortos (lit. "os que dormen"). A Parusía estábase retardando moito e os cristiáns angustiábanse porque ía morrendo xente e eles coidaban que, ó morrer, xa non podían presencia-la Vinda de Xesús. Entón o Apóstolo dilles, baseado na palabra de Xesús, que non só non deixarán de acompañar a Cristo na súa manifestación, senón que serán os primeiros en asociarse a el, antes aínda cós que vivan nesa hora. A tristura é propia de quen non ten esperanza e Paulo invítaos a que esperen confiados: se Deus resucitou a Cristo, tamén os resucitará a eles.
4, 15 O Apóstolo distingue dous grupos de persoas: por unha banda, os que xa morreron, os que xa non pertencen ó mundo dos vivos e xa non chegarán á Parusía; por outra, os que aínda viven, os que van quedando e, que, polo tanto, teñen posibilidade de chegar á Parusía.
O que Paulo afirma directamente coma palabra de Deus é que na Parusía de Xesús, á hora de participar na súa manifestación, non terán vantaxe os que vivan sobre os que xa morreron.
Ó pensamento de Paulo sobre se el ou os outros van vivir cando Cristo volva, non vén manifestado, anque el se coloca entre os que van quedando; pero podía morrer de contado, entrando así no grupo dos mortos. El non di nunca que, no día da Parusía, pertenza ó grupo dos vivos. (Máis tarde, por ex. en 2 Cor **5**, 3 e Flp **1**, 23, pensa na posibilidade de morrer antes). E, se non o di, se non o expresa na súa carta, podía incluso estar no erro tan común daquela de que Cristo estaba a chegar. Na Sagrada Escritura non se di cando vai se-la Parusía e, polo tanto, nin Paulo ten que sabelo. É máis, dise que ninguén sabe cando (Mt **24**, 36. 42-44; **25**, 13; Feit **1**, 6-7).
4, 16 Paulo exprésase no tocante ó Día do Señor, segundo a idea exposta na Biblia e que estaba na mentalidade da época: ten que aparece-la trompeta, pois é propia das teofanías e das asembleas do pobo de Deus (Ex **19**, 13. 16. 19) e mais das expresións proféticas (Is **27**, 13; Sof **1**, 16; cf Mt **24**, 31). Faise tamén alusión ás nubes, que ornamentan as teofanías, e concretamente a Vinda do Fillo do Home (Dn **7**, 13; Mc **9**, 7).
5, 1 O *tempo preciso* non era coñecido por ninguén (Mt **24**, 36. 42; **25**, 13; Feit **1**, 6-7): ese momento chegará coma o ladrón na noite (Mt **24**, 43-44). Por iso hai que estar á espreita (v 6; Mt **24**, 42; **25**, 13; Ap **3**, 3; **16**, 15).
5, 2 O *Día* de Iavé era coñecido de todos eles, especialmente dos que proviñan do xudaísmo, pois xa os profetas (Is **2**, 12; **13**, 6; Ez **13**, 5; Xl **1**, 15; Am **5**, 18; Sof **1**, 7) falaran del.
5, 3 É propio dos falsos profetas anuncia-la seguridade nos momentos de desastre (cf Xer **6**, 14; **8**, 11; Ez **13**, 10. 16). Os veciños de Xudá en tempos de Xeremías, non quixeron crer na palabra que el proclamaba e, en troques, aceptaban a dos falsos profetas, que dicían "paz e seguridade", pois "témo-lo templo de Deus", cando Deus estaba anunciando a ruína de Xerusalén por non queren eles converterse (Xer **7**, 14-15).
5, 5 *Fillos da luz* son os que aceptaron a Cristo, que é a Luz (Xn **1**, 9), aqueles que queren segui-los seus pasos, facendo boas obras, participando así no "mundo da luz". *Fillos das tebras* son os que, ó vir Cristo —que é a luz—, prefiren as tebras á luz, pois fan obras malas (Xn **3**, 19).

⁶Polo tanto, non adormezamos coma os demais; máis ben, esteamos vixiantes e manteñámo-lo propio control. ⁷Pois os que dormen, dormen pola noite, e os que se emborrachan, emborráchanse pola noite. ⁸Pero nós, que somos do día, manteñámo-lo propio control, revestidos coa coiraza da fe e da caridade e co casco da esperanza da salvación. ⁹Pois non nos destinou Deus á ira, senón á consecución da salvación polo noso Señor Xesús Cristo, ¹⁰que morreu por nós para que, vivos ou mortos, pasemos a vivir con el. ¹¹Polo tanto, aconselládevos e confortádevos uns a outros, como xa o facedes.

Últimas recomendacións e saúdos

¹²Rogámosvos, irmáns, que sexades considerados cos que traballan entre vós, presidíndovos no Señor e catequizándovos. ¹³Tédeos no máis grande aprezo e amor polos seus traballos; e que entre vós haxa paz. ¹⁴Exhortámosvos tamén, irmáns, a que fagades entrar en razón ós inconstantes, que lles deades azos ós abatidos, que coidedes dos febles e que teñades paciencia con todos. ¹⁵Mirade que ninguén lle devolva a ninguén mal por mal; polo contrario, procurádevos sempre o ben uns ós outros, e a todos. ¹⁶Estade sempre alegres. ¹⁷Orade constantemente. ¹⁸Dade gracias en tódalas ocasións: que isto é o que Deus quere de vós coma cristiáns. ¹⁹Non apaguéde-lo Espírito; ²⁰non despréceda-las palabras inspiradas. ²¹Examinádeo todo e agarrádevos ó que é bo. ²²Arredade de toda especie de mal.

Despedida e saúdos

²³Que o Deus da paz vos santifique totalmente: que todo o voso ser —espírito, alma e corpo— se conserve indemne na Parusía do noso Señor Xesús Cristo. ²⁴Pois o que vos chama é fiel, e hao facer. ²⁵Irmáns, rogade tamén por nós. ²⁶Dádelle-lo saúdo a tódolos irmáns co ósculo santo. ²⁷Esconxúrovos polo Señor a que se lles lea esta carta a tódolos irmáns. ²⁸Que a gracia do noso Señor Xesús Cristo vos acompañe.

5, 8 Quen ten as virtudes teologais atópase coma o que está ben disposto para a loita: non se deixa sorprender, e non é doado botalo por terra. Paulo era afeccionado a este tipo de metáforas.

5, 10 Xoga o Apóstolo cos termos "vida e morte", "vida terreal e celeste". Dinos que Cristo morreu por nós, para que nós teñamos vida. Así, cando o Señor veña, na súa Parusía, esteamos no grupo dos vivos ou no dos mortos, levaranos a participar con el nunha vida sen fin.

5, 19 O *Espírito* actúa na Igrexa e nos cristiáns en particular, cos seus dons e carismas. Pero pode facérselle a contra (cf Mt **12**, 31-32). Deste xeito, podemos chegar a facelo calar, pois a nosa dureza de corazón incapacítanos para oílo.

5, 20 "O que fala inspirado fala ós homes para a súa edificación, exhortación e consolación" (1 Cor **14**, 3.24-25), edificando así a toda a asemblea (1 Cor **14**, 4). Quen recibe a palabra de Deus debe proclamala por riba de todo.

5, 23 Paulo, coma os xudeus en xeral, pensa que as partes constitutivas da persoa son dúas: alma e corpo. Á alma, chámalle tamén espírito. Se aquí aparecen xuntos os termos "espírito", "alma" e "corpo", é por querer sinala-las diversas actividades da mesma alma: a actividade racional —en contacto co espírito—, e a sensitiva e vexetativa, máis relacionadas co corpo (outras interpretacións son posibles).
O "Día do Señor" será terrible para os malfeitores. En troques, ós que están na luz non os sorprenderá (**5**, 4) e quedarán incólumes. Por iso, seguir indemne na Parusía é sinal de que a plena santificación dos tesalonicenses se levou a cabo.

5, 26 *Osculo santo*: o bico é o saúdo máis común entre os orientais. O "bico santo" (Rm **16**, 16; 1 Cor **16**, 20; 2 Cor **13**, 12; cf 1 Pe **5**, 14) indica o saúdo propio das celebracións litúrxicas. É un signo de paz e amor cristián.

SEGUNDA CARTA ÓS TESALONICENSES

1 ¹Paulo, Silván e mais Timoteo, á Igrexa dos tesalonicenses, en Deus, noso Pai, e no Señor Xesús Cristo; ²desexámosvo-la gracia e a paz de Deus Pai e do Señor Xesús Cristo.

³Temos que lle dar gracias seguido a Deus por vós, irmáns, e é de xustiza porque a vosa fe vai medrando a cada paso máis e porque o amor que vos tedes todos uns a outros segue aumentando; ⁴tanto que nós mesmos presumimos de vós ante tódalas igrexas de Deus pola vosa paciencia e pola vosa fe en tódalas persecucións e apretos que estades a pasar.

A Vinda do Señor e o xuízo

⁵Esa é a proba do xusto xuízo de Deus, de que vos vai considerar dignos do seu Reino polo que estades a padecer; ⁶como é xusto que Deus pague con tribulacións ós que vos aflixen ⁷e que a vós, os aflixidos, vos dea acougo xunto connosco, cando se revele o Señor Xesús, vindo do ceo cos anxos do seu poder, ⁸*con labaradas de lume para lles da-lo castigo ós que non queren recoñecer a Deus* e ós que non obedecen o Evanxeo do noso Señor Xesús. ⁹O castigo deles vai se-la perdición eterna, *lonxe da presencia do Señor e do esplendor da súa gloria,* ¹⁰naquel día, cando veña para manifesta-la súa gloria nos seus santos e para manifesta-las súas marabillas nos que abrazaron a fe. Ora, vós aceptáste-lo noso testemuño.

¹¹Por iso rogamos decote por vós, para que o noso Deus vos faga dignos da chamada e para que co seu poder faga realidade todo propósito de face-lo ben e toda empresa de fe. ¹²Dese xeito vós daredes gloria ó noso Señor Xesús Cristo e el a vós conforme a gracia do noso Deus e do Señor Xesús Cristo.

O impío e a súa aniquilación

2 ¹Tocante á Parusía do noso Señor Xesús Cristo e da nosa xuntanza con el, rogámosvos, irmáns, ²que non abaledes tan axiña nos vosos criterios nin vos desconcertedes por supostas revelacións, ditos ou cartas nosas coma se o Día do Señor estivese a caer. ³Que ninguén vos trabuque de ningún xeito. Porque primeiro ten que vi-la apostasía e manifestarse o impío por excelencia, a perdición en persoa; ⁴aquel *que se opón e se levanta contra todo o* que se chame *Deus* ou que sexa digno de culto, ata chegar a sentarse el *no templo de Deus,* proclamando que el mesmo é Deus.

⁵¿Non vos acorda que, cando aínda estaba convosco, xa volo dicía? ⁶E agora xa sabedes qué é o que o detén, para que se mostre únicamente no seu preciso tempo. ⁷Pois a misteriosa iniquidade xa está actuando; só cómpre que lle quiten do medio a quen a detén. ⁸E daquela mostrarase o Impío, a quen o Señor matará *co sopro da súa boca* e aniquilará co resplandor da súa Vinda. ⁹A vinda dese Impío será obra de Satanás, será con poder, con portentos e con prodixios trapalleiros, ¹⁰e con toda a seducción que exerce a inxustiza en cantos se han de perder, por non acolleren o amor da verdade que os ía salvar.

¹¹E por iso mándalles Deus unha forza enga-

1, 5 Xesús anunciara que, se querían traballar pola súa causa, habían de ter moito que sufrir (Mc **13,** 13). Os cristiáns de Tesalónica están padecendo moito polo Reino de Deus, o que vén ser un sinal evidente de que Deus, por quen traballan e padecen, os ha acoller no seu Reino.
1, 8 O feito de presentar a Deus coma rodeado de lume alapeante é típico das teofanías, coma a do Éxodo (**3,** 2) e a da liberación dos fieis por obra de Deus (Is **66,**15).
Paulo ten presente tanto os xentís como os xudeus. Ós primeiros acúsaos de non lle faceren caso a Deus, xa que non dubida de que chegaron a coñecelo (cf Rm **1,** 21). Dos xudeus di que tamén merecen o castigo, por non aceptaren o Evanxeo de Deus, que el lles predicaba.
2, 2 Xa fora porque lles chegara unha carta co remite falsificado a nome de Paulo, ou por oíren a certos predicadores que crían ter espírito de profecía, o feito é que a comunidade de Tesalónica estaba convencida de que o Señor ía chegar glorioso dun momento a outro. Por iso o Apóstolo exhórtaos a ter tranquilidade e a non se deixaren levar polo vento que sopre.

2, 3 As Biblias tradicionais traducen "o home da impiedade", o "fillo da perdición". Esas expresións denomínanse no grego bíblico "xenitivos hebraicos", por seren transposición ó grego do xeito hebreo de expresarse. Así, en hebreo dise literalmente "fillos de forza", para designa-las persoas fortes. Coa traducción "o impío por excelencia" tratamos de conserva-la énfase da expresión orixinal, sen caer por outra banda, no literalismo.
2, 4 Utilizando as expresións da apocalíptica xudía, refírese Paulo a un ser misterioso, dun espírito malvado semellante a Antíoco Epífanes (cf Dn **11,** 36) e mais ó príncipe de Tiro (cf Ez **28,** 2). Parece referirse a realidades ben coñecidas polos lectores. Pode ser algún dos emperadores daquel tempo, que deixara xa albisca-las súas intencións, pero non se manifestara aínda claramente, pois había algo que llo impedía (vv 6-7). Coma Antíoco, ese home aprópiase do que non é seu, querendo eliminar a Deus e poñéndose el no sitio.
2, 8 Xa anunciara Isaías (**11,** 4) que o Mesías había facer xustiza: salva-los pobres, os humildes, e quitar do medio os que son malfeitores segundo os criterios de Deus.

nadora, para que crean na falsidade, ¹²e así se condenen tódolos que non creron na verdade senón que se deleitaron na seducción.

Mantédevos agradecidos e animosos

¹³Pero por vós, irmáns benqueridos do Señor, debémoslle dar gracias sempre ó Señor porque desde o comezo escolleuvos Deus para salvarvos santificándovos co Espírito e dándovos fe na verdade. ¹⁴Para iso chamouvos polo noso Evanxeo, de xeito que logréde-la gloria do noso Señor Xesús Cristo. ¹⁵Polo tanto, irmáns, mantédevos rexos e retede ben as ensinanzas que vos aprendemos tanto de palabra coma por carta. ¹⁶E que o mesmo Señor noso Xesús Cristo e mais Deus, o noso Pai, que nos amou e que nos deu gratuitamente azos duradeiros e boa esperanza, ¹⁷vos dea ánimos e vos afinque en toda obra e palabra boa.

Consellos e avisos

3 ¹Polo demais, irmáns, rogade por nós, para que a mensaxe do Señor se difunda e se acolla con honor como pasou entre vós, ²e deste xeito nos vexamos libres da xente descamiñada e perversa: pois a fe non a teñen todos. ³Pero o Señor é fiel e afincaravos e protexeravos do Malo. ⁴Tocante a vós, fiámonos no Señor de que estades facendo e de que continuaredes a facer canto vos temos mandado. ⁵Que o Señor encamiñe os vosos corazóns ó amor de Deus e á paciente espera do Cristo.

⁶Irmáns: no nome do Señor Xesús Cristo, mándovos que vos arrededes de calquera irmán que leve unha vida lacazá e non conforme á ensinanza que recibistes de nós. ⁷Pois ben sabedes vós de que modo debedes imitarnos, xa que non nos dedicamos a andar sen xeito ⁸nin comemos de moca o pan de ninguén, senón que traballamos noite e día con esforzo e fatiga por non sermos unha carga para ningún de vós. ⁹Non porque non tivesemos dereito, senón para vos dar un exemplo que imitar, ¹⁰e porque, cando estabamos onda vós, xa vos demos esta norma: o que non queira traballar, que tampouco non coma.

¹¹Porque chegou ós nosos oídos que algúns de vós andan descamiñados e por riba de non traballaren nada, entremétense nas cousas dos demais. ¹²A eses mandámoslles e aconsellámoslles no Señor Xesús Cristo que traballen con acougo e que coman o seu propio pan. ¹³E vós, irmáns, non cansedes de face-lo ben. ¹⁴Agora, se algún non obedece a mensaxe desta carta, sinaládeo e non vos xuntedes con el, para que se avergonce. ¹⁵Non digo que o tratedes coma inimigo; senón que o corrixades coma irmán.

Despedida e firma

¹⁶Que o Señor da paz vos dea a paz decote e de tódolos xeitos. Que o Señor vaia con todos vós. ¹⁷O saúdo vai da miña propia man: Paulo. É contraseña en tódalas cartas. Así escribo. ¹⁸Que a gracia do noso Señor Xesús Cristo vos acompañe.

2, 12 Hai dous mundos opostos: o da verdade, formado por aqueles que aceptan a Deus e o seu Evanxeo; e o da falsidade, constituído por aqueles que rexeitan a Deus e non fan caso á súa palabra. Quen ten a "sabedoría de Deus" (cf 1 Cor **2**, 6-8), recoñece a Deus e non é víctima da tentación (aquí pintada simbolicamente coma unha trampa de Deus). Polo contrario, quen se compracía na seducción, nunha vida de acordo cos principios do mal, verá esa proposta seductora coma propia del, sendo así víctima da súa maldade.

2, 13 *Desde o comezo:* algúns traducen "pois como primicias vos escolleu Deus...". Pero parece que Paulo di "desde o comezo", pois as primicias que Deus escolleu foron os xudeus (cf **11**, 16-18). En troques, a elección divina precede á creación, é anterior a todo (Ef **1**, 4). Así, baseándonos no pensamento de Paulo cremos traducir xustamente unha expresión grega un tanto ambigua.

2, 14 O *noso Evanxeo* non é outra cousa senón o Evanxeo de Cristo, predicado por Paulo e os seus compañeiros.

3, 2 Te-la *fe* é acepta-la palabra que provoca a actitude de fe e levar unha vida de acordo con esa fe. Trátase do que diriamos hoxe "ser consecuentes coas propias crenzas".

Iso non pasaba de certo con tódolos de Corinto, desde onde Paulo lles escribía.

3, 3 Paulo non di quen é o Malo. Polas trazas debe de se-lo mesmo individuo a quen Xoán chama "o Anticristo" (1 Xn **2**, 18-22; **4**, 3; 2 Xn 7). De tódolos xeitos, non ten por que ser unha única persoa, senón que se pode referir ás forzas do mal concentradas nun tempo nun suxeito e noutro tempo noutro.

3, 5 *Á paciente espera do Cristo.* Algúns traducen "cara á paciencia de Cristo". Tendo en conta o contexto, debe tratarse máis ben da espera da Vinda de Cristo. En efecto, tanto no c. anterior coma neste, a partir do v. seguinte, fala de cousas relacionadas coa Vinda de Xesús.

3, 6-15 O autor failles unha chamada de atención a aqueles que, por coidaren que a Parusía do Señor está ás portas, non traballan. El ponse coma exemplo a imitar (vv 7-9) e reprende os que non o seguen (vv 10-12).

3, 14 Coidando que a ruptura temporal das relacións cos rebeldes faría o seu efecto, Paulo opta por ela, para que, avergonzados, se corrixan. Sen embargo, a actitude fundamental cristiá queda en pé: trátase de corrixir a un irmán, non de enfrontarse a un inimigo (v 15).

INTRODUCCIÓN ÁS CARTAS PASTORAIS

As dúas cartas a Timoteo e a carta a Tito chámanse "pastorais" por estaren dirixidas persoalmente a dous pastores e polo carácter práctico do seu contido. As tres son curtas e moi semellantes entre si: vocabulario e estilo, recomendacións e consellos, situación histórica e organización eclesial, doutrina positiva e erros combatidos: todo indica un mesmo ambiente e apunta a idéntico autor.

Timoteo

O seu nome aparece a miúdo, tanto en Feit coma nas restantes cartas paulinas. Era fillo de pai pagán, pero de nai cristiá, Eunice, que quedara viúva e vivía coa súa nai, Loide. Vivían en Listra, onde o coñeceu Paulo na súa primeira viaxe contra o ano 45 (Feit **16,** 1ss; 2 Tim **1,** 5).

No verán do 50, ó pasar por Listra na segunda viaxe, levouno consigo coma axudante, por recomendación dos cristiáns daquela comunidade (Feit **16,** 1-3). Anque algo coitado (1 Cor **16,** 10), foi un colaborador eficaz, que lle resolveu acertadamente importantes encomendas en máis dunha ocasión. O seu nome aparece no saúdo de Paulo en seis cartas deste. Vai con el na viaxe a Xerusalén (Feit **20,** 4) e na primeira prisión en Roma. Sendo aínda moi novo, Paulo conságrao "bispo" (vixiante, responsable...) e encoméndalle o coidado pastoral das comunidades de Asia. Segundo a tradición morreu sendo "bispo" de Éfeso.

Tito

Vémolo acompañando a Paulo xa antes ca Timoteo. Anque o seu nome non aparece nos Feit, si en catro das cartas paulinas. Ó revés de Timoteo era de carácter aberto, conciliador e bo diplomático. Paulo levouno consigo ó domicilio de Xerusalén, para que o axudase no delicado problema da circuncisión. El foi quen entregou en Corinto a famosa "carta das bágoas" (2 Cor **2,** 4; **7,** 8-16), conseguindo pacifica-la comunidade, empresa na que fracasara Timoteo. Atopámolo tamén cabo do Apóstolo en Roma, desde onde o mandou á Dalmacia (2 Tim **4,** 10). Segundo a tradición morreu xa moi vello sendo "bispo" na illa de Creta.

Autenticidade

Ata o s. XIX foi unánime a atribución destas tres cartas a San Paulo. Desde entón os críticos divídense en dúas opinións.

Para moitos especialistas estas cartas escribiunas un autor descoñecido do s. II. As razóns nas que se apoian son internas: o concepto de piedade (empezando pola mesma palabra "eusébeia") é distinto do das cartas paulinas certas; as comunidades aparecen xa moi organizadas, sen carismas e sen actuación visible do Espírito, cun forte papel dos mestres que ensinan unha doutrina xa tradicional; insístese moito na maneira como deben comportarse as diversas categorías de fieis: mulleres, viúvas, escravos, amos, ricos, presbíteros. A estructura xerárquica aparece moi organizada: "bispos" (responsables máximos, que non equivalen ós nosos bispos), "presbíteros" (especie de patrucios semellantes ós "anciáns" ou responsables da sinagoga) e "diáconos" (auxiliares dos presbíteros e dos bispos), centralizaban a organización das comunidades e tiñan xa a súa paga (Tit **5,** 17). Outras razóns derívanse da falta de correspondencia entre os datos cronolóxicos e xeográficos das Pastorais e dos Feitos. Nestes non aparece nunca Timoteo á fronte da Igrexa de Éfeso, nin Tito da de Creta. As cartas tiveron, logo, que redactarse despois de se compo-lo libro dos Feitos. Lémbrese que Paulo non pensaba en volver a Oriente, senón en ir a Hispania, a Occidente. As Pastorais esixen unha nova viaxe de Paulo a Asia Menor. Ademais o vocabulario e o estilo son distintos do das cartas paulinas certas que, finalmente, nunca se dirixiron a individuos, senón a comunidades.

Todas esas razóns, non obstante, non equivalen, sen máis, a unha certeza. Outros moitos especialistas sosteñen a autenticidade. Apóianse sobre todo na tradición que, desde mediados do s. II, é certamente clara, abondosa e unánime. Hai tamén pasaxes e referencias persoais que dificilmente se explican fóra da pluma de Paulo.

Os partidarios da autoría anónima explican este último detalle dicindo que os autores das Pastorais puideron incluír nelas billetes auténticos que Paulo enviara ós seus colaboradores. Os fautores da autoría paulina responden ás razóns dos primeiros lembrando a vellez de Paulo, os cambios reais nas comunidades e a escritura das epístolas mediante un amanuense que operou con certa liberdade.

En todo caso, sexa cal for o resultado desta discusión, nada se quita á canonicidade e inspiración destas cartas e á súa correspondente autoridade reveladora. Anque tamén hai que recoñecer que non son escritos tan centrais e decisivos coma Rm e 1 Cor, poñamos por caso.

Doutrina

Aquí non se contén ningunha exposición sintética e artellada de ningún dos temas tratados nas grandes cartas paulinas: dáse por suposto que xa se coñece a "doutrina verdadeira", a que Timoteo e Tito teñen que defender dos falsos mestres, que a corrompen e sustitúen por outras. Que novidades son estas, non se concreta. Parece tratarse dunha especie de gnosticismo de tipo xudaico, aínda non moi espallado.

A finalidade pastoral destes escritos fai que se centren no interese polo asisado e modesto comportamento dos diversos membros da Igrexa, o que explica en parte o seu carácter moralizante. Pero podemos atopar tamén un profundo significado teolóxico para a comprensión da Igrexa e do misterio salvífico. Deus quere que tódolos homes se salven (1 Tim **1,** 1-2; **2,** 3; Tit **3, 4**). Cristo veu para salva-los pecadores (1 Tim **1,** 5) e morreu polos pecados de todos. Por medio do bautismo recibímo-lo froito da súa morte e resurrección (Tit **2,** 4; **3,** 5).

Os ministros da Igrexa son consagrados pola imposición das mans dos apóstolos e dos "presbíteros" (2 Tim **1,** 6; **2,** 7). A. súa misión consiste en predicar e ensina-la "boa doutrina" (1 Tim **3,** 4ss; Tit **1,** 6); "presidir" nas celebracións litúrxicas (1 Tim **5,** 17; Tit **1,** 5); coidar do bo nome da comunidade, vixiando decote para que cadaquén se comporte como corresponde a un discípulo de Cristo.

Lugar e data

Dependen, como é lóxico, da solución que se lle dea ó problema da autenticidade. En todo caso, desbordan o tempo narrado en Feit. Na Introd. a San Paulo queda reseñada a hipótese paulina (1 Tim e Tit, escritas en Tróade contra o 65; e 2 Tim o ano 67, na derradeira prisión romana ó fío da morte). Na outra hipótese as datas teñen que retrasarse ata últimos do s. I polo menos.

PRIMEIRA CARTA A TIMOTEO

Saúdo

1 ¹Paulo, apóstolo de Cristo Xesús por mandado de Deus, noso Salvador, e de Cristo Xesús, nosa esperanza, ²a Timoteo, fillo lexítimo na fe, deséxoche a gracia, a misericordia e a paz de Deus Pai e de Cristo Xesús, noso Señor.

Hai que evita-las doutrinas falsas

³Xa che pedira que quedases en Éfeso, cando eu ía marchar a Macedonia, para lles mandares a algúns que non ensinen doutrinas alleas, ⁴nin se afeccionen ós mitos e xenealoxías sen conta; cousas que se prestan máis para discusións, que para a realización do plan de Deus, que se basea na fe.
⁵A finalidade desta instrucción é o amor, que sae dun corazón puro, dunha conciencia boa e dunha fe sincera. ⁶Algúns deles, trabucándose, extraviáronse en lerias; ⁷pretenden ser doutores na Lei e non entenden nin o que din nin o que tan rotundamente afirman.
⁸Nós sabemos que a Lei é boa, se se usa como cómpre; ⁹tendo en conta, que non se dicta a Lei para o xusto, senón para os prevaricadores e rebeldes, para os impíos e pecadores, para os profanadores e sacrílegos, para os parricidas e matricidas, para os homicidas, ¹⁰os fornicarios, homosexuais, tratantes de escravos, mentiráns, perxuros e para todo aquel que se opón á boa doutrina, ¹¹que cadra co Evanxeo da gloria do Deus bendito, que se me confiou.

Acción de gracias polos favores recibidos

¹²Doulle gracias a Cristo Xesús, noso Señor que me enforteceu, porque fiou en min, encomendándome o ministerio; ¹³a min que fora un blasfemo, perseguidor e inxuriador. Pero compadeceuse, porque eu obrei, por ignorancia, sen ter aínda fe; ¹⁴e a gracia do noso Señor sobreabundou coa fe e o amor, que hai en Cristo Xesús.
¹⁵Esta é palabra segura merecente de que todos a acollan: que Cristo Xesús veu ó mundo para salva-los pecadores, dos que eu son o primeiro. ¹⁶Pero por iso mesmo compadeceuse, a fin de que Cristo Xesús amosase en min, o primeiro, toda a súa paciencia coma exemplo para os que habían crer nel para logra-la vida eterna. ¹⁷¡Ó Rei dos séculos, inmortal, invisible, único Deus: honra e gloria polos séculos dos séculos! Amén.

Recomendación a Timoteo

¹⁸Vouche facer unha gran encomenda, meu fillo Timoteo, conforme as mensaxes inspiradas que se refiren a ti, para que, apoiado nelas sosteñas un bo combate, ¹⁹armado de fe e boa conciencia. Algúns rexeitárona e naufragaron na fe; ²⁰entre eles están Himeneo e Alexandro, ós que entreguei a Satanás, para que aprendan a non blasfemar.

Hai que rezar por todos

2 ¹Recomendo primeiro de todo que se fagan peticións, oracións, súplicas, accións de gracias en favor de tódolos homes, ²polos reis e por tódolos que ocupan altos cargos, para que poidamos ter unha vida calma e serea baseada no pleno respecto mutuo e na decencia. ³Isto é fermoso e grato a Deus noso Salvador. ⁴El quere que tódolos homes se salven e cheguen ó coñecemento da verdade.
⁵Porque hai un único Deus e un único mediador entre Deus e os homes: o home Cristo Xesús, ⁶que se entregou coma rescate por todos. Tal é o testemuño dado no tempo oportuno. ⁷A min fíxome o seu pregoeiro e apóstolo —digo a verdade e non minto—, mestre dos xentís na fe e na verdade.

Actitude no culto

⁸Por iso quero que en tódolos sitios recen os homes levantando as mans limpas, sen ira nin discusións. ⁹Do mesmo xeito tamén as mulleres, con vestido decente, con reverencia e modestia, que se adornen non con rizos, nin con ouro, nin margaridas, nin vestidos

---

1, 3 *Doutrinas alleas:* distintas do Evanxeo predicado por Paulo.
1, 4 Non declara en concreto de que doutrina fala. Pénsase que se refire á filosofía xudía-gnóstica, de acento encratita (absterse do matrimonio e de certos alimentos).
1, 5 Recórdalle que o precepto central do Evanxeo é o do amor. Se o cumpren como é debido, chega. Todo o resto son lerias.
1, 15 Propón a que el chama "boa doutrina", que se centra na redención realizada en Cristo, que se entregou por amor.
1, 18 A gran encomenda é que se manteña firme na fe recibida, para poder supera-las dificultades do ministerio, que, coma a dos profetas, sempre encontrou forte oposición.
2, 2 As autoridades tamén están chamadas á conversión, aínda que sexan pagás.
2, 4 Afirmación fundamental, que hai que ter moi en conta ó tratar temas coma o da "predestinación" ou o da "condenación".

luxosos, ¹⁰senón coas boas obras, como cómpre a mulleres que profesan unha piedade de verdadeira. ¹¹A muller que aprenda en silencio e con toda sumisión. ¹²Non lle consinto á muller que ensine, nin domine ó home, senón que estea calada. ¹³Porque primeiro crearon a Adam, despois a Eva. ¹⁴E a Adam non o enganaron, senón que a muller se deixou enganar e caeu no pecado. ¹⁵Salvarase, non obstante, gracias á súa maternidade, se se mantén na fe, no amor, na santidade e na modestia.

Virtudes dos "bispos"

3 ¹Esta é palabra segura: aquel a quen lle tire o "episcopado", arela unha boa función. ²Pero cómpre que o "bispo" sexa irreprensible, home dunha soa muller, sobrio, asisado, comedido, hospitalario, capaz para o ensino; ³nin bebedor nin liorteiro, senón indulxente; home de paz, non amigo dos cartos. ⁴Que goberne ben a propia casa e teña os fillos ben guiados, con dignidade, ⁵(pois se un non sabe estar á fronte da súa familia, ¿como vai saber coida-la Igrexa de Deus?) ⁶Non neófito, para que non caia na condenación como caeu Satán, ensoberbecéndose. ⁷Cómpre que teña boa sona tamén entre os de fóra, para evita-lo desprestixio e que o atrape o demo.

Boas maneiras dos "diáconos"

⁸Da mesma maneira, que os "diáconos" sexan serios, sen retranca, nin moi amigos do viño nin dos negocios suxos, ⁹conservando o misterio da fe nunha conciencia limpa. ¹⁰Tamén a eles os hai que someter á proba primeiro; despois, se están sen tacha, que exerzan o ministerio. ¹¹Sexan tamén así as súas mulleres: púdicas, nin lingoreteiras nin amigas do viño, en todo de fiar.
¹²Que os "diáconos" sexan homes dunha soa muller, que saiban gobernar ben os seus fillos e as súas familias. ¹³Porque os que exercen ben este ministerio, adquiren para si un posto nobre e unha gran liberdade na fe que temos en Cristo Xesús.

O misterio cristián

¹⁴Escríboche isto, esperando ir onda ti axiña. ¹⁵Por se tardar rógoche que saibas comportarte como convén na familia de Deus, que é a Igrexa do Deus vivo, columna e alicerce da verdade.
¹⁶Estamos todos de acordo en que é grande o misterio da nosa relixión:
Que se manifestou coma home,
xustificou no Espírito,
apareceulles ós mensaxeiros,
predicáronllelo ós xentís,
creu nel todo o mundo,
foi exaltado na gloria.

Algúns afastaranse da fe

4 ¹O Espírito di ben claro que nos tempos derradeiros algúns se afastarán da fe e lles farán caso a espíritos mentireiros e á doutrina dos demos, ²extraviados por raposeiros argallantes que teñen cauterizada a súa conciencia. ³Estes prohibirán que a xente case e coma certos alimentos, sendo así que Deus os creou para que con gratitude os coman os que cren e os que coñecen a verdade. ⁴Porque todo o que Deus creou é bo e nada é rexeitable, cando se come con gratitude, ⁵porque o santifica a palabra de Deus e a oración.

As virtudes do bo ministro de Cristo

⁶Proponéndolles estas cousas ós irmáns, serás un bo servidor de Cristo Xesús, alimentado coas palabras da fe e da boa doutrina, que con tanto coidado seguiches. ⁷Rexeita as fábulas profanas e antigas, e exercítate na auténtica piedade. ⁸O exercicio corporal e útil para pouco tempo; pero a piedade verdadeira é útil para sempre, porque contén a promesa da vida presente e da que está por vir.
⁹Esta palabra é moita verdade e todos debían acollela: ¹⁰para isto traballamos e loitamos, porque esperamos en Deus vivo, que é o Salvador de tódolos homes e maiormente dos que cren.
¹¹Pregoa e ensina estas cousas. ¹²Que ninguén faga pouco de ti por seres tan novo. Ti

---

2, 10 O verdadeiro vestido, o distintivo dos cristiáns, homes e mulleres, son as boas obras.
2, 11 As condicións do intre histórico en que escribe o autor da carta, esixían esta actitude da muller, para evitar que a sociedade rexeitase o Evanxeo. Hoxe cómpre ser moi cautos ó intentar sacar conclusións teolóxicas ou facer aplicacións prácticas, pois as circunstancias cambiaron radicalmente.
3, 1 A palabra bispo non tiña aínda o sentido técnico que ten agora. Pero xa se trata dun dirixente destacado nunha comunidade xerarquizada. Timoteo era o responsable máis importante.
3, 12 Casados unha soa vez. Paulo non lles permite as segundas nupcias. É a interpretación máis probable.
3, 16 Trátase dun fragmento de himno cristián, tomado polo autor.
4, 1 Son moitos os textos bíblicos escatolóxicos nos que se advirte esta crise (cf 2 Tes **2**, 3-12; 2 Tim **4**, 3-4; 2 Pe **3**, 3; cf también Mt **24**, 6s).
4, 3 Parece que alude ás doutrinas xudías-gnósticas que condenaban a materia: en consecuencia refugaban o matrimonio e certos alimentos.

faite exemplo dos que cren: en ditos e feitos, en caridade, en fe, en limpeza. [13]Mentres non chego, dedícate á lectura, á exhortación, ó ensino.

[14]Non descóide-lo carisma que hai en ti, que che se deu pola profecía coa imposición das mans do "presbíteros". [15]Coida estas cousas, mantente nelas, para que todos vexan como progresas. [16]Preocúpate de ti e da doutrina; mantente en todo iso, que, facéndoo, te salvarás ti e salvara-los que che fagan caso.

Consellos para o bo goberno da comunidade. Os fieis en xeral

5 [1]A un vello non o reprendas con dureza, senón exhórtao, coma a un pai; ós mozos, coma a irmáns; [2]ás vellas, coma a nais; ás mozas, coma a irmás, con toda delicadeza.

As viúvas

[3]Honra as viúvas que o son de verdade. [4]Se unha viúva ten fillos ou netos, que aprendan estes primeiro a respecta-la propia familia e a corresponderlles ós seus pais, porque isto é o que lle agrada a Deus. [5]A viúva de verdade, a que está desamparada, pon a súa esperanza en Deus e persevera nas oracións e súplicas noite e día. [6]Pero a que se bota á vida do pracer, xa está morta en vida. [7]Recoméndalles estas cousas, para que sexan irreprensibles. [8]Se algún non coida dos seus e maiormente dos da propia familia, arrenega da fe, é peor ca un non crente.

[9]Inscribe coma viúva só a que teña máis de sesenta anos, que for muller dun só marido [10]e con sona de boas obras: se educou ben os fillos, se foi hospitalaria, se lavou os pés dos santos, socorreu os que o estaban pasando mal e aproveitou tódalas ocasións de face-lo ben.

[11]Non inscribas as viúvas novas porque, cando o pracer contrario a Cristo as atrae, queren casar. [12]Incorren así en culpa por teren faltado á primeira fidelidade. [13]Ó mesmo tempo afanse a ser preguiceiras, andando polas casas; e non só preguiceiras senón tamén baralleiras e falando o que non convén.

[14]Quero, logo, que as máis mozas casen, críen fillos, gobernen a casa e non dean motivo ningún de discusión ó inimigo; [15]porque, algunhas xa se extraviaron detrás de Satanás. [16]Se algunha crente ten viúvas ó seu cargo, que as asista, de xeito que non sexan un peso para a Igrexa, e así poida esta socorre-las que son de verdade viúvas.

Os presbíteros

[17]Os "presbíteros" que presiden ben son dignos dun dobre honor, maiormente os que se afanan na predicación e no ensino. [18]Porque di a Escritura: *non lle porás bozo ó boi que trilla o gran*. E tamén: *o obreiro ten dereito ó seu xornal*.

[19]Contra un presbítero non escoites acusación, agás no caso de que *dous ou tres testemuñas a sosteñan*. [20]Ós culpables repréndeos diante de todos, para que os demais collan medo.

[21]Pídoche de corazón ante Deus e Cristo e os anxos escolleitos, que gardes estes consellos sen prexuízos e sen facer nada con parcialidade.

[22]Non impoñas de seguida as mans a ninguén, para non te faceres cómplice das faltas alleas. Consérvate limpo ti mesmo. [23]Non bebas auga soa, toma un chisco de viño por mor do teu estómago e das túas frecuentes doenzas.

[24]Os pecados de certos homes logo se manifestan, xa antes de os levar a xuízo; os doutros, en cambio, só despois do xuízo se descobren. [25]Do mesmo xeito, tamén as obras boas son públicas; e as que non o son tampouco non se poden agachar.

Os escravos

6 [1]Tódolos que están baixo o xugo da escravitude teñan ós seus propios amos por dignos da maior estima, para que non se maldiga o nome de Deus nin se desprece a doutrina. [2]Os que teñan amos crentes, non lles falten á consideración por seren irmáns; ó contrario, sírvanos mellor, por seren cren-

---

4, 14 *A imposición das mans* é un rito usado xa no A.T. para bendicir, transferir algún poder ou comunica-lo Espírito.
5, 3-16 As viúvas constituían unha especie de institución humanitaria, onde se acollían, coma nunha comunidade monacal, as mulleres que quedaban soas. Dedicábanse a traballos de asistencia ós pobres e forasteiros e mais á oración.
5, 17 *Dobre honor:* o que lle corresponde polo cargo e maila remuneración pola dedicación ó ministerio, que se lle debe ofrecer coma se fose un obsequio.
5, 18 Dt **25,** 4; Lc **10,** 7.
5, 19 Dt **19,** 15.
6, 2 Os que se dan ás boas obras, uns cos outros, manifestan ser irmáns queridos, por riba de toda desigualdade social.

tes e irmáns os que reciben os seus servicios.

As falsas doutrinas e as verdadeiras ganancias

Isto é o que tes que ensinar e recomendar. ³Se alguén ensina outra cousa e non segue as boas palabras —as do noso Señor Xesús Cristo, a doutrina conforme á verdadeira piedade—, ⁴faise un soberbio; non entende nada, senón que se aparva con controversias e discusións baleiras, das que nacen envexas, rifas, palabras inxuriosas e malas sospeitas, ⁵discusións parvas de homes con mente corrompida, carentes da verdade, que teñen a verdadeira piedade coma unha fonte de ganancia. ⁶E certamente a verdadeira piedade, cando un se conforma co que ten, é a mellor fonte de ganancia. ⁷Porque nada trouxemos ó mundo e nada podemos levar del. ⁸Contentémonos con ter para comer e para vestir. ⁹Os que se queren facer ricos caen en tentacións e trapelas e en moitas cobizas, todas perigosas, que botan os homes a perder e á ruína. ¹⁰A raíz de tódolos males é a avaricia: algúns, dominados por ela, afastáronse da fe e envulláronse a si mesmos en moitas dores.

Encomenda a Timoteo

¹¹Pero ti, home de Deus, fuxe desas cousas; procura a xustiza, a piedade verdadeira, a fe, a caridade, a paciencia e a mansedume. ¹²Loita na fermosa competición da fe, procura a vida eterna á que te chamaron e que confesaches de maneira brillante diante de moita xente. ¹³Mándocho ante Deus, que fai vivir tódalas cousas, e ante Cristo Xesús, que con tan magnífica confesión deu testemuño ante Poncio Pilato: ¹⁴garda o mandamento, sen lixo e sen tacha, ata a manifestación gloriosa do Señor noso Xesús Cristo. ¹⁵No seu debido tempo amosarao o Deus bendito e único podente, Rei dos reis e Señor dos señores. ¹⁶O único que ten a inmortalidade e que habita nunha luz inaccesible. A El ningún home o viu nin o pode ver. A El a honra e o poder eterno. Amén.

Os ricos

¹⁷Ós ricos deste mundo mándalles que non sexan altaneiros, nin poñan a esperanza na riqueza incerta, senón en Deus, que nos dá para disfrutar tódalas cousas con gran abundancia. ¹⁸Que fagan o ben, enriquecidos en boas obras, xenerosos en dar e dadiveiros cos demais. ¹⁹Así atesourarán para si un estupendo capital para o porvir e acadarán a verdadeira vida.

Saúdo final

²⁰Timoteo, garda o depósito, evitando as lerias profanas e as obxeccións da falsa ciencia. ²¹Por andaren niso algúns afastáronse da fe.

A gracia sexa convosco.

6, 10 Trátase dun refrán moi corrente naquela época.
6, 14 O *mandamento* abrangue toda a relixión cristiá. *Manifestación gloriosa* ("epifanía") é a expresión peculiar das Pastorais, para designa-la "vinda" ou "revelación" do cabo dos tempos, como se chama noutros escritos do N.T.
6, 20 O *depósito* da fe: idea que se repite a miúdo nestas cartas.

SEGUNDA CARTA A TIMOTEO

Saúdo

1 ¹Paulo, apóstolo de Cristo Xesús por vontade de Deus para anuncia-la promesa da vida que hai en Cristo Xesús, ²a Timoteo, fillo querido: deséxoche a gracia, a misericordia e a paz de Deus e de Cristo Xesús noso Señor.

Fidelidade ó Evanxeo

³Doulle gracias a Deus, a quen sirvo desde o nacemento con conciencia limpa, porque decote me lembro de ti nas miñas oracións, noite e día. ⁴Cando me acordan as túas bágoas, véñenme ganas de te ver para me encher de alegría, ⁵lembrando a túa fe sincera, que xa habitou na túa avoa Loide e na túa nai Eunice, e confío que tamén en ti.

⁶Por esta mesma causa recórdoche que reavive-lo carisma de Deus, que hai en ti pola imposición das miñas mans. ⁷Porque Deus non nos deu un espírito feble senón forte, de amor e de sobriedade. ⁸Non teñas vergonza de noso Señor, nin de min, preso por el; ó contrario, faite partícipe dos meus sufrimentos polo Evanxeo, contando co poder de Deus. ⁹El vivificounos e chamounos cunha vocación santa, non polas nosas obras, senón polo seu designio e pola gracia que nos deu en Cristo Xesús antes de tódolos tempos, ¹⁰e que se manifestou agora pola aparición do noso Salvador, Cristo Xesús. El destruíu a morte e alumeou a vida e a inmortalidade por medio do Evanxeo. ¹¹Deste Evanxeo constituíronme a min pregoeiro, apóstolo e mestre.

¹²Por esta causa precisamente padezo estas cousas. Pero non me importa, porque sei de quen me fiei, e estou certo que é podente para custodiar ata aquel día o depósito que me confiou. ¹³Mantén coma regra as palabras saudables que me escoitaches verbo da fe e da caridade de Cristo Xesús. ¹⁴Garda o precioso depósito por medio do Espírito Santo, que mora en nós.

¹⁵Saberás que me plantaron tódolos de Asia, entre eles Fíxelo e Hermóxenes.

¹⁶Concédalle o Señor misericordia á familia de Onesíforo, que me tivo animado moitas veces e non se avergoñou de que eu fora un preso. ¹⁷Aínda máis, cando cheguei a Roma, axiña me buscou e atopoume: ¹⁸que o Señor lle conceda acha-la súa misericordia naquel día. E cantos servicios fixo en Éfeso coñécelos ti mellor ca min.

O bo soldado de Cristo

2 ¹Polo tanto, ti, meu fillo, faite forte coa gracia que hai en Cristo Xesús. ²E todo o que me escoitaches en presencia de tanta xente, propónllelo ti a homes de confianza que sexan capaces de llelo ensinaren a outros.

³Comparte os meus traballos coma un bo soldado de Cristo Xesús. ⁴Ningún soldado en activo se deixa enguedellar nos negocios da vida, se quere compracer ó que o alistou. ⁵E a ningún atleta lle dan o premio se non compite conforme ás regras atléticas. ⁶Pero o labrego que traballa é o primeiro que ten dereito a participar dos froitos. ⁷Entende ben o que che digo, pois o Señor hache dar entendemento en todo.

⁸Lémbrate de Xesús Cristo, resucitado dos mortos, da semente de David. Este é o meu Evanxeo, ⁹polo que padezo ata estar preso coma un vulgar criminal. Pero a palabra de Deus non está encadeada. ¹⁰Por iso soporto tódalas cousas por mor dos escolleitos, para que tamén a eles lles toque en sorte a salvación que vén de Cristo Xesús, coa gloria eterna. ¹¹Esta é unha gran verdade:

Se morremos con el, tamén viviremos con el.

¹²Se padecemos con el, tamén reinaremos con el.

Se arrenegamos del, tamén el arrenegará de nós.

¹³Pero se fallamos na fe, el permanece fiel,

porque non pode arrenegar de si mesmo.

1, 4 As *bágoas*: as que verteu, de seguro, cando o deixou en Éfeso.
1, 5 A *fe* que... *habitou* na avoa e na nai de Timoteo é unha personificación da fe, pouco presente nos escritos bíblicos.
1, 6 Que reavive-la chama do carisma. A imaxe do lume moi vinculada co Espírito. Refírese á súa "ordenación".
1, 8 *De noso Señor*: lit. "do testemuño do noso Señor" a profesión manifesta de ser discípulo de Cristo, predicando o Evanxeo que contén o poder de Deus (cf Rm 1, 16).

1, 12 O *depósito* de Paulo é o conxunto da súa predicación, que ninguén debe adulterar, nin os anxos (cf Gál 1, 8).
2, 3 O apostolado é unha loita continua e dura, unha vida na fronte de batalla.
2, 6 Os tres exemplos (o do soldado, o do atleta e o do labrego) aluden á esperanza do premio pola que se someteu ós traballos e sufrimentos.
2, 8 A lembranza da resurrección daralle ánimos e forza para supera-los obstáculos.
2, 11 Trátase dun fragmento de antigo himno cristián.

Gardarse dos falsos mestres

[14]Failles diario o acordo disto, amoestándoos diante de Deus, para que non discutan sobre palabras: que iso non vale para nada máis que para botar a perder ós que escoitan. [15]Esfórzate por presentarte grato a Deus: coma un traballador que non ten de que se avergonzar, xa que reparte a palabra da verdade. [16]Evita leriar en van; os que se deixan levar van sempre a máis na impiedade. [17]As súas palabras son coma a gangrena. Destes son Himeneo e Fíleto, [18]que se extraviaron da verdade, dicindo que a resurrección xa aconteceu, e botaron a perde-la fe dalgúns. [19]Sen embargo, os cimentos sólidos de Deus manténense rexos, e teñen o selo seguinte: *O Señor coñece ós que son del;* e: *"afástese da inxustiza todo o que invoca o nome do Señor".* [20]Nunha casa grande non hai soamente vaixelas de ouro e de prata, hainas tamén de madeira e de barro; e unhas son para uso nobre e outras para uso menos nobre. [21]Polo tanto, se un se limpa destas cousas, será un utensilio honorable, santificado, útil para o dono, axeitado para todo uso bo.

[22]Fuxe das paixóns da mocidade e procura a xustiza, a fe, o amor e a paz con tódolos que invocan o Señor cun corazón limpo. [23]Evita as discusións parvas e as controversias testalás, que xa sabes que enxendran loitas; [24]en quen serve ó Señor non di ben a contenda, senón o ser manso con todos, hábil para o ensino, tolerante; [25]con moito xeito para educa-los contradicentes: quizais lles dea Deus a conversión para o coñecemento da verdade, [26]e para se desenguedellaren das trapelas de Satán, que os ten apreixados vivos para que lle fagan o que el quere.

Os homes dos tempos derradeiros

3 [1]Ten ben sabido isto: que nos días derradeiros haberá intres difíciles. [2]A xente volverase egoísta, avariciosa, fachendosa, presumida, maldicente, mal guiada cos seus pais, sen caridade, impía, [3]desamorada, falsa, calumniadora, altaneira, ríspida, inimiga do bo, [4]traicioneira, temeraria, foncha, máis amante do pracer ca de Deus; [5]terá aparencia de piedade, pero arrenegará da verdadeira forza da mesma. Ti con xente desa non te xuntes. [6]Porque destes son os que se meten nas casas e engaiolan as mulleriñas ateigadas de pecados e empurradas por moitas castes de paixóns, [7]que están sempre aprendendo pero que non dan chegado ó coñecemento da verdade. [8]E da mesma maneira que Ianne e Iambrés se arrepuxeron contra Moisés, así tamén estes se arrepoñen contra verdade: homes de mente estragada, réprobos na fe. [9]Pero non avantarán moito, porque a súa insensatez será manifesta a todos, como o foi a daqueles.

Tarefa dura de Timoteo

[10]Ti, en troques, seguíchesme a min na doutrina, no xeito de vida, nos meus plans, na fe, na paciencia, na caridade, na resistencia [11]ás persecucións e ós sufrimentos (como os que aturei en Antioquía, en Iconio, en Listra). ¡Que grandes persecucións soportei e de todas me librou o Señor! [12]E tódolos que queiran vivir coma bos cristiáns padecerán persecución.

[13]Homes ruíns e seductores irán de mal en peor, enganadores e enganados. [14]Ti mantente no que aprendiches e no que criches, e que non che esqueza quen cho aprendeu. [15]Porque xa desde neno coñece-las letras santas, que son podentes para che facer sabe-lo camiño da salvación pola fe en Cristo Xesús.

[16]Toda a Escritura está inspirada por Deus e é útil para ensinar, para corrixir, para enmendar, para educar na xustiza. [17]Dese xeito, o home de Deus tórnase perfecto e competente para toda obra boa.

Exhortación a Timoteo e anuncio da propia morte

4 [1]E pídoche por favor unha cousa diante de Deus e de Cristo Xesús, que ha vir xulgar a vivos e mortos, pola súa vinda glo-

---

2, 19 Alude ó uso de enterrar un documento na primeira pedra dos alicerces, cando se construía un edificio. A cita alude a Núm **16,** 5. 26.
2, 21 *Utensilio.* A palabra grega significa "vaso", pero o sentido é dun instrumento vivo.
3, 1 A Vinda gloriosa de Cristo no cabo dos tempos non sabemos cando será, pero, segundo esta simbólica de tipo apocalíptico, antes producirase unha gran decadencia moral da humanidade.
3, 2 Repítese aquí unha longa lista de vicios e pecados, semellante á que xa atopamos en Rm **1,** 29-31. Estas listas eran frecuentes nos escritos filosóficos daquel tempo.
3, 15 Coma fillo dunha nai cristiá.
3, 16 *Toda a Escritura:* pode significa-lo "conxunto da Escritura" ou "cada pasaxe da Escritura"; o resultado vén ser, en todo caso, o mesmo. A frase podiámola traducir tamén: "Toda a Escritura, inspirada por Deus, é útil..." Cómpre ter en conta que neste tempo Escritura significa directamente o A.T.; discútese se, dado que se trata dun texto serodio, se pode referir xa tamén a algúns escritos

riosa e polo seu reinado: ²pregoa a palabra, insiste a tempo e a destempo, corrixe, reprende, aconsella con toda a paciencia que require a doutrina. ³Porque virán tempos nos que non escoitarán a verdadeira doutrina, senón que, conforme os seus caprichos, amorearán mestres que lles agarimen os oídos. ⁴Afastaranse de escoita-la verdade e extraviaranse polo terreo dos mitos.

⁵Ti, en troques, mantente sobrio en todo, soporta o mal, fai obra de evanxelista, cumpre ben o teu servicio. ⁶Porque a min xa me falta pouco para derrama-lo meu sangue, e o meu pasamento está a chegar. ⁷Combatín unha loita brillante, rematei a miña carreira, gardei a fe. ⁸O que me resta é a coroa da xustiza que me está reservada. E o Señor, que é xuíz xusto, hama entregar aquel Día.

E non só a min senón a tódolos que arelan a súa Vinda gloriosa.

Consellos persoais

⁹Prepárate para vires onda min axiña, ¹⁰porque Dimas me plantou preferindo o mundo presente e foise para Tesalónica; Crescente, para Galacia; e Tito, para Dalmacia. ¹¹Só Lucas está comigo. Recolle a Marcos e traino contigo, que me cómpre moito para o ministerio. ¹²A Tíquico mandeino a Éfeso. ¹³Cando veñas, tráeme o capote que deixei en Tróade onda Carpo, e mailos libros, maiormente os pergamiños.

¹⁴Alexandro, o ourive, fíxome moito mal: o Señor halle da-lo pago do que fixo. ¹⁵¡Ti, moito ollo tamén, porque fixo moito contra as nosas palabras!

¹⁶Na miña primeira defensa non me asistiu ninguén, todos me deixaron. ¡Que Deus llelo perdoe! ¹⁷Pero o Señor asistiume e deume forza para que eu rematase a predicación e tódalas nacións a escoitaran. E libroume da boca do león. ¹⁸O Señor hame librar de toda obra perversa e hame manter vivo para o seu Reino celestial. Sexa para El a gloria polos séculos dos séculos. Amén.

Derradeiros saúdos

¹⁹Dálles saúdos a Prisca, a Áquila e á familia de Onesíforo. ²⁰Erasto quedou en Corinto, a Trófimo deixeino en Mileto. ²¹Apura para te vires antes do inverno. Mándanche saúdos Éubulo, e Pudente, Lino e Claudia e tódolos irmáns. ²²O Señor acompañe o teu espírito. A gracia vaia convosco.

---

do N.T. En todo caso hoxe —cando o canon inclúe A.T. e N.T.— a afirmación vale para a Biblia enteira: en definitiva, Deus é quen nos fala a través da Escritura.
4, 10 *Galacia:* algúns ms. din "Galia".

CARTA A TITO

Saúdo

1 ¹Paulo, servidor de Deus e apóstolo de Xesús Cristo, para leva-los escolleitos de Deus á fe e mais ó coñecemento da verdade, que é conforme á piedade verdadeira ²e que se apoia na esperanza da vida eterna. Deus, que non mente, prometera xa antes de tódolos tempos esa vida ³e ó tempo debido cumpriu publicamente á súa palabra pola predicación, que se me confiou, por mandato do noso Salvador Deus.
⁴A Tito, meu fillo lexítimo na fe común, deséxoche a gracia e a paz de Deus, Pai de Cristo Xesús, o noso Salvador.

Tito, "bispo" da illa de Creta

⁵Deixeite en Creta, para que seguises endereitando o que faltaba e para que nomeases responsables en cada vila, tal como che prescribín eu: ⁶teñen que ser xente honesta, homes dunha soa muller, que teñan fillos crentes, non acusados de mala conducta ou desobedientes. ⁷Porque cómpre que o responsable sexa sen tacha, coma administrador de Deus: nin soberbio, nin iracundo, nin insolente, nin rifador, nin amigo dos cartos; ⁸senón hospitalario, amigo do ben, asisado, xusto, santo, e dono de si, ⁹que se afinque na palabra certa conforme lla ensinaron para que sexa capaz de exhortar pola doutrina verdadeira e de convence-los contradicentes.

¹⁰Porque hai moitos rebeldes, paroleiros, mentiráns, maiormente entre os da circuncisión. ¹¹Cómpre facelos calar, porque perverten familias enteiras, ensinando o que non deben, nada máis que por gañaren cartos. ¹²Xa un deles (e téñeno por profeta) dixo:
"Cretenses: menten sempre, malas bestas, galbáns ventres".
¹³E este dito saíu certo.
Por esta razón repréndeos con severidade, para que cheguen a ter unha fe sa ¹⁴e para que non lles fagan caso a mitos xudaicos nin a mandamentos de homes que se afastan de verdade. ¹⁵Tódalas cousas son limpas para os limpos; en troques, para os contaminados e incrédulos nada non é limpo; teñen mesmo contaminadas a mente e maila conciencia. ¹⁶Afirmaban coñecer a Deus pero coas obras arrenegan del, sendo abominables, desobedientes e incapaces para toda obra boa.

Ensino san e seguro

2 ¹Pola túa parte, ensina o que é conforme á boa doutrina. ²Que os vellos sexan sobrios, serios, prudentes, sans na fe, na caridade, na paciencia.
³As vellas o mesmo: que sexan honestas no coidado da súa compostura, nin lingoreteiras, nin moi amigas do viño, mestras do ben, ⁴para que exhorten ás novas a quereren ós seus homes e ós seus fillos, ⁵asisadas, limpas, boas administradoras da casa, sumisas ós seus propios homes, para non desprestixia-la palabra de Deus.

⁶Exhorta tamén ós novos a seren asisados, ⁷mostrándote ti mesmo en todo coma exemplo de boa conducta: incorrupto na doutrina e serio. ⁸Ensina unha palabra sa e indiscutible, para que o contrario se avergonce, non tendo nada malo que dicir de nós.
⁹Que os escravos se lles sometan en todo ós seus amos e sexan serviciais e non respondóns, ¹⁰nin rapineiros; ó contrario, que sexan plenamente fieis e honrados, para faceren honor á doutrina de Deus, o noso Salvador.
¹¹Porque a gracia de Deus viuse que era fonte de salvación para tódolos homes. ¹²Ela ensínanos que arreneguemos da impiedade e das cobizas mundanas e vivamos no mundo presente dun xeito asisado, xusto e respectuoso, ¹³agardando a bendita esperanza e a manifestación gloriosa do noso gran Deus e Salvador Xesús Cristo. ¹⁴El entregouse por nós, para nos redimir de toda iniquidade e purificar para si un pobo escolleito, afervoado, dedicado ás boas obras.
¹⁵Di estas cousas, exhorta e reprende con toda autoridade; que ninguén te desprece.

1, 5 *Responsables*. Lit. "presbíteros", pero no v 7 estas mesmas persoas denomínanse "bispos". Non se trata do que hoxe denominamos así. Son cargos semellantes ós das comunidades xudías, que se exercían colexialmente para dirixi-la colectividade. O vocábulo grego "presbíteros" significa "senior", "entrado en anos, máis vello", é dicir, unha especie de senado de responsables. "Epíscopos" significa "vixiante", podía ser un presbítero en función especial. Atendían a administración material, pero, sobre todo, a espiritual: ensinanza e coidados pastorais.

1, 12 Cita o poeta cretense Epiménides de Cnosos (séc. VI a. C.), ó que chama "profeta" no senso de 'vate'.
1, 15 Énfase cristiá na disposición interior, na autenticidade da intención: cf Mt **15**, 11; Lc **11**, 41; Rm 14, 20.
2, 1 Repite os consellos das cartas a Timoteo.
2, 11-14 Trátase dun auténtico resume da cristoloxía: Cristo aparece coma Deus e Salvador, coma modelo e mestre da vida cristiá.
2, 13 *Do noso gran Deus e Salvador Xesús Cristo:* hai quen traduce: "manifestación da gloria do gran Deus (Pai) e do noso Salvador Xesús Cristo".

Consellos ós fieis

3 ¹Recórdalles que se sometan ás autoridades, que as obedezan, que estean dispostos para toda obra boa. ²Que non difamen a ninguén, que sexan pacíficos, xustos, amables con todo o mundo. ³Noutrora fomos tamén nós toleiráns, rebeldes, extraviados, escravos de moitas cobizas e praceres, vivindo na maldade, na envexa, odiados e cheos de odio uns para os outros. ⁴Pero cando apareceu a bondade e a humanidade de Deus, o noso Salvador, ⁵salvounos non polas obras boas que nós fixemos, senón pola súa misericordia, por medio do baño do novo nacemento e polo poder renovador do Espírito Santo. ⁶Ese Espírito que verteu sobre nós con abundancia, por Xesús Cristo, noso Salvador, ⁷a fin de que, xustificados pola súa gracia, nos fixesemos herdeiros da vida eterna, conforme á esperanza.

Últimas recomendacións

⁸Esta é doutrina certa. E eu quero que ti te afinques nela, para que os que creron en Deus se dediquen a practica-las boas obras. Isto é bo e útil para todos.

⁹Desbota, en troques, as pescudas extravagantes, as xenealoxías, as rifas, as polémicas sobre a Lei: son inútiles e sen substancia. ¹⁰Ó causante de divisións repréndeo unha vez ou dúas. Despois prescinde del, ¹¹tendo ben sabido que ese tal é un perverso e peca, condenándose el mesmo.

¹²Cando cheguen onda ti Artemás ou Tíquico, apura a vir onda min a Nicópolis, porque decidín pasar alí o inverno. ¹³Dálle-lo preciso para a viaxe ó avogado Zenas e mais a Apolo para que non lles falte nada. ¹⁴Aprendan os nosos a faceren o ben atendendo as necesidades urxentes e así non serán improductivos.

Saúdo final

¹⁵Mándanche recordos tódolos que están comigo. Dálles saúdos a tódolos amigos na fe. A gracia vos acompañe a todos.

3, 5 *Baño:* refírese ó Bautismo, do que indica os efectos nos vv 6-7.

3, 10 *Causante de divisións:* lit. "home herexe", é dicir, faccioso, cismático, que sementa a desunión na comunidade.

INTRODUCCIÓN Á CARTA A FILEMÓN

1.- Ocasión e contido da Carta

A carta máis pequena de Paulo é tamén unha das máis interesantes, porque nela ten que afrontar un dos piares da estructura socio-económica do seu tempo: a escravitude.

Onésimo, escravo de Filemón (un cristián de Colosas), fuxira buscando a liberdade. Paulo atópao, polo que parece, en Roma. Faino cristián. A Lei de Moisés (Dt **23**, 16-17) prohibía devolvelo ó seu amo. Pero a Lei de Roma mandaba devolvelo e tiña previstos severos castigos tanto para o fuxitivo coma para os cómplices. Paulo primeiro pensa quedarse con el. Despois mándallo a Filemón, insinuándolle que llo devolva e pedíndolle seriamente que non o trate xa coma un escravo, senón coma un irmán benquerido.

É notorio que a idea que ten Paulo das repercusións sociopolíticas do cristianismo en ningún caso chega a proclamar un cambio social radical (1 Cor **7**, 17-24; Ef **6**, 5-8). Paulo aquí e nos textos citados limítase a predicar ós escravos servicio e paciencia; e ós amos, bo trato. A institución da escravitude, coma toda a orde social do Imperio Romano, recoñécese coma algo dado e acátase (Ti **3**, 1). Anque se relativiza, coma algo externo e efémero, coma a Cidade do Demo. Este é o senso de Gál **3**, 28.

Paulo prohibe os malos tratos. Filemón segundo a Lei de Roma podía castigar a Onésimo. Pero Paulo mándalle que o reciba coma a un irmán.

¿Que significa isto? ¿O principio da fin da escravitude? ¿A fin, como queren algúns apoloxistas? Non. A escravitude non é cuestión de mellor ou peor trato, senón unha dependencia absoluta e unha carencia de dereitos. Sempre houbo escravos ben tratados, mesmo amigos dos amos: pero non deixaban de seren escravos.

O cristianismo non ten o mérito da abolición da escravitude. Esta naceu por razóns económicas, vivirá mentres as razóns económicas non cambien e desaparecerá cando deixe de ser necesaria ou posible: isto din os historiadores. Certo que a Igrexa admitiu dentro de si os escravos. Pero tampouco non viu dificultade en que os cristiáns tivesen escravos (1 Tim **6**, 2), como é o caso de Filemón, e a propia Igrexa tivo escravos e chegará a censura-los teóricos abolicionistas. Véxase, se non, o famoso Concilio de Granges do 324 excomungando os que "co gallo de piedade lle metan na cabeza a un escravo que menosprece ó seu amo, que fuxa ou que non o sirva con boa vontade e respecto".

Con todo, Paulo non é "dualista": a relación mestre-escravo non fica totalmente abolida no plano sociolóxico, pero queda radicalmente relativizada. En definitiva, Onésimo é irmán do seu amo Filemón e ese é o trato que del ten que recibir, "¡de home e de cristián!" (v 16). A orde social non está aínda cambiada, pero está xa posta en cuestión.

Con ser isto certo, temos que evitar xuízos anacrónicos. Nestes primeiros tempos os cristiáns aínda non maduraran a súa reflexión e simplemente repiten a mentalidade común da época.

2.- Autor, data e lugar

Da autenticidade desta carta dubidan moi poucos: o estilo é tan "paulino" que parece innecesario buscar outro autor. Escribiuna ou en Roma ou en Cesarea, polo mesmo tempo da Carta ós Colosenses (entre o 61 e o 63).

CARTA A FILEMÓN

¹Paulo, preso por Cristo Xesús, e mailo irmán Timoteo saudámoste a ti, o noso querido amigo e colaborador Filemón, ²e saudamos tamén a irmá Apia, o noso camarada Arquipo e á comunidade que se xunta na túa casa. ³Desexámosvo-la alegría e a paz de Deus, o noso Pai, e do Señor Xesús Cristo. ⁴Doulle gracias decote ó meu Deus, ó me lembrar de ti nas miñas oracións, ⁵porque oio falar do amor e da fidelidade que tes ó Señor Xesús e a tódolos membros do pobo santo. ⁶Pido que a solidariedade da túa fe se poña en marcha, ó comprenderes que todo o ben que temos é para Cristo.

⁷Alegroume e animoume moito a túa caridade, meu irmán: gracias a ti o pobo santo está máis confortado. ⁸Por iso, anque teña liberdade en Cristo para che manda-lo que veña ó caso, ⁹cádrame máis pedircho, apelando á túa caridade. Así, sen máis título que ser eu Paulo, un vello que agora está preso por Cristo Xesús: ¹⁰pídoche por Onésimo, o meu fillo, que enxendrei estando na cadea. ¹¹En tempos foiche inútil, mais agora vai ser un verdadeiro "Onésimo", é dicir, útil para ti e para min tamén. ¹²Velaí cho mando. Velaí che vai unha parte de min. ¡Recíbeo!

¹³Pensei en me quedar con el, para que me axudase no teu lugar, mentres estou preso polo Evanxeo. ¹⁴Pero non quixen facer nada sen contar co teu consentimento, para que non fagas este ben á forza, senón porque che sae de dentro. ¹⁵Igual por iso marchou de onda ti algún tempo: a fin de que agora o recuperes para sempre, ¹⁶non xa coma escravo, senón coma algo máis ca escravo: coma un irmán benquerido. Para min é moi querido; ¡moito máis o vai ser para ti, coma home e coma cristián! ¹⁷Así que se me consideras un amigo, acólleo coma a min. ¹⁸Se en algo te perxudicou ou se algo che debe, pono na miña conta. ¹⁹Eu, Paulo, firmo co meu puño e letra: pagareino eu. Iso para non falar de que ti mesmo te me debes. ²⁰Anda, irmán; que eu saque algo de ti no Señor. Tranquilízate ti coma cristián.

²¹Escríboche fiando en que me vas facer caso e sabendo que has de facer máis do que che eu digo.

²²Ai, e vaime preparando onde parar, que, gracias ás vosas oracións, ides te-lo regalo de que eu vaia aí.

²³Recordos de Epafras, o meu compañeiro de cadea, en Cristo Xesús. ²⁴Saúdos dos meus colaboradores: Marcos, Aristarco, Dimas e Lucas. ²⁵¡A gracia do Señor Xesús Cristo sexa convosco!

---

11 Xogo de palabras: *Onésimo*, en grego, significa "útil".
13 *Polo Evanxeo*: lit. "preso nas cadeas do Evanxeo". Para Paulo o estar preso forma parte da súa tarefa, da súa misión.
16 *Coma home e coma cristián*: lit. "na carne e no Señor".

INTRODUCCIÓN Á CARTA ÓS HEBREOS

1. Carácter xeral da obra

Nunha lectura de corrido o lector alleo ós estudios bíblicos atópase na carta con afirmacións e frases de gran senso espiritual e relixioso, que lle din moito á súa fe cristiá. Pero a carón destas frases e fórmulas luminosas atópase cunha serie de alusións a pasaxes e frases do A.T. que, se é curioso e as vai confrontar na súa Biblia ou nun comentario moderno, atopará un senso moi distinto do que lle dá a esas frases ou pasaxes o autor de Hebreos. Isto produce desilusión, desánimo e a sensación de que é radicalmente imposible comprendela no mundo de hoxe.

Cómpre ter en conta que a Biblia foi e debe seguir sendo un libro ó servicio da fe e da teoloxía dun pobo. Coma libro, o A.T. conseguiu a súa fixeza literaria arredor do séc. VI e V a. C. nas súas partes máis sacras: a Lei e a meirande parte dos profetas; pero tiña que ser adaptado ás diferentes situacións da vida cambiante en situación e en problemas ideolóxico-relixiosos xurdidos ó contacto con outras culturas. Pero estes problemas había que resolvelos á luz da norma sacra, do libro, que para o pobo era a palabra mesma de Deus. Esta actualización do texto sacro e a comprensión de certas pasaxes escuras fixose segundo unhas técnicas que coñecemos co nome hebreo de midrax.

2. O midrax en Hebreos

A maneira máis sinxela de nos curar dos nosos reparos ante Heb é expoñer en concreto como neste escrito se fai uso das sete regras ('middot') tradicionais do midrax, aínda que soamente sexa con algúns exemplos.

1° É o argumento 'a fortiori': "se isto foi así... moito máis... con moita máis razón" (cf **2,** 2-4; **9,** 13-14; **10,** 28-29; **12,** 9. 25).

2° A analoxía verbal (sentencia equivalente): dous textos da Escritura xúntanse por mor da analoxía verbal, neste senso pódense ve-las citas de **1,** 5-13.

3° Formación dun patrón, partindo dunha escritura: cando a mesma expresión ou palabra se atopa en diferentes pasaxes, o midrax ou consideración descuberta nun deles serve para os outros. En **5,** 5-6 o primeiro texto afirma do pronome 'ti' a filiación divina, e este carácter vale para o "ti" da segunda cita (que de seu é independente da anterior).

4° Formación dun patrón, partindo de dous textos: con dúas frases da Escritura faise un principio aplicable a outras pasaxes. Así en **2,** 6-9, de dúas frases da cita deduce o senso da morte e glorificación sacerdotal de Cristo; en **2,** 13-18 das dúas citas deduce o autor que Xesús coa súa morte e resurrección recibe o poder de transformarnos, pero todo isto, porque somos irmáns: **4,** 3-10.

5° O xeral e o particular: dunha regra xeral faise unha aplicación a un caso particular ou dun caso particular faise un principio xeral. En **3,** 12-14 sácase dun caso particular (a peregrinación no deserto) un principio xeral.

6° Soluciónase a dificultade dun texto por comparación con outro parecido (sen precisar de semellanza verbal). Todo o gran midrax encol de Xén **14,** 17-20 que o autor fai en **7,** 1-9, ten a finalidade de probar que o Sumo Sacerdote para sempre á maneira de Melquisedec do Sal 110, 4 é Xesús.

Algunhas características da literatura midráxica son as seguintes: a) tendencia do midrax ó sensible, concreto e persoal: a fixar e completar detalles (**7,** 3), a concreta-los feitos nuns determinados espacios, tempo e personaxes (**7,** 1-10); b) tendencia ós contrastes bruscos (**5,** 8) e ás matizacións (cf **5,** 7); c) tendencia a valora-los máis pequenos detalles (**7,** 1-3); d) perseguen sempre unha finalidade exclusivamente maxisterial e directiva, non estética nin recreativa; e) esquivan verbas ou frases que non lles interesan e interpretan o que recollen conforme a un contexto distinto (cf a cita de **10,** 5-7 e o comentario, entendendo as disposicións cúlticas do xudaísmo); f) aíllan unha frase do contexto integrándoa noutro distinto. Pode darse incluso o midrax de toda unha sección ou dun libro enteiro ou de toda a Biblia (o longo midrax do c. **11** verbo do tema da fe, que abarca case toda a Biblia).

3. Xénero literario

A este escrito chámaselle carta por costume e tradición, e de carta ten, de certo, a conclusión: **13,** 20-25; con todo fáltalle o normal encabezamento onde figuran o autor, os destinatarios, saúdos, etc. Case tódolos especialistas de hoxe a consideran un sermón no que precisamente se desenvolve o tema do sacerdocio de Cristo, cunha visión teolóxica moi particular do autor e cunhas exhortacións moi ben axeitadas á exposición dogmática.

Este xeito de pensar confirmao o mesmo texto; o autor endexamais non di que escribe, senón que fala (**2,** 5; **5,** 11; **6,** 9; **9,** 5; **11,**

32).Trátase dun sermón ó estilo dos sermóns da sinagoga. Líase a Biblia, e explicábase en referencia a feitos da vida social; e o mesmo facían os cristiáns nas súas xuntanzas litúrxicas para celebraren a Eucaristía.

4. O autor

Nas Igrexas orientais atribuíuse esta carta de forma case unánime a San Paulo, presentando coma explicación das diferencias con respecto ó estilo paulino a conxetura de San Clemenzo de Alexandría: sería Paulo quen compuxo en hebreo e Lucas quen traduciu ó grego; ou a de Oríxenes, quen suxire que o autor sería un discípulo de Paulo (**2**, 3).

Na Igrexa romana aparece o primeiro testemuño do seu uso con autoridade bíblica arredor do ano 95, na carta de San Clemenzo Romano ós Corintios. Foi o torto uso que fixeron da carta algunhas herexías o que provocou unha reacción na Igrexa occidental contra esta carta: os rigoristas (que non querían admitir á reconciliación penitencial os que apostataran nos momentos de persecución) apoiaban a súa doutrina en **6**, 4-6 e **10**, 26; os arrianos aducían o texto de **3**, 2 para probar que o Verbo é unha criatura. Por isto no séc. IV aínda non se lía na liturxia romana. A introducción no canon das Escrituras á fin do século IV debeuse ás opinións de San Xerome e San Agostiño, que aceptaron a inspiración desta carta, baseados no uso e na fe das Igrexas de Oriente.

O feito de figurar na lista do "canon bíblico" despois das cartas de San Paulo, favoreceu na Igrexa occidental a atribución a San Paulo.

O concilio de Trento aceptou a inspiración da carta, pero non se quixo pronunciar verbo da autenticidade paulina da mesma. A opinión xeral hoxe é que a carta non é de San Paulo. Non se atopa na carta o estilo impetuoso e retorto de San Paulo, senón un estilo sereo, equilibrado, que mide os termos. O vocabulario é moi distinto do de San Paulo: abonde constatar que nela aparecen 151 palabras que non se atopan no resto do N.T. Non se atopan as expresións típicas de Paulo "Cristo Xesús", "en Cristo"; só fala unha vez da resurrección de Xesús (**13**, 20) e moitas veces da súa entronización celeste; ten unha visión do sacerdocio de Xesús Cristo única en todo o N.T.

Con todo, atópanse certas semellanzas teolóxicas co pensamento de San Paulo: a paixón do Señor preséntase coma un acto de obediencia voluntaria (**5**, 8; **10**, 9; Rm **5**, 19; Flp **2**, 8); afirma insistentemente a ineficacia da Lei e a súa abrogación (**7**, 11-19; **10**, 1-10; Rm **4**, 15; **5**, 20; Gál **3**, 21-25); o tema do sacrificio e sacerdocio de Xesús Cristo, tema fundamental de Heb, ten os seus mellores paralelos en Rm **3**, 25; 1 Cor **5**, 7; Gál **2**, 20; Ef **5**, 2.25); a cristoloxía de Heb é moi parecida á das cartas da catividade de San Paulo: o Fillo é imaxe de Deus, encumiado sobre os anxos, o Nome que El recibe, etc.

En definitiva, quen foi o autor "só Deus o sabe", como dixo Oríxenes; nós só coñecémo-la súa obra e dela temos que concluír que foi un home de lingua grega, que coñecía á perfección os costumes xudeus, as técnicas da eséxese midráxica e a lóxica rabínica; como supón P. Spicq, tivo que ser un profesor de estudios bíblicos, a xulgar pola súa obra.

5. Data de composición

Aínda que en **13**, 23-24 a carta alude a circunstancias moi concretas, á hora de a datar non nos serven de gran cousa. Non obstante podemos fixar esta data por certos indicios: tivo que ser composta bastante antes do ano 95, xa que nesta data fai uso dela San Clemenzo Romano na súa carta ós Corintios (c. **36**); outro dato interesante é que tivo que comporse antes da destrucción do templo de Xerusalén, xa que ó insistir tanto na ineficacia e abrogación dos sacrificios levíticos e de toda a súa liturxia, non se explicaría como non fai ningunha alusión á destrucción do templo, lugar exclusivo desta liturxia. Este dato aproxímanos á data das cartas da catividade paulina, coas que fixemos notar certa semellanza teolóxica. A opinión máis probable, ó noso entender, é a que coloca a data da carta na última parte dos anos sesenta.

CARTA ÓS HEBREOS

EXORDIO: A revelación por medio do Fillo de Deus

1 ⁱEn moitas ocasións e de moitos xeitos veulles falando Deus en tempos pasados ós nosos devanceiros por medio dos profetas. ²Agora, neste período definitivo, falounos por medio dun que lle é Fillo, a quen fixo herdeiro de todo, pois xa creara por medio del o mundo e as idades. ³El é reflexo da súa gloria e imaxe do seu ser, El sostén tódalas cousas coa súa poderosa palabra e, despois de realiza-la purificación dos pecados, sentouse á destra da Maxestade nas alturas, ⁴facéndose tanto máis poderoso cós anxos, canto que herdou un título máis valioso có deles.

TÍTULO MÁIS VALIOSO CÓ DOS ANXOS

Fillo de Deus

⁵Porque ¿a cal dos anxos lle dixo algunha vez: *"Ti e-lo meu fillo, hoxe enxendreite eu"*; ou tamén: *"Eu serei para El un pai e El será para min un Fillo?"*. ⁶E outra vez máis, cando fala de introduci-lo Fillo primoxénito no mundo celeste, di: *"Adóreno tódolos anxos de Deus"*. ⁷E, por outra parte, dos anxos di: *"O que fai dos seus anxos ventos, e dos seus ministros, chispas"*. ⁸Do Fillo, en troques:

"O teu trono, meu Deus, permanece para sempre"

e tamén:

"Cetro de rectitude é o teu cetro de Rei.
⁹*Amáche-la xustiza e aborrecíche-la iniquidade;*

por iso Deus, o teu Deus, preferiute ós teus compañeiros,

unxíndote con perfumes de festa".

¹⁰E outra vez di así:
"Ti, Señor, nos comezos cimentáche-la terra,

feitura das túas mans é o ceo,
¹¹*todo iso perecerá, pero ti permaneces:*
todo se volverá vello coma un vestido,
¹²*daraslle a volta, coma se fose unha capa,*
e cambiarase coma se fose un vestido.
Pero Ti es sempre o mesmo,
os teus anos non acabarán".
¹³E, ¿a cal dos anxos lle dixo algunha vez:
"Senta á miña dereita,
ata que Eu faga dos teus inimigos un estrado para os teus pés"?
¹⁴¿Que outra cousa son todos eles, se non espíritos que están ó servicio del, para que os mande en axuda dos que han herda-la salvación?

1, 1 *Devanceiros:* lit. "pais", os devanceiros de Israel, de quen se fan descendentes os pagáns mediante a fe en Xesús Cristo (cf Rm **4**, 16-18; 1 Cor **10**, 1ss; Gál **3**, 29).
1, 2 *Período definitivo:* lit. "no derradeiro dos días estes", a expresión está tomada da literatura profética. Indica os últimos tempos, pero tamén indica o período definitivo da historia salvífica (cf Is **2**, 2; Xer **23**, 20; Ez **38**, 16; Dn **10**, 14). O autor afirma que a derradeira intervención de Deus na historia é "esta", ó falarnos polo seu Fillo (cf Feit **2**, 17; 1 Cor **10**, 11; 1 Pe **1**, 20).
Falounos: o verbo "laléin", aínda que o traducimos por falar, ten o senso de "revelar" e "revelarse". Inclúe a revelación pola palabra e polos feitos históricos interpretados pola palabra; e por isto no contexto conseguinte non alude ás palabras de Xesús Cristo, senón ós seus feitos.
Fillo. A falta de artigo no texto grego quere expresa-la filiación divina de Xesús Cristo. A súa calidade de herdeiro universal do Reino de Deus é consecuencia da categoría de Fillo, como se deduce dos textos paralelos (Mt **11**, 27; **21**, 33-41; Lc **1**, 32c; Xn **3**, 35; **5**, 22; **13**, 3; **17**, 2).
1, 3 A *súa gloria* é a gloria de Deus. A gloria é traducción do "kabod" hebreo, que significa peso, presencia, gloria, aquí significa presencia poderosa. Cf o paralelismo destas expresión con Sab **7**, 25-26, texto do que depende Heb **1**, 3.
1, 4 *Título:* lit. "nome". O nome para o semita indica o que

a persoa é, e por isto equivale a título; e o título que Xesús Cristo herdou na súa glorificación é o de Fillo (v 2): a humanidade de Xesús Cristo recibe en plenitude a súa divinización na súa glorificación e entronización celeste, aínda que esta divinización da súa humanidade se basee na categoría de Fillo preexistente: Cf Rm **1**, 3s.
1, 5 As citas son do Sal **2**, 7, salmo de entronización do rei de Israel considerado "fillo de Deus" por posuí-lo poder real propio e exclusivo de Deus (1 Sam **8**, 7). O autor fai unha interpretación cristiá do salmo, aplicándollo á entronización celeste do Cristo glorioso.
1, 7 A cita é do Sal **104**, 4. O autor de Heb segue a interpretación targumizante dos LXX, para indicar que os anxos son seres mudables, cambian de ser e de función, mentres que o Fillo ten un dominio inmutable.
1, 8-9 As citas son do Sal **45**, 7-8. No TM dise: "o teu trono é divino (de Deus), eterno"; pero os LXX entenden "de Deus" coma un vocativo, aspecto que lle vén ben ó noso autor.
1, 10-11 A cita é do Sal **102**, 26-28 e no salmo isto dise de Deus; pero o autor de Heb aplícallo ó Fillo, facendo así un comentario bíblico ó que nos dixo no v 2, ó mesmo tempo que confirma a idea da estabilidade e eternidade do Fillo e da súa obra.
1, 13 Cita do Sal **110**, 1, para confirma-la entronización celeste de Xesús Cristo.

Palabras de ánimo

2 ¹Por isto temos que poñer toda a atención ó que un día oímos, non sexa que andemos á deriva. ²Pois se a Lei dictada por anxos foi valedeira, de xeito que toda transgresión e desobediencia a ela recibiu xusto castigo, ³¿de que xeito nós fuxiremos do castigo, se descoidamos salvación de tanta valía? Porque esta salvación tivo principio na predicación do Señor e confirmáronnola despois os que a escoitaron, ⁴ó mesmo tempo que Deus acompañaba o seu testemuño con prodixiosos sinais e con milagres de varios xeitos e cos dons do Espírito Santo repartidos conforme a súa vontade.

Irmán dos homes

⁵Porque non someteu ós anxos ese futuro mundo celeste do que falamos. ⁶Nalgunha parte o testemuña alguén, cando di:

"¿Quen é o home para que te lembres del,
ou a raza humana para que mires por ela?
⁷*Só o rebaixaches un chisco con respecto ós anxos,*
coroáchelo de gloria e dignidade:
⁸*todo llo sometiches a el".*

Ó decir que lle someteu todo, non puido deixar nada sen lle someter. Certo que agora aínda non vemos que todo estea sometido ó home; ⁹con todo, xa vemos que aquel que "rebaixaron só un chisco con respecto ós anxos", Xesús, por aguanta-los padecementos da súa morte, está coroado de gloria e dignidade. Deste xeito, a súa morte foi unha bendición de Deus para todo home.

¹⁰Efectivamente, conviña que Aquel para quen e por quen todo existe, se quería levar moitos fillos á gloria, levase á máxima perfección por medio do sufrimento o que ía ir á cabeza dos que se salvarían; ¹¹pois o consagrante e os consagrados teñen que ser todos da mesma liñaxe. Por isto non se avergonza de lles chamar irmáns, ¹²cando di:

"Pregoarei ante os meus irmáns o ben que fixeches,
no medio da nosa asemblea heiche de cantar cántigas".

¹³E noutro sitio di:
"Nel poñerei toda a miña confianza",
e aínda máis:
"Aquí estamos: eu e mailos fillos que Deus me deu".

¹⁴Por isto, xa que os fillos participan todos da mesma carne e do mesmo sangue, tamén El participou igualmente da carne e do sangue, para que coa súa morte puidese deixar sen forzas o que retiña o poder da morte, isto é, Satán; ¹⁵e deste xeito, librar a cantos por medo á morte pasaban a vida nunha escravitude.

¹⁶Porque está claro que a quen lles vén botar unha man, non é ós anxos, senón ós fillos de Abraham. ¹⁷Por iso tiña que asemellarse ós seus irmáns en todo, para deste xeito poder ser Sumo Sacerdote, que se doia de nós e de quen un se poida fiar nas cousas que se refiren a Deus e así poida expia-los pecados do seu pobo; ¹⁸porque el xa pasou a proba de sufrimento, pode axudar ós que agora se atopan na proba.

2, 2 Esta sección exhortativa únese coa anterior por medio do vocábulo "anxos" que, segundo unha tradición rabínica testemuñada en Feit **7**, 53; Gál **3**, 19, foron os transmisores da Lei do Sinaí a Moisés.
2, 4 Lit. "prodixios, sinais e milagres" (cf Mc **16**, 17-18.20; Feit **2**, 19.22; **6**, 8; **7**, 36; 2 Cor **12**, 12; 2 Tes **2**, 9).
2, 6-8 A cita é do Sal **8**, 5-7 que tamén se lle aplica a Xesús Cristo en 1 Cor **5**, 27 e Ef **1**, 22.
2, 10 Coa expresión *levar á máxima perfección* queremos traduci-lo verbo grego "teleioun" que dun xeito inclúe a idea de perfección "télos" e por outro é o termo técnico do grego dos LXX para indica-lo rito da consagración sacerdotal; estas dúas ideas están recollidas neste lugar e en gran parte en todo o amplo uso que o autor fai deste termo na carta.
2, 11 Xesús Cristo converteuse na súa glorificación en Sumo Sacerdote e introductor dos homes na gloria; pero para isto tén que ser solidario con eles, cunha solidariedade que lle veña da súa condición humana (da carne e do sangue: v 14); ten que ser e sentirse irmán dos homes.
2, 12 A cita é do Sal **22**, 23, un salmo de lamentación e súplica individual, que xa a tradición sinóptica lle aplica ó Cristo sufrinte da paixón (cf Mt **27**, 43.46; Mc **15**, 24.29.34; Lc **23**, 25; Xn **19**, 24).
2, 13 Na mesma liña do v 12: Xesús Cristo sufrinte, como continuador da actitude de confianza absoluta en Deus (a primeira cita é de Is **8**, 17 segundo os LXX = 2 Sam **22**, 3 LXX) no intre da persecución (Is **8**, 11-18), é ó mesmo tempo continuador do David perseguido e salvado por Deus. A segunda cita deste v está tomada de Is **8**, 18. En Is refírese ós discípulos do profeta, ós que en hebreo se lles chama fillos; Heb **2**, 14 comenta esta filiación no senso de participación da mesma natureza humana (carne e sangue: cf Mt **16**, 17; 1 Cor **10**, 50; Gál **1**, 16; Ef **6**, 12) e de liberación do influxo diabólico, que leva ó pecado e á morte.
2, 15 Cf Rm **5**, 12-21.
2, 17 No A.T. é un rito de purificación (Lev **4**, 20; **16**, 6; **17**, 11); aquí, coma no resto do N.T., é o poder de Xesús Cristo resucitado de libra-los homes dos seus pecados (cf **7**, 25; **9**, 14; 1 Xn **2**, 1-2).

SUMO SACERDOTE COMPASIVO E FIEL

Fiarse de Moisés e fiarse de Xesús

3 ¹Por iso, meus sagrados irmáns, que tedes parte na mesma chamada celeste, atendede ó pregoeiro e Sumo Sacerdote da fe e da esperanza que profesamos, Xesús. ²El merécelle fe ó que o puxo, coma a Moisés, á fronte de toda a súa familia. ³Porque Xesús ten ben merecida unha gloria tanto máis grande cá de Moisés, canto ten máis honor o que constrúe unha casa do que a casa mesma: ⁴porque toda casa ten un constructor, pero o que constrúe todo é Deus. ⁵Ora, Moisés mereceu confianza coma criado, para poder testemuñar a toda a casa o que lle foran dicindo; ⁶pero Cristo mereceu a confianza coma Fillo e sobre a súa propia casa: casa del somos nós, se nos mantemos achegados a Deus na liberdade e se nos prezamos do que esperamos.

Chamada á fidelidade para entrar no acougo de Deus

⁷Por isto, fala o Espírito Santo:
"Se hoxe oíde-la súa voz,
⁸*non endurezáde-lo voso corazón, coma cando vos rebelastes,*
coma o día da proba no deserto,
⁹*cando vosos pais me tentaron, para veren onde chegaba,*
aínda que xa viran os meus feitos ¹⁰*durante corenta anos:*
por isto me deu noxo aquela xente,
e dixen: o corazón ándalles sempre descarriado,
non se deron conta do meu comportamento;
¹¹*por iso xurei cheo de carraxe:*
¡endexamais non entrarán no meu acougo!"

¹²Ollade, irmáns, non sexa que algún de vós teña un ruín e incrédulo corazón, que o aparte do Deus vivo; ¹³vós, en troques, alentádevos uns ós outros día tras día, mentres se pregoa este *hoxe,* de xeito que ningún de vós se deixe endurecer, engaiolado polo pecado. ¹⁴Porque seguimos sendo compañeiros de Cristo, sempre que manteñamos firme ata a fin a confianza absoluta de cando comezamos. ¹⁵Xa que se nos di:
"Se hoxe oíde-la súa voz,
non endurezáde-lo voso corazón, coma cando vos rebelastes".

¹⁶Pero ¿quen foron os que se rebelaron, cando oíron? ¿Acaso non foron tódolos que, gracias a Moisés, saíron de Exipto? ¹⁷¿Quen foron os que lle deron noxo a Deus durante corenta anos? ¿Acaso non foron os que por pecar *caeron mortos no deserto*? ¹⁸E ¿a quen lles xurou que non entrarían no seu acougo, senón ós que se rebelaran? ¹⁹E vemos que non puideron entrar por falta de fe.

4 ¹Andemos logo, con moito tino, non sexa que, anque Deus mantén firme a promesa de entrar no seu acougo, algún de vós corra o risco de chegar tarde. ²Porque esta promesa anúnciasenos a nós do mesmo xeito ca eles, pero a eles non lles valeu de nada oí-la promesa, que non se xuntaron cos que a oíron con fe.
³Pero nós, os que cremos, entramos no acougo do que falan estas verbas:
"Por iso xurei, cheo de carraxe:
¡endexamais non entrarán no meu acougo!"
Ora, o seu traballo está concluído desde a creación do mundo, ⁴pois, nalgún sitio fálase así do sétimo día: *"E o sétimo día descansou Deus de todo o seu traballo".* ⁵E, con todo, no lugar citado vólvese dicir: *"Endexamais non entrarán no meu acougo".* ⁶De acordo con isto, se Deus deixa a algúns entrar no seu acougo e se os que primeiro recibiron a promesa non entraron

---

3, 1 *Pregoeiro:* lit. "apóstolo", título que se refire a Cristo resucitado que nos chama á profesión da nosa fe e esperanza cristiás e, coma Sumo Sacerdote, presenta a Deus esta profesión "coma sacrificio de louvanza".
3, 2 Deus, resucitando a Xesús, demostra que lle merece fe a El, e propónnolo a nós coma merecente de fe. A cita é de Núm **12,** 7.
3, 5-6 Estes vv explican as diferencias entre Moisés e Cristo cos termos de criado e fillo, e na limitación da confianza que Moisés lle mereceu a Deus, en oposición á absoluta confianza que Deus puxo en Cristo.
3, 7 O autor cita o Salmo **95,** 7-11 polos LXX, onde o texto grego fai unha traducción interpretativa dos referencias históricas á rebelión de Masah e á de Meribah (cf Ex **17** e Núm **20**); de xeito que Masah é a proba e Meribah é a rebelión. Esta traducción prepara a interpretación que fai o autor en **3,** 12 e **4,** 14, entendendo o Sal como un comentario a Núm **13-14**.
3, 11 O *acougo* a que se refire o salmo é a posesión da terra prometida, a vida sedentaria en Palestina, despois dos corenta anos de vida nómada polo deserto; para o autor vai se-lo acougo na morada celeste onda Cristo **(4,** 3-11).
3, 13 Este *hoxe* é o intre supratemporal da chamada de Deus á fe e á fidelidade á súa palabra.
3, 17 Alusión a Núm **14,** 29.32.
3, 19 Cf Núm **14,** 39-45 e Dt **1,** 41-45.
4, 2 *Non se xuntaron...* Tamén pode lerse: "porque os oíntes non a recibiron con fe".
4, 4 Con esta cita de Xén **2,** 2 o autor quere deixar en claro que o acougo de que se fala non é terreal, senón o acougo celeste propio da mesma vida de Deus.

por falta de fe, ⁷é que El, moito tempo despois, volve marcar un día, un *hoxe*, cando di no texto xa citado de David: *"Se hoxe oíde-la súa voz, non endurezáde-lo corazón".*
⁸Certo que, se Xosué os fixese entrar no acougo, xa non precisaría Deus falar doutro acougo despois disto. ⁹Logo, quédalle aínda unha invitación ó acougo ó pobo de Deus, ¹⁰porque quen entrou no acougo de Deus descansa dos seus traballos, o mesmo que Deus descansou tamén dos seus. ¹¹Collamos a peito o entrar neste acougo, de xeito que ninguén caia nunha rebeldía coma aquela.
¹²Collámolo a peito, xa que a palabra de Deus é viva e dinámica, máis cortante do que unha espada de dobre fío e que penetra mesmo alí onde se diferencian a alma e o espírito, as xuntas e a médula. Ela xulga os proxectos e os pensamentos. ¹³Non hai cousa que se lle esconda, todo está nu e penetrable ós seus ollos: é a ela a quen lle hemos de dar contas.
¹⁴Pois logo, xa que temos un gran Sumo Sacerdote que xa penetrou no ceo, Xesús, o Fillo de Deus, manteñámo-la esperanza que profesamos.

Xesús, Sumo Sacerdote misericordioso

¹⁵Pois así é: nós non temos un Sumo Sacerdote que non se poida compadecer das nosas debilidades, senón un Sumo Sacerdote probado en todo coma nós, fóra do pecado. ¹⁶Acheguémonos, con liberdade ó trono da gracia, para conseguirmos misericordia e atoparmos gracia para unha axuda no seu debido tempo.

5 ¹Pois todo Sumo Sacerdote escóllese sempre entre os homes e se constitúe Sumo Sacerdote para o ben dos homes nas súas relacións con Deus, a fin de que ofreza oblacións e sacrificios polos pecados. ²É capaz de tratar con indulxencia os ignorantes e os descamiñados, porque tamén el está rodeado de fraquezas. ³Por mor destas fraquezas ten que ofrecer sacrificios polos pecados, tanto polos pecados do pobo coma polos seus propios pecados. ⁴Ora, ninguén pode coller en por si este honor, senón que hai que ser chamado por Deus, como foi chamado Aharón.
⁵Do mesmo xeito, tampouco Cristo non procurou a súa gloria facéndose Sumo Sacerdote, senón que lla procurou o que lle dixo:
"Ti e-lo meu Fillo,
hoxe enxendreite Eu".
⁶Entendido conforme o que di noutro sitio:
"Ti es sacerdote para sempre,
á maneira de Melquisedec".
⁷El, nos días da súa vida mortal, a fortes gritos e con bágoas, presentou oracións e súplicas a quen o podía salvar da morte e Deus escoitouno por mor da súa submisión. ⁸Aínda que era Fillo, aprendeu sufrindo o que é obedecer; ⁹e, consumada deste xeito a súa consagración sacerdotal, converteuse en causa de salvación eterna, para tódolos que lle obedecen, ¹⁰ó mesmo tempo que Deus o proclamou Sacerdote á maneira de Melquisedec.

SUMO SACERDOTE DUN NOVO CULTO

Preámbulo: exhortación

¹¹Disto aínda temos que dicirvos moito e é difícil facérvolo comprender, porque vos volvestes nugalláns para escoitardes. ¹²E iso que polo tempo que levades, xa tiñades que ser mestres, pero aínda necesitades que alguén vos ensine os primeiros rudimentos dos oráculos de Deus; volvedes precisar leite e non mantenza sólida. ¹³Pois todo aquel que *"está a leite"*, descoñece as razóns da espe-

---

4, 10 Nestes vv clarifícase máis este acougo celeste: se o acougo de Deus fose a vida sedentaria en Palestina (Xos 21, 44; 22, 4; 23, 1) non tería senso que o salmo, 400 anos despois, falase de non entrar no acougo de Deus; pero o salmo está aí e deixa ben claro que Xosué non conduciu o pobo ó verdadeiro acougo de Deus.
4, 15 *Probado en todo:* o autor usa o verbo "peirádsein", que alude ás probas e tribulacións espirituais (en Xetsemaní) e ás dores físicas; o verbo está en perfecto, o que quere indicar que os froitos destas probas permanecen; estas probas de Cristo, home perfecto, son as que xustifican a compaixón que Xesús Cristo resucitado e glorioso sente por nós.
5, 1ss Unha das características especiais desta carta é considera-lo sacerdocio na súa relación cos homes e non soamente con Deus, como facía o A.T. e os outros textos do N.T.
5, 5-6 Coas citas dos Sal 2, 7 e 110, 4, que nun comezo foron salmos rexios pero que para o primitivo cristianismo —e sen dúbida tamén para o xudaísmo de entón— eran salmos mesiánicos, proba o autor a chamada de Deus ó sacerdocio dirixida a Xesús.
5, 7-8 Estes vv describen o sacrificio de Xesús Cristo, que non se concibe coma algo ritual ou convencional, senón coma unha ofrenda persoal e espiritual: ofrece en sacrificio a súa oración angustiosa de Xetsemaní; e a súa morte preséntase fóra de ritualismos coma un acto de obediencia.
5, 13-14 As imaxes do leite e da mantenza sólida para indica-la madureza ou inmadureza da espiritualidade cristiá tamén se atopan en 1 Cor 3, 1-3 e son unha metáfora normal da linguaxe filosófica-moral do tempo. Con esta maneira irónica de falar, o autor quere sacudi-la nugalla dos destinatarios.
5, 13 *As razóns da esperanza:* lit. "as razóns da xustiza".

ranza cristiá, porque é un meniño; ¹⁴en troques, a mantenza sólida é para xente grande, que ten o sentido xa afeito polo costume e é capaz de distingui-lo bo do malo.

6 ¹Por iso, deixando as primeiras nocións acerca de Cristo, pasemos xa ós conceptos que son propios dos adultos, sen volvermos bota-los alicerces doutrinais: o arrepentimento das obras mortas, a fe en Deus, ²o ensino acerca dos baños sacros e mais da imposición de mans, a resurrección dos mortos e o xuízo final. ³Isto xustamente faremos, se Deus o permite.

⁴Porque os que unha vez foron iluminados, os que lle colleron gusto ó don celestial e tiveron parte no Espírito Santo que se lles deu; ⁵os que probaron o saborosa que é a palabra de Deus e mailos poderes do mundo que virá; ⁶estes, se apostatan, é imposible que se renoven co arrepentimento, xa que polo que a eles toca seguen crucificando o Fillo de Deus e escarnecéndoo publicamente.

⁷Pásalles igual ca unha terra que se enchoupa con chuvias frecuentes e que lles dá unha boa herba ós que a traballan: recibe parte da bendición que Deus manda; ⁸pero, se non bota máis ca espiños e cardos, entón non serve: está a piques de ser maldita e acabará na queima.

⁹Pero, aínda que falamos así, meus amigos, polo que a vós toca, estamos convencidos do mellor e do que leva á salvación; ¹⁰pois Deus non é inxusto como para que lle esqueza o voso traballo e o amor que lle mostrabades cando serviades (e seguides aínda servindo) o seu pobo santo por mor del. ¹¹Pero, con todo, nós queremos que cada un de vós demostre o mesmo ardor en leva-la súa esperanza ata a fartura final, ¹²de xeito que non sexades nugalláns, senón que imitedes ós que, con fe e paciencia, son herdeiros das promesas.

Promesa e xuramento de Deus

¹³Porque cando Deus fixo a promesa a Abraham, en vistas de que non tiña outro máis grande por quen xurar, ¹⁴xurou por si dicindo: *"Abofé, heite bendicir con abundancia e heite aumentar sen taxa"*. ¹⁵E deste xeito Abraham, agardando con paciencia, conseguiu a promesa.

¹⁶Os homes xuran sempre por quen é superior a eles; e o xuramento, por ser unha garantía, marca a fin de calquera litixio. ¹⁷Por iso, xa que Deus lles quería demostrar ben ás claras ós herdeiros da promesa o inmutable que era a súa decisión, comprometeuse con xuramento. ¹⁸Deste xeito, por dous feitos inmutables de Deus, nos que é imposible que minta, temos unha forte consolación os que buscamos agarimo en podermos apreixa-los bens prometidos que esperamos. ¹⁹Estes bens son para nós coma unha áncora de salvación, segura e firme, que penetra ata o outro lado do veo: ²⁰ata onde, para o noso ben, penetrou Xesús, coma adiantado, unha vez constituído Sumo Sacerdote para sempre á maneira de Melquisedec.

Sumo Sacerdote á maneira de Melquisedec

7 ¹*Este Melquisedec, rei de Salén, sacerdote do Deus Supremo saíu ó encontro de Abraham, cando voltaba de derrota-los reis, e bendiciuno.* ²*Abraham con el repartiu a déci-*

6, 1 Os seis conceptos que enumera pertencían á catequese previa ós sacramentos de iniciación cristiá, ós que se fai alusión no terceiro e no cuarto tema (v 2).

6, 2 *Os baños sacros* alude sen dúbida ós diferentes ritos deste tipo (o bautismo de Xesús Cristo, do Bautista, dos prosélitos e diferentes baños e purificacións rituais dos xudeus e pagáns) que se expoñían nestas catequeses, para vela novidade e o auténtico sentido diferencial do bautismo cristián; e o mesmo hai que dicir da imposición de mans.

6, 4 O ser iluminados é unha alusión á experiencia bautismal da fe (Ef **1**, 8; **3**, 9; **5**, 13-14) e o don celeste hase de entender coma a experiencia relixiosa na Eucaristía.

6, 6 Texto difícil, que salienta a extrema gravidade do pecado nos xa bautizados. A imposibilidade da conversión para os apóstatas pode radicar en que a súa experiencia da apostasía lles impide experimentar e acepta-la situación vital de esperanza que dá a fe na resurrección de Xesús Cristo.

6, 10 *Pobo santo* (lit. "santos"): termo frecuente para referirse ós cristiáns (Rm **12**, 13; **15**, 25).

6, 14 A cita é de Xén **22**, 17.

6, 16-19 Estes vv son unha interpretación cristiá do texto de Xén **22**, 17, citado no v 14; vénnos dicir que o cumprimento da promesa feita a Abraham se realiza na esperanza da posesión dos bens escatolóxicos, da que Abraham foi o pioneiro: a bendición de Abraham cunha descendencia incontable realízase non no "Israel segundo a carne", o Israel histórico, senón no pobo da esperanza escatolóxica, a Igrexa.

6, 18 Os dous feitos de Deus son a promesa e o xuramento dos vv 13 e 14.

6, 19 A *áncora* é unha imaxe da esperanza, moi frecuente na literatura grega e na simboloxía cristiá primitiva. O *veo* é o veo do templo celeste, do que o templo de Xerusalén é fiel copia (**8**, 5; Ex **25**, 40); este veo era o que tapaba o Santo dos Santos (**9**, 3). A esperanza escatolóxica cristiá (áncora) chega ata a mesma presencia de Deus e fundaméntase na entrada de Xesús Cristo na gloria, cando acontecéu a súa entronización.

7, 1-10 Apoiándose en Xén **14**, 17-20, o autor explícano-lo contido da misteriosa fórmula do Sal **110**, 4, xa dúas veces anunciada (**5**, 9-10 e **6**, 20): "Xesús, Sumo Sacerdote á maneira de Melquisedec".

7, 2 Os títulos *Rei de xustiza* e *Rei de paz* queren asemellar a Melquisedec co Mesías, que traerá as súas bendicións de paz e xustiza (Is **6**, 5-6; **32**, 1.17).

ma parte de todo. En primeiro lugar, o seu nome quere dicir: "Rei de xustiza"; logo, o título *Rei de Salén* quere dicir "Rei de paz". ³O feito de se nos presentar sen o nome do pai, nin o da nai, sen xenealoxía, sen a data do comezo dos seus días nin a da fin da súa vida, faino semellante ó Fillo de Deus e dá a entender que permanece sacerdote para sempre.

⁴Ollade que grande tivo que ser este a quen o patriarca Abraham lle deu unha décima parte do mellor do seu saqueo. ⁵Mentres ós fillos de Leví, que reciben servicio de sacerdotes, a Lei lles manda que lle cobren unha décima parte ó pobo escollido (isto é, ós seus irmáns, aínda que son coma eles fillos de Abraham), ⁶Melquisedec, que non ten unha ascendencia sacerdotal, recibe de Abraham a décima parte e bendí a aquel a quen Deus lle fixo as promesas. ⁷Ora, está fóra de toda discusión que todo aquel que bendí é máis có que é bendito. ⁸No caso dos fillos de Leví, os que reciben a décima parte son homes que morren; pero no caso de Melquisedec recíbea un de quen se testemuña que vive. ⁹Por así dicir, o mesmo Leví, que recibe a décima parte, veuna pagar na persoa de Abraham ¹⁰pois xa estaba presente en seu pai, cando *lle foi ó encontro Melquisedec*.

Os dous sacerdocios

¹¹Certo que, se a perfección da salvación viñese polo sacerdocio levítico, xa que en relación con el recibiu o pobo a Lei, ¿que necesidade habería aínda de que surxise outro sacerdote *na liña* de Melquisedec e de que non se chamase *"da liña* de Aharón"? ¹²Porque, ó cambia-lo sacerdocio, hai que cambiar necesariamente a Lei. ¹³Pero este de quen fala o salmo é doutra tribo, na que ninguén estivera ó servicio do altar. ¹⁴Porque é máis que coñecido que o noso Señor vén da tribo de Xudá, tribo da que nada dixo Moisés tocante ó sacerdocio.

¹⁵Pero aínda é máis claro se surxe outro sacerdote á semellanza de Melquisedec, ¹⁶quen non resulta sacerdote por unha Lei que preceptúa acerca da liñaxe, senón por unha forza que vivifica para sempre, ¹⁷pois así o testifica Deus: *"Ti es sacerdote para sempre, na liña de Melquisedec"*. ¹⁸Por un lado, Deus abroga un precepto pasado, porque xa non ten forza obrigante nin utilidade, ¹⁹—isto vese no feito de que a Lei non levou nada á perfección—; e, polo outro, introduce unha esperanza máis poderosa, xa que por medio dela podemos achegarnos a Deus.

²⁰Ademais, Xesús, polo feito de o constituíren sacerdote cun xuramento (porque ós sacerdotes xudeus constituíronos sen xuramento, ²¹mentres que a El constituíuno cun xuramento dicíndolle: *"Xurouno o Señor, e non cambiará de pensar: Ti es sacerdote para sempre"*), ²²por ese feito resultou ser fiador dunha alianza de moita máis valía.

²³Aqueles foron moitísimos sacerdotes, porque a morte non os deixaba ser duradeiros; ²⁴pero este ten un sacerdocio imperecedeiro, xa que dura para sempre. ²⁵Por iso pode levar á plenitude da salvación para sempre ós que por El se achegan a Deus, xa que en todo momento vive para interceder por eles.

²⁶Pois era xustamente deste xeito o sacerdote que nós precisabamos: santo, sen ruindade e sen pecado, separado dos pecadores e levantado a unha gloria máis alta có mesmo

---

7, 3 Traducimos deste xeito para dar a entender que se trata dunha interpretación midráxica do texto do Xén: os calificativos literarios de Melquisedec fan del unha imaxe semellante á de Xesús, Fillo de Deus, resucitado e sacerdote; e ó mesmo tempo fan que o sacerdocio único (sen ascendencia) de Xesús Cristo se poida considerar á maneira do de Melquisedec. A expresión "sen xenealoxía" ha de entenderse sen xenealoxía sacerdotal.

7, 4-7 Cunha aguda eséxese do feito do dezmo que lle dá Abraham a Melquisedec, deduce o autor a superioridade do sacerdocio á maneira de Melquisedec sobre o sacerdocio levítico.

7, 11-14 O anuncio profético no Sal **110**, 4 dun sacerdote á maneira de Melquisedec delata a inutilidade salvífica da Lei que se deu xunto co sacerdocio levítico.

7, 16 A superioridade do sacerdocio de Xesús Cristo veulle pola mesma forza vivificadora que o resucita e o fai adiantando dunha esperanza de unión con Deus; consecuencia desta superioridade é a abrogación da antiga Lei levítica (v 18).

7, 22 Do feito de que Deus proclamou con xuramento a Xesús resucitado *sacerdote para sempre* (Sal **110**, 4), cousa que non sucede co sacerdote levítico, deduce o autor que Xesús ten que ser fiador que garante unha alianza de maior valía e eficacia cá alianza da que surxiu a Lei xudía.

7, 25 O sacerdocio de Xesús Cristo resucitado e entronizado caracterízase con tres rasgos fundamentais: a intercesión, o carácter mediador do noso achegamento a Deus e o seu poder de levar á plenitude e á consumación salvíficas. Pero esta intercesión non é a mesma cá dos días da súa vida mortal (**5,** 7).

7, 26 A separación *dos pecadores* non se pode entender como física, xa que esta concepción estaría en oposición coa tradición dos evanxeos e coa mesma historia de Xesús; nin tampouco como ritual, xa que tal preocupación é allea ó noso autor. Haina que entender en paralelismo coa que segue: o noso Sumo Sacerdote é o Xesús Cristo glorioso e entronizado e, por isto mesmo, separado dos pecadores e das súas ruíns intencións, aínda que capaz de levalos á perfecta salvación.

ceo. ²⁷Non necesita ofrecer sacrificios cada día, en primeiro lugar polos seus pecados e logo polos do pobo, coma os outros Sumos Sacerdotes; pois isto fíxoo dunha vez para sempre, ofrecéndose a si mesmo. ²⁸En síntese, a Lei constitúe Sumos Sacerdotes a homes débiles, mentres que o xuramento que vén despois da Lei constitúe Sumo Sacerdote ó Fillo que logrou a salvación plena para sempre.

Sumo Sacerdote perfecto, consumado, consagrado

8 ¹Isto é o máis importante de todo o que imos dicindo: que temos un Sumo Sacerdote de tal categoría que tomou posesión do seu trono no ceo á dereita do trono da Maxestade, ²ó mesmo tempo que oficiou coma sacerdote no santuario e na tenda verdadeira, que erixiu o Señor, non un home.
³Xa que todo Sumo Sacerdote se constitúe para ofrecer dons e sacrificios; por iso cumpría que el tivese algo que poder ofrecer. ⁴Pois se a súa ofrenda fose terreal, nin sequera el sería sacerdote, habendo como hai os que lexitimamente ofrendan dons. ⁵Aínda que estes dan culto a un asomo, a unha sombra das realidades celestes, conforme ó que se lle revelou a Moisés cando estaba para construí-la tenda-santuario: *"Olla que has de facer todo, segundo o exemplo que se che mostrou no monte".* ⁶Pero, de feito, ó noso Sumo Sacerdote tocoulle unha liturxia tanto máis importante canto máis poderosa é a alianza da que é mediador, xa que esta alianza está legalmente establecida apoiada en promesas de máis valía.

Defectos da Antiga Alianza e substitución pola Nova

⁷Pois, se aquela primeira alianza fose sen falla, xa non habería lugar para unha segunda. ⁸Porque Deus, reprendéndoos, dilles:
*Vede que virán días —di o Señor—
nos que establecerei coa casa de Israel
e coa casa de Xudá unha alianza nova;*
⁹*non coma a alianza que fixen con seus pais,
cando os collín pola man,
para os sacar de Exipto:
porque eles non permaneceron fieis á miña alianza,
e tamén eu me desentendín deles, di o Señor.*
¹⁰*Pois esta é a alianza que pactarei coa casa de Israel,
cando cheguen aqueles días —di o Señor—:
cando dea as miñas leis,
héillelas escribir nos seus corazóns e nas súas mentes.
Eu serei para eles o seu Deus e eles serán para min o meu pobo.*
¹¹*Xa ninguén terá que ensinar ó seu veciño
nin cadaquén ó seu irmán, dicíndolle: "Recoñece ó Señor";
porque hanme coñecer todos eles,
desde o máis pequeno ó máis grande,*
¹²*xa que estarei disposto a perdoárlle-las súas maldades,
e xa non me lembrarei máis dos seus pecados.*
¹³Ó chamarlle Deus *nova* a esta alianza, deixou anticuada a primeira; ora, o anticuado e avellado está próximo a desaparecer.

Falta de eficacia do culto antigo

9 ¹Pois tamén a primeira alianza tiña as súas normas para o culto e para o seu santuario, que soamente era terrestre. ²De feito, construíuse unha tenda-santuario, a primeira, onde estaban o candelabro, a mesa e mailos pans ofrendados; chámase o Santo.

7, 27 Alusión ó ritual da festa da Expiación (Lev 16, 6.15). A expresión "cada día" intenta resalta-la multitude de sacrificios (diarios) e ó mesmo tempo a necesidade de que os Sumos Sacerdotes ofrecesen sacrificios polos seus pecados, en oposición ó sacrificio de Xesús Cristo, único e irrepetible.
Ofrecéndose a si mesmo: é a primeira vez que o autor alude a Xesús coma víctima sacrificial e faino aludindo a Is 53,10.
8, 5 O culto de ofrendas terreais é un culto figurativo das auténticas realidades divinas, as celestes; por isto, a ofrenda do Sumo Sacerdote do v 1 non pode consistir nestas ofrendas terreais. A cita é de Ex 25, 40.
8, 6 *Ó noso Sumo Sacerdote:* lit. "a el". Unha alianza superior precisa unha liturxia máis perfecta. A superioridade da alianza clarificaa o autor coa superioridade das promesas ou bendicións que trae consigo a fidelidade a ela. Nótese que o autor non insiste no factor legal da alianza, de tanta importancia para o xudaísmo, senón na superioridade das *promesas.*
8, 8 Coa cita de Xer 31, 31-34 o autor quere proba-la superioridade da alianza, do v.6, e faino con dúas connotacións: 1) falar dunha segunda alianza implica que a primeira non serve; 2) reprende-lo pobo da primeira alianza coas mesmas verbas con que lles promete a segunda, implica que a primeira non serviu.
8, 9 Alusión á alianza do Sinaí (Ex 24, 3-8).
8, 10 *Cando cheguen aqueles días,* o mesmo que "virán días" (v 8), son fórmulas escatolóxicas: alusivas os últimos tempos, ó derradeiro período da historia.
Escribir no corazón alude á intimidade da lei para o home; alteróralle a orde textual de *corazóns e mentes* por mor da claridade (no estilo semítico o segundo termo é máis claro có primeiro).
8, 11 A relación persoal directa con Deus é unha das características típicas da nova alianza.

³Despois da segunda cortina está a tenda chamada Santísimo, ⁴co altar de ouro para o incenso e a arca da alianza cuberta de ouro por tódolos lados; nela había unha caixa de ouro co maná, a vara reverdecida de Aharón e mailas táboas da alianza. ⁵Enriba da arca, os querubíns da Gloria, que cubrían coa súa sombra o lugar da expiación. Pero non hai agora por que seguir falando destas cousas con detalle.

⁶Estando todo isto construído deste xeito, na primeira tenda entran a miúdo os sacerdotes, para celebraren o culto. ⁷Pero na segunda, soamente o Sumo Sacerdote, unha vez cada ano, el só, levando sangue, para o ofrecer por si mesmo e polos pecados de descoido do pobo. ⁸Con iso quere mostra-lo Espírito Santo que, mentres a primeira tenda estea en pé, aínda non está aberto o camiño para o santuario. ⁹Todo isto é un símbolo que se ten que aplicar ó momento actual, pois ofrécense dons e sacrificios, que non son capaces de facer perfecto na súa conciencia a quen practica este culto; ¹⁰soamente teñen poder de purificar en relación con certas comidas, bebidas e diferentes lavatorios: todas elas normas exteriores impostas ata o momento da reforma.

O sacrificio de Cristo, eficaz e definitivo

¹¹Pero ó presentarse Cristo coma Sumo Sacerdote dos auténticos bens, entrando a través dunha tenda-santuario maior e máis perfecta, non de feitío humano, isto é, non deste mundo, ¹²e ofrendando o seu propio sangue, non o sangue de carneiros ou de becerros, entrou dunha vez para sempre no santuario e, deste xeito, conseguiu unha redención definitiva. ¹³Se o sangue de carneiros e de touros e a cinsa dunha xuvenca asperxida polos impuros consagra estes, dándolles unha pureza corporal, ¹⁴moito máis o sangue de Cristo (que movido polo Espírito que animou toda a súa vida, se ofreceu a si mesmo a Deus, coma víctima sen mancha) limpará a nosa conciencia das obras de morte, para así servímo-lo Deus vivo.

A Nova Alianza

¹⁵Por iso é mediador dunha nova alianza, xa que morreu para redimir dos pecados cometidos baixo a primeira alianza, a fin de que os que están chamados á herdanza eterna, poidan recibi-lo cumprimento desta promesa. ¹⁶Porque onde hai un testamento é preciso presentar probas da morte do testador; ¹⁷xa que o testamento é firme soamente en caso de morte, porque mentres viva o testador o testamento non é firme. ¹⁸Por iso nin sequera a primeira alianza se ten renovado sen sangue, ¹⁹pois Moisés, logo que lle leu a todo o pobo os preceptos que se conteñen na Lei, colleu o sangue dos

---

9, 3 Para o autor é moi importante esta distinción entre a tenda-santuario e a tenda santísima, xa que a primeira é paso, camiño, para a segunda (v 8).
9, 5 Poñémo-lo nome "gloria" con maiúscula por ser un dos nomes sustitutivos do nome de Iavé, na Biblia e máis no xudaísmo contemporáneo.
9, 7 Refírese á entrada do Sumo Sacerdote na ocasión única da festa da Expiación (Lev **16**, 11-16); aquí indica unha única ocasión, máis ben ca unha única vez, xa que entraba dúas veces, segundo o texto de Lev.
De descoido: lit. "de ignorancia".
9, 8 O autor seguiu en toda a exposición o A.T. e por isto fala aquí da intención que quere mostra-lo Espírito Santo, autor principal da Biblia.
Aberto: lit. "non está manifestado, amosado, por Deus" (pasivo divino). As leis cúlticas xudías prohibían a entrada no santuario (na tenda santísima), de xeito que a primeira tenda era practicamente o lugar do culto e, deste xeito, o que debía ser corredor da entrada ó santuario era un obstáculo para a entrada nel.
9, 10 A reforma refírese á reforma do culto realizada polo sacerdocio celeste de Xesús Cristo.
9, 11 *Auténticos bens:* lit. "os bens xa realizados". Traducimos *auténticos,* porque recolle suficientemente o senso literal e ó mesmo tempo expresa a oposición ó senso simbólico do culto levítico do v 9. Outros especialistas prefiren ler, con moitos manuscritos, "os bens futuros".
9, 12 O autor concibe a acción sacrificial de Xesús Cristo segundo o esquema da liturxia do día da Expiación (vv 7-8).

9, 13 *O sangue de carneiros e de touros* é unha alusión á liturxia do día da Expiación, mentres que a cinsa da xuvenca é unha alusión á auga lustral (a cinsa con auga), que se usaba para a recuperación da pureza ritual dos que tocaran cadáveres ou estiveran nun velorio (Núm **19**).
9, 14 *Espírito... vida:* outros traducen "Espírito eterno".
Nosa conciencia: outros ms. len "vosa conciencia".
9, 15 A alianza é algo novo, xa que o sacrificio que a constitúe é algo radicalmente distinto dos sacrificios levíticos (v 14). O Espírito que animou a Xesús Cristo (v 14) fixo que o seu sacrificio persoal fose revelación do amor de Deus ós homes, e por isto o seu sacrificio expiatorio converteuse ó mesmo tempo en sacrificio de comunión con Deus, en sacrificio consecratorio de alianza. Xesús, Fillo de Deus (**1**, 5-14) é ó mesmo tempo irmán dos homes (**2**, 5-18); mediante o seu bivalente sacrificio converteuse en singular mediador desta nova alianza: a través del, Deus e home, a humanidade chega a Deus.
9, 16 No grego bíblico o mesmo termo "diazéke" serve para designar dous conceptos distintos para nós: alianza e testamento. Téñase en conta para entende-lo razoamento do texto.
9, 17 A nova alianza, que mira á herencia escatolóxica de Xesús Cristo, é o seu testamento; por iso a súa morte é esencial para a firmeza e indispensable para a validez do seu testamento.
9, 18-22 O autor fai unha curiosa interpretación dos ritos levíticos de renovación da alianza: descobre no uso que

becerros xunto con auga, con lá rubia e mais con hisopo e hisopou no libro e na xente toda, ²⁰dicindo: *"Este é o sangue da alianza que Deus pactou convosco"*. ²¹Tamén hisopou con sangue, de forma semellante, na tenda-santuario e mais en tódolos utensilios do culto. ²²Conforme á Lei case todo se purifica con sangue e sen verter sangue non hai perdón.

²³Porque se foi preciso que os anticipos das realidades celestiais se purificasen con estes ritos, as realidades celestiais mesmas hanse de purificar con sacrificios ben máis poderosos ca estes.

A entrada no ceo

²⁴Pois o Mesías non entrou nun santuario de feitío humano, copia do verdadeiro, senón que entrou no ceo, para poder presentarse agora diante do mesmo Deus a favor noso; ²⁵e non para repetir moitas veces o seu propio sacrificio, como fai o Sumo Sacerdote, que entra cada ano no santuario levando sangue alleo, ²⁶porque, se así for, debería ter sufrido moitas veces desde a creación do mundo; pero a verdade é que agora dunha vez para sempre, no derradeiro dos períodos da historia, co sacrificio de si mesmo, quedou á disposición de todos para acabar co pecado.

²⁷O mesmo que o destino de todo home é morrer unha vez só e, despois xa da morte, vén o xuízo, ²⁸así tamén Cristo, unha vez que se ofrendou para quita-los pecados, volverá a aparecerlles por segunda vez, xa sen ter que ver co pecado, para salva-los que o están agardando con ansia.

O Sacerdocio de Cristo, causa de Salvación eterna. Insuficiencia da Lei

10 ¹Porque xa que a Lei contén soamente unha sombra dos bens futuros e non a imaxe mesma destas realidades, cos sacrificios que se ofrecen —sempre os mesmos cada ano—, endexamais non poderá a Lei volver perfectos ós que se acollen a ela. ²Porque ¿acaso estes sacrificios non se deixarían de ofrecer, se os que os practican, purificados de vez, non tivesen xa ningunha conciencia dos seus pecados? ³Polo contrario, nestes sacrificios conmemóranse os pecados un ano tras outro.

Substitución dos sacrificios exteriores polo sacrificio de Cristo

⁴A verdade é que resulta imposible que o sangue de touros e de cabras quite os pecados. ⁵Por iso, cando Cristo entra no mundo, di:
"Sacrificios e ofrendas non os quixeches, pero formáchesme un corpo;
⁶*holocausto e sacrificio de expiación non che gustaron;*
⁷*entón dixen: olla que xa cheguei, meu Deus, para face-la túa vontade*
—*como se di de min nun capítulo do libro"*—.

⁸Di no comezo: *"Sacrificios, ofrendas, holocaustos e sacrificios de expiación, nin os quixeches nin che gustaron"* (todos eles son sacrificios que a Lei manda ofrecer); ⁹e di despois: *"Olla que xa cheguei para face-la túa vontade"*. Deixa sen validez o primeiro para darlle soamente validez ó segundo. ¹⁰Foi por esta vontade de Deus, como quedamos nós santi-

---

estes ritos fan do sangue unha confirmación da súa idea de que a morte e o sangue son necesarios para a firmeza da alianza e do testamento. O sangue e a morte de animais naqueles ritos son un sinal claro e profético do sangue de Cristo, que constituirá e sacralizará a nova alianza e que lle dará validez e firmeza ó estipulado nela.
9, 19 Cf Ex **24,** 6-8; Lev **14,** 4-7; Núm **19,** 6.
9, 24 *Presentarse... diante do mesmo Deus:* lit. "presentarse na face de Deus": é un hebraísmo que significa "subir ó templo para facer unha ofrenda"(Ex **23,** 17; **34,** 20.23.24) O autor de Heb quere expresar con esta fórmula o carácter sacrificial da ofrenda persoal de Xesús Cristo e da súa submisa obediencia a Deus.
9, 26 *Quedou á disposición:* lit. "quedou manifestado" = "Deus púxoa a disposición de" (pasivo divino). A súa manifestación non é algo estático, senón fortemente dinámico: iso é o que queremos expresar.
9, 28a Cita implícita de Is **53,** 12, cuarto canto do Servo de Iavé.
10, 3 Advírtase a forte crítica que o autor fai do rito da expiación (Lev **16**), ó considerado coma unha conmemoración, unha celebración do carácter pecador do pobo; para o autor a eficacia do sacrificio consiste na renovación interior ("volver perfectos", v 1), que impida a recaída no pecado.
10, 4 Os profetas xa critican os sacrificios de inútiles e ineficaces (Is **1,** 1-13; Xer **6,** 20; **7,** 22; Os **6,** 6; Am **5,** 21-25); pero a súa crítica fúndase na falta de sinceridade con Deus: o pobo non vive o que o sacrificio quere indicar. A crítica de Heb é moito máis radical: só é eficaz o sacrificio persoal de Cristo e mailo sacrificio persoal de obediencia a Deus do cristián unido ó sacrificio de Cristo (vv 5-7).
10, 5ss A cita é do Sal **40,** 7-9a segundo a versión dos LXX (Sal **39,** 6-8). O termo *corpo* é propio dos LXX (no texto hebreo dise oídos): este cambio foi un dos que levou ó autor a considera-lo Sal **40** coma un salmo mesiánico e por isto mesmo considerárase alusivo ó Fillo de Deus que se vai encarnar (v 5a).
10, 9 O autor pon en oposición á Lei, que preceptúa os sacrificios do A.T., o cumprimento da vontade de Deus, realizado no sacrificio de Cristo (cf **5,** 7-8); isto faino un tanto ilexitimamente, dado que no v 9b (LXX) temos "e a lei no medio do meu ventre (sentimentos)" en paralelismo con "face-la túa vontade". Ó estilo da eséxese rabínica, o autor corta a cita onde mellor lle vén.

ficados coa ofrenda única e para sempre do corpo de Xesús Cristo.

Substitución dos sacerdotes da antiga alianza polo sacerdote entronizado

[11]Todo sacerdote ten que estar de pé a cotío para celebra-lo culto e ofrecer un tras outro os mesmos sacrificios, aínda que estes sacrificios de ningún xeito poidan quita-los pecados. [12]Este, en troques, logo que ofreceu un único sacrificio polos pecados, *sentou para sempre á dereita de Deus* [13]e, deste xeito, non lle queda máis que agardar a que *Deus faga dos seus inimigos un estrado para os seus pés.* [14]Cunha única ofrenda deixou para sempre perfectos ós que el santifica.

A nova alianza non precisa novos sacrificios

[15]Isto mesmo nos testifica o Espírito Santo, xa despois de ter dito: [16]"*Esta é a alianza que pactarei con eles cando cheguen aqueles días, di o Señor: cando dea as miñas leis, héillelas de escribir nos seus corazóns e nas súas mentes",* [17]e engade: *"xa non me lembrarei máis dos seus pecados e dos seus delitos".* [18]Ora, se hai perdón dos pecados, xa non pode haber sacrificios polos pecados.

EXHORTACIÓN

Exhortación á fe, esperanza e caridade

[19]Pois logo, irmáns, xa que temos entrada libre no santuario, debido ó sangue de Xesús, [20]un vieiro novo e vivente que el nos abriu a través da cortina, isto é, a través da súa carne, [21]e, xa que temos un gran sacerdote á fronte da casa de Deus, [22]manteñámonos con criterios sans na súa presencia con plenitude de fe. Xa que estamos limpos por dentro de toda consciencia de pecado e xa que estamos lavados por fóra con auga limpa, [23]manteñámo-la esperanza indefectible que profesamos, pois quen prometeu é fiel. [24]E considerémonos uns ós outros de xeito que nos sirvamos de estímulo para o amor e para as boas obras. [25]E non faltedes endexamais á nosa reunión, como fan algúns, senón que nos animemos uns ós outros e tanto máis canto que ollades que está a chegar aquel día.

O medo ó Deus vingador

[26]Porque, se permanecemos no pecado, porque nos dá a gana, despois de termos recibido o pleno coñecemento da verdade, xa non nos queda outro sacrificio polos pecados: [27]soamente a horrible perspectiva do xuízo e a fogaxe de lume que está para devora-los inimigos. [28]A quen non fai caso dalgún precepto da Lei de Moisés, mátano sen compaixón, *baseándose en dous ou tres testemuñas.* [29]¿Canto peor castigo coidades que merecerá un que tripou no Fillo de Deus, que considerou cousa profana o sangue da alianza, co que fora consagrado, e que aldraxou ó Espírito da gracia? [30]Porque ben sabemos quen foi o que dixo: *"A vinganza tócame a min. Eu héillelas devolver";* e tamén: *"O Señor xulgará o seu pobo".* [31]Terrible ten que ser caer nas mans do Deus vivo.

10, 11s O autor contrasta a repetición diaria da actitude sacrificial ("estar de pé") do sacerdocio levítico co "sentou" de Xesús Cristo despois da ofrenda do seu sacrificio; este sentar non ten aquí o senso de inactividade, senón que alude á súa entronización (cita do Sal real-mesiánico **110,** 1; cf Mt **22,** 44; Mc **16,** 19; Feit **2,** 34; Ef **1,** 20; Heb **1,** 3; **8,** 1; **12,** 2), que segundo Heb é a continuación intercesora do seu sacrificio (**7,** 25).

10, 13 A cita é do mesmo Sal **110,** 1.

10, 18 Desta afirmación deduciu Calvino a imposibilidade da misa coma sacrificio; agora ben, a misa non é un novo sacrificio da cruz senón un sacramento (signo eficaz) do mesmo e único sacrificio de Cristo na cruz; a eficacia universal do sacrificio da cruz reactualízase na comunidade concreta de fieis nos diferentes lugares e tempos. As alusións ó "sangue de Xesús" (v 19) e "á súa carne" (v 20) dificilmente se poden entender sen pensar na Eucaristía; e o seu carácter sacramental clarifícase na alusión o bautismo do v 22.

10, 22 *Con criterios sans:* lit. "con corazón verdadeiro". Agora ben, o corazón é a sede dos pensamentos, intencións e afectos e por isto traducimos "criterios"; "verdadeiro" está en relación coa fe e a recta doutrina: por isto traducimos *sans.*

Auga limpa: o paralelismo das dúas frases é evidente, e no seu conxunto son unha alusión clara ó bautismo e ós seus efectos.

10, 25 A *reunión* da que aquí fala é a asemblea da eucaristía: a misa do domingo.

Aquel día é o día da Parusía, da vinda definitiva do Señor (cf **3,** 6.11.13; **8,** 28).

10, 27 Trátase do xuízo de Deus, expresado na frase seguinte coa imaxe apocalíptica do lume que devora os inimigos de Deus.

10, 28 A cita é de Dt **17,** 6; **19,** 15.

10, 29 As tres frases sopesan a gravidade teolóxica do pecado no cristián; resaltan esta gravidade con tres antiteses: tripar / Fillo de Deus; profano / sangue da alianza; aldraxe / Espírito. Nótese o carácter único da fórmula "Espírito da gracia", onde ó Espírito Santo, presentado cun marcado carácter persoal, se lle atribúe a gracia, o favor gratuíto da salvación.

10, 30 As citas son de Dt **32,** 35; Rm **12,** 19 e de Dt **32,** 36; Sal **135,** 14.

Os azos das lembranzas e a esperanza

³²Lembrádevos dos primeiros días, nos que recén iluminados soportastes tanta competición dolorosa: ³³unhas veces por vervos expostos a aldraxes e escarnios públicos; outras por sentirvos compañeiros dos que se atopaban nesas situacións. ³⁴A verdade é que vos compadeciades dos presos e aceptabades con alegría as confiscacións dos vosos bens, xa que tiñades ben aprendido que tedes un patrimonio ben mellor e duradeiro. ³⁵Non deixedes a un lado a vosa esperanzada confianza, que contén unha gran recompensa. ³⁶Xa que, de feito, cómprevos paciencia para vos conformar coa vontade de Deus e deste xeito conseguila promesa: ³⁷*porque aínda un pouco, ben pouquiño, e o que está para vir chegará e non se retrasará;* ³⁸*quen me é fiel vivirá por mor da súa fidelidade; pero, se algún recúa da miña fidelidade, deixará de agradarme.* ³⁹Pero nós non somos dos que recúan para acabar na perdición, senón dos que son fieis e se salvan.

PRIMEIRA SECCIÓN: A FE DOS DEVANCEIROS

Definición e primeiros exemplos

11 ¹A fe é un anticipo do que se espera, é unha proba convincente das cousas que non se ven. ²Pois por mor dela Deus testemuñou a favor dos nosos devanceiros.

³Pola fe sabemos que a palabra de Deus creou o mundo e así o que se ve é resultado do que non se ve.

⁴Movido pola fe, Abel ofreceu a Deus un sacrificio mellor có de Caín, e por mor dela deuse fe da súa rectitude; foi Deus quen deu fe dela por mor dos seus dons; e por mor da fe, anque xa morto, aínda segue falando.

⁵Pola súa fe a Henoc leváronno desta vida, para non ter que sufri-la morte: *Xa non se atopaba porque o levara Deus.* Xa antes de falar do seu traslado déixase testemuño de que *Deus estaba moi contento con el.* ⁶Pero sen fe é imposible que un lle agrade a Deus, pois quen quere achegarse a Deus precisa crer que El existe e que recompensa os que o buscan.

⁷Movido pola fe, Noé, en recibindo de Deus ordes sobre cousas que aínda non se ollaban, respectuoso con Deus, construíu unha arca para salva-la súa familia; co seu exemplo de fe condenou a conducta do mundo e fixose herdeiro da xustiza que dá a fe.

A fe de Abraham

⁸Deus chamou por Abraham, e este, movido pola fe, obedeceuno, saíndo para un lugar que había de recibir en posesión, aínda que saíu sen saber onde ía. ⁹Movido pola fe, emigrou á terra prometida, como se fose terra allea, habitando en tendas de campaña con Isaac e Xacob, herdeiros da mesma promesa. ¹⁰A verdade é que agardaba aquela cidade con bos cimentos, da que o arquitecto e constructor é Deus.

¹¹Pola fe e por considerar merecente de fe ó que lle prometera descendencia, el, aínda que estaba fóra da idade axeitada e aínda que a mesma Sara era estéril, recibiu poder para fundar descendencia. ¹²Deste xeito dun só e xa caduco para estas cousas naceu un mundo de fillos, *coma as estrelas do ceo e coma a area incontable da beira do mar.*

10, 32 A iluminación dos destinatarios tivo lugar no seu bautismo (cf **6,** 4; Ef **1,** 8; **3,** 9; 2 Tim **1,** 10; 1 Xn **1,** 9).

10, 35 Traducimos "parresia" por *esperanzada confianza* e non por liberdade coma no v 19, porque neste contexto de exhortación á fidelidade e de recompensa quere expresa-la actitude psicolóxico-relixiosa do cristián que espera confiado.

10, 38 Traducimos "pístis" (fe) por *fidelidade* á vontade de Deus, que nas circunstancias ás que se refire é unha vontade de dor e sufrimento. A cita é de Hab **2,** 3-4 pola versión dos LXX (cf Rm **1,** 17; Gál **3,** 11).

10, 39 *Dos que son fieis:* lit. "dos da fe". Este termo desde o punto de vista literario é unha verba-gancho para introduci-lo tema da sección que segue.

11, 1 O autor abre esta sección cunha noción moi particular da fe ou da fe-esperanza. Un dos puntos de discusión máis vellos acerca do tema é o termo "hypóstasis" que traducimos —con moitos antigos e modernos— por *anticipo,* garantía, título de posesión, fundamento, onde sentimos viva a noción hebrea de fe. Outros danlle o senso de firme confianza e outros o senso de substancia: o que dá existencia ás cousas que se esperan. Nótese o paralelismo das dúas primeiras frases e o carácter antitético dos termos de cada unha delas. A segunda frase recolle máis ben a noción grega de fe, mentres que a primeira amosa a noción hebrea.

11, 2 Este v introduce a análise que o autor fai da fe dos devanceiros da Biblia (vv 4-39) ó xeito da tradición xudía (cf Xdt **8,** 25-27; 1 Mac **2,** 51-64; Sir **44-50**).

11, 5 As citas deste v son de Xén **5,** 24, que se repite en Sir **44,** 16; **49,** 14.

11, 7 Cf Xén **7,** 13-22.

11, 8 Alude á vocación de Abraham (Xén **12,** 1-5).

11, 9 Alusións a Xén **23,** 4; **26,** 3; **35,** 12.27.

11, 11 Algúns traductores e comentaristas refiren todo o v a Sara. O texto fai alusión a Xén **15,** 2-6.

¹³Coa fe morreron todos estes, sen chegaren a consegui-las promesas pero albiscáronas e saudáronas desde lonxe e confesaron que eles só eran estranxeiros e peregrinos nesta terra. ¹⁴Ó diciren estas cousas, daban a entender que degoiraban unha patria. ¹⁵Pois se lles acordaba aquela patria de onde saíran, estaban a tempo de se voltaren. ¹⁶Pero máis ben suspiraban por outra patria mellor: a celestial. Por iso Deus non se avergonza de que o chamen o seu Deus, xa que lles preparou unha cidade.
¹⁷Pola fe Abraham, posto a proba, ofrendou a Isaac, o que recibira de Deus as promesas, ¹⁸cando se lle dixo: *"por Isaac terás descendencia":* ofrendou o seu único fillo, ¹⁹pensando que Deus é poderoso, incluso para resucitar de entre os mortos. Por esa fe súa tamén o recobrou coma un misterioso símbolo.
²⁰Pola fe, e tamén en orde ó futuro, Isaac bendiciu a Xacob e a Esaú. ²¹Pola fe Xacob, estando para morrer, bendiciu a cada un dos fillos de Xosé *e postrouse para adorar, arrimado ó puño do seu bastón.* ²²Pola fe, Xosé, estando para morrer, lembrouse do éxodo dos fillos de Israel e deu normas sobre os seus restos mortais.

A fe de Moisés

²³Pola fe os pais de Moisés escondérono de recén nacido durante tres meses, vendo que o neno era fermoso e non lle tiveron medo ó decreto do rei. ²⁴Pola fe Moisés, xa grande, renegou da filla do Faraón que o profillara ²⁵e preferiu padecer malos tratos onda o pobo de Deus a poder disfrutar do pracer pasaxeiro do pecado; ²⁶deste xeito considerou meirande riqueza as aldraxes de Cristo cós tesouros de Exipto, xa que el ollaba a recompensa. ²⁷Pola fe abandonou Exipto sen lle ter medo á cólera do rei, xa que se mantivo firme na súa decisión, coma home que vira o Invisible. ²⁸Pola fe deixou instituída a Pascua e a aspersión co sangue, para que o Exterminador non lles tocase ós seus primoxénitos. ²⁹Pola fe atravesou o Mar Rubio coma quen pasa por terra enxoita; tentou os exipcios e o mar enguliunos. ³⁰Pola fe viñéronse abaixo as murallas de Iericó, despois de lles daren voltas arredor por sete días. ³¹Pola fe Rahab a prostituta, que acolleu amistosamente os espías, non morreu xunto cos revoltados.

Vista de conxunto

³²¿E que máis queredes que diga? Non me chegaría o tempo, se me puxese a falar de Guideón, de Barac, de Sansón, de Iefté, de David, de Samuel e dos profetas. ³³Eles coa fe gañaron reinos, fixeron xustiza, conseguiron promesas, pecháronlle-la boca a leóns, ³⁴apagaron a furia do lume, escaparon ó fío da espada, repuxéronse de doenzas, foron valentes na guerra e fixeron recua-las filas dos exércitos estranxeiros; ³⁵houbo mulleres que recobraron resucitados os seus defuntos; outros, polo contrario, morreron a golpes, sen quereren acepta-lo rescate, para conseguiren deste xeito unha resurrección de máis valer. ³⁶Outros tiveron que sufrir aldraxosas azoutas e cadeas e cárcere. ³⁷Morreron acantazados, serrados, a golpes de espada, tiveron que camiñar errantes, cubertos con peles de ovella e de cabra, pasando mil necesidades, tribulacións e malos tratos. ³⁸O mundo non era merecente deles, por iso andaban a rumbo, perdidos por fó-

---

11, 13 Todos estes son os patriarcas descendentes de Abraham, ós que se lles fixo a promesa da posesión da terra; entre eles hai que incluír a Moisés, a quen se alude na expresión "albiscáronos e saudáronas desde lonxe" (Dt **34**, 1ss).
11, 16 A expresión *o seu Deus* = "Deus deles", alude á fórmula "Eu son o Deus do teu pai, o Deus de Abraham, o Deus de Isaac e o Deus de Xacob" (Ex **3,** 6.15; **4,** 5).
11, 18-19 A fe que Abraham demostrou no sacrificio de Isaac (Xén **22,** 1-10) é, na interpretación do autor —coma en Rm **4,** 17—, fe na resurrección: de xeito que a vida de Isaac despois do sacrificio vén ser un misterioso símbolo da resurrección de Xesús Cristo. A cita é de Xén **21,** 12.
11, 20 Alude a Xén **27,** 27-29.39-40. Estas bendicións permiten ós benditos herda-las promesas feitas ós pais.
11, 21 Cf Xén **47,** 31.
11, 22 Cf Xén **50,** 24-25; Ex **13,** 19.
11, 23 Cf Ex **1,** 22 e **2,** 2 . A fe neste contexto equivale á esperanza.
11, 24 Cf Ex **2,** 10-12. A fe leva a Moisés a xuntarse co seu pobo, o pobo de Deus.
11, 26 Para o N.T. as aldraxes do cristián son aldraxes a Cristo (**13,** 13; Feit **5,** 41; Rm **15,** 3; 2 Cor **1,** 5; Col **1,** 24; 1 Pe **4,** 13) Deste xeito o autor interpreta a pasaxe de Ex **2,** 10-12 nun senso cristián.
11, 27 Cf Ex **2,** 15; **12,** 51.
11, 28 Cf Ex **12,** 21-30. De feito, o que Moisés instituíu foi a festa da liberación, na que a fe é o factor esencial.
11, 29 Cf Ex **14,** 21-31.
11, 30 Cf Xos **6,** 12-21.
11, 31 Cf Xos **2,** 11-12; **6,** 21-25. O autor chámalles revoltados ós cananeos que se oponen á ocupación da súa terra polo pobo de Deus, xa que aqueles se volven contra o plan de Deus de cumpri-las súas promesas sobre a terra prometida.
11, 33 Cf Xuí **11,** 6-7; 1 Sam **11,** 34-36; Dn **6,** 1-27.
11, 34 Cf Dn **3,** 23-25.
11, 35 Cf 1 Re **17,** 17-24; 2 Re **4,** 25-37; 2 Mac **6,** 18-7, 42.
11, 36 Cf 1 Re **22,** 26-27; 2 Cro **18,** 25-26; Xer **20,** 2; **37,** 15; **38,** 6.
11, 37 Cf 2 Cro **24,** 21. *Serrados:* pode referirse á morte de Isaías conforme á lenda xudía, que nos conta a Ascensión de Isaías, c. **5**.

ra dos lugares, polos montes, polas covas e tobos da terra.

³⁹Pero todos estes, aínda que pola fe Deus testificou a favor deles, non conseguiron alcanza-la promesa, ⁴⁰xa que foi mesmamente en vistas a nós como Deus preparou algo mellor; de xeito que eles non puidesen segui-la perfección sen nós.

SEGUNDA SECCIÓN: A CONSTANCIA NECESARIA

Chamada á constancia

12 ¹Polo tanto, xa que nos vemos cercados arredor por unha tal nube de testemuñas, deixando enteiramente a un lado todo o que nos estorba e o pecado que tan facilmente se nos apega, corramos con aguante a carreira que temos por diante, ²co ollo posto en Xesús, o primeiro guía que leva á perfección a nosa fe.

Porque el, sen lles dar importancia ás aldraxes, soportou a cruz por mor da ledicia que o agardaba e desde entón está sentado á dereita do trono de Deus. ³Meditade, polo tanto, naquel que veu soportando tal oposición contra si mesmo de parte dos pecadores para non esmorecerdes nin cansardes.

Motivos de ánimo

⁴Aínda non resististes ata o sangue na vosa loita contra o pecado ⁵e xa vos esqueceu aquela recomendación de Deus, que vos fala como se lles fala ós fillos:

"Meu fillo, non despréce-lo castigo do Señor nin esmorezas cando El che rife;

⁶*porque o Señor, a quen lle quere ben, castigao,*

e azouta a todo aquel que recoñece por fillo".

⁷Aguantade o sufrimento coma un castigo educativo: é Deus que vos trata coma fillos. Porque, ¿quen é o fillo a quen seu pai non o castiga? ⁸Se quedades sen castigo, do que todos témo-la nosa parte, será que sodes bastardos, non fillos. ⁹Aínda máis, nosos pais terrestres eran os que nos castigaban e con todo respectabámolos. ¿E logo non nos habemos de someter con moita máis razón ó Pai do espírito, para podermos vivir? ¹⁰Aqueles castigaban uns poucos días, conforme o que eles entendían: pero Deus castiga como cómpre, para que participemos da súa santidade. ¹¹Ningún castigo resulta agradable de momento senón triste; pero co tempo ós que están exercitados nel págalles co froito pacífico da xustiza.

¹²Por iso, entesade as vosas mans sen forzas e os vosos xeonllos trementes ¹³e poñede os vosos pés en vieiros dereitos para que a perna coxa non escorde, senón que máis ben cure.

POLO VIEIRO DEREITO ÓS FROITOS DA XUSTIZA

Cómpre estar atentos pois vivimos na etapa final

¹⁴Procurade de tódolos xeitos a paz entre todos vós e maila vosa santificación, xa que sen ela ninguén poderá ve-lo Señor. ¹⁵Tede moito coidado de que ningún quede sen o favor de Deus, de que ningunha raíz venenosa agromada dane e contaxie a comunidade. ¹⁶Que ninguén, polos seus pareceres, venda o máis sagrado, coma Esaú que por un simple xantar vendeu os seus dereitos de primoxénito; ¹⁷vós sabedes que despois, por máis que quixo herda-la bendición, non se considerou que fose merecente dela e non a hou-

---

12, 2 *O primeiro guía..."* o primeiro guía e perfeccionador da fe". Coa súa morte e resurrección (2 b) inaugura o vieiro da fe-esperanza nas promesas de Deus e lévanos a nós tras el.

12, 6 A cita é de Pr **3,** 11-12. O autor quérelles indicar que a proba ou castigo demostra que son fillos de Deus.

12, 9 *Pai do espírito* en oposición ós "pais da carne". O senso da expresión é que Deus é o Pai que vivifica o noso espírito, que nos comunica a vida espiritual (cf Núm **16,** 22; **27,** 16).

12, 12 Este v, coa cita de Sir **25,** 23; Is **35,** 3, quere ser unha chamada a pórse en forma (a imaxe do atleta vén aparecendo desde o comezo do c. **12**).

12, 13 Coa cita de Pr **4,** 26, segundo a versión dos LXX, quere exhortar a seguí-lo camiño dereito mostrado por Deus no seu plano da historia de salvación e que conduce ó cumprimento das promesas.

12, 14 A expresión *ve-lo Señor* pasou de ser un termo técnico para o culto (Ex **23,** 17; **24,** 9-11) a se-la fórmula condensada das promesas escatolóxicas (Mt **5,** 8; 1 Xn **4,** 12).

12, 15 A expresión a *raíz venenosa* está tomada de Dt **29,** 17; sen dúbida refírese ós perigos de contaminación idolátrica e de apostasía.

12, 16 Lit. *"que ningún fornicador ou persoa profana",* alusión clara á apostasía idolátrica, da que era símbolo Esaú na literatura xudía do tempo (cf Xén **25,** 29-34).

12, 17 Cf Xén **27,** 34-36. O carácter irrevocable das consecuencias do pecado de Esaú tómase coma unha chamada de atención á comunidade, para que se manteñan fieis ante o perigo de acabar tratados igual ca Esaú.

bo para el, aínda que a pediu con bágoas e todo.

¹⁸Non estades diante dun monte que se poida apalpar nin dun lume ardente nin dunha nube negra e borrascosa nin dunha tormenta ¹⁹nin diante do bucinazo dunha trompeta nin do boureo dunhas palabras coma as que escoitaron aqueles que, ó sentilas, pediron que non lles falase máis; ²⁰porque non podían co que se lles estaba mandando: *"Quen toque o monte, aínda que sexa un animal, morrerá acantazado"*. ²¹Tan sublime era a aparición que o mesmo Moisés dixo: *"Estou abraiado e tremendo"*. ²²Vós, en cambio, estades diante do monte Sión, da cidade do Deus vivo, da Xerusalén celeste; diante de milleiros de anxos, da asemblea ²³en festa dos primoxénitos censados no ceo, e diante de Deus, xuíz de todos, e das ánimas dos xustos que xa chegaron á súa perfección, ²⁴e diante de Xesús, mediador da Nova Alianza, e diante do sangue da aspersión, que clama máis forte có de Abel.

²⁵Tede coidado de non rexeitar a quen vos está falando, que se aqueles non deron fuxido do castigo por rexeitaren a quen os instruía aquí na terra, ¡moito menos poderemos nós fuxir do castigo, se lle volvémo-las costas a quen nos instrúe desde o ceo! ²⁶A súa voz entón fixo treme-la terra, pero agora quen pode falar prometeu: *"a derradeira vez farei tremer non só a terra, senón tamén o ceo"*. ²⁷A expresión *a derradeira vez* quere dicir *"a abolición do que, por ser cousa creada, é provisional"*, de xeito que quede o que é definitivo. ²⁸Por iso, xa que recibimos un reino definitivo, esteámoslle agradecidos a Deus, servíndoo como lle agrada a El con reverencia e respecto, ²⁹xa que *o noso Deus é lume devorador*.

Actitudes cristiás

13 ¹Que o amor e trato de bos irmáns se conserve entre vós. ²Que non vos esqueza darlles pousada ós forasteiros, xa que, gracias a isto, algúns, sen se decataren, déronlles pousada ós mesmos anxos. ³Mirade polos que están presos, coma se vós mesmos estivésedes presos con eles; e mirade polos que padecen malos tratos, coma se vós mesmos vivísedes no corpo deles. ⁴O matrimonio é merecente de tódolos respectos e o leito matrimonial ten que ser inmaculado, xa que Deus ha condena-los desvergonzados e adúlteros. ⁵Que o voso comportamento sexa desinteresado: contentádevos co que tedes, que El ten dito: *"Non te deixarei nin te desampararei"*. ⁶De xeito que, cheos de confianza, podemos dicir:

*"Teño no Señor o meu abeiro:
por iso non teño medo,
total ¿que me vai poder facer un home?"*

Verdadeira vida cristiá

⁷Mirade polos vosos dirixentes, que vos anunciaron a Palabra de Deus; imitade a súa fe; que non vos esqueza de que xeito morreron. ⁸Xesús Cristo é o mesmo onte e hoxe e será o mesmo sempre. ⁹Por iso, non vos deixedes levar de complicadas e alleas doutrinas, que sempre é preferible que se enfortezan as vosas conviccións coa gracia e non con normas sobre comidas, das que non sacaron proveito ningún os que as cumpriron. ¹⁰Nós temos un altar do que non teñen dereito a comer os que dan culto no templo.

12, 18-24 O autor pon en contraste a situación do pobo ó remata-la primeira alianza, situación terreal e terrorífica (cf Ex **19**, 12-14. 16-19; **20**, 18-21), coa situación celeste e festiva do pobo da nova alianza.
12, 20 A cita é de Ex **19**, 12-13.
12, 21 A cita é doutra situación distinta (Dt **9**, 19), pero preséntase aquí coma un comentario do mesmo Moisés do carácter terrorífico das teofanías do Sinaí.
12, 23 Cf Lc **10**, 20; Flp **4**, 3; Ap **3**, 5; **13**, 8; **20**, 15; **21**, 27; **22**, 19.
12, 25 O autor recomenda a súa exhortación presentándoa coma revelación de Deus desde o ceo, de maior valía cá instrucción do Sinaí sobre a terra.
12, 26 A cita é de Ax **2**, 6 e o autor enténdea referida ó xuízo final.
12, 29 A cita é de Dt **4**, 24; **9**, 3; Is **33**, 14: a imaxe do lume para indica-lo xuízo de Deus é habitual na Biblia.
13, 1 Cf Rm **12**, 10; 1 Tes **4**, 9; 1 Pe **1**, 22; 2 Pe **1**, 7; 1 Xn **3**, 10-18. Este autor de irmáns maniféstase na hospitalidade (v 2), que, amais de ser unha necesidade no mundo antigo, era especialmente precisa para os cristiáns viaxeiros, por mor das comidas de carnes sacrificadas ós ídolos e doutros problemas de tipo idolátrico.
13, 2 Alusión a Xén **18**, 2; **19**, 2 ou a Tob **5-7**: recibir un hóspede ilustre era un honor.
13, 3 Sen dúbida que é unha alusión ó tema do corpo místico de Cristo, segundo se expón en Rm **12**, 4-5; 1 Cor **12**, 12-27; 2 Cor **5**, 6.
13, 5 A cita é do Dt **31**, 6 (cf Xén **28**, 15; Dt **31**, 8; Xos **1**, 5). Aínda que non coincide co T.M. nin cos LXX, senón coa mesma cita en Filón. O desinterese económico do cristián hase de fundar na fe na protección de Deus (cf Mt **6**, 19-21.25; **10**, 9-12).
13, 6 A cita é do Sal **118**, 6. O senso do texto nas dúas citas cámbiase desde a protección de Deus ó pobo na guerra para a protección de Deus na economía.
13, 8 Esta fórmula é unha antiga profesión de fe (Ap **1**) e serve de aclaración á recomendación de imita-la fe dos dirixentes.
13, 9 É unha alusión ó tema dos xudaizantes (Rm **14**, 2-21; Col **2**, 16.21; 1 Tim **4**, 3); isto é algo alleo á fe e á doutrina cristiá.
13, 10 Este *altar* é o altar da cruz e do santuario celeste (**7-10**) do que a Eucaristía é a súa pervivencia sacramental.

¹¹Porque o mesmo que se queiman fóra do campamento os cadáveres dos animais dos que os sacerdotes levan o sangue dentro do Santuario para faceren a expiación polos pecados, ¹²do mesmo xeito tamén Xesús morreu fóra das portas para consagra-lo pobo co seu sangue. ¹³Saiamos, logo, para fóra do campamento para nos atoparmos con el, levando nós a súa aldraxe. ¹⁴Como non temos aquí cidade que dure, andamos á procura da futura. ¹⁵Por medio de Xesús ofrezamos decote a Deus un sacrificio de louvanza, quere dicir, a homenaxe dos beizos que bendín o nome de Deus. ¹⁶E que non vos esqueza mirar uns polo ben dos outros, que eses son os sacrificios que lle agradan a Deus.

¹⁷Facédelles caso e sometédevos ós vosos dirixentes, que eles se desvelan pensando en vós. Xa que teñen que dar contas de vós, que as dean con alegría e non xemendo, que estes xemidos non vos farían ben ningún.

¹⁸Rezade por nós. Estamos convencidos de que témo-la conciencia limpa, posto que queremos portarnos decentemente en todo. ¹⁹Pero insisto en que o fagades para que eu volva a estar convosco canto antes.

Conclusión epistolar

²⁰Que o Deus da paz, que por mor do sangue dunha alianza eterna sacou de entre os mortos ó gran Pastor do rabaño, o noso Señor Xesús, ²¹vos encha de todo ben, para que cumpráde-la súa vontade. Así El realizará en vós o que lle agrada por medio de Xesús Cristo, a quen sexa a gloria polos séculos. Amén.

²²Pídovos, irmáns, que aguantedes este sermón de conforto, xa que volo mando resumido. ²³Sabede que saíu do cárcere Timoteo, o voso irmán; se chega logo, ireivos ver con el.

²⁴Dádelles saúdos a tódolos vosos directores e a todo o pobo santo. Os de Italia mándanvos saúdos. ²⁵Que a gracia vos acompañe a todos vós.

13, 11-12 O v 11 é unha alusión a Lev **16,** 27-28, da que se serve o autor para confirmar biblicamente a oposición radical entre o altar dos cristiáns do v 10 e o culto xudeu (fóra das portas da cidade), para indica-la ruptura da nova consagración coa localización sacral do xudaísmo.
13, 13ss O campamento é unha alusión ó campamento de nómadas en que viviu o pobo de Deus, peregrino cara á terra prometida; a este campamento e tenda-santuario refírese a alusión do v 11. Todo isto concretouse en Xerusalén e no seu templo, único lugar hábil para os lexítimos sacrificios. O autor, que falou de *temos un altar* (v 10), precisa xustificar que o altar cristián non ten unha circunscrición local fixa coma o do culto xudeu. A única localización é a espiritual da cidade futura.
13, 20 Lit. "quen sacou de entre os mortos ó gran Pastor do rabaño co sangue dunha alianza eterna". O sangue da alianza, ten que ser sangue vivo; e, se a alianza é eterna, ha de ser un sangue resucitado para poder rematar esta alianza indefinidamente. Esta é a única alusión explícita á resurrección en Heb, anque vai sempre incluída cando se fala da "exaltación".
13, 22-25 É a despedida epistolar do sermón.
13, 24 *Os de Italia* non quere dicir que a carta fose escrita en Italia senón que se trata dun grupo cristián oriundo de Italia que está co autor.

INTRODUCCIÓN ÁS CARTAS CATÓLICAS

Chámanse deste xeito as sete cartas que aparecen formando un conxunto no Novo Testamento a continuación das de Paulo: unha de Santiago, dúas de Pedro, tres de Xoán e unha de Xudas. A razón de levaren o nome "católicas" vén probablemente do feito de seren cartas dirixidas ás comunidades cristiás en xeral e non a unha persoa ou a unha comunidade concreta.

Cinco delas —Sant, Xud, 2 Pe e 2 e 3 Xn— son escritos deuterocanónicos, isto é, escritos que viron discutida a súa autenticidade nos primeiros séculos do cristianismo.

INTRODUCCIÓN Á CARTA DE SANTIAGO

1. Autenticidade

O que escribe a carta é "Santiago, o servidor de Deus e de Xesús Cristo, o Señor" (**1**, 1a). ¿Quen é este personaxe? Na Igrexa primitiva houbo tres Santiagos: un foi Santiago o Maior (Mt **4**, 21), un dos apóstolos, "o noso Santiago", morto no ano 44; outro foi Santiago o Menor, que, con moita seguridade se pode identificar co fillo de Alfeo, apóstolo tamén (Mt **10**, 3); e finalmente houbo un terceiro Santiago, curmán do Señor (Mt **13**, 55), figura relevante, que cumpriu un papel de moita importancia nos primeiros anos do cristianismo ata o seu martirio, acaecido no ano 62 (Feit **12**, 7; **15**, 13; **21**, 18; Gál **1**, 19).

Vese cada vez menos posible que este Santiago, curmán do Señor, sexa o mesmo Santiago de Alfeo. Así que o autor da carta sería o sonado Santiago, unha das columnas da Igrexa (Gál **2**, 9), alcumado "Xusto"; tampouco non ten moito apoio a opinión de que a carta é un escrito pseudoepigráfico.

É certo que a carta está escrita cunha riqueza de vocabulario e cunha forza estilística e retórica sen semellanza no N.T. e iso de primeiras non se avén coa suposta cativa cultura dun galileo, pero tampouco non é un obstáculo maior, porque moi ben puido botar man dun secretario para compoñe-la súa misiva. Ou, como pensan outros, alguén puido poñer por escrito unha tradición que viñese de Santiago. En troques, atópanse na carta semitismos abondos e unha sensibilidade moi achegada ó mundo bíblico, tanto do Novo coma do Vello Testamento e aínda máis daquel ca deste.

2. Destinatarios e data

"Ás doce tribos que están na emigración" (**1**, 16). Este é o enderezo da carta. Baixo tal epígrafe conténense ou ben unicamente os xudeu-cristiáns esparexidos polo mundo adiante, ou ben, con máis probabilidade, tódolos cristiáns, compoñentes do novo Israel de Deus, o Israel espiritual, igualmente espallados por tódolos países.

A data da composición non é fixa e está dependendo das dúbidas que aínda hai verbo do autor; se é Santiago, o curmán do Señor, hai que data-la carta antes do 62; e, se concedemos que a doutrina sobre a fe e as obras é unha resposta á deformación da doutrina paulina presentada en Rm (ano 57), teriamos xa un pequeno espacio de cinco anos (57-62), dentro do cal se escribiría esta carta.

3. Contido

O contido dos cinco cc. de que consta non responde a un tema ou temas tratados cun artellamento rexo. Máis ben recóllese neles un bo móllo de preceptos morais sobre o comportamento que acae a quen ten a súa fe posta en Cristo: tentacións na vida cristiá (**1**, 1-18); escoita e cumprimento da Palabra que trae a vida (**1**, 19-27); necesidade de rexeitar todo, os distingos entre os membros da comunidade cristiá (**2**, 1-13); necesidade igualmente de que a fe se viva con feitos que mostren a súa vitalidade (**2**, 14-26); que o xuízo e a experiencia se han demostrar en domina-la propia lingua nun espírito de paz (**3**, 1-18), botando a unha beira as cobizas que arredan entre si os irmáns (**4**, 1-12); a forte e tallante crítica dos ricos (**4**, 13-**5**, 6); e, por fin, a chamada a unha fructífera paciencia (**5**, 7-12), coroada pola sonada pasaxe de **5**, 14 acerca da unción dos enfermos. En medio de todo isto, ensarilladas con maior ou menor acerto, unha chea de normas éticas moi concretas e, sobranceando o conxunto, coma liñas fortes, as tensións pobres-ricos e obras-fe.

Non se pense, por iso, que o escrito está falto de forza e vitalidade. Ó contrario, poida que sexa un dos escritos máis vivos de toda a Biblia, pola súa verba ferinte e directa, que bota man de tódolos medios que a linguaxe ofrece (laios, aldraxes, correccións, ameazas, exemplificacións, etc.), para chegar sen rodeos ó corazón dos fieis a quen se dirixe.

Abonda unha lectura lixeira para se decatar disto.

Como queda dito noutro lugar, a carta —"carta de palla", como a chamaba inxustamente Lutero— é deuterocanónica, cousa que só fai referencia a un feito histórico xa superado e nada ten que ver co seu grao de importancia no conxunto dos escritos bíblicos.

CARTA DE SANTIAGO

Saúdo

1 ¹Santiago, o servidor de Deus e do Señor Xesús Cristo, saúda as doce tribos que están na emigración.

As tentacións

²Cando vos vexades envoltos en diferentes tentacións, meus irmáns, tédevos por moi ditosos, ³porque xa sabedes que aquilo que somete a proba a vosa fe enxendra paciencia. ⁴Pero cómpre que a paciencia vaia acompañada de boas obras, de xeito que sexades perfectos e completos sen fallardes en cousa ningunha.

⁵Se algún de vós está necesitado de sabedoría, que lla pida a Deus, que llela dá a todos abondosamente e sen roñar; ⁶e a ese tal tamén lla ha dar. Pero cómpre que pida con fe e sen dubidar para nada, que quen dubida é coma as ondas do mar, que o vento abala e leva de aquí para acolá. ⁷Un home así non pense recibir cousa ningunha do Señor: ⁸é un indeciso e un inconstante en tódolos seus camiños.

⁹Que o irmán de condición humilde se gloríe da súa gran dignidade; ¹⁰e o rico, da súa humillación, porque pasará coma a flor da herba: ¹¹soérguese o sol coa súa fogaxe e queima a herba, cáelle a flor e pérdese a súa fermosa aparencia; pois así mesmiño murchará o rico nas súas empresas.

¹²Benia o home que resiste na tentación, porque, como a supere, recibirá o premio da vida, que Deus prometeu ós que o aman. ¹³Que ninguén diga ó se ver tentado: "Deus é quen me tenta", porque nin o mal tenta a Deus nin Deus tenta a ninguén. ¹⁴A cada quén téntao a súa cobiza cando o arrastra e engaiola; ¹⁵despois a cobiza concibe e pare o pecado; e o pecado, en consumándose, enxendra morte. ¹⁶Non vos trabuquedes, irmáns queridiños. ¹⁷Todo bo regalo e toda dádiva perfecta vén de arriba, do Pai dos luceiros, en quen nin hai cambios nin tempos de sombras. ¹⁸Pola súa vontade tróuxonos á vida coa palabra da verdade, para que fosemos como as primicias das súas criaturas.

Escoita-la palabra e cumprila

¹⁹Xa o sabedes, meus irmáns benqueridos: que todo home sexa espilido para escoitar, calmo para falar e calmo tamén para o anoxo, ²⁰porque o anoxo do home non leva á conducta que Deus pide.

²¹Polo tanto, rexeitando calquera lixume ou resto de ruindade, acollede docilmente a Palabra enxertada en vós, que pode salva-las vosas vidas. ²²Sede cumpridores da Palabra e non vos contentedes con escoitala xustificándovos con razóns enganosas. ²³Porque quen escoita a Palabra e non a pon en práctica é coma o home que se puxo a olla-la súa propia cara nun espello; ²⁴mirouse ben nel pero, ó que deu media volta, esqueceulle como era. ²⁵En cambio, quen afonda no coñecemento da lei perfecta, a que dá a liberdade, e se mantén nela, non para a escoitar e a esquecer deseguida, senón para a poñer por obra, ese será feliz na súa actuación.

²⁶Se alguén se tiver por home relixioso sendo un badueiro que engana o seu propio corazón, a súa relixiosidade sería baleira. ²⁷A relixión limpa e sen lixo ningún ós ollos de Deus Pai é esta: mirar polos orfos e polas viúvas nas súas coitas e gardarse da contaminación deste mundo.

Distingos nas comunidades

2 ¹Meus irmáns, a fe que temos no noso Señor Xesús Cristo, o glorioso, non cadra ben con certos distingos entre persoas. ²Entra na vosa asemblea —é un supoñer— un home cun anel de ouro, vestido con moita galanura, e entra tamén un pobre vestido

---

1, 1 *Emigración:* con esta palabra tentamos traducir nun contexto actual o feito histórico da diáspora xudía e o feito espiritual dos cristiáns esparexidos polo mundo, apartados da súa terra (cf 1 Pe 1, 1).
1, 4 Apunta xa no comezo o tema da necesaria complementariedade entre fe e obras que desenvolverá en **2**, 14-26.
1, 5 *Sabedoría:* non unha sabedoría intelectual, "da terra, animal, endianada", como dirá máis adiante en **3**, 15, senón un saberse desenvolver na dureza da vida, cunha apreciación das cousas propias do crente.
Abondosamente; tamén "sen dificultade", "simplemente".
1, 9 Xa desde o principio quedan ben claras as preferencias do autor, moi en liña, por outra banda, coa tradición bíblica e cristiá máis enxebre. "Deus sostén os humildes" (Sal **147**,6).
1, 18 A *palabra da verdade,* a "lei perfecta" (**2**, 25) é o Evanxeo: é o mesmo Cristo quen nel se nos manifesta coma palabra salvadora e vivificante, que nos dá a liberdade.
1, 20 *A conducta que Deus pide:* lit. "a xustiza de Deus", isto é, o que Deus xulga ser xusto, a súa vontade.
2, 1 A pasaxe, composta en forma de diatriba, ten unha forza extraordinaria. Trátase de sensibiliza-los fieis e de lles chama-la atención sobre unha actitude tipicamente cristiá que, baseada nuns criterios anovados pola lei da liberdade, vai máis alá dos criterios normais no trato cos pobres e cos podentes.

con farrapos; ³se vos fixades no que vai ben vestido, e lle dicides: "ti acomódate ben aquí", e ó pobre "ti queda de pé aí", ou "senta no chan ós meus pés", ⁴¿non estades facendo distincións entre vós mesmos, converténdovos en xuíces de criterios inicuos?

⁵Escoitádeme ben, meus irmáns queridiños: ¿seica non escolleu Deus os pobres deste mundo para seren ricos na fe e herdeiros do Reino que Deus prometeu ós que o aman? ⁶Vós, en troques, abafáste-lo pobre. ¿Seica non son os ricos os que vos asoballan e os que vos levan a xuízo? ⁷¿Non son eles tamén os que aldraxan o fermoso nome que se invocou sobre vós? ⁸Facedes moi ben se, con todo, cumprides á perfección a Lei rexia da Escritura que di: *"Amara-lo teu próximo coma a ti mesmo"*. ⁹Pero se andades con favoritismos, pecades, e a lei havos acusar de transgresores. ¹⁰Porque quen garda toda a Lei, aínda que só quebrante un mandado, ten que responder de todos, ¹¹pois o que dixo: "non fagas adulterio", tamén dixo: "non mates".

E, se non adulteras pero matas, xa non cumpres coa Lei. ¹²Falade e facede as cousas como acae a quen a lei da liberdade vai xulgar, ¹³pois terá un xuízo sen misericordia o que non foi misericordioso; a misericordia está por riba do xuízo.

A fe móstrase nos feitos

¹⁴Irmáns benqueridos, ¿que proveito lle trae a un dicir que ten fe, se non ten feitos? ¿Acaso o poderá salvar esa fe? ¹⁵Se un irmán ou unha irmá andan espidos e necesitados do pan de cada día, ¹⁶e vai un de vós e dilles: "ídevos en paz, quentádevos e fartádevos", pero non lles dá aquilo que lle cómpre ó seu corpo, ¿que proveito levan? ¹⁷Pois o mesmiño pasa coa fe: se non ten feitos, leva a morte no seu cerne.

¹⁸Pode dicir alguén: "ti te-la fe, eu teño os feitos". —Móstrame a túa fe sen feitos que eu polos feitos heiche de mostra-la miña fe. ¹⁹¿Ti cres que só hai un Deus? —Fas ben, pero iso tamén o cren os demos e mais tremen. ²⁰¿Queres entender dunha vez, parvo, que a fe sen feitos está morta? ²¹Os feitos xustificaron ó noso pai Abraham, cando ofreceu o seu fillo Isaac enriba do altar, ¿non si? ²²¿Fíxaste como a fe colabora cos seus feitos e como polos feitos a fe chegou á súa madurez? ²³Así se cumpriu a Escritura que di: *"Abraham tivo fe en Deus e iso valeulle de xustificación"*, de xeito que mesmo se lle chamou amigo de Deus. ²⁴Xa vos decatades de como son os feitos os que xustifican o home e non só a fe. ²⁵O mesmo podemos dicir da prostituta Rahab: ¿seica non a xustificaron os feitos, cando recibiu os mensaxeiros e os encamiñou logo por outros carreiros? ²⁶O mesmo que un corpo sen alento está morto, así tamén a fe sen feitos morta está.

A verdadeira sabedoría

3 ¹Meus irmáns, que non haxa moitos de vós a se poñeren de mestres; xa sabedes que ós mestres os han xulgar con maior severidade, ²porque todos pecamos moitas veces. Se hai alguén que non falte no falar, ese é un home perfecto, que pode refrea-lo seu corpo enteiro. ³Ollade: ós cabalos poñémoslles un freo na boca para que nos obedezan e así controlámo-lo seu corpo. ⁴E o mesmo os barcos: con seren tan grandes e iren empurrados por ventos tan fortes, gobérnanse cun temón pequeno cara a onde o temoeiro os quere levar.

⁵Pois outro tanto pasa coa lingua: ser é un membro ben pequerrecho, pero pode gabarse de grandes cousas. Aí o tedes: ¡cunha fogueiriña cantas fragas poden arder! ⁶E a lin-

---

2, 5 A riqueza na fe que os pobres posúen por concesión de Deus (cf **1**, 9) colócase nun plano moi superior a toda posible condición social.
2, 7 Invocar sobre alguén o nome glorioso do Señor era tanto como asegurarlle a protección de Deus.
2, 14 A doutrina que se reflexa nesta pasaxe non está, na que logo, en contradicción co que Paulo ensina sobre a relación entre a fe e mailas obras, maiormente en Rm e Gál. As propostas son diferentes. Para Paulo o que cumpría era deixar ben sentado que as obras non acadan de seu a salvación. Esta é un don de Deus, que cómpre acoller na fe. En troques Santiago tenta demostra-la necesidade de que a fe teña unha traducción realista no vivir de a cotío, cousa esta non allea tampouco ó espírito paulino.
2, 20 *A fe sen feitos está morta*: frase que atopa unha formulación positiva no v 22, onde se di: "... polos feitos a fe

chegou á súa madurez". Ámbalas dúas aclaran o senso do v 24: "son os feitos os que xustifican o home e non só a fe".
2, 23 Rm **4**, 3; cf Xén **15**, 6.
3, 1 Lit. "pois xa sabedes que seremos xulgados con maior severidade".
3, 2 Ideal de perfección moi en liña coa importancia concedida á lingua nos vv 1-12.
3, 3 Boa contraposición entre a sabedoría que vén de arriba (v 17) e a da terra (v 15). A xuiciosa mansedume oponse nela ós celos acedos, que apartan da verdade.
3, 4 O temón de popa é realmente un invento de final da Idade Media. Antigamente os barcos dirixianse con dous remos traseiros que entre nós se chaman "peltres" ou "espadeiros".

gua é un lume, un mundo de ruindade. A lingua é unha parte dos nosos membros que contamina o corpo enteiro e, por estar inflamada polo inferno, fai arder ela tamén, pola súa banda, toda a nosa vida desde os comezos. ⁷Calquera caste de bestas ou paxaros ou cóbregas ou peixes pode domeala o home e, de feito, doméaa; ⁸a lingua, en troques, ninguén a dá domeado: é un mal sen acougo, cheo de solimán de morte. ⁹Con ela bendicimos a Deus, o noso Pai; e con ela maldicímolos ós homes, creados semellantes a Deus. ¹⁰Dos mesmos beizos saen a bendición e maila maldición. E isto, irmáns, non debía ser así. ¹¹¿É que hai fonte que polo mesmo picho bote auga doce e auga amarga? ¹²Meus irmáns, ¿é que pode dar olivas a figueira ou figos a videira? E tampouco unha fontela salgada pode dar auga doce.

¹³¿Quen de vós ten bo xuízo e experiencia? Pois quen o teña que manifeste coa súa boa conducta as obras feitas con asisada mansedume. ¹⁴Pero, se téde-lo corazón cheo de celos acedos e de liortas, deixádevos de fachendas e non andedes mentindo contra a verdade; ¹⁵esta sabedoría non vén de arriba senón que é da terra, animal, endiañada. ¹⁶Pois onde hai receos e liortas, dáse tamén alí o descontento e toda caste de ruindades. ¹⁷Pola contra, a sabedoría que vén do ceo é primeiramente pura e despois pacífica, sinxela, acolledora, chea de misericordia e de bos froitos, imparcial, sen finximento. ¹⁸O froito da xustiza seméntano coa paz os que van facendo a paz.

As cobizas fan as divisións

4 ¹¿De onde veñen esas guerras e liortas que se dan entre vós? ¿Non será das vosas cobizas, que loitan no voso interior? ²Degoirades e non tedes; enrabechádesvos e andades cheos de envexa e non logrades cousa; combatédesvos e facédesvo-la guerra e non conseguides porque non o pedides ³e, se pedides, non recibides, porque pedides só co devezo de satisfacérde-las vosas cobizas.

⁴¡Desleigados! ¿Seica non sabedes que a amizade con este mundo é inimiga de Deus? E así quen quere ser amigo deste mundo faise inimigo de Deus. ⁵¿Ou é que coidades que a Escritura di sen razón aquilo de que "o Espírito que puxo en nós ten arelas fortes"? ⁶Pero meirande é a gracia que nel concede. E por isto di: *"Deus arrepónselles ós soberbios, pero ós humildes dálle-la súa gracia".*

⁷Sédelle, logo, ben mandados a Deus; facédelle fronte a Satán e arredará de vós. ⁸Achegádevos a Deus e El achegarase a vós. Lavade as mans, pecadentos, limpade os corazóns, homes falsos. ⁹Apalpade as vosas miserias, poñede o loito e chorade; que o voso riso se converta en pranto; e a vosa alegría, en tristura. ¹⁰Abaixádevos no acatamento do Señor, que El vos ha soerguer. ¹¹Non andedes falando mal uns dos outros, irmáns. Quen fala mal de seu irmán ou xulga a seu irmán, fala mal da Lei e xulga a Lei; e, se xúlga-la Lei, xa non es cumpridor da Lei, senón o seu xuíz. ¹²Só un é lexislador e xuíz: o que pode salvar e perder. Pero ¿quen es ti para xulgáre-lo próximo?

¡Pobres dos comerciantes e dos ricos!

¹³Reparade agora no que dicides: "hoxe ou mañá imos ir para esta ou aquela cidade, botaremos alí o ano, negociaremos e teremos beneficio". ¹⁴Pero ¡se non sabéde-lo que vai ser de vós mañá! Porque ¿que é a vosa vida? Unha fumaradiña que aparece e desaparece no mesmo intre. ¹⁵En vez diso debiades dicir: "se Deus quere e chegamos alá, imos facer isto ou aquilo". ¹⁶Pero vexo que vós sodes uns farfalleiros e semellante fachenda é mala. ¹⁷O que coñece o ben que ten que facer e non o fai, comete pecado.

5 ¹E vós, os ricos, chorade e berrade polas desgracias que van vir enriba de vós. ²A vosa riqueza está podrecida; a vosa roupa chea de couza; ³o voso ouro e a vosa prata, enferruxados; e a mesma ferruxe será testemuño en contra vosa e, coma se for lume, comerá as vosas carnes. ¡Estades atesourando na fin dos tempos! ⁴¡Atención! O xornal

---

4, 2 Versículo de puntuación difícil. Outra traducción podería ser: "¿Degoirades e non tedes? Asasinades. ¿Andades cheos de envexa e non acadades cousa? Loitades e facédesvo-la guerra".

4, 4 *Desleigados:* a verba orixinal é "adúlteras", así, en feminino, que trae a lembranza do significado que semellante palabra levaba consigo na historia teolóxica das relacións entre Deus e o pobo de Israel.

4, 5 Non se conserva hoxe o posible texto ó que parece aludir esta cita, por outra parte de non doada interpretación; outra traducción podería ser: "o Espírito que Deus fixo habitar en nós tennos un agarimo celoso".

4, 6 Pr **3, 34** (LXX).

4, 11-12 Falar mal do próximo, xulgalo, supón exercer un papel xudicial que só pertence ó lexislador e xuíz por antonomasia; supón, entón, atribuírse un poder sobre a mesma Lei, que só Deus ten.

5, 1 A pasaxe que se inicia con este v ofrece un cadro arrepiante do futuro dos ricos. O amoreamento mesmo de bens, maiormente se é froito da inxustiza, abonda para anunciar un xuízo ríspido ós que nel atoparon confianza e fartura.

que non lles pagastes ós obreiros que vos fixeron a seitura está clamando e o seu berro chega ós oídos do Señor dos Exércitos. ⁵Vivistes na terra cheos de fartura e cebástes-los vosos corazóns nos praceres para o día da matanza. ⁶Condenáste-lo xusto e matástelo sen que el vos fixese fronte.

Saber agardar

⁷Tede, logo, paciencia, irmáns, deica a volta do Señor. Reparade en como o labrego coa esperanza posta nos preciosos froitos da terra agarda con paciencia as augas temperás e as serodias. ⁸Tede tamén vós paciencia e collede folgos, porque o Señor axiña chegará. ⁹Non vos queixedes, irmáns, uns dos outros, para que non vos sentencien; mirade que o xuíz está xa á porta. ¹⁰No sufrimento e na paciencia, irmáns, seguide o exemplo dos profetas que falaron no nome do Señor. ¹¹Mirade que agora nós chamámoslles benaventurados ós que aturaron todo. Tedes oído falar da paciencia de Xob e xa véde-la fin que lle concedeu o Señor, porque o Señor é compasivo e misericordioso.

¹²Sobre todo, irmáns, non xuredes: nin polo ceo nin pola terra, nin por cousa ningunha; que o voso si sexa si e que o voso non sexa non, para que non vos sometan a xuízo.

A oración

¹³¿Anda magoado algún de vós? Que rece. ¿Séntese alegre? Que cante salmos. ¹⁴¿Algún de vós ten unha doenza? Faga trae-los anciáns da comunidade, para que recen por el, unxíndoo con aceite no nome do Señor. ¹⁵E a oración feita na fe salvará o enfermo; o Señor fará que se erga e, se tiver pecados, perdoaránselle. ¹⁶Así que confesádevos mutuamente os vosos pecados e rezade uns polos outros para que teñades saúde. Moito pode a oración teimosa do xusto. ¹⁷Elías era un home coma calquera de nós; pediu afervoadamente que non chovese e non choveu nada en tres anos e medio; ¹⁸volveu pedir e o ceo mandou auga e a terra deu os seus froitos.

¹⁹Meus irmáns, se algún de vós se arreda da verdade e outro o trae ó bo camiño, ²⁰tede seguro que quen fai que un pecador volva dos seus camiños trabucados, salvará a súa alma da morte e soterrará unha chea de pecados.

5, 7 O mesmo xuízo severo dos ricos ten para os fieis pacientes unha cara risoña: o coroamento glorioso da súa espera sostida con constancia.
5, 14-15 O Concilio de Trento ratificou cunha definición a crenza tradicional que viu nesta pasaxe os alicerces histórico-doutrinais do sacramento da Unción dos Enfermos, do que nestes vv se ofrecen os elementos principais; a unción e a oración polo irmán doente, que acadan a saúde e o perdón dos pecados.
5, 15 As palabras *salvar* e *erguerse* teñen aquí posiblemente un dobre valor: a) salvación escatolóxica, resurrección;
b) significado normal de curar e levantarse (coma nos milagres evanxélicos). Pecado e enfermidade estaban moi unidos no pensamento bíblico; é lóxico que tamén o estean curación e salvación.
5, 16 Fálase aquí dunha práctica penitencial consistente na confesión mutua dos pecados; pero nada se di do seu posible alcance sacramental.
5, 20 *Salvará a súa alma:* ¿a do pecador ou a súa?; parece referirse máis ben á súa; aínque posiblemente inclúa a dos dous.

INTRODUCCIÓN Á PRIMEIRA CARTA DE SAN PEDRO

Esta carta ten poucas doutrinas novedosas respecto do resto do N.T.: só o tema do "sacerdocio de reis" dos cristiáns (**2**, 9) e a "predicación" de Xesús Cristo nos infernos (**3**, 19-20; **4**, 6). Sen embargo está tendo nos últimos anos moito interese. A razón é que se ve nela un resume da catequese bautismal primitiva e pode depender directamente dos manuais ou florilexios empregados na devandita catequese.

1. Destinatarios da carta e finalidade da mesma

En **1**, 1 enuméranse cinco provincias romanas que corresponden ás zonas Norte, Centro e Oeste de Asia Menor. Hai que ter en conta que a actividade misioneira nesta zona foi moi rápida, como se deduce do xeito de actividade de Paulo e da consciencia de urxencia que el tivo que infundir nos convertidos (cf Col **1**, 7).

Certas pasaxes da carta (**1**, 14.18; **2**, 9.10; **3**, 6; **4**, 3) indican que os destinatarios son os cristiáns convertidos do paganismo, xa que estas expresións non teñen senso referidas ós xudeu-cristiáns.

A organización destas igrexas debía ser aínda bastante imperfecta, xa que só se citan os presbíteros "responsables da comunidade" (**5**, 1-4) e quizais os diáconos (**4**, 11); isto testifica a súa data temperá de composición. Nestas comunidades debían de abunda-los escravos, a xulgar pola extensión que se lles dedica ós consellos para eles (**2**, 18-25), e o mesmo ás mulleres ricas (**3**, 1-6).

A finalidade da carta vén expresada en **5**, 13: "Escríbovos esta pequena carta para vos exhortar e asegurar que esta é a verdadeira gracia de Deus. Afincádevos fortes nela". Nos vv anteriores (9-10) fálase da fe e da esperanza e dos sufrimentos. Por isto queda ben claro que a situación na que se encontran os destinatarios é unha situación de persecución e de sufrimentos polo feito de seren cristiáns (**4**, 14-16), e que o autor busca coa carta anima-los cristiáns de Asia Menor a se manteren fieis na súa fe, cos ollos postos na esperanza da recompensa de Deus o día da parusia (cf **1**, 3-9; **5**, 1).

O motivo dos sufrimentos destes cristiáns son as calumnias dos pagáns (ou xudeus) (**2**, 12.15; **3**, 16; **4**, 4). Nada non deixa supoñer que a estes cristiáns os estean levando ós tribunais en **3**, 15. Máis ben trátase das críticas e malos ollos con que os seus veciños e amigos de antes da conversión ven a separación destes cristiáns da vida de vicio e libertinaxe que antes levaban nos cultos pagáns (**4**, 3-4).

Por outra banda, o desprezo dos cristiáns polos costumes e relixiosidade popular tivo que aumentar este odio. Por isto o autor recoméndalles que non sexan entremetidos (**4**, 15), que vivan coma forasteiros e emigrantes (**2**, 11; cf **1**, 1), que teñan consideración con todo o mundo (**2**, 17).

2. Autor, data e lugar da composición

A carta atribúeselle a San Pedro, apóstolo de Xesús Cristo (**1**, 1), e escribiríaa Silván (**5**, 12). Este Silván (nome latino) é o mesmo ca Silas e resulta ser un personaxe ben coñecido polos escritos do N.T. (Feit **15**, 22. 39ss). Foi coautor das Cartas ós Tesalonicenses (cf 1 Tes **1**, 1; 2 Tes **1**, 1); era cidadán romano (Feit **16**, 37). Por todo isto parece ser un home de letras, cousa que corrobora o estilo da carta; o estilo literario do texto é un grego elegante: frases moi longas e ben encaixadas, con citas do A. T. segundo a versión dos LXX. A personalidade de Silván explícanos tamén os destinatarios da carta, xa que se trataba de comunidades cristianizadas por el, xunto con San Paulo (Feit **15**, 39ss). Por estes motivos algúns especialistas chegan a atribuírlle a completa responsabilidade da carta. Con todo, isto non tería que excluír a San Pedro do coñecemento, do feito da aprobación e da mesma iniciativa.

Presenta gran semellanza co pensamento das cartas de San Paulo, incluso nas frases. A explicación destes feitos pode residir nos florilexios de catequese para os directores da evanxelización dos pagáns, que sen dúbida tiveron que existir, e tamén no feito de que Silván foi compañeiro e discípulo de San Paulo.

A data de composición da carta tería que ser, así, antes da morte de San Pedro. Parece que arredor do ano 64, xa que a situación en que se supoñen as comunidades de Asia Menor non se amosa na carta, unha situación de aberta e xeralizada persecución. Anque algúns especialistas pensan que si, e retrasan a composición da carta ata os anos 90, data da primeira persecución xeralizada de Domiciano; a persecución de Nerón foi unha cousa local de Roma. Pero o xeito de concebi-la actitude dos cristiáns ante as autoridades, non ten punto de comparación coa Apocalipse (com-

*posto nos anos 90); en 1Pe recoméndase someterse e abaixarse ás autoridades, na esperanza de que elas se convertan (***2***, 15; ***3***, 2; ***4***, 5); a expresión de ***3***, 13 sería incomprensible durante a persecución dos anos 90.*

*O lugar de composición parece ser Roma, indicada en ***5***, 13, co nome simbólico de Babilonia, que quere indica-lo centro onde reside o poder do mundo, onde se atopa desterrado o pobo de Deus.*

3. Influxos literarios na carta

*Un dos elementos máis curiosos que atopamos na carta é a presencia de tres himnos ou cantos de orixe litúrxica da primitiva Igrexa (***1***, 3-5; ***2***, 21-25; ***3***, 18-22) nos que se advirte como elemento dominante a profesión da fe, a salvación e vida que Xesús Cristo resucitado, Fillo de Deus, nos comunica no bautismo e nos dará na escatoloxía; hai tamén un cuarto poema de tipo parenético (***5***, 5-9), debido sen dúbida ó talento poético do autor.*

Máis ca da liturxia bautismal de Roma pensamos que se trata duns preciosos exemplos de parenese ou exhortación moral, que se fai xurdir da fe no misterio salvífico e da esperanza na escatoloxía: a vida moral é unha esixencia do contido da propia fe e da esperanza na parusía vividas na liturxia.

PRIMEIRA CARTA DE SAN PEDRO

Saúdo

1 ¹Pedro, apóstolo de Xesús Cristo, ós emigrantes espallados polas provincias do Ponto, Galacia, Capadocia, Asia e Bitinia, ²ós que xa Deus Pai tiña escollidos e a quen santificou co Espírito para obedeceren a Xesús Cristo e para asperxelos co seu sangue. ¡Para vós gracia e paz con toda abundancia!

PRIMEIRA PARTE: ESIXENCIAS DO BAUTISMO

Louvanza a Deus por renacer cristiáns

³¡Louvado sexa o Deus e Pai do noso Señor Xesús Cristo!
Que pola súa grande compaixón,
resucitou a Xesús Cristo da morte
e nos fixo renacer a unha vida que se nos dá en esperanza,
⁴a unha herdanza que non se corrompe
nin se afea
nin murcha,
predestinada por Deus para vós;
⁵gracias á fe que vós tedes,
estades protexidos polo poder de Deus
en vistas á salvación
que está para se manifestar, no intre final.
⁶Por iso brincades de alegría, anque agora, se fai falta, teñades que sufrir por un pouco tempo diferentes probas. ⁷Deste xeito, o xenuíno da vosa fe ten máis valía do que o ouro —que, a pesar de ser pasadío, se aquilata no lume— e considérase merecente de louvanza, gloria e honra cando se revele Xesús Cristo. ⁸A quen amades sen o terdes visto; en quen credes, aínda sen o ver; e brincades, cheos dunha alegría indicible e gloriosa, ⁹porque conseguíste-lo froito da vosa fe, a vosa salvación persoal.

¹⁰Sobre esta salvación meditaron e pescudaron algúns profetas, que profetizaron acerca da gracia que se vos concedeu. ¹¹Pescudaron eles a data e as circunstancias ás que o Espírito de Cristo, presente neles, se quería referir, cando lles predicía os sufrimentos reservados a Cristo e as glorias que virían despois. ¹²Revelóuselles que non eran ministros destes misterios proféticos para proveito deles senón para o voso; misterios proféticos, que nesta era vos anunciaron os que vos evanxelizaron movidos polo Espírito Santo mandado desde o ceo; cousa esta que os mesmos anxos desexan achegarse a ollar.

Ser santos, a imitación de Deus

¹³Por iso, preparados espiritualmente para a vosa peregrinaxe e vivindo con sobriedade, poñede toda a vosa esperanza na gracia que se vos concederá cando sexa a revelación de Xesús Cristo. ¹⁴Coma fillos obedientes, non vos axeitedes ós desexos de antes, cando viviades na ignorancia, ¹⁵senón que, do mesmo xeito que o que vos chamou é santo, así

1, 1 *Pedro, apóstolo de Xesús Cristo:* son os títulos cos que se presenta o autor responsable, aínda que Pedro (Mt **16,** 18) non fose o redactor da carta.
Emigrantes ou peregrinos: a esperanza escatolóxica converte ó cristián nun home de paso; a súa terra está na cidade celeste (Flp **3,** 20; Heb **11,** 13-16).
1, 2 *Ós que xa Deus Pai tiña escollidos:* lit. "escollidos segundo un previo proxecto de Deus Pai". Este proxecto da Nova Alianza realízase mediante a acción santificadora do Espírito Santo e constitúese coma unha esixencia de aceptación e obediencia a Xesús Cristo. Nótese o carácter trinitario deste v.
1, 4 A *herdanza* nos LXX é o termo técnico para expresa-la terra prometida (Xén **17,** 3; Sal **74,** 1), que os cristiáns entenderon coma o Reino prometido (Mt **25,** 34) e xa posuído polos crentes (Heb **11,** 7).
1, 6-9 A experiencia salvífica, coa súa perspectiva escatolóxica, produce no cristián unha alegría tal que lle dá forzas nas probas da fe e fai que estes sufrimentos se vexan coma unha purificación e se estimen pola recompensa escatolóxica.
1, 10-12 A era en que nos tocou vivir é privilexiadísima, xa que os mesmos profetas do A.T. —os homes de máis elevado espírito dos tempos antigos— pescudaron verbo destes tempos salvíficos e dos sufrimentos e gloria de Xesús Cristo e da correspondente gracia, que só no noso proveito se concede.
1, 11 Era idea común no mundo xudeu que os profetas falaron baixo a inspiración do Espírito de Deus (2 Sam **23,** 2; Is **61,** 1); a doutrina da primitiva Igrexa recoñece a preexistencia e a actividade de Xesús Cristo antes da Encarnación (**1,** 20; Xn **1,** 1-10; Col **1,** 15; **10,** 4; Heb **11,** 26). Con esta fórmula quere expresar 1Pe a unidade de toda a revelación do A. e N.T.
1, 12 Aínda que os anxos na literatura apocalíptica son os transmisores das revelacións de Deus ós videntes, os coñecementos destes seres celestes son limitados (cf Mc **13,** 22; Rm **16,** 25; 1 Cor **2,** 8). O misterio salvífico é superior á ciencia dos anxos (1 Cor **13,** 1; Gál **1,** 8; Heb **2,** 16) e deste xeito o misterio salvífico "anúnciaselles ós principados e potestades" (Mt **18,** 10; Lc **15,** 7; Ef **3,** 10).
1, 13 *Preparados espiritualmente para a vosa peregrinaxe:* lit. "cinguidos os riles da vosa mente". A imaxe alude á preparación espiritual para a viaxe ata o encontro co Señor na Parusía. Cf Lc **12,** 35; Ef **6,** 14.
1, 15 A santidade é sen dúbida o atributo esencial de Deus. Desde Isaías e Oseas (Is **6,** 1-6; Os **11,** 9) a santidade de Deus esixe no pobo e no home unha vida pura e sen pecado.

tamén sede vós santos en calquera circunstancia, ¹⁶porque a Escritura di: *Seredes santos, porque eu son santo.*

¹⁷E aínda que lle podedes chamar Pai ó que xulga con imparcialidade as obras de cada un, comportádevos con respecto durante o tempo do voso peregrinar. ¹⁸Porque xa vedes que non vos rescataron dese tipo idolátrico de vida, que recibistes dos vosos pais, con algo perecedeiro, tal coma ouro ou prata; ¹⁹senón que vos rescataron co precioso sangue de Cristo, Año sen defecto nin tacha. ²⁰El xa estaba escollido de antes da creación do mundo pero presentouse nos derradeiros tempos para o voso ben. ²¹Por medio del tedes fe en Deus que o resucitou da morte e o glorificou e dese xeito a vosa fe e a vosa esperanza están postas en Deus.

O amor, esixencia do anuncio cristián

²²Xa que a purificación do voso interior coa aceptación da Verdade, vos levou a quererevos sinceramente coma irmáns, querédevos ben uns ós outros, de corazón e con constancia. ²³Porque volvestes nacer, non dunha semente perecedeira, senón dunha imperecedeira: volvestes nacer por medio da Palabra vivificadora e permanente de Deus. ²⁴Porque

todo mortal é coma unha herba,
e toda a súa beleza coma a flor dunha herba:

secou a herba
e caeu a flor.

²⁵*En troques, a palabra do Señor permanece para sempre.*

Ora, esa é a palabra con que vos evanxelizaron.

O sacerdocio dos cristiáns

2 ¹Así que, espídevos de toda maldade, de toda mesquindade e finximento, da envexa e de falar mal dos outros. ²Coma nenos que acaban de nacer, ansiade o leite puro, o espiritual, que recibistes no bautismo, para medrardes con el en orde á salvación, ³xa que *probáste-lo bo que é o Señor.*

⁴Ó achegárdevos ó Señor, pedra vivificadora —de refugallo para os homes, pero pedra escollida e aprezada ós ollos de Deus—, ⁵sede tamén vós, coma pedras vivas, parte da construcción do templo espiritual: para os cultos dun sacerdocio santo e para ofrecer ofrendas espirituais, aceptables a Deus por medio de Xesús Cristo. ⁶Por iso lese na Escritura:

Ollade que eu poño en Sión unha pedra
angular, escollida e digna de honra,
de xeito que quen fíe nela, non levará desengano.

⁷A súa honra é para vós os que credes, pero para os que non cren é

a pedra que refugaron os canteiros
e que se converteu en esquinal

⁸e aínda máis:

en pedra onde se tropeza,
en couce onde un se esnafra.

Eles tropezan contra a Palabra, porque non lle fixeron caso: tropezar era o seu destino.

1, 16 Lev **19**, 2.
1, 19 Son as dúas cualidades do Año pascual en Ex **12**, 5.
1, 22 *Xa que a purificación:* lit. "xa que un día purificáste-la vosa alma". O perfecto grego alude ó feito histórico da purificación ritual do bautismo e mais da fe. Estes efectos persisten na obriga de levar esta purificación a unha vida moral de amor mutuo.
De corazón e con constancia: unha variante probable le: "con corazón puro, isto é, con recta intención".
1, 23 Este v dá outro motivo para esta vida nova de amor mutuo: a palabra de Deus é creadora (Xén **1**; Rm **4**, 17) e vivificadora (Feit **3**, 26; **14**, 3; Flp **2**, 17; Sant **1**, 18).
1, 24-25 Cita de Is **40**, 6-8, que desenvolve moi a fondo o pensamento de que é a palabra dinámica de Deus a que crea o novo pobo despois do desterro de Babilonia; do mesmo xeito o Evanxeo é o que crea o novo pobo da comunidade de amor fraterno.
2, 2 O texto alude ó primitivo costume de darlles ós recén bautizados leite con mel no rito bautismal, co que se quería indica-lo novo nacemento e a necesidade de seguir nutrindo a nova vida recibida coa doutrina cristiá máis fundada (cf 1 Cor **3**, 1s; Heb **5**, 12).
2, 3 Sal **34**, 9.

2, 4 *Pedra vivificadora:* lit. "pedra viva" (pedra que traballa, como din os canteiros de Pontevedra): Xesús Cristo resucitado ten o poder de darlle a todo aquel que se achega a el a posibilidade, o deber e a esixencia de ser pedra que traballa, que soporta unha carga —e non simples cachotes para encher— na construcción do templo espiritual donde se exercita o novo sacerdocio.
2, 5 En oposición ás ofrendas materiais (comidas, incenso, xatos, años) do templo de Xerusalén ou do paganismo, as ofrendas espirituais de cristián son: a oración (Ap **8**, 3s; cf Sal **14**, 2), o amor cristián (Flp **2**, 17), unha vida cristiá (Rm **12**, 1), as louvanzas a Deus (Heb **13**, 15), a conversión dos pagáns (Rm **15**, 16), o servicio apostólico e o martirio (2 Tim **4**, 6); a garantía de que se acollerán estas ofrendas espirituais é que se ofrecen xunto co sacrificio de Xesús Cristo (posible alusión á Eucaristía), que foi ben acollido (cf **1**, 20 s).
2, 6 O autor clarifica a súa doutrina dos vv 4 e 5 cunha cita, adaptada, de Is **28**, 16 (cf Rm **9**, 33).
2, 7 A cita é do Sal **118**, 22. A honra de Cristo comunícase ós crentes que fian nela, mentres que para os incrédulos é un cachote sen interese para a construcción.
2, 8 A cita é de Is **8**, 14.

⁹Pero, en cambio, vós sodes *raza escollida, sacerdocio de reis, nación santa, pobo adquirido* por Deus, para pregoárde-las marabillas daquel que vos chamou das tebras á súa luz admirable.

¹⁰Vós, os que antes *non erades pobo,*
agora sóde-lo *pobo de Deus;*
ninguén se compadecía de vós,
pero agora *atopastes quen se compadeza de vós.*

DIVERSOS CONSELLOS

Consellos ó pobo de Deus que vive entre pagáns

¹¹Meus amigos, recoméndovos que, coma forasteiros e emigrantes que sodes, vos manteñades lonxe dos baixos desexos que loitan contra nós. ¹²Entre os pagáns mantede un comportamento honrado, para que, aínda que vos calumnien polo voso comportamento coma malfeitores, ó veren as vosas obras boas, acaben por dar gloria a Deus, o día que El os visite.

¹³Sometédevos ante toda institución humana por mor do Señor, ora sexa o emperador, coma soberano que é, ¹⁴ou os gobernadores, coma delegados seus, para castiga-los malfeitores e premiar ós que fan o que está ben. ¹⁵Porque isto é o que Deus quere: que portándovos ben, lle tapéde-la boca á ignorancia dos estúpidos. ¹⁶Isto facédeo coma xente libre de verdade e non coma quen toma a liberdade para tapa-la ruindade, senón coma servidores de Deus. ¹⁷Tede consideración con todo o mundo, querede ben ós irmáns, respectade a Deus, honrade o emperador.

Consellos para a vida en familia: os criados

¹⁸Os criados sometédevos ós vosos amos con todo o respecto; non só ós que son bos e comprensivos, senón tamén ós que son tortos, ¹⁹pois o mérito está en que un, dándose conta de que Deus o quere, ature mágoas inxustamente sufridas. ²⁰Porque ¿que mérito ten que aguantedes que vos enchan de labazadas por vos portardes mal? Pero, se vos portades ben e, mesmo así, aguantades sufrimentos, isto é precioso ós ollos de Deus.

²¹De feito chamouvos Deus para isto,
porque tamén Cristo sufriu por vós,
deixándovos así un exemplo para que sigáde-los seus pasos.

²²El, que non fixo pecado,
nin engano se atopou na súa boca,

²³cando o aldraxaban, non devolvía aldraxes;

mentres sufría, non ameazaba,
senón que se puña nas mans do que xulga con xustiza.

²⁴No seu corpo, *el ofrendou* os nosos *pecados* sobre a cruz,
para que nós, mortos ó pecado, vivamos para a xustiza:
curáronno-las súas chagas.

²⁵Erades *coma ovellas extraviadas,*
pero agora volvéstesvos ó voso pegureiro e pastor.

Consellos ás mulleres

3 ¹No tocante ás mulleres, que se sometan ós seus homes; deste xeito, se algúns non cren na Palabra, sen necesidade de palabra ningunha poderanos gañar ²polo bo xeito de vida por respecto ó Señor. ³Que os vosos adornos non sexan os exteriores dunha

---

2, 9 O autor recolle unha serie de títulos do antigo Israel, que sen dúbida xa se atopaban nos florilexios catequéticos primitivos e aplícallos á realidade do novo Israel, do que os destinatarios formaban parte; os títulos están recollidos de Ex **19**, 5.6 e Is **43**, 20.21 (cf Ap **1**, 6; **2**, 6; **5**, 10). Para a última frase (cf nota a 1 Xn **1**, 5; cf tamén Feit **26**, 18; Col **1**, 12 s).
Adquirido por Deus: ten unha connotación de "compra preferida".
2, 10 Todo o v é un comentario eclesiolóxico ós nomes simbólicos dos fillos de Oseas (cf Os **1**, 6.9; **2**, 1.25; Rm **9**, 25).
2, 11 *Contra nós:* lit. "contra a alma".
2, 16 A submisión ás autoridades non é servilismo, senón expresión da liberdade interior do pecado e do egoísmo (Lc **4**, 9.21; Xn **8**, 32; 1 Cor **7**, 22; 2 Cor **3**, 7) e do servicio a Deus. O cristián ha de servi-los homes, pero sen ser servo de ninguén, só de Deus; e deste servicio libremente aceptado na fe parte a súa libre actitude de servicio ós homes.
2, 18 *Con todo respecto:* lit. "con todo temor", pero xa que se trata dunha fórmula relixiosa (cf **1**, 17; **2**, 17; **3**, 2), máis ben hai que concebilo coma respecto. En **3**, 14 négase que o cristián deba terlle temor a ninguén.
2, 19-21 A moral do criado dun amo torto ha de se-la mesma do Cristo sufrinte na paixón e na cruz. No paganismo o escravo era un home sen dereitos, pero aquí o autor fala das "mágoas inxustamente sufridas", logo recoñécelles dereitos. Recoñece tamén que o seu comportamento moral nos sufrimentos inxustos debe ser coma o de Cristo, quen tomou a condición de escravo (Flp **2**, 7).
2, 22-25 Trátase dun himno ou dunha profesión de fe primitiva, inspirada en Is **53**, 4-9.12, o cuarto canto do "Servo de Deus", xa usado para interpreta-la paixón do Señor en Feit **8**, 32; Rm **4**, 25; 1 Cor **15**, 3; Flp **2**, 6-11.
3, 1 Cf Ef **5**, 22; Col **3**, 18; Tit **2**, 5.

trenza no pelo nin rodearvos de xoias de ouro ou vestirvos con variedade de vestidos; ⁴senón que sexa a personalidade escondida dentro, no corazón, co adorno indeformable dun espírito agarimoso e sereo; isto si que é algo precioso ós ollos de Deus. ⁵Así tamén se adornaban noutro tempo as santas mulleres que esperaban en Deus, someténdose ós seus homes. ⁶Así obedeceu Sara a Abraham, chamándolle "o meu dono". Vós, se facéde-lo ben e non vos amedoñades por ningunha alarma, é porque xa vos fixestes fillas de Sara.

Consellos ós homes

⁷No tocante ós homes, convivide coas vosas mulleres con comprensión, mostrándolle-lo debido respecto, tal como se lle debe a un ser máis feble e coma a herdeiras convosco do don gratuíto da Vida; así seredes capaces de rezar sen estorbos.

Levarse ben

⁸En fin, andade todos de acordo e cos mesmos sentimentos, querédevos coma irmáns, tede un corazón compasivo e un xeito humilde; ⁹non vos volvades mal por mal, nin insulto por insulto; ó contrario, devolvede bendicións, porque para isto vos chamaron: para serdes herdeiros dunha bendición. ¹⁰Porque

se un ama a vida
e quere ver días felices,
conteña a súa lingua do mal,
e os seus beizos de falar falsidades;
¹¹*escape do mal e faga o ben,*
procure a paz e esfórcese por pillala.
¹²*Pois a mirada do Señor fólgase nos xustos,*
e os seus oídos atenden os seus rogos;
pero a cara do Señor anóxase contra os que fan o mal.

É bo sufrir, sendo honrados

¹³Ademais, ¿quen sería capaz de vos facer mal, se vós estivesedes afincados no ben? ¹⁴Pero, aínda supoñendo que tivesedes que sufrir por serdes xustos, benaventurados vós: *non lles teñades medo nin vos asustedes*. ¹⁵Ó contrario para os vosos adentros *adorade* a Cristo coma *Señor,* estade sempre dispostos a responder a todo aquel que vos pida razón da esperanza que levades dentro. ¹⁶Pero respondede con bo xeito e con respecto; tede a conciencia limpa, de xeito que os que desprezan o voso bo comportamento cristián, se vexan confundidos naquilo mesmo de que vos calumnien. ¹⁷Pois sempre sería mellor sufrir, se tal fose a vontade de Deus, por facérde-lo ben, que por facérde-lo mal.

O exemplo de Cristo e a salvación polo bautismo

¹⁸Tamén Cristo morreu unha vez polos vosos pecados,
o xusto polos pecadores, para vos achegar a Deus;
sufriu a morte na carne, pero recibiu vida no espírito.
¹⁹Foi daquela cando lles foi proclama-la salvación
mesmo ós espíritos encadeados, ²⁰que foran rebeldes,
cando, nos tempos de Noé,
Deus, cheo de paciencia,
estábaos agardando, mentres se construía

3, 6 O autor chámalles aquí ás mulleres "fillas de Sara" no senso de que forman parte do pobo crente, do que Abraham é o pai e modelo (Rm **4**, 1-25).
3, 7 A motivación fundamental do respecto do marido á súa muller ten que ser que os dous están chamados conxuntamente á vida que nos trae a fe; nótese a recomendación da oración familiar para mante-la familia unida e para a santa convivencia matrimonial.
3, 10-12 Cita do Sal **34**, 13-17, pero cunha interpretación cristiá.
3, 14 *Por serdes xustos:* lit. "pola xustiza", cf **5**, 10-11; Is **59**, 9.
3, 15 A cita é unha interpretación cristiá de Is **8**, 13: o Señor en Is é Iavé, mentres que en 1 Pe é Xesús Cristo.
3, 18-22 Trátase dun himno primitivo, que alude á presencia do misterio salvífico da morte, resurrección e entronización de Cristo no bautismo cristián.
3, 18 Carne, oposta a condición, significa a condición terreal da vida de Xesús. Espírito aquí non significa nin alma nin divindade, nin menos o Espírito Santo, senón o xeito de existencia vivificadora, que pode vivificar de Xesús Cristo resucitado (cf Rm **1**, 3-4; 1 Cor **15**, 45; Flp **3**, 10; 1 Tim **3**, 16).

3, 19 *Foi daquela.* Tamén se pode traducir: "nese espírito". Os *espíritos encadeados* ou "encarcerados", segundo o v 20, son unha alusión ó relato de fondo mítico de Xén **6**, 1-4, onde se fai procede-los xigantes míticos da unión sexual dos fillos dos deuses coas fillas dos homes; para toda a tradición bíblica isto foi sinal da gran corrupción da humanidade, fronte á orde da creación, o que provocou o diluvio. Pedro sérvese desta lenda mítico-apocalíptica para ensinarnos unha verdade dogmática: a morte de Xesús é salvífica para tódolos homes do pasado, do presente e do futuro e aínda para aqueles que non se esperaría. Este tema enlaza co da baixada de Xesús ó lugar dos mortos, expresión por unha banda da autenticidade da súa morte, e por outra, do cambio que a morte de Xesús provoca na morte dos xustos: transformación da morte en vida polo poder do seu espírito vivificante (cf Rm **10**, 7; Ef **4**, 8-10; Col **2**, 15; Heb **13**, 20).
3, 20 Con este tema enlázase o da Igrexa salvada a través da auga bautismal, coa tipoloxía da arca de Noé: a salvación bautismal é obra de Xesús Cristo resucitado.

a arca;
   dentro dela, uns poucos,
   en total oito persoas,
   salváronse pola auga;
²¹esta auga simbolizaba o bautismo que vos salva a vós,
   non por ser unha limpeza do corpo lixoso,
   senón por se-lo compromiso con Deus dunha conciencia honrada,
   pola mediación de Xesús Cristo resucitado,
²²que subiu ó ceo e está á dereita de Deus,
   despois que se lle someteron os anxos, os poderes e as forzas.

O que sofre na carne rompe co pecado

4 ¹Pois, xa que Cristo padeceu na súa carne, armádevos tamén vós da mesma idea: que quen sofre na carne rompe co pecado; ²de xeito que viváde-lo resto da vosa vida corporal para cumprírde-la vontade de Deus e xa non para satisface-las paixóns humanas. ³Pois o tempo pasado foi máis que de abondo para vivirdes vós en plan pagán, afeitos como estabades á luxuria e ós vicios, ás orxías, esmorgas, borracheiras e infames idolatrías. ⁴E así estráñanse ó ver que non corredes con eles, coma de costume, a estragar cartos e á inmoralidade, e insúltanvos. ⁵Xa darán contas a Aquel que está preparado para xulgar vivos e mortos; ⁶pois para isto se lles predicou o Evanxeo mesmo ós mortos: para que, en recibindo na súa carne mortal a sentencia común a tódolos homes, poidan vivir no espírito coa vida de Deus.

Para o que falta, paga a pena sacrificarse polos outros

⁷E, por outra banda, a fin de todo está cerca; polo tanto, tede control e regra con vós mesmos para poderdes rezar. ⁸Antes que nada, esforzádevos no amor duns ós outros, *porque o amor tapa moitos pecados*. ⁹Dádevos pousada uns ós outros sen murmurar. ¹⁰Cada un esfórcese en servi-los outros cos seus dons, os que de Deus recibiu, como corresponde a bos administradores dos diferentes dons de Deus. ¹¹Quen fala, que sexa voceiro de Deus; quen sirva, que o faga coa forza que Deus lle dá, para que en todo Deus reciba gloria por medio de Xesús Cristo. A El pertencen a gloria e o poder polos séculos dos séculos. Amén.

SEGUNDA PARTE

Loar a Deus polas persecucións

¹²Meus amigos, saíde do medo que vos deu o incendio que xurdiu entre vós, para vos poñer a proba, coma se vos viñese enriba algo estraño. ¹³Máis ben alegrádevos, conforme ides tendo parte nos sufrimentos de Cristo, para que deste xeito cando se manifeste a súa gloria poidades tamén alegrarvos xubilosos. ¹⁴Se se burlan de vós por serdes cristiáns, felicitádevos, porque o Espírito da gloria, isto é, o Espíritu de Deus, permanece sobre vós. ¹⁵Que ninguén de vós siga sufrindo por ser asasino ou ladrón ou mala persoa ou un entremetido; ¹⁶pero, se sofre por ser cristián, que non teña vergonza, máis ben que louve a Deus polo título que ten. ¹⁷Isto quere dicir que chegou o tempo do xuízo, comezando pola casa de Deus. Ora, se os seus principios en nós son así, ¿cal será a fin dos que se rebelan contra o Evanxeo de Deus? ¹⁸Se *caro lle custa ó xusto salvarse, ¡que non será do impío e pe*cador! ¹⁹En con-

---

4, 6 Esta predicación ós mortos está en relación co xuízo universal; vivos e mortos serán xulgados segundo o Evanxeo e por isto Xesús Cristo na súa baixada en espírito á que se alude en **3**, 19, non só lles foi predica-lo Evanxeo ós espíritos encadeados dos que fala o v 20, senón ós mortos. No fondo o autor o que resalta é o universalismo dos feitos salvíficos de Xesús Cristo.
4, 7-11 Seguindo un tópico do N.T. o autor encabeza esta exhortación a unha vida sobria e moral co tema da proximidade da parusía de Xesús (cf Mt **3**, 13-17). As comunidades procedentes do mundo xentil non comprenden como estando salvadas e sendo portadores da salvación, teñen que sufrir por isto mesmo.
4, 13 Nótese o forte que resulta a idea: non só os cristiáns perseguidos imitan a Xesús Cristo (**2**, 21) senón que participan dos seus mesmos sufrimentos e deste xeito aseguran a participación na súa gloria (cf os textos, claramente paralelos, de Rm **8**, 17 e Flp **3**, 10).
4, 14 O autor recolle o pensamento de Mt **10**, 20 e exprésao na fraseoloxía de Is **11**, 2 construíndo deste xeito unha benaventuranza.
4, 16 Cf Feit **11**, 26.28. O nome ou título *cristián* empezou polos anos 50 e debeuse estender moi axiña, de acordo cos testemuños dos historiadores romanos.
4, 17 O xuízo de Deus tamén é para a Igrexa: seguindo a tradición profética (Xer **25**, 29; Ez **6**, 9) e dos sinópticos (Mc **13**, 9), comeza polo pobo de Deus, tamén pecador.
4, 18 Cita de Pr **11**, 31 (LXX).

clusión: os que sofren conforme á vontade de Deus, facendo sempre o ben, encoméndense ó Creador que é fiel.

Preocupación pastoral e obediencia na humildade

5 ¹Ós responsables das vosas comunidades, exhórtoos eu, responsable coma eles, que fun testemuña dos padecementos de Cristo e que terei parte convosco na gloria que está para se manifestar: ²coidade o rabaño de Deus, que está á vosa garda; mirade por el, non por pura obriga senón como Deus quere, de boa gana; nin por baixos intereses de lucro senón porque vos agrada; ³nin dándovolas de señores dos que se vos encomendaron senón facéndovos exemplo para o rabaño. ⁴Así, cando apareza o supremo Pastor, recibiréde-la coroa da gloria, que nunca murcha.

⁵Tamén os mozos habedes ser ben guiados cos responsables. No trato cos demais revestídevos todos vós dun pensar humilde, porque

Deus oponse ós soberbios,
pero concédelle-la gracia ós humildes.

⁶Por iso vós facédevos humildes,
para estardes baixo a man poderosa de Deus,
de xeito que El vos levante no intre oportuno. ⁷Botade sobre Deus tódalas vosas ansias, que El coida de vós.

Estar en liña, para vence-lo demo e servir a Deus

⁸Pero comede e bebede con regra. ¡Alerta! Que o voso inimigo, o demo, bruando coma un león,
anda ó arredor á procura de quen engulir. ⁹Resistídelle firmes na fe,
sabendo que os mesmos sufrimentos lles están reservados
ós vosos irmáns en todo o mundo.
¹⁰Pois Deus, de quen vén toda a gracia e que vos chamou por medio de Cristo á súa gloria eterna, despois dun pouco de sufrimento, El mesmo vos porá en forma, vos volverá firmes, fortes e vos dará estabilidade. ¹¹El ten poder polos séculos dos séculos. Amén.

Despedida

¹²Do puño de Silván, irmán fiel —así o considero—, escribinvos esta pequena carta, para vos exhortar e asegurar que esta é a verdadeira gracia de Deus. Afincádevos ben nela.

¹³A comunidade escollida coma vós, que vive en Babilonia, mándavos saúdos e tamén o meu fillo Marcos. ¹⁴Saudádevos uns ós outros cun bico de irmáns. Paz a todos vós, os cristiáns.

5, 1 *Responsables:* lit. "presbíteros": son os responsables da comunidade nos aspectos administrativo (1 Tim **5,** 17) e cultual (Sant **5,** 14); nomeábanos os apóstolos viaxeiros (Feit **14,** 23).
5, 4 *O supremo Pastor* é Cristo (Mt **26,** 31; Lc **15,** 3-7; Xn **10,** 1 ss; 1 Pe **2,** 25): nótese a relación entre a función pastoral do Cristo resucitado, presente na vida da comunidade, e o Xesús Cristo xuíz, nomeado co mesmo título.
5, 5 A cita é de Pr **3,** 34, segundo os LXX.
5, 6 O tema do levantamento dos humildes que confían en Deus é un dos máis típicos da Biblia, xa que se enraíza no mesmo proceso da fe (cf, por exemplo, Mt **23,** 12; Lc **1,** 52; **14,** 11; **18,** 14; Sant **4,** 6.10).
5, 9 Paulo usa un verbo que connota un senso de servicio relixioso: eses sufrimentos son unha ofrenda grata a Deus.
5, 13 *A comunidade escollida:* lit. "a escollida"; a palabra grega "syneklektē" úsase unicamente aquí en todo o N.T. Refírese á "Igrexa" desde onde escribe Pedro.

INTRODUCCIÓN Á SEGUNDA CARTA DE SAN PEDRO

1. Os falsos mestres das comunidades destinatarias

Do contido da carta dedúcese que o seu autor ve estas comunidades destinatarias axitadas por uns "falsos mestres" (**2**, 2), que, "con discursos arteiros" (**2**, 3) e cunhas actitudes de forte atrevemento, soberbia (**2**, 10) e burla de todo (**3**, 3), poñen en perigo a pureza da fe e dos costumes destas comunidades, maiormente a dos recén convertidos.

No campo dogmático "negan ó Señor que os rescatou" (**2**, 1), isto é, negan a obra redentora de Xesús Cristo e "desprezan a súa autoridade" (**2**, 10). Negan burlescamente a vinda escatolóxica do Señor (**3**, 3). Sen dúbida, a preocupación do autor de 2 Pe reside nos temas de teoloxía da Biblia: inspiración, interpretación conforme á doutrina da tradición apostólica e ó canon dos libros inspirados (cf **1**, 20-21 e **3**, 15-16 e maila reelaboración da carta de Xudas que se atopa no c. **2**); ten unha intención claramente dogmática en contra do libre exame dos textos sagrados, da negación da inspiración profética e da probable exclusión dalgúns libros bíblicos do canon e da inclusión doutros non recoñecidos pola Igrexa.

A moral destes falsos mestres caracterízase en **2**, 2 coma o "camiño dos libertinos". Entenden a liberdade cristiá coma a libertinaxe das paixóns sexuais (**2**, 13.14.19); a única moral son os caprichos propios (**3**, 3), para os que parecen organizar orxías especiais, transformando as comidas de irmandade dos cristiáns en actos de desenfreo (**2**, 13).

Case tódolos comentaristas consideran que se denuncia un certo gnosticismo cristián: a moral cristiá sería algo superado pola gnose liberadora e a salvación non se debería á obra histórica ou actual-sacramental de Xesús Cristo, senón á participación na divindade mediante o coñecemento.

2. Xénero literario de 2 Pe: testamento espiritual

Á primeira vista diríase que se trata dunha carta ó estilo das demais cartas do N.T. Contén incluso unha derradeira sección (**3**, 14-18) que se podería considerar coma despedida. Ora, este tipo de despedida é do xénero literario chamado testamento espiritual (cf **1**, 13; **3**, 1). No séc. I a. C. puxéronse de moda entre os xudeus os testamentos de Abraham, Xob e Salomón e o dos 12 Patriarcas, escritos que os cristiáns reelaboraron e ós que lles tiveron gran apego. O mesmo N.T. fai uso deste xénero literario: así Xn **13**, 31-17, 26 ben se pode considerar coma o testamento espiritual de Xesús; a mesma 2 Tim está fortemente influída por este xénero literario (cf 2 Tim **3**, 14-17; **4**, 6-8).

3. O autor e a data

A pesar de que en **1**, 1.14.16-18 se di que San Pedro foi o seu autor, o carácter de testamento espiritual deste escrito fai sospeitosa a paternidade de Pedro con respecto á carta. O mesmo texto confirma a sospeita: 1) En **3**, 4 o autor deixa claramente entender que a primeira xeración cristiá (os apóstolos e os contemporáneos deles) xa desapareceu. 2) O autor coñece xa a colección de tódalas cartas de San Paulo (**3**, 15-16) que morreu máis ou menos canda Pedro. 3) Durante a vida de San Pedro non se comprende que os cristiáns se fagan problema co retraso da Parusía, tema fundamental da carta e maiormente do c. 3.

O autor utiliza no c. **2** a carta de Xudas, coa que ten grandes coincidencias e que segundo os críticos é un dos últimos escritos do N.T. Ten forte preocupación polo canon bíblico, como o deixa ver ó suprimir certa parte da carta de Xudas que este toma dos apócrifos xudeus (cousa que fai supoñer unha época un tanto serodia, na que este problema preocupaba). Tendo en conta que a morte de San Xoán a hai que situar preto do ano 100, 2 Pe debeu de escribirse nos comezos do sec. II. Por outra banda dado que no sec. II deixou de ser problema o retraso da Parusía, non se pode retrasar moito a súa composición: quizais arredor do 125 d. C.

A xulgar polo estilo literario, o autor foi un home con gran dominio do grego e dun grego arcaizante e moi culto: usa a miúdo termos descoñecidos para o A.T. e o N.T.; por outra banda, coñece ben o pensamento do A.T., o mesmo cá "haggadá" (explicación teolóxica) xudía (c. **2**). Puido ser un discípulo de Pedro (¿acaso Marcos?).

4. Canonicidade e lugar de composición

Os testemuños máis antigos da canonicidade deste escrito véñennos de Exipto, de aquí pasou a modiño a formar parte do canon das escrituras santas.

Non debe ser problema a data nin a serodia inclusión no canon, xa que unha cousa é a inspiración divina do escrito e outra moi distinta o recoñecemento oficial da Igrexa, baseada esta no uso que dela facían as distintas comunidades e, no fondo, dirixida polo Espírito Santo.

SEGUNDA CARTA DE SAN PEDRO

Saúdo

1 ¹Simón Pedro, servidor e apóstolo de Xesús Cristo, ós que tiveron a sorte de recibir unha fe de tanta estima coma a nosa, debido ó xusto reparto de Xesús Cristo, noso Deus e Salvador: ²que vos aumente a gracia e a paz, ó irdes coñecendo mellor a Deus e a Xesús, noso Señor.

O camiño do Reino de Xesús

³Ó coñecermos a Aquel, que nos chamou coa súa propia gloria e coa súa forza, o seu poder divino convidounos con todo canto precisamos para a vida e para a piedade. ⁴Con esa gloria e esa forza tamén nos convidou ós máis preciosos e mellores bens prometidos, para que por estes bens, fuxindo da podremia que o egoísmo produce no mundo, sexades partícipes da natureza de Deus. ⁵Por iso mesmo, con toda a dilixencia, coidade fomentar coa vosa fe a virtude; coa virtude, o xuízo moral; ⁶co xuízo moral, o dominio de vós mesmos; co dominio de vós, a constancia; e coa constancia, a piedade; ⁷coa piedade, o agarimo de irmáns; e co agarimo, o amor.

⁸Pois ben, se xa sodes donos destas boas cualidades e van en aumento en vós, non vos deixarán ser nugalláns e estériles para conseguirdes coñece-lo noso Señor Xesús Cristo. ⁹Porque o que non as ten é un cego, que non ve de lonxe, xa que lle esqueceu a purificación dos seus pecados pasados. ¹⁰Por isto, irmáns, esforzádevos cada vez máis en asegurárvo-la chamada a elección que se fixo de vós. Se obrades así, endexamais non fracasaredes, ¹¹pois deste xeito hásevos franquea-la entrada no Reino eterno do noso Señor e Salvador Xesús Cristo.

Finalidades da carta

¹²E así eu teimarei sempre en vos lembrar estas cousas, aínda que xa as coñecedes e estades firmes na verdade que recibistes. ¹³Mentres vivo nesta tenda, penso que é o meu deber espabilarvos cun testemuño espiritual, ¹⁴sabendo que logo teño que abandona-la miña tenda, como mostrou o noso Señor Xesús Cristo. ¹⁵Coidarei, logo, de que, en toda ocasión, aínda despois da miña morte, vos poidades lembrar destas cousas.

O testemuño do apóstolo e o da palabra profética

¹⁶Se vos demos a coñece-la vinda poderosa do noso Señor Xesús Cristo, non foi guiándonos por contos argallados con habilidade, senón porque fomos testemuñas oculares da súa grandeza. ¹⁷Pois recibiu honor e gloria de parte de Deus Pai, cando desde a sublime Gloria lle chegou aquela voz tan especial: "Este é o meu Fillo, o meu predilecto, o Fillo do meu contento". ¹⁸Esta voz oímola nós vir do ceo, estando con el no monte santo. ¹⁹Deste xeito temos confirmación da palabra profética, á que facedes ben en estardes atentos, coma un candil aceso en lugar escuro, ata que alboree o día e o luceiro da alba naza nos vosos corazóns.

²⁰Antes que nada, dádevos conta disto: que ningunha profecía da Escritura é obxecto de interpretación privada. ²¹Porque ningunha profecía se fixo por proxecto de home senón que, sendo homes, falaron de parte de Deus, levados polo Espírito Santo.

1, 1 Aínda que no v 2 se distingue a Deus (Pai) e a Xesús, aquí afírmase con toda claridade a divinidade de Xesús Cristo.

1, 2 *Coñecendo mellor:* lit. "no perfecto coñecemento". O termo grego "epígnosis" é polémico, xa que a carta se dirixe contra as herexías gnósticas.

1, 3 Entre os críticos hai moitas diverxencias na comprensión e tradución deste v: algúns refíreno todo a Deus, outros a Xesús Cristo; uns xuntan a fórmula "coa súa propia gloria" a *convidounos* e outros a *nos chamou*.

1, 4 *Sexades partícipes da natureza de Deus.* Esta fórmula, tomada da filosofía e relixións gregas, expresa o mesmo ca comunión do home con Deus (1 Xn 1, 3), que é puro don gratuíto e obra de Xesús Cristo.

1, 5-7 A exhortación moral que segue (vv 5-7) parte dun suposto dogmático e por este motivo, aínda que o catálogo de virtudes destes vv teña moitos paralelos no helenismo, o seu senso é claramente bíblico.

1, 13 A imaxe da tenda (de peregrinos, de pastores) indica o carácter provisorio e de camiño da nosa vida neste mundo (cf 2 Cor **5,** 1-5); por isto escríbelles este testamento espiritual, tan de moda no cristianismo e xudaísmo destes tempos (cf Introd.).

1, 15 A finalidade de servicio dos escritos para os cristiáns, despois da morte do autor, é algo novo na literatura do N.T., que foi unha literatura ocasional ou cunha finalidade práctica (liturxia) e inmediata. Esta idea é reflexo de que na época en que foi escrita a 2 Pe a literatura cristiá xa tiña utilidade e uso na vida da comunidade.

1, 16 *Contos argallados con habilidade:* lit. "mitos sofisticados": non se refire ós mitos gregos, senón ás diversas emanacións de "eóns" da doutrina gnóstica.

1, 17-18 Cf Mt **17,** 1-5 e paralelos: a transfiguración de Xesús é un testemuño histórico do seu carácter divino e do poder que mostrará na Parusía.

1, 19 A mesma transfiguración de Xesús testemuña a autenticidade da gloria mesiánica das profecías do A.T., que se cumprirán na escatoloxía final. Nótese que aquí a escatoloxía se entende coma escatoloxía individual.

1, 20-21 Do feito da inspiración literaria do profeta deduce o autor que a libre interpretación da Biblia que facían os gnósticos non ten razón de ser nin é xusta.

OS FALSOS MESTRES

Denuncia dos falsos mestres

2 ¹O mesmo que houbo no pobo xudeu profetas falsos, tamén haberá entre vós falsos mestres, que meterán arteiramente herexías perniciosas; ó negaren ó Señor que os rescatou, acarrexan para si unha rápida perdición. ²Moitos extraviándose, seguirán o camiño dos libertinos e por culpa deles maldirase o camiño verdadeiro. ³Pois, por cobiza, hanvos explotar con discursos arteiros: a sentencia que merecen xa hai tempo que non folga; e a perdición que lles vén enriba non está a durmir, de certo.

Condena dos pecadores e salvación dos xustos

⁴Pois Deus non perdoou os anxos que pecaron senón que os botou ós alxubes escuros 1o inferno, gardándoos alí para o xuízo. ⁵Tampouco non lle perdoou ó mundo antigo senón que, cando mandou o cataclismo a aquel mundo de impíos, soamente gardou seguras a oito persoas con Noé, o pregoeiro da xustiza; ⁶e condenou as cidades de Sodoma e Gomorra volvéndoas cinsa, deixando deste xeito e para sempre un escarmento para os impíos. ⁷Pero librou ó xusto Lot, atormentado polo comportamento lascivo daquela xente sen decencia, ⁸pois como era un home xusto, co que lles vía e lles oía ós homes entre os que vivía un día e outro día, doíanlle na súa alma santa aquelas acción inicuas.

⁹Deste xeito o Señor sabe ben como librar da proba os homes piadosos; e, en troques, tamén sabe gardar para o día do xuízo os culpables, que xa van ser castigados, ¹⁰maiormente os que van tras dos desexos impuros da carne e os que desprezan a autoridade do Señor. Ousados, pagados de si, destemidos, maldicen os Seres Gloriosos, ¹¹cando nin os mesmos anxos, con seren maiores ca eles en forza e poder, non se atreven a lles botar unha maldición diante do Señor. ¹²Pero esa xente, coma animais irracionais, nacidos e destinados para que os cacen e os maten, por maldiciren o que nin sequera coñecen, morrerán cunha morte coma a destes animais. ¹³Recibirán así a paga dos seus erros, xa que pensan que a felicidade consiste en andar de esmorga en pleno día.

Denuncia dos seus pecados na comunidade e contra ela

¡Que noxo e que vergonza, cando, comendo convosco, se enzoufan nos seus praceres! ¹⁴Os seus ollos non se enchen de adulterar nin se cansan de pecar; andan á caza dos recén convertidos, coñecen tódalas mañas da cobiza, naceron para a maldición. ¹⁵Ó deixaren o camiño dereito, extraviáronse, seguindo o camiño de Balaam, fillo de Bosor, quen cobizou a paga por profetizar cousas inxustas; ¹⁶pero tivo quen lle botase na cara o seu pecado: unha burriña sen fala falou con voz de home e parou a loucura do profeta.

¹⁷Son coma fontes secas, nubes mouras empurradas por unha tormenta: a negra escuridade está gardada para eles. ¹⁸Pois con discursos que soan moi ben pero que non din cousa ó caso e aproveitando as paixóns lascivas da carne, cazan ós que hai pouco se apartaron dos que vivían no erro. ¹⁹Prométenlles liberdade, eles que son escravos da corrupción —porque o que nos vence, escravízanos—. ²⁰Se os que se libran das inmundicias do mundo, gracias a coñeceren ó noso Señor e Salvador Xesús Cristo, se deixan enlizar e vencer de novo polas mesmas inmundicias, o seu final vénlles ser peor do que o principio. ²¹Máis lles valía non coñece-lo vieiro da xustiza, antes que, de coñecido, voltarse atrás do cumprimento da santa doutrina que se lles entregou. ²²Pasóulle-lo daquel atinado *O can que vomitou, o vómito papou* e aqueloutro: *"Porca lavada revólcase no bulleiro".*

2, 1-3, 3 É un texto paralelo da carta de Xudas (4-18).
2, 1 Ós falsos profetas do A.T. (Is **28,** 7-13; Xer **3,** 13; Ez **13**) corresponden na Igrexa os *mestres* da mentira, xa que o profetismo do N.T. é maxisterio (1 Cor **14,** 29s; Ef **2,** 20).
2, 4 Cf nota a 1 Pe **3,** 19 e 1 Henoc **19,** 21.
2, 5 *Oito persoas:* lit. "a Noé o oitavo". O número 8 é o número da semana cristiá; o autor fai de Noé o prototipo do Cristo pascual, pregoeiro da salvación que se realiza pola fe nel e pola Eucaristía.
2, 9 O autor saca a conclusión da exposición histórica e aplícala á situación da Igrexa do seu tempo: Deus castigou e segue castigando.
2, 10 Este desprezo á autoridade do Señor consiste no desprezo dos seus mandamentos (**2,** 2) e en nega-lo Señor que os rescatou (**2,** 1).

Seres Gloriosos: reciben múltiples interpretacións: os anxos bos, os malos (Xén **6,** 1-5), algún tipo de potencias celestes. Tamén poden se-los xefes das comunidades cristiás, que teñen a gloria da presencia salvífica de Xesús.
2, 13 As esmorgas durante o día considéranse in Is **5,** 11 e Eclo **10,** 16 un escándalo xa que a comida principal nestes tempos era de noite.
2, 15 Cf Núm **22,** 7; Xds 11; Ap **2,** 14. Alusión a Balaam, profeta á soldada de Balac, rei dos moabitas.
Fillo de Bosor parece ser un xogo de palabras (paronomasia) por Beor (fillo da carne).
2, 22 O primeiro refrán está tomado de Pr **26,** 11, onde se aplica ós estúpidos; e o segundo está tomado da cultura popular: os herexes volven á mesma situación de escravitude dos seus vicios de antes da conversión.

A VOLTA DO SEÑOR Á FIN DO TEMPO

Anque se demore, a Parusía chegará

3 ¹Meus amigos, esta xa é a segunda carta que vos escribo; nas dúas quero avivece-lo voso espírito sincero cun testamento espiritual, ²para que vos acorden as palabras que en tempos dixeron os santos profetas e o mandamento do Señor e Salvador, que vos transmitiron os vosos apóstolos.

³Antes de nada, tede presente que nos derradeiros días virán uns que farán riso de todo e que se comportarán segundo os seus propios antollos. ⁴Estes dirán: "¿Que queda da promesa da súa volta? Pois desde que morreron os nosos pais, todo segue igual que estaba desde o principio do mundo". ⁵Pero así esquécense adrede de que o ceo existe desde antigo e de que, pola palabra de Deus, a terra se formou da auga e subsiste mediante a auga. ⁶E por isto o mundo de entón pereceu alagado na auga. ⁷En canto ó ceo e mais á terra actuais, a mesma palabra os ten reservados para o lume e gárdaos para o día do xuízo e da perdición dos impíos.

Sentido desta demora e conseguintes esixencias de santidade no cristián

⁸Meus amigos, que non vos esqueza unha cousa: que para o Señor un día éle coma mil anos; e *mil anos sonlle coma un día*. ⁹Non está retrasando Deus o cumprimento do que prometeu, aínda que algúns o crean así: o que pasa é que ten paciencia convosco, porque non quere que ninguén pereza senón que a todos lles dea tempo a se converteren. ¹⁰Máis ben o día do Señor virá coma un ladrón: daquela os ceos desaparecerán con estrondo; os elementos disolveranse abrasados de calor; e a terra e tódalas obras que hai nela nin se atoparán.

¹¹Xa que todo isto se ha disolver desta maneira, ¡con que santo xeito e prácticas de piedade tedes que vivir ¹²mentres esperades e suspirades pola chegada do día de Deus! Porque é neste día cando os ceos incendiados se han disolver e os elementos abrasados de calor se han derreter. ¹³Pero nós, conforme á súa promesa, esperamos un ceo novo e unha terra nova, onde exista a xustiza.

Derradeiras recomendacións

¹⁴Por iso, meus amigos, mentres agardades isto, collede a peito que El vos atope en paz, sen tacha nin defecto. ¹⁵Tede por seguro que a paciencia do noso Señor é sinal de salvación, como xa o noso benquerido irmán Paulo volo escribiu co saber que Deus lle deu. ¹⁶El fala diso en tódalas cartas. Anque nelas hai algunhas cousas difíciles de entender, que a xente ignorante e pouco firme interpretan retortamente para

---

3, 3 Cf Dn **8**, 27; **12**, 4.11; Mt **24**, 11s. 24; 1 Tim **4**, 1-3; 2 Tim **3**, 1-5.
3, 4 Aínda que en xeral a expresión "os nosos pais" se refire ás pasadas xeracións que recibiron as promesas, aquí parece referirse á xeración anterior (cf Mt **24**, 34) é dicir, a xeración contemporánea de Xesús Cristo.
3, 5 Aquí enténdese a terra en contraposición ó ceo, coma o conxunto de todo o que hai na terra; a terra formouse da auga lamacenta inicial (separación do mar e da terra de Xén **1**, 9s), e as cousas que constitúen a terra (plantas e animais) subsisten gracias á auga.
3, 6 *Por isto:* lit. "por estas/es". Pode referirse á palabra de Deus e mais á auga; ou segundo outros ás "augas superiores" e ás "augas inferiores". Nin se debe excluí-la hipótese de que se refira a "estes homes", é dicir: "por culpa destes", que, entón coma agora, pensan así.
3, 7 A mesma palabra de Deus, creadora e destructora no diluvio, sostén o mundo que camiña cara á súa destrucción; e reserva a destrucción do mundo polo lume (Is **33**, 11s; Xl **2**, 3; Zac **12**, 6) para facer dela o castigo dos impíos. Advírtase que ideas cosmolóxicas son as daquel tempo e que, servíndose delas, constrúe o autor esta grandiosa imaxe do poder de Deus e da súa palabra.
3, 8-9 Estes vv dan resposta ó problema do v 4. A grandeza de Deus fai que a súa medida do tempo non sexa a nosa, o que o autor expresa con verbas do Sal **90**, 4 (v 8); o retraso da Parusía é un reflexo da paciencia misericordiosa de Deus, que espera a nova conversión, idea común ó A.T. e ó N.T. (cf Ex **34**, 6; Núm **14**, 18; Sal **85**, 15; Eclo **2**, 11; Xl **2**, 13; Xon **4**, 2; Mt **18**, 26. 29; Rm **2**, 4; **9**, 22; 1 Pe **3**, 20).
3, 10 A imaxe do ladrón que aparece xa en Mt **24**, 43; Lc **12**, 39 (cf 1 Tes **5**, 2; Ap **3**, 3; **16**, 15) expresa o carácter repentino e inesperado da vinda do Señor (Is **13**, 6; Xer **32**, 19; Am **5**, 18). As demais expresións son típicas destas descricións apocalípticas (cf Is **34**, 3; Xl **4**, 15; Mc **13**, 25; Ap **6**, 12) e neste mesmo senso se han entender.
3, 11-12 A exhortación a unha vida sa é típica deste contexto (cf Mt **24**, 42 e parl; 1 Tes **5**, 6); a santidade de vida adiantará a vinda do Señor (cf Mt **6**, 10).
3, 13 Máis alá da destrucción cósmica hai a nova creación escatolóxica, o mundo novo, descrito cunha forte sobriedade e sen imaxes mítico-apocalípticas; o xusto e maila xustiza serán os veciños deste novo mundo (cf Is **65**, 17; **66**, 22; Ap **21**, 5).
3, 14 A paz, que inclúe a fartura, indica o conxunto dos bens mesiánicos.
3, 15 Parece que 2 Pe alude aquí a unha carta concreta dirixida ós seus destinatarios; pero non se sabe a cal: trata do tema en Rm **13**, 11-14; 1 Cor **7**, 29-32; 2 Cor **5**, 6-10; Ef **4**, 30s; Flp **2**, 15s; Col **3**, 4; 1 Tes **5**, 4-11; 2 Tim **3**, 1-5; Tit **2**, 12-14.
3, 16 Co nome das *Escrituras* o autor indica o A.T., ó que equipara tódalas cartas de San Paulo, que naquel entón xa se consideraban parte do canon de libros inspirados, á par do A.T.

a súa propia ruína, como fan co resto das Escrituras.

¹⁷Polo tanto vós, meus amigos, ben avisados, estade en vela, para non perdérde-la vosa firmeza, arrastrados polo erro de xente sen conciencia. ¹⁸Non; vós crecede na gracia e no coñecemento do noso Señor e Salvador, Xesús Cristo. A el sexa a gloria, agora e deica o día eterno. Amén.

INTRODUCCIÓN ÁS CARTAS DE SAN XOÁN

1. Situación das comunidades destinatarias

Aínda que no texto non se di a quen se dirixe o autor, no contido das cartas atopamos unhas situacións fortemente polémicas. Sen dúbida diríxense a unhas comunidades cristiás conmovidas por unhas perigosas doutrinas cristolóxicas e morais. Delas son mensaxeiros uns personaxes que pertenceron á comunidade cristiá (1 Xn **2**, 19; 2 Xn 9), pero que naquel intre trataban xa de descamiña-los cristiáns (1 Xn **2**, 26; **3**, 7) cunha doutrina que non é a de Xesús Cristo (2 Xn 10). A estes predicadores chámanlles anticristos (1 Xn **2**, 18.22; **4**, 3; 2 Xn 7), falsos profetas (1 Xn **4**, 1), mentireiros (1 Xn **2**, 22), engaioladores (2 Xn 7); son dos do mundo (oposto a Xesús Cristo) e falan ó xeito do mundo e o mundo escóitaos.

Moi probablemente tratábase do misticismo gnóstico cristián surxido nas comunidades de Asia Menor, xa que o feito de que os escoite o mundo supón unhas doutrinas que tiñan acollida no ambiente pagán e non puido ser outra corrente de pensamento fóra do gnosticismo, segundo o confirman os datos que seguen.

Din que coñecen a Deus (1 Xn **2**, 4), que vén de Deus (1 Xn **3**, 6; 3 Xn 11), que están en comuñón con Deus (1 Xn **2**, 6), que están na luz de Deus (1 Xn **2**, 9); consideran o seu misticismo superior ó dos outros cristiáns (1 Xn **4**, 1); por outra banda, desprezan o comportamento moral ou, mellor, considérano algo superado pola súa pseudomística. Así din que non teñen pecado (1 Xn **1**, 8) e que endexamais eles non pecan (1 Xn **1**, 10), non se preocupan do cumprimento dos mandamentos (1 Xn **2**, 4) e menos da praxe do amor cristián (1 Xn 2, 9).

No seu concepto de Cristo distinguen entre Xesús e o Mesías, o Cristo (1 Xn **2**, 22); Xesús sería o home e o Cristo sería un ser celeste e glorioso, que residiu temporalmente en Xesús, desde o bautismo ata antes da paixón; distinguen entre Xesús e o Fillo de Deus (1 Xn **4**, 15); negan que Xesús Cristo viñese en carne mortal (1 Xn **4**, 2; 2 Xn 7) e segundo a mellor lectura de 1 Xn **4**, 2 "dividen a Xesús Cristo" ó distinguiren nel o home Xesús e o Cristo celeste, negan ademais a paixón de Cristo, ó negaren que Xesús "veu con sangue" (1 Xn **5**, 6).

2. O autor das tres cartas

A xulgar pola crítica interna, as ideas, a fraseoloxía e o vocabulario, as tres cartas son da mesma man; as tres se enfrontan coa mesma situación de crise. A primeira, a diferencia das de San Paulo, non leva o nome do autor e as outras dúas levan o título do Presbítero, coma autor delas.

Presbítero no A.T. significa o xefe xerárquico dunha comunidade, pero na linguaxe cristiá de Asia Menor transmitida por Papías, aplícaselles ós discípulos do Señor, ós apóstolos. Esta análise concorda cos mesmos datos internos de 1 Xn **1**, 1-3, onde se fai alusión á experiencia persoal e física que o autor ten de Xesús Cristo. Parece, logo, referirse a Xoán.

Con todo, aínda que se observan algunhas características literarias que supoñen unha man semita, o grego destas cartas é moi superior ó do Apocalipse. Por isto parece que tivo que habe-la man dun redactor grego, que ou ben foi discípulo ou ben escribiu ó dictado as cartas.

3. Orde da composición das cartas

A orde histórica da composición das cartas debeu de ser: primeiro a 2 Xn, xa que en 3 Xn 9 se fai alusión a outra carta, que tivo que ser 2 Xn; logo viría 3 Xn, que supón o conflicto da herexía xa vivo. Por último a 1 Xn, que aborda o problema con toda profundidade e dálle unha solución acorde coa tradición catequética da primitiva Igrexa.

O Evanxeo de Xoán apareceu despois das cartas, xa que presenta aspectos da teoloxía de Xoán e do seu círculo máis maduros: coma a "escatoloxía realizada", a concepción do "logos" (palabra) e o apelativo "Paráclito" (=defensor), aplicado ó Espírito. Advírtense certas diferencias de vocabulario: termos claves do Evanxeo non aparecen nas cartas (coma gloria, glorificación, nacer do alto, ser de abaixo) e outra serie de termos que non aparecen no Evanxeo (unción, semente de Deus, comunión, manifestación, expiación, profetas falsos, victoria, Anticristo, te-lo Pai e o Fillo, nega-lo Pai, nega-lo Fillo, mensaxe). Pero estas diferencias débense á diversa finalidade dos dous escritos e abonda unha simple lectura para caer na conta de que nos atopamos diante de obras da mesma man, aínda que en tempos e con finalidades distintas.

INTRODUCCIÓN Á PRIMEIRA CARTA DE SAN XOÁN

1. Influxos literarios e doutrinais

1. Non hai dúbida de que, aínda que Xoán quere combate-los gnósticos cristiáns, faino aceptando a súa linguaxe; combate a mística gnóstica cunha mística netamente cristiá e deste xeito chega a proba-la inferioridade da mística gnóstica en confrontamento coa cristiá. Expresións coma "nacer de Deus" (**2**, 29; **3**, 9-10; **4**, 7; **5**, 1-4); *"vir de Deus"* (**4**, 3-4.6); *"ser fillos de Deus"* (**3**, 1-2); *"estar con Deus" (lit. estar en Deus)* (**2**, 5); *"permanecer en Deus", "permanecer no Fillo"* (**2**, 6.24.27.28; **3**, 6.24; **4**, 15-16); *"permanecer na luz"* (**2**, 10); *"te-lo Pai"* (**2**, 23); *"te-lo Fillo"* (**5**, 12); *"te-la vida"* (**5**, 12-13); *"coñece-lo Pai", "coñecer a Deus"...* (**2**, 3-4.13.14; **3**, 2.6; **4**, 6.7; **5**, 20); *"ve-lo" (a Deus)* (**3**, 6), *pertencen á terminoloxía da gnose, aínda que para San Xoán non son máis ca formas de expresión da experiencia.*

2. Outro dos influxos lingüísticos de 1 Xn é o xudaísmo palestino (cf notas a **3**, 11-12) *e a mística de Qumrân: expresións coma "practicámo-lo que cremos" (lit. "camiñamos na verdade",* **1**, 6), *"o espírito da verdade"* (**4**, 6), *"a rebeldía" ou "iniquidade"* (**3**, 4); *as oposicións entre Deus e o mundo* (**4**, 4-6), *a luz e as tebras* (**1**, 6-7; **2**, 9-11), *a verdade e a mentira* (**2**, 21.27) *aparecen tamén na Regra da Comunidade de Qumrân. O dualismo de Xoán non é metafísico e cosmolóxico coma o dos gnósticos, senón moral e escatolóxico, isto é, un estar de parte de Deus ou contra Deus e sempre aberto á posibilidade de conversión.*

3. Outra fonte de influxos doutrinais en 1 Xn son as catequeses bautismais: así a miúdo fala do "que oíron" (**2**, 7.18.24; **3**, 11; **4**, 3), *a fórmula netamente alusiva a esta catequese: "os vosos comezos"* (**1**, 1; **2**, 7.13-14.24; **3**, 8.11), *o uso das formas "sabemos", "sabedes"* (**2**, 20-21; **3**, 2.5.14.15; **5**, 18.19-20), *a expresión "profesa-la fe"* (**2**, 22-23; **4**, 2-3.15), *a palabra alusiva a esta catequese: "unción"* (**2**, 20.27).

2. Contido

Esta carta desenvolve en tres seccións unha serie de criterios de auténtica mística cristiá, de comuñón con Deus ou de vida cristiá.

INTRODUCCIÓN Á SEGUNDA CARTA DE SAN XOÁN

A diferencia da primeira, trátase dunha verdadeira carta do Presbítero a unha comunidade cristiá, nomeada coma "a señora elixida". Refírese a unha das comunidades cristiás de Asia Menor, que depende dos coidados pastorais de Xoán.

A fe destes cristiáns encóntrase axitada por culpa da presencia entre eles duns seductores que negan a encarnación de Cristo (v 7) *e, con afán de modernismos, deixan a un lado a doutrina cristiá* (v 9). *Xoán quere poñer á espreita a comunidade ante este perigo para a súa fe.*

Esta carta, por outra parte, non presenta doutrina especial que non se atope xa tratada en 1 Xn.

INTRODUCCIÓN Á TERCEIRA CARTA DE SAN XOÁN

Trátase dunha carta do apóstolo Xoán a un cristián, Gaio, que pertence a unha das comunidades que dependen del. Gaio é de boa posición económica, fiel á doutrina recibida na catequese bautismal (v 3). *Pero vive nunha comunidade dominada por un tal Diotrefes, que nin acepta o apóstolo nin a doutrina que este lles expuxera nunha carta* (posiblemente a 2 Xn), *que o critica con dureza* (v 9), *que non acepta os misioneiros que o apóstolo manda a estas comunidades e que lanza verdadeiras excomuñóns a aqueles cristiáns que lles dan pousada* (v 10). *Con toda seguridade o problema de Diotrefes é, cando menos, unha certa contaminación de gnosticismo, que el sostén e quere impoñer á*

comunidade; a afirmación do v 11 "quen obra mal endexamais non viu a Deus" é unha alusión ás pretensión gnósticas de ver a Deus, cousa que o autor nega por motivos de fe.
 Foi Gaio quen lles deu pousada ós misioneiros (v 5) e quedaría expulsado da comunidade (v 10). Estes misioneiros ambulantes informaron a Xoán da situación. Xoán agradécelle agora a Gaio o seu comportamento con estes irmáns misioneiros (v 5), anímao a seguilos hospedando e fornecendo para a viaxe (v 6) e recórdalle a obriga que ten de colaborar no anuncio da verdade.

PRIMEIRA CARTA DE SAN XOÁN

Prólogo

1 ¹O que pasou desde o comezo,
o que temos oído,
o que teñen visto os nosos ollos,
o que contemplamos nós e palparon as nosas mans,
a saber, a Palabra que é a vida
²(porque a vida manifestouse
e nós vímola e damos testemuño dela,
e anunciámosvola a vós: a vida eterna,
que estaba na intimidade do Pai
e que se nos amosou a nós):
³iso que temos visto e oído
agora tamén volo anunciamos a vós,
para que tamén vós teñades parte connosco;
pois compartir connosco
é compartir co Pai e co seu Fillo Xesús Cristo.
⁴Escribímosvos isto
para que a nosa alegría sexa ben cumprida.

Primeiro criterio de vida cristiá: Deus é Luz, debemos vivir na Luz

⁵Esta é a mensaxe que lle temos oído a El e que agora vos anunciamos a vós: que Deus é Luz e que nel non hai escuridade ningunha. ⁶Se aseguramos que estamos en comunión con El e vivimos na escuridade, mentimos e non practicámo-lo que cremos. ⁷Pero se nós vivimos na Luz, do mesmo xeito que El está na Luz, entón estamos en comuñón uns cos outros e o sangue de Xesús, o seu Fillo, estanos purificando de tódolos pecados.
⁸Se dicimos que non temos pecado, desviámonos
e non temos en nós a verdade.
⁹Se recoñecemos publicamente os nosos pecados, fiel e xustificador é Deus; El perdoaráno-los pecados e limparanos de toda ruindade.
¹⁰Se dicimos que endexamais non pecamos, estamos facendo de Deus un mentireiro e non podemos ter connosco a súa revelación.

2 ¹Meus filliños, escríbovos estas cousas para que non pequedes; pero, se algún peca, temos quen nos defenda diante do Pai: Xesús Cristo, o xustificador. ²El é quen expía os nosos pecados; e non só os nosos senón tamén os de todo o mundo.

Segundo criterio: cumprir cos mandamentos, maiormente o do amor

³Sabemos que o coñecemos de verdade polo feito de que cumprimos cos seus man-

---

1, 1-4 Esta "encíclica" de Xoán, dirixida ás súas igrexas de Asia Menor, á falta dos habituais saúdos, comeza directamente cun himno (cf Rm 1, 17; 1 Cor 1, 4-8; 2 Cor 1, 3-7; Gál 1, 1-5; Ef 1, 3-14; Col 1, 15-20; Tit 1, 1-4). O tema, no fondo, é o mesmo có das cartas de San Paulo: o plan salvífico de Deus.
1, 1 *Desde o comezo:* probablemente cómpre entende-la fórmula coma o comezo da experiencia salvífica de Xoán no seu contacto con Xesús Cristo e dos cristiáns da súa escola coa mensaxe cristiá (cf **2**, 7; **2**, 13-14; **2**, 24; **3**, 11; 2 Xn 5-6). Anque pode referirse tamén ó comezo da humanidade, coma no prólogo do evanxeo (Xn **1**, 1).
1, 1-2 Nótese o ritmo crecente dos verbos cara a unha máis profunda experiencia de fe (cf Xn **1**, 4; **11**, 25-26). Queren destaca-la realidade física do Xesús Cristo encarnado, contra as nacentes herexías gnósticas, ó mesmo tempo que lexitiman o testemuño do v 2.
1, 3 A proclamación de Xesús Cristo, Palabra e Vida, recibida con fe, crea a comunidade, crea unha solidariedade (Xn **17**, 20-21) entre as testemuñas auténticas (os apóstolos) e os fieis. A Igrexa (cf **4**, 14) fundaméntase neste compartir con Deus e deste xeito é o instrumento da súa extensión.
1, 5 A *Luz* enténdese coma un ámbito de presencia salvífica de Deus ó que se chega pola aceptación da verdade revelada (cf Xn **8**, 12) que no fondo é o mesmo que o ter parte co Pai e co Fillo, do v 3 (cf **14**, 17; **17**, 6s).
1, 6 A *escuridade* (cf Xn **8**, 12) é o conxunto de actitudes opostas á verdade revelada en Xesús Cristo. Vivir na escuridade é vivir nesta oposición á verdade, deixándonos guiar polo Demo, pai da mentira.
1, 8 Sen dúbida é unha corrección dos desvíos doutrinais gnósticos dalgúns membros destas comunidades cristiás; segundo eles o home ó chegar á gnose —a unión con Deus— xa é impecable (v 10), aínda que a súa vida sexa inmoral. A realidade cristiá é ben outra: parte do recoñecemento dos seus pecados e logo, movido pola fe no Deus fiel ás súas promesas de perdón, atopa nel, por medio de Xesús Cristo, a purificación (v 9).
2, 1 *Filliños:* fórmula usual nesta carta (**2**, 12.28; **3**, 7-18; **5**, 21), reflexo do tenro amor pastoral de Xoán, xa vello, ás súas igrexas de Asia Menor.
Quen nos defenda: lit. "paráclito". No grego non bíblico é todo aquel que testemuña no xuízo a favor do reo; en Xn **14**, 16; **15**, 26; **16**, 7 refírese ó Espírito Santo que virá axuda-los fieis nas súas dificultades; aquí refírese a Xesús Cristo que intercede diante de Deus e que nos xustifica dos nosos pecados (Rm **8**, 34; Heb **7**, 25). Esta concepción da carta primeira é máis primitiva, xa que en Xoán dise "outro paráclito". Nótese o carácter escatolóxico da expresión: estamos xa no xuízo de Deus, no que Xesús Cristo intervén coma defensor e perdoador noso.
2, 2 Cf **4**, 10. A expresión alude a **1**, 7; é outra forma, ó xeito do A.T. e N.T., de expresa-lo senso redentor da morte de Xesús Cristo: proba do amor de Deus e de que está disposto a nos perdoa-los pecados.
2, 3 Non se trata dun coñecemento intelectual senón, máis ben, do concepto bíblico de coñecer, dunha relación persoal, de comparti-la propia intimidade (cf Xer **31**, 34; 1 Xn **2**, 13-14; **4**, 16). Xa o A.T. une o coñecemento de Deus co cumprimento dos seus mandamentos (Os **4**, 1-3; **6**, 4-7; Xer **2**, 8; tamén en Xn **13**, 35; **14**, 21-24). Esta doutrina oponse radicalmente ós gnósticos, que separan da vida moral o coñecemento relixioso e salvífico.

damentos. ⁴O que di: "Eu coñézoo" pero non cumpre cos seus mandamentos, é un mentireiro e non ten en si a verdade revelada. ⁵Quen garda a súa Palabra, nel o amor de Deus chega de verdade ó máximo; nisto é onde coñecemos que estamos con El. ⁶Quen di que permanece en comuñón con El, ten que comportarse como Xesús se comportou.

⁷Meus amigos, non vos comunico un mandamento novo senón un mandamento antigo, que xa tiñades desde o comezo: este mandamento antigo é a Palabra que daquela escoitastes. ⁸E, con todo, comunícovos un mandamento novo: esta novidade é verdadeira sexa polo que a Xesús toca, sexa polo que vos toca a vós, porque a escuridade vai desaparecendo e brilla xa a luz verdadeira.

⁹Quen di que está na Luz, pero odia a seu irmán, aínda está na escuridade.

¹⁰Quen ama a seu irmán, está na Luz e nel non hai nada que o faga tropezar.

¹¹En troques, quen odia a seu irmán, está na escuridade e camiña na escuridade e, por isto, non sabe a onde vai, porque a escuridade lle cegou os ollos.

A verdadeira comunión con Deus

¹²Dígovos, meus fillos,
que os vosos pecados están perdoados por mor do seu nome.
¹³Dígovos, pais,
que vós téde-lo coñecemento daquel, que é desde o comezo.
Dígovos, mozos,
que vós vencéste-lo Maligno.
¹⁴Díxenvos, por tanto, meus filliños,
que vós téde-lo coñecemento do Pai.
Díxenvos, por tanto, pais,
que vós téde-lo coñecemento daquel, que é desde o comezo.
Díxenvos, por tanto, mozos,
que vós sodes valentes,
que a Palabra de Deus está dentro de vós,
e que por isto vencéste-lo Maligno.

¹⁵Non lle queirades ben ó mundo nin ó que hai nel. O amor do Pai non pode estar en quen lle queira ben ó mundo. ¹⁶Porque todo o que hai no mundo —as inclinacións ó mal, os ollos que endexamais nunca se enchen e o orgullo que dá ter moitos cartos— non vén do Pai, senón que vén do mundo. ¹⁷Porque o mundo pasa e as súas cobizas tamén, pero quen cumpre coa vontade de Deus, permanece para sempre.

¹⁸Meus fillos, estamos na hora derradeira. Conforme oístes, tiña que vi-lo Anticristo; ollade que xa están aquí moitos anticristos; por isto sabemos que estamos na hora derradeira. ¹⁹Os anticristos saíron dos nosos, aínda que eles non eran dos nosos; se fosen dos nosos habían quedar connosco; pero non, eles saíron para deixar ver que non todos son dos nosos.

2, 5 A expresión *o amor de Deus* parece deixada a propósito nunha indeterminación, de forma que inclúe o amor de Deus a nós e a nosa resposta de amor ó amor de Deus.
2, 7 Xoán insiste na fidelidade á tradición, o mesmo ca en **1**, 1; **2**, 13.14.24; de xeito que ó mandamento do amor chámalle antigo, porque os fieis xa o coñecen desde que coñeceron a Xesús Cristo.
2, 8 Este v insiste no carácter escatolóxico do mandamento novo (Xer **31**, 31; Ez **36**, 26ss): ó revelar Xesús Cristo o amor do Pai (**4**, 8-10), a historia da salvación chegou ó último (escatoloxía); e ó vivir este amor a comunidade cristiá, esta vólvese sinal dos tempos novos e definitivos.
2, 9-11 Estes tres vv en paralelismo antitético expresan o dinamismo do amor cristián: o amor acrecenta a propia fe, mentres que o odio, naquel que xa ten a luz da fe, cega esta mesma fe que tiña e que o debía levar á comprensión.
2, 12 *Dígovos:* lit. "escríbovos" (en todo este contexto o autor usa a palabra escribir). Dos tres grupos (fillos, pais, mozos) só os dous últimos indican unha categoría concreta de xente; *fillos* é un termo xeral na carta para indicar a tódolos cristiáns (cf nota a **2**, 1). Esta triple distinción parece que se funda en Xer **31**, 34.
Por mor do seu nome: o nome para o semita é o que unha persoa é, o seu poder, o seu ser, é dicir: "por mor do que Xesús é".
2, 13 Cf nota primeira a **1**, 1. O contexto de fe, victoria sobre o Maligno pola fe, purificación dos pecados é ben semellante ó de **1**, 1.
A victoria sobre o Maligno, que lle cadra ben ó mozo, é unha das características dos tempos escatolóxicos (1 Cor **15**, 24s); na fe xa se realiza a escatoloxía. Xesús Cristo venceu o Maligno, o príncipe deste mundo (Xn **12**, 31; **16**, 11), e a nosa unión vital con el, o feito de que a Palabra de Deus está dentro de nós (v 14), asócianos a esta súa victoria.
2, 14 Este v é unha repetición para remacha-lo anterior.
2, 15 O *mundo* para Xoán non é nin o mundo material nin os homes senón o conxunto de forzas malignas que nos apartan do cumprimento da vontade de Deus. Como explica o v 16, non é algo fundamentalmente exterior a nós mesmos: é algo que levamos dentro, o consumismo desordenado, os afáns de poder e de diñeiro.
2, 17 Cf 1 Cor **7**, 31.
2, 18 *A hora derradeira* é a mesma cós tempos finais, a derradeira era da historia salvífica.
Xoán aplica á situación destas comunidades as categorías da literatura apocalíptica verbo do Anticristo, que ha vir antes da manifestación final de Xesús Cristo, para seduci-los cristiáns (cf Mt **24**, 23s e par|; 2 Tes **2**, 3s).
2, 19 Estes herexes non eran verdadeiros cristiáns, pois non tiñan a fe e o espírito propio dun cristián, isto é, pertencían á comunidade puramente externa, non á verdadeira comunidade de fe.

²⁰Vós, en troques, recibistes do Santo unha unción e todos vós téde-lo coñecemento. ²¹Decidínme a escribirvos, non porque non coñezáde-la verdade senón xustamente porque xa a coñecedes e porque da verdade non saen mentiras.

²²¿Quen é o mentireiro, senón o que nega que Xesús é o Mesías? Ese tal é o Anticristo, porque nega ó Pai e ó Fillo. ²³Quen nega ó Fillo, xa non ten comuñón co Pai; e quen profesa a súa fe no Fillo, tamén ten comuñón co Pai.

²⁴Respecto a vós, ó contrario: que vos quede dentro o que aprendestes desde o comezo. Se o que aprendestes desde o comezo vos queda dentro, tamén vós permaneceredes no Fillo e no Pai, ²⁵xa que esta é xustamente a promesa que o Fillo nos fixo: a vida eterna.

²⁶Ben. Dos que vos queren descamiñar, xa chega co dito. ²⁷Ademais, vós conservades dentro a unción que recibistes de Cristo e deste xeito non precisades que ninguén vos faga de mestre; porque a unción de Cristo —que é unha realidade e non unha ilusión— xa vos ensina todo. Permanecede nel como ela vos ensinou.

²⁸Pois logo, meus fillos, seguide en comuñón con el, para que cando se nos manifeste o día que volva, teñamos unha seguridade confiada e non nos sintamos fracasados lonxe del.

Terceiro criterio: practica-la xustiza é propio dos fillos

²⁹Xa sabedes que Cristo é xustificador; tirade, logo, de aquí a consecuencia: que todo aquel que fai o que é xusto, é fillo del.

3 ¹Vede o moito que nos quixo o Pai, para nos chamarmos fillos de Deus e sérmolo de verdade. Por iso o mundo non nos recoñece: porque tampouco non o recoñeceu a El. ²Meus amigos, xa somos fillos de Deus, pero aínda non está á vista o que seremos; sabemos que cando Xesús apareza, nós seremos coma el, xa que o veremos tal e como é. ³Todo o que ten posta en Xesús esta esperanza, trata de vivir unha vida limpa, para ser limpo coma el.

⁴Todo aquel que peca comete unha ruindade, xa que o pecado é esa rebeldía. ⁵E xa sabedes que el se presentou para quita-los pecados, xa que nel non hai pecado. ⁶A quen segue en comuñón con el, non lle dá por pecar: quen peca é que non o viu nin o coñeceu.

⁷Meus fillos, que ninguén vos extravíe: quen fai o que é xusto, vólvese xusto, xa que imita a Aquel que é xusto. ⁸Quen comete pecado, vén do demo, xa que o demo é pecador desde o comezo. Por isto se fixo ve-lo Fillo de Deus, para acabar coas obras do demo. ⁹Quen naceu de Deus, xa non comete pecado, porque a semente de Deus queda nel: xa non pode pecar, porque naceu de

---

2, 20 O *Santo* é un título mesiánico moi antigo de Xesús Cristo (cf Xn **6**, 69; Feit **2**, 27 citando ó Sal **16**, 10; Feit **3**, 14; Ap **3**, 7).
A *unción* (ou, mellor, o aceite para a unción, crisma) segundo o paralelismo co v 24 (cf v 27 e 2 Cor **1**, 21) é a doutrina recibida e feita vida pola fe.

2, 22 *Mesías*: lit. "Cristo". Os gnósticos en cuestión non negan a existencia do Mesías celeste senón que negan que este Mesías sexa Xesús de Nazaret.

2, 23 Rexeitar a Xesús coma Mesías e Fillo de Deus é imposibilitarnos para toda comuñón con Deus, xa que unicamente a través del se nos revela plenamente o Pai (cf Xn **1**, 18; **5**, 23; **10**, 30; **14**, 6-9; **15**, 23) e só a través da súa humanidade podemos chegar a unha comuñón auténtica con Deus.

2, 27 A expresión *a unción... de Cristo* hase de entender en senso dobre: é Cristo quen realiza a unción co aceite sacro da súa palabra comunicada na catequese bautismal e, ó mesmo tempo, a unción é el mesmo; comunícano-lo misterio de si mesmo (carácter sacramental da palabra de Deus). Deste xeito compréndese o *permanecede nel*: permanecede na aceptación do ensino que el vos deu e permanecede firmes no contido do ensino que é Cristo mesmo.

2, 28 Cf **4**, 17.

2, 29 *Xustificador*: lit. "xusto", que aquí ten o senso de xustificador coma en **2**, 1 e **3**, 7.

3, 1 O mundo non nos recoñece coma fillos, porque tampouco non recoñeceu a Deus como Pai (cf **4**, 8-9; Xn **16**, 3; **17**, 25; 1 Cor **1**, 21).

3, 2 Na Parusía de Xesús Cristo seremos coma el, xa que estaremos en perfecta comuñón con el, participaremos familiarmente da súa gloria (cf Rm **8**, 29; 2 Cor **3**, 18; Col **3**, 4).

3, 4 O concepto de pecado que aquí aparece é o pecado coma oposición ó reino de Xesús Cristo, ás ordes do demo, ben distinto do concepto de pecado en **1**, 7-10. Esta noción de pecado explícano-la impecabilidade do cristián, do v 6.

3, 7-10 Estes vv aplican a doutrina do párrafo anterior á situación concreta destas comunidades axitadas polos ensinos gnósticos: o amoralismo doutrinal e práctico destes herexes lévaos á situación de rebeldía contra o reino de Cristo. Por isto o esforzo de vivir unha vida moral é sinal de ter comuñón con Deus, de se-los seus fillos.

3, 9 *A semente de Deus* é (en Mt **13**, 1-9; 1 Pe **1**, 22; cf tamén o apócrifo 4 Esd **9**, 31) a palabra que provoca a fe, que leva ó bautismo e a rexeneración e filiación divina do cristián (cf Xn **15**, 3; 1 Xn **2**, 24). Esta experiencia de fe impide o pecado de rebeldía escatolóxica; deste xeito a realidade moral cristiá é o cumprimento das esperanzas escatolóxicas (Xer **31**, 33-34; Ez **36**, 27-28; cf Sal **37**, 31; **119**, 11; Eclo **24**, 22-23).

Deus. ¹⁰Nisto é onde se ven os que son fillos de Deus e os que son fillos do demo.

Cuarto criterio: o amor ó próximo

Quen non fai o que é xusto, isto é, quen non quere ben a seu irmán, non vén de Deus. ¹¹Porque esta é a mensaxe que oístes desde o comezo: que nós nos amemos uns ós outros. ¹²Non coma Caín, que, vindo da caste do demo, degolou a seu irmán. ¿E por que o degolou? Porque os seus feitos eran do demo, mentres que os do seu irmán eran xustos.

¹³Non vos admiredes, irmáns, de que o mundo vos teña odio. ¹⁴Ollade que nós sabemos que pasamos da morte á vida en que lles queremos ben ós irmáns; o que non quere ben, permanece na Morte. ¹⁵Quen odia a seu irmán é un asasino e xa sabedes que ningún asasino leva en si a vida eterna.

¹⁶Soubemos o que é o amor desde que el deu a súa vida por nós e entón decatámonos de que nós temos que da-la vida polos irmáns. ¹⁷Pois ¿como pode esta-lo amor de Deus naquel que, tendo moitos bens deste mundo e vendo pasar necesidade ó irmán, lle cerra as entrañas? ¹⁸Meus filliños, non amemos de palabra e de lingua, senón con feitos e na verdade.

Confianza con Deus

¹⁹Deste xeito saberemos que vivimos conforme a verdade e sosegarémo-lo noso corazón diante do tribunal de Deus. ²⁰Porque aínda que o noso corazón nos acuse, Deus é meirande có noso corazón e coñece todo. ²¹Meus amigos, se o corazón non nos acusa, temos confianza para nos achegar a Deus ²²e El dáno-lo que lle pidamos, porque cumprimos cos seus mandamentos e facémo-lo que a El lle agrada.

²³Isto é o que El manda: que creamos no seu Fillo Xesús Cristo e que nos queiramos ben uns ós outros, coma el nos mandou. ²⁴O que cumpre cos seus mandamentos, está en comuñón con Deus, e Deus en comuñón con el: coñecemos que Deus está en comuñón connosco polo Espírito que nos deu.

Quinto criterio: a fe en Xesús, levados polo Espírito

4 ¹Meus amigos, non fiedes en calquera espírito; máis ben, poñede á proba os espíritos, para ver se veñen de Deus. Porque de entre nós saíron polo mundo moitos falsos profetas.

²O Espírito de Deus podémolo distinguir nisto: vén de Deus todo espírito que profesa que Xesús Cristo veu en carne mortal; ³non pode vir de Deus todo espírito que non profesa a Xesús; ese é o espírito do Anticristo, de quen oístes dicir que ía vir e agora xa está no mundo.

⁴Meus filliños, vós sodes de Deus, e téde-los anticristos sometidos a vós, porque o que está en vós é maior có que está no mundo. ⁵Eles son dos do mundo, falan ó xeito do mundo e por isto escóitaos o mundo. ⁶Nós, en troques, somos dos de Deus: quen coñece a Deus, escóitanos; quen non é dos de Deus, non nos escoita. Nisto é onde coñecémo-lo Espírito da verdade e o espírito do error.

Sexto criterio: a fe no amor de Deus

⁷Meus amigos, amémonos úns ós outros, porque o amor vén de Deus; e todo aquel

---

3, 12 *Do demo:* lit. "malos"; aquí o sentido é "diabólicos".
3, 13 Cf Lc **6**, 22; Xn **15**, 18-19.
3, 14 Cf Xn **5**, 24 Poñemos *Morte* con maiúscula, xa que aquí parece ser unha personificación das forzas diabólicas e deste xeito exprésase a oposición escatolóxica ó reino de Xesús Cristo daquel que non quere ben ó irmán.
3, 16 Cf **4**, 6; tamén Xn **10**, 11.15.17-18; **13**, 37-38; **15**, 13; Gál **2**, 20; Flp **2**, 17; 1 Tes **2**, 8; 1 Tim **2**, 6; Tit **2**, 14: a actitude sacrificial de Xesús Cristo, de suprema liberdade e amor, hase de continuar no amor cristián.
3, 17 Cf Dt **15**, 7s; Lc **10**, 33; Sant **2**, 15-16.
3, 18 *Na verdade:* quere expresa-lo específico do amor cristián: o amor para ser cristián precisa ser froito da fe (Xn **18**, 37; 2 Xn 1-2) na revelación do amor de Deus feita a través da vida e morte de Xesús Cristo (v 6). Unha mera filantropía non é aínda amor cristián.
3, 19-20 *Corazón*, co senso de "conciencia", como traducen moitos; pero "corazón" ten connotacións tan ricas, que non se deben perder.
A vida de amor é criterio de autenticidade do cristián e sinal de que os seus pecados son do estilo dos que se fala en Xn **1**, 7-10. A expresión *Deus... coñece todo* vén significar que Deus coñece que os nosos pecados son fallos dentro dunha intencionalidade fundamental boa da nosa vida: non son actitudes firmes e obstinadas.
3, 22 Cf **5**, 14-15; Xn **14**, 13; **16**, 23.
4, 1 *En calquera espírito,* é dicir, de calquera que pretende falar polo Espírito.
4, 2 Os fenómenos espirituais na Igrexa hanse de examinar con moito coidado (cf 1 Cor **12**, 10; 1 Tes **5**, 21; cf tamén Dt **13**, 2-6; Xer **23**, 21-22; **28**, 8-9; Mt **7**, 15-20; Xn **8**, 42-47; Ef **5**, 8-10; Col **2**, 8; 2 Xn 7); non poden estar contra as verdades fundamentais, coma a Encarnación de Xesús Cristo.
4, 3 Estes gnósticos distinguían entre o home Xesús e o Cristo, ser celeste e glorioso; a fórmula "profesa-la fe en Xesús" é un ataque directo a estas doutrinas gnósticas. Algúns manuscritos antigos e algúns País da Igrexa len "divide", "separa" e parece máis probable có en "profesa-la fe"; pero preferimos esta lectura por ser máis clara e o seu sentido non está no fondo.
4, 5-6 Cf Xn **8**, 47; **15**, 18-19; **17**, 14; **18**, 37; 2 Tim **4**, 4; 2 Pe **2**, 18: Escoitar, facerlle caso ó representante auténtico da Igrexa —o apóstolo—, é sinal de estar na verdadeira comuñón con Deus.

que ama naceu de Deus e coñece a Deus. ⁸O que non ama, aínda non coñece a Deus, porque Deus é amor.
⁹O amor de Deus fíxose ver entre nós en que Deus mandou ó mundo o seu Fillo Unixénito, para que nos dese a súa vida. ¹⁰Hai amor dentro de nós, non porque nós teñamos amado a Deus, senón porque El nos amou a nós e mandou o seu Fillo para que expiase os nosos pecados.
¹¹Meus amigos, se Deus nos amou tanto, tamén nós nos temos que amar uns ós outros. ¹²A Deus non o deu visto nunca ninguén; pero, se nós nos amamos uns ós outros, Deus está en comunión connosco e o seu amor faise realidade cumprida en nós.
¹³Coñecemos que estamos en comuñón con El e El connosco, en que nos deu parte no seu Espírito. ¹⁴Nós mesmos o contemplamos e por iso testemuñamos que o Pai mandou o seu Fillo coma salvador do mundo. ¹⁵Se un profesa que Xesús é o Fillo de Deus, Deus está en comuñón con el e el con Deus. ¹⁶Pero nós xa o coñecemos e temos posta a nosa fe neste amor: o amor que Deus mantén vivo entre nós. Deus é amor e quen permanece no amor, permanece en Deus e Deus permanece nel.
¹⁷Nisto chega o amor a ser realidade cumprida en nós: en que miramos para o día do xuízo con confiada seguridade porque, tamén nós vivimos neste mundo ó xeito de Cristo. ¹⁸No amor non hai temor. Antes ben, o amor perfecto bota fóra o temor, pois o temor é temor dun castigo: quen ten medo non chegou a un amor perfecto.
¹⁹Nós somos capaces de amar, porque El nos amou primeiro. ²⁰Se un di: "Eu amo a Deus", pero odia a seu irmán, é un mentireiro. Porque quen non ama a seu irmán a quen está vendo, non pode amar a Deus, a quen nunca viu: ²¹este é xustamente o mandamento que temos recibido del: que quen ama a Deus, ame tamén a seu irmán.

A fe, razón do amor e da comuñón con Deus

5 ¹Todos cantos cren que Xesús é o Mesías, naceron de Deus; e quen ama ó que enxendra, ama tamén a quen aquel enxendrou. ²Sabemos que amámo-los fillos de Deus, se amamos a Deus e cumprimos cos seus mandamentos.
³Porque o amor a Deus consiste en cumprir cos seus mandamentos. Os mandamentos de Deus non son pesados, ⁴porque nacer de Deus permítenos vence-lo mundo. E esta é a victoria que derrota o mundo: a nosa fe. ⁵Porque ¿quen é o que derrota o mundo, senón o que cre que Xesús é o Fillo de Deus?
⁶O que veu con auga e sangue, foi el, Xesús Cristo; non veu con auga só, senón con auga e con sangue. E o Espírito é quen dá testemuño, xa que o Espírito é a Verdade. ⁷Porque tres son os que dan testemuño: ⁸o Espírito, a auga e mailo sangue; e os tres testemuñan no mesmo senso. ⁹Se nós aceptámo-lo testemuño dos homes, maior razón ten o testemuño de Deus. E este é o testemuño de Deus: o que El nos ten dado acerca do seu Fillo. ¹⁰Quen cre no Fillo de Deus leva dentro de si este testemuño; quen non lle dá fe a Deus pono por mentireiro, xa que non cre no testemuño que Deus ten dado acerca do seu Fillo. ¹¹E nisto consiste ese testemuño: en que Deus nos deu a vida eterna, a vida que está no seu Fillo. ¹²Quen ten o Fillo, ten a vida; quen non ten o Fillo, non ten a vida.

Epílogo

¹³Con esta carta quero que vós, os que credes no Fillo de Deus, esteades seguros de

---

4, 8 Expresión magnífica. Non é unha definición abstracta, senón unha síntese doutrinal, deducida do comportamento salvífico de Deus no proceso da historia da salvación (vv 9-11). O Deus da revelación é o Deus que ama o seu Fillo (Xn **3**, 35; **5**, 20; **10**, 17; **15**, 9; **17**, 26) e que nos ama a nós (cf vv 10.19).
4, 13 Cf nota a **3**, 24; cf 1 Cor **12**, 3.
4, 17 A vida de amor dos cristiáns permítelles ve-lo día do xuízo sen medo, pois xa viven ó estilo de Xesús Cristo (cf **2**,6.29;**3**,3.7).
4, 20-21 O amor cristián ten que ser amor e servicio ós homes (Mt **25**, 40.45), xa que é participación do amor de Deus, que foi servicio ós homes (**4**, 4-10); outro amor é pura ilusión e non é cristián.
5, 1 *Mesías*: lit. "Cristo".
5, 6 A *auga* e o *sangue* quere indica-la vida pública de Xesús; o comezo (Bautismo) e a fin (Cruz) indican a totalidade. Tamén é moi probable que haxa aquí unha alusión á teoloxía sacramental xoánica recollida en Xn **19**, 33-37, onde se fai unha alusión simbólica ós sacramentos da iniciación cristiá: Bautismo e Eucaristía (cf Xn **14**, 17; **15**, 26).
5, 7-8 A Vulgata incluíu ó final do v 7: "no ceo: o Pai, a Palabra e mailo Espírito Santo; e estes tres un un. E hai tres que testemuñan na terra: o Espírito..." É o famoso "comma ioanneum". Certamente non é auténtico: engadiuse no séc. IV en África ou Hispania e non é imposible que fose na Gallaecia, porque é Prisciliano o primeiro autor en quen aparece.
5, 13 Este v resume a intención do autor en toda a carta: convence-los seus lectores de que coa súa fe en Xesús, o Fillo de Deus, teñen a vida eterna, mentres os gnósticos se privan desta vida por negaren que Xesús sexa o Fillo de Deus (cf Xn **20**, 31).

que téde-la vida eterna. ¹⁴Cando acudimos a el, estamos certos de que nos escoita, se o que lle pedimos está conforme coa súa vontade. ¹⁵Se estamos certos de que nos escoita en calquera cousa que lle pidamos, estamos tamén certos de que xa conseguímo-lo que lle estamos pedindo.

¹⁶Se alguén ve que o seu irmán peca con pecados que non levan á morte, que rece por el e Deus daralle a vida. Refírome ós que cometeron pecados que non levan á morte. Porque hai un pecado que leva á morte; e non é por este polo que eu digo que se rece.

¹⁷Toda inxustiza é pecado, pero hai pecados que non levan á morte.

¹⁸Sabemos que todo aquel que é un nacido de Deus non peca, senón que o garda consigo aquel que naceu de Deus, para que non lle toque o Maligno. ¹⁹Sabemos que nós vimos de Deus, mentres que o mundo enteiro está nas mans do Maligno. ²⁰Sabemos que o Fillo de Deus xa está aquí e que nos deu entendemento para coñece-lo Verdadeiro; nós estamos co Verdadeiro, co seu Fillo Xesús Cristo. Este é o Deus verdadeiro e a vida eterna. ²¹Meus Filliños, gardádevos dos falsos deuses.

5, 14-15 A seguridade da fe e da vida eterna dá paso a outra seguridade de uso máis diario: a de que se nos escoitará e atenderá na oración litúrxica e individual.

5, 16 A distinción entre os pecados que levan á morte e os que non levan á morte refírese probablemente ós pecados coma fallos dentro dunha intencionalidade cristiá fundamental (**1,** 7-10) e ós pecados coma falseamento do plan salvífico de Deus e en oposición a El (¿os pecados dos herexes e anticristos de **3,** 4-10?). A morte aquí hai que entendela coma a morte escatolóxica, a "morte segunda" de Ap **20,** 6-14 (cf Mt **12,** 31s; Heb **6,** 4-8; **10,** 26s).

5, 18 *Aquel que naceu de Deus* é Xesús Cristo (cf **3,** 8s).

SEGUNDA CARTA DE SAN XOÁN

¹Eu, o Presbítero, escríbolle á señora elixida e mais ós seus fillos, ós que quero na verdade —e non só eu senón tódolos que recoñecen a verdade—, ²gracias á verdade que está dentro de nós e que nos acompañará sempre. ³Obra da verdade e mais do amor será que nos acompañen o favor, a misericordia e a paz que nos vén de Deus Pai e de Xesús Cristo, o Fillo do Pai.

⁴Algúns dos teus fillos déronme unha alegría moi grande, cando vin que vivían na verdade, conforme o que o Pai nos mandou. ⁵Agora, pídoche, señora, que nos queiramos ben uns ós outros; e con isto non che anuncio un mandamento novo senón o mandamento que recibimos desde un principio.

⁶O amor consiste nisto: en vivirmos conforme os seus mandamentos. Este é o mandamento que oístes desde o principio para que vivades conforme el.

⁷Agora andan polo mundo moitos seductores que non profesan que Xesús Cristo veu en carne mortal: ¡Velaí o seductor e o Anticristo! ⁸Mirade por vós mesmos: para non perdérde-lo que traballastes, senón para recibírde-la paga enteira. ⁹Todo aquel que se pasa da raia e non segue a doutrina de Cristo, non ten a Deus consigo. Quen segue a doutrina, ten consigo o Pai e mailo Fillo. ¹⁰Se vos fai unha visita alguén que non traia esta doutrina, nin lle ofrezades pousada nin lle deáde-la "benvida"; ¹¹quen lle dea a "benvida", faise cómplice das malas obras do tal.

Despedida

¹²Aínda que teño moitas cousas para vos dicir, non o quero facer con papel e tinta. Espero irvos ver e falarvos cara a cara, para que, deste xeito, a nosa alegría sexa completa.

¹³Saúdante os fillos da túa irmá, a elixida.

---

1 *Presbítero* é aquí un título suficientemente claro para os destinatarios, xa que non se explica nada máis del. Supón nel unha forte autoridade, a xulgar polo ton da carta. Nas igrexas de Asia Menor (Papías e Ireneo) aplícabase ós apóstolos e ás primeiras testemuñas da tradición apostólica; e tamén nalgúns lugares do N.T. (Flp **1**, 1; Sant **5**, 14) indica un apóstolo.

Señora elixida é a designación simbólica dunha Igrexa local: a imaxe da muller para indicar unha comunidade é frecuente no A.T. e no N.T.; chámaselle "elixida", xa que está composta dos fieis elixidos por Deus (cf 2 Tim **2**, 10; Tit **1**, 1), que herdaron a categoría do pobo elixido (1 Pe **2**, 9).

Verdade en toda a carta é a revelación e, sobre todo, a revelación do amor de Deus, que nos compromete a unha vida de amor mutuo.

5 Cf 1 Xn **2**, 7-8.24 e as notas.
6 Cf 1 Xn **3**, 23; **5**, 3.
7 Cf 1 Xn **2**, 18-29; **4**, 1-6.
10 *Nin lle deáde-la "benvida":* lit. "nin lle digades: alégrate". Non se prohibe o saúdo, pero si darlles pousada ós predicadores da herexía e augurarlles boa estancia.
11 Estas malas obras son rexeita-la verdade sobre Xesús Cristo e difundir doutrinas heréticas.

TERCEIRA CARTA DE SAN XOÁN

Saúdo

¹Eu, o Presbítero, escríbolle ó benquerido Gaio, a quen amo na verdade. ²Meu amigo, pido para ti saúde e que o éxito en tódolos teus asuntos te acompañe sempre. ³¡Canto me alegrei cando chegaron uns irmáns e nos falaron da túa aceptación da mensaxe, de como vives na verdade! ⁴Para min non hai alegría meirande ca esta: a de oír que os meus fillos viven de acordo na verdade.

Cooperación e oposición

⁵Meu amigo, estaste comportando conforme a fe en todo o que fas polos irmáns e maiormente polos irmáns forasteiros. ⁶Eles diante da comunidade falaron ben do teu amor. Farías ben en seguir fornecéndoos para a viaxe, como Deus manda. ⁷Pois, por mor do Nome marcharon sen recibiren nada dos pagáns. ⁸Por iso, nós témo-la obriga de axudar a homes coma estes, para sermos colaboradores do anuncio da verdade.

⁹Escribinlle unha carta a esa comunidade, pero o dominante Diotrefes non nos acepta. ¹⁰Por iso, cando vos vaia ver, botareille na cara o que fai, as palabras malignas con que nos denigra. Ademais, non satisfeito con isto, nin acepta el os irmáns, nin llelo permite facer ós que os queren aceptar e bótaos fóra da comunidade.

¹¹Meu amigo, non imíte-lo mal senón o ben. Quen obra ben, vén de Deus. Quen obra mal, endexamais non viu a Deus. ¹²Do Demetrio todos falan ben e falan a verdade. E nós tamén falámo-lo ben e sabes que o noso testemuño é conforme a verdade.

Despedida

¹³Aínda teño moitas cousas que che dicir, pero non o quero facer con tinta e pluma. ¹⁴Espero verte moi axiña e falar cara a cara. ¹⁵A paz sexa contigo. Mándanche saúdos os teus amigos. Saúda ós meus amigos, un por un.

---

1 *Na verdade:* movido pola verdade revelada que nos descobre o amor de Deus a nós (cf 1 Xn **4,** 7ss).
4 Cf nota a 1 Xn **2,** 1.
5 O feito de acoller e hospeda-los misioneiros ambulantes (ou tamén a cristiáns forasteiros que ían de paso) considérase un comportamento de fe (cf 1 Xn **4,** 7ss; **5,** 1).
6 A comunidade ante a que louvaron a Gaio foi a comunidade onde vive Xoán, a de Éfeso.

7 *Por mor do Nome:* é dicir, por amor a Cristo. O "nome" é un título de Cristo en Xoán (cf Xn **3**, 18; **20**, 31; 1 Xn **3**, 23; **5**, 13. No xudaísmo é un nome substitutivo de Iavé.
11 Cf 1 Pe **3**, 11; 1 Xn **3**, 6.
12 *Demetrio* ten que ser un cristián ben coñecido da comunidade á que pertence Gaio, aínda que para nós é descoñecido; dísenos que colabora nesta difusión da verdade.

INTRODUCCIÓN Á CARTA DE SAN XUDAS

1. Autor e data

A derradeira das sete cartas católicas ten por autor a "Xudas, servidor de Xesús Cristo e irmán de Santiago" (v 1). Parece claro que este Santiago é o curmán do Señor, xefe da Igrexa en Xerusalén. Xudas sería, logo, un dos catro parentes de Xesús nomeados en Mt 13, 55, e nada ten que ver co apóstolo Xudas Tadeo (cf Mt 10, 3); por outra banda, el mesmo, no v 17, distínguese do grupo dos apóstolos.

¿Pero a carta é, de certo, de Xudas? Literariamente é un escrito moi aprezable pola súa linguaxe fina e ben construída; non se avén moito, xa que logo, cun provinciano palestino; ademais parece referirse ós apóstolos coma personaxes xa pasados (vv 17-18). Se a isto lle engadimos que as desviacións doutrinais ás que se refire teñen un parecido non moi distante das correntes gnósticas e que insiste nunha fe obxectivada, nunha formulación pechada, poida que nos sintamos levados a supoñer que se trata dun caso de pseudonimia. Isto, non obstante, non é cousa certa. A tódalas razóns apuntadas pódeselles atopar unha explicación, que, polo menos, suaviza as posicións. ¿Un escrito dun xudeu-cristián de lingua grega, que emprega tradicións de Santiago e Xudas? ¿O resultado dun intelixente amanuense, do que bota man Xudas?

Pódese data-la carta no derradeiro cuarto do séc. I, quizais arredor dos anos 80; e iso aínda admitindo —como parece certo— que 2 Pe utilizara a Xudas na súa redacción.

2. Contido

O escrito ten por obxectivo primeiro e único facer unha chamada de atención ós destinatarios (calquera comunidade cristiá ou, mellor, xudía-cristiá o podía ser) sobre os movementos doutrinais levados adiante por "algunhas persoas impías" (v 4), que converten a gracia en libertinaxe, ofrecen unha "cristoloxía trabucada (ibid), son pouco delicados cos "Seres Gloriosos" (vv 8.10), viven envoltos nunha moral corrompida (v 10), apegados ós cartos (vv 11.16) e van sementando a murmuración e maila queixa por onde van (v 16).

A presentación das características destes impíos mestúrase coa lembranza de feitos do A.T. (vv 5-7. 11-12) e coa cita dos apócrifos Ascensión de Moisés (v 9) e Apocalipse de Henoc (vv 14-15), empregados para desacreditar a eses homes "animais", que non teñen espírito (v 19), algún deles son tan abominables, que mesmo cómpre aborrece-la roupa lixada pola súa carne (v 23). Todo isto é xa cousa sabida para os destinatarios (v 5); de aí que como cousa positiva só lles recorde a necesidade de se edificaren sobre os alicerces da fe, de rezaren no Espírito e de se manteren no amor agardando a vida eterna: é dicir, a práctica das virtudes teologais (vv 20-21).

Aínda que a carta empeza cun saúdo tipicamente epistolar (vv 1-2), o escrito é máis unha homilía ca unha carta; e a fermosa conclusión doxolóxica de forma litúrxica (vv 24-25) próbao abondosamente.

As citas que fai de apócrifos do A.T. poida que constituísen unha das razóns máis fortes polas que se discutiu tanto esta carta ata que Trento definiu a súa canonicidade.

CARTA DE SAN XUDAS

Saúdo

¹Xudas, servidor de Xesús Cristo e irmán de Santiago, saúda ós chamados, os benqueridos de Deus Pai e gardados para Xesús Cristo: ²Que a misericordia, a paz e o amor se realicen en vós con toda abundancia.

Os falsos mestres

³Queridiños, levado polo empeño que poño en vos escribir encol da nosa común salvación, crin de necesidade dirixirme a vós para vos pedir un esforzo especial na loita pola fe que dunha vez por todas se lle entregou ó pobo santo. ⁴Pois á disimulada metéronse algunhas persoas impías, xa de vello apuntadas para esta condenación, que converten en libertinaxe a gracia do noso Deus e rexeitan o noso único Dono e Señor Xesús Cristo.

⁵Anque estas cousas as teñades xa ben sabidas, quérovos, non obstante, lembrar que o Señor, despois de saca-lo seu pobo da escravitude de Exipto, acabou logo cos que non creran. ⁶E tamén que os anxos que non mantiveran a súa dignidade e abandonaran a súa morada, tenos gardados nas tebras, encadeados con cadeas eternas ata o día do gran xuízo. ⁷O mesmo ca Sodoma e Gomorra e as cidades veciñas que, por se deixaren levar coma eles por inmoralidades e por vicios contrarios á natureza, están coma escarmento sufrindo o castigo do lume eterno.

⁸Pois estes, igual: deixándose levar das súas matinacións, lixan a carne, aldraxan o Señorío e maldín os Seres Gloriosos. ⁹O mesmo arcanxo Miguel, cando andaba ás retesías co demo, discutindo sobre o corpo de Moisés, non tivo o atrevemento de lle botar unha sentencia aldraxante senón que dixo: "Que o Señor te reprenda". ¹⁰Pero estes, por unha banda, maldín do que non coñecen; e, pola outra, corrómpense naquelas cousas que como as bestas coñecen por instinto. ¹¹¡Pobres deles! Colleron polo camiño de Caín e polos cartos deixáronse caer no erro de Balaam e morreron na revolta de Coré.

¹²Estes son os que deshonran os vosos xantares de irmandade, con enchentes desaxeitadas e cebándose; nubes sen auga, levadas polos ventos de acá para acolá; árbores outonizas sen froito, dúas veces mortas, desarraizadas; ¹³ardentías do mar que rebotan coma escuma as súas porcalladas; estrelas errantes, ás que lles agardan unhas tebras pechas para sempre.

¹⁴Destes tamén profetizou Henoc, o sétimo despois de Adam, cando dixo: "Velaquí vén o Señor rodeado de milleiros de anxos, ¹⁵para facer xuízo a todos e para demostrarlles a tódolos malvados as impiedades todas que ruínmente fixeron e tódolos arruallos que contra El esbardallaron estes impíos pecadentos". ¹⁶Sonvos murmuradores, ándanse a queixar decote, camiñan seguindo as súas cobizas, os seus labios pronuncian verbas abraiantes, afagan as persoas buscando o propio interese.

¹⁷Pero vós, queridiños, facede lembranza do que prediciron os apóstolos do noso Señor Xesús Cristo. ¹⁸Eles diciánvos que no intre derradeiro xurdirían homes burlóns, que camiñarían na impiedade, seguindo as súas cobizas. ¹⁹Ben, pois estes sónvo-los tales, provocadores de divisións, homes "animais" que non teñen espírito.

²⁰Pero vós, queridiños, edificádevos enriba dos alicerces da vosa fe santísima; rezade no Espírito Santo; ²¹mantédevos no amor de Deus, agardando que a misericordia do noso Señor Xesús Cristo vos dará a vida eterna. ²²Compadecédevos dos que dubidan: ²³salvade a algúns, arrincándoos do lume; e dos outros tede piedade; pero con receo,

---

3 *Dunha vez por todas:* para Xudas a fe, máis ca unha actitude de corazón, subxectiva, é o conxunto de verdades transmitidas, algo obxectivo, que os fieis aprenden dunha vez por todas.
5 *O Señor:* algúns ms. len: "Xesús", que sería Xosué, ou o mesmo Xesús Cristo: neste caso fariase referencia á súa preexistencia divina.
6 Poida que se trate dunha alusión á pasaxe enigmática de Xén **6**, 1-2, asunto tratado no libro apócrifo de Henoc, que se citará máis adiante (cf 2 Pe **2**, 4).
7 *Que por se deixaren...:* lit. "Fóronse tras unha carne diferente", que se podería entender coma unha alusión ó feito de que os homes dos que querían abusar os sodomitas non eran homes, senón anxos (cf Xén **19**, 1-11).

9 É cousa probable que nesta pasaxe Xudas dependa do libro apócrifo titulado "Asunción de Moisés".
12 *Deshonran os vosos...:* lit. "Son un lixo nos vosos...".
14s Cita tamén, non moi literal, do libro apócrifo de Henoc.
19 *Animais:* a palabra vén comentada polo que se di a continuación: "que non teñen espírito". O seu sentir e mailo seu obrar obedecen ós pulos naturais —carnais, diría Paulo— e non se deixan levar polo Espírito.
20 Nótese tanto a estructura trinitaria da pasaxe —Espírito, Deus, Xesús Cristo— coma o vínculo coas tres virtudes teologais.

aborrecendo mesmo a roupa lixada polos seus baixos vicios.

Conclusión

²⁴A Aquel que é potente para vos gardar sen pecado e así presentarvos na súa presencia sen mancha e con alegría, ²⁵ó único Deus, noso Salvador por Xesús Cristo o noso Señor, a El, digo, deámo-la gloria, a maxestade e a autoridade suprema desde o principio, agora e por tódolos séculos dos séculos. Amén.

INTRODUCCIÓN Á APOCALIPSE

Apocalipse é unha latinización do termo grego *"apocalypsis"*, que vén de *"apocalyptein"*: *"abrir unha cortina"*, *"revelar"*; apocalipse é, por tanto, unha revelación. A apocalíptica, logo, debe ser, pola súa intención, un xeito especial de profecía. Esta literatura, de feito, está moi emparentada coa tradición profética.

1. Literatura apocalíptica

Deixando a un lado as seccións de Ezequiel e Malaquías que serven de paso entre a profecía e a apocalíptica, na mesma Biblia atopamos seccións claramente apocalípticas: Is **24-27**; **34-35**; Dn **7-12**; Zac **9-14**; Xl **1-4**. Na literatura xudía, á marxe do A.T., atopamos unha serie de libros: o Libro de Henoc (1 Henoc), Libro dos segredos de Henoc (2 Henoc), 3 Henoc, o Testamento dos doce patriarcas, a Asunción de Moisés, a Ascensión de Isaías (parte del é cristiá), a Apocalipse de Abraham, o Testamento de Abraham, o Cuarto Libro de Esdras, a Apocalipse de Baruc (2 Bar) e anacos das Apocalipses de Sofonías e de Elías, así como tamén os Oráculos Sibilinos.

Nos mesmos textos descubertos en Qumrân atopamos escritos deste xénero: O Manual da guerra dos fillos da luz contra os fillos das tebras e unha serie de anaquiños de libros: A liturxia anxélica, O libro dos misterios...

No N.T., á parte da Apocalipse, atópanse seccións apocalípticas: Mc **13** e parl; Lc **17**, 22-37; 1 Cor **15**, 23-28.35-37; 2 Tes **1**, 7-10; **2**, 3-12. Na literatura cristiá primitiva aparecen outras apocalipses que non forman parte da Biblia, coma a Apocalipse de Pedro, a Apocalipse (ou visión) de Paulo e as Apocalipses da Virxe María, o mesmo Pastor de Hermas e finalmente a obra medieval de Dante, a Divina Comedia.

2. Carácter desta literatura

Quizais como mellor podemos comprender esta literatura é comparándoa coa que lle deu orixe, a literatura profética. O profeta é ante todo o home da palabra, mentres que o apocalíptico é o home do libro, que esconde a súa propia identidade baixo o nome dun personaxe importante da antigüidade: Baruc, Isaías, Abraham, Moisés, Pedro, Paulo. Por isto, o libro apocalíptico é un libro moi coidado na orde e na estructura dos seus elementos integrantes, ata chegar a buscar uns efectos escénicos. Por este mesmo motivo enxértanse nestes libros elementos hímnicos dunha liturxia.

O profeta é un home que recibe a palabra de Deus para o seu momento histórico, enfróntase coa situación histórica na que vive; pode facer profecías cara ó futuro, pero é este un futuro que arrinca do seu presente concreto. O apocalíptico pensa e escribe para o presente, pero non se enfronta directamente con el; aparece admitido á contemplación do arquetipo celeste de tódalas cousas, chega á visión celestial do decurso da historia presente e futura a través dun simbolismo que se enraíza nas antigas tradicións xudías, que se desenvolve coa simboloxía da relixión mítica cananea; ata o punto de crear todo un sistema significativo, como o pode facer algún cineasta de hoxe. Este dobre plano de realidades, celeste e terrestre, é quizais o carácter máis propio da literatura apocalíptica.

O profeta é o home da experiencia relixiosa intensa, algunha vez tráxica (Xer) da palabra de Deus, os obxectos ou seres que nos describe son sempre *"parecidos"*, *"semellantes"*; a linguaxe e os símbolos de aquí non serven para expresa-la trascendente realidade que el contempla. Esta mesma relixiosidade da trascendencia de Deus e do mundo celeste leva os apocalípticos a un forte desenvolvemento da anxoloxía: as clarificacións das visións e as mensaxes son comunicadas sempre por un anxo. Os diferentes anxos teñen a súa propia misión. O apocalíptico pon de relevo o carácter privilexiado e de grupo da súa mensaxe, que se dirixe só ós iniciados.

O profeta buscaba sempre coa súa palabra abrasadora a conversión do seu auditorio e a fidelidade á alianza con Deus. O apocalíptico procura tamén isto mesmo pero dunha forma indirecta. O que lle preocupa inmediatamente son os segredos das derradeiras fases da evolución histórica, a escatoloxía, a nova era coas súas conmocións históricas preparatorias: guerras, pestes, castigos de Deus, que, ó xeito dos oráculos de xuízo condenatorio dos profetas, tratan de suscita-la conversión e animar a manterse fieis na fe, pero sen dicilo.

O profeta e o apocalíptico viven en dous mundos diferentes: o profeta vive nun momento de infidelidade bastante xeralizada á alianza, e procura con tódalas súas forzas esa fidelidade. O apocalíptico vive nun intre de fervor relixioso, no medio dun puñado de xente do seu pensar, perseguido polas autoridades civis. A súa experiencia busca anima-la comunidade a se manter firme na súa fe ante a persecución. O apocalíptico alenta no seu pequeno grupo a esperanza do inicio dunha era gozosa, a nova era; de aquí xorde a urxencia e a inminencia do cambio, tan típica da literatura apocalíptica. Por isto ben podemos dicir que o profeta é o portavoz do xuízo de Deus sobre a historia do seu momento, mentres que o apocalíptico é o xuíz da historia do mundo, porque toda ela está chamada ó xuízo de Deus. O xuízo do apocalíptico sobre o mundo é sempre negativo: este mundo está dominado polo poder de Satán e acabará na súa desaparición. Na nova era a cousa cambiará, ten que xurdir un mundo novo.

Unha derradeira diferencia: tanto o profeta coma o apocalíptico usan imaxes literarias e símbolos. Con todo, non é o mesmo o senso dunha imaxe profética có dunha imaxe apocalíptica. A primeira podémola comparar á parábola, porque ten un único senso e por isto resulta máis sinxela en elementos, aínda que por isto mesmo é máis forte. A imaxe apocalíptica está moito máis cargada de detalles e aspectos, ata o punto de que resulta algunha vez difícil de imaxinar. É froito dunha coidada elaboración literaria e todos estes detalles son significativos. Podémola comparar á alegoría, onde os diversos aspectos son tamén significativos. Así, á hora de tratarmos de comprender unha imaxe ou narración apocalíptica, habemos ter en conta tódolos seus elementos, segundo unhas correspondencias que son xerais a toda a literatura apocalíptica.

Cada unha das partes do corpo *humano* ten o seu significado: *os ollos* significan o coñecemento; *as mans*, o poder; *as pernas*, a estabilidade e firmeza; *o cabelo branco*, a ancianidade, maxestade e sabedoría; *a boca*, o oráculo de Deus. Tamén os diferentes *animais*: *o león* significa a realeza; *o boi ou xato, a forza xenital; a aguia,* a velocidade; *os dragóns e os monstros do mar*, as forzas do mal; *o año,* o sacrificio; *os cornos dun animal,* o poder; *as ás dun paxaro,* a axilidade. O *vestido* mostra tamén a súa significación: *a túnica talar* significa o sacerdocio; *o anel ou a coroa,* a divindade rexia. As mesmas cores teñen o seu simbolismo: *o branco,* a alegría ou a victoria; *o vermello,* o sangue martirial. Os números: *o catro* representa as catro esquinas ou os catro lados do mundo, concebido coma un cadrado; *o sete ou corenta* son a perfección; *o doce* é o pobo de Deus, o novo Israel; *o mil* é unha multitude, etc.

Este uso do simbolismo autorízanos a considerar a Ezequiel, o profeta dos símbolos recargados, coma a ponte entre a profecía e a apocalipse.

3. Autor e data da Apocalipse

O noso autor, a diferencia doutros, non esconde nin o seu nome nin a súa personalidade: chámase Xoán (**1,** 1.9; **22,** 8). Descríbenos, ó estilo dos profetas do A.T., a súa vocación cunha serie de circunstancias persoais (**1,** 9-20); considérase a si mesmo profeta (**22,** 9) coma os outros profetas do N.T. e considera o libro unha profecía (**1,** 3; **22,** 7.10.18.19). As circunstancias persoais que de si mesmo nos dá en **1,** 9 teñen profundo senso apocalíptico: é un cristián perseguido que espera o reino de Xesús; todo o libro é un precioso exemplo da literatura apocalíptica. Por outra parte é un personaxe con indiscutible autoridade nas igrexas de Asia Menor, segundo se deduce do ton da fala que colle no septenario das cartas (**2,** 1-**3,**22).

Do estudio da linguaxe do libro sácase que non é un grego de orixe, xa que o seu dominio do grego non é moito: as construccións son hebreas ou mellor arameas, postas palabra por palabra en grego. Os grandes comentarios de Charles e Bousset teñen un bo apartado da introducción dedicado ó estudio da gramática e do léxico do libro e conclúen que tivo que ser un galileo o seu autor. Usa moitísimo o A.T. pero sempre o fai seguindo o texto hebreo e con frecuencia a interpretación do Targum Neophiti, que lle deberon ser moi familiares; non se lle nota que teña semellante dominio da traducción grega dos LXX.

Todo isto pódenos facer pensar que se trata dunha obra auténtica de san Xoán, o discípulo do Señor, pero resulta un pouco estraño que en **1,** 9 e **22,** 8 non faga alusión ó seu título de apóstolo, se é él o autor do libro. Os testemuños dos Pais da Igrexa non son unánimes. Os críticos modernos tampouco están de acordo. Pensamos, con todo, que é moi posible que se trate do apóstolo ou da súa tradición, aínda que non se nomee con este título, que moi ben pode estar implícito ó insistir no aspecto testemuñal en **1,** 2 e en **22,** 8 .Das súas relacións cos escritos xoánicos hai que dicir que, en síntese, todos estes escritos pertencen á mesma escola literaria, aínda que o autor non pode se-lo mesmo por motivos internos de linguaxe e de valor significativo das mesmas palabras. O libro, sen dúbida, foi o primeiro da escola xoánica: a súa data ten que andar polos anos 90.

4. Carácter literario da Apocalipse

Como xa indicamos no párrafo anterior, hai dous xéneros literarios ben claros no libro: o apocalíptico, segundo o ton xeral do libro cunhas cincuenta e catro visións e cunha serie de símbolos típicos da apocalíptica. Trátase, con todo, dunha "apocalipse" que se refire a un presente de persecución, un futuro de xuízo de Deus e de escatoloxía consumada, pero non a consideracións de tipo cosmogónico, astronómico ou da historia antiga. Áinda máis, coidamos que as cinco seccións en que dividímo-la parte apocalíptica (**4**, 1-**22**, 5), *non son períodos sucesivos na historia, senón cinco unidades apocalípticas nun xeito de consideracións concéntricas acerca do mesmo tema*: niso aseméllase ó resto dos escritos xoánicos.

O segundo xénero literario é o profético. *A par dos oráculos transmitidos por anxos, ó gusto dos apocalípticos, presenta outros coma oráculos de Deus* (**21**, 5-7) *e de Xesús Cristo* (**1**, 11; **16**, 1. 15; **22**, 12ss); *o mesmo que as cartas ás sete igrexas de Asia Menor as presenta coma oráculos do Xesús Cristo celeste. Certas partes referentes ós cristiáns perseguidos, parécense máis á profecía cás contemplacións apocalípticas.*

Hai no libro un terceiro xénero literario, máis ben de adorno que de contido. Referímonos ó xénero epistolar: *o libro comeza* (**1**, 4ss) *e remata* (**22**, 21) *ó estilo dunha carta cristiá primitiva; e no corpo do escrito* (**2**, 1-**3**, 22) *aparece a serie de sete cartas, áinda que sexan un artificio literario.*

A APOCALIPSE
PRÓLOGO

Introducción

1 ¹Revelación de Xesús Cristo que Deus lle outorgou, para que el lles mostrase ós seus servos o que ten que acontecer axiña. E fíxoa coñecer, mandándolla polo seu anxo ó seu servo Xoán, ²que é testemuña da palabra de Deus e do propio testemuño de Xesús Cristo, dicindo canto viu. ³Benia quen lea e quen escoite esta profecía e faga caso do que nela queda escrito, porque está no seu cumprimento.

Saúdo ós destinatarios

⁴Eu, Xoán, deséxovos ás sete igrexas de Asia gracia e paz de parte do que é, o que era e o que está a vir, de parte dos sete espíritos que están diante do seu trono; ⁵e de parte de Xesús Cristo, a testemuña que merece fe, o primeiro en renacer da morte e soberano dos reis da terra.

A aquel que nos ama, que nos liberou dos nosos pecados co seu sangue ⁶e que nos converteu nun reino, en sacerdotes para o seu Deus e Pai: el a el a gloria e mailo poder polos séculos dos séculos. Amén.

⁷*Velaquí vén nas nubes,*
e todo ollo o verá,
mesmo aqueles que o traspasaron:
por el baterán no peito tódalas razas da terra.
Certo. Amén.

⁸Eu son o Alfa e o Omega, di o Señor Deus, o que é, o que era e o que está a vir, o que todo o sostén.

PARTE EXHORTATIVA

Visión vocacional do autor

⁹Eu, Xoán, voso irmán e compañeiro no sufrimento, no reino e na esperanza en Xesús, estaba na illa chamada Patmos, por cousa da palabra de Deus e do testemuño de Xesús. ¹⁰Caín en arroubo o día do Señor e oín detrás miña un berro forte, coma dunha trompeta, ¹¹que dicía: "o que vas ver escríbeo nun libro e mándallelo ás sete igrexas: á de Efeso, á de Esmirna, á de Pérgamo, á de Tiátira, á de Sardes, á de Filadelfia e á de Laodicea".

¹²E dei a volta para ver de quen era a voz que me falaba e, ó virar, vin sete candelabros de ouro ¹³e no medio dos candelabros *unha figura humana vestida cunha túnica ta-*

1, 1-3 É a introducción a este libro e fai inclusión literaria co final (**22**, 6-21). O termo "apocalypsis", que se traduce por "revelación" é ben coñecido no grego literario e na traducción grega dos LXX. Usouse na Igrexa primitiva para designa-la manifestación gloriosa de Cristo á fin dos tempos (Rm **2**, 5; **8**, 19; 1 Cor **1**, 7; 1 Pe **1**, 7.13). Este mesmo termo serve de título á obra recollendo estas connotacións da teoloxía da Igrexa primitiva.
1, 1 É unha fórmula característica do xénero literario apocalíptico, que quere expresa-la inminencia e irrevocabilidade do plan de Deus sobre a historia.
1, 2 As visións son a forma habitual da revelación na literatura apocalíptica.
1, 3 É a primeira das sete benaventuranzas que se gradúan no libro (**14**, 13; **16**, 15; **19**, 9; **20**, 6; **22**, 7.14) e ten relación coa de **22**, 7. *Profecía:* cf Introd.
1, 4-8. O autor comeza e remata (**22**, 21) a obra ó xeito dunha carta cristiá típica do seu tempo: dá o seu nome, saúda ós destinatarios e deséxalles "gracia e paz"; logo segue un himno litúrxico que nestes casos se dirixe a Cristo e, por último, aparece o anuncio do tema do libro na forma de oráculo profético (v 7) refrendado por Deus (v 8).
1, 4 Son as sete igrexas, ás que dirixe as cartas dos cc. **2-3**, comunidades situadas na bisbarra de Éfeso; pero, tendo en conta que o número sete indica a plenitude na linguaxe simbólica dos libros apocalípticos, débese supoñer que o contido do libro é válido para todos e para sempre.
O texto de **1**, 4 é unha fórmula que se repite en **1**, 8; **11**, 17; **16**, 5. É un apelativo de Deus que recolle a tradición de Ex **3**, 14, onde Deus lle revela a Moisés o senso do seu nome coma "Eu son o que son".
1, 7 O texto é unha cita interpretada de Dn **7**, 13: Cristo cabaleiro das nubes é quen provoca o arrepentimento (bater no peito) dos inimigos e de tódalas razas da terra, perseguidoras da Igrexa e polo mesmo hostís a Xesús Cristo. Este arrepentimento permitirá que Cristo os vivifique.
1, 8 *Alfa e Omega:* a primeira e a derradeira letras do alfabeto grego. Neste caso teñen valor simbólico do principio e a fin ou, mellor, do principio, da fin e da totalidade. Aquí e no **21**, 6 aplícase a Deus; no **1**, 17; **2**, 8; **22**, 13 aplícaselle a Xesús Cristo.
A expresión "pantocrátor", que, dentro do N.T. só aparece neste libro e en 2 Cor **6**, 18, traducímola sempre por *o que todo o sostén*. atendendo tanto á filoloxía coma ó carácter simbólico do libro, co que cadra ben esta imaxe forte.
1, 9-20 Ó estilo dos libros dos profetas do A.T., o autor presenta aquí, ó comezo, a súa visión vocacional. Nunha éxtase recibe o encargo de escribi-lo que ve (vv 9-11); logo apareceselle Cristo glorioso coma fonte e Señor da vida da Igrexa (12-16) que lle repite a encomenda (17-20).
1, 10 *O día do Señor:* o domingo, pero coa connotación dunha intervención especial de Deus, principalmente a decisiva, a escatolóxica.
1, 12 Alusión ó candelabro de sete brazos que estaba no santuario de Xerusalén e que ardía decote diante do Señor: Ex **25**, 31-40; **27**, 20-21.
1, 13 *Unha figura humana:* lit. "a un semellante a fillo de home". É unha alusión ó símbolo apocalíptico de Dn **7**, 13-14, frecuente na literatura apocalíptica xudía para indicar un ser misterioso escatolóxico, executor do plan de Deus, rei e xuíz.
A *túnica talar* e a *faixa de ouro* son vestidos típicos do Sumo Sacerdote (Ex **28**, 4).

lar e cunha faixa de *ouro cinguida* á altura do peito. [14]*A súa cabeza e os seus cabelos eran brancos coma a lá* branca, *coma a neve; e os seus ollos, coma chama de lume;* [15]*os seus pés semellantes ó metal,* cando se pon roxo na forxa; *o seu falar, coma o bruído do mar.* [16]Na man dereita tiña sete estrelas e da boca saíalle unha espada de dous fíos ben afiada. A cara resplandecíalle coma o sol cando dá con toda a súa forza.
[17]Ó velo, caín ós seus pés coma morto. Pero el puxo a súa man dereita sobre min e díxome: "Non teñas medo. Eu son o Primeiro e o Último, [18]o que vive; estiven morto pero repara en que estou vivo polos séculos dos séculos e teño as chaves da Morte e do lugar dos mortos. [19]Escribe, logo, todo o que ves, o que hai e o que ha vir despois disto. [20]O segredo misterioso das sete estrelas que ollas na miña man dereita e dos sete candelabros de ouro é este: as sete estrelas son os anxos das sete igrexas e os sete candelabros son as sete igrexas.

As sete cartas. A carta a Éfeso

2 [1]Ó anxo da Igrexa de Éfeso escríbelle:
Isto di quen apreixa coa súa dereita as sete estrelas, quen pasea entre os sete candelabros de ouro. [2]Coñezo as túas obras e fatigas e maila túa enteireza e vexo que non podes atura-los malos. Puxeches á proba ós que se teñen por apóstolos sen seren apóstolos e ti atopáchelos falsos. [3]Eu sei ben que tes esperanza e paciencia e por iso aguantaches por cousa miña e non estás canso.

[4]Pero teño contra ti que perdíche-lo teu amor primeiro. [5]Acórdate de onde caíches: arrepíntete e ponte a face-las obras de antes. Porque che vou vir cambia-lo teu candelabro de sitio, caso de non te arrepentires. [6]Anque unha cousa tes ó teu favor: que aborréce-la conducta dos nicolaítas, que eu tamén aborrezo.

[7]Quen teña oídos, escoite o que o Espírito lles di ás igrexas. Ó vencedor heille dar a comer da árbore da vida, que está no xardín de Deus.

A carta a Esmirna

[8]Ó anxo da Igrexa de Esmirna escríbelle:
Isto di o Primeiro e o Último, o que estivo morto pero volveu á vida. [9]Coñezo o teu sufrimento e a túa pobreza —anque es rico— e a maledicencia contra ti dos que se teñen por xudeus sen seren xudeus pero que si son *sinagoga de Satanás*. [10]Non teñas medo ningún do que vas sufrir. Ollade que Satán vos ha meter a algúns de vós no cárcere, para vos poñer á proba e teredes sufrimento dez

---

1, 14 Os atributos que lle dá Daniel ó "ancián de días" en Dn **7,** 9, aplícanselle a Xesús Cristo resucitado e glorioso. A brancura significa aquí a maxestade; este é o xeito de poñer de relevo no libro a divindade de Cristo: aplicarlle a el os atributos que o A.T. refire a Deus (cf **1,** 18; **2,** 8; **5,** 12; **22,** 13).
1, 16 *Sete estrelas:* é imaxe do paganismo: Mitra e mailo César teñen na súa man dereita sete estrelas, símbolo do seu dominio universal; pero quen ten realmente este dominio universal é o Xesús glorioso.
Espada: a palabra de Cristo xulga o cristianismo (**2,** 12.16) e o paganismo (**19,** 15.21; cf Sab **18,** 15; Is **11,** 4; **49,** 2; Ef **6,** 17; Heb **4,** 12).
1, 17 En Ez **44,** 6; **48,** 12 aplícaselle este título a Deus; aquí e en **2,** 8; **22,** 13 aplícaselle a Cristo.
1, 20 Pódense considerar coma os responsables das comunidades (anxo é o mandado de Deus) ou coma unha personificación espiritual das comunidades, tendo en conta o gusto dos escritores apocalípticos polo dobre plano paralelo das realidades celestes e terrestres. A imaxe das igrexas e dos seus anxos na man de Xesús é netamente escatolóxica: a nosa vida espiritual está nas mans de Cristo, baixo a súa protección e cura.
2, 1-3, 22 É a sección central desta primeira parte exhortativa, composta por un septenario de cartas ás devandítas igrexas; as sete cartas teñen a mesma estructura literaria, que consta destes elementos: 1) orde de Cristo ó profeta de escribirlle á Igrexa; 2) presentación da carta coma dito de Xesús Cristo; 3) coa fórmula "coñezo as túas obras", introdúcense as diferentes situacións das igrexas (en cinco delas son obras positivas, pero na quinta e na sétima as obras son negativas); en tódalas cartas aparece unha exhortación ó arrepentimento, menos na segunda e cuarta; na sexta a exhortación é á fidelidade ó que recibiron; 4) a fórmula exhortativa fixa: "quen teña oídos escoite o que o Espírito lle di ás igrexas" é xa coñecida nos evanxeos sinópticos; 5) coa fórmula "ó vencedor heille dar" introdúcese o premio escatolóxico de quen acepte a exhortación de Xesús.
2, 6 Aparece nesta primeira a conducta dos nicolaítas (**2,** 6), e na terceira "a doutrina dos nicolaítas" (**2,** 15). O mesmo ca en Núm **25,** 1-2; **31,** 36 atopamos unha situación de luxuria que leva á infidelidade relixiosa, tamén no ambiente destas comunidades da pequena Asia atopámo-los prostíbulos sacros porta con porta cos templos pagáns e os banquetes sacros con carne sacrificada a estes deuses. Por isto o vidente, profundo coñecedor do A.T., interpreta a situación contemporánea á luz do texto de Núm. A situación destas comunidades asiáticas é a dun certo relaxo sexual nos centros de culto pagán e a dunha certa participación no culto pagán pola forma de come-la carne inmolada ós ídolos. Os engaiolados con estes costumes teñen os seus dirixentes, que se cren mandados por Deus e posuídos de espírito profético pero, ben mirado, son axentes diabólicos das sectas gnósticas, que buscan a superación destas normas de conducta moral polo descubrimento de Deus en si mesmos, pola unión intelectual e contemplativa de Deus.
2, 7 Cf **22,** 2.14; Xén **2,** 9. O paraíso pechado en Xén **3,** 22.24 habíase abrir nos tempos mesiánicos, segundo a literatura apocalíptica xudía (cf o apócrifo Testam. Leví **18,** 10-11).
2, 10 Cf Dn **1,** 12.14: persecución curta.

días. Pero mantente fiel ata a morte e darei-che a coroa da vida. ¹¹Quen teña oídos escoite o que o Espírito lles di ás igrexas. Ó vencedor prométolle que non o vai dana-la morte segunda.

A carta a Pérgamo

¹²Ó anxo da Igrexa de Pérgamo escríbelle: Isto di quen ten a espada de dous fíos ben afiada: ¹³sei que onde vives é onde Satanás ten o seu trono e que te mantés firme comigo e non negáche-la fe en min nin cando Antipas, o meu mártir que tamén fiaba en min, caeu asasinado aí onda vós, onde vive Satanás. ¹⁴Pero teño contra ti unhas poucas cousas: que tes aí algunha xente enleada coa doutrina de Balaam, que ensinaba a Balac a escandaliza-los fillos de Israel, incitándoos a comer carne sacrificada ós ídolos e a darse á prostitución. ¹⁵Así tamén ti tes algúns que profesan a doutrina dos nicolaítas. ¹⁶Arrepíntete, que, como non o fagas, vou vir axiña e loitarei contra eles coa espada da miña boca.

¹⁷Quen teña oídos escoite o que o Espírito lles di ás igrexas. Ó vencedor heille dar do maná escondido e tamén unha pedriña branca; e escrito na pedriña un nome novo que ninguén coñece, fóra daquel que a recibe.

A carta a Tiátira

¹⁸Ó anxo da Igrexa de Tiátira escríbelle: Isto di o Fillo de Deus, que ten os seus ollos coma a chama do lume e os pés semellantes ó metal: ¹⁹coñezo as túas obras, o teu amor, a túa fe, o teu servicio, a túa enteireza e as túas obras últimas que son máis grandes cás primeiras.

²⁰Pero teño contra ti que deixas que unha muller, Iezabel, se poña o título de profetisa, que ensine e que engaiole os meus servos para que se dean á prostitución e a comeren carne sacrificada ós ídolos. ²¹Deille tempo para se arrepentir, pero ela non se quere arrepentir da súa prostitución. ²²Ides ver como a vou encamar, e ós que se dean á prostitución con ela voulles mandar un gran sufrimento, a menos que se arrepintan das obras dela; ²³e ós fillos dela vounos matar cun andazo.

Así coñecerán todalas igrexas que eu son o que sondea os sentimentos e as intencións e o que vos dá a cadaquén segundo as vosas obras. ²⁴Pero a vós, ós de Tiátira que non sodes desta doutrina e que non coñecéde-los profundos misterios de Satanás —como eles din—, dígovos que non vos impoño outro peso. ²⁵Unicamente que vos agarredes ben ó que tedes, ata que eu volva.

²⁶Ó vencedor, a quen practique ata a fin as miñas obras, heille dar poder sobre os *xentís*,

²⁷*e ha de os gobernar cun caxato de ferro, e escachizaraos coma unha ola de barro,*

²⁸o mesmo que eu recibín poder do meu Pai;

e heille da-lo luceiro da alba.

²⁹Quen teña oídos escoite o que o Espírito lles di ás igrexas.

A carta a Sardes

3 ¹Ó anxo da Igrexa de Sardes escríbelle: Isto di quen ten os sete espíritos de Deus e as sete estrelas: coñezo as túas obras: tes sona de estar vivo, pero estás morto. ²Ponte alerta, fortalece o que aínda che queda sen morrer, porque non atopei perfectas as túas obras diante do meu Deus. ³Acórdate, logo, do que recibiches e escoitaches: gárdao e arrepíntete, que, como non vixíes e esteas á espreita, vou vir coma ladrón e non vas saber a que hora vou caer sobre ti.

⁴Pero tes unhas poucas persoas en Sardes, que non lixaron os seus vestidos. Estas han pasear comigo vestidas de branco, porque

---

2, 11 A *morte segunda:* é a condenación eterna (**20,** 6.14; **21,**8).
2, 13 En Pérgamo había o templo do deus Esculapio, onde se representaba o deus por unha serpente, coma Satanás en **12,** 9.
2, 16 A *espada* é un dos temas culturais, típico da literatura apocalíptica.
2, 17 *Maná:* o alimento celeste e memorial da preocupación de Deus polo pobo gardouse na Arca da Alianza (Ex **16,** 32-34) e, segundo 2 Mac **2,** 4-8, volveuno gardar Xeremías no monte Nebo. Segundo os escritos xudeus postbíblicos volverase atopar no "día do Señor". Conforme isto "da-lo maná". é comunicar definitivamente os bens mesiánicos. En Xn **6,** 31-58 o maná significa e Eucaristía, alimento e anticipo da escatoloxía.
Pedriña: un amuleto de protección contra os poderes ma-léficos, co nome de Xesús Cristo que baixará do ceo e protexerá a quen a reciba no seu camiñar ata a gloria eterna; aparece o tema na literatura xudía e ten unha marcada significación escatolóxica.
2, 18 Cf **1,** 14-15; Dn **10,** 6.
2, 20-21 Cf nota ó v 6.
2, 23 *O que sondea:* lit. "quen le nos riles e nos corazóns", título de Deus no A.T. (Sal **7,** 10; Xer **11,** 20; **17,** 10; **20,** 12) aplicado aquí a Xesús Cristo.
2, 26b-27 Cita do Sal. mesiánico **2,** 8-9: os cristiáns son asociados ó poder real de Xesús Cristo.
2, 28 Segundo **22,** 16 é o mesmo Xesús Cristo que se lle dará a quen venza. Xa no A.T. a estrela é seña mesiánica.
3, 3 Cf Mt **24,** 42 ss. e paralelos; **25,** 13 e parl; Lc **12,** 39s; 1 Tes **5,** 2; Ap **16,** 15.

son dignas. ⁵O vencedor vaise vestir así con vestidos brancos e endexamais non borrarei o seu nome do libro da vida e responderei por el diante do meu Pai e diante dos seus anxos.
⁶Quen teña oídos escoite o que o Espírito lles di ás igrexas.

A carta a Filadelfia

⁷Ó anxo da Igrexa de Filadelfia escríbelle:
Isto di o Santo, o Verdadeiro,
quen ten *a chave de David*,
quen , se el abre, ninguén pecha,
e, se el pecha, ninguén abre:
⁸coñezo as túas obras —olla que te puxen diante dunha porta ben aberta, que ninguén pode pechar—; coñezo que tes pouca forza, e mesmo así, cumpríche-la miña palabra e non me negaches. ⁹Vas ver que che vou entregar algúns da sinagoga de Satanás, dos que din que son xudeus pero que non o son, porque menten. Vas ver que os vou facer poñerse ós teus pés e recoñecerán que eu te amo.
¹⁰Como ti gardáche-las miñas palabras con perseverancia, tamén eu te gardarei a ti no intre da proba, que está a vir sobre todo o mundo, para pór a proba a toda a xente.
¹¹Virei axiña. Agarra ben o que tes, para que ninguén che colla a túa coroa.
¹²Ó vencedor fareino columna do templo do meu Deus e prometo que xa non sairá fóra del; e escribirei nel o nome do meu Deus e o nome da cidade do meu Deus, da nova Xerusalén, a que baixa do ceo, de onda o meu Deus, e escribirei nel o meu nome novo.
¹³Quen teña oídos escoite o que o Espírito lles di ás igrexas.

A carta a Laodicea

¹⁴Ó anxo da Igrexa de Laodicea escríbelle:
Isto di o Amén, a testemuña fiel e lexítima, o comezo da creación de Deus: ¹⁵coñezo as túas obras: ti non es frío nin quente. ¡Quen me dera que foses frío ou quente! ¹⁶Pero, por seres morno, nin frío nin quente, voute vomitar da miña boca. ¹⁷Porque dis: Son rico, xa teño fartura e non preciso de nada; pero ti non sabes que es unha besta, dás mágoa, es un mendigo cego e espido.
¹⁸Aconsélloche que merques ouro do meu, que se acaba de aquilatar no lume, para te poñeres rico; e que merques roupa branca, para vestires ben e para que non se vexa a vergonza da túa nudez; e que merques colirio para unta-los teus ollos e así poderes ver.
¹⁹Que eu a quen lles quero ben, rífolles e corríxoos. ¡Ponte de xenio e convértete! ²⁰Mira que hai tempo que estou a petar na túa porta. Se alguén escoita a miña voz e abre a porta, eu entraría cabo del e cearía con el e el comigo. ²¹Ó vencedor outorgareille sentar onda min no meu trono, do mesmo xeito que tamén eu vencín e sentei cabo do meu Pai no seu trono.
²²Quen teña oídos escoite o que o Espírito lles di ás igrexas.

PARTE APOCALÍPTICA
PRIMEIRA SECCIÓN: VISIÓN INAUGURAL DE DEUS E DO AÑO

4 ¹Despois disto mirei e vin unha porta aberta no ceo; e a primeira voz, que oíra coma unha trompeta, falando comigo, decíame: "Sube aquí que che vou amosa-lo que ten que acontecer despois disto".
²Axiña caín en arroubo. E velaquí un trono posto no ceo e un sentado no trono. ³A fasquía do que estaba sentado era coma a pedra

---

3, 5 É o rexistro dos que teñen a vida, dos xustos (Ex **32**, 32-33; Sal **69**, 29; Dn **12**, 1; Mal **3**, 16). Na Ap é unha imaxe moi frecuente (**13**, 8; **17**, 8; **20**, 12.15; **21**, 27).
3, 7 *Santo* e *verdadeiro*: cf Is **6**, 3; **40**, 25; **65**, 16; Hab **3**, 3. Na forma absoluta que presentan indican a divindade de Xesús Cristo.
A cita está tomada de Is **22**, 22.
A chave de David é a chave do reino mesiánico, sobre o que Xesús Cristo ten poder absoluto, omnímodo e inapelable.
3, 10 *Con perseverancia*: lit. "as palabras da miña perseverancia".
3, 12 No xudaísmo serodio a Abraham e ós xustos de Israel chámaselles "columnas"; na primitiva Igrexa ós apóstolos (Gál **2**, 9; Ef **2**, 19-22; 1 Pe **2**, 5). Aquí chámanllelo ós xustos definitivamente salvados, que posúen unha firmeza inconmovible.
3, 14 *Amén:* en Is **65**, 16 é un apelativo de Deus, o Deus do Amén, con sentido de firmeza, solidez, certeza, o Deus da resposta firme ó que prometeu e dixo; neste mesmo senso aplícase a Xesús Cristo que é o Amén das profecías e proxectos de Deus (2 Cor **1**, 19-20); e no mesmo senso usámolo os cristiáns na liturxia, como o fixeron e fan os xudeus.
3, 20 A imaxe de petar na porta e abrir pertence á tradición sinóptica (Lc **12**, 36ss; cf Cant **5**, 2).
3, 22 Cf Mt **19**, 28; Lc **22**, 30; Ap **20**, 4.

4, 2 Non se di o nome de Deus senón que, ó xeito da literatura xudía, indícase co *trono* e co que está *sentado* nel, segundo os profetas do A.T., que usan esta imaxe para indica-la realeza e o poder xudicial de Deus (Is **6**, 1; **66**, 1; Ez **1**, 26; **10**, 1).
4, 3 Non se fai unha descrición de Deus, coma nas apocalipses xudías senón unha insinuación da súa gloria, recalcando a distante analoxía co termo "semellante".

de xaspe e de sardónica e cunha aureola arredor do trono, semellante ó aspecto da esmeralda. ⁴Arredor do trono vin vintecatro tronos e, sentados nos tronos, vintecatro anciáns, vestidos de roupas brancas e coroas de ouro nas súas cabezas. ⁵Do trono saían lóstregos, berros e trebóns. Sete fachos de lume ardían diante do trono, que son os sete espíritos de Deus. ⁶Había diante do trono coma un mar lampexante, semellante ó cristal.

E diante do trono e arredor do trono, catro animais, cheos de ollos por diante e por detrás. ⁷O primeiro animal, igual ca un *león;* o segundo, semellante a un *xato;* o terceiro, tiña a *cara* coma de *home;* e *o cuarto,* semellante a unha *aguia* voando. ⁸E cada un destes catro animais tiña *seis ás,* cheas de ollos en todo o arredor e por fóra. Non tiñan acougo nin de día nin de noite, proclamando:

"Santo, Santo, Santo,
Señor Deus, que todo o sostén,
o que era, o que é e o que está a vir".

⁹E cada vez que lle daban gloria, honra e gracias a quen está sentado no trono, que vive polos séculos dos séculos, ¹⁰os vintecatro anciáns axeonllábanse ante o que está sentado no trono e adoraban o que vive polos séculos dos séculos e botaban diante do trono as súas coroas, dicindo ó mesmo tempo:

¹¹"Merecente es, noso Señor e Deus,
de recibir gloria, honra e poder,
porque ti es quen o creaches todo:

pola túa vontade existe e foi creado".

5 ¹E vin na dereita do que estaba sentado no trono un libro escrito por fóra e por dentro, pechado con sete selos. ²E vin un anxo forte, que clamaba con gran voz: "¿Quen pode abri-lo libro e desenlea-los seus selos?"

³E ninguén no ceo nin na terra nin debaixo da terra, daba aberto o libro nin lido nel. ⁴E eu choraba moito, porque non se atopaba ninguén digno de abri-lo libro nin de ler nel.

⁵Pero díxome entón un dos anciáns: "Non chores, ei-lo león da raza de Xudá e retoño da raíz de David: venceu, e deste xeito pode abri-lo libro e os seus sete selos".

⁶E vin no medio do trono e dos catro animais e diante dos anciáns, un Año en pé, coma se estivese degolado, con sete cornos e sete ollos, que son os sete espíritos de Deus, mandados a toda a terra. ⁷O Año achegouse ó trono e recibiu o libro da man dereita de quen está sentado no trono. ⁸Cando o colleu, os catro animais e os vintecatro anciáns axeonlláronse diante do Año, con cadansúa cítara e con frascos de ouro cheos de perfumes, que son as oracións do pobo santo. ⁹E cantaban un canto novo:

"Ti es merecente de recibi-lo libro,
e de abri-los selos,
porque te degoraron e adquiriches para Deus co teu sangue
xentes de toda raza, lingua, pobo e nación.

4, 4 *Vintecatro anciáns:* representan o pobo fiel na liturxia celeste, son unha tipificación: louvan e tributan a Deus a súa homenaxe (**4,** 9-11; **5,** 8-11.14; **11,** 16-18; **19,** 4) e preséntanlle as oracións dos fieis (**5,** 8).
O número *vintecatro* resulta alleo ós escritos apocalípticos xudeus e ó valor simbólico dos números na literatura do medio Oriente antigo pero moi ben se pode orixinar de 12+12: as doce tribos do pobo da Alianza antiga, máis doce que representan o pobo da Nova Alianza. Serían polo tanto unha creación orixinal do autor. Aparecen magnificamente esculpidos no Pórtico da Gloria da catedral de Santiago.
4, 5 Son os signos tradicionais das teofanías, que expresan o poder e a gloria de Deus (**8,** 5; **11,** 19; **16,** 18; Ex **19,** 16; Ez **1,**13).
4, 6 O xudaísmo dos últimos séculos antes de Xesús Cristo chegou á idea dun mar de cristal sobre o primeiro ceo (atmósfera), onde tiña o seu posto o templo celeste de Deus (Xén **1,** 7; Sal **137,** 4; Ez **1,** 22). As expresións *coma un mar, semellante ó cristal,* expresan a transcendencia non só de Deus senón mesmo das cousas que o rodean e que son profundamente diferentes das nosas cousas.
4, 6-7 *Os catro animais* coidamos que son catro deuses do panteón cananeo.
Estas divindades pagás preséntanse coma sometidas a Deus, e dísenos que louvan a Deus día e noite (v 8); as forzas vivas do mundo, as forzas de toda a terra, as forzas xerminais dos astros e da chuvia, as forzas maléficas dos aires están o servicio da liturxia de Deus, o único

Deus. É verdade que estes deuses non son nada pero as forzas que eles representan son algo real e por isto Xoán, seguindo o A.T. (Ez **1**), desmitifica estas divindades e déixaas en simples forzas.
4, 8 As *seis ás* están tomadas de Is **6,** o mesmo có trisaxio que segue.
4, 10 O canto destas forzas da natureza suscita na comunidade celeste (representada polos vintecatro anciáns) outro canto ó Deus creador destas forzas; deste xeito a desmitificación é completa.
5, 1 Os *sete selos* que o cerran queren dicir que está completamente selado como cousa divina que é.
5, 4 Os choros do vidente son ben comprensibles en tempos de persecución, cando non é moi doado verlle senso á propia vida.
5, 6 O *Año* está na gloria, e vivo; pero conserva os sinais da súa morte sacrificial. Ten a plenitude do Espírito de Deus (Is **11,** 2): a plenitude de poder (sete cornos, cf Dt **33,** 17; Dn **7,** 7-24) e a plenitude do coñecemento (Zac **4,** 10).
5, 7-14 Estes vv son unha descripción da entronización do Año e do seu señorío dos destinos da historia nestes tempos últimos. Os tres cantos que seguen son os cantos de entronización.
5, 8 As forzas da natureza (*catro animais*) e a Igrexa celeste (*vintecatro anciáns*) preséntanse en adoración e preparados para o canto de entronización.
Do pobo santo: lit. "dos santos", é dicir, dos cristiáns.

¹⁰E fixeches deles un reino de sacerdotes para o noso Deus e reinarán na terra".

¹¹E vin e oín a voz de moitos anxos arredor do trono e dos animais e dos anciáns: o número deles era de milleiros e milleiros.

¹²Proclamaban con forte voz:

"Merecente é o Año, por estar degolado, de recibi-lo poder, a riqueza, a sabedoría, a forza,
a honra, a gloria e a bendición".

¹³E oín que tódalas criaturas que están no ceo e na terra e debaixo da terra e enriba do mar e tódalas cousas que hai nelas, proclamaban:

"Para quen está sentado no trono e para o Año:
a bendición, a honra, a gloria e o poder polos séculos dos séculos".

¹⁴E os catro animais dicían: "Amén" e os anciáns caeron en adoración.

SEGUNDA SECCIÓN:
ÁBRESE O LIBRO SELADO CON SETE SELOS

Os catro primeiros selos: os catro cabaleiros

6 ¹E mirei, cando o Año abriu o primeiro dos sete selos e oín que un dos catro animais berraba con voz de trebón: "Ven". ²E mirei e vin un cabalo branco. O seu cabaleiro tiña un arco. Déuselle unha coroa e saíu coma vencedor e para seguir vencendo.

³E cando abriu o segundo selo, oín que o segundo animal dicía: "Ven". ⁴E saíu outro cabalo vermello. Ó seu cabaleiro déuselle poder de quita-la paz da terra e facer que se degolen uns ós outros e déuselle tamén unha espada grande.

⁵E cando abriu o terceiro selo, oín que o terceiro animal dicía: "Ven". E mirei e vin un cabalo negro. O seu cabaleiro tiña unha balanza na man. ⁶E oín algo, coma se fose un berro, no medio dos catro animais, que dicía: "¡Un cuarto de ferrado de trigo por un denario; e tres cuartos de ferrado de cebada por un denario! Pero ó aceite e ó viño non lles fagas mal".

⁷E cando abriu o cuarto selo, oín a voz do cuarto animal, que dicía "Ven". ⁸E mirei e vin un cabalo cardoso. O seu cabaleiro chámase Morte e seguíao o Hades. Déuselle poder sobre a cuarta parte da terra, para matar coa espada, coa fame, co andazo e coas feras da terra.

O quinto selo: os mártires chaman a Deus

⁹E cando abriu o quinto selo, vin baixo o altar as ánimas dos degolados por mor da palabra de Deus, e por gardaren ben o seu testemuño. ¹⁰E a grandes berros preguntaron: "¿Ata que día, noso Dono santo e verdadeiro tardarás en facer xustiza e en vinga-lo noso sangue contra os veciños da terra?" ¹¹Déuselles cadansei vestido branco e díxoselles que parasen unha miga, ata que se completase o número dos seus compañeiros e irmáns, que os ían matar axiña como os mataran a eles.

O sexto selo: intervención terrible de Deus

¹²E vin, cando abriu o sexto selo, que houbo un gran terremoto. O sol virou mouro coma un pano de picote e a lúa volveuse en sangue. ¹³As estrelas do ceo caeron na terra, como a figueira solta os seus figos, cando zorrega nela un gran vento. ¹⁴O ceo retirouse coma un rolo de pergamiño cando se recolle, e tódolos montes e illas se moveron do seu posto. ¹⁵Os reis da terra, e os seus grandes, os xenerais, os ricos, os fortes e todos, servos e libres, agacháronse nas covas e entre os penedos dos montes. ¹⁶*E dicíanlles ós montes e ós penedos:* "¡Caede enriba de nós e ocultádenos da presencia do que está sentado no trono e da ira do Año! ¹⁷Porque chegou o día grande da súa ira e ¿quen o poderá aturar?"

5, 11 *Milleiros e milleiros:* lit. "miríadas de miríadas e milleiros de milleiros".

6, 1-7 Contén a apertura dos catro primeiros selos cunha estrutura literaria ben fixa: "cando abriu", "selo", "animal" dicía: "Ven", "cabalo", "o cabaleiro".

6, 9 Os donativos cristiáns están baixo o altar celeste, do que é imitación o altar dos holocaustos do templo de Xerusalén; o seu martirio é considerado aquí un holocausto (Flp **2**, 17; 2 Tim **4**, 6). As ánimas están no sangue vertido ó pé do altar (cf Lev **17**, 11.14; Dt **12**, 23).

6, 11 Os *vestidos brancos* son sinal da victoria e da súa vida gloriosa.

6, 12-14. Ó abrirse o sexto selo, segue a visión profética da chegada do gran día de Deus (v 17), que se presenta nesta primeira parte coas imaxes típicas da tradición profética e apocalíptica a propósito deste día (cf Is **13**, 10; **34**, 4; **50**, 3; Na **3**, 2; Mt **24**, 29 e paralelos).

6, 1-17 Aínda que, á primeira vista, poida parecer que as dúas visións deste c. rompen a serie dos sete selos, na intención do autor son esenciais, xa que provocan o contraste tan significativo entre a protección de Deus ós seus servidores aquí no mundo (vv 1-8) e a situación tan desesperada que acaba de presentar. A visión dos vv 9-17 é unha visión da liturxia celeste e ten a finalidade de anima-los cristiáns a seguiren fieis na persecución.

Marcan os fieis cun sinal

7 ¹Despois disto vin catro anxos que apreixaban, nas catro esquinas da terra, os catro ventos, para que non bourasen contra a terra, nin contra o mar nin contra as árbores. ²E vin outro anxo máis, que tiña o selo do Deus vivente, subir desde o nacente. Dicíalles a berros ós catro anxos, a quen se lles deu poder de dana-la terra e o mar: ³"¡Non lles fagades mal á terra nin ó mar nin ás árbores, ata que marquemos co selo na testa os servos do noso Deus!". ⁴E oín o número dos que tiñan a marca, cento corenta e catro mil, marcados de entre tódalas tribos dos fillos de Israel.

⁵Da tribo de Xudá, doce mil marcados,
da tribo de Rubén, doce mil marcados,
da tribo de Gad, doce mil marcados,
⁶da tribo de Axer, doce mil marcados,
da tribo de Naftalí, doce mil marcados,
da tribo de Menaxés, doce mil marcados,
⁷da tribo de Simeón, doce mil marcados,
da tribo de Leví, doce mil marcados,
da tribo de Isacar, doce mil marcados,
⁸da tribo de Zebulón, doce mil marcados,
da tribo de Xosé, doce mil marcados,
da tribo de Benxamín, doce mil marcados.

Cantos de victoria a Deus e sorte dos seus fieis

⁹Despois disto mirei e vin un mundo de xente, que ninguén era capaz de contar, de tódalas nacións, tribos, pobos e linguas, en pé diante do trono e do Año. Vestían roupa branca e levaban ramallos de palma nas mans. ¹⁰Proclamaban con grande voz:
"A salvación perténcelle ó noso Deus,
que senta no trono, e mais ó Año".

¹¹Tódolos anxos que estaban en pé arredor do trono, dos anciáns, e dos catro animais, postráronse diante do trono para adoraren a Deus. ¹²Proclamaban:
"¡Amén! A bendición, a gloria, a sabedoría,
a acción de gracias, a honra,
o poder e maila forza perténcenlle ó noso Deus,
polos séculos dos séculos. Amén".

¹³Un dos anciáns preguntoume: "¿Quen son e de onde viñeron estes que van vestidos de roupa branca?" ¹⁴Eu respondinlle: "Meu Señor, ti xa o sabes". E díxome: "Estes son os que veñen de pasa-las súas grandes penas; lavaron os seus vestidos e branquexáronos co sangue do Año.

¹⁵Por iso están diante do trono de Deus, e adórano día e noite no seu santuario. E quen está sentado no trono chantará a súa tenda cabo deles.
¹⁶*Non terán máis fame nin sede,*
nin caerá endexamais sobre eles o sol,
nin ningunha queimadura del.
¹⁷Porque o Año, que está no medio do trono, *será o seu pastor,*
levaraos ás fontes de auga
e Deus enxugará dos seus ollos *toda bágoa*".

TERCEIRA SECCIÓN:
O SÉTIMO SELO E A SERIE DAS TROMPETAS

8 ¹E cando abriu o sétimo selo, houbo, como media hora, un silencio no ceo. ²E vin os sete anxos, que están sempre en pé diante do trono de Deus. Déronselles sete trompetas.

7, 1 Os semitas pensaban que a terra era cadrada (**20,** 8; Is **40,** 22) e que os ventos que viñan das *esquinas* eran malignos, mentres que os dos lados eran beneficiosos; os ventos das esquinas son símbolos das forzas destructoras e presaxio da fin (Xer **49,** 36; Ez **7,** 2; **8,** 8; Zac **2,** 6; **6,** 5; Mc **13,**27).

7, 2 O *nacente* é de onde vén a luz e onde se situaba o paraíso terrenal (Xén **2,** 8) e por isto o anxo da seña de Deus vén do nacente.

7, 4-8 O número *cento corenta e catro mil* está composto de 12x12x1000; doce é o número do perfecto, o segundo doce é o das tribos de Israel e mil indica unha grande multitude. O número refírese ós membros do verdadeiro Israel.

7, 9-17 Divídese en dous párrafos, separados polo *Amén* do v 12. O primeiro (vv 9-12), é quizais unha transposición á liturxia celeste da liturxia da festa das Tendas ou dos Tabernáculos; e o segundo párrafo (vv 13-17), describe e aclara algúns dos aspectos da felicidade dos fieis na vida celeste.

7, 9 A fórmula é unha alusión (Xén **15,** 5; **32,** 1), baixo o punto de vista do cumprimento, á promesa feita a Abraham.

7, 12 Este himno enmarcado entre dous *Amén* expresa o perfecto acordo dos anxos co canto celeste dos fieis.

7, 15 Cf Is **4,** 5-6; Xn **1,** 14. Desde esta expresión ata o final do v 17, segue unha serie de verbos en futuro que conteñen a promesa de felicidade escatolóxica.

7, 16 Is **49,** 10; Ap **21,** 3-4.

7, 17 Sal **36,** 10; Is **25,** 8; **40,** 11; Ap **21,** 4.

8, 1-2 O mesmo ca nos septenarios que seguen, o último elemento do septenario anterior introduce o septenario seguinte. O *silencio* do v 1 ten unha función case escénica de poñer de relevo o contraste entre a sublimidade da liturxia celeste de **7,** 9-17 e os desastres que anuncian as trompetas do v 2.

Oracións dos fieis pola chegada do Reino e resposta de Deus

³Chegou outro anxo cun incensario de ouro. Púxose ó pé do altar e déuselle moito incenso, para que o ofrecese no altar de ouro, que está diante do trono, coas oracións de todo o pobo santo. ⁴E das mans do anxo que está diante do trono de Deus subiu o fume do incenso coas oracións do pobo santo. ⁵Colleu o anxo o incensario, encheuno co rescaldo do altar e botouno na terra: houbo lóstregos, berros, tronos e un terremoto.

⁶Entón os sete anxos, que tiñan as sete trompetas, preparáronse para tocar.

As catro primeiras trompetas: resposta de Deus

⁷Tocou o primeiro e caeu na terra unha sarabiada de lume mesturado con sangue: ardeu a terceira parte da terra e a terceira parte das árbores e toda a herba verde.

⁸Logo tocou o segundo anxo e botouse ó mar algo coma un monte grande ardendo: fíxose sangue a terceira parte do mar ⁹e morreu a terceira parte das criaturas vivas do mar e esnaquizáronse a terceira parte dos barcos.

¹⁰Tocou logo o terceiro anxo e caeu do ceo unha estrela grande, ardendo en labarada, e caeu sobre a terceira parte dos ríos e das fontes. ¹¹A estrela chamábase Asente. E a terceira parte das augas volveuse en auga de asente e moitos dos homes morreron por culpa destas augas que se volveron amargosas.

¹²Logo tocou o cuarto anxo e tremelicou a terceira parte do sol, a terceira parte da lúa e a terceira parte das estrelas: escureceuse a terceira parte de cada un deles e un tercio do día non alumeou e o mesmo a noite.

Aviso de ameaza

¹³E mirei e oín o que berraba con voz potente unha aguia, que estaba voando polo medio do ceo: "¡Ai, ai, ai dos veciños da terra, por cousa dos outros toques de trompeta, que tres anxos van tocar!"

A quinta trompeta ou o primeiro ¡Ai!: os saltóns

9 ¹Logo tocou o quinto anxo e vin que unha estrela caía do ceo na terra. Déuselle a ela a chave do pozo do abismo; ²ela abriuno e subiu do pozo coma unha fumeirada dun gran forno: escureceuse o sol e mailo aire por cousa da fumeirada do pozo. ³Logo saíron da fumeirada saltóns pola terra. Déuselles poder, coma o que teñen os alacráns da terra; ⁴e díxoselles que non danasen nin a herba dos campos nin verde ningún nin árbore ningunha senón unicamente os homes que non tivesen o selo de Deus na testa.

⁵Encargóuselles que non os matasen senón que os atormentasen por cinco meses: o tormento deles era coma o tormento do alacrán, cando pica no home. ⁶Naqueles días os homes procurarán a morte e non a atoparán, desexarán morrer, pero a morte fuxirá deles.

⁷Os saltóns semellaban cabalos aparellados para a guerra: tiñan nas cabezas coma unhas coroas que parecían de ouro e as ca-

---

8, 3-6 Esta pequena unidade dálle sentido ó septenario das trompetas, que vén se-la resposta de Deus ás oracións dos fieis pola chegada do Reino.

8, 3 Este *outro anxo* é o "anxo da paz" doutras apocalipses, intermediario entre Deus e os homes, que presenta a Deus as oracións dos homes (Tob **12**, 15) e realiza neles o plan de Deus.

O *moito incenso* que se lle dá ó anxo é para purifica-las oracións dos fieis.

8, 5 *Rescaldo:* simboliza a ira de Deus, que se manifestará na terra (Ez **10**, 2; cf Xén **19**, 24).

8, 7-12 O toque das *catro primeiras trompetas* e a apertura dos "catro primeiros selos" están presentados nun paralelismo un tanto apretado; afectan á natureza, non ós homes directamente; son, con todo, unha chamada ó arrepentimento dos homes, xa que a vida se lles fai insegura. Os fenómenos que seguen ó toque das dúas primeiras e da última trompeta están, en parte, inspirados nas pragas de Exipto, que a literatura antiga considerou modelo e prototipo do castigo de Deus para os que se lle oponen ó seu plan.

8, 11 *Asente:* planta moi recendente, usada antes na nosa terra para abri-lo apetito: a cousa máis amargosa que temos coñecido. En Xer **9**, 14; **23**, 15; Lam **3**, 15.19 aparece nun contexto semellante a este para indica-lo castigo de Deus.

8, 12 Cf Ex **10**, 21 que é a novena praga de Exipto; en Xl **4**, 15 e Am **8**, 9 anúnciase para a fin.

8, 13 *Unha aguia,* en misión de anxo, xa que se presenta voando polo máis alto do ceo, pregoa con tres laios, os tres ais, os toques das tres últimas trompetas; o seu pregón dirixese ós habitantes da terra.

9, 1 O Xeol dos libros apocalípticos é unha enorme lagoa de xofre ardendo baixo terra (**20**, 10), comunicada coa superficie da terra por unha boca; nesta lagoa están temporalmente os espíritos malos (Lc **8**, 31).

9, 3 Os *saltóns* chegan moitas veces en Palestina a seren unha verdadeira praga para o campo. Aquí a praga de saltóns é un dos castigos demoníacos escatolóxicos. Os *alacráns* son sinais de forzas demoníacas.

9, 4 O poder maléfico destes axentes diabólicos está baixo as limitacións de Deus: dirixese só ós homes non selados coa sinal de Deus (**7**, 1-8) e durante un tempo limitado, cinco meses.

9, 7ss Nestes vv descríbense os *saltóns* ó xeito da literatura apocalíptica, especialmente de Xl **2**; todo fai pensar que se trata dunha imaxe apocalíptica, dunha invasión de bárbaros, segundo dan a entender os "cabelos coma cabelos de mulleres" (v 8), que era un dos costumes dos pobos bárbaros. Esta invasión descríbese coma un feito diabólico; os invasores son demos dirixidos polo príncipe dos demos: *Abaddón* (=destrucción). Os acontecementos da historia teñen para Xoán o seu senso á vista da súa perspectiva escatolóxica; estas imaxes envolven a idea do castigo profético nun feito histórico que non esgota en absoluto a súa intención.

ras coma as caras dos homes; ⁸tiñan os cabelos coma cabelos de mulleres e os dentes eran coma os dos leóns; ⁹tiñan unhas coirazas como coirazas de ferro e o zoar das súas ás era coma estrondo de carros e de moitos cabalos correndo para a guerra; ¹⁰tiñan rabos e aguillóns semellantes ós dos alacráns e nos seus rabos tiñan o poder de dana-los homes por cinco meses. ¹¹Teñen un rei que os dirixe: o anxo do abismo, que en hebreo se chama Abaddón e en grego Apolión, o Estragador.

¹²O primeiro ¡Ai! pasou, pero despois deste aínda virán dous ¡Ais! máis.

A sexta trompeta ou o segundo ¡Ai!: a cabalería mortífera do demo

¹³Logo tocou o sexto anxo e oín unha voz, que viña dos cornos do altar de ouro, que está diante de Deus. ¹⁴Diciálle ó sexto anxo, que tiña a trompeta: "solta os catro anxos, que están presos onda o gran río, o Éufrates". ¹⁵E quedaron soltos os catro anxos, que estaban aparellados para mataren a terceira parte dos homes naquela hora, día, mes e ano. ¹⁶O número da tropa de cabalería era de douscentos millóns; eu mesmo oín o número.

¹⁷E nesta visión os cabalos e os seus cabaleiros aparecían deste xeito: tiñan coirazas da cor do rescaldo, violáceo e marelo de xofre; as cabezas dos cabalos eran coma as cabezas dos leóns e da boca saíalles lume, fumeirada e xofre. ¹⁸Unha terceira parte dos homes quedaron mortos con estas tres pragas: o lume, coa fumeirada e co xofre que saía da boca dos cabalos. ¹⁹Porque estes cabalos tiñan o poder na boca e no rabo, pois os rabos, semellantes a cobras, remataban en cabezas e con elas facían mal.

²⁰Quedou un refugallo de homes, que nin con estas pragas morreron nin se arrepentiron do culto dos deuses falsos. Non deixaron de adora-los demos e *as imaxes de ouro, de prata, de bronce, de pedra e de madeira, que nin* poden *ollar nin oír nin camiñar*. ²¹Non se arrepentiron dos seus homicidios nin das bruxerías nin da prostitución nin dos roubos.

O anxo co seu libro profético

10 ¹E vin que outro anxo forte baixaba do ceo, envolto nunha nube co arco iris sobre a súa cabeza; o aspecto da súa cara era coma o sol e as pernas coma columnas lumeantes. ²Tiña na man un libriño aberto e puxo o pé dereito no mar e o esquerdo na terra. ³Berrou con toda a forza, coma o brado do león; e, en berrando, falaron os sete tronos coas súas propias voces. ⁴Despois de falaren os sete tronos estaba eu para escribir, pero oín que unha voz desde o ceo me dicía: "Garda en segredo o que falaron os sete tronos e non o escribas". ⁵E o anxo, que eu vira afincado no mar e na terra, *ergueu a súa man dereita cara ó ceo* ⁶*e xurou por aquel que vive polos séculos* dos séculos, que creou o ceo e canto hai nel, a terra e canto hai nela, o mar e canto hai nel: "¡xa non haberá máis demora!; ⁷pero nos días en que apareza a voz do sétimo anxo, cando estea para toca-la trompeta, hase de cumpri-lo Misterio de Deus, tal como El llelo anunciara, coma boa nova, ós seus servos, os profetas".

⁸E a voz que oíra desde o ceo volveu falar comigo para me dicir: "Vai e colle o libriño aberto, que ten na man o anxo que está afincado no mar e na terra". ⁹Fun onda o anxo dicirlle que me dese o pequeno libro e el respondeume: "Cólleo e engúleo todo: hache amargar no ventre pero na boca hache ser doce coma o mel". ¹⁰Eu collín o libriño da man do anxo e engulipeino de vez e fixoseme na boca doce coma o mel, pero de que o comín enchéuseme de amargor o ventre. ¹¹E dixéronme: "Cómpre que volvas profetizar para moitos pobos, xentes, linguas e reis".

9, 13-21 Esta visión presenta o castigo dos perseguidores da Igrexa, a mans dos partos, temibles pola súa cabalería. Á descrición dos *cabalos* e dos *cabaleiros* e o número da tropa deixan ver que o feito histórico se trascende nunha perspectiva máis ancha: tódalas potencias humanas e sobrehumanas se conxuntan contra quen se opón a Deus e ó seu plan.

9, 13 A *voz* de destrucción vén do *altar de ouro,* onde se ofrecen as oracións dos santos (**8**, 3) e deste xeito o que segue considérase resposta ás oracións dos membros do pobo santo.

9, 14 Os *catro anxos* son os anxos da vinganza, típicos da literatura apocalíptica que actúan segundo as ordes de Deus.
10, 1-11, 14 Os cc. **10** e **11** son coma o **7** a contrapartida das visións escatolóxicas de castigo. Preséntanno-la situación da comunidade cristiá cos seus esperanzados anceios.

10, 1 Xoán xa non se sente en arroubo no ceo coma ata aquí, senón que se ve na terra onde ten a visión deste anxo que abrangue o ceo, o mar e a terra, sinal da protección universal da súa mensaxe; descríbese rodeado da gloria (cf **1**, 12-16; Mt **17**, 2ss parl).

10, 2 O *libriño* non é secreto, senón que está aberto e contén quizais **11**, 1-13.

10, 5-6 Cf Dn **12**, 5-7.

10, 8-11 Esta pasaxe está inspirada na consagración profética de Ezequiel (Ez **2**, 8-3, 3).

10, 9 Enguli-lo libro (Xer **15**, 16) quere dicir aprender ben o seu contido, que é doce coma o mel e amargo, xa que pregoa a victoria dos fieis, ó mesmo tempo que as dificultades e a persecución (cf **11**, 1-13).

O santuario e as dúas testemuñas

11 ¹Déuseme unha canivela da feitura dunha vara de medir dicíndome: "Érguete e mide o santuario de Deus e mailo seu altar e mide os que adoran no santuario. ²Pero o adro que está fóra do santuario, déixao de lado e non o midas, que llelo deron ós pagáns, que pisarán a cidade santa durante corenta e dous meses. ³Eu permitireilles ás miñas dúas testemuñas que fagan de profetas durante mil douscentos sesenta días vestidas con roupa feita de sacos.
⁴Estas son as dúas oliveiras e os dous candelabros, que están ergueitos diante do Señor do mundo. ⁵E se alguén lles quere facer mal, sairá das súas bocas lume que devorará os seus inimigos; se alguén lles quixer facer mal, cómpre que morra deste xeito.
⁶Eles teñen poder para pecha-lo ceo, de xeito que non chova durante os días do seu profetizar. Teñen poder de converte-la auga en sangue e de castiga-la terra con calquera tipo de praga cantas veces queiran. ⁷Pero, cando acaben o seu testemuño, a fera que sobe do abismo loitará contra eles, venceraos e mataraos.
⁸E os seus cadáveres quedarán na praza da gran cidade, que se chama en linguaxe simbólica Sodoma e Exipto, onde tamén foi crucificado o seu Señor. ⁹Xentes de diferentes pobos, tribos, linguas e nacións ollarán para os seus cadáveres durante tres días e medio e non deixarán poñe-los cadáveres no sartego. ¹⁰Os habitantes da terra alegraranse e brincarán de alegría e mandaranse regalos uns ós outros, porque aqueles dous profetas atormentaran os habitantes da terra".
¹¹Despois destes tres días e medio, un espírito vivificador mandado por Deus entrou neles e puxéronse en pé. Os que miraban para eles entroulles un gran medo. ¹²E oíron un forte berro que desde o ceo lles dicía: "¡Subide aquí!". E subiron ó ceo nunha nube, á vista dos seus inimigos. ¹³Naquela mesma hora veu un gran terremoto e derrubouse unha décima parte da cidade e morreron no terremoto sete mil homes. Os outros colleron medo e déronlle gloria ó Deus do ceo.
¹⁴O segundo ¡Ai! pasou: o terceiro ¡Ai! velaí vén.

CUARTA SECCIÓN:
A SÉTIMA TROMPETA E A SERIE DAS VISIÓNS DO DRAGÓN

Louvanzas e agradecementos

¹⁵Logo tocou o sétimo anxo e oíronse uns fortes berros desde o ceo, que dicían:

"¡O reinado do mundo pasou a ser do noso Deus
e do seu Mesías!
El reinará polos séculos dos séculos".

¹⁶E os vintecatro anciáns, os que sentan diante de Deus nos seus tronos, postráronse para adorar a Deus, ¹⁷dicindo:

"Dámosche gracias a ti, Señor, Deus que todo o sostén,
que es e que eras
por asumire-lo teu grande poder,
e comezares a reinar.
¹⁸Anoxáronse contra ti os xentís,
pero agora chegou o teu anoxo:
é o momento de lles facer xustiza ós que morreron,

11, 1-2 O *medi-lo santuario* (cf Ez **40**, 1ss; Zac **2**, 1-5) por orde de Deus equivale a poñelo baixo a protección de Deus. O santuario, aínda que se concibe ó xeito do templo de Xerusalén, é o santuario celeste constituído pola Igrexa, tema este moi do gusto dos primeiros cristiáns (1 Cor **3**, 16ss; 2 Cor **6**, 16; Ef **2**, 19-21; 1 Pe **2**, 5).
11, 2 Era o *adro* dos xentís, que aquí significa o "Israel segundo a carne": equivale ó mundo pagán.
"Tres anos e medio" = 1.265 días; na literatura apocalíptica indícase con este período o tempo da actividade do Anticristo (cf Dn **7**, 25; **12**, 7; Ap **12**, 14).
11, 3 *Testemuñas*: necesarias segundo Dt **19**, 15; Mc **6**, 7; Xn **8**, 17 para a validez do testemuño. Son Moisés e Elías (cf v 7), que segundo unha vella tradición xudía (Dt **18**, 15; Mal **3**, 22-24) volverían pregoa-la conversión antes do día do Señor. Eles son os representantes típicos da Lei e dos Profetas, e dan testemuño de Xesús Cristo (cf Lc **9**, 30ss e parl e **24**, 27). Estas dúas testemuñas simbolizan a Igrexa co seu espírito profético testemuñante (Ap **19**,10).

11, 4 A imaxe das *dúas oliveiras* e os *dous candelabros* está tomada de Zac **4**, 1-14, e representan o pobo cristián que dá culto a Deus e que o serve co seu testemuño.
11, 6 Converte-la *auga en sangue* e as *pragas* son alusións claras a Moisés.
11, 8 *Gran cidade:* mellor que referila a Roma, cómpre entendela coma toda organización política inimiga do plan de Deus e da Igrexa. *Sodoma* é o exemplo típico da inmoralidade destas organizacións políticas (Is **1**, 9 ss; Ez **16**, 46.55). *Exipto* é o exemplo da escravitude ou opresión do pobo de Deus.
11, 9 Nega-la sepultura é o xeito máis negro e ignominioso de trata-los mortos (2 Mac **5**, 10; Sal **79**, 2s; Xer **8**, 2; **16**, 4); aquí é reflexo do odio ós cristiáns.
11, 12 Do mesmo xeito ca Elías (2 Re **2**, 11; Eclo **48**, 9) e que Moisés (segundo unha tradición xudía serodia).
11, 17 Omítese "o que está a vir", xa que segundo **10**, 7 coa sétima trompeta virá o Reino na súa plenitude.

e de lles da-la paga ós teus servos, os profetas,
ó teu santo pobo e ós que te respectan a ti,
ós pequenos e ós grandes,
e de esnaquiza-los que destrúen o mundo".

Anuncio da intervención de Deus

¹⁹E abriuse o santuario celeste de Deus e apareceu a arca da súa alianza no seu santuario. Entón houbo lóstregos, berros, tronos, un terremoto e unha grande sarabiada.

A muller e o dragón: o nacemento do neno

12 ¹E apareceu no ceo un gran sinal: unha muller vestida co sol, coa lúa baixo os seus pés e, na cabeza, unha coroa de doce estrelas. ²Estaba embarazada e berraba cos retorzóns e as dores do parto.

³Apareceu outro sinal no ceo: era un gran dragón vermello, que tiña sete cabezas e dez cornos e nas cabezas sete diademas. ⁴Co seu rabo arramplaba cunha terceira parte das estrelas do ceo e botábaas na terra. O dragón plantouse diante da muller que estaba para dar á luz, coa idea de engulirlle o filliño en canto nacese.

⁵Tivo un fillo varón; aquel que cun *caxato de ferro ha rexer* a tódalas *nacións*. Pero Deus arrebatou o filliño da muller onda si, ó seu trono. ⁶E a muller fuxiu para o deserto, onde lle tiña Deus un lugar axeitado para a manter alí mil douscentos sesenta días.

⁷E produciuse unha guerra no ceo; Miguel e os seus anxos combateron contra o dragón. O dragón combatía cos seus anxos, ⁸pero non lles puido; e para eles xa non houbo lugar no ceo. ⁹Deus botou do ceo ó gran dragón, serpe antiga, chamado Satán e Satanás, o que fai extraviar a tódolos homes: botouno á terra; e ós seus anxos con el.

¹⁰E oín un gran berro no ceo, que dicía:
"Arestora chegou a victoria, o poder,
e o reino do noso Deus,
así coma a soberanía do seu Mesías.
Porque expulsaron o acusador dos nosos irmáns,
o que os acusaba diante do noso Deus,
día e noite.
¹¹Pero eles vencérono gracias ó sangue do Año,
e pola forza do testemuño que deron,
e porque quixeron máis morrer que vivir neste mundo.
¹²Por iso ¡alegrádevos, ceos,
e os que vivides neles!
¡Pobre terra e pobre mar!
Porque baixou Satán onda vós.
Baixou adoecido
porque sabe que ten pouco tempo".

¹³E cando o dragón se decatou de que o botaran para a terra, perseguiu á muller que dera á luz o meniño. ¹⁴Pero Deus deulle á muller as dúas ás da gran aguia, para que fose voando ata o deserto, o seu lugar; e dáselle a mantenza alí, lonxe da presencia da serpe durante un tempo, dous tempos e medio tempo.

¹⁵A serpe botou pola boca auga, coma un río, detrás da muller, para envolvela na corrente do río. ¹⁶Pero a terra acudiu en axuda da muller: abriu a terra a súa boca e zugou o río, que o dragón botara pola boca.
¹⁷Enrabexou o dragón contra a muller e foi-

11, 19 A aparición do arquetipo da arca da alianza (Ex **25**) é sinal dos tempos escatolóxicos, da convocatoria do pobo mesiánico (2 Mac **2**, 4-8), da presencia de Deus entre o seu pobo: por iso seguen os sinais meteorolóxicos e cósmicos dunha teofanía; este v serve de introducción e ambientación teolóxica dos cc. **12-13**.

12, 1-2 Conforme á mentalidade do A.T. e, moi especialmente, á mentalidade apocalíptica, as realidades salvíficas deste mundo teñen o seu arquetipo no mundo celeste: o pobo fiel a Deus ten coma o seu arquetipo celeste esta *muller* gloriosa no intre do parto dunha nova era (Is **66**, 7-14), a era mesiánica (v 5). Os seus adornos celestes (o *sol* e a *lúa*) son sinais da súa categoría gloriosa. As *doce estrelas*, as doce tribos (Ap **7**, 4-8; **21**, 12; Sant **1**, 1) e os doce apóstolos (Ap **21**, 14) son o símbolo do auténtico Israel que se continúa na comunidade da Igrexa. A referencia desta imaxe á Nosa Señora realízase só en canto ela é o prototipo desta comunidade fiel e acolledora da vontade salvífica de Deus (cf Lc **1**, 38).

12, 3 Este *dragón* é o monstro mítico de Leviatán, xa coñecido na mitoloxía cananea e tamén no A.T. (Xob **3**, 8; **40**, 25; Sal **74**, 14; **104**, 26; Is **27**, 1). É a síntese das forzas do mal, da desorde e da morte e por tanto, símbolo do demo. A creación nesta linguaxe considérase unha victoria contra Leviatán, pero a victoria definitiva contra el sucederá á fin do mundo. Preséntase coma un símbolo da soberanía sobre o mundo, con sete cabezas, sete diademas, dez cornos (cf Lc **4**, 6; Xn **12**, 31; **14**, 30; **16**, 11).

12, 5 Trátase dunha cita dun texto mesiánico (Sal **2**, 9); o filliño é quen lle quitará o poder universal ó demo mediante a súa entronización celeste (cf Heb **9**, 12-14).

12, 7-9 Seguindo unha das leis da literatura apocalíptica, Xoán presenta a loita de Xesús e da Igrexa contra as forzas demoníacas desde o arquetipo da loita primordial de Miguel contra o dragón e, deste xeito, a victoria de Miguel e dos seus anxos é un anticipo da victoria de Xesús Cristo contra Satán (Mc **1**, 12-13 e parl) e a seguridade da victoria da Igrexa; deste xeito é preanuncio da presencia no mundo do reino de Deus (vv 10-12). A propósito de Miguel, cf Dn **10**, 12-21; **12**, 1.

12, 10 É un dos papeis do demo segundo Xob **1**, 6ss; Zac **3**, 1; Lc **21**, 31; Rm **8**, 33.

12, 14 No contexto do Éxodo (cf Ex **19**, 4; Dt **32**, 11; Is **40**, 31) son sinal da pronta e eficaz protección divina.

12, 17 Xoán, coma Mt **16**, 18, distingue a Igrexa especialmente protexida por Deus e o resto da súa familia, expostos ós ataques do demo, aínda que Deus lles asegura a súa protección.

lle face-la guerra ó resto da familia dela: ós que gardan os mandamentos de Deus e manteñen firme o testemuño de Xesús.

As dúas bestas

¹⁸Detívose na area da beira do mar.

13 ¹Logo vin subir do mar unha besta con dez cornos e sete cabezas e nos cornos tiña dez diademas e nas cabezas tiña un nome blasfemo. ²A besta que vin semellaba unha pantera pero as patas eran coma as do oso e a boca coma a boca do león. O dragón deulle a súa forza, o seu trono é o seu gran poder. ³Unha das súas cabezas estaba degolada de morte, pero a súa ferida mortal curou. Todo o mundo se admiraba do que lle sucedera á besta ⁴e adorou o dragón, que tal poder lle dera á besta, dicindo: "¿Quen será coma a besta e quen poderá facer guerra en contra dela?".

⁵E déuselle ó dragón unha boca para dicir arrogancias e blasfemias e concedéuselle o poder para facelo ó longo de corenta e dous meses. ⁶Abriu a súa boca:
para blasfemar contra Deus,
para blasfemar contra o seu Nome,
contra o seu celeste santuario
e contra os que moran nel.
⁷Permitíuselle facerlle a guerra ó pobo santo e vencelo; e déuselle poder sobre toda tribo, pobo, lingua e nación. ⁸E tódolos habitantes da terra, que desde o comezo do mundo non teñen o seu nome escrito no libro da vida do Año que foi degolado, adoraron a besta. ⁹Quen teña oídos escoite:
¹⁰*Se algún está para a catividade,*
irá á catividade.
Se algún está para morrer coa espada,
matarano coa espada.

Aquí están a esperanza e maila fe do pobo santo.

¹¹Logo vin outra besta que subía da terra: tiña dous cornos semellantes ós do año e falaba coma o dragón. ¹²Exerce, baixo a ollada da primeira besta, a súa completa vontade: fai que toda a terra e os seus habitantes adoren a primeira besta, que curara da súa ferida mortal. ¹³Realiza grandes milagres, ata chegar a facer baixar lume do ceo á terra, á vista dos homes. ¹⁴Descamiña os habitantes da terra cos milagres que se lle permitiron facer diante da besta, dicíndolles que fagan imaxes en honor da besta, que tiña a ferida da espada pero recobrara a vida. ¹⁵Concedéuselle á segunda besta poder infundir espírito na imaxe da primeira, para facela falar e para que fixese que tódolos que non adorasen a imaxe da besta fosen asasinados. ¹⁶A todos, grandes e pequenos, ricos e pobres, libres e servos, ponlles unha marca na man dereita ou na testa ¹⁷e ninguén pode mercar ou vender, se non ten a marca, o nome da besta ou o número do seu nome.

¹⁸Para isto fai falta a sabedoría: quen teña intelixencia, calcule o número da besta, que é número humano e o seu número é seiscentos sesenta e seis.

O Año e os mártires no monte Sión

14 ¹Logo tiven unha visión. O Año estaba de pé no monte de Sión e con el cento corenta e catro mil, que tiñan escrito nas súas frontes o nome do Año e mailo nome do seu Pai. ²E oín unha voz desde o ceo coma o bruído dunha gran tormenta de auga e tronos; a voz que oín semellaba a duns harpistas, floreando nas súas harpas. ³Cantaban un cántico novo diante do trono e mais dian-

---

13, 1-11 Esta primeira *besta* é unha imaxe apocalíptica da institución do Imperio Romano que persegue á Igrexa, calcada na imaxinación de Dn 7, onde se representa nesta linguaxe simbólica a Antíoco IV Epífanes que persegue a Israel. A imaxe da besta da Ap resulta moi cargada e grotesca, xa que recolle rasgos das catro bestas do texto de Dn 7.
13, 1 As *sete cabezas* segundo 17, 9ss son os sete cotos de Roma e os seus sete reis.
Os *nomes blasfemos* son os títulos divinos dos emperadores, que, para xudeus e cristiáns, son blasfemias (Dn 13, 36; 2 Tes 2, 4).
13, 3-4 Son unha parodia da morte, da resurrección e dos títulos do Año, que se debe referir a algún feito do tempo: o asasinato de César co seu conseguinte caos e a prosperidade con Augusto, ou a lenda de Nerón volto á vida.
13, 10 Aínda que a tradición textual non é moi firme, seguímo-la lectura que fai do texto unha cita de Xer **15,** 2: no intre crítico de persecución en que viven os cristiáns, a súa fe e esperanza está en acepta-la vontade

concreta de Deus, marcada polas decisións dos perseguidores.
13, 11-18 Esta segunda *besta* está ó servicio da primeira; en **16,** 13; **19,** 20; **20,** 10 dise que é un falso profeta (cf Mt **24,** 11.24); refírese ó sacerdocio pagán, que trata de difundi-lo culto ó emperador; fala coma o dragón, de quen recibe o seu poder.
13, 16 A *marca* da besta é un remedo de **7,** 3ss e refírese á exclusión dos cristiáns da vida social de entón.
13, 18 O *número da besta,* número humano, 666, ha de entenderse conforme ás leis da "guematría", que consiste en establece-la correspondencia entre as letras dun nome e o número que elas fan; ou da-lo número á besta e busca-lo nome; o nome parece ser "Nerón-César".
14, 1-5 Despois de presentárno-las dúas bestas contra a Igrexa, Xoán consola e anima os fieis con esta visión. Preséntanola liturxia celeste do "resto"; do auténtico Israel, fiel a Deus (Is **4,** 2-3; **10,** 19-21; **28,** 5-6; Xer **3,** 14; Sof **2,** 7.9; Rm **11,** 5). A liturxia do *cántico novo* é a liturxia sacrificial das víctimas inmaculadas e das primicias.

te dos catro animais e dos anciáns. E ninguén podía aprende-lo seu canto, fóra dos cento corenta e catro mil, os que foran rescatados da terra. ⁴Estes son os que non se lixaron con mulleres, os que son virxes. Estes son os que acompañan o Año a onde el vaia. Estes foron mercados entre os homes, coma ofrenda de primicias para Deus e para o Año. ⁵E na boca deles endexamais non se atopou mentira: son inmaculados.

Tres anxos anuncian a victoria en tres visións

⁶E vin outro anxo voando polo medio do ceo: levaba unha boa nova eterna para pregoárllela ós habitantes da terra, a tódalas nacións, razas, linguas e pobos. ⁷Dicía a berros: "¡Respectade a Deus, dádelle gloria! Porque xa chegou a hora do seu xuízo; e dorade o Creador do ceo e da terra, do mar e -las fontes das augas".

⁸E outro anxo, o segundo, viña despois dicindo: "¡Caeu, caeu a grande Babilonia!, que ten borrachas a tódalas nacións co viño do furor das súas fornicacións".

⁹E outro anxo, o terceiro, viña detrás deles, dicindo a berros: "Se alguén adora a besta ou a súa imaxe e recibe o sinal dela na súa fronte ou na súa man, ¹⁰este tal beberá do viño da ira de Deus: viño puro, verquido na cunca da súa ira, e será atormentado con lume e xofre na presencia dos santos anxos e do Año. ¹¹O fume que os atormenta sobe polos séculos dos séculos e os adoradores da besta e mais da súa imaxe e os que reciben a marca do seu nome, non teñen acougo nin de día nin de noite.

¹²Aquí está a esperanza dos santos, dos que observan os mandamentos de Deus e gardan a fe de Xesús".

¹³E oín unha voz do ceo que me dicía: "Escribe: Benia os mortos que, de agora en diante, morran no Señor. Si —di o Espírito—, que descansen das súas fatigas, porque as súas obras van con eles".

Visión anticipada do xuízo de Deus

¹⁴Logo tiven unha visión. Apareceu unha nube branca, e sobre a nube un cabaleiro semellante a un Fillo de home, cunha coroa de ouro na cabeza e na man unha fouce ben afiada. ¹⁵Outro anxo saíu do santuario, berrándolle con fortes berros ó cabaleiro da nube: "Agarra a túa fouce e sega que xa chegou o tempo da seitura: a colleita da terra xa está seca". ¹⁶O cabaleiro da nube botou a súa fouce no mundo e fixose a seitura.

¹⁷Logo outro anxo saíu do santuario celeste, tamén el cunha fouce ben afiada. ¹⁸Despois de onda o altar saíu outro anxo, o que tiña poder sobre o lume, e chamou a berros ó que tiña a fouce ben afiada e díxolle: "Mete a túa fouce ben afiada e vendima os acios da viña da terra, porque os bagos están maduros de máis". ¹⁹E meteu o anxo a súa fouce na viña do mundo e vendimouna e botou os acios na moxega grande da ira de Deus. ²⁰E pisouse a moxega fóra da cidade e saíu sangue da moxega ata os freos dos cabalos, sesenta leguas arredor.

Introducción ás sete pragas das sete cuncas

15 ¹Logo vin outro grande e admirable sinal no ceo: sete anxos coas sete pragas; as derradeiras, pois a ira de Deus chega con elas ó cabo.

²Despois vin coma un mar de cristal mesturado con lume e os que saíron con ben da loita coa besta, coa súa imaxe e co número do seu nome, vinos de pé enriba do mar de

---

14, 4 A "virxindade" aquí hase entender no sentido de fidelidade total a Deus e de liberación da idolatría; sen dúbida hai tamén unha advertencia contra a participación na prostitución sagrada, tan de moda neste ambiente histórico.

14, 6-13 Con estas tres visións "dos tres anxos mensaxeiros" chámase ós pagáns á conversión anunciándolles, como xa fixeran os antigos profetas, a proximidade do xuízo de Deus e do castigo que eles merecen. O v 13 é a benaventuranza dos mártires.

14, 8 Despois do desterro considerouse que *Babilonia* era o prototipo da cidade ou imperio inimigo de Deus e do seu pobo (Is **46**, 1-3; **47**, 1-15; Xer **50**, 29-32; **51**, 44-58; Zac **5**, 5-11). Aquí refírese á Roma pagá. Xoán aplica a Roma o oráculo de Is **21**, 9. Neste lugar, o mesmo que en Ap **18**, 3, atópase a fusión de dúas imaxes: "emborracharse co viño da inmoralidade" e "bebe-lo viño da ira de Deus".

14, 10 O castigo con *lume e xofre* é tradicional como castigo dos malos; ten a súa orixe no castigo de Sodoma e Gomorra (Xén **19**, 24) e aparece en Is **30**, 33; **34**, 8-10 e Ez **38**, 22, o mesmo que en Ap **9**, 17; **19**, 20; **20**, 10; **21**, 8).

14, 14 A seitura dos seus fieis faina Xesús Cristo coma cabaleiro da nube (cf Sal **68**, 5). A *coroa de ouro* é símbolo da victoria súa e dos seus.

14, 17s A vendima dos ruíns fana os dous anxos. O anxo que transmite o pregón da vendima sae de onda o altar: alusión ó sangue dos mártires vertido nel, que clama vinganza(**6**,9).

14, 20 Esta visión do xuízo divídese en dúas partes desdobrando as dúas imaxes tradicionais de seitura e da vendima (Is **63**, 3; Xl **4**, 13) en dúas secciónns: a colleita dos fieis a Deus é a seitura (Mt **13**, 30.38); e a vendima, a colleita dos malos.

15, 1-16, 1 Esta introducción ó último septenario, o das cuncas da ira de Deus, está interrompido polos vv 2-4, que conteñen o canto da victoria dos que loitaron coa besta e, deste xeito, clarificase o septenario: a ira de Deus chega derradeira, xa que os que loitaron coa besta recibiron un trato moi duro e asoballáronos moito.

cristal, con cítaras para o canto de Deus. ³Cantaban a cántiga do servo de Deus, Moisés, e a cántiga do Año, dicindo:

"Grandes e admirables son as túas obras,
Señor Deus, que todo o sostés;
xusto e fiel é o teu comportamento,
Rei das nacións.
⁴¿Quen non respectará
e glorificará o teu nome, Señor?
Porque só ti es santo.
Tódalas nacións virán
e adoraranate postradas perante Ti,
porque os teus xustos xuízos quedaron ben á vista".

⁵E despois disto mirei e vin que se abriu o santuario celeste, a tenda do testemuño. ⁶Do santuario saíron os sete anxos coas sete pragas, vestidos de liño curado e lucente, cinguidos con faixas de ouro polo peito. ⁷E unha das catro bestas deulles ós sete anxos sete cuncas de ouro cheas da ira do Deus que vive polos séculos dos séculos. ⁸Logo encheuse o santuario de fume por causa da gloria de Deus e por causa do seu poder. E ninguén podía entrar no santuario, ata que chegasen á fin as sete pragas dos sete anxos.

16

¹Logo oín un berro que desde o santuario lles dicía ós sete anxos: "¡Ide e vertede sobre a terra as sete cuncas da ira de Deus!".

As seis primeiras cuncas

²E saíu o primeiro e verteu a súa cunca na terra; e unhas chagas malignas e dolorosas apareceronlles ós homes que tiñan a marca da besta e mais ós que se postraban para adora-la súa imaxe.

³Logo, o segundo, verteu a súa cunca no mar, que se volveu sangue, coma o sangue dun morto, e morreu canto ser vivo se atopaba no mar.

⁴Despois, o terceiro, verteu a súa cunca nos ríos e nas fontes das augas; e volvéronse sangue. ⁵Entón oínlle dicir ó anxo das augas:

"Xusto es ti, que es e que eras, o Santo.
Xustiza fas ó sentenciares deste xeito,
⁶porque verteron sangue de santos e de profetas
e por iso lles deches tamén a beber sangue.
¡Tíñano ben merecido!".

⁷Entón oín que desde o altar dicían:
"Si, Señor Deus, que todo o sostés,
verdadeiras e xustas son as túas sentencias".

⁸Logo, o cuarto, a quen se lle deu o poder de abrasar coa calor ós homes, verteu a súa cunca no sol. ⁹Os homes sufriron unha gran queimadura e comezaron a xurar contra o nome de Deus, que tiña na súa man o poder sobre estas pragas; pero non cambiaron os seus pensamentos para lle daren gloria a Deus.

¹⁰Despois, o quinto, verteu a súa cunca no trono da besta e o seu reino quedou cuberto de tebras. Coa dor comezaron a morde-las propias linguas ¹¹e a xurar contra o nome do Deus do ceo polas súas dores e chagas; pero non se arrepentiron das súas obras.

¹²Logo, o sexto, verteu a súa cunca no gran río, o Éufrates, e comezou a estiña-la auga para axeitarlles así o camiño ós reis do Nacente. ¹³Despois vin saír da boca do dragón, da boca da besta e mais da boca do falso profeta, tres espíritos inmundos semellantes a sapos; ¹⁴son os espíritos dos demos que fan prodixios e van onda os reis de toda a terra, para xuntalos para a guerra do día grande do Deus que todo o sostén.

¹⁵"Mira que veño coma un ladrón. Benia o que vixía e garda a roupa para non andar espido e que non lle vexan as súas vergonzas".

¹⁶Efectivamente, os espíritos xuntáronos no lugar que en hebreo se chama Harmaguedón.

15, 3s Xoán segue coa tipoloxía do "Éxodo"; o mesmo que Moisés cantou a Deus, logo de atravesa-lo Mar Rubio e de verse libre o seu pobo da escravitude de Exipto (Ex 15), tamén os que venceron a besta coa súa paciencia e fe cantan o canto da salvación. Chámaselle tamén a cántiga do Año, xa que a súa victoria foi un asociarse á victoria do Año. A cántiga é un himno ó poder e xustiza de Deus nas súas obras salvíficas e en especial na redención levada a cabo polo Año. Está composta de frases do A.T.

15, 6 Os vestidos e as faixas son símbolo das funcións sacerdotais que estes sete anxos van cumprir.

16, 1 Quen dá a orde de verte-las *cuncas* é Deus mesmo, xa que ninguén pode entrar no santuario (**15,** 8).

16, 2-16 As "pragas" que desencadean estas cuncas recordan as pragas de Exipto (Ex **7-12**) e son parecidas ás que seguen ó toque das sete trompetas (Ap **8,** 2-11, 9), coa diferencia de que aquelas son limitadas, mentres que as do c.

16 son universais e definitivas. Estas pragas han entenderse de forma simbólica, e a súa finalidade será provoca-lo arrepentimento e a conversión, como indican os vv 9 e 11.

16, 7 Sobre a voz dos mártires que verteron o sangue no altar celeste, cf **6,** 9-11; **8,** 3s.

16, 12-16 Non se trata exactamente dunha praga senón da preparación da gran batalla escatolóxica. Segundo Zac **12,** 11 en Meguido terá lugar a derrota final dos exércitos inimigos.

16, 13 Á segunda besta de **13,** 11 dáselle aquí o nome de falso profeta. *Sapos:* lit. "ras"; preferible o termo sapo porque na nosa cultura ten as resonancias de animal impuro e de bruxerías.

16, 15 Segundo tódolos comentaristas este v. está fóra de sitio. Con todo, quere ser unha chamada á vixilancia ante a inminencia do día do Señor, segundo a imaxinería apocalíptica (cf **3,** 7).

QUINTA SECCION:
A SÉTIMA CUNCA: INTERVENCIÓN LIBERADORA DE DEUS

Introducción

[17] Logo o sétimo verteu a súa cunca no aire e entón saíu un berro do santuario, de onda o trono, que dicía: "¡Xa está!". [18] Entón apareceron lóstregos, berros e trebóns e houbo un terremoto tan grande como endexamais non o houbo de que hai homes sobre a terra: tan forte foi aquel gran terremoto. [19] Deste xeito, a gran cidade partiu en tres anacos, as cidades dos xentís viñéronse abaixo e á gran Babilonia chamárona perante Deus para lle da-la cunca do viño da súa fervente ira. [20] E tódalas illas fuxiron e xa non se atoparon os montes. [21] Logo caeu do ceo enriba dos homes un gran pedrazo, de pedras case de corenta quilos; e os homes xuraban contra Deus pola praga do pedrazo, porque esta praga foi terrible.

17 [1] Logo veu falar comigo un dos sete anxos que tiñan as sete cuncas e díxome: "Ven acó, que che hei mostra-lo xuízo de condenación da gran prostituta que está sentada onda as augas abundantes; [2] foi a prostituta dos reis da terra e co viño da súa fornicación emborracháronse os habitantes da terra".

VICTORIA DO AÑO SOBRE A GRAN BABILONIA

Visión da gran Prostituta

[3] Logo arrebatoume en arroubo ó deserto e vin unha muller montada nunha besta vermella, chea de nomes blasfemos, que tiña sete cabezas e dez cornos. [4] A muller estaba vestida de púrpura e escarlata, adornada de ouro, de pedras preciosas e de perlas; tiña na man unha copa de ouro chea de abominacións e tiña tamén as porcalladas da súa fornicación. [5] Sobre a fronte tiña escrito un nome misterioso: "A gran Babilonia, a nai das prostitutas e das abominacións da terra". [6] Logo vin que a muller estaba borracha do sangue do pobo santo e do sangue dos mártires de Xesús.

E, ó mirar para ela, quedei abraiado.

Visión clarificadora do significado da gran Prostituta

[7] E díxome o anxo: "¿Por que te admiraches? Vouche explicar eu o senso misterioso da muller e da besta que a leva, a das sete cabezas e os dez cornos. [8] A besta que viches existía pero xa non existe, e vai subir do abismo camiño da súa perdición; e os habitantes da terra, que non teñen os seus nomes escritos no libro da vida desde a creación do mundo, hanse admirar ollando que a besta existía, que xa non existe e que volverá aparecer. [9] Para isto cómpre entendemento de sabio: as sete cabezas son sete montes sobre os que está sentada a muller; e tamén son sete reis: [10] cinco deles xa caeron, un aínda reina, o outro aínda non veu e, cando veña, pouco vai durar. [11] A besta, que existía pero xa non existe, é o rei oitavo e ó mesmo tempo é un dos sete; e tamén vai camiño da súa perdición. [12] Os dez cornos que viches, son dez reis, que aínda non recibiron a dignidade de reis; pero han recibir xuntamente coa besta poder coma de reis, anque só por unha hora. [13] Todos eles teñen o único plan de lle daren a súa forza e mailo seu poder á besta. [14] Faranlle a guerra ó Año. Pero o Año venceraos: por algo é Señor de señores e Rei de reis; e tamén os vencerán os chamados, os escolleitos e os fieis que están con El".

16, 17-17, 2 Ó verterse a sétima cunca introdúcese, coma en tódolos septenarios, a sección seguinte: a intervención liberadora definitiva de Deus, co seu presuposto previo que é a condenación da gran Prostituta.
16, 18 Os fenómenos xeolóxicos e cosmolóxicos indican a intervención de Deus (cf **6,** 12). A magnitude dos fenómenos indica que se trata da definitiva intervención de Deus na caída do Imperio Romano e das súas cidades de influencia, castigo que manifesta a fervente ira de Deus (cf v 19).
17, 1 Xa no A.T. calificaban de *prostitutas* as cidades idólatras e impías: Tiro (Is **23,** 16s), Nínive (Na **3,** 4s). Tamén Israel (Ez **16**), Samaria e Xerusalén (Ez **23**).
17, 3 O *deserto,* onde está a muller, é o lugar dos animais impuros (**18,** 2) e Deus non se presenta entre eles.
17, 6 O abraio de Xoán débese a que tanta ruindade aínda non tivo o seu castigo.
17, 8 Cf nota a **13,** 3-4 e nota seguinte
17, 10-11 Os *cinco* reis, como chamaban en Oriente ós emperadores, que xa caeron, son: Augusto, Tiberio, Calígula, Claudio e Nerón; o que pouco ha durar é Tito, que reina do 79 ó 81. O oitavo sería Domiciano, que encarnaría o Nerón volto á vida, segundo as lendas daquel tempo.
17, 12 Os *dez cornos* indican a totalidade dos sátrapas partos que, segundo a lenda popular, invadiron e destruíron Roma nos tempos de Nerón; tamén poden ser reis aliados de Roma e cómplices dos seus vicios.

¹⁵Logo díxome: "As augas sobre as que viches sentada a prostituta, son pobos e multitudes, nacións e linguas diferentes. ¹⁶Pero os dez cornos que viches e maila besta aborrecerán a prostituta: deixarana abandonada e espida, comerán a súa carniza e volverana cinsa co lume. ¹⁷Pois Deus puxo nos seus corazóns que levasen a cabo o seu plan, un plan común a todos: de lle daren á besta a súa dignidade rexia, ata que teñan cumprimento os decretos de Deus. ¹⁸A muller que viches é a gran cidade, a que reina sobre os reis da terra".

Primeiro anuncio da caída de Babilonia

18 ¹Despois disto vin outro anxo baixar do ceo. Tiña gran poder e a terra quedou iluminada coa súa gloria. ²Berrou con voz poderosa:
"Caeu, caeu Babilonia, a grande,
volveuse morada de demos,
cova de todo espírito impuro,
niño de todo paxaro impuro e noxento.
³Porque do viño rabioso da súa prostitución
beberon tódalas nacións,
e os reis da terra andaron a fornicar con ela,
e co exceso do seu luxo enriquecéronse os traficantes da terra".

Segundo anuncio da caída de Babilonia e laio por ela

⁴Logo oín outra voz que viña do ceo e dicía:
"Saíde dela, meu pobo,
para non terdes parte nos seus pecados,
e para que non vos toquen
os seus castigos.
⁵Os seus pecados fóronse amoreando ata o ceo,
e Deus recordou as súas iniquidades.
⁶Pagádelle coa mesma moeda que ela pagou;
aínda mais, dobrádelle as que ela fixo:
coa cunca onde ela remexeu a mestura, remexédelle o dobre para ela;
⁷canta gloria e praceres ela tivo,
dádelle outro tanto en tormentos e loito.
Porque ela di para si:
Estou sentada nun trono de raíña,
e nin estou viúva,
nin verei o loito.
⁸Por isto nun único día
hanlle vi-las súas pragas:
peste, desgracia e fame,
e volverase cinsa no lume,
porque poderoso é o Señor, o Deus que a condena".
⁹Chorarán e botarán as mans á cabeza os reis da terra, os que practicaron a prostitución con ela e que se encheron de pecar con ela, cando vexan o fume da súa queima. ¹⁰Desde lonxe e de pé por medo ó seu castigo, dirán:
"¡Pobre, pobre da gran cidade de Babilonia!,
¡Pobre Babilonia, cidade poderosa!
¡Que logo chegou a túa condenación!".
¹¹Tamén choran e fan o pranto por ela os traficantes do mundo, porque xa ninguén lle compra a súa mercadoría: ¹²a carga de ouro e de prata, de pedras preciosas e perlas, de liño puro, de púrpura, de seda e de escarlata; de tódalas madeiras nobres; de tódolos obxectos de marfil e de pedras preciosas, de bronce, de ferro e de mármore; ¹³as cargas de canela e de perfumadas unturas, de pos perfumados, de mirra, de incenso, de viño, de aceite, de flor de fariña e de trigo, rabaños de vacas e ovellas, cabalos, carros, escravos e homes para a venda.
¹⁴Os froitos maduros da túa cobiza
fuxiron de ti.
E todo o ben cebado e brillante perdeuse para ti,
e xa non volverá endexamais.
¹⁵Os traficantes destas cousas, que se enriqueceron a costa dela, estarán de pé desde

---

17, 16 Estes reis son instrumentos do plan de Deus de acabar coa prostituta; as expresións deste v son tradicionais xa do A.T. (Lev **20**, 14; **21**, 9; Xos **7**, 15; Is **49**, 26; Ez **23**, 25; Os **2**, 5; Miq **3**, 3).
17, 18 Todo o c. dedicado á caída de Roma, chamada profeticamente "a gran Babilonia", está calcado na fraseoloxía e nas imaxes dos sarcásticos poemas dos profetas contra as nacións.
18, 4 Os textos bíblicos máis antigos insisten en que os xustos deben apartarse dos pecadores (Xén **12**, 1; **19**, 12ss; Núm **16**, 26); esta idea intensificouse coa fin do desterro de Babilonia (Is **48**, 20; **52**, 11; Xer **50**, 8; **51**, 6.45) e de aquí pasou ós textos apocalípticos (Mt **24**, 16-20 e parl). Non se ha de entender coma unha orde de deixa-lo mundo pecador senón coma un precepto de non participar do seu pecado (cf 2 Cor **6**, 14-18).
18, 7 Toca fondo o pecado de Roma e de todo poder despótico: o crerse donos absolutos das propias decisións sen acatar leis superiores nin a autoridade suprema de Deus.
18, 9-19 Estes vv conteñen o laio ou elexía pola cidade, que está dividida en tres seccións: a elexía dos reis da terra (vv 9-10), a elexía dos traficantes do mundo (vv 11-17a) e, por último, a elexía dos mariñeiros e outra xente do mar (vv 17b-19). Todo este texto está inspirado en Ez **26-27**.
18, 13 *Escravos e homes para a venda*: lit. "corpos e almas de homes". Corpos, no A.T., indica os *escravos;* almas de homes ten un sentido moi parecido (cf Ez **27**, 13).

lonxe, por medo ó seu castigo. Chorando e laiando ¹⁶dirán:

"¡Ai! ¡Pobre gran cidade
vestida de liño fino,
de púrpura e escarlata,
adornada de ouro,
de pedras preciosas e de perlas!
¹⁷Porque nun virar da man quedou erma tanta riqueza".

E tódolos patróns e pasaxeiros que navegan, os mariñeiros e cantos traballan no mar, quedaron de pé, desde lonxe; ¹⁸e, mirando para o fume da queima, comezaron a berrar, dicindo: "¿Que cidade houbo semellante á gran cidade?" ¹⁹Logo, botaron terra nas súas cabezas e, entre choros e laios, berraron:

"¡Ai! ¡Pobre gran cidade
coa que se fixeron ricos tódolos que teñen barcos no mar, á costa da súa fartura!
Nun virar da man quedou erma.
²⁰¡Alégrate, ceo, por causa dela!
¡E vós, os santos, os apóstolos e os profetas, alegrádevos!
Porque Deus volveu contra ela a sentencia que un día ela lanzara contra vós".

Símbolo profético da caída de Babilonia

²¹Entón un anxo forte ergueu unha pedra coma unha grande moa de muíño e botouna no mar dicindo:

"Con forza coma esta han botar
a Babilonia, a gran cidade,
e non a atoparán máis.
²²A música dos citaristas e dos músicos,
a melodía dos frautistas e dos trompetistas
xa non se oirá máis en ti;
e artesán ningún, de calquera oficio que for,
non o haberá máis en ti;
e o remusmús da moa do muíño
non se volverá sentir máis en ti;
²³e a luz do farol
non volverá brillar máis en ti,
e as palabras amorosas do esposo e da esposa
non se oirán máis en ti;

Porque, sendo os teus traficantes os máis grandes de todo o mundo,
tódalas xentes se perderon coas túas bruxerías;
²⁴e en ti atopouse sangue dos profetas e do pobo santo,
e o de tódolos que foron inmolados no mundo".

Loas a Deus pola caída de Babilonia

19 ¹Despois disto oín no ceo coma unha forte voz dunha gran multitude, que dicía:

"¡Aleluia!
A salvación, a gloria e o poder son do noso Deus,
²porque verdadeiras e xustas son as súas sentencias.
El condenou a gran Prostituta,
que coa súa prostitución corrompeu o mundo,
El vingou o sangue dos seus servos,
que ela tiña no seu poder".
³Logo repetiron:
"¡Aleluia!
O fume do seu castigo sobe por tódolos séculos".
⁴Entón os vintecatro anciáns e os catro animais postráronse para adoraren a Deus, que se sentaba no trono, e dicían:
"¡Amén! ¡Aleluia!"

Canto ás vodas do Año e conclusión

⁵E do trono saíu un berro que dicía:
"¡Louvade o noso Deus,
tódolos seus servidores;
tamén os que o respectades,
pequenos e grandes!"
⁶Logo oín algo coma o algareo dunha gran multitude, coma o ruxido das augas abundantes e coma o estrondo dun forte trono, que dicía:
"¡Aleluia!
Porque comeza o Reino do Señor,
o noso Deus, que todo o sostén.
⁷Alegrémonos e relouquemos

18, 20 Este v dálle sentido teolóxico a toda a elexía que precede: a caída de toda esta grandeza humana é o cumprimento do plan salvífico de Deus (cf **17,** 17). Este v anticipa a perícopa **19,** 1-5.

19, 1-4 Conteñen o canto celeste á xustiza de Deus que castiga á gran perseguidora dos servos de Deus.

19, 1 *Aleluia,* expresión hebrea moi usada na liturxia xudía e tamén na primitiva cristiá, porque a usa catro veces neste c.

19, 4 Os *vintecatro anciáns,* representantes da Igrexa, e os *catro animais,* símbolos das forzas da natureza, únense ó canto dos anxos.

19, 5 Este v é unha invitación a toda Igrexa a louva-lo Señor, cousa que toda a Igrexa celeste fai nos vv 6-8.

19, 6-8 O canto da Igrexa insiste no aspecto positivo do comezo do Reino de Deus e das vodas do Año.

19, 7 O tema do Reino de Deus, explicítase máis co tema das *vodas;* esta imaxe, desenvolvemento do vello tema da alianza, tivo xa a súa forza no A.T. (Is **54,** 4-8; Ez **16,** 7; Os **2,** 1-23); no N.T. quere amosa-la unión vital e gozosa de Xesús Cristo coa comunidade que El achegou a si co seu sangue (Mt **22,** 1-14; **25,** 1-13; Mc **2,** 19 paral.; Xn **3,** 29; 2 Cor **11,** 2; Ef **5,** 23-32). Na Ap é unha das ideas máis fortes (cf **1,** 5; **4,** 3-4; **5,** 6.9; **7,** 14, e en especial cc. **21-22**).

e glorifiquémolo,
porque chegaron as vodas do Año,
e a súa esposa xa se preparou.
⁸Concedéuselle vestir de liño fino, ben curado e limpo, pois o liño fino son as obras boas do pobo santo".

⁹Logo o anxo díxome: "Escribe: ¡Benia os que están convidados ó xantar das vodas do Año!". E volveume dicir: "Estas son cousas verdadeiramente propias de Deus". ¹⁰Boteime ós seus pés para o adorar; pero el díxome: "¡Non, non o fagas! Son un servo de Deus igual ca ti e cós teus irmáns, que manteñen o testemuño de Xesús. Adora a Deus, que dar testemuño de Xesús é ter espírito profético".

VICTORIA DEFINITIVA DO AÑO

Visión do Verbo de Deus

¹¹Despois vin o ceo aberto. E apareceu un cabalo branco; o cabaleiro que o monta chámase Fiel e Verdadeiro, xulga e loita con xustiza. ¹²Ten os ollos coma chamas de lume, na cabeza ten moitas diademas; e escrito un nome que ninguén coñece, fóra del mesmo. ¹³Leva posto un manto tinxido de sangue e o seu nome é "Palabra de Deus". ¹⁴Os exércitos celestes, vestidos de ben curado liño branco, van tras el en cabalos brancos. ¹⁵Da boca sáelle unha espada ben afiada, para ferir con ela os xentís: *ha de os rexer cun caxato de ferro* e pisa a moxega do viño rabioso da ira de Deus, que todo o sostén. ¹⁶Ten escrito no seu manto e na súa coxa un nome: "Rei de reis e Señor de señores".

Visión da victoria do Verbo sobre a besta e os reis

¹⁷Logo tiven unha visión e vin un anxo de pé no sol. A grandes berros chamou por tódolos paxaros que voan polo medio do ceo, dicíndolles: "¡Vide aquí, xuntádevos para o gran banquete de Deus! ¹⁸Para come-la carniza de reis, de xenerais, de valentes, de cabalos e de cabaleiros; carniza de tódolos homes: libres e escravos, de pequenos e de grandes". ¹⁹Logo vin que a besta, os reis do mundo e mailos seus exércitos se xuntaban para faceren a guerra contra o cabaleiro do cabalo e contra o seu exército. ²⁰Colleron presos a besta e mailo falso profeta que estaba con ela: o que fixo os prodixios, cos que descamiñou ós que recibiron a marca da besta e adornaron a súa imaxe; botáronos vivos ós dous na lagoa de xofre ardendo. ²¹Ós outros matáronos coa espada que saía da boca do cabaleiro que ía montado de a cabalo. Tódolos paxaros quedaron fartos da súa carniza.

Visión de encadeamento do dragón

20 ¹Logo vin que outro anxo baixaba do ceo, coa chave do abismo e unha cadea grande na man. ²Con ela amarrou forte

---

19, 10 *Dar testemuño de Xesús é ter espírito profético:* lit. "pois o testemuño de Xesús é o espírito da profecía". A frase dá a razón de que Xoán non debe adora-lo anxo que lle revela a benaventuranza do v 9. Por outra parte os termos "profetizar e profecía" na Ap refírense sempre a un testemuño profético concreto: o de Xoán no seu libro (**1**, 3; **10**, 11; **22**, 7.10.18.19), o dous profetas apocalípticos que son figura da Igrexa (**11**, 3; o texto máis paralelo no contexto e na intención do autor). A expresión "testemuño de Xesús" aparece na Ap coma a motivación da persecución ou do martirio e a actitude testifical dos cristiáns en **19**, 10a; **12**, 17; cf **6**, 9; **11**, 7; **12**, 11. En síntese: dar testemuño de Xesús é manter na proba este testemuño, sentirse e ser profetas dos novos tempos.
19, 11-21 Nestes vv Xoán, seguindo a tradición apocalíptica xudía, que á súa vez continúa un tema xa esbozado na apocalíptica dos profetas (Ez **38**, 39; Xl **4**, 1-3. 15-17; Zac **12**, 14), desenvolve o tema do Mesías vencedor dos poderes do mal, elemento previo ó establecemento do Reino de Deus.
19, 11 O *cabalo branco* é símbolo da victoria.
19, 12 O *nome* para o semita é o sinal da auténtica personalidade; o de Xesús Cristo supera todo coñecemento humano, porque a súa personalidade é divina (Mt **11**, 27 parl)
19, 13 Este *sangue* non é o seu propio senón o dos inimigos.
Palabra de Deus non é o nome misterioso do v 12, nin o nome entitativo de Xn **1**, 1s, senón un nome teofánico, revelador da ira de Deus contra os seus inimigos, coma en Sab **18**, 14-16.
19, 14 Os *exércitos celestes* son os mártires (**17**, 14), como se deduce dos vestidos (cf **3**, 5; **16**, 11; **19**, 8), aínda que o usual na literatura apocalíptica cristiá é que os anxos acompañen o Mesías na súa manifestación (**13**, 41; **16**, 27; Mc **8**, 23; **13**, 27; 2 Tes **1**, 7-8).
19, 15 Sal **2**, 9.
19, 16 Este título é exclusivo de Deus no A.T. (Dt **10**, 17), e indica aquí o dominio de Xesús Cristo sobre toda a creación.
19, 17-18 A seguridade da súa victoria móstrase nesta chamada anticipada a tódalas aves de rapina deste macabro xantar (cf **6**, 15-17).
20, 1-3 É a continuación de 19, 11-21: a victoria sobre o dragón, expresada no seu encadeamento, é o último feito liberador de Deus para a consumación das esperanzas apocalípticas de que Deus sometería as potencias infernais todas.
20, 2 *Satán:* lit. "diabo" (cf nota a Mt **4**, 1).
Os *mil anos* son un período de tempo moi grande que colle desde esta liberación das potencias infernais (as persecucións) ata a vinda definitiva de Xesús Cristo.

ó dragón, serpe antiga, que é Satán e Satanás, e encadeouno para mil anos. ³Botouno no abismo e pechou e púxolle selo á pechadura diante do dragón para que xa non extravíe máis as nacións ata que se cumpran os mil anos; despois hano soltar unha miguiña de tempo.

Visión do reino milenario

⁴Logo vin uns tronos. Ós que sentaban neles déuselle-lo poder de xulgar. Vin tamén as ánimas dos degolados por mor do testemuño de Xesús e da palabra de Deus e mailas dos que non se postraron para adora-la besta nin a súa imaxe nin recibiron a marca da besta na súa fronte nin nas súas mans. Estes volveron vivir e comezaron a reinar con Cristo mil anos. ⁵O resto dos mortos non volveron á vida ata completaren os mil anos: ésta é a primeira resurrección. ⁶¡Benaventurado e santo o que participa nesta primeira resurrección! Sobre eles non ten poder a morte segunda: serán sacerdotes de Deus e de Cristo e reinarán con El mil anos.

Victoria definitiva sobre o dragón

⁷Cando se completen os mil anos, Satanás vaise ver ceibe da súa cadea ⁸e sairá para engaiola-los xentís das catro esquinas do mundo, a Gog e a Magog, para os xuntar para a guerra. O número destes é coma o das areas do mar. ⁹Subiron por todo o ancho do mundo e rodearon o campamento dos santos e maila cidade amada. Pero baixou do ceo lume e consumiunos. ¹⁰E, despois de os engaiolar, ó demo botárono na lagoa de lume e xofre, onde xa estaban a besta e mailo falso profeta. Alí hanos castigar día e noite polos séculos dos séculos.

Visión do xuízo universal e da victoria sobre a Morte

¹¹Logo vin un gran trono branco e vin quen estaba nel sentado: da súa presencia fuxiron o ceo e a terra e deles non quedou nin rastro. ¹²Logo vin os mortos, grandes e pequenos, de pé diante do trono; e abríronse uns libros. Abríuse tamén outro libro, o libro da vida e ós mortos xulgáronos polo escrito nos libros, conforme as súas obras. ¹³O mar entregou os mortos que nel había; e a Morte e o Hades entregaron os mortos que neles había; e a cadaquén xulgárono polas súas obras. ¹⁴Á Morte e ó Hades botáronos na lagoa de lume. Esta é a Morte segunda: a lagoa do lume. ¹⁵A quen non apareceu inscrito no libro da Vida botárono na lagoa de lume.

Visión do novo mundo e da nova cidade

21 ¹Logo vin un ceo novo e unha terra nova, pois o primeiro ceo e a primeira terra xa pasaran; e o mar xa non existía. ²Tamén vin que a cidade santa, unha Xeru-

---

20, 3 A victoria do Mesías sobre o dragón é unha liberación dos seus fieis das súas seduccións e non un castigo. O dragón hase ver ceibo novamente durante un curto período de tempo, no que terá lugar a definitiva loita escatolóxica e a victoria do Mesías, segundo as concepcións apocalípticas que o noso autor recolle en 20, 7-10.
20, 4-6 Estes vv descríbenno-la sorte dos mártires e dos que sufriron a consecuencia da oposición dos dúas bestas (13, 15-17) neste período de vida da Igrexa ata a resurrección final. Os vv 1-3 preséntanno-la Igrexa da terra sen maior problema; e os vv 4-6 mostran a situación dos cristiáns que daquela estaban sufrindo. Esta visión resultaba de gran interese e encoraxamento para eles.
20, 4 Aínda que traducímo-lo termo grego "psykhás" por *ánimas*, a retro-traducción ó hebreo daría "néfex": non é o que nós entendemos por alma senón que é a vida en canto envolta en materialidade. O pensamento xudeu non chegou a unha comprensión da espiritualidade da alma, aínda que chegou a unha concepción da inmortalidade do home cunhas formas de vida moi pobres. Este xeito de vida non lles pode agradar ós perseguidos: por isto dise no v 5 que volveron á vida, resucitaron coa primeira resurrección, o que na concepción do tempo implica unha certa materialidade. A esta resurrección chámalle o autor "a primeira" para distinguila da resurrección final que aparece nos vv 12-15.
20, 8 Cf a profecía de Ez 38-39 onde aparece Gog, rei de Magog, que fará a guerra contra o Israel restaurado; de aquí tomaron a literatura apocalíptica e os escritos rabínicos este símbolo dos poderes hostís ó pobo de Deus, ós que compre atacar despois do reino mesiánico, que é o reino milenario dos vv anteriores.
20, 11-15 Estes vv describenno-la resurrección dos mortos e o xuízo final que seguen ó reino dos mil anos simbólicos e que marcan a fin deste mundo.
20, 11 Ante o xuízo de Deus a creación enteira, partícipe do pecado do home (Xén 3, 17), desaparece e é cambiada por unha nova, (Ap 21, 1;) este mesmo xeito de pensar aparece en Sal 102, 26; Is 51, 6; Mc 13, 31; Feit 3, 21; 2 Pe 3, 7.10-12. En Rm, en troques, fálase dunha liberación da creación; e en Mt 18, 28, dunha renovación.
20, 12 Estes *libros* son os rexistros celestes dos feitos dos homes, imaxe propia da literatura apocalíptica (cf Is 65, 6-7; Dn 7, 10; Mal 3, 16).
21, 1-22, 5 Constitúe literaria e teoloxicamente o punto culminante de todo o libro: Xoán quere anima-los cristiáns perseguidos a que se manteñan fieis á súa fe; e faino clarificándolle-lo obxecto da esperanza, pola que están padecendo persecución. Presenta á contemplación dos lectores a visión profética da nova cidade celeste, á que ten que corresponder unha nova orde de cousas, un novo mundo.
21, 2 Cf 3, 12; 22, 19 A *cidade santa* baixa do ceo, e obra de Deus (Sant 1, 17; Heb 11, 10). Chámaselle *santa* porque a enche a presencia gloriosa de Deus (cf vv 22ss) e porque está consagrada a Deus (cf Is 54; 60; Ez 48, 30-35; Gál 4, 26; Flp 3, 20; Heb 12, 22).

salén nova, baixaba do ceo de onda Deus, preparada coma a esposa que está engalanada para o seu esposo. ³E sentín unha forte voz que desde o trono dicía: *"Velaquí a tenda* de Deus onda os homes. *Acampará entre eles: eles serán o seu pobo* e El será o seu Deus e compañeiro. ⁴*Enxugará tódalas bágoas* dos seus ollos, e a morte xa non existirá máis. Nin haberá máis loito nin pranto nin dor, porque as primeiras cousas pasaron xa". ⁵O que estaba sentado no trono dixo: "Vede que volvo novas tódalas cousas". E mandóuseme: "Escribe, porque estas palabras merecen fe e din a verdade". ⁶E seguiu dicindo: "Xa están renovadas: eu son o Alfa e o Omega, o Principio e a Fin. A quen teña sede, heille dar de beber gratis auga das fontes da vida. ⁷O vencedor será herdeiro de todo isto. Eu *serei para el o seu Deus e el será para min o meu fillo.* ⁸Os covardes na loita, os que negan a fidelidade que prometeron, os corrompidos con abominacións, os asasinos, os luxuriosos, os bruxos, os idólatras e os que fían en mentiras, terán por lote a lagoa de xofre ardendo: que é a morte segunda".

⁹Logo veu un dos sete anxos que tiñan as sete cuncas cheas das sete derradeiras pragas e falou comigo, dicindo: "Ven acó, que che vou amosa-la noiva, a esposa do Año". ¹⁰Levoume en espírito á cima dun monte moi grande e alto e amosoume a cidade santa, Xerusalén, que baixaba do ceo de onda Deus; ¹¹tiña a gloria do mesmo Deus. O seu resplandor imitaba o dunha pedra moi preciosa, unha pedra cristalina de xaspe. ¹²Tiña unha muralla grande e alta con doce *portas* de entrada; e enriba das portas doce anxos; e escritos nelas os seus *nomes,* que son os *das* doce *tribos de Israel:* ¹³*tres portas polo Nacente, tres portas polo Norte, tres portas polo Mediodía e tres portas polo Poñente.* ¹⁴A muralla da cidade tiña doce alicerces e sobre os alicerces, doce nomes, que son os dos doce Apóstoles do Año.

¹⁵O que falaba comigo tiña consigo unha canivela de ouro, para medi-la cidade coas súas portas e murallas. ¹⁶A cidade era cadrada, tan longa coma ancha. Tomoulle a medida coa súa canivela: tiña doce mil estadios; longo, ancho e alto eran iguais. ¹⁷Tomoulle a medida ó muro: tiña cento corenta e catro cóbados, medida normal de home, que usou o anxo. ¹⁸O material do muro era xaspe e o material da cidade era ouro puro, semellante ó cristal purísimo. ¹⁹Os alicerces da muralla da cidade estaban con toda clase de pedras preciosas: os primeiros alicerces eran de xaspe, os segundos de zafiro, os terceiros de calcedonia, os cuartos de esmeralda, ²⁰o quinto de sardónix, o sexto de cornalina, o sétimo de crisólito, o oitavo de berilo, o noveno de topacio, o décimo de crisopacio, o undécimo de xacinto e o duodécimo de amatista. ²¹As doce portas eran doce perlas, cada unha das portas era dunha soa perla. A praza da cidade era de ouro, puro coma cristal relucente. ²²Nela non vin santuario ningún, porque o seu santuario é o Señor Deus, que todo o sostén, e mailo Año. ²³A cidade non precisa sol nin lúa que a ilumine, que a ilumina a gloria de Deus; e o Año é a súa lámpada.

A vida na nova Xerusalén

²⁴Os xentís pasearán á súa luz e os reis da terra aportarán a ela a súa gloria. ²⁵As por-

---

21, 3 O plural *pobos* parece a lectura máis probable e, deste xeito, o autor dálles ós textos que cita unha perspectiva fortemente universalista. A cita é de Ez **37,** 26-28.
21, 4 Cf Is **25,** 8; **35,** 10; **65,** 19; Xer **3,** 16; Ap **7,** 16s.
21, 5 Cf Is **43,** 18s; 2 Cor **5,** 17; Gál **6,** 15. É o único intre en que fala Deus e proclama que cumprirá as promesas dos vv 1-4.
21, 6 *Alfa* e *Omega:* cf **1,** 8.
21, 7 Cita de 2 Sam **7,** 14 (cf Xén **17,** 7; Sal **89,** 26s). Nesta cita hai un cambio moi propio da teoloxía da escola de Xoán: cámbiase o "seu Pai" dos textos do A.T. polo "seu Deus". Aínda que o autor afirma a filiación divina do cristián, a fórmula "seu Pai", "meu Pai" é exclusiva de Xesús Cristo e deste xeito distingue a filiación divina de Xesús Cristo da do cristián.
21, 12-14 a estructura da cidade é a mesma cá descrita en Ez **48,** 30-35. A repetición do número 12 —as 12 tribos—, quere expresar en simbolismo numérico a continuidade da Xerusalén celeste co pobo de Deus do A.T.
21, 14 A fidelidade á doutrina dos apóstolos é a base e a firmeza da esperanza de ter parte na Xerusalén celeste.
21, 15-17 Cf Ez **40,** 3 ss. As medidas da cidade teñen coma base os números 12 (símbolo do pobo de Deus) e 1.000 (símbolo dunha gran multitude).
21, 18-20 Os materiais e os adornos constitúen un fantástico conxunto de riqueza e esplendor refinadísimos: merecen especial atención os alicerces da muralla, que, segundo o v 14, son os doce apóstolos; preséntanse adornados con doce clases de pedras preciosas, tomadas do pectoral do sumo sacerdote (Ez **28,** 17-21; **39,** 10-14; cf tamén Tob **13,** 16ss; Is **54,** 11ss; Ez **28,** 13), o que nos trae, nesta linguaxe simbólica, o tema do sacerdocio dos apóstolos.
21, 22 O *santuario* era o lugar reservado exclusivamente para o contacto relixioso con Deus; non pode haber na cidade celeste un lugar reservado para isto, xa que toda ela é santuario, lugar de comunicación con Deus. O tema do templo celeste (**11,** 19; **14,** 15-17; **15,** 5-16) amplíase na imaxe da cidade celeste.
21, 24 A distinción pola orixe xudía ou pagá: os pagáns, cristiáns pola súa fe, teñen acollida na cidade (Is **60,** 3).

tas endexamais non se pecharán de día, que noite alí non a hai. ²⁶Alí levarán o esplendor e mailas riquezas das nacións; ²⁷pero endexamais non entrará nela nada lixado nin ningún idólatra, ou mentireiro: só os que están inscritos no libro da vida, que ten o Año.

22 ¹Daquela mostroume un río de auga vivificadora, clara coma un cristal, que saía do trono de Deus e do Año. ²*Contra do medio* da rúa principal da cidade, *a unha e outra beira do río, había unha árbore da vida,* que dá doce colleitas por ano, unha *cada mes e as follas* destas árbores son boas *para cura-las* nacións.

³Alí endexamais non haberá nada maldito. Nela estará o trono de Deus e mais do Año; e será alí onde os seus servidores o servirán. ⁴Verano cara a cara e levarán o seu nome escrito na fronte. ⁵Alí endexamais non haberá noite nin precisarán da luz da lámpada nin da luz do sol, porque o Señor Deus será a luz que os alumee e eles serán reis polos séculos dos séculos.

EPÍLOGO

O anxo, Xoán e Xesús dan fe do libro

⁶Logo díxome: "Estas palabras merecen fe e son verdadeiras, pois o Señor, o Deus que inspira os profetas, mandou o seu anxo, para que lles amosase ós que o serven as cousas que han acontecer axiña. ⁷Mira que veño de seguida. Benia o que fai caso ás profecías que están neste libro".

⁸Eu Xoán, son o que oín e vin todo isto. Cando o acabei de oír e ver, postreime en adoración ós pés do anxo que mo amosaba. ⁹Pero el díxome: "¡Non, iso non! Eu son compañeiro de servicio teu e dos teus irmáns os profetas e dos que fan caso das palabras deste libro: adorar, adora a Deus".

¹⁰E díxome: "Non gardes en secreto a mensaxe profética deste libro, que o intre do seu cumprimento está a chegar. ¹¹Quen fai mal, que o siga facendo; o que é impuro, que siga na impureza; o que é honrado, que siga actuando honradamente; o de conciencia limpa, que a siga mantendo limpa.

¹²Mira que vou chegar axiña e traio comigo a miña paga, para lle pagar a cada un conforme o seu traballo. ¹³Eu son o Alfa e o Omega, o Primeiro e o Último, o Principio e a Fin.

¹⁴Benia os que teñen lavada a súa roupa, para teren dereito á árbore da vida e a entraren polas portas da cidade. ¹⁵Fóra quedarán os cans, os bruxos, os luxuriosos, os asasinos, os idólatras, e todo o que é amigo das mentiras e fai trampas.

¹⁶Eu, Xesús, mandéivo-lo meu anxo, para que vos dese testemuño de todo isto que se refire ás igrexas. Eu son o renovo e a descendencia de David, o luceiro brillante da mañá".

¹⁷O Espírito e a esposa din: "Ven".
Quen escoita, que diga: "Ven".
Quen teña sede, que veña;
o que queira, que colla de balde auga da vida.

¹⁸A todo o que escoite as profecías deste libro declárolle que, se alguén engade algo ó aquí escrito, Deus mandaralle as pragas

---

22, 1 *O trono de Deus e do Año* constitúen o santuario de onde xorde a fonte (río) da auga vivificadora (cf Xén **2,** 10-14; Sal **46,** 4; Xer **2,** 13; Ez **47,** 1-12; XI **3,** 18; Zac **14,** 8).
22, 2 Árbore ten aquí un senso colectivo: son árbores á disposición de todos; o senso vivificador destas árbores chega ata as follas, que son vivificadoras. As citas son de Ez **47,** 12.
22, 4 Deus é invisible para o home (Xn **1,** 18), para o mesmo Moisés (Ex **33,** 20.23). Os salmistas anceiaban ver a Deus, polo menos na celebración litúrxica (Sal **17,** 15; **42,** 2); pero este anceio do home relixioso só se cumprirá na escatoloxía definitiva (Mt **5,** 8; 1 Cor **13,** 12; Heb **12,** 14; 1 Xn **3,** 2).
22, 6 Conforme a alusión incluínte que segue a **1,** 1, a expresión *estas palabras* refírese a todo o contido do libro.
22, 11 Esta sorprendente orde de seguir facendo o mal, parece querer destaca-la inminencia do xuízo de Deus;

nos derradeiros tempos xa non haberá lugar ó arrepentimento (Mt **25,** 10; Lc **13,** 25).
22, 13 Cf nota a **1,** 8.
22, 15 *Cans:* esta palabra quere expresa-la impureza dos pagáns, a quen se lles aplica xa no A.T. (Dt **23,** 19; Mt **7,** 6; **15,** 26; 2 Pe **2,** 22).
22, 16 Cf Is **11,** 1ss; Mt **1,** 1ss; Rm **1,** 3; 2 Tim **2,** 8.
Luceiro da mañá: título alusivo a Núm **24,** 17, que, segundo as interpretacións do tempo e anteriores (Targ N, LXX, Targumim, Mt **2,** 3; 2 Pe **1,** 19), tiña senso mesiánico.
22, 17 *Quen escoita:* é o que asiste á liturxia onde se lía este libro.
22, 18-19 As maldicións contra os que falsifiquen o contido do libro están tomadas de Dt **4,** 2, e eran un xeito normal de rematar un libro profético.

escritas neste libro. ¹⁹E se alguén quita algo do contido neste libro profético, Deus quitaralle a súa participación da árbore da vida e da cidade santa, descritas neste libro.

²⁰Quen testemuña estas cousas, di: "Si, veño axiña". ¡Amén! ¡Ven, Señor Xesús! ²¹¡A gracia do Señor Xesús vos acompañe a todos!

22, 20 *Ven, Señor Xesús:* é a traducción ó grego dunha fórmula litúrxica cristiá primitiva (1 Cor **16,** 22) de forte arela da chegada da escatoloxía.
Esta oración á fin de toda a Biblia é unha perfecta síntese dela, que é a historia das diferentes vindas de Deus para intervir na historia da humanidade; remata cunha proclamación profética da vinda definitiva de Xesús e cunha súplica no mesmo senso.

APÊNDICES

CRONOLOXÍA DA BIBLIA

1. ANTIGO TESTAMENTO

É difícil facer unha táboa cronolóxica do A.T., xa que o período máis antigo fica moi remoto e hai poucos testemuños, en tanto que dos tempos máis recentes, aínda que hai maior número de datos, estes son ás veces contrapostos. As dificultades do valor simbólico dalgúns números, o diferente xeito de conta-los anos dos reinados, as anticipacións literarias nos escritos serodios e mesmo a falta de interese polo tema cronolóxico no mundo da Biblia, constitúen dificultades en certos casos insalvables. Certo que as escavacións arqueolóxicas e os últimos descubrimentos de manuscritos extrabíblicos verteron abonda luz, conseguindo así encher lagoas cronolóxicas e axudando a interpreta-los xéneros literarios de mil anos de historia. En calquera caso, non debe estrañarlle a ninguén o atopar certas diferencias nos intentos de reconstrucción dunha historia distante, como é a do Antigo Testamento. Trataremos de axustarnos o máis posible ós feitos.

1.1. Desde os patriarcas ata o Éxodo

Entre os anos 1800 e 1700: os patriarcas (Abraham, Isaac e Xacob), na terra de Canaán.

Entre o ano 1700 e o 1280: Xosé e mailo seu clan, en Exipto.

1.2. Desde o Éxodo ata o paso do Xordán

Ó redor do ano 1280: Saída de Exipto e Alianza no Sinaí.
Ó redor do ano 1250: Morte de Moisés.

1.3. Desde o paso do Xordán ata a Monarquía

Ó redor do ano 1250: Xosué conduce os israelitas á terra de Canaán.
Ó redor do ano 1200: Os filisteos establécense na costa Sur de Palestina.

Desde o ano 1200 ó 1030: Período dos Xuíces

Ó redor do ano 1050: Morte de Elí.
Ó redor do ano 1040: Samuel, profeta e xuíz de Israel.

1.4. A Monarquía desde Xaúl ata a morte de Salomón

Desde o ano 1030 ó 1010: Reinado de Xaúl.
Desde o ano 1010 ó 970: Reinado de David (primeiro no Sur, e despois en todo Israel).
Desde o ano 970 ó 931: Reinado de Salomón en todo Israel.
Construcción do templo de Xerusalén.
Traballo dos escribas na corte: obra histórica iavista (J).

1.5. Desde a división da Monarquía ata a caída de Xudá (cf Introd. ós Libros dos Reis).

1.5.1. *O Reino de Israel ou Reino do Norte*
Do 931 ó 910: Reinado de Ieroboam I.
Do 910 ó 732: Reis, desde Nadab ata Pécah.
Obra histórica elohísta (E), probablemente no reinado de Ieroboam II (782/1-753).
Do 732 ó 724: Reinado de Oseas.
Samaría, cercada polos asirios.
Ano 722/1: Caída de Samaría, deportación dos habitantes e fin do Reino do Norte.

> —No reinado de Acab (874/3-853) exerce Elías o seu ministerio profético.
> —Ó desaparecer Elías, e reinando Iehoram, Iehú e Ioacaz, profetiza Eliseo, que morre nos tempos de Ioax (835/796).
> —Nos tempos de Ieroboam II (782/1-753) exerce o ministerio profético Amós; e, uns anos despois del, comeza Oseas.
> —A pouco de caer Samaría, proclamou a palabra de Deus Xeremías, comezando probablemente o seu ministerio no Norte, mentres que en Xudá reinaba Ioxías.

1.5.2. *O reino de Xudá ou Reino do Sur*
Do 931 ó 913: Reinado de Roboam.
Do 913 ó 716: Reis, desde Abiiam ata Acaz.

Do 716 ó 687: Reinado de Ezequías.
Do 687 ó 640: Reinado do "impío Menaxés", e de Amón, o seu sucesor.
Do 640 ó 609: Reinado de Ioxías: Descubrimento do Libro da Lei (622), e reforma relixiosa, na liña do Dt. Tradición deuteronómica (D), que comezara no Norte. Toman corpo os libros de Xosué, Xuíces, Samuel e Reis.
Do 609 ó 598: Reinado de Ioacaz, Ioaquim e Ioaquín (Iekonías).
Ano 598/7: Asedio e caída de Xerusalén, e primeira deportación a Babilonia.
Do 598/7 ó 587: Reinado de Sedecías, por concesión dos babilonios.
Ano 589/8: Rebelión de Sedecías.

> —Nos reinados de Iotam (740-735), Acaz (735-716) e Ezequías, profetizaron Isaías e Miqueas.
> —Nos tempos de Menaxés, exerceu o profetismo Nahúm (ó redor do 645).
> —Nos tempos de Ioxías, profetizou Sofonías. Algúns consideran desta época a Xoel.

NOTA: Os guións queren significar un período de tempo, mentres que as barras indican unha inseguridade, que esixe poñer dúas datas, entre as que acontecería o feito relatado.

> —Nos tempos de Ioaquim, Ioaquín e Sedecías, profetizaron Xeremías, Ezequiel e Habacuc.

1.6. O desterro

Ano 587/6: Caída de Xerusalén e segunda deportación a Babilonia. Guedalías, gobernador, ata que, ós poucos meses, é asasinado.
Ano 582/1: Terceira deportación a Babilonia.

1.6.1. *En Babilonia*

> Actividade profética do Déutero-Isaías, e de Ezequiel. Tradición sacerdotal (P).

1.6.2. *Na Palestina*

> Ó redor do ano 560: Probablemente en Mispah: xorde a obra histórica deuteronomista (dtr).

1.7. Período persa

Ano 538: Edicto de Ciro o Persa, permitíndolles ós desterrados voltar ós seus países.
Do 520 ó 515: Reconstrucción do Templo.
Ano 445: Viaxe de Nehemías a Xerusalén, para restaura-los muros da cidade.
Ano 432: Nova viaxe de Nehemías a Xerusalén, para facer outras obras.
Ano 398: Misión de Esdras.

> —Neste período exercen a súa actividade os chamados "Profetas postexílicos": o Trito-Isaías, Axeo, o Proto-Zacarías, Xoel, Malaquías, Abdías e mailo autor das Apocalipses de Isaías. Ó remate do período persa ou ó comezo do período grego, profetiza Xonás, e mailo Déutero-Zacarías.
> —Os sabios elaboran os libros dos Proverbios, Salmos, Xob, Tobías, Cantar, Rut e Xonás.
> —O escriba Esdras promulga a Lei, formada polas tradicións J-E-D-P.

1.8. Período grego

Ano 333/2: Alexandro o Magno conquista Palestina.
Do 320 ó 200: Palestina, sometida ós Tolomeos ou Láxidas (establecidos en Exipto).

Do 200 ó 142: Palestina, sometida ós Seléucidas (establecidos en Siria).
Ano 168/7: Antíoco IV Epífanes coloca unha estatua de Zeus no templo de Xerusalén. Revolta dos Macabeos.
Ano 164: Xudas o Macabeo entra en Xerusalén e purifica o templo.
Ano 152: Ionatán, Sumo Sacerdote.
Ano 143: Simón sucede a Ionatán.
Ano 134: Reina Xoán Hircano I, fillo de Simón. Ata a subida ó trono de Herodes o Grande, reinarán os asmoneos (sucesores de Simón).

—Neste período levouse adiante a "Obra do Cronista", que fructificou nos libros 1° e 2° das Crónicas, e nos de Esdras e Nehemías.
—Tamén son deste período o Eclesiastés, Daniel, Ester e os dous libros dos Macabeos.
—En Alexandría faise a versión dos LXX, que recolle, á parte dos libros da Biblia hebrea, os do Eclesiástico, Tobías, Xudit, os dous Macabeos, Baruc e Sabedoría, e mailos anacos gregos de Daniel e Ester.

1.9. Período romano
Ano 63: Pompeio conquista Xerusalén.
Do 37 ó 4 a. C.: Herodes o Grande, rei de Palestina.

2. NOVO TESTAMENTO

É difícil sinalar con exactitude as datas dos acontecementos do Novo Testamento, debido a que os autores, anque tiñan certa preocupación histórica, carecían dun interese de tipo cronolóxico. Con todo, partindo dos datos soltos que encontramos nos Feitos dos Apóstolos, nas cartas de Paulo e nos Evanxeos, e completándoos con algunha aportación da historia profana, podemos ofrecer con certas garantías o cadro cronolóxico que segue:

2.1. Mundo civil
37-4 a. C.: Herodes o Grande, rei dos xudeus.
27 a. C.-14 d. C.: Octaviano Augusto, emperador romano.
4 a. C.: Morre Herodes o Grande.
4 a. C.-6 d. C.: Arquelao, etnarca de Xudea e Samaría.
6-41 d. C.: Xudea e Samaría, sometidas ós procuradores romanos.
26-36: Poncio Pilato, procurador de Xudea.

2.2. Mundo cristián
7/5 a. C.: Nace Xesús de Nazaret*.

20/25: Paulo, na escola de Gamaliel.

28: Comeza a vida pública de Xesús.
28/29: Morte do Bautista.

---

*Dionisio o Exiguo quixo establece-la cronoloxía da era cristiá partindo do ano 754 da fundación de Roma como ano 1, por coidar que acontecera entón o nacemento xa Xesús. Pero Xesús xa nacera entre o 747 e o 749, de xeito que é anterior en 5 ou 7 anos á data proposta por Dionisio.

	30: Morte de Xesús.
	33/34: Morte de Estevo.
37-41: Calígula, emperador de Roma.	35-39: Conversión de Paulo, estadía en Arabia e en Damasco, e primeira visita a Xerusalén.
41-54: Claudio, emperador de Roma.	39-43: Apostolado de Paulo en Siria e en Cilicia.
41-44: Herodes Agripa I, rei de Palestina.	44 (pola Pascua): Morte de Santiago o Maior.
44: Morre Agripa I. Nova serie de procuradores romanos.	44-45: Estadía de Paulo en Antioquía.
48: Agripa II, etnarca.	45-49: Primeira viaxe misioneira de Paulo.
49: Decreto de Claudio, botando os xudeus de Roma.	49/50: Concilio de Xerusalén e conflicto de Antioquía.
	50-52: Segunda viaxe misioneira de Paulo.
	51-52: Primeira e segunda Carta ós Tesalonicenses.
52-53: Galión, procónsul de Acaia.	52: Paulo comparece diante de Galión.
52-60: Fiz, procurador de Xudea.	53-58: Terceira viaxe misioneira de Paulo.
54-68: Nerón, emperador de Roma.	54-57: Carta ós Gálatas. Primeira Carta ós Corintios. Carta ós Filipenses.
	55-62: Carta de Santiago.
	57: Segunda Carta ós Corintios.
	57/58: Carta ós Romanos.
	58-60: Paulo en Cesarea, na cadea.
	60: Paulo viaxa a Roma, preso.
60-62: Porcio Festo, procurador de Xudea.	60-65: Primeira Carta de Pedro.
	61-63: Paulo en Roma, en arresto domiciliario. Cartas a Filemón, ós Colosenses e ós Efesios.
62-64: Lucelio Albino, procurador de Xudea.	62: Morte de Santiago o Menor.
	63-66: Últimas viaxes de Paulo.
64-68: Floro, procurador de Xudea.	64/65: Morte de Pedro.
66-74: Guerra de Xudea contra Roma.	66-67: Segunda cativiade romana, e morte de Paulo.
69-79: Vespasiano, emperador de Roma.	65-70: Evanxeo de Marcos. Epístola ós Hebreos.
70: Tito conquista Xerusalén.	70/80: Evanxeo de Lucas e Feitos dos Apóstolos.
74: Caída de Masada e fin da guerra.	
79-81: Tito, emperador de Roma.	80/90: Evanxeo grego de Mateo. Cartas Pastorais. Carta de Xudas.
81-96: Domiciano, emperador de Roma.	
90: Sínodo de Iamnia (Iabne).	85/90: Expulsión dos cristiáns da Sinagoga.
	90/95: Apocalipse de Xoán.
	90/100: Cartas de Xoán. Evanxeo de Xoán.
	98/100: Morte de Xoán.
	100/125: Segunda Carta de Pedro.
132-135: Segunda revolta xudía (Bar Koxba).	

Xosé Fernández Lago

ÍNDICE TEOLÓXICO CONCEPTUAL

Aharón: Portavoz de Moisés: Ex **4**, 13-16.27-35; **5**, 1-5; **8**, 1-19; **18**, 1-12.

Sumo Sacerdote: Ex **39**, 1-31; Lev **8-9**; **10**; Núm **12**; **16-17**; Heb **5**, 1-10; **7**, 11-19; **9**, 4.

Abba: (papaíño) referido a Deus: Sab **2**, 16; Eclo **23**, 1-4 — dito por Xesús: Mt **23**, 9; Mc **14**, 36 — dito polos cristiáns: Rm **8**, 15; Gál **4**, 6; cf Lc **11**, 2.

Abel: Xén **4**, 2-4. 25 — o xusto asasinado polo que era da caste do demo: Mt **23**, 35; Lc **11**, 51; 1 Xn **3**, 12 — o seu sangue clama e segue falando: Heb **11**, 4; **12**, 24.

Ablucións: Lavados rituais: Lev **14-15**; 2 Cro **4**, 6 — coa palabra profética teñen poder de curar: 2 Re **5**, 10ss — sinal da purificación de pecado: Sal **51**, 4.9; Is **4**, 4; Ez **36**, 25; Zac **13**, 1 — precisa do arrepentimento: Xer **2**, 22 — Xesús dálles pouca importancia: Mt **15**, 1-20; Mc **7**, 1-23; aínda que realiza ablucións coma xesto simbólico da moral do Reino: Xn **13**, 2-17 — e institúe un rito de ablucións para expresa-la entrada no Reino: Feit **2**, 16; 1 Cor **6**, 11; Heb **10**, 22.

Abnegación: Do cristián para seguir a Xesús: Mt **16**, 24; Lc **21**, 20.

Abominación da desolación: Dn **9**, 27; **11**, 31; **12**, 11; 1 Mac **1**, 57; 2 Mac **6**, 2; Mt **24**, 15; Mc **13**, 14; Lc **21**, 20.

Abraham: Tradicións: Xén **12-25** — a súa fe e fidelidade: Neh **9**, 7-8; 1 Mac **2**, 25; Rm **4**, 1-25; Gál **3**, 6-29; Heb **11**, 7-8.17; Sant **2**, 23 — fillos de Abraham, os xudeus: Is **51**, 1-6; Xn **8**, 33 — Xesús, máis importante ca Abraham: Xn **8**, 35.58.

Abstinencia: Do sangue: Xén **9**, 3ss; Lev **3**, 17; **7**, 26; **17**, 10-14; Dt **12**, 16.23-25; Feit **15**, 20 — de animais impuros: Lev **11**, 13.47; Dt **14**, 11 — de animais afogados: Lev **17**, 13-14; Dt **15**, 23; Feit **15**, 20.29 — de carnes que foron ofrendadas ós ídolos: Feit **15**, 28-29; 1 Cor **8-10** — pola resurección de Xesús todo quedou purificado: Feit **10**, 10-16.

Acción de gracias: Textos do ritual individual: Sal **9**; **30**; **31**; **34**; **40**; **41**; **65**; **66**; **92**; **103**; **107**; **116**; **118**; **138** — textos do ritual colectivo: Sal **47**; **48**; **66**; **67**; **76**; **124** — textos do ritual de agradecemento polo perdón e os feitos salvíficos de Deus: 1 Sam **2**, 1-10; Sal **9**; **28**; **33**; **103**; **104**; **111**; **113**; **117**; **135**; **136**; **144**; **145**; **146**; **147**; **148**; **150**; Is **38**, 10-22 — Cantos á salvación escatolóxica: Lc **1**, 46-55.68-79. — Xesús dálle gracias ó Pai: Mt **14**, 19; **15**, 36; Lc **24**, 30; Xn **11**, 41 — a Eucaristía é a suprema acción de gracias ata a volta do Señor: Mt **26**, 26-27; 1 Cor **11**, 23ss — a Igrexa dá gracias: Rm **1**, 8; **7**, 25; Col **3**, 17; Ap **11**, 17.

Aceite: Froito característico da terra prometida: Dt **8**, 8; **28**, 40; **33**, 24 — para usos sacros: Ex **27**, 20; **29**, 2.23; **30**, 23-26; Lev **24**, 2; Núm **7**, 13; **18**, 12 — para alumar: Mt **25**, 3-4.8 — para perfumes: Est **2**, 12; Is **1**, 6 — sinal e instrumento sacro de saúde física: Lc **10**, 34.

Acepción de persoas: Non existe en Deus: Dt **10**, 17; 2 Cro **19**, 7; Xob **34**, 19 — nin en Xesús: Mt **22**, 16; Lc **20**, 21 — prohíbese nos xuízos: Lev **19**, 15; Dt **1**, 17; **16**, 19; Pr **18**, 5; Eclo **4**, 22 — foi moi reprendida polos profetas: Is **1**, 23; Xer **22**, 3; Ez **22**, 12; Am **5**, 12.15.

Adiviñación: Lexítima nun comezo: Xén **35**, 22; **37**, 41; Ex **38**, 30; 1 Sam **9**, 16; **23**, 6.10-13; **30**, 7-9; 2 Sam **2**, 1-2 — prohibida desde o séc. VII: Lev **19**, 31; **20**, 6.27; Dt **18**, 9-14; 1 Sam **28**, 3.7; 2 Re **1**, 2-4; **21**, 6.9.11; **23**, 24; Xer **27**, 9; Miq **5**, 11.

Adopción divina: Para o rei: 2 Sam **7**, 14-15; Sal **2**, 7-8; **72**; **89**, 27-30; **101**; **110**; **132** — para o sabio: Sab **2**, 16; **5**, 1-5; Eclo **51**, 10 — para o pobo: Ex **4**, 22; Dt **32**, 6; Is **63**, 16; Xer **31**, 9; Os **11**, 1 — para cada cristián (N.T.): Mt **5**, 9; **12**, 50; **28**, 10; Xn **1**, 12-13; **20**, 17; Rm **8**, 14-17.23.29; **9**, 4; Gál **3**, 26.29; **4**, 4-7; Ef **1**, 5; Sant **1**, 18; **2**, 5; 2 Pe **1**, 4; 1 Xn **3**, 2.

Adoración: A Deus: Est **3**, 2; Mt **4**, 1; Xn **4**, 20; Feit **10**, 26; Heb **1**, 6; Ap **4**, 8-11; **7**, 12 — a Xesús: Mt **2**, 11; **8**, 2; **9**, 18; **15**, 25 (e paral); Xn **9**, 38 — ós anxos: Ap **19**, 9; **22**, 8-9.

Adulterio: Prohibido pola Lei: Ex **20**, 14; Lev **20**, 10; Dt **5**, 21 — castigado coa lapidación: Dt **22**, 23-28; Ez **16**, 40; Xn **8**, 5 — priva da pertenza ó Reino de Deus: Rm **2**, 2; 1 Cor **6**, 9; Heb **13**, 4.

Alfa e Omega: Título cristolóxico: Ap **1**, 8; **21**, 6; **22**, 13.

Alegría: Don de Deus ó xusto: Sal **4**, 8; **13**, 6; **118**, 24s; **119**, 24; Pr **17**, 22; Is **49**, 13; **51**, 11; **52**, 9; **54**, 1; **55**, 12; **65**, 17 — característica dos tempos mesiánicos: Mt **2**, 10; Lc **1**, 14.18; **2**, 10; Xn **3**, 29 — froito do Espírito Santo: Lc **10**, 21; Feit **13**, 52; Gál **5**, 22 — algo propio da vida cristiá: Flp **3**, 1; **4**, 4; 1 Tes **5**, 16 — a mesma persecución, motivo de alegría: Mt **5**, 12; Lc **6**, 23; Feit **5**, 41; 2 Cor **7**, 4; Col **1**, 11.24; 1 Tes **1**, 6; Heb **10**, 34; 1 Pe **1**, 8; **4**, 13; — algo propio da comunidade cristiá: Feit **11**, 23; Rm **15**, 32; 2 Cor **2**, 3; Flp **1**, 4.25; **2**, 17-19; **4**, 1; 1 Xn **1**, 4 — o xefe da comunidade é responsable da alegría de todos: 2 Cor **1**, 24; cf 2 Cor **6**, 10; — alegría e esperanza: Rm **12**, 12; Heb **12**, 2.

Alianza: Con Adam: Xén **2-3** — con Noé: Xén **8**, 20-9, 17 — con Abraham: Xén **17** — con Israel no Sinaí: Ex **19**, 1-20; **24**, 1-11 — a súa renova-

ÍNDICE TEOLÓXICO CONCEPTUAL

ción: Ex **34**, 1-28; Dt **28**, 69; Xos **24**, 1-28 — a morte de Xesús, sacrificio de alianza: Mt **26**, 28 Mc **14**, 24; cf Ex **24**, 8 — a morte de Xesús, sacrificio da nova alianza: Lc **22**, 20; 1 Cor **11**, 25; cf Is **55**, 3; Xer **31**, 33; Ez **36**, 27 — a nova alianza anula a antiga: Heb **8**, 13; — na nova alianza, o Espírito dáselles a toda clase de homes: Feit **2**, 16-18 — a lei é interna: Heb **8**, 10 — tense experiencia de Deus: Heb **8**, 11; cf Xn **6**, 45; **14**, 23; 1 Xn **2**, 20-21 — concédese o perdón dos pecados: Heb **8**, 12; **10**, 15.18 — e a irmandade universal: Ap **4**, 9-10 cf Ef **2**, 13-16.

Altar: Para o culto: Xén **4**, 3-4; **8**, 20; **12**, 7-8; **13**, 18; Ex **20**, 24-25; Dt **12**, 13.14 — altar dos sacrificios: Ex **27**, 1-8; **39**, 39; X1 **2**, 17; 1 Mac **7**, 36-38; Mt **5**, 23-24 — o altar dos perfumes: Ex **30**, 27; Lev **16**, 14-19; 1 Re **6**, 2 — o altar da Eucaristía cristiá: Heb **13**, 10 — a mesa do Señor: Feit **2**, 46; **20**, 11; 1 Cor **10**, 21; **11**, 20-34.

Amén: Xesús é o cumprimento das promesas: Ap **3**, 14 — partícula afirmativa enfatizante: Mt **24**, 47; Lc **12**, 44; Xn **1**, 55; **3**, 11; **13**, 16.21.38 — remate dunha doxoloxía: Sal **41**, 14; **72**, 19; **89**, 53; **106**, 48; Rm **1**, 25; **9**, 5; **11**, 36; **15**, 33; 2 Cor **1**, 20; 1 Pe **4**, 11; **5**, 11; 2 Pe **3**, 18; Ap **1**, 6; **7**, 12; **22**, 20-21.

Amigo: Comportamento desinteresado: Lev **19**, 18; Mt **5**, 43 — amizade de David e Ionatán: 1 Sam **18**, 1; **20**; 2 Sam **1**, 19-27; **15**, 37; **16**, 16 — un amigo é comparable a un tesouro: Xob **2**, 11; **19**, 21; Pr **13**, 20; **18**, 24; Eclo **6**, 7-17; **9**, 10; **27**, 1-6 — Deus amigo: Lc **11**, 5-8; Tit **2**, 4; Sant **2**, 23; 2 Pe **1**, 14; — Xesús, amigo: Mt **20**, 13; **26**, 50; Mc **10**, 21; Lc **22**, 28ss; Xn **11**, 3.11.35ss; **13**, 23; **15**, 15; **19**, 26 — como actitude cristiá: Mt **5**, 46; Lc **21**, 16; Xn **15**, 22ss; Feit **15**, 36-39; Rm **12**, 13-21; Gál **3**, 28; 2 Tim **4**, 10-14.

Amor: O amor sexual é obra de Deus: Xén **1**, 27; **2**, 18.24; **24**, 67; **26**, 8; **29**, 18; 1 Cor **7**, 3; Ef **5**, 28-33; Tit **2**, 4 — Deus fai pacto de amor co home: Xén **6-9**; **12**, 1-4; **13**, 14-17; **15**, 18 — Deus ama o pobo gratuitamente: Ex **19**, 5-6; Dt **3**, 29; **7**, 7.12-16; **10**, 15; Xer **31**, 3.19-20; Os **6**, 1-2; **11**, 9 — o amor do Pai manifestado en Xesucristo: Mc **1**, 11; **9**, 7; **12**, 6; Lc **3**, 16-19.35-36; **10**, 17; **14**, 18; **15**, 9; Rm **5**, 6.8.39; **8**, 32; Gál **4**, 4-7; Tit **3**, 5; 1 Xn **3**, 1; **4**, 9-19 — Deus é amor: Xn **17**, 24.26; 1 Xn **4**, 8.16 — amor universal que busca a resposta do home: Ex **20**, 6; Sab **11**, 23; Is **19**, 25; **40**, 11; **43**, 3; **45**, 22; **49**, 6; Xer **3**, 19; **23**, 1-4; Mt **10**, 40; **22**, 37; **26**, 53; Mc **3**, 13; **10**, 21.45; **14**, 24.32.41.50; **15**, 29-32; Lc **7**, 36-50; **8**, 1ss; **9**, 22.58; **14**, 25ss; **17**, 25; **19**, 1-10; **24**, 7.26; Xn **6**, 60-71; **8**, 24; **10**, 17ss; **13**, 1; **14**, 15.21-24; **15**, 13; **17**, 4; Rm **8**, 28; 1 Cor **8**, 3; 2 Cor **5**, 14ss; Gál **2**, 20; Ef **5**, 25ss; Flp **2**, 8; 1 Tim **2**, 5ss; Heb **2**, 8; **4**, 15; 1 Xn **5**, 2 — os dous amores: Mt **5**, 1ss; **25**, 31-46; Mc **12**, 28-33; Lc **6**, 27-36; Xn **13**, 34ss; Rm **5**, 5-10; **13**, 8ss; **15**, 30; 1 Cor **12**, 12; Gál **5**, 6.22; **6**, 2; Col **3**, 14; 1 Tes **4**, 9; 1 Xn **3**, 16; **4**, 7.11ss — o amor é un don: Mt **5**, 23-26.43-47; **6**, 12.14ss; **18**, 21ss; Mc **10**, 45; Lc **7**, 39; **10**, 29-37; **14**, 13; Rm **5**, 6ss; **12**, 14-21; 1 Cor **8**, 1; **13**, 1-13; Gál **3**, 28; **5**, 13; Ef **4**, 16; Flp **2**, 1-11 — o amor é comuñón: Xn **3**, 16; **12**, 24ss; **13**, 34-35; **15**, 16; **17**, 9-21.26; 1 Xn **2**, 15; **3**, 11-18; **4**, 7-5,4.

Anatema: Destrucción total na guerra santa: Lev **27**, 28-29; Núm **21**, 1-3; Dt **7**; Xos **6**, 17-21; **8**, 22-24; **10**, 28-42; Xdt **16**, 23; 2 Mac **9**, 16; Lc **21**, 5 — costume bárbaro que foi desaparecendo: Esd **10**, 8; 1 Mac **2**, 38; **3**, 39-42; **4**, 18-23; Sab **1**, 13; Ez **18**, 4; Xon **4**, 2.10-11 — no N.T. redúcese á excomuñón da comunidade: Mc **14**, 71; Xn **9**, 22; **12**, 42; **16**, 2; Feit **23**, 12; Rm **9**, 3; 1 Cor **5**, 5; **12**, 3; **16**, 22; Gál **1**, 8-9.

Animais impuros: Catálogos e características: Lev **11**, 1-42; **20**, 25-26; Dt **14**, 3-21 — superación desta división: Mt **15**, 10-20 (e paral); Feit **10**, 9-16; **11**, 1-18.

Anticristo: 2 Tes **2**, 4; Ap **11**, 1; **12**, 18; **13**, 3.11.15; **15**, 2; **17**, 1.

Anxos: Están presentes nas tradicións antigas: Xén **3**, 24; **6**, 2; **18**, 1ss; **22**, 1ss — interveñen na vida do home: Ex **20**, 11; **23**, 20; Xob **1**, 6; **2**, 1; Sab **7**, 23 — median entre Deus e os homes: Xén **28**, 12; 2 Re **1**, 3.15; 1 Cro **21**, 8; **19**, 5; Tob **5**, 17-27; **12**, 12; Sal **91**, 11; Is **6**, 2ss; Dn **3**, 49-50; **4**, 10-14; **6**, 23; **7**, 10; **10**, 13.20; Mt **28**, 5ss; Lc **1**, 19-26; **2**, 9-14; **16**, 24; Feit **1**, 10ss; **12**, 15; Col **2**, 18; Heb **1**, 14 Ap **4**, 8-11; **5**, **8**; **8**, 3; **12**, 1-19; **22**, 8ss — os anxos e Xesús: Mt **4**, 11; **13**, 39.41; **18**, 10; **22**, 30; **24**, 31.36; **25**, 31; **26**, 53; Lc **15**, 10; **22**, 43; Ef **1**, 20ss; Col **1**, 16; 1 Tes **4**, 16; 2 Tes **1**, 7; 1 Tim **3**, 6; Heb **1**, 6ss; 1 Pe **1**, 12; Ap **5**, 11ss; **7**, 11; **14**, 14-16 — o número de anxos é incontable: Xén **32**, 2ss; 1 Re **22**, 19; Sal **148**, 2; Dn **7**, 10; Mt **26**, 53; Lc **2**, 13; Ap **5**, 11 — constitúen ordes diversas: Tob **12**, 15; Is **6**, 2-6; Ez **1**, 21; **3**, 10; Dn **10**, 13; Zac **4**, 10; Col **1**, 16; 1 Tes **4**, 16; 1 Pe **3**, 12 — o anxo da garda: Sal **91**, 11-13; Xdt **13**, 20; Tob **8**, 3; **12**, 12; Mt **18**, 10; Lc **13**, 49; Heb **1**, 14 — o pecado dos anxos: Xén **2-3**; Dt **32**, 17; Is **14**, 12-15; Ez **28**, 12-16; Xn **13**, 44; 2 Pe **2**, 4; Xds **6**; Ap **12**, 7ss.

Año: Animal dos sacrificios: Ex **29**, 32; Lev **8**, 31; **9**, 2; Núm **15**, 6.11; Ez **46**, 4-7.11 — nos sacrificios de renovación de alianza: Xén **15**, 9; **22**, 13; Ex **29**, 1.22.26.27.31; Lev **8**, 22.28 — tipifica o servo de Deus sufrinte: Is **53**, 7; Xer **11**, 19; — e o sacrificio de Xesús: Mt **26**, 63; Xn **1**, 29.36; **19**, 36; Feit **8**, 31.35; Heb **9** 14; 1 Xn **3**, 5.

Año Pascual: Ex **12**, 5 — Xesús foi o verdadeiro año pascual: Xn **8**, 46; 1 Pe **1**, 19; **2**, 9 — ségueo sendo na súa realidade celeste: Ap **5**, 6.8.12.13;

ÍNDICE TEOLÓXICO CONCEPTUAL

6, 1.16; **7**, 9.10.14.17; **12**, 11; **13**, 8.11; **14**, 1.4.10; **15**, 3; **17**, 4; **19**, 7.9; **21**, 9.14.22.23.27; **22**, 1.3.

Aparicións do resucitado: Mt **28**, 1-20; Mc **16**, 1-20; Lc **24**, 1-49; Xn **20**, 11-21,14; Feit **1**, 3ss; 1 Cor **15**, 3-8.

Apolo: Feit **18**, 24; 1 Cor **1**, 12; **3**, 6.22; **4**, 6; **16**, 12; Tit **3**, 13.

Apostasía: Feit **21**, 21; 2 Tes **2**, 3; Heb **10**, 26.

Apóstolo: Elixido por Cristo: Mc **3**, 14; Lc **6**, 13 — nomes: Mt **10**, 2-4; Mc **3**, 16-19; Lc **6**, 14-16; Feit **1**, 13 — a súa misión é predicar: Mt **10**, 1-15; **28**, 19; Mc **16**, 15; Lc **24**, 46; Xn **15**, 16.27; **20**, 21; Feit **1**, 8; **10**, 42 — persecucións e traballos: Mt **10**,16-23; 1 Cor **15**, 30-32 — fortalecidos polo Espírito Santo: Feit **2**, 14; **3**, 12; **4**, 19-29; **5**, 19; 1 Cor **3**, 4-4, 5;2 Cor **10**, 4-6; Gál **6**, 12 — Paulo tamén é apostolo: Feit **14**, 4.13; 1 Cor **10**, 4-6; 2 Cor **8**, 23; Flp **2**, 25 — título de Cristo: Heb **3**, 1.

Arrepentimento: Expresado no buscar a Iavé: Os **10**, 12; Am **5**, 4 — busca-la súa face: Sal **24**, 6; **27**, 8; Os **5**, 15; — humillarse diante del: 1 Re **21**, 29; 2 Re **22**, 14 — liturxia penitencial: Xuí **2**, 4; 2 Sam **12**, 13-23; 1 Re **21**, 8ss.31; Sal **60**; **74**; **79**; **83**; **95**; **106** — suplicas de individuos piadosos: Sal **3**; **5**; **6**; **7**; **13**; **17**; **22**; **25**; **26**; **27**; **28**; **31**; **35**; **38**; **39**; **42**; **43**; **51**; **54**; **55**; **56**; **57**; **59**; **61**; **63**; **64**; **69**; **70**; **71**; **86**; **88**; **102**; **109**; **120**; **130**; **140**; **141**; **142**; **143**; X1 **1**, 13ss; **2**, 17ss — oracións da comunidade arrepentida: Sal **44**; **58**; **74**; **79**; **80**; **83**; **106**; **125** — tarefa principal dos profetas: Is **1**, 16ss; Xer **3**, 21-25; **4**, 1-4; **18**, 11ss; **31**, 18ss.33; **36**, 3; Ez **3**, 16-21; **18**, 31ss; **22**, 1-31; **33**, 10-20; **36**, 26-31; Os **14**, 2-9; Am **5**, 4.6.14; Miq **6**, 8; Sof **2**, 3; **3**, 12ss — tema da predicación de Xesús: Mt **3**, 2; **4**, 17; Mc **1**, 15; Lc **5**, 32; **10**, 13; **11**, 32; **13**, 3.5; **15**, 7.10 — de Xoán Bautista: Mt **3**, 8.11; Mc **1**, 4; Lc **3**, 3.8; Feit **13**, 24; **19**, 4 — dos discípulos: Mc **6**, 12; Lc **17**, 3.4; Feit **2**, 38; **3**, 19; **8**, 22; **17**, 30; **20**, 21; **26**, 20 — motivo de alegría escatolóxica: Lc **15**, 7.11; **16**, 30 — actitude básica dos discípulos: 2 Cor **7**, 9.10; **12**, 21; 2 Pe **3**, 9; Ap **25**.16.21.22; **3**, 3.19; **9**, 20.21; **16**, 9.11 — por Xesús resucitado chéganos-lo arrepentimento e mailo perdón: Lc **24**, 47; Feit **5**, 31; **11**, 18.

Avaricia: Non aproveita: Ecl **2**, 16; Eclo **14**, 3; Mc **8**, 36; Lc **12**, 15 — causa de males: Pr **1**, 19; Ecl **10**, 9; 1 Tim **6**, 9-10 — un xeito de idolatría: Sal **119**, 36; Mt **6**, 19; Lc **12**, 15; 1 Cor **6**, 10; Tit **1**, 7-11; Heb **13**, 5 — tentadora para os xuíces: Ex **18**, 21; **23**, 8; Dt **16**, 19; **27**, 25; Sal **26**, 10; Pr **15**, 27; **17**, 23; **28**, 16; Is **5**, 23; **33**, 15; Ez **22**, 12-13; Miq **3**, 11 — tema de denuncia profética: Is **5**, 8; **56**, 11; **57**, 17; Xer **6**, 13; **8**, 10; **22**, 17; Ez **33**, 31; Hab **2**, 9 — trae a ruína: Xos **7**, 21; 1 Sam **8**, 3; 2 Re **5**, 26-27; 2 Mac **10**, 20; Mt **26**, 15; Xn **12**, 6; Feit **5**, 2; **24**, 26.

Baixada ós infernos: Mt **27**, 53; 1 Pe **3**, 19.

Bautismo: Signo de morte: Mc **10**, 38.39; Lc **12**, 50 — de Xoán, signo de arrepentimento para obte-lo perdón dos pecados: Mt **3**, 11; Mc **1**, 4; Lc **3**, 3 — de Xesús bautizado, consagrado polo Espírito e aprobado polo Pai: Mt **3**, 13-17; Mc **1**, 9-11; Lc **3**, 21.22; Xn **1**, 29-34 — de Xesús no Espírito: Mt **3**, 11; Xn **3**, 22.26.33; **4**, 1-2; Feit **1**, 5.8; **2**, 3-4; **8**, 14-16; **11**, 16; **19**, 2-6; 1 Cor **12**, 13; 2 Cor **1**, 22; Ef **1**, 13; **4**, 30 — co arrepentimento dos pecados, baño purificador: Mt **28**, 19; Feit **2**, 38; **8**, 36; **22**, 16; Ef **5**, 2; Heb **10**, 22 — sinal de morte e vida: Rm **6**, 2-4.10.11; **7**, 1-6; 1 Cor **10**, 2; Col **2**, 11.20 — sinal de incorporación a Cristo e á comunidade cristiá: Rm **6**, 5; 1 Cor **12**, 13; Gál **3**, 28; Ef **1**, 22-23; Col **1**, 18; Heb **6**, 4; 1 Pe **3**, 21.

Bendición: De Deus ós homes e animais: Xén **1**, 22.28; **5**, 2 — de Abraham e dos seus fillos: Xén **27**, 4.27.35; **48**, 15; 1 Mac **2**, 69; Eclo **3**, 11 — dos sacerdotes hebreos ó pobo: Lev **9**, 22; Núm **6**, 23-27; Dt **10**, 8; 1 Sam **2**, 20 — senso de louvanza: Mt **21**, 9; **23**, 39; Mc **11**, 9.10; Lc **1**, 64; **2**, 28.34; **13**, 35; **19**, 38; **24**, 53; Xn **12**, 13; Rm **12**, 14; 1 Cor **4**, 12; **14**, 16; Sant **3**, 9.10; 1 Pe **3**, 9 — senso litúrxico e especialmente eucarístico: Mt **14**, 19; **26**, 26; Mc **6**, 41; **8**, 7; **14**, 22.61; Lc **1**, 68; **9**, 16; **24**, 30; Rm **1**, 25; **9**, 5; **12**, 14; **15**, 29; **16**, 18; 1 Cor **10**,16; 2 Cor **1**, 13; **11**, 31; Ef **1**, 3; **7**, 1. 6.7; Heb **6**, 14; **11**, 20.21; 1 Pe **1**, 3; Ap **5**, 12.13; **7**, 2 — senso de doazón, don gratuíto e xeneroso: Lc **1**, 28.42; **6**, 28; **24**, 50; Rm **15**, 29; 2 Cor **9**, 5.6; Heb **6**, 7; **12**, 17 — don salvífico en Cristo: Feit **3**, 25.26; Gál **3**, 9.14; Ef **1**, 3; 1 Pe **3**, 9.

Bico: Xén **29**, 13; **45**, 15; **48**, 10; Ex **4**, 27; 1 Sam **20**, 41; Tob **9**, 8; **11**, 11; Est **15**, 15 — sinal litúrxico de caridade fraterna: Lc **15**, 20; Feit **20**, 27; Rm **16**, 15; 1 Cor **16**, 20; 2 Cor **13**, 12; 1 Tes **5**, 26; 1 Pe **5**, 14 — dado ós ídolos era sinal de veneración: 1 Re **18**, 8; Xob **31**, 27.

Cabeza: Cranio ou animais: Xén **3**, 15; **28**, 18 — unha persoa ou individuo: Xuí **5**, 30 — o máis principal das cousas ou sentimentos: Cant **4**, 14 — o príncipe ou xefe dunha comunidade ou a capital dun estado: 1 Sam **15**, 17; Is **7**, 8ss — principio físico ou temporal de algo: Xén **2**, 10; Ex **12**, 2; Xer **31**, 7 — nunca é sede das funcións intelectivas, senón das rectoras, unificadoras e vivificadoras. Por iso, en senso teolóxico, o Xesús pascual é cabeza de ángulo (clave do arco): Mt **21**, 42; Mc **12**, 10; Lc **20**, 17; Feit **4**, 11; 1 Pe **2**, 7; cf Sal **118**, 22-23 — Cristo, cabeza do home: 1 Cor **11**, 3-10 — Cristo, cabeza da Igrexa: Ef **1**, 10.22; **4**, 15; **5**, 23; Col **1**, 18; **2**, 10.

ÍNDICE TEOLÓXICO CONCEPTUAL

Cáliz: Da ira, da dor, do castigo (onde se alude a un cocido de herbas, analxésico para o axustizado): Sal **11**, 6; **23**, 5; **75**, 9; Is **51**, 17; Xer **16**, 7; **25**, 15; **51**, 7; Mt **20**, 22-23; **26**, 39; Mc **10**, 38-39; **14**, 36; Lc **22**, 42; Xn **18**, 11 — empregados para as libacións e para o ritual do sangue: Ex **25**, 29; **38**, 3; 1 Re **7**, 50; Xer **52**, 19; Ap **5**, 8 — por isto o N. T. construe a imaxe antropolóxica da copa limpa por dentro: Mt **23**, 25-26; Lc **11**, 39 — e as referencias ó caliz eucarístico: Mt **26**, 27; Mc **14**, 23; Lc **22**, 20; 1 Cor **10**, 16.21; **11**, 25-28 — copa para a adiviñación: Xén **44**, 25.

Camiño: Xeito de comportarse: Xén **6**, 12; Xuí **2**, 19; 1 Re **13**, 33; **15**, 26.34; Xob **21**, 31; **23**, 10; Sal **10**, 5; Xer **32**, 19; Ez **7**, 3; **24**, 14; Os **12**, 3; Zac **1**, 6; Mt **21**, 8; Rm **3**, 16-17; Sant **1**, 8.15; **5**, 20; Xds 11 — xeito de comportarse de Deus: Dt **32**, 4; Xob **26**, 14; **40**, 19; Pr **8**, 22; Ez **18**, 25.29; Os **14**, 10 — xeito de comportarse do home, requerido por Deus: Xén **18**, 19; Dt **8**, 6; **9**, 16; **10**, 12; Xos **22**, 5; Xuí **2**, 22; 2 Re **21**, 22; Xob **24**, 13; **34**, 27; Sal **18**, 22; **25**, 4; **119**, 3; Xer **5**, 4; Lam **2**, 3 — o dobre camiño: o xusto, recto, e da vida: Sal **101**, 2.6; **119**, 1; 1 Sam **12**, 23; 1 Re **8**, 36; Pr **2**, 19; **5**, 6; **6**, 23; **15**, 24; Lc **1**, 79; **16**, 17; Feit **2**, 28; 2 Pe **2**, 2 — e o da morte, das tebras: Sal **1**, 1.6; **101**, 2; **139**, 24; Pr **12**, 15; **21**, 8; **28**, 6.18; Eclo **2**, 12 — entre estes camiños o home é libre para elixir: Dt **30**, 15-22; Eclo **15**, 12 — forma de comportamento cristián: Feit **9**, 2; **14**, 16; **19**, 9.23; **22**, 4; **24**, 14.22; 1 Cor **4**, 17; **12**, 31 — a Lei é o camiño de Deus para o hebreo: Xén **18**, 19; Ex **18**, 20; **32**, 8; Dt **8**, 6; **10**, 12; Xos **22**, 5; 2 Re **21**, 22; Xob **23**, 11; **24**, 13; **31**, 7; **34**, 27; Sal **119**, 1.3; **128**, 1; Is **40**, 3; **49**, 11; Bar **3**, 37; **4**, 1 — o verdadeiro camiño é Xesús: Xn **14**, 4-6; Heb **10**, 20 — o camiño do Mesías: Mt **1**, 2; Lc **7**, 27; cf Mal **3**, 1-5 — o camiño do Señor: Mt **3**, 3; Mc **1**, 3; Lc **3**, 4-5; Xn **1**, 23; cf Is **40**, 3; Mt **22**, 16; Mc **12**, 14; Lc **20**, 21; **1**, 76; Feit **13**, 10; **18**, 25.26; Rm **11**, 33; Heb **3**, 10; Ap **15**, 3.

Carisma: Don divino dado ó home en ben dos outros: Feit **2**, 4-13; **10**, 40-46; Rm **12**, 6-8; 1 Cor **12**, 1-4; Gál **3**, 5; Ef **4**, 11-12 — don divino dado ós homes: Rm **1**, 11; **6**, 23; **11**, 29; 1 Cor **9**, 7; 2 Cor **1**, 11; 1 Tim **4**, 14; 2 Tim **1**, 6 — foron preditos polo profeta Xoel: **2**, 28-29 — e prometidos por Cristo: Mc **16**, 17-18; Xn **14**, 21.

Carne: Materia dotada de vida animal: Xén **6**, 12.17; Lev **14**, 9; Núm **8**, 7; Sal **136**, 25; Eclo **40**, 8; Mt **19**, 5; Mc **10**, 8; Xn **1**, 14; **6**, 51 — carne morta (sacrificios): Xén **9**, 4; Ex **22**, 30; **29**, 14; Lev **4**, 11; Xer **11**, 5; Ez **40**, 43; Ax **2**, 12 — parte integrante e diferenciada do corpo humano: Xén **2**, 23; Xob **2**, 5; **10**, 11; Eclo **14**, 18; Ez **37**, 6; Miq **3**, 3; Zac **14**, 12 — eufemismo dos órganos sexuais do home ou da muller: Xén **17**, 11.13ss.23-25; Ex **28**, 42; Lev **15**, 2s.7.19; Ez **16**, 26; **23**, 20 — condición terrea, caduca e limitada do home: Xén **3**, 19; Ecl **12**, 7; Is **40**, 6; Feit **2**, 17; Rm **3**, 20; 1 Cor **1**, 29; 2 Cor **12**, 7; Gál **2**, 16; **4**, 13; Heb **5**, 7; 1 Pe **1**, 14 — vivir na carne (= vivir neste mundo): 2 Cor **10**, 3; Gál **2**, 20; Flp **1**, 22; Sant **4**, 1ss — o parentesco fúndase na carne: Xén **2**, 23.24; **37**, 27; Lev **18**, 6; Is **58**, 7; Rm **1**, 3; **4**, 1; **9**, 3; **11**, 14 — a carne expresión da debilidade moral do home: a raíz do pecado: Xén **6**, 3; Xob **10**, 4; **34**, 15; Sal **78**, 39; Is **10**, 18; **31**, 3; Xer **17**, 5; Ez **44**, 7; Rm **7**, 18.25; **13**, 14; 1 Cor **3**, 3; 2 Cor **1**, 17; **10**, 2-3; Gál **5**, 13.16.19.21; Ef **2**, 3; Col **2**, 18.23.

Castidade: Normas legais da sexualidade no A.T.: Lev **18**, 6-23; **20**, 10-21; Dt **27**, 20-24 — sancións: Ex **22**, 15-16; Dt **22**, 22-29 — o home, dono de si mesmo: Feit **24**, 25; 1 Cor **7**, 9; **9**, 25; Gál **5**, 23; Tit **1**, 8; 2 Pe **1**, 6 — a castidade do célibe, preferible ó matrimonio: Mt **19**, 10-12; 1 Cor **7**, 7. 32-40; Ap **14**, 4 — a castidade do matrimonio: 1 Cor **7**, 5; 1 Tim **3**, 2 — no trato cos demais: Mt **5**, 28; 1 Cor **6**, 15-19; 1 Tim **4**, 12; **5**, 2; Tit **2**, 5 — é froito do Espírito Santo: Mt **19**, 11; Gál **5**, 22.

Cea Pascual-Eucaristía: Datos da Cea Pascual: Ex **22**, 11.21.27.43.48; **34**, 25; Lev **23**, 5; Núm **9**, 2.14; **23**, 3; **28**, 16; Dt **16**, 1.2.5-6; Xos **5**, 10.11; 2 Re **23**, 21.23; 2 Cro **30**, 1.2.5.15.17-18; **35**, 1.6.9.11.13. 16-19; Ez **45**, 21 — nos tempos do N.T. a cea era a comida principal: Mt **23**, 6; Mc **6**, 21; Lc **14**, 12; Xn **12**, 2 — Cea Pascual: Mt **26**, 17; Mc **14**, 12; Lc **22**, 7; Xn **13**, 2; 1 Cor **11**, 23; — a Cea do Señor: 1 Cor **11**, 20-21 — imaxe do Reino mesiánico e da gloria celeste: Lc **12**, 37; **14**, 16; Ap **19**, 9.17.

Cego: Sacerdotes cegos e víctimas cegas han de apartarse do templo: Lev **21**, 18; **22**, 22; Dt **15**, 21; 1 Sam **5**, 6.8; Mal **1**, 8 — frecuente por causa físicas: Xén **27**, 1; **48**, 10; Eclo **12**, 3; **43**, 4 — castigo-maldición de Deus: Xén **19**, 11; Ex **4**, 11; Dt **28**, 28-29; Tob **2**, 11.13; Feit **9**, 9; **13**, 11 — anuncios de salvación expresados coa imaxe da curación de cegos: Sal **146**, 8; Is **29**, 18; **35**, 5; **42**, 7.16; Xer **31**, 7-8; cf Ex **4**, 11; Xob **29**, 15 — os dereitos do cego: Lev **19**, 14; Dt **27**, 18; Xos **29**, 15 — cegos de mente: Ex **23**, 17; Mc **3**, 5; Xn **9**, 41; Rm **11**, 25 — curacións de cegos feitas por Xesús: Mt **9**, 29; **20**, 34; Mc **8**, 23; Xn **9**, 6-7.

Ceo: Ceo e terra (para indica-la totalidade da creación): Xén **1**, 1.18; **7**, 11; Ex **24**, 10; Xos **26**, 11; **38**, 22; 2 Re **7**, 2; Sal **33**, 5-7; Is **40**, 26; Mal **3**, 10; Mt **5**, 18; Lc **6**, 17; Feit **4**, 24 — o firmamento: Xén **15**, 5; Mt **6**, 26; Mc **13**, 2; Lc **9**, 45; Xn **1**, 32 — morada dos anxos e de Deus: Dt **10**,

ÍNDICE TEOLÓXICO CONCEPTUAL

14; 1 Re **8**, 27; **22**, 19; 2 Cro **2**, 5; **6**, 18; Neh **9**, 46; Tob **12**, 15; Est **1**, 14; Sal **82**, 1; **115**, 16; Is **66**, 1; Mt **3**, 2; **5**, 16.34.45; **6**, 9; Mc **12**, 25; Feit **7**, 49; 2 Cor **12**, 2-4 — o Deus do ceo: 2 Cro **36**, 23; Esd **1**, 2; **5**, 11-12; **6**, 9-10; **7**, 12.21; Sal **136**, 26; Ap **11**, 13; **16**, 11 — o ceo, en vez de Deus: 1 Mac **3**, 18; Sal **73**, 9; Dn **4**, 23; Mt **21**, 25; Lc **15**, 18.21 — morada de Cristo e dos benaventurados: Xob **19**, 27; Sal **16**, 7-11; **17**, 15; **49**, 16; **73**, 23-28; Sab **3**, 1-4; Mt **3**, 15; **5**, 12; **19**, 28; Mc **1**, 10; **16**, 19; Lc **3**, 21; **6**, 23; Xn **1**, 51; **6**, 33-58; **14**, 2-3; **17**, 24; 2 Cor **5**, 1; 1 Tes **4**, 17; **5**, 10; Flp **3**, 20; 1 Pe **3**, 22; Ap **3**, 12; **7**, 15-17; **21**, 2.10.

Circuncisión: Sinal da alianza con Deus: Xén **17**, 1; **34**, 13-17; Ex **13**, 47-48; Dt **10**, 16; **30**, 6; Xer **4**, 4; Lc **1**, 59; **2**, 21; Xn **7**, 23; Rm **4**, 11; Gál **5**, 3; Flp **3**, 5 — sinal da salvación escatolóxica pois a ela asistía misticamente Elías: 1 Re **19**, 10 — moi estimada polos xudeus: Lev **12**, 3; Feit **15**, 1; **16**, 3; Gál **6**, 12-13 — no reino de Cristo non serve para nada: Feit **15**, 1.5.10.19; Gál **2**, 2-3; **5**, 2.6; **6**, 15 — a circuncisión do corazón, espiritual: Lev **6**, 4; Dt **10**, 16; Xer **4**, 4; Feit **7**, 51; Rm **2**, 28ss; Col **2**, 11ss.

Colecta: Diñeiro xuntado na reunión cúltica: Feit **24**, 17; Rm **15**, 26; 1 Cor **16**, 1-3; 2 Cor **8**, 9; Gál **2**, 10.

Conciencia: O meu corazón non me reproba nada: Xos **27**, 6; Sal **7**, 9-10; **139**, 2; Sab **17**, 10; Eclo **7**, 22; Xer **11**, 20; **17**, 10 — segundo o corazón e non a lei: Mt **6**, 4.6.18; **15**, 1-20; Lc **11**, 34ss — como norma próxima da moralidade persoal: Rm **13**, 5; **14**, 20; 1 Cor **8**, 10; **10**, 25; 1 Pe **2**, 19 — aproba o bo e reproba o malo: Rm **2**, 15; 1 Tim **1**, 19; Heb **10**, 22; **13**, 16 — cómpre ter en conta a conciencia dos outros para non lles ser motivo de escándalo: Rm **14**, 1-23; 1 Cor **8**, 7-12; **10**, 28-29.

Concilio: Dos Apóstolos en Xerusalén: Feit **15**, 6-29; Gál **2**, 1-10 — o dos dirixentes políticos e relixiosos do pobo xudeu: Mt **5**, 12; **26**, 59, Mc **15**, 1; Lc **22**, 66; Feit **5**, 1; **23**, 1.

Concordia entre irmáns: Solidariedade nacional: Dt **1**, 16.28; **15**, 3; **17**, 15; **19**, 18; **20**, 8; **21**, 1; Is **66**, 5.20; Xer **34**, 9; **41**, 8; Ez **11**, 15; Os **2**, 3 — solidariedade entre os dous reinos irmáns: 2 Sam **2**, 26; 1 Re **12**, 24; Xer **7**, 15; Miq **5**, 2 — solidariedade con outras nacións: Núm **20**, 14; Dt **2**, 4-8; Am **1**, 9.11; Abd **1**, 10-12 — solidariedade cristiá: Rm **12**, 18; **15**, 5-6; 1 Cor **1**, 10; Ef **4**, 3; Flp **2**, 2; 1 Pe **3**, 8.

Concupiscencia: Desexo dunha cousa: Eclo **1**, 33 — desexo con ganas: Lc **22**, 15 — obxecto desexado: Sal **21**, 3; **78**, 29; Pr **10**, 24; **11**, 23 — desexo de algo malo: Núm **11**, 4; Sal **112**, 10; Pr **21**, 16 — desexos contrarios á razón: Xén **3**, 7; Ex **20**, 17; Dt **5**, 21; **7**, 25; Pr **6**, 25 — egoísmo dominante no home: Mc **4**, 19; Xn **2**, 16; Rm **7**, 7-9; Ef **2**, 3; Sant **1**, 14; 1 Pe **2**, 14.18 — cómpre dominala: Mt **5**, 28; Rm **6**, 16; **13**, 14; Gál **5**, 24; Col **3**, 5; 1 Tes **4**, 4-5; Tit **2**, 12; 1 Pe **2**, 11; **4**, 2.

Condenación: Representada coma día de Iavé: Xl **2**; Am **5**; Sof **1** — castigo de tódolos inxustos: Is **2**, 12; Os **5**, 8; Am **5**, 18 — condenación persoal: Dn **12**, 2 — no xuízo final: Mt **25** — segundo as obras de cadaquén: Ap **20**, 12 — expresada coa imaxe do lume: Mt **3**, 12; **7**, 19; **13**, 42-50; Mc **9**, 4; Lc **3**, 9; Heb **10**, 27 — co lume do inferno: Mt **5**, 22; Mc **9**, 44. 46; 1 Tes **1**, 8 — dos tormentos: 2 Pe **2**, 4 — das cadeas eternas: Xds **6** — da lagoa de lume: Ap **19**, 20; **20**, 9-10; **21**, 8 — a actitude fronte a Cristo decide xa a condenación: Xn **3**, 36.

Confesión: Do nome de Deus: Ex **15**, 11; Dt **6**, 4-9.19; Sal **18**, 32 — en asemblea litúrxica e acompañada de música: 1 Cro **16**, 8.41; **23**, 30; **25**, 30; 2 Cro **5**, 12; **20**, 21; **31**, 2; Sal **33**, 2; **35**, 18; **43**, 4; **100**, 4; **147**, 7 — recoñecemento da bondade de Deus no seu actuar na creación e mais na historia: 2 Cro **5**, 13; **7**, 3; Sal **106**, 1; **107**, 1; **118**, 1.29 — confesión de fe en Cristo e no seu obrar: Mt **10**, 32; Xn **9**, 22; **12**, 42; Feit **24**, 14; Rm **10**, 9-10; 1 Xn **2**, 23; **4**, 12.15 — confesión dos pecados: Lev **26**, 40; **5**, 21; 2 Sam **12**, 13; Neh **9**, 4; Sal **106**; Pr **28**, 13; Mt **3**, 6; **18**, 15-18; Mc **1**, 5; Lc **5**, 8; **15**, 21; **19**, 8; Xn **8**, 9-11; Sant **5**, 16 — o sacramento da penitencia: Mt **16**, 19; **18**, 18; Xn **20**, 21-23.

Coñecer a Deus: No *A.T.*: Coñecemento práctico, polas boas obras: Is **11**, 9; Xer **22**, 15; **24**, 7; **31**, 3; Os **5**, 8-6,6; Hab **2**, 14 — interese por Deus, que leva á conservación, á súa busca, a obrar segundo a xustiza e a misericordia: Sal **9**, 11; Is **58**, 2; Xer **9**, 23; **22**, 16; **24**, 7; Os **2**, 22; **6**, 1.3.6; **10**, 12; Miq **6**, 5 — a falta do seu coñecemento é idolatría e apostasía: 1 Sam **2**, 12.30; Is **1**, 2.4; Xer **2**, 8; **4**, 22; **8**, 5.6; Os **2**, 7; **4**, 6.10; **5**, 4.7; **11**, 25 — coñecemento predito dunha acción divina que revela o nome de Iavé: Ex **10**, 2; Ez **6**, 7.14; **12**, 20; **15**, 7.11.17; **26**, 6; **28**, 22 — Deus revélase na tradición profética e na histórica: Ex **31**, 13; Xos **29**; 2 Cro **13**, 5; Ez **17**, 21; **20**, 12.20.38; **33**, 33; Zac **2**, 13.15; **4**, 9; **6**, 15; **11**, 11. No *N.T.*: Coñecer a Deus é coñece-la obra salvadora de Xesús: Lc **10**, 11; Feit **2**, 36; Rm **2**, 20; 1 Cor **1**, 5; **2**, 8; 2 Cor **2**, 14; **4**, 6; Ef **1**, 17; Flp **3**, 10; Heb **8**, 11; Ap **2**, 23 — coñecemento que o Fillo ten do Pai, e viceversa: Mt **11**, 25-27; Lc **10**, 12ss; Xn **10**, 14-15 — coñecemento recibido pola revelación, pola fe o polo Espírito Santo: Xn **1**, 18; **6**, 46.49; **7**, 29; **8**, 55; **10**, 38; **14**, 1.6.9; **16**, 30; **17**, 7.21.22.25; 1 Cor **2**, 10-16; 1 Xn **4**, 16; — coñecer a Deus = fe = vida eterna: Xn **1**, 12; **3**, 15.16.36; **5**, 21; **6**,

ÍNDICE TEOLÓXICO CONCEPTUAL

35.37.40.45.47.51; **11**, 25; **14**, 16; **17**, 3; Gál **3**, 26; Flp **1**, 9-11; Flm 6; 1 Xn **2**, 23; **3**, 1 — é un don gratuíto de Deus: Xn **6**, 36-37; **8**, 43-47; Gál **4**, 9; 1 Cor **8**, 3; **13**, 12; 1 Xn **2**, 29; **3**, 8.10-12; **4**, 7 — imperfección deste coñecemento: 1 Cor **13**, 9-10.12; 1 Xn **2**, 2 — coñecemento, fe e bautismo: Rm **12**, 2; Flp **3**, 8.

Consagración ("santificación"): Deus consagra o santuario coa súa presencia: Ex **29**, 43 — móstrase santo corrixindo: Lev **10**, 3; Núm **20**, 13; Is **5**, 16; Ez **20**, 41; **28**, 22.25; **36**, 23; **38**, 16; **39**, 27 — ritos de consagración: Ex **19**, 22; **29**, 21; Núm **11**, 18; Xos **3**, 5; **7**, 13; 1 Sam **16**, 15 — consagración de persoas: Ex **29**, 21; 1 Sam **21**, 6 — dos israelitas: Ex **31**, 13; Lev **20**, 8; **21**, 8; **22**, 32; Ez **20**, 12 — dos primoxénitos: Núm **3**, 13 — dos sacerdotes: Ex **29**, 44; Lev **21**, 8.15; 1 Cro **23**, 13; Ez **48**, 11 — de cousas: Núm **17**, 2 ss; Dt **22**, 9 — dun lugar: Ex **19**, 23 — dun día do ano: Ex **20**, 8; Lev **25**, 10; 2 Cro **26**, 18; Xer **17**, 22; Ez **20**, 20 — do tempo de xexún: Xl **1**, 14; **2**, 15 — da guerra santa: Xer **6**, 4; Xl **4**, 9; Miq **3**, 5. No *N.T.:* do home a Deus: 1 Cor **3**, 17; 1 Tim **4**, 14; Heb **11**, 26; Sant **1**, 5; Ap **1**, 14.

Copa: Ver Cáliz.

Corenta: Número con valor simbólico de plenitude: Xén **8**, 6; Ex **24**, 18; Mt **4**, 2; Mc **1**, 13; Lc **4**, 2; Feit **1**, 13; **4**, 22; **7**, 30.36.42; **13**, 21; **23**, 13.21; Heb **3**, 9.17.

Corpo: Como tendencia ó pecado e ó egoísmo: Rm **6**, 6.12; **7**, 23.24; **8**, 10-13; 1 Cor **9**, 27; Gál **5**, 17 — o Corpo de Xesús resucitado: Xn **20**, 17-27; 1 Cor **15**, 35-44 — o corpo místico de Cristo: Rm **12**, 5; 1 Cor **10**, 16-17; **12**, 13; Ef **1**, 23; **2**, 16; **4**, 4.12.16; **5**, 23.30; Col **1**, 18.24; **2**, 19; **3**, 15.

Corrección fraterna: Sal 141, 5; Pr **9**, 7-9; **17**, 10; **27**, 5; **28**, 23; Ecl **7**, 6; Eclo **19**, 15; **21**, 7; Mt **7**, 3; **18**, 15; Gál **2**, 11; 1 Tim **5**, 20; Heb **3**, 13; Sant **5**, 19-20.

Creación: Do mundo, obra de Deus: Xén **1**, 1ss; 2 Mac **7**, 28; Sal **148**, 5; Sab **1**, 14; Eclo **18**, 1; Mc **13**, 19; Xn **1**, 3; Col **1**, 16; Heb **11**, 3; Ap **4**, 11; **10**, 6 — a nova creación por Cristo: 2 Cor **5**, 17; Gál **6**, 15; Ef **4**, 24.

Cruz: Instrumento na morte de Xesús: Mt **27**, 32-42; Mc **15**, 21.32; Lc **23**, 26; Xn **19**, 17-31; Col **1**, 20; **2**, 14; Flp **2**, 8 — de Cristo, escándalo para os xudeus, necidade para os xentís e consolo para os cristiáns: Gál **5**, 11; **6**, 12.14; Flp **3**, 18; Heb **12**, 2 — a cruz e a tribulación son para os que viven piadosamente: Mt **5**, 10; **10**, 16.38; **16**, 34; **24**, 9; Mc **13**, 9; Lc **14**, 27; Xn **12**, 25; **15**, 20; **16**, 1 2.33; Feit **14**, 21; Rm **8**, 16-18; 2 Cor **1**, 4; **4**, 8-17; 1 Tes **3**, 3; 2 Tes **1**, 4; 2 Tim **3**, 12; Sant **1**, 12; Ap **3**, 19.

Culto: Sinagogal, aínda que ten a súa orixe no exilio, en Xerusalén estableceo Esdras: Neh **8**, 1-12; Lc **4**, 15-21; Feit **13**, 14-15; **17**, 1-2 — dos cristiáns: Xn **4**, 23-24; Feit **2**, 42; **20**, 7; 1 Cor **11**, 20-24; **16**, 2 — precisa obras exteriores: Is **1**, 14-20; Mt **15**, 8 — e afecto interior a Deus: Dt **5**, 29; **6**, 5; **10**, 12; 1 Sam **15**, 22; Sal **30**, 13; **50**, 7.23; Xer **7**, 4.21-23; Miq **6**, 7-8.

Cumprimento: A vida de Xesús é cumprimento do A.T.: Mt **1**, 12; **2**, 15.17.23; **4**, 14; **5**, 17; **8**, 17; **12**, 17; **13**, 35; **21**, 4; **26**, 54. 56; **27**, 9; Mc **1**, 15; **14**, 49; **15**, 28; Lc **4**, 21; **24**, 44; Xn **12**, 38; **13**, 18; **15**, 25; **17**, 12; **18**, 9.32; **19**, 24.36; Feit **1**, 16; **3**, 18; Gál **4**, 4; Ef **1**, 10; Sant **2**, 23 — a vida cristiá, das aspiracións profundas do home: Xn **3**, 29; **15**, 11; **16**, 24; **17**, 13; Feit **13**, 52; Rm **8**, 4; **13**, 8; **11**, 12.25; **13**, 8.10; **15**, 13.14; 2 Cor **7**, 4; Ef **1**, 23; **3**, 19; **4**, 10.13; **5**, 18; Flp **1**, 11; **2**, 2; 2 Tes **1**, 11; 1 Xn **1**, 4; 2 Xn 12; Ap **3**, 2 — plenitude salvífica que existe en Cristo e que é comunicable ós homes: Xn **11**, 16; Rm **15**, 29; Flp **4**, 19; Col **1**, 9-10.

Demo: Nome dos espíritos malignos, botados do ceo: Ap **12**, 7-12 — hai xerarquías entre eles: Mt **12**, 24.45; **25**, 41; Mc **5**, 9; Lc **11**, 15; 1 Cor **15**, 24; Ef **6**, 12; Ap **12**, 7.9 — dáselles culto coa idolatría: Lev **17**, 7; Dt **32**, 17; 2 Cro **11**, 15; Sal **96**, 5; **106**, 37; Is **24**, 21; Bar **4**, 7; 1 Cor **10**, 20 — o demo tentou a Adam e mais a Eva: Xén **3**, 1.4.13.14; Ap **12**, 9.14.15; **20**, 2 — tentaron a personaxes do A.T.: 1 Re **22**, 19-22; 1 Cro **21**, 1; 2 Cro **18**, 18.23; Xob **1**, 6.9.12; **2**, 1.3.4.7; Xn **13**, 1-18; **16**, 13-14; **20**, 7-10 — Inimigo eterno do Reino: Mt **26**, 18; 2 Cor **6**, 14-15; **12**, 7-9; Ef **5**, 8; **6**, 11; Col **1**, 13; 1 Tes **5**, 5; 1 Pe **5**, 8-9; 1 Xn **3**, 19; **5**, 18 — tentou a Xesús: Mt **4**, 1-11 — e entregouno á morte: Lc **23**, 3; Xn **13**, 2.27 — é vencido pola morte de Xesús: Lc **10**, 18; Xn **12**, 31; **14**, 30; **16**, 11; Heb **2**, 14-15; 2 Pe **2**, 4; 1 Xn **3**, 8; Xds 6; Ap **19**, 19-21; **20**, 1-10.

Décimos: Obrigación de consumir un décimo de tódolos froitos: Dt **14**, 22-29; **26**, 12-15; Tob **1**, 6-8; Am **4**, 4 — ou de entregalo para o sustento dos sacerdotes e levitas: Núm **18**, 21-32; 2 Cro **31**, 5-19; Neh **10**, 37-38; **12**, 43; **13**, 5-14 — esaxeracións no seu pago: Mt **23**, 23; Lc **11**, 42; **18**, 12.

Día: O do xuízo do Señor: 1 Sam **1**, 10; Sal **96**, 13; Is **2**, 12; **13**, 6; Am **5**, 18-20; Sof **1**, 14; Mal **4**, 1; Mt **10**, 15; **11**, 22. 24; **12**, 36; Xn **6**, 29.40.44.54; **7**, 37; **11**, 24; **12**, 48; Feit **2**, 17; 2 Tim **3**, 1; Heb **1**, 2 Sant **5**, 3; 2 Pe **3**, 3.7; 1 Xn **4**, 17 — día do Señor (o do xuízo): Feit **2**, 20 (cf Xn **3**, 4); 1 Cor **1**, 8; **5**, 5; 2 Cor **1**, 14; Flp **1**, 6.10; **2**, 16; 1 Tes **5**, 2; 2 Tes **2**, 2; 2 Pe **3**, 10.12; Ap **16**, 14 — co senso cristián do domingo: Feit **20**, 7; 1 Cor **16**, 2; Ap **1**, 10.

ÍNDICE TEOLÓXICO CONCEPTUAL

Discípulos: De Cristo: Mt **5**, 1; **8**, 21.23; **9**, 10-14.19; **10**, 1.24.25.42; **12**, 1.2.49; **15**, 2.12.23.32-36; **17**, 10-19; **26**, 1.8.17-20; Mc **6**, 1.35.41.45; **7**, 2.5.17; **8**, 1.4.6.10.27.33-34; Lc **9**, 14.16.18.40. 43.54;**10**, 22-23; **19**, 29.37.39; **20**, 45; **22**, 11.39.45; Xn **6**, 3.8.12.16.22.24.60.61.66; **13**, 5.22.23.35; **16**, 17.29; **18**, 1.2.15-17.19.25; **19**, 26-27.38; Feit **6**, 1.2.7; **9**, 1.10.19.25.26.38; **11**, 26.29; **13**, 52; **14**, 20.22.28; **15**, 10; **16**, 1; **18**, 23.27; **19**, 1.9.30; **20**, 1.30; **21**, 4.16 — de Xoán o Bautista: Mt **9**, 14; **11**, 2; **14**, 12; Mc **1**, 18; **6**, 29; Lc **5**, 33; **7**, 18.19; **11**, 1; Xn **1**, 35.37; **3**, 25 — de Moisés, título do fiel xudeu: Xn **9**, 28.

Divorcio: Permitido no A.T. pola dureza de corazón do pobo: Dt **24**, 1-4; Is **50**, 1; Xer **3**, 8; Mt **19**, 8 — con documento de repudio dado polo esposo: Lev **20**, 10; Dt **22**, 22-24; Ez **16**, 38-43; **25**, 45; Xn **8**, 1-11 — Xesús devolve ó matrimonio a unidade orixinal: Xén **2**, 19-24; Mt **5**, 31-32; **19**, 3-12; Mc **10**, 2-12; 1 Cor **7**, 10-11.

Durmir: Senso de neglixencia ou descoido: Rom **13**, 1 — senso de morte: 2 Sam **7**, 12; 1 Re **2**, 10; Mt **9**, 24; Xn **11**, 11; 1 Cor **7**, 39; 1 Tes **5**, 6.10.

Educación: Doutrina deducida da historia de Israel: Xén **18**, 19; Ex **12**, 26-27; Dt **4**, 9; **6**, 7; **11**, 19; **32**, 46; Sal **78**, 3-6; Is **38**, 19 — obediencia e respecto dos fillos para os pais: Ex **20**, 12; **21**, 15.17; Dt **4**, 9; **21**, 18-21; **27**, 16; Pr **1**, 8; **20**, 20; **23**, 22; Ef **6**, 1-4; Col **3**, 20-21 — castigos físicos na educación: Pr **13**, 24; **22**, 15; **23**, 13; **29**, 15; Eclo **7**, 25-26; **26**, 13; **30**, 1-2.

Elías: Tradicións relativas ó profeta: 1 Re **17**, 1-21; **21**, 17-29; 2 Re **1**, 3; **2**,18 — louvanzas de Elías: Eclo **48**, 1-13 — figura que na apocalíptica xudía aparece coma preparador dos tempos últimos: asiste á transfiguración de Xesús: Mt **17**, 3-4; Mc **9**, 3-4; Lc **9**, 30-33 — testemuña do Señor ó lado de Moisés: Ap **11**, 3-13 — o seu espírito, no Bautista: Mt **11**, 14; **17**, 10-13; Mc **9**, 10-13; Lc **1**, 17.

Escándalo: Mt **13**, 41; **16**, 23; **18**, 7; Lc **7**, 2; Rm **14**, 13.

Esperanza: Non se ha de pór nos homes: Sal **44**, 7; **52**, 7-9; **62**, 11; Sab **3**, 11; **5**, 15; Is **20**, 5; **28**, 17 — hase de pór en Deus: 1 Sam **22**, 31; Sal **3**, 7; **11** e outros moitos; Pr **6**, 20 — Xesús, esperanza de Israel: Lc **24**, 21; Feit **26**, 6-7; **28**, 20; Heb **7**, 19 — Xesús, esperanza das nacións: Mt **12**, 21 (cf Is **42**, 4); Ef **2**, 12 — don de Deus: 2 Tes **2**, 16 — actitude esencial da vida cristiá: Feit **24**, 15; Rm **5**, 2.4.5; **12**, 12; **15**, 4; 1 Cor **9**, 10; **13**, 7.13; Ef **4**, 4; Col **1**, 5.23.27; 1 Tes **1**, 3; **4**, 13; 1 Tim **1**, 1; **4**, 10; **5**, 5; **6**, 17; Heb **3**, 6; **6**, 18; **10**, 23; 1 Pe **3**, 5 — na resurrección e no poder vivificador de Deus ou de Cristo resucitado: Feit **23**, 6; Rm **4**, 18; **8**, 20-25; **15**, 13; 1 Cor **15**, 19; 2 Cor **1**, 10; **3**, 12; Gál **5**, 5; Ef **1**, 18; Tit **1**, 12; 1 Pe **1**, 3.21 — na recompensa escatolóxica: 1 Tes **2**, 19; **5**, 8; Tit **2**, 13; **3**, 7; Heb **6**, 11; **11**, 1; 1 Pe **1**, 13; 1 Xn **3**, 3 — no progreso da Igrexa: 2 Cor **10**, 15; Flp **1**, 20.

Espírito: O inspirador dos profetas e do futuro pobo mesiánico: Xuí, **6**, 34; **14**, 6; 1 Sam **11**,16; 2 Re **2**, 9.15; 2 Cro **24**, 20; Is **11**, 2-3, **42**, 1; **61**, 1; Ez **11**, 19; **39**, 29; Xl **2**, 28 — inflúe na creación e no creado: Xén **1**, 2; Xob **26**, 13; **33**, 4; Sab **12**, 1; Ez **3**, 12.14; **8**, 3; **11**, 24.

Espírito de Deus: Espírito do Señor: Mt **3**, 16; **12**, 18 (Is **41**, 1); **28**; Lc **4**, 18 — o Espírito de Deus e a Igrexa: Feit, **5**, 9; **8**, 39; Rm **15**, 19 — o Espírito de Deus e o cristián: Rm **8**, 9.14; 1 Cor **2**, 11-14; **3**, 16; **6**, 11; **7**, 40; **12**, 3; 2 Cor **3**, 3.17-18; Ef **4**, 30; Flp **3**, 3; 1 Tes **4**, 8; 1 Pe **4**, 14; 1 Xn **4**, 2.

Espírito de Xesús: Verbo dos predicadores da palabra: Feit **16**; Flp **1**, 19; 2 Pe **1**, 11 — o Espírito de Xesús e o cristián: Rm **8**, 9.

Espírito impuro: Malo: Ap **16**, 13.14; **18**, 2 — poder de Xesús contra eles: Mt **8**, 16; **10**, 1; Mc **1**, 23-27; **5**, 1-20; **6**, 7; **7**, 25-30; **9**, 17-25; Lc **4**, 33-36; **6**, 18; **7**, 21; **8**, 2.29; **9**, 39; **13**, 11; Feit **5**, 16; **8**, 7; **16**, 16; Ef **2**, 2; 1 Tim **4**, 1 — descobren a Xesús coma Fillo de Deus: Mc **3**, 11; **5**, 1-20; Lc **4**, 33 — acusan a Xesús de relación con eles: Mc **3**, 30; Lc **11**, 14-26 — poder da Igrexa sobre estes espíritos: Lc **10**, 20; Feit **5**, 16; **8**, 7; **16**, 16.18; **19**, 12-16 — o espírito do mundo, do erro: 1 Cor **2**, 12; 1 Xn **4**, 6.

Espírito como categoría antropolóxica: Espírito coma apertura do home á acción de Deus: Xn **4**, 23; **11**, 33; Rm **11**, 8; **12**, 11; 1 Cor **14**, 2.12-16; Gál **3**, 3; **4**, 29; **6**, 18; **13**, 21; 1 Tes **5**, 23; 2 Tes **2**, 2; 2 Tim **4**, 22; Flp **1**, 19; Xds **19**; Ap **1**, 10; **4**, 2; **17**, 3; **21**, 10; — o espírito coma categoría antropolóxica-moral: Mt **26**, 41; Mc **14**, 38; Xn **4**, 23-24; Feit **6**, 3.10; **17**, 16; Rm **1**, 9; **8**, 4-9.13; 1 Cor **5**, 5; Gál **5**, 17-22; **6**, 8; Ef **4**, 23; Flp **1**, 27; Heb **12**, 9.23; 1 Pe **3**, 4 — o espírito coma realidade ontolóxica diferente da carne e do corpo: Mt **5**, 3; **27**, 50; Mc **2**, 8; Lc **1**, 47.80; **23**, 46; **24**, 37.39; Xn **3**, 6; **4**, 24; **6**, 63; **19**, 30; Feit **7**, 59; **18**, 25; **19**, 21; **23**, 8.9; 1 Cor **5**, 3-4; **6**, 17; **7**, 34; 2 Cor **3**, 17; **7**, 13; Col **2**, 5; Heb **4**, 12; Sant **2**, 26; **4**, 5; 1 Pe **3**, 19; Ap **11**, 11; **13**, 15.

Connotacións semánticas da orixe semítica do concepto "espírito": Alento: Mc **8**, 12; Lc **8**, 55; 1 Tes **2**, 8 — vento: Xn **3**, 8; Heb **1**, 7 — forza: Rm **1**, 4; **8**, 2; 1 Cor **2**, 4; **15**, 45.

Espírito Santo: En relación co misterio de Cristo: Mt **1**, 18.20; **4**, 1; Mc **1**, 10.12; Lc **3**, 22; **4**, 1.14; **10**, 21; Xn **1**, 32.33; Feit **1**, 2; **10**, 38; 1 Tim **3**, 16; Heb **9**, 14 — en relación coa acción santificadora de Cristo: Mt **3**, 11; **12**, 31-32; Mc **1**, 8; **3**, 29; Lc **3**, 16;

12, 10; Xn **3**, 34; **6**, 63; **7**, 39; **14**, 17.26; **15**, 26; **16**, 13; **20**, 22; Tit **3**, 5; Heb **2**, 4; **6**, 4; **10**, 29; 1 Pe **1**, 2 — en relación coa vida cristiá: Mt **28**, 19; Lc **11**, 13; Xn **3**, 5-8; Feit **1**, 5.8; **2**, 4.17-18 (Xl **3**, 1-2).33.38; **8**, 15.17-19; **9**, 17; Rm **5**, 5; **8**, 9-16.23.26; **14**, 17; **15**, 13.30; 1 Cor **6**, 19; 2 Cor **1**, 12; **5**, 5; **6**, 6; **13**, 13; Gál **3**, 2.5; **5**, 5.16.18; Ef **2**, 18.22; **3**,16; **4**, 3; **5**, 18; Flp **2**, 1; Col **1**, 8; 1 Xn **4**, 13 — en relación coa Igrexa: Feit **5**, 3.9.32; **8**, 39; **9**, 31; **10**, 19; **13**, 4; **15**, 28; **16**, 6; **19**, 1; **20**, 22.28; Rm **15**, 16; 1 Cor **12**, 4.7-11; 2 Tim **1**, 7 — fonte da ledicia: Feit **13**, 52; 1 Tes **1**, 6 — forza salvífica: 1 Tes **1**, 5; 2 Tes **2**, 13; Ap **1**, 4; **3**, 1; **4**, 5; **5**, 6 — a doazón do Espírito Santo pola imposición de mans: Feit **19**, 6 — o Espírito Santo e a fe en Cristo: Feit **10**, 44-47; **11**, 15.16.24; **15**, 8; **19**, 2; Gál **3**, 14; **5**, 5; Ef **1**, 13 — o Espírito Santo e a inspiración do cristián: Mc **13**, 11; Lc **12**, 12; Feit **2**, 4; **4**, 8.31; **6**, 5; **7**, 51.55; **8**, 29; **11**, 12.28; **13**, 2.9; **20**, 23; **21**, 4.11; Rm **9**, 1; 1 Cor **2**, 10.11; **14**, 2.32; Gál **4**, 6; Ef **3**, 5; **6**, 18; 1 Tes **5**, 19; 1 Tim **4**, 1; 2 Tim **1**, 14; 1 Pe **1**, 12; 1 Xn **3**, 24; **4**, 1-3.6; **5**, 6.8; Xds **20**; Ap **2**, 7.11.17.29; **3**, 6.13.22; **19**, 10 — autor da inspiración profética: Mt **22**, 43; Mc **12**, 36; Lc **1**, 15.17.41.67; **2**, 25-27; Feit **1**, 16; **4**, 25; **28**, 25; 1 Cor **14**, 32; Heb **3**, 7; **9**, 8; **10**, 5; 2 Pe **1**, 21; Ap **14**, 13; **22**, 6 — autor da intelixencia cristiá do A. T., oposta ó senso literal histórico: Rm **2**, 29; **7**, 6; 2 Cor **3**, 6.

Esposa: A Igrexa, pobo da Nova Alianza, esposa de Cristo: Mt **9**, 15; **22**, 1.10; Lc **14**, 15-24; **25**, 1-13; Xn **3**, 29; Feit **5**, 2; Ef **5**, 23.27; Ap **22**, 17 — preparación do tema no A.T.: Is **49**, 14; **54**, 4-8; **60**, 15; **62**, 4-5; **63**, 15; Xer **3**, 4.5.22; **4**, 31; **31**, 19; Os **2**, 4-25; **3**, 1-5; **16**, 1-63; **23**, 1-49 — esposa humana, a súa fidelidade ó marido: Dt **22**, 15-20 — voda: Xén **24**, 65; **29**, 23-28; **38**, 14; Tob **9**, 1-10.14.

Eucaristía: Prometida por Cristo: Mt **6**, 11; **14**, 19; Xn **6**, 1-71 — instituída por Cristo: Mt **26**, 26-29; Mc **14**, 22-26; Lc **22**, 15-20; 1 Cor **11**, 13-25 — condicións para participar nela: 1 Cor **11**, 26-34 — existía xa na primeira comunidade: Feit **2**, 42.46; **20**, 7.

Evanxeo: Xesús predica o Evanxeo do Reino (Mt **4**, 23; **9**, 35; **24**, 14) e de Deus (Mc **1**, 14.15; cf Rm **1**, 1; **15**, 16; 2 Cor **11**, 7; 1 Tes **2**, 2.8.9; 1 Pe **4**, 17) — o Evanxeo é o mesmo Xesús Cristo: Mc **8**, 35; **10**, 29; Rm **1**, 1.9; **15**, 19 — debe ser predicado: Mc **13**, 10; **14**, 9; **16**, 15; Feit **15**, 7; 1 Cor **9**, 12.14.18.23 — debe ser testificado con feitos e aínda co mesmo martirio: Feit **20**, 24 — debe ser recibido coa conversión a coa fe: Mc **1**, 15; Rm **10**, 16; 2 Cor **4**, 3; 1 Tes **3**, 2 — o seu contido é a salvación inaugurada e realizada por Cristo: Rm **1**, 16; **2**, 16; **11**, 28; **16**, 25; Gál **2**, 5; Ef **1**, 13; **3**, 6; **6**, 19; Col **1**, 5; 2 Tes **2**, 14; 2 Tim **1**, 10 — o anuncialo é unha función sacra: Rm **15**, 6 — o seu anuncio é medio de comunicación da salvación e do Espírito Santo: 1 Tes **1**, 5 — a súa formulación ten un contido doutrinal: 1 Cor **15**, 1 — este contido doutrinal recibe formulacións distintas: Gál **2**, 7 — o contido doutrinal pode ser adulterado: 2 Cor **11**, 4; Gál **1**, 6.7 — ten un contido doutrinal e unha praxe moral: Gál **2**, 14 — debe ser profesado externamente: 2 Cor **9**, 13 — é anunciado polo pobo crente: Flp **1**, 5 — implica unha vida especialmente digna: Flp **1**, 27 — o non aceptalo acarrexa o xuízo escatolóxico do castigo de Deus: 2 Tes **1**, 8; 1 Tim **1**, 11; Ap **14**, 6.

Excomuñón: Exclusión do pobo por non cumprir certas leis: Xén **17**, 14; Ex **12**, 15.19; **31**, 14; Lev **7**, 20-27; **18**, 19; **20**, 3.18; Esd **10**, 8 — separación dun membro da comunidade en orde a que recoñezca o seu pecado, se arrepinta del e reingrese nela: Mt **18**, 17; 1 Cor **5**, 5.11; 2 Tes **3**, 6; 1 Tim **1**, 20; Tit **3**, 10; 2 Xn 10 — costume tomado da praxe da comunidade xudía: cf Xn **9**, 22.

Exorcismo: Expulsión do demo pola invocación do nome de Xesús: Mt **12**, 27; Mc **16**, 17; Lc **9**, 49; Feit **19**, 13-14 — o mesmo Xesús o fai: Mt **8**, 28-34; Mc **5**, 1-20; **9**, 14-29; Lc **8**, 26-39.

Expiación: Do pecado e da cólera de Deus, pola oración: Ex **32**, 11ss. 30; Núm **17**, 11ss; Sal **106**, 30; Heb **7**, 25; **9**, 24 — dos pecados mediante a morte de Cristo: Heb **9**, 1-10.18 — expiación e perdón: 1 Xn **2**, 2; **4**, 8-10 — O día da Expiación: Lev **16**.

Fariseos: Piedade externa sen correspondencia interna: Mt **5**, 20; **6**, 2; **15**, 2-11; **23**, 13-33; Mc **2**, 18; **7**, 3-5; Lc **5**, 21; **11**, 42-44 — algúns fariseos convertidos: Xn **3**, 1; Feit **5**, 34; **23**, 6; Flp **3**, 5.

Familia: Patriarcal, do A.T.: Xén **1**, 27; **7**, 1; **12**, 1; **19**, 8; **29**, 14; **38**, 24; **46**, 8-26; Neh **7**, 4; Is **1**, 17; Xer **7**, 6-7; **22**, 3 — na literatura sapiencial medra a importancia da esposa: Pr **1**, 8; **6**, 20; **10**, 1; **31**, 10-13; Ecl **7**, 29; Sal **128**, 3 — monogamia no ensino moral de Xesús: Mt **7**, 6.13; **10**, 25-35ss; **15**, 22; **20**, 20-21; Lc **1**, 68.77; **7**, 6-16; **9**, 38ss — a Igrexa, familia de Deus: Ef **3**, 14 — esposa de Cristo: Ef **5**, 12-33; Col **3**, 17.

Fe: *A.T.:* Exprésase nas grandes festas: Ex **12**, 21-23.27; **23**, 14-18; **34**, 18-23; Lev **23**, 5; Núm **28**, 16-29; Dt **16**, 1ss; **26**, 5-10; Ez **45**, 18-25 — transmíteselles ós meniños: Ex **12**, 26; **13**, 8; Dt **6**, 20 — séguese da Alianza: Ex **3**, 1.15; Núm **20**, 1-12; Sal **106**, 32ss — os milagres do Éxodo levan á fe en Deus e en Moisés: Ex **19**, 9; Núm **14**, 11; Heb **8**, 6ss; **9**, 15; **12**, 24 — é obediencia á revelación de Deus: Ex **19**, 3-9; Dt **9**, 23; Sal **106**, 24ss — baséase na fidelidade de Deus ás súas promesas: Dt **7**, 17-24; **31**, 3-8; — a confesión de fe é lembraza actualizadora das xestas salvíficas de

ÍNDICE TEOLÓXICO CONCEPTUAL

Deus: Dt **26**, 5-9; Sal **78**; **105**; **136** — é confianza en Deus: Sal **89**, 21-38; Is **7**, 4-9; **8**, 5-8 — firmeza do home ou do pobo pola súa confianza en Deus: 1 Cro **28**, 16; 2 Cro **20**, 20; Is **7**, 9; Hab **15**.
N.T.: A corrupción moral incapacita para a fe: 2 Tim **3**, 8 — distinción entre fe e os sinais que poden levar a ela: Xn **4**, 48.53; **6**, 30.36; **7**, 31; **10**, 42; **20**, 31; Feit **9**, 42; **13**, 12 — falsa fe (que Cristo descobre): Mt **24**, 23.26; Sant **2**, 1 — o proceso da fe: Xn **2**, 11.22; **3**, 12; 1 Cor **13**, 2; 2 Cor **8**, 7; **10**, 15; 1 Pe **1**, 7; 2 Pe **1**, 5; Xds 20 — fe e obras: Flp **1**, 27. 29; 1 Tim **1**, 19; **6**, 12; 2 Tim **1**, 12; Sant **1**, 3; **2**, 14. 17-26; 1 Pe **5**, 9; 1 Xn **5**, 4; Xds 3; Ap **2**, 19; **13**, 10; **14**, 12 — constancia da fe: 1 Tes **1**, 4 — a fe como ofrenda sacrificial do pobo: Flp **2**, 17 — a fe e os milagres de Cristo: Mt **8**, 10; **9**, 2.22; **15**, 28; Mc **2**, 5; **4**, 40; **5**, 34; **10**, 52; Lc **7**, 9.50; **8**, 25.48; **17**, 19; **18**, 42; Feit **3**, 16; **14**, 9 — a fe na resurrección de Xesús, característica esencial do discípulo: Mc **16**, 13-17; Lc **24**, 25; 1 Cor **15**, 14.17 — a fe na morte-resurrección de Cristo dá a vida eterna: Xn **3**, 15.16.36; **8**, 30; Rm **6**, 8; **10**, 9.10.11; 1 Cor **1**, 21; **15**, 2.11; 2 Cor **4**, 13; Gál **2**, 20; 1 Tes **4**, 13 — a fe na divindade de Cristo: Xn **8**, 24; **9**, 35-38; **13**, 19 — fiarse de Cristo: Mt **27**, 42; Mc **15**, 32; Xn **4**, 21 — fiarse da persoa de Xesús, condición para a salvación: Xn **1**, 12; **3**, 18; **4**, 29; Ef **1**, 15; Col **1**, 4 — a fe como esperanza de salvación que nos vén de Xesús: Mt **8**, 13; **9**, 28.29; Mc **5**, 36; **9**, 23.24; Lc **1**, 45; **8**, 50; 2 Tes **2**, 13 — a fe, condición para entrar no Reino: Mt **18**, 6; Mc **1**, 5; **9**, 42 — condición esencial para a salvación: Lc **8**, 12.13; Xn **1**, 7; **6**, 35.69; Feit **13**, 39; **15**, 11; **16**, 31; Rm **1**, 16; **11**, 20; **13**, 11; 2 Cor **13**, 5; Gál **6**, 10; 2 Tes **2**, 13; 2 Tim **3**, 15 — fe e vida eterna: Xn **5**, 24.38; **6**, 29.40-47; **11**, 25.27; **14**, 1.10-12; Feit **13**, 48; 1 Tim **1**, 16; Heb **10**, 38.39; 1 Xn **5**, 13 — a fe consiste na vida cristiá: 1 Tes **3**, 2.5.7.10; 2 Tes **1**, 3; 1 Tim **1**, 4; **4**, 1; **5**, 8; **6**, 10.21; Ap **2**, 13 — a xustificación vén pola fe, e non polas obras da Lei: Rm **1**, 17; **3**, 22.26-28.30-31; **4**, 3.5.9-16.19-20; **5**, 1-20; **9**, 30-32; **10**, 4.6.8.; Gál **2**, 16; **3**, 6-12.22-26; **5**, 5; Flp **3**, 9; Sant **2**, 4 — a inhabitación de Cristo no cristián pola fe: Ef **3**, 17 — a unidade pola fe: Ef **4**, 5.13; Flp **6** — a fe asócianos á resurrección de Cristo: Col **2**, 12 — a fe como expresión da relixiosidade cristiá: Rm **1**, 8.12; **12**, 6; **14**, 1.22-23; 1 Cor **16**, 13 — fe, esperanza e amor: 1 Cor **13**, 13; 2 Cor **5**, 6; Ef **6**, 23; 1 Tim **1**, 5.14; **2**, 15; **4**, 12; **6**, 11; 2 Tim **1**, 13; **2**, 22; **3**, 10; Tit **3**, 15; Flp **5**; 1 Xn **3**, 23; **4**, 16; **5**, 1 — fe, verdade e liberdade: Xn **8**, 31. 45; **19**, 35 — contidos cognoscitivos da fe: 1 Tim **3**, 9; 2 Tim **2**, 18; Heb **11**, 6; Sant **2**, 19 — fe, paz e alegría: Xn **11**, 15; Feit **16**, 24; Rm **15**, 13; Flp **1**, 25; 1 Pe **1**, 8.9 — a fe, froito da palabra evanxelizadora: Xn **4**, 41.50; **17**, 20; Feit **4**, 4; **8**, 12; **14**, 1; **15**, 7; **17**, 12.34; **18**, 8; Rm **10**, 14.16.17; 1 Cor **3**, 5; Gál **1**, 23; 2 Tes **1**, 10; 1 Tim **2**, 7 — obedece-la fe: Feit **6**, 7; Rm **1**, 5; **16**, 26; Gál **3**, 2; — acepta-la fe: Feit **13**, 8 — abri-las portas da fe: Feit **14**, 27 — estar firmes na fe: Feit **14**, 22; Col **1**, 23; **2**, 5.7; 2 Tim **4**, 7 — a fe, fidelidade ó Evanxeo: Flp **1**, 27 — o discípulo, fillo na fe: 1 Tim **1**, 2; Tit **1**, 4 — a fe, fidelidade a Deus: 2 Tim **1**, 5 — robustecerse na fe: Feit **6**, 5; 1 Tim **4**, 6; Tit **1**, 13; **2**, 2 — a fe e a conversión: Feit **11**, 12 — a fe necesaria para o bautismo: Feit **8**, 37 — a fe e o perdón dos pecados: Lc **5**, 20; Feit **10**, 43; **15**, 9; **26**, 18; Rm **3**, 25 — tensión escatolóxica da fe: Xn **3**, 18; 2 Cor **5**, 7; 2 Tes **1**, 10; **2**, 11.12; Heb **4**, 3; **10**, 22; **11**, 39; **12**, 2; **13**, 7; Sant **2**, 5; 1 Pe **1**, 9 — acceso a Deus pola fe: Ef **3**, 12; 1 Pe **1**, 21 — a fe, medio de protección de Deus: 1 Pe **1**, 5 — a fe como don: Rm **12**, 3; 1 Cor **1**, 14; Ef **2**, 8; 2 Tim **1**, 4 — a fe dos elixidos: Tit **1**, 1; Sant **2**, 5; 2 Pe **1**, 5 — a fe é a acción de Deus no home: Xn **5**, 44; **6**, 64; **8**, 46; Ef **1**, 19; 1 Tes **2**, 13; 1 Xn **5**, 10 — a fe e o Espírito Santo: Xn **7**, 38.39; Feit **6**, 5; **11**, 17.24; **19**, 2; 1 Cor **2**, 5; **12**, 9; Gál **3**, 2-5.14; **5**, 5.22; Ef **1**, 13 — a fe do cristián clarifica o senso do A.T.: Xn **5**, 46.47; Feit **24**, 14 — fe e paciencia para agarda-la herdanza das promesas: Heb **6**, 12 — a fe, condición para a eficacia da oración: Mt **21**, 22; Mc **11**, 2; Sant **1**, 6; **5**, 15 — oración con fe e constancia: Lc **18**, 8; **22**, 32 — a oración polo aumento da fe: Mc **17**, 5 — o poder da fe: Mt **17**, 20; **21**, 21; Mc **11**, 22; Lc **17**, 6 — crer a Xoán Bautista: Mt **21**, 25.32; Mc **11**, 31; Lc **20**, 5.

Felicidade: Título de Deus: Deus feliz: 1 Tim **1**, 11; **6**, 15 — a feliz esperanza: Tit **2**, 13 — "Feliz", expresión típica de felicitación: pola pertenza ó Reino de Deus: Mt **5**, 3-11; Lc **6**, 20-22; **14**, 14.15; Ap, **14**, 13; **19**, 9; **20**, 6; **22**, 14 — pola fe no Mesías e na súa mensaxe: Mt **11**, 6; **13**, 16; Lc **7**, 23; **10**, 23; **11**, 28; Xn **20**, 29; 1 Pe **4**, 14 — polo feliz cumprimento do servicio de Deus: Mt **24**, 46; Lc **12**, 37.38.43 — do servicio ós irmáns: Xn **13**, 17 — felicitacións referidas a María, a nai de Xesús: Lc **1**, 45; **11**, 27 — felicitación pola fe e revelación recibida do Pai: Mt **16**, 17; Ap **1**, 3; **22** — polo recto obrar atendendo ós débiles: Rm **14**, 22 — pola opción por unha casta viuvez: 1 Cor **7**, 40 — polo premio que lle espera ó que soporta a proba ou cumpre a Lei perfecta: Sant **1**, 12.25; 1 Pe **3**, 14.

Fermento: Excluído na festa da Pascua-Ázimos: Ex **12**, 15-16.34.39 — tamén nos sacrificios, como se fose corrupción: Ex **25**, 18; **29**, 2; **34**, 25; Lev **2**, 4-5.11 — senso de doutrina ou de vida corrompida: Mt **16**, 6.12; Mc **8**, 15; Lc **12**, 1;

ÍNDICE TEOLÓXICO CONCEPTUAL

1 Cor **5**, 6-8; Gál **5**, 9 — necesidade da total transformación do home mediante a súa acollida ó Reino: Mt **13**, 33; Lc **20**, 21.

Festa: Calendarios das festas hebreas: Ex **12**, 1-14.21-23.27; **23**, 14-18; **34**, 18-23; Lev **23**, 5-8; Dt **16**, 1ss; **26**, 1-15 — festa da Expiación: Lev **16**, 1-34 — interpretado en cristián: Rm **5**, 5-6; Heb **5**, 7; **7**, 25; **9**, 3.24-25; **13**, 11 — festa da Dedicación do templo (desde o ano 164 a. de C.): Xn **10**, 22.36 — festa da Pascua: Núm **9**; Xos **5**, 11-12; 2 Cro **35**, 1-18; Mt **26**, 17ss; Lc **22**, 15ss; Xn **13**, 1ss; 1 Cor **5**, 7s — o domingo: día do Señor: Ap **1**, 10 — primeiro día da semana: Mt **28**, 1; Mc **16**, 9; Xn **20**, 1.19 — o día despois do sábado: Mt **28**, 1.

Figura: Algo que imitar: Xn **13**, 15; Flp **3**, 17; 1 Tes **1**, 7; 2 Tes **3**, 9; 1 Tim **4**, 12; Tit **2**, 7; Sant **5**, 10; 1 Pe **5**, 3 — esquema ou conxunto de doutrina: Rm **6**, 17 — anticipo ou figura: Adam, figura de Cristo: Rm **5**, 14 — os feitos do Éxodo, figura da vida do cristián: 1 Cor **10**, 11; Col **2**, 17; Heb **10**, 1 — prototipo celeste do que as realidades cúlticas do A.T. son imitación: Feit **7**, 44; Heb **8**, 5; **9**, 23.

Fillo, Fillos (incluída a relación de dependencia e afinidade): Afinidades dependentes da xeración: 2 Cor **3**, 7.13; Heb **11**, 22; Ap **2**, 14; **7**, 4; **21**, 22 — os fillos de Israel: Feit **5**, 21; **7**, 23.37; **9**, 15; **10**, 36; Rm **9**, 27 — os sacerdotes son fillos de Leví: Heb **7**, 5 — xeito de chama-los súbditos ou os discípulos: Xos **7**, 19; 1 Sam **18**, 22; Eclo **3**, 8 — fillos dunha cidade ou rexión: Sal **149**, 2; Is **11**, 14; Xer **2**, 16; Ez **23**, 15 — Paulo fillo de fariseos: Feit **23**, 6 — fillos do Malo: Mt **13**, 28 — fillos de Satán: Feit **13**, 10 — fillos da rebelión: Ef **2**, 2; **5**, 6; Col **3**, 6 — fillos dos que mataron profetas: Mt **23**, 31 — fillos deste mundo: Lc **16**, 8 — fillos da guehenna: Mt **23**, 15 — fillos deste eón: Lc **20**, 34 — fillos da perdición (Xudas): Xn **17**, 12 — o fillo da perdición, o anticristo: 2 Tes **2**, 3 — fillo de Abraham (Zaqueo): Lc **19**, 9; cf Feit **13**, 26 — os homes de fe: Gál **3**, 7 — os fillos do Reino: Mt **8**, 12; **13**, 28 — da paz: Lc **10**, 6 — dos profetas: Feit **3**, 25 — da luz: Lc **16**, 8; Xn **12**, 36; 1 Tes **5**, 5 — fillos do día: 1 Tes **5**, 5 — Marcos é fillo de Paulo na fe: 1 Pe **5**, 13 — o "discípulo amado", simbolicamente fillo de María: Xn **19**, 26.

Fillos de Deus: Os que traballan pola paz: Mt **5**, 9 — os que imitan o perdón de Deus: Mt **5**, 45; Lc **6**, 35 — os que se deixan levar polo Espírito Santo: Rm **8**, 14; Gál **4**, 6.7 — fillos de Deus e herdeiros seus: Gál **4**, 7 — fillos de Deus pola fe en Xesús Cristo: Gál **3**, 26 — "fillos de Deus", título dos elixidos para forma-lo novo pobo: Rm **9**, 26 (Os **2**, 1) — o pobo da Nova Alianza, constituído por fillos e fillas para Deus: 2 Cor **6**, 18 — o plan de Deus é levar moitos fillos á gloria: Heb **2**, 10 — os que aman a Deus, semellaranse a seu Fillo: Rm **8**, 29 — fillos de Deus son aqueles ós que Deus corrixe: Heb **12**, 5-8; — e o que saia vencedor na manifestación dos fillos de Deus: Rm **8**, 19.

Fillo do Home: Non ten onde pousa-la cabeza: Mt **8**, 20; Lc **9**, 58 — din del que é comellón e borracho: Mt **11**, 19; Lc **7**, 34 — sementa a boa semente: Mt **13**, 27 — baixou do ceo: Xn **3**, 13 — ten poder para perdoa-los pecados: Mt **9**, 6; Mc **2**, 10; Lc **5**, 24 — é Señor do sábado: Mt **12**, 8; Mc **2**, 28; Lc **6**, 5 — quen é o Fillo do Home: Mt **16**, 13-16 — o perdón para quen fale contra o Fillo do Home: Mt **12**, 23; Lc **12**, 10 — o Fillo do Home vén buscar e salva-lo que estaba perdido: Lc **19**, 10 — o Fillo do Home padecerá a mans das autoridades xudías: Mt **17**, 12; Mc **8**, 31; **9**, 12; Lc **9**, 22 — será entregado (á morte): Mt **17**, 22; **20**, 18; **26**, 2.24.45; Mc **9**, 31; **10**, 33; **14**, 21.41; Lc **9**, 44 — os profetas predicaron a paixón do Fillo do Home: Lc **19**, 31 — o seu pensamento estaba determinado: Lc **22**, 22 — veu servir e da-la súa vida en rescate por todos: Mt **20**, 28; Mc **10**, 45 — entregado por Xudas: Lc **22**, 48 — estará tres días no corazón da terra: Mt **12**, 40; Lc **11**, 30 — resucitará: Mt **17**, 9; Lc **24**, 7 — o Fillo do Home referido a Cristo resucitado: Heb **2**, 6-9 — estará á dereita do Todopoderoso: Lc **22**, 69 — será elixido para da-la vida eterna: Xn **3**, 14; **8**, 28; **12**, 34 — a hora do Fillo do Home: Xn **12**, 23; **13**, 31 — o sufrimiento por mor do Fillo do Home: Lc **6**, 22 — o pan que dá o Fillo do Home: Xn **6**, 27 — a carne e o sangue do Fillo do Home: Xn **6**, 53 — o lugar que ocupaba o Fillo do Home: Xn **6**, 62 — o cego cre no Fillo do Home: Xn **9**, 35 — o Fillo do Home volverá: Mt **10**, 23; **16**, 28; **24**, 37.39.44; Lc **12**, 40 — volverá coa gloria do seu Pai e para un xuízo equitativo: Mt **16**, 27; **25**, 31; Mc **8**, 23; Xn **5**, 27 — vén sobre as nubes do ceo: Mt **26**, 64; Mc **13**, 26; **14**, 62; Lc **9**, 26; cf **21**, 27 — a *parusía* do Fillo do Home: Mt **24**, 27.33; Lc **18**, 8 — mandará ós seus anxos para face-lo xuízo escatolóxico: Mt **13**, 41 — sentará no seu trono de gloria para xulgar: Mt **19**, 28 — o que confese a Xesús diante dos homes tamén o Fillo do Home (no xuízo escatolóxico): Lc **31**, 36 — Estevo ve o Fillo do Home de pé á dereita de Deus: Feit **7**, 56 — o Cristo glorioso da Apocalipse é coma Fillo do Home: Ap **1**, 13; **14**, 14 — os anxos de Deus e o Fillo do Home: Xn **1**, 51 — ve-lo Fillo do Home na súa *parusía* final: Lc **17**, 22.24.26.30.

Fillo: Filiación humana de Xesús: Fillo do carpinteiro: Mt **13**, 55 — fillo de Xosé: Xn **1**, 45; **6**, 42 — pensábase que era fillo de Xosé: Lc **3**, 23; **4**, 22

ÍNDICE TEOLÓXICO CONCEPTUAL

— fillo de María: Mt **1**, 21; Mc **6**, 13; Lc **1**, 32; **2**, 7
— fillo de David e fillo de Abraham: Mt **1**, 1
— fillo de David (título mesiánico): Mt **9**, 37; **12**, 23; **15**, 22; **20**, 30.31; **21**, 9.15; Mc **10**, 47.48; Lc **18**, 38.39.

Filiación Divina de Xesús: Máis ca fillo de David: Señor: Mt **22**, 42.45; Mc **12**, 35.37; Lc **20**, 41.44 — Xesús, fillo de Deus: Mt **2**, 15; cf Os **9**, 1 — fillo do dono da viña: Mt **21**, 37.38; Mc **12**, 6 — fillo de reis e con dereito a tal: Mt **17**, 25.26 — fillo do Rei que celebra a voda do fillo: Mt **22**, 2 — fillo de Deus, na boca do demo: Mt **4**, 3.6; **8**, 29; Mc **3**, 11; **5**, 7; Lc **4**, 3.9.41; **8**, 28 — na boca dos discípulos: Mt **14**, 33 — na boca de Pedro: Mt **16**, 16 — na boca do mesmo Xesús: Xn **10**, 36; **11**, 4 — na boca do centurión o dos soldados: Mt **27**, 54; Mc **15**, 39 — o testemuño de Xoán Bautista: Xn **1**, 34 — a confesión de Natanael: Xn **1**, 49 — no interrogatorio do Sumo Sacerdote: Mt **26**, 63; Mc **14**, 61; Lc **22**, 70 — na cruz: Mt **27**, 40.43 — confesión de Marta: Xn **11**, 27 — é o motivo da condena de Xesús: Xn **19**, 7 — título do Evanxeo de Marcos: Mc **1**, 1 — na Anunciación: Lc **1**, 35 — Xesús, fillo amado e predilecto do Pai: Mt **3**, 17; **17**, 5; Mc **1**, 11; **9**, 7; Lc **3**, 22; **9**, 35; **20**, 13; Xn **3**, 35; **5**, 20; 2 Pe **1**, 17.

Fillo único: Do Pai: Xn **1**, 18 — entregado por Deus para da-la vida eterna: Xn **3**, 16; Rm **8**, 32; 1 Xn **4**, 9.10.14 — fai coma o Pai: Xn **5**, 19 — sintonía entre o Pai e o Fillo: Mt **11**, 27; Lc **10**, 22 — ten o poder de xulgar: Xn **5**, 22.27 — dispón da vida: Xn **5**, 26 — o mundo salvarase por El: Xn **3**, 17 — dálle vida a quen quere: Xn **5**, 21 — a vida eterna está nel: 1 Xn **5**, 11 — ve-lo Fillo e crer nel, para ter vida eterna: Xn **3**, 36; **6**, 40; **20**, 31 — dá a liberdade: Xn **8**, 36 — estamos no Verdadeiro (o Pai), gracias ó seu Fillo: 1 Xn **5**, 20 — permanecer no Fillo: 1 Xn **2**, 24; cf **4**, 15 — a nosa comuñón co Pai e co seu Fillo: 1 Xn **1**, 3; cf 1 Cor **1**, 9 — te-lo Pai e o Fillo: 2 Xn 9 — non crer no nome do Fillo único de Deus: Xn **3**, 18; 1 Xn **5**, 5 — Deus dá testemuño encol do seu Fillo: Xn **5**, 9.10 — o anticristo é quen nega ó Pai e ó Fillo: 1 Xn **2**, 22-23 — vivir na fe do Fillo de Deus: Gál **2**, 20 — o Evanxeo do Fillo de Deus: Mc **1**, 1; Rm **1**, 9 — Deus mandou o seu propio Fillo: Rm **8**, 3; Gál **4**, 4 — Deus lévanos ó Reino do seu Fillo: Col **1**, 13 — reconciliados pola morte do Fillo de Deus: Rm **5**, 10 — o sangue do Fillo de Deus límpanos de todo pecado: 1 Xn **1**, 7.

Fillo de Deus: Fillo e herdeiro de todo: Heb **1**, 2
— Fillo no senso de Rei: Heb **1**, 8 — sabemos que se fixo home o Fillo de Deus: Xn **5**, 20
— Xesús, a pesar de ser Fillo, aprendeu sufrindo a obedecer: Heb **5**, 8 — non crucifiquemos de novo o Fillo de Deus: Heb **6**, 6 — o apóstata pisotea o Fillo de Deus: Heb **10**, 29 — Xesús, Fillo de Deus, é Sumo Sacerdote: Heb **4**, 14 — o sacerdocio de Melquisedec seméllase ó sacerdocio eterno do Fillo de Deus: Heb **7**, 3 — o Fillo permanece para sempre: Xn **8**, 35 — a filiación divina de Xesús: Feit **13**, 33; Heb **1**, 5; **5**, 5; **7**, 28; cf Sal **11**, 7; — Cristo é constituído Fillo de Deus en orde á santificación pola súa resurrección: Rm **1**, 3-4 — Cristo á fronte da casa de Deus coma Fillo: Heb **3**, 6 — a unidade da fe e o coñecemento pleno do Fillo de Deus: Ef **4**, 13 — a revelación do Fillo: Gál **1**, 16 — o Fillo de Deus no *kerigma* primitivo: Feit **9**, 20 — sumisión do Fillo ó Pai: 1 Cor **15**, 28 — agarda-la volta do Fillo de Deus: 1 Tes **1**, 10 — fillo de Deus, título de Cristo: Ap **2**, 18 — honra-lo Fillo: Xn **5**, 32 — fórmulas nas que aparecen o Pai e o Fillo: 1 Xn **1**, 3; **2**, 22-24; 2 Xn 2 — fórmulas trinitarias: Mt **28**, 19.

Fin, "Fin do Mundo": "A fin", título de Deus e de Cristo: Ap **1**, 6; **22**, 13 — o sacerdocio de Cristo, sen fin: Heb **7**, 3 — o Reino do Mesías non terá fin: Lc **4**, 33 — o sacrificio de Cristo no remate dos séculos: Heb **9**, 26 — o proceso de Xesús e a fin: Mt **26**, 58; Lc **22**, 37 — Cristo, fin da Lei: Rm **10**, 4 — a fin é a salvación do odio e da persecución dos fieis a Cristo: Mt **10**, 22; **24**, 13; Mc **13**, 33.

Fin (= Xuízo): A fin do individuo é segundo as súas obras: 2 Cor **11**, 15 — o xuízo e a fin do mundo: separación de malos e bos: **13**, 39-49 — a fin do servicio a Deus é a vida eterna: Rm **6**, 22 — a fin é o día da manifestación de Xesús Cristo, onde os fieis se verán libres da acusación: 1 Cor **1**, 8 — a fin dos séculos é a situación salvífica actual cristiá: 1 Cor **10**, 11 — a fin é o Reino co sometemento de todo poder: 1 Cor **15**, 24 — a participación no reino escatolóxico de Cristo: Ap **2**, 26 — a perdición é a fin do que serve ó pecado: Rm **6**, 21; Flp **3**, 19 — o lume é a fin dos infieis: Heb **6**, 8 — as guerras e catástrofes, signos de proximidade da fin: Mt **24**, 3-6 — as persecucións dos cristiáns, signos do xuízo de Deus que vai empezar: 1 Pe **4**, 17 — antes da fin, chegará a noticia do Reino a tódolos pobos: Mt **24**, 14 — exhortación á dilixencia ata a fin: Heb **3**, 6.14; **6**, 11 — a proximidade da fin suscita a oración e a caridade no pobo: 1 Pe **4**, 7 — precísase a paciencia para a vinda do Señor: Sant **5**, 11 — Cristo está presente connosco ata a fin do mundo: Mt **28**, 20.

Forma, Figura, Imaxe: A imaxe contén en certo senso as realidades significadas: Heb **10**, 1 — o ser de Cristo móstrase nas cristofanías: Mt **17**, 2; Mc **16**, 12 coma Deus (Flp **2**, 6) e coma servo

(Flp **2**, 7) — o home é imaxe e reflexo de Deus: 1 Cor **11**, 17 — Cristo é imaxe de Deus: 2 Cor **4**, 4; Col **1**, 15 — no home reprodúcese a imaxe do primeiro Adam e tamén a do segundo, Cristo resucitado: 1 Cor **15**, 49 — o que Deus quere é que no cristián se reproduzca a imaxe de seu Fillo: Rm **8**, 29; **12**, 2; 2 Cor **3**, 18; Flp **3**, 10.21; Col **3**, 10 — a forma deste mundo, dominado polo mal e polo pecado, está para desaparecer: 1 Cor **7**, 31 — as imaxes dos ídolos participan da realidade que representan: Rm **1**, 23; Ap **13**, 14-15; **14**, 9.11; **15**, 2; **16**, 2; **19**, 20; **20**, 4.

Fornicación, Adulterio, Libertinaxe: Xén **38**, 24; Dt **22**, 21; Eclo **9**, 6; **26**, 12; Mt **5**, 32; **15**, 19; **19**, 9; Lc **16**, 18; Feit **15**, 20.29; 1 Cor **6**, 18 — referencia ó culto idolátrico: Xer **3**, 1-5; Ez **16**, 18-63; **23**, 1-45; Os **2**, 2-5; Ap **14**, 8; **17**, 2; **18**, 3; **19**, 2 — ós pactos cos xentís: Is **23**, 17; Ez **16**, 26; **23**, 19-21 — imaxe de infidelidade a Deus: Mt **12**, 35; **16**, 4; Mc **3**, 38; Sant **4**, 4; Ap **2**, 21-22 — inmoralidade sexual interna: Mt **5**, 27-28; **15**, 19; Mc **7**, 21 — referencia á súa prohibición no catálogo de preceptos: Mt **19**, 18; Mc **10**, 19; Lc **18**, 11.20; Rm **13**, 9; Sant **2**, 11 — outras prohibicións da fornicación: Feit **15**, 20.29; **21**, 25; 1 Cor **6**, 18; Ef **5**, 3 — represión pola fornicación: 1 Cor **5**, 1; 2 Cor **12**, 21; 2 Pe **2**, 14 — exhortación á moralidade: Col **3**, 5; 1 Tes **4**, 3; Heb **13**, 4 — catálogo de vicios que exclúen do Reino: 1 Cor **6**, 9; Gál **5**, 19-21; Ap **9**, 21 — o corpo non é para a fornicación senón para o Señor: 1 Cor **6**, 15 — un si ó matrimonio máis ben que á inmoralidade: 1 Cor **7**, 2 — perdón de Xesús á adúltera: Xn **8**, 3-11 — o adulterio imaxe da idolatría: Ap **14**, 8; **17**, 2.4; **18**, 3; **19**, 2 — imaxe da infidelidade a Deus: Mt **12**, 39; **16**, 4; Mc **3**, 38; Sant **4**, 4; Ap **2**, 21-22.

Fracción do pan: Costume xudeu de partilo coas mans: Is **58**, 7; Xer **16**, 6; Lam **4**, 4 — así fai Xesús na Última Cea: Mc **14**, 22, e paral — expresión para designa-la Eucaristía: Feit **2**, 42.46; **20**, 7; **27**, 35; 1 Cor **11** — anticípase no xesto da multiplicación dos pans: Mc **6**, 41ss; **8**, 6-19 e paral.

Froito: Os fillos froito do ventre: Xén **30**, 2; Dt **7**, 13; **28**, 4; Is **13**, 18 — o comportamento humano: Pr **1**, 31; **12**, 14; **13**, 2; **18**, 20; Is **3**, 10; Xer **17**, 10; **21**, 14; **32**, 19; Os **10**, 13 — Xesús é o froito bendito do ventre de María: Lc **1**, 24 — a fructificación pasa pola morte: Xn **12**, 24 — a unión con Cristo esixe froitos abundantes: Xn **15**, 2-16 — Deus esixe froitos: Mt **21**, 34.41.43; Mc **12**, 2ss; Lc **20**, 10ss — a palabra salvífica ha de dar froitos: Mt **13**, 8-23; Mc **4**, 7.8-20; Lc **8**, 8.15; Rm **1**, 13; Flp **1**, 22; Col **1**, 6 — maldición de Cristo á infructuosidade do pobo: Mt **21**, 19; Mc **11**, 14 — espera de Deus: Lc **13**, 6-9 — exhortación do Bautista a dar froitos bos, de acordo coa conversión: Mt **3**, 8.10; Lc **3**, 8.9 — froitos para a vida eterna: Lc **12**, 17-21; Xn **4**, 36; Rm **7**, 4-5; Col **1**, 10 — contraposición do froito da escravitude ó pecado e do servicio a Deus: Rm **6**, 21-22 — froitos do Espírito: Gál **5**, 22; Ef **5**, 9; Flp **1**, 11; Heb **12**, 11; Sant **3**, 18 — carácter escatolóxico destes froitos: Mc **4**, 28-29 — discernimiento dos profetas polos seus froitos: Mt **7**, 16-20; **12**, 33 — discernimento dos discípulos: Lc **6**, 43-44 — froitos da árbore da Vida: Ap **22**, 2 — o froito dos labios que louvan a Deus: Heb **13**, 15 — o froito espiritual dos que axudan ós pobres de Xerusalén: Rm **15**, 28; Flp **4**, 17.

Gloria: Nas criaturas: Abundancia de cousas preciosas: Xén **31**, 1; Est **5**, 11; Sal **49**, 17ss; Is **10**, 3; **22**, 24; **61**, 6; **66**, 12; Na **2**, 10 — numeroso pobo, feliz e poderoso: Is **5**, 13; **16**, 14; **17**, 3ss; **21**, 16; Os **9**, 11; Miq **1**, 15; Mt **4**, 8; Mc **10**, 37; Lc **4**, 6; Ap **21**, 24-26 — no reino de Salomón: Mt **6**, 29; Lc **12**, 27 — honor e popularidade do sabio: Sal **4**, 3; **7**, 4-6; **21**, 6; **112**, 9; Pr **3**, 35; **11**, 16; **26**, 1; Eclo **10**, 1; Os **4**, 7; Lc **14**, 10; 1 Cor **11**, 15; Flp **3**, 19; 1 Tes **2**, 6.20 — *de Deus:* Manifestación da súa *presencia* na historia do pobo: Ex **16**, 7.10; **24**, 16ss; **40**, 34; Sal **19**, 2; **57**, 6.12; **72**, 19; **104**, 31; Is **4**, 2 — nas teofanías: Dt **5**, 21; Ez **1**, 28; **3**, 12ss; **8**, 4; **9**, 3; **10**, 4 ss; **11**, 23; **43**, 2ss; **44**, 4 — na liturxia hebrea: Lev **9**, 6; **23**ss; 1 Re **8**, 11; 2 Cro **5**, 14; **7**, 1-3; Sal **24**; **26**, 8; **63**, 3 — espérase para a plenitude dos tempos: Sal **102**, 17; Is **24**, 23; **35**, 2; **40**, 5; **61**, 1ss; **66**, 18 — presencia de Deus: Heb **9**, 5; Xds **24**; Ap **15**, 8; **21**, 11.23 — Deus é o Deus da gloria: Feit **7**, 2; Gál **1**, 17; 1 Pe **4**, 14; 2 Pe **1**, 17 — recoñecemento da presencia salvífica de Deus: Lc **2**, 14.32; **19**, 38; Xn **11**, 4.40; **12**, 41; Rm **1**, 23; **3**, 7.23; **6**, 4; **9**, 4.23; **15**, 6.9; 1 Cor **6**, 20; 2 Cor **8**, 23; **9**, 13; Gál **1**, 24; Ef **1**, 6.12.14; **3**, 16; Flp **4**, 19; Col **1**, 11.27; 1 Tes **2**, 12; 2 Tes **1**, 9; **3**, 1; 1 Tim **1**, 11; Heb **9**, 5; 1 Pe **18**, 2.12; 2 Pe **1**, 3.17; Ap **18**, 1 — termo característico das teofanías (Lc **2**, 9; **9**, 11-12; Feit **7**, 55) e das doxoloxías (Rm **1**, 1.36; **16**, 27; Gál **1**, 5; Ef **3**, 21; Flp **4**, 20; 1 Tim **1**, 17; 2 Tim **4**, 18; Heb **13**, 21; 1 Pe **4**, 11; 2 Pe **3**, 18; Xds **25**; Ap **1**, 6; **4**, 9.11; **5**, 12.13; **7**, 12; **19**, 1).

Dar gloria a Deus: Recoñece-la obra salvífica de Deus: Mt **5**, 16; Lc **17**, 18; Xn **9**, 24; Feit **12**, 23; Rm **4**, 20; 2 Cor **1**, 20; 1 Pe **4**, 16; Ap **11**, 13; **14**, 7; **15**, 4; **16**, 9; **19**, 7 — prestixio humano contraposto á gloria que vén de Deus: Xn **5**, 41-44; **7**, 18; **8**, 50.54; **12**, 43 — o Pai dá a gloria eterna a Cristo: Xn **17**, 5; 2 Cor **4**, 6; Heb **1**, 3; **2**, 7.9 — Cristo é o Señor da gloria: 1 Cor **2**, 8 — o discípulo ha contempla-la gloria de Cristo: Xn **1**, 14; **17**, 24 — que xa se manifestou: Xn **2**, 11; 2 Cor **4**, 4 — cómpre que Cristo morra antes de entrar na súa gloria: Lc **24**, 26 — a gloria de Cristo na súa entronización celeste: 1 Tim **3**, 16; Sant **2**, 1; 1 Pe **1**, 21 — na súa volta coa gloria do Pai: Mt **16**, 27; **19**, 28; **24**, 30; **25**, 31; Mc **8**, 38; **13**, 26; Lc **9**, 26; **21**, 22.27 — gloria na súa volta escatolóxica: Tit **2**, 13; 1 Pe **5**, 1 — o plan de Deus é levar todo á gloria: Heb **1**, 10; 1 Pe **5**, 10.

Cristo transmite a súa gloria ós seus discípulos: Xn **17**, 22; 2 Cor **3**, 7-11.18; Flp **3**, 21; 2 Tes **2**, 14 — a nosa gloria (=a nosa salvación): 1 Cor **7**, 2; Ef **3**, 13 — gloria futura (=salvación futura): Rm **5**, 2; **8**, 18.21; 1 Cor **15**, 43; Ef **1**, 18; Col **1**, 27 — Gloria indestructible (=salvación inmortal): Rm **2**, 7.10; **15**, 7; Col **3**, 4; 2 Tim **2**, 10; 1 Pe **5**, 4 — o home, imaxe gloriosa de Deus e a muller, do home: 1 Cor **11**, 7 — sexa todo para gloria de Deus: 1 Cor **10**, 31; 2 Cor **4**, 15; **8**, 19; Flp **1**, 11; **2**, 11 — a nosa penalidade produce gloria: 2 Cor **4**, 17; 1 Pe **1**, 7.11; **4**, 13 — glorificar a Deus (os non cristiáns) pola luz dos cristiáns: Mt **5**, 6 — glorificar a Deus ó ve-las obras de Cristo: Mt **9**, 8; **15**, 31; Mc **2**, 12; Lc **2**, 20; **5**, 26; **7**, 16; **13**, 13; **17**, 15; **18**, 43; **23**, 47; — ó ve-las obras dos apóstolos: Feit **4**, 21; **11**, 18; **21**, 20 — froitos: Xn **15**, 8; **17**, 10 — pola palabra (profética) de Deus: Feit **13**, 48 — polas obras de Deus na natureza: Rm **1**, 21.

Cristo glorificado: Xn **7**, 39; **8**, 54; **11**, 4; **12**, 16. 23.28; Heb **5**, 5 — a glorificación de Cristo, glorificación do Pai: Xn **13**, 31-32; **14**, 13; **17**, 1.4-5 — Cristo glorifica o Pai coa súa morte: Xn **21**, 19 — o Pai glorifica a Cristo na resurrección e entronización celeste: Feit **3**, 13 — Deus é glorificado por Cristo: 1 Pe **4**, 11 — o Espírito Santo glorificará a Cristo coa acción dos discípulos: Xn **16**, 14 — Cristo era glorificado por todos: Lc **4**, 15 — a glorificación dos xa xustificados: Rm **8**, 30 — os hipócritas buscan seren glorificados pola súa esmola: Mt **6**, 2.

Gloriarse: Rexeito do gloriarse xudeu na observancia da Lei: Rm **2**, 17; **4**, 2; Ef **2**, 9 — na Lei, quebrantándoa: Rm **2**, 23 — na circuncisión: Gál **5**, 13 — non gloriarse da xustificación polas obras: Rm **3**, 27 — gloriarse en Deus por Cristo Xesús: Rm **5**, 11; 1 Cor **2**, 31 (cf Xer **9**, 23); 2 Cor **10**, 17 — en Cristo Xesús: Rm **15**, 17; Flp **1**, 26; **3**, 3 — gloriarse na dignidade cristiá: Sant **1**, 9 — gloriarse na esperanza da gloria de Deus, no día de Cristo: Rm **5**, 2; 2 Cor **1**, 14; Flp **2**, 16; 1 Tes **2**, 19; Heb **3**, 6 — gloriarse de Paulo no testemuño da súa conciencia: 2 Cor **1**, 12 — gloriarse na Cruz de Cristo: Gál **6**, 14 — nas tribulacións: Rm **5**, 3 — na propia fraqueza: 2 Cor **11**, 30 — Deus escolleu o baixo deste mundo para que ninguén se gloríe: 1 Cor **1**, 29 — que ninguén se glorie ante os homes: 1 Cor **3**, 21; **4**, 7 — da fidelidade á vocación de Deus: 1 Cor **15**, 31; 2 Cor **5**, 12; **7**, 14; **8**, 24; **9**, 2-3; **10**, 8.13-16; **11**, 12.16-18; **12**, 1.5; Gál **6**, 4 — Paulo gloríase da gratuidade da predicación evanxélica: 1 Cor **9**, 15.16; 2 Cor **11**, 10 — non gloriarse da propia riqueza: Sant **4**, 16 — non gloriarse dos pecados: 1 Cor **5**, 6.

Glosolalia: Linguaxe dos extáticos, que precisa intérprete: Feit **10**, 46; **19**, 6; 1 Cor **14**, 2-10; **12**, 10 — a xenolalia ou a posibilidade de falar comprensivamente linguas estranxeiras carismaticamente: Mc **16**, 17; Feit **2**, 4ss.

Gracia, agraciar, conceder unha gracia: Compracencia ou favor dos homes e entre eles: Feit **2**, 47; **4**, 33; **7**, 10 — perdón das débedas: Lc **7**, 42.43 — agradecemento entre homes: Lc **17**, 9 — favor gratuíto entre homes: Feit **25**, 3.9 — favor merecido (en contexto relixioso): Lc **6**, 32-34; Rm **4**, 4 — pedir indulto: Feit **3**, 14 — entregar polas boas a Paulo ó capricho dos xudeus: Feit **25**, 11.16 — "Deus de toda gracia": 1 Pe **5**, 10 — "o tribunal da gracia": Heb **4**, 16 — discurso sobre a benevolencia salvífica de Deus: Lc **4**, 22; **18**, 27; **20**, 36-38 — Deus enche de gracia a María: Lc **1**, 28.30 (cf Feit **7**, 46) — a gracia é propia de Cristo que nola comunica: Rm **5**, 15; Gál **1**, 6; Flp **2**, 9; 2 Tim **2**, 1 — a gracia, o favor de Deus, estaba con Xesús neno: Lc **2**, 40.52 — Cristo é o *Logos*, cheo de gracia e de verdade: Xn **1**, 14.17 — a gracia, xenerosidade de Cristo en favor do home: 2 Cor **8**, 9 — a vista concedida por gracia a moitos cegos: Lc **7**, 21 — a gracia, favor divino, comunica a fe e a conversión: Feit **11**, 23; **13**, 43; 2 Tim **1**, 9; 3 Xn 4 — o perdón dos pecados, concedido por Deus: 2 Cor **2**, 7.10; **12**, 13; Ef **4**, 32; Col **2**, 13 — favor salvífico de Deus, expresado na morte e resurrección de Cristo: Heb **2**, 9; **10**, 29; **12**, 15 — vocábulo técnico para expresa-lo don salvífico que Deus nos concede por Cristo: — no saúdo das cartas: Rm **1**, 7; 1 Cor **1**, 3; 2 Cor **1**, 2; Gál **1**, 3; Ef **1**, 2; Flp **1**, 2; Col **1**, 2; 1 Tes **1**, 1; 1 Tim **1**, 2; 2 Tim **1**, 2; Tit **1**, 4; Flm **3**; 1 Pe **1**, 2; 2 Pe **1**, 2; 2 Xn **3**; Ap **1**, 4 — na despedida das cartas: Rm **16**, 20; 1 Cor **1**, 23; 2 Cor **13**, 13; Gál **6**, 18; Ef **6**, 24; Flp **4**, 23; Col **4**, 18; 1 Tes **5**, 28; 2 Tes **3**, 18; 1 Tim **6**, 21; 2 Tim **4**, 22; Tit **3**, 15; Flm **25**; Heb **13**, 25; Ap **22**, 21 — favor salvífico de Deus: Rm **11**, 5-6; Gál **2**, 21; **5**, 4 — a xustificación do home é gratuíta, xa que se debe ó favor de Deus que se alcanza coa fe: Rm **3**, 24; **4**, 16; **5**, 15.17.20; **6**, 1; 1 Cor **6**, 1; Gál **3**, 18; Ef **1**, 7; **2**, 5.7ss; Tit **3**, 7 — don gratuíto da salvación que Cristo nos comunica: Feit **15**, 40; Rm **11**, 5ss; Col **1**, 6 — Deus concede a súa gracia ós humildes: Sant **4**, 6; 1 Pe **5**, 5 — a gracia de Deus alenta ó que soporta sufrimentos inxustos: 1 Pe **2**, 19.20; **5**,12; Flp **1**, 29 — o beneficio gracioso da boa palabra que un cristián lle fai ó outro: Ef **4**, 29 — favor divino que concede a vida cristiá en progreso: Xn **1**, 16; Rm **8**, 32; 1 Cor **1**, 4; **2**, 12; 2 Cor **1**, 15; **4**, 15; **8**, 1; **9**, 14; Ef **1**, 6; 2 Tes **1**, 12; 1 Tim **1**, 14; 1 Pe **1**, 10; **3**, 7; **4**, 10; 2 Pe **3**, 18 — situación graciosa ante Deus con perspectiva escatolóxica: Rm **5**, 2.17.21; **6**, 14.15; 2 Tes **2**, 16; Tit **2**, 11; Heb **13**, 9; 1 Pe **1**, 13 — este don salvífico abarca a vocación de cada cristián ó apostolado: Feit **14**, 26; **15**, 11; Rm **1**, 5; **12**, 3; **15**, 15; 1 Cor **3**, 10; **15**, 10; 2 Cor **1**, 12; **8**, 19; Gál **1**, 15; **2**, 9; Flp **1**, 7; 2 Tim **2**, 1 — a vocación ó diaconado de Estevo (Feit **6**, 8) cos diferentes carismas ou vocacións especiais: Ef **4**, 7 — gracia de Deus son as diferentes axudas providenciais de Deus ó apóstolo: a visita a unha comunidade (Flm 22); a asistencia de Cristo ás accións apostólicas de Paulo enfermo (2 Cor **12**, 9); a salvación dos naúfragos, concedida pola oración de Paulo (Feit **27**, 24); e a mesma comida (1 Cor **10**, 30); os favores materiais recibidos de Deus (2 Cor **9**, 8); o diñeiro das colectas (1 Cor **15**, 57; **16**, 3; 2 Cor **2**, 14; **8**, 4.6ss; **9**, 15; Col **3**, 16); — úsanse fórmulas de agradecemento a Deus (2 Cor **8**, 16; 2 Tim **1**, 3; Heb **12**, 28); — e a Cristo (1 Tim **1**, 12).

Gregos, pagáns, xentís: (nacións). Pagán coma equivalente a pecador: Gál **2**, 15 — homes baldeiros por dentro: Ef **4**, 17 — vida inmoral dos pagáns: 1 Cor **5**, 1; 1 Tes **4**, 5 — inclinados á idolatría: 1 Cor **12**, 2 — a seña do paganismo era a non cincuncisión: Ef **2**, 11 — a tiranía dos xefes pagáns non pode ter cabida no Reino: Mt **20**, 25; Mc **10**, 42; Lc **22**, 25 — as preocupacións terreais, alleas ó Reino, son propias dos pagáns: Mt **6**, 32; Lc **12**, 30 — exhórtase ós cristiáns a un comportamento digno entre os pagáns: 1 Pe **2**, 12 — paixón de Xesús a mans dos pagáns: Mt **20**, 19; Mc **10**, 33; Lc **18**, 32; Feit **4**, 27 — Paulo, entregado ós pagáns: Feit **21**, 11 — liberación de Paulo dos xudeus e pagáns: Feit **26**, 17 — a persecución dos pagáns ós apóstolos: Mt **10**, 18 — profecías en contra dos reinos pagáns: Ap **10**, 11; **11**, 2.18 — Xesús instálase en Cafarnaúm, na Galilea dos xentís: Mt **4**, 15; **12**, 18.21 — a misión previa dos apóstolos diríxese ós xudeus, non ós pagáns: Mt **10**, 5 — a morte e a resurrección de Xesús convérteno no Mestre e Salvador universal: Lc **24**, 47; Xn **7**, 35; **12**, 20; Feit **28**, 28; Gál **3**, 14; Ap **5**, 9; **14**, 6; **22**, 2 — a predicación cristiá diríxese a tódalas xentes: Mt **28**, 19; 1 Tim **4**, 17 — ós gregos: Feit **2**, 5.9.15; **11**, 1. 20; **13**, 46; **14**, 1; **18**, 4; **19**, 10; **20**, 21; Gál **1**, 16; **2**, 2 — o don do arrepentimento e da vida dáselles ós pagáns: Feit **11**, 18; **15**, 19; **26**, 20; Rm **1**, 13 —

os pagáns escoitan (a palabra), cren e énchense de ledicia: Feit **13**, 48; **14**, 27; **15**, 3.7; **21**, 25; Rm **16**,18.

Misión apostólica de Paulo ós pagáns: Feit **22**, 21; Rm **1**, 5.14.16; **15**, 16.18; Gál **1**, 16; **2**, 8.9; Ef **3**, 8; 1 Tim **2**, 7 — ante a negativa xudía á fe, Paulo dedícase ós pagáns: Feit **18**, 6 — é o apóstolo dos pagáns: Rm **11**, 13 — Paulo e Bernabé realizan sinais e prodixios ante os pagáns: Feit **12**, 12 — Cristo é luz que aluma as nacións: Feit **13**, 47 — xudeus e gregos aceptan a fe: Feit **17**, 12 — o pai de Timoteo é grego: por iso Paulo circuncida o fillo: Feit **16**, 1.3 — o compañeiro de Paulo, Tito, é grego e non circuncidado: Gál **2**, 3 — os prosélitos gregos xúntase na Igrexa: Feit **15**, 23; **17**, 4; **19**, 17 — tensións na primeira comunidade xudía-grega de Xerusalén: Feit **6**, 1.9.29 — o grego profana o templo: Feit **21**, 28 — estas disensións pasan á vida da primeira Igrexa (comida da carne sacrificada ós ídolos): 1 Cor **10**, 32 — xudeus e gregos xúntanse na Igrexa: 1 Cor **12**, 13; Gál **3**, 28; Col **3**, 11; Ap **7**, 9; **21**, 24.26 — o Reino seralle entregado a un pobo (pagán) que dea os seus froitos: Mt **21**, 43; Feit **15**, 4.17 (Am **9**, 12) — os pagáns participan dos bens espirituais dos xudeus e deben vivir agradecidos ós xudeus: Rm **15**, 27 — dáselles ós pagáns o don do Espírito Santo: Feit **10**, 45 — Deus é o Deus de tódolos pagáns: Rm **3**, 29 — a situación ante Deus de xudeus e gregos é a mesma: Rm **2**, 9ss; **3**, 9; **10**, 12.35 — Cristo é o xuíz escatolóxico de tódolos pobos: Mt **25**, 32 — o templo é casa de oración para tódolos pobos: Mc **11**, 17 (Is **56**, 7) — Abraham é o pai de moitos pobos (xentís): Rm **4**, 17 (cf Xén **17**, 5.18); Gál **3**, 8 (cf Xén **12**, 3) — vocación de xudeus e pagáns á fe e á salvación: Rm **9**, 24 — os pagáns, pola fe, acadan a xustificación: Rm **9**, 30 — os pagáns convertidos son o auténtico pobo de Deus, e non os xudeus e infieis: Rm **10**, 19 (cf Dt **32**, 21); **11**, 11ss — os pagáns louvan a Deus pola súa misericordia salvífica: Rm **15**, 9-12 — comunidades de xentís, pagáns: Rm **16**, 4 — o Misterio dado a coñecer a tódolos xentís para provocar neles a fe: Rm **16**, 26; Ef **3**, 6; Col **1**, 27; 1 Tim **3**, 16 — oposición dos xudeus á apertura salvífica en favor dos pagáns: 1 Tes **2**, 16 — Cristo, Rei das nacións (dos pagáns): Ap **12**, 5; **19**, 15 — Deus, Rei das nacións: Ap **15**, 3.4 — xuízo de Deus sobre as nacións: Ap **16**, 19 — misión de Satanás de engana-las nacións: Ap **20**, 3.18 — sinais previas da fin: guerras entre os pobos (xentís): Mt **24**, 7; Mc **13**, 8; Lc **21**, 10 — os discípulos serán odiados por tódolos xentís: Mt **24**, 9; 2 Cor **11**, 26 — a proclamación do Reino a tódolos pobos: Mt **24**, 14 — esta proclamación será previa á conversión dos xudeus:

ÍNDICE TEOLÓXICO CONCEPTUAL

Rm 11, 1-27 — o *período* dos pagáns coa conseguinte opresión do pobo de Deus terá fin: Lc **21**, 24; Feit **14**, 2.5 — angustia dos xentís ante os signos escatolóxicos: Lc **21**, 25.

Guerra: De conquista da terra prometida: Xos **15**, 63; **16**, 10; **17**, 12-17; Xuí **1**, 27-33 — para defende-la terra: Xuí **2**, 3; **4**, 2; **6**, 2.23; 1 Sam **7**, 3; **13**, 3; 1 Re **14**, 25; **15**, 7.16; 2 Re **16.18.19**; 1 Mac **3**, 2.11; **4**, 8.11; **5**, 68; 2 Mac **8**, 10; **13**, 10-17; **15**, 23 — expansionismo militar en David: 2 Sam **8-11** — inmoralidade da guerra no N. T.: nace dun corazón ruín: Mc **7**, 20ss; Sant **4**, 1ss — Xesús manda amar e face-lo ben: Mt **5**, 39.44; **7**, 12; — ó ser vencido o Maligno, na escatoloxía reinará a paz: Dn **7**, 19-25; Zac, **1**, 3; Ap **12**, 7; **16**, 14.

Herdanza: Abraham recibe a promesa de herda-la terra: Xén **15**, 7-21; Dt **4**, 21; **12**, 9; Xuí **20**, 6; 2 Sam **20**, 19; Neh **11**, 20; Xer **2**, 7; **16**, 18; **50**, 11; Lam **5**, 2; Ez **46**, 17; Miq **2**, 2; Feit **7**, 5; Heb **8**, 11 — o pobo de Israel é a herdanza de Deus: Dt **9**, 26; Sal **28**, 9; **33**, 12; **68**, 10; **78**, 62.71; **95**, 1ss; **106**, 5; Is **19**, 25; **47**, 6; Xer **12**, 7ss; Xl **2**, 17; **4**, 2 — Iavé é a herdanza dos levitas: Núm **18**, 20; Dt **10**, 9; **18**, 2; Xos **13**, 33; Ez **44**, 26 — tamén a de David: Sal **16**, 5 — os xentís son a herdanza do Mesías: Sal **2**, 8 — herda-la terra escatolóxica (o ceo): Mt **5**, 5 — os pobres son escollidos por Deus para seren herdeiros do Reino: Sant **2**, 5 — herda-la vida eterna: Mt **19**, 29; Mc **10**, 17; Lc **10**, 25; **18**, 18; Tit **3**, 7 — herda-lo Reino : Mt **25**, 34 — Cristo herdeiro de todo: Heb **1**, 2 — Cristo herda un título moi superior ó dos anxos: Heb **1**, 4 — en Cristo herdamos nós: Ef **1**, 11 — os cristiáns "herdeiros da promesa": Heb **6**, 17 — os que han de herda-la salvación: Heb **1**, 14 — Cristo, por ser fillo, ten dereito a herda-la viña (o pobo de Deus): Mt **21**, 38; Mc **12**, 7; Lc **20**, 14 — a herdanza recibímola por sermos fillos de Deus: Rm **8**, 17; Gál **3**, 29; **4**, 4 — o Espírito Santo é anticipo da nosa herdanza escatolóxica: Ef **1**, 14-18 (cf Rm **8**, 17) — polo sangue glorioso de Cristo reciben os chamados a herdanza eterna: Heb **9**, 15 — a rexeneración cristiá para a herdanza imperecedeira: 1 Pe **1**, 4 — o Señor recompesaráno-lo noso servicio a El coa herdanza: Col **3**, 24 — o que venza na persecución herdará o mundo novo, obra de Deus: Ap **21**, 7 — o cristián fiel, pola fe e a paciencia, herdará as promesas: Heb **6**, 12 — a herdanza non vén pola Lei, senón pola promesa e pola fe na promesa: Rm **4**, 13.14; Gál **3**, 18; Heb **11**, 7 — a herdanza dáselle ó fillo da muller libre: Gál **4**, 30 (cf Xén **21**, 10) — a palabra salvífica de Deus ten poder para da-la herdanza: Feit **20**, 32 — vicios que impiden herda-lo Reino:
1 Cor **6**, 9.10; Gál **5**, 21; Ef **5**, 5 — a carne e o sangue non poden herda-lo Reino: 1 Cor **15**, 50.

Holocausto: Sacrificio no que se queima toda a víctima, un animal sen defecto: Lev **1**, 3.10; **22**, 18ss — o ofrecido pola mañá: Lev **9**, 17; Núm **28**, 22; 2 Re **16**, 15; Ez **46**, 13 — o ofrecido á tardiña: Ex **29**, 42; Núm **28**, 3.6.10.15.23.24.31; **29**, 6.11.16.19.22.25.28.31.34.38; Esd **3**, 5; Neh **10**, 34; Ez **46**, 15 — ofrecíanse años e carneiros: Ex **24**, 18; Lev **8**, 18; **9**, 9; **16**, 3-5 — pero eran de máis valor os cabritos: Núm **15**, 8.24; 2 Sam **24**, 22 — nas grandes ocasións carneiros, cabritos e becerros: Núm **23**, 1-6.14.15; Is **1**, 11 — en Pentecostés: Lev **23**, 18 — os días un e dez do sétimo mes: Núm **29**, 2.8.36 — na festa das Tendas: Núm **29**, 13ss — na dos Ázimos (Pascua): Ez **45**, 23 — os sábados: Ez **46**, 4 — na Dedicación do Templo: 2 Cro **29**, 32 — á volta do exilio: Esd **8**, 35 — ofrecidos no altar dos holocaustos: Ex **30**, 28; **31**, 9; **35**, 16; **38**, 1; **40**, 6.10.29; Lev **4**, 7.10.18.25.30-34; 1 Cro **6**, 34; **16**, 40; **21**, 26.29; Xos **22**, 29 — o oferente impoñía as mans sobre a cabeza da víctima e logo sacrificábaa: Lev **1**, 4ss; **4**, 24.33; **6**, 8; **7**, 2; **9**, 12; **14**, 13.19.31; Ez **40**, 39.42.

Hosanna: (Salva Iavé): Sal **118**, 25; Mt **21**, 9; Xn **12**, 13.

Hostia: Víctima sacrificial; hostia de louvanza: Sal **116**, 17; Heb **13**, 15 — hostia do noso corpo: Rm **12**, 1 — hostia, que é a esmola: Fil **4**, 18 — non agradan a Deus sen conversión e auténtica piedade: Pr **15**, 18; Eclo **34**, 23; Is **1**, 11; Xer **6**, 20; **7**, 22; Am **5**, 22ss — a conversión e a piedade son máis gratas a Deus: Sal **40**, 7-15; **51**, 19; **141**, 2; Eclo **15**, 2-4; Mt **9**, 13; Fil **2**, 7.

Igrexa: Asemblea do pobo de Deus: Núm **20**, 4; Dt **23**, 1; Xuí **20**, 2; 1 Sam **14**, 47; 1 Cro **29**, 1; Feit **19**, 32.39; Rm **16**, 5 — fundada por Xesús: Mt **16**, 18; **18**, 17; Feit **5**, 11; **8**, 3; Rm **16**, 1; 1 Cor **4**, 17; **11**, 16; **12**, 28; Gál **1**, 13; Ef **1**, 22; **5**, 23-32; Fil **3**, 6; Sant **5**, 4 — Igrexa local: Feit **15**, 42; **20**, 17; Rm **16**, 4; 1 Cor **1**, 2; **4**, 17; Gál **1**, 2; Ap **1**, 4; **3**, 6 — asemblea política no motín e mitin de Éfeso: Feit **19**, 32.39.43 — a Igrexa do deserto de Moisés e Aharón: Feit **7**, 38 — a Igrexa xudía: Heb **2**, 12 (cf Sal **22**, 23); **12**, 23 — xuntarse en asemblea: 1 Cor **11**, 18 — funda-la Igrexa de Xesús sobre Pedro: Mt **16**, 18 — edifica-la comunidade coa doutrina inspirada ós carismáticos: 1 Cor **14**, 4.5.12.19 — a Igrexa na función xudicial-reconciliadora: Mt **18**, 17 — temor sacral da comunidade ante a santidade da mesma Igrexa: Feit **5**, 11 — Igrexa en senso local, equivalente á nosa *parroquia:* a Igrexa de Xerusalén ou en Xerusalén: Feit **8**, 1.3; **11**, 22; **12**, 1.5 — comunidade local (parroquia): Feit **14**, 27; **15**, 3.41; **16**, 5; **18**,

ÍNDICE TEOLÓXICO CONCEPTUAL

22; 1 Cor **1**, 2; **4**, 17; **6**, 4; 1 Tim **5**, 16; 3 Xn 6.9ss; Ap **1**, 11.20; **2**, 1.7-8.11-12.17-18.29; **3**, 1.6-7.13-14.22; **22**, 16 — comunidades locais de...: Feit **11**, 26; **13**, 1; 1 Cor **16**, 1.19; 2 Cor **8**, 1; Gál **1**, 2.22; Ap **1**, 4 — xuntanza da comunidade local: 1 Cor **14**, 23.28.34 ss; Gál **3**, 21 — a Igrexa de Antioquía ten profetas e mestres: Feit **13**, 1 — a Igrexa de Xerusalén ten apóstolos e presbíteros: Feit **15**, 4.22 — cada Igrexa ten os seus presbíteros ou representantes: Feit **14**, 23; **20**, 17 — hai apóstolos das Igrexas locais: 2 Cor **8**, 23ss — lista de carismáticos na Igrexa local, con diaconisas: Rm **16**, 1 — a Igrexa local coida das necesidades materiais de Paulo e Bernabé: Feit **15**, 3; 2 Cor **11**, 8; **12**, 13; Flp **4**, 15 — "toda a Igrexa" (local): Rm **16**, 23 — "tódalas Igrexas" (locais): 1 Cor **7**, 17; **14**, 33; 2 Cor **8**, 18ss; **11**, 28; Ap **2**, 23 — a Igrexa de Deus (Igrexa local): 1 Cor**1**, 2; **10**, 32; **11**, 16.22; **15**, 9; 2 Cor **1**, 1; 1 Tes **1**, 4; 1 Tim **3**, 5.15 — a Igrexa de Cristo: Rm **16**, 16 — a Igrexa de Deus Pai e do Señor Xesús Cristo (Igrexa local): 1 Tes **1**, 1; 2 Tes **1**, 1 — a Igrexa de Deus adquirida co seu sangue: Feit **20**, 28 — as Igrexas dos xentís: Rm **16**, 4 — as Igrexas de Xudea (locais): 1 Tes **2**, 14 — ás Igrexas locais hanse pasa-las cartas de Paulo: Col **4**, 16 — a Igrexa familiar ou doméstica, con funcións catequéticas e exhortativas: Rm **16**, 5; 1 Cor **16**, 19; Col **4**, 15; Flm 2 — a Igrexa con senso de diócese, a Igrexa de Palestina: Feit **9**, 31 — a Igrexa de Deus co senso de Igrexa total: Gál **1**, 13; Flp **3**, 6 — a Igrexa con senso xeral e total: Ef **1**, 22; **3**, 10; **5**, 23-25.27.29.32; Col **1**, 18.24.

Imaxe: Prohibición de imaxes de Deus no A.T. : Ex **20**, 4; Lev **26**, 1; Dt **4**, 6; Sab **14**, 15 — o home feito á imaxe de Deus: Xén **1**, 26ss; **5**, 1; **9**, 6; Sal **8**, 5-9; Ecl **7**, 20; Sab **2**, 23; Eclo **17**, 1 — Xesús, imaxe do Pai: 2 Cor **4**, 4; Col **1**, 15; Heb **1**, 3 — os cristiáns, imaxes de Xesús Cristo: Rm **8**, 29; 1 Cor **15**, 49; Col **3**, 9ss.

Imposición de mans: Voto para confirma-la bendición do pai ou do sacerdote: Xén **48**, 13ss; Lev **9**, 22; Mt **19**, 13.15 — para transmiti-la potestade de xulga-lo pobo: Núm **27**, 18.23; Dt **34**, 9 — para indicar ritualmente a substitución do animal sacrificado polo individuo ou polo pobo: Ex **29**, 10; Lev **1**, 4; **3**, 2.8.13; **8**, 14.18.22; **16**, 21ss; Núm **8**, 10-12 — para cura-los enfermos: Mc **6**, 5; **7**, 32; **8**, 22-25; Lc **4**, 40; **13**, 13 — para consagra-los ministros da Igrexa: Feit **6**, 6; **13**, 3; 1 Tim **4**, 14; **5**, 22; 2 Tim **1**, 16 — para conferi-lo Espírito Santo na confirmación dos bautizados: Feit **8**, 17-19; **9**, 12.17; **19**, 6.

Inimigo: Non obstante a lei do talión (Lev **19**, 18), propia dunha sociedade nómada, xa desde A. T. se prohibe o odio ó inimigo: Dt **7**, 2; **23**, 6; Esd **9**, 12 — devolverlle mal por mal: Pr **20**, 22; Rm **12**, 17; 1 Tes **5**, 15; 1 Pe **3**, 9; cf 1 Sam **24**, 4-8; **26**, 7-12; Xer **45**, 4-15; **50**, 9-21; — alegrarse da súa ruína: Xob **31**, 29ss; Pr **24**, 17; Eclo **8**, 8 — mándase facerlle ben: Ex **23**, 4; Dt **22**; Pr **25**, 21; Rm **12**, 20 — no N.T. mándase o amor ó inimigo: Mt **5**, 44; Lc **6**, 27; **23**, 34; Rm **2**, 6-10 — e reconciliarse con el: Mt **5**, 23ss; Rm **12**, 18; Heb **12**, 44.

Irmán: Vinculados por xenética — ou federacións de tribos: Xén **4**, 9; **42**, 15; Xuí **9**, 5 — por matrimonio: Xén **13**, 8 — pola mesma tribo: 2 Sam **19**,12 — os vínculos políticos, o mesmo pobo: Ex **2**, 11 — os homes entre nós: Xén **9**, 5; Mt **5**, 22; **7**, 3; Heb **2**, 11 — pola mesma fe e os sacramentos cristiáns: Mt **6**, 8-15; Xn **1**, 13; **3**, 5; Feit **10**, 23; Col **1**, 2; 1 Xn **3**, 9ss; **5**, 1 — irmáns de Xesús, con vínculos familiares (cf Mc **6**, 3; Lc **1**, 34): Mt **1**, 18-25; **12**, 46-48; Mc **3**, 31ss; Lc **8**, 19-21; Xn **2**, 12; **7**, 3.5.10; Feit **1**, 14; 1 Cor **9**, 5 — dise dos que cren en Xesús: Mt **12**, 48-50; **25**, 40; **28**, 10; Rm **8**, 29.

Lavarse: Obriga de lavárlle-los pes ó hóspede e ó camiñante: Xén **18**, 4; **19**, 2; **24**, 32; Lc **7**, 14; 1 Tim **5**, 10 — o meniño recén nado: Ez **16**, 4 — os vestidos e vasos do templo: Lev **11**, 25.28; **13**, 6.34; **14**, 8.47; **15**, 5; **16**, 26; **17**, 15 — os sacerdotes han de lavarse a miúdo: Ex **29**, 4; **30**, 19; Lev **16**, 4; Núm **8**, 7 — os fariseos lavaban as mans antes de comeren: Mt **15**, 2; Mc **7**, 3ss; Lc **11**, 38 — en sinal de purificación dos pecados: Sal **51**, 4; Is **1**, 16; **4**, 4; Xer **2**, 22; Ap **1**, 5; **7**, 14; **22**, 14 — o bautismo é "lavado de rexeneración": Xn **3**, 5; Ef **5**, 26.

Lei: Senso literal: os libros do Pentateuco: Mt **5**, 17ss; **7**, 12; **11**, 13; **12**, 15; **22**, 40; Lc **24**, 44; Xn **7**, 51; **8**, 5.17; **10**, 34; 1 Cor **9**, 8ss; **14**, 34; Gál **4**, 21 — os preceptos do Pentateuco: Heb **7**, 5.28; **8**, 4; **9**, 19.22; **10**, 8.28 — co senso de todo a A. T.: Xn **12**, 34; 1 Cor **14**, 21 — segundo os xudeus, quen non entende da Lei é un maldito: Xn **7**, 49 — a lectura da Lei e dos Profetas facíase na sinagoga: Feit **13**, 15 — foi recibida por medio dos anxos (tradición xudía): Feit **7**, 53 — equivale á relixiosidade ou formas de culto: Feit **23**, 29 — é norma de xustiza xudía: Flp **3**, 5ss (sen artigo), aplicada ás tradicións xudías: Feit **22**, 3 — Xesús cumpre a Lei do Señor: Lc **2**, 22-24.27.39 — foi xulgado segundo a Lei: Xn **7**, 51; **18**, 31; **19**, 7; Feit **23**, 3 — someteuse á Lei para rescata-los sometidos á Lei: Gál **4**, 4ss — Xesús veu purifica-la Lei das contaminacións da tradición xudía: Mt **15**, 16 — veu sintetiza-los preceptos do A.T. no precepto do amor: Mt **17**, 12; **22**, 30 — Xesús veu para levar á plenitude a Lei e os Profetas: Mt **5**, 17ss — todo o A.T. (a Lei e os Profetas) ten senso profético ata o Bautista;

ÍNDICE TEOLÓXICO CONCEPTUAL

con Xesús empeza a etapa definitiva, a era escatolóxica: Mt **11**, 13; Lc **16**, 16; Xn **1**, 45; **15**, 25; Feit **28**, 23 — contén unha sombra dos bens definitivos: Heb **10**, 1 — na etapa definitiva cumprirase plenamente toda a Lei: Lc **16**, 17; **24**, 44; Rm **8**, 4; **9**, 31 — Cristo é a meta á que tende a Lei, xustificando ó home pola fe: Rm **4**ss; **8**, 4; **9**, 31; Feit **13**, 39 — contraposición da Lei coa gracia e a verdade: Xn **1**, 17 — contraposición entre a fidelidade de Cristo e a infidelidade dos xudeus: Xn **7**, 19.23 — contraposición da Lei positiva xudía coa Lei natural: Rm **2**, 12-27 — a xustificación conséguese non pola Lei, senón pola fe en Cristo: Rm **3**, 19-31; **4**, 13-16; **6**, 14ss; Gál **2**, 16; **3**, 10-12; Flp **3**, 9 — o Espírito de Xesucristo arrinca do crente o lazo indisoluble cos baixos instintos, atizados pola mesma Lei: Rm **7**, 2-25; **8**, 2-4.8; Gál **2**, 19.21; **3**, 2.5.13; **5**, 18.23 — a herdanza cristiá depende da promesa feita a Abraham, non da Lei, que é posterior: Gál **3**, 17-19.21-24 — a finalidade histórica da Lei foi aumenta-lo pecado: Rm **5**, 13.20; **7**, 5; 1 Cor **15**, 56 — a finalidade da Lei foi anuncia-los delitos: Gál **3**, 19; 1 Tim **1**, 8ss — o cristián está libre da Lei (Ef **2**, 15), pero, aínda que libre da Lei, o apóstolo sométese a ela para gaña-los que están baixo a Lei (1 Cor **9**, 20) — a circuncisión obrigaría ó cristián á observancia da Lei: Gál **5**, 3ss; **6**, 13 — os cristiáns xudaizantes gardan a Lei de Moisés: Feit **15**, 5; **21**, 20.24 — acusan a Paulo de induci-los homes a dar culto contra a Lei: Feit **18**, 13 — pero Paulo cre todo o escrito na Lei e nos Profetas, interpretado en senso cristián: Feit **24**, 14 — o sacerdocio de Cristo, que é de familia davídica (da tribo de Xudá), supón o cambio da Lei e a supresión do sacerdocio levítico (Heb **7**, 12.16), que non levará á perfección (Heb **7**, 19).

Leviatán ou Lotán: Figura mítica, significativa dos poderes caóticos: Xob **3**, 8; **40**, 25; Sal **74**, 14; **104**, 26; Is **27**, 1.

Levitas: Cregos de segunda categoría adicados a oficios de cantores, gardas, etc.: Núm **8**, 5-26 — o termo pode significar sacerdotes, polo seu ascendente Leví: Xuí **7**, 7-9; **18**, 3.15; **19**, 1.8; **20**, 3 — a lexislación faise remontar a Moisés: Ex **6**, 16-20; Núm **3**, 14-20 — os levitas substitúen os primoxénitos no culto a Deus: Núm **3**, 6-50 — encoméndanse á caridade dos fieis: Dt **12**, 12.18-19; **14**, 27; **16**, 6-7.11.14; **26**, 11-13 — conságranse: Núm **8**, 5-26 — despois do exilio encoméndanselles novo oficios: Esd **2**, 70; Neh **7**, 73; **11**, 15-19.

Liberdade: No A.T. liberdade interior ou persoal: Xén **1**, 26; **2**, 17; Dt **30**, 9; Ecl **2**, 26; **7**, 13; **8**, 10; Eclo **15**, 14ss; Is **1**, 19; Xer **11**, 8 — liberdade política ou de tributos ós estranxeiros: Ex **16**, 3; 1 Mac **1**, 41-49; **2**, 19ss; **14**, 29; 2 Mac **3**, 1ss; **6**, 1ss — senso sociolóxico do home libre, contraposto ó escravo: Ap **6**, 15; **13**, 16; **19**, 18 — o cravo cristián recibe de Cristo unha liberdade espiritual que lle fai supera-la súa condición sociolóxica: 1 Cor **7**, 21ss — a escravitude dos escravos cristiáns e a súa obediencia ós homes ha de ser coma a obediencia de Cristo ó Pai: Ef **6**, 8 — Xesús, anque libre de impostos, quere que se paguen, para non escandalizar: Mt **17**, 26 — Cristo, comunicándono-la verdade, fainos libres: Xn **8**, 32-36; Rm **6**, 18-22; 1 Cor **10**, 29 — Cristo libra o novo pobo do xugo da Lei: Rm **3**, 7; **8**, 2; 1 Cor **9**, 1; Gál **2**, 4 — a unidade dos cristiáns en Cristo está por enriba das diferencias entre escravos e libres: 1 Cor **12**, 13; Gál **3**, 28; Col **3**, 11 — onde está o Espírito do Señor, hai liberdade: 2 Cor **3**, 17 — esta liberdade do cristián é sinal dos últimos tempos, e xa agroma na Xerusalén do ceo: Gál **4**, 22; **5**, 1 — a creación mesma agarda verse libre da súa corruptibilidade coa liberdade dos fillos de Deus: Rm **8**, 21 — a liberdade do Apóstolo e do cristián está limitada pola súa decisión de servicio: 1 Cor **9**, 19 — a liberdade cristiá non debe dar pé ás paixóns: Gál **5**, 13; 1 Pe **2**, 16; 2 Pe **2**, 19 — a lei dos homes libres é poñer en práctica a mensaxe: Sant **1**, 25; **2**, 12 — a liberdade da muller casada e da viúva: 1 Cor **7**, 39.

Libro: Escrito curto: Is **37**, 14; Xer **32**, 12; **36**, 2.32; Lc **4**, 14 — libro da xenealoxía: Neh **7**, 5; Mt **1**, 1ss — libro das leis ou da alianza: Ex **24**, 7; Dt **28**, 61; Xos **1**, 8; **24**, 26; 2 Re **23**, 2; Neh **8**, 8 — escrito longo: Xer **25**, 13; **30**, 2; **45**, 1; Ez **2**, 9; Dn **9**, 2; **12**, 4; Na **1**, 1 — libro da vida ou catálogo dos destinados á vida: Ex **32**, 32ss; Sal **56**, 9; **69**, 29; **87**, 6; **139**, 16; Dn **12**, 1; Flp **4**, 3; Ap **3**, 5; **13**, 8.

Loanza (cf Acción de Gracias): Dirixida a Deus: Mt **26**, 3; Mc **14**, 26; Rm **1**, 25; **9**, 5.

Lume: Imaxe literaria da *gloria* de Iavé: Ex **24**, 17; Dt **4**, 24; **9**, 3; Is **33**, 14 — da ira de Iavé: Ez **21**, 36; **22**, 21.31; **38**, 19 — da guerra: Núm **21**, 28; Sal **78**, 63 — resonancias dos elementos do mundo: Mt **9**, 22; **17**, 15; Lc **9**, 54; 2 Pe **3**, 7 — auga e lume, signos da nova creación: Lc **12**, 49 — sinal de perdición: Xds 23 — sinal da protección divina a favor dos xustos: Ap **20**, 9 — sinal de destrucción de todo poder humano divinizado: Ap **17**, 16; **18**, 8 — sinal do coñecemento divino absoluto: Ap **1**, 14; **2**, 18; **19**, 12 — equivalente a poder: Ap **4**, 5.

Senso teofánico: Mar de lume é o pavimento do ceo: Ap **15**, 2 — lume, para significa-la presencia e acción do Espírito Santo: Feit **2**, 3.19; **7**, 30; Heb **1**, 7; **12**, 18.

ÍNDICE TEOLÓXICO CONCEPTUAL

Senso de xuízo escatolóxico: Senso negativo de castigo: Mt **3**, 18; **5**, 22; **13**, 40.42.50; **18**, 8ss; Lc **3**, 9; Xn **15**, 6; Heb **10**, 27; Sant **5**, 3 — lume eterno: Mt **18**, 8; **25**, 41; Lc **3**, 12; Xds 7 — que invade toda a personalidade: Sant **3**, 5ss — lagoa de lume e xofre, sinal do poder diabólico: Ap **9**, 17ss; **14**, 10.

Senso apocalíptico de purificación ou castigo: Ouro (bens, riquezas espirituais) purificado co lume: Ap **3**, 18 — a fe purificada co lume do sufrimento: 1 Pe **1**, 7 — sinal de purificación das obras do home: 1 Cor **3**, 13.15; 2 Tes **1**, 8; Heb **12**, 29; 2 Pe **3**, 7 — "lume baixado do ceo", falso signo na nova época: Ap **13**, 13 — sinal de castigo apocalíptico que precede á nova época: Lc **9**, 54; **17**, 29; Ap **8**, 5.7.8; **10**, 1; **11**, 5; **14**, 18; **16**, 8 — sinal de purificación polo Espírito Santo: Mt **3**, 11; Mc **9**, 49; Lc **3**, 16.

Luz: No A.T. é unha imaxe literaria para expresa--la claridade e o esplendor: — da revelación de Deus: Sal **3**, 5s; Sal **37**, 6; Os **6**, 5 — do esplendor da vida: Xob **33**, 30; Sal **56**, 14 — do favor e gracia que Deus comunica ó home: Xob **29**, 24; Sal **4**, 7; **44**, 4; **86**, 16; Pr **16**, 15 — deste xeito disfruta desta felicidade, saúde e prosperidade que lle vén de Deus: Xob **30**, 26; Sal **36**, 10; Pr **13**, 9; Is **9**, 1; Xer **13**, 16; Lam **3**, 2; Am **5**, 18.20; Miq **7**, 9 – "luz de Deus": a revelación, que ilustra e dá forza e felicidade: Xob **25**, 3; **29**, 3; Sal **27**, 1; **36**, 10; **43**, 3; Is **2**, 5; **10**, 17; **60**, 1.3.19ss; Miq **7**, 8 — Deus habita nunha luz inaccesible: 1 Tim **6**, 16 — Deus é o Pai das luces: Sant **1**, 17 — Deus é Luz: 1 Xn **1**, 5 — Cristo é a Luz: Xn **1**, 4-9; **12**, 35.36.46; Col **1**, 12; Heb **6**, 4; **10**, 32; 2 Tim **1**, 10; 2 Pe **1**, 19 — contraposición apocalíptica de luz-tebras: Lc **16**, 8; Feit **16**, 28; Rm **13**, 12; 2 Cor **6**, 14; **11**, 14; Ef **5**, 8.9.13; 1 Tes **5**, 5; 1 Pe **2**, 9; 1 Xn **1**, 7; **2**, 8-10 — sinal da salvación e do Reino que chega ós pagáns: Mt **4**, 16 (Is **8**, 23; **9**, 1); Lc **2**, 32 — a resurrección de Cristo, comezo da era escatolóxica: Feit **26**, 23 — Cristo, Luz do mundo: Xn **8**, 12; **9**, 5 — a luz é sinal cristofánica da aparición a Paulo: Feit **9**, 3; **22**, 6.9.11; **26**, 13 — a luz coma resurrección: Xn **11**, 9ss — luz coma coñecemento na fe cristiá: Ef **1**, 18 — os discípulos de Xesús Cristo deben proclama-la mensaxe na luz: Mt **10**, 27; Lc **12**, 3 — a luz e o ollo iluminado son signo da salvación da persoa: Mt **6**, 22ss; Lc **11**, 33.25; 2 Cor **4**, 6 — Paulo é luz das nacións: Feit **13**, 47 (cf Is **49**, 6); Ef **3**, 9 — Xoán Bautista, luz que testemuñou en favor de Xesús Cristo: Xn **5**, 35 — os discípulos serán luz do mundo coas súas obras e coa súa doutrina: Mt **5**, 14.16; Lc **8**, 16; Flp **2**, 15 — é sinal do xuízo escatolóxico: 1 Cor **4**, 5 — o xuízo escatolóxico de Deus realízase na aceptación ou na negación da luz, que é Cristo: Xn **3**, 19-21 — a luz da nova Xerusalén é a lámpada do Año e á súa luz camiñan os xentís: Ap **21**, 11. 23ss; **22**, 5 — na transfiguración, Xesús aparece esplendente coma a luz: Mt **17**, 2 — a luz é sinal nas anxelofanías: Feit **12**, 7; Ap **18**, 1.

Mandamento: Ordes positivas de Deus coma consecuencia da *Alianza:* Xén **18**, 19; Ex **5**, 6; **15**, 25; **21**, 1; **24**, 3; Lev **5**, 10; **9**, 16; **18**, 45; **26**, 15.43; Núm **15**, 16; **36**, 13; Dt **4**, 1.5; **5**, 1. 21; 1 Re **2**, 3; 2 Re **17**, 37; Sal **18**, 23; **19**, 10; **82**, 5; **119**; **147**, 15 ss; Ez **5**, 6; **18**, 5; **20**, 3; **37**, 24 — co senso dunha lei particular da vida cristiá ou xudía: Mt **5**, 19; Mc **10**, 15; Lc **1**, 6; **23**, 56 — ten un carácter de resposta persoal: Mt **15**, 3; **19**, 17; Mc **7**, 8; **10**, 19; 1 Cor **7**, 19; **14**, 37; Ef **2**, 15 — equivale á esixencia obrigante da Lei: Mt **22**, 36.38.40; Mc **12**, 28.31; Lc **18**, 20 — revelación do amor de Deus: 2 Xn 4-6 — o único mandamento de Xesús é o amor: Xn **13**, 34; **14**, 15.21; **15**, 10.12.14.17; 1 Xn **2**, 3. 7; **3**, 23ss; **4**, 21; **5**, 2ss; Ap **14**, 12 — este amor, procedente do amor entre o Pai e o Fillo, exemplarízase no comportamento de Cristo: Xn **10**, 17ss; **12**, 49ss; **14**, 31; **17**, 26.

Mar: O Mediterráneo: Ex **23**, 31; Núm **34**, 65; Dt **11**, 24; **34**, 2; Xos **1**, 4; **23**, 4; Is **11**, 11; **24**, 15; Ez **47**, 10.19; **48**, 28 — o Mar Morto: Xén **14**, 3; Dt **3**, 17; **4**, 49; Xos **18**, 19; 2 Re **14**, 25; Is **16**, 8; Xer **48**, 32; Ez **47**, 18; X1 **2**, 20; Zac **14**, 8 — Mar de Galilea ou Lago de Xenesaret: Núm **34**, 11; Xos **12**, 3; Mt **4**, 18; Mc **1**, 16; Xn **6**, 1; **21**, 1 — un dos inimigos da divindade nas concepcións míticas cananeas: Xob **9**, 8; Sal **74**, 13; Pr **23**, 34; Is **51**, 10; **57**, 20; Am **9**, 3; Ap **20**, 8.13; **21**, 1 — resonancias de poder diabólico: Mt **8**, 24-38; **14**, 24-26; Mc **4**, 39-41; **6**, 47-49; Xn **6**, 18-22.

Matrimonio: Contraído coma alianza sagrada: Pr **2**, 18; Mal **2**, 14; Ef **5**, 25-33; 1 Cor **7**, 3-5 — instituído como algo monogámico: Xén **1**, 28; **2**, 18 — e restituído na monogamia por Xesús: Mt **19**, 4-10; Mc **10**, 11; Lc **16**, 18 — corrompido coa poligamia no A.T.: Xén **4**, 19; Ex **21**, 9ss; Dt **21**, 15-17; **26**, 34; **28**, 9; **30**, 3; Xuí **8**, 30; 1 Re **11**, 3 — e co divorcio: Dt **21**, 1-4 — prohíbese entre os parentes: Lev **18**, 6-18; **20**, 10-17.

Mel: Mel das abellas: Xuí **14**, 8-9.18; 1 Sam **14**, 25ss — prohíbese nos sacrificios do templo (Lev **2**, 11), xa que era habitual nos cultos cananeos; pero os apóstolos danllo a Xesús resucitado: Lc **24**, 42 — *Terra que dá leite e mel* (don precioso de Deus): Ex **3**, 8.17; **13**, 5; **33**, 3; Lev **20**, 24; Núm **13**, 27; **14**, 8; **16**, 13ss; Dt **6**, 3; **11**, 7; **26**, 9.15; **27**, 3; **31**, 20; Xos **5**, 6; Xer **11**, 5; **32**, 22; Ez **20**, 6.15 — producto de Palestina, xunto coa cebada, o trigo e o aceite: Xén **43**, 11; Dt **8**, 8; **32**, 13; Xer **4**, 8; **16**, 13-19; Ez **27**, 17 — abundancia de leite e

ÍNDICE TEOLÓXICO CONCEPTUAL

mel (das silvas moi melíferas) coma sinal de despoboación e desastre nacional: Is **7**, 11.15 — o mel, asemellado á sabedoría e ó tino na vida: Xob **20**, 17; Pr **16**, 24; **24**, 13; **25**, 16.27 — asemellado ó fiel cumprimento da lei: Sal **19**, 11; **119**, 103 — a súa dozura comparada coas palabras da noiva do Cantar: Ct **4**, 11 — semellanza coa compracencia do profeta na revelación divina: Ez **3**, 3; Ap **10**, 9ss — por iso é un dos alimentos do Bautista: Mt **3**, 4; Mc **1**, 6.

Mentira: Prohibida por Deus: Ex **20**, 16; Lev **9**, 11; Pr **6**, 17-19; **12**, 22; Sab **1**, 11; Eclo **7**, 13; **25**, 4; Os **4**, 2; Ef **4**, 25; Col **3**, 9 — promovida polo demo: Xén **3**, 4; Xn **8**, 44; 2 Cor **11**, 3; Ap **12**, 9.

Mestre: Título dado a Xesús nos Evanxeos: Mt **8**, 19; **9**, 11; **12**, 38; **17**, 24; **19**, 16.24.36; **23**, 8; **26**, 18; Mc **4**, 38; **5**, 35; **9**, 17; **12**, 14.19.32; **13**, 1; **20**, 35; Lc **3**, 12; **7**, 40; **8**, 49; **9**, 38; **10**, 25; **11**, 45; **12**, 13; **18**, 18; **19**, 36; **20**, 21.28.39; **21**, 7; Xn **1**, 39; **3**, 2.10; **8**, 9; **11**, 28; **13**, 13ss; **20**, 16 — recoñecido polo mesmo Xesús: Mt **10**, 24ss; Mc **14**, 14; Lc **6**, 40 — mestres do templo: Lc **2**, 46 — mestres da comunidade cristiá: Feit **13**, 1; 1 Cor **12**, 2.29; Ef **4**, 11 — falsos mestres da comunidade cristiá: 2 Tim **4**, 3 — título dado ironicamente ós xudeus: Rom **2**, 20 — título que se dá Paulo: 1 Tim **2**, 7; 2 Tim **1**, 11.

Milagre: Sinal prodixioso, expresión da intervención divina: — realizados por Moisés: Ex **7**, 1-**11**,10 — por Elías: 1 Re **17**, 3; **18**, 46 — por Eliseo: **3**, 10-20; **4**, 1-8.15 — por Xesús: curación da febre: Mt **8**, 14ss; Mc **1**, 19-31; Lc **4**, 38ss — da lepra: Mt **8**, 1-4; Mc **1**, 40-44; Lc **5**, 12-16; **17**, 1-19 — da parálise: Mt **8**, 5-13; **9**, 1-8; **12**, 9-14; Mc **2**, 1-12; **3**, 1-6; Lc **5**, 17-26; **6**, 6-11; **7**, 1-10; Xn **4**, 46-54; **5**, 1-9 — de xordomudos: Mt **9**, 32-34; Mc **7**, 31-37 — de cegos: Mt **9**, 27-31; **20**, 29-24; Mc **8**, 22-26; **10**, 46.52; Lc **18**, 35-43; Xn **9** — de epilépticos: Mt **17**, 14-21; Mc **9**, 14-29; Lc **9**, 37-43 — de reumáticos: Lc **13**, 10-17 — de trastornos no fluxo de humores: Mt **9**, 20-22; Mc **5**, 25-34; Lc **8**, 43-48; **14**, 1-6 — de feridas: Lc **22**, 50ss — de posuídos do demo: Mt **7**, 24-30; **8**, 28-34; **15**, 21-28; Mc **1**, 21-28; **5**, 25-34; Lc **4**, 31-37; **8**, 26-39 — resurrección de mortos: Mt **9**, 18-26; Mc **5**, 21-43; Lc **7**, 11-17; **8**, 40-56; Xn **11**, 1-44 — sobre a natureza: calma a tempestade: Mt **8**, 18.23-27; Mc **4**, 35-41; Lc **8**, 22-25 — multiplica os pans: Mt **14**, 13-21; **15**, 32-39; Mc **6**, 31-44; **8**, 9; Lc **9**, 10-17; Xn **6**, 1-15 — camiña sobre as augas: Mt **14**, 22-33; Mc **6**, 45-52 — pesca do peixe coa moeda na boca: Mt **17**, 24-27 — pescas milagrosas: Lc **5**, 1-11; Xn **21**, 1-14 — converte a auga en viño: Xn **2**, 1-11 — seca a figueira: Mt **21**, 18-22; Mc **11**, 12-14.20.24 — os milagres de Xesús manifestan o poder de Deus: Mt **11**, 2-6; Lc **7**, 18-23; Feit **2**, 22;**10**, 38 — mostran a superioridade de Deus sobre o demo: Mt **12**, 28; Lc **11**, 20 — estes milagres solicitábanse con fe: Mt **13**, 59; Mc **6**, 5 — ou eran producidos pola compaixón de Xesús: Mt **9**, 36; **14**, 14; **15**, 32; **20**, 24; Mc **6**, 34; **8**, 2 — este poder de facer milagres continuou na primitiva Igrexa, e así se fala no N.T. do don de milagres: Mc **16**, 17.20; Rm **15**, 19; 1 Cor **12**, 12; Gál **3**, 5; 1 Tes **1**, 5; Heb **2**, 4.

Misterio: No *A.T.:* Concello de Deus cos profetas e homes píos: Xer **23**, 18.22; Xob **15**, 8; Sal **25**, 14; Pr **3**, 32 — segredo que Deus revela ós profetas: Am **3**, 7 — segredo que un lles ha de manter oculto ós homes: Eclo **8**, 18. No *N.T.* aparece a expresión "misterio do reino de Deus" (ou dos ceos), que Xesús confía ós discípulos: Mt **13**, 11; Mc **4**, 11; Lc **8**, 10 — o "misterio" de Deus en Xesús Cristo é a salvación de tódolos homes mediante a fe en Cristo resucitado: 1 Cor **2**, 1; **4**, 1; Ef **3**, 4; Col **2**, 2; **4**, 4; Ap **10**, 17 — a revelación de Xesús Cristo ós xentís para a obediencia da fe: Rm **16**, 25; 1 Cor **2**, 1.7; **4**, 1; Ef **3**, 3.4.9; Col **1**, 26 — o Misterio da fe que han de garda-los diáconos con conciencia pura é a fe en Xesús Cristo, coma revelación dos novos tempos: 1 Tim **2**, 9 — revelacións cristolóxicas polos profetas e apóstolos do N.T. : 1 Cor **13**, 2; **14**, 2; **15**, 5; Ef **3**, 5 — revelación da soberanía de Xesús Cristo sobre os seres celestes e terrestres: Ef **1**, 9 — o amor matrimonial é sinal revelador do amor de Xesús Cristo á Igrexa: Ef **5**, 32 — o *misterio do Evanxeo*: función salvífica universal de Xesús Cristo: Ef **6**, 19 — o Misterio da impiedade (= o Anticristo) demora a Parusía: Col **2**, 7 — significación oculta dos símbolos apocalípticos: Ap **1**, 20; **17**, 5.7.

Morte: Lugar ou estado, e mailas personalidades que reinan no mundo dos mortos. *A.T.:* Divindade mítica cananea que a Biblia asume coma personificación do poder mortífero: Xob **18**, 13; Sal **18**, 5; **116**, 3; Pr **13**, 14; Ct **8**, 6; Xer **9**, 20; Os **13**, 14; Hab **2**, 5 — en paralelo con *Xeol* (non só lugar, senón personificación do poder que goberna nos mortos): Sal **9**, 14; **107**, 18; Sab **16**, 13; Is **28**, 15; **38**, 18 — morte violenta: Xos **2**, 13; 1 Sam **15**, 32; **20**, 3; Sal **13**, 4; Is **53**, 9.12 — fillo da morte (que merece morrer): 1 Sam **26**, 16; 2 Sam **12**, 5 — morte coma privación da felicidade: Dt **30**, 15; Sal **55**, 5; Pr **5**, 5; **8**, 36; **11**, 19; **12**, 28; **14**, 12; **16**, 25; Eclo **7**, 29; Xer **21**, 8; Xon **4**, 9 — a fórmula "deitarse cos pais", coma expresión da morte e da sepultura: 2 Sam **7**, 12; 1 Re **2**, 10; **11**, 21.43; **14**, 20.31; **15**, 8.24; **16**, 6.28; **22**, 40.51; 2 Re **8**, 14; **10**, 35; **13**, 9.13; **14**, 16.29; **15**, 7.22.38; **16**, 20; **20**, 21; **21**, 18; 2 Cro **9**, 31; **12**, 16; **13**, 23; **16**, 13; **21**, 1; **26**, 23; **27**, 9; **28**, 27; **32**, 33; **33**, 20. *N.T.:* A fórmula "deitarse cos pais": Feit **13**, 36; 1 Cor **11**, 30; **15**, 6.18.20.51; 1 Tes **4**, 13ss — Satanás e o pecado como causas da morte: Xn **8**, 44; Rm **5**, 12.17; **6**, 23; 1 Cor **15**, 21; Heb **2**, 14 — a imaxe mítica da morte: 1 Cor **15**, 56; Ap **20**, 14 — o home pecador está baixo a Morte: Heb **2**, 14; Ap **6**, 8; **8**, 9; **18**, 8 — todos teñen que morrer: Mt **4**, 16; Lc **1**, 79 — a morte de Cristo, unha morte voluntaria, para o ben dos homes: Mt **20**, 28; Mc **10**, 45; Lc **22**, 27; Rm **5**, 6-8; 1 Cor **15**, 3; 2 Cor **5**, 21; Flp **2**, 8; 1 Tes **5**, 10 — a morte de Xesús reconciliounos con Deus: Rm **5**, 10 — e quitoulle todo o poder mortífero ó pecado: Rm **6**, 9ss; **8**, 2.19-22 — a morte, superada pola victoria de Cristo: 1 Cor **15**, 26.54-56 — esta victoria sobre o pecado e a morte simbolízase nas resurreccións realizadas durante a vida mortal de Xesús: Mt **9**, 24; Mc **5**, 39; Xn **11**, 13ss.25ss; Lc **7**, 12.15; **8**, 52ss — a fe en Xesús supón un pasar da morte á vida: Xn **5**, 24; **8**, 51; **11**, 25; 1 Xn **3**, 14 — o bautismo é unha morte con Cristo para que a vida de Cristo resucitado medre no bautizado: Rm **6**, 3-5; 2 Cor **5**, 14 — a morte do cristián, superación do que hai de mortal nel: 2 Cor **5**, 1-5; **15**, 51-53 — por iso a morte é ganancia e felicidade: Flp **1**, 25; Ap **14**, 13 — o cristián non debe ter medo á morte: 1 Cor **15**, 57ss; Heb **2**, 14 — xa que vivirá para sempre en Cristo: Xn **11**, 25ss.

Muller: *A.T.:* Diferenciada do home: Xén **2**, 18.20 — pero ante Deus equiparada ó home: Xén **2**, 22-25 — por esta diferencia creacional e natural prohíbese a homosexualidade: Lev **18**, 2; **20**, 13 — e o travestismo: Dt **22**, 5 — perténcelle ó marido: Ex **20**, 17; Dt **5**, 21 — non herda ó marido nin ó pai, a non ser que sexan todas mulleres: Núm **28**, 8 — nunca pode ser vendida coma escrava: Dt **21**, 5 — ó ser repudiada recupera o dote: Xos **15**, 19; Xuí **1**, 15 — é respectada e estimada polo marido: Xén **16**, 4; **29**, 3; **30**, 24; 1 Sam **1**, 4-8.22ss; 2 Re **4**, 8-24; **31**, 1ss — equiparada ó marido no respecto dos fillos: Ex **20**, 21; **21**, 17; Lev **20**, 9; Dt **21**, 18-21; **27**, 16; Pr **16**, 26; **20**, 20; **23**, 22; **30**, 17; Eclo **3**, 1-16 — Deus é testemuña da alianza matrimonial: Xén **2**, 22ss; Mal **2**, 14ss. *N.T.:* Xesús trata en público coas mulleres: Mt **26**, 7; Mc **14**, 3; Lc **7**, 35-50; **10**, 38ss; Xn **4**, 27; **8**, 3-11 — cúraas: Mt **8**, 14; **9**, 20; **15**, 22; Mc **1**, 30ss; **5**, 25; **7**, 25; Lc **4**, 38ss; **8**, 2.43; **13**, 11 — permite que o sigan coma discípulas: Lc **8**, 1-3; **23**, 55 — encárgalle a María Magdalena a misión do anuncio pascual: Xn **20**, 17 — propón ás mulleres coma exemplo: Mt **13**, 33; Lc **15**, 8 — admira a fe delas: Mt **15**, 28; Lc **15**, 28ss — a súa relevancia na Paixón e na sepultura de Xesús: Mt **27**, 55.61; **28**, 1-8; Mc **15**, 40.47; **16**, 1-8; Lc **23**, 49.55; **24**, 1-10 — teñen grande importancia na primitiva comunidade: Feit **1**, 14; **5**, 14; **9**, 36.41; **12**, 12; **16**, 14; **18**, 26; 1 Tim **3**, 11; **5**, 1ss; Tit **2**, 3; 1 Pe **3**, 1 — funcións propias delas na primitiva comunidade: as diaconisas: Rm **16**, 1 — e as viúvas: 1 Tim **5**, 3.9 — é igual ó home: Gál **3**, 28; 1 Tim **2**, 9 — o exemplo de Cristo virxe pode invitalas á virxinidade: 1 Cor **7**, 8.25-40 — ha de vivir sumisa ó pai e ó marido: 1 Cor **7**, 36-38; **11**, 3.7; Ef **5**, 22ss; Col **3**, 18; Tit **2**, 5; 1 Pe **3**, 1 — a Igrexa represéntase baixo a imaxe de muller: Ap **12**; **19**, 7ss; **21**, 2.9.

Murmuración: De Israel no deserto: Ex **14**, 11; **15**, 24; **16**, 2.7ss — castigos de Deus pola murmuración: Núm **11**, 1-3; **12**, 1-14; **14**, 1-45 — os xudeus murmuran de Deus: Lc **15**, 2; **19**, 7; Xn **6**, 41 — hai que ter coidado coa murmuración: Sab **1**, 11; 2 Cor **10**, 16; Xds 16.

Nome: No *A.T.:* Equivalía á realidade do ser. "Poñe-lo nome": senso de posesión: Xén **2**, 19ss; Ex **3**, 13-15; **33**, 12.17.

Nome das persoas: Xeito de perpetua-las emocións do seu nacemento: Xén **4**, 1; **29**, 31; **30**, 24; **35**, 18; Ex **25**, 26; **27**, 36; Os **12**, 4 — os nomes simbólico-proféticos dos fillos de profetas eran perpetuación da proclamación da mensaxe profética: Is **7**, 3; **8**, 3 — os nomes de animais impostos ás persoas eran optativos das boas cualidades do animal; — cambio de nome, isto é, cambio de realidade ou do ser do individuo: Xén **17**, 5; **35**, 10; 2 Re **24**, 17; Is **62**, 2; **65**, 15.

Nome de Deus ou de Iavé equivale ó seu dinamismo salvífico, pois El mesmo pon o seu *nome* no lugar de culto: Dt **12**, 5.11; **14**, 23; 1 Re **8**, 29; 2 Re **25**, 27 — o pobo ha de ama-lo Nome de Deus: Sal **5**, 12; **119**, 132 — buscalo: Sal **83**, 17 — bendicilo: Sal **73**, 25-28; **99**, 3; **113**, 1 — dábase a bendición co Nome de Iavé: Dt **18**, 8; **21**, 5; 2 Sam **6**, 18 — a axuda do aflixido está no Nome de Iavé: Sal **20**, 2.8; **33**, 21; **44**, 6; **89**, 25; **124**, 8; Is **30**, 27 — o dinamismo da palabra profética débese a que o enviado fala no Nome de Iavé: Xer **11**, 21; **26**, 9.16.20; **44**, 16.

Nome de personaxes poderosos: No *A. T.:* Reis: Dt **18**, 20; 1 Sam **25**, 9; 1 Re **21**, 28. Na Galilea do s. I o termo "Nome" ponse as veces no sitio de Iavé para non pronuncia-lo que era sagrado. No *N.T.:* "Nome" é título de Xesús na súa resurrección e glorificación: Flp **2**, 9ss; Heb **1**, 4; 1 Xn **2**, 12; 3 Xn 7; Ap **2**, 3.13; **3**, 8.12 (nome novo); **19**, 12.13.16 — Xesús revela o Nome do Pai: Xn **17**, 6.26; Feit **9**, 15 — na comunidade profetízase, expúlsanse demos, fanse milagres no Nome de Xesús: Mt **7**, 22; Mc **9**, 28ss; **16**, 17; Lc **9**, 49; **10**, 17; Feit **3**, 6; **4**, 10.12.30; **16**, 18; cf **3**, 16 — os discípulos son odiados por causa do Nome de Xesús: Mt **10**, 22; **24**, 9; Mc **13**, 13; Lc **21**, 12.17; Xn **15**, 21; Feit **5**, 41; **9**, 16 — cren no Nome de Xe-

ÍNDICE TEOLÓXICO CONCEPTUAL

sús: Xn **1**, 12; **2**, 23; **3**, 18; Feit **3**, 16; 1 Xn **3**, 23; **5**, 13 — predican a conversión no Nome de Cristo: Lc **24**, 47 — os cristiáns han de rezar e pedir no Nome de Xesús: Mt **18**, 20; Xn **14**, 13ss; **15**, 16; **16**, 23-26; Feit **9**, 14.21 — invocan o Nome do noso Señor Xesús Cristo: 1 Cor **1**, 2 — Xesús manda acolle-los nenos no seu Nome: Mt **18**, 5; Mc **9**, 36; Lc **9**, 48 — e desprenderse dos bens polo Nome de Xesús: Mt **19**, 29 — no Nome de Xesús Cristo: Feit **8**, 12 — bautízase: Feit **2**, 38; **8**, 16; **10**, 48; **19**, 5.13; **22**, 16; 1 Cor **6**, 11 — perdóanse os pecados: Feit **10**, 43 — celébrase a Eucaristía: Ef **5**, 20 — recíbese o mandato apostólico: Rm **1**, 5 — e estase disposto a morrer: Feit **21**, 13 — e farase todo en xeral: 1 Cor **1**, 9; 2 Tes **3**, 6 — o Nome, é a gloria de Xesús: 1 Tes **1**, 12 — o Nome de Deus é Deus mesmo e o seu obrar salvífico: Heb **2**, 12; **6**, 10; **13**, 15; Sant **2**, 7; **5**, 14; 1 Pe **4**, 16 — os profetas falaron no Nome do Señor: Sant **5**, 10 — os cristiáns no ceo teñen escrito na fronte o Nome do Año e do Pai: Ap **14**, 1.

Novo: No *A.T.:* No senso de especial valor e significación, dise dun canto de louvanza: Sal **33**, 3; **40**, 4; **96**, 1; **98**, 1; **144**, 9; **149**, 1; Is **42**, 10 — da alianza que se espera nun futuro salvífico: Xer **31**, 31 — "Ceos novos e terra nova": Is **65**, 17; **66**, 22 — nome novo: Is **62**, 2 — espírito novo: Ez **11**, 19; **18**, 31; **36**, 26 — corazón novo: Ez **18**, 31; **36**, 26. No *N.T.:* Cristo, ó resucitar, convértese no Home novo: Ef **2**, 15 — que fai ós crentes homes novos tamén: Ef **4**, 24; Col **3**, 10; Heb **6**, 6 — o seu sangue é sangue da Nova Alianza: Lc **22**, 20; 1 Cor **11**, 25; 2 Cor **3**, 6; Heb **8**, 8.13; **9**, 15; **12**, 14 — a Nova Alianza ten un novo mandamento: Xn **13**, 34; 1 Xn **2**, 7ss; 2 Xn **5** — con el todo queda renovado: Ap **21**, 5 — hai unha nova creación: 2 Cor **5**, 17; Gál **5**, 15 — unha nova vida: Rm **6**, 4 — obra todo da novidade do Espírito: Rm **7**, 6; Tit **3**, 5 — o ensino de Xesús é novo: Mc **1**, 27; Feit **7**, 19.21 — cómpre renova-lo home interior co Espírito: 2 Cor **4**, 16; Col **3**, 10 — este neofito recibiu un nome novo: Ap **2**, 17; **3**, 12 — toda a Igrexa suspira polos novos ceos e a nova terra: 2 Pe **3**, 13; Ap **21**, 1 — pola Xerusalén celeste: Ap **3**, 12; **21**, 2 — onde os discípulos beberán o viño novo: Ap **5**, 9; **14**, 3.

Oración: Nas comidas: Mt **15**, 36; Mc **8**, 6; Feit **27**, 35; 1 Cor **10**, 30 — en certos momentos importantes: Feit **3**, 1; **10**, 30 — de pé: Mc **10**, 25; Heb **10**, 11 — de xeonllos: Lc **22**, 41; Feit **7**, 60; **9**, 40; **20**, 36; Flp **2**, 10 — tumbados no chan: Mc **14**, 35 — coas mans erguetias: 1 Tim **2**, 8 — rezar sempre: Lc **18**, 1 — sen lugar determinado: Mc **1**, 35 — na propia casa: Mt **6**, 6 — no lugar da xuntanza: Feit **4**, 31 — a novidade cristiá da ora-

ción é a oración polos inimigos: Mt **5**, 44 — a insistencia especial na acción de gracias: Flp **4**, 6; 1 Tim **2**, 1 — e na oración do "Noso-Pai": **6**, 9-13; Lc **11**, 2-4 — o cristián pode chamar "papá" a Deus: Mc **11**, 2; Lc **14**, 36; Rm **8**, 15; Gál **4**, 6 — e pode estar seguro de ser escoitado: Mt **7**, 7; Mc **11**, 23ss; Xn **14**, 13; **15**, 16; **16**, 23-26.

Palabra: (ou cousa, asunto). Decretos do rei: 1 Cro **21**, 4.6; Est **1**, 12; Ecl **8**, 4 — ordes doutras persoas: Xén **44**, 2; **47**, 30; Ex **8**, 9.27; **12**, 35; **32**, 28; Lev **10**, 7; Xuí **11**, 10; Esd **10**, 5; Neh **5**, 12ss — relato: Ex **33**, 4; 1 Re **20**, 12 — consello: Núm **31**, 16; Xuí **20**, 7; 2 Sam **19**, 44; Est **5**, 5 — promesa: Núm **30**, 3; Neh **5**, 13 — *de Deus:* Mandamentos: Ex **16**, 16.32; **35**, 4; Lev **8**, 5; **17**, 2; Núm **30**, 2; **36**, 6; Dt **4**, 2; **13**, 1 — oráculos proféticos: 1 Sam **15**, 10; 2 Sam **7**, 4; 1 Re **6**, 11; **13**, 20; **16**, 1; **17**, 28; **21**, 17.28; Xon **1**, 1; **3**, 1; Ax **2**, 20; Zac **4**, 8; **6**, 9; **7**, 4.8; **8**, 1; — promesas de axuda ou confianza: Dt **9**, 5; 1 Sam **1**, 23; 1 Re **2**, 4; **6**, 12; **8**, 20; Is **29**, 10; **33**, 14 — Deus manda a súa palabra: Sal **107**, 20; **147**, 18; Is **9**, 7; Xer **2**, 31; **38**, 21; **42**, 5 — a palabra de Deus permanece para sempre: Sal **119**, 89; Is **40**, 8 — Deus creou os ceos coa súa palabra: Sal **33**, 6; cf Xén **1**, 33ss — a palabra de Deus, viva e eficaz: Heb **4**, 12 — promete a salvación a quen se dirixe, e comunícalla: Feit **13**, 36 — Xesús, o profeta escatolóxico, proclama a palabra de Deus: Mt **5**, 18.22.26.28.32.34.39.44; **6**, 2.5.29; **8**, 10.11; **10**, 15.23.42; **11**, 11; **12**, 6.36; **13**, 17; **16**, 28; **17**, 12.20; **18**, 3.13.18.19; **19**, 23.28; **21**, 21; **23**, 36; **24**, 2.47; **25**, 12.40; **26**, 13.21.34; Xn **3**, 5.11; **5**, 19.24ss; **6**, 26.32.47.53; **8**, 34.51.58; **10**, 1.7; **12**, 24; **13**, 16.20.21.38; **14**, 12; **16**, 20.23; **21**, 18 — a súa palabra fai milagres: Mt **8**, 8.16; Xn **4**, 50-53 — perdoa os pecados: Mt **9**, 1-7; Mc **2**, 3-12; Lc **5**, 18-25 — transmite o seu poder persoal: Mt **18**, 18; Xn **20**, 23 — ante a súa palabra, os homes deben decidirse en favor ou en contra: Mt **7**, 24-27; **13**, 23 — a predicación dos ministros da palabra é palabra de Deus: Feit **4**, 29.31; **6**, 2.7; **8**, 14; **11**, 1; **12**, 24; **13**, 5.7.44.46.48; **16**, 32; **17**, 13; **18**, 11; 1 Cor **14**, 36; 2 Cor **2**, 17; **4**, 2; Flp **1**, 14; Col **1**, 25; 1 Tes **2**, 13; 2 Tim **2**, 9; Tit **2**, 5; 1 Pe **1**, 23; 1 Xn **1**, 10; **2**, 14 — a palabra pola que Deus fixo todo: Xn **1**, 1-3; cf Pr **8**, 22-31; Eclo **24**, 7-19 — que se fixo carne e nos revelou a súa gloria: Xn **1**, 14ss.

Paz: No *A.T.:* Saúde, prosperidade, fartura. Expresión de saúdo, ou despedida: Xén **28**, 21; **37**, 14; **43**, 23.27; Ex **4**, 18; **18**, 7.23; Xos **10**, 21; Xuí **6**, 23; **18**, 6.15; **19**, 20; 1 Sam **10**, 4; **17**, 18.22; **20**, 42; **25**, 5.35; **30**, 31; 2 Sam **8**, 10; 2 Re **5**, 19; **10**, 13; Est **2**, 11 — prosperidade e seguridade pública: Núm **6**, 26; Dt **23**, 7; 2 Re **20**, 19; Sal **122**, 6ss; Pr **3**, 17; Is **45**, 7; **48**, 22; Xer **29**, 7; **38**, 4; Ez **13**, 16 — ausencia de litixios e loitas entre cidades ou pobos: Xén **26**, 6; Dt **2**, 26; **20**, 21; Xos **9**, 15; Xuí **4**, 17; **11**, 13; **21**, 13; 1 Sam **7**, 14; 1 Re **2**, 5; **5**, 26; 2 Re **20**, 19; Est **9**, 30; Is **33**, 7; **39**, 8; Xer **12**, 5; **14**, 13; **33**, 6; Nah **2**, 1; Zac **6**, 13 — ausencia de litixios entre individuos: Xén **26**, 29.31; **37**, 4; 2 Sam **3**, 21; 1 Re **20**, 18; Xob **15**, 21; Sal **28**, 3; **34**, 15; **35**, 20; **37**, 37; **41**, 10; **120**, 6ss; Pr **12**, 20; Xer **9**, 7; **20**, 10; **38**, 22 — conxunto de bens que se ofrecerán ós homes na era mesiánica: Sal **29**, 11; **37**, 11; **72**, 3.7; **85**, 9; **119**, 165; **125**, 5; **128**, 6; **147**,14; Is **9**, 5; **26**, 3.12; **32**, 17ss; **52**, 7; **54**, 10; **57**, 19; **60**, 12; Ax **2**, 9; Zac **9**, 10 — alianza de paz mesiánica: Is **54**, 10; Ez **34**, 25; **37**, 26. No *N.T.:* Posesións de bens: Lc **11**, 21; Feit **24**, 2 — ausencia de guerra: Lc **14**, 32; Feit **12**, 20; Ap **6**, 4 — ausencia de desorde: 1 Cor **14**, 33 — harmonía e bo entendemento: Mc **9**, 50; Feit **7**, 26; Rm **12**, 18; Ef **4**, 3; Sant **3**, 18 — Deus establece o seu Reino por medio da paz: Rm **14**, 17; 2 Cor **13**, 11 (cf Sal **85**, 9-14) — o Mesías é o príncipe da paz: Lc **1**, 79; **2**, 14; **19**, 42; Feit **10**, 36; Ef **2**, 17; **6**,15 (cf Ls **9**, 5ss) — o sangue expiador de Cristo establece a paz: 2 Cor **5**, 18-20; Ef **2**, 14-22; Col **1**, 20; Ap **1**, 4 — a paz do Reino non é a paz do mundo: Mt **10**, 34; Lc **12**, 51; Xn **14**, 27 — a paz do Reino dáse mesmo na persecución: Xn **16**, 33, pois é froito do Espírito Santo: Xn **20**, 19-23; Gál **5**, 22 — o cristián debe ser artífice da paz: Mt **5**, 9 — Paulo deséxaa nas súas cartas: Lc **7**, 50; **10**, 5; Rm **1**, 7; 1 Cor **1**, 3; 2 Cor **1**, 2; Gál **1**, 3; Ef **1**, 2; Col **3**, 15; 1 Pe **1**, 2; **5**, 14.

Pecado: No *A.T.:* Fracaso da vida do home: Xuí **20**, 16; Xob **5**, 24; Pr **8**, 35ss — supón unha oposición á convivencia: Xén **20**, 9; **31**, 36; **40**, 1; **42**, 22; **50**, 17; Ex **5**, 16; 1 Sam **19**, 4ss; **24**, 12; **26**, 21; 2 Re **18**, 14; **21**, 17 — poder demoníaco que axexa ó home: Xén **4**, 7 — e que o mesmo home pode levar consigo: Xén **20**, 9; Ex **32**, 21 — que aparece asociado á morte: Ex **10**, 17 — esta culpabilidade chea de desgracia é visible para Deus: 1 Sam **2**, 17 — e provoca a súa ira: Dt **15**, 9; **23**, 22; 1 Re **8**, 46 — e o seu correctivo: Ex **32**, 30-32.34; Os **8**, 11; **9**, 9 — debe recoñecer diante de Deus o seu pecado: Xos **7**, 20; 2 Sam **7**, 5ss; **12**, 13; 2 Cro **6**, 36; Dn **9**, 15 — lamentacións colectivas e individuais, para provoca-la conversión e acada-lo perdón: Sal **25**, 7. 18; **38**, 2.5; **51**, 5.11; **79**, 9; **85**, 3; **109** — os profetas denuncian o pecado do pobo: Xer **3**, 25; **5**, 25; **14**, 10.20; **16**, 18; **17**, 3; **40**, 3; **50**, 7; Ez **29**, 51; Os **4**, 8; **8**, 13; **9**, 9; **10**, 9; Miq **6**, 7 — rexeitamento do culto sen conversión: Is **5**, 18; **30**, 1; Xer **2**, 35; **14**, 7; **16**, 105; **17**, 1.3; **32**, 35; **40**, 3; **42**, 23; Os **10**, 8.

No *N.T.:* O pecador, un home á marxe da Alianza: Mt **9**, 10; **26**, 45; Mc **2**, 15; **14**, 41; Lc **5**, 30; **6**, 32-34; **15**, 1ss; **19**, 7; **24**, 7; Gál **2**, 15 — non observa a Lei: Mt **9**, 13; **15**, 3; **19**, 17-19; Mc **2**, 17; **10**, 19; Lc **5**, 32; **11**, 42; **13**, 2; **18**, 20 — Xesús denuncia o pecado: Mt **5**, 27ss; **6**, 22; **15**, 1-20; Mc **7**, 1-23 — Deus, disposto a perdoar: Lc **11**, 4; **15**, 1-32; **18**, 13 — considerado cos pecadores: Mt **11**, 19; Lc **7**, 34; **15**, 1ss; **19**, 7 — Xesús perdoa os pecados: Mt **9**, 2.5; Mc **2**, 5.7.9ss; Lc **5**, 20.21.23.24; **7**, 37-50; **19**, 9; Xn **5**, 14; **8**, 11 — o seu sangue limpa os pecados: Mt **26**, 28; Lc **24**, 47; Feit **2**, 38; **5**, 31; **10**, 43; **13**, 38; **26**, 18 — soamente non se perdoa o pecado contra o Espírito Santo: Mt **12**, 31; Mc **3**, 28ss — o crente tamén debe perdoar: Mt **18**, 15.21; Lc **17**, 3ss — a Lei non preserva do pecado, senón que o aumenta: Rm **3**, 20; 1 Cor **15**, 56; Gál **3**, 19 — Adam foi o primeiro pecador: Rm **5**, 12-21; **7**, 8-13; Sant **1**, 15 — tódolos homes pecaron: Rm **3**, 23 — Xesús morreu polos nosos pecados: Rm **5**, 8; 1 Cor **15**, 3; Gál **1**, 4; Col **1**, 14; 1 Tim **1**, 15; Tit **2**, 14; Heb **9**, 15; 1 Pe **3**, 18 — e líbranos deles: Rm **8**, 2ss; 2 Cor **5**, 21; Heb **1**, 3; **2**, 17; **4**, 15; **5**, 1; **7**, 26ss; **9**, 26; 1 Pe **2**, 22.24; **4**, 1 — o cristián polo bautismo morre ó pecado, pero debe actualizar a diario esa morte: Rm **6**, 1-22; **8**, 1 — o pecado vén do mesmo demo, inimigo de Deus: Xn **8**, 44; 1 Xn **3**, 8 — e Xesús ó vence-lo demo, líbranos do pecado: Xn **1**, 19; **12**, 31ss; **16**, 11.33; 1 Xn **1**, 7-10; **2**, 12; **3**, 5; **4**, 10; Ap **1**, 5 — o pecado é ama-las tebras e fuxir da luz: Xn **1**, 5; **3**, 19; **9**, 41.

Pobreza: No *A. T.:* Confianza en Deus nunha situación de carencia: Sal **3**, 4; **9**, 13.19; **10**, 2.17; **22**, 25; **25**, 9.16; **34**, 3.7; **40**, 18; **68**, 11; **74**, 21; Is **14**, 32; **49**, 113 — oposta á ruindade: Sal **37**, 11; **147**, 6; Pr **3**, 34; **16**, 19 — sinónima dos piadosos orantes que buscan a Iavé: Sal **18**, 28; **22**, 27; **37**, 16ss; **69**, 33; Is **26**, 6; **62**, 2; Sof **3**, 12; Zac **9**, 9. No *N.T.:* Cualidade de Xesús: Mt **11**, 29; Lc **1**, 52; **21**, 5 — cualidade do novo pobo, salvado por Cristo: Lc **1**, 52; Rm **12**, 16; 2 Cor **7**, 6; Sant **1**, 9; 1 Pe **3**, 4 — cualidade modélica de Paulo: 2 Cor **10**, 1 — Deus concede o seu favor ós pobres: Mt **5**, 3; Sant **3**, 34; cf Sal **3**, 34 e 1 Pe **5**, 5.

Redentor: (Redención). No *A.T.:* O familiar máis achegado, con certos dereitos o obrigacións: Lev **25**, 25-34; Rut **2**, 20; **3**, 12; **4**, 4; Xer **32**, 6ss — un hebreo vendido como escravo a un estranxeiro: Lev **25**, 47-54 — a *vinganza do sangue:* Núm **35**, 12.19-27; Dt **19**, 6.12; Xos **20**, 2.5.9; 2 Sam **14**, 11 — en senso teolóxico: Deus, "redentor" do orfo e da viúva: Pr **23**, 11; Xer **50**, 34 — *rescata* a vida do orante en perigo: Xob **19**, 25; Sal **119**, 154; Lam **3**, 53.55.58 — rescata o seu pobo de Exipto: Ex **6**, 6; **15**, 18; Sal **74**, 16; **106**, 10; Is **43**, 1; **44**, 22; **48**, 20; **51**, 10; **52**, 9 — de Babilonia: Miq **4**, 10 — dos inimigos: Xer **3**, 11 — doutros perigos: Sal **69**, 14ss — da morte: Sal

ÍNDICE TEOLÓXICO CONCEPTUAL

103, 4; Is 63, 9; Os 13, 14 — Epíteto de Iavé: Xob 19, 25; Sal 19, 15; 78, 35; Is 41, 14; 43, 14; 44, 6; 47, 4; 48, 17; 49, 7ss.26; 54, 5; 60, 16. No *N.T.:* Esperanza de redención de Israel: Lc 2, 38; 24, 21 — a redención de Xesús: Lc 1, 68 — vinculada á súa morte: Mt 20, 28; Mc 10, 45; Ef 1, 7; Tit 2, 14; Heb 9, 12.15; 1 Pe 1, 18 — relación co amor de Deus manifestado na morte de Cristo, e co perdón dos pecados: Col 1, 14; Tit 2, 14; Heb 9, 12.15 — en relación con Xesús Cristo resucitado: Rm 3, 24; 1 Cor 1, 30 — e coa acción santificadora do Espírito Santo: Ef 1, 14 — os froitos da Redención ó remate dos tempos: Lc 21, 28; Rm 8, 23.

Rei-Reino: *A.T.:* Título que expresa unha función de protección, axuda e auxilio, especialmente do débil e desprotexido: 1 Sam 8, 1-9 — título de Iavé: Núm 23, 21; Dt 33, 5; 1 Sam 12, 12; Sal 5, 3; 24, 7-10; 29,10; 44, 5; 47, 3.7ss; 48, 3; 68, 3.25; 74, 12; 84, 4; 95, 3; 98, 6; 145, 1; 149, 2; Is 6, 5; 33, 22; 41, 21; 43, 15; Xer 8, 19; 10, 7; 11, 10; 46, 18; 48, 15; 51, 57; Miq 2, 13; Sof 3, 15; Zac 14, 9.16; Mal 1, 14 — Reino de Iavé: Sal 103, 19; 145, 11-13; 1 Cron 17, 14; 28, 5 — Iavé, Rei do mundo: Ex 15, 18; Sal 47, 3-9; 93, 1; 96, 10; 97, 1; 99, 1 — o futuro Rei mesiánico: Is 32, 11; Xer 23, 5; 30, 9; Ez 37, 24; Os 3, 5. *N.T.:* O Reino de Deus, realización do ideal de xustiza pretendido en Israel, en favor dos pobres, que o esperan todo de Deus: Mt 5, 3; Lc 6, 20; — dos perseguidos pola súa fidelidade a Deus Mt 5, 10; — dos aflixidos, dos non violentos: Mt 5, 4-11; Lc 6, 20-21 — dos cegos, coxos, leprosos, xordos..., beneficiarios da actividade milagrosa de Xesús (cf **Milagre**). Este reino ten dúas etapas: — unha histórica, que vai medrando: Mt 7, 13-14; 13, 24-29.31-33.36.38.47-48; 18, 8.9.21.28-29; 19, 17; 20, 1; 21, 28.29; 23, 13; 25, 15-17 paral; Mc 10, 15; Lc 13, 24; 19, 13 — e outra futura, non conseguible polas soas forzas humanas: Mt 13,30.39-43.48-50; 21, 11-13; 25, 10-11; Lc 13, 25 — combinación dos dous aspectos nalgunhas parábolas: Mt 13, 24-30.39-43.48-50; 18, 23-35; 22, 10-13; 25, 1-13; Lc 19, 11-27 — o Reino comeza coa mensaxe de Xesús: Mt 13, 24.37; Mc 4, 26 — e vai medrando cos seus feitos, opostos ó reino do maligno: Mt 12, 26.28; Lc 10, 18; 11, 19 — o progreso do Reino depende da resposta dos homes: Mc 10, 15.

Resurrección: Pertence ás categorías antropolóxicas do A.T. (cf Ez 37, 1-13), aínda que a fe dos hebreos na resurrección non é anterior ó século II a. C.: cf 2 Mac 7, 11.14; 12, 43-44; Dn 12, 2 — hai que distingui-la resurrección, do retorno á vida terreal dalgúns mortos: 1 Re 17, 17-24; 2 Re 4, 31-37; Mt 9, 18-26; Lc 7, 11-17; Xn 11, 17-45; Feit 9, 36-43 — Xesús non resucita deste xeito, senón cun "corpo espiritual": 1 Cor 15, 44.46 — Xesús anuncia a súa resurrección: Mt 16, 21; 17, 19.22; 20, 19; 26, 32; 27, 36 — os discípulos comproban o feito da resurrección de Xesús: Mt 28, 1-20; Mc 16, 1-20; Lc 24, 1-53; Xn 20, 1-21.25 — a resurrección de Xesús é sinal e proba da nosa futura resurrección: 1 Cor 15, 22-34.

Sabedoría: *A.T.:* Coñecemento de determinada arte: Dt 1, 13-15; 16, 19; Ecl 2, 19; Xer 9, 22; Ez 28, 4 — propia do gobernador ou ministro-conselleiro da monarquía: Pr 12, 15.18; 13, 1.14; 15, 2.7.21; 16, 21; 28, 8.11; Ecl 10, 12; 12, 1; 9, 17 — Xosé, modelo de sabio que aconsella: Xén 41, 25-39 — Salomón, modelo de rei sabio: 1 Re 5, 9-14; 10, 1-13 e do sabio xuíz: 3, 4-28 — Daniel, un sabio adiviño: Ez 14, 14.20; Dn 2. 4 ss — atributo polo que Deus creou e rexe tódalas cousas: Xob 12, 12; Sal 104, 24; 147, 5; Pr 3, 19; Ecl 1, 13 — Deus comunícallela ós homes, converténdoos en amigos seus e profetas: Pr 8, 31; Sab 7, 27-30 — pódese conseguir tamén polo estudio da natureza e pola meditación da palabra divina: Dt 4, 6; 1 Re 4, 29-34; Pr 2, 6; Eclo 24, 13; Bar 3, 37 — a súa adquisición arrinca do temor do Señor ou relixiosidade: Sal 111, 10; Pr 1, 7; 9, 10; 14, 27; Eclo 1, 16 — hipostatización da Sabedoría: Pr 8, 14-16; Sab 7, 24-26; Eclo 24, 5. *N.T.:* Misteriosa orixe da sabedoría de Xesús: Mt 13, 54; Mc 6, 2 — Xesús é superior a Salomón, o prototipo do sabio: Lc 11, 31 — Xesús é identificado coa sabedoría: Mt 11, 19; Lc 7, 35 — Xesús Cristo crucificado é a sabedoría de Deus: 1 Cor 1, 24.30; 2, 6-16 — en Cristo están escondidos tódolos tesouros da sabedoría e do coñecemento: Col 2, 3 — a salvación de xudeus e pagáns por Cristo demostra a infinita sabedoría de Deus: Rm 11, 33 — o Año (= Cristo morto e resucitado) é merecente de recibi-la sabedoría: Ap 5, 12 (himno) — Xesús é o autor da inspiración sapiencial para os cristiáns perseguidos: Lc 21, 15 — a obra salvífica de Deus maniféstase na sabedoría e intelixencia dos cristiáns: Ef 1, 8.17; 3, 10; Col 1, 9 — os predicadores cristiáns (diáconos) están cheos de Espírito e de sabedoría: Feit 6, 3.10 — Paulo ensina con sabedoría, buscando a perfección de todo home: Col 1, 28 — a verdadeira sabedoría dáa o Espírito: 1 Cor 2, 10-16; 12, 8 — a sabedoría cristiá inclúe os coñecementos proféticos: Ap 13, 18; 17, 9 — a sabedoría hase pedir a Deus: Sant 1, 5; 3, 17; 2 Pe 3, 15 — certa sabedoría non vén de arriba: Sant 3, 15.

Sacerdocio: *A.T.:* Antes de Moisés era función do xefe da tribo ou da familia: Xén 8, 20; 15, 9; 22, 13; 31, 54; Ex 19, 22.24; 29, 1. O sacerdocio de Leví e dos seus descendentes: Ex 32, 25-29; Núm 3, 6-10; Dt 33, 8-11 — ritual da consagración dos sacerdotes, feito por David: 1 Cro **24**, 1-19 — Lei da santidade ritual dos levitas: Lev **21**, 1-9 — o sacerdocio despois da catividade: Esd **2**, 36-39.61-63; **8**, 15-20; Neh **7**, 39-42; **11**, 10-14; **12**, 1-12; **13**, 28-29 — xuízo negativo dos profetas referente ós sacerdotes: Is **28**, 7; Xer **5**, 31; **6**, 13; **8**, 10; **13**, 13; **20**, 1; Ez **22**, 26; Os **4**, 4ss; **5**, 1ss; Am **7**, 10ss — profecías referentes ó sacerdocio na era mesiánica: Xer **31**, 14; **33**, 20; Ez **43**, 19-27; **44**, 15-31.

N.T.: Fin da institución sacerdotal xudía, con Xesús, Sumo Sacerdote ó xeito de Melquisedec: Heb **7**, 11-24 — Xesús ofreceuse coma sacrificio perfecto: Ef **5**, 2; Heb **9**, 14 — o pobo cristián é pobo sacerdotal por Cristo e en Cristo: 1 Ped **2**, 5.9; Ap **1**, 6; **5**, 10; **20**, 6 — a ofrenda da vida cristiá coma culto espiritual: Rm **12**, 1; Flp **2**, 17; **4**, 18; Heb **13**, 5ss.

Seguir, Seguimento: *A.T.:* (Ir tras de...). Tralos ídolos: Dt **4**, 3; Am **2**, 4 —tras outros deuses: Dt **28**, 14; Xuí **2**, 19; **11**, 10 — seguir e servir outros deuses: Xos **23**, 16; 1 Re **9**, 6; 1 Cro **7**, 19 — o corazón do pobo vaise tralos ídolos: 1 Re **11**, 10; Ez **20**, 6; **33**, 31 — a Iavé haino que seguir con rectitude de corazón: 1 Re **14**, 8; Xer **2**, 23 — seguir a Iavé é sinónimo de coñece-las súas leis e preceptos: Xer **44**, 10; Ez **5**, 6; **20**, 13.16.21.

N.T.: No senso real de seguir a Xesús coma discípulo ou coma oínte esporádico: Mt **4**, 20; **8**, 1; **9**, 9ss — no senso metafórico-espiritual do seguimento de Xesús: Xn **21**, 19-22; Feit **5**, 37; **20**, 30; 1 Tim **5**, 15; 2 Pe **2**, 10; Xds **7**; Ap **13**, 3; **19**, 14 — Xesús chama os homes ó seu seguimento: Mt **4**, 19; **9**, 9; **19**, 21; Mc **1**, 20.27; **2**, 14; **10**, 21; Lc **5**, 27; **18**, 22; Xn **1**, 43 — en Xn seguir a Xesús equivale a crer nel: Xn **8**, 12; **10**, 4ss.27 — seguir a Xesús é asociarse á súa cruz e entrar no Reino de Deus: Mt **8**, 19.22; **10**, 38; **16**, 24; Mc **8**, 34; Lc **9**, 23.57.59; Xn **12**, 26 — aínda despois da Pascua fala Xn de "seguir a Xesús": Xn **21**, 19-22; Ap **14**, 4, expresión que equivale nos escritos de Paulo a "ser en Cristo" (cf Gál **3**, 28).

Servir: *A.T.:* Termo empregado para expresa-la adoración ós ídolos: Dt **4**, 19; **7**, 4; **8**, 19; **28**, 14.36-64; **30**, 17; **31**, 20; Xuí **10**, 6; 1 Re **10**, 18-26; **21**, 21; **22**, 54; Xer **11**, 10; **13**, 10; **35**, 15; **44**, 3 — o mesmo que para expresa-la adoración a Iavé: Ex **10**, 26; **23**, 25; Dt **28**, 47; Xos **22**, 27; **24**, 14ss; 1 Sam **12**, 20; Is **19**, 21; Xer **30**, 9 — con el expresáse o culto a Iavé: Ex **10**, 8.24; Sal **2**, 11; **100**, 2; de xeito que os levitas están destinados ó culto-servicio a Iavé: Núm **8**, 11; **16**, 9 — o culto-servicio a Iavé expresáse tamén no comportamento moral: Dt **10**, 12; Xos **22**, 5.

N.T.: As obras feitas por Xesús: Lc **22**, 27; Xn **13**, 1-20 son para os discípulos unha esixencia de servir: Mt **20**, 26; Mc **10**, 43; Lc **22**, 16; 1 Pe **4**, 10 — este termo caracteriza a actitude fundamental de Xesús na terra: Mt **20**, 28; Mc **10**, 45; Rm **15**, 8 e no último día (Lc **12**, 37). — Servi-los demáis é servi-lo mesmo Xesús: Mt **25**, 40 — este mesmo termo significou na Igrexa primitiva a función de servicio á acción de Xesús resucitado (servicio ministerial ou sacrificio ministerial) e á comunidade cristiá: Feit, **6**, 14; **12**, 25; **20**, 24; **21**, 19; Rm **11**, 13; **12**, 7; 2 Cor **3**, 3-9; **5**, 18; Ef **3**, 7; Col **1**, 23; 1 Tim **1**, 12; 1 Pe **1**, 12.

Servo: Senso de escravo: Xén **12**, 16; **31**, 6; **39**, 17.19; **41**, 12; **50**, 2; Ex **12**, 44; **20**, 10; **21**, 2; Lev **25**, 6; Dt **23**, 16; Is **24**, 2 — o pobo, escravo en Exipto: Dt **5**, 15; **15**, 15; **16**, 12; **24**, 18.22 — Exipto, "casa da escravitude": Ex **13**, 3.14; **20**, 2; Dt **5**, 6; **6**, 12; **7**, 8; **8**, 14; **13**, 6.11; Xos **24**, 17; Xuí **6**, 8; Is **34**, 13 — os soldados, servos do rei: 1 Sam **17**, 8; **25**, 10; 2 Sam **2**, 12 — o mesmo acontece cos oficiais do exército: 1 Sam **29**, 3; 1 Re **11**, 26; 2 Re **25**, 8; Is **36**, 9, e cos mesmos embaixadores: Núm **22**, 18; 2 Sam **10**, 2 — tamén se considera servidor o rei vasalo (2 Sam **10**, 19) e a nación tributaria (2 Sam **8**, 2.6.14; 1 Cro **18**, 2.6.13) — a expresión "o teu servo" equivale a "eu": Xén **18**, 3; 1 Sam **20**, 7.8; **26**, 18.19; 2 Sam **14**, 22; **24**, 21 — iso acontece tamén na oración hebrea: Ex **4**, 10; Núm **11**, 11; Xuí **15**, 18; 1 Sam **3**, 9.10; **25**, 39; Sal **19**, 12.14; **27**, 9; **31**, 17; **35**, 27; **69**, 18; **109**, 28; **143**, 2 — os servidores de Deus son os seus adoradores: os anxos (Xob **4**, 18); — os patriarcas: Xén **24**, 14; **26**, 24; Ex **14**, 31; Núm **12**, 7.8; Dt **34**, 5; Xos **1**, 2.7.13.15; **8**, 31.33; **9**, 24; **11**, 12.15; **12**, 6; **13**, 8; **14**, 7; **22**, 2.4.5; **24**, 29; 1 Sam **3**, 18; **7**, 5.8.26; 1 Re **8**, 53.56 — servos de Iavé son especialmente os levitas cantores do templo, que bendín o pobo: Sal **113**, 1; **134**, 1; **135**, 1 — tamén son os profetas: 1 Re **14**, 18; **15**, 29; 2 Re **9**, 7.36; **10**, 10; **14**, 18; **17**, 13.23; **21**, 10; **24**, 2; Is **7**, 25; **20**, 3; **25**, 4; **26**, 5; **29**, 19; **35**, 15; **44**, 4.26; **50**, 10; Ez **38**, 17; Am **3**, 7 — Israel coma pobo é coma o Servo de Iavé: Sal **136**, 22 ; Is **41**, 8.9; **44**, 1.2.21; **45**, 4; **48**, 20; **49**, 3; Xer **30**, 10; **46**, 27.28 — o Servo de Iavé é luz das nacións, profeta, sabio, e mártir expiador: Is **42**, 1; **49**, 5.6.7; **52**, 13; **53**, 11 — o auténtico Servo de Iavé non é outro ca Xesús de Nazaret: cf Mt **8**, 16-17; **12**, 16-21; Lc **4**, 17; Flp **2**, 5-11. *N.T.:* "Servo" ten abondas veces o senso pexorativo de "escravo": Mt **8**, 6.8.13; **14**, 4; **26**, 69; Mc **14**, 66.69; Lc **7**, 7; **12**, 45; **15**, 26; **16**, 13; **22**, 56; Xn **18**, 17; Feit **10**, 7; **12**, 13; **16**, 16; Gál **4**, 22.23.30.31; 1 Pe **2**, 18 — pero "servo do rei" era semellante a "embaixador". Nese senso fálase da servidume a Deus: Rm **6**, 22; 1 Tes **1**, 9 — e a Cristo: Rm **14**, 18; 1 Cor **7**, 22; Gál **1**, 10; Ef **6**, 6ss; Col **3**, 24 — servicio en liberdade, coma o do Fillo ó Pai: Xn **8**, 33-36; Rm **6-7**; Gál **4**, 1-5 —

ÍNDICE TEOLÓXICO CONCEPTUAL

o servo resulta así amigo (Xn **15**, 15) e servidor de Cristo, e mais ministro da súa salvación: Xn **15**, 20; Flp **2**, 7.22 — a mesma actitude debe tela a xerarquía da Igrexa cos irmáns: Mt **20**, 27; Mc **10**, 44; Gál **5**, 13.

Sufrir: *A.T.:* Castigo de Deus para que o home se converta: Xén **3**, 16.17-19; **6**, 1ss; Ex **7**, 14ss; **10**, 29; **12**, 29-34; **15**, 26; Dt **4**, 21-31; **6**, 14-25; **7**, 10; **11**, 26-32; **28**, 1-46; **30**, 15-20 — o principio nos oráculos de xuízo de castigo individual: Ex **4**, 21-23; 1 Sam **2**, 27-36; **13**, 11-14; **15**, 10-31; 2 Sam **12**; 1 Re **11**, 29-40; **13**, 1-3; **14**, 7-14; **17**, 1; **20**, 35-43; **21**, 17-22; **22**, 13-23; 2 Re **1**, 6; **20**, 14-19; **21**, 10-15; Is **7**, 10-16; **22**, 15-25; **37**, 22-30; **38**, 1; **39**, 3-7; Xer **20**, 1-6; **22**, 10-12.13-19.24-27; **28**, 12-16; **29**, 24-32; **30**; **36**, 29-30; **37**, 17; Am **7**, 14-17 — o mesmo acontece nos oráculos de xuízo colectivo: Is **8**, 5-8; **9**, 7-11.17-20; **22**, 8-14; **28**, 7-13; **29**, 13-14; **30**, 12-17; Is **3**, 1-11; **7**, 18-25; **17**, 1-11.12-14; **30**, 8-11; Xer **2**, 26-28; **13**, 25-27; Os **10**, 1-2; Am **1**, 3-2, 16; **9**, 8-10 — en paralelo cronolóxico co devandito principio teolóxico de procura-la conversión, desenvólvese desde o s. XIII o tema dos sufrimentos do xusto polos que vén a saúde ós membros do pobo de Deus, tifipicándose en tres aspectos ou tempos: a) sufrimentos do xusto; b) a xustiza ou perfecta adecuación á vontade de Deus; c) a salvación do pobo. Este principio exemplarízase nestes personaxes:

—*O patriarca Xosé:* a) sufrimentos: Xén **37**, 12-26; **39**, 20-23; b) xustiza do sufrinte: Xén **39**, 7-19; c) salvación do pobo: Xén **42**, 1-45, 8.

—*Rut, a moabita:* a) Rut **1**, 1-15.19-22; b) **1**, 16-17; c) **4**, 1-22.

—*Ana, a nai de Samuel:* a) 1 Sam **1**, 1-8; b) **1**, 9-18; c) 1 Sam **2**, 1-11; **3**, 1-12; **7-10**.

—*David, o rei:* a) 1 Sam **19**, 8-10; **21**, 11-16; **22**, 1-5; **23**, 9-18; b) 1 Sam **19**, 18-24; **24**, 1-23; **26**, 1-25; c) 1 Sam **30**, 26-31; 2 Sam **2**, 1ss; **5**, 1 ss.

—*Xeremías, o profeta:* a) sufrimentos: Xer **36-45** e oración: Xer **15**, 10-18; **20**, 7-8.14-18; b) xustiza ou fidelidade: Xer **1**, 17-19; **15**, 19-21; **18**, 19-23; **20**, 9b.11-13; c) oráculos mesiánicos: **23**, 1-8; **29**, 10-14; **31**, 31-34; **33**, 1-26.

—*O Servo de Iavé:* (o Deuteroisaías e mais Xesús): a) Is **49**, 4; **50**, 5-8; **52**, 14; **53**, 2-4.7-9; b) **42**, 1; **50**, 8-9; **53**, 9b.12; c) **42**, 2-4.6-7; **49**, 5-7; **52**, 13-15. Función expiatoria do seu sufrimento: **53**, 5-11.

—*Xob:* a) e b) o seu sufrimento, sendo xusto: **1**, 1-3, 26; **6**, 1-7, 21; **10**, 1-22; **31**, 1-40; c) esperanza de salvación de Xob para si mesmo: **19**, 23-29. Intercesión de Xob: **42**, 8-9.

—*Salmos de lamentación e acción de gracias,* tanto individual coma colectiva: a) o sufrimento ritualizado nas lamentacións individuais: Sal **7**, 1ss; **22**, 2-3.7-8.13-19; **31**, 2-14; **38**, 3-15; **40**, 3ss e colectiva: **66**, 10-12; b) xustiza do orante: **32**, 1-7...; c) salvación proclamada festivamente: **7**, 18; **22**, 23-30; **30**, 2.12-13; **32**, 11; **40**, 4-6.17.

—Os mesmos principios teolóxicos móstranse nos *oráculos de xuízo de castigo individual:* 1 Sam **2**, 27-36; **13**, 11-14. — Que Xesús sufriu e morreu é tema fundamental de todo o N.T.: Lc **22**, 15; Feit **1**, 3; Heb **2**, 18; **5**, 8; **13**, 12; 1 Pe **2**, 23; **4**, 1; **5**, 1 — estes sufrimentos foron anunciados por Xesús: Mt **16**, 21; **17**, 12; Mc **8**, 31; **9**, 12; Lc **9**, 22; **17**, 25, e pertencían ó plan salvífico de Deus: Lc **24**, 26.46; Feit **3**, 8; **17**, 3; **26**, 23; 1 Pe **1**, 11. — Xesús sufriu por nós: 2 Cor **1**, 5; 1 Pe **2**, 21, por compaixón coas nosas debilidades: Heb **4**, 15, e co seu sufrimento inxusto fixo posible a liberación do pecado: 1 Pe **3**, 18. Xesús viviu os seus sufrimentos con este senso expiatorio do Servo de Iavé: Flp **2**, 8-11; Heb **2**, 9 (Is **53**) — o cristián está chamado a comparti-los sufrimentos de Cristo: Feit **9**, 16; 2 Cor **1**, 5; Flp **3**, 10; 1 Pe **4**, 1.13; Ap **2**, 10 — deste xeito o sufrimento do home pode ter senso: Rm **8**, 17; Sant **5**, 10 — o cristián completa o que falta ós padecementos de Cristo: Flp **1**, 29; Col **1**, 24; 2 Tim **2**, 3, e é capaz de acompaña-los demais nos seus sufrimentos: 1 Tes **2**, 14; 2 Tes **1**, 5; 2 Tim **3**, 11; Heb **10**, 34; 1 Pe **3**, 8; **5**, 9. A consolación espiritual pode alcanza-lo cristián que sofre, xa que a gloria escatolóxica está presente no cristián: Rm **8**, 18; 2 Cor **1**, 5ss; 1 Pe **5**, 10 — deste xeito pódese comprende-la benaventuranza dos perseguidos: Mt **5**, 10-12; Lc **6**, 22ss; 1 Pe **3**, 14.

Templo: *A.T.:* "Lugar elixido por Iavé para pór nel o seu Nome". Este é o seu dinamismo salvífico: Dt **12**, 5.11.21; **14**, 23.24; **16**, 2.11; **26**, 2 — ten coma antecedente na vida nomádica a Tenda do Encontro: Ex **25**, 27; **36**, 38; Feit **7**, 44; Heb **8**, 5 — construído por Salomón coma casa de Iavé, onde recibe culto: 1 Sam **6**, 8; 2 Cro **2**, 6 — semellante a este é o que Ezequiel percibe en visión profética: Ez **40-43** — foi reconstruído por Zerubabel: Esd **3**, 7-4, 5; **4**, 24-5, 22; Ax **2**, 3-10 — pero nin o templo nin o culto poden trae-la salvación ó pobo, senón a fidelidade á alianza coma expresión da fe en Iavé: Is **1**, 11-20; Xer **7**, 1-15 — no desterro babilónico Ezequiel chega á conclusión de que o mesmo Iavé é o templo do seu pobo: Ez **1**, 3ss; **10**, 18; **11**, 16.

Xesús e o templo: N.T.: Xesús realiza cultos no templo, aínda que condene o formalismo con que se fan: Mt **5**, 23ss; **12**, 2-7; **23**, 16-22; Mc **2**, 24-26; Lc **2**, 22-50; **6**, 2-4 — Xesús quere que se respecte o templo: Mt **21**, 12-17; Mc **11**, 11-17; Lc **19**, 45ss; Xn **2**, 13-17 — sen embargo anuncia a súa destrucción: Mt **23**, 38; **24**, 2; **26**, 60ss; **27**,

ÍNDICE TEOLÓXICO CONCEPTUAL

39ss; Mc **13**, 2; **14**, 29; Lc **13**, 35; **21**, 6 — durante a morte de Xesús, a cortina do santuario rachouse en dous e execrouse o Santo dos Santos: Mt **27**, 51; Mc **15**, 38; Lc **23**, 45 — os cristiáns descubriron o auténtico santuario na carne de Xesús resucitado; e nese santuario hase celebra-lo novo culto: Xn **2**, 19-21 — os cristiáns van ó templo de Xerusalén: Feit **2**, 46; **3**, 1-11; **21**, 26, ata que se decatan de que a Igrexa é o auténtico santuario de Deus, fundado en Cristo: 1 Cor **3**, 16ss; 2 Cor **6**, 16-18, ó que teñen entrada xudeus e xentís: Ef **2**, 14-22. — Cada cristián é templo de Deus e santuario do Espírito Santo: 1 Cor **3**, 17; **6**, 19; 2 Cor **6**, 16, pedra viva do santuario, obra de Deus: Feit **7**, 49-51; **17**, 24; cf Is **66**, 1 — no santuario celeste —arquetipo do terreo—, entrou Xesús, e abríuno-la porta de acceso onda o Pai: Heb **4**, 14; **6**, 19ss; **9**, 11-14.24; **10**, 19ss; — o santuario celeste son o mesmo Deus e mailo Año: Ap **5**, 6-14; **7**, 15; **21**, 22.

Verdade: En *senso grego* é a realidade descuberta, a correspondencia entre o real e a mente. Nese senso emprégase nos evanxeos sinópticos, pero sen esquece-lo semítico de revelación divina pola que o crente confía en Deus, que se autorrevela en Xesús: Mt **14**, 33; **22**, 16; **26**, 73; **27**, 54; Mc **5**, 33; **12**, 14.32; **14**, 70; **15**, 39; Lc **16**, 11; **20**, 1; **22**, 59 — San Paulo emprega o termo algunhas veces no seu senso grego: Rm **9**, 1; 2 Cor **6**, 8; **7**, 14; **12**, 6; Ef **4**, 25; Flp **1**, 18; 1 Tim **2**, 7; Sant **3**, 14, e outras no senso semítico: Rm **2**, 8; **3**, 3-7; **15**, 8; 1 Cor **13**, 8; Gál **2**, 14; **5**, 7; Ef **1**, 3; **4**, 21 — para Xoán a verdade é Cristo: Xn **1**, 17, a súa persoa: Xn **1**, 9.14; **14**, 6, o que Xesús di: Xn **8**, 40-47; **16**, 7; **18**, 37 e fai: Xn **5**, 19ss.36ss; **8**, 19.26.28; **12**, 50.

Vicios: *A.T.:* A longa tradición sapiencial de Israel reprende duramente os vicios: — a soberbia: Pr **6**, 17; **11**, 2; **13**, 10; **15**, 25; **16**, 18; **25**, 6-7; **29**, 23; — a cobiza: Pr **10**, 12; **11**, 4-28; **15**, 27; **23**, 4-5; — a luxuria: Pr **5**, 1-14; **6**, 20-7, 27; — a ira: Pr **15**, 18; **26**, 21; **29**, 22; **30**, 13; — a preguiza e nugalla: **6**, 6-11; **10**, 4-5; **24**, 28-34; **26**, 13-16.

N.T.: Imitando os filósofos gregos e os escritores do xudaísmo, fanse catálogos de vicios: Mt **15**, 19; Mc **7**, 21ss; Rm **1**, 19-31; **13**, 13; 1 Cor **5**, 10; **6**, 9ss; 2 Cor **12**, 20; Gál **5**, 19-21; Ef **4**, 31; **5**, 3-5; Col **3**, 5-8; 1 Tim **1**, 9ss; **6**, 4ss; 2 Tim **3**, 2-5; Tit **3**, 3; 1 Pe **4**, 3; Ap **21**, 8; **22**, 15 — os vicios saen do corazón (intencionalidade) do home: Mt **15**, 19; Mc **7**, 21 — saen da carne (debilidade e tendencia ó mal) do home: Rm **7**, 5.18.25; **8**, 8; **13**, 14; Gál **5**, 16-19; Ef **2**, 3; Col **2**, 18.23; 1 Pe **2**, 11; 2 Pe **2**, 10.18; 1 Xn **2**, 16 — os vicios levan á morte: Rm **1**, 19-31; **8**, 13; Gál **6**, 8.

Vida: *A.T.:* Iavé é o Deus vivente. Móstrase dinámico na historia do pobo, salvando ou castigando: Dt **5**, 23; Xos **3**, 10; 1 Sam **17**, 26; 2 Re **9**, 4.16; Sal **42**, 3; **84**, 3; Xer **10**, 10; **23**, 36; Dn **6**, 21.27; Os **2**, 1 — xuramento invocando a "Vida de Iavé" para provoca-la súa intervención salvífica: Núm **14**, 21.28; Dt **32**, 40; Xuí **8**, 19; Rut **3**, 13; 1 Sam **14**, 30.45; **19**, 6; **20**, 3.21; **25**, 34; **26**, 20.16; **28**, 10; **29**, 6; 2 Sam **2**, 27; **4**, 9; **12**, 5; **14**, 11; **15**, 21; 1 Re **1**, 29; **2**, 24; **17**, 1.12; **18**, 10.15; **22**, 14; 2 Re **3**, 14; **5**, 16.20; Xob **27**, 2; Is **46**, 26; **49**, 18; Xer **4**, 2; **5**, 2; **12**, 16; **16**, 14.15; **22**, 24; **23**, 7.8; **38**, 16; **46**, 18; Ez **5**, 11; **14**, 10.18.20; **16**, 48; **17**, 16.19; **18**, 3; **20**, 3.31.33; **23**, 11.27; **34**, 8; **35**, 6.11; Os **4**, 15; Sof **2**, 9 — a vida é don de Deus: Xén **4**, 7; **6**, 16; **7**, 15.22; Dt **32**, 39; 1 Sam **2**, 6; 2 Re **5**, 7 — diríxense a Deus as súplicas pola propia vida e felicidade: Xob **10**, 12; Sal **30**, 4; **36**, 10; **41**, 3; **66**, 9; **71**, 20; **119**, 25.37.40.88.93.107.149.154.156.159; **143**, 11 — no mundo semítico o concepto de vida inclúe o de felicidade: Xén **15**, 19; **45**, 27; Xos **5**, 8; Sal **30**, 4; **33**, 19; **41**, 3; **71**, 20; **143**, 11 — así, o termo "vida" aparece en paralelo con "paz-fartura" (en heb "xalom": Mal **2**, 5) — unido co termo "luz" na expresión "a luz da vida": Xob **33**, 30; Sal **56**, 14 — fálase do camiño da vida: Sal **5**, 6; **15**, 24; **16**, 11; Pr **6**, 23; Xer **21**, 8 — dos preceptos de vida: Ez **33**, 15 e da vida do xusto: Ez **18**; **33**, 10-20; Os **6**, 2; Am **5**; Hab **2**, 4 — esta vida feliz é don de Deus: Xob **10**, 12; Sal **42**, 9, depende do fiel cumprimento dos mandamentos e inclúe a posesión da terra, a liberdade persoal: Dt **4**, 1 e felicidade: Lev **18**, 5; Dt **4**, 1; **5**, 33; **8**, 1; Pr **4**, 4; **7**, 2; **9**, 2; **15**, 27; **21**, 21; Ez **20**, 11.13.21 — a aclamación "¡Viva o rei!", do ritual da súa entronización: 1 Sam **10**, 24; 2 Sam **16**, 16; 1 Re **1**, 25.31.34.39; 2 Re **11**, 12; 2 Cro **23**, 11; Sal **21**, 5; **61**, 7; Pr **16**, 15; Lam **4**, 20 — os mesmos termos expresan a resurrección dun morto: 1 Re **17**, 22; 2 Re **13**, 21; Is **26**, 14.19; Ez **37**, 3.5.9.10.14; **47**, 9 e o restablecemento despois dunha grave enfermidade: Xén **45**, 27; Núm **21**, 18; Xos **5**, 8; 2 Re **1**, 2; **8**, 8-10.14; **20**, 1.7; Xob **7**, 10; Sal **30**, 4; **33**, 19; **41**, 3; **71**, 20; **143**, 11; Is **38**, 1.9.21. *N.T.:* A vida creada é preciosa ós ollos de Deus: Mt **6**, 25-34; **16**, 16; **26**, 24; Xn **6**, 57; Feit **14**, 15; 1 Tes **1**, 9; Heb **10**, 31; Ap **4**, 9 — é un don de Deus: Feit **17**, 25 — estar lonxe de Deus é estar morto: Lc **15**, 32.34 — vivir é alimentarse da palabra de Deus: Mt **4**, 4; Lc **4**, 4, confiar plenamente nel: Mt **6**, 25; Lc **12**, 22ss — Xesús é o vivente por excelencia, especialmente despois da súa resurrección: Lc **24**, 5; Feit **1**, 3; **3**, 15; **25**, 19; Heb **7**, 25; Ap **1**, 18 — a vida eterna e a plenitude de vida e felicidade que por Xesús Deus comunica ó crente: Mt **18**, 8; Mc **9**, 43.45 — para Paulo a vida hai que entendela partindo da vida de Xesús resucitado: Rm **14**, 9; 2 Cor **13**, 4 — deste xeito a vida feliz do cristián é unha vida "en Cristo": Gál **2**, 20

— deixándose levar pola fe nel: Rm **14**, 7; 2 Cor **5**, 15, e vivindo sempre para o Señor: Flp **1**, 21 — esta vida chega ó seu pleno desenvolvemento coa victoria sobre a morte: 1 Cor **15**, 22.26; Gál **5**, 25; Col **3**, 3 — para Xoán a vida está no Verbo preexistente e creador: Xn **1**, 4; 1 Xn **1**, 1 — El é a mesma vida: Xn **6**, 35.57; **11**, 25ss e dános esa vida: Xn **6**, 58; **10**, 28, e entrégaa por amor ó Pai e ós homes: Xn **10**, 15ss; **15**, 13; 1 Xn **3**, 18 — pero entrégaa para a recobrar de novo: Xn **10**, 17 e comunicárnola abundantemente: Xn **4**, 14; **5**, 26; **6**, 35.47.51.57; **10**, 10; 1 Xn **5**, 12 — para disfrutar desta vida o home debe crer: Xn **3**, 15ss; **6**, 40.47, xa que, se non cre, permanece na morte: 1 Xn **3**, 14ss.

Vocación: (Elección). *A.T.:* A vocación é a chamada de Deus a unha persoa para unha misión dentro do pobo. Este pobo pertence a Deus, é a súa propiedade especial: Dt **4**, 37; **7**, 6 ss; **10**, 14ss; **14**, 2; 1 Re **3**, 6 — pola elección ese pobo, separado da ideoloxía relixiosa dos outros pobos, servirá de modelo e exemplo para eles: 1 Cro **16**, 15; Sal **105**, 6.43; **106**, 5; Is **41**, 1 ss.8ss; **43**, 8-10.20; **45**, 4; **65**, 9.15.22; Ez **20**, 5 — a elección divina constitúe a Israel no pobo de Deus: Dt **30**, 19; Xos **24**, 15-22; Xuí **5**, 8; **10**, 14 — a elección esixe a singularidade de Israel, en función da que están as distintas vocacións de xefes do pobo: Xén **12**, 1-9; Ex **2**, 23-4, 18; **6**, 2-12; **7**, 1-7; Xos **1**, 1-18; Xuí **6**, 11-24 — tamén esixe manterse abertos ós problemas relixioso-morais dos outros pobos: Is **13**, 1-23, 18; Xer **46**, 1-51, 64; Ez **25**, 1-**32**, 32; Am **1**, 3-**2**, 3 — a chamada preséntase de distintos xeitos: en relatos de vocación profética en forma típica: Is **6**, 1-13; Xer **1**, 1-19; Ez **1**, 1-3, 15 — en relatos atípicos de vocación profética: 1 Sam **3**, 1-4, 1; 1 Re **19**, 1-21; 2 Re **2**, 1-18; Os **1**, 1-9; **3**, 1-5; Am **7**, 10-17 — en relatos poéticos de vocación profética: Is **40**, 1-11; **42**, 1-7; **49**, 1-9; **61**, 1-6. *N.T.:* Chamada de Deus para tódolos homes ó Reino: Mt **22**, 3-9; Lc **14**, 16-24; Ap **19**, 9 — non todos responden entrando nel: Mt **22**, 14 — segundo S. Paulo, todos son chamados, xudeus e pagáns: Feit **2**, 39; Rm **8**, 28; **9**, 24; **11**, 24; 1 Cor **1**, 24; 1 Tes **5**, 24 — vocación particular para unha misión ou ministerio concreto: apóstolos: Mt **14**, 21; Mc **1**, 20; **3**, 13; **6**, 7; Lc **9**, 1; vocación de S. Paulo: Feit **13**, 2; **16**, 10; 1 Cor **1**, 1; Gál **1**, 6; Flp **3**, 14; cf **Seguir** — o cristián está chamado á unión con Xesús, á liberdade, á esperanza, á paz, á santidade: 1 Cor **1**, 9; Gál **5**, 13; Ef **1**, 18; Col **3**, 15; 1 Tes **2**, 12; **4**, 7; 1 Tim **6**, 12; 1 Pe **2**, 9.21; **5**, 10.

Francisco Pérez Santalices

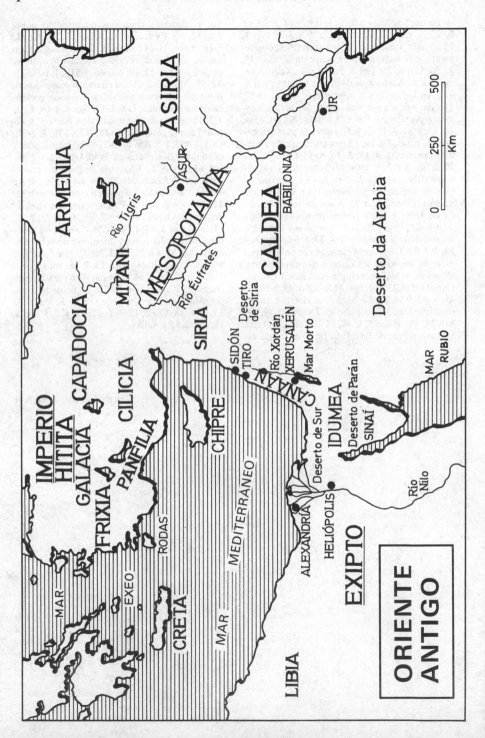

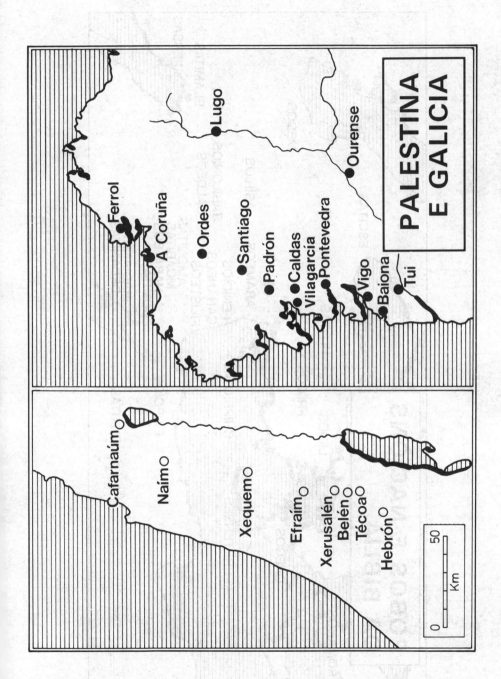

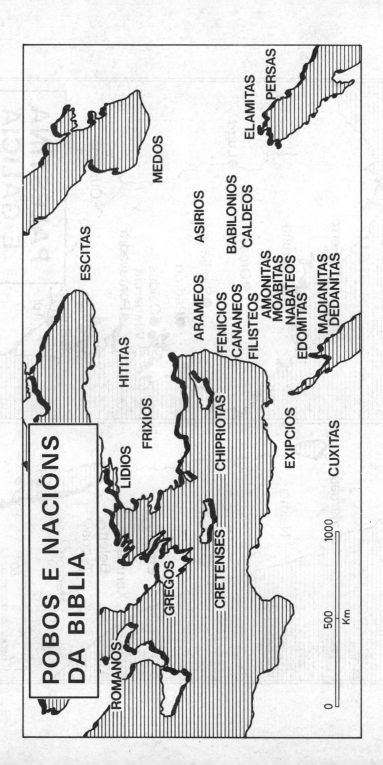

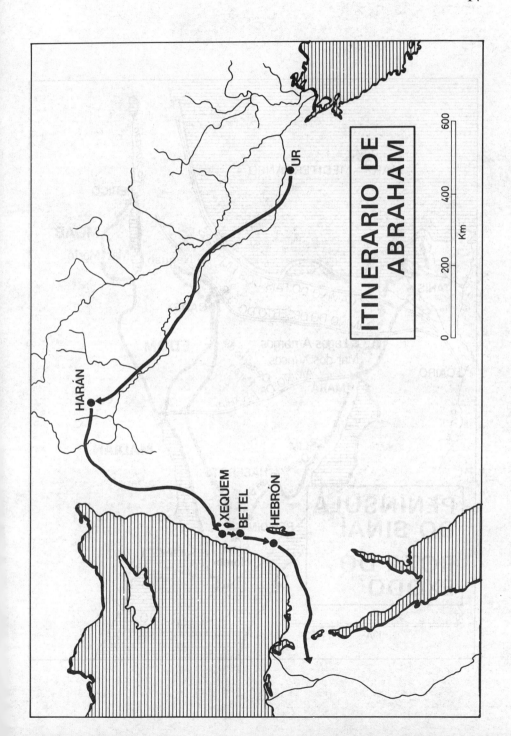

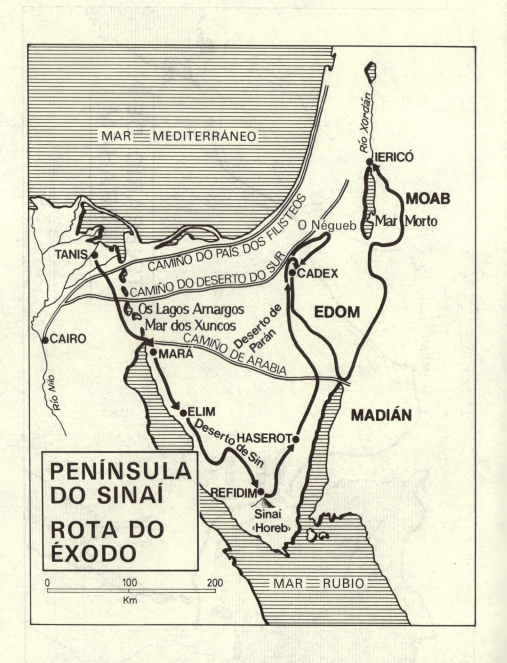

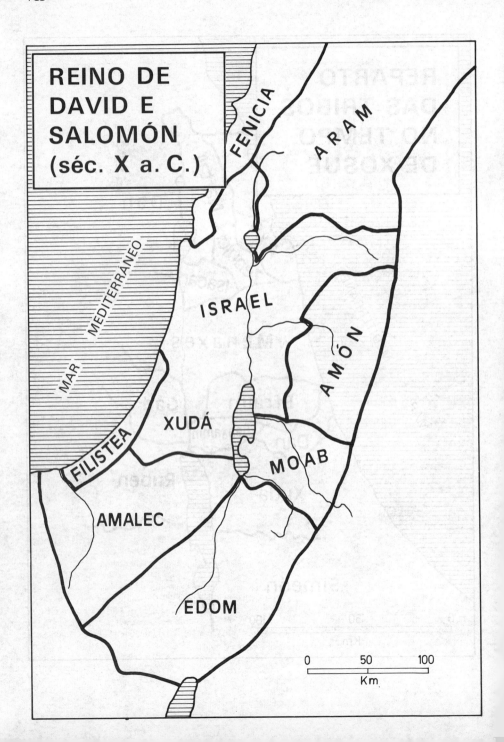

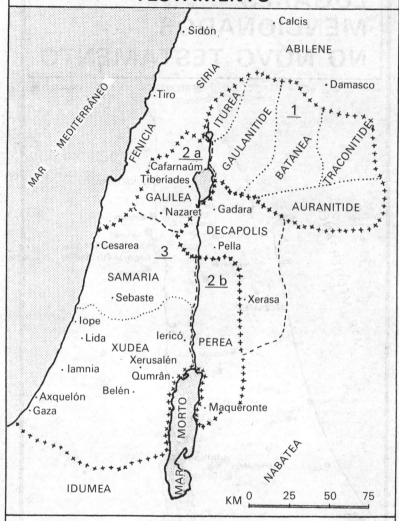

PALESTINA NOS TEMPOS DO NOVO TESTAMENTO

1	Tetrarquía de Filipo (4 a. C. - 34 d. C.)
2 a b	Tetrarquía de Herodes Antipas (4 a. C. - 39 d. C.) e de Agripa II (53-66 e 70-92 d. C.)
3	Territorio de Arquelao (4 a. C. - 6 d. C.) e dos Procuradores (6-41 e 44-66 d. C.)
1, 2 a b e 3 (+++)	Reino de Herodes o Grande (37-4 a. C.) e de Agripa I (41-44 d. C.)

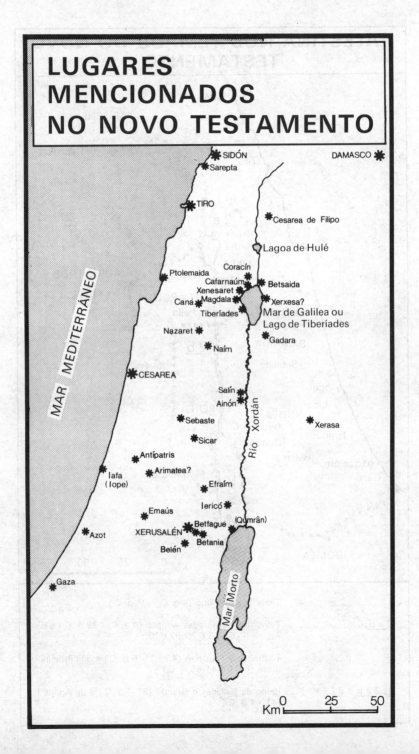

XERUSALÉN NO NOVO TESTAMENTO

Piscina de Bezsazá 1	Santo Sepulcro 10
Porta das Ovellas 2	Palacio dos Asmoneos (Herodes Antipas) 11
Torre Antonia 3	
Porta Dourada 4	Palacio de Herodes 12
Adro dos Xentís 5	Xardíns Reais 13
Pórtico de Salomón 6	Palacio de Caifás 14
Adro das mulleres 7	Cenáculo 15
Santuario 8	Sinagoga dos Libertos 16
Gólgota-Calvario 9	Torre de Siloé 17
	Piscina de Siloé 18

0 100 200 300 m

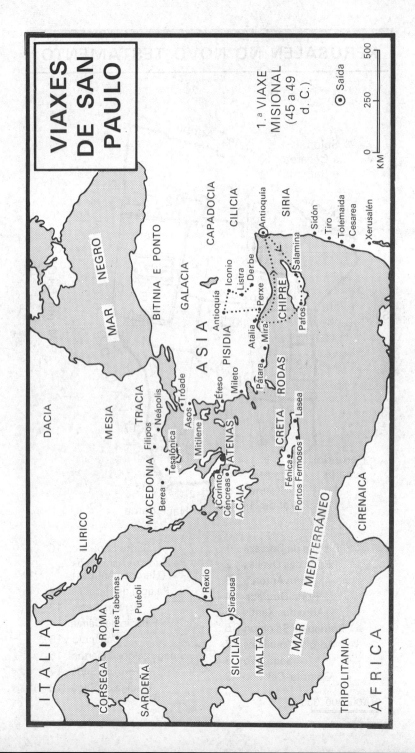

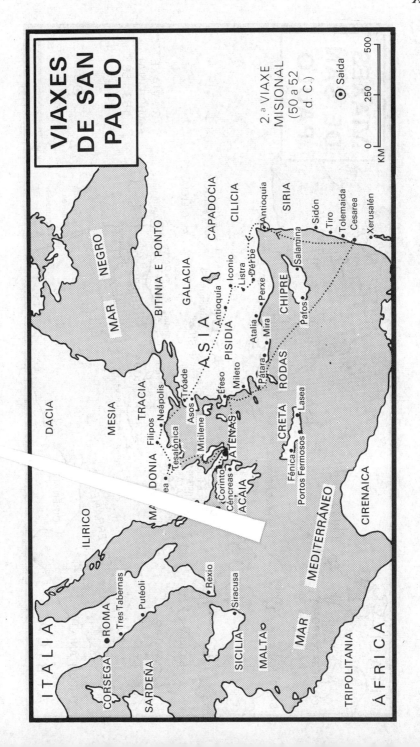

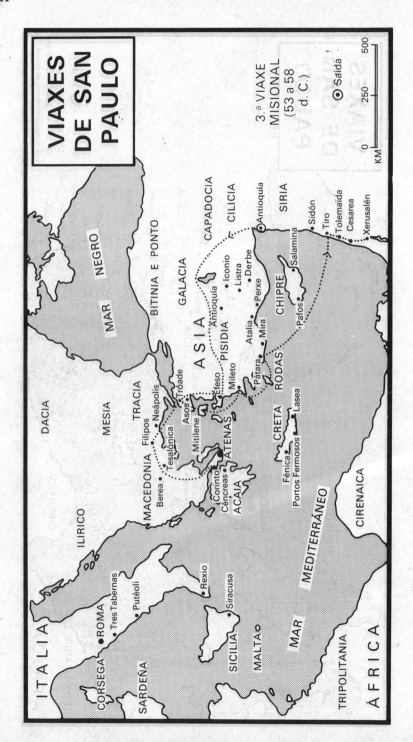

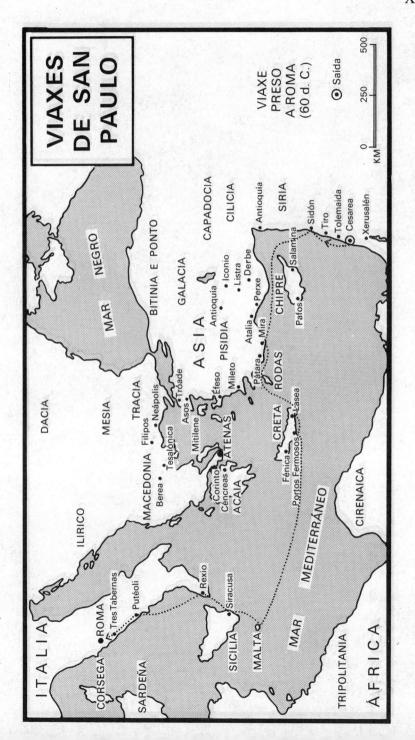

ÍNDICE

ÍNDICE

Nota á 3ª edición	VII
Nota Prólogo á 3ª edición	IX
Nota da Editorial á 2ª edición	XI
Nota da Editorial á 1ª edición	XIII
Carta do Arcebispo de Santiago de Compostela	XV
Traductores dos Textos, Revisión Lingüística, Coordenación, Xestión e Secretaria da edición	XVII
Introducción á Biblia	XIX
Criterios seguidos na transcrición dos nomes da Biblia	XXV
Abreviaturas dos libros bíblicos	XXVI

A BIBLIA

ANTIGO TESTAMENTO

Introducción ó Antigo Testamento	3

PENTATEUCO

Xénese	7
Éxodo	58
Levítico	99
Números	129
Deuteronomio	169

LIBROS HISTÓRICOS

Xosué	218
Xuíces	246
Rut	274
Samuel, 1° e 2°	279
Reis 1° e 2°	339
Crónicas 1° e 2°	403
Esdras e Nehemías	465
Tobías	490
Xudit	504
Ester	522
Macabeos 1° e 2°	534

LIBROS POÉTICOS E SAPIENCIAIS

Xob	583
Salmos	637
Proverbios	781
Eclesiastés	828
Cantar dos Cantares	840
Sabedoría	854
Eclesiástico	879

LIBROS PROFÉTICOS

Isaías	960
Xeremías	1049
Lamentacións	1141
Baruc	1155
Carta de Xeremías	1164
Ezequiel	1168
Daniel	1246
Oseas	1273
Xoel	1290
Amós	1297
Abdías	1309
Xonás	1313
Miqueas	1319
Nahúm	1329
Habacuc	1334
Sofonías	1340
Axeo	1346
Zacarías	1351
Malaquías	1369

NOVO TESTAMENTO

Introducción ó Novo Testamento	1377

EVANXEOS

Evanxeo segundo San Mateo	1385
Evanxeo segundo San Marcos	1422
Evanxeo segundo San Lucas	1446
Evanxeo segundo San Xoán	1484
OS FEITOS DOS APÓSTOLOS	1520

CARTAS DE SAN PAULO

Ós Romanos	1558
Primeira ós Corintios	1580
Segunda ós Corintios	1596
Ós Gálatas	1606

Ós Efesios	1615		
Ós Filipenses	1621	CARTAS CATÓLICAS	1669
Ós Colosenses	1626	Carta de Santiago	1670
Primeira ós Tesalonicenses	1631	Primeira carta de San Pedro	1675
Segunda ós Tesalonicenses	1637	Segunda carta de San Pedro	1683
Cartas Pastorais	1639	Primeira carta de San Xoán	1689
Primeira a Timoteo	1641	Segunda carta de San Xoán	1698
Segunda a Timoteo	1645	Terceira carta de San Xoán	1699
A Tito	1648	Carta de San Xudas	1700
A Filemón	1650		
Ós Hebreos	1652	A APOCALIPSE	1703

APÉNDICES

Cronoloxía da Biblia	1730
Índice Teolóxico Conceptual	1735
Mapas	1762
Índice	1777

HARMONIZACIÓN LINGÜÍSTICA

Dende a publicación das dúas anteriores edicións da Biblia producíronse algunhas modificacións nas normas ortográficas e morfolóxicas do Idioma Galego. Resultaría moi custoso introducir estes cambios nos textos bíblicos, así que optamos por recoller aqueles que consideramos máis significativos, ó tempo que indicamos a forma correcta dalgúns erros que aparecen nas edicións de 1989 e de 1992.

* Substantivos

O texto di	Debe dicir	O texto di	Debe dicir
Reptís	Réptiles	Turno	Quenda
Xumentos	Asnos, burros	Ciumes	Celos
Delito	Delicto	Reparto	Repartición
Tina	Balde	Diezmo	Décimo
Pleito	Preito	Virxinidade	Virxindade
Comunión	Comuñón	Senso	Sentido
Lá	La	Resume	Resumo
Pau	Pao	Anceio	Desexo, arela
Xuvenco	Xovenco	Faladuría	Murmuración
Traición	Traizón	Maiordomo	Mordomo
Harpa	Arpa	Taza	Cunca
Habitación	Cuarto	Careo	Acareo
Espalda	Costas, lombo	Mercader	Mercador
Varón	Home	Máns	Mans
Dia	Día		

* Xénero dos substantivos

O texto di	Debe dicir
as lindes	os lindes
o fraude	a fraude
a apocalipse	o apocalipse
unha diadema	un diadema
sinais claras	sinais claros
a mar	o mar

- **Antropónimos:** para uniformar o Antigo e o Novo Testamento, convén usar en ambos Xacobe.

- **Topónimos:** tamén para uniformar debe empregarse sempre Nazaré

* **Adxectivos**

O texto di	Debe dicir	O texto di	Debe dicir
Valeroso	Valoroso	Xémeo	Xemelgo
Sanguiñento	Sanguinario	Apaixoado	Apaixonado
Xove	Mozo, novo	Garimoso	Agarimoso
Intachable	Impecable	Parturenta	Parturienta
Altaneiro	Altivo	Despiadado	Desapiadado
Apacible	Apracible	Ríspido	Ríspeto
Chismoso	Murmurador	Imponente	Impoñente
Cercano	Próximo		

* **Pronomes**
  - Debe modificarse a colocación dos pronomes con respecto ó verbo, de acordo coas normas da Gramática Galega. Por exemplo, debe cambiarse *Ata agora me enganaches* por *Ata agora enganáchesme; Todo Israel congregouse* por *Todo Israel se congregou... Sucedeulle no trono* debe cambiarse por *sucedeuno no trono*
  - Acentuación de pronomes e adxectivos interrogativos e exclamativos indirectos: *Quero saber de que clan e de que tribo é; verás como esta cidade*, en ambos casos debe acentuarse *qué* e *cómo*. Aparece *mín* no canto de *min*

* **Verbos**

O texto di	Debe dicir	O texto di	Debe dicir
Postrar	Prostrar	Aprezar	Apreciar
Voltar	Volver	Aportar	Proporcionar
Emborcar	Envorcar	Fustigar	Fustrigar
Apretar	Apertar	Surxir	Xurdir
Despedazar, descuartizar, destrozar	Desfacer, esnaquizar	Pernoctar	Pasar a noite
		Verquer	Verter
Aillar	Illar	Enteirar	Descubrir, saber, coñecer
Sanar	Sandar		
Traicionar	Traizoar	Consomen	Consumen
Devenir	Devir	Disfrutar	Gozar
Reflexan	Reflicten	Confonden	Confunden
Enxendrar	Xerar	Brotar	Agromar
Dame	Dáme	Sentouse	Sentou

* **Adverbios**
-Na frase *Ei-lo home* debe cambiarse por *Velaí o home; en torno* por *arredor. Ademáis* por *ademais*.

* **Preposicións**
Na maior parte dos casos debe suprimirse a preposición a con CD: *Axer non botou ós veciños* por *Axer non botou os veciños*. Pola contra, debe manterse a preposición nos casos de ambigüidade entre suxeito e CD e cando o CD é un pronome (todos, algún...)
Aparece *antre* e debe ser *entre*.

Esta 3ª edición da BIBLIA en galego,
truducida desde as linguas orixinais,
rematouse de imprimir nos talleres de
Obradoiro Gráfico, S.L.,
no dia 30 de novembro de 2001.

DEUS SEXA LOADO.